D1721353

Philipp Plog

2012

NomosKommentar

Prof. Dr. Dr. h.c. Marian Paschke |
Prof. Dr. Wolfgang Berlit | Claus Meyer [Hrsg.]

Hamburger Kommentar
Gesamtes Medienrecht

2. Auflage

Dr. Christian Bahr | Dr. Ernst Georg Berger | Prof. Dr. Wolfgang Berlit | Dr. Reinhart Binder | Dr. Ellen Braun | Dr. Iris Breutz | Dr. Per Christiansen, M.Sc. | Dr. Nino Goldbeck | Dr. Thorsten Held | Prof. Dr. Albrecht Hesse | Ines Hilpert-Kruck | Georg A. Jahn, M.C.L. | Dr. Silke Klaes | Dr. Eberhard Kolonko | Dr. Philipp Kramer | Dr. Lars Kröner, LL.M. | Prof. Dr. Dr. h.c. Karl-Heinz Ladeur | Dr. Marc Liesching | Claus Meyer | Barbara Nickel | Prof. Dr. Stefan Oeter | Prof. Dr. Dr. h.c. Marian Paschke | Thomas von Petersdorff-Campen, LL.M. | Dr. Philipp Plog | Sören Rößner, LL.M. | Dr. Thomas Sassenberg, LL.M. | Dr. Wolfgang Schulz | Prof. Dr. Mathias Schwarz | Jan Siegel | Sarah Céline Tacke | Dr. Stephanie Vendt | Dr. Ulf Vormbrock | Dr. Endress Wanckel | Dr. Lothar Weyhe | Nils Westphal, LL.M. | Julia Wolff

Nomos

Zitiervorschlag: HH-Ko/MedienR/Siegel **24**/10

Die Deutsche Nationalbibliothek verzeichnet diese Publikation in der Deutschen Nationalbibliografie; detaillierte bibliografische Daten sind im Internet über http://dnb.d-nb.de abrufbar.

ISBN 978-3-8329-6465-8

1. Auflage 2012

Vorwort zur 2. Auflage

Das große Interesse an dem „*Hamburger Kommentar Gesamtes Medienrecht*" hat uns nicht nur sehr gefreut und darin bestätigt, dass das Konzept eines medienübergreifenden Kommentars in der Praxis gebraucht wird. Es hat auch dazu geführt, dass wir nunmehr die 2. Auflage vorlegen dürfen. Diese berücksichtigt nicht nur die zwischenzeitlich eingetretenen, vielfältigen Gesetzesänderungen und Richtlinienveröffentlichungen, sondern insbesondere auch die große Anzahl grundlegender, höchstrichterlicher Entscheidungen des BVerfG, des BGH und des EuGH.

Darüber hinaus haben wir die vielfältigen Anregungen gern aufgegriffen, um das vorliegende Werk noch praxisnäher und umfassender zu gestalten. So wurde das europäische Medienrecht vertieft und auch dem Domainrecht ein größerer Raum eingeräumt. Das starke Interesse am medienaffinen Datenschutzrecht wurde berücksichtigt, und der besonderen Bedeutung der Verwertungsgesellschaften wird die 2. Auflage mit dem neu geschaffenen Kapitel zu den Rechtsfragen der Musikproduktion und -verwertung gerecht. Ergänzt wurden ebenfalls die Kapitel zum Medienvertragsrecht und die Ausführungen zum Softwarerecht sowie die Kommentierung des Immaterialgüterrechts.

Der Filmbereich hat in der 2. Auflage eine stärkere Akzentuierung erfahren. Auch das Vertriebsrecht von Zeitungen und Zeitschriften wie auch der Gratisvertrieb von Anzeigenblättern fand in der 2. Auflage Berücksichtigung.

Im Vordergrund sämtlicher Kommentierungen steht erneut die Rechtsprechung der deutschen Gerichte wie auch des EuGH. Ob es um die Änderung der Rechtsprechung im Bereich der Bildberichterstattung mit dem „*abgestuften Schutzkonzept*" geht oder um die Berichterstattung über eine Straftat nach Abschluss eines Strafverfahrens in Online-Archiven: sämtliche hierzu ergangenen Entscheidungen des BGH und des BVerfG fanden Niederschlag in der vorliegenden 2. Auflage des Gesamten Medienrechts. Dargestellt wird die aktuelle Rechtsprechung zur Schmähkritik, wie etwa „*Dummschwätzer*", oder zu „*existenz- und rufgefährdenden Äußerungen*". Besonders zu erwähnen ist die ausführliche Kommentierung zum neu gefassten § 7 RStV mit dem Verbot der Schleichwerbung und der eingeschränkten Möglichkeit einer Produktplatzierung in Fernsehfilmen.

Wir freuen uns, dass wir den Benutzern der 2. Auflage des Hamburger Kommentars Gesamtes Medienrecht eine aktualisierte, umfassende und nützliche Arbeitshilfe an die Hand geben können, die nicht nur Fachanwälten für Urheber- und Medienrecht und Justitiaren von Medien- und Telekommunikationsunternehmen hilfreich sein wird, sondern auch in Ministerien, Behörden und für Wissenschaftler sowie für Richter von Interesse ist. Für jeden Ergänzungs- und Verbesserungsvorschlag sind wir weiterhin dankbar.

Hamburg, im Herbst 2011

Marian Paschke, Wolfgang Berlit, Claus Meyer

Vorwort zur 1. Auflage

Der vorgelegte Kommentar verfolgt einen das Medienrecht in seiner Gesamtheit erfassenden Ansatz. Das Medienrecht wird nicht nach der hergebrachten Aufteilung des Rechtsgebiets in die Teilbereiche des Presse-, Rundfunk- und Filmrechts bzw des Rechts der elektronischen Medien behandelt. Vielmehr erläutert der Kommentar das Medienrecht ausgehend von einer die Regeln für die verschiedenen Medien übergreifenden Betrachtungsweise nach thematischen Regelungsbereichen. Behandelt werden die Rechtsgrundlagen des Marktzugangs und des Marktverhaltens von Medienunternehmen, die einschlägigen Rechtsgrundlagen des Medienzivil- und -handelsrechts, die Rechtsregeln der Medienrecherche, der Medienproduktion und des Medienvertriebs einschließlich des Persönlichkeitsschutzes; kommentiert werden das Medienwettbewerbs- und -kartellrecht ebenso wie die medienrechtlich erheblichen Vorschriften des Urheberrechts und Markenrechts; einbezogen sind ferner die Rechtsregeln des Medienarbeitsrechts, des Medienstraf- und Jugendmedienschutzrechts und die an den Anfang des Kommentars gestellten europa- und verfassungsrechtlichen Grundlagen des Medienrechts.

Mit dem medienübergreifenden Ansatz reagiert das vorliegende Werk auf einen mit dem technischen und wirtschaftlichen Zusammenwachsen der Medien in der Medienpraxis entstandenen Bedarf. Die zahlreichen in Einzel- und Sondergesetzen verstreut aufzufindenden Normen mit Medienbezug werden zunehmend nicht mehr nach ihrer Zuordnung zu einem bestimmten Medium sondern gemäß der Zugehörigkeit zu einem Regelungsbereich reflektiert. Der Kommentar will diesen neuen Anforderungen gerecht werden; er ist als Praxiskommentar verfasst. Die Erläuterungen orientieren sich in erster Linie an der für die Medienpraxis relevanten Rechtsprechung und Behördenpraxis. Die Zitate und Fundstellenhinweise sind bewusst knapp gehalten und beschränken sich auf die aktuelle Entwicklung.

Das Werk ist in elf Teile gegliedert, die der Konzeption des Kommentars entsprechend jeweils einem bestimmten Regelungsbereich nicht aber einem bestimmten Gesetz zugeordnet sind. Die weitere Aufteilung dieser Teile in wiederum thematisch zusammenhängende Kapitel und Abschnitte soll dem Leser die Orientierung erleichtern. Zu diesem Zweck ist jedem Kapitel eine Gliederungsübersicht vorangestellt. Die Kommentierungen gehen nicht durchweg von Norm zu Norm vor. Bestimmte Regelungsbereiche des Medienrechts entziehen sich einer solchen Darstellung, insbesondere wenn – wie etwa im Medienhandels- oder Medienarbeitsrecht – keine medienspezifischen Rechtsgrundlagen existieren. In solchen Teilen des Werkes findet sich eine handbuchartige Darstellung der auch insofern medienübergreifend dargestellten Rechtsfragen. Insgesamt berücksichtigt das Werk die Rechtsentwicklung im Bereich der Gesetzgebung und Rechtsprechung bis zum Ende des Jahres 2007. Insbesondere wurde die Gesetzgebung des Jahres 2007 im Bereich des Telekommunikationsrechts und Telemedienrechts sowie der Entwurf der Bundesregierung eines Gesetzes zur Verbesserung der Durchsetzung von Rechten des geistigen Eigentums berücksichtigt ebenso wie die Praxis der Bundesnetzagentur, der Kommission zur Ermittlung der Konzentration und des Bundeskartellamtes.

Der Kommentar geht mit der gewählten Darstellungsform neue Wege in der medienrechtlichen Literatur. Auch wenn er nicht die umfängliche Handbibliothek mit zahlreichen Einzelwerken zu den verschiedenen Fragen des Medienrechts ersetzen kann und will, ist er konzipiert, erstmals fundierte medienübergreifende Informationen zum Medienrecht in kompakter Form zu bieten. Die Herausgeber danken den engagierten Autorinnen und Autoren, die sich auf diesen neuen Weg eingelassen haben. Sie danken auch dem Verlag, der die neue Konzeption unterstützt hat. Letztlich entscheiden die Käufer, ob sie diese Veröffentlichung als Nachschlagewerk für die sich ihnen stellenden Fragen des Medienrechts nutzen und ob sich das Werk in der Praxis behauptet.

Herausgeber, Autorinnen und Autoren sind für alle Anregungen und jegliche Änderungsvorschläge für die Folgeauflage dankbar. Schreiben Sie bitte einfach an marian.paschke@jura.uni-hamburg.de oder berlit@krohnlegal.de.

Hamburg, im April 2008

Marian Paschke, Wolfgang Berlit, Claus Meyer

Inhaltsverzeichnis

3. Teil: Medienwettbewerbsrecht

4. Teil: Medienzivilrecht

5. Teil: Medienhandelsrecht

6. Teil: Gewerblicher Rechtsschutz und Urheberrecht

7. Teil: Medienarbeitsrecht

8. Teil: Medienordnungs- und -aufsichtsrecht

9. Teil: Datenschutzrecht

10. Teil: Jugendmedienschutz

11. Teil: Medienstrafrecht und Medienstrafverfahrensrecht

Die Bearbeiter

Dr. Christian Bahr
Rechtsanwalt, Düsseldorf

Dr. Ernst Georg Berger
Rechtsanwalt, Hamburg

Prof. Dr. Wolfgang Berlit
Rechtsanwalt und Fachanwalt für Gewerblichen Rechtsschutz, Hamburg

Dr. Reinhart Binder
Direktor Recht und Unternehmensentwicklung, Rundfunk Berlin-Brandenburg (RBB), Berlin und Potsdam

Dr. Ellen Braun
Rechtsanwältin, Hamburg

Dr. Iris Breutz
Rechtsanwältin, z. Zt. Beraterin für das Projekt „Stärkung der Kapazitäten des Afrikanischen Menschenrechtsgerichtshofs", GIZ, Tansania

Dr. Per Christiansen (M.Sc.)
Rechtsanwalt, Hamburg

Dr. Nino Goldbeck
Richter, Landgericht Schweinfurt

Dr. Thorsten Held
Richter, Hamburg

Prof. Dr. Albrecht Hesse
Justitiar, Bayerischer Rundfunk (BR), München

Ines Hilpert-Kruck
Rechtsanwältin, Hamburg

Georg A. Jahn (M.C.L.)
Rechtsanwalt, München

Dr. Silke Klaes
Rechtsanwältin, Köln

Dr. Eberhard Kolonko
Rechtsanwalt, Frankfurt am Main

Dr. Philipp Kramer
Rechtsanwalt, Hamburg

Dr. Lars Kröner (LL.M.)
Rechtsanwalt und Fachanwalt für Gewerblichen Rechtsschutz und für Urheber- und Medienrecht, Hamburg

Prof. Dr. Dr. h.c. Karl-Heinz Ladeur
Professor an der Universität Hamburg

Dr. Marc Liesching
Rechtsanwalt, München

Claus Meyer
Richter am Oberlandesgericht, Hamburg

Barbara Nickel
stellv. Justitiarin, Bayerischer Rundfunk (BR), München

Prof. Dr. Stefan Oeter
Professor an der Universität Hamburg

Prof. Dr. Dr. h.c. Marian Paschke
Professor an der Universität Hamburg

Thomas von Petersdorff-Campen (LL.M.)
Rechtsanwalt, München

Dr. Philipp Plog
Rechtsanwalt, Hamburg

Sören Rößner (LL.M.)
Rechtsanwalt, Berlin

Dr. Thomas Sassenerg (LL.M.)
Rechtsanwalt und Fachanwalt für Urheber- und Medienrecht, Hamburg

Dr. Wolfgang Schulz
Hans-Bredow-Institut, Hamburg

Prof. Dr. Mathias Schwarz
Rechtsanwalt, München

Jan Siegel
Chef-Justitiar, SPIEGEL-Verlag, Hamburg

Sarah Céline Tacke
Wissenschaftliche Mitarbeiterin an der Universität Hamburg

Dr. Stephanie Vendt
Rechtsanwältin, Hamburg

Dr. Ulf Vormbrock
Rechtsanwalt und Fachanwalt für Gewerblichen Rechtsschutz, Düsseldorf

Dr. Endress Wanckel
Rechtsanwalt, Hamburg

Dr. Lothar Weyhe
Richter am Oberlandesgericht, Hamburg

Nils Westphal, LL.M.
Wissenschaftlicher Mitarbeiter an der Universität Hamburg

Julia Wolff
Rechtsanwältin, Leipzig

Im Einzelnen haben bearbeitet:

Dr. Christian Bahr	Kartellverbotsrecht, Missbrauchsverbot (Abschnitte 15–20)
Dr. Ernst Georg Berger	Verhaltens- und Entgeltregulierung (Abschnitte 9, 11)
Prof. Dr. Wolfgang Berlit	Markenrecht (Abschnitte 63–66)
Dr. Reinhart Binder	Medienarbeitsrecht (Abschnitte 69, 70)
Dr. Ellen Braun	Fusionskontrolle (Abschnitte 21–23)
Dr. Iris Breutz	Medienzivilrechtliche Pflichten (Abschnitte 39, 40)
Dr. Per Christiansen	Medienvertriebsverträge (Abschnitte 52–55)
Dr. Nino Goldbeck	Besonderes Medienwerberecht (Abschnitt 28)
Dr. Thorsten Held	Medienordnungs- und -aufsichtsrecht (Abschnitte 71–77)
Prof. Dr. Albrecht Hesse	Besonderes Medienwerberecht (Abschnitt 29)
Ines Hilpert-Kruck	Rechtsfragen der Musikproduktion und -verwertung (Abschnitt 62)
Georg A. Jahn	Patent- und Gebrauchsmuster (Abschnitte 67, 68)
Dr. Silke Klaes	Verhaltens- und Entgeltregulierung (Abschnitte 12–14)
Dr. Eberhard Kolonko	Vermarktung von Werberaum/Werbezeit (Abschnitt 56)
Dr. Philipp Kramer	Datenschutzrecht (Abschnitte 78–80)
Dr. Lars Kröner	Medienzivilrecht (Abschnitte 33, 34)
Prof. Dr. Dr. h.c. Karl-Heinz Ladeur	Deutsches Verfassungsrecht (Abschnitt 4)
Dr. Marc Liesching	Jugendmedienschutz, Medienstrafrecht und Medienstrafverfahrensrecht (Abschnitte 81–93)
Claus Meyer	Medienzivilrecht (Abschnitte 41–43)
Barbara Nickel	Besonderes Medienwerberecht (Abschnitt 29)
Prof. Dr. Stefan Oeter	Europarecht (Abschnitte 1, 2)
Prof. Dr. Dr. h.c. Marian Paschke	Marktzugangsregulierung, Verhaltens- und Entgeltregulierung (Abschnitte 6, 7, 8, 10); Fusionskontrolle (Abschnitte 22, 23)
Thomas von Petersdorff-Campen	Rechtsfolgen von Werberechtsverstößen (Abschnitte 31, 32)
Dr. Philipp Plog	Werberechte elektronischer Medien (Abschnitt 30)
Sören Rößner	Entgeltregulierung (Abschnitt 9)
Dr. Thomas Sassenberg	Verhaltens- und Entgeltregulierung (Abschnitt 11)
Dr. Wolfgang Schulz	Meinungs- und Informationsfreiheit, EMRK, GRC (Abschnitte 3, 3a, 5)
Prof. Dr. Mathias Schwarz	Medienproduktionsverträge (Abschnitte 50, 51)
Jan Siegel	Grundsätze des Medienwerberechts (Abschnitte 24–27)
Sarah Céline Tacke	Verhaltens- und Entgeltregulierung (Abschnitte 7, 8)
Dr. Stephanie Vendt	Medienzivilrecht (Abschnitte 35–38)
Dr. Ulf Vormbrock	Urheberrecht (Abschnitte 57–61)
Dr. Endress Wanckel	Medienzivilrecht (Abschnitte 44–49)
Dr. Lothar Weyhe	Medienzivilrechtliche Pflichten (Abschnitte 39, 40)
Nils Westphal	Europarecht (Abschnitt 1)
Julia Wolff	Europarecht (Abschnitt 1, 2)

Verzeichnis der Abkürzungen und der abgekürzt zitierten Literatur

aA	anderer Ansicht
aaO	am angegebenen Ort
abgedr.	abgedruckt
Abk.	Abkommen
ABl. EG	Amtsblatt der Europäischen Gemeinschaften (Jahr, Nummer und Seite)
abl.	ablehnend
ABl.	Amtsblatt
Abs.	Absatz
Abschn.	Abschnitt
abw.	abweichend
AcP	Archiv für civilistische Praxis (Zeitschrift)
aE	am Ende
AEUV	Vertrag über die Arbeitsweise der Europäischen Union
aF	alte Fassung
AfP	Archiv für Medien und Kommunikationsrecht (früher Presserecht) (Zeitschrift)
AG	Aktiengesellschaft; Amtsgericht; Die Aktiengesellschaft (Zeitschrift)
AGB	Allgemeine Geschäftsbedingungen
AGF	Arbeitsgemeinschaft Fernsehforschung
AgV	Arbeitsgemeinschaft der Verbraucherverbände
Ahrens/Bearbeiter	Ahrens (Hrsg.), Der Wettbewerbsprozess, 6. Aufl. 2009
Akt.	Aktualisierung
AktG	Aktiengesetz
ALM	Arbeitsgemeinschaft der Landesmedienanstalten
allg.	allgemein
allgM	allgemeine Meinung
AllgT	Allgemeiner Teil
Alt.	Alternative
aM	andere Meinung
Amtl. Begr.	Amtliche Begründung
amtl.	amtlich
Anh.	Anhang
Anl.	Anlage
Anm.	Anmerkung
AnwBl.	Anwaltsblatt (Zeitschrift)
AO	Abgabenordnung
AöR	Archiv des öffentlichen Rechts
AP	Nachschlagewerk des Bundesarbeitsgerichts. Arbeitsrechtliche Praxis (AP), Entscheidungssammlung (1950 ff)
APL	Abschlusspunkt Linientechnik
ArbG	Arbeitsgericht

ArbGG	Arbeitsgerichtsgesetz
ArchPF	Archiv für Post und Telekommunikation
ARD	Arbeitsgemeinschaft der öffentlich-rechtlichen Rundfunkanstalten der Bundesrepublik Deutschland
arg.	argumentum
Art.	Artikel
AT	Allgemeiner Teil
ATM	Asynchronous Transfer Mode
Aufl.	Auflage
Az.	Aktenzeichen
BAG	Bundesarbeitsgericht
BAGE	Entscheidungen des Bundesarbeitsgerichts
BAnz.	Bundesanzeiger (Jahr und Seite)
Baumbach/Hefermehl/Bearbeiter	Baumbach/Hefermehl (Hrsg.), Wettbewerbsrecht, 23. Aufl. 2004
Baumbach/Hefermehl WZG	Baumbach/Hefermehl, Warenzeichengesetz, 12. Aufl. 1985
Baumbach/Hopt HGB	Baumbach/Hopt, HGB, 34. Aufl. 2010
BayObLG	Bayerisches Oberstes Landesgericht
BayObLGZ	Entscheidungen des Bayerischen Obersten Landesgerichts in Zivilsachen
BB	Der Betriebs-Berater (Zeitschrift)
Bd.	Band
Bechtold GWB	Bechtold, Kartellgesetz GWB, 6. Aufl. 2010
BeckTKG-Komm	Geppert/Piepenbrock/Schütz/Schuster, Beck´scher TKG Kommentar, 3. Aufl. 2006
Begr.	Begründung
Beil.	Beilage
Bek.	Bekanntmachung
Benkard PatG	Benkard, Patentgesetz, Gebrauchsmustergesetz, 10. Aufl. 2006
ber.	berichtigt
Berlit	Berlit, Markenrecht, 8. Aufl. 2010
Berlit	Berlit, Wettbewerbsrecht, 8. Aufl. 2011
BerlKommTKG	Säcker (Hrsg.), Berliner Kommentar zum Telekommunikationsgesetz, 2. Aufl. 2009
Beschl.	Beschluss
betr.	betreffend
BetrVG	Betriebsverfassungsgesetz
BFH	Bundesfinanzhof
BGB	Bürgerliches Gesetzbuch
BGB-InfoV	BGB-Informationspflichtenverordnung
BGBl.	Bundesgesetzblatt
BGB-RGRK	Das Bürgerliche Gesetzbuch mit besonderer Berücksichtigung der Rechtsprechung des Reichsgerichts und des Bundesgerichtshofes, 12. Aufl. 1975–1999 (zitiert: BGB-RGRK/Bearbeiter)
BGE	Entscheidungen des Schweizerischen Bundesgerichts, Amtliche Sammlung

BGH	Bundesgerichtshof
BGHR	BGH-Rechtsprechung Strafsachen 1987 ff
BGHSt	Entscheidungen des Bundesgerichtshofs in Strafsachen (Band und Seite)
BGHZ	Entscheidungen des Bundesgerichtshofs in Zivilsachen
BKartA	Bundeskartellamt
BNetzA	Bundesnetzagentur
BNotO	Bundesnotarordnung
Bornkamm	Köhler/Bornkamm, Wettbewerbsrecht, 29. Aufl. 2011
BPatG	Bundespatentgericht
BR	Bundesrat
BRAO	Bundesrechtsanwaltsordnung
BR-Drucks.	Bundesrats-Drucksache
BREKO	Bundesverband der regionalen und lokalen Telekommunikationsgesellschaften e.V.
BSG	Bundessozialgericht
Bspr.	Besprechung
bspw.	beispielsweise
BT	Bundestag
BT-Drucks.	Bundestags-Drucksache
Büscher/Dittmer/Schiwy	Büscher/Dittmer/Schiwy (Hrsg.), Gewerblicher Rechtsschutz, Urheberrecht, Medienrecht, 2. Aufl. 2011
BVerfG	Bundesverfassungsgericht
BVerfGE	Entscheidungen des Bundesverfassungsgerichts
BVerwG	Bundesverwaltungsgericht
bzw	beziehungsweise
C. M.L. Rev.	Common Market Law Review
CML Rev.	Common Market Law Review
CMLR	Common Market Law Review
CR	Computer und Recht (Zeitschrift)
CRi	Computer und Recht International (Zeitschrift)
Damm/Rehbock	Damm/Rehbock, Widerruf, Unterlassung und Schadenersatz in den Medien, 3. Aufl. 2008 (zit.: Damm/Rehbock)
Dauses/Bearbeiter	Dauses (Hrsg.), Handbuch des EU-Wirtschaftsrechts, Stand: Oktober 2010
DB	Der Betrieb (Zeitschrift)
DBP	Deutsches Bundespatent
ders.	derselbe
dgl.	dergleichen
dh	das heißt
dies.	dieselbe
DIHK	Deutscher Industrie- und Handelskammertag
Diss.	Dissertation
DJT	Deutscher Juristentag

DLM	Direktorenkonferenz der Landesmedienanstalten
DÖV	Die Öffentliche Verwaltung (Zeitschrift)
Dörr/Kreile/Cole	Dörr/Kreile/Cole (Hrsg.), Handbuch Medienrecht, Recht der elektronischen Massenmedien, 2. Aufl. 2010
DPMA	Deutsches Patent- und Markenamt, München
DRiG	Deutsches Richtergesetz
DRiZ	Deutsche Richterzeitung (Zeitschrift)
Drucks.	Drucksache
DSZR	Drittsendezeitenrichtlinie
DTAG	Deutsche Telekom AG
DuD	Datenschutz und Datensicherung (Zeitschrift)
DVBl.	Deutsches Verwaltungsblatt (Zeitschrift)
DZWir	Deutsche Zeitschrift für Wirtschaftsrecht
E-Commerce-Richtlinie	siehe Richtlinie über elektronischen Geschäftsverkehr
EG	Vertrag zur Gründung der Europäischen Gemeinschaft (Amsterdamer Fassung); Europäische Gemeinschaft
EGBGB	Einführungsgesetz zum Bürgerlichen Gesetzbuch
EGMR	Europäischer Gerichtshof für Menschenrechte
EGV	Vertrag zur Gründung der Europäischen Gemeinschaft (Maastrichter Fassung)
Einf.	Einführung
Einl.	Einleitung
EKMR	Europäische Kommission für Menschenrechte
EMRK	Konvention zum Schutz der Menschenrechte und Grundrechte – Europäische Menschenrechtskonvention – vom 4.11.1950
endg.	endgültig
Entsch.	Entscheidung
entspr.	entsprechend
Entw.	Entwurf
epd	epd Medien (Zeitschrift)
Erbs/Kohlhaas/Bearbeiter	Erbs/Kohlhaas, Strafrechtliche Nebengesetze, Loseblatt-Kommentar, J 214 Std. 2004
Erdemir	Erdemir, Filmzensur und Filmverbot, 2000
ERG	European Regulators Group
Erg.	Ergebnis
Erl.	Erläuterung(en)
Erman, BGB	Handkommentar zum Bürgerlichen Gesetzbuch, 13. Aufl. 2011 (zitiert: Erman/Bearbeiter)
etc.	et cetera
EU	Europäische Union
EuG	Gericht erster Instanz der Europäischen Gemeinschaften
EuGH Slg	Gerichtshof der Europäischen Gemeinschaft (Sammlung der Rechtsprechung des Gerichtshofs)
EuGH	Gerichtshof der Europäischen Gemeinschaften
EuGRZ	Europäische Grundrechte-Zeitschrift

EuR	Europarecht (Zeitschrift)
EuZW	Europäische Zeitschrift für Wirtschaftsrecht
EWGV	Vertrag zur Gründung der Europäischen Wirtschaftsgemeinschaft
EWG-Vertrag	siehe EWGV
EWiR	Entscheidungen zum Wirtschaftsrecht (Zeitschrift)
EWR	Vertrag über einen einheitlichen Wirtschaftsraum
f	folgende
Fezer MarkenG	Fezer, Markenrecht, 4. Aufl. 2009
Fezer/Bearbeiter	Fezer (Hrsg.), Lauterkeitsrecht, Kommentar zum Gesetz gegen den unlauteren Wettbewerb, 2. Aufl. 2010
ff	fortfolgende
FFR	Fernsehfensterrichtlinie zu § 25 RStV v. 6.7.2005
FG	Festgabe
FGG	Reichgesetz über die Angelegenheiten der freiwilligen Gerichtsbarkeit
Fischer	Fischer, T., StGB-Kommentar, 57. Aufl. 2010
FK/Bearbeiter GWB	Frankfurter Kommentar zum Kartellrecht, hrsg. von Wolfgang Jaeger, Petra Pohlmann, Harald Rieger und Dirk Schroeder, Loseblatt, Stand Juni 2011
Fn	Fußnote
FS	Festschrift
GA	Generalanwalt
gem.	gemäß
GEMA	Gesellschaft für musikalische Aufführungs- und mechanische Vervielfältigungsrechte
GeschmMG	Geschmacksmustergesetz
GewA (GewArch)	Gewerbearchiv (Zeitschrift)
GewO	Gewerbeordnung
GFK	Gesellschaft für Konsumforschung
GG	Grundgesetz
ggf	gegebenenfalls
GjS	Gesetz über die Verbreitung jugendgefährdender Schriften
GKG	Gerichtskostengesetz
Gloy/Loschelder/Bearbeiter	Gloy/Loschelder (Hrsg.), Handbuch des Wettbewerbsrechts, 4. Aufl. 2010
GmbH	Gesellschaft mit beschränkter Haftung
GmbHR	GmbH-Rundschau (Band und Seite)
Grabitz/Hilf/Bearbeiter	Grabitz/Hilf (Hrsg.), Das Recht der Europäischen Union, Kommentar, Loseblatt, Stand März 2011
GRUR	Gewerblicher Rechtsschutz und Urheberrecht (Zeitschrift)
GRUR Int.	Gewerblicher Rechtsschutz und Urheberrecht, Internationaler Teil (Zeitschrift)
GRUR-RR	Gewerblicher Rechtsschutz und Urheberrecht – Rechtsprechungs-Report (Zeitschrift)

GVBl.	Gesetz- und Verordnungsblatt
GVG	Gerichtsverfassungsgesetz
GWB	Gesetz gegen Wettbewerbsbeschränkungen
Hahn/Vesting	Beck´scher Kommentar zum Rundfunkrecht, hrsg. v. Hahn/Vesting, 2. Aufl. 2008
Halbs.	Halbsatz
HandwO	Handwerksordnung
HansOLG	Hanseatisches Oberlandesgericht
Harte-Bavendamm/Henning-Bodewig/Bearbeiter	Harte-Bavendamm/Henning-Bodewig (Hrsg.), Gesetz gegen den unlauteren Wettbewerb (UWG), 2. Aufl. 2009
Hartlieb v./Schwarz	von Hartlieb/Schwarz (Hrsg.), Handbuch des Film-, Fernseh- und Videorechts, 4. Aufl. 2004
Hartstein/Ring/Kreile/Dörr/Stettner	Hartstein/Ring/Kreile/Dörr/Stettner, Jugendmedienschutz-Staatsvertrag, Kommentar, Stand Juli 2005
Hdb	Handbuch
HGB	Handelsgesetzbuch
hL	herrschende Lehre
hM	herrschende Meinung
HPRG	Hessisches Privatrundfunkgesetz
Hoeren/Sieber	Hoeren/Sieber (Hrsg.), Handbuch Multimedia-Recht – Rechtsfragen des elektronischen Geschäftsverkehrs, Loseblatt, Stand April 2011
Hrsg.	Herausgeber
HSH MStV	Satzung der Medienanstalt Hamburg/Schleswig-Holstein
idF	in der Fassung
idR	in der Regel
iE	im Ergebnis
ieS	im engeren Sinne
iHv	in Höhe von
Immenga/Mestmäcker/Bearbeiter EG-WettbR	Immenga/Mestmäcker (Hrsg.), EG-Wettbewerbsrecht, Loseblatt-Kommentar
Immenga/Mestmäcker/Bearbeiter	Immenga/Mestmäcker (Hrsg.), Wettbewerbsrecht (GWB), 4. Aufl. 2007
IN	Intelligente Netzdienste
Ingerl/Rohnke	Ingerl/Rohnke, Markengesetz, Gesetz über den Schutz von Marken und sonstigen Kennzeichen, 3. Aufl. 2010
insb.	insbesondere
InsO	Insolvenzordnung
IP	Internet Protocol
iRd	im Rahmen des/der
iSd	im Sinne des/der
iSv	im Sinne von
ITRB	Der IT-Rechtsberater (Zeitschrift)
IuKDG	Gesetz zur Regelung der Rahmenbedingungen für Informations- und Kommunikationsdienste

iVm	in Verbindung mit
iwS	im weiteren Sinne
iZw	im Zweifel
JA	Juristische Arbeitsblätter (Zeitschrift)
JMStV	Staatsvertrag über den Schutz der Menschenwürde und den Jugendschutz in Rundfunk und Telemedien
JÖSchG	Gesetz zum Schutze der Jugend in der Öffentlichkeit
JR	Justizrat; Juristische Rundschau (Zeitschrift)
JurPC	Internet-Zeitschrift für Rechtsinformatik und Informationsrecht (Zeitschrift)
JW	Juristische Wochenschrift (Zeitschrift)
JZ	Juristenzeitung (Zeitschrift)
K&R	Kommunikation und Recht (Zeitschrift)
Kap.	Kapitel
KaKo-Bearbeiter	Karlsruher Kommentar zur Strafprozessordnung, hrsg. von Pfeiffer, 5. Aufl. 2003
KG	Kammergericht
krit.	kritisch
KUG	Gesetz betreffend das Urheberrecht an Werken der bildenden Künste und der Photographie
KUR	Kunstrecht und Urheberecht (Zeitschrift)
Lackner/Kühl	Lackner/Kühl, Strafgesetzbuch – Kommentar, 26. Aufl. 2007
LAG	Landesarbeitsgericht
Langen/Bunte	Langen/Bunte, Kommentar zum deutschen und europäischen Kartellrecht, 11. Aufl. 2010
Leupold/Glossner	Leupold/Glossner (Hrsg.) Münchener Anwaltshandbuch IT-Recht, 2. Aufl. 2011
Lfg.	Lieferung
LG	Landgericht
lit.	litera, Buchstabe
LK-Bearbeiter	Leipziger Kommentar zum Strafgesetzbuch, Jähnke/Laufhütte/Odersky (Hrsg.), 11. und 12. Aufl.
LM	Das Nachschlagewerk des Bundesgerichtshofs in Zivilsachen, herausgegeben von Lindenmaier und Möhring
Löffler PresseR	Löffler, Presserecht, Kommentar, 5. Aufl. 2006 (zitiert: Löffler/Bearbeiter)
Losebl.	Loseblattsammlung
LPG	Landespressegesetz
LS	Leitsatz
LugÜ	Übereinkommen über die gerichtliche Zuständigkeit und die Vollstreckung gerichtlicher Entscheidungen in Zivil- und Handelssachen geschlossen in Lugano

MA	Markenartikel (Zeitschrift)
MarkenG	Gesetz über den Schutz von Marken und sonstigen Kennzeichen (Markengesetz – MarkenG)
MarkenR	Markenrecht (Zeitschrift)
maW	mit anderen Worten
MDR	Monatsschrift für Deutsches Recht (Zeitschrift)
MDStV	Mediendienste-Staatsvertrag
mE	meines Erachtens
Meyer-Goßner	Meyer-Goßner, Strafprozessordnung – Kommentar, 53. Aufl. 2010
mind.	mindestens
Mio.	Million/en
Mitt.	Mitteilungen des Verbandes deutscher Patentanwälte
MK	Medien & Kommunikationswissenschaft (Zeitschrift)
MMR	Multimedia & Recht (Zeitschrift)
mN	mit Nachweisen
MP	Media Perspektiven (Zeitschrift)
MSTV HSH	Staatsvertrag über das Medienrecht in Hamburg und Schleswig-Holstein vom 13.6.2006, HmbGVBl 2007, S. 47
MüKoBGB/Bearbeiter	Münchener Kommentar zum BGB, hrsg. v. Rebmann/Säcker/Rixecker, 5. Aufl. 2007 ff
MüKoHGB/Bearbeiter	Münchener Kommentar zum HGB, hrsg. v. K. Schmidt, 12. Aufl. 2007/2009
MüKoStGB/Bearbeiter	Münchener Kommentar zum StGB, hrsg. v. Joecks/Miesbach, Bd. 2-4, 2003, 2005, 2006
MüKoUWG/Bearbeiter	Münchener Kommentar zum Lauterkeitsrecht, hrsg. v. Heermann/Hirsch, 2006
MuW	Markenschutz und Wettbewerb (Zeitschrift)
MVNO	Mobile Virtual Network Operators
mwN	mit weiteren Nachweisen
Nachw.	Nachweis(e)
nF	neue Fassung
Nikles/Roll/Spürck/Umbach	Nikles/Roll/Spürck/Umbach, Jugendschutzrecht – Kommentar, 2. Aufl. 2005
NJW	Neue Juristische Wochenschrift (Zeitschrift)
NJW-CoR	Computerreport der NJW (Zeitschrift)
NJWE-WettbR	NJW-Entscheidungsdienst Wettbewerbsrecht (Zeitschrift)
NJW-RR	NJW- Rechtssprechungs-Report Zivilrecht (Zeitschrift)
Nr.	Nummer
Nrn.	Nummern
NRB	Nationale Regulierungsbehörde(n)
NStZ	Neue Zeitschrift für Strafrecht
NVersZ	Neue Zeitschrift für Versicherung und Recht
NVwZ	Neue Zeitschrift für Verwaltungsrecht
NVwZ-RR	Neue Zeitschrift für Verwaltungsrecht -Rechtsprechungs-Report

NZA	Neue Zeitschrift für Arbeitsrecht
NZA-RR	Neue Zeitschrift für Arbeitsrecht – Rechtsprechungs-Report
NZG	Neue Zeitschrift für Gesellschaftsrecht
NZI	Neue Zeitschrift für das Recht der Insolvenz und Sanierung
NZV	Netzzugangsverordnung 1996 (Verordnung über besondere Netzzugänge)
o.ä.	oder ähnliche(s)
OLG	Oberlandesgericht
OLGE	Entscheidungen der Oberlandesgerichte einschließlich freiwillige Gerichtsbarkeit
OLGR	OLG-Rechtsprechung
OLG-Rp.	OLG-Report
OLGZ	Entscheidungen der Oberlandesgerichte in Zivilsachen einschließlich der freiwilligen Gerichtsbarkeit (1965–1994; seitdem: FGPrax)
OPAL	optische Anschlussleitungssysteme
OVG	Oberverwaltungsgericht
OWiG	Gesetz über Ordnungswidrigkeiten
Palandt/Bearbeiter	Palandt, BGB, 70. Aufl. 2011
PAngV	Preisangabenverordnung
Paschke	Paschke, Medienrecht, 3. Aufl. 2009 (zitiert: Paschke, Medienrecht)
PatG	Patentgesetz
PBR	Programmbeiratsrichtlinie zu § 32 RStV v. 16.12.1997
PharmR	Pharma-Recht (Zeitschrift)
Piper/Ohly/Sosnitza	Piper/Ohly/Sosnitza, UWG, 5. Aufl. 2010
PLC	Powerline Communication
Prinz/Peters	Prinz/Peters, Medienrecht – Die zivilrechtlichen Ansprüche, 1999
ProdHaftG	Gesetz über die Haftung für fehlerhafte Produkte (Produkthaftungsgesetz)
PrPG	Gesetz zur Stärkung des Schutzes des geistigen Eigentums und zur Bekämpfung der Produktpiraterie (Produktpirateriegesetz)
Prütting/Wegen/Weinreich	Prütting/Wegen/Weinreich (Hrsg.), BGB Kommentar, 6. Aufl. 2011 (zit.: P/W/W-Bearbeiter)
PVÜ	Pariser Verbandsübereinkunft zum Schutz des gewerblichen Eigentums
RabattG	Rabattgesetz
RabelsZ	Zeitschrift für ausländisches und internationales Privatrecht (Band u. Seite)
Rath-Glawatz/Engels/Dietrich	Rath-Glawatz/Engels/Dietrich, Das Recht der Anzeige, 3. Aufl. 2006
Raue/Hegemann	Raue/Hegemann (Hrsg.), Münchener Anwaltshandbuch Urheber- und Medienrecht, 2011

RBerG	Gesetz zur Vergütung von Missbräuchen auf den Gebieten der Rechtsberatung (Rechtsberatungsgesetz)
RDV	Recht der Datenverarbeitung (Zeitschrift)
RdW	Recht der Wirtschaft (Zeitschrift)
RefE	Referentenentwurf
RegBegr.	Regierungsbegründung
RegE	Regierungsentwurf
RfStV	Rundfunkstaatsvertrag
RG	Reichsgericht
RGBl.	Reichsgesetzblatt
RGZ	Entscheidungen des Reichsgerichts in Zivilsachen
RiLi	Richtlinie
RIW	Recht der internationalen Wirtschaft (Zeitschrift)
RL	Richtlinie
Rn	Randnummer
Roßnagel/Bearbeiter	Roßnagel (Hrsg.), Recht der Multimedia-Dienste, Loseblatt, 7. Akt. 2005
RRL	Rahmenrichtlinie – Richtlinie 2002/21/EG des Europäischen Parlaments und des Rates vom 7.3.2002 über einen gemeinsamen Rechtsrahmen für elektronische Kommunikationsnetze und -dienste, ABl. EG Nr. L 108 v. 24.4.2002, S. 33
Rs.	Rechtssache
Rspr	Rechtsprechung
RStV	Rundfunkstaatsvertrag
RVG	Rechtsanwaltsvergütungsgesetz
S.	Seite
s.	siehe
Schiwy/Schütz/Dörr	Schiwy/Schütz/Dörr (Hrsg.), Medienrecht, Lexikon für Praxis und Wissenschaft, 4. Aufl. 2006
Scholz/Liesching	Scholz/Liesching, Jugendschutz – Kommentar, 4.Aufl. 2004
Schönke/Schröder/Bearbeiter	Schönke/Schröder (Hrsg.), Strafgesetzbuch – Kommentar, 28. Aufl. 2010
Schricker/Loewenheim	Schricker/Loewenheim (Hrsg.), Urheberrecht, 4. Aufl. 2010
Sec.	section
SigG	Signaturgesetz
Slg	Sammlung; siehe auch EuGH Slg
SMP	significant market power (beträchtliche Marktmacht)
Soehring	Soehring, Presserecht, 4. Aufl. 2010 (zitiert: Soehring, Presserecht)
Soergel/Siebert	Soergel/Siebert (Hrsg.), Bürgerliches Gesetzbuch mit Einführungsgesetzen und Nebengesetzen, Band 12 Schuldrecht 10, §§ 823–853, Produkthaftungsgesetz, Umwelthaftungsgesetz, 13. Aufl. 2006 (zit.: Soergel/Bearbeiter)
sog.	so genannte(r/s)
Spindler/Wiebe	Spindler/Wiebe, Internet-Auktionen und Elektronische Marktplätze, 2. Aufl. 2005

Spindler/Schmitz/Geis	Spindler/Schmitz/Geis, TDG 2004
Spindler/Schuster	Spindler/Schuster (Hrsg.), Recht der elektronischen Medien, 2. Aufl. 2011
SpuRT	Zeitschrift für Sport und Recht
SSNIP-Test	small, but significant, non-transitory increase in price-Test
Staudinger	J. v. Staudingers Kommentar zum Bürgerlichen Gesetzbuch, Buch II: Recht der Schuldverhältnisse, §§ 826–829; Produkthaftungsgesetz 2003; §§ 823–825 2007 (zitiert: Staudinger/Bearbeiter)
StBerG	Gesetz über die Rechtsverhältnisse der Steuerberater und Steuerbevollmächtigten (Steuerberatungsgesetz)
StGB	Strafgesetzbuch
StPO	Strafprozessordnung
str.	streitig
Ströbele/Hacker	Ströbele/Hacker, Markengesetz, 9. Aufl. 2009
st. Rspr	ständige Rechtsprechung
Stumpf	Stumpf, R., Jugendschutz oder Geschmackszensur, 2009
TAE	Teilnehmeranschlusseinheit
TAL	Teilnehmeranschlussleitung
TDG	Teledienstegesetz
Teplitzky	Teplitzky, Wettbewerbsrechtliche Ansprüche und Verfahren, 9. Aufl. 2007
TKG	Telekommunikationsgesetz
Trautmann	Trautmann, Das neue Telemediengesetz 2007
TRIPS	Agreement on Trade-Related Aspects of Intellectual Property Rights (Übereinkommen über handelsbezogene Aspekte der Rechte des geistigen Eigentums)
TV	Television
TzBfG	Gesetz über Teilzeitarbeit und befristete Arbeitsverträge
u.	und
ua.	und andere
UDRL	Universaldienstrichtlinie – Richtlinie 2002/22/EG des Europäischen Parlaments und des Rates v. 7.3.2002 über den Universaldienst und Nutzerrecht bei elektronischen Kommunikationsdiensten und -netzen, ABl. EG Nr. L 108 v. 24.4.2002, S. 51
Ufita	Archiv für Urheber-, Film-, Funk- und Theaterrecht (Band und Seite)
UIG	Umweltinformationsgesetz
UKlaG	Unterlassungsklagengesetz
Unterabs.	Unterabsatz
unzutr.	unzutreffend
UrhG	Urheberrechtsgesetz
Urt.	Urteil
USA	United States of America
usw.	und so weiter

uU	unter Umständen
UWG	Gesetz gegen den unlauteren Wettbewerb
v.	von, vom, versus
Var.	Variante
VATM	Verband der Anbieter von Telekommunikations- und Mehrwertdiensten e.V.
VersR	Versicherungsrecht
Verw	Die Verwaltung (Zeitschrift)
VG	Verwaltungsgericht
VGH	Verwaltungsgerichtshof
vgl	vergleiche
VO	Verordnung
Vorbem.	Vorbemerkung(en)
VPN	Virtual Private Networks
VVDStRL	Veröffentlichungen der Vereinigung der Deutschen Staatsrechtslehrer
VwGO	Verwaltungsgerichtsordnung
VwVfG	Verwaltungsverfahrensgesetz
VwZG	Verwaltungszustellungsgesetz
Wandtke/Bullinger	Wandtke/Bullinger (Hrsg.), Praxiskommentar zum Urheberrecht, 3. Aufl. 2009
weit. Nachw.	weitere Nachweise
Wenzel	Wenzel (Hrsg.), Das Recht der Wort- und Bildberichterstattung, 5. Aufl. 2003 (zitiert: Wenzel/Bearbeiter)
WiB	Wirtschaftsrechtliche Beratung (Zeitschrift)
WIPO	World Intellectual Property Organization
WiVerw	Wirtschaft und Verwaltung (Zeitschrift); Wirtschaftsverwaltung
WLL	Wireless Local Loop
WM	Wertpapiermitteilungen (Zeitschrift)
WRP	Wettbewerb in Recht und Praxis (Zeitschrift)
WTO	World Trade Organisation (Welthandelsorganisation)
WuB	Entscheidungssammlung zum Wirtschafts- und Bankrecht
WuW	Wirtschaft und Wettbewerb (Zeitschrift)
WuW/E	Wirtschaft und Wettbewerb – Entscheidungssammlung
WZG	Warenzeichengesetz
Yb. PIL	Yearbook of Private International Law
Yb. Eur. L.	Yearbook of European Law
zahlr.	zahlreich(e)
ZAW	Zentralverband der deutschen Werbewirtschaft ZAW eV
zB	zum Beispiel
ZBB	Zeitschrift für Bankrecht und Bankwirtschaft
ZEuP	Zeitschrift für Europäisches Privatrecht

ZHR	Zeitschrift für das gesamte Handels- und Wirtschaftsrecht
Ziff.	Ziffer
ZIP	Zeitschrift für Wirtschaftsrecht
ZLR	Zeitschrift für das gesamte Lebensmittelrecht
Zöller	Zöller (Hrsg.), Kommentar zur Zivilprozessordnung, 28. Aufl. 2010
ZPO	Zivilprozessordnung
ZRL	Zugangsrichtlinie – Richtlinie 2002/19/EG des Europäischen Parlaments und des Rates v. 7.3.2002 über den Zugang zu elektronischen Kommunikationsnetzen und zugehörigen Einrichtungen sowie deren Zusammenschaltung, ABl. EG Nr. L 108 v. 24.4.2002, S. 7
ZRP	Zeitschrift für Rechtspolitik
ZS	Zivilsenat
zT; z.T.	zum Teil
ZugabeVO	Zugabeverordnung
ZUM	Zeitschrift für Urheber- und Medienrecht
ZUM-RD	Zeitschrift für Urheber- und Medienrecht – Rechtsprechungsdienst
zust.	zustimmend
zutr.	zutreffend
ZVglRWiss	Zeitschrift für vergleichende Rechtswissenschaft
ZVP	Zeitschrift für Verbraucherpolitik (Band und Seite)
ZZP	Zeitschrift für Zivilprozess
ZZP Int.	Zeitschrift für Zivilprozess – Internationaler Teil

1. Teil: Medienverfassungs- und Europarecht

1. Kapitel: Europarecht

Schrifttum: *Albath/Giesler*, Das Herkunftslandprinzip in der Dienstleistungsrichtlinie – eine Kodifizierung der Rechtsprechung?, EuZW 2006, 38 ff; *Antweiler/Dreesen*, Vergaberechtliche Beurteilung der Rundfunkgebührenfinanzierung – Neue Entwicklungen und Parallelen zum Beihilferecht, EuZW 2007, 107 ff; *Auvret* (Hrsg.), Les Médias et l'Europe: Entre Errance et Uniformisation, 2009 (zitiert: *Bearbeiter*, in: Auvret, Les Médias et l'Europe); Bacchiega/Dias/Repa/Tosics, The 2009 Broadcasting Communication, Competition Policy Newsletter 2009, S. 10 ff; *Badura*, „Dienste von allgemeinem wirtschaftlichem Interesse" unter der Aufsicht der Europäischen Gemeinschaft, in: Classen/Dittmann u. a. (Hrsg.), Liber amicorum Thomas Oppermann, 2001, S. 571 ff; *Bauer*, Rechtssicherheit bei der Finanzierung gemeinwirtschaftlicher Leistungen? – Zum Verhältnis zwischen Art. 87 I EG und Art. 86 II EG nach der Altmark-Entscheidung des EuGH, EuZW 2006, 7 ff; *Bartosch*, Neue Transparenzpflichten – eine kritische Analyse des Kommissionsentwurfs einer neuen Transparenzrichtlinie, EuZW 2000, 333 ff; *ders.*, Die Kommissionspraxis nach dem Urteil des EuGH in der Rechtssache Altmark – Worin liegt das Neue?, EuZW 2004, 295 ff; *Beck/Münger/Pitum/Sauer*, Service Public unter Druck? Die Auswirkungen der EU-Transparenzrichtlinie auf den öffentlich-rechtlichen Rundfunk, 2004; *Calliess/Ruffert* (Hrsg.), Kommentar zu EU-Vertrag und EG-Vertrag, 3. Aufl. 2007 (zitiert: *Bearbeiter*, in: Calliess/Ruffert, EUV/EGV); *Castendyk/Dommering/Scheuer* (Hrsg.), European Media Law, 2008 (zitiert: *Bearbeiter*, in: Castendyk/Dommering/Scheuer, European Media Law); *Dahlke/Neumann*, Regulatorischer Jugendwahn? – Die Behandlung „neuer Märkte" im TK-Recht, MMR 6/2006, S. XXII f; *v. Danwitz*, Die Kultur in der Verfassungsordnung der Europäischen Union, NJW 2005, 529 ff; *Dargel*, Die Rundfunkgebühr, Verfassungs-, finanz- und europarechtliche Probleme ihrer Erhebung und Verwendung, 2001; *Dörr*, Öffentlich-Rechtlicher Rundfunk und die Vorgaben des Europarechts, Media Perspektiven 7/2005, 333 ff; *ders.*, Die Rolle des öffentlich-rechtlichen Rundfunks in Europa, 1997; *Derieux/Granchet,* Droit des Médias: Droit Français, Européen et International, 5. Aufl. 2008; *Eberle,* Die Transparenzrichtlinie und die öffentlich-rechtlichen Rundfunkanstalten in Deutschland, in: Eberle/Ibler/Lorenz (Hrsg.), Der Wandel des Staates vor den Herausforderungen der Gegenwart, Festschrift Winfried Brohm, 2002, S. 51 ff; *Fechner*, Medienrecht, 11. Aufl., 2010; *Ellinghaus*, Das Telekom-Reformpaket der EU, Computer und Recht 2010, 20 ff; *Feiden*, Die Bedeutung der „Keck"-Rechtsprechung im System der Grundfreiheiten – Ein Beitrag zur Konvergenz der Freiheiten, 2003; *v. Einem*, Grenzüberschreitende Lizenzierung von Musikwerken in Europa – Auswirkungen der Empfehlung der EU-Kommission zur Rechtewahrnehmung auf das System der Gegenseitigkeitsverträge MMR 2006, 647 ff; *Frenz*, Handbuch Europarecht, Bd. 1, Europäische Grundfreiheiten, 2004; *Geiger/Khan/Kotzur* (Hrsg.), EUV/AEUV, Kommentar, 5. Aufl., 2010 (zitiert: *Bearbeiter*, in: Geiger/Khan/Kotzur); *Geppert/Piepenbrock/Schütz/Schuster,* Beck'scher TKG-Kommentar, 3. Aufl., 2006 (zitiert: *Bearbeiter*, in: BeckTKG-Kommentar); *Gersdorf*, Rundfunkfrequenzpolitik zwischen Ökonomisierung und Vielfaltssicherung: zur Reichweite des Rundfunkprivilegs, ZUM 2007, 104 ff; *Gitter/Schnabel*, Die Richtlinie zur Vorratsspeicherung und ihre Umsetzung in das nationale Recht, MMR 2007, 411 ff; *Grabitz/Hilf/Nettesheim*, Kommentar zur Europäischen Union/Das Recht der Europäischen Union, Loseblatt, Stand 41. EL, Juli 2010 (zitiert: *Bearbeiter*, in: Grabitz/Hilf/Nettesheim); *Grave*, Art. 86 II EG: Weder Verbot noch Gebot zur Quersubventionierung von Dienstleistungen im allgemeinen wirtschaftlichen Interesse, EuZW 2001, 709 ff; *Grewenig*, Rechtsprobleme im Zusammenhang mit der Überarbeitung des Rechtsrahmens für elektronische Kommunikation (TK-Review) durch die Europäische Kommission – aus Sicht des privaten Rundfunks, ZUM 2007, 96 ff; *v. d. Groeben/Schwarze* (Hrsg.), Vertrag über die Europäische Union und Vertrag zur Gründung der Europäischen Gemeinschaft, Kommentar, 6. Aufl., 2003 (zitiert: *Bearbeiter*, in: v. d. Groeben/Schwarze); *Hain*, Die Europäische Transparenz-Richtlinie und der öffentlich-rechtliche Rundfunk in Deutschland, MMR 2001, 219 ff; *Handig*, „Neuer Wein in alten Schläuchen" des Folgerechts, ZUM 2006, 546 ff; *Heidenhain* (Hrsg.), European State Aid Law, 2010 (zitiert: *Bearbeiter*, in: Heidenhain, European State Aid Law); *Herdegen*, Freistellung neuer Telekommunikationsmärkte von Regulierungseingriffen – die gesetzliche Steuerung im Lichte des Verfassungs- und Europarechts, MMR 2006, 580 ff; *Herrmann/Lausen*, Rundfunkrecht, 2. Aufl., 2004; *Hoeren*, Das Telemediengesetz, NJW 2007, 801 ff; *Hoeren/Sieber* (Hrsg.), Handbuch Multimedia-Recht, Loseblatt, Stand 25 EL, Juni 2010, (zitiert: *Bearbeiter*, in: Hoeren/Sieber, Handbuch Multimedia-Recht); *Holznagel*, Rundfunkrecht in Europa, Auf dem Weg zu einem Gemeinrecht europäischer Rundfunkordnungen, 1996; *ders.*, Innovationsanreize durch Regulierungsfreistellung – Vom Umgang mit neuen Diensten und Märkten im Medien- und TK-Recht, MMR 2006, 661 ff; *ders./Hombergs*, Das SMP-Regulierungsverfahren in der Review 2006, Nachbesserungs- und Reformbedarf, MMR 2006, 285 ff; *Husch/Kemmler/Ohlenburg*, Die Umsetzung des EU-Rechtsrahmens für elektronische Kommunikation: Ein erster Überblick, MMR 2003, 139 ff; *Immenga/Mestmäcker*, Wettbewerbsrecht, Kommentar zum Europäischen Kartellrecht, 4. Aufl., 2007 (zitiert: *Bearbeiter*, in: Immenga/Mestmäcker, Wettbewerbsrecht: EG); *Jennert*, Finanzierung und Wettbewerb in der Daseinsvorsorge nach Altmark Trans, NVwZ 2004, 425 ff; *Klaes*, Verbraucherschutzregelungen in der Telekommunikation im europäischen Vergleich, MMR 2007, 21 ff; *Kleist/Scheuer*, Audiovisuelle Mediendienste ohne Grenzen, MMR 2006, 127 ff; *dies.*, Kultur und Quoten, ZUM 2006, 108 ff; *Klotz/Brandenberg*, Der novellierte EG-Rechtsrahmen für elektronische Kommunikation: Anpassungsbedarf im TKG, MMR 2010, 147 ff; *Koenig/Kühling*, Mitgliedstaatliche Kulturförderung und gemeinschaftliche Beihilfekontrolle durch die EG-Kommission, EuZW 2000, 197 ff; *Körner*, EU-Dienstleistungsrichtlinie und Arbeitsrecht, NZA 2007, 233 ff; *Lemor*, Auswirkungen der Dienstleistungsrichtlinie auf ausgesuchte reglementierte Berufe, EuZW 2007, 135 ff; *Lenz/Borchardt* (Hrsg.), EU-Verträge, Kommentar, 5. Aufl., 2010 (zitiert: *Bearbeiter*, in: Lenz/Borchardt, EU-Verträge); *Loewenheim/Meessen/Riesenkampff*, Kartellrecht: Europäisches und Deutsches Recht, Kommentar, 2. Aufl., 2009 (zitiert: *Bearbeiter*, in: Loewenheim/Meessen/Riesenkampff, Kartellrecht); *Meyer* (Hrsg.), Charta der Grundrechte der Europäischen Union, Kommentar, 3. Aufl., 2010 (zitiert: *Bearbeiter*, in: Meyer, Charta der Grundrechte); *Mestmäcker/Schweitzer*, Europäisches Wettbewerbsrecht, 2. Aufl., 2004; *Michel*, Konvergenz der Medien – Auswirkungen auf das Amsterdamer Protokoll und das Europäische Beihilferecht, MMR 2005, 284 ff; *Möller/Joost*, Ein Programm für die Zukunft des Fernsehens?, MMR 2007/5, S. VI f; *Möschel*, Investitionsförderung als Regulierungsziel: Neuausrichtung des Europäischen Rechtsrahmens für die elektronische Kommunikation, MMR 2010, 450 ff; *Mückl*, Paradigmenwechsel im europäischen Medienrecht: Von der Fernseh-Richtlinie zur Richtlinie über audiovisuelle Mediendienste, DVBl 2006, 1201 ff; *Niederalt*, Rechtsprobleme im Zusammenhang mit der Überarbeitung des Rechtsrahmens für elektronische Kommunikation (TK-Review) durch die Europäische Kommission – Diskussionsbericht zur gleichnamigen Arbeitssitzung des Instituts für Urheberecht am 24.11.2006, ZUM 2007, 109 f; *Nihoul*, Les Services d'intérêt géneral dans le Traite d'Amsterdam, in: Lejeune (Hrsg.), Le Traite d'Amsterdam: Espoirs et Déceptions, 1998, S. 341 ff; *Oppermann/Classen/Nettesheim*, Europarecht, 4. Aufl. 2009; *Pauwels/Kalimo/Donders/Van Rompuy* (Hrsg.), Rethinking European Media and Communications Policy, 2009 (zitiert: *Bearbeiter*, in: Pauwels/Kalimo/Donders/Van Rompuy); *Petersen*, Medienrecht, 5. Aufl., 2010; *Pöcker*, Der EuGH, das Beihilferecht und die Prozedualisierung, EuZW 2007, 167 ff; *Poll*, Grenzüberschreitende Lizenzierung von Musikwerken in Europa – Weiterführende Überlegungen, MMR 2007, Heft 2, S. XXVII ff; *Quardt*, Reduzierung des beihilferechtlichen Prüfungsmonopols der EU-Kommission auf eine Modellfunktion? – Vorlagefragen in der Rechtssache CELF vor dem Hintergrund der Spruchpraxis des EuGH in den Rechtssachen van Calster und Transalpine, EuZW 2007, 204 ff; *Rosenkranz*, Die völkerrechtskonforme Auslegung des EG-Sekundärrechts dargestellt am Beispiel des Urheberrechts – Zugleich eine Besprechung von EuGH, Urt. v. 7.12.2006 – C-306/05, EuZW 2007, 81, EuZW 2007, 238 ff; *Roßnagel* (Hrsg.), Elektronische Medien zwischen Exklusivität und Grundversorgung, 2010, (zitiert: *Bearbeiter*, in: Roßnagel, Elektronische Medien); *Roßnagel/Scheuer*, Das europäische Medienrecht, MMR 2005, 271 ff; *Roßnagel/Strothmann*, Die duale Rundfunkordnung in Europa, 2004; *Schild*, Vom Dreigestirn zum Zweigestirn? – Ein Beitrag zum sprachlichen Babylon nach dem zukünftigen neuen TMG und dem 9. RÄStV, MMR 2/2007, S. V ff; *Schiwy/Schütz/Dörr* (Hrsg.), Medienrecht, Lexikon für Praxis und Wissenschaft, 5. Aufl. 2010 (zitiert: *Bearbeiter*, in: Schiwy/Schütz/Dörr, Lexikon Medienrecht); *Schoch*, Konvergenz der Medien – Sollte das Recht der Medien harmonisiert werden?, JZ 2002, 798; *Schulz*, Zum Vorschlag für eine Richtlinie über audiovisuelle Mediendienste, AP d. Hans-Bredow-Instituts Nr. 17, 2006; *Schulze/Zuleeg/Kadelbach* (Hrsg.), Europarecht, Handbuch für die Europäische Rechtspraxis, 2. Aufl., 2010 (zitiert: *Bearbeiter*, in: Schulze/Zuleeg/Kadelbach, Europarecht); *Schütz*, Rundfunkbegriff: Neutralität der Inhalte oder der Übertragung? Konvergenz und Innovation, MMR 2009, 228 ff; *Schwarze*, Medienfreiheit und Medienvielfalt im Europäischen Gemeinschaftsrecht, ZUM 2000, 779 ff; *Schweda*, Die Audiovisuellen Medien im reformierten EG-Rechtsrahmen für elektronische Kommunikation, KUR 2010, 81 ff; *Schwendinger*, Gemeinschaftsrechtliche Grenzen öffentlicher Rundfunkfinanzierung – Audiovisuelle Daseinsvorsorge und Pluralismussicherung im Lichte von EG-Beihilferecht und Dienstleistungsfreiheit, 2007; *Thum*, Vereinbarkeit der Gebührenfinanzierung des öffentlich-rechtlichen Rundfunks mit EG-Beihilferecht, NVwZ 2007, 521 ff; *Trzaskalik*, Transparenzpflichten des öffentlich-rechtlichen Rundfunks, 2000; *v. Wallenberg*,

Anmerkung zu EuGH, Rs. C-34 bis 38/01, Enirisorse, MMR 2004, 88 ff; *Wernicke*, Die Wirtschaftsverfassung der Gemeinschaft zwischen gemeinwirtschaftlichen Diensten und Wettbewerb, oder: Wer hat Angst vor Art. 86 II EG?, EuZW 2003, 481 ff; *Westphal*, Die neue EG-Richtlinie zur Vorratsdatenspeicherung – Privatsphäre und Unternehmerfreiheit unter Sicherheitsdruck EuZW 2006, 555 ff; *Wille*, Rechtsprobleme im Zusammenhang mit der Überarbeitung des Rechtsrahmens für elektronische Kommunikation (TK-Review) durch die Europäische Kommission aus Sicht des öffentlich-rechtlichen Rundfunks, ZUM 2007, 89 ff.

Einleitung

Europäisches Gemeinschaftsrecht und nationale Rundfunk- und Medienordnungen befinden sich seit Jahrzehnten in einem schwierigen Spannungsverhältnis. Als die Gemeinschaften Ende der Fünfziger Jahre gegründet wurden, war sich wohl niemand bewusst, dass das Vertragsrecht der EWG und das darauf gegründete Sekundärrecht der EG einmal gravierende Auswirkungen auf das nationale Medienrecht haben würden und dessen Grundstrukturen mit bestimmen würden. Die Verträge jedenfalls schweigen zu diesem Thema. Es sollte recht lange Zeit dauern, bis die Organe der EG das Medienrecht als Themenfeld der europäischen Integration entdeckten. Diese relativ späte Europäisierung in unionsrechtlicher Hinsicht geht mit einer starken Fragmentierung des Europäischen Medienraums durch nationale Sprachgrenzen einher. Dennoch ist in letzter Zeit eine durch **technologische Entwicklung** (s. *Dörr*, in: Schiwy/Schütz/Dörr, Lexikon Medienrecht, S. 122) begünstigte Konvergenz Europäischer Medien zu verzeichnen. Aufgrund dieser technischen Innovationen gehen die Grenzen zwischen traditionellen Medien und individueller Kommunikation zunehmend ineinander über (*Kalimo/Pauwels*, in: Pauwels/Kalimo/Donders/Van Rompuy, The Converging Media and Communications Environment, S. 11). Die daraus resultierenden Kommunikationsnetzwerke könnten somit einen Kristallisationspunkt einer Europäischen Öffentlichkeit bilden. Die rechtliche Europäisierung des Medienrechts auf Unionsebene dürfte durch diese Entwicklung zunehmend verstärkt werden (zur sog. **Internationalisierung** des Medienrechts s. auch *Derieux/Granchet*, Droit des Médias: Droit Français, Européen et International, S. 785, Rn 2425 ff). In den **Sechziger und Siebziger Jahren** nahm sich zunächst eher der **Europarat** des medienrechtlichen Themenfeldes an, gestützt auf die **Bedeutung der Medien für das Funktionieren einer demokratischen Gesellschaft** (s. *Herrmann/Lausen*, Rundfunkrecht, S. 238 ff). Im Blick auf den gemeinsamen Wertekanon der westlichen Demokratien, dessen Bekräftigung und Bewahrung den Grundimpetus für die Gründung des Europarates dargestellt hatte, erscheint es nur als legitim, **mit Instrumenten des „soft law"** (und dann auch der Ausarbeitung einzelner Verträge) für die Weiterentwicklung von Medienfreiheit und Medienpluralismus zu wirken (*Derieux/Granchet*, Droit des Médias: Droit Français, Européen et International, S. 803, Rn 2488 ff). 1

Die **technologische Entwicklung** insbesondere im Bereich des Rundfunks führte schleichend zu einer **Neuformulierung des delikaten Verhältnisses von Medienfreiheit und Sicherung des Medienpluralismus.** Hatte der Europäische Gerichtshof für Menschenrechte ursprünglich akzeptiert, dass im System der öffentlich-rechtlichen Rundfunkmonopole die Medienfreiheit hinter der Pluralismussicherung zurückzutreten hatte, so verschob sich mit den neuen technischen Möglichkeiten des Kabel- und des Satellitenfernsehens und dem Aufkommen des Privatfernsehens ersichtlich die Balance. Zwar betont der EGMR (und ihm folgend auch der EuGH) heute noch die grundlegende Bedeutung der Medienvielfalt für das Funktionieren einer demokratischen Gesellschaft (s. nur die Entscheidung des EGMR in den Fällen Informationsverein Lentia/Österreich, Urt. v. 24.11.1993, Ser. A 276, 14 Rn 38; Groppera Radio AG u.a./Schweiz, Urt. v. 28.3.1990, Ser. A 173, 26 f Rn 69 f). Staatliche Monopole sind durch diesen Belang aber heute praktisch nicht mehr zu rechtfertigen; er dient heute einzig der rechtlichen Absicherung der in den meisten Mitgliedstaaten der EU bestehenden „dualen Systeme". 2

In den Kategorien „dualer Systeme" aber ist die Erkenntnis eines **Doppelcharakters der Medien** (und insbesondere des Rundfunks) als **Kultur- wie als Wirtschaftsgut** unabweisbar (s. *Dörr*, Die Rolle des öffentlich-rechtlichen Rundfunks in Europa, S. 27 f). In den Worten der Kommission: „Die audiovisuelle Industrie ist damit nicht einfach eine Industrie wie jede andere, sie produziert nicht nur Waren, die auf dem Markt verkauft werden wie alle anderen. (…) Sie hat eine entscheidende Funktion bei der Vermittlung, Entwicklung und sogar beim Aufbau kultureller Identität." (Mitteilung der Kommission „Grundsätze und Leitlinien für die audiovisuelle Politik der Gemeinschaft im digitalen Zeitalter" v. 14.12.1999, KOM (1999) 657 endg., Ziff. 1. aE). Die Probleme dieses Doppelcharakters bestimmen 3 das europäische Medienrecht bis heute (s. nur *Schwarze*, ZUM 2000, 779 ff). Als Wirtschaftsgut unterfallen die Medien unzweifelhaft den (auf Herstellung eines „Binnenmarktes ohne Grenzen" gerichteten) Disziplinen des Gemeinschaftsrechts. Allein die Bezeichnung der Medien als Wirtschaftsgut geriet jedoch mit manchen nationalen Traditionen in Konflikt. Letztere sind auch ein Grund für die späte Geburt einer Europäischen Medienrechtsordnung (S. *Derieux/Granchet*, Droit des Médias: Droit Français, Européen et International, S. 837, Rn 2717 ff zur vormals ablehnenden Haltung Frankreichs, welche die kulturelle Bedeutung der Medien in den Vordergrund stellte und wirtschaftliche Aspekte negierte). Heutzutage ist die Doppelnatur der Medien jedoch allgemein anerkannt. Nationale Regulierungen der Medien müssen sich dementsprechend an den Vorgaben der Dienstleistungs- und Warenverkehrsfreiheit sowie den Standards der europäischen Wettbewerbspolitik messen lassen. Zugleich bleiben sich jedoch auch die Gemeinschaftsorgane bewusst, dass der (Doppel-)Charakter der Medien als Kultur- wie als Wirtschaftsgut gravierende Beschränkungen der grenzüberschreitenden Märkte für Mediendienstleistungen und -produkte notwendig macht (s. *Schwarze*, ZUM 2000, 779, 783, 789 f). Kommission wie Gerichtshof haben dem konstant Rechnung zu tragen gesucht, indem sie immer wieder betont haben, die Bedeutung der Gewährleistung einer pluralistischen Rundfunkordnung für das Funktionieren demokratischer Gesellschaften wie für die Bildung kultureller Identitäten rechtfertige weit reichende Beschränkungen der Marktfreiheiten sowie erhebliche Abweichungen von den Standards der Wettbewerbspolitik im Blick auf den Daseinsvorsorgecharakter des öffentlich-rechtlichen Rundfunks (s. nur EuGH Rs. C-288/89, Gouda, Slg 1991, S. I-4007, Rn 19 ff). Dennoch wird gerade auch die Kommission für eine Überbetonung wirtschaftlicher Aspekte in Zusammenhang mit ihrer Kontrolle öffentlich-rechtlicher Medienanstalten kritisiert (s. dazu *Donders*, in: Pauwels/Kalimo/Donders/Van Rompuy, State Aid and Public Service Broadcasting, S. 187).

4 Daraus ergibt sich eine unaufhebbare **normative Spannungslage**, die das gesamte europäische Medienrecht durchzieht. Obwohl zunächst monodimensional angelegt, in der Perspektive einer **Optimierung gemeineuropäischer Marktfreiheit** (s. *Schoch*, JZ 2002, 798, 804), hat das Medienrecht der Union immer auch die **legitimen Gemeinwohlbelange** mit in den Blick zu nehmen, die den nationalen Gesetzgeber in der Ausgestaltung der Medienordnungen bewegen (s. *Schwarze*, ZUM 2000, 779, 783, 789 f). In der Realität prägen beide Pole die Ausformung sowohl der primärrechtlichen Grundstandards als auch die Entwicklung eines sich thematisch immer weiter ausfächernden Sekundärrechts. Nachweisen lässt sich dies zum einen sehr deutlich an der Rechtsprechung des EuGH zu den medienspezifischen Facetten der **Grundfreiheiten**, insbesondere der Dienstleistungsfreiheit und der Warenverkehrsfreiheit, aber auch an der Praxis der Kommission (und der auf deren Grundlage ergangenen Rechtsprechung von EuG und EuGH) zu den **Wettbewerbsvorschriften** der Art. 101 ff AEUV, insbesondere der Art. 106 und 107 AEUV. Vollends unvermeidlich ist das Aufnehmen der geschilderten Spannungslage in den **Regelungen des Sekundärrechts**. Die Herstellung der Dienstleistungsfreiheit für Rundfunksendungen etwa, um nur das Beispiel der „Fernsehrichtlinie" zu nehmen, mit dem Prinzip der alleinigen Sendestaatskontrolle, war nur möglich um den Preis einer Grundharmonisierung des Rundfunkrechts, in deren Gefolge das Europarecht auch Minimalstandards der Sicherung bestimmter legitimer Gemeinwohlbelange ausformt (s. nur *Schwarze*, ZUM 2000, 779, 793 f). Konsequenterweise konnte sich die Richtlinie nicht auf das Prinzip einer wechselseitigen Anerkennung der Zulassung von Rundfunkveranstaltern in anderen Mitgliedstaaten beschränken, sondern enthält Regelungen über Quotenregelungen für europäische Werke, über Fragen der Werbung, des Sponsoring und des Teleshopping, Regelungen zum Jugendschutz, Vorschriften zum Gegendarstellungsrecht, zu Fragen der Förderung der Produktion europäischer Werke sowie zur Sicherung des Zugangs der Zuschauer zu (sportlichen) Großereignissen.

5 Der sich daraus ergebende Befund ist zwiespältig. Zum einen ist es sicherlich richtig, dass sich eine umfassende europäische Medienordnung allein schon aufgrund des europarechtlichen **Prinzips der begrenzten Einzelermächtigung** verbietet (so etwa *Fechner*, Medienrecht, S. 184, Rn 1). Der normative Ansatzpunkt des europäischen Medienrechts ist recht beschränkt – Grundfreiheiten und Wettbewerbspolitik – und diese Beschränkung wird das Medienrecht der Europäischen Gemeinschaft auch noch auf lange Sicht prägen. Die mit dem Maastricht-Vertrag eingeführte **Kulturkompetenz des Art. 167 AEUV** betont letztlich diese Beschränkung eher als dass es sie aufhöbe (s. *Schwarze*, ZUM 2000, 779, 794 ff). Zugleich ist der Regelungsgehalt vor allem des einschlägigen Sekundärrechts mittlerweile so weit ausgefächert, dass sich kaum noch Rechtsfragen von medienrechtlicher Relevanz finden lassen, die nicht in der einen oder anderen Form europarechtlich überformt wären. Auch das europäische Medienrecht erweist sich damit inzwischen als ein sehr facettenreiches Rechtsgebiet, das

einen **Querschnitt aus zivil-, verwaltungs- und strafrechtlichen Themen** darstellt (s. *Roßnagel/Scheuer*, MMR 2005, 271 ff).

Die nachstehende Darstellung des europäischen Medienrechts folgt in ihrem Aufbau den **Beschränkungen, die die Rechtsgrundlagen zunächst vorgeben.** Am Beginn der Darstellung müssen die **Grundfreiheiten** stehen, an deren Anwendungspraxis sich so etwas wie der Kristallisationskern eines europäischen Medienrechts gebildet hat. Selbst zentrale sekundärrechtliche Regelungen wie die Fernsehrichtlinie bzw deren Nachfolgeregelung, die Mediendiensterichtlinie, haben letztlich dienende Funktion im Blick auf die Herstellung der Grundfreiheiten, dienen der Verwirklichung der Dienstleistungsfreiheit im Sinne eines „Fernsehmarktes ohne Grenzen". Daran schließt sich eine eingehende Untersuchung der Folgerungen an, die sich aus den **Wettbewerbsvorschriften** für die Gestaltung der Medienordnung ergeben – mit einem Schwerpunkt in den Vorschriften der Art. 106 und 107 AEUV, deren Sprengkraft für die Austarierung der zwei Pfeiler des „dualen Systems" bis heute nicht vollständig ausgelotet ist. Ergänzt wird das Bild durch einen Blick auf das Amsterdamer Protokoll über den öffentlich-rechtlichen Rundfunk und die neue **Kulturkompetenz des Art. 167 AEUV**, deren begrenzte Handlungsformen allerdings die Beschränkung des Zugriffs des europäischen Medienrechts auf die kulturellen Dimensionen der Medien eher bestätigen als beseitigen. In einem letzten Teil werden schließlich die wichtigsten **sekundärrechtlichen Regelungen** kursorisch dargestellt. Ein Schwerpunkt wurde hier – von der Sachlogik nahe liegend – auf die Regelungen der „Mediendiensterichtlinie" gelegt. Von besonderer Bedeutung für die Medienordnung ist daneben das Richtlinienpaket zur Regulierung der Märkte für Telekommunikationsdienstleistungen, das ebenfalls im Teil über das Sekundärrecht näher behandelt wird. Die Vielzahl von recht speziellen, häufig auch relativ technischen Richtlinien und Verordnungen zu Einzelaspekten des Medienrechts wird in der Folge nur relativ knapp abgehandelt – hätte man diese Vorschriften ernsthaft in Kommentarform abhandeln wollen, hätte es dafür eines eigenen Bandes bedurft. 6

Nicht verschwiegen sei an dieser Stelle die **Herausforderung**, vor die sich das nationale wie europäische Medienrecht gestellt sieht – die zunehmende technische wie wirtschaftliche **Konvergenz der Medien** (s. *Schoch*, JZ 2002, 798 ff; *Holznagel*, NJW 2002, 2353 ff). Das europäische Medienrecht tut sich mit dieser Herausforderung tendenziell etwas leichter als das nationale Medienrecht, da die – historisch-genetisch erklärbare – Segmentierung des Medienrechts in mehrere, weitgehend unabhängig voneinander entstandene Pfeiler, die so nachhaltig das nationale Medienrecht prägt (s. nur *Holznagel*, NJW 2002, 2352 f), im Gemeinschaftsrecht nie vergleichbar stark ausgeprägt war. Zwar wurden auch im Gemeinschaftsrecht die medienrechtlichen Regelungen überwiegend in einer nach Branchen und Techniken differenzierenden Weise erlassen (s. *Roßnagel/Scheuer*, MMR 2005, 271). Die Kommission hat sich jedoch schon früh auf den technologischen Trend eingelassen, dass immer mehr elektronische Dienste und Angebote über dieselben Übertragungsnetze verbreitet und durch dasselbe Endgerät empfangen werden, woraus ökonomisch ein schrittweises Zusammenwachsen verschiedener Wirtschaftsbranchen resultiert (s. *Holznagel*, NJW 2002, 2352), und hat sich um ein entsprechendes Umsteuern der regulatorischen Vorgaben bemüht (s. nur das „Grünbuch zur Konvergenz der Branchen Telekommunikation, Medien und Informationstechnologien und ihren ordnungspolitischen Auswirkungen", KOM (1997) 623 endg.). Dementsprechend leichter fällt es der Sekundärrechtsetzung, auf erkennbare Konvergenztendenzen regulatorisch zu reagieren, wie man sehr deutlich an der Nachfolgeregelung zur Fernsehrichtlinie, der **„Mediendiensterichtlinie"**, erkennen kann. Rechtspolitisch mag man über diese Reaktionen des Gemeinschaftsgesetzgebers streiten – unverkennbar ist jedoch, dass hier regulatorisch erheblicher Anpassungsbedarf besteht, dem nachzukommen dem nationalen Medienrecht schwer fällt. 7

1. Abschnitt: Primärrecht

Einführung

Die allgemein wirtschaftsbezogenen **Grundfreiheiten** lassen sich hier jeweils nur in groben Zügen bezüglich ihrer medienspezifischen Relevanz darstellen. Eine umfassendere Darstellung der Grundfreiheiten würde den Rahmen eines medienrechtlichen Kommentars ebenso sprengen wie die vollständige Wiedergabe sämtlicher Normtexte. Im Zusammenhang mit den Grundfreiheiten muss nach den Änderungen des Vertrages von Lissabon nunmehr auch auf die **Charta der Grundrechte der Europäischen Union** eingegangen werden (zur umfangreichen Darstellung der medienrechtlich relevanten Gewährleistungen s. *Schulz*, **Abschnitt 3**). Angesichts der besonderen Bedeutung für das Medienrecht erlaubt der Bereich des **europäischen Wettbewerbsrechts** hingegen eine umfangreichere Erörterung. Dies gilt zunächst für das europäische **Kartellrecht (Art. 101 ff)**, das wegen seines unmittelbaren Bezugs zu dem im 2. Teil erläuterten nationalen Recht dort vertieft dargestellt wird (s. **Abschnitte 15 und 20**). Ferner ist im Medienrecht und vor allem für den öffentlich-rechtlichen Rundfunk das europäische **Beihilferegime der Art. 107 ff** von besonderer Relevanz. Ebenfalls unerlässlich für eine medienspezifische Kommentierung ist die ausführlichere Darstellung des für **öffentliche und monopolartige Unternehmen** geltenden **Art. 106** und dessen Ausnahmetatbestand für Unternehmen der **Daseinsvorsorge**. Abschließend ist kurz der Regelungsgehalt des **Art. 167** zu behandeln, der den Beitrag der Gemeinschaft zur **Entfaltung des Kulturlebens** in den Mitgliedstaaten festlegen soll. 8

1. Unterabschnitt: Grundfreiheiten und Grundrechte

Die im AEUV zentral verankerten Grundfreiheiten sollen die Freiheit des grenzüberschreitenden Waren-, Personen-, Dienstleistungs- und Kapitalverkehrs und damit die wesentlichen Grundlagen eines gemeinsamen europäischen Wirtschaftsraumes gewährleisten (vgl *Frenz*, Handbuch Europarecht, Bd. 1, Rn 2 ff; *Pache*, in: Schulze/Zuleeg/Kadelbach, Europarecht, § 10, Rn 1 ff). Die Grundfreiheiten verleihen für die in ihnen geregelten Freiheitsbereiche **subjektive Rechte**, auf die sich der Unionsbürger direkt berufen kann (st. Rspr des EuGH seit Rs. 26/62, van Gend & Loos, Slg 1963, S. 1, Rn 24 ff; vertiefend *Frenz*, Handbuch Europarecht, Bd. 1, Rn 83 ff), sofern der konkrete Sachverhalt einen grenzüberschreitenden Bezug aufweist (s. *Pache*, in: Schulze/Zuleeg/Kadelbach, Europarecht, § 10, Rn 12 ff). Zunehmend zeichnet sich in der Rechtsprechung des EuGH eine Angleichung der Grundfreiheiten hinsichtlich der erfassten Beschränkungen und deren Rechtfertigung ab, so dass mittlerweile von der **Konvergenz der Grundfreiheiten** gesprochen wird (s. nur *Feiden*, Die Bedeutung der „Keck"-Rechtsprechung im System der Grundfreiheiten – Ein Beitrag zur Konvergenz der Freiheiten, 2003). Die **Systematik** der Grundfreiheiten lässt sich am anschaulichsten mit der Prüfungsstruktur der deutschen Grundrechte vergleichen (vgl *Frenz*, Handbuch Europarecht, Bd. 1, Rn 346 ff; *Kotzur*, in: Geiger/Khan/Kotzur, EUV/AEUV, Art. 34, Rn 2; s. auch *Kingreen*, in: Calliess/Ruffert, EUV/EGV, Art. 28/29/30, Rn 28). Die Grundfreiheiten enthalten jeweils – geschriebene und ungeschriebene – Schrankenregelungen, unter deren Voraussetzungen Eingriffe der Mitgliedstaaten in die Schutzbereiche gerechtfertigt sein können, sofern sie wiederum den Schranken-Schranken gerecht werden (s. *Pache*, in: Schulze/Zuleeg/Kadelbach, Europarecht, § 10, Rn 54 ff). Gleichsam als Modell für die Auslegung der anderen Grundfreiheiten dient oftmals die Warenverkehrsfreiheit (s. nur *Müller-Graff*, in: v. d. Groeben/Schwarze, Art. 28–31, Rn 10). 9

Als übergeordnete Entwicklung muss in diesem Zusammenhang auch der Vertrag von Lissabon genannt werden, welcher am 1. Dezember 2009 in Kraft getreten ist. Durch diesen erfuhr der EU-Vertrag zahlreiche Änderungen; zudem tritt an die Stelle des EG-Vertrages der Vertrag über die Arbeitsweise der Europäischen Union (AEUV). Grundlegende Änderungen in Bezug auf das Medienrecht ergeben sich hierdurch jedoch vorerst nicht. Langfristige Bedeutung für das Medienrecht wird allerdings der Art. 6 EUV nF entfalten. Als medienrechtlicher Gesetzgeber ist die Union an die Vorgaben des Primärrechts und der Gemeinschaftsgrundrechte gebunden. Aufgrund des Art. 6 Abs. 3 EUV nF muss die Union die Gewährleistungen der EMRK als allgemeine Grundsätze des Unionsrechts achten. Dazu zählt auch Art. 10 EMRK, welcher die Medienfreiheit gewährleistet und in Hinblick auf Medienpluralismus umfassenden Schutz entfaltet (s. *Auvret*, in: Auvret, Les Médias et l'Europe, L'Evolution de la Liberté de Communication, S. 29 ff; *Holznagel/Nolden*, in: Hoeren/Sieber, Handbuch Multimedia-Recht, Teil 5, Rn 21). Aus dieser umfangreichen Medienfreiheit folgt auch die Unzulässigkeit einer Begünstigung der öffentlich-rechtlichen Rundfunkanstalten, welche nicht von demokratischen, sozialen und kulturellen Bedürfnissen der Gesellschaft gedeckt ist. Darüber hinaus erlangt die Charta der 10

Grundrechte der Europäischen Union durch Art. 6 Abs. 1 EUV nF nunmehr rechtliche Verbindlichkeit (s. *Oppermann/Classen/Nettesheim*, Europarecht, § 18, Rn 56; *Schorkopf*, in: Grabitz/Hilf/Nettesheim, Art. 6, Rn 28). Art. 11 der Charta schützt die Kommunikations- und Medienfreiheiten, so dass diesen nunmehr eine primärrechtliche Wirkung zukommt (s. *Bernsdorff*, in: Meyer, Charta der Grundrechte, Art. 11, Rn 1 ff). Dabei übernimmt Art. 11 GRC die grundlegenden Konturen des Art. 10 EMRK (s. *Rideau*, in: Auvret, Les Médias et l'Europe, La liberté d'expression dans la Charte des droits fondamentaux, S. 69). Eine wichtige Neuerung besteht jedoch darin, dass das Recht der Freiheit der Medien sowie das Prinzip ihrer Pluralität nunmehr eigenständig in Art. 11 Abs. 2 GRC verankert ist. Diese eigenständige Regelung wird auch als Einleitung eines Prozesses der **Emanzipierung des Mediengrundrechts** von der Meinungsäußerungsfreiheit beschrieben (s. hierzu *Bernsdorff*, in: Meyer, Charta der Grundrechte, Art. 11, Rn 15). Die Erläuterung des Präsidiums zum Entwurf der Charta der Europäischen Union (s. Dok. CHARTE 4487/00 CONVENT 50, verfügbar unter http://www.europarl.europa.eu/charter/pdf/04473_de.pdf) nimmt dabei ausdrücklich auf die bisherige Rechtsprechung des EuGH zum Primär- und Sekundärrecht Bezug. Im Gegensatz zur EMRK binden die Mediengrundrechte der Charta aber nicht die Mitgliedstaaten in ihren rein nationalen Handlungen, sondern nur die Unionsorgane (und die mitgliedstaatlichen Organe im indirekten Vollzug des Unionsrechts). Der Ende 2010 ausgebrochene Konflikt über das neue ungarische Mediengesetz hat gezeigt, dass die Mediengrundrechte der Charta sowie die parallelen Gewährleistungen der EMRK wohl nicht taugliche Maßstabsnormen der unionsrechtlichen Aufsicht der Kommission über die Mitgliedstaaten darstellen (und letztlich auch des Vertragsverletzungsverfahrens) darstellen, zumindest soweit nicht parallel auch ganz spezifisch Vorgaben des Sekundärrechts betroffen sind.

Art. 28–37 AEUV Zoll- und Warenverkehrsfreiheit

Artikel 28 (früher Art. 23 EGV) [Zollunion]

(1) Die Union umfasst eine Zollunion, die sich auf den gesamten Warenaustausch erstreckt; sie umfasst das Verbot, zwischen den Mitgliedstaaten Ein- und Ausfuhrzölle und Abgaben gleicher Wirkung zu erheben, sowie die Einführung eines Gemeinsamen Zolltarifs gegenüber dritten Ländern.

(2) Artikel 30 und Kapitel 3 dieses Titels gelten für die aus den Mitgliedstaaten stammenden Waren sowie für diejenigen Waren aus dritten Ländern, die sich in den Mitgliedstaaten im freien Verkehr befinden.

Artikel 29 (früher Art. 24 EGV) [Freier Verkehr von Waren aus dritten Ländern]

Als im freien Verkehr eines Mitgliedstaats befindlich gelten diejenigen Waren aus dritten Ländern, für die in dem betreffenden Mitgliedstaat die Einfuhrförmlichkeiten erfüllt sowie die vorgeschriebenen Zölle und Abgaben gleicher Wirkung erhoben und nicht ganz oder teilweise rückvergütet worden sind.

Artikel 30 (früher Art. 25 EGV) [Verbot von Zöllen]

Artikel 31 (früher Art. 26 EGV) [Gemeinsamer Zolltarif]

Artikel 32 (früher Art. 27 EGV) [Zielsetzung der Kommissionsaufgaben]

Artikel 34 (früher Art. 28 EGV) [Verbot von Einfuhrbeschränkungen]

Mengenmäßige Einfuhrbeschränkungen sowie alle Maßnahmen gleicher Wirkung sind zwischen den Mitgliedstaaten verboten.

Artikel 35 (früher Art. 29 EGV) [Verbot von Ausfuhrbeschränkungen]

Mengenmäßige Ausfuhrbeschränkungen sowie alle Maßnahmen gleicher Wirkung sind zwischen den Mitgliedstaaten verboten.

Artikel 36 (früher Art. 30 EGV) [Ausnahmen]

[1]Die Bestimmungen der Artikel 34 und 35 stehen Einfuhr-, Ausfuhr- und Durchfuhrverboten oder -beschränkungen nicht entgegen, die aus Gründen der öffentlichen Sittlichkeit, Ordnung und Sicherheit, zum Schutze der Gesundheit und des Lebens von Menschen, Tieren oder Pflanzen, des nationalen Kulturguts von künstlerischem, geschichtlichem oder archäologischem Wert oder des gewerblichen und kommerziellen Eigentums gerechtfertigt sind. [2]Diese Verbote oder Beschränkungen dürfen jedoch weder ein Mittel zur willkürlichen Diskriminierung noch eine verschleierte Beschränkung des Handels zwischen den Mitgliedstaaten darstellen.

Artikel 37 (früher Art. 31 EGV) [Staatliche Handelsmonopole]

(1) Die Mitgliedstaaten formen ihre staatlichen Handelsmonopole derart um, dass jede Diskriminierung in den Versorgungs- und Absatzbedingungen zwischen den Angehörigen der Mitgliedstaaten ausgeschlossen ist.

[1]Dieser Artikel gilt für alle Einrichtungen, durch die ein Mitgliedstaat unmittelbar oder mittelbar die Einfuhr oder die Ausfuhr zwischen den Mitgliedstaaten rechtlich oder tatsächlich kontrolliert, lenkt oder merklich beeinflusst. [2]Er gilt auch für die von einem Staat auf andere Rechtsträger übertragenen Monopole.

(2) Die Mitgliedstaaten unterlassen jede neue Maßnahme, die den in Absatz 1 genannten Grundsätzen widerspricht oder die Tragweite der Artikel über das Verbot von Zöllen und mengenmäßigen Beschränkungen zwischen den Mitgliedstaaten einengt.

(3) Ist mit einem staatlichen Handelsmonopol eine Regelung zur Erleichterung des Absatzes oder der Verwertung landwirtschaftlicher Erzeugnisse verbunden, so sollen bei der Anwendung dieses Artikels gleichwertige Sicherheiten für die Beschäftigung und Lebenshaltung der betreffenden Erzeuger gewährleistet werden.

A. Regelungszweck

Art. 28–37 zielen darauf ab, sämtliche Schranken für den Warenverkehr zwischen den Mitgliedstaaten 11
zu beseitigen (vgl *Lux*, in: Lenz/Borchardt, EU-Verträge, Art. 28, Rn 2), indem Zölle zwischen den Mitgliedstaaten (Art. 28, 30 ff) und mengenmäßige Ein- und Ausfuhrbeschränkungen oder Maßnahmen gleicher Wirkung (Art. 34 ff) verboten werden und die Abschaffung sämtlicher staatlicher Handelsmonopole gefordert wird (Art. 37). Sie umfassen mithin die **Zollfreiheit (Art. 28–32)**, die mit der Zollunion auf die Beseitigung sämtlicher tarifärer Hindernisse abzielt, und die **Warenverkehrsfreiheit (Art. 34–37)**, deren Ziel die Abschaffung sämtlicher nicht-tarifärer Handelshindernisse ist. Letztere wird hier unter Relevanzgesichtspunkten alleiniger Untersuchungsgegenstand sein.

B. Schutzbereich

Anknüpfungspunkt der Warenverkehrsfreiheit ist der Begriff der **Ware**. Waren in diesem Sinne sind 12
körperliche, bewegliche Sachen, die einen Geldwert haben und Gegenstand von Handelsgeschäften sein können (vgl EuGH Rs. 7/68, Kunstschätze I – Kommission/Italien, Slg 1968, S. 634 ff).

Medienrechtlich relevante Sachverhalte werfen häufig **Abgrenzungsschwierigkeiten zur Dienstleis- 13
tungsfreiheit** auf, da sie typischerweise Tatbestände betreffen, in denen körperliche Gegenstände geschäftlich **eng mit unkörperlichen Leistungen verbunden** sind, die für sich betrachtet der Dienstleistungsfreiheit unterliegen würden (zB Tonträger und Musikwerk). Grundsätzlich stellt der EuGH zur Abgrenzung der Grundfreiheiten auf den **Schwerpunkt** des Gesamtvorgangs ab (vgl EuGH

Rs. C-275/92, Schindler, Slg 1994, S. I-1039, Rn 22 ff). Bei der Bewertung des Schwerpunktes verfährt der Gerichtshof jedoch teilweise uneinheitlich, so dass sie in vergleichbaren Fällen durchaus unterschiedlich zugunsten der einen oder anderen Grundfreiheit ausfällt (s. ausführliche Darstellung bei *Frenz*, Handbuch Europarecht, Bd. 1, Rn 657 ff; *Müller-Graff*, in: v.d. Groeben/Schwarze, Art. 28, Rn 272) oder – wie im Telekommunikationssektor üblich – doch zur Prüfung beider Grundfreiheiten führt (s. EuGH Rs. C-390/99, Canal Satélite Digital SL, Slg 2002, S. I-607, Rn 31 ff). Da der EuGH andererseits die **Regeln** und Rechtfertigungsmöglichkeiten für Beschränkungen der Warenverkehrsfreiheit und der Dienstleistungsfreiheit **stark angeglichen** hat (s.u. Rn 15 ff, 20 ff und 44 ff), mag eine genauere Abgrenzung zunächst überflüssig erscheinen (so hinsichtlich der gewerblichen Schutzrechte und Urheberrechte *Ullrich*, in: Immenga/Mestmäcker, Wettbewerbsrecht: EG, IV A, Rn 34). Diese Angleichung lässt sich jedoch **keinesfalls für alle Fragen** unterstellen (s. auch *Müller-Graff*, in: v.d. Groeben/Schwarze, Art. 28, Rn 273) und ist beispielsweise bei der Auslegung des Beschränkungsbegriffs noch nicht abschließend geklärt (zu der damit verbundenen Frage der Übertragbarkeit der **Keck-Rechtsprechung** auf die Dienstleistungsfreiheit s.u. Rn 17 ff, 44). Zudem spielt die Unterscheidung zwischen Ware und Dienstleistung eine Rolle für die Verzollbarkeit und Zugehörigkeit zum Gemeinsamen Zolltarif und gegebenenfalls die Bestimmung des Zollwertes (s. *Frenz*, Handbuch Europarecht, Bd. 1, Rn 660 und 677 ff). **Zollwertrechtliche Erwägungen** scheinen auch Grundlage mancher Entscheidungen des EuGH zu sein (s. *Frenz*, Handbuch Europarecht, Bd. 1, Rn 677), wie bei der Bewertung von **Software**, die **auf Datenträgern** gespeichert vertrieben wird, als einheitliche Ware (vgl EuGH Rs. C-79/89, Brown Boveri, Slg 1991, S. I-1853, Rn 21 ff). Diese Bewertung ist wirtschaftlich pragmatisch nachvollziehbar (s. *Frenz*, Handbuch Europarecht, Bd. 1, Rn 677), erweist sich dogmatisch jedoch als fragwürdig und führt zur uneinheitlichen Behandlung von wirtschaftlich vergleichbaren Vorgängen. Das überwiegende Wertmerkmal stellt eindeutig das immaterielle Wirtschaftsgut Software dar, das für sich genommen als Dienstleistung zu betrachten ist und bei unkörperlicher Übermittlung **auf elektronischem Wege** den Art. 49 ff unterliegt und mangels Anknüpfungspunkt auch nicht verzollt werden kann (s. auch *Lux*, in: Lenz/Borchardt, EU-Verträge, Art. 28, Rn 16). Vorzugswürdig ist daher, konsequent auf das maßgebliche Wertmerkmal des jeweiligen Wirtschaftsgutes abzustellen und bei immateriellen Leistungen unabhängig von der Übertragungsart die Bestimmungen der Dienstleistungsfreiheit anzuwenden, soweit der körperliche Gegenstand allein der Verwirklichung der Dienstleistung dient (vgl *Ullrich*, in: Immenga/Mestmäcker, Wettbewerbsrecht: EG, IV A, Rn 34; *Lux*, in: Lenz/Borchardt, EU-Verträge, Art. 34, Rn 23 mit Verweis auf EuGH Rs. C-275/92, Schindler, Slg 1994, S. I-1039, in dem der EuGH so für die Zuordnung des Handels mit Lotterielosen zur Dienstleistungsfreiheit argumentiert).

14 Weitere Einzelfälle: **Druckereiarbeiten** sind als Waren anzusehen (EuGH Rs. 18/84, Kommission/Frankreich, Slg 1985, S. 1339, Rn 12); ebenso **Tonträger** im Audiobereich, auch wenn sie mit gewerblichen Schutzrechten belegt sind (vgl EuGH Rs. 55 u. 57/80, GEMA, Slg 1981, S. 147, Rn 8); auch **Datenträger im Videobereich** (vgl EuGH Rs. 60 u. 61/84, Cinéthèque, Slg 1985, S. 2605, Rn 10) und sämtliche **Materialien** und Erzeugnisse, die **zur Ausstrahlung von Rundfunksendungen** benutzt werden (EuGH Rs. 155/73, Sacchi, Slg 1974, S. 409, Rn 7, 8 – die Ausstrahlung als solche hingegen ist der Dienstleistungsfreiheit unterstellt, s. auch unten Rn 38 ff). Fernsehwerbung stellt eine Dienstleistung dar, so dass Werberegelungen an den Maßstäben der Art. 49 ff gemessen werden (vgl EuGH Rs. 352/85, Bond van Adverteerders u.a., Slg 1988, S. 2085, Rn 12 ff). Im Übrigen ist bei **Werberegelungen** auf die **Natur des beworbenen Produkts** abzustellen. Stellt dieses eine Dienstleistung dar, ist selbst der Umgang mit körperlichen Werbematerialien (Versenden von Prospekten, Lotterielosen) nur im Rahmen der Dienstleistungsfreiheit zu würdigen (s. EuGH Rs. C-275/92, Schindler, Slg 1994, S. I-1039, Rn 21 ff). Handelt es sich bei dem beworbenen Produkt hingegen um eine Ware, sind die Werberegelungen auch anhand der Warenverkehrsfreiheit zu prüfen (s. EuGH Rs. C-34-36/95, De Agostini, Slg 1997, S. I-3843, Rn 39 ff). Für die **Lizenzierung von Computerprogrammen** wird die Anwendung der Regeln über die Dienstleistungsfreiheit gefordert (s. *Müller-Graff*, in: v. d. Groeben/Schwarze, Art. 28, Rn 275; *Frenz*, Handbuch Europarecht, Bd. 1, Rn 679), wie es für die Einräumung eines Fischereirechts anerkannt ist (EuGH Rs. C-97/98, Jägerskiöld, Slg 1999, S. I-7319, Rn 35 f).

15 **Gewerbliche Schutzrechte** und **Urheberrechte** werden als solche nicht als eine Warenart betrachtet (s. EuGH Rs. C-97/98, Jägerskiöld, Slg 1999, S. I-7319, Rn 38; s. auch GA Fennelly, der in seinem SA in dieser Rs. den gewerblichen Schutzrechten eine Natur sui generis zuschreibt, Slg 1999, S. I-7319, Rn 21). Sie unterliegen jedoch den Vorschriften zum Warenverkehr, wenn eine gesonderte Behandlung von Ware und immateriellem Rechtsgut nicht sinnvoll möglich ist (s. für patentierte Verfahren EuGH

Rs. 1/77, Bosch/HZA Hildesheim, Slg 1977, S. 1473, Rn 4 ff; iE für Musikwerke EuGH Rs. 55 u. 57/80, GEMA, Slg 1981, S. 147, Rn 8 und für den Vertrieb von Erzeugnissen unter Benutzung einer bestimmten Marke EuGH Rs. C-313/94, Ditta Fransa, Slg 1996, S. I-6039, Rn 13 ff). Hiervon zu trennen ist die Frage, wie die **Ausübung** dieser Rechte zu beurteilen ist. Die Wahrnehmung der Rechte als solche unterliegt den Regeln der Dienstleistungsfreiheit (s. EuGH Rs. C-92 u. 326/92, Phil Collins u.a., Slg 1993, S. I-5145, Rn 24). Berührt die Ausübung der Schutzrechte wiederum den Handel mit Waren (zB Tonträgern, s. EuGH Rs. 341/87, EMI Electrola, Slg 1989, S. 79 ff), ist sie als Beschränkung des Warenverkehrs auch an dessen Maßstäben zu messen, wobei der Schutz des gewerblichen und kommerziellen Eigentums in Art. 30 ausdrücklich als Rechtfertigungsgrund aufgeführt ist (s. hierzu unten Rn 22).

C. Eingriffe

Art. 28 und 29 verbieten **mengenmäßige Ein- und Ausfuhrbeschränkungen** sowie **Maßnahmen gleicher Wirkung**. Praktisch relevant sind heute im Wesentlichen nur noch Letztere (s. auch *Pache*, in: Schulze/Zuleeg/Kadelbach, Europarecht, § 10, Rn 73). 16

Nach der sog. **Dassonville-Formel** des EuGH sind Maßnahmen gleicher Wirkung iSd Art. 28 (also die Einfuhr betreffend) grundsätzlich sämtliche Maßnahmen, die geeignet sind, den innergemeinschaftlichen Handel unmittelbar oder mittelbar, tatsächlich oder potenziell zu behindern (s. EuGH Rs. 8/74, Dassonville, Slg 1974, S. 837, Rn 5), wobei davon zunächst auch solche Maßnahmen erfasst sind, die sich auf in- und ausländische Waren gleichermaßen auswirken (s. nur *Pache*, in: Schulze/Zuleeg/Kadelbach, Europarecht, § 10, Rn 76). 17

Diesen ausgesprochen weiten Beschränkungsbegriff schränkte der EuGH in seiner **Keck-Entscheidung** ein. Seit diesem Urteil werden rein absatzbezogene Regelungen, die sich also nicht auf die Ware selbst, sondern nur auf die **Verkaufsmodalitäten** beziehen, **nicht** mehr von dem Beschränkungsbegriff des Art. 28 erfasst, **sofern** sie für alle Wirtschaftsteilnehmer gelten und den Absatz inländischer und ausländischer Erzeugnisse rechtlich wie tatsächlich in der gleichen Weise berühren, sie sich also **nicht diskriminierend** als faktisches **Marktzugangshindernis** auswirken (st. Rspr seit EuGH Rs. C-267 u. 268/91, Keck, Slg 1993, S. I-6097, Rn 16 f). Rechtfertigungsbedürftig bleiben danach grundsätzlich nur noch die offen oder versteckt diskriminierenden Regelungen und solche, die sich auf die Beschaffenheit von Produkten beziehen (s. *Pache*, in: Schulze/Zuleeg/Kadelbach, Europarecht, § 10, Rn 77). 18

Die **Differenzierung von produkt- und absatzbezogenen Maßnahmen** fällt hingegen häufig schwer und wird daher zT auch als hinfällig betrachtet (s. *Müller-Graff*, in: v. d. Groeben/Schwarze, Art. 28, Rn 90). Auch der EuGH kommt nicht selten ohne genaue Zuordnung zu der Feststellung, dass eine Maßnahme in den Anwendungsbereich des Art. 34 fällt (so typischerweise auch bei der Geltendmachung gewerblicher Schutzrechte, s.o. Rn 15). 19

Einzelfälle: **Werberegelungen** sind grundsätzlich absatzbezogen und stellen damit keine Beschränkung iSd Art. 34 dar (vgl EuGH Rs. C-412/93, Leclerc, Slg 1995, S. I-179, Rn 22). Kann sich eine Ware hingegen ohne Werbung nicht auf dem Markt etablieren, versperrt also ein Werbeverbot faktisch den Marktzugang und hat damit stärkere Auswirkung auf ausländische Erzeugnisse, stellt dieses ein Hemmnis für den Handelsverkehr dar, das in den Anwendungsbereich von Art. 34 fällt und damit einer Rechtfertigung bedarf (vgl EuGH Rs. C-405/98, Gourmet International, Slg 2001, S. I-1795, Rn 19 ff; Rs. C-34-36/95, De Agostini, Slg 1997, S. I-3843, Rn 39 ff; mit Verweis auf diese Rspr zum **Verbot des Internetversandhandels** s. EuGH Rs. C-322/01, Doc Morris, Slg 2003, S. I-14887, Rn 71 ff). Schon die ausdrückliche Erwähnung des **gewerblichen und kommerziellen Eigentums** als Rechtfertigungsgrund in Art. 36 impliziert die Möglichkeit, dass die Geltendmachung der entsprechenden Schutzrechte bzw die gesetzliche Ausgestaltung des Schutzes die Warenverkehrsfreiheit iSd Art. 34 beeinträchtigt. Eine Differenzierung im Sinne der Keck-Rechtsprechung nimmt der EuGH in diesem Bereich nicht explizit vor, um in der Regel eine Maßnahme gleicher Wirkung zu bejahen (s. nur EuGH Rs. C-316/95, Generics/Smith Kline, Slg 1997, S. I-3929, Rn 14). Eine Prüfung der Warenverkehrsfreiheit findet jedoch dann nicht statt, wenn die Maßnahme bereits über die Regeln der Niederlassungsfreiheit gerechtfertigt ist und den freien Warenverkehr nicht noch auf andere Weise über das hinaus beschränkt, was sich mittelbar aus der Beschränkung der Niederlassungsfreiheit ergibt (zu einer nationalen Vorschrift, die wegen einer Verwechslungsgefahr die Verwendung einer Geschäftsbezeichnung als besondere Unternehmensbezeichnung verbietet s. EuGH Rs. C-255/97, Pfeiffer/Löwa, 20

Slg 1999, S. I-2835, Rn 26; für weitere Beispiele im Bereich der gewerblichen Schutzrechte und Urheberrechte s. *Lux*, in: Lenz/Borchardt, EU-Verträge, Art. 34, Rn 35; *Müller-Graff*, in: v. d. Groeben/Schwarze, Art. 28, Rn 148 ff).

D. Rechtfertigung

21 Beschränkungen der Warenverkehrsfreiheit können entweder durch die **geschriebenen Rechtfertigungsgründe** in Art. 36 oder die **ungeschriebenen Rechtfertigungsgründe** nach der sog. Cassis-Formel gestattet sein, wobei jeweils auch die **Schranken-Schranken** zu beachten sind.

I. Art. 36

22 Die in Art. 36 S. 1 **ausdrücklich genannten Rechtfertigungsgründe** sind als Ausnahmen zum grundlegenden Prinzip der Warenverkehrsfreiheit **eng auszulegen**, dh die auf sie gestützten Maßnahmen müssen notwendig sein, um eines der in Art. 36 genannten Rechtsgüter zu schützen (vgl EuGH Rs. 153/78, Kommission/Deutschland, Slg 1979, S. 2555, Rn 5). Die auf S. 1 gestützten Regelungen dürfen gemäß S. 2 auch nicht ein Mittel zur willkürlichen Diskriminierung oder eine verschleierte Handelsbeschränkung darstellen. Im Übrigen **gelten** die Rechtfertigungsgründe für sämtliche von Art. 34 und 35 erfassten Beschränkungen, dh **für** offen oder versteckt **diskriminierende Maßnahmen ebenso** wie für unterschiedslos geltende (*Lux*, in: Lenz/Borchardt, EU-Verträge, Art. 36, Rn 1).

23 Von den aufgezählten Rechtsgütern sei hier vor allem das **gewerbliche und kommerzielle Eigentum** hervorgehoben (s. ausführlich bei *Lux*, in: Lenz/Borchardt, EU-Verträge, Art. 36, Rn 22 ff; *Müller-Graff*, in: v. d. Groeben/Schwarze, Art. 30, Rn 69 ff). Unter diesen Begriff fällt **auch** der durch das **Urheberrecht** gewährte Schutz, vor allem soweit das Recht kommerziell in Form von Lizenzen genutzt wird (EuGH Rs. 55 u. 57/80, GEMA, Slg 1981, S. 147, Rn 9). Nach dem sog. **Erschöpfungsgrundsatz** kann sich der Inhaber eines gewerblichen und kommerziellen Eigentumsrechts, das nach den nationalen Rechtsvorschriften geschützt ist, auf diese Vorschriften nicht berufen, um sich der Einfuhr eines Erzeugnisses zu widersetzen, wenn dieses Erzeugnis von ihm selbst oder mit seiner Zustimmung rechtmäßig auf dem Markt des anderen Mitgliedstaates in den Verkehr gebracht wurde (st. Rspr, s. nur EuGH Rs. 119/75, Terrapin Overseas, Slg 1976, S. 1039, Rn 6). Dieser Grundsatz gilt auch für das Urheberrecht (s. EuGH Rs. 55 u. 57/80, GEMA, Slg 1981, S. 147, Rn 10 ff), allerdings mit der Besonderheit, dass sich mit dem Erstverkauf literarischer oder künstlerischer Werke nicht das Recht erschöpft, für das öffentliche Aufführen, Verleihen oder Vermieten dieser Werke eine gesonderte Lizenzgebühr zu erheben (s. EuGH Rs. C-61/97, Foreningen af danske Videogramdistributører, Slg 1998, S. I-6039, Rn 13 ff mwN; s. ferner *Lux*, in: Lenz/Borchardt, EU-Verträge, Art. 36, Rn 22). Kommt für ein und dieselbe Ware **zugleich** ein **Urheberrecht und Markenrecht** als Schutzrecht in Betracht, kann der durch das Urheberrecht gewährte Schutz unter Umständen nicht weiter gehen als der Schutz, den das Markenrecht seinem Inhaber gewährt (EuGH Rs. C-337/95, Dior/Evora, Slg 1997, S. I-6013, Rn 58).

24 Sind in dem jeweiligen Sektor **sekundärrechtliche Regelungen** anwendbar, wird die Beschränkung anhand dieser Vorschriften gemessen (vgl EuGH Rs. C-5/94, Hedley Lomas, Slg 1996, S. I-2553, Rn 18 ff) wobei diese wiederum im Lichte der Bestimmungen über den freien Warenverkehr auszulegen sind (s. nur verb. Rs. C-427/93, C-429/93 u. C-436/93, Bristol-Myers Squibb u.a., Slg 1996, S. I-3457, Rn 27), so dass die Auslegung des Primär- und Sekundärrechts hinsichtlich des zu gewährenden Schutzumfangs in der Regel gleich ausfällt (vgl EuGH verb. Rs. C-427/93, C-429/93 u. C-436/93, Bristol-Myers Squibb u.a., Slg 1996, S. I-3457, Rn 40 sowie Rs. C-337/95, Dior/Evora, Slg 1997, S. I-6013, Rn 53). Da die einzelnen Schutzrechte gemeinschaftsrechtlich unterschiedlich harmonisiert sind, hängt die Rechtfertigungsmöglichkeit über Art. 30 also von der Art des geltend gemachten Rechts ab (s. *Lux*, in: Lenz/Borchardt, EU-Verträge, Art. 36 Rn 16 mit ausführlicher Darstellung der einzelnen Schutzrechte in Rn 17 ff; s. auch *Müller-Graff*, in: v. d. Groeben/Schwarze, Art. 30, Rn 69 ff).

II. Ungeschriebene Rechtfertigungsgründe

25 Seit der **Cassis de Dijon**-Entscheidung können Handelshemmnisse auch dann gerechtfertigt sein, soweit die entsprechenden Regelungen **unterschiedslos** für einheimische wie für eingeführte Erzeugnisse gelten und notwendig sind, um **zwingenden Erfordernissen des Allgemeininteresses** gerecht zu werden (vgl EuGH Rs. 120/78, Cassis de Dijon, Slg 1979, S. 649, Rn 8; Rs. C-313/94, Ditta Fransa, Slg 1996, S-

I-6039, Rn 17 mwN; zu der Tendenz, diese Gründe neuerdings auch für versteckte Diskriminierungen gelten zu lassen und zu der uneinheitlichen dogmatischen Einordnung dieser Gründe s. *Pache*, in: Schulze/Zuleeg/Kadelbach, Europarecht, § 10, Rn 55 f). Als zwingende Erfordernisse kommen **beispielsweise** in Betracht die wirksame steuerliche Kontrolle und die Lauterkeit des Handelsverkehrs (EuGH Rs. 120/78, Cassis de Dijon, Slg 1979, S. 649, Rn 8), der **Verbraucherschutz** (s. EuGH Rs. C-313/94, Ditta Fransa, Slg 1996, S. I-6039, Rn 13 ff – irreführende Bezeichnungen; EuGH Rs. C-18/88, GB-INNO-BM, Slg 1991, S. I-5941, Rn 10 ff – Werbung für Sonderangebote), die **Medienvielfalt** (EuGH Rs. C-368/95, Familiapress, Slg 1997, S. I-3689, Rn 18). Vorraussetzung ist jeweils, dass die geltend gemachten Gründe **nicht wirtschaftlicher Natur** sind (vgl u.a. EuGH Rs. C-265/95, Kommission/Frankreich, Slg 1997, S. I-6959, Rn 62).

Die auf Grundlage der Cassis de Dijon-Entscheidung entwickelte Rechtfertigungsmöglichkeit der zwingenden Gründe **gilt auch für die anderen Grundfreiheiten** (zB für die Dienstleistungsfreiheit s. nur EuGH Rs. C-34-36/95, De Agostini, Slg 1997, S. I-3843, Rn 53 mwN). 26

Ebenfalls geeignet, um eine Beschränkung der Grundfreiheiten zu rechtfertigen, sind die **Gemeinschaftsgrundrechte** (s. EuGH Rs. 112/00, Schmidberger, Slg 2003, S. I-5659, Rn 74; s. hierzu *Kingreen*, in: Calliess/Ruffert, EUV/EGV, Art. 28–30, Rn 218 ff). 27

III. Schranken-Schranken

Eine Rechtfertigung ist jedoch nur möglich, wenn sie dem **Grundsatz der Verhältnismäßigkeit** entspricht, dh die betreffenden Regelungen in einem angemessenen Verhältnis zum verfolgten Zweck stehen und wenn dieser Zweck nicht durch Maßnahmen erreicht werden kann, die den innergemeinschaftlichen Handelsverkehr weniger beschränken (s. nur EuGH Rs. C-313/94, Ditta Fransa, Slg 1996, S. I-6039, Rn 17 mwN). Schwerpunkt der Prüfung liegt dabei zumeist bei der **Erforderlichkeit** der Beschränkungsregelung, u.a. konkretisiert im **Herkunftslandprinzip** (s. Nachweise bei *Kingreen*, in: v. d. Groeben/Schwarze, Art. 28/29/30, Rn 93 ff). Danach ist die Verkehrsfähigkeit von Wirtschaftsgütern grundsätzlich nach den Maßstäben des Herkunftslandes zu beurteilen (vgl *Pache*, in: Schulze/Zuleeg/Kadelbach, Europarecht, § 10, Rn 150), so dass eine Regelung nicht erforderlich ist, wenn der mit ihr verfolgte Schutz des Allgemeininteresses bereits durch gleichwertige Maßnahmen im Herkunftsstaat erreicht wird (vgl *Kingreen*, in: v. d. Groeben/Schwarze, Art. 28/29/30, Rn 96). 28

Ferner ist die vorgesehene Rechtfertigung im Lichte der **allgemeinen Rechtsgrundsätze** und insbesondere der **Gemeinschaftsgrundrechte** auszulegen (vgl EuGH Rs. C-260/89, ERT, Slg 1991, S. I-2925, Rn 43). 29

Art. 49–55 AEUV Niederlassungsrecht

Artikel 49 (früher Art. 43 EGV) [Niederlassungsfreiheit]

[1]Die Beschränkungen der freien Niederlassung von Staatsangehörigen eines Mitgliedstaats im Hoheitsgebiet eines anderen Mitgliedstaats sind nach Maßgabe der folgenden Bestimmungen verboten. [2]Das Gleiche gilt für Beschränkungen der Gründung von Agenturen, Zweigniederlassungen oder Tochtergesellschaften durch Angehörige eines Mitgliedstaats, die im Hoheitsgebiet eines Mitgliedstaats ansässig sind.

Vorbehaltlich des Kapitels über den Kapitalverkehr umfasst die Niederlassungsfreiheit die Aufnahme und Ausübung selbstständiger Erwerbstätigkeiten sowie die Gründung und Leitung von Unternehmen, insbesondere von Gesellschaften im Sinne des Artikels 54 Absatz 2, nach den Bestimmungen des Aufnahmestaats für seine eigenen Angehörigen.

Artikel 50 (früher Art. 44 EGV) [Maßnahmen zur Verwirklichung der Niederlassungsfreiheit]

Artikel 51 (früher Art. 45 EGV) [Ausübung öffentlicher Gewalt]

Auf Tätigkeiten, die in einem Mitgliedstaat dauernd oder zeitweise mit der Ausübung öffentlicher Gewalt verbunden sind, findet dieses Kapitel in dem betreffenden Mitgliedstaat keine Anwendung.

Das Europäische Parlament und der Rat können gemäß dem ordentlichen Gesetzgebungsverfahren beschließen, dass dieses Kapitel auf bestimmte Tätigkeiten keine Anwendung findet.

Artikel 52 (früher Art. 46 EGV) [Öffentliche Ordnung; Sicherheit; Gesundheit]

(1) Dieses Kapitel und die aufgrund desselben getroffenen Maßnahmen beeinträchtigen nicht die Anwendbarkeit der Rechts- und Verwaltungsvorschriften, die eine Sonderregelung für Ausländer vorsehen und aus Gründen der öffentlichen Ordnung, Sicherheit oder Gesundheit gerechtfertigt sind.

(2) Das Europäische Parlament und der Rat erlassen gemäß dem ordentlichen Gesetzgebungsverfahren Richtlinien für die Koordinierung der genannten Vorschriften.

Artikel 53 (früher Art. 47 EGV) [Gegenseitige Anerkennung von Diplomen; Koordinierungsrechtsetzung]

Artikel 54 (früher Art. 48 EGV) [Gleichstellung der Gesellschaften]

Für die Anwendung dieses Kapitels stehen die nach den Rechtsvorschriften eines Mitgliedstaats gegründeten Gesellschaften, die ihren satzungsmäßigen Sitz, ihre Hauptverwaltung oder ihre Hauptniederlassung innerhalb der Union haben, den natürlichen Personen gleich, die Angehörige der Mitgliedstaaten sind.

Als Gesellschaften gelten die Gesellschaften des bürgerlichen Rechts und des Handelsrechts einschließlich der Genossenschaften und die sonstigen juristischen Personen des öffentlichen und privaten Rechts mit Ausnahme derjenigen, die keinen Erwerbszweck verfolgen.

Artikel 55 (früher Art. 294 EGV) [Diskriminierungsverbot bei Kapitalbeteiligungen]

A. Regelungszweck

30 Als ein Bereich der Personenverkehrsfreiheit betrifft die Niederlassungsfreiheit die **Freizügigkeit der Selbstständigen** und **Unternehmen**, dh sie gewährt natürlichen und juristischen Personen das Recht, in einem anderen Mitgliedstaat Aufenthalt zu nehmen, um einer dauerhaften selbstständigen Erwerbstätigkeit unter den **gleichen Bedingungen wie Inländer** nachzugehen (vgl *Pache*, in: Schulze/Zuleeg/Kadelbach, Europarecht, § 10, Rn 167). Naturgemäß kommt es bei der Verwirklichung dieser Grundfreiheit regelmäßig zu **Kollisionen mit dem nationalen Recht** des Zuzugstaates, das insbesondere mit seinen Zulassungsbeschränkungen im Bereich der freien Berufe und der gewerblichen bzw handwerklichen Tätigkeiten, aber auch durch steuer- und gesellschaftsrechtliche Regelungen geeignet ist, die Niederlassung eines Unternehmers zu erschweren (s. auch *Bröhmer*, in: Calliess/Ruffert, EUV/EGV, Art. 43, Rn 2).

31 Da im Mediensektor unternehmerische Tätigkeit häufig grenzüberschreitenden Bezug aufweist, spielt die Niederlassung auch in diesem Sektor keine unwesentliche Rolle. Die Sachverhalte werfen dabei jedoch kaum medienrechtsspezifische Probleme auf.

B. Schutzbereich

Der persönliche Anwendungsbereich der Niederlassungsfreiheit umfasst zunächst **natürliche Personen,** die bezogen auf die Gründung von Hauptniederlassungen Staatsangehörige eines Mitgliedstaates (Art. 49 Abs. 1 S. 1) und hinsichtlich der Gründung einer sekundären Niederlassung zusätzlich im Hoheitsgebiet eines Mitgliedstaates ansässig sein müssen (Art. 49 Abs. 1 S. 2). Über Art. 54 sind auch **Gesellschaften** in den Anwendungsbereich der Niederlassungsfreiheit einbezogen, sofern sie eine Zugehörigkeit zur Rechtsordnung eines Mitgliedstaates aufweisen (s. ausführlicher u.a. *Pache*, in: Schulze/Zuleeg/Kadelbach, Europarecht, § 10, Rn 173 ff). 32

Sachlich ist sowohl bei der Errichtung einer **Hauptniederlassung** als auch bei der Gründung einer **sekundären Niederlassung** bzw eines zweiten Berufsdomizils (für freie Berufe s. EuGH Rs. 107/83, Klopp, Slg 1984, S. 2971, Rn 19) neben der selbstständigen Tätigkeit vor allem in **Abgrenzung zur Dienstleistungsfreiheit** auf die **Dauerhaftigkeit** der Einrichtung abzustellen (vgl EuGH Rs. C-55/94, Gebhard, Slg 1995, S. I-4165, Rn 26 f). 33

Der **Begriff der Niederlassung** ist sehr weit auszulegen (vgl EuGH Rs. 2/74, Reyners, Slg 1974, S. 631, Rn 21) und die Frage der Dauerhaftigkeit ist nicht nur unter Berücksichtigung der Dauer der Leistung, sondern auch ihrer Häufigkeit, regelmäßigen Wiederkehr oder Kontinuität zu beurteilen (vgl EuGH Rs. C-55/94, Gebhard, Slg 1995, S. I-4165, Rn 27). 34

Eine **Bereichsausnahme** begründet Art. 51 für Tätigkeiten, die mit der Ausübung öffentlicher Gewalt verbunden sind. 35

C. Eingriffe

Wie alle Grundfreiheiten hat der EuGH auch die Niederlassungsfreiheit von einem reinen **Diskriminierungsverbot**, also einem Recht auf Inländergleichbehandlung (s. *Bröhmer*, in: Calliess/Ruffert, EUV/EGV, Art. 43, Rn 22), zu einem **Beschränkungsverbot** ausgeweitet (s. Nachweise bei *Fischer*, in: Lenz/Borchardt, EU-Verträge, Art. 49, Rn 8; *Bröhmer*, in: Calliess/Ruffert, EUV/EGV, Art. 30, Rn 23 ff), so dass nunmehr sämtliche nationale Maßnahmen, die die Ausübung der Niederlassungsfreiheit behindern oder weniger attraktiv machen können, erfasst werden (vgl EuGH Rs. C-55/94, Gebhard, Slg 1995, S. I-4165, Rn 37). Die Reichweite dieses Beschränkungsbegriffs entspricht den in der **Dassonville-Formel** (s.o. Rn 16) aufgestellten Maßstäben (s. zu Unterschieden *Pache*, in: Schulze/Zuleeg/Kadelbach, Europarecht, § 10, Rn 184). Inwieweit sich hingegen die Einschränkungen der **Keck-Rechtsprechung** (s.o. Rn 17) ebenfalls auf den Beschränkungsbegriff im Rahmen der Niederlassungsfreiheit übertragen lassen, wird **uneinheitlich bewertet** (s. nur ablehnend *Fischer*, in: Lenz/Borchardt, EU-Verträge, Art. 49, Rn 9; befürwortend *Pache*, in: Schulze/Zuleeg/Kadelbach, Europarecht, § 10, Rn 187). Angesichts der Besonderheiten der unterschiedlichen Freiheitsgewährleistungen wird im Ergebnis Zurückhaltung bezüglich allzu undifferenzierter Gleichschaltung der Grundfreiheiten angebracht sein (s. auch *Bröhmer*, in: Calliess/Ruffert, EUV/EGV, Art. 30, Rn 31 ff mit ausführlicher Darstellung der Kasuistik). 36

D. Rechtfertigung

Neben die in **Art. 52** ausdrücklich genannten Rechtfertigungsgründe der **öffentlichen Ordnung, Sicherheit und Gesundheit,** treten auch bei der Niederlassungsfreiheit die **ungeschriebenen Schranken.** So können Beschränkungen der Niederlassungsfreiheit gestattet sein, wenn sie in **nicht diskriminierender Weise** angewandt werden und aus **zwingenden Gründen des Allgemeininteresses** gerechtfertigt sind (s. EuGH Rs. C-55/94, Gebhard, Slg 1995, S. I-4165, Rn 37). Vorraussetzung ist, dass sie dem Grundsatz der **Verhältnismäßigkeit** entsprechen, sie also geeignet sind, die Verwirklichung des mit ihnen verfolgten Zieles zu gewährleisten, und sie nicht über das hinausgehen, was zur Erreichung dieses Zieles erforderlich ist (s. EuGH aaO; Rs. C-19/92, Kraus, Slg 1993, S. I-1663, Rn 32). Im Übrigen ist hier auf die Ausführungen zu der Cassis-Formel zu verweisen (s.o. Rn 24 ff). 37

Art. 56–62 AEUV Dienstleistungsfreiheit

Artikel 56 (früher Art. 49 EGV) [Dienstleistungsfreiheit]

Die Beschränkungen des freien Dienstleistungsverkehrs innerhalb der Union für Angehörige der Mitgliedstaaten, die in einem anderen Mitgliedstaat als demjenigen des Leistungsempfängers ansässig sind, sind nach Maßgabe der folgenden Bestimmungen verboten.

Das Europäische Parlament und der Rat können gemäß dem ordentlichen Gesetzgebungsverfahren beschließen, dass dieses Kapitel auch auf Erbringer von Dienstleistungen Anwendung findet, welche die Staatsangehörigkeit eines dritten Landes besitzen und innerhalb der Union ansässig sind.

Artikel 57 (früher Art. 50 EGV) [Dienstleistungen]

Dienstleistungen im Sinne der Verträge sind Leistungen, die in der Regel gegen Entgelt erbracht werden, soweit sie nicht den Vorschriften über den freien Waren- und Kapitalverkehr und über die Freizügigkeit der Personen unterliegen.

Als Dienstleistungen gelten insbesondere:

a) gewerbliche Tätigkeiten,
b) kaufmännische Tätigkeiten,
c) handwerkliche Tätigkeiten,
d) freiberufliche Tätigkeiten.

Unbeschadet des Kapitels über die Niederlassungsfreiheit kann der Leistende zwecks Erbringung seiner Leistungen seine Tätigkeit vorübergehend in dem Mitgliedstaat ausüben, in dem die Leistung erbracht wird, und zwar unter den Voraussetzungen, welche dieser Mitgliedstaat für seine eigenen Angehörigen vorschreibt.

Artikel 58 (früher Art. 51 EGV) [Verkehrsdienstleistungen; Kapitalverkehr]

(1) Für den freien Dienstleistungsverkehr auf dem Gebiet des Verkehrs gelten die Bestimmungen des Titels über den Verkehr.

(2) Die Liberalisierung der mit dem Kapitalverkehr verbundenen Dienstleistungen der Banken und Versicherungen wird im Einklang mit der Liberalisierung des Kapitalverkehrs durchgeführt.

Artikel 59 (früher Art. 52 EGV) [Liberalisierungsmaßnahmen]

Artikel 60 (früher Art. 53 EGV) [Weitergehende Liberalisierung]

Artikel 61 (früher Art. 54 EGV) [Übergangsregelung]

Artikel 62 (früher Art. 55 EGV) [Entsprechende Anwendung von Vorschriften des Niederlassungsrechts]

Die Bestimmungen der Artikel 51 bis 54 finden auf das in diesem Kapitel geregelte Sachgebiet Anwendung.

A. Regelungszweck

38 Über die Bestimmungen der Dienstleistungsfreiheit sollen die Angehörigen der Mitgliedstaaten in die Lage versetzt werden, auch ohne dauerhafte Verlagerung ihres (Wohn-)Sitzes erwerbswirtschaftliche Tätigkeiten grenzüberschreitend anzubieten und nachzufragen (s. *Pache*, in: Schulze/Zuleeg/Kadelbach, Europarecht, § 10, Rn 130). Die Dienstleistungsfreiheit hat mit dem Wachstum des Dienstleistungssektors im Allgemeinen (s. nur *Troberg/Tiedje*, in: v. d. Groeben/Schwarze, Vorbem. zu Art. 49–

55, Rn 23 ff) und der Zunahme von sog. **Korrespondenzdienstleistungen** im Besonderen (s. *Frenz*, Handbuch Europarecht, Bd. 1, Rn 2413 u. 2497 ff) erheblich an Bedeutung gewonnen. Wichtige Änderungen hat insoweit die vor wenigen Jahren erlassene **Dienstleistungsrichtlinie** für die von ihr erfassten Dienstleistungen gebracht. Besonders medienrechtlich relevante Bereiche wurden allerdings zT aus ihrem Anwendungsbereich herausgenommen (s.u. Rn 49 ff).

B. Schutzbereich

Persönlich erfasst die Dienstleistungsfreiheit zunächst im Gemeinschaftsgebiet **ansässige Staatsangehörige** der Mitgliedstaaten (Art. 56 Abs. 1), die **Erbringer** oder **Empfänger** der grenzüberschreitenden Dienstleistung sind (vgl EuGH Rs. 286/82 u. 26/83, Luisi und Carbone, Slg 1984, S. 377, Rn 16). Den natürlichen Personen gleichgestellt sind wie bei der Niederlassungsfreiheit **juristische Personen** des Gemeinschaftsrechts (Art. 62 iVm Art. 54; s.o. Rn 31) und **deren Beschäftigte**, die vorübergehend zur Erbringung der Dienstleistung entsandt werden (vgl EuGH Rs. C-113/89, Rush Portuguesa, Slg 1990, S. I-1417, Rn 18 f) und zwar unabhängig von ihrer Staatsangehörigkeit (vgl EuGH Rs. C-43/93, Vander Elst, Slg 1994, S. I-3803, Rn 18 ff). Im Übrigen können sich **Drittstaatsangehörige** nur als Dienstleistungsempfänger auf die Dienstleistungsfreiheit berufen (EuGH Rs. C-484/93, Svensson und Gustavsson, Slg 1995, S. I-3955, Rn 12). Von der in Art. 56 Abs. 2 eröffneten Möglichkeit, sie auch als Dienstleistungserbringer in die Dienstleistungsfreiheit einzubeziehen, wurde bislang kein Gebrauch gemacht. 39

Der **Dienstleistungsbegriff** im Sinne der Art. 56 ff ist ausschließlich **gemeinschaftsrechtlich zu definieren** (s. *Seyr*, in: Lenz/Borchardt, EU-Verträge, Art. 56/57, Rn 7; *Kluth*, in: Calliess/Ruffert, EUV/EGV, Art. 50, Rn 5; *Kotzur*, in: Geiger/Khan/Kotzur, EUV/AEUV, Art. 57, Rn 2). Gemäß **Art. 57 Abs. 1** werden davon Leistungen erfasst, die in der Regel gegen Entgelt erbracht werden, soweit sie nicht den Vorschriften über den freien Waren- und Kapitalverkehr und über die Freizügigkeit der Personen unterliegen. Als solche gelten insbesondere gewerbliche, kaufmännische, handwerkliche und freiberufliche Tätigkeiten (**Art. 57 Abs. 2**). Der Wortlaut des Art. 57 Abs. 1 lässt die Dienstleistungsfreiheit nachrangig gegenüber den anderen Grundfreiheiten erscheinen. Mit zunehmender Bedeutung hat die Dienstleistungsfreiheit jedoch im Wege der Rechtsfortbildung eigenständiges Gewicht und Profil gewonnen, so dass sich Art. 57 Abs. 1 weniger als Subsidiaritätsklausel denn als Abgrenzungsgebot verstehen lässt (vgl auch *Frenz*, Handbuch Europarecht, Bd. 1, Rn 2421; *Kluth*, in: Calliess/Ruffert, EUV/EGV, Art. 50, Rn 20). In jedem Einzelfall bedarf es also einer genauen **Abgrenzung von den anderen Grundfreiheiten** (s. *Pache*, in: Schulze/Zuleeg/Kadelbach, Europarecht, § 10, Rn 132). 40

Die geforderte **Entgeltlichkeit** der Leistung soll als Kriterium sicherstellen, dass lediglich eine erwerbswirtschaftliche Beteiligung als **Teil des Wirtschaftslebens** erfasst wird (s. nur EuGH Rs. 36/74, Walrave, Slg 1974, S. 1405, Rn 4/10). Kennzeichen für den wirtschaftlichen Charakter einer Leistung kann die Gewinnerzielungsabsicht sein, unabhängig davon, wem der erwartete Überschuss zukommen soll (vgl nur EuGH Rs. C-275/92, Schindler, Slg 1994, S. I-1039, Rn 34 zur Veranstaltung von Lotterie). Das Wesensmerkmal des Entgelts besteht jedenfalls darin, dass es die **wirtschaftliche Gegenleistung** für die betreffende Leistung darstellt (vgl EuGH Rs. 263/86, Humbel, Slg 1988, S. 5365, Rn 17; Rs. C-355/00, Freskot, Slg 2001, S. I-5473, Rn 55), wobei nicht erforderlich ist, dass die Dienstleistung von dem bezahlt wird, dem sie zugute kommt (vgl EuGH Rs. 352/85, Bond van Adverteerders, Slg 1988, S. 2085, Rn 16). Insgesamt ist für die Begriffe Wirtschaftsleben und wirtschaftliche Gegenleistung sowie für den Dienstleistungsbegriff selbst eine **weite Auslegung** geboten (s. EuGH Rs. C-51/96 u. C-191/97, Deliège, Slg 2000, S. I-2549, Rn 52 mwN; *Tiedje/Troberg*, in: v. d. Groeben/Schwarze, Art. 50, Rn 17). Die Entgeltlichkeit der betreffenden Leistung muss **nur in der Regel** gegeben sein, so dass es unschädlich ist, wenn sie im Einzelfall unentgeltlich erfolgt (s. *Seyr*, in: Lenz/Borchardt, EU-Verträge, Art. 56/57, Rn 12; *Kotzur*, in: Geiger/Khan/Kotzur, EUV/AEUV, Art. 57, Rn 6). Für die **Ausstrahlung von Rundfunksendungen** – insbesondere durch die öffentlich-rechtlichen Sendeanstalten – war die Entgeltlichkeit dieser Leistung und damit deren Zuordnung zu der in den Kompetenzbereich der Gemeinschaft fallenden Dienstleistungsfreiheit teils heftig umstritten (zum Überblick *Holznagel*, Rundfunkrecht in Europa, S. 134 ff). Angesichts der **ständigen Rechtsprechung** des EuGH, die hierfür den Dienstleistungscharakter bejaht (vgl nur EuGH Rs. 155/73, Sacchi, Slg 1974, S. 409, Rn 6; Rs. 52/79, Debauve, Slg 1980, S. 833, Rn 8 – Kabelfernsehen; Rs. 352/85, Bond van Adverteerders, Slg 1988, S. 2085, Rn 12 ff – Kabelfernsehen u. Fernsehwerbung; ferner Rs. C- 6/98, ARD/ProSieben, Slg 1999, S. I-7599, Rn 29, 49 f; Rs. C-245/01, RTL/NLM, Slg 2003, S. I-2489, Rn 77), darf diese Frage 41 (und damit die grundsätzliche **Regelungskompetenz** der Gemeinschaft im Rundfunkbereich) jedoch als **geklärt** gelten (s. *Dörr*, Media Perspektiven 7/2005, 333, 334).

42 Das grundsätzlich für die Eröffnung der Grundfreiheiten erforderliche Merkmal der **Grenzüberschreitung** erfasst im Rahmen der Dienstleistungsfreiheit nicht nur die Sachverhalte, in denen sich der Leistungserbringer über die Grenze begibt (sog. **aktive Dienstleistungsfreiheit**), sondern auch jene, in denen nur der Leistungsempfänger (sog. **passive Dienstleistungsfreiheit**) oder ausschließlich die Leistung selbst (sog. **Korrespondenzdienstleistungen**) die Grenze überschreitet (s. *Kluth*, in: Calliess/Ruffert, EUV/EGV, Art. 50, Rn 24 ff; *Kotzur*, in: Geiger/Khan/Kotzur, EUV/AEUV, Art. 57, Rn 8 ff). Letztere sind im klassischen Medienbereich wie auch im Bereich der neuen Medien geradezu typisch, wie beispielsweise Rundfunk, Telekommunikation oder Beratungs- und Recherchedienste uä, die über das Internet erbracht werden (s. *Frenz*, Handbuch Europarecht, Bd. 1, Rn 2413 u. 2497 ff; zum Anbieten von **Sportwetten** über das Internet s. EuGH Rs. C-243/01, Gambelli, Slg 2003, S. I-13031, Rn 53 ff).

43 Im Übrigen ergeben sich weitere Merkmale des Dienstleistungsbegriffs aus der erforderlichen Abgrenzung zu den anderen Grundfreiheiten. Zur Abgrenzung gegenüber der Warenverkehrsfreiheit bei der Verbindung von **nicht-körperlichen** Leistungen und körperlichen Gegenständen s.o. Rn 12. In Abgrenzung zur Niederlassungsfreiheit lässt sich grundsätzlich auf den **vorübergehenden Charakter** der Ausübung abstellen (s. Art. 57 Abs. 3; ferner s.o. Rn 32) bzw bei Korrespondenzdienstleistungen auf das Fehlen jeglicher Niederlassung. Bei Abgrenzungsschwierigkeiten im Einzelfall ist hingegen auf weitere Kriterien zurückzugreifen, wobei der wesentliche Maßstab der Grad der Integration des Leistungserbringers in dem anderen Mitgliedstaat ist (vgl *Pache*, in: Schulze/Zuleeg/Kadelbach, Europarecht, § 10, Rn 136; *Seyr*, in: Lenz/Borchardt, EU-Verträge, Art. 56/57, Rn 8). Von der Arbeitnehmerfreizügigkeit ist die Dienstleistungsfreiheit im Wesentlichen über die Faktoren abzugrenzen, die eine **selbstständige unternehmerische Tätigkeit** auszeichnen (vgl EuGH Rs. 3/87, Agegate, Slg 1989, S. 4459, Rn 35 f).

44 Wie bei der Niederlassungsfreiheit sind Tätigkeiten im Zusammenhang mit der **Ausübung öffentlicher Gewalt** aus dem Schutzbereich der Dienstleistungsfreiheit **ausgenommen** (Art. 62 iVm Art. 51).

C. Eingriffe

45 Über das **Verbot von Diskriminierungen** hinaus (s. Beispiele bei *Pache*, in: Schulze/Zuleeg/Kadelbach, Europarecht, § 10, Rn 143) wurde auch die Dienstleistungsfreiheit analog zur Warenverkehrsfreiheit zu einem **Beschränkungsverbot** weiterentwickelt (s. Nachweise bei *Seyr*, in: Lenz/Borchardt, EU-Verträge, Art. 56/57, Rn 20 f; ferner s.o. Rn 15 ff). Verboten sind damit alle Beschränkungen, die geeignet sind, die Tätigkeit des in einem anderen Mitgliedstaat ansässigen und dort rechtmäßig tätigen Dienstleistungserbringers zu unterbinden, zu behindern oder weniger attraktiv zu machen (vgl nur EuGH Rs. 33/74, van Binsbergen, Slg 1974, S. 1299, Rn 10, 12). Fraglich ist auch hier, ob sich dieser weite Beschränkungsbegriff analog zur **Keck-Rechtsprechung** wieder einschränken lässt (befürwortend *Pache*, in: Schulze/Zuleeg/Kadelbach, Europarecht, § 10, Rn 146; ablehnend *Tiedje/Troberg*, in: v. d. Groeben/Schwarze, Art. 49, Rn 105 ff; ferner s.o. Rn 17). Die **Rechtsprechung** des Gerichtshofs ist diesbezüglich **nicht eindeutig**. Scheint der EuGH im Alpine Investments-Urteil die Grundsätze der Keck-Rechtsprechung anzuwenden, indem er immerhin ihre Voraussetzungen prüft, diese iE jedoch nicht als gegeben betrachtet (s. EuGH Rs. C-384/93, Alpine Investments, Slg 1995, S. I-1141, Rn 33–38), beurteilt er in einem späteren Urteil die Beschränkung der Dienstleistungsfreiheit nicht nach diesen Kriterien, obwohl er zuvor im Rahmen der Warenverkehrsfreiheit ausdrücklich danach vorgeht (s. EuGH Rs. C-34-36/95, De Agostini, Slg 1997, S. I-3843, Rn 39 ff). In der Rs. Canal Satélite Digital SL prüft er wiederum beide Grundfreiheiten anhand der gleichen Maßstäbe (s. EuGH Rs. C-390/99, Slg 2002, S. I-607, Rn 29 ff), was für einen Gleichlauf der Grundfreiheiten spricht. Zwar handelt es sich in diesem Fall nicht um eine der Keck-Rechtsprechung unterfallende Regelung von Verkaufmodalitäten, dies stellt der EuGH jedoch explizit nach der Bejahung beider Schutzbereiche fest, was die Möglichkeit der Anwendung der Keck-Kriterien auch auf die Dienstleistungsfreiheit impliziert (s. EuGH Rs. C-390/99, Slg 2002, S. I-607, Rn 30). Wie bei der Niederlassungsfreiheit scheint jedoch auch bei der Dienstleistungsfreiheit Zurückhaltung gegenüber einer uneingeschränkten Analogie geboten (s.o. Rn 35). Vor allem aus der personenbezogenen Ausrichtung dieser Grundfreiheiten ergeben sich nicht unerhebliche Unterschiede zu der Warenverkehrsfreiheit (s. *Tiedje/Troberg*, in: v. d. Groeben/Schwarze, Art. 49, Rn 105 ff; zu einer Übertragung der Keck-Rechtsprechung nebst Beispielen s. hingegen *Pache*, in: Schulze/Zuleeg/Kadelbach, Europarecht, § 10, Rn 146).

Den weiten Beschränkungsbegriff hat der EuGH in jüngerer Rechtsprechung auf die **Formel** gebracht, dass er jede nationale Regelung erfasst, die die Erbringung von Dienstleistungen zwischen Mitgliedstaaten gegenüber der Erbringung von Dienstleistungen allein innerhalb eines Mitgliedstaats erschwert (s. nur EuGH Rs. C-17/00, De Coster, Slg 2001, S. I-9445, Rn 30 mwN). Beispiele für Beschränkungen sind u.a. die **Genehmigungspflicht** für den Betrieb einer digitalen Fernsehstation (EuGH Rs. C-390/99, Canal Satélite Digital SL, Slg 2002, S. I-607, Rn 29 ff), die **Erhebung einer Abgabe** auf Parabolantennen (EuGH Rs. C-17/00, De Coster, Slg 2001, S. I-9445, Rn 30 ff), **Werbe- und Untertitelungsverbote** im Rundfunk (EuGH Rs. 352/85, Bond van Adverteerders, Slg 1988, S. 2085, Rn 21 ff) oder **strukturelle Vorgaben für Sendeanstalten** (EuGH Rs. C-288/89, Gouda, Slg 1991, S. I-4007, Rn 21 f; für weitere Beispiele im Rundfunkbereich s. *Seyr*, in: Lenz/Borchardt, EU-Verträge, Art. 56/57, Rn 23). 46

D. Rechtfertigungsgründe

Auch Beschränkungen der Dienstleistungsfreiheit können zunächst aus Gründen der **öffentlichen Ordnung, Sicherheit und Gesundheit** gerechtfertigt sein (**Art. 62** iVm **Art. 52 Abs. 1**). 47

In Anlehnung an die Cassis de Dijon-Rechtsprechung zur Warenverkehrsfreiheit (s.o. Rn 24 f) ist darüber hinaus eine Rechtfertigung aus **zwingenden Gründen des Allgemeininteresses** möglich (s. nur EuGH Rs. C-288/89, Gouda, Slg 1991, S. I-4007, Rn 13 f mwN). Anerkannte Gründe in diesem Sinne sind u.a. die zum Schutz der Dienstleistungsempfänger bestimmten **Berufsregeln** (EuGH Rs. 110/78 u. 111/78, Van Wesemäl, Slg 1979, S. 35, Rn 28), der **Schutz des geistigen Eigentums** (EuGH Rs. 62/79, Coditel, Slg 1980, S. 881, Rn 15 ff), der **Schutz der Verbraucher** (EuGH Rs. 205/84, Kommission/Deutschland, Slg 1986, S. 3755, Rn 30), die **Betrugsvorbeugung** und die Vermeidung von Anreizen für die Bürger zu **überhöhten Wettausgaben** (EuGH Rs. C-243/01, Gambelli, Slg 2003, S. I-13031, Rn 67; Rs. C–338/04, C–359/04 u. C–360/04, Placanica, Rn 46, noch nicht in der amtlichen Slg veröffentlicht, abrufbar unter http://eur-lex.europa.eu), die **Erhaltung des nationalen historischen und künstlerischen Erbes** (EuGH Rs. C-180/89, Kommission/Italien, Slg 1991, S. I-709, Rn 20) und **kulturpolitische Belange im Rundfunksektor** (EuGH Rs. C-288/89, Gouda, Slg 1991, S. I-4007, Rn 22 f, Rs. C-23/93, TV10, Slg 1994, I-4795, Rn 18 – Schutz eines pluralistischen und nicht kommerziellen Rundfunkwesens). 48

Schließlich müssen auch die Beschränkungen der Dienstleistungsfreiheit den Schranken-Schranken, insbesondere den Grundsätzen der **Verhältnismäßigkeit** genügen. Die Beschränkungen müssen vor allem zur Erreichung des Allgemeinwohlziels **geeignet** sein bzw kohärent und systematisch zur Erreichung des Ziels beitragen (zur Begrenzung der Wetttätigkeit s. EuGH Rs. C-243/01, Gambelli, Slg 2003, S. I-13031, Rn 67; zum deutschen **Sportwettenverbot** läuft wegen Zweifeln an der Verhältnismäßigkeit derzeit das Vertragsverletzungsverfahren Nr. 2003/4350, s. auch Stellungnahmen der Kommission v. März u. Mai 2007 im Notifizierungsverfahren Nr. 2006/658/D zu der 2006 beschlossenen Neufassung des Glücksspiel-Staatsvertrages) und dürfen nicht über das zur Erreichung dieses Ziels **Erforderliche** hinausgehen, dh das erstrebte Ziel darf nicht auch durch mildere Mittel erreichbar sein (s. nur EuGH Rs. C-288/89, Gouda, Slg 1991, S. I-4007, Rn 15 mwN). Auch im Rahmen der Dienstleistungsfreiheit wird der Erforderlichkeitsgrundsatz besonders durch das **Herkunftslandprinzip** konkretisiert (s.o. Rn 27), was vor allem in der Dienstleistungsrichtlinie (s.u. Rn 49 ff) und der Fernsehrichtlinie bzw Richtlinie für audiovisuelle Mediendienste (s.u. Abschnitt 2 Rn 136 ff) Niederschlag gefunden hat. 49

E. Dienstleistungsrichtlinie

Seit dem 28.12.2006 ist die Dienstleistungsrichtlinie in Kraft (**Richtlinie 2006/123/EG** des Europäischen Parlaments und des Rates vom 12. Dezember 2006 über Dienstleistungen im Binnenmarkt, ABl. L 376 vom 27.12.2006, S. 36 ff; s. hierzu das Handbuch der Kommission zur Umsetzung der Dienstleistungsrichtlinie v. 30.7.2007, im Internet verfügbar unter http://ec.europa.eu/internal_market/services/docs/services-dir/guides/handbook_de.pdf). Durch die Richtlinie sollen vor allem bürokratische Hindernisse der Dienstleistungsfreiheit und der Niederlassungsfreiheit abgebaut werden, um grenzüberschreitende Dienstleistungstätigkeiten innerhalb der Europäischen Union zu erleichtern und bis 2010 einen wirklichen **Binnenmarkt für Dienstleistungen** zu schaffen (s. Erwägungsgründe der RL 1–7). Umsetzungsfrist für die Mitgliedstaaten war der 28.12.2009 (Art. 44 Abs. 1 Dienstleistungsrichtlinie). 50

51 Die Richtlinie gilt zunächst für **jede Dienstleistung** iSd Art. 57 AEUV, die von einem in einem Mitgliedstaat niedergelassenen Dienstleistungserbringer angeboten wird (Art. 2 Abs. 1 iVm Art. 4 Nr. 1 Dienstleistungsrichtlinie). Art. 2 Abs. 2 und 3 sehen jedoch zahlreiche **Ausnahmen** vor, u.a. Dienstleistungen der **elektronischen Kommunikation**, die in den Anwendungsbereich der dafür einschlägigen Richtlinien fallen (Abs. 2 lit. c), **audiovisuelle Dienste und Rundfunk** (Abs. 2 lit. g; s. hierzu auch Erwägungsgründe 11 ff) und **Glücksspiele** (Abs. 2 lit. h). Zudem sieht Art. 3 Abs. 1 für einige Berufe, die in den Anwendungsbereich anderer spezifisch ihren Bereich regelnder Richtlinien fallen, den **Vorrang** dieser speziellen Regelungen vor, zB der **Fernsehrichtlinie** im Bereich der Fernsehtätigkeit (lit. c) und der **Berufsanerkennungsrichtlinie** für reglementierte Berufe (lit. d).

52 Die Richtlinie beinhaltet zum einen Vorschriften zur **Verwaltungsvereinfachung**, nach denen sämtliche Verfahren und Formalitäten für die Aufnahme und Ausübung einer Dienstleistungstätigkeit vereinfacht und in jedem Staat zentral geregelt werden sollen (Art. 5–8). Ferner stellt sie Maßstäbe für Genehmigungsregelungen und andere **Anforderungen bei grenzüberschreitenden Niederlassungen** auf (Art. 9–15). Im Kapitel VI (Art. 16–21) sieht die Richtlinie den **Grundsatz der Dienstleistungsfreiheit** vor. An dieser Stelle war im lang umstrittenen Entwurf der Kommission (KOM(2004)2 endg. v. 25.2.2004) das als solches auch titulierte **Herkunftslandprinzip** verankert, dem zufolge die Mitgliedstaaten dafür Sorge tragen sollten, dass Dienstleister lediglich den Bestimmungen ihres Herkunftsstaates unterfallen (vgl Art. 16 Abs. RL-Entwurf; s. hierzu *Albath/Giesler*, EuZW 2006, 38 ff). Der nunmehr gültige Art. 16 Abs. 1 trägt zwar nicht mehr den ursprünglichen Titel und wurde auch im Wortlaut geändert. Die jetzige Formulierung trägt den Mitgliedstaaten jedoch auf, dass sie die freie Ausübung von Dienstleistungstätigkeiten zu gewährleisten haben (Art. 16 Abs. 1 UA 2), und Anforderungen an die Dienstleistungserbringer dürfen **nur aus Gründen der öffentlichen Ordnung, Sicherheit und Gesundheit oder des Schutzes der Umwelt** gestellt werden (Art. 16 Abs. 1 UA 3b). Im Ergebnis gleicht der neue Art. 16 Abs. 1 stark der ursprünglichen Fassung, so dass der Wegfall des Herkunftslandprinzips eher rein begrifflicher Natur war (s. auch *Körner*, NZA 2007, 233, 234; *Lemor*, EuZW 2007, 135, 138). Bemerkenswert ist, dass im Anwendungsbereich der Richtlinie zur Rechtfertigung von Beschränkungen der Dienstleistungsfreiheit nur die vier in Art. 16 Abs. 1 UA 3 b genannten Rechtfertigungsgründe greifen sollen und somit ein Rückriff auf die **zwingenden Allgemeinwohlinteressen ausgeschlossen** ist (anders bei der Niederlassungsfreiheit, s. nur Art. 9, 10 u. 11 Abs. 1 lit. b, Art. 12 Abs. 3).

53 Des Weiteren stellt die Richtlinie Vorgaben zur **Qualitätssicherung der Dienstleistungen** (Art. 22–27) und **Verwaltungszusammenarbeit** (Art. 28–36) auf.

2. Unterabschnitt: Recht der öffentlichen Unternehmen und staatliche Beihilfen

Artikel 106 AEUV (früher Art. 86 EGV) [Öffentliche Unternehmen; Dienstleistungen von allgemeinem wirtschaftlichem Interesse]

(1) Die Mitgliedstaaten werden in Bezug auf öffentliche Unternehmen und auf Unternehmen, denen sie besondere oder ausschließliche Rechte gewähren, keine den Verträgen und insbesondere den Artikeln 18 und 101 bis 109 widersprechende Maßnahmen treffen oder beibehalten.

(2) [1]Für Unternehmen, die mit Dienstleistungen von allgemeinem wirtschaftlichem Interesse betraut sind oder den Charakter eines Finanzmonopols haben, gelten die Vorschriften der Verträge, insbesondere die Wettbewerbsregeln, soweit die Anwendung dieser Vorschriften nicht die Erfüllung der ihnen übertragenen besonderen Aufgabe rechtlich oder tatsächlich verhindert. [2]Die Entwicklung des Handelsverkehrs darf nicht in einem Ausmaß beeinträchtigt werden, das dem Interesse der Union zuwiderläuft.

(3) Die Kommission achtet auf die Anwendung dieses Artikels und richtet erforderlichenfalls geeignete Richtlinien oder Beschlüsse an die Mitgliedstaaten.

A. Regelungszweck

Art. 106 betrifft Unternehmen, für deren Verhalten die Mitgliedstaaten aufgrund des Einflusses, den sie auf dieses Verhalten ausüben können, besondere Verantwortung tragen (vgl EuGH Rs. 188-190/80, „Transparenzrichtlinie", Slg 1982, 2545 ff, Rn 12, zu Art. 90 aF). Die Norm soll zur Sicherung unverfälschten Wettbewerbs gewährleisten, dass die Mitgliedstaaten ihre öffentlichen Unternehmen und Staatsmonopole nicht zu vertragswidrigen Verhaltensweisen missbrauchen. Für staatliche Handelsmonopole gilt bereits Art. 37, so dass Art. 106 vor allem die **Dienstleistungsmonopole** behandelt (vgl *Jung*, in: Calliess/Ruffert, EUV/EGV, Art. 86, Rn 2). Aus medienrechtlicher Perspektive erlangt Art. 106 vor allem in den Bereichen der **Telekommunikation** und des **Rundfunks** besondere Bedeutung. 54

Werden in Art. 101 und 102 die Unternehmen selbst zu bestimmten Verhaltensweisen verpflichtet (s. hierzu ausführlich unten Abschnitte 15 und 20), so richtet sich **Art. 106 Abs. 1** an die Mitgliedstaaten und verpflichtet diese, die Bestimmungen des EGV – insbesondere die wettbewerbs- und beihilfenrechtlichen Regelungen – in ihren Beziehungen zu den von ihnen kontrollierten oder rechtlich privilegierten Unternehmen einzuhalten. Eine begrenzte Ausnahme sieht **Art. 106 Abs. 2** für Unternehmen vor, die mit Dienstleistungen von allgemeinem wirtschaftlichem Interesse betraut sind oder den Charakter eines Finanzmonopols haben. Über den Wortlaut hinaus sind neben den Unternehmen auch die Mitgliedstaaten Adressaten des Art. 106 Abs. 2, so dass diese sich ebenfalls auf die Ausnahmeregelung berufen können (vgl u.a. EuGH Rs. C-340/99, TNT-Traco, Slg 2001, S. I-4109, Rn 52). Mit der ersten Alternative bietet Art. 106 Abs. 2 den Maßstab für die mitgliedstaatliche Gestaltung der **Daseinsvorsorge** (vgl *Heidenhain*, in: Heidenhain, European State Aid Law, § 3 Rn 21) und ist damit besonders im Bereich des **Beihilfenrechts** bedeutend (s. hierzu auch unten Rn 96 ff, 109 ff). **Art. 106 Abs. 3** überträgt der Kommission die Überwachung der Anwendung des Art. 106, zu deren Zweck sie erforderlichenfalls Richtlinien oder Entscheidungen an die Mitgliedstaaten erlassen kann (EuGH Rs. 188-190/80, „Transparenzrichtlinie", Slg 1982, 2545 ff, Rn 12). 55

B. Art. 106 Abs. 1

I. Öffentliche und monopolartige Unternehmen

Der Begriff des **Unternehmens** ist auch in Art. 106 Abs. 1 im allgemeinen wettbewerbsrechtlichen Sinn zu verstehen (unstreitig; s. *Mestmäcker/Schweitzer*, Europäisches Wettbewerbsrecht, § 33, Rn 18; *Jung*, in: Calliess/Ruffert, EUV/EGV, Art. 86, Rn 11, jeweils mwN). Erfasst werden also zunächst solche Einrichtungen, die wirtschaftliche Tätigkeiten ausüben, unabhängig von ihrer Rechtsform und der Art ihrer Finanzierung (zum wettbewerbsrechtlichen Unternehmensbegriff s. u.a. EuGH Rs. C-41/90, Höfner und Elser, Slg 1991, S. I-1979, Rn 21). Die Organisation einer Tätigkeit als öffentlich-rechtliche Anstalt schließt die Qualifizierung als unternehmerisch nicht aus (EuGH aaO, Rn 22). Wie bereits oben zu Art. 56 dargestellt (s.o. Rn 40), hat der EuGH die Ausstrahlung von Fernsehsendungen als Dienstleistung bewertet (EuGH Rs. 155/73, Sacchi, Slg 1974, S. 409, Rn 6), so dass die Tätigkeit der **Rundfunkanstalten** durchaus unternehmerisch sein kann und damit nicht von vornherein den Wettbewerbsregeln entzogen ist. Die unterschiedlichen Tätigkeitsbereiche der Rundfunkveranstalter mögen allerdings jeweils einzeln zu bewerten sein (zu den Bewertungsgrundsätzen s. *Mestmäcker/Schweitzer*, Europäisches Wettbewerbsrecht, § 33, Rn 26 f). Für die **Übertragung von Rundfunksendungen** wird der grundsätzlich wirtschaftliche Charakter von Kommission und EuGH jedenfalls bejaht (s.o. Rn 40) und im Hinblick auf die Liberalisierung des Wettbewerbs sowie die Beihilfefragen in diesem Bereich bei der Anwendung der wettbewerbsrechtlichen Vorschriften vorausgesetzt (zu den Einzelheiten im Folgenden). 56

Gemäß Art. 2 lit. b der Transparenzrichtlinie (Rn 85 ff) ist ein **öffentliches** Unternehmen jedes Unternehmen, auf das die öffentliche Hand aufgrund Eigentums, finanzieller Beteiligung, Satzung oder sonstiger Bestimmungen, die die Tätigkeit des Unternehmens regeln, unmittelbar oder mittelbar einen beherrschenden Einfluss ausüben kann. Diese Definition gilt zwar nur für die Zwecke der Richtlinie (EuGH Rs. 188-190/80, „Transparenzrichtlinie", Slg 1982, 2545 ff, Rn 24; zum Zweck der RL s.u. Rn 85 ff). Sie kann jedoch als Anhaltspunkt für die Auslegung des Begriffs in Art. 106 Abs. 1 dienen (*Jung*, in: Calliess/Ruffert, EUV/EGV, Art. 86, Rn 12), so dass auch bei Art. 106 Abs. 1 die **Möglichkeit des beherrschenden Einflusses** als das maßgebende Kriterium zu betrachten ist (vgl *Grill*, in: Lenz/Borchardt, EU-Verträge, Art. 106, Rn 6). Öffentlich iSd Art. 106 Abs. 1 sind die Unternehmen demnach, wenn der Staat mittelbar oder unmittelbar bestimmenden Einfluss auf die Unternehmensleitung 57 ausüben kann (s. *Mestmäcker/Schweitzer*, Europäisches Wettbewerbsrecht, § 33, Rn 40; *Jung*, in: Calliess/Ruffert, EUV/EGV, Art. 86, Rn 12 mwN).

58 Auch **die mit ausschließlichen oder besonderen Rechten ausgestatteten Unternehmen** zeichnen sich als solche iSd Art. 106 Abs. 1 dadurch aus, dass die Mitgliedstaaten einen Einfluss auf das Verhalten der Unternehmen ausüben können und somit für dieses Verhalten besondere Verantwortung tragen (vgl EuGH Rs. 188-190/80, Transparenzrichtlinie Slg 1982, S. 2545, Rn 12; Rs. C-202/88, Telekommunikations-Endgeräte, Slg 1991, S. I-1223, Rn 24). **Ausschließliche Rechte** sind solche, die der Staat einem Unternehmen gewährt, wenn er eine bestimmte wirtschaftliche Tätigkeit einem einzelnen Unternehmen vorbehält (vgl Art. 2 lit. f der neuen Transparenzrichtlinie, RL 2006/111/EG, ABl. 2006 L 318, S. 17; Art. 1 Nr. 5. der Richtlinie 2002/77/EG der Kommission vom 16. September 2002 über den Wettbewerb auf den Märkten für elektronische Kommunikationsnetze und -dienste, ABl. 2002 L 249, S. 21). Klassisches Beispiel für die Gewährung ausschließlicher Rechte ist das staatlich begründete Monopol (s. Beispiele bei *Mestmäcker/Schweitzer*, Europäisches Wettbewerbsrecht, § 33, Rn 51).

59 **Besondere Rechte** liegen vor, wenn der Staat in einem bestimmten Bereich einer begrenzten Zahl von Unternehmen Rechte gewährt, ohne sich an objektive, angemessene und diskriminierungsfreie Kriterien zu halten, also nach anderen als diesen Kriterien zB die Zahl der Unternehmen auf zwei oder mehr begrenzt oder Unternehmen Vorteile einräumt, durch die die Wettbewerbsfähigkeit der Wettbewerber wesentlich beeinträchtigt wird (vgl Art. 2 lit. g der RL 2006/111/EG, ABl. 2006 L 318, S. 17; Art. 1 Nr. 6. der RL 2002/77/EG, ABl. 2002 L 249, S. 21). Die Differenzierung der beiden Privilegierungsformen ist wegen ihrer Gleichstellung in Art. 106 Abs. 1 für die darin aufgestellte allgemeine Verpflichtung der Mitgliedstaaten nicht erforderlich (vgl *Hochbaum/Klotz*, in: v.d. Groeben/Schwarze, Art. 86, Rn 22). Von der Kommission hat der EuGH diese Unterscheidung jedoch ausdrücklich gefordert, da deren Regelungsbefugnis aus Art. 106 Abs. 3 bezüglich der ausschließlichen Rechte und der besonderen Rechte durchaus unterschiedlich ausfällt (s. EuGH Rs. C-202/88, Telekommunikations-Endgeräte, Slg 1991, S. I-1223, Rn 45 ff; Rs. C-271/90, C-281/90 u. C-289/90, Telekommunikationsdienste, Slg 1992, S. I-5833, Rn 29 ff; s. vertiefend *Hochbaum/Klotz*, in: v.d. Groeben/Schwarze, Art. 86, Rn 22;).

II. Pflichten der Mitgliedstaaten

60 Art. 106 Abs. 1 untersagt den Mitgliedstaaten, in Bezug auf die öffentlichen oder privilegierten Unternehmen **Maßnahmen** zu treffen oder beizubehalten, die dem AEUV widersprechen. Die Vorschrift konkretisiert mit dem geforderten **Bezug** der Maßnahmen **auf die genannten Unternehmen** die allgemeine Pflicht aus Art. 4 Abs. 3 EUV, vertragswidrige Maßnahmen zu unterlassen (vgl *Mestmäcker/Schweitzer*, Europäisches Wettbewerbsrecht, § 33, Rn 1). Der Begriff der Maßnahme ist im Übrigen weit auszulegen und umfasst jedes tatsächliche und rechtliche Einwirken der Mitgliedstaaten auf die Unternehmen (s. *Hochbaum/Klotz*, in: v.d. Groeben/Schwarze, Art. 86, Rn 40 u. 42 mwN). Art. 106 Abs. 1 ist als Verweisungsnorm **nur in Verbindung mit anderen Vertragsnormen** anwendbar (vgl *Jung*, in: Calliess/Ruffert, EUV/EGV, Art. 86, Rn 7), nach denen sich bestimmt, ob eine staatliche Maßnahme dem EGV widerspricht. Erfasst sind sowohl die staatsgerichteten als auch die unternehmensbezogenen Normen des Vertrages (*Mestmäcker/Schweitzer*, Europäisches Wettbewerbsrecht, § 33, Rn 7 f).

61 Ein Mitgliedstaat verstößt beispielsweise gegen Art. 106 Abs. 1 iVm dem **staatsgerichteten** Art. 49 Abs. 1, wenn er einem Sender das Exklusivrecht zur Ausstrahlung von Fernsehwerbung in einem bestimmten Gebiet einräumt (EuG Rs. T-266/97, VTM, Slg 1999, S. II-2329, Rn 102 ff). Ebenfalls an die Mitgliedstaaten gerichtet sind die in Art. 106 Abs. 1 explizit aufgeführten **Beihilfevorschriften**. Bereits in den Siebziger Jahren hat der EuGH jedoch klargestellt, dass diese Vorschriften neben den privaten Unternehmen ohnehin auch sämtliche öffentlichen Unternehmen mit allen ihren Produktionszweigen **direkt** erfassen (s. EuGH Rs. 78/76, Steinike/Weinlig, Slg 1977, S. 595, Rn 18). In späteren Urteilen hat der EuGH den direkten Anwendungsbereich der Beihilferegelungen zusätzlich auf Umgehungsfälle ausgeweitet, in denen unabhängige Einrichtungen zur Verteilung der Beihilfen geschaffen wurden (s. EuGH Rs. 290/83, Crédit Agricole, Slg 1985, S. 439, Rn 14; Rs. C-482/ 99, Stardust Marine, Slg 2002, S. I-4397, Rn 23), und auf Quersubventionierungen von dem freien Wettbewerb unterstehenden Tochterunternehmen (EuGH Rs. C-39/94, SFEI, Slg 1996, S. I-3547, Rn 57). Die ausdrückliche Erwähnung dieser Vorschriften in Art. 106 Abs. 1 scheint daher eher deklaratorischer Natur zu sein und gleichsam eine Warnfunktion zu erfüllen. Die beihilferechtlich relevanten Sachverhalte werden hingegen auch in

Bezug auf öffentliche Unternehmen unmittelbar von Art. 107 erfasst (vgl auch *Hochbaum/Klotz*, in: v.d. Groeben/Schwarze, Art. 86, Rn 49; *Mestmäcker/Schweitzer*, Europäisches Wettbewerbsrecht, § 33, Rn 14).

Art. 106 Abs. 1 gilt auch für Maßnahmen, die gegen die **unternehmensbezogenen** Wettbewerbsvorschriften verstoßen. Auch im Medienrecht ist das **Missbrauchsverbot** für beherrschende Unternehmen **aus Art. 102** besonders bedeutend. Der EuGH betont auch weiterhin, dass diese Vorschrift gesetzliche **Monopole** bzw deren marktbeherrschende Stellung nicht **als solche** verbietet (vgl u.a. EuGH Rs. C-260/89, ERT, Slg 1991, S. I-2925, Rn 32; Rs. C-147 u. 148/97, Deutsche Post AG/GZS u.a., Slg 2000, S. I-825, Rn 39). Entsprechend wurde beispielsweise die **Beibehaltung und Erweiterung** eines Monopols zur Ausstrahlung und Übertragung von Sendungen auch nicht beanstandet (vgl EuGH Rs. 155/73, Sacchi, Slg 1974, 409, Rn 14). Auch die **Schaffung eines Monopols** gilt an sich nicht als unvereinbar mit Art. 106 Abs. 1 iVm Art. 102 (vgl EuGH Rs. C-323/93, La Crespelle, Slg 1994, S. I-5077, Rn 18), **es sei denn,** das Monopol führt dazu, dass das Monopolunternehmen durch bloße Ausübung der eingeräumten Rechte zwangsläufig gegen Art. 102 verstoßen muss (vgl EuGH Rs. C-41/90, Höfner und Elser, Slg 1991, I-1979, Rn 34). 62

Ein **Verstoß** gegen Art. 106 Abs. 1 iVm Art. 102 soll auch vorliegen, wenn durch die Einräumung eines Ausstrahlungs- und Übertragungsmonopols eine Lage geschaffen „werden könnte", in der das Unternehmen durch eine diskriminierende Sendepolitik gegen das Missbrauchsverbot „verstößt" (vgl EuGH Rs. C-260/89, **ERT**, Slg 1991, S. I-2925, Rn 38; diese und die vorgenannte Rechtsprechung zusammenfassend jüngst EuGH Rs. 451/03, ADC Servizi, Slg 2006, S. I-2941, Rn 23). Teilweise wird hieraus gelesen, dass bereits die **Möglichkeit eines Missbrauchs** iSd Art. 102 von Art. 106 Abs. 1 erfasst werde und es für einen Verstoß genüge, wenn das Monopolunternehmen durch die vom Mitgliedstaat geschaffene Lage geneigt sei, sich missbräuchlich zu verhalten (vgl *Jung*, in: Calliess/Ruffert, EUV/EGV, Art. 86, Rn 32; *Grill*, in: Lenz/Borchardt, EU-Verträge, Art. 106, Rn 14). Diese Lesart wird auch durch einige Urteile des EuGH gestützt (s. EuGH Rs. C-179/90, Merci conventionali porto di Genova, Slg 1991, S. I-5889, Rn 17, 19 u. 20; Rs. C- 203/96, Chemische Afvalstoffen Dusseldorp, Slg 1998, S. I-4075, Rn 61 u. 63). Dennoch erscheint die **Rechtsprechungspraxis** zunächst nicht eindeutig. 63

In der Entscheidung **Corsica Ferries France** (Rs. C-266/96, Slg 1998, S. I-3949), zitiert der EuGH zwar die ERT-Entscheidung im Wortlaut, interpretiert diesen in Rn 41 jedoch dahin gehend, dass kein Verstoß vorliege, wenn nicht ein Missbrauch begangen werde oder zumindest der Zwang hierzu geschaffen werde. Auch das Urteil in der Rs. C-323/93, **La Crespelle**, Slg 1994, S. I-5077, fordert ausdrücklich den durch das Unternehmen begangenen Missbrauch (Rn 18). Das Urteil in der Rs. C-387/93, **Banchero**, Slg 1995, S. I-4663, ist ebenfalls nicht eindeutig. Die darin gewählte Formulierung, das Unternehmen müsse „durch die bloße Ausübung" des übertragenen ausschließlichen Rechts „veranlasst" werden (Rn 51), spricht im Zusammenhang mit den im Urteil zitierten Entscheidungen eher für eine Auslegung in dem Sinne, dass die Monopolübertragung zwangsläufig zu einem Verstoß führen muss (so dann wohl auch *Jung*, in: Calliess/Ruffert, EUV/EGV, Art. 86, Rn 32, in Fn 124 jedoch in scheinbarem Gegensatz zu Fn 123). 64

In einem Vorabentscheidungsverfahren **zum belgischen Fernmeldemonopol** wiederum wies der EuGH das Argument des klagenden Monopolunternehmens, die bloße Möglichkeit eines Missbrauchs reiche nicht für einen Verstoß aus, zurück. Zur Begründung führte er aus, dass die Ausdehnung des Monopols **„ohne objektive Rechtfertigung"** „als solche" mit dem Missbrauchsverbot unvereinbar sei (vgl EuGH Rs. C-18/88, **GB-INNO-BM**, Slg 1991, S. I-5941, Rn 24 u. 25). Diese in unterschiedlichen Kontexten wiederholte Rechtsprechung (s. weitere Nachweise bei *Grill*, in: Lenz/Borchardt, EU-Verträge, Art. 106, Rn 16 f) fordert also **nicht mehr ein konkretes Missbrauchsverhalten** der Unternehmen und scheint damit die Existenzberechtigung von Monopolen an sich in Frage zu stellen (vgl *Grill*, in: Lenz/Borchardt, EU-Verträge, Art. 106, Rn 17). 65

Ein über Art. 106 Abs. 1 relevanter Verstoß gegen Art. 102 kann jedenfalls auch ohne tatsächlich missbräuchliches Verhalten der Unternehmen in der **Vermengung der unternehmerischen Tätigkeit mit hoheitlichen Funktionen** der Aufsicht und Kontrolle liegen. Derartige Strukturen waren besonders für den in Europa traditionell monopolistisch organisierten Bereich der Telekommunikation kennzeichnend. Die besonderen und ausschließlichen Rechte der nationalen **Fernmeldemonopole** umfassten meist auch die Befugnis, über die Zulassung der Endgeräte zu entscheiden und deren Anwendung zu kontrollieren. Diese Kompetenzanhäufung **verstößt gegen Art. 106 Abs. 1 iVm Art. 102** (vgl EuGH Rs. C-18/88, GB-INNO-BM, Slg 1991, S. I-5941, Rn 25 f; Rs. C-69/91, Decoster, Slg 1993, S. I-5335, 66

Rn 20). Mit derselben Begründung verpflichteten auch die **Endgeräterichtlinie** (RL 88/301/EWG der Kommission ABl. 1988 L 131, S. 73 ff) und die **Diensterichtlinie** (RL 90/388/EWG ersetzt durch die RL 2002/77/EG der Kommission v. 16.9.2002 über den Wettbewerb auf den Märkten für elektronische Kommunikationsnetze und -dienste, ABl. 2002 L 249, S. 21) die Mitgliedstaaten zur organisatorischen Trennung der hoheitlichen Funktionen von der unternehmerischen Tätigkeit der Telekommunikationsunternehmen. Diese Richtlinien erklärten allerdings auch, dass die Monopole bezüglich der unternehmerischen Tätigkeit als solche mit dem Vertrag unvereinbar waren (s. Erwägungsgrund 9 der Endgeräterichtlinie und Erwägungsgrund 8 der RL 2002/77/EG; Letzterer stellt klar, dass mit dem nunmehr verwendeten Begriff der elektronischen Kommunikation die Richtlinie auch für Radio- und Fernsehübertragungsnetze sowie für Übertragungs- und Rundfunkdienste gilt) und **forderten** deren **Abschaffung**, die schrittweise auf den gesamten Markt der Telekommunikation und Rundfunkübertragung ausgedehnt wurde.

67 Insgesamt lässt sich **die Tendenz** verzeichnen, die **Monopolberechtigung an sich in Zweifel zu ziehen** und bereits die bloße Existenz eines Monopols gleichsam einem Rechtfertigungsvorbehalt zu unterwerfen. Einen **neuen Prüfungsmaßstab** hat insofern das Urteil in der Rs. C-320/91, Corbeau, Slg 1993, S. I-2533, begründet. In dieser Entscheidung wiederholt der EuGH zwar formelhaft, dass die Schaffung einer beherrschenden Stellung durch Gewährung ausschließlicher Rechte für sich genommen nicht mit Art. 86 aF (jetzt Art. 102) unvereinbar sei (vgl EuGH Rs. C-320/91, Corbeau, Slg 1993, S. I-2533, Rn 11). Im Ergebnis prüfte der EuGH jedoch anschließend die grundsätzliche Zulässigkeit des streitgegenständlichen Postmonopols anhand der **Vorgaben des** Art. 90 Abs. 2 aF (jetzt **Art. 106 Abs. 2**) (vgl EuGH Rs. C-320/91, Corbeau, Slg 1993, S. I-2533, Rn 12 u. 13; s. auch *Jung*, in: Calliess/Ruffert, EUV/EGV, Art. 86, Rn 33; *Grill*, in: Lenz/Borchardt, EU-Verträge, Art. 106, Rn 18 f; s. auch EuGH Rs. C-147 u. 148/97, Deutsche Post AG/GZS u.a., Slg 2000, S. I-825, Rn 39–41), so dass diese nunmehr als **Maßstab für die Bewertungen der mitgliedstaatlichen Pflichten aus Art. 106 Abs. 1** heranzuziehen sind.

C. Art. 106 Abs. 2

I. Regelungszweck

68 Art. 106 Abs. 2 S. 1 sieht eine **Ausnahmeregelung für Unternehmen** vor, die mit Dienstleistungen von allgemeinem wirtschaftlichen Interesse betraut sind oder den Charakter eines Finanzmonopols haben. Die Ausnahme gilt **auch für private Unternehmen** dieser Art (vgl EuGH Rs. 127/73, BRT II, Slg 1974, S. 313, Rn 19, 22). Dem Wortlaut zufolge sollen die Vorschriften des AEUV für die erfassten Unternehmen gelten, soweit die Anwendung der Vorschriften nicht die Erfüllung der besonderen Aufgaben rechtlich oder tatsächlich verhindert. In Satz 2 wird diese Ausnahmeregelung durch die Unionsinteressen begrenzt. Auch die **Mitgliedstaaten** können sich auf Art. 106 Abs. 2 berufen (vgl u.a. EuGH Rs. C-340/99, TNT-Traco, Slg 2001, S. I-4109, Rn 52).

69 Die Vorschrift soll das Interesse der Mitgliedstaaten, bestimmte Unternehmen als Instrumente der Wirtschafts- und Fiskalpolitik einzusetzen, mit dem Interesse der Union an der Einhaltung der Wettbewerbsregeln in Einklang bringen (vgl EuGH Rs. C-202/88, Telekommunikations-Endgeräte, Slg 1991, S. I-1223, Rn 12). Da es sich um eine Vorschrift handelt, die zu diesen Zwecken eine vom Vertrag abweichende Regelung zulässt, ist der Begriff der erfassten Unternehmen **eng auszulegen** (vgl EuGH Rs. 127/73, BRT II, Slg 1974, S. 313, Rn 19, Rs. C-242/95, GT-Link, Slg 1997, S. I-4449, Rn 50).

II. Finanzmonopole

70 Ein Unternehmen lässt sich als **Finanzmonopol** iSd Art. 106 Abs. 2 bewerten, wenn die staatliche Übertragung des Monopols mit dem Ziel erfolgte, dem Staat eine besondere Einnahmequelle zu erschließen (s. *Hochbaum/Klotz*, in: v.d. Groeben/Schwarze, Art. 86, Rn 69; *Jung*, Calliess/Ruffert, EUV/EGV, Art. 86, Rn 42, jeweils mwN). Derartige Monopole erfüllen jedoch selten die Voraussetzungen des Art. 106 Abs. 2, so dass Finanzmonopole kaum in den Anwendungsbereich dieser Ausnahmeregelung fallen (s. *Hochbaum/Klotz*, in: v.d. Groeben/Schwarze, Art. 86, Rn 69; *Jung*, Calliess/Ruffert, EUV/EGV, Art. 86, Rn 43; *Grill*, in: Lenz/Borchardt, EU-Verträge, Art. 106, Rn 27).

III. Unternehmen der Daseinsvorsorge

Bedeutend ist diese Vorschrift jedoch im Hinblick auf die Unternehmen, die **mit Dienstleistungen von allgemeinem wirtschaftlichen Interesse** betraut sind. 71

1. Dienstleistung von allgemeinem wirtschaftlichen Interesse. Der **Begriff der Dienstleistung** in diesem Sinne geht über den Dienstleistungsbegriff in Art. 57 hinaus und umfasst auch die Verteilung von Waren und sonstigen Sachgütern (vgl *Mestmäcker/Schweitzer*, Europäisches Wettbewerbsrecht, § 34, Rn 17; *Jung*, Calliess/Ruffert, EUV/EGV, Art. 86, Rn 36 sowie *Hochbaum/Klotz*, in: v.d. Groeben/Schwarze, Art. 86, Rn 58 f mit Beispielen; *Grill*, in: Lenz/Borchardt, EU-Verträge, Art. 106, Rn 22). 72

Im **allgemeinen wirtschaftlichen Interesse** liegen jene wirtschaftlichen Tätigkeiten, die von den Mitgliedstaaten oder der Gemeinschaft mit **besonderen Gemeinwohlverpflichtungen** verbunden werden und für die das Kriterium gilt, dass sie für die Allgemeinheit erbracht werden (s. die Gemeinschaftspraxis zusammenfassend die Begriffsbestimmung in Anhang 1 zum Weißbuch zu Dienstleistungen von allgemeinem Interesse v. 12.5.2004, KOM(2004)374 endg.). In den deutschsprachigen Fassungen der Mitteilungen der Kommission wird auch der Begriff der **Leistungen der Daseinsvorsorge** gebraucht (s. Mitteilungen der Kommission „Leistungen der Daseinsvorsorge in Europa" ABl. 1996 C 281, Daseinsvorsorgemitteilung I, und ABl. 2001 C 17, Daseinsvorsorgemitteilung II, sowie Bericht für den Europäischen Rat in Laeken v. 17.10.2001, KOM(2001)598 endg.), der jedoch **etwas weiter gefasst** ist **als** der Begriff der Dienstleistungen iSd **Art. 106 Abs. 2** (s. Definitionen in der Daseinsvorsorgemitteilung II, ABl. 2001 C 17, S. 4, Anhang II). 73

Bei der **Definition** der Dienstleistungen von allgemeinem wirtschaftlichem Interesse, insbesondere der Bestimmung der bezweckten Gemeinwohlverpflichtung, verfügen die Mitgliedstaaten über einen großen, vorrangig an den Verbraucherinteressen orientierten **Ermessensspielraum**, dessen Ausübung lediglich der unionsrechtlichen Kontrolle auf **offensichtliche Fehler** zugänglich bleibt (s. Gemeinschaftsrahmen für staatliche Beihilfen, die als Ausgleich für die Erbringung öffentlicher Dienstleistungen gewährt werden, ABl. 2005 C 297, S. 4, Rn 9 u. 10). Die Dienstleistungen müssen **von wirtschaftlichem Interesse** sein, das von nicht-wirtschaftlichen Belangen zB rein sozialer oder kultureller Art abzugrenzen ist (s. Daseinsvorsorgemitteilung II, ABl. 2001 C 17, S. 4, Rn 28 ff). Ferner müssen die Dienstleistungen den **Allgemeininteressen** dienen und dürfen nicht allein im Interesse einzelner Personen oder Personengruppen erfolgen. **Urheberrechtsgesellschaften** nehmen beispielsweise nach Wertung des EuGH ausschließlich Privatinteressen wahr, auch wenn sie gesetzlich geschützte geistige Eigentumsrechte verwalten (EuGH Rs. 127/73, BRT II, Slg 1974, S. 313, Rn 23). 74

Für den **öffentlich-rechtlichen Rundfunk** ist mittlerweile auch von den Unionsorganen anerkannt, dass dieser trotz der angenommenen „klaren wirtschaftlichen Bedeutung" (Mitteilung der Kommission über die Anwendung der Vorschriften über staatliche Beihilfen auf den öffentlichen-rechtlichen Rundfunk, Rundfunkmitteilung von 2009, ABl. 2009 C 257, S. 2, Rn 9) grundsätzlich im Interesse der Allgemeinheit liegt (vgl Daseinsvorsorgemitteilung II, ABl. 2001 C 17, S. 4, Anhang II; Rundfunkmitteilung 2001, ABl. 2001 C 320, S. 5 sowie Rundfunkmitteilung 2009 als aktualisierte und konsolidierte Fassung der Mitteilung von 2001, Abl. 2009 C 257, S. 2; hingegen nicht eindeutig die Protokollerklärung zum Amsterdamer Vertrag über den öffentlich-rechtlichen Rundfunk in den Mitgliedstaaten, ABl. 1997 C 340, S. 109; der EuGH hat in der Sacchi-Entscheidung die Ausgestaltung der staatlichen Rundfunkunternehmen als Dienstleistungen von allgemeinem wirtschaftlichem Interesse für möglich erachtet, Rs. 155/73, Sacchi, Slg 1974, S. 409, Rn 15, und diese Ausgestaltung in einer späteren Entscheidung vorausgesetzt, Rs. C-260/89, ERT, Slg 1991, S. I-2925, Rn 33). Davon zu unterscheiden ist die Frage, welche Bedingungen eine auf diese Unternehmen bezogene mitgliedstaatliche Maßnahme erfüllen muss, um in den Genuss der Ausnahmeregelung des Art. 106 Abs. 2 zu kommen (allg. und für den Rundfunk speziell zu dieser besonders bezüglich der Finanzierung diskutierten Frage s.u. Rn 96 ff, 109 ff). 75

Auch im Bereich der **Telekommunikation** wurden bestimmte Dienstleistungen als von allgemeinem wirtschaftlichem Interesse anerkannt (s. EuGH Rs. C-18/88, GB-INNO-BM, Slg 1991, S. I-5941, Rn 22), für die **der Begriff des Universaldienstes** eingeführt wurde (s. RL 2002/22/EG, Universaldienstrichtlinie, ABl. 2002 L 108, S. 51; Daseinsvorsorgemitteilung II, ABl. 2001 C 17, S. 4, Rn 40 ff und Anhang I). 76

2. Betrauung. Die Unternehmen müssen mit den Dienstleistungen von allgemeinem wirtschaftlichem Interesse betraut sein. Die Gerichte fordern zwar für die Betrauung einen **Hoheitsakt öffentlicher Ge-** 77

walt (vgl nur EuGH Rs. 127/73, BRT II, Slg 1974, S. 313, Rn 19/22; EuG Rs. T-17/02, Olsen, Slg 2005, S. II-2031, Rn 186 mwN). Von diesem Begriff sehen sie jedoch **auch öffentlich-rechtliche Konzessionen** erfasst, bei denen es der Zustimmung des Konzessionsempfängers bedarf (vgl EuGH Rs. C–393/92, Almelo u.a., Slg 1994, S. I–1477, Rn 47; EuG Rs. T-17/02, Olsen, Slg 2005, S. II-2031, Rn 188). Die Kommission versteht den Begriff im Sinne einer Auftragserteilung durch einen oder mehrere Verwaltungs- oder Rechtsakte (Gemeinschaftsrahmen für Ausgleich öffentlicher Dienstleistungen, ABl. 2005 C 297, S. 4, Rn 12). Die **formalen Anforderungen** an den Betrauungsakt beschränken sich im Ergebnis darauf, dass die Verleihung der Kompetenzen **aktiv** erfolgen muss (s. *Jung*, in: Calliess/Ruffert, EUV/EGV, Art. 86, Rn 39; vgl auch *Ehricke*, in: Loewenheim/Meessen/Riesenkampff, Kartellrecht, Art. 86, Rn 107). Eine Gesetzgebung, die eine grundsätzlich allen Unternehmen zugängliche Tätigkeit lediglich regelt und einer hoheitlichen Erlaubnis unterwirft, kann insofern nicht als Betrauungsakt gewertet werden (vgl zur deutschen Regelung der **Urheberrechtsgesellschaften** EuGH Rs. 7/82, GVL, Slg 1983, S. 483, Rn 30 ff). Im Übrigen ist jedoch weder eine bestimmte Rechtsform noch eine bestimmte Handlungsform vorgeschrieben (s. zusammenfassend *Grill*, in: Lenz/Borchardt, EU-Verträge, Art. 106, Rn 25), so dass der Betrauungsakt **auch durch Vertrag** oder bloße **Aufgabenbeschreibung** erfolgen kann (für die öffentlich-rechtlichen Rundfunkanstalten s. Rundfunkmitteilung 2009, ABl. 2009 C 257, S. 7, Rn 43). Aus Gründen der Transparenz und damit der Kontrollmöglichkeit müssen aus dem Betrauungsakt **inhaltlich** Art und Dauer der besonderen Aufgabe und der damit verbundenen besonderen Rechte, die beauftragten Unternehmen und die Parameter für eventuelle Ausgleichzahlungen hervorgehen (s. Gemeinschaftsrahmen für Ausgleich öffentlicher Dienstleistungen, ABl. 2005 C 297, S. 4, Rn 12).

IV. Verhinderung der Aufgabenerfüllung

78 Grundsätzlich finden die Vorschriften des AEUV auch auf die betrauten Unternehmen Anwendung. Eine **Ausnahme** besteht gemäß **Art. 106 Abs. 2 S. 1** nur, wenn die Anwendung der Vorschriften die Erfüllung der übertragenen besonderen Aufgaben verhindert. Eine bloße Störung der Erfüllung reicht nicht (EuG Rs. T-260/94, Air Inter, Slg 1997, II-997, Rn 138). Der Ausnahmetatbestand ist aber auch nicht erst dann erfüllt, wenn das wirtschaftliche Überleben des betrauten Unternehmens bedroht ist (vgl EuGH Rs. C-340/99, TNT-Traco, Slg 2001, S. I-4109, Rn 54). Vielmehr genügt es bereits, dass die Anwendung des Vertrages die **Erfüllung** der besonderen Aufgaben **gefährdet** (vgl u.a. EuGH Rs. C-340/99, TNT-Traco, Slg 2001, S. I-4109, Rn 54; zur Kritik an dieser Rechtsprechung s. *Hochbaum/Klotz*, in: v.d. Groeben/Schwarze, Art. 86, Rn 74 f) und die Nicht-Anwendung der Vorschriften **erforderlich** ist, um die Aufgabenerfüllung **zu wirtschaftlich annehmbaren Bedingungen** zu ermöglichen (in Bezug auf die Nicht-Anwendung der Art. 81, 82, nunmehr Art. 101, 102, s. EuGH Rs. C-340/99, TNT-Traco, Slg 2001, S. I-4109, Rn 5; Rs. -147 u. 148/97, Deutsche Post AG/GZS u.a., Slg 2000, S. I-825, Rn 49; Rs. C-475/99, Ambulanz Glöckner, Slg 2001, S. I-8089, Rn 56 f sowie bereits Rs. C-320/91, Corbeau, Slg 1993, I-2533, Rn 17). Im Hinblick auf staatliche Ausgleichszahlungen verwendet die Kommission auch die Formulierung, dass diese „unabdingbar" für das Funktionieren der gemeinwohlorientierten Dienstleistung sein müssten (Gemeinschaftsrahmen für Ausgleich öffentlicher Dienstleistungen, ABl. 2005 C 297, S. 4, Rn 8), im Ergebnis wendet sie damit jedoch keinen strengeren Maßstab an als die Gerichte (s. im Hinblick auf das Beihilferecht unten Rn 96 ff, 109 ff). Die **Beweislast** für das Vorliegen der Ausnahmevoraussetzungen liegt bei dem Mitgliedstaat oder dem Unternehmen, der bzw das sich auf Art. 106 Abs. 2 beruft (vgl u.a. EuGH Rs. C-340/99, TNT-Traco, Slg 2001, S. I-4109, Rn 59).

V. Grenzen des Ausnahmetatbestandes

79 Die in Art. 106 Abs. 2 S. 1 vorgesehene Durchbrechung der Vertragsvorschriften wird in Art. 106 Abs. 2 S. 2 begrenzt. Danach darf die Anwendung der Ausnahmeregelung nicht die Entwicklung des Handelsverkehrs in einem den Interessen der Union entgegenstehenden Ausmaß beeinträchtigen.

80 Die **Beeinträchtigung der Entwicklung des Handelsverkehrs** im Sinne dieser Vorschrift ist weiter als die Zwischenstaatlichkeitsklausel in Art. 101 Abs. 1 und Art. 102 (vgl nur *Pernice/Wernicke*, in: Grabitz/Hilf, Art. 86, Rn 58 f). Nach Ansicht der Generalanwälte erfordert die Annahme einer Beeinträchtigung iSd Art. 106 Abs. 2 S. 2 den Nachweis, dass die streitige Maßnahme den innergemeinschaftlichen Handel tatsächlich in erheblicher Weise beeinträchtigt hat (s. nur Schlussanträge des GA Léger in der Rs. C-438/02, Krister Hanner, Slg 2005, S. I-04551, Rn 143).

Inwieweit eine derartige Maßnahme dem **Interesse der Union** entgegensteht, ist jeweils im Einzelfall zu prüfen (vgl *Hochbaum/Klotz*, in: v.d. Groeben/Schwarze, Art. 86, Rn 82). Das Unionsinteresse ist **anhand der Ziele und Grundsätze der Verträge** zu ermitteln (s. *Klasse*, in: Heidenhain, European State Aid Law, § 28, Rn 123; *Ehricke*, in: Loewenheim/Meessen/Riesenkampff, Kartellrecht, Art. 86, Rn 131). Es im konkreten Fall zu definieren obliegt der Kommission (s. EuGH Rs. C-159/94, Kommission/Frankreich, Slg 1997, S. I-5815, Rn 113). Der Verstoß gegen **fundamentale Vertragsprinzipien** scheint grundsätzlich das Interesse der Union zu verletzen (ähnlich *Jung*, in: Calliess/Ruffert, EUV/EGV, Art. 86, Rn 53 mwN; einschränkend *Pernice/Wernicke*, in: Grabitz/Hilf/Nettesheim, Art. 86, Rn 62). In Bezug auf das **Diskriminierungsverbot** hat der EuGH zumindest jüngst festgestellt, dass eine Verkaufsregelung mangels eines jede Diskriminierung ausschließenden Auswahlverfahrens nicht nach Art. 106 Abs. 2 gerechtfertigt werden könne (s. EuGH Rs. C-438/02, Krister Hanner, Slg 2005, S. I-4551, Rn 48). 81

Aufgrund des Art. 14 AEUV müsste nunmehr auch die **Daseinsvorsorge als Gemeinschaftsinteresse** zu berücksichtigen sein (s. auch *Badura*, FS Oppermann, S. 571, 578). Der Stellenwert der Daseinsvorsorge als ein „Schlüsselelement des europäischen Gesellschaftsmodells" hat mit dem durch den Vertrag von Amsterdam eingefügten **Art. 16** (jetzt Art. 14 AEUV) eine ausdrückliche Anerkennung erfahren (vgl Daseinsvorsorgemitteilung II, ABl. 2001 C 17, S. 4, Zusammenfassung u. Rn 2). Die darin statuierte, im Wesentlichen **politische Erklärung** (s. *Grill*, in: Lenz/Borchardt, EU-Verträge, Art. 106, Rn 23; *Wernicke*, in: Grabitz/Hilf/Nettesheim, Art. 14 AEUV, Rn 26) unterstreicht im Hinblick auf die gemeinwohlorientierten Unternehmen die Bedeutung der Ausnahmeregelung in **Art. 106 Abs. 2** als **Ausdruck einer grundlegenden Wertentscheidung des Unionsrechts** (vgl GA Alber in Schlussanträge zur Rs. C-340/99, TNT Taco, Slg 2001, I-4199, Rn 94). Dies dürfte bei der Auslegung des Art. 106 Abs. 2, insbesondere des Unionsinteresses iSd Satz 2, eine Rolle spielen (s. *Wernicke*, in: Grabitz/Hilf/Nettesheim, Art. 14 AEUV, Rn 47; *Kallmayer/Jung*, in: Calliess/Ruffert, EUV/EGV, Art. 16, Rn 18). Im Übrigen bleibt Art. 106 dem Wortlaut des Art. 14 zufolge „unbeschadet". 82

Ob die erzeugten Handelshemmnisse den Interessen der Union zuwiderlaufen, ist schließlich in **Abwägung** mit den nationalen gemeinwohlorientierten Interessen nach dem **Grundsatz der Verhältnismäßigkeit** zu ermitteln (s. schon *Pernice/Wernicke*, in: Grabitz/Hilf/Nettesheim, Art. 86, Rn 63 ff; vgl iÜ auch Daseinsvorsorgemitteilung II, ABl. 2001 C 17, S. 4, Rn 23). 83

D. Art. 106 Abs. 3

I. Regelungszweck

Die Kommission kann zur Erfüllung ihrer Überwachungsaufgabe im Rahmen des Art. 106 Abs. 3 Richtlinien und **Beschlüsse** an die Mitgliedstaaten richten. Der Beschluss gem. Art. 288 AEUV ersetzt insofern die einzelfallbezogene Rechtshandlung der **Entscheidung.** Als die Kommission 1980 mit Erlass der Transparenzrichtlinie erstmals die eingeräumte **Richtlinienkompetenz** in Anspruch nahm, machten einige Mitgliedstaaten im Wege einer Nichtigkeitsklage die Unzuständigkeit der Kommission mit der Begründung geltend, die originäre Rechtsetzungsbefugnis stünde nach dem Kompetenzgefüge des Vertrages allein dem Rat zu (vgl den ersten Klagegrund in der Rs. 188-190/80, „Transparenzrichtlinie", Slg 1982, S. 2545, Rn 4 f). Der EuGH hat jedoch in diesem und in folgenden Verfahren klargestellt, dass Art. 106 Abs. 3 (bzw Art. 90 Abs. 3 aF) der Kommission speziell für den darin festgelegten Anwendungsbereich den Erlass von Richtlinien erlaubt und ihr damit die Befugnis einräumt, allgemeine Regeln zu erlassen (s. EuGH Rs. 188-190/80, „Transparenzrichtlinie", Slg 1982, S. 2545, Rn 12 ff; EuGH Rs. C-202/88, Telekommunikations-Endgeräte, Slg 1991, S. I-1223, Rn 14; EuGH Rs. C-271/90, C-281/90 u. C-289/90, Telekommunikationsdienste, Slg 1992, S. I-5833, Rn 12). Die Kommission ist demnach im Rahmen des Art. 106 Abs. 3 nicht auf repressives Handeln in Reaktion auf konkrete Vertragsverstöße beschränkt, sondern kann **auch selbstständig präventiv** allgemeine Regeln aufstellen, um die Verpflichtungen aus Art. 106 Abs. 1 und 2 zu präzisieren (vgl nur *Jung*, in: Calliess/Ruffert, EUV/EGV, Art. 86, Rn 56). 84

Sowohl hinsichtlich des Tätigwerdens als auch hinsichtlich der dazu geeigneten Mittel besitzt die Kommission ein weites **Ermessen** (EuGH Rs. C-107/95 P, Bundesverband der Bilanzbuchhalter, Slg 1997, S. I-947, Rn 27). Eine Pflicht zum Tätigwerden besteht nicht (s. EuGH Rs. C-141/02 P, Kommission/max.mobil bzw T-Mobile Austria, Slg 2005, S. I-1283, Rn 69). Ansätze der Gerichte, die eine Klage Einzelner gegen die Entscheidung der Kommission, nicht tätig zu werden, und eine inhalt- 85 liche Überprüfung einer solchen Entscheidung für möglich erscheinen ließen (vgl EuGH Rs. C-107/95 P, Bundesverband der Bilanzbuchhalter, Slg 1997, S. I-947, Rn 24 f; EuG Rs. T-54/99, max.mobil/ Kommission, Slg 2002, S. II-313, Rn 49), sind mit dieser Entscheidung wohl hinfällig (vgl *Grill*, in: Lenz/Borchardt, EU-Verträge, Art. 106, Rn 32; bzgl der inhaltlichen Kontrolle vgl EuG Rs. T-443/03, Retecal u.a./Kommission, Slg 2005, S. II-1803, Rn 32) bzw auf rein abstrakt mögliche Ausnahmefälle reduziert (in der o.g. Entscheidung T-Mobile Austria wiederholt der EuGH die in der Bundesverband der Bilanzbuchhalter-Entscheidung erwähnte Klagemöglichkeit, verwirft sie im konkreten Fall aber kategorisch mit dem Hinweis auf die nicht bestehende Handlungsverpflichtung, s. Rs. C-141/02 P, Kommission/T-Mobile Austria, Slg 2005, S. I-1283, Rn 68 f).

II. Transparenzrichtlinie

86 Die erste auf Abs. 3 (des zu der Zeit geltenden Art. 90 EWGV) gestützte Richtlinie war die als **Transparenzrichtlinie** bezeichnete RL **80/723/EWG** der Kommission über die Transparenz der finanziellen Beziehungen zwischen den Mitgliedstaaten und den öffentlichen Unternehmen, ABl. 1980 L 195, S. 35 ff. Sie markierte einen Wendepunkt in der Praxis der Kommission, die bis dahin kaum ernsthaft von ihren Kompetenzen aus Abs. 3 Gebrauch gemacht hatte (s. nur *Grill*, in: Lenz/Borchardt, EU-Verträge, Art. 106, Rn 1). Die Richtlinie wurde in der Folge mehrfach geändert und zuletzt aus Gründen der Übersichtlichkeit durch eine kodifizierte Fassung **ersetzt**, die am 20.12.2006 in Kraft getreten ist (RL **2006/111/EG** der Kommission vom 16. November 2006 über die Transparenz der finanziellen Beziehungen zwischen den Mitgliedstaaten und den öffentlichen Unternehmen sowie über die finanzielle Transparenz innerhalb bestimmter Unternehmen, ABl. 2006 L 318, S. 17 ff).

87 Die Richtlinie stellt zentrale Begriffe klar und soll die Transparenz der finanziellen Beziehungen zwischen den Mitgliedstaaten und ihren öffentlichen Unternehmen erreichen, um eine angemessene und wirkungsvolle **Anwendung der Beihilfevorschriften** zu ermöglichen (s. Erwägungsgrund 7 der RL 2006/111/EG). Mit der Änderungsrichtlinie 2000/52/EG wurde erstmals eine **Pflicht zur getrennten Buchführung** für Unternehmen iSd Art. 106 Abs. 1 und 2 eingeführt (s. RL 2000/52/EG, ABl. 2000 L 193, S. 75 ff). Diese sollte für jene Unternehmen gelten, die für öffentliche Dienstleistungen Beihilfen in jedweder Form erhielten und neben den Tätigkeiten iSd Art. 106 Abs. 1 und 2 noch in anderen Geschäftsbereichen tätig waren (vgl Art. 2 Abs. 1 lit. d und e der RL 80/723/EWG in der Fassung der RL 2000/52/EG). Mit dieser Regelung sollte vor allem eine bessere **Kontrolle von Quersubventionierungen** des Wettbewerbsgeschäfts ermöglicht werden (s. *Klasse*, in: Heidenhain, European State Aid Law, § 25, Rn 1; *Hain*, MMR 2001, 219, 220; zu Quersubventionierungen allg. s. *Grave*, EuZW 2001, 709 ff). Nachdem der EuGH in dem Urteil Altmark Trans GmbH (EuGH Rs. C-280/00, Slg 2003, S. I-7747) entschieden hatte, dass unter bestimmten Voraussetzungen Zuwendungen für öffentliche Dienstleistungen nicht als staatliche Beihilfen im Sinne von Art. 87 Abs. 1 EG (nunmehr Art. 107 Abs. 1 AEUV) zu werten sind (hierzu ausführlich Rn 99), änderte die Kommission die Transparenzrichtlinie erneut und entkoppelte die Verpflichtung zur getrennten Buchführung von der rechtlichen Qualifizierung der gewährten Zuwendung (s. RL 2005/81/EG der Kommission zur Änderung der RL 80/723/EWG, ABl. 2005 L 312, S. 47 ff), so dass nunmehr sämtliche Unternehmen, die einen Ausgleich in Bezug auf öffentliche Dienstleistungen erhalten und auch in anderen Geschäftsbereichen tätig sind, zur Führung getrennter Bücher verpflichtet sind (s. Art. 2 lit. d der aktuellen Transparenzrichtlinie 2006/111/EG).

88 **Ausnahmen** von der Pflicht zur getrennten Buchführung sieht Art. 5 Abs. 2 der Richtlinie vor. Von der Verpflichtung befreit sind Unternehmen, deren Umsätze bzw Bilanzsummen bezüglich der öffentlichen Dienstleistungen bestimmte De-minimis-Schwellenwerte nicht überschreiten (Art. 5 Abs. 2 lit. b). Keine Verpflichtung besteht zudem, wenn der gewährte Ausgleich für die öffentlichen Dienstleistungen in einem offenen, transparenten und nicht diskriminierten Verfahren festgesetzt wurde (Art. 5 Abs. 2 lit. c). Allgemein sind auch jene Unternehmen befreit, deren Dienstleistungen nicht den innergemeinschaftlichen Handel beeinträchtigen können (Art. 5 Abs. 2 lit. a).

89 Die Pflicht zur getrennten Buchführung wurde besonders in Bezug auf die **öffentlich-rechtlichen Rundfunkanstalten** diskutiert, wobei so ziemlich jeder nur denkbare Ansatzpunkt bemüht wurde, um die Verpflichtung von den Anstalten abzuwenden (s. nur *Eberle*, in: FS Brohm, S. 51, 58 ff; *Bartosch*, EuZW 2000, 333, 336; befürwortend jedoch *Trzaskalik*, Transparenzpflichten des öffentlich-rechtlichen Rundfunks, 2000, S. 19 ff; für einen Überblick s. auch *Hain*, MMR 2001, 219 ff). Zumindest die Behauptung zugunsten der deutschen Rundfunkanstalten, dass es sich bei der Gebührenfinanzierung

nicht um Beihilfen handele, kann mit der Änderung durch die RL 2005/81/EG nicht mehr greifen. Auch dürfte sich die Diskussion mit den Zusagen der Bundesregierung im Beihilfeverfahren zur Finanzierung des deutschen öffentlich-rechtlichen Rundfunks, die insbesondere auch die klare Trennung der Geschäftsbereiche und die Einführung einer getrennter Rechnungslegung beinhalten, zumindest dem Grunde nach erledigt haben.

III. Telekommunikation

Die Kommission nutzte ihre Richtlinienkompetenz aus Art. 106 Abs. 3 im besonderen Maße für die Liberalisierung der Telekommunikationsmärkte (vgl *Grill*, in: Lenz/Borchardt, EU-Verträge, Art. 106, Rn 36). Den Anfang markieren die sog. **Endgeräterichtlinie** (RL 88/301/EWG, ABl. 1988 L 131, S. 73 ff) und die sog. **Diensterichtlinie** (RL 90/388/EWG, ABl. 1990 L 192, S. 10 ff), welche die Trennung hoheitlicher und unternehmerischer Funktionen und schließlich die Beseitigung ausschließlicher Rechte auf diesen Märkten durchsetzten. Weitere Richtlinien folgten, die schließlich die vollständige Liberalisierung im Telekommunikationssektor herbeiführten (s. RL 94/46/EG, **Satellitenkommunikation**, ABl. 1994 L 268, S. 15; RL 95/51/EG, **Kabelfernsehnetze**, ABl. 1995 L 256, S. 49; RL 96/2/EG, **Mobilkommunikation**, ABl. 1996 L 20, S. 59; RL 96/19/EG, hinsichtlich der **Einführung des vollständigen Wettbewerbs** auf den Telekommunikationsmärkten, ABl. 1996 L 74, S. 13; RL 99/64/EG, Trennung von Telekommunikations- von Kabelfernsehnetzen, ABl. 1999 L 175, S. 39). Die Diensterichtlinie wurde **ersetzt durch** die RL 2002/77/EG der Kommission über den **Wettbewerb auf den Märkten für elektronische Kommunikationsnetze und -dienste** (ABl. 2002 L 249, S. 21). 90

Im Jahre 2007 wurde zudem von der Kommission ein Reformverfahren eingeleitet, um kommunikationsrelevante Richtlinien an neue Begebenheiten anzupassen (s. *Ellinghaus*, Das Telekom-Reformpaket der EU, Computer und Recht 2010, 20 ff; *Schweda*, Die Audiovisuellen Medien im reformierten EG-Rechtsrahmen für elektronische Kommunikation, KUR 2010, 81 ff). Dieses Verfahren mündete in das am 25.11.2009 verabschiedete sog. **Telekomreformpaket** der EU (RL 2009/140/EG des Europäischen Parlamentes und des Rates, ABl. EG Nr. L 337 v. 18.12.2009). Zu dessen Kernpunkten zählen die Verbesserung des Verbraucherschutzes, die Förderung von Netzneutralität sowie Infrastruktur- und Wettbewerbsförderung. Übergeordnetes Ziel der Reform ist die Stärkung des Binnenmarktes durch Berücksichtigung der technologischen Entwicklungen, welche den Markt seit Verabschiedung des letzten Telekompaketes von 2002 geprägt haben (s. *Klotz/Brandenberg*, Der novellierte EG-Rechtsrahmen für elektronische Kommunikation: Anpassungsbedarf im TKG, MMR 2010, 147). Geändert wurden insbesondere die sog. **Rahmenrichtlinie** (2002/21/EG), die **Zugangsrichtlinie** (2002/19/EG), die **Genehmigungsrichtlinie** (2002/20/EG), die **Universaldienstrichtlinie** (2002/22/EG) sowie die **Datenschutzrichtlinie** (2002/58/EG). 91

Zudem wurde durch Verordnung mit dem neuen, sog. **Gremium Europäischer Regulierungsstellen für Elektronische Kommunikation (GEREK)** ein weiterer behördlicher Akteur geschaffen. Dieses Organ weist eine hybride Struktur auf und besteht aus einem Regulierungsrat, der sich aus Vertretern der nationalen Regulierungsstellen zusammensetzt, sowie einem (organisatorisch verselbstständigten) Büro mit eigener Rechtspersönlichkeit. Hauptaufgabe des GEREK soll die Bündelung von Fachkompetenz sowie die Beratung von Kommission, Parlament und Rat darstellen. Zusätzlich soll das Gremium Stellungnahmen zu nationalen Regulierungsmaßnahmen verabschieden und für eine bessere Koordinierung zwischen den Mitgliedstaaten sorgen. Die ursprünglich vorgesehene Schaffung einer mit umfangreichen Kompetenzen ausgestatteten Europäischen Regulierungsbehörde ist somit vorerst gescheitert (s. *Möschel*, Investitionsförderung als Regulierungsziel: Neuausrichtung des Europäischen Rechtsrahmens für die elektronische Kommunikation, MMR 2010, 451). 92

Die Richtlinien der Kommission zur Liberalisierung des Telekommunikationssektors wurden von zahlreichen **auf Art. 95 EG (nunmehr Art. 114 AEUV) gestützten Harmonisierungsmaßnahmen** flankiert. Dieser zunehmend unübersichtliche Rechtsrahmen wurde durch ein **Richtlinienpaket v. 7.3.2002** ersetzt und vereinfacht (s. hierzu unten Abschnitt 2 Rn 18 ff). 93

Art. 107–109 AEUV Staatliche Beihilfen

Artikel 107 (früher Art. 87 EGV) [Beihilfeverbot; Ausnahmen]

(1) Soweit in den Verträgen nicht etwas anderes bestimmt ist, sind staatliche oder aus staatlichen Mitteln gewährte Beihilfen gleich welcher Art, die durch die Begünstigung bestimmter Unternehmen oder Produktionszweige den Wettbewerb verfälschen oder zu verfälschen drohen, mit dem Binnenmarkt unvereinbar, soweit sie den Handel zwischen Mitgliedstaaten beeinträchtigen.

(2) Mit dem Binnenmarkt vereinbar sind:

a) Beihilfen sozialer Art an einzelne Verbraucher, wenn sie ohne Diskriminierung nach der Herkunft der Waren gewährt werden;
b) Beihilfen zur Beseitigung von Schäden, die durch Naturkatastrophen oder sonstige außergewöhnliche Ereignisse entstanden sind;
c) Beihilfen für die Wirtschaft bestimmter, durch die Teilung Deutschlands betroffener Gebiete der Bundesrepublik Deutschland, soweit sie zum Ausgleich der durch die Teilung verursachten wirtschaftlichen Nachteile erforderlich sind. Der Rat kann fünf Jahre nach dem Inkrafttreten des Vertrags von Lissabon auf Vorschlag der Kommission einen Beschluss erlassen, mit dem dieser Buchstabe aufgehoben wird.

(3) Als mit dem Binnenmarkt vereinbar können angesehen werden:

a) Beihilfen zur Förderung der wirtschaftlichen Entwicklung von Gebieten, in denen die Lebenshaltung außergewöhnlich niedrig ist oder eine erhebliche Unterbeschäftigung herrscht, sowie der in Artikel 349 genannten Gebiete unter Berücksichtigung ihrer strukturellen, wirtschaftlichen und sozialen Lage;
b) Beihilfen zur Förderung wichtiger Vorhaben von gemeinsamem europäischem Interesse oder zur Behebung einer beträchtlichen Störung im Wirtschaftsleben eines Mitgliedstaats;
c) Beihilfen zur Förderung der Entwicklung gewisser Wirtschaftszweige oder Wirtschaftsgebiete, soweit sie die Handelsbedingungen nicht in einer Weise verändern, die dem gemeinsamen Interesse zuwiderläuft;
d) Beihilfen zur Förderung der Kultur und der Erhaltung des kulturellen Erbes, soweit sie die Handels- und Wettbewerbsbedingungen in der Union nicht in einem Maß beeinträchtigen, das dem gemeinsamen Interesse zuwiderläuft;
e) sonstige Arten von Beihilfen, die der Rat durch einen Beschluss auf Vorschlag der Kommission bestimmt.

Artikel 108 (früher Art. 88 EGV) [Beihilfeaufsicht]

(1) [1]Die Kommission überprüft fortlaufend in Zusammenarbeit mit den Mitgliedstaaten die in diesen bestehenden Beihilferegelungen. [2]Sie schlägt ihnen die zweckdienlichen Maßnahmen vor, welche die fortschreitende Entwicklung und das Funktionieren des Binnenmarkts erfordern.

(2) Stellt die Kommission fest, nachdem sie den Beteiligten eine Frist zur Äußerung gesetzt hat, dass eine von einem Staat oder aus staatlichen Mitteln gewährte Beihilfe mit dem Binnenmarkt nach Artikel 107 unvereinbar ist oder dass sie missbräuchlich angewandt wird, so beschließt sie, dass der betreffende Staat sie binnen einer von ihr bestimmten Frist aufzuheben oder umzugestalten hat.

Kommt der betreffende Staat diesem Beschluss innerhalb der festgesetzten Frist nicht nach, so kann die Kommission oder jeder betroffene Staat in Abweichung von den Artikeln 258 und 259 den Gerichtshof der Europäischen Union unmittelbar anrufen.

[1]Der Rat kann einstimmig auf Antrag eines Mitgliedstaats beschließen, dass eine von diesem Staat gewährte oder geplante Beihilfe in Abweichung von Artikel 107 oder von den nach Artikel 109 erlassenen Verordnungen als mit dem Binnenmarkt vereinbar gilt, wenn außergewöhnliche Umstände einen solchen Beschluss rechtfertigen. [2]Hat die Kommission bezüglich dieser Beihilfe das in Unterabsatz 1 dieses Absatzes vorgesehene Verfahren bereits eingeleitet, so bewirkt der Antrag des betreffenden Staates an den Rat die Aussetzung dieses Verfahrens, bis der Rat sich geäußert hat.

Äußert sich der Rat nicht binnen drei Monaten nach Antragstellung, so beschließt die Kommission.

(3) [1]Die Kommission wird von jeder beabsichtigten Einführung oder Umgestaltung von Beihilfen so rechtzeitig unterrichtet, dass sie sich dazu äußern kann. [2]Ist sie der Auffassung, dass ein derartiges Vorhaben nach Artikel 107 mit dem Binnenmarkt unvereinbar ist, so leitet sie unverzüglich das in Absatz 2 vorgesehene Verfahren ein. [3]Der betreffende Mitgliedstaat darf die beabsichtigte Maßnahme nicht durchführen, bevor die Kommission einen abschließenden Beschluss erlassen hat.

(4) Die Kommission kann Verordnungen zu den Arten von staatlichen Beihilfen erlassen, für die der Rat nach Artikel 109 festgelegt hat, dass sie von dem Verfahren nach Absatz 3 ausgenommen werden können.

A. System des Beihilfenregimes

I. Allgemein

Art. 107 Abs. 1 stellt ein grundsätzliches **Verbot staatlicher Beihilfen** auf und enthält die **Definition des Beihilfenbegriffs**. Die Qualifizierung als Beihilfe erfordert danach **vier Voraussetzungen** (st. Rspr s. nur EuGH Rs. 451/03, ADC Servizi, Slg 2006, S. I-2941, Rn 55 f). Es muss sich um eine staatliche Maßnahme oder eine Maßnahme unter Inanspruchnahme staatlicher Mittel handeln. Diese Maßnahme muss geeignet sein, den Handel zwischen den Mitgliedstaaten zu beeinträchtigen. Dem Begünstigten muss durch die Maßnahme ein Vorteil gewährt werden (Begünstigung). Die Maßnahme muss den Wettbewerb verfälschen oder zu verfälschen drohen. 94

Art. 107 Abs. 2 und 3 sehen **Ausnahmen** von dem grundsätzlichen Beihilfeverbot vor. **Art. 107 Abs. 2** konstituiert **drei Legalausnahmen** für Beihilfen an Verbraucher (lit. a), im Fall von Naturkatastrophen (lit. b) und aufgrund der Teilung Deutschlands (lit. c). Stellt die Kommission das Vorliegen dieser Ausnahmefälle fest, muss sie die Beihilfen genehmigen. Ermessen kann ihr allenfalls bei Auslegung der Tatbestandsmerkmale zustehen (vgl hierzu *Cremer*, in: Calliess/Ruffert, EUV/EGV, Art. 87, Rn 29 mwN). Die Anwendung der in **Art. 107 Abs. 3 lit. a–d** vorgesehenen Ausnahmen steht hingegen **im Ermessen** der Kommission, wie sich bereits aus dem Wortlaut der Vorschrift ergibt (vgl nur EuGH Rs. 730/79, Philip Morris, Slg 1980, S. 2671, Rn 17). Aus medienrechtlicher Perspektive ist hier insbesondere die **Ausnahme für Kulturförderung gemäß Art. 107 Abs. 3 lit. d** hervorzuheben, die u.a. die Theater-, Kino- und Filmförderung sowie die Verlagsförderung betrifft (s. *Kreuschitz*, in: Lenz/Borchardt, EU-Verträge, Art. 107, Rn 59; zur Reichweite dieser Ausn. auch unten Rn 122 f). Für **Kino- und Fernsehfilmförderung** hat die Kommission in einer Mitteilung aus 2001 den Grundsatz der Rechtmäßigkeit aufgestellt und bestimmte Zulässigkeitskriterien benannt, deren Gültigkeit sie erneut bis zum 31.12.2012 verlängert hat (s. Mitteilung zur Filmwirtschaft v. 7.2.2009 (2009/C 31/01), Abl. C 31/1 v. 7.2.2009). Über **Art. 107 Abs. 3 lit. e** kann der Rat den Ausnahmekatalog des Abs. 3 erweitern (s. *v. Ysendyck*, in: v.d. Groeben/Schwarze, Art. 87, Rn 355), was bislang nur im Bereich des Schiffbaus und dem Steinkohlebergbau erfolgt ist (s. Weiteres bei *v. Ysendyck*, in: v.d. Groeben/Schwarze, Art. 87, Rn 356 ff; *Kreuschitz*, in: Lenz/Borchardt, EU-Verträge, Art. 107, Rn 63 ff). Ausnahmen zum Beihilfenverbot können sich zudem **im Bereich der Daseinsvorsorge** ergeben (s. hierzu unten Rn 96 ff). 95

In **Art. 108** ist das **Verfahren für die Kontrolle** staatlicher Beihilfen in seinen Grundzügen geregelt. Die Beihilfenaufsicht obliegt danach grundsätzlich der Kommission. Nur für Ausnahmefälle sieht Art. 108 Abs. 2 UA 3 eine Entscheidung durch den Rat vor, wenn außergewöhnliche Umstände eine solche rechtfertigen. Bei der Beihilfenkontrolle ist zwischen schon **bestehenden Beihilfen**, die der fortlaufenden Prüfung gemäß Art. 108 Abs. 1 und 2 unterliegen, und **neuen Beihilfen**, die gemäß Art. 108 Abs. 3 der **Notifizierungspflicht** unterliegen, zu unterscheiden. Letztere umfassen die Einführung und Umgestaltung von Beihilfen und dürfen gemäß **Art. 108 Abs. 3 S. 3** nicht gewährt werden, bis die Kommission abschließend entschieden hat. Diese Verbotsvorschrift ist **unmittelbar anwendbar** (vgl nur EuGH Rs. 120/73, Lorenz, Slg 1973, 1471, Rn 8; Rs. C-39/94, SFEI, Slg I-1996, S. 3547, Rn 39) und stellt nach der Rechtsprechung des BGH ein **Verbotsgesetz im Sinne des § 134 BGB** dar, dessen Verletzung zur Nichtigkeit des zur Gewährung der Beihilfe abgeschlossenen privatrechtlichen Vertrages führt (s. nur BGH, Urteil v. 20.1.2004 – XI ZR 53/03, EuZW 2004, 252, 253; Urteil v. 4.4.2003 – V ZR 314/02, EuZW 2003, 444, 445). Die Anmeldepflicht und das Durchführungsverbot aus Art. 88 Abs. 3 gelten **auch für Unternehmen** iSd **Art. 106 Abs. 2** (s. EuGH Rs. 332/98, CELF, Slg 2000, S. I-8365, Rn 27 ff). 96

Erklärt die Kommission eine gemäß Art. 108 Abs. 3 S. 3 **formell rechtswidrige Beihilfe** später für mit dem Gemeinsamen Markt vereinbar, führt diese Genehmigung nach derzeitiger Rechtsprechung des 97

EuGH **nur** zu einer **Heilung ex-nunc** (vgl EuGH Rs. C-368/04, Transalpine, EuZW 2006, 725 ff, Rn 54; s. krit. zu dieser Rechtsprechung *Quardt*, EuZW 2007, 204 ff mit Verweis auf aktuell anhängige Verfahren), so dass die bis zu diesem Zeitpunkt ausgezahlten Beihilfen trotz materieller Rechtmäßigkeit und entsprechender Genehmigung gegebenenfalls wieder eingezogen werden können bzw zu Schadensersatzforderungen führen können (vgl EuGH Rs. C-368/04, Transalpine, EuZW 2006, 725 ff, Rn 56). Eine detaillierte Regelung des Verfahrens zur Beihilfenkontrolle findet sich seit 1999 in der sog. **Verfahrensordnung** (VO (EG) Nr. 659/1999, ABl. L 83, S. 1 ff; zum Aufbau und Inhalt der VO s. *Mederer*, in: v.d. Groeben/Schwarze, Art. 88, Rn 5 ff).

98 Die **Ermächtigung des Rates** für den Erlass derartiger **Durchführungsverordnungen** enthält **Art. 109.** Neben der genannten Verfahrensordnung ist die sog. **Ermächtigungsverordnung** (VO (EG) Nr. 994/1998, ABl. 1998 L 142, S. 1 ff) von zentraler Bedeutung. Diese ermächtigt die Kommission, bestimmte Gruppen von Beihilfen durch sog. **Freistellungsverordnungen** von der Notifizierungspflicht nach Art. 108 Abs. 3 zu befreien (eine Auflistung und kurze Systematik dieser Verordnungen s. bei *Kreuschitz*, in: Lenz/Borchardt, EU-Verträge, Art. 109, Rn 2 f; *Khan*, in: Geiger/Khan/Kotzur, EUV/AEUV, Art. 109, Rn 1 f). Aufgrund der Ermächtigungsverordnung kann die Kommission durch Verordnung auch einen Schwellenwert festsetzen, bis zu dem Beihilfen als Maßnahmen angesehen werden, die nicht alle Tatbestandsmerkmale des Art. 107 Abs. 1 erfüllen und daher auch nicht dem Anmeldeverfahren gemäß Art. 107 Abs. 3 unterliegen. Entsprechend dieser Ermächtigung hatte die Kommission 2001 die Verordnung über die Anwendung der Art. 107 und 108 auf **„De-minimis"-Beihilfen** erlassen (VO (EG) Nr. 69/2001, ABl. 2001 L 10, S. 30 ff). Diese wurde durch eine überarbeitete Verordnung ersetzt (s. **VO (EG) Nr. 1998/2006** v. 15.12.2006, ABl. L 379, S. 5 ff; mit Geltung v. 1.1.2007 bis 31.12.2013).

II. Finanzierung der Daseinsvorsorge

99 Aus medienrechtlicher Perspektive ist das europäische Beihilfenrecht vor allem im Verhältnis zur Daseinsvorsorge relevant. Eines der Hauptthemen ist weiterhin die **Finanzierung des öffentlich-rechtlichen Rundfunks** (s.u. Rn 104 ff).

100 Über die **dogmatische Einordnung** staatlicher Zuwendungen zum Ausgleich für Leistungen der Daseinsvorsorge herrschte zeitweise aufgrund der unterschiedlichen Vorgehensweise der Gemeinschaftsorgane Unsicherheit (s. ausführlich zur Entwicklung der dogmatischen Ansätze *Schwendinger*, Gemeinschaftsrechtliche Grenzen öffentlicher Rundfunkfinanzierung, S. 210 ff). Hervorzuheben sind im Wesentlichen **zwei Ansätze** (s. *Donders*, in: Pauwels/Kalimo/Donders/Van Rompuy, State Aid and Public Service Broadcasting, S. 187, 190 ff).

101 Nach dem auf der früheren Rechtsprechung des EuG beruhenden sog. **Beihilfeansatz**, auch las Rechtfertigungslösung bezeichnet (zur Terminologie s. *v. Ysendyck*, in: v.d. Groeben/Schwarze, Art. 87, Rn 15, auch mit Verweis auf den dritten vermittelnden Ansatz des GA Jacobs; dazu sehr anschaulich ferner *Bartosch*, EuZW 2004, 295 ff), stellen staatliche Ausgleichszahlungen für Leistungen der Daseinsvorsorge stets **Beihilfen** iSd **Art. 107 Abs. 1** dar, die gegebenenfalls **über Art. 106 Abs. 2 gerechtfertigt** sein können (vgl EuG Rs. T-106/95, FFSA, Slg 1997, S. II-233, Rn 167 ff; Rs. T-46/97, SIC, Slg 2000, S. II-2125, Rn 75 ff, dieses weite Verständnis des Beihilfebegriffs befürwortend *v. Wallenberg*, Anm. zu EuG Rs. T-46/97, SIC, MMR 2001, S. 101 ff; dies., Anm. zu EuGH Rs. C-34 bis 38/01, Enirisorse, MMR 2004, S. 88 ff).

102 Der EuGH verfolgt hingegen den sog. **Ausgleichsansatz**, auch modifizierte Tatbestandslösung genannt (vgl nur EuGH Rs. C-280/00, **Altmark Trans**, Slg 2003, S. I-7747, Rn 87 ff; Rs. C-451/03, ADC Servizi, Slg 2006, S. I-2941, Rn 60 ff; zur Erläuterung s. *Klasse*, in: Heidenhain, European State Aid Law, § 28, Rn 40 ff; *Dörr*, Media Perspektiven 7/2005, 333 ff; *Wernicke*, EuZW 2003 481 f; zur Terminologie s. *Jennert*, NVwZ 2004, 425, 426; *Roßnagel/Strothmann*, Die duale Rundfunkordnung, S. 101). Der Gerichtshof prüft danach schon **im Tatbestand der Beihilfe** unter dem Merkmal der Begünstigung **vier Ausschlusskriterien**, die sich stark an den Voraussetzungen des Art. 106 Abs. 2 orientieren (vgl *Schwendinger*, Gemeinschaftsrechtliche Grenzen öffentlicher Rundfunkfinanzierung, S. 243; *Bauer*, EuZW 2006, 7, 9; *Wernicke*, EuZW 2003, 481, 481). **Erstens** muss das begünstigte Unternehmen unter klarer Definition der Verpflichtungen mit der gemeinwirtschaftlichen Dienstleistung betraut sein. **Zweitens** wird eine transparente und objektive Aufstellung der Berechnungsparameter für den Ausgleich vor dessen Gewährung gefordert. **Drittens** darf die Ausgleichshöhe nicht über das Maß hinausgehen, das erforderlich ist, um die Kosten der Erfüllung der gemeinwirtschaftlichen Leistung zu decken.

Wenn **viertens** das betraute Unternehmen nicht in einem Vergabeverfahren als kostengünstigster Anbieter ausgewählt wurde (s. hierzu jüngst *Pöcker*, EuZW 2007, 167 ff, der das Vergabeverfahren als eigenständigen Bestimmungsmodus für die Ausgleichshöhe betrachtet), muss die Höhe des Ausgleichs anhand einer Analyse der Kosten ermittelt werden, die ein durchschnittliches, gut geführtes Unternehmen bei der Erfüllung der betreffenden Verpflichtung hätte. Diese Ausschlusskriterien wurden erstmals in der **Altmark Trans-Entscheidung** aufgestellt (s. EuGH Rs. C-280/00, Altmark Trans, Slg 2003, S. I-7747, Rn 88 ff). Wenn sich die Zuwendung nach diesen Kriterien als Gegenleistung für die gemeinwirtschaftliche Leistung erweist, aus der in Wirklichkeit kein finanzieller Vorteil erwächst, wird sie nicht von dem Tatbestand der Beihilfe erfasst (vgl EuGH Rs. C-280/00, Altmark Trans, Slg 2003, S. I-7747, Rn 87 ff; EuGH Rs. C-34 bis 38/01, Enirisorse, Slg 2003, S. I-14243, Rn 31; Rs. C-451/03, ADC Servizi, Slg 2006, S. I-2941, Rn 60 ff).

Trotz der offensichtlichen Anlehnung dieser Kriterien an die Voraussetzungen des Art. 106 Abs. 2 sind 103 die beiden Tatbestände **Art. 107 Abs. 1 und Art. 106 Abs. 2 dogmatisch** weiterhin voneinander **zu trennen** (vgl *Bauer*, EuZW 2006, 7, 9 ff). Erfüllt eine Ausgleichsmaßnahme eines der Ausschlusskriterien nicht und stellt damit tatbestandlich eine Beihilfe iSd Art. 107 Abs. 1 dar, so kann diese grundsätzlich dennoch gemäß Art. 106 Abs. 2 mit dem Gemeinsamen Markt vereinbar sein (vgl auch *Schwendinger*, Gemeinschaftsrechtliche Grenzen öffentlicher Rundfunkfinanzierung, S. 249 f; *Bauer*, EuZW 2006, 7, 9 f; *Jennert*, NVwZ 2004, 425, 428). Ausdrücklich ausgeschlossen hat der EuGH eine Rechtfertigung über Art. 106 Abs. 2 bislang nur für den Fall der Überkompensation (vgl EuGH Rs. C-53/00, Ferring, Slg 2001, S. I-9067, Rn 33).

Diese Betrachtungsweise entspricht auch der jüngeren **Entscheidungspraxis der Kommission.** In dem 104 Gemeinschaftsrahmen für staatliche Beihilfen, die als Ausgleich für die Erbringung öffentlicher Dienstleistungen gewährt werden (ABl. 2005 C 297, S. 4), geht die Kommission davon aus, dass eine nach den Kriterien des Altmark-Urteils tatbestandlich vorliegende Beihilfe gemäß Art. 106 Abs. 2 gerechtfertigt sein kann (s. dort Rn 7 u. 8), sofern Voraussetzungen erfüllt sind, die wiederum den drei ersten Altmark-Kriterien weitestgehend entsprechen (vgl dort Rn 11 ff; s. hierzu auch *Bauer*, EuZW 2006, 9, 10, mit dem Hinweis, dass die sich gleichenden Voraussetzungen auch gleich ausgelegt werden müssen; anders *Schwendinger*, Gemeinschaftsrechtliche Grenzen öffentlicher Rundfunkfinanzierung, S. 249 f u. 260). In den jüngsten **Rundfunkentscheidungen** hält sie darüber hinaus sogar bei zusätzlichem Fehlen des zweiten Altmark-Kriteriums (transparente und objektive Aufstellung der Berechnungsparameter) eine Rechtfertigung über Art. 106 Abs. 2 für möglich und forderte dafür nur die Beauftragung mit der Dienstleistung und deren Definition (vgl das erste Altmark-Kriterium) sowie die Beschränkung der Ausgleichshöhe auf Nettokosten des öffentlichen Auftrags (vgl das dritte Altmark-Kriterium) (s. Entscheidung v. 15.10.2003, RTP II, ABl. 2005 L 142, S. 1, Rn 153 u. 158 ff; Entscheidung v. 19.5.2004, TV2/Danmark, ABl. 2006 L 85, S. 1, Rn 71 u. 79 ff; Mitteilung der GD Wettbewerb zur Finanzierung des öffentlich-rechtlichen Rundfunks in Deutschland v. 3.3.2005, E 3/2005, FK 10/2005, S. 9 ff, Rn 129 u. 170 ff; vgl ferner krit. *Bauer*, EuZW 2006, 9, 10 ff). Diese Entscheidungspraxis dürfte jedoch vor allem der politisch besonders brisanten Sonderrolle des Rundfunksektors geschuldet sein (so auch *Bauer*, EuZW 2006, 9, 10; *Klasse*, in: Heidenhain, European State Aid Law, § 29, Rn 32). **Faktisch** unterscheidet sich die grundsätzliche Vorgehensweise der Kommission jedoch kaum von dem **Beihilfeansatz** des EuG (s. auch *Schwendinger*, Gemeinschaftsrechtliche Grenzen öffentlicher Rundfunkfinanzierung, S. 260).

Die dogmatische Einordnung der Ausgleichsmaßnahmen hat durchaus **praktische Folgen.** Wird die 105 Maßnahme als Beihilfe iSd Art. 107 Abs. 1 gewertet, fällt sie damit auch in den Anwendungsbereich des Art. 108, der die fortlaufende Kontrolle bestehender Beihilfen vorsieht und für neue Beihilfen in Abs. 3 die Notifizierungspflicht und das Durchführungsverbot aufstellt (s. hierzu und zu den praktischen Konsequenzen im Verletzungsfall oben Rn 93; ferner *Kreuschitz*, in: Lenz/Borchardt, EU-Verträge, Art. 108, Rn 48 ff; *Sinnaeve*, in: Heidenhain, European State Aid Law, § 31, Rn 1 ff). Indem der EuGH mit den vier Ausschlusskriterien schon den Tatbestand des Art. 107 Abs. 1 begrenzt, schränkt er also vor allem die **Kontrollmöglichkeiten der Kommission** ein (s. auch *Schwendinger*, Gemeinschaftsrechtliche Grenzen öffentlicher Rundfunkfinanzierung, S. 301; *v. Wallenberg*, Anm. zu EuGH Rs. C-34 bis 38/01, Enirisorse, MMR 2004, 88, 89). Die praktische **Anwendung** des Altmark-Urteils durch die Kommission **entspricht materiell** allerdings dem **Beihilfeansatz** (s. auch *Schwendinger*, Gemeinschaftsrechtliche Grenzen öffentlicher Rundfunkfinanzierung, S. 306) und lässt insofern einen Verlust an Transparenz und Kontrolle kaum befürchten. Im Gegenteil scheint das Urteil eher umgekehrte Signalwirkung zu entfalten (vgl *Bartosch*, EuZW 2004, 295, 301).

106 Mittlerweile hat sich **auch das EuG** auf die Dogmatik der Altmark-Entscheidung berufen und deren Kriterien angewandt (s. EuG Rs. T-274/01, Valmont Nederland, Slg 2004, S. II-3145, Rn 129 ff). Inwieweit die Rechtsprechung das von der Kommission praktizierte Verhältnis zwischen Art. 107 Abs. 1 und Art. 106 Abs. 2 (zu den kompetenziellen Grenzen des EuGH diesbezüglich s. *Jennert*, NVwZ 2004, 425, 428 mwN) und vor allem die damit verbundene Aufweichung der Altmark-Kriterien (s. krit. *Bauer*, EuZW 2006, 7, 9 ff), die materiell auf den Beihilfeansatz hinausläuft, billigen wird, bleibt hingegen abzuwarten. Eine entgegen gesetzte Entwicklung in Richtung Ausgleichsansatz wäre jedenfalls dogmatisch fragwürdig und im Ergebnis abzulehnen, da mit der damit verbundenen Vermengung der Tatbestands- und Rechtfertigungsebene im Ergebnis die Systematik des europarechtlichen Beihilferegimes ausgehebelt werden würde (s. zur Kritik am Ausgleichsansatz mit weiteren Argumenten *Schwendinger*, Gemeinschaftsrechtliche Grenzen öffentlicher Rundfunkfinanzierung, S. 276 ff, insb. 289 ff; *v. Wallenberg*, MMR 2004, 88, 89).

B. Finanzierung des Rundfunks

107 Die Finanzierung des öffentlich-rechtlichen Rundfunks ist unter beihilferechtlichen Gesichtspunkten weiterhin problematisch (s. *Biggam*, in: Pauwels/Kalimo/Donders/Van Rompuy, Public Broadcasting and State Aid in the New Media Environment, S. 165 ff; *Dörr*, in: Schiwy/Schütz/Dörr, Lexikon Medienrecht, S. 135 ff). Zwar wurde teilweise schon behauptet, die Diskussion habe sich für die in Deutschland praktizierte Gebührenfinanzierung mit der neueren Rechtsprechung des EuGH erledigt (vgl *Cremer*, in: Calliess/Ruffert, EUV/EGV, Art. 87, Rn 28). Nicht zuletzt das **Verfahren zur Finanzierung von ARD und ZDF** beweist jedoch das Gegenteil. In diesem Verfahren, das 2007 nur unter dem Vorbehalt wesentlicher Änderungen durch einen Kompromiss zumindest vorläufig beendet werden konnte (s. Entscheidung der Kommission E 3/2005, IP/07/543 v. 24.4.2007, K(2007) 1761 endg., im Internet verfügbar unter http://ec.europa.eu/community_law/state_aids/comp-2005/e003-05.pdf), wurden neben den Gebühren auch andere Finanzierungsmaßnahmen von der Kommission in Frage gestellt (s. Mitteilung der GD Wettbewerb zur Finanzierung des öffentlich-rechtlichen Rundfunks in Deutschland v. 3.3.2005, E 3/2005, FK 10/2005, S. 9 ff). Ähnliche Entscheidungen der Kommission betrafen die Gebührenfinanzierung in Irland und Belgien (s. Kommissionsentscheidungen vom 27.2.2008 E 4/2005, IP/08/317 und E 8/2006, IP/08/316).

108 Neue Probleme im Rundfunkbereich ergeben sich bezüglich der **Finanzierung/Förderung neuer Übertragungsformen**, wie beispielsweise des digitalen terrestrischen Fernsehens (DVB-T) (so auch *Cremer*, in: Calliess/Ruffert, EUV/EGV, Art. 87, Rn 28). Aktuelle Verfahren in diesem Bereich drehen sich um an Nutzer gezahlte **Zuschüsse zur Anschaffung von Digitaldecodern** (s. Entscheidung Nr. 2007/374/EG der Kommission v. 24.1.2007 über die staatliche Beihilfe C 52/2005 (ex NN 88/2005, ex CP 101/2004), die die Italienische Republik mit ihrem Zuschuss zur Anschaffung von Digitaldecodern gewährt hat, ABl. L 147 v. 8.6.2007, S. 1 ff) und um die **Förderung privater Sender**, um diese zur Abgabe der analogen Frequenzen zu bewegen. Das EuG bestätigte eine Kommissionsentscheidung, mit der Zahlungen an Private zur Einführung des digitalen terrestrischen Fernsehens als mit dem Gemeinsamen Markt unvereinbar erklärt wurden (s. zur **Einführung des DVB-T in Berlin-Brandenburg** die Klageschriften in den anhängigen Verfahren vor dem EuG Rs. T-8/06, ABl. C 86 v. 8.4.2006, S. 31 f; Rs. T-21/06 und Rs. T-24/06, ABl. C 86 v. 8.4.2006, S. 32 ff sowie EuG Urteil v. 6.12.2009, ABl. C 282/39). Umstritten ist auch das **Engagement der öffentlich-rechtlichen Sendeanstalten** bei DVB-T **als solches** (für einen Überblick über die Übertragungssysteme und die damit verbundenen Rechtsprobleme s. *Ernst*, in: Schiwy/Schütz/Dörr, Lexikon Medienrecht, S. 634 ff).

109 Trotz teilweise erheblicher Unterschiede in der konkreten Ausgestaltung stellt das duale Rundfunksystem mit privaten und öffentlich-rechtlichen Rundfunkveranstaltern durchaus ein gemeinsames Ordnungsprinzip der Mitgliedstaaten in diesem Bereich dar (s. *Dörr*, Rundfunk in Europa, 1997, S. 10 ff; *Ernst*, in: Schiwy/Schütz/Dörr, Lexikon Medienrecht, S. 523). Dennoch gibt es mittlerweile Anzeichen für eine Erosion der grundsätzlichen Bedeutung des sog. Dualen Systems. So wird beispielsweise darauf hingewiesen, dass sowohl private als auch öffentlich-rechtliche Anbieter in zunehmendem Maße untereinander sowie mit anderen, neuen Medien konkurrieren (s. *Biggam*, in: Pauwels/Kalimo/Donders/Van Rompuy, Public Broadcasting and State Aid in the New Media Environment, S. 166). Gemeinsam scheint den Mitgliedstaaten dennoch die grundsätzliche Bewertung der gesellschaftlichen Bedeutung des öffentlich-rechtlichen Rundfunks zu sein. In einem Protokoll zum Amsterdamer Vertrag hoben sie dessen besondere Rolle hervor (s.u. Rn 107 f zum sog. **Amsterdamer Protokoll** oder **Rund-**

funkprotokoll). Die Aussagen des Protokolls wurden nochmals vom Rat unterstrichen (s. **Entschließung des Rates** und der im Rat vereinigten Vertreter der Regierungen der Mitgliedstaaten über den öffentlichen Rundfunk, ABl. 1999 C 30, S. 1 ff). Die Kommission hat zudem zwei Mitteilungen veröffentlicht, in denen sie ebenfalls die besondere Bedeutung des öffentlich-rechtlichen Rundfunks betont (Mitteilungen der Kommission über die Anwendung der Vorschriften über staatliche Beihilfen auf den öffentlichen-rechtlichen Rundfunk, sog. **Rundfunkmitteilungen**, ABl. 2001 C 320, S. 5 ff; ABl. 2009 C 257, S. 1 ff; *Kreuschitz*, in: Lenz/Borchardt, EU-Verträge, Art. 107, Rn 54). Hierbei ist zu beachten, dass die Mitteilung neueren Datums maßgeblich ist. Den Mitteilungen selbst kommt zudem keine direkte normative Bindungswirkung zu. Vielmehr handelt es sich um eine Darstellung und Erläuterung der rechtlichen Erwägungen, welche die Kommission ihren Entscheidungen zugrunde legt. Für die Praxis ergibt sich hieraus eine wichtige Konkretisierung der allgemeinen Regelungen für die Zukunft.

Schließlich wurde – wie bereits dargestellt – der Rundfunk aus dem Anwendungsbereich der neuen 110
Dienstleistungsrichtlinie herausgenommen (s.o. Rn 50). Der anerkannten gesellschaftlichen Bedeutung des öffentlich-rechtlichen Rundfunks steht allerdings die grundsätzlich wirtschaftliche Ausrichtung der Union entgegen (s. auch *Dörr*, Media Perspektiven 7/2005, 333). Mit zunehmender Tätigkeit privater Rundfunkveranstalter wurde europaweit insbesondere die Finanzierung der öffentlich-rechtlichen Rundfunkanstalten auf den Prüfstand gelegt. Angestoßen durch zwei Untätigkeitsklagen (s. EuG Rs. T-95/96, Telecinco, Slg 1998, S. II-3407; Rs. T-17/96, TF 1, Slg 1999, S. II-1757) begann die Kommission schließlich, die mitgliedstaatlichen Finanzierungssysteme einer beihilferechtlichen Prüfung zu unterziehen. Die Frage, in welchem Ausmaß und unter welchen Modalitäten die mitgliedstaatlichen Finanzierungssysteme für öffentlich-rechtliche Rundfunkanstalten mit den Regeln der Art. 107 ff unvereinbar sind, bleibt damit in gewissem Umfang offen.

I. Protokoll (Nr. 29) über den öffentlich-rechtlichen Rundfunk in den Mitgliedstaaten

DIE HOHEN VERTRAGSPARTEIEN –

IN DER ERWÄGUNG, dass der öffentlich-rechtliche Rundfunk in den Mitgliedstaaten unmittelbar mit den demokratischen, sozialen und kulturellen Bedürfnissen jeder Gesellschaft sowie mit dem Erfordernis verknüpft ist, den Pluralismus in den Medien zu wahren –

SIND über folgende auslegende Bestimmung ÜBEREINGEKOMMEN, die dem Vertrag über die Europäische Union und dem Vertrag über die Arbeitsweise der Europäischen Union beigefügt sind:t

Die Bestimmungen der Verträge berühren nicht die Befugnis der Mitgliedstaaten, dem öffentlich-rechtlichen Rundfunk zu finanzieren, sofern die Finanzierung der Rundfunkanstalten dem öffentlich-rechtlichen Auftrag, wie er von den Mitgliedstaaten den Anstalten übertragen, festgelegt und ausgestaltet wird, dient und die Handels- und Wettbewerbsbedingungen in der Union nicht in einem Ausmaß beeinträchtigt, das dem gemeinsamen Interesse zuwiderläuft, wobei den Erfordernissen der Erfüllung des öffentlich-rechtlichen Auftrags Rechnung zu tragen ist.

(ABl. 2010 C 83, S. 312)

Das Rundfunkprotokoll wurde zuerst aufgrund des Amsterdamer Vertrages dem EGV als Protokoll 111
Nr. 32 beigefügt und ist nunmehr gemäß Art. 51 EUV in seiner aktuellen Fassung als Protokoll Nr. 29 Bestandteil der Verträge (s. *Dörr*, in: Schiwy/Schütz/Dörr, Lexikon Medienrecht, S. 126; *Schwendinger*, Gemeinschaftsrechtliche Grenzen öffentlicher Rundfunkfinanzierung, S. 193). Damit gehört es zum **Primärrecht** der Union.

Das Protokoll unterstreicht den Willen der Mitgliedstaaten, dem öffentlich-rechtlichen Rundfunk eine 112
hohe gesellschaftliche Bedeutung beizumessen und bestätigt die Zuständigkeit der Mitgliedstaaten in Bezug auf den Auftrag und die Finanzierung des öffentlich-rechtlichen Auftrages (vgl auch die Entschließung des Rates und der im Rat vereinigten Vertreter der Regierungen der Mitgliedstaaten über den öffentlichen Rundfunk, ABl. 1999 C 30, S. 1, Ziff. 1 und Erwägung D). Es steht jedoch einem auf die Rundfunkfinanzierung bezogenen Beihilfenverbot nicht grundsätzlich entgegen (s. auch *Dörr*, Media Perspektiven 7/2005, 333, 335). In dem Beihilfeverfahren zur Finanzierung der öffentlich-rechtlichen Rundfunkanstalten in Deutschland vertrat die Bundesregierung die Ansicht, dass das Protokoll als primärrechtliche Schrankenregelung den Art. 107, 106 AEUV vorgelagert sei, und folgerte daraus, dass eine beihilferechtliche Prüfung der Finanzierung erst nach Prüfung der im Protokoll genannten Kriterien stattfinden dürfe (s. Punkt III. 2. b. der Mitteilung der Bundesregierung an die Kommission v. 6.5.2005, Staatliche Beihilfen E 3/2005, epd medien 38/2005, S. 3 ff). Damit bewertete sie das Pro-

tokoll als eine weitere **Bereichsausnahme** zum Beihilfeverbot. Dieser Bewertung steht jedoch der eindeutige Wortlaut der Präambel entgegen, in der das Übereinkommen als auslegende Bestimmung bezeichnet wird. Auch bei systematischer Auslegung lässt sich keine vertragsändernde Bedeutung herleiten (s. hierzu *Dargel*, Die Rundfunkgebühr, S. 293 f; *Schwendinger*, Gemeinschaftsrechtliche Grenzen öffentlicher Rundfunkfinanzierung, S. 194 ff). Das Protokoll stellt demnach lediglich eine **Auslegungsregel** auf (vgl nur *Schwendinger,* Gemeinschaftsrechtliche Grenzen öffentlicher Rundfunkfinanzierung, S. 193 ff mwN; *v. Danwitz*, NJW 2005, 529, 533; *Schwarze*, ZUM 2000, 779, 797). Diese Zwischenlösung wurde bereits als Beschränkung auf „quelques indications politiques et l'annonce d'un statu quo juridique" kritisiert (s. *Nihoul,* Les Services d'intérêt général dans le Traite d'Amsterdam, in: Lejeune (Hrsg.), Le Traite d'Amsterdam: Espoirs et Déceptions, 1998, S. 341, 346). Die Annahme einer Bereichsausnahme wurde auch bereits durch das Europäische Gericht erster Instanz (EuG) abgelehnt (s. EuG Urteil v. 26.6.2008, Rs. T-442/03, Sociedade Independente de Comunicação, SA (SIC) sowie Urteil v. 22.10.2008, verbundene Rs. T-309/04, T-317/04, T-329/04 und T-336/04, TV2/Danmark).

II. Beihilferechtliche Bewertung der Finanzierung

113 In dem Verfahren zur Finanzierung der öffentlich-rechtlichen Rundfunkanstalten in Deutschland untersuchte die Kommission neben der Gebührenfinanzierung auch die steuerliche Sonderbehandlung der öffentlich-rechtlichen Rundfunkanstalten und die staatliche Finanzierungsgarantie unter beihilferechtlichen Gesichtspunkten (s. zusammenfassend **Entscheidung der Kommission v. 24.4.2007**, K(2007)1761 endg., im Internet verfügbar unter http://ec.europa.eu/community_law/state_aids/comp-2005/e003-05.pdf). Im Rahmen der Untersuchung wurde eine Einigung erzielt, die als **Beihilfekompromiss** einen sog. **Drei-Stufen-Test** beinhaltet. Dieser ist auf europarechtlicher Ebene auch als sog. **Amsterdamer-Test** bekannt, da er auf dem Rundfunkprotokoll von Amsterdam basiert und somit die darin erwähnten „demokratischen, sozialen und kulturellen Bedürfnisse der Gesellschaft" als Beurteilungsmaßstab öffentlich-rechtlicher Rundfunktätigkeiten zugrunde legt (s. *Bacchiega/Dias/Repa/Tosics*, The 2009 Broadcasting Communication, Competition Policy Newsletter 2009, S. 15). Dieser Test wird bei der Begründung neuer Mediendienste zwingend angewandt und ist auf nationaler Ebene als Genehmigungsverfahren nach § 11f RStV ausgestaltet. Als Vorfrage ist dabei zunächst zu klären, ob ein neues oder verändertes Angebot vorliegt. Auf der ersten Stufe erfolgt dann eine Prüfung des neuen Angebots in Bezug auf dessen Beitrag zu demokratischen, sozialen und kulturellen Bedürfnissen der Gesellschaft. Auf der zweiten Stufe wird ferner geprüft, welche Auswirkungen das neue Angebot am Markt entfaltet. Die dritte Stufe untersucht die finanzielle Verhältnismäßigkeit des Vorhabens. Wichtiges Abwägungskriterium ist dabei der öffentliche Mehrwert. Während dieses Verfahrens sollen auch Stellungnahmen Dritter eingeholt und berücksichtigt werden. Die Kommission folgte somit dem Leitbild eines nationalen Konsultationsverfahrens, welches spätere Beschwerden auf Europäischer Ebene eindämmen und verhindern soll. Die rechtliche Überprüfung soll zudem in Einklang mit dem Subsidiaritätsprinzip auf die nationale Ebene verlagert werden (s. *Bacchiega/Dias/Repa/Tosics*, The 2009 Broadcasting Communication, Competition Policy Newsletter 2009, S. 16).

114 Eine endgültige Bewertung der deutschen Gebührenfinanzierung wurde jedoch offen gelassen, da die Bundesregierung und die Kommission keine Einigung erzielen konnten. Die Bundesregierung vertritt weiterhin die Ansicht, dass es sich bei der Gebührenfinanzierung nicht um eine Beihilfe iSd Art. 107 Abs. 1 handelt (s. Einstellungsentscheidung K(2007)1761, Rn 323). Der Kompromiss basiert somit auf Art. 106 Abs. 2, welcher Ausnahmeregelungen für den Bereich der öffentlichen Daseinsvorsorge vorsieht. Grundlage dieses Kompromisses ist der Versuch der Bundesregierung, sowohl Europäische als auch verfassungsrechtliche Vorgaben in Einklang zu bringen (s. *Dörr*, in: Schiwy/Schütz/Dörr, Lexikon Medienrecht, S. 126). Dabei musste die Bundesregierung berücksichtigen, dass auf nationaler Ebene für eine ausreichende Staatsferne öffentlich-rechtlicher Rundfunksender gesorgt sein muss, um diese von politischer Einflussnahme zu isolieren (s. zum verfassungsrechtlichen Rundfunkbegriff *Schütz*, Rundfunkbegriff: Neutralität der Inhalte oder der Übertragung? Konvergenz und Innovation, MMR 2009, 228, 230). Gleichzeitig muss aufgrund des Art. 106 Abs. 2 ein hinreichend konkretisierter öffentlicher Auftrag vorliegen, welcher auf den Staat zurückzuführen ist. Um dieses Spannungsverhältnis zwischen hinreichender Staatsferne und konkretem Staatsauftrag aufzulösen, verpflichtete sich die Bundesrepublik, bis zum 24. April 2009 Anpassungen im **Rundfunkstaatsvertrag** vorzunehmen. Diese Anpassungen, welche durch den **12. Staatsvertrag zur Änderung rundfunkrechtlicher Staatsverträge (12. RÄStV)** vom 18.12.2008 vorgenommen wurden, sollten sowohl die Bedenken der Kommission

ausräumen wie auch Vorgaben des Bundesverfassungsgerichts berücksichtigen. Das in § 11f RStV vorgesehene Verfahren stellt insofern die Konkretisierung des öffentlichen Auftrages dar. Ob der mit dieser Form einer (dynamischen) Bestimmung des öffentlichen Auftrages gefundene Kompromiss auf Dauer trägt, wird allerdings maßgeblich davon abhängen, dass der Drei-Stufen-Test in seiner praktischen Handhabung wirklich zu einer tragfähigen Eingrenzung der (tendenziell immer weiter ausgreifenden) Bestimmung des öffentlichen Auftrags führt. Die Wirksamkeit dieses Instruments wird sich in den nächsten Jahren erst zeigen müssen.

Für die **steuerliche Sonderbehandlung** sah die Kommission nach der bestehenden Regelung bereits den **Tatbestand** der Beihilfe gemäß Art. 107 Abs. 1 mangels Begünstigung der Rundfunkanstalten **nicht erfüllt** (s. Entscheidung der Kommission v. 24.4.2007, K(2007) 1761 endg., Rn 170 ff). Die **Finanzierungsgarantie** und die **Gebührenfinanzierung** bewertete sie hingegen klar **als Beihilfen**, für deren Vereinbarkeit mit den Wettbewerbsvorschriften sie die Durchführung zahlreicher von der Bundesregierung zugesagter Maßnahmen forderte (zum **Maßnahmenkatalog** s. Entscheidung der Kommission v. 24.4.2007, K(2007) 1761 endg., Rn 308 ff). Diese Einordnung der Finanzierungsgarantie und der Gebührenfinanzierung wird teilweise auch von der Bundesregierung weiterhin abgelehnt (s. Mitteilung der Bundesregierung v. 28.12.2006, Staatliche Beihilfen E3/2005, FK 6/2007, S. 28 ff; auch *Dörr*, Media Perspektiven 7/2005, 333, 336 f). Besondere Streitpunkte – vor allem auf tatbestandlicher Ebene – bietet die Bewertung der Gebührenfinanzierung. 115

1. Gebührenfinanzierung als Beihilfe. Hinsichtlich der deutschen Gebührenfinanzierung sind vor allem zwei Tatbestandsmerkmale heftig umstritten. Diskutiert wird zunächst die Frage, ob die Gebühren iSd Art. 107 Abs. 1 staatlich oder aus staatlichen Mitteln gewährt werden. Weitere Schwierigkeiten bereitet das Tatbestandsmerkmal der Begünstigung. 116

a) **Staatlich oder aus staatlichen Mitteln.** Die Frage, ob die Gebühren aus staatlichen Mitteln gewährt werden, stellt sich ähnlich **im Vergaberecht** (s. *Antweiler/Dreesen*, EuZW 2007, 107, 108). Die Entscheidung des EuGH im Verfahren zur Vergabepraxis der GEZ wird insofern auf das Beihilferecht ausstrahlen (s. Urteil des EuGH v. 13.12.2007, Rs. C-337/06, Bayerischer Rundfunk vs. GEWA). Der EuGH hat in diesem Vorabentscheidungsverfahren die Gebührenfinanzierung als „Finanzierung durch den Staat" im Sinne der einschlägigen Richtlinie bewertet (s. im Urteil Rn 50). Auch wenn die Bewertung zunächst nach dem Zweck der vergaberechtlichen Richtlinie erfolgt, so sind die Beurteilungskriterien für die Bewertung der Staatlichkeit der Finanzierung weitgehend die gleichen wie im Beihilferecht (s. im Urteil Rn 32 ff; s. zum Vergaberecht auch die förmliche Mahnung der Kommission an Deutschland v. 21.3.2007 im Vertragsverletzungsverfahren Nr. 2006/4680 wegen der Vergabe von Aufträgen durch die öffentlich-rechtlichen Rundfunkanstalten, Pressemitteilung IP/07/356 v. 21.3.2007). 117

Die zu Unsicherheiten führende Präzisierung und Einschränkung dieses Tatbestandsmerkmals erfolgte vor allem in dem **PreussenElektra-Urteil** des EuGH (s. EuGH Rs. C-379/98, PreussenElektra, Slg 2001, S. I-2099). In dieser Entscheidung fordert der EuGH, dass eine Zuwendung zu einer Belastung des staatlichen Haushalts führen muss (EuGH Rs. C-379/98, PreussenElektra, Slg 2001, S. I-2099, Rn 58 ff). Da die Rundfunkgebühren in Deutschland über die Gebühreneinzugszentrale (GEZ) von den Rundfunkanstalten selbst eingezogen werden und damit den Staatshaushalt zu keinem Zeitpunkt belasten, wird teilweise angezweifelt, dass unter diesen Maßgaben noch die Staatlichkeit bejaht werden kann (vgl *Braun*, in: Castendyk/Dommering/Scheuer, European Media Law, Art. 87, Rn 48; *Dörr*, Media Perspektiven 7/2005, 333, 338 f; *Michel*, MMR 2005, 284, 286; *v. Danwitz*, NJW 2005, 529, 532). Die fehlende staatliche Verbindung wird hier teilweise damit begründet, dass die Mittel direkt von Privatpersonen an den Empfänger gezahlt werden. Eine ähnliche Argumentationslinie wurde von Dänemark zu Lizenzgebühren im Fall **TV2/Danmark** (s. EuG verbundene Rs. T-309/04, T-317/04, T-329/04, T-336/04) ohne Erfolg vertreten (s. dazu *Braun*, in: Castendyk/Dommering/Scheuer, European Media Law, Art. 87, Rn 47). 118

Die PreussenElektra-Entscheidung ist unter mehreren Gesichtspunkten **nicht verallgemeinerungsfähig** (so auch *Thum*, NVwZ 2007, 521, 524). Zum einen behandelt sie den speziellen Fall, dass private Stromversorgungsunternehmen per Gesetz verpflichtet werden, zu bestimmten Konditionen Bezugsverträge mit privaten Stromerzeugern zu schließen, und bezieht sich damit ausschließlich auf das Rechtsverhältnis zwischen privaten Unternehmen (s. EuGH Rs. C-379/98, PreussenElektra, Slg 2001, S. I-2099, Rn 60). Zum anderen begründet oder bestätigt der EuGH mit diesem Urteil keineswegs eine konstante Rechtsprechung, die allein diesen formalen Ansatz zuließe (s. für eine ausführliche Analyse der EuGH-Rspr *Schwendinger*, Gemeinschaftsrechtliche Grenzen öffentlicher Rundfunkfinanzierung, 119

S. 324 ff). Vielmehr zeichnet sich gerade **in der jüngeren Rechtsprechung** eine eher an materiell-funktionalen Kriterien orientierte Betrachtungsweise ab, die **verstärkt auf die Zurechenbarkeit der Maßnahme** zum Staat anhand von Kontroll- und Zugriffsmöglichkeiten abstellt (s. vor allem mit Hinweis auf EuGH Rs. C-482/ 99, **Stardust Marine,** Slg 2002, S. I-4397, zusammenfassend *Schwendinger*, Gemeinschaftsrechtliche Grenzen öffentlicher Rundfunkfinanzierung, S. 352 f; s. ferner *Thum*, NVwZ 2007, 521, 524). Bei einer Gesamtschau der rechtlichen Hintergründe und **Ausgestaltung der deutschen Gebührenfinanzierung** lässt sich jedoch die staatliche Zurechenbarkeit kaum bestreiten. Maßgebend ist hierbei zunächst die verfassungsrechtlich verankerte Finanzierungsgarantie, die den Rundfunkanstalten einen Anspruch auf angemessene Finanzausstattung gewährt (vgl nur BVerfGE 90, 60). Allein die Tatsache, dass der Staat den Anstalten zur Erfüllung seiner Finanzierungspflicht das Recht überträgt, die Gebühren selbst einzuziehen, vermag den engen Bezug zum Staat nicht aufzuheben (vgl auch Entscheidung der Kommission v. 24.4.2007, K(2007) 1761 endg., Rn 144). Zudem ist das gesamte Verfahren öffentlich-rechtlich geprägt (vgl *Thum*, NVwZ 2007, 521, 524). Die Bestimmung der Gebührenhöhe erfolgt letztverbindlich staatlich durch die Länderparlamente. Insofern dürfte im Übrigen die Entscheidung der Länder, sich bei der Gebührenfestsetzung zum 1.4.2005 über die Empfehlung der Kommission zur Ermittlung des Finanzbedarfs der Rundfunkanstalten (KEF) hinwegzusetzen, beihilferechtlich aus Sicht der Länder eher kontraproduktiv gewesen sein (s. auch *Dörr*, Media Perspektiven, 333, 338). Das Urteil des Bundesverfassungsgerichts in dieser Sache dürfte an dieser Beurteilung nichts ändern, da auch dieses eine Abweichung von der Bedarfsfeststellung der KEF durch die Länderparlamente nicht absolut ausschließt (s. Urteil des BVerfG v. 11.9.2007, Az 1 BvR 2270/05 u.a., Rn 141 ff; s. hierzu auch EuGH v. 13.12.2007, Rs. C-337/06, Bayerischer Rundfunk vs. GEWA, Rn 42). Ferner geben das Einzugsverfahren mit dem Einzug per Verwaltungsakt und erforderlichenfalls mittels Zwangsvollstreckung der Rundfunkgebühr den steuerähnlichen Charakter einer Zwangsabgabe (s. Entscheidung der Kommission v. 24.4.2007, K(2007) 1761 endg., Rn 145; *Thum*, NVwZ 2007, 521, 524).

120 **b) Begünstigung.** Stark diskutiert wird hinsichtlich der Rundfunkgebühren zudem das Merkmal der Begünstigung. Das Meinungsspektrum in seiner gesamten dogmatischen Vielfalt aufzuzeigen, würde den vorliegenden Rahmen sprengen (s. hierzu *Schwendinger*, Gemeinschaftsrechtliche Grenzen öffentlicher Rundfunkfinanzierung, S. 269 ff). Die folgende Darstellung orientiert sich angesichts der derzeitigen Praxis der Gemeinschaftsorgane und der zwischen Deutschland und der Kommission gefundenen Einigung vielmehr an den tatbestandsausschließenden Kriterien, die der EuGH in der **Altmark Trans-Entscheidung** aufgestellt hat (s. hierzu oben Rn 99), und beschränkt sich auch hier auf die Hervorhebung der wesentlichen Streitpunkte. In der Entscheidung v. 24.4.2007 prüft die Kommission diese Kriterien knapp im Tatbestand des Art. 107 Abs. 1, verweist aber hierbei im Wesentlichen auf ihre Ausführungen zu der Rechtfertigung gemäß Art. 106 Abs. 2 (Entscheidung der Kommission v. 24.4.2007, K(2007) 1761 endg., Rn 155 ff). Im Ergebnis sieht sie keines der Altmark-Kriterien erfüllt und damit den Beihilfetatbestand für gegeben.

121 **aa) Öffentlich-rechtlicher Auftrag.** Problematisch ist zunächst die zur Verneinung des Beihilfetatbestandes geforderte **Definition** des öffentlich-rechtlichen Auftrags der Rundfunkanstalten. Für die an die Auftragsdefinition anzulegenden **Maßstäbe** verweist die Kommission sowohl bei der Prüfung der Begünstigung in Art. 107 Abs. 1 als auch bei der Prüfung einer Rechtfertigung gemäß Art. 106 Abs. 2 auf die **in der Rundfunkmitteilung** aufgestellten Vorgaben (s. Entscheidung der Kommission v. 24.4.2007, K(2007) 1761 endg., Rn 163 und 227 ff). Danach **beschränkt** sich die Kommission auf eine **Überprüfung auf offensichtliche Fehler**, die erst dann gegeben sind, wenn der Auftrag auch Tätigkeiten erfasst, die nicht den demokratischen, sozialen und kulturellen Bedürfnissen jeder Gesellschaft entsprechen (s. Rundfunkmitteilung, ABl. 2009 C 257, S. 8, Rn 48). Ferner erkennt sie für den öffentlich-rechtlichen Rundfunk an, dass angesichts des besonderen Charakters dieser Branche und im Hinblick auf die Bestimmungen des Rundfunkprotokolls die **Definition breit gefasst** sein kann und auch Online-Dienste umfassen darf (s. Rundfunkmitteilung, ABl. 2001 C 320, S. 5 ff, Rn 47 f). Die Definition sollte jedoch möglichst **klar und präzise** die von dem öffentlich-rechtlichen Auftrag umfassten Tätigkeiten festlegen, schon um eine wirksame Kontrolle durch die Kommission und die mitgliedstaatlichen Behörden zu ermöglichen (s. Rundfunkmitteilung, ABl. 2009 C 257, S. 7, Rn 37 ff). Nach diesen Maßstäben erkennt die Kommission die Auftragsdefinition in § 11 RStV und den entsprechenden Leitlinien **hinsichtlich der allgemeinen Programmtätigkeit** als **hinreichend** an (s. Entscheidung der Kommission v. 24.4.2007, K(2007) 1761 endg., Rn 224). Hinsichtlich der **digitalen Zusatzkanäle** und der **neuen Mediendienste** hingegen wurde die Auftragsdefinition als **nicht ausreichend** be-

wertet (s. Entscheidung der Kommission v. 24.4.2007, K(2007) 1761 endg., Rn 225 ff; zur Gegenansicht s. *Dörr*, Media Pespektiven 7/2005, 333, 339 f; anders wohl auch *Schwendinger*, Gemeinschaftsrechtliche Grenzen öffentlicher Rundfunkfinanzierung, S. 512 ff mwN). Einen **offensichtlichen Fehler** sah sie zudem in der Einbeziehung rein kommerzieller Tätigkeiten in den Auftrag, wie beispielsweise den E-Commerce (s. Entscheidung der Kommission v. 24.4.2007, K(2007) 1761 endg., Rn 237 ff). Die Einbeziehung des Sports und die Einbeziehung neuer Übertragungswege, wie der mobilen Dienste, wurde grundsätzlich zugelassen (s. Entscheidung der Kommission v. 24.4.2007, K(2007) 1761 endg., Rn 240 ff). Hinsichtlich der neuen Mediendienste und digitalen Zusatzkanäle wurde der Mangel eines **hinreichenden Betrauungsaktes** gerügt, was die Kommission allerdings allein in der Rechtfertigung prüfte (s. Entscheidung der Kommission v. 24.4.2007, K(2007)1761 endg., Rn 245). Diese Bedenken wurden nunmehr in § 11f RStV berücksichtigt.

bb) Aufstellung der Berechnungsparameter und keine Überkompensation. Dass die Parameter zur Berechnung der Ausgleichshöhe den Anforderungen des EuGH entsprechen, bezweifelte die Kommission (s. Entscheidung der Kommission v. 24.4.2007, K(2007) 1761 endg., Rn 164). Die Parameter sind vor Gewährung des Ausgleichs **transparent** und **objektiv** aufzustellen, um eine **Überkompensation auszuschließen** (vgl EuGH Rs. C-280/00, Altmark Trans, Slg 2003, S. I-7747, Rn 90; *Thum*, NVwZ 2007, 521, 523). Erforderlich ist hierfür zumindest, dass die zu kompensierenden gemeinwirtschaftlichen Dienstleistungen und deren Kosten eindeutig von den kommerziellen Dienstleistungen getrennt aufgeführt und erkennbar sind (vgl EuGH Rs. C-34 bis 38/01, Enirisorse, Slg 2003, S. I-14243, Rn 37). Schon **mangels gesonderter Rechnungslegung** kann das deutsche Gebührenfestsetzungsverfahren diesen Transparenzanforderungen kaum gerecht werden und das Risiko einer Überkompensierung nicht hinreichend ausschließen (s. auch *Thum*, NVwZ 2007, 521, 523; anders *Dörr*, Media Pespektiven 7/2005, 333, 338). 122

cc) Sicherstellung marktgerechter Kosten. Da die öffentlich-rechtlichen Rundfunkanstalten nicht in einem Vergabeverfahren ausgewählt werden, müsste bei konsequenter Anwendung der Altmark-Kriterien die Ausgleichshöhe durch eine **Analyse der Kosten** ermittelt werden, die in einem **durchschnittlichen, gut geführten Unternehmen** anfallen würden (zum Vergabeverfahren als eigenständigem Bestimmungsmodus für die Ausgleichshöhe s. *Pöcker*, EuZW 2007, 167 ff). Insofern hatte die Kommission berechtigte Zweifel, dass die Prüfung der Bedarfsanmeldung der Rundfunkanstalten durch die KEF einer derartigen Analyse gleichkommt, auch wenn diese Prüfung unter Berücksichtigung der Grundsätze der Wirtschaftlichkeit und Sparsamkeit erfolgt (s. Entscheidung der Kommission v. 24.4.2007, K(2007) 1761 endg., Rn 166). Als Indiz für nicht berücksichtigte Einsparmöglichkeiten kritisierte sie die Vergabepraxis der Rundfunkanstalten und der GEZ bei der Inanspruchnahme von Dienstleistungen Dritter, die mangels öffentlicher Ausschreibungsverfahren keine Gewähr für marktgerechte Preise bieten kann (s. Entscheidung der Kommission v. 24.4.2007, K(2007) 1761 endg., Rn 166 in Fn 75; zu den vergaberechtlichen Verfahren s.o. Rn 112). 123

Gegen die **Möglichkeit der geforderten Kostenanalyse** wird teilweise das Urteil des EuGH in der Sache **Chronopost** angebracht (s. Mitteilung der Bundesregierung an die Kommission v. 6.5.2005, Staatliche Beihilfen E 3/2005, epd medien 38/2005, S. 3 ff; s. auch *Bartosch*, EuZW 2006, 295, 300). In dieser Entscheidung hielt es der EuGH für unmöglich, die finanzielle Situation einer privatrechtlichen Tochtergesellschaft der französischen Post, die im Rahmen des gesetzlichen Monopols im Bereich des allgemeinen Zustellungsdienstes tätig war und niemals von privaten Unternehmen errichtet worden wäre, mit der Finanzlage eines privaten Unternehmens zu vergleichen (vgl EuGH Rs. C-83/01 P, C-93/01 P und C-94/01 P, Chronopost, Slg 2003 S. I-6993). 124

Der **Verweis** auf dieses Urteil **überzeugt** jedoch in mehrerer Hinsicht **nicht**. Zum einen erging die Altmark Trans-Entscheidung, in dem die Forderung der marktgerechten Kostenanalyse für gemeinwirtschaftliche Unternehmen erstmals aufgestellt wurde, kurz nach dem Chronopost-Urteil (die Entscheidung in der Rs. C-280/00, Altmark Trans, erging am 24.7.2003 und das Chronopost-Urteil, Rs. C-83/01 P, C-93/01 P und C-94/01 P, am 3.7.2003). Die Kostenanalyse wurde auch in den Folgeentscheidungen Enirisorse und Servizi gefordert, ohne dass das Chronopost-Urteil für einschlägig erachtet wurde (s. EuGH Rs. C-34 bis 38/01, Enirisorse, Slg 2003, S. I-14243, Rn 31; Rs. 451/03, ADC Servizi, Slg 2006, S. I-2941, Rn 60 ff). Insofern lässt sich gut vertreten, dass die Chronopost-Entscheidung insgesamt als **überholt** zu gelten habe (s. *Schwendinger*, Gemeinschaftsrechtliche Grenzen öffentlicher Rundfunkfinanzierung, S. 285). Jedenfalls kann nicht von einer Allgemeingültigkeit dieser Entscheidung ausgegangen werden. Vielmehr handelte es sich bei Chronopost um einen spezifischen, 125

nicht verallgemeinerungsfähigen Sachverhalt. So lässt sich die Argumentation bezüglich des monopolisierten Postsektors in Frankreich nicht ohne Weiteres auf die Fragestellungen in Bezug auf die duale Rundfunkordnung in Deutschland übertragen, da Letztere gerade durch das Vorhandensein von Wettbewerbern gekennzeichnet ist (s. auch *Schwendinger*, Gemeinschaftsrechtliche Grenzen öffentlicher Rundfunkfinanzierung, S. 285).

126 Selbst bezogen auf die von dem öffentlichen Auftrag umfassten **nicht marktfähigen Bereiche der Grundversorgung** müsste zudem auch nach den Maßstäben des Chronopost-Urteils **zumindest** eine **Wettbewerbssimulation** anhand der verfügbaren objektiven und nachprüfbaren Faktoren erfolgen (vgl EuGH Rs. C-83/01 P, C-93/01 P und C-94/01 P, Chronopost, Slg 2003 S. I-6993; *Thum*, NVwZ 2007, S. 521, 523; *Roßnagel/Strothmann*, Die duale Rundfunkordnung in Europa, 2004, S. 114). Objektive Maßstäbe für eine durchschnittlich kosteneffiziente Leistungserbringung im Bereich der nicht marktfähigen Grundversorgung ließen sich zumindest durch einen Vergleich der verschiedenen öffentlich-rechtlichen Rundfunkanstalten aufstellen (s. Entscheidung der Kommission v. 24.4.2007, K(2007)1761 endg., Rn 168; ferner mwN *Roßnagel/Strothmann*, Die duale Rundfunkordnung in Europa, 2004, S. 114 ff; anders *Beck/Münger/Pitum/Sauer*, Service Public unter Druck?, S. 39).

127 **2. Ausnahme gemäß Art. 107 Abs. 3 lit. d.** Gemäß Art. 107 Abs. 3 lit. d können **Beihilfen zur Förderung der Kultur** und der Erhaltung **des kulturellen Erbes** als mit dem Binnenmarkt vereinbar erachtet werden. Im Hinblick auf die Gebührenfinanzierung stellt sich die Frage, ob der Rundfunk als solches unter diese Ausnahmevorschrift fällt, die gebührenfinanzierte Tätigkeit der Rundfunkanstalten also als Maßnahme zur Förderung der Kultur bzw zur Erhaltung des kulturellen Erbes gewertet werden kann.

128 Der **Kulturbegriff** in Art. 107 Abs. 3 lit. d ist nach wohl herrschender Ansicht im Lichte des Art. 167 auszulegen (vgl nur *Kreuschitz*, in: Lenz/Borchardt, EU-Verträge, Art. 107, Rn 60; *Schwendinger*, Gemeinschaftsrechtliche Grenzen öffentlicher Rundfunkfinanzierung, S. 455 ff, insb. 461 f; *Kleist/Scheuer*, ZUM 2006, 108, 109 f; *Koenig/Kühling* EuZW 2000, 197, 201) und bereits aus diesem Grund eher eng zu verstehen (s. zum engen Kulturbegriff s. auch unten Rn 128). Eine **enge Auslegung** im Rahmen des Art. 107 Abs. 3 lit. d. ergibt sich aus allgemeinen systematischen Erwägungen zudem aus dessen Ausnahmecharakter (s. Rundfunkmitteilung, ABl. 2009 C 257, S. 6, Rn 35; *Schwendinger*, Gemeinschaftsrechtliche Grenzen öffentlicher Rundfunkfinanzierung, S. 455 ff; *Roßnagel/Strothmann*, Die duale Rundfunkordnung in Europa, 2004, S. 133). Dass die Tätigkeit des öffentlich-rechtlichen Rundfunks auch kulturelle Aspekte im engeren Sinne beinhaltet, ist kaum umstritten und wird im Rundfunkprotokoll sogar explizit bestätigt (s.o. Rn 107 f; s. auch Rundfunkmitteilung, ABl. 2009 C 257, S. 3, Rn 12). Hiervon zu trennen sind bei einem engen Kulturbegriff, dem ja nicht zuletzt auch **kompetenzrechtliche Erwägungen** zugrunde liegen, Tätigkeiten, die vornehmlich demokratischen und erzieherischen Bedürfnissen dienen (s. hierzu die Entscheidung der Kommission v. 24.2.1999, Staatliche Beihilfe Nr. NN 70/98, Kinderkanal/Phoenix, nicht veröffentlicht; ferner Rundfunkmitteilung, ABl. 2009 C 257, S. 6, Rn 34). Unter die Ausnahmeregelung des Art. 107 Abs. 3 lit. d fallen also **nur** solche **Programme mit spezifisch kulturellem Inhalt** (s. auch *Schwendinger*, Gemeinschaftsrechtliche Grenzen öffentlicher Rundfunkfinanzierung, S. 475 f). Eine pauschale Ausnahme für die Gebührenfinanzierung lässt sich aus Art. 107 Abs. 3 lit. d daher nicht ableiten.

129 **3. Rechtfertigung gemäß Art. 106 Abs. 2.** Angesichts der weitgehend gleichlaufenden Prüfung der Merkmale des Art. 106 Abs. 2 hält die Kommission in ihrer Entscheidung v. 24.4.2007 auch eine Rechtfertigung nach diesem Ausnahmetatbestand für ausgeschlossen. Wie in ihren vorhergehenden Rundfunkentscheidungen (s. Entscheidung v. 15.10.2003, RTP II, ABl. 2005 L 142, S. 1, Rn 153 u. 158 ff; Entscheidung v. 19.5.2004, TV2/Danmark, ABl. 2006 L 85, S. 1, Rn 71 u. 79 ff) und anderen Entscheidungen im Rahmen von Art. 106 Abs. 2 (s. hierzu oben Rn 76 f) prüft die Kommission auch für die deutsche Gebührenfinanzierung, ob der öffentlich-rechtliche **Auftrag klar definiert** und **ausdrücklich** erfolgt ist und im Übrigen der Grundsatz der **Verhältnismäßigkeit** gewahrt ist (s. Entscheidung der Kommission v. 24.4.2007, K(2007) 1761 endg., Rn 217 ff). Die Prüfung des öffentlich-rechtlichen Auftrages läuft mit der Prüfung des entsprechenden Altmark-Kriteriums im Rahmen des Beihilfetatbestandes gleich (s.o. Rn 116). Bei der Frage der Verhältnismäßigkeit geht es um die Prüfung, ob die öffentliche Finanzierung tatsächlich auf die Nettokosten des öffentlich-rechtlichen Auftrages begrenzt und damit eine Überkompensation ausgeschlossen ist (s. Entscheidung der Kommission v. 24.4.2007, K(2007) 1761 endg., Rn 259 ff). Dieser Aspekt wurde durch den Art. 5 des 12. RÄStV berücksichtigt. Auch im Rahmen von Art. 106 Abs. 2 scheitert die Prüfung einer verhältnismäßigen Kompensation bereits an der **mangelnden Transparenz** bezüglich der Kosten (Entscheidung der Kom-

mission v. 24.4.2007, K(2007) 1761 endg., Rn 265 ff; *Thum*, NVwZ 2007, 521, 526; s. ferner oben Rn 117).

Auch im Übrigen sah die Kommission allerdings die bestehenden Regelungen nicht für ausreichend an, um eine Beschränkung der Kompensationsleistungen auf die Nettokosten des öffentlich-rechtlichen Auftrags zu gewährleisten (Entscheidung der Kommission v. 24.4.2007, K(2007) 1761 endg., Rn 268 ff). Hier erörterte sie auch die Behandlung der von den Rundfunkanstalten erworbenen Sportrechte. Grundsätzlich sieht sie auch den Erwerb ausschließlicher Sportrechte noch vom öffentlich-rechtlichen Auftrag umfasst (Entscheidung der Kommission v. 24.4.2007, K(2007) 1761 endg., Rn 242 und 259 ff). Das **Nichtnutzen von ausschließlichen Sportrechten** erkennt sie jedoch zutreffend nicht als erforderlich für die Erfüllung des öffentliche Auftrags an, so dass die Finanzierung nicht genutzter Exklusivrechte durch die staatlichen Mittel **nicht** mehr als **verhältnismäßig** iSd Art. 106 Abs. 2 gelten kann (Entscheidung der Kommission v. 24.4.2007, K(2007) 1761 endg., Rn 299 ff; zu Exklusivrechten insgesamt *Holznagel*, in: Roßnagel, Elektronische Medien, Zugang zu Premium-Inhalten im Rundfunk – Grenzen einer Exklusivvermarktung, S. 39 ff). 130

4. Zusagen zur Änderung der Finanzierungsregelung und der 12. Staatsvertrag zur Änderung rundfunkrechtlicher Staatsverträge. Im Dezember 2006 hatte die Bundesregierung der Kommission konkrete Zusagen für eine Reihe von Maßnahmen unterbreitet, mit denen die von der Kommission beanstandeten Punkte bezüglich der deutschen Rundfunkfinanzierung behoben werden sollen (für eine kurze Zusammenfassung s. Mitteilung der Bundesregierung v. 28.12.2006, Staatliche Beihilfen E3/2005, FK 6/2007, S. 28 ff; ausführlicher s. Entscheidung der Kommission v. 24.4.2007, K(2007) 1761 endg., auf die sich die folgend genannten Rn beziehen). Die Zusagen betrafen Maßnahmen zur **Präzisierung des öffentlichen Auftrags** für Telemedien und digitale Zusatzangebote (Rn 328 ff), **kommerzielle Tätigkeiten,** für die gesetzliche Vorschriften eingeführt werden sollten, in denen neben einer Definition bzw einem Beispielskatalog auch konkrete Vorgaben für die Ausübung und Finanzierung dieser Tätigkeiten aufgestellt werden (Rn 342 ff) sowie Maßnahmen, um die **Verhältnismäßigkeit der staatlichen Finanzierung** gewährleisten zu können, unter besonderer Berücksichtigung des Umgangs mit exklusiven Sportrechten (Rn 350 ff). 131

Diese Anpassungen wurden im Wesentlichen unter Beteiligung der Länder durch den **12. Staatsvertrag zur Änderung rundfunkrechtlicher Staatsverträge (12. RÄStV)** vom 18.12.2008 in nationales Recht umgesetzt. Der **öffentliche Auftrag** wird nunmehr durch den sog. Drei-Stufen-Test in den §§ 11 bis 11f RStV präzisiert (s. *Eberle*, in: Roßnagel, Elektronische Medien, Funktionsauftrag des öffentlich-rechtlichen Rundfunks und neue Medien, S. 29, 34). In Hinblick auf **kommerzielle Tätigkeiten** wurde der § 16 RStV als Rechtsgrundlage geschaffen. Art. 5 des **12. RÄStV** betrifft die Änderung des **Rundfunkfinanzierungsstaatsvertrages.** Diese Anpassungen wurden bereits in Hinblick auf den teilweise erheblichen verwaltungstechnischen Mehraufwand kritisiert. Zudem wurde befürchtet, dass die Unabhängigkeit des öffentlich-rechtlichen Rundfunks beschnitten werden könne (s. dazu *Bacchiega/Dias/Repa/Tosics*, The 2009 Broadcasting Communication, Competition Policy Newsletter 2009, S. 15). Gegen diese Bedenken wird jedoch eingewandt, dass die von der Kommission geforderte *ex-ante* Kontrolle einen wichtigen Beitrag zur Eindämmung zukünftiger Beschwerden leisten kann (s. *Donders*, in: Pauwels/Kalimo/Donders/ Van Rompuy, State Aid and Public Service Broadcasting, S. 206). 132

3. Unterabschnitt

Artikel 167 AEUV (früher Art. 151 EGV) [Beitrag der Union unter Wahrung und Förderung der Kulturvielfalt]

(1) Die Union leistet einen Beitrag zur Entfaltung der Kulturen der Mitgliedstaaten unter Wahrung ihrer nationalen und regionalen Vielfalt sowie gleichzeitiger Hervorhebung des gemeinsamen kulturellen Erbes.

(2) Die Union fördert durch ihre Tätigkeit die Zusammenarbeit zwischen den Mitgliedstaaten und unterstützt und ergänzt erforderlichenfalls deren Tätigkeit in folgenden Bereichen:

- **Verbesserung der Kenntnis und Verbreitung der Kultur und Geschichte der europäischen Völker,**
- **Erhaltung und Schutz des kulturellen Erbes von europäischer Bedeutung,**

- nichtkommerzieller Kulturaustausch,
- künstlerisches und literarisches Schaffen, einschließlich im audiovisuellen Bereich.

(3) Die Union und die Mitgliedstaaten fördern die Zusammenarbeit mit dritten Ländern und den für den Kulturbereich zuständigen internationalen Organisationen, insbesondere mit dem Europarat.

(4) Die Union trägt bei ihrer Tätigkeit aufgrund anderer Bestimmungen der Verträge den kulturellen Aspekten Rechnung, insbesondere zur Wahrung und Förderung der Vielfalt ihrer Kulturen.

(5) Als Beitrag zur Verwirklichung der Ziele dieses Artikels

- erlassen das Europäische Parlament und der Rat gemäß dem ordentlichen Gesetzgebungsverfahren und nach Anhörung des Ausschusses der Regionen Fördermaßnahmen unter Ausschluss jeglicher Harmonisierung der Rechts- und Verwaltungsvorschriften der Mitgliedstaaten.
- erlässt der Rat auf Vorschlag der Kommission Empfehlungen.

A. Regelungszweck

133 Die Tätigkeit der Union umfasst gemäß Art. 6 lit. c auch einen **Beitrag zur Entfaltung des Kulturlebens** in den Mitgliedstaaten. Dieser kulturelle Auftrag wird in Art. 167 detaillierter festgelegt. Art. 167 Abs. 1 stellt klar, dass der Beitrag der Union **unter Wahrung der nationalen und regionalen Vielfalt** sowie gleichzeitiger Hervorhebung des gemeinsamen kulturellen Erbes zu leisten ist. Nach Art. 167 Abs. 2 besteht der Beitrag in der **Unterstützung und Ergänzung der nationalen Tätigkeiten** in bestimmten kulturellen Bereichen und der **Förderung der mitgliedstaatlichen Zusammenarbeit**. Art. 167 Abs. 3 ermächtigt die Union, die **kulturelle Zusammenarbeit mit Drittstaaten** zu fördern. Die sog. **Querschnittsklausel** in Art. 167 Abs. 4 verpflichtet die Union, die kulturellen Aspekte bei sämtlichen Tätigkeiten zu beachten. In Art. 167 Abs. 5 sind die zulässigen Handlungsformen und verfahrenstechnischen Details geregelt.

B. Kulturbegriff

134 Der im Vertrag nicht näher definierte Begriff **Kultur** ist bei systematischer Auslegung insofern eng auszulegen, als die gesondert geregelten Bereiche der **Bildung** (Art. 165 und 166) und **Wissenschaft** (Art. 179 ff) **nicht** von ihm **erfasst** werden (s. nur *Blanke*, in: Calliess/Ruffert, EUV/EGV, Art. 151, Rn 2). Im Übrigen ist der Begriff **offen für die Entwicklung** der Kultur, so dass er neben den klassischen kulturpolitischen Bereichen der Literatur, Musik, bildenden und darstellenden Kunst, Film, Rundfunk und dergleichen auch neue Erscheinungsformen wie beispielsweise Videospiele erfasst (s. *Ress/Ukrow*, in Grabitz/Hilf, Art. 151, Rn 13; *Fischer*, in: Lenz/Borchardt, EU-Verträge, Art. 167, Rn 4).

C. Kultureller Auftrag

135 Die Reichweite des Unionsrechtlichen Kulturauftrages im Verhältnis zu kulturpolitischen Kompetenzen der Mitgliedstaaten wird zunächst in Art. 167 Abs. 1 festgelegt, aus dessen Wortlaut und Stellung im Vertrag sich einerseits die **Ermächtigung zu einer eigenen Kulturpolitik** der Union ergibt, sich andererseits jedoch eine Vereinheitlichung der mitgliedstaatlichen Kulturen verbietet (vgl *Fechner*, in: v. d. Groeben/Schwarze, Art. 151, Rn 3 ff; *Fischer*, in: Lenz/Borchardt, EU-Verträge, Art. 167, Rn 6). Art. 167 begründet also keine konkurrierenden Kompetenzen der Union, sondern legt lediglich zusätzliche, ergänzende Zuständigkeiten fest (*Fechner*, in: v. d. Groeben/Schwarze, Art. 151, Rn 8). **Individualrechtliche Ansprüche** lassen sich aus Art. 167 Abs. 1 **nicht** herleiten (s. *Fechner*, in: v. d. Groeben/Schwarze, Art. 151, Rn 10; *Blanke*, in: Calliess/Ruffert, EUV/EGV, Art. 151, Rn 2). Insgesamt ergibt sich somit ein starker deklaratorischer Charakter der Norm. Diese restriktive Kompetenzgrundlage geht zum einen auf die späte Entdeckung der **integrativen Funktion** Europäischer Kulturpolitik zurück. Zum anderen wäre die angestrebte kulturelle Vielfalt durch Harmonisierungsmaßnahmen nur bedingt zu realisieren. Vielmehr soll durch eine komplementäre, flankierende Kompetenz eine zusätzliche kulturelle Grundlage auf Unionsebene geschaffen werden (s. *Schmahl*, in: Castendyk/Dommering/Scheuer, European Media Law, Art. 151, S. 248).

136 Die so statuierte **komplementäre Zuständigkeit der Gemeinschaft** im Kulturbereich (s. *Fischer*, in: Lenz/Borchardt, EU-Verträge, Art. 167, Rn 3; *Fechner*, in: v. d. Groeben/Schwarze, Art. 151, Rn 8) findet auch in den folgenden Absätzen Ausdruck. Vor allem im Wortlaut des Art. 151 Abs. 2 zeigt sich

der **unterstützende, kooperative Charakter** der europäischen Kulturpolitik (vgl *Blanke*, in: Calliess/Ruffert, EUV/EGV, Art. 151, Rn 4 f). Art. 167 Abs. 2 begründet eine **Förderkompetenz** der Gemeinschaft in den dort genannten Bereichen. Eine **Pflicht** zur Förderung begründet hingegen auch Art. 167 Abs. 2 **nicht** (*Ress/Ukrow*, in Grabitz/Hilf, Art. 151, Rn 38). Aus den in Abs. 2 genannten Bereichen ist hier besonders das künstlerische und literarische Schaffen, einschließlich des audiovisuellen Bereiches hervorzuheben (s. **Art. 167 Abs. 2 4. Spiegelstrich**). Unter diesen Bereich fällt **jede kreative Betätigung im Bereich der Künste** (s. *Fischer*, in: Lenz/Borchardt, EU-Verträge, Art. 167, Rn 9). Für den literarischen Bereich ist maßgeblich, dass es sich um Tätigkeiten mit kulturellem Bezug handelt, so dass Trivial- und Fachliteratur sehr wohl erfasst werden, reine Datensammlungen hingegen nicht (*Fechner*, in: v. d. Groeben/Schwarze, Art. 151, Rn 27). Mit dem **audiovisuellen Bereich** fällt das künstlerische und literarische Schaffen in Film, Video und Rundfunk, einschließlich des Hörfunks, in den Anwendungsbereich des Art. 167 (*Fechner*, in: v. d. Groeben/Schwarze, Art. 151, Rn 27), so dass die Förderung von unterschiedlichsten Betätigungen in diesen Bereichen vom Drehbuch bis zum Festival oder Kulturkanal möglich ist (s. Beispiele bei *Blanke*, in: Calliess/Ruffert, EUV/EGV, Art. 151, Rn 11). Die **Förderung des Rundfunks als Institution** wird hingegen von Art. 167 **nicht** erfasst (*Ress/Ukrow*, in Grabitz/Hilf, Art. 151, Rn 56; *Fechner*, in: v. d. Groeben/Schwarze, Art. 151, Rn 27; *Fischer*, in: Lenz/Borchardt, EU-Verträge, Art. 167, Rn 9).

D. Querschnittsklausel

Die sog. Querschnitts- oder **Kulturverträglichkeitsklausel** (s. *Fechner*, in: v. d. Groeben/Schwarze, 137
Art. 151, Rn 34; *Fischer*, in: Lenz/Borchardt, EU-Verträge, Art. 167, Rn 11; *Blanke*, in: Calliess/Ruffert, EUV/EGV, Art. 151, Rn 14) in Art. 167 Abs. 4 verpflichtet die Gemeinschaft bei ihren Tätigkeiten nach den anderen Vertragsvorschriften, vor allem den wirtschaftlich ausgerichteten Grundfreiheiten und Wettbewerbsregeln, die kulturellen Aspekte zu berücksichtigen (sog. **Gebot der kulturellen Rücksichtnahme**, vgl nur *Fechner*, in: v. d. Groeben/Schwarze, Art. 151, Rn 34; *Blanke*, in: Calliess/Ruffert, EUV/EGV, Art. 151, Rn 14; *Ress/Ukrow*, in Grabitz/Hilf, Art. 151, Rn 70). Hierbei sind die kulturellen Aspekte zur Abwägung mit den entgegenstehenden Belangen zu bringen (s. beispielhaft zur **Buchpreisbindung** Entschließung des Rates v. 12.2.2001 betreffend die Anwendung der einzelstaatlichen Systeme für die Festsetzung der Buchpreise, ABl. C 73 v. 6.3.2001, S. 5). Trotz des Rücksichtsnahmegebots begründet Art. 151 Abs. 4 weder höhere Anforderungen an die Begründung gemeinschaftsrechtlicher Rechtsakte (*Ress/Ukrow*, in: Grabitz/Hlf, Art. 151, Rn 81; *Blanke*, in: Calliess/Ruffert, EUV/EGV, Art. 151, Rn 14) noch die Berechtigung der Mitgliedstaaten, sich der Umsetzung von gemeinschaftsrechtlichen Sekundärakten zu versperren bzw einschneidendere Regelungen zu erlassen (s. EuGH Rs. C-11/95, Kabelweiterverbreitung, Slg 1996, S. I-4115, Rn 49 f; Rs. C-85/94, Piageme, Slg 1995, S. I-2955, Rn 19).

E. Anwendung

Bis zum 31.12.2006 lief das Programm „**Kultur 2000**“, das als erstes Rahmenprogramm der EG ein 138
einheitliches Planung- und Finanzierungskonzept für alle Maßnahmen der Gemeinschaft im Kulturbereich aufstellte (s. Beschluss Nr. 508/2000/EG des EP und des Rates v. 14.2.2000, Abl. L 63 v. 10.3.2000, S. 1 ff und Beschluss Nr. 626/2004/EG v. 31.3.2004 zur Änderung des Beschlusses Nr. 508/2000/EG über das Programm „Kultur 2000“, ABl. L 99 v. 3.4.2004, S. 3). Seit dem 1.1.2007 läuft das Rahmenprogramm **„Kultur 2007-2013“**, das in drei Aktions- bzw Förderbereichen (1. Europäische Kooperationsprojekte, 2. Betriebskostenzuschüsse für europaweit tätige Kultureinrichtungen, 3. Analysen sowie Sammlung und Verbreitung von Information zu kulturrelevanten Themen) die bisherigen Förderziele konzentriert (s. Beschluss Nr. 1855/2006/EG des EP und des Rates v. 12.12.2006 über das Programm Kultur 2007–2013, Abl. L 372 v. 27.12.2006, S. 1 ff). Weitere Maßnahmen sind u.a. die über das o.g. Rahmenprogramm finanzierten Veranstaltungen „**Kulturhauptstadt Europa**“ (s. jüngst Beschluss Nr. 1622/2006/EG des EP und des Rates v. 24.10.2006 über die Einrichtung einer Gemeinschaftsaktion zur Förderung der Veranstaltung Kulturhauptstadt Europas für die Jahre 2007 bis 2019, ABl. L 304 v. 3.11.2006, S. 1 ff). Auch der Beschluss zur Ratifizierung der **UNESCO Konvention zur kulturellen Vielfalt** wurde u.a. auf ex-Art. 151 EG gestützt (s. Beschluss Nr. 2006/515/EG des Rates v. 18.5.2006 über den Abschluss des Übereinkommens zum Schutz und zur Förderung der Vielfalt kultureller Ausdrucksformen, ABl. L 201 v. 25.7.2006, S. 15 ff; zur Ratifizierung am 18.12.2006 s. IP/06/1830 v. 19.12.2006).

139 Im audiovisuellen Bereich wird das Programm **MEDIA 2007** zur Förderung der Wettbewerbsfähigkeit der cineastischen, audiovisuellen und multimedialen Industrie ebenso wie dessen Vorläuferprogramme, die es nunmehr in sich vereint und fortsetzt, zwar auf andere Vertragsnormen gestützt, die besondere kulturelle Bedeutung dieses Sektors und der **Kulturauftrag aus Art. 167** jedoch **ausdrücklich betont** (s. Beschluss Nr. 1718/2006/EG des EP und des Rates vom 15.11.2006 zur Umsetzung eines Förderprogramms für den europäischen audiovisuellen Sektor (MEDIA 2007), ABl. L 327 v. 24.11.2006, S. 12 ff sowie Berichtigung des Beschlusses Nr. 1718/2006/EG, ABl. L 31 v. 6.2.2007, S. 10). Über **weitere Fördermöglichkeiten und Aktivitäten** der Gemeinschaft im kulturellen Bereich informiert das Europäische Kulturportal (abrufbar im Internet unter http://ec.europa.eu/culture/portal/index_de.htm).

2. Abschnitt: Sekundärrecht

Die sekundärrechtlich ausgestaltete Medienordnung der Union ist zunächst durch eine **Trennung der Regulierung von Übertragung und Inhalten** gekennzeichnet. So wird im Bereich der elektronischen Kommunikation die Kommunikationsinfrastruktur und der Zugang zu dieser Infrastruktur im Wesentlichen in den sog. **TK-Richtlinien** geregelt, namentlich der Rahmenrichtlinie und den sog. Einzelrichtlinien des Rahmenpaketes aus dem Jahr 2002, zuletzt geändert durch das **Telekom-Reformpaket von 2009**. Die Inhalte von Diensten, die über elektronische Kommunikationsnetze und -dienste bereitgestellt werden, wie Rundfunkinhalte oder Finanzdienste und bestimmte Dienste der Informationsgesellschaft, werden hingegen gesondert geregelt. Bei der Trennung der Regulierung von Übertragung und Inhalten sind jedoch grundsätzlich die Verbindungen zwischen beiden zu berücksichtigen, um vor allem den Pluralismus der Medien, die kulturelle Vielfalt und den Verbraucherschutz zu gewährleisten (vgl Erwägungsgrund 5 der Rahmenrichtlinie, s.u. Rn 23 ff). Durchgehend konsequent lässt sich die Trennung ohnehin nicht durchführen, wie sich am Beispiel der inhaltsbezogenen Übertragungsverpflichtungen für Netzbetreiber zeigt (s. hierzu unten Rn 28). 1

Die **Inhaltedienste** werden auf sekundärrechtlicher Ebene ferner weiterhin nach Kriterien unterschieden, die auf der tradierten Differenzierung zwischen Massen- und Individualkommunikation beruhen. Zwar soll mit der neuen **Mediendiensterichtlinie** den Konvergenzentwicklungen Rechnung getragen werden, indem sie grundsätzlich alle audiovisuellen Mediendienste einbezieht, also auch solche, die auf individuellen Abruf erbracht werden. Innerhalb der Richtlinie sind diese Abrufdienste jedoch weiterhin von den linearen Diensten abzugrenzen (s.u. Rn 7). Zudem bleibt weiterhin eine Abgrenzung zu den sog. Diensten der Informationsgesellschaft erforderlich, die unter die Richtlinie über den elektronischen Geschäftsverkehr (sog. **E-Commerce-Richtlinie**) fallen. Letztere wird auf den **elektronischen Handel** bezogen flankiert von der am Verbraucherschutz orientierten **Fernabsatzrichtlinie** und der **Signaturrichtlinie**, die die Authentizität und Integrität der Kommunikation im elektronischen Geschäftsverkehr gewährleisten sollen. Des Weiteren bestehen zahlreiche **weitere Richtlinien** zum Verbraucherschutz, Datenschutz und zum Urheberrecht. 2

1. Unterabschnitt: Fernsehrichtlinie/Richtlinie für audiovisuelle Medien

A. Überblick

Am 19.12.2007 trat einen Tag nach ihrer Veröffentlichung die sog. **Richtlinie für audiovisuelle Mediendienste** in Kraft (s. RL 2007/65/EG des EP und des Rates v. 11.12.2007 zur Änderung der RL 89/552/EWG, ABl. v. 18.12.2007, L 332, S. 27 ff). Hierbei handelte es sich um eine Änderungsrichtline zur Anpassung der sog. **Fernsehrichtlinie** (s. RL **89/552/EWG** des Rates vom 3.10.1989 zur Koordinierung bestimmter Rechts- und Verwaltungsvorschriften der Mitgliedstaaten über die Ausübung der Fernsehtätigkeit, ABl. L 298 v. 17.10.1989, S. 23 ff in der Fassung der RL **97/36/EG**, ABl. L 202 v. 30.7.1997, S. 60 ff). Mit Verabschiedung der sog. **Kodifizierten Richtlinie für audiovisuelle Mediendienste** erfolgte am 10.3.2010 schließlich eine Zusammenführung der bereits geltenden 3 materiellrechtlichen Änderungen sowie eine endgültige Ersetzung der RL 89/552/EWG. Somit gilt nunmehr die kodifizierte Fassung der RL für audiovisuelle Medien (s. RL 2010/13/EU des EP und des Rates v. 10.4.2010, ABl. v. 15.4.2010, L 95, S. 1 ff, mit Berichtigung im ABl. v. 6.10.2010, L 263, S. 15).

B. Fernsehrichtlinie

4 Der Bereich des Fernsehens war bisher das wichtigste Ziel sekundärrechtlicher Regulierungsmaßnahmen (s. *Dörr*, in: Schiwy/Schütz/Dörr, Lexikon Medienrecht, S. 129). Die alte **Fernsehrichtlinie** zielte zunächst darauf ab, dem der Dienstleistungsfreiheit unterfallenden freien Sendeverkehr eine sektorspezifische Regelung zu geben und damit einen Ausgleich zwischen den Grundfreiheiten der Fernsehveranstalter und dem kulturpolitischen und ordnungsrechtlichen Regelungsinteresse der Mitgliedstaaten zu schaffen (vgl *Roßnagel/Scheuer*, MMR 2005, 271, 273). Als Ausprägung des freien Dienstleistungsverkehrs stellte die Richtlinie den Grundsatz auf, dass ein Fernsehveranstalter nur den gesetzlichen Regelungen des Staates unterlag, in dem er ansässig war (sog. **Herkunftsland- o. Sendestaatprinzip,** Art. 2 a der Fernsehrichtlinie). Auf der anderen Seite legte sie gewisse **inhaltliche Mindeststandards** fest durch Regelungen zum Schutz der Verbraucher und zum Schutz Minderjähriger, zum Gegendarstellungsrecht, über den Zugang der Allgemeinheit zu Großereignissen und mit der heftig umstrittenen Quotenregelung zur Förderung europäischer Werke (s. Überblick bei *Fechner*, in: v. d. Groeben/Schwarze, Art. 151, Rn 34 ff). Die Richtlinie galt ihrer Bezeichnung entsprechend **nur für Fernsehsendungen,** also nur solche Dienste, die **nicht auf individuellen Abruf übermittelt** wurden (vgl EuGH Rs. C-89/04, Mediakabel BV./. Commissariaat voor de Media, Slg 2005, I-4891, Rn 31) einschließlich sog. **Near-Video-on-Demand-Dienste**, die als Dienste des zeitversetzten Videoabrufs auf der Grundlage einer „Punkt-zu-Mehrpunkt-Übertragung" und nicht als „auf individuellen Abruf eines Empfängers" erbrachte Dienste betrachtet werden (s. EuGH aaO, Rn 39) und demnach als Fernsehdienst gelten (krit. u.a. *Schreier* in der Anmerkung zum Urteil, MMR 2005, 519 f). Die damit nicht erfassten **Abruf-Dienste** unterlagen im Wesentlichen der **E-Commerce-Richtlinie** (s.u. Rn 31 ff).

C. Mediendiensterichtlinie

5 Im Hinblick auf die von der Kommission als regulatorische Herausforderung erkannte **Konvergenz der Medien** durch digitale Technologien (s. **Grünbuch zur Konvergenz** der Branchen Telekommunikation, Medien und Informationstechnologien und ihren ordnungspolitischen Auswirkungen KOM (97) 623 endg.) wurde bereits Ende der Neunziger Jahre die **Fortentwicklung** der Fernsehrichtlinie hin zu einer möglichst **technologieneutralen Inhalte-Richtlinie** angestrebt (zur Entwicklungsgeschichte der Novellierung s. u.a. *Kleist/Scheuer*, MMR 2006, 127 ff; *Mückl*, DVBl 2006, 1201 ff). Den ersten Entwurf zur Neufassung der Fernsehrichtlinie legte die Kommission jedoch erst im Dezember 2005 vor (s. Vorschlag für eine RL des Europäischen Parlaments und des Rates zur Änderung der RL 89/552/EWG des Rates zur Koordinierung bestimmter Rechts- und Verwaltungsvorschriften der Mitgliedstaaten über die Ausübung der Fernsehtätigkeit, KOM(2005)0646 endg.). Seitdem lief das **Legislativverfahren** (zu den Etappen s. im Internet die Datenbank der institutionellen Verfahren, abrufbar unter http://ec.europa.eu/prelex/apcnet.cfm), das mit dem Inkrafttreten der Mediendiensterichtlinie seinen Abschluss fand.

I. Anwendungsbereich und Systematik

6 Bereits die Bezeichnung **„Richtlinie für audiovisuelle Mediendienste"** bringt zum Ausdruck, dass mit der neuen Richtlinie die Konvergenzentwicklungen berücksichtigt werden sollen. Sie verfolgt grundsätzlich einen **technologieneutralen inhaltsorientierten Ansatz** und verabschiedet sich somit vom engeren Anwendungsbereich der Fernsehrichtlinie.

7 Der **Anwendungsbereich** wird zunächst auf alle audiovisuellen Mediendienste **ausgeweitet.** Im Folgenden wird zwischen **linearen Diensten,** bei denen der Anbieter den Zeitpunkt der Übertragung festlegt, und **nicht-linearen Diensten,** deren Übertragungszeitpunkt der Nutzer durch Abruf bestimmt, unterschieden (s. *Valcke/Lievens*, in: Pauwels/Kalimo/Donders/Van Rompuy, Rethinking European Broadcasting Regulation, S. 135). Dies führt im Weiteren zu einem **abgestuften Regulierungssystem.** Demnach unterfallen beide Dienstarten einem allgemeinen Teil, in dem **gewisse Mindeststandards** zB zum Jugend- und Verbraucherschutz aufgestellt werden (s. Kapitel III der RL), während die linearen

Dienste zusätzlich strengeren Regeln unterliegen. Inwieweit diese Differenzierung nach den Zugriffsmöglichkeiten auf längere Sicht sinnvoll ist und den Konvergenzentwicklungen gerecht werden kann, bleibt zu beobachten. **Einordnungsprobleme** zeichnen sich u.a. bei sog. **Hybriddiensten** ab, wie beispielsweise den in der Entwicklung befindlichen Programmen, die die Verbreitung von Fernsehsendungen im Internet ermöglichen und dabei **die Kategorien Individual- und Massenkommunikation weitgehend vermischen.** Eine rein inhaltsbezogene Unterscheidung anhand der Wirkung eines Dienstes auf die öffentliche Meinungsbildung hätte insofern deutlicher überzeugt (s. auch das Positionspapier der DLM v. 7.7.2006, S. 2, im Internet abrufbar unter http://www.alm.de/fileadmin/Dateien/EG_Fernseh-lang.pdf).

Aus der Definition des Begriffs **audiovisuelle Mediendienste** in Art. 1 lit. a) ergibt sich, dass von Nutzern produzierte **nicht-entgeltliche Inhalte**, wie Blogs, private Webseiten und E-Mails, **nicht erfasst** werden (vgl Erwägungsgrund 21 u. 22). Gleiches gilt für alle Dienste, bei denen das Angebot **audiovisueller Inhalte nur eine Nebenerscheinung** darstellt (zu diesbezüglichen Auslegungsproblemen bzw Abgrenzungsschwierigkeiten s. *Schulz*, Zum Vorschlag für eine Richtlinie über audiovisuelle Mediendienste), also zB Werbeangebote, die audiovisuelle Elemente nur zu Ergänzungszwecken enthalten, sowie Glücksspiele, Online-Spiele und Suchmaschinen, soweit deren Hauptzweck nicht die Verbreitung audiovisueller Inhalte ist (vgl Erwägungsgrund 22), und für **elektronische Ausgaben von Zeitungen und Zeitschriften** (vgl Erwägungsgrund 28). Als **lineare Mediendienste** werden wegen der Technologieneutralität neben dem klassischen **Fernsehen** und dem bereits von der Rechtsprechung unter diesen Begriff gefassten **Near-Video-on-Demand** nunmehr auch **Internetfernsehen, Webcasting** und **Live-Streaming** in den Anwendungsbereich der Richtlinie mit einbezogen (vgl Erwägungsgrund 27). **Nicht-lineare Dienste** bzw Abrufdienste sind beispielsweise **Video-on-Demand** und **Pay-per-View**. 8

Der **Hörfunk** wird **nicht** von dem Anwendungsbereich erfasst. Die unterschiedliche Behandlung gegenüber dem Fernsehen überzeugt nicht. Sowohl der grenzüberschreitende Charakter dieses Mediums als auch die Wirkung auf den Meinungsbildungsprozess sind durchaus vergleichbar. Angesichts der zunehmenden Verbreitung über das Internet verliert der Hörfunk seinen nationalen Charakter. Die leichte Einbuße an Suggestivkraft mangels bewegter Bilder ist angesichts der kaum anzuzweifelnden Breitenwirkung, die der Hörfunk mittlerweile auch europaweit erreicht, durchaus zu vernachlässigen. 9

Neben der Mediendiensterichtlinie bleibt die im Wesentlichen an den wirtschaftsbezogenen Grundfreiheiten ausgerichtete sog. **E-Commerce-Richtlinie** anwendbar (s.u. Rn 31 ff), wobei die **Mediendiensterichtlinie in Kollisionsfällen Vorrang** genießt (Art. 4 Abs. 8). Für nicht-lineare Mediendienste, deren Hauptzweck nicht die Verbreitung audiovisueller Inhalte ist (s.o. Rn 8), gilt ausschließlich die E-Commerce-Richtlinie. 10

In Bezug auf die einschlägigen nationalen Regelungen, insbesondere den **Staatsvertrag für Rundfunk und Telemedien** (RStV) sowie das **Telemediengesetz** (TMG), bestand erheblicher europarechlicher Anpassungsbedarf. Dieser betraf vornehmlich die Begriffe Telemediendienst, Telekommunikationsdienst und Rundfunk sowie die damit verbundene Abgrenzung ihrer Anwendungsbereiche, welche den Vorgaben der Mediendiensterichtlinie nicht stand halten konnten (s. den Antrag der FDP-Fraktion v. 13.6.2007, BT-Drucks. 16/5613; ferner *Hoeren*, NJW 2007, 801, 802 f; allg. zu der Kritik an den Begrifflichkeiten s. auch *Schild*, MMR 2/2007, S. V ff). Eine klare begriffliche Abgrenzung und Anpassung erfolgte durch den **13. Staatsvertrag zur Änderung rundfunkrechtlicher Staatsverträge (12. RÄStV)** v. 30.10.2009 sowie dem 1. Gesetz zur Änderung des Telemediengesetzes, in Kraft seit dem 5.6.2010 (BGBl. I S. 692). 11

II. Einzelne Regelungen

Die Mediendiensterichtlinie hält an dem **Herkunftslandprinzip** fest (Art. 3 Abs. 1). **Neu eingeführt** wurden 2007 allerdings **Verfahrensvorschriften** für Eingriffsmaßnahmen im Falle von **schwerwiegenden Verstößen** der Diensteanbieter (Art. 3 Abs. 2 ff) und das Einschreiten gegen die **missbräuchliche Umgehung strengerer Vorschriften** im Zielland (s. Art. 4; zu der Rspr des EuGH zur Umgehung durch Veranstalter, die in die Rundfunkhoheit des Zielstaates fallen, unter der Fernsehrichtlinie s. *Tiedje/Troberg*, in: v. d. Groeben/Schwarze, Art. 50, Rn 65). 12

Im Hinblick auf die **Werberegulierung** wurde für alle audiovisuellen Mediendienste der Begriff **audiovisuelle kommerzielle Kommunikation** eingeführt, der Bilder mit oder ohne Ton umfasst, die der unmittelbaren oder mittelbaren Förderung des Absatzes von Waren und Dienstleistungen oder des Er- 13 scheinungsbildes natürlicher oder juristischer Personen dienen, die einer wirtschaftlichen Tätigkeit nachgehen (Art. 1 lit. h). In Kapitel III werden **Grundsätze** zur audiovisuellen kommerziellen Kommunikation im Allgemeinen sowie dem Sponsoring (s. Art. 10) und der Produktplatzierung im Besonderen (s. Art. 11) **für alle audiovisuellen Mediendienste** aufgestellt. Damit gelten auch für die nichtlinearen Dienste inhaltliche Vorgaben wie das Verbot von Schleichwerbung, subliminalen Techniken und Diskriminierungen sowie produktspezifische Vorgaben bezüglich der Werbung für Tabak, Alkohol und Arzneimittel. Für das **Fernsehen** werden **weitergehende Regelungen** hinsichtlich der Werbezeiten und -formen aufgestellt, deren Ausgestaltung jedoch im Vergleich zur Fernsehrichtlinie weniger streng ausfällt. Die **quantitativen Werbebegrenzungen** werden teilweise **dereguliert** und **neue Werbeformen** wie Split-Screen zugelassen.

14 Heftig umstritten war und ist die Regelung zur **Produktplatzierung** im allgemeinen Teil (s. Art. 11). Diese soll zwar weiterhin grundsätzlich verboten bleiben (s. Art. 11 Abs. 2), jedoch unter bestimmten Voraussetzungen (zB entsprechende Kennzeichnung des Programms) bei Kino- und Fernsehfilmen, Fernsehserien, Sportübertragungen und leichten Unterhaltungssendungen zulässig sein, sofern ein Mitgliedstaat keine andere Regelung getroffen hat (Art. 11 Abs. 3). Probleme der Abgrenzung können sich hier zur weiterhin verbotenen Schleichwerbung ergeben (s. *Mückl*, DVBl 2006, 1201, 1210).

15 Für das Fernsehen wurde auch auf europäischer Ebene für Ereignisse von großem öffentlichen Interesse, für die Exklusivrechte vergeben wurden, das **Recht auf Kurzberichterstattung** eingeführt (Art. 14).

16 Die Mediendiensterichtlinie hält für das Fernsehen die **Quotenregelung für europäische Werke** aufrecht (Art. 13 und 16) und auch hinsichtlich der nicht-linearen Dienste sollen die Mitgliedstaaten Sorge tragen, dass die Anbieter die Produktion und den Zugang zu europäischen Werken fördern (s. zu den Quotenvorgaben in der Fernsehrichtlinie *Kleist/Scheuer*, ZUM 2006, 108, 110 f).

17 Um den Vorgaben der Richtlinie zur Umsetzung zu verhelfen, sollen die Mitgliedstaaten **Co- und/oder Selbst-Regulierungsmechanismen** in den von der Richtlinie koordinierten Bereichen fördern (Art. 4 Abs. 7).

2. Unterabschnitt: Rechtsrahmen für elektronische Kommunikation

A. Überblick

18 Die wesentlichen Vorgaben einer telekommunikationsrechtlichen Regulierung sind in dem EU-Rechtsrahmen für elektronische Kommunikation aus dem Jahr 2002 geregelt (für einen umfassenden Überblick über die sekundärrechtlichen Grundlagen in diesem Bereich s. *Grussmann*, in: BeckTKG-Kommentar, Teil B., Einl. B, Rn 96 ff). Dieser Regulierungsrahmen besteht aus einem **Paket von vier Richtlinien**, mit denen der neue ordnungspolitische Rahmen für elektronische Kommunikationsdienste und -netze definiert wird, ergänzt durch eine **Datenschutzrichtlinie** für diesen Bereich und die sog. **Frequenzentscheidung** (Entscheidung 676/2002/EG, ABl. L 108 v. 24.4.2002, S. 1). Das Richtlinienpaket schafft für die Regulierung der Übertragung einen technologieneutralen Regelungsrahmen für alle Übertragungsnetze und orientiert sich damit an der technischen Konvergenzentwicklung (vgl *Schoch*, JZ 2002, 798, 803). Die Regulierung der Inhalte bleibt davon ausgeklammert (s. auch oben zur Fernsehrichtlinie Rn 3 ff).

19 Die seither maßgebenden Richtlinien sind die sog. **Zugangsrichtlinie, Genehmigungsrichtlinie, Rahmenrichtlinie** und **Universaldienstrichtlinie** (RLen 2002/19/EG, 2002/20/EG, 2002/21/EG, 2002/22/EG, ABl. L 108 v. 24.4.2002, S. 7 ff) sowie die **Datenschutzrichtlinie für elektronische Kommunikation** (RL 2002/58/EG, ABl. L 201, 31.7.2002, S. 37 ff, zuletzt geändert durch die Änderungsrichtlinie 2009/136/EG ABl. L 337 v. 18.12.2009, S. 11 ff).

20 Das sog. **Telekom-Reformpaket der EU** hat gegen Ende 2009 die weiterhin geltenden Richtlinien an neue Entwicklungen im Bereich der elektronischen Kommunikation angepasst (s. *Klotz/Brandenberg*, Der novellierte EG-Rechtsrahmen für elektronische Kommunikation: Anpassungsbedarf im TKG, MMR 2010, 147). Die Reformbestrebungen begannen bereits 2002 mit einer Mitteilung der Kommission (KOM(2006)334 endg.) über **die Überprüfung des EU-Rechtsrahmens** für elektronische Kommunikationsnetze- und dienste (sog. **TK-Review**). Dieser Prozess mündete in die Verabschiedung des **Telekom-Reformpakets der EU**, bestehend aus zwei Richtlinien und einer Verordnung. Die RL 2009/140/EG führt Änderungen der Rahmenrichtlinie, der Zugangsrichtlinie und der Genehmi-

gungsrichtlinie ein. Die Universaldiensterichtlinie und die Datenschutzrichtlinie werden dagegen durch die RL 2009/136/EG angepasst. Ferner wird durch VO (EG) Nr. 1211/2009 das **Gremium Europäischer Regulierungsstellen für elektronische Kommunikation (GEREK)** gegründet. Grundpfeiler der Reform waren die Harmonisierung und Anpassung von Regulierungsmaßnahmen und Verfahren der Marktanalyse und Marktdefinition. Ferner sollte die Frequenzverwaltung flexibilisiert und harmonisiert werden. Zudem sollten Verbraucherrechte durch Informationspflichten und verbesserten Umgang mit sensiblen Daten gestärkt werden. Um diese Anpassungen umzusetzen, erstrebte die Kommission zudem u.a. die Einrichtung einer zentralen europäischen Regulierungsbehörde, welche nunmehr in abgeschwächter Form in Gestalt des GEREK etabliert wurde. Das GEREK hat vornehmlich eine beratende und koordinierende Funktion. So hat das GEREK beispielsweise im Rahmen des Art. 7a Rahmenrichtlinie ein Mitwirkungsrecht bei der Umsetzung von Abhilfemaßnahmen.

Am 17.12.2007 hat die Kommission zudem eine überarbeitete **Empfehlung relevanter Märkte** beschlossen (s. Empfehlung der Kommission v. 17.12.2007 über relevante Produkt- und Dienstmärkte des elektronischen Kommunikationssektors, die aufgrund der RL 2002/21/EG des Europäischen Parlaments und des Rates über einen gemeinsamen Rechtsrahmen für elektronische Kommunikationsnetze und -dienste für eine Vorabregulierung in Betracht kommen, K(2007) 5406, ABl. L 344 v. 28.12.2007, S. 65 ff). In dieser sog. Märkte-Empfehlung stellt die Kommission unverbindlich klar, welche TK-Märkte sie als relevant für eine sektorspezifische Vorabregulierung ansieht (s.u. Rn 157). Die Anzahl dieser Märkte wurde im Rahmen dieses Verfahrens von 18 auf sieben reduziert. 21

Aus rundfunkrechtlicher Perspektive umstrittene Punkte der Reform betrafen u.a. die Handhabung der Rundfunkfrequenzen und der Übertragungsverpflichtungen für Netzbetreiber sowie die erwogene **neue Definition regulierungsbedürftiger Märkte**, der zufolge der Markt der Rundfunkübertragungsdienste aus der Empfehlung relevanter Märkte herausgenommen und damit einer Vorabregulierung entzogen werden würde (zur Übersicht der Rechtsprobleme s. *Niederalt*, ZUM 2007, 109; ferner aus Sicht des Rundfunks *Wille*, ZUM 2007, 89 ff; *Grewenig*, ZUM 2007, 96 ff; *Schweda*, Die Audiovisuellen Medien im reformierten EG-Rechtsrahmen für elektronische Kommunikation, KUR 2010, 81 ff). Grundsätzlich konnten weitgehende Ausnahmen zugunsten des Rundfunks gesichert werden, damit dieser weiterhin seinem gesellschaftlichen und kulturellen Auftrag gerecht werden kann. 22

Ihre Strategie zur **Verwaltung von Rundfunkfrequenzen** hat die Kommission bereits in der Mitteilung KOM(2007)50 endg. v. 8.2.2007, Zügiger Zugang zu Frequenzen für drahtlose elektronische Kommunikationsdienste durch mehr Flexibilität, konkretisiert. Diese sieht Maßnahmen zur Reduzierung von Zugangs- und Nutzungsbeschränkungen vor, die für die drahtlose Kommunikation von Bedeutung sind. Beispielsweise sollen die bislang der GSM-Mobilkommunikation vorbehaltenen Frequenzbänder für Mobilfunkdienste der dritten Generation geöffnet werden und die durch Digitalisierung frei werdenden Rundfunkfrequenzen (sog. **digitale Dividende**) sollen für neue Produkte und Dienste geöffnet, die Frequenzen für den Rundfunk also **handelbar** gemacht werden (s. hierzu *Wille*, ZUM 2007, 89, 92 ff; *Grewenig*, ZUM 2007, 96, 102; sowie zur Rundfunkfrequenzpolitik allg. *Gersdorf*, ZUM 2007, 104 ff). Hinsichtlich der **Übertragungsverpflichtungen** für Netzbetreiber (sog. **Must Carry Regelungen**) ergab sich mit Blick auf die Zunahme von Übertragungsmöglichkeiten eine Tendenz zur Deregulierung, die teilweise für bedenklich erachtet wird (s. *Wille*, ZUM 2007, 89, 94 ff; *Grewenig*, ZUM 2007, 96, 102; zu dem derzeit bestehenden Streit über die nationalrechtliche Ausgestaltung derartiger Verpflichtungen s.u. Rn 29). Der durch das Telekom-Reformpaket neu eingefügte Art. 8a Abs. 1 RRL soll die strategische Planung, Koordinierung und Harmonisierung der Frequenzverwaltung in das Regelwerk der Rahmenrichtlinie integrieren. 23

B. Richtlinien

I. Rahmenrichtlinie (2002/21/EG)

Gleichsam **als allgemeiner Teil des Richtlinienpaketes** (vgl *Husch/Kemmler/Ohlenburg*, MMR 2003, 139) lässt sich die Rahmenrichtlinie verstehen (s. RL 2002/21/EG des Europäischen Parlaments und des Rates vom 7.3.2002 über einen gemeinsamen Rechtsrahmen für elektronische Kommunikationsnetze und -dienste, ABl. L 108 v. 24.4.2002, S. 33 ff). Sie gibt **allgemeine Grundsätze** und die **politischen Ziele** der Regulierung vor, die auch für die anderen Richtlinien des Richtlinienpaketes vom März 2002, die sog. Einzelrichtlinien, gelten (s. Art. 8 RRL). Sie legt die **Aufgaben der nationalen Regulierungs-** 24

behörden sowie eine Reihe von **Verfahren** fest, die die gemeinschaftsweit harmonisierte Anwendung des Rechtsrahmens gewährleisten (s. Art. 1 Abs. 1 RRL).

25 Eines der durch die Rahmenrichtlinie neu eingeführten Verfahren ist das **Überprüfungs- und Kontrollverfahren gemäß Art. 15 und 16 RRL zur Ermittlung der regulierungsbedürftigen TK-Märkte** (s.o. Rn 20). Diesem liegt das Konzept der beträchtlichen Marktmacht (sog. **SMP-Konzept**, SMP für Significant Market Power) zugrunde (zum SMP-Regulierungsverfahren und dessen Reformbedarf s. *Holznagel/Hombergs*, MMR 2006, 285 ff). In einem **dreistufigen Verfahren** sind zunächst die TK-Märkte voneinander abzugrenzen und zu definieren (Marktdefinition), um diese Märkte dann einzeln auf wirksamen Wettbewerb zu überprüfen (Marktanalyse). Wirksamer Wettbewerb liegt vor, wenn es auf dem jeweiligen Markt kein Unternehmen mit beträchtlicher Marktmacht gibt. Herrscht auf einem relevanten Markt kein wirksamer Wettbewerb, darf die nationale Regulierungsbehörde im dritten Schritt dem Unternehmen mit beträchtlicher Marktmacht auf diesem Markt geeignete spezifische Verpflichtungen auferlegen (Maßnahmenauswahl, Art. 16 Abs. 4 RRL). Dieses Verfahren wird von dem Konsultationsverfahren in Art. 6 und 7 RRL und zwei Kommissionsdokumenten flankiert, den **Leitlinien zur Marktanalyse** (Leitlinien 2002/C 165/03 der Kommission zur Marktanalyse und Ermittlung beträchtlicher Marktmacht nach dem gemeinsamen Rechtsrahmen für elektronische Kommunikationsnetze und -dienste, ABl. C 165 v. 11.7.2002, S. 6) und der sog. **Märkte-Empfehlung** (s. Empfehlung der Kommission v. 17.12.2007 über relevante Produkt- und Dienstmärkte des elektronischen Kommunikationssektors, die aufgrund der RL 2002/21/EG des Europäischen Parlaments und des Rates über einen gemeinsamen Rechtsrahmen für elektronische Kommunikationsnetze und -dienste für eine Vorabregulierung in Betracht kommen, K(2007) 5406, ABl. L 344 v. 28.12.2007, S. 65 ff, welche die vorhergehende Empfehlung 2003/311/EG v. 11.2.2003, ABl. L 114 v. 8.5.2003, S. 45 ff ersetzt; s. auch die „explanatory notes“ zu der neuen Empfehlung im Internet unter http://ec.europa.eu/information_society/policy/ecomm/doc/library/proposals/exp_note_markets_en.pdf). In Einklang mit dem Ziel der Deregulierung soll jedoch die Vorabregulierung zurückgefahren werden, damit die elektronische Kommunikation dann lediglich dem Wettbewerbsrecht unterfällt (s. *Klotz/Brandenberg*, Der novellierte EG-Rechtsrahmen für elektronische Kommunikation: Anpassungsbedarf im TKG, MMR 2010, 148).

26 Vor allem vor dem Hintergrund dieses Marktdefinitions- und Marktanalyseverfahrens spielt sich der Streit um die in **§ 9 a des neuen Telekommunikationsgesetzes** (TKG, BGBl. 2004 I S. 1190, zuletzt geändert durch Ges. v. 18.2.2007, BGBl. 2007 I S. 106; s. hierzu unten Abschnitt 6 Rn 9 ff) eingeführte **Regulierungsfreistellung sog. neuer Märkte** ab. Gegen diese auch als Regulierungsferien-Gesetz bezeichnete Regelung hat die Kommission direkt nach Inkrafttreten des neuen TKG ein Vertragsverletzungsverfahren eingeleitet (s. Entscheidung 2005/4935 v. 23.2.2007) und schließlich wie angekündigt am 13.9.2007 Klage vor dem EuGH erhoben (s. Anm. *Klotz*, EuGH Urt. v. 3.12.2009, Rs. C-424/07, Computer und Recht 2010, 24 ff). Die Kommission kritisierte zurecht, dass diese Regelung vor allem das Breitband-Hochgeschwindigkeitsnetz (VDSL) der Deutschen Telekom AG vom Wettbewerb ausnehme und damit die Wettbewerbsposition der Mitbewerber gefährde. Damit umging diese Regelung das in der RRL vorgesehene Verfahren der Marktdefinition und Marktanalyse und beschränkte auf unzulässige Weise die Ermessensfreiheit der Bundesnetzagentur, die nach Durchführung des Regulierungsverfahrens selbst zu entscheiden hatte, ob sie Mitbewerbern den Zugang zum VDSL-Netz der Deutschen Telekom gewährt. Maßgebend war dabei, dass die Ausgestaltung der in § 9 a TKG vorgesehenen Privilegierung neuer Märkte rechtstechnisch eine Umgehung des in der RRL vorgesehenen Regulierungsverfahrens darstellte (s. hierzu unten Abschnitt 6 Rn 9 ff). Zudem wurden die in Art. 6 und 7 der Rahmenrichtlinie vorgesehenen Konsultations- und Konsolidierungsverfahren nicht ordnungsgemäß umgesetzt. Auch der Erwägungsgrund 27 der RRL, vor allem aber auch Ziff. 32 der Leitlinien zur Marktanalyse und Erwägungsgrund 15 der alten Märkte-Empfehlung sind nicht im Sinne eines Grundsatzes der Nichtregulierung neuer Märkte zu verstehen. Zudem stellen auch diese Hinweise und Empfehlungen Voraussetzungen für die Privilegierung neuer Märkte auf, die im Einzelfall zu prüfen sind (so zB in Erwägungsgrund 15 der alten Märkte-Empfehlung die Frage, ob die Marktmacht „aufgrund einer Vorreiterrolle“ besteht, oder in Ziff. 32 der Leitlinien zur Marktanalyse die Frage, wann eine Vorabregulierung den neuen Markt „unverhältnismäßig stark beeinflusst“; Ziff. 32 geht zudem ohnehin von einer regelmäßigen Neubewertung der Marktsituation aus, was eine Überprüfung des Einzelfalls impliziert; zu der vorgesehenen Freistellung neuer Märkte s. u.a. zu § 9 a TKG *Dahlke/Neumann*, MMR 6/2006, S. XXII f sowie auch mit verfassungsrechtlicher Bewertung *Herdegen*, MMR 2006, 580 ff; zu neuen Märkten im TK- und Medienrecht allgemein s. *Holznagel*, MMR 2006, 661 ff).

II. Die Einzelrichtlinien des Rechtsrahmens 2002

Die **Zugangsrichtlinie** (RL 2002/19/EG des Europäischen Parlaments und des Rates v. 7.3.2002 über den Zugang zu elektronischen Kommunikationsnetzen und zugehörigen Einrichtungen sowie deren Zusammenschaltung, ABl. L 108 v. 24.4.2002, S. 7 ff, geändert durch RL 2009/140/EG des Europäischen Parlaments und des Rates v. 25.11.2009, ABl. L 337 v. 18.12.2009, S. 7 ff) betrifft die Rechtsbeziehungen zwischen den Netzbetreibern und den Diensteanbietern und verpflichtet die Regulierungsbehörden, einen **angemessenen Zugang** zu den Kommunikationsnetzen sowie die **Interoperabilität** der Kommunikationsdienste zu gewährleisten. Sie legt Rechte und Pflichten für Betreiber und für Unternehmen fest, die eine Zusammenschaltung ihrer Netze und/oder den Zugang hierzu wünschen. Endnutzer werden von dem Begriff Zugang nicht erfasst. 27

Die **Genehmigungsrichtlinie** (RL 2002/20/EG des Europäischen Parlaments und des Rates vom 7.3.2002 über die Genehmigung elektronischer Kommunikationsnetze und -dienste, ABl. L 108 v. 24.4.2002, S. 21 ff, geändert durch RL 2009/140/EG des Europäischen Parlaments und des Rates v. 25.11.2009, ABl. L 337 v. 18.12.2009, S. 7 ff) soll einen rechtlichen Rahmen für die freie Bereitstellung elektronischer Kommunikationsnetze und -dienste schaffen. Sie regelt die Genehmigung aller elektronischen Kommunikationsnetze und -dienste unabhängig davon, ob sie für die Allgemeinheit bereitgestellt werden oder nicht. Sie führt den **Grundsatz der Genehmigungsfreiheit** ein, mit einigen Ausnahmen insbesondere bei der Frequenz- und Nummernverteilung. 28

Die **Universaldienstrichtlinie** (RL 2002/22/EG des Europäischen Parlaments und des Rates v. 7.3.2002 über den Universaldienst und Nutzerrechte bei elektronischen Kommunikationsnetzen und -diensten, ABl. L 108 v. 24.4.2002, S. 51 ff, geändert durch RL 2009/136/EG des Europäischen Parlaments und des Rates v. 25.11.2009, ABl. L 337 v. 18.12.2009, S. 11 ff) soll die Verfügbarkeit gemeinschaftsweiter hochwertiger Dienste durch wirksamen Wettbewerb und Angebotsvielfalt gewährleisten (Art. 1 Abs. 1 URL). Ziel ist die Gewährleistung des **Universaldienstes**, also die Bereitstellung eines festgelegten Mindestangebots an Diensten für alle Endkunden zu einem erschwinglichen Preis (vgl Erwägungsgrund 4 d. URL). Neben den Universaldienstverpflichtungen werden auch Rechte der Nutzer in der Richtlinie geregelt. Die grundsätzlich infrastrukturbezogene Universaldienstrichtlinie enthält mit **Art. 31** zudem eine inhaltsbezogene Regelung für Rundfunkdienste, die es unter bestimmten Voraussetzungen ermöglicht, Netzbetreibern Übertragungspflichten aufzuerlegen (sog. **Must-Carry-Regelung**). Mit dieser Regelung soll die Meinungsvielfalt und regionale und kulturelle Vielfalt gewährleistet werden, indem den Zuschauern der Zugang zu den wichtigsten regionalen und nationalen Programmangeboten garantiert wird. Auf nationaler Ebene ergab sich die **Frage, ob** die **Verpflichtung**, bestimmte Programme in das jeweilige Übertragungsnetz einzuspeisen, wie sie **in den Landesmediengesetzen** und im Rundfunkstaatsvertrag vorgesehen ist, mit Art. 31 URL **vereinbar** ist. Ein von der Kommission angestrebtes Vertragsverletzungsverfahren gegen Deutschland (Entscheidung 2005/4815 v. 12.10.2006; s. auch Pressemitteilung IP/06/1358 v. 12.10.2006), in dem exemplarisch die Regelungen einiger ausgewählter Bundesländer (u.a. Hamburg) überprüft werden sollte, wurde indes angesichts neuer EuGH-Rechtsprechung eingestellt (zu den Rechtfertigungsmöglichkeiten von Must-Carry-Regelungen s. Urteil des EuGH v. 13.12.2007, Rs. C-250/06, zur belgischen Regelung). Das VG Hannover hatte in einem Rechtsstreit um die **Vollbelegung eines Kabelnetzes** durch Entscheidung der Niedersächsischen Landesmedienanstalt dem EuGH zur Vorabentscheidung Fragen zur Vereinbarkeit einer Vollbelegung und der zugrunde liegenden mediengesetzlichen Vorgaben mit der Universaldienstrichtlinie vorgelegt (s. Beschluss v. 14.6.2007, Az 7 A 5462/06; sowie EuGH Urteil v. 22.12.2008, Rs. C-336/07). In diesem Urteil entschied der EuGH, dass eine Vollbelegung durch nationale Gesetzgeber geeignet sein kann, um die Medien- und Meinungsvielfalt zu sichern. Insgesamt ergibt sich hieraus eine Stärkung nationaler Maßnahmen zur Sicherung des Medienpluralismus. 29

Mit der **Datenschutzrichtlinie für elektronische Kommunikation** (RL 2002/58/EG des Europäischen Parlaments und des Rates v. 12.7.2002 über die Verarbeitung personenbezogener Daten und den Schutz der Privatsphäre in der elektronischen Kommunikation, ABl. L 201 v. 31.7.2002, S. 37 ff, zuletzt geändert durch die RL 2009/136/EG, ABl. L 337 v. 18.12.2009, S. 11 ff) sollen die rechtlichen, ordnungspolitischen und technischen Bestimmungen zum Schutz personenbezogener Daten, der Privatsphäre und der berechtigten Interessen juristischer Personen im Bereich der elektronischen Kommunikation harmonisiert werden (s. Erwägungsgrund 8 d. EK-Datenschutzrichtlinie). Änderungen durch die Reform betreffen gem. Art. 4 den Umgang mit Kundendaten und führen Informationspflichten der Betreiber ein. 30

3. Unterabschnitt: Richtlinien zum elektronischen Geschäftsverkehr

A. Überblick

31 Der elektronische Geschäftsverkehr (**sog. E-Commerce**) umfasst sämtliche elektronisch getätigten Handels- und Geschäftsaktivitäten (vgl *Marly*, in: Grabitz/Hilf/Nettesheim, Bd. III A4., RL (EWG) 2000/31, Vorbem., Rn 1). Unterschieden wird dabei zwischen **indirektem elektronischem Geschäftsverkehr**, bei dem nur der Vertragsabschluss elektronisch durchgeführt wird, und **direktem elektronischem Geschäftsverkehr**, bei dem auch die Vertragserfüllung elektronisch erfolgt (s. *Marly*, in: Grabitz/Hilf/Nettesheim, Bd. III A4., RL (EWG) 2000/31, Vorbem., Rn 1, mit einem **Kurzglossar** für die einschlägige Terminologie in Rn 2 ff). Auch im Bereich des elektronischen Geschäftsverkehrs soll das Sekundärrecht in erster Linie dem Funktionieren des Binnenmarktes und der Herstellung der Grundfreiheiten dienen. Diese Ziele lassen sich jedoch nur erreichen, wenn auch im elektronischen Geschäftsverkehr Rechtssicherheit und das Vertrauen der Beteiligten, insbesondere auch der Verbraucher, gewährt werden. Die zentralen Richtlinien in diesem Geschäftsbereich – wie die E-Commerce-Richtlinie, die Fernabsatzrichtlinien und Richtlinie für elektronische Signaturen – sind demnach zumindest in Teilen auch dem **Verbraucherschutzrecht** zuzuordnen.

B. Richtlinien

I. Richtlinie über den elektronischen Geschäftsverkehr (E-Commerce-Richtlinie)

32 Die Richtlinie über den elektronischen Geschäftsverkehr oder E-Commerce-Richtlinie (**RL 2000/31/EG** des Europäischen Parlaments und des Rates vom 8. Juni 2000 über bestimmte rechtliche Aspekte der Dienste der Informationsgesellschaft, insbesondere des elektronischen Geschäftsverkehrs, im Binnenmarkt, ABl. L 178 v. 17.7.2000, S. 1 ff) soll vor allem den **freien Verkehr von Diensten der Informationsgesellschaft** sicherstellen (s. Art. 1 Abs. 1).

33 **Dienste der Informationsgesellschaft** sind Dienstleistungen, die in der Regel gegen Entgelt im Fernabsatz mittels Geräten für die elektronische Verarbeitung und Speicherung auf individuellen Abruf eines Empfängers erbracht werden (s. Art. 2 a und Erwägungsgrund 17), wobei die Vergütung nicht durch die Empfänger der Dienste erfolgen muss (vgl Erwägungsgrund 18), so dass auch kostenlose werbefinanzierte Dienste erfasst werden. In den Anwendungsbereich der Richtlinie fallen beispielsweise der Online-Verkauf von Waren und Dienstleistungen, elektronische Zeitungen und andere Online-Informationsdienste, Online-Werbung, Suchmaschinen sowie auch jene Dienste, die Zugang zu Kommunikationsnetzen wie dem Internet anbieten. Dienste, die wie **Fernseh- oder Radiosendungen** nicht auf individuellen Abruf erbracht werden, werden **nicht** von der Richtlinie erfasst (s. auch oben Rn 7 ff).

34 Die Richtlinie **orientiert** sich im Wesentlichen **an den fünf Tätigkeitsphasen**, die diese Dienste typischerweise für die Teilnahme am Geschäftsverkehr durchlaufen (s. hierzu *Marly*, in: Grabitz/Hilf/Nettesheim, Bd. III A4., RL (EWG) 2000/31, Vorbem., Rn 61), und regelt entsprechend zunächst die Niederlassung der Anbieter (Kap. II, Abschnitt 1) und die kommerzielle Kommunikation (Kap. II, Abschnitt 2), anschließend die elektronischen Verträge (Kap. II. Abschnitt 3) und die Verantwortlichkeit der Vermittler (Kap. II, Abschnitt 4) sowie abschließend die Mechanismen zur Beilegung von Rechtsstreitigkeiten (Kap. III).

35 Für die Aufnahme und Ausübung der Tätigkeit eines Anbieters von Diensten der Informationsgesellschaft legt die Richtlinie zunächst den **Grundsatz der Zulassungsfreiheit** fest (Art. 4). Ferner gilt das **Herkunftslandprinzip** (Art. 3 Abs. 2), von dem nur in bestimmten Ausnahmenfällen etwa zum Schutz der öffentlichen Ordnung oder dem Schutz der Verbraucher abgewichen werden darf und das insofern **im Vergleich zu der** Regelung in der **Mediendiensterichtlinie** deutlich **strenger** gefasst ist (s.o. Rn 12). Im Übrigen stellt die E-Commerce-Richtlinie vornehmlich **verbraucherschützende Vorgaben** für bestimmte Aspekte des elektronischen Geschäftsverkehrs auf. Für Anbieter, die reine Vermittlungstätigkeiten ausüben, deren Tätigkeit sich also ausschließlich auf fremde Informationen bezieht (s. *Marly*, in: Grabitz/Hilf/Nettesheim, Bd. III A4., RL (EWG) 2000/31, Vorbem. zu Abschnitt 4, Rn 1 ff), bestehen gegenüber den Anbietern eigener Informationen gemäß Art. 12–15 **Haftungsprivilegien.** Insbesondere besteht **für** diese als **Vermittler** bezeichneten Anbieter **keine allgemeine Überwachungspflicht** (Art. 15). Regelungslücken verbleiben jedoch bezüglich der Verantwortlichkeit für Sachverhalte, die sich zwar ebenfalls hauptsächlich auf fremde Informationen beziehen, sich aber dennoch nicht

eindeutig als Vermittlungstätigkeit iSd Art. 12–15 darstellen (zB Hyperlinks und Suchmaschinen, s. *Marly*, in: Grabitz/Hilf/Nettesheim, Bd. III A4., RL (EWG) 2000/31, Vorbem. zu Abschnitt 4, Rn 7 ff).

Um die administrative Zusammenarbeit der Mitgliedstaaten und den Informationsaustausch über Probleme der Umsetzung der Richtlinie zu fördern, hat die Kommission im Oktober 2005 die **Expertengruppe „Elektronischer Geschäftsverkehr"** gegründet (s. Entscheidung der Kommission v. 24.10.2005 zur Einsetzung einer Expertengruppe „Elektronischer Geschäftsverkehr", 2005/752/EG, ABl. L 282 v. 26.10.2005, S. 20 ff, zur Tätigkeit der Expertengruppe s. im Internet http://ec.europa.eu/internal_market/e-commerce/expert_de.htm). 36

II. Richtlinien für den Fernabsatz

Die **Richtlinie für den Fernabsatz von Gütern und Dienstleistungen** (RL 97/7/EG des Europäischen Parlaments und des Rates vom 20.5.1997 über den Verbraucherschutz bei Vertragsabschlüssen im Fernabsatz, ABl. L 144 v. 4.6.1997, S. 19 ff) harmonisiert die **Modalitäten des Vertragsschlusses** im Fernabsatz und legt **lauterkeitsrechtliche Grundsätze** in diesem Geschäftsbereich fest (s. *Micklitz*, in: Grabitz/Hilf/Nettesheim, Bd. III A3., RL (EWG) 97/7, Rn 2, 33, 119 ff). Neben der zentralen **Regelung eines Widerrufsrechts** für den Verbraucher stellt sie **Informationspflichten** für die Lieferanten auf und regelt die wesentlichen Punkte der **Vertragsdurchführung** einschließlich der **Zahlungsmodalitäten.** Die lauterkeitsrechtlichen Regelungen betreffen die **Zusendung unbestellter Waren** und die **Verwendung bestimmter Fernkommunikationstechniken.** 37

Im September 2006 hat die Kommission eine öffentliche Konsultation zur **Überprüfung des Aktualisierungsbedarfes** der Richtlinie eingeleitet (Mitteilung der Kommission zur Umsetzung der Richtlinie 97/7/EG des EP und des Rates v. 20.5.1997 über den Verbraucherschutz bei Vertragsabschlüssen im Fernabsatz, KOM(2006)0514 endg.). Hintergrund dieser Initiative sind Probleme, die sich bei der Umsetzung der Richtlinie abzeichnen, vor allem im Bereich neuer Technologien, Absatztechniken und Marketing-Methoden wie dem **Vertragsschluss per SMS** (sog. M-Commerce) oder **Online-Auktionen** (zu den Ergebnissen Konsultationen und dem aktuellen Stand der Reformbemühungen s. im Internet: http://ec.europa.eu/consumers/cons_int/safe_shop/dist_sell/index_de.htm). 38

Ein von der Richtlinie nicht erfasster Vertragstyp ist u.a. der Vertrag über Finanzdienstleistungen. Verbraucherschutzregelungen für diesen Vertragstyp werden in der Richtlinie für den Fernabsatz von Finanzdienstleistungen (RL 2002/65/EG des EP und des Rates v. 23.9.2002 über den Fernabsatz von Finanzdienstleistungen an Verbraucher und zur Änderung der RL 90/619/EWG des Rates und der Richtlinien 97/7/EG und 98/27/EG, ABl. L 271 v. 9.10.2002, S. 16 ff) aufgestellt (s. zum Verhältnis dieser RL zur E-Commerce-Richtlinie Mitteilung der Kommission v. 7.2.2001 über den elektronischen Geschäftsverkehr und die Finanzdienstleistungen, KOM (2001)66). 39

III. Richtlinie für elektronische Signaturen

Die Richtlinie 99/93/EG des EP und des Rates vom 13.12.1999 über gemeinschaftliche Rahmenbedingungen für elektronische Signaturen, ABl. L 13 v. 19.1.2000, S. 12 ff soll die Anwendung elektronischer Signaturen erleichtern und zu ihrer rechtlichen Anerkennung beitragen (s. Art. 1 Abs. 1). Zu diesem Zweck legt sie u.a. Vorgaben für die Rechtswirkung elektronischer Signaturen und die Haftung der Zertifizierungsdiensteanbieter fest. 40

4. Unterabschnitt: Richtlinien zum Urheberrecht und verwandten Schutzrechten

In Bezug auf das Urheberrecht sind derzeit **nur einzelne Aspekte** durch das Sekundärrecht reguliert (s. *Lux*, in: Lenz/Borchardt, Art. 36, Rn 20 ff). 41

Die erste Richtlinie in diesem Bereich war die **Richtlinie über den Rechtsschutz von Computerprogrammen**, die vor allem Schutz vor unberechtigter Vervielfältigung dieser Programme schaffen sollte (s. RL 91/250/EWG des Rates vom 14. Mai 1991 über den Rechtsschutz von Computerprogrammen, ABl. L 122 v. 17.5.1991, S. 42 ff; s. zur Umsetzung der RL in Deutschland entgegen der derzeit geltenden Rspr d. BGH den Bericht der Kommission über die Umsetzung und die Auswirkungen der RL 91/250/EWG über den Rechtsschutz von Computerprogrammen, KOM(2000)199 endg.). 42

43 Die folgende **Richtlinie zum Vermietrecht und Verleihrecht** 92/100/EWG wurde unbeschadet der Verpflichtungen der Mitgliedstaaten hinsichtlich der genannten Fristen für die Umsetzung nach zahlreichen Änderungen aus Gründen der Übersichtlichkeit aufgehoben und durch die am 16.1.2007 in Kraft getretene Richtlinie 2006/115/EG ersetzt (s. RL **2006/115/EG** des EP und des Rates vom 12.12.2006 zum Vermietrecht und Verleihrecht sowie zu bestimmten dem Urheberrecht verwandten Schutzrechten im Bereich des geistigen Eigentums (kodifizierte Fassung), ABl. L 376 v. 27.12.2006, S. 28 ff). Sie harmonisiert die Vorschriften zum Vermieten und Verleihen **von urheberrechtlich geschützten Werken und Gegenständen der verwandten Schutzrechte**. Sie sieht für urheberrechtlich geschützte Werke und Gegenstände der verwandten Schutzrechte ein **ausschließliches Vermiet- und Verleihrecht** vor (zum Vermietrecht auch für Videoprogrammhersteller s. EuGH Rs. C-65/05, Kommission/Portugal, Slg 2006, S. I-6779 ff) und ein **unverzichtbares Recht auf angemessene Vergütung** (zur Bemessung s. EuGH Rs. C-192/04, Lagardère, Slg 2005, S. I-7199 ff). Ferner stellt sie Regelungen zu dem Urheberrecht verwandten Schutzrechten (Aufzeichnungsrecht, Verbreitungsrecht, Senderecht und Recht der öffentlichen Wiedergabe) auf.

44 Die **Richtlinie zur Harmonisierung der Schutzdauer des Urheberrechts und bestimmter verwandter Schutzrechte** 93/98/EWG wurde ebenfalls unbeschadet der Verpflichtungen der Mitgliedstaaten hinsichtlich der genannten Fristen für die Umsetzung aufgehoben und durch die am 16.1.2007 in Kraft getretene RL 2006/116/EG ersetzt (s. RL **2006/116/EG** des EP und des Rates vom 12.12.2006 über die Schutzdauer des Urheberrechts und bestimmter verwandter Schutzrechte, ABl. L 372 v. 27.12.2006, S. 12 ff). Sie regelt die Dauer der genannten Schutzrechte sowie die Berechnung der Fristen und behandelt auch den Schutz zuvor unveröffentlichter Werke, wissenschaftlicher Ausgaben und fotografischer Werke. Für das Urheberrecht gibt sie eine Schutzdauer von 70 Jahren nach dem Tod des Urhebers vor und für verwandte Schutzrechte 50 Jahre nach dem fristauslösenden Ereignis.

45 Die **Richtlinie zur Gewährleistung von Urheber- und Leistungsschutzrechten im Satellitenrundfunk und in der Kabelweiterverbreitung** (RL 93/83/EWG des Rates vom 27.9.1993 zur Koordinierung bestimmter urheber- und leistungsschutzrechtlicher Vorschriften betreffend Satellitenrundfunk und Kabelweiterverbreitung, ABl. L 248 vom 6.10.1993, S. 15 ff) soll sicherstellen, dass Autoren und Produzenten von Programmen einen angemessenen Gewinn aus der Nutzung ihrer Werke im Rahmen der spezifischen Verbreitungsformen erhalten können.

46 Die **Datenbankrichtlinie** (RL 96/9/EG des EP und des Rates v. 11.3.1996 über den rechtlichen Schutz von Datenbanken, ABl. L 77 v. 27.3.1996, S. 20 ff) hat neben der Harmonisierung des auf Datenbanken anwendbaren Urheberrechts ein **spezielles Recht zum Schutz von Datenbanken** geschaffen, um auch Produzenten sog. nicht-origineller Datenbanken zu schützen (zum Umfang dieses Schutzrechts s. EuGH Rs. C-203/02, British Horseracing Board u.a., Slg 2004, S. I-10415 ff; s. auch Anm. *Hoeren*, MMR 2005, 35 f). Nicht-originelle Datenbanken sind solche, die nicht hinreichend kreativ strukturiert sind, um unter den Schutz des Urheberrechts zu fallen (zB Telefonbücher, Ergebnislisten im Sport uä.). Der Nutzen dieses Rechts sui generis wird nach jüngsten Evaluierungen der Kommission in Frage gestellt und weiter untersucht (s. Pressemitteilung IP/05/1567 v. 12.12.2005; zu den Ergebnissen s. im Internet http://ec.europa.eu/internal_market/copyright/prot-databases/prot-databases_de.htm).

47 Mit der **Richtlinie zum Urheberrecht in der Informationsgesellschaft** (RL **2001/29/EG** des EP und des Rates v. 22.5.2001 zur Harmonisierung bestimmter Aspekte des Urheberrechts und der verwandten Schutzrechte in der Informationsgesellschaft, ABl. Nr. L 167 v. 22.6.2001, S. 10 ff, sog. **Urheberrechtsrichtlinie**) sollen die Bestimmungen für das Urheberrecht und die verwandten Schutzrechte an die technologischen Entwicklungen und die Anforderungen der Informationsgesellschaft angepasst und die im Rahmen der Weltorganisation für geistiges Eigentum (WIPO) eingegangenen Verpflichtungen umgesetzt werden. Jüngere Verfahren vor dem EuGH befassten sich u.a. mit der Frage, ob und inwieweit bei der **Verbreitung von Rundfunksendungen in Hotels** eine **öffentliche Wiedergabe** iS dieser Richtlinie und damit ein Vergütungsanspruch vorliegt (s. nur EuGH Rs.C-306/05, SGAE/Rafael Hoteles SL, Slg 2006, S. I-11519 sowie die Vorlage zur Vorabentscheidung, Rs. C-282/06, OSA, ABl. C 212 v. 2.9.2006, S. 22 und den Beschluss d. EuGH v. 26.2.2007; zu dieser Rspr auch im Hinblick auf die völkerrechtlichen Aspekte s. *Rosenkranz*, EuZW 2007, 238 ff). Unter anderem bestärkt durch diese Rechtsprechung des EuGH haben nach Angaben des Verbandes Privater Rundfunk und Telemedien e.V. (VPRT) einige private Sendeunternehmen gegen die Bundesrepublik Deutschland **Staatshaftungsklage wegen fehlerhafter Umsetzung der Richtlinie** erhoben, weil die Sendeunternehmen nach bisheriger Rechtslage von der sog. **Leermedien-** bzw **Leerträgerabgabe** ausgeschlossen seien (s. Pressemit-

teilung des VPRT v. 16.1.2007, im Internet verfügbar unter: http://vprt.de/index.html/de/press/article/id/20/). Zur **geplanten Reform der Urheberrechtsvergütung** s. im Internet unter: http://ec.europa.eu/internal_market/copyright/levy_reform/index_de.htm.

Die **Richtlinie über das Folgerecht von Urhebern** (RL 2001/84/EG des Europäischen Parlaments und des Rates vom 27. September 2001 über das Folgerecht des Urhebers des Originals eines Kunstwerks, ABl. L 272 v. 13.10.2001, S. 32 ff) soll Wettbewerbsverzerrungen auf dem Markt der zeitgenössischen Kunst beseitigen, indem sie Urhebern von Kunstwerken u.a. innerhalb der EU ein **Recht auf Erlösbeteiligung nach jeder Weiterveräußerung** des Kunstwerkes einräumt, wobei die Folgerechtsvergütung degressiv gestaffelt und begrenzt ist. Die Umsetzungsfrist endete bereits am 1.1.2006. In Deutschland erfolgte die Umsetzung jedoch erst mit Inkrafttreten des fünften Gesetzes zur Änderung des Urheberrechtsgesetzes vom 10.11.2006 (BGBl. I, 2006, Nr. 52, S. 2587 f; s. hierzu auch *Handig*, ZUM 2006, 546 ff). 48

Mit der **Richtlinie zur Durchsetzung der Rechte des geistigen Eigentums** (RL 2004/48/EG des Europäischen Parlaments und des Rates vom 29. April 2004 zur Durchsetzung der Rechte des geistigen Eigentums, berichtigte Fassung, ABl. L 157 v. 30.4.2004, ABl. L 195 v. 2.6.2004, S. 16; zur Klage der Kommission gegen Deutschland wegen unzureichender Umsetzung s. Rs. C-395/07) werden die Mitgliedstaaten verpflichtet, wirksame, verhältnismäßige und abschreckende Sanktionen gegen Verletzungen von Rechten des geistigen Eigentums vorzusehen. Sie schreibt vor allem zivil- und verwaltungsrechtliche Maßnahmen, Verfahren und Ersatzleistungen vor und soll langfristig mit einer neuen Richtlinie um gemeinschaftsweit geltende strafrechtliche Sanktionen für vorsätzliche Verletzungen geistigen Eigentums ergänzt werden. Der ursprüngliche Richtlinienvorschlag wurde zwar zurückgenommen, doch sieht die Kommission weiterhin Handlungsbedarf im Rahmen der sanktionsrechtlichen Harmonisierung (s. Geänderter **Vorschlag für eine Richtlinie** des EP und des Rates **über strafrechtliche Maßnahmen** zur Durchsetzung der Rechte des geistigen Eigentums, KOM(2006)168 endg. – COD 2005/0127; zum Verfahren s. im Internet unter: http://ec.europa.eu/prelex/detail_dossier_real.cfm?CL=de&DosId=193131), sowie SEC(2010)1589, S. 25. 49

Für heftige Diskussionen sorgt die **unverbindliche Empfehlung über die Wahrnehmung von Online-Musikrechten** (Empfehlung der Kommission v. 18.10.2005 für die länderübergreifende kollektive Wahrnehmung von Urheberrechten und verwandten Schutzrechten, die für legale Online-Musikdienste benötigt werden, 2005/737/EG, berichtigte Fassung, ABl. L 284 v. 27.10.2005, S. 10), in der sie Maßnahmen zur grenzüberschreitenden Lizenzierung von Onlinerechten vorschlägt (zu den aktuellen Konsultationen s. im Internet http://ec.europa.eu/internal_market/copyright/management/management_de.htm; zur Kritik s. *v. Einem*, MMR 2006, 647 ff; *Poll*, MMR 2007, S. XXVII ff). 50

5. Unterabschnitt: Verbraucherschutz

Die Verbraucherrechtsbestimmungen der EU sind **über zahlreiche Richtlinien und Verordnungen verteilt** (s. *Wolf*, in: Grabitz/Hilf, Bd. III, A1, Rn 12 mit einer Übersicht in Rn 13 f). Ein Großteil der Verbraucherschutzbestimmungen finden sich in den jeweiligen sektorspezifischen Regelungen, etwa der **Fernseh-** bzw **Mediendiensterichtlinie** oder den **Richtlinien zum elektronischen Geschäftsverkehr** (s.o. Rn 3 ff, 31 ff; zu den Verbraucherschutzregelungen in der Telekommunikation s. *Klaes*, MMR 2007, 21 ff). Ein umfassender Überblick ist in dem Rahmen der vorliegenden Kommentierung nicht zu leisten. Hervorzuheben sind hier allein die jüngsten Entwicklungen. Mit einem Grünbuch hat die Kommission etwa eine umfassende Überprüfung des gemeinschaftlichen Besitzstands im Verbraucherschutz eingeleitet (s. **Grünbuch der Kommission**, 2007/C 61/01, ABl. C 61 v. 15.3.2007, S. 1 ff, mit einer Übersicht der überprüften Verbraucherschutzrichtlinien im Anhang II, S. 9; zum Stand der Überprüfung s. im Internet unter: http://ec.europa.eu/consumers/cons_int/safe_shop/acquis/index_de.htm). Ausgenommen von der Überprüfung ist die jüngst erlassene **Richtlinie über unlautere Geschäftspraktiken** (RL 2005/29/EG des EP und des Rates v. 11.5.2005 über unlautere Geschäftspraktiken im binnenmarktinternen Geschäftsverkehr zwischen Unternehmen und Verbrauchern, ABl. Nr. L 149 v. 11.6.2005, S. 22 ff). 51

6. Unterabschnitt: Jugendschutz

52 Rechtsverbindliche Bestimmungen zum Jugendschutz sind in den jeweiligen sektorspezifischen Regelungen enthalten, insbesondere der Fernseh- bzw der Mediendiensterichtlinie und der E-Commerce-Richtlinie (s.o. Rn 3 ff, 31 ff). Im Übrigen wurde eine **unverbindliche Empfehlung** ausgesprochen (s. Empfehlung des EP und des Rates v. 20.12.2006 **über den Schutz Minderjähriger und den Schutz der Menschenwürde und über das Recht auf Gegendarstellung im Zusammenhang mit der Wettbewerbsfähigkeit des europäischen Industriezweiges der audiovisuellen Dienste und Online-Informationsdienste**, ABl. L 378 v. 27.12.2006, S. 72 ff), in der u.a. die Einrichtung von Medienkompetenz- und Medienbildungsprogrammen, die verstärkte Entwicklung von Filtertechniken und Klassifizierungssystemen und das Abfassen eines gemeinschaftsweiten Verhaltenskodex empfohlen wird.

7. Unterabschnitt: Datenschutz

53 Im Datenschutzrecht ist neben der o.g. Datenschutzrichtlinie für elektronische Kommunikation 2002/58/EG (s.o. Rn 29) vor allem die **sog. Datenschutzrichtlinie** zu nennen (RL **95/46/EG** des EP und des Rates v. 24.10.1995 zum Schutz natürlicher Personen bei der Verarbeitung personenbezogener Daten und zum freien Datenverkehr, ABl. L 281 v. 23.11.1995, S. 31 ff; zum erfolgreichen Vertragsverletzungsverfahren gegen Deutschland wegen unzureichender Umsetzung s. EUGH Urteil v. 9.3.2010, Rs. C-518/07, ABl. C 113 v. 1.5.2010, S. 3). Diese Richtlinie dient nicht nur dem Schutz personenbezogener Daten, sondern auch dem Schutz der Grundrechte und Grundfreiheiten von natürlichen Personen, insbesondere dem Schutz der Privatsphäre (s. *Brühann*, in: Grabitz/Hilf, Bd. III, A30, Art. 1, Rn 5). Der Anwendungsbereich der Richtlinie war Gegenstand von Verfahren vor dem EuGH wegen der **Übermittlung und Verarbeitung von Fluggastdatensätzen** an Drittstaaten, in denen die Datenübermittlung der Flugpassagiere an das US-Home Office als eine Verarbeitung zum Schutz der öffentlichen Sicherheit und zu Strafverfolgungszwecken und damit nicht von Art. 3 der Richtlinie erfasst und bewertet wurde (s. EuGH verb. Rs. C-317/04 u. C-318/04, Fluggastdaten, Slg 2006, S. I-4721; s. auch Anm. *Geis/Geis*, MMR 2006, 530). Zur Beratung der Kommission im Anwendungsbereich der Richtlinie wurde gemäß Art. 29 die **sog. Art. 29-Datenschutzgruppe** eingesetzt (s. hierzu *Brühann*, in: Grabitz/Hilf, Bd. III, A30, Art. 29 Rn 5 ff; zur Tätigkeit der Datenschutzgruppe sowie dem EU-Datenschutzrecht allg. s. im Internet unter: http://ec.europa.eu/justice_home/fsj/privacy/law/index_de.htm).

54 Sehr umstritten ist die **Richtlinie zur Vorratsspeicherung** (RL 2006/24/EG des EP und des Rates v. 15.3.2006 über die Vorratsspeicherung von Daten, die bei der Bereitstellung öffentlich zugänglicher elektronischer Kommunikationsdienste oder öffentlicher Kommunikationsnetze erzeugt oder verarbeitet werden, ABl. L 105 v. 13.4.2006, S. 54), mit der die Verfügungsmöglichkeit über Daten zum Zwecke der Ermittlung, Feststellung und Verfolgung schwerer Straftaten sichergestellt werden soll (zu den weit reichenden Vorgaben, der Abgrenzung zur Datenschutzrichtlinie und der Umsetzung ins nationale Recht s. *Gitter/Schnabel*, MMR 2007, 411 ff; ferner *Westphal*, EuZW 2006, 555 ff).

2. Kapitel: EMRK/Grundrechtecharta

3. Abschnitt: Art. 10 EMRK

Artikel 10 EMRK Freiheit der Meinungsäußerung

Artikel 10 EMRK Freiheit der Meinungsäußerung

(1) [1]Jede Person hat das Recht auf freie Meinungsäußerung. [2]Dieses Recht schließt die Meinungsfreiheit und die Freiheit ein, Informationen und Ideen ohne behördliche Eingriffe und ohne Rücksicht auf Staatsgrenzen zu empfangen und weiterzugeben. [3]Dieser Artikel hindert die Staaten nicht, für Hörfunk-, Fernseh- oder Kinounternehmen eine Genehmigung vorzuschreiben.

(2) Die Ausübung dieser Freiheiten ist mit Pflichten und Verantwortung verbunden; sie kann daher Formvorschriften, Bedingungen, Einschränkungen oder Strafdrohungen unterworfen werden, die gesetzlich vorgesehen und in einer demokratischen Gesellschaft notwendig sind für die nationale Sicherheit, die territoriale Unversehrtheit oder die öffentliche Sicherheit, zur Aufrechterhaltung der Ordnung oder zur Verhütung von Straftaten, zum Schutz der Gesundheit oder der Moral, zum Schutz des guten Rufes oder der Rechte anderer, zur Verhinderung der Verbreitung vertraulicher Informationen oder zur Wahrung der Autorität und der Unparteilichkeit der Rechtsprechung.

Schrifttum: *Astheimer*, Rundfunkfreiheit – ein europäisches Grundrecht. Eine Untersuchung zu Art. 10 EMRK, 1990 (zitiert: *Astheimer*, Rundfunkfreiheit); *Bair*, The International Covenant on Civil and Political Rights and its (first) optional protocol – a short commentary based on views, general comments and concluding observations by the Human Rights Committee, 2005 (zitiert: *Bair*, IPbpR); *Barendt*, Balancing Freedom of Expression and Privacy: The Jurisprudence of the Strasbourg Court, in: The Journal of Media Law 2009 I, S. 49 ff; *Blumenwitz*, Die Meinungs- und Informationsfreiheit nach Art. 19 des internationalen Pakts über bürgerliche und politische Rechte, in: Nowak (Hrsg.), FS Ermacora (1988) 67 ff (zitiert: *Blumenwitz*, Meinungs- und Informationsfreiheit); *Cremer*, Entscheidung und Entscheidungswirkung, in: Grote/Marauhn (Hrsg.), EMRK/GG – Konkordanzkommentar zum europäischen und deutschen Grundrechtsschutz, 2006 (zitiert: *Cremer*, Entscheidung und Entscheidungswirkung); *Dijk/Hoof*, Theory and Practice of the European Convention on Human Rights, 3. Aufl. 1998 (zitiert: *Dijk/Hoof*, ECHR); *Dommering*, Comment on article 10 of the Convention for the Protection of Human Rights and Fundamental Freedoms (ECHR): Freedom of Expression, in: Castendyk/Scheuer/Dommering (Hrsg.), European Media Law, 2008 (zitiert: *Dommering*, Comment); *Ehlers* (Hrsg.), Europäische Grundrechte und Grundfreiheiten, 3. Aufl. 2009 (zitiert: Ehlers/*Bearbeiter*); *Engel*, Privater Rundfunk vor der Europäischen Menschenrechtskonvention, 1993 (zitiert: *Engel*, Privater Rundfunk); *Frowein*, Übernationale Menschenrechtsgewährleistungen und nationale Staatsgewalt, in: Isensee/Kirchhof (Hrsg.), Handbuch des Staatsrechts, Bd. VII, 1992 (zitiert: *Frowein*, Übernationale Menschenrechtsgewährleistungen); *Frowein/Peukert*, Europäische Menschenrechtskonvention (EMRK), Kommentar, 2. Aufl. 1996 (zitiert: *Frowein/Peukert*, EMRK); *Gersdorf*, Caroline-Urteil des EGMR – Bedrohung der nationalen Medienordnung, AfP 2005, 221 ff; *Gollwitzer*, Menschenrechte im Strafverfahren – MRK und IPBPR, Kommentar, 2005 (zitiert: *Gollwitzer*, Menschenrechte im Strafverfahren); *Grabenwarter*, Europäische Menschenrechtskonvention – Ein Studienbuch, 4. Aufl. 2009 (zitiert: *Grabenwarter*, EMRK); *Grabenwarter*, Schutz der Privatsphäre versus Pressefreiheit – Europäische Korrektur eines deutschen Sonderweges?, AfP 2004, 309 ff; *Grabitz/Hilf* (Hrsg.), Das Recht der Europäischen Union, Kommentar, Bd. 1, 1999 (Stand: 32. Lieferung, April 2007) (zitiert: Grabitz/Hilf/*Bearbeiter*); *Hans-Bredow-Institut*, Endbericht Studie über Ko-Regulierungsmaßnahmen im Medienbereich, 2006 (zitiert: Hans-Bredow-Institut, Ko-Regulierung); *Harris/O'Boyle/Warbrick*, Law of the European Convention on Human Rights, 2. Aufl. 2009 (zitiert: *Harris/O'Boyle/Warbrick*, ECHR); *Heintschel von Heinegg*, Verfassungsrechtliche Rahmenbedingungen der Unterhaltungsberichterstattung, AfP Sonderheft 2007, 40 ff; *Hoffmann-Riem*, Kohärenz der Anwendung europäischer und nationaler Grundrechte, EuGRZ 2002, 473 ff; *Janis/Kay/Bradley*, European Human Rights Law – Text and Materials, 2. Aufl. 2000 (zitiert: *Janis/Kay/Bradley*, European Human Rights Law); *Lester*, Freedom of Expression, in: MacDonald/Matscher/Petzold (Hrsg.), The European System for the Protection of Human Rights, 1993 (zitiert: *Lester*, Freedom of Expression); *Meyer-Ladewig*, EMRK, Konvention zum Schutz der Menschenrechte und Grundfreiheiten, Handkommentar, 2. Aufl. 2006 (zitiert: *Meyer-Ladewig*); *Müller*, Koordination des Grundrechtsschutzes in Europa – Einleitungsreferat, ZSR 124 (2005) II, 9 ff; *Partsch*, Die Entstehung der europäischen Menschenrechtskonvention, ZaöRV 1954, 630 ff; *Petersen*, Rundfunkfreiheit und EG-Vertrag: die Einwirkung des Europäischen Rechts auf die Ausgestaltung der nationalen Rundfunkordnungen, 1994 (zitiert: *Petersen*, Rundfunkfreiheit); *Polakiewicz*, Die Verpflichtungen der Staaten aus den Urteilen des Europäischen Gerichtshofs für Menschenrechte, 1993 (zitiert: *Polakiewicz*, Verpflichtungen); *Schaar*, Programmintegrierte Fernsehwerbung in Europa – Zum Stand der kommunikationsrechtlichen Regulierung in Europa, 2001 (zitiert: *Schaar*, Fernsehwerbung); *Schulz*, Von der Prinzenrolle: Anmerkungen zum „Caroline-Urteil" des EGMR, epd medien 2004/57, 5 ff; *Starck*, Das Caroline-Urteil des Europäischen Gerichtshofs für Menschenrechte und seine rechtlichen Konsequenzen, JZ 2006, 76 ff; *Streinz* (Hrsg.), EUV/EGV, Vertrag über die Europäische Union und Vertrag zur Gründung der Europäischen Union, Kommentar, 2003 (zitiert: Streinz/*Bearbeiter*); *Stürner*, Caroline-Urteil des EGMR – Rückkehr zum richtigen Maß, AfP 2005, 213 ff; *Uerpmann-Wittzack/Jankowska-Gilberg*, Die Europäische Menschenrechtskonvention als Ordnungsrahmen für das Internet, MMR 2008, 83; *Villiger*, Handbuch der Europäischen Menschenrechtskonvention (EMRK), 2. Aufl. 1999 (zitiert: *Villiger*, Handbuch EMRK)

Rechtsprechung:

EGMR, Urteil vom 6. Februar 1970 – X/Irland, 3717/68; Urteil vom 12. Oktober 1973 – De Geillustreerde Pers N.V./Niederlande, 12229/86; Urteil vom 21. Februar 1975 – Golder/Vereinigtes Königreich, 4451/70; Urteil vom 6. Februar 1976 – Swedish Engine Drivers Union/Schweden, 5614/72; EuGRZ 1977, 38 – Handyside/Vereinigtes Königreich; EuGRZ 1979, 386 – Sunday Times/Vereinigtes Königreich; EuGRZ 1979, 454 – Marckx/Belgien; Urteil vom 13. August 1981 – Young, James u. Webster/Vereinigtes Königreich, 7601/76; EuGRZ 1982, 59 – Airey/Irland; EuGRZ 1982, 101 – X/UK; Urteil vom 25. März 1983 – Silver u.a./Vereinigtes Königreich, 5947/72; EuGRZ 1985, 170 – Barthold/Deutschland; EuGRZ 1985, 297 – X u. Y/Niederlande; Urteil vom 21. Februar 1986 – James u.a./Vereinigtes Königreich, 8793/79; Urteil vom 26. März 1987 – Leander/Schweden, 9248/81; EuGRZ 1988, 543 – Müller u. a./Schweiz; Urteil vom 2. März 1989, Warwick/Vereinigtes Königreich, 9471/81; Kühnen/Deutschland, 12194/86; EuGRZ 1990, 255 – Groppera Radio AG u.a./Schweiz; EuGRZ 1990, 261 – Autronic/Schweiz; EuGRZ 1991, 216 – Oberschlick/Österreich; Urteil vom 23. April 1992 – Castells/Spanien, 11798/85; Urteil vom 24. Februar 1994 – Casado Coca/Spanien, 15450/89; Urteil vom 20. September 1994 – Otto-Preminger-Institut/Österreich, 13470/87; EuGRZ 1994, 549 – Informationsverein Lentia/Österreich; EuGRZ 1996, 302 – markt intern Verlag GmbH und Klaus Beermann/Deutschland; EuGRZ 1996, 306 – Jacubowski/Deutschland; Urteil vom 27. März 1996 – Goodwin/Vereinigtes Königreich, 17488/90; Urteil vom 20. Oktober 1997 – Radio ABC/Österreich, 19736/92; Urteil vom 19. Februar 1998 – Kaya/Türkei, 22729/93; EuGRZ 1999, 5 – Fressoz u. Roire/Frankreich; EuGRZ 1999, 188 – Guerra u.a./Italien; Urteil vom 8. Juli 1999 – Karatas/Türkei, 23168/94; Urteil vom 25. November 1999 – Nilsen u. Johnsen/Norwegen, 23118/93; Urteil vom 11. Januar 2000 – News Verlags GmbH & Co. KG/Österreich, 31457/96; Urteil vom 29. Februar 2000 – Fuentes Bobo/Spanien, 39293/98; Urteil vom 16. März 2000 – Özgür Gündem/Türkei, 23144/93; Urteil vom 12. Mai 2000 – Khan/Vereinigtes Königreich, 35394/97; Österreichisches Rundfunk/Österreich, 12194/86; EuGRZ 2001, 475 – Wille/Liechtenstein; NJW 2001, 1995 – Baskaya u. Okcuoglu/Türkei; Urteil vom 21. September 2000 – Tele1 Privatfernsehgesellschaft mbH/Österreich, 32240/96; Urteil vom 29. März 2001 – Thoma/Luxemburg, 38432/97; Urteil vom 10. Mail 2001 – Zypern/Türkei, 25781/94; Urteil vom 28. Januar 2003 – Peck/Vereinigtes Königreich, 44647/98; Urteil vom 6. Mai 2003 – Appleby/Vereinigtes Königreich, 44306/98; Urteil vom 11. Dezember 2003 – Krone Verlag GmbH & Co. KG/Österreich, 39069/97; Urteil vom 17. Februar 2004

– Maestri, 39748/98; Urteil vom 30. März 2004 – Radio France/Frankreich, 53984/00; Urteil vom 29. Juni 2004 – Chauvy u.a./Frankreich, 64915/01; EuGRZ 2004, 268 – Assanidze/Georgien; EuGRZ 2004, 404 – v. Hannover/Deutschland; Urteil vom 16. Juni 2005 – Independent News and Media, 55120/00; Urteil vom 13. September 2005 – I.A./Türkei, 42571/98; NJW 2006, 1255 – Steel u. Morris/ Vereinigtes Königreich; NJW 2006, 3253 – I.A./Türkei; Urteil vom 14. Dezember 2006 – Verlagsgruppe News-GmbH/Österreich, 76918/01; MMR 2008, 29 – Melnychuk/Ukraine; NJOZ 2010, 512 – Leroy/Frankreich; Urteil vom 11. Dezember 2008 – TV Vest/Norway, 21132/05; NJW 2010, 751 – Standard Verlags-GmbH/Österreich; Urteil vom 09. April 2009 – A./Norway, 28070/06; Urteil vom 06. April 2010 – Ruokanen u.a./Finnland, 45130/06; EuGH, Rs. 4/73 – Nold, Slg. 1974, 491; BVerfGE 74, 102; 74, 358; 82, 106; 83, 119; 111, 307 – Görgülü; 101, 361 – Caroline II; Beschluss der 3. Kammer des Zweiten Senats des BVerfG, NJW 2001, 2245; Beschluss der 1. Kammer des Zweiten Senats des BVerfG, EuGRZ 2004, 317; Beschluss des 1. Senats des BVerfG vom 28. Februar 2008, Az: 1 BvR 1602/07, 1606/07, 1626/07; Beschluss des 1. Senat des BVerfG vom 25. Juni 2009, NJW-RR 2010, 470; BGHZ 171, 275 ff.

A. Allgemeines

I. Bedeutung der Vorschrift

Art. 10 EMRK schützt umfassend die **Kommunikationsfreiheiten** der Bürger in den Konventionsstaaten. Der EGMR hat die grundlegende Bedeutung der Meinungsfreiheit oft hervorgehoben (statt vieler EGMR EuGRZ 1999, 5 – Fressoz u. Roire/Frankreich). Wegen der weiten Auslegung der Freiheiten durch den EGMR im Hinblick auf die Verpflichtung der Staaten, die durch die Konvention vermittelten Freiheiten auch gegenüber Beeinträchtigungen Privater zu schützen, steigt die Bedeutung für das nationale **Presserecht** (s.u. Rn 26 ff). Der EGMR hat zur Abwägung zwischen dem Persönlichkeitsrecht aus Art. 8 EMRK und der Berichterstattungsfreiheit aus Art. 10 EMRK eigene Regeln entwickelt (s.u. Rn 27 f). In Deutschland geht allerdings bei der Auflösung dieses Spannungsverhältnisses nationales Verfassungsrecht vor (zum Verhältnis s.u. Rn 6 ff). 1

Bedeutung hat die Vorschrift auch im Hinblick auf die **Rundfunkordnung** der Konventionsstaaten. Zwar erkennen Art. 10 Abs. 1 Satz 3 und Abs. 2 EMRK die Regulierungsmöglichkeiten der Nationalstaaten zur Vielfaltsicherung an. Die Regelungskonzepte müssen sich aber an den Maßstäben für Beeinträchtigungen von Art. 10 EMRK messen lassen; das Monopol öffentlich-rechtlichen Rundfunks in Österreich wurde durch eine Entscheidung des EGMR aufgebrochen, der den Ausschluss Privater für nicht mehr gerechtfertigt hielt (EGMR EuGRZ 1994, 549 – Informationsverein Lentia/Österreich, s.u. Rn 39). 2

II. Entstehungsgeschichte

Die EMRK wurde durch den **Europarat** ausgearbeitet (ausführlich zu den Beratungen und Entwürfen *Partsch*, ZaöRV 1954, 630 (640 ff)) und am 4.11.1950 in Rom unterzeichnet. Deutschland ratifizierte die Konvention mit Gesetz vom 7.8.1952 (Gesetz über die Konvention zum Schutze der Menschenrechte und Grundfreiheiten, BGBl. II 1952, 685). In Kraft trat die EMRK gemäß ihres Art. 59 Abs. 2 mit Ratifizierung im zehnten Mitgliedstaat am 3. September 1953 (vgl die Bekanntmachung vom 15. Dezember 1953, BGBl. II 1954, 14). Bis heute (Stand: September 2011) wurde die Konvention durch 14 **Zusatzprotokolle** ergänzt. Das am 13.5.2004 zur Zeichnung aufgelegte 14. Zusatzprotokoll trat allerdings erst am 1.6.2010 regulär in Kraft (s. SEV Nr. 194, BT-Drucks. 17/5315, S. 9 Rn 204; BGBl. III Nr. 47/2010), da Russland eine Ratifizierung verweigert hatte. Als vorläufige Maßnahme kam das Zusatzprotokoll 14bis zur Anwendung (s. CETS No. 204). Nach Art. 59 Abs. 1 Satz 1 EMRK kann die Konvention nur von Mitgliedern des Europarates unterzeichnet werden (sog. „geschlossene Konvention"); umgekehrt werden Staaten nur in den Europarat aufgenommen, wenn sie die EMRK samt Zusatzprotokollen unterzeichnen (vgl *Meyer-Ladewig*, Einl. Rn 1). Dementsprechend sind alle – derzeit 47 – Mitglieder des Europarats der EMRK beigetreten und haben sie in innerstaatliches Recht umgesetzt. 3

Mit dem Vertrag von Lissabon trat auch die EU der EMRK bei (Art. 6 Abs. 2 EUV), mit der Folge, dass nun Akte der Union unmittelbar der Jurisdiktion des EGMR unterworfen sind (dazu Grabitz/Hilf/ *Schorkopf* Art. 6 Abs. 2 EUV, Rn 48). Zur Statik des nun bestehenden Drei-Ebenen-Systems des Menschenrechtsschutzes vgl *Schulz* zu Art. 11 EU-Grundrechtecharta.

III. Verhältnis zu anderen Vorschriften

4 **1. Nationales Recht.** Die Europäische Menschenrechtskonvention ist ein **völkerrechtlicher Vertrag.** Die Konvention überlässt es den Vertragsparteien, in welcher Weise sie ihrer Pflicht zur Beachtung der Vertragsvorschriften genügen (EGMR Urt. v. 6. Februar 1976 – Swedish Engine Drivers Union/Schweden, 5614/72, Rn 50; EGMR Urt. v. 21. Februar 1986 – James u.a./Vereinigtes Königreich, 8793/79, Rn 84; Ehlers/*Ehlers*, § 2 Rn 6). Der Bundesgesetzgeber hat der Konvention mit förmlichem Gesetz gemäß Art. 59 Abs. 2 GG zugestimmt. Innerhalb der deutschen Rechtsordnung stehen die Europäische Menschenrechtskonvention und ihre Zusatzprotokolle – soweit sie für die Bundesrepublik Deutschland in Kraft getreten sind – **im Range eines Bundesgesetzes** (vgl BVerfGE 74, 358 (370); 82, 106 (120)).

5 Das BVerfG hat im **Fall Görgülü** klargestellt, dass dies für nationale Gerichte bedeutet, dass sie die Konvention wie anderes Gesetzesrecht des Bundes **im Rahmen methodisch vertretbarer Auslegung zu beachten** und anzuwenden haben (BVerfGE 111, 307 (315 ff)). Dabei ist die Auslegung der Konvention durch den EGMR zu berücksichtigen (zur Relevanz BVerfG NJW-RR 2010, 470 (473)).

6 Die **Grenze** konventionsfreundlicher Auslegung **bildet aber das nationale Verfassungsrecht** – also vor allem Art. 5 Abs. 1 GG – in seiner Auslegung durch das BVerfG, da die Konvention lediglich im Range eines einfachen Gesetzes steht. Das BVerfG versucht Konflikten zwischen nationalem Verfassungsrecht und völkerrechtlichem Schutz durch die EMRK dadurch vorzubeugen, dass es seinerseits das Grundgesetz völkerrechtsfreundlich auslegt. Der Konventionstext und die Rechtsprechung des Europäischen Gerichtshofs für Menschenrechte dienen ihm auf der Ebene des Verfassungsrechts als Auslegungshilfen für die Bestimmung von Inhalt und Reichweite von Grundrechten und rechtsstaatlichen Grundsätzen des Grundgesetzes, sofern dies nicht zu einer – von der Konvention selbst nicht gewollten (vgl Art. 53 EMRK) – Einschränkung oder Minderung des Grundrechtsschutzes nach dem Grundgesetz führt (vgl BVerfGE 74, 358 (370); 83, 119 (128); BVerfG – 1 BvR 1602/07, 1606/07, 1626/07, Beschl. v. 28. Februar 2008, Rn 52).

7 Dies hebt allerdings die EMRK nicht auf Verfassungsrang; so kann auch **keine Verfassungsbeschwerde** darauf gestützt werden, in Grundfreiheiten der EMRK betroffen zu sein, vgl BVerfGE 74, 102 (128); Beschl. der 1. Kammer des Zweiten Senats des BVerfG EuGRZ 2004, 317 (318).

8 **2. Europäisches Gemeinschaftsrecht.** Die EU selbst ist der EMRK beigetreten (s.o. Rn 3). Zudem stellt die EMRK nicht nur bindendes Recht für die Unterzeichnerstaaten dar, sondern ist gleichzeitig gem. **Art. 6 Abs. 3 EUV** auch ein Teil des Rechtes der EU (grundlegend zur Bedeutung der EMRK als Rechtsquelle EuGH Rs. 4/73 – Nold, Slg 1974, 491; *Grabitz/Hilf/Hilf/Schorkopf*, Art. 6 EUV Rn 47 ff mwN; ähnlich auch *Streinz/Pechstein*, Art. 6 EUV Rn 11). In der EU existiert damit nun ein Drei-Ebenen-System des Menschenrechtsschutzes (vgl *Schulz* zu Art. 11 EU-Grundrechtecharta).

9 **3. Andere Normen der EMRK.** Ein Spannungsverhältnis besteht zu **Art. 8 EMRK,** der auch das Persönlichkeitsrecht gegenüber Berichterstattung schützt (s.u. Rn 27 f). Zum Verhältnis zu Art. 11 EMRK vgl *Meyer-Ladewig*, Art. 10 EMRK Rn 42; *Frowein/Peukert*, Art. 11 EMRK Rn 1.

10 Die Menschenrechte werden ergänzt durch Prozessgrundrechte. **Art. 6 EMRK** gewährt das Recht auf ein faires Verfahren, Art. 13 EMRK das Recht auf wirksame Beschwerde. Während Art. 6 EMRK sich auf Gerichtsverfahren konzentriert, bei denen die Menschenrechte eine Rolle spielen, verpflichtet Art. 13 EMRK die Konventionsstaaten, wirksame Möglichkeiten zur Behandlung von Fällen einzuführen, in denen die Rechte aus der EMRK verletzt wurden.

11 **Art. 13 EMRK** verpflichtet die Unterzeichnerstaaten, ein „wirksames Rechtsmittel" bereitzustellen (EGMR Urt. v. 19. Februar 1998 – Kaya/Türkei, 22729/93, RJD 1998-I, Rn 106). Dies ist nicht beschränkt auf Gerichte (EGMR Urt. v. 21. Februar 1975 – Golder/Vereinigtes Königreich, 4451/70; EGMR Urt. v. 25. März 1983 – Silver u.a./Vereinigtes Königreich, 5947/72; vgl *Meyer-Ladewig*, Art. 13 EMRK Rn 15; EGMR Urt. v. 25. März 1993 – Silver u.a./Vereinigtes Königreich, 5947/72; EGMR Urt. v. 12. Mai 2000 – Khan/Vereinigtes Königreich, 35394/97, RJD 2000/V, Rn 44 ff), jedoch muss die Institution unabhängig und unparteiisch sein (EGMR Urt. v. 25. März 1993 – Silver u.a./Vereinigtes Königreich, 5947/72; EGMR Urt. v. 12. Mai 2000 – Khan/Vereinigtes Königreich, 35394/97, RJD 2000/V, Rn 44 ff).

12 Darüber hinaus muss die nationale Institution **rechtlich bindende Entscheidungen** treffen können und darf nicht auf die Veröffentlichung von Empfehlungen beschränkt sein (EGMR Urt. v. 26. März 1987

– Leander/Schweden, 9248/81, Rn 77; *Grabenwarter*, EMRK (2009) § 24 Rn 48). Im Hinblick auf das Verfahren muss die betroffene Person die Möglichkeit erhalten, ohne Verzögerung Genugtuung zu erreichen (*Grabenwarter*, EMRK (2009) § 24 Rn 51). Die Zugangshürden dürfen nicht so hoch sein, dass keine echte Kontrolle von Verstößen gegen die EMRK stattfindet.

Im Fall „Peck/Vereinigtes Königreich" aus dem Jahr 2003 musste der EGMR die Frage entscheiden, ob **ko-regulative Institutionen** ein hinreichend wirksames Rechtsmittel gem. Art. 13 EMRK bereitstellen können. Der EGMR stellte fest, dass diese Institutionen u.a. deswegen kein wirksames Rechtsmittel für den Antragssteller bereitstellen konnten, weil ihnen die Möglichkeit zur Gewährung von Schadensersatz fehlte. Er befand, dass die Möglichkeit der Independent Television Commission (ITC, der ehemaligen Regulierungsbehörde für Fernsehen im Vereinigten Königreich, am 29. Dezember 2003 aufgegangen in der Ofcom), für das jeweilige Fernsehunternehmen eine Strafzahlung zu verhängen, nicht darauf hinauslaufe, dass dem Antragsteller Schadensersatz gewährt würde (EGMR Urt. v. 28. Januar 2003 – Peck/Vereinigtes Königreich, 44647/98, Rn 109). 13

4. Sonstiges Völkerrecht. Für den Bereich Fernsehen hat der Europarat die **Fernsehkonvention** (Europäisches Übereinkommen über grenzüberschreitendes Fernsehen, Sammlung der Europäischen Verträge Nr. 132, unterzeichnet am 5. Mai 1989, in Kraft getreten am 1. Mai 1993; BGBl. II 1994, 639) erlassen, die im Bereich der EU wegen der weitgehend parallel regelnden Fernsehrichtlinie begrenzte Bedeutung besitzt (s. *Schaar*, Fernsehwerbung (2001) 69 f). Eine Anpassung der Konvention an die Regelungen der Richtlinie über Audiovisuelle Mediendienste (AVMDL RL 2010/13/EU) ist bis Sommer 2011 noch nicht erfolgt. 14

International sichert **Art. 19 IPbpR** (Internationaler Pakt über bürgerliche und politische Rechte, unterzeichnet am 16. Dezember 1966, in Kraft getreten am 23. März 1976; BGBl. II 1973, 1534; Text abgedruckt in der Kommentierung zu Art. 5 Rn 392; vgl hierzu ausführlich *Bair*, IPbpR; *Blumenwitz*, Meinungs- und Informationsfreiheit; *Gollwitzer*, Menschenrechte im Strafverfahren, Art. 10 MRK/ Art. 19 IPBPR) die Kommunikationsfreiheiten. 15

B. Besonderes

I. Sachlicher und personeller Anwendungsbereich (Abs. 1 Satz 1 und 2)

1. Äußerungsfreiheit. In personeller Hinsicht sind **nicht nur natürliche, sondern auch juristische Personen** geschützt (EGMR EuGRZ 1996, 302 – markt intern Verlag GmbH und Klaus Beermann/ Deutschland), auch Angehörige des öffentlichen Dienstes, aber nicht dem Staat zurechenbare Institutionen selbst. Nicht nur der Urheber (oder Empfänger) von Äußerungen, auch der Verleger und der Herausgeber können sich auf Art. 10 EMRK berufen (EGMR Urt. v. 11. Januar 2000 – News Verlags GmbH & Co. KG/Österreich, 31457/96); umgekehrt müssen sie sich auch von den Staaten entsprechende Verantwortungen auferlegen lassen (EGMR Urt. v. 29. Juni 2004 – Chauvy u.a./Frankreich, 64915/01). 16

In der englischen Sprachfassung („expression") wird deutlich, dass es auf Seiten der Kommunikate grundsätzlich keine Beschränkung der Schutzobjekte gibt. Ausreichend, aber auch erforderlich, ist, dass etwas kommuniziert werden soll (vgl *Barendt*, Freedom of Speech, S. 41 ff). Sachlich sind **alle Meinungskundgaben** geschützt, unabhängig von der Form, dem Medium und vor allem dem Inhalt (*Meyer-Ladewig*, Art. 10 EMRK Rn 4 f; *Frowein/Peukert*, Art. 10 EMRK Rn 5 f; *Grabenwarter*, EMRK (2009) § 23 Rn 2 ff). **Tatsachenbehauptungen sind ebenso geschützt** wie Meinungsäußerungen; auf Rechtfertigungsebene wird aber differenziert (vgl ausführlich hierzu *Dommering*, Comment, Rn 33 ff). Alle digitalisierten Kommunikate, die über die technische Plattform Internet bereitgestellt werden, fallen in den Schutzbereich (*Uerpmann-Wittzack/Jankowska-Gilberg*, MMR 2008, 83 (84)). Auch substanzarme Faktenschilderungen sind erfasst (zu reinen Adressangaben EGMR Urt. v. 24. Februar 1994 – Casado Coca/Spanien, 15450/89). Die der Meinungsäußerung vorgelagerte Meinungsbildungsfreiheit ist mit umfasst (sie wird aber schon durch die Gedankenfreiheit aus Art. 9 EMRK garantiert). Auch Pornographie fällt nicht bereits aus dem Schutzbereich (*Villinger*, Handbuch EMRK, Rn 615). Allerdings sollen Kommunikate, die Wortlaut und Geist der EMRK widersprechen, nicht geschützt sein (so schon EGMR BN 12194/86 – Kühnen/Deutschland), vergleichbar der hM für Art. 5 Abs. 1 in Deutschland (vgl *Schulz* zu Art. 5 Abs. 1 Satz 1 Rn 49). Geschützt ist auch die negative Äußerungsfreiheit, also das Recht, sich keine Äußerung in den Mund legen zu lassen (EGMR BN 57597/00 – Österreichischer Rundfunk). Zugunsten des Schutzes von Hinweisgebern und dem öf- 17 fentlichen Interesse an der Bekämpfung von Missständen ist auch sog. externes Whistleblowing von Art. 10 EMRK geschützt. Missstände in der *Öffentlichkeit* kundzugeben, muss allerdings, im Lichte der Pflicht zur Loyalität und Diskretion gegenüber seinem Arbeitgeber interpretiert, ultima ratio sein und ist nur geboten, wenn trotz vorausgegangenen internen Hinweises dem Äußerenden keine weiteren erkennbar wirksamen Mittel zur Behebung der gerügten Missstände zur Verfügung stehen (s. EGMR, Application no. 28274/08, Rn 65 – Heinisch/Deutschland (nicht rechtskräftig).

18 Auf die hinter der Kommunikation steckende Absicht kommt es für den Schutz nicht an; auch **Werbung** unterfällt grundsätzlich dem Schutz von Art. 10 EMRK (EGMR Urt. v. 24. Februar 1994 – Casado Coca/Spanien, 15450/89; zögerlich in EGMR EuGRZ 1996, 302 – markt intern Verlag GmbH und Klaus Beermann); sie kann aber leichter beschränkt werden als etwa politische Kommunikation (zur Ausstrahlung auf das UWG vgl EGMR EuGRZ 1996, 306 – Jacubowski/Deutschland; zur Behandlung „gemischter" Äußerungen durch den EGMR vgl *Dommering*, Comment, Rn 45 ff).

19 Der Anwendungsbereich von Art. 10 EMRK wird, was das **Medium der Kommunikation** angeht, weit interpretiert, so dass Kommunikation über alle Arten von Medien – klassische wie Presse, Rundfunk und Film, aber auch „neue" wie etwa über das Internet (zur dynamischen Auslegung von Art. 10 EMRK in der Rspr des EGMR vgl *Dommering*, Comment, Rn 21 f) – unter Art. 10 EMRK fällt (s. *Harris/O'Boyle/Warbrick*, ECHR, 465 ff). Obwohl nicht ausdrücklich benannt, umfasst daher Art. 10 Abs. 1 EMRK ebenfalls die Massenmedien und ihre Arbeitsweise, von der Recherche bis zur Distribution. Auch der Quellenschutz wird garantiert, so dass sich Offenbarungspflichten für Informanten an den Schranken messen lassen müssen (EGMR Urt. v. 27. März 1996 – Goodwin/Vereinigtes Königreich, 17488/90, Rn 39, bestätigt im Urt. v. 22. November 2007 – Voskuil gegen die Niederlande, 64752/01 Rn 65 mwN; *Meyer-Ladewig*, Art. 10 EMRK Rn 25; *Villiger*, Handbuch EMRK (1999) Rn 624 f; vgl aber auch *Janis/Kay/Bradley*, European Human Rights Law (2000) 174 ff, die auf Widersprüche in der Rechtsprechung des EGMR hinweisen). Die besondere Rolle der Massenmedien führt nicht nur zu besonderen Gewährleistungsgehalten, sondern wird auch bei der Abwägung mit anderen Rechtsgütern berücksichtigt.

20 Der Wirkbereich von **künstlerischer Kommunikation** ist, da die EMRK keine eigene Kunstfreiheit kennt, ebenfalls von Art. 10 EMRK erfasst, auch die Form der Äußerung ist geschützt (EGMR Urt. v. 8. Juli 1999 – Karatas/Türkei, 23168/94; vgl auch *Dommering*, Comment, Rn 40 ff). Auch die Kunstform der Satire muss sich verhältnismäßige, ihre Besonderheit berücksichtigende Beschränkungen gefallen lassen (EGMR NJOZ 2010, 512 – Leroy/Frankreich).

21 Als Beschränkung der Meinungsfreiheit ist jedenfalls die **Bestrafung für die kommunikativen Inhalte** durch den Staat anzusehen (EGMR EuGRZ 1977, 38 – Handyside/Vereinigtes Königreich), auch die Einziehung von Druckwerken. Daneben können Formvorschriften oder andere Beschränkungen Eingriffe darstellen (EGMR EuGRZ 2001, 475 – Wille/Liechtenstein), des Weiteren zivilrechtliche Urteile wie die Verurteilung zu Schadenersatz (EGMR Urt. v. 16. Juni 2005 – Independent News and Media, 55120/00). Bereits die Etablierung eines Zensursystems beeinträchtigt die Freiheit aus Art. 10 EMRK (EGMR Urt. v. 10. Mai 2001 – Zypern/Türkei, 25781/94); zwar kennt die EMRK **kein absolutes Zensurverbot** wie Art. 5 Abs. 1 Satz 3 GG, eine systematische Vorabkontrolle von Presse dürfte aber auch grundsätzlich nicht nach Abs. 2 zu rechtfertigen sein (zu Schranken s.u. Rn 30 ff).

22 **2. Informationsfreiheit.** Auch die Informationsfreiheit ist von Art. 10 Abs. 1 Satz 2 EMRK erfasst, und zwar nicht nur als Reflex der Meinungsfreiheit, sondern als **eigenständiger Schutzgehalt** (vgl EGMR EuGRZ 1979, 386 – Sunday Times/Vereinigtes Königreich, Rn 65 f; *Grabenwarter*, EMRK (2009) § 23 Rn 5; *Harris/O'Boyle/Warbrick*, ECHR, 465 f). Dabei ist nicht nur der passive Empfang, sondern auch das aktive Bemühen um Informationen geschützt (*Frowein/Peukert*, Art. 10 EMRK Rn 11; *Harris/O'Boyle/Warbrick*, ECHR, 465 f; *Astheimer*, Rundfunkfreiheit (1990) 51 f mwN auch zur Gegenansicht). Teilweise wird der Rechtsprechung des EGMR gar ein Recht auf angemessene Information entnommen (so *Frowein/Peukert*, Art. 10 EMRK Rn 13, die selbst allerdings einen solchen Schutzgehalt bezweifeln; *Grabenwarter*, EMRK (2009) § 23 Rn 6 bejaht einen Anspruch, sich „über die wesentlichen Fragen" informieren zu können, vertrauliche Informationen sollen allerdings ausgenommen sein sollen).

23 Wie auch bei Art. 5 Abs. 1 Satz 1 GG ergibt sich aus Art. 10 Abs. 1 Satz 2 EMRK nur ein Schutz, Informationen ungehindert empfangen zu können, die ein anderer zugänglich machen will, **keine Ansprüche auf Information vom Staat oder Dritten** (EGMR Urt. v. 26. März 1987 – Leander/Schweden, 9248/81; *Villiger*, Handbuch EMRK (1999) Rn 611 f mwN; zweifelnd in Bezug auf staatliche Stellen

Dijk/Hoof, ECHR, 565 f). Letzteres gilt auch etwa für staatliche Umweltinformationen (EGMR EuGRZ 1999, 188 – Guerra u.a./Italien). Wenn der Staat Beschränkungen selbst verursacht, kann er aber verpflichtet sein, die Mittel zur Informationserlangung zur Verfügung zu stellen, etwa bei Strafgefangenen (EGMR EuGRZ 1982, 101 – X/UK).

Das Recht umfasst auch den **Erwerb und die Nutzung von Empfangstechnologien** wie etwa Satellitenreceivern; staatliche Beeinträchtigungen müssen daher als Schranke gerechtfertigt sein (EGMR EuGRZ 1990, 261 – Autronic/Schweiz). 24

3. Adressat der Verpflichtung und Gewährleistungsgehalte. Im Vordergrund steht der abwehrrechtliche Gehalt des Freiheitsrechtes (*Meyer-Ladewig*, Art. 10 EMRK Rn 9): Es schützt Bürger vor Eingriffen in die Kommunikationsfreiheiten durch den Konventionsstaaten zurechenbare Handlungen, die nicht durch die Schranken (s.u. Rn 30 ff) gerechtfertigt sind. Wie bei allen Grundrechtsverbürgungen stellt sich auch bei den Rechten aus der EMRK die Frage, inwieweit sie hybride Arrangements mit staatlicher und nicht-staatlicher Beteiligung (Ko-Regulierung), etwa im Jugendschutz, erfassen (Hans-Bredow-Institut, Ko-Regulierung (2006) 159 ff). Die Konventionsstaaten sind soweit gebunden, wie ihr Einflussbereich geht. Gem. Art. 1 EMRK sind alle staatlichen Institutionen zur Einhaltung der Konventionsfreiheiten verpflichtet. Für Ko-Regulierungsmaßnahmen folgt daraus, dass, falls sie von einem nach nationalem Recht staatlichen Akteur herrühren, Art. 10 EMRK und die Rechtfertigungen für Beschränkungen vom Staat genauso beachtet werden müssen, als wenn es sich um traditionelle (Command-and-Control-)Regulierung handelte. 25

Zwar gibt es keine Dogmatik einer Drittwirkung der Konventionsfreiheiten. Dieses Problem wird aber dadurch entschärft, dass der EGMR aus den Freiheiten auch **Schutzaufträge** herausliest. Er hat in mehreren Fällen festgestellt, dass Staaten gegen Konventionsfreiheiten verstoßen, wenn sie unter ihrer Hoheitsgewalt stehende Personen nicht **gegen solche Freiheitsbedrohungen schützen, die seitens anderer Privater drohen**, die ebenfalls unter ihrer staatlichen Hoheitsgewalt stehen (hinsichtlich Art. 8 EMRK s. EGMR EuGRZ 1982, 59 – Airey/Irland; EGMR EuGRZ 1985, 297 – X u. Y/Niederlande; EGMR EuGRZ 1979, 454 – Marckx/Belgien; hinsichtlich Art. 11 EMRK s. EGMR Urt. v. 6. Februar 1970 – X/Irland, 3717/68; EGMR Urt. v. 13. August 1981 – Young, James u. Webster/Vereinigtes Königreich, 7601/76, Rn 49). Hinsichtlich Art. 10 EMRK gab es mehrere Fälle, die einen Streit zwischen zwei Privaten zum Gegenstand hatten (s. zB EGMR Urt. v. 6. Mai 2003 – Appleby/Vereinigtes Königreich, 44306/98; EGMR Urt. v. 16. März 2000 – Özgür Gündem/Türkei, 23144/93; EGMR Urt. v. 29. Februar 2000 – Fuentes Bobo/Spanien, 39293/98; EGMR Urt. v. 12. Oktober 1973 – De Geïllustreerde Pers N.V./Niederlande, 12229/86; EGMR EuGRZ 2004, 404 – v. Hannover/Deutschland; zur Drittwirkung s. außerdem *Dommering*, Comment, Rn 10; *Meyer-Ladewig*, Art. 10 EMRK Rn 9). Zumeist beinhalten diese Fälle einen Konflikt zwischen den Freiheiten einzelner Personen, der von nationalen Gerichten entschieden wurde und in denen eine Prozesspartei das Gerichtsurteil angreift. 26

Im Hinblick auf Art. 10 EMRK selbst normiert die Konvention einen Auftrag an die Staaten, die **Kommunikationsfreiheiten auch gegenüber Gefährdungen durch Dritte zu schützen** (zu Einschüchterungen ggü. Journalisten s. EGMR Urt. v. 16. März 2000 – Özgür Gündem/Türkei, 23144/93). Dies bedeutet für das Medienrecht, dass **Rechte vor allem aus Art. 8 EMRK** vom Staat durch seine Rechtsordnung auch gegen kommunikative Akte, vor allem Medienberichterstattung, angemessen geschützt werden müssen. Über die Reichweite von Art. 8 EMRK im konkreten Fall ist unter Berücksichtigung der von Art. 10 EMRK gewährleisteten Äußerungsfreiheit und ihrer in Art. 10 Abs. 2 EMRK geregelten Schranken im Wege einer Abwägung zu entscheiden (vgl EGMR – 4. Sektion –, Beschl. v. 14. Juni 2005, Beschwerde-Nr. 14991/02, Minelli gegen Schweiz; EGMR – 2. Sektion –, Urt. v. 17. Oktober 2006, Beschwerde-Nr. 71678/01, Gourguenidze gegen Georgien, §§ 38 ff). Der EGMR hat dies im Hinblick auf die Bildberichterstattung über Prominente in Deutschland im Einzelfall als unzureichend betrachtet (EGMR EuGRZ 2004, 404 – v. Hannover/Deutschland). Die Kritik betraf vor allem die Figur der „absoluten Person der Zeitgeschichte" nach § 23 Abs. 1 KUG. Hier hatte aber bereits das BVerfG festgestellt, dass derartige dogmatische Figuren eine Prüfung im Einzelfall nicht entbehrlich machen; der BGH hat sich von der Figur konsequenterweise verabschiedet (BGHZ 171, 275 ff; vgl Kommentierung zu Art. 5 GG in Abschnitt 5, Rn 70; dies billigt das BVerfG nunmehr ausdrücklich, vgl Beschl. v. 28. Februar 2008 – 1 BvR 1602/07, 1606/07, 1626/07, Rn 80 ff). Der EGMR leitet aus Art. 10 Abs. 1 EMRK auch unmittelbar das Recht auf Gegendarstellung ab (EGMR MMR 2008, 29 – Melnychuk). 27

28 Im Hinblick auf das **Berichterstattungsinteresse**, das in der Abwägung von Art. 10 und Art. 8 EMRK eine erlaubnisfreie Bildberichterstattung (oder andere Beeinträchtigungen der durch Art. 8 EMRK geschützten Sphäre) rechtfertigen kann, scheint der EGMR eine restriktive, an politischer Kommunikation im engeren Sinne orientierte Position zu vertreten, die der modernen Gesellschaft nicht angemessen ist und die Grenzen sprengt, die sich für den deutschen Rechtsraum durch das vorrangige nationale Verfassungsrecht – (s.o. Rn 6) ergeben (vgl BVerfGE 101, 361 ff – Caroline II; zum Caroline-Urteil des EGMR vgl *Grabenwarter*, AfP 2004, 309 ff; *Stürner*, AfP 2005, 213 ff; *Gersdorf*, AfP 2005, 221 ff; *Starck*, JZ 2006, 76 ff; *Heintschel von Heinegg*, AfP Sonderheft 2007, 40 ff). Die in die Abwägung einzustellende Relevanz der Kommunikation hängt nicht notwendig von öffentlichen Ämtern o.Ä. ab. Das BVerfG (vgl Beschl. v. 28. Februar 2008 – Az: 1 BvR 1602/07, 1606/07, 1626/07, Rn 100) hat offenbar zur Vermeidung eines Streites mit dem EGMR darauf Aufmerksam gemacht, dass wenn seitens der nationalen Gerichte ein zu restriktiver Maßstab daran angelegt wird, ob die Medienberichterstattung über Umstände aus dem Privatleben einer außerhalb des staatlichen und politischen Lebens stehenden Person die Behandlung von Fragen allgemeinen Interesses erkennen lässt, auch der EGMR dies regelmäßig beanstandet (vgl EGMR – 1. Sektion –, Urt. v. 1. März 2007, Beschwerde-Nr. 510/04, Tønsbergs Blad u.a. gegen Norwegen, § 87). Nach dieser Rechtsprechung genügt es, wenn von der Berichterstattung politische oder sonst bedeutsame Fragen jedenfalls in gewissem Umfang behandelt werden (vgl EGMR – 4. Sektion –, Urt. v. 16. November 2004, Beschwerde-Nr. 53678/00, Karhuvaara und Iltalehti gegen Finnland, § 45). Der Grundrechtsschutz im Mehrebenensystem von nationalen und EGMR-Rechten (vgl hierzu *Hoffmann-Riem*, EuGRZ 2002, 473 ff) gebietet jedenfalls im Bereich dieser Schutzaufträge eine besondere Zurückhaltung des EGMR zur Wahrung nationaler Gestaltungsspielräume (*Müller*, ZSR 124 (2005) II, 18 f; *Schulz*, epd medien 2004/57, 5 ff; zum Beurteilungsspielraum nationaler Gerichte EGMR – Große Kammer –, Urt. v. 4. Dezember 2007, BN 44362/04, Dickson/Großbritannien, §§ 77 ff, vgl allerdings auch EGMR NJW 2010, 751 – Standard Verlags-GmbH/Österreich).

29 Ob eine Verpflichtung zur **Pluralismussicherung** – vergleichbar den Gewährleistungsgehalten, die das BVerfG aus Art. 5 Abs. 1 Satz 2 GG herausliest – auch der Interpretation des Art. 10 EMRK durch den EGMR entnommen werden kann, ist umstritten (*Meyer-Ladewig*, Art. 10 EMRK Rn 9 unter Berufung auf EGMR EuGRZ 1994, 549 – Informationsverein Lentia/Österreich; *Frowein/Peukert*, Art. 10 EMRK Rn 4; *Harris/O'Boyle/Warbrick*, ECHR, 467 f; aA wohl *Engel*, Privater Rundfunk (1993) 75 f, 244, 314 f). Jedenfalls lässt Art. 10 Abs. 2 EMRK Beeinträchtigungen der Betätigungsfreiheit von Medienunternehmen zur Pluralismussicherung zu (so auch *Petersen*, Rundfunkfreiheit (1994), der Fragen der Zulassung aber nicht an Abs. 2 misst; aA *Engel*, Privater Rundfunk (1993) 74 f, 80 f mwN; s.u. Rn 38).

II. Schranken (Abs. 2)

30 **1. Allgemeines.** Die Schrankenregelung nennt **drei Kriterien für eine Beschränkung** der Freiheiten nach Abs. 1, nämlich dass sie in einer demokratischen Gesellschaft notwendig ist, auf gesetzlicher Grundlage erfolgt und einem der in Abs. 2 genannten Ziele dient.

31 Nach dem Verständnis der Konvention von „Gesetz" **genügt es, wenn der Rechtsakt für die betroffene Person zugänglich ist**, die auch in der Lage sein muss, dessen Konsequenzen vorherzusehen (EGMR EuGRZ 1979, 386 – Sunday Times/Vereinigtes Königreich, Rn 49). Für Letzteres muss die Norm **hinreichend bestimmt** sein (EGMR Urt. v. 20. September 1994 – Otto-Preminger-Institut/Österreich, 13470/87). Dementsprechend ist ein formelles Parlamentsgesetz nicht notwendig; der EGMR urteilte sogar, dass Regeln des Völkerrechts oder Recht der Europäischen Gemeinschaft und sogar Gewohnheits- oder Richterrecht den Anforderungen entsprechen (EGMR EuGRZ 1990, 255 – Groppera Radio AG u.a./Schweiz, Rn 68; *Harris/O'Boyle/Warbrick*, ECHR, 494 f; *Lester*, Freedom of Expression, 485 ff; *Dommering*, Comment, Rn 12). Auch darf ein Staat seine Rechtssetzungskompetenz an andere Einheiten delegieren, welche dann in der Lage sind, „Gesetze" im Konventionssinn zu erlassen. Im Fall „Barthold/Deutschland" stellte der Beschwerdeführer in Frage, dass Berufsordnungsregeln, erlassen von einer nichtstaatlichen Stelle, eine ausreichende Grundlage für die Beschränkung seiner Rechte gem. Art. 10 EMRK darstellten. Der EGMR entschied jedoch, dass, obwohl diese Regeln nicht unmittelbar parlamentarischen Ursprungs sind, sie dennoch „Gesetze" im Sinne der Konvention darstellten, da sie auf unabhängiger Regelungskompetenz, die einer Institution parlamentarisch delegiert wurde, basierten und einer Genehmigung vom Staat bedurften (EGMR EuGRZ 1985, 170 – Barthold/Deutschland,

Rn 46; s. auch *Frowein/Peukert*, Art. 8–11 EMRK Rn 7). In Anbetracht der Funktion der Konvention beinhaltet das Prinzip des Gesetzesvorbehaltes vor allem, dass eine kodifizierte Regel existieren muss, nicht aber zwangsläufig eine Entscheidung des Parlaments oder einer anderen staatlichen Einrichtung.

Zur Prüfung der Notwendigkeit in einer demokratischen Gesellschaft gehört vor allem die Anwendung des **Grundsatzes der Verhältnismäßigkeit**. Der Gerichtshof hat hier in seiner Rechtsprechung Kriterien herausgebildet. Dazu gehört zunächst, dass die Anforderungen an Beschränkungen sehr hoch sind, wenn es um **politische Diskussionen oder (andere) Debatten über Fragen von öffentlichem Interesse** geht (etwa EGMR NJW 2001, 1995 – Baskaya u. Okcuoglu/Türkei; *Meyer-Ladewig*, Art. 10 EMRK Rn 27a f; *Frowein/Peukert*, Art. 10 EMRK Rn 26; *Harris/O'Boyle/Warbrick*, ECHR, 501 ff; *Janis/Kay/Bradley*, European Human Rights Law (2000) 170; *Dommering*, Comment, Rn 27 ff); hier akzeptiert das Gericht kaum Beschränkungen. Dies privilegiert im Ergebnis journalistische Äußerungen wegen ihrer „Wachhundfunktion" für die Demokratie (EGMR, Urt. v. 26. November 1991 – Sunday Times/Vereinigtes Königreich (Nr. 2), 13166/87, Rn 50; *Dijk/Hoof*, ECHR, 559 f mwN), aber auch solche von anderen „Watchdogs", etwa Umweltgruppen (EGMR NJW 2006, 1255 – Steel u. Morris/Vereinigtes Königreich). Diese besondere Würdigung entspricht durchaus der Rspr des BVerfG, allerdings verpflichtet der EGMR die Konventionsstaaten außerhalb dieses Bereiches tendenziell zu einem größeren Schutz der von Berichterstattung Betroffenen als das BVerfG (dazu Rn 27 f). 32

Insgesamt muss bei der Bestimmung des Haftungsmaßstabes für Verbreiter deren Rolle für die öffentliche Kommunikation gewürdigt werden, es dürfen insbesondere keine überzogenen Anforderungen, etwa an eine Distanzierung von Äußerungen, gestellt werden (EGMR Urt. v. 29. März 2001 – BN 38432/97 Rn 64 – Thoma/Luxemburg; vgl inzwischen auch Urt. v. 30. März 2004 – BN 53984/00 Rn 37 ff – Radio France/Frankreich; Urt. v. 14. Dezember 2006 – BN 76918/01 Rn 33 ff – Verlagsgruppe News-GmbH/Österreich). Im Hinblick auf die Recherche durch Journalisten verlangt Art. 10 EMRK, dass genaue und zuverlässige Informationen veröffentlicht werden, die im nationalen Recht an den journalistisch-professionellen Maßstäben gemessen werden (EGMR Urt. v. 6. April 2010 – BN 45130/06 – Ruokanen u.a./Finnland). Bei der Prüfung der Verhältnismäßigkeit eines Eingriffs geht die Wirkung des Mediums als Gesichtspunkt mit sein, die bei audiovisuellen Medien grundsätzlich als stärker angesehen wird (EGMR Urt. v. 11. Dezember 2008 – BN 21132/05 – TV Vest/Norway). Insgesamt würdigt der EGMR die potenziellen Auswirkungen auf die Rechte Betroffener sehr intensiv (vgl für Gerichtsberichterstattung EGMR Urt. v. 9. April 2009 – BN 28070/06 – A./Norway). 33

Im Einzelfall steuert der EGMR die Frage der Verhältnismäßigkeit über die **Spielräume, die er den Konventionsstaaten bei der Beurteilung einräumt**. Dabei wird deutlich, dass er im Hinblick auf die Abwägung mit Persönlichkeitsrechten (Art. 8 EMRK) zwischen Gruppen unterscheidet; dabei wird wieder eine gewisse – kritikwürdige – Politikzentriertheit deutlich. **Mitarbeiter des öffentlichen Dienstes** müssen sich im Hinblick auf ihre Amtsführung intensivere Kritik gefallen lassen als Privatpersonen (*Meyer-Ladewig*, Art. 10 EMRK Rn 32 mwN; Unterscheidung zwischen „politicians" und „private individuals" findet sich aktuell im Urt. v. 18. März 2008 – Kulis gegen Polen, 15601/02, Rn 37, anders im Ergebnis, wenn die Berichterstattung sich in der Befriedigung von Neugier erschöpft, so EGMR NJW 2010, 751 – Standard Verlags-GmbH/Österreich). Noch weiter sind die Grenzen für Berichterstattung bei **aktiven Politikern** zu ziehen (EGMR EuGRZ 1991, 216 – Oberschlick/Österreich). Noch weitergehend müssen dem EGMR zufolge die Möglichkeiten der Berichterstattung bei **Regierungsmitgliedern** sein (EGMR Urt. v. 23. April 1992 – Castells/Spanien, 11798/85). Trotz aller Staatszentriertheit des Öffentlichkeitskonzeptes hat das Gericht aber auch bei Entscheidern von **großen Wirtschaftsunternehmen** ein besonderes öffentliches Interesse bejaht (EGMR NJW 2006, 1255 – Steel u. Morris/Vereinigtes Königreich). 34

Insgesamt berücksichtigt der EGMR den **Gesamtkontext der Äußerung inkl. des Vorverhaltens des von der Berichterstattung Betroffenen** (EGMR Urt. v. 25. November 1999 – Nilsen u. Johnsen/Norwegen, 23118/93). 35

Als Gründe zur Beschränkung der Meinungsäußerungsfreiheit sind neben dem genannten Art. 8 EMRK (Persönlichkeitsrecht) die **Unschuldsvermutung (Art. 6 Abs. 2 EMRK)** und der **Schutz religiöser Gefühle** (EGMR NJW 2006, 3253 – I.A./Türkei) anerkannt. Auch der **Jugendschutz** wurde als ein Ziel identifiziert, zugunsten dessen eine Beeinträchtigung der Äußerungsfreiheit gerechtfertigt werden kann (siehe EGMR EuGRZ 1977, 38 – Handyside/Vereinigtes Königreich; EGMR EuGRZ 1988, 543 – Müller u.a./Schweiz; *Grabenwarter*, EMRK (2009) § 23 Rn 22; *Harris/O'Boyle/Warbrick*, ECHR, 392 ff). Darüber hinaus wurde der **Verbraucherschutz** als solche Zielsetzung akzeptiert (EGMR Urt. 36

v. 11. Dezember 2003 – Krone Verlag GmbH & Co. KG/Österreich, 39069/97). Die Zuordnung zu den in Abs. 2 genannten Regelungszielen hat wegen deren Weite nur wenig praktische Bedeutung.

37 In die Verhältnismäßigkeitsprüfung einzubeziehen ist auch die **Schwere des Eingriffs**. So hat der EGMR es zwar als legitimes Ziel angesehen, Angriffe auf religiöse Gegenstände zu sanktionieren; die Mittel dürfen jedoch nicht unangemessen sein (EGMR Urt. v. 13. September 2005 – I.A./Türkei, 42571/98, dort wurde allerdings iE keine Verletzung von Art. 10 EMRK angenommen).

38 **2. Einschränkung der Medienfreiheiten (Abs. 1 Satz 3).** Art. 10 Abs. 1 Satz 3 EMRK gibt den Konventionsstaaten die Möglichkeit, **für den Rundfunk Genehmigungsvorbehalte** vorzusehen. Es ist streitig, ob derartige Maßnahmen ebenfalls an Abs. 2 zu messen sind, also insbesondere verhältnismäßig sein müssen (dafür *Meyer-Ladewig*, Art. 10 EMRK Rn 37 und *Villiger*, Handbuch EMRK (1999) Rn 629; dagegen *Petersen*, Rundfunkfreiheit (1994) 282 ff). Der EGMR hat in der „Groppera"-Entscheidung auf Abs. 2 Bezug genommen (EGMR EuGRZ 1990, 255 – Groppera Radio AG u.a./Schweiz), wenn auch in modifizierter Form (vgl *Frowein/Peukert*, Art. 10 EMRK Rn 19: Art. 10 Abs. 1 Satz 3 EMRK füge Art. 10 Abs. 2 EMRK weitere Einschränkungsziele hinzu, die Notwendigkeit der Einschränkung müsse aber an Art. 10 Abs. 2 EMRK überprüft werden; ähnlich *Villiger*, Handbuch EMRK (1999) Rn 629). Die Frage ist relevant, da in Deutschland die Zulassung überwiegend der Vielfaltsicherung dient, daher dogmatisch eine Ausgestaltung der Rundfunkordnung keine Schrankensetzung ist und somit verfassungsrechtlich keine volle Verhältnismäßigkeitsprüfung stattfindet (s. Kommentierung von *Ladeur* zu Art. 5 GG in Abschnitt 4, Rn 67). Jedenfalls sind den Konventionsstaaten hinreichende medienpolitische Gestaltungsspielräume zu belassen.

39 Staatliche Rundfunkmonopole sind nur zulässig, wenn sie zur Pluralismussicherung erforderlich sind (EGMR EuGRZ 1994, 549 – Informationsverein Lentia/Österreich; EGMR Urt. v. 20. Oktober 1997 – Radio ABC/Österreich, 19736/92). Auch die **Versagung einer Lizenz muss vor Abs. 2 Bestand haben** (EGMR Urt. v. 21. September 2000 – Tele1 Privatfernsehgesellschaft mbH/Österreich, 32240/96).

C. Rechtsschutz

40 Beantragt werden kann die Feststellung des EGMR, dass Art. 10 EMRK durch eine Maßnahme eines Konventionsstaats verletzt wurde. Nach Art. 41 EMRK kann Ersatz des materiellen Schadens verlangt werden. Insbesondere kann der Gerichtshof aber nicht Verwaltungsakte oder Urteile staatlicher Instanzen aufheben oder feststellen, dass sie nichtig sind, die Nichtigkeit von staatlichen Gesetzen anordnen oder feststellen oder eine Wiederaufnahme des Verfahrens anordnen (*Meyer-Ladewig*, Art. 42 EMRK Rn 5).

41 Sowohl Staaten (Art. 33 EMRK) als auch Individuen, dh natürliche Personen, nichtstaatliche Organisationen und Personengruppen (Art. 34 EMRK), können nach Erschöpfung aller innerstaatlichen Rechtsbehelfe (Art. 35 Abs. 1 EMRK) **Beschwerde vor dem EGMR** erheben. In der Regel (vgl *Villiger*, Handbuch EMRK (1999) Rn 193) werden Individualbeschwerden zunächst einem Ausschuss – bestehend aus drei Richtern (Art. 27 Abs. 1 EMRK) – vorgelegt. Dieser kann die Beschwerde gem. Art. 28 Satz 1 EMRK einstimmig für (endgültig, S. 2) unzulässig erklären, wenn eine solche Entscheidung ohne weitere Prüfung getroffen werden kann. Fasst der Ausschuss keinen solchen Beschluss bzw liegt eine Staatenbeschwerde vor, entscheidet eine Kammer – bestehend aus sieben Richtern (Art. 27 Abs. 1 EMRK) – über Zulässigkeit und Begründetheit (Art. 29 Abs. 1, 2 EMRK), wobei die Entscheidung über die Zulässigkeit in der Regel gesondert ergeht (Art. 29 Abs. 3 EMRK). Wenn die Rechtssache eine schwerwiegende Frage der Auslegung der EMRK aufwirft oder ein von der bisherigen Rechtsprechung des EMGR abweichendes Urteil möglich erscheint, kann die Kammer nach Art. 30 EMRK die Sache an die Große Kammer – bestehend aus 17 Richtern (Art. 27 Abs. 1 EMRK) – abgeben, sofern nicht eine der Parteien widerspricht. Gelangt die Kammer selbst zu einem Urteil, kann jede Partei „in Ausnahmefällen" innerhalb von drei Monaten die Verweisung an die Große Kammer beantragen (Art. 43 Abs. 1 EMRK; vgl *Meyer-Ladewig*, Art. 43 EMRK Rn 15 mwN aus der Rechtsprechung).

42 Nach Art. 42 und Art. 44 EMRK werden die Urteile des Gerichtshofs endgültig und erwachsen damit in formelle Rechtskraft. Die Vertragsparteien haben sich durch Art. 46 EMRK verpflichtet, in allen Rechtssachen, in denen sie Partei sind, das endgültige Urteil des Gerichtshofs zu befolgen. Aus dieser Vorschrift folgt, dass die Urteile des Gerichtshofs **für die an dem Verfahren beteiligten Parteien verbindlich** sind und damit auch begrenzte materielle Rechtskraft haben (vgl *Cremer*, Entscheidung und Entscheidungswirkung, Rn 56 f mwN).

Aus der Feststellung einer Konventionsverletzung folgt zunächst, dass die Vertragspartei nicht mehr die Ansicht vertreten kann, ihr Handeln sei konventionsgemäß gewesen (vgl *Frowein*, Übernationale Menschenrechtsgewährleistungen, § 180 Rn 14). Die Entscheidung verpflichtet die betroffene Vertragspartei in Bezug auf den Streitgegenstand ferner dazu, **den ohne die festgestellte Konventionsverletzung bestehenden Zustand nach Möglichkeit wiederherzustellen** (vgl *Polakiewicz*, Verpflichtungen (1993) 97 ff; zu den Möglichkeiten, das Ziel einer restitutio in integrum zu erreichen, s. die Empfehlung des Ministerkomitees des Europarates Nr. R (2000) 2 vom 19. Januar 2000). Dauert die festgestellte Verletzung noch an – etwa im Fall eines Eingriffs in das Privat- und Familienleben unter Verstoß gegen Art. 8 EMRK –, so ist die Vertragspartei verpflichtet, diesen Zustand zu beenden (EGMR EuGRZ 2004, 268 (275) – Assanidze/Georgien; siehe auch *Breuer*, EuGRZ 2004, 257 (259); *Grabenwarter*, EMRK (2009) § 16 Rn 3 ff; *Polakiewicz*, Verpflichtungen (1993) 63 ff; *Villiger*, Handbuch EMRK (1999) Rn 233). Der Gerichtshof weist in seiner neueren Rechtsprechung im Zusammenhang mit Art. 41 EMRK allerdings darauf hin, dass sich die Vertragsparteien mit der Ratifikation verpflichtet haben, sicherzustellen, dass ihre innerstaatliche Rechtsordnung mit der Konvention übereinstimmt (Art. 1 EMRK). Folglich sei es Sache des beklagten Staates, jedes Hindernis im innerstaatlichen Recht zu beseitigen, das einer Wiedergutmachung der Situation des Beschwerdeführers entgegensteht (vgl EGMR EuGRZ 2004, 268 (275) – Assanidze/Georgien, unter Hinweis auf EGMR Urt. v. 17. Februar 2004 – Maestri, 39748/98, Rn 47). 43

Die **Rechtswirkung** einer Entscheidung des Gerichtshofs richtet sich nach den völkerrechtlichen Grundsätzen zunächst auf die Vertragspartei als solche. Die Konvention verhält sich grundsätzlich indifferent zur innerstaatlichen Rechtsordnung und soll anders als das Recht einer supranationalen Organisation nicht in die staatliche Rechtsordnung unmittelbar eingreifen. Hat der Gerichtshof eine innerstaatliche Vorschrift für konventionswidrig erklärt, so kann diese Vorschrift entweder in der Rechtsanwendungspraxis **völkerrechtskonform ausgelegt** werden **oder** der Gesetzgeber hat die Möglichkeit, diese **mit der Konvention unvereinbare innerstaatliche Vorschrift zu ändern**. Liegt der Konventionsverstoß in dem Erlass eines bestimmten Verwaltungsaktes, so hat die zuständige Behörde die Möglichkeit, diesen nach den Regelungen des Verwaltungsverfahrensrechts aufzuheben (vgl § 48 VwVfG). Eine konventionswidrige Verwaltungspraxis kann geändert werden, die Pflicht dazu können Gerichte feststellen. 44

Bei einem **Konventionsverstoß durch Gerichtsentscheidungen** verpflichten weder die Europäische Menschenrechtskonvention noch das Grundgesetz dazu, einem Urteil des Gerichtshofs, in dem festgestellt wird, dass die Entscheidung eines deutschen Gerichts unter Verletzung der Europäischen Menschenrechtskonvention zustande gekommen sei, eine die Rechtskraft dieser Entscheidung beseitigende Wirkung beizumessen (vgl BVerfG EuGRZ 1985, 654). Daraus ist freilich nicht der Schluss zu ziehen, dass Entscheidungen des Gerichtshofs von deutschen Gerichten nicht berücksichtigt werden müssten (BVerfGE 111, 307 (315 ff) – Görgülü; vgl oben Rn 5). 45

D. Würdigung

Art. 10 EMRK hat einen **Grundstandard in den Konventionsstaaten** etabliert, wenn es um staatliche Eingriffe vor allem in die Freiheit medialer Kommunikation geht. Die Rechtsprechung formt sich an vielen, wegen der geringen Fallzahl nicht an allen Stellen zu einer gut nachvollziehbaren Dogmatik. 46

Probleme ergeben sich, wenn der EGMR in die fein austarierten Abwägungen zwischen verfassungsrechtlichem Schutz von Persönlichkeit auf der einen und Medien auf der anderen Seite interveniert. Wo Grundrechte drittschützend interpretiert werden und praktische Konkordanz zwischen Grundrechten sich gegenüberstehender Privater herzustellen ist, kann es nicht zwei sich überlagernde Grundrechtsordnungen geben, die diese Konkordanz nach unterschiedlichen Maßstäben herstellen. Da die zutreffende Rechtsprechung des BVerfG den Vorrang der deutschen Verfassung betont (s.o. Rn 6 ff), ist der Konflikt nur auflösbar, indem **der EGMR in diesen Fällen den nationalen Rechtsordnungen weitgehenden Spielraum belässt**. Vor diesem Hintergrund ist es bedauerlich, dass sich die Bundesregierung nicht entschlossen hat, den Fall „Caroline" vor die Große Kammer zu bringen, auch wenn manches dafür spricht, dass sich bessere Fälle dafür finden lassen, um dem EGMR die Möglichkeit zu geben, **Grundsätze der Selbstbeschränkung** für diese Fallgruppe zu entwickeln. 47

3a. Abschnitt: Charta der Grundrechte der Europäischen Union

Artikel 11 GRC Freiheit der Meinungsäußerung und Informationsfreiheit

Artikel 11 GRC Freiheit der Meinungsäußerung und Informationsfreiheit

(1) Jede Person hat das Recht auf freie Meinungsäußerung. Dieses Recht schließt die Meinungsfreiheit und die Freiheit ein, Informationen und Ideen ohne behördliche Eingriffe und ohne Rücksicht auf Staatsgrenzen zu empfangen und weiterzugeben.

(2) Die Freiheit der Medien und ihre Pluralität werden geachtet.

Schrifttum: *Bogdandy/Bast*, Europäisches Verfassungsrecht, 2009 (zitiert: *Bearbeiter*, in: Bogdandy/Bast); EMR (Hrsg.), Nizza, die Grundrechte-Charta und ihre Bedeutung für die Medien in Europa, 2001; *Engel*, Privater Rundfunk vor der Europäischen Menschenrechtskonvention, 1993; *Feise*, Medienfreiheit und Medienvielfalt, 2005; *Holoubek*, Medienfreiheit in der Europäischen Menschenrechtkonvention, AfP 2003, 193; *ICRI u.a.* (Hrsg.), Independent Study on Indicators for Media Pluralism in the Member States", 2009 abrufbar unter: http://ec.europa.eu/information_society/media_taskforce/doc/pluralism/study/final_report_09.pdf); *Mayer*, Der Vertrag von Lissabon und die Grundrechte, EuR 2009, Beiheft 1 S. 87 ff; *Meyer* (Hrsg.), Charta der Grundrechte der Europäischen Union, 3. Aufl., 2011 (zitiert: *Bearbeiter*, in: Meyer); *Meyer-Ladewig*, EMRK – Europäische Menschenrechtkonvention, 2011; *Rengeling*, Grundrechtsschutz in der Europäischen Gemeinschaft, 1993; *Schwarze*, Ein pragmatischer Verfassungsentwurf – Analyse und Bewertung des vom Europäischen Verfassungskonvent vorgelegten Entwurfs eines Vertrages über eine Verfassung für Europa, EuR 2003, 535 ff; *Stock*, Medienfreiheit in der EU nur „geachtet" (Art. 11 Grundrechtscharta) – Ein Plädoyer für Nachbesserungen im Verfassungskonvent, EuR 2002, 566 ff.

Rechtsprechung:

EGMR, Urteil v. 19.12.1994, Serie A Nr. 302 (VDSÖ); EGMR EuGRZ 1994, 549 (Informationsverein Lentia/Österreich); EuGH, Rs. C-288/89, Slg 1991, S. I-4007 (Gouda); BVerfGE 89, 155 (Maastricht).

A. Allgemeines

1 Seit die europäische Grundrechtecharta durch den Vertrag von Lissabon Rechtskraft erlangt hat, ruht die europäische Grundrechtsordnung auf drei Pfeilern. Dies ist zunächst die EMRK, der die Union nun gem. Art. 6 Abs. 2 EUV beigetreten ist, die Grundrechtecharta selbst und die Grundrechtstraditionen der Mitgliedstaaten. In der Rechtsprechung wird noch nicht deutlich, in wieweit diese Dreigliedrigkeit bei unterschiedlichen Gewährleistungsgehalten zu eindeutigen Lösungen führt. Da es keine Hierarchie zwischen den unterschiedlichen Normenkomplexen gibt, ist allen Genüge zu tun, so dass sich die jeweils Restriktive durchsetzt. Während die Formulierung des Absatzes 1 der des Art. 10 Abs. 1 EMRK entspricht, erwähnt Absatz 2 die Pluralität der Medien und geht insofern über die EMRK hinaus.

I. Entstehungsgeschichte

2 Die Charta wurde bereits im Jahr 2000 proklamiert, erwuchs aber erst mit dem Vertrag von Lissabon im Dezember 2009 in Rechtskraft (allgemein hierzu vgl *Mayer*, Der Vertrag von Lissabon und die Grundrechte, EuR 2009, Beih. 1 S. 87 ff). Erarbeitet wurde sie im „Grundrechtekonvent". Im Konvent herrschte früh Einigkeit, dass im Hinblick auf die Meinungsäußerungsfreiheit Art. 10 Abs. 1 EMRK wörtlich und inhaltlich übernommen werden sollte.

Allerdings wurde darüber gestritten, ob dies bereits die Medienfreiheit enthalte oder dafür ein eigenständiges Grundrecht geschaffen werden solle (*Feise*, S. 33 ff). Letztere Auffassung setzte sich durch. Nachdem zunächst die Freiheit der Presse unter Achtung von Transparenz und Pluralität als Vorschlag vorlag, wurde dies in zweierlei Hinsicht geändert. Zunächst wurde die Pressezentrierung aufgegeben und die Freiheit der „Medien" als Formulierung gewählt. Zudem wurde statt der einschränkenden Formulierung „unter Achtung" die Pluralität mit einem „und" als eigenständiger Gehalt neben der Freiheit der Medien aufgenommen und die „Transparenz" entfiel. In der Schlussberatung wurde auf Drängen vor allen Dingen der deutschen Bundesländer und der Medienwirtschaft aus „gewährleistet" ein „geachtet" (vgl Vermerk des Präsidiums, Dok. CHARTE 4470/1/00 Rev 1 Add 1 Convent 47 v. 21.9.2000). Hintergrund war vor allem die Sorge, die Union könne aus der Gewährleistung einen Regulierungsauftrag herleiten (*Stock*, EuR 2002, 566 (573 ff)). 3

II. Bindungswirkung

Anders als die EMRK bindet die Charta gemäß Art. 51 die Organe und Einrichtungen der Union unter Einhaltung des Subsidiaritätsprinzips und die Mitgliedstaaten ausschließlich bei der Durchführung des Rechts der Union. Durchführen ist der Oberbegriff von Umsetzen und Vollziehen (*Borowsky*, in: Meyer (Hrsg.), Art. 51 Rn 26). Der Anwendungsbereich ist daher im Vergleich zur EMRK jedenfalls für die Mitgliedstaaten der EU, die Konventionsstaaten, begrenzt (für eine weitergehende Bindung der Mitgliedstaaten etwa *Kühling*, in: Bogdandy/Bast, Europäisches Verfassungsrecht, S. 680 ff, wie hier etwa *Schwarze*, EuR 2003, 535 (562)). 4

Soweit sich aus dem Satz überschießende Gewährleistungsgehalte ergeben (s.u. Rn 11), kann sich für die Mitgliedstaaten bei der Umsetzung etwa der AVMS der Spielraum verkleinern, indem nur Pluralitätswahrende Optionen in Betracht kommen. Für die Organe der EU sind die Auswirkungen gewichtiger. 5

III. Verhältnis zu anderen Vorschriften

Nationales Recht wird gemäß Art. 51 der Charta nur berührt, soweit es EU-Recht vollzieht oder umsetzt. 6

Die Charta steht als Grundrechtsquelle der EU neben der EMRK und den Verfassungstraditionen der Mitgliedstaaten. Abs. 1 ist mit Art. 10 Abs. 1 EMRK teilidentisch und sollte nach dem Willen des historischen Gesetzgebers auch insoweit nicht über die dort normierten Gewährleistungsgehalte hinausgehen. Art. 53 der Charta stellt klar, dass der durch die anderen Normenkomplexe gewährte Schutzstandard durch die Charta nicht unterschritten werden soll. 7

Bezüge gibt es zur „Kulturverträglichkeitsklausel" des Art. 167 AEUV, der vom BVerfG zu Recht als Kompetenzgrenze der Union auch in Fragen vielfaltsbezogener Medienregulierung gesehen wird (BVerfGE 89, 155 Rn 121 (Maastricht)), sowie zum Protokoll über den öffentlich-rechtlichen Rundfunk in den Mitgliedstaaten (Rundfunk-Protokoll), das die Fragen der Finanzierung des öffentlich-rechtlichen Rundfunks den Mitgliedstaaten zuordnet. Die damit bezeichneten Kompetenzgrenzen der Union werden durch Art. 11 Abs. 2 nicht erweitert (*Feise*, S. 136 ff). In diese Richtung weist auch Art. 22 der Charta selbst. 8

Die Freiheiten gemäß der Charta sind – strukturell vergleichbar den Freiheiten der EMRK – nur unter den Voraussetzungen des Art. 52 beschränkbar (insbesondere Gesetzesvorbehalt, Bewahrung des Wesensgehaltes, Verhältnismäßigkeitsgrundsatz). 9

B. Besonderes

I. Sachlicher und personeller Anwendungsbereich

1. Meinungs- und Informationsfreiheit (Abs. 1). Wortlaut und Historie machen deutlich, dass die Gewährleistungsgehalte der in Abs. 1 gewährten Meinungs- und Informationsfreiheit denen von Art. 10 Abs. 1 EMRK entsprechen sollen. Nachdem die EU durch Art. 6 Abs. 2 EUV der EMRK förmlich beigetreten ist, ergibt sich insoweit ein Gleichlauf des Schutzes, auch werden vor dem EuGH in ersten Entscheidungen Art. 11 Abs. 1 der Charta und Art. 10 EMRK parallel zitiert (vgl etwa Schlussantrag 10 des Generalanwalts v. 24.11.2010 – Rs. C-316/09). Es kann daher auf die EMRK-Kommentierung verwiesen werden (s. Kommentierung Art. 10 EMRK Rn 16 f).

11 **2. Medienfreiheit und Pluralität (Abs. 1).** Mit dem Absatz 2 geht die Charta explizit über die Gehalte der EMRK hinaus, insbesondere durch den Verweis auf Pluralität wird eine an individuellen Interessen orientierte Grundrechtsgewährung transzendiert. Basis ist allerdings auch hier die durch die EMRK in Auslegung durch dem EGMR geschaffene Medien- und Kommunikationsverfassung (*Holoubek,* AfP 2003, 193).

12 **3. Freiheit der Medien.** Die besondere Erwähnung der Medien in Absatz 2 – anders als in der EMRK – legt nahe, dass Medienfreiheit als Meinungsäußerungsfreiheit mittels Medien verstanden werden kann (zum Ringen um diesen Punkt im Konvent und zu den verschiedenen Auffassungen (vgl *Feise*, S. 32 ff mwN). Letztere ist nach Satz 1 geschützt. „Geachtet" soll nach Absatz 2 die massenmediale Vermittlung sein.

13 Da nur von Medien gesprochen wird, ist der Schutzbereich nicht auf die klassischen Medien Presse, Rundfunk und Film beschränkt, sondern erfasst alle Medien, die an die Allgemeinheit adressiert sind (*Feise*, S. 99). Es handelt sich um ein einheitliches Grundrecht, das auf Schutzbereichsebene nicht zwischen Medientypen differenziert; dies schließt aber nicht aus, dass es bei objektiv-rechtlichen Schutzdimensionen (s.u. Rn 17) und bei den Schranken (s.u. Rn 23) Unterschiede gibt.

14 Geschützt sind personell alle natürlichen Personen, die sachlich in den Schutzbereich fallen, nicht nur Unionsbürger. Zudem sind juristische Personen des Privatrechts, aber auch öffentlich-rechtliche Rundfunkanstalten einbezogen (*Feise*, S. 105 f).

15 Alle Tätigkeiten, die funktional zum Prozess massenmedialer Vermittlung gehören, sind geschützt, in klassischen Medien etwa von der Recherche bis zum Vertrieb. Insoweit ist wiederum eine Orientierung an der EMRK möglich und hilfreich (s. Art. 10 EMRK Rn 19).

16 Dass – geändert in der letzten Lesung – nicht mehr von Gewährleistung, sondern nur von Achtung die Rede ist, bedeutet nicht, dass kein voller subjektiver Grundrechtsschutz besteht (so aber wohl *Castendyk,* in: EMR (Hrsg.), Nizza, die Grundrechte-Charta und ihre Bedeutung für die Medien in Europa, S. 104 u. 111). Die Formulierung soll vor allen Dingen deutlich machen, dass es nicht die Aufgabe der Organe der Union ist, eine Medienordnung zu entwerfen (wie hier auch *Bernsdorff,* in: Meyer, Art. 11, Rn 19).

17 Die objektiv-rechtliche Schutzdimension der Pluralitätssicherung hat einen eigenen textlichen Ausdruck gefunden (s.u. Rn 18). Ebenso wie bei der EMRK (EGMR Urt. v. 19.12.1994, Serie A 302 Rn 37 ff u. 49 [VDSÖ]) kann auch Art. 11 Abs. 2 Teilhaberechte auslösen. Dies ist überall dort relevant, wo sich auf der Grundlage von Gemeinschaftsrecht eine Förderpraxis etabliert hat, etwa im Rahmen der Media Programme, oder wenn Medien bei Infrastrukturen „privilegiert" werden. Hier ist das Normprogramm des Art. 11 Abs. 2 und insbesondere das Ziel der Pluralitätssicherung zu beachten (vgl *Feise*, S. 141 f).

18 **4. Pluralität.** Mit der Pluralität ist explizit ein objektiv-rechtlicher Schutzgehalt angesprochen. Dieser ist weder der EMRK (vgl *Meyer-Ladewig*, Art. 10 EMRK Rn 9 unter Berufung auf EGMR EuGRZ 1994, 549 – Informationsverein Lentia/Österreich; aA wohl *Engel*, Privater Rundfunk (1993) 75 f, 244, 314 f) noch dem EuGH (EuGH Rs. C-288/89, Slg 1991, S. I-4007 [Gouda]) fremd. Pluralismus ist auch in den Verfassungstraditionen der Mitgliedstaaten ein bedeutendes Ziel; es wird erkannt, dass freie Kommunikation nicht nur durch den Staat (oder supranationale Gebilde wie die EU) gefährdet werden kann, sondern auch durch mächtige Private. Die Achtung von Pluralität zielt daher darauf ab zu verhindern, dass einzelne –etwa durch Kontrolle von Medien oder Informationszugängen – Meinungsmacht erlangen, die eine freie öffentliche Kommunikation gefährdet.

19 Der Schutzgehalt begründet keine neuen Zuständigkeiten der EU, etwa im Bereich der Meinungsvielfaltssicherung. Dies fällt allein in die Kompetenz der Mitgliedstaaten. Es gibt keinen Kompetenztitel zum Harmonisieren oder Koordinieren. Allerdings kann die Beobachtung der Vorgänge zulässig oder sogar geboten sein (so geschehen etwa im Auftrag der EU-Kommission: *ICRI u.a.* (Hrsg.), Independent Study on Indicators for Media Pluralism in the Member States).

20 Für die EU-Recht umsetzenden Mitgliedstaaten bedeutet dies, dass sie im Rahmen ihres Umsetzungsspielraums „pluralismusfreundliche" Instrumente einsetzen müssen. Für die Gemeinschaftsorgane wird der Schutzgehalt relevant, wenn Materien mit Auswirkung auf die Meinungsvielfalt betroffen

sind. Dies ist etwa für den Bereich der Telekommunikation oder das Urheberrecht (Stichwort: Informationsmonopole) evident (sich für konkrete Schutzpflichten aussprechend, ohne diese im Einzelnen herauszuarbeiten vgl *Feise*, S. 134).

II. Eingriffe und ihre Rechtfertigung

Der EuGH hat bislang keinen konsistenten Eingriffsbegriff entwickelt, tendenziell ist von einem weiten Verständnis auszugehen, so dass auch indirekte und wenig spürbare Beeinträchtigungen der Kommunikationsfreiheiten die Grundrechtsprüfung auslösen (*Rengeling*, S. 220). 21

Auch vielfaltssichernde Maßnahmen, die den Schutz der Pluralität nach Abs. 2 bezwecken, können zugleich in subjektive Rechte etwa der betroffenen Unternehmen eingreifen. Eine Ausgestaltungsdogmatik, wie sie das deutsche BVerfG entwickelt hat, kann der Grundrechtecharta nicht unterlegt werden. Allerdings ist bei der Rechtmäßigkeitsprüfung der Schutzgehalt des Abs. 2 einzubeziehen (*Feise*, S. 147 ff). 22

Im Übrigen gilt der allgemeine Schrankenvorbehalt des Art. 52 Abs. 1-3 der Charta, der sich wiederum an der EMRK orientiert (zu dieser vgl Art. 10 EMRK Rn 30). 23

III. Rechtsschutz

Die Grundrechtecharta kennt kein der deutschen Verfassungsbeschwerde vergleichbares Rechtsschutzinstrument. Die Grundrechte sind daher nur nach den Sachurteilsvoraussetzungen der allgemeinen Klagearten vor dem EuG oder dem EuGH einklagbar. Nationale Gerichte haben sie bei der Prüfung der Rechtmäßigkeit von Durchsetzungsakten der EU zu beachten. 24

IV. Würdigung

Gerade mit der Erwähnung der Pluralität in Absatz 2 wird ein Grundwert der europäischen Medienordnungen hervorgehoben, ohne dass damit die Kompetenzen der Organe der EU erweitert werden. Der symbolische Wert der Vorschrift erscheint daher hoch, der Anwendungsbereich in der Praxis aber wird überschaubar beleiben. Allerdings wird bei Normsetzungen in anderen Bereichen – wie der Netzneutralität oder dem Urheberrecht – künftig auch von Rechtswegen das Interesse an der Verhinderung von Meinungs- und Informationsmonopolen zu achten sein. 25

3. Kapitel: Deutsches Verfassungsrecht

4. Abschnitt: Medienfreiheitsgrundrechte

Schrifttum: *Badura*, Die öffentlich-rechtlichen Rundfunkanstalten bieten Telemedien an, AöR 2009, 240; *Bermes*, Der Streit um die Presseselbstkontrolle: Der Deutsche Presserat, 1991; *Besselmann/Kötzle*, Public Governance im öffentlichen Rundfunk – Schwachstellen bei Zuständigkeit und Zusammensetzung der Aufsichtsgremien öffentlich-rechtlicher Rundfunkanstalten, in: Medienwirtschaft 1/2006, 34; *Bullinger*, Die Aufgaben des öffentlichen Rundfunks, 1999; *Castendyk*, Das Angebot der Rundfunkanstalten im Internet. Was müssen sie dürfen?, AfP 2008, 467; *Cole*, Die traditionellen Medien in der Krise – Bedeutungsverlust und rechtlicher Handlungsbedarf?, AfP 2009, 541; *von Danwitz*, Der Gratisvertrieb anzeigenfinanzierter Tageszeitungen im Wettbewerb der Presseorgane, 2002; *von Danwitz*, Zur Regulierung von „product placement" bei der Novellierung der EU-Fernsehrichtlinie, AfP 2005, 417; *Degenhart*, Der Funktionsauftrag des öffentlich-rechtlichen Rundfunks in der „digitalen Welt", 2001; *Degenhart*, Kommentierung von Art. 5, Bonner Kommentar, Stand 2006; *Degenhart*, Medienbeteiligungen von Finanzinvestoren, AfP 2008, 251; *Degenhart*, Die Entwicklung des Rundfunkrechts im Jahr 2008, K&R 2009, 289; *Degenhart*, Staatspresse in der Informationsgesellschaft, AfP 2009, 207; Dept. for Culture, Media and Sport, Review of the BBC's Royal

Charter: A Strong BBC Independent of Government, März 2005; *Diesbach*, Rechtsfragen der terrestrischen und kabelgestützten Verbreitung des Jugendradios, ZUM 1999, 228; *Dörr*, Die Kabellegungsregelung in den Landesmediengesetzen und der Anspruch auf unentgeltliche Durchleitung des Fernsehprogramms PREMIERE zu den angeschlossenen Haushalten, ZUM 1997, 337, 353; *Dörr/Schiedermaier*, Die Deutsche Welle, 2003; *Eberle*, Öffentlich-rechtlicher Rundfunk und Telemedienauftrag, AfP 2008, 329; *Eifert*, Konkretisierung des Programmauftrags des öffentlich-rechtlichen Rundfunks, 2002; *Engel*, Kabelfernsehen, 1996; *Engel*, Inhaltskontrolle im Internet, AfP 1996,220; *Feldmann*, Umfang der Prüfungspflichten im Rahmen der Störerhaftung für Suchmaschinenbetreiber, juris-ITR 19/2008, Anm. 4; *Geerlings*, Pressefusionskontrolle contra Pressefreiheit, AfP 2004, 329; *Gersdorf*, Kabeleinspeisung von Programmbouquets, 2000; *Gersdorf*, Grundzüge des Rundfunkrechts, 2003; *Gersdorf*, Verbot presseähnlicher Angebote des öffentlich-rechtlichen Rundfunks, AfP 2010, 421; *Goerlich/Meier*, Selbstverpflichtungen und Autonomie am Beispiel des öffentlich-rechtlichen Rundfunks, ZUM 2007, 889; *Gostomzyk*, Informationelle Selbstbestimmung der öffentlichen Hand? – BVerfG NJW 2001, 1633, JuS 2002, 228; *Gostomzyk*, Zur Ausgestaltung des rechtlichen Gehörs im Verfahren vor dem Beschwerdeausschuss des Deutschen Presserates, UFITA 2005, 775; *Grzeszick*, Neue Medienfreiheit zwischen staatlicher und gesellschaftlicher Ordnung. Das Beispiel des Internets, AöR 1998, 173; *C Hahn*, Die Aufsicht des öffentlich-rechtlichen Rundfunks, 2010; *Hain/Seehaus*, Verfassungsrechtliche Grenzen des Presse-Rundfunk-Ownership überschritten?, K&R 2009, 613; *Heidrich*, (Mehr) Freiheit für Links, MMR 2010, 725; *Hesse*, Rundfunkrecht, 3. Aufl., 2003; *Höfling*, Filmsubventionierung und Kunstfreiheitsgarantie, ZUM 1985, 354; *Hoffmann-Riem*, Kommentierung von Art. 5 Abs. 1, AK-GG, 3. Aufl., 2001; *Hoffmann-Riem*, Duale Rundfunkordnung, 2002; *Holznagel*, Probleme der Rundfunkregulierung im Multimedia-Zeitalter, ZUM 1996, 16; *Holznagel*, Der spezifische Funktionsauftrag des ZDF, 1999; *Holznagel*, Gratiszeitungen – ein Verstoß gegen die Pressefreiheit?, MP 2006, 529; *Holznagel/Vesting*, Sparten- und Zielgruppenprogramme, 1999; *Holznagel/Vollmeier*, in: Donges/Puppis (Hrsg.), Die Zukunft des öffentlich-rechtlichen Rundfunks, 2003, 277; *Jarass/Pieroth*, Grundgesetz. Kommentar, 11. Aufl., 2011; *Jungheim*, Das Urteil des BVerfG v. 11.9.2007 zu den Rundfunkgebühren, ZUM 2008, 493; *Kühling/Gauß*, Suchmaschinen – eine Gefahr für den Informationszugang und die Informationsvielfalt?, ZUM 2007, 881; *Ladeur*, Grundrechtskonflikte in der „dualen Rundfunkordung“, AfP 1998, 141; *Ladeur*, Neue Werbeformen und der Grundsatz der Trennung von Werbung und Programm, ZUM 1999, 672; *Ladeur*, Datenverarbeitung und Datenschutz bei neuartigen Programmführern in „virtuellen Videotheken“, MMR 2000, 715; *Ladeur*, Verfassungsrechtliche Fragen regierungsamtlicher Öffentlichkeitsarbeit und öffentlicher Wirtschaftsfähigkeit im Internet, DöV 2002, 1; *Ladeur*, Der prozeduale Schutz der Medienfreiheit, ZUM 2004, 1; *Ladeur*, Die Anpassung des privaten Medienrechts an die Unterhaltungsöffentlichkeit, NJW 2004, 393; *Ladeur*, Rechtsprobleme der Werbung im lokalen Fernsehen, K&R 2005, 145; *Ladeur*, Der rechtliche Schutz der Fernsehwerbung gegen technische Blockierung durch die Fernsehfee, GRUR 2005, 559; *Ladeur*, Digitalisierung des Kabelnetzes und technische Standards, CR 2005, 99; *Ladeur*, Fiktive Lizenzentgelte für Politiker, ZUM 2007, 111; *Ladeur*, Zur Verfassungswidrigkeit der Regelung des Drei-Stufen-Tests für Onlineangebote des öffentlich-rechtlichen Rundfunks, ZUM 2009, 906; *Link*, Unternehmensbeteiligungen öffentlich-rechtlicher Rundfunkanstalten, 2005; *Ladeur/Gostomzyk*, Rundfunkfreiheit und Rechtsdogmatik – Zum Doppelcharakter des Art 5 I 2 GG in der Rechtsprechung des BVerfG, JuS 2002, 1145; *Leopoldt*, Navigatoren, 2002; *Löffler*, Presserecht Kommentar, 5. Aufl., 2006; *Löffler/Ricker*, Handbuch des Presserechts, 5. Aufl., 2005; *Mailänder*, Freiheit der Hörfunkberichterstattung! Der Torjubel muss hörbar bleiben, ZUM 2003, 820; *Markfort*, Popstars und die Pressefreiheit, ZUM 2006, 829; *Mann*, Einschüchterung oder notwendiger Schutz der Persönlichkeit?, AfP 2008, 6;*Th. Möllers*, Selbstregulierung der Presse und fehlerhafte Finanzanalysen der Presse, AfP 2010, 107; *M. Müller*, Partei-TV. Zur Vergewisserung der Dogmatik der Rundfunkfreiheit, AfP 2009, 433; *Müller-Terpitz*, Öffentlich-rechtlicher Rundfunk und neue Medien, AfP 2008, 335; *Ory*, Gebührenurteil 2.0. Ein Update aus Karlsruhe, AfP 2007, 401; *Ory*, Rundfunk und Presse im Internet, AfP 2010, 20; *Papier/Schröder*, Verfassungsfragen des Dreistufentests, 2011; *Paschke*, Medienrecht, 3. Aufl., 2009; *Perten*, Werbefinanzierung im öffentlich-rechtlichen Rundfunk, K&R 2010, 703; *Pieroth/Schlink*, Staatsrecht II, 26. Aufl., 2010; *Prinz/Peters*, Medienrecht, 1999; *Püschel*, Zur Berechtigung des presserechtlichen Auskunftsanspruch in Zeiten allgemeiner Informationszugangsfreiheit, AfP 2006, 401; *Reinemann*, DVB-H, DMB und interaktive Fernbedienung – Ist der Rundfunk(begriff) den neuesten technischen Entwicklungen gewachsen?, ZUM 2006, 523; *Reupert*, Die Filmfreiheit, NVwZ 1994, 1155; *Ruge*, Landesverrat und Pressefreiheit, 1963; *Säcker*, Zur Ablehnung des Zusammenschlussvorhabens Axel Springer AG/ProSiebenSat 1 Media AG durch KEK und Bundeskartellamt, K&R 2006, 49; *Sauer*, Kartellrechtliche Fragen der Zentralvermarktung von Fernsehrechten in der Fußball-Bundesliga, SpuRt 2004, 93; *Schoch*, Das Recht auf Zugang zu staatlichen Informationen, DÖV 2006, 1; *Schütz*, Kommunikationsrecht. Regulierung von Telekommunikation und elektronischen Medien, 2005; *Schulz/Vesting*, Frequenzmanagement und föderale Abstimmungspflichten, Berlin 2000; *Schumann/Hess*, Grundfragen der Medienwirtschaft, 2000; *Siekmann*, Verfassungsmäßigkeit eines umfassenden Verbots der Werbung für Tabakprodukte, DÖV 2003, 657; *Staebe*, Privilegierung vielfaltserhaltender Pressefusionen, AfP 2004, 14; *Thum*, Verfassungsunmittelbarer Auskunftsanspruch der Presse gegenüber staatlichen Stellen?, AfP 2005, 30; *Tillmann/Führ*, § 201 a StGB – Eine problematische Betrachtung aus der Sicht der Presseselbstregulierung, ZUM 2005, 441; *Tröndle/Fischer*, StGB Strafgesetzbuch und Nebengesetze, 58. Aufl., 2011; *Vesting*, Prozedurale Rundfunkfreiheit, 1997; *Vesting*, Das Rundfunkrecht vor den Herausforderungen der Logik der Vernetzung, M&K 2001, 287; *Wiedemann*, Der Programmauftrag des öffentlich-rechtlichen Rundfunks in der digitalen Ära in Deutschland und Europa, ZUM 2007, 341.

A. Pressefreiheit

I. Grundlagen des Schutzes der Pressefreiheit in Art. 5 Abs. 1 Satz 2 GG

1. Pressefreiheit als Abwehrrecht und der „Eingriff" durch Schrankengesetze (Abs. 2). a) Pressefreiheit als Medienfreiheit. Die Pressefreiheit ist nicht in allen modernen Verfassungen ausdrücklich als Medienfreiheit geschützt. Vielfach wird sie als ein Unterfall der Meinungsfreiheit behandelt. Das Grundgesetz hat eine differenzierte Form der Gewährleistung der Kommunikationsfreiheiten gewählt und einzelne Medien und ihre Freiheit neben der Meinungsfreiheit geschützt, außer der Pressefreiheit die Rundfunk- und die Filmfreiheit. Daraus ergibt sich ein Problem, wenn es zur Entstehung neuer Medien kommt. Zur Bewältigung dieses Problems wird zB von *W. Hoffmann-Riem* der Grundsatz entwickelt, dass GG wolle eine **„Medienfreiheit"** garantieren, als deren konkrete Ausprägungen die im Grundgesetz genannten einzelnen Freiheiten angesehen werden könnten (AK-GG, Art. 5 Abs. 1 Rn 138). Festzuhalten ist, dass das Grundgesetz mit der ausdrücklichen Nennung der Medien als Formen der Verwirklichung der Meinungsfreiheit zugleich deren Eigenrationalität und Eigendynamik als über den Handlungsbereich Einzelner hinaus weisende, nur organisiert und prozesshaft wahrzunehmende Kommunikationsform angesehen hat (BVerfGE 10, 118, 121; 20, 162, 174 f; 52, 283, 296; 77, 346, 354; 95, 28, 34; *Degenhart*, BK, Art. 5 Rn 346). Neue Medien bleiben jedenfalls nicht ohne grundrechtlichen Schutz. Dieser kann auch durch begriffliche Erweiterungen ermöglicht werden. 1

Im Übrigen stellt sich die Anschlussfrage nach den verfassungsrechtlichen Konsequenzen der Unterscheidung von Medienfreiheiten. Diese bestehen vor allem darin, dass den Medienfreiheiten eine besondere „objektiv-rechtliche Dimension" zuzuordnen ist (BVerfGE 20, 175; 80, 124, 134; *Degenhart,* BK, Art. 5 Rn 347), die den abwehrrechtlichen Schutz verstärkt, aber auch gegen Selbstgefährdungen der Kommunikationsfreiheit durch eine die Vielfalt der Meinungen beeinträchtigende Ausübung der Grundrechte in Stellung gebracht werden kann. Daraus ergibt sich ein Problem der Koordination beider Grundrechtsdimensionen. Primär ist aber das Grundrecht der Pressefreiheit jedenfalls als **Abwehrrecht** konstituiert (anders als die Rundfunkfreiheit). Damit sind vor allem der Mobilisierung der objektiv-rechtlichen Dimension gegen die Ausübung der abwehrrechtlich bestimmten freiheitsrechtlichen Komponente engere Schranken gesetzt als zum Beispiel bei der Rundfunkfreiheit. 2

b) Schutzbereichsverstärkung durch die objektiv-rechtliche Dimension. Die **objektiv-rechtliche Dimension** wirkt dann zunächst auch und gerade als schutzbereichsverstärkend, weil nicht nur die Produktion der Presse selbst, sondern insbesondere auch die Vorbedingungen der Pressearbeit und die Verteilung der Presseerzeugnisse mit zum Schutzbereich gezählt werden müssen. In der schrittweise entfalteten Dogmatik der Pressefreiheit ist zunächst das „Institut freie Presse" (BVerfGE 20, 162, 175) als Grundlage für die Erweiterung des Schutzes der Pressefreiheit über die abwehrrechtliche Dimension hinaus konzipiert worden (vgl allg. *Pieroth/Schlink*, Staatsrecht II (2010), Rn 213). Das heißt, dass das Grundrecht der Pressefreiheit auch bei der Beeinträchtigung der Infrastruktur der Presse zugleich in seiner abwehrrechtlichen Dimension betroffen ist, soweit der Schutzbereich zugunsten anderer individueller Rechte oder der Eingriffsbefugnisse des Staates (Durchsuchung von Archiven) verkürzt werden soll. 3

4 Davon zu unterscheiden sind hoheitliche Maßnahmen, die die **Selbstgefährdung** des so funktional auf Gewährleistung einer „freien, vielfältigen und leistungsfähigen Presse" (*Degenhart*, BK, Art. 5 Rn 349) festgelegten Schutzbereichs verhindern sollen. Dem entsprechen auch zwei unterschiedliche Typen von Gesetzen, nämlich die „Schrankengesetze", die die Pressefreiheit „von außen" zugunsten anderer Rechtsgüter verkürzen, und den im Text des GG selbst nicht genannten, aber nach dem funktionalen Verständnis erforderlich werdenden „Ausgestaltungsgesetzen" (BVerfGE 20, 162, 176; *Jarass/Pieroth*, GG, Art. 5 Rn 44; *Hoffmann-Riem*, AK-GG, Art. 5 Abs. 1 Rn 158), die den Schutz der Pressefreiheit nicht einfach relativieren, sondern genauer spezifizieren, indem sie einzelne Interessen und Güter innerhalb des „Instituts freie Presse" gegeneinander ausgleichen. Neben den rechtlichen Geboten und Verboten (Eingriff ieS) stehen die faktischen eingriffsgleichen Maßnahmen, die ebenfalls der abwehrrechtlichen Dimension zuzurechnen sind. Dazu gehört zB die Aufnahme einer Zeitung in den Verfassungsschutzbericht (so mit Recht BVerfGE 113, 63, 76 ff).

5 **2. Objektiv-rechtliche Dimension. a) Reichweite.** Die **objektiv-rechtliche Dimension**, die das Bundesverfassungsgericht in seiner Rechtsprechung einer Vielzahl von Grundrechten neben der klassischen abwehrrechtlichen zuweist (*Jarass/Pieroth*, GG, Vorb. Rn 4; BVerfGE 49, 89, 141 f; zur Pressefreiheit BVerfGE 66, 116, 135; 80, 124, 133) ist für die einzelnen Grundrechte genauer zu differenzieren. Sie verpflichtet den Staat zunächst dazu, auch dann die Bedeutung der Pressefreiheit zu beachten, wenn es um die Setzung von Normen geht, die sich nicht unmittelbar gegen die Pressefreiheit richten, aber doch in ihrer Anwendung deren Bedingungen beeinträchtigen können (zB StPO). Dazu zählen zB auch das BetrVG oder das Arbeitskampfrecht, das Wettbewerbsrecht und das Kartellrecht. Die objektivrechtliche Dimension ist insbesondere vom Gesetzgeber bei der „Ausgestaltung" der Pressefreiheit zu beachten, aber auch von der Verwaltung bei der Prüfung von Maßnahmen oder von der Rechtsprechung bei der Anwendung von nicht-pressespezifischem Recht (auch die Drittwirkung von Grundrechten ist nach neuerer Auffassung eine der Erscheinungsformen der objektiv-rechtlichen Dimension der Grundrechte, BVerfGE 89, 214, 229 f; 96, 375, 398). Die objektiv-rechtliche Dimension ist in ihrer funktionalen – auf die Leistungsfähigkeit der Presse für das demokratische Gemeinwesen insgesamt bezogenen – Sichtweise auch in begrenztem Maße Grundlage für den Schutz der Pressefreiheit vor der Selbstgefährdung der Vielfalt durch Monopolisierung BVerfGE 20, 162, 176; 52, 283, 296), Vereinbarung von Exklusivrechten (BGH GRUR 1968, 209 – Lengede; *Degenhart*, BK, Art. 5 Rn 389; *Paschke*, Medienrecht (2009), Rn 370 ff) oder den Ausschluss von gemeinsamen Einrichtungen der Presse (Landespressekonferenz OLG Stuttgart NJW 1972, 877; vgl auch zur Bindung des Presserats durch Grundrechte *Gostomzyk*, UFITA 2005, 775) zu beachten.

6 **b) Schutzpflichten.** Die objektiv-rechtliche Dimension ist auch Grundlage des **Presseordnungsrechts**, das vor allem der Klärung der Verantwortung nach außen dient (Impressumspflicht etc.). Zugleich ergeben sich daraus bestimmte Schutzpflichten, die den Staat daran hindern, bei der Regelung anderer Materien die Auswirkungen auf die Presse zu ignorieren. Dies gilt nicht nur für die intermediale Konkurrenz, sondern auch zB für die Regelung von Werbeverboten, soweit dadurch mittelbar auch die Finanzierungsbasis der Pressefreiheit tangiert wird (Tabakwerbung, vgl BVerfGE 21, 271 – Südkurier; vgl auch zum Verbot der Werbung für Prostitution BGH JZ 2007, 477 m.Anm. *Armbrüster*: nur noch bei konkreter Gefährdung des Schutzes der Allgemeinheit). Auch bei Wettbewerbsfragen, vor allem dann, wenn es um den Wettbewerb zwischen Presseunternehmen geht (Gratiszeitungen), sind die Auswirkungen des **Wettbewerbs** über die unmittelbaren ökonomischen Folgen hinaus auf die Handlungsbedingungen der freien Presse zu berücksichtigen. Daraus ergeben sich schwierige Abgrenzungsprobleme (vgl nur *von Danwitz*, Gratisvertrieb..., 2002). Die Presse kann nicht so erhalten bleiben, wie sie einmal entstanden ist, aber der Gesetzgeber muss zB die Veränderungen der finanziellen Basis der Presse, die Teil ihrer Funktionsbedingungen ist, beobachten. Die objektiv-rechtliche Dimension der Grundrechte ermächtigt (und ggf verpflichtet) den Staat auch dazu, die Entwicklungsbedingungen einer Vielfalt von Meinungen – zB im Kartellrecht durch Senkung der Interventionsschwelle bei Fusionen (§ 38 GWB) – zu berücksichtigen.

7 Auch in anderen Handlungsbereichen, in denen es nicht um die Beschränkungen der Meinungsfreiheit in inhaltlicher Hinsicht geht, muss der Staat positiv durch differenzierte Regelungen die Bedeutung des jeweiligen Regelungsproblems unter dem Gesichtspunkt der **Auswirkungen auf die Pressefreiheit** in Rechnung stellen, zB bei der Regelung der Zitatrechte im Urheberrecht, der Eröffnung von Zugangsrechten zu öffentlichen (staatlichen wie privatrechtlich organisierten Veranstaltungen (vgl die ausdrückliche Regelung in § 6 VersG)). Die Anerkennung der objektiv-rechtlichen Dimension der Pressefreiheit wirft auch die Frage nach ihrem Verhältnis zum abwehrrechtlichen Charakter des Freiheits-

rechts auf. Diese Problematik stellt sich hier anders als zB bei der Rundfunkfreiheit, bei der die Entwicklung zu zwei unterschiedlichen „Grundrechtsregimes", dem öffentlich-rechtlichen und dem privat-rechtlichen, geführt hat. Demgegenüber wäre eine auch nur konkurrierende Einführung einer **öffentlich-rechtlichen Presse** nur bei einem grundlegenden Wandel der Presse durch ihre Selbstgefährdung denkbar (vgl allg. *Pieroth/Schlink*, Staatsrecht II (2010), Rn 213). Im Übrigen muss die Erhaltung der Vielfalt im Rahmen des Pressewirtschaftsrechts gesichert werden (*Hoffmann-Riem*, AK-GG, Art. 5 Abs. 1 Rn 149; 161 f; Grenze: Unverhältnismäßigkeit; enger *Degenhart*, BK, Art. 5 Rn 379 f).

c) Funktionsverbot für den Staat. Umgekehrt enthält die Pressefreiheit – anders als dies bei anderen Grundrechten der Fall ist (zB Art. 12) – ein **Funktionsverbot für den Staat:** auch eine staatliche Beteiligung an einem Presseorgan (und erst jetzt die Stellung als Alleineigentümer) wäre mit der objektivrechtlichen Dimension der Pressefreiheit nicht vereinbar (*Ladeur*, ZUM 2004, 1; *Degenhart*, AfP 2009, 207), obwohl es im Bereich der wirtschaftlichen Grundrechte kein Abwehrrecht auf Freiheit von Konkurrenz des Staates nach hM gibt. Damit wird die untergeordnete Veröffentlichung redaktioneller Beiträge, zB in amtlichen Verkündungsblättern, nicht ausgeschlossen (vgl auch zur Zulässigkeit der Aufnahme eines kommunalen Amtsanzeigers in eine Anzeigenblatt, BGH WRP 1992, 237). Auch die **staatliche Öffentlichkeitsarbeit** hat eine die Pressefreiheit tangierende Dimension (*Ladeur*, DÖV 2002, 1 ff; vgl allgemein BVerfGE 44, 125): Soweit es nicht um eine legitime PR-Arbeit für die Erhaltung eines bestimmten staatsbürgerlichen Verständnisses oder eines Einstellungswandels geht (Umweltschutz, Arbeitsschutz etc.), neigt die staatliche Öffentlichkeitsarbeit dazu, sich als Kommunikation an der vermittelnden Funktion der Medien vorbei unmittelbar an die Bürger zu wenden. Auch dies muss bei der Formulierung von Rechtsschranken der Öffentlichkeitsarbeit beachtet werden (vgl aber auch BVerfGE 44, 125). 8

3. Insbesondere: Polizeifestigkeit der Pressefreiheit – Verfahrensdimension. a) Prozeduraler Schutz der Pressefreiheit. Vorschriften wie § 1 Abs. 1 S. 2 HmbLPG gewähren der Presse einen besonderen modalen Schutz, das heißt, Verletzungen der öffentlichen Sicherheit, die materiellrechtlich nicht vom Gewährleistungsbereich der medialen Freiheit umfasst sein können, dürfen dennoch nur in einer dem besonderen Charakter der Medienfreiheit entsprechenden Weise administrativ sanktioniert werden, also nicht durch präventiv-polizeiliche Maßnahmen (im Unterschied zu repressiven Maßnahmen nach StPO). Das hängt damit zusammen, dass – wie auch beim Richtervorbehalt für Maßnahmen des Freiheitsentzugs – ein besonders sensibler Bereich der Gefährdung der Pressefreiheit vor irreversiblen Schäden bewahrt werden muss (*Ladeur*, ZUM 2004, 1 ff). Dies betrifft hier den sofortigen Einsatz der polizeilichen Maßnahmen, der die aktuelle Wirkung von Kommunikationen stark behindern kann. Damit wird allerdings ein richterliches Vorgehen im Verfahren des einstweiligen Rechtschutzes nach ZPO nicht ausgeschlossen. Aber auf diesem Wege tritt der Richtervorbehalt an die Stelle der prozeduralen Schutzwirkung der **„Polizeifestigkeit"** des Grundrechts (*Löffler*, Presserecht (2006), § 17 Rn 50). Auch dies ist eine Variante des objektiv-rechtlichen Schutzes der Pressefreiheit, da materiell gegen den Eingriff (bei Vorliegen der Voraussetzungen) nichts einzuwenden wäre, die Presse aber durch den besonderen Verfahrensvorbehalt zusätzlich geschützt wird. 9

b) Beachtung des Wandels der Presse. Zur objektiv-rechtlichen Dimension gehört auch die öffentliche Beachtung des **Wandels der Aufgaben der Presse** und ihrer Selbstwahrnehmung durch die Presseangehörigen. Dies ist die Konsequenz aus der Anerkennung des Presse*prozesses* als Gegenstand der Pressefreiheit. Die Pressefreiheit hat eine öffentliche Aufgabe (BVerfGE 20, 162, 174 f; 52, 283, 296; 66, 116, 133; *Degenhart*, BK, Art. 5 Rn 354; *Hoffmann-Riem*, AK-GG, Art. 5 Abs. 1 Rn 178), die aber nicht auf einem starren Verständnis des „Öffentlichen" basiert und deren Grenzen auch nicht staatlich festgelegt werden dürfen. Es wäre besser zu formulieren, dass die Presse*freiheit* eine öffentliche Aufgabe erfüllt. Die Ausdifferenzierung unterschiedlicher Genres des Pressewesens muss nicht nur beachtet werden, sondern sie ist auch genauer auf ihre Selbstwahrnehmung durch die Presseangehörigen und die Herausbildung von Regeln und Verhaltensmustern zu beobachten: Dass die Presse mehr als früher die Grenzen des Öffentlichen im herkömmlichen Sinne überschreitet und dass Private veröffentlicht, darf nicht von den Gerichten ignoriert oder grundsätzlich konterkariert werden, sondern muss in der Anerkennung der Besonderheiten einzelner Teilforen des Öffentlichen ausdifferenziert werden. Insbesondere die Rechtsprechung des EGMR (EGMR, EGRZ 2004, 404, 412 f) zum Fall „Caroline von Monaco" und die dieses Urteil „berücksichtigende" neuere Rechtsprechung der Zivilgerichte (vgl nur BGH Urt. v. 6.3.2007 – VI 13/06) wird der Veränderlichkeit des Verhältnisses von Öffentlichem und Privatem, das in erster Linie von der Presse selbst definiert werden muss (*Ladeur*, KritJ 1999, 281), 10 nicht immer gerecht (Verschärfung der Einzelfallorientierung in BVerfG 26.2.2008 – 1 BvR 1602/07; BGH ZUM-RD 2007, 397; kritisch *Mann*, AfP 2008, 6 ff).

11 c) **„Öffentliche Aufgabe" der Presse.** Die **„öffentliche Aufgabe"** der Presse muss in grundrechtlicher Perspektive von der Presse selbst definiert werden. Davon muss sich auch die Bestimmung der Grenze zwischen „Öffentlichem" und „Privatem" leiten lassen. Deshalb ist auch der Auffassung des EGMR (EGRZ 2004, 404, 412 f) zu widersprechen, das „grundsätzlich zu unterscheiden" ist zwischen Informationen, die „zur Diskussion in einer demokratischen Gesellschaft" beitragen, und anderen Fragen, denen diese Eigenschaft abzusprechen sei. Möglicherweise kann dies im Rahmen der Konkretisierung der „pressemäßigen" Sorgfalt berücksichtigt werden, dh bei der Interpretation der Pflichten der Presse, die sich aus den allgemeinen Gesetzen ergeben, nicht aber mit der Folge eines Thematisierungsverbots. Das BVerfG hat mit Recht auch die Unterhaltung grundsätzlich dem Schutzbereich der Pressefreiheit zugeordnet (BVerfGE 97, 228, 257; *Degenhart*, BK, Art. 5 Rn 357). In der neueren zivilgerichtlichen Rechtsprechung wird aber der Einfluss der restriktiven Auffassung des EGMR spürbar (BGH 6.3.2007 – VI 13/06 – Caroline von Monaco).

12 **4. Leistungsdimension des Grundrechts.** Die Leistungsdimension der Pressefreiheit ist im Einzelfall nicht scharf von den Schutzpflichten zu trennen, die sich aus der objektiv-rechtlichen Dimension ergeben. Die Leistungsdimension ieS ist dann betroffen, wenn es um unmittelbare Leistungen des Staates an die Presse geht (OVG Berlin OVGE 13, 108, 114 f) – im Gegensatz vor allem um die Beachtung der Schutzpflichten, die eher die „embeddedness" der Presse in einen Zusammenhang von Gesellschaft und Wirtschaft sichern. Es ist fraglich, ob sich aus Artikel 5 Abs. 1 S. 2 GG ein Anspruch der Presse auf die **Erteilung von Auskünften** durch staatliche Stellen ergibt (dies sind auch Unternehmen in öffentlicher Hand, die öffentliche Aufgaben erfüllen). Die Frage ist zu bejahen (so auch *Degenhart*, BK, Art. 5 Rn 322; and. BVerwGE 310, 313 ff; 85, 283, 284), aber selbstverständlich können dabei auch gegenläufige staatliche oder private Interessen berücksichtigt werden. Im Hinblick auf die Gewährung von Subventionen ist zunächst anzuerkennen, dass ein Anspruch der Presse in dieser Hinsicht nicht besteht.

13 Fraglich ist aber, ob der Staat berechtigt ist, finanzielle oder geldwerte Leistungen an die Presse zu erbringen. Hier gilt zunächst ein Gleichbehandlungsgebot, wie es für Leistungen an die Parteien in § 10 PartG formuliert worden ist. Solche Leistungen dürfen nicht diskriminierend zugeteilt werden (BVerfGE 80, 124, 131).

14 **5. Drittwirkung des Grundrechts der Pressefreiheit.** Die **Drittwirkung der Pressefreiheit** in privatrechtlichen Verhältnissen ist ebenfalls eine Erscheinungsform der objektiv-rechtlichen Garantie: Während die Schutzpflicht sich vor allem gegen den Gesetzgeber und die Verwaltung richtet, ist die Drittwirkung primär vom Richter bei der Anwendung von nicht-pressespezifischem Recht zu berücksichtigen (zur Meinungsfreiheit BVerfGE 7, 198, 205; Pressefreiheit 34, 269, 282; 62, 230, 243; 95, 28, 36 f). Hier geht es einmal um den Schutz der Pressefreiheit bei der Bewertung von typischen Pressedelikten (Schutz des Persönlichkeitsrechts). Dies ist einer der Hauptanwendungsfälle der Drittwirkung der Pressefreiheit. Daneben stellen sich aber Probleme auch bei der Frage der **Zugangsrechte zu Veranstaltungen**, die von Privaten organisiert werden. So kann sich bei größeren Veranstaltungen ein Zugangsrecht für die Presse aus § 826 Abs. 1 BGB ergeben („Kontrahierungszwang" – BVerfGE 50, 234, 239 ff; *Jarass/Pieroth*, GG, Art. 5 Rn 32; *Markfort*, ZUM 2006, 829). Ähnliches gilt für den Zugang zu berufsbezogenen Verbänden der Presse, soweit damit Restriktionen für die Ausübung der Pressetätigkeit zB für Journalisten folgen, die nicht von Landespressekonferenzen in Kenntnis gesetzt werden (OLG Stuttgart NJW 1972, 877; zum Anspruch auf Akkreditierung bei staatlicher Veranstaltung: VG Hamburg AfP 2010, 418).

15 **6. Das Verhältnis von Meinungsfreiheit und Medienfreiheit. a) Schutz der Presseinhalte.** Das BVerfG hat in seiner Rechtsprechung eine Trennung zwischen dem Schutz der Meinungsfreiheit ieS (inhaltliche Seite) und dem Schutz des Presseprozesses (Herstellungs- und Verteilungsaspekte etc.) vorgenommen (BVerfGE 85, 1, 11 f; 95, 28, 34; 97, 391, 400). Das bedeutet, dass die **Presse*äußerungen*** von der inhaltlichen Seite her durch die Meinungsfreiheit geschützt sind und nicht durch die Pressefreiheit. Dies ist nicht unbedenklich, weil beide Seiten der Presse eng miteinander zusammenhängen. Aber dies kann auch bei der Berücksichtigung spezifischer Besonderheiten in der Bestimmung der Pressefreiheit und ihrer Grenzen pressegerecht zur Geltung gebracht werden. Die Abgrenzung von Presse- und Rundfunkfreiheit war in der Vergangenheit nicht problematisch, da die Medien deutlich getrennt waren. Dies ist aber seit dem Aufkommen der neuen Medien nicht mehr der Fall: Jedenfalls wird man die

Funktionsähnlichkeit der Verbreitung von Presseerzeugnissen durch den Druck auf der einen Seite und die **Online-Verbreitung** andererseits anerkennen und auch die letztere Variante der Medientätigkeit dem Geltungsbereich der Pressefreiheit zuweisen müssen (*Degenhart*, BK, Art. 5, Rn 377). Andere redaktionell gestaltete Kommunikationen in der „online-Welt" wird man der Rundfunkfreiheit iwS zuordnen müssen.

b) Pressefreiheit und Rundfunkfreiheit. Die Unterschiede in der **Verbreitungstechnik** können aber letztlich keinen Unterschied bei der Reichweite des Schutzes begründen. Vielmehr muss dann die Rundfunkfreiheit ieS (herkömmliche Rundfunkprogramme) von der Rundfunkfreiheit iwS für die neuen Medien unterschieden werden (vgl im Einzelnen Art. 5 Abs. 1 Satz 2 Rundfunkfreiheit; vgl *Ory*, AfP 2010, 20). Die Pressefreiheit wird institutionell auch durch neue Telemediendienste der öffentlich-rechtlichen Rundfunkanstalten gefährdet (*Gersdorf*, AfP 421; *Ladeur*, telemedicus/11.8.2010; zur Einordnung der Online-Dienste als Presse vgl *C. Möllers,* AfP 2008, 241). Ein Abgrenzungsproblem zeigt sich auch in umgekehrter Richtung: Immer wieder ist die Frage aufgeworfen worden, wie weit öffentlich-rechtliche Rundfunkanstalten ihrerseits Presseerzeugnisse (bis hin zu einer Zeitschrift ieS) herausgeben dürfen. Soweit die Druckwerke die Funktion haben, über Sendungen zu informieren, wird man dies für zulässig halten müssen. Eine Konkurrenz mit Programmzeitungen ist nicht zu erwarten, da die öffentlich-rechtlichen Anstalten zwar nicht nur über ihr jeweils eigenes Programm berichten dürften, aber jedenfalls Berichte über die Programme privater Veranstalter unzulässig wären. Deshalb ist die Austauschbarkeit eines solchen Presseorgans gegen Programmzeitschriften zu verneinen. Die Zuordnung einer solchen Zeitschrift öffentlich-rechtlicher Rundfunkanstalten wäre dem Schutzbereich der öffentlich-rechtlichen Veranstalter zuzuordnen (BVerfGE 83, 238, 312: keine Pressefreiheit für Rundfunkanstalten; *Jarass/Pieroth*, GG, Art. 5 Rn 28). 16

Ob umgekehrt die objektiv-rechtliche Dimension der Pressefreiheit den Gesetzgeber verpflichtet, die Erzielung von Synergieeffekten für die Presse durch **Beteiligung an Rundfunkunternehmen** zu ermöglichen, erscheint zweifelhaft (vgl zu den Grenzen der Beteiligung aber § 19 Hmb/SH-StV). Auch hier ist zu berücksichtigen, dass die Einräumung eines Rechts auf Beteiligung an der Ausübung von Rundfunkfreiheit zB nach dem Modell des Landes NRW verfassungsrechtlich nicht problematisch ist (BVerfGE 83, 238, 303 ff). Die Konvergenz der Medien führt auch dazu, dass der öffentlich-rechtliche Rundfunk und die Presse bei der Verbreitung von Online-Diensten konkurrieren können und sich deshalb die Frage nach der Gewährleistung der Grenzen der Rundfunkfreiheit des öffentlich-rechtlichen Veranstalters stellt (vgl nur *Degenhart*, Der Funktionsauftrag des öffentlich-rechtlichen Rundfunks in der „digitalen Welt", 2001). Grundsätzlich ist dem öffentlich-rechtlichen Rundfunk die Möglichkeit „programmbezogener" Online-Angebote auch in presseähnlicher Form einzuräumen. Eine Ausweitung in Richtung einer Art „Online-Zeitung" wäre aber nicht nur im Verhältnis zu privaten Rundfunkveranstaltern, sondern auch zur Presse bedenklich. 17

II. Gegenständlicher Schutzbereich im Einzelnen – Abwehrdimension

1. Begriff „Presse". Der **Begriff Presse** ist weit zu verstehen. Er umfasst „alle zur Verbreitung an die Allgemeinheit bestimmten Druckerzeugnisse" (*Degenhart*, BK, Art. 5 Rn 361). Es kommt nicht auf den Inhalt, vielmehr auf die Verbreitungsform an. Der Umfang der Verbreitung ist nicht entscheidend, es reicht aus, dass sich die Kommunikation in der Herstellungstechnik „Druck" materialisiert und dadurch als an einen unbestimmten Adressatenkreis gerichtet ausweist. Auch unternehmensintern verbreitete Druckschriften gehören in den Schutzbereich. Vom Begriff „Presse" umfasst sind deshalb auch Flugblätter, Plakate, Bücher (*Degenhart*, BK, Art. 5 Rn 363), erst recht allerdings Zeitungen. Im Zusammenhang der oben beschriebenen Folgen der Konvergenz der Medien sind auch presseähnliche Mediendienste dazu zu rechnen, dies gilt auch für elektronische Newsletter mit unbestimmtem Adressatenkreis (str. and. *Degenhart*, BK, Art. 5 Rn 370) oder Blogs (dazu LG Berlin ZUM 2010, 538 m.Anm. *Ladeur*); Ähnliches gilt für „Trägermedien", die sich wie Schallplatten in einem Medium materialisieren; anders aber wiederum bei Videokassetten, DVD etc.: Hier gilt die Filmfreiheit). Den Landespressegesetzen liegen zum Teil unterschiedliche Begriffsbestimmungen zugrunde. Druckwerke sind danach (§ 7 Abs. 1 HmbLPG) die „mittels eines zur Massenherstellung geeigneten Vervielfältigungsverfahren hergestellten und zur Verbreitung bestimmten Schriften", aber auch bei bildlichen Darstellungen und Tonträger. Im Einzelnen weichen die Begriffsbestimmungen im Grenzbereich voneinander ab. Hier kommt es auf den weiten verfassungsrechtlichen Begriff an, der vor allem auf die „körperhafte" Form der Übertragung geistiger Sinngehalte bezogen wird. Deshalb wird man auch 18

Disketten oder CD-ROMs, soweit sie auf die Verbreitung von lesbaren Inhalten angelegt sind, ebenfalls dem Begriff „Presse“ zurechnen können, nicht dagegen Videokassetten, Bildplatten u.ä. Diese sind dem Schutzbereich der Filmfreiheit zuzurechnen. Soweit die Landespressegesetze Formulare, Listen oder Werbedrucksachen vom Begriff des Druckwerks ausschließen, dient dies eher zur Entlastung von Pressepflichten wie der Impressumspflicht, zum verfassungsrechtlichen Schutzbereich gehören auch diese Schriften. Dazu zählen auch Pressedienste, die an Presseunternehmen selbst gerichtet sind, und zwar auch dann, wenn sie elektronisch übermittelt werden (zum Teil ist dies gesetzlich geregelt: § 7 Abs. 2 B-WLPG, weil sie dem Schutzbereich des Presse*prozesses* zuzurechnen sind).

19 Damit ist die rechtliche Differenzierung zwischen der **periodischen Presse** und anderen, eher randständigen Presseerzeugnissen nicht ausgeschlossen. Deshalb entscheidet § 53 Abs. 1 S. 1 Nr. 5 StPO beim strafrechtlichen Informantenschutz die Schutzwirkung danach, ob es sich um „periodische“ Presse handelt oder nicht. Erforderlich ist aber grundsätzlich eine stoffliche Verkörperung oder aber die Funktionsanlehnung der elektronischen Verbreitung an die pressemäßige Verbreitung ieS. Deshalb gehört die Verbreitung von Presseinhalten im Internet zum Schutzbereich der Presse, nicht aber der Online-Dienst, der zwar zeitungsähnlich ist, dessen Inhalt aber nicht auf einer der Stufen der pressemäßigen Verbreitung in gedruckter Form anzusiedeln ist. Diese Differenzierung erscheint auch sinnvoll, da bei rein elektronisch verteilten Kommunikationen eher die technische Nähe zum Rundfunk für die Bestimmung des Schutzbereichs dieser Medienfreiheit geeignet ist. Elektronische Annexfunktionen sind demgegenüber eher der Presse zuzuordnen. Nicht dazu gehören Druckerzeugnisse mit konkret bestimmtem Adressatenkreis (*Jarass/Pieroth*, GG, Art. 5 Rn 25).

20 **2. Inhaltliche Differenzierung nach Genres?** Es besteht Übereinstimmung darin, dass auch vor dem Hintergrund der „öffentlichen Aufgabe“ der Presse keine grundsätzliche Differenzierung zwischen ieS öffentlichkeitsbezogenen Druckwerken und **Unterhaltungsmedien** vorgenommen werden darf (BVerfGE 34, 269, 283; 95, 28, 34; 101, 361, 389). Erst recht darf nicht etwa wegen moralischer Anstößigkeit (Pornografie) ein Druckwerk grundsätzlich aus dem Schutzbereich ausgenommen werden. Differenzierungen sind stets erst auf der Ebene der Schrankenbestimmung zulässig. Deshalb gehören auch **Anzeigenblätter** in den Schutzbereich (*Degenhart*, BK, Art. 5 Rn 365; *Jarass/Pieroth*, GG, Art. 5 Rn 26; BGHZ 116, 47, 54 ff), ebenso wie der Anzeigenteil einer redaktionell gestalteten Zeitung (BVerfGE 21, 271, 278; 64, 108, 114; 102, 347, 359). In dieser Hinsicht ist aber zwischen der Finanzierungsleistung der Anzeigen für den redaktionellen Teil und dem Inhalt der Anzeigen selbst zu unterscheiden. Das BVerfG hat mit Recht auch den Informationswert von **Anzeigen** selbst für die Dokumentation von Lebensformen der Leser anerkannt BVerfGE 21, 271, 279; 64, 108, 114). Dies gilt auch für Anzeigen, die wirtschaftliche Werbung mit politischen oder satirischen Inhalten verknüpfen (BVerfGE 102, 347; 107, 275 – Benetton; BGH ZUM 2007, 55 – Lafontaine; zu eng LG Hamburg ZUM 2007, 155 – J. Fischer). Die Abgrenzung im Einzelnen ist aber nicht von großer praktischer Bedeutung, da die Differenzierung bei den Rechtsgrenzen der Werbung durchaus zulässig ist.

21 **3. Schutz des Produktionsprozesses. a) Grenzen des Produktionsprozesses.** Wegen der medialen Konstruktion des Grundrechts der Pressefreiheit, die sich nicht auf die inhaltliche Seite der Kommunikationen beschränkt, sind auch ganz unterschiedliche Beiträge und Funktionen der **Presseproduktion** vom Schutzbereich umfasst. Ein Unterschied zwischen Meinungs- und Pressefreiheit besteht in inhaltlicher Hinsicht auch darin, dass die Verbreitung fremder Meinungen (Zitate, Leserbriefe, BVerfGE 95, 28, 35 f etc., Anzeigen) dem Schutzbereich zuzurechnen ist. Darüber hinaus gehören dazu alle Operationen „von der Beschaffung der Information bis zur Verteilung der Nachrichten und der Meinung“ (BVerfGE 10, 118, 121), grundsätzlich auch die Verbreitung rechtswidrig erlangter Nachrichten (BVerfGE 66, 116, 137 f) – nicht aber die rechtswidrige Beschaffung der Information. Der Schutz gilt im Einzelnen für die Recherche (BVerfGE 91, 125, 134), die Speicherung im Archiv, dazu gehört jetzt auch das Online-Archiv (zu den Grenzen der Haftung für gespeicherte Inhalte: OLG München AfP 2008, 618), die Nutzung der Räumlichkeiten (Schutz des Redaktionsgeheimnisses, BVerfG Beschl. v. 27.2.2007, 1 BvR 538/06 – Cicero – Anm. *Jutzi,* NJ 2007, 218; *Hoffmann-Riem*, AK-GG, Art. 5 Abs. 1 Rn 171; *Paschke*, Medienrecht (2009), Rn 387 ff), der Kommunikationswege (Telefon etc.), die zur Beschaffung von Nachrichten dienen, den Zugang zu öffentlichen Gerichtsverhandlungen (BVerfGE 50, 234, 241 ff; 87, 334, 339), Auslieferung und **Vertrieb** von Druckerzeugnissen, und zwar nicht nur durch das Presseunternehmen selbst (enger BVerfGE 77, 346, 354). Auch Pressehilfstätigkeiten werden vom Schutzbereich mit umfasst.

In den Schutzbereich der Pressefreiheit fällt auch die Kompetenz des Verlegers, über die **„Tendenz“** des Unternehmens zu bestimmen (BVerfGE 52, 283, 296 f; *Degenhart*, BK, Art. 5 Rn 381), sowie für alle Stufen der Pressetätigkeit der Zugang zu Presseberufen (BVerfGE 20, 162, 175 f). Grundsätzlich ist auch die privatwirtschaftliche Organisation der Presse durch Art. 5 Abs. 1 Satz 2 geschützt. Eine Norm wie Art. 19 Abs. 2 Satz 2 bbgVerf, die auch die öffentlich-rechtliche Verfassung der Presse ermöglicht, erscheint als mit Art. 5 Abs. 1 S. 2 nicht vereinbar (vgl aber *Hoffmann-Riem*, AK-GG, Art. 5 Abs. 1 Rn 189). 22

b) Zugang zu öffentlichen Informationen – dogmatische Einordnung. Der Zutritt zu **Gerichtsverhandlungen** ist der abwehrrechtlichen Dimension der Pressefreiheit zuzurechnen (*Degenhart*, BK, Art. 5 Rn 385; nicht ganz klar *Jarass/Pieroth*, GG, Art. 5 Rn 31). Das Bundesverfassungsgericht hat hier eine Verlagerung in den Schutzbereich der Informationsfreiheit vorgenommen (BVerfGE 103, 44 – n-tv; *Gostomzyk*, JuS 2002, 228),. hat aber die Gewährleistung der Informationsfreiheit an die der allgemeinen Öffentlichkeit angepasst. Dies erscheint im Ansatz zutreffend, da es sich hier um eine allgemein erweiterte Öffentlichkeit handelt, reicht auch die abwehrrechtliche Dimension der Pressefreiheit in diesen Teil der Öffentlichkeit hinein (BVerfGE 103, 44, 59, 66; jetzt auch BVerfGE 119, 309). (Deshalb ist das Zutrittsrecht nicht der Leistungsdimension des Grundrechts zuzuordnen, bei dessen Bestimmung dem Gesetzgeber ein größerer Gestaltungsspielraum zuzuerkennen ist.) Die Beschränkung der Möglichkeit zu Bild- und Fernsehaufnahmen ist als Eingriff in die Pressefreiheit (bzw die Informationsfreiheit) anzusehen. Ähnliches gilt für die Beteiligung an anderen öffentlichen Veranstaltungen (vgl *Jarass/Pieroth*, GG, Art. 5 Rn 31). Der Zutritt zu nicht-öffentlichen Sitzungen bedarf insofern einer besonderen leistungsrechtlichen Grundlage, die aber nicht aus Art. 5 Abs. 1 S. 2 abgeleitet werden kann, soweit sich aus anderen Verfassungsnormen ein Grund für die Nicht-Öffentlichkeit ergibt (Amtsgeheimnis). Der Zugang zu sonstigen nicht-öffentlichen Akten, Daten etc. ergibt sich jetzt aus dem IFG, soweit nicht auch hier grundsätzlich zum Schutz konkurrierender Interessen die Öffentlichkeit ausgeschlossen werden kann (vgl allg. *Schoch*, DÖV 2006, 1). 23

c) Schutz der Redaktionsräume, „Medienprivilegien“. Die Eingriffsabwehrdimension der Pressefreiheit ist vor allem bei **Durchsuchungen von Presseräumen** (BVerfG, AfP 2007, 110 – Cicero), Abhörmaßnahmen, Vernehmungen von Journalisten als Zeugen, um Aussagen über Informanten zu erhalten, umfasst. Der Schutz reduziert sich aber weitgehend auf eine pressefreundliche Abwägungsregel, der die Ausmaßbeschränkung der Presse und die Schwere des Delikts in eine Beziehung setzt. Problematisch erscheint auch das sogenannte Stalking-Gesetz (§ 238 StGB; vgl *Tillmann/Führ*, ZUM 2005, 441), das typischerweise journalistische Tätigkeiten (Beobachtung von Personen zum Zwecke der Informationsgewinnung) umfasst, die Presse aber nicht durch eine besondere Vorschrift („Presseprivileg“ – vgl allg. *Hoffmann-Riem*, AK-GG, Art. 5 Abs. 1 Rn 172) angemessen schützt. Die Beschränkungen der Beschlagnahme von Beweismitteln und der Durchsuchung von Redaktionsräumen (§§ 97, 98, 103 StPO), der Schutz des **Redaktionsgeheimnisses** (§ 53 Abs. 1 Nr. 5 StPO) sind grundsätzlich durch den Schutz der Pressefreiheit geboten (BVerfGE 20, 162, 187 f), da insbesondere die Durchsuchung bei der Presse nicht nur das Grundrecht auf Wohnung, sondern eben auch eine typische Funktion des Presseprozesses tangiert werden. Problematisch erscheint deshalb die Regelung der Telekommunikationsüberwachung in § 100 a StPO, die keine pressespezifische Ausnahme vorsieht, eine unspezifische pressefreundliche Abwägung allein erscheint nicht ausreichend. Hier muss die Verhältnismäßigkeitsprüfung durch die Differenzierung von Straftatbeständen konkretisiert werden. 24

Problematisch war auch bis zur Novelle von 2002 (*Degenhart*, BK, Art. 5 Rn 403) die Möglichkeit der **Beschlagnahme von selbst recherchiertem Material**, dessen Nutzung auf diese Weise den Effekt des Aussagenverweigerungsrechts bei der Zeugenvernehmung unterlaufen könnte (and. BVerfGE 77, 65, 81). Auch hier ging es um einen scheinbar alle gleich treffenden Eingriff, bei dem aber die Besonderheit der Betroffenheit der Presse außer Acht gelassen worden ist. Deren Funktion besteht gerade in der Sammlung von Informationen, während Dritte nur zufällig von solchen Beschlagnahmebeschlüssen getroffen werden. Bei mangelnder Differenzierung besteht die Gefahr, dass die Presse zu einer Hilfstätigkeit für staatliche Untersuchungszwecke herangezogen würde, die auch den Zugang zu den Informationen selbst beeinträchtigen könnte. In der Neufassung wird der Schutz der Pressefunktion berücksichtigt. Anders ist es wiederum bei Anzeigen („Chiffregeheimnis“; BVerfGE 64, 108, 115). Soweit die Anzeige einen Meinungsgehalt hat, muss aber im Wege der Verhältnismäßigkeitsprüfung eine Gleichbehandlung mit dem redaktionellen Teil der Information erreicht werden. Auch die **„Medienprivilegien“** in anderen Rechtsgebieten (Datenschutz, § 41 Abs. 1 BDSG) sind der abwehrrechtlichen Schutzdimension zuzuordnen und keine „Leistung“ des Staates: hier geht es darum, ungleiche Wir- 25 kungen von Eingriffen mit Blick auf die Informationsfunktion der Presse als Grundlage für die Eingriffsbegrenzung einzuordnen (BDSG § 41 Abs. 1). Auch das Medienprivileg der Presse im Datenschutz ist in der Beachtung vor der systematischen Informationsbearbeitung der Presse begründet.

III. Schutz einzelner Komponenten der Presse

26 **1. Schutz des Anzeigenteils.** Bei der Einordnung des **Anzeigenteils** in den Schutzbereich der Pressefreiheit ist – wie oben angemerkt – zwischen der Anzeige als Kommunikation an die Öffentlichkeit und ihrer Funktion als Finanzierungsquelle zu unterscheiden. Gesetzliche Werbeverbote sind nicht nur gegenüber dem Hersteller als Eingriff in die Berufsfreiheit, sondern in Richtung auf die Presse als Eingriff in die finanziellen Grundlagen der Pressefreiheit anzusehen.

27 **2. Verbreitung und Vertrieb.** Verbreitung und **Vertrieb** der Druckwerke, insbesondere periodischer Druckschriften, gehört – wie oben gezeigt – ebenfalls in den Schutz der Pressefreiheit. Die Schutzwirkung erstreckt sich nicht nur auf das Presseunternehmen, sondern auch auf selbstständige Unternehmer, die sich auf Hilfstätigkeiten spezialisieren (BVerfGE 77, 346, 354 f – „Presse-Grosso"). Dies muss zB auch bei der Regelung der Sonntagsarbeit (Sonntagszeitungen!) beachtet werden. Die Begünstigung der Presse durch besondere Tarife zur Zeit des staatlichen Postmonopols war Ausdruck der Schutzpflicht des Staates gegenüber der Presse (BVerfGE 80, 124, 133). Nach der Beseitigung des Postmonopols kann dies auf die privatisierte Post nicht übertragen werden (keine Privilegierung für den Straßenverkauf von Sonntagszeitungen; BVerfG NVwZ 2007, 1306).

28 **3. Presseeigenwerbung.** Zum Presseprozess gehört auch die **Eigenwerbung** der Presse, die demzufolge vom Schutzbereich von Art. 5 Abs. 1 S. 2 in der abwehrrechtlichen Dimension umfasst wird. Die Eigenwerbung darf nicht ohne Weiteres dem Anzeigenteil zugeordnet werden, da die Presse in anderer Weise auf ihre spezifische Funktion dabei verweisen kann. Darin besteht ein Unterschied zum allgemeinen Anzeigenteil. In dieser abwehrrechtlichen Dimension haben sich noch keine Fallgruppen herausgebildet, die von Bedeutung wären. Anders ist dies bei der Frage nach der Drittwirkung des Schutzes der Pressefreiheit in dieser Hinsicht, etwa bei der Verwendung von Fotos Prominenter in der Eigenwerbung. Bei der Presseeigenwerbung (LG Hamburg ZUM 2007, 155; dazu kritisch *Ladeur*, ZUM 2007, 111; OLG München AfP 2007, 237 – FAS/Boris Becker: Verwendung eines Bildes in einer Art „Nullnummer") ist zu beachten, dass die Presse mindestens partiell auch mit ihren redaktionellen Leistungen werben können muss. Deshalb dürfen Grenzen der Werbung (zB Verwendung von Bildnissen Prominenter) nicht schematisch auf die Presseeigenwerbung übertragen werden.

29 **4. Presse in Sonderrechtsverhältnissen (Schüler, Strafgefangene etc.).** Auch die **Presse in Sonderrechtsverhältnissen** ist grundsätzlich von der Pressefreiheit umfasst (*Groß*, VR 2005, 261); sie gehört nicht zur Leistungsdimension des Grundrechts. Die Schulbesuchspflicht (oder die Aufnahme in eine freiwillig besuchte Schule) beschränkt bestimmte Grundrechte der Schüler und ihrer Eltern. Dadurch ist aber die Ausübung anderer Grundrechte in der Schule nicht ausgeschlossen, wenngleich sie nicht in vollem Umfang zulässig erscheint. Insbesondere die frühere Lehre vom „besonderen Gewaltverhältnis" unterschied grundsätzlich zwischen dem allgemeinen Staatsbürgerverhältnis und dem besonderen Gewaltverhältnis zum Staat. Auch die Handlungsmöglichkeiten in Sonderrechtsverhältnissen sind der abwehrrechtlichen Dimension des Grundrechts zuzurechnen (*Jarass/Pieroth*, GG, Art. 5 Rn 28), soweit nicht die amtliche Stellung des Bediensteten tangiert wird. Das Recht des Staates zur Schulaufsicht (Art. 7 GG) erlaubt aber, funktionsbedingte Beschränkungen der Pressefreiheit in der Schule (ähnlich Strafvollzug), soweit eine Beeinträchtigung der Schule (Erziehungsfunktion, Gefährdung jüngerer Schüler etc.) dies rechtfertigen kann; dabei steht dem Staat ein gewisser Beurteilungsspielraum zu (vgl BayVGH RdJB 1993, 114 ff; VG Regensburg RdJB 1981, 66 m.Anm. *Ladeur*, 71).

IV. Besondere Fragen der Neuorganisation der Presse durch Ausgestaltungsgesetze

30 **1. Öffentlich-rechtliche Presse?** Die öffentlich-rechtliche Dimension der Rundfunkfreiheit erlaubt eine Konkurrenz zweier „Grundrechtsregimes", der öffentlich-rechtlichen und privaten Wahrnehmung (*Ladeur*, FS E. Stein, 2002, S. 64). Es stellt sich die Frage, ob das besondere Verhältnis von Abwehr rechtlicher und objektiv-rechtlicher Funktion der Rundfunkfreiheit auch auf die Pressefreiheit zu übertragen wäre. Dies ist grundsätzlich zu verneinen (einschränkend *Hoffmann-Riem*, AK-GG, Art. 5 Abs. 1 Rn 189). Die Entwicklungsbedingungen des Rundfunks und des Fernsehens, zunächst die Frequenzknappheit, dann aber auch der von vornherein auf hohe Konzentration (BVerfGE 73, 118, 172)

wegen des Finanzbedarfs angelegte Entwicklungsprozess des Rundfunks insgesamt hat die Evolution einer besonderen, von der Dominanz der objektiv-rechtlichen Garantie geprägten Rundfunkverfassung ermöglicht. Die Entwicklung wird auch heute durch die besonderen Bedingungen der Rundfunkproduktion und -verbreitung gestützt, vor allem durch die Besonderheit der Rundfunkökonomie, die u.a. eine Tendenz zur Konzentration der Aufmerksamkeit auf die „prime time" und damit eine die Vielfalt gefährdende Tendenz in sich birgt. Dies ist bei der Presse anders. Auch bei den großen Zeitungen ist wegen der Möglichkeit der Addition einer Vielzahl von Leistungen, die jeweils unterschiedliche Teile der Öffentlichkeit ansprechen können, der Druck auf die Einschränkung der Vielfalt nicht so ausgeprägt wie beim Rundfunk. Deshalb muss es hier beim **Vorrang der privatwirtschaftlichen Organisation** als der „natürlichen" Form der Grundrechtsausübung bleiben (*Pieroth/Schlink*, Staatsrecht, Rn 213). Als ein weniger invasives Mittel der Förderung von Vielfalt käme dann eher eine staatliche Gewährleistung der Qualität der Presse durch eine Subvention u.ä. Leistungen in Betracht (*Ladeur*, Publizistik 2000, 442). Die historische Entwicklung der Pressefreiheit schneidet grundsätzlich den Weg zu einer öffentlich-rechtlichen Presse ab, es sei denn, deren Struktur würde sich wesentlich verändern.

2. Innere Pressefreiheit. Ähnliches wie für die Möglichkeit einer öffentlich-rechtlichen Presse gilt für die **sog. innere Pressefreiheit:** Mit diesem Begriff verbindet sich die Frage nach der Gewährleistung von Vielfalt durch eine stärkere Beteiligung der Redakteure an der Gestaltung der Presse. Wenn eine darauf zielende Gesetzgebung zulässig wäre, müsste sie der objektiv-rechtlichen Dimension des Grundrechts zugerechnet werden (vgl *Hoffmann-Riem*, AK-GG, Art. 5 Abs. 1 Rn 165). Wie gezeigt, hat aber die objektiv-rechtliche Dimension des Grundrechts der Pressefreiheit primär eine das Abwehrrecht abstützende Ergänzungsfunktion. Mit der gleichen Begründung wie die Einführung einer öffentlich-rechtlichen Presse müsste auch diese auf die einseitige Stärkung des professionellen Elements der journalistischen Tätigkeit setzende Veränderung der Presse eine besondere Begründungslast übernehmen. Hier ist erstens fraglich, ob das Mittel überhaupt zu einer Pluralisierung der Presse beitragen kann. Zweitens erscheint es aber systemwidrig, Journalisten einen weit reichenden Einfluss auf eine privatwirtschaftlich organisierte Presse (gegen den Verleger) einzuräumen, diesem aber das ökonomische Risiko allein aufzubürden. 31

V. Presse und Wettbewerb

1. Konzentrationsprozesse – GWB. a) Pressefusion. Wie oben gezeigt, ist grundsätzlich eine Berücksichtigung der Bedeutung der Presse durch Einführung eines herabgesetzten Schwellenwertes für **Fusionsverbote** nicht nur verfassungsrechtlich zulässig, sondern Ausfluss einer sich aus der objektiv-rechtlichen Dimension des Grundrechts ergebenden Schutzpflicht für die Erhaltung der Vielfalt der Presse (BVerfGE 20, 162, 176; BGH NJW 1984, 116; *Hoffmann-Riem*, AK-GG, Art. 5 Abs. 1 Rn 161 f). Daraus ergibt sich auch die drittschützende Wirkung jedenfalls bei Freigabeerklärungen nach § 40 Abs. 2 GWB; dies muss auch im Hinblick auf das Unterlassen der Intervention durch die Kartellämter gelten. Damit sind auch besondere Schwellen für die intermediale Konzentration (Rundfunkstaatsvertrag) vereinbar. Der Gesetzgeber muss die besonderen Voraussetzungen einer Begrenzung der wechselseitigen Verpflichtung von Zeitungs- und Rundfunkveranstaltern aber nach der Wesentlichkeitstheorie genauer präzisieren. § 26 RStV entspricht dem nicht, da die Schwellenwerte und die Methode der Bestimmung der Überwirkung der Presse auf den Rundfunk (und umgekehrt) gesetzlich kaum konturiert ist (and. VG München K&R 2008, 195, dazu *Hain*, 160). 32

b) Intermediale Konzentration. Insbesondere ist nicht klar geregelt, ob und welche Zurechnung **intermedialer Einflüsse** auch unterhalb der Schwelle des Zugangs zu einem Zuschaueranteil von 25% möglich sind (*Säcker*, K&R 2006, 49). Im lokalen und regionalen Bereich ist (vgl § 19 Hmb/SH StV) dieses Problem allerdings noch schwieriger zu lösen, da hier eine Alternative zur intermedialen Konzentration der mögliche Zusammenbruch des lokalen Rundfunkveranstalters ist, wenn die Finanzbasis des lokalen Fernsehens nicht stabil ist. Hier bedarf es einer methodischen Unterscheidung zwischen unterschiedlichen Entwicklungsszenarien. Dies gilt um so mehr, als die Konzentration im Medienbereich angesichts der Konvergenz der Medien möglicherweise auch zur Steigerung von deren Effizienz beitragen kann. Hier müssen die besonderen Bedingungen einer Netzökonomie beachtet werden: In solchen Konstellationen trägt die Steigerung der Zahl der Nutzer auch zur Steigerung des Nutzens für alle bei (*Schumann/Hess*, Grundfragen der Medienwirtschaft, 2000, S. 26 ff). Allerdings sind dabei bestimmte – wiederum aus der öffentlich-rechtlichen Garantie der Pressefreiheit abzuleitende – methodische Grundsätze zu beachten: Die 7. GWB-Novelle sah eine erweiterte Kooperationsmöglichkeit 33 in der Form von **Anzeigenkooperationen** vor (*Staebe*, AfP 2004, 14) – die allerdings auch früher schon verbessert worden sind. Daneben sollte eine Fusion unter bestimmten wirtschaftlichen Voraussetzungen dann zulässig sein, wenn der „Altverleger“ nach dem Erwerb der Zeitung durch einen anderen Verleger in der weiter bestehenden Zeitung noch ein qualifiziertes Mitbestimmungsrecht behalten würde. Damit sollte – wie im Rundfunkrecht – eine gewisse Abkopplung von publizistischer und wirtschaftlicher Verantwortung herbeigeführt werden. Zwar gibt es im Medienverfassungsrecht kein Gebot zur „Systemreinheit“ (vgl zum Fernsehen die Regelung für den NRW-Lokalfunk – BVerfGE 83, 238 ff), jedoch ist nicht abzuschätzen, ob ein solches Spannungsverhältnis auf die Dauer tragfähig sein kann. Dennoch mag der Gesetzgeber – wie stets bei der Ausgestaltung der Medienfreiheit, um die es auch hier geht – einen gewissen Gestaltungsspielraum in Anspruch nehmen, der in der Erprobung eines solchen neuen Modells hätte ausgeübt werden können (*Gerlings*, AfP 2004, 329). Angesichts der starken Veränderung der Medienmärkte erscheint es jedenfalls zweifelhaft, ob es bei der relativ schematischen Regelung der Pressekonzentration im Allgemeinen und der Begrenzung der intermedialen Konkurrenz insbesondere bleiben kann (vgl zu Sanierungsfusionen im Medienbereich *Petersen*, Medienrecht (2005), Rn 240).

34 **c) Grenzen des Schutzes der Pressefreiheit durch Kartellrecht.** Die **kartell-rechtliche Seite des Schutzes der Pressefreiheit** sollte nicht überschätzt werden: Soweit es sich um die Lokalpresse handelt, besteht hier ein Dilemma. Das Ziel der Pressevielfalt kann auf der lokalen Ebene in einen Konflikt mit dem Interesse an der Erhaltung von journalistischer Qualität geraten. Presseerzeugnisse sind „Netzwerkgüter“, dh der Wert des Produkts ist auch davon abhängig, wie viele Nutzer es findet (*Schumann/Hess*, Grundfragen der Medienwirtschaft, 2000, S. 26 ff): Eine Zeitung mit geringer Auflage kann die Qualität ihres Produkts möglicherweise nicht mehr auf dem Niveau halten, wie es in sogenannten Einzeitungskreisen möglich ist. Eine generelle Verschärfung der Verhaltenskontrolle gegenüber marktbeherrschenden Unternehmen wäre mit der Pressefreiheit nicht vereinbar. Hier liegt ein Umschlagen der formalen Anknüpfung (Marktbeherrschung) in eine materielle Inhaltskontrolle zu nahe. Auch Auflagenbegrenzungen und Marktanteilsreduzierungen wären damit nicht kompatibel (*Degenhart*, BK, Art. 5 Rn 456). So ist nicht zuletzt ein Anspruch auf die Mitnutzung des Trägerdienstes eines marktbeherrschenden Presseunternehmens durch ein konkurrierendes kleineres Unternehmen ausgeschlossen (EuGH Slg 1995, I-743 Magill).

35 **2. Funktionsverbote für Staat und öffentlich-rechtliche Körperschaften. a) Private Presse und Amtliche Anzeiger.** Anders als bei sonstiger wirtschaftlicher Beteiligung der öffentlichen Hand, gegen die grundsätzlich kein Konkurrenzschutz privater Mitbewerber besteht, ergibt sich aus Art. 5 Abs. 1 S. 2, wie oben erwähnt, ein **Betätigungsverbot** für den Staat und andere öffentlich-rechtliche Körperschaften und Anstalten auf dem Gebiet des Presserechts (vgl auch *Cole*, AfP 2009, 541). Dies schließt nicht die Herausgabe von amtlichen Informationsblättern und Bekanntmachungen aus, die auch außerhalb eines amtlichen Teils redaktionelle Beiträge, Veranstaltungsankündigungen u.ä. enthalten können. Es kommt hier auf die Frage an, ob der Eindruck entsteht, die amtliche Veröffentlichung könne gegen eine private Zeitung austauschbar sein. Ein besonderes Problem wirft auch unabhängig von dieser auf den redaktionellen Teil bezogenen Problematik die Frage der Zulässigkeit von Anzeigen in solchen amtlichen Bekanntmachungen auf (vgl zu einer ähnlichen Problematik OLG Frankfurt aM WRP 1993, 703; § 5 HessBek. über Anzeigen in Amtsblättern). Diese können in doppelter Hinsicht fragwürdig sein, weil sie einmal das Anzeigenaufkommen einer privaten Zeitung schmälern können, andererseits aber die Gefahr der Verschaffung von Vorteilen durch die Gemeinde entstehen kann. Deshalb ist jedenfalls die Veröffentlichung von Anzeigen in regelmäßig erscheinenden **amtlichen Mitteilungsblättern** mit der institutionellen Pressefreiheit nicht vereinbar. Anders sind Veröffentlichungen zu bewerten, die aus Anlass eines besonderen Ereignisses (Feste, Jubiläen etc.) erscheinen; hier ist die Finanzierung durch Anzeigen unbedenklich.

36 **b) Öffentlichkeitsarbeit des Staates und Pressefunktion.** Fragwürdig sind aber neue Formen staatlicher **Öffentlichkeitsarbeit**, die funktionsäquivalent zu Leistungen von Presseagenturen werden können. Wenn etwa die Regierung einen Nachrichtenüberblick täglich ins Internet stellt (*Ladeur*, DÖV 2002, 1 f; *Koreng*, AfP 2009, 117), besteht für kleinere Zeitungen ein Anreiz, ihre Informationen von dort zu beziehen und auf die Leistung einer privaten Presseagentur zu verzichten. Hier sind noch keine klaren Regeln zu formulieren, aber diese Problematik verlangt nach einer prozeduralen Lösung, die die Grenze zwischen legitimer staatlicher Information über den eigenen Bereich des Staates von der Unterwanderung der Institutionen der Presse, zu denen auch die Presseagenturen gehören, zum Gegenstand einer unabhängigen Beobachtung macht. In diesem Grenzbereich ist die Pressefreiheit heute

möglicherweise stärker bedroht als durch explizite Interventionen des Staates: Der Staat baut seine Öffentlichkeitsarbeit auch mit modernen Methoden der public relations immer weiter aus und dringt auf diese Weise, durch „pressemäßig" gestaltete Information, in die redaktionelle Arbeit der privaten Presse ein, die vielfach aus Kostengründen PR-Information mehr oder weniger unbearbeitet übernimmt. Die gleiche Problematik besteht im Verhältnis zu PR-Aktivitäten privater Gruppen, Unternehmen und Verbänden. Dies ist ein Gesichtspunkt, der zB bei der Problematik der Bewertung der Gratiszeitungen (vgl Rn 56) zu wenig beachtet wird. Es geht nicht nur um die Frage der Sicherung der Existenz der Presse, sondern auch darum, *wie* die Presse existiert, also wie sie ihrer Informationsaufgabe gerecht werden kann, oder ob sie mehr und mehr für das Einwandern von PR-Angeboten privater wie öffentlicher Natur durchlässig wird.

VI. Presse im politischen Kontext der Öffentlichkeit – Verhältnis zu anderen Akteuren im öffentlichen Raum

1. Parteien und Presse. Im Zusammenhang mit entsprechenden **Änderungen der Pressegesetze** ist auch die Frage zu stellen, wie weit **Parteien** von der Beteiligung an Presseunternehmen ausgeschlossen werden dürfen, wie dies beim Rundfunk der Fall ist (NdsStGH DVBl 2005, 1515). Aufgrund ihrer „januskopfigen" Stellung sowohl als „Verfassungsorgan" (innerhalb des Staatswesens) als auch gesellschaftliche Organisation (außerhalb des Staates) ergeben sich Beschränkungen für die Beteiligung der Parteien an der pluralistischen Gruppenstruktur der öffentlich-rechtlichen Rundfunkorganisation wie bei der unmittelbaren privatrechtlichen Veranstaltung von Rundfunk. Auch hier stellt sich – wie bei der Frage nach der Zulässigkeit der öffentlich-rechtlichen Presse – die Frage der Übertragbarkeit von Regeln des Rundfunkrechts auf die Presse. Der NdsStGH hat in seinem Urteil zu der entsprechenden niedersächsischen Beschränkung der Rundfunkbeteiligung von Parteien die Zulässigkeit des gänzlichen Ausschlusses der Parteien verneint. Bei der Presse muss unter Gesichtspunkten der Verhältnismäßigkeit auch gefragt werden, ob nicht die Gewährleistung der Transparenz von Beteiligungen politischer Parteien ausreichend erscheint (vgl jetzt BVerfGE 121, 30; dazu *M. Müller*, AfP 2009, 433; *Degenhart*, K&R 2009, 289; *Holznagel*, MMR 2008, 596). 37

2. Presse und Rundfunk. Die objektiv-rechtliche Dimension der Pressefreiheit zwingt auch dazu, das Verhältnis von Presse und Rundfunk im intermedialen Wettbewerb zu beobachten und Auswirkungen des Rundfunkrechts auf den Bestand der Presse zu beobachten. Hier stellt sich einmal die Frage der Beteiligung von Presseunternehmen an privaten Rundfunkveranstaltern, und zwar als Gegenstand einer Option des Gesetzgebers oder gar als Gegenstand eines gesetzlichen Vorrangs wie in NRW (BVerfGE 83, 238). Umgekehrt kann auch an eine Regelung zur Vermeidung von **„Doppelmonopolen"** gedacht werden (s.o.). Die Gesetzgebung geht hier von einer relativ einfachen Schematisierung aus, die Vielfalt durch Trennung der beiden Medienmärkte erhalten will. Ob dies so allgemein aufrecht zu erhalten ist, muss angesichts der Konvergenz der Medien und der finanziellen Schwierigkeiten der Presse, die seit dem Jahr 2001 zutage getreten sind, bezweifelt werden. Ähnliches gilt aber auch für private Rundfunkveranstalter (insbesondere auf lokaler Ebene), die in zunehmendem Maße unter der Konkurrenz von Online-Angeboten (auch bei der Werbung) stehen. Zu beachten ist auch hier, dass die Vielfalt der Anbieter bei schwacher Ertragslage nicht gleichbedeutend ist mit einer Vielfalt der Angebote. Deshalb erscheint hier eine Marktkonstruktion, die primär auf die Zahl der (intermedialen) Anbieter abstellt, nicht ausreichend, es bedürfte einer Berücksichtigung der Auswirkungen der Konzentration auf die inhaltliche Vielfalt. Dazu erscheint die Kombination mit Regulierungselementen, die etwa die Trennung von Redaktionen vorgibt, angemessener als die bloße Fixierung auf die Zahl der Anbieter. Solche Überlegungen müssen durch gutachtliche Untersuchungen der KEK oder ähnlicher Einrichtungen abgestützt werden. 38

Die Beschränkung der Werbung des Rundfunks, insbesondere des Fernsehens, auf der lokalen Ebene ist ein zulässiges Mittel (Beispiel: B-W LMG § 11 Abs. 2), das aber nicht sehr wirksam ist, weil ohnehin die Werbeeinnahmen aus lokaler Werbung im Fernsehen nicht erheblich sind. Auch im Hinblick auf **Online-Angebote von Zeitungen** muss aber die Aktivität öffentlich-rechtlicher Veranstalter in diesem Bereich begrenzt werden, da dies im Zuge der Konvergenz der Medien auch ein Betätigungsbereich der Presse sein wird. Damit wird eine neue Abgrenzung des Aufgabenbereichs der öffentlich-rechtlichen Rundfunkanstalten erforderlich (vgl *Ladeur*, M&K 2000, 93), deren Notwendigkeit auch aus der öffentlich-rechtlichen Dimension des Grundrechts der Pressefreiheit ergebenen Schutzpflicht des Staates folgt. 39

40 **3. Tendenzschutz – BetrVG.** Die Regelung des **Tendenzschutzes** in der Presse ist ein Beispiel dafür, dass und wie der Staat bei Regelungen in Handlungsbreichen, die zunächst vom Presserecht weit entfernt zu sein scheinen (betriebliche Mitbestimmung), besondere Auswirkungen auf die Presse in allgemeinen Gesetzen beachten muss. Hier besteht das Risiko, dass ein Institut, das den sozialen Schutz des Personals insbesondere im Falle von Kündigungen bezweckt, im Konfliktfall zur Beeinflussung der „Tendenz" der Presse eingesetzt wird (BVerfGE 52, 283, 296 f; *Jarass/Pieroth*, GG, Art. 5 Rn 32). Dies wäre mit der objektiv-rechtlichen Garantie der Pressefreiheit, die auch die Verantwortung des Verlegers für den Inhalt einschließt, nicht vereinbar. Deshalb ist diese Regelung auch verfassungsrechtlich geboten.

VII. Presseordnungsrecht und Strafrecht

41 **1. Presseordnungsrecht: Impressum etc., Gegendarstellung.** Die Vorstellungen des **Presseordnungsrechts** (Impressumspflicht etc.; § 8 HmbLPG) sind typische Beispiele für die Legitimität der Unterscheidung von Schranken- und Ausgestaltungsgesetzen: Hier geht es eher darum, eine Selbstgefährdung der Pressefreiheit durch die Flucht aus der Verantwortung zu verhindern, nicht aber die Presse inhaltlich zu beeinflussen. Auch die Pflicht zur Benennung eines verantwortlichen Redakteurs (§ 8 Abs. 2 HmbLPG) erscheint unter diesem Gesichtspunkt zulässig. Entsprechendes gilt für die Pflicht zum Abdruck von **Gegendarstellungen** (§ 11 HmbLPG); diese Vorschriften dienen dem Persönlichkeitsschutz. Sie sind verfassungsrechtlich unproblematisch, soweit sie sich auf den reinen Abdruck von Gegendarstellungen von Tatsachen beschränken (BVerfGE 63, 131 – Rundfunk; BVerfGE 97, 125; 97, 157; vgl auch LG Koblenz AfP 2005, 291). Dies gilt für den Abdruck von Gegendarstellungen auf der Titelseite auch nur so weit wie tatsächlich auf eine Meldung auf der Titelseite reagiert wird und dies auch im Übrigen angemessen erscheint (OLG Karlsruhe AfP 2007, 54); keine Gegendarstellung bei mehrdeutigen Aussagen (BVerfG v. 19.12.2007 – 1 BvR 967/05). Problematisch wäre die Erweiterung eines Gegendarstellungsrechts um die Pflicht zum Abdruck von Kommentaren zu Artikeln. Die Einordnung eines solchen Gesetzes als Eingriffs- oder Ausgestaltungsgesetz wäre zweifelhaft. Dies kann dann aber dahingestellt bleiben, da die Regelung jedenfalls unangemessen wäre: Die Abgrenzung von legitimen und nicht legitimen Ansprüchen auf inhaltlich kommentierende Gegendarstellungen wäre kaum berechenbar und würde die Presse unter den Druck der Entscheidung unter Ungewissheit setzen; unzulässig war auch § 11 Abs. 3 saarl. PresseG aF, der eine Verknüpfung mit der Erwiderung verboten hatte; *Waldenberger/Jury-Fischer,* in: Spindler/Schuster, § 56 RStV Rn 27.

42 **2. Presseordnungsrecht und Werbung sowie Werbeverbote.** Wie oben erwähnt, ist die Zeitungsanzeige in doppelter Hinsicht relevant für die Pressefreiheit. Zunächst ist sie Finanzierungsinstrument. Auch unter diesem Gesichtspunkt sind v. a. Werbeverbote zu prüfen, zB das Verbot der **Tabakwerbung** (*Siekmann*, DÖV 2003, 657; für Jugendzeitschriften KG AfP 1989, 742; vgl zum EG-Recht EuGH AfP 2007, 35). Dies erscheint nur auf den ersten Blick bedenklich. Bei näherem Hinsehen ist aber zu berücksichtigen, dass die Werbung möglicherweise weniger zum Rauchen als solchem animiert, sondern eine Verteilung der Raucher zwischen den unterschiedlichen Marken bewirkt. Wegen des hier auf dem Spiel stehenden hohen Guts der Gesundheit wird man dem Gesetzgeber aber einen Gestaltungsspielraum zubilligen müssen. Das Gebot der Trennung von Werbung und redaktionellem Teil ist als Form der Ausgestaltung der Pressefreiheit zum Schutz der Leser verfassungsrechtlich gerechtfertigt (BVerfGE 97, 125; 97, 157; NJW 2005, 3201; vgl zur Abgrenzung von legitimer Produktinformation LG München AfP 2007, 61). Die Pressefreiheit spielt aber auch beispielsweise eine Rolle bei der Prüfung der Zulässigkeit neuer Werbeformen, wie etwa der sog. Schockwerbung (BVerfGE 102, 347; 107, 275 Benetton) oder bei der Verwendung von Politikerfotos in der Werbung (LG Hamburg ZUM 2007, 155; dazu *Ladeur*, ZUM 2007, 111). Dies ist aber eher ein Problem der Drittwirkung der Grundrechte. Auch wettbewerbsrechtliche Formen der Regelung der Werbung (vergleichende Werbung), Beschränkung der Werbung für bestimmte Berufe etc. sind unter dem Gesichtspunkt des Schutzes der finanziellen Gewährleistung der Pressefreiheit durch Anzeigenwerbung zu prüfen (BVerfGE 21, 271). Damit werden auch der Presse Handlungsmöglichkeiten genommen. Vor allem die Werbeverbote für Bücher unter dem Gesichtspunkt des **Jugendschutzes** (§ 15 Abs. 1 Nr. 6 JSchG – Anpreisung von Trägermedien) sind damit zwar grundsätzlich vereinbar, jedoch muss bei der Anwendung im Einzelfall die möglicherweise weit reichende Wirkung solcher Werbeverbote für ein Presseprodukt berücksichtigt werden.

43 **3. Presse und Strafrecht.** Die Interpretation strafrechtlicher tatbestandlicher Begriffe („Landesverrat") oder von Rechtfertigungsgründen (§ 193 StGB) muss ebenfalls im Lichte der Bedeutung der Presse-

freiheit erfolgen (vgl schon *Ridder*, Landesverrat und Pressefreiheit, 1963). Vor diesem Hintergrund erscheint es bedenklich, dass Mitteilungen an die Öffentlichkeit überhaupt als „Landesverrat" eingeordnet werden. Besonders bedenklich ist in diesem Zusammenhang die sog. **Mosaiktheorie**, die einen Landesverrat auch schon dann bejaht, wenn viele bekannte Elemente allein durch ihre informative Kombination („Mosaik") zum Gegenstand eines Geheimnisverrats erklärt werden konnten (dies gilt heute nicht mehr *Tröndle/Fischer*, StGB, § 93 Rn 4). § 193 StGB ist durch seine Formulierung in der früheren Rechtsprechung teilweise eher pressefeindlich in dem Sinne ausgelegt worden, dass „berechtigte Interessen" grundsätzlich nur privater Natur sein könnten. In der neueren Rechtsprechung ist zu Recht anerkannt worden, dass auch die Wahrnehmung der „öffentlichen Aufgabe" der Presse als **Wahrnehmung „berechtigter Interessen"** anzusehen ist (*Löffler/Ricker*, Handbuch (2005), § 53 Rn 29 ff; vgl zur Entwicklung: zunächst nur eigene Interessen, *Tröndle/Fischer*, StGB, § 193 Rn 10, 33). Auch die Interpretation der in Tatbeständen von Äußerungsdelikten verwendeten Begriffe muss der Bedeutung der Pressefreiheit Rechnung tragen. Das gilt sowohl für die objektive als auch die subjektive Seite des Tatbestandes. Hier gelten die gleichen Grundsätze wie sie im Zivilrecht zur Bewältigung der Kollision von Pressefreiheit und Persönlichkeitsschutz entwickelt worden sind (BVerfGE 85, 1 ff; *Prinz/Peters*, Medienrecht (1999), Rn 51).

VIII. Drittwirkung der Pressefreiheit im Privatrecht – Einzelheiten

1. Zur „Rückverweisung" von Kollisionen an die Öffentlichkeit. a) Einordnung der „Drittwirkung". Die **Drittwirkung der Grundrechte** bei der Pressefreiheit ist ein Sonderfall des Schutzes durch die objektiv-rechtliche Garantie der Grundrechte: Anders als noch das BVerfG im Lüth-Urteil angenommen hatte (BVerfGE 7, 198, 211), ist das allgemeine Privatrecht grundsätzlich nicht zur Schrankengesetzgebung im Sinne von Art. 5 Abs. 2 GG zu rechnen, schon weil es zB in § 823 Abs. 1, 2 BGB keine presserelevante Tendenz aufweist. Bei der Interpretation und Anwendung im Einzelfall ist aber die Auswirkung auf die Presse zu berücksichtigen. Dies ist eine der Ausprägungen der objektiv-rechtlichen Dimension der Grundrechte. Vor allem bei der Kollision von Pressefreiheit und Persönlichkeitsrecht (Recht am eigenen Bild, verbale üble Nachrede etc.) muss aber jeweils beachtet werden, dass und wieweit die Autonomie der Presse bei den gegen sie gerichteten Ansprüchen gewahrt werden kann. 44

b) Beachtung des Wandels der Öffentlichkeit. Vor allem beim Streit um Äußerungen in der Presse steht jeweils ein Grundrecht gegen ein anderes (insbesondere Persönlichkeitsrecht). Dies ist nicht durch eine allgemeine Abwägungsformel zu bewältigen, vielmehr muss dabei auch die Möglichkeit eines „renvoi" an die Öffentlichkeit selbst und ihre Institutionen in Erwägung gezogen werden (*Ladeur*, KritJ 1999, 281). Das heißt, es muss jeweils im Konfliktfall zunächst gefragt werden, ob ein „Schaden", der durch eine Presseäußerung entstanden sein kann, nicht primär durch die Möglichkeit des „Gegenschlags" (bei Personen des öffentlichen Lebens) kompensiert werden kann (vgl auch *Ladeur*, NJW 2004, 393), oder ob ein „Prominenter" nicht durch einen bestimmten Angriff zugleich einen Vorteil in der **„Unterhaltungsöffentlichkeit"** erlangt hat. Beispiele für die letztere Möglichkeit bieten die Auseinandersetzungen um ein Buch von Dieter Bohlen, das den „Opfern" auch „Aufmerksamkeitsgewinne" durch Auftritte in Talkshows etc. eingetragen hat. Anders ist dies sicher bei nicht-prominenten „Opfern" von Presseäußerungen. 45

Ein Beispiel für die erste Variante („Gegenschlag"; vgl BVerfGE, 12, 113) bildet der – allerdings die Kunstfreiheit betreffende – Streit um das Buch von Klaus Mann mit dem Titel „Mephisto" (BVerfGE 30, 303). Der dort porträtierte Gustaf Gründgens ist durch die Parteinahme anderer Kontrahenten in der Öffentlichkeit ausreichend geschützt worden. Vor allem muss hier die Bedeutung des Verhaltens der Beteiligten in der Öffentlichkeit mit berücksichtigt werden, die vielfach selbst ihr Privatleben teilweise veröffentlichen, dann aber im Einzelfall ihre Privatsphäre wiederum ganz allgemein gegen Zudringlichkeit geschützt wissen wollen, soweit ihnen die Veröffentlichung nicht nützlich erscheint (vgl im Einzelnen zu den Schranken der Meinungsfreiheit Art. 5 Abs. 1 S. 1 GG). Im Anschluss an diese Überlegungen ist aus dem Grundrecht der Pressefreiheit auch ein Gebot abzuleiten, nicht pauschal **Pressefreiheit und Persönlichkeitsrechte** gegeneinander abzuwägen. Vielmehr bedarf es der Bildung von Fallgruppen, die typische Kollisionen unterscheiden und dabei auch die Besonderheiten der Presse beachten. Dies berücksichtigt die Rechtsprechung auch, wenngleich dies nicht ausreichend dogmatisch differenziert wird. Dabei sind zB bestimmte ausdifferenzierte Teile eines Publikums und der ihnen entsprechenden Presse durch die Ausdifferenzierung von Regeln für bestimmte „Genres" zu berücksichtigen. Dies gilt etwa für die Satire (BVerfGE 85, 1 ff), für Literaturzeitschriften (anders BVerfG 46

AfP 1993, 476 – Böll/Henscheid). Zu beachten ist auch die Herausbildung unterschiedlicher „Reizschwellen“ für die Plakatierung oder bestimmte Zeitschriften (BGHZ 156, 206 – Hoechst; zur Namensnennung KG ZUM-RD 2007, 341 – Polit-Offizier)

47 **2. Pressehaftung.** Auch bei der Interpretation und Konkretisierung der **Sorgfaltspflichten** („Fahrlässigkeit“ bei der Pressehaftung) kommt es darauf an, die Maßstäbe „pressemäßig“ zu spezifizieren (*Löffler*, Presserecht (2006), 4. Kap. § 6 LPG Rn 208; BGH NJW 2000, 1036): Eine unter Aktualitätsdruck stehende Presse kann vor der Publikation von möglicherweise persönlichkeitsverletzenden Informationen nicht jedem Zweifel nachgehen, sie muss das Recht haben, sich auf zumutbare Varianten der Überprüfung zu beschränken. Im Übrigen ergeben sich aus einer „öffentlichen Aufgabe“ keine Rechtspflichten zulasten der Presse, insbesondere nicht die Verpflichtung, die Berichterstattung auf bestimmte, einem normativen Verständnis von Öffentlichkeit entsprechende Gegenstände zu beschränken. Die Risiken für die Betroffenen werden dadurch partiell kompensiert, dass auch die Möglichkeit der Durchsetzung eines eingeschränkten Widerrufs durch den Handelnden besteht, nämlich der Erklärung, dass man eine bestimmte Behauptung (nach Verbesserung der Informationslage) *nicht mehr* aufrechterhalten könne (BGH NJW 1984, 1102; Verdachtsberichterstattung: BVerfG v. 21.3.2007 – 1 BvR 2231/03; *Prinz/Peters*, Medienrecht, Rn 690). Die Pressefreiheit begrenzt auch die Haftung für Blogs, die sich wie die gedruckte Presse an die Öffentlichkeit richten (AG München ZUM-RD 2009, 164; dazu *Feldmann*, juris-ITR 15/2008 Anm. 4; AG Frankfurt/M. CR 2009, 60; zu weitgehend LG Hamburg AfP 2008, 219; allg. BGH NJW 2007, 2558).

48 Die Besonderheiten der Presse sind auch bei der **Unterscheidung zwischen Tatsachenbehauptung und Meinungsäußerung** (Wertung) zu beachten (BVerfGE 61, 1, 8; 65, 1, 41; 85, 23, 41; vgl jetzt aber für die Zukunft – Unterlassung, anders Schadensersatz – BVerfG, NJW 2006, 207). Dies ist vor allem wichtig bei der unvermeidlichen Verwischung der Grenzen in der Kommunikation; da „Tatsachenkern“ und „Wertungsrand“ von Begriffen vielfach nicht scharf abzugrenzen sind: Was bedeutet die Bezeichnung „IM“? Ist dies in einer ganz bestimmten bürokratisch standardisierten Sicht etwa der Staatsicherheit der früheren DDR zu verstehen oder reicht auch der systematische Kontakt mit deren Stellen aus, um diese Bezeichnung zu rechtfertigen (BVerfG NJW 2006, 207; dazu *Hochhuth*, aaO, 189)? Die Unbestimmtheit vieler Begriffe muss bei der Interpretation im Einzelfall stets im Lichte der damit verbundenen Öffnung oder Schließung einer öffentlichen Debatte im Interesse der Meinungs- und Pressefreiheit beachtet werden (BVerfGE 93, 266 – Soldaten). Auch hier muss beachtet werden, dass die gesellschaftlichen Konventionen über die Verwendung von Begriffen dem steten Wandel unterworfen sind und dies nicht durch rechtliche Festlegung durch Gerichte aufgehalten werden kann. Neue Probleme stellen sich bei der fehlerhaften Finanzanalyse von Journalisten, auch hier muss aber die Pressefreiheit Grenzen setzen (*Möllers*, AfP 2010, 107). Jedenfalls für die Presse muss auch die Haftung für die Setzung von Links begrenzt bleiben (*Heidrich*, MMR 2010, 725; zu BGH v. 14.10.2010 – I ZR 191/08).

49 **3. Zugangsrechte.** Die Problematik des Zugangsrechts (vgl oben zu staatlichen und öffentlichen Veranstaltungen) stellt sich unter dem Gesichtspunkt der **Drittwirkung** des Grundrechts der Pressefreiheit auch bei privaten Veranstaltungen (BVerfGE 50, 234, 239 ff; *Markfort*, ZUM 2006, 829; *Jarass/Pieroth*, GG, Art. 5 Rn 32; *Degenhart*, BK, Art. 5 Rn 388; *Paschke*, Medienrecht (2009), Rn 386), die sich an ein unbestimmtes Publikum wenden. Hier muss zunächst zwischen Veranstaltungen unterschieden werden, die sich eben an eine breite Öffentlichkeit wenden, und solchen, bei denen die Veranstalter den Teilnehmerkreis von vorneherein nach Sachgesichtspunkten begrenzt haben, etwa auf die Mitglieder einer Partei oder eines Verbandes. Entscheidungen des Veranstalters müssen auch bei Berücksichtigung der Pressefreiheit grundsätzlich respektiert werden. Anders ist dies aber bei Veranstaltungen, bei denen der Ausschluss der Berichterstattung nicht funktional gerechtfertigt werden kann; dies gilt etwa im Sport (vgl zur Rundfunkberichterstattung BGH K&R 2006, 190), für Konzerte, Theater etc. Hier muss § 826 BGB als potenzielle Anspruchsgrundlage für ein Recht auf Zugang grundsätzlich im Lichte der Bedeutung der Pressefreiheit interpretiert werden, dh die Verweigerung des Zutritts für Presseberichterstatter ist grundsätzlich als „sittenwidrig“ anzusehen (*Degenhart*, BK, Art. 5 Rn 388). Das folgt daraus, dass die Adressierung der Veranstaltung an die Öffentlichkeit auch die Presse als eine Institution zur Beobachtung von Öffentlichkeitsphänomenen mit einbeziehen muss.

50 Die objektiv-rechtliche Dimension des Grundrechts schließt hier an den in der Generalklausel enthaltenen Verweis auf den **Institutionenschutz** (hier der Öffentlichkeit) an: Man kann die Bekanntmachung einer Veranstaltung selbst bestimmen. Wenn man sich aber an die Öffentlichkeit wendet, muss man

deren Institutionen mit einbeziehen. Dies wird auch bestätigt durch den Gesichtspunkt des damit verbundenen Schutzes der Besucher öffentlicher Veranstalter, die sonst ohne professionelle Kritik blieben. Auch hier geht es aber im Falle der Verweigerung des Zugangs nicht um einen Eingriff in die Pressefreiheit, sondern um einen zivilrechtlichen Anspruch, der sich aus § 826 BGB – interpretiert unter Beachtung der objektiv-rechtlichen Dimension des Grundrechts der Pressefreiheit – ableiten lässt. Eine ausdrückliche gesetzliche Anerkennung haben Zugangsrechte der Presse im Versammlungsrecht (§ 6 Abs. 1 VersG) gefunden. Ähnliches gilt für die Einschränkungen der Medien in der Pressearbeit (Beschränkung des Fotografierens o.ä.). Sie sind nur zulässig, soweit sie sachlich begründet sind (zB Vermeidung von Blitzlicht etc.).

4. Zugangsrechte der Presse zu (beschränkt öffentlichen) privaten Pressekonferenzen. Von Einladungen zu privaten, etwa von Verbänden oder Unternehmen veranstalteten **Pressekonferenzen** können bestimmte Presseangehörige auch nur mit nichtwillkürlicher Begründung ausgeschlossen werden. Zwar besteht keine Pflicht, Einladungen ohne Diskriminierungen auszusprechen, aber ein nichteingeladener, dennoch erschienener Presseberichterstatter kann nicht ohne Begründung von einer faktisch öffentlichen Pressekonferenz eines privaten Unternehmens ausgeschlossen werden. Eine besondere Problematik stellt sich hier bei privatrechtlich organisierten (Landes-)Pressekonferenzen, die als Vereine organisiert sind. Aus politischen oder sonstigen Gründen können bestimmte Presseangehörige zwar von der Mitgliedschaft im Verein ausgeschlossen werden (Art. 9 Abs. 1 GG – Vereinsfreiheit; vgl zur Koalitionsfreiheit BVerfGE 100, 214), sie müssen aber dennoch durch Information die Möglichkeit zur Teilnahme an den Veranstaltungen von Pressekonferenzen erhalten, die der Verteilung von Informationen an eine Mehrzahl von Presseangehörigen dienen (OLG Stuttgart NJW 1972, 877). Hier wendet sich der Öffentlichkeitsanspruch der Presse gegen sie selbst, auch dies ist eine Folge der objektiv-rechtlichen Dimension der Pressefreiheit, die zu einer gewissen Selbstbindung der Presse führt. 51

5. Die Rechtsstellung von Einrichtungen wie der „Presserat“. Die privatrechtlich organisierte Selbstkontrolle der Presse, etwa in Gestalt des **„Presserats“** (vgl *Bermes*, Presseselbstkontrolle, 1991), ist ebenfalls von der Pressefreiheit umfasst. Der Presserat kann sich grundsätzlich aber auch über Nichtmitglieder äußern. Bei seinem Verfahren sind aber die Folgewirkungen seiner Institutionalisierung im Schutzbereich der Pressefreiheit nicht nur bei der Bestimmung der inhaltsbezogenen Standards von Bewertungen zu beachten (*Gostomzyk*, UFITA 2005, 775), sondern auch als Ausdruck der Selbstbindung der Presse bei der Wahrnehmung der Funktion der Selbstbeobachtung prozeduraler Grundsätze zu beachten, insbesondere das Recht auf rechtliches Gehör. 52

6. Privater Geheimnisschutz und Öffentlichkeitsauftrag der Presse. Wegen der Erweiterung des Schutzbereichs der Pressefreiheit um ihre institutionelle „Infrastruktur“ ist auch der **Geheimbereich der Redaktion** grundsätzlich gegen private Ausforschung geschützt (BGHZ 80, 25; BVerfGE 66, 116 – Wallraff; *Löffler*, Presserecht (2006), § 1 Rn 62; *Degenhart*, BK, Art. 5 Rn 407). Umgekehrt sind auch Interna anderer privater Organisationen geschützt; anders ist dies, wenn es um die Aufdeckung von Manipulationen geht (OLG München AfP 2005, 371 – Schleichwerbung). Allerdings ist dann die Befugnis von Veröffentlichungen auch darauf beschränkt. Umgekehrt gilt dies auch für Täuschungen, die ein Presseangehöriger im Zusammenhang mit investigativer Arbeit verübt. Insbesondere das Urteil der „Sittenwidrigkeit“ einer bei dieser Gelegenheit verübten unerlaubten Handlung ist dann nur unter Berücksichtigung der Öffentlichkeitsfunktion der Presse zu konkretisieren. 53

7. Arbeitskämpfe. Auch Presseunternehmen können legitimer Gegenstand von **Arbeitskämpfen** sein, soweit sie wirtschaftliche Fragen zum Ziel haben. Der Kampf gegen die „Tendenz“ von Unternehmen ist damit nicht vereinbar (*Löffler/Ricker*, Handbuch (2005), Kap. 4 Rn 23 ff). Es ist aber unzulässig, Kommunikationen im Arbeitskampf einer Zensur zu unterwerfen („weiße Flecken“); dies gilt auch dann, wenn der Verleger seinerseits in den redaktionellen Teil zu den Zielen des Arbeitskampfes Stellung nimmt. 54

8. Drittwirkung gegen die Presse – Pflicht zum Abdruck von Anzeigen? Eine Pflicht zum Abdruck von vor allem **politischen Anzeigen** in der Presse ist zum Gegenstand einer Kontroverse geworden (verneinend BVerfGE 42, 53, 62; offen gelassen in BVerfGE 48, 271, 278; *Löffler/Ricker*, Handbuch (2005), § 47 Rn 17 ff). Hier geht es darum, ob der Presse ihrerseits ein Diskriminierungsverbot unter dem Gesichtspunkt der objektiv-rechtlichen Dimension des Grundrechts im Hinblick auf politische Bewegungen auferlegt werden darf. Hier ist zu berücksichtigen, dass auch der Abdruck von Anzeigen – selbst wenn er deutlich von einer redaktionellen Kommunikation abgekoppelt ist – dem Unternehmen mindestens partiell auch als Kommunikation zuzurechnen ist, da es ja der Annahme bedarf und in der 55

Öffentlichkeit der Eindruck entstehen kann, dass die Zeitung dann, wenn es ums Geld geht, ggf ihre Grundsätze aufgibt. Selbst bei Monopolzeitungen darf deshalb nicht von einer Pflicht zur Annahme von Anzeigen ausgegangen werden, auch wenn im Übrigen keine rechtlichen Bedenken gegen den Abdruck besteht. Anders kann dies bei der Diskriminierung von Unternehmen sein (§ 20 GWB).

56 **9. UWG – Gratiszeitungen, Anzeigenblätter.** Die Presse muss bei der rechtlichen Bewertung ihrer Methoden der Werbung selbst nicht privilegiert werden gegenüber anderen Unternehmen. Ein gravierendes Problem des UWG ist aber durch das Auftreten von **Gratiszeitungen** entstanden. Die Rechtsprechung hat deren Verteilung nicht als unvereinbar mit den Lauterkeitsregeln des Wettbewerbs angesehen, und zwar auch unter Berücksichtigung der Pressefreiheit, soweit nicht die Existenz der Presse selbst gefährdet werde (BGHZ 157, 55; *Holznagel*, MP 2006, 529; *von Danwitz*, Der Gratisvertrieb anzeigenfinanzierter Tageszeitungen im Wettbewerb der Presseorgane, 2002). Das sei aber wegen der höheren Qualität der redaktionellen Arbeit von „Bezahlzeitungen“ nicht zu erwarten, da sie eine andere Leistung im Wettbewerb entgegensetzen könnten. Dies erscheint nicht unbedenklich, da das Kriterium der Gefährdung des *Bestandes* der Presse kaum praktikabel ist: Ein Problem für die institutionelle, Vielfalt gewährleistende Pressefreiheit ergibt sich schon dann, wenn die Qualität der Berichterstattung wegen der Einschränkung der redaktionellen Arbeit sinkt. Dies ist aber durchaus nicht unwahrscheinlich. Deshalb spricht mehr dafür, hier den Schutz der Pressefreiheit auch auf die finanzielle Grundlage der Presse und ihre Abwehr gegen Gefährdung durch Private zu erstrecken, soweit es um die Vielfalt der Berichterstattung geht.

57 Bei den **Anzeigenblättern**, die sich durch eine relativ geringe redaktionelle Leistung auszeichnen, hat sich schon früher ein ähnlicher Konflikt entwickelt (BGHZ 116, 47, 54 ff). Hier hat sich inzwischen die Auffassung durchgesetzt, dass sie sich in ihrem Angebot deutlich von Bezahlzeitungen unterscheiden und deshalb ihr Angebot nicht wettbewerbswidrig ist. Dies erscheint im Ansatz durchaus plausibel, wenngleich auch hier gerade eine Schmälerung der finanziellen Grundlage der Bezahlpresse zu befürchten ist, wenn Anzeigen zu einem erheblich niedrigeren Preis angeboten werden. Zum Teil werden dadurch allerdings in Anzeigenblättern auch Anzeigen für den Verkauf geringwertiger Gegenstände eingeworben, für die sich eine höher bezahlte Anzeige nicht lohnen würde.

IX. Leistungsdimension der Pressefreiheit im Einzelnen

58 **1. Abgrenzung.** Unter I bis IV sind vor allem zwei Dimensionen des Grundrechtschutzes, die Eingriffsabwehr und die objektiv-rechtliche Dimension, im Hinblick auf die Pressefreiheit dargestellt worden. Davon zu unterscheiden ist die leistungsrechtliche Komponente des Grundrechts. Insbesondere die ihrerseits verschiedenen Wirkungen der objektiv-rechtlichen Dimension sind von der leistungsrechtlichen nicht grundsätzlich scharf zu trennen. Deren Besonderheit besteht im Schutz des Grundrechts durch Einräumung von **Leistungsrechten** und ihrer institutionellen Konturierung. Gegenüber den Schutzpflichten (bzw ggf den Schutzrechten) besteht die Besonderheit der Leistungsdimension darin, dass es hier um die Gestaltung von (zunächst) bipolaren Beziehungen zwischen Staat und Presseunternehmen geht, eine Komponente des Drittschutzes kommt dadurch ins Spiel, dass die Interessen von Konkurrenten zu berücksichtigen sind. Auch die Gestaltung der Leistungsdimension ist im Einzelnen durch Gesichtspunkte des objektiv-rechtlichen Grundrechtschutzes charakterisiert. Dessen besonderer Akzent ist aber durch die Berücksichtigung der Interessen der Allgemeinheit an der Institution Presse bestimmt.

59 **2. Zugang zu beschränkt öffentlichen Veranstaltungen.** Bei **staatlich-öffentlichen Veranstaltungen**, die nur einem aus räumlichen Gründen beschränkten Teilnehmerkreis zugänglich sind (Parlamentssitzungen, Gerichtsverhandlungen etc.) steht neben dem allgemeinen Recht auf Zugang ein besonderes Leistungsrecht der Presseunternehmen auf privilegierte Zulassung (vgl *Jarass/Pieroth*, GG, Art. 5 Rn 31). Im Einzelnen kann auch eine diskriminierungsfreie Auslosung zulässig sein. Im Vordergrund steht aber ein unmittelbares Recht des Presseunternehmens auf Zugang zu Berichterstattung durch Reservierung von Plätzen – dies ist die leistungsrechtliche Dimension. Ähnliches gilt für den Zugang zu Archiven (vgl nur § 5 Abs. 1 BArchG), auch dies wird durch die leistungsrechtliche Dimension gewährleistet.

60 **3. Subventionen. Subventionen** der Presse sind grundsätzlich zulässig (*Hoffmann-Riem*, AK-GG, Art. 5 Abs. 1 Rn 199; BVerfGE 80, 124, 133 – Postzeitungsdienst). Ihr Gegenstand kann neben der Geldleistung auch in Sach- und Leistungszuwendungen bestehen. Problematisch sind v.a. Leistungen, die in einer Grauzone erfolgen, wie privilegierte Beteiligung an den Reisen eines Ministers. Hier ist zunächst festzuhalten, dass insoweit keine Ansprüche auf Leistungen unmittelbar aus dem GG abge-

leitet werden, allerdings zeigen sich Probleme bei der rechtlichen Abwicklung der tatsächlich gewährten Leistung. Hier besteht die Gefahr der Diskriminierung von Journalisten bzw der Privilegierung von regierungsnahen Berichterstattern. Im Allgemeinen besteht nach hM kein Gesetzesvorbehalt für die Leistungsverwaltung, eine Ausnahme gilt aber hier: Die objektiv-rechtliche Dimension des Grundrechts der Pressefreiheit verlangt eine ex ante erfolgende Fixierung der Bedingungen der Subventionierung in der Form von Gesetzen. Daraus ergibt sich zunächst die Pflicht, die Gewährung solcher Leistungen in einer Verwaltungsvorschrift genauer zu spezifizieren, soweit es sich um Leistungen unterhalb der unmittelbaren **Subvention** handelt (zB Beteiligung von Journalisten an Dienstreisen etc.; OVG Berlin OVGE 13, 108, 114 f). Dies wäre die Folge einer verfassungsrechtlichen Seite der objektiv-rechtlichen Dimension der Pressefreiheit. Bei Subventionen ieS wird man aus dem Grundrecht der Pressefreiheit einen formalen Schutz derart ableiten können (*Hoffmann-Riem*, AK-GG, Art. 5 Abs. 1 Rn 199), dass dies einer gesetzlichen Grundlage bedarf, die Diskriminierungen ausschließt und für Transparenz sorgt. Dieses Gebot wird man auch als Schutznorm zugunsten Dritter ansehen können, so dass bei Verstößen konkurrierende Presseunternehmen einen Unterlassungs- bzw Rückforderungsanspruch (zugunsten des Staates) geltend machen können (in diesem Sinne OLG Frankfurt/M. WRP 1993, 403: kommunale Subvention eines Anzeigenblatts). Dieser Grundsatz hat drittschützende Wirkung. Daraus folgt für Konkurrenten die Möglichkeit einer negativen oder positiven Konkurrentenklage. Nicht nur das Diskriminierungsverbot, auch der formale prozedurale Schutz der Pressefreiheit hat Anteil an der drittschützenden Wirkung, so dass der Konkurrent auch gegen eine gesetzlose Leistung klagen kann.

4. Zugang zu Akten. Aus den bisherigen Vorschriften über die **Auskunftspflicht des Staates** gegenüber der Presse (zu deren funktionaler Grenze VG Saarland AfP 2006, 596; zum Verpflichteten VG München AfP 2006, 292; BGH NJW 2005, 1720; auch gegenüber privatrechtlich organisierter kommunaler Gesellschaft: LG München I JZ 2007, 307 m.Anm. *Zieglmeier*; VG Arnsberg AfP 2007, 69: keine Zahlungspflicht für Auskünfte) ergab sich noch kein Anspruch auf Akteneinsicht. Darüber könnte die Behörde nach Ermessen im Rahmen der Entscheidung über die Auskunftsgewährung verfügen. Nach dem Inkrafttreten des Informationsfreiheitsgesetzes (IFG; vgl die Übersicht von *Schoch*, DÖV 2006, 1; vgl auch *Püschel*, AfP 2006, 401) hat auch die Presse einen Anspruch auf Einsicht in Akten der Verwaltung, der allerdings bestimmten Einschränkungen unterliegt. Ob der Anspruch dem Grunde nach auch aus Art. 5 Abs. 1, 2 GG abzuleiten ist, erscheint zweifelhaft (*Thum*, AfP 2005, 30). Man kann aber aus der objektiv-rechtlichen Dimension jedenfalls eine Schutzpflicht derart ableiten, *dass* der Staat den Anspruch auf Akteneinsicht nicht nur auf Verfahrensbeteiligte beschränken darf, sondern ein solches Recht auch der Presse einräumen muss, wenngleich dadurch nicht die Befugnis zur Beschränkung des Zugangs im Einzelnen durch die Notwendigkeit der Berücksichtigung konkurrierender Interessen ausgeschlossen ist. 61

X. Träger des Grundrecht

1. „Jedermann“. Das Grundrecht der Pressefreiheit ist zunächst ein typisches Menschenrecht, es ist nicht auf deutsche Staatsangehörige beschränkt. Es kann gegenüber dem Staat von **Verlegern, Journalisten, Grossisten** etc. geltend gemacht werden. Eine Drittwirkung zwischen Verleger und Journalisten ist aber abzulehnen; dies liefe zwangsläufig auf eine Verschiebung des Verhältnisses zwischen Abwehrrecht und objektiv-rechtlicher Dimension der Pressefreiheit hinaus, die mit der privatwirtschaftlichen Struktur der Presse nicht vereinbar ist. 62

2. Juristische Personen. Das Grundrecht der Pressefreiheit ist im Sinne von Art. 19 Abs. 3 GG „seinem Wesen nach“ durch juristische Personen auszuüben. Wegen des gemeinschaftsrechtlichen Diskriminierungsverbots (Art. 12 EGV) gilt dies auch für europäische juristische Personen des Privatrechts ohne Einschränkung. 63

Anders ist dies für **juristische Personen des öffentlichen Rechts** zu sehen. Grundrechte können nicht durch den Staat oder andere öffentlich-rechtliche juristische Personen ausgeübt werden, es sei denn, sie wären selbst dem geschützten „Lebensbereich“ zuzuordnen (BVerfGE 31, 314, 322). Dies ist bei der Pressefreiheit grundsätzlich zu verneinen. Soweit öffentlich-rechtliche juristische Personen Informationsblätter herausgeben, machen sie nicht vom Grundrecht der Pressefreiheit, sondern von einer Kompetenz Gebrauch. Etwas anders ist dies für die im Bereich der gesellschaftlichen Kommunikation selbst zuzuordnenden juristischen Personen, insbesondere für den öffentlich-rechtlichen Rundfunk (BVerfGE 31, 314, 322) und die Universitäten (BVerfGE 15, 256, 261; nach VGH Baden-Württemberg 64

ZUM 2007, 231: Hochschulen auch für die Rundfunkfreiheit). Sie können in ihren Funktionsbereichen auch Druckschriften herausgeben, deren Inhalt den Grundrechtsschutz in gleicher Weise in Anspruch nehmen kann wie die private Presse. Für beide ist der Freiheitsschutz aber dem eigentlichen Funktionsgrundrecht als „Annex" zuzuordnen, weil sich daraus auch die gegenständliche Begrenzung der „Pressetätigkeit" ergibt. – Der Staat oder Minister (in ihren Amtsbereichen) können sich dagegen nicht auf die Pressefreiheit berufen. Auch soweit der Staat seiner Funktion entsprechend Informationen verbreitet und diese durch sein Personal kommentieren lässt, kann er sich nicht auf die Pressefreiheit berufen. Im Ergebnis bedeutet dies aber keinen großen Unterschied, da die Verbreitung von Informationen und ihre Kommentierung durch Minister oder staatliches Personal durchaus im Funktionsbereich der Exekutive liegt (Öffentlichkeitsarbeit). Dabei muss dem staatlichen Personal auch eine Freiheit der Wertung grundsätzlich zugestanden werden. Anders ist dies etwa bei Lehrern, die sich in einer Schul- bzw Schülerzeitung äußern: Sie können sich grundsätzlich auf die Pressefreiheit berufen, wenngleich deren Ausübung Einschränkungen aus dem Verfügungsrecht des Staates über die Schule nach Art. 7 Abs. 1 GG unterliegt. Im außerschulischen Bereich unterliegt die Meinungsfreiheit des Lehrers nur soweit Beschränkungen, als keine unmittelbare Gefährdung der amtlichen Tätigkeit des Lehrers zu erwarten sein darf (*Groß*, VR 2005, 261 ff).

XI. Schranken der Pressefreiheit /Ausgestaltungsgesetze

65 **1. Schrankengesetze als allgemeine Gesetze.** Die Schranken der Pressefreiheit sind die gleichen wie die der Meinungsfreiheit: Sie bestehen in den **„allgemeinen Gesetzen"** im Sinne von Art. 5 Abs. 2 GG (BVerfGE 7, 198, 211; genauer 95, 220, 235 f; *Jarass/Pieroth*, GG, Art. 5 Rn 55 ff). Davon zu unterscheiden sind – wie erwähnt – die „Ausgestaltungsgesetze", die die Funktion der Pressefreiheit (weniger der Meinungsfreiheit) ausdifferenzieren und verschiedene Komponenten (Freiheit des Journalisten, Schutz des Rezipienten etc.) einander zuordnen (*Hoffmann-Riem*, AK-GG, Art. 5 Abs. 1 Rn 158; *Ruck*, AöR 1992, 543). Deshalb kann hier im Einzelnen auf die Kommentierung zu Art. 5 Abs. 1 Satz 1 und Abs. 2 GG (Meinungsfreiheit) verwiesen werden. Zu beachten ist allerdings im Rahmen der Abwägung, die das BVerfG im Einzelfall als durch Art. 5 Abs. 1, 2 GG als gewährleistet ansieht, dass keine pauschale Interessenabwägung vorgenommen werden darf (vgl im Einzelnen *Schulz*, Rn 421 ff).

66 Es gehört auch zum Schutz der Pressefreiheit die Möglichkeit, die Selbstorganisation und Ausdifferenzierung unterschiedlicher Formen der Presse, die **Fragmentierung von Teilöffentlichkeiten** in unterschiedlichen Genres (literarische Öffentlichkeit, politische Unterhaltungsöffentlichkeit etc.), für die spontan jeweils besondere Regeln und Verhaltenserwartungen herausgebildet werden. Diesen Differenzierungsprozess muss die Rechtsprechung bei der Konkretisierung des Begriffs des „allgemeinen Gesetzes" und seiner Anwendung dadurch berücksichtigen, dass diese unterschiedlichen pressespezifischen Regeln zunächst beobachtet und in den Abwägungsprozess eingestellt werden. Erst auf dieser Grundlage dürfen konkurrierende Interessen wie Persönlichkeitsrechte gegen die Pressefreiheit in Anschlag gebracht werden.

67 **2. Ausgestaltungsgesetze.** Ausgestaltungsgesetze sind solche Gesetze, die verschiedene Dimensionen der Pressefreiheit aufeinander abstimmen, zum Ausgleich bringen oder Rangabstufungen vornehmen (*Jarass/Pieroth*, GG, Art. 5 Rn 33; *Hoffmann-Riem*, AK-GG, Art. 5 Rn 158; *ders*., Duale Rundfunkordnung (2000), 97 ff, 107). Hier gilt als Kontrollmaßstab ein eingeschränktes Verhältnismäßigkeitsprinzip: Die Eignung des Gesetzes zur Gewährleistung einer angemessenen Verhältnisbestimmung zwischen verschiedenen Komponenten der Pressefreiheit ist zu prüfen, nicht aber die Erforderlichkeit, weil es hier nicht den Maßstab eines Vorrangs des milderen Mittels geben kann (hier werden unterschiedliche Komponenten des gleichen Grundrechts einander zugeordnet): Im Übrigen reduziert sich die Prüfung der Verhältnismäßigkeit im engeren Sinne auf eine Kontrolle der Angemessenheit, die dem Gesetzgeber einen gewissen Gestaltungsspielraum einräumt. Die Ausgestaltungsgesetzgebung hat allerdings im Vergleich zur Rundfunkfreiheit hier nur eine untergeordnete Bedeutung.

B. Rundfunkfreiheit

I. Vorfragen des Grundrechtsverständnisses

68 **1. Rundfunkfreiheit – Sonderfall der Dominanz der objektiv-rechtlichen gegenüber der Eingriffsabwehrdimension des Grundrechts. a) Dominanz der objektiv-rechtlichen Dimension.** Zu beinahe allen Grundrechten hat die Rechtsprechung des BVerfG neben der traditionellen Eingriffsabwehrfunktion

der liberalen Grundrechte gegen den Staat als Urheber von „Eingriffen“ deren objektiv-rechtliche Dimension gestellt (s.o. zur Pressefreiheit), die in unterschiedlicher Weise v.a. die liberalen Abwehrrechte abstützt. Daraus können sich aber über die Drittwirkung der Grundrechte im Privatrecht (s.o. Pressefreiheit) auch Rückwirkungen ergeben, die die private Grundrechtsausübung über den Schutz vor Eingriffen des Staates hinaus beschränken. Nur bei der Rundfunkfreiheit ist die Entwicklung dieser **objektiv-rechtlichen Dimension** des Grundrechtsschutzes dominant gegenüber der Eingriffsabwehrfunktion. Am deutlichsten kommt dies in der Vorgabe des Ziels der Schaffung einer „positiven Ordnung“ für den Rundfunk durch die Gesetzgebung zum Ausdruck (BVerfGE 12, 205, 262 f; 57, 295, 320 f, 325; 90, 60, 88). Der Normalfall der Grundrechtsbeschränkung setzt zunächst die Handlungsfreiheit des Individuums voraus, um sie dann ggf an der Überschreitung einer „Schadensgrenze“ (Verletzung eines anderen) durch Schrankengesetze zu hindern. Daraus ergibt sich die Vermutung für die Zulässigkeit grundrechtlich geschützten Handelns. Dies ist anders bei der Rundfunkfreiheit: Das BVerfG geht in seiner Rechtsprechung ausnahmsweise von einem Gesetzesvorbehalt zulasten der Freiheit des Einzelnen aus: Dh ohne gesetzliche Grundlage ist die Ausübung der Rundfunkfreiheit von vornherein unzulässig (BVerfGE 57, 295, 320; 73, 118, 153; 83, 238, 296; *Hoffmann-Riem*, AK-GG, Art. 5 Abs. 1 Rn 137).

b) Gewährleistung einer „positiven Ordnung“. Daraus ergibt sich zugleich das Erfordernis einer Zulassungskontrolle, die gegenüber dem öffentlich-rechtlichen Rundfunk in Gestalt einer Zulassung durch Gesetz und im Falle der privaten Veranstalter (in der dualen Rundfunkordnung) in Gestalt einer Zulassung durch Verwaltungsakt realisiert wird. Das Pendant zum Vorrang der objektiv-rechtlichen Dimension der Rundfunkfreiheit, die „positive Ordnung“ (*Dörr*, ZUM 1997, 337, 353) einer Vielfalt von Ideen und Angeboten, besteht in der Vorgabe einer Funktion, der Gewährleistung von Vielfalt, die anders als bei der Presse nicht „negativ“ die zunächst bestehende Marktfreiheit begrenzt, sondern sie umgekehrt ex ante durch Verhaltensregulierung gegenüber den Veranstaltern in Form von Organisations- und Verfahrensgesetzen jedenfalls annäherungsweise erreichen soll. Dies ist bei den öffentlich-rechtlichen Veranstaltern durch die Organisation selbst zu gewährleisten, bei den Privaten sieht das BVerfG die Erreichbarkeit des Zieles einer **„positiven Ordnung“** der Vielfalt als strukturell durch die Orientierung der Programmgestaltung am Markt gefährdet an. Deshalb hat das Gericht den privaten Rundfunk unter geringe Anforderungen an die Vielfalt gestellt („Grundstandard“ – BVerfGE 73, 118, 157; 74, 297, 324 f; 83, 297; 87, 181, 199). Dies sei aber nur deshalb verfassungsrechtlich zulässig, weil der öffentlich-rechtliche Rundfunk die Vielfalt in der ganzen Breite der Anforderungen erfüllen müsse. Diese Rechtsprechung hat sich zunächst auf dem Hintergrund des Frequenzmangels entwickelt (BVerfGE 12, 205–1. Fernsehurteil), später hat das Gericht dann aber im Blick auf die sich abzeichnende Vervielfältigung der Sendemöglichkeiten die Besonderheiten gerade der finanziellen Voraussetzungen der Veranstaltung von Fernsehen und einer „Breitenwirkung, Aktualität und Suggestivkraft“ (BVerfGE 90, 60; vgl auch *Degenhart*, BK, Art. 5 Rn 623) in den Vordergrund gestellt. Ergänzend hat es die Abhängigkeit der Veranstaltung von einem hohen Kapitalaufwand als Begründung für die Aufrechterhaltung der funktionalen Betrachtungsweise angesehen, die die objektiv-rechtliche Dimension des Grundrechtschutzes der Eingriffsabwehrdimension vorordnet. 69

c) „Duale Rundfunkordnung“. Daraus hat sich nach der Zulassung des privaten Rundfunks der Übergang zu einer „dualen Rundfunkordnung“ ergeben, die ein gespaltenes Grundrechtsregime herausbildet (*Hesse*, Rundfunkrecht (2003), § 4 Rn 1 ff; *Ladeur*, FS E. Stein, 2002, S. 64). Deren Grundlagen sind inzwischen in der Literatur weitgehend anerkannt worden, wenngleich – wie noch zu zeigen sein wird – das Moment der Kollisionsordnung zwischen den beiden Regimes, die v.a. die Besonderheiten des öffentlich-rechtlichen Rundfunks gegen die Anpassung an die Marktorientierung der Privaten absichern müsste, institutionell weitaus weniger ausdifferenziert worden ist als die Rechtsverfassung der beiden in problematischer Vereinfachung so zu nennenden „Säulen“ der **„dualen Rundfunkordnung“**. Wie in der Kommentierung zu Art. 5 Abs. 1 Satz 2, 1. Alternative GG (Pressefreiheit) gezeigt worden ist, spielt auch dort die objektiv-rechtliche Dimension eine wichtige Rolle. Der Vergleich zeigt aber, dass dort von deren Dominanz über die abwehrrechtliche Komponente keine Rede sein kann. Das BVerfG misst dem Rundfunk wegen seiner besonderen Wirkung auch eine „besondere Bedeutung“ bei. Das Gericht hat die Rundfunkfreiheit auch als eine **„dienende Freiheit“** (BVerfGE 57, 295, 317; 87, 181, 197 f; 90, 60, 87; *Hoffmann-Riem*, Art. 5 Abs. 1 Rn 157; *Hesse*, Rundfunkrecht (2003), § 2 Rn 17) bezeichnet. Dies ist eine der Konsequenzen der zu gewährleistenden „positiven Ordnung“, deren Realisierung die Freiheit zu „dienen“ habe. Vielfalt bedeutet nach Auffassung des 70

BVerfG *rechtlich* gewährleistete Möglichkeit aller gesellschaftlichen Gruppen, „gleichgewichtig" zu Wort zu kommen (BVerfGE 12, 205, 262 f; 57, 295, 325).

71 Diese Verknüpfung von Kommunikation und **„gesellschaftlichen Gruppen"** (vgl zum Status *Hoffmann-Riem*, Art. 5 Abs. 1 Rn 164) lässt eine gewisse Fixierung auf die Nachkriegszeit erkennen, in der das Leben des einzelnen Individuums noch sehr stark durch die Zugehörigkeit zu Gruppen und Milieus geprägt war. Deren Sozialisationswirkung lässt in der Postmoderne nach. Das BVerfG hat sich die Wirkung der öffentlichen Kommunikation zunächst politikzentriert vorgestellt. Danach erfolgt eine Vorsortierung von „Themen", die über die Medien aggregiert werden in den Parteien und Verbänden, die daraus entscheidbare Alternativen entwickeln – bis zu einer Entscheidung im engsten Ring eines „konzentrischen Kreises" durch den Staat. Dies scheint in der Postmoderne nicht mehr als dominierendes Erklärungsmodell plausibel. Daraus ergeben sich Konsequenzen für die Konzeption der Rundfunkfreiheit, die nicht leicht institutionell zu verarbeiten sind. Jedenfalls folgt daraus die Notwendigkeit, auch den öffentlich-rechtlichen Rundfunk, der nicht mehr verlässlich durch Rückkoppelung an die statusbestimmenden, gesellschaftlich relevanten Gruppen gesteuert werden kann, genauer auf seine Funktionsfähigkeit im Hinblick auf die mit der „positiven Ordnung" der Rundfunkfreiheit verfolgten Ziele zu beobachten. Im Übrigen wird der Aufstieg einer „Unterhaltungsöffentlichkeit" (*Ladeur*, NJW 2004, 393) in diesem herkömmlichen vereinfachten Modell nicht ohne Weiteres abzubilden sein.

72 **2. Die Rundfunkurteile des BVerfG.** Die Bedeutung der „positiven Ordnung" der Rundfunkfreiheit schlägt sich konsequenterweise auch in einer Vielzahl von Gerichtsurteilen nieder (vgl den Überblick bei *Ladeur/Gostomzyk*, JuS 2002, 1145), die die Bedeutung der **„positiven Ordnung"** stark ausdifferenziert und bis in Einzelheiten der Organisation von Vielfalt durch Gesetz reichende Vorgaben aus der Rundfunkfreiheit abgeleitet haben. Das BVerfG hat seine Rechtsprechung schrittweise entwickelt, vom 1. Rundfunkurteil (BVerfGE 12, 205), in dem es noch um die grundrechtliche Einordnung des öffentlich-rechtlichen Rundfunks ging – gegenüber einem Versuch der Bundesregierung, in privater Form eine Art Staatsrundfunk neben den bestehenden öffentlich-rechtlichen Anstalten zu entwickeln bis zum Beginn der 90er Jahre. Erst im Jahre 2007 hat das Gericht in seinem zweiten Urteil zur Gebührenfinanzierung (BVerfGE 119, 181; dazu *Hain*, JZ 2008, 128; *Ory*, AfP 2007, 401, *Degenhart*, AfP 2008, 251; *Jungheim*, ZUM 2008, 493; vgl auch das erste Gebührenurteil BVerfGE 90, 60) des öffentlich-rechtlichen Rundfunks nach relativ großem zeitlichen Abstand ein weiteres Grundsatzurteil gefällt. In seinem zweiten Rundfunkurteil (BVerfGE 31, 314) hat das Gericht dann den öffentlich-rechtlichen Rundfunk mit einer missverständlichen Begründung der „öffentlichen Verwaltung" zugeordnet. Mit dem dritten Rundfunkurteil (BVerfGE 57, 295) beginnt die Entwicklung der **dualen Rundfunkordnung**, die das BVerfG in den folgenden Urteilen immer weiter ausdifferenziert hat (BVerfGE 73, 118; 74, 297; 83, 238). Das letzte Grundsatzurteil zur Kurzberichterstattung (§ 5 RStV) ist im Jahre 1998 ergangen (BVerfGE 97, 228), dies zeigt nur, dass die Grundlagen der verfassungsgerichtlichen Rechtsprechung von den politischen Parteien und anderen Betroffenen nicht mehr grundsätzlich in Frage gestellt werden, sondern indiziert auch eine neue Entwicklungsphase, die in einer Tendenz zur Zerfaserung der zunächst rechtlich scharf konturierten „dualen Rundfunkordnung" bestimmt wird und die sich in verfassungsrechtlichen Grundsatzfragen kaum mehr angemessen zur Geltung bringen lassen. Im Einzelnen wird auf die Rechtsprechung des BVerfG bei den entsprechenden Gliederungspunkten der Kommentierung eingegangen (vgl auch *Degenhart*, BK, Art. 5 Rn 647).

II. Rundfunkbegriff

73 **1. Bisheriger Kern der Funktionsgarantie.** Das GG hat – insofern modern – neben der individuellen Meinungsfreiheit auch Medienfreiheiten garantiert, die zunächst durch die damals bekannten Techniken ihre Kontur erhalten haben (Presse, Rundfunk, Film). Unter den Bedingungen der Vervielfältigung der „neuen Medien" gerät diese Systematik ins Wanken. Darauf kann reagiert werden, indem entweder die Dogmatik einer einheitlichen, wenn auch im Einzelnen auszudifferenzierenden **„Medienfreiheit"** entwickelt (*Hoffmann-Riem*, AK-GG, Art. 5 Abs. 1 Rn 138) oder die „neuen Medien" per analogiam entweder der Pressefreiheit oder der Rundfunkfreiheit zugeordnet werden. Im Ergebnis bedeutet dies aber keinen rechtlichen Unterschied des verfassungsrechtlichen Schutzes. Deshalb soll hier darauf nicht eingegangen werden. Begriffsbildend war jedenfalls zunächst – und dies gilt auch noch weiterhin für den Kernbereich der Rundfunkfreiheit – die Zentrierung um die Veranstaltungen und Verbreitung von Darbietungen für die Allgemeinheit mittels drahtlos oder längs eines Leiters verbreiteten elektrischen Schwingungen (vgl zum einfachgesetzlichen Rundfunkbegriff *Schulz*, Beck'scher

Kommentar, § 2 Rn 10 ff; zum verfassungsrechtlichen Rundfunkbegriff *Ricker/Schiwy*, Rundfunkverfassungsrecht (1997) B Rn 33 ff; *Degenhart*, BK, Art. 5 Rn 667; *Schütz*, Kommunikationsrecht (2005), Rn 207; zum Ladenfunk BVerwG ZUM 2006, 492). Dem entspricht auf der einfachgesetzlichen Ebene die Begriffsbildung der Gesetzgebung in § 2 RStV und den Landesmediengesetzen (vgl *Holznagel/Kibele*, in: Spindler/Schuster, 2008, § 2 RStV, Rn 17, 40).

Dieser Begriff war zunächst auch für die Grenzziehung geeignet, während er durch die Besonderheiten der **„neuen Medien“** mehr und mehr infrage gestellt wird. Verfassungsrechtlicher und gesetzlicher Rundfunkbegriff decken sich nicht: Der gesetzliche Begriff geht vom Kern des Programmrundfunks aus und orientiert sich an dessen Regulierung, während der verfassungsrechtliche Begriff offener für neue ggf auch weniger regulierungsbedürftige Erscheinungen elektronischer Medienkommunikation bleiben muss. Im Folgenden geht es zunächst um den klassischen Rundfunkbegriff. 74

2. Die Merkmale des Rundfunks im Einzelnen. a) Programmzentrierung. Der **Rundfunkbegriff** nimmt zunächst das Moment der „Darbietung“ auf (*Schulz*, Beck`scher Kommentar, § 2 Rn 45 ff), das dann über eine bestimmte Technik – die zunächst nur die terrestrische Übertragung war – „verbreitet“ wird. Im Angesicht der Vielzahl neuer Verbreitungstechniken muss die Zentrierung um die Programmleistung zunächst begriffsprägend derart bleiben, dass jedenfalls neuere Verbreitungsformen wie Kabel, Satellit ohne Weiteres dem Rundfunkbegriff zuzuordnen sind. Problematischer ist aufgrund seiner Technik das Internet, das – anders als die übrigen Techniken – zunächst auf die individuelle „Zustellung“ („Pull-Technologie“) festgelegt war. Dies ändert aber an der Einordnung in den Rundfunkbegriff dann nichts, wenn ein Programm –zunächst oder jedenfalls in einer dem bisherigen Programmformat entsprechenden Weise –über das Internet verbreitet wird. Hier haben sich inzwischen weitere Technologien ausdifferenziert, etwa die „Push-Technologie“, die nach bestimmten Wünschen des Nutzers einzelne Sendeformate durch den Veranstalter „zuschickt“. Auch dies ändert an der Einordnung nichts, solange eine gewisse Programmzentrierung erhalten bleibt und nicht prinzipiell nur einzelne redaktionell gestaltete Elemente auf Abruf versandt werden. Das Kriterium der **„nachrichtentechnischen Übertragung“** hat jedenfalls an Trennschärfe stark eingebüßt. Festzuhalten ist aber jedenfalls am Erfordernis einer gewissen räumlichen Entfernung zwischen Sender und Empfänger, deshalb sind Übertragungen von einem Raum eines Gebäudes in einen anderen nicht als Rundfunk einzuordnen. Anders sind aber Fahrgastinformationen in U-Bahn, Straßenbahn etc. zu bewerten (*Degenhart*, Art. 5 Rn 674). Das Kriterium schließt aber sog. Speichermedien, die die Information in verkörperter Form (Tonträger, Bildplatte etc.) „tragen“, vom Rundfunkbegriff aus. Das Merkmal der „Darbietung“ kennzeichnet den Programmbezug des Rundfunks (das Merkmal nimmt zunächst den Begriff der Berichterstattung aus dem Text von Art. 5 Abs. 1 Satz 2 GG auf). Dies gilt aber nur insofern, als eine gewisse redaktionelle Bearbeitung erforderlich ist und nicht nur einzelne Inhalte zum Abruf bereitgehalten werden. 75

b) Bedeutung des Begriffs der „Allgemeinheit“. Der Rundfunk setzt im Gegensatz zur Individualkommunikation die Adressierung an eine unbestimmte „Allgemeinheit“ voraus. Dazu gehören nicht Übertragungsdienste für besondere Einrichtungen wie der Polizeifunk, der Schiffsfunk etc. Hinzuzurechnen sind allerdings auch „Spartenprogramme“, solange ein „Sparteninteresse“ von einem unbestimmt bleibenden **Adressatenkreis** unterstellt wird, der nicht nach persönlichen Bezügen bestimmbar ist. Aus dem verfassungsrechtlichen Begriff des Rundfunks sind auch Dienste auszuschließen, die in geschlossenen Räumen (Hotelfunk), oder an ein anlässlich einer Großveranstaltung versammeltes (nicht zerstreutes) Publikum gesendet werden („public viewing“ bei Fußballspielen). Nach § 20 Abs. 3 S. 1 Nr. 2 RStV bedarf es allerdings auch hierfür nach dem Gesetz einer vereinfachten Zulassung. Insofern ist also der verfassungsrechtliche Begriff des Rundfunks zum Teil weiter und zum Teil enger als der einfachgesetzliche. Dies ist verfassungsrechtlich zulässig (zum Ladenfunk BVerwG ZUM 2006, 492). 76

c) Abgrenzung des Rundfunks von der Telekommunikation. Inzwischen ist weitgehend anerkannt, dass Rundfunk und Telekommunikation sich durch die Akzentuierung der Sendetechnik bzw des Programminhalts unterscheiden (*Hoffmann-Riem*, Duale Rundfunkordnung (2000), 89 ff). Dies war vor dem ersten Fernsehurteil noch streitig. Heute erhält die Frage neue Bedeutung dadurch, dass im Zuge der Konvergenz nicht nur der Medien, sondern auch von Medien und **Telekommunikation,** einzelne Telekommunikationsleistungen oder zB deren Standardisierung unmittelbare Auswirkungen auf die Programmseite haben können und die Zuordnung zur Rundfunkfreiheit oder zu Berufsfreiheit (Telekommunikation) dann nicht mehr ganz einfach ist. Dies hat auch Konsequenzen für die Notwendigkeit 77 der Kooperation von Landesmedienanstalten und Bundesnetzagentur bei der Spezifizierung von Zusatzdiensten, die für den digitalen Rundfunk von Bedeutung sind.

78 d) **Individual- und Massenkommunikation.** Die Adressierung an die „Allgemeinheit" (*Schulz*, Beck'scher Kommentar, § 2 Rn 40) schließt die Individualisierung des Zugriffs wie bei **„Video on demand"** aus. Die Vervielfältigung der Übertragungs- und Sendeformen bringt aber Übergangserscheinungen mit sich, die je nach Schwerpunkt eingeordnet werden müssen. Überwiegt ein vereinheitlichender Effekt der Übertragung (Near-video-on-demand), ist von Rundfunkübertragung auszugehen (*Hoffmann-Riem*, Duale Rundfunkordnung, S. 81 f, 184; vgl auch *Ricker/Schiwy*, Rundfunkverfassungsrecht (1997), B Rn 62 ff; video on demand: B Rn 64 ff). Individuelle Abrufdienste sind dem Rundfunk iwS zuzuordnen (BVerfGE 74, 297, 345, 350; enger *Degenhart*, BK, Art. 5 Rn 519 ff).

79 e) **(Tele-)Mediendienste insbesondere.** Die redaktionell gestalteten **Mediendienste** (vgl *Determann*, Kommunikationsfreiheit im Internet (1999), 526 f), die künftig mit den bisher davon unterschiedenen Telediensten (ohne redaktionelle Bearbeitung) im Telemedienrecht in einer einheitlichen Form reguliert werden (Telemediengesetz), sind einerseits dem Rundfunkdienst insofern ähnlich, als sie redaktionell gestaltet sind, andererseits sind sie aber für den individuellen Abruf bestimmt, dessen Ausübung auch nicht faktisch zur Versammlung eines relativ geschlossenen Publikums führt. Verfassungsrechtlich sind sie als Rundfunk iwS dem Schutzbereich der Rundfunkfreiheit zuzuordnen, doch folgt daraus nicht, dass sie auch in der gleichen Weise durch Regulierung auf die Gewährleistung einer „positiven Ordnung" hin festgelegt werden müssen oder dürfen. Hier besteht nicht mehr die typische Wirkung des Rundfunks, die zum Vorrang der objektiv-rechtlichen Dimension gegenüber der Eingriffsabwehrfunktion des Grundrechts geführt hat. Problematisch ist die Kompetenz einer Verwaltungsbehörde zur **Sperrung des Zugangs zu Mediendiensten**; vgl *Schütz*, Kommunikationsrecht (2005), Rn 660; *Engel*, AfP 1996, 220; *Ladeur*, ZUM 2004, 1 ff; vgl OVG Münster MMR 2001, 347). Die Einordnung wird bei neuen Diensten, die flexibel angeboten werden, immer schwieriger (Handy TV: Wenn sie standardisiert sind, sind sie eher dem Rundfunk zuzuordnen).

III. Kern- und Randbereiche des Rundfunks

80 1. **Hörfunk und Fernsehen.** Zum Kernbereich der Rundfunkfreiheit mit der Folge der oben beschriebenen Dominanz der objektiv-rechtlichen Garantie und damit der Festlegung auf die regulatorische Gewährleistung einer „positiven Ordnung" der Vielfalt der Angebote sind **Hörfunk- und Fernsehprogramme** der bisherigen Art, die eine Mehrzahl von Programmelementen zu einem einheitlichen Angebot zusammenfassen und deshalb der Regelung bedürfen.

81 2. **Textdienste.** Textdienste sind, soweit sie für sich angeboten werden, nicht dem klassischen Rundfunkbereich zuzuordnen, dennoch sind sie als Rundfunk ieS durch die Rundfunkfreiheit geschützt. Im Bereich des öffentlich-rechtlichen Rundfunks sind sie aber dennoch unter dem Gesichtspunkt der Funktionsgarantie anzusiedeln, da sie eine wichtige Hilfsfunktion zur Erfüllung der Programmaufgabe übernehmen. Für private Rundfunkveranstalter ist dies ohne Bedeutung, da sie ohnehin auch außerhalb des Rundfunks im klassischen Sinne tätig werden dürfen.

82 3. **Near-video-on-demand.** Auch near-video-on-demand ist dem Rundfunk ieS zuzuordnen, da die Sammlung des Adressatenkreises durch die zeitliche Flexibilisierung des Abrufs nicht in Frage gestellt wird.

83 4. **(Tele-)Mediendienste.** Ähnliches (wie unter c.) gilt auch für (Tele-)Mediendienste: Diese sind nicht als Rundfunk im klassischen Sinne zu bezeichnen (allg. *Grzeszick*, AöR 1998, 173). Dennoch konnten sie in beschränktem Umfang auch von öffentlich-rechtlichen Rundfunkveranstaltern angeboten werden, soweit ein **„Programmbezug"** mit dem klassischen Rundfunkauftrag besteht, § 4 Abs. 3 ARD-StV; § 4 Abs. 3 ZDF-StV. Diese Beschränkung ist durch den 12. RStV weitgehend aufgegeben worden (s.u. Rn 115). Nach EG-Recht besteht eine Verpflichtung, das Angebot von Mediendiensten durch öffentlich-rechtliche Veranstalter besonders mit dem öffentlichen Auftrag zu legitimieren. Dies muss in Zukunft auch aus der „Dualen Rundfunkordnung" abgeleitet werden, die um eine Kollisionsordnung ergänzt werden muss, die die Aufgaben außerhalb des klassischen Rundfunks auf professioneller Grundlage von außen beobachtet. Dies ist eine zulässige gesetzliche Ausgestaltung (s.o.), die die Rundfunkanstalten auf die eigentliche Kernaufgabe, die Produktion und Verbreitung von Programmen in klassischem Sinne festlegt. Auch dies ist für private Veranstalter ohne Bedeutung, da sie frei sind, auch Mediendienste zu verbreiten. Allerdings stellt sich die Frage, ob und wieweit Mediendienste wegen

ihres Zusammenhangs mit dem klassischen Rundfunkangebot eines privaten Veranstalters auch der besonderen Rundfunkaufsicht unterliegen. Teleshopping (*Hoffmann-Riem*, AK-GG, Art. 5 Abs. 1 Rn 153) ist je nach Angebotsform Rundfunk im engeren Sinne oder ein Telemediendienst, der nur im weiteren Sinne als Rundfunk einzuordnen ist. Soweit es sich um einen Telemediendienst handelt, der im Rahmen eines Rundfunkprogramms zur Finanzierung verbreitet wird, unterliegt er allerdings der Rundfunkaufsicht (*Degenhart*, BK, Art. 5 Rn 696; zu Suchmaschinen: *Kühling/Gauß*, ZUM 2007, 881).

5. „Handy-TV". Auch die **Übertragung von Bewegtbildern über Mobiltelefonie** wird in Zukunft große Bedeutung haben. Ihre Einordnung ist insofern wiederum nicht leicht, als wegen der geringen Größe des Displays wohl eher kurze Programmsequenzen abgerufen bzw über die „Push-Technologie" auf das Gerät aufgespielt werden. Soweit die öffentlich-rechtlichen Rundfunkveranstalter auf diese Weise Teile ihres Programms verbreiten, sind sie als Teil des (zulässigerweise veranstalteten) Rundfunks iwS einzuordnen, dessen Verbreitung aber wegen des unklaren Verhältnisses ihrer Kernfunktion einer gesetzlichen Regulierung bedarf (*Reinemann*, ZUM 2006, 523; vgl auch zur Frage der Einschaltung eines neuen Expertengremiums zur Aufsicht über neue Programmelemente *Hoffmann-Riem*, Duale Rundfunkordnung (2000) 205). Handy-TV ist nicht als eine bloße weitere Verbreitungsform von „Programmen" anzusehen, weil die Einheit eines Programms hier von vornherein nicht mehr besteht (anders als bei der Verbreitung des klassischen Programms über Kabel und Satellit). Hier ist auch das Verhältnis zwischen dem Betreiber der technischen Plattform und dem Inhalteanbieter unklar geworden. Dies erfordert neue prozedurale und planerische Vorgaben des Gesetzgebers (*Ory*, ZUM 2007, 7, 11). Handy-TV im DMB-Standard wird zurzeit als Pilotprojekt betrieben (dies ist nach VG Stuttgart MMR 2006, 569 zulässig – sehr zweifelhaft). 84

6. Rundfunk – Kompetenzen von Bund und Ländern. Die Regulierung des Rundfunks fällt in die **Kompetenz der Länder** (so schon das BVerfG im 1. Fernsehurteil, BVerfGE 12, 205, 237; *Hesse*, Rundfunkrecht (2003), § 2 Rn 3 ff), das Gleiche gilt für die Regulierung der Mediendienste. Für die Teledienste hat bisher der Bund eine Kompetenz in Anspruch genommen. Künftig gelten die allgemeinen Bestimmungen des Telemediengesetzes des Bundes und für beide Dienstvarianten die inhaltlichen Anforderungen des Staatvertrags über Rundfunk und Telemedien (ab 2007). Ein Koordinationsproblem stellt sich wegen der inhaltlich relevanten technologischen Entwicklung der Telekommunikationsinfrastruktur des Rundfunks (insbesondere bei der Verteilung von Frequenzen; vgl zum Staatseinfluss BVerfGE 83, 238, 323; VG Saarl 1.10.2010 – 11 K 915/08). Hier besteht ein Gebot der Rücksichtnahme bei der Ausübung der jeweiligen Kompetenzen (*Schulz/Vesting*, Frequenzmanagement und föderale Abstimmungspflichten, 2000). 85

IV. Träger der Rundfunkfreiheit

1. Öffentlich-rechtliche Anstalten. a) Rechtsnatur – kein Staatsrundfunk. Trotz ihrer Zuordnung zu ihrer „öffentlichen Verwaltung" im 2. Fernsehurteil (BVerfGE 31, 314, 320 ff) sind die öffentlich-rechtlichen Rundfunkanstalten nicht dem Staat ieS zuzuordnen. Ihre Form soll gerade eine staatsfreie unabhängige Produktion und Verbreitung ermöglichen. Die **Anstaltsform** ist als organisatorische und prozedurale Grundlage für einen auf Vielfalt angelegten Rundfunk (zulässigerweise) gewählt worden, ohne dass dies zwingend erforderlich gewesen wäre (BVerfGE 12, 205, 261 ff). Der Gesetzgeber hat aber auf dieser Grundlage auch eine Sicherung gegen die „autonome" Selbstveränderung, zB in einer gesellschaftsrechtlichen Konstruktion, vorgenommen. Der Rundfunk wird auch nicht durch eine „Behörde" im Sinne der LPGe verbreitet (BVerwGE 70, 310, 316). Der Rundfunk kann sich auch privater Organisationsformen zur Wahrnehmung einzelner Produktionsaufgaben und ähnlicher Aufgaben bedienen (vgl allg. *Link*, Unternehmensbeteiligungen öffentlich-rechtlicher Rundfunkanstalten, 2005). 86

b) Öffentlich-rechtlicher Rundfunk als Grundrechtsträger. Wegen der Funktionsbindung der Anstaltsorganisation für die Gewährleistung der Grundrechte, die die öffentlich-rechtlichen Anstalten dem geschützten „Lebensbereich" zuordnet (BVerfGE 31, 314, 322; 59, 231, 254 f), sind die Anstalten auch als **grundrechtsfähig** zu betrachten. Dies gilt aber grundsätzlich nur für die Rundfunkfreiheit selbst, nicht jedoch zB für den Schutz des „geistigen Eigentums" an den produzierten Sendungen für das Grundrecht auf Eigentum aus Art. 14 GG (BVerfGE 59, 231, 254 f; 78, 101, 102), da für die öffentlich-rechtlichen Anstalten der Grundrechtsschutz von der Zuordnung einer bestimmten Leistung zum Schutzbereich der Rundfunkfreiheit abhängt. Das BVerfG hat diese Funktionsbeschränkung aber gelockert, als es den öffentlich-rechtlichen Rundfunkanstalten insbesondere auch solche Grundrechte 87 zuerkennt, die funktional auf den Schutz anderer Grundrechte angelegt sein können, wie das Fernmeldegeheimnis für das Redaktionsgeheimnis (BVerfGE 107, 299, 310). Das Angebot von Mediendiensten ist im Bereich des öffentlich-rechtlichen Rundfunks der Rundfunkfreiheit zuzuordnen. Deshalb können die öffentlich-rechtlichen Anstalten für diesen Gegenstandsbereich Grundrechtsschutz beanspruchen. Auch den Schutz anderer, der Rundfunkfreiheit funktional zuzuordnender Grundrechte, wie die Meinungsfreiheit (nicht aber die Pressefreiheit; BVerfGE 83, 238, 312), können die Rundfunkanstalten in Anspruch nehmen.

88 **2. Privater Rundfunk. a) Die Rundfunkfreiheit privater Veranstalter.** Das BVerfG hat – wie oben erwähnt – die Öffnung der Möglichkeit privater Rundfunkveranstaltung in der „dualen Rundfunkordnung" von einer gesetzgeberischen Entscheidung abhängig gemacht (BVerfGE 57, 295, 320; 73, 118, 154). Das Gericht ist dabei so weit gegangen, dem Gesetzgeber auch bei der Grundsatzentscheidung über das „Ob" der Zulassung des privaten Rundfunks einen Gestaltungsspielraum zuzuordnen (BVerfGE 12, 205, 261; 57, 295, 322 ff). Ob dies auch heute noch aufrechterhalten werden kann (Abschaffung des privaten Rundfunks?) erscheint zweifelhaft (dagegen *Jarass/Pieroth*, GG, Art. 5 Rn 47). Das BVerfG hat aber die Ausübung der Rundfunkfreiheit durch private Veranstalter als gesetzesakzessorisch insofern angesehen, als Private keinen vom Gesetz unabhängigen Anspruch auf Zulassung zur Veranstaltung von Rundfunk haben können (BVerfGE 97, 298, 310 f). Dies schließt aber jedenfalls nicht die **grundrechtliche Gewährleistung** eines Anspruchs auf gesetzeskonforme Entscheidung über einen Zulassungsantrag aus. Nach der Zulassung wird der Veranstalter ohnehin gegen Aufsichtsmaßen auch grundrechtlich in seiner Programmfreiheit geschützt; das Gleiche gilt auch für den Schutz der finanziellen Grundlagen des privaten Rundfunks (BVerfGE 83, 238, 296, 311).

89 **b) Zulassung natürlicher und juristischer Personen.** Natürliche und juristische Personen (auch Anbieter aus EG-Ländern) können zur Veranstaltung von Rundfunkprogrammen zugelassen werden. Es erscheint zweifelhaft, ob die in Rundfunkgesetzen früher vorgesehene Privilegierung von **Veranstaltergemeinschaften** zulässig ist. Damit verband sich die Erwartung, dass dadurch entsprechend dem gruppenpluralistischen Modell des öffentlich-rechtlichen Rundfunks eine Art „Binnenpluralismus" gewährleistet werden könne. Dies ist jedoch kaum realistisch, tatsächlich hat dies eher zu unübersichtlichen Schachtelbeteiligungen geführt. Der Ausschluss öffentlich-rechtlicher juristischer Personen und ihres Leitungspersonals von der Rundfunkveranstaltung ist ebenso gerechtfertigt wie der Ausschluss von Parteien wegen ihrer „Staatsnähe" (nach BVerfGE 121, 30 nur unter Beachtung des Verhältnismäßigkeitsprinzips).

90 **3. Programmzugangsrechte.** Das Rundfunkrecht hat sich bisher beinahe ausschließlich mit der Organisation von Rundfunk und der Programmfreiheit im Hinblick auf Produktion und Verbreitung beschäftigt. Mehr und mehr stellen sich jedoch Probleme der Gewährleistung der Rundfunkfreiheit auch beim Zugang zu Programmen, die nicht selbst hergestellt worden sind. Dies ist zB durch ein **Recht auf Kurzberichterstattung** (BVerfGE 97, 228 ff) sowie durch die Gewährleistung der Ausstrahlung bestimmter massenattraktiver Programmübertragungen im Free-TV (§§ 4, 5 RStV) reguliert worden. Das BVerfG hat insbesondere die erstere Regelung dadurch gerechtfertigt, dass auf diese Weise die – auch fernsehspezifische – Ermöglichung von Nachrichtenübertragung im Interesse des Gewährleistungsgehalts der öffentlich-rechtlichen Dimension der Rundfunkfreiheit erhalten werde. Dies erscheint nicht ganz plausibel, vielmehr geht es darum, dadurch ein (allerdings auch nicht kostenloses) Basisangebot durch Zugang zu attraktiven *Programmen*, die einen hohen Wert während einer kurzen Zeitspanne haben und ihn danach schnell verlieren, für alle Veranstalter zu ermöglichen. Die Realisierung des Kurzberichterstattungsrechts hat aber dadurch erheblich an Bedeutung verloren, da die größeren Veranstalter bei der Ausübung des Kurzberichterstattungsrechts mit Sanktionen durch die deutsche Fußballliga rechnen. Die Chance von Zugang zu Programmen wird auch dadurch eröffnet, dass Monopolanbieter nach § 20 GWB keine langfristigen Exklusivverträge zulasten anderer Anbieter schließen dürfen (*Roth*, AfP 1989, 515).

91 **4. Besonderheiten des Fernsehens nach dem bayerischen Mediengesetz.** In **Bayern** besteht eine besondere Variante des „dualen Rundfunks" insofern, als wegen des verfassungsrechtlich verankerten öffentlich-rechtlichen Rundfunkmonopols die Verbreitung von Programmen privater Anbieter unter dem „Dach" der bayrischen Landesmedienanstalt angesiedelt ist. Ob dies dem Sinn von Art. 111 a BayVerf entspricht, mag dahingestellt bleiben. Diese Organisation ändert aber nichts daran, dass die privaten Veranstalter auch gegenüber der Landesmedienanstalt ihr Grundrecht als Rundfunkveranstalter in Anspruch nehmen können, auch wenn der BayVerfGH dies zunächst anders gesehen hatte

(BayVerfGHE 39, 96, 150). Eine solche Veranstalterkonstruktion, der nicht die Realität der Programmproduktion und -organisation entspricht, wäre insbesondre mit der Extra-Radio-Entscheidung des BVerfG (BVerfGE 97, 298, 307) nicht vereinbar, die auch die Stellung jedenfalls des zugelassenen privaten Rundfunkveranstalters als grundrechtlich gesichert angesehen hat. Damit ist den früheren Urteilen des BayVerfGH der Boden entzogen worden. Inzwischen hat das Gericht seine eigene Position der des BVerfG angepasst (BayVerfGH, ZUM-RD 2002, 33; BayVGH, ZUM 2000, 335; vgl auch *Degenhart*, BK, Art. 5 Rn 721; Zulässigkeit eines besonderen „Teilnehmerentgelts“ nur unter Beachtung des Vielfaltgebots, BVerfGE 114, 371).

5. Grundrechtliche Stellung der Rezipienten. Die Empfänger von Rundfunksendungen könnten allenfalls gegen öffentlich-rechtliche Rundfunkanstalten eine Art **„Teilhaberecht“** aus Art. 5 Abs. 1 S. 2 GG in Anspruch nehmen. Auch dies ist aber zu verneinen. Der Bezug auf das Rezipienteninteresse in der Konstruktion der Rundfunkfreiheit der öffentlich-rechtlichen Anstalten ist nur objektiv-rechtlich zu verstehen. Ein subjektives Recht, insbesondere auf die Ausstrahlung bestimmter Programme, besteht nicht (BVerfGE 79, 29, 42; NJW 1990, 311; *Jarass/Pieroth*, GG, Art. 5 Rn 41) – vor allem nicht auf Beteiligung einzelner Landesrundfunkanstalten am Gemeinschaftsprogramm der ARD. Der einzelne Zuschauer steht insofern nicht in einem Rechtsverhältnis zur ARD, sondern zur jeweils zuständigen Landesrundfunkanstalt, die insofern aber eine Verpflichtung gegenüber dem Zuschauer trifft. 92

V. Gegenständlicher Schutzbereich

1. Programmfreiheit und ihre institutionelle Absicherung. In noch höherem Maße als die Pressefreiheit ist die Rundfunkfreiheit als **prozesshaftes Grundrecht** zu verstehen, dh im Zentrum des Schutzbereiches steht zwar die Programmfreiheit als Freiheit der Auswahl und Gestaltung von Programminhalten, aber auch hier wird der gesamte Prozess von der Beschaffung der Information bis zur Verbreitung geschützt. Dazu gehören auch der Zugang zu Informationen, die Sicherung und die Übertragung. Schließlich ist zum Schutzbereich der Rundfunkfreiheit auch die finanzielle Basis der Rundfunktätigkeit zu rechnen (BVerfGE 74, 297, 342): Bei den öffentlich-rechtlichen Veranstaltern besteht diese in der Gewährleistung einer die Unabhängigkeit vom politischen wie vom ökonomischen System ermöglichenden umfassenden **Finanzgarantie** (BVerfGE 83, 238, 303 f; 90, 60, 92; *Ricker/Schiwy*, Rundfunkverfassungsrecht (1997), C Rn 73 ff), die in erster Linie die Bereitstellung öffentlicher Mittel (Gebühr) zum Gegenstand hat. Bei den Privaten muss aber ebenfalls durch die Rundfunkgesetzgebung eine realistische Möglichkeit erhalten bleiben, die Finanzierung des Rundfunks zu ermöglichen (BVerfGE 83, 238, 296, 311). 93

2. Programmfreiheit als Recht auf Zugang zu Informationen. Das Recht auf **Berichterstattung über öffentliche Verhandlungen** staatlicher Einrichtungen ist in ähnlicher Weise gewährleistet wie bei der Presse (vgl aber restriktiv zur Gerichtsberichterstattung durch Fernsehen BVerfGE 103, 44;BverfG v. 29.1.2008 – 1 BvR 620/07). Ähnliches gilt auch für Auskunftsansprüche gegenüber Behörden oder den Schutz der redaktionellen Arbeit im Strafprozess bzw **Medienprivilegien** (vgl *Hoffmann-Riem*, AK-GG, Art. 5 Abs. 1 Rn 172) im Datenschutz. Im Zusammenhang mit der Entwicklung neuer Medien und ihrer Verknüpfung mit dem Rundfunk im klassischen Sinne muss der Datenschutz gegenüber den Medien selbst medienfreundlich ausgestaltet werden. Die Erstellung von Nutzerprofilen, die der „Personalisierung“ von Programmen dient, darf nicht über das zum Schutz des Nutzers hinaus erforderliche Maß beschränkt werden (*Ladeur*, MMR 2000, 715). Der Grundsatz der „Datensparsamkeit“ gilt hier nicht. Der Zugang zu privaten Veranstaltungen ist hier wie bei der Pressefreiheit ein Problem der Drittwirkung der Grundrechte (s.o.). Eine besondere Frage der Reichweite der Rundfunkfreiheit stellt sich bei der filmischen Berichterstattung von Sportereignissen, die die Veranstalter im Allgemeinen exklusiv vergeben. Hier hat die Anführung der Kurzberichterstattung die Stellung der Fernsehveranstalter verbessert (s.o.). Dabei handelt es sich um eine Ausgestaltung (zum Begriff *Hoffmann-Riem*, Duale Rundfunkordnung (2000), 97 ff; *Ruck*, AöR 1992, 543) der Rundfunkfreiheit – hier als Freiheit des Zugangs zu Programmen – die die **Exklusivität von Übertragungsrechten** angemessen einschränkt (vgl auch *Sauer*, SpuRt 2004, 93). Die daraus folgende Beschränkung der Berufsfreiheit für die Organisatoren von Veranstaltungen aus Art. 12 GG ist dadurch ebenfalls gerechtfertigt. Ähnliches gilt für die **Free-TV-Schutzliste** des § 4 RStV (*Hesse*, Rundfunkrecht (2003), § 6 Rn 43 f). 94

Auch die **Hörfunkberichterstattung** von Sportereignissen ist als Gegenstand von Zugangsrechten für Rundfunkveranstalter inzwischen zum Gegenstand einer Kontroverse geworden (*Mailänder*, ZUM 2003, 820 ff; restriktiv OLG Hamburg ZUM 2003, 655; BGH NJW 2006, 377). Aus Art. 5 Abs. 1 95

S. 2 GG ergibt sich insoweit ein Recht auf Zugang zur Berichterstattung auch mit den spezifischen Mitteln des Rundfunks (*Degenhart*, BK, Art. 5 Rn 737). Dies ist ergänzend auch mit dem Gesichtspunkt der Mediengleichheit zu begründen. Allerdings ist die eigentliche Streitfrage, ob der Veranstalter für den Zugang ein Honorar verlangen kann, verfassungsrechtlich nicht determiniert (*v. Cölln*, AfP 2007, 55).

96 **3. Rundfunkwerbung. a) Werbung als Finanzierungsquelle.** Wie bei der Presse muss auch zwischen dem Schutz der Inhalte der Werbung (BVerfGE 102, 347; 107, 275 – Benetton I und II) und der Wirkung als **Finanzierungsquelle** unterschieden werden. Für diese Frage kann auf die Kommentierung zur Pressefreiheit verwiesen werden. Bei der letzteren Frage ist zwischen dem öffentlich-rechtlichen und dem privaten Rundfunk zu unterscheiden. Im öffentlich-rechtlichen Rundfunk kann die Werbung als Finanzquelle eröffnet werden, sie muss dann aber auch gesetzlich beschränkt werden, da die Werbeeinnahmen in einem engen Zusammenhang mit der Finanzierung durch Gebühren stehen, aber auch weil das Verhältnis zu der Erhaltung der Finanzierungsbedingungen des privaten Rundfunks geklärt werden muss. Sie könnte dem öffentlich-rechtlichen Rundfunk auch ganz verschlossen werden (BVerfGE 74, 297, 343; 87, 181, 200; 90, 60, 91). Das Argument, dadurch werde dem Rundfunk eine gewisse Flexibilität und Unabhängigkeit gegenüber dem öffentlichen Prozess der Gebührenfestsetzung gegeben (*Hesse*, Rundfunkrecht (2003), § 4 Rn 155), ist seit der Einführung eines besonderen prozeduralen Schutzes des Gebührenfeststellungsverfahrens (vgl unten) nicht mehr überzeugend (*Degenhart*, BK, Art. 5 Rn 738). Beim privaten Rundfunk gehört die Abgrenzung der Werbefinanzierung etwa in die Ausgestaltungskompetenz des Gesetzgebers, dabei dürfen auch unterschiedliche Gesichtspunkte (Integrität der Programmteile, Rezipientenschutz etc.) berücksichtigt werden. Insgesamt muss aber dem Rundfunk eine realistische Chance zur Selbstfinanzierung eröffnet werden (BVerfGE 83, 238, 296, 311). Dies ist auch zu beachten, wenn der öffentlich-rechtliche Rundfunk neue Übertragungsformen nutzt (Handy-TV), deren Infrastruktur er in vollem Umfang aus den Gebühren finanzieren kann, während die Privaten mehr und mehr teuere Infrastrukturen zu Bedingungen von Ungewissheit der Marktdurchsetzung vorfinanzieren müssen. Hier muss die Rundfunkgesetzgebung für eine Beschränkung der Expansion der öffentlich-rechtlichen Programme in immer mehr Unterhaltungsformate sorgen, die in immer neuen Techniken übertragen werden.

97 **b) Trennung von Werbung und Programm.** Grundsätzlich ist aber die Regulierung der Werbung in zeitlicher und sachlicher Hinsicht, insbesondere das Gebot der **Trennung von Werbung und Programm** (*Hesse*, Rundfunkrecht (2003), § 3 Rn 56 ff; *Schütz*, Kommunikationsrecht (2005, Rn 544), zulässig und in der gegenwärtigen Form angemessen. Das Verbot des Product Placements darf allerdings gelockert werden; vgl §§ 7, 7a, 15, 44 RStV; es erscheint zweifelhaft, dass der Gesichtspunkt des Schutzes der Integrität von Sendeformaten für alle Sendungen gilt, da zB **Product Placement** im Sport oder bei Unterhaltungssendungen anders zu bewerten ist als in Nachrichtensendungen (*Ladeur*, ZUM 1999, 672; *ders.*, in: Hahn/Vesting, Rundfunkrecht, 3. Aufl. 2009 § 7 Rn 53 ff). Insofern entsprechen die Differenzierungsformen der Richtlinie über audiovisuelle Mediendienste ohne Grenzen (2007/65/EG v. 11.12.2007, ABl L 332 v. 18.12.2007) auch einem Interesse an der Erhaltung der finanziellen Basis der privaten Programmveranstalter (vgl allg. *von Danwitz*, AfP 2005, 417). Die Abgrenzung von Werbung und Programm wird in Zukunft durch eine zunehmende Konkurrenz zwischen Rundfunk und Internetangeboten zu neuen Problemen führen. Auch hier muss die Ausgestaltungsgesetzgebung eine Abwägung vornehmen zwischen dem Interesse an der Verhinderung der Beeinträchtigung des Programms durch Werbung und der weniger sichtbaren Gefahr der Verschlechterung der Rundfunkprogramme durch Schmälerung der finanziellen Basis der Veranstalter (*Ladeur*, K&R 2005, 145). Dieser Gesichtspunkt muss auch zum Tragen kommen, wenn es um die Bewertung neuer Technologien geht, mit deren Hilfe die Werbung unterdrückt werden kann („Fernseh-Fee" – dazu BGH GRUR 2005, 670 kritisch *Ladeur*, GRUR 2005, 559). Zwar kann der Gesetzgeber die Evolution der Technologien nicht steuern, er muss aber doch darauf achten, ob bestimmte Technologien einen selbstdestruktiven Charakter haben, die im Grunde nur solange funktionieren können, wie sie nicht sehr stark verbreitet sind; denn in letzterem Fall würde das Programmangebot des Free-TV selbst zusammenbrechen. Dies ist jedenfalls auch eine Frage der Rundfunkfreiheit, die bei der Prüfung des Wettbewerbsrechts beachtet werden muss.

98 **4. Verbreitung von Rundfunkprogrammen. a) Allgemeines.** Die Verbreitung eines Rundfunkprogramms unterscheidet sich nicht nur technisch von der Verbreitung der Presse: Der Rundfunk ist stets auf relativ komplexe Übertragungsmedien angewiesen, die von Dritten, zunächst nur vom Staat, angeboten werden. Ein weiteres Problem stellt sich deshalb bei der Verteilung dieser Ressourcen, soweit

und solange eine Knappheit des Angebots besteht. Dies war zunächst (bei Knappheit der ausschließlich zur Verfügung stehenden technischen Sendefrequenzen) oft der Grund für die Entstehung öffentlich-rechtlicher Monopole. Eine **Verteilung von Ressourcen** unter Knappheitsbedingungen ist in unterschiedlichen Formen auch heute noch erforderlich, da zwar weitaus mehr Sendemöglichkeiten zur Verfügung stehen, aber auch eine größere Konkurrenz nicht nur zwischen den Rundfunkanbietern, sondern auch zwischen diesen und anderen Dienstleistern (Mediendienste, Datenübertragung, Telefon, Internet) besteht. Die Knappheit terrestrischer Frequenzen hat in der neueren Rundfunkgesetzgebung dazu geführt, dass ein besonderes Zulassungsregime für Veranstalter eingeführt wurde, die eine solche terrestrische Sendemöglichkeit anstreben (§ 26 Hmb/SH-StV), während im Übrigen eine relativ pauschale Kontrolle der Anforderungen an die auszustrahlenden Programme bleibt (*Hesse*, Rundfunkrecht (2003), § 5 Rn 33). Hier entsteht auch immer stärker eine Konkurrenz zwischen unterschiedlichen Übertragungstechnologien. Die zunächst fast ganz marginalisierte terrestrische Übertragung hat durch die Digitalisierung wieder Auftrieb erhalten und ist dadurch zur Konkurrentin für das Kabelnetz geworden. Es stellt sich auch ein Problem der staatlichen Intervention in den Wettbewerb, das auch Gegenstand von Entscheidungen der Europäischen Kommission geworden ist (*Ladeur*, K&R 2007, 85). Den weitestgehenden Einfluss hat der Staat im Bereich der Verteilung terrestrischer Frequenzen, die deshalb auch stark reguliert ist. In einem Übergangsbereich (zum reinen Marktwettbewerb) befindet sich die Verteilung von Kabelressourcen, die für die analoge Übertragungsform ebenfalls stark reguliert ist (gesetzlich und durch Übertragung von Entscheidungskompetenzen an die Landesmedienanstalten), während bei der Satellitenübertragung praktisch ein Marktmodell besteht, weil Satellitenkapazität weitgehend von ausländischen Unternehmen angeboten wird.

b) **Terrestrische Frequenzen.** Terrestrische Frequenzen sind immer noch der öffentlichen Hand zur 99
Verteilung überlassen. Auch dies wird sich in Zukunft möglicherweise ändern, wenn neue digitale Technologien nicht mehr die feste Zuweisung von Frequenzbereichen voraussetzen. Der Staat muss die Verteilung von Frequenzen zunächst auf verschiedene Nutzungsformen vornehmen. Dabei müssen die Interessen des Rundfunks beachtet werden. Nach der Festlegung einer Frequenz auf die Nutzung durch den Rundfunk und ihre Zuteilung an die jeweiligen Länder muss in einem letzten Schritt auf der Landesebene die Verteilung zwischen öffentlichem und privatem Rundfunk vorgenommen werden (*Schulz/Vesting*, Frequenzmanagement und föderale Abstimmungspflichten, 2000). Auch dies ist eine Frage der Rundfunkfreiheit, da die Verfügung über Ressourcen ebenfalls Teil des Rundfunkprozesses ist und damit in den Schutzbereich des Grundrechts der Rundfunkfreiheit gehört (BVerfGE 83, 238, 322 f). Das bedeutet, dass auch im Interesse der Berücksichtigung der Rundfunkentwicklung eine Beteiligung sowohl der Rundfunkveranstalter als auch der Länder als Vertreter der administrativen Seite des Rundfunks an der Koordination mit den Interessen der anderen Akteure, die möglicherweise andere technische Bedürfnisse haben, erforderlich ist. Das Verbot der Mischverwaltung (BVerfGE 63, 1, 38; 108, 169, 182) ist unter grundrechtlichen Gesichtspunkten entsprechend restriktiv zu interpretieren (dazu *Ladeur/Gostomzyk*, K&R 2011, im Erscheinen).

c) **Kabelnetze.** Die Grundsätze für die Einspeisung von Rundfunkprogrammen in Kabelnetze müssen, 100
solange die Knappheit der Sendemöglichkeiten fortbesteht, reguliert werden, weil sonst die Anforderungen an die Vielfalt der Rundfunkprogramme auf der Ebene der Verbreitung unterlaufen werden könnten. Dabei bedarf es einer gesetzlichen Grundlage, die zum Teil Rangklassen bei der **Einspeisung** selbst bestimmt und im Übrigen den Landesmedienanstalten die Entscheidung überlässt (OVG Bremen ZUM 2000, 250; VG Hannover ZUM 2005, 925). Diese Regelung ist im Ansatz eine verfassungskonforme Ausgestaltung der Rundfunkfreiheit, die auch die damit als Folge verbundene Beeinträchtigung der Berufsfreiheit der Kabelnetzbetreiber legitimiert. Auch für die Belegung muss also Vielfalt auf der Verteilungsebene gewährleistet werden. Die Unterscheidung zwischen ortsüblichen und ortsmöglichen Programmen ist bei der Entscheidung über die Rangfolge der Einspeisung im Angesicht der Veränderung der Technik überholt (*Degenhart*, BK, Art. 5 Rn 747). Streitig ist, ob die Regulierung der Kabelnetze auch die **Informationsfreiheit** berührt (*Wille/Schulz/Fach-Petersen*, Beck'scher Kommentar zum Rundfunkrecht, § 52 Rn 18; *Engel*, Kabelfernsehen (1996); *Dörr*, ZUM 1997, 337, 359). Dies ist zu verneinen: Es geht hier um eine spezifisch rundfunkrechtliche Entscheidung über Vielfaltgesichtspunkte, die der Frage des individuellen Zugangs zu Informationen vorgelagert ist. Streitig ist auch die Reichweite der Privilegierung öffentlich-rechtlicher Programme. Dass die Grundversorgungsprogramme den Vorrang bei der Einspeisung erhalten, ist im Grundsatz nur eine Konsequenz der besonderen Stellung des öffentlich-rechtlichen Rundfunks; Ähnliches gilt für ergänzende Spartenprogramme, die gesetzlich vorgesehen sind und aus Gebühren finanziert werden; sie müssen deshalb für

alle zugänglich sein. Anders ist dies aber für regionale Programme (Dritte Programme der ARD) aus den jeweils anderen Ländern (*Degenhart*, BK, Art. 5 Rn 748). Häufig wird auf gesetzlich bestimmte Programme verwiesen. Das bedeutet nicht, dass der Gesetzgeber diese Programme im Einzelnen aufführen müsste; dies wäre mit der **Programmfreiheit der Anstalten** (vgl dazu *Ricker/Schiwy*, Rundfunkverfassungsrecht (1997) F Rn 9 ff) nicht vereinbar. Vielmehr kommt es darauf an, ob die Programme für das jeweilige Land bestimmt sind. In Zukunft wird man auch hier – zB bei den für bestimmte technische Verbreitungsformen („Handy-TV" – vgl zur Organisation im Wege eines „Versuchs" VG Stuttgart ZUM 2006, 785) vorgesehenen Programmen – nicht die weitere Verbreitung über ein anderes Medium (Kabel etc.) ohne Weiteres für zulässig halten dürfen. Bedenklich erscheint auch der Vorrang von Programmen, die im jeweiligen Land veranstaltet werden. Angesichts der weiten Ausstrahlung vieler Programme ist dies nicht mehr als verfassungsrechtlich zulässig anzusehen. Die Einräumung eines Beurteilungsspielraums an die Landesmedienanstalten ist im Übrigen bei der Bestimmung weiterer Rangklassen verfassungsmäßig (vgl im Einzelnen *Wille/Schulz/Fach-Petersen*, Beck'scher Kommentar, § 52 Rn 16 ff).

101 Bei der Verteilung **digitaler Ressourcen** ist das Kabelregime inzwischen stark gelockert worden. Nur noch für ein Drittel der Kabelkapazität ist die bisherige öffentliche Verteilung vorgesehen, im zweiten Drittel hat der Netzbetreiber selbst eine vielfaltorientierte Verteilung vorzunehmen (§ 52 Abs. 4 RStV), im dritten Drittel ist es schließlich nur noch durch das Wettbewerbsrecht beschränkt. Wegen der im Hinblick auf die vorgreifliche Frage der Bereitstellung von Kabelkapazität, die für den Rundfunk geeignet ist, hat der RStV in § 52 Abs. 3 eine verfassungsmäßige Verpflichtung zur Gewährleistung eines Grundangebots des Kabelnetzbetreibers eingeführt. Auch der Kabelnetzbetreiber erhält einen subjektivrechtlichen Schutz, er wird dadurch aber nicht zum Rundfunkveranstalter (*Degenhart*, BK, Art. 5 Rn 750 a; and. *Gersdorf*, Grundzüge des Rundfunkrechts (2003), Rn 444 ff).

102 Der **Kabelnetzbetreiber** wird dadurch aber nicht zum neuen Rundfunkunternehmer. Er bietet kein „Gesamtprogramm" des Rundfunks an. Bei der Ausgestaltung des Konzepts der „Vielfalt" kann er aber in Zukunft partiell auch die Rundfunkfreiheit und nicht nur die Berufsfreiheit für sich in Anspruch nehmen. Dementsprechend sind die Handlungsmöglichkeiten der Landesmedienanstalten in diesem Bereich beschränkt auf die Prüfung der Einhaltung der Grenzen des privatisierten Beurteilungsspielraums (*Wille/Schulz/Fach-Petersen*, Beck'scher Kommentar zum Rundfunkrecht, § 52 Rn 96).

103 Ob die Verbindung der Funktion des Kabelnetzbetreibers mit der eines Rundfunkveranstalters verfassungsrechtlich kompatibel ist, ist umstritten. Man wird auch hier die Dynamik der **Konvergenz von Telekommunikation und Rundfunk** sowie anderen Mediendiensten berücksichtigen müssen. Das Kabel ist nicht mehr nur ein Übertragungsdienst, die Technologie wird durchlässig für unterschiedliche Gestaltungen und Verknüpfungen mit Programmelementen. Dazu gehört auch, dass der Kabelnetzbetreiber selbst versucht, sein Angebot, das er sowohl den Veranstaltern als auch den Endnutzern macht, auch programmatisch attraktiv zu gestalten. Hier sind gerade in Deutschland auch Grenzen des Marktes zu beachten: Technologien entwickeln sich nicht mehr in stabilen Trajektorien wie früher. Das Kabelangebot steht im Wettbewerb mit anderen Technologien und den über diese verbreiteten Programmen; es kann leicht dabei Marktanteile verlieren, wenn der Kabelnetzbetreiber von der Verknüpfung von Techniken und Inhalten ausgeschlossen ist.

104 **d) Satellitenübertragung.** Die **Satellitenübertragung** ist nur, soweit sie von deutschen Unternehmen angeboten wird, Gegenstand einer öffentlich-rechtlichen Regulierung. Dies ist weitgehend ohne Bedeutung, deshalb ist die Verteilung hier nach Marktgesichtspunkten erfolgt. Grenzen bestehen nur noch im Wettbewerbsrecht.

105 **e) Neue Übertragungsformate: digitales terrestrisches Fernsehen, Handy-TV.** Die Erschließung digitaler terrestrischer Übertragungsverfahren hat die bessere Nutzung von Frequenzen für eine Verbreiterung des Angebots erlaubt. Die Technik ist allerdings nicht überall verfügbar. Probleme hat die staatliche Finanzierung der Umstellung bereitet, aber dies ist eher unter dem Gesichtspunkt des Wettbewerbs im Hinblick auf die Kabelunternehmen rechtlich relevant. Ein neues Problem entsteht aber mit der Entwicklung von **Handy-TV.** Hier wird eine Vielzahl von Verbreitungsmöglichkeiten entstehen, die von den öffentlich-rechtlichen Veranstaltern zur Vervielfältigung ihrer Programmangebote genutzt werden können (vgl allg. *Reinemann*, ZUM 2006, 523). Dies erfordert eine neue gesetzliche Regulierung (vgl aber zu einem „Versuchsmodell" VG Stuttgart ZUM 2006, 785) – oder eine prozedural auf professioneller Grundlage eingerichtete Kontrolle der Selbstbeschreibung der öffentlich-rechtlichen Anstalten nach dem neuen Modell der „regulierten Selbstregulierung" (vgl dazu die Bei-

träge in: Die Verwaltung/SH 2001; vgl allg. zum Gesetzesvorbehalt *Hoffmann-Riem*, Duale Rundfunkordnung (2000) 204; *Hesse*, Rundfunkrecht (2003), § 2 Rn 53 ff; *Thum*, AfP 2006, 522).

f) Neue Zugangsdienste, EPG, Standards etc. Eine Erscheinungsform der Konvergenz von Telekommunikation, Internet und Medien (vgl zu IPTV *Flatau*, ZUM 2007, 1) besteht darin, dass die Vielzahl von technologischen Optionen mittelbar weit reichende Auswirkungen auf die inhaltliche Seite des Rundfunks haben kann. Dies gilt für **Zugangsdienste** (*Schulz*, Beck'scher Kommentar, § 53 Rn 10 ff; *Hoffmann-Riem*, Duale Rundfunkordnung (2000), 139), aber auch für elektronische Programmführer (*Leopoldt*, Navigatoren, 2002; *Flatau*, ZUM 2007, 1, 6) sowie die Wahl der Standards (*Ladeur*, CR 1999, 395, CR 2005, 99; *Flatau*, aaO, 4), die bestimmte Programme begünstigen oder benachteiligen können. Hier besteht eine aus der Rundfunkfreiheit abzuleitende Pflicht des Staates, für Diskriminierungsfreiheit durch Gesetz zu sorgen und die Landesmedienanstalten an der Standardsetzung zu beteiligen, soweit die Standards nicht von der europäischen Ebene vorgegeben sind. Mehr als eine neue prozedurale Verpflichtung kann aus dem Grundrecht der Rundfunkfreiheit in dieser Hinsicht nicht abgeleitet werden. 106

g) Plattformen, Bündelung von Programmen. Die Erhöhung der Zahl der Programme im digitalen Kabelfernsehen führt dazu, dass auch aus ökonomischen oder Marketinggründen nicht mehr pauschal ein Gesamtangebot von Programmen des Free-TV erfolgt, sondern unterschiedliche Programme in mehreren **„Bouquets"** und zu unterschiedlichen Preisen angeboten werden (vgl *Hoffmann-Riem*, Duale Rundfunkordnung (2000), 140; *Holznagel*, ZUM 1996, 16; *Gersdorf*, Grundzüge des Rundfunkrechts (2003), Rn 526; für den öffentlich-rechtlichen Rundfunk *ders.*, Kabeleinspeisung von Programmbouquets, 2000). Dies gehört zur Freiheit der Kabelnetzbetreiber als Anbieter von auch programmlich relevanten Leistungen. Diese Entscheidung kann kollidieren mit dem Interesse eines Programmanbieters, der – wenn sein Angebot nicht mit attraktiven Programmen zu einem Paket „zusammengeschnürt" wird – Wettbewerbsnachteile befürchten kann. Zugleich stellt sich die Frage, ob mehrere von der Seite der Programmanbieter zu einem „Bouquet" zusammengefassten Programme vom Kabelnetzbetreiber wieder „aufgeschnürt" werden dürfen (sicher nicht gegen den Willen des Anbieters). Es fragt sich aber, ob das Einverständnis zur Bedingung für die Einspeisung erhoben werden kann. Grundsätzlich wird man dem Kabelnetzbetreiber diese Möglichkeit einräumen müssen (vgl jetzt die Regelung über Plattformen in §§ 52 ff RStV (2010)). 107

VI. Rundfunkfreiheit – öffentlich-rechtlich

1. Organisationsprinzip. Durch die Organisation des öffentlich-rechtlichen Rundfunks soll – entsprechend der Vorgabe der Gewährleistung einer „positiven Ordnung" – **Binnenpluralismus und Staatsferne** gewährleistet werden (BVerfGE 57, 295, 320, 333 f; *Hesse*, Rundfunkrecht (2003), § 1 Rn 84; § 2 Rn 37; *Hoffmann-Riem*, AK-GG, Art. 5 Abs. 1 Rn 155; *Degenhart*, BK, Art. 5 Rn 761). Dazu ist die öffentlich-rechtliche Anstaltsform gewählt worden. Dies ist verfassungsrechtlich zulässig, aber nicht zwingend. Jedenfalls muss auch bei einer anderen, zB gesellschaftsrechtlichen, Form die Möglichkeit der Selbstveränderung der Organisation eingeschränkt werden. Öffentlich-rechtlicher Rundfunk wird demnach unmittelbar durch Gesetz (oder StV) geschaffen. 108

2. Grundrechtsträger. Der öffentlich-rechtliche Rundfunk ist für die Rundfunkfreiheit auch **Grundrechtsträger** (s.o.). An der Grundrechtsträgerschaft haben die Organe keinen Anteil, sie sind nicht verfassungsbeschwerdefähig. Dies schließt die Möglichkeit eines Organstreits auf der einfachgesetzlichen Ebene (zB zwischen Intendant und Rundfunkrat) nicht aus. 109

3. Pluralistische Gruppenstruktur. a) Aufgabe. Dem Organisationsmodell des öffentlich-rechtlichen Rundfunks liegt die Vorstellung zugrunde, die **gesellschaftlichen Gruppen**, die Themen von öffentlichem Interesse in den öffentlichen Diskussions- und Entscheidungsraum tragen, ihrerseits an der Themenfindung durch Rückkopplung an den Rundfunk als Medium zu beteiligen. Auf diese Weise soll eine Binnenkontrolle der Anstalten ermöglicht werden (*Hoffmann-Riem*, AK-GG, Art. 5 Abs. 1 Rn 212; *Gersdorf*, Grundzüge des Rundfunkrechts (2003), Rn 327). Die Alternative dazu wäre eine professionelle Organisationsform, die auf der öffentlichen Bestellung von sachverständigen Mitgliedern eines für das Management zuständigen Organs basiert. Dies wäre das Muster der BBC: Darin kann eine Alternative zum deutschen Modell gesehen werden; der deutschen Option für das Gruppenmodell ist umgekehrt die eigenständige verfassungsrechtliche Bedeutung einer Professionalisierung „von unten", mit der den im Rundfunk tätigen Journalisten eine größere Selbstständigkeit verschafft würde, nicht vereinbar. 110

111 Neben dem **Rundfunkrat** (vgl *Ricker/Schiwy*, Rundfunkverfassungsrecht (1997) C Rn 27), dem Organ, in dem die gesellschaftlichen Gruppen vertreten sind und dort einen maßgeblichen Anteil an der Programmaufsicht übernehmen müssen, haben die Anstalten als weiteres Organ den Verwaltungsrat, der für Grundsatzentscheidungen und finanziell weitreichende Entscheidungen zuständig ist, und den Intendanten, der die Programmverantwortung ieS hat (*Hesse*, Rundfunkrecht (2003), § 4 Rn 67). Durch das Gebot der grundrechtsangemessenen Effizienz wird die relative Entscheidungsfreiheit des Intendanten gefordert, der zunächst ex ante nicht von einer Überwachung durch den **Rundfunkrat** abhängig sein darf. Der Rundfunkrat muss allerdings einen maßgeblichen Einfluss auf das Programm insgesamt haben. Dazu gehören die Wahl und Abwahl des Intendanten, aber auch die Möglichkeit von Entscheidungen über Programme im Nachhinein.

112 **b) Gesellschaftlich relevante Gruppen.** Welche Gruppen als für den Rundfunk „relevant" anzusehen sind, lässt sich nicht allgemein feststellen. Abgesehen von einem Kern von Gruppen, deren öffentlicher Charakter offensichtlich ist. Dies gilt für die Kirchen, für politische Parteien und wirtschaftliche Koalitionen. Die Formulierung einer „Schwelle grober Verzerrung" bei der **Besetzung der Rundfunkräte** läuft letztlich auf ein Willkürverbot hinaus (*Degenhart*, BK, Rn 769). Umgekehrt besteht kein subjektiver Anspruch von Gruppen auf Repräsentation, der nur im öffentlichen Interesse zu fordern ist (BVerfGE 60, 53, 63 ff; and. *Starck*, VMK, Art. 5 Rn 80). Dies erscheint nicht ganz zweifelfrei, da das allgemeine Interesse und ein Beteiligungsrecht einander nicht wechselseitig ausschließen. Ein Mitbestimmungsrecht für Rundfunkmitarbeiter ist mit dieser Struktur allerdings nicht vereinbar, da dies mit der Gesamtkonzeption der Gruppen mit allgemeiner Repräsentationsfunktion kollidiert.

113 **c) Gruppenpluralismus und Staatsferne.** Das Prinzip der Staatsferne schließt das Gebot ein, die **Beteiligung politischer Parteien** einzuschränken, da sie sowohl der staatlichen als auch der gesellschaftlichen Sphäre zuzurechnen sind. Das Gebot ist allerdings anfällig für das Unterlaufen durch problematische Koalitionsbildungen zwischen Gruppen, die zwar primär nicht politisch spezifizierte Interessen vertreten, aber zugleich mit einer Partei verbunden sind. Dies führt zur Politisierung des Rundfunkrates. Eine übermäßige **Vertretung der politischen Parteien oder des Staates** in den Organen ist mit dem Vielfaltgebot unvereinbar. Diese Grenze ist beim ZDF-Verwaltungsrat überschritten (vgl § 24 ZDF-StV). Es ist im Übrigen fraglich, ob die an der Integrationsleistung von Gruppen orientierte Konzeption des Rundfunkrats noch für die Kontrolle solcher Aufgaben des öffentlich-rechtlichen Rundfunks geeignet ist (dafür *Holznagel*, Der spezifische Funktionsauftrag des ZDF, 1999), die jenseits des Ausgleichs zwischen unterschiedlichen Öffentlichkeitsansprüchen der Gruppen formuliert werden und eher auf den Wettbewerb mit Privaten zielen. Dies gilt insbesondere für neue, stärker individualisierte Dienste, deren Verbreitung nicht mehr ein integrierendes „Programmkonzept" zugrunde liegt, sondern die Befriedigung einer Nachfrage – ähnlich wie bei den privaten Veranstaltern (*Ladeur*, M&K 2000, 93; vgl allg. *Bullinger*, Die Aufgaben des öffentlichen Rundfunks, 1999). Nicht nur an dieser Stelle zeigt sich, dass die Stellung des öffentlich-rechtlichen Rundfunks sich in der „dualen Rundfunkordnung" stark verändert hat.

114 Die Vorstellung der Konfrontation einer **„Binnensteuerung"** der öffentlich-rechtlichen Anstalten, von der eine **„Außensteuerung" über den Markt** (private Veranstalter) strukturell unterschieden werden könnte, hat sich als Illusion herausgestellt (*Besselmann/Kötzle*, Medienwirtschaft 1/2006, 34 ff; vgl auch *Vesting*, Prozedurale Rundfunkfreiheit (1997); *ders.*, M&K 2001, 287). Der öffentlich-rechtliche Rundfunk hat seinerseits mehr und mehr ein Eigeninteresse daran, in einem rundfunkpolitischen Wettbewerb mit den Privaten zu bestehen, weil sonst seine Existenz politisch gefährdet sein könnte. Zur Kontrolle dieser Tendenz ist ein aus Laien bestehendes Gremium, dessen Mitglieder als Gruppenvertreter entsandt werden, kaum geeignet (auch *Holznagel/Vollmeier*, in: Donges/Puppis (Hrsg.), Die Zukunft des öffentlich-rechtlichen Rundfunks, (2003), 277, 288: „Praxis der Selbstkontrolle verbesserungsfähig"; auch *Schulz*, ebd., 311, 318: In der Binnenkontrolle entsteht „keine produktive Rolleninterferenz"). Dies wird umso deutlicher, wenn man das Budget von rund 7 Mrd. EUR pro Jahr dazu in Verhältnis setzt. Staatsferne gilt auch für die **Auslandsprogramme** (*Dörr/Schiedermaier*, Die Deutsche Welle, 2003): Hier ist von einem transnationalen Effekt der Grundrechte insofern auszugehen: Die Adressierung von Hörern im Ausland kann nicht von der Bindung an die grundrechtlichen Anforderungen der Rundfunkfreiheit befreien (vgl allg. *Badura*, Handbuch der Grundrechte, Bd. 2 (2007), § 47 Rn 36, 38). Die Steuerung des öffentlich-rechtlichen Rundfunks muss in Zukunft auf die **„regulierte Selbstregulierung"** umgestellt werden, da die Statik der Gruppen den Rundfunk in einer dynamisch gewordenen Umwelt nicht mehr steuern kann. Stattdessen wäre die Kontrolle (*„regulierte* Selbstregulierung") durch eine professionelle Beobachtung einer Selbstverpflichtung (§ 11 Abs. 4

S. 3 RStV) abzulösen. Dazu wollten die Länder auch übergehen (epd-medien 2006, Nr. 78/79). Die gegenwärtige Form kann kaum als ausreichend angesehen werden.

4. Aufgaben des öffentlich-rechtlichen Rundfunks. a) Gesetzliche Aufgabenbestimmung. Die **Aufgaben des öffentlich-rechtlichen Rundfunks** müssen gesetzlich festgelegt werden (BVerfGE 57, 295, 320; 73, 118, 153; 83, 238, 296; *Hesse*, Rundfunkrecht (2003), § 4 Rn 25 ff; *Hoffmann-Riem*, Duale Rundfunkordnung (2000), 204 – zur Reichweite des Gesetzesvorbehalts). Dies folgt aus dem Gebot der Gewährleistung einer „positiven Ordnung“ kultureller Vielfalt durch den Staat. Andererseits entsteht hier ein Dilemma, da der Rundfunk seine Aufgabe im Einzelnen staatsfrei bestimmen können muss. Die Aufgabe begrenzt andererseits die Zuständigkeit des öffentlich-rechtlichen Rundfunks, während private Rundfunkveranstalter auch in neuen Handlungsbereichen, **Mediendienste** etc., experimentieren dürfen. Die Anstalten haben darüber hinaus aber ein Selbstverwaltungsrecht, das ihnen die Konkretisierung der Organisation und ihrer Aufgaben ermöglicht. Die Bindung des öffentlich-rechtlichen Rundfunks durch seine Aufgabe hat v.a. Bedeutung für die Bestimmung der Reichweite der Online-Angebote (*Degenhart*, Der Funktionsauftrag des öffentlich-rechtlichen Rundfunks in der „digitalen Welt“, 2001; *ders.*, BK, Art. 5 Abs. 1, 2, Rn 800; *Eberle*, AfP 2008, 329; *Müller-Terpitz*, AfP 2008, 335). Nach der seit 2004 gültigen Definition konnten die öffentlich-rechtlichen Anbieter auch programmbezogene Telemediendienste verbreiten (§ 4 Abs. 3 ARD-StV, § 4 Abs. 3 ZDF-StV). Diese Vorschrift war enger gefasst als die frühere, es bleibt aber fraglich, ob dies angesichts der zunehmenden Veränderung der technischen Möglichkeiten eine ausreichende Grenzziehung ist. Dies gilt umso mehr, als die Verbreitung neuer Programmelemente über das Internet von programmbezogenen Online-Diensten nur schwer zu unterscheiden ist. Prozedural ist die Aufgabenbestimmung inzwischen in § 11 Abs. 4 S. 3 RStV durch eine **Selbstverpflichtung** nach Abs. 4 S. 3 zur Abgabe der Erklärung der aktuellen Wahrnehmung der eigenen Aufgabe ergänzt worden (vgl dazu *Eifert*, Konkretisierung des Programmauftrags des öffentlich-rechtlichen Rundfunks, 2002; *Goerlich/Meier*, ZUM 2007, 889). Ob dies praktikabel ist, bleibt abzuwarten. Die Aufgabe des öffentlich-rechtlichen Rundfunks ist durch den 12. RStV (2009) wiederum grundlegend verändert worden. Nunmehr ist sie um das Angebot von Telemediendiensten in großem Umfang erweitert worden (§§ 11a Abs. 1, 11d Abs. 1, 11f, ohne dass dies verfassungsrechtlich zu rechtfertigen wäre, da ein Mangel an Vielfalt im Internet nicht besteht; vgl einerseits *Badura*, AöR 2009, 240, andererseits *Degenhart*, BK, Art. 5 Abs. 1, 2, Rn 800; *Ladeur*, ZUM 2009, 906; vgl auch *Castendyk*, AfP 2008, 467). Umgekehrt darf die Vielfalt nicht zum Problem erhoben werden, dem durch die „Orientierung“ des Zuschauers mithilfe eines öffentlich-rechtlichen Telemedienangebots abgeholfen werden müsste (vgl aber *Papier/Schröder*, Verfassungsfragen des Dreistufentests, 2011; *Holznagel*, Programmauftrag, 1999, S. 119 ff). 115

b) Grundversorgung. Kern der Aufgabe der öffentlich-rechtlichen Rundfunkanstalten ist die **„Grundversorgung“** (BVerfGE 73, 118, 158; 74, 297, 326; 83, 238, 298; 87, 181, 199; *Hoffmann-Riem*, Duale Rundfunkordnung (2000), 205; *Hesse*, Rundfunkrecht (2003), § 4 Rn 4 ff; *Ricker/Schiwy*, Rundfunkverfassungsrecht (1997), F Rn 16 ff und E Rn 12 ff; *Gersdorf*, Grundzüge des Rundfunkrechts (2003), Rn 305). Der Begriff ist missverständlich, denn es geht nicht um ein Mindestangebot von Rundfunkprogrammen und Dienstleistungen, sondern eine Gewährleistung dessen, was ein im ursprünglichen Sinne der **„Vielfalt“** dienendes Programm mit der vollen Breite der politischen und kulturellen Programmkomponenten ausmacht. Ein solches Programm soll politisch eine „Integrationsaufgabe“ erfüllen können (BVerfGE 73, 118, 152). Dies wird als der **klassische Rundfunkauftrag** bezeichnet (*Hoffmann-Riem*, AK-GG, Art. 5 Abs. 1 Rn 223). Damit soll der Anspruch auf Glaubwürdigkeit der öffentlich-rechtlichen Programme (*Holznagel*, Der spezifische Funktionsauftrag des ZDF, 1999) im Einzelnen eingelöst werden. Daraus wird umgekehrt im Angesicht der Krise der integrativen Vollprogramme, die unter dem Druck der Fragmentierung der Öffentlichkeit und ihrer Erwartungen stehen, mehr und mehr ein Anspruch, der normativ auf die Selbstdefinition der Aufgaben des öffentlich-rechtlichen Rundfunks insgesamt übertragen wird und den früheren Kern der Aufgabe zur Verbreitung von „Vollprogrammen“ ablöst. 116

Auch wenn die Aufgaben des öffentlich-rechtlichen Rundfunks mit der Erosion der Vollprogramme nicht erledigt sind, ist durch die Höherlegung des Abstraktionsniveaus, auf dem nunmehr der öffentlich-rechtliche Rundfunk insgesamt seinen ***„Funktion*sauftrag“** formuliert (*Hesse*, Rundfunkrecht (2003), § 4 Rn 19 ff; *Ladeur*, M&K 2000, 93), bedenklich, weil die Konturen damit immer mehr verschwimmen. Stattdessen müsste genauer eine prozedurale Form gefunden werden, innerhalb derer die Leistung der öffentlich-rechtlichen Veranstalter angesichts der Schwächung der gruppenpluralistischen „Integration“ des Programms wie der Fragmentierung des Publikums unter den gewandelten 117

Bedingungen zu bestimmen ist. Dh die „Glaubwürdigkeit" dürfte nicht aus den institutionellen Bedingungen abgeleitet werden, sondern müsste durch eine aussagekräftige Selbstverpflichtung und eine ernsthafte, unter Beteiligung externer Kräfte durchgeführte ***Evaluation*** ersetzt werden (vgl Dept. for Culture, Media and Sport, Review of the BBC's Royal Charter: A Strong BBC Independent of Government, März 2005, vgl nur S. 7). Ebenfalls ist eine Gewährleistung eines vielfältigen Programms als Kern der „Grundversorgung" festzuhalten. Damit ist aber die Aufgabe des öffentlich-rechtlichen Rundfunks insgesamt noch nicht ausreichend konturiert (vgl Rn 126 f).

118 **c) Bestands- und Entwicklungsgarantie.** Das BVerfG hat für den öffentlich-rechtlichen Rundfunk eine **Bestands- und Entwicklungsgarantie** aus der objektiv-rechtlichen Dimension der Rundfunkfreiheit abgeleitet (BVerfGE 83, 238, 326; *Hesse*, Rundfunkrecht (2003), § 1 Rn 77, § 4 Rn 14). Das bedeutet, dass der öffentlich-rechtliche Rundfunk als „Institution" (nicht die einzelnen Anstalten, *Degenhart*, BK, Art. 5 Rn 785) verfassungsrechtlich in seinem Kerngehalt geschützt ist. Daraus ergibt sich auch die Konkursunfähigkeit der öffentlich-rechtlichen Rundfunkanstalten (BVerfGE 89, 144 ff). Insbesondere ist damit aber eine Fusion von Landesanstalten nicht ausgeschlossen. Die Bestandsgarantie hat auch eine technische Seite: Der öffentlich-rechtliche Rundfunk muss finanziell und sachlich (durch Bereitstellung von technischen Ressourcen) in den Stand gesetzt werden, die gesamte Bevölkerung zu erreichen (BVerfGE 83, 238, 326 f; *Hoffmann-Riem*, Duale Rundfunkordnung (2000), 206 ff). Im Hinblick auf die dynamische Entwicklung des Rundfunksystems hat das BVerfG eine offene „Entwicklungsgarantie" für den öffentlich-rechtlichen Rundfunk formuliert, die ihn auch an der Erprobung und dem Einsatz neuer Programmformate (Spartenprogramme), neuer Technologien und die Bereitstellung neuer Ergänzungsleistungen teilhaben lassen.

119 Dies ist der Bereich der Gewährleistung einer **„Ergänzungsfunktion"**, die neben die Grundversorgung tritt (BVerfGE 74, 297, 331 ff; *Ricker/Schiwy*, Rundfunkverfassungsrecht (1997), F Rn 18 ff; *Holznagel/Vesting*, Sparten- und Zielgruppenprogramme (1999), S. 52 f). Dazu gehört auch das Angebot von Online-Diensten und anderen Sendemöglichkeiten, die aufgrund der Konvergenz von Medien, Telekommunikation und Internet immer stärker füreinander durchlässig werden. Daraus erwächst allerdings ein Dilemma: Hier ist nur noch schwer zu bestimmen, wann die „Ergänzungsfunktion" sich verselbstständigt und die Grenzen des öffentlich-rechtlichen Rundfunks überschreitet. Damit werden neue Anforderungen an den Gesetzesvorbehalt gestellt. Solange die „Ergänzungsfunktion" von untergeordneter Bedeutung bleibt, muss man dem öffentlich-rechtlichen Rundfunk einen Erprobungs- und Entwicklungsspielraum zuerkennen. Wenn aber das Gewicht der neuen Funktion nicht ohne Weiteres zu bestimmen ist und die Konturen des Angebots, v.a. im Hinblick auf die Grundversorgung, zu verschwimmen drohen, ist der Gesetzgeber aufgefordert, durch eine gesetzliche Regelung das Verhältnis von Kern des Programmauftrags und Ergänzungsfunktion klarzustellen. Dies ist bei den Online-Diensten zunächst geschehen; ob allerdings die gesetzliche Begrenzung als ausreichend angesehen werden kann, erscheint mehr und mehr zweifelhaft. Abgrenzungsbedarf besteht v.a. dann, wenn die Abgrenzung zu den konkurrierenden Leistungen privater Anbieter nicht mehr erkennbar ist und v.a. die Ausmaße des Einsatzes von Diensten nicht transparent ist, weil zB Programmelemente mehrfach verwertet werden (Handy-TV). Hier darf v.a. auch der Hörfunk nicht aus den Augen verloren werden: Wenn alle öffentlich-rechtlichen Programme unter den Bedingungen der Digitalisierung überall empfangbar werden, muss die Frage nach der Zulässigkeit einer solchen Programmvervielfältigung neu gestellt werden, da auf diese Weise immer mehr Zielgruppenprogramme ausgestrahlt werden. Wenn die öffentlich-rechtlichen Programme überregional ausgestrahlt werden, müssen sie sich zwangsläufig auch untereinander unterscheiden, sonst stellt sich die Frage nach der Legitimation der Aufgabe neu (*Degenhart*, BK, Art. 5 Rn 792).

120 **d) Gesetzesvorbehalt im Programmbereich.** Der Gesetzgeber kann es bei einer allgemeinen Zuweisung der Aufgabe, Rundfunk zu veranstalten, bewenden lassen. Er kann aber auch die **Zahl der Programme** festlegen. Dies wird durch BVerfGE 87, 181, 201; 90, 60, 92 (einschränkend, aber mit einem Verfahrensvorschlag *Hoffmann-Riem*, Duale Rundfunkordnung (2000), 201 ff; *Hesse*, Rundfunkrecht (2003), § 2 Rn 53 ff; vgl auch *Ricker/Schiwy*, Rundfunkverfassungsrecht (1997), C Rn 65 ff), nicht ausgeschlossen. Die dort gewählten Formulierungen laufen eher auf die Annahme eines Beurteilungsspielraums der öffentlich-rechtlichen Anstalten hinaus. Der Gesetzesvorbehalt kann dann auch so verstanden werden, dass der Gesetzgeber die (legitimen) Vorhaben der Rundfunkanstalt, neue Programme zu entwickeln, durch ein Gesetz unterstützen muss (im Rahmen des Gestaltungsspielraums). Da es hier fast stets um Programme außerhalb des Kernbereichs der Aufgaben der öffentlich-rechtlichen Rundfunkanstalt geht, dient der **Gesetzesvorbehalt** auch dazu, die besonderen Aufgaben im Einzelnen zu

spezifizieren und von Angeboten der privaten Veranstalter zu separieren. In diesem Sinne dient der Gesetzesvorbehalt auch der Transparenz.

Die Übernahme einer solchen Klarstellungsfunktion setzt angesichts der Dynamik der Programm- und Technikentwicklung die Freiheit des experimentellen ersten Zugriffs der Rundfunkanstalten voraus, damit danach, wenn die Konturen eines Angebots erkennbar sind, die Spezifierung im Einzelnen unter Beachtung des **Gestaltungsspielraums der Anstalten** durch Gesetz erfolgen kann. Bedenklich erscheint die Vervielfältigung von Zielgruppenprogrammen v.a. im Hörfunk, wo mit geringen Mitteln neue Programme unter Bedingungen der Digitalisierung geschaffen werden können, bei denen von einer Ergänzungsfunktion nicht mehr gesprochen werden kann, weil sie erstens von den Angeboten privater Veranstalter nicht zu unterscheiden sind und zweitens fraglich ist, wieweit die Befriedigung von zB Musikwünschen kleiner Gruppen von Jugendlichen mit den Aufgaben der öffentlich-rechtlichen Rundfunkanstalten vereinbar sein soll, Rundfunk für die Allgemeinheit zu produzieren. Spätestens mit der Umstellung auf die Digitalisierung auch des Hörfunks wird man von einer Pflicht des Gesetzgebers zur Regelung der Hörfunkangebote ausgehen müssen. Entsprechendes gilt für **Handy-TV**, das ebenfalls dazu tendiert, stark individualisierte Angebote zu verbreiten, die mit dem allgemeinen Auftrag des öffentlich-rechtlichen Rundfunks nur schwer in Einklang zu bringen sind. Handy-TV ist nicht nur ein neues Übertragungsmittel für bestehende Programme, sondern aufgrund der zwangsläufig eintretenden Fragmentierung und Vervielfältigung von Angeboten eine neue Leistung (vgl allg. *Reinemann*, ZUM 2006, 523). Seine **Einordnung als Rundfunk oder „Telemedium“** ist nicht leicht, letztlich spricht die Funktionsähnlichkeit aber für die erstere Alternative. 121

e) **Programmfunktionen im Einzelnen: Vollprogramme.** Vollprogramme sind solche Programme, die ein breites Angebot für ein großes Publikum enthalten und dann durch den klassischen Rundfunkauftrag zu erfüllen suchen (*Hesse*, Rundfunkrecht (2003), § 4 Rn 16). Sie gehören zum Kernbereich des öffentlich-rechtlichen Rundfunks. Im Fernsehen sind Vollprogramme im Bereich des öffentlich-rechtlichen Rundfunks deutlich von Spartenprogrammen zu unterscheiden (vgl allg. *Poll*, Fernsehspartenprogramme und Pluralismus, 1999). Dies gilt allerdings nicht mehr für Hörfunk (vgl *Holznagel/Vesting*, Sparten- und Zielgruppenprogramme (1999)). Dort ist der Übergang inzwischen fließend geworden, da sich hier eher die Orientierung an Alters- und anderen Zielgruppen allmählich durchgesetzt hat und von Vollprogrammen ieS kaum noch die Rede sein kann. 122

f) **Spartenprogramme.** Spartenprogramme sind solche Programme, die ein Teilpublikum ansprechen wollen, das sich nach einem bestimmten Interesse definiert, zB Information, Bildung, kindgemäße Inhalte, Kultur etc. Dazu gehören im weiteren Sinne auch lokale und regionale Programme. Hier kann der öffentlich-rechtliche Rundfunk selektiv („Ballungsraum Fernsehen“) oder experimentell (Lokalfunk für einzelne Regionen) Angebote entwickeln, deren Verallgemeinerung dann aber einer gesetzlichen Grundlage bedarf. Für das Angebot von Spartenprogrammen im materiellen Kernbereich des öffentlich-rechtlichen Rundfunks (Information, Kultur, Kinder- und Jugendprogramme) ist davon auszugehen, dass der öffentlich-rechtliche Rundfunk hier ein Recht zur Erweiterung und Ergänzung seines Angebots hat, auch wenn der Gesetzgeber dies absichern müsste (allg. *Hesse*, Rundfunkrecht (2003), § 2 Rn 29 ff, 53). Bei reinen Unterhaltungsprogrammen (insbesondere für den Hörfunk) ist dies noch anders zu sehen. 123

Auch **Pay-TV-Programme** sind grundsätzlich als Spartenprogramme anzusehen (vgl allg. *Hoffmann-Riem*, Pay-TV im öffentlich-rechtlichen Rundfunk, 1996). In diesem Bereich hat der Gesetzgeber inzwischen ein Verbot ausgesprochen (§ 13 Abs. 1 S. 2 RStV), das verfassungsrechtlich zulässig ist: Der öffentlich-rechtliche Rundfunk hat ein Recht darauf, dass seine Programmleistung, soweit sie zur Erfüllung des Rundfunkauftrags erforderlich erscheint, aus dem Gebührenaufkommen finanziert wird. Einen Anspruch auf Finanzierung durch Bezahlangebote kann es daneben nicht geben (zum Gesetzesvorbehalt BVerfGE 74, 297, 347; *Hesse*, Rundfunkrecht (2003), § 4 Rn 161). 124

g) **Online-Dienste (Telemedien).** Wie oben erwähnt, hat der Gesetzgeber die Veranstaltung von **Online-Diensten** (jetzt: „Telemedien“) nunmehr geregelt. Die Eignung dieser Vorschrift erscheint mangels Abgrenzbarkeit des Begriffs „Programmbezug“ zweifelhaft. Der Rundfunkstaatsvertrag sieht auch eine Selbstverpflichtungserklärung der öffentlich-rechtlichen Rundfunkanstalten (§ 11 Abs. 1 S. 2 RStV) mit dem Ziel der Begrenzung der Angebote für Online-Dienste vor. Auch diese Regelung erscheint nicht ausreichend geeignet für die Konturierung des öffentlich-rechtlichen Programms unter Bedingungen der Digitalisierung. Der einzige verfassungsrechtlich gangbare Weg, der aus dem damit sichtbar werdenden Dilemma herausführt, ist ein prozeduraler: Neue Dienste und ihre Begrenzung müssen vor 125 einer Kommission, an der auch externe Kräfte zu beteiligen sind, gerechtfertigt werden (vgl *Hoffmann-Riem*, Duale Rundfunkordnung (2000), 201 ff; *Eifert*, Konkretisierung des Programmauftrags des öffentlich-rechtlichen Rundfunks (2002), 140; *Wiedemann*, ZUM 2007, 800). Die Binnenaufsicht, die auf die Gewährleistung von Vielfalt angelegt ist, ist für die sich hier stellende Kontrollaufgabe nicht geeignet. Die hier für richtig gehaltene Lösung ist auch die, die in Großbritannien für die BBC entwickelt worden ist (Dept. for Culture, Media and Sport, Review of the BBC's Royal Charter: A Strong BBC Independent of Government, März 2005).

126 5. **Annexbefugnisse und Randnutzung.** Soweit Aktivitäten außerhalb des Rundfunkbereichs eine untergeordnete, aber funktionsnahe Rolle haben, sind sie ebenfalls von der Rundfunkfreiheit gedeckt. Dies gilt – wie erwähnt – für Programmzeitschriften, Textdienste u.ä. Unter der **„Randnutzung"** versteht man an sich funktionsexterne Leistungen, die „bei Gelegenheit" der Aufgabenerfüllung insbesondere der Erzielung weiterer Einkommen dienen oder sonst aus Gründen der Effizienz „nahe liegen", ohne sich von der eigentlichen Kernaufgabe zu emanzipieren. Dies gilt zB für die Verwertung von Programmen auf internationalen Märkten, Vermietungen von Studios etc.

127 6. **Rundfunkgebühr. a) Allgemeines.** Der öffentlich-rechtliche Rundfunk ist vorrangig aus der **Rundfunkgebühr** zu finanzieren. Sie dürfte nicht durch eine Zuwendung aus dem Staatshaushalt ersetzt werden. Die Rundfunkgebühr hat die vorrangige Finanzierungsfunktion (BVerfGE 90, 60 ff; 87, 181 ff) gegenüber der verfassungsrechtlich nicht gesicherten Erzielung von Einnahmen aus der Werbung. Es ist schwierig, das sich daraus grundsätzlich ergebende Recht der Rundfunkanstalten auf Finanzierung genauer zu spezifizieren, weil die Erforderlichkeit von Leistungen zunächst von der Rundfunkanstalt selbst beurteilt wird. Insbesondere die Übernahme oder Erweiterung von Diensten wird aber von einem Gesetz abhängig sein müssen. Dann könnte auch die KEF die Prüfung der Erforderlichkeit an den dort vorgegebenen Kriterien orientieren (Bestätigung der Rechtsprechung durch BVerfG ZUM 2007, 712). Die gerätebezogene Abgabepflicht soll nach dem geplanten 15. RStV durch eine haushaltsbezogene „Beitragspflicht" abgelöst werden. Dies ist im Grundsatz verfassungsrechtlich zulässig.

128 **b) KEF.** Die Einführung eines Verfahrens der Bedarfsanmeldung der Rundfunkanstalten und deren Prüfung durch die **„Kommission zur Ermittlung des Finanzbedarfs des öffentlich-rechtlichen Rundfunks"** (KEF) sollte die Autonomie der Rundfunkanstalten auch im Bereich der Finanzen unterstützen (*Hoffmann-Riem*, Duale Rundfunkordnung (2000) 285, 289; *Hesse*, Rundfunkrecht (2003), § 4 Rn 138 ff). Hier wirken sich aber inzwischen ebenfalls Prozesse der Fragmentierung und Vervielfältigung von Programmangeboten aus. Dies kann die KEF kaum kontrollieren, da die Erforderlichkeit von Aufwendungen primär von den Rundfunkanstalten selbst bestimmt wird. Auch der Gesetzgeber ist der oben beschriebenen Aufgabe nicht in einer funktionsentsprechenden Weise nachgekommen, deshalb kann die KEF die Übernahme neuer Aufgaben der öffentlich-rechtlichen Anstalten kaum effizient prüfen. Der damit eintretende Zustand der Intransparenz hat eine Selbstermächtigung der öffentlich-rechtlichen Anstalten bei der Finanzierung zur Folge, der mit der objektiv-rechtlichen Dimension der Rundfunkfreiheit nicht vereinbar ist. Auch unter dem Gesichtspunkt der Finanzgarantie der Rundfunkfreiheit der öffentlich-rechtlichen Anstalten muss eine transparenzsteigernde Beteiligung externer Sachverständiger, die auch die Erforderlichkeit von Programmausweitungen beurteilen können, für erforderlich gehalten werden (vgl aber BVerfG ZUM 2007, 712).

129 **c) Werbung.** Die **Werbung der öffentlich-rechtlichen Rundfunkanstalten** wird inhaltlich ebenso geschützt wie im privaten Rundfunk (BVerfGE 102, 347 ff; 107, 275 ff – Benetton I und II). Eine verfassungsrechtliche Garantie der Werbefinanzierung ist jedoch wegen des Vorrangs der Gebührenfinanzierung nicht anzuerkennen (vgl allg. *Perten*, K&R 2010, 703). Unter Bedingungen der Konkurrenz im „Dualen Rundfunksystem" ist der öffentlich-rechtliche Rundfunk aber auch zur Eigenwerbung berechtigt.

130 7. **Programmgrundsätze. a) Ausgewogenheit.** Alle Rundfunkgesetze verpflichten den öffentlich-rechtlichen Rundfunk zu einem vielfältigen Angebot. Diese Verpflichtung bezieht nicht auf die einzelne Sendung, sondern auf das Gesamtprogramm (*Hesse*, Rundfunkrecht (2003), § 4 Rn 102 f). Sie bietet deshalb auch kein Kriterium für die Programmkontrolle im Einzelfall. **Ausgewogenheit** kann nicht von außen rechtlich geprüft werden, sondern nur durch Binnenkontrolle der Programmproduktion beeinflusst werden (vgl auch *Holznagel/Krone*, in: Spindler/Schuster, § 41 RStV Rn 5).

131 **b) Sonstige Programmgrundsätze.** Neben dem Vielfaltgebot muss der öffentlich-rechtliche Rundfunk einige andere Prinzipien beachten (BVerfGE 12, 205, 260; *Hesse*, Rundfunkrecht (2003), § 4

Rn 100 ff), die überwiegend nicht als Rechtsbegriffe formuliert sind. Etwas anders ist dies bei der **Menschenwürde** zu sehen (vgl allg. *Schulz*, M&K 2000, 353; *Di Fabio*, Der Schutz der Menschenwürde durch allgemeine Programmgrundsätze, 2000). Die Justiziabilität dieses Begriffs ist aber ebenfalls sehr begrenzt. Es besteht leicht die Gefahr, dass die Darstellung von menschenunwürdigen Handlungsweisen auf die Berichterstattung zurückschlägt und auch dieser Begriff muss in erster Linie durch die Anstaltsorgane selbst konturiert und kontrolliert werden. Deshalb ergibt sich daraus auch keine über die pressemäßige Sorgfalt hinausgehende Verpflichtung der Anstalten nach außen (BGH ZUM-RD 2005, 434).

c) **Aufsicht: Binnenorganisation.** Primär sind die Binnenorgane für die **Programmaufsicht** zuständig (zu den Grenzen der Binnenkontrolle vgl *Eifert*, Konkretisierung des Programmauftrags der öffentlich-rechtlichen Rundfunkanstalten, S. 125 f). Sie ist auch prozedural – soweit überhaupt eine Programminhaltskontrolle durch den Staat zulässig ist (BVerfGE 12, 205, 261; 57, 295, 326) – zunächst zu befassen, bevor der Staat einschreiten darf (VG Mainz UFITA 1980, 330; *Hesse*, Rundfunkrecht (2003), § 4 Rn 108). Zur Binnenaufsicht ist auch das Erfordernis einer Selbstverpflichtung (§ 11 RStV) zu rechnen, die die Transparenz der inzwischen sehr komplex gewordenen Erfüllung der öffentlich-rechtlichen Rundfunkanstalten erhöhen soll. 132

d) **Staatsaufsicht.** Der öffentlich-rechtliche Rundfunk muss nach der Rechtsprechung des Bundesverfassungsgerichts einer **Staatsaufsicht** unterliegen (BVerfGE 12, 205, 261 f; 57, 295, 326; *Hoffmann-Riem*, AK-GG, Art. 5 Abs. 1 Rn 214; *Ricker/Schiwy*, Rundfunkverfassungsrecht (1997), D Rn 12 ff; vgl allg. *C Hahn*, Die Aufsicht des öffentlich-rechtlichen Rundfunks, 2010). Dies ist in einem doppelten Sinne problematisch: Wenn es um die programmbezogenen Aufsichtsbefugnisse geht (keine Aufsicht in Programmfragen nach § 37 Abs. 3 S. 2 NDR-StV), erscheint es zweifelhaft, ob eine staatliche Stelle dafür geeignet sein kann. Deshalb ist auch erwogen worden, die Programmaufsicht auf die Landesmedienanstalten zu übertragen. Verfassungsrechtlich bestünden dagegen keine Bedenken. In manchen Rundfunkgesetzen ist eine Programmaufsicht ausdrücklich von der Staatsaufsicht ausgenommen. In den übrigen Bereichen, v.a. der Programmorganisation, der Finanzierung, Beschaffung und Bindung durch andere Vorschriften anderer nicht programmbezogener Regelungen etc. erscheint die staatliche Aufsicht jedenfalls ungeeignet, da die Aufgaben viel zu komplex sind. Hier stellt sich die Frage, ob nicht die – nach BVerfGE 12, 205, 261; 57, 295 – gebotene Staatsaufsicht durch die **Beteiligung externer Kräfte** jedenfalls bei Programmausweitungen ergänzt werden muss (vgl *Eifert*, Konkretisierung des Programmauftrags des öffentlich-rechtlichen Rundfunks (2002), 140). In vielen Bereichen bleiben die Rundfunkanstalten sonst praktisch unbeaufsichtigt, da die Struktur der Binnenaufsicht Vielfalt gewährleisten soll, aber für die Bestimmung der Ergänzungsfunktion der Programme der öffentlich-rechtlichen Rundfunkanstalten kaum geeignet erscheint. 133

e) **Drittsenderechte.** Im öffentlich-rechtlichen Rundfunk können Senderechte von Dritten ausgeübt werden, soweit dies im Gesetz vorgesehen ist. Dies gilt für den Staat, die Parteien und die Kirchen. Insbesondere Wahlsendungen der Parteien vor bundes- oder Landtagswahlen führen immer wieder zu Konflikten. Die Verantwortung der Rundfunkanstalten ist bei diesen **Drittsenderechten** nicht ganz ausgeschlossen (eingeschränkte Kontrolle von Wahlwerbespots (BVerfGE 47, 198, 200). Die Kontrolle ist letztlich aber auf offensichtliche grobe strafrechtliche Verstöße beschränkt. Anders zu bewerten sind redaktionell gestaltete **Wahlsendungen**; hier kann sich ein Beteiligungsrecht unmittelbar aus Art. 21 GG ergeben; als Grundlage kommt allenfalls die Ableitung eines Beteiligungsrechts aus Art. 5 Abs. 1 Satz 2 GG unmittelbar in Betracht (vgl aber OVG Münster NJW 2002, 3417; VG Köln ZUM-RD 2006, 102: „abgestufte Chancengleichheit"). 134

VII. Rundfunkfreiheit – Privat

1. **Organisation.** Nach der Rechtsprechung des BVerfG ergibt sich aus Art. 5 Abs. 1 S. 2 GG keine **Rundfunkveranstalterfreiheit** (BVerfGE 57, 295, 319 f; *Hoffmann-Riem*, AK-GG, Art. 5 Abs. 1 Rn 143). Jedoch hat auch der private Antragsteller ein aus der Rundfunkfreiheit sich ergebendes Recht auf ein grundrechtsgerechtes Verfahren und auf die Einhaltung der gesetzlichen Vorschriften (BVerfGE 97, 298, 313). Der private Rundfunk soll insgesamt seinerseits ausgewogen und vielfältig sein. Zunächst ist eine scharfe Trennung zwischen **„Außenpluralismus" und „Binnenpluralismus"** angenommen worden (BVerfGE 73, 118, 163); dementsprechend ist ein klarer gesetzlicher Übergang von der letzteren Organisationsvariante zum ersten Modell – falls gewollt – für notwendig erachtet worden. Inzwischen haben sich die Grenzen jedoch verwischt. Das hängt auch mit der Fragmentierung der 135

Öffentlichkeit und insbesondere dem Aufstieg der „Unterhaltungsöffentlichkeit" zusammen. Die Unterschiede zwischen den verschiedenen Anbietern bestehen eher in der Orientierung an unterschiedlichen Altersgruppen und verschiedenen Unterhaltungskonzepten, denn in der politischen „Tendenz". Deshalb sind einige Gesetze – zulässigerweise – davon ausgegangen, dass das Kriterium der „Vielfalt" des Programms primär der eigenen Beurteilung durch die Anbieter zu überlassen sei (§ 3 Abs. 1 S. 4 Hmb/SH StV) und nur offensichtliche Grenzüberschreitungen kontrolliert werden könnten. Sie sind damit stillschweigend zum Außenpluralismus übergegangen. Vielfalt wird auch negativ durch Ausschluss bestimmter politiknaher Antragsteller, insbesondere der Parteien, gesichert. Das BVerfG hat für die privaten Veranstalter auch nur die Anforderungen eines „Mindestmaßes" an Vielfalt, eines **„Grundstandards"**, gestellt (BVerfGE 73, 118, 160). Stattdessen verlagert sich die Vielfaltkontrolle bei den Privaten eher auf die Instrumente des Medienkartellrechts.

136 **2. Zulassungsverfahren und Aufsicht – Die Landesmedienanstalten.** Frühere Rundfunkgesetze haben v.a. eine Vorrangregelung dazu benutzt, einzelne weitgehende Anforderungen, die nicht als Ausschlusskriterien zulässig gewesen wären, auf einem Umweg durch eine Vorrangregelung zu erreichen (vgl § 27 HmbLMG aF 1994). Soweit diese Regelungen keinen unmittelbaren Programmbezug hatten, waren sie rundfunkverfassungsrechtlich zweifelhaft. Dies spielt aber heute, jedenfalls im Fernsehen, nachdem der Markt sich konsolidiert hat, kaum noch eine Rolle. Die **Landesmedienanstalten** (LMA) übernehmen eher die Funktion der Zulassungskontrolle als staatsfreie gruppenbasierte Einrichtung. Sie können bei der Interpretation von unbestimmten Rechtsbegriffen, soweit sie einen Bezug zur Vielfalt haben, einen Beurteilungsspielraum für sich in Anspruch nehmen (BayVGH AfP 1997, 579; and. bei Rechtsbegriffen wie „Menschenwürde" VG Hannover AfP 1996, 205; VG Köln ZUM-RD 2010, 308; *Hesse*, Rundfunkrecht (2003), § 5 Rn 58). Dies ist aber in manchen Ländern inzwischen geändert worden (§ 3 Abs. 1 S. 4 Hmb/SH StV). Die Aufsicht kann sich der Form des Verwaltungsakts bedienen und unterliegt der **verwaltungsgerichtlichen Kontrolle.** Die LMA haben die Funktion von Anstalten des öffentlichen Rechts und nehmen einerseits öffentliche Aufgaben wahr, andererseits sind sie auch grundrechtsfähig (*Hoffmann-Riem*, Duale Rundfunkordnung (2000), 36; and. SächsVerfGH ZUM 1997, 753; offen gelassen in BVerfGE 97, 298, 314), soweit sie einen Spielraum bei der Interpretation und Konkretisierung der Konzeption der Rundfunkfreiheit wahrnehmen (zur Gestaltungsfreiheit des Gesetzgebers bei der Organisation StGH Baden-Württemberg DVBl 2005, 971).

137 **3. Finanzierung.** Der private Rundfunk muss sich primär durch Werbung finanzieren. Er kann aber auch andere Finanzierungsformen entwickeln (Gewinnspiele). Der Gesetzgeber muss die praktischen **Finanzierungsmöglichkeiten des privaten Rundfunks** beobachten (BVerfGE 83, 283, 296, 311) und ggf durch Lockerung gesetzlicher Grenzen der Werbung verbessern. Diese Verantwortung für die Finanzierung des privaten Rundfunks zwingt ihn auch dazu, die Expansion der öffentlich-rechtlichen Rundfunkanstalten über die legitimen Grenzen hinaus zu beobachten und ggf zu begrenzen. Diese Verpflichtung wird zur Zeit praktisch nicht erfüllt. Bedenklich erscheint, dass die Verwaltungsgerichte der „ausgrenzenden" Seite der Aufgabenbestimmung der öffentlich-rechtlichen Rundfunkanstalten keine drittschützende Wirkung zuerkennen (VGH Baden-Württemberg MMR 1999, 682 – SWR – „DasDing" m.Anm. *Ch. Lenz*; *Diesbach*, ZUM 1999, 228) oder den Spielraum der öffentlich-rechtlichen Rundfunkanstalten im Ergebnis nicht begrenzen (OLG Dresden GRUR 1996, 73; OVG Hamburg AfP 1994, 333 – NDR/N-Joy). Die **„dritte Dimension" der „dualen Rundfunkordnung"**, die „Kollisionsordnung" für das Verhältnis zwischen öffentlich-rechtlichem und privatem Rundfunk ist bisher rechtlich eher unterentwickelt geblieben (vgl dazu *Ladeur*, AfP 1998, 141). Dies ist bedenklich im Hinblick auf die durch Konvergenzprozesse durchlässig gewordenen Grenzen der Aufgaben des öffentlich-rechtlichen Rundfunks.

138 **4. Vielfaltkontrolle als Konzentrationskontrolle.** Wie im Pressewesen besteht auch im Bereich der Rundfunkfreiheit eine aus der objektiv-rechtlichen Dimension abzuleitende Pflicht des Staates zur Beobachtung und Begrenzung von **Konzentrationsprozessen** im privaten Rundfunk BVerfGE 73, 118, 172; 97, 228, 258). Dazu sehen die Rundfunkgesetze besondere Verfahren vor. Der Gesetzgeber geht stillschweigend mit der Ergänzung des RStV von 1996 von einem Übergang zum Außenpluralismus und der damit einhergehenden Notwendigkeit der Konzentrationskontrolle aus. Dazu hat er ein im Prinzip zulässiges Mittel, das Marktanteilsmodell, gewählt. Marktmacht wird bei einem Anteil von 30% und mehr vermutet. Weiter wird bei einem Anteil von 25% am Zuschauermarkt mit einer entsprechenden Vermutung operiert, wenn die Stellung auf einen verwandten Markt einem entsprechend erhöhten Markt gleichkommt. Die **„Kommission zur Ermittlung der Konzentration"** im Rundfunk hat die Vorschrift so interpretiert, dass die Vermutung auch dann gelten kann, wenn Meinungsmacht

unterhalb der Interventionsschwelle durch Addition mit anderen Einflussgrößen aufgerundet werden muss. Dies erscheint äußerst bedenklich, zumal die weiteren Einflussfaktoren gänzlich unbestimmt bleiben (vgl nur *Säcker*, K&R 2006, 49). Der Gesetzgeber hätte die Regelung im Übrigen präzisieren müssen, da v.a. die Gewichtung intermedialer Beziehungen gänzlich unbestimmt leiben. Probleme stellen sich im Hinblick auf die „Cross-Ownership" im Verhältnis zur Presse, soweit diese durch das Rundfunkrecht ermöglicht wird (*Hain/Seehaus*, K&R 2009, 613).

VIII. Telemediendienste

Telemediendienste mit journalistisch-redaktioneller Gestaltung (§ 54 Abs. 2 RStV) sind dadurch ausgezeichnet, dass sie keine von einer Redaktion gebündeltes Gesamtprogramm für ein größeres Publikum bereithalten. Sie übertragen sonstige redaktionell gestaltete Inhalte in elektronischer Form an ein Publikum. Sie sind „Rundfunk" iwS, sie unterliegen aber nicht den Anforderungen der Ausgestaltung einer „positiven Ordnung". Teledienste im früheren Sinne (ohne einen Meinungsgehalt) sind nicht durch Art. 5 Abs. 1 geschützt. 139

IX. Schranke der Rundfunkfreiheit und „Ausgestaltung"

1. Allgemeines Gesetz. Der Begriff des **allgemeinen Gesetzes** ist im Hinblick auf den Rundfunk ebenso zu verstehen wie bei der Bestimmung der Schranken der Meinungs- und Pressefreiheit (*Schulz*, 5. Abschnitt Rn 41 ff). Wegen der dichten Regulierung des Rundfunks stellt sich öfter das Problem der Abgrenzung zu den **Ausgestaltungsgesetzen**: Immer dann, wenn verschiedene Aspekte der Rundfunkfreiheit gegeneinander auszugleichen oder in ein Rangverhältnis zu setzen sind, geht es um „Ausgestaltung" (*Hoffmann-Riem*, AK-GG, Art. 5 Abs. 1 Rn 158). Der Schutz eines der Rundfunkfreiheit entgegenstehenden Rechts (Jugendschutz, Persönlichkeitsrecht etc.) wird durch Schrankengesetze zur Geltung gebracht. Grenzfälle bilden die Prinzipien der Programmgestaltung wie der Menschenwürde. Sie ist aber – angesichts der Anforderungen der „positiven Ordnung" (BVerfGE 57, 295, 317) und der Vielfältigkeit der Programminhalte – als eine Begrenzung der Themenfähigkeit unter dem Gesichtspunkt der Ausgestaltung der Programmfreiheit anzusehen. Die Ausgestaltung kann auch auf der Grundlage eines Gesetzes durch eine Satzung erfolgen (BayVGH ZUM-RD 2010, 102). Die Beschränkung der **Gerichtsberichterstattung** ist als eine Folge der Ausgestaltung des gerichtlichen Verfahrens als Eingriff in die Informationsmöglichkeiten anzusehen: Der Staat beschränkt die Öffnung einer Quelle, über die er selbst verfügt. Dies ist nicht als Eingriff in die Rundfunkfreiheit anzusehen. Auch dabei muss der Staat die objektiv-rechtliche Dimension der Grundrechte beachten; dies ist aber auch in verfassungsmäßiger Weise geschehen. Es gibt gute Gründe, die Unmittelbarkeit des bildhaften Eindrucks von einer Gerichtsverhandlung – v.a. im Strafrecht – zu begrenzen. Im Übrigen hat die Gerichtsberichterstattung nach der n-tv-Entscheidung (BVerfGE 103, 44 – n-tv; *Gostomzyk*, JuS 2002, 228) auch weniger Beschränkungen zu befürchten als früher. Dass diese Beschränkung aber auch für die **Übertragung aus Gemeinderatssitzungen** („Sitzungsgewalt") gelten soll (OVG Saarl v. 31.8.2010 – 3 B 203/10), ist mit der Rundfunkfreiheit nicht vereinbar. 140

2. Verfassung und Wettbewerbsrecht. In der dualen Rundfunkordnung entstehen Wettbewerbsverhältnisse nicht nur zwischen den privaten Veranstaltern, sondern auch zwischen diesen und dem öffentlich-rechtlichen Rundfunk; und zwar sowohl im Hinblick auf die Werbeeinnahmen als auch auf die Zuschauerbindung. Auch bei der Konkurrenz um Zuschauer wird das **Wettbewerbsrecht** zur rechtlichen Begrenzung der Konkurrenz eingesetzt. Dabei geht es v.a. um Verstöße gegen das Rundfunkrecht, die auch Aspekte des Wettbewerbs zwischen Konkurrenten prägen. Fraglich ist, wie weit problematische Programmausweitungen der öffentlich-rechtlichen Veranstalter als wettbewerbswidrig anzusehen sind. Dies ist grundsätzlich zu bejahen, da der öffentlich-rechtliche Rundfunk nur soweit legitim handelt, wie er die Grenzen seiner Aufgaben beachtet; jenseits dieser Grenze verletzt er auch Rechte der privaten Veranstalter und nicht nur das allgemeine Interesse. Außerhalb der eigentlichen Programmproduktion, beim Erwerb von Programmrechten, gilt grundsätzlich ebenfalls das Wettbewerbsrecht. Jedoch hat diese Frage an Bedeutung verloren, da die öffentlich-rechtlichen Rundfunkveranstalter keine marktbeherrschende Stellung mehr haben. 141

3. Gegendarstellung. Das **Gegendarstellungsrecht** ist ein Eingriff in die Rundfunkfreiheit, da der Schutz der Persönlichkeitsrechte damit beabsichtigt wird (BVerfGE 63, 131 ff; 97, 125 – Gegendarstellung/Titelseite; 97, 157 – SaarlLPG). Die gesetzliche Regelung ist aber als allgemeines Gesetz ein- 142 zuordnen, da sie den Rundfunk als Forum behandelt und nicht zur Äußerung einer nicht selbst geteilten Meinung zwingt (vgl auch Rn 41).

143 **4. Jugendschutz.** Auch die Jugendschutzvorschriften sind als Schrankengesetze grundsätzlich durch Art. 5 Abs. 2 GG gedeckt. Der Rundfunkgesetzgeber hat den **Jugendschutz** institutionell und prozedural zulässigerweise durch Schaffung der „Kommission für den Jugendmedienschutz" (KJM) und die Einführung von privater Selbstkontrolle geregelt (*Ladeur*, ZUM 2002, 859). Damit soll der unmittelbare staatliche Einfluss auf die Medienkontrolle reduziert werden. Die Verhinderung der Verbreitung von Pornografie im Fernsehen ist verfassungsmäßig. Die Anforderungen technischer Zugangssperren für die Verbreitung von Pornografie in geschlossenen Benutzergruppen (§ 9 Abs. 2 JMStV) ist unter dem Gesichtspunkt des Jugendschutzes ebenfalls zulässig (BVerwGE 116, 5, danach gilt das Sendeverbot nach § 184 Abs. 2 StGB nur für Live-Sendungen – zweifelhaft; vgl auch Anmerkung von *Hörnle*, JZ 2002, 1062). Verfahrensrechtlich ist zu beachten, dass Jugendschutz auch auf „regulierte Selbstregulierung" (vgl dazu die Beiträge in „Die Verwaltung", SH 2001) zurückgreift und dabei den Beurteilungsspielraum im Hinblick auf die Methoden der Prüfung und Durchsetzung des Jugendschutzes, nicht aber die Interpretation des Begriffes selbst privatisiert. Daraus ergeben sich Fragen nach der Bindungswirkung der von der KJM und den Landesmedienanstalten erlassenen Jugendschutzrichtlinien (*Sellmann*, K&R 2007, 196; vgl im Übrigen die Kommentierung der Meinungsfreiheit zu den Schrankengesetzen; u. Erl. in Abschnitt 5 Rn 39).

C. Filmfreiheit

I. Allgemeines

144 Das GG bildet bei der Gewährleistung der Freiheit der Kommunikation die Ausdifferenzierung der zum Zeitpunkt seines Inkrafttretens bekannten Medien ab. Infolgedessen schützt es neben der Presse- und der Rundfunkfreiheit auch die Filmfreiheit. Hier stellt sich noch mit sehr viel größerem Recht als bei der Pressefreiheit die Frage der **Abgrenzbarkeit von den anderen Medienfreiheiten.** Dabei spielt die Begrenzung auf die Berichterstattung ebenso wie bei der Rundfunkfreiheit nur eine untergeordnete Rolle. Auch Spielfilme sind vom Schutzbereich umfasst. Jedenfalls stehen aber der Schutz der medialen Infrastruktur, die Filmproduktion und der Filmvertrieb – anders als bei Presse und Rundfunk – nicht im Zentrum der (auch) objektiv-rechtlichen Garantie der Filmfreiheit. Dies hängt damit zusammen, dass beim Film im Verhältnis zum Staat als potenziellem Verletzer des Grundrechts eher der einzelne Film im Vordergrund steht, nicht aber eine filmbezogene Infrastruktur. Damit gewinnt der Schutz der Filminhalte eine größere Bedeutung.

II. Die Dimensionen der Filmfreiheit

145 **1. Medium „Film".** Der Schutz der Filmfreiheit (*Reupert,* NVwZ 1994, 1155) ist auf das **Trägermedium Film** beschränkt. Neben den herkömmlichen Zelluloidfilmen werden auch neuere Träger wie DVD, Videokassetten u.a. Medien geschützt. Die Offenheit der Transformation der Medien wirkt sich jedoch auch hier aus: Man wird auch die elektronische Übertragung einbeziehen müssen, wenn die Vorführung an einem Ort (Kino) vor einem Publikum erfolgen soll. Es ist aber ein unbestimmter Adressatenkreis erforderlich. Das Abspielen erfolgt durch einen „Vorführer", nicht aber durch den Zuschauer selbst (*Jarass/Pieroth*, GG, Art. 5 Rn 50).

Geschützt wird nicht nur der gesamte Herstellungsprozess einschließlich der Werbung (*Degenhart*, BK, Art. 5 Rn 737), sondern auch alle Inhalte (zum Verhältnis von Pressefreiheit und Filmfreiheit OVG Saarl AS RP-SL 29, 428 – Pressefilm).

146 **2. Abwehrrecht.** Die Filmfreiheit richtet sich zunächst gegen Verbote, Auflage von „Schnitten" u.ä. Beschränkungen. Die früher häufigen Konflikte um Filme (spektakulär die Prozesse um den Film „Die Sünderin" mit Hildegard Knef, BVerwGE 1, 303) haben durch die Einrichtung der Filmselbstkontrolle und ihren Einbau in das staatliche Jugendschutzverfahren (§§ 11, 12, 14 JSchG) stark an Bedeutung verloren. Die **Filminhalte** werden durch das Grundrecht der Meinungsfreiheit bzw der Kunstfreiheit geschützt. Das Verhältnis der jeweils betroffenen Grundrechte richtet sich nach dem jeweils stärkeren Grundrecht (Kunstfreiheit, *Jarass/Pieroth*, GG, Art. 5 Rn 49; BVerfGE 87, 209, 233; etwas anders: vorrangigen Zweck: *Reupert*, NVwZ 1994, 1155).

3. Die objektiv-rechtliche Dimension. Die objektiv-rechtliche Bedeutung der Filmfreiheit zeigt sich bei der **Filmförderung** (BVerwGE 80, 124, 130; *Höfling*, ZUM 1985, 354). Zwar begründet die Filmfreiheit keine Leistungsansprüche, aber die zulässige Förderung muss in „grundrechtsgerechten“ Formen erfolgen. Dh jedenfalls: Über die Förderung muss unter Heranziehung von Sachverständigen entschieden werden (vgl HessVGH DÖV 1986, 661). Ein allgemeiner Schutz religiöser Gefühle muss deshalb jedenfalls eng interpretiert werden (OVG Münster NVwZ 1993, 76). Ob es stets einer gesetzlichen Vorstrukturierung bedarf, erscheint zweifelhaft. Auch die öffentliche Filmbewertung durch die Filmbewertungsstelle ist zulässig (HessVGH NJW 1998, 1426), aber auch gerichtlich kontrollierbar (BVerwGE 13, 194). Die Entscheidungen der Filmbewertungsstelle unterliegen aber der vollen gerichtlichen Kontrolle (BVerwGE 23, 194). Fraglich ist, ob nicht der Filmfreiheit ebenso wie den anderen Medienfreiheiten auch bei Eingriffen ein besonderer prozeduraler Schutz vor Eingriffen durch die nicht sachverständige Verwaltung zusteht. Für die öffentlich in Kinos vorzuführenden Filme ergibt sich dieser Schutz jetzt aus dem Verfahren der Filmselbstkontrolle nach dem JSchG. Die Indizierung eines künstlerischen Films ist nur zulässig, wenn auch die für die Kunstfreiheit sprechenden Belange umfassend ermittelt und berücksichtigt worden sind (BVerwG ZUM 1998, 947; allg. BVerfGE 83, 130, 143). 147

Streitig war die Erstreckung der grundsätzlich bestehenden Drittwirkung auf **private Einrichtungen der Filmselbstkontrolle**. Eine gewisse „Ausstrahlungswirkung“ ist zu beachten (*Degenhart*, BK, Art. 5 Rn 741), sie ist jedoch gegen die Möglichkeit der Einwirkung auf staatliche Kontrollverfahren abzuwägen. 148

III. Schranken der Filmfreiheit

Vgl dazu im Einzelnen die Kommentierung der Meinungsfreiheit, insb. Erl. in Abschnitt 5 Rn 39. 149

5. Abschnitt: Meinungs- und Informationsfreiheit

Artikel 5 GG [Recht der freien Meinungsäußerung, Medienfreiheit, Kunst- und Wissenschaftsfreiheit]

(1) [1]Jeder hat das Recht, seine Meinung in Wort, Schrift und Bild frei zu äußern und zu verbreiten und sich aus allgemein zugänglichen Quellen ungehindert zu unterrichten. [2]Die Pressefreiheit und die Freiheit der Berichterstattung durch Rundfunk und Film werden gewährleistet. [3]Eine Zensur findet nicht statt.

(2) Diese Rechte finden ihre Schranken in den Vorschriften der allgemeinen Gesetze, den gesetzlichen Bestimmungen zum Schutze der Jugend und in dem Recht der persönlichen Ehre.

(3) [1]Kunst und Wissenschaft, Forschung und Lehre sind frei. [2]Die Freiheit der Lehre entbindet nicht von der Treue zur Verfassung.

Schrifttum: *Bethge*, Grundrechtsträgerschaft juristischer Personen, AÖR 104 (1979), 54 ff; *Blumenwitz*, Die Meinungs- und Informationsfreiheit nach Art. 19 des internationalen Pakts über bürgerliche und politische Rechte, in: Nowak (Hrsg.), FS Ermacora, 1988, 67 ff (zitiert: *Blumenwitz*, FS Ermacora); *Bullinger*, Verbreitung digitaler Pay-TV-Pakete in Fernsehkabelnetzen – Telekommunikationsrechtliche und medienrechtliche Überlegungen, ZUM 1997 (Sonderheft), 281 ff; *Denninger/Hoffmann-Riem/Schneider/Stein* (Hrsg.), Kommentar zum Grundgesetz für die Bundesrepublik Deutschland, 3. Aufl. 2001 (Stand: 1. Lieferung, Oktober 2001) (zitiert: AK-GG/*Bearbeiter*); *Dreier* (Hrsg.), Grundgesetz Kommentar, 2. Aufl. 2004 (zitiert: Dreier-GG/*Bearbeiter*); *Dolzer/Vogel/Graßhof* (Hrsg.), Bonner Kommentar zum Grundgesetz, Bd. 1, 1991 (Stand: 129. Aktualisierung, Juni 2007) (zitiert: BK-GG/*Bearbeiter*); *Epping/Hillgruber* (Hrsg.), Beck'scher Online-Kommentar, Stand: 15.1.2011; *Fiedler*, Die formale Seite der Äußerungsfreiheit, Berlin 1999 (zitiert: *Fiedler*); *Gersdorf*, Kameras in Gerichtsverhandlungen – Karlsruhe auf verschlungenem verfassungsdogmatischem Pfade, AfP 2001, 29 ff; *Grimm*, Kulturauftrag im staatlichen Gemeinwesen, VVDStRL 42 (1983), 46 ff; *Grimm*, Die Meinungsfreiheit in der Rechtsprechung des Bundesverfassungsgerichts, NJW 1995, 1697 ff; *Hain*, „Big Brother" im Gerichtssaal?, DÖV 2001, 589 ff; *Häntzschel*, Das Recht der freien Meinungsäußerung, in: Anschütz/Thoma (Hrsg.), Handbuch des Deutschen Staatsrechts, Bd. 2, 1932 (zitiert: HdbDStRII-*Häntzschel*); *Hesse*, Grundzüge des Verfassungsrechts der Bundesrepublik Deutschland, Neudruck 20. Aufl. 1999 (zitiert: *Hesse*, Verfassungsrecht); *Hoffmann-Riem*, Sozialstaatliche Wende der Medienverantwortung?, JZ 1975, 469 ff; *Hoffmann-Riem*, Politiker in den Fesseln der Mediengesellschaft, PVS 41 (2000), 107 ff; *Isensee/Axer*, Jugendschutz im Fernsehen: verfassungsrechtliche Vorgaben für staatsvertragliche Beschränkungen der Ausstrahlung indexbetroffener Sendungen, 1998 (zitiert: *Isensee/Axer*, Jugendschutz im Fernsehen); *Isensee/Kirchhof* (Hrsg.), Handbuch des Staatsrechts, Bd. VII: Freiheitsrechte, 3. Aufl. 2009 (zitiert: HStR VII/*Bearbeiter*); *Jarass/Pieroth* (Hrsg.), Kommentar zum Grundgesetz für die Bundesrepublik Deutschland, 11. Aufl. 2011 (zitiert: JP-GG/*Bearbeiter*); *Kiesel*, Die Liquidierung des Ehrenschutzes durch das BVerfG, NVwZ 1992, 1129 ff; *Klein*, Maßstäbe für die Freiheit der öffentlichen und privaten Medien, DÖV 1999,

758 ff; *Kriele*, Ehrenschutz und Meinungsfreiheit, NJW 1994, 1897 ff; *Koch*, Bundesverfassungsgericht und Fachgerichte – eine Funktionsbestimmung auf begründungstheoretischer Basis, in: Erbguth (Hrsg.), Rechtstheorie und Rechtsdogmatik im Austausch – Gedächtnisschrift für Bernd Jeand'Heur, 1999, 137 ff (zitiert: *Koch*, GS Jeand'Heur); *Ladeur*, BVerfG als „Bürgergericht"? Rechtstheoretische Überlegungen zur Einzelfallorientierung der Entscheidungspraxis des Bundesverfassungsgerichts, Rechtstheorie 2000, 67 ff; *Ladeur*, Die allgemeinen Gesetze als Schranken der Meinungsfreiheit: Zur dogmatischen Leistungsfähigkeit der formalen Konzeption, K&R 2010, 642 ff; *Lerche*, Zur verfassungsgerichtlichen Deutung der Meinungsfreiheit (insbesondere im Bereiche des Boykotts), in: Ritterspach (Hrsg.), FS Müller, 1970, 197 ff (zitiert: *Lerche*, FS Müller); *Löffler/Ricker*, Handbuch des Presserechts, 5. Aufl. 2005 (zitiert: *Löffler/Ricker*); *v. Mangoldt/Klein/Starck* (Hrsg.), Das Bonner Grundgesetz, Kommentar, Bd. 1, 5. Aufl. 2005 (zitiert: MKS-GG/*Bearbeiter*); *Maunz/Dürig* (Hrsg.), Kommentar zum Grundgesetz, Bd. 1 (Stand Art. 5 Abs. I, II: 60. Ergänzungslieferung, 2010) (zitiert: MD-GG/*Bearbeiter*); *v. Münch* (Hrsg.), Grundgesetz-Kommentar, Bd. 1, 3. Aufl. 1985 (zitiert: vM-GG/*Bearbeiter*); *v. Münch/Kunig* (Hrsg.), Grundgesetz-Kommentar, Bd. 1, 5. Aufl. 2000 (zitiert: vMK-GG/*Bearbeiter*); *Noltenius*, Die freiwillige Selbstkontrolle der Filmwirtschaft und das Zensurverbot des Grundgesetzes, 1958 (zitiert: *Noltenius*); *Ossenbühl*, Medienfreiheit und Persönlichkeitsschutz, ZUM 1999, 505 ff; *Pieroth/Schlink*, Staatsrecht II, Grundrechte, 26. Aufl. 2010 (zitiert: *Pieroth/Schlink*, Grundrechte); *Rhode*, Die Nachzensur in Art. 5 Abs. 1 Satz 3 GG, 1997 (zitiert: *Rohde*); *Roth*, Die Überprüfung fachgerichtlicher Urteile durch das BVerfG und die Entscheidung über die Annahme einer Verfassungsbeschwerde, AöR 121 (1996), 544 ff; *Rühl*, Tatsachen – Interpretation – Wertungen: Grundfragen einer anwendungsorientierten Grundrechtsdogmatik der Meinungsfreiheit, 1998 (zitiert: *Rühl*, Tatsachen); *Sachs* (Hrsg.), Kommentar zum Grundgesetz, 5. Aufl. 2009 (zitiert: Sachs-GG/*Bearbeiter*); *Sajuntz*, Der rezipientenbezogene Schutz massenmedialer Kommunikation, 2007 (zitiert: *Sajuntz*, Der rezipientenbezogene Schutz); *Scherzberg*, Grundrechtsschutz und „Eingriffsintensität" – das Ausmaß individueller Grundrechtsbetroffenheit als materiellrechtliche und kompetenzielle Determinante der verfassungsgerichtlichen Kontrolle der Fachgerichtsbarkeit im Rahmen der Urteilsverfassungsbeschwerde, 1989 (zitiert: *Scherzberg*, Grundrechtsschutz); *Schmitt Glaeser*, Meinungsfreiheit, Ehrenschutz und Toleranzgebot, NJW 1996, 873 ff; *Schneider*, Pressefreiheit und politische Öffentlichkeit – Studien zur politischen Geschichte Deutschlands bis 1848, 1966 (zitiert: *Schneider*, Pressefreiheit und politische Öffentlichkeit); *Schulz*, Gewaltdarstellungen im Fernsehen im Spannungsfeld zwischen Jugendschutz und Kommunikationsgrundrechten, RuF 1993, 339 ff; *Schulz*, Von der Medienfreiheit zum Grundrechtsschutz für Intermediäre? – Überlegungen zur Entwicklung der Gewährleistungsgehalte von Art. 5 Abs. 1 GG am Beispiel von Suchmaschinen, CR 2008, 470-476; *Schulz/Held*, Verfassungsrechtliche Grundsätze und Media Governance, in: Donges (Hrsg.), Von der Medienpolitik zur Media Governance?, 2007, 85 ff (zitiert *Schulz/Held*, Media Governance); *Schwartländer/Riedel* (Hrsg.), Meinungsfreiheit, Bd. 2, Neue Medien und Meinungsfreiheit im nationalen und internationalen Kontext, 1990 (zitiert: *Bearbeiter*, Meinungsfreiheit, Bd. 2); *Schwartländer/Willoweit* (Hrsg.), Meinungsfreiheit, Bd. 1, Grundgedanken und Geschichte in Europa und USA, 1986 (zitiert: *Bearbeiter*, Meinungsfreiheit, Bd. 1); *Spindler*, Hyperlinks und ausländische Glücksspiele – Karlsruhe locuta causa finita?, GRUR 2004, 724; *Stadler*, Haftung für Informationen im Internet, 2005 (zitiert: *Stadler*, Haftung); *Stettner*, Der Kabelengpaß: Medienrechtliche Befugnisse und Spielräume bei der Entscheidung über die Belegung der Kanäle in Kabelanlagen in Bayern mit Rundfunkprogrammen und anderen Diensten unter besonderer Berücksichtigung europäischer Rechtsvorschriften, Rechtsgutachten im Auftrag der Bayerischen Landeszentrale für Neue Medien (BLM), 1997 (zitiert: *Stettner*, Kabelengpaß); *Stuiber*, Medien in Deutschland, Bd. 2, Rundfunk, 1. Teil, 1998 (zitiert: *Stuiber*, Medien in Deutschland, Bd. 2/1); *Stock*, EU-Medienfreiheit – ein Grundrecht im Werden. Zum Gang der Dinge im Grundrechtskonvent (2000) und im Verfassungskonvent (2002/03), in: Hagen (Hrsg.), Europäische Union und mediale Öffentlichkeit, 2004 (zitiert: *Stock*, EU-Medienfreiheit); *Umbach/Clemens* (Hrsg.), Grundgesetz, Mitarbeiterkommentar und Handbuch, Bd. 1, Art. 1–37 GG, 2002 (zitiert: MitarbKomm-GG/*Bearbeiter*); *Vesting*, Soziale Geltungsansprüche in fragmentierten Öffentlichkeiten – Zur neueren Diskussion über das Verhältnis von Ehrenschutz und Meinungsfreiheit, AÖR 122 (1997), 337 ff; *Volkmann*, Der Störer im Internet, 2005 (zitiert: *Volkmann*, Der Störer); *Ziem*, Die Bedeutung der Pressefreiheit für die Ausgestaltung der wettbewerbsrechtlichen und urheberrechtlichen Haftung von Suchdiensten im Internet, 2003 (zitiert: *Ziem*, Die Bedeutung der Pressefreiheit).

Rechtsprechung:

BVerfGE 7, 198; 11, 234; 12, 113; 205; 18, 85; 21, 207; 271; 23, 229; 24, 278; 25, 44; 88; 269; 27, 71; 31, 314; 32, 98; 34, 269; 384; 35, 202; 42, 163; 43, 130; 47, 198; 50, 234; 52, 283; 53, 30; 54, 129; 148; 208; 57, 170; 60, 234; 61, 1; 62, 230; 64, 108; 65, 1; 66, 118; 133; 69, 257; 71, 162; 206; 72, 155; 74, 297; 82, 43; 54; 236; 272; 83, 130; 238; 85, 1; 86, 1; 122; 88, 203; 90, 1; 27; 241; 91, 125; 93, 266; 94, 1; 95, 173; 220; 97, 125; 298; 391; 99, 185; 100, 313; 101, 361; 102, 347; 103, 44; 104, 92; 106, 28; 107, 275; 111, 147; 124, 300; BVerfG AfP 1985, 107; 1991, 739; BVerfG FamRZ 2006, 182; BVerfG NJW 1982, 1803; 1989, 382; 1999, 204; 3326; 2001, 2957; 3403; 2002, 2939; 2003, 1303; 2006, 207; 2009, 749; 2010, 1587; 2193; 2011, 511: 47; 740; NJW-RR 2010, 1195; Beschluss des 1. Senats des BVerfG vom 28. Februar 2008, Az: 1 BvR 1602/07, 1606/07, 1626/07; BVerfG, 22.2.2011 – 1 BvR 699/06; BVerfG, 8.12.2010 – 1 BvR 1106/08; BVerfG, 1 BvR 1842/08 vom 14.9.2010; BVerwGE 70, 310; 75, 67; BGHZ 76, 55; 95, 212; 171, 275; BGH AfP 1994, 218; GRUR 2004, 693; NJW 1987, 1399; BAG JZ 1973, 375; VGH Mannheim, NJW 1982, 668; VG München, BayVBl 1980, 696; DVBl. 2009, 1166; NStZ 2008, 521.

A. Meinungs- und Informationsfreiheit (Abs. 1 Satz 1)

I. Bedeutung der Vorschrift

1 Art. 5 GG ist das **Hauptgrundrecht zum Schutz kommunikativer Entfaltung.** Es baut auf historische Vorbilder auf (s. dazu *Hölscher*, Die Wahrheit der öffentlichen Meinung, und *Siemann*, Kampf um Meinungsfreiheit im deutschen Konstitutionalismus. Eine Skizze, beide in: Meinungsfreiheit, Bd. 1, 51 ff bzw 173 ff), insbesondere auf § 143 der Paulskirchen-Verfassung von 1849 und auf Art. 118 WRV von 1919, die ihrerseits auf ausländische Vorbilder zurückgehen, insbesondere auf Art. 11 der französischen Erklärung der Menschenrechte von 1789 und das First Amendment zur amerikanischen Verfassung aus dem Jahre 1791. Art. 5 GG ist auch eine Reaktion auf die Unterdrückung der Meinungsfreiheit und die staatliche Gleichschaltung der Medien im Nationalsozialismus (dazu s. *Stuiber*, Medien in Deutschland, Bd. 2/1 (1998) 165 ff).

2 Die **Kommunikationsgrundrechte** stehen in der Tradition des liberalen Rechtsstaats (s. dazu *Brugger*, Der Kampf der Meinungen, und *Hoffmann-Riem*, Kommunikationsfreiheit und Chancengleichheit, beide in: Meinungsfreiheit, Bd. 2, 143 ff bzw 27 ff). Sie zielen auf die rechtliche Sicherung realer Möglichkeiten subjektiver Entfaltung des Individuums ab. Aber auch der soziale Bezug von Kommunikation ist Bestandteil des Konzepts, da Kommunikation als Grundbedingung der Selbstorganisation der Gesellschaft und des politischen Prozesses angesehen wird (die doppelte Ausrichtung der Kommunikationsfreiheit ist schon im 18. Jh. entwickelt worden, s. *Schneider*, Pressefreiheit und politische Öffentlichkeit (1966) 168). Anders als im angloamerikanischen Raum, wo die Erkenntnis des „Richtigen" auf dem Markt der Meinungen noch immer als Paradigma gilt (Justice *Holmes* in seiner dissenting opionion in Abrahams v. United States, 250 U.S. 616 (1919): „[T]he best test of truth is the power of the thought to get itself accepted in the competition of the market"; der Idee nach übernommen in einem späteren Urteil des Supreme Court (allerdings zur Wissenschaftsfreiheit), Keyishian v. Board of Regents, 385 U.S. 589: „the classroom is the marketplace of ideas"), sind die Wurzeln des Verständnisses der Kommunikationsfreiheit in Deutschland in Tradition von Kant und Hegel eher auf den **Prozess der Meinungsbildung** bezogen.

3 Schon in der verfassungsrechtlichen Diskussion in Weimar wurde erkannt, dass auch gesellschaftliche Machtträger (etwa Inhaber von Medienmonopolen) die Kommunikationsfreiheit gefährden können und dass der Staat gegebenenfalls tätig werden muss, um die Kommunikationsfreiheit für alle zu sichern. Der Staat wird nicht nur als möglicher Gefährder von Freiheit, sondern auch als ihr Garant gesehen. Diese **Garantiefunktion** ist in einer Demokratie besonders wichtig, da diese auf eine funktionsfähige, die kommunikative Entfaltung aller Bürgerinnen und Bürger sichernde Kommunikationsordnung angewiesen ist. Zu dem auf Abwehr staatlicher Eingriffe gerichteten Grundrechtsschutz treten daher objektiv-rechtliche Grundrechtselemente hinzu (vgl statt vieler *Hesse*, Verfassungsrecht (1999) Rn 387). Dementsprechend haben das BVerfG und die hL die Kommunikationsfreiheit einem Grundrechtskonzept zugeordnet, das die Einbettung des Grundrechts in das System der verschiedenen verfassungsrechtlichen Zielwerte und Verbürgungen anerkennt (vgl BVerfGE 7, 198 (204 f); 12, 205 (259 ff); 35, 202 (219 ff); 52, 283 (296); *Hesse*, Verfassungsrecht (1999) Rn 386 ff; MD-GG/*Herzog*,

60. Erg.-Lfg., Art. 5 Abs. I, II Rn 5 ff). Dies trifft vor allem die Medienfreiheiten (vgl Rn 5 f und Kommentierung von *Ladeur* zu Art. 5 Abs. 1 Satz 2), aber auch die Meinungs- und Informationsfreiheit.

Für die Bedeutung der Kommunikationsfreiheit wäre es allerdings verkürzt, sie nur vor dem Hintergrund der Funktionsfähigkeit politischer Prozesse zu sehen (vgl die entsprechende Kritik von *Vesting*, AÖR 122 (1997), 337 (353 ff)). Für die individuelle Lebensgestaltung und die soziale Integration wie auch die politische Entscheidungsbildung sind Informationen und kommunikative Interaktionen wichtig, die nicht dem politischen Bereich ieS angehören und die zB „bloßer Unterhaltung" oder der allgemeinen Bildung dienen. Kommunikationsfreiheit ist das **Grundrecht kommunikativer Entfaltung schlechthin**, das in allen Lebensbereichen (Arbeitsleben, Freizeit, Erholung u.a.) wichtig werden kann. Die verfügbaren Kommunikationsmöglichkeiten sind daher insbesondere bedeutsam für die Verwirklichung der Sozial- (vgl *Hoffmann-Riem*, JZ 1975, 469 (471 ff); BVerfGE 35, 202 (222)) und Kulturstaatlichkeit (vgl *Grimm*, VVDStRL 42 (1983), 46 (68 ff); BVerfGE 74, 297 (324): „kulturelle Verantwortung" des Rundfunks) wie auch der Demokratie („für die Demokratie schlechthin konstituierend", vgl BVerfGE 7, 198 (208), st. Rspr). Allerdings ist die Kommunikation unabhängig von den konkreten Inhalten geschützt, also unabhängig davon, ob diese die demokratische Willensbildung konkret fördern oder die sozialstaatliche Orientierung verbessern können (vgl BVerfGE 25, 269 (307); 35, 202 (222 ff); statt aller JP-GG/*Jarass*, Art. 5 GG Rn 4 mwN). In diesem Sinne ist **Kommunikation als solche ein „Wert in sich"** und damit ungeachtet des Inhalts und Verwendungszusammenhangs stets vom Geltungsbereich der Grundrechtsnormen erfasst. 4

II. Verhältnis zu anderen Vorschriften

1. Medienfreiheiten nach Abs. 1 Satz 2. Das BVerfG bestimmt das **Verhältnis von Meinungs- und Medienfreiheit** – am Beispiel der Presse – zu Recht dahin gehend, dass der Schutzbereich der Pressefreiheit berührt ist, „wenn es um die im Pressewesen tätigen Personen in Ausübung ihrer Funktion, um ein Presseerzeugnis selbst, um seine institutionell-organisatorischen Voraussetzungen und Rahmenbedingungen sowie um die Institution einer freien Presse überhaupt geht. Handelt es sich dagegen um die Frage, ob eine bestimmte Äußerung erlaubt war oder nicht, insbesondere ob ein Dritter eine für ihn nachteilige Äußerung hinzunehmen hat, ist ungeachtet des Verbreitungsmediums Art. 5 Abs. 1 Satz 1 GG einschlägig" (BVerfGE 85, 1 (12 f); s. auch 86, 122 (128); aA Sachs-GG/*Bethge*, Art. 5 GG Rn 47, der Art. 5 Abs. 1 Satz 2 GG als lex specialis zu Art. 5 Abs. 1 Satz 1 betrachtet). Soweit neue Intermediäre wie Internet-Plattformen oder Suchmaschinen auch durch Satz 2 geschützte Funktionen erfüllen, erfolgt die Abgrenzung strukturell wie bei den klassischen Massenmedien (vgl *Schulz*, CR 2008, 470-476). 5

Auch das **Verhältnis der Medienfreiheit zur Informationsfreiheit** ist abzugrenzen. Für den Rezipienten ist dieses Verhältnis dadurch geprägt, dass die Zugänglichkeit der von Massenmedien verbreiteten Kommunikationsinhalte durch die Informationsfreiheit geschützt ist (JP-GG/*Jarass*, Art. 5 GG Rn 24 a, 35 mwN; vgl u. Rn 28 ff). Demgegenüber beruht das Recht der Massenmedien, Informationen an die Rezipienten zu verbreiten, nicht auf ihrer Informationsfreiheit, sondern der besonderen Medienfreiheit, die die Erreichbarkeit der Rezipienten umfasst. Soweit aber die Medien ihrerseits allgemein zugängliche Informationsquellen nutzen wollen – dies benötigen sie für ihre publizistische Betätigung in hohem Maße –, steht ihnen dafür die allgemeine Informationsfreiheit offen (BVerfGE 103, 44 (59); anders noch E 50, 234 (240); 91, 125 (134): Art. 5 Abs. 1 Satz 2 einschlägig; so auch *Hain*, DÖV 2001, 589 (590) mwN, vgl auch BK-GG/*Degenhart*, Art. 5 Abs. 1 und 2 GG Rn 384). Die Informationsfreiheit reicht insoweit für die Medien nicht weiter als für die Bürger allgemein (BVerfGE 103, 44 (59)). Die massenmediale Verbreitung der so gewonnenen Informationen ist dann wieder Schutzgegenstand der Medienfreiheit. Die Nutzung rundfunkspezifischer Aufnahme- und Übertragungsgeräte bei der Informationsgewinnung zum Zwecke der massenmedialen Verbreitung der gewonnenen Information wird von der insoweit spezielleren Medienfreiheit erfasst (BVerfGE 103, 44 (59)). 6

2. Andere Grundrechte. Art. 5 Abs. 1 und **Art. 8 Abs. 1 GG** stehen selbstständig nebeneinander (BVerfGE 82, 236 (258)), letzterer schützt als Ergänzung zu Art. 5 Abs. 1 GG die kollektive Meinungsäußerung (vMK-GG/*Kunig*, Art. 8 GG Rn 37 mwN). Soweit Art und Weise der Versammlung in Frage stehen, ist allein Art. 8 GG einschlägig (BVerfGE 104, 92 (103); 111, 147 (154 f)); wenn es aber um Inhalte von Meinungsäußerungen geht, ist Art. 5 Abs. 1 Satz 1 GG Prüfungsmaßstab (BVerfGE 90, 241 (246); AK-GG/*Hoffmann-Riem*, Art. 8 GG Rn 21 mwN). Gegenüber **Art. 2 Abs. 1 GG** ist Art. 5 Abs. 1 GG lex specialis (BVerfGE 11, 234 (238); 25, 44 (62), 88 (101); 27, 71 (88)), so dass auf 7

Art. 2 Abs. 1 GG als Auffanggrundrecht nur zurückzugreifen ist, wenn der Schutzbereich des Art. 5 Abs. 1 GG nicht eröffnet ist (vgl zu einzelnen Konstellationen MKS-GG/*Starck*, Art. 2 GG Rn 65 ff mwN). Die Glaubens- und Gewissensfreiheit in **Art. 4 Abs. 1, 2 GG** ist wiederum lex specialis gegenüber Art. 5 Abs. 1 GG, soweit es um glaubens- bzw gewissensgeleitetes Handeln geht (BVerfGE 32, 98 (107); vgl näher BK-GG/*Degenhart*, Art. 5 Abs. 1 und 2 GG Rn 941). Das Verhältnis zu **Art. 10 Abs. 1 GG** ist umstritten: Nach einer Auffassung ist Art. 10 lex specialis (*Pieroth/Schlink*, Grundrechte (2006) Rn 561; Dreier-GG/*Schulze-Fielitz*, Art. 5 Abs. 1, 2 GG Rn 315; JP-GG/*Jarass*, Art. 10 GG Rn 2), nach anderer, hier geteilter Ansicht sind Art. 5 Abs. 1 und Art. 10 Abs. 1 GG nebeneinander anwendbar (HStR VII/*Schmidt-Jortzig*, § 162 Rn 38 ff; Dreier-GG/*Hermes*, Art. 10 Rn 95; MKS-GG/*Gusy*, Art. 10 Rn 102 mwN).

8 **3. Länderverfassungen.** Baden-Württemberg: Art. 2 Abs. 1 inkorporiert die Grundrechte des GG; Bayern: Art. 110 (Meinungsäußerungsfreiheit), Art. 111 (Pressefreiheit mit Zensurverbot), Art. 111 a (Rundfunkfreiheit); Brandenburg: Art. 19 (Meinungs- und Medienfreiheit); Bremen: Art. 15 (Meinungsfreiheit); Hamburg: keine landeseigenen Grundrechte; Hessen: Art. 11 (Meinungsfreiheit und Verbot der Pressezensur), Art. 13 (Informationsfreiheit); Mecklenburg-Vorpommern: Art. 5 Abs. 3 inkorporiert die Grundrechte des GG; ebenso Art. 3 Abs. 2 in Niedersachsen sowie Art. 4 in Nordrhein-Westfalen; Rheinland-Pfalz: Art. 10 Abs. 1, 2 entspricht weitestgehend Art. 5 Abs. 1, 2 GG; ebenso Art. 5 im Saarland (allerdings mit einfachem Gesetzesvorbehalt); Sachsen: Art. 20 Abs. 1, 3 entsprechen Art. 5 Abs. 1, 2 GG, allerdings garantiert Abs. 2 darüber hinaus die duale Rundfunkordnung; Sachsen-Anhalt: Art. 10 Abs. 1, 2 entsprechen Art. 5 Abs. 1, 2 GG; Thüringen: Art. 11 ist weitgehend gleichlautend mit Art. 5 Abs. 1, 2 GG, Art. 12 schreibt darüber hinaus den Stand der Rspr des BVerfG zur Rundfunkfreiheit fest; Überblick zu den einzelnen Regelungen bei BK-GG/*Degenhart*, Art. 5 Abs. 1 und 2 GG Rn 947 ff.

9 **4. Europäisches Gemeinschaftsrecht.** Durch den Lissabon-Vertrag ist nun auch die Grundrechte Charta Teil der Europäischen Grundrechtsordnung geworden; zur Auslegung und dem Verhältnis zum nationalen Grundrechtsschutz vgl *Schulz* zu Art. 11 GRC.

Art. II-71 **Vertrag über eine Verfassung für Europa** sieht folgenden Wortlaut für die Kommunikationsfreiheiten vor:

„(1) [1]Jede Person hat das Recht auf freie Meinungsäußerung. [2]Dieses Recht schließt die Meinungsfreiheit und die Freiheit ein, Informationen und Ideen ohne behördliche Eingriffe und ohne Rücksicht auf Staatsgrenzen zu empfangen und weiterzugeben.

(2) Die Freiheit der Medien und ihre Pluralität werden geachtet."

Vgl hierzu *Stock*, EU-Medienfreiheit, 77 ff.

10 **5. Völkerrecht.** Zunächst haben die Kommunikationsfreiheiten in Art. 10 **EMRK** für die Staaten des Europarates Bedeutung (vgl Kommentierung von *Schulz* zu Art. 10 EMRK).

11 Art. 19 Internationaler Pakt über bürgerliche und politische Rechte (**IPbpR**) lautet:

„(1) Jedermann hat das Recht auf unbehinderte Meinungsfreiheit.

(2) Jedermann hat das Recht auf freie Meinungsäußerung; dieses Recht schließt die Freiheit ein, ohne Rücksicht auf Staatsgrenzen Informationen und Gedankengut jeder Art in Wort, Schrift oder Druck, durch Kunstwerke oder andere Mittel eigener Wahl sich zu beschaffen, zu empfangen und weiterzugeben.

(3) [1]Die Ausübung der in Absatz 2 vorgesehenen Rechte ist mit besonderen Pflichten und einer besonderen Verantwortung verbunden. [2]Sie kann daher bestimmten, gesetzlich vorgesehenen Einschränkungen unterworfen werden, die erforderlich sind

a) für die Achtung der Rechte oder des Rufs anderer;

b) für den Schutz der nationalen Sicherheit, der öffentlichen Ordnung (ordre public), der Volksgesundheit oder der öffentlichen Sittlichkeit."

Zu Art. 19 IPbpR vgl *Blumenwitz*, FS Ermacora, 67 ff; *Klein*, DÖV 1999, 758.

III. Grundrechtsträger und Grundrechtsverpflichtete

1. Träger der Grundrechte. Die Meinungs- und Informationsfreiheit des Satzes 1 ist als **Menschenrecht** konzipiert, gilt also auch für Ausländer und Staatenlose. Inländische und ausländische (str; wie hier: AK-GG/*Hoffmann-Riem*, Art. 5 Abs. 1, 2 GG Rn 35; aA BVerfGE 21, 207 (208 f); 23, 229 (236); 100, 313 (364); *Bethge*, AÖR 104 (1979), 54 (83 ff); BK-GG/*Degenhardt*, Art. 5 Abs. 1 und 2 GG Rn 156; vMK-GG/*Wendt*, Art. 5 GG Rn 6; MKS-GG/*Starck*, Art. 5 Abs. 1, 2 GG Rn 182) juristische Personen des Privatrechts sowie nicht rechtsfähige Vereinigungen (statt aller HStR VII/*Schmidt-Jortzig*, § 162 Rn 15 ff; MKS-GG/*Starck*, Art. 5 Abs. 1, 2 GG Rn 183, jeweils mwN) sind geschützt. Demgegenüber können sich **juristische Personen des öffentlichen Rechts** nur ausnahmsweise auf Art. 5 Abs. 1 GG berufen, und zwar dann, wenn es sich um staatsunabhängige Einrichtungen handelt, zu deren Aufgabenbereich auch die selbstverantwortliche Teilhabe am allgemeinen Kommunikationsprozess gehört. In diesem Umfang kann die Tätigkeit von Rundfunkanstalten in den Geltungsbereich des Art. 5 Abs. 1 Satz 1 und 2 GG fallen (vgl BVerfGE 31, 314 (321 f); 74, 297 (317 f); 95, 220 (234); 97, 298 (310)), nicht aber die Bundeszentrale für politische Bildung (BVerfG NJW 2011, 511). 12

Grundrechtsträger sind **auch Minderjährige** (AK-GG/*Hoffmann-Riem*, Art. 5 Abs. 1, 2 GG Rn 37; HStR VII/*Schmidt-Jortzig*, § 162 Rn 14 ff; zur umstrittenen Frage der Grundrechtsmündigkeit vgl einerseits MD-GG/*Herzog*, Art. 5 Abs. 1, 2 Rn 15 ff, 60. Erg.-Lfg.; andererseits vM-GG/*v. Münch*, Vorb. Art. 1–19 GG Rn 11 ff). 13

2. Verpflichtete. Verpflichtet zur Beachtung des Grundrechts sind grundsätzlich **alle Träger staatlicher Gewalt** (allg. MD-GG/*Herzog*, Art. 5 Abs. 1, 2 GG Rn 25 f; vgl für die Landesmedienanstalten BVerfGE 97, 298 (314)). Allerdings üben die öffentlich-rechtlichen Rundfunkanstalten in ihrer Funktion als Programmproduzenten und -veranstalter sowie im Rahmen ihrer wirtschaftlichen Nebentätigkeiten, etwa der Weiterverwertung von Programmen, keine Hoheitsgewalt aus und sind deshalb nicht unmittelbar grundrechtsverpflichtet (BVerwGE 70, 310 (316) mit Anm. *Hoffmann-Riem*, JZ 1985, 627; vgl auch MKS-GG/*Starck*, Art. 1 Abs. 3 GG Rn 256). Die Grundsätze **mittelbarer Grundrechtswirkung** gelten dennoch insoweit auch für sie. Einzelne Tätigkeiten der Rundfunkanstalten sind hoheitlicher Art, wie etwa der Einzug der Rundfunkgebühr (§ 4 Abs. 5 und 7, § 7 Abs. 5, 6 RGebStV), so dass die Rundfunkanstalten im Rahmen dieser Tätigkeit unmittelbar grundrechtsverpflichtet sind (VGH Mannheim, NJW 1982, 668 (669); offen gelassen durch BVerfG NJW 1989, 382). Soweit Rundfunkanstalten den politischen Parteien Sendezeit im Bereich der Wahlwerbung zuteilen, üben sie ebenfalls hoheitliche Gewalt aus und sind dementsprechend an Grundrechte, auch an Art. 3 GG, gebunden (vgl BVerfGE 47, 198 (225); 69, 257 (266); BVerwGE 75, 67 (71); vgl zum Anspruch von Spitzenkandidaten gegen Rundfunkanstalten auf Teilnahme an einer Wahlsendung BVerfGE 82, 54 (58 f); BVerfG, NJW 2002, 2939 f). 14

Die für die Aufsicht privaten Rundfunks zuständigen **Landesmedienanstalten** sind ungeachtet ihrer auf Staatsfreiheit zielenden Binnenstruktur bei ihrer Aufsichtstätigkeit als Hoheitsträger an Art. 5 Abs. 1 GG gebunden (BVerfGE 97, 298 (314)). Als die Ausgestaltung nachvollziehende Instanzen sind sie aber auch selbst Träger der Rundfunkfreiheit (AK-GG/*Hoffmann-Riem*, Art. 5 Abs. 1, 2 GG Rn 36; Dreier-GG/*Schulze-Fielitz*, Art. 5 Abs. 1, 2 GG Rn 120 mwN; aA MKS-GG/*Starck*, Art. 5 Abs. 1, 2 GG Rn 186 mwN; offen gelassen von BVerfGE 97, 298 (314); zu den Landesmedienanstalten sa. u. Kommentierung von *Ladeur* zu Abs. 1 Satz 2). 15

Sind private Institutionen in Steuerungskonzepte eingebunden, etwa bei der **Ko-Regulierung** oder **regulierten Selbstregulierung**, sind sie unmittelbar nur gebunden, wenn sie funktional hoheitlich tätig werden (vgl Sachs-GG/*Höfling*, Art. 1 GG Rn 94 aE; Dreier-GG/*Dreier*, Art. 1 Abs. 3 GG Rn 68 mwN; MKS-GG/*Starck*, Art. 1 Abs. 3 GG Rn 227 mwN; Dreier-GG/*Schulze-Fielitz*, Art. 5 Abs. 1, 2 GG Rn 302 mwN: FSK hat Ausstrahlungswirkungen des Grundrechts der Filmfreiheit zu beachten; zum Problem der Grundrechtsbindung bei Ko-Regulierung im Jugendschutz vgl *Schulz/Held*, Media Governance, 95 ff). 16

Auch im Bereich der Meinungsfreiheit gilt, dass eine private Organisationsform den Staat nicht von der Grundrechtsbindung befreit; jedenfalls Unternehmen, die mehrheitlich in Staatseigentum stehen, sind unmittelbar gebunden (vgl BVerfG NJW 2011, 1201 zu Meinungsäußerungen in Form des Verteilens von Flugblättern im Flughafen). 17

IV. Meinungsfreiheit

18 **1. Schutzbereich.** Art. 5 Abs. 1 Satz 1 GG enthält ein Grundrecht, das die Äußerung und Verbreitung von Meinungen schützt (**Kommunikatorfreiheit**). Geschützt ist die Übermittlung von Informationen, einerlei, ob sie der eigenen Sphäre entstammen oder als „fremde" weitergegeben werden (so auch AK-GG/*Hoffmann-Riem*, Art. 5 Abs. 1, 2 GG Rn 32; BK-GG/*Degenhart*, Art. 5 Abs. 1 und 2 GG Rn 141; aA BAG JZ 1973, 375 (376 f)). Da die individuell gewährte Kommunikatorfreiheit auch über den Einzelfall hinaus eine Funktion für die offene und freie Meinungsbildung erfüllt, können mögliche Auswirkungen auf den Meinungsbildungsprozess den subjektiven Grundrechtsschutz in seinem Gewicht verstärken. Maßnahmen, die eine einschüchternde Wirkung für die unbefangene Teilhabe an öffentlicher Kommunikation auszulösen vermögen („Chilling effect"), sind verfassungsrechtlich nur legitimierbar, wenn überragend wichtige Gemeinschaftsgüter gefährdet sind. Dies ist auch bei der Entwicklung von Abwägungsregeln zu beachten (*Grimm* NJW 1995, 1704). Insoweit hat das BVerfG zu Recht auch ein allgemeines Publikationsverbot für „Verbreitung rechtsextremistischen oder nationalsozialistischen Gedankenguts" als verfassungswidrig angesehen (Beschluss vom 8.12.2010 – 1 BvR 1106/08).

19 Neben dem Ob der Äußerung und Verbreitung ist auch die **Wahl der Umstände der Kommunikation** geschützt (BVerfGE 93, 266 (289); 97, 391 (398); Dreier-GG/*Schulze-Fielitz*, Art. 5 Abs. 1, 2 GG Rn 69 mwN; bei der Abwägung ist auch die Bedeutung der Umstände für die entgegen stehenden Rechte beachtlich, vgl BVerfG NJW 2011, 47). Konsequenterweise ist auch die **Freiheit, sich nicht zu äußern**, erfasst (sog. „negative Meinungsfreiheit", BVerfGE 57, 170 (192); 65, 1 (40); dazu HStR VII/*Schmidt-Jortzig*, § 162 Rn 27 ff; diese ist nur verletzt, wenn die Äußerung als eigene erscheinen soll, daher nicht bei Tabakwarnhinweisen, vgl BVerfGE 95, 173). Aus der Äußerungsfreiheit kann kein Recht abgleitet werden, auch gehört zu werden (vgl nur vMK-GG/*Wendt*, Art. 5 GG Rn 19 mwN). Eindeutig geschützt ist auch das anonym Kommunizierte (BGH MMR 2009, 608 (612) – spickmich); eine andere Frage ist, ob das anonyme Kommunizieren geschützt ist, also etwa Offenbarungspflichten das Grundrecht berühren. Dies ist möglich, wenn Äußerungen sonst unterbleiben würden, insoweit ist aber auch Art. 2 Abs. 2 GG zu beachten.

20 Der Schutz von Meinungsäußerungen ieS, also **Werturteilen**, bildet den Kern des Grundrechtsschutzes, da sie einen engen Bezug zur Persönlichkeit des Äußernden haben und die Demokratie gerade vom Meinungsaustausch lebt. Auch **Tatsachenbehauptungen sind** entgegen der hM umfassend **einbezogen** (aA BVerfGE 61, 1 (8); 65, 1 (41): nur „wenn sie Voraussetzung für die Bildung von Meinungen sind"; so auch Sachs-GG/*Bethge*, Art. 5 GG Rn 27; wie hier Dreier-GG/*Schulze-Fielitz*, Art. 5 Abs. 1, 2 GG Rn 65 f mwN). Leitbild des Prozesses individueller und öffentlicher Meinungsbildung ist der **rationale Diskurs**, in dem Meinungen durch Tatsachen gestützt werden, in dem Bürger Meinungen durch Auswahl erörterungswürdiger Tatsachen kundtun usw, so dass es nicht sachgerecht erscheint, Tatsachenbehauptungen nur in den Schutz einzubeziehen, wenn sie eine bestimmbare Bedeutung für die Meinungsbildung haben. Die Differenzierung von Meinungsäußerungen und Tatsachenbehauptungen hat aber Auswirkungen auf das Prüfungsprogramm für Grundrechtsbeschränkungen (zu Schranken s.u. Rn 40 ff).

21 Bewusst oder erwiesen unwahre Tatsachenbehauptungen sollen ebenfalls nicht erfasst sein (st Rspr seit BVerfGE 54, 208 (219); in neuerer Zeit etwa BVerfG, NJW 1999, 3326 (3327); Sachs-GG/*Bethge*, Art. 5 GG Rn 28; BK-GG/*Degenhart*, Art. 5 Abs. 1 und 2 GG Rn 109 ff mwN). Äußerungen, die im **Bewusstsein ihrer Unwahrheit** kundgetan werden, die aber tatsächlich (beweisbar) wahr sind bzw deren Unwahrheit nicht bewiesen werden kann, dürften eher selten sein. Die Ausklammerung **bewiesen unwahrer Tatsachenbehauptungen** aus dem Schutzbereich macht den Grundrechtsschutz von der gerichtlichen Bewertung der Wahrheit der Äußerung abhängig, was mit der Vorstellung, dass sich die Wahrheit erst diskursiv feststellen lässt, schwer in Übereinstimmung zu bringen ist (daher schützt das amerikanische First Amendment Äußerungen unabhängig vom Wahrheitsgehalt; kritisch wie hier *Pieroth/Schlink*, Grundrechte (2010) Rn 599; HStR VII/*Schmidt-Jortzig*, § 162 Rn 22; vMK-GG/*Wendt*, Art. 5 GG Rn 10; Dreier-GG/*Schulze-Fielitz*, Art. 5 Abs. 1, 2 GG Rn 65 f mwN). Auch die hM erkennt an, dass die Anforderungen an die Wahrheitspflicht nicht überzogen werden dürfen (s. nur BVerfGE 54, 208 (219 f); JP-GG/*Jarass*, Art. 5 GG Rn 4 mwN). Nach der hM fällt die Leugnung des Holocaust nicht unter Art. 5 Abs. 1 GG (wohl aber unter Art. 2 Abs. 1 GG); komplexe historische Bewertungen sind aber als Meinungsäußerungen geschützt, auch wenn sie abwegig erscheinen (BVerfGE 90, 1 (15 f) – Kriegsschuldfrage).

Der Grundrechtsschutz ist **unabhängig von der Wahl der Ausdrucksform** der Kommunikation: Art. 5 Abs. 1 Satz 1 GG nennt beispielhaft Wort, Schrift und Bild, ohne den Schutz aber auf diese Formen zu beschränken (iE unstr., vgl nur MD-GG/*Herzog*, Art. 5 Abs. 1, 2 Rn 73; vMK-GG/*Wendt*, Art. 5 GG Rn 16 mwN). Geschützt sind daher etwa auch Meinungsäußerungen durch das Tragen von Uniformen (BVerfG NJW 1982, 1803), durch Gesten, durch Spielen von Musik, auch digitale Animationen in Computerspielen etc. (vgl BK-GG/*Degenhart*, Art. 5 Abs. 1 und 2 GG Rn 142 ff mwN). Von der Ausdrucksform ist der Einsatz eines besonderen **Transportmittels** (zB Telefon, Brief, Funk, Zeitung) oder die Nutzung seiner Teilelemente (zB Kabel, Endgeräte) zu unterscheiden; insoweit kommen ergänzende Schutznormen hinzu (s. etwa Art. 5 Abs. 1 Satz 2, Art. 10, 87 f GG). 22

Geschützt ist Kommunikation durch Art. 5 Abs. 1 Satz 1 GG nur insoweit, als sie einen Adressaten erreichen will. Als Mittel zum Schutz subjektiver kommunikativer Entfaltung umfasst Art. 5 GG die Möglichkeit, den Adressaten zu erreichen und auf ihn mithilfe der Äußerung zu wirken. Typisch für die Nutzung der individuellen Meinungsfreiheit ist die wechselseitige Übernahme der Rollen des Kommunikators und der Rezipienten, also die **Interaktion** in Form von Dialogen uÄ. Geschützt ist daher der Prozess des Kommunizierens (vgl BVerfGE 83, 238 (295 ff)) im Ablauf wie im jeweiligen Ergebnis. 23

Kommerzielle Kommunikation fällt nicht per se in den Schutzbereich von Art. 5 Abs. 1 GG. Das Grundrecht der Meinungsfreiheit kann dem BVerfG zufolge für Wirtschaftswerbung dann und insoweit in Anspruch genommen werden, wenn die Werbung „einen wertenden, meinungsbildenden Inhalt hat oder Angaben enthält, die der Meinungsbildung dienen" (BVerfGE 71, 162 (175); 95, 173 (182); 102, 347 (359 f); 107, 275 (280); BVerfG NJW 2001, 3403 ff; aA vMK-GG/*Wendt*, Art. 5 GG Rn 11 mwN, der Wirtschaftswerbung generell von der Meinungsfreiheit umfasst sieht, allerdings die Voraussetzungen des BVerfG auch für regelmäßig erfüllt hält). Der kommerzielle Zweck einer Werbung ist nicht vom Schutzbereich des Art. 5 GG umfasst. Werbeaussagen sind (nur) in ihrem kommunikativen Gehalt durch Art. 5 Abs. 1 GG geschützt; der Schutz von Werbung als Mittel der Gewerbeausübung richtet sich nach anderen Grundrechtsnormen, insb. Art. 12 bzw Art. 2 Abs. 1 GG (AK-GG/*Hoffmann-Riem*, Art. 5 Abs. 1, 2 GG Rn 31). Das Setzen von Hyperlinks im Internet wird nach herrschender Meinung jedenfalls dann von Art. 5 Abs. 1 GG geschützt, wenn sie auf meinungsrelevante Inhalt verweisen (vgl BGH GRUR 2004, 693 (695); *Spindler*, GRUR 2004, 724 (728); *Stadler*, Haftung (2005) Rn 176; *Volkmann*, Der Störer (2005) 43). Zweifelhaft ist dies allerdings, wenn diese Links (wie zB bei Suchmaschinen) automatisch generiert, also nicht „bewusst" im Rahmen einer Aussage etwas als Beleg oder Verweis gesetzt werden (ablehnend auch *Volkmann*, Der Störer (2005) 43; aA *Ziem*, Die Bedeutung der Pressefreiheit (2003) 51 ff). 24

2. Beeinträchtigungen. In der Rechtsprechung sind unterschiedliche **Eingriffe durch finalen Rechtsakt** anerkannt: Verbot einer bestimmten Äußerung (etwa BVerfGE 42, 143 (149)); Verbot bestimmter Modalitäten der Äußerung (*Grimm*, Die Meinungsfreiheit in der Rechtsprechung des Bundesverfassungsgerichts, NJW 1995, 1697 (1700); vgl zudem oben Rn 1, 18); Äußerung wird nicht verboten, es werden jedoch nachteilige Rechtsfolgen an sie geknüpft (BVerfGE 86, 122 (128), näher und mwN BK-GG/*Degenhart*, Art. 5 Abs. 1 und 2 GG Rn 161 mit dem Hinweis, dass die Wechselwirkungslehre auch für solche Sanktionsnormen gilt); Verurteilung zum Widerruf einer Äußerung (*Grimm*, NJW 1995, 1697, (1700)); Verpflichtung zur Äußerung einer bestimmten Meinung (HStR VII/*Schmidt-Jortzig*, § 162 Rn 27 ff mwN (auch zur BGH-Rspr)); Genehmigung einer Äußerung nur unter Auflagen (BVerfGE 85, 248 (263)); gesetzlicher Erlaubnisvorbehalt (MD-GG/*Herzog*, Art. 5 Abs. 1, 2 GG Rn 77; BVerfG NVwZ 1992, 53 f: Erlaubnispflicht für das Verteilen von Flugblättern auf öffentlichen Straßen). **Faktische Beeinträchtigungen** genügen ebenfalls (sofern sie hinreichendes Gewicht haben, vgl JP-GG/*Jarass*, Art. 5 GG Rn 9), so bspw: Beseitigung von tatsächlichen Äußerungsmöglichkeiten bzw eines aufnahmebereiten Publikums (MD-GG/*Herzog*, Art. 5 Abs. 1, 2 GG Rn 75; BayObLG NJW 1969, 1127); Aufhalten von Briefen (BVerfGE 33, 1 (14 ff)); heimliches Abhören/Aufnehmen von Gesprächen (Dreier-GG/*Schulze-Fielitz*, Art. 5 Abs. 1, 2 GG Rn 129 mwN); Übertönen von Äußerungen (AK-GG/*Hoffmann-Riem*, Art. 5 Abs. 1, 2 GG Rn 39); Erwähnung im Verfassungsschutzbericht wegen bestimmter Äußerungen (BVerfGE 113, 63 (80 ff) zur Pressefreiheit; in ähnlichem Fall VG München, BayVBl 1980, 696 (698) zur Meinungsfreiheit); Behinderung der Meinungskundgabe iRd Gemeingebrauchs öffentlicher Sachen (BK-GG/*Degenhart*, Art. 5 Abs. 1 und 2 GG Rn 165; JP-GG/*Jarass*, Art. 5 Rn 10). 25

Grds. besteht **kein Anspruch auf staatliche Leistungen** bzw leistungsrechtliche Teilnahme aus Art. 5 Abs. 1 GG (Dreier-GG/*Schulze-Fielitz*, Art. 5 Abs. 1, 2 GG Rn 243 f mit zahlreichen Beispielen und 26

Nachweisen); praktisch relevante Ausnahmen: Anspruch auf Teilhabe an der Nutzung öffentlicher Sachen außerhalb des Gemeingebrauchs zu nicht diskriminierenden Bedingungen, wenn die bestimmungsgemäße Nutzung nicht beeinträchtigt wird (AK-GG/*Hoffmann-Riem*, Art. 5 Abs. 1, 2 GG Rn 85; JP-GG/*Jarass*, Art. 5 GG Rn 11; MKS-GG/*Starck*, Art. 5 Abs. 1, 2 GG Rn 35); bei Vergabe von Räumen in der Universität für studentische Veranstaltung ist Art. 5 Abs. 1 Satz 1 zu berücksichtigen, vgl BVerwG, Buchholz 421.2 Nr. 83 S. 2 f).

27 Eine **Drittwirkung** kommt bei der Ausfüllung zivilrechtlicher Wertmaßstäbe in Betracht (vgl BVerfGE 7, 198 (205 ff); HStR VII/*Schmidt-Jortzig*, § 162 Rn 29; BK-GG/*Degenhart*, Art. 5 Abs. 1 und 2 GG Rn 62 mwN); bereits die Verkennung verfassungsrechtlich bedeutsamer Tatsachen verletzt Art. 5 Abs. 1 Satz 1 GG (BVerfGE 82, 272 (280)); ansonsten Verletzung von Art. 5 Abs. 1 Satz 1 GG bei Übersehens-, Anwendungs- oder Gewichtungsfehler durch ein Fachgericht, vgl zusammenfassend BVerfGE 101, 361 (388). Die Drittwirkung ist insbesondere relevant im Bereich des zivilrechtlichen Persönlichkeits- und Ehrschutzes (vgl ausführlich Dreier-GG/*Schulze-Fielitz*, Art. 5 Abs. 1, 2 GG Rn 278 ff sowie unten Rn 56 ff).

V. Informationsfreiheit

28 **1. Schutzbereich.** Auch die **Rezeptionsfreiheit** ist **selbstständig geschützt**, nicht nur als Reflex der Meinungsfreiheit (BVerfGE 27, 71 (81); JP-GG/*Jarass*, Art. 5 GG Rn 14 mwN). Dies beruht auf der Annahme, dass bei den unterschiedlichen denkbaren Konstellationen im Kommunikationsprozess nur so ein umfassender Grundrechtsschutz gewährleistet ist (BVerfGE 90, 27 (31 f)).

29 Die Rezipientenfreiheit tritt daher selbstständig neben die Medienfreiheit des Satz 2 (BVerfGE 27, 71 (81); vgl zum Verhältnis beider Grundrechte auch oben Rn 6). Wirken sich die Medienordnung ausgestaltende Regelungen auch belastend für Rezipienten aus – etwa indem gesetzliche Regelungen die Weiterverbreitung von Rundfunkprogrammen in Kabelanlagen nicht nur vom Wunsch der Rezipienten abhängig machen, sondern etwa Vielfaltsgesichtspunkte berücksichtigen – stellt sich die Frage nach der Beeinträchtigung des Schutzbereiches der Rezipientenfreiheit und ggf der Rechtfertigung der Maßnahme. Soweit der Schutzbereich von Art. 5 Abs. 1 Satz 1 2. Alt. GG hier eröffnet ist, ist bei der Prüfung zu beachten, dass auch die Rezipientenfreiheit neben subjektiv-abwehrrechtlichen **objektive Gehalte** besitzt, deren Verwirklichung die Ausgestaltung dienen kann (*Stettner*, Kabelengpaß (1997) 41 f, *Sajuntz*, Der rezipientenbezogene Schutz (2007) 143 ff, aA *Bullinger*, ZUM 1997 (Sonderheft), 281 (300)).

30 Art. 5 Abs. 1 Satz 1 GG kennt einen eigenständigen Rezipientenschutz **nur** für den Zugang **zu allgemein zugänglichen Informationsquellen**. Angesichts des so begrenzten Wortlauts scheidet es aus, auch den Zugang zu individuell eröffneten Informationsquellen als Bestandteil des subjektiven Grundrechtsschutzes anzusehen (vgl nur BVerfGE 103, 44 (60)). Erwägenswert ist es aber, Art. 5 Abs. 1 Satz 1 GG mit Rücksicht auf die Bedeutung der Kommunikation als Prozess in der Demokratie und dem sozialen Rechtsstaat einen objektiv-rechtlichen Auftrag an den Gesetzgeber zu entnehmen, einen stärkeren Schutz des Rezipienten auch bei der Inanspruchnahme individuell zugänglicher Informationsquellen herzustellen (in diese Richtung auch AK-GG/*Hoffmann-Riem*, Art. 5 Abs. 1, 2 GG Rn 100 f, 112; zurückhaltender vMK-GG/*Wendt*, Art. 5 GG Rn 28).

31 **Informationsquellen** sind alle Träger von Informationen (vgl nur JP-GG/*Jarass*, Art. 5 GG Rn 15 mwN). Als Informationsquellen kommen kommunizierende Personen, aber auch und vor allem Kommunikationsmedien (Brief, Zeitung, Funk, Internet-Dienste) in Betracht. Ferner zählen dazu Anlässe, die eine Möglichkeit zur Aufnahme von Kommunikationsinhalten schaffen, auch wenn kein Kommunikator oder Medium zur Informationsübermittlung eingesetzt wird. Sogar das Ereignis selbst – zB ein Autounfall oder eine Gerichtsverhandlung – kann unmittelbar Informationsquelle sein (BVerfGE 103, 44 (60); ebenso die hL, vgl nur BK-GG/*Degenhart*, Art. 5 Abs. 1 und 2 GG Rn 277 mwN; für Naturkatastrophen und Unglücksfälle aA MD-GG/*Herzog*, Art. 5 Abs. 1, 2 GG Rn 89).

32 **Allgemein zugänglich** sind Quellen, die nicht nur technisch geeignet, sondern auch dazu bestimmt sind, der Allgemeinheit als einer unbestimmten Öffentlichkeit Informationen zu verschaffen (BVerfGE 27, 71 (83); 90, 27 (32); 103, 44 (60); BVerwGE 47, 247 (252)). An der **Eignung** einer Quelle zur Rezeption mangelt es nicht etwa bereits dann, wenn eine Quelle nur mit erheblichem technischen Aufwand zugänglich ist (wie es zB für nicht ortsübliche Rundfunkprogramme der Fall sein mag, vgl BVerfG AfP 1991, 739).

Die Allgemeinzugänglichkeit von Presseerzeugnissen uÄ ist nicht schon dann zu verneinen, wenn sie per Post jedem Empfänger einzeln zugestellt werden; hier ist auf die Allgemeinzugänglichkeit der **Gesamtauflage** abzustellen (BVerfGE 27, 71 (85); 34, 384 (403); MD-GG/*Herzog*, Art. 5 Abs. 1, 2 GG Rn 92). 33

Eine Informationsquelle ist nicht „allgemein" zugänglich, soweit der **Zugang faktisch** (BVerfGE 27, 71 (83 f); 104 (108); 90, 27 (23) – laut BK-GG/*Degenhart*, Art. 5 Abs. 1 und 2 GG Rn 282 „st. Rspr"; ebenso MD-GG/*Herzog*, Art. 5 Abs. 1, 2 GG Rn 89 f; JP-GG/*Jarass*, Art. 5 GG Rn 16; MKS-GG/*Starck*, Art. 5 Abs. 1, 2 GG Rn 44; vMK-GG/*Wendt*, Art. 5 GG Rn 23; Dreier-GG/*Schulze-Fielitz*, Art. 5 Abs. 1, 2 GG Rn 78; Sachs-GG/*Bethge*, Art. 5 Abs. 1, 2 GG Rn 56 f) oder nach aA auch rechtlich (AK-GG/*Hoffmann-Riem*, Art. 5 Abs. 1, 2 GG Rn 103) **begrenzt** ist – so etwa durch Normen über den Schutz der Persönlichkeitssphäre oder von Vertraulichkeitsbereichen (s. BVerfGE 66, 133 f für die Arbeit in Presseredaktionen), über Urheberrechtsschutz oder das Hausrecht. Ist eine Quelle allgemein zugänglich, so geht diese Qualität nicht dadurch verloren, dass die Möglichkeit des Zugangs gegen den Willen des Bestimmungsberechtigten durch staatliche Maßnahmen, wie Einziehungen von oder Importverbote für Zeitungen, behindert wird (BVerfGE 27, 71 (83)). Auch die Entgeltlichkeit hindert die Allgemeinzugänglichkeit nicht (Dreier-GG/*Schulze-Fielitz*, Art. 5 Abs. 1, 2 GG Rn 80; BK-GG/*Degenhart*, Art. 5 Abs. 1 und 2 GG Rn 285 unter Hinweis auf Pay-TV-Programme). 34

Maßgeblich für die Eröffnung einer Quelle ist die **Bestimmung durch den** dazu **Berechtigten** (vgl Dreier-GG/*Schultze-Fielitz*, Art. 5 Rn 61: „Urheber" der Kommunikation). Der Umfang seines Bestimmungsrechts wird durch die Rechtsordnung festgelegt (vgl BVerfGE 103, 44 (60 f)). Ausgestaltungen der Zugänglichkeit sind allerdings nicht beliebig zulässig, sondern müssen ihrerseits verfassungsrechtlich legitimierbar sein, da sonst der Staat das Grundrecht aushöhlen könnte. Weist die Rechtsordnung dem Urheber der Information das Recht zu, den Zugang zur Information zu bestimmen, so liegt in der Ausübung dieses Rechts keine Beschränkung des Informationsrechts der Interessenten, der vom Zugang ausgeschlossen wird. Die entsprechenden Gesetze sind keine Schrankengesetze iSd Art. 5 Abs. 2 GG (vgl BVerfGE 103, 44 (60 f); aM *Hain*, DÖV 2001, 589 (591); *Gersdorf*, AfP 2001, 29 (31); dies gilt auch, wenn der Staat bestimmungsberechtigt ist, s. BVerfGE 103, 44 (60 f); BK-GG/*Degenhart*, Art. 5 Abs. 1 und 2 GG Rn 292 ff, vgl auch *Schemmer*, in: Beck'scher Online-Kommentar Hrsg: Epping/Hillgruber Stand: 15.1.2011, Art. 5 Rn 32). Der Bestimmungsberechtigte hat nicht nur die Entscheidungsfreiheit über die Eröffnung einer Quelle, sondern auch das Recht zur **Eingrenzung des Kreises bestimmungsmäßiger Rezipienten und der Modalitäten der Rezeption** (zB Ausschluss von Fernsehaufnahmen bei Konzertveranstaltungen oder Gerichtsverhandlungen). Soweit die Massenmedien Zugang zu allgemein zugänglichen Informationsquellen suchen, können auch sie sich auf die Informationsfreiheit stützen. Wollen sie medienspezifische Aufnahme- und Übertragungstechniken nutzen, um die aufgenommene Information massenmedial zu verbreiten, dann steht ihnen Art. 5 Abs. 1 Satz 2 GG als lex specialis zur Verfügung (BVerfGE 103, 40 (59 f); str., aM *Hain*, DÖV 2001, 589 (590) mwN; vgl auch bereits oben Rn 6). 35

Die Informationsfreiheit umfasst die **Zugänglichkeit** zu dem Weg, über den die Informationen allgemein empfangbar werden, also auch zu den technischen Anlagen, wie zB Telefonnetz oder Parabolantennen (BVerfGE 90, 27 (32 f)), aber ebenso zu dem Informationsinhalt, der aus einer „Informationsquelle" stammt. Geschützt ist also nicht nur die Unterrichtung *aus* der Quelle, sondern auch *an* der Informationsquelle (BVerfGE 103, 44 (60)). Informationsquellen können im Inland, aber auch außerhalb des Geltungsbereichs des Grundgesetzes gelegen sein (BVerfGE 27, 71 (84); 90, 27 (32)). 36

2. Beeinträchtigungen. Eingriffe durch finalen Rechtsakt sind: Verbot bzw Pönalisierung der Information (MD-GG/*Herzog*, Art. 5 Abs. 1, 2 GG Rn 99) bzw eines bestimmten Informationsmediums (BVerfGE 15, 288, (295)); gesetzlicher Erlaubnisvorbehalt (MD-GG/*Herzog*, Art. 5 Abs. 1, 2 GG Rn 77; BVerfG NVwZ 1992, 463: baurechtliche Beschränkungen bei der Errichtung von Antennen; BVerfGE 21, 271 (291): Veröffentlichung von ausländischen Stellenangeboten unter Vorbehalt der Zustimmung der BfA gestellt); Einfuhrverbote für Druckwerke (BVerfGE 27, 71); staatlicher Zwang, bestimmte Informationen zu rezipieren („negative Informationsfreiheit"; str., dafür BK-GG/*Degenhart*, Art. 5 Abs. 1 und 2 GG Rn 310 f; dagegen AK-GG/*Hoffmann-Riem*, Art. 5 Abs. 1, 2 Rn 109 jeweils mwN). **Faktische Beeinträchtigungen:** Einschüchterung durch Kontrolle und Registrierung des Informationsverhaltens (AK-GG/*Hoffmann-Riem*, Art. 5 Abs. 1, 2 GG Rn 111 mit Hinweis auf BVerfG-Rspr zu informationeller Selbstbestimmung); Behinderung von Rundfunkempfang durch technische Störmaßnahmen (MKS-GG/*Starck*, Art. 5 Abs. 1, 2 GG Rn 55 mwN); Verzögerung der Zustel- 37 lung von Zeitungen (wg. behördlicher Kontrolle: BVerfGE 27, 88 (98 f); wg. Verbots der Sonntagsbeschäftigung: BVerwGE 84, 86 (92)); zur Ausgestaltung s.o. Abschnitt 4, Rn 25).

38 Grds. gibt es **keinen Anspruch auf Erschließung einer bestimmten Informationsquelle** als Leistung (vgl allgemein BK-GG/*Degenhart*, Art. 5 Abs. 1 und 2 GG Rn 312 mwN; sowie BVerwG, DÖV 1979, 102; VG Köln, ZUM-RD 2002, 455: kein Anspruch auf Ausstrahlung einer bestimmten Rundfunksendung); Art. 5 Abs. 1 gibt auch keinen Anspruch auf Auskunft durch eine Behörde (BVerwG NJW 1983, 2954: Nennung des Namens eines Behördeninformanten; BVerwGE 61, 15 (22): Bekanntgabe von Verwaltungsvorschriften; weitere Nachweise bei vMK-GG/*Wendt*, Art. 5 GG Rn 25); aus der richterlichen Amtspflicht zur Veröffentlichung ergibt sich ein entsprechender **Anspruch auf Zugang zu Gerichtsentscheidungen** (Dreier-GG/*Schulze-Fielitz*, Art. 5 Abs. 1, 2 GG Rn 246 unter Hinweis auf BVerfGE 103, 44 (61)). In der Literatur wird weitergehend aus der objektiven Komponente des Grundrechts der Gehalt gelesen, dem Einzelnen eine qualitativ und quantitativ funktionsadäquat differenzierte „Informationierung" zu chancengerechten Bedingungen selbstbestimmt zu ermöglichen (*Sajuntz*, Der rezipientenbezogene Schutz (2007) 302 ff).

39 Eine **Drittwirkung** ist mittelbar über Generalklauseln möglich, vgl BVerfGE 90, 27 (33); zB Anbringung von Parabolantennen an Mietwohnungen (BVerfG NJW 1993, 1253; 1995, 1666; weitere Nachweise bei Dreier-GG/*Schulze-Fielitz*, Art. 5 Abs. 1, 2 GG Rn 297).

B. Schranken (Abs. 2)

40 Der Beschränkungsvorbehalt des Art. 5 Abs. 2 GG gilt für alle Grundrechte des Abs. 1. Die dort in Bezug genommenen **„allgemeinen Gesetze"** dienen der Verwirklichung des Schutzes eines mit den Kommunikationsfreiheiten kollidierenden Grundrechts oder eines sonstigen verfassungsrechtlich geschützten oder schutzfähigen Rechtsguts (zB Persönlichkeitsschutz). Solche Beschränkungen tragen das Risiko einer Aushöhlung des Grundrechtsschutzes in sich. Deshalb haben Rechtsprechung und Literatur versucht, dieses Risiko durch eine entsprechende Auslegung des Begriffs der allgemeinen Gesetze sowie durch Konkretisierung des Verhältnismäßigkeitsgrundsatzes zu vermindern.

I. Begriff des allgemeinen Gesetzes

41 Das BVerfG versteht als allgemeine Gesetze solche Gesetze im formellen Sinne (Dreier-GG/*Schulze-Fielitz*, Art. 5 Abs. 1, 2 GG Rn 136 mwN), die sich nicht **gegen die Meinungsfreiheit an sich oder gegen die Äußerung einer bestimmten Meinung** richten, die vielmehr dem Schutze eines schlechthin, ohne Rücksicht auf eine bestimmte Meinung zu schützenden Rechtsgutes dienen, dem Schutze eines Gemeinschaftswerts, der gegenüber der Betätigung der Meinungsfreiheit Vorrang gewinnen darf (BVerfGE 7, 198 (209 f); 21, 206 (214 f); 62, 230 (243 f); 93, 266 (291); 97, 125 (146); krit. zu dieser „Aneinanderreihung verschiedener Definitionen" MKS-GG/*Starck*, Art. 5 Abs. 1, 2 GG Rn 194). Das Gericht betont, dass die allgemeinen Gesetze im Lichte der Bedeutung des Grundrechts ausgelegt werden müssen (BVerfGE 60, 234 (240); 61, 1 (10 f)), insbesondere aus der Erkenntnis der wertsetzenden Bedeutung des Grundrechts im freiheitlich demokratischen Staat. Die allgemeinen Gesetze seien so in ihrer das Grundrecht beschränkenden Wirkung selbst wieder einzuschränken (**Wechselwirkungslehre**, s. schon BVerfGE 7, 198 (208 f)).

42 Die Anwendung der Formel ist schwierig, da der Begriff des allgemeinen Gesetzes mit den Anforderungen an die Rechtmäßigkeit verkoppelt wird (AK-GG/*Hoffmann-Riem*, Art. 5 Abs. 1, 2 GG Rn 48). Sachgerecht erscheint, die **Allgemeinheit als besondere Anforderung an die Legitimität des Ziels** der Beschränkung zu sehen (so auch HStR VII/*Schmidt-Jortzig*, § 162 Rn 50 mwN).

43 Allgemeine Gesetze können auch solche sein, die Meinungen beschränken oder gar **bestimmte Meinungen untersagen** (Beispiele bei Dreier-GG/*Schulze-Fielitz*, Art. 5 Abs. 1, 2 Rn 138, 139, 145); allerdings darf dies **nicht das Ziel des Gesetzes** sein (so auch MKS-GG/*Starck*, Art. 5 Abs. 1, 2 GG Rn 198), sondern allenfalls ein Mittel zum Schutz eines allgemein geschützten Rechtsguts (etwa des öffentlichen Friedens). So dient das strafrechtliche Verbot der Volksverhetzung (§ 130 StGB) der Friedenssicherung, nicht etwa der Unterdrückung bestimmter Meinungsäußerungen. Ob solche Gesetze, die zu dem Mittel der Meinungsbeschränkung greifen, rechtmäßig sind, steht mit der begrifflichen Zuordnung als allgemeines Gesetz noch nicht fest (s.u. Rn 45 ff). Auch Gesetze, die medienspezifische Gefahren für allgemein geschützte Rechtsgüter abwehren wollen bzw einen medienspezifisch gestalteten Rechtsgüterschutz vorsehen, können allgemeine Gesetze sein. So gibt es im GWB – einem „allgemeinen Gesetz"

(BVerfG AfP 1985, 107 (108); BGHZ 76, 55 (66 ff)) – Sonderregeln für die (Presse-)Fusionskontrolle (§§ 35 Abs. 2 Satz 2, 38 Abs. 3 GWB; vgl dazu vMK-GG/*Wendt*, Art. 5 GG Rn 40 mwN).

Vor diesem Hintergrund ist § **130 Abs. 3 StGB** entgegen der hM (BVerfGE 90, 241 (251)) kein allgemeines Gesetz, was zu keinen anderen Ergebnissen führt, solange und soweit der Schutzbereich von Art. 5 Abs. 1 GG bei historischen Unwahrheiten nicht eröffnet wird (s.o. Rn 21; vgl *Huster*, NJW 1996, 487 (489)). Historisch nachvollziehbar, aber dogmatisch eigenwillig verzichtet das BVerfG in diesen Fällen mit Bezug auf die Verknüpfung der Entstehung des Grundgesetzes mit der Überwindung des Nationalsozialismus in diesem Fall nun explizit auf das Erfordernis der Allgemeinheit (BVerfGE 124, 300, kritisch dazu auch *Ladeur*, K&R 2010, 642). 44

II. Rechtmäßigkeitsprüfung

Eine rechtmäßige Beeinträchtigung erfordert zunächst ein **legitimes Ziel** (s.o. Rn 42). Sodann müssen **Art und Intensität der erfassten Rechtsgutgefährdung** daraufhin geprüft werden, ob sie eine Beschränkung im Schutzbereich des Art. 5 Abs. 1 GG rechtfertigen. Diese Prüfung gilt zunächst dem Gesetz allgemein, erfolgt zusätzlich aber auch auf der Anwendungsebene, also im Hinblick auf den im konkreten Fall gegebenen Beschränkungsanlass (krit. zur Einzelfallorientierung MKS-GG/*Starck*, Art. 5 Abs. 1, 2 GG Rn 201; dagegen Dreier-GG/*Schulze-Fielitz*, Art. 5 Abs. 1, 2 GG mwN). Dies ist regelmäßig die Prüfung, ob das kollidierende Schutzgut überhaupt in einer rechtlich erheblichen Weise gefährdet oder verletzt ist. 45

Das BVerfG prüft dabei zu Recht den **„objektiven Sinn" einer das kollidierende Rechtsgut betreffenden Äußerung** (BVerfGE 82, 43 (52); 272 (280 f, 283); 93, 266 (295); 94, 1 (9); vgl Dreier-GG/*Schulze-Fielitz*, Art. 5 Abs. 1, 2 GG Rn 282 mwN). Das BVerfG geht von einer ungerechtfertigten Beschränkung der Kommunikationsfreiheit durch über repressive Folgen entscheidende Gerichte aus, wenn unter mehreren möglichen Deutungen des Kommunikats eine ist, bei der eine Gefährdung oder Verletzung des (kollidierenden) Rechtsguts ausscheidet (also zB die Ehre unberührt bleibt), ohne dass die Maßgeblichkeit dieser Deutung mit nachvollziehbaren Gründen ausgeschlossen werden kann (zur Ausdifferenzierung dieser Dogmatik s.u. Rn 61 ff). Kann oder muss die Äußerung von dem Empfänger so verstanden werden, liegt gar keine Ehrverletzung vor (BVerfGE 93, 266 (295 f); die Auslegung der Äußerung spielt vor allem bei Ehrschutz eine Rolle, zur Dogmatik dort s.u. Rn 56 ff). 46

Sind Ziel und Art der Beeinträchtigung gerechtfertigt, ist zu prüfen, ob der zum Schutz gewählte Ansatz – das zum Schutz eingesetzte Instrument (etwa eine strafrechtliche Sanktion nach § 185 StGB) – verfassungsrechtlicher Prüfung standhält. Bedeutsam werden insofern insbesondere die Regelungsform und die intendierten Regelungswirkungen. Die gewählte Maßnahme kann legitim sein, wenn sie zum Rechtsgüterschutz **geeignet, erforderlich und angemessen** ist (Übermaß- und Untermaßverbot; dazu s. BVerfGE 88, 203 (254); *Scherzberg*, Grundrechtsschutz (1989) 204 ff). Unter Anwendung der Grundsätze zur **Herstellung praktischer Konkordanz** (*Hesse*, Verfassungsrecht (1999) Rn 317 ff) wird geprüft, ob die kollidierenden Rechtsgüter unter Beachtung ihrer jeweiligen Schutzwürdigkeit und -bedürftigkeit wechselseitig im Rahmen des Möglichen zu optimaler Wirksamkeit gelangen (Wechselwirkung; vgl BVerfGE 7, 198 (205); 94, 1 (8)). Den verschiedenen betroffenen Rechtsgütern soll möglichst weitgehend Schutz gewährt werden. Dies gelingt nicht, wenn das beschränkende Gesetz bzw die durch das Gesetz ermöglichten beschränkenden Maßnahmen zum Schutz des kollidierenden Rechtsguts nicht geeignet oder nicht erforderlich sind (BVerfGE 71, 162 (181); 71, 206 (214)). In umgekehrter Hinsicht ist aber auch zu fragen, ob die Beschränkung des Schutzes des kollidierenden Rechtsguts (etwa des Persönlichkeitsrechts) zum Schutz der Kommunikationsfreiheit geeignet und erforderlich ist. 47

Die im Bereich des Über- und Untermaßverbots ebenfalls wichtige Prüfung der Angemessenheit der wechselseitigen Beschränkungen führt zu einer im Einzelfall schwierigen **Abwägung**. Im Zuge der Angemessenheitsprüfung ist zu klären, ob und wieweit das Rechtsgut in der Kollision mit der Kommunikationsfreiheit dieser Freiheit vorgehen darf bzw hinter die Kommunikationsfreiheit zurückzutreten hat. Dabei kann zB eine Rolle spielen, ob die in ihrem Persönlichkeitsrecht (etwa dem Recht am eigenen Bild) betroffene Person Informationsinteresse auf sich zieht (Politiker, Filmstar, aktuell BVerfG NJW 2011, 740) oder ob der Verletzte durch eigene Angriffe auf den Verletzer Anlass zur Äußerung gegeben hat (**Recht zum Gegenschlag**, s. BVerfGE 12, 113 (131); 24, 278 (286); 54, 129 (138) sowie u. Rn 73). 48

Bei der Prüfung der Angemessenheit des Regelungsansatzes kann auf der Grundlage der Rechtsprechung des Bundesverfassungsgerichts auch bedeutsam werden, ob die beanstandete Kommunikation 49

„in der Sorge um **politische, wirtschaftliche, soziale oder kulturelle Angelegenheiten der Allgemeinheit**“ erfolgt bzw „der Einwirkung auf die öffentliche Meinung“ dient (BVerfGE 62, 230 (244)); wichtig ist die Feststellung, dass dieser Aspekt nur auf der Ebene der Abwägung bedeutsam wird, nicht aber bei der Bestimmung des Schutzbereichs: Er erfasst alle Äußerungen jedweden Inhalts gleichermaßen (s.o. Rn 4). Dann ist sie stärker geschützt als in dem Fall, in dem mit ihr vorrangig gewerbliche oder sonstige persönliche Interessen verfolgt werden (dazu vgl BVerfGE 34, 269 (283); 50, 234 (240); 61, 1, (11); 66, 118 (139); 85, 1 (16); 101, 361 (391); Dreier-GG/*Schulze-Fielitz*, Art. 5 Abs. 1, 2 GG Rn 162, 164; ablehnend zu dieser Konzeption etwa *Lerche*, FS Müller, 197 ff; *Schmitt Glaeser*, NJW 1996, 873 (874 ff)). Auch darf, etwa bei der Abwägung mit kollidierenden Persönlichkeitsrechten, berücksichtigt werden, ob Fragen, die die Öffentlichkeit wesentlich angehen, ernsthaft und sachbezogen erörtert oder lediglich private Angelegenheiten, die nur die Neugier befriedigen, ausgebreitet werden (BVerfGE 34, 269 (283); 101, 361 (391)).

50 Vom BVerfG **anerkannte Schrankengesetze:** §§ 22, 23 KUG (BVerfGE 35, 202 (224 f); 101, 361 (386 f)); § 823 Abs. 1 BGB (BVerfGE 34, 269 (282); § 823 Abs. 2 BGB iVm §§ 185 ff StGB bzw hieraus analog § 1004 BGB hergeleitete Unterlassens- und Widerrufansprüche (vgl BVerfGE 42, 143 (147)); § 826 BGB (BVerfGE 7, 198 (211)); § 89 StGB (BVerfGE 47, 130 (143)); § 90 a StGB (BVerfGE 47, 198 (231)); § 99 Abs. 1 Nr. 1 StGB (BVerfGE 57, 250 (268)); § 100 e StGB (BVerfGE 28, 175 (185 f)); § 130 Abs. 1 Nr. 1 StGB (BVerfG NJW 2003, 660 (661 f)); § 185 ff StGB (vgl BVerfGE 19, 73 (74); 93, 266 (290 ff)); § 353 b StGB (BVerfGE 28, 191 (200 f)); § 353 d Nr. 3 StGB (BVerfGE 71, 206 (214 f)); § 70 Abs. 1 StPO (BVerfGE 64, 108 (115)); § 119 Abs. 3 StPO (BVerfGE 35, 307 (309)); durch Art. 33 Abs. 5 gedeckte Regelungen des Beamten- und Disziplinarrechts (BVerfGE 39, 334 (367); BVerfG NJW 1983, 2691); §§ 169 ff GVG (Öffentlichkeit und Sitzungspolizei, BVerfGE 50, 234 (241); 91, 125 (136)); § 11 HbgPresseG (Recht zur Gegendarstellung, BVerfGE 97, 125 (145 ff); aA Sachs-GG/*Bethge*, Art. 5 GG Rn 144: „medienspezifisches Sonderrecht par excellence“); § 39 DRiG (BVerfG NJW 1983, 2691); § 15 Abs. 1 SG (politische Betätigung von Soldaten; BVerfGE 28, 282 (289)); standesrechtliches Werbeverbot für Ärzte (BVerfGE 71, 162 (175)); § 3 VersammlG (BVerfG NJW 1982, 1803).

III. Der Schutz der Jugend

51 Art. 5 Abs. 2 GG enthält neben den Schranken der „allgemeinen Gesetze“ auch die der gesetzlichen Bestimmungen zum Schutze der Jugend und des Rechts der persönlichen Ehre. Die Schranke des Jugendschutzes betrifft **sowohl die Rezipienten- als auch die Medienfreiheit** und wirkt auf die Kommunikatorfreiheit (nur) insoweit ein, als Beschränkungen dazu dienen, den Zugang Jugendlicher zu den geäußerten Meinungen zu verhindern oder zu erschweren.

52 Seine Wurzel hat der Jugendschutz in **Art. 2 Abs. 1** iVm **Art. 1 Abs. 1 GG** („Recht auf Personwerden“; BVerfGE 83, 130 (140) „berechtigt den Staat, von Kindern und Jugendlichen Einflüsse fernzuhalten, welche sich [...] auf die Entwicklung ihrer Persönlichkeit nachteilig auswirken können“; vgl a. *Engels*, Kinder- und Jugendschutz in der Verfassung – Verankerung, Funktion und Verhältnis zum Elternrecht, AöR 122 (1997), 212 (219 ff); JP-GG/*Jarass*, Art. 5 GG Rn 61 („die eigentliche Grundlage des Schutzauftrags dürfte aber das [allgemeine Persönlichkeitsrecht] sein, da aus Grundrechtschranken keine kollidierenden Verfassungsgüter ableitbar sind“). Bei Konzeptionen des Jugendmedienschutzes ist zudem **Art. 6 Abs. 1, 2 GG** zu beachten (BVerfGE 83, 130 (139); MD-GG/*Herzog*, 60. Erg.-Lfg. Art. 5 Abs. 1, 2 GG Rn 280 ff: „Der Jugendschutz [...] genießt vor allem aufgrund des in Art. 6 Abs. 2 Satz 1 GG verbrieften elterlichen Erziehungsrechts Verfassungsrang.“). Jugendmedienschutz muss daher zunächst die Eltern in den Stand setzten, ihr Erziehungsprogramm zu verwirklichen.

53 Das **„Recht auf Personwerden“** ist nicht auf ein bestimmtes Bild der Persönlichkeit bezogen; es zielt auf eine chancengleiche und anlagengerechte Entfaltung (BVerfGE 24, 119 (144), 57, 361 (383); 99, 145 (156 ff)). Was als Gefährdung oder Beeinträchtigung der Entwicklung von Kindern und Jugendlichen anzusehen ist, wird durch das Grundgesetz nicht materiell determiniert. Der Gesetzgeber hat hier einen Beurteilungsspielraum, dessen Struktur und Weite von den dadurch möglicherweise betroffenen Grundrechten Dritter abhängig ist.

54 In Bezug auf **Einschätzungs- und Beurteilungsspielräume des Gesetzgebers** reichen die gerichtlichen Überprüfungsmöglichkeiten des BVerfG (vgl BVerfGE 50, 290 (333)) – in ganz unterschiedlichen Zusammenhängen – von einer Evidenzkontrolle (BVerfGE 36, 1 (17); 37, 1 (20); 40, 196 (223)) über eine Vertretbarkeitskontrolle (BVerfGE 25, 1 (12 f, 17); 30, 250 (263); 39, 210 (225 f)) bis hin zu einer

intensivierten inhaltlichen Kontrollpflicht (BVerfGE 7, 377 (415); 11, 30 (45); 17, 269 (276 ff); 39, 1 (46, 51 ff); 45, 187 (238)). Gerade im Bereich des Jugendmedienschutzes geht das Gericht aber im Hinblick auf alle der o.g. Kategorien davon aus, dass hier ein breiter gesetzgeberischer Spielraum besteht (BVerfGE 83, 130 ff; vgl auch *Schulz*, RuF 1993, 339 (347)). In Bezug auf die faktischen Voraussetzungen ist der Gesetzgeber keineswegs gezwungen, sich einer Mehrheitsauffassung in der Wissenschaft anzuschließen oder aber darauf zu warten, dass wissenschaftlich eindeutige Ergebnisse etwa über die Wirkung bestimmter Inhalte auf Kinder oder Jugendliche vorliegen. Die Grenze des Beurteilungsspielraumes ist allerdings erreicht, wenn er wissenschaftlich nicht mehr vertretbaren oder gar offensichtlich fehlsamen (BVerfGE 30, 292 (317); 37, 1 (20)) Auffassungen folgt (s. auch *Schulz*, RuF 1993, 339 (347)).

Vertriebsbeschränkungen oder lenkende Maßnahmen müssen sich daher in ihrer **Wirkung möglichst auf Jugendliche beschränken** (BVerfGE 30, 334 (336); BK-GG/*Degenhart*, GG, Art. 5 Abs. 1, 2 Rn 376). Gesetzliche Verbote und Beschränkungen dürfen in der Regel nicht von vornherein die Herstellung und Verbreitung von Darstellungen jugendgefährdenden Inhalts untersagen, sondern haben sich darauf zu beschränken, Jugendliche an einem Zugang zu derartigen Informationsquellen zu hindern, also die Zugänglichkeit einer bereits eröffneten, für die Allgemeinheit bestimmten Informationsquelle für bestimmte Rezipienten zu beseitigen. Beschränkungen der Informationszugänglichkeit auch für Erwachsene sind hinzunehmen, sofern ihnen gegenüber die legitime Zielsetzung des Jugendschutzes den Grundrechtseingriff in seiner Intensität rechtfertigt (*Isensee/Axer*, Jugendschutz im Fernsehen (1998) 79 ff). 55

IV. Das Recht der persönlichen Ehre

Die besondere Schranke des Rechts der persönlichen Ehre wird in der Rechtsprechung meist nicht besonders von der Schranke der allgemeinen Gesetze unterschieden (vgl zB BVerfGE 93, 266 (290); s. auch *Rühl*, Tatsachen (1998) 70 ff, insb. 86; nach JP-GG/*Jarass*, Art. 5 GG Rn 62 stellt das BVerfG im Zivilrecht auf die allgemeinen Gesetze, im Strafrecht hingegen auf die Ehrschutzschranke ab). Der Ehrschutz ist ein **Teil des umfassenderen Persönlichkeitsschutzes** (s. dazu BK-GG/*Degenhart*, Art. 5 Abs. 1 und 2 GG Rn 77 mwN). 56

Bedeutsame Einschränkungen der Äußerungsfreiheit folgen aus dem Rechtsinstitut des **Allgemeinen Persönlichkeitsrechts** (aPR). Das aPR wird verfassungsrechtlich aus Art. 2 Abs. 1 iVm Art. 1 Abs. 1 GG abgeleitet (st. Rspr, vgl etwa BVerfGE 35, 202 (219); 54, 148 (154); 72, 155 (170); 106, 28 (39); BVerfG FamRZ 2006, 182 (184)). Einfachgesetzlich ist das aPR auf vielfältige Weise geschützt. Neben speziellen Ausprägungen wie § 12 BGB – Namensrecht –, §§ 11 bis 14 UrhG – Urheberpersönlichkeitsrecht – oder den datenschutzrechtlichen Vorschriften zum Schutz personenbezogener Daten sind für den Bereich des Äußerungsrechts vor allem die folgenden Normen wichtig: Das Strafrecht kennt besondere Ehrschutzvorschriften (§§ 185 ff StGB). Das Recht am eigenen Bild ist nach §§ 22 ff KUG besonders geschützt. Sowohl §§ 185 ff StGB als auch §§ 22 ff KUG sind Schutzgesetze iSd § 823 Abs. 2 BGB. Daher kann ihre Verletzung Ansprüche auf Schadensersatz (§ 823 Abs. 1 BGB) sowie auf Unterlassung oder Widerruf (§ 1004 Abs. 1 Satz 1 analog iVm §§ 823 ff BGB) auslösen. Aufgrund der mittlerweile gewohnheitsrechtlichen Anerkennung des aPR als **„sonstiges Recht"** kommt als Anspruchsgrundlage aber auch § 823 Abs. 1 BGB (iVm § 1004 Abs. 1 Satz 2 BGB) in Betracht (zur umstrittenen dogmatischen Frage des Verhältnisses von Abs. 1 und 2 des § 823 BGB bei Persönlichkeitsverletzungen s. zB BGHZ 95, 212 (214)). 57

Das BVerfG hat maßgebenden Einfluss auf die **Ausgestaltung des Persönlichkeitsrechts** genommen. Zugleich ist es mit seiner Rechtsprechung kritisiert worden, die Meinungs- und Medienfreiheit einseitig zulasten des Persönlichkeitsschutzes bevorzugt zu haben (aus der kritischen Literatur s. zB *Kriele*, NJW 1994, 1897 (1898); *Ossenbühl*, ZUM 1999, 505 (509 f); MKS-GG/*Starck*, Art. 5 Abs. 1, 2 GG Rn 212; *Schmitt Glaeser*, NJW 1996, 873 ff; *Vesting*, AÖR 122 (1997), 337 ff; *Ladeur*, Rechtstheorie 2000, 67 ff; differenzierend *Koch*, GS Jeand'Heur, 135 ff). Zudem wird dem BVerfG vorgeworfen, die fachgerichtlichen Entscheidungen zu intensiv zu überprüfen (s. aus der kritischen Literatur etwa *Koch*, GS Jeand'Heur, 135 ff; *Roth*, AöR 121 (1996), 544 ff, insbesondere 570 ff; MKS-G/*Starck*, Art. 5 Abs. 1, 2 GG Rn 217). In der Entscheidungspraxis wird das Verhältnis von Persönlichkeitsrecht und Kommunikationsgrundrechten beständig zwischen verfassungsrechtlicher und einfachgesetzlicher Ebene (und neuerdings auch der der EMRK, vgl Kommentierung von *Schulz* zu Art. 10 EMRK in Abschnitt 3, Rn 28, 46) austariert. 58

59 Fragen der Verfahrensgestaltung, der Sachverhaltsfeststellung und -würdigung, der **Auslegung einfachen Rechts** und seiner Anwendung auf den Einzelfall sind **grundsätzlich der verfassungsrechtlichen Überprüfung entzogen**. Anders ist es, wenn die Rechtsanwendung oder -auslegung auf Willkür, einer Nichtbeachtung bzw grundsätzlichen Verkennung der Grundrechte oder auf einer unzulässigen Rechtsfortbildung beruht (s. dazu BVerfGE 18, 85 (92 f); st. Rspr). Angesichts der besonderen Bedeutung der Meinungsäußerungsfreiheit für den Meinungsbildungsprozess ist eine intensive Prüfung auf verfassungsrechtlicher Ebene gegenüber – auch gerichtlichen – Beschränkungen konkreter Meinungskundgabe geboten, insbesondere bei Beschränkungen die Öffentlichkeit wesentlich berührender Kommunikationsinhalte (vgl BVerfGE 82, 43 (51) unter Hinweis auf E 43, 130 (136); s. auch Dreier-GG/*Schulze-Fielitz*, Art. 5 Abs. 1, 2 Rn 209 f). Die Intensität der Nachprüfung ist abhängig von der Intensität der Grundrechtsbeeinträchtigung und der Schwere der den Betroffenen drohenden Auswirkungen (vgl etwa BVerfGE 93, 266 (292 ff, 296); 94, 1 (8 ff); BVerfG NJW 1999, 204 (205)).

60 In diesem Rahmen **unterliegen grundrechtserhebliche Rechtsauslegungs- und -anwendungsfehler der Fachgerichte der verfassungsgerichtlichen Prüfung** (vgl etwa BVerfGE 42, 163 (169); 53, 30 (61)). Das Gericht prüft insbesondere, ob das angegriffene Urteil auf einer unzutreffenden, schutzmindernden Bewertung der streitigen Äußerung als unrichtige Tatsachenbehauptung, Formalbeleidigung oder Schmähkritik beruht (dazu s.u. Rn 62 ff). Auch achtet es darauf, ob der Verurteilung eine Äußerung zugrunde liegt, die nicht bzw so nicht gefallen ist, und ob der Äußerung ein Sinn unterstellt wurde, den sie nach dem festgestellten Wortlaut objektiv nicht hat.

V. Auslegung von Kommunikaten

61 Gerichte können Art. 5 Abs. 1 Satz 1 GG verletzen, indem sie **mehrdeutige Äußerungen** in einer nicht grundrechtsverträglichen Weise auslegen und dies der Entscheidung zugrunde legen. Maßgeblich für die Deutung der Äußerung ist weder subjektives Verständnis des sich Äußernden oder des Betroffenen, sondern der Sinn, den die Äußerung „nach dem Verständnis eines unvoreingenommenen und verständigen Publikums hat" (BVerfGE 93, 266 (295); ähnlich 114, 339 (348)), wobei auch außerhalb des Kommunikats liegende Umstände heranzuziehen sind (BVerfGE 82, 236 (261)). Eine Auseinandersetzung mit dem Umständen kann nur im Ausnahmefall unterbleiben (BVerfG NJW 2009, 749 – „Dummschwätzer").

62 Lassen Formulierungen oder die Umstände der Äußerung **eine nicht das Persönlichkeitsrecht verletzende Deutung** zu, so verstößt ein Strafurteil oder ein die Verurteilung zum Schadensersatz, zum Widerruf oder zur Berichtigung aussprechendes zivilgerichtliches Urteil gegen Art. 5 Abs. 1 Satz 1 GG (vgl BVerfGE 43, 130 (136); 85, 1 (18); 86, 1 (11 f); 93, 266 (296); BVerfG NJW 2003, 1303 (1304) – „Variantenlehre"). Bei offenen Aussagen setzt eine Verurteilung voraus, dass sich die verdeckte, rechtswidrige Aussage als unabweisbare Schlussfolgerung darstellt (BVerfGE NJW 2010, 2193). Anderes gilt, wenn es um **Unterlassungsansprüche** geht: Verletzt eine mehrdeutige Meinungsäußerung das Persönlichkeitsrecht eines anderen, scheidet ein Anspruch auf deren zukünftige Unterlassung – anders als eine Verurteilung wegen einer in der Vergangenheit erfolgten Äußerung, etwa zu einer Strafe, zur Leistung von Schadensersatz oder zum Widerruf – nicht allein deshalb aus, weil sie auch eine Deutungsvariante zulässt, die zu keiner Persönlichkeitsbeeinträchtigung führt (BVerfG NJW 2006, 207). Ein strengerer Maßstab gilt in Bezug auf **Gegendarstellungsansprüche**: Hier genügt es nicht, dass eine „nicht fern liegende Deutung" bzw „nicht fern liegende Annahme einer verdeckten Aussage" einen gegendarstellungsfähigen Inhalt ergibt (BVerfG DVBl. 2008, 313 (316)).

63 Die rechtlichen Vorschriften zum Schutz des Persönlichkeitsrechts knüpfen regelhaft an die **Unterscheidung zwischen Tatsachenbehauptungen und Werturteilen** an. So kommen etwa §§ 186, 187 StGB sowie die Ansprüche auf Widerruf und Gegendarstellung ausschließlich im Hinblick auf Tatsachenbehauptungen zur Anwendung, während die Beleidigung (§ 185 StGB) einerseits gegenüber ehrverletzenden Werturteilen dem Betroffenen und Dritten gegenüber schützt, andererseits auch Tatsachenbehauptungen gegenüber dem Betroffenen erfasst. Die Abgrenzung von Tatsachenbehauptungen und Werturteilen ist eine besonders wichtige, im Einzelfall aber auch schwierige Vorentscheidung über die Anwendbarkeit bestimmter Rechtsnormen.

64 Von einer **Tatsachenbehauptung** ist auszugehen, wenn der Gehalt einer Äußerung der objektiven Klärung zugänglich ist, dh zumindest theoretisch dem Beweis offen steht. Entscheidendes Kriterium für die Abgrenzung ist das Merkmal der Beweisbarkeit (vgl *Grimm*, NJW 1995, 1679 (1699)). **Werturteile** sind einem Beweis ihrer Richtigkeit nicht zugänglich. Das Grundrecht der Kommunikationsfrei-

heit soll nämlich nicht nur der Wahrheitsfindung dienen, sondern auch gewährleisten, dass jeder grundsätzlich frei sagen kann, was er denkt (BVerfGE 42, 163 (171); 61, 1 (7)). Meinungsäußerungen sind durch Elemente des Meinens und Dafürhaltens geprägt. Ihre Richtigkeit lässt sich nicht positiv nachweisen. Allerdings finden auch Werturteile ihre Grenze im Persönlichkeitsschutz. Die Persönlichkeit ist jedoch regelmäßig stärker gegenüber Tatsachenbehauptungen geschützt, es sei denn, sie sind wahr. Der Grund liegt darin, dass Tatsachenbehauptungen mit dem Anspruch auftreten, wahr zu sein, und dadurch für denjenigen maßgebend werden, der über kein besseres Wissen verfügt. Demgegenüber ist es leichter, sich von (bloßen) Werturteilen zu distanzieren, s. *Grimm*, NJW 1995, 1679 (1702).

Als Anhaltspunkte für die Abgrenzung lassen sich die **Begriffspaare wahr/unwahr** (bei Tatsachenbehauptungen) **und (wertend) richtig/falsch** (bei Werturteilen) heranziehen. Es bleiben jedoch viele Grenzfälle und Mischformen. Häufig enthalten Äußerungen sowohl wertende Elemente als auch Tatsachenaussagen. Die Rechtsprechung kennzeichnet sie als Werturteile, sofern der gerichtlich klärbare Gehalt hinter dem nicht klärbaren zurücktritt (s. etwa BVerfGE 85, 1 (15 f); 90, 241 (248 f); vgl auch *Grimm*, NJW 1995, 1697 (1699)). Vorzugswürdig zu prüfen gegenüber einer entsprechenden pauschalen Feststellung ist zunächst, welche der streitigen Elemente der Meinungsäußerung dem gerichtlichen Beweis grundsätzlich zugänglich sind und welche nicht (vgl BGH NJW 1987, 1399; AfP 1994, 218). Auf dieser Grundlage wird erkennbar, bei welchem der Elemente der Schwerpunkt des Streits liegt (vgl auch BVerfGE 61, 1 (9)), und wenn die Aussagen nicht trennbar sind und eine getrennte Beurteilung nicht möglich erscheint. Die Einordnung als Werturteil ist letztlich berechtigt, soweit das Element, bei dem der Schwerpunkt des Streits liegt, dem gerichtlichen Beweis grundsätzlich nicht zugänglich ist. Liegt der Schwerpunkt demgegenüber bei den Tatsachen, so dass die Frage ihrer Richtigkeit entscheidend wird, ist über sie Beweis zu erheben bzw nach Beweislastregeln zu entscheiden (dazu s.u. Rn 68). 65

VI. Abwägungsregeln bei Persönlichkeits- und Ehrschutz

Bei ehrverletzenden Äußerungen ist eine **Abwägung zwischen der Schwere der Persönlichkeitsbeeinträchtigung und der Einbuße an Meinungsfreiheit** vorzunehmen (vgl etwa BVErfGE 34, 269 (282); 114, 339 (348)); besonders hohes Gewicht hat die Meinungsfreiheit, wenn es um den Ehrschutz staatlicher Einrichtungen geht (BVerfGE 93, 266 (295)); Vermutung für den Vorrang der Meinungsfreiheit bei „Beitrag zu einer die Öffentlichkeit wesentlich berührenden Frage“ (st. Rspr seit BVerfGE 7, 198 (212); in neuerer Zeit etwa BVerfG NJW 2003, 1109 (1111); krit. MKS-GG/*Starck*, Art. 5 Abs. 1, 2 GG Rn 212 mwN); bei Satiren gilt es zu berücksichtigen, dass diese notwendig mit „Übertreibungen, Verzerrungen und Verfremdungen“ arbeiten (BVerfGE 86, 1 (9); BVerfG NJW 1998, 1386 (1387); zur Notwendigkeit einer fallbezogenen Abwägung auch BVerfG NJW 2009, 908). Die Gerichte verkennen die Bedeutung von Art. 5 Abs. 1 Satz 1 GG oder des entgegenstehenden Grundrechts, wenn sie bei besonderen Umständen diese nur auf einer Seite würdigen, sie aber auf beiden Seiten relevant sind (BVerfGE NJW-RR 2010, 1195 zur Schwere des Tatvorwurfes bei Bericht über Strafverfahren). 66

Schmähkritik und Formalbeleidigung verletzen idR das aPR (BVerfGE 93, 266 (294, 303); vgl dazu BK-GG/*Degenhart*, Art. 5 Abs. 1 und 2 GG Rn 555 ff mwN), ebenso Äußerungen, die die Menschenwürde verletzen (BVerfGE 75, 369 (369 (Leitsatz), 380) – Strauß-Karikatur). 67

Bei einer falschen **Tatsachenbehauptung** kommt idR dem aPR der Vorrang zu (BVerfGE 99, 185 (197); BVerfG NJW 2000, 3485 (3486)); wahre Tatsachenbehauptungen sind idR hinzunehmen (BVerfG NJW 2010, 1587; BVerfGE 97, 391 (403); BVerfG NJW 2003, 660 (662); krit. MitarbKomm-GG/*Clemens*, Art. 5 GG Rn 199; zu Ausnahmen s. Dreier-GG/*Schulze-Fielitz*, Art. 5 Abs. 1, 2 GG Rn 280 mwN); Gleiches gilt, wenn der Wahrheitsgehalt z. Zt. der Äußerung ungewiss ist und der Äußernde die ihm obliegenden Sorgfaltspflichten eingehalten hat (BVerfGE 99, 185 (198); BVerfG NJW 2000, 3485 (3486)); die Aufstellung solcher Sorgfaltspflichten durch die Zivilgerichte ist verfassungsrechtlich unbedenklich, sofern die Anforderungen an die Darlegungslast nicht zum Nachteil der Meinungsfreiheit überspannt werden, s. BVerfGE 99, 185 (197 f); sie liegen für Medien höher als für Privatleute (BGH NJW 1966, 2010 (2011); 1987, 2225 (2226); vgl auch BVerfGE 85, 1 (22 f) sowie Dreier-GG/*Schulze-Fielitz*, Art. 5 Abs. 1, 2 GG mwN). Für Vermittlungsformen jenseits der klassischen Massenmedien sind die Maßstäbe ggf anzupassen (vgl BVerfG Beschluss DVBl. 2009, 1166 zur Haftung des Verbreiters von Pressespiegeln). 68

Das BVerfG weist zu Recht darauf hin, dass für die Abwägung auf Seiten der Meinungsfreiheit nicht nur das (öffentliche) Informationsinteresse zu würdigen ist, sondern auch das Interesse des Kommu- 69 nizierenden, sich zu äußern (BVerfG NJW 2010, 1587 (1589)). Im Bereich der Massenmedien, die gerade als „Agenten" der Rezipienten agieren, kann aber die mangelnde Erwähnung dessen allein keine Grundrechtsverletzung begründen.

70 Das **Zuschreiben eines falschen Zitats** verletzt idR das aPR (BVerfGE 54, 208 (217 f)), ebenso erfundene Interviews (BVerfGE 34, 269 (282 f)); zu postmortalem Ehrschutz – allerdings im Zusammenhang mit Art. 5 Abs. 3 GG – vgl BVerfGE 30, 173 (194).

71 Informationen aus dem **privaten Lebensbereich** dürfen nur verbreitet werden, wenn dies durch ein berechtigtes Informationsinteresse gedeckt ist (BVerfGE 97, 391 (403 ff); 99, 196 f); Äußerungen gegenüber Familienangehörigen und Vertrauenspersonen sind besonders geschützt (BVerfGE 90, 255 (260 ff)); die Veröffentlichung ausdrücklich vertraulich weitergegebener Informationen kann das aPR verletzen (BGH NJW 1987, 2667 (2669)); wer sich als Betroffener in den öffentlichen Meinungskampf eingeschaltet hat, hat mehr hinzunehmen als Privatpersonen, da er sich „eines Teils seiner schützenden Privatsphäre begeben hat" (BVerfGE 54, 129 (138); 66, 116 (150 f)).

72 § 23 KUG gibt für **Bildnisveröffentlichungen** hinreichend Raum für die Herstellung praktischer Konkordanz (BVerfGE 35, 202 (202 (2. Leitsatz), 224 f) – Lebach), da das Berichterstattungsinteresse in Abs. 1 Nr. 1 und das entgegenstehende Persönlichkeitsrecht in Abs. 2 berücksichtigt werden kann; bei Wortberichterstattung kann strukturgleich geprüft werden. Bereits vor den Entscheidungen von EGMR (Individualbeschwerde Nr. 59320/00, Urteil vom 24.6.2004 – Caroline) und BGH (BGHZ 171, 275 ff) durfte von Verfassungs wegen die Figur der „absoluten Person der Zeitgeschichte" nicht verhindern, dass eine Abwägung im Einzelfall stattfindet; nun ist die Figur obsolet geworden (den Verzicht des BGH auf diese Figur in BGHZ 171, 275 ff hat das BVerfG nunmehr ausdrücklich gebilligt, vgl Beschl. v. 28.2.2008 – 1 BvR 1602/07, 1606/07, 1626/07, Rn 80 ff). Dessen ungeachtet muss beim Berichterstattungsinteresse Berücksichtigung finden, welche Faktoren einschließlich der Vorbekanntheit der Person ein berechtigtes Interesse der relevanten (Teil-)Öffentlichkeit auf sich ziehen. Dabei kann parallele Berichterstattung unabhängiger Medien das Interesse indizieren. Handelt es sich um massenmediale Vermittlung, geht es nicht lediglich um das Öffentlichwerden der Meinung, sondern ebenfalls um das von Art. 5 Abs. 1 Satz 2 GG geschützte Interesse der Medien, nach ihren publizistischen Regeln zu entscheiden, was sie für der Berichterstattung würdig halten (BVerfGE 101, 361 (389) – Caroline). Das BVerfG interpretiert das Berichterstattungsinteresse weit, keineswegs verengt auf politisch relevante Kommunikation, auch Interesse an Privat- und Alltagsleben prominenter Personen ist zu berücksichtigen; die Zivilgerichte dürfen aber einen hinreichenden Berichterstattungsanlass ggf. auch im Kontext der begleitenden Wortberichterstattung verlangen (BVerfG Beschl. v. 28.2.2008 – 1 BvR 1602/07, 1606/07, 1626/07, Rn 68).

73 Bei der Abwägung spielt auch an anderen Stellen das **Vorverhalten der Betroffenen** eine Rolle (BVerfG – 1 BvR 1842/08 v. 14.9.2010). Ein vorangegangener Angriff auf die Ehre des sich Äußernden rechtfertigt eine ähnlich wirkende Erwiderung (BVerfGE 12, 113 (130 f): „Recht zum Gegenschlag", s.a. o. Rn 48); „die Verknüpfung von Anlass und Reaktion in einem schwebenden Meinungskampf ist aber nicht auf gegenseitige Beleidigungen beschränkt. Da es der Sinn jeder zur Meinungsbildung beitragenden öffentlichen Äußerung ist, Aufmerksamkeit zu erregen, sind angesichts der heutigen Reizüberflutung aller Art einprägsame, auch starke Formulierungen hinzunehmen." (BVerfGE 24, 278 (286); ähnlich BVerfGE 54, 129 (138)); bei Unterlassungsklagen tritt diese Verknüpfung mit dem Anlass in den Hintergrund (vgl BVerfGE 42, 143 (153)).

74 Die **Veröffentlichung rechtswidrig erlangter Informationen** ist von Art. 5 gedeckt, sofern es um eine die Öffentlichkeit wesentlich berührende Frage geht und der Rechtsbruch im Vergleich hierzu untergeordnete Bedeutung hat (BVerfGE 66, 116 (139); AK-GG/*Hoffmann-Riem*, Art. 5 Abs. 1, 2 GG Rn 60 mwN; einschränkend MKS-GG/*Starck*, Art. 5 Abs. 1, 2 GG Rn 226: rechtswidrig erlangte Informationen, die die Privatsphäre beeinträchtigen, dürfen nicht veröffentlich werden).

75 Soweit es aber hinreichend wirksame Möglichkeiten der **Kompensation** von Persönlichkeitsverletzungen gibt, ist dies im Rahmen der Herstellung praktischer Konkordanz zu berücksichtigen. Dies gilt auch, soweit es – etwa in betroffenen Teilöffentlichkeiten – Möglichkeiten der Kompensation von Ehrbeeinträchtigungen durch Mechanismen der Selbstregulierung gibt (dazu s. *Vesting*, AÖR 122 (1997), 369 f).

76 Ein **Boykott** ist von Art. 5 Abs. 1 Satz 1 GG gedeckt, wenn es nicht um die eigenen wirtschaftlichen Interessen des Boykottierenden geht, sondern um politische, wirtschaftliche, soziale oder kulturelle

Belange der Gemeinschaft, und sofern der Boykott nicht mit wirtschaftlichem Druck versehen wird, der den Adressaten die innere Freiheit nimmt, dem Aufruf zu folgen oder nicht (BVerfGE 25, 256 (266); 62, 230 (244 f); offenbar restriktiver für den Fall des Aufrufs zu rechtswidrigem Verhalten BVerfG NJW 1989, 381 (382); vgl ausführlich und mwN vMK-GG/*Wendt*, Art. 5 GG Rn 13). Dies ist besonders zu berücksichtigen, wenn die Kommunikation ihrerseits andere vertrauliche Kommunikationsformen behindert (BVerfG NJW 2011, 47 „schützt, nicht aber Tätigkeiten, mit denen anderen eine Meinung – mit nötigenden Mitteln – aufgedrängt werden soll").

VII. Kommunikation in Sonderrechtsverhältnissen

Bei **Beamten, Richtern und Soldaten** ist der Schutzbereich von Art. 5 Abs. 1 GG nicht betroffen, wenn der Aufgabenträger sich in seiner Rolle als Amts- bzw Aufgabenwalter äußert (BVerwG NJW 1984, 259; 1996, 210 f). Ansonsten gilt: Im Dienst müssen Beamte sich bei privaten Meinungsäußerungen in Form und Inhalt zurückhalten (BVerwGE 1, 57 (59); BVerwG NJW 1987, 82 (84)); im öffentlichen Dienst Beschäftigte dürfen die grundgesetzliche Ordnung nicht in Frage stellen (BVerfGE 28, 36 (49 f); 39, 334 (346 ff)); die Information der Öffentlichkeit über verwaltungsinterne Vorgänge ist bei schweren Rechtsverstößen unmittelbar, bei sonstigen Verstößen nach Ausschöpfung interner Abhilfemöglichkeiten zulässig (BVerfGE 28, 191 (202 ff), vgl auch BVerwGE 86, 188 (191 f)); Soldaten dürfen ihre Kameraden nicht zur Unterzeichnung eines öffentlichen Aufrufs auffordern (BVerfGE 44, 197 (201 ff); aA Sondervotum *Rottmann*, BVerfGE 44, 197 (206 ff); JP-GG/*Jarass*, Art. 5 GG Rn 87; AK-GG/*Hoffmann-Riem*, Art. 5 Abs. 1, 2 GG Rn 77); das Tragen von Plaketten und Aufklebern kann verboten werden (BVerwGE 53, 327 (328 ff); 84, 292 (293 ff); aA AK-GG/*Hoffmann-Riem*, Art. 5 Abs. 1, 2 GG Rn 77). **Außerhalb des Dienstes** reicht die Meinungsfreiheit weiter. Hier überwiegt die Notwendigkeit, auch Staatsbedienstete an den für die Persönlichkeitsentfaltung, aber auch für die politische Teilhabe relevanten Kommunikationsmöglichkeiten partizipieren zu lassen; politische Äußerungen können aber wegen der in Art. 33 Abs. 5 GG verankerten Treuepflicht beschränkt werden (BVerfGE 39, 334 (366 f)); Richter müssen bei der Unterzeichnung politischer Anzeigen sehr zurückhaltend sein, wenn sie unter Berufung auf ihr Amt handeln (BVerfG NJW 1983, 2691; 1989, 93 f), ebenso Beamte (BVerwG NJW 1988, 1747 f) und Soldaten (BVerwGE 83, 60 (69); 86, 188 (196)); Kritik am Staat und seinen Amtsträgern – etwa in Leserbriefen – ist damit aber nicht ausgeschlossen (BVerwGE 46, 175 (181 ff)). 77

Strafgefangene können (auch) in ihren Kommunikationsfreiheiten durch Gesetz oder aufgrund eines Gesetzes beschränkt werden (BVerfGE 33, 1 (9)), sofern dies verhältnismäßig ist (BVerfG NJW 1996, 983 f), vgl §§ 68 ff StVollzG bzw § 119 Abs. 3 StPO; vom BVerfG bejaht für das Verbot des Einzel-Fernsehempfangs in Untersuchungshaft (BVerfGE 35, 307 (309 f); aA wohl BK-GG/*Degenhart*, Art. 5 Abs. 1 und 2 GG Rn 338); verneint für das Aufhalten von Briefen Strafgefangener an Vertrauenspersonen, in denen Gefängnispersonal oder Dritte beleidigt werden (BVerfGE 33, 1 (15 f)); verneint für das Verbot, einen Journalisten zu empfangen (BVerfG NJW 1996, 983 f). In der besonderen Abhängigkeit kann bereits die mittelbare Behinderung des Informationszugangs etwa durch nächtliche Stromsperre in der Haft die Informationsfreiheit berühren (vom BVerfG in NStZ 2008, 521 erwogen, aber offen gelassen). 78

Das **Zensurverbot** des Art. 5 Abs. 1 Satz 3 GG beabsichtigt zu sichern, dass keine der grundrechtsbezogenen Maßnahmen sich als Zensur darstellt, weder die Schrankensetzung durch Art. 5 Abs. 2 noch die Ausgestaltungsregelung nach Art. 5 Abs. 1 Satz 2 GG. Da dies die Beeinträchtigungen ausnahmslos beschränkt, muss das Zensurverbot entsprechend klar und eng gefasst sein. Die hM definiert das Zensurverbot formell eng, so dass Zensur nur dann vorliegt, wenn eine Verpflichtung begründet wird, den Kommunikationsinhalt vor der Verbreitung einer staatlichen Stelle zur Prüfung vorzulegen, wie es insbesondere im Zuge eines Verbots mit Erlaubnisvorbehalt geschehen kann (formeller Zensurbegriff vgl BVerfGE 33, 52 (72); BVerfGE 47, 198 (236); 73, 118 (166); 87, 209 (230); vgl auch BVerwG JR 19973, 436 (437), VG Berlin DVBl. 1972, 511 (513); sowie MD-GG/*Herzog*, Art. 5 Abs. 1, 2 Rn 78; *Hesse*, Verfassungsrecht Rn 397; vgl auch *Noltenius* S. 108; *Löffler/Ricker*, 7. Kap Rn 21 f; *Rohe*, S. 96 ff; AK-GG/*Hoffmann-Riem* Art. 5 Abs. 1, 2 Rn 91 f; näher zu den verschiedenen Zensurbegriffen vgl *Fiedler*, S. 95 ff). Da die Lähmung des Geisteslebens (vgl BVerfGE 33, 89 f), die das Zensurverbot verhindern möchte, auch von anderen anlassunabhängigen, planmäßigen Kontrollen ausgehen kann, sind auch diese als Zensur zu qualifizieren, wenn die übrigen Voraussetzungen vorliegen (so AK-GG/*Hoffmann-Riem* Art. 5 Abs. 1, 2 Rn 92). Die hM befürwortete zudem die Begrenzung des Zensurver- 79 bots auf die **Vorzensur** – also auf eine beschränkende Maßnahme vor der Herstellung bzw erstmaligen Verbreitung eines Geisteswerks – (vgl BVerfGE 33, 52 (72); 73, 118 (166); 83, 130 (155); 87, 209 (230), aA AK-GG/*Hoffmann-Riem* Art. 5 Abs. 1, 2 Rn 93). Angesichts der „passiven" Öffentlichkeit, etwa der Internet basierten Kommunikation, wird auch hier eine Modifikation nötig. Man wird alle Maßnahmen als Zensur begreifen müssen, die (a) planmäßig und anlasslos kontrollieren, (b) Folgen zeitigen, bevor der intendierte Empfängerkreis vollständig erreicht werden konnte und (c) an die Kontrolle Folgen dergestalt knüpfen, dass die (weitere) Veröffentlichung des Kommunikats zukünftig unterbleibt. Maßnahmen, die die formellen Voraussetzungen nicht erfüllen, aber vergleichbare Wirkung haben, werden grundsätzlich unverhältnismäßig sein; der Figur des zensurgleichen Eingriffs (vgl AK-GG/*Hoffmann-Riem* Art. 5 Abs. 1, 2 Rn 94) bedarf es insofern nicht.

Gebunden sind alle Grundrechtsverpflichtete (s.o.), also ggf auch dem Staat zurechenbare Akteure in Regimen der Ko-Regulierung (s.o. Rn 16).

2. Teil: Medienkartell- und Regulierungsrecht

1. Kapitel: Marktzugangsregulierung

6. Abschnitt: Telekommunikationsgesetz (TKG)

§ 22 TKG Zugangsvereinbarungen

§ 23 TKG Standardangebot

§ 24 TKG Getrennte Rechnungsführung

§ 25 TKG Anordnungen durch die Bundesnetzagentur

Schrifttum: *Attendorn,* Von Gleichheit, Gleichwertigkeit und Chancengleichheit – Eine Skizze des neuen tk-rechtlichen Gleichbehandlungsgebots, MMR 2005, 353 ff; *Dahlke,* Regulatorischer Jugendwahn? – Die Behandlung „neuer Märkte" im TK-Recht, MMR 2006 (Heft 6), XIII; *Doll/Nigge,* Die Prüfung des Regulierungsbedarfs auf TK-Märkten nach dem neuen TKG, MMR 2004, 519 ff; *Elsenbast,* Ökonomische Konzepte zur Regulierung „neuer Märkte" in der Telekommunikation, MMR 2006, 575 ff; *Geppert/Piepenbrock/Schütz/Schuster,* Beck´scher TKG Kommentar, 3. Aufl., München 2006; *Herdegen,* Freistellung neuer Telekommunikationsmärkte von Regulierungseingriffen, MMR 2006, 580 ff; *Heun* (Hrsg.), Handbuch Telekommunikationsrecht, 2. Aufl. 2007; *Holznagel,* Innovationsanreize durch Regulierungsfreistellung, MMR 2006, 661 ff; *Holznagel/Bonnekoh,* Voice over IP – Regulierungsbedarf und erste Lösungen, MMR 2005, 585 ff; *Holznagel/Enaux/Nienhaus,* Telekommunikationsrecht, München 2006; *Holznagel/Hombergs,* Breitbandiger Internetzugang durch Bitstromzugang, MMR 2003, 37 ff; *Jochum,* Steht die Zugangsregulierung im Ermessen der Regulierungsbehörde für Telekommunikation und Post, MMR 2005, 161 ff; *Koenig/Loetz/Senger,* Die regulatorische Behandlung neuer Märkte im Telekommunikationsrecht, K&R 2006, 258 ff; *Kühling,* § 9 a TKG-E – Innovationsschutz durch Regulierungsverzicht oder Steigerung der Regulierungskomplexität, K&R 2006, 263 ff; *Monopolkommission,* Wettbewerbsentwicklung bei der Telekommunikation 2007, Sondergutachten 50; *Neumann,* Richtlinienkonformität der vom Deutschen Bundestag verabschiedeten Vorschrift zur Regulierung neuer Märkte, Bonn 2006; *Petersen,* Eingriffsbefugnisse nach dem TKG bei Zuwiderhandlungen gegen Diensteanbieterverpflichtungen, MMR 2006, 515 ff; *Säcker* (Hrsg.), Berliner Kommentar zum Telekommunikationsgesetz, München 2005; *Scherer,* Das neue Telekommunikationsgesetz, NJW 2004, 3001 ff; *Schütz,* Kommunikationsrecht, München 2005; *Steinwärder,* Standardangebot für Zugangsleistungen, MMR 2005, 84 ff; *Vogelsang,* Die regulatorische Behandlung neuer Märkte im Bereich der Telekommunikation, Boston 2006; *Weisser/Bauer,* Verbreitung breitbandiger Inhalte nach dem neuen Telekommunikationsrecht, MMR 2003, 709 ff; *Welfens,* Die Zukunft des Telekommunikationsmarktes, Berlin 2006.

Einführung

TKG-Marktregulierung

Das Recht der Marktregulierung bildet das Kernstück des Regulierungsrahmens des TKG, der in Umsetzung sowohl der Vorgaben des nationalen Verfassungsrechts (vgl BerlKommTKG/*Nettesheim* Einl. III Rn 250 ff) als auch des europäischen Rechts (vgl Abschnitt 2, 18 ff) vor allem chancengleichen Wettbewerb schaffen (Art. 87 f Abs. 2 Satz 1 GG, §§ 1, 2 Abs. 2 TKG) und flächendeckend angemessene und ausreichende Dienstleistungen gewährleisten (Art. 87 f Abs. 1 GG, § 1 TKG) soll. Das TKG 2004 hat das Instrumentarium der Marktzugangskontrolle mittels Lizenzerteilung gemäß dem TKG 1996 durch eine bloße Meldepflicht (§ 6 TKG) ersetzt und an dessen Stelle ein Regulierungsregime gesetzt, das wesentlich aus den drei folgenden Elementen besteht: (1) dem Verfahren der Marktregulierung, das der Festlegung derjenigen Märkte dient, auf denen kein wirksamer Wettbewerb besteht und die deshalb der Regulierung bedürfen, §§ 9–15; (2) der Regulierung des Zugangs zu elektronischen Kommunikationsnetzen und -diensten einschließlich ihrer Zusammenschaltung, §§ 16–26; (3) der Entgeltregulierung, §§ 27–39. 1

Das in den §§ 9–15 TKG geregelte Verfahren der Marktregulierung ist als mehrstufiges Verfahren konzipiert. Auf der ersten Stufe werden unter Berücksichtigung der Märkteempfehlung der Europäischen Kommission die der sektorspezifischen Regulierung unterfallenden Märkte festgelegt, auf denen kein wirksamer Wettbewerb besteht und die deshalb der Steuerung durch das wirksamen Wettbewerb umhegende allgemeine Wettbewerbsrecht nicht überlassen werden, § 10 (sog. **Marktdefinitionsver-** 2

fahren; vgl BT-Drucks. 15/2316, S. 60). Damit verknüpft, konzeptionell aber als zweite Stufe ausweisbar, ist ein **Marktanalyseverfahren**, das der Untersuchung dient, ob auf dem untersuchten Markt wirksamer Wettbewerb besteht, § 11 Abs. 1 Satz 1. Das Verfahren in beiden Stufen unterliegt der Abstimmung und Kontrolle in einem komplexen Konsultations- und Konsolidierungsverfahren auf nationaler und europäischer Ebene, § 12. Auf der Grundlage der Marktanalyse erlässt die BNetzA auf der folgenden Verfahrensstufe **Regulierungsverfügungen**, für die in §§ 16, 17 allgemeine Grundsätze geregelt sind. In § 18 werden Sonderregeln für Teilnehmernetzbetreiber getroffen. Für Betreiber mit beträchtlicher Marktmacht enthalten die §§ 19–26 TKG mit der Gleichbehandlungsverpflichtung (§ 19), der Transparenzverpflichtung (§ 20), der Zugangsgewährungsverpflichtung (§ 21) und weiteren akzessorischen Verpflichtungen (§§ 22 ff) diejenigen Regelungen, mit denen die Ziele und Zwecke der Marktregulierung konkret erreicht werden sollen.

§ 9 TKG Grundsatz

(1) Der Marktregulierung nach den Vorschriften dieses Teils unterliegen Märkte, auf denen die Voraussetzungen des § 10 vorliegen und für die eine Marktanalyse nach § 11 ergeben hat, dass kein wirksamer Wettbewerb vorliegt.

(2) Unternehmen, die auf Märkten im Sinne des § 11 über beträchtliche Marktmacht verfügen, werden durch die Bundesnetzagentur Maßnahmen nach diesem Teil auferlegt.

(3) § 18 bleibt unberührt.

3 Im Rahmen des zweiten Teils des TKG stellt § 9 die **Kernvorschrift** des Telekommunikationsgesetzes dar. Sie regelt den Umfang der sektorspezifischen Regulierung. Nach § 9 sind nur solche Märkte der Regulierung unterworfen, für die ein Regulierungsbedarf besteht und für die eine Marktanalyse ergibt, dass kein wirksamer Wettbewerb vorliegt, Abs. 1.

4 Die Regelung bringt die besondere sektorspezifische Regulierungskonzeption zum Ausdruck. Nur solche Märkte, „auf denen die Voraussetzungen des § 10 vorliegen und für die eine Marktanalyse nach § 11 ergeben hat, dass kein wirksamer Wettbewerb vorliegt“, werden der Marktregulierung unterworfen. Die Einzelheiten der Marktdefinition und Marktanalyse werden in den Folgevorschriften der §§ 10–15 und die der Marktregulierung werden in den Vorschriften der §§ 16 ff ausgeführt. Von dieser Konzeption machte die durch die Novelle von 2007 eingeführte Vorschrift des § 9a eine Ausnahme, indem die dort erfassten „neuen Märkte“ von der Regulierung nach dem 2. Teil des TKG ausgenommen wurden; die Vorschrift wurde vom EuGH als europarechtswidrig angesehen (EuGH EuZW 2010, 109) und ist durch das Gesetz vom 1.4.2011 (BGBl. I, 506) aufgehoben worden.

5 Aus Abs. 2 ergibt sich, dass die BNetzA in bestimmten Fällen „Maßnahmen nach diesem Teil auferlegt“. Damit bringt der Gesetzgeber zum Ausdruck, dass die BNetzA hinsichtlich der Festlegung zugangsregulierender Maßnahmen **kein Entschließungsermessen** hat. Diese Konsequenz entspricht der Abs. 2 zugrunde liegenden europäischen Regelung in Art. 8 Abs. 2 ZRL und wird dementsprechend auch für die Umsetzungsgesetzgebung des § 9 Abs. 2 anerkannt (*Jochum,* MMR 2005, 161 f; *Neitzel/ Müller,* CR 2004, 655, 656, 659 f). Das der BNetzA zur Verfügung stehende Auswahlermessen im Rahmen der Zugangsregulierung bleibt davon unberührt.

6 Abs. 3 stellt klar, dass die Befugnis der BNetzA nach § 18, Unternehmen ohne beträchtliche Marktmacht bestimmte Zugangsverpflichtungen aufzuerlegen, unberührt bleibt. Das Regime der Marktregulierung folgt keinem strikt asymmetrischen Konzept und erfasst nicht nur Netzbetreiber mit im Verfahren nach den §§ 10, 11, 12 festgestellter beträchtlicher Marktmacht, sondern nach § 18 auch solche Unternehmen, die, ohne über solche Marktmacht zu verfügen, den Zugang zu Endnutzern iSd § 18 kontrollieren. Diese besondere Befugnis der BNetzA wird in der (deklaratorischen) Regelung des § 9 Abs. 3 hervorgehoben.

§ 9a TKG (aufgehoben)

§ 10 TKG Marktdefinition

(1) Die Bundesnetzagentur legt erstmals unverzüglich nach Inkrafttreten des Gesetzes die sachlich und räumlich relevanten Telekommunikationsmärkte fest, die für eine Regulierung nach den Vorschriften dieses Teils in Betracht kommen.

(2) [1]Für eine Regulierung nach diesem Teil kommen Märkte in Betracht, die durch beträchtliche und anhaltende strukturell oder rechtlich bedingte Marktzutrittsschranken gekennzeichnet sind, längerfristig nicht zu wirksamem Wettbewerb tendieren und auf denen die Anwendung des allgemeinen Wettbewerbsrechts allein nicht ausreicht, um dem betreffenden Marktversagen entgegenzuwirken. [2]Diese Märkte werden von der Bundesnetzagentur im Rahmen des ihr zustehenden Beurteilungsspielraums bestimmt. [3]Sie berücksichtigt dabei weitestgehend die Empfehlung in Bezug auf relevante Produkt- und Dienstmärkte, die die Kommission nach Artikel 15 Abs. 1 der Richtlinie 2002/21/EG des Europäischen Parlaments und des Rates vom 7. März 2002 über einen gemeinsamen Rechtsrahmen für elektronische Kommunikationsnetze und -dienste (Rahmenrichtlinie) (ABl. EG Nr. L 108 S. 33) veröffentlicht, in ihrer jeweils geltenden Fassung.

(3) Das Ergebnis der Marktdefinition hat die Bundesnetzagentur der Kommission im Verfahren nach § 12 in den Fällen vorzulegen, in denen die Marktdefinition Auswirkungen auf den Handel zwischen den Mitgliedstaaten hat.

A. Übersicht und Regelungszweck

Die Vorschriften des § 10 regeln die Festlegung der Märkte durch die BNetzA (die sog. Marktdefinition), die für eine sektorspezifische Regulierung nach dem TKG in Betracht kommen. Die Marktdefinition erfolgt gem. § 10 in einem zweistufigen Festlegungsverfahren, der Marktabgrenzung und dem Drei-Kriterien-Test. Beide Stufen sind durch das Europarecht geprägt (BerlKommTKG/*Heinen*, § 10 Rn 10 ff). Nach § 10 Abs. 2 Satz 3 hat die BNetzA weitestgehend die bestehenden europarechtlichen Vorgaben zu berücksichtigen. Die wesentlichen materiellrechtlichen Vorgaben ergeben sich aus den in Abs. 2 Satz 1 genannten Kriterien. Das Ergebnis der Marktdefinition hat die BNetzA zur Durchführung des europaweiten Konsolidierungsverfahrens nach § 12 der Kommission vorzulegen, wenn die getroffene Marktabgrenzung Auswirkungen auf den Handel zwischen den Mitgliedstaaten hat, damit auf diese Weise keine Defizite der Harmonisierung entstehen, die der Förderung des einheitlichen Binnenmarkts entgegenstehen. Die Kommission hat sich nicht nur eine Definition der relevanten Märkte (Art. 15 Abs. 2 RRL) sondern auch ein Vetorecht bei Binnenmarktrelevanz (Art. 7 Abs. 4 RRL) vorbehalten (*Möschel*, K&R 2002, 161, 164; *Husch/Kemmler/Ohlenburg*, MMR 2003, 139, 140). 7

Die Marktabgrenzung nach dieser Vorschrift ist zwar als eigenständiger Verfahrensschritt im Rahmen des Regulierungsverfahrens ausgewiesen (§ 10 Abs. 1); das Ergebnis der Marktdefinition wird aber rechtlich nur zusammen mit der Marktanalyse nach § 11 und diese wiederum wird zusammen mit den Regulierungsanordnungen insbesondere nach den §§ 18 ff als ein einheitlicher Verwaltungsakt erlassen, § 13 Abs. 3. Für den Rechtsschutz bedeutet dies, dass die Festlegung der Marktabgrenzung nicht isoliert angreifbar oder einklagbar ist. 8

B. Kriterien der Marktabgrenzung

Die BNetzA nimmt die Marktabgrenzung, soweit keine Besonderheiten der sektorspezifischen Marktabgrenzung im Telekommunikationssektor zu beachten sind, nach den allgemeinen Grundsätzen der Marktabgrenzung des europäischen Wettbewerbsrechts vor (BVerwG 28.1.2009 – 6 C 39/07, Tz. 16); auf die teilweise abweichenden Kriterien des GWB (dazu *Paschke*, in: Frankfurter Kommentar zum GWB, § 19 Rn 42 ff) sind wegen Art. 15 Abs. 1 Satz 3, Abs. 3 Satz 1 RRL anders als nach § 33 TKG 1996 nicht mehr heranzuziehen). Sie hat gemäß § 10 Abs. 1 eine Marktabgrenzung vor allem in sachlicher und räumlicher Hinsicht zu treffen. § 10 Abs. 2 Satz 1 TKG enthält drei besondere Kriterien für die Marktabgrenzung im Telekommunikationsbereich. Auch diese Kriterien sind europarechtlich vorgeprägt und der in Abs. 2 Satz 3 genannten Empfehlung der Kommission über relevante Produkt- und Dienstmärkte der elektronischen Kommunikation entnommen. 9

10 **In sachlicher Hinsicht** kommt es für die Marktabgrenzung grundsätzlich auf die Austauschbarkeit aus der Sicht der Nachfrager an (sog. **Bedarfsmarktkonzept**; vgl *Paschke,* in: Frankfurter Kommentar zum GWB, § 19 Rn 60 ff) und die sog. Angebotsumstellungsflexibilität an. Grundlage für die Marktabgrenzung ist auch insofern die Märkteempfehlung der Europäischen Kommission (vgl Rn 32 ff). In ihr hat die Kommission eine „Vorabdefinition" der sachlich relevanten Märkte auf der Grundlage summarischer Kriterien festgelegt. An diese Marktdefinition ist die BNetzA nicht gebunden; sie kann von ihr abweichen, wenn spezifische nationale Besonderheiten dies erfordern (*Elkettani,* K&R 2004, Beilage 1, S. 11, 13 f).

11 Auf ein **bestimmtes theoretisches Konzept** zur Marktabgrenzung im Telekommunikationssektor hat sich die BNetzA zu Recht nicht festgelegt. Insbesondere hat sie sich gegen eine schematische Anwendung des sog. SSNIP-Test ausgesprochen (eingehend BNetzA v. 24.11.2004/21.11.2005 zur Marktabgrenzung der Märkte 1–6 der Kommissionsempfehlung 2003, Anhang 1 unter I.), insbesondere weil die Wahlentscheidung der Nachfrager nicht durchweg nach Preiskriterien erfolge, auf die es nach diesem Test maßgeblich ankommt. Dass unter Konvergenzbedingungen weiter gefasste Marktabgrenzungen erforderlich sind (vgl *Weisser/Bauer,* MMR 2003, 709 ff), ist kein gesetzlich vorgegebenes generelles Marktabgrenzungspostulat im Telekommunikationsrecht, kann aber bei Vorliegen entsprechender Gegebenheiten der Contentdistribution über verschiedene Vertriebswege unter Einschluss der TK-Netze im Einzelfall beachtlich sein.

12 **In räumlicher Hinsicht** ist die Marktabgrenzung aus Rechtsgründen weder in § 10 TKG noch nach allgemeinem Kartellrecht auf ein bestimmtes geographisches Gebiet festgelegt. Vielmehr ist die Marktabgrenzung nach den jeweiligen ökonomischen Gegebenheiten der Produkt- und Dienstleistungsmärkte vorzunehmen. Dabei ist vor allem netzbezogen zu berücksichtigen, dass die Leistungen des Netzbetreibers in seinem Netz regelmäßig nicht durch Leistungen anderer Anbieter substituiert werden können (vgl VG Köln 1.3.2007 – 1 K 4148/06, Tz. 61). Ferner sind rechtliche Einschränkungen wie Lizenzen oder Frequenzzuweisungen zu berücksichtigen (vgl Kommission Leitlinien zur Marktanalyse, Tz. 59).

13 Die Regulierungsbedürftigkeit des abgegrenzten Marktes erfolgt nach dem **Drei-Kriterien-Test** des Abs. 2 Satz 1. Er bezieht sich darauf, ob (1) ein Markt durch beträchtliche und anhaltende strukturell oder rechtlich bedingte Marktzutrittsschranken gekennzeichnet ist, (2) dieser Markt auch längerfristig nicht zu wirksamem Wettbewerb tendiert und (3) die Anwendung des allgemeinen Wettbewerbsrechts allein nicht ausreicht, um dem Marktversagen entgegenzuwirken. Die in der Märkte-Empfehlung als regulierungsbedürftig angesehenen Märkte erfüllen wegen des Gebots „weitestgehender Berücksichtigung" grundsätzlich im Sinne einer widerlegbaren gesetzlichen Vermutung (BVerwG v. 29.10.2008 – 6 C 38/07, Tz. 24) den Drei–Kriterien-Test; von ihr kann die BNetzA nur in Ausnahmefällen abweichen (BVerwG v. 28.1.2009 – 6 C 39/07, Tz. 16). Der BNetzA ist bei der Beurteilung dieser Kriterien vom TKG-Gesetzgeber gemäß Abs. 2 Satz 2 und abweichend vom allgemeinen Kartellrecht ein gerichtlich nur beschränkt überprüfbarer Beurteilungsspielraum eingeräumt (BVerwG 2.4.2008 – 6 C 15/07, Tz. 21; dagegen *Wegmann,* K&R 2004, Beilage 1, S. 25, 27).

14 Gem. Abs. 2 Satz 3 hat die BNetzA nur die Märkte-Empfehlung der Kommission zu berücksichtigen. Aus Art. 15 Abs. 3 RRL ergibt sich, dass die BNetzA zusätzlich auch die dazu ergangenen Leitlinien der Kommission (Empfehlung der Kommission (2007/879/EG) v. 17.12.2007 über relevante Produkt- und Dienstmärkte des elektronischen Kommunikationssektors, die aufgrund der Richtlinie 2002/21/EG des Europäischen Parlaments und des Rates über einen gemeinsamen Rechtsrahmen für elektronische Kommunikationsnetze und -dienste für eine Vorabregulierung in Betracht kommen, ABl. EG v. 18.12.2007, ABl. Nr. L 344/65) „weitestgehend" zu berücksichtigen hat.

C. Marktabgrenzung in der Praxis der BNetzA

15 Ursprünglich hatte die Kommission in der Märkte-Empfehlung 2003/311/EG (ABl. Nr. L 114 v. 8.5.2003, S. 45) achtzehn Märkte unterschieden. An ihre Stelle ist die Märkte-Empfehlung 2007/879/EG (ABl. Nr. L 311 v. 28.12.2007, S. 65) getreten, die in ihrem Anhang nurmehr acht definierte Einzelmärkte unterscheidet. Die Empfehlung sieht in ihrem Erwägungsgrund Nr. 16 ausdrücklich vor, dass abgesehen von den in dieser Empfehlung aufgeführten Märkten in bestimmten Fällen weitere Märkte definiert werden können. Diese weiteren Märkte sind insbesondere dann in Betracht zu ziehen, wenn ein Widerruf (so zB v. 19.5.2010 – BK 2a-10-001/R – Markt für das Mindestangebot

an Mietleitung) oder eine Beibehaltung oder Änderung von auferlegten Verpflichtungen in Betracht kommt, die gem. § 13 einer neuen Marktuntersuchung bedarf (vgl zB BNetzA v. 10.11.2010 – BK 3b-10-083 bis 086 zu den Regulierungsverfügungen im Bereich Rundfunk-Übertragungsdienste zur Bereitstellung von Sendeinhalten für Endnutzer – Markt 18 der Märkte-Empfehlung 2003). Auf der Grundlage der Märkte-Empfehlung 2007 der Kommission unterscheidet die BNetzA nunmehr einen Markt der Endkundenebene (Markt 1) und sieben Märkte auf der Vorleistungsebene (Märkte 2–7); die entsprechenden Festelegungen (sowie die dazu ergangenen Entscheidungen) sind über die Homepage der BNetzA abrufbar.

I. Endkundenebene

Markt 1 – Zugang von Privat- und Geschäftskunden zum öffentlichen Telefonnetz an festen Standorten. Nach der am 18.3.2009 notifizierten Marktdefinition der BNetzA umfasst der Endkundenmarkt für den Zugang von Privat- und Geschäftskunden zum öffentlichen Telefonnetz an festen Standorten die Bereitstellung eines Anschlusses oder Zugangs zum öffentlichen Telefonnetz, der abgehende und eingehende Telefonanrufe und zugehörige Dienste ermöglicht. Der sachlich relevante Markt umfasst nur schmalbandige Anschlüsse (Analog-, ISDN-Basis- bzw ISDN-PMX-Anschlüsse); Breitbandanschlüsse (Breitbandanschlussprodukte, Internetzugangsprodukte sowie die Beauftragung eines VoIP-Diensteanbieters) werden in dieser Marktfestlegung aufgrund der fehlenden Substituierbarkeit und der nicht vorhandenen Angebotsumstellungsflexibilität einem gesonderten Markt zugewiesen. Die Kommission hat die BNetzA in ihrer diesbezüglichen Stellungnahme gem. Art. 7 Abs. 3 RRL vom 17.4.2009 (Sache: DE/2009/0897) insofern aufgefordert, den Markt genau zu beobachten und dabei dem Marktsegment der Komplettanschlüsse besondere Beachtung zu schenken. Die Abgrenzung eines eigenen Bündelmarktes für Triple-Play-Angebote wurde von der BNetzA nicht für gerechtfertigt gehalten. Für die in Triple-Play-Angeboten enthaltenen Schmalbandanschlüsse gibt es nach Auffassung der BNetzA keinen gesonderten Verwendungszweck. Darüber hinaus sieht die ganz überwiegende Mehrzahl der Endkunden in Deutschland Telefonanschlüsse und Fernsehempfang nicht als einheitliches Bündel an, sondern als eigenständige Produkte, deren Bezug in aller Regel über unterschiedliche Anbieter und Anschlussarten erfolgt. Produktbündel aus Schmalband- und DSL-Anschlüssen bilden keinen eigenen Submarkt. Dagegen sieht die BNetzA Anschlussleistungen im Rahmen von Systemlösungen mit den Anschlussleistungen der vorstehenden sachlich relevanten Märkte aus Sicht der Anbieter grundsätzlich als austauschbar an. Lediglich ab einem Jahresumsatz von mehr als einer Million Euro (netto) pro Vertrag ist die Austauschbarkeit aus Anbietersicht stark eingeschränkt, weil hier nur noch einige große Anbieter in der Lage sind, die Nachfrage zu erfüllen (BNetzA v. 25.1.2010 – BK 2-09-002-R). 16

II. Vorleistungsebene

1. Markt 2 – Verbindungsaufbau im öffentlichen Telefonnetz an festen Standorten. Die BNetzA hat ihren diesbezüglichen Marktdefinitionsentwurf am 3.12.2008 notifiziert; die Marktdefinition ist durch den Erlass der am 19.11.2008 (BK 3d-08/023) veröffentlichten Verfügung und nach der Stellungnahme der Kommission am 22.4.2009 wirksam geworden. In Ausdifferenzierung zu dem von der Kommission in der Märkte-Empfehlung ausgewiesenen Vorleistungsmarkt für den Verbindungsaufbau im Festnetz unterscheidet die BNetzA drei nationale Märkte: 17

(1) Verbindungsaufbau zu sonstigen Diensten im öffentlichen Telefonnetz an festen Standorten über Interconnection-Anschlüsse der nachfolgenden Art: 18

- Verbindungen zum Freephone-Service von ICP unter der Dienstekennzahl 0800,
- Verbindungen zum Shared Cost Service 0180 von ICP – im Online-Billing-Verfahren,
- Verbindungen zum ICP-Vote-Call von ICP – im Online-Billing-Verfahren,
- Verbindungen zum Service 0700 von ICP – im Online-Billing-Verfahren,
- Verbindungen mit Ursprung im Telefonnetz national der Deutschen Telekom zum Online-Dienst am Telefonnetz von ICP,
- Verbindungen aus dem Telefonnetz der Deutschen Telekom zum Auskunftsdienst von ICP unter der Dienstekennzahl 118xy – im Offline-Billing-Verfahren,
- Verbindungen aus dem Telefonnetz der Deutschen Telekom zum VPN-Service von ICP unter der Dienstekennzahl 0181-0189 – im Offline-Billing-Verfahren,

- Verbindungen aus dem Telefonnetz der Deutschen Telekom zu einem innovativen Dienst von ICP unter der Dienstekennzahl 012 – im Offline-Billing-Verfahren – sowie
- Verbindungen zum Service 0900 von ICP – im Offline-Billing-Verfahren.

19 Zukünftig angebotene weitere Zuführungsleistungen zu Diensten sind diesem Markt ebenfalls zuzurechnen. Zu dem relevanten Markt zählen jeweils auch Verbindungsleistungen mit Ursprung in der Rufnummerngasse 0(32).

20 Zu diesem Markt gehören auch Zuführungsleistungen, die von Breitbandanschlüssen aufgebaut werden und PSTN-basiert übergeben werden. Für den Fall, dass für den Verbindungsaufbau eine Abfrage des sogenannten „Intelligenten Netzes" erforderlich ist, sind von dem Markt auch Verbindungen mit Ursprung in anderen Netzen erfasst.

21 (2) Verbindungsaufbau (plus Transit) zur Betreiber(vor)auswahl im öffentlichen Telefonnetz an festen Standorten für Orts-, Fern-, NTR-, Auslands- und Mobilfunkverbindungen mit in Einzelwahl oder in festgelegter Vorauswahl vorangestellter Kennzahl für Verbindungsnetzbetreiber über Interconnection-Anschlüsse. Zu dem relevanten Markt zählen jeweils auch Verbindungsleistungen mit Ursprung in der Rufnummerngasse 0(32). Zu diesem Markt gehören auch Zuführungsleistungen, die von Breitbandanschlüssen aufgebaut werden und PSTN-basiert übergeben werden.

22 (3) Anrufzustellung in das öffentliche Telefonnetz der DT AG an festen Standorten einschließlich der lokalen Anrufweiterleitung über Interconnection-Anschlüsse. Zu dem relevanten Markt zählen auch Verbindungsleistungen mit Ziel in der Rufnummerngasse 0(32) und Dienste der sogenannten „Scheinterminierung". Zu diesem Markt gehören auch Terminierungsleistungen, bei denen Anrufe PSTN-basiert übergeben werden und Breitbandanschlüssen (Kabelnetz, DSL) zugestellt werden.

23 **2. Markt 3 – Anrufzustellung in einzelnen öffentlichen Telefonnetzen an festen Standorten.** Der Markt umfasst nach der am 3.12.2008 (zusammen mit der Festlegung zu Markt 2) notifizierten Marktdefinition, die durch den Erlass der am 19.11.2008 (BK 3d-08/023) veröffentlichten Verfügung und nach der Stellungnahme der Kommission am 22.4.2009 wirksam geworden ist, die Anrufzustellung in das einzelne öffentliche Telefonnetz an festen Standorten einschließlich der lokalen Anrufweiterleitung über Interconnection-Anschlüsse. Zu dem relevanten Markt zählen Verbindungsleistungen zu geographischen Rufnummern, zu Notrufabfragestellen sowie Verbindungen mit Ziel in der Rufnummerngasse 0(32). Zu diesem Markt gehören auch Terminierungsleistungen, bei denen Anrufe PSTN-basiert übergeben werden und Breitbandanschlüssen (Kabelnetz, DSL) zugestellt werden. Zuzurechnen sind diesen Märkten neben Verbindungen zu Endkunden, die direkt am Netz des Anbieters angeschlossen sind, auch Verbindungsleistungen, bei denen der Verkehr, für den nachfragenden Netzbetreiber nicht unmittelbar ersichtlich, zur Terminierung in ein nachfolgendes Drittnetz weitergeleitet wird (sogenannte „Scheinterminierung").

24 Nach der neuen Märkte-Empfehlung ist der Bereich des Transits nicht mehr Bestandteil der Empfehlung. Aus der Sicht der Kommission erfüllt dieser Markt auf Ebene der EU nicht mehr den Drei-Kriterien-Test. In Deutschland wurden schon bisher Transitdienste jeweils in Zusammenhang mit den Zuführungs- bzw Terminierungsleistungen angeboten, weshalb nur Märkte für gebündelte Transitdienste definiert wurden. An dieser Entscheidung hat die BNetzA in der am 3.12.2008 notifizierten Marktangrenzungsfestlegung (vgl Tz. 35) festgehalten. Im Transitbereich sind danach die nachfolgenden Märkte für Verbindungsleistungen an festen Standorten abzugrenzen:

- Verbindungsaufbau plus Transit zu Online-Diensten über Primärmultiplex-Anschlüsse,
- Verbindungsaufbau plus Transit zu Mehrwertdiensten über Interconnection-Anschlüsse (mit Ausnahme des Dienstes der Betreiber(vor)auswahl),
- Transit plus Terminierung.

25 Die Märkte haben jeweils nationale Ausmaße. Die Zuführungsleistungen plus Transit zu dem Dienst der Betreiber(vor)auswahl an festen Standorten bilden zusammen mit der reinen Zuführung zu diesem Dienst wegen der einheitlichen Wettbewerbsbedingungen einen einheitlichen nationalen Markt, der im Rahmen der Abgrenzung der Märkte für Verbindungsaufbauleistungen behandelt worden ist.

26 **3. Markt 4 – Vorleistungsmarkt für den (physischen) Zugang zu Netzinfrastrukturen (einschließlich des gemeinsamen oder vollständig entbündelten Zugangs) an festen Standorten.** Die BNetzA hatte am 1.12.2004 mit der ersten notifizierten Marktabgrenzung die Marktdefinition des Vorleistungsmarkts für den entbündelten Großkunden-Zugang in der Weise getroffen, dass der Markt den entbündelten Zugang zur TAL in Form der Kupferdoppelader am Hauptverteiler (MDF – Main Distribution Frame)

oder einem näher an der TAE gelegenen Punkt, den gemeinsamen Zugang zur TAL (Linesharing) und den entbündelten Zugang zur TAL auf der Basis von OPAL und ISIS am Hauptverteiler oder einem näher an der TAE gelegenen Punkt einschließt. Andere Zugangstechnologien (wireless local loop, Kabelnetze, reine Glasfaserverbindungen) waren dagegen in diesen Markt nicht einbezogen worden. Die Kommission hatte in ihrer Stellungnahme zur Notifikation vom 22.12.2004 (DE/2004/0119) Bedenken gegen die Ausgrenzung von reinen Glasfaserverbindungen zum Endkunden aus dem Markt 11 der Märkte-Empfehlung (Fassung 2003) erkennen lassen. Die BNetzA hatte dennoch von der Kommissionsstellungnahme unbenommen für den nach ihren Grundsätzen abgegrenzten Markt am 20.4.2005 die erste Regulierungsverfügung (BK 4 -04-075/R) erlassen. Die Rechtsprechung des BVerwG hat in dieser Marktabgrenzung keinen Rechtsfehler erkannt (BVerwG v. 14.2.2007 – 6 C 28/05, S. 18, Rn 34).

Im Rahmen der nach § 14 Abs. 2 vorgeschriebenen Regelüberprüfung hat die BNetzA mit dem am 4.4.2007 vorgelegten Konsultationsentwurf und der am 27.6.2007 ergangenen Regulierungsverfügung für den Markt Nr. 11 (Fassung 2003) entschieden, dass eine Änderung der Marktabgrenzung nicht erfolge. Weder aus Nachfrager- noch aus Anbietersicht sei eine Austauschbarkeit des Zugangs zur TAL in Form der reinen Glasfaser mit dem Zugang zur TAL zu bejahen (BNetzA v. 27.6.2007 – BK 4-07-002/R). Die Kommission hat in ihrer Stellungnahme v. 25.6.2007 (Sache DE/2007/0646) hinsichtlich des Zugangs zum Netzwerk der nächsten Generation (NGN) ausgeführt, dass sie unter den gegenwärtigen Umständen keine Einwendungen gegen die Schlussfolgerung der BNetzA erhebt, der Zugang zum NGN-Zugangsnetz auf MDF-Niveau nicht Bestandteil des Vorleistungsmarktes für den Zugang zur Teilnehmeranschlussleitung sei. Sie hielt es wegen der spezifischen Merkmale des Zugangs zum NGN-Zugangsnetz auf MDF-Niveau allerdings für wahrscheinlich, dass ein solches Produkt Bestandteil des Vorleistungsmarktes für den Breitbandzugang sein wird, dh Bestandteil von Markt 5 Märkte-Empfehlung (bzw Markt 12 Märkte-Empfehlung 2003) werde. Deshalb forderte die Kommission die BNetzA auf, unverzüglich zu untersuchen, ob ihre derzeitige Marktdefinition von Markt 12 (Märkte-Empfehlung 2003) den Zugang zum NGN-Zugangsnetz auf MDF-Niveau abdeckt. Die Kommissions-Stellungnahme enthält weitere Aussagen zu Rechtsfragen betreffend den Zugang zu Kabelkanälen, die zu Kabelverzweigern führen, den Zugang zur unbeschalteten Glasfaser und die Kollokation im und am Kabelverzweiger, denen die BNetzA gem. Art. 7 Abs. 5 RRL Rechnung zu tragen hat. 27

4. Markt 5 – Breitbandzugang für Großkunden. Hinsichtlich dieses Marktes liegt mit dem Beschluss v. 6.10.2010 (BK 2-09-069) eine neue Festlegungs- bzw Verpflichtungsentscheidung auf der Grundlage der neuen Märkte-Empfehlung der Kommission vor. Die BNetzA hatte in ihrem Notifizierungsentwurf vom 11.10.2005 die Marktabgrenzung zunächst in der Weise vorgenommen, dass der Breitbandzugangsmarkt in zwei Vorleistungsmärkte für den Bitstromzugang mit Übergabe auf ATM-Niveau einerseits und einen gesonderten Markt mit Übergabe auf IP-Niveau (einschließlich des HFC-Kabel-Breitbandzugangs auf IP-Niveau) aufgeteilt ist. Dabei wollte sie den Bitstromzugang zu VDSL-Verbindungen aus dem Markt ausnehmen. Nach der Kritik der Kommission in deren Mitteilung vom 11.11.2005 (DE/2005/0262) und der Anmeldung „ernsthafter Zweifel" mit Einleitung einer Phase II-Prüfung nach Art. 7 Abs. 4 RRL hat die BNetzA in der Notifikation vom 14.12.2005 ihren Entwurf dahin gehend geändert, dass der Bitstromzugang zu VDSL-Verbindungen in die Vorleistungsmärkte für den Bitstromvorleistungszugang einbezogen ist, wenn sie mit den übrigen in der Marktdefinition betrachteten Bitstrom-Produkten austauschbar sind und nicht ausnahmsweise der Nachweis geführt wird, dass keine Substituierbarkeit zwischen einem derartigen Zugang und den anderen alternativ verfügbaren Zugangsarten besteht, mithin völlig neue Produkte angeboten werden, die nur über VDSL-Verbindungen realisierbar sind. Auf dieser Grundlage hat sie die ersten Regulierungsverfügungen für den Bitstromzugang mit Übergabe auf IP-Ebene am 13.9.2006 (BK 4a-06-039/R) bzw mit Übergabe auf ATM-Ebene am 7.3.2007 (BK 4a-06-006/R) getroffen (näher zur zugrunde liegenden Marktabgrenzung *Holznagel/Hombergs* MMR 2003, 37 ff). In der Verfügung vom 6.10.2010 hat die BNetzA (BK 2-09-069) die in den Verfügungen v. 13.9.2006 (BK 4a-06-039; ergänzt durch Verfügung v. 3.6.2009 – BK 4a-06-039) und v. 3.6.2009 (BK 3d-09/009) betreffend IP-Bitstrom-Zugang sowie v. 7.3.2007 (BK 4a-06-006) betreffend ATM-Bitstrom-Zugang getroffene Marktabgrenzung angepasst. 28

Nicht zum relevanten Markt Breitbandzugang gehören Angebote, die dem Wettbewerber keine direkte Kontrolle über die Endkundenbeziehungen ermöglichen, also ein Angebot von Anschluss und Breitbanddienst aus einer Hand ermöglichen und den Anbieter nicht in die Lage versetzen, eigene, mit individuellen Qualitätsparametern ausgestatte Dienste anbieten zu können. Ausgenommen sind somit 29

Breitbandzuführungsprodukte (T-DSL-ZISG, GATE – dafür hat die BNetzA aber eine eigene Marktabgrenzung getroffen; vgl Rn 50) sowie reine Wiederverkaufsprodukte (Resale-DSL). Bitstrom-Produkte, die auf reinen Glasfaserleitungen beruhen, bleiben von der Marktabgrenzung ebenfalls ausgenommen (BNetzA v. 13.9.2006 – BK 4a-06-039/R).

30 **5. Markt 6 – Abschluss-Segment von Mietleitungen für Großkunden, unabhängig von der für die Miet- oder Standleitungskapazitäten genutzten Technik.** Den Markt 6 (= Markt 13 der Märkte-Empfehlung Fassung 2003) hat die BNetzA mit der am 7.3.2007 veröffentlichten Marktdefinition dahin gehend abgegrenzt, dass es einen nationalen Markt für Abschlusssegmente von Mietleitungen auf Vorleistungsebene gibt, der aus Mietleitungen mit klassischen Übertragungsverfahren sowie ethernetbasierten Anschlüssen gibt. Auf dieser Grundlage hat die BNetzA eine Regulierungsverfügung erlassen, nach der den Wettbewerbern Zugang zu den Abschlusssegmenten von Mietleitungen zu gewähren ist (BNetzA v. 31.10.2007 – BK 3b-07-007). Neue Festlegungen und Entscheidungen liegen insofern nicht vor.

31 **6. Markt 7 – Anrufzustellung in einzelnen Mobilfunknetzen.** In der am 3.11.2005 notifizierten Marktabgrenzung hatte die BNetzA festgestellt, dass wegen der fehlenden Substituierbarkeit der Anrufzustellung in den einzelnen Mobilfunknetzen der in Deutschland tätigen Mobilfunknetzbetreiber je getrennte Märkte für die Anrufzustellung existieren. In Übereinstimmung mit der Stellungnahme der Kommission vom 3.11.2005 (DE/2005/0249) schließt diese Marktabgrenzung eine lokale Anrufweiterleitung innerhalb eines beschränkten geographischen Gebiets ein, innerhalb dessen der Endkunde auch über die Festnetznummer aus seinem Mobiltelefon angerufen werden kann. Die BNetzA hat auf dieser Grundlage am 30.8.2006 mehrere Regulierungsverfügungen (BK 4c-06-001/R, KB 4 c 06-002/R, 4c-06-003/R, 4c-06-004/R) erlassen. In der zweiten Marktuntersuchung zur Mobilfunkterminierung hat die BNetzA an dieser Auffassung festgehalten (vom 27.10.2008). Für die Anrufer bestünden weiter keine adäquaten Substitutionsmöglichkeiten, insbesondere wegen der fehlenden technischen Eigenschaften, eine Terminierung durch den Mobilfunknetzbetreiber zu ersetzen. Dies gilt auch für Homezone-Produkte. Daher spricht die Austauschbarkeit aus Nachfragersicht nach wie vor für die Abgrenzung der Anrufzustellung in einzelnen Mobiltelefonnetzen. Homezone-Produkte stellen dabei keinen eigenen Markt dar, sondern sind Teil des Marktes Anrufzustellung im jeweiligen Mobiltelefonnetz, in dem sie angeboten werden. Die Kommission hat diese Festlegung nicht beanstandet (Stellungnahme vom 26.11.2008, Sache DE/2008/0813). Auf der Grundlage dieser Festlegung hat die BNetzA verschiedene Regulierungsverfügungen erlassen.

§ 11 TKG Marktanalyse

(1) [1]Im Rahmen der Festlegung der nach § 10 für eine Regulierung nach diesem Teil in Betracht kommenden Märkte prüft die Bundesnetzagentur, ob auf dem untersuchten Markt wirksamer Wettbewerb besteht. [2]Wirksamer Wettbewerb besteht nicht, wenn ein oder mehrere Unternehmen auf diesem Markt über beträchtliche Marktmacht verfügen. [3]Ein Unternehmen gilt als Unternehmen mit beträchtlicher Marktmacht, wenn es entweder allein oder gemeinsam mit anderen eine der Beherrschung gleichkommende Stellung einnimmt, das heißt eine wirtschaftlich starke Stellung, die es ihm gestattet, sich in beträchtlichem Umfang unabhängig von Wettbewerbern und Endnutzern zu verhalten. [4]Die Bundesnetzagentur berücksichtigt dabei weitestgehend die von der Kommission aufgestellten Kriterien, niedergelegt in den Leitlinien der Kommission zur Marktanalyse und Ermittlung beträchtlicher Marktmacht nach Artikel 15 Abs. 2 der Richtlinie 2002/21/EG des Europäischen Parlaments und des Rates vom 7. März 2002 über einen gemeinsamen Rechtsrahmen für elektronische Kommunikationsnetze und -dienste (Rahmenrichtlinie) (ABl. EG Nr. L 108 S. 33) in der jeweils geltenden Fassung. [5]Verfügt ein Unternehmen auf einem relevanten Markt über beträchtliche Marktmacht, so kann es auch auf einem benachbarten, nach § 10 Abs. 2 bestimmten relevanten Markt als Unternehmen mit beträchtlicher Marktmacht angesehen werden, wenn die Verbindungen zwischen beiden Märkten es gestatten, diese von dem einen auf den anderen Markt zu übertragen und damit die gesamte Marktmacht des Unternehmens zu verstärken.

(2) Im Falle länderübergreifender Märkte im Geltungsbereich der Richtlinie 2002/21/EG des Europäischen Parlaments und des Rates vom 7. März 2002 über einen gemeinsamen Rechtsrahmen für elektronische Kommunikationsnetze und -dienste (Rahmenrichtlinie) (ABl. EG Nr. L 108 S. 33) untersucht die Bundesnetzagentur die Frage, ob beträchtliche Marktmacht im Sinne von Absatz 1 vorliegt, ge-

meinsam mit den nationalen Regulierungsbehörden der Mitgliedstaaten, welche diese Märkte umfassen.

(3) Die Ergebnisse der Untersuchungen nach den Absätzen 1 bis 2 einschließlich der Feststellung, welche Unternehmen über beträchtliche Marktmacht verfügen, sind der Kommission im Verfahren nach § 12 vorzulegen, sofern sie Auswirkungen auf den Handel zwischen den Mitgliedstaaten haben.

A. Regelungszweck und Übersicht

Die Vorschrift bildet die Rechtsgrundlage für die sich der Marktdefinition nach § 10 anschließende Marktanalyse. Diese dient nach Abs. 1 der Prüfung, ob auf dem relevanten Markt wirksamer Wettbewerb besteht oder aber die Marktsituation durch beträchtliche Marktmacht eines Unternehmens gekennzeichnet ist. Der Rechtsbegriff der beträchtlichen Markmacht wird in der Vorschrift nicht definiert, wohl aber fingiert Abs. 1 Satz 3 das Vorhandensein beträchtlicher Marktmacht bei Vorliegen einer der Beherrschung gleichkommenden Stellung. Im Übrigen ist der Rechtsbegriff der beträchtlichen Marktmacht europarechtlich geprägt, einerseits durch seine Verwandtschaft mit dem Begriff der marktbeherrschenden Stellung des allgemeinen Kartellrechts und andererseits durch die in Abs. 1 Satz 4 vorgeschriebene Berücksichtigung der RRL; überdies unterliegen die insofern vorläufigen Ergebnisse der Marktanalyse dem Konsultationsverfahren nach § 12 mit der Kommission, Abs. 3. Die Kommission hat sich nicht nur eine Definition der relevanten Märkte (Art. 15 Abs. 2 RRL) sondern auch ein Vetorecht bei Binnenmarktrelevanz (Art. 7 Abs. 4 RRL) vorbehalten (*Möschel*, K&R 2002, 161, 164; *Husch/Kemmler/Ohlenburg*, MMR 2003, 139, 140). Die Marktanalyse nach dieser Vorschrift ist – wie die Marktabgrenzung nach § 10 – zwar als eigenständiger Verfahrensschritt im Rahmen des Regulierungsverfahrens ausgewiesen (§ 11 Abs. 1); das Ergebnis der Marktanalyse wird aber nur zusammen mit den Regulierungsanordnungen insbesondere nach den §§ 18 ff als ein einheitlicher Verwaltungsakt erlassen, § 13 Abs. 3. Für den Rechtsschutz bedeutet dies, dass das Ergebnis der Marktanalyse nicht isoliert angreifbar oder einklagbar ist. 32

B. Wirksamer Wettbewerb, beträchtliche Marktmacht, Marktbeherrschung

Wirksamer Wettbewerb wird in Abs. 1 Satz 2 negativ definiert. Wirksamer Wettbewerb besteht danach nicht, wenn ein oder mehrere Unternehmen auf dem relevanten Markt über beträchtliche Marktmacht verfügen. Beträchtliche Marktmacht wird wiederum nach Satz 3 fingiert, wenn ein Unternehmen eine der Beherrschung gleichkommende Stellung einnimmt. Letztere ist nach derselben Regelung gekennzeichnet als eine wirtschaftlich starke Stellung, die es „gestattet, sich in beträchtlichem Umfang unabhängig von Wettbewerbern und Endnutzern zu verhalten". Das TKG greift hinsichtlich des Begriffs der beträchtlichen Marktmacht die Definition von Art. 14 Abs. 2 RRL auf, die wiederum den Begriff der Marktbeherrschung des allgemeinen Kartellrechts aufgreift (vgl Kommission, Leitlinien zur Marktanalyse und Ermittlung beträchtlicher Marktmacht nach dem gemeinsamen Rechtsrahmen für elektronische Kommunikationsnetze und -dienste, ABl. 2002 Nr. C 165, S. 6 ff; *Husch/Kemmler/Ohlenburg*, MMR 2003, 139, 141). Insofern ist zur Bestimmung des Vorliegens beträchtlicher Marktmacht auf die Beherrschungskriterien des allgemeinen Kartellrechts zurückzugreifen; da nach Abs. 1 Satz 3 darauf abzustellen ist, dass eine der Marktbeherrschung „gleichkommende Stellung" vorliegt, sind aber auch telekommunikationsspezifische Gesichtspunkte zu berücksichtigen. 33

I. Beherrschungskriterien nach allgemeinem Kartellrecht

Nach den Kriterien des allgemeinen Kartellrechts ist die Prüfung des Vorliegens von Marktbeherrschung anhand einer Analyse der Marktstruktur, der Unternehmensstruktur und des Marktverhaltens vorzunehmen. Für den Beherrschungstatbestand lassen sich allgemeingültige Kriterien angeben. Marktbeherrschung auf dem relevanten Markt wird vielmehr marktspezifisch unter Berücksichtigung der jeweiligen Besonderheiten des Einzelfalles geprüft (grundlegend EuGH v. 14.2.1978, Slg 1978, 207, 286 – United Brands). Im hier gegebenen Rahmen ist eine nähere Darstellung der zum allgemeinem Kartellrecht entwickelten Grundsätze nicht möglich; vielmehr wird auf die einschlägigen Kommentierungen zum allgemeinen Kartellrecht verwiesen (vgl Abschn. 18 Rn 6 ff; Abschn. 20 Rn 66 ff). 34

II. Besonderheiten der telekommunikationsrechtlichen Beherrschungsprüfung

35 Die Beherrschungsanalyse nach § 11 TKG weist gegenüber der Marktbeherrschungsprüfung nach allgemeinem Kartellrecht Besonderheiten auf. Das TKG verlangt zunächst – im Unterschied zur ex-post-Kontrolle nach Art. 102 AEUV – eine ex-ante-Beurteilung der Marktsituation und der Marktentwicklung. Dies entspricht der von Art. 16 RRL geforderten ex-ante-Konzeption der Marktzugangsregulierung (BeckTKG-Komm/*Korehnke*, § 11 Rn 24). In Übereinstimmung mit dem Konzept der Marktdefinition kommt es auch für die Marktbeherrschung des relevanten Marktes darauf an, ob „beträchtliche und anhaltende strukturell oder rechtlich bedingte Marktzutrittsschranken" iSd § 10 Abs. 2 bestehen und „längerfristig nicht zu wirksamem Wettbewerb tendieren." Kennzeichnend für die Besonderheit der telekommunikationsrechtlichen Marktbeherrschungsprüfung ist insofern die Notwendigkeit einer marktentwicklungsbezogenen Prognoseentscheidung durch die BNetzA.

36 Im Rahmen des TKG ist vorzugsweise eine Prüfung des Bestehens von Marktzutrittsschranken vorzunehmen, die gerade durch die Marktzugangsregulierung beseitigt werden sollen. Während im Rahmen der Beherrschungsprüfung nach allgemeinem Kartellrecht vorzugsweise eine auf Marktanteile gestützte Strukturanalyse vorzunehmen ist, kommt der Frage der Marktanteile für die Analyse nach § 11 TKG eine im Grundsatz weniger gewichtige Bedeutung zu. Stattdessen ist vorrangig darauf abzustellen, ob und inwieweit Marktzutrittsschranken bestehen, die der Entfaltung wirksamen Wettbewerbs entgegenstehen. Dabei wiederum ist die durch technische Entwicklung bedingte Dynamik der künftigen Marktentwicklung im Rahmen der Prognoseentscheidung besonders in Rechnung zu stellen, insbesondere die Möglichkeit der Konvergenz von Informationstechnologien (BeckTKG-Komm/*Korehnke*, § 11 Rn 25).

37 Der Kontrolle über nicht leicht zu duplizierende (Netz-)Infrastruktur kommt für das Bestehen beträchtlicher Marktmacht eine zentrale Bedeutung zu. Wenn eine solche Kontrollposition gegeben ist, insbesondere eine sog. **bottleneck-Situation** besteht, bei der ein Unternehmen die Verfügungsmacht über Engpasseinrichtungen inne hat, liegt die Annahme beträchtlicher Marktmacht nahe (Kommission, Leitlinien zur Marktanalyse und Ermittlung beträchtlicher Marktmacht, ABl. EG Nr. C 165 v. 11.7.2002, Tz. 78).

38 Das aus dem allgemeinen Kartellrecht bekannte Phänomen der Übertragung von Marktmacht auf einen benachbarten Markt wird in der Vorschrift des Abs. 1 Satz 5 erfasst. Sie entspricht der Regelung in Art. 14 Abs. 3 RRL mit der Besonderheit, dass es sich auch bei dem benachbarten Markt um einen regulierungsbedürftigen Telekommunikationsmarkt handeln muss (Kommission, Leitlinien (Rn 37), Tz. 85; näher *Koenig/Kühling/Braun*, CR 2001, 745 ff).

III. Beherrschung durch mehrere Unternehmen

39 Beträchtliche Marktmacht iSd Abs. 1 Satz 1, nämlich eine der Beherrschung gleichkommende Stellung können auch zwei oder mehr Unternehmen innehaben. Die sektorspezifische Regulierung übernimmt damit die im allgemeinen Kartellrecht anerkannte Rechtsfigur der kollektiven Marktbeherrschung, die nach den im deutschen Kartellrecht geprägten und entwickelten Grundsätzen gemeinsamer Marktbeherrschung durch Oligopolunternehmen (vgl § 19 Abs. 2 Satz 2 GWB) auch in der Anwendungspraxis zu Art. 102 AEUV Anerkennung gefunden hat und für den Bereich der Telekommunikation in Art. 14 Abs. 2 RRL ausdrücklich aufgenommen wurde. Art. 14 RRL verweist in Abs. 2 Satz 2 zum Verständnis des Begriffs kollektiver Marktbeherrschung ausdrücklich auf die Rechtsprechung des EuGH zum allgemeinen Kartellrecht (vgl Abschn. 20 Rn 75). Diese Rechtsprechung setzt damit auch für die europarechtskonforme Handhabung von § 11 TKG Maßstäbe (vgl *Krüger*, K&R 2003, Beilage 1, S. 9 ff).

40 Überdies regelt Art. 14 Abs. 2 Satz 3 RRL nebst Anhang II der RRL, dass mehrere Unternehmen eine kollektiv marktbeherrschende Stellung einnehmen können, „wenn sie – selbst bei Fehlen struktureller oder sonstiger Beziehungen untereinander – in einem Markt tätig sind, dessen Struktur als förderlich für koordinierte Effekte angesehen wird." Damit betont das europäische Recht die Bedeutung der Marktstrukturbetrachtung für die sektorspezifische Oligopolkontrolle, ohne damit allerdings eine marktverhaltensbezogene Prüfung der Marktverhältnisse auszuschließen, die gerade für die sich dynamisch entwickelnden Telekommunikationsmärkte und der insoweit bedeutsamen Berücksichtigung potenziellen Wettbewerbs beachtlich ist (vgl *Immenga/Kirchner*, TKMR 2002, 340, 351).

C. Entscheidungspraxis der BNetzA

Die Entscheidungspraxis der BNetzA zur Marktanalyse hat unter Zugrundelegung der Marktabgrenzung in Anlehnung an die Märkte-Empfehlung der Kommission (vgl Erl. zu § 10 Rn 32 ff) folgende Ergebnisse erbracht: 41

- **Markt 1 – Zugang von Privat- und Geschäftskunden zum öffentlichen Telefonnetz an festen Standorten:** Auf diesem Markt besteht kein wirksamer Wettbewerb im Sinne von § 11 Abs. 1 S. 1 TKG. Nach der Praxis der BNetzA sprechen die Marktanteile, die Kontrolle über nicht leicht zu duplizierende Infrastruktur, die vertikale Integration, die Finanzkraft, die Marktzutrittsschranken, der (fehlende) potenzielle Wettbewerb sowie die fehlende ausgleichende Nachfragemacht für beträchtliche Marktmacht; dabei wird das Kriterium der Produktdifferenzierung neutral bewertet. Die Deutsche Telekom AG verfügt auf diesem Markt über beträchtliche Marktmacht. Sie nimmt eine der Beherrschung gleichkommende Stellung ein, hat also eine wirtschaftlich starke Stellung, die es ihr gestattet, sich in beträchtlichem Umfang unabhängig von Wettbewerbern und Endnutzern zu verhalten. Es ist auch nicht erkennbar, dass sich dies innerhalb des Beurteilungszeitraums ändern könnte (BNetzA, Entwurf der Regulierungsverfügung v. 18.3.2009). 42

- **Markt 2 – Verbindungsaufbau im öffentlichen Telefonnetz an festen Standorten sowie Markt 3 – Anrufzustellung in einzelnen öffentlichen Telefonnetzen an festen Standorten:** Die BNetzA hat in der Regulierungsverfügung vom 22.4.2009 (Az: BK 3d-08-023) festgestellt, dass die DTAG auf den in Tz. 17 genannten nationalen Märkten über beträchtliche Marktmacht verfügt. Dagegen besteht auf den Märkten für Verbindungsaufbau und Verbindungsaufbau plus Transit zu Online-Diensten über Primärmultiplexanschlüsse, Verbindungsaufbau plus Transit zu Mehrwertdiensten und Transit plus Terminierung im öffentlichen Telefonnetz an festen Standorten keine Regulierungsbedürftigkeit. 43

- **Markt 4 – Vorleistungsmarkt für den (physischen) Zugang zu Netzinfrastrukturen (einschließlich des gemeinsamen oder vollständig entbündelten Zugangs) an festen Standorten:** Die BNetzA hat in ihrer Regulierungsverfügung vom 20.4.2005 festgestellt, dass die DTAG auf dem Markt für den Zugang zur Teilnehmeranschlussleitung Unternehmen mit beträchtlicher Marktmacht ist. Dagegen hat sie die Regulierungsbedürftigkeit des Zugangs zur Teilnehmeranschlussleitung in Form der reinen Glasfaserleitung unbeschadet der ohnehin befürworteten abweichenden Marktabgrenzung abgelehnt (BNetzA v. 20.4.2005 – BK 4-04-075/R). Mit der Verfügung vom 20.4.2005 widerrief die BNetzA auf der Grundlage einer Herausnahme reiner Glasfaserverbindungen aus dem Regulierungsbereich durch entsprechend geänderte Marktdefinition (vgl Erl. zu § 10 Rn 44) die nach ihrer Auffassung nach § 150 Abs. 1 TKG 2004 fortbestehende Verpflichtung nach dem TKG 1996, Zugang zur TAL in Form der reinen Glasfaserleitung zu gewähren, einschließlich der Genehmigungspflicht der diesbezüglichen Zugangsentgelte; die dagegen gerichtete Klage hat das BVerwG abgewiesen (BVerwG v. 14.2.2007 – 6 C 28/05). In der anlässlich der regelmäßig nach § 14 Abs. 2 erfolgenden Überprüfung von Marktdefinition und Marktanalyse ergangenen Regulierungsverfügung v. 27.6.2007 hat die BNetzA wegen der fortbestehenden Marktbeherrschung durch die DTAG Verpflichtungen zum Zugang zu Kabelleerrohren und unbeschalteter Glasfaser zwischen dem Hauptverteiler und dem Kabelverzweiger angeordnet (BNetzA v. 27.6.2007 – BK 4a-07-002/R). 44

- **Markt 5 – Breitbandzugang für Großkunden:** Insofern hat die BNetzA festgestellt, dass die DTAG auf dem Markt für Bitstromzugang mit Übergabe auf IP-Ebene (BNetzA v. 13.9.2006 – BK 4a-06-039/R) bzw mit Übergabe auf ATM-Ebene (BNetzA v. 7.3.2007 – BK 4a-06-006/R) über beträchtliche Marktmacht verfügt. Eine neuere Entscheidung liegt noch nicht vor. 45

- **Markt 6 – Abschluss-Segment von Mietleitungen für Großkunden, unabhängig von der für die Miet- oder Standleitungskapazitäten genutzten Technik:** Mit der am 31.10.2007 erlassenen Verfügung hat die BNetzA – abweichend von einem zunächst vorgelegten anders lautenden Entwurf, der auf Ablehnung der Kommission gestoßen war – festgestellt, dass die DTAG auf dem Markt für Abschluss-Segmente von Mietleitungen auf der Vorleistungsebene über beträchtliche Marktmacht verfügt (BNetzA v. 31.10.2007 – BK 3b-07/007). 46

- **Markt 7 – Anrufzustellung in einzelnen Mobilfunknetzen:** In ihren diesen Markt betreffenden Regulierungsverfügungen hat die BNetzA festgestellt, dass die vier Mobilfunknetzbetreiber in 47

Deutschland auf dem jeweils bundesweiten Markt der Anrufzustellung in deren jeweiliges Netz über beträchtliche Marktmacht verfügen (BNetzA v. 30.8.2006 – BK 4c-06-001/R, KB 4c 06-002/R, 4c-06-003/R, 4c-06-004/R). Auf dieser Grundlage wurden sodann mehrere Regulierungsverfügungen erlassen (zuletzt BNetzA v. 9.9.2009 – BK 3b-09/013).

§ 12 TKG Konsultations- und Konsolidierungsverfahren

(1) [1]Die Bundesnetzagentur gibt den interessierten Parteien Gelegenheit, innerhalb einer festgesetzten Frist zu dem Entwurf der Ergebnisse nach den §§ 10 und 11 Stellung zu nehmen. [2]Die Anhörungsverfahren sowie deren Ergebnisse werden von der Bundesnetzagentur veröffentlicht. [3]Hiervon unberührt ist die Wahrung von Betriebs- oder Geschäftsgeheimnissen der Beteiligten. [4]Die Bundesnetzagentur richtet zu diesem Zweck eine einheitliche Informationsstelle ein, bei der eine Liste aller laufenden Anhörungen vorgehalten wird.

(2) Wenn § 10 Abs. 3 und § 11 Abs. 3 eine Vorlage nach dieser Norm vorsehen, gilt folgendes Verfahren:

1. **[1]Nach Durchführung des Verfahrens nach Absatz 1 stellt die Bundesnetzagentur den Entwurf der Ergebnisse nach den §§ 10 und 11 mit einer Begründung der Kommission und gleichzeitig den nationalen Regulierungsbehörden der anderen Mitgliedstaaten zur Verfügung und unterrichtet hiervon die Kommission und die übrigen nationalen Regulierungsbehörden. [2]Vor Ablauf eines Monats oder vor Ablauf einer nach Absatz 1 bestimmten längeren Frist darf die Bundesnetzagentur Ergebnisse nach den §§ 10 und 11 nicht festlegen.**
2. **[1]Die Bundesnetzagentur hat den Stellungnahmen der Kommission und der anderen nationalen Regulierungsbehörden nach Nummer 1 weitestgehend Rechnung zu tragen. [2]Den sich daraus ergebenden Entwurf übermittelt sie der Kommission.**
3. **[1]Beinhaltet ein Entwurf nach den §§ 10 und 11 die Festlegung eines relevanten Marktes, der sich von jenen unterscheidet, die in der Empfehlung in Bezug auf relevante Produkt- und Dienstmärkte, die die Kommission nach Artikel 15 Abs. 1 der Richtlinie 2002/21/EG des Europäischen Parlaments und des Rates vom 7. März 2002 über einen gemeinsamen Rechtsrahmen für elektronische Kommunikationsnetze und -dienste (Rahmenrichtlinie) (ABl. EG Nr. L 108 S. 33) veröffentlicht, in ihrer jeweils geltenden Fassung definiert sind, oder die Festlegung, inwieweit ein oder mehrere Unternehmen auf diesem Markt über beträchtliche Marktmacht verfügen und erklärt die Kommission innerhalb der Frist nach Nummer 1 Satz 2, der Entwurf würde ein Hemmnis für den Binnenmarkt schaffen, oder sie habe ernsthafte Zweifel an der Vereinbarkeit mit dem Gemeinschaftsrecht und insbesondere den Zielen des Artikels 8 der Richtlinie 2002/21/EG des Europäischen Parlaments und des Rates vom 7. März 2002 über einen gemeinsamen Rechtsrahmen für elektronische Kommunikationsnetze und -dienste (Rahmenrichtlinie) (ABl. EG Nr. L 108 S. 33), hat die Bundesnetzagentur die Festlegung der entsprechenden Ergebnisse um weitere zwei Monate aufzuschieben. [2]Beschließt die Kommission innerhalb dieses Zeitraums, die Bundesnetzagentur aufzufordern, den Entwurf zurückzuziehen, so ist die Bundesnetzagentur an diesen Beschluss gebunden. [3]Sie kann die Beteiligten zu dem Beschluss der Kommission im Verfahren nach Absatz 1 erneut anhören. [4]Will die Bundesnetzagentur den Änderungsvorschlägen der Kommission folgen, ändert sie den Entwurf im Einklang mit der Entscheidung der Kommission ab und übermittelt diesen der Kommission. [5]Andernfalls unterrichtet sie das Bundesministerium für Wirtschaft und Technologie über die Entscheidung der Kommission.**
4. **[1]Ist die Bundesnetzagentur bei Vorliegen außergewöhnlicher Umstände der Ansicht, dass dringend – ohne das Verfahren nach Absatz 1 und den Nummern 1 bis 3 einzuhalten – gehandelt werden muss, um den Wettbewerb zu gewährleisten und die Nutzerinteressen zu schützen, so kann sie umgehend angemessene vorläufige Maßnahmen erlassen. [2]Sie teilt diese der Kommission und den übrigen nationalen Regulierungsbehörden unverzüglich mit einer vollständigen Begründung mit. [3]Ein Beschluss der Bundesnetzagentur, diese Maßnahmen dauerhaft zu machen oder ihre Geltungsdauer zu verlängern, unterliegt den Bestimmungen des Absatzes 1 und der Nummern 1 bis 3.**

48 Die Vorschrift regelt, dass die BNetzA bei der Marktdefinition und der Marktanalyse **kein alleiniges, beteiligungsfreies Entscheidungsrecht hat.** Die Entwürfe der Ergebnisse der Marktdefinition nach § 10 und der Marktanalyse nach § 11 sind Gegenstand des auf nationaler Ebene durchzuführenden Konsultationsverfahrens (§ 12 Abs. 1) und – bei Auswirkungen auf den Handel zwischen den Mitglied-

staaten – des auf europäischer Ebene stattfindenden Konsolidierungsverfahrens (§ 12 Abs. 2). In Ausnahmefällen kann die BNetzA im Hinblick auf die Zeitdauer des Konsultations- und Konsolidierungsverfahrens vorläufige Maßnahmen treffen, Abs. 2 Nr. 4.

Im Rahmen des **Konsultationsverfahrens** hat die BNetzA den „interessierten Parteien" Gelegenheit zur Stellungnahme zu geben. Interessierte Partei ist jeder, dessen Interessen durch die beabsichtigte Maßnahme berührt werden kann (BT-Drucks. 15/2316, S. 62). Gelegenheit zur Stellungnahme muss gegeben werden zu dem Entwurf der Ergebnisse der Marktdefinition (Abs. 1 Satz 1 Alt. 1), zu dem Entwurf der Ergebnisse der Marktanalyse (Abs. 1 Satz 1 Alt. 2) sowie zu dem Entwurf eine Verfügung, mit der aufgrund einer Marktanalyse bestimmte Verpflichtungen auferlegt, geändert, beibehalten oder widerrufen werden, sofern die Maßnahme Auswirkungen auf den zwischenstaatlichen Handel hat (§ 13 Abs. 1 Satz 1). Die BNetzA hat zu diesem Zweck gem. Abs. 1 Satz 3 eine online erreichbare einheitliche Informationsstelle eingerichtet. 49

Das **Konsolidierungsverfahren** soll eine Koordination mitgliedstaatlicher Entscheidungen auf europäischer Ebene herbeiführen. Es ist nach Durchführung der öffentlichen Konsultation dadurch einzuleiten, dass die BNetzA den Entwurf ihrer beabsichtigten Maßnahme der Kommission und gleichzeitig den nationalen Regulierungsbehörden (NRB) der anderen Mitgliedstaaten zur Verfügung stellt (sog. Notifizierung, Abs. 2 Nr. 1). Kommission und NRB haben einen Monat Zeit zur Stellungnahme. Anschließend kann die BNetzA die beabsichtigte Maßnahme treffen, wobei sie den Stellungnahmen der Kommission und der NRB „weitestgehend" Rechnung zu tragen hat, ohne an diese grundsätzlich gebunden zu sein, Abs. 2 Nr. 2. In den in Abs. 2 Nr. 3 bestimmten Fällen – Festlegung eines Marktes in Abweichung von der Märkte-Empfehlung bzw Festlegung des Bestehens beträchtlicher Marktmacht – hat die Kommission dagegen ein Vetorecht. 50

Abs. 2 Nr. 4 ermächtigt die BNetzA zum **Erlass vorläufiger Maßnahmen**, ohne dass das Konsultations- und Konsolidierungsverfahren nach Abs. 1 und 2 Nr. 1 bis 3 durchgeführt werden muss. Von anderen gesetzlichen Vorgaben dispensiert diese Vorschrift nicht. Grundsätzlich muss daher ein Entwurf der Ergebnisse einer Marktdefinition bzw Marktanalyse sowie die Durchführung einer Abwägung nach § 21 Abs. 1 Satz 2 Nr. 1 bis 7 dargetan werden. Für Übergangsfälle werden diese Anforderungen durch die Feststellung einer marktbeherrschenden Stellung nach dem TKG 1996, die nach § 150 Abs. 1 TKG bis zu einer neuen Entscheidung nach dem TKG 2004 wirksam bleibt, substituiert (VG Köln v. 2.2.2005, MMR 2005, 340). Die den Erlass vorläufiger Maßnahmen rechtfertigenden außergewöhnlichen Umstände iSd Abs. 2 Nr. 4 können insbesondere wegen der Unsicherheit über das (Fort-)Bestehen einer Regulierungsverpflichtung bestehen (zB Weitergeltung einer Preselection- oder Call-by-Call-Verpflichtung nach der Rechtslage gemäß TKG 1996 und der dringende Handlungsbedarf iSd Vorschrift wegen Erhöhung eines vorhandenen Missbrauchspotentials zulasten der Wettbewerber (BNetzA MMR 2005, 722 ff). 51

§ 13 TKG Rechtsfolgen der Marktanalyse

(1) [1]Soweit die Bundesnetzagentur auf Grund einer Marktanalyse nach § 11 Verpflichtungen nach den §§ 19, 20, 21, 24, 30, 39, 40, 41 Abs. 1 oder § 42 Abs. 4 Satz 3 auferlegt, ändert, beibehält oder widerruft (Regulierungsverfügung), gilt das Verfahren nach § 12 Abs. 1, 2 Nr. 1, 2 und 4 entsprechend, sofern die Maßnahme Auswirkungen auf den Handel zwischen den Mitgliedstaaten hat. [2]Der Widerruf von Verpflichtungen ist den betroffenen Unternehmen innerhalb einer angemessenen Frist vorher anzukündigen. [3]Das Verfahren nach Satz 1 kann die Bundesnetzagentur zusammen mit dem oder im Anschluss an das Verfahren nach § 12 durchführen. [4]Die Sätze 1 und 2 gelten auch für Verpflichtungen nach § 18.

(2) [1]Im Falle des § 11 Abs. 2 legt die Bundesnetzagentur einvernehmlich mit den betroffenen nationalen Regulierungsbehörden fest, welche Verpflichtungen das oder die Unternehmen mit beträchtlicher Marktmacht zu erfüllen haben. [2]Das Verfahren nach § 12 Abs. 1, 2 Nr. 1, 2 und 4 gilt entsprechend.

(3) Die Entscheidungen nach den §§ 18, 19, 20, 21, 24, 30, 39, 40, 41 Abs. 1 oder § 42 Abs. 4 Satz 3 ergehen mit den Ergebnissen der Verfahren nach den §§ 10 und 11 als einheitlicher Verwaltungsakt.

A. Regelungszweck

52 Die Vorschrift enthält Regelungen zu verschiedenartigen Sachverhalten. Abs. 1 ordnet die Geltung des Konsultations- und Konsolidierungsverfahrens nach § 12 in den Fällen an, in denen die BNetzA bestimmte Verpflichtungen nach dem Zweiten Teil auferlegen, ändern, beibehalten oder widerrufen will. Abs. 2 betrifft die Fälle länderübergreifend bestehender beträchtlicher Marktmacht und regelt das dabei einzuhaltende Verfahren der Auferlegung von Regulierungsverpflichtungen.

53 Abs. 3 betrifft den regelmäßig vorliegenden Sachverhalt, dass die Regulierungsverfügung mit den Entscheidungen zu Marktdefinition und Marktanalyse als einheitlicher Verwaltungsakt ergehen. Die Vorschrift schafft für diese Fälle eine Art Konzentrationsmaxime, indem geregelt wird, dass die Regulierungsverfügung mit den Entscheidungen nach §§ 10 und 11 als **einheitlicher Verwaltungsakt** ergeht (zu den Konsequenzen für den Rechtsschutz vgl Rn 54).

B. Rechtsschutzfragen

I. Rechtsschutz der Adressaten einer Regulierungsverfügung

54 Adressaten der Regulierungsverfügung können nur die als (einheitlicher) Verwaltungsakt ergehende Entscheidung der BNetzA angreifen. Isolierter Rechtsschutz gegen die Festlegung der Marktdefinition und gegen die Marktanalyse ist nach Abs. 3 nicht eröffnet (BT-Drucks. 15/2316, S. 63).

55 Gegen die Entscheidungen der BNetzA ist der Verwaltungsrechtsweg eröffnet. Übereinstimmende Rechtswegzuweisungen für das sektorspezifische Regulierungsrecht der Telekommunikation und das allgemeine Kartellrecht, für das gem. § 87 GWB der Rechtsweg zu ordentlichen Gerichten einzuhalten ist, bestehen daher nicht.

56 Ein Unternehmen mit beträchtlicher Marktmacht kann Anfechtungsklage gegen die Auferlegung belastender Maßnahmen der BNetzA erheben. Klagen auf Unterlassung von Festlegungen nach §§ 10, 11 sind unzulässig. Der Wegfall der Voraussetzungen der Regulierungsverfügung iSd Abs. 1 infolge des Verlustes der marktbeherrschenden Stellung kann mittels einer auf den Widerruf der Regulierungsmaßnahme gerichteten Verpflichtungsklage geltend gemacht werden.

57 Die unmittelbare Anwendung der verwaltungsaktbezogenen Vorschriften der §§ 44 ff VwVfG bei Mängeln im Verfahren nach den §§ 10, 11 kommt nicht in Betracht; die Anwendbarkeit ist dagegen im Verwaltungsverfahren nach § 13 Abs. 1 gegeben (BVerwG v. 29.10.2008 – 6 C 38/07, Tz. 41). Anwendbar ist insbesondere § 46 VwVfG mit der Folge, dass die dort erfassten formellen Fehler – etwa wegen eines fehlerhaften Anhörungsverfahrens – nicht zur Aufhebung des Verwaltungsaktes führen, wenn offensichtlich ist, dass die Fehler keinen Einfluss auf den Inhalt der Entscheidung hatten. Nach der einschlägigen Rechtsprechung scheitert eine Klage an § 46 VwVfG, wenn nicht die konkrete Möglichkeit vorgetragen wird, dass die Entscheidung ohne den beanstandeten Verfahrensfehler für den Betroffenen günstiger ausgefallen wäre (BVerwG v. 29.10.2008 – 6 C 38/07, Tz. 42). Die Frage der entsprechenden Anwendung etwa der Heilungsvorschrift des § 45 Abs. 1 Nr. 3 VwVfG ist noch nicht geklärt (ablehnend BeckTKG-Komm/*Korehnke,* § 13 Rn 23; befürwortend BerlKommTKG/*Gurlit,* § 13 Rn 46). Die nämliche Unklarheit besteht wegen der Wirkungen eines mangelhaft durchgeführten Konsolidierungsverfahrens (vgl BerlKommTKG/*Gurlit,* § 13 Rn 47).

II. Rechtsschutzmöglichkeiten Dritter

58 Im Hinblick auf Abs. 3 können auch Dritte nicht erzwingen, dass die BNetzA eine isolierte Feststellung zur Marktbeherrschung trifft. Generell besteht kein subjektives Recht auf Durchführung einer Marktanalyse (BR-Drucks. 755/03, S. 3); die Vorschriften zur Marktdefinition und Marktanalyse (§§ 10, 11) bezwecken nicht den Schutz Dritter (BVerwG 28.11.2007 – 6 C 42/06, Tz. 19); entsprechende Verpflichtungsklagen sind deshalb unzulässig. Zulässig sind aber Verpflichtungsklagen, mit denen beantragt wird, die BNetzA zur Auferlegung oder Beibehaltung von Regulierungsmaßnahmen gegen mutmaßlich marktbeherrschende Unternehmen zu verpflichten (BerlKommTKG/*Gurlit,* § 13 Rn 50). Mutmaßliche Verfahrensfehler berechtigen Dritte nicht zur isolierten Geltendmachung von Rechtsbehelfen (VG Köln CR 2006, 295, 296).

§ 14 TKG Überprüfung der Marktdefinition und -analyse

(1) Werden der Bundesnetzagentur Tatsachen bekannt, die die Annahme rechtfertigen, dass die Ergebnisse auf Grund der §§ 10 bis 12 nicht mehr den tatsächlichen Marktgegebenheiten entsprechen oder hat sich die Empfehlung nach Artikel 15 Abs. 1 der Richtlinie 2002/21/EG des Europäischen Parlaments und des Rates vom 7. März 2002 über einen gemeinsamen Rechtsrahmen für elektronische Kommunikationsnetze und -dienste (Rahmenrichtlinie) (ABl. EG Nr. L 108 S. 33) geändert, finden die Regelungen der §§ 10 bis 13 entsprechende Anwendung.

(2) Außer in den Fällen des Absatzes 1 legt die Bundesnetzagentur alle zwei Jahre die Ergebnisse einer Überprüfung der Marktdefinition nach § 10 und der Marktanalyse nach § 11 vor.

A. Regelungszweck

Mit der Vorschrift verfolgt der Gesetzgeber verschiedene Zwecke. Die Vorschrift zielt einerseits auf die Schaffung von Rechtssicherheit, indem sie die Ergebnisse der Marktdefinition und Marktanalyse nach §§ 10 und 11 den festgelegten Überprüfungsregeln unterwirft (BT-Drucks. 15/2316, S. 63). Andererseits stellt sie klar, dass dann, wenn die von der BNetzA festgestellten Marktgegebenheiten nicht mehr fortgelten, eine Anpassung zu erfolgen hat. Der prinzipielle Konflikt von Regelungsbeständigkeit und -flexibilität wird dadurch gelöst, dass der Gesetzgeber eine Regelüberprüfung der Marktdefinitions- und -analyseergebnisse vorsieht, die alle zwei Jahre zu erfolgen hat (Abs. 2), wenn nicht unabhängig davon anlassbedingte Sonderüberprüfungen dieser Ergebnisse vorzunehmen sind (Abs. 1). 59

B. Anlassüberprüfung, Abs. 1

Eine anlassbedingte Überprüfung hat die BNetzA entweder bei veränderter Tatsachenlage oder bei einer Änderung der Empfehlung der Kommission nach Art. 15 RRL vorzunehmen. In diesen Fällen hat die BNetzA eine Überprüfung der von ihr festgestellten Ergebnisse der Marktdefinition und -analyse vorzunehmen. Die zu überprüfenden Ergebnisse haben im Hinblick auf § 13 Abs. 3 solange Bestand, bis die Ergebnisse formell aufgehoben werden. 60

C. Regelüberprüfung, Abs. 2

Die Regelüberprüfung der Marktdefinitions- und -analyseergebnisse hat anlassunabhängig im Abstand von zwei Jahren zu erfolgen. Diese Regelüberprüfung ist nach dem Wortlaut der Regelung innerhalb der Frist abzuschließen; das Verfahren ist deshalb bereits vorher zu eröffnen. Eine Sanktion für das Überschreiten der Frist ist im Gesetz nicht vorgesehen. Es gibt daher keinen Rechtsgrund, die rechtliche Erheblichkeit verfristet abgeschlossener Überprüfungen anzuzweifeln. Nachdem die erste Regulierungsverfügung am 20.4.2005 zum TAL-Zugang (zu Markt Nr. 11 Märkte-Empfehlung 2003; vgl Erl. zu § 10) erlassen wurde, hat die BNetzA im Jahr 2007 die Phase der Regelüberprüfung begonnen. 61

§ 15 TKG Verfahren bei sonstigen marktrelevanten Maßnahmen

Außer in den Fällen der §§ 10, 11 und 13 hat die Bundesnetzagentur bei allen Maßnahmen, die beträchtliche Auswirkungen auf den betreffenden Markt haben, vor einer Entscheidung das Verfahren nach § 12 Abs. 1 durchzuführen, soweit dies gesetzlich nicht anders geregelt ist.

Die Vorschrift enthält einen **Auffangtatbestand**, nach dem das Konsultations- und Konsolidierungsverfahren nach § 12 über die in §§ 10, 11 und 13 geregelten Fälle hinaus grundsätzlich für alle marktrelevanten Maßnahmen durchgeführt werden soll. Damit soll in Umsetzung von Art. 6 RRL für alle sektorspezifischen Maßnahmen das Ziel des nationalen Konsultationsverfahrens, insbesondere die rechtzeitige Beteiligung interessierter Parteien zur Beförderung der Markttransparenz (so Spindler/Schuster/*Gersdorf*, § 15 TKG Rn 2), sowie der Zweck des europäischen Konsolidierungsverfahrens, insbesondere die Harmonisierung der Marktregulierung im europäischen Binnenmarkt, erreicht werden. Erfasst werden alle Maßnahmen von regulierungsrechtlich erheblicher Bedeutung, wie zB die Festlegung der Regeln für die Durchführung eines Versteigerungsverfahrens bei der Frequenzzuteilung (§ 61 Abs. 5) und die Strukturierung und Ausgestaltung des Nummernraumes (§ 66 Abs. 1). Ausge- 62 nommen sind nach dem letzten Halbsatz des § 15 diejenigen Maßnahmen, bei denen gesetzlich eine spezielles Anhörungsverfahren vorgeschrieben ist, wie zB im Rahmen der Erstellung des Frequenznutzungsplanes (§ 54 Abs. 3).

TKG-Zugangsregulierung

63 Die Vorschriften des Abschnitts 2 des Zweiten Teils des TKG regeln vor allem die Befugnisse, die der BNetzA zur Verfügung stehen, nachdem sie im Wege der Marktdefinition und -analyse ermittelt hat, dass ein Anbieter auf einem regulierungsbedürftigen Markt über beträchtliche Marktmacht verfügt. Die Regulierungsbehörde kann insbesondere anordnen: das Diskriminierungsverbot nach § 19, die Transparenzverpflichtung nach § 20, die Zugangsverpflichtungen nach § 21, die getrennte Rechnungsführung nach § 24, die Regulierung der Entgelte nach §§ 27 ff, die Verpflichtung zu Betreibervorauswahl nach § 40 und die Verpflichtung zur Bereitstellung eines Mindestangebots an Mietleitungen nach § 41. Das umfassende Bündel an Regulierungsinstrumenten steht der BNetzA alternativ und kumulativ zur Verfügung (BT-Drucks. 15/2679, S. 13). Die Vorschriften werden ergänzt durch die Befugnis der BNetzA zur Netzzusammenschaltung gegenüber nicht marktmächtigen Netzbetreibern, die den Zugang zu Endnutzern kontrollieren. In zwei weiteren Vorschriften enthält der 2. Abschnitt Regeln, die einen regulierungsrechtlichen Sondercharakter haben, weil sie kraft Gesetzes bestehende, ohne Anordnung durch die BNetzA verbindliche Verpflichtungen enthalten. Dabei handelt es sich um die Verpflichtung eines jeden Netzbetreibers zur Unterbreitung eines Zusammenschaltungsangebots nach § 16 und die gesetzesunmittelbare Verpflichtung zur Vertraulichkeit von Informationen nach § 17.

§ 16 TKG Verträge über Zusammenschaltung

Jeder Betreiber eines öffentlichen Telekommunikationsnetzes ist verpflichtet, anderen Betreibern öffentlicher Telekommunikationsnetze auf Verlangen ein Angebot auf Zusammenschaltung zu unterbreiten, um die Kommunikation der Nutzer, die Bereitstellung von Telekommunikationsdiensten sowie deren Interoperabilität gemeinschaftsweit zu gewährleisten.

64 Die Vorschrift legt jedem Netzbetreiber die Verpflichtung auf, anderen Betreibern ein Angebot auf Abschluss eines Zusammenschaltungsangebots zu unterbreiten. Sie setzt ein entsprechendes Verlangen eines Netzbetreibers voraus, gilt dann aber gesetzesunmittelbar. Die Vorschrift betont damit die Bedeutung privatautonom vereinbarter Zusammenschaltungsvereinbarungen, die darin liegt, dass Regulierungsmaßnahmen behördlich-hoheitlicher Art bei Zustandekommen von privatautonom vereinbarten Zusammenschaltungsverträgen nicht mehr erforderlich sind. Der Abschluss von nach Treu und Glauben ausgehandelten Zusammenschaltungsvereinbarungen auf kommerzieller Grundlage beseitigt gemäß dem von der Europäischen Kommission in der ZRL geäußerten Optimismus (vgl Erwägungsgründe der ZRL) die Regulierungsbedürftigkeit in dem betroffenen sektorspezifischen Bereich. Die so bewirkte Zugangsgewährung harmoniert nach der Rechtsprechung des BVerwG mit dem verfassungsrechtlichen Ziel der Privatwirtschaftlichkeit (BVerwG MMR 2004, 50, 51 f – zum TKG 1996).

65 Die Krux der Vorschrift liegt darin, dass § 16 keine Durchsetzungsregeln enthält, die den Anspruch zur Vorlage eines Vertragsangebots zu einem Kontrahierungszwang auf Abschluss eines Vertrages verdichten. Die Regelung schafft lediglich eine Angebotsverpflichtung, aber keine Vertragsabschlusspflicht. Die Bemühungen des BVerwG, zumindest eine Verhandlungsverpflichtung zu begründen, die zwar nicht von § 16 wohl aber vom ausdrücklichen Wortlaut des Art. 4 Abs. 1 ZRL gefordert wird, und den Betreiber zwingen soll, die Gebote der Fairness und Zügigkeit zu beachten (BVerwG MMR 2004, 50, 51 f – zum TKG 1996), sind sanktionslos (aA BeckTKG-Komm/*Piepenbrock/Attendorn*, § 16 Rn 70 unter Hinweis auf nicht näher bezeichnete allgemein zivil- oder kartellrechtliche Instrumente) und bleiben deshalb letztlich bedeutungslos. Daran ändert sich nichts, wenn man eine zivilgerichtlich einklagbare Pflicht zur Abgabe eines Zusammenschaltungsangebots anerkennt (so BerlKommTKG/*Nolte*, § 16 Rn 50). Auf kommerzieller Grundlage ist zumindest unter den gegenwärtigen Bedingungen ungleichgewichtig verteilter Marktverhältnisse im Bereich der Telekommunikation (vgl Erl. zu § 11 Rn 60) ein Vertragsabschluss auf privatautonomer Grundlage gerade nicht gewährleistet oder zu erwarten. Tatsächlich ist die Vorschrift in der bisherigen Praxis bedeutungslos geblieben. Eine Änderung dieses Zustandes ist derzeit wohl nicht wahrscheinlich, vielmehr bedarf es behördlich verfügter Regulierungsmaßnahmen, um durch Zugangsvereinbarungen – wie es in § 16 nurmehr pro-

grammatisch heißt – „die Kommunikation der Nutzer, die Bereitstellung von Telekommunikationsdiensten sowie deren Interoperabilität zu gewährleisten". Vor diesem Hintergrund wird derzeit von einer näheren Kommentierung abgesehen.

§ 17 TKG Vertraulichkeit von Informationen

[1]Informationen, die von Betreibern öffentlicher Netze im Rahmen von Verhandlungen über Zugänge oder Zusammenschaltungen gewonnen werden, dürfen nur für die Zwecke verwendet werden, für die sie bereitgestellt werden. [2]Die Informationen dürfen nicht an Dritte, die aus solchen Informationen Wettbewerbsvorteile ziehen könnten, weitergegeben werden, insbesondere nicht an andere Abteilungen, Tochtergesellschaften oder Geschäftspartner der an den Verhandlungen Beteiligten.

A. Normzweck

Die Vorschrift regelt die Behandlung von Informationen, welche im Rahmen von Verhandlungen über Zugangsvereinbarungen von der Beteiligten gewonnen werden. Für sie wird in Satz 1 eine Verwendungsbeschränkung und in Satz 2 ein Verbot der Weitergabe an Dritte geregelt. Der Gesetzgeber will damit in Umsetzung von Art. 4 Abs. 3 ZRL die Wahrung der Vertraulichkeit der erfassten Informationen gewährleisten. 66

B. Anwendungs- und Gegenstandsbereich

Der **persönliche Anwendungsbereich** der Vertraulichkeitsverpflichtungen betrifft nach dem Wortlaut die von Betreibern öffentlicher Netze im Rahmen bestimmter Verhandlungen gewonnenen Informationen. Diese Formulierung lässt offen, ob der Informationsgeber oder der Informationsempfänger Netzbetreiber sein muss. Die maßgebliche Auslegung wird von Art. 4 Abs. 3 ZRL bestimmt, der nur allgemein von Unternehmen als Regelungsadressat sowohl auf der Empfänger- als auch der Informantenseite spricht. Den Vertraulichkeitsverpflichtungen unterliegen deshalb nicht nur Netzbetreiber sondern **sämtliche an den maßgeblichen Verhandlungen beteiligten Unternehmen** unabhängig davon, ob sie Betreiber öffentlicher Netze sind (Spindler/Schuster/*Neitzel*, § 17 TKG Rn 1). 67

Anerkannt ist, dass auch die an den Verhandlungen für eine der Verhandlungsparteien tätigen **beteiligten Dritten** (Berater, Sachverständige usw) den Vertraulichkeitsverpflichtungen unterfallen. Dies gilt unabhängig davon, ob diese Dritten die Unternehmenseigenschaft haben und unabhängig auch davon, ob diese eigenen Verschwiegenheits- und Vertraulichkeitsverpflichtungen unterfallen. Gemäß der Vertraulichkeitsschutz wahrenden Zielsetzung von § 17 erstreckt sich der persönliche Anwendungsbereich der Ge- und Verbote des § 17 nicht nur auf die Zugangsverhandlungen führende Unternehmen sondern auch die in ihrem Namen oder Auftrag an den Verhandlungen teilnehmenden Personen (BeckTKG-Komm/*Piepenbrock/Attendorn*, § 17 Rn 11). 68

Der **sachliche Gegenstandsbereich** bezieht sich auf Informationen, die von **Betreibern öffentlicher Netze** im Rahmen von Verhandlungen über Zugänge oder Zusammenschaltungen gewonnen werden. Mit dem in § 17 verwendeten Begriff des öffentlichen Netzes ist der Begriff des Telekommunikationsnetzes iSd § 3 Nr. 27 gemeint. Dessen weite Definition, welche die Gesamtheit von Übertragungssystemen und seiner Einrichtungen erfasst, prägt somit den sachlichen Gegenstandsbereich der Vertraulichkeitsverpflichtung (BerlKommTKG/*Mozek*, § 17 Rn 10). Dem Vertraulichkeitsschutz unterliegen alle Informationen, die in dem erforderlichen Kontext, nämlich **„im Rahmen von Verhandlungen über Zugänge und Zusammenschaltungen"** (dazu zählen die Informationen vor, bei und auch nach Verhandlungen; vgl Spindler/Schuster/*Neitzel*, § 17 TKG Rn 9) anfallen und dabei „gewonnen" werden. Während der Kontextbezug keine nennenswerte Beschränkung schaffen soll, wenn nur ein Kausalzusammenhang mit den geführten Verhandlungen besteht, wird durch den Hinweis auf die Verhandlungen über **„Zugänge und Zusammenschaltungen"** deutlich, dass nicht nur die in §§ 21, 22, 25 geregelten Fälle sondern auch die der §§ 16 und 18 erfasst werden. Damit ist zugleich geregelt, dass es auf das Vorhandensein beträchtlicher Marktmacht einer Verhandlungspartei nicht ankommt (BeckTKG-Komm/*Piepenbrock/Attendorn*, § 17 Rn 10, 19). Dass die Informationen **„gewonnen"** sein müssen, bedeutet keine Beschränkung auf eine bestimmte Art der Informationsbeschaffung (BeckTKG-Komm/*Piepenbrock/Attendorn*, § 17 Rn 21 ff). 69

C. Inhalt der Vertraulichkeitspflichten

I. Zweckbindungsgebot, Satz 1

70 Satz 1 legt fest, dass die von den Unternehmen gewonnenen Informationen nur für die Zwecke verwendet werden dürfen, für die sie bereit gestellt werden. Das **Vertraulichkeitsgebot** besteht somit von Gesetzes wegen, **ohne dass es einer Kennzeichnung** bestimmter Informationen als „vertraulich" oder „Betriebsgeheimnis" **bedarf**. Das Verwendungsgebot betrifft nach der Gesetzeslage die Verwendung von Informationen für den Zweck der Zugangsgewährung. Damit werden insbesondere die in § 25 Abs. 3 Nr. 5 erwähnten **Informationen zur technischen Ausführung** der Zugangsgewährung erfasst. Eine weitergehende Verwendung der gewonnenen Informationen ist dem Informationsempfänger nach der gesetzlichen Regelung nicht gestattet; will er sie dennoch vornehmen, benötigt er dafür eine besondere **Einwilligung** des Informationsgebers. Die Informationsverwertung für die Zwecke einer (intern durchgeführten) Marktanalyse ist mangels dieser besonderen Einwilligung ebenso wenig zulässig wie der Einsatz im Rahmen von Werbe- oder Absatzförderungsmaßnahmen.

II. Weitergabeverbot, Satz 2

71 Die Regelung statuiert kein absolutes Weitergabeverbot, sondern nur ein Verbot der Weitergabe an solche Dritte, die aus den weitergegebenen Informationen Wettbewerbsvorteile ziehen könnten. Der Begriff des Dritten wird in Satz 2 dadurch besonders definiert, dass ausdrücklich andere Abteilungen des Verhandlungspartners, Tochtergesellschaften oder Geschäftspartner in den Verbotsbereich einbezogen werden. Der Inhalt der in den Regelbeispielen erfassten Personen ist durch eine an Sinn und Zweck des Weitergabeverbots orientierte Auslegung zu ermitteln.

72 **Tochtergesellschaft** ist deshalb nicht nur jede (vertikal integrierte) Konzerngesellschaft, die unter herrschendem Einfluss des an den Vertragsverhandlungen beteiligten Unternehmens iSd § 18 AktG steht, weil auch nicht beherrschte, aber gesellschaftsrechtlich beteiligte Unternehmen eine Wettbewerbsvorteil aus den dem Vertraulichkeitsschutz unterliegenden Informationen ziehen können. Unternehmen, die, ohne gesellschaftsrechtlich beteiligt zu sein, wirtschaftlich mit dem Verhandlungspartnerunternehmen verbunden sind, sind nicht dessen Tochtergesellschaft (aA BeckTKG-Komm/*Piepenbrock/Attendorn*, § 17 Rn 30); sie können aber dessen **Geschäftspartner** sein. Insbesondere der Abschluss von Telekommunikationsverträgen mit einem anderen Unternehmen begründet dessen Geschäftspartnereigenschaft.

73 Gegenüber nicht an den Vertragsverhandlungen beteiligten **anderen Abteilungen** besteht der durch das Weitervergabeverbot geschützte Vertraulichkeitsbereich gleichfalls. Damit ergeben sich aus § 17 Satz 2 zugleich bestimmte Anforderungen an das unternehmensinterne Informationsmanagement; es muss durch geeignete organisatorische Vorkehrungen (sog. chinese walls) sicher gestellt sein, dass ein Informationstransfer an die an den Vertragsverhandlungen nicht beteiligten Abteilungen stattfindet. Aus der Vorschrift folgt in der praktischen Konsequenz ein Verbot der Identität des Verhandlungspersonals mit dem Führungspersonal in den für die Außendarstellung am Markt (zB Vertrieb, Marketing) verantwortlichen Abteilungen desselben Unternehmens. Für Wettbewerber mit geringer Organisationsbreite folgt daraus, dass erforderlichenfalls eigens für die Zwecke der Vertragsverhandlungen ein besonderer Organisationsaufwand betrieben werden muss.

74 **Wettbewerbsvorteile** sind nicht erst dann erheblich, wenn sie konkret nachweisbar gegeben sind, sondern schon dann, wenn sie möglich erscheinen. Das Gesetz gibt dabei keinen Anhaltspunkt für eine Differenzierung nach der Unternehmensgröße. Eine Beschränkung der Vertraulichkeitspflichten auf Unternehmen mit beträchtlicher Marktmacht ist nach geltendem Recht nicht gerechtfertigt (anders wohl BeckTKG-Komm/*Piepenbrock/Attendorn*, § 17 Rn 34 f).

D. Sanktionen

75 Die verbotene Weitergabe von Informationen ist über § 126 verwaltungsrechtlich sanktioniert und stellt eine **Ordnungswidrigkeit** iSd § 149 Abs. 1 Nr. 3 dar, die nach § 149 Abs. 2 bußgeldbewehrt ist. Nach § 43 kann der wirtschaftliche Vorteil aus einem Rechtsverstoß abgeschöpft werden. Zivilrechtliche Schadensersatzverpflichtungen kommen nach § 44 TKG und nach § 823 Abs. 2 BGB in Betracht.

§ 18 TKG Kontrolle über Zugang zu Endnutzern

(1) [1]Die Bundesnetzagentur kann Betreiber öffentlicher Telekommunikationsnetze, die den Zugang zu Endnutzern kontrollieren und die nicht über beträchtliche Marktmacht verfügen, in begründeten Fällen verpflichten, auf entsprechende Nachfrage ihre Netze mit denen von Betreibern anderer öffentlicher Telekommunikationsnetze zusammenzuschalten, soweit dies erforderlich ist, um die Kommunikation der Nutzer und die Bereitstellung von Diensten sowie deren Interoperabilität zu gewährleisten. [2]Darüber hinaus kann die Bundesnetzagentur Betreibern öffentlicher Telekommunikationsnetze, die den Zugang zu Endnutzern kontrollieren und die nicht über beträchtliche Marktmacht verfügen, weitere Zugangsverpflichtungen auferlegen, soweit dies zur Gewährleistung des End-zu-End-Verbunds von Diensten erforderlich ist.

(2) [1]Die Bundesnetzagentur kann Betreibern öffentlicher Telekommunikationsnetze, die den Zugang zu Endnutzern kontrollieren, im Hinblick auf die Entwicklung eines nachhaltig wettbewerbsorientierten Endkundenmarktes auferlegen, einzelne nachfragende Betreiber öffentlicher Telekommunikationsnetze gegenüber anderen nachfragenden Betreibern öffentlicher Telekommunikationsnetze hinsichtlich der Erreichbarkeit und Abrechnung von Telekommunikationsdiensten, von Leistungen nach § 78 Abs. 2 Nr. 3 und 4 und von telekommunikationsgestützten Diensten nicht ohne sachlich gerechtfertigten Grund unmittelbar oder mittelbar unterschiedlich zu behandeln. [2]Sofern die Bundesnetzagentur Verpflichtungen nach Satz 1 auferlegt hat, gilt § 42 Abs. 4 entsprechend.

(3) [1]Die Maßnahmen nach Absatz 1 müssen objektiv, transparent und nichtdiskriminierend sein. [2]§ 21 Abs. 1 Satz 2 und Abs. 4 gilt entsprechend.

A. Übersicht und Normzweck

Die Vorschrift ermächtigt in ihrem Abs. 1 die BNetzA, Netzbetreibern Verpflichtungen zur Zugangsgewährung aufzuerlegen. Der Gesetzgeber will damit für alle Endnutzern die Möglichkeit der uneingeschränkten Kommunikation der Endnutzer gewährleisten, ohne Rücksicht darauf, welchen Netzbetreiber sie ausgewählt haben; es soll – wie es in Abs. 1 Satz 2 aE heißt – ein **End-zu-End-Verbund von Diensten** gewährleistet werden. Zu diesem Zweck können alle Netzbetreiber, die den Zugang zu Endkunden kontrollieren, von der BNetzA zur Zusammenschaltung bzw zur Zugangsgewährung verpflichtet werden. Die Vorschrift des § 18 weist die Besonderheit auf, dass die behördlichen Regulierungsbefugnisse nicht abhängig sind von der Innehabung beträchtlicher Marktmacht des Netzbetreibers. Die Befugnisse der BNetzA knüpfen an den Tatbestand der Zugangskontrolle durch einen Netzbetreiber an. Nach der gesetzlichen Wertung verschafft allein dieser Tatbestand ein regulierungsbedürftiges Missbrauchsrisiko, weil andere Netzbetreiber und Diensteanbieter auf den Zugang zum Netz des zugangskontrollierenden Unternehmens angewiesen sind, wenn sie den angeschlossenen Endkunden erreichen wollen. 76

Die Vorschrift setzt insofern die **europarechtliche Vorgabe in Art. 5 ZRL** um. Darin und mit dem darauf bezogenen Erwägungsgrund 8 der ZRL hat der Gemeinschaftsgesetzgeber klar gestellt, dass die Kontrolle des Zugangs nicht nur die Kontrolle der physischen Verbindung eines Endnutzers zu einem Telekommunikationsnetz sondern auch die logische Verbindung durch Nummern- und Adressvergabe betreffen kann. Die von § 18 Abs. 2 ermöglichte Auferlegung von Gleichbehandlungsverpflichtungen für Netzbetreiber, die den Zugang zu Endnutzern kontrollieren, findet in der ZRL keine Entsprechung; die Regelung wird aber als vom europäischen Recht nicht ausgeschlossene Gestaltung des in Umsetzung der ZRL ergehenden nationalen Rechts angesehen (BerlKommTKG/*Nolte,* § 18 Rn 10; kritisch *Koenig/Loetz/Neumann*, Telekommunikationsrecht, S. 139). 77

Die Anwendbarkeit der Regeln des § 18 im **Verhältnis zu den Zugangsregulierungsvorschriften gegenüber Netzbetreibern mit beträchtlicher Marktmacht** (insbesondere § 21) ist während des Gesetzgebungsverfahrens (vgl BT-Drucks. 15/2674, S. 21) dadurch präzise abgegrenzt worden, dass § 18 im Falle des Vorliegens beträchtlicher Marktmacht nicht anwendbar ist. Deshalb bestehen das SMP-Regulierungsregime der §§ 19 f, 21 ff und das des § 18 unverbunden nebeneinander; gegenüber SMP-Unternehmen können Regulierungsverfügungen zur Zugangsgewährung und Zusammenschaltung nur nach Maßgabe der §§ 21 ff ergehen. Angesichts der derzeit gegebenen Marktverhältnisse dominiert in der Regulierungspraxis die Anwendung der Regelungen gegenüber Unternehmen mit beträchtlicher Marktmacht. Von den Vorschriften des § 16 unterscheiden sich diejenigen des § 18 dadurch, dass 78 letztere über die Verpflichtung zur Abgabe eines Zusammenschaltungsangebots hinausgehen und die BNetzA zum Erlass umfassender Zusammenschaltungsverfügungen ermächtigen.

79 Die Zugangsregulierung nach § 18 ist wie die SMP-Zugangsregulierung nach den Vorschriften der §§ 21 ff (vgl Rn 137) **in Stufen** ausgebildet. Aus dem Einleitungssatz von § 25 ergibt sich, dass die BNetzA nach § 18 nur ermächtigt ist, abstrakt-individuelle Zugangsverfügungen zulasten eines kontrollierenden Netzbetreibers zu erlassen. Eine konkret-individuelle Verpflichtung der Zugangsgewährung zugunsten eines bestimmten Zugangspetenten kann im Verfahren nach § 25 angeordnet werden.

80 In **Abs. 2** ist ein **spezielles Gleichbehandlungsgebot** bezüglich der Erreichbarkeit und der Abrechnung bestimmter Dienste vorgesehen. Die Regelung unterscheidet sich dadurch von der SMP-Regulierung und zwar sowohl von dem allgemein geltenden Behinderungsverbot des § 42 Abs. 1 Satz 2 als auch von dem Zugangsvereinbarungen betreffenden allgemeinen Diskriminierungsverbot in § 19.

B. Anordnung der Verpflichtung zur Zusammenschaltung, Abs. 1 Satz 1

I. Adressatenkreis

81 **1. Betreiber öffentlicher Kommunikationsnetze.** Der Begriff des Betreibers öffentlicher Kommunikationsnetze ist gesetzlich nicht definiert. Er entspricht dem des § 16 (vgl Rn 64).

82 Bei der Prüfung der Frage, ob der Betreiber des Zugang zu den Endnutzen kontrolliert, ist zunächst zu beachten, dass durch die Bezugnahme auf den Endnutzer ausgeschlossen ist, den Zugangsbegriff des § 3 Nr. 32 heranzuziehen; dieser betrifft den Zugang im Verhältnis von Netzbetreibern untereinander und insofern die Bereitstellung von Einrichtungen oder Diensten für ein anderes Unternehmen (vgl Rn 140 ff). Der Begriff des Zugangs in § 18 dagegen betrifft allein die Verbindung eines Endnutzers zu einem Telekommunikationsnetz und ist im Lichte der Zielsetzung der Vorschrift, eine End-Zu-End-Verbindung von Diensten zu schaffen, und damit weit zu verstehen. Erfasst werden alle Festnetzbetreiber mit eigenen Endkundenanschlüssen, der Zugang zu Netzen der City-Carrier, der Zugang zu einem Mobilfunknetzbetreiber, der Zugang zu einem breitbandigen DSL-Anschlussnetz sowie der Zugang zu Breibandkabelanlagen der Netzebene 4. Datennetzbetreiber fallen in Ansehung von Erwägungsgrund 8 ZRL in den Anwendungsbereich des § 18, nach dem die Kontrolle von Nummern und Adressen (zB IP-Adressen) erfasst wird (Spindler/Schuster/*Neitzel,* § 18 TKG Rn 15).

83 **2. Zugangskontrolle.** Die Kontrolle über den Zugang zu den Endnutzern hat nach der gebotenen funktionalen Betrachtungsweise (BeckTKG-Komm/*Schütz,* § 18 Rn 17) derjenige, der rechtlich und tatsächlich die Befugnis hat, zu entscheiden, welche Signale den Endkunden erreichen. Regelmäßig geht diese Befugnis mit der Kontrolle über die physische Verbindung einher. Nach der Wertung der ZRL reicht auch die Kontrolle über die logische Verbindung insbesondere durch die Befugnis, die für den Zugang maßgeblichen Rufnummern zu vergeben, für die Kontrolle des Endkundenzugangs aus. Reseller, die Endkunden einen Netzzugang bereitstellen, können somit ebenfalls erfasst werden. Die Besonderheit der SMP-Regulierung, dass Anschlüsse nach der bis zum 30.6.2008 geltenden Regelung des § 150 Abs. 5 nur in Verbindung mit Verbindungsleistungen zur Verfügung gestellt werden müssen, bleibt davon unbenommen.

84 Voice over IP-Anbieter, die ein fremdes DSL-Netz nutzen, aber die notwendigen Rufnummern zuweisen, kontrollieren ebenfalls den (logischen) Netzzugang und sind somit Adressaten von § 18, vorausgesetzt der Diensteanbieter ist Betreiber eines öffentlichen Telekommunikationsnetzes (BeckTKG-Komm/*Schütz,* § 18 Rn 19).

85 **3. Keine beträchtliche Marktmacht.** Schließlich unterliegen nur solche Unternehmen der Zugangsregulierung nach Abs. 1, die über keine beträchtliche Marktmacht verfügen. Demgegenüber können Unternehmen mit beträchtlicher Marktmacht Adressaten einer Verpflichtung nach Abs. 2 sein. Nach § 3 Nr. 4 liegt beträchtliche Marktmacht dann vor, wenn die Voraussetzungen nach § 11 Abs. 1 Satz 3 bis 5 gegeben sind. Ob beträchtliche Marktmacht fehlt, kann nur im Rahmen eines Marktanalyseverfahrens nach § 11 festgestellt werden. Dessen Durchführung ist Voraussetzung für die Auferlegung von Verpflichtungen nach § 18 Abs. 1 (BerlKomm-TKG/*Nolte,* § 18 Rn 17 ff; aA BeckTKG-Komm/*Schütz,* § 18 Rn 58 f; *Neitzel/Müller,* CR 2004, 736, 739 unter Berufung auf § 9 Abs. 3). Dies folgt insbesondere aus § 13 Abs. 3, der vorsieht, dass die Ergebnisse des Marktdefinitions- und Marktanalyseverfahrens nach §§ 10, 11 zusammen mit den Entscheidungen u.a. nach § 18 als einheitlicher Verwaltungsakt ergehen.

II. Voraussetzungen

1. Begründeter Fall. Die Zusammenschaltungsverpflichtung kommt nur „in begründeten Fällen" in Betracht. An die Begründung sind im Interesse der Durchsetzung der Zielsetzung der Regelung nur die allgemeinen Erforderlichkeitsmaßstäbe und damit keine übermäßigen Anforderungen zu stellen. Die Begründung erfordert insbesondere nicht die Würdigung der Interessenlage eines einzelnen Unternehmens, auf die es erst im Rahmen der Prüfung des § 25 ankommt; die abstrakt-individuelle Zugangsverpflichtung ist an dem allgemeinen Interesse zu messen, ob die Zusammenschaltung des öffentlichen Telekommunikationsnetzes des den Zugang zum Endkunden kontrollierenden Netzbetreibers mit den Netzen anderer Betreiber erforderlich ist, um die in der Regelung benannten Nutzerinteressen zu gewährleisten (*Neitzel/Müller*, CR 2004, 736, 740). 86

2. Auf entsprechende Nachfrage. Die Zusammenschaltungsverpflichtung ist nur dann zulässig (aA Spindler/Schuster/*Neitzel*, § 18 TKG Rn 31/32, der hierin keine Tatbestandsvoraussetzung sieht), wenn eine entsprechende Nachfrage gegenüber dem verpflichteten Netzbetreiber besteht. Die „Nachfrage" muss nicht sämtliche Zusammenschaltungsmodalitäten im Detail konkretisieren; auf der anderen Seite genügt die Äußerung eines nur ganz allgemein gehaltenen Zusammenschaltungswunsches ohne Angaben zu den Verkehrsmengen und dem gewünschten Diensteportfolio den Anforderungen nicht. 87

3. Zielvorgaben. Die Anordnung einer Zusammenschaltungsverpflichtung kommt nur in Betracht, wenn die Zusammenschaltung zur Erfüllung der Trias an Zielvorgaben der Regelung **erforderlich** ist. Der Erforderlichkeitsmaßstab ist vom Gesetzgeber eingeführt worden, um im Sinne der ZRL die Effizienz der Netznutzung und den Wettbewerb im Interesse der Endnutzer zu fördern. Deswegen steht der Erforderlichkeit der Zusammenschaltung nicht entgegen, dass das Netz eines Teilnehmernetzbetreibers im Transit durch das Netz eines anderen Netzbetreibers (mittelbar) erreichbar ist, wenn durch die unmittelbare Zusammenschaltung der End-zu-End-Verbund effizienter gewährleistet ist (Begr. RegE-TKG 2004, BT-Drucks. 15/2316, S. 64). 88

Da die Regelung zunächst auf die **Gewährleistung der Kommunikation** der Nutzer (§ 3 Nr. 14) abstellt, haben Eigeninteressen des Netzbetreibers außer Betracht zu bleiben. Ferner soll die **Bereitstellung von Diensten** gewährleistet werden. Der Dienstebegriff ist nach Art. 5 ZRL umfassend zu verstehen; er umfasst alle Telekommunikationsdienste (§ 3 Nr. 24) und telekommunikationsgestützten Dienste (§ 3 Nr. 15). Nicht erfasst werden im Hinblick auf Erwägungsgrund 5 RRL solche Dienste, über die lediglich Inhalte angeboten werden (Spindler/Schuster/*Neitzel*, § 18 TKG Rn 43). Schließlich geht es um die Gewährleistung der **Interoperabilität**, nämlich die Fähigkeit verschiedener Systeme zusammenzuarbeiten, um die bereit gestellten Informationen effizient weiterleiten und verarbeiten zu können. Die Anforderungen an die Konkretisierung von Interoperabilitätsanforderungen im Rahmen der Verfügung nach § 18 können niedrig angesetzt werden, da die Details von Umfang und Spezifikation der Zusammenschaltungsverpflichtung einer Verfügung nach § 25 vorbehalten sind. 89

4. Ermessen. Die Vorschrift räumt der BNetzA Ermessen ein („kann"). Die Ermessensausübung findet ihren Gegenstand in der Erforderlichkeitsprüfung in Ansehung der Zielsetzungen der Regelung (vgl Rn 88 f). Wird die Erforderlichkeit von der BNetzA nach pflichtgemäßer Prüfung bejaht, ist zugleich regelmäßig das Entschließungsermessen der BNetzA dahin gehend reduziert, dass sie die Zusammenschaltungsverpflichtung anzuordnen hat. In diesen Fällen steht ihr allenfalls noch ein Auswahlermessen hinsichtlich der Art und des Umfangs der Zusammenschaltungsverpflichtung zu. 90

III. Inhalt der angeordneten Maßnahmen, Abs. 3

Die in Abs. 3 vorgeschriebenen Maßstäbe der Objektivität, Transparenz und Diskriminierungsfreiheit verpflichten die BNetzA in erster Linie zu einer sachlich begründeten, willkürfreien Entscheidung. Das Diskriminierungsverbot verlangt, dass einzelnen Netzbetreibern im Wettbewerb mit anderen Netzbetreibern nicht ohne sachlich gerechtfertigten Grund Verpflichtungen auferlegt werden, die anderen ebenfalls nicht marktmächtigen Wettbewerber nicht auferlegt wurden. Nach Abs. 3 Satz 2 hat die BNetzA überdies zu prüfen, ob die Zusammenschaltungsverpflichtung den umfänglichen Anforderungen der in Bezug genommenen Regelungen des § 21 entspricht (vgl dazu Rn 150 ff). 91

IV. Folgen der Anordnung

92 Die Anordnung der Zusammenschaltungsverpflichtung durch die BNetzA hat zur Folge, dass der zugangskontrollierende Netzbetreiber verpflichtet ist, dem nachfragenden Netzbetreiber ein Zusammenschaltungsangebot vorzulegen. Diese Verpflichtung entspricht derjenigen des § 16. Zusätzlich wird die BNetzA im Falle des Scheiterns der Verhandlungen über die Zugangsvereinbarung in die Lage versetzt, eine konkret-individuelle Zusammenschaltungsanordnung nach § 25 zu treffen, die auch die dafür zu entrichtenden Entgelte einschließt (§ 25 Abs. 5). Überdies unterliegen nach Erlass einer Verfügung nach § 18 die Entgelte, die der zugangskontrollierende Netzbetreiber verlangt, einer nachträglichen Missbrauchsaufsicht nach § 30 Abs. 4.

C. Anordnung weiterer Zugangsverpflichtungen, Abs. 1 Satz 2

93 Die BNetzA ist ermächtigt, neben der Zusammenschaltungsverpflichtung auch weitere Zugangsverpflichtungen anzuordnen. Um welche Zugangsverpflichtungen es sich dabei handelt, wird in § 18 nicht ausdrücklich geregelt; die Regelung verfolgt aber das Ziel, die Kommunikation jedes Endnutzers mit jedem beliebigen anderen Endnutzer (sog. End-zu-End-Verbund) zu gewährleisten. In Betracht kommen deshalb sämtliche in § 21 Abs. 2 Nr. 1–7 für die SMP-Regulierung genannten Zugangsverpflichtungen (Begr. RegE-TKG 2004, BT-Drucks. 15/2316, S. 64). Eine europarechtliche Konkretisierung hat die Kommission in ihren Leitlinien zur Marktanalyse und Ermittlung beträchtlicher Marktmacht vorgenommen (ABl. EG 2002 Nr. L 165/6, Tz. 124).

94 Die Auswahl der Verpflichtung liegt im **Ermessen** der BNetzA. Bei der Ermessenausübung hat die Behörde die Erforderlichkeit der Zugangsgewährung für die Gewährleistung des End-zu-End-Verbundes von Diensten, aber nach Abs. 3 auch die in § 21 Abs. 1 Satz 2 und Abs. 4 genannten Kriterien (vgl dazu Rn 136 ff) zu berücksichtigen (vgl *Neitzel/Müller,* CR 2004, 736, 740). Auf diese Weise ist sichergestellt, dass die Zugangsregulierung gegenüber nicht marktmächtigen Netzbetreibern zumindest an keinen im Vergleich zur SMP-Regulierung eingriffsintensiveren Maßstäben orientiert wird.

D. Anordnung der Verpflichtung zur Gleichbehandlung, Abs. 2

95 Das spezielle Gleichbehandlungsgebot des Abs. 2 betrifft nach seinen **persönlichen Anwendungsbereich** ebenfalls sämtliche den Zugang zu Endkunden kontrollierenden Netzbetreiber (dazu oben Rn 88). Die Regelung wird durch das die Interessen des einzelnen Endnutzers übersteigende Ziel des Gesetzgebers gerechtfertigt und geprägt, einen nachhaltig wettbewerbsorientierten Endkundenmarkt (§ 3 Nr. 12) zu schaffen. Der Gesetzgeber verfolgt damit den Grundgedanken, dass die Regulierung auch gegenüber Nicht-SMP-Unternehmen nicht bei der Zugangsregulierung als solcher stehen bleiben darf, sondern auch die Konditionen der Zugangsgewährung erfassen muss. Dies beruht auf der Überzeugung, dass dann, wenn nachfragende Netzbetreiber insbesondere bei der Terminierung und Abrechnung ihrer Dienste im Fremdnetz des den Endkundenzugang kontrollierenden Netzbetreibers ungleich behandelt werden, der rechtspolitisch angestrebte nachhaltig wettbewerbsorientierte Endkundenmarkt letztlich nicht entstehen kann.

96 Im Unterschied zur Regulierung gegenüber SMP-Unternehmen gilt gegenüber den Zugang zum Endkunden kontrollierenden Netzbetreibern kein allgemeines Diskriminierungsverbot sondern ein **sachlich-gegenständlich** begrenztes Gleichbehandlungsgebot. Es bezieht sich zunächst auf alle Telekommunikationsdienste (§ 3 Nr. 24), die Verfügbarkeit der Universaldienstleistungen eines öffentlichen Telefonauskunftdienstes (§ 78 Abs. 2 Nr. 3) und die flächendeckende Bereitstellung von Münz- und Kartentelefonen (§ 78 Abs. 2 Nr. 4) sowie auf telekommunikationsgestützte Dienste (§ 3 Nr. 25). Dabei betrifft es die **Erreichbarkeit und Abrechnung** der Dienste. Der nachfragende Wettbewerber darf damit insbesondere nicht durch geforderte Terminierungskonditionen ungleich behandelt werden. Die Dienste des nachfragenden Wettbewerbers müssen von den Endkunden diskriminierungsfrei, also grundsätzlich zu den Konditionen, die der verpflichtete Netzbetreiber seinen Kunden bietet, genutzt werden können. Hinzukommt, dass auch die Abrechnungskonditionen und damit der gesamte Bereich des Fakturierungs- und Inkassowesens unterschiedslos gestaltet sein müssen.

97 Abs. 2 verbietet die **unterschiedliche Behandlung ohne sachlich gerechtfertigten Grund**. Das Verbot deckt sich nicht mit dem des allgemeinen Diskriminierungsverbots in § 19, das eine Zugangsgewährung zu materiell „gleichwertigen" Bedingungen verlangt (vgl die Erl. ebendort). Demgegenüber enthält

§ 18 Abs. 2 ein **formell konzipiertes Gleichbehandlungsgebot.** Die Regelung verbietet grundsätzlich nur eine unterschiedliche Behandlung. Diese ist nach einem Vergleich mit den Konditionen zu ermitteln, die das verpflichtete Unternehmen anderen Wettbewerbern bietet. Dagegen kommt es nach dem Wortlaut der Regelung („gegenüber anderen nachfragenden Betreibern") nicht darauf an, zu welchen Bedingungen der zugangskontrollierende Netzbetreiber die Leistungen intern in Anspruch nimmt. Abs. 2 stellt auf die (formelle) Gleichbehandlung der nachfragenden Wettbewerber ab, nicht dagegen auf die (materielle) Gleichwertigkeit der wettbewerbserheblichen Zugangsbedingungen. In diesem Rahmen werden sowohl **unmittelbare als auch mittelbare Diskriminierungen** und damit sämtliche Diskriminierungen erfasst, unabhängig davon, ob sie bei der Gestaltung der vertraglichen (Terminierungs-) Bedingungen oder auf der Ebene der technischen Durchführung stattfinden.

Das Gleichbehandlungsgebot des Abs. 2 ist als Instrument der Regulierung in das **Ermessen** („kann") der BNetzA gestellt. Sie hat dabei ein Entschließungsermessen, dass bei Vorliegen der Voraussetzungen regelmäßig auf Null reduziert sein wird, zumal – anders als bei der Auferlegung von Zugangsverpflichtungen (§ 18 Abs. 3 iVm § 21 Abs. 1 Satz 2) – eine Abwägung mit gegenläufigen Interessen des diskriminierenden Netzbetreibers nicht erfolgt. Hinsichtlich des Auswahlermessens wird das grundsätzlich bestehende Ermessen gleichfalls regelmäßig reduziert sein, da der nachfragende Wettbewerber die gleiche Behandlung beanspruchen kann, die der verpflichtete Netzbetreiber seinen Endkunden bietet. Anerkannt ist, dass die Regelung des Abs. 2 eine den einzelnen Wettbewerber schützende und damit anspruchsbegründende Wirkung hat, auch wenn die Regelung – anders als diejenige des § 21 – kein formelles Antragsrecht eines Dritten ausweist (*Schütz*, Rn 342). 98

E. Verfahren

Die Entscheidungen nach § 18 ergehen als Verwaltungsakt und wegen § 13 Abs. 3 zusammen mit den Ergebnissen der Marktdefinition und -analyse als einheitlicher Verwaltungsakt (aA BeckTKG-Komm/*Schütz*, § 18 Rn 58; siehe dazu Rn 53). Die Durchsetzung der Verpflichtung zur Gewährung von Zugangsleistungen erfolgt im Verfahren nach § 25. Ordnet die BNetzA Gleichbehandlungsverpflichtungen nach § 18 Abs. 2 an, gilt § 42 Abs. 4 entsprechend (§ 18 Abs. 2 Satz 2), so dass die BNetzA die Befugnisse der Missbrauchsaufsicht nach dieser Vorschrift ausüben kann. 99

§ 19 TKG Diskriminierungsverbot

(1) Die Bundesnetzagentur kann einen Betreiber eines öffentlichen Telekommunikationsnetzes mit beträchtlicher Marktmacht dazu verpflichten, dass Vereinbarungen über Zugänge auf objektiven Maßstäben beruhen, nachvollziehbar sein, einen gleichwertigen Zugang gewähren und den Geboten der Chancengleichheit und Billigkeit genügen müssen.

(2) Die Gleichbehandlungsverpflichtungen stellen insbesondere sicher, dass der betreffende Betreiber anderen Unternehmen, die gleichartige Dienste erbringen, unter den gleichen Umständen gleichwertige Bedingungen anbietet und Dienste und Informationen für Dritte zu den gleichen Bedingungen und mit der gleichen Qualität bereitstellt wie für seine eigenen Produkte oder die seiner Tochter- oder Partnerunternehmen.

A. Normzweck

Die Vorschrift gehört zu dem Instrumentarium der Zugangsregulierung gegenüber Netzbetreibern mit beträchtlicher Marktmacht gemäß §§ 19, 20, 21, 24, das der BNetzA nach dem 2. Abschnitt des 2. Teils zur Verfügung steht. Sie setzt die Gleichbehandlungsverpflichtungen der Vorschrift des Art. 10 ZRL um. Die vom Gesetzgeber des TKG in der Gesetzesüberschrift gewählte Formulierung „Diskriminierungsverbot" ist in doppelter Hinsicht missglückt: Zum einen enthält die Vorschrift kein unmittelbar wirksames Verbot, sondern eine **Ermächtigungsgrundlage** für die BNetzA; zum anderen beschränkt sich ihr Regelungsinhalt nicht auf ein Verbot von Diskriminierungen, sondern schafft die Grundlage für behördlich angeordnete Gleichbehandlungsverpflichtungen. Mit der Vorschrift soll insgesamt chancengleicher Wettbewerb sowohl zwischen dem Unternehmen mit beträchtlicher Marktmacht und seinen Wettbewerbern als auch im Verhältnis der Wettbewerber zueinander, die auf die Vorleistungen des SMP-Unternehmens angewiesen sind, gewährleistet werden. Die Vorschrift be- 100 zweckt insbesondere, dass SMP-Netzbetreiber anderen Unternehmen, die gleichartige Dienste erbringen, unter den gleichen Umständen gleichwertige Konditionen anbieten und dass einzelne Wettbewerber von dem SMP-Unternehmen nicht ungerechtfertigt bevorzugt oder benachteiligt werden (*Attendorn,* MMR 2005, 353 ff).

B. Voraussetzungen

101 **Adressaten** der Vorschrift sind die Betreiber öffentlicher Telekommunikationsnetze (vgl § 3 Nr. 27) mit beträchtlicher Marktmacht (vgl Erl. zu § 11). Die BNetzA hat somit vor einer § 19-Verfügung notwendig ein Marktabgrenzungs- und -definitionsverfahren nach den §§ 10, 11 (vgl die Erl. ebendort) durchzuführen. Im Hinblick auf Art. 8 ZRL und Art. 12 RRL, die den Betreiberbegriff auf die Betreiber zugehöriger Einrichtungen erstrecken, ist die BNetzA auch berechtigt, die Regulierungsmaßnahmen nach § 19 gegenüber diesen Unternehmen zu verfügen, wenn es sich nicht um reine Diensteanbieter handelt (vgl Rn 140 ff).

102 **Begünstigte** einer Verfügung nach § 19 sind grundsätzlich alle diejenigen, die Vereinbarungen über Zugänge mit den verpflichteten Betreibern abschließen wollen. In Abs. 2 wird der Kreis der Begünstigten auf Unternehmen, die gleichartige Dienste erbringen, erstreckt; ein sachlich erheblicher Unterschied ist damit nicht verbunden, weil die diskriminierungsfrei zu ordnenden Wettbewerbsverhältnisse jeweils nur im Verhältnis zwischen Unternehmen bestehen, die gleichartige Dienste anbieten.

103 Der **sachliche Gegenstandsbereich** der Vorschrift betrifft den Abschluss und die Gestaltung von Vereinbarungen über Zugänge. Dabei ist der (weite) Zugangsbegriff des § 3 Nr. 32 zugrunde zu legen. Unerheblich ist nach dem Gesetzestext, ob es sich um freiwillig ausgehandelte Zugangsvereinbarungen oder um nach § 21 verfügte handelt.

104 Die Gleichbehandlungsverpflichtungen ergehen auf der Grundlage einer **Ermessensentscheidung der BNetzA**. Die BNetzA hat zunächst das **Entschließungsermessen**, ob sie eine Gleichbehandlungsverpflichtung auferlegen will. Dieses Ermessen wird zumindest in den Fällen, in denen das beherrschende Unternehmen vertikal integriert ist und für andere Unternehmen, mit denen es konkurriert, Dienste erbringt, auf Null reduziert sein, weil in diesem Fall grundsätzlich die Gefahr besteht, dass das SMP-Unternehmen sich bzw seiner Tochtergesellschaft Vorzugsbedingungen gewährt (vgl nur BNetzA v. 29.5.2006 – BK 4d-05-16(-067)/R und v. 16.11.2005 – BK 4a-05-005/R).

105 Das Ermessen der BNetzA schließt weiterhin das **Auswahlermessen** ein, über Art und Umfang der zu treffenden Gleichbehandlungsverpflichtungen zu entscheiden. Insbesondere hat die BNetzA darüber zu entscheiden, ob die Verpflichtung das Verhältnis des beherrschenden Unternehmens zu konkurrierenden Nachfragern (sog. **interne Ungleichbehandlung**) oder das Verhältnis der konkurrierenden Nachfrager zueinander (sog. **externe Ungleichbehandlung**) oder beide Verhaltensbereiche betreffen soll (vgl BNetzA v. 16.11.2005 – BK 4a-05-005/R).

C. Allgemeine Gleichbehandlungsverpflichtungen, Abs. 1

106 Abs. 1 normiert die Kernverpflichtungen, welche die BNetzA einem SMP-Unternehmen auferlegen kann, als Verpflichtungen zur Gewährung eines gleichwertigen Zugangs unter Beachtung der Gebote Objektivität, der Nachvollziehbarkeit und der Chancengleichheit und Billigkeit. Sie werden durch die in Abs. 2 geregelten besonderen Gleichbehandlungsverpflichtungen konkretisiert.

107 Die Verpflichtung zur **Gewährung des gleichwertigen Zugangs** begründet zusammen mit dem Gebot zur Wahrung der **Chancengleichheit** in seiner gegen die sog. interne Ungleichbehandlung gerichteten Dimension das Recht des Nachfragers, den Zugang zum Netz oder zu den Leistungen des SMP-Unternehmens begehren zu können, ohne dass das SMP-Unternehmen sich bzw seinen Tochtergesellschaften bessere Bedingungen einräumt als dem Zugangsnachfrager. In der gegen die sog. externe Ungleichbehandlung gerichteten Dimension ist zugunsten der Zugangsnachfrager sicherzustellen, dass sie durch das SMP-Unternehmen nicht untereinander bevorzugt oder benachteiligt werden. Die Verpflichtung zu gleichwertigem Zugang bedeutet mehr als die Verpflichtung zu formal gleichem Zugang (die anderslautende Rspr des VG Köln – MMR 2003, 132 – zum TKG 1996 ist damit überholt): Die Zugangsbedingungen sind so zu gestalten, dass ungleiche Marktverhältnisse so kompensiert werden, dass effektive Chancengleichheit im Wettbewerb besteht; die Gleichwertigkeitsmaxime bildet die Grundlage für gegebenenfalls erforderlich werdende Veränderungen am Netz und seinen Zugangs-

einrichtungen, einschließlich des notwendig werdenden Kapazitätsausbaus (str.; wie hier *Attendorn* MMR 2005, 353, 355; BerlKommTKG/*Nolte*, § 19 Rn 27; vgl noch Rn 111 ff).

Die Gleichwertigkeit ist aus der Sicht der zugangssuchenden Nachfrager und deren chancengleicher Wettbewerbsfähigkeit auf den Endkundenmärkten zu bestimmen. Die materiell gleichwertige Behandlung auf dem Vorleistungsmarkt soll die chancengleiche Wettbewerbsfähigkeit auf den Endkundenmärkten gewährleisten. Insbesondere vertikal integrierte Netzbetreiber, die selbst oder durch ihre Tochterunternehmen sowohl auf dem Vorleistungsmarkt als auch auf dem Endkundenmarkt tätig sind, dürfen ihre marktbeherrschende Stellung nicht einsetzen, um Chancengleichheit verhindernde Zugangsbedingungen zu vereinbaren (BNetzA v. 29.5.2006 – BK 4d-05-16(-067)/R und v. 16.11.2005 – BK 4a-05-005/R). 108

Die materielle Gleichwertigkeit der Zugangsbedingungen wird dadurch gestärkt, dass diese **objektiv, nachvollziehbar und der Billigkeit entsprechend** gestaltet werden müssen. 109

Die Auferlegung von Gleichbehandlungsverpflichtungen nach § 19 steht quer zu einer im Verhandlungswege gefundenen Individuallösung für die Vereinbarung der Zugangsbedingungen. Darin liegt aber regelmäßig keine Behinderung chancengleichen Wettbewerbs im betroffenen Markt, zumindest dann nicht, wenn eine Abwägung mit der Wettbewerbslage ohne Gleichbehandlungsverfügung ergibt, dass das SMP-Unternehmen in der Lage wäre, für die einzelnen Nachfrager wettbewerbsverzerrende unterschiedliche Leistungskonditionen durchzusetzen (BNetzA v. 29.5.2006 – BK 4d-05-16(-067)/R). 110

D. Besondere Gleichbehandlungsverpflichtungen, Abs. 2

Die als Konkretisierung des Abs. 1 konzipierten besonderen Gleichbehandlungsverpflichtungen des Abs. 2 betreffen in der **1. Alternative** die Verpflichtung, dass das SMP-Unternehmen anderen Unternehmen, die **gleichartige Dienste erbringen, unter den gleichen Umständen gleichwertige Bedingungen** anzubieten hat. Die Konkretisierungsleistung des Tatbestandes bleibt durch die mehrfache Verwendung von Generalklauseln begrenzt. Anerkannt ist, dass gleichartige Dienste in entsprechender Anwendung der zu § 20 GWB entwickelten Grundsätze zur Unternehmensgleichartigkeit (vgl *Bechtold*, GWB § 20 Rn 32) anzunehmen sind, wenn sie auf der gleichen Wertschöpfungsebene angeboten und der Art nach (zB Telekommunikation, Inhaltsangebote) übereinstimmen (BerlKommTKG/*Nolte*, § 19 Rn 35). Bei der Gleichwertigkeit der Bedingungen geht es nicht um die Entgeltbedingungen; insoweit hat die Entgeltregulierung nach § 30 für chancengleiche Wettbewerbsbedingungen auf den nachgelagerten Märkten zu sorgen (BNetzA v. 29.5.2006 – BK 4d-05-16(-067)/R). Vielmehr bezieht sich die Gleichwertigkeitsverpflichtung auf die Produktqualität, die Bereitstellungszeit und sonstige für die Bereitstellung des Vorleistungsprodukts erhebliche Parameter (BNetzA v. 29.5.2006 – BK 4d-05-16(-067)/R). 111

In der **2. Alternative** wird die Gleichbehandlungsverpflichtung auf **Dienste und Informationen** bezogen, die für Dritte **zu den gleichen Bedingungen und mit der gleichen Qualität** bereit gestellt werden müssen, wie für die eigenen Produkte des SMP-Unternehmens oder die seiner Tochter- und Partnerunternehmen. Bei der Bereitstellung von Diensten und Informationen gilt somit eine Verpflichtung zur formalen Gleichheit der Behandlung im internen und externen Verhältnis. Damit wird verhindert, dass vertikal integrierte SMP-Unternehmen sich bzw seinen Tochter- und Partnerunternehmen intern günstigere Bedingungen einräumt als (extern) Wettbewerbern (BNetzA v. 29.5.2006 – BK 4d-05-16(-067)/R). Der Begriff des Unternehmens ist in § 290 Abs. 2 HGB legal definiert; auf ihn ist zurückzugreifen, so dass es alternativ auf das Vorhandensein der Mehrheit der Stimmrechte der Gesellschafter, auf die Personalkompetenz oder die Leitungsmacht des Mutterunternehmens im Tochterunternehmen ankommt. Der Begriff des Partnerunternehmens ist dagegen nicht spezifiziert. Er umfasst über die gesellschaftsrechtlich vermittelten Beteiligungen hinaus auch aufgrund schuldrechtlicher Vereinbarungen bestehende Kooperationsbeziehungen des SMP-Unternehmens zu seinen Partnern (BerlKommTKG/*Nolte*, § 19 Rn 42). Das SMP-Unternehmen kann verpflichtet werden, seinen Wettbewerbern Dienste und Informationen zu den gleichen Bedingungen zur Verfügung zustellen, die es seinen Kooperationspartnern anbietet. 112

E. Anordnung, Durchsetzung, Rechtsschutz

113 Die Anordnung der Gleichbehandlungsverpflichtungen erfolgt zusammen mit der Entscheidung zur Marktabgrenzung und -analyse als **einheitlicher Verwaltungsakt** (§ 13 Abs. 3). Sie kann deshalb auch nur zusammen mit diesen angegriffen werden.

114 Wird die Anordnung nicht befolgt, stehen der BNetzA verschiedene Wege zur Durchsetzung der Gleichbehandlungsverpflichtungen zur Verfügung. Sie kann zunächst die zur Einhaltung der Verpflichtung erforderlichen Maßnahmen nach Maßgabe von § 126 anordnen. Sie hat ferner die Möglichkeit, den Zugang zu den angeordneten Konditionen nach § 25 zu verfügen. Diese Verfügung kann nach § 25 Abs. 5 ausdrücklich auch die Zugangsbedingungen einschließen. Schließlich ist die BNetzA befugt, das Verfahren der besonderen Missbrauchsaufsicht nach §§ 42 f zu eröffnen.

115 Das verpflichtete SMP-Unternehmen kann als Adressat der belastenden Gleichbehandlungsverpflichtung den ergehenden (einheitlichen; vgl Rn 99) Verwaltungsakt mit der Anfechtungsklage angreifen.

116 Wettbewerber sind wegen des drittschützenden Charakters der Gleichbehandlungsverpflichtungen berechtigt, eine Verpflichtungsklage auf ermessensfehlerfreie Entscheidung zur Auferlegung von Gleichbehandlungsverpflichtungen durch die BNetzA zu erheben.

117 Das nachfragende Unternehmen ist nach § 44 berechtigt, unmittelbar gegen das verpflichtete SMP-Unternehmen durch Erhebung einer Leistungs- oder Schadenersatzklage vorzugehen.

118 Überdies steht dem nachfragenden Unternehmen nach § 2 Abs. 3 der Weg offen, sein Recht auf Gleichbehandlung vor den Kartellgerichten nach §§ 19, 20 GWB durchzusetzen.

§ 20 TKG Transparenzverpflichtung

(1) Die Bundesnetzagentur kann einen Betreiber eines öffentlichen Telekommunikationsnetzes, der über beträchtliche Marktmacht verfügt, verpflichten, für die zum Zugang berechtigten Unternehmen alle für die Inanspruchnahme der entsprechenden Zugangsleistungen benötigten Informationen zu veröffentlichen, insbesondere Informationen zur Buchführung, zu technischen Spezifikationen, Netzmerkmalen, Bereitstellungs- und Nutzungsbedingungen sowie die zu zahlenden Entgelte.

(2) Die Bundesnetzagentur ist befugt, einem Betreiber mit beträchtlicher Marktmacht vorzuschreiben, welche Informationen in welcher Form zur Verfügung zu stellen sind, soweit dies verhältnismäßig ist.

A. Normzweck

119 Die Vorschrift gehört zu dem Instrumentarium der Zugangsregulierung gegenüber Netzbetreibern mit beträchtlicher Marktmacht gemäß §§ 19, 20, 21, 24, das der BNetzA nach dem 2. Abschnitt des 2. Teils zur Verfügung steht. Sie setzt die Transparenzverpflichtung der Vorschrift des Art. 9 ZRL um. Unternehmen, die einen Zugang bei einem SMP-Unternehmen nachfragen, sollen sich schnell und auf einfache Art und Weise einen Überblick über die einschlägigen Zugangsbedingungen verschaffen können (Erwägungsgrund 16 der ZRL). Dies wiederum kann die Verhandlungen über den Marktzugang und dessen Realisierung beschleunigen. Durch die Transparenz der Zugangsbedingungen sollen ferner Streitigkeiten verhindert und den Marktteilnehmern Gewissheit darüber geboten werden, dass bestimmte Dienste diskriminierungsfrei erbracht und die Interoperabilität gewährleistet werden (BNetzA v. 16.11.2005 – BK 4a-05-005/R). Zur Gewährleistung dieser Zwecke enthält die Vorschrift die Ermächtigungsgrundlage für die BNetzA, gegenüber Unternehmen mit beträchtlicher Marktmacht sog. **Transparenzverpflichtungen**, nämlich Verpflichtungen zur Veröffentlichung bestimmter zugangsrelevanter Information und zur Form der Veröffentlichung zu verhängen.

B. Verpflichtung zur Informationsveröffentlichung, Abs. 1

120 Die **Voraussetzungen** der Verpflichtung zur Informationsveröffentlichung entsprechen hinsichtlich des Adressatenkreises und des der Behörde zustehenden Ermessens denen des § 19; auf die Erl. zu dieser Vorschrift wird insofern verwiesen. Besonderheiten gelten hinsichtlich der Ausübung des Entschließungsermessens der BNetzA. Legt die BNetzA dem verpflichteten SMP-Unternehmen eine Verpflichtung zur Veröffentlichung eines Standardangebots nach § 23 auf, wird eine zusätzliche Ver-

pflichtung zur Informationsveröffentlichung nach § 20 regelmäßig nicht verhängt werden, weil die Standardangebotsverpflichtung ihrem Umfang nach die Verpflichtung des § 20 mitumfasst (BNetzA v. 20.4.2005 – BK 4-04-075/R; kritisch dazu im Hinblick auf Art. 9 Abs. 1 ZRL Spindler/Schuster/ *Neitzel,* § 20 TKG Rn 9). Die Verpflichtung zur Informationsveröffentlichung nach § 20 kommt deshalb vornehmlich dann in Betracht, wenn eine Standardangebotsverpflichtung nach § 23 nicht verhängt wurde.

Begünstigte einer Informationsverpflichtung sind nicht nur diejenigen Unternehmen, die bereits einen vertraglichen Zugangsanspruch haben oder die Begünstigte einer bereits erlassenen Zugangsverpflichtung nach § 21 sind. Im abgestuften System der Zugangsregulierung besteht die Verpflichtung unabhängig vom Vorhandensein eines Zugangsvertrages oder einer behördlichen Zugangsverpflichtung zugunsten aller in §§ 3 Nr. 29, 32 erfassten Unternehmen, welche die Nachfrage nach einer Zugangsleistung bei dem betroffenen SMP-Unternehmen glaubhaft machen (BNetzA v. 20.4.2005 – BK 4-04-075/R). 121

Die Anordnung der Informationsveröffentlichung kann sich **sachlich-gegenständlich** auf „alle für die entsprechende Zugangsleistungen benötigten Informationen" beziehen. Die Notwendigkeit bestimmter Informationen für die technisch-wirtschaftliche Zugangsrealisierung bildet die Grenze der Veröffentlichungspflicht. Das Gesetz nennt einzelne Regelbeispiele, ohne diese abschließend („insbesondere") aufzulisten. An erster Stelle werden **Informationen zur Buchführung** genannt; gemeint sind damit die Veröffentlichung der Bilanz des SMP-Unternehmens oder Teile davon. Mit dieser Regelung verfolgt der Gesetzgeber die Absicht, den Nachfrager davor zu schützen, finanzielle Risiken des SMP-Unternehmens uninformiert mittragen zu müssen (BerlKommTKG/*Nolte,* § 20 Rn 32). 122

Ferner können technische Zugangsinformationen zum Gegenstand der Verpflichtung zur Informationsveröffentlichung gemacht werden. Der Inhalt und Umfang der „benötigten" Informationen ergibt sich insofern aus dem Interesse der Herstellung der Interoperabilität der Netze und ist daher nur im Einzelfall festzulegen. Die nämliche Einzelfallbetrachtung betrifft auch die weiteren Regelbeispiele, die Netzmerkmale (insbesondere die Art und Anzahl der Zusammenschaltungs- und Übergabepunkte), die Bereitstellungs- und Nutzungsbedingungen (zB Verfügbarkeit von Kapazitäten, Bestellfristen) sowie die zu zahlenden Entgelte. 123

C. Verpflichtung zur Form der Informationsveröffentlichung, Abs. 2

Zur Form der zu verfügenden Transparenzverpflichtung regelt Abs. 2, dass diese in das Ermessen der BNetzA gestellt ist („soweit dies verhältnismäßig ist"). Dass Abs. 1 von der „Veröffentlichung" Abs. 2 dagegen davon handelt, dass Informationen zur Verfügung zu stellen sind, bedeutet in der Sache keinen Unterschied. Das Auswahlermessen der BNetzA reicht von der Veröffentlichung im Amtsblatt der BNetzA, auf der Homepage des verpflichteten Unternehmens bis zur Einstellung in das passwortgeschützte Extranet des verpflichteten Unternehmens (zu letzterem BNetzA v. 20.4.2005 – BK 4-04-075/R; aA Spindler/Schuster/*Neitzel,* § 20 TKG Rn 11). 124

D. Anordnung, Durchsetzung, Rechtsschutz

Die sich insofern stellendem Rechtsfragen entsprechen denen des § 19. Auf die diesbezüglichen Erl. wird verwiesen. 125

§ 21 TKG Zugangsverpflichtungen

(1) [1]Die Bundesnetzagentur kann auf Antrag oder von Amts wegen Betreiber öffentlicher Telekommunikationsnetze, die über beträchtliche Marktmacht verfügen, verpflichten, anderen Unternehmen Zugang zu gewähren einschließlich einer nachfragegerechten Entbündelung, insbesondere wenn anderenfalls die Entwicklung eines nachhaltig wettbewerbsorientierten nachgelagerten Endnutzermarktes behindert oder diese Entwicklung den Interessen der Endnutzer zuwiderlaufen würde. [2]Bei der Prüfung, ob eine Zugangsverpflichtung gerechtfertigt ist und ob diese in einem angemessenen Verhältnis zu den Regulierungszielen nach § 2 Abs. 2 steht, hat die Bundesnetzagentur insbesondere zu berücksichtigen:

1. die technische und wirtschaftliche Tragfähigkeit der Nutzung oder Installation konkurrierender Einrichtungen angesichts des Tempos der Marktentwicklung, wobei die Art und der Typ der Zusammenschaltung und des Zugangs berücksichtigt werden,
2. die Möglichkeit der Gewährung des vorgeschlagenen Zugangs angesichts der verfügbaren Kapazität,
3. die Anfangsinvestitionen des Eigentümers der Einrichtung unter Berücksichtigung der Investitionsrisiken,
4. die Notwendigkeit der langfristigen Sicherung des Wettbewerbs bei öffentlichen Telekommunikationsnetzen und Telekommunikationsdiensten für die Öffentlichkeit, insbesondere durch Anreize zu effizienten Investitionen in Infrastruktureinrichtungen, die langfristig einen stärkeren Wettbewerb sichern,
5. gewerbliche Schutzrechte oder Rechte an geistigem Eigentum,
6. die Bereitstellung europaweiter Dienste und
7. ob bereits auferlegte Verpflichtungen nach diesem Teil oder freiwillige Angebote am Markt, die von einem großen Teil des Marktes angenommen werden, zur Sicherstellung der in § 2 Abs. 2 genannten Regulierungsziele ausreichen.

(2) Die Bundesnetzagentur kann Betreiber öffentlicher Telekommunikationsnetze, die über beträchtliche Marktmacht verfügen, unter Beachtung von Absatz 1 unter anderem verpflichten,

1. Zugang zu bestimmten Netzkomponenten oder -einrichtungen einschließlich des entbündelten Breitbandzugangs zu gewähren,
2. bereits gewährten Zugang zu Einrichtungen nicht nachträglich zu verweigern,
3. Zugang zu bestimmten vom Betreiber angebotenen Diensten, wie sie Endnutzern angeboten werden, zu Großhandelsbedingungen zu gewähren, um Dritten den Weitervertrieb im eigenen Namen und auf eigene Rechnung zu ermöglichen. Hierbei sind die getätigten und zukünftigen Investitionen für innovative Dienste zu berücksichtigen,
4. bestimmte für die Interoperabilität der Ende-zu-Ende-Kommunikation notwendige Voraussetzungen, einschließlich der Bereitstellung von Einrichtungen für intelligente Netzdienste oder Roaming (die Ermöglichung der Nutzung von Mobilfunknetzen anderer Betreiber auch außerhalb des Versorgungsbereichs des nachfragenden Mobilfunknetzbetreibers für dessen Endnutzer) zu schaffen,
5. Zugang zu Systemen für die Betriebsunterstützung oder ähnlichen Softwaresystemen, die zur Gewährleistung eines chancengleichen Wettbewerbs bei der Bereitstellung von Diensten notwendig sind, unter Sicherstellung der Effizienz bestehender Einrichtungen zu gewähren,
6. im Rahmen der Erfüllung der Zugangsverpflichtungen nach diesem Absatz oder Absatz 3 Nutzungsmöglichkeiten von Zugangsleistungen sowie Kooperationsmöglichkeiten zwischen den zum Zugang berechtigten Unternehmen zuzulassen, es sei denn, ein Betreiber mit beträchtlicher Marktmacht weist im Einzelfall nach, dass eine Nutzungsmöglichkeit oder eine Kooperation aus technischen Gründen nicht oder nur eingeschränkt möglich ist,
7. Zugang zu Dienstleistungen im Bereich der einheitlichen Rechnungsstellung sowie zur Entgegennahme oder dem ersten Einzug von Zahlungen nach den nachfolgenden Maßgaben zu gewähren, soweit die Rechnungsersteller nicht eine Vereinbarung mit dem überwiegenden Teil des insoweit relevanten Marktes der von ihren Anschlusskunden auswählbaren Anbietern von Telekommunikationsdienstleistungen für die Öffentlichkeit abgeschlossen haben und auch anderen Anbietern, die nicht an einer solchen Vereinbarung beteiligt sind, diskriminierungsfreien Zugang zu diesen Dienstleistungen nach den in der Vereinbarung niedergelegten Bedingungen gewähren:
   a) [1]Soweit der Endnutzer mit anderen Anbietern von Telekommunikationsdienstleistungen für die Öffentlichkeit nicht etwas anderes vereinbart, ist ihm eine Rechnung vom Rechnungsersteller zu erstellen, die unabhängig von der Tarifgestaltung auch die Entgelte für Telekommunikationsdienstleistungen, Leistungen nach § 78 Abs. 2 Nr. 3 und telekommunikationsgestützte Dienste anderer Anbieter ausweist, die über den Netzzugang des Endnutzers in Anspruch genommen werden. [2]Dies gilt auch für Entgelte für während der Telefonverbindung übertragene Berechtigungscodes, wenn diese ausschließlich Dienstleistungen zum Gegenstand haben. [3]Die Zahlung an den Rechnungsersteller für diese Entgelte erfolgt einheitlich für die gesamte in Anspruch genommene Leistung wie für dessen Forderungen.
   b) [1]Eine Verpflichtung zur Rechnungserstellung kann nicht auferlegt werden für zeitunabhängig tarifierte Leistungen im Sinne von Buchstabe a Satz 1 und 2 mit Entgelten über 30 Euro (ab dem 1. Januar 2008 über 10 Euro), zeitabhängig tarifierte telekommunikationsgestützte Diens-

te und Leistungen nach Buchstabe a Satz 2 jeweils mit Entgelten über 2 Euro pro Minute sowie für alle Dienste, für die ein Legitimationsverfahren erforderlich ist. [2]Eine Verpflichtung zur Reklamationsbearbeitung der für Dritte abgerechneten Leistungen, zur Mahnung und zur Durchsetzung der Forderungen Dritter kann ebenfalls nicht auferlegt werden.

c) [1]Zu Zwecken der Reklamationsbearbeitung, der Mahnung sowie der Durchsetzung von Forderungen für Leistungen im Sinne von Buchstabe a Satz 1 und 2, sind den Anbietern von Telekommunikationsdienstleistungen für die Öffentlichkeit vom Rechnungsersteller die erforderlichen Bestandsdaten zu übermitteln. [2]Soweit der Anbieter Leistungen im Sinne von Buchstabe a Satz 2 dem Kunden selbst in Rechnung stellt, sind ihm ab dem 1. April 2005 die erforderlichen Bestandsdaten vom Rechnungsersteller zu übermitteln.
d) [1]Anbieter von Telekommunikationsdienstleistungen für die Öffentlichkeit haben dem Rechnungsersteller gegenüber sicherzustellen, dass ihm keine Datensätze für Leistungen zur Abrechnung übermittelt werden, die nicht den gesetzlichen oder den verbraucherschutzrechtlichen Regelungen entsprechen. [2]Der Rechnungsersteller trägt weder die Verantwortung noch haftet er für die für Dritte abgerechneten Leistungen.
e) Der Rechnungsersteller hat in seinen Mahnungen einen drucktechnisch deutlich hervorgehobenen Hinweis aufzunehmen, dass der Kunde nicht nur den Mahnbetrag, sondern auch den gegebenenfalls höheren, ursprünglichen Rechnungsbetrag mit befreiender Wirkung an den Rechnungsersteller zahlen kann.

(3) Die Bundesnetzagentur soll Betreibern öffentlicher Telekommunikationsnetze, die über beträchtliche Marktmacht verfügen, folgende Verpflichtungen nach Absatz 1 auferlegen:

1. vollständig entbündelten Zugang zum Teilnehmeranschluss sowie gemeinsamen Zugang zum Teilnehmeranschluss (Bereitstellung des Zugangs zum Teilnehmeranschluss oder zum Teilnetz in der Weise, dass die Nutzung des gesamten Frequenzspektrums der Doppelader-Metallleitung ermöglicht wird) zu gewähren,
2. Zusammenschaltung von Telekommunikationsnetzen zu ermöglichen,
3. offenen Zugang zu technischen Schnittstellen, Protokollen oder anderen Schlüsseltechnologien, die für die Interoperabilität von Diensten oder Dienste für virtuelle Netze unentbehrlich sind, zu gewähren,
4. Kollokation oder andere Formen der gemeinsamen Nutzung von Einrichtungen wie Gebäuden, Leitungen und Masten zu ermöglichen sowie den Nachfragern oder deren Beauftragten jederzeit Zutritt zu diesen Einrichtungen zu gewähren.

(4) [1]Weist ein Betreiber nach, dass durch die Inanspruchnahme der Leistung die Aufrechterhaltung der Netzintegrität oder die Sicherheit des Netzbetriebs gefährdet würde, erlegt die Bundesnetzagentur die betreffende Zugangsverpflichtung nicht oder in anderer Form auf. [2]Die Aufrechterhaltung der Netzintegrität und die Sicherheit des Netzbetriebs sind nach objektiven Maßstäben zu beurteilen.

A. Übersicht und Regelungszweck

Die Regeln über die Netzzugangsverpflichtungen bilden das Korrelat zum natürlichen Monopol des Netzbetreibers, dessen wettbewerbliche Stellung ohne regulatorische Eingriffe nicht angreifbar ist und ohne die sich deshalb Wettbewerb in der Telekommunikation nicht einstellen würde. Netzbetreiber mit beträchtlicher Marktmacht unterwirft der Gesetzgeber einem Regime der Netzzugangsregulierung, mit dessen Hilfe vor allem ein chancengleicher Wettbewerb gewährleistet werden soll. Das Netzzugangsrecht der SMP-Regulierung verfolgt den Zweck, die Erreichung der in § 2 Abs. 2 niedergelegten Regulierungsziele (vgl dazu Rn 178) zu gewährleisten und schafft die rechtstaatlich gebotenen Ermächtigungsgrundlagen für die Auferlegung der für die Zweckerreichung notwendigen Netzzugangsverpflichtungen durch die BNetzA. 126

Die Vorschriften der §§ 21 ff regeln die nach dem TKG möglichen Zugangsverpflichtungen, welche durch behördliche Regulierungsentscheidung Netzbetreibern mit beträchtlicher Markmacht zugunsten anderer Telekommunikationsunternehmen auferlegt werden können. § 21 stellt die Kernvorschrift eines mehrstufigen Regelungskomplexes dar. Die Vorschrift enthält zunächst die konditionierte Ermächtigung der BNetzA, Netzbetreibern mit beträchtlicher Marktmacht Zugangsverpflichtungen aufzuerlegen. Unter der Voraussetzung einer nach § 21 auferlegten (abstrakt-individuellen) Zugangsverpflichtung räumt § 22 den begünstigten Unternehmen einen Anspruch auf Abgabe eines Zugangsangebots durch das verpflichtete Unternehmen ein. Die zur Zugangsgewährung verpflichteten Netzbe- 127 treiber sollen durch die BNetzA nach § 23 verpflichtet werden, ein sie selbst bindendes Standardangebot für die jeweiligen Zugangsleistungen zu veröffentlichen. Der Abschluss einer Zugangsvereinbarung kann erforderlichenfalls nach § 25 durch eine (konkret-individuelle) Zugangsverfügung der Regulierungsbehörde angeordnet werden.

128 In Abs. 1 finden sich zunächst die Grundsätze, die von der BNetzA bei der Zugangsregulierung zu beachten sind. Das TKG kennt in der geltenden Fassung in Übereinstimung mit den europarechtlichen Vorgaben (vgl Art. 12 ZRL) keinen kraft Gesetzes bestehenden Zugangsanspruch; die Zugangsgewährungsverpflichtung wird dem Betreiber durch behördliche Entscheidung auferlegt. Diese wird als gesetzlich gebundene Ermessenentscheidung von der BNetzA getroffen. Der Gesetzgeber hat ermessensleitende Vorgaben für die BNetzA insbesondere in Abs. 1 geschaffen. Während die Regulierungsbehörde von der Auferlegung einer Zugangsverpflichtung in den Fällen der sog. Soll-Verpflichtungen des Abs. 3 nur in begründeten Ausnahmefällen absehen darf (Rn 223 ff), steht ihr in den Fällen der sog. Kann-Verpflichtungen des Abs. 2 ein größerer Ermessensspielraum zur Verfügung (Rn 189 ff). Wird eine Zugangsverpflichtung auferlegt, kann der verpflichtete Netzbetreiber den Zugang nur verweigern, wenn er nachweist, dass durch den Zugang die Aufrechterhaltung der Netzintegrität oder die Sicherheit des Netzbetriebs gefährdet wird, Abs. 4.

B. Grundsätze der Entscheidung über die Verpflichtung zur Zugangsgewährung, Abs. 1

I. Allgemeines

129 Die Entscheidung über die Verpflichtung zur Zugangsgewährung ergeht nach Eröffnung und Durchführung eines von der BNetzA geführten Verwaltungsverfahrens auf der Grundlage einer Ermessenentscheidung durch Verwaltungsakt iSd § 35 VwVfG, der an Unternehmen mit beträchtlicher Marktmacht adressiert wird (*Ellinghaus*, MMR 2004, 293, 294; aA *Mayen*, CR 2005, 21, 22 – Allgemeinverfügung).

130 **1. Persönlicher Anwendungsbereich.** Nach § 21 kann die BNetzA die Verpflichtung zur Zugangsgewährung nur Betreibern öffentlicher **Telekommunikationsnetze** auferlegen, die über beträchtliche Marktmacht verfügen. Der Begriff des Telekommunikationsnetzes ist in § 3 Nr. 27 legal definiert. Damit ist klar gestellt, dass nicht nur Betreiber von Teilnehmernetzen und Verbindungsnetzen in den Anwendungsbereich der Vorschrift fallen, sondern auch die Betreiber der netzzugehörigen Einrichtungen, selbst wenn diese rechtlich verselbstständigt (zB in Gesellschaften zum Betrieb von Sendemasten, Signalübertragungen, Abrechnungs- und Inkassosystemen) betrieben werden (ebenso BeckTKG-Komm/*Piepenbrock/Attendorn*, § 21 Rn 27).

131 Der Rechtsbegriff des **öffentlichen** Telekommunikationsnetzes ist nicht legal definiert. Dieser wird weit verstanden und schließt auch solche Netze nicht grundsätzlich aus, die nur einer geschlossenen Nutzergruppe zur Verfügung gestellt werden; maßgebend ist allein, dass die Netznutzung überhaupt für Dritte geöffnet ist (BerlKommTKG/*Säcker*, § 3 Rn 51). Nicht öffentlich ist ein Telekommunikationsnetz aber, wenn es allein den Mitgliedern einer geschlossenen Benutzergruppe zur Förderung eines gemeinsamen Zwecks zur Verfügung gestellt wird und die Geschlossenheit des Benutzerkreises für die Zweckverfolgung erforderlich ist (zB Kontenttransfersysteme für Banken, Reservierungssysteme für Systempartner; vgl *Meinberg/Grabe*, K&R 2004, 409, 413). Außerhalb des persönlichen Anwendungsbereichs liegen Corporate Networks, die Dritten gerade nicht zur Verfügung stehen. Die Bereitstellung für iSd § 15 ff AktG verbundene Unternehmen macht aus einem Corporate Network noch kein öffentliches Telekommunikationsnetz (BerlKommTKG/*Säcker*, § 3 Rn 52).

132 **Betreiber** des Netzes ist, wer die rechtliche oder tatsächliche Herrschaft über die Funktionen der Gesamtheit des Netzes bzw seiner verselbstständigten Einrichtigen hat. Auf die Eigentümerstellung kommt es nicht an (BerlKommTKG/*Tomaschki/Neumann*, § 21 Rn 29).

133 Mit der Voraussetzung des Vorliegens **beträchtlicher Marktmacht** nimmt § 21 auf das Marktabgrenzungs- und Marktanalyseverfahren der §§ 10, 11 und 13 Bezug (vgl dazu die jeweiligen Erl.). Nach § 13 kann die Zugangsanordnung durch die BNetzA nur „aufgrund" einer Marktanalyse nach § 11 erfolgen. Nur Unternehmen, die im Rahmen der Marktanalyse nach § 11 als marktmächtig identifiziert wurden, können Adressat einer Verfügung nach § 21 sein. Die Vorschrift erfasst wegen ihrer offenen Formulierung sowohl die Fälle des Vorliegens beträchtlicher Marktmacht auf einem Zugangs- als auch

einem Endnutzermarkt (Spindler/Schuster/*Neitzel*, § 21 TKG Rn 5 ff; aA BerlKommTKG/*Neumann*, § 21 Rn 529 ff).

2. Verfahrenseröffnung. Das Verfahren wird **von Amts wegen** eröffnet, insbesondere wenn ein Marktanalyseverfahren nach §§ 13, 14 einen Regulierungsbedarf ergeben hat. Nach Abs. 1 Satz 1 kann das Verfahren auch **auf Antrag** eröffnet werden. Die Antragsbefugnis ist in § 21 nicht ausdrücklich geregelt. Sie ist für alle Unternehmen anzuerkennen, die durch eine nach § 21 zu erlassende Regulierungsverfügung rechtlich begünstigt werden können. Dies sind alle Unternehmen, die den Zugang iSd der Definition in § 3 Nr. 32 erstreben, um selbst Telekommunikationsdienste erbringen zu können. Nicht antragsbefugt sind deshalb Endnutzer (BerlKommTKG/*Thomaschki*, § 21 Rn 10). Mittelbar begünstigt werden können durch einen Vorleistungsmärkte regulierenden Netzzugang auch Inhalteanbieter; sie sind auch dann antragsbefugt, wenn sie nicht zugleich Netzbetreiber sind (BeckTKG-Komm/*Piepenbrock/Attendorn*, § 21 Rn 30). 134

3. Rechtfertigungsprüfung, Abwägungs- und Ermessenentscheidung. Bei der Entscheidung über die Verpflichtung zur Zugangsgewährung steht der BNetzA ein umfassender Auswahl- und Ausgestaltungsspielraum zu, bei dessen Ausübung sie sich an den in § 2 Abs. 2 TKG vorgegebenen Regulierungszielen auszurichten hat. Die Ausübung dieses „administrativen Gestaltungsspielraums" (*Spoerr/Sellmann*, N&R 2004, 98, 103) kann nach inzwischen geklärter Rechtslage (BVerwG v. 28.11.2007 – 6 C 42/06 – BVerwGE 130, 39 Tz. 28) im Rechtsschutzverfahren nur eingeschränkt überprüft werden. Die Gerichte sind auf die Überprüfung beschränkt, ob die Bundesnetzagentur die Interessen der Beteiligten ermittelt, alle erforderlichen tatsächlichen Erkenntnisse gewonnen, die für die Abwägung wesentlichen Gesichtspunkte berücksichtigt und keine sachfremden Erwägungen angestellt hat (BVerwG v. 28.11.2007 – 6 C 42/06 – BVerwGE 130, 39 Tz. 31). 135

Auf der Rechtsfolgenseite eröffnet § 21 ein Entscheidungsermessen. Dabei hat die BNetzA **kein Entschließungsermessen;** sie ist nach § 9 Abs. 2 verpflichtet, einem Netzbetreiber mit beträchtlicher Markmacht Maßnahmen nach Teil 2 des TKG aufzuerlegen (*Jochum*, MMR 2005, 161). Die Regulierungsbehörde hat aber Ermessen hinsichtlich der Auswahl der Regulierungsinstrumente: es liegt in ihrem pflichtgemäß auszuübenden **Auswahlermessen**, welche Art der Zugangsgewährungsverpflichtung (Zugang, Umfang der Entbündelung; vgl noch Rn 139 ff) sie gegebenenfalls auferlegt. Die Entscheidung kann auch die Durchsetzung des Diskriminierungsverbots (§ 19), der Transparenzverpflichtung des § 20 oder der Verpflichtung zu getrennter Rechnungsführung (§ 24) zum Gegenstand haben (BeckTKG-Komm/*Piepenbrock/Attendorn*, § 21 Rn 67). 136

Bei der Ermessensentscheidung hat die BNetzA zahlreiche, letztlich nur schwierig zu überschauende **Abwägungskriterien** zu berücksichtigen. Dabei handelt es sich zum einen um die in Abs. 1 Satz 1 genannten Marktkriterien, wonach eine Marktzugangsverpflichtung insbesondere in Betracht kommt im Hinblick auf die Entwicklung eines nachhaltig wettbewerbsorientierten nachgelagerten Endnutzermarktes oder die der Interessen der Endnutzer, sowie die in Abs. 1 Satz 2 Nr. 1–7 genannten weiteren Kriterien (vgl dazu sogleich Rn 150 ff). Zum anderen hat die Regulierungsbehörde zu prüfen, ob die Zugangsverpflichtung in einem angemessenen Verhältnis zu den Regulierungszielen des § 2 Abs. 2 (vgl dazu Rn 171 ff) steht. Die Komplexität der danach erforderlichen Rechtfertigungsprüfung wird noch dadurch gesteigert, dass der Katalog der Regulierungsziele in § 2 Abs. 2 nicht vollständig demjenigen der europäischen Zugangsrichtlinie (ZRL 2002/19/EG) entspricht, der die Regulierungsziele des TKG nachgebildet sind. In Art. 8 Abs. 4 ZRL wird auf Art. 8 Rahmenrichtlinie (RRL 2002/21/EG) Bezug genommen, dessen Zielkatalog über den des TKG hinausgeht (vgl Rn 185 ff); wegen des Gebots europarechtskonformer Auslegung des TKG sind auch die Kriterien von Art. 8 Rahmenrichtlinie von der BNetzA bei der Abwägungs- und Ermessenentscheidung zu berücksichtigen. 137

Die einzelnen Abwägungskriterien haben **gleichrangige Bedeutung**; der Gesetzgeber hat zwischen ihnen kein Stufenverhältnis geschaffen und damit keine Rangunterschiede vorgesehen. Die Behörde muss deshalb auch sämtliche Kriterien bei der Ermessenentscheidung berücksichtigen; eine Ermessenentscheidung unter Außerachtlassung einzelner Kriterien genügt den rechtsstaatlich gebotenen Anforderungen an eine rechtmäßige Zugangsregulierungsentscheidung nicht (VG Köln v. 2.2.2005 – 1 L 3522/04). 138

4. Entscheidungsinhalt. Die Behörde kann den Netzbetreiber verpflichten, anderen Unternehmen Zugang zu gewähren (Zugangsanordnung); mit dieser Anordnung wird eine Entscheidung über die nachfragegerechte Entbündelung getroffen (Entbündelungsanordnung). Die Zugangsanordnung ist ferner die Grundlage der nach § 22 bestehenden Verpflichtung des marktmächtigen Netzbetreibers zugunsten 139 anderer Unternehmen auf Abschluss einer Zugangsvereinbarung (Kontrahierungszwang). Der Abschluss der Zugangsvereinbarung wird erforderlichenfalls nach § 25 angeordnet.

140 a) **Zugangsanordnung.** Der Inhalt der Zugangsanordnung nach § 21 Abs. 1 bestimmt sich nach der Legaldefinition des Zugangsbegriffs in § 3 Nr. 32. Er umfasst danach „jede Bereitstellung von Einrichtungen oder Diensten für ein anderes Unternehmen unter bestimmten Bedingungen zum Zwecke der Erbringung von Telekommunikationsdiensten". Der Zugangsbegriff des TKG setzt denjenigen des Art. 2 Abs. 2 lit. a ZRL (Zugangsrichtlinie 2002/19/EG) um, entspricht diesem aber nicht vollständig. Die ZRL hebt auf die Bereitstellung von Einrichtungen „und/oder" Diensten und darauf ab, dass die Zugangsgewährung für die Erbringung „elektronischer Kommunikationsdienste" zu erfolgen hat. Die bestehenden Wortlautdifferenzen sind mittels europarechtskonformer Auslegung des TKG zu überwinden.

141 Die Zugangsanordnung betrifft die Verpflichtung zur **Bereitstellung von Einrichtungen und/oder Diensten.** Nach dem damit einhergehenden weiten Zugangsbegriff in der Umsetzung und der Auslegung der ZRL betrifft die Verpflichtung über das Tatbestandsmerkmal der Einrichtungen nicht nur den reinen **Netzzugang,** mag dieser auch regelmäßig im Vordergrund stehen; die Zugangsanordnung kann sich auch auf sämtliche **mit einem Netz verbundenen Einrichtungen** beziehen, welche die Bereitstellung von Diensten über das Netz ermöglichen bzw unterstützen (vgl Art. 2 lit. e ZRL). Nach der Intention der ZRL soll die Anordnung umfassend den Zugang zu jedem physisch greifbaren Objekt einschließlich seiner **technischen Funktion und Leistung** betreffen (vgl schon BVerwG MMR 2003, 734, 736 zum TKG aF). Die ZRL nennt in ihrem Art. 2 lit. a exemplarisch folgende Beispiele: „Netzkomponenten und zugehörige Einrichtungen, wozu auch der feste oder nicht feste Anschluss von Einrichtungen gehören kann (dies beinhaltet insbesondere den Zugang zum Teilnehmeranschluss sowie zu Einrichtungen und Diensten, die erforderlich sind, um Dienste über den Teilnehmeranschluss zu erbringen); Zugang zu den physischen Infrastrukturen wie Gebäuden, Leitungen und Masten".

142 Der Begriff der **Dienste** ist ebenfalls weit zu verstehen und erfasst nicht etwa nur Telekommunikationsdienste iSd § 3 Nr. 24 und damit im Zusammenhang stehende Dienste (vgl schon BVerwGE 114, 160 Tz. 47 zum TKG aF). Er betrifft im Unterschied zu den physisch fassbaren Einrichtungen sämtliche nicht physisch greifbaren Elemente. Die ZRL nennt in ihrem Art. 2 lit. a exemplarisch folgende Beispiele: Softwaresysteme, einschließlich Systeme für die Betriebsunterstützung, Zugang zur Nummernsetzung oder zu Systemen, die eine gleichwertige Funktion bieten; Zugang zu Zugangsberechtigungssystemen für Digitalfernsehdienste und Zugang zu Diensten für virtuelle Netze. Unerheblich ist, auf welche Art und Weise die Dienste erbracht werden; auf technischem, elektronischem Wege erbrachte Dienste werden ebenso erfasst wie Dienste unter Einsatz von Personal (*Spoerr/Sellmann*, N&R 2004, 98, 102).

143 Die **Bereitstellung** von Einrichtungen oder Diensten wird regelmäßig in der Weise erfolgen, dass die rechtliche und tatsächliche Zugriffsbefugnis zu verschaffen ist, mit der die Verpflichtung zur Herstellung einer physischen und logischen Verbindung einhergeht. Die entsprechende Zugriffsbefugnis auf Einrichtungen wird regelmäßig durch den Abschluss von Miet- oder Nutzungsverträgen erfolgen. Diese geben dem Zugangsberechtigten die rechtliche und tatsächliche Verfügungsbefugnis über die betreffende Einrichtung wie zB die TAL, Gebäude oder Gebäudeteile, einen Kollokationsraum oder Sendemast. Die Zugriffsbefugnis auf Dienste wird regelmäßig durch den Abschluss von entsprechenden Verträgen erreicht. Diese können rechtlich durchaus verschiedenartig ausgeprägt sein; in Betracht kommen insbesondere Lizenz- und Nutzungsverträge, Dienstleistungsverträge in Gestalt von Werk- oder Dienstverträgen oder Überlassungsverträgen.

144 Nicht gesetzlich geregelt ist, welchen Grad an Konkretisierung die **Tenorierung der Zugangsanordnung nach § 21** haben soll oder muss. Angesichts der Vielgestaltigkeit der Art und Weise, wie der Zugang im Einzelfall gewährt werden kann, steht die Regulierungsbehörde vor der komplexen Aufgabe, einerseits so konkret zu tenorieren, dass nicht nur die Anforderungen an einen rechtsverbindlichen Verwaltungsakt iSd §§ 35, 37 VwVfG und die Bestimmtheit des Anspruchs auf Abschluss einer Zugangsvereinbarung iSd § 22 erreicht werden, sondern auch die von §§ 22, 23 TKG vorausgesetzte Flexibilität zugunsten des verpflichteten Netzbetreibers bei der Ausformulierung seines Vereinbarungs- und Standardangebots gewahrt werden. Dabei ist zu berücksichtigen, dass ein vollsteckbarer Verfügungsinhalt über die Zugangsvereinbarung noch im Rahmen der Anordnung nach § 25 TKG getroffen werden kann; deswegen ist es gerechtfertigt, die Bestimmtheitsanforderungen an die Zugangsanordnung nach

§ 21 TKG weniger streng zu handhaben. Die Verfügung genügt den rechtstaatlichen Bestimmtheitsanforderungen, ohne dass sich ihr Inhalt über die Art und Weise des angeordneten Zugangs verhält.

Nach § 3 Nr. 32 ist der Zugang **„unter bestimmten Bedingungen"** anzuordnen. Die Regulierungsbehörde hat in ihrer Verfügung anzugeben, unter welchen technischen und wirtschaftlichen Umständen der Zugang zu gewähren ist. Die Festlegung der Bedingungen gehört mit zu dem Ergebnis der Abwägungs- und Ermessenentscheidung im Einzelfall unter Berücksichtigung der von Gesetzes wegen vorgegebenen Kriterien (vgl oben Rn 139). 145

Die Bereitstellung von Einrichtungen und/oder Diensten hat schließlich **„zum Zwecke der Erbringung von Telekommunikationsdiensten"** zu erfolgen. In dieser Zweckbegrenzung findet der Charakter der Zugangsregulierung als einer Vorleistungsregulierung zur Telekommunikation Ausdruck (Begr. zum RegE TKG 1996, BT-Drucks. 15/2316, S. 64). Die Anordnung des Zugangs zu anderen Zwecken ist danach unzulässig. Den gebotenen Zweck erfüllen ohne weiteres sämtliche Telekommunikationsdienste iSd § 3 Nr. 24. Bei anderen Diensten kommt es darauf an, ob sie eine Vorleistung oder Nebenleistung zu einem Telekommunikationsdienst darstellen. Für die Zweckdienlichkeitsprüfung kommt es in erster Linie auf die subjektive Sicht des begünstigten Unternehmens und damit darauf an, welche Dienste der Zugangsberechtigte erbringen will (BVerwG MMR 2004, 347, 350). Nach dem objektiven Gehalt des Zweckdienlichkeitskriterium sind aber solche Zugangsbegehren unbegründet, die offensichtlich und nach jeder Betrachtungsweise zur Erbringung von Telekommunikationsdiensten ausgeschlossen sind (BVerwG MMR 2004, 347, 350). Nach diesen Maßstäben kann beispielsweise der Zugang zu Fakturierungs- und Inkassoleistungen begehrt werden, wenn diese zweckdienlich für Telekommunikationsdienste begehrt werden (vgl § 21 Abs. 2 Nr. 7). 146

b) Entbündelungsanordnung. Dadurch, dass der Zugang nach § 21 einschließlich einer nachfragegerechten Entbündelung zu gewähren ist, soll grundsätzlich gewährleistet werden, dass keine Verpflichtung zur Abnahme nicht gewünschter Leistungen besteht. Andernfalls könnte der marktstarke Netzbetreiber die zugänglich zu machenden Einrichtungen und Dienste zu Paketen bündeln, welche die zugangsberechtigten Unternehmen gar nicht in Anspruch nehmen wollen. Die Schaffung kompetitiver Verhältnisse bei der Nutzung von Telekommunikationsnetze im privaten Netzmonopol würde dadurch vereitelt. Mit dem Gebot der „nachfragegerechten Entbündelung" wollte der Gesetzgeber zum Ausdruck bringen, dass das begünstigte Unternehmen vom marktmächtigen Netzbetreiber keine Leistungen abnehmen muss, die nicht nachgefragt werden (Begr. zum RegE TKG 1996, BT-Drucks. 15/2316, S. 64). 147

Die Entbündelungsanordnung der Regulierungsbehörde nach § 21 ist allerdings nicht an den subjektiven Wünschen des einzelnen Zugangspetenten zu orientieren. Der Maßstab der nachfragegerechten Entbündelung normiert einen gemischt **subjektiv-objektiver Maßstab.** Er setzt am Nachfrageverhalten der Zugangspetenten an (subjektiver Ansatz), definiert aber den Grad der Entbündelung objektiv, nämlich nachfragegerecht. Die Entbündelungsanordnung verlangt von der BNetzA überdies eine **empirisch-normativ begründete Entscheidung.** Die Regulierungsbehörde hat im Rahmen der von Amts wegen oder auf Antrag vorzunehmenden (vgl oben Rn 134) Prüfung der Rechtfertigung der Zugangsverpflichtung zunächst die tatsächliche Nachfrage nach der Entbündelung des Zugangs zu ermitteln. Nur damit kann gewährleistet werden, dass keine Leistungen abgenommen werden müssen, die nicht nachgefragt werden, bzw umgekehrt der Zugang auf Leitungen beschränkt wird, obwohl eine Nachfrage nach umfangreicheren Leitungen gegeben ist. Ferner hat die Begründung zum Gesetzentwurf ausdrücklich hervorgehoben, dass die Abwägungs- und Ermessenskriterien des § 21 Abs. 1 Nr. 1–7 auch bei der Entscheidung über den Grad der Entbündelung zu beachten sind (Begr. zum RegE TKG 1996, BT-Drucks. 15/2316, S. 64). 148

In Anwendung dieser Grundsätze hat das BVerwG entschieden, dass Zugang zur Netzinfrastruktur so zu gewähren ist, dass die Entbündelungsanordnung auf entsprechende Nachfrage alle Einrichtungen und Dienste separiert, die nicht technisch und ökonomisch notwendig sind (BVerwGE 114, 169 ff Tz. 53 zu § 33 TKG aF). Über den Grad des entbündelten Zugangs zu Einrichtungen und Diensten können die Zugangspetenten nach der Rechtsprechung des BVerwG grundsätzlich nach **autonomer unternehmerischer Disposition** entscheiden (BVerwG 114, 169 Tz. 52 zu § 33 TKG aF). Im Rahmen der Regulierungsentscheidung hat die BNetzA aber eine **Verhältnismäßigkeitskontrolle** nach Maßgabe der Abwägungs- und Ermessenskriterien vorzunehmen, bei der insbesondere die Tragfähigkeit des Entbündelungsbegehrens für den Netzbetreiber in wirtschaftlicher und technischer Hinsicht in Ansatz zu bringen ist. Die Rechtsprechung verleiht dem Grundanliegen des TKG, kompetitive Chancengleich- 149 heit zwischen markmächtigem Netzbetreiber und konkurrierenden Anbietern von Telekommunikationsdiensten herstellen zu wollen, adäquaten Ausdruck.

II. Kriterien der Abwägungs- und Ermessensentscheidung

150 Die Prüfung der Rechtfertigung einer Verpflichtung zur Zugangsgewährung im Rahmen der Ermessensentscheidung nach § 21 Abs. 1 setzt die Abwägung zahlreicher Belange voraus (zu den dabei zu berücksichtigenden Grundsätzen vgl bereits die Erl. in Rn 137 f).

151 Die maßgeblichen Kriterien finden sich in § 21 Abs. 1 Satz 1 und dem Kriterienkatalog des § 21 Abs. 1 Satz 2 Nr. 1–7, den in Satz 2 Bezug genommenen Regulierungszielen des § 2 Abs. 2 sowie den ergänzend zu berücksichtigenden europarechtlichen Vorgaben der RRL.

152 **1. § 21 Abs. 1 Satz 1. a) Behinderung der Entwicklung eines nachhaltig wettbewerbsorientierten nachgelagerten Endnutzermarktes.** Das Kriterium dient der Umsetzung von Art. 12 ZRL. Die BNetzA kann danach Zugangsverpflichtung zunächst nur dann auferlegen, wenn diese als Vorleistung für die Herstellung von Wettbewerb bei Telekommunikationsdiensten auf den Endnutzermärkten dient. Die Regulierungsbehörde hat einen **hypothetischen Vergleich** der Entwicklung des Endnutzermarktes mit und ohne Zugangsverpflichtung vorzunehmen. Sie muss prüfen, ob die Zugangsgewährung im Vergleich zur Zugangsverweigerung die Entwicklung eines nachhaltig wettbewerbsorientierten Endnutzermarktes fördern würde. Dagegen ist entsprechend der Konzeption der Zugangsregulierung als Vorleistungsmarktregulierung unerheblich, ob das verpflichtete Unternehmen auf dem Endkundenmarkt über beträchtliche Marktmacht verfügt.

153 Der Begriff **„nachhaltig wettbewerbsorientiert"** ist in § 3 Nr. 12 legaldefiniert. Danach ist zu prüfen, ob der Wettbewerb auf dem nachgelagerten Endkundenmarkt so abgesichert ist, dass er auch nach Rückführung der sektorspezifischen Regulierung fortbesteht. Dies ist immer dann zu verneinen, wenn auf der Grundlage der zu treffenden Prognoseentscheidung (*Neitzle/Müller*, CR 2004, 655, 658) anzunehmen ist, dass ohne die Zugangsregulierung auf dem Vorleistungsmarkt chancengleicher Wettbewerb auf dem nachgelagerten Endnutzermarkt nicht gewährleistet bliebe.

154 Zu prüfen ist weiterhin, ob ohne die Zugangsanordnung eine **Behinderung** der Wettbewerbsentwicklung auf dem Endnutzermarkt eintreten würde. An die Prognoseentscheidung zur Behinderung der Wettbewerbsentwicklung werden keine besonderen Anforderungen gestellt. Schon die begründete Prognose irgendeiner Behinderung des Wettbewerbs auf Endkundenmärkten rechtfertigt insoweit die Zugangsanordnung.

155 **b) Interessen der Endnutzer zuwiderlaufende Entwicklung.** Die zweite Variante des Abs. 1 Satz 1 sollte nach dem Willen des Gesetzgebers eine **Stärkung der Verbraucherrechte** ermöglichen und erlauben zu berücksichtigen, dass eine Wettbewerbsentwicklung den Interessen der Endnutzer zuwider laufen kann (BR-Drucks. 755/2/03, S. 8). Der Sinn der Regelung erschließt sich nicht ohne weiteres. Regelmäßig wird die Zugangsgewährung Wettbewerb fördern und diese Entwicklung wird im Interesse der Endnutzer liegen; da diese Aspekte schon in der ersten Regelungsvariante Berücksichtigung finden, hat die zweite Variante insofern keine eigenständige, sondern nur eine bestärkende Bedeutung. Deshalb bleibt abzuwarten, welche besonderen Fallkonstellationen auftreten werden, in denen Endnutzerinteressen unabhängig von den in der ersten Regelungsvariante erfassten Fällen beeinträchtigt werden.

156 **2. § 21 Abs. 1 Satz 2 Nr. 1–7.** Satz 2 nennt mit den in den Nr. 1–7 genannten Kriterien die zentralen Abwägungsgesichtspunkte, die bei der Prüfung der Rechtfertigung einer Zugangsanordnung bzw ihrer Ausgestaltung zu berücksichtigen sind. Die Kriterien konkretisieren die sachlichen Gründe, die insbesondere im Hinblick auf den verfassungsrechtlich nach Art. 12 und 14 GG gebotenen Schutz des Unternehmens mit beträchtlicher Marktmacht (vgl BVerwGE 114, 160 ff Tz. 69 ff) bei der Entscheidung über die Zugangsgewährung zur Abwägung zu bringen sind. Das Vorliegen eines der genannten Kriterien bedeutet aber nicht, dass die zu treffende Abwägung zulasten der Zugangspetenten ausgehen muss. Vielmehr ist die **Abwägung im Einzelfall** unter Berücksichtigung aller Umstände und unter Berücksichtigung der Zielsetzung vorzunehmen, Vorleistungsmärkte ohne wirksamen Wettbewerb durch Zugangsregulierung zu öffnen.

157 a) Nr. 1 verpflichtet entsprechend Art. 12 Abs. 2 lit. a ZRL die BNetzA, **konkurrierende Einrichtungen und deren technische und wirtschaftliche Tragfähigkeit** zu berücksichtigen. Der Sinn dieser Regelung liegt darin, dass die Verpflichtung zum Zugang zu Einrichtungen und Diensten des markmächtigen

Unternehmens dann nicht in Betracht kommen soll, wenn es Alternativen gibt, deren Substitutionsleistung eine tragfähige Grundlage für chancengleichen und funktionsfähigen Wettbewerb des Zugangsberechtigten darstellt (für die Berücksichtigung der Wettbewerbssituation schon nach dem TKG 1996 vgl BVerwGE 119, 282 Tz. 44).

Nähere Anhaltspunkte dazu, unter welchen Voraussetzungen dies der Fall ist, lassen sich dem Wortlaut der Regelung der Nr. 1 nicht entnehmen. Anerkannt ist, dass eine Beschränkung der Zugangsgewährungsverpflichtung auf **wesentliche Einrichtungen** damit nicht verbunden ist (*Thomaschki*, MMR 2003, 500), vor allem weil Art. 12 ZRL dafür keine Grundlage bietet und im Unterschied zu § 33 TKG 1996 eine Wesentlichkeitsprüfung in der Neufassung des TKG nicht mehr geregelt ist (*Neitzel/Müller*, CR 2004, 655, 658). 158

Die Gesetzesmaterialien erwähnen unter Berufung auf ein entsprechendes Dokument der FCC (vgl BT-Drucks. 15/2316, S. 64) die folgenden Gesichtspunkte: die **Wirtschaftlichkeit** des beabsichtigten Diensteangebots in Anbetracht der Kosten der Nutzung alternativer Angebote im Vergleich zum nachgefragten Angebot oder einer Eigenfertigung, das Entstehen unzumutbarer **zeitlicher Verzögerungen** durch die Nutzung alternativer Zugangsmöglichkeiten, wesentliche **Minderungen der Qualität** des beabsichtigten Diensteangebots bei Nutzung von Alternativen und **Auswirkungen** der Inanspruchnahme alternativer Zugangsmöglichkeiten **auf den Netzbetreiber**. 159

b) Nach der Nr. 2 findet in Überseinstimmung mit Art. 12 Abs. 2 lit. b ZRL die **verfügbare Kapazität** bei der Netzzugangsentscheidung Berücksichtigung. Damit wollte der Gesetzgeber nicht zum Ausdruck bringen, dass mit den Grenzen der vorhandenen Kapazität jedenfalls Schranken für die Anordnung einer Zugangsverpflichtung gezogen sind (nach dem VG Köln MMR 2007, 198, 199 kommt diese Rechtslage im Gesetzeswortlaut nicht hinreichend zum Ausdruck). Vielmehr soll die BNetzA unter bestimmten engen Voraussetzungen einen **Kapazitätsausbau** verfügen können, etwa wenn ansonsten die auferlegte Verpflichtung ins Leere liefe und wenn die Kosten von den Zugangspetenten getragen werden (BT-Drucks. 15/2316, S. 64 f). Offen ist dabei geblieben, ob die **Kosten** eines Kapazitätsausbaus von den Nutzern unmittelbar getragen werden müssen, was gegebenenfalls Gegenstand einer Verfügung nach § 25 sein kann, oder ob die Kostentragung erst im Rahmen der Entgeltregulierung Berücksichtigung findet. In seiner Rechtsprechung zum TKG 1996 hat das BVerwG entschieden, dass es mit dem Anliegen der Herstellung chancengleicher Wettbewerbsbedingungen nicht vereinbar sei, wenn Engpässe durch „vorgeschaltete Einrichtungen" oder „kanalisierte Informationsdurchsatzkapazitäten" (BVerwGE 114, 160 ff Tz. 52) und damit gleichsam künstlich geschaffen werden. Jedenfalls in solchen Fällen erscheint es nicht gerechtfertigt, dem Zugangspetenten die Kosten für die Kapazitätsausweitung unmittelbar aufzuerlegen. Das VG Köln hat demgegenüber in Abweisung einer den Kapazitätsausbau einschließenden Verpflichtungsklage und unter Hinwegsehen über die Gesetzesmaterialien dafür erkannt, dass in §§ 13 Abs. 1 und 3, 21 Abs. 3 Nr. 1 eine Rechtsgrundlage für die Verpflichtung zum Angebot eines TAL-Zugangs nicht bestehe, wenn dazu ein Kapazitätsausbau erforderlich ist, auch dann nicht, wenn die entsprechenden Investitionsrisiken dem SMP-Unternehmen abgenommen werden (VG Köln v. 19.10.2006 – 1 K 2976/05, MMR 2007, 198, 199 f). In demselben Urteil wird es aber für möglich erachtet, dass eine solche Verpflichtung im Einzelfall im Rahmen einer Zugangsanordnung nach § 25 ergeht. 160

c) Nr. 3 ermöglicht in wörtlicher Übernahme von Art. 12 Abs. 2 lit. c ZRL die Berücksichtigung der **Anfangsinvestitionen** des Eigentümers und dies wiederum unter Berücksichtigung der **Investitionsrisiken**. Die Investitionen des Netzeigentümers sind nach dieser Regelung nur ein Abwägungsfaktor, der zu berücksichtigen ist, der aber in den Abwägungsprozess nach § 21 einzubeziehen ist und deswegen nicht verabsolutiert werden darf. Der Umstand, dass ein Eigentümer Investitionen in Einrichtungen (oder den nach § 3 Nr. 32 gleich zu stellende Dienste) getätigt hat, die durch die nicht zugangsregulierte Nutzung erst einmal zumindest amortisiert werden sollen (sog. **first mover advantage**), kann danach einen Rechtfertigungsgrund für die Ablehnung einer Zugangsgewährung durch die BNetzA darstellen, muss es aber nicht. Der Gesetzgeber überlässt die Entscheidung nach § 21 der Behördenentscheidung im Einzelfall. Die Regulierungsentscheidung der BNetzA wird deshalb nicht allein im Hinblick auf den Investitionsanreiz und den Investitionsschutz, die von einer Versagung der Zugangsregulierung ausgehen, getroffen werden. Der Umstand, dass durch die Versagung der Zugangsregulierung eine Verfestigung bestehender Marktmacht oder ein Transfer von bestehender Marktmacht auf Nachbarmärkte erfolgen kann, darf gegebenenfalls nicht unberücksichtigt bleiben. 161

162 Bei der Einzelfallbetrachtung ist das Investitionsrisiko zu berücksichtigen. Deshalb sind insbesondere (Alt-)Investitionen, die unter nicht regulierten Monopolbedingungen vorgenommen wurden, anders zu behandeln als solche unter regulierten Wettbewerbsbedingungen (vgl BVerwGE 114, 160 Tz. 31; BeckTKG-Komm/*Piepenbrock/Attendorn*, § 21 Rn 90; aA *Möschel/Haug*, MMR 2003, 505, 506).

163 Investitionen im Zusammenhang mit einer Änderung der Netzinfrastruktur stellen keine Anfangsinvestitionen dar; vielmehr handelt es sich um weitere Investitionen, die im Rahmen der nach Abs. 1 Satz 2 Nr. 3 zu treffenden Abwägungsentscheidung Berücksichtigung finden (BNetzA v. 5.10.2005 – BK 4c-05-002/R).

164 d) Die Berücksichtigung der **langfristigen Sicherung des Wettbewerbs** nach der Nr. 4 entspricht insoweit Art. 12 Abs. 2 lit. d ZRL, und wird im TKG um den Zusatz erweitert, dass insbesondere **Anreize zu effizienten Investitionen in Infrastruktureinrichtungen** in Ansatz zu bringen sind. Mit diesem Zusatz betont der Gesetzgeber (vgl BT-Drucks. 15/2316, S. 65) eine tendenziell vorrangige Bedeutung des Infrastruktur- gegenüber dem Dienstewettbewerb, die im Gesetzgebungsverfahren noch umstritten war (vgl *Attendorn*, MMR 2003, 574, 581). Sie hat letztlich Niederschlag im Gesetzestext gefunden, weil damit aus ökonomischer Sicht der infrastrukturbasierte Wettbewerb nachhaltiger gesichert wird und regulierungsrechtlich vorzugswürdig angesehen wird (dazu *Koenig/Loetz*, TMR 2004, 132, 136). Allerdings sollte damit nach Auffassung der BReg kein a limine-Vorrang für Anreize zugunsten von Infrastrukturinvestitionen geschaffen werden, insbesondere nicht in solchen Fällen, „in denen etwa aufgrund von Größendegressionen und „sunk costs" Duplizierungen von Infrastrukturen schlicht ineffizient seien, optimale Voraussetzungen für Dienstewettbewerb zu schaffen" (BT-Drucks. 15/2345, S. 2). Für den Hauptanwendungsfall der Auferlegung von Zugangsverpflichtungen an Resale-Unternehmen bleibt es auch angesichts der Ermessenskriterien in Nr. 4 letztlich dabei, dass die Ablehnung einer Verpflichtung zur Zugangsgewährung im Wege einer Abwägungsentscheidung im Einzelfall zu treffen ist.

165 e) Die Regelung der Nr. 5 setzt Art. 12 Abs. 2 lit. e ZRL um. Sie betrifft die Regelungssituation, dass die Zugangsgewährung regelmäßig **gewerbliche Schutzrechte und Rechte an geistigem Eigentum** betreffen wird, weil der Zugang nicht ohne den Zugriff auf geistiges Eigentum etwa an Datenbanken und Software möglich ist. Die Verfügbarkeit solcher Schutzrechte wird über die Nr. 5 zum Abwägungskriterium bei der Entscheidung über die Zugangsgewährung (vgl BNetzA v. 17.4.1007 – BK 3b-06-013-017/R).

166 Ist der **Zugangspflichtige selbst Inhaber des betroffenen geistigen Eigentums**, erstreckt sich die Zugangsgewährungspflicht auch auf dieses geistige Eigentum (vgl *Neitzel/Müller*, CR 2004, 655, 659). § 21 begründet insofern eine von der BNetzA gegenüber dem marktmächtigen Unternehmen auszusprechende Lizenzpflicht.

167 Liegen die **Schutzrechte nicht beim zugangsverpflichteten Unternehmen** sondern bei einem Dritten, kann das Kriterium der Nr. 5 ein Hindernis für die Anordnung einer Zugangsgewährung darstellen. Auch Unternehmen mit beträchtlicher Marktmacht können nicht Verpflichtungen auferlegt werden, die sie zu erfüllen außer Stande sind. Ob Letzteres der Fall ist, bedarf allerdings näherer Prüfung. Nach § 21 kann das Unternehmen verpflichtet sein, die von Dritten für den Zugang benötigten Lizenzen zu erwerben. Ebenso ist es ihm nach § 21 verwehrt, den eigenen Lizenzerwerb in einer Weise zu gestalten, dass der Zugang für Zugangspetenten ausgeschlossen ist. Insofern begründet § 21 eine Rechtspflicht des zugangspflichtigen Unternehmens, die bestehenden Lizenzen durch Vereinbarung mit den Rechtsinhabern zu erweitern. Ein Kontrahierungszwang des dritten Rechteinhabers folgt aus § 21 TKG allerdings nicht. Wohl aber kommen Ansprüche aus allgemeinen Rechtsgrundlagen (zB Art. 102 AEUV, §§ 19, 20 GWB) in Betracht.

168 Die **Bereitstellung europaweiter Dienste** iSd Nr. 6, die der Regelung in Art. 12 Abs. 2 lit. f ZRL entspricht, hat derzeit noch keine praktische Bedeutung. Gedacht ist an Fälle der Zusammenschaltung internationaler Netze oder des Zugangs zu europaweit einheitlichen Rufnummern.

169 Die Regelung der Nr. 7, die in der ZRL keine Entsprechung findet, soll dem **Verhältnismäßigkeitsgrundsatz** Rechnung tragen (BT-Drucks. 15/2316, S. 65). Sie beruht auf dem Gedanken, dass dann, wenn bereits andere Maßnahmen zur Herstellung chancengleichen Wettbewerbs ausreichen, es einer Zugangsregulierung nicht bedarf. Zu berücksichtigen sind **bereits auferlegte Verpflichtungen**, wenn diese nach dem 2. Teil, dem Recht der Marktregulierung nach dem TKG auferlegt wurden.

Freiwillige Angebote des Unternehmens mit beträchtlicher Marktmacht können ebenfalls der Zugangsregulierung entgegenstehen; der Gesetzgeber wollte mit der Nr. 7 einen Anreiz zur Abgabe solcher freiwilligen Angeboten setzen. Die BNetzA wird aber freiwillige Angebote nur dann berücksichtigen und keine Verpflichtung zur Zugangsgewährung anordnen, wenn der Inhalt des freiwilligen Angebots dem der regulierten Zugangsgewährungspflicht entspricht; diese Einschränkung kommt in der Wendung des Gesetzes zum Ausdruck, das freiwillige Angebot müsse „von einem großen Teil des Marktes angenommen" sein. Bedeutsam ist diese Einschränkung in Ansehung der für das freiwillige Angebot verlangten Entgelte, weil nur im Fall der Auferlegung einer Zugangsverpflichtung die Entgeltregulierung nach dem Kostenmaßstab des § 31 erfolgt. Bei Abgabe freiwilliger Angebote ist das anbietende Unternehmen dagegen nicht an den Kostenmaßstab der effizienten Leistungsbereitstellung gebunden. 170

3. Regulierungsziele des § 2 Abs. 2. Nach § 21 Abs. 1 Satz 2 ist weiterhin zu prüfen, ob die Zugangsverpflichtung in einem angemessenen Verhältnis zu den Regulierungszielen des § 2 Abs. 2 steht. Damit werden die gesetzlich definierten Zielsetzungen des TKG zu Abwägungsparametern der Netzzugangsentscheidung der BNetzA. Sie fordern vom Rechtsanwender eine an Sinn und Zweck der Netzzugangsregeln orientierte **teleologische Auslegung** (zu deren Bedeutung für das Verständnis des TKG vgl grundlegend BVerwG v. 15.11.2006 – 6 C 18/05, CR 2006, 605, 610 ff). 171

Ein spezifisches **Verhältnis der Regulierungsziele** zueinander wird in § 2 Abs. 2 nicht geregelt. In der Gesetzesbegründung wird die Sicherstellung chancengleichen Wettbewerbs als „zentrales Ziel" (BT-Drucks. 15/2316, S. 56) des TKG herausgestellt. Im Gesetzestext hat diese Aussage keinen Niederschlag gefunden, auch nicht etwa dadurch, dass die wettbewerbliche Zielsetzung als erstgenanntes Regelungsziel angeführt wird. Bei der Anwendung des § 2 Abs. 2 ist deshalb von der **Gleichrangigkeit** der in der Vorschrift genannten Zielsetzungen auszugehen (für einen Vorrang der Nutzerinteressen dagegen BeckTKG-Komm/*Schuster*, § 2 Rn 5). 172

a) Wahrung der Nutzerinteressen und des Fernmeldegeheimnisses, Nr. 1. Der Begriff der Nutzer ist in § 3 Nr. 14 legal definiert. Er ist danach auf natürliche Personen beschränkt und schließt ausweislich der Nr. 1 von § 2 Abs. 2 die Interessen der Verbraucher ein. Die Kundenschutzinteressen werden vor allem durch die im dritten Teil des TKG geregelten Sonderbestimmungen konkretisiert. Im Rahmen der Zugangsregulierung kann die BNetzA berücksichtigen, dass eine quantitativ und qualitativ angemessene Versorgung von Nutzern und Verbraucher mit Telekommunikationsleistungen zu wettbewerbsadäquaten Preisen gewährleistet ist. 173

Die Wahrung des Fernmeldegeheimnisses findet ihre Grundlage in Art. 10 GG und wird in den §§ 88 ff TKG konkretisiert. Im Interesse des Schutzes der Persönlichkeitssphäre und der informationellen Selbstbestimmung des Nutzers gehört auch die Wahrung des Datenschutzes zu den Zielsetzungen des Gesetzes; in §§ 91 ff TKG wird dieses Schutzziel näher ausgeformt. Art. 21 verpflichtet mit dem Verweis auf diese Zielsetzungen des § 2 Abs. 2 dazu, die informationelle Selbstbestimmung der Nutzer bei der Entscheidung über Zugangsverpflichtungen zu wahren. 174

b) Sicherstellung chancengleichen Wettbewerbs und Förderung nachhaltig wettbewerbsorientierter Märkte, Nr. 2. Die Regelung konkretisiert den in § 1 genannten Gesetzeszweck der Wettbewerbsförderung. Diese Zweck- und Zielsetzung erfordert unter den Gegebenheiten des TKG 2004/2007 die Förderung nachhaltig wettbewerbsorientierter Märkte. Weil die Wettbewerber weiterhin in erheblichem Maße darauf angewiesen sind, die Netze, Einrichtungen und Dienste der DTAG zu nutzen, um überhaupt wettbewerbsfähig zu sein; insofern gehört die wettbewerbliche Zielsetzung zu den kardinalen Bestimmungen des TKG. Dementsprechend ist die Sicherstellung chancengleichen Wettbewerbs auch und gerade bei der Entscheidung über Zugangsverpflichtungen nach § 21 ein zentraler Abwägungsparameter. 175

Die Regelung reflektiert ihrem Wortlaut nach die Unterscheidung infrastrukturbasierten Wettbewerbs vom Dienstewettbewerb. Weder der Wortlaut noch die Entstehungsgeschichte geben aber verbindliche Vorgaben für die Abwägung der Bedeutung beider Wettbewerbsarten für die Zugangsregulierung. Ebenso wenig findet sich in Nr. 2 eine gesetzgeberische Wertung zu dem Verhältnis von Wettbewerbsförderung und Investitions- bzw Innovationsschutz (vgl dazu noch Rn 178). 176

c) Förderung von effizienten Infrastrukturinvestitionen und Innovationen, Nr. 3. Die in Umsetzung von Art. 8 Abs. 2 lit. c RRL ergangene Regelung dient in besonderer Weise der Förderung von Wettbewerb in der Telekommunikation. Nach der RRL und der Gesetzesbegründung zu § 2 Abs. 2 Nr. 3 sollen gerade durch die Förderung von effektiven Infrastrukturinvestitionen und die Unterstützung von 177

Innovationen wettbewerbliche Strukturen geschaffen werden (BT-Drucks. 15/2316, S. 56). Durch die Verpflichtung auf **effiziente Infrastrukturinvestitionen** bringt der Gesetzgeber zum Ausdruck, dass nur solche Investitionen förderungsfähig sind, die einen sachgerechten Beitrag zur Sicherstellung chancengleichen Wettbewerbs leisten. Mit diesem Verständnis können zugleich mögliche Zielkonflikte (vgl *Koenig/Kuehling/Loetz/Neumann/Vogelsang*, Funktionsfähiger Wettbewerb auf Telekommunikationsmärkten, 2002, S. 139 ff) mit den Kriterien der Nr. 2 ausgeräumt werden. Allerdings hat der Gesetzgeber damit weder in der Nr. 3 noch in der Nr. 2 eine wertende Aussage zu dem Verhältnis von Infrastruktur- oder Dienstewettbewerb auf der einen und dem Innovations- und Investitionsschutz auf der anderen Seite getroffen.

178 Der Gesetzgeber ermöglicht somit über die Nr. 3 einen telekommunikationsrechtlichen Investitionsschutz, ohne diesen allerdings gegenüber dem Wettbewerbsschutz nach der Nr. 2 höher zu bewerten oder gar zu verabsolutieren (vgl BT-Drucks. 15/2316, S. 56 – zum TKG 2004). Mit der nämlichen Zielsetzung wird auch die **Unterstützung von Innovationen** nach der Nr. 3 ermöglicht, ohne dass auch bei solchen Investitionsmaßnahmen behördlich angeordnete Zugangsverpflichtungen zur Gewährleistung nachhaltig wettbewerbsorientierter Märkte ausgeschlossen sind.

179 **d) Entwicklung des Binnenmarktes, Nr. 4.** Die Regelung soll in Umsetzung von Art. 8 Abs. 3 RRL die Entwicklung grenzüberschreitender europäischer Telekommunikationsmärkte ermöglichen. Sie findet eine Parallele in § 21 Abs. 1 Satz 2 Nr. 6 (vgl Rn 168). Auf welche Weise die Binnenmarktentwicklung erfolgen soll, wird in der Nr. 4 nicht, wohl aber in Art. 8 Abs. 3 RRL geregelt (vgl dazu Rn 188).

180 **e) Sicherstellung der Grundversorgung zu erschwinglichen Preisen, Nr. 5.** Die Vorschrift konkretisiert die verfassungsrechtliche Verpflichtung aus Art. 87 f Abs. 1 GG. Nach dem Wegfall des staatlichen Telekommunikationsmonopols soll damit ein ausreichendes Versorgungsniveau bei Telekommunikationsleistungen gewährleistet bleiben. Dies hat einfachrechtlich seine konkretisierende Ausformung in den Regelungen über die Universaldienstleistungen iSd §§ 78 ff TKG gefunden. Die BNetzA wird damit vor allem in die Lage versetzt, einem „Rückzug aus der Fläche" von Telekommunikationsunternehmen zu begegnen. Die Verpflichtung zur Grundversorgung zu erschwinglichen Preisen wird abschließend durch die Entgeltregulierungsregeln konkretisiert. Im Rahmen der Zugangsregulierung kommt der Zielsetzung der Nr. 5 nur eine begrenzte Bedeutung zu.

181 **f) Förderung von Telekommunikationsdiensten bei öffentlichen Einrichtungen, Nr. 6.** Die Regelung zielt darauf ab, auch in öffentlichen Einrichtungen (zB in Schulen) den Zugang zu Telekommunikationsdiensten zu ermöglichen. Eine nähere Ausgestaltung dieser Zielsetzung findet sich weder im TKG noch an anderer, etwa haushaltsrechtlicher Stelle.

182 **g) Sicherstellung der Nutzung von Frequenzen, Nr. 7.** Die Regelung dient dem Ziel, die vorhandenen, prinzipiell knappen Frequenzen effizient und störungsfrei zu nutzen; sie wird in den Vorschriften über die Frequenzordnung (§§ 52 ff) näher ausgeführt. Mit der Zielsetzung, eine störungsfreie Frequenznutzung zu ermöglichen, hat die Regelung einen vorwiegend auf technische Effizienz abstellenden Charakter; sie steht in Parallele zu der Regelung über den Schutz der Netzintegrität in § 21 Abs. 4. Die weitere Regelung, dass auch die Belange des Rundfunks zu berücksichtigen sind, entspricht derselben auf technische Belange konzentrierten Regelungskonzeption, weil es dem Gesetzgeber schon aus Kompetenzgründen nicht darum gehen konnte, eine Regelung über die inhaltliche Rundfunk-Grundversorgung zu treffen (*Trute,* VVDStRL 57(1998), S. 216, 229 f).

183 **h) Gewährleistung einer effizienten Nutzung der Nummerierungsressourcen, Nr. 8.** Die sachgerechte Nutzung der Nummerierungsressourcen und insbesondere die nutzerfreundliche Rufnummernzuweisung und -nutzung haben sich als bedeutende Voraussetzung für chancengleichen Wettbewerb herausgestellt. In der Gesetzesbegründung zum TKG 2004 wird deshalb zu Recht herausgestellt, dass ein transparenter, objektiver und nichtdiskriminierender Zugang zu den Rufnummernressourcen gewährleistet sein muss (BT-Drucks. 15/2316, S. 56). Die Konkretisierung ist in den Vorschriften der §§ 66 f TKG erfolgt.

184 **i) Wahrung der öffentlichen Sicherheit, Nr. 9.** Die Gewährleistung der öffentlichen Sicherheit in der Telekommunikation stellt eine weiteres Regelungsziel des TKG dar, das in der Vorschriften der §§ 108 ff TKG näher ausgestaltet wird. Bei der Anwendung der Zugangsregeln stellt die Wahrung der Belange der öffentlichen Sicherheit ein zu berücksichtigendes Entscheidungskriterium dar.

185 **4. Weitergehende Ziele des Art. 8 RRL.** Im Hinblick auf das Gebot der europarechtskonformen Auslegung des TKG sind bei der Zugangsentscheidung nach § 21 TKG auch die Kriterien zu berücksich-

tigen, die sich aus dem in Art. 8 Abs. 4 ZRL in Bezug genommenen Art. 8 Rahmenrichtlinie (RRL 2002/21/EG) ergeben, auch wenn diese im TKG nicht ausdrücklich Niederschlag gefunden haben. Dabei handelt es sich insbesondere um folgende Kriterien:

a) **Sicherstellung größtmöglicher Nutzervorteile, Art. 8 Abs. 2 lit. a RRL.** Die Regelung verpflichtet die BNetzA, bei ihren Zugangsentscheidungen sicherzustellen, „dass die Nutzer, einschließlich behinderte Nutzer, größtmögliche Vorteile in Bezug auf Auswahl, Preise und Qualität genießen". 186

b) **Ausschaltung von Wettbewerbsverzerrungen oder -beschränkungen, Art. 8 Abs. 2 lit. b RRL.** Nach dieser Regelung hat die BNetzA bei der Entscheidung über Zugangsgewährungspflichten zu gewährleisten, dass es keine Wettbewerbsverzerrungen und -beschränkungen gibt. 187

c) **Entwicklung eines Binnenmarktes, Art. 8 Abs. 3 RRL.** Die Regelung konkretisiert die in § 2 Abs. 2 Nr. 5 TKG grundsätzlich vorgesehene (vgl Rn 229 ff) Berücksichtigung der Entwicklung eines Binnenmarktes dahin gehend, dass die Regulierungsbehörden „a) verbleibende Hindernisse für die Bereitstellung elektronsicher Kommunikationsnetze und -dienste sowie dazu gehöriger Einrichtungen und Dienste auf europäischer Ebene abbauen; b) den Aufbau und die Entwicklung transeuropäischer Netze und die Interoperabilität europaweiter Dienste sowie durchgehende Konnektivität fördern; c) gewährleisten, dass Anbieter elektronischer Kommunikationsnetze und -dienste unter vergleichbaren Umständen keine diskriminierende Behandlung erfahren; d) untereinander und mit der Kommission in transparenter Weise zusammenarbeiten, um die Entwicklung einer einheitlichen Regulierungspraxis und die einheitliche Anwendung dieser Richtlinie und der Einzelrichtlinien sicherzustellen." 188

C. Kann-Verpflichtung, Abs. 2

I. Grundlagen

Abs. 2 listet Varianten möglicher Zugangsgewährungspflichten auf, die die BNetzA gegenüber Betreibern öffentlicher Kommunikationsnetze mit beträchtlicher Marktmacht verhängen kann. Die Regelung enthält in den Nr. 1–7 **Regelbeispiele** für mögliche **Formen des Zugangs**, welche die umfassende gesetzlich Normierung des Zugangs iSd § 3 Nr. 32 konkretisieren. Eine abschließende Aufzählung ist damit schon nach dem Wortlaut der Regelung („unter anderem") nicht verbunden. 189

Die Regelungen in Abs. 2 lassen das der Behörde nach Abs. 1 zustehende **Auswahlermessen** (vgl Rn 135) unberührt. Die BNetzA entscheidet nach pflichtgemäß auszuübendem Ermessen darüber, ob überhaupt eine Zugangsentscheidung getroffen und welche Zugangsvariante gegebenenfalls verfügt wird. Dabei hat sie – anders als bei der Ermessenentscheidung nach Abs. 3 (vgl dazu Rn 223) – die Gesamtheit der Abwägungskriterien des Abs. 1 zu berücksichtigen (vgl oben Rn 137 f). 190

Die Liste der Regelbeispiele enthält allgemeine und besondere Zugangstatbestände. Der vorangestellte Tatbestand des Netzzugangs nach der Nr. 1 ist generalklauselartig weit konzipiert; seine Anwendung ist deshalb auch und gerade dann in Betracht zu ziehen, wenn andere, speziellere Zugangsvarianten – insbesondere die des Abs. 3 – nicht in Frage kommen. Zu beachten ist, dass alle Zugangsvarianten wegen der entsprechenden Regelung in § 3 Nr. 32 nur zum Zwecke der Erbringung von Telekommunikationsdiensten verfügt werden dürfen (vgl Rn 146). 191

II. Einzelne Zugangsformen

1. Zugang nach Nr. 1. a) Zugang zu Netzkomponenten und -einrichtungen. Von der Nr. 1 wird in Umsetzung von Art. 12 Abs. 1 lit. a ZRL der Zugang zu bestimmten Netzkomponenten oder -einrichtungen **einschließlich des entbündelten Breitbandzugangs** umfasst. Der Zugang zu Diensten wird in der Nr. 1 nicht geregelt. Die Begriffe Netzkomponenten und -einrichtungen sind im Gesetz nicht definiert. Beide Begriffe, die in der ZRL und in § 3 Nr. 32 nicht präzise aufeinander abgestimmt verwendet werden (vgl BerlKommTKG/*Thomaschki*, § 21 Rn 86), sind im weiten Sinn auszulegen. Sie umfassen sämtliche Elemente eines Netzes, die für die physische und logische Herstellung des Netzzugangs erforderlich sind (vgl schon BVerwG v. 25.6.2003, BVerwGE 118, 226 Tz. 20). 192

Die praktisch bedeutsamsten Netzzugangsfälle sind in den Sondertatbeständen des Abs. 2 Nr. 4 (Intelligente Netzdienste und Roaming), des Abs. 3 Nr. 1 (Teilnehmeranschluss) und Abs. 3 Nr. 2 (Zusammenschaltung) geregelt. Der Regelung in Abs. 2 Nr. 1 kommt aber insofern eine erhebliche Bedeutung zu, als der Zugang zu Kabelkanälen (Kabelleerrohren) und zu unbeschalteter Glasfaser zwi- 193 schen Hauptverteiler und Kabelverzweiger auf Nr. 1 gegründet wird (BNetzA v. 27.6.2007 -BK 4a-07-002/R). Der Zugang zur unbeschalteten Glasfaser in diesem Netzkomponentenbereich wird von der BNetzA dann für erforderlich gehalten, wenn aus Kapazitätsgründen kein Zugang zum Kabelkanal gewährt werden kann, weil dieser bereits von Leitungen belegt ist (BNetzA v. 27.6.2007 -BK 4a-07-002/R). Anwendbar ist die Regelung ferner für den **Zugang zu Mietleitungen.** Dabei sind zwei Empfehlungen der EU-Kommission betreffend einerseits die Lieferbedingungen und andererseits die Preisgestaltung für Großkunden-Mietleitungen vorgelegt (Empfehlung vom 21.1.2005 – Dokument K (2005) 103 und Empfehlung vom 29.3.2005 – Dokument K (2005) 951/2) zu beachten. Diese Empfehlungen der EU-Kommission entfalten für die mitgliedstaatlichen Behörden keine Bindungswirkung; sie sind aber von diesen und damit auch von der BNetzA bei ihren Entscheidungen zu berücksichtigen.

194 Zugang nach Abs. 2 Nr. 1 ist ferner für die Inhouse-Verkabelung von Bedeutung (OVG NRW, MMR 2002, 408 – zu § 33 TKG 1996). Diese wird von § 21 Abs. 3 Nr. 1 nicht erfasst (vgl Rn 226 ff), stellt aber eine Netzkomponente iSd Abs. 2 Nr. 1 dar. Voraussetzung ist die Betreibereigenschaft des in Anspruch genommen Unternehmens, während es wie bei § 21 Abs. 1 (vgl Rn 142) nicht auf die Eigentümerstellung des Netzbetreibers sondern auf dessen rechtliche oder tatsächliche Verfügungsbefugnis ankommt (aA BeckTKG-Komm/*Piepenbrock/Attendorn*, § 21 Rn 126).

195 b) **Entbündelter Breitbandzugang.** Abs. 2 Nr. 1 betrifft weiterhin den „entbündelten Breitbandzugang". Die vom Gesetzgeber gewählte Terminologie ist unpräzise, weil in den Gesetzesmaterialien zum Ausdruck gebracht wird, dass mit der ergänzenden Wendung in der Nr. 1 die Verpflichtung zur Gewährung des Bitstrom-Zugangs (Bitstream Access) erfasst werden sollte (vgl BT-Drucks. 15/2316, S. 111 zu Nr. 15; BT-Drucks. 15/2345, S. 2 – zu Nr. 15). Während sich dieser Begriff in seiner europarechtlichen Prägung (vgl dazu die Märkteempfehlung 2007/879/EG der Kommission zu Markt 5, ABl. EG v. 28.12.2007, Nr. L 344/65) auf Bitstrom-Dienste beschränkt, umfasst der Begriff **Breitband-Zugang** auch andere Formen des breitbandigen Zugangs wie etwa den Zugang zu hochbitratigen Mietleitungen. Für die gesonderte terminologische Erfassung solcher Breitbandzugänge in § 21 Abs. 2 Nr. 1 gab es keine Veranlassung, weil deren Zugänglichkeit bereits über die Wendung in der Nr. 1 „Zugang zu bestimmten Netzkomponenten" gewährleistet ist. Den eigenständigen Regelungskern bildet daher der entbündelte Bitstrom-Zugang.

196 **Bitstrom-Zugang** wird definiert als Hochgeschwindigkeitszugang zum Endkunden mittels breitbandiger bidirektional nutzbarer Übertragungskapazitäten (vgl Gemeinsamer Standpunkt der ERG zum Bitstream Access v. 2.4.2004, ERG-document (03)33 rev. 1, S. 2 f). Bitstrom-Zugang ist aus der Sicht der Wettbewerber des zugangspflichtigen Unternehmens ein Vorleistungsprodukt für den Marktauftritt auf dem DSL-Markt, dessen Verfügbarkeit es dem Wettbewerber ermöglicht, den eröffneten entbündelten Zugang zum Endkunden zu nutzen, um dem Endkunden selbst gestaltete DSL-Produkte anzubieten (ERG-document aaO, S. 6). Der Bitstrom-Zugang unterscheidet sich von Wiederverkaufsangeboten dadurch, dass der Anbieter dem Endkunden ein selbst gestaltetes Produkt anbietet. **DSL-Resale-Angebote** eröffnen dem Anbieter entsprechende Ausdifferenzierungen des eigenen Diensteangebots nicht (ERG-document aaO, S. 2 ff).

197 Mit dem Hinweis auf die **Entbündelung** in Abs. 2 Nr. 1 will der Gesetzgeber gewährleisten, dass der Wettbewerber kein bereits vom zugangspflichtigen Unternehmen gestaltetes DSL-Produkt erwerben muss. Der Gesetzgeber geht von der Grundvorstellung aus, dass chancengleicher Wettbewerb im DSL-Markt sich nur dann entwickeln kann, wenn der Wettbewerber des zugangspflichtigen Unternehmens allein den DSL-Zugang und die Bereitstellung der Netzübertragungsleistung erwerben kann, um diese mit individuellen Qualitätsparametern versehen zu können.

198 Hinsichtlich des **Übergabepunkts** zwischen zugangspflichtigen und zugangsberechtigtem Unternehmen zeichnet sich ab, dass die BNetzA Verpflichtungen zur Gewährung sowohl des **ATM-Bitstrom-Zugangs** als auch des **IP-Bitstrom-Zugangs** verfügen wird. Dementsprechend hat die BNetzA am 7.3.2007 eine Regulierungsverfügung im Bereich des Breitbandzugangs für Großkunden mit Übergabe auf der ATM-Ebene veröffentlicht, die gegenüber der Deutschen Telekom AG (DTAG) ergangen ist (BK 4a-06-006/R), nachdem sie am 26.4.2006 eine Regulierungsverfügung für den Bereich des Breitbandzugangs mit Übergabe auf IP-Ebene vorgelegt hat, die gegenüber der Deutschen Telekom AG (DTAG) ergehen soll (BK 4a-06-039/R).

199 **2. Verbot der Zugangsverweigerung nach Nr. 2.** Die Regelung ist in Umsetzung von Art. 12 lit. c ZRL ergangen. Auf ihrer Grundlage kann die BNetzA eine Verpflichtung des marktmächtigen Betreiberunternehmens verfügen, bereits gewährten Zugang nicht nachträglich zu verweigern. Die Regelung

bezieht sich auf die Fälle, in denen bisher die **Zugangsgewährung auf freiwilliger Grundlage** und damit ohne behördliche Verpflichtung erfolgte (BT-Drucks. 15/2316, S. 65). Eine originäre behördliche Zugangsverpflichtung ist mit dieser Regelung somit nicht verbunden.

Der **sachliche Anwendungsbereich** der Regelung ist begrenzt auf den Zugang zu **Einrichtungen**. Der Einrichtungsbegriff entspricht demjenigen des Abs. 1 Nr. 1 (vgl Rn 157). Eine Fortführung des freiwillig gewährten Zugangs zu Diensten kann auf der Grundlage der Nr. 2 nicht verfügt werden. Anwendbar ist die Vorschrift in Fällen, in denen die BNetzA von einer Zugangsregulierung nach § 21 Abs. 1 Nr. 7 im Hinblick auf vom Markt angenommene freiwillige Angebote iS dieser Vorschrift abgesehen hat. Einer Zugangsverfügungsverfügung nach Abs. 2 Nr. 2 kommt in solchen Fällen eine die freiwilligen Angebote absichernde Bedeutung zur Sicherstellung der Regulierungsziele zu. 200

3. Resaleverpflichtung zu Großhandelsbedingungen, Nr. 3. Die Resaleverpflichtung der Nr. 3 führt eine Rechtslage fort, die unter dem TKG 1996, seinerzeit aber auf der Grundlage der Missbrauchsaufsicht nach dem TKG, begründet und seither tiefgreifend verändert wurde (vgl BVerwG v. 3.12.2003, E 119, 282 ff; vgl dazu *Orthwein*, K&R 2004, 275 ff). Die Regelung hat die Verpflichtung marktmächtiger Betreiberunternehmen (zu den nach § 150 Abs. 4 TKG bestehenden Besonderheiten des persönlichen Adressatenkreises im Mobilfunkbereich vgl Rn 213) zum Gegenstand, Diensteanbietern Zugang zu seinen Diensten gewähren zu müssen, um diese in die Lage zu versetzen, diese Dienste im eigenen Namen und auf eigene Rechnung weitervertreiben zu können. Das TKG 2004 hat die Modalitäten der Resale-Verpflichtung gegenüber der zuvor geltenden Rechtslage erheblich geändert. 201

a) Voraussetzungen und Grenzen. Die Zugangsanordnung nach Abs. 2 Nr. 3 darf sich nur auf **Dienste** beziehen. Da nicht näher geregelt wird, welche Dienste betroffen sind, kommen sowohl Festnetz- als auch Mobilfunkdienste in Betracht. Die Zugangsgewährung bezieht sich auf solche Dienste, die **Endnutzern** iSd § 3 Nr. 8 angeboten werden; eine Verpflichtung zur Entwicklung neuer Dienste, auf die dann zugegriffen werden könnte, begründet die Regelung nicht (BeckTKG-Komm/*Piepenbrock/Attendorn*, § 21 Rn 151). Der Zugang ist zu **Großhandelsbedingungen** zu gewähren. Damit ist vor allem ein Preisabschlag gemeint, dessen Umfang nach § 30 Abs. 5 TKG zu berechnen ist. Überdies gehört es zu den Großhandelsbedingungen, dass der Wiederverkäufer mit dem zugänglich gemachten Dienst eine eigene Beziehung zum Endkunden aufbauen kann (BVerwG v. 3.12.2003, E 119, 282 ff Tz. 56 – zum TKG 1996). Der Wiederverkäufer muss in die Lage versetzt werden, den Weitervertrieb im eigenen Namen und auf eine Rechnung durchzuführen; auch mit diesem Tatbestandsmerkmal wird ein **endkundenfähiger Dienstezugang** vorausgesetzt. 202

Zur Frage der **Zulässigkeit der Bündelung** von Diensten durch den zugangsgewährungspflichtigen Netzbetreiber findet sich in Abs. 2 Nr. 3 keine spezifische Aussage. Insofern kann aber die BNetzA im Rahmen der von ihr zutreffenden Abwägungsentscheidung und unter Berücksichtigung des Entbündelungsgebots nach § 21 Abs. 1 Satz 1 eine Entbündelung vorsehen, um eine autonome unternehmerische Disposition des Zugangspetenten über die Nutzung des zugänglich gemachten Diensten zu befördern (vgl Rn 156 ff). Diese Auffassung entspricht schon der Rechtslage nach dem TKG 1996, auf dessen Grundlage die damalige RegTP entbündeltes Resale verfügt hatte (RegTP v. 18.7.2003 – BK 3 b-03/009, S. 27, 31 f; bestätigt von OVG NRW MMR 2004, 119). Zu beachten ist allerdings, dass der Gesetzgeber des TKG 2004 eine von dieser überkommenen Rechtslage abweichende Regelung im Rahmen der „Übergangsvorschriften" des § 150 Abs. 5 TKG getroffen hat, wonach bis zum 30.6.2008 nur Verfügungen über gebündeltes Resale getroffen werden dürfen (dazu Rn 213 f). 203

Abs. 2 Nr. 2 schränkt die Resaleverpflichtung dadurch ein, dass die getätigten und zukünftigen **Investitionen für innovative Dienste** zu berücksichtigen sind. Damit fügt die Nr. 2 des Abs. 2 dem Abwägungskatalog des Abs. 1 noch einen weiteren Parameter hinzu, der bei der Zugangsgewährungsentscheidung von der BNetzA zu berücksichtigen ist. Dabei ist einschränkend im Interesse der Herstellung chancengleichen Wettbewerbs vorzusehen, dass nur solche Investitionen berücksichtigt werden, die für den Auf- und Ausbau des konkret in Rede stehenden Dienstes getätigt wurden bzw werden sollen (BeckTKG-Komm/*Piepenbrock/Attendorn*, § 21 Rn 156). In der Nr. 2 ist dagegen kein Verbot zu Lasten des Zugangspetenten vorgesehen, das Resaleprodukt weiter zu entwickeln. Mit der im Gesetzestext gewählten Formulierung, dass der Zugang zum „Weitervertrieb" zu verfügen ist, sollte im Interesse der Innovationsoffenheit der TKG-Zugangsregulierung **kein Veredelungsgebot** geschaffen werden (BeckTKG-Komm/*Piepenbrock/Attendorn*, § 21 Rn 155). 204

b) Übergangsregelungen. Beachtliche Besonderheiten der Resalezugangsregulierung ergeben sich aus den Übergangsvorschriften des § 150. Für den **Mobilfunk** ordnet § 150 Abs. 4 an, dass die im Zeitpunkt 205 der Erteilung der Lizenz bestehende Verpflichtung zur Zulassung von Diensteanbietern für die Lizenznehmer fortbesteht. Solche Verpflichtungen bestanden – nach allerdings umstrittener Rechtslage – für Mobilfunknetzbetreiber kraft Gesetzes, nämlich nach Maßgabe des § 4 TKV (LG München I v. 31.1.2003, MMR 2003, 541; aA OVG Münster v. 1.10.2001, MMR 2002, 636; vgl *Badura*, ZUM 2003, 797 ff). Auf die Stellung des Lizenznehmers als marktmächtiges Unternehmen kommt es danach nicht an. Die UMTS-Lizenzen verweisen auf die Resale-Regelung des § 4 TKV; die Lizenzen für die D1-, D-2 und E1-Netze enthalten eine ausdrückliche Resale-Verpflichtung (vgl LG München I v. 31.1.2003, MMR 2003, 541). Umstritten ist in diesem Zusammenhang auch, ob die Regelungen des § 150 Abs. 4 europarechtskonform sind. Eine generelle, ohne Rücksicht auf die Marktmacht angeordnete Resale-Verpflichtung wird im Lichte der Artikel 8 Abs. 2 und 12 Abs. 1 lit. d ZRL als europarechtswidrig angesehen (vgl *Jüngling/Fleischmann/Hug*, MMR 2004, 375, 376; *Neitzel/Müller*, CR 2004, 655, 661; *Badura*, ZUM 2003, 797, 799). Der Gesetzgeber des TKG vertrat demgegenüber die Auffassung, dass sich aus Art. 6 Abs. 1 RRL iVm Teil B Nr. 7 ihres Anhangs die Befugnis ergebe, eine Fortgeltung bestehender Resale-Verpflichtungen gesetzlich anzuordnen (BT-Drucks. 15/2316, S. 106 – zu § 145 Abs. 4 E-TKG 2004; kritisch *Schütz*, Kommunikationsrecht, Rn 416).

206 **4. Interoperabilitäts-, IN- und Roamingverpflichtungen, Nr. 4.** Die Regelung, die beinahe wörtlich Art. 12 Abs. 1 lit. g ZRL umsetzt, will die Interoperabilität der in der Vorschrift sog. **Ende-zu-Ende-Kommunikation** gewährleisten. Damit sind alle technischen, rechtlichen und sonstigen Voraussetzungen der Weiterleitung von Netzverkehren angesprochen, die geschaffen werden müssen, damit eine uneingeschränkte Weitergabe der herangeführten Verkehre und damit eine reibungslose und möglichst störungsfreie Kommunikation zwischen den Nutzern über die Netzgrenzen des jeweiligen den Betreibers hinweg erfolgen kann. Hindernisse für die Interoperabilität der Kommunikation können die verschiedensten Ursachen haben. Abs. 2 Nr. 4 zielt mit dem inhaltlich vagen **Begriff der Interoperabilität** darauf, prinzipiell sämtliche Hindernisgründe für eine Netzgrenzen übersteigende Kommunikation zu beseitigen. Dabei ist ohne Belang, ob sie aus einem rechtlich verbindlichen IP-Schutz der eingesetzten Technologie, aus technischen Standards für die Systemkommunikation, aus betrieblichen Geschäftsgeheimnissen, aus der technischen Kooperation der Netzbetreiber, aus der mangelnden Schnittstellentransparenz oder sonstigen Interoperabilitätshindernissen resultieren.

207 Die Bezugnahme auf die **Ende-zu-Ende-Kommunikation** ist nicht limitierend etwa in dem Sinne gemeint, dass die Interoperabilität von Diensten nicht erfasst werden sollte. Vielmehr bezieht sich die Regelung sowohl auf die Sprachkommunikation als auch auf das Kommunizieren von Daten und schließt insofern die Erbringung von Diensten ein.

208 Zu schaffen sind die für die Interoperabilität **notwendigen Voraussetzungen**. Was für die gewollte Schaffung durchgehender Nutzerdienste (so die Formulierung in Art. 12 Abs. 1 lit. g ZRL) notwendig ist, unterliegt der technischen Entwicklung und kann nur im jeweiligen Einzelfall festgestellt werden. Die nur durch den Maßstab der Notwendigkeit, sonst aber inhaltlich nicht limitierte Interoperabilitätsverpflichtung der Nr. 4 bezieht sich nicht nur auf die physische und logische Verbindung von Netzen (Zusammenschaltung), sondern erfasst grundsätzlich sämtliche Elemente, die im Interesse der vom Gesetzgeber beabsichtigten Erweiterung der aktiven und passiven Kommunikationsfähigkeit der Nutzer der Verfügung durch die Zugangspetenten nicht entzogen werden können, ohne dass die Interoperabilität der Kommunikation entfiele. Die Offenlegung der Schnittstellentechnologie gehört dazu ebenso wie der Zugang zu Portierungsdatenbanken und die Übermittlung von Zeittakten für die Kostenabrechnung. Die Regelung ist gemäß dem in § 1 geregelten Grundsatz technologieneutral formuliert und schließt daher jedes Telekommunikationsnetz iSd § 3 Nr. 27 ein.

209 Das Gesetz nennt als gesetzliche Regelbeispiele die Bereitstellung von Einrichtungen für Intelligente Netzdienste (IN) und das Roaming. Der Gesetzgeber stellt mit diesen Regelbeispielen mittelbar klar, dass die bisher restriktive Regulierungspraxis nach dem TKG 1996 – etwa bei der Ablehnung von Zugangsanordnungen zu Datenbanken auf der IN-Plattform (vgl OVG NRW MMR 2000, 379), zu MABEZ-Dienstleistungen (vgl OVG NRW MMR 2002, 332) oder zu Portierungsdatenbanken (RegTP v. 27.11.2002 – BK 4 e-02-028) – unter dem TKG 2004/2007 von der BNetzA geändert werden kann. Entsprechendes gilt für das in der Nr. 4 nunmehr legal definierte Roaming, für das – entgegen der Regulierungspraxis nach der Rechtslage zum TKG 1996 (vgl RegTP v. 18.2.2000, ABl. RegTP v. 23.2.2000, S. 516, 531 f) – nunmehr grundsätzlich ein Zugangsanspruch besteht (vgl BeckTKG-Komm/*Piepenbrock/Attendorn*, § 21 Rn 176 ff).

5. Zugang zu Softwaresystemen, Nr. 5. Die Regelung dient der Umsetzung von Art. 12 Abs. 1 lit. h ZRL. Ihr sachlicher Anwendungsbereich ist auf den Zugang zu Softwaresystemen beschränkt, und zwar auf solche, die der Betriebsunterstützung dienen. Gemeint sind damit insbesondere Datenverarbeitungssysteme für die Auftragsbearbeitung und interne Datenbanken (BT-Drucks. 15/2316, S. 65). In der Nr. 7 wird mit der Verpflichtung zur Erbringung von Fakturierungs- und Inkassoleistungen ein Sonderbereich spezialgesetzlich geregelt (vgl dazu Rn 225 ff). 210

Die Anordnung einer Zugangsverpflichtung nach der Nr. 5 setzt voraus, dass der Zugang zum Softwaresystem zur Gewährleistung eines chancengleichen Wettbewerbs bei der Bereitstellung von Diensten notwendig ist. Unbeschadet der Würdigung der weiteren Abwägungskriterien des § 21 Abs. 1 muss die BNetzA feststellen, dass die Nutzung des Softwaresystems für die Erreichung wettbewerblicher Chancengleichheit notwendig ist. Der anzulegende Maßstab der Chancengleichheit des Zugangspetenten bezieht sich dabei auf den dem Zugangsmarkt nachgelagerten Markt (vgl dazu Rn 118). 211

Ferner darf die Zugangsgewährung nicht dazu führen, dass die Effizienz bestehender Einrichtungen beeinträchtigt wird. Die in Betracht zu ziehenden Einrichtungen sind nach dem Wortlaut der Regelung nicht nur die betroffenen Softwaresysteme selbst, neben denen die Einrichtungen begrifflich gesondert genannt werden, sondern auch über das Softwaresystem mittelbar betroffene Einrichtungen. Die BNetzA hat somit sämtliche kausal auf die Softwarezugangsanordnung zurückzuführenden Effizienzeinbußen im softwaregestützten Betriebsablauf des zugangsgewährungspflichtigen Unternehmens zu berücksichtigen. Treten Effizienzeinbußen auf, ist allerdings die Zugangsanordnung nicht schlechthin ausgeschlossen. Vielmehr kann sie die BNetzA erlassen, wenn sie so gestaltet werden kann, dass die Effizienzverluste im Ergebnis vermieden werden. Effizienzeinbußen beim zugangsgewährungspflichtigen Unternehmen in der Folge des nunmehr eröffneten chancengleichen Wettbewerbs durch den Zugangspetenten sind die aus Rechtsgründen hinzunehmenden Regulierungskonsequenzen und deshalb bei der anzustellenden hypothetischen Folgenbetrachtung außer Betracht zu lassen. 212

6. Nutzungs- und Kooperationsmöglichkeiten, Nr. 6. Die Vorschrift der Nr. 6 ermöglicht der BNetzA in der Zugangsanordnung, Regelungen zu treffen, die Nutzungsmöglichkeiten zwischen dem zugangsgewährungspflichtigen und dem zugangsberechtigten Unternehmen betreffen. In der Gesetzesbegründung ist in diesem Zusammenhang angeführt worden, dass insbesondere in den Fällen der Kollokation der zugangsberechtigte Wettbewerber als Gegenstück zu den von ihm zu tragen Kosten für die Kollokation **Handlungsfreiheit** bei der Ausgestaltung der Kollokation haben solle (BT-Drucks. 15/2316, S. 65). 213

Die nach der Nr. 6 von der BNetzA verfügbaren **Kooperationsverpflichtungen** betreffen nach dem Wortlaut der Regelung das Verhältnis mehrerer zugangsberechtigter Wettbewerber untereinander. Die Anwendungsfälle betreffen die gemeinsame Nutzung von Kollokationsräumen (vgl BNetzA v. 5.10.2005 – BK 4c-05/002/R) und das sog. **infrastructure-sharing** insbesondere im Mobilfunk (vgl RegTP Mitt. Nr. 338/2001, ABl. RegTP 2001, S. 1811; *Koenig/Neumann*, CR 2001, 589; *Ruhle*, K&R 2002, S. 358 ff). 214

Bei der Anordnung nach der Nr. 6 handelt es sich somit um eine die Zugangsregulierung **begleitende**, diese **regelmäßig konkretisierende Verfügung**. Grenzen für entsprechende Nutzungs- und Kooperationsmöglichkeiten sieht das Gesetz vor, wenn eine Nutzungsmöglichkeit oder eine Kooperation aus technischen Gründen nicht oder nur eingeschränkt möglich ist, § 21 Abs. 4. Den entsprechenden Nachweis hat der zugangsgewährungspflichtige Betreiber zu führen. 215

7. Fakturierung und Inkasso, Nr. 7. Die Regelung enthält die Rechtsgrundlage, die die BNetzA ermächtigt, einem marktmächtigen Netzbetreiber Fakturierungs- und Inkassoverpflichtungen aufzuerlegen. Eine ausdrückliche europarechtliche Richtlinienvorgabe zu dieser Vorschrift gibt es nicht, die Regelung findet aber in Art. 12 Abs. 1 lit. h ZRL eine Grundlage und konkretisiert den in § 21 Abs. 2 Nr. 5 allgemeiner geregelten Bereich des Zugangs zu Softwaresystemen zur Betriebsunterstützung (*Ditscheid/Rudolf*, K&R 2004, 1, 2). Nachdem die Rechtsfragen der Erbringung von Fakturierungs- und Inkassoleistungen durch einen marktmächtigen Netzbetreiber im TKG 1996 keine nähere Regelung erfahren hatten und umstritten blieben, hat der Gesetzgeber mit der Nr. 7 eine Regelung eingeführt, die das Ergebnis einer Einigung zwischen der DTAG und dem VATM darstellt, deren Inhalt in den Gesetzestext eingeflossen ist (BT-Drucks. 15/2316, S. 65 – auf der Grundlage eines „Kompromisses der Marktbeteiligten"). Insbesondere sollte durch die Regelung klar gestellt werden, dass auch Mehrwertdienste und Call-by-Call-Dienstleistungen zu den Leistungen gehören, die vom marktmächtigen Unternehmen für den Wettbewerber zu fakturieren sind (BT-Drucks. 15/2316, S. 65). Dieses Rege- 216 lungsziel wurde durch die Aufnahme des Begriffs der telekommunikationsgestützten Dienste (§ 3 Nr. 25) in die Regelung umgesetzt.

217 a) **Persönlicher Anwendungsbereich.** Der Kreis der Verpflichteten nach der Nr. 7 wird mit dem Begriff **Rechnungsersteller** nicht präzise beschrieben. Aus dem Gesamtzusammenhang der Regelung mit den weiteren Regelungen in Abs. 1 und 2 ergibt sich, dass zur Fakturierung verpflichteter Rechnungsersteller jeder Betreiber eines öffentlichen Telekommunikationsnetzes ist, der über beträchtliche Marktmacht verfügt. Gemeint sind damit **Teilnehmernetzbetreiber**, da nur für sie die vom Gesetz definierte Verpflichtung zur Rechnungsstellung gegenüber Anschlusskunden in Betracht kommt.

218 Der Kreis der Zugangsberechtigten wird mit dem Begriff der **Anbieter von Telekommunikationsdienstleistungen** für die Öffentlichkeit benannt und damit nur ungenau festgelegt. Die Terminologie entspringt derjenigen des TKG 1996 (vgl § 3 Nr. 19 TKG 1996), entspricht aber nicht mehr der neugefassten Terminologie, die den Begriff der Telekommunikationsdienste des § 3 Nr. 24 verwendet. Zum TKG 1996 wurde aber die Zugangsberechtigung restriktiv verstanden; insbesondere wurden Mehrwertdiensteanbieter und Anbieter von Internet-by-Call nicht als Telekommunikationsdienstleistungsanbieter angesehen (VG Köln K&R 2003, 36). Deshalb ist auch nach der geltenden Rechtslage die vom Gesetzgeber ausdrücklich gewollte (vgl Rn 216) Einbeziehung der Anbieter von Mehrwertdiensten in den Kreis der Zugangsberechtigten rechtstechnisch nicht zweifelsfrei gelungen. Die Erwähnung „telekommunikationsgestützter Dienste" in Nr. 7 lit. a betrifft den Inhalt der Rechnungsstellung, regelt aber nicht die Frage der Berechtigung für Fakturierungsleistungen (BerlKommTKG/*Thomaschki/Neumann*, § 21 Rn 162 f). Reine Content Provider fallen nach der geltenden Gesetzeslage nicht in der Kreis der von der Nr. 7 begünstigten Unternehmen; sie bieten weder eine Telekommunikationsdienstleistung für die Öffentlichkeit iSd § 3 Nr. 19 TKG 1996 noch einen Telekommunikationsdienst iSd § 3 Nr. 25 TKG 2004/2007 an (BerlKommTKG/*Thomaschki/Neumann*, § 21 Rn 164).

219 b) **Inhalt der Verpflichtung.** Grundsätzlich kann gegenüber dem verpflichteten Netzbetreiber verfügt werden, dass dieser **„Dienstleistungen im Bereich der einheitlichen Rechnungsstellung"** zu erbringen hat. Eine Legaldefinition der damit verbundenen Leistungen findet sich im Gesetz nicht. Abzustellen ist auf den Dienstebegriff des § 3 Nr. 32. Die Rechnungsstellung ist einheitlich, wenn der Anschlusskunde für die über seinen Anschluss in Anspruch genommenen Dienste eine einzige Rechnung erhält (vgl § 45 h), sofern er nicht gesonderte Abrechnungen mit einzelnen Anbietern vereinbart hat; nach lit. a S. 3 kann die einheitliche Rechnungsstellung von der BNetzA verfügt werden. Welche Leistungen „im Bereich der einheitlichen Rechnungsstellung" liegen, wird vom Gesetz ebenfalls nicht im Einzelnen definiert; aus den Regelungen der Nr. 7 lit. a – e ergeben sich konkretisierende Hinweise, aber auch Einschränkungen für den möglichen Leistungsumfang. Nach lit. a gehören dazu die Fakturierung von Telekommunikationsdienstleistungen, von Auskunftsdiensten nach § 78 Abs. 2 Nr. 3 sowie von telekommunikationsgestützten Diensten (§ 3 Nr. 25); damit sind insbesondere Mehrwertdienste, Call-by-Call-, Internet-by-Call- und Preselection-Dienste einbezogen (vgl schon oben Rn 216). Aus den Regelungen der Buchstaben c und e ergibt sich, dass zu den Dienstleistungen die Erfassung und Bearbeitung der von dem Anbieter übergebenen Kommunikationsdatensätze, der Druck und Versand der Rechnungen sowie Maßnahmen des Inkasso von Forderungen (Entgegennahme von Zahlungen, Weiterleitung an den Anbieter, Durchführung des Lastschrifteinzugs) gehören können. Die angeführten Leistungen sind nicht abschließend geregelt; die Einzelheiten werden vielmehr von der BNetzA unter Beachtung der sich aus der Nr. 7 ergebenden „Maßgaben" festgelegt.

220 Im Einzelnen regelt lit. a, dass zu den abzurechnenden Leistungen auch Entgelte für die Übermittlung von Berechtigungscodes gehören. Vorausgesetzt ist, dass diese „ausschließlich Dienstleistungen zum Gegenstand haben". Codes zur Abrechnung von Warengeschäften sind damit ausgeschlossen, ohne dass ein Sachgrund dafür erkennbar ist, auf dem Wege e-commerce vertriebene Waren nicht in die Fakturierungs- und Inkassoregelung einzubeziehen. Auf die Art der Erbringung der Dienstleistung kommt es nicht an; nach zutreffender Auslegung werden deshalb sowohl Kosten für die Codesübermittlung von online erbrachten Dienstleistungen als auch solche, die eine offline-Komponente haben (Kartenvorbestellungen, Reservierungscodes), erfasst.

221 Ausnahmen von der Fakturierungs- und Inkassoverpflichtung sind in lit. b vorgesehen. Sie betreffen zunächst **überhöhte Entgelte**, die in Anlehnung an die (wegen der Entgelthöhe allerdings inzwischen geänderten) Regelung des § 66 d TKG gegen den gebotenen Kundenschutz verstoßen und deswegen von der BNetzA nicht der Fakturierungs- und Inkassopflicht unterworfen werden sollen. Ebenso wenig darf die BNetzA dem marktmächtigen Netzbetreiber Verpflichtungen zur **Reklamationsbearbeitung,**

zur Mahnung und zur Durchsetzung von Forderungen für andere Anbieter auferlegen. Die Unzulässigkeit der Auferlegung von Reklamationsbearbeitung für Dritte betrifft nach dem einschränkungslos formulierten Wortlaut des lit. b Satz 2 sowohl Reklamationen betreffend den erbrachten Dienst als auch betreffend die Rechnungsstellung. Im Zusammenhang mit der Regelung, dass das zur Rechnungsstellung verpflichtete Unternehmen nicht verpflichtet werden kann, Mahnungen über eigene Forderungen hinaus auch für Forderungen Dritter zu versenden, hat der Gesetzgeber in lit. e die dort geregelte Hinweispflicht angeführt. Diese Hinweispflicht besteht allerdings nicht als selbstständige gesetzliche Verpflichtung, sondern ist von der BNetzA im Rahmen der Zugangsanordnung gesondert zu verfügen. Verpflichtungen dürfen ferner nicht für Dienste auferlegt werden, die ein Legitimationsverfahren erfordern; diese Regelung betrifft die call-by-call-Diensteanbieter, die ohnehin über die Kundendaten verfügen, weil eine Anmeldung des Nutzers erfolgt.

c) **Ausnahmen.** Die Verpflichtungen nach der Nr. 7 bestehen nicht, soweit über in Frage kommenden 222
Fakturierungsleistungen eine Vereinbarung geschlossen wurde, an die ein überwiegender Teil des insoweit relevanten Marktes der von den Anschlusskunden auswählbaren Telekommunikationsdienstleistungsanbieter gebunden ist. Der Gesetzgeber überlässt damit den Bereich der Fakturierungs- und Inkassoleistungen der (regulierten) Selbstregulierung durch die Marktteilnehmer. Die insofern subsidiäre Regulierungskompetenz der BNetzA hat nach der Nr. 7 nur dann zurückzustehen, wenn die gesetzlichen Regulierungsziele durch die Vereinbarung erfüllt sind. Die im August 2005 getroffenen Vereinbarung der im VATM und BREKO zusammengeschlossenen Telekommunikationsunternehmen mit der Deutschen Telekom AG genügt nach dem Selbstverständnis der Vereinbarungsbeteiligten diesen Anforderungen (vgl Präambel „Vereinbarung über die zukünftige Gestaltung Allgemeiner Geschäftsbedingungen für Fakturierungs- und Inkassoleistungen der T-Com zwischen den Parteien“). Vereinbarungen, die den in der Nr. 7 gesetzlich verankerten Regulierungszielen entsprechen, wirken sich auch auf die Entgeltregulierung aus. Nach § 30 Abs. 2 Satz 2 ist eine Regulierung der Entgelte nach dem TKG in diesem Fall ausgeschlossen. Eine Preismissbrauchskontrolle nach dem § 19 GWB wird dadurch nicht ausgeschlossen, § 2 Abs. 3 Satz 1 TKG.

D. Soll-Verpflichtung, Abs. 3

I. Allgemeines

In Abs. 3 werden einzelne Zugangsvarianten behandelt, deren Anordnung die BNetzA verfügen „soll“. 223
Der Gesetzgeber beschränkt mit dieser Formulierung gemäß allgemeinen verwaltungsrechtlichen Grundsätzen (vgl BVerwGE 90, 88, 93) das der Behörde zustehende Ermessen dahin gehend, dass die Zugangsgewährungsverpflichtungen des Abs. 3 bei Vorliegen der Tatbestandsvoraussetzungen in der Regel verfügt werden müssen. Wenn keine besonderen Umstände gegeben sind, kann die Behörde ohne nähere Begründung die entsprechende Zugangsgewährungsverpflichtung auferlegen. Einer abwägende Rechtfertigungsprüfung unter Beachtung der Kriterien des Abs. 1 bedarf es somit regelmäßig nicht. Die Sollanordnung des Abs. 3 indiziert, dass die Abwägung in Ermangelung besonderer Umstände nach der gesetzlichen Wertentscheidung zulasten des marktmächtigen Unternehmens ausfällt. Eine Prüfung der Kriterien des Abs. 1 Nr. 1–7 findet nach allgemeiner Auffassung dann nicht mehr statt (VG Köln v. 8.3.2007 – 1 K 4314/06, MMR 2007, 745, 746; BerlKommTKG/*Thomaschki*/*Neumann*, § 21 Rn 187; BeckTKG-Komm/*Piepenbrock*/*Attendorn*, § 21 Rn 253 f, 255 ff).

Der gesetzliche Regelfall des Abs. 3 liegt immer dann vor, wenn ein Betreiber öffentlicher Telekom- 224
munikationsnetze mit beträchtlicher Marktmacht auf dem relevanten Markt der Zugangsverpflichtung vorhanden ist und eine der in den Nr. 1–4 genannten Zugangsvarianten verfügt werden soll. Unter dieser Voraussetzung hat die BNetzA lediglich zu prüfen, ob aufgrund besonderer Umstände ein atypischer Fall gegeben ist, der eine Prüfung der Rechtfertigung der Zugangsanordnung erfordert. Der eine behördliche Ermessensentscheidung im Einzelfall fordernde Sonderfall soll nach geltender Rechtslage allenfalls ausnahmsweise gegeben sein. Nach der gesetzlichen Wertung des TKG und den europarechtlichen Richtlinienvorgaben der RRL und der ZRL soll gerade netzbasierte Marktmacht auf den Vorleistungsmärkten eine Zugangsregulierung zur Gewährleistung chancengleichen Wettbewerbs auf den nachgelagerten Märkten zur Folge haben. Vor diesem Hintergrund ist eine die gesetzliche Sollanordnung durchbrechende atypische Situation nur in dem (derzeit wohl nur theoretischen) Fall gegeben, dass trotz Marktmacht eines Unternehmens auf einem Vorleistungsmarkt nicht regulierungsbedürftiger Wettbewerb auf den nachgelagerten Märkten besteht.

225 Die weitergehende Erwägung, einen atypischen Fall anzuerkennen, weil die Zugangsanordnung eine unvertretbare Härte für das marktmächtige Unternehmen darstellt (so BeckTKG-Komm/*Piepenbrock/Attendorn*, § 21 Rn 260), steht nicht im Einklang mit der gesetzlichen Wertung, nach der die Zugangsanordnung in den Soll-Verpflichtungsfällen des Abs. 3 das Korrelat der Marktmacht darstellt. Die Behörde soll gerade nicht verpflichtet sein, in eine Zumutbarkeitsprüfung einzutreten. Dass eine solche das Behördenermessen ersetzende Sollentscheidung des Gesetzgebers Zweifel hinsichtlich der Richtlinienkonformität begründen soll (BerlKommTKG/*Thomaschki/Neumann,* § 21 Rn 188), verengt ungerechtfertigter Weise den vom europäischen Richtlinienrecht nach Art. 8 und 12 ZRL belassenen Umsetzungsspielraum des mitgliedstaatlichen Gesetzgebers. Dieser kann dahin gehend genutzt werden und verlangt in Ansehung der Regulierungsziele geradezu, dass in besonders bedeutsamen Fällen die Zugangsentscheidung der BNetzA und deren Vorhersehbarkeit zugunsten der Schaffung und Gewährleistung chancengleichen Wettbewerbs nicht von schwer einschätzbaren behördlichen Ermessenentscheidungen im Einzelfall abhängen, sondern durch Rechtssicherheit schaffende Legislativakte befördert werden.

II. Zugang zum Teilnehmeranschluss, Nr. 1

226 Der Zugang zum Teilnehmeranschluss bildet den Sachverhalt, bei dem im Hinblick auf das Regulierungsziel der Schaffung chancengleicher Wettbewerbsbedingungen im Telekommunikationswesen angesichts der in weiten Marktbereichen derzeit gegebenen Ausgangslage ein besonderes Bedürfnis für vom Behördenermessen unabhängige Regulierungseingriffe besteht (zur Entwicklung der Ausgangslage insbesondere im Bereich der festnetzbasierten Dienste in der Bundesrepublik Deutschland vgl BNetzA, Jahresbericht 2010, S. 71 ff). Der **Begriff des Teilnehmeranschlusses** wird in § 3 Nr. 21 legal definiert; er bezieht sich danach allein auf den Bereich der „festen öffentlichen Telekommunikationsnetze" (Festnetz). Ein Zugang zu Teilnehmeranschlüssen im Mobilfunknetz oder anderen Telekommunikationsnetzen kann über die Nr. 1 nicht verfügt werden.

227 Die Regelung der Nr. 1 ist technikneutral gestaltet (wie hier BeckTKG-Komm/*Piepenbrock/Attendorn*, § 21 Rn 269 ff; aA BerlKommTKG/*Thomaschki/Neumann,* § 21 Rn 200; Spindler/Schuster/*Neitzel,* § 31 Rn 47 f, die den Zugang auf die Metallleitung begrenzt verstehen). Der Zugang zum Teilnehmeranschluss soll den Zugang unabhängig von der **Ausführungstechnik** schaffen (zB Zweidrahtkupferleitung mit Teilnehmeranschlusseinheit (TAE) oder mit dem Abschlusspunkt Linientechnik (APL), bei deren Verwendung die sich anschließende Inhouse-Verkabelung von der Nr. 1 nicht erfasst wird (BeckTKG-Komm/*Piepenbrock/Attendorn*, § 21 Rn 126, 270); hybride Teilnehmeranschlusssysteme (HYTAS), optische Anschlussleitungssysteme (OPAL), Glasfaserkabelanschlüsse, der Wireless Local Loop (WLL), Zugang zum Kabelfernsehnetz und zum System der Powerline Communication (PLC). Die Zugangsregulierung nach der Nr. 1 gewährleistet, dass der Zugang technologieneutral zu der wie auch immer beschaffenen Teilnehmeranschlussleitung (TAL) hergestellt wird. Die BNetzA hat deswegen erkennen lassen, dass auch der **Zugang zu Kabelleerrohren** und zur unbeschalteten **Glasfaser am Kabelverzweiger** miterfasst sein können, hat diese Frage aber letztlich dahinstehen lassen, weil insofern bereits eine Zugangsverpflichtung als Netzkomponentenzugang auf der Grundlage von § 21 Abs. 2 Nr. 1 verfügt wurde (BNetzA v. 27.6.2007 -BK 4a-07-002/R); ausdrücklich abgelehnt hat die BNetzA, die verfügten Zugangsverpflichtungen nach Abs. 3 Nr. 1 auf den Zugang zur reinen Glasfaser-TAL zu erstrecken.

228 Die Regelung nennt als Zugangsvarianten den „vollständig entbündelten Zugang" und den „gemeinsamen Zugang". Die Legaldefinition in dem Klammerzusatz bezieht sich der Sache nach auf den vollständig entbündelten Zugang, während beim gemeinsamen Zugang (Line Sharing) gerade nicht das gesamte, sondern nur das nicht für sprachgebundenen Dienste benötigte Frequenzspektrum des Teilnehmeranschlusses genutzt wird (BNetzA v. 27.6.2007 – BK 4a-07-002/R; BeckTKG-Komm/*Piepenbrock/Attendorn*, § 21 Rn 275 f).

III. Netzzusammenschaltung, Nr. 2

229 Der Rechtsbegriff der Netzzusammenschaltung ist in § 3 Nr. 34 legaldefiniert. Die Zusammenschaltung stellt einen Sonderfall des Zugangs dar und setzt nach dem Wortlaut das **Vorhandensein von zwei Netzen** (öffentlichen Telekommunikationsnetzen) voraus, die mit dem Ziel, eine netzübergreifende Kommunikation herzustellen, miteinander verbunden werden. Der Netzbegriff wiederum ist in § 3 Nr. 27 definiert. Die Netzabgrenzung erfolgt bei Teilnehmernetzen gemäß der jeweiligen Netz- oder

Ortskennzahl; bei Verbindungsnetzen ist zu ermitteln, wo die jeweilige Funktionsherrschaft endet. In europarechtskonformer Auslegung nach Maßgabe der Regelung des Art. 12 Abs. 1 lit. i ZRL kann auch die Zusammenschaltung von **Netzeinrichtungen** verfügt werden (*Heun*, CR 2004, 893, 904).

Unter den weiteren Voraussetzungen ist auch das **Roaming** als ein Zusammenschaltungsfall iSd § 3 Nr. 34 anzusehen. Die Regelung bezieht auch die Fälle der Inanspruchnahme von Diensten ein und erfasst damit auch den in der Bereitstellung von Telekommunikationsnetzen liegenden Telekommunikationsdienst. 230

IV. Offener Schnittstellenzugang, Nr. 3

Eine Sonderregelung zu Nr. 2 regelt die Vorschrift über den Zugang zu technischen Schnittstellen, Protokollen und anderen Schlüsseltechnologien der Nr. 3. Der Gesetzgeber wollte damit sicherstellen, dass die Interoperabilität von Diensten nicht an der Verwendung proprietärer Schnittstellentechnologie scheitert. Nach dieser Vorschrift sind sämtliche technischen Parameter offen zu legen, die für die Interoperabilität der Dienste unentbehrlich sind. Die Regelung betont schon nach ihrem Wortlaut, dass diese Regelungsvariante in allen Fällen in Betracht zu ziehen ist, in denen der Zugang für die Interoperabilität von Diensten und virtuellen Netzen unentbehrlich ist. Damit steht nach geltender Rechtslage fest, dass neben den Virtual Private Networks (VPN) auch Mobile Virtual Network Operators (MVNO) Begünstigte von Zugangsgewährungsverpflichtungen sein können (näher BeckTKG-Komm/*Piepenbrock/Attendorn*, § 21 Rn 294 ff). 231

V. Kollokation, Nr. 4

Mit dieser Regelung wird in Umsetzung von Art. 12 Abs. 1 lit. f ZRL klar gestellt, dass sich die Zugangsverpflichtung nicht nur auf die Bereitstellung von Räumen (physische Kollokation) bezieht, sondern dass sie auch andere Formen der gemeinsamen Nutzung von Einrichtungen umfasst. Nach der Begründung des Gesetzesentwurfs sollte den Wettbewerbern, welche die Kosten der Kollokation zu tragen hätten, bei deren Ausgestaltung Handlungsfreiheit gegeben werden (BT-Drucks. 15/2316, S. 65). Die Standardbedingungen der DTAG, die sich in der Vergangenheit als streitanfällig erwiesen hatten (vgl RegTP MMR 2000, S. 500), dürfen angesichts dieser Wertung keine unangemessen limitierende Wirkung mehr entfalten. Sie können damit auch einer am Wettbewerberinteresse orientierten AGB-Kontrolle nach §§ 305 ff BGB unterzogen werden. 232

E. Ausnahmen, Abs. 4

Die Regelung des Abs. 4 eröffnet der BNetzA die Möglichkeit, von der Auferlegung einer Zugangsgewährungsverpflichtung zur Vermeidung von Gefahren für die Netzintegrität oder die Sicherheit des Netzbetriebs abzusehen. Die Regelung unterscheidet sich von den ermessensleitenden Abwägungskriterien des Abs. 1 dadurch, dass es dem Netzbetreiber obliegt, die Gefährdungssituation darzulegen; die Behörde ist nicht von sich aus verpflichtet, diese Gesichtspunkte zu berücksichtigen. 233

Die Regelung will gewährleisten, dass die **Netzintegrität** nicht beeinträchtigt wird. Damit ist die jederzeitige Funktionsfähigkeit des Netzes im Sinne einer reibungslosen und wartezeitfreien Ende-zu-Ende-Kommunikation gemeint (OVG Münster v. 23.2.2000 – 13 B 1969/99, CR 2000, 376, 368). Dass damit eine Überlastung der Netze eingewandt werden kann (OVG Münster CR 2000, 376, 368), ist vor dem Hintergrund der prinzipiell bestehenden Kapazitätsausbauverpflichtung des marktmächtigen Netzbetreibers zu würdigen. Mit dem zusätzlich erwähnten Schutz der **Sicherheit des Netzbetriebs** soll die öffentliche Sicherheit, nämlich die Verfügbarkeit des öffentlichen Netzes insbesondere in Notfällen gewährleistet sein. 234

Abs. 4 Satz 1 stellt klar, dass die Prognose über die Gefährdungssituation nach objektiven Maßstäben zu treffen ist. Dabei obliegt dem Netzbetreiber die **Darlegungslast** bezüglich der Gefährdungssituation. Die vom Netzbetreiber dargelegte Gefährdung ist von der BNetzA nach objektiven Maßstäben zu beurteilen. 235

Ist eine relevante Gefährdungssituation nachweisbar zu erwarten, kann die BNetzA von der Auferlegung der Zugangsgewährungsverpflichtung entweder ganz absehen oder sie „in anderer Form" auferlegen. Welche Konsequenz von der Regulierungsbehörde getroffen wird, obliegt grundsätzlich ihrem Ermessen. Das Ermessen ist allerdings nur dann eröffnet, wenn sich Vorkehrungen treffen lassen, mit 236 denen die Integritäts- oder Sicherheitsgefährdung des Netzes ausgeschlossen werden kann. Dabei gehört es zu der dem Netzbetreiber obliegenden Darlegungslast, dass dieser auch zu geeigneten Abhilfemaßnahmen gegenüber der nachgewiesenen Gefährdungssituation vorzutragen hat.

F. Rechtsschutz

I. Rechtsbehelfe des Adressaten der Regulierungsverfügung

237 Gegen die durch Verwaltungsakt ergehende Zugangsgewährungsanordnung der BNetzA ist der Rechtsschutz vor den Verwaltungsgerichten eröffnet, § 40 Abs. 1 Satz 1 VwGO. Ein Vorverfahren findet nicht statt, §§ 133 Abs. 3, 137 Abs. 2 TKG. Eine Klage hat **keine aufschiebende Wirkung**, §§ 133 Abs. 3, 137 Abs. 1 TKG.

238 Nach § 114 Satz 1 VwGO kann die Ermessenentscheidung der Regulierungsbehörde von den Verwaltungsgerichten lediglich auf Ermessenfehler hin überprüft werden. Ob ein Ermessenfehler vorliegt, beurteilt sich nach dem Inhalt des Auswahlermessens (vgl Rn 150 ff).

II. Rechtsschutz Dritter

239 § 21 hat drittschützenden Charakter. Wettbewerbsunternehmen sind deshalb gem. § 42 Abs. 2 VwGO klagebefugt. Sie können insbesondere Rechtsschutz mit dem Ziel erstreiten, dem betroffenen Unternehmen weitergehende Regulierungsverpflichtungen aufzuerlegen (BVerwG v. 28.11.2007 – 6 C 42/06 MMR 2008, 463; dazu *Bier*, N&R 2009, 25, 28 f). Die Verpflichtungsklage mit Ziel, weitergehende Regulierungsverpflichtungen zu erreichen, ist nur zulässig, wenn der Dritte schon im Verwaltungsverfahren gegenüber der BNetzA entsprechende Sachanträge gestellt hat (BVerwG aaO).

§ 22 TKG Zugangsvereinbarungen

(1) Ein Betreiber eines öffentlichen Telekommunikationsnetzes, der über beträchtliche Marktmacht verfügt und dem eine Zugangsverpflichtung nach § 21 auferlegt worden ist, hat gegenüber anderen Unternehmen, die diese Leistung nachfragen, um Telekommunikationsdienste anbieten zu können, unverzüglich, spätestens aber drei Monate nach Auferlegung der Zugangsverpflichtung, ein Angebot auf einen entsprechenden Zugang abzugeben.

(2) Zugangsvereinbarungen, die ein Betreiber eines öffentlichen Telekommunikationsnetzes, der über beträchtliche Marktmacht verfügt, abschließt, bedürfen der Schriftform.

(3) [1]Ein Betreiber eines öffentlichen Telekommunikationsnetzes, der über beträchtliche Marktmacht verfügt, muss Vereinbarungen über Zugangsleistungen, an denen er als Anbieter beteiligt ist, unverzüglich nach ihrem Abschluss der Bundesnetzagentur vorlegen. [2]Die Bundesnetzagentur veröffentlicht, wann und wo Nachfrager nach Zugangsleistungen eine Vereinbarung nach Satz 1 einsehen können.

A. Regelungszweck

240 Die Vorschrift bezweckt zunächst, SMP-Unternehmen gesetzlich zu verpflichten, in Erfüllung der angeordneten Zugangsgewährungspflicht ein Angebot über Zugangsvereinbarungen vorzulegen. Insofern stellt sie eine **Folgevorschrift** zu § 21 dar, die dazu beitragen soll, dass die verfügte Zugangsgewährung auf freiwilliger privatrechtlicher Grundlage zustande kommt. Wenn dies nicht gelingt, hat die BNetzA die Befugnis, die Zugangsvereinbarung und deren Inhalte nach § 25 hoheitlich anzuordnen. Ferner ordnet Abs. 2 ein Schriftformerfordernis an und bezweckt mit Abs. 3, **Markttransparenz** zu gewährleisten, indem eine Verpflichtung geregelt wird, abgeschlossene Zugangsvereinbarung der BNetzA zur Veröffentlichung vorzulegen.

B. Angebotspflicht, Abs. 1

241 Die Pflicht zur Vorlage eines Angebots über eine Zugangsvereinbarung trifft den **Adressaten** der Zugangsanordnung nach § 21. Dies gilt trotz des insoweit fehlenden tatbestandlichen Ausweises auch für die Regelungen in Abs. 2 und 3.

Der **Gegenstand** der Angebotspflicht wird durch den Inhalt der Zugangsgewährungsverfügung bestimmt. Somit bestimmt weder der pflichtige Netzbetreiber noch der Nachfrager darüber, welcher Zugang nach § 22 anzubieten ist. Die Angebotsverpflichtung ist vielmehr eine die Zugangsverfügung konkretisierende akzessorische Rechtspflicht. In § 22 wird dieser Zusammenhang durch die Formulierung „Angebot auf einen entsprechenden Zugang" zum Ausdruck gebracht. 242

Das Angebot ist **auf Nachfrage** vorzulegen. Eine beachtliche Nachfrage liegt nur vor, wenn sie sich auf den Gegenstand der Zugangsverfügung bezieht. Eine Nachfrage nach nicht angeordneten Zugangsleistungen kann allenfalls als Verlangen iSd § 16 behandelt werden. Die Nachfrage muss darauf gerichtet sein, „Telekommunikationsdienste anbieten zu können". Hierin liegt eine Bezugnahme auf die in § 3 Nr. 32 vorausgesetzte Zwecksetzung, nach der es ausreicht, wenn Dienste angeboten werden „können", ohne dass erforderlich ist, dass diese bereits angeboten werden. 243

Das vorzulegende Angebot hat nicht den **inhaltlichen Anforderungen** des §§ 145 ff BGB zu entsprechen, es muss nicht – das ergibt sich aus dem Unterschied zur Regelung des Standardangebots iSd § 23 Abs. 3 Satz 4 – rechtsverbindlich und insbesondere nicht so gestaltet sein, dass es von den Nachfragern ohne weiteres angenommen werden kann. Das „Angebot" iSd § 22 muss nur so konkret gestaltet sein, dass es „eine tragfähige Grundlage für konkrete Vertragshandlungen mit der Aussicht auf einen zeitnahen Vertragsschluss" bildet (VG Köln v. 18.8.1997 – 1 L 2317/97, MMR 1998, 102, 103 – zu § 36 TKG 1996; ebenso OVG Münster CR 2000, 369; zum geltenden Recht BerlKommTKG/*Thomaschki/Neumann,* § 22 Rn 7, 9). 244

Das Angebot muss **unverzüglich** abgegeben werden, also ohne schuldhaftes Zögern iSd § 121 BGB, spätestens aber drei Monate nach Auferlegung der Zugangsverpflichtung. Die Frist beginnt nach dem Gesetzeswortlaut grundsätzlich mit dem Wirksamwerden der Regulierungsverfügung. Da aber die Angebotsvorlagepflicht ein entsprechendes Nachfrageverlangen voraussetzt, ist auf den Zeitpunkt des Zugangs des Nachfragebegehrens abzustellen (Spindler/Schuster/*Neitzel,* § 22 Rn 11; aA BerlKommTKG/*Thomaschki/Neumann,* § 22 Rn 11, die zwischen der Erstellung und der Abgabe des Angebots differenzieren wollen; dafür gibt es aber in § 22 keinen normativen Anhaltspunkt). Das Nachfragebegehren kann nicht vor Abschluss des Zugangsverfügungsverfahrens gestellt werden. Der rechtskräftige Abschluss des Zugangsverfügungsverfahrens wird von § 22 nicht vorausgesetzt. Die Einlegung von Rechtsmitteln hat aber Suspensiveffekt (BeckTKG-Komm/*Piepenbrock/Attendorn,* § 22 Rn 15). 245

Eine unmittelbare Sanktion für die Verletzung der Angebotspflicht ist in § 22 nicht vorgesehen. Die BNetzA kann über § 126 vorgehen oder die Anordnung nach § 25 treffen. Außerdem wird ein missbräuchliches Verhalten des marktmächtigen Betreibers nach § 42 Abs. 3 vermutet. Überdies kommt eine Schadenersatzsanktion wegen Verletzung vorvertraglicher Pflichten nach §§ 311, 241 Abs. 2 BGB in Betracht, wenn der pflichtige Netzbetreiber seinen Angebotspflichten nicht oder nicht rechtzeitig nachkommt (BeckTKG-Komm/*Piepenbrock/Attendorn,* § 22 Rn 13). § 22 Abs. 1 hat einen drittschützenden Charakter (Spindler/Schuster/*Neitzel,* § 22 Rn 20). 246

C. Schriftform, Abs. 2

Das Schriftformerfordernis des Abs. 2 gilt für alle Zugangsvereinbarungen marktmächtiger Netzbetreiber, unabhängig vom Vorliegen einer Zugangsverfügung nach § 21. Der Inhalt des Schriftformerfordernisses ergibt sich aus §§ 125, 126 BGB. Ohne Beachtung der Schriftform ist die Zugangsvereinbarung gem. § 125 S. 1 BGB nichtig. 247

D. Vorlage an die BNetzA, Abs. 3

Im Interesse der Schaffung möglichst hoher Markttransparenz (vgl Rn 240) besteht die Vorlagepflicht bei der BNetzA für marktmächtige Netzbetreiber unabhängig vom Vorliegen einer Zugangsverfügung nach § 21. Vorzulegen sind alle Zugangsvereinbarungen iSd § 3 Nr. 32. Die Verletzung der Pflicht zu unverzüglicher Vorlage wird nach § 149 Abs. 1 Nr. 5 als Ordnungswidrigkeit geahndet. 248

Die BNetzA ermöglicht zur Gewährleistung der Markttransparenz die Einsichtnahme in die ihr vorgelegten Vereinbarungen. In Übereinstimmung mit § 5 sind die entsprechenden Unterlagen auch im Internet einsehbar. Die Regelung des § 22 Abs. 3 verhält sich nicht zur Wahrung von *Betriebs- und Geschäftsgeheimnissen.* Aus dem Wegfall der bisherigen Geheimnisschutznorm des § 6 Abs. 2, 3 NZV aF kann nicht geschlossen werden, dass dieser Schutz nach geltender Rechtslage nicht mehr besteht; 249

vielmehr sind in europarechtskonformer Anwendung gemäß Art. 15 Abs. 1 ZRL nach wie vor Betriebs- und Geschäftsgeheimnisse zu schützen (BerlKommTKG/*Thomaschki/Neumann*, § 22 Rn 29).

§ 23 TKG Standardangebot

(1) [1]Die Bundesnetzagentur kann einen Betreiber eines öffentlichen Telekommunikationsnetzes, der über beträchtliche Marktmacht verfügt, verpflichten, in der Regel innerhalb von drei Monaten ein Standardangebot für die Zugangsleistung zu veröffentlichen, für die eine allgemeine Nachfrage besteht. [2]Diese Entscheidung kann gemeinsam mit einer Entscheidung über die Auferlegung einer Zugangsverpflichtung nach § 21 ergehen.

(2) [1]Soweit ein Betreiber eines öffentlichen Telekommunikationsnetzes mit beträchtlicher Marktmacht kein oder ein nach Absatz 1 unzureichendes Standardangebot vorlegt, ermittelt die Bundesnetzagentur, für welche Zugangsleistungen eine allgemeine Nachfrage besteht. [2]Zu diesem Zweck gibt die Bundesnetzagentur tatsächlichen oder potentiellen Nachfragern nach solchen Leistungen Gelegenheit zur Stellungnahme. [3]Im Anschluss daran gibt sie dem Betreiber mit beträchtlicher Marktmacht Gelegenheit zur Stellungnahme dazu, welche der ermittelten Leistungen nach seiner Ansicht Bestandteil eines Standardangebots werden sollen.

(3) [1]Die Bundesnetzagentur soll innerhalb einer Frist von vier Monaten unter Berücksichtigung der Stellungnahmen nach Absatz 2 die Zugangsleistungen festlegen, die der Betreiber mit beträchtlicher Marktmacht als Standardangebot anbieten muss. [2]Die Bundesnetzagentur fordert den Betreiber auf, innerhalb einer bestimmten Frist ein entsprechendes Standardangebot mit Bereitstellungs- und Nutzungsbedingungen einschließlich der Entgelte vorzulegen. [3]Sie kann diese Aufforderung verbinden mit bestimmten Vorgaben für einzelne Bedingungen, insbesondere in Bezug auf Chancengleichheit, Billigkeit und Rechtzeitigkeit. [4]Dieses Standardangebot muss so umfassend sein, dass es von den einzelnen Nachfragern ohne weitere Verhandlungen angenommen werden kann. [5]Die vorgenannten Sätze gelten auch für den Fall, dass der Betreiber mit beträchtlicher Marktmacht ein unzureichendes Standardangebot vorgelegt hat.

(4) [1]Die Bundesnetzagentur prüft die vorgelegten Standardangebote und nimmt Veränderungen vor, soweit Vorgaben für einzelne Bedingungen, insbesondere in Bezug auf Chancengleichheit, Billigkeit und Rechtzeitigkeit nicht umgesetzt wurden. [2]Die Bundesnetzagentur versieht Standardangebote in der Regel mit einer Mindestlaufzeit. [3]Der Betreiber mit beträchtlicher Marktmacht muss beabsichtigte Änderungen oder eine Einstellung des Standardangebots drei Monate vor Ablauf der Mindestlaufzeit gegenüber der Bundesnetzagentur anzeigen. [4]Die Entscheidungen nach Absatz 3 und 4 Satz 1 und 2 können nur insgesamt angegriffen werden. [5]Für die Regulierung der Entgelte gelten die §§ 27 bis 37.

(5) [1]Sofern eine Zugangsleistung bereits Gegenstand einer Zugangsvereinbarung nach § 22 ist, kann die Bundesnetzagentur den Betreiber eines öffentlichen Telekommunikationsnetzes, der über beträchtliche Marktmacht verfügt, verpflichten, diese Zugangsleistung als Standardangebot auch anderen Nachfragern diskriminierungsfrei anzubieten, wenn zu erwarten ist, dass für diese Zugangsleistung eine allgemeine Nachfrage entstehen wird. [2]Dies gilt auch für Zugangsleistungen, zu deren Erbringung ein Betreiber eines öffentlichen Telekommunikationsnetzes, der über beträchtliche Marktmacht verfügt, im Rahmen einer Anordnung nach § 25 verpflichtet worden ist.

(6) [1]Die Bundesnetzagentur kann einen Betreiber eines öffentlichen Telekommunikationsnetzes, der über beträchtliche Marktmacht verfügt, verpflichten, eine Änderung des Standardangebots vorzunehmen, wenn sich die allgemeine Nachfrage wesentlich geändert hat. [2]Dies kann sich sowohl auf die Leistungen selbst als auch auf wesentliche Bedingungen für deren Erbringung beziehen. [3]Für die Änderung des Standardangebots gelten die Absätze 2 bis 5 entsprechend.

(7) Der Betreiber ist verpflichtet, das Standardangebot in seine Allgemeinen Geschäftsbedingungen aufzunehmen.

A. Übersicht und Regelungszweck

250 Die ursprünglich mit dem TKG 2004 neu eingeführte Vorschrift dient der Umsetzung der Transparenzverpflichtungen des Art. 9 Abs. 2 und 4 ZRL. Marktmächtige Netzbetreiber haben über die von ihnen anzubietenden Zugangsleistungen ein Angebot vorzulegen, das nicht nur für einen einzelnen

berechtigten Zugangspetenten gilt, sondern eine Art **Allgemeinverbindlichkeit** hat. Der zugangsverpflichtete Betreiber bleibt auch im Falle eines veröffentlichten Standardangebots verpflichtet, auf Nachfrage eine individuelle Zugangsvereinbarung anzubieten, und der Nutzer bleibt berechtigt, vom Standardangebot abweichende Verträge auszuhandeln (vgl Spindler/Schuster/*Neitzel*, § 23 TKG Rn 4; BerlKommTKG/*Thomaschki/Neumann*, § 23 Rn 24).

Die Vorschrift regelt ein mehrstufiges Verfahren für die Erstellung und die Kontrolle von Standardangeboten. Den Ausgangspunkt („Obersatz"; vgl BT-Drucks. 15/2316, S. 66) bildet dabei die Regelung des Abs. 1, nach der die BNetzA dem zugangspflichtigen Betreiber die Verpflichtung zur Veröffentlichung eines Standardangebots auferlegen kann. Entspricht dem der Betreiber nicht bzw nur unzureichend, kommt das Verfahren der Abs. 2 und 3 zur Erstellung eines Standardangebots zur Anwendung. Nach Abs. 4 ist die BNetzA zur Prüfung und erforderlichenfalls zur Veränderung von Standardangeboten verpflichtet. Abs. 5 ermöglicht der BNetzA, pflichtige Betreiber zur Vorlage eines Standardangebots auf der Grundlage tatsächlich vereinbarter Zugangsregeln zu verpflichten. Auf wesentliche Änderungen der allgemeinen Nachfrage kann die BNetzA durch eine Verpflichtung zur Änderung des Standardangebots reagieren; Abs. 6. Nach Abs. 7 sind Standardangebote in die AGB der pflichtigen Betreiber aufzunehmen. 251

Insgesamt will der Gesetzgeber mit den Regelungen zu den umfassenden Prüfungs- und Eingriffsbefugnissen bei Standardangeboten Transparenz in Bezug auf die Zugangs- und Zusammenschaltungsbedingungen einschließlich der Preise gewährleisten. Dies wiederum dient dem Ziel, den Verhandlungsprozess zu beschleunigen, Streitigkeiten zu verhindern und den Marktteilnehmern Gewissheit zu bieten, dass ein bestimmter Dienst ohne Diskriminierung erbracht wird (vgl Erwägungsgrund Nr. 16 der ZRL). 252

B. Verpflichtung zur Veröffentlichung eines Standardangebots, Abs. 1

I. Persönlicher Anwendungsbereich

Der Kreis der Adressaten, denen die BNetzA eine Standardangebotsverpflichtung auferlegen kann, ist identisch mit dem Adressatenkreis des § 21 (vgl Erl. in § 21 Rn 130 ff). 253

II. Sachlicher Gegenstandsbereich

Die Vorschrift erfasst nach Inkrafttreten des TKG-Änderungsgesetzes 2007 nicht mehr nur die Fälle nach § 21 auferlegter Zugangsanordnungen. Die Befugnis zur Verfügung einer Standardangebotsverpflichtung besteht in den folgenden Fällen: (1) Die Verfügung kann gemeinsam mit einer Zugangsanordnung nach § 21 ergehen, § 23 Abs. 1 Satz 2. (2) Sie kann isoliert, also gesondert von anderen Verfügungen getroffen werden, § 23 Abs. 1 Satz 1. (3) Die Verpflichtung kann zusammen mit einer Regulierungsverfügung nach § 13 Abs. 1 nach Abschluss des Marktanalyse-, Konsultations- und Konsolidierungsverfahrens verfügt werden. (4) Die Anordnung kann nach Abschluss einer Zugangsvereinbarung nach § 22 ergehen, § 23 Abs. 5 Satz 1. (5) Die Verpflichtungsanordnung kann in Abänderung einer bereits bestehenden Standardangebotsanordnung ergehen, wenn sich die allgemeine Nachfrage nach Zugangsleitungen wesentlich geändert hat, § 23 Abs. 6. 254

III. Voraussetzungen

Nachdem sich die Anordnung einer Verpflichtung nach § 23 nicht mehr auf eine Zugangsverpflichtung nach § 21 beziehen muss, kommt für den Gegenstand einer Standardangebotsverpflichtung grundsätzlich jede **Zugangsleistung** in Betracht. Nach Sinn und Zweck ist einschränkend zu berücksichtigen, dass die Zugangsleistung dem Markt zugeordnet werden kann, auf dem der pflichtige Betreiber als marktmächtig eingestuft wurde (BerlKommTKG/*Thomaschki/Neumann*, § 23 Rn 29). 255

Die BNetzA hat festzustellen, ob für die Zugangsleistung (und nicht etwa das Standardangebot; vgl Spindler/Schuster/*Neitzel*, § 23 Rn 29) eine **„allgemeine Nachfrage"** besteht. Die Bedeutung dieser Begrifflichkeit wird im TKG nicht näher festgelegt. Das Verfahren nach Abs. 2 ist nach der Systematik der Vorschrift von der BNetzA im Rahmen der Prüfung einer Standardangebotspflicht nach Abs. 1 nicht heranzuziehen und einzuhalten; sie hat nach allgemeinen Grundsätzen zu beurteilen, ob eine entsprechende Nachfrage nach der Zugangsleistung besteht. Dabei ist mit Rücksicht auf die Zielsetzung der Zugangsregulierung zur Sicherung und Förderung nachhaltigen Wettbewerbs nicht erst eine 256

Nachfrage aller oder nahezu aller tatsächlichen oder potenziellen Nachfrager, sondern die Nachfrage einer nicht unerheblichen Zahl von Zugangsberechtigten nach der Zugangsleistung erheblich (*Steinwärder,* MMR 2005, 84, 86). Ein fester **Schwellenwert** wird im Gesetz nicht vorgeschrieben.

257 Der BNetzA steht bei der Auferlegung einer Standardangebotsverpflichtung ein Entschließungsermessen zu. Die vor dem TKG-Änderungsgesetz 2007 geltende Soll-Bestimmung wurde entsprechend geändert, so dass sich die europarechtlichen Bedenken wegen einer fehlerhaften Umsetzung der ZRL nunmehr erledigt haben.

IV. Rechtsfolgen

258 Abs. 1 sieht weder inhaltliche Vorgaben für das Standardangebot vor, noch ist die BNetzA befugt, solche Vorgaben zu verfügen. Sie hat aber das vorgelegte Standardangebot nach Maßgabe des Abs. 4 zu überprüfen. Die Standardangebotsverpflichtung ergeht als Verwaltungsakt; dieser wiederum kann zusammen mit einer Zugangsverpflichtung nach § 21 ergehen, Abs. 1 S. 2.

259 Dem pflichtigen Betreiber ist regelmäßig eine Frist von drei Monaten für die Veröffentlichung des Angebots einzuräumen. Die Frist beginnt mit der Bekanntgabe des Verwaltungsaktes.

260 Mit der Standardangebotspflicht ist die weitere (gesetzliche) Verpflichtung nach Abs. 7 verbunden, das Standardangebot in die AGB aufzunehmen. Damit gibt der Netzbetreiber **kein rechtsverbindliches Angebot** auf Abschluss einer Zugangsvereinbarung iSd § 145 BGB ab (*Steinwärder*, MMR 2005, 84, 87). Andernfalls würde dem Zugangspflichtigen durch die Annahme des Angebots das Recht genommen, zu prüfen, ob der konkrete Nachfrager zugangsberechtigt ist. Das AGB-Standardangebot des Zugangsverpflichteten hat den zivilrechtlichen Charakter einer Aufforderung zur Abgabe eines Angebots (sog. invitatio ad offerendum).

C. Verfahren nach Abs. 2 und 3

261 Legt der Betreiber innerhalb der nach Abs. 1 verfügten Frist kein bzw kein zureichendes Standardangebot vor, ist von der BNetzA das in Abs. 2 und 3 geregelte (zweistufige) Verfahren einzuschlagen. Abs. 2 verpflichtet die BNetzA zu ermitteln, für welche Zugangsleistungen eine allgemeine Nachfrage besteht; gem. Abs. 3 soll die BNetzA sodann die Zugangsleistungen festlegen, die der Betreiber als Standardangebot anzubieten hat.

I. Feststellung allgemeiner Nachfrage

262 Im ersten Verfahrensschritt, bei der Feststellung für welche Zugangsleistungen eine allgemeine Nachfrage besteht, hat die BNetzA nach Abs. 2 Satz 2 den tatsächlichen oder potenziellen Nachfragern Gelegenheit zur Stellungnahme zu den Leistungen zu geben, die in das Standardangebot aufgenommen werden sollen. Gelegenheit zur Stellungnahme ist grundsätzlich allen Zugangsberechtigten zu geben; die „oder"-Konjunktion ist nach dem Sinn und Zweck der Regelung als „und" zu lesen. Eine bestimmte Form der Ansprache der Zugangsberechtigten durch die BNetzA schreibt das Gesetz nicht vor.

263 In einem zweiten Schritt hat sie dem betroffenen Betreiber nach § 23 Abs. 2 Satz 3 Gelegenheit zur Stellungnahme zu geben. Dessen Stellungnahme ist darauf zu beziehen, welche der im ersten Schritt ermittelten Leistungen Bestandteil eines Standardangebots werden sollen. Eine förmliche Feststellung durch gesonderten Verwaltungsakt zu den einzelnen Verfahrensschritten ist im Gesetz nicht vorgesehen. Dem Betreiber sind von der BNetzA die (aggregierten) Ergebnisse der Stellungnahmen der Nachfrager sowie deren Auswertung durch die BNetzA vorzulegen (BerlKommTKG/*Thomaschki*/*Neumann,* § 23 Rn 55).

264 Die dem Verfahren zur Feststellung der Nachfrage folgenden Maßnahmen der BNetzA umfassen mehrere Entscheidungen. Diese Entscheidungen ergehen jeweils als Teilentscheidung in der Form eines Verwaltungsaktes. Die jeweiligen Teilentscheidungen sind gem. Abs. 4 Satz 4 nur insgesamt angreifbar. Alle bisher ergangenen Standardangebotsverfügungen der BNetzA sind auf deren Homepage zu dem Stichwort „Standardvertragsangebote" veröffentlicht.

II. Festlegung der Zugangsleistungen

Nach Abs. 3 Satz 1 legt die BNetzA durch Verwaltungsakt die Zugangsleistungen fest, die der Netzbetreiber als Standardangebot anbieten muss. Sie hat diese Festlegung unter Berücksichtigung der Stellungnahmen von Nachfragern und Netzbetreiber zu treffen und ist somit an keine Stellungnahme gebunden. Bei dieser (Teil-)Entscheidung steht der BNetzA ein Auswahlermessen zur Verfügung. Die Festlegung soll innerhalb einer Frist von vier Monaten vorgenommen werden; bei Vorliegen besonderer Umstände kommt mithin eine längere Frist in Betracht. 265

III. Aufforderung zur Vorlage eines Standardangebots

Die BNetzA hat sodann den Betreiber aufzufordern, innerhalb einer bestimmten Frist ein Standardangebot vorzulegen, Abs. 3 Satz 2; auch diese Entscheidung ergeht als Verwaltungsakt. Die Festlegung der Frist liegt im Ermessen der BNetzA, das diese unter Berücksichtigung des für die Ausarbeitung eines Standardangebots erforderlichen zeitlichen Aufwands auszuüben hat; die Frist kann einen kürzeren Zeitraum als drei Monate betragen, damit auch in den Fällen der behördlicherseits festgelegten Bedingungen, die Vorlagefrist von drei Monaten nach Abs. 1 in der Regel eingehalten werden kann. Eine Verkürzung oder Verlängerung der Frist wird dadurch bei Vorliegen besonderer Umstände nicht ausgeschlossen. 266

Der **Inhalt des Standardangebots** hat die Bereitstellungs- und Nutzungsbedingungen einschließlich der Entgelte zu enthalten. Die Bedingungen haben im Hinblick auf Abs. 3 Satz 3 insbesondere den Anforderungen der Gewährleistung von Chancengleichheit und Billigkeit zu entsprechen. Bei der Bemessung der Höhe der Entgelte sind die Maßstäbe der Entgeltregulierung der §§ 27 ff einzuhalten. Abs. 3 Satz 4 gibt den Mindestinhalt damit an, dass es so umfassend zu gestalten ist, dass es von den einzelnen Nachfragern ohne weitere Verhandlungen angenommen werden kann (dazu *Steinwärder*, MMR 2005, 84, 86). Es ist so zu konkretisieren, dass ein Zugangspetent unter Bezugnahme auf das Standardangebot ein bindendes Angebot zum Vertragsschluss abgeben kann (BerlKommTKG/*Thomaschki*/*Neumann*, § 23 Rn 66; demgegenüber verlangt Spindler/Schuster/*Neitzel*, § 23 TKG Rn 21 ein rechtsverbindliches Standardangebot). 267

Im Hinblick auf den gesetzlich geforderten Inhalt kann die BNetzA **„unzureichende Standardangebote“** ebenfalls zum Anlass nehmen, den Betreiber zur Vorlage eines zureichenden Standardangebots aufzufordern, Abs. 3 Satz 5. Die Regelung hat letztlich keine eigenständige Bedeutung, weil die BNetzA im Rahmen ihrer Kompetenz nach Abs. 4 unzureichende Angebote ohnehin prüfen kann und Änderungen zu verfügen hat. 268

IV. Nebenbestimmungen

Die Aufforderung zur Vorlage eines Standardangebots kann die BNetzA mit Vorgaben für einzelne Bedingungen verbinden, Abs. 3 Satz 3. Die Festlegung solcher Inhalts- oder Nebenbestimmungen zu dem Aufforderungsverwaltungsakt liegt im **Ermessen** der Behörde. Inhaltlich können die Nebenbestimmungen insbesondere Bezug zu Fragen der Chancengleichheit, Billigkeit und Rechtzeitigkeit des vorzulegenden Standardangebots haben, Abs. 3 Satz 3 (vgl Rn 106 ff zu den in § 19 verwendeten identischen Begriffen). 269

D. Befugnisse der BNetzA gemäß Abs. 4

I. Prüfungsrecht

Die Standardangebote hat die BNetzA umfassend auf ihre Übereinstimmung mit den inhaltlichen Anforderungen zu prüfen. Das Prüfungsrecht der BNetzA bezieht sich auf die „ihr vorgelegten“ Standardangebote und damit sowohl auf die nach Abs. 1 als auch die nach Abs. 3 vorgelegten. 270

Die Prüfungsbefugnis besteht, „soweit Vorgaben für einzelne Bedingungen ... nicht umgesetzt wurden“. Dieser Wortlaut ist missverständlich. Die Regelung soll die Prüfungsbefugnis nicht auf die von der Behörde nach Abs. 3 Satz 3 verfügten Vorgaben beschränken. Die Prüfungsbefugnis besteht vielmehr auch dafür, ob der Betreiber auch die gesetzlich vorgeschriebenen Mindestinhalte des Standardangebots beachtet hat (BeckTKG-Komm/*Piepenbrock*/*Attendorn*, § 23 Rn 38; zweifelnd BerlKommTKG/*Thomaschki*/*Neumann*, § 23 Rn 85 ff). 271

272 Die Prüfung ist eine **Pflichtaufgabe** der BNetzA; ein (Aufgreif-)Ermessen steht ihr dabei nicht zur Verfügung. Die Prüfung ist durch eine **förmliche Feststellung** des Prüfungsergebnisses abzuschließen. Nach Abs. 4 Satz 4 können die Entscheidungen nach Abs. 3 und Abs. 4 Satz 1 und 2 nur insgesamt angegriffen werden. Die Übereinstimmung des vorgelegten Standardangebots mit den gesetzlichen und behördlichen Vorgaben wird nicht gesondert förmlich festgestellt (vgl aber BerlKommTKG/*Thomaschki/Neumann*, § 23 Rn 105). Diese Feststellung ist inzident in der Anordnung der Veröffentlichung des Standardangebots für Zugangsleistungen gemäß Abs. 1 enthalten und kann mit dieser angegriffen werden.

273 Nach Abs. 4 Satz 2 versieht die BNetzA Standardangebote in der Regel mit einer **Mindestlaufzeit**. Die Regelung steht systematisch fehlplatziert in der Regelung über die Prüfungskompetenz, sie betrifft aber der Sache nach den regelmäßigen Mindestinhalt des Standardangebots. Die Mindestlaufzeitregelung betrifft nach dem insoweit eindeutigen Gesetzeswortlaut nicht die abzuschließenden Zugangsvereinbarungen, sondern die Zeit, für die der Betreiber das Standardangebot den Nachfragern mindestens anzubieten hat. Der Umstand, dass die Behörde die Standardangebote in der Regel mit einer Mindestlaufzeit „versieht" (Abs. 4 Satz 2), weist aus, dass auch die Laufzeitentscheidung als förmliche Entscheidung und damit als Verwaltungsakt ergeht (*Steinwärder*, MMR 2005, 84, 86). Für eine damit verbundene materielle Genehmigungswirkung insbesondere dergestalt, dass mit der Laufzeitanordnung eine umfassende inhaltliche Vertragsprüfung durch die Regulierungsbehörde festgestellt wird, ergeben sich im Gesetz keine Anhaltspunkte (vgl BerlKommTKG/*Thomaschki/Neumann*, § 23 Rn 98). Deswegen ist es unbedenklich, wenn die BNetzA bereits in der Aufforderungsverfügung anordnet, das Standardangebot mit einer Mindestlaufzeit zu versehen. Ohne diese Anordnung kann die Laufzeitanordnung nach Vorlage und Prüfung nach Abs. 4 Satz 1 nachträglich verfügt werden. Selbstständig ist die Laufzeitregelung in keinem Fall angreifbar, Abs. 4 Satz 5.

II. Änderungsbefugnis

274 Führt die Prüfung zu dem Ergebnis, dass das vorgelegte Angebot den gesetzlichen oder behördlichen Vorgaben nicht entspricht, hat die BNetzA die Befugnis, unmittelbar Änderungen vorzunehmen, Abs. 4 Satz 1. Die entsprechende Änderung wird durch Verwaltungsakt verfügt. Die vorzunehmenden Änderungen werden im Interesse der Beschleunigung des Verfahrens nicht Gegenstand einer erneuten Aufforderung durch die Behörde an den Betreiber, der dieser Aufforderung durch eine erneute Angebotsvorlage nachkommen müsste; vielmehr ändert die Behörde selbst den Inhalt des Standardvertragsangebots durch eine entsprechende Verfügung.

III. Anordnungsbefugnis

275 Nach Abschluss des Prüfungsverfahrens und gegebenenfalls nach Änderung des vorgelegten Standardangebots im Zuge des Prüfungsverfahrens erlässt die BNetzA die Anordnung, welche den Betreiber verpflichtet, das Standardangebot zu veröffentlichen. Das Angebot wird mit einer Mindestlaufzeit versehen (vgl Rn 273). Die Veröffentlichung ist vom Betreiber innerhalb der Umsetzungsfrist von drei Monaten gemäß § 23 Abs. 1 vorzunehmen. Die Frist beginnt mit dem Wirksamwerden der Anordnung durch Zustellung der Regulierungsverfügung.

IV. Überlagerung der zivilrechtlichen Änderungsbefugnis

276 Für beabsichtigte Änderungen oder die Einstellung des Standardangebots sieht Abs. 4 Satz 3 eine Anzeigepflicht vor. Während der angeordneten Mindestlaufzeit sind Änderungen oder die Einstellung des Standardangebots grundsätzlich unzulässig. Standardangebotswidrig abgeschlossene Zugangsvereinbarungen mit Nachfragern sind wegen Verstoßes gegen § 134 BGB iVm §§ 21, 23 TKG nichtig. Eine Ausnahme von diesem Grundsatz findet sich in Abs. 6 bei wesentlichen Änderungen der allgemeinen Nachfrage. Überdies kann unter den Voraussetzungen der §§ 48, 49 VwVfG die Aufhebung der Anordnung der BNetzA beantragt werden (BeckTKG-Komm/*Piepenbrock/Attendorn*, § 23 Rn 56).

277 Die Änderungsanzeige nach Abs. 4 Satz 3 führt dazu, dass die BNetzA für die Zeit nach Ablauf der Mindestlaufzeit zu prüfen hat, ob die Voraussetzungen für die Standardangebotsverfügung noch fortbestehen. Andernfalls ist die Änderung oder Einstellung des Standardangebots zulässig; die zivilrechtliche Änderungsbefugnis des Betreibers wird dann nicht mehr öffentlich-rechtlich begrenzt. Die Änderungsanzeige kann ungeachtet des verunglückten Wortlauts nicht nur exakt an dem Tag, der drei

Monate vor Ablauf der Mindestlaufzeit liegt, gestellt werden, sondern ist durchweg drei Monate im Voraus zu stellen (BerlKommTKG/*Thomaschki/Neumann,* § 23 Rn 101).

E. Verpflichtung zur Abgabe eines Standardangebots bereits bestehender Zugangsvereinbarungen, Abs. 5

Für den Fall, dass ein marktmächtiger Betreiber eine Zugangsvereinbarung nach § 22 geschlossen hat, sieht Abs. 5 vor, dass die BNetzA den Betreiber verpflichten kann, diese Zugangsleistung als Standardangebot diskriminierungsfrei anzubieten; damit sollen auch andere Nachfrager die Möglichkeit erhalten, eine Vereinbarung über diese Zusatzleistung zu diskriminierungsfreien Konditionen abzuschließen. Die Regelung steht in Konkurrenz zu dem grundsätzlich aus § 19 ableitbaren Anspruch auf diskriminierungsfreien Zugang zu Telekommunikationsnetzen. Die Spezialregelung des § 23 Abs. 5 verdrängt in ihrem Anwendungsbereich den Zugangsanspruch aus § 19, in dem sie zum einen eine Behördenentscheidung zur Voraussetzung für einen Zugangsanspruch auf der Grundlage eines zu veröffentlichenden Standardangebots erhebt und zum anderen die Behördenentscheidung von der Erwartung einer allgemeinen Nachfrage abhängig macht. Somit kann im Interesse chancengleicher und billiger Marktbedingungen auch gewährleistet werden, dass nicht jede mit einzelnen Unternehmen geschlossene Zugangsvereinbarung zum allgemeinverbindlichen Standard erhoben werden muss. 278

I. Sachlicher Gegenstandsbereich

Die Anordnungsbefugnis nach Abs. 5 Satz 1 besteht in den Fällen „einer Zugangsvereinbarung nach § 22". Der sachliche Gegenstandsbereich dieser Regelung ist zu weit geraten. Nach dem auf die gesamte Regelung des § 22 verweisenden Wortlaut des Abs. 5 werden auch freiwillig abgeschlossene Zugangsvereinbarungen, deren Abschluss nicht nach § 21 auferlegt worden ist, in den Anwendungsbereich der Regelung einbezogen. Diese Konsequenz ist vom Gesetzgeber aber nicht gewollt worden, da andernfalls die Anreizwirkung für den freiwilligen Abschluss von Zugangsvereinbarungen entfiele (vgl oben Rn 64). Vielmehr betrifft § 23 Abs. 5 gemäß der von Sinn und Zweck gebotenen **teleologischen Reduktion** nur die von einer Verpflichtungsanordnung nach § 21 erfassten Zugangsvereinbarungen (ebenso BerlKommTKG/*Thomaschki/Neumann,* § 23 Rn 124). 279

Nach Satz 2 werden solche Zugangsvereinbarungen in den Anwendungsbereich von § 23 Abs. 5 einbezogen, zu denen die BNetzA den Betreiber im Rahmen eines Verfahrens nach § 25 verpflichtet hat. 280

II. Voraussetzungen

1. Erwartung allgemeiner Nachfrage. Die Verpflichtung zum Standardangebot kann nach Abs. 5 Satz 1 nur verfügt werden, wenn die Erwartung begründet ist, es werde eine allgemeine Nachfrage nach den vereinbarungsgegenständlichen Zugangsleistungen entstehen. Darüber, ob diese Erwartung begründet ist, hat die BNetzA im Rahmen einer Prognoseentscheidung zu befinden. Eine Verpflichtung zur Durchführung einer Anhörung nach Abs. 2 sieht die Regelung nicht vor. Allerdings hat die Behörde nach §§ 135, 134 den in Betracht kommenden Nachfragern **Gelegenheit zur Stellungnahme** zu bieten. Die BNetzA hat diese Stellungnahmen bei ihrer Prognoseentscheidung zu berücksichtigen; ihr steht bei dieser Entscheidung ein **Beurteilungsspielraum** zu. 281

2. Ermessensausübung. Die BNetzA steht nach dem Wortlaut des Abs. 5 ein Entschließungsermessen zu. Dieses Ermessen wird aber dadurch begrenzt, dass in den vorausgesetzten Fällen einer erwartbaren allgemeinen Nachfrage nach den vereinbarungsgegenständlichen Zugangsleistungen die Behörde regelmäßig die Standardangebotsverpflichtung auszusprechen hat (Ermessenreduzierung). Eine abweichende Ermessenentscheidung kann wegen besonderer Umstände gerechtfertigt sein. Diese können beispielsweise darin begründet sein, dass die Regulierungsbehörde zu der Auffassung gelangt, dass zwar die Zugangsleistungen, nicht aber die dafür vereinbarten Nutzungsbedingungen mit Rücksicht etwa auf Billigkeitserwägungen standardisiert werden sollen. 282

F. Änderung des Standardangebots aufgrund geänderter Nachfrage, Abs. 6

Während der Dauer der Mindestlaufzeit der Angebotsverfügung kann eine Änderung des Standardangebots nur durch Verfügung der BNetzA erfolgen (vgl oben Rn 273, 274). Diese Verfügung setzt 283 nach Abs. 6 voraus, dass sich die allgemeine Nachfrage wesentlich geändert hat. Wann eine solche wesentliche Änderung vorliegt, wird vom Gesetz nicht näher bestimmt; es kommt auf die Umstände der im Einzelfall gegebenen Nachfragesituation an. Die BNetzA verfügt bei der Beurteilung des Wesentlichkeitsmaßstabs über einen Beurteilungsspielraum.

284 Für die **Durchführung der Änderung** des Standardangebots – nicht aber für die Feststellung der Voraussetzungen – gelten die verfahrens- und materiellrechtlichen Voraussetzungen der Abs. 2 bis 5 entsprechend, Abs. 6 Satz 3.

285 Unmittelbare **Auswirkungen auf** die auf der Grundlage des Standardangebots abgeschlossenen **zivilrechtlichen Zugangsvereinbarungen** hat die Änderung des Standardangebots nicht. Die Bedeutung der Standardangebotsänderung entspricht derjenigen der Änderung von Allgemeinen Geschäftsbedingungen. Die Änderung des Standardangebots wird für die bereits abgeschlossenen Einzelverträge wirksam, wenn die Änderung in den Vertrag etwa aufgrund einer (dynamischen) Verweisungsklausel einbezogen oder etwa über eine vereinbarte Änderungskündigung durchgesetzt wird.

G. Aufnahme des Standardangebots in AGB, Abs. 7

286 Abs. 7 verpflichtet den Betreiber, das verfügte Standardangebot in seine Allgemeinen Geschäftsbedingungen aufzunehmen. Der Gesetzgeber schlägt mit dieser Rechtsnorm die Brücke zwischen dem behördlich verfügten Standardangebot und dessen zivilrechtlicher Bedeutung für die zwischen Betreibern und Nachfragern abzuschließenden Zugangsvereinbarungen.

§ 24 TKG Getrennte Rechnungsführung

(1) [1]Die Bundesnetzagentur kann einem Betreiber eines öffentlichen Telekommunikationsnetzes, der über beträchtliche Marktmacht verfügt, für bestimmte Tätigkeiten im Zusammenhang mit Zugangsleistungen eine getrennte Rechnungsführung vorschreiben. [2]Die Bundesnetzagentur verlangt insbesondere von einem vertikal integrierten Unternehmen in der Regel, seine Vorleistungspreise und seine internen Verrechnungspreise transparent zu gestalten. [3]Damit sollen unter anderem Verstöße gegen das Diskriminierungsverbot und unzulässige Quersubventionen verhindert werden. [4]Die Bundesnetzagentur kann dabei konkrete Vorgaben zu dem zu verwendenden Format sowie zu der zu verwendenden Rechnungsführungsmethode machen.

(2) [1]Die Bundesnetzagentur kann verlangen, dass ihr die Kostenrechnungs- und Buchungsunterlagen nach Absatz 1 einschließlich sämtlicher damit zusammenhängender Informationen und Dokumente auf Anforderung in vorgeschriebener Form vorgelegt werden. [2]Die Bundesnetzagentur kann diese Informationen in geeigneter Form veröffentlichen, soweit dies zur Erreichung der in § 2 Abs. 2 genannten Ziele beiträgt. [3]Dabei sind die Bestimmungen zur Wahrung von Geschäfts- oder Betriebsgeheimnissen zu beachten.

A. Regelungszweck

287 Die Vorschrift dient der Umsetzung des Art. 11 ZRL zum sog. **buchhalterischen Unbundling**. Der Zweck der behördlichen Befugnis, für bestimmte Tätigkeiten im Zusammenhang mit Zugangsleistungen eine getrennte Rechnungsführung vorzuschreiben, wird in Abs. 1 Satz 3 ausdrücklich dahin gehend definiert, dass **Verstöße gegen das Diskriminierungsverbot und unzulässige Quersubventionierungen** verhindert werden sollen. Anordnungen nach § 24 sind danach ein Instrument der umfassenderen (vgl Erl. vor § 16 Rn 63) Marktzugangsregulierung, mit dem insbesondere die Effektivität des Marktmachtmissbrauchsverbots im Entgeltbereich (§ 28 TKG) befördert werden soll. § 24 sieht dagegen keine Rechtsgrundlagen für Eingriffsbefugnisse der BNetzA vor, die es ihr erlauben, zu beanstandende Diskriminierungen und Quersubventionierungen abzustellen. Ob ein marktmächtiger Betreiber einzelnen Nachfragern gegenüber anderen Vorteile einräumt (Diskriminierung, § 28 Abs. 1 Satz 2 Nr. 3) oder dieser die Wettbewerbsmöglichkeiten anderer Unternehmen auf dem betroffenen Markt erheblich beeinträchtigt (§ 28 Abs. 1 Satz 2 Nr. 2), indem es (quersubventionierte) Leistungen zu nicht kostendeckenden Preisen anbietet, setzt eine getrennte Rechnungsführung und transparente Preisgestaltungen voraus; diese durchzusetzen, bezweckt die Vorschrift des § 24. Von der gesetzlichen Verpflichtung zur getrennten Rechnungsführung nach § 7 Ziff. 2 unterscheidet sich die behördlich verfügte getrennte

Rechnungsführung nach § 24 nicht in dem Ziel, wohl aber hinsichtlich des Kreises der verpflichteten Unternehmen und der buchhalterisch zu trennenden Rechnungsposten.

B. Voraussetzungen der behördlich verfügten getrennten Rechnungsführung, Abs. 1

I. Anwendungsbereich

Die Vorschrift erfasst nur marktmächtige Unternehmen, die als Betreiber öffentlicher Telekommunikationsnetze agieren. Der **persönliche Anwendungsbereich** entspricht dem des § 21 (vgl Rn 130 ff). In § 24 Abs. 1 Satz 2 wird speziell auf vertikal integrierte Unternehmen Bezug genommen, die verpflichtet werden können, Vorleistungspreise und interne Verrechnungspreise transparent zu gestalten. **Vertikal integriert** sind solche Unternehmen, die auf mehreren aufeinander folgenden Marktstufen, insbesondere als Netzbetreiber und Diensteanbieter, als wirtschaftliche Einheit tätig sind. Eine wirtschaftliche Einheit können auch mehrere rechtlich selbstständige Unternehmen bilden, die im Konzernverbund unter einheitlicher Leitung iSd § 18 Abs. 1 AktG stehen. 288

Der **sachliche Anwendungsbereich** wird durch die Begriffe „Rechnungsführung", deren Trennung „für bestimmte Tätigkeiten im Zusammenhang mit Zugangsleistungen" verfügt werden kann, nur vage definiert. Der Begriff **Rechnungsführung** deckt sich weder mit dem Begriff der „Buchführung" in Art. 11 ZRL noch mit den im Rechnungswesen verwendeten der („internen") Kosten- und Leistungsrechnung bzw der („externen") Rechnungslegung. In Hinblick darauf, dass die Entgeltmissbrauchskontrolle nach § 28 auf dem Maßstab der Kosten der effizienten Leistungsbereitstellung nach § 31 aufsetzt, erscheint es notwendig, aber auch ausreichend unter „getrennter Rechnungsführung" eine das interne Rechnungswesen betreffende **Trennung der Elemente der Kosten- und Leistungsrechnung für die relevanten Zugangsleistungen** zu verstehen (eingehend BerlKommTKG/*Busse v. Colbe,* § 24 Rn 19 ff). 289

Mit dem Begriff der **Zugangsleistung** wird auf den in § 3 Ziff. 32 legaldefinierten Begriff des Zugangs einschließlich der Zusammenschaltung (§ 3 Ziff. 34) Bezug genommen (vgl Rn 140 ff). Da die Vorschrift nicht näher regelt, welche Tätigkeiten damit erfasst sein sollen, ist die Konkretisierung mit Rücksicht auf den Zweck der Regelung, Marktmachtmissbräuche durch diskriminierende und quersubventionierende Entgeltgestaltungen bei der Zugangsgewährung zu verhindern zu bestimmen. Insofern ist anerkannt, dass die **gesetzlich vorgeschriebene Segmentberichterstattung** der handelsrechtlichen Rechnungslegung nach § 297 HGB/IAS 14 und die dabei einzuhaltenden Standards nicht ausreichen, um dem mit § 24 verfolgten Regelungszweck gerecht zu werden, weil die einzuhaltenden Standards (DRS 3/IAS 14) zwar eine Segmentierung nach Umsätzen, aber zB keine Segmentierung nach Aufwandsarten vorschreiben (vgl BerlKommTKG/*Busse v. Colbe* § 24 Rn 17; vgl auch Empfehlung der EU-Kommission 2005/698/EG v. 19.9.2005, ABl. EU 2005 Nr. L 266/64 v. 11.10.2005). 290

II. Vorgabemöglichkeiten der BNetzA

1. Ermessensentscheidung. § 24 eröffnet der BNetzA Ermessen bei der Entscheidung, ob sie überhaupt Vorgaben zur Rechnungsführung verhängt (sog. Entschließungsermessen). Sie hat überdies ein Auswahlermessen, das sich zum einen auf die Frage bezieht, welche Tätigkeiten der getrennten Rechnungsführung unterworfen werden, und zum anderen die Vorgabe bezüglich geeigneter Formatvorgaben bzw Rechnungsführungsmethoden betrifft. Die getroffene Ermessensentscheidung unterliegt hinsichtlich der Einhaltung der Ermessengrenzen der vollen gerichtlichen Kontrolle. 291

2. Formatvorgaben. Die Regulierungsbehörde kann nach Abs. 1 Satz 4 Formatvorgaben verfügen. Damit sind nach dem Sinn und Zweck des aus Art. 11 ZRL stammenden Formatbegriffs Vorgaben für die Gliederung der Kosten- und Leistungsrechnung als Grundlage der Entgeltmissbrauchskontrolle nach § 28 gemeint. Solche Vorgaben müssen nicht den Gliederungsvorschriften zur externen Rechnungslegung entsprechen und werden gegebenenfalls Vorgaben für den gesonderten Ausweis einzelner Kosten- und Leistungsblöcke in bestimmten Leistungsbereichen der Vorleistungs- und Dienstleistungsangebotsmärkte enthalten, die auf der Basis der Ermittlung der Kosten effizienter Leistungsbereitstellung gemäß § 31 eine Grundlage für die Missbrauchskontrolle schaffen. 292

3. Rechnungsführungsmethoden. Mit der gesondert angeführten Möglichkeit, Vorgaben hinsichtlich „der zu verwendenden Rechnungsführungsmethode" zu machen, kann die BNetzA über die Formatvorgaben hinaus die Gestaltung des internen Rechnungswesens auch hinsichtlich der Ansätze be- 293 stimmter Posten und deren Bewertung beeinflussen. Damit ist vor allem die Vorgabe im Bereich der sog. kalkulatorischen Kosten (wie zB kalkulatorische Abschreibungen, Zinsen und Wagnisse) gemeint. Praktische Bedeutung können solche Vorgaben nicht zuletzt im Bereich der mehrere Leistungsarten betreffenden Gemeinkosten haben; insofern ist die BNetzA befugt, durch Vorgaben für eine sachgerechte Umlage der Kostenblöcke auf die einzelnen Leistungsarten zu sorgen.

294 **4. Transparenzverpflichtung, Abs. 1 Satz 2.** Nach der gesondert angeführten Regelung in Abs. 1 Satz 2 kann die BNetzA von einem vertikal integrierten Unternehmen in der Regel verlangen, seine Vorleistungspreise und seine internen Verrechnungspreise transparent zu gestalten. Dadurch, dass es sich dabei um eine gesonderte Regelung handelt, ist die BNetzA befugt, die Transparenzverpflichtung unabhängig von der Verpflichtung zu getrennter Rechnungsführung anzuordnen (so im Verfahren BK 4 a –05-005/R v. 27.7.2005). Die Transparenzverpflichtung soll der BNetzA vor allem die Möglichkeit verschaffen, eine nachvollziehbare Zuordnung der einzelnen Kostenblöcke vorzunehmen.

C. Vorlagepflichten, Abs. 2 Satz 1

295 Die Regelung ist in Umsetzung von Art. 11 Abs. 2 ZRL ergangen. Sie stellt eine Regelung dar, mit der die BNetzA in die Lage versetzt werden soll, „leichter überprüfen zu können, ob die Transparenz- und Nichtdiskriminierungsverpflichtungen eingehalten werden" (Art. 11 Abs. 2 ZRL). Das Vorlageverlangen kann von der BNetzA unabhängig von den Voraussetzungen der allein die Entgeltregulierung betreffenden Parallelvorschrift des § 29 geltend gemacht werden.

296 Inhalt und Umfang des Verlangens auf Vorlage von Buchungs- und Kostenrechnungsunterlagen werden vom Gesetz nicht präzisiert. Insofern besteht ein Ermessensspielraum der Behörde, von dem diese unter Berücksichtigung des Zwecks der Vorschrift (vgl Rn 1) Gebrauch machen kann.

D. Veröffentlichungsbefugnisse der BNetzA, Abs. 2 Satz 2, 3

297 Die Besonderheit der Veröffentlichungsbefugnisse der BNetzA liegt darin, dass mit ihr Daten publik gemacht werden, die über die Publizitätspflichten des Bilanzrechts hinausgehen. Der Gesetzgeber hat es deshalb für erforderlich gehalten, das Recht zur Veröffentlichung von Buchungs- und Kostenrechnungsunterlagen doppelt zu begrenzen: Die Veröffentlichung ist nur zulässig, soweit dies zur Erreichung der Ziele des § 2 Abs. 2 beiträgt; ferner sind die Geschäfts- und Betriebsgeheimnisse zu wahren. Daraus ergibt sich, dass nicht notwendig alle vom Vorlageverlangen gedeckten Unterlagen veröffentlicht werden dürfen. Die danach bestehenden Grenzen der Veröffentlichungsbefugnisse sind bisher noch nicht ausgelotet.

§ 25 TKG Anordnungen durch die Bundesnetzagentur

(1) [1]Kommt eine Zugangsvereinbarung nach § 22 oder eine Vereinbarung über Zugangsleistungen nach § 18 ganz oder teilweise nicht zustande und liegen die nach diesem Gesetz erforderlichen Voraussetzungen für eine Verpflichtung zur Zugangsgewährung vor, ordnet die Bundesnetzagentur nach Anhörung der Beteiligten innerhalb einer Frist von zehn Wochen ab Anrufung durch einen der an der zu schließenden Zugangsvereinbarung Beteiligten den Zugang an. [2]In besonders zu begründenden Fällen kann die Bundesnetzagentur innerhalb der in Satz 1 genannten Frist das Verfahren auf höchstens vier Monate verlängern.

(2) Eine Anordnung ist nur zulässig, soweit und solange die Beteiligten keine Zugangs- oder Zusammenschaltungsvereinbarung treffen.

(3) [1]Die Anrufung nach Absatz 1 muss in Schriftform erfolgen; sie muss begründet werden. [2]Insbesondere muss dargelegt werden,

1. **welchen genauen Inhalt die Anordnung der Bundesnetzagentur haben soll,**
2. **wann der Zugang und welche konkreten Leistungen dabei nachgefragt worden sind,**
3. **dass ernsthafte Verhandlungen stattgefunden haben oder Verhandlungen vom Anrufungsgegner verweigert worden sind,**
4. **bei welchen Punkten keine Einigung erzielt worden ist und**

5. im Falle des Begehrens bestimmter technischer Maßnahmen Erläuterungen zu deren technischer Ausführbarkeit.

[3]Die Anrufung kann bis zum Erlass der Anordnung widerrufen werden.

(4) Zur Erreichung der in § 2 Abs. 2 genannten Ziele kann die Bundesnetzagentur auch von Amts wegen ein Verfahren einleiten.

(5) [1]Gegenstand einer Anordnung können alle Bedingungen einer Zugangsvereinbarung sowie die Entgelte sein. [2]Die Bundesnetzagentur darf die Anordnung mit Bedingungen in Bezug auf Chancengleichheit, Billigkeit und Rechtzeitigkeit verknüpfen. [3]Hinsichtlich der festzulegenden Entgelte gelten die §§ 27 bis 38.

(6) [1]Sind sowohl Bedingungen einer Zugangsvereinbarung streitig als auch die zu entrichtenden Entgelte für nachgefragte Leistungen, soll die Bundesnetzagentur hinsichtlich der Bedingungen und der Entgelte jeweils Teilentscheidungen treffen. [2]Sofern die Bundesnetzagentur Teilentscheidungen trifft, gelten für diese jeweils die in Absatz 1 genannten Fristen. [3]Die Anordnung der Bundesnetzagentur kann nur insgesamt angegriffen werden.

(7) Im Laufe des Verfahrens vorgelegte Unterlagen werden nur berücksichtigt, wenn dadurch die Einhaltung der nach Absatz 1 bestimmten Frist nicht gefährdet wird.

(8) [1]Die betroffenen Betreiber müssen eine Anordnung der Bundesnetzagentur unverzüglich befolgen, es sei denn, die Bundesnetzagentur hat in der Anordnung eine Umsetzungsfrist bestimmt. [2]Zur Durchsetzung der Anordnung kann die Bundesnetzagentur nach Maßgabe des Verwaltungsvollstreckungsgesetzes ein Zwangsgeld bis zu einer Million Euro festsetzen.

A. Regelungszweck und Übersicht

Die Vorschrift schafft die Rechtsgrundlage für eine akzessorische, nach § 18 bzw § 21 ergangene Verpflichtungsanordnung ergänzende Anordnung. Sie ermächtigt die BNetzA, die nach § 18 oder § 21 verfügte abstrakt-individuelle Zugangsverpflichtung durch konkret-individuelle Zugangsanordnungen durchzusetzen. Diese Zusammenschaltungsanordnung soll nach verbreiteter, aber höchst umstrittener Auffassung eine doppelte Wirkung haben: Einerseits soll sie gegenüber dem Netzbetreiber ein öffentlich-rechtliches Rechtsverhältnis begründen, das die Verpflichtung zur Zugangsgewährung zu den festgelegten Bedingungen zum Gegenstand hat; andererseits soll durch die Anordnung ein privatrechtliches Rechtsverhältnis, nämlich die vertragliche Vereinbarung über die Zugangsgewährung begründet werden (so BVerwG v. 31.3.2004 – 6 C 11/03, E 120, 263 Tz. 22 ff zur Rechtslage nach dem TKG 1996; ebenso BeckTKG-Komm/*Piepenbrock/Attendorn,* § 25 Rn 2 zur geltenden Rechtslage nach dem TKG). Das TKG in seiner geltenden Fassung bietet für diese Doppelwirkung, die einen Kontrahierungszwang nicht nur hoheitlich anordnet, sondern diesen auch zivilrechtsverbindlich durchsetzen soll (sog. privatrechtsgestaltender Verwaltungsakt), keine tragfähige Grundlage. Vielmehr ist in Abs. 8 ausdrücklich geregelt, dass der pflichtige Betreiber die Anordnung der BNetzA zu befolgen hat und der Gesetzgeber hat diese Pflicht durch die Befugnis der BNetzA, ein Bußgeld zu verhängen, bewehrt. Mit Wortlaut und Zweck dieser Regelung ist die Vorstellung einer von der Zugangsverfügung selbst bewirkten Durchsetzung des Kontrahierungszwangs durch hoheitlich bewirkten Vertragsschluss nicht vereinbar (iE ebenso BerlKommTKG/*Kühling/Neumann,* § 25 Rn 67 ff, 78). Die Vorschrift begründet allein öffentlich-rechtliche Pflichten; eine privatrechtliche Zugangsvereinbarung kommt durch die Anordnung nicht zustande (vgl näher bei Rn 326 f). 298

Die Anordnungsbefugnis ist eingebettet in das komplexe Zugangsregulierungsregime der §§ 18, 21 ff, das die privatrechtliche Gestaltung hoheitlich überformt, dieser gegenüber aber subsidiär ist (Abs. 1 Satz 1 und Abs. 2) und privatrechtliche Zugangsvereinbarungen zwar begründet, aber doch zur Effektivierung ihres Zustandekommens im Interesse der Verwirklichung der wettbewerbsfördernden Zwecke und Ziele der Zugangsregulierung nach dem TKG (§§ 1, 2) beitragen soll. Dies soll dadurch erfolgen, dass der pflichtige marktmächtige Betreiber zur Aufnahme von konkreten Vertragsverhandlungen mit interessierten Zugangspetenten bußgeldbewehrt verpflichtet werden kann und diese Verpflichtung vom Petenten auch auf dem Zivilrechtswege über die Geltendmachung von Ansprüchen aus § 44 TKG durchgesetzt werden kann (vgl Rn 328). 299

Im Einzelnen enthält die Vorschrift die folgenden überblicksartig vorgestellten Regelungen: Abs. 1 schafft die Ermächtigungsgrundlage für die konkret-individuelle Zugangsanordnung. Abs. 2 regelt die 300

Subsidiarität hoheitlich verfügter Zugangsanordnungen zugunsten privatautonom getroffener Vereinbarungen. Die Ingangsetzung des Verfügungsverfahrens erfolgt nach Abs. 3 auf „Anrufung" durch einen Nachfrager oder nach Abs. 4 von Amts wegen. Abs. 5 und 6 regeln den möglichen Inhalt von Zugangsanordnungen. Abs. 7 ermöglicht die Präklusion vorgelegter Unterlagen vom Verfahren. Sanktionsregelungen enthält schließlich Abs. 8.

B. Voraussetzungen und Verfahrensgang, Abs. 1–4

I. Verfahrensgang

301 Die Ingangsetzung des Verfahrens zum Erlass einer Zugangsanordnung erfolgt entweder auf Anrufung der BNetzA durch einen Zugangspetenten gemäß Abs. 3 oder von Amts wegen gemäß Abs. 4. Die Beteiligten sind im Verfahren anzuhören (Abs. 1). Die Entscheidung der Behörde erfolgt innerhalb der gesetzlich festgelegten oder von der Behörde bestimmten Frist (Abs. 1), wobei diese Frist auch für die Berücksichtigung oder Präklusion vorgelegter Unterlagen von Bedeutung ist (Rn 314).

302 **1. Einleitung auf Anrufung.** Die Verfahrenseinleitung durch Anrufung gemäß Abs. 3 Satz 1 erfolgt durch Stellen eines Antrags auf Verfahrenseinleitung iSd § 22 Satz 2 VwVfG. Für diesen Antrag, nicht hingegen für das weitere Verwaltungsverfahren (vgl § 10 VwVfG), gilt das Schriftformerfordernis (§§ 125 ff BGB entsprechend). Die Anrufung muss begründet werden und diese **Begründung** muss Darlegungen zu den in Abs. 3 Satz 2 Ziff. 1–5 genannten Gesichtspunkten enthalten. Die Begründungspflicht ist als **qualifizierte Mitwirkungspflicht** (§ 26 Abs. 2 Satz 3 VwVfG) des Petenten im Anordnungsverfahren ausgestaltet, so dass ein Antrag ohne bzw ohne zureichende Begründung als unzulässig abzuweisen ist. Die Behörde hat allerdings eine **Hinweispflicht**, sie hat den Antragsteller vor einer Abweisungsentscheidung auf eine unzureichende Begründung aufmerksam zu machen und ihm die Möglichkeit zur Nachbesserung einzuräumen (BerlKommTKG/*Kühling/Neumann,* § 25 Rn 29). Die Aufklärungspflicht der Behörde (§ 24 VwVfG) ist allerdings begrenzt; erst wenn der Zugangspetent seiner Mitwirkungspflicht nachgekommen ist, ist die BNetzA gehalten, von den ihr gemäß §§ 126 ff TKG zustehenden Ermittlungsmöglichkeiten Gebrauch zu machen.

303 Der notwendige Inhalt der Begründung ergibt sich aus den Regelungen des Abs. 3 Satz 2 Ziff. 1–5. Der Katalog ist nicht abschließend formuliert („insbesondere").

304 Gemäß der **Nr. 1** ist anzugeben, welchen genauen Inhalt die Zugangsanordnung haben soll. Dies kann in erster Linie durch den Vorschlag zur exakten Tenorierung des Antrags erfolgen. Ausreichend ist es, dass die BNetzA den genauen Inhalt der begehrten Zugangsanordnung im Wege der Auslegung der Antragsschrift ermitteln kann.

305 Die Angaben nach der **Nr. 2** sind insbesondere deswegen erforderlich, weil nur nach Ablauf bestimmter Angebots- und Verhandlungsfristen (vgl Rn 316 ff) die Zugangsanordnung verfügt werden darf.

306 Nach der **Nr. 3** ist die Darlegung erforderlich, dass entweder „ernsthafte Verhandlungen" stattgefunden haben oder aber die Verhandlungen vom „Anrufungsgegner verweigert" worden sind. In der Regulierungspraxis werden beachtenswerte Anforderungen an die Ernsthaftigkeit der Verhandlungen gestellt. Diesem Anspruch genügt weder eine Verhandlungsführung noch eine Verweigerungshaltung, die einzig darauf gerichtet ist, den potenziellen Zugangspartner der Regulierung zu unterwerfen (BNetzA v. 1.3.2000 – BK 4a-99-066/Z; bestätigt von VG Köln v. 30.5.2000 –1 L 57/000, RTkom 2000, S. 97). Die Ernsthaftigkeit kann insbesondere an der Auswahl des Verhandlungspersonals gemessen werden; beide Verhandlungspartner haben deswegen insbesondere die Pflicht, die erforderlichen personellen und organisatorischen Vorkehrungen für ernsthafte Verhandlungen zu treffen (BNetzA v. 1.3.2000 – BK 4a-99-066/Z).

307 Die Angaben nach **Nr. 4** sollen der BNetzA die Prüfung ermöglichen, welche Inhalte Gegenstand einer Anordnung werden. Im Hinblick auf die in Abs. 2 ausdrücklich vorgesehene Subsidiarität der Anordnung darf sich diese nur auf den Bereich beziehen, über den Konsens der Verhandlungspartner erzielt werden kann. Anordnungsfähig sind nur solche Gegenstände, die ernsthaft verhandelt wurden, die aber zwischen den Verhandlungspartnern im Dissens blieben (zur Teilanrufung näher bei Rn 325).

308 Das Begehren bestimmter technischer Maßnahmen ist die Begründung nach der **Nr. 5** auf die technische Ausführbarkeit zu erstrecken. Dagegen sind Angaben zu den wirtschaftlichen Folgen technischer Maßnahmen in die Begründung nicht aufzunehmen (aA BeckTKG-Komm/*Piepenbrock/Attendorn,* § 25 Rn 30 unter nicht plausiblem Hinweis auf Satz 1).

Die Anrufung ist **widerrufbar**, Abs. 3 Satz 3. Deswegen bleibt es den Parteien auch unbenommen, die Verhandlungen nach Antragstellung im Anordnungsverfahren fortzuführen (BNetzA v. 17.8.2001 – BK 4d-01-022/Z). **Änderungen** des Antrags sind im Laufe des Verfahrens zulässig (*Schütz,* Kommunikationsrecht Rn 368). 309

2. Einleitung von Amts wegen, Abs. 4. Die Verfahrenseinleitung von Amts wegen ist nach Abs. 4 in das (Entschließungs-)Ermessen der Behörde gestellt. Das Ermessen ist am Maßstab der „Erreichung der in § 2 Abs. 2 genannten Ziele" zu orientieren. Wenn die BNetzA bereits eine Zugewährungsverpflichtung nach den §§ 18 oder 21 verfügt hat (vgl Rn 322), ist die Einleitung des Anordnungsverfahrens regelmäßig von Amts wegen zulässig, sofern der verfügte Zugang nicht durch eine Zugangsregelung auf dem Vereinbarungswege realisiert wird. Immer dann, wenn eine solche Vereinbarung nicht zustande kommt, liegt im Sinne der europäischen Richtlinienvorgabe in Art. 5 Abs. 4 Satz 2 ZRL ein „begründeter Fall" für eine Verfahrenseinleitung von Amts wegen vor. 310

3. Anhörung der Beteiligten. Nach Abs. 1 sind die Beteiligten im Anordnungsverfahren anzuhören. Ihnen ist dabei Gelegenheit zur Stellungnahme zu geben, § 28 VwVfG. Beteiligte sind die Vertragspartner der zu schließenden Zugangsvereinbarung (sog. notwendig Beteiligte; § 134 Abs. 2 Nr. 1, 2 TKG) und die Beigeladenen, die auf ihren Antrag hin nach § 134 Abs. 2 Nr. 3 von der BNetzA beigeladen werden. Die Beiladungsentscheidung wird von der BNetzA auf Antrag vorgenommen; sie liegt im Ermessen der Behörde (vgl näher BerlKommTKG/*Gurlit,* § 134 Rn 44). 311

4. Frist. Die BNetzA hat über den Zugangsanordnung innerhalb einer Frist von zehn Wochen zu entscheiden, Abs. 1 Satz 1. Die Frist kann in Sonderfällen bis auf vier Monate verlängert werden, Abs. 1 Satz 2. Nach Abs. 6 besteht für die BNetzA die Möglichkeit, Teilentscheidungen zu treffen, für die jeweils die Fristenbestimmungen des Abs. 1 gelten, so dass wegen der sich addierenden Zeiträume der BNetzA insgesamt noch längere Verfahrensfristen zur Verfügung stehen; allerdings bedeutet dies auch, dass damit die Zugangsanordnung auch erst entsprechend später ergeht. Deshalb erlaubt das Gesetz aus gutem Grund die **Fristverlängerung** nach Abs. 1 Satz nur „in besonders zu begründenden Fällen" und verlangt damit eine Einzelfallprüfung und -begründung durch die BNetzA. Entscheidet die BNetzA über die Zusammenschaltung und die dafür zu entrichtende Entgelte in getrennten Teilentscheidungen, ist dem verpflichteten Unternehmen vor Beginn des zweiten Teilverfahrens über die Entgelte Gelegenheit zur Stellungnahme binnen angemessener Frist zu geben (vgl OVG Münster v. 4.10.2001 – 13A 5146/00, MMR 2002, 129 ff). 312

Ergeht die Entscheidung pflichtwidrig erst nach dem Ablauf der Frist, hat dies nicht die Rechtswidrigkeit der Anordnung zur Folge (OVG Münster v. 12.2.2002 – 13 B 1426/01, MMR 2002, 332). In Betracht kommen aber im Einzellfall Ansprüche des Anrufenden aus Amtshaftung. 313

5. Präklusion der Berücksichtigung von Unterlagen, Abs. 7. Die Regelung zielt darauf ab, dass nicht durch das Einreichen umfänglicher Verfahrensunterlagen der fristgerechte Verfahrenabschluss torpediert werden kann. Dies gilt nach dem Wortlaut der Regelung für alle „im Laufe des Verfahrens" vorgelegten Unterlagen. Damit ist indes nicht gemeint, dass Unterlagen, die im Rahmen der Anhörung ordnungsgemäß vorgelegt werden, von der Berücksichtigung im Verfahren ausgeschlossen werden können; diese hat die BNetzA vielmehr uneingeschränkt zu berücksichtigen. Mit der Regelung des Abs. 7 verfolgt der Gesetzgeber das Ziel, solche Unterlagen von der Berücksichtigung im Verfahren ausschließen zu können, die außerhalb der Anhörung und insbesondere zu einem späten Zeitpunkt nachgereicht werden mit der Folge, dass wegen der Zeiterfordernisse für die Prüfung und Berücksichtigung der vorgelegten Unterlagen die Einhaltung der Verfahrensfristen gefährdet ist. 314

Bei der Beurteilung der Frage, ob eine Gefährdung der Einhaltung der Verfahrensfristen gegeben ist, steht der Beschlusskammer ein **Beurteilungsspielraum** zu (BeckTKG-Komm/*Piepenbrock/Attendorn,* § 25 Rn 39). Über die Frage, ob die vorgelegten Unterlagen berücksichtigt werden, hat sie nach pflichtgemäßem Ermessen zu entscheiden (BeckTKG-Komm/*Piepenbrock/Attendorn,* § 25 Rn 40). Bei dieser **Ermessenentscheidung** ist eine noch bestehende Möglichkeit der Fristverlängerung zu berücksichtigen. Die Präklusion der Berücksichtigung von vorgelegten Unterlagen wird nur ausnahmsweise und dann in Betracht kommen, wenn erkennbar ist, dass umfangreiche Vorlagen aus verfahrenstaktischen Erwägungen zu einem späten Zeitpunkt im Verfahren erfolgen. 315

II. Voraussetzungen der Anordnung

316 **1. Vorliegen der Voraussetzungen der Zugangsgewährungspflicht, Abs. 1 Satz 1.** Die Anordnungsbefugnis hängt zunächst davon ab, ob die „nach diesem Gesetz erforderlichen Voraussetzungen für eine Verpflichtung zur Zugangsgewährung" vorliegen. Dieser Fall ist grundsätzlich immer dann gegeben, wenn die BNetzA gegenüber dem Anrufungsgegner bereits eine Verpflichtungsanordnung nach § 18 oder nach § 21 erlassen hat. Diese Verfügung belegt das Vorliegen der „nach dem Gesetz erforderlichen Voraussetzungen" im Zeitpunkt des Erlasses der Verpflichtungsanordnung. Die BNetzA hat deshalb in diesem Fall nur noch zu prüfen, ob seither die Sach- und Rechtslage ändernde Umstände eingetreten sind; eine erneute umfassende Sachprüfung ist nicht erforderlich (BeckTKG-Komm/*Piepenbrock/Attendorn,* § 25 Rn 17 f; aA *Mayen,* CR 2005, 21, 25). Die Anordnungen nach § 25 können auch dann ergehen, wenn die Zusammenschaltungsanordnung noch unter dem TKG 1996 ergangen ist (BNetzA MMR 2005, 405 ff und 409, 410).

317 Das Nichtzustandekommen einer Zugangsvereinbarung ist im Falle des Scheiterns von Verhandlungen gegeben. Ein solches Scheitern setzt zumindest voraus, dass ernsthaft und ergebnisorientiert über die nachgefragte Zugangsvereinbarung verhandelt wurde. Im Übrigen werden an das Scheitern keine hohen Anforderungen gestellt, auch wenn das Austauschen unterschiedlicher Standpunkte noch keine Verhandlungen bedeuten (vgl BNetzA v. 3.3.2009 – BK 3e-08/149 EFN/DTAG; v. 4.12.2007 – BK 3a-07-019 – BT (Germany)/DTAG). Vgl ferner die Erl. zu Abs. 2.

318 Liegt eine Verpflichtungsanordnung nach § 18 oder § 21 nicht vor, kommt eine Zugangsanordnung nach § 25 nicht in Betracht. Nach der Konzeption und Systematik können Nachfrager nicht direkt über die Anrufung der BNetzA nach § 25 den Erlass einer konkret-inviduellen Zugangsanordnung erreichen, ohne dass zuvor eine abstrakt-individuelle Zugangsverpflichtung nach § 18 oder § 21 verfügt wurde (BerlKommTKG/*Kühling/Neumann,* § 25 Rn 24; *Koenig/Winkler,* MMR 2004, 783, 786; *Schütz* Kommunikationsrecht Rn 347; aA BeckTKG-Komm/*Piepenbrock/Attendorn,* § 25 Rn 15 f).

319 **2. Subsidiarität, Abs. 2.** Die Regelung der Nr. 2 sieht ihrem Wortlaut nach vor, dass die Zugangsanordnung nur in Betracht kommt, wenn eine Vereinbarung nicht zustande gekommen ist. Hiermit wird die Subsidiarität der hoheitlich Zuganganordnung gegenüber privatautonom getroffenen Zugangsvereinbarungen angeordnet. In sachlicher Hinsicht („soweit") ist der BNetzA eine Entscheidung über Zugangsbedingungen verwehrt, die zwischen den Beteiligten wirksam vereinbart wurden; in zeitlicher Hinsicht kann eine Anordnung nur ergehen, „solange" die Beteiligten keine Vereinbarung geschlossen haben.

320 Die Subsidiaritätsregelung verlangt aber nach ihren in Abs. 3 Satz 2 Ziff. 3 zum Ausdruck gebrachten Sinn und Zweck weiter, dass über das Nichtzustandekommen der Zugangsvereinbarungen hinaus ernsthafte Verhandlungen mit dem Netzbetreiber stattgefunden haben müssen, es sei denn, dieser hat entsprechende Verhandlungen verweigert. Das in der Subsidiaritätsklausel zum Ausdruck kommende Primat privatautonomer Zugangsregelungen verlangt, dass der Petent zumindest den ernsthaften Versuch, eine nicht hoheitlich geprägte Zugangsregelung zu erreichen, unternommen haben muss. Eine konkrete Verpflichtung zur Führung von Vertragsverhandlungen begründet diese Regelung dagegen nicht. Das BVerwG hat allerdings aus dem Regulierungsmodell des TKG zumindest eine grundsätzliche Verpflichtung des Netzbetreibers zur Führung von Vertragsverhandlungen entwickelt (BVerwG MMR 2004, 50, 51 f), die nunmehr auch auf Art. 4 ZRL gestützt werden kann. Die BNetzA hat daraus die Verpflichtung abgeleitet, dass beide Verhandlungspartner in der Verpflichtung stehen, die erforderlichen personellen und organisatorischen Vorkehrungen für Verhandlungen zu schaffen (vgl oben Rn 312).

321 Für den Fall, dass eine Teileinigung mit dem pflichtigen Netzbetreiber getroffen wurde, sieht § 25 Abs. 1 Satz 1 ausdrücklich die Möglichkeit der Anrufung der BNetzA wegen der nicht konsentierten Zugangsfragen vor (zur sog. Teilanrufung vgl *Riehmer,* MMR 1998, 59, 62, *Bock/Völcker,* CR 1998, 473, 481).

C. Inhalt der Zugangsanordnung, Abs. 5

I. Ermessen

322 Die in Abs. 5 Satz 1 angedeutete Weite des möglichen Inhalts von Zugangsanordnungen wird in der Regelung dadurch aufgefangen, dass der BNetzA bei der inhaltlichen Gestaltung der Zugangsanord-

nung und damit der behördlichen Vorformung der privatrechtlichen Zugangsvereinbarung ein (Auswahl-)Ermessensspielraum zusteht (BVerwG v. 31.2.2004 – 6 C 11/03, E 120, S. 263 Tz. 31 ff – zum TKG 1996). Die BNetzA kann den Inhalt der Zugangsanordnung nach ihrem pflichtgemäßen Ermessen festlegen; die getroffene Entscheidung ist nur eingeschränkt gerichtlich nachprüfbar (BVerwG v. 31.2.2004 – 6 C 11/03, E 120, S. 263 Tz. 31 ff – zum TKG 1996). Ein Entschließungsermessen steht ihr nach Abs. 1 Satz 1 nicht zu.

Der Gesetzgeber hat in der geltenden Fassung des TKG für diese Ermessenentscheidung der BNetzA in Abs. 5 Satz 1 die Maßstäbe der Chancengleichheit und Billigkeit sowie den der Rechtzeitigkeit angeführt, die bei der inhaltlichen Gestaltung der Zugangsanordnung zu berücksichtigen sind. Sie geben der BNetzA einen weiten Ermessenspielraum, der auf die Ziele und Zwecke der gesetzlichen Zugangsregulierung (vgl Rn 171 ff) bezogen ist. 323

II. Inhalte, insbesondere Entgelte

Die Zugangsanordnung, die einen entsprechenden privatrechtlichen Vertrag vorformt, kann grundsätzlich alle Regelungen vorsehen, die auch der abzuschließende Vertrag enthalten kann, Abs. 5 Satz 1. Der Inhalt der öffentlich-rechtlichen Anordnung kann somit genuin privatrechtliche Klauseln umfassen. Zulässige Inhalte der Zugangsanordnung sind nicht nur die für die Sicherstellung der Funktionsfähigkeit des Zugangs erforderlichen Regelungen, sondern alle im Zusammenhang mit der Zugangsgewährung stehenden Regelungen (VG Köln v. 24.1 2002–1 L 2574/01, MMR 2002, 266). Dies gilt auch für flankierende Regelungen (OVG Münster v. 12.2.2002 – 13 B 1426/01, MMR 2002, 332, 333). 324

Zu den Inhalten einer Zugangsanordnungen können nach der geltenden, in Abs. 5 Satz 1 ausdrücklich klar gestellten Rechtslage auch die **Entgelte** gehören, die vom Zugangspetenten zu entrichten sind. Die BNetzA hat insofern die Vorschriften über die Entgeltregulierung zu beachten, Abs. 5 Satz 2 iVm §§ 27–38. In diesem Zusammenhang ist die von Abs. 6 eröffnete Möglichkeit der **Teilentscheidung** von erheblicher praktischer Bedeutung. Insbesondere dann, wenn noch keine Entgeltgenehmigung für den von der Zugangsanordnung betroffenen Bereich vorliegt, „soll" die BNetzA von dieser Möglichkeit Gebrauch machen und die Entgeltfestlegung in einem gesonderten Teilentscheidungsverfahren treffen (vgl dazu oben Rn 307). Die Teilentscheidung über die Bedingungen der Zugangsgewährung ist nicht vor Erlass der Teilentscheidung über die zu leistenden Entgelte vollziehbar (VG Köln BeckRS 2005, 29655 – Eilentscheidung). Da § 25 das Verfahren abweichend von §§ 27–38 regelt, gilt auch für dieses Entgeltregulierungsverfahren die zehnwöchige Frist des § 25 Abs. 1 und nicht das Verfahrensrecht des § 38 (BNetzA MMR 2005, 409 ff). Inhaltlich sind dabei wegen der Verweisung in §§ 25 Abs. 5 Satz 3, 30 Abs. 4 auf § 38 Abs. 2 auch für Unternehmen, die keine beträchtliche Marktmacht haben, die Maßstäbe des § 28 und nicht der strenge Effizienzmaßstab des § 31 anzuwenden (VG Köln BeckRS 2005, 30182). 325

D. Rechtswirkungen und Durchsetzung der Anordnung, Abs. 8

Die Zugangsanordnung entfaltet die **öffentlich-rechtliche Pflicht** des Adressaten des Verwaltungsakts zur Zugangsgewährung zugunsten des antragstellenden Nachfragers. Abs. 8 Satz 1 ordnet ausdrücklich die grundsätzlich bestehende öffentlich-rechtliche Befolgungspflicht an. Zur Durchsetzung dieser Pflicht kann die BNetzA nach Abs. 8 Satz 1 ein Bußgeld verhängen. Überdies hat die BNetzA die Möglichkeit, die Vorteilsabschöpfung nach § 43 anzuordnen. 326

Unmittelbare **zivilrechtliche Wirkungen** hat die Zugangsanordnung dagegen nicht (vgl schon oben Rn 304). Dabei handelt es sich allerdings um eine nach wie vor umstrittene (vgl wie hier eingehend BerlKommTKG/*Kühling/Neumann,* § 25 Rn 67 ff, 78; aA eingehend BeckTKG-Komm/*Piepenbrock/Attendorn,* § 25 Rn 2) und vom BVerwG (v. 31.3.2004 – 6 C 11/03, E 120, 263 Tz. 22 ff) zum TKG 1996 ausgeurteilte Rechtsfrage. Nach der hier vertretenen Auffassung steht die Regelung in Abs. 8 Satz 1 und 2 der Annahme eines ein Privatrechtverhältnis zwischen Betreiber und Nachfrager begründenden Verwaltungsaktes entgegen; diese Vorschrift regelt ausdrücklich, dass der Betreiber als Anordnungsadressat die Anordnung zu befolgen hat und die BNetzA zu ihrer Durchsetzung Zwangsmaßnahmen einsetzen kann. Diese Regelung entbehrte jeder Grundlage, wenn die BNetzA mit der Anordnung selbst das Privatrechtsverhältnis begründet; mit dieser Regelung ist weder eine gesonderte Befolgungspflicht noch eine gesonderte Durchsetzungsmöglichkeit vereinbar, da der das Privatrechts- 327 verhältnis schaffende Verwaltungsakt die Befolgung und Durchsetzung der Anordnung selbst bewirkte.

328 Privatrechtliche Rechte und Pflichten kann der begünstigte Nachfrager aber aus § 44 TKG herleiten. Die in dieser Vorschrift geregelten Unterlassungs- und Schadensersatzansprüche geben dem durch die Zugangsanordnung begünstigten Nachfrager das Recht, zivilrechtlich gegen den zugangspflichtigen Betreiber vorzugehen (wie hier BerlKommTKG/*Kühling/Neumann*, § 25 Rn 79).

329 Gestützt auf eine nach Abs. 6 getroffene Teilentscheidung kann der Zugangspetent noch keine zivilrechtlichen Rechte ableiten. Andernfalls würden die Rechtsschutzmöglichkeiten des Verpflichteten unzulässig verkürzt, da dieser nach Abs. 6 Satz 3 gehindert ist, die Teilentscheidung isoliert anzugreifen (BerlKommTKG/*Kühling/Neumann*, § 25 Rn 79).

E. Rechtsschutz

330 Gegen die Anordnung kann der Adressat mit dem Rechtsbehelf der Anfechtungsklage vorgehen. Ein Vorverfahren findet nach § 137 Abs. 1 Satz 1 nicht statt. Die Klage hat nach § 137 Abs. 1 keine aufschiebende Wirkung. Der Adressat hat aber die Möglichkeit, die Anordnung der aufschiebenden Wirkung seiner Klage im Eilverfahren zu erwirken. Das der BNetzA zustehende Ermessen ist nach den allgemeinen Grundsätzen überprüfbar, § 114 VwGO.

331 Nachfragerunternehmen steht der Rechtsbehelf der Verpflichtungsklage zur Verfügung, um ein Bescheidungsurteil über die Zugangsanordnung zu erwirken. § 25 begründet subjektiv-öffentliche Rechte der von dieser Regelung geschützten Unternehmen (vgl Rn 330 f).

332 Im Falle von Teilentscheidungen nach Abs. 6 können die Anordnungen der BNetzA nur insgesamt angegriffen werden, Abs. 6 Satz 3. Das bedeutet nicht, dass eine teilweise Anfechtung grundsätzlich ausgeschlossen ist; vielmehr ist die Regelung so zu verstehen, dass im Falle von Teilentscheidungen eine Klage nicht bereits nach Erlass der ersten Teilentscheidung, sondern erst nach dem Ergehen der zweiten Teilentscheidung erhoben werden kann; diese kann dann aber auf Teile der Anordnung beschränkt werden (VG Köln BeckRS 2005, 29655), allerdings nur dann, wenn der nach einer Teilaufhebung verbleibende Teil des Verwaltungsaktes ohne Änderung seines Inhaltes selbstständig bestehen bleiben kann, der Rechtsfehler also den Verwaltungsakt nicht insgesamt betrifft (diese Voraussetzungen ablehnend VG Köln BeckRS 2006, 20051 für den Fall des Unterlassens einer Abwägungsentscheidung der BNetzA nach § 21 Abs. 1 Satz 2).

§ 26 TKG Veröffentlichung

Die Bundesnetzagentur veröffentlicht die nach diesem Abschnitt getroffenen Maßnahmen unter Wahrung von Betriebs- oder Geschäftsgeheimnissen der betroffenen Unternehmen.

333 Die Veröffentlichungsvorschrift dient der Information der Marktteilnehmer und damit der **Transparenz der Zugangsbedingungen**. Zu veröffentlichen sind auch die Zugangsanordnungen nach § 25; der gebotene Betriebs- und Geschäftsgeheimnisschutz ist dabei nach der ausdrücklichen Hervorhebung in § 26 zu wahren.

334 Die Art und Weise wie die BNetzA zu veröffentlichen hat, wird in § 26 nicht vorgeschrieben. Aus Art. 15 Abs. 1 Satz 2 ZRL ergibt sich, dass die Informationen in leicht zugänglicher Form öffentlich zur Verfügung gestellt werden. Im Einklang mit dieser Regelung veröffentlicht die BNetzA neben der wohl nicht hinreichenden Veröffentlichung im Amtsblatt die Beschlusskammer-Entscheidungen nunmehr auch im Internet.

7. Abschnitt: Rundfunkrecht, bundesweiter Rundfunk, Rundfunkstaatsvertrag

Schrifttum: *Baars*, Kooperation und Kommunikation durch die Landesmedienanstalten: eine Analyse ihres Aufgaben- und Funktionsbereichs, Baden-Baden 1999; *Beucher/Leyendecker/v. Rosenberg*, Mediengesetze, Rundfunk, Mediendienste, Teledienste, München 1999; *Bohne*, Cross-mediale Effekte in der Fusionskontrolle, WRP 2006, 540 ff; *Bornemann*, Rundfunkzulassung auf Zeit oder „Bis dass der Tod euch scheidet"?, ZUM 2010 146 ff; *Bornemann*, Die Bedeutung der „starken Stellung" in der Medienkonzentrationskontrolle, ZUM 2006, 200 ff; *Bornemann*, Wie die KEK gefühlte Meinungsmacht in eine Eingriffskompetenz umrechnet, MMR 2006, 275 ff; *Bremer/Grünwald*, Konzentrationskontrolle in „virtuellen Meinungsmärkten"?, MMR 2009, 80 ff; *Bretschneider*, Britisches Medienkonzentrationsrecht als Vorbild?, ZUM 2010, 418 ff; *Clausen-Muradian*, Konzentrationskontrolle im privaten Rundfunk – Der neue Rundfunkstaatsvertrag (RStV), ZUM 1996, 934 ff; *Dittmann*, Die allzu kecke KEK? In FS Mailänder (2006), 469 ff; *Dörr*, Das für die Medienkonzentration maßgebliche Verfahrensrecht, in: Landesmedienanstalten (Hrsg.), Die Sicherung der Meinungsvielfalt, Berlin 1995, 331 ff; *Dörr*, Vielfaltsicherung im bundesweiten Fernsehen, AfP 2007 (Sonderheft), 33 ff; *Dörr*, Vielfaltssicherung in Gefahr? in: FS Mailänder (2006), 481 ff; *Engel*, Zuschaueranteile in der publizistischen Konzentrationskontrolle, ZUM 2005, 776 ff; *Gounalakis/Zagouras*, Crossmedia Konzentration und multimediale Meinungsmacht, AfP 2006, 93 ff; *Gounalakis/Zagouras*, Konglomerate Medienkonzerne und die Wettbewerbsaufsicht, NJW 2006, 1624 ff; *Gounalakis/Zagouras*, Plädoyer für ein europäisches Medienkonzentrationsrecht, ZUM 2006, 716 ff; *Hahn/Vesting*, Beck´scher Kommentar zum Rundfunkrecht, 2. Auflage, München 2008; *Hain*, Nachrichten- und Informationsanteile in privaten Fernsehprogrammen, K&R 2010, S. 638 f; *Hain/Seehaus*, Verfassungsrechtliche Grenzen des Presse-Rundfunk-Crossownership überschritten?, K&R 2009, 613 ff; *Hain*, Regulierung in den Zeiten der Konvergenz, K&R 2006, 325 ff; *Hain*, Springer, ProSiebenSat.1 und die KEK – eine Nachlese, K&R 2006, 150 ff; *Hartstein/Ring/Kreile/Dörr/Stettner*, Kommentar zum Rundfunkstaatsvertrag, Band II, München, Loseblattsammlung, Stand: 47. Aktualisierungslieferung 5.11.2010; *Hefermehl/Köhler/Bornkamm*, Wettbewerbsrecht, Kommentar, 25. Aufl., München 2007; *Herrmann/Lausen*, Rundfunkrecht, 2. Aufl., München 2004; *Hess*, Medienkonzentration nach dem neuen Rundfunkstaatsvertrag – Teil 2: Formelles Medienkonzentrationsrecht und Fragen des Rechtsschutzes, AfP 1997, 777 ff; *Hess/Jury-Fischer*, Medienkartellrecht, AfP 2006, 333 ff; *Hess/Jury-Fischer*, Medienkartellrecht: Entscheidungspraxis der KEK, AfP 2007, 28 ff; *Hesse*, Rundfunkrecht, 3. Aufl., München, 2003; *Hoeren/Sieber*, Handbuch Multimedia-Recht, 25. Ergänzungslieferung 2010; *Holznagel/Krone*, Wie frei ist die KEK? Ein Beitrag zur Auslegung des § 26 Abs. 2 Satz 2 RStV, MMR 2005, 666 ff; *KEK*, 4. Medienkonzentrationsbericht, Auf dem Weg zu einer medienübergreifenden Vielfaltssicherung, Potsdam Oktober 2010, abrufbar unter: http://www.kek-online.de/Inhalte/mkbericht_4_gesamt.html; *KEK*, 3. Konzentrationskontrollbericht, Crossmediale Verflechtungen als Herausforderung für die Konzentrationskontrolle, Potsdam Dezember 2006, abrufbar unter: http://www.kek-online.de/Inhalte/mkbericht_3_gesamt.html; *KEK*, 2. Medienkonzentrationsbericht, Sicherung der Meinungsvielfalt im Zeichen des Umbruchs, Potsdam September 2003, abrufbar unter: http://www.kek-online.de/kek/information/publikation/mk-bericht/index2.html; *KEK*, 1. Medienkonzentrationsbericht, Fortschreitende Medienkonzentration im Zeichen der Konvergenz, Potsdam Juli 2000, abrufbar unter www.kek-online.de/kek/information/publikation/mk-bericht/index.html; *KEK*, 3. Jahresbericht, Berichtszeitraum vom 1.7.1999 bis 30.6.2000, abrufbar unter: www.kek-online.de/Inhalte/jahresbericht_99-00.pdf; *KEK*, 12. Jahresbericht der KEK, Berichtszeitraum vom 1.7.2008 bis 1.6.2009; *KEK*, 13. Jahresbericht der KEK, Berichtszeitraum vom 1.7.2009 bis 30.6.2010; *Körber*, Sektorspezifische Rundfunkregulierung oder Wettbewerb 2.0?, ZWeR 2009, 315 ff; *Kübler*, Die Konzentration im Medienbereich und ihre Kontrolle, in: Prütting/Kübler u.a. (Hrsg.) Marktmacht und Konzentrationskontrolle auf dem Fernsehmarkt (2000), 7 ff; *Kuchinke/Schubert*, Der Beschluss des Bundeskartellamtes in Sachen Springer – ProSiebenSat.1, WuW 2006, 477 ff; *Lange*, Die Übernahme von ProSiebenSat.1 durch den Axel-Springer-Konzern, Media Perspektiven 2005, 546 ff; *Neft*, KEK und KDLM – unorthodoxe Organkonfigurationen zur Sicherung der Meinungsvielfalt im Fernsehen, ZUM 1999, 97 ff; *Paal/Hennemann*, Privates Medien- und Informationsrecht im Koalitionsvertrag, ZRP 2010, 40 ff; *Paschke/Ploog*, Fortschritte bei der Konzentrationskontrolle im Rundfunk? in: FS Engelschall, 1996, 99 ff; *Prütting*, Die Vermutung vorherrschender Meinungsmacht, in: Prütting/Kübler u.a. (Hrsg.), Marktmacht und Konzentrationskontrolle auf dem Fernsehmarkt (2000), 115 ff; *Rösler*, Kartellrecht im Mediensektor – Strukturen und Perspektiven, WuW 2009, 1014 ff; *Säcker*, Zur Ablehnung des Zusammenschlussvorhabens Axel Springer AG/Pro SiebenSat.1 Media AG durch KEK und Bundeskartellamt, K&R 2006, 49 ff; *Schwartmann*, Ein neues Medienkonzentrationsrecht für Nordrhein-Westfalen, ZUM 2009, 842 ff; *Sieber*, Bundesweit verbreiteter Rundfunk: Zur Weiterverbreitung von Satelliten – Fensterprogrammen in Bayern, ZUM 1998, 27 ff; *Simitis*, Bundesdatenschutzgesetz, Kommentar, 7. Aufl., Baden-Baden 2011.

§ 20 RStV Zulassung

(1) [1]Private Veranstalter bedürfen zur Veranstaltung von Rundfunk einer Zulassung. [2]Unbeschadet der Bestimmungen der §§ 21 bis 39a richtet sich die Zulassung eines Veranstalters von bundesweit

verbreitetem Rundfunk nach § 20a; im Übrigen richtet sich die Zulassung nach Landesrecht. [3]In der Zulassung für Veranstalter bundesweit verbreiteter Programme ist die Programmkategorie (Voll- oder Spartenprogramm) festzulegen.

(2) [1]Wenn und soweit ein elektronischer Informations- und Kommunikationsdienst dem Rundfunk zuzuordnen ist, bedarf der Anbieter eines solchen Dienstes einer Zulassung. [2]Stellt die zuständige Landesmedienanstalt fest, dass diese Voraussetzung vorliegt, muss der Anbieter, nachdem die Feststellung ihm bekannt gegeben ist, nach seiner Wahl unverzüglich einen Zulassungsantrag stellen oder innerhalb von drei Monaten den elektronischen Informations- und Kommunikationsdienst so anbieten, dass der Dienst nicht dem Rundfunk zuzuordnen ist. [3]Anbieter von elektronischen Informations- und Kommunikationsdiensten sind berechtigt, bei der zuständigen Landesmedienanstalt einen Antrag auf rundfunkrechtliche Unbedenklichkeit zu stellen.

(3) [1]Das Landesrecht kann ein vereinfachtes Zulassungsverfahren vorsehen, wenn Sendungen

1. im örtlichen Bereich einer öffentlichen Veranstaltung und im zeitlichen Zusammenhang damit veranstaltet und verbreitet werden oder
2. für Einrichtungen angeboten werden, wenn diese für gleiche Zwecke genutzt und die Sendungen nur dort empfangen werden können und im funktionellen Zusammenhang mit den in diesen Einrichtungen zu erfüllenden Aufgaben stehen.

[2]Unberührt bleiben landesrechtliche Bestimmungen, nach denen Sendungen für eine beschränkte Anzahl von Wohneinheiten oder Sendungen in Einrichtungen, die sich auf ein Gebäude oder einen zusammengehörenden Gebäudekomplex beschränken, keiner Zulassung bedürfen.

(4) [1]Die Zulassung eines Fernsehveranstalters kann versagt oder widerrufen werden, wenn

1. sich das Programm des Veranstalters ganz oder in wesentlichen Teilen an die Bevölkerung eines anderen Staates richtet, der das Europäische Übereinkommen über das grenzüberschreitende Fernsehen ratifiziert hat und
2. der Veranstalter sich zu dem Zweck in der Bundesrepublik Deutschland niedergelassen hat, die Bestimmungen des anderen Staates zu umgehen und
3. die Bestimmungen des anderen Staates, die der Veranstalter zu umgehen bezweckt, Gegenstand des Europäischen Übereinkommens über das grenzüberschreitende Fernsehen sind.

[2]Statt der Versagung oder des Widerrufs der Zulassung kann diese auch mit Nebenbestimmungen versehen werden, soweit dies ausreicht, die Umgehung nach Satz 1 auszuschließen.

A. Normzweck und Übersicht

1 Die Vorschrift steht am Beginn des Dritten Abschnitts des Rundfunkstaatsvertrages. Sie betrifft ausschließlich den privaten Rundfunk und enthält im ersten Unterabschnitt zulassungs- und verfahrensrechtliche Vorschriften. § 20 regelt das Zulassungsverfahren nicht selbst, sondern gibt den rechtlichen Rahmen dafür vor. Mit dem 10. RÄStV ist Absatz 1 neu gefasst worden, weil die Zulassung eines Veranstalters von bundesweit verbreitetem privatem Rundfunk umgestaltet wurde. Sie ist jetzt in § 20a geregelt. Wie bisher gilt, dass die Veranstalter von privatem Rundfunk einer Zulassung bedürfen. Weiterhin richtet sich die Zulassung eines Veranstalters von **nicht bundesweit verbreitetem Rundfunk** nach Landesrecht (vgl Amtliche Begründung zum 10. RÄStV 2008 zu Nummer 10). Die Ländergesetze schreiben übereinstimmend vor, dass die Länder Rundfunk **grundsätzlich nicht zulassungsfrei** veranstalten dürfen. Bezüglich der konkreten Zulassungsvoraussetzungen und -verfahren weichen sie hingegen voneinander ab (vgl *Beucher/Leyendecker/v. Rosenberg*, Rundfunkstaatsvertrag, § 20 Rn 1 ff). Übereinstimmend ist aber geregelt, dass die rundfunkrechtliche Zulassung als höchstpersönliche Erlaubnis weder durch Vertrag noch im Wege der Gesamtrechtsnachfolge auf einen anderen Rechtsträger übergehen kann (vgl *Hess,* AfP 2007, 28).

2 Verwaltungsverfahrensrechtlich regelt § 20 einen **Zulassungsvorbehalt,** ein präventives Verbot mit Erlaubnisvorbehalt. Das Zulassungserfordernis gründet auf dem aus Art. 5 Abs. 1 Satz 2 abgeleiteten Prinzip der **positiven gesetzlichen Ordnung** für den Rundfunk (BVerfGE 83, 238, 296–298; vgl Erl. Abschnitt 4, Rn 69). Danach besteht die Verpflichtung, die Veranstaltung von Rundfunk durch private Veranstalter gesetzlich zu ordnen. Diese Ordnung erfolgt unter anderem durch die **präventive Zulassungskontrolle.** Die präventive Kontrolle des Rundfunks gem. §§ 20 ff wird flankiert durch die repressive Konzentrationskontrolle der §§ 25 ff (vgl *Hess,* AfP 2007, S. 28).

Der **Anwendungsbereich** von § 20 erstreckt sich ausschließlich auf den regionalen und lokalen privaten Rundfunk; Veranstalter von privatem bundesweit verbreitetem Rundfunk werden gem. § 20a zentral zugelassen werden (vgl Amtliche Begründung zum 10. RÄStV 2008 zu Allgemeines). Weiterhin gilt, dass der Zulassungsvorbehalt an die „Veranstaltung von Rundfunk“ anknüpft und damit unabhängig von einer bestimmten Verbreitungstechnik besteht. Die Vorschriften setzen allerdings voraus, dass der Landesgesetzgeber den Rundfunk für private Veranstalter geöffnet hat. In § 20 sind für den „nicht bundesweit verbreiteten Rundfunk“ unterschiedliche Zulassungsverfahren geregelt: Abs. 1 regelt die grundsätzliche Zulassungspflicht, ein vereinfachtes Zulassungsverfahren regelt Abs. 3 Satz 1 und eine Ausnahmeregelung für zulassungsfreie Rundfunkveranstaltungen sieht Abs. 3 Satz 2 vor. Bezüglich der Durchsetzung des Zulassungsvorbehalts nach § 20 ist § 49 zu beachten. Gemäß § 49 Abs. 1 Satz 1 Ziff. 17 kann die zuständige Landesmedienanstalt ein Ordnungswidrigkeitsverfahren gegen denjenigen durchführen, der als Veranstalter von bundesweit verbreitetem Rundfunk vorsätzlich oder fahrlässig „entgegen § 20 Abs. 1 Satz 1 oder Abs. 2 Satz 1 ohne Zulassung Rundfunk betreibt“. 3

B. Grundsätzliche Zulassungsverpflichtung, Abs. 1

Das Zulassungsverfahren wird durchgeführt, um die publizistische, organisatorische und wirtschaftliche Leistungsfähigkeit sowie die unternehmerische Beteiligungsstruktur des privaten Rundfunkveranstalters zu überprüfen. Abs. 1 Satz 1 stellt in Übereinstimmung mit der bisherigen Rechtslage klar, dass private Veranstalter von Rundfunk einer Zulassung bedürfen (vgl Amtliche Begründung zum 10. RÄStV zu Nummer 10). Abs. 1 Satz 1 setzt damit den vom Bundesverfassungsgericht vorgegebenen Grundsatz, dass private Veranstalter einer Zulassung bedürfen, einfachgesetzlich um. Er gestaltet das Zulassungsverfahren aber nicht näher aus. Das hat zur Konsequenz, dass die Landesmediengesetze für den nicht bundesweit verbreiteten Rundfunk unterschiedliche Verfahrensvorschriften bezüglich Art und Umfang der Bewerbungsunterlagen, Zeitdauer der Zulassung, Anforderungen an die Veranstaltereigenschaft und bezüglich der materiellen Voraussetzungen für die Zulassungen regeln können und tatsächlich vorsehen (vgl *Hartstein/Ring/Kreile/Dörr/Stettner,* Rundfunkstaatsvertrag, Band II, § 20 RStV, S. 12 Rn 4). 4

I. Zulassungsvoraussetzungen für den nicht bundesweit verbreiteten Rundfunk

1. Persönliche Voraussetzungen. Der persönliche Anwendungsbereich der §§ 20 ff umfasst die „privaten Rundfunkveranstalter“, die nicht bundesweit Rundfunk verbreiten. **Veranstalter von Rundfunk** ist nach der Definition des BVerfG, „wer seine Struktur festlegt, die Abfolge plant, die Sendung zusammenstellt und unter einheitlicher Bezeichnung dem Publikum anbietet. Durch diese auf das gesamte Programm bezogenen Tätigkeiten unterscheidet sich der Rundfunkveranstalter vom bloßen Zulieferer einzelner Sendungen oder Programmteile. Nicht notwendig ist, dass der Veranstalter das Programm selbst ausstrahlt oder die einzelnen Sendungen selbst produziert. Ob jemand Rundfunk im Sinne der §§ 20 ff veranstaltet, beurteilt sich nach der tatsächlich ausgeübten Tätigkeit“ (BVerfGE 97, 298, 310). Begründet wird diese Auffassung damit, dass das Bedürfnis nach Schutz vor Einflussnahme auf die Programmgestaltung dort besteht, wo diese der Sache nach stattfindet. Unerheblich ist, ob das Gesetz diese als Rundfunkveranstaltung bezeichnet oder anerkennt. Entscheidend für die Zuordnung als Veranstalter im Sinne des Rundfunkstaatsvertrags ist somit die Innehabung der **Programmverantwortung.** 5

Der persönliche Anwendungsbereich ist auf **private Veranstalter** beschränkt und erstreckt sich damit nicht auf öffentlich-rechtliche Rundfunkanstalten. Im Übrigen kann der Veranstalter aber zwischen den verschiedenen zivilrechtlichen Organisationsformen, also zwischen juristischen Personen des Privatrechts und Personengesellschaften des Privatrechts, frei wählen (*Hartstein/Ring/Kreile/Dörr/Stettner,* Rundfunkstaatsvertrag, Band II, § 20 RStV, S. 16 f, Rn 9–11). Eine natürliche Person kann Veranstalter im Sinne des Rundfunkstaatsvertrags sein. Dabei ist unerheblich, ob der Veranstalter eine inländische oder ausländische natürliche/juristische Person ist. Ausgeschlossen nach den Landesmediengesetzen sind allerdings grundsätzlich juristische Personen des öffentlichen Rechts (vgl zB § 18 Abs. 3 MStV HSH). Eine Ausnahme machen die Landesmediengesetze aber für solche juristische Personen des öffentlichen Rechts, die staatsfern organisiert sind, wie Kirchen oder Hochschulen (vgl ausführlich zu persönlichen Zulassungsvoraussetzungen: *Beucher/Leyendecker/v. Rosenberg,* RStV, § 20 Rn 8–15). Zudem ist zu prüfen, ob der Veranstalter unbeschränkt geschäftsfähig und gerichtlich verfolgbar ist, damit er gegebenenfalls rechtlich verantwortlich gemacht werden kann. 6

7 **2. Sachliche Voraussetzungen.** Sachliche Zulassungsvoraussetzungen knüpfen an das Programm des Rundfunkveranstalters an. Regelmäßig ist das Gesamtkonzept des Programmveranstalters glaubhaft zu machen. Außerdem muss der Veranstalter darlegen, dass er finanziell und organisatorisch in der Lage ist, die Voraussetzungen für die Veranstaltung und Verbreitung des Programms zu erfüllen. Diese **Wirtschaftlichkeitsüberprüfung** erfolgt in der Regel durch die Vorlage eines Programmschemas und von Wirtschafts- und Finanzierungsplänen. Überdies sind die Regeln zur Sicherung der Meinungsvielfalt zu beachten (vgl zB § 19 MStV HSH; dazu Erl. in Abschnitt 8, Rn 8 ff).

II. Zuständigkeit

8 Welche Stelle nach Landesrecht zuständig ist, soll sich jeweils nach den geltenden landesgesetzlichen Regelungen bestimmen (vgl Amtliche Begründung zum 2. RÄStV 1991 zu § 19).

III. Anspruch auf Zulassung

9 Umstritten war, ob aus dem Rundfunkstaatsvertrag ein subjektiv-rechtlicher Anspruch auf Zulassung ableitbar ist, wenn ein Veranstalter alle im Rundfunkstaatsvertrag und im jeweiligen Mediengesetz niedergelegten Voraussetzungen erfüllt. In einzelnen Landesmediengesetze ist ein solcher **Anspruch auf Zulassung** ausdrücklich normiert worden (vgl *Herrmann/Lausen,* Rundfunkrecht, § 18 Rn 33). Zudem kann dieser entweder direkt aus Art. 5 Abs. 1 GG oder aber aus Art. 3 GG (Ermessensreduzierung auf Null) abgeleitet werden. Argumentiert wurde auch, dass die Zulassung eine grundrechtsgebundene Entscheidung ist, die einen Anspruch auf Zulassung begründet und dass daher diejenigen Landesmediengesetze ohne Zulassungsanspruchsnormierung so auszulegen sind, dass die Zulassungsentscheidung keine Ermessensentscheidung ist (vgl *Bumke,* in: Hahn/Vesting, § 20 Rn 48; *Hesse,* Rundfunkrecht, S. 228 ff). Andererseits wurde geltend gemacht, dass im Hinblick auf den dem Rundfunkstaatsvertrag übergeordneten Sinn und Zweck – die Meinungsvielfaltsicherung – ein Anspruch auf Zulassung nicht begründbar sei. Die Landesmedienanstalten müssten bei einer Zulassungsentscheidung im Rahmen einer Ermessensentscheidung berücksichtigen können, welcher Sender den größten Beitrag zur Meinungsvielfalt des Gesamtprogramms erbringt (vgl *Hartstein/Ring/Kreile/Dörr/Stettner,* Rundfunkstaatsvertrag, Band II, § 20 RStV, S. 12–16, Rn 5–8).

10 Das Bundesverfassungsgericht hat in seiner Rechtsprechung einen subjektiven Zulassungsanspruch aus Art. 5 Abs. 1 Satz 2 GG anerkannt und ausgeführt: „Auf das Grundrecht der Rundfunkfreiheit können sich auch Bewerber um eine Rundfunklizenz im Zulassungsverfahren vor der Landesmedienanstalt berufen" und „das objektiv-rechtlich dienende Grundrecht steht auch subjektiv-rechtlich im Dienst der Grundrechtssicherung"; es besteht ein **„Grundrechtsbeachtungsanspruch"** (BVerfGE 97, 298, 312–314).

IV. Zulassung bundesweiter Programme, Satz 2

11 Satz 2 verweist für die Zulassung eines Veranstalters von bundesweit verbreitetem Rundfunk auf die Bestimmungen in § 20a. Die in den §§ 21 bis 39 enthaltenen Regelungen gelten dabei für Zulassungsverfahren bundesweit verbreitetem Rundfunks gleichermaßen (vgl Amtliche Begründung zum 10. RÄStV zu Nummer 10). Für nicht bundesweiten Rundfunk richtet sich die Zulassung im Übrigen nach Landesrecht.

V. Festlegung der Programmkategorie, Satz 3

12 Bei Veranstaltern bundesweit verbreiteter Programme ist die Programmkategorie in der Zulassung festzulegen. Das bedeutet, dass bestimmt werden muss, ob es sich bei dem zugelassenen Programm um ein Vollprogramm, ein Spartenprogramm oder ein Fensterprogramm handelt. Definiert werden diese Programmkategorien in § 2 Abs. 2. Die Verpflichtung, eine solche Programmkategorie in der Zulassung festzulegen, betrifft nur die Veranstaltung bundesweit verbreiteter Fernseh- und Hörfunkprogramme. Der Begriff „bundesweit verbreitet" ist dabei gleichbedeutend mit „bundesweit empfangbar", aus § 52. Es kommt also darauf an, ob das Programm in allen Ländern verbreitet werden kann. „Nicht bundesweit verbreitet" sind damit Programme, die gezielt nur in einzelne Bundesländer transportiert werden.

C. Zulassung von elektronischen Informations- und Kommunikationsdiensten, Abs. 2

Durch den 10. RÄStV 2008 ist in Abs. 2 Satz 1 lediglich eine redaktionelle Folgeänderung vorgenommen worden (vgl Amtliche Begründung zum 10. RÄStV zu Nummer 10). In Abs. 2 Satz 2 ist mit der Neufassung zudem auf das Erfordernis des Einvernehmens aller Medienanstalten verzichtet worden, weil die Entscheidung über die Zulassungspflicht nach Maßgabe des ebenfalls neu eingefügten § 36 Abs. 2 Nr. 8 von der Kommission für Zulassung und Aufsicht (ZAK) einvernehmlich getroffen werden. 13

Bereits ein Jahr zuvor, durch den 9. RÄStV 2007, war die Regelung zu elektronischen Informations- und Kommunikationsdiensten geändert worden. Seitdem wird anstelle des Begriffs „Mediendienste" entsprechend § 2 Abs. 1 Satz 3 und 4 als Oberbegriff für Telekommunikationsdienste, Telemedien und Rundfunk der Begriff der **„elektronischen Informations- und Kommunikationsdienste"** verwandt. Die Regelung war 1996 durch den 3. RÄStV eingeführt worden, um die Abgrenzung von Rundfunk zu den damals sogenannten „Mediendiensten" klarzustellen. Die Abgrenzung zum Bereich der Telekommunikation ist nach § 2 Abs. 1 sowie § 1 Abs. 1 Telemediengesetz (TMG) vorzunehmen. 14

Im Grundsatz gilt, dass die **Abgrenzung** von Rundfunk zu anderen Diensten inhaltlich und **unabhängig von der technischen Verbreitungsart** vorzunehmen ist. Das bedeutet, dass alles, was sich materiell und inhaltlich als Rundfunk darstellt, auch den rundfunkrechtlichen Regelungen des Rundfunkstaatsvertrages unterfällt. Dies stellt Satz 1 klar, indem er darauf verweist, dass, wenn und soweit ein elektronischer Informations- und Kommunikationsdienst dem Rundfunk zuzuordnen ist, der Anbieter eines solchen Dienstes einer Zulassung bedarf. 15

Das **Verfahrensrecht** des Abs. 2 Satz 2 ist durch den 9. RÄStV entscheidend verändert worden: Sobald eine Landesmedienanstalten feststellt, dass „eine Veranstaltung von Rundfunk" vorliegt, muss nunmehr unverzüglich ein Zulassungsantrag gestellt werden. Der Veranstalter kann zwar weiterhin, den Informations- und Kommunikationsdienst so anbieten, dass der Dienst nicht mehr dem Rundfunk zuzuordnen ist. Allerdings ist auch dafür die Frist von ehemals sechs auf nunmehr drei Monate verkürzt worden. Ziel dieser verfahrensrechtlichen Änderung ist es, möglichst schnell **Klarheit bezüglich der Einordnung eines Dienstes** und der damit einhergehenden Entscheidung, welchem Regelungsregime er unterliegt, zu schaffen (vgl Amtliche Begründung zum 9. RÄStV). Gleichzeitig soll damit nach dem Willen des Gesetzgebers vermieden werden, dass durch wiederholte Veränderung und Antragsstellung der Schwebezustand vor einer Entscheidung über die Einordnung länger dauert. Zudem sollen durch die Neuregelung Umgehungen der rundfunkrechtlichen Bestimmungen vermieden werden. 16

Die Regelung soll nach dem Willen der Gesetzgeber sicherstellen, dass bei Zweifeln über die Einordnung eine positive Entscheidung aller Landesmedienanstalten vorliegen muss, um den Dienst als Rundfunk zu qualifizieren. Damit soll in den Fällen, in denen ein Einvernehmen der Landesmedienanstalten nicht erzielt werden kann, die Einordnung als Rundfunk nicht möglich sein und der Dienst als Angebot von Telemedien behandelt werden (vgl Amtliche Begründung zum 9. RÄStV). Dieser Regelungszweck gilt weiterhin, da auch nach dem neu eingefügten § 36 Abs. 2 Nr. 8 über die Zulassungspflicht einvernehmlich entschieden werden muss (vgl Amtliche Begründung zum 10. Rundfunkstaatsvertrag). 17

Satz 3 zielt darauf, den Anbietern von elektronischen Informations- und Kommunikationsdiensten Rechtssicherheit und die notwendige Planungssicherheit zu verschaffen. Die Norm berechtigt nämlich die Anbieter, einen Antrag auf **rundfunkrechtliche Unbedenklichkeit** bei der zuständigen Landesmedienanstalt zu stellen. 18

D. Vereinfachtes Zulassungsverfahren und Zulassungsfreiheit, Abs. 3

Verfassungsrechtlich ist vorgegeben, dass Rundfunk rechtlich ausgestaltet werden muss. Dabei kann zwischen „rundfunkspezifischen Gefahren" und der „Wirkung als Medium und Faktor" differenziert werden. Eine solche Differenzierung nimmt Abs. 3 vor, indem er **Ausnahmen vom Grundsatz des Zulassungsvorbehalts** aufführt. Dabei handelt es sich um ein vereinfachtes Zulassungsverfahren nach Satz 1 und eine Zulassungsfreistellung nach Satz 2. Ziel der in Abs. 3 geregelten Ausnahmen ist es, solchen Rundfunkveranstaltern ein vereinfachtes Verfahren zu ermöglichen, bei denen es aufgrund ihrer örtlichen und inhaltlichen Begrenzung nicht zweckmäßig erscheint, die komplexen Zulassungsregeln anzuwenden. Auf diese Weise soll die von den Ländern gewünschte Flexibilität in den Fällen, 19 bei denen Rundfunkprogramme keine breite Öffentlichkeit erreichen, gewährleistet werden (vgl Amtliche Begründung zum 2. Rundfunkstaatsvertrag, 1991).

I. Anwendungsbereich, Satz 1

20 Satz 1 regelt nicht die Einzelheiten des vereinfachten Zulassungsverfahrens, sondern verweist diesbezüglich auf die landesrechtlichen Bestimmungen, die das vereinfachte Zulassungsverfahren normieren. Satz 1 konkretisiert aber in Ziff. 1 und 2 den (engen) Anwendungsbereich der Ausnahmeregelung.

21 Nach Nummer 1 ist ein vereinfachtes Zulassungsverfahren vorgesehen, wenn Sendungen „im örtlichen Bereich einer öffentlichen Veranstaltung und im zeitlichen Zusammenhang damit veranstaltet werden". Damit ist die Veranstaltung der Sendung örtlich auf den Veranstaltungsort beschränkt. Anwendungsfälle sind beispielsweise Sportveranstaltungen, Tagungen oder Messen. Zudem stellt der „zeitliche Zusammenhang" eine weitere Bedingung für die Ausnahmeprivilegierung dar. Demnach hat die Sendezeit grundsätzlich der Dauer der öffentlichen Veranstaltung zu entsprechen.

22 Nummer 2 sieht alternativ ein vereinfachtes Zulassungsverfahren für den Fall vor, dass Sendungen „für Einrichtungen angeboten werden, die die Sendungen für gleiche Zwecke nutzen und nur dort empfangbar sind und im funktionellen Zusammenhang mit den in diesen Einrichtungen zu erfüllenden Aufgaben stehen". Entscheidend ist dabei, ob es sich um Einrichtungen mit dem gleichen Zweck handelt. Einrichtungen im Sinne der Nummer 2 sind beispielsweise Hotels oder Ladenketten. Auch wenn die Einrichtungen räumlich weit voneinander entfernt liegen, greift der Ausnahmetatbestand der Nummer 2, jedenfalls sofern die Sendungen sich unter dem Tatbestandsmerkmal der **Nutzung für gleiche Zwecke** zusammenfassen lassen. Das ist zum Beispiel bei Sendungen über Hotelleistungen oder das Warenangebot der Ladenkette der Fall (vgl *Bumke,* in: Hahn/Vesting, Beck'scher Kommentar zum Rundfunkrecht, § 20 RStV Rn 106).

II. Zulassungsfreiheit nach Satz 2

23 Bezüglich der ausnahmsweise bestehenden Zulassungsfreiheit verweist Abs. 3 auf die jeweiligen landesrechtlichen Bestimmungen. Satz 2 konkretisiert aber für die Ausnahmeregelung allgemeingültig, dass Sendungen für eine beschränkte Anzahl von Wohneinheiten oder Sendungen in Einrichtungen, die sich auf ein Gebäude oder einen zusammengehörenden Gebäudekomplex beschränken, keiner Zulassung bedürfen. Diese Ausnahmeregelung wird als **Bagatellrundfunk** bezeichnet. In Abgrenzung zu Satz 1 Nummer 2 erfasst er nur Sendungen in Gebäuden, bei denen ein besonders enger örtlicher Bezug besteht. Ausschlaggebend ist gerade, dass aufgrund des engen örtlichen Bezugs nur ein begrenzter Empfängerkreis erreicht wird. Durch die Ausnahmevorschrift entsteht somit kein eigenständiger unregulierter Rundfunkmarkt (vgl *Beucher/Leyendecker/v. Rosenberg,* RStV, § 20 Rn 36).

E. Versagungs- und Widerrufsregelungen, Abs. 4

24 Abs. 4 ist in den § 20 durch den 4. RÄStV aufgrund der Vorgaben des Art. 24 a des Europäischen Übereinkommens über das Grenzüberschreitende Fernsehen (FsÜ) eingefügt worden. Das FsÜ ist geschlossen worden, da dem Problem der Aushöhlung nationaler rundfunkrechtlicher Standards durch die Wahl des Verbreitungsortes effektiv nur durch eine Zusammenarbeit auf internationaler Ebene begegnet werden konnte. Das FsÜ sieht vor, dass von einem Staat Maßnahmen ergriffen werden müssen, wenn ein Veranstalter sich zu dem Zweck in diesem Staat niedergelassen hat, diejenigen Bestimmungen eines anderen Staates zu umgehen, die Gegenstand des FsÜ sind.

25 Nach Abs. 4 Satz 1 kann die Zulassung eines Veranstalters versagt oder widerrufen werden, wenn die in den Nummern 1 bis 3 festgeschriebenen Bedingungen kumulativ vorliegen. Nach Nummer 1 muss sich das Programm des Veranstalters ganz oder in wesentlichen Teilen an die Bevölkerung eines anderen Staates richten, der das Europäische Übereinkommen über das grenzüberschreitende Fernsehen ratifiziert hat. Zusätzlich muss nach Nummer 2 der Veranstalter sich zu dem Zweck in der Bundesrepublik Deutschland niedergelassen haben, um die Bestimmungen des anderen Staates zu umgehen. Außerdem muss nach Nummer 3 die Bestimmung des anderen Staates, die der Veranstalter zu umgehen bezweckt, Gegenstand des Europäischen Übereinkommens über das grenzüberschreitende Fernsehen sein.

Die Amtliche Begründung zum 4. RÄStV sieht vor, dass Art. 24 a FsÜ die in Abs. 4 normierten materiellrechtlichen Bedingungen um besondere, die Vertragsparteien der Europaratskonvention bindende, verfahrensrechtliche Regelungen ergänzt. Danach muss sich die Bundesrepublik Deutschland mit der anderen Vertragspartei zunächst bemühen, eine gütliche Beilegung herbeizuführen (vgl Amtliche Begründung zum 4. RÄStV). Scheitert eine solche gütliche Beilegung, muss der „Ständige Ausschuss" im Sinne des § 20 damit befasst werden und einen Rechtsmissbrauch ausdrücklich feststellen. Wird ein Rechtsmissbrauch festgestellt, hat diejenige Vertragspartei, deren Rechtshoheit der Rundfunkveranstalter unterliegt, die geeigneten Mittel zu ergreifen. Als geeignete Mittel im Falle der Feststellung eines Rechtsmissbrauchs benennt Satz 2 des Abs. 4 die Zulassungsversagung bzw den Widerruf oder alternativ – in Ausprägung des Grundsatzes der Verhältnismäßigkeit – die nachträgliche Aufnahme von Nebenbestimmungen in die Zulassung. Voraussetzung dafür ist allerdings, dass die Einfügung der Nebenbestimmungen ausreicht, die Umgehung nach Satz 1 und damit den Verstoß gegen das Übereinkommen ausschließen zu können. Verzichtet aber die zuständige Landesmedienanstalt auf die in Abs. 4 vorgesehenen Sanktionen, ist nach Art. 24 a Abs. 4 FsÜ ein Schiedsverfahren im Sinne des Art. 26 FsÜ durchzuführen. 26

§ 20a RStV Erteilung einer Zulassung für Veranstalter von bundesweit verbreitetem Rundfunk

(1) Eine Zulassung darf nur an eine natürliche oder juristische Person erteilt werden, die

1. unbeschränkt geschäftsfähig ist,
2. die Fähigkeit, öffentliche Ämter zu bekleiden, nicht durch Richterspruch verloren hat,
3. das Grundrecht der freien Meinungsäußerung nicht nach Artikel 18 des Grundgesetzes verwirkt hat,
4. als Vereinigung nicht verboten ist,
5. ihren Wohnsitz oder Sitz in der Bundesrepublik Deutschland, einem sonstigen Mitgliedstaat der Europäischen Union oder einem anderen Vertragsstaat des Abkommens über den Europäischen Wirtschaftsraum hat und gerichtlich verfolgt werden kann,
6. die Gewähr dafür bietet, dass sie unter Beachtung der gesetzlichen Vorschriften und der auf dieser Grundlage erlassenen Verwaltungsakte Rundfunk veranstaltet.

(2) [1]Die Voraussetzungen nach Absatz 1 Nr. 1 bis 3 und 6 müssen bei juristischen Personen von den gesetzlichen oder satzungsmäßigen Vertretern erfüllt sein. [2]Einem Veranstalter in der Rechtsform einer Aktiengesellschaft darf nur dann eine Zulassung erteilt werden, wenn in der Satzung der Aktiengesellschaft bestimmt ist, dass die Aktien nur als Namensaktien oder als Namensaktien und stimmrechtslose Vorzugsaktien ausgegeben werden dürfen.

(3) [1]Eine Zulassung darf nicht erteilt werden an juristische Personen des öffentlichen Rechts mit Ausnahme von Kirchen und Hochschulen, an deren gesetzliche Vertreter und leitende Bedienstete sowie an politische Parteien und Wählervereinigungen. [2]Gleiches gilt für Unternehmen, die im Verhältnis eines verbundenen Unternehmens im Sinne des § 15 des Aktiengesetzes zu den in Satz 1 Genannten stehen. [3]Die Sätze 1 und 2 gelten für ausländische öffentliche oder staatliche Stellen entsprechend.

A. Normzweck und Übersicht

§ 20a ist mit dem 10. RÄStV neu eingefügt worden. Die Regelung gilt ausschließlich für die **Zulassung von privaten Veranstaltern von bundesweit verbreitetem Rundfunk**. Sie steht im Zusammenhang mit der Reform der Medienaufsicht und der damit geschaffenen Kommission für Zulassung und Aufsicht (ZAK). Außerdem war im Hinblick auf bundesweit verbreiteten Rundfunk kritisiert worden, dass die jeweiligen Landesgesetze unterschiedliche Voraussetzungen und Verfahrensregelungen vorsahen. Deshalb haben die Länder mit dem 10. RÄStV die Zulassungsvoraussetzungen für den privaten, bundesweit verbreiteten Rundfunk vereinheitlicht. Gemäß § 36 Abs. 2 Ziff. 1 ist jetzt die ZAK für die Erteilung einer solchen Zulassung zuständig (vgl Amtliche Begründung zum 10. RÄStV zu Nummer 11). 27

§ 20a regelt ausschließlich die **persönlichen Zulassungsvoraussetzungen**. Die sachlichen Zulassungsvoraussetzungen sind hingegen, wie das Verbot einer vorherrschenden Meinungsmacht, in § 25 Abs. 2 beziehungsweise in § 26 geregelt. 28

B. Allgemeine persönliche Zulassungsvoraussetzungen, Absatz 1

29 In Absatz 1 werden die persönlichen Anforderungen für diejenigen festgelegt, die eine Zulassung für die Verbreitung bundesweiten Rundfunks erhalten können. Sie sollen die rechtliche Verantwortung des Veranstalters sicherstellen. Ist der Veranstalter eine juristische Person, so ist Abs. 2 Satz 1 zu beachten; ist er eine nicht rechtsfähige Personenvereinigung gilt er als natürliche Personen iSd § 20a (vgl Amtliche Begründung zum 10. RÄStV zu Nummer 11).

30 Zunächst muss die natürliche oder juristische Person unbeschränkt geschäftsfähig sein. Die Geschäftsfähigkeit iSd § 20a Abs. 1 Ziff. 1 richtet sich nach §§ 104 ff BGB. Demnach muss, wenn der Zugelassene seine Geschäftsfähigkeit verliert, nach Abs. 1 Ziff.1 iVm § 38 Abs. 4 Ziff. 1a die Zulassung widerrufen werden. Denn dann ist der zugelassene Veranstalter nicht mehr in der Lage, die zur persönlichen Ausübung der Rundfunkveranstaltung erforderlichen Geschäfte iSd Abs. 1 Ziff. 1 selbst vorzunehmen (vgl *Bornemann*, ZUM 2010, 147).

31 Ferner darf der Veranstalter die Fähigkeit öffentliche Ämter zu bekleiden nicht durch Richterspruch (§ 45 StGB) verloren haben. Die Fähigkeit öffentliche Ämter zu Bekleiden iSd § 20a Abs. 1 Ziff. 2 verliert gemäß § 45 StGB derjenige, der „wegen eines Verbrechens zu einer Freiheitsstrafe von mindestens einem Jahr verurteilt wird"; und zwar für die Dauer von fünf Jahren.

32 Weitere persönliche Zulassungsvoraussetzung gemäß § 20a Abs. 1 Ziff. 3 ist, dass der Veranstalter das Grundrecht auf freie Meinungsäußerung nicht nach Art. 18 GG verwirkt haben darf. Damit jemand sein Recht auf freie Meinungsäußerung verwirkt, muss er diese zum Kampf gegen die freiheitliche demokratische Grundordnung missbraucht haben. Die Verwirkung kann vom Bundesverfassungsgericht ausgesprochen werden, was bisher noch nicht vorgekommen ist (vgl *Hartstein/Ring/Kreile/Dörr/Stettner*, Rundfunkstaatsvertrag, Band II, § 20a RStV, S. 3, Rn 3).

33 Vierte Persönliche Zulassungsvoraussetzung ist, dass die Vereinigung, die bundesweit Rundfunk verbreiten will, nicht verboten sein darf. Diese Voraussetzung betrifft nur juristische Personen. Verbote iSd § 20a Abs. 1 Ziff. 4 können nach §§ 3 ff Vereinsgesetz erfolgen.

34 Fünfte persönliche Zulassungsvoraussetzung ist, dass die natürliche Person ihren Wohnsitz beziehungsweise die juristische Person ihren Sitz in der Bundesrepublik Deutschland, einem sonstigen Mitgliedstaat der Europäischen Union oder einem anderen Vertragsstaat des Abkommens über den Europäischen Wirtschaftsraum haben muss und dadurch gerichtlich verfolgt werden kann. Im Rahmen des § 20a Abs. 1 Ziff. 5 wird Deutschland mit den Mitgliedstaaten der Europäischen Union gleichbehandelt, weil die im Europarecht verankerten Grundfreiheiten jede offene Diskriminierung verbieten.

35 Letzte persönliche Zulassungsvoraussetzung ist, dass der Veranstalter die Gewähr dafür bietet, dass er zuverlässig arbeitet. § 20a Abs. 1 Ziff. 6 ist dabei an die aus dem Gewerberecht stammende Voraussetzung der Zuverlässigkeit angelehnt. Demnach ist jeder unzuverlässig, der keine Gewähr dafür bietet, dass er sein Gewerbe künftig ordnungsgemäß betreibt. In dieser Zuverlässigkeitsprüfung muss demnach das künftige Verhalten beurteilt werden, es handelt sich mithin um eine Prognoseentscheidung (vgl *Hartstein/Ring/Kreile/Dörr/Stettner*, Rundfunkstaatsvertrag, Band II, § 20a RStV, S. 3 Rn 3).

C. Besondere persönliche Zulassungsvoraussetzungen für juristische Personen, Absatz 2

36 Für juristische Personen enthält Abs. 2 zusätzliche Anforderungen. Satz 1 hat dabei eine klarstellende Funktion. Demnach gilt bei juristischen Personen das **Verantwortungsprinzip.** Das heißt, damit sich die zuständige Aufsichtsbehörde oder Dritte an eine natürliche Person halten können, müssen bei einer juristischen Person die gesetzlichen oder satzungsmäßigen Vertreter die Anforderungen des Abs. 1 Ziff. 1 bis 3 und 6 erfüllen (vgl Amtliche Begründung zum 10. RÄStV zu Nummer 11).

37 Die besondere Anforderung in Satz 2 soll dem **Gebot der Transparenz** bei Medienunternehmen Rechnung tragen. Er sieht vor, dass einem Veranstalter in der Rechtsform einer Aktiengesellschaft nur dann eine Zulassung erteilt werden darf, wenn in der Satzung die Aktienausgabe ausschließlich als Namensaktie ggf in Verbindung mit stimmrechtslosen Vorzugsaktien festgeschrieben ist. Denn bei börsennotierten Aktiengesellschaften könnte sonst nicht festgestellt werden, wer Gesellschafter der Aktiengesellschaft ist (vgl Amtliche Begründung zum 10. RÄStV zu Nummer 11).

D. Persönliche Ausschlussgründe, Absatz 3

Mit Abs. 3 Satz 1 wird klargestellt, dass bestimmten Personen, Personengruppen oder Institutionen keine Zulassung für die Verbreitung bundesweiter privater Rundfunkprogramme erteilt werden kann. Sinn und Zweck ist es, staatlichen und öffentlichen Einfluss zu begrenzen. Den persönlichen Ausschlussgründen liegt gem. der amtlichen Begründung zum 10. Rundfunkänderungsstaatsvertrag das verfassungsrechtliche **Gebot der Staatsferne des Rundfunks** zugrunde. Der Ausschluss erstreckt sich gemäß Satz 2 auch auf verbundene Unternehmen im Sinne von § 15 Aktiengesetz und damit auf mittelbare Beteiligungen. Die Beschränkungen aus Satz 1 und Satz 2 gelten außerdem für ausländische öffentliche Stellen, was Satz 3 klarstellt. Satz 1 nimmt von den persönlichen Ausschlussgründen Kirchen und Hochschulen aus. Diese Ausnahme von den persönlichen Ausschlussgründen liegt darin begründet, dass Kirchen und Hochschulen auch als juristische Einrichtungen des öffentlichen Rechts staatsfern organisiert sind. 38

Sinn und Zweck der persönlichen Ausschlussgründe ist es, dass weder der Staat selber, noch ihm zurechenbare Einrichtungen oder Parteien, einen dominierenden Einfluss auf den Veranstalter oder das Programm haben dürfen. Der Ausschluss der politischen Parteien als Veranstalter privaten, bundesweit verbreiteten Rundfunks ist wegen des Gebots der Staatsferne verfassungsgemäß (vgl BVerfG in AfP 2008, 174). In seiner Entscheidung führt der Zweite Senat weiter aus, dass die politischen Parteien aber nicht gänzlich von der Beteiligung an privaten Rundfunkveranstaltern ausgeschlossen werden dürfen. Parteien dürfen nur keinen beherrschenden Einfluss auf den Veranstalter haben. 39

Aus der höchstpersönlichen Natur der Zulassung zur bundesweiten privaten Rundfunkverbreitung folgt gleichzeitig, dass die Rechte aus einer Rundfunkzulassung direkt an den Rechtsträger gebunden sind. Mithin erlöschen die Rechte bei natürlichen Personen auch mit deren Tod. Die Rechte aus der Zulassung können aber auch durch Rücknahme, wenn die Zulassungsvoraussetzungen nicht mehr gegeben waren oder durch Widerruf, wenn diese nachträglich entfallen sind oder durch Auflösung des Rechtsträgers erlöschen (vgl dazu *Bornemann*, ZUM 2010, 147 ff). 40

§ 20b RStV Hörfunk im Internet

[1]Wer Hörfunkprogramme ausschließlich im Internet verbreitet, bedarf keiner Zulassung. [2]Er hat das Angebot der zuständigen Landesmedienanstalt anzuzeigen. [3]Im Übrigen gilt § 20a entsprechend.

A. Normzweck und Übersicht

§ 20b wurde 2009 durch den 12. RÄStV eingeführt. Sinn und Zweck der Vorschrift ist es, den Umgang mit der rasant zunehmenden Anzahl an Hörfunkprogrammen, die über das Internet ausgestrahlt werden, zu erleichtern. Die Vorschrift erfasst daher ausschließlich Hörfunkprogramme, bei denen das Internet als Verbreitungsweg genutzt wird. 41

Internetradios sind von der Zulassungspflicht auszunehmen. Hörfunk kann aus technischer Sicht in nahezu unbegrenzter Anzahl über das Internet verbreitet werden; die technische Kapazität dafür steht fast unbegrenzt zur Verfügung und die technische Voraussetzungen dafür, ein Hörfunkprogramm über das Internet zu streamen, sind einfach zugänglich. Von daher ist die Gefahr der Meinungskonzentration in diesem Bereich gering. Der Anwendungsbereich von § 20b ist nur betroffen, wenn das Internetradio von Deutschland aus veranstaltet wird. Insoweit kann das in Art. 2 der EG-Fernseh-RiLi verankerte **Sendestaatsprinzip** entsprechend angewandt werden (so auch *Hartstein/Ring/Kreile/Dörr/Stettner*, Rundfunkstaatsvertrag, Band II, § 20b RStV, S. 4, 5, Rn 4–7). 42

Die Vorschrift sieht für die Veranstalter von Hörfunkprogrammen im Internet eine abgestufte Regulierung vor. Nach Satz 1 brauchen sie keine förmliche Zulassung. Sie müssen lediglich nach Satz 2 der zuständigen Landesmedienanstalt anzeigen, dass sie jetzt Programm über das Internet senden. Allerdings unterliegen die Veranstalter gemäß Satz 3 den in § 20a aufgeführten persönlichen Zulassungsvoraussetzungen. Und durch die Anzeigepflicht aus Satz 2 kann die jeweils zuständige Landesmedienanstalt Maßnahmen gegen den jeweiligen Veranstalter einleiten, sofern er etwa gegen Vorschriften des § 20a verstößt (vgl Amtliche Begründung zum 12. RÄStV, zu Nummer 19). 43

B. Die Zulassungsfreiheit, Satz 1

44 Satz 1 regelt den Grundsatz, dass Hörfunkprogramme, die über das Internet verbreitet werden, keiner Zulassung bedürfen. Unter **Hörfunkprogrammen** im Sinne dieser Vorschrift sind Angebote zu verstehen, die den einfachgesetzlichen Rundfunkbegriff iSd § 2 erfüllen. Demnach sind nur Angebote erfasst, die von mindestens 500 Nutzern zeitgleich empfangen werden können. Zudem zählen zu den Hörfunkprogrammen auch Dienste, die das Programm begleiten, die also beispielsweise nähere Information über Musik, Produzenten, Musiker etc. liefern. Wenn allerdings als programmbegleitender Dienst zusätzlich Videos angeboten werden, sind diese nur dann zulassungsfrei, sofern sie als Telemedium einzustufen sind. Für Internet-Fernsehen gibt es keine dem Internet-Radio vergleichbare Zulassungserleichterung.

45 Satz 1 erfasst außerdem nur solche Hörfunkprogramme, die originär und ausschließlich über das Internet verbreitet werden. Eine **Verbreitung über das Internet** setzt voraus, dass über das Internet Daten verschickt werden, die beim Nutzer mit einem entsprechenden an das Internet angeschlossenen Endgerät dann empfangen und hörbar gemacht werden.

C. Die Anzeigepflicht, Satz 2

46 Das Angebot muss der zuständigen Landesmedienanstalt spätestens zusammen mit der Aufnahme des Angebots angezeigt werden. Die Anzeige kann aber schon vor der Aufnahme erfolgen. Die für die Anzeige zuständige Landesmedienanstalt ist gem. § 36 Abs. 1 Satz 1 die Landesmedienanstalt, bei der die Anzeige eingeht. Die Anzeige wird online eingereicht. Wer aber vorsätzlich oder fahrlässig entgegen Satz 1 und 2 die Veranstaltung von Hörfunk übers Internet nicht oder nicht vollständig der zuständigen Landesmedienanstalt anzeigt, handelt ordnungswidrig gem. § 49 Abs. 1 Satz 1 Ziff. 18.

D. Der Prüfungsmaßstab, Satz 3

47 Die ZAK ist zuständig für die Prüfung der materiellen Rechtmäßigkeit des angezeigten Internet-Radios am Maßstab des § 20a. Geprüft werden muss, ob die persönlichen Zulässigkeitsvoraussetzungen erfüllt sind.

§ 21 RStV Grundsätze für das Zulassungsverfahren

(1) Der Antragsteller hat alle Angaben zu machen, alle Auskünfte zu erteilen und alle Unterlagen vorzulegen, die zur Prüfung des Zulassungsantrags erforderlich sind.

(2) Die Auskunftspflicht und die Verpflichtung zur Vorlage von Unterlagen erstrecken sich insbesondere auf

1. **eine Darstellung der unmittelbaren und mittelbaren Beteiligungen im Sinne des § 28 an dem Antragsteller sowie der Kapital- und Stimmrechtsverhältnisse bei dem Antragsteller und den mit ihm im Sinne des Aktiengesetzes verbundenen Unternehmen,**
2. **die Angabe über Angehörige im Sinne des § 15 Abgabenordnung unter den Beteiligten nach Nummer 1, gleiches gilt für Vertreter der Person oder Personengesellschaft oder des Mitglieds eines Organs einer juristischen Person,**
3. **den Gesellschaftsvertrag und die satzungsrechtlichen Bestimmungen des Antragstellers,**
4. **Vereinbarungen, die zwischen an dem Antragsteller unmittelbar oder mittelbar im Sinn von § 28 Beteiligten bestehen und sich auf die gemeinsame Veranstaltung von Rundfunk sowie auf Treuhandverhältnisse und nach den §§ 26 und 28 erhebliche Beziehungen beziehen,**
5. **eine schriftliche Erklärung des Antragstellers, dass die nach den Nummern 1 bis 4 vorgelegten Unterlagen und Angaben vollständig sind.**

(3) [1]Ist für die Prüfung im Rahmen des Zulassungsverfahrens ein Sachverhalt bedeutsam, der sich auf Vorgänge außerhalb des Geltungsbereichs dieses Staatsvertrages bezieht, so hat der Antragsteller diesen Sachverhalt aufzuklären und die erforderlichen Beweismittel zu beschaffen. [2]Er hat dabei alle für ihn bestehenden rechtlichen und tatsächlichen Möglichkeiten auszuschöpfen. [3]Der Antragsteller kann sich nicht darauf berufen, dass er Sachverhalte nicht aufklären oder Beweismittel nicht beschaffen

kann, wenn er sich nach Lage des Falles bei der Gestaltung seiner Verhältnisse die Möglichkeit dazu hätte beschaffen oder einräumen lassen können.

(4) Die Verpflichtungen nach den Absätzen 1 bis 3 gelten für natürliche und juristische Personen oder Personengesellschaften, die an dem Antragsteller unmittelbar oder mittelbar im Sinne von § 28 beteiligt sind oder zu ihm im Verhältnis eines verbundenen Unternehmens stehen oder sonstige Einflüsse im Sinne der §§ 26 und 28 auf ihn ausüben können, entsprechend.

(5) Kommt ein Auskunfts- oder Vorlagepflichtiger seinen Mitwirkungspflichten nach den Absätzen 1 bis 4 innerhalb einer von der zuständigen Landesmedienanstalt bestimmten Frist nicht nach, kann der Zulassungsantrag abgelehnt werden.

(6) [1]Die im Rahmen des Zulassungsverfahrens Auskunfts- und Vorlagepflichtigen sind verpflichtet, jede Änderung der maßgeblichen Umstände nach Antragstellung oder nach Erteilung der Zulassung unverzüglich der zuständigen Landesmedienanstalt mitzuteilen. [2]Die Absätze 1 bis 5 finden entsprechende Anwendung. [3]§ 29 bleibt unberührt.

(7) Unbeschadet anderweitiger Anzeigepflichten sind der Veranstalter und die an ihm unmittelbar oder mittelbar im Sinne von § 28 Beteiligten jeweils nach Ablauf eines Kalenderjahres verpflichtet, unverzüglich der zuständigen Landesmedienanstalt gegenüber eine Erklärung darüber abzugeben, ob und inwieweit innerhalb des abgelaufenen Kalenderjahres bei den nach § 28 maßgeblichen Beteiligungs- und Zurechnungstatbeständen eine Veränderung eingetreten ist.

A. Normzweck und Übersicht

Mit dem dritten RÄStV 1996 ist mit § 21 und § 22 nach dem **Vorbild des Kartellverwaltungsverfahrens** ein umfassendes Mitwirkungssystem eingeführt worden (vgl *KEK*, Konzentrationsbericht 2007, S. 368). Die Vorschriften sind im Zusammenhang mit den Regelungen über das gleichzeitig eingeführte Zuschaueranteilsmodell zu sehen. § 21 begründet, ausgehend vom Grundsatz der Amtsermittlung, den Antragssteller bindende **Mitwirkungspflichten** und enthält Sanktionen für den Fall ihrer Verletzung. Zugleich regelt § 21 Fragen der **Darlegungs- und Beweislast** nach dem Grundsatz der Beweislastnähe (vgl *Bumke*, in: Hahn/Vesting, Beck'scher Kommentar zum Rundfunkrecht, § 21 RStV Rn 2). 48

Ziel der Regelung ist es, im Hinblick auf die hohe Bedeutung der Mitwirkung des Antragsstellers für die effektive Durchführung eines Zulassungsverfahrens einen zügigen Verfahrensablauf zu ermöglichen (vgl Amtliche Begründung zum 3. RÄStV). Zudem soll mit § 21 ein bundeseinheitliches Zulassungsverfahren zur **Gewährleistung einheitlicher Standards** geschaffen werden. Flankiert durch die Auskunftsrechte und Ermittlungsbefugnisse nach § 22 stellen die beiden Normen ein umfassendes und weitgehendes **Mitwirkungssystem** dar, das auch im Hinblick auf Beteiligung von Finanzinvestoren Transparenz und eine effektive Medienkonzentrationsrechtliche Kontrolle gewährleisten will (vgl *KEK*, Konzentrationsbericht 2007, S. 368). 49

Auskunfts- und ermittlungsbefugt sind nach §§ 21 und 22 nur die zuständigen Landesmedienanstalten. Der KEK stehen dieselben Verfahrensrechte mittelbar gemäß § 36 Abs. 1 Satz 3, nämlich über die jeweils zuständige Landesmedienanstalt zu. Bezüglich der Durchsetzung des § 21 Abs. 6 und 7 ist § 49 zu beachten. Gem. § 49 Abs. 1 Satz 2 Ziff. 1 und 2 kann die zuständige Landesmedienanstalt ein Ordnungswidrigkeitsverfahren gegen denjenigen durchführen, der gegen die Gebote der Abs. 6 und 7 verstößt. Der Geltungsbereich des § 21 beschränkt sich gemäß § 39 auf das bundesweit verbreitete Fernsehen und schließt abweichende landesrundfunkrechtliche Regelungen aus. 50

B. Verpflichtungen privater Veranstalter im Zulassungsverfahren, Abs. 1–3

Die Vorschrift regelt in den Abs. 1 bis 3 die Verpflichtungen des privaten Veranstalters im Zulassungsverfahren. 51

I. Beibringungsverpflichtung, Abs. 1

Abs. 1 begründet den allgemeinen Grundsatz der Beibringungsverpflichtung zulasten des Antragsstellers im Zulassungsverfahren. **Adressat** der Norm ist demnach jeder, der nach § 20a einen Antrag auf Zulassung gestellt hat und damit verfahrensrechtlich zum Beteiligten wird. Der Antragsteller muss gemäß Abs. 1 der Verpflichtung nachkommen, gegenüber der zuständigen Landesmedienanstalt „alle 52 zur Prüfung seines Zulassungsantrags erforderlichen Angaben zu machen, alle Auskünfte zu erteilen und alle Unterlagen vorzulegen".

53 Durch das Kriterium der **Zulassungsrelevanz** beschränkt bereits der Gesetzeswortlaut die Beibringungsverpflichtung auf solche Umstände, die geeignet sind, als Beweismittel die Beurteilung über das Vorliegen der Zulassungsvoraussetzungen zu erleichtern. Damit sind nur solche Informationen erfasst, die in nachvollziehbarem sachlichen Zusammenhang zu den Zulassungsvoraussetzungen stehen. Die in der Praxis geforderten Informationen sind in diesem Zusammenhang seltener solche zu den allgemeinen Zulassungsvoraussetzungen nach § 20a, sondern sie beziehen sich auf den Kontext der medienkonzentrationsrechtlichen Zulassungsvoraussetzungen im Sinne der §§ 26–29 (vgl *Bumke,* in: Hahn/Vesting, Beck'scher Kommentar zum Rundfunkrecht, § 21 RStV Rn 9).

54 „Angaben" sind solche Informationen, die vom Antragssteller unaufgefordert mit seinem Antrag verbunden werden, während „Auskünfte" erst auf konkrete Nachfrage der Behörde erteilt werden. Die „Verpflichtung zur Unterlagenvorlage" stellt eine Konkretisierung der formellen Auskunftspflicht dar (vgl *Beucher/Leyendecker/v. Rosenberg,* RStV, § 21 Rn 11).

55 Der Gesetzgeber begründet den Grundsatz der Beibringungsverpflichtung des Abs. 1 damit, dass im Wesentlichen nur der Antragsteller über die zur Beurteilung seines Antrags erforderlichen Kenntnisse und Unterlagen verfügt. Aus diesem Grund soll es gerechtfertigt sein, dem Antragsteller die Beweislast für alle entscheidungserheblichen Tatsachen aufzuerlegen (vgl Amtliche Begründung zum 3. RÄStV, § 21). In der Literatur wird einschränkend geltend gemacht, dass die Beibringungsverpflichtung grundsätzlich restriktiv auszulegen sei und sich daher auch nicht auf schwierige rechtliche Bewertungen oder auf eine allgemeine Verpflichtung zur Transparenz beziehe (vgl *Hartstein/Ring/Kreile/Dörr/Stettner,* Rundfunkstaatsvertrag, Band II, § 21 RStV, S. 8 Rn 6). In der Anwendungspraxis wird dementsprechend eine restriktive Vorgehensweise bezüglich der Beibringungspflicht des Abs. 1 gehandhabt: Die Landesmedienanstalten klären die Bewerber über die Zulassungsvoraussetzungen auf, um so beratend auf Anträge hinzuwirken, die den Anforderungen des Rundfunkstaatsvertrags gerecht werden (vgl ausführlich *Baars,* Kooperation der LMA, S. 47–69, 235–248 sowie 270 ff).

II. Konkretisierungsregelung, Abs. 2

56 Abs. 2 soll den von Abs. 1 vorgegebenen allgemeinen Grundsatz der Beibringungsverpflichtung im Hinblick auf die für die Sicherung der Meinungsvielfalt bedeutsamen Umstände konkretisieren (vgl Amtliche Begründung zum 3. RÄStV). Der Wortlaut von Abs. 2, 1. Hs verdeutlicht durch die einschränkende Formulierung „insbesondere", dass die Katalogbeispiele nicht abschließend geregelt sind.

57 **Ziff. 1** schreibt vor, dass eine Darstellung über sämtliche Beteiligungen iSd § 28 sowie der Kapital- und Stimmrechtsverhältnisse bei dem Antragssteller und in den mit ihm im Sinne des Aktiengesetzes verbundenen Unternehmen vorzulegen ist. Damit zielt die Regelung auf die **Offenlegung der bestehenden Beteiligungsverhältnisse** am antragstellenden Unternehmen zur Gewährleistung einer effektiven Medienkonzentrationskontrolle. Eine zunehmende Bedeutung hat dabei in der Verfahrenspraxis die Offenlegung der Beteiligungsverhältnisse auch bei beteiligten Fondsgesellschaften (vgl *KEK,* Konzentrationsbericht 2007, S. 368). In der Praxis verlangt die KEK bei beteiligten Gesellschaften die Angabe der Kapital- und Stimmrechtsverhältnisse ab einer Höhe von 5 %. Die erwirkten Informationen dienen der Beurteilung, wer in welchem Umfang Einfluss auf die Programmgestaltung und damit auf die Meinungsbildung nimmt (vgl *Bumke,* in: Hahn/Vesting, Beck'scher Kommentar zum Rundfunkrecht, § 21 RStV Rn 12). Abs. 4 ergänzt die Regelung, indem der Kreis der Mitwirkungspflichtigen erweitert wird.

58 Die Auskunfts- und Vorlageverpflichtungen erstrecken sich gemäß **Ziff. 2** auf Angaben über Angehörige iSd § 15 AO unter den an dem Antragsteller nach Ziff. 1 Beteiligten. Diesen Angehörigen sind nach Ziff. 2, 2. Hs gesetzliche oder rechtsgeschäftliche Vertreter der natürlichen Person oder einer Personengesellschaft und Mitglieder von Organen einer juristischen Person gleichgestellt. Damit zielt die Regelung auf die Herstellung von **Transparenz bezüglich personeller Verflechtungen.**

59 **Ziff. 3** bestimmt, dass der Gesellschaftsvertrag und die satzungsrechtlichen Bestimmungen (insbesondere Geschäftsordnungen) des Antragsstellers vorzulegen sind.

60 Nach **Ziff. 4** muss der Antragsteller ferner Vereinbarungen, die zwischen ihm und an ihm im Sinne des § 28 Beteiligten bestehen, offen legen. Diese Offenlegungsverpflichtung ist auf solche Vereinbarungen

beschränkt, die sich auf die gemeinsame Veranstaltung von Rundfunk beziehen sowie auf Treuhandverhältnisse und nach §§ 26 und 28 erhebliche Beziehungen.

Ziff. 5 legt fest, dass der Antragsteller eine schriftliche Erklärung abzugeben hat, die bestätigt, dass die nach den Ziff. 1 bis 4 vorgelegten Unterlagen und Angaben vollständig sind. Der Gesetzgeber weist darauf hin, dass die Vollständigkeit der Angaben und Unterlagen Voraussetzung für die erforderliche Prüfung der medienkonzentrationsrechtlichen Unbedenklichkeit der beantragten Zulassung ist. Nummer 5 soll darüber hinaus der Beschleunigung des Verfahrens auch im Interesse des Veranstalters dienen. 61

III. Gesteigerte Mitwirkungsverpflichtung bei Auslandssachverhalten, Abs. 3

Abs. 3 wurde § 90 Abs. 2 AO nachgebildet und ergänzt Abs. 2 um eine gesteigerte Mitwirkungsverpflichtung in Bezug auf Sachverhalte, die sich auf Vorgänge im Ausland beziehen (vgl Amtliche Begründung zum 3. RÄStV). Der Antragsteller hat nach Satz 1 einen Sachverhalt, der sich auf Vorgänge außerhalb des Geltungsbereichs des Staatsvertrages bezieht, aufzuklären und die erforderlichen Beweismittel zu beschaffen. Diese gesteigerte Mitwirkungsverpflichtung besteht, weil nach der Ansicht des Gesetzgebers die Landesmedienanstalten bezüglich Vorgängen im Ausland in erhöhtem Maße auf die Mitwirkung des Antragstellers angewiesen sind. Die Landesmedienanstalten besitzen im Ausland keine Ermittlungsbefugnisse und ihnen werden diese auch nicht vom deutschen Gesetzgeber ohne Mitwirkung des betreffenden ausländischen Staates eingeräumt, so dass eine Abweichung vom allgemein geltenden Amtsermittlungsgrundsatz geboten ist (vgl *Dörr*, Verfahrensrecht, S. 350 ff). 62

Der Antragsteller ist verpflichtet, unter Beachtung der allgemeinen Grundsätze der Verhältnismäßigkeit, sämtliche in seinem Machtbereich liegenden rechtlichen und tatsächlichen Möglichkeiten auszuschöpfen, um den Sachverhalt aufzuklären. Der Antragsteller kann sich nach Satz 3 zudem nicht darauf berufen, dazu nicht in der Lage zu sein, wenn er nach Lage des Falles die Möglichkeit hat, sich die erforderlichen Informationen zu beschaffen oder sich einräumen zu lassen. 63

C. Erweiterung des Kreises der Mitwirkungsverpflichteten, Abs. 4

Abs. 4 erweitert den Personenkreis der nach den Abs. 1 bis 3 zur Mitwirkung Verpflichteten. Die in den Abs. 1 bis 3 aufgestellten Verpflichtungen gelten demnach entsprechend für natürliche und juristische Personen oder Personengesellschaften, die an dem Antragsteller im Sinne des § 28 beteiligt sind oder zu ihm im Verhältnis eines verbundenen Unternehmens stehen oder sonstige Einflüsse im Sinne der §§ 26 und 28 auf ihn ausüben können. Der Gesetzgeber sieht den Abs. 4 als notwendige Ergänzung der Verpflichtungen des Antragstellers. Auch in der Literatur wird diese Erweiterung der personellen Reichweite des § 21 mit Blick auf die „vielfältigen medienwirtschaftlich motivierten gesellschaftsrechtlich zulässigen Konstruktionen von Rundfunkunternehmen und ihren Querverbindungen" als notwendig erachtet (vgl *Bumke*, in: Hahn/Vesting, Beck´scher Kommentar zum Rundfunkrecht, § 21 RStV Rn 7). In der Praxis hat die Vorschrift bisher insbesondere bei der Überprüfung von Plattformverträgen im Zusammenhang mit der Kontrolle der programmbezogenen Einflussmöglichkeit von Pay-TV-Plattformbetreibern Bedeutung erlangt (vgl *KEK*, Konzentrationsbericht 2007, S. 369). 64

D. Rechtsfolgen, Abs. 5

Im Falle einer Verletzung der Mitwirkungspflicht hält Abs. 5 die entsprechenden Rechtsfolgen bereit und dient zugleich der Verfahrensbeschleunigung (vgl Amtliche Begründung zum 3. RÄStV). Für den Fall, dass ein Auskunfts- und Vorlagepflichtiger seinen Mitwirkungspflichten nach den Absätzen 1 bis 4 innerhalb einer von der zuständigen Landesmedienanstalt bestimmten Frist nicht nachkommt, kann der Zulassungsantrag nach Abs. 5 abgelehnt werden. Folge ist, dass die Ablehnung der Zulassung gemäß Abs. 5 allein auf eine fehlende Mitwirkung gestützt werden kann. Der Gesetzgeber begründet diese einschneidende Sanktionsmöglichkeit damit, dass die Sachverhaltsaufklärung maßgeblich von der Mitwirkung der mit den entscheidungserheblichen Umständen vertrauten Personen abhängt. Die KEK argumentiert hingegen, dass die Mitwirkung des Antragstellers nicht ausreichend sanktioniert ist und letztlich eine Obliegenheit darstelle. Das „scharfe Schwert" der Zulassungsablehnung gem. Abs. 5 steht unter Wahrung des Verhältnismäßigkeitsgrundsatzes und deshalb nur in Fällen der Nichterteilung von bedeutenden Informationen zur Verfügung. Andernfalls besteht keinerlei Sanktions- 65 möglichkeit, da die Verletzung einer Mitwirkungsobliegenheit auch keine bußgeldbewehrte Ordnungswidrigkeit darstellt (vgl *KEK*, Konzentrationsbericht 2007, S. 369).

E. Verpflichtungen nach abgeschlossenem Zulassungsverfahren, Abs. 6, 7

66 Für den Zeitraum nach Abschluss des förmlichen Zulassungsverfahrens regeln die Abs. 6 und 7 weitere Mitwirkungsverpflichtungen.

I. Anlassbezogene Anzeigepflicht, Abs. 6

67 In Abs. 6 ist das an die Mitwirkungspflichtigen gerichtete Gebot enthalten, jede Änderung der maßgeblichen Umstände nach Antragstellung oder nach Erteilung der Zulassung unverzüglich der zuständigen Landesmedienanstalt mitzuteilen. Der Gesetzgeber will durch dieses Gebot sicherstellen, dass der Zulassungsentscheidung nicht nur die zum Zeitpunkt ihres Ergehens bestehenden tatsächlichen Verhältnisse zugrunde liegen, sondern dass auch während der gesamten Gültigkeitsdauer der Zulassung deren Voraussetzungen vorliegen (vgl Amtliche Begründung zum 3. RÄStV). Abs. 1 bis 5 finden entsprechende Anwendung. Die Verpflichtung aus Abs. 6 steht selbstständig neben derjenigen aus § 29.

II. Jährliche Anzeigeverpflichtung, Abs. 7

68 Unabhängig von anderweitigen Anzeigepflichten begründet Abs. 7 eine eigenständige, nicht anlassbezogene Verpflichtung des Veranstalters und der an ihm im Sinne von § 28 Beteiligten, jeweils nach Ablauf eines Kalenderjahres unverzüglich der zuständigen Landesmedienanstalt eine Erklärung abzugeben. Diese Erklärung muss Auskunft darüber geben, ob und inwieweit innerhalb des abgelaufenen Kalenderjahres bei den nach § 28 maßgeblichen Beteiligungs- und Zurechnungstatbeständen eine Veränderung eingetreten ist.

§ 22 RStV Auskunftsrechte und Ermittlungsbefugnisse

(1) [1]Die zuständige Landesmedienanstalt kann alle Ermittlungen durchführen und alle Beweise erheben, die zur Erfüllung ihrer sich aus den §§ 26 bis 34 ergebenden Aufgaben erforderlich sind. [2]Sie bedient sich der Beweismittel, die sie nach pflichtgemäßem Ermessen zur Ermittlung des Sachverhalts für erforderlich hält. [3]Sie kann insbesondere

1. Auskünfte einholen,
2. Beteiligte im Sinne des § 13 Verwaltungsverfahrensgesetz anhören, Zeugen und Sachverständige vernehmen oder die schriftliche Äußerung von Beteiligten, Sachverständigen und Zeugen einholen,
3. Urkunden und Akten beiziehen,
4. den Augenschein einnehmen.

[4]Andere Personen als die Beteiligten sollen erst dann zur Auskunft herangezogen werden, wenn die Sachverhaltsaufklärung durch diese nicht zum Ziel führt oder keinen Erfolg verspricht.

(2) [1]Für Zeugen und Sachverständige besteht eine Pflicht zur Aussage oder zur Erstattung von Gutachten. [2]Die Vorschriften der Zivilprozeßordnung über die Pflicht, als Zeuge auszusagen oder als Sachverständiger ein Gutachten zu erstatten, über die Ablehnung von Sachverständigen sowie über die Vernehmung von Angehörigen des öffentlichen Dienstes als Zeugen oder Sachverständige gelten entsprechend. [3]Die Entschädigung der Zeugen und Sachverständigen erfolgt in entsprechender Anwendung des Justizvergütungs- und -entschädigungsgesetzes.

(3) [1]Zur Glaubhaftmachung der Vollständigkeit und Richtigkeit der Angaben darf die zuständige Landesmedienanstalt die Vorlage einer eidesstattlichen Versicherung von denjenigen verlangen, die nach § 21 Abs. 1 und 4 auskunfts- und vorlagepflichtig sind. [2]Eine Versicherung an Eides Statt soll nur gefordert werden, wenn andere Mittel zur Erforschung der Wahrheit nicht vorhanden sind, zu keinem Ergebnis geführt haben oder einen unverhältnismäßigen Aufwand erfordern.

(4) [1]Die von der zuständigen Landesmedienanstalt mit der Durchführung der sich aus den §§ 26 bis 34 ergebenden Aufgaben betrauten Personen dürfen während der üblichen Geschäfts- und Arbeitszeiten die Geschäftsräume und -grundstücke der in § 21 Abs. 1, 3 und 4 genannten Personen und Personen-

gesellschaften betreten und die nachfolgend in Absatz 5 genannten Unterlagen einsehen und prüfen. [2]Das Grundrecht des Artikels 13 Grundgesetz wird insoweit eingeschränkt.

(5) [1]Die in § 21 Abs. 1, 3 und 4 genannten Personen oder Personengesellschaften haben auf Verlangen Aufzeichnungen, Bücher, Geschäftspapiere und andere Urkunden, die für die Anwendung der §§ 26 bis 34 erheblich sein können, vorzulegen, Auskünfte zu erteilen und die sonst zur Durchführung der Maßnahmen nach Absatz 4 erforderlichen Hilfsdienste zu leisten. [2]Vorkehrungen, die die Maßnahmen hindern oder erschweren, sind unzulässig.

(6) Der zur Erteilung einer Auskunft Verpflichtete kann die Auskunft auf solche Fragen verweigern, deren Beantwortung ihn selbst oder einen der in § 383 Abs. 1 Nrn. 1 bis 3 Zivilprozeßordnung bezeichneten Angehörigen der Gefahr strafrechtlicher Verfolgung oder eines Verfahrens nach dem Gesetz über Ordnungswidrigkeiten aussetzen würde.

(7) [1]Durchsuchungen dürfen nur aufgrund einer Anordnung des Amtsrichters, in dessen Bezirk die Durchsuchung erfolgen soll, vorgenommen werden. [2]Bei Gefahr im Verzug können die in Absatz 4 bezeichneten Personen während der Geschäftszeit die erforderlichen Durchsuchungen ohne richterliche Anordnung vornehmen. [3]An Ort und Stelle ist eine Niederschrift über Grund, Zeit und Ort der Durchsuchung und ihr wesentliches Ergebnis aufzunehmen, aus der sich, falls keine richterliche Anordnung ergangen ist, auch die Tatsachen ergeben, die zur Annahme einer Gefahr im Verzug geführt haben.

(8) [1]Der Inhaber der tatsächlichen Gewalt über die zu durchsuchenden Räume darf der Durchsuchung beiwohnen. [2]Ist er abwesend, soll sein Vertreter oder ein anderer Zeuge hinzugezogen werden. [3]Dem Inhaber der tatsächlichen Gewalt über die durchsuchten Räume oder seinem Vertreter ist auf Verlangen eine Durchschrift der in Absatz 7 Satz 3 genannten Niederschrift zu erteilen.

A. Normzweck und Übersicht

Eingeführt durch den 3. RÄStV werden in § 22 **umfassende Beweiserhebungs- und Ermittlungsbefugnisse** einheitlich im Rundfunkstaatsvertrag festgeschrieben. Die Regelung fasst dazu das den Landesmedienanstalten bereits aufgrund der Verwaltungsverfahrensgesetze der Länder zur Verfügung stehende Instrumentarium zur Sachverhaltsaufklärung zusammen (vgl Amtliche Begründung zum 3. RÄStV). Nach der Gesetzesbegründung wird dort, wo weitergehende Ermittlungsmöglichkeiten eingeräumt werden, auf die entsprechenden Vorschriften des GWB und der AO zurückgegriffen. Ziel des § 22 ist es, die Durchsetzungsfähigkeit der Landesmedienanstalten bei der umfassenden Sachverhaltsaufklärung zu stärken, zumal diese zu einer umfassenden Sachverhaltsaufklärung nach dem Grundsatz der Amtsermittlung verpflichtet sind. 69

Nach § 39 ist der Anwendungsbereich der Vorschrift auf bundesweit verbreitetes Fernsehen begrenzt; abweichende landesgesetzliche Regelungen sind ausgeschlossen. Unterschiedlich wird beurteilt, ob § 22 erst nach erteilter Zulassung oder bereits im Zulassungsverfahren anzuwenden ist. Während *Beucher/Leyendecker/v. Rosenberg* unter Verweis auf den Regelungszusammenhang zwischen § 21 und § 22 begründen, dass die Vorschrift des § 22 die speziellere für das Zulassungsverfahren selbst sei (vgl *Beucher/Leyendecker/v. Rosenberg*, RStV, § 21 Rn 2), verweist *Bumke* zu Recht auf den Sinn und Zweck der Norm (vgl *Bumke*, in: Hahn/Vesting, Beck'scher Kommentar zum Rundfunkrecht, 2003, § 22 RStV Rn 4). Ziel des § 22 ist es nämlich ein effektives und umfassendes Verfahrensrecht zu schaffen. Um diesem Regelungszweck zu entsprechen, muss § 22 bereits mit der Eröffnung des Verfahrens greifen. 70

B. Umfassende Beweisermittlungs- und Erhebungsbefugnisse, Abs. 1

Die Regelung des Abs. 1 entspricht § 26 Abs. 1 VwVfG des Bundes und den gleichlautenden Länderregelungen. Ziel der Regelung ist es, den Landesmedienanstalten eine Aufklärung des entscheidungserheblichen Sachverhalts durch Einholung von Auskünften und Beweiserhebungen zu ermöglichen (vgl Amtliche Begründung zum 3. RÄStV). 71

I. Allgemeine Verfahrensgrundsätze, Satz 1 und 2

72 Satz 1 enthält eine **Generalermächtigung**, nach der die zuständige Landesmedienanstalt alle Ermittlungen durchführen und alle Beweise erheben darf, die zur Erfüllung ihrer sich aus den §§ 26 bis 34 ergebenden Aufgaben erforderlich sind. Damit wird in der Generalklausel gleichzeitig die **sachliche Reichweite der Ermittlungsbefugnisse** anlassbezogen auf medienkonzentrationsrechtlich relevante Tatsachen im Sinne der §§ 26 bis 34 begrenzt.

73 Unter „**Ermittlung**" im Sinne des Satzes 1 sind solche Tätigkeiten zu fassen, die auf die Aufklärung des tatsächlichen Sachverhalts zielen. Demgegenüber sind unter „**Beweiserhebung**" im Rahmen des Satzes 1 solche Tätigkeiten zu fassen, die darauf abzielen, das Vorliegen oder Nichtvorliegen derjenigen Umstände und Tatsachen zu ermitteln, die den Sachverhalt für eine zu treffende Entscheidung der Behörde bilden (vgl *Beucher/Leyendecker/v. Rosenberg*, RStV, § 22 Rn 8).

74 Satz 2 konkretisiert als **Ausdruck des Amtsermittlungsprinzips**, dass die Landesmedienanstalt sich der Beweismittel bedient, die sie nach pflichtgemäßem Ermessen zur Ermittlung des Sachverhalts für erforderlich hält. Bei dieser **Ermessensentscheidung** hat die zuständige Landesmedienanstalt stets den Grundsatz der Verhältnismäßigkeit zu beachten. Bei Vorlagen sind deshalb Schwärzungen oder Kürzungen zulässig. Die Vertraulichkeit von Informationen begründet für sich genommen noch keine Unzumutbarkeit der Auskunftserteilung (vgl *Bumke,* in: Hahn/Vesting, Beck'scher Kommentar zum Rundfunkrecht, § 22 RStV Rn 6).

II. Beweismittelkatalog, Satz 3

75 Satz 3 entspricht wörtlich § 26 Abs. 1 VwVfG. In Ziff. 1 bis 4 werden enumerativ, aber beispielhaft die Mittel zur Beweiserhebung aufgeführt.

76 Nach Ziff. 1 (Auskunftseinholung) können Gegenstand der Einholung von Auskünften Tatsachen jeder Art sein (vgl *Clausen,* in: Knack, VwVfG, § 26 Rn 18).

77 Nach Ziff. 2 (Anhörung, Vernehmung, schriftliche Vernehmung) bezieht sich die Anhörung von Zeugen iSd § 13 VwVfG auf nicht feststehende Tatsachen und ist demnach ein Mittel der Sachverhaltsaufklärung. Zeugen und Sachverständige werden nicht angehört, sondern vernommen (vgl *Clausen,* in: Knack, VwVfG, § 26 Rn 19–30).

78 Ziff. 3 (Beiziehung von Urkunden und Akten): Ein Urkunde ist eine schriftlich verkörperte Gedankenerklärung, während Akten gesammelte, zusammengestellte und geordnete Urkunden sind (vgl *Clausen,* in: Knack, VwVfG, § 26 Rn 31).

79 Die **Augenscheinseinnahme** nach Ziff. 4 ist die unmittelbare Sinneswahrnehmung durch Vertreter oder Beauftragte der Behörde zu Zwecken der Beweiserhebung. Sie kann durch Ohren, Nase oder Mund erfolgen (vgl *Clausen,* in: Knack, VwVfG, § 26 Rn 32).

III. Beschränkung in personeller Hinsicht, Satz 4

80 Satz 4 bestimmt in personeller Hinsicht die Reihenfolge des Zugriffs: Eine Heranziehung von anderen Personen als den am Verfahren Beteiligten ist demnach erst möglich, wenn die Sachverhaltsaufklärung durch die Beteiligten nicht zum Ziel führt oder keinen Erfolg verspricht. Bezüglich des Begriffs der „Beteiligten" ist, mangels Definition im Rundfunkstaatsvertrag, insoweit nach dem Willen des Gesetzgebers auf das Verwaltungsverfahrensrecht der Länder zurückzugreifen. Die einschränkende Bestimmung der Reihenfolge wurde, laut Gesetzesbegründung, aus Gründen der Verhältnismäßigkeit erlassen.

C. Mitwirkungsverpflichtung für Zeugen und Sachverständige: Abs. 2

81 Auch die Regelung des Abs. 2 ist dem Verwaltungsverfahrensgesetz nachgebildet; sie entspricht § 26 Abs. 3 VwVfG des Bundes bzw den gleichlautenden Länderregelungen (vgl Amtliche Begründung zum 3. RÄStV). Die Norm begründet für Zeugen und Sachverständige eine **Pflicht zur Aussage** bzw **zur Erstattung von Gutachten.** Entsprechend angewandt werden diesbezüglich gemäß Satz 2 die Vorschriften der ZPO über die Pflicht, als Zeuge auszusagen oder als Sachverständiger ein Gutachten zu

erstatten, über die Ablehnung von Sachverständigen sowie über die Vernehmung von Angehörigen des öffentlichen Dienstes als Zeugen oder Sachverständige.

Seit dem 9. RÄStV erfolgt die **Entschädigung** der Zeugen oder Sachverständigen gemäß Satz 3 in entsprechender Anwendung des Justizvergütungs- und Entschädigungsgesetzes. Diese redaktionelle Änderung des Satzes 3 ist erforderlich geworden, da das Gesetz über die Vergütung von Sachverständigen, Dolmetscherinnen, Dolmetschern, Übersetzerinnen, Übersetzern sowie die Entschädigung von ehrenamtlichen Richterinnen, ehrenamtlichen Richtern, Zeuginnen, Zeugen und Dritten (kurz: Justizvergütungs- und Entschädigungsgesetz) an die Stelle des Gesetzes über die Entschädigung von Zeugen und Sachverständigen getreten ist (vgl Amtliche Begründung zum 9. RÄStV). 82

D. Eidesstattliche Versicherung, Abs. 3

Abs. 3 enthält zugunsten der Landesmedienanstalten die Berechtigung, eidesstattliche Versicherungen zur Glaubhaftmachung der Vollständigkeit und Richtigkeit der Angaben zu verlangen. Die Regelung ist an § 27 VwVfG orientiert (*Beucher/Leyendecker/v. Rosenberg,* RStV, § 22 Rn 18). Aus § 27 Abs. 2 Satz 1, 2 VwVfG ergibt sich auch, dass nur ein gesetzlich ausgewählter Kreis von Mitarbeitern der Landesmedienanstalt die Versicherung an Eides Statt aufnehmen darf. Außerdem können als Verfahrensregelungen § 27 Abs. 3 bis 5 VwVfG herangezogen werden (vgl *Beucher/Leyendecker/ v. Rosenberg,* RStV, § 22 Rn 20). Personell wird diese Ermächtigung auf die nach § 21 Abs. 1 und Abs. 4 zur Auskunft beziehungsweise zur Vorlage von Unterlagen Verpflichteten begrenzt. 83

Dadurch, dass die Landesmedienanstalten zur Entgegennahme von eidesstattlichen Versicherungen ermächtigt sind, greift im Falle einer falschen Versicherung an Eides Statt die **Strafandrohung des § 156 StGB** (vgl Amtliche Begründung zum 3. RÄStV, § 26). Daher schränkt Satz 2 auf der Grundlage des Verhältnismäßigkeitsgrundsatzes die Berechtigung aus Satz 1 dahin gehend ein, dass eine Versicherung an Eides Statt nur als letztes Mittel zur Erforschung der tatsächlichen Verhältnisse gefordert werden soll. Nämlich erst dann, wenn andere Mittel zur Erforschung der Wahrheit nicht vorhanden sind, zu keinem Ergebnis geführt haben oder einen unverhältnismäßigen Aufwand erfordern. 84

E. Befugnis zur Augenscheineinnahme, Abs. 4

Zum Zwecke der Einnahme des Augenscheins begründet Abs. 4 bezüglich des Betretens von Grundstücken und Räumen eine **Duldungspflicht** (vgl Amtliche Begründung zum 3. RÄStV). Die Vorschrift ist inhaltlich entsprechend § 46 Abs. 2 und 3 des GWB aF gestaltet worden (vgl Amtliche Begründung zum 3. RÄStV). Abs. 4 beinhaltet zugunsten der von der zuständigen Landesmedienanstalt mit der Durchführung der sich aus den §§ 26 bis 34 ergebenden Aufgaben betrauten Personen **umfassende Betretungs-, Einsichts- und Prüfungsrechte**. Die Regelung beinhaltet, in Abgrenzung zu Durchsuchungshandlungen in Form von ziel- und zweckgerichtetem Suchen, um undurchsichtige Sachlagen aufzuspüren, im Sinne des Abs. 7 nur sog. **Nachschaurechte** (vgl *Bumke,* in: Hahn/Vesting, Beck'scher Kommentar zum Rundfunkrecht, § 22 RStV Rn 26). 85

Wer die Entscheidung über die Betrauung im Sinne des Satzes 1 trifft, richtet sich nach den Bestimmungen des jeweiligen Landesmedienrechts. In der Regel ist der Direktor der Landesmedienanstalt zuständig (vgl *Hartstein/Ring/Kreile/Dörr/Stettner,* Rundfunkstaatsvertrag, Band II, § 22, S. 8–9, Rn 7). Durch die vorausgesetzte Betrauung wird sichergestellt, dass nur bestimmten, von der Exekutivspitze ausdrücklich ernannten Mitarbeitern der Landesmedienanstalt oder der KEK die besonderen Ermittlungsbefugnisse zustehen (vgl *Bumke,* in: Hahn/Vesting, Beck'scher Kommentar zum Rundfunkrecht, § 22 RStV Rn 27). 86

Unter Beachtung des Verhältnismäßigkeitsgrundsatzes ist die Duldungsverpflichtung personell auf die nach § 21 Abs. 1, 3 und 4 gegenüber der Landesmedienanstalt Auskunftspflichtigen beschränkt (vgl Amtliche Begründung zum 3. RÄStV). Überzeugend wird in der Literatur vertreten, dass der Verweis auf § 21 Abs. 3 zwar der Landesmedienanstalt keine Ermittlungsbefugnisse außerhalb des Geltungsbereichs des Rundfunkstaatsvertrags zuspricht, wohl aber klarstellt, dass das Recht zur Augenscheineinnahme sich auch auf Unterlagen beziehen kann, die Vorgänge außerhalb des Geltungsbereichs des Rundfunkstaatsvertrages betreffen (vgl *Bumke,* in: Hahn/Vesting, Beck'scher Kommentar zum Rundfunkrecht, § 22 RStV Rn 28; aA *Beucher/Leyendecker/v. Rosenberg,* RStV, § 22 Rn 22). Weiterhin ist der Anspruch aus Abs. 4 in zeitlicher Hinsicht auf die üblichen Geschäftszeiten und in räumlicher 87

Hinsicht auf die Geschäftsräume und -grundstücke beschränkt. Satz 2 trägt zudem dem Zitiergebot des Art. 19 Abs. 1 Satz 2 GG Rechnung, indem er darauf verweist, dass das Grundrecht des Art. 13 GG insoweit eingeschränkt wird.

F. Mitwirkungspflichten gem. Abs. 5

88 Abs. 5 ergänzt die Duldungspflicht des Abs. 4 um Mitwirkungspflichten der **repressiven Verhaltenskontrolle**. Er normiert die Verpflichtungen, auf Verlangen Aufzeichnungen, Bücher, Geschäftspapiere und Urkunden, die in Bezug auf die Meinungsvielfaltsicherung nach §§ 26 bis 34 erheblich sein können, vorzulegen. Unter Papiere im Sinne der Regelung sind im Hinblick auf den Sinn und Zweck der Vorschrift auch Unterlagen zu fassen, die auf einem anderen Material oder System visualisiert sind, wie beispielsweise Computer-Sticks. Weiter besteht die Verpflichtung, Auskünfte zu erteilen und die sonst zur Durchführung der Maßnahmen nach Abs. 4 erforderlichen Hilfsdienste zu leisten. Diese Hilfsdienste sollen sich in Anlehnung an das allgemeine Abgabenrecht auf die zum Verständnis der Aufzeichnungen erforderlichen Erläuterungen beschränken (vgl *Beucher/Leyendecker/v.Rosenberg,* RStV, § 22 Rn 31; *Tipke/Kruse,* AO, § 200 Rn 3). Satz 2 statuiert, dass zudem solche Vorkehrungen unzulässig sind, die die Maßnahmen hindern oder erschweren. Dieses Behinderungsverbot hat allerdings mangels anknüpfender Rechtsfolgen lediglich appellativen Charakter (vgl *Bumke,* in: Hahn/Vesting, Beck'scher Kommentar zum Rundfunkrecht, § 22 RStV Rn 21).

89 Auch die Regelung des Abs. 5 ist in ihrem personellen Anwendungsbereich auf die in § 21 Abs. 1 und 4 genannten Personen und Personengesellschaften beschränkt und ist damit deckungsgleich mit den von der Duldungspflicht nach Abs. 4 Betroffenen. Auch hier gilt, dass mit dem Verweis auf Abs. 3 nur klargestellt wird, dass sich die Mitwirkungspflichten auch auf Unterlagen beziehen, die Vorgänge außerhalb des Geltungsbereichs des Rundfunkstaatsvertrags betreffen (vgl *Bumke,* in: Hahn/Vesting, Beck'scher Kommentar zum Rundfunkrecht, § 22 RStV Rn 20; aA *Beucher/Leyendecker/v. Rosenberg,* RStV, § 22 Rn 28, die von einem Redaktionsversehen sprechen).

90 Inhaltlich knüpft Abs. 5 an die verwaltungsvollstreckungsrechtlichen Regelungen der Länder an und soll zudem weitgehend den Mitwirkungspflichten, die **§ 200 AO** einem Steuerpflichtigen im Rahmen einer steuerlichen Außenprüfung auferlegt, entsprechen (vgl Amtliche Begründung zum 3. RÄStV, § 22).

G. Auskunftsverweigerungsrecht, Abs. 6

91 Abs. 6 regelt das Auskunftsverweigerungsrecht für den zur Erteilung einer Auskunft Verpflichteten bei der Gefahr einer Verfolgung wegen einer Straftat oder Ordnungswidrigkeit. Die Regelung sieht vor, dass er die Auskunft auf solche Fragen verweigern kann, deren Beantwortung ihn selbst oder einen der in § 383 Abs. 1 Nummer 1 bis 3 ZPO bezeichneten Angehörigen der Gefahr strafrechtlicher Verfolgung oder eines Verfahrens nach dem Gesetz über Ordnungswidrigkeiten aussetzen würde. Sie entspricht damit den bereits geltenden verfahrensrechtlichen Regelungen (vgl Amtliche Begründung zum 3. RÄStV). Schutzzweck der Regelung ist die Vertraulichkeit der Informationsbeschaffung und Redaktionsarbeit, also der **Schutz eines freien Rundfunks durch freie Programmgestaltung** (vgl *Bumke,* in: Hahn/Vesting, Beck'scher Kommentar zum Rundfunkrecht, § 22 Rn 22). Streitig ist, ob aus dem Auskunftsverweigerungsrecht auch ein Verwertungsverbot folgt (so *Hess,* AfP 1997, 780 f). Richtiger erscheint es, eine Verwertung nur dann auszuschließen, wenn zuvor nicht ordnungsgemäß über die Möglichkeit des Auskunftsverweigerungsrechts belehrt wurde (vgl *Bumke,* in: Hahn/Vesting, Beck'scher Kommentar zum Rundfunkrecht, § 22 Rn 23). Damit ist eine Belehrung stets für die Verwendbarkeit der Aussage zwingend, auch wenn sie in Abs. 6 nicht ausdrücklich normiert ist.

H. Durchsuchungen, Abs. 7 und 8

92 Unter einer Durchsuchung ist das „ziel- und zweckgerichtete Suchen um etwas aufzuspüren" zu verstehen, also die Vornahme einer konkreten Durchsuchungshandlung, die über das bloße Betreten der Räumlichkeiten hinausgeht (BVerfGE 75, 318, 327). Da die Durchsuchung nach den Abs. 7 und 8 im Rahmen der Einsichts- und Prüfungsrechte des § 22 zu sehen ist, umfasst sie auch nur die Suche nach Unterlagen im Sinne des Abs. 5 und begründet kein Recht zur Beschlagnahme der aufgefundenen Beweismittel oder die Ausübung unmittelbaren Zwangs bei der Durchführung (vgl *Bumke,* in: Hahn/

Vesting, Beck'scher Kommentar zum Rundfunkrecht, § 22 Rn 32). Während Abs. 7 das Durchsuchungsrecht als eingriffsintensivstes Ermittlungsmittel statuiert, regelt Abs. 8 die Rechte des von der Durchsuchung Betroffenen.

I. Recht zur Durchsuchung, Abs. 7

Abs. 7 soll gem. der Gesetzesbegründung den Anforderungen des Artikel 13 Abs. 2 GG Rechnung tragen, indem er eine Durchsuchung grundsätzlich an das Vorliegen einer richterlichen Anordnung knüpft. So dürfen nach Satz 1 Durchsuchungen nur aufgrund einer Anordnung desjenigen Amtsrichters, in dessen Bezirk die Durchsuchung erfolgen soll, vorgenommen werden. Ausnahmsweise sieht Satz 2 bei Gefahr im Verzug vor, dass die in Abs. 4 bezeichneten Personen während der Geschäftszeit die erforderlichen Durchsuchungen ohne richterliche Anordnung vornehmen können. In jedem Fall ist zudem stets eine Niederschrift an Ort und Stelle zu erstellen, die Grund, Zeit und Ort der Durchsuchung und ihr wesentliches Ergebnis festhält und aus der sich, für den Fall, dass keine richterliche Anordnung ergangen ist, auch die Tatsachen ergeben, die zur Annahme einer Gefahr im Verzug geführt haben. 93

II. Rechte des von der Durchsuchung Betroffenen, Abs. 8

Abs. 8 betrifft die Rechte des Inhabers der tatsächlichen Gewalt über die zu durchsuchenden Räume. Demnach steht dem Betroffenen ein unabdingbares Teilnahmerecht zu. Satz 1 sieht vor, dass er der Durchsuchung beiwohnen darf. Ist der Betroffene aber abwesend, soll, nach Satz 2 sein Vertreter oder ein anderer Zeuge hinzugezogen werden. Aus dem Soll-Charakter der Vorschrift lässt sich ableiten, dass es Ausnahmen von dem in Satz 2 statuierten Regelfall geben kann. Auf Verlangen ist dem Betroffenen zudem eine Durchschrift der in Abs. 7 Satz 3 genannten Niederschrift zu überlassen. 94

§ 23 RStV Publizitätspflicht und sonstige Vorlagepflichten

(1) [1]Jeder Veranstalter hat unabhängig von seiner Rechtsform jährlich nach Maßgabe der Vorschriften des Handelsgesetzbuches, die für große Kapitalgesellschaften gelten, einen Jahresabschluss samt Anhang und einen Lagebericht spätestens bis zum Ende des neunten auf das Ende des Geschäftsjahres folgenden Monats zu erstellen und bekannt zu machen. [2]Satz 1 findet auf an dem Veranstalter unmittelbar Beteiligte, denen das Programm des Veranstalters nach § 28 Abs. 1 Satz 1, und mittelbar Beteiligte, denen das Programm nach § 28 Abs. 1 Satz 2 zuzurechnen ist, entsprechende Anwendung.

(2) Innerhalb derselben Frist hat der Veranstalter eine Aufstellung der Programmbezugsquellen für den Berichtszeitraum der zuständigen Landesmedienanstalt vorzulegen.

A. Normzweck und Übersicht

§ 23 ist durch den 3. RÄStV 1996 eingeführt worden. Die Erfahrung in den bis dahin durchgeführten Zulassungsverfahren hatte gezeigt, dass die jeweiligen Landesmedienanstalten oft nur mit großer Mühe die für ihre Entscheidungen notwendigen Grundlagen beschaffen konnten (vgl *Hartstein/Ring/Kreile/Dörr/Stettner,* Rundfunkstaatsvertrag, Band II, § 23 RStV, S. 2 Rn 1). Daher sah der Gesetzgeber die Notwendigkeit, die **Informationsbeschaffung zu effektiveren**, um so die **Medienkonzentration transparenter** zu machen. Wie auch die Auskunftsrechte und Ermittlungsbefugnisse nach § 22 ermöglichen die Publizitätspflicht und die sonstigen Vorlagepflichten nach § 23 eine effektivere **Kontrollmöglichkeit** durch die Landesmedienanstalt. Sie bildet das Korrelat zu dem Zuschaueranteilsmodell des § 26 (vgl *Hartstein/Ring/Kreile/Dörr/Stettner,* Rundfunkstaatsvertrag, Band II, § 23 RStV, S. 2 Rn 1). 95

Die Vorschrift stand – wie aus der Protokollerklärung zu § 23 zu entnehmen – zunächst unter einem bis zum 31.12.1998 befristeten Vorbehalt der Überprüfung insbesondere im Hinblick auf ihre Praktikabilität und Notwendigkeit. Da sie auch danach und auch mit dem 14. Rundfunkstaatsvertrag 2011 unverändert fortgeführt wurde und wird, hat sie zwischenzeitlich ihren Erprobungscharakter verloren. 96

Bezüglich des **Geltungsbereichs** gilt nach § 39, dass die Regelungen nur für bundesweit verbreitetes Fernsehen gelten und abweichende Regelungen durch Bundesrecht nicht zulässig sind. Bezüglich der Durchsetzung des § 23 ist § 49 zu beachten. Gem. § 49 Abs. 1 Satz 2 Ziff. 3 kann die zuständige 97

Landesmedienanstalt bei einem Verstoß gegen § 23 Abs. 2 ein Ordnungswidrigkeitsverfahren durchführen. Ordnungswidrig iSd § 49 Abs. 1 Satz 2 Ziff. 3 handelt, wer „als Veranstalter vom bundesweit verbreiteten Rundfunk vorsätzlich oder fahrlässig entgegen § 23 Abs. 2 nicht fristgerecht die Aufstellung der Programmbezugsquellen der zuständigen Landesmedienanstalt vorlegt."

B. Publizitätspflicht, Abs. 1

98 Nach Abs. 1 muss jeder Rundfunkveranstalter, **rechtsformunabhängig**, jährlich einen Jahresabschluss und einen Lagebericht veröffentlichen, und zwar nach Maßgabe derjenigen Vorschriften des Handelsgesetzbuches, die für große Kapitalgesellschaften gelten (näher dazu *Hartstein/Ring/Kreile/Dörr/Stettner,* Rundfunkstaatsvertrag, Band II, § 23 RStV Rn 3). Damit wird in Satz 1 verfahrensrechtlich auf die §§ 238 ff HGB und damit auf die **Grundsätze der Rechnungslegung** verwiesen. Bezüglich des Jahresabschlusses gelten die §§ 242, 275 ff HGB, für den erläuternden Anhang gelten §§ 264, 284 ff HGB und für den Lagebericht gilt § 289 HGB. Die Frist, innerhalb welcher der Jahresabschlussbericht zu erstellen ist, beträgt gemäß § 23 neun Monate. Satz 2 ergänzt, dass die Regelung auch auf unmittelbar Beteiligte im Sinne des § 28 Abs. 1 Satz 1 und auf nach § 28 Abs. 1 Satz 2 mittelbar Beteiligte entsprechende Anwendung findet. Ziel ist es, durch die Regelung **Transparenz** herzustellen in Bezug auf alle Rundfunkveranstalter und diejenigen, die mit diesen dergestalt verbunden sind, dass von ihnen Rückwirkungen auf die Meinungsvielfalt ausgehen können (vgl Amtliche Begründung zum 3. RÄStV zu § 23). Die Zielsetzung soll nach der Gesetzesbegründung dadurch erreicht werden, dass die wirtschaftlichen Träger der durch Rundfunk verbreiteten öffentlichen Meinung einer beobachtenden Kontrolle durch die Öffentlichkeit unterworfen werden.

C. Sachlich erweiterte Publizitätspflicht, Abs. 2

99 Abs. 2 erweitert die Publizitätspflicht des Abs. 1 in sachlicher Hinsicht. Der zuständigen Landesmedienanstalt ist eine Aufstellung von Programmbezugsquellen vorzulegen. Diese Aufstellung unterliegt dem Geheimnisschutz des § 24. Unter „Programmbezugsquellen" im Sinne des Abs. 2 sind alle Personen und Unternehmen zu fassen, von denen der jeweilige Rundfunkveranstalter ein Programm bezieht.

100 Nicht geregelt ist, wie detailliert die vorzulegenden Informationen zu sein haben. Nach dem Wortlaut der Regelung bleibt insbesondere offen, ob eine Geringfügigkeitsschwelle existiert, nach der beispielsweise lediglich gelegentliche Beiträge von Produktionsgesellschaften oder ein nur seltener Rückgriff auf Sendungen im Rahmen des Rechtehandels mit aufzunehmen sind (so *Bumke,* in: Hahn/Vesting, Beck'scher Kommentar zum Rundfunkrecht, § 23 Rn 15; aA *Hartstein/Ring/Kreile/Dörr/Stettner,* Rundfunkstaatsvertrag, Band II, § 23 Rn 5). Zweifelhaft erscheint es, die Entscheidung darüber, welche Programmbezugsquelle anzugeben ist, einzelfallbezogen zu treffen. Zwar hat der Gesetzgeber ausdrücklich hervorgehoben, dass die Vorschrift in einem engen sachlichen Zusammenhang zu § 26 Abs. 2 Satz 1 steht; ob allerdings ein bestimmtes Programm und seine Bezugsquelle von Bedeutung für die Meinungsvielfalt sind, wird sich sachgerecht erst unter Würdigung der Bezugsquelle beurteilen lassen. Deshalb ist nach Sinn und Zweck der Vorschrift eine weite Auslegung der Publizitätspflicht nach Abs. 2 geboten.

101 In der Praxis hat die Auflistung von Programmbezugsquellen insbesondere für die Beurteilung von Zulieferbeziehungen Bedeutung erlangt (vgl *KEK,* Konzentrationsbericht 2007, S. 370). Die Landesmedienanstalt kann Fehleinschätzungen seitens der Rundfunkveranstalter dadurch korrigieren, dass sie ihrerseits anlassbezogen auf die Unvollständigkeit kraft ihrer Ermittlungsbefugnisse nach § 22 reagiert.

§ 24 RStV Vertraulichkeit

[1]Angaben über persönliche und sachliche Verhältnisse einer natürlichen oder juristischen Person oder einer Personengesellschaft sowie Betriebs- oder Geschäftsgeheimnisse, die den Landesmedienanstalten, ihren Organen, ihren Bediensteten oder von ihnen beauftragten Dritten im Rahmen der Durchführung ihrer Aufgabenerfüllung anvertraut oder sonst bekannt geworden sind, dürfen nicht unbefugt offenbart werden. [2]Soweit personenbezogene Daten verarbeitet werden, finden die Datenschutzbestimmungen nach Landesrecht Anwendung.

A. Normzweck und Übersicht

Durch den 3. RÄStV 1996 eingefügt, bildet die **Vertraulichkeitsverpflichtung** nach § 24 ein Korrelat zu den vielfältigen Auskunfts- und Ermittlungsbefugnissen der Landesmedienanstalten gemäß der zur gleichen Zeit eingefügten §§ 21 bis 23. Die durch den Rundfunkstaatsvertrag in den §§ 21 bis 23 geschaffenen Auskunftspflichten warfen die Problematik auf, dass auch sensible persönliche und geschäftliche Daten erfasst werden können. Dem trägt § 24 Rechnung, indem die Norm vor einer unbefugten Weitergabe dieser Daten schützt (vgl Amtliche Begründung zum 3. RÄStV, § 24). 102

Um einen effektiven Geheimnisschutz zu gewährleisten, ist sie als **strafrechtlich sanktioniertes Offenbarungsverbot** (vgl § 203 StGB) konzipiert. Ziel der Regelung ist es, den Geheimnisschutz möglichst weitgehend durchzusetzen. Sie soll damit zugleich regeln, dass eine Auskunftsverweigerung mit dem bloßen Hinweis auf die besondere Sensibilität der Information unbegründet ist. 103

B. Persönlicher Anwendungsbereich

Normadressaten sind die in Satz 1 ausdrücklich genannten Landesmedienanstalten, ihre Organe, ihre Bediensteten und von ihnen beauftragte Dritte, sofern ihnen vom sachlichen Schutzbereich erfasste Informationen im Rahmen der Durchführung ihrer Aufgabenerfüllung anvertraut oder sonst bekannt geworden sind. Um einen möglichst weitgehenden Geheimnisschutz zu erzielen, ist der Adressatenkreis der Norm weit gefasst und die Regelung dementsprechend weit auszulegen. Damit fällt in den persönlichen Anwendungsbereich der Norm jede mit der Landesmedienanstalt verbundene Person, die Zugang zu und Kenntnis von den durch die Regelung geschützten Informationen erhält. Auch die KEK und die ZAK (Kommission für Zulassung und Aufsicht) unterliegen als Organe der Landesmedienanstalt dem **Offenbarungsverbot** nach § 24. Zudem ist in § 35 Abs. 8 Satz 3 ausdrücklich geregelt, dass die Verschwiegenheitsverpflichtung nach § 24 auch im Verhältnis der Mitglieder der KEK und der ZAK zu anderen Organen der Landesmedienanstalt gilt. Dadurch soll ein erhöhter Geheimnisschutz bezüglich der aufgrund der föderalen Zersplitterung der Rundfunkaufsicht bestehenden Vielzahl von Informationsträgern erzielt werden (vgl *Bumke,* in: Hahn/Vesting, Beck'scher Kommentar zum Rundfunkrecht, § 24 Rn 7). 104

C. Sachlicher Anwendungsbereich

§ 24 sieht vor, dass alle Angaben über persönliche und sachliche Verhältnisse einer natürlichen oder juristischen Person oder einer Personengesellschaft sowie Betriebs- oder Geschäftsgeheimnisse nicht unbefugt offenbart werden dürfen. Da der Schutz möglichst umfassend sein soll, werden alle Tatsachen vom sachlichen Anwendungsbereich der Norm erfasst, es sei denn sie lassen sich über allgemein zugängliche Quellen erschließen. Letzteres ist dann der Fall, wenn die Daten bereits der Öffentlichkeit zugänglich gemacht oder für sie bestimmt worden sind. 105

Der Begriff „persönliche und sachliche Verhältnisse" entstammt § 3 Abs. 1 BDSG und findet sich auch in § 203 Abs. 2 Satz 2 StGB. Erfasst sind die Angaben, welche Informationen über den Betroffenen selbst, oder über einen auf ihn beziehbaren Sachverhalt enthalten (vgl *Dammann,* in: Simitis, BDSG, § 3 Rn 7). Unter den Begriff „Betriebs- und Geschäftsgeheimnisse" werden in Anlehnung an § 203 StGB und § 17 Abs. 1 UWG solche Informationen gefasst, die höchstens einem beschränkten Personenkreis bekannt sind (vgl *Köhler,* in: Hefermehl/Köhler/Bornkamm, UWG, § 17 Rn 4-12). Die Formulierung „im Rahmen der Durchführung ihrer Aufgabenerfüllung anvertraut oder sonst bekannt geworden" verdeutlicht, dass auf die Kenntniserlangung kraft Aufgabenwahrnehmung abzustellen ist und dass dann aber auch solche Informationen vom sachlichen Anwendungsbereich erfasst sind, welche die Landesmedienanstalt beispielsweise im Rahmen eigener Ermittlungen erlangt hat. 106

Jede Form der Weitergabe der Informationen, soweit sie nicht von dem jeweiligen Veranstalter gestattet wurde, ist eine unbefugte Offenbarung im Sinne des § 24 und damit eine Verletzung des Vertraulichkeitsgebots. 107

D. Rechtsfolgen

Der Schutzbereich des § 24 erfasst nur solche Daten, die im Rahmen der Ermittlungsbefugnisse des Rundfunkstaatsvertrages erzielt werden. Die Weitergabe dieser von § 24 geschützten Daten unter Ver- 108 letzung des Offenbarungsverbots stellt eine Straftat gemäß § 203 StGB dar. Soweit aus der Weitergabe der Daten ein wirtschaftlicher Nutzen gezogen wird, greift § 204 StGB. Zu beachten ist dabei, dass die Delikte nur auf Antrag verfolgt werden, § 205 StGB.

E. Datenschutzbestimmungen

109 Satz 2 hat klarstellende Funktion in Bezug darauf, dass Datenschutzbestimmungen nach Landesrecht Anwendung finden, soweit personenbezogene Daten verarbeitet werden. Sie stellt hingegen keine abweichende Sonderregelung dar. Auch dem Verweis auf die Datenbestimmungen nach Landesrecht kommt kein eigenständiger Regelungscharakter zu, da für die Landesmedienanstalten grundsätzlich die landesrechtlichen Datenschutzbestimmungen gelten (vgl *Hartstein/Ring/Kreile/Dörr/Stettner*, Rundfunkstaatsvertrag, Band II, § 24 RStV, S. 7–8 Rn 10).

§ 25 RStV Meinungsvielfalt, regionale Fenster

(1) [1]Im privaten Rundfunk ist inhaltlich die Vielfalt der Meinungen im Wesentlichen zum Ausdruck zu bringen. [2]Die bedeutsamen politischen, weltanschaulichen und gesellschaftlichen Kräfte und Gruppen müssen in den Vollprogrammen angemessen zu Wort kommen; Auffassungen von Minderheiten sind zu berücksichtigen. [3]Die Möglichkeit, Spartenprogramme anzubieten, bleibt hiervon unberührt.

(2) Ein einzelnes Programm darf die Bildung der öffentlichen Meinung nicht in hohem Maße ungleichgewichtig beeinflussen.

(3) [1]Im Rahmen des Zulassungsverfahrens soll die Landesmedienanstalt darauf hinwirken, dass an dem Veranstalter auch Interessenten mit kulturellen Programmbeiträgen beteiligt werden. [2]Ein Rechtsanspruch auf Beteiligung besteht nicht.

(4) [1]In den beiden bundesweit verbreiteten reichweitenstärksten Fernsehvollprogrammen sind mindestens im zeitlichen und regional differenzierten Umfang der Programmaktivitäten zum 1. Juli 2002 nach Maßgabe des jeweiligen Landesrechts Fensterprogramme zur aktuellen und authentischen Darstellung der Ereignisse des politischen, wirtschaftlichen, sozialen und kulturellen Lebens in dem jeweiligen Land aufzunehmen. [2]Der Hauptprogrammveranstalter hat organisatorisch sicherzustellen, dass die redaktionelle Unabhängigkeit des Fensterprogrammveranstalters gewährleistet ist. [3]Dem Fensterprogrammveranstalter ist eine gesonderte Zulassung zu erteilen. [4]Fensterprogrammveranstalter und Hauptprogrammveranstalter sollen zueinander nicht im Verhältnis eines verbundenen Unternehmens nach § 28 stehen es sei denn, zum 31. Dezember 2009 bestehende landesrechtliche Regelungen stellen die Unabhängigkeit in anderer Weise sicher. [5]Zum 31. Dezember 2009 bestehende Zulassungen bleiben unberührt. [6]Eine Verlängerung ist zulässig. [7]Mit der Organisation der Fensterprogramme ist zugleich deren Finanzierung durch den Hauptprogrammveranstalter sicherzustellen. [8]Die Landesmedienanstalten stimmen die Organisation der Fensterprogramme in zeitlicher und technischer Hinsicht unter Berücksichtigung der Interessen der betroffenen Veranstalter ab.

A. Regelungszweck und Übersicht

110 Mit der Vorschrift des § 25 beginnt der 3. Unterabschnitt des III. Abschnittes des Rundfunkstaatsvertrages, in dem die **Regelungen über die Sicherung der Meinungsvielfalt** enthalten sind. Durch den 3. RÄStV 1996 ist das Medienkonzentrationsrecht in seiner derzeit geltenden Form eingeführt worden; es basiert seither auf dem sogenannten **Zuschaueranteilsmodell.** Während zuvor zur Vielfaltsicherung eine numerische Begrenzung von Programmbeteiligungen je Unternehmen vorgeschrieben war, wird nach geltendem Recht an auf Zuschaueranteilen basierende Meinungsmacht angeknüpft. Auf diese Weise will der Gesetzgeber Meinungsmacht besser erfassen; entscheidend ist nicht mehr die Anzahl der von einem Unternehmen veranstalteten Programme, sondern die Anzahl an tatsächlich erreichten Zuschauern. Ein Veranstalter kann grundsätzlich eine unbegrenzte Anzahl von Programmen veranstalten, solange er nicht vorherrschende Meinungsmacht erlangt.

111 Die Vorschrift stellt den Dreh- und Angelpunkt innerhalb der Vorschriften zur Konzentrationskontrolle im Rundfunk dar, da sie die Sicherung der Meinungsvielfalt inhaltlich definiert. Sie enthält die allgemeinen Anforderungen an die Meinungsvielfalt und konkretisiert, wie der Leitbegriff der Viel-

faltsicherung unter Berücksichtigung und Ausformung seiner verfassungsrechtlichen Grundlagen in Art. 5 Abs. 1 GG innerhalb des Rundfunkstaatsvertrages zu verstehen ist. Die Rechtsprechung des Bundesverfassungsgerichts ist dabei prägend für die rundfunkrechtlichen Normen der Vielfaltsicherung (vgl u.a. BVerfGE 57, 293 ff; 73, 118 ff; 90, 60 f und die Erl. in Abschnitt 4, Rn 68).

Mit dem Erlass der Vielfaltsicherungsvorschriften des 3. RÄStV 1996 sind die Vorgängerregeln in § 25 aufgegangen. Dabei ist die Regelung des § 20 Abs. 2 aF entfallen, nach der unter den in ihr aufgeführten Voraussetzungen jedes Vollprogramm zur Meinungsvielfalt verpflichtet gewesen ist. Nach der Amtlichen Begründung zum 3. RÄStV 1996 stellt die Anzahl der in Deutschland verbreiteten kommerziellen Programme bei Einführung der §§ 25 ff einen hinreichend stabilen Außenpluralismus sicher, so dass es keiner weiteren Binnenpluralität gewährleistenden Regelungen, wie der des § 20 Abs. 2 aF, mehr bedurfte. Damit hat das neu entstandene **außenplurale Regelungsmodell** das gemischte außen- und binnenplurale Modell des Staatsvertrags von 1991 abgelöst. 112

Zur Sicherung der (außenpluralen) Konzeption der §§ 25 ff setzt der Rundfunkstaatsvertrag auf die in § 26 normierte Rundfunkkonzentrationskontrolle; sie stellt die zentrale Vorschrift innerhalb der Vielfaltsicherungsmaßnahmen des RStV dar. Da § 25 selber keinerlei Eingriffsbefugnisse begründet, das Konzept der Meinungsvielfaltsicherung aber inhaltlich beschreibt, bildet § 25 die Grundlage, auf der die Eingriffsnorm § 26 aufbaut. Binnenpluralistische Sicherungen, also Meinungspluralität durch interne Vorkehrungen eines jeden Veranstalters, sind in den Beratungen zum Rundfunkstaatsvertrag als nicht notwendig erachtet worden (vgl *Rossen-Stadtfeld,* in: Hahn/Vesting, Beck'scher Kommentar zum Rundfunkrecht, § 25 RStV Rn 6). Allerdings ist auch vom kommerziellen Rundfunk ein Grundstandard an gleichgewichtiger Vielfalt zu gewährleisten (vgl BVerfGE 73, 118, 119, 152–160). Insofern enthält § 25 Abs. 2 ein binnenplurales Regelungselement. 113

Bezüglich des **Anwendungsbereiches** des § 25 gilt, dass die Absätze 1 bis 3 sich auf Hörfunk und Fernsehen erstrecken, während von Abs. 4 nur bundesweit verbreitete Fernsehvollprogramme erfasst sind (vgl Amtliche Begründung zum Rundfunkstaatsvertrag 1996 zu § 26). 114

B. Meinungsvielfalt als Leitbegriff, Abs. 1

I. Grundlagen

Abs. 1 legt in Konkretisierung des Art. 5 Abs. 1 GG fest, was innerhalb des Rundfunkstaatsvertrages unter Meinungsvielfalt im Rundfunk zu fassen ist. Die Regelung bezieht sich dabei auf die materiell-verfassungsrechtlichen Vorgaben, die das BVerfG in seiner Rechtsprechung zur Rundfunkfreiheit des Art. 5 GG entwickelt hat (vgl insbesondere BVerfGE 57, 295 ff; 73, 118 ff). Diese beruhen auf dem Modell einer außenpluralen Vielfaltsicherung: Die Vielfalt der Meinungen soll danach durch eine Vielzahl konkurrierender Veranstalter gewährleistet werden. 115

Mit seinen Sätzen 1 und 3 zielt Abs. 1 auf die kommunizierten Inhalte, während Satz 2 den Schutz der Kommunikatoren bezweckt. Satz 1 verpflichtet dazu, im privaten Rundfunk inhaltlich die Vielfalt der Meinungen im Wesentlichen zum Ausdruck zu bringen. Die bedeutsamen politischen, weltanschaulichen und gesellschaftlichen Kräfte und Gruppen in den Vollprogrammen sollen nach Satz 2 angemessen zu Wort kommen, wobei die Auffassungen von Minderheiten zu berücksichtigen sind. Davon unberührt besteht nach Satz 3 die Möglichkeit, Spartenprogramme anzubieten. 116

II. Das Vielfaltgebot des Satz 1

1. Bedeutung. Das Vielfaltgebot des Satzes 1 fordert, dass im privaten Rundfunk inhaltlich die Vielfalt der Meinungen im Wesentlichen zum Ausdruck gebracht wird. Das **Gebot der Meinungsvielfalt** bildet das Kernelement der Regelung des 1. Abs. Ziel der Regelung ist es zu verhindern, dass eine einzelne Meinung andere Meinungen durchweg dominiert. Das Gebot betrifft den „privaten Rundfunk", womit die Gesamtheit des kommerziellen Rundfunks gemeint ist. Diese Auslegung folgt aus einem systematischen Vergleich mit den übrigen Regelungen des § 25. Denn wenn nicht der kommerzielle Rundfunk als Gesamtheit gemeint ist, sondern das einzelne Rundfunkprogramm, wird auf diesen Programmbezug ausdrücklich hingewiesen (vgl „ein einzelnes Programm" in Abs. 2; „an dem Veranstalter" in Abs. 3; „in bundesweit verbreiteten reichweitenstärksten Fernsehvollprogrammen" in Abs. 4). Daher gilt das Meinungsvielfaltgebot des Abs. 1 nicht für jedes einzelne Programm. Das Vielfaltgebot des Satzes 1 richtet sich vielmehr an die Programme in ihrer Gesamtheit und verbindet sie damit zu einer rechtlich 117 relevanten Einheit. Auf dieser rechtlich relevanten Einheit baut das außenplurale Vielfaltsicherungsmodell des Abs. 1 auf.

118 Die Konzeption dieser Regelung leidet darunter, dass die rechtliche Einheit der Programme auf die sich das Modell des Abs. 1 bezieht, nicht konkret existiert. Es gibt nämlich keinen Gegenstand „Gesamtheit der kommerziellen Programme“, der innerlich vernetzt ist oder eine äußere Rechtsform hat. Daher sind die Programme als Einheit kaum fassbar. Deshalb wird zu Recht kritisiert, dass „die Vielfaltregelung des § 25 Abs. 1 Satz 1 ein struktur- und subjektloses kommerzielles Gesamtprogramm konstruiere, das im Regelungszusammenhang des Staatsvertrags als rechtliche Fiktion erscheint“ (vgl *Rossen-Stadtfeld,* in: Hahn/Vesting, Beck'scher Kommentar zum Rundfunkrecht, § 25 RStV Rn 33). Denn wenn die kommerziell veranstalteten Programme Vielfaltdefizite aufweisen, bleibt offen, an welche Veranstalter etwaige Auflagen zu adressieren sind. Dennoch wäre es verfehlt anzunehmen, der Rundfunkstaatsvertrag beruhe auf der Überzeugung, dass im dualen Rundfunksystem auf dem heutigen Entwicklungsstand keine Vielfaltprobleme auftreten werden (dazu *Rossen-Stadtfeld,* in: Hahn/Vesting, Beck'scher Kommentar zum Rundfunkrecht, § 25 Rn 39 ff). Vielmehr ist **§ 25 nicht als Eingriffsnorm konzipiert.** Erst § 26 schafft die Grundlage für Kontrollregeln und gewährleistet eine strukturelle Vielfaltkontrolle im bundesweiten Rundfunk. Vielfaltdefizite in Gestalt vorherrschender Meinungsmacht im Sinne des § 26 Abs. 1, 2, bilden den Ansatzpunkt für die in § 26 Abs. 3 und 4 vorgesehenen Eingriffsbefugnisse. § 25 definiert **außenplurale Vielfalt als programmatische Regelungskonzeption,** deren Funktionalität durch die in § 26 geregelten Befugnisse gewährleistet werden soll.

119 Grundlage für die in Satz 1 normierte Vielfaltverpflichtung ist die Rechtsprechung des Bundesverfassungsgerichts, die auch den kommerziellen Rundfunk zur Meinungsvielfalt in gelockerter, abgesenkter Form verpflichtet (vgl BVerfGE 57, 295, 319-327; 73, 118, 152–160). Der Rundfunk als Medium und Faktor des Prozesses gesellschaftlicher Kommunikation (BVerfGE 73, 118, 152–154) hat in seiner Faktor-Rolle zur Gewährleistung von Meinungsvielfalt beizutragen und ist als Medium selbst Teil des Kommunikationsprozesses. Den Vielfaltverpflichtungen, die aus dieser Medium- und Faktor-Rolle hervorgehen, muss der kommerzielle Rundfunk gemäß dem Vielfaltgebot des Satzes 1 gerecht werden.

120 **2. Begrifflichkeiten.** Der Begriff „Meinung“ ist im Rundfunkrecht weit auszulegen, er umfasst Werturteile und Tatsachenbehauptungen, soweit diese Voraussetzung für die Bildung von Meinungen sind (vgl BVerfGE 61, 1, 7–9). Der Vielfaltbegriff des Rundfunkrechts umfasst verschiedene Vielfaltdimensionen: Die meinungsbezogene im engeren Sinn, die formale bzw modale und die genre- bzw spartenbezogene (vgl ausführlich *Rossen-Stadtfeld,* in: Hahn/Vesting, Beck'scher Kommentar zum Rundfunkrecht, § 25 RStV Rn 25–33).

121 **a) Meinungsbezogene Vielfalt im engeren Sinn.** Meinungsbezogene Vielfalt im engeren Sinn, das heißt in thematisch-gegenständlicher Hinsicht, erfasst den Schutz kommunizierter Subjektivität in Form von kommunizierten Inhalten sowie den Schutz der Meinungsäußerungen. Der Inhalt der kommunizierten Meinungen ist dabei nicht entscheidend, da eine öffentliche Kontrolle der Meinungen gerade eine Vielfaltbeschneidung darstellen würde. Meinungsvielfalt darf nicht durch eine Wertung über die Relevanz der kommunizierten Meinungen verengt werden. Denn die Relevanz der Meinungen und damit die Entscheidung darüber, was zum Gegenstand massenmedialer Kommunikation gemacht wird, kann sich nur in dem Kommunikationsprozess selbst zeigen.

122 **b) Formale Vielfalt.** Erfasst vom Vielfaltschutz des Abs. 1 ist auch die Möglichkeit, Meinungen in jeder denkbaren Form darzustellen. Denn ebenso wenig, wie über die Wertigkeit des Inhalts der Meinungen entschieden werden darf, können Formen und Modi der Kommunikation festgeschrieben werden. Auch schützt der RStV einen hinreichend großen Entfaltungsraum.

123 **c) Spartenbezogene Vielfalt.** Die genre- oder spartenbezogene Vielfaltgewährleistung umfasst zum einen die Verpflichtung, Information, Bildung und Unterhaltung im Programm anzubieten (rundfunkrechtliche Aufgabentrias). Zudem sind auch Spartenprogramme für einzelne Interessengruppen und Kulturkreise anzubieten.

124 Satz 1 relativiert das Vielfaltgebot, indem er fordert, dass die Vielfalt der Meinungen nur „im Wesentlichen“ zum Ausdruck kommen muss. Damit entspricht die Vielfaltverpflichtung des Satzes 1 der vom Bundesverfassungsgericht vorgegebenen Verpflichtung, einen abgesenkten Grundstandard an gleichgewichtiger Meinungsvielfalt innerhalb des kommerziellen Rundfunks zu gewährleisten (vgl BVerfGE 73, 118, 152–160). Nur aufgrund des dualen Rundfunksystems muss das kommerzielle Ge-

samtprogramm des privaten Rundfunks lediglich ein Mindestmaß an gleichgewichtiger Vielfalt erfüllen (näher Erl. Abschnitt 4, Rn 135).

III. Ausgestaltung außenpluraler Vielfaltsicherung, Satz 2

Nach Satz 2 müssen die bedeutsamen politischen, weltanschaulichen und gesellschaftlichen Kräfte und Gruppen in den Vollprogrammen angemessen zu Wort kommen, wobei Auffassungen von Minderheiten zu berücksichtigen sind. Damit zielt Satz 2 auf den Schutz der Kommunikatoren, um so die Meinungsvielfalt im Rundfunk zu stärken. 125

Schutzgut des 1. Hs sind dem Wortlaut nach „bedeutsame politische, weltanschauliche und gesellschaftliche Kräfte und Gruppen". Unter Berücksichtigung des Sinns und Zwecks der Regelung, nämlich der Meinungsvielfaltsicherung, kann die **Aufzählung** des 1. Hs nur als **beispielhaft** verstanden werden. Letztlich wird jede Kraft oder Gruppe, die der Vermehrung von Meinungsvielfalt dient, von Satz 2 1. Hs erfasst, um bestmöglich Meinungsvielfalt zu gewährleisten. 126

Unter **„politische Kräfte und Gruppen"** sind alle Parteien, Wählervereinigungen und Verbände zu fassen, die an der politischen Willensbildung mitwirken wollen. „Weltanschauliche Kraft und Gruppe" ist eine Vereinigung, die tatsächlich nach äußerem Erscheinungsbild eine Religionsgemeinschaft ist, was im Streitfall zu überprüfen ist" (vgl BVerfGE 83, 341). Hinzukommen muss, dass diese Kräfte und Gruppen bedeutsam sind. Fraglich und in der Amtlichen Begründung zu § 25 nicht näher dargelegt ist, wann eine Gruppe oder Kraft „bedeutsam" im Sinne des 1. Hs ist. Unter systematischen Gesichtspunkten, nämlich in Abgrenzung zum 2. Hs, erscheint es gerechtfertigt, bloße Minderheitsgruppierungen generell nicht als vom personellen Anwendungsbereich des 1. Hs erfasst anzusehen. Unter Zugrundelegung des Sinns und Zwecks der Norm wird aber auch eine Minderheit als „bedeutsam" anzusehen sein, wenn die von ihr vertretene Meinung eine Relevanzschwelle für die Meinungsvielfalt erreicht (aA *Beucher/Leyendecker/v. Rosenberg,* RStV, § 25 Rn 8). 127

Schutzgut des 2. Hs sind **Minderheiten** als Meinungskommunikatoren. Dieses Schutzgut ist im Lichte des Zieles der Meinungsvielfaltsicherung dahin gehend auszulegen, dass Minderheitenmeinungen insoweit im Programm des kommerziellen Rundfunks zu berücksichtigen sind, als dies zur Erfüllung der Vielfaltanforderungen erforderlich ist. Unter Minderheitenauffassungen sind im Rahmen des 2. Hs aufgrund der dargelegten weiten Auslegung des Vielfaltbegriffs nicht nur Meinungsäußerungen im engeren Sinn, sondern vielmehr eine umfangreiche Darstellung der besonderen gruppenspezifischen Merkmale innerhalb des Programms zu fassen (vgl *Beucher/Leyendecker/v. Rosenberg,* RStV, § 25 Rn 10). 128

Aus Satz 2 lässt sich mangels drittschützenden Charakters der Norm kein gerichtlich durchsetzbarer Anspruch auf angemessene Berücksichtigung von einer bestimmten Gruppe ableiten (ebenso *Beucher/Leyendecker/v. Rosenberg,* RStV, § 25 Rn 10). 129

IV. Ausnahmeregelung für Spartenprogramme, Satz 3

Spartenprogramme bieten ein auf eine bestimmte Zielgruppe zugeschnittenes und auf bestimmte Themenfelder begrenztes Spezialangebot im Rundfunk. Die aus diesem begrenzten Charakter von Spartenprogrammen resultierende Wirkweise ist für die Funktionalität der Vielfaltgewährleistung des Gesamtprogramms von nicht zu unterschätzender Bedeutung. Eine Vielzahl unterschiedlicher Spartenprogramme kann das Gesamtprogrammangebot facettenreicher und damit vielfältiger gestalten. Satz 3 stellt daher zu Recht klar, dass Spartenprogramme nicht im Widerspruch zum Vielfaltgebot des Abs. 1 stehen. 130

C. Binnenplurale Vielfaltanforderung, Abs. 2

I. Grundlagen

Abs. 2 schreibt vor, dass ein einzelnes Programm die Bildung der öffentlichen Meinung nicht in hohem Maße ungleichgewichtig beeinflussen darf. Dies gilt unabhängig davon, ob durch das kommerzielle Gesamtprogramm unter außenpluralen Vielfaltgesichtspunkten Meinungspluralität im privaten Rundfunk bereits vorliegt. Indem Abs. 2 Vielfaltanforderungen an das einzelne Programm richtet, weicht die Regelung von der Bezugsebene des Abs. 1 ab und ergänzt damit die Konzeption der Vielfaltregeln. 131

Während für das außenplurale Vielfaltmodell denknotwendig das kommerzielle Gesamtangebot Bezugsobjekt ist, führt Abs. 2 durch die Bezugnahme auf das einzelne Programm ein binnenplurales Vielfaltelement ein.

132 Die Regelung bezweckt zum einen, den Meinungsbildungsprozess vor Vielfaltverengung zu schützen. Grundlage dieser Zielsetzung ist die verfassungsrechtliche Gewährleistungsaufgabe des Rundfunkgesetzgebers, freie Meinungsbildung zu schützen. Wie in Abs. 1 soll auch durch die binnenplurale Regelung des Abs. 2 Meinungsvielfalt gesichert werden, ohne die die grundgesetzlich verankerte freie Meinungsbildung nicht möglich wäre. Auch das einzelne kommerzielle Programm darf nicht durch von ihm ausgehende ungleichgewichtige Beeinflussung den öffentlichen Kommunikationsprozess beschränken, da sonst der Vorgabe des Art. 5 Abs. 1 GG zuwidergehandelt würde. Zum anderen dient ein binnenplurales Element innerhalb der außenpluralistisch konzipierten Vorschriften der §§ 25 ff dem Schutz der anderen Rundfunkveranstalter. Um das Gesamtangebot entsprechend dem außenpluralen Vielfaltmodell nach Abs. 1 gleichgewichtig zu gestalten, müssten andernfalls die übrigen Rundfunkveranstalter Vielfaltdefizite eines ungleichgewichtig beeinflussenden Einzelprogramms ausgleichen. Ein einzelnes Programm würde die übrigen Rundfunkveranstalter erheblich belasten. Diese Konsequenz soll durch die Regelung des Abs. 2 vermieden werden.

II. Begriffe und Bedeutung

133 Aufgabe des Abs. 2 ist es, eine **ungleichgewichtige Beeinflussung** der öffentlichen Meinungsbildung durch ein einzelnes Programm zu verhindern. Es ist jedoch nur schwer zu determinieren, wann eine solche ungleichgewichtige Beeinflussung durch ein einzelnes Programm stattfindet. Weder aus der Amtlichen Begründung zu § 25 noch aus dem Regelungskontext der §§ 25 ff geht hervor, wann die von Abs. 2 vorgeschriebene Binnenpluralität eines Programms in Gefahr ist. Zudem darf die Programmanforderung an die kommerziellen Programme nicht extern, beispielsweise seitens der Politik oder gesellschaftlicher Gruppen, gesteuert werden. Aus medienwissenschaftlicher Sicht besteht eine besondere Gefahr der ungleichgewichtigen Beeinflussung durch Rundfunkprogramme, die sich aufgrund des Quotendrucks auf die ausschließliche Befriedigung der Unterhaltungsnachfrage ausrichten; sie schadeten in einem erheblichen Ausmaß der „individuellen Befähigung zu produktiver Meinungsbildung" sowie „den Entfaltungsräumen kollektiv-öffentlicher Meinungsbildung" (vgl *Rossen-Stadtfeld,* in: Hahn/Vesting, Beck'scher Kommentar zum Rundfunkrecht, § 25 RStV, Rn 58 mit weiteren Hinweisen auf empirische Studien).

134 Relativiert werden die Anforderungen des Abs. 2 durch das Merkmal der Beeinflussung „in hohem Maße". Wann dieses Kriterium erfüllt ist, wird vom Gesetzgeber allerdings nicht festgelegt.

D. Förderung kultureller Beiträge, Abs. 3

I. Grundlagen

135 Ziel des Abs. 3 ist es, über das Zulassungsverfahren der Landesmedienanstalten darauf hinzuwirken, dass an dem zuzulassenden Veranstalter Interessenten mit kulturellen Programmbeiträgen beteiligt werden. Abs. 3 Satz 2 stellt klar, dass aus diesem Berücksichtigungsgebot kein Rechtsanspruch auf Beteiligung erwachsen soll. Wie sämtliche Teilregelungen des § 25 soll auch die Berücksichtigung kultureller Beiträge bestmögliche Programmvielfalt im kommerziellen Rundfunk gewährleisten. Die gezielte Förderung kultureller Programmbeiträge wird durch den Quotendruck innerhalb der kommerziellen Programme und die Tatsache legitimiert, dass kulturelle Programmbeiträge regelmäßig vergleichsweise geringe Zuschaueranteile erreichen.

II. Begriffe und Bedeutung

136 Verbreitet wird angenommen, aus der Systematik des § 25 folge, dass Abs. 3 nur an Vollprogramme und nicht an Spartenprogramme adressiert ist (vgl *Hartstein/Ring/Kreile/Dörr/Stettner,* Rundfunkstaatsvertrag, Band II, § 25 RStV, S. 19–20, Rn 14; *Beucher/Leyendecker/v. Rosenberg,* RStV, § 25 Rn 14; Spindler/Schuster/*Holznagel/Grünwald,* § 25 RStV Rn 17). Die Regelung des Abs. 1 bringe zum Ausdruck, dass Meinungsvielfalt vorwiegend in den Vollprogrammen verwirklicht werde, während Spartenprogramme nur dem Vielfaltgebot nicht entgegenstehen dürften. Diese systematische Auslegung überzeugt aus zwei Gründen nicht: In systematischer Hinsicht unterscheidet die Regelung in

Abs. 3, anders als die des Abs. 1, gerade nicht zwischen Voll- und Spartenprogramm. Zudem dienen die Regeln der §§ 25 ff der verfassungsrechtlich gebotenen Gewährleistung der Meinungsvielfalt im Rundfunk; um dem gerecht zu werden, erscheint es geboten, auch Spartenprogramme in den Regelungsgegenstand des Abs. 3 einzubeziehen (ebenso *Rossen-Stadtfeld,* in: Hahn/Vesting, Beck'scher Kommentar zum Rundfunkrecht, § 25 RStV Rn 61 und – relativierend – 62).

Der Begriff „Kultur" wird grundsätzlich weit verstanden, auch wenn anerkannte Grundsätze dazu, welche Programminhalte dem Bereich des Kulturbegriffs zuzurechnen sind, letztlich nicht existieren (vgl *Rossen-Stadtfeld,* in: Hahn/Vesting, Beck'scher Kommentar zum Rundfunkstaatsvertrag, § 25 RStV, Rn 30). Anerkannt ist, dass im Zweifel zugunsten der Programmvielfalt ein Programmangebot als ein kulturelles Angebot zu qualifizieren ist. 137

Der den Landesmedienanstalten durch Abs. 3 eröffnete Anwendungsspielraum ist gering. Zum einen besteht die Möglichkeit der Landesmedienanstalten, durch kulturelle Programme für mehr Vielfalt in den kommerziellen Programmen zu sorgen, nur im Rahmen des Zulassungsverfahrens. Die Befugnisse sind dadurch relativiert, dass Abs. 3 lediglich als Soll-Vorschrift konzipiert ist. Schließlich steht den Landesmedienanstalten kein geeignetes Druckmittel zur Verfügung. Sie können nur „darauf hinwirken", dass mehr Vielfalt durch kulturelle Programme erreicht wird, die Option einer Versagung der Rundfunklizenz besteht hingegen nicht. Zudem gibt es gemäß Satz 2 keinen Rechtsanspruch auf Beteiligung für die Kulturprogrammanbieter. 138

E. Regionale Fensterprogramme, Abs. 4

I. Grundlagen

Die in Abs. 4 verankerte Pflicht zur Aufnahme von Fensterprogrammen stellt eine weitere vielfaltsichernde Maßnahme innerhalb des Katalogs von § 25 dar; sie eröffnet den Landesmedienanstalten eine weitere Möglichkeit, die Vielfaltsicherung im kommerziellen Rundfunk zu gewährleisten. Bei der Regelung des Abs. 4 steht der regionale Bezug im Vordergrund. Mit der Regelung soll einem vom Gesetzgeber unterstellten Defizit an Regionalbezügen in den kommerziellen bundesweit verbreiteten und damit reichweitenstarken Vollprogrammen entgegengewirkt werden. Zur näheren Ausgestaltung der Handhabung des Abs. 4 haben die Landesmedienanstalten eine gemeinsame Richtlinie zur Sicherung der Meinungsvielfalt durch regionale Fenster in Fernsehvollprogrammen nach § 25 RStV (Richtlinie vom 6. Juli 2005, abgedruckt unter http://www.blm.de). Da die Regionalprogramme im Rahmen der Vielfaltsicherung bundesweite Wirkung entfalten, soll die Fernsehrichtlinie (FFR) einheitliche Maßstäbe für die Ausgestaltung der Regionalprogramme nach den Vorgaben des Abs. 4 gewährleisten (vgl Präambel der Richtlinie). Die Verfassungsgemäßheit der Vorschrift wird wegen ihrer wirtschaftsfördernden Elemente, für die die Länder keine Zuständigkeit haben (vgl *Körber,* ZWeR 2009, 329 ff), und wegen des damit einhergehenden, als übermäßig bewerteten Eingriffs in die Rundfunk- und Wirtschaftsfreiheit des Hauptprogrammveranstalters (Spindler/Schuster/*Holznagel/Grünwald,* § 25 RStV Rn 24) in Frage gestellt. 139

II. Begriffe und Bedeutung

1. Verpflichtung zur Aufnahme von Fensterprogrammen, Satz 1. Nach Satz 1 sind die beiden bundesweit reichweitenstärksten Fernsehvollprogrammen (zur Zeit RTL und Sat.1) verpflichtet, mindestens im zeitlichen und regional differenzierten Umfang der Programmaktivitäten zum 1. Juli 2002 (Stichtagsprinzip) nach Maßgabe des jeweiligen Landesrechts Fensterprogramme zur aktuellen und authentischen Darstellung der Ereignisse des politischen, wirtschaftlichen, sozialen und kulturellen Lebens in dem jeweiligen Land aufzunehmen. Ziel des Satzes 1 ist es, eine möglichst hohe Anzahl verschiedener Fensterprogramme mit unterschiedlichen regionalen Inhalten zu gewährleistet (vgl Amtliche Begründung zum 7. RÄStV). Regionalfensterprogramme hatten bereits durch den 6. RÄStV eine Stärkung erfahren, indem die Worte „bei terrestrischer Verbreitung" in Satz 1 aF in Reaktion auf die veränderten Verbreitungswege gestrichen wurden. Damit hat der Gesetzgeber zwar keine zusätzlichen Verpflichtungen zur Ausstrahlung von Regionalfenstern begründet, Vollprogrammveranstaltern wurde aber ein Anreiz gegeben, zum Beispiel durch die Einspeisung von Regionalprogrammen in Kabelanlagen die Bonusregeln des § 26 Abs. 2 zu nutzen (vgl Amtliche Begründung zum 6. RÄStV). Dadurch wurden indirekt auch die Regionalfensterprogramme gestärkt. Durch den 7. RÄStV ist die ehemalige Soll-Vorschrift ersetzt worden. Damit wurde eine unbedingte Verpflichtung eingeführt, die einer weiteren 140

Stärkung der Fensterprogramme dienen sollte. Ziel des 8. RÄStV war es unter anderem, den Bestand der Fensterprogramme weiter abzusichern (vgl Amtliche Begründung zum 8. RÄStV). Durch den Zusatz, dass „die Fensterprogramme der aktuellen und authentischen Darstellung der Ereignisse des politischen, wirtschaftlichen, sozialen und kulturellen Lebens in dem jeweiligen Land dienen sollen", wurden die inhaltlichen Anforderungen an die Fensterprogramme konkretisiert.

141 Für die Entscheidung über das Vorliegen der Voraussetzungen des Abs. 4 Satz 1 ist gemäß § 36 Abs. 2 Satz 1 Ziff. 6 die mit dem 10. RÄStV vom 1.9.2008 neu geschaffene Kommission für Zulassung und Aufsicht (ZAK) zuständig. Die ZAK ist ein Gremium, das sich aus den 14 deutschen Landesmedienanstalten zusammensetzt. Mit der ZAK bleibt also die in diesem Zusammenhang umfassende Zuständigkeit der Landesmedienanstalten bestehen. Diese wurde in der amtlichen Begründung zum 7. RÄStV damit gerechtfertigt, dass die Feststellung des Vorliegens der Voraussetzungen des Abs. 4 Satz 1 keine Fragen des Medienkonzentrationsrechts betreffe. Die KEK übt daran berechtigte rechtpolitische Kritik mit der Erwägung, dass die Regionalfensterprogramme des § 25 zwar zunächst zum Zweck der **Steigerung der regionalen Vielfalt** eingerichtet wurden, dann aber zunehmend zu einem **Instrument der Vielfaltsicherung** innerhalb des Rundfunkstaatsvertrags ausgebaut wurden. Die KEK ist daher folgerichtig auch dafür zuständig, bei der Vergabe des Bonus nach § 26 Abs. 2 Satz 3 zu prüfen, ob die der Meinungsvielfaltsicherung dienenden Voraussetzungen des § 25 Abs. 4 Satz 2 bis 5 von den Regionalfensterprogrammen eingehalten werden. Zudem ist eine weitergehende Einbeziehung der KEK in die Zulassungsverfahren erforderlich, um eine einheitliche und konsistente Gesetzesanwendung bei der Zulassung und der Vergabe von „Bonuspunkten" zu gewährleisten (vgl *KEK*, Konzentrationsbericht 2007, S. 373).

142 In Ziff. 1 Abs. 2 der Fensterprogrammrichtlinie (vgl Rn 303, 305) werden die **Anforderungen** an den zeitlichen und regional differenzierten Umfang der Regionalprogramme im Sinne des Abs. 1 konkretisiert. Zur Erfüllung der Anforderungen an ein Regionalprogramm setzt Abs. 2 Satz 2 der Richtlinie eine Bruttosendezeit von 30 Minuten werktäglich unter Abzug von sechs Minuten maximaler Werbedauer fest. Die danach verbleibende Nettosendezeit muss nach Abs. 2 Satz 5 mindestens 20 Minuten redaktionell gestaltete Inhalte zur authentischen Darstellung der Ereignisse des politischen, wirtschaftlichen, sozialen und kulturellen Lebens aus der Region, für die das Regionalprogramm bestimmt ist, enthalten. Inhaltlich bestimmt Abs. 2 Satz 6 weiter, dass davon im Durchschnitt einer Woche mindestens 10 Minuten aktuelle und ereignisbezogene Inhalte sein müssen. Bezüglich des Verfahrens legt Ziff. 1 Abs. 3 der Richtlinie fest, dass die Landesmedienanstalten die Voraussetzungen des Abs. 2 zum 1. Oktober eines jeden Jahres festzustellen haben.

143 Fensterprogramme im Sinne des Abs. 4 sind in § 2 Abs. 2 Ziff.6 legaldefiniert. Der Wortlaut von § 25 Abs. 4, der allgemein auf „Fensterprogramme" abstellt, lässt den Schluss zu, dass sich die Norm sowohl auf Regionalfensterprogramme im Sinne des § 2 Abs. 2 Ziff. 6 als auch auf Satellitenfensterprogramme im Sinne des § 2 Abs. 2 Ziff. 5 bezieht. Die Überschrift des § 25 spricht allerdings von „regionale Fenster" und verdeutlicht damit, dass nur **Regionalfensterprogramme** von der Norm erfasst werden. Ein Regionalfensterprogramm ist demnach „ein zeitlich und räumlich begrenztes Rundfunkprogramm mit im Wesentlichen regionalen Inhalten im Rahmen eines Hauptprogramms". Nicht erfasst sind daher Lokalrundfunkprogramme und Ballungsraumfernsehen, weil und soweit sie nicht in einem überregionalen Programmmantel verbreitet werden (vgl *Beucher/Leyendecker/v. Rosenberg*, RStV, § 25 Rn 20). Fensterprogramme im Sinne des Abs. 4 sind von den Programmen, die in der Regelung zur Sendezeit für unabhängige Dritte in bundesweiten Fensterprogrammen als vielfaltsichernde Maßnahmen gemäß § 31 in Verbindung mit § 26 Abs. 4 Ziff. 3 beziehungsweise § 26 Abs. 5 erfasst werden, zu unterscheiden. Fensterprogramme des § 31 sind ausweislich des § 31 Abs. 2 keine Regionalfensterprogramme im Sinne des Abs. 4. Daneben gibt es Sendezeiten für Dritte im Sinne des § 42, der Sendewillige erfasst, die keine eigene Lizenz benötigen, wie Parteien oder Kirchen.

144 Satz 1 verweist auf Regelungen des jeweiligen Landesrechts. Diese gehen über den Inhalt des Abs. 4 nicht hinaus (vgl *Rossen-Stadtfeld*, in: Hahn/Vesting, Beck'scher Kommentar zum Rundfunkrecht, § 25 RStV Rn 65).

145 Die Amtliche Begründung zum 7. Rundfunkstaatsvertrag rechtfertigt das eingeführte **Stichtagsprinzip** damit, dass dadurch eine möglichst hohe Anzahl an verschiedenen Fensterprogrammen mit unterschiedlichen regionalen Inhalten gewährleistet wird. Grundlage für den zum 1. Juli 2002 gemäß Abs. 4 festgeschriebenen Umfang der Regionalfenster ist der Beschluss der DLM vom 25. Mai 1993 (abgedruckt in *Hartstein/Ring/Kreile/Dörr/Stettner*, Rundfunkstaatsvertrag, Band II, § 25 RStV,

S. 23–25). Die Stichtagregelung des Satzes 1 löste das mit dem 6. RÄStV eingeführte sog. **Bonifikationssystem** ab. Nach dem Bonifikationssystem erhielten die privaten Rundfunkveranstalter für regionale Fensterprogramme Bonuspunkte, die dann bei der Zuschaueranteilsberechnung gemäß § 26 Abs. 2 in Abzug gebracht werden konnten. Die KEK übt berechtigte rechtspolitische Kritik an der Festschreibung der Regionalfenster auf den Ausgangszustand zum 1. Juli 2002 und plädiert für die Beibehaltung beziehungsweise Wiedereinführung des Bonifikationssystems (vgl *KEK*, Konzentrationsbericht 2004, S. 373 f). Nach Ansicht der KEK wird durch eine Festschreibung des „status quo ante" jeder Anreiz genommen, auch in den neuen Bundesländern Regionalfensterprogramme zu veranstalten. Denn bis zu dem Stichtag ist in keinem der neuen Bundesländer ein Regionalfensterprogramm veranstaltet worden und aufgrund der Stichtagsregelung besteht nun kein Anlass mehr, dieses Defizit zu beseitigen. Für die kommerziellen Programmveranstalter ist die Festschreibung ebenfalls problematisch, weil sie im Zuge der fortschreitenden Digitalisierung regional differenzierte Angebote teilweise zusammenfassen wollen (vgl *Hartstein/Ring/Kreile/Dörr/Stettner*, Rundfunkstaatsvertrag, Band II, § 25 RStV, S. 21–22 Rn 17). Die KEK schlägt daher vor, für die Regionalfensterprogramme weiterhin einen „angemessenen Umfang" festzuschreiben, wie dies § 26 Abs. 2 Satz 3 aF vorsah.

2. Redaktionelle Unabhängigkeit der Fensterprogramme, Satz 2. Nach Satz 2 hat der Hauptprogrammveranstalter organisatorisch sicherzustellen, dass die redaktionelle Unabhängigkeit des Fensterprogrammveranstalters gewährleistet wird. Ohne eine solche redaktionelle Unabhängigkeit könnten die Regionalfensterprogramme keinen wirksamen Beitrag zur Meinungsvielfalt leisten. Damit kommt Satz 2 eine zentrale Bedeutung für die Vielfaltsicherung durch Regionalfensterprogramme zu. 146

Die Regionalfenster-Richtlinie (vgl Rn 303) konkretisiert das Tatbestandsmerkmal der „redaktionellen Unabhängigkeit" in ihrer Ziff. 3 in drei Absätzen. Nach Abs. 1 der Richtlinie wird redaktionelle Unabhängigkeit grundsätzlich vermutet, wenn dem Veranstalter des Regionalprogramms eine eigenständige Zulassung erteilt worden ist und er zum Hauptprogrammveranstalter nicht im Verhältnis eines verbundenen Unternehmens nach § 28 steht. Für die redaktionelle Unabhängigkeit soll nach Abs. 3 der Richtlinie zusätzlich sprechen, wenn ein vom Hauptprogramm unabhängiger Programmbeirat entsprechend § 32 für das Regionalprogramm besteht oder wenn die redaktionelle Unabhängigkeit durch ein Redaktionsstatut abgesichert ist. Welche Voraussetzungen in anderen Fällen erfüllt sein müssen, damit von redaktioneller Unabhängigkeit im Sinne des Abs. 4 Satz 2 ausgegangen werden kann, listet Abs. 2 der Richtlinie auf. 147

3. Zulassungsverfahren bezüglich der Fensterprogramme, Satz 3. In Satz 3 ist festgeschrieben, dass dem Regionalfensterprogrammveranstalter eine eigene Zulassung zu erteilen ist. Über seine Zulassung wird der Fensterprogrammveranstalter zum selbstständigen Programmveranstalter. Dadurch soll nach der Amtlichen Begründung zum 8. RÄStV die Unabhängigkeit der Berichterstattung in den Regionalfensterprogrammen weiter gestärkt werden. Zudem wird die Möglichkeit geschaffen, dass die zuständige Landesmedienanstalt den Betrieb eines Regionalfensters ausschreiben kann. 148

Die Zulassung gemäß § 25 Abs. 4 Satz 3 ist von der für das jeweilige Verbreitungsgebiet des Regionalprogramms zuständigen Landesmedienanstalt nach Maßgabe des Landesrechts zu erteilen (vgl § 36 Abs. 5 Satz 1). Bezüglich des Zulassungsverfahrens gilt, dass gemäß § 36 Abs. 5 Satz 2 bei Auswahl und Zulassung von Fensterprogrammen zuvor das **Benehmen mit der KEK herzustellen** ist (vgl Kritik der KEK bezüglich unzulänglicher Einbindung in das Zulassungsverfahren: Erl. zu § 25 Rn 141). In ihrer Entscheidungspraxis bezüglich des seit dem 1. April 2005 gemäß Satz 3 vorgeschriebenen gesonderten Zulassungserteilungserfordernisses für Regionalfensterprogramme hat die KEK bislang oftmals keine medienkonzentrationsrechtlichen Bedenken gehabt (vgl u.a. KEK v. 3.7.2006, KEK 306–1 und –2; KEK v. 30.3.2006, KEK 306–3 – RTL Nord GmbH, Regionalfenster Hamburg; KEK v. 30.3.2006, KEK 313 – TELE WEST Rheinisch-Westfälische Fernsehgesellschaft mbH & Co. KG; KEK 281 – SAT.1 SatellitenFernsehen GmbH: Sendezeiten für unabhängige Dritte bei Sat.1; KEK v. 8.4.2008, KEK 470-1 und -2 – Hamburg/Schleswig-Holstein; KEK v. 8.4.2008, KEK 470-3 und -4 – Niedersachsen/Bremen; KEK v. 14.4.2009, KEK 545 – Bayern; KEK v. 9.6.2009; KEK 560 – NRW; KEK v. 31.3.2010, KEK 607 – RTL WEST GmbH/RTL-Regionalfenster in NRW). Ein ablehnendes Votum erging hingegen bezüglich des Sat.1-Regionalfensters für Bayern (vgl KEK v. 8.11.2005, KEK 294). 149

4. Unternehmerische Unabhängigkeit der Fensterprogrammveranstalter, Satz 4 bis 6. Satz 4 sieht vor, dass Haupt- und Fensterprogrammveranstalter im Regelfall zueinander nicht im Verhältnis eines verbundenen Unternehmens gemäß § 28 stehen sollen. Von dieser Vorgabe kann allerdings, seit dem 13. 150

RÄStV 2010, abgewichen werden, wenn zum 31. Dezember 2009 bestehende landesrechtliche Regelungen die Unabhängigkeit des Fensterveranstalters in anderer Weise sicherstellen. Durch diese **Stichtagsregelung** wird klargestellt, dass unter diesen Voraussetzungen auch gesellschaftsrechtlich mit dem Hauptprogrammveranstalter verbundene Regionalfensterveranstalter weiterhin bei den Bonuspunkten im Medienkonzentrationsrecht gemäß § 26 Abs. 2 berücksichtigt werden können (vgl Amtliche Begründung zum 13. RÄStV 2010 zu Nummer 12). Ferner wurden im Jahr 2010 durch den 13. RÄStV die Sätze 5 und 6 eingefügt. Sie sollen ergänzend klarstellen, dass zum 31. Dezember 2009 bestehende Zulassungen unberührt bleiben und auch eine spätere Verlängerung von Regionalfenster-Zulassungen auf der am 31. Dezember 2009 bestehenden landesrechtlichen Grundlage möglich ist.

151 Sinn und Zweck der Neuregelung ist es, die **landesbezogenen Rahmenbedingungen von Regionalfenster-Zulassungen**, die vor der Staatsvertragsänderung bestanden, zu schützen (vgl Amtliche Begründung zum 13. RÄStV 2010 zu Nummer 12). Damit geht allerdings auch einher, dass neue Regionalfenster, sowie bisher bereits unabhängige Regionalfenster weiterhin gesellschaftsrechtlich unabhängig im Sinne des Satzes 4 sein müssen.

152 Satz 4 ist als „Soll-Vorschrift“ ausgestaltet, schreibt also die gesellschaftliche Trennung, anders als § 31, nicht zwingend vor, sondern lässt Raum für begründete Ausnahmefälle. Ein Abweichen von dieser Regel ist nach Ziff. 2 Satz 2 der Richtlinie (vgl Rn 303) nur im begründeten Ausnahmefall möglich. Außerdem muss vor der Erteilung der Zulassung über den Ausnahmefall das Benehmen mit der KEK hergestellt werden.

153 Nach Satz 4 dürfen Haupt- und Regionalfensterveranstalter im Regelfall nicht zueinander im Verhältnis eines verbundenen Unternehmens stehen. Ziel ist es, so die redaktionelle Unabhängigkeit zu sichern. Denn ohne wirtschaftliche Unabhängigkeit kann kaum eine redaktionelle Unabhängigkeit gewährleistet werden. Die Länder stellen allerdings in der Amtlichen Begründung zum 8. RÄStV klar, dass Unternehmen, die nach § 28 verbunden sind, nicht automatisch keine unabhängige Regionalberichterstattung leisten können. Außerdem, so die Amtliche Begründung weiter, stehe die gesellschaftsrechtliche Struktur des Fensterveranstalters nicht in direktem Zusammenhang mit der Qualität der regionalen Berichterstattung.

154 In der Protokollerklärung zum 8. RÄStV haben die Freie Hansestadt Hamburg und das Land Nordrhein-Westfalen festschreiben lassen, dass sie keine Veranlassung sehen, gesellschaftsrechtliche Veränderungen vorzugeben, wenn die redaktionelle Unabhängigkeit im Übrigen gewährleistet ist. Zur Begründung führen sie an, dass Regionalfensterprogramme bewiesen haben, dass eine unabhängige Regionalberichterstattung auch von mit dem Hauptprogrammveranstalter verbundenen Unternehmen gewährleistet werden kann. Allerdings steht der Regelungsgegenstand des Satzes 4 nicht im Widerspruch zu den Bedenken der beiden Bundesländer. Gerade weil eine unabhängige Regionalberichterstattung bei verbundenen Unternehmen nicht ausgeschlossen ist, wurde Satz 4 als Soll-Vorschrift ausgestaltet und damit für nicht zwingend anwendbar erklärt. Zudem ist es unstreitig, dass die unternehmerische Unabhängigkeit auch der programmlichen Unabhängigkeit dienlich sein kann. Außerdem sind durch die Änderung des Satzes 4 und durch die Einfügung von Satz 5 und 6 mit dem 13. RÄStV 2010 Vorbehalten der beiden Länder Rechnung getragen worden. Satz 4, 2. Halbsatz regelt jetzt, dass ein Verhältnis eines verbundenen Unternehmens zwischen Haupt- und Regionalfensterveranstalter unschädlich ist, wenn landesrechtlichen Regelungen die Unabhängigkeit des Fensterprogrammveranstalters auf andere Weise sichern und zum Stichtag 31.12.2009 bereits existieren. Eine solche Regelung hat Nordrhein-Westfalen mit dem LMG NRW am 8.12.2009 geschaffen, die am 15.12.2009 in Kraft getreten ist. Die Regelungen enthalten organisatorische Maßnahmen, die unter Mitwirkung der Landesanstalt für Medien die Unabhängigkeit der Fensterveranstalter sichern sollen (vgl § 31a Abs. 3 LMG NRW; vgl kritisch zum 13. nordrhein-westfälischem Rundfunkänderungsgesetz, *Hain/Seehaus,* K&R 2009, 613–618; vgl dagegen auch *Schwartmann,* ZUM 2009, 842–851; in den §§ 33 ff LMG-E NRW werden außerdem die Möglichkeiten für Presseunternehmen erweitert, sich an Rundfunkunternehmen zu beteiligen).

155 Bereits mit dem 10. RÄStV hatten die Länder eine Sonderregelung getroffen, nach der bestehende Zulassungen von Fensterprogrammveranstaltern bis zum 31.12.2009 verlängert werden (vgl § 53b Abs. 1). Diese Sonderregelung wird seit dem 13. RÄStV durch die Sätze 5 und 6 ergänzt. Satz 5 bestätigt, dass zum 31.12.2009 bestehende Zulassungen unberührt bleiben. Satz 6 lässt darüber hinaus auch eine spätere Verlängerung von Regionalfenster-Zulassungen zu.

Die unternehmerische Unabhängigkeit der Fensterprogrammveranstalter, die die Sätze 4 bis 6 regeln, haben erhebliche Folgen für die Zulassungspraxis. Bis zur Einführung des Satzes 4 aF durch den 8. RÄStV 2005 standen viele Regionalfensterveranstalter zu den beiden betroffenen Hauptveranstaltern im Verhältnis eines verbundenen Unternehmens nach § 28 (vgl *Hartstein/Ring/Kreile/Dörr/Stettner,* Rundfunkstaatsvertrag, Band II, § 25 RStV, S. 25, 26 Rn 20, 21). Der 8. RÄStV sah allerdings vor, dass solche Unternehmensverbindungen bis zum 1. April 2005 aufzulösen sind, soweit nicht ein Ausnahmefall vorlag. Die Regelung des Satzes 4 war ohne Übergangsregelung erlassen worden. Deshalb sah die KEK in ihrer Praxis die sofortige Anwendung des Satzes 4 in bestimmten Fällen als unverhältnismäßig an. Ausnahmen vom Regelfall des Satzes 4 hat die KEK daher zugelassen, „wenn die sofortige Anwendung im konkreten Fall unverhältnismäßig ist, weil dem betroffenen Haupt- und Fensterprogrammveranstalter unzumutbare Verluste drohen, wenn er vor Inkrafttreten des Erfordernisses rechtlicher Unabhängigkeit im Vertrauen auf den Fortbestand der alten Rechtslage erhebliche Investitionen getätigt hat, die noch nicht vollständig amortisiert sind" (vgl die zusammenfassende Darstellung in *KEK,* 9. Jahresbericht 2005/2006, Kap. 3.4., 3.5.3.1., 3.5.3.2.). Diese Praxis hat die KEK bereits mehrfach im Zusammenhang mit der Zulassung verschiedener Regionalfensterprogramme bestätigt (vgl *Hess/Jury-Fischer,* AfP 2006, 333; *KEK,* Konzentrationsbericht 2007, S. 383 f) Die Unternehmen mussten aber wegen ihrer konzentrationsrechtlichen Verbundenheit besondere Vorkehrungen treffen, um die redaktionelle Unabhängigkeit des Fensterprogrammveranstalters zu gewährleisten. Die KEK hat diesbezüglich zum Beispiel satzungs- und dienstvertragliche Regelungen, die insbesondere der Sicherstellung der Unabhängigkeit des programmverantwortlichen Geschäftsführers dienen, als ausreichend angesehen (vgl insbesondere KEK v. 8.5.2006, KEK 328 – RTL; v. 30.3.2006, KEK 313 – TELE WEST; v. 7.3.2006, KEK 306-1 und -2 – RTL, v. 30.3.2006, KEK 306-3 – RTL; v. 13.6.2006, KEK 306-4 – RTL) 156

5. Finanzierung der Fensterprogramme, Satz 7. Nach Satz 7 muss der Hauptprogrammveranstalter mit der Organisation der Fensterprogramme zugleich deren Finanzierung sicherstellen. Die Finanzierungspflicht knüpft damit an die Hauptprogrammveranstaltung an. Damit trifft die Sicherstellung der Finanzierungspflicht ausschließlich die Veranstalter der Fernsehvollprogramme. Bezüglich der Finanzierung gibt es keine abschließenden normativen Vorgaben. In der Praxis erfolgt die Finanzierung zum einen dadurch, dass die Fensterveranstalter an dem Erlös aus den Werbeblöcken beteiligt werden, die innerhalb des Fensters oder auch in Randbereichen außerhalb des Fensters gesendet werden. Zudem erhalten die Fensterprogrammveranstalter auch direkte finanzielle Leistungen von den Hauptprogrammveranstaltern (vgl *Rossen-Stadtfeld,* in: Hahn/Vesting, Beck'scher Kommentar zum Rundfunkrecht, § 25 RStV, Rn 66). Bezüglich des Umfangs der Finanzierung sind in Ziff. 4 Abs. 1 bis 3 der Richtlinie (vgl Rn 303) gestaltende Vorgaben erlassen worden. Abs. 1 Satz 1 schreibt vor, dass die finanzielle Ausstattung es dem Regionalprogrammveranstalter ermöglichen muss, die in Abs. 4 Satz 1 vorgegebenen programmlichen Anforderungen in eigener Verantwortung zu erfüllen. Die Prüfung der Angemessenheit der finanziellen Ausstattung soll im Rahmen einer Gesamtbetrachtung nach Abs. 1 Satz 2 erfolgen. Ziff. 4 Abs. 2 der Richtlinie enthält eine Vermutung für die Erfüllung der Voraussetzungen der Ziff. 4 Abs. 1 Satz 1, wenn die finanzielle Ausstattung bis zum 31. Dezember 2006 im Volumen mindestens dem Finanzbudget zum Zeitpunkt 1. Juli 2002 entspricht. 157

6. Landesmedienanstalten als Organisator, Satz 8. Satz 8 weist den Landesmedienanstalten die Aufgabe zu, die Organisation der Fensterprogramme in zeitlicher und technischer Hinsicht abzustimmen. Dies hat unter Berücksichtigung der Interessen der betroffenen Veranstalter zu erfolgen. Unter „betroffene Veranstalter" sind die Veranstalter der bundesweiten Fernsehvollprogramme und die Veranstalter des jeweiligen Fensterprogramms zu verstehen. 158

§ 26 RStV Sicherung der Meinungsvielfalt im Fernsehen

(1) Ein Unternehmen (natürliche oder juristische Person oder Personenvereinigung) darf in der Bundesrepublik Deutschland selbst oder durch ihm zurechenbare Unternehmen bundesweit im Fernsehen eine unbegrenzte Anzahl von Programmen veranstalten, es sei denn, es erlangt dadurch vorherrschende Meinungsmacht nach Maßgabe der nachfolgenden Bestimmungen.

(2) [1]Erreichen die einem Unternehmen zurechenbaren Programme im Durchschnitt eines Jahres einen Zuschaueranteil von 30 vom Hundert, so wird vermutet, dass vorherrschende Meinungsmacht gegeben ist. [2]Gleiches gilt bei Erreichen eines Zuschaueranteils von 25 vom Hundert, sofern das Unternehmen

auf einem medienrelevanten verwandten Markt eine marktbeherrschende Stellung hat oder eine Gesamtbeurteilung seiner Aktivitäten im Fernsehen und auf medienrelevanten verwandten Märkten ergibt, dass der dadurch erzielte Meinungseinfluss dem eines Unternehmens mit einem Zuschaueranteil von 30 vom Hundert im Fernsehen entspricht. [3]Bei der Berechnung des nach Satz 2 maßgeblichen Zuschaueranteils kommen vom tatsächlichen Zuschaueranteil zwei Prozentpunkte in Abzug, wenn in dem dem Unternehmen zurechenbaren Vollprogramm mit dem höchsten Zuschaueranteil Fensterprogramme gemäß § 25 Abs. 4 aufgenommen sind; bei gleichzeitiger Aufnahme von Sendezeit für Dritte nach Maßgabe des Absatzes 5 kommen vom tatsächlichen Zuschaueranteil weitere drei Prozentpunkte in Abzug.

(3) Hat ein Unternehmen mit den ihm zurechenbaren Programmen vorherrschende Meinungsmacht erlangt, so darf für weitere diesem Unternehmen zurechenbare Programme keine Zulassung erteilt oder der Erwerb weiterer zurechenbarer Beteiligungen an Veranstaltern nicht als unbedenklich bestätigt werden.

(4) [1]Hat ein Unternehmen mit den ihm zurechenbaren Programmen vorherrschende Meinungsmacht erlangt, schlägt die zuständige Landesmedienanstalt durch die Kommission zur Ermittlung der Konzentration im Medienbereich (KEK, § 35 Abs. 2 Satz 1 Nr. 3) dem Unternehmen folgende Maßnahmen vor:

1. Das Unternehmen kann ihm zurechenbare Beteiligungen an Veranstaltern aufgeben, bis der zurechenbare Zuschaueranteil des Unternehmens hierdurch unter die Grenze nach Absatz 2 Satz 1 fällt, oder
2. es kann im Falle des Absatzes 2 Satz 2 seine Marktstellung auf medienrelevanten verwandten Märkten vermindern oder ihm zurechenbare Beteiligungen an Veranstaltern aufgeben, bis keine vorherrschende Meinungsmacht nach Absatz 2 Satz 2 mehr gegeben ist, oder
3. es kann bei ihm zurechenbaren Veranstaltern vielfaltssichernde Maßnahmen im Sinne der §§ 30 bis 32 ergreifen.

[2]Die KEK erörtert mit dem Unternehmen die in Betracht kommenden Maßnahmen mit dem Ziel, eine einvernehmliche Regelung herbeizuführen. [3]Kommt keine Einigung zustande oder werden die einvernehmlich zwischen dem Unternehmen und der KEK vereinbarten Maßnahmen nicht in angemessener Frist durchgeführt, so sind von der zuständigen Landesmedienanstalt nach Feststellung durch die KEK die Zulassungen von so vielen dem Unternehmen zurechenbaren Programmen zu widerrufen, bis keine vorherrschende Meinungsmacht durch das Unternehmen mehr gegeben ist. [4]Die Auswahl trifft die KEK unter Berücksichtigung der Besonderheiten des Einzelfalles. [5]Eine Entschädigung für Vermögensnachteile durch den Widerruf der Zulassung wird nicht gewährt.

(5) [1]Erreicht ein Veranstalter mit einem Vollprogramm oder einem Spartenprogramm mit Schwerpunkt Information im Durchschnitt eines Jahres einen Zuschaueranteil von 10 vom Hundert, hat er binnen sechs Monaten nach Feststellung und Mitteilung durch die zuständige Landesmedienanstalt Sendezeit für unabhängige Dritte nach Maßgabe von § 31 einzuräumen. [2]Erreicht ein Unternehmen mit ihm zurechenbaren Programmen im Durchschnitt eines Jahres einen Zuschaueranteil von 20 vom Hundert, ohne dass eines der Vollprogramme oder Spartenprogramme mit Schwerpunkt Information einen Zuschaueranteil von zehn vom Hundert erreicht, trifft die Verpflichtung nach Satz 1 den Veranstalter des dem Unternehmen zurechenbaren Programms mit dem höchsten Zuschaueranteil. [3]Trifft der Veranstalter die danach erforderlichen Maßnahmen nicht, ist von der zuständigen Landesmedienanstalt nach Feststellung durch die KEK die Zulassung zu widerrufen. [4]Absatz 4 Satz 5 gilt entsprechend.

(6) [1]Die Landesmedienanstalten veröffentlichen gemeinsam alle drei Jahre oder auf Anforderung der Länder einen Bericht der KEK über die Entwicklung der Konzentration und über Maßnahmen zur Sicherung der Meinungsvielfalt im privaten Rundfunk unter Berücksichtigung von

1. Verflechtungen zwischen Fernsehen und medienrelevanten verwandten Märkten,
2. horizontalen Verflechtungen zwischen Rundfunkveranstaltern in verschiedenen Verbreitungsgebieten und
3. internationalen Verflechtungen im Medienbereich.

[2]Der Bericht soll auch zur Anwendung der §§ 26 bis 32 und zu erforderlichen Änderungen dieser Bestimmungen Stellung nehmen.

(7) [1]Die Landesmedienanstalten veröffentlichen jährlich eine von der KEK zu erstellende Programmliste. [2]In die Programmliste sind alle Programme, ihre Veranstalter und deren Beteiligte aufzunehmen.

A. Regelungszweck und Übersicht

Die Vorschrift bildet die zentrale Norm zur **Sicherung der Meinungsvielfalt** im bundesweit verbreiteten privaten Fernsehen (vgl amtliche Begründung zum 3. RÄStV). Während der RStV 1991 die Zahl der Programme der Fernsehen veranstaltenden Unternehmen begrenzte, stellt § 26 in seiner geltenden Fassung klar, dass ein Unternehmer im bundesweiten Fernsehen selbst oder durch ihm nach § 28 zurechenbare Unternehmen eine unbegrenzte Anzahl von Programmen veranstalten darf, solange er nicht vorherrschende Meinungsmacht erlangt. In den Anwendungsbereich des § 26 fallen nur solche Programme, die einer bundesweiten Zulassung bedürfen; nicht erfasst sind mithin regionale und lokale Programme (§ 39 Satz 1). Abweichende Regelungen nach Landesrecht sind unzulässig (§ 39 Satz 2). 159

Ziel der in § 26 verankerten **medienspezifischen Konzentrationskontrolle** ist es, die Bildung von vorherrschender Meinungsmacht zu verhindern. § 26 verleiht der nach ständiger Rechtsprechung des Bundesverfassungsgerichts erforderlichen **positiven Ordnung zur Sicherung der Meinungsvielfalt im Rundfunk** (grundlegend BVerfGE 57, 295, 319 f, 323) Ausdruck, indem § 26 dem Erfordernis einer **außenpluralen Vielfaltsicherung** auf der Basis eines Zuschaueranteilmodells nachkommt. Die Vorgaben der verfassungsrechtlichen Gewährleistung der Rundfunkfreiheit nach Art. 5 Abs. 1 Satz 2 GG (vgl dazu die Erl. in Abschnitt 4, Rn 72) prägen maßgeblich den Inhalt der Regelungen des § 26. 160

Ansatzpunkt der Konzentrationskontrolle nach § 26 ist die Sicherung des **publizistischen Wettbewerbs**. Im Unterschied dazu stellen die im GWB verankerten Konzentrationskontrollvorschriften auf die Sicherung **ökonomischen Wettbewerbs** ab. Die Sicherung des ökonomischen Wettbewerbs trägt dazu bei, die Meinungsvielfalt zu schützen, ohne die spezifisch medienrechtliche/rundfunkrechtliche Sicherung der Vielfalt entbehrlich zu machen. Die für die freiheitliche Meinungsbildung in der Demokratie elementare Funktionsfähigkeit des Rundfunks kann – anders als im Bereich der Presse – nicht allein durch Verhinderung ökonomischer Machtstellungen gewährleistet werden. Es bedarf vielmehr spezifischer Konzentrationsregelungen, die durch die Sicherung des publizistischen Wettbewerbs auf dem Meinungsmarkt für ausreichende Meinungsvielfalt sorgen. Dies hat ein Nebeneinander von rundfunkrechtlicher und allgemein kartellrechtlicher Vielfaltkontrolle zur Folge (dazu *Hain,* K&R 2006, 325 ff; *Gounalakis/Zagouras,* NJW 2006, 1624 ff; *Kübler,* in: Prütting/Kübler u.a. Marktmacht und Konzentrationskontrolle auf dem Fernsehmarkt, S. 7 ff). 161

Bei der Kontrolle des Vorhabens des Springer-Verlags von einer Investorengruppe um den Geschäftsmann Haim Saban deren Geschäftsanteile an den Fernsehsendern ProSiebenSat1 Media AG zu erwerben, ist diese Doppelstruktur von rundfunkrechtlicher und allgemein kartellrechtlicher Vielfaltkontrolle virulent geworden (vgl dazu auch *Müller,* in: Hoeren/Sieber, Multimedia-Recht, Teil 10 Kartellrecht, Rn 131–134): In rundfunkrechtlicher Hinsicht fasste die KEK auf Grundlage des § 26 am 1.6.2006 den Beschluss, die geplante Übernahme nicht als unbedenklich zu bestätigen und erließ damit fast 13 Jahre nach Einführung der KEK ihren ersten Untersagungsfall (vgl KEK v. 10.1.2006, KEK 293–1 bis -5). Die Entscheidung wurde von der Bayerischen Landeszentrale für neue Medien als nach dem RStV zuständige Landesmedienanstalt bestätigt. 162

Die Klage des Springer-Verlags auf Erteilung einer medienrechtlichen Unbedenklichkeitsbestätigung wies das Verwaltungsgericht München am 8.11.2007 ab (vgl VG München ZUM 2008, 343–353). Da inzwischen ProSiebenSat.1 an ein anderes Unternehmen veräußert worden waren, beantragte der Springer-Verlag im Berufungsverfahren nur noch die Feststellung, dass die Verweigerung der medienrechtlichen Unbedenklichkeitsbestätigung rechtswidrig gewesen ist. Der VGH München wies diese Berufung allerdings am 7.7.2009 zurück, weil die Klage wegen fehlenden Feststellungsinteresses unzulässig sei (vgl VGH München ZUM 2010, 191–196). Das BVerwG hat diese Berufungsentscheidung mit seiner Entscheidung vom 24.11.2010 aufgehoben und die Sache zur erneuten Verhandlung und Entscheidung an den VGH München zurückverwiesen. Es hat der Klägerin ein fortbestehendes Interesse an einer Sachentscheidung zugesprochen. Das BVerwG betonte in seiner Entscheidung allerdings, dass der KEK bei ihrer Beurteilung der vorherrschenden Meinungsmacht nach § 26 ein, gerichtlich nur eingeschränkt überprüfbarer, Beurteilungsspielraum zukommt. Außerdem führt das BVerwG in seiner Entscheidung an, dass die Vermutungsregeln in § 26 Abs. 2 Regelbeispiele sind (während die KEK die Vermutungsregeln als Leitbild ansieht). Deshalb könne – so das BVerwG – auch bei vorliegen wichtiger 163

Gründe, von den Regelbeispielen des § 26 Abs. 2 abgewichen werden (vgl BVerwG v. 24.11.2010 – 6 C 16.09).

164 Im Hinblick auf die wirtschaftskartellrechtlichen Kontrolle untersagte das Bundeskartellamt Anfang 2006 dem Springer-Verlag das Übernahmevorhaben (vgl BKartA v. 19.1.2006 – B6-103/05). Während die KEK die möglichen medienpolitischen Auswirkungen untersuchte, prüfte das BKartA allein die wettbewerblichen Auswirkungen auf den betroffenen Märkten. In seiner Entscheidungsbegründung argumentierte das BKartA, dass bei Durchführung des Vorhabens auf dem Fernsehwerbemarkt, dem Lesermarkt für Straßenverkaufszeitungen und auf dem bundesweiten Anzeigenmarkt für Zeitungen eine beherrschende Stellung der am Zusammenschluss beteiligten Unternehmen verstärkt worden wäre. Gegen diese Entscheidung des BKartA hatte der Springer-Verlag Beschwerde zum OLG Düsseldorf eingelegt. Die Zulässigkeit dieser Fortsetzungsfeststellungsklage bejahte der BGH mit Beschluss vom 25.9.2007 (NJW 2008, 1234). Daraufhin stellte das OLG Düsseldorf in seiner Entscheidung vom 3.12.2008 fest, dass das BKartA das Übernahmevorhaben zu Recht untersagt habe; denn der Zusammenschluss hätte zu einer Verstärkung der gemeinsamen marktbeherrschenden Stellung von ProSiebenSat1 und der RTL-Gruppe auf dem Markt für Fernsehwerbung geführt (vgl BeckRS 2009, 10150).

165 Gegen diese Entscheidung wurde die Rechtsbeschwerde zugelassen, die vor dem BGH dann keinen Erfolg hatte. Der BGH stellte in seiner Entscheidung vom 8.6.2010 fest, dass auf dem Fernsehwerbemarkt im Zeitpunkt des Zusammenschlussvorhabens ein marktbeherrschendes Oligopol bestanden habe. Dieses Oligopol sei von den Sendergruppen einerseits ProSieben, SAT1, Kabel 1 und N 24 sowie andererseits den zur Bertelsmann AG gehörenden Sendern RTL, VOX und n-tv gebildet worden und habe über einen gemeinsamen Marktanteil von über 80% verfügt (vgl BGH v. 8.6.2010 – KVR 4/09). Der BGH begründet weiter, dass die Prognose des OLG, es sei zu erwarten gewesen, dass durch den beabsichtigten Zusammenschluss die marktbeherrschende Stellung dieses Oligopols auf dem Fernsehwerbemarkt verstärkt worden wäre, der rechtlichen Nachprüfung standhalte.

166 Mit Blick auf § 26 ist zu betonen, dass die Sicherung der Meinungsvielfalt eine spezifisch medienrechtliche Aufgabe darstellt. Sie hat zu gewährleisten, dass die Vielfalt der bestehenden Meinungen im Rundfunk in größtmöglicher Breite und Vollständigkeit zum Ausdruck gelangen (BVerfGE 57, 320, 323). Dabei ist grundsätzlich auf das Gesamtangebot der elektronischen Medien abzustellen, sowohl der öffentlich-rechtlichen als auch der privaten. Der private Rundfunk unterliegt allerdings dem Gebot in abgesenkter Weise. Er hat nach der Rechtsprechung des BVerfG zu Art. 5 GG lediglich einem „Grundstandard gleichgewichtiger Vielfalt" zu entsprechen (BVerfGE 73, 118, 159; 83, 238, 297). Diesem Erfordernis trägt § 26 Rechnung.

B. Grundsätzliches Verbot vorherrschender Meinungsmacht, Abs. 1

I. Grundlagen

167 Abs. 1 stellt den Grundsatz auf, dass ein Unternehmen in der Bundesrepublik Deutschland eine unbegrenzte Anzahl von Programmen selbst oder durch nach § 28 zurechenbare Unternehmen im bundesweiten Fernsehen veranstalten darf. Dieser Grundsatz wird dadurch begrenzt, dass das Unternehmen nicht vorherrschende Meinungsmacht erlangen darf.

II. Begriffe und Bedeutungen

168 **1. Unternehmen im Sinne des Abs. 1.** Aus dem Gesetzeswortlaut ergibt sich, dass unter den Unternehmensbegriff des § 26 solche natürlichen oder juristischen Personen oder Personenvereinigungen zu fassen sind, deren Unternehmensgegenstand die Rundfunkprogrammveranstaltung ist. Einbezogen ist jede privatrechtliche Rechtsform. Abs. 1 erfasst sowohl Einzelunternehmer als auch Personengesellschaften in der Rechtsform einer OHG oder KG, oder Personenvereinigungen in Form der BGB-Gesellschaft oder des Vereins.

169 **2. Räumlicher Anwendungsbereich.** Abs. 1 beschränkt seinen Anwendungsbereich auf das Gebiet der Bundesrepublik Deutschland. Konsequenz dieser Begrenzung ist, dass bei Beteiligungen an ausländischen Veranstaltern die Vielfaltkontrolle nach § 26 grundsätzlich nicht ausgelöst wird. Allerdings darf eine solche Beteiligung nicht der Umgehung deutscher Vorschriften dienen (vgl *Hartstein/Ring/Kreile/Dörr/Stettner*, Rundfunkstaatsvertrag, Band II, § 26 RStV Rn 6). Zudem besteht die Zurechnungsmöglichkeit im Rahmen von § 28 (vgl § 28 Abs. 3).

Ausländische Anbieter können demgegenüber weitgehend unbeschränkt grenzüberschreitende Zusammenschlüsse mit deutschen Medienunternehmen vollziehen (vgl *Paal/Hennemann,* ZRP 2010, 43). Insofern wird die Forderung erhoben, dass im Kontext europäischer Medienverflechtungen eine supranationale Lösung zur Verhinderung vorherrschender Meinungsmacht gefunden werden müsse (vgl *Bretschneider,* ZUM 2010, 424). Allerdings hat die Europäische Union derzeit keine hinreichenden Regelungsbefugnisse, um im Medienbereich supranationale Vorschriften zur Sicherung der Meinungsvielfalt zu erlassen. 170

3. Der Eingriffstatbestand. Abs. 1 sieht einen die Veranstalterfreiheit begrenzenden materiellen Eingriffstatbestand vor, nach dem kein Veranstalter im bundesweiten Fernsehen vorherrschende Meinungsmacht erlangen darf. Dabei regelt Abs. 1, dass die Schranke der vorherrschenden Meinungsmacht „nach Maßgabe der nachfolgenden Bestimmungen" anzuwenden ist. Damit wird insbesondere auf die Tatbestände des Abs. 2 verwiesen. 171

Die Regeln des Abs. 2 enthalten **Sonderregeln der Beweislast.** Sie sollen den Nachweis des materiellen Tatbestandes erleichtern. Uneinigkeit besteht darüber, welche Bedeutung die Vermutungsregeln des Abs. 2 im Verwaltungsverfahren haben, in dem die Untersuchungsmaxime gilt. Die Beurteilung dieser Frage entscheidet insbesondere darüber, wie das Regelungsverhältnis von Abs. 1 zu Abs. 2 zu verstehen ist und wie viel Entscheidungsspielraum der KEK bei der Beurteilung vorherrschender Meinungsmacht zusteht. 172

Vielfach vertreten, von der Praxis der KEK allerdings nicht anerkannt, ist die Auffassung, Abs. 2 als abschließende materiellrechtliche Regelung zu verstehen. Nach dieser Auffassung kann die KEK nur auf der Grundlage der Zuschaueranteile des Abs. 2 vorherrschende Meinungsmacht ableiten; andere Umstände hat sie unberücksichtigt zu lassen (so *KDLM,* ZUM 1998, 1054 ff; vgl a. *Engel,* ZUM 2005, 776 ff; *Pfeifer,* Vielfaltsicherung im bundesweiten Fernsehen, 2005, 43 ff, 78; *Müller,* Konzentrationskontrolle zur Sicherung der Informationsfreiheit, 2004, 226 ff, 239 ff; *Hepach,* ZUM 2003, 112, 115 f). 173

Der Wortlaut der Vorschrift und weitere Auslegungskriterien sprechen allerdings entscheidend dafür, dass die Vorschrift des Abs. 2 als **Vermutungstatbestand** zu dem in Abs. 1 liegenden Eingriffstatbestand konzipiert ist. Dies entspricht auch der ständigen Entscheidungspraxis der KEK (vgl Beschlüsse v. 26.1.1999, KEK 026 – Premiere; v. 21.9.1999, KEK 040 – RTL; v. 13.05, 2003, KEK 173-1- Sat.1; v. 10.1.2006, KEK 291-1 bis -5 – Springer/ProSiebenSat.1 Media AG; v. 12.12.2006, KEK 374 – N24). Die KEK hat diese Auffassung eingehend im Verfahren Springer/ProSiebenSat.1 Media AG begründet (KEK v. 10.1.2006, KEK 293–1 bis -5, 70 ff; vgl auch Beschluss der KEK v. 9.9.2008, KEK 444-1 bis -7). Diese Rechtsauffassung der KEK, dass die Regelung des Abs. 1 zur Sicherung der Meinungsvielfalt im Fernsehen als eigener Tatbestand, unabhängig von den Vermutungsregelungen nach Abs. 2 anzusehen ist, wurde im Fall Springer/ProSiebenSat.1 vom VG München bestätigt (vgl dazu die ausführliche Entscheidungsbegründung des VG München vom 8.11.2007, ZUM 2008, 343-353 und die Berufungsentscheidung des Bayrischen Verwaltungsgerichtshofs vom 7.7.2009, ZUM 2010, 191–196; und die Entscheidung des BVerwG vom 24.11.2010, in der das BVerwG zwar die Sache zur erneuten Verhandlung und Entscheidung an den VGH München zurückverweist, gleichzeitig aber betont, dass der KEK bei ihrer Beurteilung der vorherrschenden Meinungsmacht nach § 26 ein Beurteilungsspielraum zukommt; dies wird damit begründet, dass die Regelungen zur Gewichtung von Zuschaueranteilen bei der Meinungsmacht eines Unternehmens in Abs. 2 den Rang von **Regelbeispielen** haben, deren Einschlägigkeit im Einzelfall zu beurteilen sei, vgl BVerwG v. 24.10.2010 – 6 C 16.09). Die KEK geht hingegen davon aus, dass die Vermutungsregeln des § 26 Abs. 2 Leitbildfunktion haben (vgl KEK, 4. Medienkonzentrationsbericht, S. 379 und KEK v. 10.1.2006, KEK 293-1 bis -5, Tz 70 ff). 174

Sowohl die Gerichte als auch die KEK kommen damit zu dem Schluss, dass die KEK einen Beurteilungsspielraum bei der medienkonzentrationsrechtlichen Bewertung hat. Wenn gewichtige Gründe vorliegen, kann vorherrschende Meinungsmacht im Sinne des § 26 Abs. 1 auch dann angenommen werden, wenn die Schwellenwerte des § 26 Abs. 2 nicht erreicht werden. Dafür spricht sowohl der Wortlaut des Gesetzes, als auch dessen Systematik, Sinn und Zweck und Entstehungsgeschichte. Außerdem verstößt diese Auslegung nicht gegen höherrangiges Bundesrecht (vgl dazu insbesondere BVerwG v. 24.10.2010 – 6 C 16.09, Tz 32 – 44). 175

Nach diesem sog. **qualitativen Ansatz** stellt Abs. 1 einen materiellen Eingriffstatbestand dar, dessen Vorliegen nach Maßgabe der quantitativen Kriterien des Abs. 2 vermutet wird (so auch *Holznagel/* 176

Krone, MMR 2005, 666, 667; *Dörr,* AfP 2007, Sonderheft, 33, 36 f; *ders.,* FS Mailänder, 481, 484; *Prütting,* in: Stern/Prütting Marktmacht und Konzentrationskontrolle auf dem Fernsehmarkt, 2000, 115 ff, 121 ff). Im Rahmen des Abs. 1 soll eine **qualitative Gesamtbeurteilung** der Tätigkeit des zu beurteilenden Unternehmens auf dem Meinungsmarkt vorgenommen werden. Insbesondere wird dadurch dem vom BVerfG betonten Petitum Rechnung getragen, dass sich vorherrschende Meinungsmacht aus dem Zusammenwirken von Machtpositionen in den Printmedien und im privaten Fernsehen ergeben kann (BVerfGE 73, 118, 175 f). Abs. 1 ermöglicht danach eine **von den quantitativen Vorgaben des Abs. 2 grundsätzlich unabhängige** Medienkonzentrationskontrolle im bundesweiten Fernsehen, nach der vorherrschende Meinungsmacht bei Erreichen der Schwellenwerte vermutet wird, ohne Erreichen der Schwellenwerte aber nicht ausgeschlossen ist.

177 Das in der Anwendungspraxis dominierende qualitative Verständnis hat zur Folge, dass auch bei einem **Zuschaueranteil unterhalb der Schwellenwerte** des Abs. 2 von 30 bzw 25 % Zuschaueranteil vorherrschende Meinungsmacht in Betracht kommt, auch wenn die Vermutungsregelungen des Abs. 2 das gesetzgeberische Leitbild dafür abgeben, wie der unbestimmte Rechtsbegriff der vorherrschenden Meinungsmacht zu konkretisieren ist (KEK 293-1 bis -5, S. 78 ff; *Dörr,* FS Mailänder, 2006, S. 481, 487 ff). Dabei ist zu beachten, dass einerseits bei Nichtvorliegen der Vermutungsreglungen des Abs. 2 Satz 1, 2 gem. der amtlichen Begründung zum 3. RÄStV an den Nachweis vorherrschender Meinungsmacht erhöhte Anforderungen zu stellen sind. Andererseits dürfen bei der erforderlichen Gesamtbetrachtung aus den Leitbildern der Vermutungsregelungen nicht mehr Wertungen geschöpft werden, als der Gesetzgeber in sie hinein gelegt hat (*Paschke/Goldbeck,* ZWeR 2007, 49, 71 ff). Das bedeutet, dass die aus Abs. 2 entwickelten Leitbilder ihrerseits den Anforderungen der Vermutungstatbestände genügen müssen. Das ist dann der Fall, wenn sie rechtsstaatlich fundiert sind und sich systemgerecht in den Regelungszusammenhang einfügen (*Paschke/Goldbeck,* ZWeR 2007, 49, 67 ff).

178 **4. Vorherrschende Meinungsmacht.** Die der Rundfunkunternehmerfreiheit Grenzen setzende Regelung des Abs. 1 baut auf dem Merkmal der vorherrschenden Meinungsmacht auf. Dieses Merkmal ist der ausfüllungsbedürftige Inhalt des Eingriffstatbestands des Abs. 1. Deshalb ist die Konkretisierung des unbestimmten Rechtsbegriffs „vorherrschende Meinungsmacht" das zentrale Element der rundfunkrechtlichen Konzentrationskontrolle.

179 Bei der Konkretisierung des Rechtsbegriffs der vorherrschenden Meinungsmacht iSd § 26 sind vor allem **Sinn und Zweck** der Vorschrift heranzuziehen. Die Vorschrift dient der **Sicherung der Meinungsvielfalt.** Sie hat somit zu gewährleisten, dass sowohl alle Meinungen, einschließlich von Mindermeinungen im privaten Rundfunk Gehör finden können, als auch dass einzelne Veranstalter keinen dominanten Einfluss auf die öffentliche Meinungsbildung erlangen dürfen (vgl BVerfGE 73, 118, 159 f). Die Auslegung und Anwendung des Rechtsbegriffs „vorherrschende Meinungsmacht" ist wegen des Gebots der **verfassungskonformen Auslegung** des einfachen Rechts auf diese Auslegung festgelegt (*Dörr,* AfP 2007, Sonderheft, S. 33, 36). Das Verbot „vorherrschender Meinungsmacht" ist somit so anzuwenden, dass es der verfassungsrechtlichen Maxime gerecht wird, eine Beherrschung des bundesweiten Fernsehens durch eine oder einzelne gesellschaftliche Gruppen auszuschließen.

180 Zur Konkretisierung dieser Maxime wird in der Literatur auf das Bestehen **struktureller Vielfaltkriterien** abgestellt (vgl *Trute,* in: Hahn/Vesting, Beck´scher Kommentar zum Rundfunkrecht, § 26 RStV Rn 29–32a). Unter strukturellen Vielfaltkriterien wird die Anzahl an unterschiedlichen Programmen und an wirtschaftlich voneinander unabhängigen Veranstaltern berücksichtigt. Vorherrschende Meinungsmacht soll dann vorliegen, wenn infolge einer **strukturellen Verengung des Angebots** die Rezipienten keine Möglichkeit mehr haben, zwischen einer ausreichenden Anzahl von unterschiedlichen meinungsrelevanten Programmtendenzen frei zu wählen, weil das Angebot auf einen einseitigen, in hohem Maße ungleichgewichtigen Einfluss auf die öffentliche Meinungsbildung verengt ist. Wegen der **abstrakten Gefährlichkeit** von Vielfaltbeschränkungen für die freie Meinungsbildung sollen bereits die Angebotsverengung vorbereitende Maßnahmen von der Ausnahmeregelung des Abs. 1 erfasst werden, weil die eingetretene Gefährdung wegen des entstandenen vorherrschenden Einflusses nur schwer wieder rückgängig gemacht werden kann (vgl BVerfGE 57, 295, 323; 95, 163, 172).

181 Zur weiteren Konkretisierung des Begriffs der vorherrschenden Meinungsmacht stellt die KEK in ihrer Entscheidungspraxis auf die in Abs. 2 vertypten gesetzgeberischen Leitbilder ab (vgl Darstellung unter Rn 480 ff). Insbesondere bezieht die KEK neben dem Gesamtzuschaueranteil gem. Abs. 2 auch Einflüsse anderer Medien auf die Meinungsbildung ein. Insbesondere kann vorherrschende Meinungsmacht im Sinne des Abs. 1 durch crossmediale Effekte aus der **Kumulation von Meinungsmacht im bundesweiten**

Fernsehen und in den medienrelevanten verwandten Märkten entstehen (KEK 293–1 bis -5, S. 80; näheres zu den medienrelevanten verwandten Märkten unter Rn 494 ff).

Das Entstehen vorherrschender Meinungsmacht hängt, wie dargelegt, von einer Vielzahl von Faktoren ab und entzieht sich einer nach festen Kriterien vorzunehmenden, abstrakt beschreibbaren Bestimmbarkeit. Die Feststellung vorherrschender Meinungsmacht verlangt vielmehr eine Gesamtbetrachtung aller relevanten Umstände unter maßgeblicher Berücksichtigung der Vorgaben des Abs. 2; dabei ist stets eine **abwägende Einzelfallentscheidung** erforderlich (KEK 293-1 bis -5 S. 79). 182

Der KEK wird vor allem wegen der Erforderlichkeit einer situationsbezogenen Abwägung zur Ausfüllung des unbestimmten Rechtsbegriffs der vorherrschenden Meinungsmacht und der ihr zugewiesenen Sonderkompetenz für diese Aufgabe nach allerdings umstrittener Rechtsauffassung ein **Beurteilungsspielraum** zuerkannt (VGH Mannheim NJW 1990, 340; OVG Berlin ZUM 1996, 991; *Hain*, MMR 2000, 537, 543 f; *Kühn*, Meinungsvielfalt im Rundfunk (2003), 58 f; *Never*, Meinungsfreiheit, Wettbewerb und Marktversagen im Rundfunk (2002), 215 ff; aA *Hess*, AfP 1997, 680, 684; *Neft*, ZUM 1995, 97, 102). 183

C. Vermutung vorherrschender Meinungsmacht, Abs. 2

I. Grundlagen

Inhalt des Abs. 2 sind zwei Vermutungsregelungen und eine Bonusregelung. Die zwei Vermutungsregelungen knüpfen an den Begriff der vorherrschenden Meinungsmacht an. Sie konkretisieren als Regelungen der objektiven Beweislast, wie bereits dargestellt, den unbestimmten Tatbestand der vorherrschenden Meinungsmacht des Abs. 1 über das Kriterium der Zuschaueranteile; ihnen liegt das Zuschaueranteilsmodell zu Grunde. Die Einführung von Regeln des Zuschaueranteilsmodells erfolgte am Ende einer breiteren rechtspolitischen Diskussion um die Modernisierung der Rundfunkkonzentrationskontrolle. Der Gesetzgeber legt in § 26 Abs. 2 die Leistungsfähigkeit des Zuschaueranteilsmodells zur Bestimmung von vorherrschender Meinungsmacht zugrunde, **ohne** dafür eine **fundierte und überzeugende Rechtfertigung** gegeben zu haben. Insbesondere fehlt es an einem Nachweis dafür, dass das Erreichen einer bestimmten Reichweite des Programms (Zuschauerquote) den Rückschluss auf eine entsprechende Meinungsmacht des Fernsehunternehmers erlaubt. Der gesetzlich unterstellte Zusammenhang von Quote und Meinungsmacht erscheint fragwürdig, weil der Veranstalter werbefinanzierten Fernsehens im Hinblick auf die aus seiner Sicht gegebene betriebswirtschaftliche Funktion des werbefinanzierten Programms ein für die Platzierung der Werbebotschaften günstiges Umfeld schaffen wird. Insofern erscheint nicht überzeugend begründet, dass von den durch ökonomisch geprägten Strategien erreichten Einschaltquoten auf publizistische Meinungsmacht des Programmveranstalters geschlossen werden kann, ohne jede Relativierung etwa nach Zielgruppenerreichung, Streuverlusten und tatsächlicher Programmrezeption (vgl zur Kritik *Paschke/Plog*, FS Engelschall, 1995, S. 99, 104 ff mwN). Die Verfassungsmäßigkeit der Regelung wird allerdings nur vereinzelt in Frage gestellt (so *Dittmann*, FS Mailänder, 2007, 469, 477 – Verstoß gegen das verfassungsrechtliche Bestimmtheitsgebot). 184

Zudem wird kritisiert, dass die Konzentrationskontrolle über Abs. 1 und Abs. 2, trotz der Möglichkeit rundfunkfremde, medienrelevante Meinungseinflüsse einzubeziehen, immer noch zu sehr „(privat-)fernsehzentriert" sei (vgl *Paal/Hennemann*, ZRP 2010, 43). Nach dem Fall Springer/ProSiebenSat. 1 müsse § 26 dergestalt neu gefasst werden, dass „Cross-Media-Owner-Ship" nicht mehr nur auf ungeordneten Nebenschauplätzen Bedeutung habe, sondern auch berücksichtigt werden, dass sich die rechtliche Möglichkeit zur Bewertung anderer Medienmärkte gleichberechtigt neben dem Markt für bundesweites Fernsehen vollzieht (vgl *Bretschneider*, ZUM 2010, 419; so auch *Rösler*, WuW 2009, 1021, *Bremer/Grünwald*, MMR 2009, 80 ff). 185

Zu beachten ist, dass die konzentrationsrechtlichen Regelungen des Rundfunkstaatsvertrags auf der Rechtsprechung des Bundesverfassungsgerichts gründen, die stets die hohe Suggestivkraft des Fernsehens betont hat, mit der eine besondere Gefahr für die Meinungsvielfalt durch das Medium Fernsehen einhergehe (vgl u.a. BVerfGE 57, 293 ff; 73, 118 ff; 90, 60 f und die Erl. in Abschnitt 4, Rn 68 ff). Daher ist das bundesweite Fernsehen zu Recht Gegenstand einer besonderen medienkonzentrationsrechtlichen Kontrolle. Crossmediale Zusammenschlüsse, an denen kein Fernsehunternehmen beteiligt ist, können nicht nach Rundfunkstaatsvertrag bewertet werden. Allerdings sollte aus verfassungsrechtlicher Sicht jede Form der vorherrschenden Meinungsmacht verhindert werden, ganz gleich, von 186 welchem Medium sie ausgeht (vgl *Bretschneider,* ZUM 2010, 419 f). Dementsprechend hat das Bundesverfassungsgericht ausdrücklich auf die Gefahr von multimedialer Meinungsmacht verwiesen (vgl BVerfGE 73, 118, 175 f). Die Vielfaltsicherung braucht daher einen ganzheitlichen Ansatz, der eine crossmediale Betrachtungsweise einschließt (so auch KEK, 4. Medienkonzentrationsbericht, Vorwort).

187 Die KEK schlägt in ihrem 4. Medienkonzentrationsbericht eine Reform des § 26 vor. Demnach soll das Zuschaueranteilsmodell zwar erhalten werden, allerdings soll mit der Neufassung klargestellt werden, dass – wie bisher – bei der Erreichung eines Zuschaueranteils von 30 vom Hundert vorherrschende Meinungsmacht vermutet wird. Zusätzlich soll in § 26 Abs. 1 normiert werden, dass eine Gesamtbewertung der Aktivitäten eines Unternehmens im Medienbereich vorzunehmen ist, die im Ergebnis die Annahme einer vorherrschenden Meinungsmacht auch dann ergeben kann, wenn die Vermutungsschwelle nicht erreicht wird. Damit soll das Verhältnis zwischen Abs. 1 und Abs. 2 geklärt werden (vgl *KEK*, 4 Medienkonzentrationsbericht, S. 386 f). Außerdem schlägt die KEK vor, „typische Fallkonstellationen der Kumulation von Einflüssen auf die öffentliche Meinungsbildung, wie beispielsweise crossmediale Verflechtungen zwischen Print, Fernsehen und Hörfunk, gesetzlich konkret zu regeln“ (vgl *KEK*, 4. Medienkonzentrationsbericht, S. 378). Letztlich zielt dieser Vorschlag darauf ab, die Entscheidungspraxis der KEK und die der Gerichte zu § 26 in Gesetzesform zu gießen. Der Reformvorschlag gestaltet konzentrationskontrollrechtliche Verfahren, insbesondere bei crossmedialen Zusammenschlüssen klarer und vorhersehbarer: gleichzeitig eröffnet der Reformvorschlag einen für die Einzelfallbeurteilung notwendigen Entscheidungsspielraum.

II. Begriffe und Bedeutung

188 **1. Die 30%-Vermutungsregelung des Abs. 2 Satz 1.** Nach Abs. 2 Satz 1 wird vermutet, dass vorherrschende Meinungsmacht gegeben ist, wenn die einem Unternehmen zurechenbaren Programme im Durchschnitt eines Jahres einen Zuschaueranteil von 30% erreichen. Damit ist die Regelung des Satzes 1 eine nach zwei Seiten bedeutsame Beweislastregelung: Zum einen wird vermutet, dass bei einem Zuschaueranteil von 30% vorherrschende Meinungsmacht vorliegt. Diesbezüglich kann der Betroffene den Entlastungsbeweis führen, mit dem dieser zu beweisen hat, dass trotz Überschreitens der 30%-Grenze keine vorherrschende Meinungsmacht gegeben ist. Zum anderen gilt, dass dann, wenn der Zuschaueranteil die 30%-Grenze nicht erreicht, die Beweislast für das Vorliegen von vorherrschender Meinungsmacht die KEK trifft.

189 Bei der Anwendung der Vermutungsregel sind folgende Charakteristika und Wirkungen zu beachten (vgl *Paschke/Goldbeck,* ZWeR 2007, 49, 58 ff): (1) Mit der Regel geht keine Einschränkung des (verwaltungsrechtlichen) **Untersuchungsgrundsatzes** einher. Die ermittelnde KEK bleibt von Amts wegen verpflichtet, den gesamten Sachverhalt in allen Richtungen umfassend aufzuklären (*Hain,* K&R 2006, 150, 154). (2) Im Falle eines **non liquet** führt die Vermutungsregel zu der oben genannten Verteilung der materiellen Beweislast (*Dörr,* FS Mailänder, 2006, S. 481, 489). (3) Die gesetzliche Vermutung nimmt Einfluss auf das gesetzliche Entschließungsermessen, ein Verfahren bei Erreichen der Schwellenwerte überhaupt aufzugreifen und hat insofern die Bedeutung eines **internen Aufgreifkriteriums.** (4) Von der Vermutungsregelung geht tendenziell eine **Signalwirkung.** Das bedeutet für die Normunterworfenen, dass sie ihr Verhalten am Normbefehl des Vermutungstatbestandes ausrichten können (*Gosse,* K&R 2005, 154, 159 f). (5) Mit der Vermutungsregel soll nach umstrittener Rechtslage eine **Leitbildfunktion** einhergehen, an der die Auslegung und Handhabung des § 26 Abs. 2 zu orientieren sein (vgl dazu noch Rn 193 ff). (6) Die Vermutungsregel zeitigt **verfahrensrechtliche Rechtswirkungen**, sie hat dagegen keine materiellrechtliche Rechtswirkung des Inhalts, die materiellen Voraussetzungen für die Beurteilung von vorherrschender Meinungsmacht inhaltlich und als Untergrenze auszugestalten (vgl bereits Rn 143). (7) Schließlich soll die Vermutungsregel zur **Effektivierung der behördlichen Aufsichtstätigkeit** beitragen (*Gosse,* K&R 2005, 154, 155, 160 f).

190 **a) Zuschaueranteil.** Das Zuschaueranteilsmodell ist eine Regelung zur Sicherung der Meinungsvielfalt, das von einem strikt quantitativen Ansatz ausgeht. Dem Modell liegt die Annahme zugrunde, dass mittels Rezeption der Programme durch die Zuschauer auf deren Meinung relevanter Einfluss genommen werden kann (vgl *Peifer*, BLM-Schriftenreihe Band 82, S. 28 f mit näheren Ausführungen zur Messung von Vielfaltbedrohungen). Der Zuschaueranteil ist ein gemäß § 27 zu ermittelnder, **von konkreten Gegebenheiten** – wie den konkreten Programminhalten oder der Sehdauer einer bestimmten Zielgruppe – grundsätzlich **unabhängiger Indikator.** Der Zuschauermarktanteil begrenzt die Veranstaltung von Programmen und die Beteiligung an Programmveranstaltern, die ein Unternehmen mit

seinen Beteiligungen erreicht. Ist ein Unternehmen an mehreren Programmveranstaltern beteiligt, werden die Zuschaueranteile der einzelnen Programme addiert und dem Unternehmen zugerechnet (vgl Erl. zu § 27).

b) Entlastungsbeweis. Wenn ein Unternehmen die 30%-Grenze überschreitet, muss es seine Beteiligungen entweder so reduzieren, dass die 30%-Grenze wieder unterschritten wird, oder aber es hat den Beweis zu führen, dass trotz der Grenzüberschreitung keine vorherrschende Meinungsmacht gegeben ist. Bei der Widerlegung der Vermutung ist zu berücksichtigen, dass die Zuschaueranteilsgrenze von 30% großzügig gesetzt ist. Der Schwellenwert ist in dieser Höhe gezogen worden, um den Bestand der Anbieterstruktur zum Zeitpunkt der Novellierung des Staatsvertrages nicht anzutasten (vgl zur Entstehungsgeschichte *Hartstein/Ring/Kreile/Dörr/Stettner*, Rundfunkstaatsvertrag, Band II, § 26 RStV, S. 8–10 Rn 1, 2). Mithin sind an den **Entlastungsbeweis strenge Anforderungen** zu stellen. Ein Unternehmen kann den Entlastungsbeweis grundsätzlich nur durch den Nachweis verbesserter qualitativer Meinungsvielfalt führen (vgl Amtliche Begründung zum 3. RÄStV). Quantitative Aspekte wie die Ausstrahlung eines zusätzlichen Programms, sollen hingegen nach der Amtlichen Begründung zum 3. RÄStV in der Regel zur Widerlegung der Vermutung nicht ausreichen. 191

Die **Verfassungskonformität** der Vermutungsregel des 30%-Schwellenwertes ist nicht zweifelsfrei gesichert. Ob und in welchem Umfang ein bestimmter Zuschaueranteil für die Relevanz des Meinungseinflusses eines Veranstalters ein angemessenes Modell darstellt, ist umstritten geblieben. Grundsätzlich müssen gesetzliche Vermutungen durch eine empirisch belegbare Tatbestandstypik gerechtfertigt sein, da es rechtsstaatswidrig wäre, würde eine Behörde ihre Exekutivbefugnisse auf gesetzliche Vermutungen stützen, ohne dass bei generalisierender Betrachtung die Vermutungsregelungen mit der Lebenswirklichkeit übereinstimmen (*Paschke/Goldbeck*, ZWeR 2007, 49, 66 f). Mangels fundierter empirischer Forschung und Erfahrungswerte und mit Blick auf den dargestellten Gesetzgebungsprozess zu Abs. 2 Satz 1 erscheint der 30%-Schwellenwert als ein rechtspolitisch willkürlich gesetzter Schwellenwert. Seine Größenordnung ist zudem nicht einmal im Hinblick auf die mit dem Zuschaueranteil verbundene Meinungsrelevanz des Programmveranstalters dimensioniert worden, sondern mit Blick auf die historisch vorgefundenen Zuschaueranteilsgrößen (vgl oben Rn 154). Aus welchem Grund vorherrschende Meinungsmacht gerade dann gegeben sein soll, wenn die einem Unternehmen zurechenbaren Programme einen Zuschaueranteil von 30% erreichen, ist letztlich sachlich unbegründet geblieben. Berücksichtigt man den Anteil der öffentlich-rechtlichen Programme, der deutlich jenseits dieses Schwellenwertes liegt, sind an die Begründung vorherrschender Meinungsmacht durch einen Veranstalter mit einem Zuschaueranteil von 30% nach der hier vertretenen Auffassung aber hohe Anforderungen zu stellen. 192

2. Die 25%-Vermutungsregelung des Abs. 2 Satz 2. Nach Abs. 2 Satz 2 wird bei Erreichen eines Zuschaueranteils von 25 % vorherrschende Meinungsmacht vermutet, sofern das Unternehmen auf einem medienrelevanten verwandten Markt eine marktbeherrschende Stellung hat (1. Alt.) oder eine Gesamtbeurteilung seiner Aktivitäten im Fernsehen und auf medienrelevanten verwandten Märkten ergibt, dass der dadurch erzielte Meinungseinfluss dem eines Unternehmens mit einem Zuschaueranteil von 30% im Fernsehen entspricht (2. Alt.). Damit betrifft Abs. 2 Satz 2 die bedeutsame **Problematik von fernsehbasierter, crossmediale Einflüsse berücksichtigender Meinungsmacht** durch Konglomerat agierende oder agieren wollende Medienunternehmen (vgl *Schaarschmidt*, Cross-Promotion durch Medienkonglomerate, 2005, S. 153 ff; *Bohne*, WRP 2006, 540 ff; *Trafkowski*, K&R 2002, 62 ff; *ders.*, Medienkartellrecht, 2002, S. 31 ff). 193

Die 25%-Grenze ist mit dem 6. RÄStV eingeführt worden und hat damit die Streitigkeiten über die Auslegung des nach dem RStV aF geltenden Maßstabs der „geringfügigen Unterschreitung der 30%-Grenze“ beendet. Dies erfolgte allerdings um den Preis nicht weniger intensiver Zweifel um die Validität des erweiterten Zuschaueranteilsmodells und die **Verfassungsmäßigkeit** des 25%-Schwellenwertes (vgl unter Rn 150). Überdies stellt sich die Frage, wie die Bedeutung von Marktmacht auf anderen Märkten zu bestimmen und bei der Beurteilung des Vorliegens vorherrschender Meinungsmacht zu berücksichtigen ist. 194

a) Marktbeherrschende Stellung auf medienrelevant verwandtem Markt (1. Alt.). Nach Abs. 2 Satz 2, 1. Alt. besteht bei Vorliegen einer marktbeherrschenden Stellung auf einem medienrelevanten verwandten Markt die Vermutung von vorherrschender Meinungsmacht. Die Vermutungsregel verlangt die Feststellung einer marktbeherrschenden Stellung und dies auf einem Markt, der „medienrelevant verwandt“ ist. Die Prüfung des Vorliegens einer marktbeherrschenden Stellung erfordert eine wirt- 195 schaftsrechtliche Beurteilung. Diese Beurteilung hat durch die KEK und nicht durch das BKartA zu erfolgen, wobei die Zuständigkeit der KEK aus dem Landesrundfunkrecht folgt, obwohl sie materiell Bundeskartellrecht betrifft. Der Gesetzgeber bewegt sich mit dieser Regelung an der Grenze seiner verfassungsrechtlichen Gesetzgebungskompetenz. Zwar ist der Landesgesetzgeber grundsätzlich für die Ordnung publizistischer Fragen zuständig, allerdings hat der Bund bezüglich der Gesetzgebung zur Verhütung des Missbrauchs wirtschaftlicher Macht von der konkurrierenden Gesetzgebungszuständigkeit mit Erlass des GWB Gebrauch gemacht. Mithin ist die Vermutungsregelung des Abs. 2 Satz 2 1. Alternative nur dann von der Regelungskompetenz des Landesgesetzgebers gedeckt, wenn sie gemäß ihrer Zielsetzung noch als Vorschrift zur Verhütung publizistischer Macht aufgefasst werden kann. Dies ist für die Vermutungsregelung des Abs. 2 Satz 2, 1. Alt. allein mit der Begründung zu bejahen, dass der Gesetzgeber mit dieser Regelung eine verbesserte Anwendung des Verbots vorherrschender Meinungsmacht gewährleisten will (vgl *Paschke/Goldbeck,* ZWeR 2007, 47).

196 Die erforderliche **Marktabgrenzung** erfolgt im Kartellrecht nach dem sog. **Bedarfsmarktkonzept** (vgl *Paschke,* in: FK zum GWB, 2006, § 19 Rn 78 ff). Im Medienkonzentrationsrecht soll die kartellrechtliche Marktabgrenzung allerdings nur als Orientierungshilfe dienen, da die publizistische Rundfunkkonzentrationskontrolle im Unterschied zum wirtschaftsrechtlichen Kartellrecht das Ziel der Meinungsvielfaltsicherung verfolgt. Vor diesem Hintergrund werden im Rundfunkrecht vom Kartellrecht abweichende Marktabgrenzungsentscheidungen für zulässig erachtet (vgl *Trute,* in: Hahn/Vesting, Beck´scher Kommentar zum Rundfunkrecht, § 26 RStV Rn 47). Die KEK hat in der Springer/ProSiebenSat1-Entscheidung daraus die Konsequenz gezogen, bei der medienkonzentrationsrechtlichen Bewertung, im Unterschied zur herkömmlichen kartellrechtlichen Marktabgrenzung, den Gesamtmarkt der Tagespresse zugrunde zu legen, der gleichermaßen Abonnement- sowie Kaufzeitungen umfassen soll (vgl KEK 293–1 bis -5, S. 80). Trotzdem soll § 19 GWB herangezogen werden, um Kriterien für eine marktbeherrschende Stellung zu ermitteln. Damit soll nicht nur auf die Definitionsnormen zum Marktbeherrschungsbegriff des § 19 Abs. 2 sondern auch auf die der Vermutungstatbestände des § 19 Abs. 3 (vgl dazu *Paschke,* in: FK zum GWB, § 19 Rn 161 ff) zurückgegriffen werden können. Eine konsistente Rechtsanwendung wird mit dieser Methode einer mal strikten mal modifizierten Kartellrechtsanwendung erschwert.

197 Zur ersten Tatbestandsalternative des Abs. 2 Satz 2 gehört zudem die **Begriffsbestimmung** des Merkmals „medienrelevanter verwandter Markt". Die amtliche Begründung zum 3. RÄStV zählt als Beispiele für medienrelevante verwandte Märkte Werbung, Hörfunk, Presse, Rechte und Produktion auf. Diese Beispiele sind nicht abschließend gemeint. Generalisierend kann man zur Bestimmung der Medienrelevanz eines Marktes darauf abstellen, ob ein Markt für den Prozess öffentlicher Meinungsbildung von Bedeutung ist, oder ob er geeignet ist, die Meinungsmacht im Fernsehen zu verstärken.

198 In den Verlautbarungen zu den **konzeptionellen Grundsätzen zur Auslegung** des Terminus medienrelevant verwandter Märkte hat die KEK zu Recht deutlich gemacht, dass für die Beurteilung der Medienkonzentration zunächst diejenigen Märkte als medienrelevant verwandte Märkte von Bedeutung sein können, auf denen Unternehmen auf vor- oder nachgelagerten Produktionsstufen tätig sind, die in die Unternehmung des Fernsehveranstalters vertikal integriert sind (vgl KEK unter kek-online.de, Stichwort: medienrelevant verwandte Märkte). Neben den Erscheinungsformen vertikaler Medienkonzentration sieht sich die KEK nach dem Konzept der medienrelevant verwandten Märkte in der Lage, Formen der diagonalen oder crossmedialen Konzentration zu erfassen (vgl KEK unter kek-online.de, Stichwort: medienrelevant verwandte Märkte). Vertikal integrierte Märkte zeichnen sich durch den direkten Zugang zu Absatz- und Beschaffungsmärkten aus; auf ihnen können u.a. Kostenvorteile und eine größere Risikostreuung erreicht werden. Vertikale Verflechtungen sind nach Auffassung der KEK nicht schon an sich bedenklich. Problematisch können sie aber dann werden, wenn die horizontale Konzentration auf den vor- und nachgelagerten Märkten so weit fortgeschritten ist, dass der Zugang von konkurrierenden TV-Unternehmen zu den Beschaffungs- oder Absatzmärkten durch eine solche vertikale Verbindung eines Programmveranstalters eingeschränkt oder gefährdet wird. Daher sind insbesondere diejenigen Märkte genau zu beobachten, auf denen Fernsehveranstalter direkt – oder indirekt über verbundene Unternehmen – über starke Marktstellungen verfügen. Crossmediale Verflechtungen bergen nach Auffassung der KEK ein Potenzial für multimediale Meinungsmacht, indem sie den publizistischen Einfluss durch die Kombination verschiedener Teilmedien vervielfältigen (vgl *KEK,* Konzentrationsbericht 2007, S. 121 ff und unter kek-online.de, Stichwort: medienrelevant verwandte Märkte).

In **Konkretisierung** dieser konzeptionellen Grundsätze hat die KEK in ihren Verlautbarungen zur Rechtsanwendung deutlich gemacht, dass sie in die Prüfung der mit dem bundesweiten Fernsehen medienrelevant verwandten Märkte vor allem folgende Publikumsmärkte und der Fernsehveranstaltung vor- und nachgelagerte Märkte einbeziehen will: Ballungsraumfernsehen, Fernsehwerbung, Fictionrechte, Hörfunk, Markt für Übertragungswege (in Deutschland), Mediendienste, Nachrichtenmaterial, Online-Medien, Programmzeitschriften, Publikumszeitschriften, Sportrechte, Tageszeitungen sowie technische und administrative Dienstleistungen für digitales und Pay-TV. Wegen der damit verbundenen komplexen Fragen zur Bedeutung der Meinungsrelevanz der jeweiligen Märkte wird an dieser Stelle auf die (auch online) verfügbaren Veröffentlichungen der KEK verwiesen (vgl insbesondere *KEK,* Konzentrationsbericht 2007, S. 121 ff und unter kek-online.de, Stichwort: medienrelevant verwandte Märkte). 199

Die KEK hat in ihrer einzelfallbezogenen **Entscheidungspraxis** dafür gehalten, dass die **„Medienrelevanz" als Voraussetzung** für die Einbeziehung eines Medienmarktes in die rundfunkrechtliche Kontrolle nur gegeben sei, wenn der Markt für den Prozess der öffentlichen Meinungsbildung bedeutend und zur Verstärkung der Meinungsmacht im Fernsehen geeignet ist. Weiterhin wird als entscheidend angesehen, welchen Grad von „Verwandtschaft" dieser Medienmarkt mit dem Fernsehen aufweist. Der **„Verwandtschaftsgrad"** wird unter Würdigung der mit dem bundesweiten Fernsehen vergleichbaren Leistungsmerkmale mit Bezug auf den Meinungseinfluss geprüft. Dies sind die Leistungsmerkmale **Aktualität, Breitenwirkung und Suggestivkraft** (KEK 293-1 bis -5, S. 81). Die Aktualität betrifft die Tagesaktualität, die Breitenwirkung die Reichweite eines Mediums in der Gesamtbevölkerung. Die Suggestivkraft eines Mediums wird als Ergebnis der Kombination von Kommunikationsformen verstanden, wobei die Kommunikationsformen Text, Bild (bewegt/unbewegt) und Ton unterschieden werden. Dagegen wird die **Nutzungsdauer nicht** als geeigneter Maßstab angesehen, da sich die Nutzungsformen und Rezeptionsweisen im Hinblick auf die Aufmerksamkeit, Aktivität, Aufwand etc. unterscheiden und sich dies in den unterschiedlichen Nutzungszeiten widerspiegele (KEK 293-1 bis -5, S. 81). 200

Zudem wird bei der Bestimmung des Begriffspaares „medienrelevant verwandt" die Zielbestimmung der Rundfunkkonzentrationskontrolle, namentlich das Kriterium der Meinungsvielfaltsicherung mit berücksichtigt. Der Begriff wird aufgrund seiner verfassungsrechtlichen Prägung weit ausgelegt, so dass **jegliche meinungsrelevanten Aktivitäten** eines Unternehmens erfasst werden können (vgl *Trute,* in: Hahn/Vesting, Beck´scher Kommentar zum Rundfunkrecht, § 26 RStV Rn 49). Dazu gehören nicht nur mit dem Fernsehmarkt vergleichbare Leistungen, sondern auch die technische Infrastruktur wie der Decodermarkt oder der Kabelmarkt sowie die vorgelagerten Märkte wie der Handel mit Programmrechten oder nachgelagerte Märkte, soweit sie Einfluss auf die Meinungsmacht der Fernsehveranstalter haben. Der Einfluss von auf vor- oder nachgelagerten Märkten erbrachten Leistungen, also von vertikaler Konzentration, nimmt in der Tendenz zu, je näher die betreffende Stufe an die Verarbeitung von Rundfunk heranreicht (vgl *Trute,* in: Hahn/Vesting, Beck´scher Kommentar zum Rundfunkrecht, § 26 RStV Rn 49). Der Pressemarkt ist zu berücksichtigen, da insbesondere Tageszeitungen als dem Fernsehen verwandter Bereich angesehen werden. Auf diese besonders enge Verbindung hat das Bundesverfassungsgericht im Hinblick auf die Gefahr von multimedialer Meinungsmacht ausdrücklich verwiesen (vgl BVerfGE 73, 118, 175 f). 201

Im Verfahren Springer/ProSiebenSat1-Beschluss hat die KEK die Auswirkungen einer marktbeherrschenden Stellung auf dem Printmarkt für die Vermutungsregelungen des Abs. 2 Satz 2 ausführlich bewertet und einen bestimmten **Bewertungsfaktor** vorgegeben (vgl KEK 293–1 bis -5, S. 79–83 und S. 84–103). Demnach soll die Tagespresse einen potenziellen Meinungseinfluss von zwei Dritteln, Programmzeitschriften von einem Siebtel, Publikumszeitschriften von einem Zehntel, Online-Aktivitäten und Hörfunk von eineinhalb im Verhältnis zu demjenigen des bundesweiten Fernsehens haben. Auf der Grundlage dieses Rechenmodells kommt die KEK in der konkreten Entscheidung zu dem Ergebnis, dass der Springer Verlag, der einen Zuschaueranteil von etwa 22 Prozent hatte, durch das Hinzutreten der Meinungsmacht im Bereich der Tagespresse, Programmzeitschriften und Publikumszeitschriften durch den Zusammenschluss einen Meinungseinfluss der einem Zuschaueranteil von über 42 % im bundesweiten Fernsehen entspräche, erlangen würde. Diese aus Abs. 2 leitbildhaft entwickelte Berechnungsmethode hat die KEK trotz eingehender Kritik in einer Folgeentscheidung fortgeführt (vgl KEK 309 n-tv v. 8.5.2006). 202

203 In der Literatur wird gegen das Berechnungsmodell und den Berechnungsfaktor der KEK eingewandt, dass es nicht den Anforderungen an verfassungskonform abgeleitete Leitbilder genüge, da die KEK dafür **keine rechtstaatlich tragfähige Begründung** gegeben habe (vgl *Säcker,* K&R 2006, 489, 53 f; *Paschke/Goldbeck,* ZWeR 2007, 49, 71 ff; *Bornemann,* ZUM 2006, 203 ff; *Hain,* K&R 2006, 150, 154 f; *Trute,* in: Hahn/Vesting, Beck´scher Kommentar zum Rundfunkrecht, § 26 RStV Rn 49a). Insbesondere die vorgenommene Zweidrittelbewertung im Printmedienbereich der Tagespresse sei weder vom Gesetzgeber leitbildhaft vorgeprägt noch empirisch belegt. Die damals noch bestehende KDLM führte an, dass das Addieren von Marktanteilen aus verschiedenen Teilmärkten zur Gewichtung von Meinungsmacht methodisch und wissenschaftlich nicht haltbar sei (vgl Pressemitteilung der BLM 01/2006 v. 26.1.2006) und 100 Prozent übersteigende Marktvolumina in Ansatz bringe (vgl Monopolkommission, BT-Drucks. 16/2460, S. 26, Tz. 21 ff; *tns infratest,* Beurteilung der Rechenmethode der KEK (2006) 9 ff). Insbesondere die Bewertung des potenziellen Meinungseinflusses der Tagespresse mit zwei Dritteln im Verhältnis zum bundesweiten Fernsehens wird in Zweifel gezogen, weil die Kriterien Suggestionskraft und Tageszeitungsreichweite zeigten, dass der potenzielle Meinungseinfluss der Tageszeitungen weit hinter dem des bundesweiten Fernsehens zurückbleibe und mit dem Zweidrittelquotienten unzutreffend ausgewiesen sei (*Säcker,* K&R 2006, 49, 53 f). Überdies sei zweifelhaft, ob eine Verstärkung der Meinungsmacht des Fernsehsenders von einer Zeitung ausgehen könne, die im Wettbewerb mit zahlreichen anderen Zeitungen stehe, und deren Leser die Möglichkeit zum Ausweichen auf andere oder zusätzliche Printmedien haben (*Säcker,* K&R 2006, 49, 54). Kritisiert wird schließlich, dass der summierte Zuschaueranteil (von 42 Prozent im Fall Springer/ProSiebenSat.1) als vorherrschende Meinungsmacht bewertet wurde, obwohl die öffentlich-rechtlichen Rundfunkveranstalter einen höheren Zuschaueranteil erreichten (Monopolkommission, BT-Drucks. 16/2460, S. 26, Tz. 23).

204 In der neueren Praxis der EG-Gerichte zur Anwendung des allgemeinen Kartellrechts wird unter dem Stichwort „more economic approach" ein sog. **wirkungsbasierter Ansatz** gefordert, wonach die Entscheidungsträger bei konglomeraten Zusammenschlüssen **höhere Anforderungen an den Nachweis negativer Wettbewerbseffekte** erfüllen müssen (vgl EuGH v. 15.2.2005, Rs. C-12/03P, WuW/E EU-R 875 ff – Tetra Laval; EuG v. 14.12.2005, Rs. T-209/01 – GE/Honeywell). Diese Entscheidungspraxis verfolgt die Verbesserung der Kontrolle von ökonomischer Marktmacht, während die KEK das Entstehen vorherrschender Meinungsmacht zu verhindern hat. Allerdings weisen sowohl die Entscheidungen der Kartellbehörden als auch die der KEK bezüglich der Beurteilung von Zusammenschlussvorhaben erhebliche funktionelle und verfahrensmäßige Parallelen auf; sie zeigen sich beispielsweise in der präventiven Funktion der Entscheidungen und in der Erforderlichkeit prognostischer Urteile über Marktentwicklungen. Diese Gemeinsamkeiten und Übereinstimmungen rechtfertigen es und machen es erforderlich, höhere Nachweisanforderungen auch an die Entscheidungen der KEK bezüglich der Beurteilung von vorherrschender Meinungsmacht zu stellen. Die Kernaussage des wirkungsbasierten Ansatzes, dass Prognoseentscheidungen bezüglich konglomerater bzw crossmedial bedeutsamer Zusammenschlussvorhaben auf empirisch belegten Daten basieren müssen (vgl *Satzky,* WuW 2006, 870 ff), trifft übereinstimmend für die Regelungsbereiche des allgemeinen und des Medienkartellrechts zu. Daher ist auch bei dem von der KEK zu beurteilenden potenziellen Meinungseinfluss bei crossmedialen Zusammenschlüssen im Rundfunkbereich der Forderung nach empirisch belegten wirkungsbasierten Entscheidungsbegründungen verstärkt Rechnung zu tragen.

205 **b) Gesamtbeurteilung durch 30%-Entsprechensklausel (2. Alt.).** Abs. 2 Satz 2 (2. Alt.) knüpft das Entstehen der Vermutungswirkung daran an, dass nach einer Gesamtbeurteilung der durch die Aktivitäten eines Unternehmens im Fernsehen und auf medienrelevanten verwandten Märkten erzielte Meinungseinfluss dem eines Unternehmens mit einem Zuschaueranteil von 30% im Fernsehen entspricht. Entscheidende Bedeutung kommt also der 30%-Entsprechensklausel zu. Danach ist zu klären, wie viel Meinungseinfluss ein Zuschaueranteil von 30% beinhaltet. In die Gesamtbeurteilung können dabei **sämtliche fernsehbezogenen und auch sonstige medienrelevante Aktivitäten** eines Unternehmens einbezogen werden. Jedoch ist die Feststellung der funktionalen Entsprechung innerhalb einer Gesamtbeurteilung nur schwerlich anhand abstrakter Kriterien zu determinieren, da eine solche Gesamtbeurteilung typischerweise mit Unsicherheiten behaftet ist (vgl *Beucher/Leyendecker/v. Rosenberg,* RStV, § 26 Rn 13). Da die Medienaufsicht die Beweislast für das Vorliegen der Ausnahmetatbestände trifft, der vorliegende Vermutungstatbestand aber aufgrund seiner vielen unbestimmten Rechtsbegriffe materiell nur wenig determiniert ist, wird er kaum eine größere Praxisbedeutung haben (vgl *Trute,* in: Hahn/Vesting, Beck´scher Kommentar zum Rundfunkrecht, § 26 RStV Rn 51). Zudem ist seine Be-

deutung in Ansehung des Eingriffstatbestandes in Abs. 1 relativiert, da Abs. 2 Satz 2, 2. Alternative auf die Berücksichtigung von Kriterien abstellt, die schon nach Abs. 1 zu berücksichtigen sind.

3. Das Bonussystem des Abs. 2 Satz 3. Mit dem Bonussystem des Abs. 2 Satz 3 wird die Berechnung des 25%-Schwellenwertes des Abs. 2 Satz 2 modifiziert. Bei der Berechnung des nach Satz 2 maßgeblichen Zuschaueranteils wird einem Unternehmen ein Ausgleich durch den Abzug von zwei Prozentpunkten vom tatsächlichen Zuschaueranteil gewährt, wenn es in dem ihm zurechenbaren Vollprogramm mit dem höchsten Zuschaueranteil **Regionalfensterprogramme** gemäß § 25 Abs. 4 aufnimmt. Zusätzlich zu den Mindestvoraussetzungen für den Umfang und den regionalen Bezug der Programme nach § 25 Abs. 4 Satz 1 hat der Gesetzgeber mit Wirkung vom 1.4.2005 eingeführt, dass der Hauptprogrammveranstalter die redaktionelle Unabhängigkeit des Fensterprogrammveranstalters sicherzustellen hat (§ 25 Abs. 4 Satz 2), diesem eine gesonderte Zulassung zu erteilen ist (§ 25 Abs. 4 Satz 3) und der Fensterprogrammveranstalter zum Hauptprogrammveranstalter nicht im Verhältnis eines verbundenen Unternehmens nach § 28 stehen darf; überdies ist mit der Organisation der Fensterprogramme deren Finanzierung durch den Hauptprogrammveranstalter sicherzustellen (§ 25 Abs. 4 Satz 5). 206

In der Zulassungspraxis haben die neu geschaffenen Regelungen erhebliche Probleme bereitet, weil sie **ohne Übergangsregelungen** eingeführt wurden und berechtigten Vertrauensschutz bei Hauptprogrammveranstaltern zu beeinträchtigen drohten. Die KEK hat deshalb in einer Reihe von Verfahren im Interesse einer verfassungskonformen Handhabung die Vorschrift des § 25 Abs. 4 Satz 4 für „derzeit nicht anwendbar" erklärt (vgl zur Entscheidungspraxis *KEK,* 9. Jahresbericht 2005/2006, Kap. 3.4, 3.5.3.1 und 3.5.3.2. sowie *KEK* Medienkonzentrationsbericht 2007, S. 383 f sowie Erl. zu. § 25 Rn 452 ff). 207

Ein weiterer Abzug von 3%-Punkten kann gewährt werden, wenn ein Unternehmen gleichzeitig gemäß § 26 Abs. 3 iVm Abs. 5 Dritten Sendezeit in seinem Programm einräumt. Der inhaltlich komplexen Regelung zum **Drittsendezeitenbonus** kommt in der Entscheidungspraxis der KEK nur eine begrenzt bedeutende Rolle zu (vgl die KEK-Verfahren 383, 305, 288, 281). Gegen einzelne Entscheidungen der KEK sind Rechtsmittelverfahren anhängig (*KEK,* Konzentrationsbericht 2007, S. 386 f). 208

Durch die Addition beider Bonusregelungen kann eine Situation geschaffen werden, welche die Geringfügigkeitsgrenze im Endeffekt auf 30%-Punkte heraufsetzt und demnach im Ergebnis eine Vereinheitlichung der beiden Vermutungstatbestände des Abs. 2 bewirkt (vgl *Hartstein/Ring/Kreile/Dörr/Stettner,* Rundfunkstaatsvertrag, Band II, § 26 RStV, S. 16 Rn 11). 209

D. Begrenzung künftigen externen Unternehmenswachstums bei vorherrschender Meinungsmacht, Abs. 3

Sofern sich herausstellt, dass bei einem Unternehmen vorherrschende Meinungsmacht vorliegt, wird durch Abs. 3 als zwingende Rechtsfolge weiteres externes Unternehmenswachstum begrenzt. Für weitere zurechenbare Programme darf dann keine Zulassung mehr erteilt werden oder der Erwerb weiterer zurechenbarer Beteiligungen an Veranstaltern darf nicht als unbedenklich bestätigt werden. Damit bezieht sich der Abs. 3 systematisch auf die Zulassungsvorschrift des § 20 Abs. 1 und damit auf die Zulassung nach Landesrecht und auf die Vorschrift des § 29 über Veränderungen von Beteiligungsverhältnissen. 210

Durch die Beschränkung künftigen externen Unternehmenswachstums bei bereits bestehender vorherrschender Meinungsmacht, wird diese nicht beseitigt, sondern ihr Ausbau verhindert. An der Beschränkung externen Unternehmenswachstums durch Abs. 3 können Vielfaltsicherungsmaßnahmen nach Abs. 4 nichts ändern. Im Rahmen des Zulassungsverfahrens hat die KEK gemäß § 36 Abs. 5 die alleinige Befugnis, die Fragen der Meinungsvielfaltsicherung abschließend zu klären. Das Bestehen von vorherrschender Meinungsmacht als Rechtsfolgen auslösende Tatbestandsvoraussetzung des Abs. 3 ist nach den oben dargestellten Grundsätzen darzulegen. 211

E. Rechtsfolgen bei Vorliegen vorherrschender Meinungsmacht, Abs. 4

I. Grundlagen

212 Abs. 4 regelt die Beseitigung von nach den allgemeinen Bestimmungen festgestellter vorherrschender Meinungsmacht. Die Regelung gliedert sich in zwei Ebenen. Auf der ersten Ebene werden dem betroffenen Unternehmen durch die KEK als Organ der zuständigen Landesmedienanstalt drei abschließend geregelte **Maßnahmen zur Entflechtung- und Vielfaltsicherung** vorgeschlagen: Aufgabe an Beteiligungen bis keine vorherrschende Meinungsmacht nach Abs. 2 Satz 1 mehr besteht (Nr. 1); Verminderung der Marktstellung im Falle des Abs. 2 Satz 2 oder Aufgabe an Beteiligungen im Falle des Abs. 2 Satz 2 (Nr. 2); Ergreifen vielfaltsichernder Maßnahmen im Sinne der §§ 30 bis 32 (Nr. 3). Bei diesen drei Maßnahmen handelt es sich um gleichwertige Alternativen die auch kumulativ zum Tragen kommen können und alle mit dem betroffenen Unternehmen zu erörtern sind, wobei dem Unternehmen allerdings kein Wahlrecht zusteht (vgl amtliche Begründung zum 3. RÄStV). Ziel der Erörterung ist es, eine einvernehmliche Regelung herbeizuführen. Die zweite Ebene regelt die Rechtsfolge für den Fall, dass eine solche einvernehmliche Regelung scheitert.

II. Begriffe und Bedeutung

213 Eine erste mögliche Maßnahme besteht darin, dass das Unternehmen ihm zurechenbare Beteiligungen an Veranstaltern bis zur Unterschreitung der 30%-Grenze des Abs. 2 Satz 1 aufgibt. Diese Maßnahme erscheint jedoch wenig praktikabel, da sie das Unternehmen in eine Zwangssituation versetzt, die zur Folge hat, dass es sich von seinen Anteilen in der Regel unter Marktpreis trennen muss. Vergleichbar wenig praktikabel erscheint die zweite mögliche Maßnahme, sich von Beteiligungen in verwandten Märkten zu trennen, um dadurch unter die 25%-Grenze des Abs. 2 Satz 2 zu kommen. Auch hier gilt, dass die Situation, Beteiligungen verkaufen zu müssen, sich in dem Marktpreis niederschlägt, der für die Anteile bezahlt wird. Nach der dritten möglichen Maßnahme wird dem Unternehmen aufgegeben, vielfaltsichernde Maßnahmen im Sinne der §§ 30 bis 32 zu ergreifen. Damit eröffnet die KEK dem betroffenen Unternehmen die Möglichkeit, wegen Versagens des außenpluralen Modells auf binnenplurale Sicherungsmöglichkeiten zurückzugreifen. Damit erweist sich diese Maßnahme theoretisch-konzeptionell als eine die Freiheit des Unternehmers am wenigsten einschneidende. Im Verfahren des Springer/ProSiebenSat1-Beschlusses hat die erwogene Installation eines Fernsehbeirats, der mit umfänglichen Entscheidungsbefugnissen ausgestattet werden sollte, allerdings zu heftigen Kontroversen über die rechtstaatliche Rechtfertigung der damit verbundenen Konsequenzen geführt (vgl nur *Säcker,* K&R 2006, 49, 50 einerseits und *Hain,* K&R 2006, 150, 151 ff andererseits).

214 Bezüglich der Wirkweise einer einvernehmlichen Einigung im Sinne des Abs. 4 Satz 1, 2 ist davon auszugehen, dass sie sowohl für die KEK als auch für die ZAK eine **Bindungswirkung** hat, da ansonsten eine solche Vereinbarung nicht tragfähig wäre. Die Durchsetzbarkeit einer solchen Vereinbarung ist durch Abs. 3 Satz 3 geregelt, da – sofern einvernehmliche vereinbarte Maßnahmen nicht in angemessener Frist durchgeführt werden – die Landesmedienanstalt nach Ablauf der Frist die Zulassung für die Programme widerrufen kann.

III. Rechtsfolge bei Scheitern einer einvernehmlichen Einigung

215 Gelingt es nicht, eine einvernehmliche Regelung herbeizuführen, mangels Einigung oder mangels fristgerechter Durchführung, ist die KEK nach Abs. 4, Satz 3 verpflichtet, durch die zuständige Landesmedienanstalt die **Zulassung** in dem Maße zu **widerrufen**, wie dies nach Auffassung der KEK zur Behebung der vorherrschenden Meinungsmacht erforderlich ist. Diese Maßnahme dient der Effizienzsteigerung der Sicherung der Meinungsvielfalt, ist dabei aber auch die für ein Unternehmen durchgreifendste Maßnahme. Daher muss die KEK gemäß Abs. 4 Satz 4 jeden Einzelfall mit besonderer Verantwortung prüfen. Die amtliche Begründung nennt als Anhaltspunkte für den Widerruf beispielhaft die geringe Höhe der Beteiligung an einem Programm, den Zeitpunkt des Beteiligungserwerbs oder die Beständigkeit des bisherigen Zuschaueranteils, ggf auch eine Prognose zur künftigen Entwicklung der jeweiligen Zuschaueranteile. Grundsätzlich ist aber stets jeder Einzelfall unter dem Gesichtspunkt der Verhältnismäßigkeit zu bewerten (vgl amtliche Begründung zum 3. RÄStV).

Hat die KEK einmal festgestellt, dass die tatbestandlichen Voraussetzungen der Widerrufsbefugnis bestehen, ist die zuständige Landesmedienanstalt gezwungen, die Zulassung zu widerrufen. Insoweit gibt es **keine Ermessensentscheidung**, auf eine Verhältnismäßigkeitsprüfung kommt es nicht mehr an. 216

Nach Abs. 4 Satz 5 wird eine Entschädigung für Vermögensnachteile durch den Widerruf der Zulassung nicht gewährt. Dieser Haftungsausschluss gilt allerdings nur für den rechtmäßigen Widerruf von Zulassungen, da im Übrigen die Regeln über Schadensersatz wegen rechtswidrigen Staatshandelns anzuwenden sind. Die rechtswidrige Aufhebung der Zulassung und die rechtswidrige Anordnung vielfaltsichernder Maßnahmen stellen Amtspflichtverletzung dar, die **öffentlich-rechtliche Schadensersatzansprüche** begründen können. 217

F. Sonderregelung für mehr Meinungsvielfalt, Abs. 5

I. Grundlagen

Auch durch Absatz 5 soll laut der Amtlichen Begründung zum 3. RÄStV ein Mehr an Meinungsvielfalt im Fernsehen erreicht werden, indem bereits unterhalb der Schwelle der Abs. 1 und 2 vielfaltsicherende Maßnahmen vorgeschrieben werden, ohne dass vorherrschende Meinungsmacht vorliegt. Sinn und Zweck der Regelung ist es, einen Ausgleich zwischen dem öffentlichen Interesse an der Sicherung der Meinungsvielfalt einerseits und dem Grundrecht des Hauptveranstalters auf Auswahl, Inhalt und Gestaltung seines Fernsehprogramms aus Art. 5 Abs. 1 Satz 2 GG anderseits zu schaffen. Die Regelung dient hingegen nicht den Interessen potenzieller Bewerber um Drittsendezeit (vgl dazu OVG Niedersachsen ZUM-RD 2010, 513–518). Dabei ist Abs. 5 unabhängig von den Vermutungsgrenzen des Abs. 2 anwendbar. Das Verhältnis von Abs. 5 zu den Abs. 2 und 3 klärt Abs. 2 Satz 3 abschließend. 218

II. Begriffe und Bedeutung

1. Der Regelungsinhalt des Satzes 1. Nach Abs. 5 Satz 1 ist jeder Veranstalter eines Voll- oder Spartenprogramms mit Schwerpunkt Information verpflichtet, für jedes Programm mit einem jahresdurchschnittlichen Zuschaueranteil von 10 %, Sendezeit für unabhängige Dritte nach Maßgabe von § 31 einzuräumen. Im Unterschied zu den Regelungen der Abs. 2 bis 4 ist das einzelne Programm eines Veranstalters der Bezugspunkt für die Konzentrationskontrolle und nicht mehr der Zuschaueranteil eines Unternehmers. Dies soll aber keinen Widerspruch zum Zuschaueranteilsmodell darstellen (vgl *Trute*, in: Hahn/Vesting, Beck´scher Kommentar zum Rundfunkrecht, § 26 RStV Rn 72). Die 10%-Grenze ist im Gegensatz zu Abs. 2 feststehend und keine Vermutungsregelung; die Feststellung des Zuschaueranteils richtet sich aber wie in Abs. 2 nach § 27. 219

Zudem sieht Abs. 5 Satz 1 vor, dass innerhalb der festen Frist von sechs Monaten nach Feststellung und Mitteilung durch die zuständige Landesmedienanstalt die Sendezeit für unabhängige Dritte einzuräumen ist. Die Legaldefinition für den Begriff des Vollprogramms ist in § 2 Abs. 2 Ziff. 3 und die für den Begriff des Spartenprogramms in § 2 Abs. 2 Ziff. 4 festgeschrieben. 220

2. Der Regelungsinhalt des Satzes 2. Durch die mit dem 6. RÄStV eingefügte Regelung des Abs. 5 Satz 2 sind die tatbestandlichen Voraussetzungen für die Verpflichtung, Drittsendezeiten einzuräumen, entscheidend erweitert worden, um die Meinungsvielfaltsicherung zu stärken (vgl amtliche Begründung zum 6. RÄStV). Wenn ein Unternehmen mit ihm zurechenbaren Programmen im Durchschnitt eines Jahres einen Zuschaueranteil von 20 % erreicht, ohne dass eines der Vollprogramme oder Spartenprogramme mit Schwerpunkt Information einen Zuschaueranteil von 10 % erreicht, trifft die Verpflichtung, Sendezeiten für Dritte nach Maßgabe des § 31 einzuräumen, den Veranstalter des dem Unternehmen zurechenbaren Programms mit dem höchsten Zuschaueranteil. Mithin werden vielfaltsichernde Maßnahmen vorgeschrieben, ohne dass das einzelne Programm die 10%-Schwelle des Satzes 1 erreicht. 221

3. Die Rechtsfolgenregelung in Satz 3. Kommt der Veranstalter dem Erfordernis der Einräumung von Sendezeit für unabhängige Dritte nicht nach, schreibt Abs. 5 Satz 3 als Rechtsfolge vor, dass die Zulassung nach der Feststellung durch die KEK zu widerrufen ist. Auch dieser Widerruf ist für die zuständige Landesmedienanstalt zwingend geboten. 222

4. Verfassungsmäßigkeit des Abs. 5. Fraglich ist, ob die 10%-Schwelle eine verfassungsrechtlich haltbare Konkretisierung des einzelprogrammbezogenen Einflusses ist, da die Rundfunkfreiheit durch die Drittfenster beschnitten wird. Grundsätzlich wird durch die Regelung die Programmvielfalt gefördert. 223

Allerdings stellt sich auch hier die oben erörterte Frage, welche Berechtigung die Grenzziehung in Höhe von 10% hat. Auch hier gilt, dass die Regelung grundsätzlich der Meinungsvielfaltsicherung dienlich ist und aufgrund der Unzulänglichkeit der Medienwirkungsforschung dem Gesetzgeber ein nicht unerheblicher Gestaltungsspielraum einzuräumen ist.

G. Medienkonzentrationsbericht der KEK, Abs. 6

224 Abs. 6 verpflichtet die Landesmedienanstalten, alle drei Jahre einen Bericht der KEK über die Entwicklung der Meinungsvielfalt und der Konzentration im privaten Rundfunk zu veröffentlichen. Der Bericht soll die Bereiche des intermediären (Nr. 1) und des intramediären (Nr. 2) Wettbewerbs sowie die internationalen Verflechtungen im Medienbereich (Nr. 3) umfassen. Über die bloße Bestandsaufnahme hinaus soll der Bericht gemäß Satz 2 zusätzlich zur Anwendung der §§ 26 bis 32 und zu erforderlichen Änderungen dieser Bestimmungen Stellung nehmen. Die Berichtspflicht ist ein entscheidendes Element zur Rationalisierung einer Regulierungspolitik (vgl *Trute*, in: Hahn/Vesting, Beck´scher Kommentar zum Rundfunkrecht, § 26 RStV Rn 81). Sie dient dazu, Transparenz im konkreten Medienbereich herzustellen, indem durch den Bericht der Allgemeinheit die Einschätzungen der KEK bezüglich konzentrationsrechtlicher Fragestellungen vermittelt werden (vgl *Hartstein/Ring/Kreile/Dörr/Stettner*, Rundfunkstaatsvertrag, Band II, § 26 RStV, S. 31 Rn 37).

H. Programmlisten, Abs. 7

225 Gemäß Abs. 7 sind die Landesmedienanstalten verpflichtet, jährlich eine von der KEK zu erstellende Programmliste zu veröffentlichen. In dieser Programmliste sind von der KEK alle Programme, ihre Veranstalter und deren Beteiligte aufzunehmen.

§ 27 RStV Bestimmung der Zuschaueranteile

(1) [1]Die Landesmedienanstalten ermitteln durch die KEK den Zuschaueranteil der jeweiligen Programme unter Einbeziehung aller deutschsprachigen Programme des öffentlich-rechtlichen Rundfunks und des bundesweit empfangbaren privaten Rundfunks. [2]Für Entscheidungen maßgeblich ist der bei Einleitung des Verfahrens im Durchschnitt der letzten zwölf Monate erreichte Zuschaueranteil der einzubeziehenden Programme.

(2) [1]Die Landesmedienanstalten beauftragen nach Maßgabe einer Entscheidung der KEK ein Unternehmen zur Ermittlung der Zuschaueranteile; die Vergabe des Auftrags erfolgt nach den Grundsätzen von Wirtschaftlichkeit und Sparsamkeit. [2]Die Ermittlung muss aufgrund repräsentativer Erhebungen bei Zuschauern ab Vollendung des dritten Lebensjahres nach allgemein anerkannten wissenschaftlichen Methoden durchgeführt werden. [3]Die Landesmedienanstalten sollen mit dem Unternehmen vereinbaren, dass die anlässlich der Ermittlung der Zuschaueranteile nach Absatz 1 Satz 1 erhobenen Daten vertraglich auch von Dritten genutzt werden können. [4]In diesem Fall sind die auf die Landesmedienanstalten entfallenden Kosten entsprechend zu mindern.

(3) [1]Die Veranstalter sind bei der Ermittlung der Zuschaueranteile zur Mitwirkung verpflichtet. [2]Kommt ein Veranstalter seiner Mitwirkungspflicht nicht nach, kann die Zulassung widerrufen werden.

A. Übersicht

226 Die Vorschrift des § 27 ist mit der Neukonzipierung der Vorschriften zur Sicherung der Meinungsvielfalt im privaten Rundfunk durch den 3. RÄStV 1996 eingeführt worden. Ihre Funktion ist nur vor dem Hintergrund der Konzentrationsregelungen der §§ 25 ff insgesamt verständlich (vgl Erl. zu § 25 Rn 87 ff). Die Vorschrift enthält die grundsätzlichen Zuständigkeits- und Verfahrensregelungen zur Bestimmung der Zuschaueranteile. Die Konzeption der Konzentrationsregelungen der §§ 25 ff basiert auf der Leitvorstellung, die tatsächlichen Zuschaueranteile korrekt erfassen zu wollen; in dieser Konzeption kommt den Regeln zur Feststellung dieser Anteile eine zentrale Bedeutung zu. Die Bestimmung der Zuschaueranteile bildet ein wesentliches Element bei der Beurteilung vorherrschender Meinungsmacht iSd § 26 und der darauf aufbauenden Rundfunkkonzentrationskontrolle.

Die Vorschrift des § 27 regelt, dass die Zuschaueranteile unter Einbeziehung der deutschsprachigen Programme des öffentlich-rechtlichen Rundfunks und des bundesweit empfangbaren privaten Rundfunks mithilfe von repräsentativen Erhebungen bei Zuschauern ab Vollendung des dritten Lebensjahres nach allgemein anerkannten wissenschaftlichen Methoden durch ein mit dieser Aufgabe zu beauftragendes Unternehmen ermittelt werden soll. Als Übergangsregelung zur Bestimmung der Zuschaueranteile bis zur Einführung des Messverfahrens und der Ermittlung der Zuschaueranteile durch die KEK nach § 27 wurde § 34 eingeführt. Nachdem aber im Juni 2000 auf Druck der Länder von den Landesmedienanstalten die gemäß § 27 Abs. 2 Satz 1 vorgesehene Beauftragung eines Unternehmens zur Ermittlung der Zuschaueranteile zurückgestellt wurde, erfolgt die Ermittlung der Daten noch heute auf der Grundlage der „Übergangsbestimmung" (vgl *KEK*, Konzentrationsbericht 2007, S. 388). Mittlerweile ist daher mit dem 6. RÄStV der § 27 auch dahin gehend geändert worden, dass eine Ausschreibung nicht mehr zwingend vorgeschrieben ist. So wurde eine dauerhafte Flexibilität für die Ermittlung der Zuschaueranteile durch die KEK geschaffen. Noch heute verwendet die KEK die laufend von der Gesellschaft für Konsumforschung (GfK) im Auftrag der Arbeitsgemeinschaft Fernsehforschung (AGF) erhobenen monatlichen Daten über Zuschaueranteile (ebenda, S. 388). § 27 definiert daher nur abstrakt die Anforderungen an die Zuverlässigkeit der Messungen, das konkrete Verfahren der Ermittlung bleibt hingegen der Medienaufsicht überlassen (vgl Amtliche Begründung zum 6. RÄStV). 227

B. Grundregelung zur Bestimmung der Zuschaueranteile, Abs. 1

Der nach den Regelungen des § 27 zu bestimmende Zuschaueranteil wird auf der Grundlage der gesehenen Fernsehminuten berechnet (zur genauen Datenerfassung in der Praxis vgl *Beucher/Leyendecker/v. Rosenberg*, RStV, § 27 Rn 3). 228

I. Bezugsebene für die Zuschaueranteilserhebung, Satz 1

Nach Abs. 1 Satz 1 ist der Zuschaueranteil der jeweiligen Programme von den Landesmedienanstalten durch die KEK zu ermitteln. Dabei sind alle deutschsprachigen Programme des öffentlichen Rundfunks und des bundesweit empfangbaren privaten Rundfunks einzubeziehen. Unter den Begriff Programme des öffentlich-rechtlichen Rundfunks im Sinne des Abs. 1 fallen alle bundesweit ausgestrahlten Fernsehprogramme, aber auch alle Dritten Fernsehprogramme (vgl Amtliche Begründung zum 3. RÄStV 1996, § 27). Vereinzelt wurde die Einbeziehung des öffentlich-rechtlichen Rundfunks mit dem Argument kritisiert, dass sich dadurch der Markt auf eine größere Anzahl von Programmen aufteilt, was dazu führe, dass die potenzielle Erreichbarkeit der festgesetzten Obergrenze des Zuschaueranteils weiter hinausgeschoben wird (vgl *Clausen-Muradian*, ZUM 1996, 934, 944 f). Diese Kritik ist nicht berechtigt. Ziel der Konzentrationskontrolle ist es, Meinungsvielfalt im Rundfunkbereich zu sichern. Da innerhalb des dualen Rundfunksystems der Bundesrepublik Deutschland der Meinungsmarkt sowohl aus öffentlich-rechtlichem als auch aus privatem Rundfunk besteht, ist es folgerichtig, die Zuschaueranteile auf der Grundlage des ganzen Meinungsmarktes zu bestimmen, so wie es § 27 vorsieht. 229

Privater Rundfunk im Sinne des Satzes 1 erfasst alle bundesweit empfangbaren Programme, unabhängig davon, ob sie im Ausland veranstaltet werden. Nach dem Wortlaut sind fremdsprachige Programme nicht einzubeziehen; die Regelung wurde unter Hinweis darauf eingeführt, dass ihr Einfluss auf die öffentliche Meinungsbildung innerhalb der Bundesrepublik Deutschland gering ist (vgl amtliche Begründung zum 3. RÄStV 1996 zu § 27). Die KEK hingegen berücksichtigt in ständiger Spruchpraxis bei der Gesamtbeurteilung der Meinungsmacht von Unternehmen gemäß § 26 Abs. 1 auch bundesweit empfangbare fremdsprachige Programme (vgl u.a. Az: KEK 366, vom 7.11.2006). Daher schlägt die KEK vor, das Wort „deutschsprachigen" in Satz 1 zu streichen (vgl *KEK*, Konzentrationsbericht 2007, S. 391). Nach Auffassung der KEK beziehen sich die Anforderungen an die Sicherung der Meinungsfreiheit nicht nur auf deutschsprachige Sendungen, denn auch eine einseitige Beeinflussung eines bestimmten Bevölkerungsanteils in Deutschland könne unter Umständen der Meinungsvielfalt schaden (ebenda, S. 391). Die steigende Relevanz fremdsprachiger Programme zeigt sich auch darin, dass die KEK eine ganze Reihe neuer fremdsprachiger Programme zugelassen hat (vgl u.a. Az: 205; Az: 242; Az: 259; Az: 273; Az: 312; Az: 318; Az: 333; Az: 366). Daher überzeugt der Vorstoß der KEK, auch fremdsprachige Programme in die Zuschaueranteilsermittlung mit einzubeziehen (vgl zur abweichenden Praxis der AGF Rn 270 ff). 230

II. Maßgeblicher Referenzzeitraum, Satz 2

231 **1. Der Zwölfmonatszeitraum.** Bei der Ermittlung des Zuschaueranteils ist der Zuschaueranteilsdurchschnitt der letzten zwölf Monate maßgeblich. Der Zwölfmonatszeitraum berechnet sich für jedes Verfahren einzeln jeweils bis zu dem Zeitpunkt, zu dem das konkrete Verfahren eingeleitet wurde (vgl Amtliche Begründung zum 3. RÄStV 1996 zu § 27).

232 Verfahren im Sinne des Satzes 2 sind solche, für die der Zuschaueranteil maßgeblich ist, also insbesondere Verfahren nach den § 26 Abs. 2 bis 5. Insbesondere kann es sich um die Beantragung einer Zulassung nach § 20a oder aber um die Anmeldung von geplanten Beteiligungsveränderungen nach § 29 in Verbindung mit § 26 Abs. 3 handeln. Bezüglich der Anmeldung von geplanten Beteiligungsveränderungen ist jedoch zu beachten, dass eine Rücknahme der Anmeldung mit dem Ziel, einen neu zu berechnenden und gegebenenfalls günstigeren Zwölfmonatszeitraum einzuleiten, nicht möglich ist (vgl *Trute,* in: Hahn/Vesting, Beck'scher Kommentar zum Rundfunkrecht, § 27 RStV Rn 18). Die KEK verhindert eine solche Vorgehensweise mit der Begründung, dass die Anmeldung einer Veränderung kein verfahrenseinleitender Antrag sei (vgl *KEK,* Konzentrationsbericht 2000, S. 372, 381 f).

233 **2. Flexibilität des Referenzzeitraums.** Wäre ausnahmslos auf den Zwölfmonatszeitraum abzustellen, würden solche Daten, die von den innerhalb des Zwölfmonatszeitraums ermittelten erheblich abweichen, unberücksichtigt bleiben. Dadurch blieben neue Tendenzen, die gegebenenfalls andere Entscheidungen bedingen, unberücksichtigt. So würden Entscheidungen getroffen, die im Zeitpunkt ihrer Wirkkraftentfaltung auf unrealistischen Daten beruhen und damit nicht mehr der Verhinderung von vorherrschender Meinungsmacht dienlich sein können.

234 Die Entscheidungspraxis der KEK geht vor diesem Hintergrund dahin, bei der Prüfung von vorherrschender Meinungsmacht neben den erreichten Zuschaueranteilen auch absehbare Tendenzen und zu erwartende Entwicklungen einzubeziehen (vgl *Trute,* in: Hahn/Vesting, Beck'scher Kommentar zum Rundfunkrecht, § 27 RStV Rn 19). Die KEK hat in ihrer Entscheidungspraxis insbesondere bei länger andauernden Verfahren sowohl Rückgänge als auch Erhöhungen von Zuschaueranteilen nach Ablauf des Referenzzeitraums in ihre Entscheidung mit einbezogen (grundlegend die Verfahren KEK 008 bis 012, 029, 040, 063).

III. Verfahren bei der Zuschaueranteilsermittlung

235 In Abs. 1 ist vorgesehen, dass die Landesmedienanstalten durch die KEK den Zuschaueranteil ermitteln. Damit wird der KEK bezüglich der Zuschaueranteilsermittlung die Verfahrensherrschaft übertragen, so dass sie unmittelbar selbstständig über die Ermittlung der Zuschaueranteile entscheiden kann. Die Landesmedienanstalten behalten hingegen die interne Verfahrensherrschaft und sind für die Ausführungsverfahren zuständig (vgl *Neft,* ZUM 1999, 97).

C. Erhebung von Daten, Abs. 2

236 Gemäß Abs. 2 Satz 1, 1. Hs sollen die Landesmedienanstalten nach Maßgabe einer Entscheidung der KEK ein Unternehmen zur Ermittlung der Zuschaueranteile beauftragen. Die Regelung ist bis heute nicht in die Praxis umgesetzt worden. Im Juni 2000 wurde die Beauftragung eines Unternehmens zur Ermittlung der Zuschaueranteile von den Landesmedienanstalten zurückgestellt (Beschluss der DLM v. 26./27.6.2000; vgl *KEK,* Jahresbericht 1999/2000, S. 88 f). Damit sind das Verfahren zur Datenerhebung gem. Abs. 2 und die darauf abstellenden Folgevorschriften zur Mitwirkungspflicht derzeit ohne praktische Anwendungsbedeutung. Von einer Kommentierung dieser Vorschriften wird deshalb abgesehen.

237 Die KEK legt in ihrer rundfunkkonzentrationsrechtlichen Kontrollpraxis gem. der Übergangsbestimmung des § 34 die von der Gesellschaft für Konsumforschung (GfK) im Auftrag der Arbeitsgemeinschaft Fernsehforschung (AGF) ermittelten monatlichen Daten über Zuschaueranteile zugrunde. Wegen der Einzelheiten dieser Praxis wird auf die Erl. zu § 34 verwiesen.

§ 28 RStV Zurechnung von Programmen

(1) [1]Einem Unternehmen sind sämtliche Programme zuzurechnen, die es selbst veranstaltet oder die von einem anderen Unternehmen veranstaltet werden, an dem es unmittelbar mit 25 vom Hundert oder mehr an dem Kapital oder an den Stimmrechten beteiligt ist. [2]Ihm sind ferner alle Programme von Unternehmen zuzurechnen, an denen es mittelbar beteiligt ist, sofern diese Unternehmen zu ihm im Verhältnis eines verbundenen Unternehmens im Sinne von § 15 Aktiengesetz stehen und diese Unternehmen am Kapital oder an den Stimmrechten eines Veranstalters mit 25 vom Hundert oder mehr beteiligt sind. [3]Die im Sinne der Sätze 1 und 2 verbundenen Unternehmen sind als einheitliche Unternehmen anzusehen, und deren Anteile am Kapital oder an den Stimmrechten sind zusammenzufassen. [4]Wirken mehrere Unternehmen aufgrund einer Vereinbarung oder in sonstiger Weise derart zusammen, dass sie gemeinsam einen beherrschenden Einfluss auf ein beteiligtes Unternehmen ausüben können, so gilt jedes von ihnen als herrschendes Unternehmen.

(2) [1]Einer Beteiligung nach Absatz 1 steht gleich, wenn ein Unternehmen allein oder gemeinsam mit anderen auf einen Veranstalter einen vergleichbaren Einfluss ausüben kann. [2]Als vergleichbarer Einfluss gilt auch, wenn ein Unternehmen oder ein ihm bereits aus anderen Gründen nach Absatz 1 oder Absatz 2 Satz 1 zurechenbares Unternehmen

1. **regelmäßig einen wesentlichen Teil der Sendezeit eines Veranstalters mit von ihm zugelieferten Programmteilen gestaltet oder**
2. **aufgrund vertraglicher Vereinbarungen, satzungsrechtlicher Bestimmungen oder in sonstiger Weise eine Stellung innehat, die wesentliche Entscheidungen eines Veranstalters über die Programmgestaltung, den Programmeinkauf oder die Programmproduktion von seiner Zustimmung abhängig macht.**

(3) Bei der Zurechnung nach den Absätzen 1 und 2 sind auch Unternehmen einzubeziehen, die ihren Sitz außerhalb des Geltungsbereichs dieses Staatsvertrages haben.

(4) [1]Bei der Prüfung und Bewertung vergleichbarer Einflüsse auf einen Veranstalter sind auch bestehende Angehörigenverhältnisse einzubeziehen. [2]Hierbei finden die Grundsätze des Wirtschafts- und Steuerrechts Anwendung.

A. Regelungszweck und Übersicht

Die Vorschrift regelt die Frage, welche Programme einem Veranstalter zugerechnet werden. Die Vorschrift hat somit Bedeutung für die Ermittlung des Zuschaueranteils, den ein Unternehmen selbst oder durch ihm zurechenbare Programme iSd § 26 erreicht. Die Reichweite der Zurechnung von Programmen ist im Zuschaueranteilsmodell deshalb mitentscheidend für die Berechnung des Umfangs der Meinungsmacht eines Unternehmens. § 28 gehört insofern zu den Kernvorschriften des Rundfunkkonzentrationsrechts. 238

Die Programmzurechnung erfolgt nach verschiedenen Grundsätzen. Programme, die von Unternehmen selbst veranstaltet werden, sind diesem selbstverständlich zuzuordnen, ohne dass es eines besonderen Zurechnungsgrundes bedarf (Abs. 1 Satz 1). Die **unmittelbare Kapital- oder Stimmrechtsbeteiligung** an einem Veranstalterunternehmen ist der in Abs. 1 Satz 1 geregelte **Zurechnungsgrund**. Die Zurechnung setzt nach der gesetzgeberischen Entscheidung eine Kapital- oder Stimmrechtsbeteiligung von mindestens 25 vom Hundert voraus. Dabei handelt es sich um eine nach vorhergehender rechtspolitischer Diskussion bewusst gesetzte Grenze, deren Schwellenwert gewählt wurde, um die damit verbundene gesellschaftsrechtliche Sperrminorität des beteiligten Gesellschafters insbesondere bei Satzungsänderungen (vgl § 179 Abs. 2 Satz 1 AktG, § 57 GmbHG) zu erfassen. Die Zurechnung erfolgt nicht, weil der (minderheitlich) beteiligte Gesellschafter das Programm positiv mitgestalten kann, sondern weil seine Rechtsmacht ihm eine negative Abwehrbefugnis gegenüber strukturverändernden Programmeinflüssen gibt, die wiederum nach praktischer Erfahrung regeltypisch eine Anpassung der Geschäftspolitik des programmveranstaltenden Unternehmens an die Interessen des beteiligten Unternehmens zur Folge hat (vgl die Amtliche Begründung zum RStV 1997; zur Entstehungsgeschichte auch *Kuch*, ZUM 1997, 12, 14 f; ablehnend *Piper*, AfP 1998, 35, 37). Der Schwellenwert ist vom Gesetzgeber bewusst (niedrig) angesetzt worden, um den Schutzzweck der rundfunkrechtlichen Konzentrationskontrolle möglichst effektiv gewährleisten zu können. Nach der gesetzgeberischen Wertentscheidung kann eine Gefährdung der Meinungsvielfalt bereits durch eine Rücksichtnahme auf einen Sperr- 239 minoritätsinhaber eintreten, ohne dass es des Nachweises eines konkreten Einflusses auf das Programm bedarf (vgl *Schweizer*, ZUM 1998, 597, 612).

240 Die Zurechnung erfolgt nach dem **Alles-oder-Nichts-Prinzip:** Dem mit mindestens 25 vom Hundert beteiligten Unternehmen werden das gesamte Programm und damit sämtliche Zuschaueranteile des Unternehmens, an dem die Beteiligung gehalten wird, zugerechnet. Der nämliche Grund trägt auch die Zurechnung von Programmen, an denen das Unternehmen iSd Abs. 1 Satz 2 **mittelbar beteiligt** ist. Abs. 1 Satz 4 enthält eine mit § 36 Abs. 2 Satz 2 GWB vergleichbare rundfunkkonzentrationsrechtliche Mehrmütterklausel; bei gemeinsamer Herrschaftsausübung auf ein beteiligtes Unternehmen gilt jedes von ihnen als herrschendes Unternehmen.

241 Abs. 2 regelt als weiteren Zurechnungsgrund die **Ausübung sonstiger Einflussmöglichkeiten** auf den Programmveranstalter, die mit denen des Abs. 1 vergleichbar sind. Die damit erfassten Tatbestände werden in Abs. 2 Satz 1 allgemein geregelt und in Satz 2 konkretisierend kraft Gesetzes fingiert. Die Berücksichtigung von Unternehmen mit Sitz im Ausland regelt Abs. 3. Besondere Zurechnungsregeln für Angehörigenverhältnisse regelt Abs. 4.

B. Selbst veranstaltete Programme, Abs. 1 Satz 1

242 Programme, die ein Unternehmen selbst veranstaltet, sind solche des Unternehmens und diesem nach Abs. 1 Satz 1 zuzuordnen; eine Zurechnung im technischen Sinne ist dafür ungeachtet des Wortlauts von § 28 nicht erforderlich. Der Begriff des Veranstalters ist im RStV nicht näher definiert. Anzuwenden ist nach allgemeiner Auffassung der **förmliche Veranstalterbegriff**, nach dem allein auf die förmliche Zulassung zum Rundfunk abzustellen ist (*KEK*, Konzentrationsbericht 2006 unter 2.3.1., S. 394). Dagegen kommt es auf den materiellen Einfluss bezüglich der Strukturierung, Planung und Festlegung des Programms nicht an (zu diesem sog. materiellen Veranstalterbegriff, der die Reichweite der verfassungsrechtlichen Rundfunkfreiheit definiert, vgl die Erl. zu Art. 5 Abs. 1 Satz 2 in Abschnitt 4, Rn 135). Da die förmliche Zulassung zur Veranstaltung von Rundfunk maßgebend ist, sind Programmzulieferer nicht als Veranstalter anzusehen. Die Zurechnung von Fremdprogrammen oder -sendungen erfolgt ausschließlich gemäß den eigentlichen Zurechnungsvorschriften des Abs. 1 Satz 1. 2. Alt. sowie Satz 2 und Abs. 2. (Zur Problematik der Veranstaltereigenschaft bei sog. Drittfensterveranstaltern vgl KEK v. 11.3.2003, KEK 159–2 unter 4.1.)

C. Zurechnung bei unmittelbarer Beteiligung, Abs. 1 Satz 1

243 Das Programm eines Veranstalters wird außerdem einem Unternehmen zugerechnet, wenn dieses mit zumindest 25 vom Hundert am Kapital oder an den Stimmrechten des Veranstalterunternehmens beteiligt ist. Die Beteiligung am Veranstalterunternehmen ist somit im Falle der Innehabung einer **gesellschaftsrechtlich vermittelten Mehrheitsposition**, aber auch dann erheblich, wenn das beteiligte Unternehmen eine aktive Einflussnahme auf den Veranstalter mangels entsprechender Beschlussfassungsmehrheit rechtlich nicht erzwingen kann. Das Innehaben einer **Minderheitsbeteiligung** ist nach der expliziten gesetzlichen Wertentscheidung für die Programmzurechnung ausreichend.

244 Mit der gesetzlichen Zurechnungsregel ist eine doppelte Aussage verbunden: Erstens setzt die Programmzurechnung nach Abs. 1 Satz 1 keine abhängigkeitsbegründende Mehrheit voraus. Zweitens erfolgt die Programmzurechnung selbst dann, wenn ein weiteres Unternehmen eine größere Beteiligung als das andere Unternehmen oder gar eine abhängigkeitsbegründende Beteiligung hält.

245 Das Programm wird im Fall des Abs. 1 Satz 1 allen Beteiligungsunternehmen zugerechnet, die den Schwellenwert erreichen oder überschreiten, dem Mehrheitsgesellschafter ebenso wie dem Minderheitsgesellschafter. Nach Abs. 1 Satz 3 bilden die Unternehmen – das Gesetz spricht auch in Bezug auf Satz 1 von verbundenen Unternehmen – ein einheitliches Unternehmen, deren Anteile am Kapital oder an den Stimmrechten zusammenzufassen sind. Für den Bereich der unmittelbar am Veranstalterunternehmen beteiligten Unternehmen folgt daraus der **Grundsatz der gegenseitigen Zurechnung.** Dieser besagt, dass allen beteiligten Unternehmen trotz der rechtlich bestehenden Selbstständigkeit gegenseitig die Programme (und damit die Zuschaueranteile) zugerechnet werden. Insofern findet eine **Mehrfachzurechnung** von Programmen zu verschiedenen Veranstaltern bzw Beteiligungsunternehmen statt (vgl u.a. KEK v. 12.12.2006, KEK 372 – N24).

D. Zurechnung bei mittelbarer Beteiligung, Abs. 1 Satz 2

Der in Abs. 1 Satz 2 geregelte Sachverhalt betrifft die Fälle der Programmzurechnung bei einer mittelbaren Beteiligung am Veranstalterunternehmen. Damit werden diejenigen Fälle erfasst, in denen ein Unternehmen mit einem anderen Unternehmen iSd § 15 AktG verbunden ist und das verbundene Unternehmen wiederum an einem Programmveranstalter mit mindestens 25 vom Hundert der Kapitalanteile oder Stimmrechte beteiligt ist. Nach Abs. 1 Satz 2 ist dem über den Unternehmensverbund mittelbar beteiligten Unternehmen das Programm des Veranstalterunternehmens zuzurechnen. Die Programmzurechnung erfolgt nach dieser Vorschrift unter **zwei Voraussetzungen**: Erstens muss zwischen dem verbundenen Unternehmen und dem Programmveranstalterunternehmen eine Beteiligung von 25 vom Hundert am Gesellschaftskapital oder an den Stimmrechten bestehen (vgl dazu die Erl. in Rn 243 ff), zweitens müssen das mittelbar beteiligte und das beteiligte Unternehmen im Verhältnis eines verbundenen Unternehmens im Sinne von § 15 AktG stehen. 246

Der erforderliche Unternehmensverbund iSd § 15 AktG kann wegen der rechtsformneutralen Formulierung des § 15 AktG nicht nur gegenüber Aktiengesellschaften sondern gegenüber Handelsgesellschaften jeder Rechtsform bestehen. Einbezogen sind deshalb insbesondere GmbH (BGHZ 107, 7, 15) und Personengesellschaften (BGHZ 89, 162, 167). § 15 AktG nennt die verschiedenen (gesellschaftsrechtlichen) Varianten für das Vorliegen eines Unternehmensverbundes. Darüber hinaus stellt § 28 RStV keine besonderen rundfunkrechtlichen Anforderungen an die Programmzurechnung. Deshalb kommt es nicht darauf an, dass das mittelbar beteiligte Unternehmen irgendeine ausgewiesene Herrschaft über das Programm des Rundfunkveranstalters hat oder ausüben kann. Auf einen solchen Einfluss kommt es nur für die Zurechnung nach § 28 Abs. 2 an (vgl Rn 251 ff). Abs. 1 Satz 2 begründet somit einen Fall der Programmzurechnung ohne aktuelle oder potenzielle Programmherrschaft. 247

Der Unternehmensverbund kann nach § 15 AktG begründet werden durch eine Mehrheitsbeteiligung (§ 16 AktG), durch abhängigkeitsbegründenden herrschenden Einfluss (§ 17 AktG), durch einheitliche Leitung im Rahmen eines Konzerns (§ 18 AktG), durch wechselseitige Beteiligungen (§ 19 AktG) sowie durch den Abschluss von Unternehmensverträgen (§§ 291, 292 AktG). Da die Vorschrift die Programmzurechnung insofern nach strikt gesellschaftsrechtlichen Kriterien ohne rundfunkrechtliche Besonderheiten vorsieht, wird an dieser Stelle auf die Spezialkommentierungen zum AktG (vgl nur *Hüffer,* AktG, 9. Aufl. 2010) bzw zum inhaltsgleichen Zurechnungstatbestand in § 36 Abs. 2 GWB für den Bereich der Zusammenschlusskontrolle (vgl *Paschke,* in: FK zum GWB, 73. Lieferung, 2010, § 36 GWB Rn 90 ff) verwiesen. An dieser Stelle ist besonders darauf hinzuweisen, dass der Sachverhalt der Beherrschung einer Gesellschaft iSd § 17 Abs. 1 AktG ohne Mehrheitsbeteiligung in Betracht kommt, namentlich wenn sich die übrigen Anteile in Streubesitz befinden. Bei geringer Präsenz des Streubesitzes in der Hauptversammlung ist eine faktische Stimmenmehrheit zu prüfen (so BGHZ 69, 334, 347; 135, 107, 114 f für das Konzerngesellschaftsrechts und KEK v. 11.4.2006, KEK 319 – Deluxe TV). 248

Abs. 1 Satz 3 bestimmt, dass die Verbundunternehmen ein **einheitliches Unternehmen** bilden. **Innerhalb der Gruppe** findet deshalb nicht nur – wie es im Gesetz ungenau heißt – eine Zusammenfassung der Anteile am Kapital oder der Stimmrechte statt; insbesondere findet auch eine gegenseitige Zurechnung von Programmen und damit auch von Zuschaueranteilen statt (KEK v. 11.4.2006, KEK 319, 321). Die gegenseitige Zurechnung von Programmen **zwischen zwei Verbundgruppen** findet dagegen nach Abs. 1 Satz 3 nicht statt; sie setzt vielmehr das Vorliegen eines gesondert festzustellenden Verbundtatbestandes iSd Abs. 1 Satz 2 voraus (vgl KEK v. 18.2.2005, KEK 215 – Super RTL). 249

Abs. 1 Satz 4 regelt die auch im Aktien- und Kartellrecht anerkannte sog. **Mehrmütterklausel**, welche für den Fall der Beherrschung eines beteiligten Unternehmens durch zwei oder mehr Mutterunternehmen jedes davon für sich als beherrschend definiert. Die Feststellung gemeinsamer Beherrschung setzt einmal voraus, dass die Gesellschafter über Stimmrechte in einem Umfang verfügen, der es ihnen erlaubt, Gesellschafterbeschlüsse herbeizuführen; zum anderen wird verlangt, dass Umstände bestehen, die über das Vorliegen einer gemeinsamen Interessenlage und Leitungsmacht hinaus eine gesicherte einheitliche Einflussnahme auf der Grundlage einer auf Dauer angelegten Interessengleichheit erwarten lassen (KEK v. 12.8.2003, KEK 178, 183 – DSF; v. 12.10.2004, KEK 235 – History Channel). Ein solcher Fall wird vor allem angenommen, wenn eine Abstimmung über die Wahrnehmung der Gesellschafterrechte in einem Konsortialvertrag vereinbart ist (KEK v. 12.10.2004, KEK 235 – History Channel). 250

E. Zurechnung bei sonstiger Einflussnahmemöglichkeit, Abs. 2

251 Nach Abs. 2 kann eine Programmzurechnung unabhängig von der Sperrminoritätsschwelle des Abs. 1 Satz 1 erfolgen, wenn ein Unternehmen auf einen Veranstalter einen Einfluss ausüben kann, der seinem rechtlichen oder wirtschaftlichen Gewicht nach einer Sperrminorität bei diesem Veranstalter entspricht (vergleichbarer Einfluss). Abs. 2 regelt dies in einem allgemeinen Vergleichstatbestand in Satz 1 und in den spezifischen Vergleichstatbeständen des Satzes 2. Jeweils ist die Möglichkeit der Einflussnahme ausreichend; auf deren tatsächliche Ausübung kommt es nach dem Gesetzeswortlaut nicht an.

I. Vergleichstatbestand des Abs. 2 Satz 1

252 Vergleichbar ist ein Einfluss, der dem durch eine Sperrminorität von 25 vom Hundert am Kapital oder dem durch Stimmrechte vermittelten Einfluss entspricht. Nach der Amtlichen Begründung zu § 28 sind „sämtliche satzungsmäßigen, vertraglichen oder sonstigen Einflussmöglichkeiten eines Unternehmens auf ein anderes Unternehmen bzw einen Veranstalter" zu berücksichtigen, ohne dass eine gesellschaftsrechtliche Beteiligung vorliegen muss.

253 Die KEK hat in ihrer **Entscheidungspraxis** einen derartigen Einfluss in denjenigen Fällen bejaht, in denen ein Gesellschafter eines Veranstalters auf der Grundlage von Satzungsregelungen bzw sonstigen Gesellschaftervereinbarungen über eine Stellung verfügt, die der eines Gesellschafters mit Sperrminorität gleichkommt (KEK v. 15.3.2005, KEK 262 – K1010 Entertainement; v. 11.4.2006, KEK 319, 321 – Deluxe). Die Wahrnehmung von Geschäftsführungsfunktionen durch einen Minderheitsgesellschafter wurde von der KEK nicht als ausreichend angesehen (KEK v. 11.4.2006, KEK-310-2 – GIGA Digital). In einzelnen Verfahren hat die KEK eine Programmzurechnung auch für Minderheitsbeteiligungen von über 25 vom Hundert nach Abs. 2 Satz 1 zugerechnet (zuletzt KEK v. 26.10.2005, KEK 271–1 – Premiere); für die in diesen Fällen bestehende Zurechnungsmöglichkeit nach der Vorschrift des Abs. 1 Satz 1 besteht für den Weg über Abs. 2 kein erkennbares Bedürfnis.

II. Vergleichstatbestände des Abs. 2 Satz 2

254 Eine vergleichbare Einflussmöglichkeit wird nach Satz 2 Nr. 1 dadurch vermittelt, dass ein Unternehmen einen wesentlichen Teil der Sendezeit des Veranstalters mit von ihm zugelieferten Programmteilen gestaltet. Nach der Entscheidungspraxis der KEK ist bisher nur entschieden, dass dieser Sachverhalt vorliegt, wenn das gesamte Programm zugeliefert wird und der Zulieferer aufgrund der Ausgestaltung der Verträge wesentliche Einflussmöglichkeiten auf die Programmgestaltung hat (KEK v. 11.4.2006, KEK 324 – DMB 2 und DMB 3). Für den Fall einer anteiligen Programmzulieferung hat die KEK die Frage offen gelassen (KEK v. 11.3.2003, KEK 159–2 – RTL). Keine Zurechnung nach Abs. 2 Satz 2 Nr. 1 kommt in Betracht, wenn die Programmzulieferungen keinen wesentlichen Teil der Gesamtsendezeit ausmachen (vgl KEK v. 12.9.2006, KEK 342 – VOX/DCTP).

255 Satz 2 Nr. 2 erfasst diejenigen Fälle, in denen ein Unternehmen aufgrund vertraglicher Vereinbarungen eine Stellung innehat, die wesentliche Entscheidungen eines Veranstalters über Programmfragen seiner Zustimmung unterwerfen. Die Regelung hat bisher in den Fällen Bedeutung gehabt, in denen Drittprogramme auf Pay-TV-Plattformen angeboten werden und der Plattformvertrag dem Veranstalter wesentliche Abweichungen des Programms von einem vertraglich vereinbarten Sendekonzept ohne Zustimmung des Plattformbetreibers untersagt (vgl KEK v. 18.2.2005, KEK 236 – Focus TV; v. 12.10.2004, KEK – History Channel; v. 27.8.2004, KEK 233 – Wein TV). Die Vereinbarung bloßer quantitativer Mindestanforderungen bzw einer undifferenzierten Qualitätssicherung reichen für die Programmzurechnung nicht aus (KEK v. 7.11.2006, KEK 367, 368 – History Channel; v. 11.5.2004, KEK 204 – Kinowelt).

F. Zurechnung bei Auslandssitz, Abs. 3

256 Die Zurechnung der Programme nach Abs. 1 und 2 erfolgt nach Abs. 3 auch dann, wenn ein Unternehmen seinen Sitz im Ausland hat. Für die Zurechnung kommt es auch nicht darauf an, dass das Unternehmen mit Sitz im Ausland deutschsprachige Programme ausstrahlt.

G. Zurechnung bei Angehörigenverhältnissen, Abs. 4

Bestehende Angehörigenverhältnisse begründen nicht automatisch eine Programmzurechnung. Nach Abs. 4 ist die Zurechnung eine besonders begründungsbedürftige Rechtsfolge, die nach Maßgabe der im Wirtschafts- und Steuerrecht geltenden Grundsätze zu beurteilen ist. Grundsätzlich bedeutet dies, dass in Angehörigenverhältnissen eine Zurechnung nur in Betracht kommt, wenn neben der Angehörigeneigenschaft zusätzliche Umstände festgestellt werden, die eine Interessenkoordination zwischen den Angehörigen ermöglichen, und damit ein Einfluss begründet wird, der demjenigen gleichkommt, welcher dem Innehaben einer Sperrminoritätsbeteiligung entspricht (vgl *Schweitzer*, ZUM 1998, 597 ff). Unter Berufung auf diese Zurechnung hatte die KEK das Verhalten der persönlichen Inhaber der Kirch-Gruppe zu ihren Unternehmen und im Verhältnis zu Pro 7 als einen auf Angehörigenverhältnissen basierenden vergleichbaren Einfluss beurteilt (KEK v. 26.1.1999, KEK 007,029 – Pro 7). 257

§ 29 RStV Veränderung von Beteiligungsverhältnissen

[1]Jede geplante Veränderung von Beteiligungsverhältnissen oder sonstigen Einflüssen ist bei der zuständigen Landesmedienanstalt vor ihrem Vollzug schriftlich anzumelden. [2]Anmeldepflichtig sind der Veranstalter und die an dem Veranstalter unmittelbar oder mittelbar im Sinne von § 28 Beteiligten. [3]Die Veränderungen dürfen nur dann von der zuständigen Landesmedienanstalt als unbedenklich bestätigt werden, wenn unter den veränderten Voraussetzungen eine Zulassung erteilt werden könnte. [4]Wird eine geplante Veränderung vollzogen, die nicht nach Satz 3 als unbedenklich bestätigt werden kann, ist die Zulassung zu widerrufen; das Nähere des Widerrufs richtet sich nach Landesrecht. [5]Für geringfügige Beteiligungen an Aktiengesellschaften kann die KEK durch Richtlinien Ausnahmen für die Anmeldepflicht vorsehen.

A. Normzweck

Die Vorschrift sieht vor, dass grundsätzlich jede geplante Änderung von Beteiligungsverhältnissen und sonstigen Einflüssen vor ihrem Vollzug angemeldet werden muss und einer Unbedenklichkeitsprüfung durch die KEK zu unterziehen ist. Die KEK hat zu prüfen, ob der Veranstalter oder ein beteiligtes Unternehmen vorherrschende Meinungsmacht erlangt hat (Satz 3). Die Prüfkriterien der KEK sind damit identisch mit denen bei Zulassungsanträgen nach § 26. Die Vorschrift bezweckt mit der Anmeldepflicht die Gewährleistung der Transparenz der Beteiligungsverhältnisse im Rundfunk und dient letztlich – wie die Regelungen der Zulassungsantragstellung auch (vgl Erl. zu § 26 Rn 132 ff) – der **präventiven Konzentrationskontrolle** im Rundfunk. 258

Im Interesse der effektiven Durchsetzung der präventiven rundfunkrechtlichen Konzentrationskontrolle ordnet Satz 4 an, dass dann, wenn eine Änderung ohne die erforderliche Unbedenklichkeitsbestätigung vollzogen wird, die Zulassung zu widerrufen ist. 259

B. Anmeldepflicht, Satz 1, 2

Anmeldepflichtiger Vorgang ist jede geplante Änderung von Beteiligungsverhältnissen oder sonstigen Einflüssen. Die Vorschrift nimmt insofern Bezug auf die in § 28 Abs. 1 und 2 erfassten Sachverhalte. Insbesondere werden danach Beteiligungsveränderungen durch **Anteilsübertragung** der Anmeldepflicht unterworfen. Das Gleiche gilt für Verträge über die Ausübung von Stimmrechten (zB **Stimmbindungsverträge**), den Abschluss von Treuhandverträgen sowie die Veränderungen von Möglichkeiten der Einflussnahme etwa durch **Vermarktungs-** oder **Pay-TV-Plattformverträge** (KEK v. 7.12.2004, KEK 208-1, 223 – Contento). **Konzerninterne Umstrukturierungen** können ebenfalls Veränderungen von Beteiligungsverhältnissen zum Gegenstand haben und sind deshalb von der Anmeldepflicht nicht ausgenommen; die KEK prüft (in einem vereinfachten Verfahren), ob eine Unbedenklichkeitsbestätigung ausnahmsweise entbehrlich ist, wenn mit der Umstrukturierung keine Änderung der materiellen Beteiligungsverhältnisse oder Möglichkeiten der Einflussnahme verbunden sind (zuletzt KEK v. 7.11.2006, KEK 339 – Arena). Die **Verschmelzung** eines Veranstalters mit einem anderen Veranstalter oder dessen Mutter- oder Tochtergesellschaft wird von der KEK – entgegen einer früheren Praxis einzelner Landesmedienanstalten (vgl *KEK*, Konzentrationsbericht 2004, unter IV 1.2.1.2.) – als an- 260 meldepflichtiger Umstrukturierungsvorgang angesehen (KEK v. 10.10.2006, KEK 363–1 bis –3 – Viva). Zu den Ausnahmen von der Anmeldepflicht nach Satz 5 vgl Erl. in Rn 230.

261 Anzumelden ist die **geplante Veränderung**. Die Anmeldepflicht besteht in dem Zeitpunkt, in dem die Veränderung als Planvorgabe feststeht, ohne dass aber der Plan bereits vollzogen wurde. In Anlehnung an die Rechtslage zu § 39 GWB wird die erforderliche Konkretisierung des Vorhabens als gegeben zu erachten sein, wenn dieses zivilrechtlich verbindlich beschlossen ist, der Vollzug aber noch aussteht. Zwingend erforderlich ist aber weder der Abschluss des obligatorischen Vertrages noch die Zustimmung der Gesellschaftsorgane; aus § 39 Abs. 3 GWB ergibt sich vielmehr, dass die Anmeldefähigkeit eines Vorhabens bereits dann gegeben ist, wenn zumindest die Form des Vorhabens und die beteiligten Unternehmen feststehen, im Falle des Anteilserwerbs auch die Höhe der zu erwerbenden Anteile (vgl *Paschke*, in: FK zum GWB, § 39 Rn 4). Auch § 29 lässt keine „Vorratsbestätigungen" zu und verlangt einen gewissen Konkretisierungsgrad der geplanten Veränderung (*KEK*, Konzentrationsbericht 2007, S. 398 f). Daraus ergeben sich praktische Schwierigkeiten in den Fällen, in denen das genaue Ausmaß der Veränderungen von der Geschäftsführung nicht bestimmt oder exakt vorhergesagt werden kann (zB Beteiligungsveränderungen im Zuge eines Börsengangs oder Umtausch von Wandelanleihen in Aktien). Die KEK hat im Falle des Börsengangs die Unbedenklichkeitsbescheinigung erst nach dessen Abschluss erteilt (KEK v. 16.10.2005, KEK 271 – Premiere). Bei Ausgabe von Wandelanleihen hat sie die wahrscheinlichen künftigen Beteiligungsverhältnisse zugrunde gelegt und abweichende Entwicklungen einer gesonderten Anzeigepflicht unterworfen (KEK v. 22.3.2004, KEK 210 – DSF, KEK 211 – Junior TV und KEK 312 – TM-TV).

262 **Anmeldepflichtige Unternehmen** sind nach Satz 2 sowohl der Veranstalter als auch die an dem Veranstalter unmittelbar oder iSd § 28 mittelbar beteiligten Unternehmen.

263 Die Anmeldung hat bei der zuständigen Landesmedienanstalt in schriftlicher Form zu erfolgen. **Zuständig** ist die Landesmedienanstalt, welche die Zulassung erteilt hat. Eine Anmeldung bei der KEK ist wirkungslos. Die KEK hat lediglich die Zuständigkeit für die Unbedenklichkeitsprüfung.

C. Unbedenklichkeitsbestätigung, Satz 3

264 Die Unbedenklichkeitsbestätigung erfolgt durch die Landesmedienanstalt. Ihr hat eine entsprechende Prüfung durch die KEK vorauszugehen, die die Veränderungen nach § 36 Abs. 1 Satz 2 und im Verfahren nach § 37 prüft. Die materiellen Prüfkriterien ergeben sich aus § 26.

D. Rechtswidriger Vollzug von Beteiligungsveränderungen, Satz 4

265 Aus Satz 4 folgt die gesetzgeberische Wertung, dass der Vollzug von Veränderung der Beteiligungen oder sonstigen Einflussänderungen vor ihrer Unbedenklichkeitsbestätigung rechtswidrig ist. Ein ausdrückliches Vollzugsverbot für die prüfpflichtigen Vorgänge ist der Regelung – im Unterschied etwa zu § 41 GWB – allerdings nicht zu entnehmen.

266 Der Gesetzgeber sieht als Sanktion für den rechtswidrigen Vollzug nicht als unbedenklich bescheinigter Veränderungen in § 29 Satz 4 den **Widerruf der Zulassung** des betroffenen Programmveranstalters vor. Die Verhältnismäßigkeit dieser scharfen Sanktion wird nicht ausnahmslos gegeben sein; die Regelung wird deshalb als rechtstaatlich unbefriedigend angesehen (vgl *KEK*, Konzentrationsbericht 2007, S. 400 f); da seine Rechtsfolge zwingend angeordnet wird, dürfte die Regelung ohne die gebotene Einschränkung kaum als verfassungskonform anzusehen sein. Als weitere Sanktion kommt die Einleitung eines Bußgeldverfahrens nach § 49 Abs. 1 Satz 2 Nr. 4 in Betracht.

E. Ausnahmen wegen Geringfügigkeit, Satz 5

267 Auf der Grundlage von § 29 Satz 5 hat die KEK eine Richtlinie zur Ausnahme von der Anmeldepflicht bei Veränderungen von Beteiligungsverhältnissen erlassen (online abrufbar über die Homepage der KEK). Danach gelten für börsennotierte Aktiengesellschaften Ausnahmen von der Anmeldepflicht, wenn die Veränderungen durch Erwerb, Veräußerung oder einen anderen Übertragungstatbestand von weniger als 5 vom Hundert des Kapitals oder der Stimmrechte bewirkt werden und durch sie nicht Beteiligungen von 25, 50 oder 75 vom Hundert erreicht, überschritten oder unterschritten werden

(Ziff. 1.2. der Richtlinie). Die danach fortbestehenden Anmeldepflichten sind mit denen nach dem WpHG koordiniert.

Die Ausnahmeregelungen von den Anmeldepflichten gelten ihrem Wortlaut nach nur für börsennotierte Aktiengesellschaften. Die KEK wendet sie auf Beteiligungen von Private-Equity-Fondsgesellschaften in der Rechtsform einer Kommanditgesellschaft bzw einer vergleichbaren ausländischen Rechtsform an Veranstaltern oder beteiligten Unternehmen entsprechend an; die grundsätzliche Anmeldepflicht für Beteiligungsveränderungen wird dadurch nicht berührt (*KEK*, Konzentrationsbericht 2007, S. 400). 268

§ 30 RStV Vielfaltssichernde Maßnahmen

Stellen die vorgenannten Vorschriften auf vielfaltssichernde Maßnahmen bei einem Veranstalter oder Unternehmen ab, so gelten als solche Maßnahmen:

1. **Die Einräumung von Sendezeit für unabhängige Dritte (§ 31),**
2. **die Einrichtung eines Programmbeirats (§ 32).**

§ 30 zählt mit den Regelungen der §§ 31 und 32 die Maßnahmen abschließend auf, die innerhalb des Rundfunkstaatsvertrags als vielfaltsichernd angesehen werden. 269

Für die Fälle in denen „die vorgenannten Vorschriften" auf vielfaltsichernde Maßnahmen bei einem Veranstalter oder Unternehmer abstellen, stellt § 30 klar, dass §§ 31, 32 als solche vielfaltsichernden Vorschriften anzusehen sind. §§ 31, 32 sind abschließend aufgeführt und sind deshalb die einzig möglichen Maßnahmen, die zur Vielfaltsicherung ergriffen werden können, wenn ein Unternehmen und die ihm zurechenbaren Programme vorherrschende Meinungsmacht iSd § 26 erlangen. Die „vorgenannten Vorschriften" iSd § 30 sind §§ 25 ff, also jene über die Rundfunkkonzentrationskontrolle. Innerhalb dieser Vorschriften wird explizit auf die vielfaltsichernden Maßnahmen Bezug genommen: Einmal in § 26 Abs. 4 Satz 1 Nummer 3 und ein weiteres Mal in § 26 Abs. 5 Satz 1 (vgl Rn 132 ff). Zudem wird einmal indirekt auf § 31 verwiesen, nämlich indem in § 26 Abs. 2 Satz 3 Hs 2 auf § 26 Abs. 5 Bezug genommen wird, der wiederum auf § 31 verweist. Da die genannten Regelungen jeweils direkt an die Maßnahmen der §§ 31, 32 anknüpfen, hat § 30 keinen eigenständigen Regelungsinhalt (so auch *Trute,* in: Hahn/Vesting, Beck'scher Kommentar zum Rundfunkrecht, § 30 RStV Rn 3). 270

§ 31 RStV Sendezeit für unabhängige Dritte

(1) [1]Ein Fensterprogramm, das aufgrund der Verpflichtung zur Einräumung von Sendezeit nach den vorstehenden Bestimmungen ausgestrahlt wird, muss unter Wahrung der Programmautonomie des Hauptveranstalters einen zusätzlichen Beitrag zur Vielfalt in dessen Programm, insbesondere in den Bereichen Kultur, Bildung und Information, leisten. [2]Die Gestaltung des Fensterprogramms hat in redaktioneller Unabhängigkeit vom Hauptprogramm zu erfolgen.

(2) [1]Die Dauer des Fensterprogramms muss wöchentlich mindestens 260 Minuten, davon mindestens 75 Minuten in der Sendezeit von 19.00 Uhr bis 23.30 Uhr betragen. [2]Auf die wöchentliche Sendezeit werden Regionalfensterprogramme bis höchstens 150 Minuten pro Woche mit höchstens 80 Minuten pro Woche auf die Drittsendezeit außerhalb der in Satz 1 genannten Sendezeit angerechnet; bei einer geringeren wöchentlichen Sendezeit für das Regionalfenster vermindert sich die anrechenbare Sendezeit von 80 Minuten entsprechend. [3]Die Anrechnung ist nur zulässig, wenn die Regionalfensterprogramme in redaktioneller Unabhängigkeit veranstaltet werden und insgesamt bundesweit mindestens 50 vom Hundert der Fernsehhaushalte erreichen. [4]Eine Unterschreitung dieser Reichweite ist im Zuge der Digitalisierung der Übertragungswege zulässig.

(3) [1]Der Fensterprogrammanbieter nach Absatz 1 darf nicht in einem rechtlichen Abhängigkeitsverhältnis zum Hauptprogrammveranstalter stehen. [2]Rechtliche Abhängigkeit im Sinne von Satz 1 liegt vor, wenn das Hauptprogramm und das Fensterprogramm nach § 28 demselben Unternehmen zugerechnet werden können.

(4) [1]Ist ein Hauptprogrammveranstalter zur Einräumung von Sendezeit für unabhängige Dritte verpflichtet, so schreibt die zuständige Landesmedienanstalt nach Erörterung mit dem Hauptprogrammveranstalter das Fensterprogramm zur Erteilung einer Zulassung aus. [2]Die zuständige Landesmedienanstalt überprüft die eingehenden Anträge auf ihre Vereinbarkeit mit den Bestimmungen dieses Staatsvertrages sowie der sonstigen landesrechtlichen Bestimmungen und teilt dem Hauptprogrammveranstalter die zulassungsfähigen Anträge mit. [3]Sie erörtert mit dem Hauptprogrammveranstalter die Anträge mit dem Ziel, eine einvernehmliche Auswahl zu treffen. [4]Kommt eine Einigung nicht zustande und liegen der zuständigen Landesmedienanstalt mehr als drei zulassungsfähige Anträge vor, unterbreitet der Hauptprogrammveranstalter der zuständigen Landesmedienanstalt einen Dreiervorschlag. [5]Die zuständige Landesmedienanstalt kann unter Vielfaltsgesichtspunkten bis zu zwei weitere Vorschläge hinzufügen, die sie erneut mit dem Hauptprogrammveranstalter mit dem Ziel, eine einvernehmliche Auswahl zu treffen, erörtert. [6]Kommt eine Einigung nicht zustande, wählt sie aus den Vorschlägen denjenigen Bewerber aus, dessen Programm den größtmöglichen Beitrag zur Vielfalt im Programm des Hauptprogrammveranstalters erwarten lässt und erteilt ihm die Zulassung. [7]Bei drei oder weniger Anträgen trifft die zuständige Landesmedienanstalt die Entscheidung unmittelbar.

(5) [1]Ist ein Bewerber für das Fensterprogramm nach Absatz 4 ausgewählt, schließen der Hauptprogrammveranstalter und der Bewerber eine Vereinbarung über die Ausstrahlung des Fensterprogramms im Rahmen des Hauptprogramms. [2]In diese Vereinbarung ist insbesondere die Verpflichtung des Hauptprogrammveranstalters aufzunehmen, dem Fensterprogrammveranstalter eine ausreichende Finanzierung seines Programms zu ermöglichen. [3]Die Vereinbarung muss ferner vorsehen, dass eine Kündigung während der Dauer der Zulassung nach Absatz 6 nur wegen schwerwiegender Vertragsverletzungen oder aus einem wichtigen Grund mit einer Frist von sechs Monaten zulässig ist.

(6) [1]Auf der Grundlage einer Vereinbarung zu angemessenen Bedingungen nach Absatz 5 ist dem Fensterprogrammveranstalter durch die zuständige Landesmedienanstalt die Zulassung zur Veranstaltung des Fensterprogramms zu erteilen. [2]In die Zulassung des Haupt- und des Fensterprogrammveranstalters sind die wesentlichen Verpflichtungen aus der Vereinbarung nach Absatz 5 als Bestandteil der Zulassungen aufzunehmen. [3]Eine Entschädigung für Vermögensnachteile durch den teilweisen Widerruf der Zulassung des Hauptprogrammveranstalters wird nicht gewährt. [4]Die Zulassung für den Fensterprogrammveranstalter ist auf die Dauer von fünf Jahren zu erteilen; sie erlischt, wenn die Zulassung des Hauptprogrammveranstalters endet, nicht verlängert oder nicht neu erteilt wird.

A. Übersicht

271 Die Vorschrift regelt als vielfaltsichernde Maßnahme neben der des § 32 die Einräumung von Sendezeit für unabhängige Dritte, sog. Fensterprogramme. Sie ist Teil der Gesamtregelungen des RStV zur Sicherung der Meinungsvielfalt im privaten Rundfunk und deshalb im Kontext der Vorschriften der §§ 25 ff insgesamt zu verstehen und zu würdigen. Die Einräumung von Sendezeiten für unabhängige Dritte im Sinne des § 31 kommt in drei Fallkonstellationen in Betracht: Erstens kann ein Unternehmen, das die Grenze der vorherrschenden Meinungsmacht erlangt hat, gemäß § 26 Abs. 4 Satz 1 Nummer 3 durch eine vielfaltsichernde Maßnahme nach den §§ 30 bis 32 den Widerruf der schon bestehenden Zulassung vermeiden. Zweitens kann ein Unternehmen, das neu zugelassen werden will, gemäß § 26 Abs. 2 Satz 3 Hs 2, der über § 26 Abs. 5 Satz 1 auf § 31 verweist, durch die Einräumung von Sendezeit für unabhängige Dritte das Privileg einer Reduzierung um drei Bonusprozentpunkte bei der Berechnung des Zuschaueranteils erzielen. Drittens ist die Einräumung von Sendezeiten für unabhängige Dritte nach § 31 als vielfaltsichernde Maßnahme gemäß § 26 Abs. 5 Satz 1 dann vorgesehen, wenn ein einzelnes Voll- oder Spartenprogramm mit dem Schwerpunkt Information einen Zuschaueranteil von 10 % erreicht. Voraussetzung ist stets, dass die Fensterprogramme den von den Regelungen des § 31 vorgeschriebenen Anforderungen entsprechen. Die Gewährung des Drittfensterbonus setzt mithin die Erfüllung der in § 31 aufgestellten Anforderungen voraus. Da alleiniger Zweck der Drittsendezeitenregelung die Sicherung und Steigerung der Meinungsvielfalt ist, weisen die Ausschreibungsbedingungen und die Auswahl- und Zulassungskriterien dementsprechend durchgehend einen Vielfaltbezug auf (vgl *KEK*, Konzentrationsbericht 2007, 373).

272 Die Landesmedienanstalten haben auf der Grundlage des § 33 die Fernsehfensterrichtlinie (FFR), die seit dem 6.7.2005 in Kraft ist, beschlossen (vgl näher Rn 116 ff). Sie soll einheitliche Maßstäbe für die Ausgestaltung der Regionalfensterprogramme nach den Vorgaben des § 25 Abs. 4 setzen (vgl Präambel

FFR). Diese Regionalfensterprogramme können gleichzeitig im Rahmen der Vielfaltsicherung als Sendezeit für unabhängige Dritte nach Maßgabe des § 31 Abs. 2 bundesweite Wirkung entfalten.

B. Aufgaben der Fensterprogramme, Abs. 1

Abs. 1 legt die Zielbestimmung der Sendezeit für unabhängige Dritte fest. Er bestimmt, dass das Fensterprogramm einen zusätzlichen Beitrag zur programmlichen Vielfalt des Hauptveranstalters leisten muss. Dies soll dadurch erreicht werden, dass die Fensterprogramme das **Hauptprogramm** insbesondere in den Bereichen Kultur, Bildung und Information **ergänzen**. Das Fensterprogramm soll damit der verfassungsrechtlich geforderten Vielfaltsicherung dienen (vgl Amtliche Begründung zum 3. RÄStV). 273

Innerhalb des einheitlichen Rundfunkprogramms hat der Fensterprogrammveranstalter die **Programmautonomie des Hauptprogrammveranstalters** zu wahren. Insbesondere erfolgt dies durch Beachtung der Inhalte des Hauptprogrammveranstalters (vgl *Hartstein/Ring/Kreile/Dörr/Stettner*, Rundfunkstaatsvertrag, Band II, § 31 RStV, S. 8.1- 8.2 Rn 4). Die vorgeschriebene Wahrung der Programmautonomie des Hauptprogrammveranstalters erfordert eine enge Zusammenarbeit von Haupt- und Fensterprogrammveranstalter. 274

Nach Abs. 1 darf aber auch nicht der ebenfalls geforderte **Schutz der redaktionellen Unabhängigkeit des Fensterprogrammveranstalters** verletzt werden. Unter redaktioneller Unabhängigkeit im Sinne des Abs. 1 ist die Entscheidungshoheit des Fensterprogrammveranstalters bezüglich aller wesentlichen programmlichen Entscheidungen zu verstehen. Sowohl die Programmgestaltung, als auch der Programmeinkauf und die Programmproduktion müssen ohne Zustimmungsbefugnisse des Hauptprogrammveranstalters erfolgen. 275

Die geforderte inhaltliche Unabhängigkeit ist von rechtlicher Unabhängigkeit zu unterscheiden. Deshalb ist es möglich, dass der Hauptprogrammveranstalter selbst auch Veranstalter des Fensterprogramms ist oder sich an diesem beteiligt. 276

C. Zeitlicher Umfang der Fensterprogramme, Abs. 2

Der in Abs. 2 geregelte zeitliche Umfang der Fensterprogramme sieht **Mindestanforderungen** vor, die zur Gewährleistung der Wirksamkeit der Sendezeit für Dritte als vielfaltsicherndes Instrument unverzichtbar sind (vgl Amtliche Begründung zum 3. RÄStV zu § 31). Deswegen können über die Vorgaben des Abs. 2 hinausgehende **Vereinbarungen** zwischen den Beteiligten auf freiwilliger Grundlage wirksam getroffen werden. 277

I. Anrechnung von Fensterprogrammen, Satz 1

Von der Mindestgesamtdauer des Fensterprogramms eines unabhängigen Dritten in Höhe von wöchentlich 260 Minuten müssen mindestens 75 Minuten in der Sendezeit zwischen 19.00 Uhr und 23.00 Uhr liegen. Anknüpfungspunkt ist dabei die wöchentliche Sendezeit, das heißt, dass die Sendezeit unterschiedlich auf verschiedene Tage in der Woche verteilt werden kann, solange dabei die in Satz 1 festgeschriebene Mindestgesamtdauer eingehalten wird. Ziel dieser Regelung ist es, dafür zu sorgen, dass die Fensterprogramme „bemerkbar" gemacht werden, indem sie zu einer Sendezeit ausgestrahlt werden, in der eine relativ hohe Sehbeteiligung zu erwarten ist (vgl Amtliche Begründung zum 3. RÄStV zu § 31). Außerdem soll Satz 1 laut Amtlicher Begründung bei werbefinanzierten Programmen zu einer gesicherten finanziellen Grundlage für ein qualitätsvolles Programm des unabhängigen Dritten beitragen. Schöpft dieser die potenziellen Werbezeiten nicht oder nicht vollständig aus, muss er sich trotzdem den wirtschaftlichen Wert bei der Finanzierung anrechnen lassen (vgl *Hartstein/Ring/Kreile/Dörr/Stettner*, Rundfunkstaatsvertrag, Band II, § 31 RStV, S. 10 Rn 7). 278

II. Anrechnung von Regionalfensterprogrammen, Satz 2–4

Regionalfensterprogramme, die in redaktioneller Unabhängigkeit veranstaltet werden und insgesamt bundesweit mindestens 50% der Fernsehhaushalte erreichen, werden in dem von Satz 2 vorgegebenen Umfang außerhalb der Sendezeiten zwischen 19.00 Uhr und 23.30 Uhr angerechnet. Die Besonderheit von Regionalfensterprogrammen besteht darin, dass sie zeitlich und räumlich begrenzte Rundfunkprogramme mit schwerpunktmäßig regionalen und lokalen Inhalten sind (vgl § 2 Abs. 2 Ziff. 4). Ziel 279 der Sätze 2 bis 4 ist es, dem Hauptveranstalter auch für die Veranstaltung dieser Programmform einen Anreiz zu geben (vgl Amtliche Begründung zum 3. RÄStV zu § 31).

280 Voraussetzung für die Anrechnung von Regionalfensterprogrammen ist zum Einen, dass die Regionalfensterprogramme, wie die Fensterprogramme, redaktionell unabhängig vom Hauptprogrammveranstalter gemacht werden (vgl zum Inhalt der redaktionellen Unabhängigkeit § 31 Abs. 1). Weitere in Satz 3 festgeschriebene Voraussetzung ist, dass die Regionalfensterprogramme bundesweit mindestens 50% der Fernsehhaushalte erreichen. Während die Drittsendezeitenrichtlinie (DSZR) vom 16.12.1997, die von der Fernsehfensterrichtlinie (FFR) am 6.7.2005 ersetzt wurde, noch vorsah, dass für die Errechnung dieser Mindestreichweite die Reichweite der eingesetzten Verbreitungstechnik ausreichte (vgl DSZR, Ziffer 3.5.3), ist seither maßgebend, dass für die Errechnung dieser Mindestreichweite nicht die theoretische, technische Möglichkeit des Erreichens von 50% der Haushalte ausreicht. Entscheidend ist vielmehr, dass die real vorhandene Möglichkeit, das Programm zu empfangen, besteht (vgl nur KEK v. 31.5.2002, KEK 136–1 – Sat.1 sowie die nämlichen Entscheidungen in den Verfahren KEK 136-2 bis -4; KEK 159–1 bis -5). Der Sinn und Zweck des § 31, nämlich die Erreichung des normativen Ziels der Vielfaltsicherung, kann nur dann gewährleistet werden, wenn die Regionalfensterprogramme die Zuschauer in dem jeweiligen Verbreitungsgebiet auch tatsächlich erreichen (vgl *KEK*, Konzentrationsbericht 2003, S. 375–379).

281 Mit dem 7. RÄStV wurde Satz 4 eingefügt, der bestimmt, dass eine Unterschreitung der grundsätzlich für eine Anrechnung der Regionalfenster auf die Drittsendezeit festgelegten Grenze von mindestens 50% der bundesweiten Fernsehhaushalte zulässig ist. Diese Regelung soll laut Amtlicher Begründung zum 7. RÄStV dem Umstand Rechnung tragen, dass es im Zuge der Digitalisierung des Rundfunks zu einer vorübergehenden Unterschreitung der Empfangsreichweiten der Fensterprogramme im Vergleich zur vorherigen analogen Versorgung kommen kann. Denn die Haushalte können nur nach und nach auf digitale Endgeräte umgestellt werden. Da aber aus dieser gewollten technischen Umstellung dem Veranstalter keinerlei Nachteile erwachsen sollen, wurde die Regelung des Satzes 4 eingefügt.

282 Die Fernsehfensterrichtlinie vom 6.7.2005 (FFR) wurde auf der Grundlage des § 33 von der DLM beschlossen und in der Folgezeit von den Gremien der Landesmedienanstalten bestätigt. Sie hat die Drittsendezeitenrichtlinie ersetzt, die 1997 zur Gewährleistung von einheitlichen Maßstäben bei der Durchführung der Organisationsverfahren und Bewertungen der Bewerber für Fensterprogramme geschaffen wurde. Die FFR dient gezielt der Ausgestaltung regionaler Fenster in Fernsehvollprogrammen nach § 25. Da Regionalfensterprogramme iSd § 25 gleichzeitig nach Maßgabe des § 31 Abs. 2 als Sendezeit für unabhängige Dritte im Rahmen vielfaltsichernder Maßnahmen nach § 30 angerechnet werden können, beeinflusst die FFR indirekt auch die Ausgestaltung des § 31 (vgl Rn 142 f).

D. Rechtliche Unabhängigkeit des Fensterprogrammanbieters, Abs. 3

283 Zu dem Gebot der redaktionellen Unabhängigkeit vom Hauptprogrammveranstalter nach § 31 tritt das **Verbot der rechtlichen Abhängigkeit des Fensterprogrammveranstalters** vom Hauptprogrammveranstalter nach Abs. 3 Satz 1 hinzu. Eine solche rechtliche Abhängigkeit ist gegeben, wenn sowohl das Hauptprogramm als auch das Fensterprogramm nach § 28 demselben Unternehmen zugerechnet werden können (vgl Rn 242 ff).

E. Auswahlverfahren für Fensterprogrammveranstalter, Abs. 4

284 Abs. 4 regelt die Grundsätze der Auswahl des Fensterprogrammveranstalters. Die Regelung soll verfahrensmäßig absichern, dass das mit der Sendezeit für unabhängige Dritte verfolgte Regelungsziel erreicht werden kann, ohne dabei die berechtigten Interessen des Hauptprogrammveranstalters zu vernachlässigen (vgl Amtliche Begründung zum 9. RÄStV).

285 Satz 1 bestimmt, dass, wenn ein Hauptprogrammveranstalter zur Einräumung von Sendezeiten für unabhängige Dritte verpflichtet ist, die zuständige Landesmedienanstalt nach Erörterung mit dem Hauptprogrammveranstalter das Fensterprogramm zur Erteilung einer Zulassung ausschreibt. Durch die Ausschreibung soll eine möglichst breite Grundlage für die Auswahl des unabhängigen Dritten geschaffen werden, um so im Interesse der Vielfaltgewährleistung eine Vielzahl an unterschiedlichen Programmen und Veranstaltern zu erhalten. Satz 2 sieht für den weiteren Auswahlprozess eine Überprüfung der Anträge auf ihre Vereinbarkeit mit den Bestimmungen des RStV sowie der sonstigen landesrechtlichen Bestimmungen durch die zuständige Landesmedienanstalt vor, auf die die in Satz 3 festgeschriebene Erörterung mit dem Hauptprogrammveranstalter folgt. Dem Erörterungsverfahren kommt laut Amtlicher Begründung eine besondere Bedeutung zu. Durch das Verfahren soll ein Interessenausgleich erfolgen: Zwischen einerseits dem Bestreben des Hauptprogrammveranstalters, sein Programmschema und seine Programmfarbe möglichst weitgehend zu erhalten, und andererseits dem normleitenden Interesse, die programmliche Vielfalt zu steigern und Inhalte, die eher kleineren Gruppen von Zuschauern entgegen kommen, angemessen zu berücksichtigen.

Durch den 9. RÄStV, der seit 1. März 2007 in Kraft ist, sind die Sätze 4 bis 6 modifiziert worden. 286
Zwar ist es laut Amtlicher Begründung zum 9. RÄStV weiterhin das Ziel der Regelungen des Abs. 4, verfahrensmäßig sicherzustellen, dass das mit der Sendezeit für Dritte verfolgte Regelungsziel erreicht wird, ohne dabei die berechtigten Interessen des Hauptprogrammveranstalters zu vernachlässigen. Die Modifizierung der Sätze 4 bis 6 und damit des nach der Ausschreibung zu beachtenden Verfahrens wird damit begründet, dass der Einräumung von Sendezeit für Dritte nach § 31 ein besonderes Gewicht dadurch zukommt, dass sie als vielfaltsichernde Maßnahme das Privileg einer Reduzierung von drei Prozentpunkten bei der Berechnung der Zuschaueranteile nach sich ziehen kann (vgl § 26 Abs. 2 Satz 3 Hs 2).

Für den Fall, dass nach dem Auswahlverfahren gemäß der Sätze 1 bis 3 keine einvernehmliche Lösung 287
gefunden wird, schreibt Satz 4 weiterhin fest, dass der Hauptprogrammveranstalter, sofern mehr als drei zulassungsfähige Anträge vorliegen (vgl Satz 7), der zuständigen Landesmedienanstalt einen Dreiervorschlag unterbreitet. Satz 5 räumt innerhalb des von Satz 4 vorgesehenen Verfahrens, seit der Änderung durch den 9. RÄStV, ergänzend die Option ein, unter Vielfaltgesichtspunkten dem Dreiervorschlag bis zu zwei weitere Vorschläge hinzuzufügen. Diese Vorschläge sind, so sieht es die Amtliche Begründung vor, aus dem Kreis der auf die Ausschreibung eingegangenen Vorschläge zu entnehmen; sie sind erneut mit dem Hauptprogrammveranstalter und dem Ziel einer einvernehmlichen Auswahl zu erörtern. Gelingt eine Einigung nicht, kann die zuständige Landesmedienanstalt unter Beachtung der Vorgaben des Satzes 6 frei auswählen. Liegen hingegen von vornherein weniger als drei zulassungsfähige Anträge vor, so legt Satz 7 fest, dass die zuständige Landesmedienanstalt die Entscheidung unmittelbar trifft.

F. Vorgaben für die Fensterprogrammvertragsgestaltung, Abs. 5

Wenn ein Bewerber für das Fensterprogramm nach Abs. 4 ausgewählt ist, schreibt Abs. 5 einen Rahmen 288
für die Vereinbarung zwischen dem Bewerber für das Fensterprogramm und dem Hauptprogrammveranstalter über die Ausstrahlung des Fensterprogramms vor. Die zentrale Regelung innerhalb des Abs. 5 stellt dessen Satz 2 dar. Er sieht vor, dass der Hauptprogrammveranstalter dem Fensterprogrammveranstalter eine **ausreichende Finanzierung** ermöglicht. Diese Verpflichtung ist nicht weiter konkretisiert, da es laut Amtlicher Begründung zum 3. RÄStV eine Vielzahl an möglichen Gestaltungen und Bedingungen gibt, um Einnahmen zu erzielen. Bei werbefinanzierten Programmen sollen diese insbesondere von der Sendedauer innerhalb und außerhalb der Sendezeit zwischen 19.00 Uhr und 23.30 Uhr und von der Platzierung innerhalb dieser Sendebereiche abhängen. In der Praxis soll es zudem bereits Vertragsgestaltungen geben, auf die zurückgegriffen werden kann. Ob die Vereinbarung im Übrigen angemessen im Sinne des Abs. 5 ist, wird durch die zuständige Landesmedienanstalt im Rahmen der Zulassung des Fensterprogrammveranstalters und bei der Abänderung der Zulassung des Hauptprogrammveranstalters nach Abs. 6 überprüft.

Die Kündigungsregelung des Satzes 3 sieht vor, dass die Vereinbarung eine Kündigung während der 289
Dauer der Zulassung nach Abs. 6 nur wegen schwerwiegender Vertragsverletzungen oder aus einem wichtigen Grund mit einer Frist von sechs Monaten vorsehen darf. Ziel dieser Vorschrift ist es laut Amtlicher Begründung, auf der einen Seite einen angemessenen Interessenausgleich herzustellen, während auf der anderen Seite aber auch der Schutz des in der Regel wirtschaftlich schwächeren unabhängigen Dritten gewährleistet werden soll.

G. Zulassung des Fensterprogrammveranstalters, Abs. 6

Nähere Regelungen zur Zulassung des Fensterprogrammveranstalters sind in Abs. 6 enthalten. Satz 1 290
schreibt vor, dass die Landesmedienanstalt die Zulassung des Fensterprogrammveranstalters nur **auf der Grundlage einer angemessenen Vereinbarung** nach Abs. 5 erteilen darf. Insoweit hat sie, laut Amt-

licher Begründung, eine Prüfung anzustellen. Satz 2 sieht zudem vor, dass die wesentlichen Verpflichtungen aus der Vereinbarung zwischen Hauptprogramm- und Fensterprogrammveranstalter als Bestandteil der Zulassung beider Veranstalter aufzunehmen sind. Bereits erteilte Zulassungen sind zu ergänzen (vgl Amtliche Begründung zum 3. RÄStV zu § 31).

291 Die **Entschädigungsregelung** in Satz 3 sieht vor, dass eine Entschädigung für Vermögensnachteile durch den teilweisen Widerruf der Zulassung des Hauptprogrammveranstalters nicht gewährt wird. Diese lediglich deklaratorische Aussage verdeutlicht, dass entschädigungsrechtlich insoweit keine Enteignung durch Auferlegung eines Sonderopfers vorliegt. Die Amtliche Begründung erläutert, dass die Regelungen zur Sendezeit für unabhängige Dritte notwendige und für alle betroffenen Kreise gleichmäßig geltende Regelungen zur Ausgestaltung der positiven Rechtsordnung darstellen, die dem Gesetzgeber durch die Verfassung aufgegeben seien. Bei den entsprechenden Regelungen handelt es sich im Übrigen um Schranken des Eigentums im Sinne des Art. 14 Abs. 1 Satz 2 GG. Die vom Gesetzgeber im Rahmen seines Ermessens gesetzten Grenzen zur Sicherung der Meinungsvielfalt sollen als Schranken des verfassungsrechtlich verbürgten Eigentumsschutzes greifen (vgl Amtliche Begründung zum 3. RÄStV zu § 31). In der Literatur wird hingegen vereinzelt gefordert, dass Entschädigungsregelungen wie bei Widerrufen generell gelten sollten (vgl *Hartstein/Ring/Kreile/Dörr/Stettner*, Rundfunkstaatsvertrag, Band II, § 31 RStV, S. 15 Rn 17; aA *Flechsig*, in: Hahn/Vesting, Beck'scher Kommentar zum Rundfunkrecht, § 31 Rn 23, 24).

292 Regelungen zur **Dauer der Zulassung** finden sich in Satz 4. Um Planungssicherheit für den unabhängigen Fensterprogrammveranstalter zu gewährleisten, wurde flankierend zur Änderung des Abs. 4 Satz 4 bis 6 auch der Abs. 6 Satz 4 modifiziert (vgl Amtliche Begründung zum 9. RÄStV). Zum einen wurde die Dauer der Zulassung von ursprünglich drei Jahren auf nunmehr fünf Jahre heraufgesetzt. Zum anderen wurde die vorherige Soll-Vorschrift durch eine verbindlich festgeschriebene Regelung der Zulassungsdauer ersetzt. Diese zwei Änderungen stellen nach Ansicht der KEK einen Rückschritt unter dem Aspekt der Vielfaltsteigerung dar (vgl *KEK*, Konzentrationsbericht 2007, S. 388). Denn die KEK sieht in einem Wechsel zu anderen nicht minder geeigneten Drittveranstaltern bereits einen Vielfaltgewinn. Eine weitere Änderung durch den 9. RÄStV ist die enumerative Festlegung der möglichen Erlöschensgründe in Satz 4: Die Zulassung des Fensterprogrammveranstalters erlischt gemäß Satz 4, wenn die Zulassung des Hauptprogrammveranstalters endet, nicht verlängert oder nicht neu erteilt wird. Die Zulassung eines Fensterprogrammveranstalters wird mithin nicht schon dadurch hinfällig, dass ein Hauptprogrammveranstalter vor Ablauf der regulären Lizenzdauer seine Zulassung aufgibt, um andernorts eine neue Lizenzierung anzustreben (vgl Amtliche Begründung zum 9. RÄStV). Damit steht die Regelung in der Kontinuität der bisherigen Vorschrift des Abs. 6 Satz 4, die mit der Koppelung der Lizenz des Fensterprogrammveranstalters an den „Ablauf" der Zulassung des Hauptprogrammveranstalters ebenfalls (vgl Amtliche Begründung zum 9. RÄStV) den regulären Lizenzablauf im Blick hatte.

§ 32 RStV Programmbeirat

(1) [1]Der Programmbeirat hat die Programmverantwortlichen, die Geschäftsführung des Programmveranstalters und die Gesellschafter bei der Gestaltung des Programms zu beraten. [2]Der Programmbeirat soll durch Vorschläge und Anregungen zur Sicherung der Meinungsvielfalt und Pluralität des Programms (§ 25) beitragen. [3]Mit der Einrichtung eines Programmbeirats durch den Veranstalter ist dessen wirksamer Einfluss auf das Fernsehprogramm durch Vertrag oder Satzung zu gewährleisten.

(2) [1]Die Mitglieder des Programmbeirats werden vom Veranstalter berufen. [2]Sie müssen aufgrund ihrer Zugehörigkeit zu gesellschaftlichen Gruppen in ihrer Gesamtheit die Gewähr dafür bieten, dass die wesentlichen Meinungen in der Gesellschaft vertreten sind.

(3) [1]Der Programmbeirat ist über alle Fragen, die das veranstaltete Programm betreffen, durch die Geschäftsführung zu unterrichten. [2]Er ist bei wesentlichen Änderungen der Programmstruktur, der Programminhalte, des Programmschemas sowie bei programmbezogenen Anhörungen durch die zuständige Landesmedienanstalt und bei Programmbeschwerden zu hören.

(4) [1]Der Programmbeirat kann zur Erfüllung seiner Aufgaben Auskünfte von der Geschäftsführung verlangen und hinsichtlich des Programms oder einzelner Beiträge Beanstandungen gegenüber der Geschäftsführung aussprechen. [2]Zu Anfragen und Beanstandungen hat die Geschäftsführung inner-

halb angemessener Frist Stellung zu nehmen. [3]Trägt sie den Anfragen und Beanstandungen zum Programm nach Auffassung des Programmbeirats nicht ausreichend Rechnung, kann er in dieser Angelegenheit einen Beschluss des Kontrollorgans über die Geschäftsführung, sofern ein solches nicht vorhanden ist, der Gesellschafterversammlung, verlangen. [4]Eine Ablehnung der Vorlage des Programmbeirats durch die Gesellschafterversammlung oder durch das Kontrollorgan über die Geschäftsführung bedarf einer Mehrheit von 75 vom Hundert der abgegebenen Stimmen.

(5) [1]Bei Änderungen der Programmstruktur, der Programminhalte oder des Programmschemas oder bei der Entscheidung über Programmbeschwerden ist vor der Entscheidung der Geschäftsführung die Zustimmung des Programmbeirats einzuholen. [2]Wird diese verweigert oder kommt eine Stellungnahme binnen angemessener Frist nicht zustande, kann die Geschäftsführung die betreffende Maßnahme nur mit Zustimmung des Kontrollorgans über die Geschäftsführung, sofern ein solches nicht vorhanden ist, der Gesellschafterversammlung, für die eine Mehrheit von 75 vom Hundert der abgegebenen Stimmen erforderlich ist, treffen. [3]Der Veranstalter hat das Ergebnis der Befassung des Programmbeirats oder der Entscheidung nach Satz 2 der zuständigen Landesmedienanstalt mitzuteilen.

(6) Handelt es sich bei dem Veranstalter, bei dem ein Programmbeirat eingerichtet werden soll, um ein einzelkaufmännisch betriebenes Unternehmen, so gelten die Absätze 4 und 5 mit der Maßgabe, dass der Programmbeirat statt der Gesellschafterversammlung oder des Kontrollorgans über die Geschäftsführung die zuständige Landesmedienanstalt anrufen kann, die über die Maßnahme entscheidet.

A. Übersicht

Die Vorschrift des § 32 enthält Regelungen zur Ausgestaltung des Programmbeirats. Die Einrichtung eines Programmbeirats ist eine vielfaltsichernde Maßnahme, die der Vermeidung von vorherrschender Meinungsmacht dient; auf sie wird im Rahmen der Konzentrationskontrollvorschriften der §§ 25 ff abgestellt. Ein Unternehmen, das mit den ihm zurechenbaren Programmen vorherrschende Meinungsmacht nach § 26 erreicht, kann durch die Einrichtung eines Programmbeirats im Sinne des § 32 gemäß § 26 Abs. 4 Satz 1 Nummer 3 den Widerruf einer Zulassung vermeiden. Die Verfügung zur Einrichtung des Programmbeirats als vielfaltsichernde Maßnahme im Sinne des § 26 Abs. 4 Satz 2 muss im Einvernehmen mit der KEK erfolgen. Dis Vorschrift hat noch keine nennenswerte praktische Bedeutung gehabt. Im Springer/ProSiebenSat1-Verfahren wurde von den Anmeldern die Einrichtung eines Programmbeirats vorgeschlagen; die KEK hatte dies für nicht ausreichend angesehen, die medienkonzentrationsrechtlichen Bedenken auszuräumen und hatte ihrerseits einen die Binnenpluralisierung des Senders gefordert (vgl KEK v. 10.1.2006 – KEK 293-1 bis -5 Tz 70; ablehnend gegenüber dieser im RStV nicht verankerten Forderung *Hepach*, ZUM 2007, 43 ff; *Körber*, ZWeR 2009, 315, 331; *Säcker*, K&R 2006, 49 ff). 293

Die Einsetzung eines Programmbeirats bewirkt einen Eingriff in die Autonomie des Programmveranstalters. Damit einher geht ein Eingriff in die verfassungsrechtlich verbürgten Grundrechte des Programmveranstalters insbesondere aus Art. 5 und 12 GG. Die Einsetzung eines Programmbeirats stellt vor allem deswegen einen mit der Verfassung vereinbaren verhältnismäßigen Eingriff dar, weil ihm im Wesentlichen beratende, nämliche indikative und keine imperativen Befugnisse zukommen, welche den Programmveranstalter keiner meinungsrelevanten Fremdherrschaft unterwerfen. Zur näheren Ausgestaltung der Regelung des § 32 ist auf der Grundlage des § 33 am 16.12.1997 die Programmbeiratsrichtlinie (PBR) erlassen worden (im Internet abrufbar unter http://www.alm.de). In den Ziffern 2.1 bis 2.11 sind Regelungen bezüglich der Zusammensetzung des Programmbeirats und insbesondere bezüglich der Berufung seiner Mitglieder enthalten. In § 33 Satz 2 ist auch explizit festgelegt, dass in der Richtlinie zu § 32 insbesondere Vorgaben über die Berufung und Zusammensetzung des Programmbeirats zu machen sind. Der Programmbeirat kann seine vielfaltsichernde Funktion nur erfüllen, wenn gewährleistet ist, dass die Zusammensetzung des Programmbeirats die wesentlichen in der Gesellschaft vertretenen Meinungen widerspiegelt. Mithin hängt von der ordnungsgemäßen Zusammensetzung des Programmbeirates und Berufung seiner Mitglieder dessen Funktionsfähigkeit als vielfaltsichernde Maßnahme ab. In den Ziffern 3.1 bis 3.8 macht die PBR zudem Vorgaben für die in § 32 Abs. 3 bis 6 geregelten Rechte und Verfahrensweisen des Programmbeirats. Die PBR setzt einheitliche Maßstäbe, da die Einrichtung eines Programmbeirats bei bundesweiten Veranstaltern als vielfaltsichernde Maßnahme bundesweite Wirkung entfaltet. 294

B. Aufgaben des Programmbeirats, Abs. 1

295 Der Programmbeirat hat nach Abs. 1 Satz 1 insbesondere eine **beratende Funktion** bei der Gestaltung des Programms gegenüber den Programmverantwortlichen, der Geschäftsführung des Programmveranstalters und den Gesellschaftern. Die einzelnen Rechte, die der Programmbeirat bei seiner Beratertätigkeit hat, ergeben sich aus den nachfolgenden Absätzen des § 32. Abs. 1 Satz 2 schreibt hingegen den Grundsatz fest, dass der Programmbeirat durch seine Vorschläge und Anregungen zur Meinungsvielfalt und Pluralität des Programms (§ 25) beitragen soll. Dies setzt nach der gesetzlichen Konzeption voraus, dass dem Beirat entsprechende Befugnisse durch Vertrag oder Satzung gegenüber dem Veranstalter eingeräumt werden. Deshalb wird der betroffene Veranstalter durch Satz 3 zur Einräumung solcher Einflussmöglichkeiten verpflichtet. Insgesamt sind die Befugnisse konzeptionell auf nicht-imperative Befugnisse beschränkt. Der Programmbeirat soll nach der gesetzlichen Regelung indikativberatend, nicht aber bevormundend tätig werden dürfen.

C. Zusammensetzung des Programmbeirats, Abs. 2

296 Abs. 2 Satz 1 legt fest, dass die Mitglieder des Programmbeirats vom Veranstalter, das heißt von seinen gesetzlichen Vertretern, berufen werden. Die Mitglieder des Programmbeirats müssen, so schreibt es Satz 2 fest, aufgrund ihrer Zugehörigkeit zu gesellschaftlichen Gruppen in ihrer Gesamtheit die Gewähr dafür bieten, dass die wesentlichen Meinungen in der Gesellschaft vertreten sind. Der Gesetzgeber sieht diesbezüglich vor, dass dem Veranstalter ein Auswahlermessen zusteht (vgl Amtliche Begründung zum 3. RÄStV, § 32). Zudem soll die Zusammensetzung, wie die übrigen konkret einzuräumenden Befugnisse auch, mit der zuständigen Landesmedienanstalt einvernehmlich geregelt werden. Nähere Vorgaben für die Mitgliederzusammensetzung und deren Berufung sind in Ziffer 2.1 bis 2.11 PBR enthalten.

D. Die Rechte des Programmbeirats, Abs. 3 bis 5

297 Die Abs. 3 bis 5 regeln im Einzelnen die Rechte des Programmbeirats. Ausgestaltende Vorgaben zu diesen Regelungen sind in den Ziff. 3.1 bis 3.8 PBR festgeschrieben.

I. Unterrichtungspflicht, Abs. 3

298 Abs. 3 legt fest, dass eine Unterrichtungspflicht gegenüber dem Programmbeirat bezüglich aller Fragen, die das veranstaltete Programm betreffen, seitens der Geschäftsführung besteht. Die Unterrichtungspflicht ist thematisch umfassend konzipiert und gilt gemäß Satz 2 insbesondere bei wesentlichen Änderungen der Programmstruktur, der Programminhalte, des Programmschemas sowie bei programmbezogenen Anhörungen durch die zuständige Landesmedienanstalt und bei Programmbeschwerden.

II. Auskunftsrecht, Abs. 4

299 Der Programmbeirat hat nach Abs. 4 ein Auskunftsrecht gegenüber der Geschäftsführung. Dieses ist thematisch umfassend „auf die Erfüllung seiner Aufgabe“ bezogen; es korrespondiert insofern mit dem Unterrichtungsrecht aus Abs. 3. Die Geschäftsführung hat nach Satz 2 innerhalb einer angemessenen Frist zu Anfragen Stellung zu nehmen. Um dem Auskunftsrecht Nachdruck zu verleihen, kann der Programmbeirat nach Satz 3, wenn die Geschäftsführung dem Anliegen des Programmbeirats nicht nachkommt, einen Beschluss des Kontrollorgans der Geschäftsführung herbeiführen. Das Kontrollorgan ist in der Regel der Aufsichtsrat. Wenn es ein solches Kontrollorgan nicht gibt, ist die Gesellschafterversammlung zuständig. Nach Satz 4 kann das Kontrollorgan beziehungsweise die Gesellschafterversammlung die Vorstellung des Programmbeirats nur mit einer Mehrheit von 75% der abgegebenen Stimmen abändern oder ablehnen.

III. Zustimmungsrecht, Abs. 5

300 Abs. 5 ergänzt die Befugnisse des Programmbeirats bei der Änderung der Programmstruktur, der Programminhalte oder des Programmschemas sowie bei der Entscheidung über die Programmbeschwerden. Nach Satz 1 ist vor einer Entscheidung der Geschäftsführung in diesen Angelegenheiten die Zustimmung des Programmbeirats einzuholen. Im Hinblick auf den systematischen Zusammenhang mit

Abs. 3 Satz 2 ist die Zustimmungsvorbehaltsregelung einschränkend dahin gehend auszulegen, dass nur wesentliche Änderungen das Zustimmungserfordernis auslösen (vgl *Beucher/Leyendecker/v. Rosenberg*, RStV, § 32 Rn, 7; *Hartstein/Ring/Kreile/Dörr/Stettner*, Rundfunkstaatsvertrag, Band II, § 32 RStV, S. 11 Rn 15). Es wäre systemwidrig, nur das Anhörungserfordernis auf wesentliche Änderungen zu beziehen. Die Anhörung nach Abs. 3 Satz 2 stellt gegenüber dem Zustimmungserfordernis den milderen Eingriff in die Veranstalterprogrammfreiheit dar.

Verweigert der Programmbeirat seine Zustimmung oder kommt eine Stellungnahme binnen angemessener Frist nicht zustande, sieht Satz 2 vor, dass die Geschäftsführung Entscheidungen in diesem Bereich nur dann treffen kann, wenn ihr Kontrollorgan den Maßnahmen mit 75% der abgegebenen Stimmen zustimmt. Der Veranstalter hat das Ergebnis der Befassung des Programmbeirats oder der Entscheidung nach Satz 2 der zuständigen Landesmedienanstalt mitzuteilen. Nach der Vorstellung des Gesetzgebers dient dieses in Satz 3 festgeschriebene Verfahren der Kontrolle durch die Medienaufsicht (vgl Amtliche Begründung zum 3. RÄStV zu § 32). 301

E. Einzelkaufmännisch betriebene Unternehmen, Abs. 6

Sonderregelungen für Veranstalter, die als einzelkaufmännisches Unternehmen betrieben werden, sind in Abs. 6 enthalten. Da bei einem solchen Unternehmen ein Aufsichtsorgan oder eine Gesellschafterversammlung nicht gebildet wird, können diese Organe nicht eingeschaltet werden, um – wie in Abs. 4 und 5 vorgesehen – von Entscheidungen des Programmbeirats abzuweichen. Abs. 6 sieht deshalb vor, dass in einem solchen Fall die zuständige Landesmedienanstalt an die Stelle des Kontrollorgans über die Geschäftsführung bzw der Gesellschafterversammlung nach den Abs. 4 und 5 tritt. Nach der Amtlichen Begründung zum 3. RÄStV soll sich in diesen Fällen die Zuständigkeit zur Entscheidung nach dem Organisationsrecht der zuständigen Landesmedienanstalt richten. In der Regel ist dann das Hauptorgan der jeweiligen Landesmedienanstalt, in Hamburg und Schleswig-Holstein beispielsweise der Medienrat (§ 38 MStV HSH), zur Entscheidung befugt. Tritt danach das Hauptorgan der jeweiligen Landesmedienanstalt an die Stelle des Kontrollorgans bzw der Gesellschafterversammlung, so soll dieses abweichend von den Absätzen 4 und 5 mit einfacher Mehrheit und nicht mit qualifizierter Mehrheit von 75% der abgegebenen Stimmen entscheiden (vgl Amtliche Begründung zum 3. RÄStV zu § 32). 302

§ 33 RStV Richtlinien

[1]Die Landesmedienanstalten erlassen gemeinsame Richtlinien zur näheren Ausgestaltung der §§ 25, 31 und 32. [2]In den Richtlinien zu § 32 sind insbesondere Vorgaben über Berufung und Zusammensetzung des Programmbeirats zu machen.

A. Übersicht

§ 33 stellt eine **Ermächtigungsnorm** dar, auf deren Grundlage die Landesmedienanstalten Richtlinien zur näheren Ausgestaltung der Bestimmungen über die Einräumung von Sendezeit für unabhängige Dritte (§ 31) und die Einrichtung des Programmbeirats (§ 32) erlassen. Wegen der nach der Ansicht des Gesetzgebers besonderen Bedeutung der Regionalfenster für die Angebots- und Meinungsvielfalt wurde die Ermächtigung der Landesmedienanstalten, gemeinsame Richtlinien zur Ausgestaltung zu erlassen, auf § 25 ausgedehnt (vgl Amtliche Begründung zum 8. Rundfunkstaatsvertrag). Die Richtlinien sind als gemeinsame Richtlinien von jeder Landesmedienanstalt zu erlassen (vgl Amtliche Begründung zum 3. RÄStV). Auf der Grundlage des § 33 sind die **Programmbeiratsrichtlinie** (PBR – im Internet abrufbar unter http://alm.de) zur näheren Ausgestaltung des § 32 am 16.12.1997 und die **Fernsehfensterrichtlinie** (FFR – im Internet abrufbar unter http://blm.de) zur Ausgestaltung von § 25 am 6.7.2005 erlassen worden. 303

Die PBR soll einheitliche Maßstäbe insbesondere für die Berufung und die Zusammenarbeit des **Programmbeirats** gewährleisten, da die Einrichtung eines Programmbeirats als vielfaltsichernde Maßnahme bundesweite Wirkung entfaltet. Für die PBR gibt § 33 in Satz 2 gesondert vor, dass insbesondere Vorgaben über die Berufung und Zusammensetzung des Programmbeirats zu machen sind. Diese gesonderte Anforderung an die PBR wird gestellt, da der Programmbeirat seine vielfaltsichernde Funk- 304 tion nur erfüllen kann, wenn garantiert ist, dass die Zusammensetzung des Programmbeirats die wesentlichen in der Gesellschaft vertretenen Meinungen widerspiegelt.

305 Die FFR, die die frühere Drittsendezeitenrichtlinie (DSZR) ersetzt, soll einheitliche Maßstäbe bei der Ausgestaltung der **Regionalfensterprogramme** nach den Vorgaben des § 25 Abs. 4 setzen. Denn auch die Regionalfensterprogramme entfalten im Rahmen der Vielfaltsicherung bundesweite Wirkung. Zudem wirken sie sich indirekt auch auf § 31 aus, da die Regionalfensterprogramme des § 25 gleichzeitig nach der Maßgabe des § 31 Abs. 2 als Sendezeit für unabhängige Dritte angerechnet werden können.

306 Nachdem ProSiebenSat.1seinen Nachrichtensender N24 verkauft hat, wobei ProSiebenSat.1 bis zum Ende des Jahres 2016 alle Nachrichtenformate für ProSieben, Sat1 und Kabel1 herstellen soll (s. SZ vom 17.6.2010, S. 15), mahnte unter anderem die Direktorenkonferenz der Landesmedienanstalten (DLM) in einem Positionspapier an, dass „auch der Privatfunk an einer publizistisch orientierten öffentlichen Aufgabe teilhaben muss". Damit seien „zumindest die reichweitenstarken Vollprogramme zur Vorhaltung eines angemessenen Anteils an Nachrichten und Information verpflichtet" (vgl Positionspapier der DLM, Nachrichtensendungen im privaten Rundfunk, S. 1 ff, abrufbar unter www.alm.de). In diesem Positionspapier kündigt die DLM an, dass die Landesmedienanstalten, um dieses Ziel zu erreichen, eine „Richtlinie nach § 33 iVm § 25" vorlegen werden, die eine Konkretisierung der gesetzlichen Bestimmungen diesbezüglich vorsieht (vgl Positionspapier, S. 6 f). Fraglich ist allerdings, ob Satz 1 zum Erlass einer solchen Richtlinie berechtigt. In der Amtlichen Begründung zum 8. RÄStV heißt es lediglich, dass § 25 wegen der „Besonderen Bedeutung der Regionalfenster" durch Richtlinien näher auszugestalten ist. Daraus wird gefolgert, dass eine Richtlinienkompetenz nur für die Situation des § 25 Abs. 4 von Satz 1 bestehe (vgl *Hain*, K&R 2010, 640). Dagegen spricht allerdings der Wortlaut des Satzes 1, der die Vorschrift des § 25 insgesamt erfasst. Die Begründung zum 8. RÄStV betont lediglich die besondere Bedeutung der Regionalfenster, ohne andere Sachverhalte ausschließen zu wollen. Richtlinien gem. § 33 iVm § 25 können die Vorgaben des § 25 zur Vielfaltsicherung insgesamt konkretisieren. Eine zu eng gefasste Auslegung der Richtlinienregelung geht zulasten der Meinungsvielfaltsicherung und entspricht nicht dem Sinne und Zweck der Regelung.

B. Rechtsnatur der Richtlinien

307 Die Richtlinien sind Vorgaben der Landesmedienanstalten über die Auslegung des Staatsvertrages und dienen dessen Vollzug. Sie sind **Innenrecht** der Landesmedienanstalten, das **keine unmittelbare Außenwirkung** hat (*Flechsig*, in: Hahn/Vesting, Beck´scher Kommentar zum Rundfunkrecht, § 33 RStV Rn 1). Rechtswirkung gegenüber privaten Rundfunkveranstaltern entfalten sie allerdings dadurch, dass sie zur Selbstbindung der Landesmedienanstalten führen und daher nur einheitlich gegenüber allen privaten Rundfunkveranstaltern angewandt werden dürfen (vgl *Ring* u.a., § 33 Rn 1; *Flechsig*, in: Hahn/Vesting, Beck´scher Kommentar zum Rundfunkrecht, § 33 RStV Rn 1 und 5). Somit sind sie von den Gerichten in vollem Umfang dahin gehend überprüfbar, ob die von den Landesmedienanstalten vorgenommene Auslegung mit dem Gesetz übereinstimmt (vgl *Ring*, u.a., § 33 Rn 1). In Ausführung des RStV dienen sie als bindende Vorgaben, welche die Vorschriften der §§ 25, 31, 32 nicht ersetzen, aber Auslegungsvorgaben für die Landesmedienanstalten enthalten.

§ 34 RStV Übergangsbestimmung

[1]Bis zur ersten Bestimmung der Zuschaueranteile nach § 27 sind für die Beurteilung von Fragestellungen der Sicherung der Meinungsvielfalt in Zusammenhang mit der bundesweiten Veranstaltung von Fernsehprogrammen die vorhandenen Daten über Zuschaueranteile zugrunde zu legen. [2]Die Veranstalter sind verpflichtet, bei ihnen vorhandene Daten über Zuschaueranteile auf Anforderung der KEK zur Verfügung zu stellen. [3]Die Landesmedienanstalten haben durch Anwendung verwaltungsverfahrensrechtlicher Regelungen unter Beachtung der Interessen der Beteiligten sicherzustellen, dass Maßnahmen nach diesem Staatsvertrag, die aufgrund von Daten nach Satz 1 ergehen, unverzüglich an die sich aufgrund der ersten Bestimmung der Zuschaueranteile nach § 27 ergebende Sach- und Rechtslage angepasst werden können.

308 Mit der Umstellung auf das Konzept des Zuschaueranteilsmodells durch den 3. RÄStV 1996 ist die Übergangsregelung des § 34 neu eingefügt worden. Da zum Zeitpunkt des Erlasses der §§ 25 ff noch

keine auf der Grundlage des in § 27 geregelten Verfahrens zur Zuschaueranteilsermittlung ermittelten Werte vorlagen, wurde § 34 als Regelung für die Übergangszeit erlassen. Diese Übergangszeit sollte nach der Vorstellung des Gesetzgebers „auf jeden Fall mehr als achtzehn Monate betragen" (Amtliche Begründung zum 3. RÄStV 1996 zu § 34). Die ursprüngliche Funktion des § 34 als **Übergangsregelung** ist durch den 6. RÄStV grundlegend geändert worden; die Vorschrift des § 34 ist zur Regelbestimmung geworden. Indem der Zusatz „aufgrund einer Ausschreibung" in § 27 Abs. 2 Satz 1 2. Hs gestrichen wurde, sollte das in § 34 geregelte Verfahren nunmehr zu einer dauerhaften Möglichkeit der Zuschaueranteilsermittlung werden. Unbeschadet des Wortlauts von § 34, der noch immer den Charakter einer Übergangsbestimmung hat, ist die Norm heute die **Regelbestimmung zur Ermittlung der Zuschaueranteile** geworden. Der Übergangscharakter des § 34 wurde beseitigt, damit für die KEK eine dauerhaft flexible Regelung bei der Ermittlung der Zuschaueranteile zur Verfügung steht. In der Praxis bedeutet dies, dass die KEK seither und bis heute grundsätzlich unverändert die von der Gesellschaft für Konsumforschung (GfK) im Auftrag der Arbeitsgemeinschaft Fernsehforschung (AGF) erhobenen monatlichen Daten über Zuschaueranteile verwendet (vgl dazu *KEK,* Zuschauanteile als Maßstab vorherrschender Meinungsmacht, 1999, Schriftenreihe Landesmedienanstalten Bd. 13).

§ 34 Satz 1 stellt den Grundsatz auf, dass die vorhandenen Daten über Zuschaueranteile der Beurteilung 309
von Fragestellungen hinsichtlich der Sicherung der Meinungsvielfalt im Zusammenhang mit der bundesweiten Veranstaltung von Fernsehprogrammen zugrunde zu legen sind. Die in Satz 1 enthaltende Einschränkung, dass § 34 nur bis zur ersten Bestimmung der Zuschaueranteile nach § 27 gilt, ist – wie dargestellt – seit dem 6. Rundfunkstaatsvertrag durch die Änderung des § 27 obsolet geworden.

Die „vorhandenen Daten", auf die Satz 1 Bezug nimmt, sind im Wesentlichen die ursprünglich für die 310
Werbewirtschaft erhobenen Daten der Gesellschaft für Konsumforschung (GfK). Die GfK erhebt die Daten über Zuschaueranteile im Auftrag der Arbeitsgemeinschaft für Fernsehforschung (AGF) (Zur Funktionsbestimmung der GfK und der AGF vgl *Trute,* in: Hahn/Vesting, Beck´scher Kommentar zum Rundfunkrecht, § 34 RStV Rn 5, 6). Das Erhebungssystem der GfK bildet das Fernsehkonsumverhalten der Gesamtheit der Personen im Alter ab drei Jahren in deutschen Fernsehhaushalten modellhaft in sog. **Panel-Haushalten** ab (zu Organisation und Erhebungsverfahren der AGF/GfK vgl *AGF,* Fernsehzuschauerforschung in Deutschland, 2002). Erfasst werden ausschließlich die Zuschaueranteilsdaten der Mitgliedsender der AGF und einiger Veranstalter-Lizenznehmer. Das **Erfassungssystem ist somit nicht lückenlos.** Ausgenommen ist der Teil des Fernsehkonsums, der das Einkaufsfernsehen, privates Regionalfernsehen, fremdsprachige Fernsehprogramme, Offene Kanäle und digitale Pay-TV-Programme betrifft; dieser sog. **TV-Rest** macht etwa 5 vom Hundert der Zuschaueranteile aus. Der KEK werden mithin etwa 95 vom Hundert der gemessenen Zuschaueranteile bekannt.

Die KEK hat in ihren Verlautbarungen darauf aufmerksam gemacht, dass die Erhebungsbasis laufend 311
optimiert wird. In ihrem Medienkonzentrationsbericht 2007 hat sie ausführlich darauf hingewiesen, dass die Standardberichtsbasis 5. 500 Haushalte ausmacht, deren Haushaltsvorstand bzw Haupteinkommensbezieher die deutsche Staatsangehörigkeit besitzt, sowie 140 Haushalte mit einem Haushaltsvorstand bzw Haupteinkommensbezieher der Staatsangehörigkeit eines anderen EU-Staates besitzt. Die Zuschaueranteilsdaten sind danach repräsentativ für 73,42 Mio. Personen ab dem Alter von drei Jahren in 34,99 Mio. Fernsehhaushalten in Deutschland (*KEK,* Medienkonzentrationsbericht 2007, S. 389).

Seit dem Jahr 2001 fließt die Fernsehnutzung der **EU-Ausländer in Deutschland** in die Gesamtquote 312
ein. Die Fernsehforschung schließt die **Außer-Haus-Nutzung** und damit auch die Gästenutzung mit ein, sofern sie nicht in öffentlichen Einrichtungen erfolgt (Hotels, Krankenhäuser, Altenheime, Gefängnisse). Ungenauigkeiten bestehen bei der Erfassung des sog. **Public-Viewing** auf öffentlichen Plätzen. Die **digitale Fernsehnutzung** wird seit 2001 erfasst und seit 2003 sendergenau ausgewiesen. Neue Formen der digitalen Fernsehnutzung – wie DVB-C, DVB-S und DVB-T sowie die zeitversetzte Nutzung von Programmen – wird künftig in die Messung einfließen. Lücken weist die Messung hinsichtlich der Erfassung bei **Pay-TV-Plattformen** auf, weil derzeit nur die Zuschaueranteile der Sender, die Mitglied oder Lizenznehmer der AGF sind, erfasst werden; die KEK behilft sich insofern mit Abonnentenzahlen und weiteren Nutzungsdaten (vgl zum Vorstehenden *KEK,* Medienkonzentrationsbericht 2007, S. 389 ff). Zuschaueranteile von **Drittfensterprogrammen** erfährt die KEK nach derzeitigem Ermittlungsstand nicht (*KEK,* Medienkonzentrationsbericht 2007, S. 392).

Fremdsprachige Programme werden auf der Grundlage der nach § 34 erfolgenden AGF-Messungen 313
trotz des Wortlauts des § 27 Abs. 1 Satz 1 bei der Gesamtbeurteilung der Meinungsmacht von Unter-

nehmen erfasst. Die KEK hat diese Praxis anerkannt, weil nicht ausgeschlossen werden kann, dass auch die bundesweit empfangbaren fremdsprachigen Programme für die Meinungsbildung bedeutsam sein können (KEK v. 7.11.2006, KEK 366 – Mohajer International Television).

314 Satz 2 verpflichtet die Veranstalter, bei ihnen vorhandenes Datenmaterial über Zuschaueranteile auf Anforderung der KEK zur Verfügung zu stellen. So soll sichergestellt werden, dass die KEK die erforderlichen Daten über Zuschaueranteile erlangt. Da es sich bei den Datenmaterialen um bereits finanzierte Datensammlungen handelt, können die Veranstalter keine Beteiligung an der Finanzierung von der KEK verlangen (vgl *Ring* u.a., § 34, S. 2). Nur soweit ein Zusatzaufwand bezüglich der zur Verfügungstellung entsteht, soll ein Aufwendungsersatz in Betracht kommen.

315 Nach Satz 3 sind die Landesmedienanstalten verpflichtet, durch die Anwendung verfahrensrechtlicher Regelungen sicherzustellen, dass eine geänderte Sachlage aufgrund der ersten Bestimmung der Zuschaueranteile nach § 27 unverzüglich umgesetzt werden kann. Durch die Einbindung **verwaltungsrechtlicher Nebenbestimmungen** in die Entscheidungen, welche die KEK auf der Grundlage des vorhandenen Datenmaterials trifft, wird gewährleistet, dass nachträglich noch Korrekturen vorgenommen werden können (vgl Amtliche Begründung zum 3. RÄStV 1996 zu § 34). Ein Vertrauensschutz für die Veranstalter soll insoweit nach dem Willen des Gesetzgebers nicht bestehen.

2. Kapitel: Verhaltens- und Entgeltregulierung

8. Abschnitt: Rundfunkrecht, landesweiter Rundfunk

Überblick

In der **dualen Rundfunkordnung** der Bundesrepublik Deutschland enthalten die landesrechtlichen Regelungen über den privaten Rundfunk die maßgeblichen Bestimmungen über die Zulassung und die dabei einschlägige Konzentrationskontrolle für den nicht bundesweiten, nämlich **landesweiten oder lokalen Rundfunk.** 1

Diese Regelungen unterscheiden sich untereinander erheblich und sind deshalb einer übergreifenden Darstellung und Kommentierung nur begrenzt zugänglich. Das bayerische Rundfunkrecht bestimmt, dass in seinem Geltungsbereich Rundfunk nur in öffentlich-rechtlicher Trägerschaft betrieben werden darf (Art. 111 a Abs. 2 BayVerf). Deswegen ist nach dem bayMedienG die Bayerische Landeszentrale für neue Medien Trägerin der von privaten Rundfunkanbietern gestalteten Programme. Dieses Modell ist allerdings in der Folge einer Entscheidung des BayVerfGH so nicht länger haltbar. Der Gerichtshof hat die Auffassung, die Programmanbieter seien Grundrechtsträger allein nach Maßgabe des öffentlich-rechtlichen Trägervorbehalts, als mit seiner verfassungsrechtlichen Rechtsprechung unvereinbar erklärt (BayVerfGH BayVBl. 2005, 689, 690). In NRW ist das Recht des lokalen Hörfunks durch die Besonderheit eines sog. Zwei-Säulen-Modells geprägt, nach dem die Zulassung nur bestimmte Veranstaltergemeinschaften erhalten. Diese müssen durch mindestens acht von gesellschaftlich relevanten Gruppen bestimmten natürlichen Personen gegründet worden sein (§ 62 MedienG NRW). In Hessen ist ein landesweites Hörfunkvollprogramm vorgeschrieben (§ 12 hessPrivatrundfunkG). Übereinstimmung besteht letztlich nur insofern, als die **Zulassung und Kontrolle** der jeweiligen Landesmedienanstalt obliegt. Nachfolgend wird das Zulassungs- und Konzentrationsrecht auf der Grundlage des in Hamburg und Schleswig-Holstein übereinstimmend geltenden Staatsvertragsrechts kursorisch dargestellt. Im Übrigen wird auf die Spezialliteratur verwiesen (vgl *Herrmann/Lausen,* Rundfunkrecht, 2. Aufl. 2004; *Hesse,* Rundfunkrecht, 3. Aufl. 2003; *Gersdorf,* Grundzüge des Rundfunkrechts, 2003) 2

Staatsvertrag über das Medienrecht in Hamburg und Schleswig-Holstein (MedienStaatsvertrag HSH)

Vom 13. Juni 2006

(HmbGVBl. 2007 S. 47, GVOBl. Schl.-H. 2007 S. 108)
zuletzt geändert durch Art. 1 Vierter Medienänderungsstaatsvertrag HSH vom 2. Februar 2011
(HmbGVBl. S. 251, GVOBl. Schl.-H. S. 116)

§ 17 Zulassung

(1) [1]Private Rundfunkveranstalter bedürfen einer Zulassung durch die Anstalt; § 20 Absatz 2 des Rundfunkstaatsvertrages bleibt unberührt. [2]Die Zulassung wird für die beantragte Programmart (Hörfunk oder Fernsehen), Programmkategorie (Vollprogramm oder Spartenprogramm) und das beantragte Versorgungsgebiet, das in Schleswig-Holstein im Rahmen der technischen Möglichkeiten mindestens landesweit sein soll, erteilt. [3]Sie gilt für die beantragte Zeit, längstens jedoch für zehn Jahre. [4]Eine Verlängerung ist zulässig. [5]Die Zulassung erlischt, wenn der Rundfunkveranstalter nicht binnen drei Jahren nach Erteilung von ihr Gebrauch macht. [6]Anbietern von Regionalfensterprogrammen sind gesonderte Zulassungen zu erteilen. Hierfür gilt § 28 Abs. 2 und 3 entsprechend.

(2) [1]Absatz 1 gilt nicht, wenn ein Rundfunkveranstalter nach Artikel 2 der Richtlinie des Rates der Europäischen Gemeinschaften zur Koordinierung bestimmter Rechts- und Verwaltungsvorschriften der Mitgliedstaaten über die Ausübung der Fernsehtätigkeit der Rechtshoheit eines anderen Mitgliedstaates der Europäischen Union oder eines Vertragsstaates des Abkommens über den europäischen Wirtschaftsraum unterliegt. [2]Absatz 1 gilt ebenfalls nicht für die Veranstaltung von Angeboten des Sechsten Abschnitts.

(3) [1]Die Zulassung ist nicht übertragbar. [2]Die Anstalt kann die Übertragung der Zulassung jedoch ausnahmsweise genehmigen, wenn dies den Erfordernissen der Meinungsvielfalt und der Ausgewogenheit im Rahmen der Zulassung nicht widerspricht und die Kontinuität des Gesamtprogramms und des Sendebetriebs gesichert ist. [3]Eine Übertragung liegt vor, wenn während einer Zulassungsperiode innerhalb eines Zeitraums von drei Jahren mehr als 50 vom Hundert der Kapital- oder Stimmrechtsanteile auf andere Gesellschafter oder Dritte übertragen werden.

3 Die Vorschrift statuiert den Grundsatz des **Verbots mit Zulassungsvorbehalt** für den privaten Rundfunk. Die Zuständigkeit für die Zulassungsprüfung und -entscheidung liegt in den Händen der Landesmedienanstalt (Medienanstalt Hamburg Schleswig-Holstein – MA HSH). Die verfahrens- und materiellrechtlichen Zulassungsvoraussetzungen werden in den Vorschriften der §§ 18 ff geregelt. Danach sind persönliche Zulassungsvoraussetzungen (§ 18), sachliche (medienkonzentrationsrechtliche) Voraussetzungen (§ 19) und förmliche Zulassungsvoraussetzungen zu beachten (§ 20). Neben der rundfunkrechtlichen Zulassung sind gegebenenfalls bestehende telekommunikationsrechtliche Erfordernisse (vgl § 20 Abs. 1 Satz 2 sowie die Erl. zu §§ 9 ff TKG), Anforderungen an die Zuweisung von Übertragungskapazität bzw an die Nutzung von Kabelanlagen (§ 20 Abs. 1 Satz. 2) sowie etwa gewerberechtliche Anforderungen zu beachten; diese sind aber nicht Gegenstand der rundfunkrechtlichen Zulassungsprüfung (vgl Erl. zu § 20).

4 **Ausnahmen** vom Zulassungsvorbehaltsgrundsatz für die Veranstaltung von Rundfunk nach dem MStV HSH bestehen für Rundfunkveranstalter mit Sitz in einem andern Mitgliedstaat der Europäischen Union bzw des EWR, § 17 Abs. 2 Satz 1. Sonderbestimmungen gelten überdies für die sog. **Bürgermedien** (Bürgerkanal, Ausbildungskanal, Offener Kanal), §§ 33 ff MStV HSH. Ein besonderes Regelungsregime hat in den Vorschriften der §§ 31 ff MStV HSH die Plattformregulierung gefunden, die nach § 2 Abs. 2 Nr. 13 RStV erfasst, „wer auf digitalen Übertragungskapazitäten oder digitalen Datenströmen Rundfunk und vergleichbare Telemedien (Telemedien, die an die Allgemeinheit gerichtet sind) auch von Dritten mit dem Ziel zusammenfasst, diese Angebote als Gesamtangebot zugänglich zu machen oder wer die Auswahl für die Zusammenfassung entscheidet"; Plattformbetreiber ist danach nicht, „wer Rundfunk oder vergleichbare Telemedien ausschließlich vermarktet (vgl dazu *Gersdorf,* in: ZAK, Digitalisierungsbericht, 2010, S. 29 ff).

5 Die Zulassung wird grundsätzlich als **nicht übertragbare Lizenz** erteilt, Abs. 3. Der Übertragungsfall gilt nach Abs. 3 Satz 3 als gegeben, wenn Kapital- oder Stimmrechtsanteile am Veranstalterunternehmen in der in Satz 3 genannten Größenordnung von mehr als 50 vom Hundert innerhalb von drei Jahren ihren bisherigen Inhaber wechseln. Damit werden nicht nur Veräußerungen an bisher nicht beteiligte Gesellschafter erfasst, sondern auch Anteilsverschiebungen innerhalb der bestehenden Gesellschafterstruktur.

§ 18 Zulassungsvoraussetzungen

(1) [1]Eine Zulassung darf nur an eine natürliche oder juristische Person oder eine auf Dauer angelegte, nichtrechtsfähige Personenvereinigung erteilt werden, die

1. unbeschränkt geschäftsfähig ist,
2. die Fähigkeit, öffentliche Ämter zu bekleiden, nicht durch Richterspruch verloren hat,
3. das Grundrecht der freien Meinungsäußerung nicht nach Artikel 18 des Grundgesetzes verwirkt hat,
4. als Vereinigung nicht verboten ist,
5. ihren Wohnsitz oder Sitz in der Bundesrepublik Deutschland, einem sonstigen Mitgliedstaat der Europäischen Union oder einem anderen Vertragsstaat des Abkommens über den Europäischen Wirtschaftsraum hat und gerichtlich verfolgt werden kann,

6. die Gewähr dafür bietet, dass sie unter Beachtung der gesetzlichen Vorschriften und der auf dieser Grundlage erlassenen Verwaltungsakte Rundfunk veranstaltet.

(2) [1]Die Voraussetzungen nach Absatz 1 Nr. 1 bis 3 und 6 müssen bei juristischen Personen oder nicht rechtsfähigen Personenvereinigungen von den gesetzlichen oder satzungsmäßigen Vertretern erfüllt sein. [2]Einem Veranstalter in der Rechtsform einer Aktiengesellschaft darf nur dann eine Zulassung erteilt werden, wenn in der Satzung der Aktiengesellschaft bestimmt ist, dass die Aktien nur als Namensaktien oder stimmrechtslosen Vorzugsaktien ausgegeben werden dürfen.

(3) [1]Eine Zulassung darf nicht erteilt werden an juristische Personen des öffentlichen Rechts mit Ausnahme von Kirchen und Hochschulen sowie Einrichtungen der Medienausbildung, an deren gesetzliche Vertreter und leitende Bedienstete sowie an politische Parteien und Wählervereinigungen. [2]Gleiches gilt für Unternehmen, die im Verhältnis eines verbundenen Unternehmens im Sinne des § 15 des Aktiengesetzes zu den in Satz 1 Genannten stehen. [3]Die Sätze 1 und 2 gelten für ausländische öffentliche oder staatliche Stellen entsprechend.

Die Vorschrift regelt die Zulassungsvoraussetzungen, die jeder Anbieter zu erfüllen hat, um die Zulassung zu erreichen. Zugelassen werden können danach alle natürlichen und juristischen Personen des Privatrechts sowie nicht rechtsfähige Personenvereinigungen des Privatrechts, sofern diese auf Dauer angelegt sind. Diese Regelung des § 18 Abs. 1 Nr. 3 ist insbesondere auf Anbietergemeinschaften zugeschnitten, an denen sich wiederum andere Personen beteiligen können. Für diese Beteiligten ist keine besondere Rechtsform vorgeschrieben. 6

Von der Zulassung ausgeschlossen sind die in Abs. 3 genannten Interessenten. Diese Regelungen setzen vor allem den vom Bundesverfassungsgericht in seiner Rechtsprechung zu Art. 5 GG (vgl BVerfGE 57, 295, 320, 73, 118, 190 f) entwickelten Grundsatz der **Staatsfreiheit des Rundfunks** um (vgl Erl. zu Art. 5 in Abschnitt 4, Rn 86). Hochschulen, Kirchen und Stiftungen werden vom Rundfunk nach § 18 Abs. 3 MStV HSH nicht ausgeschlossen. 7

§ 19 Sicherung der Meinungsvielfalt

(1) [1]Ein Antragsteller darf im Hörfunk und im Fernsehen jeweils nur ein analoges Rundfunkprogramm mit einer unmittelbaren oder mittelbaren Beteiligung von mehr als 50 vom Hundert der Kapital- oder Stimmrechtsanteile veranstalten. [2]Zusätzlich darf er sich jeweils an einem analogen Programm mit bis zu 50 sowie jeweils an einem weiteren analogen Programm mit bis zu 25 vom Hundert der Kapital- oder Stimmrechte unmittelbar oder mittelbar beteiligen. [3]Dabei sind Fensterprogramme im Sinne von § 25 Absatz 4 des Rundfunkstaatsvertrages und andere lokale oder regionale Programme nicht einzubeziehen. [4]Für die Zurechenbarkeit von Programmen gilt § 28 des Rundfunkstaatsvertrages entsprechend. [5]Ein Antragsteller, der eine Veranstaltergemeinschaft ist, die aus mindestens drei voneinander unabhängigen Beteiligten besteht, von denen keiner 50 vom Hundert oder mehr der Kapital- oder Stimmrechte innehat und sonst einen vergleichbaren vorherrschenden Einfluss ausübt, darf, ohne die Beschränkungen nach den Sätzen 1 und 2, im Hörfunk und im Fernsehen jeweils bis zu drei analoge Rundfunkprogramme veranstalten.

(2) [1]Ein Antragsteller, der bei Tageszeitungen im Versorgungsgebiet des Rundfunkprogramms eine marktbeherrschende Stellung hat, darf als Einzelanbieter oder im Rahmen einer Beteiligung von mehr als 50 vom Hundert der Kapital- oder Stimmrechtsanteile nur mit der Auflage vielfaltsichernder Maßnahmen zugelassen werden. [2]Absatz 1 Satz 3 gilt entsprechend. [3]Für die vielfaltsichernden Maßnahmen gelten die §§ 30 bis 32 des Rundfunkstaatsvertrages entsprechend.

(3) Von den Bestimmungen der Absätze 1 und 2 kann die Anstalt Ausnahmen zulassen, wenn durch geeignete Auflagen die Sicherung der Meinungsvielfalt gewährleistet wird.

(4) Soweit Anhaltspunkte dafür vorliegen, dass ein Antragsteller durch die Verbreitung digitaler Rundfunkprogramme eine vorherrschende Meinungsmacht erlangt hat, kann die Anstalt geeignete Maßnahmen in entsprechender Anwendung von § 26 Abs. 3 und 4 des Rundfunkstaatsvertrages ergreifen.

Diese Vorschrift enthält die Kernregelungen des Rundfunkkonzentrationsrechts für den vom Rundfunkstaatsvertrag nicht erfassten nicht bundesweiten Rundfunk. Die Regelungen waren ursprünglich so konzipiert, dass sie die Zahl der zulassungsfähigen Programme je Veranstalter begrenzten. Durch 8 den 3. Medienänderungsstaatsvertrag ist die Regelung in Abs. 1 dahingehend geändert worden, dass die bislang unterschiedslos für analoge und digitale Programme vorgegebene Zahl der Programme, die von einem Anbieter höchstens veranstalten werden darf, nunmehr für digitale Programme entfällt. Zugleich ist in dem neuen Abs. 4 geregelt, worden, dass die MA HSH in entsprechender Anwendung von § 26 Abs. 3 geeignete Maßnahmen treffen kann, soweit erkennbar wird, dass ein Antragsteller durch die Verbreitung digitaler Rundfunkprogramme eine vorherrschende Meinungsmacht erlangt hat. Sie setzen damit weiterhin auf ein strikt **außenpluralistisches Vielfaltmodell**, in dem Meinungsvielfalt durch eine Vielzahl von Anbietern hergestellt werden soll. Die Neuregelung geht davon aus, „dass die digitalen Verbreitungsformen ein große Zahl von Programmmöglichkeiten bieten, denen eine grundsätzlich an drei Programmen orientierte Programmzahlbegrenzung nicht gerecht wird“ (Begründung zu Nr. 3 Dritter Medienänderungsstaatvertrag). Der Dritte Medienänderungsstaatsvertrag hat deshalb die grundsätzlich bedeutsame Öffnung des digitalen Bereichs im Sinne einer flexiblen Regelung zur Sicherung der Meinungsvielfalt geschaffen, auch im Hinblick darauf, „technologische Entwicklungen nicht zu erschweren“ (Begründung zu Nr. 3 Dritter Medienänderungsstaatvertrag). Die Entwicklung der Digitalisierung der Übertragungswege bestätigt diese Annahmen (vgl MA HSH Rechenschaftsbericht 2010, S. 22 ff). Die verbliebene Regelung zu den analogen Programmen in Abs. 1 kommt ohne eine Generalklausel aus; die Konzentrationskontrolle nach grundsätzlich numerischen Vorgaben wirft keine Auslegungsschwierigkeiten auf. Sofern in Abs. 1 Satz 4 auf vorherrschenden Einfluss Bezug genommen wird, ist der mit einer Kapital- oder Stimmrechtsbeteiligung vergleichbare Einfluss gemeint und deshalb nach gesellschaftsrechtlichen Kriterien zu beurteilen.

9 Die Fragen der **crossmedialen Konzentration** werden in Abs. 2 abweichend von den Grundsätzen des RStV geregelt. Der MStV HSH zielt vor allem darauf, sog. **regionale Doppelmonopole** im Rundfunk und im Tageszeitungsmarkt zu verhindern. Mit dieser Zielrichtung hat der Staatsvertrag die ohne Ermessen der Medienanstalt bestehende Auflagenverpflichtung zu vielfaltsichernden Maßnahmen in sein Regelungsprogramm aufgenommen.

10 Einen tatbestandlich offen formulierten Ausnahmetatbestand zu den konzentrationskontrollrechtlichen Regeln der Abs. 1 und 2 enthält Abs. 3. Die Ausnahmeentscheidung steht im pflichtgemäßen **Ermessen** der Medienanstalt. Bei Vorliegen der Ausnahmevoraussetzungen wird regelmäßig eine Ermessenreduzierung in Betracht kommen. Mit dem Tatbestandsmerkmal „geeignete Auflagen“ räumt der Gesetzgeber der Medienanstalt einen **Beurteilungsspielraum** bei der Festsetzung der die Zulassungsentscheidung begleitenden Auflagen ein. Die Entscheidung über die Eignung der Auflagen hat in Ansehung der gesetzlichen Anforderungen an die Gewährleistung der Meinungsvielfalt (§§ 3 ff, 17 ff) zu erfolgen.

11 Hinsichtlich der **Gewährleistung gleichgewichtiger Meinungsvielfalt** im einzelnen Programm verlangt der MStV HSH geringe Anforderungen. Er setzt gerade nicht in erster Linie auf die binnenplurale Verfassung bzw eine vielfaltsichernde Programmstruktur des einzelnen Programms. In der Programmauftragsregelung des § 3 wird geregelt, dass die Programme in ihrer Gesamtheit als Teil des dualen Rundfunksystems – und damit unter Berücksichtigung des öffentlich-rechtlichen Rundfunks – zur Information und Meinungsbildung beitragen sollen. Die Sendungen dürfen „nicht einseitig einer Partei, einem Bekenntnis, einer Weltanschauung oder einer sonstigen Gruppe dienen“, § 3 Abs. 1 Satz 3. Die Erfüllung der Programmaufgabe erfolgt aber gem. Abs. 1 Satz 4 „in eigener Verantwortung des Rundfunkveranstalters“. Dem entspricht es, dass gem. § 3 Abs. 2 hinsichtlich der Programmgestaltung, der Programmübernahme und der Programmlieferung dem einzelnen Veranstalter weitreichende Kooperations- und Beteiligungsmöglichkeiten zur Verfügung stehen.

§ 20 Zulassungsverfahren, Mitwirkungspflicht

(1) [1]Der Antragsteller hat der Anstalt alle Angaben zur Prüfung der Bestimmungen in den §§ 17 bis 19 zu machen, zusätzlich Namen und Anschrift des für das Veranstaltungsunternehmen und des für das Programm Verantwortlichen mitzuteilen. [2]Weist der Antragsteller diese Angaben nach, erteilt die Anstalt die Zulassung. [3]Die Zulassung erfolgt unbeschadet telekommunikationsrechtlicher Erfordernisse, der Zuweisung terrestrischer Übertragungskapazitäten sowie von Vereinbarungen zur Nutzung von Kabelanlagen.

(2) [1]Änderungen, die vor oder nach der Entscheidung über den Antrag eintreten und die für die Zulassung von Bedeutung sind, hat der Antragsteller oder der Rundfunkveranstalter unverzüglich der Anstalt mitzuteilen. [2]Die Änderungen dürfen nur dann von der Anstalt als unbedenklich bestätigt werden, wenn unter den veränderten Voraussetzungen eine Zulassung erteilt werden könnte.

Die Vorschrift regelt zentrale verfahrensrechtliche Elemente des **Zulassungsverfahrens.** Zunächst wird in Abs. 1 eine umfassende **Mitwirkungspflicht** des Antragstellers geregelt. Sie bezieht sich vor allem auf „alle Angaben", die für die Prüfung der Zulassung gem. den §§ 17 bis 19 von Bedeutung sind. Die Mitwirkungspflicht besteht nach Abs. 2 zeitlich unbegrenzt, insbesondere also auch nach Erlass der Zulassungsentscheidung. Aus Abs. 1 Satz 2 ergibt sich, dass der Antragsteller die entsprechenden Angaben nachzuweisen hat. Auf welche Weise der Nachweis zu erfolgen hat, wird nicht gesondert geregelt. In Betracht kommen daher sämtliche Nachweisformen, die Urkundenvorlage ebenso wie die Glaubhaftmachung durch eidesstattliche Versicherung. 12

Die Zulassungsentscheidung ergeht durch Verwaltungsakt gem. Abs. 1 Satz 2. Ein besonderes Verwaltungsverfahrensrecht ist grundsätzlich nicht geregelt. Besondere Regelungen sieht der MStV HSH nur insofern vor, als die **rundfunkrechtliche Zulassungsentscheidung** „unbeschadet telekommunikationsrechtlicher Erfordernisse, der Zuweisung terrestrischer Übertragungskapazitäten sowie von Vereinbarungen zur Nutzung von Kabelanlagen" ergeht, Abs. 1 Satz 3. Damit steht das rundfunkrechtliche Zulassungsverfahren für sich. Eine Konzentration der insgesamt erforderlichen Anzeige-, Genehmigungs- und Zulassungsentscheidungen ist darin nicht vorgesehen. 13

§ 21 Rücknahme, Widerruf

(1) Die Zulassung wird zurückgenommen, wenn eine Zulassungsvoraussetzung gemäß § 18 nicht gegeben war oder eine Zulassungsbeschränkung gemäß § 19 nicht berücksichtigt wurde und innerhalb eines von der Anstalt bestimmten Zeitraums keine Abhilfe erfolgt.

(2) Die Zulassung wird widerrufen, wenn

1. **nachträglich eine Zulassungsvoraussetzung gemäß § 18 entfällt oder eine Zulassungsbeschränkung gemäß § 19 eintritt und innerhalb des von der Anstalt bestimmten angemessenen Zeitraums keine Abhilfe erfolgt**
   oder
2. **der Rundfunkveranstalter gegen seine Verpflichtungen auf Grund dieses Gesetzes wiederholt schwerwiegend verstoßen und die Anweisungen der Anstalt innerhalb des von ihr bestimmten Zeitraums nicht befolgt hat.**

(3) [1]Der Rundfunkveranstalter wird für einen Vermögensnachteil, der durch die Rücknahme oder den Widerruf nach den Absätzen 1 und 2 eintritt, nicht entschädigt. [2]Im Übrigen gelten für die Rücknahme und den Widerruf die gesetzlichen Bestimmungen des Sitzlandes der Anstalt.

Die Vorschrift enthält **besondere verwaltungsverfahrensrechtliche Rücknahme- und Widerrufsvorschriften.** In ihrem Regelungsbereich gehen sie wegen ihrer Spezialität für die rundfunkrechtlichen Zulassungsverfahren den Regelungen des allgemeinen Verwaltungsverfahrensrechts vor; letztere bleiben nur „im Übrigen" anwendbar, Abs. 3 Satz 2. 14

Eine Entschädigung für einen durch Widerruf oder Rücknahme der Zulassung erlittenen Vermögensnachteil des Veranstalters wird durch Abs. 3 Satz 1 ausgeschlossen. Die Regelung betrifft rechtmäßige Widerrufs- oder Rücknahmeentscheidungen. 15

9. Abschnitt: Entgeltregulierung – Allgemeine Vorschriften

§ 27 TKG Ziel der Entgeltregulierung

(1) Ziel der Entgeltregulierung ist es, eine missbräuchliche Ausbeutung, Behinderung oder Diskriminierung von Endnutzern oder von Wettbewerbern durch preispolitische Maßnahmen von Unternehmen mit beträchtlicher Marktmacht zu verhindern.

(2) [1]Die Bundesnetzagentur hat darauf zu achten, dass Entgeltregulierungsmaßnahmen in ihrer Gesamtheit aufeinander abgestimmt sind (Konsistenzgebot). [2]Die Bundesnetzagentur nimmt insbesondere eine zeitliche und inhaltliche Abstimmung ihrer Entgeltregulierungsmaßnahmen vor und sie prüft bei den jeweiligen Entgeltregulierungsmaßnahmen, ob diese in einem angemessenen Verhältnis zu den Zielen nach § 2 Abs. 2 stehen.

(3) [1]Die Bundesnetzagentur hat, soweit Belange von Rundfunk und vergleichbaren Telemedien nach § 2 Abs. 5 Satz 1 betroffen sind, die zuständige Landesmedienanstalt hierüber zu informieren und an eingeleiteten Verfahren zu beteiligen. [2]Auf Antrag der zuständigen Landesmedienanstalt prüft die Bundesnetzagentur auf der Grundlage dieses Gesetzes die Einleitung eines Verfahrens und die Anordnung von Maßnahmen nach den folgenden Bestimmungen.

Schrifttum: *Holznagel/Enaux/Nienhaus*, Telekommunikationsrecht, 2. Aufl. 2006; *Nett/Neumann/Vogelsang*, Geschäftsmodelle und konsistente Entgeltregulierung, Studie für die Regulierungsbehörde für Telekommunikation und Post, Endbericht, 2004; *Nolte/König*, Konsistente Entgeltregulierung im neuen TKG, MMR 2005, 512 ff; *Säcker* (Hrsg.), Berliner Kommentar zum Telekommunikationsgesetz,

2. Aufl. 2009 (zitiert: BerlKomm TKG/*Bearbeiter*); *Schalast/Rößner*, Entgeltregulierung nach dem TKG, WuW 2004, 595 ff; *Schalast/Rößner*, Beiladung und Beschwerdebefugnis nach der pepcom-Entscheidung des BGH – das GWB auf dem Weg nach Europa?, WuW 2007, 589 ff; *Scherer*, Das neue Telekommunikationsgesetz, NJW 2004, 3001 ff.

A. Einleitung und Überblick

I. Europarechtlicher Hintergrund

Für die Praxis ist der europarechtliche Hintergrund einer Vorschrift deswegen von Bedeutung, weil 1
sich hieraus Konsequenzen für ihre **Interpretation** und **Anwendung** oder zusätzliche Rechtschutzmöglichkeiten ergeben können. Dabei ist vor allem der Grundsatz der europarechtsfreundlichen – im Bereich des Telekommunikationsrechts insbesondere der richtlinienkonformen – Auslegung zu beachten. Da das TKG zu wesentlichen Teilen auf einer Umsetzung gemeinschaftsrechtlicher Richtlinien – hierbei ist vor allem das Richtlinienpaket vom 7.3.2002 bestehend aus der Zugangsrichtlinie, der Genehmigungsrichtlinie, der Rahmenrichtlinie und der Universaldienstrichtlinie (vgl ABl. EG Nr. L 108 S. 7, 21, 33, 51) zu nennen – beruht, hat ein nationales Gericht, soweit es bei der Anwendung des nationalen Rechts dieses Recht auszulegen hat, seine Auslegung so weit wie möglich am Wortlaut und Zweck dieser Richtlinien auszurichten, um das mit den Richtlinien verfolgte Ziel zu erreichen und auf diese Weise Art. 288 Abs. 3 AEUV nachzukommen (vgl VG Köln MMR 2003, 687, 689 unter Hinweis auf EuGH NJW 1997, 3365, 3367 mwN). Sofern eine gemeinschaftsrechtskonforme Auslegung einer Vorschrift des nationalen Rechts – etwa aufgrund des entgegenstehenden Wortlauts – ausscheidet, ist der Anwendungsvorrang des europäischen Primär- und Sekundärrechts zu beachten. Praktisch relevant sind daneben auch die Rechtsbehelfe des Gemeinschaftsrechts. Verstößt ein marktbeherrschendes Unternehmen gegen das Missbrauchsverbot des Art. 102 AEUV, kann ein davon betroffener Wettbewerber die EU-Kommission anrufen und gegebenenfalls gegen deren Entscheidung gemäß Art. 263 AEUV vor den europäischen Gerichten klagen (vgl Beck'scher TKG-Kommmentar/*Schuster/Ruhle*, § 28 Rn 117 mwN).

Die Vorschriften zur **Entgeltregulierung** finden ihre europarechtliche Grundlage insbesondere in 2
Art. 13 Zugangsrichtlinie (Verpflichtung zur Preiskontrolle und Kostenrechnung) sowie in Art. 17 Universaldienstrichtlinie (Regulierungsmaßnahmen in Bezug auf Dienste für Endnutzer). Gemäß Art. 13 Abs. 1 Zugangsrichtlinie kann die nationale Regulierungsbehörde einem marktmächtigen Betreiber Verpflichtungen betreffend die Kostendeckung und die Preiskontrolle einschließlich kostenorientierter Preise auferlegen und ihm bestimmte Auflagen in Bezug auf Kostenrechnungsmethoden erteilen. Nach Art. 17 Abs. 1 Universaldienstrichtlinie tragen die Mitgliedsstaaten Sorge dafür, dass die nationale Regulierungsbehörde einem Unternehmen mit beträchtlicher Marktmacht auf einem Endnutzermarkt geeignete regulatorische Verpflichtungen auferlegt. In diesem Zusammenhang ist in Art. 8 Abs. 4 Zugangsrichtlinie und Art. 17 Abs. 4 Universaldienstrichtlinie die grundlegende Vorgabe enthalten, dass die auferlegten Verpflichtungen der Art des aufgetretenen Problems entsprechen und im Hinblick auf die in Art. 8 der Rahmenrichtlinie enthaltenen Regulierungsziele verhältnismäßig und gerechtfertigt sein müssen.

II. Bedeutung und Struktur

§ 27 findet keine Entsprechung im TKG 1996, sondern wurde im Zuge der Novellierung des Gesetzes 3
neu eingefügt und den Vorschriften zur Entgeltregulierung als Grundsatznorm vorangestellt. Für den Gesetzgeber ist die in Abschnitt 3 des TKG geregelte Entgeltregulierung zentraler Bestandteil der **sektorspezifischen Regulierung**. Sie kommt sinnvoller Weise dort zum Einsatz, wo der Preis- und Wettbewerbsmechanismus nicht oder nur sehr eingeschränkt funktioniert und demzufolge mit deutlichen Abweichungen von effizienten Preisen zu rechnen ist. Entgeltregulierung ist insoweit Ersatzinstrument für funktionsfähigen Wettbewerb, kann diesen aber niemals vollständig ersetzen. Nach Ansicht des Gesetzgebers nimmt ihre Effektivität mit zunehmendem Wettbewerb und steigender Dynamik der Märkte ab (vgl BT-Drucks. 15/2316, S. 66 zu Abschnitt 3 TKG-E).

Vor diesem Hintergrund sollen durch die Beschränkung der Preissetzungsspielräume von Anbietern 4
mit beträchtlicher Marktmacht zum einen Nachfrager, zum anderen Wettbewerber vor missbräuchlichen Verhaltensweisen geschützt werden (vgl BT-Drucks. 15/2316, S. 66 zu Abschnitt 3 TKG-E). Die Vorschriften zur Entgeltregulierung sind in drei Unterabschnitte unterteilt. Der erste Unterabschnitt

mit den §§ 27 bis 29 enthält allgemeine Vorschriften, die sowohl für die Entgelte für Zugangsleistungen als auch für die Entgelte für Endnutzerleistungen gelten, während im zweiten Unterabschnitt in den §§ 30 bis 38 die Regulierung von Entgelten für Zugangsleistungen und im dritten Unterabschnitt in § 39 die Regulierung von Entgelten für Endnutzerleistungen geregelt sind. § 27 enthält in Abs. 1 das Ziel der Entgeltregulierung im engeren Sinne. Abs. 2 der Vorschrift sieht ein allgemeines Konsistenzgebot im Hinblick auf die von der Regulierungsbehörde ergriffenen Entgeltregulierungsmaßnahmen vor. In Abs. 3 schließlich ist die Beteiligung der Landesmedienanstalten im Rahmen der Entgeltregulierung geregelt.

III. Verfassungsrechtliche Grundlagen

5 Die Entgeltregulierung beschränkt die Preisgestaltungsmöglichkeiten der regulierten Unternehmen. Insofern greift sie in den **Schutzbereich der Berufsausübungsfreiheit** des Art. 12 Abs. 1 GG – ggf iVm Art. 19 Abs. 3 GG – ein. Das Grundrecht auf freie Berufsausübung umfasst auch die Freiheit, das Entgelt für berufliche Leistungen selbst festzusetzen oder mit den Interessenten auszuhandeln. Vergütungsregelungen und hierauf gründende Entscheidungen, die auf Einnahmen, welche durch eine berufliche Existenz erzielt werden können, und damit auch auf die Existenzerhaltung von nicht unerheblichem Einfluss sind, greifen in die Freiheit der Berufsausübung ein (vgl BVerwG K&R 2004, 38, 43 unter Hinweis auf BVerfGE 101, 331, 347; BVerfGE 68, 193, 216). Eingriffe in die Freiheit der Berufsausübung bedürfen gemäß Art. 12 Abs. 1 GG einer gesetzlichen Grundlage, die auch materiell verfassungsgemäß ist. Beschränkungen der Berufsausübung sind mit der Verfassung materiell vereinbar, wenn sie durch ausreichende Gründe des Gemeinwohls gerechtfertigt sind und dem Gebot der Verhältnismäßigkeit genügen. Eingriffe in die Ausübungsfreiheit dürfen deshalb nicht weitergehen, als es die sie rechtfertigenden Gemeinwohlbelange erfordern, und Eingriffszweck sowie Eingriffsintensität müssen in einem angemessenen Verhältnis stehen (vgl BVerwG K&R 2004, 38, 43 unter Hinweis auf BVerfGE 94, 372, 390; BVerfGE 99, 202, 211). Ziel der Regulierung ist es unter anderem, im Bereich der Telekommunikation die Nutzerinteressen zu wahren (§ 2 Abs. 2 Nr. 1) und chancengleichen Wettbewerb sicherzustellen (§ 2 Abs. 2 Nr. 2). Das spezifische Ziel der Entgeltregulierung ist es, eine missbräuchliche Ausbeutung, Behinderung oder Diskriminierung von Endnutzern oder von Wettbewerbern durch preispolitische Maßnahmen von Unternehmen mit beträchtlicher Marktmacht zu verhindern (§ 27 Abs. 1). Diese Zielsetzungen gehören zu den Gemeinwohlbelangen, die geeignet sind, eine Einschränkung der Berufsausübungsfreiheit zu rechtfertigen (vgl BVerwG K&R 2004, 38, 43). Die Vorschriften zur Entgeltregulierung sind auch verhältnismäßig, da sie im Hinblick auf diese Ziele geeignet, erforderlich und angemessen sind. Denn durch die Entgeltkontrolle kann der Gefahr begegnet werden, dass das regulierte Unternehmen seine wirtschaftliche Machtstellung bei der Bemessung der Entgelte zulasten der Nachfrager ausnutzt. Nach den von der Rechtsprechung aufgestellten Grundsätzen können daher im Ergebnis keine Zweifel daran bestehen, dass die Vorschriften zur Entgeltregulierung durch ausreichende Gründe des Gemeinwohls gerechtfertigt sind (vgl BVerwG K&R 2004, 38, 44 mwN). Im Hinblick auf die Eigentumsfreiheit des Art. 14 Abs. 1 GG lehnt die Rechtsprechung bereits einen Eingriff in den Schutzbereich dieses Grundrechts ab (vgl BVerwG K&R 2004, 38, 44 mwN).

B. Ziel der Entgeltregulierung (Abs. 1)

I. Anwendungsbereich

6 Abs. 1 ergänzt und konkretisiert die in § 2 Abs. 2 genannten Regulierungsziele für den Bereich der Entgeltregulierung. Durch die Einfügung dieser den anderen Vorschriften des dritten Abschnitts vorangestellten Grundsatznorm hat der Gesetzgeber den **Schutzzweck der Entgeltregulierung** klarstellend definiert. Danach ist es deren Ziel, die Endnutzer und Wettbewerber vor einer missbräuchlichen Ausbeutung, Behinderung oder Diskriminierung durch preispolitische Maßnahmen von Unternehmen mit beträchtlicher Marktmacht zu schützen (vgl auch BT-Drucks. 15/2316, S. 66 zu Abschnitt 3 TKG-E). Gemäß § 3 Nr. 8 ist ein **„Endnutzer"** in diesem Sinne eine juristische oder natürliche Person, die weder öffentliche Telekommunikationsnetze betreibt noch Telekommunikationsdienste für die Öffentlichkeit erbringt. Erfasst sind daher etwa auch Anbieter von Telekommunikationsdiensten für geschlossene Benutzergruppen (vgl *Schütz*, Kommunikationsrecht, Rn 17 f). Der Begriff des **„Wettbewerbers"** ist im TKG selbst nicht definiert. Mit Blick auf den Charakter des TKG als sektorspezifisches Kartellrecht (vgl BVerwG MMR 2001, 681, 686) – insbesondere die parallele Anwendbarkeit der allgemeinen kartellrechtlichen Missbrauchsvorschriften (§ 2 Abs. 3) und die ausdrückliche Vorgabe des § 123

Abs. 1 Satz 4, wonach eine einheitliche und den Zusammenhang mit dem GWB wahrende Auslegung des TKG geboten ist – kann hierzu auf den allgemeinen kartellrechtlichen Wettbewerbsbegriff zurückgegriffen werden, der unter Berücksichtigung der Zielrichtung des Gesetzes sowohl im Sinne von aktuellem als auch im Sinne von potenziellem Wettbewerb zu verstehen ist (vgl Immenga/Mestmäcker/*Zimmer*, GWB, § 1 Rn 116 mwN). Dies muss für den bis 1996 staatsmonopolistisch organisierten Telekommunikationsbereich, in dem die sektorspezifische Regulierung maßgeblich durch das Ziel bestimmt wird, das ehemalige Staatsmonopol aufzulösen und chancengleichen Wettbewerb herzustellen, in besonderem Maße gelten (vgl BVerwG MMR 2001, 681, 686; BT-Drucks. 13/3069, S. 1 f, 33 f). Denn gerade auch potenzieller Wettbewerb begründet ein Wettbewerbsverhältnis und hat Wirkungen auf das Marktverhalten derjenigen, die schon am Markt tätig sind. Ein Wettbewerbsverhältnis zwischen zwei Unternehmen ist somit anzunehmen, wenn die Unternehmen auf einem sachlich, räumlich und auch zeitlich gemeinsamen Markt jeweils aktuell oder potenziell als Anbieter oder Nachfrager tätig sind (vgl Immenga/Mestmäcker/*Zimmer*, GWB, § 1 Rn 43 mwN). Ein Unternehmen wird also bereits dann als Wettbewerber im Sinne des § 27 Abs. 1 geschützt, wenn es den Eintritt in den Markt, auf dem das Unternehmen mit beträchtlicher Marktmacht tätig ist, erst plant (so auch Beck'scher TKG-Kommmentar/*Schuster*/*Ruhle*, § 27 Rn 15). Dies muss ebenso für einen potenziellen Wettbewerber im Hinblick auf seine Positionierung für einen zukünftigen Wettbewerb gelten; insofern verleihen die Entgeltregulierungsvorschriften auch vorsorgliche Abwehrrechte (problematisch daher BVerwG Beschl. v. 8.12.2005 – 6 B 81/05, Rn 11 f; VG Köln Urt. v. 10.8.2005 – 21 K 6681/03, Rn 29). Der Begriff der *„preispolitischen Maßnahmen“* in Abs. 1 ist im Hinblick auf den Sinn und Zweck des Gesetzes und das Ziel der Entgeltregulierung denkbar weit zu verstehen. Unter derartigen Maßnahmen sind somit alle Verhaltensweisen des Unternehmens mit beträchtlicher Markmacht zu verstehen, die etwas mit Entgelten zu tun haben (vgl Beck'scher TKG-Kommmentar/*Schuster*/*Ruhle*, § 27 Rn 19). Dies erfasst insbesondere jegliches Handeln oder Unterlassen, das konkrete Auswirkungen auf die von dem marktmächtigen Unternehmen geforderten Entgelte haben kann. Auch die weiteren Tatbestandsmerkmale des Abs. 1 sind im Zusammenhang mit § 28 zu verstehen und entsprechen den dort verwendeten Begriffen, so dass auf die diesbezüglichen Ausführungen verwiesen werden kann.

II. Bedeutung für den Drittschutz der Entgeltregulierungsvorschriften

Der neue § 27 Abs. 1 hat maßgebende Bedeutung für den **Aspekt des Drittschutzes**, ein zentrales und 7
vor allem in der Praxis höchst relevantes Problemfeld im Rahmen der Entgeltregulierung. Dabei geht es um die umstrittene Frage, ob die Entgeltregulierungsvorschriften des TKG auch Schutzwirkung zugunsten der Endnutzer und Wettbewerber des marktmächtigen Unternehmens haben, also ob diese eigene Rechte aus diesen Normen herleiten können. Dieses Thema ist deswegen von großer praktischer Relevanz, weil regelmäßig nur das Unternehmen mit beträchtlicher Markmacht unmittelbarer Adressat einer Entgeltregulierungsmaßnahme der Bundesnetzagentur ist, während die Endnutzer und Wettbewerber hiervon nur mittelbar betroffen sind und daher die Möglichkeit des gerichtlichen Vorgehens gegen ein Tätigwerden oder Unterlassen der Bundesnetzagentur davon abhängt, ob sie sich für ihr Begehren auf eine Norm stützen können, die nach dem in ihr enthaltenen Entscheidungsprogramm auch sie als Dritte schützt (vgl BVerwG, MMR 2003, 241 mwN). Um die Konsequenzen der gesetzgeberischen Entscheidung, in Ergänzung und Konkretisierung der Regulierungsziele in § 2 Abs. 2 eine Zielbestimmung für den Bereich der Entgeltregulierung aufzunehmen, ermessen zu können, ist der Diskussionsstand und die Rechtsprechung zum Drittschutz unter dem TKG 1996 heranzuziehen.

Der überwiegende Teil der **Literatur** ging von einer **drittschützenden Wirkung** der §§ 23 ff TKG 1996 8
zugunsten der Wettbewerber des marktbeherrschenden Unternehmens aus, während die **Rechtsprechung** hierzu **uneinheitlich** war (vgl *Schalast*/*Rößner* WuW 2004, 595, 597 ff mwN). Das VG Köln erkannte den drittschützenden Charakter der Entgeltregulierungsvorschriften des TKG 1996 ohne Weiteres an (vgl VG Köln MMR 2000, 227 ff; ebenso VG Köln MMR 2000, 638 f). Demgegenüber hatte das OVG Münster zunächst grundsätzlich abgelehnt, Wettbewerbern im Rahmen der Entgeltregulierung eine eigenständige Rechtsschutzposition zu gewähren, und die Ansicht vertreten, dass die Regelungen der §§ 23 ff TKG 1996 keine subjektiv-öffentlichen Rechte der Wettbewerber des marktbeherrschenden Unternehmens begründen (vgl OVG Münster MMR 1999, 553 ff). Von dieser kategorischen Ablehnung jeden Drittschutzes schien das OVG Münster jedoch in zwei späteren Entscheidungen abzurücken (vgl OVG Münster MMR 2000, 779 ff; OVG Münster MMR 2002, 129 ff). Das **BVerwG** ging in seiner **Grundsatzentscheidung vom 10.10.2002** von subjektiven Rechten für Wettbewerber aus dem Abschlagsverbot des § 24 Abs. 2 Nr. 2 TKG 1996 aus (vgl BVerwG MMR 2003,

241 ff). Das Gericht ließ zwar offen, ob auch § 24 Abs. 2 Nr. 1 TKG 1996 Wettbewerbern eines marktbeherrschenden Unternehmens ein subjektives Recht zur Abwehr von Aufschlägen auf Entgelte, die sie für das Erbringen von Vorleistungen entrichten, verleiht, schien dieser Auffassung aber zuzuneigen. Dies gilt auch für die Frage, ob der von dem Diskriminierungsverbot des § 24 Abs. 2 Nr. 3 TKG 1996 bezweckte Wettbewerbsschutz über das Allgemeininteresse an dem Bestehen eines chancengleichen und funktionsfähigen Wettbewerbs hinaus den Schutz einzelner Nachfrager einschließt. Dagegen erkannte das BVerwG dem **Aufschlagsverbot** gemäß § 24 Abs. 2 Nr. 1 TKG 1996 keinen Drittschutz zu, soweit bloße Nutzer von Telekommunikationsdienstleistungen betroffen sind. Des weiteren vertrat der Senat die Auffassung, dass auch das in § 24 Abs. 1 Satz 1 TKG 1996 enthaltene **Gebot der Orientierung der Entgelte** an den Kosten der effizienten Leistungsbereitstellung keine drittschützende Wirkung zugunsten der Nutzer von Telekommunikationsdienstleistungen oder Wettbewerber eines marktbeherrschenden Unternehmens entfaltet. Das BVerwG begründete dies im Wesentlichen damit, dass dem Wortlaut des § 24 Abs. 1 Satz 1 TKG 1996 jeglicher Hinweis auf einen sich von der Allgemeinheit unterscheidenden Personenkreis fehle. Einer an Sinn und Zweck, der Entstehungsgeschichte, der Gesetzessystematik, der Verfassung und des Europäischen Gemeinschaftsrechts ausgerichteten Auslegung der Bestimmung sei ebenfalls nicht zu entnehmen, dass den Nutzern oder Wettbewerbern des marktbeherrschenden Unternehmens subjektive Rechte verliehen sind. Gleiches gelte für das Aufschlagsverbot des § 24 Abs. 2 Nr. 1 TKG 1996 im Hinblick auf Nutzer von Telekommunikationsdienstleistungen.

9 Diese Erwägungen waren bereits unter dem TKG 1996 kritikwürdig und offenbar maßgeblich geprägt von der **Furcht vor Popularklagen von Verbrauchern** (vgl Beck'scher TKG-Kommmentar/*Schuster/Ruhle*, § 27 Rn 17; *Rädler*, MMR 2003, 246 ff). Spätestens durch die Aufnahme der systematisch-teleologischen Auslegungsdirektive des § 27 Abs. 1 (vgl BerlKommTKG/*Kühling/Neumann*, § 39 Rn 128) in das TKG ist jedoch nunmehr klargestellt, dass sämtliche Entgeltregulierungsvorschriften den Endnutzern und Wettbewerbern des marktmächtigen Unternehmens umfassenden **Drittschutz** vermitteln (so auch Beck'scher TKG-Kommmentar/*Schuster/Ruhle*, § 27 Rn 16 ff). Die Gerichte haben sich bisher – soweit ersichtlich – noch nicht hinreichend mit dieser Frage auseinandergesetzt. So hat das BVerwG in einer Entscheidung vom 13.6.2007 offen lassen können, inwieweit sich aus § 27 Abs. 1 ergibt, dass die Normen über die Entgeltregulierung eine drittschützende Wirkung zugunsten von Wettbewerbern des regulierten Unternehmens entfalten (vgl BVerwG Beschl. v. 13.6.2007 – 6 VR 5.07, Rn 8). In einer Entscheidung vom 20.10.2010 hat der Senat jedoch erstmals signalisiert, dass er bereit ist, die Bedeutung des § 27 Abs. 1 in diesem Zusammenhang anzuerkennen, indem er den drittschützenden Charakter der Missbrauchstatbestände des § 28 Abs. 1 Satz 2 Nr. 2 und 3 unter anderem mit dem ausdrücklichen Hinweis auf diese Regelung begründet (vgl BVerwG Urt. v. 20.10.2010 – 6 C 18.09, Rn 15, auch wenn gleichzeitig offen gelassen wird, ob das Konsistenzgebot des § 27 Abs. 2 Satz 1 Drittschutz vermittelt, vgl Rn 32). Ähnlich hatte zuvor bereits das VG Köln argumentiert (vgl VG Köln Urt. v. 17.6.2009 – 21 K 5382/06, Rn 34). Im Übrigen erfolgt eine Abkehr von seiner bisherigen Rechtsprechung (vgl BVerwG MMR 2003, 241 ff), soweit der Senat für die Vorgängerbestimmung des § 24 Abs. 2 TKG 1996 den Drittschutz auf ein aktuelles Wettbewerbsverhältnis auf demselben sachlich und räumlich relevanten Markt bezogen hatte. Nach Auffassung des BVerwG sei an dieser Begrenzung für das geltende Recht nicht festzuhalten. Denn im Geltungsbereich des § 19 Abs. 1, 4 GWB, an dem sich § 28 orientiere, sei anerkannt, dass eine relevante Beeinträchtigung nicht nur auf dem beherrschten Markt, sondern auch auf einem Drittmarkt eintreten kann, sofern ein Kausalzusammenhang zwischen der Marktbeherrschung und dem missbilligten Verhalten bzw seiner wettbewerbsbeeinträchtigenden Wirkung gegeben ist (vgl BVerwG Urt. v. 20.10.2010 – 6 C 18.09, Rn 16 mwN).

10 Auch nach den in der ständigen Rechtsprechung des BVerwG formulierten Grundsätzen kann kein anderes Verständnis der Vorgabe des § 27 Abs. 1 in Betracht kommen. Auf der Grundlage der herrschenden **Schutznormtheorie** vermitteln Drittschutz nur solche Vorschriften, die nach dem in ihnen enthaltenen, durch Auslegung zu ermittelnden Entscheidungsprogramm auch der Rücksichtnahme auf die Interessen des betreffenden Dritten dienen (vgl zB BVerfGE 27, 297, 307; BVerwGE 81, 329, 334). Bereits unter dem alten Recht ergab sich anhand einer Auslegung insbesondere des § 24 Abs. 2 TKG 1996, dass die Entgeltregulierungsvorschriften nicht nur den **öffentlichen Interessen**, sondern auch den **Individualinteressen der Wettbewerber** des marktbeherrschenden Unternehmens dienen. Diese sollten nach dem Entscheidungsprogramm der Norm als Träger der Individualinteressen die Einhaltung der Maßstäbe des § 24 Abs. 2 TKG 1996 verlangen können (vgl VG Köln MMR 2000, 227 ff). Dabei

sprach schon der Wortlaut des § 24 Abs. 2 TKG 1996 für den besonderen Schutz der Individualinteressen, da in § 24 Abs. 2 Nr. 2 TKG 1996 der Schutz der Wettbewerbsmöglichkeiten von Unternehmen und in § 24 Abs. 2 Nr. 3 TKG 1996 die Gleichbehandlung von Nachfragern nach Telekommunikationsdienstleistungen ausdrücklich postuliert wurden (vgl VG Köln MMR 2000, 227, 228). Dies muss erst recht unter dem neuen TKG für sämtliche Entgeltregulierungsvorschriften gelten. Denn der neue § 27 Abs. 1 beschreibt – als eine allen anderen Regelungen des dritten Abschnitts vorangestellte **allgemeine Auslegungsdirektive** – nunmehr unmissverständlich die Zielsetzung der Entgeltregulierung – also der §§ 27 bis 39 –, die in der Verhinderung einer missbräuchlichen Ausbeutung, Behinderung oder Diskriminierung von Endnutzern oder von Wettbewerbern durch preispolitische Maßnahmen von marktmächtigen Unternehmen besteht (vgl auch BT-Drucks. 15/2316, S. 67 zu § 25 TKG-E). Die Gesetzesbegründung weist sogar ausdrücklich darauf hin, dass durch die Beschränkung der Preissetzungsspielräume von Anbietern mit beträchtlicher Marktmacht zum einen Nachfrager, zum anderen Wettbewerber vor missbräuchlichen Verhaltensweisen geschützt werden sollen (vgl auch BT-Drucks. 15/2316, S. 66 zu Abschnitt 3 TKG-E). Jedes andere Verständnis dieser Norm würde ihr auch letztlich jegliche eigenständige Bedeutung aberkennen und so den in ihr zum Ausdruck kommenden Willen des Gesetzgebers ignorieren. Denn dieser hat § 27 Abs. 1 in Kenntnis dessen, dass der drittschützende Charakter der Entgeltregulierungsvorschriften unter dem TKG 1996 äußerst umstritten war, in das TKG eingefügt. Es ist daher nahe liegend, dass insoweit eine Klarstellung hinsichtlich der Bedeutung der in § 2 Abs. 2 genannten Regulierungsziele für den Bereich der Entgeltregulierung angestrebt wurde. Auch hinsichtlich dieser allgemeinen Zielsetzungen des TKG deutet eine am **Sinn und Zweck des Gesetzes orientierte Auslegung** auf den drittschützenden Charakter der Entgeltregulierungsvorschriften zugunsten der Nutzer und Wettbewerber des marktmächtigen Unternehmens hin. Denn zum einen bezwecken die Regulierungsvorschriften gemäß § 2 Abs. 2 Nr. 1 TKG auch die Wahrung der Interessen der Nutzer, zum anderen stellt die Sicherstellung eines chancengleichen Wettbewerbs gemäß § 2 Abs. 2 Nr. 2 TKG ein wesentliches Ziel der Regulierung dar. Dies muss insbesondere für die Entgeltregulierung gelten, die der Gesetzgeber als zentralen Bestandteil des Gesetzes ausgestaltet hat (vgl VG Köln MMR 2000, 227, 228). Insbesondere aus den Gesetzgebungsunterlagen ist zu erkennen, dass der Gesetzgeber hierbei nicht nur den „Schutz des Wettbewerbs als Institution, sondern auch ... der Wettbewerber“ im Auge hatte (vgl BT-Drucks. 13/3069, S. 43 zu § 23 TKG-E). Dies wird nunmehr durch § 27 Abs. 1 positivrechtlich bestätigt (vgl Beck'scher TKG-Kommmentar/*Schuster/Ruhle*, § 27 Rn 19).

Vor diesem Hintergrund kann nicht mehr in Zweifel gezogen werden, dass die Entgeltregulierungsvorschriften nach ihrem Entscheidungsprogramm auch den Interessen der betroffenen Endnutzer und Wettbewerber zu dienen bestimmt sind. Aus den individualisierenden Tatbestandsmerkmalen des § 27 Abs. 1 lässt sich unschwer ein einschlägiger Personenkreis entnehmen, der sich von der Allgemeinheit unterscheidet (vgl BVerwGE 94, 151, 158) – nämlich die von dem missbräuchlichen Verhalten eines marktmächtigen Unternehmens betroffenen Endnutzer und Wettbewerber. Weil es sich bei dieser Norm um eine systematisch-teleologische Auslegungsdirektive (vgl BerlKommTKG/*Kühling/Neumann*, § 39 Rn 128) für den gesamten Bereich der Entgeltregulierung handelt, ist des weiteren davon auszugehen, dass grundsätzlich sämtliche Vorschriften der §§ 27 bis 39 im Rahmen ihres jeweiligen – durch die einzelnen Tatbestandsmerkmale jeder Norm bestimmten – Anwendungsbereichs umfassenden Drittschutz zugunsten des einschlägigen Personenkreises vermitteln (so auch Beck'scher TKG-Kommmentar/*Schuster/Ruhle*, § 27 Rn 18). Der drittschützende Charakter erstreckt sich daher nicht nur auf das allgemeine Missbrauchsverbot des § 28 als Nachfolgeregelung des § 24 TKG 1996, der zumeist Gegenstand der Diskussion zum Drittschutz unter dem TKG 1996 war, sondern auch auf alle anderen Entgeltregulierungsvorschriften, da diese – so stellt es § 27 Abs. 1 klar – ausnahmslos der Verhinderung einer missbräuchlichen Ausbeutung, Behinderung oder Diskriminierung von Endnutzern oder von Wettbewerbern durch das marktmächtige Unternehmen dienen. Dies schließt den Maßstab der Kosten der effizienten Leistungsbereitstellung in § 31 Abs. 1 Satz 1 ein (aA BerlKommTKG/*Kühling/Neumann*, § 39 Rn 129), zumal dieser als Grundlage für die von einem Drittbetroffenen angefochtene Entgeltgenehmigung im Rahmen eines gerichtlichen Verfahrens zwangsläufig mitgeprüft werden muss. 11

Dieses Verständnis der Entgeltregulierungsvorschriften ist auch mit Blick auf die Rechtsprechung zur **Rechtsweggarantie des Art. 19 Abs. 4 GG** und zum verfassungsrechtlich verbürgten allgemeinen **Justizgewährungsanspruch** geboten. Für **öffentlich-rechtliche Streitigkeiten** verlangt das Gebot effektiven Rechtsschutzes im Sinne von Art. 19 Abs. 4 GG, dass dem Einzelnen im Hinblick auf die Wahrung oder Durchsetzung seiner subjektiv-öffentlichen Rechte eine tatsächlich wirksame gerichtliche Kon- 12 trolle zuteil wird. Dazu gehört es, dass das Gericht das Rechtsschutzbegehren in tatsächlicher und rechtlicher Hinsicht prüfen kann und genügende Entscheidungsbefugnisse besitzt, um eine Rechtsverletzung abzuwenden oder erfolgte Rechtsverletzungen zu beheben (vgl BVerwG, MMR 2003, 241, 244 unter Hinweis auf BVerfGE 101, 106, 122 f mwN). Entsprechendes ergibt sich für **bürgerlichrechtliche Streitigkeiten** aus dem allgemeinen Justizgewährungsanspruch als Bestandteil des Rechtsstaatsprinzips. Dieser verlangt eine grundsätzlich umfassende tatsächliche und rechtliche Prüfung des Streitgegenstandes sowie eine verbindliche Entscheidung durch den Richter (vgl BVerwG, MMR 2003, 241, 244 unter Hinweis auf BVerfGE 85, 337, 345). Angesichts des deshalb grundsätzlich gebotenen umfassenden Rechtsschutzes durch staatliche Gerichte ist es im Grundsatz verfassungsrechtlich nicht zulässig, bei staatlich regulierten Entgelten sowohl eine verwaltungsgerichtliche als auch eine zivilgerichtliche Kontrolle der materiellen Rechtmäßigkeit der Entgelte zugunsten derjenigen zu versagen, die diese zu entrichten haben (vgl BVerwG, MMR 2003, 241, 244 unter Hinweis auf BVerwGE 100, 230, 236; BVerfG DVBl 2000, 556 f). Daran gemessen wäre es verfassungsrechtlich bedenklich, die von Nutzern von Telekommunikationsdienstleistungen im Verwaltungsstreitverfahren angestrebte Kontrolle der materiellen Rechtmäßigkeit der von ihnen für diese Leistungen entrichteten und der staatlichen Regulierung unterliegenden Entgelte mit der Begründung zu versagen, es fehle insoweit an einem subjektiv-öffentlichen Recht, wenn auch die Zivilgerichte keine materielle Rechtmäßigkeitsprüfung der Entgelte vornehmen.

13 Das BVerwG nimmt in diesem Zusammenhang Bezug auf die Rechtsprechung des BGH, nach der auf privatrechtlicher Grundlage geleistete Entgelte, die öffentlich-rechtlichen Vorgaben genügen müssen, grundsätzlich einer Billigkeitskontrolle nach § 315 Abs. 3 BGB unterworfen sind (vgl BVerwG MMR 2003, 241, 244 unter Hinweis auf BGHZ 115, 311, 315 ff mwN). Den oben dargestellten verfassungsrechtlichen Bedenken ist im Hinblick auf Art. 19 Abs. 4 GG also immer dann Rechnung zu tragen, wenn die Voraussetzungen vorliegen, nach denen die Zivilgerichte eine inhaltliche Kontrolle behördlich kontrollierter Entgelte ablehnen. In diesem Fall ist von einem entsprechenden subjektiv-öffentlichen Recht des von dem fraglichen Entgelt betroffenen Nutzers und Wettbewerbers auszugehen. Dies gilt insbesondere dann, wenn die Entgelte behördlich genehmigt sind und mangels eines privatautonomen Spielraumes eine davon abweichende Preisvereinbarung nichtig wäre (vgl BVerwG MMR 2003, 241, 244 unter Hinweis auf BGH NJW 1998, 3188, 3192 mwN). Entsprechendes wird angenommen, wenn Entgelte unmittelbar durch Verwaltungsakt festgesetzt sind (vgl BVerwG MMR 2003, 241, 244 unter Hinweis auf BGHZ 73, 114, 116 ff). Für den Bereich der Entgeltgenehmigung oder etwa im Falle einer Anordnung gemäß § 38 Abs. 4 Satz 2 im Rahmen der nachträglichen Entgeltregulierung ist also bereits mit der bisherigen Rechtsprechung des BVerwG davon auszugehen, dass aus der Rechtsweggarantie des Art. 19 Abs. 4 GG **eigene Rechte von betroffenen Nutzern und Wettbewerbern** hinsichtlich entsprechender Entgeltmaßnahmen der Bundesnetzagentur abzuleiten sind.

14 Im Hinblick auf nicht genehmigte Entgelte für das Erbringen von Telekommunikationsleistungen im Sinne von § 25 Abs. 2 TKG 1996 ging das BVerwG hingegen bisher davon aus, dass diese einer zivilgerichtlichen Inhaltskontrolle unterzogen werden und insoweit im Hinblick auf Art. 19 Abs. 4 GG keine andere Bewertung der Entgeltregulierungsvorschriften im Hinblick auf deren drittschützenden Charakter geboten sei (vgl BVerwG MMR 2003, 241, 244 unter Hinweis auf BGH K&R 2001, 417, 420). Ob dies auch in Zukunft der Fall ist, ist im Hinblick auf die zunehmend restriktive Rechtsprechung des BGH zur **Billigkeitskontrolle in Netzsektoren** (vgl BGH Urt. v. 19.11.2008 – VIII ZR 138/07; BGH Urt. v. 13.6.2007 – VIII ZR 36/06, zur Anwendung von § 315 BGB auf Gaspreise; siehe auch BGH Urt. v. 28.3.2007 – VIII ZR 144/06, zur Anwendung von § 315 BGB auf Strompreise) jedoch fraglich. So fehlt es nach Ansicht des BGH bei einem Gasversorger, der in einer bestimmten Region der einzige Anbieter von leitungsgebundener Versorgung mit Gas und daher auf dem Gasversorgungsmarkt keinem unmittelbaren Wettbewerb ausgesetzt ist, an einer Monopolstellung als Grundlage einer entsprechenden Anwendung des § 315 BGB, weil er – wie alle Gasversorgungsunternehmen – auf dem Wärmemarkt in einem (Substitutions-)Wettbewerb mit Anbietern konkurrierender Heizenergieträger wie Heizöl, Strom, Kohle und Fernwärme stehe (vgl BGH Urt. v. 13.6.2007 – VIII ZR 36/06, Rn 34). Angesichts der fortschreitenden Konvergenz der Medien und Infrastrukturen (Triple Play, Quadruple Play) dürfte es nur noch eine Frage der Zeit sein, bis die **Überlegungen zum Wärmemarkt** auch auf den Bereich der Telekommunikation übertragen werden, so dass eine Billigkeitskontrolle der Entgelte des marktmächtigen Unternehmens mangels der vom BGH für eine analoge Anwendung des § 315 Abs. 3 BGB geforderten Monopolstellung nicht mehr in Betracht käme. Da das BVerwG im Zusammenhang mit Art. 19 Abs. 4 GG jedoch explizit auf die Reichweite der Billigkeitskontrolle nach der

Rechtsprechung des BGH rekurriert, ergäbe sich der drittschützende Charakter der Entgeltregulierungsvorschriften auch für den gesamten Bereich der nachträglichen Entgeltregulierung – und nicht nur im Falle einer Anordnung gemäß § 38 Abs. 4 Satz 2 – aus der Rechtsweggarantie des Grundgesetzes. Die §§ **27 bis 39** wären also dahin gehend **verfassungskonform auszulegen**, dass den von einem Tätigwerden oder Unterlassen der Bundesnetzagentur betroffenen Endnutzern und Wettbewerbern eine effektive Rechtsschutzmöglichkeit einzuräumen ist. Für den Fall, dass eine zivilgerichtliche Billigkeitskontrolle nicht in Betracht kommt, kann dies nur durch die Annahme eines entsprechenden subjektiv-öffentlichen Rechts gewährleistet werden. Vor diesem Hintergrund ist der pauschale Verweis auf die Möglichkeit einer zivilgerichtlichen Billigkeitskontrolle – unter Bezugnahme auf die oben dargestellte Rechtsprechung des BVerwG (so etwa VG Köln Urt. v. 10.8.2005 – 21 K 6681/03, Rn 29 f; BerlKommTKG/*Kühling/Neumann*, § 39 Rn 129) – bereits aus heutiger Sicht problematisch und könnte schon in naher Zukunft ins Leere laufen.

Der drittschützende Charakter der Entgeltregulierungsvorschriften ergibt sich schließlich auch aus dem **europäischen Gemeinschaftsrecht**. Gemäß Art. 4 Abs. 1 Satz 1 der Rahmenrichtlinie haben die Mitgliedstaaten sicherzustellen, dass jeder Nutzer oder Anbieter elektronischer Kommunikationsnetze und/oder -dienste, der von einer Entscheidung einer nationalen Regulierungsbehörde betroffen ist, bei einer von den beteiligten Parteien unabhängigen Beschwerdestelle Rechtsbehelf gegen diese Entscheidung einlegen kann. Wie sich des Weiteren aus Art. 4 Abs. 1 iVm Abs. 2 der Rahmenrichtlinie ergibt, wird dem betroffenen Nutzer oder Anbieter eine gerichtliche Überprüfung der Entscheidung garantiert. Hat nicht bereits die Beschwerdestelle selbst einen gerichtlichen Charakter, so müssen deren Entscheidungen von einem Gericht überprüft werden können. Dieser Verpflichtung zur Rechtsschutzgewährung kann im nationalen Recht nur durch die **Anerkennung entsprechender subjektiv-öffentlicher Rechte** der Nutzer oder Wettbewerber nachgekommen werden (vgl VG Köln MMR 2000, 227, 229 zum ähnlich weiten Wortlaut des Art. 5 a Abs. 3 ONP-Richtlinie). In einer Entscheidung vom 21.2.2008 hat der EuGH im Zusammenhang mit einem Marktanalyseverfahren ausdrücklich bestätigt, dass der Begriff des Nutzers oder Anbieters, der im Sinne von Art. 4 Abs. 1 der Rahmenrichtlinie „betroffen" ist, so auszulegen ist, dass dieser Begriff nicht nur ein Unternehmen mit (vormals) beträchtlicher Marktmacht auf dem relevanten Markt, das einer Entscheidung einer nationalen Regulierungsbehörde unterliegt und Adressat dieser Entscheidung ist, sondern auch mit einem solchen Unternehmen in Wettbewerb stehende Nutzer und Anbieter erfasst, die zwar nicht selbst Adressaten dieser Entscheidung sind, aber durch diese in ihren Rechten beeinträchtigt sind (vgl EuGH Urt. v. 21.2.2008, Rs. C-426/05). Das TKG ist daher **richtlinienkonform** dahin gehend **auszulegen**, dass zumindest betroffene Wettbewerber auf dem Verwaltungsrechtsweg das Tätigwerden der Bundesnetzagentur gegen das marktmächtige Unternehmen erzwingen können oder gegen Entscheidungen der Bundesnetzagentur vorgehen können, ohne selbst Adressaten dieser Entscheidung zu sein. Eine Auslegung des TKG **im Lichte des Gemeinschaftsrechts** spricht also ebenfalls maßgeblich für die Annahme einer drittschützenden Wirkung der Entgeltregulierungsvorschriften zugunsten dieses Personenkreises. 15

Schließlich darf nicht unberücksichtigt bleiben, dass die Anerkennung von uneingeschränktem Drittschutz aufgrund der damit verbundenen gerichtlichen Kontrolldichte zu einer **größeren Rechtssicherheit** im Bereich der Entgeltregulierung beiträgt und grundsätzlich zu einer höheren Richtigkeitsgewähr für die Entscheidungen der Bundesnetzagentur führt (vgl hierzu für die Funktion der Beiladung im Fusionskontrollrecht *Schalast/Rößner*, WuW 2007, 589, 592), was wiederum maßgeblich auch dem objektiven Zweck des Gesetzes dient und sämtlichen Regulierungszielen des TKG zugute kommt. Insofern stellt ein solches Verständnis der Grundsatznorm des § 27 Abs. 1 einen Schritt hin zu einer vom Bundesrat schon mehrfach angemahnten effektiven und effizienten Missbrauchsaufsicht im Entgeltbereich dar (vgl BR-Drucks. 886/06, S. 2) 16

Sowohl aus dem Wortlaut des § 27 Abs. 1 als auch aus einer an Sinn und Zweck, der Entstehungsgeschichte, der Gesetzessystematik, der Verfassung und des europäischen Gemeinschaftsrechts ausgerichteten Auslegung der fraglichen Normen ergibt sich also, dass die Entgeltregulierung insgesamt nicht nur dem Allgemeininteresse an dem Bestehen von Wettbewerb in der Telekommunikation dient, sondern auch unmittelbar den Schutz der von dem missbräuchlichen Verhalten eines marktmächtigen Unternehmens beeinträchtigten Endnutzer und Wettbewerber zum Ziel hat. 17

Für die Praxis hat dies enorme Bedeutung, weil mit der umfassenden Anerkennung subjektiv-öffentlicher Rechte der Nutzer und Wettbewerber entsprechend **weit reichende Rechtsschutzmöglichkeiten** verbunden sind. So können betroffene Endnutzer oder Wettbewerber vor den Verwaltungsgerichten 18 gegen eine Entgeltgenehmigung der Bundesnetzagentur vorgehen oder diese im Rahmen der nachträglichen Entgeltregulierung zu Maßnahmen gegen ein marktmächtiges Unternehmen verpflichten lassen. **Häufige Anwendungsfälle** dürften vor allem missbräuchlich überhöhte Vorleistungs- und Endnutzerentgelte sowie Niedrigpreisstrategien des Unternehmens mit beträchtlicher Marktmacht sein. Der Rechtsschutz eines Dritten kann dabei nicht von einem Tätigwerden der Bundesnetzagentur – also einer konkreten Entgeltregulierungsmaßnahme – abhängen (so aber *Holznagel/Enaux/Nienhaus*, Telekommunikationsrecht, 2. Aufl., Rn 310). In der Praxis werden die von einem missbräuchlichen Verhalten des marktmächtigen Unternehmens beeinträchtigten Wettbewerber regelmäßig gerade durch ein pflichtwidriges Unterlassen des Regulierers in ihren Rechten verletzt – gerade im Bereich der nachträglichen Entgeltregulierung (vgl *Schalast/Rößner*, WuW 2004, 595, 597 ff). Auch der Umstand, dass der Gesetzgeber im Rahmen der Verfahrensvorschriften in diesem Zusammenhang von einem formellen Antragsrecht abgesehen und einen dahin gehenden Vorschlag des Bundesrates abgelehnt hat, spricht nicht dagegen. Wie sich den Gesetzesmaterialien entnehmen lässt, geschah dies nur aus Gründen der Verfahrensökonomie. Der Gesetzgeber hält ausdrückliche Antragsrechte vielmehr generell nicht für erforderlich. Es wird als ausreichend angesehen, dass die Regulierungsbehörde nach pflichtgemäßem Ermessen tätig werden muss, sobald ihr Tatsachen bekannt werden, die auf ein missbräuchliches Verhalten des Unternehmens mit beträchtlicher Marktmacht hindeuten (vgl BT-Drucks. 15/2345, S. 2, 4, Gegenäußerung der Bundesregierung zu Nr. 10, § 14 Abs. 1 TKG-E, und zu Nr. 32, § 36 Abs. 2 TKG-E). Daneben ergibt sich auch aus einem **Umkehrschluss aus § 42 Abs. 4 Satz 5**, wonach einen Antrag nach § 42 Abs. 4 Satz 1 derjenige Anbieter von Telekommunikationsdiensten stellen kann, der geltend macht, in eigenen Rechten verletzt zu sein, dass kein Zusammenhang zwischen einem formellen Antragsrecht und der aus dem materiell drittschützenden Charakter einer Norm folgenden verfassungsrechtlich garantierten Rechtsschutzmöglichkeit besteht (vgl Beck'scher TKG-Kommmentar /*Schütz*, § 42 Rn 129). Daher ist insbesondere das Unterlassen einer Entgeltregulierungsmaßnahme, also die Weigerung der Bundesnetzagentur, ein förmliches Verfahren einzuleiten, unter Berücksichtigung des der Bundesnetzagentur hierbei zustehenden Ermessens gerichtlich überprüfbar, so dass Endnutzer oder Wettbewerber ein entsprechendes Tätigwerden der Bundesagentur gegen das marktmächtige Unternehmen gegebenenfalls auf dem **Verwaltungsrechtsweg** erzwingen können. Konsequenzen hat das Fehlen eines formellen Antragsrechts vor allem im Hinblick auf die Möglichkeit der Behörde, im Rahmen informeller Vorermittlungen zu prüfen, ob von Amts wegen ein förmliches Entgeltregulierungsverfahren eingeleitet wird (kritisch hierzu *Schalast/Rößner*, WuW 2004, 595, 601 f, s. auch BT-Drucks. 15/2316, S. 114 f, Nr. 32, Stellungnahme des Bundesrates zu § 36 Abs. 2 TKG-E).

19 Das gerichtliche Vorgehen eines Endnutzers setzt voraus, dass dieser von einer Entgeltgenehmigung oder einem Unterlassen der Bundesnetzagentur **hinreichend betroffen** ist. Ob dies nur dann angenommen werden kann, wenn er eine vertragliche Beziehung zu dem marktmächtigen Unternehmen hat, es sich also um ein tatsächliches Nutzungsverhältnis handelt, mag zwar im Hinblick darauf fraglich erscheinen, dass die Definition des „Endnutzers" in § 3 Nr. 8 im Gegensatz zu der des „Teilnehmers" im Sinne des § 3 Nr. 20 keinen Vertrag mit dem Anbieter von Telekommunikationsdiensten voraussetzt. Richtigerweise wird man jedoch ein **aktuelles Vertragsverhältnis** verlangen müssen, da die angefochtene oder begehrte Entgeltregulierungsmaßnahme nur in diesem Fall eine unmittelbare Wirkung auf den betroffenen Endnutzer haben kann (so auch Beck'scher TKG-Kommmentar/*Schuster/Ruhle*, § 28 Rn 116). Im Gegensatz dazu muss **im Falle eines Wettbewerbers auch potenzieller Wettbewerb** zwischen ihm und dem marktmächtigen Unternehmen ausreichen, um eine Betroffenheit in diesem Sinne anzuerkennen. Wie schon bei der Bestimmung des Wettbewerberbegriffs folgt dies aus dem Charakter des TKG als sektorspezifisches Kartellrecht. So kann ein Unternehmen bereits dann Rechtsschutz vor den Verwaltungsgerichten suchen, wenn es den Markteintritt erst plant, also gegebenenfalls auch vor der Aufnahme von Vorleistungsbeziehungen.

C. Konsistenzgebot (Abs. 2)

I. Hintergrund

20 § 27 Abs. 2 – neben § 27 Abs. 1 die zweite bedeutende Grundsatznorm, die der Gesetzgeber im Zuge der Novellierung des TKG den anderen Regelungen des dritten Abschnitts vorangestellt hat – enthält ein **allgemeines Konsistenzgebot** für die Entgeltregulierung. Danach hat die Bundesnetzagentur darauf zu achten, dass Entgeltregulierungsmaßnahmen in ihrer Gesamtheit aufeinander abgestimmt sind. Die Bundesnetzagentur soll dabei insbesondere eine zeitliche und inhaltliche Abstimmung ihrer Entgeltre-

gulierungsmaßnahmen vornehmen und bei den jeweiligen Entgeltregulierungsmaßnahmen prüfen, ob diese in einem angemessenen Verhältnis zu den Zielen nach § 2 Abs. 2 stehen. Mit der Aufnahme des § 27 Abs. 2 ist der Gesetzgeber einer von Unternehmen und Verbänden aus dem Bereich der Telekommunikation immer wieder erhobenen Forderung nach einer in sich stimmigen Entgeltregulierung in Form eines gesetzlich normierten Konsistenzgebotes nachgekommen. Durch eine koordinierte und aufeinander abgestimmte Entscheidungspraxis soll die Bundesnetzagentur nunmehr dafür Sorge tragen, dass die von ihr festgesetzten bzw regulierten Entgelte so aufeinander abgestimmt sind, dass Wettbewerbsverzerrungen etwa durch das Auftreten von **Preis-Kosten-Scheren** vermieden werden (vgl BT-Drucks. 15/2316, S. 67 zu § 25 TKG-E).

Die Regulierungspraxis war in den vergangenen Jahren nicht frei von Widersprüchen. **Inkonsistenzen** waren gerade im Bereich der Entgeltregulierung und hier vor allem im Verhältnis zwischen der Regulierung von Vorleistungs- und Endkundenentgelten festzustellen. Diese inkonsistenten Regulierungsentscheidungen hatten regulierungsbedingte Wettbewerbsverzerrungen zur Folge. Der wichtigste Fall einer Entscheidungsinkonsistenz war die Preis-Kosten-Schere beim analogen Teilnehmeranschluss, die sich daraus ergab, dass die Kosten der Wettbewerber der marktbeherrschenden Deutschen Telekom AG (DTAG) für den entbündelten Zugang zur Teilnehmeranschlussleitung höher waren als die Endkundenentgelte der DTAG für den analogen Teilnehmeranschluss (vgl Monopolkommission, Sondergutachten 39, Tz. 142 ff). Darüber hinaus treten Preis-Kosten-Scheren immer dann auf, wenn der Abstand zwischen Vorleistungsentgelten und Endkundentarif der DTAG nicht so groß ist, dass die Wettbewerber mit kostendeckenden Angeboten in Konkurrenz zur DTAG treten können (vgl Monopolkommission, Sondergutachten 39, Tz. 143 ff). Derartige Inkonsistenzen stehen regelmäßig im Zusammenhang mit dem Nebeneinander von verschiedenen Formen der Entgeltregulierung. So ergab sich in der Vergangenheit eine **Preis-Kosten-Schere bei der Anwendung des Einzelpreisgenehmigungsverfahrens auf der Vorleistungsebene und des Price-Cap-Verfahrens bei den Endkundenentgelten.** Ein vergleichbares Problem stellt sich, wenn Vorleistungsentgelte der präventiven Entgeltregulierung nach dem **Effizienzmaßstab des § 31 Abs. 1** und zugehörige Endkundenentgelte der nachträglichen Entgeltregulierung nach den Maßstäben des § 28 unterliegen (vgl Monopolkommission, Sondergutachten 43, Tz. 176 f). Ebenso kann es zu Wettbewerbsverzerrungen führen, wenn die Vorleistungsentgelte für konkurrierende – etwa infrastrukturbasierte und dienstebasierte – Geschäftsmodelle methodisch unterschiedlich reguliert werden. Ist beispielsweise vorgesehen, dass die Entgelte für Resale-Produkte nach dem Retail-Minus-Prinzip ermittelt werden sollen (§ 30 Abs. 5 Satz 1 –voraussichtlich künftig § 31 Abs. 2 Nr. 1, vgl TKGÄndG-E vom 4.5.2011, BT-Drucks. 17/5707), während die Entgelte für alternative Vorleistungsprodukte – wie Line Sharing oder den entbündelten Zugang zur Teilnehmeranschlussleitung – auf der Basis der Kosten der effizienten Leistungsbereitstellung festgesetzt werden (§ 31 Abs. 1), führt dies zu Inkonsistenzen und damit zu Wettbewerbsverzerrungen zugunsten des einen oder anderen Geschäftsmodells, wenn die Endkundenentgelte des regulierten Unternehmens als Ausgangspunkt für die Ermittlung des Großhandelsrabatts für das Resale-Produkt nicht den Kosten der effizienten Leistungsbereitstellung entsprechen (vgl Monopolkommission, Sondergutachten 43, Tz. 178). Auch wenn innerhalb derselben Methodik die Kostenermittlung mit unterschiedlichen Instrumenten erfolgt, können Inkonsistenzen auftreten. Werden etwa die Entgelte für den entbündelten Zugang zur Teilnehmeranschlussleitung und die Entgelte für die Zusammenschaltung zwar jeweils auf der Grundlage der Kosten der effizienten Leistungsbereitstellung ermittelt, einmal jedoch auf der Grundlage eines analytischen Kostenmodells und einmal auf der Grundlage eines internationalen Tarifvergleichs, können regulierungsbedingte Wettbewerbsverzerrungen zwischen Teilnehmernetzbetreibern und Verbindungsnetzbetreibern die Folge sein (vgl Monopolkommission, Sondergutachten 43, Tz. 180). 21

Im Rahmen des Gesetzgebungsverfahrens zur Novellierung des TKG hatte der Bundesrat bemängelt, dass die wesentlichen Anforderungen an ein konsistentes Entgeltkonzept im Gesetz nicht näher konkretisiert werden und insbesondere richtungsweisende Vorgaben über die materielle und qualitative Ausgestaltung des normierten Konsistenzgebotes fehlen, und die Bundesregierung aufgefordert, ein Konsistenzkonzept vorzulegen, das die Wechselwirkungen zwischen den verschiedenen betroffenen Märkten und Geschäftsmodellen des Telekommunikationsmarktes berücksichtigt (vgl BT-Drucks. 15/2316, S. 112 f; Stellungnahme des Bundesrates zu § 25 Abs. 2 TKG-E). Die Bundesregierung war dem nicht gefolgt mit dem Hinweis, dass die Regulierungsbehörde für die Erstellung eines derartigen Konzepts zuständig sei (vgl BT-Drucks. 15/2345, S. 3, Gegenäußerung der Bundesregierung zu Nr. 21, § 25 Abs. 2 TKG-E). In diesem Zusammenhang soll insbesondere der Rahmen für die Umsetzung des 22

Konsistenzgebotes in Form von Auslegungsgrundsätzen transparent gemacht werden, um auf diese Weise bestehende Rechtsunsicherheiten zu verringern (vgl Monopolkommission, Sondergutachten 43, Tz. 174, zustimmend Bundesregierung, Stellungnahme zum Sondergutachten 43, BT-Drucks. 16/1600, Tz. 14). Auch die Bundesnetzagentur erkennt die Notwendigkeit an, dass die Grundsätze zur Gewährleistung einer konsistenten Entgeltregulierung weiterentwickelt werden müssen und diese Aufgabe nicht nur den jeweiligen Beschlusskammern im Rahmen ihrer entgeltrelevanten Entscheidungen überlassen werden kann. In diesem Sinne war im Vorhabenplan 2007 der Bundesnetzagentur vorgesehen, unabhängig von einzelnen Verfahren zu zentralen Aspekten des Konsistenzgebotes Positionen zu konkretisieren und zu kommunizieren, um den Marktteilnehmern ein hohes Maß an Planungssicherheit zu geben und einen kontinuierlichen Dialog zu eröffnen, der gebotene Anpassungen an die Praxis ermöglichen soll (vgl BNetzA, Jahresbericht 2006, S. 183 f). Mittlerweile hat die Bundesnetzagentur nach einem entsprechenden Konsultationsverfahren ihre „Hinweise zur konsistenten Entgeltregulierung iSd § 27 Abs. 2 TKG“ (veröffentlicht im ABl. 21/2009, Mit-Nr. 548) vorgelegt, in denen ausgeführt wird, auf welche Weise dem Konsistenzgebot, dem von allen Seiten hohe Bedeutung beigemessen wird, Rechnung getragen werden soll. Diese Hinweise sind auch im Zusammenhang mit der Breitbandstrategie der Bundesregierung und hierbei insbesondere mit den von der Bundesnetzagentur im März 2010 veröffentlichten „Eckpunkten über die regulatorischen Rahmenbedingungen für die Weiterentwicklung moderner Telekommunikationsnetze und die Schaffung einer leistungsfähigen Breitbandinfrastruktur“ zu sehen. Die Bundesnetzagentur führt aus, dass mit dem Konsistenzgebot die Zielsetzung verfolgt werde, Entgeltregulierungsmaßnahmen aufeinander abzustimmen. Dies betreffe zum einen das Verhältnis von Vorleistungs- und Endkundenentgelten, wozu die Bundesnetzagentur bereits im November 2007 ihre „Hinweise zu Preis-Kosten-Scheren iSd § 28 Abs. 2 Nr. 2 TKG“ (veröffentlicht im ABl. 22/2007, Mit-Nr. 940) vorgelegt hat. Zum anderen beziehe sich das Konsistenzgebot auf das Verhältnis unterschiedlicher Vorleistungsentgelte zueinander. Mit Blick darauf, dass die Konsistenzprüfung auch vom jeweiligen Stand der Marktentwicklung abhängig ist, verfolgt die Bundesnetzagentur einen dynamischen Ansatz. Dabei gelte im Grundsatz, dass Kosten-Kosten-Scheren insbesondere dahin gehend zu verhindern seien, dass ein Geschäftsmodell, welches auf weitergehenden Netzinfrastrukturinvestionen basiert, nicht mit höheren Kosten belastet werden dürfe als das Geschäftsmodell eines Wettbewerbers, das geringere Investitionen erfordert. Ein Entgelt, dass den Kosten effizienter Leistungsbereitstellung entspricht, simuliere den im Wettbewerb erzielbaren Preis und setze effiziente Investitionsanreize. Entgeltregulierungsmaßnahmen sollten zudem in dem Sinne zukunftsoffen sein, dass sie heute noch nicht existierende, aber potenziell effiziente Geschäftsmodelle ermöglichen. Insgesamt betrachtet es die Bundesnetzagentur weiterhin als zentrale Aufgabe, den verschiedenen gesetzlich normierten Zielsetzungen parallel gerecht zu werden. Ob das nun vorliegende Konzept tatsächlich geeignet ist, die dargestellten regulatorischen Inkonsistenzen zu beseitigen, bleibt freilich abzuwarten (kritisch zur bisherigen Regulierungspraxis Beck'scher TKG-Kommmentar/*Schuster/Ruhle*, § 27 Rn 31).

II. Formelle Anforderungen

23 Wie sich aus dem Wortlaut, dem Sinn und Zweck und der Entstehungsgeschichte des Gesetzes ergibt, trifft die Verpflichtung aus § 27 Abs. 2 nicht nur die für die jeweilige Entgeltregulierungsmaßnahme zuständige Beschlusskammer, sondern die Bundesnetzagentur als Ganzes (vgl *Nolte/König*, MMR 2005, 512). Dem hat die Bundesnetzagentur zum einen durch die Erstellung eines **Konsistenzkonzepts** Rechnung zu tragen, das insbesondere richtungsweisende Vorgaben über die materielle und qualitative Ausgestaltung des Konsistenzgebotes enthält und somit dessen wesentliche Anforderungen hinreichend konkretisiert (vgl BT-Drucks. 15/2316, S. 112 f; Stellungnahme des Bundesrates zu § 25 Abs. 2 TKG-E; BT-Drucks. 15/2345, S. 3, Gegenäußerung der Bundesregierung zu Nr. 21, § 25 Abs. 2 TKG-E). Um zu gewährleisten, dass regulierungsbedingte Wettbewerbsverzerrungen vermieden werden, soll zum anderen die Entscheidungspraxis der Bundesnetzagentur koordiniert und aufeinander abgestimmt sein (vgl BT-Drucks. 15/2316, S. 67 zu § 25 TKG-E). Dies erfordert eine entsprechende organisationsrechtliche Absicherung, also geeignete behördeninterne, aufbau- und ablauforganisatorische Maßnahmen (vgl *Scherer*, NJW 2004, 3001, 3006). Der Gesetzgeber hat dieses formelle Element des **Konsistenzgebotes** in § 132 Abs. 4 Satz 1 dahin gehend konkretisiert, dass zur Wahrung einer einheitlichen Spruchpraxis in Fällen vergleichbarer oder zusammenhängender Sachverhalte und zur Sicherstellung des Konsistenzgebotes nach § 27 Abs. 2 in der Geschäftsordnung der Bundesnetzagentur Verfahren vorzusehen sind, die vor Erlass von Entscheidungen umfassende Abstimmungs-, Auskunfts-

und Informationspflichten der jeweiligen Beschlusskammern und der Abteilungen vorsehen. In diesem Zusammenhang kommen insbesondere interne Verpflichtungen der Beschlusskammern in Betracht, sich gegenseitig über die Einleitung von Entgeltregulierungsverfahren ebenso wie über deren Fortgang und Abschluss zu informieren (vgl *Nolte/König*, MMR 2005, 512, 513). Die Bundesnetzagentur ist dieser Vorgabe in §§ 10 bis 12 ihrer Geschäftsordnung nachgekommen, die unter anderem die Beteiligung der anderen Beschlusskammern, der Abteilungen und des Leitungsstabes regeln (vgl Beck'scher TKG-Kommmentar/*Attendorn*, § 132 Rn 26 ff). Der Gehalt des Konsistenzgebotes geht jedoch über die rein formelle Abstimmung der Entgeltentscheidungen hinaus (vgl *Nolte/König*, MMR 2005, 512, 513). Anderenfalls hätte § 27 Abs. 2 gegenüber der allgemeinen verfahrensrechtlichen Regelung des § 132 Abs. 4 Satz 1 keine eigenständige Bedeutung, zumal diese Vorschrift gerade zur Sicherstellung der Einhaltung des Konsistenzgebotes nach § 27 Abs. 2 dienen soll. Vielmehr kommt dem Konsistenzgebot in § 27 Abs. 2 eine zentrale Bedeutung für das materielle Recht im Bereich der Entgeltregulierung zu.

III. Materielle Konsistenz

Nach dem Willen des Gesetzgebers sollen die von der Bundesnetzagentur festgesetzten bzw regulierten Entgelte so aufeinander abgestimmt sein, dass Wettbewerbsverzerrungen vermieden werden – die Gesetzesbegründung nennt in diesem Zusammenhang beispielhaft den Fall der Preis-Kosten-Schere (vgl BT-Drucks. 15/2316, S. 67 zu § 25 TKG-E). Diese Zielvorgabe kennzeichnet den materiellen Gehalt des § 27 Abs. 2, dessen Bedeutung und Reichweite mit Blick darauf zu bestimmen ist, dass der Gesetzgeber mit der Aufnahme dieser Vorschrift in das TKG der Forderung nach einer in sich stimmigen Entgeltregulierung nachkommen wollte (vgl BT-Drucks. 15/2316, S. 67 zu § 25 TKG-E) und sie als Grundsatznorm den anderen Regelungen des dritten Abschnitts vorangestellt hat. Auch aus dem Wortlaut des Gesetzes, wonach Entgeltregulierungsmaßnahmen „in ihrer Gesamtheit" aufeinander abgestimmt sein müssen, ist abzuleiten, dass es dem Gesetzgeber gerade auf ein **in sich widerspruchsfreies System der Entgeltregulierung** ankommt. Das bedeutet, dass die zu fällende Entscheidung unter Berücksichtigung der Auswirkungen auf die Gesamtheit aller anderen Entgeltregulierungsmaßnahmen getroffen werden muss, so dass sich jedes von der Bundesnetzagentur festgesetzte bzw regulierte Entgelt konsistent in die bisherige Entscheidungspraxis einfügt (vgl *Nolte/König*, MMR 2005, 512, 513 f). Auch die Gesetzesbegründung weist darauf hin, dass eine **einheitliche Spruchpraxis** im Konsistenzgebot angelegt ist und einen wichtigen Grundsatz beispielsweise bei dem Verhältnis von Vorleistungsprodukten zu Endnutzerprodukten darstellt (vgl BT-Drucks. 15/2316, S. 100 zu § 130 TKG-E). Vor diesem Hintergrund kann ein Entgeltregulierungsregime nur dann als konsistent im Sinne des § 27 Abs. 2 angesehen werden, wenn es die Wechselwirkungen zwischen den verschiedenen betroffenen Märkten und Geschäftsmodellen des Telekommunikationsmarktes hinreichend berücksichtigt (vgl BT-Drucks. 15/2316, S. 112 f; Stellungnahme des Bundesrates zu § 25 Abs. 2 TKG-E) und regulierungsbedingte Wettbewerbsverzerrungen jeglicher Art vermeidet. Das Konsistenzgebot stellt sich damit als ein übergeordnetes Leitprinzip der Entgeltregulierung dar, das als gerichtlich überprüfbarer Kontrollmaßstab bei sämtlichen Entgeltregulierungsmaßnahmen zu beachten ist. 24

Im Zuge der Novellierung des TKG hat die Bundesnetzagentur ein Gutachten zum Zusammenhang von Geschäftsmodellen, Vorleistungsentgelten und konsistenter Entgeltregulierung vergeben (vgl *Nett/Neumann/Vogelsang*, Geschäftsmodelle und konsistente Entgeltregulierung, siehe insbesondere S. 1 ff, 4, 95 ff). Die Behörde versteht diese Studie als wichtigen Diskussionsbeitrag zum Konsistenzgebot, sie bedeute jedoch keine Vorabfestlegung für die künftige Entscheidungspraxis der Bundesnetzagentur. Eine zentrale These der Autoren lautet, dass ein konsistentes Entgeltregulierungsregime alle effizienten Geschäftsmodelle oder Wettbewerbsformen unterstützen muss. Da effiziente Geschäftsmodelle ex ante nicht bestimmbar sind, muss ein konsistentes Entgeltregulierungsregime neutral hinsichtlich am Markt möglicher effizienter Geschäftsmodelle sein (vgl *Nett/Neumann/Vogelsang*, Geschäftsmodelle und konsistente Entgeltregulierung, S. 1). Eine in sich stimmige Entgeltregulierung muss es daher verschiedenen Anbietertypen (Teilnehmernetzbetreibern, Verbindungsnetzbetreibern, Diensteanbietern/Resellern) ermöglichen, auf Basis zugekaufter und selbst erbrachter Leistungen miteinander in Wettbewerb zu treten. Das Konsistenzgebot verpflichtet die Bundesnetzagentur im Rahmen der inhaltlichen Abstimmung im Sinne des § 27 Abs. 2 Satz 2 also insbesondere dazu, bei jeder Entgeltentscheidung das Verhältnis der Preise entlang der Wertschöpfungskette so aufeinander abzustimmen, dass die auf verschiedenen Wertschöpfungsstufen mit ihren jeweiligen Geschäftsmodellen agierenden Anbieter wirtschaftlich operieren können und effiziente Anbieter nicht durch Wettbewerbsverzerrungen aus dem 25

Markt gedrängt werden (vgl BerlKommTKG/*Groebel*, § 27 Rn 33). Dabei sind auch einheitliche Prüfungsmethoden und Maßstäbe anzuwenden (Methodenkonsistenz). Denn regulierungsbedingte Wettbewerbsverzerrungen lassen sich letztlich nur vermeiden, wenn die Entgelte für eine bestimmte Vorleistung in den verschiedenen Geschäftsmodellen nach der gleichen Methode reguliert werden (vgl Monopolkommission, Sondergutachten 39, Tz. 147, zustimmend Bundesregierung, Stellungnahme zum Sondergutachten 43, BT-Drucks. 16/1600, Tz. 15 f). Dies ergibt sich auch mittelbar aus **§ 33 Abs. 6**, wonach das eine Entgeltgenehmigung beantragende Unternehmen dazu verpflichtet ist, Kostenrechnungsmethoden grundsätzlich antragsübergreifend einheitlich anzuwenden (vgl *Nolte/König*, MMR 2005, 512, 514). Die Bundesnetzagentur vertritt hingegen die Auffassung, dass sich eine Verpflichtung zur Methodenkonsistenz aus § 27 Abs. 2 nicht herleiten lasse (vgl BNetzA, Beschluss vom 28.4.2005 – BK 4a/b-05-004 / E 17.02.05). Kommt die Bundesnetzagentur im Rahmen der Konsistenzprüfung – also etwa bei der Zusammenschau von Vorleistungsentgelten auf der einen Seite und Endkundenentgelten auf der anderen Seite – zu dem Ergebnis, dass die Entgelte keinen den unterschiedlichen Wertschöpfungsstufen entsprechenden Abstand aufweisen, muss sie im laufenden Verfahren oder durch Eröffnung eines neuen Verfahrens **von Amts wegen den gebotenen Abstand herstellen,** entweder durch Absenkung der Vorleistungsentgelte oder durch Erhöhung der Endkundenentgelte (vgl Beck'scher TKG-Kommmentar/*Schuster/Ruhle*, § 27 Rn 35). Nach § 27 Abs. 2 Satz 2 hat die Bundesnetzagentur auch eine zeitliche Abstimmung ihrer Entgeltregulierungsmaßnahmen vorzunehmen. Dies kann etwa dadurch geschehen, dass die Laufzeiten von in Wechselwirkung stehenden Entgeltregulierungsmaßnahmen koordiniert werden (vgl Monopolkommission, Sondergutachten 43, Tz. 181). Soweit § 27 Abs. 2 Satz 2 vorschreibt, dass die Bundesnetzagentur bei den jeweiligen Entgeltregulierungsmaßnahmen zu prüfen hat, ob diese in einem angemessenen Verhältnis zu den Zielen nach § 2 Abs. 2 stehen, hat dies keine eigenständige materielle Bedeutung. Aus dieser Ergänzung folgen lediglich erhöhte Begründungsanforderungen an die jeweilige Entgeltentscheidung der Bundesagentur (vgl Beck'scher TKG-Kommmentar/*Schuster/Ruhle*, § 27 Rn 37).

D. Beteiligung der Landesmedienanstalten (Abs. 3)

26 Nach Abs. 3 hat die Bundesnetzagentur, soweit Belange von Rundfunk und vergleichbaren Telemedien nach **§ 2 Abs. 5 Satz 1** betroffen sind, die zuständige Landesmedienanstalt hierüber **zu informieren und an eingeleiteten Entgeltregulierungsverfahren zu beteiligen.** Darüber hinaus hat die Bundesnetzagentur auf Antrag der zuständigen Landesmedienanstalt die Einleitung eines Verfahrens und die Anordnung von Maßnahmen im Bereich der Entgeltregulierung auf der Grundlage des TKG zu prüfen. Abs. 3 ist auf Anregung des Bundesrates in das TKG aufgenommen worden und ergänzt für den Bereich der Entgeltregulierung die allgemeine Regelung in § 123 Abs. 2, wonach die Bundesnetzagentur mit den Landesmedienanstalten zusammenarbeitet und diesen auf Anfrage Erkenntnisse übermittelt, die für die Erfüllung ihrer Aufgaben erforderlich sind. Der Bundesrat begründete seine Initiative, derart erweiterte Beteiligungsmöglichkeiten vorzusehen, damit, dass die Entgeltregulierung Belange von Rundfunk und vergleichbaren Telemedien insoweit betreffen könne, dass durch die Tarifgestaltung unmittelbar die Weiterverbreitung unmöglich gemacht wird oder gar Einfluss auf Programminhalte genommen wird. Deshalb soll die Bundesnetzagentur in solchen Fällen die zuständige Landesmedienanstalt informieren und beteiligen, damit die Landesmedienanstalt ihrer **Aufgabe zur Sicherung der Meinungsvielfalt** nachkommen kann. Soweit keine Genehmigungspflicht besteht, sei es jedoch zur Erreichung der vorgenannten Ziele erforderlich, dass auf Antrag der zuständigen Landesmedienanstalt die Bundesnetzagentur die förmliche Einleitung eines Verfahrens und die Anordnung von Maßnahmen nach den einzelnen Bestimmungen des dritten Abschnitts zu prüfen hat. Damit sei sichergestellt, dass eine Prüfung durch die Bundesnetzagentur dann erfolgt, wenn aus Sicht der zuständigen Landesmedienanstalt und aufgrund der landesrechtlichen Bestimmungen die Einleitung eines Verfahrens und die Anordnung von Maßnahmen in Betracht kommen (vgl BT-Drucks. 15/2316, S. 113; Stellungnahme des Bundesrates zu § 25 Abs. 3 – neu – TKG-E).

§ 28 TKG Missbräuchliches Verhalten eines Unternehmens mit beträchtlicher Marktmacht bei der Forderung und Vereinbarung von Entgelten

(1) [1]Ein Anbieter von Telekommunikationsdiensten, der über beträchtliche Marktmacht verfügt, oder ein Betreiber eines öffentlichen Telekommunikationsnetzes, der über beträchtliche Marktmacht ver-

fügt, darf diese Stellung bei der Forderung und Vereinbarung von Entgelten nicht missbräuchlich ausnutzen. [2]Ein Missbrauch liegt insbesondere vor, wenn das Unternehmen Entgelte fordert, die

1. nur aufgrund seiner beträchtlichen Marktmacht auf dem jeweiligen Markt der Telekommunikation durchsetzbar sind,
2. die Wettbewerbsmöglichkeiten anderer Unternehmen auf einem Telekommunikationsmarkt auf erhebliche Weise beeinträchtigen oder
3. einzelnen Nachfragern Vorteile gegenüber anderen Nachfragern gleichartiger oder ähnlicher Telekommunikationsdienste einräumen,

es sei denn, dass für die Verhaltensweisen nach den Nummern 2 und 3 eine sachliche Rechtfertigung nachgewiesen wird.

(2) Ein Missbrauch im Sinne von Absatz 1 Nr. 2 wird vermutet, wenn

1. das Entgelt der betreffenden Leistung deren langfristige zusätzliche Kosten einschließlich einer angemessenen Verzinsung des eingesetzten Kapitals nicht deckt,
2. die Spanne zwischen dem Entgelt, das der Betreiber eines öffentlichen Telekommunikationsnetzes, der über beträchtliche Marktmacht verfügt, Wettbewerbern für eine Zugangsleistung in Rechnung stellt, und dem entsprechenden Endnutzerentgelt nicht ausreicht, um einem effizienten Unternehmen die Erzielung einer angemessenen Verzinsung des eingesetzten Kapitals auf dem Endnutzermarkt zu ermöglichen (Preis-Kosten-Schere) oder
3. ein Unternehmen bei seinem Produktangebot eine sachlich ungerechtfertigte Bündelung vornimmt. Bei der Frage, ob dies der Fall ist, hat die Bundesnetzagentur insbesondere zu prüfen, ob es effizienten Wettbewerbern des Unternehmens mit beträchtlicher Marktmacht möglich ist, das Bündelprodukt zu vergleichbaren Konditionen anzubieten.

A. Einleitung und Überblick

I. Europarechtlicher Hintergrund

Die Norm des § 28 als Fortentwicklung des § 24 TKG 1996 beruht vor allem auf Art. 13 Zugangsrichtlinie (Verpflichtung zur Preiskontrolle und Kostenrechnung) sowie auf Art. 17 Universaldienstrichtlinie (Regulierungsmaßnahmen in Bezug auf Dienste für Endnutzer). Nach Art. 13 Abs. 1 Zugangsrichtlinie kann die **nationale Regulierungsbehörde** einem marktmächtigen Betreiber Verpflichtungen betreffend die Kostendeckung und die Preiskontrolle einschließlich kostenorientierter Preise auferlegen und ihm bestimmte Auflagen in Bezug auf Kostenrechnungsmethoden erteilen, wobei den Investitionen des Betreibers Rechnung zu tragen und ihm eine angemessene Rendite für das entsprechend eingesetzte Kapital zu ermöglichen ist. Weiterhin haben die nationalen Regulierungsbehörden sicherzustellen, dass alle vorgeschriebenen Kostendeckungsmechanismen und Tarifsysteme die wirtschaftliche Effizienz und einen nachhaltigen Wettbewerb fördern und für die Verbraucher möglichst vorteilhaft sind. In diesem Zusammenhang können die nationalen Regulierungsbehörden auch Preise berücksichtigen, die auf vergleichbaren, dem Wettbewerb geöffneten Märkten gelten. Gemäß Art. 17 Abs. 2 Universaldienstrichtlinie können zu den auferlegten Verpflichtungen auch die Anforderungen gehören, dass Unternehmen mit beträchtlicher Marktmacht keine überhöhten Preise berechnen, den Markteintritt nicht behindern, keine Kampfpreise zur Ausschaltung des Wettbewerbs anwenden, bestimmte Endnutzer nicht unangemessen bevorzugen oder Dienste nicht ungerechtfertigt bündeln. 27

II. Bedeutung und Struktur

§ 28 ist eine der zentralen Normen im Rahmen der Entgeltregulierungsvorschriften des TKG. Sie stellt den Grundmaßstab für die Beurteilung der Frage dar, ob von einem missbräuchlichen Verhalten eines **Unternehmens mit beträchtlicher Marktmacht** bei der Forderung und Vereinbarung von Entgelten auszugehen ist. Absatz 1 enthält das generelle Verbot missbräuchlichen Verhaltens durch Anbieter mit beträchtlicher Marktmacht. Danach dürfen Entgelte nicht zu hoch, zu niedrig oder diskriminierend sein, es sei denn, das Unternehmen mit beträchtlicher Marktmacht kann in den beiden letzten Fällen eine sachliche Rechtfertigung anführen. Der Gesetzgeber orientierte sich dabei an der allgemeinen Missbrauchsvorschrift des § 19 Abs. 4 GWB (vgl BT-Drucks. 15/2316, S. 67 zu § 26 TKG-E). Für den Entgeltmissbrauch im Telekommunikationsbereich ist § 28 lex specialis gegenüber dem allgemeinen telekommunikationsrechtlichen Missbrauchsverbot des § 42 sowie den allgemeinen kartellrechtlichen 28

Missbrauchsvorschriften der §§ 19, 20 GWB, die jedoch wegen § 2 Abs. 3 TKG mangels ausdrücklich abschließender Regelungen durch die Entgeltregulierungsvorschriften des TKG daneben parallel anwendbar bleiben (aA BerlKommTKG/*Säcker*, § 2 Rn 21). Während in Abs. 1 Satz 1 der Vorschrift ein allgemeines Verbot missbräuchlichen Verhaltens eines marktmächtigen Unternehmens bei der Forderung und Vereinbarung von Entgelten in Form einer Generalklausel enthalten ist, wird diese durch die Regelbeispiele in Abs. 1 – nämlich Ausbeutungsmissbrauch (Abs. 1 Satz 2 Nr. 1), Behinderungsmissbrauch (Abs. 1 Satz 2 Nr. 2) und Diskriminierung (Abs. 1 Satz 2 Nr. 3) – konkretisiert. Ergänzt wird die Vorschrift schließlich in Abs. 2 durch die Definition mehrer Vermutungstatbestände für Behinderungsmissbrauch.

III. Historie

29 Gegenüber der Vorgängerregelung in § 24 TKG 1996 ist die Vorschrift des § 28 durch eine Annäherung an die allgemeine kartellrechtliche Regelung in § 19 Abs. 4 GWB gekennzeichnet. So waren die Missbrauchstatbestände in § 24 Abs. 2 TKG 1996 nicht als **Regelbeispiele** ausgestaltet. Ebenso wird für die Annahme eines Behinderungsmissbrauchs nunmehr im Gegensatz zur alten Gesetzeslage verlangt, dass die Wettbewerbsmöglichkeiten anderer Unternehmen auf erhebliche Weise beeinträchtigt werden. Auch dies stellt eine Angleichung an die Formulierung des § 19 GWB dar (vgl BT-Drucks. 15/2316, S. 67 zu § 26 TKG-E). Nach Ansicht des Gesetzgebers konnte auf die bisherige, schärfere Fassung der Aufgreifnorm fast sechs Jahre nach der vollständigen Marktöffnung mit Blick auf die Konkretisierung von Missbrauchstatbeständen in Abs. 2, insbesondere die Definition einer Preisuntergrenze und einer Preis-Kosten-Schere, verzichtet werden (vgl BT-Drucks. 15/2316, S. 67 zu § 26 TKG-E). Daneben ist der Wegfall der bisher generell gültigen Vorgabe des § 24 Abs. 1 TKG 1996 zu beachten, nachdem sich die Entgelte an den Kosten der effizienten Leistungsbereitstellung zu orientieren hatten. Dieser Maßstab tritt nunmehr im Bereich der Missbrauchskontrolle gegenüber dem Vergleichsmarktprinzip zurück, bleibt aber im Bereich der Entgeltgenehmigungen sowie bei der Definition einer Dumping-Schwelle weiterhin der zentrale Ansatzpunkt (vgl BT-Drucks. 15/2316, S. 67 zu § 26 TKG-E). Schließlich ist darauf hinzuweisen, dass die bisher bestehende Rechtfertigungsmöglichkeit im Bereich des Ausbeutungsmissbrauchs weggefallen ist.

IV. Anwendungsbereich

30 Für den Bereich des Entgeltmissbrauchs stellt § 28 in Verbindung mit den dazugehörigen Verfahrensregelungen in §§ 38,39 eine **Sonderregelung** gegenüber der allgemeinen Missbrauchsaufsicht gemäß § 42 dar. Soweit also Entgelte marktmächtiger Unternehmen betroffen sind, sind sie dem Maßstab des § 28 unterworfen. In diesen Fällen wird § 42 durch die entgeltspezifische Missbrauchsaufsicht verdrängt. Die allgemeine Missbrauchsaufsicht ist immer dann einschlägig, wenn es um die missbräuchliche Ausnutzung einer marktmächtigen Stellung geht, die nicht im Zusammenhang mit der Forderung und Vereinbarung von Entgelten erfolgt. Dabei sind auch Konstellationen denkbar, in denen die Überprüfung eines einheitlichen Sachverhalts auf beide Ermächtigungsgrundlagen zu stützen ist.

31 Obwohl der **Begriff des Entgelts** an vielen Stellen im TKG verwendet wird, fehlt eine Legaldefinition. Vor dem Hintergrund, dass die Entgeltregulierungsvorschriften zu dem Zweck geschaffen wurden, Marktversagen durch vertikale Übertragung von Marktmacht in Form von Gegenleistungsgestaltung zu beheben (vgl *Ruhle*, CR 2004, 178, 182), ist eine weite Auslegung geboten. Unter Entgelt ist daher eine bewertbare, im Regelfall geldwerte Gegenleistung zu verstehen, die auf ihre Äquivalenz zur Gegenleistung hin überprüfbar ist (vgl Beck'scher TKG-Kommmentar/*Schuster*/*Ruhle*, § 28 Rn 15). Bei dem Entgelt muss es sich daher nicht zwangsläufig um einen bestimmten Geldbetrag handeln. Ausreichend ist jede marktmäßig bezifferbare Leistung, die dem marktmächtigen Unternehmen als Gegenleistung für die Telekommunikationsdienstleistung erbracht wird. In der Praxis ist dies vor allem dann relevant, wenn Telekommunikationsunternehmen untereinander Leistungen bzw Sprach- und Datenverkehr austauschen und in diesem Zusammenhang entweder gar keine Geldbeträge oder nur Differenzbeträge in Rechnung gestellt werden. Beispiele hierfür sind das Peering zwischen Internet-Providern oder sogenannte Swap Deals zwischen Netzbetreibern. Da es in diesem Zusammenhang um bewertbare Leistungen geht, ist für die Zwecke der Entgeltregulierung der Geldwert der vereinbarten Gegenleistung zu ermitteln. Dieser bildet dann den Gegenstand der regulatorischen Prüfung.

32 Die **Abgrenzung** des Anwendungsbereichs der Sonderregelung des § 28 gegenüber der allgemeinen Missbrauchsvorschrift des § 42 anhand des Merkmals Entgelt kann in der Praxis Schwierigkeiten be-

reiten. Dies gilt insbesondere im Hinblick auf die sogenannten „entgeltrelevanten Bestandteile der Allgemeinen Geschäftsbedingungen", die nach den Vorschriften des TKG 1996 ebenso wie das Entgelt der Entgeltregulierung unterliegen sollten. Hierunter fielen Geschäftsbedingungen, die unmittelbare Auswirkungen auf die tatsächliche Entgelthöhe haben können wie zum Beispiel Kündigungsfristen, Abrechnungsmodalitäten oder Rabattregelungen. Dagegen wurde im aktuellen TKG auf diesen Begriff verzichtet, ohne dass insoweit eine konkrete – etwa in den Gesetzesmaterialien niedergelegte – Intention des Gesetzgebers ersichtlich wäre. Hieraus wird teilweise gefolgert, dass missbräuchliche Bestandteile der Allgemeinen Geschäftsbedingungen nunmehr nach den allgemeinen Missbrauchsvorschriften untersagt werden könnten (vgl *Holznagel/Enaux/Nienhaus*, Telekommunikationsrecht, 2. Aufl., Rn 264). Es spricht jedoch mehr dafür, dass es sich hierbei lediglich um eine redaktionelle Korrektur handelt. Sofern Geschäftsbedingungen unmittelbare Auswirkungen auf die tatsächliche Entgelthöhe haben, sind sie nicht nur entgeltrelevant, sondern sogar integraler Bestandteil des Entgelts. Insofern lassen sich die Begriffe „Entgelt" und „entgeltrelevante Bestandteile der Allgemeinen Geschäftsbedingungen" gar nicht voneinander trennen. Wollte man beispielsweise bei oberflächlicher Betrachtung eine AGB-Preisliste dem Begriff „Entgelt" zuordnen und die sonstigen Allgemeinen Geschäftsbedingungen hiervon separat betrachten, übersähe man, dass bereits eine derartige Preisliste selbst – etwa bei der Gestaltung der Preisstruktur im Wege bestimmter Rabattstaffeln – entgeltrelevante Bestandteile in diesem Sinne enthält. Es kann jedoch kein Zweifel daran bestehen, dass derartige Bedingungen, die unmittelbare Auswirkungen auf das Entgelt haben, auch weiterhin der Entgeltregulierung unterliegen müssen (so im Ergebnis auch Beck'scher TKG-Kommmentar/*Schuster/Ruhle*, § 28 Rn 18). Im Ergebnis hat sich durch das aktuelle TKG insoweit nichts am Anwendungsbereich der Entgeltregulierungsvorschriften geändert.

In der Praxis hat die Abgrenzung des Anwendungsbereichs des § 28 vor allem **verfahrensrechtliche Bedeutung**. Dies gilt insbesondere im Hinblick auf die vorgegebenen Fristen, in denen eine Entscheidung der Bundesnetzagentur zu erfolgen hat (Zweimonatsfrist gemäß § 38 Abs. 3 gegenüber der viermonatigen Regelfrist gemäß § 42 Abs. 4 Satz 4). Dagegen kann der Aspekt des in § 42 Abs. 4 eingeführten formellen Antragsrechtes vernachlässigt werden, weil auch insoweit nach wie vor entscheidend ist, ob die angeblich verletzte Norm materiell drittschützenden Charakter hat. Insofern ist die Bundesnetzagentur unabhängig von der Frage, ob es um die Einleitung eines nachträglichen Entgeltregulierungsverfahrens oder eines allgemeinen Missbrauchsverfahrens geht, verpflichtet, aufgrund einer Beschwerde oder eines Antrages den fraglichen Sachverhalt im Hinblick auf ein missbräuchliches Verhalten des marktmächtigen Unternehmens zu prüfen und ermessensfehlerfrei zu entscheiden (vgl Beck'scher TKG-Kommmentar/*Schütz*, § 42 Rn 129; BT-Drucks. 15/2345, S. 2, 4, Gegenäußerung der Bundesregierung zu Nr. 10, § 14 Abs. 1 TKG-E, und zu Nr. 32, § 36 Abs. 2 TKG-E). 33

B. Verbot missbräuchlichen Verhaltens im Entgeltbereich (Abs. 1 Satz 1)

I. Generalklausel

Die Generalklausel in Abs. 1 Satz 1 enthält die grundsätzliche Vorgabe, dass ein Anbieter von Telekommunikationsdiensten oder ein Betreiber eines öffentlichen Telekommunikationsnetzes, der über beträchtliche Marktmacht verfügt, diese Stellung bei der Forderung und Vereinbarung von Entgelten nicht missbräuchlich ausnutzen darf. Bei der Frage, wann im Entgeltbereich von einem missbräuchlichen Verhalten auszugehen ist, sind zum einen der **Zweck** des TKG und die Regulierungsziele im allgemeinen sowie das **Ziel** der Entgeltregulierung im besonderen zu beachten. Daher ist es auch in diesem Zusammenhang von Bedeutung, dass gemäß § 1 durch technologieneutrale Regulierung der Wettbewerb im Bereich der Telekommunikation und leistungsfähige Telekommunikationsinfrastrukturen gefördert und flächendeckend angemessene und ausreichende Dienstleistungen gewährleistet werden sollen. Ziele der Regulierung sind gemäß § 2 Abs. 2 unter anderem die Wahrung der Nutzer-, insbesondere der Verbraucherinteressen auf dem Gebiet der Telekommunikation sowie die Sicherstellung eines chancengleichen Wettbewerbs und die Förderung nachhaltig wettbewerbsorientierter Märkte der Telekommunikation im Bereich der Telekommunikationsdienste und -netze. Für die Entgeltregulierung wird dies in § 27 Abs. 1 konkretisiert, deren Ziel es ist, eine missbräuchliche Ausbeutung, Behinderung oder Diskriminierung von Endnutzern oder von Wettbewerbern durch preispolitische Maßnahmen von Unternehmen mit beträchtlicher Marktmacht zu verhindern. Diese Grundsätze spiegeln sich auch in den Regelbeispielen des Abs. 1 Satz 2 wider. Wie sich aus dem Wortlaut („insbeson- 34 dere") ergibt, ist die darin enthaltene Aufzählung nicht abschließend. Auch insofern wurde § 28 dem allgemeinen kartellrechtlichen Missbrauchsverbot des § 19 GWB nachgebildet.

35 **Normadressaten** sind Anbieter von Telekommunikationsdiensten und Betreiber öffentlicher Telekommunikationsnetze. Nach der Legaldefinition in § 3 Nr. 24 handelt es sich bei „Telekommunikationsdiensten" um in der Regel gegen Entgelt erbrachte Dienste, die ganz oder überwiegend in der Übertragung von Signalen über Telekommunikationsnetze bestehen, einschließlich Übertragungsdienste in Rundfunknetzen. Nicht erforderlich ist, dass diese öffentlich angeboten werden, so dass auch Unternehmen, die ihre Dienste nur geschlossenen Benutzergruppen anbieten (vgl *Schütz*, Kommunikationsrecht, Rn 17 f), von der Vorschrift erfasst werden. Unter einem „Telekommunikationsnetz" sind gemäß der weiten Definition in § 3 Nr. 27 alle denkbaren Systeme zu verstehen, die die Übertragung von Signalen ermöglichen. Die Entgeltregulierung erstreckt sich jedoch nur auf öffentliche Telekommunikationsnetze, wobei unter Öffentlichkeit in diesem Zusammenhang jeder unbestimmte Personenkreis zu verstehen ist (vgl BT-Drucks. 15/2316, S. 60 zu § 6 TKG-E).

36 Weitere Voraussetzung für die Anwendung des § 28 ist daneben grundsätzlich, dass die Anbieter von Telekommunikationsdiensten und Betreiber öffentlicher Telekommunikationsnetze über beträchtliche Marktmacht verfügen. **Beträchtliche Marktmacht** eines oder mehrerer Unternehmen ist gemäß § 3 Nr. 4 gegeben, wenn die Voraussetzungen nach § 11 Abs. 1 Satz 3 bis 5 vorliegen. Danach gilt ein Unternehmen als Unternehmen mit beträchtlicher Marktmacht, wenn es entweder allein oder gemeinsam mit anderen eine der Beherrschung gleichkommende Stellung einnimmt, das heißt eine wirtschaftlich starke Stellung, die es ihm gestattet, sich in beträchtlichem Umfang unabhängig von Wettbewerbern und Endnutzern zu verhalten. Die Regulierungsbehörde hat dabei weitestgehend die von der Kommission aufgestellten Kriterien, niedergelegt in den Leitlinien der Kommission zur Marktanalyse und Ermittlung beträchtlicher Marktmacht nach Artikel 15 Abs. 2 der Rahmenrichtlinie, zu berücksichtigen. Über entsprechende Rechtsfolgenverweisungen in §§ 18, 30, 38 gilt das Missbrauchsverbot auch für Betreiber ohne beträchtliche Marktmacht, aber mit einer vergleichbar missbrauchsgeneigten Position wie im Falle der Kontrolle des Zugangs zu Endnutzern.

37 Verboten ist nach dem eindeutigen Wortlaut der Norm bereits das **Fordern missbräuchlicher Entgelte**, nicht erst deren Vereinbarung – also etwa ein Vertragsschluss zu missbräuchlichen Konditionen. Ein Tätigwerden der Bundesnetzagentur im Rahmen eines nachträglichen Entgeltregulierungsverfahrens gemäß § 38 Abs. 2 bis 4 ist daher bereits dann geboten, wenn ein marktmächtiges Unternehmen in Verhandlungen mit einem potenziellen Vertragspartner ein missbräuchliches Angebot vorlegt oder Allgemeine Geschäftbedingungen mit missbräuchlichen Entgelten veröffentlicht. Dies gilt unabhängig davon, ob im Einzelfall die Voraussetzungen für eine Zugangsordnung gemäß § 25 Abs. 5 vorliegen oder eine Offenkundigkeitsprüfung gemäß § 38 Abs. 1 durchzuführen ist.

II. Rechtsfolgen eines Verstoßes

38 **1. Regulatorisch.** Für die Praxis von besonderer Bedeutung sind die sich aus einem Verstoß gegen § 28 ergebenden Rechtsfolgen. Zunächst sind die unmittelbaren regulatorischen Konsequenzen zu nennen. So untersagt die **Bundesnetzagentur** im Rahmen der nachträglichen Entgeltregulierung gemäß § 38 Abs. 1 und § 39 Abs. 3 innerhalb von zwei Wochen nach Zugang der Anzeige einer Entgeltmaßnahme die Einführung des Entgelts bis zum Abschluss ihrer Prüfung, wenn die geplante Entgeltmaßnahme offenkundig nicht mit § 28 vereinbar wäre. Daneben leitet die Bundesnetzagentur gemäß § 38 Abs. 2 unverzüglich eine Überprüfung der Entgelte ein, wenn Tatsachen bekannt werden, die die Annahme rechtfertigen, dass die Entgelte nicht den Maßstäben des § 28 genügen. Sofern die Bundesnetzagentur im Rahmen der Überprüfung feststellt, dass die Entgelte nicht den Maßstäben des § 28 genügen, untersagt sie gemäß § 38 Abs. 4 das missbräuchliche Verhalten und erklärt die beanstandeten Entgelte ab dem Zeitpunkt der Feststellung für unwirksam. Gleichzeitig kann die Bundesnetzagentur Entgelte anordnen, die den Maßstäben des § 28 genügen. Ferner sieht § 79 Abs. 2 vor, dass Universaldienstleistungen nach § 78 Abs. 2 Nr. 2 bis 4 als erschwinglich gelten, wenn die Entgelte den Maßstäben des § 28 entsprechen. Schließlich wird auch in § 49 Abs. 2 Satz 2 und § 50 Abs. 2 Satz 2 die Geltung der Kriterien des § 28 angeordnet.

39 **2. Zivilrechtlich.** Weitere Rechtsfolgen ergeben sich aus § 44 Abs. 1. Danach ist ein Unternehmen, das gegen § 28 verstößt, dem Betroffenen verschuldensunabhängig zur **Beseitigung** und bei Wiederholungsgefahr zur **Unterlassung** verpflichtet. Betroffen ist, wer als Endverbraucher oder Wettbewerber durch den Verstoß beeinträchtigt ist. Fällt dem Unternehmen Vorsatz oder Fahrlässigkeit zur Last, ist

es einem Endverbraucher oder einem Wettbewerber auch zum Ersatz des Schadens verpflichtet, der ihm aus dem Verstoß entstanden ist.

40 Daneben handelt es sich bei § 28 gerade im Hinblick auf § 44 Abs. 1, den Zweck des TKG gemäß § 1 und die Regulierungsziele gemäß §§ 2, 27 um eine Norm, die gerade auch dem Schutz des einzelnen Endnutzers oder Wettbewerbers dienen soll und somit um ein **Schutzgesetz** im Sinne des § 823 Abs. 2 BGB. Insoweit kann sich auch hieraus ein entsprechender Schadensersatzanspruch ergeben, dem jedoch neben dem sich aus § 44 Abs. 1 ergebenden Anspruch keine praktische Bedeutung zukommt.

41 Für eventuelle bereicherungsrechtliche Ansprüche, die sich auf die **Rückerstattung** der in der Vergangenheit an das marktmächtige Unternehmen gezahlten Entgelte richteten, soweit diese missbräuchlich waren, kommt es bei der Frage nach der Rechtsgrundlosigkeit der Leistung maßgeblich darauf an, ob es sich bei dem in der Generalklausel enthaltenen Missbrauchsverbot im Entgeltbereich um ein gesetzliches Verbot im Sinne des § 134 BGB handelt, das die darin vorgesehene Nichtigkeitsfolge nach sich zieht. Hierbei ist zu beachten, dass ein gegen ein gesetzliches Verbot verstoßendes Rechtgeschäft nur dann nichtig ist, wenn sich nicht aus dem Gesetz ein anderes ergibt. Erforderlich ist daher eine Auslegung des Verbotsgesetzes (vgl MünchKommBGB/*Mayer-Maly/Armbrüster*, 4. Aufl., § 134 Rn 41 ff). Dabei können sich insbesondere aus der Gesetzessprache Anhaltspunkte für eine Auslegung ergeben. Gemäß § 28 Abs. 1 Satz 1 darf das marktmächtige Unternehmen seine Stellung nicht missbräuchlich ausnutzen. Die Formulierung „darf nicht" ist – für sich allein betrachtet – für die Auslegung unergiebig, da sie in gesetzlichen Verboten mit und ohne Nichtigkeitsfolge verwandt wird (vgl MünchKommBGB/*Mayer-Maly/Armbrüster*, 4. Aufl., § 134 Rn 43 ff). Wesentlich aussagekräftiger wird der Wortlaut der Vorschrift jedoch im Zusammenspiel mit § 38 Abs. 4 und § 37 Abs. 2.

42 Für den Bereich der nachträglichen Entgeltregulierung ist in § 38 Abs. 4 vorgesehen, dass die Bundesnetzagentur Entgelte, die nicht den Maßstäben des § 28 genügen, ab dem **Zeitpunkt der Feststellung** ihrer Missbräuchlichkeit für **unwirksam** erklärt. Diese Formulierung spricht dafür, dass Verträge, die gegen die Maßstäbe des § 28 verstoßende Entgelte enthalten, nicht bereits gemäß § 134 BGB nichtig sein können. Wäre dies der Fall, liefe die durch das Gesetz der Bundesnetzagentur eingeräumte Befugnis, derartige Verträge für unwirksam zu erklären, ins Leere. Denn es bestünde keine Notwendigkeit mehr, diese Verträge erst für unwirksam zu erklären. Schließlich spricht der Wortlaut „für unwirksam erklären" auch gegen die Annahme einer lediglich deklaratorischen Feststellung, vielmehr ist insofern von einem konstitutiven Akt der Bundesnetzagentur auszugehen. So sind auch Vorschriften, aus denen sich die Befugnis der Kartellbehörde ergibt, in bestimmten Fällen kartellrechtswidrige Vereinbarungen für unwirksam zu erklären, keine Verbotsgesetze, die die Nichtigkeitsfolge des § 134 BGB nach sich ziehen (vgl MünchKommBGB/*Mayer-Maly/Armbrüster*, 4. Aufl., § 134 Rn 66). Insofern ergibt sich im Umkehrschluss aus § 38 Abs. 4, dass missbräuchliche Entgelte bis zum Zeitpunkt der Feststellung, das sie gegen die Maßstäbe des § 28 verstoßen – wirksam sind. Dies muss auch und erst recht dann gelten, wenn – etwa mangels Beschwerde eines Betroffenen oder sonstiger Anhaltspunkte – erst gar kein nachträgliches Entgeltregulierungsverfahren eingeleitet wurde (aA Beck'scher TKG-Kommmentar/*Schuster/Ruhle*, § 28 Rn 110).

43 Im Rahmen der Entgeltgenehmigung enthält § 37 Abs. 2 die ausdrückliche Regelung, dass Verträge über Dienstleistungen, die andere als die genehmigten Entgelt enthalten, mit der Maßgabe wirksam werden, dass das genehmigte Entgelt an die Stelle des vereinbarten Entgelts tritt. Auch dies stellt eine spezialgesetzliche Regelung gegenüber § 134 BGB dar. Denn § 37 Abs. 2 ordnet die **rückwirkende Nichtigkeit** lediglich derjenigen vertraglichen Vereinbarungen an, die gegen § 28 verstoßen, und ersetzt sie durch gesetzeskonforme Regelungen. Da das TKG also hinsichtlich der Rechtsfolgen eines Verstoßes gegen die Maßstäbe des § 28 abweichende Regelungen trifft, bleibt für eine Nichtigkeit gemäß § 134 BGB im Ergebnis kein Raum mehr.

44 Hieraus ergibt sich, dass ein **bereicherungsrechtlicher Anspruch** gegen das marktmächtige Unternehmen nur im Bereich der Entgeltgenehmigung denkbar ist. Soweit die zwischen den Parteien geschlossenen Dienstleistungsverträge höhere als die genehmigten Entgelte enthielten, besteht ein entsprechender Rückzahlungsanspruch. Dies ist deswegen interessengerecht, weil das marktmächtige Unternehmen, dessen Entgelte der Genehmigungspflicht unterliegen, kein schutzwürdiges Vertrauen in Anspruch nehmen kann. Im Rahmen der nachträglichen Entgeltregulierung kommt dagegen ein Anspruch auf Erstattung der Entgelte, soweit diese missbräuchlich waren, nur im Wege eines Schadenersatzanspruchs gemäß § 44 Abs. 1 bzw § 823 Abs. 2 BGB in Betracht, was insbesondere ein Verschulden auf Seiten des marktmächtigen Unternehmens voraussetzt.

C. Regelbeispiele für Missbrauch (Abs. 1 Satz 2)

45 Die in Abs. 1 Satz 2 Nr. 1 bis 3 definierten Tatbestände enthalten Beispiele für **Verhaltensweisen**, die einen Missbrauch im Sinne der Generalklausel in Abs. 1 Satz 1 darstellen können. Dies sind der Ausbeutungsmissbrauch (Nr. 1), Behinderungsmissbrauch (Nr. 2) sowie Diskriminierungsmissbrauch (Nr. 3). Diese Regelbeispiele wurden aus den Missbrauchstatbeständen des § 24 Abs. 2 TKG 1996 entwickelt. Nach der Begründung des Gesetzgebers erfolgten die Veränderungen am Wortlaut der Nr. 1 bis 3 gegenüber § 24 TKG 1996 vor allem im Zuge des Wegfalls der bisher generell gültigen Vorgabe des § 24 Abs. 1 TKG 1996, dass sich die Entgelte an den Kosten der effizienten Leistungsbereitstellung zu orientieren haben (vgl BT-Drucks. 15/2316, S. 67 zu § 26 TKG-E).

I. Ausbeutungsmissbrauch (Abs. 1 Satz 2 Nr. 1)

46 Nach Abs. 1 Satz 2 Nr. 1 liegt ein Missbrauch vor, wenn das marktmächtige Unternehmen Entgelte fordert, die nur aufgrund seiner beträchtlichen Marktmacht auf dem jeweiligen Markt der Telekommunikation durchsetzbar sind. Im Hinblick auf die Ähnlichkeit der gesetzlichen Regelungen greift die Rechtsprechung für die Bestimmung der Missbrauchsschwelle beim **Preishöhenmissbrauch**, wie der Ausbeutungsmissbrauch auch genannt wird, auf die Erkenntnisse zum **Missbrauch des Preissetzungsspielraums** durch ein marktbeherrschendes Unternehmen (§ 19 Abs. 4 Nr. 2 GWB) zurück. Die Feststellung des Preishöhenmissbrauchs erfordert damit im Rahmen des § 28 die Feststellung desjenigen Preises, der sich für das betreffende Produkt aufgrund eines funktionierenden Wettbewerbs ergäbe (als-ob-Wettbewerbspreis, wettbewerbsanaloger Preis). Wegen der mit der Feststellung dieses – fiktiven – Preises verbundenen Unsicherheiten kann ein Preishöhenmissbrauch erst angenommen werden, wenn der zu beurteilende Preis den wettbewerbsanalogen Preis erheblich übersteigt (vgl BVerwG Urt. v. 2.4.2008 – 6 C 15.07, Rn 68; BGH Beschl. v. 28.6.2005 – KVR 17/04 mwN; VG Köln Urt. v. 13.12.2006 – 21 K 5175/05, Rn 37 f mwN; VG Köln K&R 2005, 238 ff, CR 2005, 804 ff). Dieser Missbrauchsmaßstab des nationalen Rechts wird jedoch im Anwendungsbereich des Art. 25 Abs. 2 Universaldienstrichtlinie eingeschränkt durch den darin normierten Maßstab der Kostenorientierung (vgl BVerwG Urt. v. 16.7.2008 – 6 C 2. 07, Rn 19). Ob ein Missbrauch im Sinne des § 28 vorliegt, ist im Bereich der Missbrauchsaufsicht vorrangig nach dem Vergleichsmarktprinzip zu ermitteln. Eine Überprüfung anhand der Kostenunterlagen ist nur noch vorgesehen, wenn eine Überprüfung nach dem Vergleichsmarktprinzip nicht möglich ist (vgl VG Köln K&R 2005, 238 ff, CR 2005, 804 ff; VG Köln Urt. v. 13.12.2006 – 21 K 5175/05, Rn 41 f mwN; *Schütz*, Kommunikationsrecht, Rn 769). Fraglich war in diesem Zusammenhang, ob dies dort der Fall sein könnte, wo es keine wettbewerblich organisierten Vergleichsmärkte gibt, was für einen Netzsektor wie die Telekommunikation jedoch der Normalfall ist (vgl Monopolkommission, Sondergutachten 40, Tz. 81), so dass das Vergleichsmarktprinzip in diesem Bereich praktisch leer liefe. Dem hat das BVerwG nunmehr Rechnung getragen, indem es hierzu klargestellt hat, dass regulierte Märkte als Vergleichsmärkte in Betracht kommen, und zwar auch dann, wenn sie eine Monopolstruktur aufweisen (vgl BVerwG Urt. v. 23.6.2010 – 6 C 36/08). Wie sich aus Abs. 1 Satz 2 am Ende ergibt, ist es dem marktmächtigen Unternehmen beim Ausbeutungsmissbrauch anders als bei der Vorgängerregelung in § 24 Abs. 2 Nr. 1 TKG 1996 nicht mehr möglich, hierfür eine sachliche Rechtfertigung nachzuweisen.

II. Behinderungsmissbrauch (Abs. 1 Satz 2 Nr. 2)

47 Nach Abs. 1 Satz 2 Nr. 1 liegt ein Missbrauch vor, wenn das marktmächtige Unternehmen Entgelte fordert, die die Wettbewerbsmöglichkeiten anderer Unternehmen auf einem Telekommunikationsmarkt auf erhebliche Weise beeinträchtigen, es sei denn, dass eine sachliche Rechtfertigung nachgewiesen wird. Die in der Praxis besonders relevanten Fälle des Behinderungsmissbrauchs werden in Abs. 2 durch die Beschreibung von **Vermutungstatbeständen für missbräuchliche Behinderungspraktiken** konkretisiert. Hierbei handelt es sich um das Dumping (Abs. 2 Nr. 1), die Preis-Kosten-Schere (Abs. 2 Nr. 2) und die sachlich ungerechtfertigte Produktbündelung (Abs. 2 Nr. 3). Die neue Fassung der Vorschrift, nach der die Wettbewerbsmöglichkeiten anderer Unternehmen auf einem Telekommunikationsmarkt „auf erhebliche Weise" beeinträchtigt werden müssen, stellt eine Angleichung an die Formulierung des § 19 GWB dar. Die Vorgängerregelung des § 24 Abs. 2 Nr. 2 TKG 1996 ging insoweit noch über die GWB-Kriterien hinaus, als hier eine Wesentlichkeitsschwelle nicht genannt wurde. Insbesondere der Schutz der Wettbewerber war strenger gefasst als im GWB, da wegen der noch besonderen Marktstruktur auf dem Telekommunikationsmarkt dem Schutz des Marktzutritts

und den Wettbewerbsmöglichkeiten der neuen Unternehmen besondere Bedeutung zukam. Nach Ansicht des Gesetzgebers hätte eine „wesentliche" Behinderung der Wettbewerbsmöglichkeiten in der Anfangsphase des Wettbewerbs bedeutet, dass der Marktzutritt für neue Unternehmen wirtschaftlich unmöglich wird (vgl BT-Drucks. 13/3609, S. 43 zu § 23 TKG-E). In der Begründung zum aktuellen TKG vertritt der Gesetzgeber die Ansicht, dass auf die bisherige, schärfere Fassung der Aufgreifnorm in § 24 Abs. 2 Nr. 2 TKG 1996 fast sechs Jahre nach der vollständigen Marktöffnung mit Blick auf die Konkretisierung von Missbrauchstatbeständen in Absatz 2, insbesondere die Definition einer Preisuntergrenze und einer Preis-Kosten-Schere, verzichtet werden konnte (vgl BT-Drucks. 15/2316, S. 67 zu § 26 TKG-E).

III. Diskriminierungsmissbrauch (Abs. 1 Satz 2 Nr. 3)

Nach Abs. 1 Satz 2 Nr. 3 liegt ein Missbrauch vor, wenn das marktmächtige Unternehmen Entgelte 48 fordert, die einzelnen Nachfragern Vorteile gegenüber anderen Nachfragern gleichartiger oder ähnlicher Telekommunikationsdienste einräumen, es sei denn, dass eine sachliche Rechtfertigung nachgewiesen wird. Nach der Rechtsprechung liegt eine derartige Diskriminierung dann vor, wenn der Bezug einer Leistung einzelnen Nachfragern zu einem geringeren Preis oder zu sonst wie günstigeren Entgeltbedingungen als anderen Nachfragern ermöglicht wird. Gleiches muss auch bei der nicht ausdrücklich geregelten Variante der Nachteilszufügung gelten (vgl VG Köln Urt. v. 27.5.2004, 1 K 10149/00; *Schütz*, Kommunikationsrecht, Rn 714). Fraglich ist, nach welchen Kriterien ermittelt werden kann, ob Telekommunikationsdienstleistungen im Sinne der Vorschrift gleichartig oder ähnlich sind. **Gleichartige oder ähnliche Telekommunikationsdienstleistungen** dürften regelmäßig dann vorliegen, wenn die Dienstleistungen bezüglich der technischen Merkmale und technischen Abwicklung austauschbar oder vergleichbar sind (vgl Beck'scher TKG-Kommmentar/*Schuster/Ruhle*, § 28 Rn 46). Ob hier jedoch ausschließlich ein objektiver Maßstab anzulegen ist (so Beck'scher TKG-Kommmentar/*Schuster/Ruhle*, § 28 Rn 46 ff), muss vor dem Hintergrund der kartellrechtlichen Grundsätze und im Hinblick auf den Sinn und Zweck des Diskriminierungsverbotes, das insbesondere dem Schutz der Nachfrager dienen soll, bezweifelt werden. Insofern kann die subjektive Wertung des Nutzers bzw der unterschiedliche Nutzen der Dienste aus Sicht des Nachfragers nicht völlig außer Betracht bleiben (aA Beck'scher TKG-Kommmentar/*Schuster/Ruhle*, § 28 Rn 47). Richtig ist jedoch, dass die Bewertung der Gleichartigkeit oder Ähnlichkeit der Dienstleistungen immer unter Berücksichtigung sämtlicher Leistungs- und Qualitätsmerkmale eines Dienstes erfolgen muss (Beck'scher TKG-Kommmentar/*Schuster/Ruhle*, § 28 Rn 49). Der Gesetzentwurf zur aktuellen TKG-Novelle sieht in einem neuen Abs. 1 Satz 3 vor, dass die Differenzierung von Entgelten im Rahmen von Risikobeteiligungsmodellen bei Projekten zur Errichtung von Netzen der nächsten Generation in der Regel keinen Diskriminierungsmissbrauch darstellt, wenn sie der Aufteilung des Investitionsrisikos zwischen Investoren sowie zwischen Investoren und Zugangsbegehrenden dient und alle tatsächlichen und potenziellen Nachfrager bei Berücksichtigung des Risikos gleich behandelt werden. Damit soll klargestellt werden, dass es bei der Beurteilung des Tatbestands nach Abs. 1 Satz 2 Nr. 3 nicht allein auf die nominalen Entgelte, sondern auf die gemeinsame Betrachtung von Entgelten und Risiko- bzw Kostenübernahme ankommt. Die Verwendung des Begriffs „Netze der nächsten Generation" folgt der Formulierung der Richtlinien und umfasst vor allem auch Zugangsnetze der nächsten Generation gemäß der Empfehlung der Kommission vom 20.9.2010 über den regulierten Zugang zu Zugangsnetzen der nächsten Generation (NGA) (vgl TKGÄndG-E vom 4.5.2011, BT-Drucks. 17/5707, S. 21, 105).

IV. Sachliche Rechtfertigung (Abs. 1 Nr. 2 und 3)

Im Falle der in Abs. 1 Satz 2 Nr. 2 und 3 beschriebenen Verhaltensweisen liegt ein Missbrauch im Sinne 49 der Generalklausel des Abs. 1 Satz 1 dann nicht vor, wenn für sie eine sachliche Rechtfertigung nachgewiesen wird. Zunächst ergibt sich aus dem Wortlaut der Norm („es sei denn" und „nachgewiesen"), dass in diesem Zusammenhang das marktmächtige Unternehmen die **Darlegungs- und Beweislast** trägt. Dies korrespondiert mit einer entsprechenden Einschränkung der ansonsten gemäß § 24 VwVfG bestehenden Untersuchungspflicht der Bundesnetzagentur. Ob eine sachliche Rechtfertigung vorliegen könnte, ist also nicht etwa von Amts wegen zu ermitteln. Der Gesetzgeber ist der Ansicht, dass nicht nur die Verhaltensweisen nach Abs. 1 Nr. 2 und 3, sondern auch die Vermutungen nach Abs. 2 durch die in Abs. 1 enthaltene sachliche Rechtfertigung entkräftet werden können (vgl BT-Drucks. 15/2316, S. 67 zu § 26 TKG-E). Es ist daher trotz des zweistufigen Aufbaus des § 28 mit Regelbeispielen in

Abs. 1 Satz 2 und Vermutungstatbeständen in Abs. 2 von **einer einzigen, übergreifenden Rechtfertigungsmöglichkeit** auszugehen (vgl *Masing/Ehrmann,* in: Wilms/Masing/Jochum, TKG, § 28 Rn 14). Die Rechtfertigung einer potenziell missbräuchlichen Verhaltensweise nach Abs. 1 Satz 2 schließt daher die Widerlegung der gesetzlichen Vermutung eines Missbrauchs nach Abs. 2 ein. Dass diese beiden Aspekte nicht zu trennen sind, ergibt sich auch aus dem Umkehrschluss. Denn die Vermutung eines Missbrauchs im Sinne des Abs. 2 Nr. 1 – also nicht etwa nur einer Verhaltensweise nach Abs. 2 Nr. 1 – beinhaltet zwingend die Vermutung einer fehlenden sachlichen Rechtfertigung. Durch den Nachweis einer sachlichen Rechtfertigung wird diese Vermutung also widerlegt. Entsprechend ist auch im Rahmen des Abs. 2 Nr. 3, der sogar bereits in seinem Tatbestand das Merkmal der „sachlich ungerechtfertigten" Bündelung enthält, die Prüfung der tatbestandlich vorausgesetzten fehlenden Rechtfertigung deckungsgleich mit der Frage nach einer etwaigen Rechtfertigung nach Abs. 1 S. 2 bzw einer Widerlegung der in Abs. 2 festgelegten Vermutung (vgl *Masing/Ehrmann,* in: Wilms/Masing/Jochum, TKG, § 28 Rn 15).

50 Bei der Beurteilung der Frage, ob eine sachliche Rechtfertigung für die fraglichen Verhaltensweisen angenommen werden kann, ist eine **umfassende Abwägung der Interessen aller Beteiligten** unter Berücksichtigung der Regulierungsziele des TKG vorzunehmen (vgl *Schütz,* Kommunikationsrecht, Rn 717). Es sind also insbesondere die Interessen des markmächtigen Unternehmens gegen die Interessen der von der potenziell missbräuchlichen Verhaltensweise betroffenen Unternehmen bzw Nachfrager abzuwägen. Dabei sind all die Interessen in die Prüfung einzubeziehen, die sich nicht gegen die Rechtsordnung – insbesondere die Ziele des TKG – richten. Auf Seiten des regulierten Unternehmens ist dies vor allem das Interesse, die unternehmerischen Entscheidungen so weit wie möglich frei von staatlicher Einflussnahme treffen zu können. Auf Seiten des potenziell vom Verstoß betroffenen Unternehmens bzw Nachfragers ist dies das Interesse an einem ungehinderten Marktzugang und einem chancengleichen Wettbewerb (vgl *Schütz,* Kommunikationsrecht, Rn 717).

D. Vermutung für Behinderungsmissbrauch (Abs. 2)

51 Abs. 2 greift zentrale Problemstellungen der ersten Jahre nach der vollständigen Öffnung der Telekommunikationsmärkte auf. Der Gesetzgeber weist in seiner Begründung darauf hin, dass von Wettbewerberseite immer wieder Kritik geübt wurde an vermeintlich wettbewerbswidrigen Niedrigpreisstrategien des ehemaligen Monopolunternehmens, an sogenannten Preis-Kosten-Scheren und an Produktbündelungen. Die Norm enthält daher in Konkretisierung von Abs. 1 Nr. 2 Beschreibungen von Vermutungstatbeständen für missbräuchliche Behinderungspraktiken (vgl BT-Drucks. 15/2316, S. 67 zu § 26 TKG-E). Dies sind das Dumping (Abs. 2 Nr. 1), die Preis-Kosten-Schere (Abs. 2 Nr. 2) und die sachlich ungerechtfertigte Produktbündelung (Abs. 2 Nr. 3). Wie bereits ausgeführt, können die Vermutungen nach Absatz 2 durch die in Absatz 1 enthaltene sachliche Rechtfertigung entkräftet werden (vgl BT-Drucks. 15/2316, S. 67 zu § 26 TKG-E). Im Hinblick darauf, dass das marktmächtige Unternehmen bereits aufgrund der Ausgestaltung der allgemeinen Rechtfertigungsmöglichkeit in Abs. 1 Satz 2 die Darlegungs- und Beweislast trägt und der Untersuchungsgrundsatz gemäß § 24 VwVfG entsprechend eingeschränkt ist, hat die Vermutungsregel insoweit **keine eigenständige Bedeutung.**

I. Dumping (Abs. 2 Nr. 1)

52 Ein Missbrauch im Sinne von Absatz 1 Nr. 2 wird vermutet, wenn das Entgelt der betreffenden Leistung deren langfristige zusätzliche Kosten einschließlich einer angemessenen Verzinsung des eingesetzten Kapitals nicht deckt. Beim sogenannten Dumping geht es darum, dass ein marktmächtiges Unternehmen seine starke Wettbewerbsposition und insbesondere seine Finanzkraft dazu ausnutzt, seine Produkte im Rahmen einer gezielten Niedrigpreisstrategie über längere Zeit unter den Gestehungskosten zu verkaufen, um damit kleinere Wettbewerber vom Markt zu verdrängen oder potenzielle Wettbewerber vom Markteintritt abzuhalten, so dass das marktmächtige Unternehmen langfristig seine Marktmacht steigern und in der Folge höhere Gewinne erzielen kann (vgl Kommission, Mitteilung über die Anwendung der Wettbewerbsregeln auf Zugangsvereinbarungen im Telekommunikationsbereich, ABl. EG 1998 Nr. C 265/2, Rn 110). Die hier formulierte Dumpinggrenze setzt auf dem bereits im TKG 1996 und in der TEntgV enthaltenen Zusatzkostenkonzept auf und formuliert in Ergänzung zu einer zulässigen Preisobergrenze nun eine **Preisuntergrenze,** bei deren Unterschreitung eine Wettbewerbsbehinderung im Sinne von Abs. 1 Nr. 2 vermutet wird. Danach wird von einem missbräuchlichen Verhalten ausgegangen, wenn der Preis einer Leistungseinheit deren zusätzliche Kosten unter-

schreitet und somit die zusätzlichen Erlöse der betreffenden Leistung die durch sie verursachten Zusatzkosten nicht abdecken (vgl BT-Drucks. 15/2316, S. 67 zu § 26 TKG-E). Die Begriffe der „langfristigen zusätzlichen Kosten" und der „angemessenen Verzinsung des eingesetzten Kapitals" sind identisch mit den in § 31 Abs. 2 und 4 zur Ermittlung der Kosten der effizienten Leistungsbereitstellung verwendeten Merkmalen. Anders als dort bleiben bei der Bestimmung der Preisuntergrenze in Abs. 2 Nr. 1 jedoch leistungsmengenneutrale Gemeinkosten außer Betracht. Dies bedeutet, dass der Missbrauchstatbestand des Dumping sich an einem Wert orientiert, der unterhalb der Kosten der effizienten Leistungsbereitstellung liegt (vgl Beck'scher TKG-Kommmentar/*Schuster/Ruhle*, § 28 Rn 77).

II. Preis-Kosten-Schere (Abs. 2 Nr. 2)

Ein Missbrauch im Sinne von Abs. 1 Nr. 2 wird vermutet, wenn die **Spanne** zwischen dem **Entgelt**, das der Betreiber eines öffentlichen Telekommunikationsnetzes, der über beträchtliche Marktmacht verfügt, Wettbewerbern für eine Zugangsleistung in Rechnung stellt, und dem entsprechenden **Endnutzerentgelt** nicht ausreicht, um einem effizienten Unternehmen die Erzielung einer angemessenen Verzinsung des eingesetzten Kapitals auf dem Endnutzermarkt zu ermöglichen (Preis-Kosten-Schere). Die Vermutungsregelung des Abs. 1 Nr. 2 schreibt das Verbot der sogenannten Preis-Kosten-Schere gesetzlich fest. Die hierin adressierten Wettbewerbsprobleme im Telekommunikationsbereich resultieren teilweise aus einer auf vielen Märkten üblichen vertikalen Integration des Zugangs- bzw Netz- und des Dienstebereichs. Wettbewerber des vertikal integrierten Unternehmens mit beträchtlicher Marktmacht sind häufig auf dessen Vorleistungen im Zugangsbereich angewiesen und stehen mit ihm zugleich auf Märkten für Endnutzerdienste im Wettbewerb. Hieraus resultiert zum einen die Forderung, dass das Unternehmen mit beträchtlicher Marktmacht seinen Dienstebereich nicht besser stellt als die Wettbewerber. Zum anderen müssen zur Vermeidung sogenannter Preis-Kosten-Scheren bei gegebenem Vorleistungspreis die Endnutzerpreise des Dienstebereichs des Unternehmens mit beträchtlicher Marktmacht so hoch sein, dass effizienten Unternehmen im Endnutzerbereich eine angemessene Verzinsung möglich ist. Dabei ist es nach Ansicht des Gesetzgebers nicht notwendig, dass dies für jeden einzelnen Tarif gilt, sofern nur sichergestellt ist, dass effiziente Konkurrenten des Unternehmens mit beträchtlicher Marktmacht diese Tarife in Kombination nachvollziehen können, ohne Verluste zu machen. (vgl BT-Drucks. 15/2316, S. 67 zu § 26 TKG-E, kritisch hierzu Beck'scher TKG-Kommmentar/*Schuster/Ruhle*, § 28 Rn 89). Im europäischen Kartellrecht, das bei der Auslegung und Anwendung der nationalen Vorschriften des Telekommunikationsrechts ebenfalls zu berücksichtigen ist, geht die Kommission im Rahmen des Art. 102 AEUV insbesondere dann vom Vorliegen einer Preis-Kosten-Schere aus, wenn die Summe der monatlichen und einmaligen an das marktmächtige Unternehmen für den Vorleistungszugang zu entrichtenden Entgelte die Wettbewerber zwingt, ihren Endkunden höhere Entgelte zu berechnen als das markmächtige Unternehmen ihren eigenen Endkunden für entsprechende Dienstleistungen in Rechnung stellt (vgl Kommission, Entscheidung vom 21.5.2003, COMP/C-1/37 451, 578, 579, WuW-E EU-V 908 ff). Die Regulierungsbehörde hat also im Rahmen der Anwendung des Abs. 2 Nr. 2 die Kosten eines effizienten Wettbewerbers auf der Endnutzerebene heranzuziehen, um die vom Gesetz vorgegebene Spanne zwischen Zugangsleistungs- und Endnutzerentgelt zu ermitteln. Auch aus dem Wortlaut und dem Sinn und Zweck der Vorschrift ergibt sich, dass hierbei in erster Linie die Kosten- und Ertragssituation der Wettbewerber maßgeblich sein muss. Kostenvorteile des marktmächtigen Unternehmens, insbesondere solche Kostenvorteile, die sich aus seiner Position als früherer Monopolist ergeben, sollten daher keine Rolle spielen, wenn zu prüfen ist, ob ein effizientes Unternehmen bei der gegebenen Konstellation von Zugangspreisen und Endkundenpreisen eine angemessene Verzinsung des eingesetzten Kapitals erzielen kann (vgl Monopolkommission, Sondergutachten 43, Tz. 143). Es spricht daher einiges dafür, bei der Prüfung einer Preis-Kosten-Schere im Grundsatz auf die Perspektive eines effizienten Wettbewerbers abzustellen (vgl BNetzA, Hinweise zu Preis-Kosten-Scheren iSd § 28 Abs. 2 Nr. 2 TKG, S. 8 f, 30, veröffentlicht im ABl. 22/2007, Mit-Nr. 940). Da es vorliegend um das Verhältnis der Entgelte auf der Vorleistungs- und der Endnutzerebene geht, führt das Verbot der Preis-Kosten-Schere je nach der zu regulierenden Ebene zu einer relativen Entgeltober- oder Entgeltuntergrenze und stellt insofern eine Ergänzung der in Abs. 1 Satz 2 Nr. 1 und Abs. 2 Nr. 1 enthaltenen absoluten Entgeltgrenzen dar (vgl *Masing/Ehrmann,* in: Wilms/Masing/Jochum, TKG, § 28 Rn 38). Daher hat die Bundesnetzagentur mit Blick auf das Konsistenzgebot gemäß § 27 Abs. 2 darauf zu achten, dass sämtliche dieser Entgeltregulierungsmaßnahmen in ihrer Gesamtheit aufeinander abgestimmt sind, wenn das Verhalten des marktmächtigen Unternehmens mehrere Regelbeispiele und Vermutungstatbestände des § 28 erfüllt. 53

III. Produktbündelung (Abs. 2 Nr. 3)

54 Ein Missbrauch im Sinne von Absatz 1 Nr. 2 wird vermutet, wenn das marktmächtige Unternehmen bei seinem Produktangebot eine **sachlich ungerechtfertigte Bündelung** vornimmt. Bei der Frage, ob dies der Fall ist, hat die Bundesnetzagentur insbesondere zu prüfen, ob es effizienten Wettbewerbern des Unternehmens mit beträchtlicher Marktmacht möglich ist, das Bündelprodukt zu vergleichbaren Konditionen anzubieten. Durch den Begriff der ungerechtfertigten Bündelung, der sich auch in Art. 17 Abs. 2 der Universaldienstrichtlinie findet, kommt zum Ausdruck, dass nicht jede Form der Bündelung als wettbewerbswidrig einzustufen ist. Bündelprodukte stoßen auf der Nachfrageseite auf große Beliebtheit und sind häufig Ausdruck von Synergieeffekten bzw Bündelungsvorteilen. Aus Wettbewerbsperspektive problematisch bzw ungerechtfertigt erscheint eine Bündelung nur dann, wenn auch effiziente Unternehmen nicht in der Lage sind, das Bündelprodukt zu vergleichbaren Konditionen wie das Unternehmen mit beträchtlicher Marktmacht am Markt zu platzieren (vgl BT-Drucks. 15/2316, S. 67 zu § 26 TKG-E). In der Praxis unterscheidet man grundsätzlich zwei Formen der Bündelung, nämlich die reine und die gemischte Bündelung. Während bei der sogenannten reinen Bündelung mehrere Produkte nur gemeinsam und nicht einzeln gekauft werden können, zeichnet sich die sogenannte gemischte Bündelung dadurch aus, dass die Produkte zusätzlich zum Einzelverkauf auch als Bündel zu einem Preis angeboten werden, der unterhalb des Preises für den kombinierten Einzelbezug der Produkte liegt (vgl BNetzA, Hinweise zur sachlich ungerechtfertigten Bündelung iSd § 28 Abs. 2 Nr. 3 TKG, S. 3 f, veröffentlicht im ABl. 15/2005, Mit-Nr. 198). Die Bündelung verschiedener Produkte zählt in vielen Wirtschaftsbereichen zur üblichen unternehmerischen Praxis, weil sie auf der Angebotsseite regelmäßig zu Verbundvorteilen führt und auf der Nachfrageseite häufig mit Preisvorteilen verbunden ist. Daneben werden Produkte, die „aus einer Hand" angeboten werden, wegen deren potenziell leichterer Handhabung generell bevorzugt – insbesondere wenn es sich um komplementäre Produkte handelt (vgl BNetzA, Hinweise zur sachlich ungerechtfertigten Bündelung iSd § 28 Abs. 2 Nr. 3 TKG, S. 4 f). In diesem Zusammenhang können sich Wettbewerbsbehinderungen daraus ergeben, dass das marktmächtige Unternehmen dazu geneigt ist, seine Marktmacht in einem bestimmten Bereich mithilfe von Bündelangeboten auf andere Märkte zu übertragen. Dies kann im Falle der reinen Bündelung dadurch geschehen, dass ein Produkt, bei dem das regulierte Unternehmen über eine marktmächtige Stellung verfügt, mit einem Produkt aus einem wettbewerbsintensiveren Markt gebündelt wird, während die Marktmachtübertragung bei der gemischten Bündelung durch entsprechende Preisnachlässe erfolgt, was bei einem vertikal integrierten Unternehmen mit beträchtlicher Marktmacht zudem zu verbotenen Preis-Kosten-Scheren führen kann. Vor diesem Hintergrund hat die Bundesnetzagentur bei der Beurteilung der Frage, ob eine sachlich ungerechtfertigte Produktbündelung vorliegt, insbesondere die Nachbildbarkeit der Bündelprodukte des Unternehmens mit beträchtlicher Marktmacht durch effiziente Wettbewerber zu prüfen (vgl BNetzA, Hinweise zur sachlich ungerechtfertigten Bündelung iSd § 28 Abs. 2 Nr. 3 TKG, S. 5 f). Dabei kommt es vor allem darauf an, ob Wettbewerber Zugang zu allen Bestandteilen des Produktbündels haben und diese zu Entgelten erhalten, die es ihnen ermöglichen, das Bündelprodukt zu vergleichbaren Konditionen anzubieten (vgl BNetzA, Hinweise zur sachlich ungerechtfertigten Bündelung iSd § 28 Abs. 2 Nr. 3 TKG, S. 16). Im Rahmen dieser Prüfung müssen zumindest all diejenigen Wettbewerbertypen und Geschäftsmodelle einbezogen werden, mit denen das marktmächtige Unternehmen durch die Produktbündelung in Wettbewerb tritt (vgl *Masing/Ehrmann,* in: Wilms/Masing/Jochum, TKG, § 28 Rn 50). Dabei kann die theoretische Möglichkeit, ein Bündelprodukt nachzubilden, nicht ausreichen. Erforderlich ist vielmehr, dass ein Wettbewerber ein entsprechendes Bündelprodukt ohne unangemessene zusätzliche wirtschaftliche Risiken im Rahmen des verfolgten Geschäftsmodells anbieten kann (vgl BNetzA, Hinweise zur sachlich ungerechtfertigten Bündelung iSd § 28 Abs. 2 Nr. 3 TKG, S. 18). Kommt die Bundesnetzagentur zu der Feststellung, dass eine sachlich ungerechtfertigte Produktbündelung vorliegt, hat sie über die sonstigen Maßnahmen nach § 38 Abs. 4 Satz 1 und 2 hinaus gemäß § 38 Abs. 4 Satz 5 anzuordnen, in welcher Weise das Unternehmen mit beträchtlicher Marktmacht eine Entbündelung vorzunehmen hat.

§ 29 TKG Anordnungen im Rahmen der Entgeltregulierung[1]

(1) [1]Die Bundesnetzagentur kann im Rahmen oder zur Vorbereitung von Verfahren der Entgeltregulierung anordnen, dass

1. ihr von einem Unternehmen mit beträchtlicher Marktmacht detaillierte Angaben zum Leistungsangebot, zum aktuellen und erwarteten Umsatz für Dienstleistungen, zu den aktuellen und erwarteten Absatzmengen und Kosten, zu den voraussehbaren Auswirkungen auf die Endnutzer sowie auf die Wettbewerber und sonstige Unterlagen und Angaben zur Verfügung gestellt werden, die sie zur sachgerechten Ausübung ihres Entgeltregulierungsrechts aufgrund dieses Gesetzes für erforderlich hält und
2. ein Unternehmen mit beträchtlicher Marktmacht die Kostenrechnung in einer Form ausgestaltet, die es der Bundesnetzagentur ermöglicht, die für die Entgeltregulierung aufgrund dieses Gesetzes notwendigen Daten zu erlangen.

[2]Die Bundesnetzagentur kann zusätzlich die Übermittlung der Unterlagen nach den Nummern 1 und 2 auf Datenträgern anordnen. [3]Das Unternehmen hat die Übereinstimmung mit den schriftlichen Unterlagen zu versichern.

(2) [1]Die Bundesnetzagentur kann einem Unternehmen mit beträchtlicher Marktmacht Verpflichtungen in Bezug auf Kostenrechnungsmethoden erteilen. [2]In diesem Fall kann sie das Unternehmen mit beträchtlicher Marktmacht verpflichten, eine Beschreibung der den Auflagen entsprechenden Kostenrechnungsmethode öffentlich verfügbar zu machen, in der mindestens die wichtigsten Kostenarten und die Regeln der Kostenzuweisung aufgeführt werden, sofern sie nicht selbst eine entsprechende Veröffentlichung vornimmt. [3]Die Anwendung der Kostenrechnungsmethode wird von der Bundesnetzagentur überprüft; diese kann auch eine unabhängige Stelle mit der Überprüfung beauftragen. [4]Das Prüfergebnis wird einmal jährlich veröffentlicht.

(3) [1]Die Bundesnetzagentur kann ein Unternehmen mit beträchtlicher Marktmacht durch gesonderte Entscheidung verpflichten, Zugang unter bestimmten Tarifsystemen anzubieten und bestimmte Kostendeckungsmechanismen anzuwenden, soweit dies erforderlich ist, um die Regulierungsziele nach § 2 Abs. 2 zu erreichen. [2]Die Bundesnetzagentur hat bei Auferlegung dieser Verpflichtungen sicherzustellen, dass die wirtschaftliche Effizienz und ein nachhaltiger Wettbewerb gefördert wird und die Verpflichtungen möglichst vorteilhaft für den Endnutzer sind. [3]Trifft die Bundesnetzagentur eine Entscheidung nach Satz 1, hat der Anbieter mit beträchtlicher Markmacht innerhalb von zwei Wochen einen entsprechenden Entgeltantrag vorzulegen. [4]Die Bundesnetzagentur entscheidet nach Vorlage des Antrags oder nach Ablauf der Frist innerhalb von vier Wochen.

(4) Zur Durchsetzung der Anordnungen nach den Absätzen 1 und 2 kann nach Maßgabe des Verwaltungsvollstreckungsgesetzes ein Zwangsgeld bis zu einer Million Euro festgesetzt werden.

(5) Die Bundesnetzagentur kann vorschreiben, in welcher Form ein Entgelt oder eine Entgeltänderung einschließlich der Leistungsbeschreibung und sonstiger entgeltrelevanter Bestandteile zu veröffentlichen ist.

(6) Die Bundesnetzagentur kann auch von Unternehmen, die nicht über beträchtliche Marktmacht verfügen, Angaben nach Absatz 1 Nr. 1 verlangen sowie nach Absatz 4 vorgehen, wenn dies zur sachgerechten Ausübung der Entgeltregulierung nach diesem Teil erforderlich ist.

Schrifttum: *Holznagel/Hombergs/Rosengarten*, Die Zulässigkeit von Optionstarifen der T-Com nach dem neuen TKG, K&R 2004, 505 ff; *Säcker* (Hrsg.), Berliner Kommentar zum Telekommunikationsgesetz, 2. Aufl. 2009 (zitiert: BerlKomm TKG/*Bearbeiter*); *Wilms/Masing/Jochum* (Hrsg.), Telekommunikationsgesetz, Losbl. Stand 2006 (zitiert: Wilms/Masing/Jochum/*Bearbeiter*).

1 Die Autoren danken ihrem wissenschaftlichen Mitarbeiter, Herrn Rechtsreferendar *Markus Kühnl*, für seine Unterstützung bei der Kommentierung des § 29 TKG.

A. Einleitung und Überblick

I. Europarechtlicher Hintergrund

55 § 29 als Fortentwicklung des § 31 TKG 1996 dient der **Umsetzung** von Art. 13 Abs. 1 und 4 Zugangsrichtlinie sowie Art. 17 Universaldienstrichtlinie in deutsches Recht. Der Gesetzgeber hielt es dabei für erforderlich, dass die Bundesnetzagentur Unternehmen mit beträchtlicher Marktmacht angemessene und geeignete Auflagen zur Ausgestaltung der Kostenrechnungssysteme machen kann. § 29 Abs. 3 setzt Art. 13 Abs. 2 Zugangsrichtlinie um und sieht für die Bundesnetzagentur zum Beispiel die Möglichkeit vor, bestimmte Tarifsysteme im Vorleistungsbereich vorzugeben. Im Hinblick auf die nach Art. 5 Abs. 1 lit. a Zugangsrichtlinie zu eröffnende Möglichkeit, zur Gewährleistung der End-zu-End-Kommunikation notfalls auch Teilnehmernetzbetreiber ohne beträchtliche Marktmacht der Regulierung zu unterwerfen, wurde § 29 Abs. 6 aufgenommen, der der Bundesnetzagentur Zugriff auch auf Informationen von Unternehmen ohne beträchtliche Marktmacht ermöglicht (vgl BT-Drucks. 15/2316, S. 68 zu § 27 TKG-E).

II. Bedeutung und Struktur

56 Entgeltregulierungsmaßnahmen setzen seitens der Bundesnetzagentur einen bestimmten Kenntnisstand voraus. Ohne Zugriff auf umfassende Informationen über Kosten, Umsatzzahlen etc. ist vor dem Hintergrund existierender **Informationsasymmetrien** zwischen Bundesnetzagentur und regulierten Unternehmen eine sachgerechte Arbeit der Behörde nicht möglich (vgl BT-Drucks. 15/2316, S. 67 zu § 27 TKG-E). In diesem Zusammenhang soll § 29 die Bundesnetzagentur in die Lage versetzen, eine **effektive Entgeltregulierung** zu gewährleisten. Als allgemeine Vorschrift der Entgeltregulierung ist § 29 eine **spezielle Regelung** gegenüber den §§ 126 ff, die die allgemeinen Befugnisse der Bundesnetzagentur statuieren, und gilt sowohl für die vorherige Genehmigung als auch für die nachträgliche Entgeltregulierung und ausdrücklich auch für Informationsbedarf im Vorfeld der Entgeltregulierung (vgl BT-Drucks. 15/2316, S. 68 zu § 27 TKG-E). Diese Erweiterung des § 29 dient insbesondere der **Verfahrensökonomie**. Durch das Anordnungsrecht schon im Vorfeldstadium eines Entgeltregulierungsverfahrens wird die Möglichkeit geschaffen, das etwaige Regulierungsverfahren so genau und detailliert wie möglich zu gestalten. Da die Bundesnetzagentur dort beispielsweise nicht einem drohenden Fristablauf ausgesetzt ist, kann das eigentliche Verfahren ohne Zeitdruck im Hinblick auf die Beschaffung der relevanten Daten zu einem **sachgerechten Ergebnis** führen (vgl Beck'scher TKG-Kommmentar/*Schuster/Ruhle*, § 29 Rn 12). Aber nicht nur in zeitlicher Hinsicht wurden die Kompetenzen der Bundesnetzagentur im Zuge der Novellierung des TKG gegenüber der Vorgängerregelung in § 31 TKG 1996 deutlich erweitert. Die Anordnungsbefugnis der Bundesnetzagentur umfasst nunmehr auch insbesondere die Möglichkeit, einem marktmächtigen Unternehmen Verpflichtungen in Bezug auf Kostenrechnungsmethoden aufzuerlegen sowie bestimmte Tarifsysteme und Kostendeckungsmechanismen explizit vorzugeben. Dabei dürften gerade die Erfahrungen der ersten Liberalisierungsjahre zu dieser Ausweitung der Anordnungsbefugnisse der Bundesnetzagentur geführt haben. Kostenunterlagen waren regelmäßig geschwärzt, so dass Entgeltregulierungsmaßnahmen meist auf der Grundlage von Vergleichsmarktbetrachtungen ergingen (vgl Beck'scher TKG-Kommmentar/*Schuster/Ruhle*, § 29 Rn 6). Da der **internen Kostenrechnung** wesentliche Informationen entnommen werden können (vgl BT-Drucks. 15/2316, S. 67 zu § 27 TKG-E), ist es in der Praxis unerlässlich, Unternehmen mit beträchtlicher Marktmacht angemessene und geeignete Auflagen zur Ausgestaltung der Kostenrechnungssysteme zu erteilen. Denn nur auf der Grundlage von fundierten Informationen kann die Bundesnetzagentur im Rahmen der Entgeltregulierung eine **sachgerechte Genehmigungs- oder Untersagungsentscheidung** treffen.

57 Auf der Grundlage des § 29 kann die Bundesnetzagentur im Rahmen der Entgeltregulierung Anordnungen erteilen, um Verfahren der Entgeltregulierung **transparenter, effektiver** und **sachgerechter** zu gestalten. Da dies eine hinreichende Informationsdichte auf Seiten der Bundesnetzagentur voraussetzt, werden ihr in § 29 entsprechende Befugnisse erteilt, um die relevanten betrieblichen Daten der betroffenen Unternehmen zu ermitteln. Abs. 1 beinhaltet in generalklauselartiger Form eine **Anordnungsbefugnis** der Bundesnetzagentur. Im Rahmen oder zur Vorbereitung von Verfahren der Entgeltregulierung können zum Zwecke der sachgerechten Ausübung des Entgeltregulierungsrechts von den Unternehmen umfassende Informationen gefordert werden (Abs. 1 Satz 1 Nr. 1). Weiterhin kann den betroffenen Unternehmen die **Form** ihrer **Kostenrechnung** auferlegt werden, um die für das Regulierungsziel notwendigen Daten zu erlangen (Abs. 1 Satz 1 Nr. 2). Nach Abs. 2 können den Unternehmen

Verpflichtungen hinsichtlich der **Kostenrechnungsmethoden** vorgegeben werden. Um die Regulierungsziele des § 2 Abs. 2 zu erreichen, erlaubt Abs. 3, Unternehmen durch gesonderte Entscheidung zu verpflichten, Zugang unter bestimmten Tarifsystemen anzubieten und bestimmte **Kostendeckungsmechanismen** anzuwenden. Zur Durchsetzung der Anordnungen nach Abs. 1 und 2 kann gemäß Abs. 4 ein **Zwangsgeld** von bis zu einer Million Euro erhoben werden. Abs. 5 sowie Abs. 2 Satz 2 regeln eine **Veröffentlichungspflicht** seitens der Unternehmen. Während sich Abs. 1 Satz 1 Nr. 2, Abs. 1 Satz 2 und 3, Abs. 2, 3 und 5 nur auf Unternehmen mit beträchtlicher Marktmacht beziehen, wird durch Abs. 6 der Anwendungsbereich des § 29 erweitert. Anordnungen gemäß Abs. 1 Nr. 1 sowie nach Abs. 4 können auch Unternehmen betreffen, die keine beträchtliche Marktmacht ausüben. Mit dieser Anwendungsbereichserweiterung wird der Vorgabe des Art. 5 Abs. 1 lit. a Zugangsrichtlinie entsprochen.

Anordnungen gemäß § 29 können allerdings nicht gegenüber Dritten – also alternativen Teilnehmernetzbetreibern, die nicht selbst Antragsteller oder Beigeladene eines Entgeltverfahrens sind – getroffen werden. Zwar ergibt sich dies nicht unmittelbar aus dem Wortlaut des § 29; allerdings spricht der systematische Zusammenhang für diese Auslegung. Denn es handelt sich um eine vor die Klammer gezogene allgemeine Vorschrift für den Bereich der Entgeltregulierung und hinsichtlich der in diesem Zusammenhang betroffenen Unternehmen. Daneben zeigt die Existenz der allgemeinen Befugnisnorm des § 127, dass die spezielle Regelung des § 29 insoweit gar nicht benötigt wird (vgl Beck'scher TKG-Kommmentar/*Schuster/Ruhle*, § 29 Rn 16). 58

Der Wortlaut „kann", der sich durch den gesamten § 29 zieht, zeigt, dass es sich bei sämtlichen Anordnungsbefugnissen um Ermessensnormen handelt. Der Bundesnetzagentur steht demnach ein Ermessen zu, ob und welche Anordnungen sie im Rahmen des § 29 einsetzt. Die Behörde muss hierbei im Rahmen ihres **pflichtgemäßen Entschließungs- und Auswahlermessens** handeln. So hat die Bundesnetzagentur in diesem Zusammenhang eine umfassende Abwägung der Interessen aller Beteiligten unter Berücksichtigung der Regulierungsziele des § 2 Abs. 2 – unter anderem die Wahrung der Nutzerinteressen sowie die Sicherstellung eines chancengleichen Wettbewerbs – vorzunehmen und die möglicherweise entgegenstehenden Belange des betroffenen Unternehmens – vor allem das Interesse, die unternehmerischen Entscheidungen so weit wie möglich frei von staatlicher Einflussnahme treffen zu können – zu würdigen und in ihre Entscheidung einzustellen (vgl VG Köln CR 2008, 25 ff, Rn 112). 59

B. Herausgabe von Angaben und Unterlagen (Abs. 1)

I. Überblick

Der Bundesnetzagentur werden mit Abs. 1 **Anordnungsbefugnisse** erteilt, um einen hinreichenden Kenntnisstand an Informationen über das regulierte bzw zu regulierende Unternehmen erlangen zu können. Sie kann im Rahmen oder zur Vorbereitung eines Entgeltregulierungsverfahrens von Unternehmen mit beträchtlicher Marktmacht detaillierte Angaben hinsichtlich deren Leistungsangebot, Umsatz und Absatzmengen etc. anfordern oder die Form der Kostenrechnung vorgeben. Schließlich kann die Übermittlungsform der benötigten Informationen bestimmt werden. Im Unterschied zur alten Rechtslage sind nunmehr auch ausdrücklich Anordnungen zur Vorbereitung von Verfahren der Entgeltregulierung möglich. Unter dem TKG 1996 war ein solches Vorermittlungsverfahren noch für unzulässig gehalten worden (vgl VG Köln Beschl. v. 21.1.1998 – 1 L 4289/97, S. 7 des amtl. Umdrucks). § 29 gilt also nicht nur im Rahmen von Entgeltgenehmigungs- und nachträglichen Entgeltregulierungsverfahren, sondern auch für den Informationsbedarf der Bundesnetzagentur im Vorfeld der Entgeltregulierung (vgl BT-Drucks. 15/2316, S. 68 zu § 27 TKG-E). Dies soll jedoch dahin gehend eingeschränkt werden, dass nachweisbar die Einleitung eines konkreten Entgeltregulierungsverfahrens bevorstehen muss (vgl *Wilms/Masing/Jochum/Masing/Wißmann*, § 29 Rn 19). Soweit sich Anordnungen nach Abs. 1 Satz 1, Unterlagen vorzulegen, im Rahmen der von § 132 Abs. 1 erfassten Entgeltregulierungsentscheidungen lediglich als vorbereitende Maßnahmen darstellen, ist in verfahrensrechtlicher Hinsicht die Durchführung einer mündlichen Verhandlung nach § 135 Abs. 3 nicht erforderlich (so VG Köln CR 2008, 25 ff, Rn 45). 60

Werden Anordnungen der Bundesnetzagentur nach Abs. 1 von dem betroffenen Unternehmen missachtet, so kann zu deren Durchsetzung gemäß Abs. 4 ein **Zwangsgeld** bis zu einer Million Euro festgesetzt werden. Daneben kann gemäß § 149 Abs. 1 Nr. 4 lit. a, c, Abs. 2 Satz 1 ein Unternehmen, welches vorsätzlich oder fahrlässig einer vollziehbaren Anordnung nach Abs. 1 Satz 1 Nr. 1 oder 61

Abs. 1 Satz 2 zuwiderhandelt, mit einer **Geldbuße** bis zu fünfhunderttausend Euro bzw zehntausend Euro bestraft werden, wobei diese gemäß § 149 Abs. 2 Satz 2 und 3 den wirtschaftlichen Vorteil, den das Unternehmen aus der Ordnungswidrigkeit gezogen hat, übersteigen soll und die vorgenannten Beträge hierfür überschritten werden können. Dagegen ist ein Verstoß gegen eine vollziehbare Anordnung nach Abs. 1 Satz 1 Nr. 2 nicht bußgeldbewehrt.

II. Art der Angaben und Unterlagen (Abs. 1 Satz 1 Nr. 1)

62 Nach Abs. 1 Nr. 1 kann die Bundesnetzagentur im Rahmen oder zur Vorbereitung von Verfahren der Entgeltregulierung anordnen, dass ihr von einem Unternehmen mit beträchtlicher Marktmacht detaillierte Angaben zum **Leistungsangebot**, zum aktuellen und erwarteten **Umsatz** für Dienstleistungen, zu den aktuellen und erwarteten **Absatzmengen** und **Kosten**, zu den voraussehbaren Auswirkungen auf die Endnutzer sowie auf die Wettbewerber und sonstige Unterlagen und Angaben zur Verfügung gestellt werden, die sie zur sachgerechten Ausübung ihres Entgeltregulierungsrechts aufgrund des TKG für erforderlich hält (vgl hierzu ausführlich Beck'scher TKG-Kommmentar/*Schuster/Ruhle*, § 29 Rn 17-35). So kann die Bundesnetzagentur in diesem Zusammenhang beispielsweise „die dem vorzulegenden Entgelt zugrunde liegende Leistungsbeschreibung", „die entsprechenden Preislisten", „die Allgemeinen Geschäftsbedingungen", „vergleichbare Angebote von Wettbewerbern" und „detaillierte Angaben über erwartete und in der Vergangenheit gemessene Nutzungscharakteristika, soweit diese die Grundlage für die Kalkulation der betreffenden Tarifmaßnahme darstellen", fordern, wodurch der Begriff der „erforderlichen Unterlagen" im Sinne des verfahrensrechtlichen Bestimmtheitsgebots gemäß § 37 Abs. 1 VwVfG hinreichend präzisiert wird (vgl VG Köln CR 2008, 25 ff, Rn 107 f, 111).

63 Für die Ausübung der Anordnungsbefugnisse enthält Abs. 1 Nr. 1 die weitere Voraussetzung, dass die Bundesnetzagentur die Vorlage solcher Unterlagen und Angaben zur sachgerechten Ausübung ihres Entgeltregulierungsrechts für **erforderlich** hält. Diese Formulierung belegt, dass der Bundesnetzagentur im Interesse der Wirksamkeit der Entgeltregulierung dabei ein **weiter Beurteilungsspielraum** eingeräumt ist (so auch VG Köln CR 2008, 25 ff, Rn 111). Auf eine objektive Erforderlichkeit kommt es also in diesem Zusammenhang nicht an. Vielmehr hat der Gesetzgeber hier bewusst einen **subjektiven Maßstab** gewählt, nach dem die Erforderlichkeit aus der Sicht der Bundesnetzagentur beurteilt wird, was im Sinne der **Rechtssicherheit** eine entsprechend eingeschränkte gerichtliche Überprüfbarkeit der von ihr im Rahmen des Abs. 1 Nr. 1 getroffenen Anordnungen zur Folge hat.

III. Form der Kostenrechnung (Abs. 1 Satz 1 Nr. 2)

64 Nach Abs. 1 Satz 1 Nr. 2 kann die Bundesnetzagentur im Rahmen oder zur Vorbereitung von Verfahren der Entgeltregulierung anordnen, dass ein Unternehmen mit beträchtlicher Marktmacht die Kostenrechnung in einer Form ausgestaltet, die es der Bundesnetzagentur ermöglicht, die für die Entgeltregulierung aufgrund dieses Gesetzes notwendigen Daten zu erlangen. Im Gegensatz zu Abs. 1 Satz 1 Nr. 1, wonach einzelne benötigte Informationen aufgrund Anordnung der Bundesnetzagentur zur Verfügung gestellt werden müssen, betrifft Abs. 1 Satz 1 Nr. 2 die Ausgestaltung der Form der Kostenrechnung. Diese Regelung muss im Kontext der Zugangsrichtlinie sowie der Empfehlung der Kommission vom 19.9.2005 über die getrennte Buchführung und Kostenrechnungssysteme entsprechend dem Rechtsrahmen für die elektronische Kommunikation (2005/698/EG, vgl ABl. EG Nr. L 266, S. 64 ff) interpretiert werden. Danach kann die Bundesnetzagentur insbesondere die Einführung einer **getrennten Buchführung** verlangen. Dies dient zur Erlangung ausführlicherer Informationen als die, die sich aus den Jahresabschlüssen der Unternehmen ergeben (vgl Empfehlung der Kommission 2005/698/EG, ABl. EG Nr. L 266, S. 64, 66). Anders als im Rahmen des Abs. 2 können gemäß Abs. 1 Satz 1 Nr. 2 nur formelle Vorgaben über die Ausgestaltung der Kostenrechnung gemacht werden; also lediglich über die Art und Weise der Kostenrechnung (vgl Beck'scher TKG-Kommmentar/*Schuster/Ruhle*, § 29 Rn 36). Abs. 2 dagegen umfasst materielle und somit inhaltliche Vorgaben. Anders als Abs. 1 Satz 1 Nr. 1 findet diese Regelung keine Anwendung auf Unternehmen ohne beträchtliche Marktmacht. Adressaten einer etwaigen Verpflichtung zur Ausgestaltung der Kostenrechnung können demnach nur Unternehmen mit beträchtlicher Marktmacht sein.

IV. Form der Übermittlung (Abs. 1 Satz 2 und 3)

In Abs. 1 Satz 2 wird der Bundesnetzagentur die Möglichkeit eingeräumt, die Form der Übermittlung der Unterlagen vorzugeben. Danach kann die Bundesnetzagentur zusätzlich die Übermittlung der Unterlagen nach Abs. 1 Satz 1 Nr. 1 und 2 auf **Datenträgern** anordnen. Diese Vorschrift ist eine Anpassung an den gegenwärtigen Stand der Technik und entspricht im Übrigen der rasanten Entwicklung im Bereich der Datenverarbeitungssysteme (vgl BerlKommTKG/*Groebel*, § 29 Rn 25). Nach Abs. 1 Satz 3 hat das Unternehmen die Übereinstimmung mit den schriftlichen Unterlagen zu versichern. 65

C. Kostenrechnungsmethoden (Abs. 2)

I. Überblick

Gemäß Abs. 2 kann die Bundesnetzagentur einem Unternehmen mit beträchtlicher Marktmacht Verpflichtungen in Bezug auf Kostenrechnungsmethoden erteilen. Während Abs. 1 nur Informationspflichten und die Ausgestaltung der Form der Kostenrechnung umfasst und sich somit letztlich nur auf formelle Vorgaben bezieht, werden den Unternehmen mit beträchtlicher Marktmacht mit Abs. 2 inhaltliche und folglich materielle Vorgaben erteilt. Die Kostenrechnungsmethode untersteht einer **etwaigen Veröffentlichungspflicht** (Abs. 2 Satz 2). Die Vorgaben bezüglich der Kostenrechnungsmethoden können von der Bundesnetzagentur oder einer unabhängigen Stelle überprüft werden. Das Prüfungsergebnis wird einmal jährlich veröffentlicht. 66

Ebenso wie im Falle des Abs. 1 kann gemäß Abs. 4 zur Durchsetzung von Anordnungen nach Abs. 2 ein **Zwangsgeld** bis zu einer Million Euro festgesetzt werden. Eine Zuwiderhandlung gegen eine vollziehbare Anordnung gemäß Abs. 2 Satz 1 oder 2 kann gemäß § 149 Abs. 1 Nr. 4 lit. a, Abs. 2 Satz 1 als Ordnungswidrigkeit mit einer **Geldbuße** bis zu fünfhunderttausend Euro geahndet werden, wobei diese gemäß § 149 Abs. 2 Satz 2 und 3 den wirtschaftlichen Vorteil, den das Unternehmen aus der Ordnungswidrigkeit gezogen hat, übersteigen soll und die vorgenannten Beträge hierfür überschritten werden können. 67

Die Formulierung „**kann**" zeigt, dass die Bundesnetzagentur auch hier ein Entschließungs- und Auswahlermessen hat. Zu beachten ist besonders, dass für eine Verpflichtung nach Abs. 2 im Unterschied zu Abs. 1 **kein konkretes Entgeltregulierungsverfahren** vorliegen muss. Dies kommt jedoch keinem Freibrief für die Behörde gleich. Vielmehr unterliegen die Maßnahmen nach Abs. 2 dem allgemeinen Verhältnismäßigkeitsprinzip, welches im Hinblick auf den Zweck des gesamten TKG gesehen werden muss (vgl *Wilms/Masing/Jochum/Masing/Wißmann*, § 29 Rn 29). Geeignetheit, Erforderlichkeit und Angemessenheit müssen im Lichte der §§ 1 und 2 TKG angewendet werden. 68

II. Verpflichtungen in Bezug auf Kostenrechnungsmethoden (Abs. 2 Satz 1)

Abs. 2 sieht vor, dass die Bundesnetzagentur einem Unternehmen mit beträchtlicher Marktmacht Verpflichtungen in Bezug auf Kostenrechnungsmethoden erteilen kann. Die Generalklausel des Abs. 2 Satz 1 findet keine direkte Entsprechung in der Vorgängerregelung des § 31 TKG 1996. Sie basiert vielmehr auf der Umsetzung des Art. 13 Abs. 1 Zugangsrichtlinie sowie gerichtlichen Streitigkeiten zwischen der Bundesnetzagentur und der Deutschen Telekom AG (DTAG), deren Inhalt regelmäßig die Frage war, ob die Bundesnetzagentur nur formelle oder auch materielle Vorgaben anordnen darf. Mit Einführung des Abs. 2 in der gegenwärtigen Form hat der Gesetzgeber nun die Rechtsauffassung der Bundesnetzagentur grundsätzlich bestätigt. Die Kostenrechnungsmethoden müssen damit auch materiellen Anforderungen genügen. Demnach wird der Bundesnetzagentur die Möglichkeit eingeräumt, in innerbetriebliche Abläufe einzugreifen und diese zu regeln. Sie kann somit die betriebliche Erfassung der Kostendaten **unmittelbar beeinflussen**. Zur Bestimmung der genauen Befugnisse der Behörde lässt sich die Empfehlung der Kommission 2005/698/EG (vgl ABl. EG Nr. L 266, S. 64 ff) heranziehen. Die Anordnung von materiellen Vorgaben dient insbesondere der Transparenz der von den Unternehmen angewandten Methoden sowie der besseren Ermittlung der genauen Kosten der erbrachten Dienstleistungen. Auf die Erforderlichkeit einer solchen Maßnahme kommt es nicht an. Zweck dieser Regelung ist die Herstellung einer gewissen materiellen Kontinuität und Konsistenz der verschiedenen Kostenrechnungsmethoden (vgl BerlKommTKG/*Groebel*, § 29 Rn 27). Die Bundesnetzagentur hat folglich die Möglichkeit, die Kostenrechnungsmethoden der verschiedenen Unternehmen zu vereinheitlichen und somit zu einer besseren Vergleichbarkeit zu kommen. Dies dient vor allem 69 einer effizienteren und letztlich sachgerechten Beurteilung der Unternehmen hinsichtlich einer etwaigen Entgeltregulierungsentscheidung der Behörde.

III. Veröffentlichungspflicht (Abs. 2 Satz 2)

70 Erteilt die Bundesnetzagentur einem Unternehmen mit beträchtlicher Marktmacht Verpflichtungen in Bezug auf Kostenrechnungsmethoden, kann sie das Unternehmen gemäß Abs. 2 Satz 2 verpflichten, eine Beschreibung der den Auflagen entsprechenden Kostenrechnungsmethode öffentlich verfügbar zu machen, in der mindestens die **wichtigsten Kostenarten** und die **Regeln der Kostenzuweisung** aufgeführt werden, sofern sie nicht selbst eine entsprechende Veröffentlichung vornimmt. Diese Vorschrift dient der Umsetzung des Art. 13 Abs. 4 Zugangsrichtlinie und des Art. 17 Abs. 4 Universaldienstrichtlinie.

IV. Weitere Regelungen (Abs. 2 Satz 3 und 4)

71 Nach Abs. 2 Satz 3 und 4 wird die Anwendung der Kostenrechnungsmethode von der Bundesnetzagentur **überprüft**; sie kann auch eine **unabhängige Stelle** mit der Überprüfung beauftragen. Damit soll gewährleistet werden, dass die Verpflichtungen richtig umgesetzt bzw angewandt werden. Die Unabhängigkeit einer externen Prüfung muss durch staatliche Zertifizierung garantiert werden (vgl *Wilms/Masing/Jochum/Masing/Wißmann*, § 29 Rn 33). Das Prüfungsergebnis wird sodann im **Intervall von einem Jahr** veröffentlicht, welches allgemeiner betrieblicher Praxis entspricht (vgl BerlKommTKG/*Groebel*, § 29 Rn 30).

D. Zugang unter bestimmten Tarifsystemen und Kostendeckungsmechanismen (Abs. 3)

I. Überblick

72 Abs. 3 regelt, dass die Bundesnetzagentur ein Unternehmen mit beträchtlicher Marktmacht durch **gesonderte Entscheidung** verpflichten kann, **Zugang unter bestimmten Tarifsystemen** anzubieten und **bestimmte Kostendeckungsmechanismen** anzuwenden. Abs. 3 setzt Artikel 13 Abs. 2 Zugangsrichtlinie um und sieht für die Bundesnetzagentur die Möglichkeit vor, bestimmte Tarifsysteme im Vorleistungsbereich vorzugeben. In der Gesetzesbegründung wird dabei sogar ausdrücklich das sogenannte EBC-System genannt (vgl BT-Drucks. 15/2316, S. 68 zu § 27 TKG-E). Dadurch hat der Gesetzgeber nunmehr klargestellt, dass die Bundesnetzagentur im Rahmen einer Zugangsanordnung auch Entgeltregulierungsmaßnahmen treffen kann. Die Anordnungsmöglichkeiten stehen im **pflichtgemäßen Ermessen** der Bundesnetzagentur. Dabei müssen diese Anordnungen im Hinblick auf die Regulierungsziele des § 2 Abs. 2 **erforderlich** sein, da mit einer solchen Maßnahme erheblich in das Initiativrecht des marktmächtigen Unternehmens bei der Tarifgestaltung eingegriffen wird. Weitere Voraussetzung einer ermessensfehlerfreien Entscheidung der Bundesnetzagentur ist die Beachtung des Abs. 3 Satz 2. Demnach müssen Verpflichtungen nach Satz 1 zugleich sicherstellen, dass die wirtschaftliche Effizienz und ein nachhaltiger Wettbewerb gefördert werden und sie für den Endnutzer nach Möglichkeit vorteilhaft sind.

73 Die Verpflichtung auf ein bestimmtes Tarifsystem ist durch eine **gesonderte Entscheidung** vorzunehmen, um dem regulierten Unternehmen die **verfassungsrechtlich garantierten Initiativrechte** bezüglich Gestaltung und Umsetzung des nachfolgenden Entgeltantrages zu gewährleisten. Dem Unternehmen muss die Gelegenheit eingeräumt werden, nach Ergehen einer Verpflichtung zu einem bestimmten Tarifsystem die zuvor auf anderer Grundlage beantragten Entgelte innerhalb des ihm zugestandenen Gestaltungsspielraums anzupassen. (vgl BT-Drucks. 15/2316, S. 113, Nr. 24, Stellungnahme des Bundesrates zu § 27 Abs. 3 TKG-E; BT-Drucks. 15/2345, S. 3, Gegenäußerung der Bundesregierung zu Nr. 24, § 27 Abs. 3 TKG-E). Trifft die Bundesnetzagentur eine Entscheidung nach Satz 1, hat der Anbieter mit beträchtlicher Marktmacht innerhalb von **zwei Wochen** einen entsprechenden **Entgeltantrag** vorzulegen. Die Bundesnetzagentur entscheidet nach Vorlage des Antrags oder nach Ablauf der Frist innerhalb von **vier Wochen**.

II. Zugang unter bestimmten Tarifsystemen

Mit dieser Anordnungsbefugnis erhält die Bundesnetzagentur ein **Steuerungsrecht über betriebliche Entscheidungen** (*Wilms/Masing/Jochum/Masing/Wißmann*, § 29 Rn 34). Es kann in innerbetriebliche Vorgänge eingegriffen werden, und dem Unternehmen mit beträchtlicher Marktmacht können ebenso wie im Rahmen des Abs. 2 materielle Vorgaben gemacht werden. Zweck dieser Norm ist abermals, die Regulierungsziele des § 2 Abs. 2 zu erreichen. Mit dem Tarifsystem erfasst das Unternehmen die von Dritten in Anspruch genommenen Leistungen und ordnet sie seinen Entgelten zu (vgl *Wilms/Masing/Jochum/Masing/Wißmann*, § 29 Rn 35). Ein Unternehmen hat grundsätzlich das **Initiativrecht** über das anzuwendende Tarifsystem bzw über dessen Ausgestaltung. Da somit jedoch wettbewerbswidrige Tarifsysteme seitens des regulierten Unternehmens vorgeschlagen werden können, die der Sicherstellung eines chancengleichen Wettbewerbs entgegenlaufen, hat die Bundesnetzagentur die Möglichkeit, ein betroffenes Unternehmen zu verpflichten, Zugang unter bestimmten Tarifsystemen anzubieten. Durch eine etwaige Anordnung kann daher ausgeschlossen werden, dass das regulierte Unternehmen den Markt mit Tarifsystemen behindert, die den Zielen des § 2 Abs. 2 widersprechen. 74

III. Anwendung bestimmter Kostenmechanismen

Ferner kann die Bundesnetzagentur gemäß Abs. 3 Satz 1 ein reguliertes Unternehmen anhalten, bestimmte Kostendeckungsmechanismen anzuwenden. Der juristisch und ökonomisch **unspezifische Begriff** der Kostendeckungsmechanismen ist eine deklaratorische Zusammenfassung der einzelnen Verpflichtungsmöglichkeiten bezüglich der Kostendeckung und hat eine starke Kongruenz zu Abs. 2. Insbesondere beschreibt der Begriff die Art und Weise, wie die anfallenden Kosten eines Unternehmens zu decken sind. Auch diese Anordnungsbefugnis ist im Lichte des § 2 Abs. 2 anzuwenden. 75

E. Durchsetzung der Anordnungen (Abs. 4)

Nach Abs. 4 kann zur Durchsetzung der Anordnungen nach den Absätzen 1 und 2 nach Maßgabe des Verwaltungsvollstreckungsgesetzes ein **Zwangsgeld bis zu einer Million Euro** festgesetzt werden. Gegenüber der Vorgängerregelung des § 31 Abs. 1 Satz 2 TKG 1996 wurde die maximale Höhe des Zwangsgeldes verdoppelt. Dies zeigt die große Bedeutung, die der Gesetzgeber den Anordnungsbefugnissen gemäß Abs. 1 und 2 dabei zumisst, der Bundesnetzagentur einen Zugriff auf umfassende Informationen zu gewährleisten und damit eine sachgerechte Arbeit zu ermöglichen (vgl BT-Drucks. 15/2316, S. 67 zu § 27 TKG-E). Damit soll insbesondere der bisherigen Regulierungspraxis begegnet werden, denn es hat sich gezeigt, dass die Mitwirkungsbereitschaft bzw die Bereitstellung der relevanten Informationen durch die Unternehmen nur unbefriedigend war (vgl BerlKommTKG/*Groebel*, § 29 Rn 42). In der Praxis hat sich indessen gezeigt, das bisher noch kein Zwangsgeld verhängt worden ist; es kam lediglich zur Androhung (vgl *Wilms/Masing/Jochum/Masing/Wißmann*, § 29 Rn 39). Neben der Festsetzung von Zwangsgeld besteht bei Verstößen eines Unternehmens gegen eine vollziehbare Anordnung nach Abs. 1 Satz 1 Nr. 1, Abs. 1 Satz 2 und Abs. 2 Satz 1 und 2 gemäß § 149 Abs. 1 Nr. 4 lit. a, c, Abs. 2 die Möglichkeit, eine Geldbuße zu verhängen. 76

F. Veröffentlichung (Abs. 5)

Gemäß Abs. 5 kann die Bundesnetzagentur vorschreiben, in welcher **Form** ein Entgelt oder eine Entgeltänderung einschließlich der Leistungsbeschreibung und sonstiger entgeltrelevanter Bestandteile zu veröffentlichen ist. Diese Regelung ergänzt die Vorschriften der §§ 35 Abs. 6, 36, nach denen die Bundesnetzagentur genehmigte Entgelte sowie beabsichtigte Entscheidungen und beantragte oder vorgesehene Entgeltmaßnahmen veröffentlicht. Abs. 5 erfasst demgegenüber alle sonstigen Konstellationen und fungiert daher als genereller Auffangtatbestand (vgl BerlKommTKG/*Groebel*, § 29 Rn 44). Die Veröffentlichung muss dabei in qualitativer und quantitativer Hinsicht dem **Informationsinteresse der anderen Marktteilnehmer** entsprechen; sie muss daher insbesondere für die Wettbewerber und Endkunden verständlich und öffentlichkeitswirksam sein. Die Regulierungspraxis hat gezeigt, dass das Amtsblatt der Bundesnetzagentur wohl das bestmögliche Medium darstellt, um der Veröffentlichungspflicht zu genügen. Die damit einhergehende Transparenz am Markt entspricht dem Erfordernis, die Informationen für eine gewisse Dauer und in leicht erreichbarer Form den Interessierten zur Kenntnisnahme zugänglich zu machen. Im Übrigen sprechen auch ein angemessener Preis und die weite 77

Verbreitung für diese Form der Veröffentlichung. Ferner ist das öffentlich zugängliche Internet eine zu billigende Art, der Veröffentlichungspflicht nachzukommen.

G. Befugnis gegenüber Unternehmen ohne beträchtliche Marktmacht (Abs. 6)

78 Abs. 6 sieht vor, dass die Bundesnetzagentur auch von Unternehmen, die nicht über beträchtliche Marktmacht verfügen, Angaben nach Abs. 1 Nr. 1 verlangen sowie nach Abs. 4 vorgehen kann, wenn dies zur sachgerechten Ausübung der Entgeltregulierung erforderlich ist. Durch diese Vorschrift soll der Bundesnetzagentur nach dem Willen des Gesetzgebers Zugriff auch auf **Informationen von Unternehmen ohne beträchtliche Marktmacht** verschafft werden. Die so gewonnenen Daten – etwa Informationen über die Auswirkungen bestimmter Tarife auf die Wettbewerber des marktmächtigen Unternehmens (vgl *Holznagel/Hombergs/Rosengarten*, K&R 2004, 505, 511) – können zum einen im Rahmen der Regulierung von Unternehmen mit beträchtlicher Marktmacht verwendet werden (vgl BT-Drucks. 15/2316, S. 68 zu § 27 TKG-E). Zum anderen sollen die durch die Anordnungsbefugnis des Abs. 6, Abs. 1 Satz 1 Nr. 1 gewonnenen Erkenntnisse der Vorgabe des Art. 5 Abs. 1 lit. a Zugangsrichtlinie dienen, wonach den nationalen Regulierungsbehörden die Möglichkeit zu eröffnen ist, Unternehmen ohne beträchtliche Marktmacht, die den Zugang zu den Endnutzern kontrollieren, zur Gewährleistung der End-zu-End-Kommunikation einer Regulierung zu unterwerfen (vgl BT-Drucks. 15/2316, S. 68 zu § 27 TKG-E). Beachtlich ist dabei, dass sich die Norm nicht auf Abs. 1 Nr. 2 bezieht. Außerdem dürfen den Unternehmen ohne beträchtliche Markmacht keine Vorgaben gemäß Abs. 2 oder Abs. 3 gemacht werden. Vielmehr betrifft diese auf die vorgenannten Unternehmen erweiterte Anordnungsbefugnis des Abs. 6 lediglich die Informationspflicht des Abs. 1 Nr. 1, so dass weder die Ausgestaltung der Form der Kostenrechnung noch bestimmte Tarifsysteme oder Kostendeckungsmechanismen vorgeschrieben werden können. Gemäß Abs. 6 iVm Abs. 4 kann zur Durchsetzung einer Anordnung nach Abs. 1 Nr. 1 dem Unternehmen ohne beträchtliche Marktmacht ein **Zwangsgeld** bis zu einer Million Euro aufgebürdet werden.

10. Abschnitt: Sonstige Verpflichtungen (§§ 40, 41 TKG)

§ 40 TKG Betreiberauswahl und Betreibervorauswahl

(1) [1]Die Bundesnetzagentur verpflichtet Unternehmen, die bei der Bereitstellung des Anschlusses an das öffentliche Telefonnetz und dessen Nutzung an festen Standorten als Unternehmen mit beträchtlicher Marktmacht eingestuft wurden, nach Maßgabe des Satzes 5 dazu, ihren Teilnehmern den Zugang zu den Diensten aller unmittelbar zusammengeschalteten Anbietern von Telekommunikationsdiensten für die Öffentlichkeit zu ermöglichen. [2]Das geschieht sowohl durch Betreiberauswahl im Einzelwahlverfahren durch Wählen einer Kennzahl als auch durch Betreibervorauswahl, wobei jedoch bei jedem Anruf die Möglichkeit besteht, die festgelegte Vorauswahl durch Wählen einer Betreiberkennzahl zu übergehen. [3]Der Teilnehmer soll dabei auch unterschiedliche Voreinstellungen für Orts- und Fernverbindungen vornehmen können. [4]Die Erklärung des Teilnehmers zur Einrichtung oder Änderung der Betreibervorauswahl oder die von ihm erteilte Vollmacht zur Abgabe dieser Erklärung bedarf der Textform. [5]Im Rahmen der Ausgestaltung der zur Erfüllung der Verpflichtung nach Satz 1 erforderlichen Zusammenschaltung ist bei Entscheidungen nach Teil 2 dieses Gesetzes zu gewährleisten, dass Anreize zu effizienten Investitionen in Infrastruktureinrichtungen nicht entfallen, die langfristig einen stärkeren Wettbewerb sichern, und dass eine effiziente Nutzung des vorhandenen Netzes durch ortsnahe Zuführung erfolgt. [6]Etwaige Entgelte für Endnutzer, die die vorgenannten Leistungen in Anspruch nehmen wollen, unterliegen der nachträglichen Regulierung nach Maßgabe des § 38 Abs. 2 bis 4.

(2) [1]Verpflichtungen nach Absatz 1 sollen bezüglich anderer Unternehmen mit beträchtlicher Marktmacht nur dann auferlegt werden, wenn ansonsten die Regulierungsziele nach § 2 Abs. 2 nicht erreicht werden. [2]Insofern nachhaltiger Dienstewettbewerb auf dem Mobilfunkendnutzermarkt besteht, sollen die Verpflichtungen nach Absatz 1 für den Mobilfunkmarkt nicht auferlegt werden. [3]Nachhaltiger Dienstewettbewerb auf dem Mobilfunkendnutzermarkt ist ein chancengleicher Wettbewerb zwischen Diensten der öffentlichen Mobilfunknetzbetreiber und den Diensten der Mobilfunkdiensteanbieter für die Öffentlichkeit auf der Endnutzerebene; dieser chancengleiche Wettbewerb setzt voraus, dass von den Betreibern öffentlicher Mobilfunknetze unabhängige Mobilfunkdiensteanbieter für die Öffentlichkeit mittels Diensten auch auf Basis der Vorleistungen der Betreiber öffentlicher Mobilfunknetze zu einem nachhaltig wettbewerbsorientierten Mobilfunkendnutzermarkt beitragen.

A. Normzweck und Übersicht

Die Möglichkeit der Ermöglichung der Betreiberauswahl im Einzelfall (sog. **call-by-call**) bzw durch eine festegelegte Betreibervorauswahl (sog. **preselection**) eröffnet dem Teilnehmer die Gelegenheit, nicht nur die Dienste seines Anschlussnetzbetreibers, sondern auch die anderer Anbieter, deren Netze mit seinem Anschlussnetz unmittelbar zusammengeschaltet sind, in Anspruch zu nehmen. Mit dieser Vorschrift werden praktisch bedeutende Voraussetzungen für die Öffnung des Telekommunikationssektors für den Wettbewerb insbesondere im Ortsnetz und in den Mobilfunknetzen geschaffen. Die Vorschrift setzt Art. 19 Universaldienstrichtlinie (URL) um. 1

Die Vorschrift ist **Ermächtigungsgrundlage** für die BNetzA, eine **eigenständige**, von einer Regulierungsverfügung nach § 21 rechtlich **unabhängige Verpflichtung** gegenüber Unternehmen mit beträchtlicher Marktmacht anzuordnen. Technisch setzt die Betreiber(vor)auswahl voraus, dass die jeweiligen Netze zusammengeschaltet sind. Eine diesbezügliche Verpflichtung kann die BNetzA nach den Vor- 2 schriften der §§ 18, 21 verfügen. Die nach diesen Vorschriften und in dem danach geltenden Verfahren getroffene Zusammenschaltungsverfügung wiederum kann die Verpflichtung nach § 40 enthalten.

3 In Abs. 1 wird die Verpflichtung von Festnetzbetreibern mit beträchtlicher Marktmacht geregelt. Für andere Unternehmen, insbesondere Kabelnetzbetreiber und Mobilfunkbetreiber mit beträchtlicher Marktmacht, sieht Abs. 2 eine besondere Regelung vor. Der ausgewählte pflichtige Netzbetreiber kann dem Teilnehmernetzbetreiber ein Entgelt für die Betreiberauswahl in Rechnung stellen. Dieses unterfällt der Regulierung von Entgelten für Zugangsleistungen nach den Vorschriften der §§ 27 ff; aus § 40 ergeben sich auch unter Berücksichtigung von Abs. 1 Satz 4 keine besonderen entgeltbezogenen Vorgaben. Abs. 1 Satz 5 enthält Vorgaben für Entgelte, die Endnutzern in Rechnung gestellt werden.

B. Allgemeine Voraussetzungen der Betreiber(vor)auswahl

I. Adressaten

4 Die Vorschrift ist zunächst an **Unternehmen mit beträchtlicher Marktmacht** (sog. SMP-Unternehmen) adressiert, die Anschlüsse an das öffentliche Telefonnetz bereitstellen, Abs. 1. Damit verweist die Vorschrift auf die Ergebnisse der Durchführung eines Marktanalyseverfahrens nach § 11 (vgl Erl. zu dieser Vorschrift). Bei den betroffenen relevanten Märkte handelt es sich um die Märkte der Bereitstellung des Anschlusses an das öffentliche Telefonnetz und dessen Nutzung an festen Standorten (Abs. 1) sowie die Mobilfunknetze (Abs. 2) und damit um den Markt Nr. 1 der Märkte-Empfehlung 2007 der EU-Kommission (vgl Erl. in Abschnitt 6, Rn 16).

5 Andere Unternehmen mit beträchtlicher Marktmacht sind nach Maßgabe des Abs. 2 in den Anwendungsbereich einbezogen. Diese Regelung betrifft vor allem Kabel- und Mobilfunknetzbetreiber sowie Betreiber von Funknetzen (vgl *Zimmer,* CR 2003, 893 f). Die Verpflichtungen gem. Abs. 1 können diesen Betreibern nach dem Wortlaut des Abs. 2 allerdings nur ausnahmsweise auferlegt werden, wenn andernfalls die Regulierungsziele des § 2 Abs. 2 nicht erreicht werden. Die Vereinbarkeit dieser einschränkenden Voraussetzung mit Art. 19 URL wird in Zweifel gezogen; danach muss die BNetzA die Betreiberauswahl und die Betreibervorauswahl immer dann in Betracht ziehen, wenn die Marktanalyse ergibt, dass ein Kabelnetz- oder Mobilfunknetzbetreiber über beträchtliche Marktmacht verfügt (vgl Spindler/Schuster/*Neitzel,* § 40 TKG Rn 15 ff). Zur Besonderheiten für den Mobilfunkbereich vgl noch unten Rn 11.

6 Für Unternehmen ohne beträchtliche Marktmacht gelten die Regelungen des § 40 nicht. Zu Art. 19 Universaldienstrichtlinie wird weitergehend geltend gemacht, dass diese Vorschrift eine Betreiber(vor)auswahlverpflichtung auch gegenüber Unternehmen ohne beträchtliche Marktmacht ermöglicht (*Scherer,* K&R 2002, 385, 391). Vorgeschrieben ist dies in Art. 19 nicht; der deutsche Gesetzgeber hat von einer möglichen weitergehenden Verpflichtungsermächtigung der BNetzA jedenfalls keinen Gebrauch gemacht.

II. Gebundene Entscheidung der BNetzA

7 Die BNetzA hat bei Vorliegen der gesetzlichen Voraussetzungen die Verpflichtung zur Ermöglichung der Betreiber(vor)auswahl auszusprechen. Ermessen steht ihr dabei nach Abs. 1 nicht zur Verfügung (VG Köln AfP 2006, 31). Abs. 2 ist als Soll-Verpflichtung der BNetzA konzipiert. Auch außerhalb des Festnetzbereichs hat somit die BNetzA grundsätzlich die Betreiber(vor)auswahlverpflichtung anzuordnen, ohne dass ihr ein Ermessen zusteht. Letzteres steht ihr allerdings in dem in Abs. 2 Satz 2 geregelten Ausnahmefall nicht zu.

C. Betreiberauswahl und Betreibervorauswahl im Festnetz, Abs. 1

I. Vorgaben für die erforderliche Zusammenschaltung

8 Abs. 1 Satz 4 enthält besondere Vorschriften für Marktregulierungsentscheidungen, die sich auf die für die Anordnung der Betreiber(vor)auswahl erforderliche Zusammenschaltung der Netze beziehen. Bei den Zugangsregulierungsentscheidungen ist zu gewährleisten, dass Anreize zu effizienten Investitionen in Infrastruktureinrichtungen, die langfristig einen stärkeren Wettbewerb sichern, nicht entfallen und dass eine effiziente Nutzung des vorhandenen Netzes durch ortsnahe Zuführung erfolgt. Der letztgenannte Gesichtpunkt rechtfertigt es, die Maßnahmen auf solche Betreiber zu beschränken, die im je-

weiligen lokalen Einzugsbereich über einen Zusammenschaltungspunkt verfügen (so schon die Begründung zum TKG aF – BT-Drucks. 14/9711, 3, deren Konzept im TKG 2004 beibehalten wurde – BT-Drucks. 15/2316, 70).

II. Inhalt der Verpflichtung

Nach Abs. 1 Satz 1 sind diejenigen Dienste zugänglich zu machen, die der unmittelbar mit dem verpflichteten Unternehmen zusammengeschaltete Anbieter für die Öffentlichkeit anbietet, § 3 Nr. 17. Unmittelbar zusammengeschaltet sind nur die Anbieter, deren Netze iSd § 3 Nr. 34 unmittelbar physisch oder logisch verbunden sind. Da Art. 19 Abs. 1 URL diese Einschränkung nicht vorsieht, wird im Wege europarechtskonformer Auslegung gefordert, die Verpflichtung zur Betreiberauswahl und Betreibervorauswahl auf die Dienste aller mittelbar und unmittelbar mit dem verpflichteten Unternehmen zusammengeschalteten Anbieter zu erstrecken (vgl Spindler/Schuster/*Neitzel*, § 40 TKG Rn 33). 9

Das verpflichtete Unternehmen hat nach Abs. 1 Satz 2 sowohl die Betreiberauswahl im Einzelfall als auch die Betreibervorauswahl zu ermöglichen. Auf die Art des angewendeten call-by-call-Verfahrens (offenes und geschlossenes Verfahren) kommt es nach § 40 nicht an (vgl Spindler/Schuster/*Neitzel*, § 40 TKG Rn 28). 10

D. Betreiberauswahl und Betreibervorauswahl in anderen Netzen, insbesondere im Mobilfunk, Abs. 2

Die Anordnung der Ermöglichung der Betreiber(vor)auswahl jenseits der Festnetzmärkte wird in Abs. 2 geregelt. Die BNetzA ist somit ermächtigt, die Ermöglichung der Betreiber(vor)auswahl auch zugunsten von Kabelnetzbetreibern und Mobilfunknetzbetreibern (Satz 2 und 3) anzuordnen. Ausnahmsweise, insbesondere wenn „nachhaltiger Dienstewettbewerb auf dem Mobilfunkendnutzermarkt besteht“, soll die Verpflichtung nicht angeordnet werden. Der Rechtsbegriff des nachhaltigen Dienstewettbewerbs wird in Abs. 2 Satz 3 legaldefiniert. Damit hängt die Regulierungsbefugnis der BNetzA vom Vorhandensein von Dienstewettbewerb und damit von einer Voraussetzung ab, die nach Art. 19 URL nicht gefordert werden darf. Die insofern fehlerhafte Umsetzung von Art. 19 URL ist dahin gehend europarechtskonform zu korrigieren, dass die Betreiberauswahl- und Betreibervorauswahl von den zusätzlichen Ausnahmekriterien nicht abhängt (vgl Spindler/Schuster/*Neitzel*, § 40 Rn 22). 11

§ 41 TKG Angebot von Mietleitungen

(1) Die Bundesnetzagentur verpflichtet Unternehmen, die auf dem Markt für die Bereitstellung eines Teils oder der Gesamtheit des Angebots an Mietleitungen über beträchtliche Marktmacht verfügen, zur Bereitstellung des Mindestangebots an Mietleitungen entsprechend dem jeweils gültigen Verzeichnis von Normen, welches die Kommission auf der Grundlage des Artikels 17 der Richtlinie 2002/21/EG des Europäischen Parlaments und des Rates vom 7. März 2002 über einen gemeinsamen Rechtsrahmen für elektronische Kommunikationsnetze und -dienste (Rahmenrichtlinie) (ABl. EG Nr. L 108 S. 33) erstellt.

(2) [1]Die Unternehmen haben die Bedingungen 3.1 bis 3.3 nach Anhang VII der Richtlinie 2002/22/EG des Europäischen Parlaments und des Rates vom 7. März 2002 über den Universaldienst und Nutzerrechte bei elektronischen Kommunikationsnetzen und -diensten (Universaldienstrichtlinie) (ABl. EG Nr. L 108 S. 51) zu veröffentlichen. [2]Hinsichtlich der Lieferbedingungen nach Punkt 3.3 kann die Bundesnetzagentur erforderlichenfalls Zielvorgaben festsetzen.

(3) [1]Bezüglich der Entgeltregulierung gelten die §§ 27 bis 39. [2]Die Vorschriften über die Zugangsregulierung nach den §§ 16 bis 26 bleiben unberührt.

Mietleitungen bilden einen Teil der Verkehrsinfrastruktur der Telekommunikation, die von Netzbetreibern und Diensteanbietern verwendet wird, um durch den Anschluss an das weltweite Internet-Backbone Dienste aufzubauen. Die (effiziente) Bereitstellung von Mietleitungen wurde auf europäischer Ebene durch Art. 17 RRL als Regulierungsgegenstand anerkannt. Im nationalen TKG wurde 12 diese aufgegriffen und die Regulierungsbefugnis der BNetzA in § 41 Abs. 1 an das jeweilige Verzeichnis von Normen gekoppelt, welches die EU-Kommission gem. Art. 17 RRL erstellt und veröffentlicht. Die Kommission hatte mit Beschluss vom 24.7.2003 (2003/548/EG, ABl. EG Nr. L 186 v. 25.7.2003, S. 43) ein Mindestangebot an Mietleitungen festgelegt. Dieser Beschluss wurde durch Entscheidung vom 21.12.2007 (2008/60/EG, ABl. EG 2008 Nr. L 15 v. 18.1.208, S. 32) aufgehoben. Damit ist nach § 41 die Grundlage für eine Mindestangebotsverpflichtung für Mietleitungen im Anwendungsbereich des TKG entfallen.

11. Abschnitt: Besondere Missbrauchsaufsicht (§§ 42, 43 TKG)

§ 42 TKG Missbräuchliches Verhalten eines Unternehmens mit beträchtlicher Marktmacht

§ 43 TKG Vorteilsabschöpfung durch die Bundesnetzagentur

§ 42 TKG Missbräuchliches Verhalten eines Unternehmens mit beträchtlicher Marktmacht

(1) [1]Ein Anbieter von Telekommunikationsdiensten, von Leistungen nach § 78 Abs. 2 Nr. 3 und 4 oder von telekommunikationsgestützten Diensten, der über beträchtliche Marktmacht verfügt, oder ein Betreiber eines öffentlichen Telekommunikationsnetzes, der über beträchtliche Marktmacht verfügt, darf seine Stellung nicht missbräuchlich ausnutzen. [2]Ein Missbrauch liegt insbesondere vor, wenn andere Unternehmen unmittelbar oder mittelbar unbillig behindert oder deren Wettbewerbsmöglichkeiten ohne sachlich gerechtfertigten Grund erheblich beeinträchtigt werden.

(2) Ein Missbrauch im Sinne des Absatzes 1 wird vermutet, wenn ein Unternehmen mit beträchtlicher Marktmacht sich selbst, seinen Tochter- oder Partnerunternehmen den Zugang zu seinen intern genutzten oder zu seinen am Markt angebotenen Leistungen zu günstigeren Bedingungen oder zu einer besseren Qualität ermöglicht, als es sie anderen Unternehmen bei der Nutzung der Leistung für deren Telekommunikationsdienste oder mit diesen in Zusammenhang stehenden Diensten einräumt, es sei denn, das Unternehmen weist Tatsachen nach, die die Einräumung ungünstigerer Bedingungen sachlich rechtfertigen.

(3) Ein Missbrauch im Sinne des Absatzes 1 wird auch dann vermutet, wenn ein Betreiber eines öffentlichen Telekommunikationsnetzes mit beträchtlicher Marktmacht seiner Verpflichtung aus § 22 Abs. 1 nicht nachkommt, indem die Bearbeitung von Zugangsanträgen ohne sachlichen Grund verzögert wird.

(4) [1]Auf Antrag oder von Amts wegen trifft die Bundesnetzagentur eine Entscheidung, um die missbräuchliche Ausnutzung einer marktmächtigen Stellung zu beenden. [2]Dazu kann sie dem Unternehmen, das seine marktmächtige Stellung missbräuchlich ausnutzt, ein Verhalten auferlegen oder untersagen oder Verträge ganz oder teilweise für unwirksam erklären. [3]Die Sätze 1 und 2 gelten entsprechend, wenn Tatsachen vorliegen, die die Annahme rechtfertigen, dass ein Unternehmen seine marktmächtige Stellung auf Endkundenmärkten missbräuchlich auszunutzen droht. [4]Eine solche Entscheidung soll in der Regel innerhalb einer Frist von vier Monaten nach Einleitung des Verfahrens getroffen werden. [5]Bei einer Antragstellung nach Satz 1 ist der Eingang des Antrags der Fristbeginn. [6]Den Antrag nach Satz 1 kann jeder Anbieter von Telekommunikationsdiensten stellen, der geltend macht, in eigenen Rechten verletzt zu sein.

Schrifttum: *Bechtold*, Kartellgesetz: GWB, 6. Aufl. 2010; *Berger/Gramlich*, Corporate Networks im Telekommunikationsrecht, C&R 1999, 150 ff; *Gosse*, Mutmaßung statt Gewissheit – Die Zunahme gesetzlicher Vermutungen im Wirtschaftsrecht am Beispiel der §§ 28, 42 TK,G K&R 2005, 154 ff; *Geppert/Piepenbrock/Schütz/Schuster* (Hrsg.), Beck'scher TKG-Kommentar, 3. Aufl. 2006 (zitiert: Beck'scher TKG-Kommentar/*Bearbeiter*); *Kopp/Schenke*, Verwaltungsgerichtsordnung, 16. Aufl. 2009; *Musielak* (Hrsg.), Kommentar zur Zivilprozessordnung, 7. Aufl. 2009 (zitiert: Musielak/*Bearbeiter*); *Robert*, Die besondere Missbrauchsaufsicht nach § 42 TKG, K&R 2005, 354 ff; *Säcker* (Hrsg.), Berliner Kommentar zum Telekommunikationsrecht, 2. Aufl. 2009 (zitiert: BerlKommTKG/*Bearbeiter*); *Topel*, Das Verhältnis zwischen Regulierungsrecht und allgemeinem Wettbewerbsrecht nach dem europäischen Rechtsrahmen in der Telekommunikation und dem TKG, ZWeR, 2006, 27 ff; *Wiedemann* (Hrsg.), Handbuch des Kartellrechts, 2. Aufl. 2007 (zitiert: HdB Kartellrecht/*Bearbeiter*).

A. Allgemeines

I. Normzweck

1 Normzweck des § 42 TKG ist es, durch ein allgemeines Missbrauchs- und Diskriminierungsverbot Wettbewerbsstrukturen im Telekommunikationssektor zu schaffen und zu sichern (Spindler/Schuster/*Neitzel*, § 42 TKG Rn 3; BerlKommTKG/*Gersdorf*, § 42 TKG Rn 1). Die Norm, die gemeinschaftsrechtlich nicht vorgesehen ist (vgl dazu Rn 6), statuiert wie § 19 GWB allgemein das **Verbot des „Missbrauchs einer marktbeherrschenden Stellung“** (vgl Loewenheim/Meessen/Riesenkampff/*Götting*, § 19 GWB, Rn 4) und übernimmt damit die Funktion im Telekommunikationsrecht, die § 19 GWB im allgemeinen Kartellrecht hat. Insofern ist missbräuchliches Verhalten per Gesetz verboten, es bedarf nicht erst der Beanstandung.

II. Überblick

2 Die Norm befindet sich strukturell im 2. Teil des Telekommunikationsgesetzes (Marktregulierung), dort im Abschnitt 5, welcher mit besonderer Missbrauchsaufsicht überschrieben ist.

3 § 42 TKG ist ein als Generalklausel konzipierter Auffangtatbestand der sektorspezifischen Missbrauchsaufsicht im Telekommunikationsrecht. Die Vorschrift **setzt auf § 33 TKG-1996 auf** und ist nach dem Willen des Gesetzgebers den **§§ 19 Abs. 1 GWB und 31 PostG nachgebildet**. Sie ist gleichfalls an § 20 GWB angelehnt. § 42 TKG zielt maßgeblich auf die ex-post-Regulierung ab und soll „jegliches missbräuchliche Verhalten“ eines Unternehmens mit beträchtlicher Marktmacht erfassen (BT-Drucks. 15/2316, S. 71) Die Gesetzesbegründung des TKG-ÄndG spricht von § 42 TKG als „Auffangtatbe-

stand" (BR-Drucks. 359/6, S. 40). Voraussetzung für die Anwendbarkeit der Norm ist die **Feststellung beträchtlicher Marktmacht** bei dem sich missbräuchlich verhaltenden Unternehmen. Ob die Feststellung der beträchtlichen Marktmacht im Rahmen des Marktanalyseverfahrens nach § 10 ff TKG durchzuführen ist, ist derzeit noch umstritten; das BVerwG allerdings verlangt die Durchführung eines solchen Verfahrens vor Anwendung der Norm durch die BNetzA (vgl Rn 34).

Die Norm ist unterteilt in **Grund-, Beispiels- und Vermutungstatbestand** sowie eine **Verfahrensregelung** (vgl Beck'scher TKG Kommentar/*Schütz*, § 42 TKG, Rn 1). § 42 Abs. 1 S. 1 verbietet als Generalklausel die missbräuchliche Ausnutzung beträchtlicher Marktmacht. § 42 Abs. 1 S. 2 erläutert den Missbrauch beispielhaft. Danach liegt ein Missbrauch insbesondere in unbilliger Behinderung und in der ungerechtfertigten Beeinträchtigung von Wettbewerbsmöglichkeiten. Die Vermutungstatbestände in § 42 regeln die Diskriminierung (Abs. 2) und die Verzögerung der Zugangsgewährung (Abs. 3). 4

Abs. 4 stellt klar, dass Verletzungen dieser Norm nicht nur im Wege eines von Amts wegen zu eröffnenden Verfahrens ahndbar sind, sondern auch auf Antrag aller Anbieter von Telekommunikationsdiensten, die geltend machen können, **in eigenen Rechten verletzt** zu sein. Die BNetzA soll in der Regel innerhalb von 4 Monaten ab Verfahrenseinleitung eine Entscheidung treffen. Mit der TKG-Novelle 2007 (BGBl. 2007, 106, 108) ist in Abs. 4 die Klarstellung aufgenommen worden, dass § 42 TKG nicht nur für Vorleistungsmärkte, sondern für jegliches missbräuchliche Verhalten eines Unternehmens mit beträchtlicher Marktmacht gilt. Klarstellend wird nunmehr erwähnt, dass gerade auch solches Verhalten auf Endkundenmärkten gemeint ist (Abs. 4, S. 3). Allerdings hatte bereits die Gesetzesbegründung des TKG-2004 erläutert, dass der Anwendungsbereich der Vorschrift für jegliches missbräuchliche Verhalten gelte, etwa auch im Endnutzerbereich (BT-Drucks. 15/2316, S. 71). 5

B. Gesetzeshistorie

I. Gemeinschaftsrechtliche Vorgaben

Eine allgemeine Missbrauchsaufsichtsnorm ist in dem relevanten EU-Rechtsrahmen nicht vorgeschrieben (Beck'scher TKG-Kommentar/*Schütz*, § 42 TKG, Rn 4; vgl zum EU-Richtlinienpaket aus dem Jahre 2002 *Ellinghaus*, CR 2004, S. 23 ff). Der Teil 2 des TKG setzt in den Abschnitten 1–4 maßgeblich die Vorgaben der Rahmenrichtlinie 2002/21/EG (ABl. EG L 108/33) und der Zugangsrichtlinie (ZRL) 2002/19/EG (ABl. EG L 108/7) sowie der Kommissionsempfehlung zu Produkt- und Dienstemärkten 2003/311/EG (ABl. EU L 114/45) um. Insoweit ist der 5. Abschnitt ein Fremdkörper im 2. Teil des TKG, denn einen allgemeinen sektorspezifischen **Missbrauchstatbestand, wie er in §§ 42 f TKG umgesetzt wurde, kennt das Gemeinschaftsrecht nicht.** 6

Entsprechend ist in der Gesetzesbegründung zu § 42 TKG bei den Absätzen 1, 3 und 4 nicht die Rede davon, dass eine EU-rechtliche Umsetzung einer Richtlinie beabsichtigt sei. Allein Abs. 2 des § 42 TKG erfüllt eine Umsetzungsfunktion. Nach Art. 10 ZRL besteht für Unternehmen mit beträchtlicher Marktmacht eine allgemeine Gleichbehandlungspflicht. 7

II. Entstehungsgeschichte

Die Vorschrift wurde **mit der Gesetzesnovelle im Jahre 2004 in das neue Telekommunikationsgesetz aufgenommen.** Im Gesetzesentwurf war sie noch als § 40 vorgesehen. Der Anwendungsbereich der Vorschrift war im Referentenentwurf zunächst auf Anbieter von öffentlichen Telekommunikationsdiensten und Betreiber von öffentlichen Telekommunikationsnetzen beschränkt. Später, bereits im Regierungsentwurf, wurde die Vorschrift um Anbieter von Universaldienstleistungen und Anbieter von telekommunikationsgestützten Diensten erweitert (Spindler/Schuster/*Neitzel*, § 42 TKG, Rn 5; BR-Drucks. 755/03, S. 97). 8

Hintergrund des im Jahre 2007 neu eingefügten § 42 Abs. 4 S. 3 TKG ist Artikel 17 Abs. 2 der UniversaldiensteRL. Danach ist die nationale Regulierungsbehörde berechtigt, marktmächtigen Unternehmen ex-ante endnutzerrelevante Verpflichtungen aufzuerlegen (vgl BT-Drucks., 16/2581, S. 24 zu Nr. 8); die Gesetzesbegründung führt ausdrücklich aus, dass es sich um eine „Klarstellung" handele, wonach Verhaltensauflagen nach § 42 TKG auch ex-ante und nicht nur ex-post auferlegt werden können. Dieser Klarstellung hätte es freilich angesichts des Wortlauts der Vorschrift und der ursprünglichen Gesetzesbegründung nicht bedurft. 9

C. Verhältnis zu anderen Normen

I. Charakter der Norm als Generalklausel

10 Der Gesetzgeber hat § 42 TKG als Generalklausel ausgestaltet, wollte aber tatsächlich einen **Auffangtatbestand** schaffen. Die Gesetzesbegründung zum TKG-2004 spricht zunächst davon, dass es sich um eine Generalklausel, ähnlich § 19 Abs. 1 GWB und § 31 PostG, handele. Der Gesetzgeber ging dann konsequent weiter davon aus, dass Verfahren **nach § 42 TKG „unabhängig von den Verfahren nach § 23 TKG"** (Anordnungen im Rahmen von Zugangsansprüchen) durchgeführt werden könnten. Dies klingt auf den ersten Blick danach, als hätte der Gesetzgeber kein Rangverhältnis zwischen § 42 TKG und anderen Normen des Regulierungsrechts beabsichtigt (so etwa Spindler/Schuster/*Neitzel*, § 42 TKG, Rn 1). Der Begriff Generalklausel ist aber missverständlich. Die Gesetzessystematik und auch der mit dem TKG-ÄndG deutlich gemachte Wille des Gesetzgebers erhellen, dass § 42 TKG eine Auffangfunktion haben soll, wenn andere, speziellere Normen, insbesondere solche der Zugangsregulierung und der Entgeltregulierung, also vor allem der Abschnitte 2 und 3 des 2. Teils des TKG, keine Anwendung finden. Der Gesetzgeber wollte vermeiden, dass missbräuchliche Verhaltensweisen, die nicht durch Maßnahmen der Vorab-Regulierung erfasst werden, sanktionslos bleiben, weil es an einem entsprechenden Auffangtatbestand fehlt. Hier soll § 42 TKG zur Anwendung gelangen.

11 Anders als § 19 GWB ist § 42 TKG nicht die Ausgangsnorm, auf die sämtliche anderen Normen des Zugangsrechts und des Diskriminierungsverbots aufsetzen. Während § 19 GWB an zentraler Stelle im Kartellrecht angesiedelt ist, und zwar als erste Norm des zweiten Abschnitts (Marktbeherrschung und wettbewerbsbeschränkendes Verhalten), steht § 42 TKG am Schluss des Teils 2 (Marktregulierung) und ist schon aufgrund seiner systematischen Stellung im Gesetz anders zu werten.

12 Durch die Funktion als Auffangtatbestand erhält die Norm jedoch eine **erhebliche Bedeutung** bei der **praktischen Rechtsanwendung.** Dies ergibt sich aus dem weiten Anwendungsbereich der Vorschrift. Sie kommt auch dann zur Anwendung, wenn die spezielleren Normen des Abschnittes 2 und 3 zwar einschlägig sind, den konkreten Sachverhalt aber nicht erfassen. Andernfalls würde aufgrund der spezielleren Regelungen ein missbräuchliches Verhalten sanktionslos bleiben, was der Gesetzgeber jedoch gerade verhindern wollte.

II. Verhältnis zu einzelnen Missbrauchs- und Diskriminierungstatbeständen des TKG

13 **1. Verhältnis zu ex-ante-Regulierung im TKG.** Grundsätzlich gilt, dass **§ 42 TKG** unabhängig neben den spezielleren Normen der ex-ante-Regulierung durch Maßnahmen nach § 13 TKG und sonstigen Anordnungen der ex-ante-Regulierung (bspw Verpflichtung zur Vorlage eines Standardangebots nach § 23 TKG) **Anwendung** findet (Beck'scher TKG-Kommentar/*Schütz*, § 42 TKG, Rn 8; wohl aA BerlKommTKG/*Gersdorf* § 42 TKG, Rn 6 ff). § 42 TKG findet ausschließlich dann keine Anwendung, wenn (i) eine Norm der Vorabregulierung einen bestimmten Sachverhalt erfasst, (ii) die BNetzA aufgrund einer solchen Norm der ex-ante-Regulierung eine bestimmte Maßnahme (Regulierungsverfügung) getroffen hat und (iii) die beanstandete Maßnahme auch von dieser Regulierungsverfügung erfasst wird.

14 Nur bei dem kumulativen Vorliegen der genannten drei Voraussetzungen wird **§ 42 TKG verdrängt,** weil die Regelung zur Vorabregulierung spezieller ist. Folglich sind in allen übrigen Fällen Maßnahmen nach § 42 TKG neben der ex-ante-Regulierung zulässig. Dies ist durch die **unterschiedlichen Zielsetzungen** der ex-ante-Regulierung und der Maßnahmen nach § 42 TKG zu erklären. Während die Vorabregulierung die Wettbewerbsstrukturen in einem Markt grundsätzlich von vornherein positiv gestalten soll und damit naturgemäß allgemein gehalten ist, erfasst die (in der Regel, aber nicht zwingend nachträgliche) Regulierung nach § 42 TKG bestimmte einzelne Missbrauchsfälle, bei denen sich die Vorabregulierung oder die fehlende Vorabregulierung als nicht ausreichend erwiesen hat, um Missbrauch zu verhindern oder dieser ersichtlich im konkreten Fall droht. So wenden BNetzA und VG Köln § 42 TKG unabhängig davon an, ob § 21 TKG einschlägig sein könnte (BNetzA, Beschl. v. 15.11.2005, Az BK 2 a 04/041; VG Köln – 21 K 7045/05 – AGB-Anschlüsse). Gleiches gilt zivilgerichtlich für das LG Frankfurt (Az 3–11 O 112/05).

15 **2. Verhältnis zur Entgeltmissbrauchsaufsicht.** In Fragen der Entgeltregulierung wird **§ 42 TKG** maßgeblich dann **verdrängt,** wenn die tatsächliche Entgelthöhe betroffen ist (Beck'scher TKG-Kommentar/*Schütz*, § 42 TKG, Rn 6; BerlKommTKG/*Gersdorf,* § 42, Rn 23). Insbesondere ist § 28 TKG zu be-

achten, der für die „Forderung und Vereinbarung von Entgelten" generalklauselartig gleichfalls die Regelung enthält, dass Entgelte nicht missbräuchlich festgesetzt werden dürften. § 28 Abs. 1 S. 2 TKG enthält Beispielstatbestände, wann ein missbräuchliches Verhalten vorliegt, Abs. 2 enthält Vermutungstatbestände.

Allerdings wird § 42 TKG **Anwendung** finden müssen, soweit **preisrelevante Vertragsbedingungen** 16 (wertbildende Faktoren) betroffen sind, die sich auf das Entgelt in irgendeiner Weise auswirken, zum Beispiel bei Qualitätsverschlechterungen einer bestimmten Leistung.

3. Verhältnis zu Normen des GWB. § 2 Abs. 3 TKG regelt die **parallele Anwendbarkeit von TKG und** 17 **GWB**, wonach die Vorschriften des GWB anwendbar bleiben, **soweit nicht durch das TKG ausdrücklich abschließende Regelungen getroffen werden.** Diese Norm knüpft an § 2 Abs. 3 TKG-1996 an, der davon sprach, dass die Vorschriften des GWB „unberührt" blieben. Nach der Neuregelung dieser Norm ist noch viel deutlicher, dass eine Anwendbarkeit des GWB nur in Ausnahmefällen ausgeschlossen ist, wenn dies nämlich ausdrücklich im TKG angeordnet wird (*Topel*, ZWeR 2006, 27, 46). Eine derartige Anordnung ist jedoch im TKG oder in der Gesetzesbegründung nirgendwo zu finden (*Topel*, ZWeR 2006, 27, 47; BerlKommTKG/*Säcker*, § 2 TKG, Rn 18). Die Rechtsansicht, dass der Gesetzgeber durch die bloße Einführung des § 42 TKG (und anderen Normen) zum Ausdruck gebracht habe, dass diese gegenüber § 19, 20 GWB „abschließende Regelungen" seien (so BerlKomm TKG/*Säcker*, § 2 TKG, Rn 21), ist durch nichts belegt und nicht belegbar. § 42 TKG ist schon deshalb nicht abschließend gegenüber den §§ 19 und 20 GWB, weil der § 42 TKG diesen Normen nachgebildet ist. Enger ist nur der Anwendungsbereich des § 42 TKG, der zur Voraussetzungen hat, dass ein Telekommunikationsdienstunternehmen oder ein Telekommunikationsnetzbetreiber über „beträchtliche Marktmacht" im Sinne des TKG verfügt. Um also § 42 TKG überhaupt anwenden zu können, ist es erforderlich, dass festgestellt wurde, dass Märkte durch beträchtliche und anhaltende strukturell oder rechtlich bedenkliche Marktzutrittsschranken gekennzeichnet sind, längerfristig nicht zu wirksamen Wettbewerb tendieren und dass auf diesen Märkten die Anwendung des allgemeinen Wettbewerbsrechts allein nicht ausreichend ist, um dem betreffenden Marktversagen entgegenzuwirken (§ 10 Abs. 2 S. 1 TKG). Es wäre mit dem in § 2 Abs. 3 TKG formulierten Grundsatz, dass die Vorschriften des GWB parallel anzuwenden seien, nicht zu vereinbaren, wenn § 42 TKG durch seine bloße Existenz die Normen des GWB verdrängte. Denn § 42 TKG soll nur dann anwendbar sein, wenn die Normen des allgemeinen Wettbewerbsrechts nicht ausreichen, Marktversagen zu verhindern. Im Übrigen verstieße dieses Gesetzesverständnis auch gegen Europarecht. Die **Leitlinien der Kommission** (Leitlinien, ABl. EG vom 11.7.2002, C 165/6, Tz. 31) gehen ausdrücklich von einer **parallelen Anwendbarkeit des allgemeinen Wettbewerbsrechts zum sektorspezifischen Kartellrecht** aus.

Die praktische Bedeutung der parallelen Anwendbarkeit wird zum einen dann relevant, wenn sich die 18 BNetzA entschließt, auf der Grundlage einer Regulierungsverfügung nicht einzugreifen, so dass eine konkrete Regulierungsentscheidung gerade nicht getroffen wurde. Hier kann das Kartellamt tätig werden. Zum anderen ist aber auch ein paralleles Tätigwerden der Zivil-/Kartellgerichte neben einer (langsameren) Regulierungsbehörde denkbar. Die Zivil-/Kartellgerichte können sich neben § 42 TKG auch auf die Normen des GWB stützen. Hingegen wird es ein paralleles Tätigwerden von BNetzA und Kartellamt wegen der gebotenen Abstimmung der Behörden untereinander kaum geben, wenngleich dies rechtlich zulässig wäre.

4. Verhältnis zu Normen des UWG. Problematisch ist das Verhältnis zwischen § 42 TKG und dem 19 UWG. Eine ausdrückliche Regelung, wie zum Kartellrecht, enthält das Gesetz nicht. Teilweise wird vertreten, dass das Telekommunikationsgesetz in § 2 Abs. 3 TKG eine eingeschränkte Verweisung auf Normen des Wettbewerbsrechts, nämlich ausschließlich auf Kartellrecht, genommen habe und damit abschließend geregelt sei, dass neben § 42 TKG ausschließlich Vorschriften des GWB Anwendung finden könnten (LG Bonn – 11 O 120/05). Dies hätte zur Folge, dass Normen des UWG neben § 42 TKG nicht zur Anwendung gelangen. Die Problematik wird insbesondere bei der Frage relevant, ob § 42 Abs. 1 TKG eine Norm im Sinne von **§ 4 Nr. 11 UWG** ist, also eine gesetzliche Vorschrift, die auch dazu bestimmt ist, im Interesse der Marktteilnehmer das Marktverhalten zu regeln.

Zur Beantwortung der Frage kann auf bekannte Überlegungen hinsichtlich des Verhältnisses des UWG 20 zum GWB zurückgegriffen werden. Es gibt Stimmen, die der Auffassung sind, dass GWB-Verstöße nicht zugleich UWG-Verstöße im Sinne von § 4 Nr. 11 UWG seien (*Köhler*, WRP 2005, 645, 647, Fn 15; BGH Urt. v. 7.2.2006 – KZR 33/04). Eine Unlauterkeit im Sinne von § 3 Nr. 11 wird bei einem Kartellrechtsverstoß mit der Begründung abgelehnt, dass das GWB eine abschließende Regelung der

Sanktionen enthalte (*Köhler/Bornkamm*, UWG, § 4 Rn 11.12 mwN). Doch ist dieser Auffassung nicht zu folgen. Viele Vorschriften dienen neben dem Schutz des Wettbewerbs als Institution zumindest auch dem Schutz einzelner Marktbeteiligter, so dass die Unlauterkeit eines Kartellrechtsverstoßes nicht allein mit dem Regelungsinhalt von § 4 Nr. 11 zu begründen ist, sondern vielmehr eine Frage der Gesetzeskonkurrenz darstellt (Harte-Bavendamm/Henning-Bodewig/*v.Jagow*, § 4 Nr. 11 Rn 140). Bereits nach § 1 UWG aF war es überwiegende Meinung in Literatur und Rechtsprechung, dass **Verstöße gegen Vorschriften des Kartellrechts auch als wettbewerbswidrig im Sinne des UWG** anzusehen seien, so dass ohne das Hinzutreten weiterer Umstände auch eine Wettbewerbswidrigkeit anzunehmen war; dies hat sich auch nach der UWG-Novellierung nicht geändert.

21 Auch von der Rechtsprechung wurde § 42 TKG als Norm iSv § 4 Nr. 11 UWG angesehen (LG Frankfurt Urt. v. 22.4.2005 – 3-11 O 133/04; aA OLG Frankfurt v. 1.4.2008 – 11 U 14/07). Denn § 42 TKG bezieht sich auf eine Tätigkeit am Markt, dh im Bereich des Waren- und Dienstleistungsaustausches und hat auch eine sekundäre wettbewerbsbezogene Schutzfunktion, da eine Einhaltung bzw ein Verstoß gegen die Vorschrift faktische Auswirkungen auf das Marktgeschehen hat.

22 Häufig wird bei der Eröffnung des Anwendungsbereichs von § 42 TKG auch § 4 Nr. 10 UWG einschlägig sein, welcher die gezielte Mitbewerberbehinderung regelt. Insofern stellt sich das Problem, dass § 4 Nr. 10 UWG ausdrücklich ein zielgerichtetes Verhalten verlangt, während § 42 TKG nur die missbräuchliche Ausnutzung einer beträchtlichen Marktmacht verbietet und von einer unmittelbaren oder mittelbar unbilligen Behinderung spricht. Allerdings ist eine zielgerichtete Mitbewerberbehinderung im Sinne des § 4 Nr. 10 UWG auch dann anzunehmen, wenn die Behinderung eine unbestimmte Zahl von Mitbewerbern erfasst (Harte-Bavendamm/Henning-Bodewig/*Bodewig/Omsels*, § 4 Nr. 10 UWG, Rn 13). Damit regeln sowohl § 42 TKG als auch § 4 Nr. 10 UWG das typische Verhalten eines marktmächtigen Unternehmens in einem umkämpften Markt, welches eine Vielzahl von Wettbewerbern durch eigenes Verhalten zu behindern sucht. Beide Normen sind **parallel anwendbar.**

23 **5. Verhältnis zu Normen des Gemeinschaftsrechts.** Grundsätzlich kann nationales Recht, hier etwa § 2 Abs. 3 TKG, die Anwendbarkeit des Gemeinschaftsrechts, also Art. 102 AEUV, nicht einschränken oder gar ausschließen. Es ist von einer **parallelen Anwendbarkeit des Art. 102 AEUV neben § 42 TKG im Grundsatz auszugehen** (Beck'scher TKG-Kommentar/*Schütz*, § 42 TKG, Rn 14; *Topel*, ZWeR 2006, 27, 47; BerlKommTKG/*Säcker*, § 2 TKG Rn 22). Art. 102 AEUV ist von nationalen Gerichten (Kartellkammern) genauso anzuwenden und zu beachten wie von den Kartellbehörden und der EU-Kommission. Art. 102 AEUV erlaubt nicht die Korrektur von Regulierungsentscheidungen nach dem TKG, wenn aufgrund speziellerer Normen konkrete Regulierungsentscheidungen getroffen worden sind.

24 **Art. 102 AEUV** ist mithin **anwendbar,** wenn dem betroffenen Unternehmen **Spielraum** bei seinen unternehmerischen Entscheidungen zusteht (*Topel*, ZWeR 2006, 27, 48 mwN). Dieser Spielraum ist nicht vorhanden, wenn eine Regulierungsverfügung den betroffenen Unternehmen **ein Verhalten auferlegt,** das durch Art. 102 AEUV verboten ist. Hier verbleibt nur der Weg über ein Vertragsverletzungsverfahren. In allen anderen Fällen, also wenn sich ein Unternehmen über eine ex-ante auferlegte Verpflichtung hinwegsetzt oder wenn eine ex-ante-Verpflichtung ein Verhalten des betroffenen Unternehmens nicht erfasst, ist Art. 102 AEUV anwendbar. Insbesondere ist dies der Fall, wenn die BNetzA keine Entscheidung – sei es im Wege eines ex-ante Regulierungsverfahrens oder im Wege einer nachträglichen Missbrauchsaufsicht – trifft oder ein zunächst eingeleitetes Verfahren eingestellt hat. Die betroffenen Unternehmen bleiben in ihrem Verhalten völlig frei. Das Nichtaufgreifen eines Verhaltens nach §§ 28, 35 und 42 TKG enthält keine bindende Festlegung des Unternehmens auf das in Rede stehende Verhalten und gibt daher uneingeschränkten **Raum für ein Kartellverfahren** nach Art. 102 AEUV (*Topel*, ZWeR 2006, 27, 48).

D. Anwendbarkeit der Norm

I. Normadressaten

25 § 42 TKG benennt enumerativ die Normadressaten, deren missbräuchliches Verhalten durch die Norm sanktioniert wird. Es sind **Anbieter** von **Telekommunikationsdiensten,** von **telekommunikationsgestützten Diensten** und **Betreiber öffentlicher Telekommunikationsnetze.** Sämtliche der genannten Unternehmen müssen über beträchtliche Marktmacht verfügen. Dabei ist zu beachten, dass das Tatbestandsmerkmal der „Öffentlichkeit“ nur in Bezug auf Telekommunikationsnetzbetreiber gefordert

wird. Auch aus dem Merkmal des Universaldienstes ergibt sich mittelbar, dass es sich um einen öffentlich zugänglichen Dienst handeln muss. Aber Anbieter von Telekommunikationsdiensten und telekommunikationsgestützten Diensten müssen nach Wortlaut der Norm diese Dienste nicht der Öffentlichkeit bereitstellen, um als Normadressat in Betracht zu kommen (vgl zum Begriff der geschlossenen Benutzergruppe, *Berger/Gramlich,* C&R 1999, 150, 151 ff).

1. Anbieter von Telekommunikationsdiensten, § 3 Nr. 24 TKG. Telekommunikationsdienste sind in der Regel gegen Entgelt erbrachte Dienste, die ganz überwiegend in der Übertragung von Signalen über Telekommunikationsnetze bestehen. Kritisch ist jeweils die Abgrenzung zu anderen Diensten, wie etwa Telemedien oder Rundfunkdiensten. Hier kommt es aufgrund des Wortlauts des § 3 Nr. 24 TKG darauf an, wo der **Schwerpunkt der Wertschöpfung** liegt (Beck'scher TKG Kommentar/*Schütz*, § 42 TKG, Rn 16; aA Beck'scher TKG Kommentar/*Wittern/Schuster*, § 3 TKG Nr. 24, Rn 49, die von dem Erfordernis einer „funktionalen Betrachtung" sprechen). 26

2. Anbieter von öffentlichen Telefonauskunftsdiensten, § 78 Abs. 2 Nr. 3 TKG und Anbieter von Münz- und Kartentelefonen, § 78 Abs. 2 Nr. 4 TKG. Die Gesetzesbegründung geht davon aus, dass die besondere Missbrauchsaufsicht im gesamten „Telekommunikationssektor" stattfindet und benennt u.a. **Universaldienstleistungen.** Nicht ganz nachvollziehbar ist, warum sich hier der Gesetzgeber auf zwei der fünf in § 78 Abs. 2 TKG als Universaldienstleistungen bestimmten Dienstleistungen beschränkt. Dieses Tatbestandsmerkmal wird jedoch kaum Anwendung finden, zumal die DTAG Universaldienstleistungen derzeit freiwillig erbringt. 27

3. Anbieter telekommunikationsgestützter Dienste, § 3 Nr. 25 TKG. Die Gesetzesbegründung nannte diese Dienste „telefonnahe Dienste". § 3 Nr. 25 TKG definiert sie als Dienste, die keinen räumlich und zeitlich trennbaren Leistungsfluss auslösen, sondern bei denen die **Inhaltsleistung noch während der Telekommunikationsverbindung erfüllt wird.** Dies sind die bekannten Mehrwertdienste, insbesondere solche des Nummernbereichs 0900 (vgl Beck'scher TKG Kommentar/*Schütz,* § 3 Nr. 25, Rn 51). 28

4. Betreiber öffentlicher Telekommunikationsnetze, § 3 Nr. 27 TKG. Der Begriff des Telekommunikationsnetzes ist extrem weit gefasst, um **sämtliche denkbare Netze** zu erfassen. § 3 Nr. 27 TKG spricht von der Gesamtheit der Übertragungssysteme – einschließlich etwaiger Vermittlungs- und Leitwegeeinrichtungen –, die die Übertragung von Signalen ermöglichen. Diese Übertragung soll nach der gesetzlichen Definition über Kabel, Funk, optische und andere elektromagnetische Einrichtungen möglich sein. Ausdrücklich werden auch Kabelnetze erwähnt. Anders als bei den zuvor genannten Diensten muss das fragliche Telekommunikationsnetz ein öffentliches sein. Öffentlichkeit meint dabei jeden unbestimmten Personenkreis (vgl *Berger/Gramlich,* C&R 1999, 150, 153 f). Unternehmen, die lediglich eine kleine oder mehrere geschlossene Benutzergruppe/n betreiben, fallen nicht in den Anwendungsbereich der Norm. 29

II. Vorliegen beträchtlicher Marktmacht

Die Feststellung beträchtlicher Marktmacht nach § 42 TKG ist **Anwendungsvoraussetzung** der Norm. Der Gesetzgeber hat die Stellung des § 42 TKG im Gesetz, als Abschnitt 5 im 2. Teil des TKG, komplizierter gestaltet als eigentlich beabsichtigt. Ziel der Norm war es nach der Gesetzesbegründung, eine Generalklausel der besonderen Missbrauchsaufsicht zu schaffen, „soweit regulierungsbedürftige Märkte betroffen sind, die nach den §§ 10 und 11 TKG als relevante Märkte identifiziert worden sind" (BT-Drucks. 15/2316, S. 71). 30

Dabei hat der Gesetzgeber nicht bedacht, dass bei der Durchführung der Marktdefinitions- und Marktanalyseverfahren die jeweils mit einer **Regulierungsverfügung** (**§ 13 TKG**) abzuschließen sind, kein Anwendungsbereich mehr für § 42 TKG bliebe. Zudem ist es nach dem Wortlaut des § 42 TKG keinesfalls zwingend, das formelle Verfahren nach §§ 10 und 11 TKG durchzuführen. Vielmehr reicht eine **inzidente Prüfung** der Voraussetzungen der §§ 10 und 11 TKG im Rahmen des § 42 TKG aus; allerdings hat das BVerwG (Az: 6 C 21.06 vom 19.4.2007) entschieden, dass Telekommunikationsmärkte nur dann einer besonderen Missbrauchsaufsicht durch die BNetzA nach § 42 TKG unterliegen, wenn es sich um von dieser Behörde definierte und analysierte Märkte handelt, auf denen die Anwendung des allgemeinen Wettbewerbsrechts nicht ausreicht (dazu ausf. *Berger*, MMR 2007, 711 f). Dies bestätigte es zudem mit seinem anschließenden Urteil (Az: 6 C 34.06 vom 19.9.2007), wonach die besondere Missbrauchsaufsicht nach § 42 TKG regelmäßig auf Telekommunikationsmärkte be- 31 schränkt sei, die die Bundesnetzagentur zuvor in einem Marktdefinitions- und Marktanalyseverfahren gemäß §§ 10, 11 TKG als regulierungsbedürftig festgelegt hat.

32 **1. Drei-Kriterien-Test, § 10 Abs. 2 S. 1 TKG.** Entsprechend der Gesetzesbegründung und der systematischen Stellung des § 42 im 2. Teil des TKG ist die Durchführung des sog. „Drei-Kriterien-Tests" erforderlich. Nach §§ 9 Abs. 1, 10 Abs. 2 TKG kommen „für eine Regulierung nach diesem Teil" Märkte in Betracht, die

- durch beträchtliche und anhaltend strukturell oder rechtlich bedingte **Marktzutrittsschranken** gekennzeichnet sind,
- längerfristig **nicht zu wirksamen Wettbewerb** tendieren und
- auf denen die Anwendung des **allgemeinen Wettbewerbsrechts nicht ausreichend** ist, um dem betreffendem Marktversagen entgegen zu wirken.

33 Der 2. Teil des Telekommunikationsgesetzes ist von seiner Struktur her auf eine Vorab-Regulierung ausgerichtet, so dass Marktdefinition und Marktanalyse (zwingend) vor der Regulierungsmaßnahme in einem formellen Verfahren durchgeführt werden müssen. Offen bleibt die Frage, ob dies auch für den Auffangtatbestand des § 42 TKG gilt.

34 **2. Förmliches Verfahren.** Ein Teil der Literatur geht davon aus, dass § 42 TKG nur dann Anwendung finden könne, wenn ein Marktdefinitions- und Marktanalyseverfahren nach § 10 ff. durchgeführt wurde (Spindler/Schuster/*Neitzel*, § 42 TKG, Rn 13; BerlKommTKG/*Gersdorf*, § 42 TKG, Rn 10). Das **BVerwG** hatte sich noch in einem Vorlagebeschluss an den EuGH (Az: 6 C 14/05 vom 17.5.2006) unklar geäußert, ob es die Durchführung des formalen Marktanalyseverfahrens als formelle Voraussetzung des § 42 TKG für die Anwendbarkeit der Norm durch die BNetzA ansieht. In seinen Entscheidungen vom 19.4.2007 (Az: 6 C 21.06) und 19.9.2007 (Az: 6 C 34.06) hat sich das Gericht jedoch festgelegt. Danach hat die **BNetzA vor Anwendung des § 42 TKG ein Verfahren nach § 10 ff TKG durchzuführen.**

35 Diese Rechtsauffassung des BVerwG hat freilich nur Auswirkungen auf das regulierungsbehördliche Verfahren. **Zivil-/Kartellgerichte**, die ein formelles Marktanalyseverfahren gar nicht durchführen können, können die Norm anwenden, nachdem sie die inzidente Prüfung des Drei-Kriterien-Tests durchgeführt haben.

36 Aus der Gesetzeshistorie ergibt sich nämlich – entgegen der Auffassung des BVerwG –, dass die Durchführung des 3-Kriterien-Tests lediglich inzident im Rahmen der Prüfung der Voraussetzungen des § 42 TKG vorgenommen werden muss und nicht im Rahmen eines Marktdefinitionsverfahrens. Denn das Verfahren nach § 11 TKG ist den Vorgaben der Artikel 7 ff. Rahmenrichtlinie 2002/21 EG (Rahmenrichtlinie) geschuldet. Diese befasst sich jedoch nur mit Märkten, die „für eine ex-ante-Regulierung potenziell in Betracht" kommen, entsprechend der Kommissionsempfehlung.

37 Die insoweit umgesetzten nationalen Normen finden sich im Abschnitt 1 des 2. Teils des TKG. Die Abschnitte 2 (Zugangsregulierung), 3 (Entgeltregulierung) und 4 (sonstige Verpflichtungen) finden ihren Ursprung in den Artikeln 8, 12 und 13 der ZRL bzw Artikel 18 und 19 UniversaldiensteRL. Eine Generalklausel wie § 42 TKG ist weder in der Rahmenrichtlinie noch sonst im relevanten TK-Rechtsrahmen vorgesehen. Daran ändert auch nichts, dass § 42 Abs. 2 TKG zur Umsetzung von Art. 10 ZRL gedacht ist. Denn § 42 Abs. 2 TKG ist lediglich ein Vermutungstatbestand, der ohne die Generalklausel des Abs. 1 keine Bedeutung entfaltete. Gerade für § 42 Abs. 1 TKG aber gibt es keine Vorgabe im Gemeinschaftsrecht. Daraus folgt, dass nur die Abschnitte 1–4 des 2. Teils des Telekommunikationsgesetzes auf den formellen und materiellen Vorgaben des EU-Rechts aufsetzen. Für die Anwendbarkeit dieser Normen ist es nicht nur erforderlich, dass materiellrechtlich beträchtliche Marktmacht festgestellt wird; es ist ebenfalls erforderlich, dass das EU-rechtlich vorgegebene Verfahren von Marktdefinition und Marktanalyse eingehalten wird, nicht jedoch für § 42 TKG. § 42 TKG soll nämlich entsprechend § 19 GWB dann eingreifen, wenn sich ein Missbrauch **konkret** ergibt. Die Missbrauchsaufsicht des § 42 TKG gilt einem **Einzelfall**, wohingegen die Vorabregulierung grundsätzlich **planerischen Charakter** (Beck'scher TKG Kommentar/*Schütz*, § 42 TKG, Rn 24) hat.

38 Auch die **Gesetzessystematik** des Telekommunikationsgesetzes verbietet, die Anwendbarkeit des § 42 TKG von der Voraussetzung eines erfolgreichen Marktdefinitionsverfahrens abhängig zu machen. Marktdefinitions- und Marktanalyseverfahren sind entsprechend § 13 TKG mit einer Regulierungsverfügung abzuschließen. Das Mittel, dass das TKG also für die Regulierung analysierter Märkte bereitstellt, ist die Regulierungsverfügung, nicht die Missbrauchsverfügung.

Für § 42 TKG verbliebe dann lediglich die (zeitliche) Übergangsphase zwischen abgeschlossener Marktanalyse und Erlass einer (weiteren) Regulierungsverfügung. § 42 TKG wäre eine reine Beschleunigungsnorm, die nur zeitlich begrenzt Anwendung finden könnte, bis eine auf sie gestützte Entscheidung von einer Regulierungsverfügung abgelöst würde. Der Gesetzgeber hat § 42 TKG aber den **Charakter einer Generalklausel** beigemessen, nicht einer Verfahrensbeschleunigungsnorm. 39

Schließlich streitet die in § 42 Abs. 4 TKG vorgesehene **regelmäßige Verfahrensfrist von 4 Monaten** für das hier wiedergegebene Verständnis der Norm. Es ist nicht vorstellbar, dass die komplizierten Marktanalyse- und Marktdefinitionsverfahren innerhalb von 4 Monaten durchgeführt werden, teilweise dauern die Verfahren Jahre. Die BNetzA müsste Marktanalyse- und Marktdefinitionsverfahren vorsorglich auf Vorrat produzieren, um sämtliche denkbaren Missbrauchsfälle innerhalb der Regelfrist von 4 Monaten bearbeiten zu können (Beck'scher Kommentar/*Schütz*, § 42, Rn 24). 40

Für die hier vertretene Ansicht, dass Zivil-/Kartellgerichte § 42 TKG anwenden können, ohne dass ein Marktdefinitionsverfahren durchgeführt sein muss, lässt sich schließlich die **Rechtsauffassung des BGH** ins Feld führen. Dieser wandte § 42 TKG an, ohne dass ein solches Verfahren im konkreten Fall durchgeführt worden war (BGH GRUR 2007, 256 ff). 41

3. Marktmacht. § 42 TKG verlangt, dass sämtliche der genannten Unternehmen über beträchtliche Marktmacht verfügen. Es gelten die Kriterien des **§ 11 Abs. 1 S. 3 TKG.** Danach hat ein Unternehmen **beträchtliche Marktmacht**, wenn es entweder allein oder gemeinsam mit anderen eine der Beherrschung gleichkommende Position einnimmt, also eine wirtschaftlich so starke Stellung, die es gestattet, sich in beträchtlichem Umfang unabhängig von Wettbewerbern und Endnutzern zu verhalten. Diese Definition entspricht den Kriterien der Marktbeherrschung im **GWB** (Langen/Bunte/*Ruppelt*, § 19 GWB, Rn 58; Loewenheim/Meessen/Riesenkampff/*Götting*, § 19 GWB, Rn 26). Nach § 11 Abs. 1 S. 4 TKG hat die Regulierungsbehörde allerdings „weitestgehend die von der Kommission aufgestellten Kriterien aus den **Leitlinien** zur Marktanalyse und Ermittlung beträchtlicher Marktmacht (Leitlinien der Kommission zur Marktanalyse und Ermittlung beträchtlicher Marktmacht nach dem gemeinsamen Rechtsrahmen für elektronische Telekommunikationsnetze und -dienste [2002 C 165/03]) zu berücksichtigen". 42

Die Kommission stellt in diesen Leitlinien (Textziffer 38, 49–51, 52–54) maßgeblich auf 3 Kriterien ab: 43

- Austauschbarkeit auf der Nachfrageseite,
- Angebotsumstellungsflexibilität und
- potenzieller Wettbewerb (vgl dazu Textziffern 49–51, 52–54).

Nach Ansicht der Kommission ist bei Marktanteilen von weniger als 25 % nicht von einer beträchtlichen Marktmacht auszugehen. In der Regel wird erst ab einem **Marktanteil von über 40 %** seitens der Kommission eine „beherrschende Stellung" angenommen, jedenfalls aber bei Marktanteilen über 50 % (Textziffer 75). Allerdings weist die Kommission darauf hin, dass Marktanteile allein nicht das entscheidende Kriterium sein können, beträchtliche Marktmacht für ein bestimmtes Unternehmen festzustellen. Sie weist auf folgende Kriterien hin: 44

(i.) Gesamtgröße des Unternehmens, (ii.) Kontrolle über nicht leicht zu duplizierende Infrastruktur, (iii.) technologische Vorteile oder Überlegenheit, (iv.) Fehlen oder geringe ausgleichende Nachfragemacht, leichter oder privilegierter Zugang zu Kapitalmärkten/finanziellen Ressourcen, (v.) Diversifizierung von Produkten/Dienstleistungen, (zB Bündelprodukten- und -dienstleistungen), (vi) Größenvorteile, (vii) Verbundvorteile, (viii) vertikale Integration, hoch entwickeltes Vertriebs- und Verkaufsnetz, (ix.) Fehlen von potenziellem Wettbewerb und Expansionshemmnisse (Textziffer 78).

E. Materielle Voraussetzungen, § 42 Abs. 1–3 TKG

I. Allgemeines Missbrauchsverbot

1. Generalklausel sektorspezifischen Kartellrechts. § 42 Abs. 1 S. 1 TKG verbietet die missbräuchliche Ausnutzung einer beträchtlichen Marktmacht. Diese Generalklausel ist ein – wie es *Nothdurft* für die Vorbildnorm § 19 GWB formuliert (Langen/Bunte/*Nothdurft*, § 19 GWB, Rn 99) – **„extrem unbestimmter Rechtsbegriff"**. Zu klären sind daher die inhaltlichen Anforderungen an die Tatbestandsmerkmale „Missbrauch" und „Ausnutzung". 45

46 Ein Verhalten ist „missbräuchlich", wenn es **unangemessen und ungerechtfertigt** ist. Wobei der Bewertungsmaßstab das Prinzip der Wettbewerbsfreiheit sein muss (Loewenheim/Meessen/Riesenkampff/*Götting*, Kartellrecht, § 19 GWB, Rn 60). Die **Ordnungsprinzipien** einer Wettbewerbswirtschaft und nicht etwa eine moralische Wertung eines Verhaltens entscheiden darüber, ob sich ein Verhalten als unangemessen und ungerechtfertigt darstellt (*Bechtold*, § 19 GWB, Rn 75).

47 Unter dem Begriff **„ausnutzen"** versteht man zunächst sprachlich die Nutzung einer Situation für eigene egoistische Zwecke (vgl Duden, Bedeutungswörterbuch, Stichwort „Ausnutzen"). Aus diesem Begriff wird ein **Kausalitätserfordernis** zwischen der Marktbeherrschung einerseits und dem Verhalten andererseits abgeleitet (Loewenheim/Meessen/Riesenkampff/*Götting*, § 19 GWB, Rn 61). Dabei muss sich das Verhalten des relevanten Unternehmens als wettbewerbsschädlich erweisen, wobei keine Verhaltens- sondern eine **Ergebniskausalität** erforderlich ist (*Bechtold*, § 19 GWB, Rn 75).

48 Das wettbewerbswidrige Verhalten muss **Auswirkungen auf den Markt** haben, in dem das zu betrachtende Unternehmen über beträchtliche Marktmacht verfügt.

49 Allerdings erfasst § 42 Abs. 1 S. 1 TKG auch ein Verhalten eines Marktbeherrschers, welches sich auf **Drittmärkte**, also solche Märkte, auf denen das zu prüfende Unternehmen keine marktmächtige Position besitzt, auswirkt (*Bechtold*, § 19 GWB, Rn 75). Die Norm soll den Zugang zum Markt des marktbeherrschenden Unternehmens offen halten und Konkurrenten gegen Schädigung gestützt und geschützt werden (OLG Düsseldorf, WuW/E DE-R, 880, 883 – Strom & Telefon I). Es soll der Wettbewerb selbst wegen der ihm innewohnenden Tendenz zur Leistungssteigerung und zur bestmöglichen Versorgung der Verbraucher geschützt werden. Dabei ist es erforderlich, dass ein Unternehmen, das auf einem sachlich und räumlich relevanten Markt über beträchtliche Marktmacht verfügt, unter missbräuchlicher Ausnutzung dieser, die Wettbewerbsmöglichkeiten anderer Unternehmen auf einem von ihm nicht beherrschten Drittmarkt in für den Wettbewerb erheblicher Weise beeinträchtigt (BGH NJW-RR 2004, 1178 – Strom & Telefon I).

50 Dies entspricht der weiten Fassung der Generalklausel, mit der auch missbräuchliches Verhalten auf nicht beherrschten Märkten erfasst werden soll und durch die demgemäß auch die Konkurrenten des Marktbeherrschers auf dem Drittmarkt geschützt werden (BGH NJW-RR 2004, 1178 – Strom & Telefon I; BGH NJW 2004, 1875 – Strom & Telefon II).

51 Die Übertragung von Marktmacht auf einen Drittmarkt hat nach der Neueinführung des § 9a TKG durch das TKG-ÄndG im Jahr 2007 (BGBl. 2007, 106 ff) besondere Bedeutung erlangt. Mit dieser Regelung sollten „neue Märkte" zunächst von einer sektorspezifischen Regulierung freigestellt werden, um Anreize für Investitionen zu schaffen und neue Innovationen zu fördern (vgl Gesetzesbegründung zu Nr. 3, § 9a, BR-Drucks. 359/06, S. 37, 38). In der Zwischenzeit wurde § 9a TKG jedoch vom EuGH als europarechtswidrig erklärt (Rs. C-424/07 (Kommission/Deutschland) v. 3.12.2009, MMR 2010, 119), da die Regulierungsbedürftigkeit auch „neuer Märkte" allein der nationalen Regulierungsbehörde obliege und nicht durch den Gesetzgeber vorgegeben werden dürfe. Dementsprechend sieht der Gesetzentwurf für das neue TKG eine Streichung des § 9 a TKG vor. Der Wille des Gesetzgebers ging aber ohnehin nicht in die Richtung, auch eine Anwendung des § 42 TKG auf „neuen Märkten" auszuschließen, da lediglich keine ex-ante-Regulierung, wohl aber nachträgliche Regulierung auf diesen Märkten möglich sein sollte. Neben dem ohne Zweifel anzuwendenden allgemeinen Kartellrecht wird daher auch der § 42 TKG auf diesen „neuen Märkten" **Anwendung** finden müssen. Dies gilt schon deshalb, da dessen Anwendbarkeit an höhere Hürden geknüpft ist (vgl § 10 Abs. 2 TKG) als die Normen des allgemeinen Kartellrechts (§ 19 GWB).

52 **2. Regelungsgegenstand.** Das Verbot der missbräuchlichen Ausnutzung einer marktbeherrschenden Stellung umfasst im Kartellrecht grundsätzlich den **Ausbeutungs- und den Behinderungsmissbrauch** (HdB Kartellrecht/*Wiedemann*, § 23 GWB, Rn 32). Dies entspricht der Vorschrift des § 19 Abs. 1 GWB. Unter Ausbeutungsmissbrauch wird das missbräuchliche Verhalten gegenüber der Marktgegenseite verstanden (Langen/Bunte/*Nothdurft*, § 19 GWB, Rn 103). Behinderungsmissbrauch hingegen umfasst missbräuchliches Verhalten gegenüber dem Wettbewerb (Langen/Bunte/*Nothdurft*, § 19 GWB, Rn 139), wobei gleichgültig ist, ob einzelne, mehrere oder gar alle Wettbewerber betroffen sind. § 42 Abs. 1 S. 1 TKG umfasst diese beiden grundsätzlichen Fallkonstellationen. § 42 Abs. 1 S. 2 TKG erläutert den Behinderungstatbestand. Diese Struktur entspricht § 19 GWB, der in Abs. 1 die missbräuchliche Ausnutzung einer marktbeherrschenden Stellung verbietet und in Abs. 4 Nr. 1 erläutert („insbesondere"), dass die Beeinträchtigung von Wettbewerbsmöglichkeiten anderer Unternehmen ei-

nen Missbrauch darstellt. Eine besondere Form des Missbrauchs ist die Diskriminierung, also die sachlich nicht gerechtfertigte Ungleichbehandlung.

3. Vergleich mit § 33 TKG aF. Wie die Gesetzesbegründung formuliert, setzt § 42 TKG auf § 33 TKG aF auf. Der wesentliche Unterschied der neuen Norm im Vergleich mit ihrer Vorgängerin ist ihr **weiterer Anwendungsbereich**, mit dem sie jeden Missbrauch erfassen soll, der ansonsten im TKG nicht erfasst wird. § 33 TKG aF hingegen verbot lediglich die Diskriminierung bei dem Zugang zu wesentlichen Leistungen. Zudem war es nach der zu der Norm ergangenen Rechtsprechung erforderlich, dass das marktbeherrschende Unternehmen in verwerflicher Absicht gehandelt haben musste, um ein Marktergebnis durchzusetzen, dass es bei funktionsfähigem Wettbewerb nicht hätte erreichen können (OVG Münster NVwZ 2000, 697, 701; Beck'scher TKG-Kommentar/*Schütz*, § 42 TKG, Rn 1). 53

II. Beispielstatbestände des § 42 Abs. 1 S. 2 TKG

1. Mittelbare oder unmittelbare unbillige Behinderung. Der erste Beispielstatbestand der Norm, § 42 Abs. 1 S. 2 TKG nennt als Beispiel („insbesondere“) für einen Missbrauch, dass andere Unternehmen mittelbar oder unmittelbar behindert werden. 54

a) **Behinderung.** Behinderung ist eine für das Wettbewerbsverhalten des betroffenen Unternehmens objektiv nachteilige Maßnahme (*Bechtold*, § 20 GWB, Rn 41). Dabei ist es gleichgültig, ob wettbewerbsfremde oder in sonstiger Weise anfechtbare Mittel angewendet werden (Immenga/Mestmäcker/*Markert*, § 20 GWB, Rn 116). Insgesamt ist es ausreichend, dass die Wettbewerbsmöglichkeiten eines Unternehmens beeinträchtigt werden (Loewenheim/Meessen/Riesenkampff/*Loewenheim*, § 20 GWB, Rn 67). Dabei ist der **Begriff der Behinderung** wertneutral, es wird weder ein bestimmtes Ausmaß der Beeinträchtigungen noch der Einsatz wettbewerbsfremder oder wettbewerbsfeindlicher Mittel vorausgesetzt. Dies ist erst eine Frage der Unbilligkeit einer Maßnahme (Loewenheim/Meessen/Riesenkampff/*Loewenheim*, § 20 GWB, Rn 67). Nicht jeder wirtschaftliche Nachteil, der einem Unternehmen zugefügt wird, stellt eine Behinderung dar. Vielmehr müssen die Wettbewerbschancen des beeinträchtigten Unternehmens eingeschränkt werden (§ 20 GWB, Rn 67; Immenga/Mestmäcker/*Markert*, GWB, § 20, Rn 117). 55

Das Behinderungsverbot gilt für „andere Unternehmen“. Die Norm stellt damit klar, dass nicht nur Wettbewerber geschützt sind, sondern sämtliche von einem Missbrauch betroffene Unternehmen, zB also auch Lieferanten und Abnehmer (Beck'scher TKG Kommentar/*Schütz*, § 42 TKG, Rn 39; Langen/Bunte/*Nothdurft*, § 19 GWB, Rn 148). 56

b) **Unmittelbarkeit und Mittelbarkeit.** § 42 Abs. 1 S. 2 TKG erfasst mittelbare und unmittelbare Behinderungen, wie auch § 20 Abs. 1 GWB. Unmittelbare Behinderungen sind solche, die **zielgerichtet** eine Behinderung bewirken. Mittelbare Behinderungen entfalten ihre Wirkungen über **Umwege**, bspw in der Form, dass Kunden der behinderten Unternehmen veranlasst werden, ihren Geschäftsverkehr mit diesen einzuschränken. So können bestimmte Bündelangebote, aber auch Ausschließlichkeitsrabatte oder Treurabatte, eine mittelbare Behinderung darstellen (Beck'scher TKG Kommentar/*Schütz*, § 42 TKG, Rn 40; Loewenheim/Meessen/Riesenkampff/*Loewenheim*, § 20 GWB, Rn 67; Immenga/Mestmäcker/*Markert*, § 20 GWB, Rn 19). 57

c) **Unbilligkeit.** Die Behinderung eines Wettbewerbers ist zunächst wertneutral. Bei der Prüfung der Billigkeit des Verhaltens des marktmächtigen Unternehmens wird über das erfasste Verhalten ein **Werturteil** gefällt, das letztlich über die Anwendbarkeit des § 42 TKG entscheidet (Loewenheim/Meessen/Riesenkampff/*Loewenheim*, § 20 GWB, Rn 68). Nach der Rechtsprechung des BGH zu § 20 GWB (Immenga/Mestmäcker/*Markert*, § 20 GWB, Rn 29), die hier wegen der strukturellen Normengleichheit und dem in der Gesetzesbegründung zum Ausdruck gekommenen Willen des Gesetzgebers, eine entsprechende sektorspezifische Kartellrechtsnorm zu schaffen, einschlägig ist, ist es entscheidend, dass die Interessen der Beteiligten gegeneinander **abgewogen** werden. Die Abwägung erfolgt unter Berücksichtigung der auf die Freiheit des Wettbewerbs gerichteten **Zielsetzung** des Telekommunikationsgesetzes, wobei jedoch auch die anderen Regulierungsziele, die das TKG in § 2 Abs. 2 formuliert, zu berücksichtigen sind (aA wohl: Beck'scher TKG Kommentar/*Schütz*, § 42 TKG, Rn 41). Dabei wird maßgeblich das in § 2 Abs. 2 Nr. 2 TKG festgelegte Regulierungsziel der Sicherung eines chancengleichen Wettbewerbs unter Förderung nachhaltig wettbewerbsorientierter Märkte der Telekommunikation im Bereich der Telekommunikationsdienste und -netze zu berücksichtigen sein. 58

59 Bei der Interessenabwägung der Beteiligten sind auf der einen Seite die Interessen des Normadressaten zu berücksichtigen, wobei insbesondere der unternehmerische Freiraum Beachtung finden muss (Loewenheim/Meessen/Riesenkampff/*Loewenheim* § 20 GWB, Rn 73). § 42 TKG wird auch ein marktmächtiges Unternehmen nicht daran hindern, sein Vertriebssystem nach eigenem Ermessen zu gestalten, so wie es dies für richtig und wirtschaftlich sinnvoll hält (Loewenheim/Meessen/Riesenkampff/*Loewenheim,* § 20 GWB, Rn 73 mwN). Das Interesse des marktmächtigen Unternehmens findet seine **Grenzen** in nach dem Telekommunikationsgesetz berücksichtigungsfähigen Interessen anderer Beteiligter.

60 Berücksichtigungsfähige Interesse der behinderten Unternehmen sind grundsätzlich nur solche, die auf **freie Betätigungsmöglichkeit im Wettbewerb** zielen (Immenga/Mestmäcker/*Markert*, § 20 GWB, Rn 132). Ferner wird deren Interesse, bei offenem Marktzugang nicht durch Beeinträchtigung der Chancengleichheit in der wettbewerblichen Betätigung auf dem Markt im Verhältnis zu anderen Unternehmen benachteiligt zu werden, zu berücksichtigen sein. Dass schließlich auf Seiten der behinderten Unternehmen lediglich gesetzeskonforme Interessen Berücksichtigung finden können, versteht sich von selbst (Immenga/Mestmäcker/*Markert*, § 20 GWB, Rn 133).

61 Bei der Abwägung der Interessen wird man jeweils zu berücksichtigen haben, dass § 1 TKG als **Gesetzeszweck** den Wettbewerb in der Telekommunikation, leistungsfähige Infrastrukturen sowie eine Grundversorgung benennt, wobei die Wettbewerbsförderung an erster Stelle steht. Zudem haben marktmächtige Unternehmen ein größeres Maß an Rücksicht auf die Interessen der von ihnen behinderten oder ungleich behandelten Unternehmen zu nehmen, als dies im Rahmen einer reinen Individualinteressenabwägung nach dem Verhältnismäßigkeitsgrundsatz gegeben wäre (Immenga/Mestmäcker/*Markert*, § 20 GWB, Rn 136).

62 **2. Ungerechtfertigte erhebliche Beeinträchtigung der Wettbewerbsmöglichkeiten.** Die Beeinträchtigung der Wettbewerbsmöglichkeiten ist das zweite Regelbeispiel für eine missbräuchliche Behinderung. Zwar ist § 42 Abs. 1 S. 2. 2. Alt. TKG strukturell mit § 19 Abs. 4 Nr. 1 GWB vergleichbar (vgl dazu *Robert*, K&R 2005, 354, 355), doch unterscheiden sich beide Normen materiell. Während das TKG lediglich eine erhebliche Beeinträchtigung der Wettbewerbsmöglichkeiten verlangt, ist § 19 Abs. 4 Nr. 1 GWB erst anwendbar, wenn eine Beeinträchtigung in einer „für den Wettbewerb auf dem Markt **erheblichen Weise**“ erfolgt. Insoweit sind die Anforderungen im TKG geringer als im GWB.

63 **a) Beeinträchtigung von Wettbewerbsmöglichkeiten.** Die Formulierung „Beeinträchtigung von Wettbewerbsmöglichkeiten“ ist so weit gefasst, dass sowohl Leistungs- als auch Nichtleistungswettbewerb darunter zu subsumieren ist. Allerdings begrenzt jedes Marktverhalten eines Unternehmens, gerade eines marktmächtigen Unternehmens, die Chancen der übrigen Unternehmen und jeder erfolgreiche Geschäftsabschluss reduziert die Chancen der anderen Wettbewerber entsprechend (Langen/Bunte/*Nothdurft*, § 19 TKG, Rn 144).

64 Die reine Formulierung des Gesetzes erscheint zu weit. Das Tatbestandsmerkmal „Beeinträchtigung der Wettbewerbsmöglichkeiten“ ist daher dahin zu verstehen, dass die Chancen, sich gegen das marktbeherrschende Unternehmen am Markt noch zu behaupten (Langen/Bunte/*Nothdurft*, § 19, Rn 144), gemeint sind. § 42 TKG Abs. 1 S. 2. 2. Alt. verbietet nicht die Markbeherrschung, sondern den Missbrauch. Damit kommen als „Beeinträchtigung der Wettbewerbsmöglichkeiten“ alle Verhaltensweisen in Betracht, die **zusätzliche Hindernisse** für eine erfolgreiche Tätigkeit der anderen Unternehmen neben dem marktbeherrschenden Unternehmen, errichten. Dies sind Hindernisse, die nicht zwingend mit der reinen Existenz des marktmächtigen Unternehmens verknüpft sind.

65 Beeinträchtigungen der Wettbewerbsmöglichkeiten können folglich in Vereinbarungen liegen, die zur Abnahme von nicht gewünschten Vorleistungen oder Bündelprodukten zwingen. Gleiches gilt für Regelungen aus Zugangsvereinbarungen, soweit sie nicht angeordnet sind oder einem Standardangebot entsprechen, die dazu führen, dass die wirtschaftlichen Betätigungsmöglichkeiten eines Wettbewerbsunternehmens dadurch eingeschränkt werden, dass das marktmächtige Unternehmen vertragliche Regelungen durchsetzt oder fordert, die es ohne seine marktmächtige Position nicht würde durchsetzen können (sog. **Konditionenmissbrauch**, vgl dazu: *Möschel* in: Immenga/Mestmäcker, GWB, § 19, Rn 173). Auch ist hier die **Preis-Kosten-Schere** zu nennen. Darunter versteht man eine Situation, in der ein Wettbewerbsunternehmen als Nachfrager dem Preismissbrauch durch ein marktmächtiges Anbieterunternehmen ausgesetzt ist, das auf einem anderen Markt mit dem nachfragenden Unternehmen in Wettbewerb steht und dort die wirtschaftlichen Vorteile aus dem Anbieter-Nachfrager-Verhältnis einsetzen kann (Langen/Bunte/*Nothdurft*, § 19 GWB, Rn 134; TAL-Entscheidung der Kommission,

MMR 2003, 656). Besonders gravierend werden die behindernden Wirkungen, wenn die Preise auf dem nachgelagerten Markt unter, oder nur geringfügig unter, den Preisen für das Vorprodukt liegen (Langen/Bunte/*Nothdurft*, § 19 GWB, Rn 134). Eine Kosten-Kosten-Schere schließlich liegt dann vor, wenn das marktmächtige Unternehmen die Preise zweier unterschiedlicher Vorleistungsprodukte so setzt, dass die Nachfrager eines der beiden Vorleistungsprodukte keine Möglichkeit haben, auf der Basis des von ihnen nachgefragten Vorleistungsproduktes ein konkurrenzfähiges Endkundenprodukt anzubieten, weil der Nachfrager des anderen Vorleistungsproduktes und das marktmächtige Unternehmen selbst eine vergleichbare Endkundenleistung immer günstiger anbieten können (zB TAL gegen ATM- und IP-Bitstrom).

b) Erheblichkeit. Das Tatbestandsmerkmal der „erheblichen Beeinträchtigung" in § 42 TKG unterscheidet sich von dem Tatbestandsmerkmal in § 19 Abs. 4 Nr. 1 GWB, wonach der „Wettbewerb auf dem Markt" in erheblicher Weise beeinträchtigt sein muss. Gefordert ist damit im GWB eine Auswirkung der Verhaltensweise auf die Funktionsfähigkeit von Wettbewerb auf den Markt insgesamt (Beck'scher TKG Kommentar/*Schütz*, § 42 TKG, Rn 85). § 19 Abs. 4 Nr. 1 GWB hat damit den Wettbewerb als solchen im Visier, dessen Beeinträchtigung insgesamt erheblich sein muss; die Norm bezweckt keinen Individualschutz (*Bechtold*, § 19 GWB, Rn 80). 66

Demgegenüber reicht es für die Anwendbarkeit des § 42 Abs. 1 S. 2 TKG aus, dass sich das zu beurteilende Verhalten auf die Wettbewerbsposition einzelner oder mehrerer Unternehmen auswirkt (so auch Beck'scher TKG Kommentar/*Schütz*, § 42 TKG, Rn 85). Eine Beeinträchtigung ist danach dann erheblich, wenn sie nicht nur in geringem Umfang vorliegt (RegTP, Beschluss vom 2.2.2005, Az: Bk 3d-04/026-Telefonbuchwerbung, S. 10, zitiert nach Beck'scher TKG-Kommentar/*Schütz*, § 42 TKG, Rn 85). 67

c) Sachliche Rechtfertigung. Das Merkmal des Fehlens eines sachlich rechtfertigenden Grundes verlangt eine Bewertung eines objektiv festgestellten Verhaltens und knüpft insoweit an die „Unbilligkeit" der 1. Alt. an. Auf die dortigen Ausführungen kann insoweit verwiesen werden. 68

Es ist eine umfassende Abwägung der Interessen des Unternehmens mit beträchtlicher Marktmacht einerseits und denen der verletzten Unternehmen erforderlich, dabei werden die Regulierungsziele in die Abwägung einfließen müssen (vgl Spindler/Schuster/*Neitzel*, § 42 TKG, Rn 31). 69

3. Beispiele. Die beiden Fallvarianten des § 42 Abs. 1 S. 2, 1. und 2. Alt. TKG lassen sich nicht in allen Fällen klar voneinander trennen, da häufig unmittelbar behindernde Maßnahmen auch die Wettbewerbsmöglichkeiten des betroffenen Unternehmens einschränken werden. 70

a) Behinderung im Sinne von § 42 Abs. 1 S. 2 1. Alt. TKG
   - Konditionenmissbrauch
   - Unzulässige Preisgestaltungsmaßnahmen: Angebote unter Einstandspreis, Gewährung zusätzlicher unentgeltlicher Leistungen
   - Nichtbelieferung von Konkurrenten
   - (bewusste) Schlechterstellung bei Belieferung von Konkurrenten
   - Lieferverzögerungen
   - Vereinbarung oder Verhaltensweisen im Vertikalverhältnis zu Dritten (zB Ausschließlichkeitsbindungen, Wettbewerbsverbote, Koppelungsgeschäfte und Rabattsysteme)

b) Behinderungsmissbrauch im Sinne von § 42 Abs. 1 S. 2 2. Alt. TKG
   - Preismissbrauchsfälle
   - Rabattsysteme
   - Ausschließlichkeitsbindungen
   - Koppelungsgeschäfte

(vgl *Neitzel* in: Spindler/Schuster, § 42, Rn 25 f und 32).

4. Verhältnis der Regelbeispiele zueinander. Der Gesetzgeber hat die beiden Regelbeispiele des § 42 Abs. 1 S. 2, 1. und 2. Alt. TKG in ein **Alternativverhältnis** gestellt. In der praktischen Anwendung dürfte die Abgrenzung zwischen der unbilligen Behinderung und der erheblichen Beeinträchtigung selten eindeutig möglich sein (so auch *Robert*, K&R 2005, 354, 356; zu § 19 GWB HdB Kartellrecht/*Wiedemann*, § 23 GWB, Rn 3, Rn 81). Eine genaue Zuordnung ist jedoch entbehrlich, solange jedenfalls eine der beiden Alternativen einschlägig ist. 71

III. Vermutungstatbestände im Sinne des § 42 Abs. 2 TKG

72 **1. Diskriminierungsverbot.** § 42 Abs. 2 TKG enthält einen **Vermutungstatbestand**, der – allgemein formuliert – den Grundsatz **„interne Behandlung gleich externe Behandlung"** regelt (vgl *Robert*, K&R 2005, 354, 356). Ein Missbrauch wird danach vermutet, wenn ein Unternehmen sich selbst und seine Tochter- oder Partnerunternehmen ohne sachlichen Grund bevorzugt behandelt.

73 Gesetzliche Vermutungen im **Zivilrecht** sind Normen, bei denen der Gesetzgeber bei Vorliegen bestimmter Tatsachen ein ungewisses Tatbestandsmerkmal als gegeben unterstellt. Als Vermutung gilt jeder Rechtssatz, der das Vorliegen einer für den Tatbestand notwendigen Tatsache aus einem tatbestandsfremden Umstand schließt. Gesetzliche Tatsachenvermutungen sind somit Rechtssätze, die im Falle der Ungewissheit über das Vorliegen einer Tatsache eingreifen und aufgrund eines feststehenden Sachverhalts, der außerhalb des Tatbestands liegt, der die vermutete Tatsache enthält, die **Fiktion der Feststellung** dieser vermuteten Tatsache durch die Behörde oder das Gericht zum Zwecke der Rechtsanwendung vorschreiben (*Gosse*, K&R 2005, 154, 156). Dies ist bei der Anwendung der Norm in zivil- und kartellrechtlichen Verfahren zu berücksichtigen.

74 Im **verwaltungsrechtlichen Missbrauchsverfahren** nach § 42 TKG gilt – anders als im Zivilverfahren – der **Amtsermittlungsgrundsatz.** Dieser Grundsatz wird jedoch eingeschränkt durch eine gesetzliche Vermutung. Die Behörde und die überprüfenden Gerichte sind bei Vorliegen der gesetzlichen Vermutungen nur gezwungen, offensichtliche Tatsachen zu berücksichtigen, die das Verhalten eines marktmächtigen Unternehmens rechtfertigten. Alle übrigen Tatsachen wird das verletzende Unternehmen vortragen und beweisen müssen, um die gesetzliche Vermutung zu widerlegen (aA wohl *Gosse*, K&R 2005, 154, 160).

75 Mit der Formulierung orientiert sich der Gesetzgeber am Wortlaut **des Art. 10 Abs. 2 ZRL.** Für die Anwendung dieses Missbrauchstatbestands muss man zunächst die interne Behandlung, die sich ein Unternehmen beim Zugang zu Leistungen einräumt, definieren und anschließend die Behandlung dritter Unternehmen gegenüberstellen. Ergibt sich eine Ungleichbehandlung, ist die sachliche Rechtfertigung für diese Vorgehensweise zu prüfen.

76 **2. Interne Behandlung gleich externe Behandlung. a) Interne Behandlung.** Zunächst ist zu prüfen, welche Unternehmen durch den Vermutungstatbestand erfasst werden. Dies ist zum einen das Unternehmen mit beträchtlicher Marktmacht selbst. Der Kreis der Normadressaten umfasst jedoch darüber hinaus auch „Tochter- oder Partnerunternehmen". Der Anwendungsbereich des § 42 Abs. 2 TKG ist an dieser Stelle insoweit **weiter, als der des ursprünglichen § 33 TKG-1996** (vgl *Robert*, K&R 2005, 354, 356). Erfasst werden Konzernunternehmen, auf die das marktmächtige Unternehmen beherrschenden Einfluss ausüben kann, wobei selbst eine Minderheitsbeteiligung ausreichend ist, wenn wegen breiter Streuung der Anteilsrechte im Übrigen eine sichere Hauptversammlungsmehrheit besteht (siehe hierzu: Immenga/Mestmäcker/*Mestmäcker/Veelken*, § 36 GWB, Rn 53 ff; Beck'scher TKG Kommentar/*Schütz*, § 42 TKG, Rn 96).

77 Die Norm ist gemeinsam mit **§ 3 Nr. 29 TKG** zu lesen. Diese Definition enthält eine **Konzernklausel**, wonach „Unternehmen" das Unternehmen selbst sowie die mit ihm im Sinne der §§ 36 Abs. 2 und 37 Abs. 1, 2 GWB verbundene Unternehmen sind. Daher wird man für die Prüfung der Normadressaten maßgeblich auf die Regelungen des GWB zurückgreifen müssen. Die Unklarheit des Begriffs „Tochterunternehmen", die wohl der unmittelbaren Umsetzung der ZRL in Art. 10 Abs. 2 geschuldet ist, wird daher kaum eine Bedeutung haben.

78 Der **Begriff der Partnerunternehmen** ist bisher nicht definiert. Es wird deutlich, dass der Gesetzgeber einen möglichst weiten Anwendungsbereich der Norm schaffen wollte. Partnerunternehmen zeichnen sich zunächst offensichtlich dadurch aus, dass keine gesellschaftsrechtliche Beziehung zwischen dem marktbeherrschenden Unternehmen und dem Partnerunternehmen bestehen muss. *Schütz* spricht davon, dass sich Partnerunternehmen dadurch auszeichnen, dass eine „hinreichend dichte geschäftliche Beziehung zu dem regulierten Unternehmen" bestehe, was regelmäßig bei der Verfolgung gleichgerichteter Interessen im Rahmen von Kooperationen der Fall sein wird (Beck'scher TKG Kommentar/*Schütz*, § 42 TKG, Rn 99.). Dem ist zuzustimmen. Zu weitgehend versteht *Neitzel*, in Spindler/Schuster, § 42 TKG, Rn 44 den Begriff, der „Geschäftspartner" ohne jede Einschränkung als „Partnerunternehmen" werten möchte.

79 Der Begriff des „Partnerunternehmens" hat eine qualitative und eine zeitliche Dimension. Zum einen wird eine **intensive Zusammenarbeit** der Unternehmen erforderlich sein, die über eine normale Ge-

schäftstätigkeit – wie zB mit Wettbewerbsunternehmen im Zusammenhang mit Zusammenschaltungsverträgen o.ä. – hinaus geht. Zum anderen wird auch eine **gewisse zeitliche Dauer** erforderlich sein, um von einem Partner sprechen zu können. Dabei kommt es nicht darauf an, wie lange eine Zusammenarbeit schon andauert, sondern allein darauf, ob die Zusammenarbeit auf eine gewisse Dauer angelegt ist.

b) **Relevante Leistung.** Um überhaupt prüfen zu können, ob eine Ungleichbehandlung vorliegt, ist der Leistungsbegriff festzulegen. Das Gesetz selbst bietet keinen Anhaltspunkt, allerdings besagt die Gesetzesbegründung, dass § 42 TKG auf § 33 TKG aF aufsetzt. Mithin gilt das alte Begriffsverständnis zu § 33 TKG-1996 fort (vgl dazu BVerwG NVwZ 2004, 878). 80

Der **Begriff der Leistung** ist weit zu verstehen. Sie erfasst sowohl Vor- als auch Endkundenleistungen. Es genügt, wenn die Leistungen im Zusammenhang mit der von dem Wettbewerber beabsichtigten Erbringung von Telekommunikationsdienstleistungen für die Öffentlichkeit erforderlich ist (Beck'scher TKG Kommentar/*Schütz*, § 42 TKG, Rn 100). 81

Entsprechend der Zielsetzung des Art. 10 ZRL ist die Leistung nachfragegerecht zu definieren (Beck'scher TKG Kommentar/*Schütz*, § 42 TKG, Rn 103), denn die Zugangsrichtlinie will Wettbewerbern „gleichwertigen" Zugang gewähren. Damit ersetzt § 42 Abs. 2 TKG die Verpflichtung der **nachfragegerechten Entbündelung**, die im § 3 Abs. 1 TKV-1997 enthalten war. 82

Daraus folgt, dass bei Teilbarkeit einer bestimmten Leistung Zugang zu jedem einzelnen Leistungsteil zu gewähren ist. Denn auch Leistungsteile werden intern genutzt. 83

Schließlich muss der Normadressat beträchtliche Marktmacht auf dem entsprechenden Markt haben. Die **beträchtliche Marktmacht** muss auf dem Markt für die Dienstleistung vorhanden sein, auf dem die nachgefragte Leistung angeboten wird (Beck'scher TKG Kommentar/*Schütz*, § 42 TKG, Rn 105). Welchem Markt also eine Leistung zuzuordnen ist, zu der der Zugang begehrt wird, ist folglich nicht entscheidend. Dies ist schon mit Blick darauf, dass auch der Zugang zu nur intern genutzten Leistungen ermöglicht werden soll, von erheblicher Bedeutung. Hier wäre eine „Marktabgrenzung" gar nicht möglich. 84

c) **Externe Behandlung weicht ab.** § 42 Abs. 2 TKG regelt eine **Gleichbehandlungsverpflichtung.** Nach dem Wortlaut der Norm gilt diese sowohl für die Frage des Zugangs an sich sowie für die Frage der Qualität. *Schütz* (Beck'scher TKG Kommentar, § 42 TKG, Rn 107) spricht davon, dass das Gleichbehandlungsgebot für das Ob sowie Art und Umfang der Leistung Geltung habe. 85

Inhaltlich entscheidend ist die **materielle Gleichbehandlung.** (aA wohl BerlKommentarTKG/*Gersdorf*, § 42 TKG, Rn 43, der eine formale Gleichbehandlung verlangt). Wichtig ist allein, dass dem nachfragende Unternehmen eine vergleichbare unternehmerische Dispositionsfreiheit eröffnet ist (BVerwG MMR 2001, 681, 687) wie sie die Normadressaten erhalten (Beck'scher TKG Kommentar/*Schütz*, § 42 TKG, Rn 107). 86

Die Verpflichtung zur materiellen Gleichbehandlung schließt diejenige zur **formalen Gleichbehandlung** selbstverständlich mit ein (vgl zum Umfang der Gleichbehandlung Spindler/Schuster/*Neitzel*, § 42 TKG, Rn 45). Das Gesetz spricht von „günstigeren Bedingungen" oder „zu einer besseren Qualität" und macht damit deutlich, dass dieses Tatbestandsmerkmal sehr weit zu verstehen ist. Es umfasst sämtliche technischen, betrieblichen und wirtschaftlichen Parameter einer Leistung (Beck'scher TKG Kommentar/*Schütz*, § 42 TKG, Rn 110). 87

3. **Sachliche Rechtfertigung.** Das marktmächtige Unternehmen muss bei der Gewährung ungünstigerer Bedingungen die **Ungleichbehandlung rechtfertigen.** Andernfalls wird die Ungleichbehandlung als diskriminierend vermutet. Es trifft das marktmächtige Unternehmen die **Nachweispflicht**, dass eine sachliche Rechtfertigung vorliegt. Die Norm führt somit zu einer **Umkehr der Beweislast.** Dies ergibt sich aus der „es sei denn"-Gesetzesformulierung des § 42 Abs. 2 TKG. Mithin muss das marktmächtige Unternehmen Tatsachen vortragen, die sein Verhalten sachlich rechtfertigen. Auch ein **non-liquet** geht zulasten des Unternehmens (Spindler/Schuster/*Neitzel*, § 42 TKG, Rn 47 mwN). 88

IV. Verzögerungsmissbrauch, § 42 Abs. 3 TKG

§ 42 Abs. 3 TKG ist ebenfalls ein Vermutungstatbestand. Danach wird Missbrauch vermutet, wenn ein Betreiber eines öffentlichen Telekommunikationsnetzes mit beträchtlicher Marktmacht seinen **Verpflichtungen aus § 22 Abs. 1 TKG** nicht ausreichend nachkommt, indem die Bearbeitung von ent- 89 sprechenden Anträgen ohne sachlichen Grund verzögert wird. § 22 Abs. 1 TKG regelt, dass ein solcher Betreiber, dem Zugangsverpflichtungen nach § 21 TKG auferlegt wurden, bei Nachfrage, spätestens aber 3 Monate nach Auferlegung der Zugangsverpflichtung, ein Angebot auf einen entsprechenden Zugang abzugeben hat. § 21 TKG wiederum regelt die für eine Vorabregulierung als relevant angesehene Zugangsverpflichtungen wie Zugang zu bestimmten Netzkomponenten und Netzeinrichtungen, Resale-Verpflichtung, Zugang zu F&I-Leistungen (alle § 21 Abs. 2 TKG) sowie Zugang zum Teilnehmeranschluss, Zusammenschaltung und Kollokation (alle § 21 Abs. 3 TKG). Erfasst werden also nur Fälle, in denen ein **Marktdefinitionsverfahren** nach §§ 10 ff. TKG bereits durchgeführt ist und ein betreffendes Unternehmen auf einem bestimmten Markt als marktmächtig eingestuft wurde und das eine bestimmte Verpflichtung nach § 21 TKG durch die BNetzA auferlegt bekommen hat. Insoweit stellt der Vermutungstatbestand des Abs. 3 wegen seines Anknüpfens an § 22 TKG in Verbindung mit § 21 TKG höhere Anforderungen an die Feststellung beträchtlicher Marktmacht als die Norm im Übrigen.

90 Bei § 42 Abs. 3 TKG – anders als bei Anwendung der Norm im Übrigen – ist daher die Durchführung eines formalen Marktdefinitionsverfahrens zu verlangen (aA Beck'scher TKG Kommentar/*Schütz*, § 42 TKG, Rn 123, der aber nicht begründet, warum bei einem ausdrücklichen Verweis auf § 22 TKG, der wiederum an § 21 TKG anknüpft, auf ein förmliches Verfahren verzichtet werden kann).

91 Aus § 42 Abs. 3 TKG folgt nun, dass die Bearbeitung von Zugangsanträgen ohne sachlichen Grund nicht verzögert werden darf. Es ist also eine **unverzügliche Bearbeitung** erforderlich. Die Gesetzesbegründung nennt als Vergleichsmaßstab den „üblichen Zeitrahmen bei anderen Nachfragern oder eigenen Tochterunternehmen oder eigener Unternehmenssparte" (Gesetzesbegründung zu § 40 TKG). Teilweise wird eine Maximalfrist von 3 Monaten nach Erlass der Zugangsverfügung genannt (Beck'scher TKG Kommentar/*Schütz*, § 42 TKG, Rn 124). Dies ist aber wohl die zeitlich äußerste Grenze. Vielmehr wird man – sicher abhängig vom Einzelfall – in der Regel mit einer **Monatsfrist** zu rechnen haben.

V. Beweislast

92 § 42 Abs. 1 TKG ist die Generalklausel, deren Voraussetzungen die BNetzA in verwaltungsrechtlichen Streitigkeit festzustellen hat. In zivilgerichtlichen Streitigkeiten sind dessen Voraussetzungen vom Antragsteller bzw Kläger darzutun und nötigenfalls zu beweisen. Das Regelbeispiel des § 42 Abs. 1 S. 2 TKG hilft zunächst nur bei der Konkretisierung der zu beweisenden Tatsachen, belässt die Beweislast jedoch bei BNetzA bzw Kläger.

93 Hier greifen die Abs. 2 und 3 ein, die die Beweislast zulasten des marktmächtigen Unternehmens, welches allein über seine internen Verhältnisse Bescheid wissen kann, verschiebt. Hier reicht es, wenn eine Ungleichbehandlung (Abs. 2) bzw eine nicht unverzügliche Bearbeitung von Zugangsanträgen (Abs. 3) objektiv nachgewiesen ist. Dies wird im Regelfall relativ leicht fallen. Dann muss das marktmächtige Unternehmen beweisen, dass ein Missbrauch nicht vorliegt.

VI. Rechtsfolgen

94 Nach § 42 Abs. 4 TKG trifft die BNetzA eine Entscheidung, um den Marktmachtmissbrauch zu beenden. Infrage kommen nach dem Wortlaut des Gesetzes das **Auferlegen** eines Verhaltens, das **Untersagen** eines Verhaltens oder die ganz oder teilweise **Unwirksamkeitserklärung** von Verträgen. Solche Missbrauchsverfügungen ergehen als Verwaltungsakt im Sinne des § 35 VwVfG im Beschlusskammerverfahren nach § 132 TKG.

95 Die BNetzA kann also eine **Gebotsverfügung** erlassen. Eine solche ist nicht nur in den Fällen des § 22 TKG denkbar, sondern in allen Fällen, in denen sich ein Missbrauch nicht durch ein bloßes Unterlassen abstellen lässt. Erfasst werden Fälle, in denen das Unternehmen mit beträchtlicher Marktmacht einen einmal gewährten Zugang nicht mehr zur Verfügung stellt und neu auftretende Missbrauchsfälle, in denen ein bestimmter Zugang noch nie gewährt wurde.

96 Der wohl häufigste Fall wird die **Untersagungsverfügung** sein, bei der ein konkretes Verhalten für die Zukunft verboten wird. Weil nur ein bestimmtes Verhalten untersagt wird, sind an diese Form der behördlichen Missbrauchsverfügung geringere Anforderungen hinsichtlich der Verhältnismäßigkeits-

prüfung als an eine Gebotsverfügung zu stellen, da sie weniger stark in die Rechte des von der Behördenentscheidung betroffenen marktmächtigen Unternehmens eingreift.

Schließlich benennt das Gesetz die **Unwirksamkeitserklärung** von Verträgen. Grundsätzlich gilt, dass Verträge nach § 134 BGB nichtig sind, wenn sie gegen ein gesetzliches Verbot verstoßen, es sei denn, aus dem Gesetz ergebe sich etwas anderes. Daraus folgt, dass Verträge, die gegen ein gesetzliches Verbot verstoßen, nicht ohne Weiteres nichtig sind. Im Bereich des § 42 TKG wird man, wie sonst im § 20 GWB, danach differenzieren müssen, ob sich ein Verstoß unmittelbar aus dem betreffenden Rechtsgeschäft ergibt und nicht ohne dessen Aufhebung beendet werden kann. Dies sind beispielsweise vertragliche Bestimmungen, durch die Wettbewerber beim Marktzugang unmittelbar behindert werden, zum Beispiel Ausschließlichkeits- oder Kopplungsbindungen oder Klauseln, mit denen Lieferanten gehindert werden sollen, auch anderen Anbietern Sondervorteile zu gewähren (vgl Immenga/Mestmäcker/*Markert*, § 20 GWB, Rn 226). 97

In Fällen von **Diskriminierung** hingegen sind Rechtsgeschäfte, durch die Dritte unterschiedlich behandelt werden, grundsätzlich nicht nichtig, da die Gleichbehandlung in der Regel durch entsprechende Abänderung der Vereinbarungen möglich ist und die dem Beeinträchtigten zur Verfügung stehenden Schadensersatz- und Unterlassungsansprüche in der Regel zur Durchsetzung seiner Interessen ausreichen (vgl in Löwenheim/Meessen/Riesenkampff/*Löwenheim*, § 30 GWB, Rn 105; Immenga/Mestmäcker/*Markert*, § 20 GWB, Rn 178). Die Rechtsfolge einer Nichtigkeit diskriminierender Verträge käme in der Regel dem missbräuchlich handelnden Unternehmen zu Gute und benachteiligte überdies das bereits diskriminierte Unternehmen. Insoweit ergibt sich aus § 42 TKG gerade nicht die zwingende Rechtsfolge der Nichtigkeit von Verträgen. In solchen Fällen muss die BNetzA im Einzelfall entscheiden, welche Maßnahme am besten geeignet ist, den Missbrauch abzustellen. 98

In den wenigsten Missbrauchsfällen wird sich die Nichtigkeit von Verträgen aus § 134 BGB ergeben; dann bedarf es an sich keiner Unwirksamkeitserklärung mehr durch die BNetzA oder eines Gerichts, sie hat lediglich deklaratorischen Charakter (vgl Beck'sche TKG-Kommentar/*Schütz*, § 42 TKG, Rn 149; Spindler/Schuster/*Neitzel*, § 42 TKG, Rn 49). Ergibt sich die Nichtigkeitsfolge nicht aus dem Gesetz, wirkt eine Nichtigkeitserklärung konstitutiv. 99

VII. Verfahren

1. Verfahren vor der BNetzA. § 42 Abs. 4 TKG stellt klar, dass ein Verfahren nach § 42 TKG von Amts wegen oder auf Antrag stattfindet. Es ist eine **Regelfrist** von **4 Monaten** nach Einleitung des Verfahrens festgelegt (Abs. 4, S. 4). Wegen der Vorermittlungen, die in der Regel bei einem von Amts wegen eingeleiteten Verfahren stattfinden, wird ein solches Verfahren in der Regel weit länger als vier Monate in Anspruch nehmen. Die BNetzA hält ohnehin die Regelfrist von vier Monaten selten ein. Soweit ein Verfahren auf einen Antrag hin eingeleitet wird, stellt § 42 Abs. 4 S. 5 TKG klar, dass Fristbeginn für die Viermonats-Frist der Eingang des Antrags ist. 100

Leitet die Behörde kein Verfahren von Amts wegen ein, können Anbieter von Telekommunikationsdiensten, die geltend machen können, in eigenen Rechten verletzt zu sein, einen entsprechenden **Antrag** stellen (§ 42 Abs. 4 S. 6 TKG; dazu *Robert*, K&R 2005, S. 354, 357). Nach § 3 Nr. 24 TKG sind Telekommunikationsdienste solche, die in der Regel gegen Entgelt erbracht werden und ganz überwiegend in der Übertragung von Signalen bestehen. Damit unterfallen der Öffentlichkeit zugängliche Dienste und geschlossene Benutzergruppen dem Kreis der Unternehmen, die ein Antragsrecht für sich in Anspruch nehmen können. 101

Der neu eingefügte S. 3 hat allein die **klarstellende Bedeutung**, dass Verfahren nach § 42 TKG vor der BNetzA auch wegen der missbräuchlichen Ausnutzung einer marktbeherrschenden Stellung auf Endkundenmärkten eingeleitet werden können. Verfahrensrechtlich hat die Norm keine Bedeutung; sie befindet sich systematisch wohl auch an der falschen Stelle, da sie eher materiellrechtlich erläutert, dass ein Missbrauch auch auf Endkundenmärkten nach § 42 TKG geahndet werden kann. 102

Soweit Entscheidungen der BNetzA angefochten werden, gelten die Vorschriften der §§ 137 ff TKG. 103

2. Verfahren vor den Verwaltungsgerichten. In den verwaltungsgerichtlichen Verfahren wird häufig von Bedeutung sein, welcher **Zeitpunkt** maßgeblich für die Beurteilung der Rechtmäßigkeit des angefochtenen Verwaltungsaktes ist. Das Bundesverwaltungsgericht hatte zu § 33 TKG-1996 (BVerwGE 114, 160, 166) entschieden, dass maßgeblicher Zeitpunkt bei Verwaltungsakten ohne Dauerwirkung 104 die Sachlage im Zeitpunkt der letzten Verwaltungsentscheidung ist, während bei Verwaltungsakten mit Dauerwirkung auch spätere Veränderungen der Sachlage bis zum Schluss der mündlichen Verhandlung des Tatsachengerichts zu berücksichtigen sind (vgl auch *Kopp/Schenke*, VwGO, § 113 VwGO, Rn 43). Diese Rechtsprechung wird man auch auf § 42 TKG übertragen können, da Verwaltungsakte mit Dauerwirkung einen intensiveren Eingriff in die Rechte des betroffenen Unternehmens darstellen als dies bei punktuell wirkenden Einzelentscheidungen der Fall ist.

105 **3. Verfahren vor den Zivilgerichten.** § 42 TKG dient nicht nur als Ermächtigungsgrundlage für ein Tätigwerden der BNetzA. Auch können die Zivilgerichte aufgrund dieser Norm tätig werden. Dabei wird allerdings der kartellrechtliche Charakter der Norm zu berücksichtigen sein. Es sollte stets geprüft werden, ob das angerufene Gericht auch die **Kartellzuständigkeit** hat, denn es ist nicht einzusehen, dass eine Norm, die den §§ 19 und 20 GWB nachgebildet ist und parallel zu diesen Anwendung findet, von einem Gericht angewendet werden sollte, das keine kartellrechtliche Zuständigkeit hat. In diesem Zusammenhang ist zu beachten, dass gerade das LG Bonn keine Zuständigkeit in Kartellsachen hat; diese hat das Landgericht Köln.

106 Aus § 17 Abs. 2 S. 1 GVG ergibt sich allerdings, dass ein zulässigerweise angerufenes Gericht den Rechtsstreit unter **allen in Betracht kommenden rechtlichen Gesichtspunkten** zu entscheiden hat. Dies bedeutet in der Konsequenz, dass auch Gerichte, die für kartellrechtliche Fragen unzuständig sind, § 42 TKG anwenden können, wenn der Klageantrag auf einen Sachvortrag gestützt wird, der es möglich erscheinen lässt, dass entscheidungserheblich auch andere als kartellrechtliche Normen (zB Normen des UWG) sind. Nicht entscheidend ist dabei, dass ein Anspruch aus anderen Normen, als denen des Kartellrechts auch tatsächlich besteht. Dies ist allein eine Frage der Begründetheit. Auf diese Weise können also auch Zivilgerichte ohne kartellrechtliche Sonderzuständigkeit § 42 TKG zur Anwendung bringen, sie sind nach **§ 17 Abs. 2 S. 1 GVG** sogar dazu **verpflichtet** (vgl zur rechtswegüberschreitenden Sachkompetenz Musielak/*Wittschier*, § 17 GVG, Rn 6 ff).

§ 43 TKG Vorteilsabschöpfung durch die Bundesnetzagentur

(1) Hat ein Unternehmen gegen eine Verfügung der Bundesnetzagentur nach § 42 Abs. 4 oder vorsätzlich oder fahrlässig gegen eine Vorschrift dieses Gesetzes verstoßen und dadurch einen wirtschaftlichen Vorteil erlangt, soll die Bundesnetzagentur die Abschöpfung des wirtschaftlichen Vorteils anordnen und dem Unternehmen die Zahlung eines entsprechenden Geldbetrags auferlegen.

(2) [1]Absatz 1 gilt nicht, sofern der wirtschaftliche Vorteil durch Schadensersatzleistungen oder durch die Verhängung oder die Anordnung des Verfalls ausgeglichen ist. [2]Soweit das Unternehmen Leistungen nach Satz 1 erst nach der Vorteilsabschöpfung erbringt, ist der abgeführte Geldbetrag in Höhe der nachgewiesenen Zahlungen an das Unternehmen zurückzuerstatten.

(3) [1]Wäre die Durchführung einer Vorteilsabschöpfung eine unbillige Härte, soll die Anordnung auf einen angemessenen Geldbetrag beschränkt werden oder ganz unterbleiben. [2]Sie soll auch unterbleiben, wenn der wirtschaftliche Vorteil gering ist.

(4) [1]Die Höhe des wirtschaftlichen Vorteils kann geschätzt werden. [2]Der abzuführende Geldbetrag ist zahlenmäßig zu bestimmen.

(5) Die Vorteilsabschöpfung kann nur innerhalb einer Frist von fünf Jahren seit Beendigung der Zuwiderhandlung und längstens für einen Zeitraum von fünf Jahren angeordnet werden.

Schrifttum: *Bechtold*, Kartellgesetz: GWB, 6. Aufl. 2010; *Drathjer*, Die Abschöpfung rechtswidrig erlangter Vorteile im Ordnungswidrigkeitenrecht, 1997; *Enaux/König*, Missbrauchs- und Sanktionsnormen in der GWB-Novelle, dem TKG und dem Entwurf zum EnWG, N&R 2005, 2; *Immenga/Mestmäcker* (Hrsg.), Wettbewerbsrecht: GWB, 4. Aufl. 2007, (zitiert: Immenga/Mestmäcker/*Bearbeiter*); *Katzschmann*, Die Änderungen am neuen TKG durch den Vermittlungsausschuss, IR 2004, 176; *Langen/Bunte* (Hrsg.), Kommentar zum deutschen und europäischen Kartellrecht, 11. Aufl. 2011 (zitiert: Langen/Bunte/*Bearbeiter*); *Lutz*, Schwerpunkte der 7. GWB-Novelle, WuW 2005, 718; *Meurer*, Die Abschöpfung des wirtschaftlichen Vorteils durch eine Geldbuße, BB 1998, 1236; *Müller*, Die Stellung der juristischen Person im Ordnungswidrigkeitenrecht, 1985, S. 83 ff; *Pinski*, Abschöpfungsregelungen im Wettbewerbsrecht, 2006; *Senge* (Hrsg.), Karlsruher Kommentar zum Gesetz über Ordnungswidrigkeiten, 3. Aufl. 2006 (zitiert: KarlsruherKomm/*Bearbeiter*); *Veltins/Veltins*, Zulässigkeit und Grenzen der Mehrerlösabschöpfung nach § 37 b GWB, WRP 1981, 619.

A. Regelungszweck

Ziel des § 43 TKG ist es, die wirtschaftlichen Vorteile abzuschöpfen, die aufgrund eines Verstoßes gegen eine Verfügung der Bundesnetzagentur nach § 42 Abs. 4 TKG (sog. Missbrauchsverfügung) oder gegen das TKG als solches entstehen. Die verletzte Wirtschaftsordnung soll insofern wiederhergestellt werden. Dabei erfüllt die Regelung nicht nur eine **ausgleichende**, sondern auch eine **präventive Funktion.** Es sollte sichergestellt werden, dass ein Unternehmen keinen wirtschaftlichen Vorteil aus einem Handeln zieht, welches einer Verfügung der Bundesnetzagentur oder des TKG zuwider läuft. Dabei kann nicht von einer repressiven Regelung gesprochen werden, da es am entsprechenden Strafcharakter fehlt (Manssen/*Schneider*, § 43 TKG, Rn 6; aA BerlKommTKG/*Gersdorf*, § 43 TKG, Rn 1). Die Norm soll auch eine abschreckende Wirkung in Bezug auf missbräuchliches Verhalten haben (*Riebel*, Plenarprotokoll des Bundesrats 799 zur Sitzung vom 14. Mai 2004, S. 231). 107

Der Abschöpfung des wirtschaftlichen Vorteils nach § 43 TKG kommt in der Praxis nur eine untergeordnete Bedeutung zu. Bisher wurde seitens der Bundesnetzagentur die Abschöpfung noch nicht angewendet. Es handelt sich um ein **subsidiäres Instrument**, welches hinter Schadensersatzansprüchen, der Geltendmachung von Bußgeld und dem Verfall zurücktritt. Der wirtschaftliche Vorteil kann bereits im Rahmen des Ordnungswidrigkeitenverfahrens nach § 149 Abs. 2 TKG abgeschöpft werden. Findet die Schadensersatzleistung oder die Verhängung oder Anordnung des Verfalls erst nach der Vorteilsabschöpfung statt, so ist der abgeführte Geldbetrag von der Bundesnetzagentur an das Unternehmen zurückzuerstatten. Nach Abs. 3 darf eine Vorteilsabschöpfung nicht zu einer unbilligen Härte führen (S. 1) und soll auch unterbleiben, wenn der wirtschaftliche Vorteil gering ist (S. 2). 108

Insbesondere der 1. Alternative – dem Verstoß gegen eine Missbrauchsverfügung – wird nur eine **geringe praktische Relevanz** zuzusprechen sein, da Unternehmen regelmäßig nicht gegen die gegen sie erlassenen Missbrauchsverfügungen verstoßen (BerlKommTKG/*Gersdorf*, § 43 TKG, Rn 14.; Manssen/*Schneider*, § 43 TKG, Rn 6). Hinsichtlich der zweiten Alternative – Verstoß gegen das TKG – sind Nachweisprobleme zu befürchten (Manssen/*Schneider*, § 43 TKG, Rn 6). Nicht unberücksichtigt bleiben sollte jedoch, dass der Regelung zwar keine praktische Bedeutung als Sanktionsinstrument zugemessen wird, ihr aber eine Abschreckungswirkung zukommt. Im Hinblick auf die Verfassungsmäßigkeit der Regelung werden von *Schneider* Bedenken geäußert (Manssen/*Schneider*, § 43 TKG, Rn 18, 20, vgl *Pinski*, S. 63 mwN). 109

B. Gesetzeshistorie

Mit der TKG-Novelle im Jahr 2004 wurde § 43 in das TKG integriert (BGBl. 2004 I, 1190 ff. (1206)). Zunächst sollte sich die Vorschrift **am damaligen § 34 GWB orientieren** und den Mehrerlös abschöpfen (BT-Drucks. 15/2316, S. 20 u. 72). Diese Regelung sollte ihrerseits ursprünglich eine Sanktionslücke schließen (*Veltins/Veltins*, WRP 1981, 619). Der Bundesrat setzte sich in der Diskussion zur Abschöpfung im TKG dann für eine verpflichtende Regelung ein, da die Mehrlösabschöpfung ansonsten unwirksam sei und diese nicht rückwirkend erfolge (BT-Drucks. 15/2316, 116). Außerdem merkte der Bundesrat an, dass das GWB als Vorbild nicht geeignet sei, da es sich bei der TKG-Missbrauchsaufsicht ja gerade um einen nicht funktionierenden Markt handele (BT-Drucks. 15/2316, S. 116). In ihrer Stellungnahme antwortete die Bundesregierung, dass sie dem Vorschlag nicht zustimme und lediglich im Hinblick auf die laufende GWB-Novelle prüfen werde, inwieweit ein Anpassungsbedarf bestehe (BT-Drucks. 15/2345, S. 5). Daraufhin wurde vom Bundesrat der Vermittlungsausschuss angerufen, in dem dann die endgültige Fassung gefunden wurde (BT-Drucks. 15/23907, S. 1 f; BT-Drucks. 15/3063, S. 3). Dies hatte zur Folge, dass die Vorschrift der **Novellierung im GWB angepasst** und die „Kann-“ in eine **„Soll“-Vorschrift** geändert wurde (*Miller*, Plenarprotokoll des Bundesrats 799 zur Sitzung vom 14. Mai 2004, S. 181; vgl auch *Katzschmann*, IR 2004, 176 (177)). Durch das Gesetz zur Änderung telekommunikationsrechtlicher Vorschriften vom 18. Februar 2007 ist es zu keiner inhaltlichen Änderung gekommen (vgl BGBl. 2007, 106 ff). Lediglich in § 43 Abs. 1 TKG wurde das Wort Regulierungsbehörde durch das Wort Bundesnetzagentur ersetzt (BGBl. 2007, 106 (116)). Eine mit § 43 TKG vergleichbare Regelung findet sich auch in § 33 EnWG und § 10 UWG. In der Literatur wird vermutet, 110 dass die Zunahme von Abschöpfungsregelungen sich auch mit den leeren Staatskassen begründen lässt (*Pinski*, S. 19 f).

C. Vergleich mit § 34 GWB

111 Die Regelung des § 43 TKG knüpft an § 34 GWB an, wenn auch Unterschiede zwischen den beiden Vorschriften bestehen (vgl zur Vorteilsabschöpfung nach GWB, TKG und ENWG *Enaux/König*, N&R 2005, 2 (7 f)). Beide Regelungen sind ein Instrument zur Abschöpfung eines rechtswidrig erlangten wirtschaftlichen Vorteils, jedoch ist die **Regelung des TKG** an einigen Stellen **weitreichender** als die des GWB, wenn auch der **Anwendungsbereich** als solcher **schmaler** ist.

112 Die beiden Regelungen haben **unterschiedliche Anwendungsbereiche**. Die Vermögensabschöpfung nach § 43 TKG kann nur dann erfolgen, wenn gegen das TKG oder eine Verfügung der Bundesnetzagentur nach § 42 Abs. 4 TKG verstoßen worden ist. Weiter ist § 34 GWB, welcher eine Vermögensabschöpfung nicht nur bei Verstößen gegen das GWB oder jeglichen Verfügungen der Kartellbehörde vorsieht, sondern auch bei Verstößen gegen Artikel 101 oder 102 des Vertrags über die Arbeitsweise der Europäischen Union (BerlKommTKG/*Gersdorf*, § 43 TKG, Rn 8; *Lutz*, WuW 2005, 718 (719)). Anders als bei § 34 GWB steht der Bundesnetzagentur in § 43 TKG lediglich ein **intendiertes Ermessen** zu (*Katzschmann*, IR 2004, 176 (177)). Es handelt sich um eine „Soll-" und nicht um eine „Kann"-Vorschrift. Die Entscheidung der Bundesnetzagentur ist demnach bei Vorliegen der Voraussetzungen des Tatbestands vorgegeben (intendiertes Ermessen), und nur in besonderen Ausnahmekonstellationen darf von der Anordnung der Vorteilsabschöpfung abgesehen werden (*Katzschmann*, IR 2004, S. 176 (177)). In § 34 GWB wird ein Verschulden (Vorsatz oder Fahrlässigkeit) vorausgesetzt, welches § 43 TKG nur für Verstöße gegen das TKG vorsieht (vgl zum Verschulden im GWB *Veltins/Veltins*, WRP 1981, S. 619 (621)). Für Verstöße gegen Verfügungen der Regulierungsbehörde nach § 42 Abs. 4 TKG ist ein solches Verschulden nicht erforderlich.

D. Materielle Voraussetzungen

I. Verstoß gegen Missbrauchsverfügung (§§ 43 Abs. 1. 1. Alt.; 42 Abs. 4 1. Alt TKG)

113 Nach § 42 Abs. 4 TKG kann die Bundesnetzagentur eine Entscheidung treffen, um eine missbräuchliche Ausnutzung einer marktbeherrschenden Stellung zu beenden. Ein **Verstoß** gegen eine solche Missbrauchsverfügung kann dabei sowohl in dem **Unterlassen** eines auferlegten oder dem **Weiterbetreiben** eines untersagten Verhaltens oder dem Festhalten an einem für unwirksam erklärten Vertrag liegen. Es stellt sich die Frage nach dem Zeitpunkt, ab dem gegen eine Missbrauchsverfügung nach § 42 Abs. 1 1. Alt. TKG verstoßen werden kann. Dies ist der Fall, wenn diese vollziehbar ist. Dabei ist zu berücksichtigen, dass nach § 137 Abs. 1 TKG der Widerspruch und die Klage gegen Entscheidungen der Bundesnetzagentur **keine aufschiebende Wirkung** haben. Unter der Vollziehbarkeit wird die (vorläufige) Berechtigung oder Verpflichtung zu allen Folgerungen tatsächlicher oder rechtlicher Art, die Behörden Gerichte oder Bürger aus dem Bestand eines Verwaltungsakts ziehen können, verstanden (*Kopp/Schenke*, 14. Aufl. 2005, § 80 VwGO, Rn 23 mwN). Mit § 137 Abs. 1 TKG hat der Gesetzgeber zum Ausdruck gebracht, dass bei Entscheidungen der Bundesnetzagentur ein grundsätzliches Interesse an der sofortigen Vollziehung von Verwaltungsakten besteht (BerlKommTKG/*Gurlit*, § 137 TKG, Rn 10). Insofern tritt die Vollziehbarkeit hinsichtlich der Missbrauchsverfügung bereits mit der Bekanntgabe ein (Manssen/*Schneider*, § 43 TKG, Rn 14; aA wohl Beck`scher TKG-Kommentar/*Holthoff-Frank*, § 43 TKG, Rn 12, der einerseits die Unanfechtbarkeit fordert und andererseits auch für vorstellbar hält, dass die Missbrauchsverfügung nicht unanfechtbar sein muss). Demgegenüber sieht das GWB in § 64 die aufschiebende Wirkung zwar als Ausnahme vor, diese aufschiebende Wirkung ist aber gleichzeitig für bestimmte Sachverhalte vorgesehen. Im GWB aF stand noch im Gesetz, dass die Verfügung zunächst unanfechtbar geworden sein muss (vgl auch *Emmerich*, in: Immenga/Mestmäcker, 3. Aufl. 2001, § 34 GWB, Rn 8). § 34 GWB setzt weiterhin eine bestandskräftige Verfügung des Bundeskartellamts oder eine unanfechtbare Entscheidung des Gerichts voraus (Langen/Bunte/*Bornkamm*, § 34 GWB, Rn 5). In der Praxis wird diese Frage jedoch von untergeordneter Bedeutung sein, da bei komplexen und zeitaufwendigen Verhaltensweise in der Missbrauchsverfügung ein Umstellungszeitraum gewährt werden wird und die Vorteilsabschöpfung de facto erst nach der Unanfechtbarkeit erfolgt (Manssen/*Schneider*, § 43 TKG, Rn 14 mwN). Erforderlich ist weiter, dass dem Adres-

saten der Missbrauchsverfügung ein **wirtschaftlicher Vorteil** entstanden ist, wobei hier Kausalität zwischen Missbrauchsverfügung und erlangtem wirtschaftlichen Vorteil erforderlich ist.

II. Verstoß gegen das TKG (§ 42 Abs. 1 2. Alt. TKG)

Die zweite Alternative des § 43 Abs. 1 TKG ist mit dem Verstoß gegen Vorschriften des TKG verwirklicht. Ein solcher Verstoß muss **vorsätzlich** oder **fahrlässig** (**§ 276 Abs. 2 BGB**) erfolgen, wobei das jeweilige Unternehmen weder über eine beträchtliche Marktmacht (§ 11 Abs. 1 S. 3 TKG) verfügen muss noch eine vorherige Regulierungs- oder Missbrauchsverfügung Voraussetzung ist (BerlKommTKG/*Gersdorf*, § 43 TKG, Rn 17, 19; Beck`scher TKG-Kommentar/*Holthoff-Frank*, § 43 TKG, Rn 16, *Pinski*, S. 61). Die Stellung im 5. Abschnitt des TKG ist insofern unglücklich (*Pinski*, S. 61). Aus der ersten Alternative des § 43 Abs. 1 TKG (Verstoß gegen Missbrauchsverfügung) ergibt sich, dass Verstöße gegen § 42 Abs. 1 bis 3 TKG nicht Verstöße gegen Vorschriften des TKG im Sinne der zweiten Alternative sind (BerlKomm/*Gersdorf*, § 43 TKG, Rn 16). § 43 Abs. 1 1. Alt. TKG ist als abschließende Abschöpfungsregelung für den Bereich der allgemeinen Missbrauchsaufsicht anzusehen, da ansonsten eine Vorverlagerung stattfinden würde, die der Gesetzgeber mit der Schaffung der zwei Tatbestandsalternativen nicht gewollt haben kann und es letztendlich zu einer rückwirkenden Vorteilsabschöpfung im Bereich der allgemeinen Missbrauchskontrolle kommen würde (BerlKomm/*Gersdorf*, § 43 TKG, Rn 16). Auch hier bedarf es der **Zurechenbarkeit von Verstoß und wirtschaftlichem Vorteil.** So kann beispielsweise der erzielte wirtschaftliche Vorteil aus einer missbräuchlichen Entgeltgestaltung abgeschöpft werden (*Enaux/König*, N&R 2005, 2 (7)). Im Gegensatz zum Verstoß gegen die Missbrauchsverfügung als der ersten Variante handelt es sich hier um eine auf den Verstoß gegen das TKG zurückreichende Abschöpfungsmöglichkeit. 114

III. Wirtschaftlicher Vorteil

1. Bestimmung des wirtschaftlichen Vorteils. Der Begriff des wirtschaftlichen Vorteils ist weit auszulegen (Manssen/*Schneider*, § 43 TKG, Rn 18). Nach der Gesetzbegründung zu § 34 GWB sind zur Definition des wirtschaftlichen Vorteils die in **§ 17 Abs. 4 OWiG entwickelten Rechtsgrundsätze entsprechend** heranzuziehen (BR-Drucks., 441/04, S. 95). Demnach ist nicht nur ein in Geld bestehender Gewinn zu berücksichtigen, sondern auch ein sonstiger wirtschaftlicher Vorteil, wie beispielsweise die Verbesserung der Marktposition (BR-Drucks., 441/04, S. 95). Zu berechnen ist der wirtschaftliche Vorteil im Vergleich zu der vermögensrechtlichen Gesamtsituation des Betroffenen, wie er sich durch die Zuwiderhandlung ergeben hat und ohne diesen für ihn eingetreten wäre (Saldierungsgrundsatz) (BR-Drucks., 441/04, S. 95). Nach § 43 Abs. 4 S. 1 TKG kann die Höhe des wirtschaftlichen Vorteils geschätzt werden. Damit soll verhindert werden, dass die Schätzung alleine dadurch unterbleibt, weil die Bundesnetzagentur nicht in der Lage ist, den vollen Beweis für den Umfang des Vorteils zu erbringen (Manssen/*Schneider*, § 43 TKG, Rn 35). Dies entspricht der Vorgehensweise im Ordnungswidrigkeitenrecht, dass der **wirtschaftliche Vorteil** soweit wie möglich **zu berechnen** und **notfalls zu schätzen** ist (OLG Karlsruhe NJW 1975, 793; OLG Hamburg GA 1968, 125). Dabei ist der abzuführende Geldbetrag nach S. 2 zahlenmäßig zu bestimmen. Ein wirtschaftlicher Vorteil ist auch in dem Erlangen einer verbesserten Marktposition oder von Gebrauchsvorteilen, die auf sichere künftige Gewinne schließen lassen, zu sehen (vgl BayOLG NJW 1998, 2461 (2462); OLG Hamburg NJW 1971, 1000 (1002)). Dabei sind wie bei jeder echten Saldierung nicht nur das Plus (Entgelte, Einnahmen, Gewinne), sondern auch die zur Erlangung dieses Plus vom Betroffenen getätigten Aufwendungen zu berücksichtigen („Nettoprinzip") (KarlsruherKomm/*Mitsch*, § 17 OWiG, Rn 118 mwN; Langen/Bunte/*Raum*, § 81 GWB, Rn 171). Ebenso ist ein nachträglicher Wegfall des zunächst angefallenen wirtschaftlichen Vorteils anzurechnen (BGH wistra 1991, 268; BayOLG wistra 1998, 32 (33); BayOLG MDR 1995, 1058). Eine gesamtschuldnerische Haftung mehrerer Beteiligter kommt nicht in Betracht (*Drathjer*, S. 117). Nicht gleichgesetzt werden können die Begriffe der Abschöpfung des Mehrerlöses und die des wirtschaftlichen Vorteils (*Erlinghagen/Zippel*, DB 1974, 953 ff; Langen/Bunte/*Raum*, § 81 GWB, Rn 171). 115

2. Zeitpunkt der Abschöpfung. Für den **Zeitpunkt zur Bewertung** des wirtschaftlichen Vorteils kommt es auf den Zeitpunkt der Entscheidung über die Abschöpfung an. Vorteile, die nur vorübergehend gezogen und vor der Entscheidung weggefallen sind, sind dabei nicht mit einzubeziehen (*Müller*, S. 83 ff). Für den Verstoß gegen eine Missbrauchsverfügung (§ 43 Abs. 1 1. Alt TKG) gilt, dass der wirtschaftliche Vorteil erst ab Vollziehbarkeit möglich ist, wobei die sofortige Vollziehung nach § 137 Abs. 1 TKG angeordnet wird. Der Gesetzentwurf der Bundesregierung sah die Abschöpfung nach 116

Zustellung vor, wobei der Bundesrat in seiner Stellungnahme eine rückwirkende Vorteilsabschöpfung forderte (BR-Drucks. 200/04, S. 18; BT-Drucks. 15/2316, S. 116). Aus der fehlenden Vereinbarung kann jedoch nicht die Zulässigkeit der Abschöpfung vor dem Ergehen der Missbrauchsverfügung geschlossen werden, insbesondere da es einer Kausalität zwischen Verstoß und wirtschaftlichem Vorteil bedarf (BerlKommTKG/*Gersdorf*, § 43 TKG, Rn 15; Manssen/*Schneider*, § 43 TKG, Rn 17; *Enaux/König*, N&R 2005, 2 (8)).

IV. Zeitliche Begrenzung

117 Nach § 43 Abs. 5 kann die Vorteilsabschöpfung nur innerhalb einer **Frist** von **fünf Jahren** seit Beendigung der Zuwiderhandlung (verfahrensrechtliche Begrenzung) und längstens für einen **Zeitraum** von **fünf Jahren** angeordnet werden (materiellrechtliche Begrenzung) (vgl auch *Bechtold*, § 34 GWB, Rn 8). Ermittlungen der Bundesnetzagentur führen nicht zu einer Verlängerung des Zeitraums (*Bechtold*, § 34 GWB, Rn 8).

E. Einschränkung der Vorteilsabschöpfung (Subsidiarität)

118 Die Vorteilsabschöpfung ist durch die **Subsidiarität** zu Schadensersatz, Verfall und Bußgeld eingeschränkt. Weiter darf die Abschöpfung **keine unbillige Härte** darstellen oder nur einen geringen wirtschaftlichen Vorteil erbringen.

I. Vorrang des Schadensersatzes und Verfalls (§ 43 Abs. 2 TKG)

119 Nach § 43 Abs. 2 TKG findet keine Vorteilsabschöpfung statt, wenn der wirtschaftliche Vorteil durch Schadensersatzleistungen oder durch die Verhängung oder die Anordnung des Verfalls ausgeglichen ist. Ziel dieser Subsidiaritätsreglung ist es, eine **Doppelbelastung** des betroffenen Unternehmens **zu verhindern** (BerlKommTKG/*Gersdorf*, § 43 TKG, Rn 29; Loewenheim/Meessen/Riesenkampff/*Rehbinder*, § 34 GWB, Rn 8). Schadensersatzleistungen können dabei solche nach § 44 Abs. 1 TKG sein, wobei jede schadensersatzrechtliche Anspruchsgrundlage, die für den begangen Verstoß Ausgleich gewähren will, herangezogen werden kann (Manssen/*Schneider*, § 43 TKG, Rn 30). Zu berücksichtigen ist, dass der Wortlaut nur Schadensersatzleistungen und nicht sonstige Leistungen erfasst, was sich aus einem Wortlautvergleich mit § 10 Abs. 2 S. 1 UWG ergibt (Manssen/*Schneider*, § 43 TKG, Rn 30). Nach der Gesetzesbegründung zum GWB kommt eine Verfallsanordnung im Wesentlichen nur unter den Voraussetzungen des § 29a OWiG in Betracht, ausnahmsweise jedoch auch nach §§ 73 Abs. 3, 73a StGB, wenn zugleich eine Straftat verübt wurde und § 73 Abs. 1 Satz 2 StGB nicht greift (BR-Drucks. 441/04, S. 96).

120 Von der Regelung des § 43 Abs. 2 TKG umfasst sind die Bußgeldvorschriften des § 149 TKG, wobei die Bußgeldvorschrift in der Höhe über den erwirtschafteten Vorteil hinausgehen sollen. Es besteht insofern **keine Parallelgeltung von Bußgeld und Vermögensabschöpfung**, vielmehr verdrängt die Bußgeldvorschrift die Vermögensabschöpfung (BerlKommTKG/*Gersdorf*, § 43 TKG, Rn 30; Beck`scher TKG-Kommentar/*Holthoff-Frank*, § 43 TKG, Rn 12; *Pinski*, S. 28 ff) Anderer Auffassung sind *Enaux/König*, die allerdings eine unbillige Härte in der doppelten Inanspruchnahme sehen (*Enaux/König*, N&R 2005, 2 (8)). Etwas anders gilt nur dann, wenn die Geldbuße nur auf die Ahndung des Verstoßes abstellt (*Lutz*, WuW 2005, 718, 729). Dieses Zurücktreten der Vermögensabschöpfung lässt sich sowohl mit der Entstehungsgeschichte als auch mit dem Verweis auf der Anlehnung an die § 34 GWB und den dortigen Verweis auf das Recht der Ordnungswidrigkeiten begründen. Bedingt dadurch, dass eine Vorteilsabschöpfung in dem Gesetzesentwurf der Bundesregierung noch enthalten war, das Wegfallen erst im Vermittlungsausschluss erfolgte und erkennbar nicht dem Willen des Gesetzgebers entspricht, wird auf ein Redaktionsversehen geschlossen werden müssen (vgl BT-Drucks. 15/2316, S. 20; BT-Drucks. 15/2063; dazu ausführlich BerKommTKG/*Gersdorf*, § 43 TKG, Rn 29). Weiter wird § 17 Abs. 4 OWIG dahin gehend auszulegen sein, dass der wirtschaftliche Vorteil dem Täter (hier: Unternehmen) bereits mit der Geldbuße entzogen worden ist (Beck`scher TKG-Kommentar/*Holthoff-Frank*, § 43 TKG, Rn 23; Loewenheim/Meessen/Riesenkampff/*Rehbinder*, § 34 GWB, Rn 10; Immenga/Mestmäcker/*Emmerich*, § 34 GWB, Rn 18; *Meurer*, BB 1998, 1236, 1237).

121 Nach § 43 Abs. 2 S. 2 ist ein im Rahmen der Vermögensabschöpfung abgeführter Geldbetrag dann dem Unternehmen zu erstatten, wenn das Unternehmen Leistungen nach S. 1 (Schadensersatz, Verfall und Geldbuße) erst nach der Vorteilsabschöpfung erbringt. Auf die **zeitliche Reihenfolge** kommt es

insofern nicht an (*Lautz*, WuW 2005, 718, 729). Damit soll eine **nachträgliche Doppelbelastung**, die durch ein früheres Tätigwerden der Bundesnetzagentur erfolgen könnte, vermieden werden. Nach dem Gesetzeswortlaut sind die nachgewiesenen Zahlungen zurückzuerstatten, was eine Verzinsung ausschließt (Beck`scher TKG-Kommentar/*Holthoff-Frank*, § 43 TKG, Rn 21).

II. Keine unbillige Härte oder wirtschaftlich geringer Vorteil (§ 43 Abs. 3 TKG)

Unterbleiben, bzw auf einen angemessenen Geldbetrag beschränkt werden, soll die Vermögensabschöpfung nach Abs. 3 TKG dann, wenn sie eine **unbillige Härte** darstellt (S. 1). An das Vorhandensein einer unbilligen Härte sind hohe Anforderungen zu stellen (*Pinski*, S. 37). Nach der Gesetzesbegründung zum GWB liegt eine unbillige Härte insbesondere dann vor, wenn die **Existenz** des betroffenen Unternehmens durch die Abschöpfung **gefährdet** würde (BT-Drucks. 8/2136, S. 26). Die Vorteilsabschöpfung muss den Betroffenen so empfindlich treffen, dass der Grundsatz von Billigkeit und das Übermaßverbot verletzt wären (Manssen/*Schneider*, § 43 TKG, Rn 33). Weiter soll ein Härtefall dann anzunehmen sein, wenn dem Unternehmen aus seiner Rechtsauffassung von der Rechtswidrigkeit der Missbrauchsverfügung des Kartellamts (Bundesnetzagentur) trotz umstrittener Gerichtsentscheidung und Literaturauffassung ein Schuldvorwurf gemacht wird (*Veltins/Veltins*, WRP 1981, 619, 622). Auch wenn der **wirtschaftliche Vorteil gering** ist, soll die Durchführung einer Vorteilsabschöpfung unterbleiben. Ob ein geringer wirtschaftlicher Vorteil vorliegt, bestimmt sich dabei nach dem für den Fall entstehenden Verwaltungsaufwand der Kartellbehörden (bei § 43 TKG Bundesnetzagentur), die mit der Regelung gerade von Bagatellfällen entlastet werden sollen (Langen/Bunte/*Bornkamm*, § 34 GWB, Rn 16). Es handelt sich hierbei um eine **vorrangige Effizienzregelung** (Manssen/*Schneider*, § 43 TKG, Rn 34). Der wirtschaftliche Vorteil ist dann als gering anzusehen, wenn die voraussichtlichen Kosten zur Feststellung des Betrags des wirtschaftlichen Vorteils den vermutlich angefallenen wirtschaftlichen Vorteil erreichen oder übersteigen würden (*Veltins/Veltins*, WRP 1981, 619, 622). 122

F. Rechtsfolge

Die Anordnung der Abschöpfung des wirtschaftlichen Vorteils ist ein **verwaltungsrechtlicher Anspruch** sui generis (Manssen/*Schneider*, § 43 TKG, Rn 6). Nach § 132 Abs. 1 S. 2 TKG ergehen die Verfügungen als Verwaltungsakt. Seitens der Bundesnetzagentur ist zu berücksichtigen, dass es sich um eine Soll-Vorschrift handelt und insofern nur ein intendiertes Ermessen besteht, wenn die materiellen Voraussetzungen vorliegen. Ein Abweichen ist nur beim Vorliegen besonderer, atypischer Konstellationen zulässig. Der abzuschöpfende Geldbetrag ist nach § 43 Abs. 4 S. 2 TKG zahlenmäßig zu bestimmen. Dies ergibt sich auch bereits aus dem Bestimmtheitsgebot des § 37 Abs. 1 VwVfG. Aus § 137 Abs. 2 TKG ergibt sich weiter, dass ein Vorverfahren gegen die Entscheidungen nicht durchzuführen ist. 123

12. Abschnitt: Kundenschutz (§§ 43a ff TKG)

Schrifttum: *Arndt*, Versteigerung der UMTS-Lizenzen – ein Plädoyer für die verfassungsrechtliche Unzulässigkeit, K&R 2001, 23; *Arndt/Fetzer/Scherer*, Telekommunikationsgesetz, Kommentar, Berlin 2008; *Bahr*, Glücks- und Gewinnspielrecht, 2. Aufl., Berlin 2007; Beck´scher Kommentar zum Rundfunkrecht, hrsg. von *Hahn/Vesting*, 2. Aufl., München 2008; Beck´scher TKG-Kommentar, hrsg. von *Geppert/Piepenbrock/Schütz/Schuster*, 3. Aufl., München 2006; *Beese/Naumann*, Versteigerungserlöse auf dem TK-Sektor und deren Verwendung – Wettbewerb zwischen Regulierung und Gewinnerzielung, MMR 2000, 145; *Berger*, Verantwortlichkeit von TK-Unternehmen für wettbewerbswidrig genutzte Rufnummern, MMR 2003, 642; *Bornhofen*, 20 Jahre Kundenschutz im TK-Recht – Da war doch was?, CR 2005, 736; *Bosse/Richter/Schreier*, Abrechnung mit IP-Adressen, CR 2007, 79; *Brodkorb/Ohlenburg*, Wider den Missbrauch – Das neue Mehrwertdienstegesetz und dessen Ausführung durch die Regulierungsbehörde, CR 2003, 727; *Degenhardt*, Versteigerung der UMTS-Lizenzen: Telekommunikationsrecht und Telekommunikationsverfassungsrecht, K&R 2001, 32; *Ditscheid*, Der neue Telekommunikationskundenschutz, MMR 2007, 210; *Ditscheid*, Gesamtgläubigerschaft des Teilnehmernetzbetreibers und des Dienstleisters für die Vergütung von Telefonmehrwertdiensten, Anmerkung zu BGH III ZR 58/06 Urteil vom 16.11.2006, MMR 2007, 181; *Ditscheid*, Unterschiedliche Abrechnungssysteme in Zusammenschaltungsverhältnissen im Wandel?, CR 2006, 316; *Ditscheid*, Anmerkung zur Tarifansagepflicht bei der Weitervermittlung, Anmerkung zu OLG Frankfurt Beschluss vom 24.6.2004, MMR 2004, 615; *Ditscheid*, Forderungseinzugsberechtigung des Verbindungsnetzbetreibers für Mehrwertdienste, Anm. zu BGH III ZR3/05 vom 28.7.2005, MMR 2005, 599; *Ditscheid/Rudloff*, Das Gesetz zur Bekämpfung des Missbrauchs von 0190er-/0900er-Mehrwertdiensterufnummern – sinnvolle Lösungen im Spannungsfeld zwischen Verbraucherschutz und Wirtschaft?, TKMR 2003, 406; *Ditscheid/Rudloff*, Das Verhältnis von § 305 a Nr. 2 lit. b BGB zu den Informationspflichten im Fernabsatz- und E-Commerce-Recht, K&R 2005, 258; *Ditscheid/Ufer*, Die Novellierung des TKG 2009 – ein erster Überblick, MMR 2009, 367; *Ehlers*, Bestandskraft von vor Vergabe der UMTS-Lizenzen erlassenen verfahrensleitenden Verfügungen der RegTP, K&R 2001, 1; *Elbel*, Die datenschutzrechtlichen Vorschriften für Diensteanbieter im neuen Telekommunikationsgesetz auf dem Prüfstand des europäischen und deutschen Rechts, Berlin 2005; *Erfurth/Ellbogen*, Ping- oder Lockanrufe auf Mobiltelefone, CR 2008, 353; *Gernhuber*, Handbuch des Schuldrechts: Das Schuldverhältnis, Tübingen 1989; *Grabe*, Das Dialer-Problem und was zu klären übrig blieb, CR 2004, 262; *Gramlich*, Rechtsfragen der Numerierung nach § 43 TKG, ArchPT 1998, 5; *Grzeszick*, Lizenzvergabe nach dem Telekommunikationsgesetz, ZUM 1997, 911; *Grzeszick*, Versteigerung knapper Telekommunikationslizenzen, DVBl. 1997, 878; *Härting*, Recht der Mehrwertdienste, Köln 2004; *Hartstein/Ring/Kreile/Dörr/Stettner*, Rundfunkstaatsvertrag, Kommentar, 49. Aufl., München 2010; *Haug*, Grundwissen Internetrecht, Stuttgart 2005; *Hecker*, Neue Regeln gegen unerlaubte Telefonwerbung, K&R 2009, 601; *Hefermehl/Köhler/Bornkamm*, Wettbewerbsrecht, 26. Aufl., München 2008; *Heine/Neun*, Konkurrentenklagen im Telekommunikationsrecht – Die gerichtliche Kontrolle von Entscheidungen der RegTP, MMR 2001, 352; *Heßler*, Der Verbraucherschutz im Telekommunikationsrecht, Frankfurt 2003; *Heun*, Handbuch Telekommunikationsrecht, Köln 2002; *Hiltl/Großmann*, Grundfragen des neuen deutschen Telekommunikatiosrechts, BB 1996, 169; *Hoeren*, Die Pflicht zur Preisangabe für Leistungen eines telefonischen Auskunftsdienstes, MMR 2003, 784; *Holznagel*, Die TKG-Novelle 2010, K&R 2010, 761; *Holznagel*, Domainnamen- und IP-Nummern-Vergabe – eine Aufgabe der Regulierungsbehörde?, MMR 2003, 219; *Holznagel*, Konvergenz der Medien – Herausforderung an das Recht, NJW 2002, 2351; *Holznagel/Enaux/Nienhaus*, Telekommunikationsrecht, 2. Aufl. 2006; Kessel, Die neuen Kundenschutzbestimmungen im TKG – Folgen für die Klauselgestaltung, K&R 2007, 506; *Keuter/Nett/Stumpf*, Regeln für das Verfahren zur Versteigerung von ERMES-Lizenzen/Frequenzen, WIK-Diskussionsbeitrag Nr. 165, Bad Honnef 1996; *Klaes*, Aktuelle Entwicklung des TK-Kundenschutzes in Deutschland und in der EU, MMR 2006, 641; *Klaes*, Die neuen Regelungen zum Kundenschutz im TKG-Änderungsgesetz, CR 2007, 220; *Klaes*, Verbraucherschutzregelungen in der Telekommunikation im europäischen Vergleich, MMR 2007, 21; *Klaes*, Verbraucherschutz im Next Generation Network, MMR 2008, 90; *Klees*, Der Erwerb von Handyklingeltönen durch Minderjährige, CR 2005, 626; *Klees/Hübner*, Erneuter Anlauf für mehr Verbraucherschutz bei Mehrwertdiensten, CR 2005, 262; *Köhler*, Der Mobilfunkvertrag, Baden-Baden 2005;

Kopp/Schenke, VwGO, 16. Aufl., München 2009; *Krüger/Büttner*, Nebenentgelte in Mobilfunkverträgen – Überprüfbarkeit und Rechtmäßigkeit, K&R 2005, 241; *Kruhl*, Die Versteigerung knapper Frequenzen, Baden-Baden 2002; *Kühling*, Sektorspezifische Regulierung in den Netzwirtschaften, München 2004; *Landmann/Rohmer*, Gewerbeordnung, 57. Aufl., München 2010; *Larenz*, Lehrbuch des Schuldrechts, Band I, 14. Aufl., München 1987; *Leible/Wildemann*, Kommentar, K&R 2004, 288; *Liebschwager*, Gerichtliche Kontrolle administrativer Entscheidungen im Telekommunikationsrecht, Berlin 2005; *Löwer*, Fernmeldekompetenz und Funkwellenzuteilung im Bundesstaat, Erlangen 1989; *Mankowski*, Wegfall der Vergütungspflicht – Die begrenzte Reichweite des § 45i Abs. 4 TKG, MMR 2009, 808; *Mankowski*, Die Beweislastverteilung in 0190er-Prozessen – Wider einen Anscheinsbeweis für die Richtigkeit einer Telefonrechnung im Hinblick auf Mehrwertdienste, CR 2004, 185; *Mankowski*, Nebenpflicht des Mehrwertdienst-Betreibers zur Zwangstrennung der Verbindung, CR 2003, 264; *Mannes*, Anforderungen an die technische Prüfung gemäß § 16 TKV, MMR 2006, 657; *Manssen/Nießen*, Telekommunikations- und Multimediarecht, Loseblattsammlung, 13. Ergänzungslieferung, Berlin 2005; *Mayer/Möller*, Bekämpfung von Spam mit den Mitteln des Telekommunikationsrechts durch die RegTP, K&R 2005, 251; *Mayer/Möller*, Erweiterter Verbraucherschutz in der Telekommunikation, MMR 2007, 559; *Meyer*, Über den (Un-)Sinn einer Zwangstrennung bei Mehrwertdiensteverbindungen – Ein Überblickt über die Rechtslage und Rechtsprechung, K&R 2004, 563; *Müller-Terpitz*, Verwaltungsrechtliche Aspekte des Vergabeverfahrens nach § 11 TKG, K&R 2002, 75; *Nacimiento/Bornhofen*, Neuordnung des Kundenschutzes im Entwurf der TKV vom 30.4.2003, K&R 2003, 440; *Piepenbrock/Müller*, Fakturierung, Forderungseinzug und Inkasso bei TK-Dienstleistungen, MMR-Beilage 4/2000, 1; *Pohle/Dorschel*, Entgeltnachweis und technische Prüfung, CR 2007, 153; *Riehmer*, Compliance-Pflichten für TK-Unternehmen, CR 1998, 270; *Rösler*, Die Bekämpfung des Missbrauchs von Mehrwertdiensterufnummern, NJW 2003, 2633; *Rösler*, Zur Zahlungspflicht für heimliche Dialereinwahlen, NJW 2004, 2566; *Rösler/Zagouras*, Neue verbraucherschützende Grundlagen bei Mehrwertdiensten, NJW 2002, 2930; *Rossnagel*, Die Zukunft der Fernsehrichtlinie, Baden-Baden 2005; *Rossnagel/Scheuer*, Das europäische Medienrecht, MMR 2005, 271; *Ruhle/Geppert*, Auskunfts- und Verzeichnisdienste in einem liberalisierten Telekommunikationsmarkt, K&R 1998, 374; *Ruhle/Geppert*, Versteigerungsverfahren für Funkfrequenzen und Lizenzen, MMR 1998, 175; *Säcker* (Hrsg.), Berliner Kommentar zum Telekommunikationsgesetz, Frankfurt 2006; *Scheurle/Mayen*, Telekommunikationsgesetz Kommentar, 2. Aufl., München 2008; *Schlegel*, Die für den durchschnittlichen Anschlussnutzer unbemerkbare Installation eines Dialers im Computer, MDR 2004, 620; *Schuster*, Vertragshandbuch Telemedia, München 2001; *Schütz*, Kommunikationsrecht – Regulierung von Telekommunikation und elektronischen Medien, München 2006; *Schütz*, Recht auf eine eigene Telefonnummer?, MMR 2005, 313; *Schütz/Attendorn/König*, Elektronische Kommunikation, München 2003; *Spindler/Schuster*, Recht der elektronischen Medien, München 2008; *Spindler/Volkmann*, Störerhaftung für wettbewerbswidrig genutzte Mehrwertdienst-Rufnummern und Domains, NJW 2004, 808; *Stelkens/Bonk/Sachs*, VwVfG, 8. Aufl., München 2011; *Storr*, Die Versteigerung der Telekommunikationslizenzen – Sachgerechtes Verteilungsverfahren oder neue Einnahmequelle für den Staat?, K&R 2002, 67; *Stögmüller*, Fakturierung und Inkasso von Mehrwertdiensten, CR 2003, 251; *Taeger/Rose*, Informationspflichten beim Klingeltonvertrieb im M-Commerce, K&R 2007, 233; *Thomas/Putzo*, ZPO-Kommentar, 31. Aufl., München 2010; *Tiedemann*, Mehrwertdiensterufnummern: Der Schutz der Verbraucher und der seriösen Anbieter vor schwarzen Schafen – eine (un-)lösbare Aufgabe?, K&R 2003, 328; *Ufer*, Aktuelle Gesetzgebungsverfahren gegen unerwünschte Telefonwerbung, K&R 2008, 493; *Vander*, Forderungsberechtigung und Einwendungsmöglichkeiten bei der Inanspruchnahme von Mehrwertdiensten, Kommentar zu BGH III ZR 58/06 vom 16.11.2006, K&R 2007, 155; *Vander*, Entwurf eines TKG-Änderungsgesetzes – Kurzwahldienste im Visier, MMR 2005, 429; *Vander*, Mehrwertdienste – Grundlagen sowie Missbrauchsproblematik, Baden-Baden 2006; *Vander*, Der neue Rechtsrahmen für Mehrwertdienste, NJW 2007, 2580; *Varadinek*, Rechtsmäßigkeit des UMTS-Lizenzvergabeverfahrens im Hinblick auf das TKG und Art. 12 GG, CR 2001, 17; von *Westphalen/Grote/Pohle*, Der Telefondienstvertrag, Heidelberg 2001; *Wegmann*, Nutzungsrechte an Funkfrequenzen und Rufnummern, K&R 2003, 448; *Westerfeld*, Fingierte Genehmigung von Telefonentgelten in AGB, MMR 2004, 604; *Wettig/Wildemann*, Kommentar, K&R 2003, 240; *Wissmann/Baumgart*, Telekommunikationsrecht, 2. Aufl., Heidelberg 2006; *Wissmann/Kreitlow*, Übertragbarkeit von Funkfrequenzen, K&R 2003, 257; *Wüstenberg*, Die Haftung des Wiederverkäufers anstelle des Mehrwertdiensteanbieters, K&R 2004, 437; *Wüstenberg*, Die Informations- und Handlungspflichten der Mehrwertdiensteanbieter vor, bei und nach Vertragsschluss, TKMR 2004, 65; *Zagou-*

ras, Zivilrechtliche Pflichten bei der Verwendung von Sprachmehrwertdiensten – Ansprüche und Einwendungen der Nutzer von 0190er und 0900er-Rufnummern nach dem TKG, MMR 2005, 80.

Vor § 43a Entwicklung des Kundenschutzes in der Telekommunikation

A. Die Telekommunikations-Kundenschutzverordnung (TKV) 1997

Der Kundenschutz in der Telekommunikation wurde bereits vor der Liberalisierung des TK-Marktes 1
als wichtiges zu regelndes Rechtsgebiet identifiziert, wenn auch zunächst rein technisch auf Verbindungsaufbau und -abrechnung ausgelegt. Die im Zuge der Liberalisierung geschaffene **Telekommunikations-Kundenschutzverordnung** vom 11.12.1997 (BGBl. I 1997, S. 2910), erlassen auf der Grundlage des damaligen § 41 TKG (1996, heute § 45 TKG (2004)), galt bis zum Inkrafttreten des Änderungsgesetzes zum TKG am 24.2.2007 (TKG 2007, BGBl. I 2007, S. 106).

Die Grundsteine zu Regelungen des Verbraucherschutzes in der Telekommunikation wurde hingegen 2
auf Ebene der **Selbstregulierung** mit der Schaffung des Verhaltenskodex der Freiwilligen Selbstkontrolle Telefonmehrwertdienste (FST) e.V. im Jahr 1996 gelegt (abrufbar unter http://www.fst-ev.org/statuten-verhaltenskodex.html. Dazu *Schütz*, Rn 634; *Vander*, S. 306 ff; *Härting*, S. 75 Rn 196 ff; BerlKommTKG/*Brodkorb*, § 66 Rn 15). Da in den darauf folgenden Jahren die Missbrauchsfälle zunahmen und die Forderungen in der Öffentlichkeit nach einem Tätigwerden des Gesetzgebers immer stärker wurden, nahm dieser nach und nach Verbraucher schützende Regelungen aus der Selbstregulierung heraus und regelte diese gesetzlich oder verordnungsrechtlich.

B. Die Einführung des § 13a TKV 2002

Den Beginn der Entwicklung zu rechtsverbindlichen Regelungen weg von einem reinen technischen 3
Kundenschutz zum umfassenden Verbraucherschutz setzte die Vorschrift des § 13a TKV, die am 20.8.2002 erlassen wurde (BGBl. I 2002, S. 3365). Diese hatte die Eindämmung der unverlangten Bewerbung von Mehrwertdiensten im Blick (BerlKommTKG/*Brodkorb*, § 67 Rn 2 mwN; *Rösler/Zagouras*, NJW 2002, 2930; *Berger*, MMR 2003, 642). Die damals aufgekommenen Fälle des sog. **Fax-Spamming** veranlassten den Verordnungsgeber zu einer mehrstufigen Handlungsverpflichtung des Netzbetreibers, der beworbene Rufnummern zur Nutzung überlassen hat.

C. Das Mehrwertdienste-Missbrauchsgesetz 2003

Seit dem Jahr 2002 wurden systematisch bedenkliche private Rechtsvorschriften nach und nach in das 4
TKG eingeführt. Die mit dem Mehrwertdienste-Mißbrauchsgesetz 2003 (MWDG) eingeführten Regelungen der §§ 43a–c TKG (1996) ebneten weiter den Weg zu einer **inhaltlichen Regulierung** (Mehrwertdienste-Mißbrauchsgesetz vom 9.8.2003, BGBl. I 2003, S. 1590. TKG vom 22.6.2004, BGBl. I 2004, S. 1190; Dazu ausführlich *Ditscheid/Rudloff*, TKMR 2003, 406; *Tiedemann*, K&R 2003, 329; *Mayer/Möller*, K&R 2005, 257; *Spindler/Volkmann*, NJW 2004, 808). Diese Vorschriften galten über § 152 Abs. 1 Satz 2 TKG (2004) bis zur Einführung einer neuen Kundenschutzverordnung nach § 66abs. 4 TKG (2004) fort.

§ 43a TKG (1996) begründete einen Auskunftsanspruch der Verbraucher und die Einführung einer 5
Datenbank für 0900er Mehrwertdiensterufnummern, §§ 43b und c TKG (1996) setzten Bedingungen für die Nutzung von 0190er- und 0900er Mehrwertdiensterufnummern. Das MWDG prägte die Begriffe „**Mehrwertdienste**“ und „**Mehrwertdiensterufnummern**“ (heute telekommunikationsgestützte Dienste nach § 3 Nr. 25 TKG. Vgl dazu unten § 66a Rn 69). Sie waren die Eckpfeiler einer privatrechtlichen Verbraucherschutzgesetzgebung im TKG und werden nunmehr durch das TKG 2007 ersetzt.

Trotz der Einführung des MWDG ging die missbräuchliche Nutzung von Mehrwertdiensterufnum- 6
mern nur teilweise zurück. Kritikpunkt schon des damaligen MWDG war die beschränkte Geltung für 0190/0900-Rufnummern. Die schwarzen Schafe wichen daraufhin auf andere Rufnummerngassen wie zB 0137, geografische Rufnummern (Ortsnetzrufnummern), ausländische oder Satellitenrufnummern aus.

D. Der Entwurf einer neuen Kundenschutzverordnung (TKV-E) 2004

7 In unmittelbarem Zusammenhang mit dem TKG 2004 sollten auch die damals geltenden TKV und **Telekommunikations-Nummerierungsverordnung** (TNV) überarbeitet werden. Dies sollte zur Umsetzung der Universaldienstrichtlinie (URL) erfolgen (Richtlinie 2002/22/EG vom 7.3.2002, ABl. L 108 S. 51). In Art. 21 URL ist eine Konkretisierung der Kunden schützenden Regelungen enthalten, die vor allem Transparenz hinsichtlich der Kundenverträge und -preise bieten soll. Zunächst waren die diese Richtlinie umsetzenden Regelungen noch als eigenständige Verordnungen geplant (Referentenentwürfe des Bundeswirtschaftsministeriums vom 30.7.2004, abrufbar unter www.bmwi.de). Anfang des Jahres 2005 wandelte sich die Ansicht des Bundeswirtschaftsministeriums und man plante dort, die Regelungen direkt in das TKG zu integrieren, das daraufhin nach nicht einmal einem Jahr nach Inkrafttreten erneut überarbeitet werden musste (BerlKommTKG/*Rugullis,* Vor § 44 Rn 8, § 45 Rn 5 geht davon aus, dass das BMWi noch im Oktober 2004 eine Verordnung plante, die Bundesregierung bereits im Februar 2005 dann an einem Entwurf zur Überarbeitung des TKG arbeitete).

E. Der Entwurf des Änderungsgesetzes des TKG (TKGÄndG-E) 2005

8 Dass die Kunden schützenden Regelungen in das TKG aufgenommen werden und nicht wie zuvor auch in der TKV geregelt werden sollten, kann der Gesetzgeber nur unzureichend begründen. Der Wille des Gesetzgebers ist es, im Telekommunikationsrecht den Verbrauchern und Unternehmen ein alle Rechtsgebiete **umfassendes Gesetzeswerk** bereitzustellen (BT-Drucks. 16/2581, S. 21 Begründung Allgemeiner Teil). Eine Verordnungsermächtigung war bereits im TKG in § 41 TKG (1996) enthalten. Insofern wäre es jederzeit möglich gewesen, die Kunden schützenden Regelungen unabhängig von der Anpassung des TKG an EU-Normen in einer untergesetzlichen Verordnung zu regeln.

9 Kurzzeitig nach dem Wechsel der Bundesregierung stand dies im Bundeswirtschaftsministerium auch wieder zur Diskussion. Trotzdem wurden im Jahr 2005 mit dem erneuten Gesetzentwurf zur Änderung des TKG weitere zivilrechtliche Regelungen, die den Weg zu einer Regulierung der Inhalte und nicht der technologieneutralen Zugänge ebnen, in das öffentlich-rechtliche Rechtsverhältnisse regelnde TKG aufgenommen. Das umfassende Gesetzeswerk, das der Gesetzgeber anstrebt, wird durch die konvergente Entwicklung der Medien gerade im Bereich der telekommunikationsgestützten Dienste nach § 3 Nr. 25 TKG (2004) an der Schnittstelle zwischen Telekommunikation und Telemedien unvollständig. Ein einheitliches Gesetzeswerk müsste der **konvergenten Entwicklung** von Rundfunk, Telemedien und Telekommunikation Rechnung tragen und lediglich eine unterschiedliche Regulierung von Zugang und Inhalten vorsehen. Bis zu einem solchen „**Mediengesetzbuch**“ ist es leider noch ein weiter Weg.

10 Der Kabinettsentwurf zum TKGÄndG vom 7.4.2005 beinhaltete bereits die wesentlichen Regelungen zum Verbraucher- und Kundenschutz, die auch im neuen TKG 2007 enthalten sind (BT-Drucks. 15/5213 vom 7.4.2005). Der Gesetzentwurf wurde noch als Bundestagsbeschluss in den Bundesrat gebracht, kam dort aber dann aufgrund der Neuwahlen nicht mehr auf die Tagesordnung (TKGÄndG BT-Gesetzesbeschluss vom 17.6.2005, BR-Drucks. 438/05). Das gemeinsame Konzept der Branche zur Schaffung von **Preistransparenz**, das noch in der Empfehlung des Bundesrates vom 6.9.2005 enthalten war, wie auch der gesamte Gesetzentwurf, fielen aufgrund der Neuwahlen zum Bundestag der Diskontinuität zum Opfer.

F. Kundenschutzregelungen im TKG 2007

11 Ein erneuter Anlauf zur Umsetzung Verbraucher schützender Regelungen in das TKG wurde dann nach dem Regierungswechsel mit dem Kabinettsentwurf des TKGÄndG vom 17.5.2006 gemacht (Regierungsentwurf zum TKGÄndG vom 17.5.2006, BR-Drucks. 359/1/06). Dieser Gesetzentwurf wurde am 30.11.2006 vom Bundestag verabschiedet (BT-Drucks. 16/2581), am 15.12.2006 vom Bundesrat und trat am 24.2.2007 in Kraft (TKG 2007, BR-Drucks. 886/06 vom 15.12.2006. BGBl. I 2007, S. 106). Durch den Regierungswechsel ging ein weiteres Jahr auf dem Weg zur Umsetzung Verbraucher schützender Regelungen verloren. Insgesamt dauerte die Umsetzung des Kundenschutzes aufgrund der URL in Bundesrecht damit über drei Jahre (zur Entstehungsgeschichte des TKG 2007 bezüglich Kundenschutz auch *Ditscheid,* MMR 2007, 210; *Klaes,* CR 2007, 221).

12 Die Kunden schützenden Regelungen des TKG 2007 finden sich nunmehr in den §§ 43a ff und §§ 66 ff. Die Regelungen des Artikels 2 TKG 2007 treten am Tag nach seiner Verkündung in Kraft;

die Kunden schützenden Regelungen des Artikels 3 treten am ersten Tag des siebten auf die Verkündung folgenden Monat in Kraft. Die meisten Vorgaben zur Dienstgestaltung und Preistransparenz gelten damit ab 1.9.2007.

Systematisch lassen sich die Neuregelungen des TKG 2007 in drei Teilbereiche untergliedern: sie betreffen zum einen die Definition von **Rufnummerngassen und deren Inhalten** (§ 3 TKG 2007), zum anderen Vorgaben zur **Transparenz von Vertragsverhältnissen** (§§ 43a ff TKG 2007) und darüber hinaus Vorgaben zur **Schaffung von rufnummernbezogener Preistransparenz** (§§ 66 ff TKG 2007). 13

Die Vorgaben zur Transparenz von Vertragsverhältnissen der §§ 43a ff bauen inhaltlich auf der TKV 1997 und deren Regelungen auf. Soweit lediglich deren Regelungen übernommen wurden oder nur redaktionell geändert, werden diese im Folgenden nicht erläutert. In das TKG 2007 wurde als Teil 3 der Kundenschutz explizit auch im Inhaltsverzeichnis aufgenommen. 14

G. Das Änderungsgesetz zum TKG 2009

Das „Gesetz zur Änderung des Telekommunikationsgesetzes" (BGBl. I 2009, S. 2409) aus dem Jahr 2009 wurde zeitgleich mit dem „Gesetz zur Bekämpfung unerlaubter Telefonwerbung und zur Verbesserung des Verbraucherschutzes bei besonderen Vertriebsformen" (BGBl. I 2009, S. 2413) eingeführt. Beide Gesetze hatten erneut den Verbraucherschutz im Fokus, so dass kurz nach Inkrafttreten des TKG 2007 mit seinen umfangreichen Änderungen zum Kundenschutz erneute Forderungen nach gesetzlichen Regelungen, diesmal um **unerlaubte Telefonwerbung** einzudämmen, aufkam. Im TKG betroffen waren nunmehr Änderungen zur Rufnummerngasse 0180, die sich in einer geänderten Definition derselben in § 3 Nr. 8a mit der Einführung der Bezeichnung **„Service-Dienste"** und Änderungen vor allem der §§ 66a, 66d Abs. 3 und 67 Abs. 2 niederschlugen. Hier wurde vor allem kritisiert, dass richtige regulatorische Entscheidungen eine erneute gesetzliche Regelung überflüssig gemacht hätten (*Ditscheid*, MMR 2009, 371). 15

H. Der Gesetzentwurf zur Änderung des TKG (TKGÄndG-E) 2010

Um die Vorgaben des überarbeiteten EU-Rechtsrahmens umzusetzen, wurde im Jahr 2010 ein Gesetzentwurf zur Änderung des TKG auf den Weg gebracht. Der derzeit als Referententwurf des Bundeswirtschaftsministerium vom 15.9.2010 vorliegende Entwurf enthält erneut zahlreiche Regelungen zum Verbraucherschutz, der auch die §§ 43a ff und 66a ff aufgrund der Anforderungen an eine Verbesserung des Verbraucherschutzes auf EU-Ebene, ändern wird (abrufbar unter http://www.bmwi.de/BMWi/Redaktion/PDF/Gesetz/referentenentwurf-tkg,property= pdf,bereich=bmwi,sprache=de,rwb=true.pdf). Umstritten aus kundenschutzrechtlicher Sicht derzeit ist vor allem die in §§ 3 Nr. 30c und 66g vorgesehenen Regelungen zur erheblichen Einschränkung der rechtlichen Zulässigkeit von **Warteschleifen**. Bleibt abzuwarten, wie sich die Anpassung der gesetzlichen Regelungen zum Verbraucherschutz im Gesetzgebungsverfahren zum Änderungsgesetz des TKG im Jahr 2011 entwickeln wird. Kritiker bemängeln diesbezüglich vor allem die fehlende technische Umsetzbarkeit des Verbotes von Warteschleifen. 16

§ 43a TKG Verträge

[1]Der Anbieter von Telekommunikationsdiensten für die Öffentlichkeit muss dem Teilnehmer im Vertrag folgende Informationen zur Verfügung stellen:

1. **seinen Namen und seine ladungsfähige Anschrift, ist der Anbieter eine juristische Person auch seine Rechtsform, seinen Sitz und das zuständige Registergericht,**
2. **die Art und die wichtigsten technischen Leistungsdaten der angebotenen Telekommunikationsdienste,**
3. **die voraussichtliche Dauer bis zur Bereitstellung eines Anschlusses,**
4. **die angebotenen Wartungs- und Entstördienste,**
5. **Einzelheiten zu seinen Preisen,**
6. **die Fundstelle eines allgemein zugänglichen, vollständigen und gültigen Preisverzeichnisses des Anbieters von Telekommunikationsdiensten für die Öffentlichkeit,**
7. **die Vertragslaufzeit,**

8. die Voraussetzungen für die Verlängerung und Beendigung des Bezuges einzelner Dienste und des gesamten Vertragsverhältnisses,
9. etwaige Entschädigungs- und Erstattungsregelungen für den Fall, dass er die wichtigsten technischen Leistungsdaten der zu erbringenden Dienste nicht eingehalten hat, und
10. die praktisch erforderlichen Schritte zur Einleitung eines außergerichtlichen Streitbeilegungsverfahrens nach § 47a.

[2]Satz 1 gilt nicht für Teilnehmer, die keine Verbraucher sind und mit denen der Anbieter von Telekommunikationsdiensten für die Öffentlichkeit eine Individualvereinbarung getroffen hat.

A. Regelungszweck

17 Die erste und grundlegende Norm zur Transparenz von Telekommunikationsverträgen mit dem Adressaten des Kunden ist § 43a. Diese Regelung entspricht Art. 20 Abs. 2 URL und manifestiert deren Vorschriften zu Mindestvertragsbestandteilen. Durch die festgelegten Mindestanforderungen der Vertragsinhalte soll die **Vergleichbarkeit von Angeboten** für den Teilnehmer verbessert werden; die Anbieter sollen in einen **Qualitätswettbewerb** treten (BT-Drucks. 16/2581, S. 24). Ein Kontrahierungszwang als Anspruch auf bestimmte Leistungen ist damit nicht verbunden (so auch BerlKommTKG/*Rugullis,* Anh. I § 43a Rn 30; anders *Nacimiento/Bornhofen,* K&R 2003, 440). Das Ziel der Vergleichbarkeit der Marktangebote zur Wettbewerbsförderung für den Endnutzer wird durch eine bislang für das TKG untypische Detailregelung erreicht (BTKG/*Dahlke,* § 43a TKG-E 2005 Rn 1). Die Vorschrift ist vergleichbar mit der BGB-Informationspflichtenverordnung (BT-Drucks. 16/2581. S. 24) und findet neben § 3 BGBInfoV Anwendung, wohingegen § 1 BGBInfoV keine Anwendung findet (BerlKommTKG/*Rugullis,* Anh. I § 43a Rn 22 f). Rechtsschutz ist möglich aufgrund des Unterlassungsklagengesetzes.

18 Mit der Überarbeitung des TKG, wie sie 2010 im Referentenentwurf vorgelegt wurde, werden voraussichtlich weitergehende Ergänzungen dieser Vorschrift aufgrund von EU-Vorgaben nötig werden (http://www.bmwi.de/BMWi/Redaktion/PDF/Gesetz/referentenentwurf-tkg,property=pdf,bereich=bmwi,sprache=de,rwb=true.pdf). So werden derzeit erweiterte Informationspflichten der Teilnehmer zum Anspruch auf Aufnahme von Daten in öffentliche Teilnehmerverzeichnisse sowie Maßnahmen von Unternehmen zu Sicherheits- oder Integritätsverletzungen oder auf Bedrohungen und Schwachstellen diskutiert. Weitere Begrenzungen in der Ausgestaltung der Vertragsverhältnisse mit Verbrauchern werden mit dem neuen § 43b vorgeschlagen: dieser soll **maximale Vertragslaufzeiten** für bestimmte Telekommunikatikonsdienstleistungen und Regelungen zur **unterbrechungsfreien Erreichbarkeit** auch bei Umzug und Mitnahme von Vertragsverhältnissen enthalten. Es bleibt abzuwarten, wie im Verlauf des Gesetzgebungsverfahrens im Jahr 2011 diese Vorschläge ins TKG aufgenommen werden.

B. Inhaltliche Mindestanforderungen an den Vertrag (Satz 1)

19 Nach § 43a sind die Anbieter von Telekommunikationsdiensten für die Öffentlichkeit nach § 3 Nr. 24 im Sinne der Universaldienstrichtlinie verpflichtet, dem Teilnehmer im Vertrag folgende Informationen zur Verfügung zu stellen: Namen und ladungsfähige Anschrift des Anbieters, Art und Leistungsdaten der TK-Dienste, Bereitstellungsdauer des Anschlusses, Wartungs- und Entstördienste, Einzelheiten zu Preisen, Fundstelle eines Preisverzeichnisses, Vertragslaufzeit, Kündigungsmöglichkeiten, Entschädigungsregeln und Regeln zur außergerichtlichen Streitbeilegung.

I. Adressaten der Norm

20 Die im Gesetzgebungsverfahren umstrittene Formulierung des „**Endnutzers**" iSd § 3 Nr. 8 wurde letztlich in „**Teilnehmer**" geändert, weil zwischen Endnutzer und Anbieter kein Vertragsverhältnis besteht, wohl aber zwischen Teilnehmer und Anbieter (Beschlussempfehlung des Wirtschaftsausschusses auf BT-Drucks. 16/3635, Stand 21.11.2006, S. 35, dazu kritisch *Kessel,* K&R 2007, 506 (507); *Kessel*, in: Arndt/Fetzer/Scherer § 43a Rn 3f geht davon aus, dass damit § 43a auch für Verbraucher im Sinne des § 13 BGB gilt).

21 Damit bleiben Telekommunikationsdienstleistungen, die im Wege eines **konkludenten Vertragsschlusses** in Anspruch genommen werden (zB offenes Call-by-call oder Auskunfts- und Mehrwertdienste

[telekommunikationsgestützte Dienste nach § 3 Nr. 25]) von dieser Vorschrift nicht erfasst, da die in § 43a Satz 1 verlangten Informationen „im Vertrag" nicht zur Verfügung gestellt werden können (*Ditscheid/Rudloff*, K&R 2005, 258 (259 ff); BTKG/*Dahlke*, § 43a TKG-E 2005 Rn 5). Der Vertragsschluss erfolgt bei fehlendem schriftlichem Vertragsschluss durch einen **Realakt** (*Ditscheid/Rudloff*, in: Spindler/Schuster § 43a Rn 5). Auch **Mischformen** wie Internet-Access-Provider-Verträge und Verträge über die Inanspruchnahme telekommunikationsgestützter Dienste iSd § 3 Nr. 25 fallen unter Vereinbarungen im Sinne der Norm.

II. Angaben zu Identität und Leistung

Nach Satz 1 Nr. 1 muss der Anbieter seinen Namen und seine **ladungsfähige Anschrift** offenbaren und seine Identität offenbaren. Die Angabe einer Postfachanschrift oder eine e-Mail-Adresse genügt nicht, da Rechtsverfolgungsmaßnahmen und deren Zustellung möglich sein müssen (Palandt/*Heinrichs*, § 305 BGB Rn 48, BTKG/*Dahlke*, § 43a TKG-E 2005 Rn 9). Die Angabe seiner Telefon- und Faxnummer oder Internetadresse ist nicht erforderlich (str., hM Palandt/*Heinrichs*, BGB-InfoV § 1 Rn 2); ebenso wenig die Angabe der **Handelsregisternummer** (BerlKommTKG/*Rugullis*, Anh. I § 43a Rn 10; weitergehend *Kessel*, in: Arndt/Fetzer/Scherer § 43a Rn 9). Die Angabe der Art des Dienstes und der wichtigsten **technischen Leistungsdaten** (Leistungsbeschreibungen) nach Satz 1 Nr. 2 ist deklaratorischer Natur, da diese wesentliche Vertragsbestandteile sind, deren Kenntnis für einen wirksamen Vertragsschluss unbedingt erforderlich sind (Palandt/*Heinrichs*, Überbl vor § 104 BGB Rn 3). Aus diesem Grunde ist die Auslegung des unbestimmten Rechtsbegriff „wichtigsten" technischen Leistungsdaten entbehrlich. Leistungsdaten sind insbesondere **Übertragungsraten** oder **Vorgaben zur Dienstequalität** (Vorgaben des technischen Reports 138 (ETR 138) des European Telecom Standard Institutes (ETSI) in der letzten überarbeiteten Fassung der Bundesnetzagentur; Überarbeitung der Definition und Messvorschriften der Qualitätskennwerte TKV § 32 Abs. 1 Nr. 1–8; RegTP, Mitt.-Nr. 577/1999, ABl. RegTP 1999, S. 4125; dazu auch *Ditscheid/Rudloff*, in: Spindler/Schuster § 43a Rn 19). 22

III. Angaben zu technischen Einzelheiten

Nach Satz 1 Nr. 3 muss darüber hinaus die **voraussichtliche Bereitstellungsdauer** angegeben werden. Diese Verpflichtung bleibt wettbewerbsrechtlich fragwürdig, weil die Bereitstellung von Anschlüssen durch Wettbewerber Vorleistungsprodukte der Deutschen Telekom AG bedingt, die ihrerseits wiederum von regionalen Bereitstellungssituationen abhängen (BTKG/*Dahlke*, § 43a TKG-E 2005 Rn 12). Die Angabe der angebotenen Wartungs- und Entstördienste nach Satz 1 Nr. 4 geht über die Vorgaben des Art. 20 Abs. 2 lit. c) URL hinaus, denn dort fehlen die Entstördienste. **Wartungsdienste** sind solche, die Störfällen vorbeugen sollen und einen reibungslosen Betrieb sicherstellen sollen; **Entstördienste** sind demgegenüber Reparaturdienste, die eine bereits aufgetretene Störung beseitigen sollen (BTKG/*Dahlke*, § 43a TKG-E 2005 Rn 13). Unternehmen mit beträchtlicher Marktmacht sind bereits von Gesetz wegen zum Entstördienst nach § 45b verpflichtet. 23

IV. Angaben zu Preisen

Die nach Satz 1 Nr. 5 vorgesehene Informationsverpflichtung über Einzelheiten zu seinen Preisen ist ebenfalls lediglich deklaratorischer Natur, weil vergleichbare Informationspflichten bereits nach der **Preisangabenverordnung** (PAngV) bestehen, die auch auf Telekommunikationsverträge Anwendung findet (*Ditscheid/Rudloff*, K&R 2005, 258 (263), *Wüstenberg*, TKMR 2004, 65 (70)). Für die Angabe der **Fundstelle** eines Preisverzeichnisses nach Satz 1 Nr. 6 kommt vor allen Dingen das Amtsblatt der Bundesnetzagentur, das bereits nach § 305 a Nr. 2 lit. b BGB und nach § 27 TKV aF ein geeignetes Veröffentlichungsmedium darstellt, in Frage. Darüber hinaus kommt auch die Homepage des Anbieters in Betracht (BTKG/*Dahlke*, § 43a TKG-E 2005 Rn 17; anders *Kessel*, in: Arndt/Fetzer/Scherer § 43a Rn 15). Der Anbieter hat in seinen vertraglichen Bestimmungen den Kunden transparent über die **Tarife** und etwaige Wartungsentgelte zu informieren (*Ditscheid/Rudloff*, in: Spindler/Schuster § 43a Rn 26 mit weiteren Einzelfällen). 24

Für das Tatbestandsmerkmal der **Allgemeinzugänglichkeit** dürfte es ausreichen, dass eine allgemeine Zugangsmöglichkeit gegeben ist. Das Erfordernis der **Vollständigkeit** des Preisverzeichnisses ist dann erfüllt, wenn es alle entgeltrelevanten Informationen enthält (*Krüger/Büttner*, K&R 2005, 241 (243)). Die **Vertragslaufzeit** nach Satz 1 Nr. 7 und die Angaben der Voraussetzungen für die Verlängerung 25 und Beendigung nach Satz 1 Nr. 8 sind vergleichbar mit § 309 Nr. 9 lit. a BGB. Danach ist eine **erstmalige Vertragslaufzeit** bei Dauerschuldverhältnissen von mehr als zwei Jahren unzulässig; die Frist beginnt mit dem Abschluss des Vertrages (*Ditscheid/Rudloff*, in: Spindler/Schuster § 43a Rn 28). Daher ist auch eine weitere Regelung, wie sie mit § 43b nach dem TKG-E 2010 geplant ist, überflüssig. Der Hinweis auf das **Streitbeilegungsverfahren** nach § 47 a in Satz 1 Nr. 10 dürfte erfüllt sein, wenn auf das dort vorgesehene Schlichtungsverfahren bei der Bundesnetzagentur verwiesen wird. Dieses kommt zur Anwendung, wenn der Endnutzer der Ansicht ist, dass der Vertragspartner eine Verpflichtung ihm gegenüber nach §§ 43a, 45–46 Abs. 2 nicht eingehalten habe.

C. Ausnahmen (Satz 2)

26 Für den Fall, dass es sich bei dem Teilnehmer nicht um einen **Verbraucher** handelt, dürfen abweichende Vereinbarungen geschlossen werden. Diese Ausnahme entspricht Art. 20 Abs. 2 Satz 3 URL und soll „einer größtmöglichen Wettbewerbsfreiheit" dienen (BT-Drucks. 16/2581, S. 24). Für diese Ausnahmeregelung sind zwei Voraussetzungen notwendig: zum einen darf der Teilnehmer kein Verbraucher iSd § 13 BGB sein und zum anderen muss eine **Individualvereinbarung** mit dem Anbieter bestehen. Insofern kommt diese Vorschrift lediglich für Geschäftskundenverträge in Betracht, die Rechtsgeschäfte nicht zu privaten Zwecken vornehmen (Palandt/*Heinrichs,* § 13 BGB Rn 2 f). Darüber hinaus ist unter Individualvereinbarung nicht eine Vereinbarung über den Umfang der Informationen zu verstehen (BerlKommTKG/*Rugullis,* Anh. I § 43a Rn 20).

27 Als **Rechtsfolgen** eines Verstoßes gegen § 43a kommen Ansprüche von Wettbewerbern aus §§ 3, 4 Nr. 11 UWG oder Ansprüche von Verbraucherschutzverbänden aus § 3 Absatz 1 Nr. 1 UKlaG neben Ansprüchen aus § 44 TKG in Betracht. Ansprüche aus der BGB-Informationspflichten-Verordnung kommen insoweit nicht in Betracht, da diese keine eigenen Rechtsfolgeregelungen enthält (*Kessel*, in: Arndt/Fetzer/Scherer § 43a Rn 28).

§ 44a TKG Haftung

[1]Soweit eine Verpflichtung des Anbieters von Telekommunikationsdiensten für die Öffentlichkeit zum Ersatz eines Vermögensschadens gegenüber einem Endnutzer besteht und nicht auf Vorsatz beruht, ist die Haftung auf höchstens 12 500 Euro je Endnutzer begrenzt. [2]Entsteht die Schadenersatzpflicht durch eine einheitliche Handlung oder ein einheitliches Schaden verursachendes Ereignis gegenüber mehreren Endnutzern und beruht dies nicht auf Vorsatz, so ist die Schadenersatzpflicht unbeschadet der Begrenzung in Satz 1 in der Summe auf höchstens 10 Millionen Euro begrenzt. [3]Übersteigen die Entschädigungen, die mehreren Geschädigten auf Grund desselben Ereignisses zu leisten sind, die Höchstgrenze, so wird der Schadenersatz in dem Verhältnis gekürzt, in dem die Summe aller Schadenersatzansprüche zur Höchstgrenze steht. [4]Die Haftungsbegrenzung nach den Sätzen 1 bis 3 gilt nicht für Ansprüche auf Ersatz des Schadens, der durch den Verzug der Zahlung von Schadenersatz entsteht. [5]Abweichend von den Sätzen 1 bis 3 kann die Höhe der Haftung gegenüber Endnutzern, die keine Verbraucher sind, durch einzelvertragliche Vereinbarung geregelt werden.

A. Regelungszweck

28 § 44a führt den bislang geltenden § 7 TKV unverändert fort. Allerdings sollten im Gesetzgebungsverfahren schärfere Haftungsregelungen eingeführt werden. Die individuelle Haftungsbegrenzung je Geschädigten auf 12 500 EUR je Endnutzer fehlte zwischenzeitlich (BT-Drucks. 16/2581. S. 24). § 44a ist eine **deutsche Sonderregelung**, die keinen Ursprung im Gemeinschaftsrecht hat (BerlKommTKG/*Rugullis,* Anh. I § 44a Rn 1 spricht von einem „Fremdkörper" im Kundenschutz, da es sich um reinen Anbieterschutz handele). Es handelt sich dabei um ein Sonderrecht zum allgemeinen Schuldrecht (BerlKommTKG/*Rugullis,* Anh. I § 44a Rn 10).

29 Die Vorschrift des § 44a dient einerseits dem **Schutz der Telekommunikationsunternehmen** vor unüberschaubaren finanziellen Risiken und andererseits der **Vermeidung von Rechtsstreitigkeiten** im Zusammenhang mit der Schadenshöhe und der Wirksamkeit und Auslegung von Haftungsbegrenzungen in AGB (so schon BT-Drucks. 15/5213, S. 21). Die im Telekommunikationsbereich gegebene Kombination von technischer Komplexität und möglichem Schadensausmaß machen das Anlegen an-

derer Sorgfaltsmaßstäbe als in anderen Bereichen notwendig. Insofern unterstellt diese Vorschrift eine besondere **Gefahrgeneigtheit** im telekommunikationsdienstlichen Massenverkehr (*von Westphalen/Grote/Pohle*, Der Telefondienstvertrag, Heidelberg 2001, S. 76 f zu § 7 TKV).

Um einen weitgehend reibungslosen Rechtsverkehr zu gewährleisten, bedurfte es einer für den einzelnen Geschädigten **individuellen Haftungsbeschränkung**. Der Wegfall der individuellen Haftungsbeschränkung hätte im Ergebnis zu einem Anstieg der Rechtsstreitigkeiten geführt, weil die Unternehmen dazu übergegangen wären, ihre Haftung im Rahmen der gesetzlichen AGB-Bestimmungen auszuschließen. Insbesondere im Zusammenhang mit der Haftung für einfach fahrlässig verursachte **Vermögensschäden** wäre dies praktisch relevant geworden, da diese nach der Rechtsprechung nur abdingbar ist, solange es sich nicht um vertragswesentliche Pflichten handelt (BT-Drucks. 15/5213, S. 22; BerlKommTKG/*Rugullis*, Anh. I § 44a Rn 3 ff). Eine höhenmäßige Beschränkung vertragswesentlicher Pflichten wäre nur bei „vertragstypischen und vorhersehbaren" Schäden möglich gewesen (*Klaes*, CR 2007, 222). § 44a gilt nur für Vermögensschäden, aber nicht für **Folgeschäden** aus Sach- oder Personenschäden (so auch *Grote*, § 7 Rn 3; *Hahn*, Rn 305; *von Westfalen/Grote/Pohle*, S. 76 f; *Scheuerle/Mayen/Schadow*, § 41 Rn 54). 30

B. Haftungsbegrenzung im Einzelfall (Satz 1)

Adressat der Regelung des § 44a Satz 1 ist der Anbieter von Telekommunikationsdiensten nach § 3 Nr. 24 für die Öffentlichkeit. Die **summenmäßige Haftungsbegrenzung** auf 12.500 EUR je Endnutzer iSd § 3 Nr. 8 gilt für jeden schadensberechtigten Endnutzer und entfällt bei vorsätzlich verursachtem Schaden. Die unbegrenzte Haftung des Anbieters bei vorsätzlicher Schädigung kann auch nicht in AGB abbedungen werden (§ 279 Abs. 2, § 309 Nr. 7 lit. b BGB; Palandt/*Heinrichs*, § 276 BGB, Rn 35; BTKG/*Dahlke*, § 44a TKG-E 2005 Rn 6). Im Gesetzgebungsverfahren wurde immer wieder eine vollumfängliche Haftung des Anbieters bei **grober Fahrlässigkeit** gefordert (BT-Drucks. 16/2581, S. 36, 41). Letztlich wurde diese aber mit dem Verweis auf die Massengeschäfte im Telekommunikationsmarkt abgelehnt. Die Haftungsbegrenzung tritt unabhängig vom Rechtsgrund des Schadensersatzanspruchs ein (so schon BT-Drucks. 15/5213, S. 21). 31

Nach herrschender Meinung wird der Telekommunikationsvertrag rechtlich als **gemischter Vertrag** mit wesentlichen Elementen des Dienstvertrages eingeordnet (BGH MMR 2005, 373 (374) mwN BGHZ 158, 201 (203)). Demnach sind die **Schadensersatzansprüche** aus §§ 280, 611 ff BGB neben Regeln über die Unmöglichkeit (c.i.c., pVV) sowie deliktischen Ansprüchen herzuleiten (Palandt/*Weidenkaff*, § 611 BGB Rn 14 ff). Auf Folgeschäden aus Personen- oder Sachschäden bezieht sich die Haftungsbeschränkung des Satz 1 nicht (BTKG/*Dahlke*, § 44a TKG-E 2005, Rn 10). 32

C. Gesamtbegrenzung bei Mehrzahl von Geschädigten (Satz 2)

§ 44a Satz 2 begrenzt die Haftung in einem **Schadensgroßereignis**. Ein solches liegt dann vor, wenn gegenüber mehreren Endnutzern eine Schadensersatzpflicht durch einheitliche Handlung oder ein einheitliches Schaden verursachendes Ereignis entstanden ist. Auch hier ist wie bei Satz 1 eine vorsätzliche Verursachung von der Haftungsbegrenzung nicht erfasst. Ohne eine klare Haftungsbegrenzung wäre das weitgehend nicht versicherbare Risiko der Telekommunikationsunternehmen unüberschaubar und es würde an einer angemessenen Risikoverteilung zwischen den Betroffenen und den Telekommunikationsunternehmen fehlen. Deswegen ist es folgerichtig, die Haftung für Vermögensschäden bei grober Fahrlässigkeit höhenmäßig auf insgesamt 10 Mio. EUR zu beschränken. Satz 2 gilt für dasselbe Verhalten, das mehrere Endnutzer nicht vorsätzlich schädigt (BerlKommTKG/*Rugullis*, Anh. I § 44a Rn 24). 33

D. Anteilige Kürzung der Haftungssumme (Satz 3)

Sofern bei einem Schadensgroßereignis die Entschädigungssumme bei mehreren Geschädigten über 10 Mio. EUR liegt, findet nach § 44a Satz 3 eine **Quotierung der Haftungssumme** statt. Bei dieser wird der Schadensersatz in dem Verhältnis gekürzt, in dem die Summe aller Schadensersatzansprüche zur Höchstgrenze steht. Dabei kann die individuelle Höchstgrenze von 12.500 EUR möglicherweise deutlich unterschritten werden (mit Rechenbeispiel BTKG/*Dahlke*, § 44a TKG-E 2005 Rn 13). 34

E. Ausnahmeregelung bei Verzug (Satz 4)

35 Nach § 44a Satz 4 gilt die Haftungsbegrenzung nicht für Schadensersatzansprüche, deren Schaden durch den **Verzug der Zahlung von Schadensersatz** entsteht. Dieser gesetzliche Haftungsausschluss bezieht sich historisch und teleologisch nur auf reine Vermögensschäden, nicht aber auf Folgeschäden (BT-Drucks. 16/2581, S. 24. Palandt/*Heinrichs*, Vor § 249 BGB Rn 7 ff).

F. Möglichkeit einzelvertraglicher Haftungsvereinbarungen (Satz 5)

36 § 44a Satz 5 regelt den Sonderfall, dass der Endnutzer kein Verbraucher ist. Für diesen Fall kann die Höhe der Haftung durch einzelvertragliche Vereinbarung geregelt werden. Der Begriff des „**Verbrauchers**" ist im TKG nicht ausdrücklich geregelt. In § 3 Nr. 8 ist lediglich der „Endnutzer" und in § 3 Nr. 14 der „Nutzer" legaldefiniert. Zur Definition des Begriffs „Verbraucher" ist auf § 13 BGB zurückzugreifen, wonach dieser als jede natürliche Person, die ein Rechtsgeschäft zu einem Zwecke abschließt, der weder ihrer gewerblichen noch ihrer selbstständigen beruflichen Tätigkeit zugerechnet werden kann (Palandt/*Heinrichs*, § 13 BGB, Rn 1, 3, 7). Dementsprechend gilt Satz 5 für Geschäftskunden. Derartige Haftungsvereinbarung sind in Allgemeinen Geschäftsbedingungen für Geschäftskunden (Wholesale) üblich (*Ditscheid*, MMR 2007, 211; Zur Gestaltung *Eckert*, in: Schuster, Vertragshandbuch Telemedia, München 2001, S. 529, Rn 99 ff).

§ 45e TKG Anspruch auf Einzelverbindungsnachweis

(1) [1]Der Teilnehmer kann von dem Anbieter von Telekommunikationsdiensten für die Öffentlichkeit jederzeit mit Wirkung für die Zukunft eine nach Einzelverbindungen aufgeschlüsselte Rechnung (Einzelverbindungsnachweis) verlangen, die zumindest die Angaben enthält, die für eine Nachprüfung der Teilbeträge der Rechnung erforderlich sind. [2]Dies gilt nicht, soweit technische Hindernisse der Erteilung von Einzelverbindungsnachweisen entgegenstehen oder wegen der Art der Leistung eine Rechnung grundsätzlich nicht erteilt wird. [3]Die Rechtsvorschriften zum Schutz personenbezogener Daten bleiben unberührt.

(2) [1]Die Einzelheiten darüber, welche Angaben in der Regel mindestens für einen Einzelverbindungsnachweis nach Absatz 1 Satz 1 erforderlich und in welcher Form diese Angaben jeweils mindestens zu erteilen sind, kann die Bundesnetzagentur durch Verfügung im Amtsblatt festlegen. [2]Der Teilnehmer kann einen auf diese Festlegungen beschränkten Einzelverbindungsnachweis verlangen, für den kein Entgelt erhoben werden darf.

A. Regelungszweck

37 § 45e baut auf die frühere Regelung des § 14 TKV auf und setzt den Regelungsauftrag der URL um (Anhang I, Teil A, lit. a URL). Ein **Einzelverbindungsnachweis** (EVN) soll den Verbraucher in die Lage versetzen, die Entgelte, die bei der Nutzung des öffentlichen Telefonnetzes an festen Standorten oder damit zusammenhängender Telefondienste angefallen sind, zu kontrollieren, ihren Verbrauch und ihre Ausgaben zu überwachen und ihre Telefonkosten angemessen zu steuern (Anhang I, Teil A, lit. a URL; dazu auch *Schütz/Attendorn/König*, Rn 201). **Einzelverbindung** bezeichnet dabei jede Kommunikation zwischen zwei räumlich voneinander getrennten Anschlüssen (BerlKommTKG/*Schlotter*, Anh. I § 45e Rn 9 mwN).

I. Technologieneutrale Geltung

38 Durch die technologieneutrale Ausgestaltung des § 45e gilt dieser nicht nur für das Festnetz, sondern auch für die Mobilfunknetze (BTKG/*Dahlke*, § 45e TKG-E 2005, Rn 3.). Die bisherige Beschränkung auf „Sprachkommunikation" entfällt zudem nun, so dass auch für **Datendienste** (online-Verbindungen) EVN verlangt werden können (BT-Drucks. 16/2581. S. 25). Weiterhin von der Verpflichtung zur Erteilung eines EVN auf Verlangen für zukünftige Verbindungen ausgenommen bleiben **Prepaid-Angebote** als solche Angebote, bei denen technische Hindernisse der Erteilung von EVN entgegen stehen oder wegen der Art der Leistung eine Rechnung grundsätzlich nicht erteilt wird. Dies war im Gesetzgebungsverfahren noch umstritten (*Klaes*, CR 2007, 222). Die Norm des § 45e wird aufgrund der

Verlagerung der Endkundenabrechnung hin zu sog. **Flatrates** (Einmalentgelte mit der Möglichkeit, Dienstleistungen unbegrenzt oder im Rahmen eines bestimmten Kontingentes in Anspruch zu nehmen) sowohl im Bereich der Sprachtelefonie, als auch im Bereich der Datenkommunikation zukünftig allerdings zunehmend an Bedeutung verlieren. Flattarife sind von § 45e auch nicht erfasst (*Ditscheid/Rudloff*, in: Spindler/Schuster § 45e Rn 2, 12).

II. Ausweisung der weitervermittelten Rufnummer

Weiterhin war im Gesetzgebungsverfahren die Ausweisung der weitervermittelten Nummer bei Anruf 39
von Auskunftsdiensten mit **Weitervermittlung** als sog. **Portaldienst** im EVN Gegenstand der Diskussionen (BT-Drucks. 16/2581, S. 36, 42). Eine solche Verpflichtung ist allerdings zu Recht nicht aufgenommen worden. Die Angabe der weitervermittelten Rufnummer im EVN würde dem Verbraucher keinen Nutzen bringen, da immer nur auf eine geografische Rufnummer, auf dem der Server mit dem geschalteten Dienst liegt, weitervermittelt wird. Die Angabe einer Servicerufnummer, die dem Verbraucher angesagt wird, sofern der Dienst aus dem Teilnehmernetz des Anrufers nicht erreichbar ist oder auf Nachfrage, ist nur ein Synonym für den Dienst, aber keine weitervermittelte Rufnummer, die auch in einem EVN angegeben werden könnte.

B. Anspruch des Endnutzers auf Einzelverbindungsnachweis (Abs. 1)

I. Bestandteil der Rechnung

Grundsätzlich soll § 45e für eine Nachprüfung der Teilbeträge der Rechnung diese aufschlüsseln nach 40
Einzelverbindungen. Der Begriff des EVN ist in Abs. 1 Satz 1 legaldefiniert und dieser damit **Bestandteil der Rechnung** (weitergehend *Kessel*, in: Arndt/Fetzer/Scherer § 45e Rn 8, der vom EVN als Rechnung spricht). Trotzdem muss er nicht im Rechnungsblatt aufgeführt sein, sondern kann auch auf einem **Beiblatt** oder elektronisch versandt werden (BT-Drucks. 16/2581, S. 25). Sinnvoll wäre eine Koppelung an die Versendungsart der Rechnung. Wenn vom Teilnehmer eine online-Rechnung gewünscht ist, sollte auch ein **elektronischer EVN** ausreichen (*Ditscheid*, MMR 2007, 212; *Ditscheid/Rudloff*, in: Spindler/Schuster § 45e Rn 13). Sofern zB von Unternehmen aus steuerlichen Gründen eine Rechnung in Papierform erforderlich ist, sollte auch der EVN (zumindest in den kostenlosen Mindestvoraussetzungen) dergestalt erteilt werden.

II. Abgrenzung zum nachträglichen Einzelverbindungsnachweis nach § 45i und Rechtsnatur

Vom EVN nach § 45e ist der EVN, den der Anbieter im Nachhinein im Falle von Beanstandungen des 41
Teilnehmers nach § 45i erteilt, zu unterscheiden und bietet lediglich eine allgemeine Kontrollmöglichkeit und nicht zwangsläufig ein gerichtsverwertbares Beweismittel (BTKG/*Dahlke*, § 45e TKG-E 2005, Rn 8; *Ditscheid/Rudloff*, in: Spindler/Schuster § 45e Rn 45). Der Teilnehmer erhält mit Abs. 1 ein subjektives Recht auf Erteilung eines EVN. Damit ist Abs. 1 eine **Anspruchsgrundlage**; dies war in der Vorgängervorschrift des § 14 TKV noch nicht der Fall. Weiterhin begründet Abs. 1 ein **Wahlrecht** des Teilnehmers, von dem dieser meist bei Vertragsschluss Gebrauch macht, ob er einen EVN neben der Rechnung erhalten möchte und ob dieser die Zielrufnummern ungekürzt oder um drei Stellen gekürzt ausweisen soll. Dieses Recht auf Erteilung des EVN muss der Teilnehmer vor Beginn des maßgeblichen Abrechnungszeitraum geltend machen, da es nur mit Wirkung für die Zukunft gewährt wird. Eine **rückwirkende Erteilung** eines EVN ist nur für die Fälle des § 45i vorgesehen, in denen der Teilnehmer die ihm erteilte Abrechnung beanstandet hat (Zur Betroffenheitsauskunft und deren Bezug zur Vorratsdatenspeicherung *Bäcker,* MMR 2009, 804).

III. Adressat der Regelung

Adressat der Regelung sind alle Anbieter von Telekommunikationsdiensten für die Öffentlichkeit, die 42
ihrerseits in § 3 Nr. 24 definiert sind. Im Gegensatz zur Regelung des § 14 TKV findet demnach keine Beschränkung auf Sprachtelefondienste mehr statt (BT-Drucks. 16/2581, S. 25). In der Praxis ist der Adressat grundsätzlich der **Teilnehmernetzbetreiber**. Teilnehmernetze sind Netze, an denen Teilnehmer direkt angeschlossen sind; Verbindungsnetze verfügen nicht über direkte Teilnehmeranschlüsse

und erstellen zudem keine eigenen Rechnungen an die Teilnehmer (*Ditscheid/Rudloff,* in: Spindler/Schuster § 45e Rn 6. *Schütz,* Rn 289).

43 **1. Geschlossene Benutzergruppen.** Geschlossene Benutzergruppen sind von § 45e nicht umfasst, da es sich bei ihnen nicht um einen unbestimmten Personenkreis handelt, den der Begriff „**Öffentlichkeit**" abdecken will (Begründung zu § 6 TKG-E 2004, BT-Drucks. 15/2316, S. 60), sondern dadurch gekennzeichnet sind, dass ihre Teilnehmer in gesellschaftlichen oder schuldrechtlichen Dauerbeziehungen oder sonstigen dauerhaften Verbindungen zur Verfolgung gemeinsamer beruflicher, wirtschaftlicher oder hoheitlicher Zwecke stehen (*Schütz,* Rn 17).

44 **2. Verbindungsnetzbetreiber.** Verbindungsnetzbetreiber nutzen über vertragliche Regelungen zu Fakturierung und Inkasso die Anschlusskundenbeziehungen der Teilnehmernetzbetreiber. Für die vom Teilnehmer über Verbindungsnetzbetreiber genutzten Dienste besteht diesen gegenüber eine Vertragsbeziehung, deswegen ist auch der Verbindungsnetzbetreiber zur Erteilung eines EVN für die Fälle verpflichtet, in denen der Teilnehmer über eine Vertragsbeziehung verfügt, die ihm gestattet, für zukünftige Verbindungen sein Wahlrecht auszuüben. Das **offene Call-by-call** ohne vorherige Anmeldung dürfte davon ausgenommen sein (iE BTKG/*Dahlke,* § 45e TKG-E 2004, Rn 20; *Ditscheid/Rudloff,* in: Spindler/Schuster § 45e Rn 6; anders *Kessel,* in: Arndt/Fetzer/Scherer § 45e Rn 18).

45 Die Ausgestaltung des EVN für Verbindungsnetzbetreiber ist zudem gebunden an die im vertraglich vereinbarten Verfahren zu Fakturierung und Inkasso vorgesehenen Datenformate zur Übersendung der Rechnungsdaten. Der Verbindungsnetzbetreiber schickt im **offline-billing Verfahren** (dazu *Ditscheid,* CR 2006, 316) Rechnungsdaten zur Fakturierung an den Teilnehmernetzbetreiber als Rechnungssteller. Dabei ist die Anzahl und die Ausgestaltung der Datenfelder begrenzt, so dass zB eine Ausweisung des weitervermittelten Dienstes bei Auskunftsdiensten (sog. **Portaldienst**, der zu „Keywords" weitervermittelt, vgl auch § 66a, Rn 72) nur mit unverhältnismäßigem Aufwand den Unternehmen möglich ist. Die Ausweisung der weitervermittelten Rufnummer ist für diese Fälle nicht sinnvoll, da es sich dabei immer um eine geografische Rufnummer (C-Rufnummer) handelt, was dazu führen würde, das die für den Dienst vorgesehene Servicerufnummer durch Anruf des direkten Routingziels, der geografischen Rufnummer, umgangen würden. Ebenso ist eine standardmäßige und kostenlose Ausweisung des Anrufenden im EVN bei **R-Gesprächen** nicht möglich, weil das Datenaustauschverfahren immer vom Grundsatz „calling-party-pays" ausgeht und der Angerufene bei R-Gesprächen zahlungspflichtig ist.

46 **3. Mobilfunkserviceprovider.** Im Mobilfunk sind zudem die Mobilfunkserviceprovider Adressaten dieser Regelung, da auch sie Rechnungen gegenüber Teilnehmern erstellen (BTKG/*Dahlke,* § 45e TKG-E 2005, Rn 17).

C. Ausnahmen (Abs. 1 Satz 2)

47 Für den Fall, dass **technische Hindernisse** der Erteilung von EVN entgegenstehen, ist der Adressat von der Erteilung eines EVN befreit. In Betracht kommen hierfür öffentliche Münz- oder Kartentelefone. Weiterhin entfällt die Verpflichtung nach Abs. 1, wenn wegen der Art der Leistung eine Rechnung grundsätzlich nicht erteilt wird. Diese Regelung erfasst die Prepaid-Produkte im Mobilfunk oder Festnetz (dort „Calling Cards" genannt), bei denen der Teilnehmer die Leistung bereits vorausbezahlt hat (BT-Drucks. 16/2581, S. 25).

48 Gegen eine Befreiung von **Prepaid-Angebote** von der Verpflichtung nach Abs. 1 haben sich im Gesetzgebungsverfahren gerade die Verbraucherverbände über den Bundesrat aus Gründen des Verbraucherschutzes und der Transparenz eingesetzt, um eine Überprüfbarkeit der Abbuchungen von den Karten der Teilnehmer zumindest im Nachhinein zu gestatten. Die Bundesregierung hat diese Einwände mit dem Argument der entstehenden Kosten zur Umsetzung eines EVN und der Verteuerung der Prepaid-Produkte zurückgewiesen und ihrerseits auf die Möglichkeit zur Aufschlüsselung der Verbindungen bei Rechnungsbeanstandungen nach § 45i verwiesen (so schon BT-Drucks. 15/5213, S. 38). Weiterhin ausgeschlossen waren bislang die Verbindungen, die auf die Entgelterhebung keinen Einfluss haben (zB entgeltfreie Telefondienste nach § 3 Nr. 8 a der Rufnummerngasse 0800, Einzelverbindungen bei Flatrates oder der Anrufende bei R-Gesprächen, dazu auch BerlKommTKG/*Schlotter,* Anh. I § 45e Rn 12; *Bäcker,* MMR 2009, 804).

D. Vorschriften zum Schutz personenbezogener Daten (Abs. 1 Satz 3)

Nach Abs. 1 Satz 3 bleiben die Vorschriften zum Schutz personenbezogener Daten unberührt. Dies wird vor allem für **Flatrate-Tarife** als nutzungsunabhängige Pauschalentgelte relevant, bei denen nach § 97 Abs. 1 Satz 1 nur entgeltrelevante Verkehrsdaten gespeichert werden dürfen. Bei Flatrates stellt sich die Frage, ob Anbieter bei überhaupt Daten der Einzelverbindungen speichern dürfen und § 97 die Speicherungsberechtigung auf Daten, die zur Ermittlung des Entgelts und zur Abrechnung erforderlich sind, beschränkt. Dafür dienen Daten der Einzelverbindungen bei Flatrates gerade nicht. Dennoch sollte auch aus der Sicht der Anbieter die Ausweisung der Einzelverbindungen zumindest auch bei Flatrates möglich sein, um den Verbrauchern die Kontrolle der Zusammensetzung der Summe der Verbindungen wie auch die Vergleichbarkeit mit anderen Tarifmodellen zu gestatten. 49

E. Erforderliche Mindestangaben (Abs. 2 Satz 1)

I. Positivliste zum Einzelverbindungsnachweis

Die nach Abs. 2 Satz 1 erforderlichen Mindestangaben eines EVN kann die Bundesnetzagentur durch Verfügung im Amtsblatt festlegen. In der Praxis wurden derartige Vorgaben seitens der Bundesnetzagentur durch die „Positivliste zum Einzelverbindungsnachweis" veröffentlicht und ständig aktualisiert (RegTP Mitteilung Nr. 184/1998, ABl. 1998 S. 2008 ff; RegTP Mitteilung Nr. 309/1999, ABl. 1999 S. 2270; RegTP Mitteilung Nr. 178/2002, ABl. 2002 S. 527). Demnach hat ein EVN folgende **kostenlosen Mindestangaben** zu enthalten: Datum des Verbindungsbeginns, Anschlussnummer, Zielrufnummer, Entgelt für jede Einzelverbindung, Tarifeinheiten/Tarifart, Beginn, Dauer und Ende der Verbindung, weitere Angaben wie Kombinationstarife oder volumenabhängige Tarife. Als Zielrufnummer werden alle Ortsnetz-, Fern-, Mobilfunk-, Auslandsverbindungen und Verbindungen zu Mehrwertdiensterufnummern (u.a. 0180, 0900, 0137, 118xy) sowie Kurzwahlrufnummern in Mobilfunknetzen als Mindestangaben ausgewiesen. 50

II. Sonderfälle

Ebenso findet § 45e Anwendung für **paketvermittelte Angebote** über Voice-over-IP. Nicht erfasst werden entgeltfreie Telefondienste (0800) sowie kostenlose Verbindungen etwa zu Mailboxen oder netzinterne Gespräche und Verbindungen zu Anschlüssen von Personen, Behörden und Organisationen in sozialen und kirchlichen Bereichen, die eine anonyme Beratung beinhalten (BTKG/*Dahlke* § 45e TKG-E 2005, Rn 36 f). Nunmehr ebenfalls umfasst von § 45e sind **online-Verbindungen** wie Internet-by-Call oder mobile Datendienste (zB GPRS, UMTS) oder **Kurzmitteilungen** als SMS oder MMS. 51

III. Verfügung der Bundesnetzagentur

Die Bundesnetzagentur hat mit Verfügung vom 23.4.2008 die **Mindestvoraussetzungen** an einen kostenlosen EVN nach § 45e Abs. 2 festgelegt (BNetzA Verfügung Nr. 35/2008, ABl. 2008, S. 646). Die zwingenden Angaben des **Standardnachweises** werden demnach unterschieden zwischen allgemeinen Angaben und speziellen Angaben. 52

1. Allgemeine Angaben. Zu den **allgemeinen Angaben** gehören das Kalenderdatum, Teilnehmerrufnummer und Zielrufnummer sowie bei der Nutzung eines Auskunftsdienstes dessen Rufnummer. 53

2. Spezielle Angaben. Bei den **speziellen Angaben** wird unterschieden zwischen den Tarifierungsformen zeitbasierte Tarifierung, ereignisbasierte Tarifierung sowie volumenbasierte Tarifierung. Für den Standardnachweis sind bei der **zeitbasierten Tarfierung** zwei der Angaben Beginn, Ende oder Dauer der Verbindung anzugeben, bei der **ereignisbasierten Tarifierung** Beginn und Entgelt für den einzelnen Telekommunikationsvorgang. Bei der **volumenbasierten Tarifierung** sollten Vorfestlegungen im Verhältnis zu der noch zu treffenden Verfügung der Bundesnetzagentur nach § 45g vermieden werden. Daher ist hierfür lediglich die Angabe des Datenvolumens, die Kennung des Dienstes oder die Kennzeichnung der Leistungsart sowie der Ausweis des Datenvolumens mindestens als Tagesaggregation und das in Rechnung gestellte Entgelt für das genutzte Datenvolumen erforderlich. 54

3. Weitere Angaben. Zu den **weiteren Angaben** des Standardnachweises gehören außerdem beim **Call-by-Call** die Kennzahl zur Nutzung der Betreiberauswahl, bei Premium-Diensten die einzelnen Preisbestandteile bei **Mischtarifen** aus zeitabhängigen und zeitunabhängigen Leistungsanteilen. Weiterhin 55 muss der **Mindestumsatz**, sofern ein solcher vereinbart wurde, ausgewiesen werden und die Überschreitung bzw Grenze bei der Vereinbarung von Mengenkontingenten.

Der Standardnachweis ist auf Verlangen des Teilnehmers grundsätzlich unentgeltlich in **Papierform** zu erbringen. Bei Vertragsschluss im Internet kann der Einzelverbindungsnachweis auch in elektronischer Form als Standard bereitgestellt werden. Für diese Fälle muss trotzdem auf Verlangen für den Teilnehmer ein EVN in Papierform bereitgestellt werden, der dann nicht kostenlos sein muss.

Ausgewiesen werden müssen nunmehr auch die in der Diskussion umstrittenen Verbindungen zu **Kurzwahlnummern** im Mobilfunk (SMS- und MMS-Dienste) und **Kombinationstarife**. Auf eine Ausweisung von Verbindungen über IP-Telefonie oder auf dem Grundsatz der „receiving party pays" gestaltete Tarifierung für eingehende Gespräche (R-Gespräche) oder Einzelverbindungen bei Flatrates oder Kontingenten wurde verzichtet, um Transparenz zu wahren und den Standardnachweis nicht zu überfrachten (zur Diskussion BerlKommTKG/*Schlotter*, Anh. I § 45e Rn 11).

F. Unentgeltlichkeit (Abs. 2 Satz 2)

56 Der von der Regulierungsbehörde vorgegebene „Standardeinzelverbindungsnachweis" ist kostenfrei nach Abs. 2 Satz 2. Soweit der Endnutzer weitere Angaben als „Komfort-EVN" erhalten möchte, ist der Anbieter berechtigt, dafür ein Entgelt zu verlangen (BerlKommTKG/ *Schlotter*, Anh. I § 45e Rn 21).

§ 45g TKG Verbindungspreisberechnung

(1) Bei der Abrechnung ist der Anbieter von Telekommunikationsdiensten für die Öffentlichkeit verpflichtet,

1. **die Dauer und den Zeitpunkt zeitabhängig tarifierter Verbindungen von Telekommunikationsdiensten für die Öffentlichkeit unter regelmäßiger Abgleichung mit einem amtlichen Zeitnormal zu ermitteln,**
2. **die für die Tarifierung relevanten Entfernungszonen zu ermitteln,**
3. **die übertragene Datenmenge bei volumenabhängig tarifierten Verbindungen von Telekommunikationsdiensten für die Öffentlichkeit nach einem nach Absatz 3 vorgegebenen Verfahren zu ermitteln und**
4. **die Systeme, Verfahren und technischen Einrichtungen, mit denen auf der Grundlage der ermittelten Verbindungsdaten die Entgeltforderungen berechnet werden, einer regelmäßigen Kontrolle auf Abrechnungsgenauigkeit und Übereinstimmung mit den vertraglich vereinbarten Entgelten zu unterziehen.**

(2) [1]Die Voraussetzungen nach Absatz 1 Nr. 1, 2 und 3 sowie Abrechnungsgenauigkeit und Entgeltrichtigkeit der Datenverarbeitungseinrichtungen nach Absatz 1 Nr. 4 sind durch ein Qualitätssicherungssystem sicherzustellen oder einmal jährlich durch öffentlich bestellte und vereidigte Sachverständige oder vergleichbare Stellen überprüfen zu lassen. [2]Zum Nachweis der Einhaltung dieser Bestimmung ist der Bundesnetzagentur die Prüfbescheinigung einer akkreditierten Zertifizierungsstelle für Qualitätssicherungssysteme oder das Prüfergebnis eines öffentlich bestellten und vereidigten Sachverständigen vorzulegen.

(3) Die Bundesnetzagentur legt im Benehmen mit dem Bundesamt für Sicherheit in der Informationstechnik Anforderungen an die Systeme und Verfahren zur Ermittlung des Entgelts volumenabhängig tarifierter Verbindungen nach Absatz 1 Nr. 2, 3 und 4 nach Anhörung der betroffenen Unternehmen, Fachkreise und Verbraucherverbände durch Verfügung im Amtsblatt fest.

A. Regelungszweck

57 Die Vorschrift des § 45g TKG 2007 geht auf § 5 TKV zurück und bildet eine Schnittstelle zwischen Kundenschutz und technischer Regulierung und legt die Anforderungen für die Ermittlung von Verbindungsentgelten fest (BT-Drucks. 16/2581, S. 25; BerlKommTKG/*Robert*, Anh. I § 45g Rn 1). § 5 TKV regelte lediglich die verbindungsdauerabhängigen Verbindungen (zur Verbindungspreisberechnung vgl BGH NJW 2003, 3487; BGH NJW 1998, 3188). Mit dem neuen TKG sind nunmehr auch **verbindungsdauerunabhängige Verbindungen** von den Verpflichtungen zur Abrechnungsgenauigkeit

umfasst („**Flatrate**“) (*Ditscheid,* MMR 2007, 212). In der Praxis wird in der Telekommunikation auf Netzebene bei Gesprächsbeginn ein zu der Verbindung gehörender Datensatz, der sog. „Call-Detail-Record“ (CDR) erzeugt, der den Verbindungsbeginn (Datum und Uhrzeit, anrufende Teilnehmerrufnummer (A-Rufnummer), eventuell verwendete Servicerufnummer (B-Rufnummer) und die Zielrufnummer (C-Rufnummer) ausweist, sowie Dauer der Verbindung in Sekunden und eine Bewertung, ob die Verbindung erfolgreich oder nicht erfolgreich (zB „Besetztzeichen“) war.

Adressat der Vorschrift sind alle Anbieter von Telekommunikationsdiensten für die Öffentlichkeit, deren Entgeltermittlung auf der Basis von zeit-, entfernungs- und/oder volumenabhängigen Tarifierungssystemen beruhen, unabhängig vom erbrachten Dienst, der genutzten Bandbreite sowie der zur Erbringung der Dienstleistung verwendeten Übertragungs- und Vermittlungstechnik (RegTP Vfg. Nr. 17/2001, ABl. 4/2001, S. 554). Streng genommen schließt dies die telekommunikationsgestützten Dienste nach § 3 Nr. 25 von der Verpflichtung dieser Vorschrift aus (BerlKommTKG/*Robert,* Anh. I § 45g Rn 3; *Kessel,* in: Arndt/Fetzer/Scherer § 45g Rn 6). 58

B. Abgleich mit dem amtlichen Zeitnormal (Abs. 1 Nr. 1)

Das amtliche Zeitnormal bezieht sich auf ein Referenzsystem zur Darstellung und Verbreitung der gesetzlichen Zeit eines Zeitinstituts, die sogenannte „**Atomuhr**“ der Physikalisch-technischen Bundesanstalt in Braunschweig (RegTP Vfg. Nr. 168/1999, ABl. 1999, S. 4106). Ein Abgleich mit diesem Zeitnormal ist nur Netzbetreibern möglich, da nur diese die Dauer einer Verbindung mittels CDR netzintern ermitteln. Eine allgemeine Festlegung eines konkreten Abgleichungsintervalls ist nicht möglich, da dieses insbesondere von der Ganggenauigkeit der Systemuhren abhängt (BTKG/*Dahlke,* § 45g TKG-E 2005, Rn 5). Die Übereinstimmung muss dabei nur so genau sein, dass bei Zeitzonentarifen keine relevanten Abweichungen eintreten. Relevante Abweichungen nimmt die Bundesnetzagentur bei Abweichungen von mehr als drei Sekunden an (RegTP Vfg. Nr. 168/1999, ABl. 23/1999, S. 4101 ff). 59

C. Ermittlung der für die Tarifierung relevanten Entfernungszonen (Abs. 1 Nr. 2)

Die Verpflichtung zur Ermittlung der für die Tarifierung relevanten Entfernungszonen wurde im Rahmen des Entwurfs des TKGÄndG erst im September 2006 eingefügt und enthält weitere Vorgaben für zeitabhängig tarifierte Verbindungen und den Abgleich mit dem amtlichen Zeitnormal (BT-Drucks. 16/2581, S. 25). Allerdings bedingen zeitabhängige und entfernungszonenabhängige Tarifierung einander nicht. Daher ist die Funktion von Nr. 2 nicht klar. Zudem wurde im Rahmen der Zusammenschaltung von Netzen über das Interconnection-Regime der Deutschen Telekom AG bereits im Jahr 2001 das System von entfernungsabhängig tarifierten Verbindungen zu **elementebasierter Tarifierung** (EBC – Element based charging) geändert. In der Praxis haben die Angebote entfernungsabhängig tarifierter Verbindungen, gerade auch vor dem Übergang in ein IP-basiertes Netz, stark abgenommen. Damit ist die Regelung der Nr. 2 heute überflüssig. 60

D. Ermittlung der Menge der volumenabhängig tarifierten Verbindungen (Abs. 1 Nr. 3)

Während verbindungsdauerabhängige Verbindungen bislang schon nach § 5 TKV mittels eines zertifizierten **Qualitätssicherungssystems** oder einmal jährlich mittels eines **Sachverständigengutachtens** den Nachweis der Abrechnungsgenauigkeit und den Abgleich mit dem amtlichen Zeitnormal überprüft werden mussten, wurden für die verbindungsdauerunabhängigen Verbindungen von der Bundesnetzagentur noch Vorgaben zu deren Kontrolle erarbeitet (*Klaes,* CR 2007, 222). Eine erste Mitteilung über den Umfang der Darlegungspflichten bei sog. **Flatrates** hatte die Bundesnetzagentur Ende 2005 veröffentlicht (BNetzA, Mitt.-Nr. 294/2005, ABl. BNetzA 2005, S. 1872 f) Seit der Änderung des TKG 2007 hat der Teilnehmer nach § 99 Abs. 1 Satz 1 das Recht, auf Wunsch auch die Daten pauschal abgegoltener Verbindungen mitgeteilt zu bekommen. Einen Anspruch hat er jedoch hierauf nicht. Der Telekommunikationsanbieter darf hiefür auch ein Entgelt verlangen. Die Ermittlung volumenabhängig tarifierter Verbindungen bezieht sich auf Datenvolumina als Menge einer bestimmten Übertragungseinheit in Byte. 61

E. Kontrolle auf Abrechnungsgenauigkeit und Übereinstimmung mit den vertraglich vereinbarten Entgelten (Abs. 1 Nr. 4)

62 Hierbei darf laut § 45g Abs. 1 Nr. 4 und Abs. 3 die Bundesnetzagentur im Benehmen mit dem Bundesamt für die Sicherheit in der Informationstechnik (BSI) die Anforderungen an die Überprüfung dieser Verbindungen festlegen. Die Bundesnetzagentur hatte schon mit der Vorgängervorschrift des § 5 TKV umfangreiche Vorschriften zu den technischen **Mindestanforderungen an Entgeltermittlungssysteme** festgelegt. Diese bezogen sich auf Datenerfassung, Datennachverarbeitung, Datenübertragung und Protokollierung und gelten für § 45g weiter fort (RegTP Vfg. Nr. 168/1999, ABl. 23/1999, S. 4101 ff geändert durch RegTP Vfg. Nr. 17/2001, ABl. 4/2001, S. 554).

F. Nachweis der Einhaltung der Verpflichtungen (Abs. 2)

63 Der Nachweis der Einhaltung der Verpflichtungen kann auf zwei Wegen gebracht werden: entweder durch eine Prüfbescheinigung eines öffentlich bestellten und vereidigten Sachverständigen, die einmal jährlich der Bundesnetzagentur vorgelegt wird, oder durch ein zertifiziertes Qualitätssicherungssystem. Die Anforderungen an das Sachverständigengutachten oder den die Zertifizierung des QM-Systems belegenden **Auditbericht** hat die Bundesnetzagentur ausführlich festgelegt (RegTP Vfg. Nr. 18/2000, ABl. 4/2000, S. 582 f; RegTP Vfg. Nr. 63/2000, ABl. 12/2000, S. 2098; RegTP Mitteilung Nr. 367/2001, ABl. 12/2001, S. 1876). Der in der Vorgängervorschrift enthaltene unbestimmte Rechtsbegriff der „geeigneten Vorkehrungen“ wurde durch die ausdrückliche Formulierung des Absatz 2 Satz 2 ersetzt.

§ 45h TKG Rechnungsinhalt, Teilzahlungen

(1) [1]Soweit ein Anbieter von Telekommunikationsdiensten für die Öffentlichkeit dem Teilnehmer eine Rechnung erstellt, die auch Entgelte für Telekommunikationsdienste, Leistungen nach § 78 Abs. 2 Nr. 3 und telekommunikationsgestützte Dienste anderer Anbieter ausweist, die über den Netzzugang des Teilnehmers in Anspruch genommen werden, muss die Rechnung dieses Anbieters die Namen, ladungsfähigen Anschriften und kostenfreien Kundendiensttelefonnummern der einzelnen Anbieter von Netzdienstleistungen und zumindest die Gesamthöhe der auf sie entfallenden Entgelte erkennen lassen. [2]§ 45e bleibt unberührt. [3]Zahlt der Teilnehmer den Gesamtbetrag der Rechnung an den rechnungsstellenden Anbieter, so befreit ihn diese Zahlung von der Zahlungsverpflichtung auch gegenüber den anderen auf der Rechnung aufgeführten Anbietern.

(2) Hat der Teilnehmer vor oder bei der Zahlung nichts Anderes bestimmt, so sind Teilzahlungen des Teilnehmers an den rechnungsstellenden Anbieter auf die in der Rechnung ausgewiesenen Forderungen nach ihrem Anteil an der Gesamtforderung der Rechnung zu verrechnen.

(3) Das rechnungsstellende Unternehmen muss den Rechnungsempfänger in der Rechnung darauf hinweisen, dass dieser berechtigt ist, begründete Einwendungen gegen einzelne in der Rechnung gestellte Forderungen zu erheben.

(4) Leistungen anderer Verbindungsnetzbetreiber oder Diensteanbieter, die über den Anschluss eines Teilnehmernetzbetreibers von einem Endnutzer in Anspruch genommen werden, gelten für Zwecke der Umsatzsteuer als vom Teilnehmernetzbetreiber in eigenem Namen und für Rechnung des Verbindungsnetzbetreibers oder Diensteanbieters an den Endnutzer erbracht; dies gilt entsprechend für Leistungen anderer Verbindungsnetzbetreiber oder Diensteanbieter gegenüber einem Verbindungsnetzbetreiber, der über diese Leistungen in eigenem Namen und für fremde Rechnung gegenüber dem Teilnehmernetzbetreiber oder einem weiteren Verbindungsnetzbetreiber abrechnet.

A. Regelungszweck

64 Die Vorschrift legt zunächst Inhalt und Umfang der Rechnung fest, die ein Anbieter von Telekommunikationsdiensten für die Öffentlichkeit seinem Endnutzer erstellt. Darüber hinaus enthält § 45h Regelungen zur Teilzahlung und Hinweispflichten bei Rechnungseinwendungen des Endnutzers. § 45h TKG 2007 baut auf § 15 TKV auf und berücksichtigt dabei die Vorgaben der §§ 18 und 21 Abs. 2 Nr. 7, wonach Teilnehmernetzbetreiber nur unter bestimmten Voraussetzungen verpflichtet werden

können, die Forderungen Dritter beim Kunden geltend zu machen (BT-Drucks. 16/2581, S. 25; *Ditscheid*, MMR 2007, 212).

Im Gegensatz zu § 15 TKV enthält § 45h nicht mehr einen Anspruch des Endnutzers auf eine **einheitliche Rechnung** durch seinen Teilnehmernetzbetreiber und kann auch keinen Anspruch des Verbindungsnetzbetreibers gegenüber dem Endkunden begründen. Ein Anspruch auf eine einheitliche Rechnungsstellung ergibt sich nunmehr nur noch mit Einschränkungen aus § 21 Absatz 2 Nr. 7, weil diese Vorschrift im Gegensatz zu § 45h ausschließlich die Zugangsregulierung betrifft. Auch die Frage nach dem Umfang der Verpflichtung des marktbeherrschenden Unternehmens zum Angebot von Inkassodienstleistungen betrifft nunmehr ausschließlich § 21 Absatz 2 Nr. 7 (VG Köln MMR 2000, 634; OVG Münster NVwZ 2001, 700; VG Köln 2003, 284; BTKG/*Piepenbrock/Attendorn*, § 21 Rn 196 mwN). Die Regelung setzt wie § 15 TKV voraus, dass der Verbindungsnetzbetreiber die Entgeltforderung bereits erlangt hat (BGH MMR 2005, 597 = NJW 2005, 3636 m. Anm. *Ditscheid*, MMR 2005, 599). 65

B. Rechnungsinhalt (Abs. 1)

I. Adressaten der Regelung

Adressaten von § 45h sind Anbieter von Telekommunikationsdiensten für die Öffentlichkeit, soweit sie ihren Endnutzern eine Rechnung erstellen, die auch solche Entgelte für Dienstleistungen anderer Anbieter ausweist, die über den Netzzugang des Endnutzers in Anspruch genommen werden. Dies sind **Teilnehmernetzbetreiber**, die aufgrund der Verpflichtung der §§ 18 und 21 Abs. 2 Nr. 7 oder aufgrund freiwilliger Vereinbarung durch den Abschluss wechselseitiger Verträge über Fakturierung und Inkasso **Entgelte für Dienstleistungen Dritter** ausweisen. Aufgrund der zwischen der Deutschen Telekom AG und den alternativen Wettbewerbern getroffen Vereinbarung iSd § 21 Abs. 2 Nr. 7 findet die Vorschrift in diesem Verhältnis zunächst bis Ende 2010 Anwendung (*Ditscheid/Rudloff*, in: Spindler/Schuster § 45h Rn 9). § 45h findet Anwendung sowohl für das Festnetz als auch für den Mobilfunk (BerlKommTKG/*Schlotter*, Anh. I § 45h Rn 8). 66

II. Betroffene Dienstleistungen

Betroffene Dienstleistungen sind Entgelte für Telekommunikationsdienste nach § 3 Nr. 24 (dies betrifft vor allem **Call-by-Call** Dienste), Leistungen nach § 78 Abs. 2 Nr. 4 (dh Auskunftsdienste, die nunmehr aber auch nach § 3 Nr. 2a legaldefiniert sind, insofern handelt es sich um eine unklare Verweisung) und telekommunikationsgestützte Dienste nach § 3 Nr. 25, bei denen die Inhaltsleistung noch während der Telekommunikationsverbindung erfüllt wird. Dies beinhaltet regelmäßig die Mehrwertdienste, auch wenn im neuen § 3 Nr. 17a mit den dort festgelegten Premium Diensten eine Überschneidung besteht, da auch bei diesen eine über die Telekommunikationsdienstleistung hinaus gehende weitere Dienstleistung erbracht wird, die gegenüber dem Anrufer gemeinsam mit der Telekommunikationsdienstleistung abgerechnet wird. 67

1. Telekommunikationsgestützte Dienste. Es stellt sich die Frage, ob telekommunikationsgestützte Dienste, für die teilweise synonym der Begriff **„Mehrwertdienste"** verwandt wird (BTKG/*Schuster/Piepenbrock/Schütz*, § 3 Rn 51), ausschließlich Premium-Dienste nach § 3 Nr. 17a darstellen oder auch andere Dienste, die in § 3 explizit dargestellt sind, telekommunikationsgestützt nach § 3 Nr. 25 und damit Mehrwertdienste sein können (das Problem wirft auch BerlKommTKG/*Schlotter*, Anh. I § 45h Rn 8 auf, ohne es zu lösen). 68

Die herrschende Meinung geht davon aus, dass sich aus dem Wortlaut der Gesetzesbegründung ergebe, dass alle Rufnummern erfasst werden, die über **nicht geografisch gebundene Sondernummern** während der Telefonverbindung in Anspruch genommen und über die Telefonrechnung abgerechnet werden (BT-Drucks. 15/2316, S. 58 noch für telefonnahe Dienste). Lediglich als Beispiele seien die Gassen 0190 und 0900 genannt, deren Aufführung rein deklaratorisch sei (BTKG/*Schuster/Piepenbrock/Schütz*, § 3 Rn 51). Telekommunikationsgestützte Dienste und deren Synonym Mehrwertdienste stellen demnach den **Oberbegriff** zu anderen in § 3 genannten Diensten (zB Auskunftsdiensten, Geteilte-Kosten-Dienste, Massendienste oder entgeltfreie Telefondienste) dar (*Stögmüller*, CR 2003, 251. *Klaes*, MMR 2007, 21). Teilweise werden nur die kostenpflichtigen Dienste, die zwei Leistungsebenen aufweisen – neben der Telekommmunikationsdienstleistung eine weitere darüber hinausgehende Leistung 69

– in den Anwendungsbereich von § 3 Nr. 25 mit einbezogen (BTKG/*Büning/Weißenfels/Klees/Dahlke,* Vor § 43a TKG-E Rn 13).

70 Eine andere Ansicht lehnt die Einbeziehung weiterer Dienstearten außer Premium-Diensten mit der Begründung ab, dass Mehrwertdienste sich in der Regel dadurch auszeichnen, dass der Diensteanbieter für seine Dienstleistung einen Teil des für die Telekommunikationsverbindung zu zahlenden Entgelts erhält und daher 0180 und 0800 nicht erfasst werden (*Vander,* S. 31 mwN). Mehrwertdiensterufnummern seien zudem noch in § 13a TKV legal definiert gewesen, wohingegen § 3 Nr. 17a diesen Begriff vermeide und stattdessen von Premium-Diensten spreche. In der Praxis werden, auch wenn das Gesetz nunmehr Mehrwertdienste als Begriff nicht mehr kennt, diese weiterhin als Produktbezeichnung angeboten, wobei sich Mehrwertdienste bei den meisten Anbietern primär auf die Kennzeichen der beiden Leistungsebenen bezieht und unabhängig von der verwandten Rufnummerngasse ist.

71 **2. Berechtigungscodes.** Berechtigungscodes sind in § 21 Abs. 2 Nr. 7 Buchstabe a Satz 2 genannt. Sie umfassen solche Berechtigungscodes, die während der Telefonverbindung übertragen werden und Dienstleistungen zum Gegenstand haben. Die vorgenannte Regelung ist Voraussetzung für § 45h. Auch bei der Übersendung von sog. Berechtigungscodes für den Zugang zur Bestellung und Lieferung von Waren und Dienstleistungen wird die Inhaltsleistung während der Telekommunikationsverbindung erbracht, da die Inhaltsleistung lediglich die **Übersendung des Berechtigungscodes** und nicht die Lieferung der Ware oder Dienstleistung (zB Zugang zu Websites) darstellt (iE auch *Ditscheid/Rudloff,* in: Spindler/Schuster § 45h Rn 23; anders wohl BTKG/*Klees* § 66a Rn 12).

III. Einzelne Rechnungsinhalte

72 Rechnungsinhalt nach Abs. 1 Satz 1 muss neben dem Namen des Anbieters auch die **ladungsfähige Anschrift** und kostenfreien Kundendiensttelefonnummern der Anbieter von Netzdienstleistungen und mindestens die Gesamthöhe der auf sie entfallenden Entgelte erkennen lassen (zu Einzelheiten zur ladungsfähigen Anschrift vgl oben Rn 22). Anbieter von Netzdienstleistungen iSd § 45h sind Verbindungsnetzbetreiber. Bei der Inanspruchnahme von Mehrwertdiensten trifft daher die Verpflichtung zur Ausweisung der vorgenannten Rechnungsbestandteile lediglich den Verbindungsnetzbetreiber, in dessen Netz der Dienst geschaltet ist, nicht aber den letztverantwortlichen Inhalteanbieter der Mehrwertdienstleistung. Diesen erfährt der Endnutzer über § 66h. Die Bestandteile der Rechnung geben dem Endnutzer die Möglichkeit, Einwendungen zu erheben und diese auch gerichtlich zu verfolgen.

73 Die kostenfreie Kundendiensttelefonnummer bezeichnet eine Rufnummer nach § 3 Nr. 8a (0800). Ebenfalls ist die **Gesamthöhe** der auf die einzelnen Netzbetreiber entfallenden Entgelte auszuweisen. Die Zahlung des Gesamtbetrages an den Rechnungssteller hat nach Abs. 1 Satz 3 auch befreiende Wirkung gegenüber den anderen auf der Rechnung aufgeführten Anbietern und stellt insofern eine gesetzliche Ausnahme zu § 362 Abs. 2 BGB dar (BTKG/*Dahlke,* § 45h TKG-E 2005, Rn 9; BerlKommTKG/*Schlotter,* Anh. I § 45h Rn 12). Auf das Recht zur Zahlung des Gesamtbetrages an den Rechnungssteller muss in der Gesamtrechnung hingewiesen werden (*Piepenbrock/Müller,* MMR-Beilage 4/2000, 4 (12)). Dies kann auch konkludent durch einen vorgedruckten Überweisungsträger mit eingedrucktem Gesamtbetrag erfolgen (*Manssen/Nießen,* § 15 TKV, Rn 25).

74 An die Zahlungsart stellt § 45h grundsätzlich keine Anforderungen; so ist auch eine **Einzugsermächtigung** des Endnutzers, die keine konkreten Angaben zu ihrem Umfang enthält, wirksam und dahin gehend auszulegen, dass sie für den Gesamtbetrag der Rechnung erteilt wurde (*Manssen/Nießen,* § 15 TKV, Rn 25; *Schütz,* MMR 2000, 313 (314)). Ebenso stellt § 45h keine Anforderungen, in welcher **Form** die Rechnung zu erstellen ist und auf welche Art und Weise sie dem Kunden zugänglich zu machen ist (BGH MMR 2010, 50).

C. Teilzahlung (Abs. 2)

75 Nach Absatz 2 wird bei einer Teilzahlung durch den Endnutzer soweit dieser – auch konkludent – nichts anderes bestimmt, seine Teilzahlung nach ihrem Anteil an der Gesamtforderung der Rechnung verrechnet. Diese Vorschrift stellt eine spezialgesetzliche Regelung zur Vermutungsregel des § 366abs. 2 BGB dar (BTKG/*Dahlke,* § 45h TKG-E 2005, Rn 12).

D. Hinweispflicht des Rechnungsstellers (Abs. 3)

Absatz 3 verpflichtet das Rechnung stellende Unternehmen, den Endnutzer auf seine Berechtigung zur Erhebung begründeter Einwendungen gegen einzelne in der Rechnung gestellter Forderungen hinzuweisen. Dies entspricht § 15 Abs. 3 TKV und richtet sich gegen den in der Rechnung genannten Anbieter nach Abs. 1. 76

I. Vertragsverhältnisse bei Mehrwertdiensten

Für die Vorgängervorschrift war hier die Verantwortlichkeit für Einwendungen gegen die Inanspruchnahme von Mehrwertdiensten problematisch. Daraus ergab sich die Frage, welche Vertragsverhältnisse bei der Inanspruchnahme von Mehrwertdiensten zugrunde liegen. Hierzu gibt es seit dem Jahr 2001 umfangreiche Rechtsprechung des BGH. 77

1. Bisherige Rechtsprechung. Diese geht mit der herrschenden Meinung zu den Vertragsverhältnissen bei Mehrwertdiensten davon aus, dass der Anrufer **zwei Verträge** schließt: zum einen einen Vertrag über die reine **Telekommunikationsverbindungsleistung** mit dem Netzbetreiber, zum anderen einen Vertrag über die inhaltliche Leistung mit dem Content-Provider (ständige Rspr seit Urt. v. 22.11.2001 BGH MMR 2002, 91 (92). *Härting*, S. 9, 40; *Stögmüller*, CR 2003, 254; *Vander*, S. 49 ff mwN). Dies wird mit der Trennung der Verantwortungsbereiche begründet, wonach der Netzbetreiber nur für die technische Seite der Bereitstellung der Telefonverbindung verantwortlich zeichne, betreffe der **Content-Vertrag** die inhaltliche Leistung (BGH MMR 2002, 91 (92); zuvor abweichend KG Berlin CR 2003, 368 m. Anm. *Klees/Heun* S. 544). Einwendungen des Anschlussinhabers gegen den Vertrag mit dem Content-Anbieter wirkten sich demnach nicht auf den Entgeltanspruch des Netzbetreibers aus (BGH MMR 2002, 91). Demgegenüber kommt zwischen Anrufer und dem Verbindungsnetzbetreiber und dem Plattformbetreiber kein eigenständiger Vertrag zustande (BGH MMR 2005, 597 und Fortführung durch BGH NJW 2006, 286). Der Verbindungsnetzbetreiber hat damit keine eigene Berechtigung zum Einzug von Forderungen aus der Inanspruchnahme von Mehrwertdiensten, wenn die Mitwirkung des Verbindungsnetzbetreibers nicht nach außen (zB durch eine Einzugsermächtigung oder eine Zession) deutlich wird (BGH MMR 2005, 597; *Ditscheid*, MMR 2007, 212). 78

2. Neuere Rechtsprechung des BGH. Für Mehrwertdienste hat hier der BGH in seiner Entscheidung vom 16.11.2006 unter Bezugnahme auf die bisherige Vorschrift des § 15 Abs. 3 TKV entschieden, dass der **Teilnehmernetzbetreiber** zwar derartige **Forderungen** im eigenen Namen geltend machen darf, sich allerdings dann aber auch alle **Einwendungen** des Teilnehmers, die sich auf die über die reine Telekommunikationsverbindung hinausgehende **weitere Dienstleistung** beziehen, zurechnen lassen muss (BGH MMR 2007, 179 m. Anm. *Ditscheid*, MMR 2007, 181 und *Vander*, K&R 2007, 155 ff). Die Parteien eines Telefondienstvertrages können nunmehr auch in AGB vereinbaren, dass der Teilnehmernetzbetreiber auch Vergütungen, die für die Nutzung von Mehrwertdiensten Dritter über den Telefonanschluss geschuldet werden, als **eigene Forderungen** geltend machen kann (BGH MMR 2007, 179). 79

II. Differenzierung nach Abrechnungsverfahren

1. Online- und offline-billing. Bislang bezogen sich alle Entscheidungen des BGH auf Verbindungen zu Premium-Diensten der Rufnummerngasse 0190, die grundsätzlich im **online-billing** abgerechnet werden (Ausnahme Rufnummerngasse 0190–0 als Pilotprodukt, dazu BGH MMR 2005, 597). Dieses Abrechnungsverfahren bedingt, dass es sich immer um feste Tarife handelt (zur mangelnden Differenzierung der Abrechnungsverfahren auch *Ditscheid*, CR 2006, 316 (318); *Vander*, S. 75 f; *ders.*, K&R 2007, 155 (156)). Erstmals hat der BGH nunmehr auch – zumindest in einem Nebensatz – grundsätzlich bestätigt, dass auch für Verbindungen zu Premium-Diensten der Rufnummerngasse 0900 die gleichen Grundsätze gelten (BGH MMR 2007, 179). Dies ist bedeutsam, da 0900 aus dem Festnetz ausschließlich im **offline-billing** abgerechnet wird, flexibel von den Diensteanbietern tarifierbar ist und seit dem 1.1.2006 die alleinige Rufnummerngasse für Premium-Dienste darstellt. 80

Bei 0900 sendet der Verbindungsnetzbetreiber Leistungsdatensätze zur **Fakturierung** an den Teilnehmernetzbetreiber, der diese auf die Teilnehmerrechnung als „Forderungen anderer Anbieter“ setzt. Das Erstinkasso obliegt dabei dem TNB (aus § 21 Abs. 2 Nr. 7a)), das weitere **Inkasso** und gerichtliche Geltendmachung nach Rückbelastung sowie die Haftung für das Forderungsausfallrisiko dem Verbindungsnetzbetreiber (vgl dazu auch Rn 44). Eine Forderungsabtretung seitens der Verbindungsnetz- 81 betreiber zum Zwecke der Zahlungsentgegennahme erfolgt zwischen Verbindungsnetzbetreiber und Teilnehmernetzbetreiber jedoch nicht, da es sich um **kein echtes Factoring** iSv § 398 BGB handelt (*Ditscheid/Rudloff,* in: Spindler/Schuster § 45h Rn 16).

Der Teilnehmernetzbetreiber ist in diesen Fällen lediglich als Empfangsbote zu sehen, der den Einzug vornimmt. Die Zulässigkeit dieser sog. **Einzugsermächtigung** wird aus § 185 Abs. 1 BGB hergeleitet und begründet die Befugnis, im eigenen Namen über das Recht zur Einziehung auszuüben (*Ditscheid/Rudloff,* in: Spindler/Schuster § 45h Rn 16 mwN).

82 **2. Forderungsinhaberschaft.** Für alle Fälle, die Verbindungen ab 2006 betreffen, hatte der BGH bis dato keine Aussagen getroffen (so auch *Vander,* MMR 2007, 155 (156)). Die vorangegangenen Entscheidungen betrafen zum einen eine **eigene Forderung** eines Teilnehmernetzbetreibers (BGH MMR 2004, 308), zum anderen eine eigene Forderung eines Verbindungsnetzbetreibers (BGH MMR 2005, 597 und BGH MMR 2006, 27). Nunmehr war der Fall der Geltendmachung einer **fremden Forderung** im eigenen Namen durch den Teilnehmernetzbetreiber zu entscheiden.

83 Der Regelfall ist demnach nunmehr für die Fakturierung die Geltendmachung einer fremden Forderung in fremdem Namen durch den Teilnehmernetzbetreiber und für die weitere Inkassierung die Geltendmachung einer eigenen Forderung des Verbindungsnetzbetreibers. Bei der gerichtlichen Geltendmachung bleibt damit weiterhin das **Problem des Nachweises der Berechtigung** bestehen, sofern nicht neue AGB zwischen Teilnehmernetzbetreiber und Verbindungsnetzbetreiber zur Berechtigung zur weiteren Inkassierung vereinbart werden (*Ditscheid,* MMR 2007, 213. Dazu auch BGH MMR 2007, 367 (369)).

84 Insofern lässt sich schwerlich von einer Aufgabe der bisherigen nutzerfeindlichen Rechtsprechung zum Einwendungsausschluss bei Mehrwertdiensten sprechen (so aber *Vander,* MMR 2007, 155). Auch die Bewertung als konsequente Anknüpfung an die seit 2002 eingeschlagene Linie in Bezug auf die Fakturierung von Mehrwertdiensten (*Ditscheid,* MMR 2007, 181) ist zwar logisch, aber im Ergebnis noch unvollständig und lässt den zukünftigen Regelfall unentschieden.

E. Umsatzsteuerliche Behandlung (Abs. 4)

85 § 45h Abs. 4 war weder im TKG 2004 noch in den bisherigen Entwürfen zum TKGÄndG enthalten. Diese Regelung wurde erst im weiteren Verlauf des Gesetzgebungsverfahrens in das TKG 2007 aufgenommen und verankert die bislang geltende sogenannte **„umsatzsteuerliche Branchenlösung“** erstmals gesetzlich (dazu auch *Klaes,* CR 2007, 223; *Ditscheid/Rudloff,* in: Spindler/Schuster § 45h Rn 29, 60). Den besonderen umsatzsteuerrechtlichen Rahmenbedingungen bei der Rechnungsstellung im Telekommunikationsbereich wurde in der Vergangenheit durch einen zwischen dem Bundesfinanzministerium und den Finanzministerien der Länder abgestimmten **Erlass** des Finanzministeriums Nordrhein Westfalen Rechnung getragen (Erlass des Finanzministeriums NRW vom 2.3.1998 – 7100-188-V C 4, unbefristet verlängert und ausgedehnt auf Auskunfts- und Mehrwertdienste am 6.9.2000 – S 7117 f-20-V C 4).

86 Aufgrund unterschiedlicher Rechtsprechungstendenzen (Finanz- und Zivilrechtsprechung) bestand die Gefahr, dass diese umsatzsteuerrechtliche Branchenlösung nicht mehr fortbestand (FG Düsseldorf Beschluss v. 17.5.2006 – 5 V 238/06 (unveröffentlicht)). Dies hätte gravierende Nachteile für die Verbraucher, die Telekommunikationsanbieter, die Wirtschaft insgesamt und insbesondere auch den Fiskus gehabt. Politik und Verbände haben sich daher übereinstimmend dafür ausgesprochen, in § 45h Abs. 4 TKG eine Klarstellung aufzunehmen, dass die im eigenen Namen abgerechneten Leistungen gemäß § 3 Abs. 11 UStG als an das rechnungsstellende Unternehmen und von ihm erbracht gelten. Durch diese gesetzliche **Fiktion** wird das im TKG verankerte Prinzip sichergestellt, dass die über den Telefonanschluss in Anspruch genommenen Dienstleistungen einheitlich abrechnet werden können, ohne dass dem Staat die Mehrwertsteuer verloren geht und keine Lücke in der Anwendbarkeitskette von § 3 Abs. 11 UStG besteht (*Klaes,* CR 2007, 223; *Kessel*, in: Arndt/Fetzer/Scherer § 45h Rn 25). Möglicherweise wird diese dem TKG wesensfremde Regelung im Zuge der Änderungen des TKG 2011 wieder in das Steuerrecht verlagert.

§ 45i TKG Beanstandungen

(1) [1]Der Teilnehmer kann eine ihm von dem Anbieter von Telekommunikationsdiensten erteilte Abrechnung innerhalb einer Frist von mindestens acht Wochen nach Zugang der Rechnung beanstanden. [2]Im Falle der Beanstandung hat der Anbieter das in Rechnung gestellte Verbindungsaufkommen unter Wahrung der datenschutzrechtlichen Belange etwaiger weiterer Nutzer des Anschlusses als Entgeltnachweis nach den einzelnen Verbindungsdaten aufzuschlüsseln und eine technische Prüfung durchzuführen, es sei denn, die Beanstandung ist nachweislich nicht auf einen technischen Mangel zurückzuführen. [3]Der Teilnehmer kann innerhalb der Beanstandungsfrist verlangen, dass ihm der Entgeltnachweis und die Ergebnisse der technischen Prüfung vorgelegt werden. [4]Erfolgt eine nach Satz 3 verlangte Vorlage nicht binnen acht Wochen nach einer Beanstandung, erlöschen bis dahin entstandene Ansprüche aus Verzug; die mit der Abrechnung geltend gemachte Forderung wird mit der nach Satz 3 verlangten Vorlage fällig. [5]Die Bundesnetzagentur veröffentlicht, welche Verfahren zur Durchführung der technischen Prüfung geeignet sind.

(2) [1]Soweit aus technischen Gründen keine Verkehrsdaten gespeichert oder für den Fall, dass keine Beanstandungen erhoben wurden, gespeicherte Daten nach Verstreichen der in Absatz 1 Satz 1 geregelten oder mit dem Anbieter vereinbarten Frist oder auf Grund rechtlicher Verpflichtungen gelöscht worden sind, trifft den Anbieter weder eine Nachweispflicht für die erbrachten Verbindungsleistungen noch die Auskunftspflicht nach Absatz 1 für die Einzelverbindungen. [2]Satz 1 gilt entsprechend, soweit der Teilnehmer nach einem deutlich erkennbaren Hinweis auf die Folgen nach Satz 1 verlangt hat, dass Verkehrsdaten gelöscht oder nicht gespeichert werden.

(3) [1]Dem Anbieter von Telekommunikationsdiensten für die Öffentlichkeit obliegt der Nachweis, dass er den Telekommunikationsdienst oder den Zugang zum Telekommunikationsnetz bis zu dem Übergabepunkt, an dem dem Teilnehmer der Netzzugang bereitgestellt wird, technisch fehlerfrei erbracht hat. [2]Ergibt die technische Prüfung nach Absatz 1 Mängel, die sich auf die Berechnung des beanstandeten Entgelts zu Lasten des Teilnehmers ausgewirkt haben können, oder wird die technische Prüfung später als zwei Monate nach der Beanstandung durch den Teilnehmer abgeschlossen, wird widerleglich vermutet, dass das in Rechnung gestellte Verbindungsaufkommen des jeweiligen Anbieters von Telekommunikationsdiensten für die Öffentlichkeit unrichtig ermittelt ist.

(4) [1]Soweit der Teilnehmer nachweist, dass ihm die Inanspruchnahme von Leistungen des Anbieters nicht zugerechnet werden kann, hat der Anbieter keinen Anspruch auf Entgelt gegen den Teilnehmer. [2]Der Anspruch entfällt auch, soweit Tatsachen die Annahme rechtfertigen, dass Dritte durch unbefugte Veränderungen an öffentlichen Telekommunikationsnetzen das in Rechnung gestellte Verbindungsentgelt beeinflusst haben.

A. Regelungszweck

Die neue Regelung des § 45i TKG entspricht inhaltlich dem alten § 16 TKV und regelt das Verfahren und die Beweislastverteilung bei Streitigkeiten über die in Rechnung gestellten Telekommunikationsentgelte. War die Vorgängerregelung noch auf Einwendungen beschränkt, so umfasst § 45i nunmehr alle **Beanstandungen**, nicht nur formell erhobene Einwendungen. Sie erfordert das Vorliegen eines wirksamen Vertrages und richtet sich nur gegen Beanstandungen, die die Höhe des in Rechnung gestellten Verbindungsentgeltes, nicht jedoch gegen die Wirksamkeit des Vertrages richten (*von Westphalen/Grote/Pohle*, S. 217; *Heßler*, S. 182; *Ditscheid*, MMR 2007, 213). 87

Bislang hatten oftmals Verbraucher Einwendungen gegen die Telefonrechnung aus Gründen der **Zahlungsunfähigkeit oder -unwilligkeit** erhoben und sich auf die fehlende technische Prüfung nach § 16 TKV gestützt, um im Prozess nicht zur Zahlung der Entgelte verurteilt zu werden. Die Gründe für die Einwendungen lagen meist in inhaltlichen Einwendungen, nicht an technischen Mängeln der Netzbetreiber (*Klaes*, CR 2007, 223). § 45i Abs. 3 TKG sieht eine besondere Beweislastregel vor, die allerdings unverändert zu dem bislang geltenden § 16 Abs. 3 TKV ist (BTKG/*Dahlke*, § 45i TKG-E 2005, Rn 43 ff). 88

B. Ablauf der Beanstandung (Abs. 1)

I. Beanstandungsfrist

89 Nach Abs. 1 Satz 1 kann ein Teilnehmer innerhalb der Beanstandungsfrist von mindestens acht Wochen nach Zugang der Rechnung die Abrechnung beanstanden. Eine solche **Einwendungsausschlussklausel** wird allgemein als zulässig erachtet (*Westerfeld,* MMR 2004, 604; *Köhler,* S. 187 ff; *von Westphalen/Grote/Pohle,* S. 123, 213 ff; *Heßler,* S. 179; BT-Drucks. 16/2581, S. 26). Diese **Beanstandungsfrist** ist neu in § 45i, § 16 TKV kannte eine solche Frist nicht. Der BGH geht dabei von einer Verknüpfung von formularvertraglich vereinbarter Beanstandungsfrist und der gesetzlichen Verpflichtung des Anbieters, Verbindungsdaten zu speichern, aus (BGH MMR 2004, 602). Die **Einwendungsfrist** müsse demnach mindestens ebenso lang sein wie die Löschungsfrist für die Verbindungsdaten des damaligen § 6 TDSV (BGH MMR 2004, 602 (603)). Diese Entscheidung dürfte zwischenzeitlich überholt sein, da der Gesetzgeber die Löschungsfrist mit § 97 Abs. 3 Satz 3 auf sechs Monate nach Versendung der Rechnung verlängertt und damit die vorgenannte Verknüpfung aus den Angeln gehoben hat.

90 § 45i Absatz 1 enthält keine Aussage, auf welche Weise eine Rechnung zu erstellen ist. Für die Beanstandungsfrist ist auf den verständigen Kunden abzustellen, dem es nicht verborgen bleiben kann, dass allein das Einstellen einer als unverbindlich bezeichneten Online-Rechnung in das Internetportal des Anbieters nicht ausreicht, diese Frist in Lauf zu setzen (BGH MMR 2010, 50). Zur Frage des **Fristbeginns** und des Zugangs beim Kunden enthält diese Regelung keine Aussage.

II. Adressatenkreis

91 Anders als noch im Entwurf des TKG 2005 richtet sich § 45i nunmehr an **Teilnehmer** und nicht mehr an Endnutzer iSd § 4 Nr. 8, da zwischen Endnutzer und Anbieter kein Vertragsverhältnis besteht, wohl aber zwischen Teilnehmer und Anbieter (Beschlussempfehlung des Wirtschaftsausschusses auf BT-Drucks. 16/3635, Stand 21.11.2006, S. 35). Insofern geht auch § 45i in der neuen Fassung vom Erfordernis des Vorliegen eines Vertragsverhältnisses aus (zu Vertragsverhältnissen bei Mehrwertdiensten und Einwendungen gegen das Zustandekommen diesbezüglich vgl § 45h Rn 77 ff).

92 Verpflichtete nach § 45i sind alle Anbieter von Telekommunikationsdiensten nach § 3 Nr. 24, unabhängig davon, ob sie einen Anschluss bereitstellen (*Pohle/Dorschel,* CR 2007, 153). Daher ist hier fraglich, ob telekommunikationsgestützte Dienste nach § 3 Nr. 25 mit einbezogen sind (vgl dazu § 45g Rn 58. Für die Anwendbarkeit bei der Nutzung von Mehrwertdiensten, allerdings den Verbindungsnetzbetreiber ausnehmend *Pohle/Dorschel,* CR 2007, 154).

93 Durch die Änderung des in der Vorgängerregelung verwendeten Begriffs der Rechnung in Abrechnung werden nunmehr auch **Prepaid-Angebote** umfasst, für die eine Rechnung im klassischen Sinne nicht erstellt wird und auch dort Unregelmäßigkeiten in der Abrechnung auftreten können (BT-Drucks. 16/2581, S. 26). Für den Fall, dass der Anbieter eine Pauschalvereinbarung hinsichtlich der Vergütung des Dienstes geschlossen hat, soll § 45i nicht anwendbar sein („**echte Flatrate**"). Wenn es sich lediglich um Freikontingente handelt, die bei Überschreitung entgeltrelevant sein können („**unechte Flatrate**", soll § 45i anwendbar sein (*Pohle/Dorschel,* CR 2007, 153).

III. Erklärung zur Beanstandung

94 Weiterhin ist zur Beanstandung erforderlich, dass der Teilnehmer eine **Erklärung zur Beanstandung** gibt, aus der mindestens hervorgeht, dass die Beanstandung im Hinblick auf die Verbindungspreise geltend gemacht wird. Die bloße Nichtzahlung der Rechnung ohne erläuternde Angaben reicht als Beanstandung nicht aus, da sie keinen Rückschluss auf den Erklärungswillen des Teilnehmers zulässt (BGH MMR 2004, 602 (604). Es ist eine konkrete Begründung erforderlich (*Manssen/Nießen,* § 16 TKV Rn 11; *Pohle/Dorschel,* CR 2007, 154; BerlKomm TKG/*Schlotter,* Anh. I § 45i Rn 9).

IV. Technische Prüfung

95 Im Falle der Beanstandung hat der Anbieter dann das Verbindungsaufkommen nach einzelnen Verbindungsdaten aufzuschlüsseln und eine **technische Prüfung** durchzuführen. Ausgenommen von der technischen Prüfung sind Fälle, in denen die Beanstandung nachweislich nicht auf einen **technischen**

Mangel zurückzuführen ist. Die Frage, wie ein Fall nachweislich nicht auf einem technischen Mangel beruhen kann, ohne dass eine technische Prüfung durchgeführt wird, lässt der Gesetzgeber offen. (Zum Erfordernis eines Sachverständigengutachtens bei widerstreitenden Behauptungen über das Entgeltaufkommen bei Vorliegen eines Schadprogramms, das einen Dialer unbemerkt installiert, BGH K&R 2007, 95. Zur Haftung des Inhabers eines Telefonanschlusses bei R-Gesprächen BGH NJW 2006, 1971.)

1. Ablauf und Umfang als streitentscheidende Norm. Der **Ablauf und der Umfang der technischen Prüfung** waren lange Zeit umstritten, zumal die Bundesnetzagentur von dem ihr zustehenden Recht der Veröffentlichung geeigneter Verfahren bislang keinen Gebrauch gemacht hatte (*Mannes,* MMR 2006, 657; *Pohle/Dorschel,* CR 2007, 153). Grundsätzlich sollte der Umfang der technischen Prüfung in verhältnismäßigem Umfang sein und von den Umständen des Einzelfalls abhängen (BerlKommTKG/*Schlotter*, Anh. I § 45i Rn 16; *Grote,* § 16 Rn 2; *Scheuerle/Mayen/Schadow,* § 41 Rn 84). Weitergehende Erläuterungen zum Umfang gab es bislang nicht, daher versuchten die Unternehmen selbstständig, Verfahren und Kriterien einer technischen Prüfung zu entwickeln. Bei der Geltendmachung der Forderungen gingen die untergerichtlichen Instanzen oftmals dazu über, die Vorlage eines Nachweises der Abrechnungsgenauigkeit nach ehemals § 5 TKV nicht als Nachweis über eine durchgeführte technische Prüfung zu akzeptieren und eine Pflicht zur technischen Prüfung schon bei erhobenen Einwendungen des Teilnehmers anzunehmen (AG Hannover MMR 2005, 555; AG Cochem MMR 2005, 198; AG Starnberg MMR 2005, 332; *Mannes,* MMR 2006, 659 mwN; aA noch LG Frankfurt MMR 2004, 426; LG Duisburg MMR 2005, 195). Insgesamt lässt sich feststellen, dass die technische Prüfung nach dem bisherigen § 16 TKV für die untergerichtlichen Instanzen als willkommene streitentscheidende Norm verwendet wurde, um die Klage abzuweisen, egal ob die Prüfung überhaupt ein sinnvolles Ergebnis bringen konnte (so auch *Mannes,* MMR 2006, 660). 96

2. Prüfungsumfang im Einzelfall. Der Prüfungsumfang im Einzelfall umfasst als Mindestvoraussetzungen zunächst das Vorliegen von Anhaltspunkten für Einwendungen, die auf **technischen Fehlern** beruhen, wie zB nicht gesicherte Schaltkästen oder Abschlusspunkte (*Mannes,* MMR 2006, 659). Je weniger der Teilnehmer seine Einwendungen konkretisiert, desto weniger intensiv muss die technische Prüfung durchgeführt werden. Eine **kursorische Prüfung**, bei der nochmals Fehlerprotokolle (sog. Trouble tickets) durchgesehen werden, reicht hierbei aus. Es gibt zudem keine Verpflichtung, umfangreiche Messprotokolle herauszugeben (*Mannes,* MMR 2006, 659). 97

3. Verantwortlicher für die Prüfung. Verantwortlich für die Durchführung der technischen Prüfung ist bei einer Mehrheit von Vertragspartnern des Teilnehmers jeder Vertragspartner für seinen **Verantwortungsbereich**, so der Teilnehmernetzbetreiber für den Anschluss selbst, der Verbindungsnetzbetreiber für den Bereich vom Übergabepunkt des Teilnehmernetzbetreibers bis zum erfolgreichen Routing auf den Dienst selbst. Eine Zurechnung fremden Verschuldens oder der Verantwortlichkeit für den Anschluss vom Teilnehmernetzbetreiber auf den Verbindungsnetzbetreiber ist für eine technische Prüfung weder erforderlich noch möglich. 98

4. Auskunftsanspruch. Abs. 1 Satz 2 begründet einen **Auskunftsanspruch** des Teilnehmers gegenüber dem Anbieter (BTKG/*Dahlke,* § 45i TKG-E 2005, Rn 20). Für Entgeltnachweis und das Ergebnis der technischen Prüfung besteht eine **Vorlagepflicht**, die über eine bloße Akteneinsicht hinausgeht (BTKG/*Dahlke,* § 45i TKG-E 2005, Rn 25. BerlKommTKG/*Schlotter,* Anh. I § 45i Rn 17 spricht von „Überlassung"). Die Vorlagepflicht muss sich nach der neuen Regelung nur noch auf das Ergebnis der technischen Prüfung erstrecken (*Pohle/Dorschel,* CR 2007, 157). 99

5. Festlegungen durch die Bundesnetzagentur. Welche Voraussetzungen im Einzelnen an das Verfahren zur technischen Prüfung geknüpft werden, dazu kann die Bundesnetzagentur nach Abs. 1 Satz 5 die geeigneten Verfahren zur Durchführung veröffentlichen. Diese soll in einer Art allgemeinem **Sachverständigengutachten** ohne verbindlichen Charakter Hinweise zur technischen Prüfung veröffentlichen (BerlKommTKG/*Schlotter,* Anh. I § 45i Rn 20; *Mannes,* MMR 2006, 660). 100

V. Nachträglicher Einzelverbindungsnachweis

Die Aufschlüsselung in Einzelverbindungsdaten als nachträglicher EVN und das Ergebnis der technischen Prüfung sind nach Absatz 1 Satz 3 „innerhalb der Beanstandungsfrist" dem Teilnehmer vorzulegen. Im Gegensatz zu § 45e handelt es sich beim EVN nach § 45i um einen nachträglich erteilten Entgeltnachweis, den auch nicht der Rechnungssteller erteilen muss. 101

102 Der **Umfang des Entgeltnachweises** nach § 45i ist noch unklar. Die Bundesnetzagentur ist der Ansicht, dass der Nachweis nach § 45i einen höheren Detailliertheitsgrad als der EVN nach § 45e aufweisen muss, da er auch als gerichtsverwertbares **Beweismittel** dienen muss (BerlKommTKG/*Schlotter,* Anh. I § 45i Rn 14) und § 45i insofern eine **Doppelfunktion** habe: zum einen dient sie der Transparenz der Abrechnung, zum anderen als Beweismittel bei Zahlungsklagen zum Nachweis der ordnungsgemäßen Abrechnung (*Pohle/Dorschel,* CR 2007, 155 mwN). Demgegenüber vertritt der Gesetzgeber die Ansicht, dass in der Regel der Einzelverbindungsnachweis nach § 45e auch als Entgeltnachweis nach § 45i gelten soll (BT-Drucks. 16/2581, S. 26; *Pohle/Dorschel,* CR 2007, 156). Da die Bundesnetzagentur aber für § 45 e lediglich die Mindestvoraussetzungen festlegt, die an den EVN zu knüpfen sind und § 45i von den Unternehmen selbst nachträglich erteilt wird, kann er technisch noch weiter spezifiziert werden, als die für § 45e notwendig ist.

VI. Weitere Ansprüche

103 Sofern die Ergebnisse nach Abs. 1 Satz 3 nicht binnen acht Wochen nach Beanstandung vorgelegt werden, erlöschen die bis dahin entstandenen **Ansprüche aus Verzug.** Die mit der Abrechnung geltend gemachte Forderung wird mit der verlangten Vorlage fällig. Mit dieser Regelung schafft der Gesetzgeber nun nicht nur den bislang im Entwurf schon vorgesehenen Aufschub der Fälligkeit bis zur Vorlage der Prüfungsunterlagen (so schon BT-Drucks. 15/5213, S. 22), sondern darüber hinaus auch im Falle des Überschreitens der Frist einen Wegfall der Ansprüche des Anbieters aus Zahlungsverzug.

104 Bei der Aufschlüsselung der Einzelverbindungsdaten sind die **datenschutzrechtlichen Belange der Mitnutzer** des Anschlusses zu wahren. Hierbei greifen die Vorschriften aus §§ 91 ff, insbesondere § 99.

105 Die Nachweispflicht des Anbieters entfällt nach Abs. 2, wenn die **Verbindungsdaten in rechtlich zulässiger Weise gelöscht** wurden. Stattdessen wird die Beweislast umgekehrt: der Teilnehmer hat die Umstände darzulegen, aus denen sich die Unbegründetheit der geltend gemachten Forderungen ergibt. Er trägt insoweit die Beweislast für seine Einwendungen (BGH MMR 2004, 602 (604)). Die gleiche Rechtsfolge gilt für den Fall, dass die Verkehrsdaten auf Wunsch des Teilnehmers gelöscht worden oder gar nicht gespeichert worden sind (Abs. 2 Satz 2). Auf diese Rechtsfolge muss der Teilnehmer deutlich erkennbar hingewiesen worden sein, so durch einen **drucktechnisch deutlich gestalteten Hinweis** etwa durch Fettdruck oder größere Schriftart (BGH MMR 2004, 602 (604). Dazu auch BerlKommTKG/*Schlotter,* Anh. I § 45i Rn 23).

C. Beweislastverteilung (Abs. 3)

106 In Abs. 3 wird die Darlegungs- und Beweislast nochmals ausdrücklich geregelt. Diese Vorschrift orientiert sich an § 16 Abs. 3 TKV. Dem Anbieter obliegt demnach der Nachweis, dass der Telekommunikationsdienst oder Zugang zum Telekommunikationsnetz bis zum Übergabepunkt technisch fehlerfrei erbracht hat. Nach der Vorgängervorschrift hatte der Anbieter nicht nur zu beweisen, dass er die Telekommunikationsdienstleistung fehlerfrei erbracht hatte, sondern auch, dass er sie richtig berechnet hatte (§ 16 Abs. 3 Satz 1 TKV).

107 Nunmehr braucht der Anbieter zunächst nur den **Nachweis der technisch einwandfreien Erbringung** zu führen. Nur für den Fall, dass dies nicht geschieht oder die Prüfungsfrist verstreicht, ergibt sich die **widerlegliche Vermutung,** dass das in Rechnung gestellte Verbindungsaufkommen unrichtig ermittelt worden ist. Auf das Erfordernis der richtigen Berechnung wird nun verzichtet. Der Gesetzgeber begründete dies damit, dass die Berechnung der Forderungshöhe kein Teil der Leistungserbringung sei, sondern ein betriebswirtschaftlicher Vorgang, der einer Beweislastverteilung nicht zugänglich sei (BT-Drucks. 15/5213, S. 38 f).

108 Unklar bleibt nach der neuen Formulierung, ob sich die Beweislast auf die richtige Berechnung der Entgeltforderung oder die richtige Höhe der Rechnungssumme bezieht. Der Anbieter muss nach höchstrichterlicher Rechtsprechung allerdings im Streitfall sämtliche anspruchsbegründenden Tatsachen darlegen und beweisen (BGH NJW 2005, 2395 (2396); BGHZ 116, 287 (288)). Ob dem Anbieter dabei der **Anscheinsbeweis** für die Richtigkeit seiner Berechnung – etwa aus der Vorlage eines Sachverständigengutachtens bezüglich der Richtigkeit der Entgeltermittlung nach § 45g Abs. 2 – zugute kommt, ist umstritten (BerlKommTKG/*Schlotter,* Anh. I § 45i Rn 28; *Grabe,* CR 2004, 262 (264); *Schütz,* Rn 571 mwN; *Köhler,* S. 185; *Eckert,* in Schuster, S. 517 ff; *Mankowski,* CR 2004, 185; BGH K&R 2004, 283). Sofern zwischen den Parteien streitig ist, ob und in welcher Weise sich ein **Dialer**

auf das Telefonentgeltaufkommen ausgewirkt hat, ist über die widerstreitenden Behauptungen ein **Sachverständigengutachten** einzuholen, es sei denn das Gericht verfügt ausnahmsweise über eigene besondere Sachkunde und legt diese im Urteil und in einem vorherigen Hinweis an die Parteien dar (BGH MMR 2007, 178). Bei der Abrechnung mittels IP-Adressen (sog. **IP-Billing**), das im Zuge der Umstellung der Netze auf ein Next Generation Network (NGN) relevant wird, kommt ein Vertrag zwischen Anschlussinhaber und Billing-Unternehmen zustande. Ein Anscheinsbeweis nach Abs. 3 kommt für diese Fälle nicht in Betracht, da eine Authentisierung des Anschlussinhabers durch den Access-Provider dem Billing-Unternehmen nicht möglich ist (*Bosse/Richter/Schreier,* CR 2007, 79 (82); *Klaes,* MMR 2008, 90 (93)).

D. Wegfall des Zahlungsanspruchs des Anbieters (Abs. 4)

Nach Abs. 4 ist hat der Anbieter keinen Anspruch auf Entgelt gegenüber dem Teilnehmer, wenn dieser nachweist, dass ihm die Inanspruchnahme von Leistungen nicht zugerechnet werden kann oder Tatsachen die Annahme rechtfertigen, dass **Dritte** durch unbefugte Veränderungen an öffentlichen Telekommunikationsnetzen das in Rechnung gestellte Entgelt beeinflusst haben. Nach dieser Vorschrift wird also das Risiko aus Gründen des Verbraucherschutzes auf den Anbieter verlagert, was rechtspolitisch bedenklich ist (BTKG/*Dahlke,* § 45i Rn 38; ausführlich mit anderem Ergebnis dazu *Mankowski,* MMR 2009, 808). An beide Alternativen sind daher strenge Anforderungen zu stellen. Gerade bei der ersten Alternative wird sich der Teilnehmer für den Fall, dass eine **unbefugte Nutzung** beispielsweise durch Familien- oder Hausmitglieder oder Betriebsangehörige erfolgt, nur schwer entlasten können. Regelmäßig beinhalten die AGB der Teilnehmernetzbetreiber insoweit auch eine Haftung des Anschlussinhabers für die Nutzung des Anschlusses durch Dritte. Die Zurechnung von über den Anschluss getätigten Anrufen zB minderjähriger Familienmitglieder wird daher im Regelfall bereits vertraglich festgelegt. 109

Auch die zweite Alternative durch **Manipulationen Dritter** erfordert seitens des Teilnehmers, dass er Tatsachen darlegt, die die Annahme einer unbefugten Veränderung rechtfertigen; die pauschale Manipulationsvermutung reicht dabei nicht aus. Ebenso wenig ist aber auch der Nachweis der Manipulation zu führen. Es müssen Tatsachen belegende Verdachtsmomente vorgebracht werden, aus denen sich die Möglichkeit einer unbefugten Veränderung ergibt (*von Westphalen/Grote/Pohle,* S. 65 f; *Heßler,* S. 186 f). Dies kann zB die Anhängigkeit eines polizeilichen Ermittlungsverfahrens etwa bei der Manipulation an Verteilerkästen sein. 110

Für den besonderen Fall, in denen sich sogenannte **Dialer-Programme** (Software zur Freischaltung kostenpflichtigen Inhalts im Internet) unbemerkt selbst installierten, wendet der BGH den Rechtsgedanken aus der Vorgängerregelung ebenfalls an. Hier trägt der Telekommunikationsnetzbetreiber das Risiko für die Fälle, in denen sich für den durchschnittlichen Anschlussnutzer unbemerkbar die Verbindungen in das Internet über eine Mehrwertdienstenummer herstellen und der Nutzer die Installation nicht zu vertreten hat (BGH MMR 2004, 308; dazu auch für R-Gespräche BGH MMR 2006, 453). 111

Daraus wird seitens der Literatur auch geschlossen, dass der Normzweck des Absatz 4 zwar für reine Telekommunikations-Verbindungsleistungen passe, aber für die neuartigen Fälle der **Abrechnung sonstiger Vertragsleistungen** nicht eine allgemeine Regel für Vertragsschlüsse am Telefon sei (*Mankowski,* MMR 2009, 809). Für Fälle von **Dauerschuldverhältnissen** zB beim Abschluss von Klingeltonabonnements wird daraus geschlossen, dass Abs. 4 lediglich anwendbar für die reine Telekommunikationsverbindung, jedoch nicht für die darüber hinaus abgeschlossene Inhaltsdienstleistung anwendbar ist. 112

Diese Ansicht verkennt jedoch, dass gerade die genannten Fälle der Dialer, R-Gespräche oder auch Klingeltonabonnements, da sie über besondere Rufnummerngassen abgewickelt werden (zB 0900 oder Rufnummern für Kurzwahldienste) klassische Mehrwertdienste und damit telekommunikationsgestützte Dienste, wie in § 3 Nr. 25 niedergelegt, darstellen, deren Wesensmerkmal die gemeinsame Abrechnung von Verbindungs- und Inhaltsleistung darstellt. Sofern eine spezielle Ausnahme des Absatz 4 nicht vorliegt, greift die **allgemeine Beweislastregel** des Absatz 3. Wenn nachgewiesen wird, dass keine Verbindungsleistung zustande gekommen ist, schlägt dies auf das Zustandekommen der Inhaltsleistung durch. Für die Inhaltsleistung für die über Kurzwahldienste regelmäßig abgewickelten Klingeltonabonnements gilt zusätzlich noch § 45l für das Zustandekommen eines Vertrages. 113

§ 45l TKG Dauerschuldverhältnisse bei Kurzwahldiensten

(1) [1]Der Teilnehmer kann von dem Anbieter einer Dienstleistung, die zusätzlich zu einem Telekommunikationsdienst für die Öffentlichkeit erbracht wird, einen kostenlosen Hinweis verlangen, sobald dessen Entgeltansprüche aus Dauerschuldverhältnissen für Kurzwahldienste im jeweiligen Kalendermonat eine Summe von 20 Euro überschreiten. [2]Der Anbieter ist nur zur unverzüglichen Absendung des Hinweises verpflichtet. [3]Für Kalendermonate, vor deren Beginn der Teilnehmer einen Hinweis nach Satz 1 verlangt hat und in denen der Hinweis unterblieben ist, kann der Anbieter nach Satz 1 den 20 Euro überschreitenden Betrag nicht verlangen.

(2) [1]Der Teilnehmer kann ein Dauerschuldverhältnis für Kurzwahldienste zum Ende eines Abrechungszeitraumes mit einer Frist von einer Woche gegenüber dem Anbieter kündigen. [2]Der Abrechnungszeitraum darf die Dauer eines Monats nicht überschreiten. [3]Abweichend von Satz 1 kann der Teilnehmer ein Dauerschuldverhältnis für Kurzwahldienste, das ereignisbasiert ist, jederzeit und ohne Einhaltung einer Frist gegenüber dem Anbieter kündigen.

(3) [1]Vor dem Abschluss von Dauerschuldverhältnissen für Kurzwahldienste, bei denen für die Entgeltansprüche des Anbieters jeweils der Eingang elektronischer Nachrichten beim Teilnehmer maßgeblich ist, hat der Anbieter dem Teilnehmer eine deutliche Information über die wesentlichen Vertragsbestandteile anzubieten. [2]Zu den wesentlichen Vertragsbestandteilen gehören insbesondere der zu zahlende Preis einschließlich Steuern und Abgaben je eingehender Kurzwahlsendung, der Abrechnungszeitraum, die Höchstzahl der eingehenden Kurzwahlsendungen im Abrechnungszeitraum, sofern diese Angaben nach Art der Leistung möglich sind, das jederzeitige Kündigungsrecht sowie die notwendigen praktischen Schritte für eine Kündigung. [3]Ein Dauerschuldverhältnis für Kurzwahldienste entsteht nicht, wenn der Teilnehmer den Erhalt der Informationen nach Satz 1 nicht bestätigt; dennoch geleistete Zahlungen des Teilnehmers an den Anbieter sind zurückzuzahlen.

A. Regelungszweck

114 § 45l TKG 2007 regelt als Vorschrift, die keinen Vorgänger in der TKV hatte, die Dauerschuldverhältnisse bei Kurzwahldiensten. Systematisch ist sie die erste der dienste- oder rufnummernbezogenen Verbraucherschutzregeln des TKG, die daher auch in Art. 3 des TKG-Änderungsgesetzes enthalten ist. Sie trat aus diesem Grund wie alle Vorschriften dieses Artikels erst am ersten Tag des siebten auf die Verkündung des Gesetzes folgenden Monat in Kraft, dem 1.9.2007. Diese Vorschrift hat eine systematisch unklare Stellung, da sie eigentlich Vorschriften über **Preisangaben** enthält, allerdings mit den Kündigungsmöglichkeiten und dem Anwendungsbereich auf Dauerschuldverhältnisse auch Regelungen über **Vertragsbestandteile** (zur Definition von Dauerschuldverhältnissen *Larenz*, Schuldrecht I, 1987, § 2 VI; *Gernhuber*, Das Schuldverhältnis in: Handbuch des Schuldrechts, § 16).

115 Die Vorschrift des § 45l TKG wurde im Verlauf des Gesetzgebungsverfahrens heftig diskutiert (vgl BTKG/*Klees*, § 45l TKG-E 2005; *Klees*, CR 2005, 626; *Vander*, MMR 2005, 429; *ders.*, S. 291), sollten doch hier erstmals Regelungen zu Vertragsbestandteilen und dem Verbraucher- und Jugendschutz in einem Bereich getroffen werden, der bislang nicht als **Rufnummernbereich** der Regelungskompetenz der Bundesnetzagentur unterfiel (*Klaes*, CR 2007, 223). Die Mobilfunknetzbetreiber haben die Kurzwahlnummern, über die Dienste wie der Download von Logos oder Klingeltönen erbracht werden und die mittels sogenannter **PremiumSMS** – Kurznachrichten, bei denen die Kosten über denen normaler SMS liegen und die auch in umgekehrter Richtung (Empfang der SMS kostet) abgerechnet werden können – bislang in eigener Regie verwaltet (näher beschrieben bei BerlKommTKG/*Schlotter*, Anh. I § 45l Rn 4 f). Um als Diensteanbieter eine einheitliche Kurzwahlnummer in allen vier Mobilfunknetzen anbieten zu können, waren Vertragsschlüsse mit allen vier Mobilfunknetzbetreibern nötig. In Zukunft soll die Verwaltung der Kurzwahlnummern in die Hände der Bundesnetzagentur gelegt werden. Allerdings bleibt die Umsetzung dieses Vorhabens auch im Nummerierungskonzept 2009 der Bundesnetzagentur nicht abschließend geregelt (vgl Erl. in Abschnitt 14, Rn 76; *Ditscheid/Rudloff*, in: Spindler/Schuster § 45l Rn 10).

B. Anwendungsbereich

116 § 45l bezieht sich zunächst auf Kurzwahldienste nach § 3 Nr. 11b. Kurzwahldienste sind demnach Dienste, die die Merkmale eines Premium-Dienstes (§ 3 Nr. 17a) haben, jedoch eine spezielle Num-

mernart mit kurzen Nummern nutzen. Grundsätzlich können wegen des technologieneutralen Ansatzes des TKG derartige Kurzwahldienste sowohl im Mobilfunk als auch im Festnetz realisiert werden (vgl ausführlich zu Kurzwahldiensten im Festnetz § 66a Rn 77, § 66c Rn 100). Die neuen Regelungen des § 3 Nr. 11a und § 3 Nr. 11c unterscheiden darüber hinaus noch weiter nach Kurzwahl-Datendiensten und Kurzwahl-Sprachdiensten. Insofern ist der Begriff Kurzwahldienste als **Oberbegriff** über die speziellen Ausprägungen von Kurzwahldiensten als sprachbasierter (sog. **PremiumVoice** Dienst) oder datenbasierter Dienst (sog. PremiumSMS oder PremiumMMS) zu verstehen und beide Ausprägungen von § 45l umfasst. Weiterhin betrifft § 45l lediglich **Dauerschuldverhältnisse** bei Kurzwahldiensten, die als sog. **„Abonnement-Dienste“** oder kurz „Abodienste“ beispielsweise für den Download von mehreren Logos oder Klingeltönen beworben werden (BT-Drucks. 16/2581, S. 30; *Klees,* CR 2005, 626 ff). Für den Einzelabruf von Kurzwahldiensten gilt insoweit § 66c.

Grundsätzlich erstreckt sich der Anwendungsbereich des § 45l auf alle Kurzwahldienste unabhängig von deren Abrechnungsart, solange sie Dauerschuldverhältnisse begründen. Zu unterscheiden ist in diesem Zusammenhang zwischen den in der Praxis verbreiteten **Abrechnungsverfahren** des sog. **MO-Billing**, bei dem der Teilnehmer je ausgehender Kurzwahlsendung zu zahlen hat, und dem sog. **MT-Billing**, bei dem der Teilnehmer je eingehender Kurzwahlsendung, also für den Erhalt einer Mitteilung zu zahlen hat. Dieses Abrechnungsverfahren weicht von dem im Telekommunikationsmarkt üblichen Verfahren des **„calling-party-pays“** ab. Letztlich wurde zudem zwischen ereignisbasierten und nichtereignisbasierten Diensten unterschieden. Für erstere gelten die Kündungsvorschriften vereinfacht mit einem jederzeitigen Kündigungsrecht (BT-Drucks. 16/2581 S. 41. Dazu auch *Klaes,* CR 2007, 223; *Ditscheid,* MMR 2007, 214; *Ditscheid/Rudloff,* in: Spindler/Schuster § 45l Rn 4 f). 117

C. Anspruch des Endnutzers auf „Bill-warning“-SMS (Abs. 1)

In das Gesetz aufgenommen wurden nunmehr die sogenannte **„Billwarning-SMS“**, die eine für den Verbraucher kostenlose Warnung gibt, wenn Entgeltansprüche eines Anbieters die Summe von 20 Euro je Kalendermonat erreichen (§ 45l Abs. 1 TKG). Nähere Anforderungen an die Billwarning-SMS gibt der Gesetzgeber nicht. Es ist davon auszugehen, dass das Erreichen des Schwellenwerts, der Zeitpunkt des Erreichens, der Name des Diensteanbieters sowie eine Bezeichnung des zugrunde liegenden Dauerschuldverhältnisses bezeichnet werden müssen (BTKG/*Klees,* § 45l Rn 9). Die Höhe des Schwellenwertes war im Gesetzgebungsverfahren lange Zeit umstritten (BT-Drucks. 15/5213, S. 34). 118

Die Formulierung „kann verlangen“ deutet hierbei auf eine **einseitige formlose Willenserklärung** des Teilnehmers auf Erhalt einer Mitteilung hin (BerlKommTKG/*Schlotter,* Anh. I § 45l Rn 10). Es handelt sich dabei nicht um ein **„opt-in“-Verfahren** (so aber BTKG/*Klees,* § 45l Rn 10), weil nicht die Dienstleistung selbst zunächst gesperrt und für eine Leistungserbringung vorab freigeschaltet werden muss, sondern lediglich ein Hinweis ohne eigenen Leistungsinhalt versandt wird. Ebenso liegt bei der Abbestellung der Billwarning-SMS kein „opt-out“ vor, weil nicht der Kurzwahldienst selbst eingestellt, sondern nur kein Hinweis mehr erteilt wird. 119

Anspruchsverpflichtet ist der Anbieter der weiteren Dienstleistung. Dies sind in der Praxis die **Diensteanbieter** von PremiumSMS-Diensten, die mit den Mobilfunknetzbetreibern Verträge als Lieferanten über die Nutzung einer Kurzwahlnummer geschlossen haben. Sie sind zugleich Anbieter einer Inhaltsleistung eines telekommunikationsgestützten Dienstes nach § 3 Nr. 25 (BerlKommTKG/*Schlotter,* Anh. I § 45l Rn 7). Demgegenüber gibt es auch Vertragsmodelle, die sog. **Mediatoren** gestatten, bei denen der Mediator der Vermittler ist, der Diensteanbietern seinerseits gestattet, Dienste im Namen der Diensteanbieter über die vom Mediator vertraglich genutzte Kurzwahlnummer anzubieten und abzurechnen. Dabei ist der Mediator für die angebotenen Dienste nicht verantwortlich; die Bewerbung und Verantwortung für die angebotenen Dienste obliegt dabei weiter dem Diensteanbieter. In diesem Fall wäre auch hier der Letztverantwortliche als Diensteanbieter zum Versand der Billwarning-SMS verpflichtet. 120

Sofern der Teilnehmer mehrere Dauerschuldverhältnisse mit mehreren Anbietern geschlossen hat, kann keine Addition der Summe der Entgeltansprüche aus allen Dauerschuldverhältnissen erfolgen. Andernfalls müssten die Diensteanbieter über sämtliche Umsätze der Teilnehmer auch mit Diensten von Wettbewerbern informiert sein. Über diese Informationen verfügt regelmäßig nur der rechnungsstellende Mobilfunknetzbetreiber oder Service Provider. 121

D. Sonderkündigungsrecht (Abs. 2)

122 Nach § 45l Abs. 2 besteht eine Kündigungsmöglichkeit eines Dauerschuldverhältnisses für Kurzwahldienste (sog. **„Abonnement-Dienste“**) zum Ende eines Abrechnungszeitraums mit einer Frist von einer Woche.

123 Zunächst war im Gesetzgebungsverfahren noch ein jederzeitiges fristloses Kündigungsrecht (**„Stopp-SMS“**) vorgesehen (BT-Drucks. 15/5213, S. 34 zur Vorgängerregelung. Neufassung vgl BR-Drucks. 886/06 S. 11). Weiterhin ist vorgesehen, dass der Abrechnungszeitraum die Dauer von einem Monat nicht überschreiten darf.

124 Lediglich für Dauerschuldverhältnisse für Kurzwahldienste, die ereignisbasiert sind, kann der Teilnehmer jederzeit kündigen. Diese Regelung ist missverständlich, da ein Dauerschuldverhältnis regelmäßig wiederkehrende Leistungen betrachtet und **ereignisbasierte Kurzwahldienste** lediglich einmalig erbracht werden. Ereignisbasiert bezeichnet hier die Tarifierungsart in Abgrenzung zu minutenbasierter Tarifierung, nicht aber das Angebot von Kurzwahldiensten bezogen auf ein bestimmtes Ereignis. Datenbasierte Kurzwahldienste werden ausschließlich ereignisbasiert abgerechnet; sprachbasierte Kurzwahldienste werden ereignis- oder minutenbasiert abgerechnet. Das Zugeständnis der Festschreibung des jederzeitigen Kündigungsrechts für ereignisbasierte Dienste war damit letztlich nur ein politisches Instrument, um beim grundsätzlichen Kündigungsrecht eine Befristung zu erreichen.

E. Informationspflichten und „Handshake-Verfahren“ (Abs. 3)

125 Nach § 45l Abs. 3 muss eine sog. Bestätigungs-SMS (sog. **„Handshake-SMS“**) zum Abschluss eines Dauerschuldverhältnisses für Kurzwahldienste mit der Übersicht der wichtigsten Vertragsbestandteile wie Preis, Abrechnungszeitraum und Höchstzahl der eingehenden Sendungen versandt werden, die der Verbraucher zu einem wirksamen Vertragsabschluss mittels SMS bestätigen muss. Weiterhin muss der Teilnehmer über das jederzeitige Kündigungsrecht sowie die praktischen Schritte für eine Kündigung informiert werden. Diese Regelung normiert ein Vorgehen, dass in der Praxis bereits vielfach praktiziert wird (BTKG/*Klees* § 45l Rn 20; BerlKommTKG/*Schlotter,* Anh. I § 45l Rn 15; Verhaltenskodex des FST e.V. idF v. 11.1.2010, in Kraft getreten am 1.3.2010, Teil 3 II 2 g. abrufbar unter http://www.fst-ev.org/statuten-verhaltenskodex.html; *Ditscheid/Rudloff,* in: Spindler/Schuster § 45l Rn 24).

126 Für die in der Praxis weit verbreiteten sog. **„Chat-Dienste“**, die davon leben, dass die Parteien eine regelmäßige Kommunikation führen, kann eine Höchstzahl der zu versendenden SMS aufgrund der Art der Leistung gar nicht vorausgesagt werden. Die Anwendung von Abs. 3 auf **„Abonnement-Dienste“** bleibt fraglich. Voraussetzung für die Anwendung von Abs. 3 ist der Eingang einer Nachricht beim Teilnehmer (Preis je eingehender Kurzwahlsendung). Für die Berechnung des Entgelts sind in der Praxis beim Abodienst nicht die eingehenden SMS maßgeblich, sondern die zur Bestellung des Abonnements versandte SMS. Ergänzt wird der Anwendungsbereich des Abs. 3 allerdings durch § 66c, der eingreift, wenn bei Kurzwahl-Datendiensten kein Handshake-Verfahren durchgeführt worden ist.

127 Sofern das Handshake-Verfahren nicht ordnungsgemäß durchgeführt worden ist und zB die Bestätigungs-SMS fehlt, entsteht kein Dauerschuldverhältnis. Erst mit **Eingang** der Bestätigungs-SMS kommt der Vertrag zustande (§ 45l Abs. 3 Satz 3). Wenn der Vertrag nicht rechtskräftig zustande gekommen ist, sind dennoch geleistete Zahlungen des Teilnehmers an diesen zurückzuzahlen (BT-Drucks. 16/2581, S. 43). Ein Wegfall des Entgeltanspruchs nach § 66g folgt daraus nicht. Dieser liegt nur beim Fehlen der Tarifanzeige nach § 66c vor.

§ 45o TKG Rufnummernmissbrauch

[1]Wer Rufnummern in seinem Telekommunikationsnetz einrichtet, hat den Zuteilungsnehmer schriftlich darauf hinzuweisen, dass die Übersendung und Übermittlung von Informationen, Sachen oder sonstige Leistungen unter bestimmten Umständen gesetzlich verboten ist. [2]Hat er gesicherte Kenntnis davon, dass eine in seinem Telekommunikationsnetz eingerichtete Rufnummer unter Verstoß gegen Satz 1 genutzt wird, ist er verpflichtet, unverzüglich Maßnahmen zu ergreifen, die geeignet sind, eine Wiederholung zu verhindern. [3]Bei wiederholten oder schwerwiegenden Verstößen gegen gesetzliche Verbote ist der Anbieter nach erfolgloser Abmahnung unter kurzer Fristsetzung verpflichtet, die Rufnummer zu sperren.

A. Regelungszweck und Adressat der Vorschrift

Der neue § 45o TKG 2007 findet seinen Anknüpfungspunkt in § 13a TKV und stellt eine spezielle Zurechnungsnorm im Rahmen der **Störerhaftung** dar (BerlKommTKG/*Schlotter*, Anh. I § 45o Rn 1). Schon diese Regelung hatte zur Aufgabe, die unverlangte Zusendung von Werbung an Dritte mittels Telefax, Email und SMS sowie Anrufe von Voice-Mail-Systemen zu Werbe- oder Rückrufzwecken zu unterbinden (BTKG/*Dahlke*, § 45o Rn 1; dazu *Rösler/Zagouras*, NJW 2002, 2930; *Vander*, S. 216 ff). Es wurden Hinweis- und Handlungspflichten insbesondere in der Sperrung einer missbräuchlich verwendeten Rufnummer bei Zuwiderhandlungen, von denen der Netzbetreiber gesicherte Kenntnis erhält, in § 45o gesetzlich verankert (BT-Drucks. 16/2581 S. 27). Weiterhin bezieht sich § 45o auf sämtliche Rufnummern und nicht mehr nur Rufnummern für Premium-Dienste nach § 3 Nr. 17a, die noch die Vorgängerregelung ausschließlich umfasste. 128

Wer als Adressat dieser Vorschrift gemeint ist, war schon bei der Vorgängervorschrift des § 13a TKV und auch im Gesetzgebungsverfahren noch lange Zeit unklar. Der Entwurf des § 45o aus dem Jahre 2005 sah noch vor, dass derjenige Adressat der Regelung sein sollte, der Rufnummern „abgeleitet zuteilt“. Fälle der **abgeleiteten Zuteilung** entstehen dann, wenn Rufnummern in blockweiser Zuteilung seitens der rufnummernverwaltenden Bundesnetzagentur zugeteilt werden an Netzbetreiber, die ihrerseits Rufnummern an Diensteanbieter im Wege der abgeleiteten Zuteilung weiter vergeben können (zum Verfahren der Zuteilung vgl § 66 Rn 42 ff). Die Vorgängerregelung sah vor, dass Zuteilungsgeber der Anbieter sein soll, in dessen Netz eine Rufnummer geschaltet ist (Netzbetreiber), der dem Zuteilungsnehmer (Dienste- oder Inhalteanbieter) ein Nutzungsrecht an dieser Rufnummer im Wege der abgeleiteten Zuteilung einräumt (BT-Drucks. 15/5213, S. 23. Zum Anwendungsbereich des § 13a TKV *Berger*, MMR 2003, 642 (643). Zu den zivilrechtlichen Auswirkungen *Zagouras*, MMR 2005, 80). 129

Nach der neuen Regelung des § 45o kommt es nicht mehr auf die **Form** der Zuteilung der Rufnummer an. Vielmehr wird auf den **Netzbetreiber** abgestellt, in dessen Netz die Rufnummer geschaltet ist (*Klaes*, CR 2007, 223; *Ditscheid*, MMR 2007, 215; *Ditscheid/Rudloff*, in: Spindler/Schuster § 45o Rn 10). Dies ist sinnvoll, da es von den jeweiligen Zuteilungsregeln der Rufnummerngasse abhängt, die die Bundesnetzagentur als Allgemeinverfügung festlegt, ob Rufnummern in Einzelzuteilung oder blockweisen Zuteilung vergeben werden. Gerade für die vom Rufnummernmissbrauch oftmals betroffenen Premium-Dienste werden mit der Einführung der Rufnummerngasse 0900 die Rufnummern als Einzelzuteilungen an den Diensteanbieter direkt zugeteilt, der sich dann mit der ihm zugeteilten Rufnummer den Verbindungsnetzbetreiber aussuchen kann, in dessen Netz die Rufnummer geschaltet wird. 130

B. Verhältnis zu anderen Gesetzen

I. Verhältnis zum UWG

Gegenüber der allgemeinen Störerhaftung des UWG ist § 45o vorrangig anzuwenden und verdrängt insoweit die subsidiären Regelungen des UWG (*Berger*, MMR 2003, 642 (644 f); *Wüstenberg*, K&R 2004, 437 (439)). Im Verhältnis zu Dritten bleibt die Geltung des UWG unberührt. 131

II. Verhältnis zum Telemedienrecht

Bereits nach der Vorschrift des § 8 Abs. 2 Satz 1 TDG, der nunmehr nach dem Inkrafttreten des TMG am 1.3.2007 in § 7 Abs. 2 TMG überführt wurde (BGBl. I 2007, S. 179), sind Diensteanbieter iSd §§ 8 bis 10 TMG nicht verpflichtet, die von ihnen übermittelten Informationen zu überwachen oder nach Umständen zu forschen, die auf eine rechtswidrige Tätigkeit hinweisen. **Diensteanbieter** iSd TMG sind weiterhin insbesondere Netzbetreiber, Zugangsprovider und Nummernprovider. § 45o war neben dem TDG und dürfte nunmehr auch neben dem TMG anwendbar sein. So finden die Regelungen der §§ 7 ff TMG regelmäßig Anwendung im Rahmen der Deliktshaftung, während die Sonderregeln des § 45o für den Telekommunikationsbereich die Störerhaftung zB nach dem UWG behandelt und Anbieter von Telekommunikationsdienstleistungen insofern privilegiert. Für direkte Zuteilungen dürfte daher noch immer das Haftungsprivileg der §§ 8 ff TDG (nunmehr §§ 7 ff TMG) gelten (BTKG/*Dahlke*, § 45o Rn 13 für den Entwurf 2005, der noch auf den Zuteilungsnehmer abstellte). Das TDG und damit auch das TMG findet nach § 1 Abs. 1 Satz 1 nur für solche Dienste Anwendung, die keine 132

Telekommunikationsdienste nach § 3 Nr. 24 und keine telekommunikationsgestützten Dienste nach § 3 Nr. 25 darstellen (BGBl. I 2007, S. 179).

133 Das Verhältnis des zivilrechtlichen § 45o zum verwaltungsrechtlichen § 67 ist ein prägnantes Beispiel für die **systematischen Unstimmigkeiten** des TKG-Änderungsgesetzes 2007. Die Aufnahme des § 45o regelt zivilrechtliche Rechtsverhältnisse von Teilnehmern zu Anbietern untereinander und nicht mehr behördliche Vorgänge und regulatorische Verhaltensweisen der Verwaltung. Nach § 67 ist die Bundesnetzagentur zum Einschreiten gegen missbräuchliche Rufnummernnutzung berechtigt und kann weit reichende Maßnahmen wie die Abschaltung der Rufnummer oder ein Rechnungslegungs- und Inkassoverbot verhängen. Dabei ist sie allerdings verpflichtet, den Amtsermittlungsgrundsatz zu beachten, weshalb sich die Voraussetzungen an die gesicherte Kenntnis des § 45o nicht auf § 67 übertragen lassen (BTKG/*Dahlke,* § 45o Rn 15; *Mayer/Möller,* K&R 2005, 251 (257)). § 45o entspringt der TKV, die untergesetzlich den Kundenschutz und damit auch die Ansprüche zwischen Anbietern und Teilnehmern regelte. Dass diese Vorschriften nunmehr in das öffentlich-rechtliche Rechtsverhältnisse regelnde TKG und dessen primärem Zweck der Schaffung funktionsfähigen Wettbewerbs im liberalisierten Telekommunikationsmarkt aufgenommen werden, verwischt auch die Trennschärfe zur Inhalteregulierung des Telemedien- und Rundfunkrechts. Im Bereich des Verbraucherschutzes wäre eine Einheitlichkeit wünschenswert, da die **Konvergenz** der Medien, Zugangssysteme und Inhalte erfordert, dass für gleiche Inhalte gleiche Maßstäbe gelten, unabhängig davon, mit welcher Zugangstechnologie sie genutzt werden (*Rossnagel/Scheuer,* MMR 2005, 278).

C. Hinweispflicht des Netzbetreibers (Satz 1)

134 Das mehrstufige Verfahren bei Rufnummernmissbrauch, das schon § 13a TKV vorsah, ist in § 45o erweitert und präzisiert worden. Grundsätzlich gilt das in § 13a TKV vorgesehene **zweistufige Verfahren** (zunächst Abmahnung mit Abhilfeaufforderung, dann Abschaltung der Rufnummer bei wiederholtem Verstoß) hier fort (*Klaes,* CR 2007, 223).

135 Auf erster Stufe ist nunmehr eine **Hinweispflicht** des Netzbetreibers vorgesehen, den Zuteilungsnehmer auf das gesetzliche Verbot der unaufgeforderten Übersendung von Informationen und Leistungen schriftlich hinzuweisen. Üblicherweise wird ein solcher Hinweis in den AGB des Verbindungsnetzbetreibers stehen, der seine Kunden (Diensteanbieter) auf die Rechtswidrigkeit der unverlangten Werbemaßnahmen und mögliche Sanktionen im Falle der Zuwiderhandlung hinweist (*Mayer/Möller,* K&R 2005, 251 (256) gehen davon aus, dass eine Hinweispflicht überflüssig sei, da den Beteiligten die Unzulässigkeit solchen Tuns bekannt sein dürfte).

136 In der Praxis kam es zu Erscheinungsformen **unverlangter Werbung** durch Spam E-mails, die als Anhang einen Dialer enthalten und mittels Aufrufen des beigefügten Links – bewusst oder unbewusst – zum Abruf von Websites, die kostenpflichtigen Inhalt bereitstellen, und teilweise erheblichen Entgelten führen. Weiterhin gibt es Fälle, in denen Werbefaxe, SMS oder sog. **Ping-Anrufe** versendet werden, in denen für den Anruf eines kostenpflichtigen Premium-Dienstes iSd § 3 Nr. 17a (oder auch Massenverkehrs-Dienst iSd § 3 Nr. 11d) geworben wird – durch den Rückruf auf die beworbene Rufnummer entstehen beim Anrufer Verbindungsentgelte, für die der Diensteanbieter **Anbietervergütung** erhält. Synonym wird für dieses Vorgehen auch der Begriff **Lockanrufe** verwandt, bei denen der Anschluss des Teilnehmers einmal klingelt und als Anruf in Abwesenheit eine Rufnummer angezeigt wird, die teilweise aufgrund der Verwechslungsmöglichkeit mit Handyrufnummern zB bei 0137 zum Rückruf animiert (dazu VG Köln MMR 2005, 490 (492); *Brodkorb/Ohlenburg,* CR 2003, 727 f; BerlKommTKG/*Schlotter,* Anh. I § 45o Rn 1).

D. Handlungspflicht bei gesicherter Kenntnis (Satz 2)

I. Maßnahmen

137 Soweit der Zuteilungsgeber gesicherte Kenntnis von der Verwendung einer von ihm zugeteilten Rufnummer zur gesetzlich verbotenen, unverlangten Übersendung von Informationen nach Satz 1 hat, hat er unverzüglich Maßnahmen zu ergreifen, die geeignet sind, eine Wiederholung zu verhindern. Konkret kann eine solche Maßnahme eine **Abmahnung** mit Abhilfeaufforderung und Androhung der Abschaltung der Rufnummer sein (vgl *Berger,* MMR 2003, 642 (646); *Wüstenberg,* K&R 2004, 437 (438)). Die Auswahl der Maßnahme bleibt dabei dem Netzbetreiber überlassen. Die **Sperrung einer Rufnum-**

mer wird aufgrund der Systematik der Regelung von dieser zweiten Stufe der Handlungsverpflichtungen nicht vorgesehen. Die Sperrung einer Rufnummer stellt die ultima ratio dar, um wiederholte und schwerwiegende Verstöße zu verhindern (*Berger,* MMR 2003, 642 (646); *Vander,* S. 221; *Rösler/Zagouras,* NJW 2002, 2930 mit Differenzierung zwischen schwerwiegenden und wiederholten Verstößen). Wirksame Maßnahme ist auch die **Streichung von einer Verteilerliste** (*Wüstenberg,* K&R 2004, 437 (438); *Berger,* MMR 2003, 642 (646); BerlKommTKG/*Schlotter,* Anh. I § 45o Rn 16). Die Maßnahmen müssen unverzüglich iSd § 121 Abs. 1 Satz 1 BGB, ohne schuldhaftes Zögern ergriffen werden. Von einer Reaktionsfrist hat der Gesetzgeber dabei bewusst abgesehen (BTKG/*Dahlke,* § 45o Rn 10).

II. Erfordernis der gesicherten Kenntnis

Um zu einer gesicherten Kenntnis zu gelangen, obliegt es den Unternehmen, bekannt gewordene Verstöße gegen gesetzliche Vorschriften zu dokumentieren. Den Begriff der **„gesicherten Kenntnis“** kannte auch schon § 13a TKV, dessen Auslegung und die Frage der daraus resultierenden Haftung des Netzbetreibers als **Mitstörer** war lange umstritten (*Berger,* MMR 2003, 642 (645); *Spindler/Volkmann,* NJW 2004, 808 (809); *Vander,* S. 218 f, 222 f). Auch die Rechtsprechung entschied unterschiedlich (Mitstörerhaftung bejahend zB OLG Frankfurt MMR 2003, 589. Ablehnend zB OLG Karlsruhe MMR 2002, 613; OLG Stuttgart MMR 2002, 746). Seit der Richtung weisenden Entscheidung des OLG Köln aus dem Jahr 2004 wird die geforderte „gesicherte Kenntnis“ im Sinne des § 13a TKV aF als Zweifel praktisch ausschließende **positive Kenntnis** definiert (OLG Köln MMR 2004, 406; BerlKommTKG/*Schlotter,* Anh. I § 45o Rn 15; *Ditscheid,* MMR 2007, 215). Allein durch wiederholte Mitteilungen kann noch keine gesicherte Kenntnis hergestellt werden (aA *Spindler/Volkmann,* NJW 2004, 808 (809); *Brodkorb/Ohlenburg,* CR 2003, 727 (731)). 138

Im Gegensatz zum TMG, das wie sein Vorgänger auch in § 10 Satz 1 Nr. 1 und 2 TMG auf eine **einfache Kenntnis** des Anbieters abstellt, sind an § 45o demnach höhere Anforderungen an die gesicherte Kenntnis zu stellen. Diese ist folglich erst dann gegeben, wenn der Verpflichtete (nunmehr der Netzbetreiber) in tatsächlicher Hinsicht über alle die Rechtswidrigkeit begründenden Umstände informiert wurde oder diese auf andere Weise erfahren hat und sie darüber hinaus selbst überprüfen konnte (*Berger,* MMR 2003, 642 (645)). Es dürfen **keine ernsthaften Zweifel** über den tatsächlichen Rechtsverstoß bestehen (*Ditscheid/Rudloff,* in: Spindler/Schuster § 45o Rn 24; *Brodkorb/Ohlenburg,* CR 2003, 727 (731); Begr. zu § 13a TKV, BT-Drucks. 505/02, S. 4). 139

Die Mitteilung einer Verbraucherzentrale über einen Rufnummernmissbrauch an einen Netzbetreiber begründet daher nicht generell eine gesicherte Kenntnis und damit eine Haftung als Mitstörer des Netzbetreibers (OLG Köln MMR 2004, 406 (407). Ebenso genügen bloße Rügen nicht zur Begründung der gesicherten Kenntnis (*Wüstenberg,* K&R 2004, 437 (438)). Die Verschärfung der Anforderungen an die Kenntnis im Vergleich zu § 10 TMG ist gerechtfertigt, weil die Sperrung einer Rufnummer schwerer wiegt als das Sperren eines Webseiteninhalts (*Wüstenberg,* K&R 2004, 437 (438) zu § 11 TDG). Bei Netzbetreibern gelten zudem höhere Anforderungen an die **Zurechenbarkeit** der gesicherten Kenntnis. Da es sich bei Netzbetreibern um arbeitsteilig organisierte Unternehmen handelt, erfolgt eine Zurechnung erst dann, wenn die Leitungsorgane oder die zuständigen Mitarbeiter gesicherte Kenntnis erlangt haben. Aus der Organisationsgewalt des Unternehmens ist dabei die Pflicht abzuleiten, eine effiziente interne Kenntniserlangung sicherzustellen (*Haug,* Rn 243 zu § 11 TDG. Für § 45o BTKG/*Dahlke,* § 45o Rn 8). 140

E. Pflicht zur Sperrung der Rufnummer (Satz 3)

Als höchste Verpflichtungsstufe zum Handeln sieht Satz 3 für die Fälle, in denen wiederholte und schwerwiegende Verstöße gegen gesetzliche Verbote vorliegen, vor, dass der Anbieter nach erfolgloser Abmahnung unter kurzer Fristsetzung verpflichtet ist, die Rufnummer zu sperren. Die Sperrung der Rufnummer ist damit als **ultima ratio** zu verstehen, da sie einen schwerwiegenden Eingriff in den eingerichteten und ausgeübten Gewerbebetrieb des Anbieters darstellt und zugleich den Netzbetreiber belastet, da ihm Umsätze entgehen (BTKG/*Dahlke,* § 45o Rn 11). Als kurze Fristsetzung im Sinne des Satz 2 dürften wenige Tage ausreichend sein (BerlKommTKG/*Schlotter,* Anh. I § 45o Rn 19). 141

142 Adressat der Regelung ist hier nicht mehr der Netzbetreiber, in dessen Netz die Rufnummer geschaltet ist, sondern der Anbieter. Dieser ist regelmäßig der **Diensteanbieter** selbst. Insofern hat dieser selbst dafür zu sorgen, dass in diesen Fällen die Rufnummer abgeschaltet wird.

143 Weiterhin ist für die Sperrung der Rufnummer erforderlich, dass der Anbieter dem Verletzer vor der Sperrung eine **Abmahnung** erfolglos ausgesprochen hat. Diese Abmahnung erfüllt hier eine Ankündigungs- und Warnfunktion (Palandt/*Weidenkaff*, Vorb vor § 620 BGB, Rn 41).

144 Die noch im Entwurf des § 45o 2005 vorgesehene Regelung, wonach die Pflichten im Falle einer Rufnummernübertragung auch denjenigen treffen, in dessen Netz die Rufnummer geschaltet ist, wurde nunmehr gestrichen. Diese Vorschrift hätte bewirkt, dass im Falle einer **Portierung** der Rufnummer der aufnehmende Netzbetreiber für Rufnummernmissbräuche, die noch in der Zeit, in der die Rufnummer im Netz des abgebenden Netzbetreibers geschaltet war, entstanden waren. Zwar hätte den Rufnummerninhabern damit der Anreiz genommen werden können, sich durch Netzbetreiberwechsel drohenden Maßnahmen zu entziehen (*Ditscheid/Rudloff,* TKMR 2003, 406 (408)).

13. Abschnitt: Rundfunkübertragung (§§ 48 ff TKG)

§ 50 TKG Zugangsberechtigungssysteme

(1) Anbieter von Zugangsberechtigungssystemen müssen diese technisch so auslegen, dass sie die kostengünstige Übergabe der Kontrollfunktionen gestatten und damit Betreibern öffentlicher Telekommunikationsnetze auf lokaler oder regionaler Ebene die vollständige Kontrolle der Dienste ermöglichen, die solche Zugangsberechtigungssysteme nutzen.

(2) [1]Entschließen sich Inhaber gewerblicher Schutzrechte an Zugangsberechtigungssystemen, Lizenzen an Hersteller digitaler Fernsehempfangsgeräte zu vergeben oder an Dritte, die ein berechtigtes Interesse nachweisen, so muss dies zu chancengleichen, angemessenen und nichtdiskriminierenden Bedingungen geschehen. [2]Es gelten die Kriterien der §§ 28 und 42. [3]Die Inhaber dürfen dabei technische und wirtschaftliche Faktoren in angemessener Weise berücksichtigen. [4]Die Lizenzvergabe darf jedoch nicht von Bedingungen abhängig gemacht werden, die den Einbau

1. **einer gemeinsamen Schnittstelle zum Anschluss anderer Zugangsberechtigungssysteme oder**
2. **spezifischer Komponenten eines anderen Zugangsberechtigungssystems aus Gründen der Transaktionssicherheit der zu schützenden Inhalte**

beeinträchtigen.

(3) Anbieter und Verwender von Zugangsberechtigungssystemen müssen

1. **allen Rundfunkveranstaltern die Nutzung ihrer benötigten technischen Dienste zur Nutzung ihrer Systeme sowie die dafür erforderlichen Auskünfte zu chancengleichen, angemessenen und nichtdiskriminierenden Bedingungen ermöglichen,**
2. **soweit sie auch für das Abrechnungssystem mit den Endnutzern verantwortlich sind, vor Abschluss eines entgeltpflichtigen Vertrages mit einem Endnutzer diesem eine Entgeltliste aushändigen,**
3. **über ihre Tätigkeit als Anbieter dieser Systeme eine getrennte Rechnungsführung haben,**
4. **vor Aufnahme sowie einer Änderung ihres Angebots die Angaben zu den Nummern 1 bis 3 sowie die einzelnen angebotenen Dienstleistungen für Endnutzer und die dafür geforderten Entgelte der Bundesnetzagentur anzeigen.**

(4) [1]Die Bundesnetzagentur unterrichtet die zuständige Stelle nach Landesrecht unverzüglich über die Anzeige nach Absatz 3 Nr. 4. [2]Kommen Bundesnetzagentur oder zuständige Stelle nach Landesrecht jeweils für ihren Zuständigkeitsbereich auf Grund der Anzeige innerhalb einer Frist von zwei Monaten zu dem Ergebnis, dass das Angebot den Anforderungen nach Absatz 3 Nr. 1 bis 4 nicht entspricht, verlangen sie Änderungen des Angebots. [3]Können die Vorgaben trotz Änderungen nicht erreicht werden oder werden die Änderungen trotz Aufforderung nicht erfüllt, untersagen sie das Angebot.

(5) [1]Verfügen ein oder mehrere Anbieter oder Verwender von Zugangsberechtigungssystemen nicht über beträchtliche Marktmacht, so kann die Bundesnetzagentur die Bedingungen nach den Absätzen 1 bis 3 in Bezug auf die oder den Betroffenen ändern oder aufheben, wenn

1. **die Aussichten für einen wirksamen Wettbewerb auf den Endnutzermärkten für die Übertragung von Rundfunksignalen sowie für Zugangsberechtigungssysteme und andere zugehörige Einrichtungen dadurch nicht negativ beeinflusst werden und**
2. **die zuständige Stelle nach Landesrecht festgestellt hat, dass die Kapazitätsfestlegungen und Übertragungspflichten nach Landesrecht dadurch nicht negativ beeinflusst werden.**

[2]Für das Verfahren nach Satz 1 gelten die §§ 11 bis 14 Abs. 1 entsprechend. [3]Die Entscheidung nach Satz 1 überprüft die Bundesnetzagentur alle zwei Jahre.

A. Regelungszweck

1 Die §§ 48 bis 51 nehmen erstmals rundfunkspezifische Regulierungsgegenstände in das TKG auf, da die digitale Übertragungstechnik die Möglichkeit bietet, Anwendungen der Sprach- und Datenkommunikation in Hörfunk- und Fernsehdarbietungen zu integrieren (Beck´scher Rundfunk-Kommentar/*Schulz,* RStV § 2 Rn 39). Sie dienen der Umsetzung europarechtlicher Vorgaben der Rahmenrichtlinie und Universaldienstrichtlinie (hier Art. 6 iVm Anhang I Teil 1 Zugangsrichtlinie) und dem Ziel der Harmonisierung der Infrastrukturregulierung. Die Regelungsgegenstände waren bislang im Rundfunkrecht geregelt und wurden nunmehr mit dem TKG 2004 in dieses verlagert. Es wird hier der Versuch unternommen, mit den Normen der §§ 48 ff im Bereich der konvergierenden Medien und dem Spannungsfeld unterschiedlicher Zuständigkeiten und Normenquellen im Telekommunikations- und Medienrecht wenigstens eine Konzentrierung der Bestimmungen in einem Gesetz zu erreichen (BerlKommTKG/*Schmits,* Vor § 48 Rn 5). Bislang erstreckt sich dieser **konvergente Ansatz** im TKG lediglich auf sogenannte „**Geräteparagraphen**", nicht auf die umfassende Regelung des Zugangs und erst recht nicht des Inhalts. Dieser Ansatz sollte in Zukunft stärker verfolgt werden, da schon europarechtliche Vorgaben hierzu existieren. So soll nach der Rahmenrichtlinie angesichts der Verschmelzung von Telekommunikation, Medien und Informationstechnologie für alle Übertragungsnetze und -dienste ein einheitlicher Rechtsrahmen gelten (Erwägungsgrund 5, RL 2001/21/EG vom 7.3.2002, ABl. EG L Nr. 108, S. 33).

B. Rechtsgrundlagen und Wirkungsweise von Zugangsberechtigungssystemen

2 Zugangsberechtigungssysteme (ZBS) werden ebenfalls erstmals zum Gegenstand der Regulierung im TKG erhoben und sind bislang in § 53 Abs. 1 Rundfunkstaatsvertrag idF des 9. Rundfunkänderungsstaatsvertrages (RÄStV) und §§ 6 bis 9 Fernsehsignalübertragungsgesetz (FüG) geregelt. Diese **Doppelregulierung** sollte durch die Aufnahme in das TKG systematisch beseitigt werden, allerdings gilt § 53 RStV iVm § 12 der Satzung sowie den landesrechtlichen Regelungen auch mit dem Inkrafttreten des 9. RÄStV am 1.3.2007 fort. Beide Vorschriften kommen parallel zur Geltung, wobei unterschiedliche Regulierungsbehörden für deren Einhaltung zuständig sind, auch wenn nach Abs. 4 und 5 eine abgestimmte Vorgehensweise die Unterschiede vereinheitlichen soll (BTKG/*Janik/Kühling,* § 50 Rn 34). Diese fortbestehende Doppelregulierung ist nach Art. 31 GG grundsätzlich unzulässig (BVerfGE 36, 193 (202); 61, 149 (204); 67, 299 (331)). Für eine Beseitigung dieser Doppelregulierung wurde eine **Rückführung der Regulierung** nach § 53 Abs. 1 RStV angestrebt, da die telekommunikationsrechtliche Regelung spezieller ist (BTKG/*Janik/Kühling,* § 50 Rn 36).

3 Als **technisches Kernstück** eines digitalen Rundfunks sind ZBS nunmehr innerhalb des horizontalen Regulierungskonzepts des TKG in das System der Infrastrukturregulierung aufgenommen worden (BTKG/*Janik/Kühling,* § 50 Rn 1). In seiner Funktion ist § 50 eine Ausnahme zur Zugangsregulierung der §§ 21 ff, denn sie knüpft nicht an das Vorliegen beträchtlicher Marktmacht an.

4 ZBS sind in § 3 Nr. 33 legal definiert und steuern mittels einer Verschlüsselungstechnik den **individuellen Zugang der Empfänger zu Programminhalten** (BTKG/*Janik/Kühling,* § 50 Rn 3). Nur berechtigte Nutzer, die ihre Berechtigung mittels der auf der Smart Card gespeicherten Daten nachweisen können, erhalten Zugang. Kernstück eines ZBS ist die Codierungssoftware (BTKG/*Janik/Kühling,* § 50 Rn 18). ZBS dienen der Adressierung von Programminhalten und werden in der Regel von Pay-TV Anbietern zur Verschlüsselung einzelner Programminhalte verwendet, die von Abonnenten gesondert freigeschaltet werden können (BerlKommTKG/*Schmits,* § 50 Rn 4). Von ihnen zu unterscheiden ist die sog. **Grundverschlüsselung** von Programminhalten, bei der ZBS dazu eingesetzt werden, alle Programminhalte über eine bestimmte Verbreitungsplattform generell zu verschlüsseln, um dadurch die Infrastruktur vor unberechtigten Zugriffen zu schützen (BTKG/*Janik/Kühling,* § 50 Rn 6). Besondere Bedeutung haben ZBS vor allem für den Aufbau eines Abrechnungssystems zur individuellen Tarifierung je nach Nutzungsform und -intensität und für den Einsatz von **Altersverifikationssystemen** zum Jugendschutz nach § 4 Abs. 2 JMStV.

C. Übergabe von Kontrollfunktionen (Abs. 1)

5 Nach Abs. 1 sind ZBS technisch so auszulegen, dass sie die **kostengünstige Übergabe** der Kontrollfunktionen gestatten und damit Betreibern öffentlicher Telekommunikationsnetze auf lokaler und regionaler Ebene die vollständige Kontrolle der Dienste gestatten. Diese Bestimmung regelt damit vor-

dergründig die technische Ausgestaltung eines ZBS, mittelbar gestaltet sie das Verhältnis zwischen Pay-TV Anbietern und Kabelnetzbetreibern im Hinblick auf die Endkundenbeziehung aus (BTKG/*Janik/Kühling*, § 50 Rn 38). Adressat der Norm ist der **Anbieter** von ZBS, also die Herstellerindustrie, Normberechtigte die Betreiber öffentlicher Telekommunikationsnetze (BerlKommTKG/*Schmits*, § 50 Rn 7).

Technisch muss eine Trennung zwischen Kontrollfunktionen und Programmsignalen erfolgen. Dieses Verfahren wird „**Transcontrol**" genannt (die unterschiedlichen Umsetzungen dieses Verfahrens sind beschrieben bei BTKG/*Janik/Kühling*, § 50 Rn 38) und erfolgt durch einen Verwürfelungsalgorithmus, ohne dass ein „**Schlüsselwechsel**" durch Entfernen oder Hinzufügen von Zugangsberechtigungsinformationen hiervon beeinträchtigt wird. Durch diesen Schlüsselwechsel und den Schutz der Netzhoheit sollen Betreiber öffentlicher Telekommunikationsnetze die Möglichkeit haben, die vollständige Kontrolle über die zugangsgeschützten Dienste zu erlangen, die in ihren Netzen verbreitet werden und deren Investitionen geschützt werden. Da Abs. 1 nur Regelungen zu technischen Anforderungen setzt, muss die direkte Kontaktierung von Kabelkunden vertraglich ausgeschlossen werden oder die Weiterverbreitung der gesamten Programmsignale mittels des Einsatzes von entsprechenden Filtern vollständig blockiert werden, da ein Anspruch auf unentgeltliche Durchleitung nicht besteht (BGH NJW 1996, 2656; OLG Hamburg AfP 2000, 371. BGH Urt. v. 19.9.2003 – V ZR 319/01, S. 8). Ein Schlüsselwechsel ist dabei von der Zustimmung des Vorlieferanten, der zugangskontrollierte Inhalte anbietet, abhängig (BTKG/*Janik/Kühling*, § 50 Rn 45; *Gersdorf*, in: Spindler/Schuster § 50 Rn 5). In der Regel treten dabei die Rundfunkveranstalter oder zuliefernde Netzbetreiber der Netzebene 3 als Verwender von ZBS auf, deren Zustimmung eingeholt werden muss. Die Kostengünstigkeit als Erfordernis des Abs. 1 ist gesetzlich nicht definiert, daher ist im Wege der Auslegung auf die Marktüblichkeit und die Verwendung von standardisierter und branchenüblicher Technik abzustellen (BTKG/*Janik/Kühling*, § 50 Rn 46). 6

§ 50 dient darüber hinaus der technischen Kontrolle der Dienste, der Fehlerortung und Ermöglichung von Prüfmaßnahmen. Dabei muss eine Zustimmung der Vorlieferanten vorliegen (BT-Drucks. 15/2316, S. 75. BerlKommTKG/*Schmits*, § 50 Rn 6) 7

D. Lizenzvergabe (Abs. 2)

Abs. 2 regelt den Zugang zu Lizenzen an ZBS für eine diskriminierungsfreie Vergabe der Lizenzen und geht auf Art. 6 iVm Anhang I Teil 1 lit. a) Zugangsrichtlinie und die Vorgängernorm des Art. 4 lit. d) der Fernsehsignalrichtlinie (RL 95/47/EG) zurück. Sie wurde bislang in § 9 FüG umgesetzt. 8

I. Adressatenkreis

Normverpflichteter sind die **Inhaber gewerblicher Schutzrechte**, die die Verwendung von ZBS durch Dritte untersagen können. Dies sind regelmäßig als Lizenzgeber die Hersteller und Entwickler von ZBS (BTKG/*Janik/Kühling*, § 50 Rn 52; BerlKommTKG/*Schmits*, § 50 Rn 12). Normberechtigte sind in erster Linie die **Lizenznehmer** von ZBS und damit die Hersteller von digitalen Empfangsgeräten. **Dritte** im Sinne dieser Vorschrift sind diejenigen, die ein berechtigtes Interesse am Erhalt einer Lizenz nachweisen können. In Betracht kommen hier Rundfunkveranstalter, Plattformbetreiber und auch Diensteanbieter nach § 3 Nr. 6 (BerlKommTKG/*Schmits*, § 50 Rn 11), aber auch Betreiber anderer ZBS, die durch eine behindernde Maßnahme nach Abs. 2 Satz 4 Nr. 1 und 2 in ihren Wettbewerbschancen beeinträchtigt werden (BTKG/*Janik/Kühling*, § 50 Rn 53). 9

II. Chancengleichheit

Die Bedingungen der Lizenzvergabe müssen drei positiven Kriterien entsprechen: Chancengleichheit, Angemessenheit und Diskriminierungsfreiheit. Der Kontrollmaßstab ist dabei anhand der §§ 28 und 42 zu konkretisieren (BTKG/*Janik/Kühling*, § 50 Rn 56). Die **Chancengleichheit** ist dann gegeben, wenn eine formale Gleichbehandlung erfolgt. Eine materielle Chancengleichheit, die eine gezielte Privilegierung einzelner Lizenznehmer gestattet, ist in Ausnahmefällen zulässig (Beck´scher Rundfunk-Kommentar/*Schulz*, § 53 Rn 44; *Hartstein/Ring/Kreile/Dörr/Stettner*, § 53 Rn 14; *Schütz*, Kommunikationsrecht Rn 496). Die Kontrolle der materiellen Konditionen wie der finanziellen Ausgestaltung der Lizenzvergabe unterliegt der besonderen Missbrauchskontrolle der §§ 28 und 42, wobei § 42 die Funktion einer Generalklausel hat (BerlKommTKG/*Schmits*, § 50 Rn 19). 10

III. Angemessenheit

11 Die **Angemessenheit** betrifft das „ob" und „wie" der Lizenzvergabe. Vor allem die Ausgestaltung der Lizenzkosten, aber auch sonstige Belastungen des Lizenznehmers, wie Vertragslaufzeiten, Exklusivität etc. unterfallen diesem Kriterium. Angemessenheit liegt dann vor, wenn die Lizenzkosten in Bezug auf den Kostenaufwand für die Entwicklung des ZBS einerseits und die Marktüblichkeit andererseits bewertet werden (Beck´scher Rundfunk-Kommentar/*Schulz*, § 53, Rn 46; *Schütz*, Kommunikationsrecht Rn 496). Unangemessenheit liegt dann vor, wenn die Bedingungen der Lizenzvergabe nicht in unmittelbarem Zusammenhang mit der konkreten Verwendung des ZBS stehen, sondern übergeordneten marktstrategischen Interessen dienen (BTKG/*Janik/Kühling*, § 50 Rn 58).

IV. Diskriminierungsfreiheit

12 **Diskriminierungsfreiheit** liegt vor, wenn eine formelle und materielle Gleichbehandlung von vergleichbaren Nachfragern von ZBS (Lizenznehmern) vorliegt (*Hartstein/Ring/Kreile/Dörr/Stettner*, § 53 Rn 14; Beck´scher Rundfunk-Kommentar/*Schulz*, § 53 Rn 48; *Schütz*, Kommunikationsrecht Rn 496; BerlKommTKG/*Schmits*, 2006, § 50 Rn 18 ff). Dabei ist wesentlich Gleiches gleich und wesentlich Ungleiches ungleich zu behandeln (BTKG/*Janik/Kühling*, § 50 Rn 75).

V. Behinderungsverbot

13 Die Lizenzvergabe darf darüber hinaus nicht durch die in Abs. 2 Satz 4 genannten negativen Bedingungen abhängig gemacht werden. Das Behinderungsverbot erstreckt sich dabei auf die in Abs. 2 Satz 4 Nr. 1 genannten Fälle, in denen den Herstellern von Decodern der Einbau gemeinsamer Schnittstellen, die dem Anschluss anderer ZBS dienen, nicht verwehrt werden darf (BerlKommTKG/*Schmits*, § 50 Rn 22). Diese Vorschrift soll den Wettbewerb unter den ZBS offen halten und dem Zuschauer die Auswahl unterschiedlicher Anbieter ermöglichen, ohne den vollständigen Austausch des Decoders (zB einheitliche DVB-Schnittstelle „Common Interface") vornehmen zu müssen. Nach Nr. 2 darf im Rahmen der Lizenzvergabe der Einbau von Komponenten anderer ZBS nicht behindert werden. Plattformbetreiber und Decoderhersteller dürfen somit Komponenten anderer ZBS in das Empfangsgerät integrieren, ohne dass dies vom Lizenzgeber untersagt werden darf (BTKG/*Janik/Kühling*, § 50 Rn 67).

E. Pflichten der Anbieter und Verwender (Abs. 3)

14 Die Verpflichteten nach Abs. 3 sind Anbieter und Verwender. Anbieter iSd Abs. 3 sind dabei nach funktionaler Betrachtungsweise **Dienstleister**, die ein ZBS zur Erbringung ihrer Verschlüsselungsdienstleistung verwenden. Die Gesetzesbegründung geht dabei davon aus, dass sich die Vorschrift an Betreiber öffentlicher Telekommunikationsnetze (Kabelnetzbetreiber), die selbst ZBS einsetzen und an Anbieter solcher Systeme, die Programmangebote bündeln und vermarkten, aber selbst keine Betreiber öffentlicher Telekommunikationsnetze sind, richtet (BT-Drucks. 15/2316, S. 75).

15 Berechtigter nach Abs. 3 Nr. 1 sind die **Rundfunkveranstalter** (BerlKommTKG/*Schmits*, § 50 Rn 26). Dies sind diejenigen, die eine Struktur festlegen, die Abfolge planen, die Sendungen zusammenstellen und unter einer einheitlichen Bezeichnung dem Publikum anbieten (BVerfGE 97, 298 (310)). Es darf sich nicht um bloße Zulieferung einzelner Sendungen oder Programmteile handeln. Nicht notwendig ist eine Ausstrahlung durch den Veranstalter selbst oder die Eigenproduktion (BVerfGE 97, 298 (310)). Rundfunk ist dabei definiert in § 2 Abs. 1 RStV, wobei dort Satz 2 explizit Darbietungen einschließt, die verschlüsselt verbreitet werden oder gegen besonderes Entgelt empfangbar sind (Beck´scher Rundfunk-Kommentar/*Schulz*, § 2 Rn 10 ff). Diese rundfunkrechtlichen Definitionen gelten für das TKG ebenfalls, so dass unter dem Grundsatz der **Technologieneutralität** auch für die Verbreitung mittels Mobilfunk der Rundfunkbegriff gilt. Es handelt sich beim Rundfunk um einen Inhaltsdienst und nicht um einen Transportdienst (*Kühling*, S. 126 ff). Gerade diese vertikale Differenzierung führt dazu, dass rundfunkrechtliche Regelungen wie diese systematisch nicht in das den Zugang regelnde TKG passen. Erst einem zukünftigen Mediengesetzbuch kann es vorbehalten bleiben, Zugang und Inhalte konvergent zu regeln. Dahin ist es noch ein weiter Weg, der auch eine erneute Föderalismusdebatte mit sich bringen wird.

Die Nutzung der Systeme nach Abs. 3 Nr. 1 erfasst sämtliche Elemente des ZBS und nicht nur die technischen Dienste sowie die Gewährung von Auskünften. Für die **Zugangsbedingungen** gelten die in Abs. 2 für die Lizenzvergabe genannten drei positiven Kriterien der Chancengleichheit, Angemessenheit und Diskriminierungsfreiheit. Für die Auslegung gilt das oben Gesagte. 16

Nach Abs. 3 Nr. 2 müssen die Verpflichteten dem Endnutzer eine **Entgeltliste** aushändigen. Der Endnutzer ist in § 3 Nr. 8 legal definiert. Fraglich ist, ob diese Vorschrift ein **subjektives Recht** des Endnutzers begründet (wohl zustimmend BTKG/*Janik/Kühling,* § 50 Rn 84). Die Entgeltliste kann dabei als Preisliste mit den AGB der Anbieter ausgehändigt werden und wird somit Vertragsgegenstand. Die Verpflichteten müssen weiterhin nach Abs. 3 Nr. 3 eine **getrennte Buchführung** führen. Die getrennte Rechnungsführung soll dabei die Quersubventionierung von Fernsehdienstemärkten durch Einnahmen aus dem Betrieb von ZBS verhindern (BTKG/*Janik/Kühling,* § 50 Rn 88; BerlKommTKG/*Schmits,* § 50 Rn 29). Nach Abs. 3 Nr. 4 besteht eine Anzeigepflicht gegenüber der Bundesnetzagentur bei der Änderung von Angeboten. Die Verpflichtung der Anzeige besteht für die in Nr. 1–3 genannten Angaben, so auch die Entgelte. Rechtsfolge bei Verstößen gegen die Anzeigepflicht des Abs. 3 Nr. 4 sind die in § 126 genannten Maßnahmen. 17

F. Abstimmung zwischen Bundesnetzagentur und den Landesbehörden (Abs. 4)

Die telekommunikationsrechtliche Aufsichtsbehörde (Bundesnetzagentur) unterrichtet unverzüglich nach Abs. 4 die rundfunkrechtlichen Aufsichtsbehörden der Länder (Landesmedienanstalten). Die **Zuständigkeit der Landesbehörden** richtet sich nach aus medienrechtlicher Sicht nach § 53 Abs. 5 RStV. Demnach ist die Landesmedienanstalt des Landes zuständig, in der der Anbieter oder Verwender von Diensten seinen Sitz, Wohnsitz oder ständigen Aufenthalt hat. Soweit die Behörden zu dem Ergebnis kommen, dass das Angebot den Vorschriften des Abs. 3 Nr. 1–4 nicht entspricht, entscheiden sie innerhalb einer Zwei-Monats-Frist nach Satz 2. Die Entscheidung umfasst im ersten Schritt ein Änderungsverlangen nach Satz 3 und wenn die Änderung die Vorgaben trotzdem nicht umsetzen kann, erfolgt nach Satz 4 die Untersagung des Angebots. Das Änderungsverlangen wie auch die Angebotsuntersagung sind eigenständige Verwaltungsakte nach § 35 VwVfG und nicht bloße Nebenbestimmungen (Beck´scher Rundfunk-Kommentar/*Schulz,* § 53 Rn 99 f). 18

G. Ausnahmen von der Regulierungsverpflichtung (Abs. 5)

Diese Vorschrift setzt Art. 6 Abs. 3 Zugangsrichtlinie um. Die Bundesnetzagentur kann nach Abs. 5 die Bedingungen nach Abs. 1 bis 3 ändern oder aufheben, wenn die nach Abs. 3 Verpflichteten nicht über **beträchtliche Marktmacht** verfügen. Das Verfahren der Marktanalyse zur Feststellung beträchtlicher Marktmacht wird hier ex post eingesetzt; die Regulierung des § 50 bleibt vom Vorliegen einer Marktbeherrschung unabhängig (BerlKommTKG/*Schmits,* § 50 Rn 36). Die Rückführung der Regulierung von ZBS ist im Rahmen einer Überprüfung vorgesehen. Danach kann die Bundesnetzagentur Anbieter und Verwender aus der Regulierung entlassen, wenn folgende Voraussetzungen gegeben sind: Aussichten für einen wirksamen Wettbewerb, Kapazitätsfestlegungen und Übertragungspflichten durch die Landesmedienanstalten, keine negative Beeinflussung (zB bei faktischer Verschlechterung der Verbreitungssituation von Must-carry-Programmen). Eine Änderung dieser Vorschrift ist jedoch im Änderungsgesetz zum TKG 2010 bislang noch nicht vorgesehen. 19

Für die Feststellung beträchtlicher Marktmacht wird das **Marktanalyseverfahren** nach §§ 11 bis 14 entsprechend zur Anwendung kommen. Demnach muss im Zuge einer Deregulierung zunächst ein Markt für ZBS definiert und im Rahmen einer Marktanalyse festgestellt werden, dass ein oder mehrere Anbieter über beträchtliche Marktmacht verfügen. Der relevante Endnutzermarkt ist hierbei der **Zuschauermarkt**, der vom Infrastrukturwettbewerb zwischen den Verbreitungswegen Satellit, Kabel, Terrestrik und DSL und möglicherweise in Zukunft Mobilfunk geprägt ist (BTKG/*Janik/Kühling,* § 50 Rn 115). Praktische Probleme dürfte die Definition eines Marktes für ZBS machen, da die Marktteilnehmer sehr unterschiedlich sind (Hersteller von Verschlüsselungssystemen oder Rundfunkveranstalter und Plattformbetreiber als Verwender) (BTKG/*Janik/Kühling,* § 50 Rn 121). 20

14. Abschnitt: Frequenz- und Nummernvergabe (§§ 52 ff TKG)

§ 55 TKG Frequenzzuteilung

(1) [1]Jede Frequenznutzung bedarf einer vorherigen Frequenzzuteilung, soweit in diesem Gesetz nichts anderes geregelt ist. [2]Eine Frequenzzuteilung ist die behördliche oder durch Rechtsvorschriften erteilte Erlaubnis zur Nutzung bestimmter Frequenzen unter festgelegten Bedingungen. [3]Die Frequenzzuteilung erfolgt zweckgebunden nach Maßgabe des Frequenznutzungsplanes und diskriminierungsfrei auf der Grundlage nachvollziehbarer und objektiver Verfahren. [4]Eine Frequenzzuteilung ist nicht erforderlich, wenn die Frequenznutzungsrechte auf Grund einer sonstigen gesetzlichen Regelung ausgeübt werden können. [5]Sofern für Behörden zur Ausübung gesetzlicher Befugnisse die Nutzung bereits anderen zugeteilter Frequenzen erforderlich ist, und durch diese Nutzung keine erheblichen Störungen dieser Frequenznutzungen zu erwarten sind, ist die Nutzung unter Einhaltung der von der Bundesnetzagentur im Benehmen mit den Bedarfsträgern festgelegten Rahmenbedingungen gestattet, ohne dass dies einer Frequenzzuteilung bedarf.

(2) [1]Frequenzen werden in der Regel von Amts wegen als Allgemeinzuteilungen durch die Bundesnetzagentur für die Nutzung von bestimmten Frequenzen durch die Allgemeinheit oder einen nach allgemeinen Merkmalen bestimmten oder bestimmbaren Personenkreis zugeteilt. [2]Die Frequenzzuteilung wird veröffentlicht.

(3) [1]Ist eine Allgemeinzuteilung nicht möglich, werden Frequenzen für einzelne Frequenznutzungen natürlichen Personen, juristischen Personen oder Personenvereinigungen, soweit ihnen ein Recht zustehen kann, auf schriftlichen Antrag als Einzelzuteilung durch die Bundesnetzagentur zugeteilt. [2]Dies gilt insbesondere, wenn eine Gefahr von funktechnischen Störungen nicht anders ausgeschlossen werden kann oder wenn dies zur Sicherstellung einer effizienten Frequenznutzung notwendig ist.

(4) [1]In dem Antrag nach Absatz 3 ist das Gebiet zu bezeichnen, in dem die Frequenznutzung erfolgen soll. [2]Die Erfüllung der subjektiven Vorraussetzungen für die Frequenzzuteilung ist im Hinblick auf eine effiziente und störungsfreie Frequenznutzung und weiterer Bedingungen nach Anhang B der Richtlinie 2002/20/EG des Europäischen Parlaments und des Rates vom 7. März 2002 über die Genehmigung elektronischer Kommunikationsnetze und -dienste (Genehmigungsrichtlinie) (ABl. EG Nr. L 108 S. 21) darzulegen. [3]Die Bundesnetzagentur entscheidet über vollständige Anträge innerhalb von sechs Wochen. [4]Diese Frist lässt geltende internationale Vereinbarungen über die Nutzung von Funkfrequenzen und Erdumlaufpositionen unberührt.

(5) [1]Frequenzen werden zugeteilt, wenn

1. sie für die vorgesehene Nutzung im Frequenznutzungsplan ausgewiesen sind,
2. sie verfügbar sind,
3. die Verträglichkeit mit anderen Frequenznutzungen gegeben ist und
4. eine effiziente und störungsfreie Frequenznutzung durch den Antragsteller sichergestellt ist.

[2]Der Antragsteller hat keinen Anspruch auf eine bestimmte Einzelfrequenz.

(6) [1]Der Bundesnetzagentur ist Beginn und Beendigung der Frequenznutzung unverzüglich anzuzeigen. [2]Namensänderungen, Anschriftenänderungen, Änderungen in den Eigentumsverhältnissen und identitätswahrende Umwandlungen bedürfen der Anzeige bei der Bundesnetzagentur.

(7) [1]Eine Änderung der Frequenzzuteilung ist unverzüglich bei der Bundesnetzagentur unter Vorlage entsprechender Nachweise in Schriftform zu beantragen, wenn

1. Frequenznutzungsrechte durch Einzel- oder Gesamtrechtsnachfolge übergehen sollen,
2. Frequenzen auf ein verbundenes Unternehmen im Sinne des § 15 des Aktiengesetzes übertragen werden sollen,
3. Frequenzen von einer natürlichen Person auf eine juristische Person, an der die natürliche Person beteiligt ist, übertragen werden sollen oder
4. ein Erbe Frequenzen weiter nutzen will.

[2]In diesen Fällen können Frequenzen bis zur Entscheidung über den Änderungsantrag weiter genutzt werden. [3]Dem Änderungsantrag ist zuzustimmen, wenn die Voraussetzungen für eine Frequenzzuteilung nach Absatz 4 vorliegen, eine Verzerrung des Wettbewerbs auf dem sachlich und räumlich relevanten Markt nicht zu besorgen ist und die Sicherstellung der effizienten und störungsfreien Frequenznutzung gewährleistet ist. [4]Frequenzen, die nicht mehr genutzt werden, sind unverzüglich durch schriftliche Erklärung zurückzugeben. [5]Wird eine juristische Person, der Frequenzen zugeteilt waren, aufgelöst, ohne dass es einen Rechtsnachfolger gibt, muss derjenige, der die Auflösung durchführt, die

Frequenzen zurückgeben. [6]Verstirbt eine natürliche Person, ohne dass ein Erbe die Frequenzen weiter nutzen will, müssen diese vom Erben oder vom Nachlassverwalter zurückgegeben werden.

(8) [1]Frequenzen werden in der Regel befristet zugeteilt, eine Verlängerung der Befristung ist möglich. [2]Die Befristung muss für den betreffenden Dienst angemessen sein.

(9) [1]Sind für Frequenzzuteilungen nicht in ausreichendem Umfang verfügbare Frequenzen vorhanden oder sind für bestimmte Frequenzen mehrere Anträge gestellt, kann die Bundesnetzagentur unbeschadet des Absatzes 5 anordnen, dass der Zuteilung der Frequenzen ein Vergabeverfahren auf Grund der von der Bundesnetzagentur festzulegenden Bedingungen nach § 61 voranzugehen hat. [2]Vor der Entscheidung sind die betroffenen Kreise anzuhören. [3]Die Entscheidung der Bundesnetzagentur ist zu veröffentlichen.

(10) [1]Eine Frequenzzuteilung kann ganz oder teilweise versagt werden, wenn die vom Antragsteller beabsichtigte Nutzung mit den Regulierungszielen nach § 2 Abs. 2 nicht vereinbar ist. [2]Sind Belange der Länder bei der Übertragung von Rundfunk im Zuständigkeitsbereich der Länder betroffen, ist auf der Grundlage der rundfunkrechtlichen Festlegungen das Benehmen mit der zuständigen Landesbehörde herzustellen.

A. Regelungszweck

1 Funkfrequenzen haben für die Telekommunikation herausragende Bedeutung, da sie eine ortsungebundene Kommunikation gewährleisten. Die Entwicklung der Massenmärkte im **Mobilfunk** ist wesentlich geprägt von dem digitalen Standard GSM. Dieser war noch auf die Übertragung von Sprache ausgelegt und wurde durch die Technologie des Mobilfunks der dritten Generation mit UMTS weiterentwickelt. DECT und WLAN sowie digitaler terrestrischer Rundfunk mittels DVB-T erfordern weitere Frequenzen, die durch die **Konvergenz** der Systeme und Märkte noch vorangetrieben wird. Die deutsche Frequenzordnung war seit jeher Sache des Bundes (*Löwer*, Fernmeldekompetenz, Fn 68; BT-KG/*Korehnke/Tewes*, Vor § 52 Rn 81).

2 Vor dem Inkrafttreten des TKG in seiner ursprünglichen Fassung im Jahr 1996 wurde der Bereich des Fernmeldewesens durch das FAG geregelt. Nach § 1 FAG stand dem Bund das alleinige Recht zu, Fernmeldeanlagen zu errichten und zu betreiben, was durch das Bundesministerium für Post und Telekommunikation ausgeübt wurde. Dies wurde mit dem TKG in den §§ 44 ff neu geregelt. Zuständig für die **Frequenzverwaltung** war nunmehr das Bundesministerium für Wirtschaft und die Bundesnetzagentur als ausführende Behörde für den Erlass des Frequenznutzungsplans, die Frequenzzuteilung, das Vergabeverfahren, sowie die Überwachung der Frequenznutzung (BTKG/*Korehnke/Tewes*, Vor § 52 Rn 83). Die Frequenzzuteilung unterfällt nach wie vor der Bundesnetzagentur als Regulierungsbehörde; die Frequenznutzung erfolgt nun auf der Grundlage einer Allgemeinzuteilung nach § 55 Abs. 2.

3 Die Vorschrift des § 55 regelt die grundsätzlichen Aspekte der Frequenzzuteilung. Nach § 47 Abs. 4 TKG 1996 wurde die Frequenzzuteilungsverordnung erlassen, die gemäß § 152 Abs. 2 förmlich aufgehoben und in das TKG 2004 integriert wurde (FreqZutV vom 26.4.2001, BGBl. I, S. 829. BTKG/*Göddel,* § 55 Rn 1).

B. Grundsätze der Frequenzzuteilung (Abs. 1)

4 Jede Frequenznutzung erfordert eine vorherige Frequenzzuteilung. Es handelt sich insofern um ein **Verbot mit Erlaubnisvorbehalt** (BerlKommTKG/*Wegmann,* § 55 Rn 12; Scheurle/Mayen/*Hahn/Hartl,* § 55 Rn 5). Der Begriff der Frequenzzuteilung ist in § 55 Absatz 1 Satz 2 legal definiert. Eine Nutzung ohne Zuteilung ist rechtswidrig und stellt eine Ordnungswidrigkeit nach § 149 Abs. 1 Nr. 10 dar. Der Begriff Frequenznutzung ist dabei wiederum in § 3 Nr. 9 legal definiert. Der Begriff „**bestimmte Frequenz**" beinhaltet dabei auch Frequenzblöcke oder -pakete (Scheurle/Mayen/*Hahn/Hartl,* § 55 TKG, Rn 66). Bei der Frequenzzuteilung handelt es sich um die Erlaubnis zur Nutzung bestimmter Frequenzen unter festgelegten Bedingungen (BTKG/*Göddel,* § 55 Rn 13).

5 Die Zuteilung hat **zweckgebunden** und **diskriminierungsfrei** auf der Grundlage nachvollziehbarer und objektiver Verfahren (BerlKommTKG/*Wegmann,* § 55 Rn 18 f) zu erfolgen. Diese Grundsätze sind von Art. 9 Abs. 1 Satz 2 Rahmenrichtlinie sowie Art. 5 Abs. 2 Satz 2 Genehmigungsrichtlinie vorgegeben. Ausnahmen vom Erfordernis der Zuteilung bestehen nach Abs. 1 Satz 4 für den Fall, dass Fre-

quenznutzungsrechte bereits auf der Grundlage einer sonstigen gesetzlichen Regelung ausgeübt werden dürfen, wie etwa bei der Nutzung auf der Grundlage des Amateurfunkgesetzes (AFuG vom 23.6.1997, BGBl. I S. 1494). Voraussetzung für die Nutzung von bereits anderen zugeteilten Frequenzen ist, dass keine erheblichen Störungen des Primärnutzers zu erwarten sind (BTKG/*Göddel*, § 55 Rn 14). Erheblich ist eine Störung dann, wenn sie unzumutbar iSd Immissionsschutzrechts ist (BVerwGE 50, 49 (55); 68, 62 (67)). Absatz 1 entfaltet zudem **drittschützende Wirkung** auch zugunsten eines Petenten, der die Frequenzen bereits zugeteilt bekommen hat und die Verlängerung anstrebt (BVerwG MMR 2010, 56). Danach besteht auf eine Frequenzzuteilung, die gemäß Absatz 1 Satz 1 für jede Frequenznutzung erforderlich ist und nach Maßgabe des Absatz 3 Satz 1 als Einzelzuteilung erfolgt, ein **subjektives öffentliches Recht** (*Scheurle/Mayen/Hahn/Hartl*, § 55 Rn 42; *Jenny*, in: Heun. Rn 114).

C. Verfahrensarten Allgemeinzuteilung und Einzelzuteilung (Abs. 2 und 3)

Die Frequenzzuteilung erfolgt als **Regelfall** von Amts wegen als **Allgemeinzuteilung** nach Abs. 2 oder 6
als Ausnahme nach schriftlichem Antrag als Einzelzuteilung nach Abs. 3. Allgemeinzuteilungen werden im Amtsblatt veröffentlicht und sind **Allgemeinverfügungen** iSd § 35 Satz 2 VwVfG (BerlKommTKG/*Wegmann*, § 55 Rn 21). Nur soweit eine Allgemeinzuteilung nicht möglich ist, kommt eine Einzelzuteilung in Betracht. Dies ist dann der Fall, wenn die Gefahr einer funktechnischen Störung nicht anders ausgeschlossen werden kann, wobei die Störung mit Wahrscheinlichkeit drohen muss (BTKG/*Göddel*, § 55 Rn 6; BerlKommTKG/*Wegmann*, § 55 Rn 24). Der Begriff der funktechnischen Störung ist definiert in Art. 2 Abs. 2 lit. b) Genehmigungsrichtlinie (RL 2002/20/EG). Für den Antrag auf Einzelzuteilung selbst besteht das Schriftformerfordernis, nicht jedoch für die Einzelzuteilung als Verwaltungsakt nach § 35 VwVfG (dazu *Kopp/Ramsauer*, § 22 VwVfG Rn 33). Die nicht fristgerechte Entscheidung über den Zuteilungsantrag bewirkt keine **Fiktion** der Zuteilung (BVerwG MMR 2010, 56).

Für die **Abgrenzung** zwischen den Zuteilungsverfahren als Allgemein- oder Einzelzuteilung hat die 7
Bundesnetzagentur Verwaltungsgrundsätze erlassen (RegTP Mitt. Nr. 193/2003, ABl. 2003, S. 767). Eine Allgemeinzuteilung ist demnach dann möglich, wenn keine Koordinierung zwischen den verschiedenen Frequenznutzern erforderlich ist, um Störungsfreiheit zu gewährleisten. Weiterhin ist Nutzung durch die Allgemeinheit oder durch einen nach allgemeinen Merkmalen bestimmbaren Personenkreis erforderlich. Eine solche ist bei bundesweiter Nutzung gegeben. Sie scheidet aus, wenn einem bestimmten Nutzer bestimmte Frequenzkapazitäten garantiert werden müssen (BTKG/*Göddel*, § 55 Rn 8). Ebenso ist sie nicht möglich, wenn eine Individualisierung der Nutzer erforderlich ist und besondere subjektive Anforderungen an den Frequenznutzer zu stellen sind.

D. Subjektive Voraussetzungen (Abs. 4)

Obwohl der Gesetzeswortlaut nur von der Verpflichtung zur **Darlegung** der subjektiven Kriterien 8
spricht, müssen diese auch erfüllt sein (BR-Drucks. 755/03, S. 105 f). Ob diese auch für eine Allgemeinzuteilung nach Absatz 2 vorliegen müssen, ist unklar (BerlKommTKG/*Wegmann*, § 55 Rn 34 führt sie zwingend nur für die Einzelzuteilung auf).

Zu den subjektiven Voraussetzungen für die Zuteilung von Frequenzen zählen die Zuverlässigkeit, 9
Leistungsfähigkeit und Fachkunde, die in Person des Antragstellers oder der vertretungsberechtigten Person einer juristischen Person vorliegen müssen (BTKG/*Göddel*, § 55 Rn 20). Beim Fehlen der subjektiven Voraussetzungen ist ein **Anspruch** auf Zuteilung nicht gegeben. Während das TKG 1996 in § 47 Abs. 6 Satz 2 iVm § 8 Abs. 3 Nr. 2 die subjektiven Kriterien noch aufführte, hat die Bundesnetzagentur nunmehr Beurteilungsspielraum für die subjektiven Kriterien, die aber der Sicherstellung einer störungsfreien und effizienten Frequenznutzung dienen und dem Grundsatz der **Verhältnismäßigkeit** entsprechen müssen (BTKG/*Göddel*, § 55 Rn 20).

I. Zuverlässigkeit

Das Merkmal der **Zuverlässigkeit** erfüllt der Antragsteller, wenn er die Gewähr dafür bietet, dass er 10
als Zuteilungsinhaber die Rechtsvorschriften einhalten wird (BTKG/*Göddel*, § 55 Rn 21). Der Begriff orientiert sich am Gewerberecht und dem dort vorgesehenen Merkmal der Unzuverlässigkeit. Diese ist gegeben, wenn der Ausübende keine Gewähr dafür bietet, sein Gewerbe in Zukunft ordnungsgemäß auszuüben (BVerwGE 65, 1. 18, 305; *Landmann/Rohmer/Marcks*, § 35 GewO Rn 29). Die **Progno-**

seentscheidung hat sich dabei an Tatsachen und nicht bloßen Vermutungen zu orientieren, wobei aber eine gewisse Wahrscheinlichkeit ausreicht (BVerwGE 49, 154 (156)). Die Bundesnetzagentur hat in der Vergangenheit verlangt, dass zur Erfüllung dieses Kriteriums dem Antragsteller in den letzten fünf Jahren keine Telekommunikationslizenz entzogen wurde, keine Auflagen wegen Nichterfüllung von Verpflichtungen aus einer Telekommunikationslizenz gemacht wurden, er nicht wegen eines Verstoßes gegen Telekommunikations- oder Datenschutzrecht belangt wurde, noch derzeit ein Verfahren in den vorgenannten Fällen anhängig ist (RegTP Vfg. Nr. 158/1999, ABl. 1999, S. 4090).

II. Leistungsfähigkeit

11 **Leistungsfähigkeit** ist bei demjenigen gegeben, der die Gewähr dafür bietet, dass ihm die für den Aufbau und den Betreib der zur Ausübung der Frequenznutzungsrechte erforderlichen Produktionsmittel zur Verfügung stehen werden. Hier muss der Antragsteller ebenfalls über fünf Jahre die Finanzierung des Vorhabens darlegen durch die Beibringung von Belegen wie Bürgschaften, Eigenmittel, Kreditzusagen oder Selbstauskünfte von Wirtschaftsauskunfteien (RegTP Vfg. Nr. 158/1999, ABl. 1999, S. 4091).

III. Fachkunde

12 **Fachkunde** besitzt der Antragsteller, wenn er die Gewähr dafür bietet, dass die bei der Ausübung der Rechte aus der Frequenzzuteilung tätigen Personen über die erforderlichen Kenntnisse, Erfahrungen und Fertigkeiten verfügen. Diese müssen durch Lebensläufe und Zeugnisunterlagen der entsprechenden Personen belegt werden. Bei einer im Aufbau befindlichen Firma sind die Personalplanungen vorzulegen (RegTP Vfg. Nr. 158/1999, ABl. 1999, S. 4091).

13 Möglicherweise sind im Einzelfall über die genannten subjektiven Kriterien hinausgehende weitere Darlegungspflichten, wie die Vorlage eines gesonderten schlüssigen **Frequenznutzungskonzeptes** erforderlich. Dies hängt von Art und Umfang der beantragten Frequenznutzung ab. Für Rundfunkfrequenzen oder den Betrieb von Funknetzen ist dies nicht erforderlich, jedoch für den See- oder Flugfunk (BTKG/*Göddel,* § 55 Rn 24).

E. Objektive Voraussetzungen (Abs. 5)

14 In Abs. 5 sind die objektiven oder materiellen Voraussetzungen für die Frequenzzuteilung genannt. Diese sind die Ausweisung im Frequenznutzungsplan, die Verfügbarkeit, die Verträglichkeit mit anderen Frequenznutzungen und die Sicherstellung einer effizienten und störungsfreien Nutzung durch den Antragsteller. Abs. 5 ist § 4 Abs. 1 FreqZutV nachgebildet. Es handelt sich um eine **gebundene Entscheidung,** aus der ein Anspruch auf Zuteilung erwächst (VG Köln MMR 2003, 61 (62); BerlKommTKG/*Wegmann,* § 55 Rn 28). Ein Anspruch auf eine bestimmte Frequenz besteht wegen Satz 2 nicht (*Scheurle/Mayen/Hahn/Hartl,* § 55 Rn 44; BT-Drucks. 15/2316, S. 77).

15 Über die im **Frequenznutzungsplan** genannten Festlegungen hinaus sind Verwaltungsvorschriften als Grundlage der Entscheidung zu berücksichtigen und dienen der Konkretisierung der Ermessensausübung (BTKG/*Göddel,* § 55 Rn 16). **Verfügbarkeit** liegt dann vor, wenn die Frequenz nicht bereits anderweitig vergeben ist (BerlKommTKG/*Wegmann,* § 50 Rn 31 spricht von „Nachfrageüberhang"). Die Bundesnetzagentur hat nunmehr einen neuen Frequenznutzungsplan aufgestellt (BNetzA Vfg. Nr. 29/2006, ABl. 2006 S. 1676).

16 **Verträglichkeit** iSd Abs. 5 ist gegeben, wenn funktechnische Störungen anderer berechtigter Nutzungen aufgrund frequenztechnischer Umstände nicht zu besorgen sind (BTKG/*Göddel,* § 55 Rn 15; BerlKommTKG/*Wegmann,* § 55 Rn 32).

17 Der Begriff **„funktechnische Störung"** ist in Art. 2 Abs. 2 lit. b) Genehmigungsrichtlinie definiert. Über die in Abs. 5 genannten objektiven Voraussetzungen hinaus muss eine Koordinierung der Frequenzen national oder international erfolgen, um Schutzansprüche anderer Frequenznutzer innerhalb des gleichen Funkdienstes oder auch funkdienstübergreifend zu berücksichtigen (BTKG/*Göddel,* § 55 Rn 16).

F. Anzeigepflichten (Abs. 6)

18 Zu den Anzeigepflichten nach Abs. 6 zählen die Anzeige des Beginns und Beendigung der **Frequenznutzung,** die **Namens- oder Anschriftenänderung** sowie die Änderung der **Eigentumsverhältnisse** (Berl-

KommTKG/*Wegmann,* § 55 Rn 36 ff). Dabei sind unwesentliche Änderungen gerade bei börsennotierten Unternehmen nicht anzeigepflichtig. Unwesentlich ist eine Änderung, bei der die Auswirklungen auf die Entscheidungsprozesse im Unternehmen nicht zu erwarten ist (BTKG/*Göddel,* § 55 Rn 26). Im Gegensatz dazu sind Änderungen zu einer Mehrheitsbeteiligung, aber auch die Sperrminorität von 25 % plus eine Aktie anzeigepflichtig (*Kreitlow/Tautscher,* in: Wissmann, Telekommunikationsrecht, Kap. 4, Rn 114; BerlKommTKG/*Wegmann,* § 55 Rn 39 für die identitätswahrende Umwandlung).

G. Änderungen und Rückgabe von Frequenzzuteilungen (Abs. 7)

Abs. 7 behandelt die Übertragung oder den Übergang von Frequenzen und deren Nutzungsrechten. 19
Das Gesetz normierte bislang nur den Fall der Änderung der Person. Eine rechtsgeschäftliche Übertragung oder ein anderweitiger Übergang war bislang wie bei der Zuteilung von Nummern nach dem TKG ausgeschlossen (RegTP Vfg. Nr. 160/1999, ABl. 1999, S. 4095). Nunmehr wird in Abs. 7 Ziffer 1 zwischen der **Einzelrechtsnachfolge** und der **Gesamtrechtsnachfolge** unterschieden (BerlKommTKG/*Wegmann,* § 55 Rn 42 f). Der Änderungsantrag bedarf der Schriftform und der Zustimmung der Bundesnetzagentur. Die zeitweise Überlassung der Frequenznutzungsrechte an einen anderen stellt keine Änderung der Frequenzzuteilung in Form des Identitätswechsels des Zuteilungsnehmers dar und bedarf daher nicht der Zustimmung der Bundesnetzagentur (BTKG/*Göddel,* § 55 Rn 33). Bei der Zustimmung handelt es sich um eine gebundene Entscheidung. Zur Rechtsnachfolge müssen die subjektiven Voraussetzungen des Abs. 4 vorliegen. Weiterhin darf keine Verzerrung des Wettbewerbs auf dem sachlich und räumlich relevanten Markt zu befürchten sein. Die Regulierungsziele des § 2 Abs. 2 sowie die objektiven Merkmale der Sicherstellung einer störungsfreien und effizienten Frequenznutzung müssen ebenfalls gegeben sein. Nur Einzelzuteilungen kommen für eine Übertragung in Frage (*Wissmann/Kreitlow,* K&R 2003, 257).

H. Befristung (Abs. 8)

In Abs. 8 ist nunmehr vom Gesetz eine Befristung als **Regelfall** vorgesehen. Diese ist dann angemessen 20
nach § 36 Abs. 1 VwVfG, wenn sie der Erfüllung der gesetzlichen Voraussetzungen der Frequenzzuteilung dient (*Kopp/Ramsauer,* § 36 VwVfG Rn 42). Die Befristung muss für den betreffenden Dienst **angemessen** sein. Hierzu haben sich in der Praxis der Bundesnetzagentur bestimmte Richtwerte ergeben, zB für öffentliche zellulare Mobilfunknetze (zB GSM, UMTS/IMT-2000) sind die Frequenzzuteilungen auf 20 Jahre befristet (RegTP Mitt. 597/2000, ABl. 2000 S. 3435; Scheurle/Mayen/*Hahn/Hartl,* § 55 Rn 49).

I. Frequenzknappheit (Abs. 9)

Grundsätzlich erfolgt die Zuteilung von Frequenzen im Wege der Einzelzuteilung nach dem **Priori-** 21
tätsprinzip, also dem Eingang der Anträge (BTKG/*Göddel,* § 55 Rn 9). Liegen mehr Anträge vor als Frequenzen verfügbar sind, kann die Bundesnetzagentur nach Abs. 9 ein **Vergabeverfahren** nach § 61 durchführen. Dabei ist aus grundrechtlichen und europarechtlichen Gründen das Ermessen der Bundesnetzagentur auf Null reduziert (BerlKommTKG/*Wegmann,* § 55 Rn 50, 52; BTKG/*Göddel,* § 55 Rn 10). In der Praxis erfolgt die Feststellung des tatsächlichen Frequenzbedarfs meist in einem **mehrstufigen Verfahren.** Zunächst wird eine Frequenzbedarfsabfrage durchgeführt, danach eine Anhörung zu den geplanten Vergabebedingungen und dann die Eröffnung des Vergabeverfahrens (BerlKommTKG/*Wegmann* § 55 Rn 51). Die an die öffentliche Anhörung anschließende Veröffentlichung der Ergebnisse nach Abs. 9 Satz 2 und 3 hat dabei nach herrschender Meinung den Charakter eines Verwaltungsaktes (offen gelassen von VG Köln MMR 2003, 61 (62); *Jenny,* in: Heun Rn 220 ff mwN). Trifft die Bundesnetzagentur eine Vergabeanordnung nach Absatz 9 Satz 1, so wandelt sich der subjektive Anspruch auf Einzelzuteilung in einen Anspruch auf **chancengleiche Teilnahme** im Vergabeverfahren um (BVerwG MMR 2010, 56).

J. Regulierungsziele und Belange der Länder (Abs. 10)

Nach Abs. 10 muss über die vorgenannten Voraussetzungen eine Vereinbarkeit mit den **Regulierungs-** 22
zielen des § 2 Abs. 2 gegeben sein. Ein Verstoß gegen diese Regelung stellt ein Zuteilungshindernis dar, ist aber restriktiv auszulegen (BerlKommTKG/*Wegmann,* § 55 Rn 57). Es müssen zwingende Gründe

gegen eine Zuteilung sprechen. Ein milderes Mittel ist zB der Erlass einer Nebenbestimmung nach § 60 Abs. 2 (*Liebschwager* S. 59 ff; BTKG/*Göddel*, § 55 Rn 18). Ein Regulierungsziel nach § 2 Abs. 2 Ziff. 7 und § 52 Abs. 1 stellt die effiziente Nutzung der knappen Ressource der Frequenzen dar. Demnach hat die Bundesnetzagentur vor allem beim Aufbau und der Ausgestaltung von Mobilfunknetzen die Knappheit zu berücksichtigen.

23 Nach Abs. 10 Satz 2 sind rundfunkrechtliche **Belange der Länder** zu berücksichtigen. Hierbei hat die Bundesnetzagentur die gesetzlichen oder verordnungsrechtlichen Regelungen der Landesbehörden zu beachten und darf nicht in die Rundfunkhoheit der Länder eingreifen. Eine solche Regelung, die auf einvernehmliche Zusammenarbeit zwischen Bundesnetzagentur und Länderbehörden abzielt, findet sich an den Schnittstellen zum Rundfunkrecht im TKG wie in den §§ 57 Abs. 1, 58 Satz 3, 60 Abs. 2 Satz 3 und Abs. 4, 63 Abs. 2 Satz 2 und Abs. 3. „Benehmen“ bedeutet hierbei die Herstellung von Einvernehmen (BVerwGE 57, 98 ff 11, 195 ff; aA BerlKommTKG/*Wegmann*, § 55 Rn 59, § 54 Rn 10).

§ 61 TKG Vergabeverfahren

(1) [1]Wurde nach § 55 Abs. 9 angeordnet, dass der Zuteilung von Frequenzen ein Vergabeverfahren voranzugehen hat, kann die Bundesnetzagentur nach Anhörung der betroffenen Kreise das Versteigerungsverfahren nach Absatz 5 oder das Ausschreibungsverfahren nach Absatz 6 durchführen. [2]Die Entscheidung über die Wahl des Verfahrens sowie die Festlegungen und Regeln für die Durchführung der Verfahren sind von der Bundesnetzagentur zu veröffentlichen. [3]Die Zuteilung der Frequenzen erfolgt nach § 55, nachdem das Vergabeverfahren nach Satz 1 durchgeführt worden ist.

(2) [1]Grundsätzlich ist das in Absatz 5 geregelte Verfahren durchzuführen, es sei denn, dieses Verfahren ist nicht geeignet, die Regulierungsziele nach § 2 Abs. 2 sicherzustellen. [2]Dies kann insbesondere der Fall sein, wenn auf dem sachlich und räumlich relevanten Markt, für den die Funkfrequenzen unter Beachtung des Frequenznutzungsplanes verwendet werden dürfen, bereits Frequenzen ohne vorherige Durchführung eines Versteigerungsverfahrens zugeteilt wurden, oder ein Antragsteller für die zuzuteilenden Frequenzen eine gesetzlich begründete Präferenz geltend machen kann. [3]Für Frequenzen, die für Rundfunkdienste vorgesehen sind, findet das in Absatz 5 geregelte Verfahren keine Anwendung.

(3) [1]Ein Antragsteller kann von der Teilnahme an einem Vergabeverfahren ausgeschlossen werden, wenn zu erwarten ist, dass durch dessen erfolgreiches Gebot nach Absatz 5 oder durch eine erfolgreiche Bewerbung nach Absatz 6 ein chancengleicher Wettbewerb auf dem sachlich und räumlich relevanten Markt, für den die zu vergebenden Frequenzen unter Beachtung des Frequenznutzungsplanes verwendet werden dürfen, gefährdet wird. [2]Bei dieser Entscheidung sind die berechtigten Interessen der jeweiligen Antragsteller an der Anwendung neuer Technologien angemessen zu berücksichtigen.

(4) [1]Mit dem Vergabeverfahren soll festgestellt werden, welcher oder welche der Antragsteller am besten geeignet sind, die zu vergebenden Frequenzen effizient zu nutzen. [2]Die Bundesnetzagentur bestimmt vor Durchführung eines Vergabeverfahrens

1. **die von einem Antragsteller zu erfüllenden fachlichen und sachlichen Mindestvoraussetzungen für die Zulassung zum Vergabeverfahren,**
2. **den sachlich und räumlich relevanten Markt, für den die zu vergebenden Frequenzen unter Beachtung des Frequenznutzungsplanes verwendet werden dürfen,**
3. **die für die Aufnahme des Telekommunikationsdienstes notwendige Grundausstattung an Frequenzen, sofern dies erforderlich ist,**
4. **die Frequenznutzungsbestimmungen einschließlich des Versorgungsgrades bei der Frequenznutzung und seiner zeitlichen Umsetzung.**

(5) [1]Im Falle der Versteigerung legt die Bundesnetzagentur vor der Durchführung des Vergabeverfahrens die Regeln für die Durchführung des Versteigerungsverfahrens im Einzelnen fest; diese müssen objektiv, nachvollziehbar und diskriminierungsfrei sein und die Belange kleiner und mittlerer Unternehmen berücksichtigen. [2]Die Bundesnetzagentur kann ein Mindestgebot für die Teilnahme am Versteigerungsverfahren festsetzen.

(6) [1]Im Falle der Ausschreibung bestimmt die Bundesnetzagentur vor Durchführung des Vergabeverfahrens die Kriterien, nach denen die Eignung der Bewerber bewertet wird. [2]Kriterien sind die Fachkunde und Leistungsfähigkeit der Bewerber, die Eignung von vorzulegenden Planungen für die Er-

bringung des ausgeschriebenen Telekommunikationsdienstes und die Förderung eines nachhaltig wettbewerbsorientierten Marktes. [3]Bei der Auswahl sind diejenigen Bewerber bevorzugt zu berücksichtigen, die einen höheren räumlichen Versorgungsgrad mit den entsprechenden Telekommunikationsdiensten gewährleisten. [4]Die Bundesnetzagentur legt ferner die Regeln für die Durchführung des Ausschreibungsverfahrens im Einzelnen fest; diese müssen objektiv, nachvollziehbar und diskriminierungsfrei sein. [5]Erweist sich auf Grund des Ausschreibungsverfahrens, dass mehrere Bewerber gleich geeignet sind, entscheidet das Los.

(7) Verpflichtungen, die Antragsteller im Laufe eines Versteigerungs- oder Ausschreibungsverfahrens eingegangen sind, werden Bestandteile der Frequenzzuteilung.

(8) [1]Bei einem Versteigerungsverfahren nach Absatz 5 oder einem Ausschreibungsverfahren nach Absatz 6 kann die in § 55 Abs. 4 genannte Höchstfrist von sechs Wochen so lange wie nötig, längstens jedoch um acht Monate verlängert werden, um für alle Beteiligten ein chancengleiches, angemessenes, offenes und transparentes Verfahren sicherzustellen. [2]Diese Fristen lassen geltende internationale Vereinbarungen über die Nutzung von Frequenzen und die Satellitenkoordinierung unberührt.

A. Regelungszweck

Bei § 61 handelt es sich um die zentrale Norm zur Vergabe von knappen Frequenzen und der Beschreibung der verfahrens- und materiellrechtlichen Regelungen dazu. Dieser entspricht § 11 TKG 1996 (BT-Drucks. 15/2316, S. 80). **Knappheit** liegt dann vor, wenn für eine bestimmte Frequenz mehrere Anträge gestellt wurden oder die Bundesnetzagentur zu der Auffassung gelangt, dass für die Frequenzzuteilungen nicht in ausreichendem Umfang Frequenzen zur Verfügung stehen (BTKG/*Geppert,* § 61 Rn 1). In diesem Falle reduziert sich der Anspruch auf Zuteilung einer Frequenz nach § 55 Abs. 5 auf einen Anspruch auf Beteiligung an einem nicht diskriminierenden Vergabeverfahren. Es gilt das Gebot der **erschöpfenden Kapazitätsauslastung** aus Art. 12 Abs. 1 GG (BVerfGE 54, 173 (191); BVerfG NVwZ 1992, 361). Die Anzahl der Frequenzzuteilungen muss sachlich gerechtfertigt sein, nicht berücksichtigte Antragsteller müssen von der Bundesnetzagentur durch Bedingungen rationaler Abwägung zurückgewiesen worden sein (VG Köln MMR 2003, 61). 24

B. Einleitung und Wahl des Verfahrens (Abs. 1)

Ob ein Vergabeverfahren im Gegensatz zum Antragsverfahren nach § 55 Abs. 3 eingeleitet wird, entscheidet die Bundesnetzagentur. Voraussetzung ist die vorherige **Anordnung des Vergabeverfahrens** nach § 55 Abs. 9. Beide Entscheidungen trifft die Präsidentenkammer nach § 132 Abs. 3 Satz 1 (BerlKommTKG/*Wegmann,* § 61 Rn 13 f BTKG/*Geppert,* § 61 Rn 5). 25

Vor der Entscheidung über die Wahl des konkreten Vergabeverfahrens muss eine **Anhörung** der betroffenen Kreise durchgeführt werden. Betroffene Kreise iSd Abs. 1 Satz 1 sind bereits behördlich bekannte Frequenzzuteilungsbewerber als unmittelbar Betroffene, aber auch potenzielle Antragsteller (BTKG/*Geppert,* § 61 Rn 7). 26

Für die Wahl des Verfahrens und die Festlegung der Regeln für die Durchführung hat die Bundesnetzagentur **kein** freies **Auswahlermessen** (so auch *Varadinek,* CR 2001, 17 für die UMTS-Versteigerung; BerlKommTKG/*Wegmann,* § 61 Rn 12). Das **Versteigerungsverfahren** nach Abs. 5 ist demnach als Regelverfahren definiert (*Schütz,* Kommunikationsrecht Rn 361 geht von einer Gleichrangigkeit aus). Lediglich ein eingeschränkter Beurteilungsspielraum besteht bei der Subsumtion der Sachverhalte unter den unbestimmten Rechtsbegriff der „Geeignetheit". Insoweit handelt es sich bei Abs. 2 Satz 1 und 2 auch um eine Beurteilungsermächtigung (*Stelkens/Bonk/Sachs,* § 40 VwVfG Rn 180 ff). Die Zuteilung der Frequenzen selbst erfolgt nach § 55. Die Entscheidung sowie die Regeln für die Vergabe sind von der Bundesnetzagentur zu veröffentlichen. So hat die Bundesnetzagentur zum Beispiel im Dezember 2006 Frequenzen für den breitbandigen drahtlosen Netzzugang im Wege der Versteigerung vergeben (BNetzA Vfg. Nr. 42/2006, ABl. 2006, S. 3051). Im Mai 2010 erfolgte die Versteigerung von Frequenzen in den Bereichen 800 MHz, 1,8 GHz, 2 GHz und 2,6 GHz für den digitalen zellularen Mobilfunk (BNetzA Vfg. Nr. 34/2008, ABl. 2008, S. 582; BNetzA Mitt. Nr. 390/2009, ABl. 2009, S. 2880). 27

Ob es sich bei der Entscheidung über die Wahl des Vergabeverfahrens um einen **Verwaltungsakt** handelt, ist umstritten, da möglicherweise für die Festlegungen und Regeln für die Durchführung des Verfahrens es an der Bestandskraft fähigen Regelung mit Außenwirkung fehlt (offen gelassen von VG 28

Köln MMR 2003, 61. Von einem **gestuften Verwaltungsverfahren** geht *Müller-Terpitz,* K&R 2002, 75 aus. Ebenso Scheurle/Mayen/*Hahn*/*Hartl,* § 61 Rn 6. Einen Verwaltungsakt ablehnend BTKG/*Geppert,* § 61 Rn 19; *Ehlers,* K&R 2001, 1). Der Wortlaut des Abs. 1 Satz 2 sieht lediglich eine „Entscheidung" vor. Auch wenn die Bundesnetzagentur sich in der Verwaltungspraxis dafür entschieden hat, die verfahrensleitenden Regelungen in Form von mit Rechtsbehelfsbelehrungen versehenen Allgemeinverfügungen zu veröffentlichen. Trotzdem gehen von diesen Entscheidungen der Bundesnetzagentur nur mittelbare Wirkungen aus und verschiedene Verfahrensschritte sind zusätzlich erforderlich, bis es zu einer abschließenden Entscheidung im Rahmen des Vergabeverfahrens kommt.

C. Festlegungen und Verfahrensregeln (Abs. 2)

29 Grundsätzlich hat also als **Regelfall** ein **Versteigerungsverfahren** nach Abs. 5 zu erfolgen. Die Ausnahme der fehlenden Geeignetheit besteht vor allem dann, wenn das Versteigerungsverfahren den Regulierungszielen nach § 2 Abs. 2 widersprechen sollte. Insbesondere kann dies dann ungeeignet sein, wenn zur Vermeidung asymmetrischer Marktzutrittsbedingungen nach Abs. 2 Satz 2 auf dem sachlich und räumlich relevanten Markt für den die Funkfrequenzen verwendet werden dürfen, bereits Frequenzen ohne vorherige Durchführung eines Versteigerungsverfahrens zugeteilt worden sind (BMPT Vfg. Nr. 114/1996, ABl. 1996, S. 941). Die Marktabgrenzung liegt in der Hand der Bundesnetzagentur. So hatte sich auch diese dafür entschieden, den Markt für UMTS-Dienstleistungen als einen sachlich neuen Markt und anderen Markt als den für zellularen Mobilfunk für GSM-Netze zu definieren (RegTP BK-1b-98/005, RegTP Vfg. Nr. 51/1999, ABl. 1999, S. 1519 ff).

30 **Ungeeignetheit** kann auch bei Wettbewerbsverzerrungen oder Markteintrittsbarrieren aufgrund der höheren Marktzutrittskosten vorliegen, was mit den Regulierungszielen des § 2 Abs. 2 Nr. 1 und 5 unvereinbar wäre (so auch *Beese*/*Naumann,* MMR 2000, 145 (147); Ablehnend *Storr,* K&R 2002, 67 (70); BTKG/*Geppert,* § 61 Rn 13). Eine gesetzlich begründete Präferenz nach Abs. 2 Satz 2 2. Alt. liegt zB beim Polizeifunk oder für die Betreiber von Rundfunksendeanlagen vor (BT-Drucks. 15/2316. Kritisch Heun/*Jenny,* Kap. II Rn 228). Für Rundfunkdienste ist ein Verfahren nach Abs. 5 aufgrund Abs. 2 Satz 3 ausgeschlossen (dazu auch BVerfGE 57, 295 (327)). Die Behörde hat unabhängig vom Vorliegen von Regelbeispielen stets eine Prüfung der regulierungsbezogenen Eignung vorzunehmen (BerlKommTKG/*Wegmann,* § 61 Rn 17).

D. Ausschluss von der Teilnahme am Vergabeverfahren und Voraussetzungen (Abs. 3 und 4)

31 Nach Abs. 3 kann ein Antragsteller ausgeschlossen werden, wenn durch sein Gebot nach Abs. 5 oder Bewerbung nach Abs. 6 chancengleicher Wettbewerb gefährdet wird. Die Interessen der Antragsteller an neuen Technologien sind dabei zu berücksichtigen. Bei dem Ausschluss von Unternehmen muss zwischen Bundesnetzagentur und Kartellamt Einvernehmen gemäß § 123 Abs. 1 Satz 1 hergestellt sein. Es handelt sich hierbei um eine **Prognoseentscheidung**, die dann in Betracht kommt, wenn Unternehmen bereits auf dem sachlich und räumlich relevanten Markt tätig sind und durch eine Frequenzzuteilung an dieses Unternehmen neue Wettbewerber vom Marktzutritt ausgeschlossen oder erheblich beschränkt sein würden (BerlKommTKG/*Wegmann,* § 61 Rn 19; BTKG/*Geppert,* § 61 Rn 26).

32 Neben den Verfahrensregeln legt die Bundesnetzagentur nach Abs. 4 (und 6) die inhaltlichen Festlegungen vor Durchführung der Vergabeverfahren fest und veröffentlicht diese. So trifft die Bundesnetzagentur die Feststellung darüber, wie das Ziel des Vergabeverfahrens – welcher Antragsteller am besten geeignet ist, die zu vergebenden Frequenzen effizient zu nutzen – erreicht werden kann. Das Vergabeverfahren muss diskriminierungsfrei auf der Grundlage nachvollziehbarer und objektiver Kriterien erfolgen (VG Köln Urt. v. 24.5.2002 – 11 K 9775/00; MMR 2003, 61). Die Bundesnetzagentur hat dabei die sachlichen und **fachlichen Mindestvoraussetzungen** für die Teilnahme, den relevanten Markt und die notwendige Grundausstattung an Frequenzen für den Telekommunikationsdienst sowie den Versorgungsgrad und zeitliche Umsetzung zu prüfen (BerlKommTKG/*Wegmann,* § 61 Rn 28 ff).

E. Versteigerungsverfahren (Abs. 5)

33 Bei einem Versteigerungsverfahren nach Abs. 5 hat die Bundesnetzagentur vor der Durchführung desselben die Regeln für das Verfahren festzulegen, die objektiv, nachvollziehbar und diskriminierungsfrei

sein und die Belange kleiner Unternehmen berücksichtigen müssen. Weiterhin kann die Bundesnetzagentur ein **Mindestgebot** festsetzen. Die Bundesnetzagentur hat in den ersten Versteigerungsverfahren auf Basis der Vorgängerregelung des § 11 TKG 1996 ein relativ kompliziertes Regelwerk zur Ausgestaltung der in Abs. 5 genannten Kriterien erlassen. Es wurde ein simultanes und mehrstufiges Bietverfahren in einem elektronischen Verfahren vernetzter Computer eingesetzt (*Ruhle/Geppert,* MMR 1998, 175; *Keuter/Nett/Stumpf,* WIK-Diskussionsbeitrag Nr. 165). Die Bieter können dabei gleichzeitig, unabhängig voneinander und geheim ihre Gebote abgegeben. Nach jeder Auktionsrunde erfolgt eine Information an die Bieter mittels PC. Diese Verfahrensregeln verbieten auch kollusives Verhalten (BTKG/*Geppert,* § 61 Rn 47; BerlKommTKG/*Wegmann,* § 61 Rn 36).

Das Versteigerungsverfahren hat das Ziel, den wirtschaftlichen **Knappheitspreis** von Frequenzen zu ermitteln (BT-Drucks. 13/4438, S. 32 zur Vorgängerregelung des § 11 TKG 1996). Es handelt sich bei der Versteigerung knapper Ressourcen um ein Novum im deutschen Verwaltungsrecht (BTKG/*Geppert,* § 61 Rn 31). Die **verfassungsrechtliche Zulässigkeit** eines solchen Verfahrens ist umstritten (Überblick bei *Kruhl,* Die Versteigerung knapper Frequenzen, S. 187; *Degenhardt,* K&R 2001, 32; Ablehnend *Grzeszick,* DVBl. 1997, 878; abstellend auf die finanzverfassungsrechtliche Unzulässigkeit Arndt K&R 2001, 23). Die Zahlungsbereitschaft oder -fähigkeit sei kein verfassungsrechtlich geeignetes Auswahlkriterium in Knappheitslagen und lasse knappe Ressourcen zu Handelsgütern werden, was nicht mit Art. 2 Abs. 1, 3 Abs. 1 und 12 Abs. 1 GG vereinbar sei. Die Versteigerungserlöse stellen nach herrschender Meinung **Gebühren** und keine Abgaben eigener Art dar (*Selmer,* NVwZ 2003, 1308; aA Scheurle/Mayen/*Hahn/Hartl,* § 61 Rn 33 mwN). 34

F. Ausschreibungsverfahren (Abs. 6)

Beim Ausschreibungsverfahren nach Abs. 6 bestimmt die Bundesnetzagentur vor Durchführung des Vergabeverfahrens die Kriterien für die Bewertung der Eignung der Bewerber. Diese sind laut Gesetz qualitativ-leistungsbezogene Kriterien wie Fachkunde, Leistungsfähigkeit („**Bestenauslese**"), die Eignung der Planungen und die Förderung wettbewerbsorientierten Marktes (BerlKommTKG/*Wegmann,* § 61 Rn 39 f spricht von „nutzerbezogener Effizienz"). Die Auswahl hat dann durch Bevorzugung der Bewerber mit höherem räumlichen Versorgungsgrad zu erfolgen. Die Festlegung der Regeln für die Durchführung des Verfahrens nach Abs. 6 muss objektiv, nachvollziehbar und diskriminierungsfrei sein. Bei gleicher Eignung der Bewerber entscheidet das **Los** (zum Losentscheid Stelkens/Bonk/Sachs/*Bonk/Kallerhoff,* § 92 VwVfG Rn 5; BVerwGE 16, 190 (191)). Die Ermittlung und die Auswahl des bestgeeigneten Bewerbers stellt eine Zukunftsprognose dar; die Grundlage der gesetzlichen Wertung bestimmt und veröffentlicht die Bundesnetzagentur im Rahmen ihrer Festlegungen nach Abs. 6 Satz 4 (weitere Einzelheiten des Kriterienkataloges BTKG/*Geppert,* § 61 Rn 53). Die **Beurteilungsspielräume** auf der Tatbestandsseite beinhalten zwar prognostische Elemente, beschränken den gerichtlichen Überprüfungsspielraum aber nicht bloß auf Abwägungsfehler. Gestaltungsfreiheit wie im Planungsrecht für die Auswahlentscheidung nach Abs. 6 besitzt die Bundesnetzagentur nicht (BTKG/*Geppert,* § 61 Rn 57). 35

G. Fristen (Abs. 8)

Die Entscheidung über die Nutzungsrechte von Funkfrequenzen sind aufgrund Art. 5 Abs. 3 GenehmigungsRL zu beschränken. Die **Höchstfrist** beträgt nach Abs. 8 sechs Wochen, die nach § 55 Abs. 4 um acht Monate verlängert werden kann, um ein chancengleiches, angemessenes, offenes und transparentes Verfahren sicherzustellen. Der Bezugspunkt für den Beginn des Fristenlaufs ist nicht die Anordnung nach § 55 Abs. 9, sondern der Erhalt eines vollständigen Zuteilungsantrags (BTKG/*Geppert,* § 61 Rn 61. BerlKommTKG/*Wegmann,* § 61 Rn 46). 36

H. Rechtsschutz

Die Auswahl eines Bewerbers und die Ablehnung eines anderen Bewerbers ist als **Verwaltungsakt mit Doppelwirkung** zu qualifizieren. Rechtsschutz dagegen ist folglich durch den nicht berücksichtigten Bewerber durch die Anfechtung der Auswahl und gleichzeitig unter Aufhebung des ablehnenden Bescheids mit der Verpflichtung auf Neubescheidung als **kombinierte Anfechtungs- und Verpflichtungsklage** zu erheben (*Heine/Neun,* MMR 2001, 352 (356); *Grzeszick,* ZUM 1997, 911 (924); *Hiltl/Großmann,* BB 1996, 169 (172)). Aufgrund der o.g. Entscheidungsspielräume der Regulierungsbe- 37 hörde bei Prognoseentscheidungen beschränkt sich der Anspruch des Klägers auf eine Durchführung eines erneuten Vergabeverfahrens unter Beachtung der Rechtsauffassung des Gerichts (*Heine/Neun*, MMR 2001, 352 (356); BTKG/*Geppert,* § 61 Rn 64; BerlKommTKG/*Wegmann,* § 61 Rn 52). Gegen den Ausschluss gemäß Abs. 3 ist Anfechtungsklage zu erheben; bei Nichtzulassung zur Teilnahme am Versteigerungsverfahren Verpflichtungsklage auf Zulassung zum Vergabeverfahren. Der einstweilige Rechtsschutz bestimmt sich nach § 123 VwGO, für übergangene Bewerber eine Kombination wie oben mit § 80 Absatz 5 VwGO.

§ 66 TKG Nummerierung

(1) [1]Die Bundesnetzagentur nimmt die Aufgaben der Nummerierung wahr. [2]Ihr obliegt insbesondere die Strukturierung und Ausgestaltung des Nummernraumes mit dem Ziel, den Anforderungen von Endnutzern, Betreibern von Telekommunikationsnetzen und Anbietern von Telekommunikationsdiensten zu genügen. [3]Die Bundesnetzagentur teilt ferner Nummern an Betreiber von Telekommunikationsnetzen, Anbieter von Telekommunikationsdiensten und Endnutzer zu. [4]Ausgenommen ist die Verwaltung von Domänennamen oberster und nachgeordneter Stufen.

(2) [1]Die Bundesnetzagentur kann zur Umsetzung internationaler Verpflichtungen oder Empfehlungen sowie zur Sicherstellung der ausreichenden Verfügbarkeit von Nummern Änderungen der Struktur und Ausgestaltung des Nummernraumes und des nationalen Nummernplanes vornehmen. [2]Dabei sind die Belange der Betroffenen, insbesondere die den Betreibern, Anbietern von Telekommunikationsdiensten und Nutzern entstehenden Umstellungskosten, angemessen zu berücksichtigen. [3]Beabsichtigte Änderungen sind rechtzeitig vor ihrem Wirksamwerden bekannt zu geben. [4]Die von diesen Änderungen betroffenen Betreiber von Telekommunikationsnetzen und Anbieter von Telekommunikationsdiensten sind verpflichtet, die zur Umsetzung erforderlichen Maßnahmen zu treffen.

(3) [1]Die Bundesnetzagentur kann zur Durchsetzung der Verpflichtungen nach Absatz 2 Anordnungen erlassen. [2]Zur Durchsetzung der Anordnungen können nach Maßgabe des Verwaltungsvollstreckungsgesetzes Zwangsgelder bis zu 500 000 Euro festgesetzt werden.

(4) [1]Die Bundesregierung wird ermächtigt, durch Rechtsverordnung die Maßstäbe und Leitlinien für die Strukturierung, Ausgestaltung und Verwaltung der Nummernräume sowie für den Erwerb, Umfang und Verlust von Nutzungsrechten an Nummern festzulegen. [2]Dies schließt auch die Umsetzung darauf bezogener internationaler Empfehlungen und Verpflichtungen in nationales Recht ein. [3]Dabei sind insbesondere die effiziente Nummernnutzung, die Belange der Marktbeteiligten einschließlich der Planungssicherheit, die wirtschaftlichen Auswirkungen auf die Marktteilnehmer, die Anforderungen an die Nummernnutzung und die langfristige Bedarfsdeckung sowie die Interessen der Endnutzer zu berücksichtigen. [4]In der Verordnung sind die Befugnisse der Bundesnetzagentur sowie die Rechte und Pflichten der Marktteilnehmer und der Endnutzer im Einzelnen festzulegen. [5]Absatz 1 Satz 4 gilt entsprechend.

A. Regelungszweck

38 § 66 hat zur Aufgabe, den gesetzlich vorgesehenen Begriff der Nummern nach § 3 Nr. 13 auszugestalten und die **Verwaltung der knappen Ressourcen** des Nummernraums zu regeln. **Nummern** sind dabei Zeichenfolgen, die in Telekommunikationsnetzen Zwecken der Adressierung dienen (§ 3 Nr. 13). Diese Zeichenfolgen sind faktisch aufgrund der international vorgegebenen Struktur des Nummernraums durch die Empfehlung E.164 der ITU, die nicht formell aber faktisch bindend ist, auf fünfzehn Ziffern begrenzt. Mit der Liberalisierung des Telekommunikationsmarktes sind Nummern ein knappes Gut, zu dem auch die Wettbewerber Zugang erhalten müssen. Die Gewährleistung der effizienten Nutzung von Nummernressourcen wurde daher als eines der Regulierungsziele in § 2 Abs. 2 Nr. 8 festgeschrieben. Darüber hinaus ermächtigt Abs. 4 die Bundesregierung, eine **Nummernverordnung** zu erlassen. Die neue TNV (Telekommunikations-Nummerierungsverordnung) trat am 5.2.2008 in Kraft (BGBl. I 2008, S. 141).

39 Der **Nummernbegriff** des TKG ging zunächst davon aus, dass IP-Adressen als Zahlen, die Datenpakete beim Transport durch das Internet zugeordnet werden, keine Nummern im Sinne des TKG sind. Seit dem TKG 2004 wird diese Einschränkung in § 3 Nr. 13 mit seinem **entwicklungsoffenen** Num-

mernbegriff nicht mehr vertreten (BT-Drucks. 16/2581, S. 22). Ebenso sind Domain-Namen Nummern iSd § 3 Nr. 13 und unterfallen damit ebenfalls grundsätzlich der Anwendung des § 66 (BT-Drucks. 15/2316, S. 118 f, 16/2581, S. 22). Aus einer Rufnummer wird künftig ein Domainname mittels sog. ENUM Domains (Telefone numbering mapping) abgeleitet werden. Der Inhaber der Rufnummer kann dann diese ENUM-Domain anmelden und als einheitliche Adresse für IP-Telefone, e-mail und herkömmliche Telekommunikationsdienste verwenden (BTKG/*Büning/Weißenfels,* § 66 Rn 5; *Holznagel,* MMR 2003, 219). Bei statischen **IP-Adressen** dürfte es sich zudem um Rufnummern iSd § 3 Nr. 18 handeln, hingegen bei dynamischen IP-Adressen nicht (*Klaes,* MMR 2008, 90 (91)). Trotz der Problematik bei dynamischen IP-Adressen plant die Bundesnetzagentur derzeit keine Anpassungen im Bereich der Nummerierung (BNetzA Nummerierungskonzept 2009, S. 48, BNetzA Mitteilung Nr. 549/2009, ABl. 2009, S. 4530).

B. Aufgaben der Nummerierung (Abs. 1)

Abs. 1 geht auf § 43 Abs. 1 bis 4 TKG 1996 zurück und setzt Art. 10 Rahmenrichtlinie um (RL 2002/21/ EG vom 7.3.2002. ABl. EG Nr. L 108 vom 24.4.2002, S. 33). Die Aufgaben der Nummerierung unterfallen dem Bund als **hoheitliche Aufgabe** in bundeseigener Verwaltung nach Art. 87 f Abs. 2 Satz 2 GG iVm § 2 Abs. 1, die durch die Bundesnetzagentur ausgeführt wird (BerlKommTKG/*Brodkorb,* § 66 Rn 10). Weiterhin werden Aufgaben der Nummerierung von den privatrechtlich organisierten Gremien des AKNN (Arbeitkreis für technische und betriebliche Fragen der Nummerierung und Netzzusammenschaltung) sowie der FST wahrgenommen (Freiwillige Selbstkontrolle Telefonmehrwertdienste e.V.) (dazu ausführlich BerlKommTKG/*Brodkorb,* § 66 Rn 15 f; *Herchenbach-Canarius/Thoma,* in: Arndt/Fetzer/Scherer § 66 Rn 12). Diese Regelung soll den Zweck und Inhalt haben, die Nummernräume im Einzelnen und für verschiedene Dienste zu strukturieren und für verschiedene Dienste unterschiedliche Nummernbereiche (**„Rufnummerngassen“**) vorzusehen (BerlKommTKG/*Brodkorb,* § 66 Rn 58). 40

Die **Strukturierung** und **Ausgestaltung** des Nummernraums sowie die **Zuteilung** von Nummern werden im Gesetz als Aufgaben der Nummerierung genannt (aA *Herchenbach-Canarius/Thoma,* in: Arndt/ Fetzer/Scherer § 66 Rn 17; BerlKommTKG/*Brodkorb* § 66 Rn 18, die davon ausgehen, dass es keinen abschließenden Katalog der Aufgaben der Nummerierung gibt). Eine hohe politische Bedeutung soll der neuen TNV damit nicht mehr zukommen (BT-Drucks. 16/2581, S. 22). Zur Strukturierung und Ausgestaltung des **Nummernraums** gehören neben den Vorgaben der neuen TNV (§ 1 Absatz 1 TNV) auch die Widmung von Nummernressourcen für bestimmte Zwecke, wie durch die internationalen Vorgaben des E.164-Rufnummernraums vorgesehen ist (zusammenfassende Darstellung aller bisherigen Strukturierungsmaßnahmen in RegTP Mitt. Nr. 38/1998 vom 4.3.1998, ABl. 4/1998). Die Strukturierung und Ausgestaltung des Nummernraums erfolgt nunmehr in § 1 Absatz 1 TNV mittels eines **Nummernplans**, den die Bundesnetzagentur je Nummernraum festlegt. Weiterhin soll die Bundesnetzagentur nach ihrem eigenen Verständnis festlegen können, welche Informationen die Nummernarten übermitteln, zB Art oder Inhalt eines unter einer Rufnummer erbrachten Dienstes oder Tarifes (zu weitgehend BerlKommTKG/*Brodkorb,* § 66 Rn 29). Darüber hinaus soll die Bundesnetzagentur die Vergabeprinzipien für die Auswahl des Zuteilungsnehmers sowie Festlegungen für den Nummernraum treffen können (BerlKommTKG/*Brodkorb,* § 66 Rn 41 ff, 58, 68 ff). Statt einer geplanten Regelung über den Erlass und die Weiterentwicklung von Zuteilungsregeln (§ 6 TNV-E) sehen die §§ 4ff. TNV nunmehr verbindliche Regelungen für die Nummernzuteilung, deren Formen und Voraussetzungen vor. Nach § 4 Absatz 1 TNV bedarf die jede Nutzung von Nummern einer vorherigen Zuteilung. Diese erfordert das Vorliegen eines Nummernplans nach § 1 Absatz 1 und einen Verwaltungsakt, der in Form der Allgemeinverfügung nach § 1 Absatz 2 TNV vorliegt. 41

C. Zuteilung von Nummern (Abs. 1 Satz 3)

Die Bundesnetzagentur teilt Nummern an Betreiber von Telekommunikationsnetzen, Anbieter von Telekommunikationsdiensten und Endnutzer zu. Die Zuteilung einer Nummer ist ein begünstigender Verwaltungsakt iSd § 35 Satz 1 VwVfG in der Form einer exklusiven **Individualerlaubnis** (BTKG/ *Büning/Weißenfels,* § 66 Rn 19). Das Verfahren für die Zuteilung einer Nummer sowie Ausführungen zu Nebenbestimmungen und Auflagen zur Nutzung sind nicht in § 66 enthalten, da diese nunmehr in den §§ 4 ff der TNV verordnungsrechtlich festgelegt sind. Wird die Nummernzuteilung jedoch ordnungsgemäß beantragt, erhält der Antragsteller ein subjektiv-öffentliches Recht auf Zuteilung einer 42

Nummer als gebundene Entscheidung der Bundesnetzagentur (*Wegmann,* K&R 2003, 449; *Gramlich,* ArchPT 1998, 5 (12)).

43 Die **Vergabeprinzipien** für die Auswahl eines Zuteilungsnehmers können dabei orientiert sein am Grundsatz „first come – first serve", eines Tag-Eins-Verfahrens, Verlosung, eines Beauty-Contests oder einer Auktion (genannt bei BerlKommTKG/*Brodkorb,* § 66 Rn 41 ff). Die Bundesregierung hat nunmehr mit der TNV in § 5 Absatz 2 zunächst den Grundsatz der **Reihenfolge** des Eingangs und für den Fall der Gleichzeitigkeit das **Losverfahren** festgelegt. Weiterhin steht der Bundesnetzagentur aber auch in § 5 Absatz 3 TNV das Recht zu, bei Nummern von einem außerordentlichen wirtschaftlichen Wert ein wettbewerbsorientiertes oder vergleichendes Auswahlverfahren anzuwenden.

I. Direkte und originäre Zuteilung

44 Die Zuteilung der Rufnummern erfolgt auf verschiedenen Allokationsebenen (BTKG/*Büning/Weißenfels,* § 66 Rn 24). Zum einen kann die Bundesnetzagentur Rufnummern originär zuteilen (§ 4 Absatz 2 Nr. 2 TNV). Weiterhin ist auch eine **direkte Zuteilung** in § 4 Absatz 2 Nr. 1 TNV durch die Bundesnetzagentur vorgesehen. Dabei sollen die zugeteilten Rufnummern zur eigenen Verwendung dienen. Bei der **originären Zuteilung** werden Rufnummern von der Bundesnetzagentur an einen Anbieter zur Verwendung für abgeleitete Zuteilungen vergeben.

II. Abgeleitete Zuteilung

45 Zum anderen kann die Zuteilung auch **abgeleitet** erfolgen, dh die Bundesnetzagentur nimmt eine originäre Zuteilung von sog. Rufnummernblöcken (einer Vielzahl, meist eintausend Rufnummern) an einen Netzbetreiber vor, der seinerseits im Wege der abgeleiteten Zuteilung Rufnummern an Endnutzer oder Diensteanbieter weiter vergeben kann. Die **rechtsgeschäftlich abgeleitete Zuteilung** ist nunmehr in § 4 Absatz 2 Nr. 3 TNV geregelt. Weiterhin sieht § 4 Absatz 2 Nr. 4 die allgemeine Zuteilung durch die Bundesnetzagentur als Ausnahme verordnungsrechtlich vor. Die Rechtsnatur der abgeleiteten Zuteilung war unklar, insbesondere sogenannten „**Kettenzuteilungen**" waren verbraucherschutzrechtlich problematisch, da der Zuteilungsnehmer nicht direkt transparent ersichtlich ist. § 20 TKV machte hierzu keine Aussagen.

46 Die originären Zuteilungsnehmer werden teilweise als **Beliehene** nach § 1 Abs. 4 VwVfG eingestuft, wobei es sich dann bei der abgeleiteten Zuteilung ebenfalls um einen Verwaltungsakt iSd § 35 VwVfG handelt. Es handelt sich aber bei der abgeleitete Zuteilung um einen rein zivilrechtlichen Vorgang, weil der Inhalt des Nutzungsrechts bei der abgeleiteten Zuteilung nicht über Nebenbestimmungen oder Auflagen zum originären Verwaltungsakt aufgrund der Zuteilungsregeln, sondern in einem zivilrechtlichen Vertrag zwischen Netzbetreiber als Zuteilungsgeber und Kunden ausgestaltet wird (so auch BTKG/*Büning/Weißenfels,* § 66 Rn 25; BerlKommTKG/*Brodkorb,* § 66 Rn 38 geht davon aus, dass es sich weder um einen Verwaltungsakt noch um eine Beleihung handelt). Der neue § 4 Absatz 2 Nr. 3 TNV stellt nunmehr klar, dass es sich um eine rechtsgeschäftliche und damit zivilrechtliche abgeleitete Zuteilung handelt. § 8 Absatz 1 TNV formuliert sogar einen Anspruch für jedermann auf diskriminierungsfreie abgeleitete Zuteilung von Nummern. Auch die Aufhebung oder Einwendungen gegen abgeleitete Zuteilungen ist nunmehr in § 8 TNV verbindlich festgeschrieben.

III. Rechtsnatur der Zuteilungsregeln

47 Die Rechtnatur der für eine Zuteilung von Rufnummern vor Inkrafttreten der TNV zugrunde liegenden Zuteilungsregeln selbst war unklar. Ihre Ermächtigungsgrundlage finden sie in §§ 66 Absatz 1 Sätze 1 und 3, 67 Absatz 1 Satz 1, 66 Absatz 4. Ob sie als Verwaltungsakt oder als reine Verwaltungsvorschriften qualifiziert werden können, hing von der **Außenwirkung** ab, die sie entfalten. Hierbei ist zu unterscheiden zwischen Maßnahmen zur Strukturierung, die sich in Zuteilungsregeln widerspiegeln, dann handelt es sich um **Allgemeinverfügungen** (BerlKommTKG/*Brodkorb,* § 66 Rn 58). Handelt es sich demgegenüber um Vorschriften zum Antragsverfahren, so ist von Verwaltungsvorschriften auszugehen (BerlKommTKG/*Brodkorb,* § 66 Rn 67).

48 Im Gegensatz zur Vorgängervorschrift des § 43 Abs. 3 TKG 1996 machte § 66 selbst über die Rechtsfolgen der Zuteilung keine Angaben. An der Rechtslage, wonach die Zuteilung ein Nutzungsrecht und kein Eigentum begründet, hat sich nichts geändert (*Wissmann/Baumgarten,* Telekommunikations-

recht, Kap.7, Rn 27). Nunmehr sind die Rechtsfolgen der Zuteilung in § 4 TNV nochmals zusammengefasst.

D. Strukturierung und Ausgestaltung von Nummernraum und -plan (Abs. 2)

Nach Abs. 2 erhält die Bundesnetzagentur eine Ermessensvorschrift, nach der sie die Befugnis erhält, 49
Änderungen an der Struktur und Ausgestaltung des Nummernraumes und des nationalen Nummernplans vorzunehmen, auch um die ausreichende Verfügbarkeit von Nummern sicherzustellen (VG Köln Beschluss vom 28.11.2005 – 11 L 1879/05). Der Begriff „**Nummernplan**" ist im TKG nicht legal definiert.

I. Definitionen zu Nummern nach § 3 Nr. 13a–d

Nach § 3 Nr. 13a ist die **Nummerart** definiert als Gesamtheit aller Nummern eines Nummernraums 50
für einen bestimmten Dienst oder eine bestimmte technische Adressierung. Nach § 3 Nr. 13b wird der **Nummernbereich** festgelegt als eine für die Nummernart bereitgestellte Teilmenge des Nummernraums. Der **Nummernraum** wiederum nach § 3 Nr. 13c bezeichnet die Gesamtheit aller Nummern, die für eine bestimmte Art der Adressierung verwendet werden; § 3 Nr. 13d als Nummernteilbereich eine Teilmenge des Nummernbereichs. Diese Aufteilung der Definitionen und die darüber hinaus ebenfalls in § 3 festgelegten Definitionen der Dienste, die über eine bestimmte Rufnummerngasse erbracht werden, sind in ihrer Funktion und Auslegung noch offen (BerlKommTKG/*Säcker*, Anh. I Rn 18 ff).

II. Nummernplan

Mit dem **Nummernplan** legt die Bundesnetzagentur die Nummerngassen fest, die einer bestimmten 51
Nutzung zugeordnet sind. Inwieweit dabei die neu eingefügten § 3 Nr. 13a bis d zu berücksichtigen sind, war bis zum Inkrafttreten der neuen TNV noch unklar. Mit dem Inkrafttreten des neuen § 1 Absatz 1 TNV ist die Bundesnetzagentur berechtigt, einen Nummernplan für jeden Nummernraum festzulegen. Der Nummernplan soll dann als Allgemeinverfügung im Amtsblatt bekannt gemacht werden. Folglich ist die Bedeutung des Begriffs „**Nummernraum**" eingeschränkt worden, da dieser nur noch als Gesamtheit aller Nummern, nicht jedoch als Rechtsgrundlage und Verwaltungsakt selbst zu sehen ist. Der Nummernplan enthält nach dieser Vorschrift insbesondere das Format der Nummern, ob und wie eine Untergliederung in Nummernbereiche und -teilbereiche erfolgt, den Nutzungszweck, ob und unter welchen Voraussetzungen direkte, originäre oder allgemeine Zuteilungen vorgenommen werden oder die Nutzungsfrist.

Für eine Änderung des Nummernplans muss eine **akute Nummernknappheit** mindestens bei der Ein- 52
führung neuer Nummerngassen und Abschaffung bereits bestehender Gassen erforderlich sein, da nach der neuen TNV Nummernraum und -plan unmittelbar zusammenhängen und eine grundlegende Neustrukturierung des Nummernraums nur als ultima ratio in Betracht kommen soll (aA BerlKommTKG/*Brodkorb*, § 66 Rn 235). Zudem kann bei einer Änderung des Nummernplans ohne akute Nummernknappheit nicht auf die Belange der Anbieter angemessen Rücksicht genommen werden. Es handelt sich bei Änderungen zB an Rufnummerngassen, die bereits genutzt werden, um massive Eingriffe in den eingerichteten und ausgeübten Gewerbebetrieb. Der Nummernplan kann u.a. durch die Einführung neuer Gassen oder einer Änderung der Gassenlänge (zB Einführung der Gasses 1180xy bei knappen Auskunftsdiensten) weiterentwickelt werden (BerlKommTKG/*Brodkorb*, § 66 Rn 235 ff).

III. Nummerierungskonzept

Weiterhin führt und veröffentlicht die Bundesnetzagentur nach § 2 TNV jährlich ein **Nummerierungs-** 53
konzept, das die wesentlichen Planungen im Hinblick auf die Fortentwicklung der Strukturierung und Ausgestaltung der Nummernräume beinhalten soll. Bislang waren die Anlässe für die Änderung von Nummernraum oder -plan abschließend aufgezählt (*Scheurle/Mayen/Scheurle*, TKG-Kommentar, München 2002, § 43 TKG 1996, Rn 22). Nur als ultima ratio sollte eine grundlegende Neustrukturierung des Nummernraums möglich sein (BerlKommTKG/*Brodkorb*, § 66 Rn 242). Insofern dürften die Möglichkeiten der Bundesnetzagentur in einem Nummerierungskonzept weiterhin nur sehr eingeschränkt sein und der Grundsatz der **Verhältnismäßigkeit** oberstes Prinzip sein.

54 Von der Befugnis zur Führung und Veröffentlichung eines Nummerierungskonzeptes machte die Bundesnetzagentur bereits schon vor Inkrafttreten der TNV im Jahr 2007 Gebrauch, in dem erste Anhörungen und Diskussionspapiere zur Gestaltung des Nummernraums mit den Marktbeteiligten erörtert wurden. Im Jahr 2009 wurde nunmehr das erste Nummerierungskonzept auf der Grundlage des neuen § 2 TNV veröffentlicht. Dieses stellt alle Nummernressourcen in einen Gesamtzusammenhang und bewertet, ob und ggf welche Maßnahmen angezeigt sind. Dabei sind bereits konkret geplante Maßnahmen eine Befragung bezüglich der Erforderlichkeit von Nummern für öffentliche Bündelfunknetze oder die Festlegung des Auslaufens der Rufnummerngasse 012 für neuartige Dienste. Zu weiteren Maßnahmen ist eine weitere Anhörung geplant: Verbraucherschutz und öffentliche Sicherheit bei 0700 und 0900 Rufnummern und deren Nutzung „für einen Kunden im Rahmen einer Dienstleistung", Herstellung des Ortsnetzbezuges bei Ortsnetzrufnummern oder eine Regulierung des Bereiches der Mobilfunk-Kurzwahlnummern. Da das Nummerierungskonzept nunmehr immer jährlich vorgelegt werden muss, bleibt abzuwarten, ob die genannten Maßnahmen zeitnah umgesetzt werden.

55 Abs. 2 gewährt zudem den dort genannten Endnutzern, Betreibern von Telekommunikationsnetzen und Anbietern von Telekommunikationsdiensten ein **subjektiv-öffentliches Recht** auf ermessensfehlerfreie Entscheidung oder, im Falle einer Ermessensreduzierung auf Null, auf Vornahme oder Unterlassung einer Änderung von Nummernraum oder -plan ein. Vor diesem Hintergrund waren die wie der Änderung einzelner Zuteilungsregeln etwa der für Auskunftsdienste (118xy) kritisch zu sehen, da die Marktbeteiligten nicht nur gehört, sondern deren Interessen in § 66 Abs. 2 geschützt werden und insbesondere Umstellungskosten vermieden werden sollen (BTKG/Büning/*Weißenfels,* § 66 Rn 35). Mit der Einführung des jährlichen Nummerierungskonzeptes können hier viel früher Knappheiten erkannt und beseitigt werden.

56 Die angemessene Berücksichtigung der Belange der Anbieter umfasst dabei vor allem die rechtzeitige Bekanntgabe der Änderungen, um einen möglichst geringen Aufwand für die Betroffenen sicherzustellen (BerlKommTKG/*Brodkorb,* § 66 Rn 250). Dieses Erfordernis wurde in der Vergangenheit nur unzureichend erfüllt, da weder der von den Betroffenen gewünschte „**Runde Tisch**" aller Betroffenen, der bereits zu Beginn der Liberalisierung existierte, eingesetzt wurde noch die Möglichkeiten der Einbringung von Änderungsvorschlägen nach Veröffentlichung der Entwürfe für Verfügungen im Amtsblatt mit einer Anhörung berücksichtigt wurden.

E. Durchsetzungsmaßnahmen (Abs. 3) und Verordnungsermächtigung (Abs. 4)

57 Sofern nach Abs. 2 Nummernraum oder -plan geändert werden, kann die Bundesnetzagentur zur Maßnahmen zur Durchsetzung wie der Verhängung von Zwangsgeldern anordnen. In Abs. 4 ist die Verordnungsermächtigung zum Erlass einer Nummerierungsverordnung genannt, die nunmehr **keine Zustimmungspflicht** von Bundestag und Bundesrat mehr erfordert (BT-Drucks. 16/2581, S. 27). Die TNV hat, sofern sie in Kraft tritt, Vorrang gegenüber Entscheidungen der Bundesnetzagentur, es sei denn, in der Verordnung ist eine abweichende Regelung durch die Bundesnetzagentur ausdrücklich vorgesehen (BerlKommTKG/*Brodkorb,* § 66 Rn 257). Die Bundesregierung hat von ihrer in Absatz 4 vorgesehenen **Verordnungsermächtigung** im Jahr 2008 Gebrauch gemacht und am 5.2.2008 eine neue Telekommunikations-Nummerierungsverordnung (TNV) erlassen (BGBl. I 2008, S. 141). In dieser Verordnung sind nunmehr konkrete Vorschriften zur jährlichen Erstellung eines Nummerierungskonzeptes (§ 2) durch die BNetzA, die Bestimmung des Nummernplans (§§ 1, 3) und die Nummernzuteilung (§ 4) vorgesehen.

58 **Die neuen gesetzlichen Regelungen zur Preistransparenz im TKG:**

§ 66a TKG Preisangabe

[1]Wer gegenüber Endnutzern Premium-Dienste, Auskunftsdienste, Massenverkehrsdienste, Service-Dienste, Neuartige Dienste oder Kurzwahldienste anbietet oder dafür wirbt, hat dabei den für die Inanspruchnahme des Dienstes zu zahlenden Preis zeitabhängig je Minute oder zeitunabhängig je Inanspruchnahme einschließlich der Umsatzsteuer und sonstiger Preisbestandteile anzugeben. [2]Bei Angabe des Preises ist der Preis gut lesbar, deutlich sichtbar und in unmittelbarem Zusammenhang mit der Rufnummer anzugeben. [3]Bei Anzeige der Rufnummer darf die Preisangabe nicht zeitlich kürzer als die Rufnummer angezeigt werden. [4]Auf den Abschluss eines Dauerschuldverhältnisses ist hinzu-

weisen. [5]Soweit für die Inanspruchnahme eines Dienstes nach Satz 1 für Anrufe aus den Mobilfunknetzen Preise gelten, die von den Preisen für Anrufe aus den Festnetzen abweichen, ist der Festnetzpreis mit dem Hinweis auf die Möglichkeit abweichender Preise für Anrufe aus den Mobilfunknetzen anzugeben. [6]Abweichend hiervon ist bei Service-Diensten neben dem Festnetzpreis der Mobilfunkhöchstpreis anzugeben, soweit für die Inanspruchnahme des Dienstes für Anrufe aus den Mobilfunknetzen Preise gelten, die von den Preisen für Anrufe aus den Festnetzen abweichen. [7]Bei Telefax-Diensten ist zusätzlich die Zahl der zu übermittelnden Seiten anzugeben. [8]Bei Datendiensten ist zusätzlich, soweit möglich, der Umfang der zu übermittelnden Daten anzugeben, es sei denn, die Menge der zu übermittelnden Daten hat keine Auswirkung auf die Höhe des Preises für den Endnutzer.

A. Vorbemerkungen

§ 66a hat wie die nachfolgenden Regelungen die Aufgabe, **Preistransparenz** für die Verbraucher herzustellen. Die Regelungen der §§ 66 a ff sind Teile des Art. 3 TKGÄndG. Somit treten diese, wie auch § 45l, am 1.9.2007 in Kraft. Im Gegensatz zu den Regelungen der §§ 43a ff, die Transparenz hinsichtlich der Vertragsverhältnisse betreffen, beziehen sich die Regelungen der §§ 66a ff auf rufnummernbezogene bzw dienstebezogene Preistransparenz. 59

Die Vorgaben zur **rufnummernbezogenen Preistransparenz** beziehen sich in den meisten europäischen Ländern auf Vorgaben zu Preisangaben in der Werbung, Preisansagen vor der Inanspruchnahme eines Dienstes oder Vorgaben über die maximale Höhe des Preises für Angebote (*Klaes,* MMR 2007, 21). § 66a ist ein im Rahmen des Branchenkompromisses zwischen Regierungskoalition der vorigen Bundesregierung, Opposition, Bundesrat sowie Unternehmen und Verbänden (vatm, FST, breko) abgestimmtes Vorgehen zur Schaffung von Preistransparenz. 60

B. Regelungszweck

Die Regelung des § 66a TKG greift auf § 43b Abs. 1 TKG 1996 zurück und erweitert die Verpflichtung über die Premium Dienste hinaus auf die in Satz 1 genannten Dienste (zur Kritik am MWDG *Ditscheid/ Rudloff,* TKMR 2003, 406 (413)). Sie dient der Schaffung ausreichender Preistransparenz im Vorfeld des Vertragsschlusses, also in der **Werbung** (BT-Drucks. 16/2581, S. 30). § 66a ist Teil des **Preisordnungsrechts,** wobei die Preisangabenverordnung (PAngV) parallel gilt (Die Rspr hat mehrfach aufgrund der PAngV entschieden: BGHZ 155, 301; OLG Köln MMR 2001, 826; LG Saarbrücken MMR 2004, 498, dazu auch *Hoeren,* MMR 2003, 784). 61

Die Vorschrift verfügt weder über Schutzgesetz- noch Verbotsgesetzcharakter, da auch die Rechtsfolgen von Verstößen nicht in den Katalog des § 66 g aufgenommen wurden (BTKG/*Klees,* § 66a Rn 3). Es handelt sich um eine **Marktverhaltensregelung** nach § 4 Nr. 11 UWG, deren höhere Anforderungen nach § 4 Nr. 2 UWG auch hier gelten. Das Verhältnis zu den Fernabsatzregelungen des BGB bleibt unberührt. Die Regelungen der §§ 312b, 312c Abs. 1 BGB, Art. 240 EGBGB iVm § 1 Abs. 1 Nr. 7 BGB-InfoV bleiben anwendbar (dazu im Einzelnen *Vander,* MMR 2005, 139). Der BGH hatte zuvor festgestellt, dass im Verhältnis zu den Veröffentlichungspflichten nach § 27 Abs. 1 TKV die TKV die nach sonstigen Vorschriften bestehenden Verpflichtungen zur Angabe der Preise unberührt lasse, was auch für die PAngV gelte, die ihrerseits für den Bereich der Telekommunikation keine Ausnahmen vorsehe (BGH MMR 2003, 783 f; *Rösler,* NJW 2003, 2633 (2636)). Dies gilt nunmehr auch für das TKG. 62

C. Sachlicher Anwendungsbereich (Satz 1)

I. Umfang und Adressat

Neben Diensten nach § 3 Nr. 17a TKG 2007 sind nun auch die Dienste nach § 3 Nr. 2a (Auskunftsdienste), § 3 Nr. 11d (Massenverkehrsdienste), § 3 Nr. 10a (Service-Dienste), § 3 Nr. 12a (neuartige Dienste) und Dienste nach § 3 Nr. 11d (Kurzwahldienste) von der Verpflichtung zur Preisangabe in der Werbung umfasst (BT-Drucks. 16/2581 S. 30). 63

Die Verknüpfung des sachlichen Anwendungsbereichs mit einzelnen Dienstearten und Rufnummerngassen bleibt allerdings vor dem Hintergrund des sich rasch technisch weiter entwickelnden Marktes fraglich, da hier zwar ein bestehendes System sachgerecht geregelt, jedoch keine entwicklungsoffene 64 und **technologieneutrale Regelung** getroffen wird, die auch zukünftigen neuen Entwicklungen – entweder neuen Diensten oder Rufnummerngassen oder Änderungen des gesamten Nummernraums oder -plans – Rechnung trägt (Begründung zum Regierungsentwurf BT-Drucks. 15/5213, S. 20; BTKG/*Klees,* § 66 a Rn 7). Da in den Begriffsdefinitionen des § 3 nicht nur der Dienst, sondern auch die diesbezügliche Rufnummerngasse genannt („insbesondere des Rufnummernbereichs…") wird und solange der Dienst in Übereinstimmung mit den heutigen Zuteilungsregeln in dem genannten Rufnummernbereich erbracht wird, gilt er regelmäßig zugleich als Dienst der entsprechenden Diensteart des § 3 (BTKG/*Klees,* § 66a Rn 9).

65 Normadressat ist derjenige, der gegenüber dem Endnutzer wirbt: Nach dem Willen des Gesetzgebers kann dies der Teilnehmernetzbetreiber selbst sein, wenn er selbst wirbt und nicht lediglich Träger der Werbung ist, oder auch der **werbende Diensteanbieter** unmittelbar (BT-Drucks. 16/2581 S. 30; BerlKommTKG/*Brodkorb,* Anh. I § 66a Rn 6). Im Gegensatz zu §§ 43a ff wird in § 66a auf den Begriff der Endnutzer Bezug genommen, da auch diejenigen Verbraucher vom Schutzbereich umfasst sein sollen, mit denen gerade noch kein Vertragsverhältnis besteht.

66 Ob ein Netzbetreiber im eigenen Namen einen Dienst anbietet, ist in der Praxis abhängig vom Zuteilungsverfahren der genutzten Rufnummer: Der **Zuteilungsnehmer** ist immer auch Verantwortlicher und Diensteanbieter – bei einer blockweisen Zuteilung von Rufnummern an den Netzbetreiber ist meist dieser selbst Diensteanbieter (zB Dienste nach § 3 Nr. 11d – Rufnummerngasse 0137), bei einer Einzelrufnummernzuteilung erfolgt die Bewerbung üblicherweise über den Zuteilungsnehmer, der gleichzeitig Diensteanbieter ist.

II. Die Dienste im Einzelnen

67 **1. Premium-Dienste.** Premium-Dienste sind in § 3 Nr. 17a legaldefiniert und bezeichnen Dienste insbesondere der Rufnummernbereiche 0190, die jedoch zum 31.12.2005 abgeschafft wurden und auf die insoweit eine Bezugnahme des Gesetzes überflüssig ist, sowie 0900, bei denen über die Telekommunikationsdienstleistung hinaus eine **weitere Dienstleistung** erbracht wird, die gegenüber dem Anrufer gemeinsam mit der Telekommunikationsdienstleistung abgerechnet wird und nicht einer anderen Nummernart zuzurechnen ist. Die Definition des § 3 Nr. 17a nimmt auf den BGH Bezug, der das einer Premium-Dienste Rufnummer zugrunde liegende Vertragsverhältnis in mindestens zwei unterschiedliche Vertrags- und Rechtsverhältnisse unterschied. Die technische Seite des Zugangs zum Dienst nach § 3 Nr. 16 und 19 sowie die inhaltliche Seite der Erbringung der weiteren Dienstleistung (BGH NJW 2002, 361 ff; BGH MMR 2005, 597 ff).

68 Der Inhalt der weiteren Dienstleistung ist dabei nicht relevant; lediglich in der Praxis wird durch die Zuordnung einzelner „**Inhaltekennungen**" anhand der Rufnummerngassen ein Hinweis auf den erbrachten Inhalt gegeben (Zuteilungsregeln für Premium-Rate-Dienste (0900) der Bundesnetzagentur, Vfg. 37/2004 vom 11.8.2004, ABl. 16/2004, S. 1; Verhaltenskodex des FST e.V. idF v. 11.1.2010, in Kraft getreten am 1.3.2010, abrufbar unter http://www.fst-ev.org/statuten-verhaltenskodex.html, RegTP ABl. Nr. 16/2004, S. 872. Dort sind die Inhaltekennungen 0900–1 für Information, 0900–3 für Unterhaltung und 0900–5 für sonstige Dienste genannt. Für Dialer-Programme ist seit 2003 noch die Kennung 0900–9 hinzugekommen. RegTP Vfg. Nr. 36/2003, ABl. 16/2003, S. 831 zum Legitimationsverfahren; RegTP Vfg. Nr. 38/2003, ABl. 16/2003, S. 833 zum Registrierungsverfahren; RegTP Vfg. Nr. 39/2003, ABl. 16/2003, S. 842 für die Rufnummerngasse 0900–9 für Dialer; RegTP Vfg. Nr. 38/2003, ABl. 16/2003, S. 839 für Zuteilungsregeln für Anwahlprogramme über 0900).

69 Premium-Dienste sind **telekommunikationsgestützte Dienste** iSd § 3 Nr. 25. Diese zeichnen sich dadurch aus, dass sie keinen räumlich und zeitlich trennbaren Leistungsfluss auslösen, sondern bei ihnen wird die Inhaltsleistung noch während der Telekommunikationsverbindung erfüllt. Auch die Übermittlung von **Berechtigungscodes** nach § 21 Absatz 2 Nr. 7a Satz 2 stellt eine solche Erbringung der Inhaltsleistung dar, weil der Code selbst die Leistung darstellt, die während der Telekommunikationsverbindung erbracht wird (dazu ausführlich vgl § 45h Rn 71). Anwendungsfälle, in denen Premium-Dienste keine Dienste nach § 3 Nr. 25 sind, existieren nur dann, wenn der Inhalt nach der Telekommunikationsverbindung erbracht wird oder eine separate Rechnung für den Inhalt versandt wird (aA BerlKommTKG/*Tomaschki,* § 21 Rn 131; ebda./*Brodkorb,* § 66 Rn 132; ebda./*Säcker,* Anh. I Rn 22; RegTP Vfg. Nr. 37/2004, ABl. Nr. 16/2004, S. 864, die auch die Übermittlung mit Telekommunikation und spätere Erbringung der Dienstleistung mit einbeziehen wollen). Dann findet Fernabsatzrecht Anwendung. Zur Frage, ob telekommunikationsgestützte Dienste nach § 3 Nr. 25 ausschließlich Premi-

um-Dienste nach § 3 Nr. 17a darstellen, vgl ausführlich § 45h Rn 68 ff. Ebenso kann es sich beim **IP-Billing** um Fälle von § 3 Nr. 17a handeln (s.u. Rn 87, § 45i Rn 108 mwN).

Ebenso ist die Abgrenzung zu § 3 Nr. 11b (Kurzwahldienste) unklar. Diese haben die Merkmale eines Premium-Dienstes, nutzen aber eine spezielle Nummernart mit kurzen Nummern. Da das TKG sich bei dieser Regelung technologieneutral verhält, ist vom besonderen Anwendungsbereich von **Kurzwahlnummern** im **Mobilfunk** nicht die Rede. Insofern würde der Wortlaut auch Auskunftsdienste nach § 3 Nr. 2a erfassen, aber auch parallel zu den Premium-Diensten nach § 3 Nr. 17a, die ebenfalls technologieneutral definiert sind, stehen. Die systematische Ordnung der Definitionen bleibt damit unklar. In ihrem Nummerierungskonzept geht die Bundesnetzagentur nunmehr davon aus, dass Kurzwahlnummern bei einer Nutzung als Premium-Dienst Kurzwahldienste im Sinne des § 3 Nr. 11b darstellen (BNetzA Nummerierungskonzept 2009, S. 83 ff, BNetzA Mitteilung Nr. 549/2009, ABl. 2009, S. 4530). 70

2. Auskunftsdienste. Auskunftsdienste sind nunmehr über § 3 Nr. 2a legaldefiniert und bezeichnen bundesweit jederzeit telefonisch erreichbare Dienste, insbesondere des Rufnummernbereichs 118, die ausschließlich der neutralen Weitergabe von Rufnummer, Anschrift sowie zusätzlichen Angaben von Telekommunikationsnutzern dienen. Zusätzlich kann seit September 2009 auch der Rufnummernbereich 118 für **Vermittlungsdienste** nach § 95 Abs. 2 Satz 1 genutzt werden (BNetzA Nummerierungskonzept 2009, S. 48, BNetzA Mitteilung Nr. 549/2009, ABl. 2009, S. 4530). Nach dem vom Gesetzgeber verabschiedeten Wortlaut ist erstmals auch die **Weitervermittlung** zu einer erfragten Rufnummer aufgenommen worden, die Bestandteil des Auskunftsdienstes sein kann (*Klaes,* CR 2007, 221). Grundsätzlich ist die Weitervermittlung auch zu Diensten, die ebenfalls unter einer eigenen Servicerufnummer (als Premium-Dienst oder Service-Dienst) erreichbar und beauskunftbar ist, zulässig. 71

Die Weitervermittlung zu (Premium-)Diensten wird in der Praxis als sog. **Portaldienst** angeboten, wobei die kurzstellige Auskunftsnummer das Portal darstellt und auf nachgefragte Keywords (zB „Horoskop") weiter vermittelt wird. Die Zulässigkeit der Portaldienste wurde von der Bundesnetzagentur bejaht (RegTP Mitteilung Nr. 19/2004, ABl. 2/2004, S. 57 zu Hinweisen für die Tarifansage bei der Weitervermittlung; RegTP Mitt. Nr. 305/2002, ABl. 12/2002, S. 964 mit Hinweisen für die Zuteilung von 118xy-Rufnummern und Weitervermittlung; aA *Vander* S. 289). Diese Fälle waren jedoch Gegenstand einer gesonderten Anhörung der Bundesnetzagentur im Jahr 2008, aus der die Verwaltungspraxis zur **Nutzungskontrolle** des Rufnummernbereichs 118 resultierten (BNetzA Mitteilung Nr. 662/2008, ABl. 2008, S. 3647). Demnach muss bei **Werbemaßnahmen** zwischen der unter einer Auskunftsrufnummer erreichbaren Telefonauskunft und den eventuell nach einer Weitervermittlung erreichbaren weiteren Dienstleistung deutlich unterschieden werden. Mit dieser Maßnahme griff die Bundesnetzagentur erstmals grundlegend in die **Inhaltskontrolle** der Werbemaßnahmen bei Mehrwertdiensten ein. 72

3. Massenverkehrsdienste. Massenverkehrsdienste nach § 3 Nr. 11d bezeichnen solche Dienste insbesondere nach der derzeit für MABEZ-Dienste (Massenverkehr zu bestimmten Zielen) genutzten Gasse 0137, die allerdings in eine andere Gasse verlagert werden soll, die charakterisiert sind durch ein hohes Verkehrsaufkommen in einem oder mehreren kurzen Zeitintervallen mit kurzer Belegungsdauer zu einem Ziel mit begrenzter Abfragekapazität. Da derzeit noch keine Zuteilungsregeln für Massenverkehrsdienste oder die Gasse 0137 existieren, ist die Auslegung der o.g. Definition unklar (BerlKommTKG/*Brodkorb*, Anh. I § 66a Rn 139 ff). So werden Massenverkehrsdienste derzeit lediglich aufgrund der technischen Begrenzungen, aber inhaltlich neutral definiert. Demzufolge bleibt es offen, ob auch Premium-Dienste über 0137 angeboten werden dürfen. Zu dieser Frage hat die Bundesnetzagentur auf der Grundlage des Nummerierungskonzeptes im Jahr 2010 neue Pläne für eine Umgestaltung des Nummernplans für Massenverkehrsdienste, einer Neugestaltung des Antragsverfahrens und einem teilweisen Widerruf von Zuteilungen vorgestellt (BNetzA Mitteilung Nr. 441/2010, ABl. 2010, S. 2584). Dieses Vorhaben ist derzeit noch in der Anhörungsphase. 73

Klassische Anwendungsgebiete sind sog. **Voting-Dienste**, die über Massenmedien beworben werden und der Abstimmung in TV- oder Radiosendungen dienen (dargestellt bei *Vander,* S. 36, 208). Weiterhin werden **Gewinnspiele**, in denen zwei Antwortalternativen zur Abstimmung gegenüber gestellt werden, über 0137 angeboten. Die Zulässigkeit derartiger Gewinnspiele über Mehrwertdienste ist umstritten und wird je nach Höhe des Einsatzes und der intellektuellen Leistung bei der Beantwortung der Gewinnfrage teilweise als verbotenes Glücksspiel betrachtet (dazu ausführlich *Bahr,* S. 138 f). 74

75 **4. Service-Dienste und neuartige Dienste.** Service-Dienste waren zunächst als „Geteilte-Kosten-Dienste“ nach § 3 Nr. 10a solche Dienste, bei denen das für die Verbindung zu entrichtende Entgelt zwischen Anrufendem und Angerufenem aufgeteilt wird; insbesondere in der Rufnummerngasse 0180. Im Rahmen der Änderungen des TKG im Jahr 2009 (BGBl. I 2009, S. 2409) wurden diese Dienste in „Service-Dienste“ umbenannt und die Definition dazu in § 3 Nr. 8b hinterlegt. Diese werden nunmehr als Dienste bezeichnet, die bundesweit zu einem **einheitlichen Entgelt** zu erreichen sind. Sie unterliegen demnach keiner inhaltlichen Gestaltungsbeschränkung mehr (BT-Drucks. 16/12405, S. 19). Diese Änderungen wurden auch erforderlich, da in der Praxis immer wieder zu beobachten war, dass es sich faktisch um geringer tarifierte Premium-Dienste handelt, die die gleichen Inhalte wie die Dienste nach § 3 Nr. 17a enthalten (so auch *Ditscheid*, MMR 2009, 368). Dieses Phänomen drückt sich durch die Ausschüttung von Entgelten an die Nutzer der Rufnummer (meist über einen sog. **Werbekostenzuschuss**) aus. Diese Praxis sollte noch im Entwurf der TNV vom 30.7.2004 durch die Formulierung „Ausschüttungen an den Angerufenen und Vorteilsgewährungen, die einer Ausschüttung gleich kommen, sind unzulässig“ eingedämmt werden (vgl auch Zuteilungsregeln für 0180 der Bundesnetzagentur vom 11.8.2004, Vfg. Nr. 34/2004, ABl. 16/2004 S. 1). Zwischenzeitlich sollte auf das Erfordernis der Teilung der Entgelte ganz verzichtet werden (RegTP Vfg. Nr. 34/2004, ABl. 16/2004, S. 845; RegTP Mitt. Nr. 434/2001, ABl. 15/2001; BerlKommTKG/*Säcker,* Anh. I Rn 9). Auf den zwischenzeitlich beabsichtigten Begriff der „Feste-Kosten-Dienste“ wurde jedoch im Gesetzgebungsverfahren verzichtet, da Anrufe aus den Mobilfunknetzen zwar nunmehr in der Preishöhe begrenzt werden, aber ansonsten frei tarifierbar bleiben (*Ditscheid,* MMR 2009, 368). Aufgrund dieser Problematik ist für Service-Dienste weiterhin die Änderung der Definition des § 3 Nr. 10a geplant (iE BNetzA Vfg. Nr. 50/2007, ABl. 2007 S. 3442), sowie die Kostenpflichtigkeit von Warteschleifen in der Diskussion (dazu *Vander,* NJW 2007, 2580 (2586)).

76 Die **neuartigen Dienste** nach § 3 Nr. 12a werden derzeit in der Gasse 012 abgebildet (Zuteilungsregeln RegTP Vfg. Nr. 28/1999, ABl. 4/1999). Hierfür gelten ebenfalls keine inhaltlichen Vorgaben; es muss sich lediglich um einen innovativen Dienst handeln, der in keiner anderen Rufnummerngasse erbracht werden kann. Meist ist auch eine Erbringung etwa als Premium-Dienst oder Massenverkehrsdienst möglich, deswegen erfolgte die Zuteilung dieser Rufnummerngasse bislang äußerst restriktiv (dazu mit Bsp. BerlKommTKG/*Säcker,* Anh. I Rn 16 f). Die neuartigen Dienste sollen auf der Grundlage des Nummerierungskonzeptes 2009 der Bundesnetzagentur möglicherweise im kommenden Jahr mangels Nachfrage wieder abgeschafft werden.

77 **5. Kurzwahldienste.** Kurzwahldienste haben in § 3 Nr. 11b Eingang gefunden. Dabei hält das Gesetz aufgrund seines technologieneutralen Ansatzes ausdrücklich offen, ob diese aus dem **Festnetz** oder **Mobilfunk** erbracht werden (vgl dazu auch § 45l Rn 110, § 66c Rn 96. So auch BerlKommTKG/*Brodkorb,* § 66 Rn 173; Beispiele für Kurzwahldienste im Festnetz nennt BerlKommTKG/*Brodkorb,* § 66 Rn 87 f, 103 f, 167 ff). Der Gesetzgeber stellt klar, dass Kurzwahldienste Nummern iSd § 3 Nr. 13 sind (BT-Drucks. 16/2581 S. 22) mit der Konsequenz, dass diese Kurzwahlnummern, die bislang nicht von der Bundesnetzagentur, sondern den vier Mobilfunknetzbetreibern selbst verwaltet wurden, nunmehr in die staatliche Nummernverwaltung einbezogen werden, was im Gesetzgebungsverfahren heftig umstritten war (BT-Ausschuss-Drucks. 15(9)1900 vom 9.5.2005, S. 12; beschrieben schon bei *Ditscheid/Rudloff,* TKMR 2003, 406 (407); *Vander,* MMR 2005, 429). In § 3 Nr. 11a und 11c wird nochmals zwischen **Kurzwahldatendiensten** und **Kurzwahlsprachdiensten** unterschieden. Kurzwahldatendienste sind Datendienste, die nicht dem TDG oder den Mediendiensten unterfielen und der Übermittlung von Daten-Inhalten mittels Telekommunikation dienen. Kurzwahlsprachdienste sind Kurzwahldienste, bei denen die Kommunikation sprachgestützt erfolgt (*Ditscheid,* MMR 2007, 211; *Klaes,* CR 2007, 221).

D. Inhalt und Umfang der Preisangabepflicht

78 Nach § 66a TKG hat eine Preisangabe in der Werbung je Minute oder je Inanspruchnahme inklusive Umsatzsteuer und sonstiger Preisbestandteile zu erfolgen. Der Preis ist gut lesbar, deutlich sichtbar wie nach § 1 Abs. 6 Satz 2 PAngV und in **unmittelbarem Zusammenhang** mit der Rufnummer anzugeben. Werbung umfasst hierbei sämtliche Medien, also auch im Gegensatz zur PAngV den Hörfunk (dazu BGH GRUR 2003, 971; BerlKommTKG/*Brodkorb,* Anh. I § 66a Rn 11). Auf die noch im Gesetzgebungsverfahren für Anrufe aus den Mobilfunknetzen diskutierte Angabe einer **„von-bis-Preisspanne“** (Regierungsentwurf 2005 BT-Drucks. 15/5213 S. 14) wurde verzichtet, da sowohl Mindest- als auch Höchstpreis variieren können je nach gewähltem Vertragsmodell beim Endkunden (Prepaid,

Postpaid) und der zur Preisangabe verpflichtete werbende Diensteanbieter die Endkundenpreise der Teilnehmernetzbetreiber etwa im Mobilfunk gar nicht kennt (*Klaes,* CR 2007, 226; für die Vorgängerregelung des § 43b Abs. 1 S. 2 TKG 1996 *Vander,* S. 246). Nunmehr muss der Festnetzpreis mit dem Hinweis auf mögliche abweichende Preise aus den Mobilfunknetzen angegeben (Kompromiss der Marktbeteiligten BT-Ausschuss-Drucks. 15(9)1905 vom 9.5.2005 S. 5) werden.

Bei **Service-Diensten** ist im Rahmen der Gesetzesänderungen des Jahres 2009 Satz 6 neu eingefügt worden (BGBl. I 2009, S. 2409). Dieser sieht abweichend von der in Satz 5 vorgesehenen Verpflichtung der **Angabe abweichender Mobilfunkpreise** vor, dass bei Service-Diensten nun faktisch neben dem Festnetzpreis der Mobilfunkhöchstpreis von 42 Cent/Minute oder 60 Cent/Anruf anzugeben ist. Eine Preishöchstgrenze für Mobilfunkverbindungen, wie sie im Rahmen der Änderung in § 66d Abs. 3 erstmals gesetzlich eingeführt wurde, existierte bislang nicht (BT-Drucks. 16/12405, S. 19). 79

Nicht notwendig ist die gleichzeitige oder gleichgroße Einblendung des Preises; jedoch muss ein **unmittelbarer Zusammenhang** zwischen Rufnummer und Preis (etwa durch einen Verweis mittels Sternchen) vorhanden sein und – gerade bei Fernsehsendungen – darf die Einblendung des Preises nicht kürzer sein als die der Rufnummer (Maßgeblich dazu Verhaltenskodex des FST e.V., idF v. 11.1.2010, in Kraft getreten am 1.3.2010, abrufbar unter http://www.fst-ev.org/statuten-verhaltenskodex.html; dazu auch BerlKommTKG/*Brodkorb,* Anh. I § 66a Rn 12). 80

Weiterhin muss ein Hinweis auf Abschluss eines **Dauerschuldverhältnisses** gegeben werden, jedoch nicht auf die bestehende Kündigungsmöglichkeit, die ihrerseits aufgrund § 45l Abs. 2 bereits vorgesehen ist. Insofern geht § 45l über § 66a hinaus und ist hierfür überflüssig. Bei **Telefaxdiensten** besteht die Verpflichtung, die übermittelte Seitenzahl als wesentliche Regelungen anzugeben. Das noch im Gesetzgebungsverfahren diskutierte Verbot der zeitunabhängigen Tarifierung von Telefaxdiensten wurde nunmehr gestrichen, da bei Verbindungsabbrüchen das ereignisbasierte Entgelt bereits gezahlt wäre, obwohl die Leistung nicht vollständig erbracht worden wäre (besonders problematisch bei provozierten Verbindungsabbrüchen). Bei **Datendiensten** ist der Umfang der übermittelten Daten anzugeben, soweit diese Angabe möglich ist und soweit die Menge der Daten Auswirkungen auf die Höhe des Endkundenpreises hat (vgl § 45e Rn 38, 51; dort soll nach Planungen der Bundesnetzagentur im EVN auch die Ausweisung des Datenvolumens geplant sein). Dies dürfte in der Praxis regelmäßig durch entsprechende Vertragsmodelle ausgeschlossen werden, insofern wird diese Regelung in der Praxis leer laufen. 81

Fraglich ist, ob bei der Preisangabe und auch der Preisanzeige nach § 66c die **Transportkosten** bzw **Downloadkosten** Teil des Gesamtpreises sind, der anzugeben ist oder ob diese auf den Endkundenpreis aufgeschlagen werden können. Dies ist auch für die Frage der Preisschwelle bedeutend. Die Bundesnetzagentur geht hierbei davon aus, dass der zu zahlende Bruttopreis angegeben werden muss, der den Preis für die Dienstleistung zuzüglich Transportkosten umfasse. Diese Ansicht greift zu weit: Hinsichtlich der Kosten des Downloads eines Dienstes zB per WAP-Verbindung handelt es sich nicht um sonstige Preisbestandteile im Sinne des § 66a, da diese nur alle Preise und Kosten umfassen, die der Diensteanbieter üblicherweise in seine Kalkulation der Endpreise einbezieht, weil sie obligatorisch anfallen (so *Brodkorb* in: *Säcker,* Berliner Kommentar zum TKG, Anhang 1 § 66a, Rn 15). Bei den Downloadkosten handelt es sich jedoch gerade nicht um obligatorisch anfallende Kosten, da abhängig vom Tarif zB auch gar keine Kosten anfallen können, wenn der Kunde eine **Datenflatrate** gebucht hat. Es handelt sich vielmehr um von den sonstigen Preisbestandteilen zu unterscheidende **Liefer- und Versandkosten** im Sinne des § 1 Abs. 1 und 2 der Preisangabenverordnung (so auch *Taeger/Rose,* K&R 2007, 236). Zu den Liefer- und Versandkosten führt die Preisangabenverordnung aus, dass sofern zusätzlich Liefer- und Versandkosten anfallen, deren Höhe anzugeben ist. Soweit jedoch die vorherige Angabe dieser Kosten in bestimmten Fällen nicht möglich ist, sind die näheren Einzelheiten der Berechnung anzugeben, aufgrund derer der Letztverbraucher die Höhe leicht errechnen kann, was regelmäßig durch Einsicht in die aktuelle Preisliste der AGB der Fall ist. 82

Beim Umfang der Preisangabe ist auch umstritten, ob die Verpflichtung sich auch auf **Standardeinträge** in Telefonbüchern erstreckt. Hierbei werden Mehrwertdiensterufnummern (zB 0900, 0180 oder 0700) in Standardeinträgen in Teilnehmerverzeichnissen als Rückrufnummern eingetragen, die teilweise gewerblich oder auch privat genutzt werden. Die Bundesnetzagentur will die Preisangabeverpflichtung auch auf diese Einträge erstrecken, was jedoch nicht sachgerecht erscheint, da es sich beim Standardeintrag nicht um Werbemaßnahmen, sondern um Universaldienstleistungen im Sinne des § 78 Abs. 2 Nr. 2 handelt. 83

E. Rechtsfolgen bei Verstößen

84 Sofern ein Verstoß gegen § 66a vorliegt, ist der Betroffene berechtigt, Beseitigung und bei Wiederholungsgefahr Unterlassung zu verlangen. Weitergehende im Gesetzgebungsverfahren diskutierte Rechtsfolgen wie die Unwirksamkeit eines Vertragsschlusses oder dem Wegfall des Entgeltanspruchs nach § 66g wurden gestrichen. Verstöße gegen die Preisangabepflicht lassen die Wirksamkeit des Content-Vertrages unberührt und damit auch die Zahlungspflichten des Verbrauchers (BTKG/*Klees,* § 43b Rn 17). Falls bei einem Verstoß gegen § 66 a Vorsatz oder Fahrlässigkeit vorliegt, ist das handelnde Unternehmen auch den Endkunden und Wettbewerbern gegenüber zu **Schadensersatz** nach § 44 Abs. 1 Satz 4 verpflichtet. Dabei fehlt es allerdings an einem zurechenbaren Schaden, sofern der Endkunde vor Inanspruchnahme des Dienstes auf den Preis hingewiesen wurde, etwa wenn die Preisangabe in der Werbung zwar fehlt, aber eine Preisansage vor Inanspruchnahme des Dienstes vorlag, aufgrund derer der Endkunde den Dienst trotzdem in Anspruch genommen hat (BTKG/*Klees,* § 66a Rn 25). Vorsätzliche oder fahrlässige Verstöße gegen § 66a können zudem durch die Bundesnetzagentur als Ordnungswidrigkeit nach § 149 Abs. 1 Nr. 13a–c geahndet werden. Bei Vorliegen der Merkmale des § 3 UWG kommen zudem wettbewerbsrechtliche Rechtsfolgen in Betracht, da der Rechtsbruchstatbestand des § 4 Nr. 11 UWG vorliegt (BTKG/*Klees,* § 66a Rn 25).

§ 66b TKG Preisansage

(1) [1]Für sprachgestützte Premium-Dienste hat derjenige, der den vom Endnutzer zu zahlenden Preis für die Inanspruchnahme dieses Dienstes festlegt, vor Beginn der Entgeltpflichtigkeit dem Endnutzer den für die Inanspruchnahme dieses Dienstes zu zahlenden Preis zeitabhängig je Minute oder zeitunabhängig je Datenvolumen oder sonstiger Inanspruchnahme einschließlich der Umsatzsteuer und sonstiger Preisbestandteile anzusagen. [2]Die Preisansage ist spätestens drei Sekunden vor Beginn der Entgeltpflichtigkeit unter Hinweis auf den Zeitpunkt des Beginns derselben abzuschließen. [3]Ändert sich dieser Preis während der Inanspruchnahme des Dienstes, so ist vor Beginn des neuen Tarifabschnitts der nach der Änderung zu zahlende Preis entsprechend der Sätze 1 und 2 anzusagen mit der Maßgabe, dass die Ansage auch während der Inanspruchnahme des Dienstes erfolgen kann. [4]Die Sätze 1 bis 3 gelten auch für sprachgestützte Auskunftsdienste und für Kurzwahl-Sprachdienste ab einem Preis von 2 Euro pro Minute oder pro Inanspruchnahme bei zeitunabhängiger Tarifierung. [5]Die Sätze 1 bis 3 gelten auch für sprachgestützte Neuartige Dienste ab einem Preis von 2 Euro pro Minute oder pro Inanspruchnahme bei zeitunabhängiger Tarifierung, soweit nach Absatz 4 nicht etwas Anderes bestimmt ist.

(2) Bei Inanspruchnahme von Rufnummern für sprachgestützte Massenverkehrs-Dienste hat der Diensteanbieter dem Endnutzer den für die Inanspruchnahme dieser Rufnummer zu zahlenden Preis für Anrufe aus den Festnetzen einschließlich der Umsatzsteuer und sonstiger Preisbestandteile unmittelbar im Anschluss an die Inanspruchnahme des Dienstes anzusagen.

(3) [1]Im Falle der Weitervermittlung durch einen sprachgestützten Auskunftsdienst besteht die Preisansageverpflichtung für das weiterzuvermittelnde Gespräch für den Auskunftsdiensteanbieter. [2]Die Ansage kann während der Inanspruchnahme des sprachgestützten Auskunftsdienstes erfolgen, ist jedoch vor der Weitervermittlung vorzunehmen; Absatz 1 Satz 3 gilt entsprechend. [3]Diese Ansage umfasst den Preis für Anrufe aus den Festnetzen zeitabhängig je Minute oder zeitunabhängig je Datenvolumen oder sonstiger Inanspruchnahme einschließlich der Umsatzsteuer und sonstiger Preisbestandteile sowie einen Hinweis auf die Möglichkeit abweichender Preise aus dem Mobilfunk.

(4) [1]Bei sprachgestützten Neuartigen Diensten kann die Bundesnetzagentur nach Anhörung der Fachkreise und Verbraucherverbände Anforderungen für eine Preisansage festlegen, die von denen des Absatzes 1 Satz 5 abweichen, sofern technische Entwicklungen, die diesen Nummernbereich betreffen, ein solches Verfahren erforderlich machen. [2]Die Festlegungen sind von der Bundesnetzagentur zu veröffentlichen.

A. Regelungszweck

85 Die Vorschrift des § 66b geht auf § 43b Abs. 2 TKG 1996 zurück und erweitert diese für die in den Sätzen 4 und 5 genannten Dienste. Für die Rechtsnatur und den Zweck der Regelung sowie deren

Stellung als Regelung des Preisordnungsrechts gilt das unter § 66 a Gesagte. Es handelt sich bei den Vorschriften über Preisansagen im Verhältnis zu den fernabsatzrechtlichen vorvertraglichen Informationspflichten der § 312c BGB iVm § 1 Abs. 1 Nr. 7 BGB-InfoV um „**weitergehende Informationspflichten**" iSd § 312c Abs. 4 BGB, die von diesen unberührt bleiben (*Härting*, Recht der Mehrwertdienste, S. 51 ff; *Vander,* MMR 2005, 429 (431)).

Zunächst war auch die Einführung einer Preisansageverpflichtung für Fälle der Betreiberauswahl im Einzelverfahren (sog. „**Call-by-call-Dienste**") vorgesehen (BT-Drucks. 15/5213 S. 35). Diese wurde mit dem TKG 2007 wieder gestrichen (BT-Drucks. 16/2581, S. 30). Im Verlauf des Gesetzgebungsverfahrens gab es Forderungen der Verbraucherverbände, auch für die Netzbetreiberauswahl eine kostenlose Preisansage der Verbindung voranzustellen. Letztlich abgelehnt wurde diese Forderung mit dem Argument des geringen Missbrauchspotentials aufgrund der geringen Endkundenpreise für die Nutzung von Call-by-call (*Klaes,* CR 2007, 224; *Ditscheid/Rudloff,* in: Spindler/Schuster § 66b Rn 3). 86

§ 66b gilt somit verpflichtend für Premium-Dienste unabhängig von deren Preishöhe, wobei für Kurzwahl(daten-)dienste die Besonderheiten des § 66 c zu berücksichtigen sind. Ebenso gilt § 66b für sprachgestützte Auskunftsdienste, für Kurzwahlsprachdienste ab einer bestimmten Preishöhe sowie für Massenverkehrsdienste nach deren Inanspruchnahme. Für Fälle der **Weitervermittlung** durch einen sprachgestützten Auskunftsdienst während der Inanspruchnahme des Auskunftsdienstes ist auch eine Preisansage nach § 66b wie für neuartige Dienste nach einer Festlegung durch die Bundesnetzagentur erforderlich. Damit wurde bei dieser Regelung vom für das TKG festgelegten entwicklungsoffenen und technologieneutralen Grundsatz abgewichen und eine Reihe für Verbraucher und Diensteanbieter unübersichtlicher und unterschiedlicher Einzelfallregelungen für bestimmte Dienste und Rufnummerngassen getroffen (*Klaes,* MMR 2006, 641; *Klaes,* CR 2007, 220 f; so auch BerlKommTKG/*Brodkorb,* Anh. I § 66b Rn 16). Für **IP-Billing** und VoIP-Telefonie sollten die §§ 66a ff und so auch § 66b direkt gelten, da es sich wenigstens bei VoNGN um Telekommunikationsdienste iSd § 3 Nr. 24 handelt, und bei VoInternet zumindest für den Zugangsteil ebenfalls (*Bosse/Richter/Schreier,* CR 2007, 79 (83); *Klaes,* MMR 2008, 90 (93)). 87

B. Vorherige Preisansageverpflichtung (Abs. 1)

§ 66b Abs. 1 regelt eine gesetzliche Verpflichtung zur Preisansage für sprachgestützte Premium-Dienste nach § 3 Nr. 17a TKG 2007 für denjenigen, der den Preis festlegt. In der Praxis ist damit im **Festnetz** der **Verbindungsnetzbetreiber** verpflichtet, auch wenn der Inhalteanbieter den Preis festsetzen kann, denn die Fakturierinformation übersendet der Verbindungsnetzbetreiber an den Teilnehmernetzbetreiber (für § 43b Abs. 2 S. 1 TKG 1996 BerlKommTKG/*Brodkorb,* § 67 Rn 60 f; *Ditscheid/Rudloff,* TKMR 2003, 406 (411)). Im **Mobilfunk** ist der **Teilnehmernetzbetreiber** durch seine Tarifhoheit verpflichtet. Aufgrund des Abrechnungsverfahrens des offline-billing gibt es grundsätzlich frei tarifierbare Rufnummern aus dem Festnetz (zB 0900, 118xy, aber auch Call-by-call; *Vander,* S. 248; *Tiedemann,* K&R 2003, 328 (333)). Im Mobilfunk gibt es für Premium-Dienste mit der sogenannten Mobilfunk-Service-Vorwahl (MSV) ein Verfahren, das den Diensteanbietern derzeit 56 sogenannte Tarifcluster anbietet, aus denen der Diensteanbieter seinen internen Verrechnungspreis wählen kann. Den letztendlichen Endkundenpreis kann der Diensteanbieter nicht bestimmen, denn dieser ist, wie oben bereits dargestellt, vom gewählten Tarifmodell (Postpaid, Prepaid etc.) des Endkunden abhängig. Die bis zum 31.12.2005 für Premium-Dienste noch verwendeten Rufnummern der Gasse 0190 wurden demgegenüber auch im sog. online-billing abgerechnet (zu den **Abrechnungsverfahren** im Einzelnen *Ditscheid,* CR 2006, 316; *Zagouras,* MMR 2005, 80; *Vander,* S. 50, 248; Anhörung der BNetzA zu Abrechnungsverfahren bei Premium Diensten BNetzA Mitt. Nr. 150/2005, ABl. 12/2005, S. 1017). Hierbei gab es feste Tarifstufen aus den Festnetzen. 88

Die Preisansage muss drei Sekunden vor Beginn der Entgeltpflichtigkeit ausdrücklich mit einem gesetzlich festgeschriebenem Hinweis auf den **Zeitpunkt der Entgeltpflichtigkeit** („kostet sie nach dem Piepton") erfolgen (*Klaes,* CR 2007, 224). Demnach darf nicht einfach eine Pause nach der kostenfreien Tarifansage erfolgen. Die Ansage muss auf den für die Inanspruchnahme zu zahlenden Preis zeitabhängig je Minute oder zeitunabhängig je Datenvolumen oder sonstiger Inanspruchnahme einschließlich der Umsatzsteuer und sonstiger Preisbestandteile hinweisen. Sofern sich der Preis für die Inanspruchnahme während des Dienstes ändert, ist auch (dann nicht mehr kostenfrei) der geänderte Preis während der Verbindung anzusagen. Die noch in § 43b Abs. 1 Satz 2 vorgesehene „von-bis-Preisspanne" wurde abgeschafft (vgl dazu auch Rn 78). 89

90 Absatz 1 gilt auch für sprachgestützte Auskunftsdienste, Kurzwahl-Sprachdienste und sprachgestützte neuartige Dienste jeweils ab zwei Euro pro Minute oder pro Inanspruchnahme. Die Höhe der Grenze für die Preisansageverpflichtung war ebenfalls im Gesetzgebungsverfahren umstritten und schwankte zwischen zwei und drei Euro (BT-Drucks. 15/5694 vom 15.6.2005, S. 36, 16/2581, S. 30).

C. Nachträgliche Preisansageverpflichtung (Abs. 2)

91 § 66b Abs. 2 regelt die Preisansage für sprachgestützte Massenverkehrsdienste nach § 3 Nr. 11d als Verpflichtung zur Preisansage im Anschluss an den Dienst. Hierbei ist lediglich der Festnetzpreis maßgeblich. Die Eingrenzung auf sprachgestützte Massenverkehrsdienste ist dabei entbehrlich, da datengestützte Massenverkehrsdienste (zB online-Abstimmungen) in der Praxis aufgrund der fehlenden Massentauglichkeit nicht vorkommen. Die Ansage im Anschluss an den Dienst zeichnet sich da durch aus, dass sie **nicht kostenfrei** sein muss (*Klaes,* CR 2007, 224; BerlKommTKG/*Brodkorb,* Anh. I § 66b Rn 17). Auch dies war im Gesetzgebungsverfahren umstritten (BT-Drucks. 15/5213 S. 35, 40). Eine vorherige kostenpflichtige Preisansage hätte bei Massenverkehrsdiensten, die sich durch eine extrem kurze Anrufdauer (oftmals nur wenige Sekunden bei sog. Voting-Diensten) auszeichnen, bedeutet, dass Netzüberlastungen zu erwarten gewesen wären, weil die Preisansage länger als der eigentliche Dienst wäre (dazu auch *Ditscheid/Rudloff,* in: Spindler/Schuster § 66b Rn 10).

D. Sonderfälle (Abs. 3 und 4)

92 § 66b Abs. 3 legt fest, dass im Falle der Weitervermittlung bei Auskunftsdiensten (§ 3 Nr. 2a) die **Preisansage vor der Weitervermittlung** zu erfolgen hat, jedoch während der Inanspruchnahme des Auskunftsdienstes erfolgen kann, dh nicht kostenlos sein muss (Die Vorschrift geht zurück auf OLG Frankfurt MMR 2004, 614 m. Anm. *Ditscheid*; dazu auch RegTP Mitteilung Nr. 19/2004, ABl. 02/2004, S. 57). Es handelt sich hierbei um eine **Rechtsfolgenverweisung** (*Klaes,* CR 2007, 224; *Ditscheid/Rudloff,* in: Spindler/Schuster § 66b Rn 11). Zudem obliegt die Preisansageverpflichtung dem Auskunftsdiensteanbieter, nicht dem Netzbetreiber (*Ditscheid/Rudloff,* in: Spindler/Schuster § 66b Rn 11). Zuteilungsnehmer einer Auskunftsdiensterufnummer der Gasse 118xy können sowohl Netzbetreiber als auch Auskunftsdiensteanbieter selbst sein. Die Verpflichtung besteht nunmehr nicht nur für eine Weitervermittlung auf einen Premium-Dienst, wie dies noch im Gesetzgebungsverfahren diskutiert wurde, sondern generell für alle Fälle der Weitervermittlung, auch zB auf Teilnehmerrufnummern im Mobilfunk (BT-Drucks. 16/2581 S. 30). Ebenfalls sieht Abs. 3 wie auch § 66a Satz 5 einen Hinweis auf mögliche abweichende Preise aus den Mobilfunknetzen vor.

93 § 66b Absatz 4 sieht eine Ausnahme für neuartige Dienste (§ 3 Nr. 12a) vor. Hier kann die Bundesnetzagentur, sofern technische Entwicklungen ein solches Verfahren erforderlich machen, Abweichungen von den Anforderungen des Absatz 1 treffen.

94 War noch für die Vorgängerregelung des § 43b Abs. 2 fraglich, ob ein Verstoß gegen die Preisansageverpflichtung gemäß § 134 BGB die Nichtigkeit des Content-Vertrages nach sich zieht (*Tiedemann,* K&R 2003, 328 (333); aA *Vander,* S. 249; BT-Drucks. 15/1126, S. 12), so folgt der Wegfall des Entgeltanspruchs bei einem Verstoß nunmehr unmittelbar aus § 66 g Nr. 1. Bei § 66b handelt es sich insoweit um ein **Verbotsgesetz** im Sinne des § 134 BGB (*Ditscheid/Rudloff,* in: Spindler/Schuster § 66b Rn 13).

§ 66c TKG Preisanzeige

(1) [1]Für Kurzwahl-Datendienste hat außer im Falle des § 45l derjenige, der den vom Endnutzer zu zahlenden Preis für die Inanspruchnahme dieses Dienstes festlegt, vor Beginn der Entgeltpflichtigkeit den für die Inanspruchnahme dieses Dienstes zu zahlenden Preis einschließlich der Umsatzsteuer und sonstiger Preisbestandteile ab einem Preis von 2 Euro pro Inanspruchnahme deutlich sichtbar und gut lesbar anzuzeigen und sich vom Endnutzer den Erhalt der Information bestätigen zu lassen. [2]Satz 1 gilt auch für nichtsprachgestützte Neuartige Dienste ab einem Preis von 2 Euro pro Inanspruchnahme.

(2) [1]Von den Verpflichtungen nach Absatz 1 kann abgewichen werden, wenn der Dienst im öffentlichen Interesse erbracht wird oder sich der Endkunde vor Inanspruchnahme der Dienstleistung gegen-

über dem Verpflichteten nach Absatz 1 durch ein geeignetes Verfahren legitimiert. [2]Die Einzelheiten regelt und veröffentlicht die Bundesnetzagentur.

A. Regelungszweck

Bei § 66c handelt es sich um eine Sonderregel für Kurzwahldienste (§ 3 Nr. 11b). Für Kurzwahldaten- 95
dienste (§ 3 Nr. 11a) außer den in § 45l genannten sowie bei nichtsprachgestützten neuartigen Diensten nach § 3 Nr. 12a ist vor Inanspruchnahme des Dienstes der vom Endkunden zu zahlende Preis durch denjenigen, der den Preis festlegt, ab einem Preis von zwei Euro pro Inanspruchnahme anzuzeigen – im Gegensatz zu § 66b, in dem unabhängig von der Höhe des Endkundenpreises eine vorherige Ansage des Preises zu erfolgen hat.

Kurzwahldienste, sowohl sprach- als auch datenbasiert, werden derzeit in der Praxis ausschließlich im 96
Mobilfunk angeboten. Obwohl auch sprachbasierte Auskunftsdienste mit der kurzen Rufnummerngasse 118xy faktisch sprachbasierte Kurzwahldienste darstellen, gibt es derzeit keine Zuteilungsregeln für **Kurzwahldienste im Festnetz**. Im Rahmen der Anhörung der Bundesnetzagentur zu Auskunftsdiensten (BNetzA Mitt. Nr. 170/2005, ABl. 13/2005, S. 1117) wurde zwar von Marktbeteiligten die Forderung nach einer Kurzwahlrufnummerngasse auch im Festnetz laut, die auch durch die Zuteilungspraxis der Bundesnetzagentur mit der 116 116 (für die Sperrung von ec-, Kredit- und sonstigen Guthabenkarten) untermauert wurde (Zuteilung der 116 116, RegTP Vfg. Nr. 61/2004, ABl. 25/2004).

In der Zukunft besteht durch die in der EU vorgesehene einheitliche Kurzwahlnummer (**HESC – Har-** 97
monised European Short Code) aus allen Netzen der Bedarf für die Schaffung einer Rufnummerngasse für (sprach- und datenbasierte) Kurzwahlnummern auch aus dem Festnetz (Entscheidung der EU-Kommission 2007/116/EG, ABl. EU 2007 Nr. L 49, 30; umgesetzt durch BNetzA Vfg. Nr. 53/2007, ABl. 2007, S. 3444). Darüber hinaus zielte auch die Schaffung einer einheitlichen Rufnummer für Behörden mit der 115 in diese Richtung (BNetzA Vfg. Nr. 73/2007, ABl. 2007, S. 4730; BNetzA Vfg. Nr. 38/2010, ABl. 2010, S. 3644). Weiterhin existieren noch aus Zeiten der Deutschen Bundespost sogenannte **INDI-Rufnummern** (19xxx) fünfstellig in allen Ortsnetzen, die bekannteste ist hierbei die Rettungsleitstelle in einigen Bundesländern unter der Rufnummer 19 222. Die INDI-Rufnummern werden jedoch nicht mehr zugeteilt und eine einheitliche Nutzung in allen Ortsnetzen ist seit dem 30.9.2006 nicht mehr möglich (Zuteilungsregeln Ortsnetzrufnummern BNetzA Vfg. Nr. 25/2006, ABl. Nr. 9/2006, S. 1115).

§ 66 c ist eine Privilegierung des Mobilfunks, die eigentlich der **Technologieneutralität** des TKG wi- 98
derspricht. Er gilt ebenso für nichtsprachgestützte neuartige Dienste ab zwei Euro pro Inanspruchnahme. Die von den Verbänden geforderte einheitliche Behandlung von Festnetz und Mobilfunk wie auch eine einheitliche Behandlung der Mehrwertdienste ist insgesamt nicht umgesetzt worden (*Klaes*, CR 2007, 220 f).

Als Höhe für die **Preisschwelle der Preisanzeigeverpflichtung** war im Gesetzgebungsverfahren noch im 99
Gesetzesbeschluss aus dem Jahr 2005 eine Schwelle von einem Euro bis drei Euro, bei neuartigen Diensten von drei Euro enthalten (BR-Drucks. 438/05 nennt ein Euro für Kurzwahldienste, BT-Drucks. 15/5213 S. 25 nennt drei Euro). Dieses wurde nunmehr angeglichen auf einheitliche zwei Euro. § 66c erfüllt eine Informations- und Warnfunktion und ist Teil des formellen Preisrechts (BTKG/*Klees*, § 66c Rn 4). Zur Frage der Einbeziehung von **Transportkosten** in den Gesamtpreis für die Berechnung der Preisschwelle vgl oben § 66a Rn 82.

B. Preisanzeige für Kurzwahl-Datendienste (Abs. 1)

Die Verpflichtung des § 66c Abs. 1 gilt nicht für Fälle des § 45 l, also des dort genannten **„Handshake-** 100
Verfahrens". Folglich gilt § 66c vor allem für **Einmaldienste**, die zudem keine Dauerschuldverhältnisse begründen (so auch *Ditscheid/Rudloff*, in: Spindler/Schuster § 66c Rn 10; anders BTKG/*Klees* § 66c Rn 5). Verpflichteter ist derjenige, der den vom Endnutzer zu zahlenden Preis festlegt. Anzugeben ist der Endpreis iSd § 1 Abs. 1 Satz 1 PAngV. Der Preis muss deutlich sichtbar und gut lesbar wie bei § 66a angegeben werden. Die Grundsätze der Preisklarheit und -wahrheit des § 1 Abs. 6 PAngV gelten auch hier. Demnach darf der Preis auch nicht versteckt oder erst durch „herunterscrollen" zu lesen sein (so auch LG Hannover K&R 2005, 526 ff).

101 Das Erfordernis der Bestätigung des Preises durch den Endnutzer des Abs. 1 deckt sich mit dem „Handshake-Verfahren" aus § 45l. Preisanzeige und Bestätigung müssen vor Beginn der Entgeltpflichtigkeit erfolgen. Rechtsfolge des unterlassenen oder nicht korrekt durchgeführten Handshake-Verfahrens ist auch hier der **Entfall der Zahlungsverpflichtung** des Endkunden nach § 66g Nr. 2, wobei die **Beweislast** jedoch regelmäßig beim Endnutzer liegen soll (BTKG/*Klees*, § 66c Rn 11; BerlKommTKG/*Brodkorb*, Anh. I § 66c Rn 6).

C. Ausnahmen (Abs. 2)

102 Von den Verpflichtungen des Abs. 1 soll abgewichen werden können, wenn der Dienst im öffentlichen Interesse liegt. Eine Definition des Begriffs **„öffentliches Interesse"** gibt weder der Gesetzgeber noch die Rechtsprechung Insofern bleibt abzuwarten, welche Dienste darunter fallen werden. Derzeit sind in der Praxis keine Dienste im öffentlichen Interesse bei Kurzwahldiensten aufgetreten. Eine weitere Ausnahme gilt für den Fall, dass ein Legitimationsverfahren vom Endkunden vor Inanspruchnahme der Dienstleistung gegenüber dem Verpflichteten nach Abs. 1 durchgeführt worden ist. Dieses Legitimationsverfahren sieht den schriftlichen Versand oder mittels einer elektronischen Signatur einer vierstelligen PIN zur Identifizierung vor (BNetzA Vfg. Nr. 44/2007, Abl. 2007 S. 3295). Wie sich dies in der Praxis umsetzen lässt, bleibt abzuwarten.

§ 66d TKG Preishöchstgrenzen

(1) [1]Der Preis für zeitabhängig über Rufnummern für Premium-Dienste abgerechnete Dienstleistungen darf höchstens 3 Euro pro Minute betragen, soweit nach Absatz 4 keine abweichenden Preise erhoben werden können. [2]Dies gilt auch im Falle der Weitervermittlung durch einen Auskunftsdienst. [3]Die Abrechnung darf höchstens im 60-Sekunden-Takt erfolgen.

(2) [1]Der Preis für zeitunabhängig über Rufnummern für Premium-Dienste abgerechnete Dienstleistungen darf höchstens 30 Euro pro Verbindung betragen, soweit nach Absatz 4 keine abweichenden Preise erhoben werden können. [2]Wird der Preis von Dienstleistungen aus zeitabhängigen und zeitunabhängigen Leistungsanteilen gebildet, so müssen diese Preisanteile entweder im Einzelverbindungsnachweis, soweit dieser erteilt wird, getrennt ausgewiesen werden oder Verfahren nach Absatz 4 Satz 3 zur Anwendung kommen. [3]Der Preis nach Satz 2 darf höchstens 30 Euro je Verbindung betragen, soweit nach Absatz 4 keine abweichenden Preise erhoben werden können.

(3) [1]Der Preis für Anrufe bei Service-Diensten darf aus den Festnetzen höchstens 0,14 Euro pro Minute oder 0,20 Euro pro Anruf und aus den Mobilfunknetzen höchstens 0,42 Euro pro Minute oder 0,60 Euro pro Anruf betragen, soweit nach Absatz 4 Satz 4 keine abweichenden Preise erhoben werden können. [2]Die Abrechnung darf höchstens im 60-Sekunden-Takt erfolgen.

(4) [1]Über die Preisgrenzen der Absätze 1 und 2 hinausgehende Preise dürfen nur erhoben werden, wenn sich der Kunde vor Inanspruchnahme der Dienstleistung gegenüber dem Diensteanbieter durch ein geeignetes Verfahren legitimiert. [2]Die Einzelheiten regelt die Bundesnetzagentur. [3]Sie kann durch Verfügung im Amtsblatt Einzelheiten zu zulässigen Verfahren in Bezug auf Tarifierungen nach den Absätzen 1 und 2 und zu den Ausnahmen nach Absatz 2 Satz 2 und 3 festlegen. [4]Darüber hinaus kann die Bundesnetzagentur entsprechend dem Verfahren nach § 67 Abs. 2 von den Absätzen 1 bis 3 abweichende Preishöchstgrenzen festsetzen, wenn die allgemeine Entwicklung der Preise oder des Marktes dies erforderlich macht.

A. Regelungszweck

103 § 66d regelt als **höchste Stufe** des Schutzniveaus zur rufnummernbezogenen Preistransparenz die Höchstpreise für Premium-Dienste und geht auf § 43b Abs. 3 TKG aF zurück. Es handelt sich ebenfalls um eine Vorschrift des **materiellen Preisrechts**, die dem Verbraucherschutz und der Kostenkontrolle zur Minimierung des finanziellen Risikos dient. Zudem wird die Zulässigkeit von Kombinationstarifen gesetzlich geregelt. Nicht erfasst werden die Kurzwahldienste (als Sprachdienste oder PremiumSMS-Dienste), sowie die sonstigen in den §§ 66a–c genannten Dienste, die uneingeschränkt tarifierbar bleiben (anders *Vander*, MMR 2005, 429 (432); so aber BerlKommTKG/*Brodkorb*, Anh. I § 66d Rn 4). Bei § 66 d handelt es sich um ein Verbotsgesetz iSd § 134 BGB (BT-Drucks. 15/907 S. 10) und eine

Vorschrift des § 4 Nr. 11 UWG (*Baumbach/Hefermehl/Köhler*, Wettbewerbsrecht, § 4 UWG, Rn 11 140).

B. Preishöchstgrenze für zeitabhängige Premium-Dienste (Abs. 1)

104 § 66d Abs. 1 TKG legt als Preishöchstgrenze für Premium Dienste (§ 3 Nr. 17a TKG 2007) einen Endkundenpreis von drei Euro pro Minute fest, ebenso für die Weitervermittlung durch einen Auskunftsdienst (§ 3 Nr. 2a TKG 2007). Die Abrechnung darf höchstens im Sechzig-Sekunden-Takt erfolgen.

105 Die Preisobergrenze von drei Euro pro Minute aus allen Netzen war lange Zeit im Gesetzgebungsverfahren umstritten, da hier bislang in § 43b Abs. 3 TKG 1996 aufgrund des Mehrwertdienste-Missbrauchsgesetzes eine Preishöchstgrenze von zwei Euro pro Minute vorgesehen war und die Verbraucherschutzverbände die mögliche Verschuldung und Summierung hoher Tarife bei den Endnutzern fürchteten. Zeitweise sollte unterschieden werden zwischen zwei Euro pro Minute aus dem Festnetz und drei Euro pro Minute aus den Mobilfunknetzen; dies ließ sich aber nicht mit dem technologieneutralen Ansatz des TKG vereinbaren (so aber noch BT-Drucks. 16/2581, S. 31). Das Erfordernis einer **Erhöhung der Preishöchstgrenzen** für Premium-Dienste lag darin begründet, dass zum einen aufgrund der Mehrwertsteuererhöhung zum 1.1.2007, zum anderen aufgrund der Preishoheit der Teilnehmernetzbetreiber im Mobilfunk viele Dienste, die noch mit der zum 31.12.2005 abgeschafften Rufnummerngasse 0190 angeboten werden konnten, nicht mehr angeboten werden konnten, da die Endkundenpreise aus dem Mobilfunk deutlich über zwei Euro pro Minute gelegen hätten (*Klaes*, CR 2007, 224; verfassungsrechtliche Bedenken gegen die Obergrenze von zwei Euro wegen eines Verstoßes gegen Art. 12 GG äußert BerlKommTKG/*Brodkorb*, Anh. I § 66d Rn 6, § 67 Rn 76).

C. Preishöchstgrenze für zeitunabhängige Premium-Dienste (Abs. 2)

106 § 66d Absatz 2 TKG sieht eine Preishöchstgrenze für zeitunabhängige Premium Dienste von dreißig Euro pro Inanspruchnahme vor. Die **Erlaubnis von Kombinationstarifen** wird im Interesse einer Angebotsvielfalt nunmehr auch gesetzlich verankert (BT-Drucks. 16/2581 S. 31). Die Bundesnetzagentur hatte vormals die Ansicht, Kombinationstarife seien rechtswidrig (Regierungsentwurf BT-Drucks. 15/5213. so auch *Brodkorb/Ohlenburg*, CR 2003, 727 (730). BerlKommTKG/*Brodkorb*, Anh. I § 66d Rn 9 ff; § 67 Rn 78 ff; aA *Vander*, S. 253). Sofern Kombinationstarife aus minuten- und blocktariferten Bestandteilen angeboten werden, müssen dann jedoch die Preisanteile in einem EVN getrennt ausgewiesen werden oder die Bundesnetzagentur ist berechtigt, ein Verfahren zur Preisbildung festzulegen, bei dem der Preis insgesamt dreißig Euro nicht überschreiten darf.

107 In Abs. 2 wurde auch von der zunächst vorgesehenen ausschließlich zeitunabhängigen Abrechnung von **Telefaxdiensten** zur Vermeidung bewusst verzögerter Übertragungsraten im Laufe des Gesetzgebungsverfahrens wieder abgesehen, da die verzögerte Übertragung zum einen auf Empfängerseite endgeräteabhängig ist und damit nicht in der Einflusssphäre des Anbieters, zum anderen gerade in einer ausschließlich zeitunabhängigen Abrechnung wiederum das Missbrauchspotential liegt, die Übertragung durch Manipulationen abzubrechen und damit mehrfache kostenpflichtige Verbindungsaufbauten zu erzwingen.

D. Preishöchstgrenzen bei Service-Diensten (Abs. 3)

108 Mit dem neu im Rahmen der Änderung des TKG im Jahr 2009 eingefügten Abs. 3 werden erstmals konkrete **Preishöhenvorgaben für den Mobilfunk** gemacht. Bei Service-Diensten nach § 3 Nr. 8b darf der Preis aus den Festnetzen höchstens 0,14 Euro pro Minute oder 0,20 Euro pro Anruf und aus den Mobilfunknetzen höchstens 0,42 Euro pro Minute oder 0,60 Euro pro Anruf betragen, soweit nach Absatz 4 Satz 4 keine abweichenden Preise erhoben werden können. Die Abrechnung darf höchstens im 60-Sekunden-Takt erfolgen (BGBl. I 2009, S. 2409). Trotz der umfangreichen Änderungen des TKG bezüglich Kundenschutzvorschriften im Jahr 2007 waren Preishöhenvorgaben lediglich für Premium-Dienste vorgesehen, die auch nicht zu einer Vereinheitlichung von Preisen aus Fest- und Mobifunknetzen führten (*Ditscheid*, MMR 2009, 368). Die Preisunterschiede blieben oftmals beachtlich, was zur Forderung einer weiteren Verschärfung der Verbraucher schützenden Regelungen führt, da die

Nutzungs- und damit auch Beschwerdequote gerade für Verbindungen aus den Mobilfunknetzen hoch blieb.

109 Eine Verpflichtung zu **einheitlichen Verbraucherpreisen** aus allen Netzen gab es zudem gesetzlich nicht, die Ermächtigungsgrundlage des § 67 Abs. 2 bezieht sich nur auf das Festnetz. Zudem kann sich diese Ermächtigung zu Preishöhenbegrenzungen nur auf Dienste im sog. Online-Billing (zB die Nummergassen 0180, 0137) beziehen, da sich Dienste im Offline-Billing in der Tarifhoheit des Diensteanbieters und nicht des Netzbetreibers befinden und damit sowieso gleiche Endkundenpreise gelten. Mit Verweis auf die **Tarifhoheit** der Mobilfunknetzbetreiber, deren Abrechnung immer im Online-Billing erfolgt, wurde eine Preishöhenbeschränkung bislang für den Mobilfunkbereich gänzlich abgelehnt (so auch *Ditscheid,* MMR 2009, 368).

110 Die **Berechtigung** des Gesetzgebers zur Festlegung einer Preishöhengrenze für Endkundenmärkte nach §§ 27 ff wurde im Gesetzgebungsverfahren sehr kritisch gesehen. Der sektorspezifischer Endkundenmarkt sei so wettbewerbsintensiv, dass regulatorische Maßnahmen hier nicht erforderlich seien und der Gesetzgeber nicht zu einer entgeltregulierenden Maßnahme berechtigt sei (BT-Drucks. 16/12405, S. 12). Hinsichtlich der Inhaltsleistung, die gemeinsam mit der Verbindungsleistung abgerechnet wird, was dem Wesen der Mehrwertdienste entspricht, ist eine Regulierung nach §§ 27 ff hier nicht gegeben. Es wird lediglich die Inhaltsleistung preislich beschränkt.

E. Legitimationsverfahren (Abs. 4)

111 In § 66d Abs. 3 TKG ist die Möglichkeit der über die Preisgrenzen hinausgehenden Preise mit einem **Legitimationsverfahren** vorgesehen, dessen Einzelheiten die Bundesnetzagentur festlegt. Die Bundesnetzagentur erhält in § 66d Absätzen 2 und 3 umfangreiche Befugnisse, zum einen Verfahren für vom Gesetz abweichende Höchstgrenzen festzulegen, zum anderen Nachweise über rechtmäßige Kombinationstarife oder abweichende Höchstgrenzen je nach Preisentwicklung oder Markterfordernissen zu schaffen. Ob und wie die Bundesnetzagentur von diesen Rechten Gebrauch macht, bleibt abzuwarten. Die für die Vorgängerregelung des § 43b Abs. 3 Satz 4 TKG 1996 geschaffenen Regelungen zum Legitimationsverfahren dürften insoweit fortgelten (RegTP Vfg. Nr. 36/2003 vom 13.8.2003, ABl. 16/2003, S. 831).

112 Dieses Verfahren leidet an praktischen Umsetzungsschwierigkeiten, da der Versand einer legitimierenden **PIN-Nummer** lediglich **postalisch** oder mittels einer **elektronischen Signatur** erfolgen und nur für jeden Dienst eine neue PIN versandt werden muss (RegTP Vfg. Nr. 36/2003, ABl. 16/2006, S. 831; auch BerlKommTKG/*Brodkorb,* § 67 Rn 93 f Anh. I § 66d Rn 18 f). Dies ist praktisch bei den meisten Verbrauchern, die die Dienste spontan nutzen wollen, ein absolutes **Nutzungshindernis** (so auch *Vander,* S. 258), weshalb in der Praxis bislang keinerlei Dienste mit einem Legitimationsverfahren angeboten wurden (*Klaes,* CR 2007, 225; *Ditscheid/Rudloff,* in: Spindler/Schuster § 66d Rn 6). Hier bleibt die Bundesnetzagentur aufgefordert, ein praktisch umsetzbares und trotzdem bestmöglichen Verbraucherschutz gewährleistendes Verfahren zu entwickeln, damit hochwertige Dienste spontan von den Verbrauchern genutzt werden können. Gerade vor dem Hintergrund der zunehmenden Interaktivität und **Konvergenz** der Dienste im Fernsehen, Internet und Telefon wird dieses Erfordernis wichtig (*Klaes,* CR 2007, 225).

F. Rechtsfolgen

113 Rechtsfolge von Verstößen gegen § 66d sind auch hier die Befreiung von der Zahlungsverpflichtung nach § 66g. Der Vertrag als solcher bleibt wirksam und kann wohl auch auf die gesetzliche zulässige Preishöchstgrenze im Wege der geltungserhaltenden Reduktion ausgelegt werden (*Ditscheid,* MMR 2007, 216 f; für § 43b Abs. 3 TKG 1996 *Wüstenberg,* MDR 2003, 1388; *Zagouras,* MMR 2005, 80; *Vander,* S. 254; aA BTKG/*Klees,* § 66d Rn 9; *Larenz/Wolf,* Schuldrecht AT, § 40 Rn 22 f). Die **Beweislast** für die Überschreitung der Preishöchstgrenzen trägt der Endnutzer.

§ 66e TKG Verbindungstrennung

(1) [1]Der Diensteanbieter, bei dem die Rufnummer für Premium-Dienste oder Kurzwahl-Sprachdienste eingerichtet ist, hat jede zeitabhängig abgerechnete Verbindung zu dieser nach 60 Minuten zu trennen.

[2]Dies gilt auch, wenn zu einer Rufnummer für Premium-Dienste oder für Kurzwahl-Sprachdienste weitervermittelt wurde.

(2) [1]Von der Verpflichtung nach Absatz 1 kann abgewichen werden, wenn sich der Endnutzer vor der Inanspruchnahme der Dienstleistung gegenüber dem Diensteanbieter durch ein geeignetes Verfahren legitimiert. [2]Die Einzelheiten regelt die Bundesnetzagentur. [3]Sie kann durch Verfügung die Einzelheiten der zulässigen Verfahren zur Verbindungstrennung festlegen.

A. Regelungszweck

§ 66e TKG 2007 ist eine Fortschreibung des § 43b Abs. 4 TKG 1996, der diese Regelung um die Kurzwahlsprachdienste nach § 3 Nr. 11c erweitert (BT-Drucks. 16/2581 S. 31). Für Rechtsnatur und Zweck gilt das bereits unter § 66a–d Gesagte. Es war bei der Vorgängerregelung umstritten, ob es sich um eine Vorschrift, die eine **vertragliche Nebenpflicht** begründete, handelte (zustimmend LG Heidelberg CR 2002, 896; OLG Hamm NJW 2003, 760; OLG Frankfurt aM MMR 2004, 613; *Mankowski*, CR 2003, 264; kritisch *Wettig/Wildemann*, K&R 2003, 240; *Meyer*, K&R 2004, 563). Zumindest aus freiwilligen Regelungen, die einen Handelsbrauch begründeten, ist dies zu schließen (Verhaltenskodex des FST e.V. idF v. 11.1.2010, in Kraft getreten am 1.3.2010, Teil 1 IV, abrufbar unter http://www.fst-ev.org/statuten-verhaltenskodex.html; ausführlich dazu *Vander*, S. 306 ff). 114

Adressat der Norm ist hier der Diensteanbieter, bei dem die Rufnummer eingerichtet ist (für § 43b Abs. 4 so schon RegPT Vfg. Nr. 36/2003, S. 4; *Brodkorb/Ohlenburg*, CR 2003, 727 (730); BerlKommTKG/*Brodkorb*, Anh. I § 66e Rn 7; aA *Tiedemann*, K&R 2003, 328 (334)). Dies ist in der Praxis der **Verbindungsnetzbetreiber** mit Serviceplattform (VNB/SP), der über die notwendigen technischen Anlagen verfügt, Verbindungen nach Erreichen einer Maximaldauer zu trennen (so auch *Ditscheid/Rudloff*, in: Spindler/Schuster § 66e Rn 5). Der letztverantwortliche Diensteanbieter verfügt über derartige Anlagen nicht. 115

B. Verbindungstrennung (Abs. 1)

In § 66e Absatz 1 TKG ist eine Verbindungstrennung für Premium-Dienste unabhängig davon, ob es sich dabei um einen Sprach- oder Datendienst handelt, und Kurzwahlsprachdienste (§ 3 Nr. 11c) oder Weitervermittlung zu diesen bei zeitabhängigen Tarifen nach **sechzig Minuten** vorgesehen. Ob bei **Kombinationstarifen** ebenfalls eine Verpflichtung zur Zwangstrennung besteht, bleibt fraglich, da zumindest für den Teil der Verbindung, der zeitabhängig tarifiert ist, auch die Länge der Verbindung für die Höhe des Entgeltes maßgeblich ist. Allerdings sind diese nach § 66d Abs. 2 Satz 2 auch der Höhe nach gesetzlich begrenzt, so dass für eine Zwangstrennung kein Raum mehr bleiben dürfte (BTKG/*Klees*, § 66e Rn 2). 116

Problematisch bleibt zudem für die Fälle der **Weitervermittlung**, dass auch bei der Nutzung eines **Portaldienstes** (zum Beispiel einer 118xy-Rufnummer) nicht „zu einer Rufnummer für Premium-Dienste oder Kurzwahl-Sprachdienste weitervermittelt wurde", sondern nur zu dem dahinter liegenden Dienst (aA BerlKommTKG/*Brodkorb*, Anh. I § 66e Rn 6). Der Endkunde erkennt auch anhand seines EVN nicht die Nummer, zu der weitervermittelt wurde, da es sich regelmäßig um eine geografische Rufnummer als reines Ziel des Routings oder der Plattform handelt, nicht jedoch um eine aus dem öffentlichen Telekommunikationsnetz erreichbare Rufnummer für Premium- oder Kurzwahl-Dienste. Diese werden dem Endkunden lediglich angesagt, soweit er nach der Rufnummer des Dienstes fragt. Daher ist auch die Ausweisung des Ziels der Weitervermittlung im EVN auf Rufnummernbasis nicht sinnvoll für den Verbraucher (*Klaes*, CR 2007, 222). Es müsste hier eine Ausweisung des Dienstes – etwa mittels Ausweisung des nachgefragten Keywords (Stichworts zB Horoskop) – erfolgen. 117

C. Legitimationsverfahren (Abs. 2)

Nach § 66e Abs. 2 TKG darf von der Verpflichtung nach Abs. 1 abgewichen werden, wenn sich der Teilnehmer durch ein geeignetes Verfahren („Legitimationsverfahren") gegenüber dem Diensteanbieter legitimiert. Dieses Legitimationsverfahren ist schon in § 66 d Abs. 3 TKG vorgesehen und geht zurück auf § 43 b Abs. 4 TKG 1996 (vgl dazu Rn 111 f). 118

D. Rechtsfolgen

119 Zu den Rechtsfolgen bei Verstößen gegen § 66e sowie Beweislast gilt das unter § 66d Gesagte (vgl § 66d Rn 113). Ein Verstoß gegen § 66e begründet zudem das Vorliegen einer Ordnungswidrigkeit nach § 149 Abs. 1 Nr. 13g, die mit Bußgeldern von bis zu 100.000 Euro geahndet werden kann. Es handelt sich auch hier um ein **Verbotsgesetz** im Sinne des § 134 BGB (*Ditscheid/Rudloff,* in: Spindler/ Schuster § 66e Rn 8).

§ 66f TKG Anwählprogramme (Dialer)

(1) [1]Anwählprogramme, die Verbindungen zu einer Nummer herstellen, bei denen neben der Telekommunikationsdienstleistung Inhalte abgerechnet werden (Dialer), dürfen nur eingesetzt werden, wenn sie vor Inbetriebnahme bei der Bundesnetzagentur registriert wurden, von ihr vorgegebene Mindestvoraussetzungen erfüllen und ihr gegenüber schriftlich versichert wurde, dass eine rechtswidrige Nutzung ausgeschlossen ist. [2]Dialer dürfen nur über Rufnummern aus einem von der Bundesnetzagentur hierzu zur Verfügung gestellten Nummernbereich angeboten werden. [3]Das Betreiben eines nicht registrierten Dialers neben einem registrierten Dialer unter einer Nummer ist unzulässig.

(2) [1]Unter einer Zielrufnummer registriert die Bundesnetzagentur jeweils nur einen Dialer. [2]Änderungen des Dialers führen zu einer neuen Registrierungspflicht. [3]Die Bundesnetzagentur regelt die Einzelheiten des Registrierungsverfahrens und den Inhalt der abzugebenden schriftlichen Versicherung. [4]Sie kann Einzelheiten zur Verwendung des Tarifs für zeitunabhängig abgerechnete Dienstleistungen sowie zur Registrierung von Dialern nach Satz 1 festlegen, soweit diese Verfahren in gleicher Weise geeignet sind, die Belange des Verbraucherschutzes zu gewährleisten, und durch Verfügung veröffentlichen.

(3) [1]Die Bundesnetzagentur kann die Registrierung von Dialern ablehnen, wenn Tatsachen die Annahme rechtfertigen, dass der Antragsteller nicht die erforderliche Zuverlässigkeit besitzt. [2]Dies ist insbesondere der Fall, wenn der Antragsteller schwerwiegend gegen die Vorschriften dieses Gesetzes verstoßen oder wiederholt eine Registrierung durch falsche Angaben erwirkt hat. [3]Im Falle von Satz 1 teilt die Bundesnetzagentur ihre Erkenntnisse den für den Vollzug der Gewerbeordnung zuständigen Stellen mit.

A. Regelungszweck

120 § 66f geht auf § 43b Abs. 5 und 6 TKG 1996 zurück. Eine gesetzliche Regelung war mit dem MWDG aus dem Jahr 2003 notwendig geworden, weil es in großem Ausmaß zu Fällen kam, in denen sich Nutzer Dialer-Programme heruntergeladen haben, die vom Nutzer unbemerkt Verbindungen zu Premium-Diensten aufbauten und zu enormen Rechnungsbeträgen führten (sog. **„Autostart-Dialer“**, Begriffe und technische Grundlagen erklärt bei *Vander,* S. 178 ff). Bereits seit dem Jahr 2002 beschäftigten sich die Zivilgerichte zunehmend mit missbräuchlichen Dialer-Programmen (Übersicht bei BTKG/ *Klees,* § 43b Rn 42). Im Jahr 2004 erreichte die Problematik dann den BGH, der ebenfalls zunehmend hinsichtlich der **Vertragsverhältnisse** und Beweislast im Sinne der Verbraucher entschied (zuletzt dazu BGH MMR 2007, 178; BGH MMR 2004, 308 = CR 2004, 355; dazu *Grabe,* CR 2004, 262; *Mankowski,* CR 2004, 185; *Schlegel,* MDR 2004, 620; *Leible/Wildemann,* K&R 2004, 288; *Rösler,* NJW 2004, 2566; *Spindler/Volkmann,* NJW 2004, 808; *Vander* S. 186 f). Seit dem MWDG 2003 sind die Fälle der missbräuchlichen Nutzung von Dialer-Programmen stark rückläufig. Dies liegt zum einen an der fortschreitenden technischen Entwicklung hin zu DSL-Anschlüssen, bei denen Dialer technisch nicht angewandt werden können, aber auch an den teils konsequenten, teils technisch den Anforderungen der Anbieter nicht gerecht werdenden Maßnahmen zur Registrierungspflicht durch die Bundesnetzagentur.

121 Im Gegensatz zu der dort noch verwandten Definition des Begriffs „Dialer“ als **„Anwählprogramme** über 0190er oder 0900er-Mehrwertdiensterufnummern“ formuliert die Neuregelung den Begriff unabhängig von der Rufnummerngasse, da nach Inkrafttreten der Vorgängerregelungen oftmals auch Auslands- oder Satellitenrufnummern für Dialer verwandt wurden (BT-Drucks. 16/2581, S. 31; BerlKommTKG/*Brodkorb,* Anh. I § 66f Rn 28 ff). **Dialer** bezeichnet nunmehr sämtliche Anwahlprogramme, die Verbindungen zu einer Nummer iSd § 3 Nr. 13 herstellen, bei denen neben der Telekommu-

nikationsdienstleistung Inhalte abgerechnet werden (zur Abgrenzung von Schadprogrammen, sog. „**Trojanern**“, *Ditscheid/Rudloff,* in: Spindler/Schuster § 66f Rn 11). Dabei geht diese Formulierung auch über § 3 Nr. 17a hinaus und erfasst auch die Fälle, in denen den Endnutzern eine **separate Rechnung** für die Inanspruchnahme von Inhalten zugesandt wird (sog. „**private billing**“, *Klaes,* CR 2007, 225; BT-Drucks. 16/2581, S. 31). Hierfür gilt ausschließlich Fernabsatz- und Telemedienrecht. Weiterhin sollten die Preisangabe- und -ansageverpflichtungen für **IP-Billing** und VoIP-Telefonie ausgedehnt werden bzw gelten direkt (vgl dazu § 45i Rn 108; § 66a Rn 69; *Bosse/Richter/Schreier,* CR 2007, 79 (83); *Klaes,* MMR 2008, 90 (93)).

B. Registrierungspflicht für Dialer-Programme (Abs. 1)

Sie beschreibt nochmals die schon damals vorgeschriebene Pflicht zur **Registrierung** eines Dialer-Programms vor dessen Einsatz bei der Bundesnetzagentur und die Erfüllung der von dieser vorgegebenen **Mindestvoraussetzungen** (RegTP Vfg. Nr. 37/2003, ABl. 16/2003, S. 833 Registrierungsverfahren). Nach Ansicht des Gesetzgebers ist die rufnummernunabhängige Definition hier notwendig, um Umgehungen zu verhindern (BT-Drucks. 16/2581. S. 31). Weiterhin wurde nochmals festgeschrieben, dass Dialer nur die von der Bundesnetzagentur dafür vorgesehene Rufnummerngasse verwenden dürfen. Diese ist seit dem Mehrwertdienste-Missbrauchsgesetz von 2003 die 0900–9 (§ 43b Abs. 6 TKG 1996, Zuteilungsregeln für 0900–9er Rufnummern für Wählprogramme RegTP Vfg. Nr. 49/2003, ABl. 22/2003, S. 1258 und RegTP Vfg. Nr. 38/2003, ABl. 16/2003, S. 839). Sofern andere Rufnummerngassen verwendet werden, ist dies rechtswidrig und rechtfertigt ein Eingreifen der Bundesnetzagentur nach § 67 Abs. 1. 122

C. Registrierungsverfahren (Abs. 2)

Das Registrierungsverfahren für Dialer war bereits in seinen Grundzügen in der Vorgängerregelung enthalten. Demnach sind Voraussetzungen für den Einsatz eines Dialers seine Registrierung bei der Bundesnetzagentur, die Abgabe einer **Rechtskonformitätserklärung** und die Erfüllung der von der Bundesnetzagentur festgelegten **Mindestvoraussetzungen** (RegTP Vfg. Nr. 54/2003, ABl. 24/2003, S. 1314; *Vander,* S. 268). Neu eingeführt wurde nach dem Willen des Gesetzgebers in Absatz 2 das Erfordernis, dass zu einer Rufnummer nur ein Dialer registriert werden kann („monolithischer Aufbau“, *Vander,* S. 264). Dies ist zwar gesetzlich eine Neuregelung, allerdings in der bisherigen Verwaltungspraxis der Bundesnetzagentur bereits seit 2003 vorgesehen (RegTP Vfg. Nr. 54/2003, AB. 24/2003, S. 1314, 1315 aE, RegTP Mitt. Nr. 409/2004, ABl. 25/2004, S. 2125, RegTP Vfg. 4/2005, ABl. 3/2005, S. 99 zur graphischen Benutzeroberfläche). 123

Die Registrierungspflicht besteht vor Inbetriebnahme des Dialers; eine rückwirkende Registrierung ist ausgeschlossen (RegTP Vfg. Nr. 37/2003, ABl. 16/2003, S. 833, geändert durch RegTP Vfg. Nr. 54/2003, ABl. 24/2003, S. 1314 idF der RegTP Vfg. Nr. 4/2005, D IV 3). Jede nachträgliche Programmänderung führt zu einer neuen Registrierungspflicht; ein weiterer Betrieb der geänderten Version ist unzulässig. Die Registrierung erfolgt mittels eines elektronischen Formulars, wird in einer Datenbank bei der Bundesnetzagentur nebst Identifikationswert („**Hash-Wert**“, erklärt bei *Vander,* S. 265; BerlKommTKG/*Brodkorb,* Anh. I § 66f Rn 11; *Brodkorb/Ohlenburg,* CR 2003, 732 sprechen vom „digitalen Fingerabdruck“) gespeichert und ist als Positivliste im Internet abrufbar. Anträge, deren Antragsteller im Ausland sitzt und bei dem kein inländischer Empfangsbevollmächtigter angegeben wird, werden zurückgewiesen (RegTP Vfg. Nr. 37/2003, ABl. 16/2003, S. 833, geändert durch RegTP Vfg. Nr. 54/2003, ABl. 24/2003, S. 1314 idF RegTP Vfg. Nr. 4/2005, D III). 124

Die Mindestanforderungen an rechtskonforme Dialer beinhalten generelle Anforderungen an die **explizite Zustimmung** des Nutzers durch Eingabe der Buchstabenkombination „OK“, die Gestaltungs- und Verfahrensweise für die Bereitstellung/Bereithaltung von Anwählprogrammen, die Eigenschaften, Gestaltungs- und Verfahrensweise der Installation und/oder Aktivierung der Anwählprogramme und schließlich die Eigenschaften, Gestaltungs- und Verfahrensweisen zur, während und nach der Verbindungsherstellung (RegTP Vfg. Nr. 37/2003, ABl. 16/2003, S. 833, geändert durch Vfg. Nr. 54/2003, ABl. 24/2003, S. 1314 idF RegTP Vfg. Nr. 4/2005 Teil B). Erforderlich ist insbesondere eine **permanente Tarif- und Entgeltinformation** vor Bezug, vor Aktivierung des Dialers und nach Herstellung einer kostenpflichtigen Verbindung (KG Berlin Magazindienst 2005, 904). Weiterhin vorgeschrieben ist eine 125 sog. „**Wegsurfsperre**", die den Wechsel zu anderen Internetseiten unter Beibehaltung der Dialer-Verbindung untersagt.

126 Faktisch führen diese Regelungen dazu, dass nicht nur keine Gefahren mehr von sogenannten Autostart-Dialern, die sich selbst auf den Rechnern der Verbraucher installierten und unbemerkt hohe Kosten verursachten, ausgehen, sondern dass das gesamte Zugangs- und Abrechnungssystem des Dialers vom Markt verschwunden ist. Die Registrierungsvorschriften der Bundesnetzagentur sehen unter anderem vor, dass jede **Version** neu zu registrieren ist. Eine neue Version liegt jedoch schon dann vor, wenn eine neue URL oder eine neue Rufnummer verwandt wird. Da es sich bei Dialern grundsätzlich um inhaltlich neutrale Programme handelt, kommen derartige neue Versionen damit nahezu täglich vor, was an die Aktualisierung der Registrierung bei der Bundesnetzagentur durch die Betreiber von Dialer-Programmen hohe Hürden stellt.

127 Weiterhin ist die Bundesnetzagentur befugt, Rahmenbedingungen zur Verwendung des Tarifs für zeitunabhängig abgerechnete Dienstleistungen zu schaffen, um deren Missbrauch einzudämmen (BT-Drucks. 16/2581, S. 32).

D. Ablehnung der Registrierung (Abs. 3)

128 Die Ablehnung der Registrierung ist nach Abs. 3 vorgesehen, wenn Tatsachen die Annahme rechtfertigen, dass der Antragsteller nicht die erforderliche **Zuverlässigkeit** besitzt. Dies ist gesetzlich für die Fälle anzunehmen, wenn der Antragsteller schwerwiegend gegen die Vorschriften dieses Gesetzes verstoßen hat oder wiederholt eine Registrierung durch falsche Angaben erwirkt hat. Weiterhin sind für die Auslegung des unbestimmten Rechtsbegriffs der „Zuverlässigkeit" die Grundsätze aus dem **Gewerberecht** maßgeblich (§§ 33c Abs. 2, 33d Abs. 3, 35 Abs. 1 GewO; dazu auch *Mayer/Möller,* MMR 2007, 559 (562)). Demnach ist derjenige unzuverlässig, der keine Gewähr dafür bietet, dass er in Zukunft sein Gewerbe ordnungsgemäß ausüben wird (BVerwGE 65, 1 f; *Landmann/Rohmer/Marcks*, Gewerbeordnung, Bd. I, 46. Ergänzungslieferung, § 35 Rn 29). Die bereits vom Gesetz vorgesehenen Fälle einer Unzuverlässigkeit sind dabei als **Regelbeispiele** aufzufassen (BT-Drucks. 16/2581, S. 32); allerdings begründet das Vorliegen dieser Merkmale zwingend Unzuverlässigkeit, nur sind die Beispiele nicht abschließend aufgeführt.

129 Die **Rechtsfolgen** von Verstößen gegen § 66f begründen eine Ordnungswidrigkeit gemäß § 149 Abs. 1 Nr. 13h. Weiterhin droht eine **Vorteilsabschöpfung** nach § 43 Abs. 1. Sofern ein Dialer die Mindestanforderungen nicht erfüllt, kann die Registrierung aufgehoben werden. Nach § 66g Nr. 5 entfällt der Entgeltanspruch, wenn ein Dialer entgegen § 66f Abs. 1 und 2 betrieben wird (BTKG/*Klees,* § 66f Rn 12. Für die Vorgängerregelung des § 43b Abs. 6 TKG 1996 noch str. *Vander,* S. 273; aA *Grabe,* CR 2004, 262 (264)).

§ 66g TKG Wegfall des Entgeltanspruchs

Der Endnutzer ist zur Zahlung eines Entgelts nicht verpflichtet, wenn und soweit

1. **nach Maßgabe des § 66b Abs. 1 nicht vor Beginn der Inanspruchnahme oder nach Maßgabe des § 66b Abs. 2, 3 und 4 nicht während der Inanspruchnahme des Dienstes über den erhobenen Preis informiert wurde,**
2. **nach Maßgabe des § 66c nicht vor Beginn der Inanspruchnahme über den erhobenen Preis informiert wurde und keine Bestätigung des Endnutzers erfolgt,**
3. **nach Maßgabe des § 66d die Preishöchstgrenzen nicht eingehalten wurden oder gegen die Verfahren zu Tarifierungen nach § 66d Abs. 2 Satz 2 und 3 verstoßen wurde,**
4. **nach Maßgabe des § 66e die zeitliche Obergrenze nicht eingehalten wurde,**
5. **Dialer entgegen § 66f Abs. 1 und 2 betrieben wurden,**
6. **nach Maßgabe des § 66i Abs. 1 Satz 2 R-Gesprächsdienste mit Zahlungen an den Anrufer angeboten werden oder**
7. **nach Maßgabe des § 66i Abs. 2 ein Tag nach Eintrag in die Sperr-Liste ein R-Gespräch zum gesperrten Anschluss erfolgt.**

A. Regelungszweck

Die Regelung des § 66g TKG 2007 geht auf § 43b Abs. 2 Satz 6 TKG 1996 zurück. Dieser regelt die Rechtsfolgenseite der §§ 66a ff TKG 2007 und lässt den Entgeltanspruch bei Verstoß gegen die vorgenannten Regelungen entfallen. Gegenüber der Vorgängerregelung erweitert § 66g die **Befreiung von der Zahlungspflicht**, die dort noch auf Verstöße gegen die Preisangabepflicht bei 0190er und 0900er-Mehrwertdiensten beschränkt war. 130

B. Rechtsnatur und Wirkung

Der Entgeltanspruch entfällt bei Verstößen gegen die Regelungen des § 66b (Preisansageverpflichtung), § 66c (Preisanzeigeverpflichtung), § 66d (Preishöchstgrenzen), § 66e (zeitliche Obergrenze), § 66f (Registrierungspflicht für Dialer) und § 66i (R-Gespräche). In der Praxis wird Nr. 5 keine große Bedeutung mehr zukommen, da Dialer weitgehend vom Markt verschwunden sind (vgl dazu § 66f Rn 129; aA BerlKommTKG/*Brodkorb*, Anh. I § 66g Rn 7). 131

In den Entwürfen zur TKV wie auch in der Vorgängerregelung war noch eine **verschuldensunabhängige** Verknüpfung von Zuwiderhandlung (zB Verstoß gegen Preisangabe) und Entfallen des Entgeltanspruchs vorgesehen. Diese findet sich nun in § 66g TKG nicht mehr, allerdings dürfte die Auslegung des Verschuldensmaßstabs und die Haftung des Netzbetreibers für fremdes Verschulden des Diensteanbieters umstritten bleiben. Auch über die Beweislastverteilung sagt der Gesetzgeber noch nichts aus und überlässt die Auslegung hierzu den Gerichten. 132

Fraglich bleibt bei § 66g einerseits, ob seine **Rechtsnatur** konstitutiv oder deklaratorisch ist. Da für die Regelungen, auf die § 66g Bezug nimmt, umstritten ist, ob diese Verbotsgesetze iSd § 134 BGB darstellen, dürfte es sich bei § 66g seinerseits nicht um ein Verbotsgesetz handeln und dieser damit **konstitutive Wirkung** haben (so auch BTKG/*Klees,* § 66g Rn 3; iE auch *Ditscheid/Rudloff,* in: Spindler/Schuster § 66g Rn 1). Weiterhin bleibt die Frage, ob § 66g eine rechtshindernde, rechtvernichtende oder rechtshemmende Wirkung als **Einwendung** oder Einrede entfaltet. Für die Annahme einer rechtshindernden oder rechtsvernichtenden Einwendung spricht, dass der Entgeltanspruch im Ganzen entfällt (BTKG/*Klees,* § 66g Rn 6; *Ditscheid/Rudloff,* in: Spindler/Schuster § 66g Rn 1). Die Beweislast liegt damit weiterhin beim Endnutzer (BTKG/*Klees,* § 66g Rn 8). 133

§ 66h TKG Auskunftsanspruch, Datenbank für (0)900er Rufnummern

(1) [1]Jedermann kann in Schriftform von der Bundesnetzagentur Auskunft über den Namen und die ladungsfähige Anschrift desjenigen verlangen, der über eine (0)190er Rufnummer Dienstleistungen anbietet. [2]Die Auskunft soll innerhalb von zehn Werktagen erteilt werden. [3]Die Bundesnetzagentur kann von ihren Zuteilungsnehmern oder von demjenigen, in dessen Netz die (0)190er Rufnummer geschaltet ist oder war, Auskunft über die in Satz 1 genannten Angaben verlangen. [4]Diese Auskunft muss innerhalb von fünf Werktagen nach Eingang einer Anfrage der Bundesnetzagentur erteilt werden. [5]Die Verpflichteten nach Satz 2 haben die Angaben erforderlichenfalls bei ihren Kunden zu erheben und aktuell zu halten. [6]Jeder, der die entsprechende (0)190er Rufnummer weitergegeben hat oder nutzt, ist zur Auskunft gegenüber dem Zuteilungsnehmer und gegenüber der Bundesnetzagentur verpflichtet.

(2) [1]Alle zugeteilten (0)900er Rufnummern werden in einer Datenbank bei der Bundesnetzagentur erfasst. [2]Diese Datenbank ist mit Angabe des Namens und der ladungsfähigen Anschrift des Diensteanbieters im Internet zu veröffentlichen. [3]Jedermann kann von der Bundesnetzagentur Auskunft über die in der Datenbank gespeicherten Daten verlangen.

(3) [1]Die Bundesnetzagentur hat unverzüglich auf schriftliche Anfrage mitzuteilen, in wessen Netz Rufnummern für Massenverkehrsdienste, Auskunftsdienste oder Service-Dienste geschaltet sind. [2]Das rechnungsstellende Unternehmen hat unverzüglich auf schriftliche Anfrage mitzuteilen, in wessen Netz Kurzwahldienste geschaltet sind. [3]Jeder, der ein berechtigtes Interesse daran hat, kann von demjenigen, in dessen Netz eine Rufnummer für Massenverkehrsdienste, Service-Dienste oder für Kurzwahldienste geschaltet ist, unentgeltlich Auskunft über den Namen und die ladungsfähige Anschrift desjenigen verlangen, der über eine dieser Rufnummern Dienstleistungen anbietet. [4]Die Auskunft nach Satz 3 soll innerhalb von zehn Werktagen nach Eingang der schriftlichen Anfrage erteilt werden. [5]Die Auskunfts-

verpflichteten haben die Angaben erforderlichenfalls bei ihren Kunden zu erheben und aktuell zu halten. [6]Jeder, der ein berechtigtes Interesse hat, kann von demjenigen, dem eine Rufnummer für Neuartige Dienste von der Bundesnetzagentur zugeteilt worden ist, unentgeltlich Auskunft über den Namen und die ladungsfähige Anschrift desjenigen verlangen, der über eine dieser Rufnummern Dienstleistungen anbietet.

A. Regelungszweck

134 Der neue § 66h geht auf § 43a TKG 1996 zurück. Schon die Vorgängerregelung des § 43a hatte die zentrale Funktion der Schaffung von **Transparenz** durch Sicherstellung der **Identität** des Vertragspartners für den Verbraucher bezüglich der Inhaltsleistung (*Klees/Hübner,* CR 2005, 262 (263)). Da bezüglich der Premium Dienste bei den nunmehr genutzten 0900-Rufnummern eine Einzelrufnummernzuteilung an den Diensteanbieter erfolgt, kann es nicht mehr zu langen **Kettenzuteilungen** wie bei der ausgelaufenen Rufnummerngasse 0190, bei denen eine blockweise Zuteilung mit eintausend Rufnummern an den Netzbetreiber erfolgte, kommen (*Klaes,* CR 2007, 225; zu den Problemen der Auskunftsketten bei § 43a *Vander,* S. 240; *Ditscheid/Rudloff,* TKMR 2003, 406 (409); *Tiedemann,* K&R 2003, 328 (331)). Aufnehmende Netzbetreiber bei **portierten Rufnummern** sind nun ausdrücklich mit auskunftsverpflichtet (BT-Drucks. 16/2581, S. 32; kritisch dazu noch *Ditscheid/Rudloff,* TKMR 2003, 406 (408)).

B. Auskunftsanspruch für 0190-Rufnummern (Abs. 1)

135 Absatz 1 legt zunächst für Auskunftsersuchen im Gegensatz zur Vorgängerregelung des § 43a die Schriftform fest. Das ausdrückliche **Schriftformerfordernis** soll nach Ansicht des Gesetzgebers als Schwelle sicherstellen, dass Auskunftsersuchen, die bei der Bundesnetzagentur und den betroffenen Unternehmen Kosten auslösen, ernsthaft betrieben und **„Spam-Anfragen“** vermieden werden (BT-Drucks. 16/2581 S. 32).

136 Inhaltlich nimmt Absatz 1 auf 0190-Rufnummern Bezug und ist damit schon mit Inkrafttreten des TKG-Änderungsgesetzes überflüssig. **0190-Rufnummern** sind am 31.12.2005 ausgelaufen und wurden nach Schaltung einer Ansage mit Hinweis auf die neue 0900-Rufnummer, die 0190 für Premium Dienste ersetzt, endgültig am 30.6.2006 abgeschaltet. Insofern können sich hier Auskunftsersuchen nur noch auf Verbindungen beziehen, die aus dem Jahr 2005 stammen. Da die Anbieter zur Löschung der Verbindungsdaten nach § 97 Abs. 3 Satz 3 nach sechs Monaten nach Versendung der Rechnung verpflichtet sind, dürfte die Anzahl der noch eingehenden Anfragen äußerst gering sein (*Klaes,* CR 2007, 225).

C. Datenbank für 0900-Rufnummern (Abs. 2)

137 Die Bundesnetzagentur führte schon seit dem 24.7.2003 eine Datenbank mit den ladungsfähigen Anschriften der Zuteilungsnehmer ein, die Endkunden unter anderem über deren Homepage öffentlich zugänglich ist. Für diese Rufnummerngasse verfügt sie selbst über die Daten der Zuteilungsnehmer, da eine direkte Zuteilung an den Diensteanbieter erfolgt (*Brodkorb/Ohlenburg,* CR 2003, 727 (729)).

D. Auskunftsanspruch bei sonstigen Diensten (Abs. 3)

138 Darüber hinaus wird in § 66g Absatz 3 ein Auskunftsanspruch gegenüber der Bundesnetzagentur seitens der Verbraucher normiert, den Netzbetreiber für Dienste nach § 3 Nr. 2a (Auskunftsdienste), 10a (Service-Dienste) und 11d (Massenverkehrsdienste) mitzuteilen. Für den Auskunftsanspruch wurde damit einem **entwicklungsoffenen Grundsatz** Rechnung getragen, da oftmals Missbräuche nicht nur bei Premium Diensten, sondern auch bei anderen Rufnummerngassen vorkamen. Der Netzbetreiber muss weiterhin allen Verbrauchern und ein **berechtigtes Interesse** Nachweisenden die ladungsfähige Anschrift des Diensteanbieters mitteilen. Eine solche Anfrage soll innerhalb von zehn Werktagen bearbeitet werden. Auskunftsberechtigt ist grundsätzlich jedermann (BerlKommTKG/*Brodkorb,* Anh. I § 66h Rn 14).

139 Bei dem in Abs. 3 vorgesehenen Auskunftsanspruch kommt ein **zweistufiges Vorgehen** bei Bundesnetzagentur und Netzbetreiber, in dessen Netz die nachgefragte Rufnummer geschaltet ist, in Betracht

(so auch *Ditscheid/Rudloff*, in: Spindler/Schuster § 66h Rn 2). Die Bundesnetzagentur teilt dabei im ersten Schritt dem Nachfragenden den Netzbetreiber mit, der dann wiederum dem Nachfragenden Namen und ladungsfähige Anschrift des Diensteanbieters mitteilt. Für Auskunftsdienste und Service-Dienste wird dieses Vorgehen nunmehr durch die Bundesnetzagentur verbraucherfreundlicher gestaltet. Bei diesen Diensten ist der Bundesnetzagentur regelmäßig der Zuteilungsnehmer mit ladungsfähiger Anschrift bekannt und der „Umweg" über den Netzbetreiber, der zu Zeitverzögerung führt, ist entbehrlich, so dass die Bundesnetzagentur nunmehr meist direkt den **Zuteilungsnehmer** der Rufnummer mitteilt. Da bei Massenverkehrsdiensten im Gegensatz zu den vorgenannten Diensten keine Einzelrufnummernzuteilung erfolgt, sind diese Anwendungsfälle die Einzigen, die zwingend ein zweistufiges Verfahren erfordern. Die zweite Stufe des Auskunftsanspruchs nach Abs. 3 erfordert zudem das Vorliegen eines berechtigten Interesses gegenüber dem Netzbetreiber.

§ 66i TKG R-Gespräche

(1) [1]Auf Grund von Telefonverbindungen, bei denen dem Angerufenen das Verbindungsentgelt in Rechnung gestellt wird (R-Gespräche), dürfen keine Zahlungen an den Anrufer erfolgen. [2]Das Angebot von R-Gesprächsdiensten mit einer Zahlung an den Anrufer nach Satz 1 ist unzulässig.

(2) [1]Die Bundesnetzagentur führt eine Sperr-Liste mit Rufnummern, die von R-Gesprächsdiensten für eingehende R-Gespräche zu sperren sind. [2]Endkunden können ihren Anbieter von Telekommunikationsdiensten beauftragen, die Aufnahme ihrer Nummern in die Sperr-Liste unentgeltlich zu veranlassen. [3]Eine Löschung von der Liste kann kostenpflichtig sein. [4]Der Anbieter übermittelt den Endkundenwunsch sowie etwaig erforderliche Streichungen wegen Wegfalls der abgeleiteten Zuteilung. [5]Die Bundesnetzagentur stellt die Sperr-Liste Anbietern von R-Gesprächsdiensten zum Abruf bereit.

A. Regelungszweck

Mit der Vorschrift des § 66i werden nun erstmals R-Gespräche grundsätzlich erlaubt, die seit 2002 in Deutschland vermehrt angeboten werden (zu früheren Angeboten *Schütz/Gostomzyk*, MMR 2006, 7). Dabei handelt es sich um alle Telefongespräche, bei denen dem Angerufenen die Gesprächskosten in Rechnung gestellt werden („**reverse charging**"; dazu *Schütz*, Kommunikationsrecht, Rn 173). 140

In der Vergangenheit führten vor allem die Fälle zu einem Regelungsbedarf, in denen **Minderjährige** durch die Annahme von R-Gesprächen Kosten verursacht haben, die gegenüber dem Annehmenden als Entgeltforderungen geltend gemacht wurden (Überblick bei LG Flensburg MMR 2006, 47). Das Bestehen eines Entgeltanspruchs bei R-Gesprächen setzt nach der Rechtsprechung des BGH voraus, dass ein Vertrag mit dem Annehmenden (Anschlussinhaber) zustande gekommen ist (BGH MMR 2006, 453). Dabei ist die Frage relevant, ob dem Annehmenden sein Verhalten als Willenserklärung im Wege der Duldungs- oder Anscheinsvollmacht zugerechnet werden kann (BTKG/*Klees*, § 66i Rn 9 mwN; *Ditscheid/Rudloff*, in: Spindler/Schuster § 66i Rn 7 mwN). Der BGH geht nunmehr vom Vorliegen einer **Anscheinsvollmacht** aus (BGH MMR 2006, 453). Die Nutzung durch Dritte wird dabei im Rahmen des § 45 i mit dessen Risikoverteilung geregelt. 141

Ihrer Rechtsnatur nach fallen R-Gespräche nicht unter die Premium-Dienste nach § 3 Nr. 17a, da es ihnen am Merkmal der gemeinsamen Abrechnung gegenüber dem Anrufer fehlt (OLG Düsseldorf CR 2004, 516 (519)). Da es bei ihnen üblicherweise an einer Inhaltsleistung fehlt, handelt es sich auch nicht um telekommunikationsgestützte Dienste nach § 3 Nr. 25, sondern um **Telekommunikationsdienste** nach § 3 Nr. 24 (BTKG/*Klees*, § 66i Rn 17). 142

B. Anforderungen an R-Gespräche und Verbot der Rückrufdienste (Abs. 1)

Absatz 1 Satz 1 1. Halbsatz definiert den Begriff „R-Gespräche" als Telefonverbindungen, bei denen dem Angerufenen das Verbindungsentgelt in Rechnung gestellt wird. Üblicherweise wird dabei in der Praxis ein „**Kontaktanruf**" auf eine kostenfreie Rufnummer durch den das R-Gespräch Beauftragenden getätigt. Dieser Anruf wird dann seitens des Netzbetreibers auf das Ziel des Annehmenden geschaltet, der zunächst eine Ansage erhält, dass ein R-Gespräch für ihn vorliegt. Meist wird der Annehmende darüber hinaus über die Kosten des R-Gesprächs informiert; dazu existieren bereits selbstregulierende Regelungen (Verhaltenskodex des FST e.V. idF v. 11.1.2010, in Kraft getreten am 1.3.2010, abrufbar 143 unter http://www.fst-ev.org/statuten-verhaltenskodex.html, 3. Teil I. 5.). Eine gesetzliche Verpflichtung zur Preisansage gegenüber dem Annehmenden besteht jedoch weiterhin nicht.

144 Im Gegensatz dazu sind sogenannte „**Rückruf-Dienste**“ nach Abs. 1 Satz 2 verboten, bei denen Nutzer über eine kostenfreie Rufnummer oder im Internet einem Anbieter ihre Teilnehmerrufnummer bekannt geben, um dann vom Inhalteanbieter kostenpflichtig zurück gerufen zu werden (vgl OLG Düsseldorf CR 2004, 516). Solange keine Zahlungsverpflichtungen durch die bloße Nichtannahme des Gesprächs entstehen, dürften derartige Rückruf-Dienste vertragsrechtlich wie R-Gespräche zu behandeln sein (so auch BTKG/*Klees,* § 66i Rn 7). So darf keine Auszahlung an den Anrufer erfolgen. Andernfalls könnte hier ein Geschäftsmodell dergestalt aufgesetzt werden, dass unverlangt Anrufe getätigt werden, die die Angerufenen zahlen müssen und für die die Anrufer noch Anbietervergütungen erhalten. Da es technisch möglich ist, eine Vielzahl von Anrufen zu generieren, könnte dies in ein Betrugsmodell umgestaltet werden (*Klaes,* CR 2007, 225; Modell des Rückrufs auf einen Mehrwertdienst beschrieben bei BerlKommTKG/*Brodkorb,* Anh. I § 66i Rn 6).

145 Bei Fällen des sogenannten „**Tastendruckmodells**“ erfolgte mittels eines unverlangten Anrufs, der eine Gewinnmitteilung enthielt, eine Weitervermittlung auf einen Premium-Dienst nach Betätigung eines Tastendrucks. Für diese Fälle liegt kein für § 66i erforderliches Drei-Personen-Verhältnis (Anrufer, Anbieter, Angerufener) vor, da der Angerufene in diesem Fall lediglich eine bestimmte Taste drückte und sich dann mittels Anrufcomputer des Anrufers die Premium-Dienst-Rufnummer auslöste, wobei das Gespräch selbst im Anrufautomaten blieb und damit lediglich ein Zwei-Personen-Verhältnis vorliegt. Für diese Fälle wendet die Rechtsprechung jedoch das in § 66l enthaltene **Umgehungsverbot** an, da mittels der technischen Konstruktion die Regelung des § 66i umgangen werden soll. In beiden Fällen soll der Angerufene durch die §§ 66i und 66l vor unerwarteten erheblichen Kosten für Mehrwertdienste geschützt werden (OVG Münster MMR 2009, 288).

C. Zentrale Sperrliste (Abs. 2)

146 Weiterhin führt die Bundesnetzagentur nun von Gesetz wegen eine **Sperrliste**, in der Verbraucher sich für R-Gespräche sperren lassen können (BNetzA Vfg. Nr. 16/2007, ABl. 2007, S. 1038). Eingehende R-Gespräche bei Verbrauchern trotz Listeneintrag sind damit rechtswidrig und lassen den Zahlungsanspruch nach § 66g Ziffern 6 und 7 entfallen. Die Löschung von der Liste kann nach dem geänderten Gesetzeswortlaut nun auch **kostenpflichtig** sein. Der Eintrag in die Sperrliste führt auch nicht automatisch zu einer technischen Sperre für eingehende R-Gespräche. Diese Sperre ist gesondert beim Teilnehmernetzbetreiber des Endnutzers einzurichten. Auch dies kann kostenpflichtig sein.

§ 66j TKG Rufnummernübermittlung

(1) [1]Anbieter von Telekommunikationsdiensten, die Teilnehmern den Aufbau von abgehenden Verbindungen ermöglichen, müssen sicherstellen, dass beim Verbindungsaufbau als Rufnummer des Anrufers eine vollständige national signifikante Rufnummer übermittelt und als solche gekennzeichnet wird. [2]Die Rufnummer muss dem Teilnehmer für den Dienst zugeteilt sein, im Rahmen dessen die Verbindung aufgebaut wird. [3]Deutsche Rufnummern für Auskunftsdienste, Massenverkehrsdienste, Neuartige Dienste oder Premium-Dienste sowie Nummern für Kurzwahl-Sprachdienste dürfen nicht als Rufnummer des Anrufers übermittelt werden. [4]Andere an der Verbindung beteiligte Anbieter dürfen übermittelte Rufnummern nicht verändern.

(2) [1]Teilnehmer dürfen weitere Rufnummern nur aufsetzen und in das öffentliche Telefonnetz übermitteln, wenn sie ein Nutzungsrecht an der entsprechenden Rufnummer haben. [2]Deutsche Rufnummern für Auskunftsdienste, Massenverkehrsdienste, Neuartige Dienste oder Premium-Dienste sowie Nummern für Kurzwahl-Sprachdienste dürfen von Teilnehmern nicht als zusätzliche Rufnummer aufgesetzt und in das öffentliche Telefonnetz übermittelt werden.

A. Regelungszweck

147 Die ebenfalls vollständig neue Vorschrift des § 66j TKG 2007 soll **automatische Rückrufbitten** für Premium Dienste sowie **Identitätsdiebstahl** und Tarifverschleierung unterbinden (BGBl. I 2007, S. 106, Begründung in BT-Drucks. 16/2581, S. 33). Diese Vorschrift betrifft zwei grundsätzliche Fälle: zum

einen die Anzeige einer Rufnummer auf dem Display des Endgerätes bei dem Angerufenen (Absatz 1), zum anderen das Aufsetzen einer Rufnummer in der Signalisierungsebene (Absatz 2); dazu *Klaes*, CR 2007, 225 f.

B. Rufnummernübermittlung (Abs. 1)

Nach dem ersten in § 66j Absatz 1 geregelten Fall dürfen seitens des Diensteanbieters als abgehende Verbindungen keine Rufnummern für Dienste nach § 3 Nr. 2a, 11d, 12a, 17a, 11b übermittelt werden. Diese Regelung stellt eine Reaktion auf aufgetretene Missbrauchsfälle dar, bei denen ein Anruf in Abwesenheit beim Angerufenen durch einmaliges Klingeln generiert wurde, die den Angerufenen dazu veranlassen sollten, die angezeigte Rufnummer (**„user provided CLI“**) zurückzurufen (BT-Drucks. 16/2581, S. 32; sog. **„Ping-Anrufe“** oder Lockanrufe, auch „Rückrufmasche“ genannt bei *Vander,* S. 205; BerlKommTKG/*Brodkorb,* Anh. I § 66j Rn 1 ff; § 66 Rn 142 ff; *Ditscheid/Rudloff,* in: Spindler/Schuster § 66j Rn 1; *Erfurth/Ellbogen,* CR 2008, 353). Bei der angezeigten Rufnummer handelt es sich dann meist um eine kostenpflichtige Premium-Dienste oder Massenverkehrsdienste-Rufnummer. Die generierten Umsätze über diese kostenpflichtigen Rufnummern fließen dann direkt oder im Wege des kollusiven Zusammenwirkens mit einem Dritten dem Diensteanbieter zu. Diese Verwendung einer Mehrwertdiensterufnummer als **reine Rückrufnummer** war bereits im Verhaltenskodex des FST seit langem verboten (Verhaltenskodex des FST e.V. idF v. 11.1.2010, in Kraft getreten am 1.3.2010, abrufbar unter http://www.fst-ev.org/statuten-verhaltenskodex.html, 3. Teil III 3). 148

Dass das Verbot der Anzeige von Rufnummern für Dienste nach § 3 Nr. 10a TKG (Service-Dienste; Gasse 0180) oder Ortsnetzrufnummern und Rufnummern für geschlossene Benutzergruppen (VPN, 0181–0189) nicht umfasst, liegt darin begründet, dass oftmals Call Center oder auch Bundesbehörden als Rückrufnummern oder **Identifikation des Sachbearbeiters** derartige Rufnummern verwenden (BerlKommTKG/*Brodkorb,* Anh. I § 66j Rn 12). Ein Verbot der Anzeige dieser Rufnummern würde dem Anrufer Transparenz und Komfort nehmen, so dass darauf im Laufe des Gesetzgebungsverfahrens verzichtet wurde (BT-Drucks. 16/2581, S. 40). Es handelt sich bei § 66j nur um ein **einseitiges Verbotsgesetz,** so das als Rechtsfolge keine Nichtigkeit nach § 134 BGB anzunehmen ist, sondern nur ein Wegfall des Entgeltanspruchs nach § 66g Nr. 1, da beim Lockruf als Anruf in Abwesenheit keine Preisangabe oder -ansage erfolgt und somit ein Verstoß gegen § 66a und § 66b vorliegt (*Erfurth/Ellbogen,* CR 2008, 354). Ein **Rückzahlungsanspruch** gegen den Lockanrufer besteht aus §§ 823 Absatz 2 BGB iVm 263 StGB (*Erfurth/Ellbogen,* CR 2008, 355; *Ditscheid,* MMR 2007, 216 nimmt darüber hinaus auch einen Anspruch aus §§ 823 Abs. 2 iVm 66b TKG an). 149

C. Aufsetzen von Rufnummern (Abs. 2)

Nach Absatz 2 ist nunmehr vorgeschrieben, dass Teilnehmer weitere Rufnummern nur dann aufsetzen und in das öffentliche Telefonnetz übermitteln dürfen, wenn sie ein Nutzungsrecht an der entsprechenden Rufnummer haben (sog. **„generische Rufnummern“**, *Ditscheid/Rudloff,* in: Spindler/Schuster § 66j Rn 4). Absatz 2 wird in zukünftigen Geschäftsmodellen eine Rolle spielen: Das Aufsetzen von Rufnummern wird bei der Entwicklung des PSTN-Netzes hin zu einem NGN als IP-basiertes Verbindungsnetz wichtig. Hier kann mit ENUM ein nicht dem von der ITU vorgesehenen internationalen Rufnummernraum E.164 begründetes **Zuordnungsschema** zum Nutzer von IP-basierten Diensten gefunden werden (BerlKommTKG/*Brodkorb,* § 66 Rn 215). ENUM ist dabei ein System, das Telefonnummern nach dem Standard E.164 unter Nutzung des Domainnamensystems als Domainnahmen darstellt. Die Zuordnung kann zB über **IP-Adressen,** e-mail-Adressen oder Rufnummern erfolgen. Eine Koppelung einer IP-Adresse fest an einen eindeutig identifizierbaren Nutzer ist derzeit zwar technisch möglich, aber vom Wortlaut des Absatzes 2 nicht erfasst. Lediglich die Zuordnung von Servicerufnummern zum Nutzer ist verboten aber juristisch nicht vorgeschrieben (*Klaes,* CR 2007, 226). Ebenso kann eine beliebige (geografische oder Mehrwertdiensterufnummer) dem Nutzer zugeordnet werden und zwar nicht fest und statisch, sondern flexibel. Damit könnten den Teilnehmern Leistungen in Rechnung gestellt werden, die nicht durch einen CDR belegt werden können (zur Problematik ausführlich *Bosse/Richter/Schreier,* CR 2007, 79 (83); *Klaes,* MMR 2008, 90 (92)). Um diese Möglichkeit auszuschließen, wird diese Regelung in Zukunft wichtig werden, damit dem Nutzer eindeutig eine Zuordnung zu genutzten Diensten erfolgen kann und keine fremden Verbindungen in Rechnung gestellt bekommt. 150

D. Abgrenzung zu § 102

151 § 102 wurde mit der Änderung des TKG im Rahmen des Gesetzgebungsvorhabens gegen unerlaubte Telefonwerbung neu gefasst (BGBl. I 2010 S. 78). Dadurch soll erreicht werden, dass bei Werbeanrufen die dem Anrufenden zugeteilte geografische Rufnummer nicht unterdrückt wird (dazu auch *Ufer,* K&R 2008, 498; *Ditscheid,* MMR 2009, 370). Durch die **offene Übermittlung** der Rufnummer soll dem Angerufenen ermöglicht werden, zurückzuverfolgen, wer der Anrufende ist. Durchsetzen soll der Angerufene diesen Anspruch mithilfe der §§ 149 Nr. 17c, 149 Abs. 2 Satz 1 letzte Alt., wonach ein Verstoß gegen diese Vorschrift eine Ordnungswidrigkeit darstellt, die mit einem Bußgeld bis zu 10.000 Euro belegt werden kann.

152 Nach § 102 Abs. 2 muss das anrufende **Call-Center** seine eigene Rufnummer und nicht, wie zunächst im Gesetzgebungsverfahren gefordert, die Rufnummer des Auftraggebers des Call-Centers übermitteln. Damit kehrt die Gesetzesänderung das Recht des Teilnehmers auf Rufnummernunterdrückung in eine **Pflicht zur Rufnummeranzeige** um (*Vander,* MMR 2008, 640). Die eingeführte Verpflichtung zur Rufnummernanzeige beinhaltet ebenso auch ein erneutes Missbrauchspotential: durch Anrufe in Abwesenheit oder sogenannte **„Ping-Anrufe“** können Verbraucher zu kostenpflichtigen Rückrufen ermuntert werden, die gerade § 66j vermeiden will. Mit der Verpflichtung zur Anzeige der Rufnummer des Anrufenden und dem gleichzeitigen Verbot der Rufnummernunterdrückung bei Rufnummern für Premium-Dienste und Massenverkehrs-Dienste werden einige unseriöse Anbieter auf andere Rufnummerngassen oder schwer nachzuverfolgende Auslandsrufnummern ausweichen (zu diesem Phänomen bereits *Vander,* MMR 2008, 643). Beide Regelungen bedingen also einander, eine klare Abgrenzung ist nicht möglich.

§ 67 TKG Befugnisse der Bundesnetzagentur

(1) [1]Die Bundesnetzagentur kann im Rahmen der Nummernverwaltung Anordnungen und andere geeignete Maßnahmen treffen, um die Einhaltung gesetzlicher Vorschriften und der von ihr erteilten Bedingungen über die Zuteilung von Nummern sicherzustellen. [2]Die Bundesnetzagentur kann die Betreiber von öffentlichen Telekommunikationsnetzen und die Anbieter von Telekommunikationsdiensten für die Öffentlichkeit verpflichten, Auskünfte zu personenbezogenen Daten wie Name und ladungsfähige Anschrift von Nummerninhabern und Nummernnutzern zu erteilen, die für den Vollzug dieses Gesetzes, auf Grund dieses Gesetzes ergangener Verordnungen sowie der erteilten Bedingungen erforderlich sind, soweit die Daten den Unternehmen bekannt sind; die Bundesnetzagentur kann insbesondere Auskünfte zu personenbezogenen Daten verlangen, die erforderlich sind für die einzelfallbezogene Überprüfung von Verpflichtungen, wenn der Bundesnetzagentur eine Beschwerde vorliegt oder sie aus anderen Gründen eine Verletzung von Pflichten annimmt oder sie von sich aus Ermittlungen durchführt. [3]Andere Regelungen bleiben von der Auskunftspflicht nach Satz 2 unberührt. [4]Insbesondere kann die Bundesnetzagentur bei Nichterfüllung von gesetzlichen oder behördlich auferlegten Verpflichtungen die rechtswidrig genutzte Nummer entziehen. [5]Sie soll ferner im Falle der gesicherten Kenntnis von der rechtswidrigen Nutzung einer Rufnummer gegenüber dem Netzbetreiber, in dessen Netz die Nummer geschaltet ist, die Abschaltung der Rufnummer anordnen. [6]Die Bundesnetzagentur kann den Rechnungsersteller bei gesicherter Kenntnis einer rechtswidrigen Nutzung auffordern, für diese Nummer keine Rechnungslegung vorzunehmen. [7]Die Bundesnetzagentur kann in begründeten Ausnahmefällen Kategorien von Dialern verbieten; Einzelheiten des Verbotsverfahrens regelt die Bundesnetzagentur.

(2) [1]Soweit für Premium-Dienste, Massenverkehrsdienste, Service-Dienste oder Neuartige Dienste die Tarifhoheit bei dem Anbieter liegt, der den Teilnehmeranschluss bereitstellt, und deshalb unterschiedliche Entgelte für Anrufe aus den Festnetzen gelten würden, legt die Bundesnetzagentur nach Anhörung der betroffenen Unternehmen, Fachkreise und Verbraucherverbände zum Zwecke der Preisangabe und Preisansage nach den §§ 66a und 66b jeweils bezogen auf bestimmte Nummernbereiche oder Nummernteilbereiche den Preis für Anrufe aus den Festnetzen fest. [2]Für Anrufe aus den Mobilfunknetzen bei Service-Diensten legt die Bundesnetzagentur nach Anhörung der in Satz 1 genannten Stellen fest, ob der Anruf bezogen auf einen bestimmten Nummernteilbereich pro Minute oder pro Anruf abgerechnet wird; dies gilt nur, soweit die Tarifhoheit bei dem Anbieter liegt, der den Zugang zum Mobilfunknetz bereitstellt. [3]Im Übrigen hat sie sicherzustellen, dass ausreichend frei tarifierbare Nummernbereiche oder Nummernteilbereiche verbleiben. [4]Die festzulegenden Preise haben sich an den im

Markt angebotenen Preisen für Anrufe aus den Festnetzen zu orientieren und sind in regelmäßigen Abständen zu überprüfen. [5]Die festzulegenden Preise sind von der Bundesnetzagentur zu veröffentlichen. [6]Die Bestimmungen der §§ 16 bis 26 bleiben unberührt.

(3) Die Rechte der Länder sowie die Befugnisse anderer Behörden bleiben unberührt.

(4) Die Bundesnetzagentur teilt Tatsachen, die den Verdacht einer Straftat oder einer Ordnungswidrigkeit begründen, der Staatsanwaltschaft oder der Verwaltungsbehörde mit.

A. Regelungszweck

§ 67 regelt die Befugnisse der Bundesnetzagentur zur Wahrung der gesetzlichen und von ihr selbst erlassenen Bedingungen für Nummernutzung, Auskunftsverpflichtungen und Preisfestsetzung zum Zwecke der Preistransparenz. Die Vorschrift geht zurück auf § 43c TKG 1996 und wurde durch das MWDG 2003 in das TKG aufgenommen (Gesetz zur Bekämpfung des Missbrauchs von 0190er/0900er Mehrwertdiensterufnummern vom 9.8.2003, BGBl. I 2003, S. 1590). Mit Inkrafttreten des TKG 2004 wurde § 43c jedoch durch § 67 ersetzt (BGBl. I 2004, S. 1190). Abs. 1 Satz 2 und 3 wurden durch das TKG 2007 neu eingefügt. 153

Die Regelung dient der Bundesnetzagentur als **Ermächtigungsgrundlage für Maßnahmen** zur Einhaltung gesetzlicher und behördlicher Vorgaben. Während § 43c TKG 1996 sich lediglich auf Premium-Dienste der Rufnummerngassen 0190 und 0900 bezog, gilt § 67 nunmehr für alle Rufnummerngassen (BT-Drucks. 15/2674, S. 58; BT-Drucks. 15/2679, S. 16; *Vander,* S. 279; zum begrenzten Anwendungsbereich des MWDG *Ditscheid/Rudloff,* TKMR 2003, 406; *Tiedemann,* K&R 2003, 328). Es handelt sich um eine **Generalermächtigung**, die die Ausübung des gesamten Geschäftsmodells untersagen soll (OVG Münster MMR 2009, 286; OVG Münster NJW 2008, 3657; BT-Drucks. 15/2316, S. 83; Scheurle/Mayen/*Paschke,* § 67 Rn 2 f; BTKG/*Büning/Weißenfels,* § 67 Rn 7). 154

B. Maßnahmen zur Einhaltung gesetzlicher und behördlicher Vorschriften (Abs. 1)

I. Befugnis der Bundesnetzagentur

Absatz 1 Satz 1 beinhaltet die Befugnis der Bundesnetzagentur im Rahmen der Nummernverwaltung Anordnungen und andere geeignete Maßnahmen zu treffen, um die Einhaltung gesetzlicher Vorschriften und der von ihr erteilten Bedingungen über die Zuteilung von Nummern sicherzustellen. Diese Bedingungen werden in Auflagen zu den Zuteilungsbescheiden, also Nebenbestimmungen zu Verwaltungsakten, festgeschrieben. So ist eine „Verlängerung" der zugeteilten Rufnummer für Service-Dienste nicht zulässig, da es sich um eine rechtsgeschäftliche Weitergabe von Nummern handelt, die nunmehr auch § 4 TNV widerspricht (OVG NRW MMR 2010, 499). 155

Satz 1 räumt der Bundesnetzagentur ein **Entschließungsermessen** ein (BTKG/*Klees,* § 67 Rn 8). Ob darüber hinaus auch ein Auswahlermessen vorliegt, ist fraglich. Es werden in Satz 1 wie auch in den folgenden Sätzen ausdrückliche Maßnahmen der Bundesnetzagentur genannt. Trotzdem soll nach inzwischen herrschender Meinung für andere oder darüber hinausgehende Maßnahmen Raum bleiben (OVG Münster NJW 2008, 3657; *Brodkorb/Ohlenburg,* CR 2003, 727 (731); BerlKommTKG/*Brodkorb,* § 67 Rn 12; *Mayer/Möller,* K&R 2005, 255; aA BTKG/*Büning/Weißenfels,* § 67 Rn 8). 156

Die Regelung gilt nicht für allgemeine Vorschriften, unabhängig von der Nutzung von Nummern, wie zB wettbewerbsrechtliche Vorschriften (§§ 1, 3, 7 UWG, 312c BGB etc.). Gesetzgeber und Bundesnetzagentur gehen übereinstimmend von einer Auslegung dieser Vorschrift aus, wonach **jegliche Verstöße** bei der **Nummernnutzung** dem Anwendungsbereich des § 67 Abs. 1 Satz 1 unterfallen sollen (BT-Drucks. 15/2316, S. 83). Dies umfasst umgekehrt dann aber nicht wettbewerbsrechtliche Vorschriften. 157

Demgegenüber geht die Bundesnetzagentur davon aus, dass Nummernverwaltung nicht nur im gesamten technischen und rechtsgeschäftlichen Umgang mit der Rufnummer gegeben sein soll, sondern auch bei der **Werbung** für einen Dienst im Zusammenhang mit der Rufnummer (Arndt/Fetzer/Scherer/*Herchenbach-Canarius,* § 67 Rn 8; so auch Scheurle/Mayen/*Paschke,* § 67 Rn 2 ff). Dies greift die aktuelle Rechtsprechung auf und legt die Vorschrift dahin gehend aus, dass diese die Bundesnetzagentur ermächtigt, jegliche Verstöße bei der Nummernnutzung, insbesondere mit Blick auf Verbraucher- und Kundenschutzbelange zu verfolgen. Auch Zuwiderhandlungen gegen Bestimmungen ohne unmit- 158 telbaren telekommunikationsrechtlichen Bezug, wie zB das UWG, sollen ein beachtlicher Verstoß in diesem Sinne sein können (OVG Münster MMR 2009, 284).

II. Auskunftspflicht zu personenbezogenen Daten

159 § 67 Abs. 1 Satz 2 und 3 normiert eine Auskunftspflicht zu personenbezogenen Daten. Diese Vorschrift wurde durch das TKG 2007 neu eingefügt. Neben den explizit aufgeführten personenenbezogenen Daten wie ladungsfähige Anschrift etc. stellt sich die Frage, ob die Bundesnetzagentur auch dort nicht aufgeführte Daten wie beispielsweise die **Bank- und Umsatzdaten** abfragen darf. Aufgrund der ausdrücklichen Aufzählung der abzufragenden Daten und der gesondert nachzuweisenden Relevanz für die Ermittlungen der Bundesnetzagentur sowie der Einschränkung, soweit den Unternehmen die Daten bekannt seien, ist davon auszugehen, dass Bank- und Umsatzdaten nicht zu den auskunftspflichtigen Daten iSd § 67 Abs. 1 Satz 2 gehören. Zudem nennt der Gesetzgeber konkret die Fälle, in denen eine abgeleitete Zuteilung erfolgt (zB Ortsnetzrufnummern), bei denen die Bundesnetzagentur nicht über Namen und ladungsfähige Anschrift des Nutzers verfügt (BT-Drucks. 16/2581, S. 27).

III. Entzug und Abschaltung der Rufnummer

160 § 67 Abs. 1 Satz 4 begründet Recht der Bundesnetzagentur, bei Nichterfüllung von gesetzlichen oder behördlich auferlegten Verpflichtungen, die rechtswidrig genutzte Nummer zu entziehen. Nach § 67 Abs. 1 Satz 5 soll die Bundesnetzagentur im Falle gesicherter Kenntnis von einer rechtswidrigen Nutzung gegenüber dem Netzbetreiber, in dessen Netz die Nummer geschaltet ist, die **Abschaltung** der Nummer anordnen.

161 Der **Entzug** der Nummer nach Satz 4 kann sich nur gegen den Zuteilungsnehmer richten, der im Falle der Einzelrufnummernzuteilung nicht Netzbetreiber sein muss; die Anordnung der Abschaltung demgegenüber richtet sich immer an den Netzbetreiber, in dessen Netz die Nummer geschaltet ist. Dabei ist es unbeachtlich, ob der Wettbewerbsverstoß für den als **Störer** in Anspruch genommenen nur mit unverhältnismäßig hohem Aufwand erkennbar war, weil es auf zivilrechtliches Verschulden nicht ankommt und auch der **Zweckveranlasser** nach den allgemeinen Regeln der Verhaltens- und Zustandsverantwortlichkeit im Ordnungsrecht als Störer im Sinne des Satz 4 in Frage kommt (OVG Münster MMR 2009, 287 bezeichnet den Netzbetreiber, der Sachherrschaft über Anrufautomaten für unverlangte Werbeanrufe hat, zudem als Zustandsstörer).

162 Satz 5 sperrt zudem nicht die Anwendung von Absatz 1 Satz 1. Demnach kann die Bundesnetzagentur auch eine **präventive Rufnummernabschaltung** anordnen, wenn eine gegenwärtige Gefahr eines Verstoßes bei der Rufnummernnutzung besteht (OVG Münster 2010, 501). Diese nimmt die Rechtsprechung dann an, wenn bereits zahlreiche befristete Abschaltungsanordnungen seitens der Bundesnetzagentur verfügt wurden, ohne dass der Adressat der Maßnahme sein Geschäftsmodell aufgegeben hat. Nach Satz 5 ist das Ermessen der Bundesnetzagentur sogar reduziert; sie „soll" einschreiten im Falle gesicherter Kenntnis und zwingend eine Abschaltung durchführen (BT-Drucks. 15/1126, S. 12; *Klees/Hübner,* CR 2005, 262 (264), dazu auch VG Köln MMR 2008, 500). Zum Begriff der gesicherten Kenntnis vgl § 45o (aA bzgl § 67 *Brodkorb/Ohlenburg,* CR 2003, 727 (731); *Klees/Hübner,* CR 2005, 262 (265); diese gehen davon aus, dass der Begriff hier erfüllt wird, wenn der Bundesnetzagentur wiederholt Verstöße unter Angabe einzelner Nummern mitgeteilt wurden).

163 Nach § 67 Abs. 1 Satz 6 kann die Bundesnetzagentur den Rechnungssteller bei gesicherter Kenntnis einer rechtswidrigen Nutzung auffordern, für diese Nummer keine Rechnungslegung vorzunehmen. Das **Rechnungslegungsverbot** beinhaltet auch ein Inkassoverbot für den Rechnungssteller bei Einwendungserhebung oder Zahlungsverweigerung durch den Rechnungsadressaten (BerlKommTKG/*Brodkorb,* § 67 Rn 14; BT-Drucks. 15/907; aA *Rösler,* NJW 2003, 2633 (2635); *Vander,* S. 277, 293 ff). Dem Verbot der Rechnungslegung ist das Verbot der Inkassierung von Entgelten, die über die betreffende Rufnummer bis zum Zeitpunkt der Abschaltung entstanden sind, gleichgestellt. Der Rechnungssteller kann für die Vergangenheit die Rechnungslegung nicht mehr verhindern, wohl aber die weitere Inkassierung für die Zukunft.

164 § 67 Abs. 1 Satz 7 begründet das Recht der Bundesnetzagentur, in begründeten Einzelfällen Kategorien von Dialern zu verbieten und Einzelheiten zu einem derartigen Verbotsverfahren zu regeln. Allerdings lässt der Gesetzgeber offen, was genau unter dem Begriff der „Kategorie" zu verstehen ist. Es handelt sich um alle Dialer mit bestimmten Merkmalen – eine Zuordnung zu bestimmten Kategorien bleibt

dabei unklar, da Versionsnummer (sog. „**Hash-Wert**") und hinter dem Dialer liegende URL verschieden sind.

C. Festlegung von Endkundenpreisen (Abs. 2)

§ 67 Abs. 2 wurde neu eingefügt durch das TKG-Änderungsgesetz 2007 und war im Gesetzgebungsverfahren lange umstritten. Letztlich wurde zwischen allen Marktbeteiligten in einem bislang einmaligen gemeinsamen Meinungsbildungsprozess Abs. 2 geschaffen (*Klaes,* CR 2007, 226). Demnach ist die **Bundesnetzagentur** berechtigt, für Premium-Dienste (§ 3 Nr. 17a), Massenverkehrsdienste (§ 3 Nr. 11d), Service-Dienste (§ 3 Nr. 10a) und neuartige Dienste (§ 3 Nr. 12a) für die Fälle, in denen die Tarifhoheit beim Teilnehmernetzbetreiber liegt und deshalb unterschiedliche Endkundenentgelte aus den Festnetzen gelten würden, nach Anhörung der Marktbeteiligten zum Zwecke der Preisangabe und Preisansage bezogen auf bestimmte Nummernbereiche oder -teilbereiche den **Preis für Anrufe aus dem Festnetz festzulegen.** 165

Diese Vorschrift sollte zur Aufgabe haben, dass, sofern für das Abrechnungsverfahren des online-Billing, in dem der Anbieter, der den Teilnehmeranschluss bereitstellt, die Tarifhoheit hat und diese verschiedene Endkundenentgelte für die genannten Dienste erheben, die Bundesnetzagentur nur für den speziellen Fall der **Preistransparenz** einen einheitlichen Festnetzpreis festlegen kann (BT-Drucks. 16/2581, S. 27). Da bei unterschiedlichen Festnetzpreisen die Preisangaben, zu der Dienstenanbieter als Werbender verpflichtet ist, technisch nicht mehr umsetzbar wären, weil eine **Vielzahl unterschiedlicher Festnetztarife** in der Werbung angegeben werden müssten, sollte als Ausnahme zur Tarifautonomie und als Sonderregelung zu den regulatorischen Vorgaben zur Genehmigung von Endkundenpreisen nach §§ 30 ff eine solche Befugnis der Bundesnetzagentur verankert werden. Premium-Dienste und neuartige Dienste werden derzeit allerdings nur im offline-Billing-Verfahren abgerechnet, so dass § 67 Abs. 2 für diese Dienste auch in der Praxis keine Anwendung findet. Gerade für Massenverkehrs- und Service-Dienste jedoch gibt es Bestrebungen einzelner Teilnehmernetzbetreiber, vom bislang im Markt faktisch gelebten Konsens der einheitlichen Preise aus allen Festnetzen abzuweichen und grundlegende Abweichungen der Endkundenpreise einzuführen. 166

Dabei ist vor allem fraglich, wie die Vorschrift des § 67 Abs. 2 hinsichtlich des Tatbestandsmerkmals, dass „unterschiedliche Endkundenpreise wegen der Tarifhoheit gelten würden", auszulegen ist. Insbesondere bleibt die Frage kritisch, ob die Absicht, abweichende Endkundenpreise festzulegen, bereits ein Eingreifen der Bundesnetzagentur erfordert oder bereits geltende unterschiedliche Endkundenpreise vorliegen müssen. Zunächst war im Gesetzentwurf wie auch in § 43b Abs. 1 S. 2 TKG 1996 noch eine „**von-bis-Preisspanne**" vorgesehen, die von den Werbenden technisch nicht umsetzbar war, weil eine Vielzahl unterschiedlicher Festnetztarife in der Werbung hätte angegeben werden müssen. Um diese nicht sinnvolle Formulierung zu ersetzen, wurde eine solche Befugnis der Bundesnetzagentur unter Beteiligung der Fachkreise verankert. Diese sollte ausdrücklich im Interesse der Preistransparenz und nur dann zur Anwendung kommen, wenn bereits **unterschiedliche Endkundenpreise im Markt vorhanden sind** (BT-Drucks. 16/2581, S. 27; *Klaes,* CR 2007, 226). Eine Verpflichtung der Bundesnetzagentur zum Tätigwerden nach Inkrafttreten des TKGÄndG unabhängig davon, ob unterschiedliche Preise am Markt existierten, soll nicht die Funktion von § 67 Abs. 2 TKG sein. Dafür existiert ausschließlich § 39 TKG. Dies wird auch durch den Hinweis auf die Regelungen der §§ 16 bis 26 TKG klargestellt, dass Fragen der Zugangsregulierung nicht Gegenstand dieser Regelung sind (BT-Drucks. 16/2581, S. 27; *Klaes,* CR 2007, 226). Das Tatbestandsmerkmal, dass „unterschiedliche Endkundenpreise wegen der Tarifhoheit gelten würden", ist folglich so auszulegen, dass ein Eingreifen der Bundesnetzagentur nur dann gesetzlich ermächtigt ist, wenn bereits unterschiedliche Endkundenpreise am Markt vorliegen (aA BNetzA Vfg. Nr. 50/2007, ABl. 2007 S. 3442). Zwischenzeitlich ist eine Festlegung der Endkundenpreise durch die Bundesnetzagentur aufgrund Abs. 2 für Service-Dienste und Massenverkehrsdienste erfolgt (BNetzA Vfg. Nr. 45/2007, ABl. 2007 S. 3297; BNetzA Vfg. Nr. 50/2007, ABl. 2007 S. 3442). 167

Mit der neuen Regelung des Abs. 2 Satz 2 erhält die Bundesnetzagentur bei Service-Diensten nach § 3 Nr. 8b erstmals die Ermächtigung, festzulegen, ob der Anruf aus den Mobilfunknetzen in einem bestimmten Teilbereich der Nummerngasse 0180 zeitabhängig oder –unabhängig abgerechnet werden soll (BGBl. I 2010 S. 78). Mit dieser zusätzlichen Befugnis soll die Übersichtlichkeit der Preisangabe nach § 66a Satz 6 besser gestaltet werden können (BT-Drucks. 16/12405, S. 20). Die Preisangabe braucht daher nicht den konkreten Mobilfunkhöchstpreis, sondern nur den für den nach **Abrech-** 168

nungsmodus im jeweiligen Nummernteilbereich festgelegten Mobilfunkhöchstpreis enthalten (*Ditscheid*, MMR 2009, 369).

D. Rechte der Länder, Straftaten, Ordnungswidrigkeiten (Abs. 3 und 4)

169 Die Rechte der Länder und weiterer Behörden bleiben nach Abs. 3 unberührt. Nach Abs. 4 ist die Bundesnetzagentur verpflichtet, Tatsachen, die eine Straftat oder Ordnungswidrigkeit begründen, der Staatsanwaltschaft zu melden. Verstöße gegen die vollziehbare Anordnung des Rechnungslegungsverbots sind nach § 149 Abs. 1 Nr. 4a Ordnungswidrigkeiten, die mit Geldbußen von bis zu 500 000 Euro geahndet werden können.

3. Kapitel: Kartellverbotsrecht

Schrifttum: *Ahrens/Jänich*, Der gebundene Preis für CD-ROM-Produkte – ein Irrweg der Rechtsprechung, GRUR 1998, 599 ff; *Bechtold*, Grundlegende Umgestaltung des Kartellrechts: Zum Referentenentwurf der 7. GWB-Novelle, DB 2004, 235 ff; *ders.*, Kommentar zum GWB, 6. Aufl. 2010; *Bunte*, Die Preisbindung für Verlagserzeugnisse auf dem kartellrechtlichen Prüfstand, NJW 1997, 3127 ff; *Bechtold/Bosch/Brinker/Hirsbrunner*, Kommentar zum EG-Kartellrecht, 2005 (zitiert: BBBH); *Bergmann*, Selektive vertikale Vertriebsbindungssysteme im Lichte der kartell- und lauterkeitsrechtlichen Rechtsprechung des BGH und des EuGH, ZWeR 2004, 28 ff; *Besen/Slobodenjuk*, Die neue Gruppenfreistellungsverordnung für Forschungs- und Entwicklungsvereinbarungen, GRUR 2011, 300 ff; *Beucher/Eckhardt*, Öffentlich-rechtlicher Rundfunk und Verlage im Wettbewerb bei der Herausgabe von Programminformation, RuF 1990, 183 ff; *Böge*, Der »more economic approach« und die deutsche Wettbewerbspolitik, WuW 2004, 726 ff; *Braun, E.*, Der Systemwechsel im europäischen (und deutschen) Kartellrecht (VO 1/2003) – Vorschläge für die Unternehmenspraxis, in: *Behrens/Braun/Nowak*, Europäisches Wettbewerbsrecht im Umbruch, 2004, 167 ff; *Bretthauer*, Die Beurteilung von Markenlizenzverträgen nach deutschem und europäischem Kartellrecht, 2003; *Bundeskartellamt*, Ausnahmebereiche des Kartellrechts – Stand und Perspektiven der 7. GWB-Novelle – Diskussionspapier für die Sitzung des Arbeitskreises Kartellrecht am 29.9.2003 (www.bundeskartellamt.de); *Christoph*, Wettbewerbsbeschränkungen in Lizenzverträgen über gewerbliche Schutzrechte nach deutschem und europäischem Recht, 1998; *Emmerich*, Rundfunk im Wettbewerbsrecht, AfP 1989, 433 ff; *Fammler*, Markenlizenzvertrag, 2000; *Faull/Nikpay*, The EC Law of Competition, 2. Aufl. 2007; *Fezer*, Die Verfassungsnähe der Buchpreisbindung, GRUR 1988, 185 ff; *ders.*, Elektronische Verlagserzeugnisse als Gegenstand der kartellrechtlichen Preisbindung, NJW 1997, 2150 ff; *Fleming*, Exclusive Rights to Broadcast Sporting Events in Europe, ECLR 1999, 143 ff; *Franzen/Wallenfels/Russ*, Preisbindungsgesetz, 5. Aufl. 2006 (zit.: F/W/R BuchPrG); *Frey*, Das öffentlich-rechtliche Fernsehen im Wettbewerbsrecht der EG, ZUM 1999, 528 ff; *Grundmann*, Die öffentlich-rechtlichen Rundfunkanstalten im Wettbewerb, Baden-Baden 1990; *Hartmann-Rüppel/Wagner*, Die ‚Stellenmarkt für Deutschland'-Entscheidung des BGH, ZWeR 2004, 128 ff; *Hausmann*, Der deutsche Fußballbund (DFB) – Ein Kartell für >Fernsehrechte<?, BB 1994, 1089 ff; *Heermann*, Kann der Ligasport die Fesseln des Kartellrechts sprengen? Der >Europapokalheimspiele<-Beschluss, Sport und Recht 1999, 11 ff; *Heinemann*, Immaterialgüterschutz in der Wettbewerbsordnung, 2002; *Hess*, Medienkartellrecht, AfP 2001, 38 ff; *Hildebrand*, Der „more economic approach" in der Wettbewerbspolitik: Dynamik und Ausblick, WuW 2005, 513 ff; *Immenga*, Gegenseitigkeitsverträge von Verwertungsgesellschaften im Binnenmarkt, WuW 2004, 754 ff; *Immenga/Mestmäcker*, Gesetz gegen Wettbewerbsbeschränkungen, 4. Aufl. 2007 (zitiert: IM/*Bearbeiter*); *Immenga/Mestmäcker*, Wettbewerbsrecht, EG/Teil 1 und 2, 2 Bände, 4. Aufl. 2007 (zit.: IM/Bearbeiter, WettbR); *Kleinaltenkamp*, Die Abgrenzung des sachlich-relevanten Marktes von Zeitungen und Zeitschriften, WuW 1988, 732 ff; *Körber*, Die erstmalige Anwendung der Verpflichtungszusage gemäß Art. 9 VO 1/2003 und die Zukunft der Zentralvermarktung von Medienrechten an der Fußballbundesliga, WRP 2005, 463 ff; *Kreile/Stumpf*, Das neue „Medienkartellrecht", MMR 1998, 192 ff; *Kreutzmann*, Lizenzkartellrecht im Multimedia-Bereich, 2000; *Kröner*, Probeabonnements im Pressevertrieb: Ein Preisbindungsmissbrauch?, WRP 2003, 1149 ff; *Kuchinke/Schubert*, Der Beschluss des Bundeskartellamts in Sachen Springer – ProSiebenSat.1, WuW 2006, 477 ff; *Kuczera*, Die Vermarktung von Übertragungsrechten im Fußball nach deutschem und europäischem Kartellrecht, 2004; *Kulka*, Programmkoordinierung und Kartellrecht, AfP 1985, 177 ff; *Ladeur*, Die Kooperation von europäischem Kartellrecht und mitgliedstaatlichem Rundfunkrecht; WuW 2000, 965 ff; *ders.*, Kartellrecht und Rundfunkrecht, RuF 1990, 5 ff; *Langen/Bunte*, Kommentar zum deutschen und europäischen Kartellrecht, 2 Bände, 11. Aufl. 2010/2011 (zitiert: LB/*Bearbeiter*); *Loest*, Die Aufspaltungskontrolle gewerblicher Schutzrechte auf der Grundlage des europäischen Wettbewerbsrechts, 1999; *Loewenheim/Meessen/Riesenkampff*, Kommentar zum Kartellrecht, 2. Aufl. 2009 (zitiert: LMR/*Bearbeiter*); *Mestmäcker*, Zur Anwendung von Kartellaufsicht und Fachaufsicht auf urheberrechtliche Verwertungsgesellschaften und ihre Mitglieder, in: Festschrift für R. Lukes, 1989, 444 ff; *Miert, van*, Probleme der wettbewerblichen Öffnung von Märkten mit Netzstrukturen aus europäischer Sicht – Das Beispiel Telekommunikation, WuW 1998, 7 ff; *Niebel*, Das Kartellrecht der Markenlizenz unter besonderer Berücksichtigung des Europäischen Gemeinschaftsrechts, WRP 2003, 482 ff; *Obert*, Die Preisbindung im Buchhandel in Deutschland und im Vereinigten Königreich in der Sicht des europäischen Rechts, 2000; *Parlasca*, Medienkonzentration und Medienverflechtung – zur Reichweite des kartellrechtlichen Instrumentariums, WuW 1994, 210 ff; *Paschke*, Medienrecht, Berlin

1993; *Rappers*, Vertikale Preisbindung bei Verlagserzeugnissen und Schulbuchhandel, 1991; *Roth*, Rundfunk und Kartellrecht, AfP 1986, 287 ff; *Rubinfeld*, Wettbewerb, Innovation und die Durchsetzung des Kartellrechts in dynamischen, vernetzten Industrien, GRUR Int. 1999, 479 ff; *Röttger*, Zur Vereinbarkeit wettbewerbsbeschränkender Abreden in Lizenz- und Know-How-Verträgen mit europäischem und deutschem Kartellrecht, WRP 1999, 592 ff; *Sack*, Zur Vereinbarkeit wettbewerbsbeschränkender Abreden in Lizenz- und Know-How-Verträgen mit europäischem und deutschem Kartellrecht, WRP 1999, 592; *ders.*, Die Erschöpfung von gewerblichen Schutzrechten und Urheberrechten nach europäischem Recht, GRUR 1999, 193 ff; *Säcker*, Fusions- und Kartellerleichterungen für Zeitungsverlage aus wettbewerbsrechtlicher Sicht, AFP 2005, 24 ff; *Schuhmacher*, Marktaufteilung und Urheberrecht im EG-Kartellrecht, GRURInt 2004, 487 ff; *Schultze/Pautke/Wagener*, Die Gruppenfreistellungsverordnung für Technologietransfervereinbarungen, 2005; *Schwarze*, Medienfreiheit und Medienvielfalt im Europäischen Gemeinschaftsrecht; ZUM 2000, 779 ff; *Seitel*, Sportübertragungen im Fernsehen: Wettbewerbspolitik gegen Exklusivrechte, WuW 1999, 694 ff; *Stock*, Rundfunkrecht und Kartellrecht, AfP 1989, 627 ff; *Trafkowski*, Medienkartellrecht, 2002; *Waldenberger*, Preisbindung bei Zeitungen und Zeitschriften: Der neue § 15 GWB, NJW 2002, 2914 ff; *Wallenberg, von*, Aktuelle kartellrechtliche Fragen im Rundfunk, WuW 1991, 963 ff; *ders.*, Diskriminierungsfreier Zugang zu Netzen und anderen Infrastruktureinrichtungen, K&R 1999, 152 ff; *Wünschmann*, Die kollektive Verwertung von Urheber- und Leistungsschutzrechten nach europäischem Wettbewerbsrecht, Baden-Baden 2000; *Zagouras*, Freie und lizenzpflichtige Sportberichterstattung nach der Hörfunkrechte-Entscheidung des BGH, WuW 2006, 376 ff.

15. Abschnitt: Das Kartellverbot (Art. 101 AEUV, §§ 1 ff GWB)

Vertrag über die Arbeitsweise der Europäischen Union (AEUV)

Artikel 101 (ex-Artikel 81 EGV) [Kartellverbot]

(1) Mit dem Binnenmarkt unvereinbar und verboten sind alle Vereinbarungen zwischen Unternehmen, Beschlüsse von Unternehmensvereinigungen und aufeinander abgestimmte Verhaltensweisen, welche den Handel zwischen Mitgliedstaaten zu beeinträchtigen geeignet sind und eine Verhinderung, Einschränkung oder Verfälschung des Wettbewerbs innerhalb des Binnenmarkts bezwecken oder bewirken, insbesondere

a) die unmittelbare oder mittelbare Festsetzung der An- oder Verkaufspreise oder sonstiger Geschäftsbedingungen;
b) die Einschränkung oder Kontrolle der Erzeugung, des Absatzes der technischen Entwicklung oder der Investitionen;
c) die Aufteilung der Märkte oder Versorgungsquellen;
d) die Anwendung unterschiedlicher Bedingungen bei gleichwertigen Leistungen gegenüber Handelspartnern, wodurch diese im Wettbewerb benachteiligt werden;
e) die an den Abschluss von Verträgen geknüpfte Bedingung, dass die Vertragspartner zusätzliche Leistungen annehmen, die weder sachlich noch nach Handelsbrauch in Beziehung zum Vertragsgegenstand stehen.

(2) Die nach diesem Artikel verbotenen Vereinbarungen oder Beschlüsse sind nichtig.

Gesetz gegen Wettbewerbsbeschränkungen (GWB)

§ 1 Verbot wettbewerbsbeschränkender Vereinbarungen

Vereinbarungen zwischen Unternehmen, Beschlüsse von Unternehmensvereinigungen und aufeinander abgestimmte Verhaltensweisen, die eine Verhinderung, Einschränkung oder Verfälschung des Wettbewerbs bezwecken oder bewirken, sind verboten.

§ 2 Freigestellte Vereinbarungen

(1) Vom Verbot des § 1 freigestellt sind Vereinbarungen zwischen Unternehmen, Beschlüsse von Unternehmensvereinigungen oder aufeinander abgestimmte Verhaltensweisen, die unter angemessener Beteiligung der Verbraucher an dem entstehenden Gewinn zur Verbesserung der Warenerzeugung oder -verteilung oder zur Förderung des technischen oder wirtschaftlichen Fortschritts beitragen, ohne dass den beteiligten Unternehmen

1. Beschränkungen auferlegt werden, die für die Verwirklichung dieser Ziele nicht unerlässlich sind, oder
2. Möglichkeiten eröffnet werden, für einen wesentlichen Teil der betreffenden Waren den Wettbewerb auszuschalten.

(2) [1]Bei der Anwendung von Absatz 1 gelten die Verordnungen des Rates oder der Kommission der Europäischen Gemeinschaft über die Anwendung von Artikel 81 Abs. 3 des Vertrages zur

(3) Die Bestimmungen des Absatzes 1 können für nicht anwendbar erklärt werden auf – Vereinbarungen oder Gruppen von Vereinbarungen zwischen Unternehmen, – Beschlüsse oder Gruppen von Beschlüssen von Unternehmensvereinigungen, – aufeinander abgestimmte Verhaltensweisen oder Gruppen von solchen, die unter angemessener Beteiligung der Verbraucher an dem entstehenden Gewinn zur Verbesserung der Warenerzeugung oder -verteilung oder zur Förderung des technischen oder wirtschaftlichen Fortschritts beitragen, ohne dass den beteiligten Unternehmen a) Beschränkungen auferlegt werden, die für die Verwirklichung dieser Ziele nicht unerlässlich sind, oder b) Möglichkeiten eröffnet werden, für einen wesentlichen Teil der betreffenden Waren den Wettbewerb auszuschalten.	Gründung der Europäischen Gemeinschaft auf bestimmte Gruppen von Vereinbarungen, Beschlüsse von Unternehmensvereinigungen und aufeinander abgestimmte Verhaltensweisen (Gruppenfreistellungsverordnungen) entsprechend. [2]Dies gilt auch, soweit die dort genannten Vereinbarungen, Beschlüsse und Verhaltensweisen nicht geeignet sind, den Handel zwischen den Mitgliedstaaten der Europäischen Gemeinschaft zu beeinträchtigen. § 3 Mittelstandskartelle (1) Vereinbarungen zwischen miteinander im Wettbewerb stehenden Unternehmen und Beschlüsse von Unternehmensvereinigungen, die die Rationalisierung wirtschaftlicher Vorgänge durch zwischenbetriebliche Zusammenarbeit zum Gegenstand haben, erfüllen die Voraussetzungen des § 2 Abs. 1, wenn 1. dadurch der Wettbewerb auf dem Markt nicht wesentlich beeinträchtigt wird und 2. die Vereinbarung oder der Beschluss dazu dient, die Wettbewerbsfähigkeit kleiner oder mittlerer Unternehmen zu verbessern. (2) [1]Unternehmen oder Unternehmensvereinigungen haben, sofern nicht die Voraussetzungen nach Artikel 81 Abs. 1 des Vertrages zur Gründung der Europäischen Gemeinschaft erfüllt sind, auf Antrag einen Anspruch auf eine Entscheidung nach § 32c, wenn sie ein erhebliches rechtliches oder wirtschaftliches Interesse an einer solchen Entscheidung darlegen. [2]Diese Regelung tritt am 30. Juni 2009 außer Kraft.

A. Überblick

1 Durch die **7. GWB-Novelle 2005** (BGH 2005 I, S. 1954 ff) ist das deutsche Kartellverbot in § 1 GWB mit Wirkung ab 1.7.2005 mit dem europäischen Kartellverbot des Art. 101 Abs. 1 AEUV harmonisiert worden. Die bis dahin dem deutschen Recht eigene Unterscheidung zwischen horizontalen (§§ 1 ff GWB aF) und vertikalen (§§ 14 ff GWB aF) Wettbewerbsbeschränkungen wurde zugunsten eines **umfassenden Kartellverbots** aufgehoben. Zugleich wurde der in §§ 2 ff GWB aF enthaltene **numerus clausus von Freistellungsmöglichkeiten** durch die dem Art. 101 Abs. 3 AEUV entsprechende Generalklausel des § 2 Abs. 1 GWB ersetzt. Ferner gelten über die **dynamische Verweisung** des § 2 Abs. 2 GWB die EU-Gruppenfreistellungsverordnungen unmittelbar auch im deutschen Recht.

2 Hintergrund dieser umfassenden Harmonisierung des deutschen Rechts mit dem EU-Kartellrecht war das Inkrafttreten der neuen **EG-Verfahrensverordnung Nr. 1/2003** (ABl. 2003 L 1/1). Die VO 1/2003 hat mit Wirkung ab 1. Mai 2004 einen Systemwechsel im EU-Recht vollzogen. Die zuvor bestehende grundsätzliche **Anmelde- und Genehmigungspflicht** für wettbewerbsbeschränkende Vereinbarungen wurde in ein System der **Legalausnahme** überführt. Wettbewerbsbeschränkende Vereinbarungen im Sinne von Art. 101 Abs. 1 AEUV gelten danach automatisch als freigestellt, wenn sie die Freistellungsvoraussetzungen des Art. 101 Abs. 3 AEUV erfüllen.

3 Zum Zwecke der wirksamen Durchsetzung des Unionsrechts in den Mitgliedstaaten ordnet Art. 3 VO 1/2003 einen umfassenden **Vorrang des Unionsrechts** im Bereich wettbewerbsbeschränkender Vereinbarungen an. Gemäß Art. 3 Abs. 1 VO 1/2003 sind die Wettbewerbsbehörden der Mitgliedstaaten oder einzelstaatliche Gerichte verpflichtet, Art. 101 AEUV auf Vereinbarungen, Beschlüsse und aufeinander abgestimmte Verhaltensweisen, welche den Handel zwischen Mitgliedstaaten beeinträchtigen

können, neben den Bestimmungen des nationalen Kartellrechts anzuwenden (Anwendungspflicht). Art. 3 Abs. 2 VO 1/2003 bestimmt darüber hinaus, dass Vereinbarungen, Beschlüsse und abgestimmte Verhaltensweisen, die trotz spürbarer Auswirkungen auf den zwischenstaatlichen Handel nicht unter das Verbot des Art. 101 AEUV fallen, nach dem nationalen Recht nicht untersagt werden dürfen. Die Vorschriften des Art. 3 VO 1/2003 gelten unbeschadet des allgemeinen Grundsatzes vom Vorrang des Unionsrechts, wonach Vereinbarungen und missbräuchliche Praktiken, die nach Art. 101 oder Art. 102 AEUV untersagt sind, nicht nach nationalem Recht genehmigt werden dürfen (EuGH Slg 1969, 1 ff – Walt Wilhelm; Kommission, Leitlinien Art. 101 Abs. 3 AEUV, Rn 14).

Der deutsche Gesetzgeber hat diese Entwicklungen im EU-Recht zum Anlass für eine umfassende **Harmonisierung** der Kartellverbotsvorschriften genommen. Als wesentlichen Grund hierfür nennt die Begr. Reg.-E 7. GWB-Novelle die fehlende begriffliche Schärfe der **Zwischenstaatlichkeitsklausel** nach Art. 101 AEUV in ihrer Auslegung durch die Rechtsprechung des EuGH (Begr. Reg.-E, BT-Drucks. 15/3640, S. 23). Danach ist die Eignung zur Beeinträchtigung des zwischenstaatlichen Handels bereits dann gegeben, wenn sich anhand einer Gesamtheit objektiver, rechtlicher oder tatsächlicher Umstände mit hinreichender Wahrscheinlichkeit voraussehen lässt, dass die Vereinbarung unmittelbar oder mittelbar, tatsächlich oder der Möglichkeit nach den Warenverkehr zwischen Mitgliedstaaten beeinflussen kann (EuGH Slg 1980, 3775 ff – L'Oreal). Auf die Frage der Zwischenstaatlichkeit kommt es nunmehr nur noch dort an, wo das deutsche Recht **Sonderregelungen** enthält. Das europäische Kartellverbot in Art. 101 AEUV kennt keine dem bisherigen GWB entsprechenden bereichsspezifische gesetzliche Ausnahmebereiche bzw Sonderregelungen. Wegen der Pflicht zur Anwendung und des Vorrangs des europäischen Rechts war im Bereich der zwischenstaatlichen Auswirkungen eine Anpassung durch Aufhebung von Sonderregeln notwendig. Die Sonderregeln für **Urheberrechtsverwertungsgesellschaften** (§ 30 GWB aF) und für die zentrale **Vermarktung von Fernsehrechten** an Sportveranstaltungen durch Sportverbände (§ 31 GWB aF) wurden deshalb weitgehend aufgehoben. Vom Verbot wettbewerbsbeschränkender Vereinbarungen ausgenommen bleibt allein der landwirtschaftliche Sektor, für den eine Ausnahme vom Wettbewerbsprinzip im AEUV in Verbindung mit den einschlägigen Verordnungen (insbesondere VO 26/62) beibehalten wurde. Ebenfalls beibehalten wurden die Freistellung von Mittelstandskartellen (§ 3 GWB) und die Sonderregelung für vertikale Preisbindungen bei Zeitungen und Zeitschriften (§ 30 GWB). 4

Vor dem Hintergrund der bezweckten umfassenden Harmonisierung des deutschen mit dem europäischen Kartellverbotsrecht sind bei der **Auslegung** der §§ 1 und 2 GWB die **Grundsätze des europäischen Kartellrechts** anzuwenden. Dies gilt nicht nur für die Urteile der europäischen Gerichte und Entscheidungen der Kommission, sondern zumindest faktisch auch für generell-abstrakte Regelungen der Kommission in Form von Bekanntmachungen und Leitlinien (*Bechtold*, Einf. GWB Rn 76; vgl auch Begr. RegE 7. GWB-Novelle, BTDrucks. 15/3640, S. 23) 5

B. Verbotstatbestand (Art. 101 Abs. 1 AEUV, § 1 GWB)

I. Adressaten

1. Unternehmen. a) Allgemeines. Das Kartellverbot richtet sich gegen Unternehmen und Unternehmensvereinigungen. Der Begriff des Unternehmens wird **funktional** ausgelegt. Es kommt also nicht auf eine bestimmte Rechts- oder Organisationsform an. Unternehmen ist vielmehr jede **selbstständige, wirtschaftliche Tätigkeit** ausübende Einheit, und zwar unabhängig von ihrer Rechtsform oder einer etwaigen **Gewinnerzielungsabsicht** (EuGH Slg 1984, 2999 ff – Hydrotherm). Der Unternehmensbegriff erfasst grundsätzlich auch natürliche Personen. Da der Unternehmensbegriff eine wirtschaftliche Tätigkeit erfordert, ist die **private Bedarfsdeckung** keine Unternehmenstätigkeit. Mangels Selbstständigkeit stellen auch **Arbeitnehmer** keine Unternehmen dar (EuGH Slg 1999, I-5665 ff – Becu). Entscheidend für die wirtschaftliche Tätigkeit ist nach der Rechtsprechung des EuGH die **Absatzseite,** dh die Erbringung von Leistungen gegen Entgelt auf einem Markt. Aus diesem Grund erfüllt die **Einkaufstätigkeit** zum Zwecke der nicht-wirtschaftlichen Verwendung der erworbenen Erzeugnisse keine unternehmerische Tätigkeit (EuGH WuW/E EU-R 1213 ff – FENIN für die Verwendung zu **sozialen Zwecken**). Die bisherige deutsche Gerichtspraxis steht zu dieser einschränkenden Auslegung des Unternehmensbegriffs in Widerspruch (vgl zB BGH WuW/E DE-R 839 ff – Privater Pflegedienst). Inwieweit die deutschen Gerichte sich der EuGH-Praxis anpassen werden ist noch offen. Angesichts der vom Gesetzgeber angestrebten umfassenden Harmonisierung dürfte eine vom EU-Recht abweichende Aus- 6 legung des Unternehmensbegriffs nicht mehr vertretbar sein (vgl auch Begr. RegE 7. GWB-Novelle, BT-Drucks. 15/3640, S. 23).

7 Auch **Urheberrechtsverwertungsgesellschaften** sind Unternehmen im Sinne des Kartellrechts, die am gewerblichen Austausch von Dienstleistungen beteiligt sind (EuGH Slg 1974, 313 ff – SABAM; Kommission, ABl. EG 2003, L 107/58 ff – IFPI Simulcasting) und damit an der Ausübung wirtschaftlicher Tätigkeiten teilnehmen. Art. 106 Abs. 2 AEUV (ex-Art. 86 Abs. 2 EG) findet auf sie keine Anwendung; ihre Rechtsbeziehungen zueinander und zu Dritten sind umfassend an den Wettbewerbsvorschriften zu messen (EuGH Slg 1974, 313 ff – SABAM; Slg 1983, 483 ff – GVL/Kommission).

8 Auch **natürliche Personen** sind Unternehmen, wenn sie ihre Leistungen gewerblich verwerten. Dies gilt nicht nur für **Einzelhandelskaufleute** (EuGH Slg 1967, 544 ff – Brasserie de Haecht I), sondern auch für **Profi-Sportler** (EuGH Slg 1976, 1333 ff – Dona' Mantero; OLG Frankfurt/M. BB 1986, 554 ff – Berufstennisspieler) sowie **Künstler** und **Erfinder** (Kommission, ABl. 1976 L 6/8 ff – Adip/Beyrard; ABl. 1978 L 157/39 ff – Rai/Unitel; ABl. 1979 L 19/32 ff – Vaessen/Morris).

9 **b) Öffentliche Unternehmen.** Das Kartellverbot ist auch auf öffentliche Unternehmen anwendbar. Dies gilt grundsätzlich auch soweit diese im öffentlichen Interesse tätig werden (EuGH Slg 1975, 699 ff – IGAV/ENCC), wie auch für das Handeln des Staates selbst, soweit dieser unternehmerisch tätig wird (EuGH Slg 1994, I-43 ff – Eurocontrol). Hiervon abzugrenzen ist die rein **hoheitliche Tätigkeit** des Staates, auf die das Kartellverbot keine Anwendung findet (EuGH Slg 1994, I-43 ff – Eurocontrol). Inwiefern die **Beschaffungstätigkeit** der öffentlichen Hand dem Kartellverbot entzogen ist, soweit sie der Erfüllung öffentlicher Zwecke dient, ist nach der FENIN-Entscheidung des EuGH unklar. Vor der 7. GWB-Novelle war die Beschaffungstätigkeit von Staat und Kommunen potenziell von § 1 GWB aF erfasst, selbst wenn diese Tätigkeit ausschließlich der Erfüllung hoheitlicher Zwecke diente (BGH WuW/E DE-R 1087 ff – Ausrüstungsgegenstände für Feuerlöschzüge). Nunmehr wird im Einklang mit der EuGH-Rechtsprechung darauf abzustellen sein, ob die spätere Verwendung der erworbenen Erzeugnisse hinreichenden wirtschaftlichen Charakter aufweist (EuGH WuW/E EU-R 1213 ff – FENIN).

10 Öffentlich-rechtliche **Rundfunkanstalten** sind ebenfalls Unternehmen im Sinne des Kartellrechts (EuGH Slg 1974, 409 ff – Sacchi; Kommission ABl. 1993 L 179/23 ff – EBU/Eurovision System). Als unternehmerische Tätigkeit gilt auch die **Programmbeschaffung** (BGH WuW/E BGH 2627 ff – Sportübertragungen). Der Umstand, dass die Programmbeschaffung der öffentlich-rechtlichen Rundfunkanstalten ihre Programmtätigkeit ermöglichen soll und sich diese im öffentlich-rechtlichen Bereich vollzieht (BVerfGE 31, 314 ff) schließt nicht aus, die Rundfunkanstalten als Unternehmen im Sinne des Kartellrechts anzusehen (BGH WuW/E BGH 2627 ff – Sportübertragungen). Entscheidend ist insoweit der wirtschaftliche Charakter der Programmtätigkeit, der insbesondere durch das **Wettbewerbsverhältnis** zu privaten Unternehmen gekennzeichnet ist. Auch der EuGH hat öffentliche Rundfunkanstalten als Unternehmen angesehen (EuGH Slg 1974, 409 ff – Sacchi).

11 **2. Unternehmensvereinigungen.** Das Kartellverbot findet auch auf Unternehmensvereinigungen Anwendung, und zwar über den eigentlichen Wortlaut der Vorschrift hinaus nicht nur auf Beschlüsse, sondern auch auf **Mischformen** wie beispielsweise Vereinbarungen zwischen Unternehmensvereinigungen (EuGH Slg 1975, 563 ff – FRUBO), Vereinbarungen zwischen Unternehmen und Unternehmensvereinigungen (EuGH Slg 1983, 3369 ff – NV IAZ). Dasselbe gilt für unverbindliche Empfehlungen von Unternehmensvereinigungen, wenn die Annahme der Empfehlung durch die Unternehmen, an die sie gerichtet ist, einen spürbaren Einfluss auf den Wettbewerb auf dem betreffenden Markt ausübt (EuGH Slg 1983, 3369 ff – NV IAZ). Als Unternehmensvereinigungen gelten auch Vereinigungen von Unternehmensvereinigungen (Kommission ABl. 1971 L 227/26 ff – CEMATEX).

II. Verbotene Verhaltensweisen

12 **1. Vereinbarungen.** Als Vereinbarung im Sinne von Art. 101 Abs. 1 AEUV ist nach der Rechtsprechung des EuGH jede Verständigung von Unternehmen über eine wettbewerbsbeschränkende Praxis im Sinne einer **Willensübereinstimmung** zwischen Unternehmen über ihr gemeinsames Auftreten am Markt anzusehen (EuGH Slg 1970, 769 ff – Chinin Boehringer). Dies entspricht der gängigen Praxis in Deutschland (LB/*Bunte*, § 1 GWB Rn 41 ff). Der Vereinbarungsbegriff des Kartellrechts ist daher weiter als der zivilrechtliche Vertragsbegriff der §§ 145 ff BGB. Er erfasst nicht nur rechtlich verbindliche, sondern auch moralisch, wirtschaftlich oder gesellschaftlich verpflichtende Absprachen (sog. **„Gentlemen-**

Agreements"). Auch dem ersten Anschein nach einseitige Maßnahmen (zB die **Aufforderung** des Lieferanten an den Käufer, einen bestimmten Preis nicht zu unterschreiten oder die **Verweigerung der Belieferung** für den Fall des Exports) können eine Vereinbarung im Sinne des Kartellverbots darstellen. Erforderlich ist aber immer eine – zumindest konkludente – Willensübereinstimmung zwischen den Parteien (zur Abgrenzung vgl EuGH Slg 2004, I-23 ff – Adalat: einseitige Maßnahme; EuGH Slg 1979, 2435 ff – BMW/Kommission: Vereinbarung).

2. Beschlüsse. Neben den Vereinbarungen erfasst das Kartellverbot auch Beschlüsse von Unternehmensvereinigungen. Als Beschluss gilt jeder Rechtsakt eines Organs der Vereinigung, der eine **Beeinflussung des Wettbewerbsverhaltens der Mitgliedsunternehmen** bezweckt oder bewirkt. Dabei ist ausreichend, wenn sich die verpflichtenden Wirkungen nur **mittelbar** für die Mitgliedsunternehmen ergeben (EuGH Slg 1975, 563 ff – Frubo). Es kommt nicht darauf an, ob das betreffende Organ für die konkrete Beschlussfassung auch zuständig war, solange der Beschluss als getreuer Ausdruck des Willens der Vereinigung zu werten ist, das Verhalten ihrer Mitglieder zu koordinieren (EuGH Slg 1987, 405 ff – Verband der Sachversicherer). Auch **Empfehlungen**, die eine Vereinigung im Bezug auf das Marktverhalten ihrer Mitglieder ausspricht, stellen Beschlüsse im Sinne von Art. 101 Abs. 1 AEUV, § 1 GWB dar, wenn diese Empfehlungen in der Praxis tatsächlich überwiegend befolgt werden (Kommission ABl. 2000, L 39/1 ff – FEG & TU). Nach ständiger Rechtsprechung des EuGH gilt Art. 101 Abs. 1 AEUV auch für Unternehmensvereinigungen, soweit deren eigene Tätigkeit oder die der in ihnen zusammengeschlossenen Unternehmen auf die Folgen abzielt, die diese Vorschrift unterbinden will. Daraus folgt insbesondere, dass eine – vermeintlich einseitige – Empfehlung, selbst wenn sie nicht verbindlich ist, der Anwendung des Kartellverbots nicht entzogen ist, wenn die Annahme der Empfehlung durch die Unternehmen, an die sie gerichtet ist, einen spürbaren Einfluss auf den Wettbewerb auf dem betreffenden Markt ausübt (EuGH Slg 1983, 3369 ff – NV IAZ). Halten sich die Mitglieder der Vereinigung an eine – auch unverbindliche – Empfehlung, kann dies seinerseits eine abgestimmte Verhaltensweise darstellen (LB/*Bunte*, Art. 81 EG Rn 44). 13

3. Aufeinander abgestimmte Verhaltensweisen. Nach ständiger Rechtsprechung des EuGH ist unter einer aufeinander abgestimmten Verhaltensweise jegliche Form der **Koordinierung** zu verstehen, die zwar nicht bis zum Abschluss eines Vertrages im eigentlichen Sinne gediehen ist, die aber bewusst eine praktische Zusammenarbeit an die Stelle des mit Risiken verbundenen Wettbewerbs treten lässt (sog. **Selbstständigkeitspostulat**, EuGH Slg 1972, 619 ff – ICI). Durch das Selbstständigkeitspostulat wird das verbotene aufeinander abgestimmte Verhalten von dem **erlaubten Parallelverhalten** abgegrenzt. Das Vorliegen einer Koordinierung erfordert dabei nicht die Ausarbeitung eines konkreten Plans. Vielmehr ist der Begriff im Sinne des **Grundgedankens der europäischen Wettbewerbsvorschriften** zu verstehen, wonach jeder Unternehmer sein Verhalten auf dem Markt, einschließlich der Wahl seiner Vertragspartner, selbstständig zu bestimmen hat. Daher beseitigt das Selbstständigkeitspostulat zwar einerseits nicht das Recht der Unternehmen sich dem festgestellten oder erwarteten Verhalten ihrer Konkurrenten autonom anzupassen; es steht jedoch andererseits jeder unmittelbaren oder mittelbaren Fühlungnahme zwischen Unternehmen entgegen, die bezweckt oder bewirkt, entweder das Marktverhalten eines gegenseitigen oder potenziellen Wettbewerbers zu beeinflussen oder einen solchen Wettbewerber über das eigene Marktverhalten zu informieren (EuGH Slg 1975, 1663 ff – Suiker Unie). Anders als die Tatbestandsalternativen der Vereinbarung und des Beschlusses setzt die aufeinander abgestimmte Verhaltensweise über die Koordinierung in Form der Abstimmung hinaus auch ein dieser entsprechendes Marktverhalten und einen ursächlichen Zusammenhang zwischen beiden voraus. Insofern gilt allerdings die Vermutung, dass die an einer Abstimmung beteiligten und weiterhin auf dem Markt tätigen Unternehmen die mit ihren Wettbewerbern ausgetauschten Informationen bei der Bestimmung ihres Marktverhaltens auch berücksichtigen (EuGH Slg 1999, I-4287 ff – Anic). 14

III. Wettbewerbsbeschränkung

1. Allgemeines. Das Kartellverbot greift ein, wenn durch eine Vereinbarung, einen Beschluss oder eine aufeinander abgestimmte Verhaltensweise der Wettbewerb beschränkt wird. Der Begriff des Wettbewerbs ist weder im europäischen Kartellrecht noch im GWB gesetzlich festgelegt. Der EuGH legt das Tatbestandsmerkmal unter Berücksichtigung der Ziele des Vertrages über die Arbeitsweise der EU aus. Danach setzt der von Art. 101 AEUV geforderte unverfälschte Wettbewerb das Vorhandensein eines **wirksamen Wettbewerbs** auf dem Markt voraus (EuGH Slg 1966, 457 ff – Italienische Klage; EuGH Slg 1973, 215 ff – Continental Can). Im Mittelpunkt der EuGH-Rechtsprechung steht das Selbststän- 15 digkeitspostulat. Danach hat jeder Unternehmer sein Verhalten auf dem Markt selbstständig zu bestimmen (EuGH Slg 1975, 1663 ff – Suiker Unie). Aus der Feststellung, dass die **wettbewerbliche Handlungsfreiheit** der Marktteilnehmer Grundlage eines unverfälschten Wettbewerbs ist, kann allerdings nicht geschlossen werden, dass die Beeinträchtigung dieser Freiheit notwendigerweise mit einer Verhinderung, Einschränkung oder Verfälschung des Wettbewerbs einhergeht. Es genügt nicht, dass die Vereinbarung die Handlungsfreiheit der Parteien beschränkt (EuG Slg 1001, II-2459 ff – Métropole Télévision (M6)). Die fragliche Maßnahme muss vielmehr auch geeignet sein, die bestehenden **Marktverhältnisse** zu verändern. Dies ergibt sich aus der Erwägung, dass die wettbewerbliche Handlungsfreiheit der an der Maßnahme beteiligten Unternehmen nicht nur um ihrer selbst Willen geschützt wird, sondern vor allem im Interesse aller Marktteilnehmer an der Erhaltung der Vielfalt der Angebots- und Nachfragemöglichkeiten. Demnach beurteilt sich das Vorliegen einer Wettbewerbsbeschränkung anhand der Einschränkung der wettbewerblichen Handlungsfreiheit der an der Maßnahme beteiligten Unternehmen einerseits sowie der voraussichtlichen Auswirkungen der Maßnahme auf Dritte andererseits.

16 Im Übrigen ist der Begriff der Wettbewerbsbeschränkung umfassend zu verstehen. Das Kartellverbot verbietet Beschränkungen sowohl des **markeninternen** als auch des **Markenwettbewerbs** (Kommission, Leitlinien Artikel 81 Abs. 3 EG Rn 17). Erfasst werden sowohl Vereinbarungen zwischen aktuellen oder potenziellen Wettbewerbern (horizontale Wettbewerbsbeschränkungen) als auch solche zwischen Nicht-Wettbewerbern. Zu letzteren zählen insbesondere die vertikalen Wettbewerbsbeschränkungen. Diese betreffen das Verhältnis von Marktteilnehmern, die auf unterschiedlichen Produktions- oder Vertriebsstufen tätig sind (vgl Art. 1 Abs. 1 lit. a) Vertikal-GVO).

17 **2. Bezweckte und bewirkte Wettbewerbsbeschränkung.** Das Kartellverbot findet auf bezweckte und bewirkte Wettbewerbsbeschränkungen Anwendung. Die Kommission hat die wesentlichen Aspekte hierzu in ihren **Leitlinien zur Anwendung von Art. 81 Abs. 3 EG-Vertrag** (ABl. 2004 C 101/97) zusammengefasst. Eine **bezweckte** Wettbewerbsbeschränkung liegt danach vor, wenn die Beschränkung ihrem Wesen nach geeignet ist, den Wettbewerb zu beschränken. Hierbei handelt es sich um Beschränkungen, die im Hinblick auf die mit den Wettbewerbsvorschriften verfolgten Zielen ein derart großes Potential für negative Auswirkungen auf den Wettbewerb haben, dass es für die Anwendung des Kartellverbots nicht notwendig ist, deren tatsächliche Auswirkungen im Markt nachzuweisen. Für die Beurteilung, ob eine Vereinbarung die Beschränkung des Wettbewerbs bezweckt, ist eine Reihe von Faktoren maßgeblich. Als Orientierungshilfe kann auf die Gruppenfreistellungsverordnungen, Leitlinien und Bekanntmachungen der Kommission zurückgegriffen werden. Diejenigen Wettbewerbsbeschränkungen, die dort als **Kernbeschränkungen** aufgeführt sind, sind in der Regel als bezweckte Wettbewerbsbeschränkungen einzuordnen. Im Falle horizontaler Vereinbarungen zählen zu den bezweckten Wettbewerbsbeschränkungen Preisabsprachen, Markt- oder Kundenaufteilungen sowie Produktionsbeschränkungen. Im Falle vertikaler Vereinbarungen zählen hierzu insbesondere die Preisbindung der zweiten Hand sowie bestimmte Kunden- und Gebietsbeschränkungen (vgl Art. 4 Vertikal-GVO).

18 Wenn eine Vereinbarung keine Wettbewerbsbeschränkung bezweckt, ist zu prüfen, ob sie eine Wettbewerbsbeschränkung **bewirkt.** Hierbei sind die **tatsächlichen und potenziellen Auswirkungen** der Vereinbarung zu berücksichtigen (EuGH Slg 1966, 281 ff – LTM/Maschinenbau Ulm). Insoweit ist anhand der konkreten Umstände des Einzelfalls zu prüfen, inwieweit hinreichend spürbare negative Auswirkungen auf den Wettbewerb zu erwarten sind. Im Anwendungsbereich der Gruppenfreistellungsverordnungen ist diese Prüfung entbehrlich. Ist eine Gruppenfreistellungsverordnung (zB wegen Überschreitens der Marktanteilsschwellen) nicht einschlägig, sind die zu erwartenden Wirkungen der Vereinbarungen allerdings im Einzelnen zu untersuchen (Kommission, Leitlinien Art. 81 Abs. EG Rn 24). Dabei kann es auch notwendig werden, die Auswirkungen der von den anderen Marktteilnehmern geschlossenen Verträge in die Betrachtung mit einzubeziehen. Insbesondere bei Exklusivvereinbarungen ist es denkbar, dass zwar der einzelne Vertrag noch keine hinreichenden negativen Auswirkungen auf den Wettbewerb erwarten lässt, dieser aber durch die Gesamtheit der geschlossenen Verträge eingeschränkt ist (sog. **Bündeltheorie**, vgl EuGH Slg 1991, I-935 ff – Delimitis). Eine bewirkte Wettbewerbsbeschränkung durch einen einzelnen Vertrag oder das Vertragssystem eines einzelnen Lieferanten liegt insoweit nur vor, wenn hierdurch ein **erheblicher Beitrag** zur Marktabschottungswirkung geleistet wird (EuGH Slg 1991, I-935 ff – Delimitis; BGH WuW/E BGH 2729 ff – Marktabschottungswirkung).

3. Der „More-Economic-Approach" der Kommission. In jüngster Zeit hat die Kommission ihre Wettbewerbspolitik verstärkt an ökonomischen Kriterien ausgerichtet. Die Grundzüge ihrer Vorgehensweise hat die Kommission in den Leitlinien zu Artikel 81 Abs. 3 EG (nun Art. 101 Abs. 3 AEUV) dargelegt. Danach fallen Vereinbarungen zwischen Unternehmen nur dann unter das Kartellverbot des Artikels 101 Abs. 1 AEUV, wenn sie geeignet sind, **spürbare negative Auswirkungen** auf die Wettbewerbsparameter im Markt wie **Preise, Produktionsmenge, Produktqualität, Produktvielfalt** und **Innovation** zu haben. Dies ist dann denkbar, wenn der Wettbewerbsdruck zwischen den Parteien einer Vereinbarung oder zwischen ihnen und Dritten erheblich gemindert wird (Kommission, Leitlinien Artikel 81 Abs. 3 EG Rn 16). Im Rahmen der Untersuchung ist zu fragen, wie sich die Wettbewerbssituation gestalten würde, wenn die Vereinbarung nicht praktiziert würde (EuGH Slg 1966, 337 ff – Société Technique minière). Zu diesem Zweck sind die erwarteten Auswirkungen der Vereinbarung auf den Wettbewerb zwischen Anbietern konkurrierender Marken (**Markenwettbewerb** bzw ***Inter-Brand-Wettbewerb***) sowie auf den Wettbewerb zwischen den Vertriebshändlern einer bestimmten Marke (**markeninterner Wettbewerb** bzw ***Intra-Brand-Wettbewerb***) zu untersuchen. Im Hinblick auf die vermeintlichen Auswirkungen auf den Markenwettbewerb stellt sich die Frage, ob die Vereinbarung den tatsächlichen oder potenziellen Wettbewerb beschränkt, der ohne sie bestanden hätte. Dies kann beispielsweise der Fall sein, wenn ein Anbieter seinen Händlern verbietet, Produkte von konkurrierenden Anbietern zu verkaufen (Kommission, Leitlinien Artikel 81 Abs. 3 EG Rn 18.1). Im Hinblick auf den markeninternen Wettbewerb ist zu fragen, ob die Vereinbarung einen tatsächlichen oder potenziellen Wettbewerb beschränkt, der bestanden hätte, wenn es die vertraglichen Beschränkungen nicht gegeben hätte. Preisbindungen der zweiten Hand können beispielsweise zu einer solchen Einschränkung führen (Kommission, Leitlinien Artikel 81 Abs. 3 EG Rn 18.2). 19

4. Konzerninterne Wettbewerbsbeschränkungen. Das Kartellverbot findet nur Anwendung, wenn mindestens zwei Unternehmen an der Verhaltensweise beteiligt sind. Vor diesem Hintergrund fallen nach ständiger Rechtsprechung des EuGH konzerninterne Vereinbarungen nicht in den Anwendungsbereich des Art. 101 Abs. 1 AEUV (EuGH Slg 1974, 619 ff – Centrafarm/Sterling Drug). Voraussetzung ist, dass die Unternehmen eine **wirtschaftliche Einheit** bilden, in deren Rahmen die Tochtergesellschaften ihr Vorgehen auf dem Markt nicht wirklich autonom bestimmen können, sondern die Anweisungen der kontrollierenden Muttergesellschaften befolgen. Mit dieser Begründung ist jedenfalls die Vereinbarung mit einer 100%-igen Tochtergesellschaft (auf deren Marktverhalten die Muttergesellschaft tatsächlich Einfluss genommen hatte) vom Kartellverbot ausgenommen worden (EuGH Slg 1996, I-5457 ff – Viho/Kommission). Dagegen hat die Kommission im Fall eines 50/50-Gemeinschaftsunternehmens das Bestehen einer wirtschaftlichen Einheit mit der Begründung abgelehnt, dass die Muttergesellschaften jeweils nicht in der Lage waren, das Marktverhalten des Gemeinschaftsunternehmens zu kontrollieren (Kommission ABl. EG 1991 L 185/23 ff – Gosme/Martell-DMP). Bei bloßer Mehrheitsbeteiligung ist die **tatsächliche Ausübung** von Leitungsmacht erforderlich. Die bloße Möglichkeit hierzu genügt nicht (EuGH Slg 1974, 223 ff – Commercial Solvents). 20

5. Spürbarkeit. Das Kartellverbot findet nur auf spürbare Wettbewerbsbeschränkungen Anwendung (EuGH Slg 1966, 281 ff – LTM/Maschinenbau Ulm; Slg 1971, 69 ff – Sirena). In der **Bagatellbekanntmachung** (ABl. EG 2001 C 368/13) gibt die **Kommission** anhand von quantitativen und qualitativen Kriterien Hinweise zur Beurteilung der Spürbarkeit. Als quantitatives Kriterium zieht die Kommission Marktanteilsschwellen heran. Vereinbarungen zwischen **Wettbewerbern** gelten als nicht spürbar, wenn der gemeinsame Marktanteil auf keinem relevanten Markt **10%** überschreitet (Bagatellbekanntmachung, Ziffer 7.a). Bei Vereinbarungen zwischen **Nicht-Wettbewerbern** liegt die Spürbarkeitsschwelle bei **15%** (Bagatellbekanntmachung, Ziffer 7.b)). Werden die vorgenannten Marktanteilsschwellen überschritten, so bedeutet dies nicht zwingend, dass die Wettbewerbsbeschränkung spürbar ist. Es hat vielmehr eine Einzelbeurteilung zu erfolgen. In qualitativer Hinsicht enthält die Bagatellbekanntmachung eine Liste von **Kernbeschränkungen,** bei deren Vorliegen unabhängig von dem Marktanteil der Parteien von einer spürbaren Wettbewerbsbeschränkung auszugehen ist (Bagatellbekanntmachung, Ziffer 11). Im Fall von Vereinbarungen zwischen Wettbewerbern gelten als Kernbeschränkung die **Festsetzung der Preise** beim Verkauf von Erzeugnissen an Dritte, die **Beschränkung der Produktion oder des Absatzes** sowie die **Aufteilung von Märkten oder Kunden**. Im Falle von Vereinbarungen zwischen Nicht-Wettbewerbern zählen hierzu alle diejenigen Beschränkungen, die auch nach Art. 4 der Vertikal-GVO als Kernbeschränkungen einzuordnen sind. Dies sind insbesondere Beschränkungen der **Wiederverkaufspreise** (ausgenommen Höchstpreisbindungen und Preisempfehlungen) sowie Beschränkungen des Käufers im Hinblick auf **Gebiete und Kunden** (Bagatellbekanntmachung, Ziffer 11. 21

Abs. 2). Die Bagatellbekanntmachung bindet nur die Kommission, nicht aber nationale Behörden und Gerichte. Das BKartA hat eine eigene Bagatellbekanntmachung erlassen (Bekanntmachung Nr. 18/2007, www.bundeskartellamt.de). Das BKartA verwendet die Marktanteilsschwellen der Kommission von 10% für Wettbewerber und 15% für Nicht-Wettbewerber (BKartA, Bagatellbekanntmachung, Rn 8 und 9). In der Liste der Kernbeschränkungen weicht das BKartA allerdings vom Kommissionsansatz ab. Als – allerdings freistellungsfähige – Kernbeschränkung gilt hiernach auch die Festsetzung von Preisen oder Preisbestandteilen beim Einkauf (BKartA, Bagatellbekanntmachung, Rn 14).

22 **6. Nebenabreden.** Das Kartellverbot findet keine Anwendung auf Nebenabreden, die mit einer nichtwettbewerbsbeschränkenden Hauptvereinbarung **unmittelbar verbunden** und zu dessen Durchführung **notwendig** und **angemessen** sind (EuGH Slg 2001, II-2459 ff – Métropole Télévision (M6); Kommission, Leitlinien Artikel 81 Abs. 3 EG Rn 28-66). Dieses im EG-Recht unter dem Stichwort **„notwendige Nebenabrede“** (*ancillary restraint*) firmierende Konzept hat im bisherigen deutschen Recht seine Entsprechung in der **Immanenztheorie** (hierzu: *K. Schmidt*, Kartellverfahrensrecht, S. 25) bzw in der Rechtsprechung des BGH zu den **anzuerkennenden Interessen** (BGH WuW/E DE-R 1119 – Verbundnetz II) seine Entsprechung gefunden. Besondere Bedeutung hat dieses Konzept bei der Beurteilung von **Unternehmenskaufverträgen** (EuGH Slg 1985, 2545 ff – Remia), **Gemeinschaftsunternehmen** (EuG Slg 2001, II-2459 ff – Métropole télévision (M6)) sowie **Vertriebsverträgen** (EuGH Slg 1977, 1875 ff – Metro I; Slg 1986, 353 ff – Pronuptia) gewonnen. Die Kommission hat ihre Position zu notwendigen Nebenabreden im Rahmen von Unternehmenskäufen und Gemeinschaftsunternehmen in der sog. **Nebenabredenbekanntmachung** (ABl. 2005 C 56/24) zusammengefasst. Unter diesem Gesichtspunkt können insbesondere **Lizenzvereinbarungen, Liefer- und Bezugsverpflichtungen** sowie **Wettbewerbsverbote** für eine gewisse Zeit gerechtfertigt sein. Beispielsweise hielt die Kommission das den Gründern eines Gemeinschaftsunternehmens für Errichtung und Betrieb einer digitalen Plattform für Pay-TV auferlegte Verbot der Beteiligung an konkurrierenden Pay-TV Veranstaltern aufgrund des sehr hohen Investitionsrisikos für eine Anlaufphase von drei Jahren für nicht wettbewerbsbeschränkend. Die Abrede habe insofern wettbewerbsfördernde Wirkung, als einem neuen Teilnehmer der Einstieg in den französischen Pay-TV-Markt erst ermöglicht werde (Kommission ABl. EG 1999 L 90/6 ff – TPS; bestätigt durch EuG Slg 2001, II-2459 ff – Métropole Télévision (M6)). In ähnlicher Weise hat das Bundeskartellamt die Kooperation von ARD und ZDF im Gemeinschaftsunternehmen *SMA Sportrechte und Marketing Agentur GmbH* im Rahmen seines Aufgreifermessens nicht nach § 1 GWB untersagt, da es zum Markteintritt eines neuen Wettbewerbers und insoweit zur Verbesserung der Wettbewerbsbedingungen führte. Das BKartA stellte insoweit fest, dass das Gemeinschaftsunternehmen den öffentlich-rechtlichen Rundfunkanstalten eine gegenüber den privaten Fernsehveranstaltern, die mit den beiden Sportrechte Agenturen Ufa und ISPR verflochten sind, gleichwertige Teilnahme am Wettbewerb um den Erwerb und die Vermarktung von Sportsenderechten ermöglicht (BKartA, TB 1995/96, 153 f).

IV. Zwischenstaatlichkeit

23 **1. Allgemeines.** Das Kriterium der Beeinträchtigung des zwischenstaatlichen Handels grenzt den Anwendungsbereich des Artikels 101 AEUV von den nationalen Rechtsvorschriften ab (EuGH Slg 1966, 321 ff – Consten und Grundig). Vereinbarungen, die nur den Wettbewerb innerhalb eines Mitgliedsstaates beeinträchtigen, sind allein nach innerstaatlichem Wettbewerbsrecht (dh § 1 ff GWB) zu beurteilen. Der EuGH legt das Zwischenstaatlichkeitskriterium traditionell weit aus. Nach ständiger Rechtsprechung ist eine Vereinbarung geeignet, den Handel zwischen Mitgliedstaaten zu beeinträchtigen, wenn sich anhand einer Gesamtheit objektiver rechtlicher oder tatsächlicher Umstände mit hinreichender Wahrscheinlichkeit voraussehen lässt, dass sie den Warenverkehr zwischen Mitgliedstaaten unmittelbar oder mittelbar, tatsächlich oder potenziell in einem für die Erzielung eines einheitlichen zwischenstaatlichen Marktes nachteiligen Sinne beeinflussen kann (EuGH Slg 1967, 544 ff – Brasserie de Haecht). Bei Vorliegen umfassender Vertragssysteme ist wiederum nicht auf den einzelnen Vertrag, sondern auf das gesamte **Bündel** abzustellen (EuGH Slg 1967, 544 ff – Brasserie de Haecht). Für die materielle Rechtsanwendung hat die Zwischenstaatlichkeitsklausel seit der Harmonisierung des deutschen mit dem europäischen Kartellverbots durch die 7. GWB-Novelle an Bedeutung verloren. Die Zwischenstaatlichkeitsklausel bestimmt außerdem die Reichweite der **Verpflichtung der nationalen Wettbewerbsbehörden und Gerichte**, gemäß Art. 3 Abs. 1 VO 1/2003 Art. 101 AEUV anzuwenden und gemäß Art. 3 Abs. 2 VO 1/2003 Vereinbarungen, die mit dem europäischen Kartellrecht vereinbar sind, nicht nach nationalem Recht zu untersagen. Im Übrigen wird durch die Zwischenstaatlichkeitsklausel der **Zuständigkeitsbereich** der Kommission festgelegt. Die Kommission hat Leitlinien über den

Begriff der Beeinträchtigung des zwischenstaatlichen Handels in den Artikeln 101 und 102 des Vertrags erlassen (Leitlinien Zwischenstaatlichkeit, ABl. 2004 C 101/81).

2. Eignung zur Handelsbeeinträchtigung. Für die Anwendung von Art. 101 AEUV reicht die bloße Eignung zur Beeinträchtigung des Handels zwischen den Mitgliedstaaten aus. Es ist nicht erforderlich, dass die Vereinbarung oder Verhaltensweise den Handel zwischen Mitgliedstaaten tatsächlich beeinträchtigen wird oder bereits beeinträchtigt hat (EuGH Slg 1978, 131 ff – Miller; Kommission, Leitlinien Zwischenstaatlichkeit, Tz. 26). Ob hinreichende grenzüberschreitende Auswirkungen zu erwarten sind, hängt von einer Reihe von Umständen ab. Hierzu zählen die **Art der Vereinbarung**, die **Art der durch die Vereinbarung erfassten Waren** sowie die **Stellung und Bedeutung der beteiligten Unternehmen auf dem Markt** (EuGH Slg 1998, I-1983 ff – Javico). Vereinbarungen und Verhaltensweisen, die mehrere Mitgliedstaaten betreffen oder in mehreren Mitgliedstaaten durchgeführt werden, sind fast immer ihrem Wesen nach geeignet, den Handel zwischen Mitgliedstaaten zu beeinträchtigen. Dies ist beispielsweise der Fall für Vereinbarungen über grenzübergreifenden Erwerb und Nutzung von Fernseh-Übertragungsrechten innerhalb der Union (Kommission ABl. 2000 L 151/18 ff – Eurovision). Aber auch Vereinbarungen, die nur einen einzigen Mitgliedstaat oder nur einen Teil eines Mitgliedstaats betreffen, können in den Anwendungsbereich von Art. 101 AEUV fallen, wenn von Ihnen eine **Marktabschottung** zu erwarten ist (Kommission, Leitlinien Zwischenstaatlichkeit Rn 84, 90). 24

3. Spürbarkeit. Art. 101 AEUV erfasst nur spürbare Handelsbeeinträchtigungen. Vereinbarungen und Verhaltensweisen, von denen nur geringfügige Auswirkungen auf den zwischenstaatlichen Handel zu erwarten sind, fallen nicht unter Art. 101 AEUV. Für die Beurteilung der Spürbarkeit ist insbesondere die Stellung und Bedeutung der Unternehmen auf dem relevanten Markt von Bedeutung (EuGH Slg 1998, I-1983 ff – Javico; Kommission, Leitlinien Zwischenstaatlichkeit Rn 44). In den Zwischenstaatlichkeits-Leitlinien hat die Kommission quantitative Kriterien zur Beurteilung der Spürbarkeit aufgestellt. Die Kommission geht im Sinne einer **Negativvermutung** davon aus, dass Vereinbarungen grundsätzlich nicht geeignet sind, den Handel zwischen Mitgliedstaaten spürbar zu beeinträchtigen, wenn der gemeinsame Marktanteil der Parteien auf keinem relevanten Markt innerhalb der Union 5 % überschreitet. Zusätzlich ist erforderlich, dass im Falle **horizontaler Vereinbarungen** der gesamte Jahresumsatz der beteiligten Unternehmen innerhalb der Union mit den von der Vereinbarung erfassten Waren nicht den Betrag von **40 Mio. EUR** überschreitet. Im Falle **vertikaler Vereinbarungen** ist Voraussetzung, dass der Jahresumsatz des Lieferanten mit den von der Vereinbarung erfassten Waren in der Union nicht den Betrag von 40 Mio. EUR überschreitet. Bei **Lizenzvereinbarungen** gilt als relevanter Umsatz der gesamte Produktumsatz aller Lizenznehmer zuzüglich des Umsatzes des Lizenzgebers (Kommission, Leitlinien Zwischenstaatlichkeit Rn 52). 25

Wenn die Voraussetzungen der Negativvermutung nicht erfüllt sind, geht die Kommission bei folgenden Vereinbarungen von der widerlegbaren Vermutung (**Positivvermutung**) aus, dass Spürbarkeit vorliegt: (i) Vereinbarungen, die Ein- oder Ausfuhren innerhalb der Union betreffen (Kommission, Leitlinien Zwischenstaatlichkeit, Rn 62), (ii) Kartelle, die sich auf mehrere Mitgliedstaaten erstrecken (Kommission, Leitlinien Zwischenstaatlichkeit, Rn 64), (iii) Vertikale Preisbindungen, die sich auf mehrere Mitgliedstaaten erstrecken (Kommission, Leitlinien Zwischenstaatlichkeit, Rn 72), (iv) Kartelle, die nur einen einzigen Mitgliedstaat betreffen (Kommission, Leitlinien Zwischenstaatlichkeit, Rn 78) sowie (v.) Vereinbarungen, die sowohl Einfuhren aus Drittstaaten als auch Ausfuhren in Drittstaaten betreffen (Kommission, Leitlinien Zwischenstaatlichkeit, Rn 103). 26

C. Freistellungsmöglichkeiten (Art. 101 Abs. 3 AEUV, §§ 2, 3 GWB)

I. Generalklausel (Art. 101 Abs. 3 AEUV, § 2 GWB)

1. Überblick. Vereinbarungen, die den Wettbewerb im Sinne von Artikel 101 Abs. 1 AEUV, § 1 GWB beschränken, können durch ihre **Effizienzgewinne** gleichwohl wettbewerbsfördernde Wirkungen haben. Wenn solche wettbewerbsfördernden Wirkungen (zB bessere oder günstigere Produkte) einer Vereinbarung ihre wettbewerbsbeschränkenden Wirkungen zumindest **aufwiegen**, ist das Kartellverbot nicht verletzt und die Vereinbarung darf nach Maßgabe von Art. 101 Abs. 3 AEUV, § 2 GWB durchgeführt werden. 27

Das unter der VO 17/62 geltende **Freistellungsmonopol** der Kommission (durch Einzelfreistellungsentscheidung oder Gruppenfreistellungsverordnung) wurde mit Inkrafttreten der VO 1/2003 zum 1.5.2004 abgeschafft. Die Kommission hatte die weitaus meisten der bei ihr nach der VO 17/62 an- 28 gemeldeten Vereinbarungen nicht durch eine bindende Entscheidung, sondern durch ein einfaches Verwaltungsschreiben (Comfort Letter) beschieden. Der **Comfort Letter** konnte die Unternehmen zwar vor Bußgeldern der Kommission schützen, war aber für die Behörden und Gerichte der Mitgliedstaaten nicht bindend. Seit dem 1.5.2004 wenden mitgliedstaatliche Behörden und Gerichte Art. 101 Abs. 3 AEUV **unmittelbar** an (Art. 3 Abs. 1 VO 1/2003). Vereinbarungen, Beschlüsse und aufeinander abgestimmte Verhaltensweisen im Sinne von Art. 101 Abs. 1 AEUV, die die Voraussetzungen des Art. 101 Abs. 3 AEUV erfüllen, sind nicht verboten, ohne dass dies einer vorherigen Entscheidung bedarf (Art. 1 Abs. 2 VO 1/2003).

29 Dieses Prinzip der **Legalausnahme** ist durch die 7. GWB-Novelle mit Wirkung zum 1. Juli 2005 durch die Neufassung des § 2 Abs. 1 GWB für das deutsche Recht übernommen worden. Eine konstitutive **Administrativfreistellung** durch die Kommission oder das Bundeskartellamt ist damit weder erforderlich noch möglich. Für die Unternehmen bedeutet dies, dass sie selbst bewerten müssen, ob ihre Vereinbarung mit dem Kartellverbot vereinbar ist. Anhaltspunkte für die **Selbsteinschätzung** lassen sich den **Gruppenfreistellungsverordnungen** nebst **Leitlinien** der Kommission entnehmen, die durch die **dynamische Verweisung** in § 2 Abs. 2 GWB auch für rein innerstaatliche Fälle relevant sind. Von Bedeutung sind insbesondere die **Vertikal-GVO** (ABl. 2010 L 102/1), die **Technologietransfer-GVO** (ABl. 2004 L 123/11) nebst TT-Leitlinien (ABl. 2004 C 101/2) sowie die beiden horizontalen Gruppenfreistellungsverordnungen **Spezialisierungs-GVO** (ABl. 2010 L 335/43) und **FuE-GVO** (ABl. 2010 L 335/36) nebst Horizontal-Leitlinien (ABl. 2011 C 11/01).

30 **2. Freistellungsvoraussetzungen. a) Überblick.** Um nach Ar. 101 Abs. 3 AEUV, § 2 GWB freigestellt zu sein, müssen Vereinbarungen, Beschlüsse bzw aufeinander abgestimmte Verhaltensweisen vier Voraussetzungen erfüllen, von denen zwei positiv und zwei negativ formuliert sind. Sie müssen (a) zur **Verbesserung der Warenerzeugung oder -verteilung** oder zur **Förderung des technischen oder wirtschaftlichen Fortschritts** beitragen, (b) die Verbraucher an dem entstehenden Gewinn **angemessen beteiligen,** (c) den beteiligten Unternehmen keine Beschränkungen auferlegen, die für die Verwirklichung der Ziele nicht **unerlässlich** sind und (d) es darf keine Möglichkeit eröffnet werden, den **Wettbewerb** für einen wesentlichen Teil der Waren **auszuschließen.** Die vorgenannten vier Voraussetzungen müssen **kumulativ** erfüllt sein. Schon bei Fehlen einer der Voraussetzungen ist eine Freistellung abzulehnen (EuGH Slg 1996, I-1611 ff – SPO; EuG Slg 2002, II-3805 ff – Métropole Télévision (M6); EuG Slg 2003, II-4653 ff – van den Bergh Foods). Die **Beweislast** des Vorliegens der entsprechenden Voraussetzungen liegt bei demjenigen, der sich auf das Eingreifen der Freistellungsvorschrift beruft (zum EU-Recht vgl Art. 2 und Erwägungsgrund 5 VO 1/2003). Eingeschränkt wird dies nur durch den **Amtsermittlungsgrundsatz,** der im deutschen Verwaltungs- und Ordnungswidrigkeitsverfahren gilt. Die **Freistellungsfähigkeit** einer Vereinbarung richtet sich insbesondere nach **Art und Inhalt** der getroffenen Beschränkungen sowie dem **ökonomischen Zusammenhang,** in dem die Vereinbarung steht. Die maßgeblichen Kriterien sind insoweit in den einschlägigen Gruppenfreistellungsverordnungen und Bekanntmachungen der Kommission enthalten. Außerhalb des Anwendungsbereichs einer GVO ist im Einzelfall zu prüfen, ob eine Freistellung nach der Legalausnahme in Betracht kommt. Im Grundsatz gilt, dass jede wettbewerbsbeschränkende Vereinbarung, die die vorgenannten vier Voraussetzungen erfüllt, freigestellt ist. Die Kommission geht allerdings davon aus, dass besonders schwerwiegende Wettbewerbsbeschränkungen, die Freistellungsvoraussetzungen regelmäßig nicht erfüllen können. Dies gilt insbesondere für die sogenannten **Kernbeschränkungen** in den **schwarzen Listen** der Gruppenfreistellungsverordnungen (Kommission, Leitlinien Artikel 81 Abs. 3 EG Rn 46). Die Kommission hat ihren Ansatz zur Beurteilung der Freistellungsvoraussetzungen in den Leitlinien zu Artikel 81 Abs. 3 EG zusammengefasst.

31 **b) Effizienzgewinne.** Die Freistellung nach Art. 101 Abs. 3 AEUV, § 2 Abs. 1 GWB erfordert als erste Voraussetzung, dass die Vereinbarung zur **Verbesserung der Warenerzeugung oder -verteilung** oder zur **Förderung des technischen oder wirtschaftlichen Fortschritts** beiträgt. Die Bestimmung bezieht sich zwar ausdrücklich nur auf Waren, sie gilt jedoch analog auch für Dienstleistungen (Kommission, Leitlinien Artikel 81 Abs. 3 EG Rn 48). Vorgenannte Tatbestandsmerkmale werden zusammenfassend als Effizienzgewinne bezeichnet. Die Beurteilung richtet sich nach einem **objektiven Maßstab.** Auf den subjektiven Standpunkt der Parteien kommt es nicht an (EuGH Slg 1966, 429 ff – Consten und Grundig; Kommission, Leitlinien Artikel 81 Abs. 3 EG Rn 49). Die Effizienzgewinne müssen grundsätzlich auf **demselben Markt** vorliegen, auf dem auch die wettbewerbsbeschränkenden Wirkungen zu erwarten sind (EuGH Slg 1995, I-23 ff – Publishers' Association; Kommission, Leitlinien Artikel 81 Abs. 3 EG Rn 43). Alle Freistellungsvoraussetzungen müssen auf diesem räumlich und sachlich relevanten

Markt vorliegen (EuG Slg 2002, II-2023 ff – Shaw). Bei **verbundenen Märkten** müssen die betroffenen Verbrauchergruppen im Wesentlichen identisch sein (EuG Slg 2002, II-1011 ff – Compagnie Générale Maritime; Kommission, Leitlinien Artikel 81 Abs. 3 EG Rn 43; Kommission, ABl. 1999 L 90/6 ff – TPS).

Die Kommission unterscheidet im Wesentlichen zwischen zwei Arten von Effizienzgewinnen: **Kosteneinsparungen** und **qualitative Effizienzgewinne**. Kosteneinsparungen können insbesondere durch die Entwicklung neuer Produktionstechniken und **Synergie-Effekte** durch Zusammenlegung von Vermögenswerten sowie **Skalen- oder Verbundvorteile** erfolgen (Kommission, Leitlinien Artikel 81 Abs. 3 EG Rn 64 ff). Qualitative Effizienzgewinne erfolgen in Form von neuen oder verbesserten Waren oder Dienstleistungen. Unter diesem Gesichtspunkt hat die Kommission die Schaffung einer neuen Programmplattform gebilligt, da sie zur Entwicklung neuer Spartenprogramme und neuer Dienste und damit zu einer Verbesserung der Wettbewerbssituation auf dem **Pay-TV-Markt** führte (Kommission ABl. 1999 L 90/6 ff – TPS). 32

c) **Angemessene Beteiligung der Verbraucher.** Weitere Voraussetzung für die Freistellung vom Kartellverbot ist eine angemessene Beteiligung der Verbraucher am entstehenden Gewinn. Unter **„Verbraucher“** sind entgegen dem Wortlaut der Vorschriften nicht nur Endverbraucher zu verstehen, sondern darüber hinaus **sämtliche Kunden**, die entweder unmittelbare Vertragspartner eines der an der Absprache beteiligten Unternehmens (Kommission ABl. 1985 L 369/1 ff – Ivoclar) oder aber unmittelbare oder mittelbare Abnehmer eines aus dem betreffenden Gegenstand hergestellten Zwischen- oder Endproduktes sind (Kommission ABl. 1983 L 224/19 ff – Rockwell/Iveco). Unter **Gewinn** ist nicht nur der finanzielle Nutzen im Sinne des Überschusses von Ertrag und Aufwand zu verstehen, sondern alle **Vorteile**, zu denen die Vereinbarung führt oder die mit ihr bezweckt werden (Kommission ABl. 1964, 2545 ff – Grundig/Consten). Beispielsweise hat die Kommission den **Zugang zu interaktiven Diensten** über den TV-Bildschirm als einen dem Verbraucher zugute kommenden technischen Fortschritt angesehen (Kommission ABl. 1999 L 312/24 ff – British Interactive Broadcasting/Open). **Angemessen** ist die Beteiligung, wenn die tatsächlich angefallenen oder voraussichtlichen negativen Auswirkungen zumindest **ausgeglichen** werden. Im Grundsatz kann davon ausgegangen werden, dass eine angemessene Beteiligung regelmäßig vorliegt, solange **wirksamer Inter-Brand- und Intra-Brand-Wettbewerb** gegeben ist (Kommission ABl. 1975 L 29/1 ff – BMW). Besteht die Wahrscheinlichkeit, dass eine beschränkende Vereinbarung zu höheren Preisen führt, müssten die Verbraucher einen vollwertigen Ausgleich in Form besserer Qualität oder sonstiger Vorteile erhalten (Kommission, Leitlinien Artikel 81 Abs. 3 EG Rn 86). Im Einzelfall kann es erforderlich sein, dass eine gewisse **Zeitspanne** abgewartet werden muss, bis Effizienzgewinne erzielt werden. Je länger die zeitliche Verzögerung ist, umso größer müssen die Effizienzgewinne sein, die später erzielt werden (Kommission, Leitlinien Artikel 81 Abs. 3 EG Rn 87). Daher hat die Kommission eine angemessene Verbraucherbeteiligung in einem Fall verneint, in dem ein Fernsehunternehmen sich an einem Gemeinschaftsunternehmen, das einen Sportkanal betrieb, beteiligen wollte. Kurzfristig sei es für die Verbraucher zwar sinnvoll, einen reinen Sportkanal zu haben. Zu berücksichtigen sei allerdings, dass der betreffende Fernsehsender ohne die Beteiligung an dem Sportkanal eigenständig mit der Übertragung von Sportereignissen fortfahren würde und so der Verbraucher zwei verschiedene Sportkanäle zur Verfügung hätte. Deshalb profitiere der Verbraucher stärker, wenn das Gemeinschaftsunternehmen zur Betreibung des Sportkanals nicht zustande komme (Kommission ABl. 1991 L 63/32 ff – Screensport/EBU-Mitglieder). 33

d) **Unerlässlichkeit.** Die vereinbarten Wettbewerbsbeschränkungen müssen darüber hinaus für die Verwirklichung der bezweckten positiven Effekte unerlässlich sein. Diese Voraussetzung verlangt eine **zweistufige Prüfung**. Erstens muss die **Vereinbarung** insgesamt vernünftigerweise **notwendig** sein, um die Effizienzgewinne zu erzielen. Zweitens müssen auch die einzelnen, sich aus der Vereinbarung ergebenden **Wettbewerbsbeschränkungen** hierfür vernünftigerweise notwendig sein (Kommission, Leitlinien Artikel 81 Abs. 3 EG Rn 73). In diesem Sinne hat die Kommission eine Vereinbarung zur Einführung des interaktiven Fernsehens in Großbritannien gebilligt. Zum einen sei die Gründung des Gemeinschaftsunternehmens unabdingbar, um die beabsichtigten **digitalen interaktiven Fernsehdienste** zu erbringen. Zum anderen war das den Parteien der Vereinbarung auferlegte Verbot, nicht mehr als 20% der Anteile an einem Wettbewerber zu halten, für die Durchführung dieses Projektes unerlässlich, weil der Erfolg des Gemeinschaftsunternehmens gefährdet würde, wenn die von den Gemeinschaftsunternehmen entwickelten einzigartigen Ideen und Strategien an Wettbewerber weitergereicht werden dürften (Kommission ABl. 1999 L 312/24 ff – British Interactive Broadcasting/Open). 34

35 Das Tatbestandsmerkmal der Unerlässlichkeit konkretisiert das Prinzip der **Verhältnismäßigkeit** der Mittel. In einigen Fällen kann eine Wettbewerbsbeschränkung lediglich für einen **befristeten Zeitraum** unerlässlich sein (zB aus Gründen des **Investitionsschutzes**; Kommission, Leitlinien Artikel 81 Abs. 3 EG Rn 81). Vor diesem Hintergrund hat die Kommission das einem Gemeinschaftsunternehmen für den Betrieb eines Pay-TV-Senders eingeräumte exklusive Ausstrahlungsrecht von zehn Jahren auf drei Jahre reduziert (Kommission ABl. 1999 L 90/6 ff – TPS).

36 Die Kommission geht davon aus, dass Wettbewerbsbeschränkungen, die in den einschlägigen Gruppenfreistellungsverordnungen als **schwarze Klauseln** bzw **Kernbeschränkungen** gekennzeichnet sind, in der Regel das Unerlässlichkeitskriterium nicht erfüllen (Kommission, Leitlinien Artikel 81 Abs. 3 EG Rn 79).

37 e) **Keine Ausschaltung des Wettbewerbs.** Mithilfe der zu beurteilenden Vereinbarung dürfen den beteiligten Unternehmen ferner keine Möglichkeiten eröffnet werden, für einen wesentlichen Teil der betreffenden Ware den Wettbewerb auszuschalten. Um festzustellen, ob dies der Fall ist, muss zunächst der **sachlich und räumlich relevante Markt** ermittelt werden. Sodann sind sämtliche wettbewerbsrelevanten Umstände des konkreten Einzelfalls zu würdigen. Dazu zählen zunächst die **Marktanteile** der beteiligten Unternehmen. Hier gilt der Grundsatz, dass mit zunehmendem Marktanteil eine Verminderung der Wettbewerbswirksamkeit verbunden ist. Auch die **Marktverhältnisse** sind in die Betrachtung einzubeziehen, insbesondere die Anzahl der auf dem Markt befindlichen **Konkurrenten.** Im Allgemeinen kann davon ausgegangen werden, dass der Wettbewerb für einen wesentlichen Teil der betreffenden Waren ausgeschaltet ist, wenn die Beteiligten über eine **marktbeherrschende Stellung** verfügen und die Durchführung der Vereinbarung einen **Missbrauch** dieser marktbeherrschenden Stellung darstellen würde (Kommission, Leitlinien Artikel 81 Abs. 3 EG Rn 106).

38 3. **Gruppenfreistellungsverordnungen.** Neben der Freistellung im Einzelfall sieht Art. 101 Abs. 3 AEUV auch die gruppenweise Freistellung vor. Hierfür erlässt die Kommission auf Grundlage von Ermächtigungsverordnungen des Rates Gruppenfreistellungsverordnungen. Gruppenfreistellungsverordnungen erfassen Vereinbarungen bzw aufeinander abgestimmte Verhaltensweisen, die wegen der weitgehenden Gleichförmigkeit der Interessen der an der Vereinbarung teilnehmenden Unternehmen, ihrer Handelspartner, ihrer Konkurrenten und der Verbraucher einer **typisierenden Beurteilung** zugänglich sind (L/B/*Bunte*, Art. 81 Rn 230, I/M/*Ellger*, EG-WBR, Art. 101 Abs. 3 Rn 331). Gruppenfreistellungsverordnungen sind **Verordnungen** im Sinne von **Art. 288 Abs. 2 AEUV** (**ex-Art. 249 Abs. 2 EG**). Damit sind sie in allen Teilen **verbindlich** und **gelten** in allen Mitgliedstaaten **unmittelbar.** Die Gruppenfreistellungsverordnungen haben unterschiedliche Anwendungsbereiche, denen bestimmte Vertragstypen zugrunde liegen. Bei gemischten Verträgen richtet sich die Frage nach der einschlägigen GVO nach dem wirtschaftlichen **Schwerpunkt der Zusammenarbeit.** Seit Einführung des neuen ökonomischen Ansatzes im EU-Recht durch die Vertikal-GVO im Jahr 2000 hat die Kommission nach und nach alle Gruppenfreistellungsverordnungen neugefasst. Die modernen Gruppenfreistellungsverordnungen sind heute alle ähnlich aufgebaut. Am Anfang befinden sich **Begriffsbestimmungen,** gefolgt von der Festlegung des **sachlichen Anwendungsbereichs, Marktanteilsschwellen,** einer Liste von **Kernbeschränkungen,** ggf einer **Liste nicht-freigestellter Beschränkungen,** Bestimmungen zur Möglichkeit des **Entzugs** und der **Nichtanwendbarkeit, Übergangsregelungen** für Marktanteilsschwellen, **Übergangsfristen** sowie der Festlegung der **Geltungsdauer.**

39 Derzeit sind **sechs Gruppenfreistellungsverordnungen** in Kraft, von denen die folgenden vier im Mediensektor relevant sind: (1) Verordnung (EU) Nr. 330/2010 der Kommission vom 20.4.2010 über die Anwendung von Art. 101 Abs. 3 des Vertrags über die Arbeitsweise der Europäischen Union auf Gruppen von vertikalen Vereinbarungen und aufeinander abgestimmte Verhaltensweisen, ABl. 2010 Nr. L 102/1 (**Vertikal-GVO**). (2) Verordnung (EU) Nr. 1218/2010 der Kommission vom 14.12.2010 über die Anwendung von Art. 101 Abs. 3 des Vertrags über die Arbeitsweise der Europäischen Union auf Gruppen von Spezialisierungsvereinbarungen, ABl. 2010 Nr. L 335/43 (**Spezialisierungs-GVO**). (3) Verordnung (EU) Nr. 1217/2010 der Kommission vom 14.12.2010 über die Anwendung von Artikel 101 Abs. 3 des Vertrags über die Arbeitsweise der Europäischen Union auf bestimmte Gruppen von Vereinbarungen über Forschung und Entwicklung, ABl. 2010 Nr. L 335/36 (**FuE-GVO**). (4) Verordnung (EG) Nr. 772/2004 der Kommission vom 27.4.2004 über die Anwendung von Art. 81 Abs. 3 des Vertrages (nun Art. 101 Abs. 3 AEUV) auf Gruppen von Technologietransfer-Vereinbarungen, ABl. 2004 Nr. L 123/11 (**TT-GVO**).

II. Mittelstandskartelle (§ 3 GWB)

1. Überblick. § 3 GWB stellt Mittelstandskartelle kraft Gesetzes vom Verbot des § 1 GWB frei. Die Vorschrift übernimmt im Wesentlichen die Regelungen des § 4 Abs. 1 GWB aF. Sie dient dem **strukturellen Nachteilsausgleich** kleiner und mittlerer Unternehmen. Eine entsprechende Regelung im EU-Recht existiert nicht. Aufgrund des Vorrangs des Unionsrechts fallen Mittelstandskartelle, die den Handel zwischen Mitgliedstaaten spürbar beeinträchtigen, uneingeschränkt unter Art. 101 AEUV. § 3 GWB ist insofern problematisch, da es zu schwierigen Abgrenzungsfragen und Rechtsunsicherheit kommen kann. Auslegungshilfen können dem vom BKartA im März 2007 veröffentlichten Merkblatt zur Beurteilung der Kooperationsmöglichkeiten kleiner und mittlerer Unternehmen (**KMU-Bekanntmachung**) entnommen werden (www.Bundeskartellamt.de). Der Gesetzgeber geht im Übrigen davon aus, dass die Zwischenstaatlichkeitsklausel des Art. 101 Abs. 1 AEUV im Bereich der Mittelstandskartelle oftmals nicht erfüllt sein dürfte (Begr. RegE 7. GWB-Novelle, BT-Drucks. 15/3640, S. 45). Freistellungsfähig sind nur Vereinbarungen von **im Wettbewerb** stehenden Unternehmen und Beschlüsse von Unternehmensvereinigungen. Nicht erfasst werden aufeinander abgestimmte Verhaltensweisen. Auch Vertikalvereinbarungen können nach dieser Vorschrift nicht freigestellt werden. 40

2. Kleine und mittlere Unternehmen. Der Begriff der kleinen und mittleren Unternehmen ist in § 3 GWB nicht definiert. Anders als das EU-Recht kennt das deutsche Recht keine festen Werte für Umsatzerlöse, Bilanzsummen oder Arbeitnehmerzahlen. Es ist vielmehr zu untersuchen, ob die beteiligten Unternehmen im Vergleich zu den anderen auf dem Markt tätigen Unternehmen als kleine oder mittlere Unternehmen erscheinen. Für die Beurteilung der KMU-Eigenschaft sind daher im Zuge eines **horizontalen Größenvergleichs** die an der Vereinbarung beteiligten Unternehmen ihren Wettbewerbern gegenüberzustellen (BKartA, KMU-Bekanntmachung Rn 12). Daher kann zB auch ein Unternehmen mit einem Jahresumsatz von 100 Mio. EUR in einem Markt, auf dem ansonsten Umsatzmilliardäre tätig sind, unter Umständen als mittleres Unternehmen angesehen werden. Dies kann bei einem Unternehmen mit gleich hohem Umsatz in einem anderen Wirtschaftszweig mit schwächeren Wettbewerbern abzulehnen sein (BKartA, KMU-Bekanntmachung Rn 12). 41

Das Bundeskartellamt wendet die **Zurechnungsklausel** des § 36 Abs. 2 GWB an. Danach sind **verbundene Unternehmen** im Sinne der §§ 17 und 18 des Aktiengesetzes als einheitliches Unternehmen anzusehen, mit der Folge, dass deren Umsatzerlöse zu addieren sind. Die Beteiligung von **Großunternehmen** ist nicht schädlich, sofern dies für die Förderung der Leistungsfähigkeit der kleinen und mittleren Unternehmen erforderlich ist (BGH WuW/E BGH 2321 ff – Mischguthersteller; WuW/E DE-R 1087 ff – Ausrüstungsgegenstände für Feuerlöschzüge). 42

3. Rationalisierung wirtschaftlicher Vorgänge. Die Vereinbarungen oder Beschlüsse müssen die Rationalisierung wirtschaftlicher Vorgänge zum Gegenstand haben. Darunter sind solche Maßnahmen zu verstehen, durch die bei den beteiligten KMU das **Verhältnis** des **betrieblichen Aufwands** für wirtschaftliche Vorgänge zum **erzielten Ertrag**, gerechnet in Produktionseinheiten, verbessert wird (BKartA, KMU-Bekanntmachung Rn 28). Der Begriff der **zwischenbetrieblichen Zusammenarbeit** ist weit zu fassen und beinhaltet jegliche mögliche Form der unternehmerischen Kooperation in Form der **Koordinierung** als auch der **Ausgliederung** und **Vergemeinschaftung**. Hierzu zählen insbesondere Maßnahmen in den Bereichen **Produktion, Forschung und Entwicklung, Finanzierung, Verwaltung, Werbung, Einkauf** und **Vertrieb** (BKartA, KMU-Bekanntmachung Rn 29). Auch **Kernbeschränkungen** im Sinne der Gruppenfreistellungsverordnungen können nach § 3 GWB freigestellt werden. Bloße Preisabreden sind aber in jedem Fall unzulässig, da diese nicht Ergebnis der Verbesserung des innerbetrieblichen Verhältnisses zwischen Aufwand und Ertrag sind. 43

4. Keine wesentliche Wettbewerbsbeeinträchtigung. Voraussetzung für die Freistellung des § 3 Nr. 1 GWB ist, dass der Wettbewerb nicht wesentlich beeinträchtigt wird. Das Gesetz gibt keine weiteren Hinweise, was unter einer wesentlichen Wettbewerbsbeeinträchtigung zu verstehen ist. Es kann davon ausgegangen werden, dass eine wesentliche Beeinträchtigung oberhalb der **Spürbarkeitsschwelle** des § 1 GWB und unterhalb der **Marktbeherrschung** nach § 19 Abs. 2 GWB liegt. In Anlehnung an seine bisherige Verwaltungspraxis geht das BKartA davon aus, dass die kritische Grenze für eine wesentliche Beeinträchtigung des Wettbewerbs in der Regel bei einem kartellierten Marktanteil von **10-15%** liegt. Dabei handelt es sich aber um keinen festgelegten Korridor. Im Einzelfall kann auch oberhalb dieses Rahmens eine Freistellung nach § 3 GWB in Betracht kommen. Dies ist durch **Gesamtwürdigung** der Umstände des Einzelfalles zu ermitteln. In die Betrachtung sind insbesondere die **Marktstellung** der 44

Beteiligten, die **Art der zwischenbetrieblichen Zusammenarbeit** sowie etwaige auf dem Markt schon **bestehende Kooperationen** einzubeziehen (BKartA, KMU-Bekanntmachung Rn 34).

45 **5. Verbesserung der Wettbewerbsfähigkeit.** Die Kooperation muss außerdem dazu dienen, die Wettbewerbsfähigkeit kleiner oder mittlerer Unternehmen zu verbessern. Dies geht typischer Weise mit der **Rationalisierung wirtschaftlicher Vorgänge** einher. Auch die **Beteiligung von Großunternehmen** an der Kooperation ist möglich, wenn die Wettbewerbsfähigkeit der beteiligten KMU erst durch die Beteiligung auch großer Unternehmen ermöglicht wird (BGH WuW/E DE-R 1087 ff – Ausrüstungsgegenstände für Feuerlöschzüge).

46 **6. Anspruch auf Entscheidung über das Nichttätigwerden (§ 3 Abs. 2 GWB aF).** Bis zum 30. Juni 2009 konnten Mittelstandskartelle iSd § 3 GWB nach dessen Abs. 2 ihre Abreden dem BKartA zur Überprüfung vorlegen und eine Entscheidung nach § 32 c GWB herbeiführen. Mit dieser stellt das BKartA selbstbindend fest, dass es keinen Anlass zum Tätigwerden sieht. Diese zusätzliche Privilegierung von Mittelstandskartellen (LB/*Bornkamm*, § 32c GWB Rn 16) durch einen Anspruch auf die (deklaratorische) Feststellung von Konformität ist nunmehr entfallen. Stattdessen verweist das BKartA auf die allgemeine Möglichkeit, schriftlich eine informelle Einschätzung über die Zulässigkeit der Praktiken einzuholen, die im Auswahlermessen der Behörde Berücksichtigung finden kann (BKartA, KMU-Bekanntmachung Rn 46).

D. Rechtsfolgen

I. Nichtigkeit

47 Vereinbarungen und Beschlüsse, die gegen das Kartellverbot verstoßen, sind zivilrechtlich nichtig. Für das EU-Recht folgt dies aus Art. 101 Abs. 2 AEUV. Im deutschen Recht findet § 134 BGB Anwendung. Die Nichtigkeit tritt **kraft Gesetzes** ein. Einer Entscheidung der Wettbewerbsbehörde bedarf es nicht. Die Nichtigkeit ist **absolut**, dh sie kann von jedem in jeder erdenklichen Rechtslage geltend gemacht werden. Sie gilt sowohl für die Zukunft als auch für die Vergangenheit (EuGH Slg 1971, 949 ff – Béguelin). Von der Nichtigkeitsfolge erfasst sind nur Vereinbarungen und Beschlüsse, nicht aber aufeinander abgestimmte Verhaltensweisen. Letztere haben ohnehin keine rechtliche Bindungswirkung.

48 Die Nichtigkeitsfolge erfasst zunächst nur die einzelnen gegen das Kartellverbot verstoßenden Klauseln (EuGH Slg 1966, 337 ff – Société technique minière). Etwas Anderes gilt nur, wenn der nichtige Teil nicht von der Gesamtvereinbarung **trennbar** ist (Kommission, Leitlinien Art. 81 Abs. 3 EG Rn 41). Wenn nur ein Teil der Vereinbarung nichtig ist, beurteilt sich die Wirksamkeit der **Restvereinbarung** nach dem anwendbaren **nationalen Recht.** In Deutschland gilt § 139 BGB, dh es ist im Zweifel eine Gesamtnichtigkeit anzunehmen. Die weit verbreitete, in der Regel standardmäßig verwendete **salvatorische Klausel**, nach der ein nichtiges Rechtsgeschäft auch ohne die nichtige Klausel wirksam sein soll, entbindet nicht von der nach § 139 BGB vorzunehmenden Prüfung, ob die Parteien das teilnichtige Geschäft als Ganzes verworfen hätten oder aber den Rest hätten gelten lassen. Bedeutsam ist sie lediglich für die von § 139 BGB abweichende Zuweisung der **Darlegungs- und Beweislast;** diese trifft denjenigen, der entgegen der **Erhaltensklausel** den Vertrag als Ganzes für unwirksam hält (BGH GRUR 2004, 353 ff – Tennishallenpacht). **Folgeverträge**, die die Kartellmitglieder in Ausführung der Kartellvereinbarung mit Dritten abgeschlossen haben, werden von der Nichtigkeitsfolge nicht automatisch erfasst (EuGH Slg 1983, 4173 ff – Société de cimont et beton/Kerpen & Kerpen).

II. Verwaltungsmaßnahmen

49 Die **Kommission** kann die beteiligten Unternehmen entweder auf Beschwerde hin oder von Amts wegen verpflichten, die festgestellte **Zuwiderhandlung abzustellen.** Zu diesem Zweck kann sie ihnen hierzu alle erforderlichen **Abhilfemaßnahmen verhaltensorientierter oder struktureller Art** vorschreiben, die für eine wirksame Abstellung der Zuwiderhandlung erforderlich sind. Eingeschränkt wird diese Befugnis nur durch den Grundsatz der **Verhältnismäßigkeit.** Daher dürfen Abhilfemaßnahmen struktureller Art nur in Ermangelung einer verhaltensorientierten Abhilfemaßnahme von gleicher Wirksamkeit festgelegt werden, oder wenn letztere im Vergleich zu Abhilfemaßnahmen struktureller Art mit einer größeren Belastung für die beteiligten Unternehmen verbunden wäre (Art. 7 Abs. 1 VO 1/2003). Im Anwendungsbereich des Kartellverbots dürften typischerweise nur verhaltensbedingte Auflagen in Betracht kommen, da die Wettbewerbsprobleme in der Regel verhaltensbedingt sind. Etwas anderes

kann jedoch für **Gemeinschaftsunternehmen** gelten. Bei Vorliegen eines berechtigten Interesses kann die Kommission eine Zuwiderhandlung auch feststellen, nachdem diese beendet ist. **BKartA** und **Landeskartellbehörden** haben in ihrem Zuständigkeitsbereich die gleichen Befugnisse zur Durchsetzung des europäischen und deutschen Kartellrechts (Art. 5 VO1/2003; § 32 GWB).

Darüber hinaus können Kommission und deutsche Kartellbehörden **einstweilige Maßnahmen** anordnen (Kommission: Art. 8 VO 1/2003; deutsche Kartellbehörden: Art. 5 VO 1/2003; § 32a GWB) und durch Entscheidung **Verpflichtungszusagen** der Unternehmen für bindend erklären (Kommission: Art. 9 VO 1/2003; Deutsche Kartellbehörden: Art. 5 VO 1/2003; § 32c GWB). Im Verfahren nach Art. 9 VO 1/2003 hat die Kommission zB auch Verpflichtungszusagen des **Deutschen Ligaverbandes** für rechtlich verbindlich erklärt (Kommission ABl. 2005 L 134/46 – Bundesligazentralvermarktung; zu Einzelheiten vgl Kommentierung zu Vermarktungsvereinbarungen, Rn 19, 106 ff). 50

III. Geldbußen

Die Kommission kann gegen Unternehmen und Unternehmensvereinigungen Geldbußen verhängen, wenn sie **vorsätzlich** oder **fahrlässig** gegen Art. 101 AEUV verstoßen haben. Die Geldbuße für vorsätzliche Verstöße darf **10%** des im jeweils vorausgegangenen Geschäftsjahr erzielten **Gesamtumsatzes** nicht übersteigen (Art. 23 Abs. 2 VO 1/2003). Im Rahmen der durch Art. 23 Abs. 2 und 3 VO 1/2003 gezogenen Grenzen verfügt die Kommission über ein weites **Ermessen** bei der Festsetzung von Geldbußen (EuGH Slg 2005, I-5425 ff – Fernwärmerohre). Bei der Festsetzung der Höhe der Geldbuße ist sowohl **die Schwere** der Zuwiderhandlung als auch deren **Dauer** zu berücksichtigen (Art. 23 Abs. 3 VO 1/2003). Die Kommission hat im Jahr 1998 erstmals Leitlinien für das Verfahren zur Festsetzung von Geldbußen erlassen (**Geldbußen-Leitlinien 1998**; ABl. 1998 C 9/3). Im Jahr 2006 hat die Kommission neue Geldbußen-Leitlinien erlassen (**Geldbußen-Leitlinien 2006**; ABl. 2006 C 210/2). Die Geldbußen-Leitlinien 2006 finden in sämtlichen Verfahren Anwendung, in denen nach dem 1.09.2006 eine **Mitteilung der Beschwerdepunkte** ergeht (Kommission, Geldbußen-Leitlinien 2006 Rn 38). 51

Verstöße gegen Art. 101 AEUV, § 1 GWB stellen Ordnungswidrigkeiten im Sinne von § 81 Abs. 1 und 2 GWB dar. Der Verstoß gegen eine dieser Vorschriften kann nach § 81 Abs. 4 Satz 1 GWB mit einer Geldbuße bis zu **1 Million Euro** geahndet werden (**Regelgeldbuße**). Wird eine Geldbuße gegen ein Unternehmen oder eine Unternehmensvereinigung verhängt, so darf die Geldbuße (über den Betrag der Regelgeldbuße hinaus) **10%** des jeweils im vorausgegangenen Geschäftsjahr erzielten Gesamtumsatzes nicht übersteigen. Anders als bei Verfolgung durch die Europäische Kommission können BKartA und Landeskartellbehörden die Regelgeldbuße auch gegen **natürliche Personen** verhängen. Generell ist bei der Festsetzung der Höhe der Geldbuße sowohl die Schwere der Zuwiderhandlung als auch deren Dauer zu berücksichtigen (§ 81 Abs. 4 GWB). Das BKartA hat im Jahr 2006 erstmalig eine Bekanntmachung über die Festsetzung von Geldbußen nach § 81 Abs. 4 Satz 2 GWB erlassen (Geldbußen-Leitlinien 2006; www.bundeskartellamt.de). 52

Unternehmen, die bei der Aufdeckung eines Kartells behilflich sind, können unter gewissen Voraussetzungen einen Erlass oder eine Ermäßigung der Geldbuße erhalten. Die Grundsätze hierfür hat die Kommission in der im Jahr 2006 neu aufgelegten **Kronzeugen-Bekanntmachung** (ABl. 2006 C 298/17) zusammengefasst. Auch das BKartA hat (wie auch einige Landeskartellbehörden) ein Kronzeugenprogramm erlassen, das die Mitwirkung einer Aufdeckung eines Kartells durch den Erlass oder die Ermäßigung der Geldbuße honoriert (**Bonusregelung 2006**; www.bundeskartellamt.de). 53

IV. Schadensersatz

Vorsätzliche und **fahrlässige** Verstöße gegen das deutsche oder europäische Kartellverbot können zu Schadensersatzansprüchen von geschädigten Lieferanten, Abnehmern oder sogar an der Vereinbarung beteiligten Unternehmen führen. Der EuGH hat entschieden, dass die volle Wirksamkeit des Art. 101 AEUV nur gewährleistet ist, wenn **jedermann** Ersatz des Schadens verlangen kann, der ihm infolge eines Verstoßes gegen Art. 101 AEUV entstanden ist (EuGH Slg 2001, I-6297 ff – Courage/Crehan; bestätigt durch EuGH/WuW EU-R 1107 ff – Manfredi/Lloyd Adriatico Assicurazioni). Dies hat den deutschen Gesetzgeber veranlasst, die Schadensersatzmöglichkeiten wegen Kartellverstößen im Rahmen der 7. GWB-Novelle 2005 grundlegend zu überarbeiten. Das zuvor bestehende **Schutzgesetzerfordernis** wurde aufgehoben. Schadensersatzberechtigt im Sinne von § 33 Abs. 3 Satz 1 GWB ist nunmehr jeder von einem vorsätzlichen oder fahrlässigen Verstoß **Betroffene**. Eines etwaigen zielgerich- 54 teten Eingriffs (so noch zu § 1 GWB aF LG Mannheim, GRUR 2004, 182 ff – Vitaminkartell) oder eines sonstigen besonders gelagerten Schutzgesetzerfordernisses bedarf es nun nicht mehr (zu Einzelheiten vgl LB/*Bornkamm*, § 33 Rn 93 ff). Schadensersatz wegen Kartellrechtsverstößen können nicht nur unmittelbare Kunden der Kartellteilnehmer verlangen, sondern auch indirekte Abnehmer. Der Kartellamt kann aber gegen den Anspruch seines Direktabnehmers einwenden, er habe die kartellbedingte Preiserhöhung an seine eigenen Kunden weitergegeben (**passing-on defence**) (BGH 28.6.2011, KZR 75/10 – Selbstdurchschreibepapier).

E. Fallgruppen

I. Vertikalvereinbarungen

55 **1. Überblick. a) Begriff.** Vertikalvereinbarungen sind Vereinbarungen oder aufeinander abgestimmte Verhaltensweisen zwischen zwei oder mehr Unternehmen, von denen jedes zwecks Durchführung der Vereinbarung auf einer **unterschiedlichen Produktions- oder Vertriebsstufe** tätig ist und welche die Bedingungen betreffen, zu denen die Parteien bestimmte **Waren oder Dienstleistungen** beziehen, verkaufen oder weiterverkaufen können (Art. 2 Abs. 1 Vertikal-GVO). Der EuGH hat schon frühzeitig entschieden, dass Art. 101 AEUV auch auf Vertikalvereinbarungen Anwendung findet (EuGH Slg 1966, 322 ff – Consten und Grundig).

56 **b) Regelungswerk.** Die Kommission hat mit Wirkung vom 1.6.2010 eine neue Vertikal-Gruppenfreistellungsverordnung (VO 330/2010; ABl. 2010 L 102/1) erlassen, die die alte Vertikal-GVO aus dem Jahre 2000 ersetzt. Wesentliche Neuerung im Vergleich zur Vorgängerregelung ist die Einführung der doppelten 30%-Marktanteilsschwelle als Freistellungsvoraussetzung. Bislang kam es für die Anwendbarkeit der Vertikal-GVO idR nur auf den Marktanteil des Lieferanten an. Nunmehr sind für die Freistellung sowohl der Marktanteil des Lieferanten auf dem relevanten Angebotsmarkt als auch der Marktanteil des Käufers auf dem relevanten Nachfragemarkt relevant. Es gilt eine einjährige Übergangsphase bis zum 31.5.2011 für bereits am 31.5.2010 in Kraft befindliche Vereinbarungen, die zwar die Freistellungskriterien der neuen Vertikal-GVO nicht erfüllen, dafür aber den Kriterien der alten Vertikal-GVO entsprechen (Art. 9 Vertikal-GVO). Die Vertikal-GVO ist eine **Schirm-GVO.** Sie gilt sektorübergreifend für alle Formen der Vertikalvereinbarungen. Die alte Vertikal-GVO hatte bereits die Gruppenfreistellungsverordnungen für Alleinvertriebsvereinbarungen (VO 1983/83; ABl. 1983 L 173/1), Alleinbezugsvereinbarungen (VO 1984/83; ABl. 1983 L 173/5) sowie Franchisevereinbarungen (VO 4087/88; ABl. 1988 L 359/46) abgelöst. Begleitend zur neuen Vertikal-GVO hat die Kommission neue **Vertikal-Leitlinien** (ABl. 2010 C 130/1) erlassen. Die Vertikal-Leitlinien erläutern Anwendungsbereich und Begriffsbestimmungen der Vertikal-GVO und geben Hinweise zur Beurteilung von Vertikalvereinbarungen, die (zB wegen Überschreitens der Marktanteilsschwelle) nicht in den Anwendungsbereich der Vertikal-GVO fallen. Weitere Aussagen zur kartellrechtlichen Zulässigkeit von Vertikalvereinbarungen sind in der **Bagatellbekanntmachung** der Kommission enthalten (ABl. 2001 C 368/13).

57 **c) Vertikal-GVO.** Die Vertikal-GVO stellt Wettbewerbsbeschränkungen in Vertikalvereinbarungen umfassend vom Verbot des Art. 101 Abs. 1 AEUV frei. Über die **dynamische Verweisung** in § 2 Abs. 2 GWB gilt die Vertikal-GVO unmittelbar auch für rein innerstaatliche Sachverhalte. Auf bestimmte Vertikalvereinbarungen findet die Vertikal-GVO nur eingeschränkte Anwendung: (1) Vertikale Vereinbarungen zwischen einer Unternehmensvereinigung und ihren Mitgliedern oder Lieferanten werden nur erfasst, wenn alle Mitglieder der Vereinigung Wareneinzelhändler sind und keines der Mitglieder einen jährlichen Gesamtumsatz von mehr als 50 Millionen EUR erzielt (Art. 2 Abs. 2 Vertikal-GVO). (2) Vertikalvereinbarungen, die die **Übertragung oder Nutzung von geistigen Eigentumsrechten** auf den Käufer betreffen, sind nur freigestellt, wenn diese Bestimmung nicht den Hauptgegenstand der Vereinbarung bilden (Art. 2 Abs. 3 Vertikal-GVO). (3) Auch Vertikalvereinbarungen zwischen Wettbewerbern sind nur eingeschränkt freigestellt (vgl Art. 2 Abs. 4 Vertikal-GVO). Eine wichtige Fallgruppe sind die Fälle der sog. **Dual-Distribution.** Diese sind dadurch gekennzeichnet, dass der Lieferant seine Produkte auf dem Markt sowohl über unabhängige Händler als auch über eigene Niederlassungen vertreibt. Derartige Vertriebssysteme unterfallen ebenfalls dem Anwendungsbereich der Vertikal-GVO, wenn der Käufer selbst nicht auf der vorgelagerten Produktionsstufe mit dem Lieferanten konkurriert. Die Vertikal-GVO ist **subsidiär,** dh sie findet keine Anwendung auf Vertikalvereinbarungen, die in den Geltungsbereich einer anderen Gruppenfreistellungsverordnung fallen (Art. 2 Abs. 5 Vertikal-GVO).

Die Kommission geht davon aus, dass Vertikalvereinbarungen in der Regel nur wettbewerbsschädlich sind, wenn die Parteien über eine gewisse **Marktmacht** verfügen. Um die Vorteile der **alten Vertikal-GVO** in Anspruch nehmen zu können, durfte der Marktanteil des Lieferanten höchstens 30% betragen. Nach der **neuen Vertikal-GVO** gilt die bisherige Marktanteilsschwelle nicht nur für den Lieferanten, sondern auch für die Abnehmer (Art. 3 Abs. 1 Vertikal-GVO). Der Marktanteil des Anbieters und der Marktanteil des Abnehmers auf dem Markt der Vertragsprodukte dürfen demnach **jeweils** nicht mehr als 30% betragen. Auf diese Weise wurde der Erkenntnis Rechnung getragen, dass auch Abnehmer über Marktmacht mit potenziell nachteiligen Auswirkungen auf den Wettbewerb verfügen können. Erfasst eine Vereinbarung mehrere Produkte, die **unterschiedlichen relevanten Märkten** angehören (dies ist zB typischerweise bei **Kopplungsbindungen** der Fall), so ist die Marktanteilsschwelle auf jeden dieser Märkte anzuwenden. 58

Die Vertikal-GVO findet keine Anwendung auf Vertikalvereinbarungen, die eine oder mehrere der in Art. 4 aufgelisteten **Kernbeschränkungen** enthalten. Dabei handelt es sich insbesondere um Beschränkungen des Käufers im Hinblick auf Verkaufspreise, Gebiete und Kunden (zu Einzelheiten vgl die Kommentierung zu den einzelnen Arten von Vertikalvereinbarungen, Rn 19, 63 ff). Daneben enthält Art. 5 Vertikal-GVO eine Liste von nicht freigestellten Beschränkungen. 59

d) Vertikal-Leitlinien. Außerhalb des Anwendungsbereichs der Vertikal-GVO hat eine Einzelfallbeurteilung im Hinblick auf die Konformität der Vereinbarung mit Art. 101 AEUV, §§ 1, 2 GWB zu erfolgen. Hierzu kann auf die Aussagen der Kommission in den **Vertikal-Leitlinien** zurückgegriffen werden. Die Vertikal-Leitlinien zeichnen den analytischen Rahmen für die Beurteilung von Vertikalvereinbarungen durch die Kommission vor. Die Kommission geht davon aus, dass Vertikalvereinbarungen grundsätzlich weniger wettbewerbsschädlich sind als Horizontalvereinbarungen. Dies gilt allerdings nur, solange die beteiligten Unternehmen nicht über **Marktmacht** verfügen. 60

Im Hinblick auf die möglichen **negativen Wirkungen** vertikaler Beschränkungen behandelt die Kommission in den neuen Vertikal-Leitlinien insbesondere den Markenzwang, den Alleinvertrieb, Kundenbeschränkungen, den selektiven Vertrieb, das Franchising, die Alleinbelieferung, Vorauszahlungen für den Zugang, Produktgruppenmanagement-Vereinbarungen, Kopplungsbindungen und Beschränkungen für den Weiterverkaufspreis (Vertikal-Leitlinien Rn 129 ff) Zur Klärung der Frage, ob eine spürbare Beschränkung des Wettbewerbs im Sinne von Art. 101 Abs. 1 AEUV vorliegt, sind insbesondere die Marktstellung der Parteien und ihrer Wettbewerber, etwaige Marktzutrittsschranken, die Marktreife, die Handelsstufe sowie die Beschaffenheit des Produktes von Bedeutung (Kommission, Vertikal-Leitlinien Rn 111). 61

Im Rahmen der Beurteilung nach Art. 101 Abs. 3 AEUV ist eine Vertikalvereinbarung auf mögliche **positive Wirkungen** in Form von Effizienzgewinnen zu untersuchen. In erster Linie können vertikale Beschränkungen zur Lösung des Trittbrettfahrerproblems dienen. Das Trittbrettfahren kennzeichnet das Aufspringen auf Vertriebsförderungsmaßnahmen des Lieferanten/Händlers durch konkurrierende Lieferanten/Händler (Kommission, Vertikal-Leitlinien Rn 107 lit. a). Zur Lösung des Trittbrettfahrerproblems werden typischerweise Wettbewerbsverbote, Vertriebsbindungen sowie Kunden- oder Gebietsbeschränkungen vereinbart. Weitere potenzielle Effizienzgewinne sind Größenvorteile beim Vertrieb, die typischerweise durch Alleinvertriebsverpflichtungen, Mindestbezugsmengen oder Alleinbezugsverpflichtungen erzielt werden. Darüber hinaus können (zeitlich beschränkte) Exklusivbindungen der Absicherung von Investitionen oder Darlehen dienen. Letztlich können Beschränkungen auch der Sicherung der Einheitlichkeit und Qualität des Vertriebssystems dienen. Dies gilt insbesondere für die Festlegung von Mindeststandards für die teilnehmenden Vertriebspartner (Kommission, Vertikal-Leitlinien Rn 107 lit. i). 62

2. Preisbindungen. a) Begriff. Durch die vertikale Preisbindung wird der Käufer verpflichtet, nicht unterhalb eines bestimmten Preises, zu einem bestimmten Preis bzw nicht oberhalb eines bestimmten Preises zu verkaufen. Hierzu zählen Mindestpreise, Fixpreise, Preisobergrenzen und Preisempfehlungen für den Weiterverkauf (Kommission, Vertikal-Leitlinien Rn 48 u. 223). Eine vertikale Preisbindung kann auch auf **indirektem** Wege durchgesetzt werden, zB durch die Festlegung von Absatzspannen oder Preisnachlässen, die der Händler höchsten gewähren darf, das Abhängig-Machen von wirtschaftlichen Anreizen von der Einhaltung eines bestimmten Preisniveaus, die Bindung des Verkaufspreises an die Preise von Wettbewerbern oder das In-Aussicht-Stellen von Nachteilen für den Fall der Nichteinhaltung eines bestimmten Preisniveaus. Auch **unterstützende Maßnahmen** wie Preisüberwachungssysteme oder auf der Verpackung aufgedruckte Verkaufspreise können zu einer unzulässigen Bindung 63 führen (Kommission, Vertikal-Leitlinien Rn 48). Durch die 7. GWB-Novelle 2005 wurde das absolute – dh ohne die Möglichkeit einer Freistellung bestehende – Verbot der Preis- oder Konditionenbindung in Drittverträgen (§ 14 GWB aF) aufgehoben. Auch insoweit wurde das deutsche Recht dem europäischen Recht angepasst.

64 **b) Vertikal-GVO. Höchstpreisbindungen** und **Preisempfehlungen** zulasten des Abnehmers sind bis zu einem Marktanteil von 30% sowohl des Anbieters als auch des Abnehmers nach der neuen Vertikal-GVO freigestellt. **Festpreise** und **Mindestpreise** sind unzulässige Kernbeschränkungen (Art. 4 lit. a) Vertikal-GVO). Als unzulässige Mindestpreisbildung gilt auch das Verbot von **Lockvogelangeboten** (Kommission ABl. 1974 L 160/1 – Packungsglas; BGH WuW/E BGH 1036 ff – Lockvogel). Über Beschränkungen zulasten des Lieferanten trifft die Vertikal-GVO keine Aussage. Sie sind daher bis zur Marktanteilsgrenze zulässig. Der Käufer darf dem Lieferanten daher beispielsweise auferlegen, andere Käufer nicht besser zu behandeln (**Meistbegünstigungsklausel**) (LB/*Bahr*, nach § 2 GWB Rn 287 ff; LB/*Nolte*, Fallgruppen Art. 81 Rn 499 ff).

65 **c) Einzelfallbeurteilung.** Außerhalb des Anwendungsbereichs der Vertikal-GVO ist ebenfalls zwischen Fest- und Mindestpreisen einerseits sowie Höchstpreisen und Preisempfehlungen andererseits zu unterscheiden. Die vertikale Fest- oder Mindestpreisbindung zulasten des Käufers ist eine **bezweckte Wettbewerbsbeschränkung**, dh sie fällt ohne Notwendigkeit der Prüfung ihrer Auswirkungen im Einzelfall unter das Kartellverbot (EuGH Slg 1990, I-261 ff – Tipp-Ex). Auch die Bagatellbekanntmachung findet keine Anwendung (Kommission, Bagatellbekanntmachung Rn 11; BKartA, Bagatellbekanntmachung Rn 14). Ebenfalls unzulässig ist die Festlegung einer **Wiederverkaufspreisspanne** (Kommission, ABl. 2001 L 262/14 ff – Volkswagen). Auch die zentrale **Preiswerbung** durch den Lieferanten kann mittelbar zu einer verbotenen Preisbindung führen (BGH WuW/E DE-R 1170 – Preisbindung durch Franchisegeber II). Höchstpreisbindungen wirken wettbewerbsbeschränkend, wenn sie sich aufgrund der Ausübung von **Druck** oder der Gewährung von **Anreizen** tatsächlich wie Fest- oder Mindestpreise auswirken. Wettbewerbsprobleme tauchen auch dann auf, wenn ein Großteil der gebundenen Abnehmer sich tatsächlich an die Höchstpreise hält und somit der markeninterne Preiswettbewerb eingeschränkt wird. Preisempfehlungen wirken in der Regel nicht wettbewerbsbeschränkend (EuGH Slg 1986, 353 ff – Pronuptia). Ebenso wie bei Höchstpreisbindungen können aber bei starker Marktstellung des Lieferanten Wettbewerbsprobleme durch ein mehr oder weniger einheitliches Preisniveau unter den Wiederverkäufern eintreten (Kommission, Vertikal-Leitlinien Rn 228). Zur sektorspezifischen Ausnahme der Preisbindung für Zeitungen und Zeitschriften vgl Kommentierung zu § 30 GWB (siehe unter 16. Abschnitt).

66 **3. Alleinvertrieb. a) Begriff.** Im Rahmen des Alleinvertriebs beschränkt sich der Lieferant für den Bereich eines bestimmten Gebietes oder einer bestimmten Kundengruppe auf Verkäufe an einen **einzigen Käufer.** Typischerweise verpflichtet der Lieferant sich zugleich, in diesem Gebiet auch selbst nicht zu vertreiben (Kommission, Vertikal-Leitlinien Rn 151).

67 **b) Vertikal-GVO.** Der Alleinvertrieb fällt bis zu einem Marktanteil von 30% sowohl des Lieferanten als auch des Abnehmers unter die Vertikal-GVO. Die Freistellung gilt auch, wenn der Alleinvertrieb mit anderen Wettbewerbsbeschränkungen wie Wettbewerbsverbote, Mengenvorgaben oder Alleinbezugsverpflichtungen verknüpft wird. **Nachvertragliche Beschränkungen** sind aber nicht nach der Vertikal-GVO freigestellt. Wird der Alleinvertrieb mit dem selektiven Vertrieb verknüpft, dürfen Verkäufe der Händler an Endkunden nicht beschränkt werden (Art. 4 lit. c) Vertikal-GVO).

68 **c) Einzelfallbeurteilung.** Auch für die Beurteilung von Fällen, in denen die Marktanteilsschwelle der Vertikal-GVO überschritten wird, geben die Vertikal-Leitlinien in Rn 151-167 Anhaltspunkte für die Beurteilung. Nach Aufhebung des § 16 GWB aF durch die 7. GWB-Novelle können diese Grundsätze auch für die Beurteilung rein nationaler Fälle herangezogen werden. Von größter Bedeutung ist die Marktstellung des Lieferanten und seiner Wettbewerber, weil ein Verlust an **markeninternem Wettbewerb** nur dann problematisch ist, wenn der Markenwettbewerb eingeschränkt wird. Der reine Alleinvertrieb im Sinne der bloßen Beschränkung des Lieferanten dürfte im Regelfall auch bei Marktanteilen von über 30% zulässig sein, weil eine **Abschottung** anderer Vertriebshändler unwahrscheinlich ist. Typischerweise wird der Alleinvertrieb jedoch mit **Kunden- bzw Gebietsbeschränkungen** der Vertriebshändler verknüpft, so dass ein gewisser Gebietsschutz entsteht. Dies kann zu einer erheblichen Einschränkung des markeninternen Wettbewerbs führen.

69 Bei einer **Kombination** von Alleinvertrieb mit Beschränkungen des Händlers im Hinblick auf Konkurrenzprodukte (**Markenzwang**) ist zu prüfen, ob andere Lieferanten vom Markt ausgeschlossen

werden. Die Verknüpfung von Alleinvertrieb mit Alleinbezug (im Sinne einer Verpflichtung des Händlers direkt beim Hersteller zu beziehen) schließt die Möglichkeit von Querlieferungen innerhalb des Systems aus und führt daher zu einer erheblichen Einschränkung des markeninternen Wettbewerbs. Die Kommission geht davon aus, dass derartige Beschränkungen bei einem Marktanteil von mehr als 30% nicht freistellungsfähig sind. Typische Effizienzgewinne, die im Rahmen der Beurteilung nach Art. 101 Abs. 3 AEUV, § 2 Abs. 1 GWB berücksichtigt werden können, sind Größenvorteile beim Vertrieb sowie der Schutz von Investitionen der Händler (Kommission, Vertikalleitlinien Rn 164).

4. Kunden- und Gebietsbeschränkungen. a) Begriff. Kunden- und Gebietsbeschränkungen werden typischerweise im Rahmen von Ausschließlichkeitsabreden vereinbart. Der Lieferant verpflichtet sich, seine Produkte zum Zweck des Weiterverkaufs in einem bestimmten Gebiet/an eine bestimmte Kundengruppe nur an einen Vertriebshändler zu verkaufen. Gleichzeitig verpflichtet der Lieferant sich typischerweise, die Waren bzw Dienstleistungen auch selbst nicht direkt in das geschützte Gebiet/an den geschützten Kundenkreis zu liefern. Im Gegenzug verpflichtet der Händler sich typischerweise, die Produkte (Waren oder Dienstleistungen) gar nicht oder nur in bestimmtem Umfang außerhalb seines geschützten Gebietes/Kundenkreises zu verkaufen. Hierdurch wird innerhalb des Vertriebssystems des Lieferanten eine gewisse **Marktaufteilung** bewirkt. 70

b) Vertikal-GVO. Kunden- und Gebietsbeschränkungen zulasten des Lieferanten sind bis zu einem Marktanteil von 30% nach der Vertikal-GVO freigestellt. Für Kunden- und Gebietsbeschränkungen zulasten des Käufers gilt eine differenzierte Betrachtungsweise. Im Grundsatz stellt jede Beschränkung des Käufers im Hinblick auf das zu beliefernde Gebiet/den zu beliefernden Kundenkreis eine **Kernbeschränkung** dar (Art. 4 lit. b) Vertikal-GVO). Eine wichtige Ausnahme hiervon bildet das **Verbot des Aktivverkaufs** in Exklusivgebiete Dritter. Die Beschränkung des Aktivverkaufs ist bis zu einem Marktanteil von 30% freigestellt. Aktiver Verkauf bedeutet die aktive Ansprache individueller Kunden zB mittels Direktversand von Briefen, persönlichen Besuchs, Errichtung von Lagern oder Verkaufsstätten oder mittels Werbung in den Medien (Kommission, Vertikal-Leitlinien Rn 51). **Passivverkäufe** müssen frei bleiben. Passiver Verkauf bedeutet die Erledigung unaufgeforderter Bestellungen einzelner Kunden (Vertikal-Leitlinien Rn 51). Ein vollständiger Ausschluss des Weiterverkaufs außerhalb des zugewiesenen Gebietes/Kundenkreises ist daher grundsätzlich unzulässig. Eine bedeutsame Ausnahme hiervon besteht für den Vertrieb über Handelsvertreter oder Kommissionäre (vgl Rn 19, 76 ff). 71

c) Einzelfallbeurteilung. Nach Auffassung der Kommission kommt jenseits der Marktanteilsschwelle von 30% eine Freistellung von Kunden- und Gebietsbeschränkungen zulasten des Käufers nur bei Vorliegen klarer und erheblicher **Effizienzgewinne** in Betracht. Die Kommission nennt als Beispiele **Investitionen** der Händler in besondere Ausrüstungen, Fertigkeiten oder Know-how, die spezifisch auf ihre Kundengruppe ausgerichtet sind (Kommission, Vertikal-Leitlinien Rn 172). 72

5. Selektiver Vertrieb. a) Begriff. Im Rahmen des selektiven Vertriebs beschränkt sich der Lieferant auf die Belieferung einzelner ausgewählter Wiederverkäufer. Die Kommission definiert den selektiven Vertrieb als Vertriebssystem, in dem sich der Lieferant **verpflichtet**, die Vertragswaren oder -dienstleistungen unmittelbar oder mittelbar nur an Händler zu verkaufen, die aufgrund **festgelegter Merkmale** ausgewählt werden, und in denen sich diese Händler verpflichten, die betreffenden Waren oder Dienstleistungen nicht an Händler zu verkaufen, die nicht **zum Vertrieb zugelassen** sind (Art. 1 lit. e) Vertikal-GVO). Durch Selektivvertriebsvereinbarungen werden, wie bei Alleinvertriebsvereinbarungen, einerseits die Anzahl der anerkannten Händler und andererseits die Weiterverkaufsmöglichkeiten beschränkt. Der Unterschied zum Alleinvertrieb besteht darin, dass die Beschränkung der Händlerzahl nicht von der Anzahl der Gebiete abhängt, sondern von Auswahlkriterien, die in erster Linie mit der **Beschaffenheit des Produktes** zusammenhängen (Kommission, Vertikal-Leitlinien Rn 174). Im Einzelnen ist zwischen rein **qualitativem Selektivvertrieb** und quantitativen Selektivvertrieb zu unterscheiden. Beim rein qualitativen Selektivvertrieb werden die Händler ausschließlich nach objektiven, qualitativen Kriterien ausgewählt, die sich nach den Anforderungen des betreffenden Produktes richten (zB Verkäuferschulung, Service, Produktspektrum; EuG Slg 1996, II-1961 ff – Leclerc/Kommission). Beim **quantitativen Selektivvertrieb** kommen noch Zulassungskriterien hinzu (zB Mindestumsätze oder Begrenzungen in der Händlerzahl), die die Anzahl der in Frage kommenden Händler beschränken (Kommission, Vertikal-Leitlinien Rn 175). 73

b) Vertikal-GVO. Der qualitative und der quantitative Selektivvertrieb sind unabhängig von der Art und Beschaffenheit des Produkts bis zu einem Marktanteil von 30% sowohl des Lieferanten als auch des Abnehmers nach der Vertikal-GVO freigestellt. Erfordert das Produkt jedoch aufgrund seiner Be- 74 schaffenheit keinen selektiven Vertrieb, so treten oftmals nicht die erwarteten Effizienz steigernden Wirkungen ein. Bei Vertriebssystemen, die den Wettbewerb spürbar im Sinne von Art. 101 Abs. 1 AEUV, § 1 GWB beschränken, ist daher ein ex-nunc wirkender **Entzug** des Vorteils der Anwendung der Vertikal-GVO durch die Kommission oder durch das BKartA möglich (vgl Kommission, Vertikal-Leitlinien Rn 74-78). Gemäß Art. 6 Vertikal-GVO kann die Kommission außerdem parallele Netze gleichartiger vertikaler Beschränkungen, die mehr als 50% des relevanten Marktes abdecken, durch Verordnung vom Geltungsbereich der GVO ausschließen. Als verbotene **Kernbeschränkungen** gelten die Beschränkung des aktiven oder passiven Verkaufs an Endverbraucher durch auf der Einzelhandelstufe tätige Mitglieder eines selektiven Vertriebs (Art. 4 lit. c) Vertikal-GVO) sowie Beschränkungen von **Querlieferungen** innerhalb des Systems (Art. 4 lit. d) Vertikal-GVO). Unter diesem Aspekt sind zB **Direktbezugspflichten** sowie **Mindestabnahmemengen** als Kernbeschränkung einzuordnen (BGH WuW/E DE-R 1335 ff – CITROËN). Beim **Internetvertrieb** handelt es sich um eine Form des Passivverkaufs (Kommission, Vertikal-Leitlinien Rn 52). Ein Lieferant darf seinen Händlern den Verkauf über das Internet prinzipiell nicht verbieten, sondern darf ausschließlich Qualitätsanforderungen an die Verwendung des Internets innerhalb eines selektiven Vertriebs stellen (Kommission, Vertikal-Leitlinien Rn 52, 54 u. 56). Der Lieferant darf von seinen Händlern allerdings verlangen, dass diese über einen oder mehrere physische Verkaufspunkte oder Ausstellungsräume verfügen (Kommission, Vertikal-Leitlinien Rn 54).

75 c) **Einzelfallbeurteilung.** Außerhalb des Anwendungsbereichs der Vertikal-GVO ist zwischen dem qualitativen und quantitativen Selektivvertrieb zu unterscheiden. Der rein qualitative Selektivvertrieb fällt nicht unter Art. 101 Abs. 1 AEUV, § 1 GWB, wenn drei Voraussetzungen erfüllt sind: Erstens müssen die **Eigenschaften des Produktes** zur Wahrung der Qualität und zur Gewährleistung seines richtigen Gebrauchs den Vertrieb über besonders qualifizierte Händler erfordern (EuGH Slg 1977, 1875 ff – Metro I). Zweitens muss die Auswahl der Wiederverkäufer aufgrund **objektiver Gesichtspunkte qualitativer Art** erfolgen, die sich auf die fachliche Eignung des Wiederverkäufers, seines Personals und seiner fachlichen Ausstattung beziehen. Diese Voraussetzungen müssen einheitlich für alle in Betracht kommenden Wiederverkäufer festgelegt und ohne **Diskriminierung** angewendet werden. Drittens dürfen die aufgestellten Kriterien nicht über das hinausgehen, was erforderlich ist (EuGH Slg 1983, 3151 ff – AEG; Kommission, Vertikal-Leitlinien Rn 175). Der **quantitative Selektivvertrieb** kann bei einem Marktanteil von mehr als 30% Probleme aufwerfen, wenn der Verlust an markeninternem Wettbewerb nicht durch wirksamen Markenwettbewerb ausgeglichen werden kann. Unter diesem Gesichtspunkt sind insbesondere Wettbewerbsverbote sowie das Bestehen paralleler **Netze** selektiver Vertriebssysteme von Bedeutung (Kommission, Vertikal-Leitlinien Rn 179, 183).

76 **6. Handelsvertreter.** a) **Begriff.** Durch den Handelsvertretervertrag erhält eine juristische oder natürliche Person (der Handelsvertreter) die Vollmacht, im Auftrag einer anderen Person (des Auftraggebers) entweder im eigenen Namen oder im Namen des Auftraggebers Verträge auszuhandeln und/oder zu schließen, die entweder den Erwerb von Waren oder Dienstleistungen durch den Auftraggeber oder den Verkauf von Waren oder Dienstleistungen durch den Auftraggeber zum Gegenstand haben (Kommission, Vertikal-Leitlinien Rn 12). Der Handelsvertreterbegriff im Sinne des Kartellrechts umfasst daher auch **Kommissionäre** und **Kommissionsagenten**.

77 b) **Risikoverteilung.** Die Kommission folgt dem Grundsatz, dass derjenige, der das maßgebliche **Absatzrisiko** eines Produktes trägt, auch in der Lage sein muss, die wesentlichen **Absatzbedingungen** (Preise, Kunden, Gebiete) zu bestimmen. Ein Handelsvertretervertrag fällt insoweit nicht unter das Kartellverbot des Art. 101 Abs. 1 AEUV, wenn der Handelsvertreter bezüglich der Verträge, die er im Namen des Auftraggebers schließt und/oder aushandelt, bezüglich marktspezifischer Investitionen für diesen Tätigkeitsbereich und bezüglich anderer Tätigkeiten, die der Auftraggeber für denselben sachlich relevanten Markt als erforderlich erachtet, keine oder nur unbedeutende Risiken trägt. Risiken, die mit der Erbringung von Handelsvertreterleistungen generell zusammenhängen, wie zB die Abhängigkeit des Einkommens des Handelsvertreters von seinem Erfolg als Vertreter oder von allgemeinen Investitionen in Geschäftsräume oder Personal, sind für die Würdigung irrelevant (Kommission, Vertikal-Leitlinien Rn 12). Trägt der Auftraggeber das typische Handelsrisiko, namentlich das Absatz-, Vordispositions-, Lager- und Kreditrisiko, darf er dem Handelsvertreter Beschränkungen im Hinblick auf die für ihn ausgehandelten und/oder geschlossenen Verträge in Form von Preis- und Konditionenbindungen sowie Kunden- und Gebietsbeschränkungen auferlegen (vgl BGH WuW/E BGH 2238 ff – EH-Partner-Vertrag; WuW/E BGH 1402 ff – EDV-Zubehör). Eine Liste der im Einzelnen zu berücksichtigen Risiken findet sich in Rn 16 der Vertikal-Leitlinien. Trägt der Handelsvertreter die Hauptri-

siken aus den im Auftrag geschlossenen und/oder ausgehandelten Verträgen oder in Bezug auf geschäftsspezifische Investitionen, handelt es sich um einen unechten Handelsvertretervertrag, auf den das Kartellverbot uneingeschränkte Anwendung findet. Die Vertikal-GVO findet bis zu einem Marktanteil von 30% sowohl des Auftraggebers als auch des Handelsvertreters Anwendung. Es dürfen allerdings keine Kernbeschränkungen enthalten sein, dh Preis- und Konditionenbindungen sowie Kunden- und Gebietsbeschränkungen folgen den allgemeinen Regeln. Verbleibt das Eigentum beim Auftraggeber, dann bestimmt er typischerweise den Verkaufspreis. Dies ist auch bei Vorliegen eines unechten Handelsvertretervertrages zulässig. Allerdings muss der unechte Handelsvertreter frei bleiben, seine Provision ganz oder teilweise mit dem Kunden zu teilen. Ein **Provisionsweitergabeverbot** würde gegen das Kartellverbot verstoßen (Kommission, Vertikal-Leitlinien, Rn 49).

c) **Ausschließlichkeitsbindungen.** Vorgenannte Grundsätze gelten allerdings nach Ansicht der Kommission nicht für zwischen den Parteien vereinbarte Ausschließlichkeitsbindungen (Wettbewerbsverbot zulasten des Handelsvertreters und/oder Alleinvertriebsbindung zulasten des Auftraggebers). Diese Beschränkungen betreffen nicht die für den Auftraggeber geschlossenen und/oder ausgehandelten Verträge. Das Kartellverbot ist auf derartige Verpflichtungen auch in einem echten Handelsvertretervertrag anwendbar (Kommission, Vertikal-Leitlinien, Rn 19). Hier gelten die allgemeinen Regeln der Vertikal-GVO, dh derartige Bestimmungen sind bis zu einem Marktanteil von 30% sowohl des Lieferanten als auch des Abnehmers gruppenweise freigestellt (für Wettbewerbsverbote gilt dies nur für einen Zeitraum von maximal fünf Jahren – vgl Art. 5 Abs. 1 lit. a) Vertikal-GVO). Das Wettbewerbsverbot zulasten des Handelsvertreters ist ausnahmsweise dann nicht vom Kartellverbot erfasst, wenn es im konkreten Einzelfall zur Wahrung der Interessen des Geschäftsherrn erforderlich ist (vgl § 86 Abs. 1 HGB). Allein aus der handelsrechtlich (vgl § 90a HGB) vorgesehenen Möglichkeit der Vereinbarung eines Wettbewerbsverbots ergibt sich jedoch nicht zwingend, dass ein solches für den konkreten Vertrag **funktionsnotwendig** bzw **immanent** wäre (BGH WuW/E BGH 2668 ff – Pauschalreise-Vermittlung; WuW/E BGH 2238 ff – EH-Partner-Vertrag). 78

d) **Eingliederung.** Es war lange Zeit unklar, ob neben der Risikoverteilung das Kriterium der Eingliederung in die Absatzorganisation des Auftraggebers eigenständige Bedeutung hat. In Sachen „Volkswagen und VAG-Leasing" führte der EuGH wie folgt aus: „Vertreter können ihre Eigenschaft als selbstständige Wirtschaftsteilnehmer nur verlieren, wenn sie keines der Risiken aus den für den Geschäftsherrn vermittelten Geschäften tragen und als Hilfsorgane in das Unternehmen des Geschäftsherrn eingegliedert sind […]." (EuGH Slg 1995, I-3477 ff – Volkswagen und VAG-Leasing). An dieser Formulierung hält der EuGH nach wie vor fest. Allerdings hat der EuGH nunmehr klargestellt, dass das Merkmal der Eingliederung kein selbstständig neben der Risikoverteilung stehendes Kriterium ist. Wenn danach ein Absatzmittler sein Verhalten auf dem Markt nicht eigenständig bestimmt, weil er vollständig von seinem Geschäftsherrn aufgrund der Tatsache abhängig ist, dass dieser die **finanziellen und kommerziellen Risiken** in Bezug auf die **betreffende wirtschaftliche Tätigkeit** trägt, ist das in Art. 101 Abs. 1 AEUV aufgestellte Verbot auf die Beziehungen zwischen diesem Absatzmittler und seinem Geschäftsherrn nicht anwendbar (EuGH WuW/E EU-R 1215 ff – Confederatión/CEPSA). Es ist daher auch nicht schädlich, wenn der Handelsvertreter **für mehrere Auftraggeber** tätig ist (Kommission, Vertikal-Leitlinien Rn 13). 79

e) **Doppelprägung.** Wird der Absatzmittler teilweise als Handelsvertreter und teilweise als selbstständiger Eigenhändler für den Auftraggeber tätig (Fall der Doppelprägung), ist das Kartellverbot unter Umständen auf die Gesamtvereinbarung anwendbar. Dies gilt nach der Rechtsprechung des EuGH jedenfalls dann, wenn die Doppelprägung sich auf **ein und dasselbe Produkt** bezieht (EuGH Slg 1975, 1663 ff – Suiker Unie/Kommission). Beschränkt sich die Eigenhändlerleistung des Absatzmittlers auf **begleitende Dienstleistungen** wie Kundendienst, Durchführung von Gewährleistungsarbeiten oder Unterhaltung von Ersatzteillagern, liegt keine privilegierungsschädliche Doppelprägung vor (EuG Slg 2005, II-3319 ff – DaimlerChrysler/Kommission). 80

7. Alleinbezug. a) **Begriff.** Mittels der Alleinbezugsverpflichtung wird der Käufer im Hinblick auf die Vertragsprodukte an den Lieferanten gebunden. Der Alleinbezug kann als **Direktbezugsverpflichtung** ausgestaltet werden. In diesem Fall verpflichtet sich der Käufer, die Vertragsprodukte direkt beim Lieferanten zu beziehen. Der Direktbezug schließt Querlieferungen innerhalb des Systems aus und führt zu einer Einschränkung des **markeninternen Wettbewerbs**. Der Alleinbezug kann aber auch als **Wettbewerbsverbot** ausgestaltet werden. Hierunter versteht die Kommission alle unmittelbaren oder mittelbaren Verpflichtungen, die den Käufer veranlassen, keine Waren oder Dienstleistungen herzu- 81 stellen, zu beziehen, zu verkaufen oder weiterzuverkaufen, die mit den Vertragswaren oder Dienstleistungen im Wettbewerb stehen, sowie alle unmittelbaren oder mittelbaren Verpflichtungen des Käufers, mehr als 80% seiner gesamten Einkäufe von Vertragswaren oder Dienstleistungen sowie ihrer Substitute auf dem relevanten Markt vom Lieferanten oder einem anderen vom Lieferanten bezeichneten Unternehmen zu beziehen. Wettbewerbsverbote führen potenziell zu einer Einschränkung des **Markenwettbewerbs**, da sie den Käufer daran hindern, Konkurrenzprodukte zu erwerben.

82 **b) Vertikal-GVO.** Der Alleinbezug ist bis zu einem Marktanteil von 30% sowohl des Lieferanten als auch des Abnehmers nach der Vertikal-GVO freigestellt. Wettbewerbsverbote können aber nur für eine Dauer von maximal **fünf Jahren** vereinbart werden. Zeitlich überschießende Wettbewerbsverbote oder solche von unbestimmter Dauer stellen zwar keine Kernbeschränkung dar, sind aber auch nicht nach der Vertikal-GVO freigestellt (Art. 5 Abs. 1 lit. a) Vertikal-GVO). Auch die **englische Klausel**, wonach der Käufer verpflichtet ist, ein ihm unterbreitetes besseres Angebot eines anderen Lieferanten zu melden sowie gegebenenfalls das bessere Angebot nur anzunehmen, wenn der Lieferant innerhalb einer bestimmten Frist kein entsprechendes Angebot vorlegt, kann die Wirkung eines Wettbewerbsverbotes entfalten.

83 **c) Einzelfallbeurteilung.** Außerhalb des Anwendungsbereichs der Vertikal-GVO ist die Vereinbarung auf die zu erwartenden Abschottungswirkungen zu untersuchen. Alleinbezugsbindungen können den markeninternen Wettbewerb beschränken. Dies gilt insbesondere in Verbindung mit einer Alleinvertriebsvereinbarung (Kommission, Vertikal-Leitlinien Rn 162). Wenn der Alleinbezug als Wettbewerbsverbot ausgestaltet ist, führt dies potenziell zu einer Einschränkung des Markenwettbewerbs, dh zu einer Abschottung konkurrierender Lieferanten. Relevante Kriterien im Rahmen der Prüfung sind die Marktposition des Lieferanten und seiner Wettbewerber, das Bestehen ähnlicher Bindungen auf dem Markt, die Marktmacht der Abnehmer, die Handelsstufe sowie bestehende Marktzutrittsschranken (Kommission, Vertikal-Leitlinien Rn 154-160). Als Effizienzgewinne, die eine Freistellung rechtfertigen können, kommen insbesondere eine **Darlehensgewährung sowie vertragsspezifische Investitionen** durch den Lieferanten in Betracht (Kommission ABl. 1999 L 88/26 ff – Whitbread; Vertikal-Leitlinien Rn 108).

II. Horizontalvereinbarungen

84 **1. Überblick. a) Begriff.** Unter einer Horizontalvereinbarung versteht man die Zusammenarbeit von zwei oder mehr Unternehmen ein- und derselben Wirtschaftsstufe – typischerweise **aktuellen oder potenziellen Wettbewerbern**. Die Kommission verfolgt gegenüber Horizontalvereinbarungen einen gespaltenen Ansatz. Auf der einen Seite stehen die besonders wettbewerbsschädlichen **Kartelle**, die von der Kommission mit in weiter zunehmender Härte verfolgt und bestraft werden. Typische Kartellabsprachen betreffen die **Festsetzung der Preise, Aufteilung der Märkte** sowie **Beschränkung der Produktion**. Auf der anderen Seite erkennt die Kommission an, dass die horizontale Zusammenarbeit auch wettbewerbsfördernde Wirkungen haben kann, insbesondere wenn sie zur **Risikostreuung, Kosteneinsparung, Know-how-Streuung** oder **Innovationsbeschleunigung** führt. Die Kommission geht davon aus, das solche Formen der Kooperation zu einer substantiellen Verbesserung der Wettbewerbsfähigkeit der beteiligten Unternehmen im Rahmen des im Zuge der Globalisierung eingetretenen erhöhten Wettbewerbsdrucks beiträgt (Kommission, Horizontal-Leitlinien Rn 3). Diese Formen der horizontalen Zusammenarbeit, die insbesondere die gemeinsame Forschung und Entwicklung, Produktion, Einkauf, Vertrieb, Normierung und Standardisierung sowie Umweltvereinbarungen betreffen, betrachtet die Kommission nach ihrem neuen ökonomischen Ansatz anhand ihrer zu erwartenden Auswirkungen auf dem Markt. Die Grundsätze hierfür hat sie in den Horizontal-Leitlinien zusammengefasst.

85 **b) Regelungswerk.** Anders als im Fall der Vertikalvereinbarungen hat die Kommission im Bereich der horizontalen Vereinbarungen keine allumfassende Schirm-GVO erlassen, sondern einen differenzierten Ansatz gewählt. Grundsätze zur Beurteilung von Horizontalvereinbarungen finden sich in der Gruppenfreistellungsverordnung für Forschungs- und Entwicklungsvereinbarungen (ABl. 2010 L 335/36; **FuE-GVO**), der Gruppenfreistellungsverordnung für Spezialisierungsvereinbarungen (ABl. 2010 L 335/43; **Spezialisierungs-GVO**) sowie den Leitlinien zur Anwendung von Artikel 101 AEUV auf Vereinbarungen über horizontale Zusammenarbeit (ABl. 2011 C 11/01; **Horizontal-Leitlinien**). Neufassungen der FuE-GVO und der Spezialisierungs-GVO sind am 1. Januar 2011 in Kraft getreten, sie ersetzen die alten Verordnungen aus dem Jahr 2000. Beide Verordnungen enthalten aber Übergangsklauseln, nach denen die bisherigen Verordnungen für den Zeitraum von zwei Jahren für

Vereinbarungen gelten, die die Voraussetzungen der bisherigen Verordnung, nicht aber der neuen Verordnung erfüllen (vgl Art. 8 FuE-GVO und Art. 6 Spezialisierungs-GVO).

c) **Horizontale Gruppenfreistellungsverordnungen.** Die **FuE-GVO** und die **Spezialisierungs-GVO** entfalten über § 2 Abs. 2 GWB unmittelbare Wirkung auch für rein innerstaatliche Sachverhalte. Die Horizontal-Leitlinien sind zwar für die deutschen Behörden und Gerichte nicht rechtlich verbindlich; im Regelfall entfalten sie jedoch **faktische Bindungswirkung.** Bereits im Jahr 2000 sind die FuE-GvO und die Spezialisierungs-GVO an den neuen ökonomischen Ansatz der Kommission angepasst worden. Wie alle modernen Gruppenfreistellungsverordnungen gehen sie vom Konzept der begrenzten Marktmacht aus. Danach sind von einer Vereinbarung außerhalb des Bereichs der verbotenen Kernbeschränkungen nur negative Auswirkungen auf den Wettbewerb zu erwarten, wenn die Partner über ein gewisses Maß an Marktmacht verfügen. Aus diesem Grund greifen die Gruppenfreistellungsverordnungen nur bis zu einem bestimmten **Marktanteil** der Beteiligten (Spezialisierungs-GVO: 20%; FuE-GVO: 25%). Vereinbarungen, die die Marktanteilsschwelle nicht überschreiten, fallen grundsätzlich in den **„sicheren Hafen“** der GVO. Ausgenommen hiervon sind nur die in der schwarzen Liste einzeln aufgeführten **Kernbeschränkungen.** 86

d) **Horizontal-Leitlinien.** Die beiden Gruppenfreistellungsverordnungen werden durch die Horizontal-Leitlinien ergänzt. Die Horizontal-Leitlinien enthalten den analytischen Rahmen für die Beurteilung einer Reihe von Horizontalvereinbarungen. Die Horizontal-Leitlinien treffen allerdings keine Aussagen über sämtliche Formen der horizontalen Kooperation. Sie beschränken sich auf die Bereiche, die nach Auffassung der Kommission typischerweise zu **Effizienzgewinnen** führen können, wie Vereinbarungen über **FuE, Produktion, Einkauf, Vermarktung, Normierung und Umweltschutz** (Kommission, Horizontal-Leitlinien Rn 5). Vereinbarungen, die unterschiedliche Stufen der Kooperation betreffen (zB FuE und Produktion) sind nach dem **Schwerpunkt der Zusammenarbeit** zu beurteilen. Dieser beurteilt sich nach dem Ausgangspunkt der Zusammenarbeit und dem Grad der Integration der verschiedenen miteinander kombinierten Funktionen (Kommission, Horizontal-Leitlinien Rn 14). 87

2. **Forschungs- und Entwicklungsvereinbarungen. a) Begriff.** FuE-Vereinbarungen können die **Auslagerung** bestimmter FuE-Aktivitäten, die gemeinsame **Verbesserung bestehender Technologien** oder die **Entwicklung ganz neuartiger Produkte** betreffen. Sie können die Form einer schuldrechtlichen Kooperationsvereinbarung oder auch eines eigens gegründeten gemeinsam kontrollierten Unternehmen haben. 88

b) **FuE-GVO.** Gemäß Art. 2 Abs. 1 iVm Art. 1 Abs. 1 lit. a) FuE-GVO sind **freistellungsfähig** (i.) die gemeinsame Forschung und Entwicklung von Produkten oder Verfahren und die gemeinsame Verwertung der dabei erzielten Ergebnisse, (ii.) die gemeinsame Verwertung der Ergebnisse von FuE in Bezug auf Produkte oder Verfahren, die von denselben Vertragsparteien aufgrund einer früheren Vereinbarung durchgeführt worden sind und (iii.) die gemeinsame FuE von Produkten oder Verfahren ohne die gemeinsame Verwertung der Ergebnisse. Darüber hinaus sind nunmehr nach der neuen FuE-GVO auch freistellungsfähig (iv.) die Auftragsforschung und -entwicklung von Vertragsprodukten oder Vertragstechnologien und gemeinsame Verwertung der erzielten Ergebnisse, (v.) die gemeinsame Verwertung der Ergebnisse der Auftragsforschung und -entwicklung von Produkten oder Verfahren, die nach einer zuvor geschlossenen Vereinbarung zwischen denselben Vertragsparteien durchgeführt worden ist und (vi.) die Auftragsforschung und -entwicklung ohne gemeinsame Verwertung der Ergebnisse. Die FuE-GVO unterscheidet demnach prinzipiell zwei Phasen der Zusammenarbeit: Die FuE-Phase sowie die Verwertungsphase. Die **FuE-Phase** betrifft die eigentliche Durchführung der FuE-Arbeiten, dh den Erwerb von Know-how und die Durchführung theoretischer Analysen, systematischer Studien oder Versuche, einschließlich der versuchsweisen Herstellung und der technischen Prüfung von Produkten oder Verfahren, die Errichtung der dazu erforderlichen Anlagen und die Erlangung von Rechten am geistigen Eigentum an den Ergebnissen (Art. 1 Abs. 1 lit. c) FuE-GVO). Im Rahmen der Auftragsforschung und -entwicklung beschränkt sich die Zusammenarbeit darauf, dass eine Partei lediglich die FuE-Aktivitäten der anderen Partei finanziert (Art. 1 Abs. 1 lit. p) u. q) FuE-GVO). Die **Verwertungsphase** betrifft die Herstellung oder den Vertrieb der Vertragsprodukte, die Anwendung der Vertragsverfahren, die Abtretung von Rechten am geistigen Eigentum oder die Vergabe diesbezüglicher Lizenzen oder die Weitergabe von Know-how, das für die Herstellung oder Anwendung erforderlich ist (Art. 1 Abs. 1 lit. g) FuE-GVO). 89

Die FuE-Arbeiten werden **gemeinsam** durchgeführt, wenn im Zusammenhang mit der Durchführung der FuE oder der Verwertung der Ergebnisse die Ausübung der betreffenden Tätigkeiten (i.) durch eine 90 gemeinsame Arbeitsgruppe oder Organisation oder ein gemeinsames Unternehmen oder (ii.) durch einen gemeinsam bestimmten Dritten (zB eine Hochschuleinrichtung) oder (iii.) durch die Parteien im Wege der Spezialisierung im Rahmen der Forschung und Entwicklung oder der Verwertung durchgeführt wird (Art. 1 Abs. 1 lit. m) FuE-GVO). Die Spezialisierung im Rahmen der Verwertung umfasst auch den Fall, dass nur eine Partei die Vertragsprodukte auf der Grundlage einer von den anderen Parteien erteilten ausschließlichen Lizenz herstellt und vertreibt (Art. 1 Abs. 1 lit. o) FuE-GVO).

91 Die Freistellung nach der FuE-GVO gilt nur unter bestimmten **Freistellungsvoraussetzungen**, die in Art. 3 FuE-GVO aufgezählt sind. Erstens müssen grundsätzlich alle Parteien uneingeschränkten **Zugang** zu den Ergebnissen der gemeinsamen FuE-Arbeiten oder der Auftragsforschung und -entwicklung für weitere Forschungs- oder Verwertungszwecke haben (Art. 3 Abs. 2 S. 1 FuE-GVO). Ausnahmsweise kann der Zugang zu den Endergebnissen der gemeinsamen FuE für die Verwertung im Einklang mit der FuE-GVO beschränkt werden (Art. 3 Abs. 2 S. 2 FuE-GVO). Von der Zugangspflicht ausgenommen sind Forschungsinstitute, Hochschulen sowie Unternehmen, die FuE-Leistungen in Form gewerblicher Dienste erbringen und sich üblicherweise nicht in der Verwertung der Ergebnisse betätigen (Art. 3 Abs. 2 S. 3 FuE-GVO). Mit diesen Einrichtungen kann vereinbart werden, die Ergebnisse ausschließlich zum Zwecke der Durchführung weiterer FuE-Arbeiten zu verwenden (Art. 3 Abs. 2 S. 4 FuE-GVO). Zweitens muss im Fall der reinen gemeinsamen FuE (dh ohne gemeinsame Verwertung) oder im Fall der Auftragsforschung und -entwicklung jeder Partei Zugang zum vorhandenen Know-how der anderen Parteien gewährt werden, sofern dieses Know-how für die Verwertung der Ergebnisse unerlässlich ist (Art. 3 Abs. 3 S. 1 FuE-GVO). Drittens ist die gemeinsame Verwertung nur freigestellt, wenn die Ergebnisse der FuE durch gewerbliche Schutzrechte geschützt sind oder Know-how darstellen und die Ergebnisse für die Herstellung der Vertragsprodukte oder die Anwendung der Vertragsverfahren unerlässlich sind (Art. 3 Abs. 4 FuE-GVO). Viertens müssen die im Wege der Spezialisierung betrauten Parteien im Rahmen der Verwertung verpflichtet sein, Aufträge der anderen Parteien über die Belieferung mit Vertragsprodukten zu erfüllen, es sei denn die FuE sieht auch einen gemeinsamen Vertrieb vor oder die Parteien haben vereinbart, dass nur die Partei, die die Vertragsprodukte herstellt, diese auch vertreiben darf (Art. 3 Abs. 5 FuE-GVO).

92 Die FuE-GVO unterscheidet zwischen Vereinbarungen zwischen Wettbewerbern und solchen zwischen Nicht-Wettbewerbern. Wenn die Parteien **keine Wettbewerber** im Hinblick auf die Vertragsprodukte sind, gilt die Freistellung für den Zeitraum der gemeinsamen FuE-Arbeiten sowie der sogenannten ersten Verwertungsphase von **sieben Jahren**, gemessen ab dem Zeitpunkt des ersten Inverkehrbringens der Vertragsprodukte im Binnenmarkt (Art. 4 Abs. 1 FuE-GVO), unabhängig von den Marktanteilen der Parteien. Die Begrenzung auf sieben Jahren dient dem Investitionsschutz. Wenn mindestens zwei der Beteiligten Unternehmen **aktuelle oder potenzielle Wettbewerber** im relevanten Markt der Vertragsprodukte sind, gilt die Freistellung nach der FuE-GVO für den gleichen Zeitrahmen, wenn die Vertragsparteien zum Zeitpunkt des Abschlusses der FuE-Vereinbarung einen gemeinsamen Marktanteil von nicht mehr als **25%** halten (Art. 4 Abs. 2 lit. a) FuE-GVO). Im Falle der Auftragsforschung und -entwicklung darf der gemeinsame Anteil der finanzierenden Partei und aller Parteien, mit denen die finanzierende Partei Forschungs- und Entwicklungsvereinbarungen über dieselben Vertragsprodukte oder Verfahren geschlossen hat, an den relevanten Märkten ebenfalls höchstens 25% betragen. (Art. 4 Abs. 2 lit. b) FuE-GVO). Für Vereinbarungen zwischen Wettbewerbern und solchen zwischen Nicht-Wettbewerbern gilt die Freistellung nach Ablauf von sieben Jahren (sog. zweite Verwertungsphase) solange weiter, wie der gemeinsame Anteil der Parteien auf den relevanten Märkten 25% nicht überschreitet (Art. 4 Abs. 3 FuE-GVO).

93 Die Freistellung nach der FuE-GVO entfällt für die gesamte Vereinbarung, wenn sie eine oder mehrere der in Art. 5 FuE-GVO aufgelisteten **Kernbeschränkungen** enthält. In der Praxis von Bedeutung sind insbesondere Beschränkungen der Parteien in der Freiheit zur **Durchführung weiterer FuE-Arbeiten** selbstständig oder mit Dritten (Art. 5 Abs. 1 lit. a) FuE-GVO), **Produktions- und Absatzbeschränkungen** (Art. 5 Abs. 1 lit. b) FuE-GVO), die **Festsetzung der Verkaufspreise** (Art. 5 Abs. 1 lit. c) FuE-GVO), **Kunden- und Gebietsbeschränkungen** (Art. 5 Abs. 1 lit. d) – f) FuE-GVO) sowie Verpflichtungen, Nutzern oder Wiederverkäufern den Bezug der Vertragsprodukte von anderen Wiederverkäufern auf dem Binnenmarkt zu erschweren (Art. 5 Abs. 1 lit. g) FuE-GVO). In Art. 6 FuE-GVO sind ferner bestimmte nicht freigestellte Beschränkungen aufgeführt. Ein Verstoß gegen Art. 6 FuE-GVO führt dazu, dass nur die jeweilige Klausel nicht freigestellt ist.

c) **Einzelfallbetrachtung.** Außerhalb des Anwendungsbereichs der FuE-GVO muss die Vereinbarkeit mit Art. 101 AEUV, §§ 1 ff GWB im Rahmen der Einzelfallbetrachtung ermittelt werden. Anhaltspunkte für die Beurteilung gibt die Kommission in Rn 111 ff der Horizontal-Leitlinien. Danach ist im Rahmen der Einzelfallprüfung zu berücksichtigen, dass die Zusammenarbeit im Bereich FuE Auswirkungen auf **Produktmärkte, Technologiemärkte** sowie den **Innovationswettbewerb** haben kann. Wenn die Zusammenarbeit die Verbesserung bereits bestehender Produkte betrifft, liegt der Schwerpunkt der Prüfung auf den bestehenden Produkt- oder Technologiemärkten. Wenn die FuE dagegen auf Entwicklung eines völlig neuartigen Produktes gerichtet ist, muss die Analyse außerdem die Auswirkungen auf den Innovationswettbewerb berücksichtigen (Kommission, Horizontal-Leitlinien Rn 119 ff). 94

Die Kommission geht davon aus, dass die meisten FuE-Vereinbarungen **nicht wettbewerbsbeschränkend** im Sinne von Art. 101 Abs. 1 AEUV sind (und daher auch keiner Freistellung nach der FuE-GVO bedürfen). Dies trifft insbesondere auf folgende Vereinbarungen zu: (1) die gemeinsame FuE in einem noch theoretischen Stadium, weit entfernt von der Verwertung möglicher Ergebnisse (Rn 129), (2) FuE zwischen Nicht-Wettbewerbern (Rn 130), (3) FuE-Kooperationen, die die Parteien unabhängig voneinander nicht durchführen könnten (Arbeitsgemeinschaftsgedanke; Rn 130), (4) die Auslagerung von FuE-Aktivitäten an akademische Einrichtungen (Rn 131) sowie (5) reine FuE-Vereinbarungen, die keine gemeinsame Verwertung betreffen (Rn 132). 95

Alle anderen Vereinbarungen müssen umfassend in ihrem ökonomischen Zusammenhang untersucht werden. Mögliche Wettbewerbsprobleme umfassen **Beschränkungen des Innovationswettbewerbs, Koordinierung des Wettbewerbsverhaltens** der Parteien sowie **Abschottungsprobleme** auf der Verwertungsebene. Negative Auswirkungen sind aber nur wahrscheinlich, wenn die Parteien der Vereinbarung über **erhebliche Marktmacht** verfügen und/oder der Wettbewerb im Bereich der Innovation wesentlich zurückgeht (Kommission, Horizontal-Leitlinien Rn 133). Ansonsten besteht in der Regel weder die Möglichkeit noch der Anreiz für ein abgestimmtes Verhalten oder die Abschottung von Märkten. Die Kommission unterscheidet zwischen FuE im Hinblick auf die Verbesserung bestehender Produkte einerseits und die Entwicklung neuer Produkte andererseits. Wenn die FuE auf die **Verbesserung bestehender Produkte** gerichtet ist, wird die Kommission die voraussichtlichen Auswirkungen auf den bestehenden Märkten (dh den Märkten für die bestehenden Produkte) untersuchen. Hierbei spielen insbesondere die Marktposition der Parteien, die Anzahl der Wettbewerber, die Bedingungen für den Marktzutritt, der Umfang der auf dem Markt bestehenden Innovationstätigkeit, Art und Bedeutung der betroffenen Produkte (End- oder Zwischenprodukte) sowie der Umfang der Zusammenarbeit (reine FuE oder Verwertung) eine Rolle (Kommission, Horizontal-Leitlinien Rn 136 ff). Ist die FuE auf die **Entwicklung völlig neuer Produkte** gerichtet, wird die Kommission ihre Analyse auf mögliche Beschränkungen des Innovationswettbewerbs beschränken (Kommission, Horizontal-Leitlinien, Rn 138). 96

Für die Untersuchung der **Freistellungsfähigkeit nach Art. 101 Abs. 3 AEUV, § 2 GWB** können insbesondere Kosteneinsparungen durch Vermeidung doppelter FuE-Kosten berücksichtigt werden. Darüber hinaus führt gemeinsame FuE oftmals zu verbesserten Produkten und Technologien durch Zusammenlegung ergänzender Fertigkeiten, Technologien und sonstiger Ressourcen. 97

3. Produktionsvereinbarungen. a) **Begriff.** Die Kommission unterscheidet in den Horizontal-Leitlinien zwischen der einseitigen oder gegenseitigen Spezialisierung, der gemeinsamen Produktion sowie Zuliefervereinbarungen zwischen Wettbewerbern. Eine **einseitige Spezialisierungsvereinbarung** liegt vor, wenn sich eine Vertragspartei dazu verpflichtet, die Produktion bestimmter Produkte (Waren oder Dienstleistungen) einzustellen oder von deren Produktion abzusehen und die betreffenden Produkte von einem konkurrierenden Unternehmen zu beziehen, welches sich seinerseits verpflichtet, die fraglichen Produkte zu produzieren und zu liefern (Art. 1 Abs. 1 lit. b) Spezialisierungs-GVO). Der Lieferverpflichtung der einen Partei muss also ein Produktionsverzicht der anderen Partei gegenüber stehen. Ein typischer Fall der einseitigen Spezialisierung ist das Outsourcing. Eine **gegenseitige Spezialisierung** liegt vor, wenn sich zwei oder mehr Parteien gegenseitig dazu verpflichten, die Produktion bestimmter, aber unterschiedlicher Produkte einzustellen oder von deren Produktion abzusehen und die betreffenden Produkte von den übrigen Vertragsparteien zu beziehen, die sich ihrerseits verpflichten, die vertraglichen Produkte zu liefern (Art. 1 Abs. 1 lit. c) Spezialisierungs-GVO). Bei der **gemeinsamen Produktion** verpflichten sich die Vertragsparteien dazu, bestimmte Produkte gemeinsam zu produzieren (Art. 1 Abs. 1 lit. d) Spezialisierungs-GVO). Eine **Zuliefervereinbarung** liegt vor, wenn eine Vertragspartei die andere mit der Herstellung eines Produktes beauftragt. Zuliefervereinbarungen sind 98 typischerweise vertikale Vereinbarungen, die nach der Vertikal-GVO und den Vertikal-Leitlinien zu beurteilen sind. Hiervon existieren jedoch zwei Ausnahmen: Die Zulieferung zwischen Wettbewerbern sowie die Zulieferung zwischen Nicht-Wettbewerbern, bei denen dem Zulieferer Know-how überlassen wird. Während die erstgenannten Vereinbarungen unter die Horizontal-Leitlinien fallen, gelten für die letztgenannten Vereinbarungen die Grundsätze der **Zulieferbekanntmachung** aus dem Jahr 1979 (ABl. 1979 C 1/2) sowie ggf die Technologietransfer-GVO nebst begleitenden Leitlinien (Kommission, TT-Leitlinien, Rn 44).

99 **b) Spezialisierungs-GVO.** Nach der Spezialisierungs-GVO freistellungsfähig sind Produktionsvereinbarungen in Form der einseitigen Spezialisierung, der zweiseitigen Spezialisierung sowie der gemeinsamen Produktion. Zuliefervereinbarungen zwischen Wettbewerbern fallen nicht in den Anwendungsbereich der Spezialisierungs-GVO. Die Spezialisierungs-GVO stellt Vereinbarung bis zu einem **gemeinsamen Marktanteil von 20%** frei (Art. 3 Spezialisierungs-GVO). Als verbotene **Kernbeschränkungen** gelten Vereinbarungen über die **Preisfestsetzung, Absatz- oder Produktionsbeschränkungen** sowie die **Aufteilung von Märkten oder Kunden** (Art. 4 Spezialisierungs-GVO).

100 **c) Horizontal-Leitlinien.** Außerhalb des Anwendungsbereichs der Spezialisierungs-GVO müssen Produktionsvereinbarungen im Einzelfall auf ihre Vereinbarkeit mit dem Kartellverbot (Art. 101 Abs. 1 AEUV, § 1 GWB) untersucht werden. Für die Beurteilung von Produktionsvereinbarungen ist grundsätzlich auf den **Markt der Vertragsprodukte** abzustellen (Kommission, Horizontal-Leitlinien Rn 155). Im Einzelfall kann die Kooperation allerdings auch Auswirkungen auf benachbarte Märkte haben (Kommission, Horizontal-Leitlinien Rn 156). Nicht vom Kartellverbot erfasst sind typischerweise Vereinbarungen zwischen Nicht-Wettbewerbern. Eine Ausnahme gilt nur für den Fall, dass eine der Parteien über eine starke Marktposition verfügt. In diesem Fall kann es zu Marktabschottungsproblemen kommen. Auf der anderen Seite sind Vereinbarungen, die Preise festsetzen, die Produktion beschränken oder Märkte aufteilen fast immer vom Kartellverbot erfasst und typischerweise auch nicht freistellungsfähig (vgl Art. 4 Spezialisierungs-GVO).

101 Im Übrigen können Produktionsvereinbarungen zwischen Wettbewerbern unter dem Gesichtspunkt der **Koordinierung des Angebotsverhaltens** zu Wettbewerbsbedenken führen, wenn infolge der Zusammenarbeit eine Vereinheitlichung der Produktionskosten eintritt (Kommission, Horizontal-Leitlinien Rn 83). Daneben können **Abschottungsprobleme** entstehen, insbesondere in Fällen der gemeinsamen Produktion von Zwischenprodukten sowie im Fall der Zulieferung (Kommission, Horizontal-Leitlinien Rn 158). Für die Einzelfallbeurteilung nach Art. 101 Abs. 1 AEUV, § 1 GWB sind insbesondere die **Marktanteile** der Parteien, ihre **Bedeutung** auf dem relevanten Markt, die **Marktkonzentration**, die **Anzahl der übrigen Wettbewerber** sowie weitere **strukturelle Faktoren** zu berücksichtigen.

102 Für die Frage der Freistellungsfähigkeit einer Produktionsvereinbarung nach Art. 101 Abs. 3 AEUV, § 2 GWB können typischerweise **Skalenvorteile** (economies of scale) oder **Verbundvorteile** (economies of scope) angeführt werden. Dies gilt insbesondere für den Fall der gemeinsamen Produktion. Die Kommission hat die Gründung eines Gemeinschaftsunternehmens für Errichtung und Betrieb einer digitalen Plattform für Pay-TV als wettbewerbsfördernd angesehen, weil ein neuer Teilnehmer im französischen Pay-TV-Markt geschaffen wurde (Kommission ABl. EG 1999 L 90/6 ff – TPS; bestätigt durch EuG Slg 2001, II-2459 ff – Métropole Télévision (M6)).

103 **4. Einkaufsvereinbarungen. a) Begriff.** Der gemeinsame Einkauf kann entweder über ein gemeinsam kontrolliertes Unternehmen, über eine Art genossenschaftlichen Verbund sowie durch rein schuldvertragliche Vereinbarung durchgeführt werden. Einkaufsvereinbarungen können sowohl horizontale als auch vertikale Aspekte umfassen. Ein typischer Fall sind die Einkaufszusammenschlüsse von (meist kleineren und mittleren) Einzelhandelsunternehmen. In diesem Fällen ist eine **Zwei-Stufen-Analyse** erforderlich. Die Horizontalvereinbarungen zwischen den Mitgliedern der Einkaufsvereinigung sowie die von dieser gefassten Beschlüsse sind nach den Horizontal-Leitlinien zu bewerten. Die Vereinbarungen zwischen der Vereinigung und den angeschlossenen Händlern bzw den Lieferanten sind sodann nach der Vertikal-GVO und den Vertikalleitlinien zu beurteilen (Kommission, Horizontal-Leitlinien Rn 196 f).

104 **b) Einzelfallbeurteilung.** Einkaufsvereinbarungen können sich auf die betroffenen **Einkaufsmärkten** sowie auf die nachgeordneten **Verkaufsmärkte** auswirken. Die Abgrenzung der relevanten Einkaufsmärkte folgt denselben Grundsätzen wie die Abgrenzung der Verkaufsmärkte. Der einzige Unterschied liegt darin, dass bei der Frage nach der Austauschbarkeit nicht auf die Nachfragersicht, sondern auf

die Anbieterperspektive abzustellen ist. Im Übrigen gelten die Grundsätze der Bekanntmachung der Kommission über die Definition der relevanten Märkte (ABl. 1997 C 3172/5).

Nach Auffassung der Kommission fallen Einkaufsvereinbarungen zwischen Unternehmen, die auf den nachgeordneten Verkaufsmärkten nicht miteinander in Wettbewerb stehen, grundsätzlich nicht unter Art. 101 Abs. 1 AEUV. Auf der anderen Seite des Spektrums stehen Vereinbarungen, die eigentlich nicht dem gemeinsamen Einkauf dienen, sondern lediglich als Mittel zur Verschleierung eines Kartells benutzt werden, um die Festsetzung der Preise, Beschränkung der Produktion oder Zuteilung von Märkten durchzusetzen. Auf diese Kartellvereinbarungen findet das Kartellverbot uneingeschränkte Anwendung. Die übrigen Einkaufsvereinbarungen können vom Kartellverbot erfasst sein, wenn die Parteien über **Marktmacht** verfügen. Die Hauptbedenken der Kommission zielen auf die mögliche Koordinierung der Parteien auf der Absatzseite. Die Kommission geht davon aus, dass Kostenvorteile aus dem gemeinsamen Einkauf an die Konsumenten weitergegeben werden, wenn die Beteiligten auf den nachgelagerten Verkaufsmärkten nicht über Marktmacht verfügen. Daher sollen Einkaufsvereinbarungen nicht vom Kartellverbot erfasst sein, wenn der gemeinsame **Marktanteil** der beteiligten Unternehmen auf den betroffenen **Ein- und Verkaufsmärkten** unter **15%** liegt (Kommission, Horizontal-Leitlinien Rn 208). Für die Bewertung nach Art. 101 Abs. 3 AEUV, § 2 GWB dürften typischerweise **Effizienzgewinne** in Form von Größenvorteilen bei Bestellung oder Transport in Betracht kommen. Auch **Bezugsbindungen** können im Einzelfall zulässig sein. Nach Auffassung der Kommission kann sogar die Verpflichtung, bestimmte Produkte ausschließlich gemeinschaftlich zu beziehen, unerlässlich sein, um den erforderlichen Umfang für die Erzielung von Größenvorteilen zu erlangen (Kommission, Horizontal-Leitlinien Rn 218). 105

c) Gemeinsamer Rechteeinkauf. Nach vorgenannten Grundsätzen ist auch der gemeinsame **Einkauf von Programminhalten** zu beurteilen. Von besonderer Bedeutung in der Entscheidungspraxis war insbesondere der gemeinsame Erwerb von **Übertragungsrechten für Sportereignisse** durch die European Broadcasting Union (EBU), der bereits mehrfach die europäischen Gerichte beschäftigt hat (Kommission ABl. 1993 L 179/23 ff – EBU/Eurovision System, aufgehoben durch EuG Slg 1996, II-649 ff – Métropole Télévision u.a./Kommission; Kommission ABl. 2000 L 151/18 ff – Eurovision, erneut aufgehoben durch EuG Slg 2002, II-3805 ff – Métropole Télévision u.a./Kommission). Die EBU ist eine Vereinigung von zumeist öffentlich-rechtlichen Hörfunk- und Fernsehanstalten. Die zugrunde liegenden Vereinbarungen im Rahmen des Eurovisionssystems (ein auf Gegenseitigkeit beruhendes System zum Austausch von Fernsehprogrammen) betrafen Regelungen über den gemeinsamen Erwerb und die gemeinsame Nutzung von Fernsehrechten an Sportveranstaltungen, den Austausch des Signals an Sportveranstaltungen, den Zugang von Nichtmitgliedern zu Eurovisionssportrechten und die Regeln über die Vergabe von Unterlizenzen für Eurovisionsrechte an Pay-TV-Programme. In ihrer ersten Freistellungsentscheidung vom 11. Juni 1993 hielt die Kommission das System für wettbewerbsbeschränkend im Sinne von Art. 101 Abs. 1 AEUV, weil der gemeinsame Erwerb und die Nutzung von Fernsehrechten für sportliche Ereignisse sowie der Austausch des Übertragungssignals den **Nachfrage-Wettbewerb** zwischen den Mitgliedern der EBU beschränk. Zugleich werde der **Drittwettbewerb** gegenüber Nicht-Mitgliedern, die von Rationalisierung und Kosteneinsparungen ausgeschlossen sind, verfälscht (Kommission ABl. 1993 L 179/23 ff – EBU/Eurovision System). Allerdings hielt die Kommission die Voraussetzungen des Art. 101 Abs. 3 AEUV aufgrund erheblicher Effizienzgewinne für erfüllt. Anzuführen dafür seien insbesondere die verbesserten Kaufbedingungen und gesenkten Transaktionskosten, die insbesondere kleinen Ländern zugutekämen, eine lückenlose Präsenz, die Übertragung von Minderheitensportarten, eine Erleichterung grenzüberschreitender Übertragungen, die Möglichkeit Rechte für zeitversetzte Zweitübertragungen zu erwerben sowie die Weitergabe von Kosteneinsparungen an Kunden durch hochwertigere Programme. Die Exklusivität der Mitglieder hielt die Kommission für unerlässlich, um die Rendite der Investitionen zu sichern und dem **Solidaritätsgedanken** nachzukommen. Mit Urteil vom 11. Juli 1996 hob das EuG die Entscheidung der Kommission auf, weil die satzungsmäßigen Voraussetzungen für eine aktive EBU-Mitgliedschaft nicht ausreichend objektiv und transparent waren, um eine einheitliche und nicht diskriminierende Anwendung zu gewährleisten. Zudem könne die Erfüllung eines öffentlichen Auftrages nicht als Kriterium im Rahmen des Art. 101 Abs. 3 AEUV herangezogen werden (EuG Slg 1996, II-649 ff – Métropole Télévision u.a./ Kommission). In ihrer zweiten Freistellungsentscheidung vom 10.5.2000 sah die Kommission in dem gemeinsamen Erwerb von Exklusivrechten eine Beschränkung des Nachfragewettbewerbs zwischen den EBU-Mitgliedern. Ferner sah sie in der nachfolgenden gemeinsamen Nutzung dieser Rechte sowie im gegenseitigen Austausch des Fernsehsignals eine Beschränkung des Angebotswettbewerbs. Wieder- 106 um hielt die Kommission das System wegen seiner Effizienzgewinne für (zeitlich begrenzt bis Ende 2005) freistellungsfähig, weil vor allem die kleinen Fernsehsender aus kleineren Ländern von Verbesserungen wie der Verringerung der Transaktions- und anderer Kosten profitierten und deswegen mehr und attraktivere Sportprogramme ausstrahlen könnten als ohne dieses System. Außerdem fördere die Zusammenarbeit der Rundfunkanstalten die grenzüberschreitende Ausstrahlung von Fernsehprogrammen und trägt damit zum Aufbau eines **europäischen Rundfunkbinnenmarktes** bei (Kommission ABl. 2000 L 151/18 ff – Eurovision). Mit Urteil vom 8.10.2002 hat das EuG auch diese Entscheidung für nichtig erklärt, weil die Unterlizenzregelungen und deren Umsetzung keine Garantie für einen **Zugang von Nicht-Mitgliedern** enthalte und somit den Wettbewerb im Sinne von Art. 101 Abs. 3 AEUV ausschalte (EuG Slg 2002, II-3805 ff – Métropole Télévision (M6)/Kommission).

107 **5. Vermarktungsvereinbarungen. a) Begriff.** Vermarktungsvereinbarungen betreffen die Kooperation von Wettbewerbern bei **Verkauf, Vertrieb oder Produktförderung.** Die angestrebte Zusammenarbeit kann sich auf einzelne Aspekte der Vermarktung, wie etwa den gemeinsamen **Kundendienst** oder **Werbung,** beschränken oder aber auch sämtliche Aspekte des Verkaufs, einschließlich des Preises, erfassen.

108 **b) Einzelfallbeurteilung.** Welche Gesichtspunkte zur Beurteilung der wettbewerbsbeschränkenden Wirkung herangezogen werden können, hat die Kommission in den Horizontal-Leitlinien in einem eigenen Abschnitt zu Vermarktungsvereinbarungen dargelegt (Horizontal-Leitlinien, Rn 225 ff). Danach sollen Vereinbarungen zwischen Wettbewerbern, die die **Festsetzung der Verkaufspreise** betreffen, stets und unabhängig von der Marktmacht der Beteiligten unter Art. 101 Abs. 1 AEUV fallen (Kommission, Horizontal-Leitlinien Rn 234). Wettbewerbsneutral sind demgegenüber die Zusammenarbeit von **Nicht-Wettbewerbern** sowie die Zusammenarbeit, die erforderlich ist, um einem der Beteiligten den **Marktzutritt** zu ermöglichen. Im Übrigen können Vermarktungsvereinbarungen insbesondere dann unter Art. 101 Abs. 1 AEUV fallen, wenn sie zur **Kostenangleichung** oder zum **Austausch sensibler Geschäftsinformationen** führen. Insoweit müssen die Beteiligten über Marktmacht verfügen. Die relevante Marktanteilsschwelle wird von der Kommission mit einem gemeinsamen **Marktanteil** der Beteiligten von **15%** angesetzt (Kommission, Horizontal-Leitlinien Rn 240 f). Beinhaltet eine Vermarktungsvereinbarung neben horizontalen Elementen auch vertikale Elemente, so sind letztere zusätzlich nach den Vertikal-Leitlinien zu beurteilen.

109 **c) Zentrale Rechtevermarktung.** Nach vorgenannten Grundsätzen sind auch Vereinbarungen über die zentrale Vermarktung von Schutzrechten zu beurteilten. Eine in der Praxis wichtige Fallgruppe stellt die Zentralvermarktung von Medienrechten an **Sportereignissen** dar (vgl hierzu auch Kommission, 33. WBB (2003) Rn 184). Im Jahre 2003 stellte die Kommission im Fall *UEFA Champions League* (ABl. 2003 Nr. L 291/25 ff) erstmals ein zentrales Vermarktungsmodell gemäß Art. 101 Abs. 3 AEUV vom Kartellverbot frei. Ein Verstoß gegen Art. 101 Abs. 1 AEUV lag mit der exklusiven Vermarktungsbefugnis der UEFA vor, die den Wettbewerb in der individuellen Vergabe der Fernsehrechte im Verhältnis der Mitglieder zueinander und im Verhältnis der Mitglieder zur UEFA ausschloss. Die ausschließlich gemeinsame Vermarktung hinderte die Mitglieder daran, selbst mit Medienunternehmen oder Sportrechteagenturen zu verhandeln und eine eigenständige geschäftliche Entscheidung über den Preis zu treffen. Dies ordnete die Kommission als Beschränkung des Wettbewerbs ein, die sowohl Elemente von Preis- und Gebietsabsprachen als auch Beschränkungen beim Absatz des Produktes enthielt. Die Kommission sah diese zentrale Rechtevermarktung jedoch als freistellungsfähig gemäß Art. 101 Abs. 3 AEUV an: sie trägt zur Verbesserung der Warenerzeugung und -Verteilung bei, da sie das Markenprodukt Champions League überhaupt erst schafft und die Bündelung ligaspezifischer Rechtepakte den Medienunternehmen, Fußballvereinen und Verbrauchern Vorteile verschafft, die bei individueller Vermarktung nicht erreichbar sind.

110 Auch im Fall *Deutsche Bundesliga* im Jahre 2005 befand die Kommission eine zentrale Rechtevermarktung für zulässig (ABl. 2005 L 134/46 ff). Ein Verstoß gegen Art. 101 Abs. 1 AEUV lag vor, da Wettbewerbsbeschränkungen auf den **vorgelagerten Märkten des Erwerbs von Fernseh-, Mobilfunk- und Internetrechten** an regelmäßigen Fußballspielen und auf den **nachgelagerten Free-TV und Pay-TV-Märkten** sowie auf den **Endkundenmärkten für Mobilfunk- und Internetanbieter** auftraten. Die Kommission billigte diese zentrale Rechtevermarktung jedoch sowohl in diesem Fall wie auch im Fall *FA Premier League* (Fall COMP/38.173 – *FA Premier League)* im Jahre 2006, nachdem sie Verpflichtungszusagen der DFL und der FAPL für rechtsverbindlich erklärt hatte. Damit kam das mit der VO 1/2003 neu eingeführte Instrument der Entscheidung über **Verpflichtungszusagen** erstmals zum Tra-

gen. Die von der Kommission durch förmliche Entscheidung für rechtlich verbindlich erklärten Verpflichtungszusagen des Ligaverbandes umfassten im Wesentlichen die Verpflichtung zu einem **transparenten und diskriminierungsfreien Verfahren**, eine **Begrenzung der Laufzeit** der Verträge auf drei Spielzeiten sowie das Angebot der Übertragungsrechte in insgesamt neun **Paketen**, die u.a. auch Internet- und Mobilfunkübertragungsrechte umfassten (zu Einzelheiten vgl Kommission, MEMO/ 05/16).

Auf nationaler Ebene war die zentrale Vermarktung der Fernsehrechte an den Spielen der Bundesliga und der Regionalligen zuvor durch das BKartA nach § 1 GWB untersagt worden (BKartA TB 1997/1998, S. 164; TB 1995/96, S. 153 f; BKartA, WuW/E BKartA 2682 ff – Fußball-Fernsehübertragungsrechte I; BKartA WuW/E BKartA 2696 ff – Fußball-Fernsehübertragungsrechte II). Der BGH bestätigte die restriktive Position des Amtes (BGH WuW/E DE-R 17 ff – Europapokalheimspiele*)*. Der Gesetzgeber reagierte auf dieses Urteil zunächst durch die mit der 6. GWB Novelle eingefügte Bereichsausnahme des **§ 31 GWB aF**, der die zentrale Rechtevermarktung an Fernsehübertragungen sportlicher Wettbewerbe durch Sportverbände vom Kartellverbot ausnahm, sofern diese ihrer gesellschaftspolitischen Verantwortung durch die Förderung des Jugend- und Amateursports nachkamen. Bei der im Zuge der 7. GWB-Novelle 2005 durchgeführten Harmonisierung mit dem EU-Recht wurde diese Vorschrift jedoch wieder gestrichen. 111

d) Vertriebskooperationen. Eine weitere Fallgruppe gemeinsamer Vermarktung stellt die Kooperation beim Vertrieb dar, die als „Syndikat" bezeichnet wird. Wettbewerbsbeschränkungen im Sinne von Art. 101 Abs. 1 AEUV, § 1 GWB können etwa dann auftreten, wenn eines von mehreren miteinander im Wettbewerb stehenden Unternehmen – vielfach wird zu diesem Zweck auch eine juristische Person gegründet – für alle beteiligten Unternehmen den **gemeinsamen Vertrieb** übernimmt (Kommission ABl. 1983 L 376/11 ff – *VW/MAN*; ABl. 1988 L 150/35 ff – *Bayer/BP Chemicals*; ABl. 1990 L 299/64 ff – *Cekacan)*, wenn ein Unternehmen auf eine **eigene Verkaufsorganisation verzichtet** und sich stattdessen auf die Belieferung eines Wettbewerbers zum Zwecke des Weitervertriebs beschränkt (Kommission, ABl. 1974 L 19/22 ff – *Kali und Salz/Kali Chemie)* oder wenn die Unternehmen sich in festgelegten Vertragsgebieten **wechselseitig** mit dem Vertrieb der Produkte des jeweils anderen beauftragen (Kommission, ABl. 1981 L 391/1 ff – Sopelem/Vickers II). Problematisch ist in diesen Fällen neben der Reduzierung des Wettbewerbs auf Anbieterseite und der Reduzierung der Auswahlmöglichkeiten auf Nachfragerseite insbesondere auch, dass die Vertriebskoordination regelmäßig zu einer **Preis- und Konditionenangleichung** führt. Schließlich kann es auch zu einer vollständigen **Marktaufteilung** zwischen den beteiligten Unternehmen kommen (vgl Kommission, 26. WBB (1996) S. 157 f – CSK/Gist-Brocades). Die Freistellung einer solchen Vertriebskooperation gemäß Art. 101 Abs. 3 AEUV kann möglich sein, wenn die Kooperation notwendig ist, um den Aufbau eines effizienten Vertriebssystems in einem **neuen Markt** zu ermöglichen (**Markterschließungsgedanke**; vgl Kommission, ABl. 1983 L 224/19 ff – Rockwell/Iveco) oder wenn geringen Beschränkungen entscheidende Rationalisierungsvorteile gegenüberstehen. 112

Auf nationaler Ebene überprüfte die bayerische Landeskartellbehörde in den „*Funkhaus*"-Fällen mehrere Funkhäuser, die nicht nur ihre Programme, sondern insbesondere auch deren Vermarktung koordiniert hatten. Verschiedene Anbieter, die auf unterschiedlichen Hörfunkfrequenzen sendeten, schlossen sich an Mehrfrequenzstandorten zusammen, um eine Verbesserung der wirtschaftlichen Basis der Lokalradioveranstalter zu erreichen und durch nur eine Technik und Vermarktung der Werbung die Kosten zu reduzieren. Die Landeskartellbehörde billigte diese Vereinbarungen unter der Voraussetzung, dass die Vermarktung von Werbezeiten allein durch die jeweiligen Gesellschafter der Funkhäuser stattfand und die Gesellschafter unabhängig von ihren Muttergesellschaften im Printmedienbereich handeln durften. Durch die Koordination werde ein Tätigwerden auf dem lokalen Hörfunkwerbemarkt überhaupt erst ermöglicht und kleinere Sender würden gerettet (vgl BKartA TB 1993/1994, S. 124; ferner hierzu *von Wallenberg*, WuW 1991, 963 ff; *Trafkowski*, Medienkartellrecht, S. 70). 113

Auch im Fall *Stellenmarkt für Deutschland* (BGH, WuW/E DE-R 919 ff – Stellenmarkt für Deutschland II) wurde eine Vertriebskooperation gebilligt. Die Süddeutsche Zeitung, die Frankfurter Rundschau und die Welt/Welt am Sonntag strebten über ein Gemeinschaftsunternehmen die Herausgabe einer **Stellenanzeigenkombination** in Konkurrenz zum Marktführer Frankfurter Allgemeine Zeitung an. Das BKartA gab die Gründung des Gemeinschaftsunternehmens zwar fusionskontrollrechtlich frei, stellte jedoch einen Verstoß gegen § 1 GWB fest. Der BGH sah diese Kooperation als freistellungsfähig gemäß 114

§ 7 GWB aF an: Die Zusammenarbeit führe zu einer **Verbesserung und Verbreiterung des Dienstleistungsangebotes** auf dem deutschen Markt für nationale Stellenanzeigen, da ein spürbares zusätzliches Produkt auf diesen Markt trat, der bislang durch wenige Anbieter, hohe Marktzutrittsschranken und eine starke Stellung des Marktführers gekennzeichnet war. Aufgrund dieser starken Stellung war nach Ansicht des BGH auch nicht zu erwarten, dass die Beteiligten eine marktbeherrschende Stellung erreichen würden. Schließlich profitierte auch der Verbraucher von der zu erwartenden Belebung des Preiswettbewerbs zwischen den Verlagen. Zur Erreichung dieser Vorteile war die Kooperation unerlässlich, da nur das angestrebte Buch „Stellenmarkt für Deutschland“ eine Alternative zum Marktführer Frankfurter Allgemeine Zeitung darstellte.

115 e) **Urheberrechtsverwertungsgesellschaften.** Urheberrechtsverwertungsgesellschaften sind Unternehmen, die nicht nur gelegentlich oder kurzfristig Nutzungsrechte, Einwilligungsrechte oder Vergütungsansprüche, die sich aus dem Urheberrechtsgesetz ergeben, für Rechnung mehrerer Urheber oder Inhaber verwandter Schutzrechte zur gemeinsamen Ausübung wahrnehmen. Sie bedürfen in Deutschland der Erlaubnis durch das deutsche Patent- und Markenamt (vgl §§ 1 f WahrnG). Der EuGH hat die kartellrechtliche **Sonderstellung** von Urheberrechtsverwertungsgesellschaften grundsätzlich anerkannt (EuGH Slg 1974, 313 ff – BRT/SABAM). Gemäß **§ 30 GWB aF** galten die §§ 1 und 14 GWB aF nicht für die Bildung von Verwertungsgesellschaften, die der Aufsicht nach dem Gesetz über die Wahrnehmung von Urheberrechten und verwandten Schutzrechten (WahrnG) unterliege., Gleiches galt für Verträge und Beschlüsse solcher Verwertungsgesellschaften, soweit sie zur wirksamen Wahrnehmung der Rechte im Sinne von § 1 WahrnG erforderlich und der Aufsichtsbehörde gemeldet waren. § 30 GWB aF wurde durch die 7. GWB-Novelle 2005 aufgehoben. Die Zulässigkeit von Urheberrechtsverwertungsgesellschaften richtet sich nunmehr nach den allgemeinen Regeln.

116 Mit Blick auf die **Rechtsbeziehungen zu den Urheberberechtigten** ist die zentrale Frage, ob es gegen Art. 101 Abs. 1 AEUV, § 1 GWB verstößt, wenn Urheber von Verwertungsgesellschaften zur ausschließlichen und umfassenden Übertragung sämtlicher Nutzungsrechte an einem Werk verpflichtet werden. Die Kommission vertrat zunächst die Auffassung, Berechtigungsverträge mit der Verpflichtung zur Übertragung aller Rechte und mit Ausschließlichkeitsklauseln verstießen gegen Art. 101 Abs. 1 AEUV. Ohne diese Verpflichtungen sei ein Wettbewerb der Urheberberechtigten untereinander und mit der Verwertungsgesellschaft möglich (Beschwerdepunkt im Verfahren *SABAM*, 8.7.1970 (6437/IV/70F Rn 85), ebenso Beschwerdepunkt im Verfahren *SACEM*, 17.7.1970 (IV/26761, Rn 106)). An dieser Auffassung hielt die Kommission in den Fällen *GEMA I* (ABl. 1971 L 134/15 ff) und *GEMA II* (ABl. 1972 L 166/22 ff) nicht länger fest. Mit der Entscheidung des EuGH im Fall *BRT/SABAM* ist anerkannt, dass die Verwertungsgesellschaften zur wirkungsvollen Wahrnehmung ihrer Interessen über eine Stellung verfügen müssen, die voraussetzt, dass die der Vereinigung angeschlossenen Urheber ihre Rechte an sie abtreten, soweit das notwendig ist, um ihrer Tätigkeit das erforderliche Volumen und Gewicht zu verleihen (EuGH Slg 1974, 313 ff – BRT/SABAM).

117 Mit der kartellrechtlichen Problematik der **wechselseitigen Rechtsbeziehungen zwischen Verwertungsgesellschaften** hat sich der Gerichtshof im Jahre 1989 in den Fällen *Tournier* (EuGH Slg 1989, 2521 ff) und *Lucazeau/Sacem* (EuGH Slg 1989, 2811 ff) für den Bereich des musikalischen Urheberrechts befasst. Verwertungsgesellschaften sind typischerweise national organisiert. Nach Ansicht des EuGH beschränken die von den Verwertungsgesellschaften praktizierten **Gegenseitigkeitsverträge** als solche nicht den Wettbewerb im Sinne von Art. 101 Abs. 1 AEUV. Durch diese gewähren die Gesellschaften einander das Recht, in ihrem jeweiligen räumlichen Tätigkeitsgebiet die für die öffentliche Aufführung von Werken, an denen Mitgliedern der anderen Gesellschaften Urheberrechte zustehen, erforderlichen Genehmigungen zu erteilen Sie streben nämlich ein doppeltes Ziel an: Zum einen bezwecken sie, im Einklang mit dem in den internationalen Urheberrechtsübereinkommen niedergelegten Diskriminierungsverbot die Gesamtheit der geschützten Werke ohne Rücksicht auf deren Herkunft einheitlichen Bedingungen für die in ein und demselben Staat ansässigen Benutzer zu unterwerfen. Zum anderen sollen sie es den Verwertungsgesellschaften ermöglichen, sich für den Schutz ihrer Bestände in einem anderen Staat auf die von der dort tätigen Verwertungsgesellschaft aufgebaute Organisation zu stützen, ohne genötigt zu sein, diese Organisation durch ein eigenes Netzwerk von Verträgen mit den Benutzern und eigene an Ort und Stelle vorgenommene Kontrollen zu ergänzen. Ein Verstoß gegen das Kartellverbot kann allerdings dann vorliegen, wenn die Parteien Exklusivität in dem Sinne vereinbaren, dass die Verwertungsgesellschaften verpflichtet wären, den im Ausland ansässigen Benutzern den unmittelbaren Zugang zu ihren Beständen zu verwehren (EuGH Slg 1989, 2811 ff – Lucazeau/SACEM). Im Rahmen der beabsichtigten Verlängerung der **Cannes-Vereinbarung** hatte die Kommission Bedenken

gegenüber Zustimmungsvorbehalten bei der Rabattgewährung im Rahmen der zentralen Lizenzvergabe sowie gegen Konkurrenzverbote der beteiligten Verwertungsgesellschaften geäußert (Kommission ABl. 2006 C 122/2 f – Universal International Music B.V./MCPS). Bei der Cannes-Vereinbarung handelt es sich um eine Vereinbarung zwischen dreizehn europäischen Verwertungsgesellschaften und den fünf großen Musikverlagen. Ziel der Vereinbarung ist die Regelung bestimmter Fragen, die die Verwaltung des mechanischen Rechts der Tonträgervervielfältigung betreffen. Die Parteien haben Verpflichtungszusagen angeboten, um die Bedenken der Kommission auszuräumen. Durch Entscheidung vom 4.10.2006 hat die Kommission die Verpflichtungszusagen für verbindlich erklärt (Kommission IP/06/1311). In der Entscheidung **CISAC** vom 16.7.2008 hat die Kommission bestimmte Klauseln in Gegenseitigkeitsverträgen für wettbewerbswidrig erachtet. **Mitgliedschaftsklauseln**, die Rechteinhaber daran hindern, zum Zwecke der Verwaltung ihrer Rechte in verschiedenen EWR-Ländern Mitglied einer Verwertungsgesellschaft ihrer Wahl oder Mitglied mehrerer Verwertungsgesellschaften im EWR gleichzeitig zu werden, beschränken den Wettbewerb zwischen Verwertungsgesellschaften auf dem Markt für Dienstleistungen für Rechteinhaber (Kommission COMP/38.698 Rn 123 ff – CISAC). **Ausschließlichkeitsklauseln**, die dazu führen, dass die Verwertungsgesellschaften einander für ihren jeweiligen Inlandsmarkt das Monopol für die Vergabe von Lizenzen an gewerbliche Nutzer wie Sendeanstalten und Online-Inhalteanbietern garantieren, beschränken den Wettbewerb zwischen Verwertungsgesellschaften auf dem Markt für die Lizenzierung von Aufführungsrechten an gewerbliche Nutzer (Kommission COMP/38.698 Rn 138 ff – CISAC). Die **systematische territoriale Aufteilung** von Gebieten unter den Verwertungsgesellschaften stellt eine aufeinander abgestimmte Verhaltensweise dar (Kommission COMP/38.698 Rn 153 ff – CISAC).

Die **Globalisierung** des Musikvertriebs (insbesondere über das Internet) hat eine Änderung der hergebrachten Strukturen der Gegenseitigkeitsverträge bedingt. Traditionell haben die Vereinbarungen über die gegenseitige Vertretung nicht die Möglichkeit vorgesehen, dass eine Gesellschaft eine **Mehrgebietslizenz** an einen Benutzer erteilt, die neben ihrem eigenen auch das Programm einer Schwestergesellschaft umfasst (**Mehrprogrammlizenz**). Der Vertrieb über das Internet erfordert aber die Möglichkeit der Gewährung von Mehrprogrammlizenzen für eine Vielzahl von Gebieten (Mehrgebietslizenz). Die Kommission hat eine diesbezügliche Gegenseitigkeitsvereinbarung für die Verwertung der Rechte von Tonträgerherstellern durch Lizenzvergaben zur **Simultanübertragung** nach Art. 101 Abs. 3 AEUV freigestellt (Kommission ABl. 2003 L 107/58 ff – IFPI „simulcasting“). Die Simultanübertragung ist die gleichzeitige Verbreitung von Tonaufzeichnungen über das Internet mit der Übertragung der Rundfunk- und/oder Fernsehsignale durch Rundfunk- und/oder Fernsehsender. Gegenstand der Vereinbarung ist die Erteilung von Globallizenzen für alle Länder, deren Verwertungsgesellschaft sich der Gegenseitigkeitsvereinbarung angeschlossen hat. Die Sendeunternehmen sind somit nicht länger verpflichtet, eine Lizenz bei der Verwertungsgesellschaft eines jeden Landes zu beantragen, in dem der Zugriff auf ihre Internetübertragungen möglich ist, sondern können sich wegen der Simulcasting-Lizenz an jede Verwertungsgesellschaft im EWR wenden. Die ursprünglich bei der Kommission angemeldete Vereinbarung enthielt eine **territoriale Begrenzung** der Mehrgebietslizenzvereinbarungen. Danach konnte jede Verwertungsgesellschaft die Mehrgebiets-Simultanübertragungslizenz nur an die Sender erteilen, deren Signale im Gebiet dieser Gesellschaft ihren Ursprung nahmen. Diese Bestimmung wurde von der Kommission beanstandet und im Laufe des Verfahrens dahin gehend geändert, dass nunmehr Sender, deren Signale im EWR ihren Ursprung haben, bei jeder im EWR niedergelassenen Verwertungsgesellschaft, die Vertragspartei der Vereinbarung ist, eine Mehrgebiets- und Simultanübertragungslizenz beantragen können. Des Weiteren mussten die Parteien sich bereit erklären, die Lizenzgebühren transparent zu gestalten und zwischen der eigentlichen Nutzungsgebühr und der Verwaltungsgebühr zu unterscheiden (Kommission ABl. 2003 L 107/58 ff – IFPI „Simulcasting“). Auch im Falle der **Santiago-Vereinbarung** äußerte die Kommission Bedenken im Hinblick auf vereinbarte Gebietsbeschränkungen, wonach zur Gewährung der dort geregelten weltweiten **Multi-Repertoire-Lizenz** nur die Verwertungsgesellschaft des Landes befugt war, in dem der gewerbliche Nutzer seinen tatsächlichen und wirtschaftlichen Mittelpunkt hat. Die Santiago-Vereinbarung regelt die Lizenzvergabe für öffentliche Aufführungen von Musikwerken im Internet. Im Hinblick auf die von der Kommission geäußerten Bedenken haben zwei der Parteien Verpflichtungszusagen angeboten (Kommission ABl. 2005 C 200/11 f). Auch gegen den Mustervertrag des internationalen Verbandes von Verwertungsgesellschaften (International Confederation of Societies of Authors and Composers – CISAC) für die Verwaltung von Rechten zu öffentlichen Aufführungen von Werken hatte die Kommission Bedenken geäußert (Mitteilung der Beschwerdepunkte aus Januar 2006, vgl MEMO/06/63). Diese Bedenken richteten sich gegen die **Mitgliedschaftsklausel** sowie die **Territorialitätsklauseln** der Vereinbarung. 118

Nach der Mitgliedschaftsklausel sollte während der Laufzeit der Gegenseitigkeitsvereinbarung keine der beiden vertragsschließenden Verwertungsgesellschaften ohne Einwilligung der anderen ein Mitglied der anderen Gesellschaft als Mitglied aufnehmen. Dieses Verbot galt auch für natürliche Personen, Firmen oder Gesellschaften, die die Staatsangehörigkeit eines der Länder haben, in denen die jeweils andere Gesellschaft tätig ist. Nach den Territorialitätsklauseln konnten gewerbliche Nutzer – wie in den Fällen der Santiago-Vereinbarung und IFPI/Simulcasting – Lizenzen nur bei der Verwertungsgesellschaft ihres jeweiligen Landes erwerben. Die Parteien haben wiederum Verpflichtungszusagen eingereicht, um die Bedenken der Kommission auszuräumen (Kommission ABl. 2007 C 128/12 ff).

119 Schließlich sind auch die **Rechtsbeziehungen der Verwertungsgesellschaften zu ihren Abnehmern** (zB Tonträgerherstellern) auf ihre Vereinbarkeit mit dem Kartellverbot zu prüfen. Eine Regelung, wonach die vom Hersteller zu zahlende Lizenzgebühr sich nach dem durchschnittlichen Verkaufspreis der Tonträger auf dem relevanten Markt bemisst, ist eine unzulässige Preisbeschränkung (Kommission 13. WBB (1983), Rn 147 ff – BIEM/IFPI). Im Übrigen wird auf die Kommentierung zu Urheberrechtslizenzen im Rahmen der Fallgruppe Lizenzvereinbarungen verwiesen (Rn 19, 141 ff). Im Übrigen verfügen die nationalen Verwertungsgesellschaften typischerweise über eine Monopolstellung, ihr Verhalten ist daher auch am Maßstab der §§ 19, 20 GWB und Art. 102 AEUV zu messen.

120 **6. Gemeinschaftsunternehmen.** Unter einem Gemeinschaftsunternehmen versteht man generell die Verfolgung gemeinsamer Zwecke durch Beteiligung von zwei oder mehr Unternehmen in einem anderen Unternehmen. Die Gründung eines Gemeinschaftsunternehmens kann als Zusammenschluss der Fusionskontrolle unterliegen (§ 37 Abs. 1 Nr. 1 Satz 3 GWB, Art. 3 Abs. 1 lit. b FKVO). Daneben kann aber auch das Kartellverbot anwendbar sein, wenn durch die Gründung des Gemeinschaftsunternehmens eine spürbare Beschränkung des Wettbewerbs zu erwarten ist. Insoweit sind zwei Konstellationen zu unterscheiden. Erstens können anlässlich der Gründung des Gemeinschaftsunternehmens begleitende Wettbewerbsbeschränkungen (zB Wettbewerbsverbote oder Liefer- und Bezugspflichten) vereinbart werden. Derartige **Nebenabreden** sind dann der Anwendung des Kartellverbots entzogen, wenn sie zur Durchführung des an sich nicht wettbewerbsbeschränkenden Gemeinschaftsunternehmens notwendig sind (vgl Kommentierung zu Nebenabreden, Rn 19, 22). Zweitens kann schon die bloße Gründung des Gemeinschaftsunternehmens zu einer **Koordinierung des Wettbewerbsverhaltens der Muttergesellschaften** und damit zu einer Beschränkung des Wettbewerbs führen. Man unterscheidet insoweit zwischen kooperativen und konzentrativen Gemeinschaftsunternehmen (BGH WuW/E DE-R 711 ff – Ost-Fleisch). Auf konzentrative Gemeinschaftsunternehmen findet das Kartellverbot keine Anwendung. **Konzentrative Gemeinschaftsunternehmen** sind solche, die erstens auf Dauer alle Funktionen einer **selbstständigen Wirtschaftseinheit** erfüllen (sog. Vollfunktions-Gemeinschaftsunternehmen (vgl Mitteilung der Kommission über den Begriff des Vollfunktions-Gemeinschaftsunternehmens, ABl. EG 1998 C 66/1) und zweitens nicht zu einer **Koordinierung** des Wettbewerbsverhaltens der Muttergesellschaften untereinander führen. Letzteres ist insbesondere dann wahrscheinlich, wenn das Gemeinschaftsunternehmen auf dem gleichen Markt wie seine Muttergesellschaften tätig ist (vgl OLG Düsseldorf WuW/E DE-R 1625 ff – Rethmann). Ist das Gemeinschaftsunternehmen auf einem anderen Markt als die Muttergesellschaften tätig, sind aber die Muttergesellschaften miteinander im Wettbewerb stehende Unternehmen, ist eine wettbewerbsbeschränkende Koordinierung des Marktverhaltens der Muttergesellschaften unter dem Gesichtspunkt des Gruppeneffekts (spillover effect) denkbar. Der **Gruppeneffekt** kennzeichnet den Umstand, dass die Kooperation der Mütter an einem Gemeinschaftsunternehmen auf einem Markt häufig auch Rückwirkungen auf ihr Wettbewerbsverhalten auf dritten verbundenen Märkten haben wird (Kommission, ABl. 1993 L 20/23 ff – Astra). Hierzu ist aber zumindest erforderlich, dass die Mütter auf einem benachbarten Markt des Gemeinschaftsunternehmens tätig sind und das Gemeinschaftsunternehmen im Verhältnis zum Umfang der Tätigkeit der Mutterunternehmen auf diesem Markt nicht nur von untergeordneter Bedeutung ist.

III. Lizenzvereinbarungen

121 **1. Überblick.** Lizenzvereinbarungen sind die typische Form der Verwertung geistigen Eigentums durch deren Schöpfer bzw Inhaber. Der Schutz geistigen Eigentums erfolgt in erster Linie auf mitgliedstaatlicher Ebene durch die Gewährung von **gewerblichen Schutzrechten** (wie zB Patente, Gebrauchsmuster, Marken, Geschmacksmuster, Sortenschutzrechte, Topographien) und **Urheberrechten**. Hierbei handelt es sich um **Ausschließlichkeitsrechte**, dh der Inhaber kann Dritte im Grundsatz nach Belieben von

der Nutzung oder sonstigen Verwertung ausschließen. Das Ausschließlichkeitsrecht macht den Rechtsinhaber nicht zwingend zum Marktbeherrscher oder gar **Monopolisten**. Vielmehr ist im Einzelfall nach den Grundsätzen über die Definition des relevanten Marktes zu prüfen, inwieweit Nachfrager auf Produkte Dritter ausweichen können (BGH WuW/E DE-R 1159 ff – Standard-Spundfass II; EuGH Slg 1968, 55 ff – Centrafarm).

Die §§ 17, 18 GWB aF enthielten Sonderregeln für Lizenzvereinbarungen über Patente, Gebrauchsmuster, Topographien, Sortenschutzrechte, Saatgut und Know-how. In derartigen Vereinbarungen enthaltene Beschränkungen zulasten des Lizenznehmers waren im Grundsatz nur insoweit zulässig, als sie vom **Inhalt des Schutzrechts** gedeckt waren. Dies war dann der Fall, wenn der Lizenzgeber das fragliche Verhalten auch allein mithilfe seines Schutzrechtes, dh also auch ohne vertragliche Vereinbarung, hätte verbieten können (sog. **Infringement-Test**). Im Rahmen der 7. GWB-Novelle 2005 wurden diese Bestimmungen aufgehoben. Beschränkungen in Lizenzvereinbarungen sind nunmehr nach den allgemeinen Regeln zu beurteilen. 122

Das europäische Primärrecht enthält keine Sonderregelung für Lizenzvereinbarungen. Art. 101 AEUV findet daher auf in Lizenzvereinbarungen enthaltene Beschränkungen grundsätzlich Anwendung. Der EuGH unterscheidet insoweit zwischen der Erteilung bzw dem **Bestand** eines Schutzrechts, der von den Bestimmungen des AEUV über den freien Warenverkehr und den Wettbewerb unberührt bleibt und der **Ausübung** des **Schutzrechts**, auf die die genannten Bestimmungen im Grundsatz Anwendung finden (EuGH Slg 1966, 299 ff – Consten und Grundig). Die Unterscheidung zwischen Bestand und Ausübung von Schutzrechten ist sowohl für die Anwendung der **Wettbewerbsregeln** des AEUV als auch der Regeln über den **freien Waren- und Dienstleistungsverkehr** von Bedeutung. Nach ständiger Rechtsprechung des EuGH sind Beschränkungen des freien Warenverkehrs im Sinne von Art. 36 AEUV (ex-Art. 30 EG) nur erlaubt, soweit sie zur Wahrung der Rechte erfolgen, die den **spezifischen Gegenstand** des Schutzrechts ausmachen (EuGH Slg 1974, 1147 ff – Centrapharm / Sterling Drug; Slg 1971, 69 ff – Sirena; Slg 1971, 487 ff – Deutsche Grammophon/Metro; Slg 1982, 3381 – Coditel II). Was alles als spezifischer Gegenstand des Schutzrechts anzusehen ist, hat der EuGH nicht schutzrechtsübergreifend definiert. Typischerweise fasst der EuGH darunter jedenfalls das ausschließliche Recht des Inhabers, die Erzeugnisse **erstmalig in Verkehr zu bringen** und dabei das Schutzrecht zu benutzen (EuGH Slg 1994, I-2789 ff – Ideal Standard). Wird ein geschütztes Erzeugnis vom Schutzrechtsinhaber **selbst oder mit dessen Zustimmung durch Dritte** in einem Mitgliedstaat der EU erstmalig in den Verkehr gebracht, hat sich der spezifische Gegenstand des Schutzrechts insoweit **erschöpft**, so dass die Regeln über den freien Warenverkehr und die Wettbewerbsregeln voll zur Anwendung kommen. Dies gilt auch, soweit in anderen Mitgliedstaaten parallele Schutzrechte bestehen (Grundsatz der **unionsweiten Erschöpfung**; EuGH Slg 1974, 1147 ff – Centrapharm/Sterling Drug). Was genau zum spezifischen Gegenstand gehört, muss im Einzelfall unter Berücksichtigung der **Funktionen des jeweiligen Schutzrechts** ermittelt werden. Beispielsweise führt der Verkauf von Kopien geschützter Werke nicht zur Erschöpfung der mit dem Werk verbundenen Aufführungs- und Verleihrechte (EuGH Slg 1988, 2605 ff – Warner Brothers Inc. & Metronome Video/Christiansen). 123

Wenn auch der Bestand der nationalen Schutzrechte als solcher nicht in Frage gestellt wird, können die **Modalitäten der Ausübung** gewerblicher Schutz- und Urheberrechte dann unter die Wettbewerbsvorschriften des Vertrages fallen, wenn sie den **Gegenstand**, das **Mittel** oder die **Folgen** eines **Kartells** darstellen (EuGH Slg 1966, 321 ff – Consten und Grundig; Slg 1982, 2015 ff – Nungesser; Slg 1981, 147 ff – K-Tel/GEMA). 124

2. Technologietransfer-Lizenzen. a) Begriff. Vereinbarungen über den Technologietransfer können unter bestimmten Voraussetzungen in den Genuss einer Freistellung nach der **Technologietransfer-GVO** (ABl. 2004 L 123/11; **TT-GVO**) kommen. Technologietransfer-Vereinbarungen im Sinne der TT-GVO sind **Patentlizenzvereinbarungen, Know-how-Vereinbarungen** sowie **Softwarelizenz-Vereinbarungen.** Ebenfalls erfasst sind **gemischte Patentlizenz-, Know-how- oder Softwarelizenz-Vereinbarungen** (Art. 1 Abs. 1 lit. b) TT-GVO). Patentlizenz-Vereinbarungen erfassen nicht nur **Patente**, sondern auch **Patentanmeldungen**, Gebrauchsmuster, Gebrauchsmusteranmeldungen, Geschmacksmuster, Topographien von Halbleitererzeugnissen, ergänzende Schutzzertifikate für Arzneimittel und Sortenschutzrechte (Art. 1 Abs. 1 lit. a) TT-GVO). 125

Nach der Rechtsprechung des EuGH besteht der **spezifische Gegenstand** des **Patents** darin, dass der Patentinhaber zum Ausgleich für seine auf technischem Gebiet liegende, schöpferische Erfindertätigkeit das ausschließliche Recht erlangt, gewerbliche Erzeugnisse herzustellen und in den Verkehr zu bringen, 126 mithin die Erfindung selbst oder im Wege der Lizenzvergabe an Dritte zu verwerten (EuGH Slg 1974, 1147 ff – Centrapharm/Sterling Drug). Für **Know-how** hat der EuGH den spezifischen Gegenstand bisher nicht definiert. Das zentrale Element von Know-how ist sein **geheimer Charakter**, der es dem Know-how-Träger ermöglicht, einen faktischen Wettbewerbsvorsprung zu erzielen (LB/*Jestaedt*, Fallgruppen Art. 81 Rn 299). Im Medienbereich können Technologietransfer-Vereinbarungen insbesondere in den Bereichen Übertragungswege/Infrastruktur sowie Ausrüstung (zB Set-Top-Boxen) Bedeutung erlangen.

127 b) **TT-GVO.** Die TT-GVO erfasst nur Vereinbarungen zwischen zwei Unternehmen (Art. 2 Abs. 1 TT-GVO). Auf **Mehr-Parteien-Vereinbarungen** können die Grundsätze der TT-GVO jedoch analog angewendet werden (Kommission, TT-Leitlinien Rn 40). Die Vereinbarung muss der Herstellung von Vertragsprodukten dienen, dh reine Vertriebslizenzen können nicht nach der TT-GVO freigestellt werden. Auch **Technologiepools**, in denen sich zwei oder mehr Parteien darauf einigen, ihre Technologien zusammenzulegen und sie als Paket in Lizenz zu vergeben, sind nicht nach der TT-GVO freistellungsfähig (Kommission, TT-Leitlinien Rn 41). Für die Einzelfallbeurteilung von Technologiepools gibt die Kommission Hinweise in den TT-Leitlinien (Rn 210 ff). Die TT-GVO gilt ferner für **Zulieferverträge**, mit denen der Lizenzgeber seine Technologie an einen Lizenznehmer lizenziert, der sich im Gegenzug verpflichtet, ausschließlich für den Lizenzgeber zu produzieren (Kommission, TT-Leitlinien Rn 44). Als Technologietransfer-Vereinbarungen gelten auch **Anspruchsverzicht- und Anspruchsregelungsvereinbarungen**, bei denen der Lizenzgeber dem Lizenznehmer die Produktion in dem vom Patent erfassten Bereich gestattet (Kommission, TT-Leitlinien Rn 43).

128 Mit der Aufnahme von **Software-Lizenzen** zur Herstellung von Vertragsprodukten können erstmalig auch Vereinbarungen über Urheberrechte in den Genuss einer gruppenweisen Freistellung kommen. Problematisch ist die Anwendbarkeit der TT-GVO auf Software-Lizenzen für die betriebsinterne Verwendung (zB Datenbanken und Textverarbeitung), da diese Lizenzen nur mittelbar der Produktion von Vertragsprodukten dienen. Auf **andere Urheberrechte** findet die TT-GVO grundsätzlich keine Anwendung. Soweit sich die Urheberrechtslizenz jedoch auch die **Vervielfältigung und Verbreitung** eines geschützten Werks bezieht, wird sie als eine der Lizenzierung von Technologie ähnliche Form der Lizenzvergabe betrachtet. Insoweit kann auf die Grundsätze der TT-GVO und der TT-Leitlinien zurückgegriffen werden (Kommission, TT-Leitlinien Rn 51). Dies gilt wiederum nicht für die Lizenzierung von Wiedergabe- und anderen Rechten, bei denen die Wertschöpfung nicht auf der Vervielfältigung und dem Verkauf von Kopien eines Erzeugnisses beruht (Kommission, TT-Leitlinien Rn 52).

129 Die Kommission geht davon aus, dass Vereinbarungen zwischen **Wettbewerbern** eine größere Gefahr für den Wettbewerb darstellen als Vereinbarungen zwischen **Nicht-Wettbewerbern.** Aus diesem Grund ist die TT-GVO sowohl im Hinblick auf die anwendbare Marktanteilsschwelle als auch im Hinblick auf verbotene Kernbeschränkungen bei Vereinbarungen zwischen Wettbewerbern restriktiver als bei solchen zwischen Nicht-Wettbewerbern. Vereinbarungen zwischen Wettbewerbern können bis zu einem gemeinsamen Marktanteil von 20% in den Genuss der TT-GVO kommen; bei Vereinbarungen zwischen Nicht-Wettbewerbern liegt die Schwelle bei **30%** (Art. 3 Abs. 1 und 2 TT-GVO). Die Marktanteilsschwellen gelten für **Technologiemärkte** und **Produktmärkte.** Der Technologiemarkt bezeichnet den Markt für die Vergabe von Lizenzen. Der Produktmarkt ist der Markt, auf dem Produkte angeboten werden, die die lizenzierte Technologie enthalten. Wird die anzuwendende Marktanteilsschwelle auf einem der relevanten Märkte überschritten, gilt die Gruppenfreistellung für die Vereinbarung nicht in Bezug auf diesen relevanten Markt (Kommission, TT-Leitlinien Rn 69). Der Marktanteil einer Partei auf dem relevanten Technologiemarkt bestimmt sich nach der Präsenz der lizenzierten Technologie auf den relevanten Produktmärkten. Als Marktanteil des Lizenzgebers auf dem relevanten Technologiemarkt gilt daher der gemeinsame Marktanteil, den der Lizenzgeber und alle seine Lizenznehmer mit den Vertragsprodukten auf dem relevanten Produktmarkt erzielen (Art. 3 Abs. 3 TT-GVO). Marktanteile sollten in erster Linie auf Grundlage des **Absatzwertes** berechnet werden (Art. 8 Abs. 1 TT-GVO).

130 Art. 4 TT-GVO enthält eine umfassende Liste von **Kernbeschränkungen.** Art. 4 Abs. 1 TT-GVO enthält die Liste der **Kernbeschränkungen für Wettbewerber.** Dabei unterscheidet die Kommission zwischen **wechselseitigen** und **nicht-wechselseitigen Vereinbarungen.** An wechselseitige Vereinbarung werden strengere Anforderungen gestellt. Eine wechselseitige Vereinbarung liegt vor, wenn die Parteien sich im Hinblick auf konkurrierende Technologien oder Produkte gegenseitige Lizenzen erteilen (Kommission, TT-Leitlinien Rn 78).

Art. 4 Abs. 1 lit. a) TT-GVO behandelt als Kernbeschränkung jegliche Beschränkung der Möglichkeit einer Partei, den **Preis**, zu dem sie ihre Produkte an Dritte verkauft, selbst festzusetzen. Hierunter fallen Vereinbarungen über Fest- und Mindestpreise sowie Höchstpreisbindungen und Preisempfehlungen. Die Verpflichtung des Lizenznehmers, eine Mindestlizenzgebühr zu zahlen, wird allerdings nicht als Preisfestsetzung gewertet (Kommission, TT-Leitlinien Rn 79). **Wechselseitige Lizenzgebühren** im Rahmen des Cross-Licensing können eine verdeckte Preisfestsetzung darstellen, wenn sie überhöht sind, da in diesem Fall die Verbraucherpreise künstlich hoch gehalten werden (Kommission, TT-Leitlinien Rn 80). Als verbotene Preisbeschränkung ordnet die Kommission auch Regelungen ein, bei denen die Berechnung der Lizenzgebühr auf der Grundlage **sämtlicher Produktverkäufe** erfolgt, dh unabhängig davon, ob die verkauften Produkte die lizenzierte Technologie enthalten (Kommission, TT-Leitlinien Rn 81). 131

Art. 4 Abs. 1 lit. b) TT-GVO verbietet wechselseitige **Produktions- und Absatzbeschränkungen**. Die Kommission geht davon aus, dass solche Beschränkungen eine Reduzierung des Outputs bezwecken und wahrscheinlich auch bewirken (Kommission, TT-Leitlinien Rn 82). Nicht-wechselseitige Mengenbeschränkungen sind dagegen freigestellt. 132

Art. 4 Abs. 1 lit. c) TT-GVO verbietet **Kunden- und Gebietsbeschränkungen**. Von diesem generellen Verbot werden jedoch sieben Ausnahmen gemacht: (1) Der Lizenznehmer darf verpflichtet werden, die lizenzierte Technologie nur in einem oder mehreren Anwendungsbereichen oder in einem oder mehreren Produktmärkten zu nutzen (**Field-of-use-Klausel** oder **Nutzungsbeschränkung**; Art. 4 Abs. 1 lit. c) (i) TT-GVO). (2) Im Rahmen einer nicht-wechselseitigen Vereinbarung können die Vertragsparteien sich einseitig oder gegenseitig verpflichten, die Vertragsprodukte nicht in Gebieten herzustellen, die der anderen Partei vorbehalten sind. Dieses **Produktionsverbot** kann auch im Hinblick auf Produktmärkte und Anwendungsbereiche vereinbart werden (Art. 4 Abs. 1 lit. c) (ii) TT-GVO). (3) Gemäß Art. 4 Abs. 1 lit. c) (iii) TT-GVO kann sich der Lizenzgeber verpflichten, in einem bestimmten Gebiet keinem anderen Lizenznehmer eine Lizenz zu erteilen (**Alleinlizenz**). (4) Gemäß Art. 4 Abs. 1 lit. c) (iv) TT-GVO können sich die Parteien einer nicht-wechselseitigen Vereinbarung gegenseitige **Verkaufsbeschränkungen** auferlegen. Zulässig ist danach sowohl die Beschränkung des aktiven Verkaufs als auch die Beschränkung des passiven Verkaufs in das Vertragsgebiet oder an die Kundengruppe der anderen Partei. Voraussetzung ist aber, dass das Vertragsgebiet bzw die Kundengruppe der anderen Partei **exklusiv** zugewiesen ist. Was unter aktiven und passiven Verkäufen zu verstehen ist, definiert die TT-GVO nicht. Die Kommission hat zu diesen Begriffen jedoch schon in den Vertikalleitlinien (dort in Rn 50) Stellung genommen. Als **aktiver Verkauf** ist danach zu verstehen: die aktive Ansprache individueller Kunden in einem Gebiet oder individueller Mitglieder einer Kundengruppe, das bzw die ausschließlich einem anderen Lizenznehmer zugewiesen wurde, zB mittels Direktversand von Briefen oder persönlichen Besuchs; oder die aktive Ansprache einer bestimmten Kundengruppe oder von Kunden in einem bestimmten Gebiet, die bzw das ausschließlich einem anderen Lizenznehmer zugewiesen wurde, mittels Werbung in den Medien oder anderer Verkaufsförderungsmaßnahmen, welche sich speziell an die fragliche Kundengruppe oder speziell an die Kunden in dem fraglichen Gebiet richten; oder die Errichtung eines Lagers oder einer Vertriebsstätte in einem Gebiet, das ausschließlich einem anderen Lizenznehmer zugewiesen wurde. Dagegen bedeutet **passiver Verkauf** die Erfüllung unaufgeforderter Bestellungen individueller Kunden, dh die Lieferung der mittels der lizenzierten Technologie hergestellten Produkte für solche Kunden. Allgemeine Werbe- oder Verkaufsförderungsmaßnahmen in den Medien oder im **Internet**, die Kunden oder Kundengruppen in Gebieten erreichen, die einem anderen Lizenznehmer ausschließlich zugewiesen sind, die aber eine vernünftige Alternative zur Ansprache von Kunden- oder Kundengruppen, zB in einem eigenen Gebiet oder in Gebieten, die keinem Vertriebshändler zugewiesen sind, darstellen, sind ebenfalls passive Verkäufe. (5) Art. 4 Abs. 1 lit. c) (v.) TT-GVO stellt in eingeschränktem Umfang **Kunden- und Gebietsschutz zwischen den Lizenznehmern** frei. Danach darf der Lizenzgeber im Rahmen einer nicht-wechselseitigen Vereinbarung dem Lizenznehmer auferlegen, aktive Verkäufe in das Exklusivgebiet oder an die Exklusivkundengruppe eines anderen Lizenznehmers zu unterlassen. Die Kommission hält derartige Verkaufsbeschränkungen unter dem Gesichtspunkt des **Investitionsschutzes** bis zum Erreichen der Marktanteilsschwellen für zulässig, da sie den Lizenznehmer dazu veranlassen, die lizenzierte Technologie effizienter zu nutzen. Denn damit wird dem Lizenzgeber erlaubt, einen Lizenznehmer, der auf dem Markt noch nicht präsent war, vor aktiven Verkäufen von Lizenznehmern zu schützen, die als Wettbewerber des Lizenzgebers bereits auf dem Markt etabliert sind (Kommission, TT-Leitlinien Rn 89). Voraussetzung ist jedoch, dass der geschützte Lizenznehmer im Zeitpunkt des Abschlusses seines Lizenzvertrages kein Wettbe- 133 werber des Lizenzgebers war. (6) Außerdem darf dem Lizenznehmer auferlegt werden, die Vertragsprodukte nur für den **Eigenbedarf** zu produzieren. Voraussetzung ist, dass der Lizenznehmer darin frei bleiben muss, die Vertragsprodukte als Ersatzteile für seine eigenen Produkte zu verkaufen (Art. 4 Abs. 1 lit. c) (vi) TT-GVO. (7) Gemäß Artikel 4 Abs. 1 lit. c) (vii) TT-GVO ist auch die **Second-Source-Lizenz** bis zur Marktanteilsschwelle freigestellt. Danach kann dem Lizenznehmer in einer nicht-wechselseitigen Vereinbarung die Verpflichtung auferlegt werden, die Vertragsprodukte nur für einen bestimmten Kunden zu produzieren, um diesen eine alternative Bezugsquelle zu verschaffen.

134 Ebenfalls als Kernbeschränkung gilt die Einschränkung der Möglichkeit des Lizenznehmers, seine **eigene Technologie zu verwerten** (Art. 4 Abs. 1 lit. d) TT-GVO). Unter diesem Gesichtspunkt ist grundsätzlich auch eine Gebührenregelung, nach der der Lizenznehmer die Lizenzgebühr auf Grundlage aller Produktverkäufe zu leisten hat (dh unabhängig davon, ob die lizenzierte Technologie in den Produkten enthalten ist), als Kernbeschränkung zu werten (Kommission, TT-Leitlinien Rn 94). Art. 4 Abs. 1 lit. d) TT-GVO ordnet die Beschränkung der Möglichkeit der Vertragsparteien, **Forschungs- und Entwicklungsarbeiten** durchzuführen, grundsätzlich ebenfalls als Kernbeschränkung ein. Etwas anderes gilt nur, wenn diese Beschränkungen unerlässlich sind, um die Preisgabe des lizenzierten Knowhows an Dritte zu verhindern.

135 Art. 4 Abs. 2 TT-GVO enthält die Liste der Kernbeschränkungen für **Nicht-Wettbewerber**. Gemäß Art. 4 Abs. 2 lit. a) TT-GVO dürfen die Parteien grundsätzlich nicht darin beschränkt werden, den **Preis** für den Verkauf der Vertragsprodukte an Dritte selbst festzusetzen. Ebenso wie bei Vertikal-Vereinbarungen ist aber auch hier die Festsetzung von Höchstverkaufspreisen ebenso zulässig wie Preisempfehlungen.

136 Art. 4 Abs. 2 lit. b) TT-GVO ordnet bestimmte **Passiv-Verkaufsbeschränkungen** des Lizenznehmers als Kernbeschränkungen ein. Keine Kernbeschränkungen stellen im Umkehrschluss Beschränkungen des Lizenzgebers sowie Aktiv-Verkaufsbeschränkungen des Lizenznehmers dar. Passiv-Verkaufsbeschränkungen des Lizenznehmers sind wiederum in sechs einzeln bezeichneten Fällen zulässig: (1) Art. 4 Abs. 2 lit. b) (i) TT-GVO erklärt die Beschränkung des passiven Verkaufs in ein Exklusivgebiet oder an eine Exklusivkundengruppe, das bzw die den Lizenzgeber vorbehalten ist, für zulässig. (2) Gemäß Art. 4 Abs. 2 lit. b) (ii) TT-GVO darf der Lizenznehmer darin beschränkt werden in Gebiete bzw an Kunden, die einem anderen Lizenznehmer **exklusiv** zugewiesen sind, **Passiv-Verkäufe** zu tätigen. Allerdings gilt dies nur für eine den Investitionsschutz dienende Anlaufzeit von **zwei Jahren**, gerechnet vom Zeitpunkt des Vertragsschlusses des geschützten Lizenznehmers. Solche Lizenznehmer, deren Vertragsschluss schon über zwei Jahre zurückliegt, werden nur noch eingeschränkt geschützt. Im Hinblick auf diese Kunden bzw Gebiete sind nur noch Aktiv-Verkaufsbeschränkungen zulässig. (3) Gemäß Art. 4 Abs. 2 lit. b) (iii) TT-GVO darf der Lizenznehmer auf den **Eigenbedarf** beschränkt werden. Insoweit gelten die gleichen Grundsätze wie für Beschränkungen unter Wettbewerbern. (4) Gemäß Art. 4 Abs. 2 lit. b) (iv) TT-GVO ist die Vereinbarung einer **Second-Source-Lizenz** zulässig. Es gelten dieselben Grundsätze wie bei Vereinbarungen zwischen Wettbewerbern. (5) Art. 4 Abs. 2 lit. b) (v.) TT-GVO erklärt die Beschränkung des Verkaufs an Endverbraucher durch Lizenznehmer, die auf der **Großhandelsstufe** tätig sind, für zulässig. Die Kommission geht davon aus, dass solche Regelungen entsprechend der Rechtsprechung zum selektiven Vertrieb schon nicht unter Art. 101 Abs. 1 AEUV fallen (Kommission, TT-Leitlinien Rn 104; EuGH Slg 1977, 1975 ff – Metro I). (6) Art. 4 Abs. 2 lit. b) (vi) TT-GVO stellt die Beschränkung des **Verkaufs an nicht zugelassene Händler**, die Mitgliedern eines selektiven Vertriebssystems auferlegt werden, im Rahmen der Marktanteilsschwelle vom Kartellverbot frei.

137 Als Kernbeschränkung gilt auch die Beschränkung der Möglichkeit von **aktiven oder passiven Verkäufen an Endverbraucher**, wenn diese Beschränkungen einem Lizenznehmer auferlegt werden, der in einem **selektiven Vertriebssystem** auf der Einzelhandelsstufe tätig ist (Art. 4 Abs. 2 lit. c) TT-GVO). Diese Vorschrift ist der gleich lautenden Regelung in Art. 4 lit. d) Vertikal-GVO nachgebildet. Ebenso wie dort gilt dies unbeschadet der Möglichkeit, Mitgliedern des Systems zu verbieten, Geschäfte von nicht zugelassenen Niederlassungen aus zu betreiben.

138 Art. 5 TT-GVO enthält eine Liste von **nicht freigestellten Beschränkungen**. Hierzu zählt die Verpflichtung des Lizenznehmers, dem Lizenzgeber eine **Exklusivlizenz** für seine eigenen abtrennbaren Verbesserungen an der lizenzierten Technologie oder seiner eigenen neuen Anwendungen dieser Technologie zu erteilen (Art. 5 Abs. 1 lit. a) TT-GVO). Uneingeschränkt zulässig ist die Verpflichtung zur Erteilung einer einfachen Lizenz. Art. 5 Abs. 1 lit. b) TT-GVO erfasst Verpflichtungen des Lizenznehmers, Rechte

an eigenen abtrennbaren Verbesserungen oder Rechte an eigenen neuen Anwendungen auf den Lizenzgeber oder einen von ihm benannten Dritten zu **übertragen**. Bei den in lit. a) und lit. b) genannten Beschränkungen handelt es sich um sogenannte **„Grant-back-Klauseln"**. Art. 5 Abs. 1 lit. c) TT-GVO erklärt **Nichtangriffsabreden** zulasten des Lizenznehmers für nicht freigestellt. Ebenso wie schon in der Vorgängerregelung der VO 240/96 bleibt es dem Lizenzgeber aber belassen, für den Fall des Angriffs die Lizenzvereinbarung zu **kündigen**. Ebenfalls als nicht freigestellt ordnet Art. 5 Abs. 2 TT-GVO Beschränkungen des Lizenznehmers, seine **eigene Technologie zu verwerten** sowie Beschränkungen der Möglichkeiten der Vertragsparteien, **Forschungs- und Entwicklungsarbeiten** durchzuführen als nicht freigestellt ein, es sei denn, letztere Beschränkung ist unerlässlich, um die Preisgabe des lizenzierten Know-hows an Dritte zu verhindern. Die Bestimmung ist inhaltsgleich mit Art. 4 Abs. 1 lit. d) TT-GVO, der gleich lautende Beschränkungen zwischen Wettbewerbern als Kernbeschränkung einordnet.

c) **Einzelfallbeurteilung.** Außerhalb des Anwendungsbereichs der TT-GVO sind Technologietransfer-Vereinbarungen im Einzelfall auf ihre Vereinbarkeit mit dem Kartellverbot zu beurteilen. Hierfür gibt die Kommission in den TT-Leitlinien Hilfestellung. Die Kommission stellt dort klar, dass bei Vereinbarungen, die nicht unter die TT-GVO fallen, keine Rechtswidrigkeit vermutet wird, solange sie keine Kernbeschränkungen enthalten. Insbesondere wird auch die Anwendbarkeit von Art. 101 Abs. 1 AEUV nicht schon deshalb unterstellt, weil die Marktanteilsschwellen überschritten sind (Kommission, TT-Leitlinien Rn 130). Hierbei ist von dem Grundsatz auszugehen, dass Lizenzvergabe Wettbewerb oftmals erst eröffnet (vgl EuGH Slg 182, 2015 ff – Nungesser). Ergibt die Prüfung, dass ohne die beschränkende Bestimmung sinnvoller Weise nicht davon ausgegangen werden kann, dass es zur Lizenzvergabe gekommen wäre, ist die Vereinbarung im Zweifel zulässig. Die Kommission geht davon aus, dass außerhalb der bezeichneten Kernbeschränkungen ein Verstoß gegen Art. 101 AEUV unwahrscheinlich ist, wenn es neben den von den Vertragsparteien kontrollierten Technologien noch **vier oder mehr weitere Technologien** auf dem Markt gibt (Kommission, TT-Leitlinien Rn 131). Im Übrigen ist im Rahmen der Einzelfallbeurteilung ebenso wie bei Vertikalvereinbarungen eine **Gesamtbetrachtung** vorzunehmen, die insbesondere die **Art der Vereinbarung**, die **Marktstellung** der Parteien, ihrer Wettbewerber und der Abnehmer der Vertragsprodukte, **Marktzutrittsschranken**, den **Reifegrad** des Marktes sowie **sonstige Faktoren** berücksichtigt (Kommission, TT-Leitlinien Rn 132). 139

Die Kommission zählt drei mögliche **negative Wirkungen** restriktiver Lizenzvereinbarungen auf: (1) Verringerung des Technologien-Wettbewerbs zwischen Unternehmen, die auf einem Technologiemarkt oder auf einem Produktmarkt, auf dem die betreffenden Technologien eingesetzt werden, tätig sind. (2) Ausschluss von Wettbewerbern durch Kostensteigerung, Beschränkung des Zugangs zu wesentlichen Einsatzgütern oder Errichtung sonstiger Zutrittsschranken. (3) Verringerung des technologie-internen Wettbewerbs zwischen Unternehmen, die Produkte auf der Grundlage derselben Technologie herstellen (Kommission, TT-Leitlinien Rn 141). 140

Typische positive Wirkungen restriktiver Lizenzvereinbarungen im Sinne von Effizienzgewinnen sind neue oder bessere Produkte durch Kombination einander ergänzender Technologien. Technologie-Pools können zudem die Transaktionskosten verringern. In Wirtschaftszweigen, in denen es eine Vielzahl von Schutzrechten gibt und Produkte diverse bestehende und künftige Schutzrechte verletzen können (wie zB im Bereich der Telekommunikation) wirken sich Vereinbarungen, in denen die Parteien sich verpflichten, ihre Schutzrechte dem Partner gegenüber nicht durchzusetzen (sog. **negative Lizenz**), positiv auf den Wettbewerb aus, da sie den Parteien die Entwicklung ihrer eigenen Technologien erlauben, ohne Verletzungsklagen fürchten zu müssen (Kommission, TT-Leitlinien Rn 148). 141

Die Kommission geht davon aus, dass bestimmte Verpflichtungen des Lizenznehmers unabhängig vom Marktanteil der Beteiligten nicht wettbewerbsbeschränkend im Sinne von Art. 101 Abs. 1 AEUV sind. Hierzu zählen die Wahrung der **Vertraulichkeit**, das **Verbot von Unterlizenzen**, **Nutzungsverbote** nach Ablauf der Vereinbarung, **Unterstützungspflichten** bei der Durchsetzung der Schutzrechte, die Zahlung von **Mindestgebühren** sowie die Produktion einer **Mindestmenge** an Erzeugnissen sowie die **Verwendung des Markenzeichens oder des Namens** des Lizenzgebers auf dem Produkt (Kommission, TT-Leitlinien Rn 155). In den TT-Leitlinien gibt die Kommission außerdem Hinweise zur Beurteilung von **Lizenzgebühren** (Rn 156 ff), **Exklusivlizenzen** und **Verkaufsbeschränkungen** (Rn 161 ff), **Output-Beschränkungen** (Rn 175 ff), **Nutzungsbeschränkungen** (Rn 179 ff), der Beschränkung auf den **Eigenbedarf** (Rn 186 ff), **Kopplungs- und Paket-Vereinbarungen** (Rn 191 ff), **Wettbewerbsverbote** (Rn 196 ff), **Anspruchsregelungs- und Anspruchsverzichtsvereinbarungen** (Rn 204 ff) sowie **Technologie-Pools** (Rn 210 ff). 142

143 3. **Urheberrechtslizenz.** a) **Begriff.** Das Urheberrecht ist das eigentumsähnliche Recht des Schöpfers eines Werks der Literatur, Musik, Kunst, Fotografie oder von Computerprogrammen an seinem Werk (geistiges Eigentum). Inhalt des Urheberrechts sind zum einen die **Persönlichkeitsrechte** (Veröffentlichungsrecht, Recht auf Anerkennung der Urheberschaft und auch Verbot der Entstellung) und zum anderen die **Verwertungsrechte** (zB Vervielfältigungs-, Aufführungs-, Sende- und Wiedergaberecht). Der **spezifische Gegenstand** des Urheberrechts umfasst alle Ausübungshandlungen, die zu einer „normalen Verwertung" des Werks gehören (EuGH Slg 1987, 1763 ff – Basset/SACEM). Hierzu zählen das Recht des ersten Inverkehrbringens (EuGH Slg 1981, 147 ff – Musik-Vertrieb Membran/GEMA), das Recht Gebühren für öffentliche Vorführungen zu verlangen (EuGH Slg 1980, 881 ff – Coditel I) sowie das Recht auf Vermietung (EuGH Slg 1988, 2605 ff – Warner Brothers Inc. & Metronome Video/ Christiansen).

144 Im Hinblick auf die „mechanischen" Rechte (also im Hinblick auf das Inverkehrbringen auf physischem Träger) gelten die gleichen Grundsätze wie beim Patentrecht, dh **Erschöpfung** tritt mit dem ersten Inverkehrbringen ein (EuGH Slg 1981, 147 ff – Musik-Vertriebmembran/GEMA). Erforderlich ist allerdings, dass der Urheber dem erstmaligen Inverkehrbringen zugestimmt hat. Das Zustimmungserfordernis besteht auch dann, wenn das erste Inverkehrbringen in einem Mitgliedstaat erfolgt ist, in dem das Schutzrecht abgelaufen ist (EuGH Slg 1989, 79 ff – EMI/Patricia). Der Erschöpfungsgrundsatz findet keine Anwendung auf Aufführungsrechte (vgl zu Filmen: EuGH Slg 1980, 881 ff – Coditel I; zu Musikaufnahmen: EuGH Slg 1989, 2521 ff – Ministère Public/Tournier). Ebenfalls keine Erschöpfung tritt ein im Fall der Online-Verbreitung (Art. 3 Abs. 3 Urheberrechts-Richtlinie, ABl. 2001 L 167/10).

145 b) **Einzelfallbeurteilung.** Abgesehen von Software-Lizenzvereinbarungen, die nach der TT-GVO freistellungsfähig sind, findet auf Urheberrechtslizenzen keine GVO Anwendung. Etwas Anderes gilt nur dann, wenn die Urheberrechtslizenz eine bloße Begleitabrede zu einer Vertikalvereinbarung (dann Freistellung nach der Vertikal-GVO, vgl Art. 2 Abs. 3 Vertikal-GVO) oder einer Technologietransfer-Vereinbarung ist (dann Freistellung nach TT-GVO, vgl Art. 1 Abs. 1 lit. b) TT-GVO). Soweit die Vergabe von Lizenzen die **Vervielfältigung und Verbreitung** eines geschützten Werks, dh die Herstellung von Kopien für den Weiterverkauf, betroffen ist, kann auf die Grundsätze der TT-GVO und der TT-Leitlinien zurückgegriffen werden (Kommission, TT-Leitlinien Rn 51). Dies gilt nicht für die Lizenzierung von Wiedergabe- und anderen Rechten (zB das Aufführen, Zeigen oder Verleihen von geschütztem Material wie Filmen, Musik- oder Sportveranstaltungen). Hier müssen vielmehr die Besonderheiten des Werks und die Art und Weise, in der es genutzt wird, berücksichtigt werden (Kommission, TT-Leitlinien Rn 52; EuGH Slg 1982, 3381 ff – Coditel II). Insoweit gilt, dass der bloße Umstand, dass der Urheber für einen bestimmten Mitgliedstaat eine **Exklusivlizenz** für die Aufführung seines Werkes erteilt hat, noch keinen Verstoß gegen das Kartellverbot bedeutet. Es muss vielmehr im Einzelfall beurteilt werden, ob durch die Ausübung der Exklusivlizenz Hindernisse errichtet werden, die im Hinblick auf die Bedürfnisse der Filmindustrie künstlich und ungerechtfertigt sind, ob unangemessen hohe Vergütungen für die getätigten Investitionen getätigt werden oder ob eine Ausschließlichkeit herbeigeführt wird, deren Dauer gemessen an diesen Bedürfnissen übermäßig lang ist (EuGH Slg 1982, 3381 ff – Coditel II). Die Kommission hat das auf die Dauer von 15 Jahren eingeräumte ausschließliche Recht zur Fernsehauswertung ausgewählter Spielfilme als unverhältnismäßig lang angesehen (Kommission, ABl. 1989 L284/36 ff – Filmeinkauf deutscher Fernsehanstalten). Vereinbarungen, die das Aufführungsrecht auf ein bestimmtes **Gebiet** beschränken, sind vom spezifischen Gegenstand des Schutzrechts gedeckt und fallen daher nicht unter das Kartellverbot (EuG Slg 1997, II-927 ff – Ladbroke/Kommission; Kommission, TT-Leitlinien Rn 52). Auch die Beschränkung der Lizenz auf spezifische **Nutzungsarten** (Field-of-use) ist für zulässig erachtet worden (EuGH Slg 1982, 3381 ff – Coditel II; Kommission ABl. 1971 L 134/15 ff – GEMA I; ABl. 1972 L 166/22 ff – GEMA II). Ebenfalls als nicht wettbewerbsbeschränkend eingeordnet wurden **Unterlizenzverbote** (Kommission, ABl. 1995 L 221/34 ff – PMI/DSV) sowie die Verpflichtung zur Zahlung einer **Lizenzgebühr** für jede Aufführung (EuGH Slg 1982, 3381 ff – Coditel II). Gebietsbeschränkungen im Hinblick auf urheberrechtlich geschützte Waren (zB Bild- oder Tonträger) können dagegen als verbotene Kernbeschränkung entsprechend Art. 4 TT-GVO angesehen werden (vgl auch Kommission, 11. WBB (1981), Rn 98 – STEMRA).

146 Lizenzvereinbarungen, die zwischen **mehr als zwei Parteien** abgeschlossen werden, werfen besondere Probleme auf. Die gemeinsame Beschaffung urheberrechtlich geschützter Leistungen (wie im Fall Kommission ABl. 2000 L 151/18 ff – Eurovision) ist nach den Horizontal-Leitlinien – Abschnitt Einkaufsvereinbarungen - zu beurteilen (vgl Rn 19, 103 ff). Vereinbarungen über die gemeinsame Verwertung (wie im Fall Kommission ABl. 2003 L 291/25 ff – UEFA Champions League) sind ebenfalls

nach den Horizontal-Leitlinien – Abschnitt Vermarktungsvereinbarungen – zu beurteilen (vgl Rn 19, 106 ff).

4. Markenlizenzen. a) Begriff. Als Marken sind im Grundsatz alle Zeichen anzusehen, die geeignet sind, Waren oder Dienstleistungen eines Unternehmens von denjenigen anderer Unternehmen zu unterscheiden. Hierzu zählen insbesondere Wörter, Abbildungen, Buchstaben, Zahlen, Hörzeichen, dreidimensionale Gestaltungen einschließlich der Form einer Ware oder ihrer Verpackung sowie sonstige Aufmachungen einschließlich Farben und Farbzusammenstellungen (§ 3 Abs. 1 Markengesetz). In Sachen Sirena hat der EuGH entschieden, dass das europäische Primärrecht zwar den Bestand von Markenrechten garantiere, deren Ausübung aber der Wettbewerbskontrolle unterwerfe, um einen effektiven Wettbewerb sicherzustellen (EuGH Slg 1971, 81 ff – Sirena). Der EuGH hat für die Zwecke des Europarechts als **spezifischen Gegenstand** des Markenrechts das ausschließliche Recht des Markeninhabers angesehen, ein Erzeugnis in Verkehr zu bringen und dabei die Marke zu benutzen, wodurch dieser Schutz vor Konkurrenten erlangt, die unter Missbrauch der aufgrund der Marke erworbenen Stellung und Kreditwürdigkeit widerrechtlich mit diesem Zeichen versehene Erzeugnisse veräußern (EuGH Slg 1974, 1183 ff – Centrafarm/Winthrop). Zum spezifischen Gegenstand zählt außerdem die Hauptfunktion der Marke, die darin besteht, dem Verbraucher oder Endabnehmer die Ursprungsidentität des gekennzeichneten Erzeugnisses zu garantieren, indem sie ihm ermöglicht, dieses Erzeugnis ohne Verwechslungsgefahr von Erzeugnissen anderer Herkunft zu unterscheiden (Herkunfts- bzw Garantiefunktion; EuGH Slg 1990, I-3711 ff – Hag II). 147

b) **Einzelfallbeurteilung.** Markenlizenzvereinbarungen sind von keiner GVO erfasst. Wie bei Urheberrechtslizenzen gilt hiervon eine Ausnahme nur für den Fall, dass die Markenlizenz eine bloße Begleitabrede zu einer Vertikal-Vereinbarung (dann Freistellung nach der Vertikal-GVO) oder einer Technologietransfer-Vereinbarung ist (dann Freistellung nach TT-GVO). Im Fall Campari wurden folgende Bestimmungen als **nicht wettbewerbsbeschränkend** im Sinne von Art. 101 Abs. 1 AEUV angesehen: (1) das Verbot von Verkäufen außerhalb der Union, (2) die Beschränkung der Lizenz auf solche Produktionsbetriebe, die die Qualität der Erzeugnisse garantieren können, (3) die Verpflichtung der Lizenznehmer, die Anweisungen des Lizenzgebers bezüglich der Herstellung und der Qualität seiner Bestandteile zu befolgen, (4) die Verpflichtung, bestimmte geheime Grundstoffe vom Lizenzgeber zu beziehen, da dies aus Gründen der Qualitätssicherung erforderlich erschien, (5) die Verpflichtung, die Herstellungsverfahren gegenüber Dritten geheim zu halten, (6) die Verpflichtung, für einen festen Mindestbetrag Werbung zu betreiben sowie (7) ein Abtretungsverbot (Kommission ABl. 1978 L 70/69 ff – Campari). Nichtangriffsklauseln sind jedenfalls dann nicht wettbewerbsbeschränkend, wenn die Marke noch relativ jung ist und keine signifikante Marktzutrittsschranke darstellt (Kommission, ABl. 1990 L 100/32 ff – Moose Head – Whitbread). Demgegenüber hat die Kommission in Sachen Campari folgende Klauseln als **wettbewerbsbeschränkend** eingeordnet: (1) die Zuweisung von Exklusivgebieten, (2) das dem Lizenznehmer auferlegte Wettbewerbsverbot, (3) das Verbot von Aktiv-Verkäufen außerhalb der Vertragsgebiete sowie (4) die Verpflichtung der Lizenznehmer, bestimmte Abnehmer nur mit Produkten zu beliefern, die vom Lizenzgeber hergestellt wurden (Kommission, ABl. 1978 L 70/69 ff – Campari). 148

Unangemessen ist eine Abgrenzungsvereinbarung insbesondere dann, wenn die Vereinbarung einseitig nur der einen Partei Verpflichtungen auferlegt, die praktisch allein auf die Kontrolle des Vertriebs ihrer Waren und nicht auf den Schutz eines wirtschaftlich erheblichen Warenzeichens der anderen Partei zielen (EuGH GRURInt 1985, 399 ff – Toltecs Dorcet II). 149

c) **Markenabgrenzungsvereinbarungen.** EuGH und Kommission erachten Markenabgrenzungsvereinbarungen als kartellrechtlich zulässig, soweit durch die im beiderseitigen Interesse der Parteien der jeweilige Benutzungsumfang ihrer Zeichen festgelegt wird, um eine Kollision oder Verwechslung derselben zu vermeiden (EuGH Slg 1985, 363 ff – Toltecs/Dorcet II; Kommission ABl. 1978 L 60, 19 – Penneys; 7.WB (1977) Rn 318 – Persil). Als kartellrechtlich bedenklich sind Abgrenzungsvereinbarungen dann zu qualifizieren, wenn zugleich ein kartellrechtswidriger Zusatzzweck verfolgt wird, wie zB Marktaufteilungen oder die Errichtung von Handelsschranken (Kommission ABl. 1975 L 125/27 ff – Sirdar/Phildar). Mit der europäischen Wettbewerbsordnung ist es unvereinbar, wenn die sich aus dem Warenzeichenrecht der verschiedenen Staaten ergebenden Ansprüche zu Zwecken missbraucht werden, die dem Kartellrecht der Union zuwiderlaufen (EuGH Slg 1966, 321 ff – Consten/Grundig). Inhaltlich muss sich die Vereinbarung objektiv erkennbar auf eine sachgerechte Lösung des Schutzrechtskonfliktes beschränken, dh die Klauseln müssen in Zusammenhang mit dem eigentlichen Pro- 150 blem der Benutzung der Marke stehen (EuGH Slg 1985, 363 ff – Toltecs/Dorcet II). Zwischen den beiden Parteien muss daher ein tatsächlicher Warenzeichenkonflikt existieren. Entscheidend ist, dass dem Zeichen ein wirtschaftlicher Wert zukommt (abgelehnt bei einem unbenutzten Vorratszeichen, EuGH Slg 1985, 363 ff – Toltecs/Dorcet II). Ausreichend ist ein ernsthafter, objektiv begründeter Anlass zur Annahme eines Konflikts (BGH WuW/E BGH 1385 ff – Heilquelle). Die Abreden müssen sich innerhalb der Grenzen desjenigen halten, was bei objektiver Beurteilung ernstlich zweifelhaft sein kann (BGH WuW/E BGH 1385 ff – Heilquelle). Die kartellrechtliche Zulässigkeit einer Abgrenzungsvereinbarung, die keine Wettbewerbsbeschränkung bezweckt, beurteilt sich für die Dauer ihrer Geltung allein nach der markenrechtlichen Rechtslage bei ihrem Abschluss (BGH WuW/E DE-R3275 – Jette Joop). Den Parteien kommt ein Beurteilungsspielraum für das Vorliegen eines Konflikts zu, insbesondere bei Beurteilung der Verwechslungsfähigkeit (Kommission ABl. 1982 L 379/19 – Toltecs/Dorcet). Darüber hinaus muss untersucht werden, ob die Vereinbarung Verpflichtungen enthält, die der Art der Auseinandersetzung und dem Schutzumfang des Rechtes aus dem Warenzeichen, deren Bestätigung bei vernünftiger Betrachtungsweise zu erwarten steht, **angemessen** sind (Schlussanträge Sir Gordon Slynn, Slg 1985, 363 ff – Toltecs/Dorcet II). Im Sinne des **Verhältnismäßigkeitsgrundsatzes** ist der Abgrenzungsmodus zu bevorzugen, der die Benutzung beider Marken im Binnenmarkt am wenigsten einschränkt (Kommission ABl. 1978 L 60, 19 – Penneys). Demnach gewährt einer Abgrenzung nach der Aufmachung des Zeichens durch Farbgestaltung, Namens- oder Firmenzusätze Vorrang (Kommission, 7. WB 1977, Rn 138 ff – Persil; 8.WB 1978 Rn 125 ff – Bayer/Tanabe) vor sachlichen Waren- und Dienstleistungsklassen oder gar territorialen Abgrenzungen (EuGH Slg 1994 I-2789 – Internationale Heiztechnik/Ideal Standard; Kommission ABl. 1975 L 125/27 – Sirdar/Phildar). Eine Vereinbarung wird in der Regel umso positiver beurteilt, je geringer die Gefahr einer Marktaufteilung und je geringer die Auswirkungen auf das Nebeneinander der Zeichen sind (Kommission ABl. 1975 L 125/27 – Sirdar/Phildar).

151 d) **Markenübertragungen.** Grundsätzlich besitzt der Inhaber von Schutzrechten aller Art ein Nutzungsmonopol, das es ihm gestattet, mit seinem Schutzrecht nach Belieben zu verfahren. Hierzu gehört auch das Recht, das Markenrecht ganz oder teilweise auf einen Dritten zu übertragen. Eine derartige Markenübertragung bzw Markenspaltung ist grundsätzlich kartellrechtlich zulässig. Etwas anderes gilt jedoch, wenn die Übertragung zu Zwecken der Marktaufteilung erfolgt, insbesondere wenn eine in mehreren Ländern eingetragene Marke nur für einzelne Länder übertragen wird. Die Parteien können sich dann gegenseitig den Vertrieb mit der in Frage stehenden Marke untersagen, je nachdem welches Land betroffen ist. Ist die Marktaufteilung bereits markenrechtlich unzulässig, ist die Marktaufteilung auch kartellrechtlich nicht zulässig. Übertragungen, die Gegenstand, Mittel oder Folge einer Kartellabsprache sind, verstoßen gegen das Kartellverbot (EuGH Slg 1994 I-2789 ff – Ideal Standard). Stand die Marke ursprünglich einem einzigen Inhaber zu und ist die alleinige Inhaberschaft infolge einer hoheitlichen Maßnahme (Enteignung) durchbrochen worden, liegt keine kartellrechtlich verbotene Marktaufteilung vor. Schutzrechtsverletzende Importe können markenrechtlich verfolgt werden, ohne dass das Kartellverbot verletzt wird (EuGH Slg 1990 I-3711 – HAG II).

16. Abschnitt: Preisbindung bei Zeitungen und Zeitschriften (§ 30 GWB)

§ 30 GWB Preisbindung bei Zeitungen und Zeitschriften

(1) [1]§ 1 gilt nicht für vertikale Preisbindungen, durch die ein Unternehmen, das Zeitungen oder Zeitschriften herstellt, die Abnehmer dieser Erzeugnisse rechtlich oder wirtschaftlich bindet, bei der Weiterveräußerung bestimmte Preise zu vereinbaren oder ihren Abnehmern die gleiche Bindung bis zur Weiterveräußerung an den letzten Verbraucher aufzuerlegen. [2]Zu Zeitungen und Zeitschriften zählen auch Produkte, die Zeitungen oder Zeitschriften reproduzieren oder substituieren und bei Würdigung der Gesamtumstände als überwiegend verlagstypisch anzusehen sind, sowie kombinierte Produkte, bei denen eine Zeitung oder eine Zeitschrift im Vordergrund steht.

(2) [1]Vereinbarungen der in Absatz 1 bezeichneten Art sind, soweit sie Preise und Preisbestandteile betreffen, schriftlich abzufassen. [2]Es genügt, wenn die Beteiligten Urkunden unterzeichnen, die auf eine Preisliste oder auf Preismitteilungen Bezug nehmen. [3]§ 126 Abs. 2 des Bürgerlichen Gesetzbuchs findet keine Anwendung.

(3) Das Bundeskartellamt kann von Amts wegen oder auf Antrag eines gebundenen Abnehmers die Preisbindung für unwirksam erklären und die Anwendung einer neuen gleichartigen Preisbindung verbieten, wenn

1. die Preisbindung missbräuchlich gehandhabt wird oder
2. die Preisbindung oder ihre Verbindung mit anderen Wettbewerbsbeschränkungen geeignet ist, die gebundenen Waren zu verteuern oder ein Sinken ihrer Preise zu verhindern oder ihre Erzeugung oder ihren Absatz zu beschränken.

A. Überblick

§ 30 GWB ist eine **sektorspezifische Ausnahme** vom allgemeinen Kartellverbot des § 1 GWB (Begr. RegE v. 26.5.2004, BT-Drucks. 15/3640, S. 45). Daneben findet die allgemeine Freistellungsvorschrift des § 2 GWB Anwendung. Die Vorschrift entspricht im Wesentlichen der Vorgängerregelung des § 15 GWB aF. Sie hat seit der Ausgliederung der Buchpreisbindung in das BuchPrG im Jahre 2002 (siehe Kommentierung im 21. Abschnitt) an Bedeutung verloren. Der Anwendungsbereich der Vorschrift ist nunmehr auf Zeitschriften und Zeitungen begrenzt. Nach § 30 besteht ein **Preisbindungsrecht,** dagegen gilt nach dem BuchPrG eine Bindungspflicht. Die Vorschrift dient dem Schutz der Pressefreiheit, wozu auch der Vertrieb von Presseprodukten gehört. Geschützt werden soll das historisch gewachsene, zeitungs- und zeitschriftenspezifische Vertriebssystem, wonach die Presseerzeugnisse zu einheitlichen Preisen überall erhältlich sind, damit sich die Bürger in allen Teilen des Landes unter den gleichen Voraussetzungen eine eigene Meinung bilden können (vgl Begr. zum RegE eines Gesetzes zur Regelung der Preisbindung bei Verlagserzeugnissen BT-Drucks. 14/9196, S. 14; vgl auch zum Gesetzeszweck der vor dem 30. 9. 2002 geltenden Fassung der §§ 14, 15 GWB: BGHZ 135, 74 ff – NJW auf CD-ROM). Nahezu alle inländischen Zeitungs- und Zeitschriftenverlage haben von der Preisbindungsmöglichkeit Gebrauch gemacht. 152

B. Vertikale Preisbindungen

I. Beteiligte

153 **1. Verleger.** Preisbindungsberechtigt sind in- und ausländische Verleger (BGH WuW/E BGH 795 ff – Schallplatten I). Verleger ist, wer die verlegerische, redaktionelle und fertigungstechnische Arbeit selbst durchführt oder für eigene Rechnung durchführen lässt (BKartA TB 1970, 82). Nicht preisbindungsberechtigt sind daher Händler und Importeure von Zeitungen und Zeitschriften sowie Verlage, soweit sie Presseerzeugnisse von anderen Verlagen beziehen und weiterveräußern. Allerdings kann ein Importeur oder Händler im Auftrag eines ausländischen Verlegers Abnehmer preislich binden. Nicht ausreichend sein soll dagegen eine bloße Ermächtigung des ausländischen Verlegers zum Abschluss von Preisbindungsverträgen (IM/*Emmerich*, § 30 Rn 32).

154 **2. Abnehmer.** § 30 GWB gilt für Bindungen, die ein Verlag den Abnehmern seiner Erzeugnisse auferlegt. Unter Abnehmern sind sämtliche Wiederverkäufer zu verstehen. Grundsätzlich setzt der Verleger seine Erzeugnisse auf der ersten Stufe bei den Grossisten ab. Diese schließen wiederum auf der zweiten Stufe Verträge mit Einzelhändlern (zB Kiosken, Buchhandlungen) ab. Bahnhofsbuchhandlungen, nicht aber der Kiosk an U- oder S-Bahnhöfen, schließen ihre Verträge direkt mit dem Verleger und werden direkt von diesem beliefert, ohne den dazwischen geschalteten Grossisten (BGH NJW-RR 1998, 1730 ff – Bahnhofsbuchhandel). Keine Abnehmer iSd § 30 sind die Endverbraucher und Einkaufsgemeinschaften von Endverbrauchern (OLG Düsseldorf WuW/E OLG 509 ff – Leihbibliotheken). Sie üben keine Händlerfunktion aus.

II. Bindung

155 **1. Begriff.** Unter einer Preisbindung ist sowohl die rechtliche als auch die wirtschaftliche Bindung zu verstehen. Die wirtschaftliche Bindung ist in der Praxis bedeutungslos. Sie liegt vor, wenn dem Abnehmer zwar rechtlich freigestellt bleibt, seine Verkaufspreise selbständig zu setzen, ihm aber wirtschaftliche Vorteile für den Fall der Einhaltung bzw wirtschaftliche Nachteile für den Fall der Nichteinhaltung in Aussicht gestellt werden (BGH WuW/E BGH 251 ff – 4711-Kölnisch Wasser). Keine Bindung ist die reine Empfehlung. Bei dieser handelt es sich nur um eine einseitige Maßnahme, an die keine Folgen geknüpft sind. Der Preisbinder ist der Herr der Preisbindung. Deshalb kann er nicht zu ihrer Einführung oder ihrer Beibehaltung verpflichtet werden (BKartA WuW/E BKartA 986 ff – Waschmittel). Als Herr der Preisbindung kann der Verleger jederzeit entscheiden, die Preisbindung aufzugeben und stattdessen Preisempfehlungen oder Höchstpreisbindungen auszusprechen. Diese Beschränkungen sind zwar nicht nach § 30 GWB, wohl aber nach Art. 4 lit. a) Vertikal-GVO feigestellt – sofern sie überhaupt als wettbewerbsbeschränkend im Sinne von Art. 101 Abs. 1 AUEV, § 1 GWB anzusehen sind.

156 **2. Bestimmte Preise.** Die Bindung muss sich auf bestimmte Preise bei der Weiterveräußerung beziehen. Der Preisbinder muss den Preis genau vorschreiben. Den Händlern ist kein Preisspielraum zugedacht, für Wettbewerb unter den Zwischenhändlern besteht kein Raum. Nur dieses System der festen Preise erreicht das Ziel und den Zweck der Preisbindung des § 30 GWB. **Höchst- oder Mindestpreise** können daher nach § 30 GWB nicht freigestellt werden. Höchstpreise können aber bei Vorliegen der übrigen Voraussetzungen nach Art. 4 lit. a) Vertikal-GVO (ggf iVm § 2 Abs. 2 GWB) freigestellt sein. Die Bindung darf sich auch auf **Rabatte** und **anderweitige Nachlässe** beziehen (BGH WuW/E BGH 2175 ff – Preisbindungstreuhänder-Empfehlung). Dieses Recht umfasst die grundsätzliche Entscheidung über die Gewährung von Nachlässen überhaupt, deren Höhe sowie deren Ausgestaltung. Daher können zB auch Mengenrabatte im Rahmen der Preisbindung geregelt werden (BGH WuW/E BGH 2166 ff – Schulbuch-Preisbindung; BGH WuW/E BGH 951 ff – Büchereinachlass). Aus dem Grundsatz der Bindung an einen bestimmten Preis ist nicht zu folgern, dass der Preis für alle Abnehmer gleich sein muss. Ausnahmefälle, soweit sie historisch gewachsen sind, sind zulässig. Auch können die Preise nach Abnehmergruppen variieren. So sind **Sonderpreise** für die öffentliche Hand, Bibliotheken, gewerbliche Abnehmer sowie **Ausnahmen** für den Eigenbedarf (insb. Lieferungen an Angestellte der gebundenen Händler) zulässig. Ferner ist, historisch betrachtet, die Ausnahme für Studenten zulässig. Zwar sind sie Endverbraucher, aber Studenten haben schon vor Inkrafttreten des GWB Sondernachlässe erhalten und dies wird allgemein als üblich und mit dem Grundsatz des festen Ladenpreises vereinbar angesehen. Zu beachten ist jedoch, dass die Lückenlosigkeit nicht gefährdet sein darf (KG WuW/E OLG 3154 ff – Schulbuch-Sammelbestellungen). Dies ist nicht der Fall, sofern gewährleistet ist, dass

der übrige Verkauf zu gebundenen Preisen nicht beeinträchtigt ist (BGH WuW/E BGH 218 ff – Buchhandel; KG WuW/E OLG 1128 ff – zweigleisiger Vertrieb).

3. Weiterveräußerung. Die Bindung darf sich nur auf den Wiederverkaufspreis erstrecken. Die Bindungsfähigkeit endet, sobald die Zeitung bzw die Zeitschrift bestimmungsgemäß an den Endverbraucher veräußert wurde. Da § 30 GWB nicht von „seinen Abnehmern" spricht, sondern von den „Abnehmern dieser Erzeugnisse", kann ein Preisbinder, der über den Großhandel liefert, zusätzlich zu der dem Großhändler auferlegten Verpflichtung, die Preisbindung an dessen Abnehmer weiterzugeben, die Einzelhändler direkt auf die Einhaltung der Einzelhandelspreise verpflichten. Die Zulässigkeit der Preisbindung für alle Vertriebswege, dh sowohl für Preise beim Ladenverkauf, beim Versandhandel, beim Straßenhandel als auch für alternative Absatzmöglichkeiten (KG WuW/E OLG 3145 ff – Schulbuch-Sammelbestellungen). Die Bindung kann zum einen darin bestehen, dass der Grossist bei der Weiterveräußerung bestimmte Preise vereinbaren muss (sog. Preisbindung der zweiten Hand), zum anderen darin, dass dem Abnehmer die gleiche Bindung bis zur Weiterveräußerung an den Endverbraucher auferlegt ist (sog. Preisbindung der dritten Hand). 157

4. Preisbindungsvertrag. Anders als bei der Buchpreisbindung handelt es sich bei der Preisbindung für Zeitungen und Zeitschriften um eine freiwillige Maßnahme, die vertraglicher Vereinbarung bedarf. In der Regel wird ein **Rahmenvertrag**, der im Verlagswesen **Revers** genannt wird, für alle zukünftigen Veräußerungsgeschäfte geschlossen. Bei Publikumszeitschriften wird traditionell der **Einzelrevers** verwendet, der heutzutage auch im Zeitungsvertrieb Verwendung findet. Hierbei schließen einzelne Verleger mit den von ihnen belieferten Grossisten Preisbindungsverträge über die von ihnen zu verlangenden Großhandelsabgabepreise. Die Grossisten verpflichten sich zudem, die Bindung der festgelegten Endverkaufspreise an den Einzelhandel weiterzureichen. Ein **Sammelrevers** ist die Zusammenfassung der einzelnen Preisbindungen mehrerer Verlage in einer einzigen Urkunde (vgl OLG Stuttgart WuW/E OLG 1165 ff). Gegen einen Sammelrevers bestehen kartellrechtlich grundsätzlich keine Bedenken, sofern die gebundenen Abnehmer die Möglichkeit haben, bestimmt Verlagsunternehmen, mit denen sei keine Preisbindung vereinbaren wollen, auszunehmen (OLG Frankfurt/M WuW/E OLG 624 ff – Ölofen; WuW/E OLG 519 ff – Weinbrand; BKartA TB 1959, 38). Da § 30 GWB nur vertikale Preisbindungen freistellt, darf die Preisbindung auch im Rahmen von Sammelreversen nicht auf einer Absprache der Verleger untereinander beruhen. Typischerweise wird daher ein unabhängiger Preisbindungstreuhänder eingeschaltet. Der Sammelrevers wird heute noch im Rahmen des Vertriebs von Fachzeitschriften eingesetzt (*F/W/R*, BuchPrG § 30 GWB Rn 8). 158

C. Zeitungen oder Zeitschriften

Bindungsfähige Produkte gemäß § 30 Abs. 1 S. 1 GWB sind allein Zeitungen und Zeitschriften. Der umfassende Begriff der Verlagserzeugnisse des § 15 aF GWB hat seit der Ausgliederung der Buchpreisbindung in das BuchPrG im Jahre 2002 keine Geltung mehr. Um die Bindungspflicht nach BuchPrG von dem Preisbindungsrecht nach § 30 GWB zu unterscheiden sind Zeitungen und Zeitschriften von den Büchern abzugrenzen. Weder der Begriff des Buches im Sinne des BuchPrG noch die Begriffe Zeitungen und Zeitschriften im Sinne § 30 GWB sind gesetzlich definiert. Allerdings ist in § 2 BuchPrG eine Auflistung von Erzeugnissen enthalten, die als Bücher im Sinne des BuchPrG gelten sollen. Unter den Begriff der Bücher fallen danach auch Musiknoten, kartographische Produkte, Produkte, die Bücher, Musiknoten oder kartographische Produkte reproduzieren oder substituieren und bei Würdigung der Gesamtumstände als überwiegend verlags- oder buchhandelstypisch anzusehen sind sowie kombinierte Objekte, bei denen eines der genannten Erzeugnisse die Hauptsache bildet. Aus dieser Aufzählung ist erkennbar, dass das BuchPrG für den Begriff des Buches jedenfalls auch auf den typischen Vertriebsweg abstellt. Dieses Merkmal ist auch für die Abgrenzung zu Zeitungen und Zeitschriften heranzuziehen. Als weiteres Abgrenzungsmerkmal kann die Erscheinungsweise dienen: Im Gegensatz zu Büchern erscheinen Zeitungen und Zeitschriften periodisch. 159

Gemäß § 30 Abs. 1 S. 2 GWB zählen zu den Zeitungen und Zeitschriften auch solche Produkte, die diese reproduzieren oder substituieren, wenn sie als überwiegend verlagstypisch anzusehen sind. Um **Reproduktionen** handelt es sich unter anderem bei Mikrofilmen bzw Mirkofiches, wenn diese Zeitungen/ Zeitschriften wiedergeben (BKartA TB 1989/1990, 86) sowie bei Zeitungsarchiven auf CD-ROM. Ein **Substitut** liegt vor, wenn die herkömmliche Papierausgabe ersetzt wird, so bei Veröffentlichungen über Online-Dienste, wie Tageszeitungen im Internet, einzelne digitale Artikel (BKartA TB 160

2001/2002, 138) oder bei Veröffentlichungen auf digitalen Datenträgern, wie der CD-ROM (BGH WuW/E BGH 3128 ff – NJW auf CD-ROM).

161 § 30 GWB erfasst nunmehr auch **Kombinationsprodukte**, wenn bei ihnen eine Zeitung oder Zeitschrift im Vordergrund steht. Ein Kombinationsprodukt liegt, vor wenn eine Zeitung/Zeitschrift im Paket mit einer anderen Ware zu einem einheitlichen Gesamtpreis verkauft wird. In Anlehnung an die Rechtsprechung zu § 15 GWB aF muss daher bei Vornahme einer Gesamtbetrachtung der Informationsgehalt des Produktes dominieren (KG WuW/E OLG 1708 ff – Briefmarkenalben). Nach Wortlaut und Zweck von § 30 Abs. 1 GWB kommt es auf das weitere Erfordernis der Ergänzung des Informationsgehalts durch die Zugabe nicht mehr an (BGH NJW-RR 409 ff – Zeitschrift mit Sonnenbrille). Auch branchenfremde Beigaben sind daher möglich, soweit sich das Produkt nach Ankündigung, Aufmachung und Vertriebsweg aus Sicht des Verbrauchers insgesamt noch als Presseerzeugnis darstellt (BGH NJW-RR 2006, 409 ff – Zeitschrift mit Sonnenbrille; *Freytag/Gerlinger*, WRP 2004, 537 ff). Als weiteres Abgrenzungsmerkmal kann das Wertverhältnis zwischen Zeitung/Zeitschrift und Zugabe herangezogen werden.

D. Schriftform (Abs. 2)

162 Preisbindungsverträge unterliegen dem Schriftformerfordernis des § 30 Abs. 2 GWB, soweit sie Preise oder Preisbestandteile betreffen. Darüber hinausgehende Abreden sind formlos möglich. § 30 Abs. 2 GWB erklärt § 126 Abs. 2 BGB für unanwendbar. Damit ist es für die Wahrung der Schriftform nicht notwendig, dass beide Parteien auf derselben Vertragsurkunde unterzeichnen oder gleichlautende unterzeichnete Urkunden ausgetauscht werden. Vielmehr kann der Vertragsschluss auch durch Briefwechsel erfolgen. Eine weitere Lockerung des Schriftformerfordernisses liegt in der Möglichkeit der Bezugnahme auf Preislisten oder Preismitteilungen. Da jedoch § 126 Abs. 1 BGB anwendbar ist, müssen **Angebot und Annahme schriftlich** niedergelegt und durch **eigenhändige Unterschrift** oder durch **gerichtliches oder notariell beglaubigtes Handzeichen** beider Parteien unterzeichnet sein. Nicht ausreichend ist die Unterschrift nur einer Partei (OLG Stuttgart WuW/E OLG 1674 ff – Rose Marie Reid), die Faksimileunterschrift (LG Nürnberg-Fürth WuW/E LG/AG 284) sowie die Übermittlung per Fernschreiben oder Telefax (BGHZ 121, 224 ff).

E. Lückenlosigkeit

163 Die Bindung der Abnehmer an feste Verkaufspreise ist nur gerechtfertigt, wenn sie allen Abnehmern gleichermaßen auferlegt wird, so dass gewährleistet ist, dass sie von allen Wiederverkäufern bis zum Endverbraucher durchgeführt wird (**gedankliche bzw theoretische Lückenlosigkeit**). An der theoretischen Lückenlosigkeit fehlt es, sobald Vertriebswege ohne Preisbindung bestehen (BGH NJW-RR 1989, 1383 ff – Schweizer Außenseiter). Des Weiteren muss das Bindungssystem auch **praktisch lückenlos** sein, dh die Abnehmer müssen das System im Wesentlichen einhalten. Der EuGH hat entschieden, dass der lückenhafte Betrieb eines selektiven Vertriebssystems nicht zur Unvereinbarkeit des Vertriebssystems mit Art. 101 AEUV führt (EuGH Slg 1994, I-15 ff – Cartier). Der BGH verzichtet seitdem für den Bereich des Selektivvertriebs auf das Erfordernis der Lückenlosigkeit (BGH GRUR 2000, 724 ff – Außenseiteranspruch II). Für Preisbindungssysteme aber hält der BGH an dem Erfordernis der Lückenlosigkeit fest. Es ist dem gebundenen Abnehmer nicht zumutbar, dem Preiswettbewerb durch andere Abnehmer oder den Preisbinder selbst ausgesetzt zu sein, ohne selbst hierauf mit wettbewerblichen Vorstößen reagieren zu können (BGH GRUR 2000, 724 ff – Außenseiteranspruch II). Fehlt es an der Lückenlosigkeit, so wird der gebundene Abnehmer bis zu ihrer Herstellung frei (BGH NJW-RR 1989, 1383 ff – Schweizer Außenseiter). Wird er vom Preisbinder auf Einhaltung der Bindung in Anspruch genommen, kann er den Einwand der unzulässigen Rechtsausübung geltend machen (BGHZ 36, 370 ff – Rollfilme). Lücken im System sind aber dann nicht schädlich, wenn sie unverzüglich vom Preisbinder behoben werden. Der Preisbinder muss hierzu ein Überwachungssystem einrichten, das geeignet ist, Verstöße anzuzeigen (BGH WuW/E BGH 551 ff – Trockenrasierer II; OLG Düsseldorf NJW-RR 1986, 842 ff). Zu diesem Zweck kann er zB ein Bucheinsichtsrecht vereinbaren oder Testkäufe vornehmen bzw die Überwachung durch Treuhänder vornehmen lassen (BGH WuW/E BGH 2175 ff – Preisbindungstreuhänder-Empfehlung). Im Übrigen treffen den Preisbinder besondere Rücksichtnahmepflichten. Er darf nichts unternehmen, was die Bindung der Endverkaufspreise untergräbt und dem vertragstreuen gebundenen Händler Schwierigkeiten bereiten kann (BGH WuW/E DE-R 1779 ff – Probeabonnement). Unabhängig davon ist der Preisbinder Normadressat des Diskri-

minierungs- und Behinderungsverbots des § 20 Abs. 1 GWB. Der Preisbinder ist aus dem Grundsatz von Treu und Glauben prinzipiell selbst ebenfalls an die Preisbindung gebunden. Eine allgemein anerkannte Ausnahme hiervon besteht für den Abonnement-Vertrieb, bei dem bislang eine Preisdifferenz von bis zu 15% für zulässig erachtet wurde (BKartA TB 1987/88, 94). Für den Fall des Probeabonnements hat der BGH sogar eine Unterschreitung des Einzelverkaufspreises von über 40% für zulässig erachtet (BGH WuW/E DE-R 1779 ff – Probeabonnement).

F. Missbrauchsaufsicht (Abs. 3)

Gemäß § 30 Abs. 3 GWB kann das BKartA von Amts wegen oder auf Antrag eines gebundenen Abnehmers die Preisbindung für unwirksam erklären und die Anwendung einer neuen gleichartigen Preisbindung verbieten, wenn die Preisbindung missbräuchlich gehandhabt wird (Nr. 1) oder zur Verteuerung der gebundenen Produkte geeignet ist (Nr. 2). Die Vorschrift hat seit der Streichung der Preisbindung für Markenartikel im Jahr 1973 an praktischer Bedeutung verloren. Die letzte Mitteilung über anhängige Verfahren hat das BKartA im TB 1995/96 gemacht. 164

I. Missbräuchliche Handhabung (Abs. 3 Nr. 1)

Die Preisbindung muss tatsächlich missbräuchlich gehandhabt werden. Die bloße Eignung genügt nicht (BKartA WuW/E BKartA 497 ff – Kindernährmittel). Die Handhabung umfasst die Einführung (Abschluss der Preisbindungsverträge) und die Durchführung des Preisbindungssystems (BGH WuW/E BGH 1604 ff – Sammelrevers; BKartA WuW/E BKartA 961 ff – Genossenschaftliche Warenrückvergütung). Missbräuchlich ist die Handhabung des Preisbindungssystems, wenn ihre inhaltliche Ausgestaltung oder ihre Durchführung gegen den Sinn und Zweck des § 30 GWB verstößt (KG WuW/E OLG 3154 ff – Schuldbuch-Sammelbestellung). Der Missbrauch ist objektiv zu bestimmen; er setzt weder Verschulden noch Sittenwidrigkeit voraus (BGH WuW/E BGH 852 ff – Großgebinde IV). Der in der Praxis wichtigste Fall der missbräuchlichen Handhabung ist die lückenhafte Durchführung der Preisbindung. Die Preisunterbietung durch den Preisbinder selbst im Direktverkauf stellt nur dann einen Missbrauch dar, wenn die Unterbietung zu einer **Nachfrageverschiebung** führt (BKartA TB 1987/88, 33). Auch die fehlende Schriftform des § 30 Abs. 2 GWB, die gemäß § 125 BGB zur Nichtigkeit führt, macht die Handhabung der Preisbindung lückenhaft und damit missbräuchlich, denn der Preisbinder ist nicht in der Lage, vertraglich gesicherte Ansprüche gerichtlich durchzusetzen (BKartA WuW/E BKartA 1296 ff – Schriftform, Preisbindung). Ebenfalls missbräuchlich ist eine Preisbindung, die gegen das Diskriminierungsverbot des § 20 Abs. 1 GWB verstößt, zB durch die Art und Weise der Rabattgestaltung (BKartA WuW/E BKartA 1431 ff – Preisbindung; WuW/E BKartA 1078 ff – Genossenschaftliche Warenrückvergütung II) oder im Fall der Bindung an regional unterschiedliche Preise (BKartA TB 1970, 82 f). Auch die Kopplung mit anderen Wettbewerbsbeschränkungen kann eine missbräuchliche Handhabung darstellen (BKartA WuW/E BKartA 497 ff Kindernährmittel). 165

II. Eignung zu schädlichen Marktwirkungen (Abs. 3 Nr. 2)

§ 30 Abs. 3 Nr. 2 GWB setzt voraus, dass die Preisbindung (ggf in Kombination mit anderen Wettbewerbsbeschränkungen) geeignet ist, die gebundenen Waren zu verteuern, ein Sinken der Preise zu verhindern oder ihre Erzeugung bzw ihren Absatz zu beschränken. Im Gegensatz zu § 30 Abs. 3 Nr. 1 GWB verlangt Nr. 2 lediglich eine **Eignung** der Preisbindung zu schädlichen Marktfolgen, wobei die Wahrscheinlichkeit des Eintritts der nachteiligen Marktfolgen ausreichend ist. Die **Preisverteuerung** erfordert einen Vergleich mit einer Bezugsgröße. Hierbei ist der Preis maßgeblich, der sich ohne Preisbindung oder begleitende Wettbewerbsbeschränkungen ergeben hätte (BKartA WuW/E BKartA 867 ff – Großgebinde II). Eine Verteuerung liegt vor, wenn der gebundene Preis höher ist als der hypothetische Marktpreis. In der Regel wird sich der hypothetische Marktpreis nur schwer ermitteln lassen. In der Praxis behilft sich das BKartA daher oftmals mit einer Überprüfung der Handelsspannen (BKartA WuW/E BKartA 1432 ff – Preisbindung). Die **Verhinderung der Preissenkung** erfasst die Fälle, in denen der hypothetische Marktpreis gesunken ist, die Preisbindung ein entsprechendes Absinken aber verhindert (BKartA WuW/E BKartA 356 ff – 53-cm-Fernsehgeräte). Ein Indiz dafür ist das Absinken anderer Herstellerpreise im gleichen Markt. Als **Erzeugungs- und Absatzbeschränkung** kommen begleitende Wettbewerbsbeschränkungen (zB Kunden- oder Gebietsbeschränkungen) in Betracht. 166

III. Verfahren / Unwirksamkeitserklärung

167 Das Missbrauchsverfahren kann nach § 30 Abs. 3 GWB von Amts wegen oder auf Antrag eines gebundenen Abnehmers eingeleitet werden. Nicht antragsberechtigt sind Konkurrenten oder Endverbraucher; ihre Anträge können aber eine Anregung für ein Verfahren von Amts wegen sein. Zuständig ist ausschließlich das BKartA. Die Einleitung des Verfahrens steht im **Ermessen** der Behörde. Das BKartA kann eine missbräuchliche Preisbindung ganz oder teilweise für unwirksam erklären. Sind nur einzelne abtrennbare Bestimmungen missbräuchlich, dürfen nur diese für unwirksam erklärt werden (KG WuW/E OLG 1805 ff – Sammelrevers). Das BKartA kann nur die Unwirksamkeit der Preisbindung erklären, nicht aber zugleich aufgeben, bestimmte Maßnahmen in Bezug auf die Preisbindung vorzunehmen (BKartA WuW/E BKartA 730 ff – Grobwaschmittel). Die Unwirksamkeitserklärung ist nur an den Preisbinder zu richten, nicht an die Abnehmer oder die im Auftrag des Preisbinders bindenden Zwischenhändler. Die Unwirksamkeit kann mit sofortiger Wirkung oder für die Zukunft erklärt werden; eine rückwirkende Erklärung ist hingegen nicht möglich (BGHZ 38, 90 ff – Grote-Revers).

G. Verhältnis zum EU-Recht

168 Das EU-Recht kennt keine dem deutschen Recht vergleichbare sektorspezifische Ausnahme zugunsten von Verlagserzeugnissen. § 30 GWB befindet sich daher im potenziellen Konflikt mit Art. 101 AEUV. Vertikale Preisbindungen mit Auswirkungen auf den zwischenstaatlichen Handel sind grundsätzlich nach Art. 101 AEUV verboten. Gemäß Art. 4 lit. a) Vertikal-GVO gilt die Festlegung der Wiederverkaufspreise als verbotene Kernbeschränkung. Allerdings muss die Preisbindung geeignet sein, den zwischenstaatlichen Handel spürbar zu beeinträchtigen. Dies ist im Grundsatz dann der Fall, wenn die Preisbindung sich auf **grenzüberschreitende Verkäufe** erstreckt (EuGH Slg 1984, 19 ff – VBBB/VBVB). Die Kommission hat zwischenstaatliche Auswirkungen aber für den Fall verneint, dass die Preisbindung auf grenzüberschreitende Verkäufe nur Anwendung findet, wenn es sich um Re-Importe handelt und sich aus objektiven Umständen ergibt, dass die betreffenden Verlagserzeugnisse allein zum Zweck ihrer Wiedereinfuhr ausgeführt worden sind, um die nationale Preisbindung zu **umgehen** (Kommission, ABl. 2000 C 162/25 – Sammelreverse und Einzelreverse). Unabhängig von der Frage der Zwischenstaatlichkeit ist die **Risikoverlagerung** durch das im Zeitungs- und Zeitschriftenvertrieb typische **Remissionsrecht** zu berücksichtigen. Dieses befreit den Einzelhändler von dem Risiko der Fehldisposition und verlagert es auf den Grossisten, der es seinerseits auf den Verleger abwälzt (vgl BGH WuW/E BGH 1879 – Dispositionsrecht). Auch die Kommission erkennt an, dass derjenige, der das Absatzrisiko trägt, auch den Preis für diese Produkte festlegen können muss. Unter diesem Gesichtspunkt hat die Kommission das belgische Pressevertriebssystem nach Art. 101 Abs. 3 AEUV freigestellt (Kommission, 29. WBB (1999) S. 182).

17. Abschnitt: Gesetz über die Preisbindung für Bücher (BuchPrG)

§ 1 BuchPrG Zweck des Gesetzes

[1]Das Gesetz dient dem Schutz des Kulturgutes Buch. [2]Die Festsetzung verbindlicher Preise beim Verkauf an Letztabnehmer sichert den Erhalt eines breiten Buchangebots. [3]Das Gesetz gewährleistet zugleich, dass dieses Angebot für eine breite Öffentlichkeit zugänglich ist, indem es die Existenz einer großen Zahl von Verkaufsstellen fördert.

Das Gesetz dient nach seinem Wortlaut dem Erhalt eines breiten Buchangebots und der Förderung der 169
Existenz einer Vielzahl von Verkaufsstellen. Damit bezweckt es neben dem **Schutz des Kulturgutes Buch** den **Schutz der Autoren**, der (insbesondere kleinen und mittelständischen) **Sortimentsbuchhandlungen**, des **Zwischenbuchhandels** (vor allem des Barsortiments) sowie der (insbesondere kleinen und mittleren) **Verlage** (krit. *Emmerich*, WuW 2003, 225 ff).

Das BuchPrG fußt auf zwei Prämissen: Erstens, dass Bücher nicht bloße Handelsware, sondern auch 170
und vor allem Spiegel der Gesellschaft, Zeitzeugen, Archive des Geistes, des Wissens und der Abgründe einer Epoche sind. Zweitens, dass ungebremster Preiswettbewerb diesen kulturbildenden Funktionen des Buches abträglich wäre. Das Gesetz ordnet die ökonomische Effizienz ausdrücklich dem Erhalt der **kulturellen Vielfalt** unter. Zur kulturellen Vielfalt gehört nach der Vorstellung des Gesetzgebers neben einem breiten Buchangebot eine Vielzahl von Verkaufsstellen. Das Zugänglichmachen durch den Buchhandel beinhaltet neben einer flächendeckenden, schnellen und zuverlässigen Versorgung der Bevölkerung mit Büchern (BGH NJW 1979, 1411 ff – Sammelrevers; BGH NJW 1986, 1256 ff – Schulbuch-Preisbindung; BGH NJW 1997, 1912 ff – NJW auf CD-ROM) regelmäßig eine kulturelle Zusatzleistung in Form qualitativ hochwertiger **Beratung**, die ebenfalls vom Schutzzweck des Gesetzes umfasst ist.

Das Gesetz ist **mit dem Unionsrecht vereinbar. Art. 101 AEUV** findet schon mangels Vereinbarung 171
zwischen Unternehmen keine Anwendung auf Gesetze. Der Gesetzgeber hat mit dem Erlass des BuchPrG auch nicht gegen den Grundsatz des freien Wahrenverkehrs in Art. 34 AEUV (ex-Art. 28 EG) verstoßen. Nach der Rechtsprechung des EuGH sind nationale Gesetze, welche die Preisbindung direkt herbeiführen, mit den EU-Verträgen (insb. AEUV) vereinbar, solange sie sich auf das Hoheitsgebiet des jeweiligen Staates beschränken (EuGH Slg 1985, 1, Rn 31 – Leclerc; EuGH Slg 1988, 4457 – Preisbindung bei Büchern; EuGH Slg 2000, 8207 – Echirolles). Zur Frage von **Reimporten** innerhalb der EU siehe § 4. Nach Art. 167 Abs. 4 AEUV leistet die EU zudem einen Beitrag zur Entfaltung des Kulturlebens in den Mitgliedstaaten unter Wahrung ihrer nationalen und regionalen Vielfalt. Dazu gehört auch die Sicherung der Existenz leistungsfähiger nationaler Buchmärkte (*F/W/R*, § 1 Rn 28). Die „Entschließung des Rates betreffend die Anwendung der einzelstaatlichen Systeme für die Festsetzung der Buchpreise" (ABl. 2001 C 73/5) verweist deshalb darauf, „dass es jedem Mitgliedstaat freisteht, im Rahmen seiner Politik zugunsten des Buches und der Lektüre ein **nationales Buchpreisbindungssystem** auf gesetzlicher oder vertraglicher Grundlage anzuwenden".

§ 2 BuchPrG Anwendungsbereich

(1) Bücher im Sinne dieses Gesetzes sind auch
1. Musiknoten,
2. kartographische Produkte,
3. Produkte, die Bücher, Musiknoten oder kartographische Produkte reproduzieren oder substituieren und bei Würdigung der Gesamtumstände als überwiegend verlags- oder buchhandelstypisch anzusehen sind sowie
4. kombinierte Objekte, bei denen eines der genannten Erzeugnisse die Hauptsache bildet.

(2) Fremdsprachige Bücher fallen nur dann unter dieses Gesetz, wenn sie überwiegend für den Absatz in Deutschland bestimmt sind.

(3) Letztabnehmer im Sinne dieses Gesetzes ist, wer Bücher zu anderen Zwecken als dem Weiterverkauf erwirbt.

A. Bücher im Sinne des Gesetzes (Abs. 1)

172 Abs. 1 führt die Verlagserzeugnisse auf, die als **„Bücher"** iSd Gesetzes der Preisbindung unterliegen. Diese wurden vor Inkrafttreten des BuchPrG auf der Basis der gesetzlichen Ermächtigung in § 15 GWB von den Reversen des Buchhandels erfasst, so dass ein Großteil der Rechtsprechung zum Begriff des **Verlagserzeugnisses** ihre Gültigkeit behält. Ausgenommen hiervon sind nur Zeitungen und Zeitschriften, die nicht unter das BuchPrG fallen, sondern dem Preisbindungsrecht nach § 30 GWB unterliegen.

173 **Bücher** sind in einem Umschlag oder Einband durch Heftung oder Klammerung zusammengefasste bedruckte, beschriebene oder leere Papierblätter, auch Loseblattsammlungen und deren Nachlieferungen (BT-Drucks. 14/9422, S. 11), die als **verlags- oder buchhandelstypisch** anzusehen sind. Auf die urheberrechtliche Schutzfähigkeit kommt es nicht an (LB/*Klosterfelde/Metzlaff*, § 15 Rn 15). Bücher im Sinne des BuchPrG sind alle Werke mit festem Einband, Taschenbücher, Paperback- und Reader-Ausgaben, Comics und durch ihren Inhalt geprägte Buchkalender. Keine Bücher sind: Bildkalender, private Dissertationsdrucke, Formularblätter sowie Akademie-, Vereins- und Firmenschriften (*F/W/R*, BuchPrG § 2 Rn 2).

174 **Musiknoten** (**Nr. 1**) sind Vervielfältigungen von Werken der Musik, die graphisch, fotographisch, durch Fotokopie, Lichtpausverfahren, Mikroskopie oder handschriftlich hergestellt sind. Auf die äußere Gestalt und die Verarbeitung kommt es nicht an. Zu den Musiknoten gehören auch Sammlungen von Liedern, Chören, Notenkartenspiele usw. (Begr. Reg-E, BT-Drucks. 14/9196, S. 10).

175 **Kartographische Produkte** (**Nr. 2**) sind maßstäbliche Wiedergaben der Erdoberfläche, die auf Vermessungen, Berechnungen oder fotogrammetrischen Aufnahmen basieren. Dazu zählen Atlanten, Landkarten und Globen (*F/W/R*, BuchPrG § 2 Rn 4).

176 **Reproduktionen** (**Nr. 3**) sind Nachbildungen von Büchern, Musiknoten und kartographischen Produkten mittels Vervielfältigungsverfahren, die selbst keine Bücher iSv Abs. 1 sind. Auf die Art der Herstellung kommt es nicht an. Reproduktionen sind zB Briefmarkenvordruckalben (BGH WuW/E 1463, 1413 ff – Briefmarkenalben) sowie stark verkleinerte Wiedergaben von Originalen auf Mikrofilm und Mikrofiche. Keine Reproduktionen sind Sprachkassetten, Hörbücher, Karteikarten, Schablonen und Diapositive.

177 **Substitute** (**Nr. 3**) sind Verlagserzeugnisse, die Lese-, Noten- oder Kartenmaterial enthalten, das dem Benutzer typischerweise in herkömmlichen Druckerzeugnissen zur Verfügung steht (BGH NJW 1997, 1911 ff – NJW auf CD-ROM). Ein tatsächliches Buchäquivalent muss nicht existent, sondern lediglich vorstellbar sein. Ob hierzu auch rein digitale Versionen von Büchern gehören, die über das Internet zugänglich sind (sog. e-books), ist streitig (vgl *Heuel*, AfP 2006, 535 ff; *Wallenfels*, AfP 2004, 29 f; *Golz*, AfP 2003, 509 f). E-books dürften nach dem Gesetzeszweck jedenfalls dann erfasst sein, wenn der vollständige Buchtext verlags- oder buchhandelstypisch, dh im Rahmen der im Buchhandel eingeführten Strukturen vertrieben wird (ebenso *F/W/R*, BuchPrG § 2 Rn 11).

178 **Kombinierte Objekte** sind preisbindungsfähige Bücher, Musiknoten, kartographische Produkte oder deren Substitute, die mit einer anderen Ware zusammengefügt und zu einem Gesamtpreis angeboten werden. Sie unterliegen der Preisbindung, wenn die Hauptsache ein Buch iSv Abs. 1 Nr. 1 bis 3 ist. Dies trifft zB zu auf Computerbücher mit Demo-CDs und Lehr- oder Kochbücher mit Übungs- oder

Demonstrationskassetten; nicht jedoch auf ein Computerprogramm mit mitgeliefertem Handbuch (LB-*Klosterfelde/Metzlaff*, 9. Aufl. § 15 Rn 20). Für die Beantwortung der Frage, was als Hauptsache anzusehen ist, ist das Wertverhältnis zwischen Buch und Zugabe ein Indiz. Dabei kommt es nicht darauf an, ob die Zugabe den Inhalt der Hauptsache ergänzt oder es sich um eine branchenfremde Zugabe handelt, solange sich das Produkt nach Ankündigung, Aufmachung und Vertriebsweg aus Sicht des Verbrauchers insgesamt noch als Presseerzeugnis darstellt (BGH NJW-RR 2006, 409 ff – Zeitschrift mit Sonnenbrille).

Der Preisbindung unterliegen nicht **Bildträger** wie Videos, DVDs etc. und **Tonträger** wie Schallplatten, Tonbänder und Tonkassetten (BGHZ 46, 74 ff – Schallplatten I), Musik-CDs oder Hörbücher (BT-Drucks. 14/9422, S. 11). Hierbei handelt es sich nicht um Verlagserzeugnisse, die zu den klassischen Gegenständen des Buchhandels gehören oder solche Erzeugnisse substituieren. 179

B. Fremdsprachige Bücher (Abs. 2)

Fremdsprachige Bücher unterliegen nur dann der Preisbindung, wenn Deutschland ihr Zielabsatzmarkt ist (BT-Drucks. 14/9196, S. 10). Danach unterliegen der Preisbindung alle Bücher, die an ein deutschsprachiges Publikum gerichtet sind und zB der Erlernung einer Fremdsprache dienen, wie Wörterbücher, Sprachlehrbücher und fremdsprachige Schulbücher für deutsche Schulen; nicht aber aus dem Ausland importierte Titel und wissenschaftliche Publikationen deutscher Verlage in englischer Sprache, die an Fachwissenschaftler weltweit gerichtet sind (*F/W/R*, BuchPrG § 2 Rn 18). 180

C. Letztabnehmer (Abs. 3)

Die Preisbindung gilt nur im Verhältnis zum Letztabnehmer. Letztabnehmer ist derjenige, der für ein verlagsneues Buch als Letzter Geld bezahlt hat, um es entweder selbst zu nutzen oder zu verschenken (OLG Frankfurt GRUR 2004, 708 ff – Bücherversteigerung). Dies ist typischerweise der private Endkunde, aber auch Sammelbesteller, die für fremde Rechnung Bücher im eigenen Namen erwerben (OLG München GRUR 2005, 71 f – Schüler-Lernhilfe). Keine Letztabnehmer sind: Private Händler, die herabgesetzte Buchclubausgaben in größeren Mengen aufkaufen, um sie über Internetmarktplätze zu verkaufen (OLG Frankfurt GRUR 2006, 520 ff – Buchclubausgaben); Journalisten, die Rezensionsexemplare von den Verlagen erhalten (OLG Frankfurt GRUR 2004, 708 ff – Bücherversteigerung); Mitarbeiter buchhändlerischer Unternehmen, Autoren und Lehrer iSv § 7 Abs. 1 Nr. 1 bis 3 BuchPrG sowie Vereine, die eine größere Anzahl von Büchern zum Zweck des Weiterverkaufs an ihre Mitglieder erwerben (*F/W/R*, BuchPrG § 2 Rn 20). 181

§ 3 BuchPrG Preisbindung

[1]Wer gewerbs- oder geschäftsmäßig Bücher an Letztabnehmer verkauft, muss den nach § 5 festgesetzten Preis einhalten. [2]Dies gilt nicht für den Verkauf gebrauchter Bücher.

Die Vorschrift begründet die **Pflicht** zur Einhaltung der von Verlegern und Importeuren nach § 5 BuchPrG festgesetzten Endpreise. Eine Abweichung ist weder nach oben noch nach unten zulässig. Die Preisbindung soll gewährleisten, dass Bücher überall zu gleichen Preisen erhältlich sind (BT-Drucks. 14/9196, S. 10). Zu den **Ausnahmen** siehe § 7. 182

Gewerbsmäßig handelt, wer berufsmäßig in der Absicht dauernder Gewinnerzielung geschäftlich tätig wird. **Geschäftsmäßig** handelt derjenige, der – auch ohne Gewinnerzielungsabsicht – die Wiederholung gleichartiger Tätigkeiten zum wiederkehrenden Bestandteil seiner Beschäftigung macht (vgl OLG Frankfurt/M., 8.12.2009, Az 11 U 72/07 zum Verkauf über das Internet). 183

Im Übrigen gelten auch für Bücher die Vorschriften der **Preisangabenverordnung**, allerdings mit folgenden zwei Einschränkungen: 184

- Entgegen § 1 Abs. 1 S. 3 PreisangabenVO darf der Händler keine Bereitschaft zum **Aushandeln** des Preises bekunden,
- Entgegen § 1 Abs. 5 PreisangabenVO darf der Händler seine Preise mit einem **Änderungsvorbehalt** angeben.

185 **Gebrauchte Bücher** sind Bücher, für die ein Letztabnehmer bereits zuvor schon einmal den gebundenen Endpreis iSv § 5 gezahlt hat. Auf die Originalverpackung oder den Erhaltungszustand kommt es nicht an. **Geschenkte Bücher**, die der Schenker als Letztabnehmer erworben hat, sind ebenfalls von der Preisbindung ausgenommen (OLG Frankfurt/M., 8.12.2009, Az 11 U 72/07).

§ 4 BuchPrG Grenzüberschreitende Verkäufe

(1) Die Preisbindung gilt nicht für grenzüberschreitende Verkäufe innerhalb des Europäischen Wirtschaftsraumes.

(2) Der nach § 5 festgesetzte Endpreis ist auf grenzüberschreitende Verkäufe von Büchern innerhalb des Europäischen Wirtschaftsraumes anzuwenden, wenn sich aus objektiven Umständen ergibt, dass die betreffenden Bücher allein zum Zwecke ihrer Wiedereinfuhr ausgeführt worden sind, um dieses Gesetz zu umgehen.

186 Absatz 1 trägt den **unionsrechtlichen Erfordernissen** von Art. 34 AEUV Rechnung. Danach darf der deutsche Gesetzgeber keine Regelungen treffen, die geeignet sind, den Handelsverkehr zwischen Mitgliedstaaten unmittelbar oder mittelbar, tatsächlich oder potenziell zu behindern. Der EuGH hat jedoch mehrfach entschieden, dass EU-Mitgliedstaaten innerstaatliche Rechtsvorschriften erlassen dürfen, nach denen der Endverkaufspreis für Bücher vom inländischen Verleger und/oder Importeur eines Buches festgelegt werden muss und für jeden einzelnen Letztverkäufer verbindlich ist (vgl § 1 Rn 3). Diese innerstaatlichen Rechtsvorschriften dürfen jedoch den zwischenstaatlichen Handel mit reimportierten Büchern nicht behindern (EuGH Slg 1985, 1 ff – Leclerc; Slg 2000, I-8207 – Échirolles).

187 Von der Preisbindung nach Abs. 1 ausgenommen ist nur der **echte grenzüberschreitende Handel**. Dieser setzt voraus, dass Bücher aus Deutschland in einen anderen Mitgliedstaat importiert und zur Deckung des dortigen Bedarfs in den freien Handel gebracht werden. Bücher hingegen, die exportiert und sogleich wieder importiert werden, ohne dass sie in den freien ausländischen Handel gebracht wurden, um sie preisbindungsfrei im Ursprungsland weiterverkaufen zu können, unterliegen nach Absatz 2 der Preisbindung. Dies hat der EuGH in der Leclerc-Entscheidung, deren Begründung Absatz 2 insoweit nachgebildet ist, für unionsrechtskonform erklärt (EuGH Slg 1985, 1 ff – Leclerc). Zur österreichischen Buchpreisbindung hat der EuGH entschieden, dass eine nationale Regelung, die Importeuren deutschsprachiger Bücher untersagt, einen vom Verleger im Verlagsstaat festgesetzten oder empfohlenen Letztverkaufspreis zu unterschreiten, eine Maßnahme mit gleicher Wirkung wie eine mengenmäßige Einfuhrbeschränkung im Sinne von Art. 34 AEUV darstellt, die weder nach Art. 36 AEUV noch durch zwingende Erfordernisse des Allgemeininteresses gerechtfertigt werden kann (EuGH WuW/E EU-R 1585 — Fachverband/LIBRO).

188 In der Gesetzesbegründung werden folgende Fälle als **typische Umgehungsfälle** aufgeführt (Begr. Reg-E, BT-Drucks. 14/9196, S. 10):

- wenn aus Anlass des konkreten **Letztabnehmergeschäfts** tatsächlich keine grenzüberschreitende Lieferung nach Deutschland erfolgt oder
- wenn der Verkauf von Büchern deutscher Verlage mittels **Fernkommunikationsmitteln** durch einen im Ausland ansässigen Verkäufer oder ein mit ihm verbundenes Unternehmen ausschließlich auf Letztabnehmer in Deutschland ausgerichtet ist oder
- wenn jemand Bücher in einen ausländischen Staat ausführt oder dies veranlasst, um diese später aufgrund eines einheitlichen Plans von dort selbst oder durch ein verbundenes Unternehmen an Letztabnehmer in Deutschland zu verkaufen.

Diese Aufzählung ist nicht abschließend. Entscheidend ist, ob die reimportierten Bücher im Importland Endabnehmern oder Händlern tatsächlich zum Kauf angeboten worden sind.

189 Echter grenzüberschreitender Handel liegt daher zB nicht vor, wenn deutsche Kunden in deutschen Filialen eines Buchhändlers von deutschen Verlagen verlegte deutsche Bücher bestellen, selbst wenn das für die Bestellung genutzte **Internetportal** im Ausland ansässig ist (LG Berlin NJW-E-WettbR 2000, 1951 ff – Libro). Eine **Liefersperre** gegen solche Unternehmen, deren Zweck erklärtermaßen darauf gerichtet ist, Endabnehmern preisgebundene Bücher billiger zu verschaffen, ist gerechtfertigt (BGH NJW 1979, 1412 ff – Anwaltsbücherdienst).

Die **Darlegungs- und Beweislast** für die Voraussetzungen des Abs. 1 trägt der Händler, der sich darauf beruft, dass die unter Preis verkauften Bücher aus einem anderen Mitgliedstaat geliefert wurden. Die Darlegungs- und Beweislast für den Umgehungstatbestand trägt derjenige, der sich auf die Geltung der Preisbindung wegen missbräuchlichen Reimports beruft (LB-*Klosterfelde/Metzlaff*, 9. Aufl. § 15 Rn 76 b; aA *F/W/R*, BuchPrG § 4 Rn 11). Es genügt jedoch, dass dieser **objektive Umstände** darlegt und ggf beweist, die den **Umgehungszweck** nahe legen. Solche objektiven Umstände sind zB: entspr. öffentliche Erklärung oder Werbung des Buchhändlers, extremes Ansteigen der Bestellungen, Verlangen der Lieferung in das Ausland. Liegen solche objektiven Umstände vor, spricht der erste Anschein für eine Umgehung. Der auf **Unterlassung** oder **Schadensersatz** (vgl § 9) in Anspruch genommene Buchhändler muss dann substantiiert Tatsachen vortragen, aus denen sich gleichwohl die Rechtmäßigkeit der Unterpreisverkäufe ergibt. 190

§ 5 BuchPrG Preisfestsetzung

(1) [1]Wer Bücher verlegt oder importiert, ist verpflichtet, einen Preis einschließlich Umsatzsteuer (Endpreis) für die Ausgabe eines Buches für den Verkauf an Letztabnehmer festzusetzen und in geeigneter Weise zu veröffentlichen. [2]Entsprechendes gilt für Änderungen des Endpreises.

(2) [1]Wer Bücher importiert, darf zur Festsetzung des Endpreises den vom Verleger des Verlagsstaates für Deutschland empfohlenen Letztabnehmerpreis einschließlich der in Deutschland jeweils geltenden Mehrwertsteuer nicht unterschreiten. [2]Hat der Verleger keinen Preis für Deutschland empfohlen, so darf der Importeur zur Festsetzung des Endpreises den für den Verlagsstaat festgesetzten oder empfohlenen Nettopreis des Verlegers für Endabnehmer zuzüglich der in Deutschland jeweils geltenden Mehrwertsteuer nicht unterschreiten.

(3) Wer als Importeur Bücher in einem Vertragsstaat des Abkommens über den Europäischen Wirtschaftsraum zu einem von den üblichen Einkaufspreisen im Einkaufsstaat abweichenden niedrigeren Einkaufspreis kauft, kann den gemäß Absatz 2 festzulegenden Endpreis in dem Verhältnis herabsetzen, wie es dem Verhältnis des erzielten Handelsvorteils zu den üblichen Einkaufspreisen im Einkaufsstaat entspricht; dabei gelten branchentypische Mengennachlässe und entsprechende Verkaufskonditionen als Bestandteile der üblichen Einkaufspreise.

(4) Verleger oder Importeure können folgende Endpreise festsetzen:

1. **Serienpreise,**
2. **Mengenpreise,**
3. **Subskriptionspreise,**
4. **Sonderpreise für Institutionen, die bei der Herausgabe einzelner bestimmter Verlagswerke vertraglich in einer für das Zustandekommen des Werkes ausschlaggebenden Weise mitgewirkt haben,**
5. **Sonderpreise für Abonnenten einer Zeitschrift beim Bezug eines Buches, das die Redaktion dieser Zeitschrift verfasst oder herausgegeben hat, und**
6. **Teilzahlungszuschläge.**

(5) Die Festsetzung unterschiedlicher Endpreise für einen bestimmten Titel durch einen Verleger oder Importeur oder deren Lizenznehmer ist zulässig, wenn dies sachlich gerechtfertigt ist.

A. Allgemeines (Abs. 1)

Nach § 15 GWB aF konnten die Verlage selbst entscheiden, ob und inwieweit sie auf vertraglicher Grundlage die Preise für ihre Verlagserzeugnisse binden wollten. Sie konnten die Preisbindung auch jederzeit wieder aufheben. Dieses Preisbindungsrecht ist nach Ausgliederung der Buchpreisbindung in das BuchPrG nunmehr auf Zeitungen und Zeitschriften beschränkt (§ 30 GWB). Das BuchPrG verpflichtet nun alle Verleger und Importeure, die Endpreise ihrer Bücher zu binden. Die **Verpflichtung zur Buchpreisbindung** trifft auch Verlage, die nur an Letztabnehmer liefern sowie Buchclubs (OLG Frankfurt/M. GRUR 2006, 520 ff – Buchclubausgaben). 191

Der Preisbindung unterliegt der Endpreis für die „Ausgabe eines Buches", also nicht der Buchtitel als solches, sondern die jeweilige Ausgabe eines Titels. Für unveränderte **Nachdrucke** einer Auflage muss kein eigenständiger Preis festgesetzt werden, wohl aber für **Folgeauflagen**, die inhaltlich oder äußerlich abweichen. Die Veröffentlichungspflicht gilt auch bei **Änderungen** sowie **vollständiger Aufhebung** der 192

Preisbindung. Die Preisbindung gilt nur im Verhältnis zum Letztabnehmer: Die **Handelsspannen** der Sortimenter und Zwischenbuchhändler sind, anders als im Pressevertrieb, nicht gebunden (vgl aber § 6).

193 Die Anforderungen der **Verpflichtung zur Veröffentlichung** sind gesetzlich nicht weiter spezifiziert. Ausschlaggebend ist nach der Gesetzesbegr., dass der Verleger oder Importeur eine lückenlose Information aller seiner Händler sicherstellt (Begr. Reg-E, BT-Drucks. 14/9196, S. 10). Der Verpflichtung ist danach genüge getan, wenn jeder Händler über die festgesetzten Preise unterrichtet ist und seinen Kunden die Ladenpreise zuverlässig nennen kann. In der Praxis wird dies vor allem mithilfe der branchentypischen Datenbanken und Mitteilungsorgane gewährleistet („Verzeichnis lieferbarer Bücher", „Gelbe Seiten" im Börsenblatt des Deutschen Buchhandels, Barsortimentskataloge, Veröffentlichungen im Musikhandel, Musiknoten-Datenbank). Die Veröffentlichung von geplanten Preisen in einem „Online-Verzeichnis lieferbarer Bücher" genügt der Veröffentlichungspflicht, wenn sich der endgültige Preis aus der Rechnungsstellung und den Aufklebern auf den Büchern ergibt (OLG Frankfurt, 8.12.2009 Az 11 U 72/07). Bei **regionalen Verlegern** mit abgegrenztem Händler- und/oder Kundenkreis liegt auch dann eine geeignete Veröffentlichung vor, wenn alle in Frage kommenden Händler **auf sonstige Weise** informiert sind. Insoweit ist auch eine direkte Information der Kunden ausreichend (*F/W/R*, § 5 Rn 4). Wer Bücher gewerbsmäßig anbietet, ist verpflichtet, sich über die maßgeblichen Preise zu informieren (OLG Frankfurt GRUR 2006, 520 ff – Buchclubausgaben).

194 Bei **Verstößen** kann von dem Verleger oder Importeur **Unterlassung** und **Schadensersatz** nach § 9 verlangt werden. In der Festsetzung unterschiedlicher Preise ohne sachliche Rechtfertigung (vgl Abs. 5) kann auch eine **Irreführung** der Verbraucher iSv §§ 3, 5 UWG liegen.

B. Importierte Bücher (Abs. 2)

195 Die Regelung zur Preisfestsetzung durch deutsche Importeure ist den entsprechenden Regelungen in Frankreich und Österreich nachgebildet. Ist in einem exportierenden Verlagsstaat ein Endpreis für den Verkauf in Deutschland festgesetzt oder empfohlen, so darf der Importeur bei der Festsetzung des deutschen Endpreises (einschließlichUmsatzsteuer) diesen nicht unterschreiten. Gibt es einen solchen Preis für Deutschland nicht, darf der Importeur denjenigen Preis nicht unterschreiten, der für den Verkauf in dem exportierenden Verlagsstaat festgesetzt oder empfohlen ist. Dabei ist die im Verlagsstaat anfallende Umsatzsteuer abzuziehen und die in Deutschland geltende Umsatzsteuer hinzuzurechnen. In beiden Fällen ist nur die Unterschreitung der jeweiligen Preisuntergrenze unzulässig, eine Überschreitung ist möglich, kommt allerdings in der Praxis nicht vor.

C. Weitergabe von besonderen Einkaufsvorteilen (Abs. 3)

196 Besondere Einkaufsvorteile, die ein Importeur beim Einkauf von Büchern im EWR dadurch erzielt, dass er die Ware zu einem günstigeren Preis als dem üblichen (zB aus einer Insolvenzmasse) erwirbt, darf er abweichend von Abs. 2 weitergeben. Dabei hat er den nach Abs. 2 berechneten Mindestpreis in dem Verhältnis herabzusetzen, wie es dem Verhältnis des Einkaufsvorteils zu den üblichen Einkaufspreisen im Exportstaat entspricht. **Branchentypische Mengennachlässe** und entsprechende Verkaufskonditionen bleiben allerdings außer Betracht. Die Vorschrift bezweckt insbesondere den Schutz kleinerer Buchhandlungen.

197 Als „**entsprechende Verkaufskonditionen**" gehören zu den Bestandteilen der üblichen Verkaufspreise zB Boni, die auf Gesamtumsätzen oder Umsatzsteigerungen beruhen, Naturalrabatte und Kostenzuschüsse für handelstypische verkaufsfördernde Maßnahmen oder Sortimentsservice wie „Regalpflege" (laufende Bestückung von Verkaufsregalen) und Regalmieten. Keine Bestandteile des üblichen Einkaufspreises sind dagegen Lieferbedingungen wie portofreie Lieferung ("frei Haus"; "portofrei"), Remissionsrechte, die Einräumung von Skonto und Zahlungszielen, Kosten für Zentralfakturierung (Rechnungsstellung, Inkasso, Delkredere) und Kosten für Verpackungsentsorgung (Begr. Reg-E, BT-Drucks. 14/9196, S. 10).

D. Sonderpreise (Abs. 4)

198 Die in der Vorschrift aufgeführten **Sonderpreise** entsprechen der buchhändlerischen Tradition (BT-Drucks. 14/9196, S. 11). Sie sind ebenso wie andere Ladenpreise festzusetzen und zu veröffentlichen.

Serienpreise (Nr. 1) sind Preise für den geschlossenen Verkauf einer Reihe zusammengehöriger Werke ein- und desselben Verlags. Die willkürliche Auswahl verschiedener Titel begründet keine Serie: Maßgebend ist die durch den Einband vermittelte, für den Käufer erkennbare übereinstimmende Ausstattung und äußere Zusammengehörigkeit (*F/W/R*, BuchPrG § 5 Rn 6). Für einzelne Werke der Reihe darf der Serienpreis nicht angewendet werden (Begr. Reg-E, BT-Drucks. 14/9196, S. 11). 199

Mengen- oder Staffelpreise (Nr. 2) sind besondere Preise für den Verkauf einer größeren Anzahl desselben Werkes an denselben Letztabnehmer. Der Mengenpreis gilt nicht für zu Sammelbestellungen zusammengefasste Einzelbestellungen (für Sammelbestellungen von Schulbüchern siehe § 7 Abs. 3). Der Mengennachlass soll den Effizienzvorteilen beim Händler entsprechen und dem Sortiment eine Verdienstspanne belassen. Mengennachlässe von mehr als 25% dürften nur in Ausnahmefällen gerechtfertigt sein (*F/W/R*, BuchPrG § 5 Rn 10). 200

Subskriptionspreise (Nr. 3) sind ermäßigte Preise, die bis zum vollständigen Erscheinen eines Werkes und unter Angabe des Subskriptionszeitraums verwendet werden können. Nach bisheriger Praxis konnte der Subskriptionspreis bei einbändigen Werken und bei gleichzeitig erscheinenden mehrbändigen Werken ausnahmsweise bis zu drei Monate nach Erscheinen angewendet werden. Die Preisermäßigung lag bei höchstens 20%. Die Gesetzesbegründung nimmt auf diese Praxis Bezug (Begr. Reg-E, BT-Drucks. 14/9196, S. 11), so dass sie weiterhin als Orientierung dienen kann. Der **Subskriptionszeitraum** muss von vornherein datumsmäßig angegeben werden (BGH NJW 1985, 2949 ff – Einführungspreis; BKartA TB 1971, S. 72). 201

Sonderpreise für Institutionen (Nr. 4) können dann festgesetzt werden, wenn diese Körperschaften bei der Herausgabe einzelner bestimmter Verlagswerke vertraglich in einer für das Zustandekommen des Werkes ausschlaggebenden Weise mitgewirkt haben. Zu den Institutionen gehören Vereine, Behörden, Organisationen oder Unternehmungen aller Art (Begr. Reg-E, BT-Drucks. 14/9196, S. 11). Der Sonderpreis gilt nicht nur für die Institution selbst, sondern auch für diejenigen ihrer Mitglieder, die einen wesentlichen Beitrag zum Erscheinen des Buches geleistet haben. 202

Sonderpreise für zeitschriftenbegleitende Buchpublikationen (Nr. 5) werden traditionell im Rahmen der Abonnentenbindungssysteme von Fachverlagen gewährt. Die Veröffentlichung muss von der Redaktion der Zeitschrift als solche herausgebracht werden und sowohl inhaltlich als auch formell, zB durch Hinweis auf dem Titelblatt, in Zusammenhang mit der Zeitschrift stehen: Eine bloße Kopplung zur Vertriebsförderung genügt nicht (*F/W/R*, BuchPrG § 5 Rn 13). 203

Teilzahlungszuschläge sind keine Sonderpreise, sondern resultieren daraus, dass der Endpreis nach Abs. 1 ein Barzahlungspreis ist. Daher wären Barzahlungsrabatte und Kreditgeschäfte ohne Teilzahlungszuschläge als Unterschreitungen des gebundenen Preises Verstöße gegen die Preisbindung (BGH NJW 2003, 2525 ff – Preisnachlass). 204

E. Unterschiedliche Endpreise für verschiedene Ausgaben eines Titels (Abs. 5)

Unterschiedliche Endpreise für **Parallelausgaben** (zB Taschenbuchausgaben, Club-Ausgaben, Reader-Ausgaben, Jubiläumsausgaben) sind abweichend von Abs. 1 zulässig, wenn sie sachlich gerechtfertigt sind (ausführlich *Zimmer*, WRP 2004, 330 ff). Die sachliche Rechtfertigung der Preisunterschiede ist im Einzelfall zu beurteilen. Dabei spielen vor allem folgende miteinander in Wechselwirkung stehende Faktoren eine Rolle: Abstand des Erscheinens von Original- und Parallelausgabe, Ausstattungsunterschiede (zB Taschenbuch- und Paperbackausgaben im Vergleich zu Hardcoverausgaben), Preisdifferenz und – bei Buchclubausgaben – die Mitgliedschaftsbindung des Käufers (Begr. Reg-E, BT-Drucks. 14/9196, S. 11). 205

Die preisbindungsrechtlichen Kriterien für **Buchclubausgaben** konkretisiert das **„Potsdamer Protokoll"** von 2004 (abgedruckt bei *F/W/R*, BuchPrG Anhang II), das den im „Potsdamer Protokoll 1994" festgehaltenen Handelsbrauch (LG Wiesbaden Urt. v. 4.12.2003, Az 13 O 153/03) modifiziert und die Grundlage eines künftigen Handelsbrauchs bilden soll (krit. hierzu *Möschel*, WRP 2004, 857 ff). Wünschenswert und üblich ist hiernach ein **Zeitabstand** von neun bis zwölf Monaten zwischen dem Erscheinen der Buchhandels- und der Buchgemeinschaftsausgabe; der **Mindestabstand** beträgt vier Monate. Von diesem Mindestabstand kann bei Werken von kurzlebiger Aktualität (Reduzierung gegen null möglich zB bei Büchern zur Fußball-WM, zu Olympischen Spielen, Wahlkampf; nicht aber bei Büchern, die an aktuelle Hörfunk- oder Fernsehsendungen oder Kinofilme angehängt sind) und bei 206

Werken, die bis zum 15. August eines Jahres erscheinen und in den Weihnachtskatalog der Buchclubs aufgenommen werden (Reduzierung auf bis zu drei Monate) abgewichen werden.

207 Beim **Ausstattungsunterschied** kommt es auf die äußere Anmutung an: Papier und Satz dürfen identisch sein, nicht jedoch der Einband und der Schutzumschlag. Die äußere Gestaltung muss so unterschiedlich sein, dass der durchschnittliche Buchkäufer von zwei unterschiedlichen Büchern ausgeht. Die Ausstattungsunterschiede müssen umso größer sein, je geringer der Zeitabstand ist.

208 Bei der **Preisdifferenz** gilt: Je kleiner der Zeitabstand, desto kleiner muss auch der Preisunterschied sein. Wird der Mindestabstand von vier Monaten eingehalten, gilt eine maximale Preisdifferenz von 15 %. Wird er unterschritten, gilt Folgendes: Bei Büchern, die im Weihnachtskatalog angezeigt werden, gilt ein maximaler Preisabstand von 5 %; bei Werken von kurzlebiger Aktualität ein solcher von 15 %. Wird der Mindestabstand überschritten, gilt: Bei einem Zeitabstand von fünf Monaten ist eine maximale Preisdifferenz von 16 %, nach sechs Monaten eine solche von 20 % gerechtfertigt. Danach gelten die üblichen Kriterien, dh maximal 40 %.

209 Auch Buchclubausgaben unterliegen der Preisbindung: Vom Buchclubpreis darf daher weder nach unten noch nach oben abgewichen werden (OLG Frankfurt GRUR 2006, 520 ff – Buchclubausgaben).

210 Für andere Parallelausgaben außerhalb von Buchclubs, die zeitgleich mit den Originalausgaben vertrieben werden, dürfte je nach Ausstattung eine Preisdifferenz von 10-20 % zulässig sein.

211 **Preisabstandsvereinbarungen** für Lizenz-Ausgaben sind unzulässig. Eine Klausel, die den Lizenzgeber verpflichtet, einen zahlenmäßig festgelegten Mindestabstand zum Endpreis der Taschenbuchlizenzausgabe nach oben einzuhalten, ist nichtig (BGH WuW/E BGH 2190 ff – Preisabstandsklausel). Allerdings enthalten die Lizenzverträge bereits nach Treu und Glauben, also ohne ausdrückliche Vereinbarung, eine Verpflichtung des Lizenzgebers zur Einhaltung eines angemessenen preislichen Abstandes zu dem normalen Taschenbuchpreis (BGH WuW/E BGH 2190 – Preisabstandsklausel).

§ 6 BuchPrG Vertrieb

(1) [1]Verlage müssen bei der Festsetzung ihrer Verkaufspreise und sonstigen Verkaufskonditionen gegenüber Händlern den von kleineren Buchhandlungen erbrachten Beitrag zur flächendeckenden Versorgung mit Büchern sowie ihren buchhändlerischen Service angemessen berücksichtigen. [2]Sie dürfen ihre Rabatte nicht allein an dem mit einem Händler erzielten Umsatz ausrichten.

(2) Verlage dürfen branchenfremde Händler nicht zu niedrigeren Preisen oder günstigeren Konditionen beliefern als den Buchhandel.

(3) Verlage dürfen für Zwischenbuchhändler keine höheren Preise oder schlechteren Konditionen festsetzen als für Letztverkäufer, die sie direkt beliefern.

212 Die Vorschrift zielt entsprechend dem Gesetzeszweck (vgl § 1 Rn 1) auf die Sicherstellung einer flächendeckenden Versorgung der Bevölkerung mit Büchern durch eine große Zahl von kleinen und mittleren Letztverkäufern mit buchhändlerischem Service und umfangreichem Sortiment. Diese Zielrichtung müssen Verlage bei der Festsetzung ihrer Verkaufspreise und sonstigen Verkaufskonditionen, insbesondere ihrer Rabatte, gegenüber Händlern angemessen berücksichtigen. Wie eine „angemessene" Berücksichtigung im Einzelfall aussehen soll, lassen Gesetz und Gesetzesbegründung (Begr. Reg-E, BT-Drucks. 14/9196, S. 11) bewusst offen. Ausdrücklich verboten sind nach Satz 2 Rabattsysteme, die ausschließlich nach Umsatz differenzieren.

213 Verlagen steht es frei, auch branchenfremde Zwischenhändler oder Letztverkäufer (zB Supermärkte) mit Büchern zu beliefern (Begr. Reg-E, BT-Drucks. 14/9196, S. 11). Allerdings darf dies gemäß Abs. 2 nicht zu besseren Konditionen geschehen als die Belieferung des Fachbuchhandels, um nicht durch die Verlagerung wirtschaftlich besonders interessanter Geschäfte auf andere Absatzwege langfristig die Existenzgrundlage des Buchhandels auszuhöhlen (Begr. Reg-E, BT-Drucks. 14/9196, S. 11).

214 Der Schutz des Zwischenbuchhandels durch Abs. 3 liegt darin begründet, dass häufig er es ist, der die Versorgung von kleineren Buchhandlungen in strukturschwachen Gebieten sicherstellt und damit dem Ziel des Gesetzgebers aus § 1 dient.

Die Vorschriften des **GWB** bleiben nach dem Willen des Gesetzgebers unberührt. Insbesondere kann die Kartellbehörde es als Verstoß gegen § 20 GWB ahnden, wenn marktbeherrschende oder marktmächtige Verlage kleinere oder mittlere Sortimentsbuchhandlungen mittelbar oder unmittelbar **unbillig behindern** oder gegenüber Filialisten oder anderen Vertriebsformen des Buchhandels ohne sachlich gerechtfertigten Grund unmittelbar oder mittelbar **unterschiedlich behandeln** (Begr. Reg-E, BT-Drucks. 14/9196, S. 12). 215

§ 7 BuchPrG Ausnahmen

(1) § 3 gilt nicht beim Verkauf von Büchern

1. an Verleger oder Importeure von Büchern, Buchhändler oder deren Angestellte und feste Mitarbeiter für deren Eigenbedarf,
2. an Autoren selbstständiger Publikationen eines Verlages für deren Eigenbedarf,
3. an Lehrer zum Zwecke der Prüfung einer Verwendung im Unterricht,
4. die aufgrund einer Beschädigung oder eines sonstigen Fehlers als Mängelexemplare gekennzeichnet sind,
5. im Rahmen eines auf einen Zeitraum von 30 Tagen begrenzten Räumungsverkaufs anlässlich der endgültigen Schließung einer Buchhandlung, sofern die Bücher aus den gewöhnlichen Beständen des schließenden Unternehmens stammen und den Lieferanten zuvor mit angemessener Frist zur Rücknahme angeboten wurden.

(2) Beim Verkauf von Büchern können wissenschaftlichen Bibliotheken, die jedem auf ihrem Gebiet wissenschaftlich Arbeitenden zugänglich sind, bis zu 5 Prozent, jedermann zugänglichen kommunalen Büchereien, Landesbüchereien und Schülerbüchereien sowie konfessionellen Büchereien und Truppenbüchereien der Bundeswehr und der Bundespolizei bis zu 10 Prozent Nachlass gewährt werden.

(3) [1]Bei Sammelbestellungen von Büchern für den Schulunterricht, die zu Eigentum der öffentlichen Hand, eines Beliehenen oder allgemein bildender Privatschulen, die den Status staatlicher Ersatzschulen besitzen, angeschafft werden, gewähren die Verkäufer folgende Nachlässe:

1. bei einem Auftrag im Gesamtwert bis zu 25 000 Euro für Titel mit

mehr als 10 Stück	**8 Prozent Nachlass,**
mehr als 25 Stück	**10 Prozent Nachlass,**
mehr als 100 Stück	**12 Prozent Nachlass,**
mehr als 500 Stück	**13 Prozent Nachlass,**

2. bei einem Auftrag im Gesamtwert von mehr als

25 000 Euro	**13 Prozent Nachlass,**
38 000 Euro	**14 Prozent Nachlass,**
50 000 Euro	**15 Prozent Nachlass.**

[2]Soweit Schulbücher von den Schulen im Rahmen eigener Budgets angeschafft werden, ist stattdessen ein genereller Nachlass von 12 Prozent für alle Sammelbestellungen zu gewähren.

(4) Der Letztverkäufer verletzt seine Pflicht nach § 3 nicht, wenn er anlässlich des Verkaufs eines Buches

1. Waren von geringem Wert oder Waren, die im Hinblick auf den Wert des gekauften Buches wirtschaftlich nicht ins Gewicht fallen, abgibt,
2. geringwertige Kosten der Letztabnehmer für den Besuch der Verkaufsstelle übernimmt,
3. Versand- oder besondere Beschaffungskosten übernimmt oder
4. andere handelsübliche Nebenleistungen erbringt.

A. Der Preisbindung nicht unterliegende Verkäufe (Abs. 1)

Die Regelung ist der bisherigen Praxis des Sammelreverses nachgebildet und gründet auf den Traditionen des Buchhandels. Die eng auszulegende Ausnahmevorschrift regelt **abschließend**, wann beim Verkauf von Büchern an Letztabnehmer keine Bindung an den nach § 5 festgesetzten Preis besteht (Begr. Reg-E, BT-Drucks. 14/9196, S. 12). 216

Der sog. **Kollegenrabatt (Nr. 1)** betrifft die im Buchhandel Tätigen. Hierzu gehören auch Antiquare sowie im Einzelfall **Kommanditisten** einer KG und **Gesellschafter** einer GmbH. Bei **festen Mitarbei-** 217

tern kommt es für die Frage ihrer Vergleichbarkeit mit Angestellten maßgeblich auf die Dauer ihrer Zugehörigkeit und den fachlichen Zusammenhang zum buchhändlerischen Betrieb an (*F/W/R*, § 7 Rn 2). Nicht im Buchhandel tätig sind: die Aktionäre einer Aktiengesellschaft oder Mitglieder bzw Angestellte einer Einrichtung oder einer Körperschaft, die einen Verlag betreibt (Begr. Reg-E, BT-Drucks. 14/9196, S. 12). Üblicherweise wird Kollegenrabatt nur demjenigen gewährt, der eine von einem buchhändlerischen Verband vergebene **Verkehrsnummer** führt.

218 Das **Autorenprivileg** (Nr. 2) bezieht sich nur auf die Verlagserzeugnisse des das eigene Werk publizierenden Verlags, nicht hingegen auf die dritter (auch konzernverbundener) Verlage. Autoren sind auch Mitautoren, sofern ihr Beitrag für das Werk prägend ist, Herausgeber und Übersetzer.

219 **Prüfstücke für Lehrer** (Nr. 3) sind einzelne Bücher, die der Lehrer vorab auf ihre Eignung zur Verwendung im Unterricht prüft, nicht jedoch zusätzliche Gratisexemplare, die dem Lehrer nach Aufgabe einer Klassensatzbestellung dazugegeben werden. Die **Dreingabe** derartiger (Lehrer-) Freiexemplare widerspricht der Preisbindungspflicht und ist daher unzulässig. Lehrer im Sinne der Vorschrift sind Lehrkräfte von Schulen im engeren Sinne, nicht jedoch Hochschullehrer oder sonstige Dozenten (Begr. Reg-E, BT-Drucks. 14/9196, S. 12).

220 **Mängelexemplare** (Nr. 4) sind beschädigte Bücher, die äußerlich erkennbare **Schäden** oder **Fehler** aufweisen und deshalb nicht mehr zum regulären Endpreis verkauft werden können. Unerheblich ist, ob der Mangel beim Druck, beim Verlag, beim Buchhändler oder bei einer Rücksendung eingetreten ist (Begr. Reg-E, BT-Drucks. 14/9196, S. 12). Durch das Gesetz zur Änderung des Buchpreisbindungsgesetzes (BGBl. I 2006, Nr. 33, S. 1530) wurde klargestellt, dass Mängelexemplare eindeutig als solche zu **kennzeichnen** sind. Beide Tatbestandsvoraussetzungen – die Fehlerhaftigkeit des Buches und seine ausdrückliche Kennzeichnung als Mängelexemplar – müssen **kumulativ** vorliegen. Eine bloße Kennzeichnung als Mängelexemplar begründet keinen Mangel, sondern wettbewerbswidriges Verhalten iSv § 4 Nr. 4 UWG (OLG Frankfurt GRUR 2005, 965 ff – Mängelexemplar). Ebenso wettbewerbswidrig ist die absichtliche Beschädigung verlagsneuer Bücher mit anschließendem Unterpreisverkauf (OLG Frankfurt WRP 1997, 806). Der Begriff des Mängelexemplars ist von dem der Remittende zu unterscheiden. Remittierte, dh an den Verlag zurückgesandte Bücher sind nur dann Mängelexemplare, wenn sie Schäden aufweisen.

221 **Räumungsverkäufe** (Nr. 5) sind nur bei **endgültiger Schließung** zulässig, nicht dagegen bei Inhaberwechsel und Fortführung in den bisherigen Geschäftsräumen. Das Nachschieben von Ware oder die absichtliche Lagervergrößerung vor dem Räumungsverkauf sind unzulässig.

B. Nachlässe für Büchereien (Abs. 2)

222 Die Nachlassmöglichkeit für öffentliche Bibliotheken setzt voraus, dass die Bibliothek allgemein zugänglich ist, dh, dass sie von ihrer Widmung bzw Zielsetzung her für jedermann nutzbar ist. Es genügt nicht, wenn eine Bibliothek, zB eine Amtsbibliothek, Dritten eine Nutzung in Einzelfällen gestattet. Es besteht keine Verpflichtung, Nachlässe zu gewähren. Macht ein Buchhändler von dieser Möglichkeit Gebrauch, ist er je nach Art der Bibliothek auf maximal 5 oder 10 Prozent Nachlass beschränkt. Die unterschiedliche Nachlassregelung für wissenschaftliche Bibliotheken und gewöhnliche Büchereien berücksichtigt, dass Fachliteratur aufgrund der gegenüber sonstigen Werken geringeren Handelsspannen traditionell knapper rabattiert wird.

C. Sammelbestellungen von Büchern für den Schulunterricht (Abs. 3)

223 Schulbuchsammelbestellungen sind Bestellungen von Büchern für den Unterricht an Schulen und Berufsschulen, bei denen die öffentliche Hand, ein Beliehener oder eine staatlich anerkannte Privatschule selbst kauft und Eigentum erwirbt. Auf eine überwiegende Finanzierung durch die öffentliche Hand kommt es nach Streichung der entsprechenden Textpassage zum 20.6.2006 durch das Gesetz zur Änderung des Buchpreisbindungsgesetzes (BGBl. I 2006, Nr. 33, S. 1530) nicht mehr an. Der Schulbuchnachlass gilt nicht bei Sammelbestellungen von Schülern, Eltern oder Klassen. Sammelbestellungen sind solche, die der Buchhändler durch **eine Lieferung**, wenn auch an verschiedene Lieferstellen, ausführen kann. Die **Nachlassstaffel** gilt dagegen nicht für Rahmenverträge, bei denen der Buchhändler die Bücher nach und nach auf Abruf liefern soll. Nachbestellungen können dagegen als noch zur

Schulbuchsammelbestellung gehörend angesehen werden, wenn sie innerhalb von 4 Wochen nach Schuljahresbeginn erfolgen (Begr. Reg-E, BT-Drucks. 14/9196, S. 12).

Schulbuchnachlässe sind ein Spezialfall der **Mengennachlässe** (§ 5 Abs. 4 Nr. 2). Die Nachlassstaffel geht zurück auf die Verordnung des Bundeswirtschaftsministeriums VO PR Nr. 1/77 iVm § 4 Abs. 4 VO PR Nr. 30/53. Setzen Verlage für sonstige Verkäufe höhere Mengennachlässe fest, so gehen diese den niedrigeren Nachlassstaffeln für Schulbücher vor (Schreiben des BKartA vom 28.10.1986 B 6-745 000 – V – 101/86). Im Gegensatz zu Abs. 2 besteht eine Verpflichtung zur Nachlassgewährung. 224

D. Gewährung sonstiger wirtschaftlicher Vorteile (Abs. 4)

Die Vorschrift enthält eine **abschließende** Aufzählung weiterer Fälle, in denen ein **Letztverkäufer** beim Verkauf von Büchern seine Pflicht zur Einhaltung der Preisbindung nach § 3 nicht verletzt. In allen anderen Fällen liegt ein Verstoß gegen die Pflicht zur Einhaltung des gebundenen Endpreises vor. Grundsätzlich **nicht zulässig** ist insbesondere die Gewährung von **Barzahlungsnachlässen** (BGH NJW 2003, 2525 ff – Preisnachlass). Ebenfalls nicht zulässig ist die Gewährung von indirekten Nachlässen beim Verkauf an Letztabnehmer, zB in Form von Naturalrabatten, Freiexemplaren oder Boni; bei der Gewährung von Vermittlungsprovisionen ist sicherzustellen, dass diese nicht, auch nicht teilweise, an den Letztabnehmer weitergegeben werden (Begr. Reg-E, BT-Drucks. 14/9196, S. 13). Auch die **Kopplung** mit dem Verkauf von nicht-preisgebundenen Büchern oder sonstigen Waren kann ein Verstoß gegen die Preisbindung sein, wenn der Gesamtpreis so knapp über dem gebundenen Ladenpreis des Buches liegt, dass deutlich wird, dass die nicht preisgebundenen Bücher oder Waren im Kopplungsangebot unter Beschaffungskosten geliefert werden (BGH WuW/E BGH 2615 ff – Schulbuch-Kopplungsgeschäft). Die **Inzahlungnahme** älterer Auflagen eines Buches beim Erwerb einer Neuauflage ist nur zum handelsüblichen Verkehrswert zulässig, der von Alter und Erhaltungszustand abhängt und daher individuell verhandelt werden muss (*F/W/R*, BuchPrG § 7 Rn 31). 225

Nr. 1 erfasst **geringwertige Reklamegegenstände**, wie zB Luftballons, Kugelschreiber oder Bonbons; nicht dagegen Gratisexemplare an Sammelbesteller (OLG München GRUR 2005, 71 f – Schüler-Lernhilfe). Zulässig ist auch die Verwendung von **Kundenbindungssystemen** im Buchhandel in Form einer **Sachprämie**, soweit sie im Hinblick auf den Wert des gekauften Buches wirtschaftlich nicht ins Gewicht fällt (Begr. Reg-E, BT-Drucks. 14/9196, S. 13). Dagegen sind Kundenbindungssysteme, bei denen der Kunde Bonuspunkte in Geld umtauschen kann, ebenso unzulässig wie die Verrechnung von Punkten mit anderen Käufen preisgebundener Bücher (OLG Frankfurt GRUR 2005, 72 ff – "Meilen" für Bücher) und die Verrechnung von Startgutscheinen (OLG Frankfurt GRUR 2004, 885 ff – Startgutscheine für Bücher). 226

Nr. 2 ermöglicht die teilweise oder vollständige Erstattung oder Übernahme von (geringwertigen) **Fahrtkosten** für Verkehrsmittel des öffentlichen Nahverkehrs oder von **Parkgebühren** des Letztabnehmers im Zusammenhang mit dem Besuch der Verkaufsstelle. 227

Nr. 3 erlaubt die Übernahme der **Versandkosten** bei Büchern, womit der Versand- und Internetbuchhandel im Servicewettbewerb mit dem stationären Sortiment das Fehlen persönlicher Kaufberatung auszugleichen sucht, und die Übernahme auch außergewöhnlicher **Beschaffungskosten** (zB bei Eilbestellungen oder Bestellungen aus dem Ausland). 228

Handelsübliche Nebenleistungen im Sinne von Nr. 4 sind beispielsweise die Bereitstellung von Geschenkpapier, die Übergabe eines Werbemagazins, die fachliche Beratung des Kunden, das Bibliographieren oder das Ausdrucken von Literaturzusammenstellungen (Begr. Reg-E, BT-Drucks. 14/9196, S. 13). Dagegen sind alle Leistungen, die nicht mit der Beschaffung von Büchern zu tun haben, keine handelsüblichen Nebenleistungen (Beispiele bei *F/W/R*, BuchPrG § 7 Rn 25). 229

§ 8 BuchPrG Dauer der Preisbindung

(1) Verleger und Importeure sind berechtigt, durch Veröffentlichung in geeigneter Weise die Preisbindung für Buchausgaben aufzuheben, deren erstes Erscheinen länger als 18 Monate zurückliegt.

(2) Bei Büchern, die in einem Abstand von weniger als 18 Monaten wiederkehrend erscheinen oder deren Inhalt mit dem Erreichen eines bestimmten Datums oder Ereignisses erheblich an Wert verliert,

ist eine Beendigung der Preisbindung durch den Verleger oder Importeur ohne Beachtung der Frist gemäß Absatz 1 nach Ablauf eines angemessenen Zeitraums seit Erscheinen möglich.

230 Die Preisbindung endet niemals automatisch, sondern gilt grundsätzlich für die **gesamte Lebenszeit** eines Buches und muss daher durch den Verleger oder Importeur explizit aufgehoben werden. Damit sollen für kulturell wertvolle Werke, die nicht veralten, gleiche Rahmenbedingungen geschaffen werden wie für Publikationen mit kurzlebigerem Inhalt (Begr. Reg-E, BT-Drucks. 14/9196, S. 13). Die **Veröffentlichung** der Preisaufhebung geschieht in derselben Form wie die Veröffentlichung der Preisbindung (vgl § 5 Rn 3).

231 Im **Regelfall (Abs. 1)** ist die Aufhebung des Preises erstmals 18 Monate nach Erscheinen des Werks möglich. Ein **unveränderter Nachdruck** oder eine unveränderte Auflage gilt nicht als neues Erscheinen und ändert nichts am Fristlauf. Eine **Herauf- oder Herabsetzung des Festpreises** ist jederzeit möglich, denn sie hat keine Aufhebung der Preisbindung zur Folge. Das Aufheben der Preisbindung kann nicht rückgängig gemacht werden (*F/W/R*, BuchPrG § 8 Rn 2).

232 In **Ausnahmefällen (Abs. 2)** ist eine Aufhebung der Preisbindung vor Ablauf von 18 Monaten seit dem erstmaligen Erscheinen zulässig. **Wiederkehrend erscheinende Werke** sind zB Jahrbücher, jährlich erscheinende juristische Kommentare oder andere Fachbücher (Begr. Reg-E, BT-Drucks. 14/9196, S. 13). Sie können, ebenso wie an ein bestimmtes Ereignis gebundene Bücher (vgl hierzu § 5 Rn 18), schon vor Ablauf von 18 Monaten erheblich an Wert verlieren. Die Aufhebung der Preisbindung ermöglicht für diese Publikationen eine individuelle Verkaufsmöglichkeit (**Verramschung**) durch den Handel (Begr. Reg-E, BT-Drucks. 14/9196, S. 13).

§ 9 BuchPrG Schadensersatz- und Unterlassungsansprüche

(1) [1]Wer den Vorschriften dieses Gesetzes zuwiderhandelt, kann auf Unterlassung in Anspruch genommen werden. [2]Wer vorsätzlich oder fahrlässig handelt, ist zum Ersatz des durch die Zuwiderhandlung entstandenen Schadens verpflichtet.

(2) [1]Der Anspruch auf Unterlassung kann nur geltend gemacht werden

1. **von Gewerbetreibenden, die Bücher vertreiben,**
2. **von rechtsfähigen Verbänden zur Förderung gewerblicher Interessen, soweit ihnen eine erhebliche Zahl von Gewerbetreibenden angehört, die Waren oder gewerbliche Leistungen gleicher oder verwandter Art auf demselben Markt vertreiben, soweit sie insbesondere nach ihrer personellen, sachlichen und finanziellen Ausstattung imstande sind, ihre satzungsgemäßen Aufgaben der Verfolgung gewerblicher Interessen tatsächlich wahrzunehmen, und die Handlung geeignet ist, den Wettbewerb auf dem relevanten Markt wesentlich zu beeinträchtigen,**
3. **von einem Rechtsanwalt, der von Verlegern, Importeuren oder Unternehmen, die Verkäufe an Letztabnehmer tätigen, gemeinsam als Treuhänder damit beauftragt worden ist, ihre Preisbindung zu betreuen (Preisbindungstreuhänder),**
4. **von qualifizierten Einrichtungen, die nachweisen, dass sie in die Liste qualifizierter Einrichtungen nach § 4 des Unterlassungsklagengesetzes oder in dem Verzeichnis der Kommission der Europäischen Gemeinschaften nach Artikel 4 der Richtlinie 98/27/EG des Europäischen Parlaments und des Rates vom 19. Mai 1998 über Unterlassungsklagen zum Schutz der Verbraucherinteressen (ABl. EG Nr. L 166 S. 51) in der jeweils geltenden Fassung eingetragen sind.**

[2]Die Einrichtungen nach Satz 1 Nr. 4 können den Anspruch auf Unterlassung nur geltend machen, soweit der Anspruch eine Handlung betrifft, durch die wesentliche Belange der Letztabnehmer berührt werden.

(3) Für das Verfahren gelten bei den Anspruchsberechtigten nach Absatz 2 Nr. 1 bis 3 die Vorschriften des Gesetzes gegen den unlauteren Wettbewerb und bei Einrichtungen nach Absatz 2 Nr. 4 die Vorschriften des Unterlassungsklagegesetzes.

233 Sowohl die in Abs. 1 vorgesehenen **Sanktionen** bei Zuwiderhandlung gegen die Preisbindung, Unterlassungspflicht – Auskunftspflicht – Schadensersatz, als auch der Kreis der gemäß Abs. 2 Anspruchsberechtigten wurde an das **Recht des unlauteren Wettbewerbs** angelehnt (Begr. Reg-E, BT-Drucks. 14/9196, S. 13). Erweitert wird der Kreis der Anspruchsberechtigten um den **Preisbindungstreuhän-**

der. Die Institution des Preisbindungstreuhänders hat sich seit vielen Jahren bewährt. Das Gesetz geht von deren Beibehaltung aus und berechtigt den Preisbindungstreuhänder zur Geltendmachung von Unterlassungsansprüchen. Es wird auch erwartet, dass sich dadurch viele Fälle von Preisbindungsverstößen weiterhin brancheninterne regeln lassen. Absatz 3 verweist auf die Verfahrensvorschriften des Gesetzes gegen den unlauteren Wettbewerb bzw des Unterlassungsklagengesetzes.

Wer nicht Normadressat der Buchpreisbindung ist, kann nach den deliktsrechtlichen Teilnahmeregeln als **Störer** auf Unterlassung in Anspruch genommen werden, wenn er einen Buchhändler oder Verleger vorsätzlich zu einem Verstoß gegen das BuchPrG zu bewegen sucht (BGH NJW 2003, 2525 ff – Preisnachlass). 234

§ 10 BuchPrG Bucheinsicht

(1) [1]Sofern der begründete Verdacht vorliegt, dass ein Unternehmen gegen § 3 verstoßen hat, kann ein Gewerbetreibender, der ebenfalls Bücher vertreibt, verlangen, dass dieses Unternehmen einem von Berufs wegen zur Verschwiegenheit verpflichteten Angehörigen der wirtschafts- oder steuerberatenden Berufe Einblick in seine Bücher und Geschäftsunterlagen gewährt. [2]Der Bericht des Buchprüfers darf sich ausschließlich auf die ihm bekannt gewordenen Verstöße gegen die Vorschriften dieses Gesetzes beziehen.

(2) Liegt eine Zuwiderhandlung vor, kann der Gewerbetreibende von dem zuwiderhandelnden Unternehmen die Erstattung der notwendigen Kosten der Buchprüfung verlangen.

Die Verfolgung von Preisbindungsverstößen durch einzelne Unternehmen des Sortiments setzt voraus, dass der betroffene Wettbewerber die Tatsachen beweisen kann, die seinem Anspruch zugrunde liegen. Deshalb gibt es bei begründetem Verdacht ein Bucheinsichtsrecht. **Der Verdacht ist im Sinne des § 10 begründet**, wenn für einen Verstoß objektive Anhaltspunkte vorliegen (Begr. Reg-E, BT-Drucks. 14/9196, S. 13). Eine allgemeine Ausforschung der Gegenseite ist unzulässig (LG Hamburg, 19.1.2010 BeckRS 2010, 06141). Den Anspruch auf Bucheinsicht kann jeder Gewerbetreibende geltend machen, der ebenfalls Bücher vertreibt. Es besteht **Deckungsgleichheit mit dem Kreis der Anspruchsberechtigten nach § 9 Abs. 2 Nr. 1** (siehe dort Rn 1; *F/W/R*, § 10 Rn 3). 235

Durch die gesetzliche Beschränkung auf die zur Verschwiegenheit verpflichteten Berufsgruppen der **wirtschafts- und steuerberatenden Berufe** soll sichergestellt werden, dass der Bucheinsichtsanspruch nicht dazu missbraucht wird, Geschäftsgeheimnisse von Wettbewerbern auszuforschen (*F/W/R*, BuchPrG § 10 Rn 4). Deshalb beschränkt Abs. 1 S. 2 auch den Inhalt des Berichts ausdrücklich auf die bei der Buchprüfung bekannt gewordenen Verstöße. 236

Das zur Gewährung von Bucheinsicht verpflichtete Unternehmen muss **Einsicht in alle Unterlagen** gewähren, aus denen sich Tatsachen ergeben können, die zur Erledigung seines Auftrags von Bedeutung sein können, wozu auch die elektronische Datenverarbeitung zählt (*F/W/R*, § 10 Rn 5). 237

Kostenerstattung vom geprüften Unternehmen kann der Auftraggeber des Buchprüfers nur dann verlangen, wenn dieser in seinem Bericht tatsächlich einen Verstoß festgestellt hat (Abs. 2). 238

4. Kapitel: Missbrauchsverbot

Schrifttum: *Bechtold*, Zu Bestand und Ausübung von Urheberrechten und dem Missbrauch einer marktbeherrschenden Stellung, EuZW 1995, 345 ff; *ders.*, Kommentar zum GWB, 6. Aufl. 2010 (zitiert: *Bechtold*, GWB); *Bechtold/Bosch/Brinker/Hirsbrunner*, Kommentar zum EG-Kartellrecht, 2005 (zitiert: B/B/B/H); *Bellamy/Child*, European Community Law of Competition, 5. Aufl. 2001; *Bunte*, Missbrauch einer beherrschenden Stellung durch Ausübung gewerblicher Schutzrechte – Anmerkung zum „Magill-Urteil" des EuGH vom 6.4.1995, EcoLex 1995, 565 ff; *Casper*, Die wettbewerbsrechtliche Begründung von Zwangslizenzen, ZHR 166 (2002), 685 ff; *Deselaers*, Die „Essential Facilities"-Doktrin im Lichte des Magill-Urteils des EuGH, EuZW 1995, 563 ff; *Eilmansberger*, Abschlusszwang und Essential-Facility Doktrin nach Art. 82 EG, EWS 2003, 12 ff; *Faull/Nikpay*, The EC Law of Competition, 2. Aufl. 2007; *Jestaedt*, Anmerkung zum Urteil in Sachen Magill (Radio Telesys Eireann und Independent Television Publications./. Kommission), WuW 1995, 483 ff; *Fleischer/Weyer*, „Neues zur „essential facilities"-Doktrin im Europäischen Wettbewerbsrecht – Eine Besprechung der Bronner-Entscheidung des EuGH", WuW 1999, S. 350 ff; *Immenga/Mestmäcker*, Gesetz gegen Wettbewerbsbeschränkungen, 4. Aufl. 2007 (zitiert: IM/*Bearbeiter*); *Immenga/Mestmäcker,* Kommentar zum Europäischen Kartellrecht, Wettbewerbsrecht EG/Teil 1, 4. Aufl. 2007, (zitiert: IM/*Bearbeiter*, WettbR); *Körber/Zagouras*, Übertragungsrechte und Kartellrecht – Zugang zur Übertragung von sportlichen Großereignissen durch die Essential-Facilities-Regelung des § 19 Abs. 4 Nr. 4 GWB, WuW 2004, 1144 ff; *Lange*, Kampfpreisstrategien (predatory pricing) im europäischen Kartellrecht, ZHR 169 (2005), 495 ff; *Langen/Bunte*, Kommentar zum deutschen und europäischen Kartellrecht, 2 Bände, 11. Aufl. 2010/2011 (zitiert: LB/*Bearbeiter*); *Markert*, Die Anwendung des US-amerikanischen Monopolisierungsverbotes auf Verweigerung des Zugangs zu „wesentlichen Einrichtungen", in: FS für Mestmäcker 1996, 661 ff; *Mestmäcker/Schweitzer*, Europäisches Wettbewerbsrecht, 2004; *Thyri*, Immaterialgüterrechte und Zugang zur wesentlichen Einrichtung – Der Fall Microsoft im Licht von IMS-Health, WuW 2005, 388 ff; *Nikolinakos*, EU Competition Law and Regulation in the Converging Telecommunications, Media and IT Sectors. 2006; *Scherer,* „Das Bronner-Urteil des EuGH und die Essential facilities-Doktrin im TK-Sektor", MMR 1999, 315 ff; *Trafkowski*, Medienkartellrecht, 2002; *Van Bael & Bellis*, Competition Law of the European Community, 4. Aufl. 2005; *Wiedemann* (Hrsg.), Handbuch des Kartellrechts, 2. Aufl. 2008 (zitiert: HDB KartR/*Bearbeiter*).

18. Abschnitt: Missbrauch einer marktbeherrschenden Stellung (§ 19 GWB)

§ 19 GWB Missbrauch einer marktbeherrschenden Stellung

§ 19 GWB Missbrauch einer marktbeherrschenden Stellung

(1) Die missbräuchliche Ausnutzung einer marktbeherrschenden Stellung durch ein oder mehrere Unternehmen ist verboten.

(2) [1]Ein Unternehmen ist marktbeherrschend, soweit es als Anbieter oder Nachfrager einer bestimmten Art von Waren oder gewerblichen Leistungen auf dem sachlich und räumlich relevanten Markt

1. ohne Wettbewerber ist oder keinem wesentlichen Wettbewerb ausgesetzt ist oder

2. eine im Verhältnis zu seinen Wettbewerbern überragende Marktstellung hat; hierbei sind insbesondere sein Marktanteil, seine Finanzkraft, sein Zugang zu den Beschaffungs- oder Absatzmärk-

ten, Verflechtungen mit anderen Unternehmen, rechtliche oder tatsächliche Schranken für den Marktzutritt anderer Unternehmen, der tatsächliche oder potenzielle Wettbewerb durch innerhalb oder außerhalb des Geltungsbereichs dieses Gesetzes ansässige Unternehmen, die Fähigkeit, sein Angebot oder seine Nachfrage auf andere Waren oder gewerbliche Leistungen umzustellen, sowie die Möglichkeit der Marktgegenseite, auf andere Unternehmen auszuweichen, zu berücksichtigen.

[2]Zwei oder mehr Unternehmen sind marktbeherrschend, soweit zwischen ihnen für eine bestimmte Art von Waren oder gewerblichen Leistungen ein wesentlicher Wettbewerb nicht besteht und soweit sie in ihrer Gesamtheit die Voraussetzungen des Satzes 1 erfüllen. [3]Der räumlich relevante Markt im Sinne dieses Gesetzes kann weiter sein als der Geltungsbereich dieses Gesetzes.

(3) [1]Es wird vermutet, dass ein Unternehmen marktbeherrschend ist, wenn es einen Marktanteil von mindestens einem Drittel hat. [2]Eine Gesamtheit von Unternehmen gilt als marktbeherrschend, wenn sie

1. aus drei oder weniger Unternehmen besteht, die zusammen einen Marktanteil von 50 vom Hundert erreichen, oder
2. aus fünf oder weniger Unternehmen besteht, die zusammen einen Marktanteil von zwei Dritteln erreichen,

es sei denn, die Unternehmen weisen nach, dass die Wettbewerbsbedingungen zwischen ihnen wesentlichen Wettbewerb erwarten lassen oder die Gesamtheit der Unternehmen im Verhältnis zu den übrigen Wettbewerbern keine überragende Marktstellung hat.

(4) Ein Missbrauch liegt insbesondere vor, wenn ein marktbeherrschendes Unternehmen als Anbieter oder Nachfrager einer bestimmten Art von Waren oder gewerblichen Leistungen

1. die Wettbewerbsmöglichkeiten anderer Unternehmen in einer für den Wettbewerb auf dem Markt erheblichen Weise ohne sachlich gerechtfertigten Grund beeinträchtigt;
2. Entgelte oder sonstige Geschäftsbedingungen fordert, die von denjenigen abweichen, die sich bei wirksamem Wettbewerb mit hoher Wahrscheinlichkeit ergeben würden; hierbei sind insbesondere die Verhaltensweisen von Unternehmen auf vergleichbaren Märkten mit wirksamem Wettbewerb zu berücksichtigen;
3. ungünstigere Entgelte oder sonstige Geschäftsbedingungen fordert, als sie das marktbeherrschende Unternehmen selbst auf vergleichbaren Märkten von gleichartigen Abnehmern fordert, es sei denn, dass der Unterschied sachlich gerechtfertigt ist;
4. sich weigert, einem anderen Unternehmen gegen angemessenes Entgelt Zugang zu den eigenen Netzen oder anderen Infrastruktureinrichtungen zu gewähren, wenn es dem anderen Unternehmen aus rechtlichen oder tatsächlichen Gründen ohne die Mitbenutzung nicht möglich ist, auf dem vor- oder nachgelagerten Markt als Wettbewerber des marktbeherrschenden Unternehmens tätig zu werden; dies gilt nicht, wenn das marktbeherrschende Unternehmen nachweist, dass die Mitbenutzung aus betriebsbedingten oder sonstigen Gründen nicht möglich oder nicht zumutbar ist.

A. Überblick

Mit der 6. GWB Novelle vom 1.1.1999 (BGBl. 1998 I S. 2346) wurde § 19 GWB an Art. 102 AEUV 1
(ex-Art. 82 EGV) angepasst und als **unmittelbar wirkender Verbotstatbestand** gefasst. Seither besteht nicht nur die Möglichkeit einer verwaltungsrechtlichen Kontrolle missbräuchlicher Verhaltensweisen. Jetzt drohen unmittelbar **Bußgelder** (§ 81 Abs. 1 Nr. 1 GWB) und **Schadensersatzpflichten** gem. § 33 GWB und § 823 Abs. 2 BGB. Da § 19 Abs. 1 GWB als **Schutzgesetz** ausgestaltet ist, haben Unternehmen die Möglichkeit, sich in Fällen des Missbrauchs selbst – ohne Einschaltung von Kartellbehörden – mit **zivilrechtlichen Schadensersatz- und Unterlassungsklagen** zur Wehr zu setzen. Intention dieser Änderung ist nach der Begründung des Regierungsentwurfs zur 6. GWB-Novelle (BT-Drucks. 13/9720, S. 35) die bessere Vorfeldwirkung. § 19 bezweckt dreierlei: den Schutz der wirtschaftlichen Bewegungsfreiheit von Angehörigen der **vor- und nachgelagerten Wirtschaftsstufen** vor der Machtausübung der marktbeherrschenden Unternehmen, den Schutz von **Wettbewerbern** vor Behinderungen und den Schutz vor missbräuchlichem Einsatz wirtschaftlicher Macht seitens marktbeherrschender **Unternehmen auf Drittmärkten.** Das Missbrauchsverbot überschneidet sich teilweise mit dem **Diskriminierungs- und Behinderungsverbot** des § 20 Abs. 1 GWB. Die Überschneidung ist zum Teil historisch bedingt, da bis zur 6. GWB-Novelle § 19 GWB als bloßes Missbrauchsverbot ausgestaltet war.

B. Adressaten

2 Das Missbrauchsverbot nach § 19 GWB richtet sich nur gegen **Unternehmen**. Der Unternehmensbegriff im Rahmen des § 19 ist im Einklang mit den allgemeinen Grundsätzen des für das GWB geltenden sog. **funktionalen Unternehmensbegriffes** zu verstehen (vgl Kommentierung zu Art. 101 AEUV (ex-Art. 81 EG), §§ 1 ff GWB Rn 5 ff). In den Schutzbereich der Norm fallen – anders als im Rahmen von § 20 GWB – auch **Privatpersonen**.

C. Marktbeherrschung

I. Überblick

3 § 19 Abs. 2 GWB enthält – anders als Art. 102 AEUV – eine **gesetzliche Definition** des **Marktbeherrschungsbegriffs**. Die Definition der Marktbeherrschung gilt für Anbieter und Nachfrager gleichermaßen. Die Feststellung der Marktbeherrschung erfordert eine **Zwei-Stufen-Prüfung:** In einem ersten Schritt ist der **sachlich und räumlich relevante Markt** zu bestimmen. In einem zweiten Schritt ist zu prüfen, ob das betreffende Unternehmen auf diesem Markt **ohne Wettbewerber** ist oder **keinem wesentlichen Wettbewerb ausgesetzt** ist (Abs. 2 Satz 1 Nr. 1), in einem Verhältnis zu seinen Wettbewerbern **überragende Marktstellung** hat (Abs. 2 Satz 1 Nr. 2) oder **gemeinsam mit anderen Unternehmen** marktbeherrschend ist. Letzteres kennzeichnet sich dadurch, dass zwischen diesen Unternehmen ein wesentlicher Wettbewerb nicht besteht und diese Unternehmen im Verhältnis zu ihren Wettbewerbern in ihrer Gesamtheit ohne Wettbewerber sind oder keinem wesentlichen Wettbewerb ausgesetzt sind oder eine im Verhältnis zu ihren Wettbewerbern überragende Marktstellung haben (Abs. 2 Satz 2). Die Definition der Marktbeherrschung in § 19 GWB gilt für das GWB insgesamt. Dies schließt aber nicht aus, dass je nach Sachzusammenhang unterschiedliche Wertungen in den Marktbeherrschungsbegriff einfließen können (LB/*Ruppelt,* § 19 Rn 16).

4 Durch die 7. GWB-Novelle ist § 19 Abs. 2 GWB in zweierlei Hinsicht verändert worden. In § 19 Abs. 2 Satz 1 GWB wurde klargestellt, dass Marktbeherrschung auf dem jeweiligen sachlich und räumlich relevanten Markt festgestellt werden muss. Im Zusammenhang mit dem neuen Satz 3 soll damit sichergestellt werden, dass der weitere räumliche Markt nicht nur bei der Marktabgrenzung sondern auch bei der wettbewerblichen Beurteilung zugrunde zu legen ist. Satz 3 stellt insoweit klar, dass der räumlich relevante Markt auch über das Gebiet der Bundesrepublik Deutschland hinausgehen kann (vgl Begr. RegE 7. GWB-Novelle, BT-Drucks. 15/3640, S. 30).

II. Definition des relevanten Marktes

5 Die Feststellung von Marktbeherrschung setzt die Bestimmung des **relevanten Marktes** voraus. Der BGH wendet hierzu in ständiger Rechtsprechung das sog. **Bedarfsmarktkonzept** an. Danach bestimmt sich der sachlich relevante Markt nach den tatsächlichen Ausweichmöglichkeiten der Marktgegenseite. Ein sachlich relevanter Markt erfasst alle Produkte, die aus Sicht der Marktgegenseite austauschbar sind (BGH WuW/E BGH 2150 ff – Rheinmetall/WMF). Entsprechend bestimmt sich die räumliche Marktabgrenzung nach den tatsächlichen räumlichen Ausweichmöglichkeiten der Marktgegenseite (BGH WuW/E DE-R 1206 ff – Strom und Telefon I; BGH WuW/E BGH 2483 ff – Sonderungsverfahren). Für Angebotsmärkte ist daher danach zu fragen, welche Produkte aus Sicht der Abnehmer nach ihren Eigenschaften, ihrem Verwendungszweck und ihrer Preislage für die Deckung eines bestimmten Bedarfs geeignet und als gegeneinander austauschbar anzusehen sind (KG WuW/E OLG 995 ff – Handpreisauszeichner; KG WuW/E DE-R 628 ff – Stellenmarkt für Deutschland II; BGH WuW/E BGH 3058 ff – Pay-TV-Durchleitung). Dementsprechend ist bei Nachfragemärkten auf die Austauschbarkeit aus der Sicht der Anbieter abzustellen (BGH WuW/E BGH 2483 ff – Sonderungsverfahren). Das Bedarfsmarktkonzept führt tendenziell zu einer engen Abgrenzung der Märkte. Als Korrektiv hierzu dient das Kriterium der **Angebotsumstellungsflexibilität.** Hierdurch werden auch solche Anbieter in den relevanten Markt einbezogen, die die für einen spezifischen Bedarf nachgefragten Produkte zwar nicht herstellen, diese aber jederzeit ohne größeren Aufwand herstellen könnten (BGH WuW/E BGH 1501 ff – Kfz-Kupplungen). Für Einzelheiten zur Abgrenzung der relevanten Märkte, insbesondere im Medienbereich vgl die Kommentierung zur Fusionskontrolle im 25. Abschnitt.

III. Einzelmarktbeherrschung (Abs. 2 S. 1)

Ein Unternehmen ist **marktbeherrschend**, soweit es als Anbieter oder Nachfrager einer bestimmten Art von Waren oder gewerblichen Leistungen auf dem sachlich und räumlich relevanten Markt (1) **ohne Wettbewerber** ist oder **keinem wesentlichen Wettbewerb** ausgesetzt ist oder (2) eine im Verhältnis zu seinen Wettbewerbern **überragende Marktstellung** hat (§ 19 Abs. 2 Satz 1 GWB). 6

1. Ohne Wettbewerber oder keinem wesentlichen Wettbewerb ausgesetzt. Ein Unternehmen ist ohne Wettbewerber, wenn neben ihm kein weiteres Unternehmen als konkurrierender Anbieter bzw Nachfrager auf dem Markt tätig ist. Hierbei handelt es sich um den Extremfall des Fehlens wesentlichen Wettbewerbs. Die Abwesenheit jeglichen Wettbewerbs ist **typisch für Netzindustrien** wie Telekommunikation und Energieversorgung (vgl BGH WuW/E DE-R 1520 ff – Arealnetz; OLG Düsseldorf WuW/E DE-R 1577 ff – SIM-Karten), kann aber auch im Zusammenhang mit **gewerblichen Schutzrechten** eine Rolle spielen (BGH WuW/E DE-R 1251 ff – Galopprennübertragung). Ein Unternehmen ist keinem wesentlichen Wettbewerb ausgesetzt, wenn es auf einem bestimmten Markt in der Lage ist, sein Marktverhalten unabhängig von seinen Wettbewerbern auszurichten (KG WuW/E OLG 4835 ff – WAZ/Iserlohner Kreisanzeiger). Diese Definition stimmt im Wesentlichen mit dem Marktbeherrschungsbegriff im EU-Recht überein (vgl EuGH Slg 1979, 461 ff – Hoffmann-La Roche). Ob zwischen Wettbewerbern wesentlicher Wettbewerb besteht, muss aufgrund einer **Gesamtbetrachtung** ermittelt werden. Entscheidend ist, ob das betroffene Unternehmen über einen **unkontrollierten Verhaltensspielraum** verfügt. Von Bedeutung in diesem Zusammenhang ist insbesondere die **absolute Höhe des Marktanteils** des betroffenen Unternehmens (BGH WuW/E BGH 1685 ff – Springer/Elbe Wochenblatt: Marktanteil von 80% auf lokalen Pressemärkten). Weitere Faktoren sind der **relative Marktanteil** (im Sinne des Abstands zu Wettbewerbern), **Marktanteilsentwicklungen**, das Vorhandensein von **Substitutionswettbewerb** (BGH WuW/E BGH 2112 ff – Gruner + Jahr/Zeit I) und **potenziellem Wettbewerb, Marktgegenmacht** sowie **finanzielle Ressourcen.** 7

2. Überragende Marktstellung (Abs. 2 S. 1 Nr. 2). Ein Unternehmen hat eine im Verhältnis zu seinen Wettbewerbern überragende Marktstellung, wenn es aufgrund markt- oder unternehmensbezogener Strukturkriterien über einen von Wettbewerbern **nicht hinreichend kontrollierten Verhaltensspielraum** verfügt. Hierfür ist eine Gesamtbetrachtung aller maßgeblichen Umstände, insbesondere der auf dem Markt herrschenden Wettbewerbsverhältnisse erforderlich (BGH WuW/E BGH 1905 ff – Münchener Anzeigenblätter). Neben der absoluten Größe des Marktanteils kommt dabei dem **Abstand zu den Marktanteilen von Wettbewerbern** eine erhebliche Bedeutung zu (BGH WuW/E BGH 2731 ff – Inlandstochter), so dass auch bei einem geringen Marktanteil bei Hinzukommen entsprechender weiterer Kriterien eine überragende Marktstellung angenommen werden kann. **Weitere zu berücksichtigende Kriterien** im Rahmen einer vorzunehmenden **Gesamtschau** sind die **Finanzkraft** des potenziellen Marktbeherrschers (BGH WuW/E BGH 2150 ff – Rheinmetall/WMF), **Zugang zu Beschaffungs- und Absatzmärkten** (BGH WuW/E BGH 2150 ff – Rheinmetall/WMF), die **Verflechtung mit anderen Unternehmen** (*Bechtold*, GWB, § 19 Rn 43), **Marktzutrittschancen** (BGH WuW/E BGH 1824 ff – Blei- und Silberhütte Braubach), **Wettbewerb aus dem Ausland** (vgl BGH WuW/E BGH 3026 ff – Backofenmarkt), **Umstellungsflexibilität** (LB/*Ruppelt,* § 19 Rn 67) sowie **Ausweichmöglichkeiten** der Marktgegenseite (KG WuW/E 4167 ff – Kampffmeyer/Plange). 8

IV. Kollektive Marktbeherrschung (Abs. 2 S. 2)

Gemäß § 19 Abs. 2 Satz 2 GWB sind zwei oder mehr Unternehmen marktbeherrschend, soweit zwischen ihnen für eine bestimmte Art von Waren oder gewerblichen Leistungen ein **wesentlicher Wettbewerb nicht besteht** und soweit sie in ihrer Gesamtheit die Voraussetzungen des Satzes 1 erfüllen. Die gesetzliche Definition der oligopolistischen Marktbeherrschung setzt also zweierlei voraus: Erstens muss im **Innenverhältnis** zwischen den Oligopolmitgliedern **kein wesentlicher Wettbewerb** bestehen. Zweitens muss das **Oligopol im Verhältnis zu den Außenseitern** die **Voraussetzungen der Einzelmarktbeherrschung** erfüllen, dh ohne Wettbewerber sein bzw keinem wesentlichen Wettbewerb ausgesetzt sein oder im Verhältnis zu den Außenseitern über eine überragende Marktstellung verfügen. Diese Voraussetzungen müssen **kumulativ** erfüllt sein. Die Tatbestände der Einzelmarktbeherrschung und der kollektiven Marktbeherrschung schließen einander aus (KG WuW/E OLG 3759 ff – Pillsbury/Sonnen-Bassermann). 9

10 Ob im Innen- und Außenverhältnis wesentlicher Wettbewerb besteht, ist im Rahmen einer **Gesamtbetrachtung** zu ermitteln. Liegen die Voraussetzungen vor, so gilt jedes Mitglied des Oligopols als marktbeherrschend (KG WuW/E OLG 2093 ff – Bituminöses Mischgut). Das **Innenverhältnis** zwischen den Oligopolisten ist gekennzeichnet durch das **Bewusstsein** der Unternehmen über ihre **gleichgerichteten Interessen** (KG WuW/E OLG 5907 ff – Rheinland-Pfalz/Medien-Union) sowie die **wechselseitige Abhängigkeit** voneinander. Im Innenverhältnis muss daher ein bestimmtes **Gruppenbewusstsein** vorliegen (*Bechtold*, GWB, § 19 Rn 46). Das bedeutet nicht, dass die Oligopol-Mitglieder tatsächlich aktiv kollusiv zusammenwirken müssten. Vielmehr reicht die bloße Anpassung an die Wettbewerbsbedingungen im Sinne eines wettbewerbliche Parallelverhaltens aus (BKartA WuW/E DE-V 301 ff – RWE/VEW). Kennzeichnend für das Fehlen von Wettbewerb im Innenverhältnis ist das **wettbewerbliche Parallelverhalten** der Oligopol-Mitglieder über einen längeren Zeitraum (*Bechtold*, GWB, § 19 Rn 46). Von Bedeutung sind auch **strukturelle Verflechtungen** zwischen den Beteiligten (BGH WuW/E BGH 2195 ff – Abwehrblatt II; BGH WuW/E BGH 2433 ff – Gruner + Jahr/Zeit), **Markttransparenz** (BKartA WuW/E DE-V 1163 ff – Springer/ProSiebenSat1; BKartA WuW/E DE-V 1365 ff – Phonak/ReSound) sowie der **Konzentrationsgrad**.

11 Die Marktanteilsverteilung im Oligopol muss nicht notwendiger Weise symmetrisch sein. Oligopole sind auch zwischen Unternehmen mit sehr **unterschiedlichem Marktanteil** möglich. Im Wesentlichen definiert sich ein Oligopolist durch sein Verhalten und nicht durch rein strukturelle Kriterien (BKartA WuW/E DE-V 1365 ff – Phonak/ReSound). Allerdings können **große Marktanteilsabstände** zwischen dem Oligopolführer und den übrigen Beteiligten für **Einzelmarktbeherrschung** sprechen. Ebenfalls relevant sind vergleichbare **unternehmerische Ressourcen** (BKartA WuW/E DE-V 1365 ff – Phonak/ReSound).

V. Marktbeherrschungsvermutungen (Abs. 3)

12 **1. Einzelmarktbeherrschung.** Gemäß § 19 Abs. 3 Satz 1 GWB wird vermutet, dass ein Unternehmen marktbeherrschend ist, wenn es einen **Marktanteil von mindestens 1/3** hat. Die Vermutung ist **widerleglich.** Sie enthebt nicht von der Pflicht, den Sachverhalt auch zugunsten des Unternehmens vollständig zu ermitteln (Amtsermittlungsgrundsatz; vgl BGH WuW/E BGH 1749 ff – Klöckner/Becorit). Bedeutung erlangt die Vermutung im **Verwaltungsverfahren**, wenn sich unter Berücksichtigung der Gesamtumstände eine marktbeherrschende Stellung weder bejahen noch verneinen lässt. In diesem Fall trifft das Unternehmen die **materielle Beweislast** (LB/*Ruppelt*, § 19 Rn 78). Im **Zivilverfahren** führt das Eingreifen der Vermutung nicht zu einer **Beweislastumkehr**, sondern zu einer **Verschärfung der Darlegungslast** in dem Sinne, dass ein unsubstantiiertes Bestreiten nicht ausreicht, sondern substantiiert dargelegt werden muss, warum das Unternehmen trotz Erfüllung der Vermutung nicht marktbeherrschend ist (BGH WuW/E BGH 2483 ff – Sonderungsverfahren).

13 **2. Kollektive Marktbeherrschung.** Gemäß § 19 Abs. 3 Satz 2 GWB gilt eine Gesamtheit von Unternehmen als marktbeherrschend, wenn sie (1) aus **drei oder weniger Unternehmen** besteht, die zusammen einen **Marktanteil von 50%** erreichen, oder (2) aus **fünf oder weniger Unternehmen** besteht, die zusammen einen **Marktanteil von 2/3** erreichen. Beide Vermutungstatbestände sind nebeneinander anwendbar (KG WuW/E OLG 3051 ff – Morris/Rothmans). Ebenfalls ist denkbar, dass die einzelnen Vermutungen mehrfach erfüllt sind (zB wenn schon zwei Unternehmen auf einen Marktanteil von 50% kommen). Allerdings dürfte bei signifikanten Marktanteilsabständen (asymmetrisches Oligopol) oftmals die Vermutung als widerlegt gelten (vgl aber BKartA WuW/E DE-V 1365 ff – Phonak/ReSound). Das Eingreifen der Vermutung hat weitreichendere Konsequenzen als im Fall der Vermutung der Einzelmarktbeherrschung. Dies ergibt sich schon aus dem Wortlaut, wonach mehrere Unternehmen als marktbeherrschend gelten. Es handelt sich hierbei um eine **echte Umkehr der Beweislast im Zivil- und Verwaltungsverfahren.** Dies gilt zunächst für die **materielle Beweislast.** Danach gehen Zweifel an der Marktbeherrschung zulasten der Oligopolisten. Diese trifft aber auch die **formelle Beweislast,** dh sie müssen die Tatsachen darlegen und notfalls auch beweisen, die die Oligopolvermutung widerlegen (LB/*Ruppelt*, § 19 Rn 90). § 19 Abs. 3 Satz 2 GWB zählt zwei Gründe auf, mit denen die Unternehmen die Oligopolvermutung widerlegen können. Zum einen ist dies der Nachweis von wesentlichem Innenwettbewerb. Zum anderen ist die Vermutung auch dann widerlegt, wenn wesentlicher Außenwettbewerb nachgewiesen werden kann.

D. Missbrauch

I. Generalklausel (Abs. 1)

§ 19 GWB enthält in seinem Abs. 1 eine Generalklausel, die die missbräuchliche Ausnutzung einer marktbeherrschenden Stellung durch ein oder mehrere Unternehmen verbietet. In der Praxis hat sich die **Unterscheidung zwischen Behinderungsmissbrauch und Ausbeutungsmissbrauch** eingebürgert. Was unter Missbrauch zu verstehen ist, wird nicht näher definiert. Dies führt zu erheblichen Anwendungsschwierigkeiten, weshalb in der Praxis bevorzugt auf die Regelbeispiele des Abs. 4 zurückgegriffen wird. Auf eine etwaige Sittenwidrigkeit im Sinne von § 138 BGB kommt es jedenfalls nicht an. Vielmehr sind die **Ordnungsprinzipien einer Wettbewerbswirtschaft entscheidend**. Die Missbrauchskontrolle will dem marktbeherrschenden Unternehmen nicht ein bestimmtes Verhalten vorschreiben; sie beschränkt sich darauf, solche Verhaltensweisen zu untersagen, die ihm allein aufgrund seiner Marktmacht offen stehen, die einem einzelnen Unternehmen bei Vorherrschen von Wettbewerb unmöglich wären oder durch die andere Unternehmen in einer Weise behindert oder benachteiligt werden, wie es bei wirksamen Wettbewerb ausgeschlossen wäre (IM/*Möschel*, GWB § 19 Rn 100). Hieraus wird deutlich, dass zwischen Marktbeherrschung und Missbrauch ein **Kausalverhältnis** besteht. Es ist aber nicht zwingend erforderlich, dass das in Frage stehende Verhalten nur aufgrund der marktbeherrschenden Stellung erfolgen konnte. Ausreichend ist vielmehr, dass das in Frage stehende Verhalten gerade aufgrund der marktbeherrschenden Stellung wettbewerbsschädliche Auswirkungen hat (**Ergebniskausalität**). 14

Die **Beeinträchtigung** muss nicht auf dem beherrschten Markt, sondern kann **auch auf einem Drittmarkt** eintreten, sofern nur der erforderliche Kausalzusammenhang zwischen der Marktbeherrschung und dem missbilligten Verhalten oder seiner wettbewerbsbeeinträchtigenden Wirkung gegeben ist. Insoweit werden also auch Konkurrenten des Marktbeherrschers auf Drittmärkten geschützt (BGH WuW/E DE-R 1206 ff – Strom und Telefon I). 15

II. Regelbeispiele (Abs. 4)

1. Behinderungsmissbrauch (Abs. 4 Nr. 1). Gemäß § 19 Abs. 4 Nr. 1 GWB liegt ein Missbrauch insbesondere dann vor, wenn die Wettbewerbsmöglichkeiten anderer Unternehmen in einer für den Wettbewerb auf dem Markt erheblichen Weise ohne sachlich gerechtfertigten Grund beeinträchtigt werden. Die Vorschrift kennzeichnet den sogenannten Behinderungsmissbrauch. Marktbeherrschenden Unternehmen werden durch das Verbot des Behinderungsmissbrauchs **besondere Rücksichtnahmepflichten gegenüber der Marktgegenseite** auferlegt, nach denen sie leistungsfremdes Verhalten zu unterlassen und einer weiteren Verschlechterung der Wettbewerbsbedingungen entgegenzuwirken haben (KG WuW/E OLG 2403 ff – Fertigfutter). 16

Die **Beeinträchtigung der Wettbewerbsmöglichkeiten** anderer Unternehmen ist **umfassend** zu verstehen. Insoweit wird **jedes Verhalten erfasst**, das sich **nachteilig auf andere Unternehmen auswirkt**. Ein Unwerturteil ist hiermit noch nicht verbunden. Dies wird erst bei der Interessenabwägung im Rahmen der sachlichen Rechtfertigung geprüft. Allerdings ist nicht jede nachteilige Auswirkung tatbestandsmäßig. Vielmehr müssen die Wettbewerbsmöglichkeiten der Wettbewerber auf dem betroffenen Markt in einer für den Wettbewerb **erheblichen Weise** beeinträchtigt werden. Aus diesem Grund war zB die Zusammenlegung der Anzeigenteile mehrerer Lokalzeitungen desselben Presse-Konzerns nicht tatbestandsmäßig, weil sich im fraglichen Zeitraum der Anzeigenumfang bei den als benachteiligt in Betracht kommenden Zeitungen sogar deutlich besser entwickelt hatte als bei dem Marktbeherrscher (BGH WuW/E BGH 1965 ff – Gemeinsamer Anzeigenteil). Ferner kommt es für die Beurteilung nicht auf die Wettbewerbsmöglichkeiten eines spezifischen Unternehmens an, sondern allgemein auf die der auf dem Markt tätigen Unternehmen (BGH WuW/E DE-R 1210 ff – Strom und Telefon II). 17

Es sind nur solche Behinderungen missbräuchlich, die **nicht sachlich gerechtfertigt** sind. Insofern stimmt § 19 Abs. 4 Nr. 1 GWB mit der Tatbestandsalternative der unbilligen Behinderung nach § 20 Abs. 1 Satz 2 GWB überein. Ob die Behinderung sachlich gerechtfertigt ist, muss auch hier im Rahmen einer **Interessenabwägung** ermittelt werden. Hierbei ist zu berücksichtigen, dass es auch dem Marktbeherrscher nicht verwehrt ist, preislich attraktive Angebote zu unterbreiten. Es ist ihm grundsätzlich selbst überlassen, die Art seiner wirtschaftlichen Betätigung zu bestimmen und zu entscheiden, mit welchen Waren oder Leistungen er am Markt teilnehmen will, sofern er sich hierbei solcher Mittel bedient, die der auf die Freiheit des Wettbewerbs gerichteten Zielsetzung des Gesetzes nicht zuwider- 18 laufen. Die Rechtsprechung unterscheidet insofern im Ausgangspunkt zwischen Maßnahmen des **Leistungswettbewerbs** und solchen des **Nicht-Leistungswettbewerbs** (KG WuW/E OLG 1983 ff – Rama-Mädchen). Danach sind im Rahmen der an der Freiheit des Wettbewerbs und der Offenhaltung der Märkte orientierten Interessenabwägung gemäß § 19 Abs. 4 Nr. 1 GWB solche Wettbewerbsmaßnahmen gerechtfertigt und nicht missbräuchlich, die der Überflügelung von Wettbewerbern durch **verbesserte Produkt- und Servicequalität** oder durch **Weitergabe der Kostenvorteile der Massenproduktion** in Form von Preissenkungen dienen (sog. Leistungswettbewerb). Dagegen können solche Verhaltensweisen als **leistungsfremd** (wettbewerbsinkonform) untersagt werden, die den **eigentlichen Leistungswettbewerb** – Förderung der Absatztätigkeit durch eigene Tüchtigkeit – **verlassen**, ohne dass sie etwa schon in den Bereich unlauterer Wettbewerbshandlungen im Sinne des UWG einzuordnen sind. Insoweit sollen nicht nur wettbewerbsrechtlich unzulässige Verhaltensweisen, sondern auch die in ihrem Vorfeld einzuordnenden Maßnahmen des Nicht-Leistungswettbewerbs von der Missbrauchsaufsicht erfasst werden, wenn sie wegen der durch die Marktmacht des Unternehmens gesteigerten Wirkung eine **Gefahr für die wettbewerbliche Struktur des Marktes** darstellen (KG WuW/E OLG 1983 ff – Rama-Mädchen; KG WuW/E OLG 2403 ff – Fertigfutter). Es begründet deshalb für sich genommen keine sachlich nicht gerechtfertigte Beeinträchtigung, wenn ein marktbeherrschender Stromversorger den Abschluss von Stromlieferungsverträgen wirtschaftlich mit Telekommunikations-Dienstleistungen koppelt (im Sinne eines reduzierten Preises), bei denen er nicht marktbeherrschend ist (BGH WuW/E DE-R 1210 ff – Strom und Telefon II).

19 Das Kriterium des Nicht-Leistungswettbewerbs ist jedoch nicht allein ausschlaggebend. Vielmehr können auch an sich leistungsgerechte Maßnahmen einen Missbrauch darstellen, wenn hierdurch **Marktzutrittsschranken für Wettbewerber** errichtet werden (BGH WuW/E DE-R 1210 ff – Strom und Telefon II). Dies wurde zB bejaht für den Fall, dass das den Markt für Festnetzanschlüsse beherrschende Telefonunternehmen zusammen mit einem Tochterunternehmen, das auf dem Markt für den Internetzugang bereits über eine starke Stellung verfügt, ISDN-Anschlüsse gekoppelt mit einem Internetzugang anbietet, wenn von dem **Kopplungsangebot** eine **tatsächliche Sogwirkung** ausgeht. Dies gilt selbst dann, wenn der Internetzugang im Rahmen des Kopplungsangebots den Teilnehmer zu nichts verpflichtet und ihm die Möglichkeit offen lässt, Kunde eines anderen Anbieters zu werden (BGH WuW/E DE-R 1283 ff – Der Oberhammer). Als sachlich nicht gerechtfertigte Beeinträchtigung der Wettbewerbsmöglichkeiten anderer Unternehmen wurden außerdem insbesondere **Ausschließlichkeitsbindungen** (KG WuW/E DE-R 1595 ff – Blumendistanzhandel), **Kampfpreise** (OLG Düsseldorf WuW/E DE-R 867 ff – Germania) sowie **Treuerabatte** (KG WuW/E OLG 2403 ff – Fertigfutter) angesehen. Auf jeden Fall als **missbräuchlich** werden **Maßnahmen** angesehen, die **gegen gesetzliche Vorschriften** (insbesondere des UWG) **verstoßen** (KG WuW/E OLG 2403 ff – Fertigfutter).

20 **2. Ausbeutungsmissbrauch (Abs. 4 Nr. 2).** Die Vorschrift verbietet das Fordern von Entgelten oder sonstigen Geschäftsbedingungen, die von denjenigen abweichen, die sich bei wirksamem Wettbewerb mit hoher Wahrscheinlichkeit ergeben würden. Erfasst wird der Ausbeutungsmissbrauch gegenüber der Marktgegenseite. Praktisch bedeutsamste Erscheinungsform ist der **Preishöhenmissbrauch**, dh das Fordern überhöhter Entgelte. Die Kartellbehörde ist befugt, eine **statische Erlösobergrenze** im Sinne eines Höchstpreises vorzugeben. Eine unzulässige Preisregulierung liegt hierin nicht (BGH WuW/E DE-R 1513 ff – Stadtwerke Mainz). Zulässig ist auch die Festlegung einer **dynamischen Erlösobergrenze** (BGHZ 129, 37 ff – Weiterverteiler). Es hat sich allerdings als äußerst schwierig erwiesen, die Missbräuchlichkeit eines Preises in der Praxis zu ermitteln. Hierzu ist erforderlich, den Preis zu ermitteln, der sich bei wirksamem Wettbewerb ergeben würde (Konzept des **Als-ob-Wettbewerbs**). Zur Feststellung des Wettbewerbspreises sind insbesondere die Verhaltensweisen von Unternehmen auf vergleichbaren Märkten mit wirksamem Wettbewerb zu berücksichtigen (**Vergleichsmarktkonzept**). Da die im Rahmen der Vergleichsmarktkonzepts in Betracht gezogenen Märkte niemals vollständig vergleichbar sind, müssen bei der Ermittlung des Preismissbrauchs **Sicherheitszu- und -abschläge** vorgenommen werden. In diesem Rahmen dürfen ausschließlich solche Faktoren Berücksichtigung finden, mit denen jeder Anbieter der betreffenden Produkte im relevanten Gebiet konfrontiert wäre. Unternehmensindividuelle Besonderheiten wie Größe, Finanzkraft und Ressourcen der Vergleichsunternehmen sind nicht berücksichtigungsfähig (BGH WuW/E DE-R 1513 ff – Stadtwerke Mainz).

21 Es können aber auch **andere Methoden** zur Ermittlung der Missbräuchlichkeit angewendet werden. In jüngster Zeit hat das BKartA zB das **Gewinnbegrenzungskonzept** angewendet (BKartA WuW/E DE-V 722 ff – TEAG; aufgehoben durch OLG Düsseldorf WuW/E DE-R 1239 ff – TEAG). In diesem Rahmen werden die anfallenden Kosten dem erzielten Erlös gegenüber gestellt. Die Durchführung einer

solchen Kostenprüfung hat sich in der Praxis allerdings als äußerst schwierig erwiesen und erfordert erhebliche personelle Ressourcen (*Hossenfelder/Töllner/Ost,* KartR 2005/06 Rn 307). Hinzu kommt, dass die **Abweichung vom Wettbewerbspreis** nach der Rechtsprechung **erheblich** sein muss (BGH WuW/E BGH 1445 ff – Valium). Die Höhe des Erheblichkeitszuschlages ist vom Tatrichter zu bestimmen. Bei Vorliegen einer natürlichen Monopolsituation (zB in Netzindustrien) soll nach Ansicht des BGH ein Missbrauch bereits bei einem geringeren Zuschlag bejaht werden können, als dies unter normalen Marktgegebenheiten erforderlich ist (BGH WuW/E DE-R 1513 ff – Stadtwerke Mainz).

3. Strukturmissbrauch (Abs. 4. Nr. 3). Die Vorschrift kennzeichnet den Strukturmissbrauch als besondere Form des Ausbeutungsmissbrauchs. Danach ist es einem Marktbeherrscher **untersagt, ungünstigere Entgelte oder sonstige Geschäftsbedingungen zu fordern** als sie der Marktbeherrscher selbst auf vergleichbaren Märkten von gleichartigen Abnehmern fordert, es sei denn, dass der Unterschied **sachlich gerechtfertigt** ist. Der Schwerpunkt der Anwendungspraxis liegt auf dem Preisstrukturmissbrauch in Form der **Preisspaltung** (BGH WuW/E DE-R 375 ff – Flugpreisspaltung). Ebenso wie im Fall des Preishöhenmissbrauchs muss die **Preisdifferenz erheblich** sein (BGH WuW/E DE-R 375 ff – Flugpreisspaltung). Außerdem sind auch hier Unsicherheiten im Hinblick auf die Vergleichbarkeit der in Betracht gezogenen Märkte durch einen **Sicherheitszuschlag** zu berücksichtigen (BGH WuW/E DE-R 375 ff – Flugpreisspaltung). **Sachlich gerechtfertigt** ist die Preisspaltung dann, wenn **selbst der höhere Preis nicht kostendeckend** ist. Für die Betrachtung können aber nur diejenigen Kosten herangezogen werden, die nicht auf unternehmensindividuellen Umständen beruhen (BGH WuW/E BGH 2967 ff – Strompreis Schwäbisch-Hall; WuW/E DE-R 375 ff – Flugpreisspaltung). 22

4. Zugangsverweigerung (Abs. 4 Nr. 4). Die Vorschrift ist im Zuge der 6. GWB-Novelle im Jahr 1998 neu eingeführt worden. Sie regelt den **Zugang zu sogenannten wesentlichen Einrichtungen** (Essential Facilities). Die Formulierung „Netze oder andere Infrastruktureinrichtungen“ stellt klar, dass ein Anspruch auf eine kartellrechtliche Zwangslizenz zur Nutzung gewerblicher Schutzrechte auf diese Vorschrift nicht gestützt werden kann (HdB KartR/*Wiedemann,* § 23 Rn 64). Ein solcher Anspruch kann sich aber insbesondere aus § 20 Abs. 1 GWB ergeben (BGH WuW/E DE-R 1329 ff – Standard Spundfass II). Da die Gesetzesbegründung im Übrigen ausdrücklich auf die Rechtsprechung und Kommissionspraxis zur wesentlichen Einrichtung nach Art. 102 AEUV (ex-Art. 82 EGV) Bezug nimmt, dürften die Begriffe **Netz und Infrastruktureinrichtung** ansonsten eher **weit auszulegen** sein. Als Netz kommt daher neben den natürlichen Monopolen (zB Strom-, Gas-, Telefon-, Straßen- oder Schienennetz) zB auch ein **Vertriebsnetz** in Frage (*Bechtold*, GWB, § 19, Rn 100). Der Begriff der Infrastruktureinrichtung ist weiter als der des Netzes (OLG Hamburg WuW/E DE-R 1076 ff – Online-Ticketshop). Hierzu können zB auch **Verzeichnisse, Fahrpläne** oder **Produktinformationen für Wartungsunternehmen** zählen (*Bechtold*, GWB, § 19, Rn 100). 23

Die Zugangsverweigerung ist ein **Sonderfall der allgemeinen Lieferverweigerung** (siehe hierzu Kommentierung zu § 20 GWB, Rn 23, 20). Verbotenes Verhalten ist die Zugangsverweigerung gegen angemessenes Entgelt. Hierunter fällt neben der Komplett-Weigerung auch das **Fordern unangemessener Entgelte** (BGH WuW/E DE-R 977 ff – Fährhafen Puttgarden). Nach Ansicht des BGH ist es zumindest **ausreichend**, dass die **beherrschende Stellung auf dem Markt für die Mitbenutzung der Infrastruktureinrichtung** besteht. Auf dem vor- oder nachgelagerten Markt (dem Wettbewerbsmarkt) braucht damit keine Marktbeherrschung vorzuliegen. Sinn und Zweck der Bestimmung ist es, den Zugang zu wesentlichen Einrichtungen zu ermöglichen, wenn sich das den Zugang verweigernde Unternehmen auf diese Weise auf einem vor- oder nachgelagerten Markt vor Wettbewerb schützt. Diese Gefahr besteht insbesondere dann, wenn das Unternehmen auf dem Markt, auf dem es den Zugang eröffnen könnte, über eine beherrschende Stellung verfügt (BGH WuW/E DE-R 1520 ff – Arealnetz). Für die Anwendung der Norm macht es keinen Unterschied, ob der Inhaber der Einrichtung Drittunternehmen bereits Zugang gewährt oder die Einrichtung ausschließlich unternehmensintern nutzt (Begr. RegE 6. GWB-Novelle, BT-Drucks. 13/9720, S. 51). 24

Voraussetzung für den Zugangsanspruch ist, dass es dem Unternehmen aus rechtlichen oder tatsächlichen Gründen **ohne die Mitbenutzung nicht möglich** ist, **auf dem vor- oder nachgelagerten Markt als Wettbewerber tätig zu werden.** Diese Tatbestandsvoraussetzung beinhaltet zum einen, dass die Einrichtung nicht aus eigenen Kräften selbst errichtbar sein darf – sogenannte **Duplizierbarkeit** – und zum anderen, dass der Zugang zum Markt auf andere Weise unmöglich sein muss – sogenannte **Substituierbarkeit** (OLG Hamburg WuW/E DE-R 1076 ff – Online-Ticketshop). Dies stimmt mit den Grundsätzen überein, die der EuGH zur Beurteilung des Zugangsanspruchs zu einem Zeitungsvertriebssystem 25 nach Art. 102 AEUV im Fall Bronner aufgestellt hat (EuGH Slg 1998, I-7791 ff – Oscar Bronner). Ob eine Einrichtung für die Aufnahme von Wettbewerb wesentlich ist, ist nach **objektiven Kriterien** zu bestimmen. Fehlende Duplizierbarkeit kann auf **rechtlichen** (zB Genehmigungserfordernissen) sowie **tatsächlichen** (Unwirtschaftlichkeit der Investition) Gründen beruhen. Sind diese Bedingungen erfüllt, kommt es grundsätzlich nicht auf die Art des betroffenen Marktes oder des betroffenen Wirtschaftszweigs an (Begr. RegE 6. GWB-Novelle, BT-Drucks. 13/9720, S. 51). Auch die Frage, ob das Schaffen eigener Einrichtungen dem anderen Unternehmen nicht möglich oder nicht zumutbar ist, richtet sich nach objektiven Kriterien. **Geschäftspolitische Präferenzen** oder **Motive** des anderen Unternehmens sind **nicht maßgeblich**. Auch auf die Gründe für die Unmöglichkeit oder Unzumutbarkeit kommt es nicht an (Begr. RegE 6. GWB-Novelle, BT-Drucks. 13/9720, S. 51).

26 Die Zugangsverweigerung ist **sachlich gerechtfertigt**, wenn das marktbeherrschende Unternehmen nachweist, dass die Mitbenutzung aus betriebsbedingten oder sonstigen Gründen nicht möglich oder nicht zumutbar ist. Als betriebsbedingte Gründe kommen insbesondere **Kapazitätsengpässe** in Betracht. Unklar ist, ob und ggf. inwieweit der Marktbeherrscher sich selbst vorrangig beliefern darf. Dies hat das **BKartA** jedenfalls für den Bereich der **Energieversorgung** unter Hinweis auf die gesetzliche Wertung des § 6 Abs. 1 Satz 1 EnWG aF **verneint** (BKartA WuW/E DE-V 149 ff – Berliner Stromdurchleitung; BGH WuW/E DE-R 1726 ff – Stadtwerke Dachau). Eine ähnliche Bestimmung findet sich in § 43 TKG. Außerhalb einer spezialgesetzlichen Anordnung ist im Rahmen der Interessenabwägung auch der allgemeine Grundsatz zu berücksichtigen, dass es auch einem Marktbeherrscher nicht zugemutet werden kann, Konkurrenten zu seinem eigenen Schaden zu fördern (BGH WuW/E BGH 1947 ff – Stuttgarter Wochenblatt; BGH WuW/E BGH 2360 ff – Freundschaftswerbung; KG WuW/E DE-R 1321 ff – Gera-Rostock; aA LB/*Nothdurft*, § 19 Rn 187).

E. Rechtsfolgen

27 § 19 GWB ist als **gesetzliches Verbot** ausgestaltet. Verträge, die gegen § 19 GWB verstoßen, können **zivilrechtlich nichtig** sein. Gemäß **§ 33 GWB** kann der Betroffene ggf **Beseitigung, Unterlassung** sowie im Falle des **fahrlässigen oder vorsätzlichen** Verstoßes auch **Schadensersatz** fordern. Zudem kommen **Verwaltungsmaßnahmen** gemäß **§§ 32 ff GWB** (Abstellungsverfügung, Einstweilige Maßnahmen, Verpflichtungszusagen) sowie **Geldbußen** gegen das Unternehmen und die für ihn Handelnden nach **§ 81 Abs. 2 Nr. 1 GWB** in Betracht. Im Übrigen wird auf die Kommentierung zu Art. 101 AEUV, §§ 1 ff GWB unter Rn 19, 47 ff verwiesen.

F. Verhältnis zum EU-Recht

28 Durch die 7. GWB-Novelle 2005 ist § 22 GWB neu eingeführt worden. Die Vorschrift regelt das Verhältnis der Bestimmungen des GWB zu den Artikeln 101 und 102 AEUV. Sie entspricht der Regelung in Art. 3 VO 1/2003. Art. 3 Abs. 1 Satz 2 VO 1/2003 und bestimmt, dass Wettbewerbsbehörden und Gerichte der Mitgliedstaaten bei Anwendung des einzelstaatlichen Wettbewerbsrechts auf nach Art. 102 AEUV verbotene Missbräuche auch Art. 102 AEUV anwenden müssen. Das **europäische Recht** bildet insoweit den **Mindeststandard**. Es gilt der allgemeine Grundsatz vom **Vorrang des Unionsrechts**. Nach der Rechtsprechung des EuGH verlangt der Vorrang des Unionsrechts, dass nationale Rechtsvorschriften, die einer Unionsvorschrift entgegen stehen, von allen nationalen Gerichten und Organen einschließlich der Verwaltungsbehörden nicht angewendet werden dürfen, unabhängig davon, welche Vorschrift älter ist (EuGH Slg 2003, I-8055 ff – CIF). Danach verdrängt das strengere EU-Recht das mildere nationale Recht.

29 Anders als im Bereich des Kartellverbots bleibt es den **Mitgliedstaaten** jedoch **unbenommen, strengere innerstaatliche Vorschriften** zur Unterbindung oder Ahndung einseitiger Handlungen von Unternehmen **zu erlassen oder anzuwenden** (Art. 3 Abs. 2 Satz 2 VO 1/2003). Der erweiterte Vorrang des EU-Rechts gilt also nicht. Diese Vorschrift geht vor allem auf die Initiative Deutschlands bei den Ratsverhandlungen zurück (*Schwarze/Weitbrecht*, § 3 Rn 33). Die strengeren einzelstaatlichen Rechtsvorschriften können ein Verbot oder eine Ahndung missbräuchlichen Verhaltens gegenüber wirtschaftlich abhängigen Unternehmen umfassen (vgl 8. Erwägungsgrund der VO 1/2003). In Deutschland betrifft dies insbesondere den **Anwendungsbereich von § 20 GWB**, soweit diese Vorschrift **missbräuchliche Verhaltensweisen gegenüber abhängigen kleinen und mittleren Unternehmen** verbietet. **§ 22 Abs. 2 Satz 3 GWB** bestimmt dementsprechend, dass die Vorschriften des zweiten Abschnitts (dh die §§ 19

bis 21 GWB) unberührt bleiben. Hierdurch wird klargestellt, dass im Einklang mit Art. 3 Abs. 2 Satz 2 VO 1/2003 strengeres nationales Recht auf einseitige Handlungen angewendet werden darf. Bislang **ungeklärt** ist, ob das **strengere nationale Recht auch auf Verhaltensweisen angewendet** werden kann, die **sowohl unter Art. 101 AEUV als auch unter Art. 102 AEUV fallen** (zum Streitstand vgl LMR/*Zuber*, Art. 3 VO 1/2003 Rn 6). Da die Würdigung eines Verhaltens nach §§ 19, 20 GWB unter Berücksichtigung der auf die Freiheit des Wettbewerbs gerichteten Zielsetzung des Gesetzes vorzunehmen ist, liegt es zumindest nahe, Verhaltensweisen, die nach Art. 101 Abs. 3 AEUV vom Kartellverbot freigestellt sind, als sachlich gerechtfertigt im Sinne der §§ 19, 20 GWB anzusehen.

19. Abschnitt: Behinderungs- und Diskriminierungsverbot (§ 20 GWB)

§ 20 GWB Diskriminierungsverbot, Verbot unbilliger Behinderung

(1) Marktbeherrschende Unternehmen, Vereinigungen von miteinander im Wettbewerb stehenden Unternehmen im Sinne der §§ 2, 3 und 28 Abs. 1 und Unternehmen, die Preise nach § 28 Abs. 2 oder § 30 Abs. 1 Satz 1 binden, dürfen ein anderes Unternehmen in einem Geschäftsverkehr, der gleichartigen Unternehmen üblicherweise zugänglich ist, weder unmittelbar noch mittelbar unbillig behindern oder gegenüber gleichartigen Unternehmen ohne sachlich gerechtfertigten Grund unmittelbar oder mittelbar unterschiedlich behandeln.

(2) [1]Absatz 1 gilt auch für Unternehmen und Vereinigungen von Unternehmen, soweit von ihnen kleine oder mittlere Unternehmen als Anbieter oder Nachfrager einer bestimmten Art von Waren oder gewerblichen Leistungen in der Weise abhängig sind, dass ausreichende und zumutbare Möglichkeiten, auf andere Unternehmen auszuweichen, nicht bestehen. [2]Es wird vermutet, dass ein Anbieter einer bestimmten Art von Waren oder gewerblichen Leistungen von einem Nachfrager abhängig im Sinne des Satzes 1 ist, wenn dieser Nachfrager bei ihm zusätzlich zu den verkehrsüblichen Preisnachlässen oder sonstigen Leistungsentgelten regelmäßig besondere Vergünstigungen erlangt, die gleichartigen Nachfragern nicht gewährt werden.

(3) [1]Marktbeherrschende Unternehmen und Vereinigungen von Unternehmen im Sinne des Absatzes 1 dürfen ihre Marktstellung nicht dazu ausnutzen, andere Unternehmen im Geschäftsverkehr dazu aufzufordern oder zu veranlassen, ihnen ohne sachlich gerechtfertigten Grund Vorteile zu gewähren. [2]Satz 1 gilt auch für Unternehmen und Vereinigungen von Unternehmen im Verhältnis zu den von ihnen abhängigen Unternehmen.

(4) [1]Unternehmen mit gegenüber kleinen und mittleren Wettbewerbern überlegener Marktmacht dürfen ihre Marktmacht nicht dazu ausnutzen, solche Wettbewerber unmittelbar oder mittelbar unbillig zu behindern. [2]Eine unbillige Behinderung im Sinne des Satzes 1 liegt insbesondere vor, wenn ein Unternehmen

1. **Lebensmittel im Sinne des § 2 Abs. 2 des Lebensmittel- und Futtermittelgesetzbuches unter Einstandspreis oder**
2. **andere Waren oder gewerbliche Leistungen nicht nur gelegentlich unter Einstandspreis oder**
3. **von kleinen oder mittleren Unternehmen, mit denen es auf dem nachgelagerten Markt beim Vertrieb von Waren oder gewerblichen Leistungen im Wettbewerb steht, für deren Lieferung einen höheren Preis fordert, als es selbst auf diesem Markt**

anbietet, es sei denn, dies ist jeweils sachlich gerechtfertigt. [3]Das Anbieten von Lebensmitteln unter Einstandspreis ist sachlich gerechtfertigt, wenn es geeignet ist, den Verderb oder die drohende Unverkäuflichkeit der Waren beim Händler durch rechtzeitigen Verkauf zu verhindern sowie in vergleichbar schwerwiegenden Fällen. [4]Werden Lebensmittel an gemeinnützige Einrichtungen zur Verwendung im Rahmen ihrer Aufgaben abgegeben, liegt keine unbillige Behinderung vor.

(5) Ergibt sich auf Grund bestimmter Tatsachen nach allgemeiner Erfahrung der Anschein, dass ein Unternehmen seine Marktmacht im Sinne des Absatzes 4 ausgenutzt hat, so obliegt es diesem Unter-

nehmen, den Anschein zu widerlegen und solche anspruchsbegründenden Umstände aus seinem Geschäftsbereich aufzuklären, deren Aufklärung dem betroffenen Wettbewerber oder einem Verband nach § 33 Abs. 2 nicht möglich, dem in Anspruch genommenen Unternehmen aber leicht möglich und zumutbar ist.

(6) Wirtschafts- und Berufsvereinigungen sowie Gütezeichengemeinschaften dürfen die Aufnahme eines Unternehmens nicht ablehnen, wenn die Ablehnung eine sachlich nicht gerechtfertigte ungleiche Behandlung darstellen und zu einer unbilligen Benachteiligung des Unternehmens im Wettbewerb führen würde.

A. Überblick

Die Vorschrift enthält unterschiedliche Ausgestaltungen des Behinderungs- und Diskriminierungsverbotes. Das GWB kennt **kein generelles Behinderungs- und Diskriminierungsverbot.** Erforderlich ist vielmehr eine **besondere Pflichtenstellung** des behindernden Unternehmens. § 20 Abs. 1 GWB erfasst marktbeherrschende Unternehmen, freigestellte Kartelle und Preisbinder. § 20 Abs. 2 GWB dehnt die Vorschrift auf **marktstarke Unternehmen** aus. § 20 Abs. 1 und 2 GWB enthalten zahlreiche Überlappungen mit dem Missbrauchsverbot des § 19 GWB. Behörden und Gerichte wenden oftmals beide Vorschriften parallel an (zB OLG Düsseldorf WuW/E DE-R 1577 ff – SIM-Karten). **§ 20 Abs. 3 GWB** verbietet die **mittelbare bzw passive Diskriminierung durch Nachfrager. § 20 Abs. 4 GWB** regelt den Fall des **Verkaufs unter Einstandspreis. § 20 Abs. 5 GWB** enthält eine **Beweislastregel. § 20 Abs. 6 GWB** regelt den **Zugang zu Wirtschafts- und Berufsvereinigungen sowie Gütezeichengemeinschaften.** 30

Schutzobjekt des § 20 GWB ist einerseits der **Wettbewerb** und sind andererseits **die auf dem Markt tätigen Unternehmen** (OLG Frankfurt WuW/E DE-R 801 ff – Brüsseler Buchhandlung). 31

B. Behinderungs- und Diskriminierungsverbot

I. Adressaten

1. Marktbeherrschende Unternehmen. Für die §§ 19 und 20 GWB gilt ein **einheitlicher Marktbeherrschungsbegriff** (BGH WuW/E BGH 3058 ff – Pay-TV-Durchleitung). § 19 Abs. 2 GWB enthält eine gesetzliche Definition der Marktbeherrschung (vgl Rn 22, 6 ff). Als marktbeherrschend wurden beispielsweise angesehen: Verlage, die sog. „amtliche Telefonbücher" herausbringen (BGH WuW/E DE-R 1051 ff – Vorleistungspflicht), der einzige Anbieter von Live-Übertragungen deutscher Galopprennen (BGH WuW/E DE-R 1251 ff – Galopprennübertragung), ein Mobilfunknetzbetreiber im Hinblick auf die Terminierung von Telefongesprächen in sein eigenes Mobilfunknetz (OLG Düsseldorf WuW/E DE-R 1577 ff – SIM-Karten) sowie der Inhaber eines gewerblichen Schutzrechts hinsichtlich des nachgelagerten Lizenzmarktes (BGH WuW/E DE-R 1329 ff – Standard-Spundfass II). Als Marktbeherrscher im Sinne von § 20 GWB gelten **auch die einzelnen Mitglieder eines marktbeherrschenden Oligopols** (zB vom BKartA angenommen für den bundesweiten Fernsehwerbemarkt, vgl BKartA WuW/E DE-V 1163 ff – Springer/ProSiebenSat.1). 32

Nach ständiger Rechtsprechung gilt das Behinderungs- und Diskriminierungsverbot – anders als das Missbrauchsverbot des § 19 GWB **– nicht für Behinderungen/Diskriminierungen auf Drittmärkten,** auf denen die marktbeherrschende Stellung nicht besteht (BGH WuW/E BGH 2483 ff – Sonderungsverfahren). Ob hieran auch nach Umgestaltung des § 19 GWB in einen Verbotstatbestand durch die 7. GWB-Novelle 2005 festzuhalten ist (ablehnend: OLG Düsseldorf WuW/E DE-R 880 ff – Strom & Fon), hat der BGH bislang offen gelassen (BGH WuW/E DE-R 1206 ff – Strom und Telefon I). 33

2. Freigestellte Kartelle. Das Behinderungs- und Diskriminierungsverbot **gilt auch für gemäß §§ 2, 3 und 28 GWB freigestellte Kartelle.** Die Vorschrift ist insoweit problematisch, als seit Einführung des Systems der Legalausnahme durch die 7. GWB-Novelle 2005 die früher erforderliche verwaltungsbehördliche Genehmigung eines Kartells entfallen ist. Unternehmen müssen nunmehr **selbst einschätzen,** ob ihre Vereinbarung unter das Kartellverbot fällt und ggf **freigestellt** ist. Dies kann zu erheblicher **Rechtsunsicherheit** führen, weil die Abgrenzung zwischen nicht wettbewerbsbeschränkenden Vereinbarungen im Sinne von § 1 GWB und freigestellten Vereinbarungen im Sinne von §§ 2, 3 und 28 GWB im Einzelfall Schwierigkeiten aufwirft. Diese Einordnung ist aber entscheidend für die Normadressatenschaft nach § 20 Abs. 1 GWB. Entschärft wird dieses Problem jedoch dadurch, dass die Vorschrift 34 nur auf die Vereinigung als solche anwendbar ist, nicht jedoch auf Handlungen der einzelnen Mitglieder (LB/*Nothdurft*, § 20 Rn 41).

35 **3. Preisbindende Unternehmen.** Nach Wegfall der Preisbindung für Markenwaren im Rahmen der 2. GWB-Novelle 1973 hat das Tatbestandsmerkmal nur noch für **preisbindende Verlagsunternehmen** maßgebliche Bedeutung. Insoweit gilt § 20 Abs. 1 GWB für Preisbinder von Zeitungen und Zeitschriften gemäß § 30 GWB. Preisbinder von Zeitungen und Zeitschriften sind Normadressaten im Hinblick auf alle Absatzstufen, unabhängig davon, ob in diesem Verhältnis auch eine Bindung vorgenommen wurde (KG WuW/E OLG 877 ff – Zigaretten-Einzelhandel). Unternehmen, die die ihnen auferlegte Preisbindung nur weiterleiten, sind keine Preisbinder (OLG Stuttgart WuW/E OLG 3791 ff – Verlagsauslieferer). Nach Herausnahme der Buchpreisbindung aus dem GWB dürften Preisbinder von Büchern nicht mehr unter diese Vorschrift fallen (ebenso *Bechtold*, GWB, § 20 Rn 13): Zwar blieben laut Begr. RegE zu § 6 BuchPrG die Vorschriften des GWB – und insbesondere des § 20 – unberührt (Begr. RegE BuchPrG, BT-Drucks. 14/9196, S. 12). Der weitere Hinweis der Begr. RegE, dass danach beispielsweise marktbeherrschende oder marktmächtige Verlage kleine oder mittlere Sortimentsbuchhandlungen weder unmittelbar noch mittelbar unbillig behindern oder gegenüber Filialisten oder anderen Vertriebsformen des Buchhandels ohne sachlich gerechtfertigten Grund unmittelbar oder mittelbar unterschiedlich behandeln dürfen, deutet jedoch darauf hin, dass lediglich klargestellt werden sollte, dass für den Fall des Vorliegens der Tatbestandsvoraussetzungen die Vorschriften des GWB uneingeschränkt Anwendung finden, ohne aber den Anwendungsbereich tatbestandlich erweitern zu wollen.

36 **4. Relativ marktstarke Unternehmen.** Gemäß § 20 Abs. 2 GWB gilt das Behinderungs- und Diskriminierungsverbot auch für Unternehmen und Vereinigungen von Unternehmen, soweit von ihnen **kleine oder mittlere Unternehmen** als Anbieter oder Nachfrager in der Weise **abhängig** sind, dass **ausreichende und zumutbare Möglichkeiten, auf andere Unternehmen auszuweichen, nicht bestehen.** Hierdurch wird der Anwendungsbereich der Vorschrift auf Fälle unterhalb der Marktbeherrschung ausgedehnt. Absatz 2 findet auch auf Preisbinder von Büchern nach dem BuchPrG Anwendung (vgl Begr. RegE BuchPrG, BT-Drucks. 14/9196, S. 12).

37 **a) Kleinere und mittlere Unternehmen.** Geschützt sind nur kleine und mittlere Unternehmen (KMU). Für die Begriffsbestimmung ist nicht auf absolute Größenkriterien abzustellen (aA *Bechtold*, GWB, § 20 Rn 18). Vielmehr kommt es laut Begr. RegE 5. GWB-Novelle (BT-Drucks. 11/4610, S. 15 f) auf das **Größenverhältnis im Vergleich zu den Wettbewerbern** an (vgl Rn 19, 44). Daneben soll nach der Rechtsprechung des BGH auch das **Vertikalverhältnis zum Normadressaten** relevant sein (BGH WuW/E DE-R 984 ff – Konditionenanpassung). Allerdings ist es der Kartellbehörde nicht verwehrt, einen **Schwellenwert** festzulegen, der die widerlegliche Vermutung begründen kann, dass die unterhalb dieser Schwelle liegenden Unternehmen zu den schutzbedürftigen KMU zählen. Jedoch setzt dies voraus, dass dieser Schwellenwert **nachvollziehbar und widerspruchsfrei** ermittelt und nicht ohne plausible Begründung eine bestimmte Grenze postuliert wird (BGH WuW/E DE-R 984 ff – Konditionenanpassung).

38 **b) Abhängigkeit und Abhängigkeitsvermutung.** Die kleinen und mittleren Unternehmen müssen außerdem **von den marktstarken Unternehmen abhängig** sein. Dieses Abhängigkeitsverhältnis ist dadurch gekennzeichnet, dass ausreichende und zumutbare Möglichkeiten, auf andere Unternehmen auszuweichen, nicht bestehen. Bezugspunkt für die Bestimmung der Abhängigkeit sind also die **fehlenden Ausweichmöglichkeiten.** Diese sind immer im Hinblick auf einen **konkreten relevanten Markt** zu ermitteln (BGH WuW/E BGH 1567 ff – Nordmende). Das betroffene Unternehmen muss sich nicht auf Ausweichmöglichkeiten auf andere Produktmärkte verweisen lassen (BGH WuW/E BGH 2683 ff – Zuckerrübenanlieferungsrecht). Unter Umständen kann sich die Abhängigkeit daher auf einen sehr engen Markt beziehen (vgl OLG München WuW/E DE-R 313 ff – Hörfunkwerbung: Unterscheidung zwischen Fernseh-, Hörfunk- und Zeitungswerbung; OLG Frankfurt/M. WuW/E DE-R 826 ff – StAZ: Unterscheidung zwischen Schwerpunktbereichen bei juristischen Fachzeitschriften).

39 Ob **ausreichende Ausweichmöglichkeiten** bestehen, richtet sich nach **Art und Anzahl der verbliebenen Liefer- und/oder Bezugsquellen** auf dem Markt. Dies ist im Wege einer generalisierenden Betrachtungsweise zu ermitteln (IM/*Markert*, § 20 GWB, Rn 50 ff). Für die Frage der Zumutbarkeit sind die bestehenden Ausweichmöglichkeiten aus der individuellen Lage des betroffenen Unternehmens zu beurteilen. Die fehlende Zumutbarkeit kann sich aus **wirtschaftlichen** (zB hohe Transportkosten, vgl BGH WuW/E BGH 2683 ff – Zuckerrübenanlieferungsrecht) oder **rechtlichen** Gründen (zB bei Bezugsalternativen auf dem grauen Markt, vgl BGH WuW/E BGH 2479 ff – Reparaturbetrieb) ergeben.

Höhere Bezugs- oder Absatzkosten sind zumutbar, solange hierdurch die Konkurrenzfähigkeit des betroffenen Unternehmens nicht ernsthaft gefährdet wird (OLG WuW/E DE-R 73 ff – Guerlain/Alrodo).

In der Praxis haben sich verschiedene **Fallgruppen** zur Bestimmung der Abhängigkeit herausgebildet. (1) **Sortimentsbedingte Abhängigkeit** liegt vor, wenn ein Händler bestimmte Produkte führen muss, um wettbewerbsfähig zu sein (BGH WuW/E BGH 1391 ff – Rossignol). Von größter Bedeutung ist diese Fallgruppe im Rahmen des **Vertriebs von Markenartikeln.** Darüber hinaus wird sie überall dort relevant, wo der Kunde die Verfügbarkeit bestimmter Waren oder Dienstleistungen erwartet. So kann beispielsweise der Betreiber eines Kinos von dem Verleiher eines bestimmten Films abhängig sein (vgl OLG Hamburg GRUR 1987, 566 ff – Otto – Der Film II; OLG München WuW/E DE-R 1106 ff – Kleinstadtkino). Ein Unterfall der sortimentsbedingten Abhängigkeit ist die **Spitzengruppenabhängigkeit.** Sie liegt vor, wenn der Verbraucher die Verfügbarkeit mehrerer bestimmter Produkte erwartet (OLG München WuW/E DE-R 1106 ff – Kleinstadtkino). (2) **Unternehmensbedingte Abhängigkeit** liegt vor, wenn sich ein Unternehmen zu seinem Lieferanten oder Abnehmer aufgrund vertraglicher Beziehungen in ein Abhängigkeitsverhältnis begeben hat. Typischer Anwendungsfall ist die Abhängigkeit des Händlers aufgrund **langfristiger Vereinbarungen** über den **Exklusivvertrieb** von Produkten des Lieferanten (BGH WuW/E BGH 2983 ff – Kfz-Vertragshändler). (3) **Mangelbedingte Abhängigkeit** liegt vor, wenn aufgrund einer generellen Verknappung des Angebots **Kapazitätsengpässe** auf dem Markt bestehen (vgl KG WuW/E OLG 4524 ff – Rock- und Pop-Konzerte). Die mangelbedingte Abhängigkeit kann zu einer **Repartierungspflicht** des Anbieters führen (vgl zur Repartierung von aktuellen Spielfilmen OLG Hamburg WuW/E OLG 3871 ff – Otto – Der Film II). 40

§ 20 Abs. 2 S. 2 GWB enthält eine **gesetzliche Vermutung** für das Bestehen eines **Abhängigkeitsverhältnisses.** Danach wird vermutet, dass ein Anbieter von einem Nachfrager abhängig ist, wenn der Nachfrager zusätzlich zu den verkehrsüblichen Preisnachlässen oder sonstigen Leistungsentgelten **regelmäßig besondere Vergünstigungen** erlangt, die gleichartigen Nachfragern nicht gewährt werden. Wie sich aus dem Wortlaut ergibt, richtet sich die Vermutung ausschließlich gegen marktstarke Nachfrager. Die Vorschrift richtet sich gegen besondere Vergünstigungen, die keinen ersichtlichen Bezug zu der konkreten Abnahmeleistung des Nachfragers haben (BKartA WuW/E BKartA 2092 ff – Metro-Eintrittsvergütung). 41

II. Gleichartigen Unternehmen üblicherweise zugänglicher Geschäftsverkehr

1. Gleichartigkeit. Das Behinderungs- und Diskriminierungsverbot setzt voraus, dass ein **Geschäftsverkehr** vorliegt, der **gleichartigen Unternehmen üblicherweise zugänglich** ist. Für die Frage der Gleichartigkeit kommt es darauf an, ob die mit dem betroffenen Unternehmen verglichenen Unternehmen im Hinblick auf den konkreten Geschäftsverkehr **vergleichbare Funktionen** ausüben (BGH WuW/E DE-R 134 ff – Bahnhofsbuchhandel). Das Tatbestandsmerkmal hat nur die Funktion einer **Grobsichtung** (BGH WuW/E BGH 3058 ff – Pay-TV-Durchleitung; OLG München WuW/E DE-R 313 ff – Hörfunkwerbung). In der Regel nicht vergleichbar sind Angehörige **verschiedener Wirtschaftsstufen** (zB Groß- und Einzelhandel; vgl OLG Hamburg WuW/E OLG 3195 ff – Metall-Lösungsmittel; OLG Düsseldorf WuW/E DE-R 1058 ff – 100, eins Radio Aachen). Als gleichartig angesehen wurden u.a. Pay-TV-Anbieter und sonstige Programm-Anbieter für den Zugang zu einer Großantennengemeinschaftsanlage (BGH WuW/E BGH 3058 ff – Pay-TV-Durchleitung, der Bahnhofsbuchhandel und der sonstige stationäre Presse-Einzelhandel (BGH WuW/E DE-R 134 ff – Bahnhofsbuchhandel), Internethandel und stationärer Einzelhandel (OLG Hamburg WuW/E DE-R 1067 ff – Online-Ticketshop; BGH WuW/E DE-R 206 ff – Depotkosmetik im Internet), Pressegrossisten mit und ohne gesellschaftsrechtliche Verflechtung mit einem Verlagshaus (BGH WuW/E BGH 1527 ff – Zeitschriften-Grossisten) sowie mehrere Nachfrager einer Lizenz für ein gewerbliches Schutzrecht (BGH WuW/E DE-R 1329 ff – Standard-Spundfass II). Für die Frage der Gleichartigkeit muss auf einen Vergleich mit **anderen Drittunternehmen** abgestellt werden. Verbundene Unternehmen des marktstarken Unternehmens können nicht in die Betrachtung einbezogen werden (BGH WuW/E BGH 2360 ff – Freundschaftswerbung). 42

2. Üblicherweise zugänglicher Geschäftsverkehr. Für die Frage, ob der betroffene Geschäftsverkehr üblicherweise zugänglich ist, kommt es nicht auf die individuelle Praxis des marktstarken Unternehmens an. Vielmehr ist im Rahmen einer objektiven Betrachtungsweise auf die **Branchenüblichkeit** abzustellen (BGH WuW/E BGH 1527 ff – Zeitschriften-Grossisten; OLG München WuW/E DE-R 1270 ff – GSM-Wandler). 43

III. Verbotene Verhaltensweisen

44 **1. Behinderung/Ungleichbehandlung.** Eine Behinderung im Sinne von § 20 Abs. 1 GWB ist umfassend als jede objektiv nachteilige Beeinträchtigung der Betätigungs- und Wettbewerbsmöglichkeiten anderer Unternehmen zu verstehen (BGH WuW/E BGH 1829 ff – Original-VW-Ersatzteile II). Die wettbewerbliche Würdigung der Maßnahme erfolgt erst im Rahmen der Beurteilung der Unbilligkeit. Die Ungleichbehandlung ist ein Sonderfall der Behinderung (BGH WuW/E BGH 2762 ff – Amtsanzeiger). Insofern bestehen Überschneidungen zwischen den beiden Tatbestandsalternativen (BGH WuW/E DE-R 1051 ff – Vorleistungspflicht). Die Beurteilung der Unbilligkeit bzw der sachlichen Rechtfertigung erfolgt daher nach einem einheitlichen Maßstab (BGH WuW/E DE-R 3058 ff – Pay-TV-Durchleitung; LB/*Nothdurft*, § 20 GWB Rn 122).

45 Nach bisheriger Rechtsprechung des BGH musste die Behinderung auf einem Markt stattfinden, auf dem das behindernde Unternehmen Normadressat des § 20 Abs. 1 GWB ist. Eine Anspruchsberechtigung bestand daher nur für Unternehmen, die auf dem betroffenen Markt tätig sind (BGH WuW/E BGH 2483 ff – Sonderungsverfahren). Für den Missbrauch im Sinne von § 19 GWB gilt diese Einschränkung nicht. Es stellt sich daher die Frage, ob nach der Umgestaltung des § 19 GWB von einem Missbrauchs- in einen Verbotstatbestand noch an dieser Rechtsprechung festzuhalten ist. Der BGH hat dies bislang offen gelassen (BGH WuW/E DE-R 1210 ff – Strom und Telefon II; zweifelnd: BGH WuW/E DE-R 1283 ff – Der Oberhammer).

46 **2. Unbilligkeit/sachliche Rechtfertigung.** Die Unbilligkeit der Behinderung ist – ebenso wie die sachliche Rechtfertigung der Ungleichbehandlung – im jeweiligen Einzelfall im Wege einer **umfassenden Interessenabwägung** unter Berücksichtigung der auf die Freiheit des Wettbewerbs gerichteten Zielsetzung des Gesetzes zu ermitteln (BGH WuW/E DE-R 1051 ff – Vorleistungspflicht; WuW/E DE-R 134 ff – Bahnhofsbuchhandel). Die Rechtsprechung unterscheidet insofern im Ausgangspunkt zwischen Maßnahmen des **Leistungswettbewerbs** und solchen des **Nicht-Leistungswettbewerbs** (vgl Rn 22, 18 f). In die Interessenabwägung können auch **Wertungen anderer Gesetze** – zB des TKG oder des Ladenschlussgesetzes einfließen (zu Letzterem vgl BGH WuW/E DE-R 134 ff – Bahnhofsbuchhandel; Übersicht bei LB/*Nothdurft*, § 20 Rn 138 f). Gesetzeswidriges Verhalten des Normadressaten ist nicht schutzwürdig (Verstoß gegen § 1 UWG: BGH WuW/E BGH 2195 ff – Abwehrblatt II; Verstoß gegen Art. 101 AEUV (ex-Art. 81 EG): BGH WuW/E DE-R 1335 ff – CITROËN). Es können aber nicht nur wettbewerbsrechtlich unzulässige Verhaltensweisen, sondern auch die in ihrem Vorfeld einzuordnenden Maßnahmen des Nicht-Leistungswettbewerbs vom Behinderungs- und Diskriminierungsverbot erfasst werden (KG WuW/E OLG 1983 ff – Rama-Mädchen; KG WuW/E OLG 2403 ff – Fertigfutter). Auch Maßnahmen des – grundsätzlich erwünschten – Leistungswettbewerbs können jedoch vom Behinderungs- und Diskriminierungsverbot erfasst sein, wenn ihre Auswirkungen auf den Wettbewerb im Widerspruch zu der auf die Freiheit des Wettbewerbs gerichteten Zielsetzung des Gesetzes stehen. Dies ist der Fall, wenn auf dem betroffenen Markt Marktzutrittsschranken für Wettbewerber errichtet werden (BGH WuW/E DE-R 1206 ff – Strom und Telefon I).

47 Ausgangspunkt der Interessenabwägung ist der Grundsatz, dass auch ein marktbeherrschendes oder **marktstarkes Unternehmen** sein Verhalten im Wettbewerb so ausrichten kann, wie es dies für **wirtschaftlich richtig und sinnvoll** hält (BGH WuW/E DE-R 1377 ff – Sparberaterin; WuW/E BGH 2351 ff – Belieferungsunwürdige Verkaufsstellen II; OLG München WuW/E DE-R 313 ff – Hörfunkwerbung). Es stellt daher weder eine unbillige Behinderung noch eine sachlich nicht gerechtfertigte Ungleichbehandlung dar, wenn der marktbeherrschende Veranstalter eines Sportereignisses einem Hörfunkveranstalter den Zutritt zum Spiel und die Höhepunktberichterstattung aus dem Stadion nur gegen Zahlung eines Entgelts für die Gestattung der Hörfunkberichterstattung gewährt. Auch die grundsätzlich zu berücksichtigende verfassungsrechtlich geschützte Rundfunkfreiheit (Art. 5 Abs. 1 Satz 2 GG) führt nicht dazu, dass der Zutritt zum Stadion zum Zwecke der Berichterstattung gegen bloßen Aufwendungsersatz bzw Zahlung des für normale Zuschauer zu entrichtenden Eintrittspreises zu erfolgen hat (BGH WuW/E DE-R 1597 ff – Hörfunkrechte). Im Übrigen ist auch ein **marktstarkes Unternehmen** im Grundsatz **nicht verpflichtet**, seine **Wettbewerber zu seinem eigenen Nachteil zu fördern** (OLG München WuW/E DE-R 1270 ff – GSM-Wandler).

48 Für die Beurteilung der Ungleichbehandlung ist ein **Vergleich mit gleichartigen Unternehmen** vorzunehmen. Die Ungleichbehandlung nicht gleichartiger Unternehmen ist ebenso wenig von der Vorschrift erfasst wie deren Gleichbehandlung. Ebenso wenig fordert das Diskriminierungsverbot eine absolute Gleichbehandlung im Sinne einer generellen Meistbegünstigung. Unterschiedliche Preise oder Kondi-

tionen rechtfertigen für sich betrachtet noch kein Unwerturteil, weil das **Streben der Marktteilnehmer nach möglichst günstigen Bedingungen und Preisen grundsätzlich wettbewerbskonform** ist. Entscheidend ist demnach vielmehr, ob die unterschiedliche Konditionengestaltung auf **Willkür** oder **wirtschaftsfremden unternehmerischen Entscheidungen** beruht (BGH WuW/E BGH 1405 ff – Grenzmengenabkommen). Es ist daher zu ermitteln, ob die **relative Schlechterbehandlung** der betroffenen Unternehmen noch als **wettbewerbskonformer**, durch das jeweilige Angebot im Einzelfall bestimmter **Interessenausgleich** erscheint oder auf Willkür oder Überlegungen und Absichten beruht, die wirtschaftlichem oder unternehmerischem Handeln fremd sind (BGH WuW/E DE-R 3058 ff – Pay-TV-Durchleitung). In der Praxis hat sich eine **umfangreiche Kasuistik** zur Anwendung des Behinderungs- und Diskriminierungsverbotes herausgebildet. Im Zentrum der Analyse steht die vorzunehmende Interessenabwägung. Die zentralen Elemente dieser Interessenabwägung lassen sich am besten in Fallgruppen darstellen.

3. Fallgruppen. a) Liefer- und Bezugssperren. Geschäftsverweigerungen in Form von Liefer- und Bezugssperren finden typischerweise im **Vertikalverhältnis** als Diskriminierung statt (vgl OLG Düsseldorf WuW/E DE-R 1058 ff – 100, eins Radio Aachen). Die Weigerung zur Aufnahme von Geschäftsbeziehungen stellt im Vergleich zu sonstigen Formen der unterschiedlichen Behandlung die tendenziell **stärkste Beeinträchtigung** für den unterschiedlich Behandelten dar. Bei einer unterschiedlichen Behandlung durch Liefersperre oder Verweigerung von Dienstleistungen und bei fehlenden wirtschaftlich vertretbaren Ausweichmöglichkeiten sind an die **Rechtfertigung** der unterschiedlichen Behandlung hohe Ansprüche zu stellen. Der **Gestaltungsspielraum** des Normadressaten des § 20 Abs. 1 und 2 GWB wird insoweit durch die Interessenabwägung **stark eingeschränkt** (BGH WuW/E DE-R 1377 ff – Sparberaterin). Eine Belieferungspflicht kommt insbesondere in Betracht, wenn die **Nichtbelieferung** für das betroffene Unternehmen einen **Existenz gefährdenden Eingriff** darstellt. Eine unterschiedliche Behandlung von Nachfragern durch einen Normadressaten ist dann sachlich nicht gerechtfertigt, wenn sie zugunsten der Gewinninteressen des Normadressaten darauf abzielt, die Nachfrager zu einer Verletzung ihrer vertraglichen Verpflichtungen den eigenen Kunden gegenüber zu veranlassen (BGH WuW/E DE-R 1377 ff – Sparberaterin). 49

Ausgangspunkt für die Interessenabwägung ist wiederum der Grundsatz, dass auch der Marktbeherrscher den Absatz seiner Produkte so regeln darf, wie er es für wirtschaftlich richtig und sinnvoll hält (BGH WuW/E BGH 1527 ff – Zeitschriften-Grossisten). Auch dem Marktbeherrscher ist es nicht verwehrt, sein Vertriebssystem so auszugestalten, wie es ihm sinnvoller Weise vernünftig erscheint. Eine **Belieferungspflicht** ist grundsätzlich zu **verneinen**, wenn der Normadressat ein **selektives Vertriebssystem** nach **eindeutig festgelegten, objektiven, sachlichen, insbesondere qualitativen Kriterien** anwendet und grundsätzlich alle gleichartigen Unternehmen bei Erfüllung dieser Kriterien beliefert (BGH WuW/E BGH 1814 ff – Allkauf/Saba; BGH WuW/E DE-R 206 ff – Depotkosmetik). Daher ist auch ein marktbeherrschender Verlag nicht verpflichtet, den Betreiber eines Lesezirkels bereits dann zu beliefern, wenn dieser die Lieferungs- und Zahlungsbedingungen akzeptiert und keine Anhaltspunkte dafür bestehen, dass diese Bedingungen bei Aufnahme der Belieferung nicht eingehalten werden. Die Belieferung von Lesezirkeln zu besonderen Konditionen ist ein Vertriebsinstrument der Verlage, mit dem diese vornehmlich die Reichweiten der von ihnen vertriebenen Zeitschriften erhöhen, möglicherweise diese aber auch qualitativ steuern wollen. Es steht den Verlagen daher grundsätzlich frei, sachliche Voraussetzungen für die Belieferung eines Lesezirkels aufzustellen. Eine Lieferverweigerung kann daher unter anderem auch deshalb sachlich gerechtfertigt sein, weil der Verlag nur solche Lesezirkelbetreiber beliefern will, die sich nicht an einen bestimmten Werbepartner binden, der die Lesemappen als Instrument der Kundenbindung einsetzen will und damit dauerhaft auch die werbliche Wirkung der in der Zeitschrift selbst publizierten Anzeigen beeinflussen kann (BGH WuW/E DE-R 1832 ff – Lesezirkel). Auch **Vertriebsumstrukturierungen** sind grundsätzlich zulässig (BGH WuW/E DE-R 220 f – U-Bahn-Buchhandlungen). Die Beendigung einer langjährigen Geschäftsbeziehung bedarf nur unter dem Gesichtspunkt, dass mit ihr eine unterschiedliche Behandlung gleichartiger Unternehmen verbunden ist, der sachlichen Rechtfertigung (OLG Celle WuW/E DE-R 2853 ff – Beendigung langjährigen Pressevertriebs). Aus Gründen des Investitions- und Vertrauensschutzes kann aber eine **angemessene Kündigungsfrist** erforderlich sein (BGH WuW/E BGH 2983 ff – Kfz-Vertragshändler). 50

Im Rahmen der konkreten Interessenabwägung ist insbesondere die **Marktmacht** des Geschäftsverweigerers von Bedeutung. Je höher der Grad an Marktmacht, desto eher ist eine Liefer- oder Bezugssperre als missbräuchlich anzusehen. Insbesondere bei **marktbeherrschenden Unternehmen** kann dies zu einem **Kontrahierungszwang** bzw einem **Kündigungsverbot** führen, (BGH WuW/E DE-R 1144 ff – 51

Schülertransport; OLG Hamburg NJWE – WettbR 1997, 214 ff – Programmvorschau). Dementsprechend darf zB ein marktmächtiger Telefonbuchverlag, dessen Telefonbücher durch andere Werbemittel nicht ersetzt werden können, nicht die Geschäftsbeziehungen zu Werbeagenturen aufgrund deren Beratungsleistungen abbrechen, selbst wenn diese Umsatzminderungen bei dem Verlag bewirken (BGH WuW/E DE-R 1541 ff – Sparberaterin II). In ähnlicher Weise ist ein marktbeherrschender Anbieter von Vermarktungsdienstleistungen zur Vermittlung von Hörfunkwerbezeiten an nationale Werbekunden verpflichtet, auch Hörfunkwerbezeiten kleiner Sender zu vermarkten (OLG Düsseldorf WuW/E DE-R 1058 ff – 100,1 Radio Aachen). Einem marktbeherrschenden Unternehmen ist die Weiterbelieferung unter Umständen auch sogar dann noch zumutbar, wenn dies **wirtschaftlich nicht rentabel** ist (OLG Frankfurt/M. WuW/E OLG 4038 f – Remissionsquote).

52 Als mögliche sachliche Rechtfertigung kommen insbesondere **Kapazitätsengpässe** in Betracht. Hier kann aber unter Umständen eine **Pflicht zur Repartierung** bestehen (KG WuW/E OLG 907 ff – Sportartikelmesse). Auch in der Person des belieferungsbegehrenden Unternehmens liegende Gründe wie zB **Unzuverlässigkeit** oder **fehlende Bonität** können eine Lieferverweigerung sachlich rechtfertigen. Dies gilt auch für besonders **schwerwiegende Vertragsbrüche** durch den Abnehmer. So ist beispielsweise die Verhängung einer Liefersperre durch einen Verlag gegen solche Abnehmer zulässig, die die Verlagspreisbindung nicht einhalten (BGH WuW/E BGH 1584 ff – Anwaltsbücherdienst). Es ist aber immer der **Grundsatz der Verhältnismäßigkeit** der Mittel zu beachten. Bei fehlender Bonität kann beispielsweise durch die Vereinbarung von Vorkasse ein ausreichender Schutz gewährleistet sein (BGH WuW/E DE-R 1541 ff – Sparberaterin II). Ein verhältnismäßig weiter Spielraum für die sachliche Rechtfertigung gilt im Rahmen der durch Art. 9 Abs. 1 GG gewährleisteten **Vereinigungsfreiheit** und Verbandsautonomie. Es ist grundsätzlich Sache der Verbände selbst, ihren Zweck und Tätigkeitsrahmen sowie die dadurch bedingten generellen Aufnahmevoraussetzungen eigenverantwortlich festzulegen. Erfüllt ein Bewerber die satzungsgemäßen Voraussetzungen zur Aufnahme in einen Verein nicht, so stellt dies in aller Regel einen sachlich gerechtfertigten Grund für die Nichtaufnahme dar. Etwas anderes gilt nur dann, wenn die satzungsgemäßen Einschränkungen ihrerseits sachlich nicht gerechtfertigt sind. Eine Bestimmung in der Satzung eines mit der Analyse der Nutzung von Werbeträgern befassten Vereins, welche die Aufnahme eines Presseerzeugnisses in eine Studie über das Mediennutzerverhalten vom entgeltlichen Bezug des überwiegenden Teils der Auflage durch die Leser abhängig macht, ist daher kartellrechtlich zulässig (OLG München WuW/E DE-R 1527 ff – „Apothekenumschau").

53 Die **Nichtbelieferung von Wettbewerbern** wird typischerweise in der Tatbestandsvariante der **unbilligen Behinderung** geprüft (BGH WuW/E DE-R 1251 ff – Galopprennübertragung). Im Grundsatz gilt auch hier, dass der Marktbeherrscher nicht verpflichtet ist, Wettbewerber zum eigenen Schaden zu fördern. Dementsprechend können einem Marktbeherrscher nicht solche Maßnahmen abverlangt werden, die für ihn mit der unmittelbaren Gefahr eines Kundenverlustes an den begünstigten Wettbewerber verbunden sind (OLG Düsseldorf WuW/E DE-R 1577 ff – SIM-Karten). Es stellt auch keine unbillige Behinderung dar, wenn der Herausgeber von Telefonbüchern sich weigert, für die Dienstleistungen von Telefonauskunftsunternehmen zu werben (OLG Düsseldorf WuW/E DE-R 1615 ff – Das Telefonbuch). Eine Zeitschrift ist in der Regel nicht verpflichtet, einem Wettbewerber Anzeigenraum zur Verfügung zu stellen. Dies gilt jedoch nur, soweit pressebezogene wirtschaftliche Interessen des Verlags unmittelbar betroffen sind. (OLG Frankfurt/M. WuW/E DE-R 825 ff – StAZ). Ein etwaiger Anspruch auf Aufnahme von Werbeanzeigen ist jedenfalls nicht im Wege der **einstweiligen Verfügung** durchsetzbar (KG WuW/E OLG 4628 ff – Berlin-Ausgabe des Gong).

54 Auch die **Lizenzverweigerung** kann eine Diskriminierung bzw unbillige Behinderung im Sinne von § 20 Abs. 1 und 2 GWB darstellen. Im Verletzungsprozess kann die missbräuchliche Lizenzverweigerung dem Unterlassungsanspruch als kartellrechtlicher **Zwangslizenzeinwand** entgegengehalten werden. Begründet wird dies damit, dass genauso wie die Weigerung einer Lizenzerteilung bei Vorliegen eines Missbrauchstatbestandes kartellrechtlich verboten ist, auch die Durchsetzung eines Unterlassungsanspruchs wegen Patentverletzung einen kartellrechtlichen Missbrauchstatbestand erfüllt, der bei kartellrechtsgemäßem Verhalten (Erteilung einer Lizenz) erloschen wäre (BGH WuW/E DE-R 2613 ff – Orange-Book-Standard; OLG Düsseldorf WuW/E DE-R 3215 – Zwangslizenzeinwand). Voraussetzung für den Einwand ist allerdings ein unterbreitetes unbedingtes Angebot des Beklagten, das der Patentinhaber nicht ablehnen kann, ohne sich kartellrechtswidrig zu verhalten. Dem Erfordernis eines unbedingten Angebots ist genügt, wenn der Lizenzgeber die Höhe der Lizenzgebühr nach billigem Ermessen bestimmen kann (BGH MMR 2009, 686 ff – Orange-Book-Standard). Allerdings ist zu beachten, dass eine **unterschiedliche Behandlung** von Interessenten bei der Gestaltung der Benutzung

eines Patentes, eines anderen gewerblichen Schutzrechtes oder eines Urheberrechtes ein **wesentliches Element der Ausschließungswirkung des Schutzrechtes** selbst ist, denn die Wirkung des Schutzrechtes besteht gerade in der Befugnis, Dritte von der Benutzung des Schutzrechtsgegenstandes ausschließen zu können. Diese Ausschließlichkeit ist keine Ausnahme von Wettbewerb, sondern ein Mittel, das die Mitbewerber des Schutzrechtsinhabers auf **substitutiven statt auf imitierenden Wettbewerb** verweist (BGH WuW/E DE-R 1329 ff – Standard-Spundfass II). Diese Ausschließungsbefugnis schließt das Recht ein, nicht jedem Interessenten, sondern an Stelle oder neben einer Eigennutzung nur einzelnen Bewerbern eine Lizenz nur Nutzung des Schutzrechtes zu erteilen. Hierdurch macht der Schutzrechtsinhaber von seiner Befugnis Gebrauch, den durch die geschützte geistige Leistung errungenen, anderen Marktteilnehmern nicht zugänglichen Vorsprung im Wettbewerb selbst oder durch Lizenzvergabe an einzelne Dritte wirtschaftlich zu nutzen. Für die **sachliche Rechtfertigung einer Ungleichbehandlung von Lizenzinteressenten** besteht daher grundsätzlich ein weiter Spielraum. Strengere Anforderungen kommen jedoch dann in Betracht, wenn zu der durch das Ausschließlichkeitsrecht vermittelten Marktbeherrschung **zusätzliche besondere Umstände hinzutreten**, angesichts derer die Ungleichbehandlung die Freiheit des Wettbewerbs gefährdet. Derartige besondere Umstände liegen beispielsweise vor, wenn ein Patent durch eine **Industrienorm** abgesichert ist (BGH WuW/E DE-R 1329 ff – Standard-Spundfass II).

b) **Ausschließlichkeitsbindungen.** Durch ausschließliche Liefer- oder Bezugspflichten wird der Vertragspartner exklusiv an die Produkte des Normadressaten gebunden. Hierdurch wird den Wettbewerbern des Normadressaten der Zugang zu diesen Lieferanten bzw Abnehmern versperrt. Eine unbillige Behinderung liegt beispielsweise vor, wenn sich ein Fernsehveranstalter den Zugang zur Übertragung von Sportveranstaltungen exklusiv sichert (BGH WuW/E BGH 2627 ff – Sportübertragungen). Bis zur 7. GWB-Novelle 2005 unterlagen Ausschließlichkeitsbindungen als Vertikalvereinbarungen der Missbrauchsaufsicht nach § 16 GWB aF. Hier ergaben sich schwierige Abgrenzungsprobleme. Nunmehr unterfallen derartige Praktiken grundsätzlich dem Verbot des § 1 GWB, können jedoch nach der **Vertikal-GVO** bei einem **Marktanteil von bis zu 30% sowohl des Lieferanten als auch des Abnehmers freigestellt** sein. Inwieweit § 20 GWB auch im Geltungsbereich der Vertikal-GVO Anwendung finden kann, ist noch offen. Ausschließlichkeitsbindungen dürften allerdings nur schwerlich als **einseitige Maßnahmen** im Sinne von Art. 3 Abs. 2 VO 1/2003 eingeordnet werden können. Daher dürfte § 20 GWB nur auf Fälle außerhalb des Anwendungsbereichs der Vertikal-GVO Anwendung finden. 55

c) **Kopplungsbindungen.** Unter einer Kopplung ist die Verknüpfung der Lieferung eines vom Abnehmer gewünschten Produkts (dem Kopplungsprodukt) mit einem anderen typischerweise nicht gewünschten Produkt, das **weder sachlich noch handelsüblich zum gewünschten Produkt dazu gehört** (gekoppeltes Produkt) zu verstehen. Bis zur 7. GWB-Novelle 2005 unterfielen Kopplungsbindungen dem § 16 Nr. 4 GWB aF und unterlagen der Missbrauchsaufsicht. Nunmehr werden Kopplungsbindungen vom Verbot in § 1 GWB erfasst, sind aber **bis zu einem Marktanteil von 30%** sowohl des Lieferanten als auch des Abnehmers nach der **Vertikal-GVO** vom Kartellverbot **freigestellt.** Durch die Kopplungsbindung wird nicht nur der zum Erwerb eines nicht gewünschten Produkts gezwungene Abnehmer behindert, sondern auch die Wettbewerber des Lieferanten, weil ihnen der Zugang zu diesem Abnehmer versperrt wird. Kopplungspraktiken stellen nicht zwingend einen **leistungsfremden Eingriff** in das Marktgeschehen dar. Vielmehr ist zwischen der rechtlichen Kopplung (Zwangskopplung) und der wirtschaftlichen Kopplung zu unterscheiden. Bei der **Zwangskopplung** wird dem Abnehmer der Bezug des gekoppelten Produktes zwingend vorgegeben. Derartige Praktiken marktbeherrschender Unternehmen werden regelmäßig als unbillig eingestuft (KG WuW/E OLG 995 ff – Handpreisauszeichner; BGH WuW/E BGH 2406 ff – Inter Mailand-Spiel). Etwas anderes gilt unter Umständen dann, wenn das **kombinierte Produkt** in seinem Gesamtpreis **günstiger** ist als die Einzelprodukte und die Kopplung sich mit dem **Rationalisierungsinteresse** des Binders begründen lässt. Unter diesem Gesichtspunkt ist zB die Verpflichtung zur kombinierten Anzeigenbelegung in mehreren Zeitungen/Zeitschriften als zulässig erachtet worden (BGH WuW/E BGH 1965 ff – Gemeinsamer Anzeigenteil; vgl auch KG WuW/E OLG 1767 ff – Kombinationstarif). Die **wirtschaftliche Kopplung** kennzeichnet den Fall, dass dem Abnehmer ein preislich attraktives Angebot für den Fall unterbreitet wird, dass dieser das Kombinationsprodukt abnimmt. Dem Abnehmer ist jedoch freigestellt, die Produkte auch einzeln zu erwerben. Derartige Maßnahmen sind auch dem Marktbeherrscher grundsätzlich nicht verwehrt (BGH WuW/E DE-R 1210 ff – Strom und Telefon II). Etwas anderes gilt aber dann, wenn von der Kopplung eine erhebliche **Sogwirkung** droht, durch die den Wettbewerbern des Marktbeherrschers der Zugang zum Drittmarkt verwehrt wird (BGH WuW/E DE-R 1283 ff – Der Oberhammer). 56

Dies soll aber dann nicht der Fall sein, wenn es sich bei dem gekoppelten Produkt um ein **Fremdprodukt** handelt (LG München WuW/E DE-R 1708 ff – TV Digital).

57 d) **Kampfpreise.** Das Verlangen missbräuchlich niedriger Preise (sog. Kampfpreise) erfüllt typischerweise die Tatbestandsvariante der unbilligen Behinderung. Derartige Praktiken dienen dem **gezielten Herausdrängen von Wettbewerbern** aus dem Markt. Werden sie nur punktuell eingesetzt, kann zugleich eine **Diskriminierung von Nachfragern** vorliegen. § 20 Abs. 4 Satz 2 GWB verbietet das nicht nur gelegentliche Anbieten von Waren oder gewerblichen Leistungen **unter Einstandspreis**, es sei denn, dies ist **sachlich gerechtfertigt**. Außerhalb dieser speziell auf Handelsunternehmen zugeschnittenen Regelung des § 20 Abs. 4 GWB ist der Verkauf unter Einstandspreis nur dann als rechtswidrig anzusehen, wenn er **systematisch im Wettbewerb eingesetzt** wird und nach seiner **Häufigkeit** oder **Intensität** geeignet ist, eine Gefahr für die **strukturellen Voraussetzungen** wirksamen Wettbewerbs zu begründen (BGH WuW/E BGH 2977 ff – Hitlisten-Platten). Es reicht im Übrigen nicht, dass die Preismaßnahme auf Verdrängung von Wettbewerb ausgerichtet ist. Erforderlich ist vielmehr, dass die Maßnahme bei Zugrundelegung vernünftiger kaufmännischer Erwägungen als leistungsfremd einzustufen ist (BGH WuW/E BGH 2195 ff – Abwehrblatt II).

58 e) **Rabatte.** Rabattsysteme können zu einer unbilligen Behinderung von Wettbewerbern des Normadressaten führen, wenn sie aufgrund ihrer Struktur eine **Sogwirkung** entfalten, die zu einer Bezugskonzentration beim Normadressaten führt. Nach der Rechtsprechung sind insbesondere zu einer wirtschaftlichen Bezugsbindung führende Treuerabatte sowie an lange Bezugsperioden anknüpfende Umsatzrabatte mit den Grundsätzen des Leistungswettbewerbs unvereinbar (KG WuW/E OLG 2403 ff – Fertigfutter). **Treuerabatte** knüpfen nicht an eine bestimmte Menge an, sondern an den individuellen Gesamtbedarf des Abnehmers oder einen wesentlichen Teil hiervon. Sie zielen darauf ab, dem Abnehmer die Wahl zwischen mehreren Bezugsquellen und anderen Herstellern den Zugang zum Markt zu erschweren. Im Unterschied zum auftragsbezogenen Mengenrabatt, der ausschließlich an den Umfang der abgenommenen Menge anknüpft, dient der Treuerabatt dazu, die Abnehmer auf dem Wege der Gewährung eines finanziellen Vorteils vom Bezug bei konkurrierenden Anbietern abzuhalten und so eine wirtschaftliche Bezugsbindung herbeizuführen. Solche Praktiken eines Unternehmens in beherrschender oder marktstarker Stellung dienen zur Verstärkung bzw Absicherung dieser Stellung durch einen nicht auf Leistung gegründeten Wettbewerb (KG WuW/E OLG 2403 ff – Fertigfutter). Auftrags- bzw lieferbezogene **Mengenrabatte** sind dagegen grundsätzlich zulässig. Sie müssen allerdings der Höhe nach den Rationalisierungsvorteil des Lieferanten widerspiegeln. **Zielrabatte** werden für die Abnahme bestimmter Mengen bzw die Erreichung bestimmter Umsatzziele innerhalb einer Referenzperiode gewährt. Sie sind dann unzulässig, wenn sie im Ergebnis wie ein Treuerabatt wirken. Dies wurde für einen Gesamtumsatzrabatt mit einer Referenzperiode von einem Jahr bejaht (KG WuW/E OLG 2403 ff – Fertigfutter). Bei fehlender Mengenstaffelung kann auch ein kürzerer Referenzzeitraum missbräuchlich sein (OLG Düsseldorf, WuW/E OLG 4609 ff – Interlining: Referenzzeitraum Vierteljahr bei einzigem Ermäßigungssatz von 20%). Rabattsysteme können außerdem **diskriminierende** Wirkung haben, insbesondere bei Gewährung **unterschiedlicher Rabattsätze** ohne vernünftige kaufmännische Rechtfertigung. Im Übrigen sind an vergleichbare Abnehmer vergleichbare Kriterien anzulegen. Die Rabattgewähr eines Theaters an eine Besucherorganisation nach kultur- und sozialpolitischen Erwägungen und an eine andere nach kaufmännischen Erwägungen ist sachlich nicht gerechtfertigt (OLG Hamm WuW/E OLG 4425 ff – Theaterrabatt). Ebenfalls potenziell unzulässig sind **individuelle Zielrabatte**, zB in Form der Anknüpfung der Rabattgewährung an individuelle Vorjahresumsätze.

C. Verbot passiver Diskriminierung (Abs. 3)

59 § 20 Abs. 3 GWB wurde mit der 4. GWB-Novelle 1980 eingeführt. Danach dürfen marktbeherrschende oder marktstarke Unternehmen und Unternehmensvereinigungen ihre Marktstellung nicht dazu ausnutzen, andere Unternehmen im Geschäftsverkehr aufzufordern oder zu veranlassen, ihnen ohne sachlich gerechtfertigten Grund Vorteile zu gewähren. Unternehmensvereinigungen sind nur dann Normadressat des Abs. 3, wenn es sich um freigestellte Kartelle im Sinne von Abs. 1 Satz 1 handelt. Die Vorschrift erfasst den besonderen Fall des Missbrauchs von Nachfragemacht durch **mittelbare Behinderung/Diskriminierung von konkurrierenden Nachfragern**. Diese Verhaltensweisen erfolgen zwar nach Außen hin durch den Anbieter, sind ihm aber in Wirklichkeit nicht zurechenbar, weil sie von dem marktstarken Nachfrager erzwungen werden (Begr. RegE 4. GWB-Novelle, BT-Drucks. 8/2136, S. 25).

Durch die 7. GWB-Novelle 2005 wurde die Vorschrift um die Tathandlung der Aufforderung ergänzt. Tatbestandsmäßig ist damit nunmehr auch der bloße Versuch einer passiven Diskriminierung. Außerdem wurde das Merkmal der Vorzugsbedingung durch den **Vorteil** ersetzt. Dadurch hat der Tatbestand eine Erweiterung erfahren. Vorzugsbedingungen sind diejenigen besonderen Vorteile, die zusätzlich zu den leistungsbedingten Nachlässen und sonstigen Leistungsentgelten von dem Nachfrager aufgrund seiner überlegenen Marktmacht bei dem Anbieter mit der Absicht durchgesetzt werden, sich damit im Wettbewerb eine weder markt- noch leistungsbedingte Vorzugsstellung gegenüber den marktschwächeren Konkurrenten zu verschaffen (Begr. RegE 4. GWB-Novelle, BT-Drucks. 8/2136 S. 25). Dieses subjektive Tatbestandsmerkmal ist im Begriff des Vorteils nicht enthalten (LB/*Nothdurft*, § 20 Rn 217). § 20 Abs. 3 GWB verlangt im Übrigen, dass der begünstigte Nachfrager auf den Lieferanten dahingehend **einwirkt**, dass dieser anderen Nachfragern den entsprechenden Vorteil vorenthält (KG WuW/E DE-R 367 ff – Schulbuchbeschaffung). 60

D. Behinderungen von kleinen und mittleren Wettbewerbern (Abs. 4)

Gemäß § 20 Abs. 4 Satz 1 GWB dürfen Unternehmen mit gegenüber kleinen und mittleren Wettbewerbern überlegener Marktmacht ihre Marktmacht nicht dazu ausnutzen, solche Wettbewerber unmittelbar oder mittelbar unbillig zu behindern. Hauptanwendungsfall der Vorschrift ist der in Satz 2 als Beispiel aufgeführte **Verkauf unter Einstandspreis.** Eine unbillige Behinderung liegt danach insbesondere dann vor, wenn ein Unternehmen Waren oder gewerbliche Leistungen nicht nur gelegentlich unter Einstandspreis anbietet, es sei denn, dies ist sachlich gerechtfertigt. Diese Vorschrift richtet sich gegen den systematischen Verkauf unter Einstandspreis durch Großbetriebe des **Handels.** Der Handel kann sich auf Waren- oder Dienstleistungen beziehen. Sie ist aber nicht anwendbar, wenn der Normadressat die Dienstleistung selbst erbringt (KG WuW/E DE-R 727 ff – Dienstagspreise). Das BKartA hat im Jahr 2003 eine **Bekanntmachung zur Anwendung des § 20 Abs. 4 Satz 2 GWB** veröffentlicht (www.bundeskartellamt.de). Danach werden nur auf **Dauer** angelegte Aktionen erfasst. Kurzfristige Werbeaktionen, wie Einführungspreise oder sporadische Sonder- oder Lockvogelangebote, werden nicht erfasst (BKartA, Bekanntmachung Verkauf unter Einstandspreis, Ziff. 2). Den **Einstandspreis** ermittelt das BKartA durch Zugrundelegung des Listenpreises des Lieferanten unter Abzug aller preiswirksamen Konditionen, die ihren rechtlichen Grund in den zwischen den Parteien geschlossenen Beschaffungsverträgen haben (BKartA, Bekanntmachung Verkauf unter Einstandspreis, Ziff. 3). Als **sachliche Rechtfertigung** kommen insbesondere der physische, technische oder modebedingte „Verderb" von Waren, aber auch Neueröffnung, drohende Insolvenz sowie Liquidation des Geschäfts in Betracht (BKartA, Bekanntmachung Verkauf unter Einstandspreis, Ziff. 4). 61

E. Aufnahmeverweigerung (Abs. 6)

Gemäß § 20 Abs. 6 GWB dürfen Wirtschafts- und Berufsvereinigungen sowie Gütezeichengemeinschaften die Aufnahme eines Unternehmens nicht ablehnen, wenn die Ablehnung eine sachlich nicht gerechtfertigte Ungleichbehandlung darstellen und zu einer unbilligen Benachteiligung des Unternehmens im Wettbewerb führen würde. Die Vorschrift gilt nur für Wirtschafts- und Berufsvereinigungen, nicht dagegen für Verbände, die selbst unternehmerisch tätig sind (*Bechtold*, GWB, § 20 Rn 104). Auf diese Vereinigungen sind die §§ 19 Abs. 1, 20 Abs. 1 GWB anwendbar. Auch hier ist aber die gemäß Art. 9 GG grundgesetzlich geschützte Vereinigungs- und Koalitionsfreiheit zu berücksichtigen, die einen relativ weiten Spielraum für Aufnahmeverweigerungen lässt (OLG München WuW/E DE-R 1527 ff – Apotheken-Umschau). Für die Frage der sachlich nicht gerechtfertigten Ungleichbehandlung ist auf die satzungsmäßigen Aufnahmebestimmungen abzustellen. Erfüllt ein Bewerber diese Bestimmungen nicht, ist die Verweigerung der Aufnahme grundsätzlich sachlich gerechtfertigt, es sei denn, die Satzungsbestimmungen sind ihrerseits – auch unter Berücksichtigung der grundgesetzlich geschützten Vereinigungs- und Koalitionsfreiheit – sachlich nicht gerechtfertigt (BKartA WuW/E BKartA 2770 ff – Börsenverein). Erfolgt eine Ablehnung trotz Erfüllung der satzungsgemäßen Aufnahmevoraussetzungen, ist dies grundsätzlich nicht sachlich gerechtfertigt. Hier kommt es darauf an, ob die Interessen der Vereinigung im Ausnahmefall als schutzwürdig zu erachten sind. Dies ist zum Beispiel dann der Fall, wenn ein Unternehmen Aufnahme begehrt, das von einem Unternehmen der vorgela- 62 gerten Marktstufe beherrscht wird (BGH WuW/E BGH 1061 ff – Zeitungsgroßhandel). Weitere Voraussetzung ist, dass das nicht aufgenommene Unternehmen im Wettbewerb unbillig benachteiligt wird. Dies kann insbesondere dann zweifelhaft sein, wenn eine Vielzahl ähnlicher Vereinigungen mit vergleichbaren Dienstleistungen auf dem Markt tätig ist.

20. Abschnitt: Missbrauch einer marktbeherrschenden Stellung (Art. 102 AEUV)

Art. 102 AEUV Missbrauch einer marktbeherrschenden Stellung

Art. 102 AEUV (früher Art. 82 EGV) [Missbrauch einer marktbeherrschenden Stellung]

Mit dem Binnenmarkt unvereinbar und verboten ist die missbräuchliche Ausnutzung einer beherrschenden Stellung auf dem Binnenmarkt oder auf einem wesentlichen Teil desselben durch ein oder mehrere Unternehmen, soweit dies dazu führen kann, den Handel zwischen Mitgliedstaaten zu beeinträchtigen.

Dieser Missbrauch kann insbesondere in Folgendem bestehen:

a) der unmittelbaren oder mittelbaren Erzwingung von unangemessenen Einkaufs- oder Verkaufspreisen oder sonstigen Geschäftsbedingungen;

b) der Einschränkung der Erzeugung, des Absatzes oder der technischen Entwicklung zum Schaden der Verbraucher;

c) der Anwendung unterschiedlicher Bedingungen bei gleichwertigen Leistungen gegenüber Handelspartnern, wodurch diese im Wettbewerb benachteiligt werden;

d) der an den Abschluss von Verträgen geknüpften Bedingung, dass die Vertragspartner zusätzliche Leistungen annehmen, die weder sachlich noch nach Handelsbrauch in Beziehung zum Vertragsgegenstand stehen.

A. Überblick

Art. 102 AEUV (ex-Art. 82 EG) dient dem Ziel des Vertrages über die Arbeitsweise der Europäischen Union (AEUV), einen redlichen Wettbewerb zu gewährleisten (Präambel AEUV). Zu diesem Zweck verbietet Art. 102 AEUV den **Missbrauch wirtschaftlicher Macht** in der Union. Verboten ist nicht der Erwerb oder die Beibehaltung einer marktbeherrschenden Stellung mit wettbewerbskonformen Mitteln, sondern ausschließlich die missbräuchliche Ausnutzung einer solchen Stellung auf dem relevanten Markt. Die Vorschrift enthält drei Tatbestandsmerkmale, die gleichzeitig erfüllt sein müssen: die **beherrschende Stellung** eines oder mehrerer Unternehmen auf dem Binnenmarkt oder auf einem wesentlichen Teil desselben, die **missbräuchliche Ausnutzung** dieser Stellung sowie die Eignung eines solchen Missbrauchs zur **Beeinträchtigung des Handels zwischen Mitgliedstaaten.** Im Unionsrecht wird zwischen **Behinderungs-** und **Ausbeutungsmissbrauch** unterschieden. Im Bereich der Medien kommt die Anwendung des Art. 102 AEUV insbesondere auf den Märkten für die Distribution von Medienangeboten in Betracht. Die größte Rolle spielen hierbei Zugangsfragen. 63

Die Kommission hat im Jahr 2009 eine Mitteilung zur Anwendung von Artikel 82 des EG-Vertrages (jetzt Art. 102 AEUV) auf Fälle von Behinderungsmissbrauch durch marktbeherrschende Unternehmen veröffentlicht (ABl. 2009 C 45/7). Diese sogenannten **Durchsetzungsprioritäten** sollen Klarheit und Vorhersehbarkeit hinsichtlich der Vorgehensweise der Kommission schaffen (Kommission, Durchsetzungsprioritäten, Rn 2). Die Kommission spricht sich für einen sogenannten **Auswirkungs-Ansatz (effects-based-approach)** aus, da sie in der Regel nur noch dann wegen eines Verstoßes gegen Art. 102 AEUV tätig werden will, wenn Anhaltspunkte für eine wettbewerbswidrige Marktverschließung vor- 64 handen sind (Kommission, Durchsetzungsprioritäten, Rn 20). Eine **wettbewerbswidrige Marktverschließung** liegt demnach vor, wenn ein Marktbeherrscher durch sein Verhalten vorhandenen oder potenziellen Wettbewerbern den Zugang zu Lieferquellen oder Märkten erschwert oder unmöglich macht und das marktbeherrschende Unternehmen als Folge dessen die Preise zum Nachteil der Verbraucher voraussichtlich gewinnbringend erhöhen kann (Kommission, Durchsetzungsprioritäten, Rn 19). Folglich muss ein Behinderungsmissbrauch neben einer **Verdrängungswirkung** zusätzlich nachteilige Auswirkungen auf die Verbraucher haben. Insofern legt die Kommission bei der Verfolgung von Behinderungsmissbräuchen ihre Priorität auf Verstöße, die Einfluss auf die **Verbraucherwohlfahrt** haben (Kommission, Durchsetzungsprioritäten, Rn 19). Der Fokus der europäischen Gerichte liegt dagegen traditionell eher auf marktstrukturellen Erwägungen. Demnach ist ..der Zweck der Wettbewerbsregeln des Vertrags...nicht nur dazu bestimmt [ist], die unmittelbaren Interessen einzelner Wettbewerber oder Verbraucher zu schützen, sondern die Struktur des Marktes und damit den Wettbewerb als solchen" (EuGH Rs. C-8/08 – T-Mobile Netherlands, Rn 38-39). Inwieweit die Europäischen Gerichte diesen neuen auswirkungsbasierten Ansatz der Kommission im Übrigen bestätigen werden, bleibt abzuwarten. Mit Urteil vom 14.10.2010 hat der EuGH jedenfalls für den Bereich der **Preis-Kosten-Schere** den von der Kommission im Bereich des preisbezogenen Missbrauchs herangezogenen **„equally-efficient competitor"** Test als sachgerecht anerkannt (EuGH Rs. C-280/08 – DTAG / Kommission).

B. Adressaten

65 Adressaten des Missbrauchsverbots gemäß Art. 102 AEUV sind ein oder mehrere **Unternehmen**, die auf dem Binnenmarkt oder einem wesentlichen Teil desselben eine beherrschende Stellung einnehmen Der Begriff des Unternehmens selbst ist nicht ausdrücklich definiert, umfasst aber nach der Rechtsprechung des EuGH **„jede eine wirtschaftliche Tätigkeit ausübende Einheit**, unabhängig von ihrer Rechtsform" (EuGH Slg 1999, I-5751 – Albany). Zu Einzelheiten vgl Kommentierung zu Art. 101 AEUV, §§ 1 ff GWB Rn 19, 6 ff; *Trafkowski*, S. 107.

C. Marktbeherrschung

I. Überblick

66 Der Tatbestand der Marktbeherrschung in Art. 102 AEUV wird vom EuGH in ständiger Rechtsprechung definiert als die „wirtschaftliche Marktstellung eines Unternehmens, die dieses in die Lage versetzt, die Aufrechterhaltung eines wirksamen Wettbewerbs auf dem relevanten Markt zu verhindern, indem sie ihm die Möglichkeit verschafft, sich seinen Wettbewerbern, seinen Abnehmern und letztlich den Verbrauchern gegenüber in einem nennenswerten Umfang unabhängig zu verhalten" (EuGH Slg 1979, 461 ff – Hoffmann-La Roche). Marktbeherrschung kann durch ein Unternehmen (Einzelmarktbeherrschung) oder mehrere Unternehmen (kollektive Marktbeherrschung) vorliegen. Das Beherrschungskonzept des Art. 102 AEUV bezieht sich auf marktbezogene Wirtschaftsmacht. Für die Feststellung einer beherrschenden Stellung ist daher vorab die Abgrenzung des relevanten Marktes erforderlich. Der **relevante Markt** hat eine **sachliche**, eine **geographische** und in besonderen Fällen auch eine **zeitliche Komponente** und bezieht sich auf die Produkte bzw Dienstleistungen, die Gegenstand einer missbräuchlichen Verhaltensweise sind (EuGH Slg 1998, 7791 ff – Bronner/Mediaprint).

67 In der Vorgehensweise von Kommission und Rechtsprechung bemisst sich die Marktposition eines Unternehmens nach der Art und Weise, in der dessen Produkte bzw Dienstleistungen in Konkurrenz zu denjenigen anderer Unternehmen stehen. So liegt der **Bekanntmachung der Kommission über die Definition des relevanten Marktes** die Einschätzung zugrunde, dass die Marktposition eines Unternehmens in einer **umfassenden Gesamtbetrachtung** anhand der **Marktstruktur und des Marktverhaltens** zu beurteilen ist (Kommission, Bekanntmachung über die Definition des relevanten Marktes im Sinne des Wettbewerbsrechts der Gemeinschaft, ABl. 1997 C 372/5 Rn 12). Im Vordergrund steht der **Marktanteil** des Unternehmens. Von besonderer Bedeutung ist außerdem das Preisverhalten des mutmaßlichen Marktbeherrschers.

68 Im Rahmen der Beurteilung des relevanten **sachlichen Marktes** spielt der Test der **Nachfragesubstituierbarkeit** eine entscheidende Rolle, dh die Austauschbarkeit der Produkte aus Sicht der Verbraucher (EuGH Slg 1979, 461 ff – Hoffmann-La Roche/Kommission). Daneben findet auch die **Angebotssubstituierbarkeit** Berücksichtigung, dh die Frage, inwieweit Hersteller ihre Produktion kurzfristig auf die

betreffenden Produkte umstellen können. Die Kommission verwendet zur Ermittlung der Nachfragesubstituierbarkeit den sog. **SSNIP-Test** („Small but Significant Non-Transitory Increase in Price"). Der SSNIP-Test misst die Reaktion der Abnehmer auf eine hypothetische Preiserhöhung von 5-10% für ein bestimmtes Produkt. Die zu beantwortende Frage lautet, ob die Kunden als Reaktion auf eine derartige Preiserhöhung auf leicht verfügbare Substitute ausweichen würden. Ist die Substitution so groß, dass die Gruppe der hypothetisch marktbeherrschenden Unternehmen Gewinneinbußen hinnehmen muss, ist der relevante Markt so lange um weitere Produkte und Gebiete zu erweitern, bis eine solche Preiserhöhung erfolgreich – dh ohne Gewinneinbußen – durchgeführt werden kann. Im Rahmen der Prüfung nach Art. 102 AEUV ist bei der Durchführung des SSNIP-Tests allerdings zu beachten, dass die Preise oftmals ohnehin schon über Wettbewerbsniveau liegen, weil wirksamer Wettbewerb nicht besteht. Dies kann dazu führen, dass die Märkte tendenziell zu weit abgegrenzt werden (sog. „cellophane fallacy"). Zur Feststellung des hypothetischen Wettbewerbspreises kann insbesondere ein Vergleich mit den Preisen in anderen Regionen dienen (Vergleichsmarktkonzept, vgl Kommission, Diskussionspapier Art. 82 EG Rn 19). Zu Einzelheiten zur Abgrenzung der relevanten Märkte im Medienbereich vgl Kommentierung zur Fusionskontrolle im 25. Abschnitt.

II. Beherrschende Stellung

Eine marktbeherrschende Stellung wird angenommen, wenn ein oder mehrere Unternehmen wirtschaftlich in der Lage sind, unabhängig von Wettbewerbern, Abnehmern oder Lieferanten auf dem Markt zu agieren und damit die Aufrechterhaltung eines **wirksamen Wettbewerbs auf dem relevanten Markt zu verhindern** (grundlegend EuGH Slg 1979, 461 ff – Hoffmann-La Roche/Kommission). 69

Marktbeherrschung setzt nicht voraus, dass etwa schon jeglicher Wettbewerb auf dem Markt beseitigt wurde (EuGH Slg 1978, 207 ff – United Brands). **Unerheblich** ist dabei, auf welche **Ursache** dieser Umstand zurückzuführen ist. Für die Wettbewerbsbehörden ist es ferner nicht erforderlich, im Rahmen einer **ex-ante** Betrachtung eine im Zweifel angreifbare Prognose aufzustellen (*B/B/B/H*, Art. 82 Rn 18). Vielmehr genügt der Nachweis, im Rahmen einer **ex-post** Untersuchung, inwieweit es einem marktbeherrschenden Unternehmen gelungen ist, aktuelle Wettbewerber vom Markt zu verdrängen, bzw potenzielle Wettbewerber vom Markt fernzuhalten (EuGH Slg 1989, 803 ff – Ahmed Saeed Flugreisen). 70

Erforderlich für die Anwendbarkeit des Art. 102 AEUV ist ferner die beherrschende Stellung auf dem **Binnenmarkt** oder zumindest auf einem **wesentlichen Teil** desselben. Dabei kann das Territorium eines Mitgliedstaates ausreichen (Kommission, ABl. 2001 L125/27 ff – Deutsche Post AG). Auch das Gebiet eines flächenmäßig großen **Bundeslandes** mit hoher Einwohnerzahl kann als wesentlicher Teil des Binnenmarktes betrachtet werden (EuGH Slg 2001, 8089 ff – Ambulanz Glöckner). 71

Neben Anbietern von Produkten oder Dienstleistungen können auch **nachfragende Unternehmen** Adressaten des Art. 102 AEUV sein, wenn sie auf einem **Beschaffungsmarkt** über eine beherrschende Stellung verfügen und zugleich die nachgefragten Waren bzw Dienstleistungen auch ihrerseits im Rahmen wirtschaftlicher Tätigkeit anbieten (sonst entfällt bereits die Unternehmenseigenschaft, vgl Kommentierung zu Art. 101 AEUV, §§ 1 ff GWB Rn 1 ff), so dass Lieferanten das Ausweichen auf andere Abnehmer faktisch nicht möglich ist (EuGH Slg 1995, I-743 ff – Magill). 72

1. Einzelmarktbeherrschung. Einzelmarktbeherrschung liegt vor, wenn ein einzelnes Unternehmen über ein **Monopol** auf dem Markt verfügt. Dabei kann es sich um ein gesetzliches, staatlich verordnetes oder faktisches Monopol handeln. Sofern keine Monopolstellung vorliegt, spielt der **Marktanteil** des betroffenen Unternehmens eine maßgebliche Rolle. Der Marktanteil eines Unternehmens muss hierzu nach der Rechtsprechung des EuGH **erheblich** (mehr als **50%**) sein (EuGH Slg 1991, I-3359 ff – AKZO). Bei Marktanteilen deutlich unterhalb dieser Schwelle müssen gewichtige weitere Umstände (Gesichtspunkte der **Marktstruktur**, der **Unternehmensstruktur** sowie des **Marktverhaltens**) hinzukommen, um eine Marktbeherrschung annehmen zu können. Bei einem Marktanteil **unter 40%** ist nicht ohne Weiteres von einer marktbeherrschenden Stellung auszugehen (EuGH Slg 1994, 5641 ff – DLG). Etwas anderes gilt aber zB bei erheblichen Marktanteilsabständen (vgl Kommission ABl. 2000 L 30/1 ff – Virgin/British Airways). Äußerst unwahrscheinlich ist die Annahme einer marktbeherrschenden Stellung bei Marktanteilen unterhalb der Schwelle von **25%**. 73

Berücksichtigung findet ferner die **Dauer der Marktstellung** eines Unternehmens. Ein Unternehmen, welches über einen längeren Zeitraum über einen hohen Marktanteil verfügt, kann allein durch den Umfang seiner Produktion und seines Angebots eine Position erreichen, aufgrund derer es einen nicht 74 zu übergehenden Geschäftspartner darstellt, und sich deshalb unabhängig verhalten. Selbst wenn sich die Nachfrage vom Marktführer abwenden wollte, wären Unternehmen mit erheblich geringeren Marktanteilen nicht in der Lage, kurzfristig diese Nachfrage zu befriedigen (EuG Slg 1979, 461 ff – Hoffmann-La Roche/Kommission). Die Marktposition eines Unternehmens ist grundsätzlich in Bezug auf den relevanten Produktmarkt zu untersuchen. Ausnahmsweise kann aber eine marktbeherrschende Stellung auf einem Markt die Stellung des Unternehmens zu einer ebenfalls beherrschenden Stellung auf einem **benachbarten Markt** verstärken, selbst wenn auf dem benachbarten Markt der Marktanteil geringer ist. Aufgrund der **Verbindung zwischen den Märkten** ist ein Unternehmen nicht nur unumgänglicher Lieferant des einen Produkts, sondern auch bevorzugter Lieferant des benachbarten Produkts für die Abnehmer (EuGH Slg 1994, II-755 ff – Tetra Pak II).

75 **2. Kollektive Marktbeherrschung.** Eine marktbeherrschende Stellung iSd Art. 102 AEUV kann auch von mehreren Unternehmen gemeinsam eingenommen werden, wenn diese eine **kollektive Einheit** bilden (EuGH Slg 2000, I-1365 ff – Compagnie maritime belge). Voraussetzung hierfür ist, dass zwischen den betroffenen Unternehmen eine **enge Verbundenheit** vorliegt und **kein wesentlicher Wettbewerb** stattfindet. Die Begründung einer kollektiven beherrschenden Stellung setzt nach der Rechtsprechung dreierlei voraus: (1) **Transparenz**, dh jedes Mitglied des Oligopols muss in der Lage sein, das Verhalten der anderen Mitglieder in Erfahrung zu bringen, um festzustellen, ob diese sich einheitlich verhalten. (2) Die stillschweigende Koordinierung muss **auf Dauer angelegt** sein, so dass ein Anreiz besteht, nicht vom koordinierten Verhalten abzuweichen. (3) Es darf kein **Vergeltungspotential** bestehen, dh voraussichtliche Reaktionen der Wettbewerber und Verbraucher dürfen den erwarteten Erfolg der stillschweigenden Koordinierung nicht in Frage stellen (EuG WuW/E EU-R 559 ff – Airtours/Kommission; WuW/E EU-R 961 ff – Impala/Kommission). Es reicht für die Annahme einer gemeinsamen Marktbeherrschung nicht aus, dass der betreffende Markt oligopolistisch geprägt ist und das Wettbewerbsverhalten der vom Oligopol umfassten Unternehmen nicht als intensiv betrachtet werden kann, solange die Reaktionsverbundenheit der Unternehmen nicht sehr hoch ist (EuGH Slg 1994, 1477 ff – Almelo). Für die Feststellung einer marktbeherrschenden Stellung ist im Einzelfall der Nachweis erforderlich, dass auf dem relevanten Markt aufgrund der gemeinsam ausgeübten Marktmacht bestimmter Unternehmen wirksamer Wettbewerb erheblich eingeschränkt ist. In diesem Rahmen ist vor allem die parallele Entwicklung der Preise über einen längeren Zeitraum von Bedeutung, insbesondere wenn diese über Wettbewerbsniveau liegen. In diesem Fall wird vermutet, dass auch eine hinreichende Markttransparenz besteht (EuG WuW/E EU-R 961 ff – Impala/Kommission).

D. Missbrauch

I. Überblick

76 **1. Begriff.** Art. 102 AEUV enthält keine Definition des Missbrauchsbegriffs. Zur weiteren Konkretisierung des Missbrauchsbegriffs erfolgt auch hier, wie im deutschen Recht (vgl Rn 22, 14), eine Fallgruppenbildung auf Basis der Unterscheidung zwischen **Behinderungsmissbrauch** und **Ausbeutungsmissbrauch.** Das Tatbestandsmerkmal des Missbrauchs ist im **funktionalen Zusammenhang** der **marktbeherrschenden Stellung** und im Kontext der **allgemeinen Ziele des europäischen Unionsrechts** zu sehen (*B/B/B/H*, Art. 82 Rn 26). Daraus folgt, dass je nach Marktstärke der Unternehmen **unterschiedliche Grundsätze** für die Beurteilung des Missbrauchs gelten. An marktbeherrschende Unternehmen stellt Art. 102 AEUV bereits sehr hohe Anforderungen hinsichtlich ihres wettbewerblichen Verhaltens (EuG Slg 1990, II-309 ff – Tetra Pak). Im Allgemeinen gilt, dass die Verhaltensanforderungen mit zunehmendem Marktanteil steigen. Monopolisten und Quasi-Monopolisten sind daher zu besonderer Rücksichtnahme verpflichtet (Kommission WuW/E DE-V 931 ff – Microsoft; EuGH Slg 2000, I-1365 ff – Compagnie maritime belge).

77 Eine wichtige Rolle spielte ferner Art. 3 Abs. 1 lit. g) EG, der bis zur Einführung des Vertrages über die Arbeitsweise der Europäischen Union (AEUV) das Ziel eines redlichen, unverfälschten und freien Wettbewerbs auf dem Gemeinsamen Markt ausdrücklich festlegte (EuGH Slg 1973, I-215 ff – Continental Can). Art. 3 Abs. 1 lit. g) EG wurde zwar nicht wortgemäß in den AEUV übernommen, seine Zielsetzung ist allerdings in mehreren Stellen im AEUV enthalten (vgl insb. Präambel, Art. 101 u. 102 , Art. 119 u. 120 AEUV). Auf der Basis dieser Zielsetzung hat der EuGH in ständiger Rechtsprechung den Begriff des Missbrauchs als Verhaltensweisen eines Unternehmens in beherrschender Stellung definiert, die die Struktur des Marktes beeinflussen können, auf dem der **Wettbewerb** gerade wegen der Anwesenheit des fraglichen Unternehmens **bereits geschwächt** ist, und die Aufrechterhaltung des auf

dem Markt noch bestehenden Wettbewerbs oder dessen Entwicklung durch die Verwendung von Mitteln behindern, welche von den Mitteln eines normalen Produkt- oder Dienstleistungswettbewerbs auf der Grundlage der Leistungen der Wirtschaftsbeteiligten abweichen (zusammenfassend EuG Slg 2003, II-4071 ff – Michelin II). Art. 102 AEUV bezieht sich prinzipiell nicht nur auf Verhaltensweisen, durch die den Verbrauchern ein unmittelbarer Schaden erwachsen kann, sondern auch auf solche, die ihnen durch einen Eingriff in die **Struktur** des tatsächlichen Wettbewerbs Schaden zufügen (EuGH EuZW 2007, 306 ff – British Airways). Die Kommission verfolgt allerdings primär Behinderungsmissbräuche, die Einfluss auf die **Verbraucherwohlfahrt** haben (Kommission, Durchsetzungsprioritäten, Rn 19). Der Begriff des Missbrauchs ist im Übrigen **objektiver Natur**, dh auf ein Verschulden des Marktbeherrschers kommt es nicht an (EuGH Slg 1979, 461 ff – Hoffmann-La Roche). Schuldhaftes Handeln ist allerdings Voraussetzung für die Verhängung von Geldbußen (vgl Art. 23 Abs. 2 VO 1/2003). Im **Mediensektor** kommt die Anwendung des Art. 102 AEUV insbesondere auf den Märkten für die **Distribution von Medienangeboten** in Betracht (*Trafkowski*, S. 133), wobei dort **Zugangsfragen** von herausgehobener Bedeutung sind.

2. Generalklausel (Abs. 1). Hauptanwendungsfälle der Generalklausel sind Wettbewerberbehinderungen durch Lieferverweigerungen und Preisstrategien, Diskriminierungen sowie sonstige Missbrauchsformen wie zB die missbräuchliche **Ausnutzung des Patentsystems** (vgl Kommission, Fall COMP/A. 37.507/F3 – AstraZeneca; abrufbar unter ec.europa.eu), die missbräuchliche **Prozessführung** (EuG Slg 1998, II-2937 ff – ITT/Promedia) oder der missbräuchliche **Lizenzerwerb** (EuG Slg 1990, II-309 ff – Tetra Pak I). Zu Einzelheiten vgl die Kommentierung zu den Fallgruppen, Rn 24, 19 ff). 78

3. Regelbeispiele (Abs. 2). Art. 102 Abs. 2 AEUV enthält Beispiele, bei deren Vorliegen von einem Missbrauch einer marktbeherrschenden Stellung auszugehen ist. Wie die Formulierung „insbesondere" zeigt, enthält Art. 102 Abs. 2 AEUV lediglich eine **exemplarische Aufzählung** möglicher Missbrauchsfälle (EuGH Slg 1973, 215 ff – Continental Can). Danach gilt als Missbrauch insbesondere die Erzwingung von unangemessenen Einkaufs-, Verkaufs-, und sonstigen Geschäftsbedingungen (**Abs. 2 lit. a**), die Einschränkung der Erzeugung, des Absatzes oder der technischen Entwicklung zum Nachteil der Verbraucher (**Abs. 2 lit. b**), die Anwendung unterschiedlicher Bedingungen bei gleicher Leistung (**Abs. 2 lit. c**) sowie Kopplungsgeschäfte (**Abs. 2 lit. d**). Die praktische Bedeutung der Regelbeispiele ist jedoch beschränkt, da sie aufgrund von vielen Überschneidungen und Lücken nicht geeignet sind, als Grundlage für eine systematische Auslegung des Missbrauchsbegriffs zu dienen (IM/*Möschel*, WettbR, Art. 82 Rn 131). Die Kommission und die Europäischen Gerichte haben sich deshalb schon frühzeitig von der engen Ausrichtung gelöst und darüberhinausgehende **Fallgruppen** entwickelt. 79

4. Rechtfertigung. Ein missbräuchliches Verhalten kann objektiv gerechtfertigt sein. Ein marktbeherrschendes Unternehmen kann entweder nachweisen, dass sein Verhalten **objektiv notwendig** ist oder dass dadurch **erhebliche Effizienzvorteile** (insb. technische Verbesserungen in Herstellung oder Vertrieb) erzielt werden, die wettbewerbsbeschränkende Auswirkungen zulasten der Verbraucher ausgleichen (Kommission, Durchsetzungsprioritäten, Rn 28). Das missbräuchliche Verhalten muss insbesondere für das Ziel des Marktbeherrschers unverzichtbar und verhältnismäßig sein (Kommission, Durchsetzungsprioritäten, Rn 28). **Gründe der Gesundheit und Sicherheit** können ein Missbrauchsverhalten objektiv notwendig erscheinen lassen, wobei nicht in Vergessenheit geraten darf, dass Gesundheits- und Sicherheitsstandards in den Aufgabenbereich der zuständigen Behörden fallen (Kommission, Durchsetzungsprioritäten, Rn 29). Effizienzvorteile, die gewährleisten, dass voraussichtlich **kein Schaden für die Verbraucher** entsteht, können unter bestimmten Voraussetzungen ein missbräuchliches Verhalten rechtfertigen (Kommission, Durchsetzungsprioritäten, Rn 30). Die Voraussetzungen für eine Rechtfertigung entsprechen im Wesentlichen den Bedingungen, unter denen eine Freistellung vom Kartellverbot gemäß Art. 101 Abs. 3 AEUV möglich ist: Das missbräuchliche Verhalten muss für das Erreichen von Effizienzvorteilen unverzichtbar sein, die Effizienzvorteile müssen die negativen Auswirkungen des Missbrauchs ausgleichen und der Wettbewerb darf nicht ausgeschaltet werden (Kommission, Durchsetzungsprioritäten, Rn 30). 80

II. Fallgruppen

1. Ausbeutungsmissbrauch (Preis- und Konditionenmissbrauch). Art. 102 Abs. 2 lit. a) AEUV verbietet dem marktbeherrschenden Unternehmen die „unmittelbare oder mittelbare Erzwingung von unangemessenen Verkaufspreisen". Dieser Beispielsfall findet regelmäßig im Verhältnis des marktbeherrschenden Unternehmens zu Verbrauchern und Handelspartnern Anwendung (**Vertikalverhältnis**), 81 kann allerdings in **Ausnahmefällen** auch im Verhältnis zu Wettbewerbern Anwendung finden (**Horizontalverhältnis**). Letzteres setzt voraus, dass, eine Behinderung der Wettbewerber bewirkt wird (EuGH Slg 1989, 803 ff – Ahmed Saeed Flugreisen). Damit eröffnet diese Bestimmung den Kartellbehörden im Grundsatz die Möglichkeit einer **Preishöhenaufsicht** und damit die Kompetenz, in vereinzelten Fällen Preissenkungen durchzusetzen. Allerdings zeigt die Kommissionspraxis, dass abgesehen von gelegentlichen Preishöhenkontrollverfahren in neu liberalisierten Märkten, wie zB dem Telekommunikationssektor (Kommission, 28. WBB (1998), Rn 79 ff), eine allgemeine Preishöhenaufsicht nicht stattfindet.

82 Ausgangspunkt der Prüfung ist die Frage, ob das marktbeherrschende Unternehmen **Preise** gefordert hat, die es bei normalem und hinreichend wirksamem Wettbewerb nicht hätte durchsetzen können (EuGH Slg 1978, 207 ff – United Brands). Vergleichsmaßstab ist daher grundsätzlich die Preissituation in einem hypothetischen Markt ohne Wettbewerbsstörungen (**Vergleichsmarktkonzept**). Nach dem **räumlichen Vergleichsmarktkonzept** legt der EuGH nationale Teilmärkte innerhalb der EU als Referenzmärkte zu Grunde, sofern auf diesen eine höhere Wettbewerbsintensität zu beobachten ist (EuGH Slg 1989, 2811 ff – SACEM). Nach dem **sachlichen Vergleichsmarktkonzept**, das bislang in der Unionsrechtspraxis nur einmal zur Anwendung gekommen ist (EuGH Slg 1986, 3263 ff – British Leyland), sind die Preise eines marktbeherrschenden Anbieters für ein bestimmtes Produkt dann missbräuchlich überhöht, wenn sie massiv von denjenigen Preisen abweichen, die von anderen Anbietern in einem stärker wettbewerbsgeprägten Referenzmarkt für ähnliche Produkte verlangt werden. Im selben Fall zog der EuGH das **zeitliche Vergleichsmarktkonzept** heran, indem er das Verhalten des marktbeherrschenden Unternehmens mit dessen früherem Verhalten verglich.

83 Die Kommission hat in den ersten Anwendungsfällen der Preishöhenkontrolle nach Art. 102 AEUV (EuGH Slg 1975, 1367 ff – General Motors Continental/Kommission und EuGH Slg 1978, 207 ff – United Brands) die sogenannte **Gewinnbegrenzungsmethode** angewendet. Dabei wird geprüft, ob ein Preis im Verhältnis zu den Gestehungskosten des fraglichen Erzeugnisses unverhältnismäßig hoch und damit missbräuchlich ist. Der **EuGH** erkannte die **Gewinnbegrenzungsmethode** grundsätzlich als geeignet an, ließ jedoch daneben auch andere von der „wirtschaftswissenschaftlichen Theorie" entwickelte Methoden zur Bestimmung der Kriterien eines angemessenen Preises zu (EuGH Slg 1978, 207 ff – United Brands). Die **Beweislast** für die Unangemessenheit der Preise trägt die **Kartellbehörde** (EuGH Slg 1978, 207 ff – United Brands).

84 Eine **Erzwingung** wird angenommen, wenn der Marktbeherrscher seinen Vertragspartnern einseitig unangemessene Preise oder sonstige Geschäftsbedingungen auferlegt, ohne dass es auf die Ausübung zusätzlichen Drucks. ankäme (GS/*Schröter*, Art. 82 Rn 181 mwN). Allein die wirtschaftliche Übermacht des Marktbeherrschers bewirkt (dabei) den Zwang (IM/*Möschel*, EG-WettbR Art. 82 Rn 138). Die Missbräuchlichkeit entfällt insbesondere nicht deshalb, weil die unangemessenen Preise oder sonstigen Geschäftsbedingungen von den Handelspartnern ohne Weiteres akzeptiert werden.

85 **2. Behinderungsmissbrauch. a) Liefer- und Geschäftsverweigerungen.** Im Grundsatz ist jedes Unternehmen darin frei, seine Handelspartner selbst auszuwählen. Das gilt prinzipiell auch für marktbeherrschende Unternehmen, dh dass auch diese Geschäftsabschlüsse ablehnen können, ohne zwangsläufig gegen das Missbrauchsverbot gemäß Art. 102 AEUV zu verstoßen. Die Kommission wird solche Lieferverweigerungen vorrangig prüfen, die (i) ein Produkt bzw eine Dienstleistung betreffen, das bzw die objektiv notwendig ist, um auf einem nachgelagerten Markt wirksam konkurrieren zu können, (ii) wahrscheinlich den wirksamen Wettbewerb auf dem nachgelagerten Markt ausschalten und (iii) wahrscheinlich den Verbrauchern schaden (Kommission, Durchsetzungsprioritäten, Rn 81). Damit setzt die Kommission die generelle Aufgriffsschwelle für die Verfolgung von Lieferverweigerungen verhältnismäßig hoch an, denn die genannten Voraussetzungen entsprechen den Vorgaben der Unionsgerichte zur missbräuchlichen Zugangs- bzw Lizenzverweigerung (siehe sogleich unter Rn 24, 90 ff).

86 Der EuGH hat den **Abbruch einer bestehenden Geschäftsverbindung** durch ein marktbeherrschendes Unternehmen bereits dann als missbräuchlich angesehen, wenn dafür kein objektiver Rechtfertigungsgrund vorliegt und sich das Vorgehen als unverhältnismäßig erweist (EuGH Slg 1978, 207 ff – United Brands; vgl *Nikolinakos*, S. 68). Ausgangspunkt ist die Entscheidung des EuGH in Sachen Commercial Solvents. Dort hat der EuGH entschieden, dass es eine Ausnutzung der marktbeherrschenden Stellung darstellt, wenn ein Unternehmen, das eine marktbeherrschende Stellung auf dem Markt für Rohstoffe einnimmt und sich in der Absicht, sich den Rohstoff für die Herstellung seiner eigenen Derivate vorzubehalten, weigert, einen Kunden, der seinerseits Hersteller dieser Derivate ist, zu beliefern, auch auf

die Gefahr hin, jeglichen Wettbewerb durch diesen Kunden auszuschalten (EuGH Slg 1974, 223 ff – Commercial Solvents). Im Fall Télémarketing wurden vorgenannte Grundsätze auch auf den Fall eines Unternehmens für anwendbar erklärt, das eine beherrschende Stellung auf dem Markt einer bestimmten Dienstleistung innehat, die für die Tätigkeit eines anderen Unternehmens auf einem anderen Markt unerlässlich ist. Unter diesem Aspekt hat der EuGH die Weigerung einer luxemburgischen Rundfunkanstalt, Sendezeiten für Fernsehwerbung zur Verfügung zu stellen, die eine Telefonnummer einer belgischen Rundfunkanstalt verwendete, für missbräuchlich gehalten, da die luxemburgische Rundfunkanstalt Fernsehzeiten bloß dann zur Verfügung stellen wollte, wenn die belgische Gesellschaft hierfür die Telefondienste einer Werbeagentur des luxemburgischen Senders in Anspruch genommen hätte (EuGH Slg 1985, 3261 ff – Télémarketing).

In den Schutzbereich des Missbrauchsverbotes fallen nicht nur Unternehmen, die bereits eine geschäftliche Verbindung zu dem Marktbeherrscher pflegen, sondern auch dessen **potenzielle Handelspartner** (Kommission ABl. 1981 L370/49 ff – GVL, betreffend das Verhältnis einer deutschen Urheberrechtsverwertungsgesellschaft zu ausländischen Kunden, die dann zu tatsächlichen Handelspartnern werden, wenn sie ihren Wohnsitz im Inland einnehmen). Die missbräuchliche Diskriminierung folgt aus einer **selektiven, sachlich nicht zu rechtfertigenden Lieferverweigerung** gegenüber neuen Vertragspartnern. Darunter fallen auch Konstellationen, in denen ein beherrschendes Unternehmen eine Lieferung von objektiv unangemessenen Bedingungen abhängig macht (Kommission ABl. 2001 L 331/40 ff – Deutsche Post AG). Ebenfalls als missbräuchlich angesehen wurde die Weigerung einer marktbeherrschenden nationalen Rundfunkanstalt, Werbezeiten an ausländische Nachfrager zu vergeben (EuGH Slg 1974, 409 ff – Sacchi). 87

Eine Liefer- bzw Geschäftsverweigerung ist **objektiv gerechtfertigt**, wenn sie entweder **objektiv notwendig** ist (zB aus Gründen des Gesundheitsschutzes) oder zu **Effizienzvorteilen** führt, die die negativen Auswirkungen überwiegen (Kommission, Durchsetzungsprioritäten, Rn 28.). Unter dem Gesichtspunkt der Effizienzvorteile kann der Marktbeherrscher unter anderem einwenden, dass eine Lieferpflicht künftige **Investitionsanreize** hemmt (Kommission, Durchsetzungsprioritäten, Rn 89). Die **Beweislast** für die Rechtfertigung der Lieferverweigerung trägt der Marktbeherrscher (EuGH, Slg 1989, 2811 ff – Lucazeau/SACEM; Kommission, Durchsetzungsprioritäten, Rn 31 u. 90). Als nicht ausreichend für die objektive Rechtfertigung einer Liefer- bzw Geschäftsverweigerung wurden angesehen: die Werbung eines Händlers für ein Konkurrenzprodukt (EuGH Slg 1978, 207 ff – United Brands), die Missachtung einer unzulässigen Vertriebsbindung (Kommission ABl. 1988 L 65/19 – Hilti), die Aufnahme eigener Tätigkeiten durch den Marktbeherrscher auf dem relevanten Markt (EuGH Slg 1974, 223 ff – Commercial Solvents), ein wettbewerbliches Tätigwerden des Abnehmers auf dem vorgelagerten Markt (Kommission ABl. 1988 L 284/41 ff – Napier Brown/British Sugar) sowie der Zusammenschluss des Abnehmers mit einem aktuellen oder potenziellen Wettbewerber des Marktbeherrschers (Kommission ABl. 1987 L 286/36 ff – BBI/Boosey & Hawkes). 88

b) Zugang zu wesentlichen Einrichtungen („Essential Facilities“). In den Essential-Facilities-Fällen wird ein **Zugangsrecht** von Wettbewerbern zu solchen Einrichtungen des Marktbeherrschers gewährt, die **für den Eintritt in einen benachbarten Markt unerlässlich** sind und **nicht dupliziert** werden können (*Deselaers*, EuZW 1995, 563; *Nikolinakos*, S. 81). Bei der **Zugangsverweigerung** handelt es sich um einen besonderen Fall des Behinderungsmissbrauchs in Form der **Geschäftsverweigerung** (IM/*Möschel*, Art. 82 Rn 239). Hauptanwendungsfälle sind die natürlichen Monopole auf den Gebieten der Telekommunikation, der Energie und des Verkehrs (LB/*Bulst*, Art. 82 Rn 308). 89

Die Fallpraxis ist bislang durch eine Reihe von Einzelfallentscheidungen geprägt, denen keine einheitlichen Voraussetzungen für alle Fälle der Zugangsverweigerung entnommen werden können. Ausgangspunkt ist wiederum der Grundsatz, dass es auch einem marktbeherrschenden Unternehmen grundsätzlich nicht verwehrt ist, seine wirtschaftlichen Interessen zu verteidigen (EuGH Slg 1978, 207 ff – United Brands). Daher ist auch der Marktbeherrscher nicht ohne Weiteres verpflichtet, seinen Wettbewerbern Zugang zu einer wesentlichen Einrichtung zu gewähren (*Nikolinakos*, S. 89). Nur unter **außergewöhnlichen Umständen** kann die Verweigerung des Zuganges zu Einrichtungen den Missbrauchstatbestand des Art. 102 AEUV erfüllen. Ob außergewöhnliche Umstände vorliegen, muss im Wege der Einzelfallbeurteilung ermittelt werden. 90

In der Entscheidung des EuGH im Fall Bronner wurde ein landesweites System der Hauszustellung von Tageszeitungen nicht als wesentliche Einrichtung betrachtet, da der Zugang zu dem Zustellungssystem nicht der einzig mögliche Weg war, um mit dem Marktbeherrscher auf dem relevanten Markt 91 in Wettbewerb zu treten. Der EuGH führte dazu aus, dass die Weigerung, einem Konkurrenten die für die Ausübung von dessen Tätigkeit unerlässlichen Rohstoffe oder Dienstleistungen zu liefern bzw ihm gegenüber zu erbringen, nur dann missbräuchlich sei, wenn sie geeignet ist, jeglichen Wettbewerb durch dieses Unternehmen auszuschalten. Dies wäre im Fall Bronner nur dann anzunehmen, wenn die Verweigerung der in der Hauszustellung liegenden Dienstleistung geeignet wäre, jeglichen Wettbewerb auf dem Tageszeitungsmarkt durch denjenigen, der die Dienstleistung begehrte, auszuschalten und ferner objektiv nicht zu rechtfertigen wäre. Die Dienstleistung selbst müsse für die Ausübung der Tätigkeit des Wettbewerbers in dem Sinne unentbehrlich sein, dass kein tatsächlicher oder potenzieller Ersatz für das Hauszustellungssystem bestünde. Diese Voraussetzungen lagen nach Ansicht des EuGH nicht vor (EuGH Slg 1998 I-7791 ff – Oscar Bronner). Sobald es jedoch die Möglichkeit gibt, alternative Einrichtungen zu nutzen, die bereits bestehen, oder aber eine alternative Einrichtung zu schaffen, ohne dass dies evident unrentabel wäre, kann der Missbrauch einer marktbeherrschenden Stellung nicht angenommen werden (*Trafkowski*, S. 134, *Fleischer/Weyer*, WuW 1999, 350 ff).

92 Die Kommission hat sich mit der Problematik des Zugangs zu wesentlichen Einrichtungen systematisch erstmals in ihrer **Mitteilung über die Anwendung der Wettbewerbsregeln auf Zusatzvereinbarungen im Telekommunikationsbereich** befasst (Kommission ABl. 1998 C 265/2 ff). Darin hat die Kommission sektorspezifisch präzisiert, unter welchen Voraussetzungen ein Unternehmen im Telekommunikationssektor, „das eine wesentliche Einrichtung kontrolliert“, seinen Wettbewerbern Zugang zu dieser wesentlichen Einrichtung gewähren muss. Es reicht danach nicht aus, dass die Stellung des Unternehmens, das den Zugang beantragt, bei Gewährung des Zugangs vorteilhafter wäre; vielmehr muss die Verweigerung des Zugangs dazu führen, dass die beabsichtigten Aktivitäten entweder gar nicht durchgeführt werden können oder aber auf unvermeidbare Weise in hohem Maße unwirtschaftlich werden. Es muss ferner eine ausreichende Kapazität zur Bereitstellung des Zugangs verfügbar sein. Zudem muss der Eigentümer der Einrichtung die Nachfrage auf einem bestehenden Dienste- oder Produktmarkt nicht befriedigen, die Entstehung eines potenziellen neuen Dienstes oder Produktes verhindern oder den Wettbewerb auf einem bestehenden oder potenziellen Dienste- oder Produktmarkt beeinträchtigen. Überdies muss das Unternehmen, das den Zugang beantragt, zur Zahlung eines angemessenen und nicht diskriminierenden Entgelts bereit sein und ansonsten alle nichtdiskriminierenden Zugangsbedingungen akzeptieren (zu Einzelheiten vgl *Scherer*, S. 315).

93 c) **Lizenzverweigerung.** Die Weigerung eines marktbeherrschenden Unternehmens, sein Schutzrecht zu lizenzieren, ist nach der Rechtsprechung ebenfalls nur bei Vorliegen außergewöhnlicher Umstände missbräuchlich.

94 Im Fall Volvo/Veng entschied der EuGH, dass das Verhalten des Inhabers eines Geschmacksmusterrechts an Karosserieteilen, der sich weigert, Dritten selbst gegen angemessene Vergütung eine Lizenz für die Lieferung von Teilen, die das Geschmacksmuster verkörpern, zu erteilen, als solches nicht als missbräuchliche Ausnutzung einer beherrschenden Stellung anzusehen ist. Allerdings könne die Ausübung eines ausschließlichen Rechts durch den Inhaber gemäß Art. 102 AEUV verboten sein, wenn sie zu bestimmten missbräuchlichen Verhaltensweisen führt, etwa der willkürlichen Weigerung, unabhängige Reparaturwerkstätten mit Ersatzteilen zu beliefern, der Festsetzung unangemessener Ersatzteilpreise oder der Entscheidung, für ein bestimmtes Modell keine Ersatzteile mehr herzustellen, obwohl noch viele Fahrzeuge dieses Modells verkehren (EuGH Slg 1988, 6211 ff – Volvo/Veng).

95 Im Fall Magill ging es um die Weigerung von TV-Rundfunkanstalten, Lizenzen an dem Urheberrecht an ihren (rechtlich geschützten) Programmzeiten/listen zu erteilen. Der EuGH entschied, dass die Verweigerung einer Lizenz durch den Urheber als solche keinen Missbrauch darstellt, selbst wenn sie von einem Unternehmen in beherrschender Stellung ausgehen sollte (EuGH Slg 1995-I, 743 Rn 49 – RTE u. ITP). Jedoch betonte das Gericht, dass die Ausübung eines ausschließlichen Rechts durch den Inhaber unter außergewöhnlichen Umständen ein missbräuchliches Verhalten darstellen kann. Als außergewöhnlichen Umstand sah der EuGH an, dass erstens die Lizenzverweigerung die Entstehung eines neuen Produktes verhinderte, welches von dem marktbeherrschenden Unternehmen gar nicht angeboten wurde und nach welchem eine potenzielle Nachfrage der Verbraucher bestand. Zweitens, analog zu Commercial Solvents, hob der EuGH hervor, dass sich das marktbeherrschende Unternehmen durch das fragliche Verhalten einen abgeleiteten Markt für wöchentlichen Fernseh-Programmzeitschriften vorbehielt, indem es jeden Wettbewerb von dem entsprechenden Markt ausschloss. Drittens war die Verweigerung nicht objektiv gerechtfertigt (EuGH Slg 1995-I, 743 ff – RTE u. ITP). Unter Hinweis auf die Magill-Entscheidung entschied das EuG im Fall Tiercé Ladbroke, dass eine Lizenzverweigerung

nur dann nach Art. 102 AEUV verboten ist, wenn sie ein Erzeugnis oder eine Dienstleistung betrifft, das oder die für die Ausübung der in Rede stehenden Tätigkeit in dem Sinne wesentlich ist, dass es keinen tatsächlichen oder potenziellen Ersatz für es oder sie gibt, oder aber sie ein neues Erzeugnis betrifft, dessen Erscheinen trotz einer potenziellen spezifischen, ständigen und regelmäßigen Nachfrage seitens der Kunden eingeschränkt würde. Diese Voraussetzungen waren im Hinblick auf die in Frage stehenden belgischen Bilder und Töne von französischen Pferderennen nicht gegeben, da sie nicht Voraussetzung für das Anbieten von Pferdewetten in Belgien waren (EuGH Slg 1997, II-923 ff – Tiercé Ladbroke).

Im Fall IMS Health entschied der EuGH, dass die Weigerung der Lizenzierung einer urheberrechtlich geschützten Datenbankstruktur missbräuchlich ist, wenn erstens das Unternehmen, das eine Lizenz ersucht hat, beabsichtigt, auf dem Markt für die Lieferung der betreffenden Daten neue Erzeugnisse oder Dienstleistungen anzubieten, die der Inhaber des Rechts am geistigen Eigentum nicht anbietet und für die eine potenzielle Nachfrage der Verbraucher besteht, zweitens die Weigerung nicht aus sachlichen Gründen gerechtfertigt ist und drittens die Weigerung geeignet ist, dem Inhaber des Rechts am geistigen Eigentum den Markt für die Lieferung der Daten über den Absatz der relevanten Produkte in dem betreffenden Mitgliedstaat vorzubehalten, so dass jeglicher Wettbewerb auf diesem Markt ausgeschlossen wird (EuGH Slg 2004, I-5039 ff – IMS Health). 96

Die Liste der außergewöhnlichen Umstände, die eine Verpflichtung zur Gewährung einer Zwangslizenz rechtfertigen, ist durch die vorgenannten Urteile nicht abschließend festgelegt. Im Fall Microsoft ordnete die Kommission es dementsprechend als missbräuchlich ein, dass das Unternehmen sich geweigert hatte, Schnittstelleninformationen zu liefern und deren Gebrauch für Entwicklung und Vertrieb von Server-Betriebssystemen für Arbeitsgruppen zu erlauben. Um ein neuartiges Produkt handelte es sich hierbei nicht. Allerdings war das Verhalten nach Ansicht der Kommission Teil eines allgemeinen, auf Herausdrängen von Wettbewerbern gerichteten Verhaltensmusters, das geeignet war, den Wettbewerb auszuschließen, und zudem zu einer Einschränkung der technischen Entwicklung führte (Kommission WuW/E EU-V 931 ff – Microsoft). Darüber hinaus kann sich im Rahmen der **Standardsetzung** eine Verpflichtung zur Lizenzierung zu FRAND-Bedingungen (FRAND = Fair, Reasonable And Non-Discriminatory) unter dem Gesichtspunkt des „patent ambush" ergeben. Dieser aus der US-amerikanischen Praxis stammende Begriff kennzeichnet die verspätete Offenlegung wesentlicher Patente im Standardsetzungsprozess. Durch die verspätete Offenlegung kann der Patentinhaber unter Umständen in eine Monopolstellung gelangen, die nicht in der eigenen schöpferischen Leistung begründet liegt, sondern erst durch Einfügung in den Standard geschaffen wurde. Die US-amerikanische Federal Trade Commission hat unter diesem Gesichtspunkt im Fall Rambus im Rahmen des SDRAM-Standards die Lizenzierung wesentlicher Patente zu angemessenen Bedingungen angeordnet (vgl FTC-Docket No. 9302, Feb 2, 2007). Auch die Europäische Kommission hat den Fall aufgegriffen und am 30.7.2007 ein Verfahren nach Art. 82 EG (jetzt Art. 102 AEUV) gegen Rambus eingeleitet (Kommission, MEMO/07/330). Das Verfahren wurde durch eine Verpflichtungszusagenentscheidung beendet. Rambus wird danach keine Lizenzgebühren für Patente in Normen für DRAM-Chips erheben, die in dem Zeitraum festgelegt wurden, in dem Rambus angeblich vorsätzlich die Existenz und Relevanz bestimmter Patente verschwiegen hatte. Außerdem hat sich Rambus zur Einhaltung einer Preisobergrenze für Lizenzen für JEDEC-Normen verpflichtet. Die Verpflichtungen gelten für den Zeitraum von fünf Jahren (Kommission, COMP/38.636 Rn 72 ff – Rambus). 97

d) **Ausschließlichkeitsbindungen.** Ein Marktbeherrscher, der seinem Vertragspartner ausschließliche Bezugs-, Liefer- oder Andienungsverpflichtungen auferlegt, verhält sich grundsätzlich missbräuchlich (EuGH Slg 1994, I-1477 ff – Almelo; Slg 1991, I-3359 ff – Akzo). Es handelt sich um eine **schwerwiegende Beeinträchtigung** des Wettbewerbs durch eine Maßnahme, die in der Regel nicht auf wirtschaftlicher Leistung beruht, sondern allein aus der marktbeherrschenden Stellung folgt (IM/*Möschel*, Art. 82 Rn 179). Durch ausschließliche Bezugspflichten werden die **Absatzwege der Wettbewerber verstopft** sowie **Marktzutrittshürden gegenüber Newcomern** errichtet (EuG Slg 1993 II-389, 417 ff – BPB). Ohne Belang ist hierbei, ob eine solche Verpflichtung rechtlicher oder wirtschaftlicher Natur ist. Daher ist auch die Gewährung besonderer Rabatte für den ausschließlichen oder überwiegenden Bezug vom Marktbeherrscher (sog. Treuerabatte) in der Regel missbräuchlich, wenn sie nicht ausnahmsweise nach den Grundsätzen des Art. 101 Abs. 3 AEUV gerechtfertigt ist (EuGH Slg 1979, 461 ff – Hoffmann-La Roche/Kommission). Von einer Verpflichtung zur **Gesamtbedarfsdeckung** ist bereits auszugehen, wenn der Käufer verpflichtet wird, mehr als 80% seines gesamten Bedarfes beim Lieferanten zu decken (vgl dazu Art. 1 lit. d) Vertikal-GVO). Auch nicht-exklusive Abnahmeverpflichtungen können miss- 98 bräuchlich sein, wenn sie anhand ihrer Intensität und Dauer zu einer Verschlechterung der Wettbewerbsstruktur führen und nicht objektiv gerechtfertigt sind. Daher können sich auch Verträge mit unbestimmter Laufzeit, die sogenannten „evergreen-Verträge", als missbräuchlich darstellen (EuGH Slg 1988, 5987 ff – Alsatel). Zur künftigen Verfolgung von Alleinbezugsbindungen und bedingten Rabatten durch die Kommission vgl Kommission, Durchsetzungsprioritäten, Rn 32 ff.

99 e) **Kampfpreise.** Niedrigpreisstrategien marktbeherrschender Unternehmen können dann kartellrechtliche Probleme aufwerfen, wenn zu erwarten ist, dass Wettbewerber des marktbeherrschenden Unternehmens vom Markt verdrängt bzw an einem erfolgreichen Markteintritt gehindert werden. Unter diesem Gesichtspunkt verbietet das Unionsrecht es marktbeherrschenden Unternehmen, ihre Produkte zu missbräuchlich niedrigen Preisen („Kampfpreisen")am Markt anzubieten (sog. „predatory pricing"). Das bedeutet nicht, dass Produkte nicht billiger als die Konkurrenzprodukte angeboten werden dürfen, solange der günstigere Preis eine Folge der besseren Leistungsfähigkeit des Marktbeherrschers ist. Allerdings wird es spätestens dort problematisch, wo das marktbeherrschende Unternehmen nicht mehr kostendeckend arbeitet. Während in den USA anerkannt ist, dass ein Missbrauch nur vorliegt, wenn der Marktbeherrscher damit rechnen kann, nach Beendigung der Maßnahme die Preise über das Wettbewerbsniveau zu heben (sog. „Recoupment"), hat der EuGH diese einschränkende Voraussetzung für das EU-Recht mit der Begründung abgelehnt, das Ziel, einen unverfälschten Wettbewerb zu erhalten, erlaube es nicht, zu warten, bis die Wettbewerber tatsächlich vom Markt verdrängt worden sind (EuGH Slg 1996 I, 5987 ff – Tetra Pak/Kommission).

100 Nach EU-Entscheidungspraxis gelten Niedrigpreisstrategien von Marktbeherrschern als missbräuchlich, wenn sie in **Verdrängungsabsicht** vorgenommen werden. Die schwierige – und noch nicht in allen Einzelheiten geklärte – Frage ist, unter welchen Umständen eine derartige Absicht angenommen werden kann. Der EuGH hat in der Leitentscheidung AKZO für die Beurteilung von Preisunterbietungen einen **kostenbasierten Ansatz** gewählt. Danach wird ein Missbrauch vermutet bei Preisen, die **unter den durchschnittlichen variablen Kosten** liegen. In diesem Fall erleidet das Unternehmen einen Verlust in Höhe der gesamten, vom Umfang der Produktion unabhängigen Fixkosten sowie eines Teils seiner variablen Kosten je produzierter Einheit. Eine solche Preispolitik ist mit den Prinzipien eines leistungsorientierten Wettbewerbs nicht zu vereinbaren und lässt sich nur damit erklären, dass das marktbeherrschende Unternehmen das Ziel verfolgt, Wettbewerber vom Markt zu verdrängen. Dauer und Intensität der Maßnahme spielen insoweit keine Rolle. Das Vorliegen einer Verdrängungsabsicht wird also insoweit vermutet. Die Kommission spricht sich in den Durchsetzungsprioritäten auch für einen kostenbasierten Ansatz aus. Sie stellt zum einen darauf ab, ob ein marktbeherrschendes Unternehmen einen vermeidbaren Verlust erzielt (**sacrifice-Test**; Kommission, Durchsetzungsprioritäten, Rn 64 ff). Wenn zuverlässige Daten zur Verfügung stehen, überprüft die Kommission zum anderen, ob sogar ein ebenso effizienter Wettbewerber durch das betreffende Marktverhalten des Marktbeherrschers vom Markt verdrängt werden würde (**equally-efficient-competitor-Test**; Kommission, Durchsetzungsprioritäten, Rn 67). Offen ist weiterhin, ob und wie die Vermutung der Verdrängungsabsicht widerlegt werden kann. Generalanwalt Fennelly vertrat in seinen Schlussanträgen in Sachen *Compagnie Maritime Belge*, dass diese Vermutung durch den Nachweis widerlegt werden könne, dass die Preisgestaltung nicht Teil eines Plans zur Verdrängung eines Wettbewerbers war (GA Fennelly, Slg 2000, I-1365 ff – Compagnie Maritime Belge). Diese Auffassung hat der EuGH bislang jedoch weder bestätigt noch abgelehnt. In Sachen *Tetra Pak* befand der EuGH allerdings, derartige Praktiken seien „stets" als missbräuchlich anzusehen (EuGH Slg 1996, I-5987 ff – Tetra Pak/Kommission).

101 Preise, die **über den durchschnittlichen variablen Kosten, aber unter den durchschnittlichen Gesamtkosten** liegen, sind als **missbräuchlich** anzusehen, wenn sie im Rahmen eines Plans festgelegt wurden, der die **Ausschaltung eines Mitbewerbers** bezweckt (EuGH Slg 1991, I-3359 ff – AKZO). Auch eine solche Preispolitik kann andere, ebenso leistungsfähige, aber finanziell schwächere Unternehmen vom Markt verdrängen. Hier verlangt der EuGH jedoch zusätzlich den Nachweis, dass die Preisfestsetzung im Rahmen einer Gesamtstrategie dem Ziel dienen soll, die Konkurrenz auszuschalten. Indizien hierfür sind Intensität und Dauer der Maßnahmen sowie eine etwaige selektive Durchführung (um gezielt Kunden abzuwerben). So haben sowohl EuGH als auch Kommission den über einen längeren Zeitraum andauernden Verkauf unter Einstandspreis als gezielte Verdrängungsstrategie gewertet (EuGH Slg 1996, I-5987 ff – Tetra Pak/Kommission; Kommission ABl. 1992 L 2/1 – Tetra Pak II). Bei selektiv durchgeführten Niedrigpreisstrategien liegt oftmals gleichzeitig eine Diskriminierung von Nachfragern vor. In diesen Fällen kann ein unzulässiger Kampfpreis im Übrigen auch schon dann vorliegen, wenn der angebotene Preis noch kostendeckend ist. Dies gilt jedenfalls dann, wenn die Strategie von einem

sog. Super-Marktbeherrscher bzw Quasi-Monopolisten ausgeht (EuGH Slg 2000, I-1365 ff – Compagnie Maritime Belge).

Inwieweit **Verteidigungsmaßnahmen** des Marktbeherrschers als Reaktionen auf Niedrigpreisstrategien von Wettbewerbern zulässig sind, ist noch ungeklärt. Einerseits kann auch einem marktbeherrschenden Unternehmen nicht das Recht genommen werden, seine eigenen geschäftlichen Interessen zu wahren, wenn diese angegriffen werden. Andererseits ist der Marktbeherrscher aber an den Grundsatz der **Verhältnismäßigkeit** der Mittel gebunden (EuGH Slg 1978, 207 ff – United Brands). Ein marktbeherrschendes Unternehmen, das seine Produkte dauerhaft zu Preisen anbietet, die unter seinen Selbstkosten liegen, kann sich daher jedenfalls nicht auf ein zulässiges Abwehrverhalten berufen, wenn es seine Preise nicht nur an die der Wettbewerber anpasst, sondern diese **gezielt unterbietet**. Das EuG hat mit Urteil vom 30.1.2007 (T-340/03 ff – France Télécom/Kommission) eine Geldbuße von mehr als 10 Mio. EUR bestätigt, die die Kommission im Juli 2003 gegen Wanadoo Interactive SA, damals eine Tochtergesellschaft von France Télécom, verhängt hatte. Wanadoo Interactive hatte von Ende 1999 bis Oktober 2002 seine ADSL-Dienste und seinen Dienst „eXtence" zu Preisen angeboten, die unterhalb seiner Durchschnittskosten lagen. Dieses Verhalten hatte die Kommission wegen Missbrauchs einer marktbeherrschenden Stellung als wettbewerbswidrig beanstandet (Kommission ABl. C 289/34 f – Wanadoo Interactive). Nach Ansicht des Gerichts konnte sich Wanadoo zur Rechtfertigung ihres Verhaltens nicht auf ein generelles Recht berufen, sich den Preisen ihrer Mitbewerber anzupassen. Passe sich das beherrschende Unternehmen den Preisen der Mitbewerber an, so sei dies zwar für sich genommen nicht missbräuchlich oder zu beanstanden, etwas anderes könne aber gelten, wenn das beherrschende Unternehmen nicht nur zum Schutz seiner Interessen tätig werde, sondern diese beherrschende Stellung stärken und missbrauchen wolle. 102

Einen Unterfall der gezielten Kampfpreisunterbietung bildet die sogenannte **Kosten-Preis-Schere** (margin squeeze). In dieser Konstellation verdrängt ein Marktbeherrscher, der sowohl Lieferant eines Vorprodukts (vorgelagerter Markt) als auch Anbieter des daraus gefertigten Endprodukts (nachgelagerter Markt) ist, seine Wettbewerber, indem er den Preis auf dem vorgelagerten Markt gegenüber seinem Preis auf dem nachgelagerten Markt so ansetzt, dass es sogar für einen ebenso effizienten Wettbewerber nicht mehr möglich ist, auf dem nachgelagerten Markt langfristig rentabel zu bleiben (Kommission, Durchsetzungsprioritäten, Rn 80). Die Missbräuchlichkeit des Verhaltens wird nicht dadurch beseitigt, dass die Preise des Marktbeherrschers auf dem vorgelagerten Markt durch die nationale Regierungsbehörde festgesetzt wurden, solange auf dem nachgelagerten Markt ein hinreichender Preissetzungsspielraum für den Marktbeherrscher verbleibt (EuGH Rs. C-280/08 – DTAG / Kommission). Keine missbräuchliche Kosten-Preis-Schere sah das BKartA in der Preisgestaltung der Deutsche Telekom AG (DTAG) für ihr DSL-Vorleistungsprodukt „Wholesale Internet Access" (WIA DSL) im Verhältnis zu den regulierten Entgelten des Angebots „IP-Bitstrom" (BKartA, 7.6.2010, B7-68/09 – WIA-DSL). Auch im Hinblick auf die Preisgestaltung der DTAG von Mehrwertdiensten in Form von sogenannten MABEZ-Diensten („Massenverkehrsdienste zu bestimmten Zielen") gegenüber Fernsehsendern einerseits und gegenüber den Wettbewerbern der DTAG auf Vorleistungsebene für die Zusammenschaltung von MABEZ-Diensten sowie für die Übernahme von Billing, Fakturierung und Delkredere andererseits sah das BKartA kein missbräuchliches Verhalten (BKartA WuW/E DE-V 1169 – MABEZ-Dienste). 103

f) Rabattsysteme. Ein Missbrauch durch Gewährung von Rabatten liegt dann vor, wenn das Verhalten darauf abzielt, dem Abnehmer durch die **Gewährung eines Vorteils**, der **nicht auf einer ihn rechtfertigenden wirtschaftlichen Leistung beruht**, die Wahl zwischen mehreren Bezugsquellen unmöglich zu machen oder zu erschweren, den Konkurrenten den **Zugang zum Markt zu verwehren**, Handelspartner für gleichwertige Leistungen ungleiche Bedingungen aufzuerlegen oder die beherrschende Stellung durch einen verfälschten Wettbewerb zu stärken (*B/B/B/H*, Art. 82 Rn 44). 104

Grundsätzlich unzulässig sind insbesondere **Treuerabatte**, die zum Ziel haben, Kunden durch die Gewährung von finanziellen Vorteilen davon abzuhalten, Produkte von Wettbewerbern zu beziehen (EuGH Slg 1979, 461 ff – Hoffmann-La Roche; Kommission ABl. 2001 L 125/27 ff Rn 3 – Deutsche Post). **Gruppenrabatte**, die den ausschließlichen Bezug von ganzen Abnehmergruppen belohnen, sind als Unterfall der Treuerabatte missbräuchlich (Kommission ABl. 1988 L 284/41, 56 ff – British Sugar). 105

Bei **Mengenrabatten**, die ausschließlich an den Umfang der bei einem Unternehmen in beherrschender Stellung getätigten Käufe anknüpfen, wird im Allgemeinen davon ausgegangen, dass sie keine nach Art. 102 AEUV verbotene Verdrängungswirkung haben. Sie sind grundsätzlich erlaubt, wenn die Rabattgewährung an einzelne Lieferungen anknüpft. In diesem Fall wird vermutet, dass die Rabattge- 106 währung im Gegenzug für einen angemessenen wirtschaftlichen Vorteil erfolgt (EuG Slg 2003, II-4071 ff – Michelin II). Etwas anderes gilt aber dann, wenn die Kriterien und Modalitäten, nach denen der Rabatt gewährt wird, erkennen lassen, dass das System nicht auf einer wirtschaftlichen Gegenleistung beruht, sondern wie ein Treuerabatt die Kunden vom Bezug bei konkurrierenden Herstellern abhalten soll. Hier ist im Einzelfall zu ermitteln, ob der Rabatt geeignet ist, Verdrängungswirkung zu entfalten. Soweit dies der Fall ist, muss der Marktbeherrscher nachweisen, dass die Rabattgewährung auch in dieser Höhe objektiv gerechtfertigt ist (EuG Slg 2003, II-4071 ff – Michelin II).

107 Nach der Entscheidungspraxis können Mengenrabattsysteme allerdings missbräuchlich sein, wenn die Rabattgewährung an ein bestimmtes Umsatzziel innerhalb einer festgelegten Referenzperiode anknüpft. In diesem Fall handelt es sich um sogenannte **Zielrabatte**. Problematisch sind insbesondere Rabatte oder Prämien, die sich nicht auf einen zusätzlichen, sondern auf den Gesamtumsatz mit Produkten des marktbeherrschenden Unternehmens beziehen (EuGH EuZW 2007, 306 ff – British Airways). In der Praxis wurden Mengenrabatte mit einer Referenzperiode von einem Jahr als missbräuchlich angesehen (EuGH Slg 1983 3461 ff – Michelin). Ein **Referenzzeitraum** von drei Monaten wurde von der Kommission dagegen als zulässig erachtet (Kommission ABl. 1992 C 321, 9 ff – British Gypsum). Zielrabatte sind in der Regel auch dann missbräuchlich, wenn sie eine Staffelung vorsehen, die individuell an der Abnahmefähigkeit des Kunden orientiert ist, beispielsweise in Form von **Steigerungsboni** (EuGH Slg 1979, 461 ff – Hoffmann-La Roche). Hier liegt oftmals zugleich eine Diskriminierung von Abnehmern vor (EuGH EuZW 2007, 306 ff – British Airways). Die Kommission wird derartige Rabattsysteme künftig anhand des **equally-efficient-competitor-Tests** prüfen. Die Kommission wird folglich untersuchen, ob sogar ein ebenso effizienter Wettbewerber durch das Rabattsystem des Marktbeherrschers vom Markt verdrängt werden würde. Hierzu muss die Kommission ermitteln, welchen Preis ein Wettbewerber anbieten müsste, um den Abnehmer für den Verlust zu entschädigen, der ihm entsteht, wenn er den relevanten Teil seiner Nachfrage statt bei dem marktbeherrschenden Unternehmen künftig bei diesem Wettbewerber deckt und dadurch den bedingten Rabatt verliert (Kommission, Durchsetzungsprioritäten, Rn 41 ff).

108 **g) Kopplungsbindungen.** Gemäß **Art. 102 Abs. 2 lit. d) AEUV** liegt ein Missbrauch vor, wenn ein Abnehmer verpflichtet wird, **zusätzliche Leistungen** anzunehmen, die weder sachlich noch nach Handelsbrauch in Beziehung zum Vertragsgegenstand stehen. Eine unzulässige Kopplung setzt voraus, dass die Produkte, deren Vertrieb gekoppelt wird, **unterschiedlichen Märkten** angehören, das betroffene Unternehmen seinen Kunden nicht die Wahl lässt, die Produkte einzeln zu beziehen, auf dem Markt, dem das eigentlich bezogene Produkt angehört, marktbeherrschend ist und schließlich durch die Kopplung den Wettbewerb ausschließt (Kommission WuW/E DE-V 931 ff – Microsoft). Ein Handelsbrauch, der die Kopplung rechtfertigen könnte, ist stets dann nicht gegeben, wenn Wettbewerber die gekoppelten Leistungen auch getrennt anbieten.

109 **h) Diskriminierungen. Art. 102 Abs. 2 lit. c) AEUV** verbietet jede Diskriminierung, die ein Unternehmen in beherrschender Stellung dadurch vornimmt, dass es gegenüber Handelspartnern bei gleichwertigen Leistungen unterschiedliche Bedingungen anwendet und sie dadurch im Wettbewerb benachteiligt (EuGH Slg 2001, I-2613 ff – Portugal/Kommission). Eine Diskriminierung wird angenommen, wenn die Gegenleistungen der Marktpartner bei gleichzeitiger Gleichwertigkeit der Leistungen des Marktbeherrschers unterschiedlich sind. Das Diskriminierungsverbot legt dem Marktbeherrscher somit eine Verpflichtung zur Gleichbehandlung auf, wonach dieser den Handelspartnern, die sich in gleicher Lage befinden, dieselben Preise und Geschäftsbedingungen einräumen muss. Die Verpflichtung des Marktbeherrschers kann sich auch darauf erstrecken, eigene Tochtergesellschaften oder andere mit ihm verbundene Unternehmen nicht besser oder anders zu behandeln als konzernfremde Unternehmen (Kommission ABl. 2002 L 120/19 ff – La Poste). Aus der Verpflichtung zur Gleichbehandlung folgt gleichzeitig ein Recht zur Differenzierung: Das marktbeherrschende Unternehmen muss daher auf unterschiedliche Leistungen mit unterschiedlichen Gegenleistungen reagieren können. Der Leistungsvergleich bezieht sich dabei auf den Markt, auf dem das diskriminierende Unternehmen als beherrschend anzusehen ist.

110 Ungleichbehandlungen, die **durch sachliche Gründe gerechtfertigt** sind, stellen keine Diskriminierung dar. Die Anforderungen an das Kriterium der sachlichen Rechtfertigung sind allerdings hoch. So hat die Kommission einer Urheberrechtsverwertungsgesellschaft untersagt, für inländische und importierte Tonträger und Tonaufzeichnungsgeräte unterschiedlich hohe Lizenzgebühren zu erheben, auch wenn

die Kontrolle der importierten Waren mit höheren Kosten verbunden ist (Kommission, ABl. 1971 L 134/15, 26 – GEMA I).

E. Zwischenstaatlichkeitsklausel

Der Tatbestand des Art. 102 AEUV setzt voraus, dass die festgestellte missbräuchliche Ausnutzung der marktbeherrschenden Stellung dazu führen kann, den **Handel zwischen den Mitgliedstaaten zu beeinträchtigen**. Verhaltensweisen, deren missbräuchliche Wirkungen nicht über die Grenzen eines Mitgliedstaates hinausreichen, fallen in die **Prüfkompetenz** der **nationalen Kartellbehörden** und nicht in die der Kommission, da es für deren Tätigwerden am Erfordernis des **Unionsinteresses mangelt**. Im Fall Magill hat die Kommission missbräuchliche Verhaltensweisen von irischen Unternehmen untersucht, deren Wirkungen im Wesentlichen nur Wettbewerber und Kunden in der Republik Irland betrafen. Die Kommission und die Gemeinschaftsgerichte haben dennoch eine Beeinträchtigung des Handels zwischen den Mitgliedstaaten angenommen, da sich die Beschränkungen der irischen Marktbeherrscher wegen der geographischen Nähe zumindest potenziell auf den Markt in Nordirland und somit auf das Vereinigte Königreich ausgewirkt hatten (EuGH Slg 1995, I-743 ff – RTE u. ITP). 111

Der EuGH legt die Zwischenstaatlichkeitsklausel traditionell weit aus. Nach der vom EuGH entwickelten Formel liegt eine Beeinträchtigung des Handels zwischen den Mitgliedstaaten vor, wenn sich unter Berücksichtigung der Gesamtheit objektiver rechtlicher oder tatsächlicher Umstände mit hinreichender **Wahrscheinlichkeit** voraussehen lässt, dass die Vereinbarung oder Verhaltensweise den **Warenverkehr zwischen den Mitgliedstaaten** unmittelbar oder mittelbar, tatsächlich oder potenziell in einer Weise beeinflussen kann, die für die Verwirklichung der **Ziele eines einheitlichen zwischenstaatlichen Marktes** nachteilig sein könnte (grundlegend EuGH Slg 1966, 281 ff – Maschinenbau Ulm; vgl auch Leitlinien der Kommission über den Begriff der Beeinträchtigung des zwischenstaatlichen Handels in den Artikeln 81 und 82 des Vertrags, ABl. 2004 C 101/81). Die Zwischenstaatlichkeitsklausel des Art. 102 AEUV wird im Wesentlichen so ausgelegt, wie es im Rahmen des Art. 101 AEUV der Fall ist. Insoweit wird auf die entsprechende Kommentierung zu Art. 101 AEUV verwiesen (Rn 19, 23 ff). Eine besondere Konstellation wirft die Fallgruppe der **essential facilities** Fälle auf (Kommission ABl. 1994 L 15/89 ff – Sealink II). Sofern Maßnahmen von Hafenbetreibern in Frage stehen, beschränken sich deren Wirkungen zunächst nur auf ein **regionales bzw lokales** Gebiet. Die Kommission geht regelmäßig bei Maßnahmen, deren Wirkungen sich zunächst nur auf ein **regionales bzw lokales Gebiet** beschränken, von der Eignung zur Beeinträchtigung zwischenstaatlichen Handels aus, da die Maßnahmen den Handel mit den Mitgliedstaaten betreffen (Kommission ABl. 1998 L 72/30 ff – Flughafen Frankfurt/Main AG). Der offensichtliche **Abschottungseffekt** wirkt sich dabei auf den zwischenstaatlichen Waren- und Dienstleistungsverkehr aus. So hat die Kommission die Regeln der Urheberrechtsverwertungsgesellschaft GEMA, die ausschließlich in Deutschland ihre Geltung beanspruchen, mit der Begründung nach Art. 102 AEUV bewertet, durch sie werde die Entstehung eines gemeinschaftsweiten Marktes für Dienstleistungen der Musikverleger erschwert (Kommission ABl. 1971 L 134/15 ff – GEMA I). 112

F. Rechtsfolgen eines Verstoßes

Das Missbrauchsverbot gilt im Gegensatz zum Kartellverbot des Art. 101 AEUV **absolut**, dh ohne die Möglichkeit einer Einzel- oder Gruppenfreistellung, wie sie nach Art. 101 Abs. 3 AEUV vorgesehen sind. Allerdings kann das Vorliegen der Freistellungsvoraussetzungen des Art. 101 Abs. 3 AEUV Bedeutung für die Frage haben, ob ein bestimmtes Verhalten als missbräuchlich im Sinne von Art. 102 AEUV einzuordnen ist (EuGH Slg 1979, 461 ff – Hoffmann-La Roche). Die unter der Anwendung der bis zum 30.4.2004 geltenden Verordnung Nr. 17/62 bestehende Möglichkeit, dass die Kommission nach vorheriger Anmeldung „einer Verhaltensweise“ im Sinne von Art. 2 der Verordnung Nr. 17/62 ein Negativattest oder einen Comfort Letter ausstellte, wenn die Voraussetzungen für ein Einschreiten nach Art. 82 EG (nun Art. 102 AEUV) nicht vorlagen, ist mit Einführung der VO 1/2003 zum 1.5.2004 abgeschafft worden. 113

Die Rechtsfolgen eines Verstoßes gegen Art. 102 AEUV entsprechen denen eines solchen gegen Art. 101 AEUV (vgl Rn 19, 47 ff). Unterschiede können sich allerdings in den zivilrechtlichen Rechtsfolgen ergeben. So kann nur ein Verstoß gegen Art. 102 AEUV zu einem Kontrahierungszwang führen. Andererseits sieht Art. 101 Abs. 2 AEUV die Nichtigkeit von verbotenen Vereinbarungen vor. Eine ent- 114 sprechende Regelung fehlt in Art. 102 AEUV. Da es sich bei dem Missbrauchsverbot aber um ein unmittelbar geltendes Verbotsgesetz handelt, sind Verstöße, die durch rechtsgeschäftliches Handeln erfolgen, nach § 134 BGB nichtig (LB/*Bulst*, Art. 82 Rn 393).

5. Kapitel: Fusionskontrolle

Schrifttum: *Ablasser*, Medienmarkt und Fusionskontrolle, 1998; *Abrar*, Notwendigkeit einer sektorspezifischen Fusionskontrolle?, 2007; *Ahlborn/Seeliger*, EG-kartellrechtliche Probleme bei Unternehmenskooperationen im Internet, EuZW 2001, 552 ff; *Alfter*, Untersagungskriterien in der Fusionskontrolle, WuW 2003, 20 ff; *Argentest/Ivaldi*, Market Definition in Printed Media Industry: Theorie and Practice, 2005; *Attenborough/Jimenez/Leonard*, Are three to two mergers in market with entry barriers necessarily problematic?, E.C.L.R. 2007, 539 ff; *Bach*, Der Marktbeherrschungsbegriff in der EG-Fusionskontrolle, auch im Vergleich zum deutschen Kartellrecht, WuW 1993, 805 ff; *Bahr*, Das Erfordernis des freien Zugangs zu B2B–Internetmarktplätzen nach EG-Kartellrecht, WuW 2002, 230 ff; *Baron*, Die neuen Bestimmungen der Europäischen Fusionskontrolle, WuW 1997, 579 ff; *Bartosch*, Gehorsam oder Widerstand, WuW 2003, 574 ff; *ders.*, Neues zur Beweislastverteilung in der Europäischen Fusionskontrolle, EuZW 2006, 619 ff; *Bartosch/Nollau*, Die zweite Generalüberholung der europäischen Fusionskontrolle – das Grünbuch der Kommission vom 11.12.2001, EuZW 2002, 197 ff; *Bavasso*, Communications in EU Antitrust Law, 2003; *Beauftragter der Bundesregierung für Kultur und Medien*, Medien- und Kommunikationsbericht der Bundesregierung 2008, 2008; *Bechtold*, Abwägung zwischen wettbewerblichen Vor- und Nachteilen eines Zusammenschlusses in der europäischen Fusionskontrolle, EuZW 1996, 389 ff; *ders.*, Zur Anwendbarkeit der Fusionskontroll-Verordnung bei Oligopolbildung, Anmerkungen zum EuGH-Urteil vom 31.3.1998, EuZW 1998, 313 ff; *ders.* (Hrsg.), Kommentar Kartellgesetz: GWB, 5. Aufl., 2008 (zitiert: Bechtold); *Bechtold/Bosch/Brinker/Hirsbrunner* (Hrsg.), Kommentar EG-Kartellrecht, 2. Aufl., 2009 (zitiert: *Bechtold/Bosch/Brinker/Hirsbrunner*); *Bender*, Cross-Media ownership: multimediale Konzentration und ihre Kontrolle, 1999 (zitiert: *Bender*, Cross-Media ownership (1999)); *Berg*, Zusagen in der Europäischen Fusionskontrolle, EuZW 2003, 362; *Bird&Bird*, Market Definition in the Media Sector – Comparative Legal Analysis, 2002, http://ec.europa.eu/competition/publications/studies/legal_analysis.pdf; *Böge*, Reform der Europäischen Fusionskontrolle, WuW 2004, 138 ff; *Bohne*, Cross-mediale Effekte in der Fusionskontrolle, WRP 2006, 540 ff; *Böge/Doetz/Dörr/Schwartmann*, Wieviel Macht verträgt die Vielfalt? – Möglichkeiten und Grenzen von Medienfusionen, 2007; *Böni/Regenthal*, Die Beurteilung einer marktbeherrschenden Stellung unter besonderer Berücksichtigung des more economic approach, WuW 2006, 1230 ff; *Bonin*, Vertikale und konglomerate Zusammenschlüsse nach dem Urteil GE/Kommission – ein einheitlicher Standard für die Analyse nicht-horizontaler Fusionen durch die EU-Kommission, WuW 2006, 466 ff; *Brandenburger/Janssens*, The Impala Judgement: Does EC Merger Control Need to Be Fixed or Fine-Tuned?, Competition Policy International, 1/2007, 301 ff; *Brei*, Begräbnis erster Klasse für die Fusionskontrolle konglomerater Zusammenschlüsse, WuW 2003, 585 ff; *Bremer/Grünewald*, Konzentrationskontrolle in „virtuellen Meinungsmärkten?", MMR 2009, 80 ff; *Bretschneider*, Medienkartellrecht – Auch Murdoch darf nicht wie er will, WRP 2008, 761 ff; *ders.*, Britisches Medienkonzentrationsrecht als Vorbild?, ZUM 2010, 418 ff; *Bringer/Gurpegui*, Finding the appropriate responses for competitive Next Generation Access networks – Results under the Article 7 consultation procedure, Comp. Policy Newsletter 1/2009, S. 33; *Budzinski/Wacker*, The prohibition of the proposed Springer-ProSiebenSat.1 merger: how much economics in German merger control?, J.C.L. & E. 2007, 281 ff; *Burgstaller*, Marktbeherrschung oder Substantial Lessening of Competition?, WuW 2003, 726 ff; *Caffarra/Bishop*, Merger Control in New Markets, E.C.L.R. 2001, 31 ff; *Camesasca*, Mayday or Heyday? Dynamic Competition meets Media Ownership Rules after Premiere, E.C.L.R. 2000, 76 ff; *Castendyk/Dommering/Scheuer*, European Media Law, 2008; *Cave/Crowther*, Pre-emptive competition policy meets regulatory anti-trust, E.C.L.R. 2005, 481 ff; *Christiansen*, Die ‚Ökonomisierung' der EU-Fusionskontrolle: Mehr Kosten als Nutzen?, WuW 2005, 285 ff; *ders.*, Der „more economic approach" in der EU-Fusionskontrolle, WuW 2005, 513 ff; *Christmann*, Rechtliche Rahmenbedingungen für Plattformbetreiber – Regulatorische Aspekte beim Plattformbetrieb, ZUM 2009, 7 ff; *Cook/Kerse*, EC Merger Control 4th edition, 2005 (zitiert: *Cook/Kerse*, EC Merger Control (2005)); *Dahlke/Neumann*, Regulatorischer Jugendwahn? – Die Behandlung neuer Märkte im TK-Recht, MMR 2006, XXII; *De Streel*, The new concept of significant market power in electronic communications: the hybridisation of the sectoral regulation by competition law, E.C.L.R. 2003, 535 ff; *Dehin*, The future of legal online music services in the European Union: a review of the EU Commission's recent initiatives in cross-border copyright management, EIPR 2010, 220 ff; *D'Ignazio/Giovannetti*, Antitrust Analysis for the Internet Upstream Market: A Border Gateway Protocol Approach, J.C.L. & E. 2006, 43 ff; *Dimitrakopoulou*, Medienkonvergenz und der Relevante Produktmarkt in der europäischen Fusionskontrolle, 2007 (zitiert: *Dimitrakopoulou*, Medienkonvergenz (2007)); *Dittert,* Die Reform des Verfahrens in der neuen EG-Fusionskontrollverordnung, WuW 2004, 148 ff; *Dobbs/Richards,* Innovation and the new regulatory framework for electronic communications in the EU, E.C.L.R. 2004, 716 ff; *Dobler,* Der Zeitungsanzeigenmarkt, das Internet, Marktabgrenzung und Marktanalyse – einige Überlegungen, FS Rainer Bechtold, Recht und Wettbewerb, 2006, 121 ff; *Dörr,* Die Entwicklung des Medienrechts, NJW 1999, 1925 ff; *Dörr/Haus,* Das Wettbewerbsrecht des EGV, JuS 2001, 313 ff; *Drauz/Götz,* Reform der Fusionskontrollverordnung – Die Kernpunkte des Grünbuchs der Europäischen Kommission, WuW 2002, 444 ff; *Dreher*, Die Kontrolle des Wettbewerbs auf Innovationsmärkten, ZweR 2009, 149 ff; *Duvernoy/Desmedt,* One year with the electronic communications regulatory framework: a report on the results of the Article 7 notification procedure, E.C.L.R. 2005, 30 ff; *Elsenbast,* Ökonomische Konzepte zur Regulierung neuer Märkte in der Telekommunikation, MMR 2006, 575 ff; *Espantaleén*, Exhaustion light in European television, EIPR 2010, 29 ff; *Europäische Kommission/GD Wettbewerb,* EU Competition Policy in the Media Sector – Commission Decisions (Compilation 2005), http://ec.europa.eu/comm/competition/publications/publications; *Europäische Kommission/GD Wettbewerb (Bird & Bird),* Market Definitions in the Media Sector – Comparative Legal Analysis (December 2002), http://ec.europa.eu/comm/competition/publications/publications; Europäische Kommission/GD Wettbewerb (Europe Economics), Market Definitions in the Media Sector – Comparative Legal Analysis (November 2002), http://ec.europa.eu/comm/competition/publications/publications; *Europäische Kommission/GD Wettbewerb (Institute of European Media Law e.V.),* Media Market Definition – Comparative Legal Analysis (Final Report/18. Juli 2005), http://ec.europa.eu/comm/competition/publications/publications; *Europäische Kommission/GD Wettbewerb (Institute of European Media Law e.V.),* Market Definitions in the Media Sector – Comparative Legal Analysis (Oktober 2003), http://ec.europa.eu/comm/competition/publications/publications; *Europäisches Parlament (European Institute for the Media),* Final report of the study on the information of the citizen in the EU: obligations for the media and the Institutions concerning the citizen's right to be fully and objectively informed (31. August 2004), http://www.epra.org/content/english/press/papers/European%20Citizen%20Information%20Project%20Final%20REPORT.pdf; *Europe Economics*, Market Definitions in the Media Sector – Economic Issues, 2002, http://ec.europa.eu/competition/publications/studies/european_economics.pdf; *European Commission – DG Competition,* DG COMP Inhouse Merger Remedies Study, http://ec.europa.eu/comm/competition/mergers/studies_reports/studies_reports.html; *European Commission – Information Society and Media,* Broadband Growth in the EU, http://ec.europa.eu/information_society/policy/ecomm/about/index_en.htm#factsheet; *European Commission – Information Society and Media,* Electronic Communications – New Regulatory Framework Principles, http://ec.europa.eu/information_society/policy/ecomm/about/index_en.htm#factsheet; *European Commission – Information Society and Media,* Implementation of the electronic communications framework in the 25 Member States, http://ec.europa.eu/information_society/policy/ecomm/about/index_en.htm#factsheet; *European Commission – Media Task Force,* Media Pluralism in the Member States of the European Union, http://ec.europa.eu/information_society/media_taskforce/doc/pluralism/media_pluralism_swp_en.pdf; *Farrel/Shapiro*, Antitrust Evaluation of Horizontal Mergers: An Economic Alternative to Market Definition, 2010, http://ssrn.com/abstract=1313782; *Ferrando/Gabszewicz,* Two-sided Network Effects and Competition: Application to the Media Industries, 2004, http://www.crest.fr/images/doctravail/2004-09.pdf; *Frenz,* Scharfe Kontrolle auch von Fusionsgenehmigungen: das Urteil Impala als Vorbild für eine wirksame Wettbewerbssicherung, EuZW 2006, 545 ff; *Fuchs,* Widerruf der Genehmigung und nachträgliche Untersagungsmöglichkeit nach der Fusionskontroll-Verordnung, EuZW 1996, 263 ff; *ders.,* Zusagen/Auflagen und Bedingungen in der europäischen Fusionskontrolle, WuW 1996, 269 ff; *Garzaniti,* Telecommunications, Broadcasting and the Internet, 3. Aufl., 2010 (zitiert: Garzaniti, Telecommunications (2010); *Garzaniti/Liberatore,* Recent developments in the European Commission's Practice in the Communications Sector: Part 1, E.C.L.R. 2004, 169 ff; *dies.,* Recent developments in the European Commission's Practice in the Communications Sector: Part 2, E.C.L.R. 2004, 234 ff; *dies.,* Recent developments in the European Commission's Practice in the Communications Sector: Part 3, E.C.L.R. 2004, 286 ff; *Glasen/von Hahn/Kersten/Rieger* (Hrsg.), Frankfurter Kommentar zum Kartellrecht, Stand: November 2007 (zitiert: FK-KartellR/*Bearbeiter*); *Golfinopoulos,* Access to Content – Challenges for developing third generation (3G) technology, Ent. L.R. 2003, 56 ff; *Gounalakis/Zagouras,* Konglomerate Medienkonzerne und die Wettbewerbsaufsicht – Eine Nachlese zum Fall Springer/ProSiebenSat.1, NJW 2006, 1624 ff; *dies.,* Plädoyer für ein europäisches Medienkonzentrationsrecht, ZUM 2006, 716 ff; *dies.,* Crossmediale Konzentration und multimediale Meinungsmacht, AfP 2006, 93 ff; *dies.*, Publizistische Vielfaltsicherung – Eine Aufgabe für Europa?, JZ 2008, 652 ff; *Happe,* Die Fristen im EG-Fusionskontrollverfahren – Eine Bestandsaufnahme nach vier Jahren, EuZW 1995, 303 ff; *Haus,* Kommunikationskartellrecht – Ein Rahmen für den Wettbewerb in Kommunikationsmärkten, WuW 2004, 171 ff; *ders.*, Kein Missbrauch bei Verweigerung der Nutzung von SIM-Karten in sog. GSM-Gateways, WuW 2010, 1237 ff; *Heidenhain,* Zusagenpraxis in der EG Fusionskontrolle, EuZW 1994, 135 ff; *Herdegen,* Freistellung neuer Telekommunikationsmärkte von Regulierungseingriffen – Die gesetzliche Steuerung im Lichte des Verfassungs- und Europarechts, MMR 2006, 580 ff; *Hess,* Medienkartellrecht, AfP 2007, 338; *ders.*, Medienkartellrecht, AfP 2005, 341 ff; *ders.*, Medienkartellrecht, AfP 2004, 36 ff, 339 ff, 428 ff; *ders.*, Medienkartellrecht, AfP 2003, 250 ff; *Heun,* Die Regulierung der Telekommunikationsmärkte in den letzten 20 Jahren, CR 2005, 725 ff; *Hildebrand,* Der „more economic approach" in der Wettbewerbspolitik – Dynamik & Ausblick, WuW 2005, 513 ff; *Hirsbrunner,* Neue Entwicklungen der Europäischen Fusionskontrolle, EuZW 2003, 709 ff; *ders.*, Neue Entwicklungen der Europäischen Fusionskontrolle in den Jahren 2003/2004, EuZW 2005, 519 ff; *ders.*, Entwicklungen der Europäischen Fusionskontrolle im Jahr 2005, EuZW 2006, 711 ff; *ders.*, Neue Entwicklungen der europäischen Fusionskontrolle im Jahr 2009, EuZW 2010, 727 ff; *Hoehen/Rab/Saggers,* Breaking up is hard to do: national merger remedies in the information and communication industries, E.C.L.R. 2009, 255 ff; *Hoeren/Sieber,* Handbuch Multimedia-Recht, 26. EL, 2010 (zitiert: Hoeren/Sieber/*Bearbeiter*); *Hötte,* Die Entwicklung von Kartellrecht und Regulierung im Jahr 2008, MMR 2009, XIV ff; *Hofer/Williams/Wu,* Empirische Methoden in der Europäischen Fusionskontrolle, WuW 2005, 155 ff; *Holznagel,* Innovationsanreize durch Regulierungsfreistellung – Vom Umgang mit neuen Diensten und Märkten im Medien- und TK-Recht, MMR 2006, 661 ff; *ders.*, Konvergenz der Medien – Herausforderungen an das Recht, NJW 2002, 2351 ff; *Holzwarth,* T-Mobile Austria/tele.ring – Nicht-koordinierte Effekte als Auffangtatbestand erheblicher Wettbewerbsbehinderungen?, ZWeR 2007, 338 ff; *Hootz* (Hrsg.), GWB und europäisches Kartellrecht, Gemeinschaftskommentar, 5. Aufl., 1999 ff (zitiert: GK/*Bearbeiter*); *Hoppmann,* Fusionskontrolle, 1972 (zitiert: *Hoppmann,* Fusionskontrolle (1972)); *Immenga,* Relevante Märkte und Marktbeherrschung in der Regulierungspraxis, MMR 2000, 196 ff; *ders.*, Pressemärkte in der Wettbewerbs- und Medienpolitik, ZWeR 2004, 329 ff; *ders.*, Die Sicherung unverfälschten Wettbewerbs durch europäische Fusionskontrolle, WuW 1990, 371 ff; *Immenga/Mestmäcker,* Kommentar Wettbewerbsrecht, Band 1: EG, 4. Aufl., 2007 (zitiert: Immenga/Mestmäcker/*Bearbeiter*); *Inotai,* The treatment of captive sales in the definition of the relevant market and the assessment of market power in the electronic communications sector, with special view to market analysis under the new regulatory framework for electronic communications, E.C.L.R. 2005, 491 ff; *Italianer,* Safeguarding and promoting competition in the age of digital convergence, Rede vom 15.9.2010, The 6th Seoul International Competition Forum; *Ivaldi/Jullien/Rey/Seabright/Tirole,* The Economics of Tacit Collusion – Final Report for DG Competition – European Commission 2003, http://ec.europa.eu/comm/competition/mergers/studies_reports/the_economics_of_tacit_collusion_en.pdf; *dies.*, The Economics of Unilateral Effects – Final Report for DG Competition – European Commission 2003, http://ec.europa.eu/comm/competition/mergers/studies_reports/the_economics_of_unilateral_effects_en.pdf; *Janik,* Kapitulation vor der eingetretenen Konzentration? Die Sicherung der Meinungsvielfalt im privaten Rundfunk nach dem Sechsten Rundfunkänderungsstaatsvertrag, AfP 2002, 104 ff; *Jestaedt/Anweiler,* Europäische Fusionskontrolle im Medienbereich, EuZW 1997, 549 ff; *Jochimsen,* Regulierung und Konzentration im Medienbereich, AfP 1999, 24 ff; *Kamburoglou,* EG-Wettbewerbspolitik und Subsidiarität, WuW 1993, 273 ff; *Kekelikis,* EU Competition Law and Regulation in the Converging Telecommunications, Media and IT Sectors, 2006; *Kilian/Heussen,* Computerrechts-Handbuch, 26. EL, 2008 (zitiert: Kilian/Heussen/*Bearbeiter*); *Koenig/Bartosch/Braun/Romes, J.*, EC Competition and Telecommunications Law, 2. Aufl., 2009 (zitiert: Koenig/Bartosch/Braun/*Bearbeiter*, EC Competition (2009)); *Koenig/Loetz/Senger,* Die regulatorische Behandlung neuer Märkte im Telekommunikationsrecht, K&R 2006, 258 ff; *Kohler,* Gemeinsame Kontrolle von Unternehmen aufgrund von Minderheitsbeteiligungen im Europäischen Kartellrecht, EuZW 1992, 634 ff; *Kroes,* Achieving self-sustaining competition in telecommuncications, Rede vom 27.11.2008, 9th annual ECTA Conference; *Kommission zur Ermittlung der Konzentration im Medienbereich (KEK),* Dritter Konzentrationsbericht der KEK: Crossmediale Verflechtungen als Herausforderung für die Konzentrationskontrolle, 2005, http://www.kek-online.de/Inhalte/mkbericht_3_gesamt.html; *dies.*, Vierter Konzentrationsbericht der KEK: Auf dem Weg zu einer medienübergreifenden Vielfaltssicherung, 2010, http://www.kek-online.de/Inhalte/mkbericht_4_gesamt.html; *Körber,* Der Grundsatz der Technologieneutralität als Maßstab für die Regulierung von Telekommunukationsmärkten, ZWeR 2008, 146 ff; *ders.*, Sektorspezifische Rundfunkregulierung oder „Wettbewerb 2.0?",

ZWeR 2009, 315 ff; *Lampert*, Kompetenzabgrenzung zwischen nationaler und europäischer Fusionskontrolle – Kriterien des Gründbuchs – Gibt es andere (bessere?) Lösungsansätze, WuW 2002, 449 ff; *Lindsay*, The EC Merger Regulation: Substantive Issues, 2. Aufl., 2006; *Lindstädt*, Multisided Media Markets: Applying the Theory of Multisided Markets to Media Markets, ZWeR 2010, 53 ff; *Locher*, Shooting at a moving target: assessing an encyclopedia merger, E.C.L.R. 2009, 482; *Loewenheim/Meessen/Riesenkampff*, Kommentar Kartellrecht, 2. Aufl., 2009 (zitiert: Loewenheim/Meessen/Riesenkampff/*Bearbeiter*); *Lübking*, T-Mobile Austria/tele.ring: Remedying the loss of a maverick, CPN 2/2006, 46 ff; *Maag*, Medienkonzentration – zur Reichweite des fusionskontrollrechtlichen Instrumentariums, 2002; *Maahs*, Wettbewerbsschutz und Verbraucherinteressen im Lichte neuerer ökonomischer Methoden, Tagungsbericht des Bundeskartellamtes, WuW 2005, 49 ff; *Maxwell/Rab/Monnoyeur*, Online music reailing: towards borderless business? Roundtable participants agree on common roadmap, E.C.L.R. 2010, 208 ff; *Mäger/Ringe*, Wettbewerbsverbote in Unternehmenskaufverträgen als kartellrechtswidriger Abkauf von Wettbewerb?, WuW 2007, 18 ff; *Mailänder*, Kommentar: Meinungsvielfalt und Wettbewerb unter dem Schutz der Konzentrationskontrolle, WuW 2001, 549 ff; *ders.*, Crossmediale Zusammenschlüsse – eine Herausforderung für die medienrechtliche Konzentrationskontrolle, AfP 2007, 297 ff; *Mendes Pereira*, Recent consolidation in the European pay-TV sector, CPN 2/2003, 29 ff; *Mestmäcker/Schweitzer*, Europäisches Wettbewerbsrecht, 2. Aufl., 2004 (zitiert: *Mestmäcker/Schweitzer*, Wettbewerbsrecht (2004)); *Möhring/Stürzebecher*, Lokale Presse: Publizistischer Wettbewerb stärkt Zeitungen, Media Perspektiven 2008, 91 ff; *Monopolkommission*, Sondergutachten im Zusammenschlußvorhaben „Tagesspiegel/Berliner Zeitung“, WuW/E DE-V 737 ff; *dies.*, Telekommunikation 2009: Klaren Wettbewerbskurs halten, Sondergutachten 56 gemäß § 121 II TKG, 2009; *Montag/Kaessner*, Neuere Entwicklungen in der Fallpraxis der europäischen Fusionskontrolle, WuW 1997, 781 ff; *Montag/Leibenath*, Aktuelle Probleme in der Europäischen Fusionskontrolle, WuW 2000, 852 ff; *Mueller/von der Groeben*, EU merger clearance in the new economy, GCR 2001, Feb/März, 27 ff; *Müller*, Deutsches Medienkartellrecht – ein Scherbenhaufen?, MMR 2006, 125 ff; *Murschitz*, Das Joint Venture (JV) Sony/BMG – der Versuch einer kritischen Betrachtungsweise, WRP 2006, 232 ff; *Nehl/Parplies*, Internet Joint Ventures and the Quest for Exclusive Content: The T-Online Cases, CPN 2/2002, 57 ff; *Niederleithinger*, Das Verhältnis nationaler und europäischer Kontrolle von Zusammenschlüssen, WuW 1990, 721 ff; *Nikolinakos*, EU Competition Law on Access to Premium Content: The Emergence of New Media, E.C.L.R. 2005, 13 ff; *ders.*, Mergers and strategic alliances in the emerging multimedia sector: The EU Competition Policy, E.C.L.R. 2004, 625 ff; *ders.*, The Importance of Maintaining Competition in the Internet Market: The WorldCom/MCI Case, E.C.L.R. 2000, 393 ff; *Niu*, Remedies policy in media mergers: a new form of regulation in a deregulatory era?, Comm.L. 2007, 97 ff; *Nowak*, Anmerkung zum EuG-Urteil über Verfahrensrechte im Wettbewerbsrecht 30.1.2002, Rs. T-54/99 (max.mobil Telekommunikation Service GmbH/Kommission der EG), EuZW 2002, 191 ff; *OECD Directorate for Financial/Fiscal and Enterprise Affairs/Competition Committee*, Media Mergers (19. September 2003), http://www.oecd.org/dataoecd/15/3/17372985.pdf; *Ory*, Rundfunk und Presse im Internet, AfP 2010, 20 ff; *Pahl/Hennemann*, Privates Medien- und Informationsrecht im Koalitionsvertrag, ZRP 2010, 40 ff; *ders.*, Entflechtungstatbestand, Medienvielfalt und Kartellgesetz, JZ 2010, 647 ff; *Picker*, The GoogleBook Search settlement: a new orphan works monopoly?, J.C.L.&E. 2009, 383 ff; *Podszun*, Fernsehkartellrecht: Die Entscheidungspraxis des Bundeskartellamts, MMR 2007, 761 ff; *Pohlmann*, Doppelkontrolle von Gemeinschaftsunternehmen im europäischen Kartellrecht. Eine Zwischenbilanz, WuW 2003, 473 ff; *Psychogiopoulou*, EC Competition Law and Cultural Diversity: The Case of Cinema/Music and Book Publishing Industries, E.C.L.R. 2005, 838 ff; *Rabassa*, The Commission's review of the media merger wave, CPN 1/2001, 46 ff; *Rabassa/Abbamonte*, Foreclosure and Vertical Mergers – The Commission's Review of Vertical Effects in the last Wave of Media and Internet Mergers: AOL/Time Warner/Vivendi/Seagram/MCI WorldCom/Sprint, E.C.L.R. 2001, 214 ff; *Ridyard/Baker/Bishop/Allan*, Competition regime: EU Market definition, http://uk.practicallaw.com/4-107-3710; *Rittaler*, Der Wettbewerb in der Telekommunikation – Einige Anmerkungen zum Sondergutachten der Monopolkommission, WuW 1996, 699 ff; *Röper*, Formation deutscher Medienmultis 2005 – Teil 1: ProSiebenSat.1 Media AG und Axel Springer AG, Media Perspektiven 3/2006, 114 ff; *ders.*, Formation deutscher Medienmultis 2005 – Teil 2: Bertelsmann AG/RTL Group/Gruner + Jahr/Burda/WAZ/Holtzbrinck und Bauer, Media Perspektiven 4/2006, 182 ff; *ders.*, Formation deutscher Medienmultis: Entwicklungen und Strategien der größten deutschen Medienunternehmen, Media Perspektiven 2/2004, 54 ff; *Rösler*, Medienwirtschaftsrecht: Wettbewerb auf privaten Medienmärkten und die Funktion des öffentlich-rechtlichen Rundfunks, JZ 2009, 438 ff; *ders.*, Kartellrecht im Mediensektor

– Strukturen und Perspektiven, WuW 2009, 1014 ff; *Rosenfeld/Wolfsgruber,* Die Entscheidungen Babyliss und Philips des EuG zur Europäischen Fusionskontrolle, EuZW 2003, 743 ff; *Rosenthal,* Neuordnung der Zuständigkeiten und des Verfahrens in der europäischen Fusionskontrolle, EuZW 2004, 327 ff; *Ruppelt,* Nicht-horizontale Zusammenschlüsse besser als horizontale?, EuZW 2007, 219 ff; *Saarschmidt,* Cross-Promotion durch Medienkonglomerate, 2005; *Säcker,* Angleichung der deutschen Fusionskontrolle an Art. 2 Abs. 3 FKVO?, WuW 2004, 1038 ff; *ders.*, Zur Ablehnung des Zusammenschlussvorhabens Axel Springer AG/ProSiebenSat.1 Media AG durch KEK und Bundeskartellamt, K&K 2006, 49 ff; *Sanden,* Die Europäische Fusionskontrolle im liberalisierten Energiemarkt, EuZW 2004, 620 ff; *Schalast/Abrar,* Wettbewerb und Regulierung in Netzsektoren: Modell Breitband-Telekommunikationsmarkt?, ZWeR 2009, 85 ff; *Schalast/Jäger/Abrar,* Großfusionen im Breitbankkabelnetz?, WuW 2005, 741 ff; *Scheffler,* Zur Rechtsprechung: Das Tetra-Laval-Urteil des EuGH, EuZW 2005, 751 ff; *Scheidgen/Sturhahn,* Das Untersagungskriterium in der Fusionskontrolle – Marktbeherrschende Stellung versus Substantial Lessening of Competition?- Tagungsbericht des Bundeskartellamtes, WuW 2002, 31 ff; *Scherer,* Das neue Telekommunikationsgesetz, NJW 2004, 3001 ff; *Schmidt, A./Voigt,* Der more economic approach in der Missbrauchsaufsicht, WuW 2006, 1097 ff; *Schmidt, I.,* Wettbewerbspolitik und Kartellrecht, 7. Aufl., 2001 (zitiert: *Schmidt*, Wettbewerbspolitik (2001)); *Schmidt, I./Ries,* Der Hirschman-Herfindahl-Index (HHI) als wettbewerbspolitisches Instrument in den neuen US-Fusionsrichtlinien 1982, WuW 1983, 525 ff; *Schmidtchen,* Der „more economic approach" in der Wettbewerbspolitik, WuW 2006, 6 ff; *Schnelle/Bartosch,* Entwicklung der fusionskontrollrechtlichen Kommissionspraxis im Medien- und Telekommunikationssektor, BB 1999, 1933 ff; *Schulte,* Handbuch Fusionskontrolle, 2005; *Schuster/Kemper/Schütze/Schulze zur Wiesche/Chargé/Dierking,* Entwicklung des Internet-, Multimedia- und Telekommunikationsrecht im Jahre 2005, MMR 2006, Beilage zu Heft 5, 1 ff; *Schwarze,* Die Bedeutung des Grundsatzes der Verhältnismäßigkeit bei der Behandlung von Verpflichtungszusagen nach der europäischen Fusionskontrollverordnung, EuZW 2002, 741 ff; *Siebert,* Zur Marktabgrenzung bei Zeitungsverlagen, Publikums- und Fach-Zeitschriftenverlagen, Buchverlagen, WuW 2004, 399 ff; *Staebe,* Offene Fragen nach dem MCI WorldCom/Sprint-Urteil des EuG, EuZW 2005, 14 ff; *Steger*, Konglomerate Medienzusammenschlüsse in der deutschen Fusionskontrolle, WuW 2010, 282 ff; *Steinert,* Medienrecht, Telekommunikationsrecht und Kartellrecht – Die Offenhaltung der Medienordnung, 2002; *Szarka*, Rolling back regulation in the telecoms sector: a practical example, Comp. Policy Neweseletter 3/2008, 19 ff; *Thellmann*, Medienwirtschaft und Kartellrecht: Der Begriff des relevanten Marktes im deutschen und europäischen Medienkartellrecht, 1. Aufl., 2007; *Topel,* Das Verhältnis zwischen Regulierungsrecht und allgemeinem Wettbewerbsrecht nach dem europäischen Rechtsrahmen in der Telekommunikation und dem TKG, ZWeR 2006, 27 ff; *Trafkowski,* Medienkartellrecht, 2002 (zitiert: *Trafkowski*, Medienkartellrecht (2002)); *Traugott,* Zur Abgrenzung von Märkten, WuW 1998, 929 ff; *Ungerert,* The Vision and Objectives underpinning the liberalisation of the EU telecom sector, Rede vom 29. Juni 2006 im Interdisciplinary Centre for Law and IT (ICRI) der Katholischen Universität in Leiden; *ders.*, Competition Rules and the Media: Are they determinant or complementary?, Rede vom 1. April 2005 vor dem Radio and Television Supreme Council and Association of Television Broadcasters in Istanbul; *ders.,* Impact of European Competition Policy on Media, Rede vom 15. Februar 2005 im Centre for Media Studies an der Universität Madrid; *ders.,* Competition in the media sector – how long can the future be delayed?, Rede vom 19. Januar 2005 im Programme in Comparative Media Law and Policy/Oxford University; *ders.,* Application of EU Competition Rules to Broadcasting – The Transition from Analogue to Digital, Rede vom 20. September 2004 in der Universität von Neapel; *United Kingdom Office of Communication,* „Regulatory Challenges posed by Next Generation Access Networks" – Public discussion document, http://www.ofcom.org.uk/research/telecoms/reports/nga/nga.pdf; *Vogel,* Online Geschäftsfelder der Pressewirtschaft, Media Perspektiven 5/2008, 236 ff; *von Wallenberg,* Eine Heuschrecke steigt bei ProSiebenSat.1 Media ein, WuW 2007, 115 ff; *Wagemann,* Erfahrungen mit der EG-Fusionskontrolle – der Fall Alcatel/AEG Kabel, WuW 1992, 730 ff; *Westphal,* Media Pluralism and European Regulation, E.B.L.R. 2002, 459 ff; *Wiring*, Pressefusionskontrolle im Rechtsvergleich, 2008; *Wood/Cole,* EU Competition Law in the media and broadcasting sectors, The European Antitrust Review 2007 (GCR), 57 ff; *Wotton,* Are Media Markets Analyzed as Two-Sided Markets?, Competition Policy International 2007, 237 ff; *Wright*, Perfect Symmetry? Impala v Commission and standard of proof in mergers, E.L.Rev. 2007, 408 ff; *Zagouras,* Konvergenz und Kartellrecht, 2002 (zitiert: *Zagouras*, Konvergenz (2002)); *ders.,* Die Ministererlaubnis nach § 42 GWB und überragende Interessen der Allgemeinheit bei Zusammenschlüssen von Medienunternehmen, WRP 2007, 1429 ff; *Zöllner,* Europäische Fusionskontrolle, WuW 2002, 1186 ff.

Einführung

1 Sowohl im deutschen als auch im europäischen Recht gilt das sog. **Marktmachtkonzept**, dem zufolge sich wirtschaftliche Macht grundsätzlich nur auf einem bestimmten Markt bilden kann (vgl etwa EuGH Slg 1979, 461 (520) – Hoffmann-LaRoche/Vitamine). Die kartellrechtliche Bewertung jeglichen unternehmerischen Verhaltens hängt daher stets von der zutreffenden Ermittlung des relevanten Marktes ab. Das gilt nicht nur für die in diesem Kapitel behandelten Unternehmenszusammenschlüsse, sondern auch für Vereinbarungen von Unternehmen oder einseitiges Verhalten (vgl Kapitel 3 und 4). Gerade im Mediensektor kann die Marktabgrenzung Schwierigkeiten bereiten: Denn dieser Bereich zeichnet sich durch hohe Komplexität und einen starken Technisierungsgrad aus und ist zudem vor allem im Telekommunikations- und Internetbereich einem durch den technischen Fortschritt bedingten, stetigen Wandel unterworfen.

2 Daher wird in Abschnitt 21 zunächst die Marktabgrenzung im Mediensektor ausführlich dargestellt. In den dann folgenden Abschnitten werden die fusionsrechtlichen Vorschriften der europäischen Fusionskontrollverordnung (Abschnitt 22) und des deutschen GWB (Abschnitt 23) kommentiert.

21. Abschnitt: Marktabgrenzung im Mediensektor

A. Allgemeiner Teil

Unter einem **Markt** ist die **Gruppe der Beziehungen zwischen Anbieter und Nachfrager** zu verstehen, die ihren Marktverhaltensspielraum gegenseitig begrenzen, indem sie um dieselben Kunden oder Anbieter werben (*Schmidt*, Wettbewerbspolitik (2001) 49 ff). In der materiellen fusionskontrollrechtlichen Prüfung bildet die Abgrenzung des relevanten Marktes entsprechend den ersten Schritt, um „jenen Bereich aus dem gesamten Universum der marktwirtschaftlichen Beziehungen gedanklich herauszuschneiden, für den die Fusion relevant ist" (*Hoppmann*, Fusionskontrolle (1972) 48). Es geht darum, 3 den Markt zu bestimmen, auf dem Unternehmen miteinander im Wettbewerb stehen, um auf dieser Basis die Wettbewerbskräfte zu identifizieren, denen sich die am Zusammenschluss beteiligten Unternehmen zu stellen haben (Bekanntmachung der Kommission über die Definition des relevanten Marktes im Sinne des Wettbewerbsrechts der Gemeinschaft, ABl. 1997 Nr. C 372/5 Tz 2). Erst auf der Grundlage des relevanten Marktes können dann die Marktanteile und der Konzentrationsgrad von Angebot und Nachfrage ermittelt werden. Ob ein Zusammenschluss schließlich freigegeben oder – wegen der erwarteten Begründung oder Verstärkung einer marktbeherrschenden Stellung bzw der erheblichen Behinderung wirksamen Wettbewerbs im gemeinsamen Markt – untersagt wird (nach § 36 Abs. 1 iVm § 19 GWB oder Art. 2 Abs. 3 FKVO), kann entscheidend davon abhängen, wie eng bzw weit der Begriff des Marktes verstanden wird. Je enger der relevante Markt abgegrenzt wird, desto höher sind grundsätzlich die Marktanteile der am Zusammenschluss beteiligten Unternehmen. Um die eigenen Marktanteile möglichst klein zu halten, versuchen die Unternehmen in der Praxis daher häufig, den Markt besonders weit darzustellen (*Dörr/Haus*, JuS 2001, 313 (316)).

4 Neben der materiellen Prüfung, ob zu erwarten ist, dass durch den betreffenden Zusammenschluss eine marktbeherrschende Stellung begründet oder verstärkt wird, ist der **Begriff des Marktes** im deutschen Fusionskontrollrecht darüber hinaus bereits im Rahmen der Prüfung der **formellen Voraussetzungen** von Bedeutung. Während die Anwendbarkeit der gemeinschaftsrechtlichen Bestimmungen zur Fusionskontrolle allein von dem Erreichen bestimmter Umsatzschwellen der beteiligten Unternehmen abhängt, setzen die entsprechenden Vorschriften des deutschen Rechts voraus, dass nach § 35 Abs. 2 Nr. 2 GWB nicht nur sog. Bagatellmärkte betroffen sind. Ferner ist nach deutschem Recht auch der Umfang der anmeldepflichtigen Tatsachen (nach § 39 GWB) davon abhängig, wie hoch der Marktanteil der an dem geplanten Zusammenschluss beteiligten Unternehmen ist. Liegt dieser insgesamt über 20 %, müssen die jeweiligen Marktanteile einschließlich der Grundlagen für ihre Berechnung oder Schätzung im Einzelnen angegeben werden.

I. Deutsches Recht

5 **1. Überblick.** Eine gesetzliche Definition des Marktes enthält das GWB nicht. Die einschlägigen Kriterien sind erst in der Fallpraxis durch die Kartellbehörden und die Gerichte entwickelt worden. Das Gesetz macht jedoch deutlich, dass der Begriff des Marktes durch mindestens zwei wesentliche Komponenten abgegrenzt werden kann. Gemäß § 19 Abs. 2 GWB, der den zentralen Begriff der marktbeherrschenden Stellung eines Unternehmens definiert, muss zumindest zwischen dem sachlich und dem räumlich relevanten Markt differenziert werden. Darüber hinaus kann eine Abgrenzung auch in zeitlicher Hinsicht erfolgen. Im Gegensatz zu dem von der EU Kommission verfolgten ökonomischen Ansatz geht es im deutschen Recht bei der Marktabgrenzung vor allem um Strukturschutz.

6 **2. Der sachlich relevante Markt. a) Allgemeines.** Nach ständiger Rechts- und Verwaltungspraxis erfolgt die Identifizierung des relevanten Marktes in sachlicher Hinsicht grundlegend anhand des sog. **Bedarfsmarktkonzepts.** Hiernach gehören Waren oder gewerbliche Leistungen zu einem Markt, wenn sie **funktionell austauschbar** sind. Dies ist dann der Fall, wenn sich die Waren oder gewerblichen Leistungen nach ihren Eigenschaften, ihrem wirtschaftlichen Verwendungszweck und ihrem Preis so nahe stehen, dass sie nach einem abwägenden Vergleich als für die Deckung eines bestimmten Bedarfs gleichermaßen geeignet angesehen werden (BGH WuW/E BGH 1445 (1447 f) – Valium; BGH WuW/E BGH 2150 (2153) – Edelstahlbestecke). Maßgebend ist hierbei die Sicht der **Marktgegenseite** (BGH WuW/E DE-R 357 (358) – Feuerwehrgeräte). Insofern muss zwischen Anbieter- und Nachfragemärkten differenziert werden. Während bei Anbietermärkten die Sicht des Abnehmers entscheidend ist, kommt es bei Nachfragemärkten auf die Sicht des Anbieters an. Trifft ein Abnehmer seine Auswahlentscheidung nicht selbst, muss auf diejenige Person abgestellt werden, die die Entscheidung tatsächlich trifft (sog. „Verbrauchsdisponent“, BGH WuW/E 1435 (1440) – Vitamin B 12). Entscheidend ist jeweils die Sicht des überwiegenden Teils der Marktgegenseite, so dass abweichende Präferenzen von Nachfragegruppen, die im Verhältnis zu dem gesamten Marktvolumen von untergeordneter Bedeutung sind, der Annahme eines einheitlichen Marktes nicht entgegen stehen (KG WuW/E OLG 1645 (1648) – Valium Librium).

7 Zur Ermittlung der Austauschbarkeit eines Produktes aus Sicht der Marktgegenseite muss zunächst festgestellt werden, welche Erzeugnisse oder Leistungen die an dem Zusammenschluss beteiligten Unternehmen anbieten. Grundsätzlich lässt sich dies unproblematisch klären. Handelt es sich jedoch um komplexere Leistungen oder Produkte, zu denen zusätzlich Dienstleistungen (zB Vertriebsleistungen)

angeboten werden, muss eine genaue Erfassung erfolgen, um einen korrekten Ausgangspunkt für die eigentliche Prüfung der Austauschbarkeit zu erhalten (Immenga/Mestmäcker/*Immenga/Körber*, Art. 2 FKVO, Rn 27). Bei der Prüfung der Austauschbarkeit ist dann zu fragen, ob die Produkte, die von den am Zusammenschluss beteiligten Unternehmen angeboten werden, mit anderen Produkten austauschbar sind.

Dabei ist es denkbar, dass dieselbe Ware bzw Leistung unter bestimmen Umständen **zugleich mehreren Märkten** angehören kann. Dies kommt dann in Betracht, wenn sie verschiedene Anwendungsmöglichkeiten bietet, verschiedenen Verwendungszwecken dient oder unterschiedliche Abnehmergruppen hat. Voraussetzung ist dann aber, dass der Anbieter hinsichtlich der verschiedenen Einsatzmöglichkeiten bzw Abnehmergruppen auch differenzierte Absatzstrategien verfolgt (BGH WuW/E BGH 1711 (1715) – Mannesmann/Brueninghaus; KG WuW/E OLG 4167 – Kampffmeyer/Plange). Zu beachten ist ferner, dass neue Tätigkeiten, die einer aktuellen oder potenziellen Nachfrage entsprechen, ggfs. zu einem neuen Markt führen können, wobei ein solch **neu entstehender Markt** unter Umständen zunächst schwer zu definieren sein kann (BGH WuW/E DE-R 357 (358)). In dem Stadium der Marktgründung und -findung müssen alle aktuell erkennbaren Entwicklungstendenzen beachtet werden (BKartA WuW/E DE-V 321 (323) – Covisint). 8

Schließlich soll darauf hingewiesen werden, dass die zunehmende Spannweite der Nutzungsarten konvergenter Dienste und deren Ausdifferenzierung eine Bestimmung der sachlich relevanten Märkte immer schwieriger erscheinen lässt. Dies liegt insbesondere an der oft hohen Umstellungsflexibilität hinsichtlich der betreffenden Dienstleistungen und der im Vergleich zu konventionellen Dienstleistungen sehr viel größeren Variabilität in ihren Verwendungsmöglichkeiten (*Zagouras*, Konvergenz (2002) 26). 9

b) Kriterien. aa) Verwendungszweck. Für die Bestimmung der funktionellen Austauschbarkeit in Bezug auf Anbietermärkte hat der **Verwendungszweck** die größte Bedeutung. Bei identischen Verwendungszwecken sind Unterschiede in der Beschaffenheit grundsätzlich irrelevant. Beschaffenheitsunterschiede stehen der Annahme der Austauschbarkeit erst dann entgegen, wenn die Produkte nicht mehr dazu geeignet sind, beim Verbraucher „gleichgelagerte Bedürfnisse im Wege einer einheitlichen Bedarfsdeckung zu befriedigen" (KG WuW/E OLG 2120 (2122) – Mannesmann/Brueninghaus). Gleiches gilt für Unterschiede im Herstellungsverfahren, die bei Deckung der Verwendungszwecke grundsätzlich ebenso irrelevant sind (KG WuW/E OLG 2113 (2116) – Steinkohlenstromerzeuger). Umgekehrt schließen Ähnlichkeiten der Beschaffenheit bei unterschiedlichen Nachfragestrukturen die Zuordnung zu verschiedenen Märkten nicht aus (KG WuW/E OLG 4865 (4875) – Hotelgeschirr). 10

bb) Preis. Auch wenn der **Preis** grundsätzlich kein selbstständiges Kriterium der Austauschbarkeit ist, kann die unterschiedliche Preislage der Waren bzw gewerblichen Leistungen als Indiz für die Annahme verschiedener Verwendungszwecke herangezogen werden (*Bechthold*, § 19 Rn 10). Dies ist insbesondere im Hinblick auf Luxus- und Exklusivgüter von Relevanz (BGH WuW/E BGH 2150 (2154) – Edelstahlbestecke; BKartA WuW/E DE-V 385 (386) – Richemont/LHH). Dabei kann der Grad der Austauschbarkeit anhand der **Kreuzpreiselastizität** ermittelt werden. Je eher eine geringfügige Preiserhöhung (in einem Umfang von 5–10 %) zur Wahl eines anderen Produktes durch den Abnehmer führt, desto mehr spricht dies dafür, dass die beiden Waren zu dem gleichen relevanten Markt gehören. Erhebliche Preisunterschiede sind hingegen ein Indiz für getrennte Märkte, und zwar selbst dann, wenn die fraglichen Waren in physikalisch-technischer oder chemischer Hinsicht vollständig oder überwiegend identisch sind (zur Kreuzpreiselastizität KG WuW/E OLG 2120 (2123) – Mannesmann/Brueninghaus). Wird eine Leistung, wie beispielsweise bei Anzeigeblättern, nur nach der einen Seite entgeltlich, nach der anderen Seite aber unentgeltlich erbracht, so ist sie nur mit dem entgeltlichen Teil einem Markt zuzuordnen. Die **unentgeltliche** Seite kann jedoch gleichwohl das Marktgeschehen für entsprechende entgeltlich angebotene Leistungen und Produkte beeinflussen (*Bechthold*, § 19 Rn 6). 11

cc) Angebotsumstellungsflexibilität. Neben der Austauschbarkeit aus der Sicht des Nachfragers ist auch die Produktionsflexibilität des Anbieters von Relevanz (BGH WuW/E BGH 1501 (1502 f) – Kfz-Kupplungen). Hierbei geht es um die Frage der **„Angebotsumstellungsflexibilität"** (*Traugott*, WuW 1998, 929 (931 ff)). Die Produktionsflexibilität verbietet es, bei technischen Gütern zu sehr nach verschiedenen Abmessungen, Stärken, Dicken etc. zu differenzieren (*Bechthold*, § 19 Rn 11). Danach spricht für das Vorliegen eines einheitlichen Marktes, wenn Hersteller des einen Produktes ohne größere Schwierigkeiten auch das andere Produkt herstellen könnten. 12

3. Der räumlich relevante Markt. Der räumlich relevante Markt wird grundsätzlich anhand der gleichen Kriterien bestimmt, die für die Abgrenzung des Marktes in sachlicher Hinsicht ausschlaggebend 13 sind. Insofern ist für den räumlich relevanten Anbietermarkt also ebenfalls die **funktionelle Austauschbarkeit** aus der Sicht des Nachfragers maßgebend (BGH WuW/E DE-R 1301 (1302) – Sanacorp/ANZAG). Eine eindeutige Unterscheidung zwischen sachlicher und räumlicher Marktabgrenzung ist dabei oft, insbesondere im Pressebereich, nicht möglich (BKartA WuW/E 2259 (2262) – Springer/Kieler Zeitung). Der räumlich relevante Markt meint das Gebiet, in dem das betroffene Unternehmen wirksamem Wettbewerb von Konkurrenten ausgesetzt ist und die Wettbewerbsbedingungen hinreichend homogen sind, wobei sich das betreffende Gebiet durch diese Kriterien von den benachbarten Gebieten deutlich unterscheidet (Art. 9 Abs. 7 FKVO; BKartA WuW/E DE-V 203 (297) – Krautkrämer/Nutronik). Für die Abgrenzung wird primär, und auch im Rahmen der Fusionskontrolle (hierzu kritisch *Bechtold*, § 19 Rn 16) auf die Tätigkeitsgebiete der beteiligten Unternehmen abgestellt, wobei es auf die tatsächlichen, genau zu identifizierenden Liefergebiete ankommt. Pauschale Kriterien (wie zB der Radius von x km um die jeweilige Niederlassung) sind hierfür unzureichend (BGH WuW/E DE-R 1301 (1302) – Sanacorp/ANZAG). § 19 Abs. 2 Satz 3 GWB bestimmt, dass der räumlich relevante Markt „weiter sein kann als der Geltungsbereich dieses Gesetzes". Der räumlich relevante Markt im Sinne des GWB ist also nicht normativ auf das Bundesgebiet beschränkt. Er wird insofern allein durch ökonomische Kriterien abgegrenzt. Kleinere Gebiete als das Bundesgebiet sind dann räumlich relevante Märkte, wenn der Wettbewerb jenseits der Grenzen dieses Gebietes aus objektiven Gründen ausgeschlossen bzw zumindest erheblich vermindert ist (*Bechthold*, § 19 Rn 18; BKartA WuW/E DE-V 367 (368) – Heide). Solch lokale und regionale Märkte sind zB im Pressebereich häufig maßgeblich.

14 **4. Der zeitlich relevante Markt.** Der zeitlich relevante Markt bezeichnet den **Zeitraum, für den die Wettbewerbsverhältnisse zu untersuchen** sind (*Bechtold*, § 19 Rn 19). Die Abgrenzung des Marktes in zeitlicher Hinsicht ist allerdings in der Praxis nur selten erforderlich. Sie kann aber dann von Bedeutung sein, wenn es um nur temporär tätige Unternehmen geht oder um Waren und Leistungen, die nur für bestimmte Zeiträume bzw zu bestimmten Zeitpunkten angeboten werden, wie zB Tages-/Wochen-/Monatszeitungen. Aber selbst ein einzelnes Spitzen-Fußballspiel kann einen eigenen relevanten Markt darstellen (BGH WuW/E BGH 2406 (2408 f) – Inter-Mailand-Spiele). Oftmals verbergen sich hinter zeitlichen Abgrenzungen aber tatsächlich Probleme der sachlichen Marktabgrenzung (*Bechthold*, § 19 Rn 19).

II. Europäisches Recht

15 **1. Überblick.** Die Marktabgrenzung im Rahmen der europäischen Fusionskontrolle knüpft an die Praxis der Marktabgrenzung im Rahmen der Missbrauchskontrolle nach Art. 102 AEUV an. Da die Fusionskontrolle jedoch im Gegensatz zu Art. 102 AEUV der Strukturkontrolle dient und im Wesentlichen zukunftsbezogen ist, kann der letztlich ermittelte relevante Markt trotz Anwendung ähnlicher Abgrenzungskriterien aufgrund des unterschiedlichen Zeithorizontes verschieden ausfallen. Die für die Marktabgrenzung maßgeblichen Kriterien sind in der „Bekanntmachung der Kommission über die Definition des relevanten Marktes im Sinne des Wettbewerbsrechts der Gemeinschaft" vom 9.12.1997 (ABl. 1997 Nr. C 372/5) festgehalten. Jede Marktabgrenzung wird durch die Kommission anhand des individuellen Falls grundsätzlich neu vorgenommen, allerdings bieten ältere Entscheidungen ebenso wie Empfehlungen der Kommission (wie etwa K(2003) 497 vom 11.2.2003 und K(2007) 5406 vom 17.12.2007) einen Anhaltspunkt (Koenig/Bartosch/Braun/*Rosenthal/Francis*, EC Competition (2009) 239 f).

16 Die **Abgrenzung des relevanten Marktes** ist ein juristischer Bewertungsvorgang, bei dem die Kommission über einen Beurteilungsspielraum verfügt (EuG Slg 1999, II-1299 (1336) – Endemol). Im Gegensatz zur Praxis des Bundeskartellamts, die vor allem von Strukturschutzerwägungen bestimmt ist, verfolgt die Kommission einen ökonomisch geprägten Ansatz. So macht Art. 2 Abs. 3 FKVO die Zulässigkeit eines Zusammenschlusses auch vorrangig davon abhängig, ob durch diesen der Wettbewerb im gemeinsamen Markt behindert wird, wofür das Kriterium der Marktbeherrschung nur eines unter mehreren möglichen Kriterien ist.

17 Auch im europäischen Recht erfolgt die Abgrenzung des relevanten Marktes maßgebend in sachlicher und räumlicher Hinsicht. Die **zeitliche Dimension** ist von untergeordneter Bedeutung. In der Praxis lässt die Kommission die Marktabgrenzung in Fällen offen, in denen zwar verschiedene Abgrenzungsmöglichkeiten bestehen, aber in keiner – oder in jeder – der Alternativen wettbewerbsrechtliche Bedenken bestehen (*Mestmäcker/Schweitzer*, Wettbewerbsrecht (2004), § 25 Rn 22).

2. Der sachlich relevante Markt. a) Allgemeines. Eine explizite Definition des sachlich relevanten Marktes ist in der Fusionskontrollverordnung nicht enthalten. In der Verwaltungspraxis der Kommission wird jedoch, ähnlich wie im deutschen Recht, die Abgrenzung des sachlich relevanten Marktes aufgrund des **Bedarfsmarktkonzeptes** vorgenommen. Es kommt daher wiederum darauf an, ob die betreffenden Produkte bzw Leistungen aus Sicht der Marktgegenseite austauschbar sind. Zum relevanten Markt zählen danach alle Produkte bzw Dienstleistungen, die aus Sicht der Marktgegenseite aufgrund ihrer Eigenschaften, ihrer Preislage und ihres vorgesehenen Verwendungszweckes als gleichartig anzusehen sind (Formblatt CO, Abschnitt 6, Anhang zur Verordnung Nr. 802/2004, ABl. 2004 Nr. L 133/9; vgl auch bereits EuGH Slg 1991, I-3359 (3439 ff) – AKZO). 18

Um von der Austauschbarkeit zweier Produkte ausgehen zu können, muss es für die Marktgegenseite eine realistische und rationale Möglichkeit geben, sich innerhalb relativ kurzer Zeit von dem einen Produkt auf das andere Produkt umzustellen (Komm. ABl. 1993 Nr. L 7/13 Tz 23 – Du Pont/ICI). Dabei berücksichtigt die Kommission neben den zentralen Kriterien der Produkteigenschaften, des Verwendungszweckes und des Preises auch die Verbrauchergewohnheiten. In diesem Zusammenhang kommt es jedoch nicht auf die subjektive Sicht einzelner Konsumenten an, sondern vielmehr auf die Sicht eines vernünftigen und typischen Durchschnittsverbrauchers (GK/*Schütz*, Art. 2 Rn 19; Loewenheim/Meessen/Riesenkampff/*Riesenkampff/Lehr*, Art. 2 FKVO, Rn 16). Von der Gleichartigkeit kann bereits dann ausgegangen werden, wenn ein hinreichender Grad an Austauschbarkeit besteht; eine vollständige Austauschbarkeit muss also nicht vorliegen (EuGH Slg 1979, 461 (516 ff) – Hoffmann-LaRoche/Vitamine). Bei Nachfragemärkten ist in der Regel die Sicht der unmittelbaren Abnehmer entscheidend, sofern deren Kaufentscheidung nicht durch die Präferenzen der mittelbaren Abnehmer wesentlich mitbestimmt wird. Sollte dies, wie insbesondere im Handel denkbar, der Fall sein, dann muss ggfs. auf die Sicht der mittelbaren Abnehmer, dh der Endabnehmer, abgestellt werden (abgeleitete Nachfrage). 19

Die Klärung der Austauschbarkeit aus der Sicht der Nachfrager ist dann problematisch, wenn die Nachfrager keine hinreichend homogene Gruppe bilden. In diesem Fall versucht die Kommission, sog. **Teilmärkte** zu bilden, die dann jeweils einen gesonderten sachlich relevanten Markt bilden. Voraussetzung für die Bildung von Teilmärkten ist allerdings, dass die Abnehmerseite in unterscheidbare Gruppen unterteilt werden kann, die dauerhaft differenzierenden Angebotsstrategien ausgesetzt sind (Immenga/Mestmäcker/*Immenga/Körber*, Art. 2 FKVO, Rn 68). 20

Bei der Abgrenzung des relevanten Produkt- bzw Dienstleistungsmarktes berücksichtigt die Kommission neben der Sicht der Nachfrager (sog. **Nachfragersubstitution**) auch die Substituierbarkeit auf der Angebotsseite (sog. **Angebotssubstitution**). Dabei ist zu fragen, ob die Anbieter kurzfristig und ohne spürbare Zusatzkosten in der Lage sind, ein Produkt auf dem Markt anzubieten, das mit den Erzeugnissen der sich zusammenschließenden Unternehmen identisch oder austauschbar ist. Besteht eine solche Umstellungsflexibilität auf der Angebotsseite, werden auch solche Produkte in den Markt einbezogen, die aus der Sicht der Nachfrager nicht austauschbar sind. Der sachlich relevante Markt umfasst dann sämtliche Produkte, die von der Nachfrage oder vom Angebot her substituierbar sind (Bekanntmachung der Kommission über die Definition des relevanten Marktes im Sinne des Wettbewerbsrechts der Gemeinschaft, ABl. 1997 Nr. C 372/5 Tz 20, 21; EuGH Slg 1973, 215 (248 ff) – Continental Can). Nicht für die Marktabgrenzung heranzuziehen ist hingegen die Möglichkeit zukünftigen Wettbewerbs durch andere Unternehmen. Zwar erzeugt auch dieser – wie die Nachfrage- und Angebotssubstituierbarkeit – eine Wettbewerbskraft, die auf die Anbieter eines Produkts einwirkt. Gleichwohl wird der potenzielle Wettbewerb erst bei der Beurteilung der Auswirkungen des Zusammenschlusses berücksichtigt, da seine disziplinierende Wirkung von weiteren Umständen abhängt, die den Markteintritt beeinflussen (Bekanntmachung der Kommission über die Definition des relevanten Marktes im Sinne des Wettbewerbsrechts der Gemeinschaft, ABl. 1997 Nr. C 372/5 Tz 24). 21

Die Bestimmung des sachlich relevanten Marktes ist konkret durch Gesamtwertung einer Mehrzahl von Faktoren vorzunehmen, deren Erheblichkeit von Fall zu Fall unterschiedlich ausfallen kann. Auch behält es sich die Kommission vor, im Einzelfall Produkte, die aufgrund ihrer unterschiedlichen Eigenschaften, Preise oder Verwendungszwecke eigenständige Märkte bilden würden, zu einer Produktgruppe zusammenzufassen, um so alle Wettbewerbsbedingungen berücksichtigen zu können. Der relevante Markt besteht dann aus der Gruppe dieser Produkte (Loewenheim/Meessen/Riesenkampff/*Riesenkampff/Lehr*, Art. 2 FKVO, Rn 30; Komm. 29.10.1993, M.330 Tz 26 – McCormick/CPC/Rabobank/Ostmann). 22

23 In der Praxis geht die Kommission bei der Marktabgrenzung in zwei Schritten vor. Sie nimmt zunächst eine grobe Eingrenzung des Marktes vor, wobei sie sich auf allgemein zugängliche Informationen und die von den am Zusammenschluss beteiligten Unternehmen zur Verfügung gestellten Informationen stützt. Anschließend verschafft sie sich genauere Nachweise durch die Befragung wichtiger Kunden und Unternehmen des betreffenden Wirtschaftszweiges als auch von betroffenen Berufs- und Wirtschaftsverbänden und Unternehmen in vor- und nachgelagerten Märkten. Die abschließende Bestimmung des relevanten Marktes erfolgt dann durch die Gesamtbetrachtung aller ermittelten Informationen (Bekanntmachung der Kommission zur Definition des relevanten Marktes im Wettbewerbsrecht im Sinne des Wettbewerbsrechts der Gemeinschaft, ABl. 1997 Nr. C 372/5 Tz 24, 33).

24 **b) Kriterien.** Die nachfolgend erläuterten Aspekte stellen die praktisch wichtigsten Kriterien dar, welche die Kommission zur Abgrenzung des sachlich relevanten Marktes heranzieht.

Verwendungszweck

25 Wie auch im deutschen Recht ist der Verwendungszweck der betroffenen Produkte bzw Dienstleistungen das zentrale Abgrenzungskriterium zur Ermittlung der Austauschbarkeit, und damit zur Bestimmung des sachlich relevanten Marktes. Produkte oder Leistungen, die zur Erfüllung des gleichen Zweckes verwendet werden können, sind aus der Sicht der Nachfrager in der Regel austauschbar. Dabei ist zu beachten, dass die unter objektiven Gesichtspunkten bestehende funktionale Austauschbarkeit zweier Produkte nicht automatisch die Annahme eines gemeinsamen sachlichen Marktes erlaubt, da für die Abnehmer bei der Wahl eines Produktes unter Umständen auch weitere Kriterien, wie etwa das Image eines Produktes, ausschlaggebend sein können (Bekanntmachung der Kommission über die Definition des relevanten Marktes im Sinne des Wettbewerbsrechts der Gemeinschaft, ABl. 1997 Nr. C 372/5 Tz 36). Die Kommission geht von einem eng umgrenzten Verwendungszweck aus (Komm. WuW/EV 1644 Tz 2.2 – Tetra Pak/Alfa-Laval).

Produkteigenschaften

26 In Bezug auf die Produkteigenschaften sind bei Waren insbesondere die technisch-physikalischen bzw chemischen Eigenschaften maßgeblich (Komm. ABl. 1993 Nr. L 7/13 Tz 16 ff – Du Pont/ICI). Daneben kommt aber eine Vielzahl weiterer Kriterien in Betracht, wie zum Beispiel erhebliche Unterschiede bei den Transportkosten der betreffenden Produkte. Sog. homogene Produkte, dh Produkte verschiedener Hersteller, die über eine weitgehend identische Beschaffenheit verfügen, sind regelmäßig unproblematisch gegeneinander austauschbar.

Preis

27 Der Preis wird im Hinblick auf die Marktabgrenzung auf unterschiedliche Weise relevant. Zunächst sind hohe absolute Preisunterschiede zweier Produkte ein Indiz dafür, dass diese zu unterschiedlichen Märkten gehören. Auch die frühere Preisentwicklung verschiedener Produkte bzw Leistungen kann Aufschluss über deren Substituierbarkeit geben (Komm. ABl. 1993 Nr. L 7/13 Tz 25 ff – Du Pont/ICI). Insbesondere können auch die Auswirkungen von Preisveränderungen auf die aktuelle Nachfrage der betreffenden Produkte Hinweise auf deren Austauschbarkeit geben. In diesem Zusammenhang macht die Kommission von einem gedanklichen Experiment, dem sog. **SSNIP-Test** (Small but Significant Non-transitory Increase in Price) Gebrauch (dies entspricht der sog. „Kreuzpreiselastizität" im deutschen Recht, s.o. Rn 11). Dabei wird gefragt, wie viele Kunden bei einer Preiserhöhung von 5–10 % bei Produkt A (durch alle Hersteller dieses Produktes) auf ein anderes Produkt B ausweichen würden? Die Produkte A und B gehören dann zum gleichen Markt, wenn die Zahl der wechselbereiten Kunden so hoch ist, dass der zu erwartende Absatzrückgang eine Preiserhöhung nicht mehr einträglich sein lässt. Zwecks sachlicher Marktabgrenzung nach diesem Kriterium werden nun solange weitere Produkte (C, D, E etc.) einbezogen, bis von der Annahme ausgegangen werden kann, dass eine geringe dauerhafte Preiserhöhung den Anbietern einen großen Gewinn brächte. Dieser hypothetische Monopoltest entspricht dem Ansatz für die Definition des relevanten Marktes, den bereits zuvor die amerikanischen Wettbewerbsbehörden verwandt haben (*Cook/Kerse*, EC Merger Control (2005) 134). Die Schwäche dieses Ansatzes ist allerdings, dass die Erhebungen bei Verbrauchern über ihre Reaktion auf hypothetische Preiserhöhungen regelmäßig ungenau oder spekulativ sind (*Mestmäcker/Schweitzer*, Wettbewerbsrecht (2004), § 25 Rn 20). Weitere Indizien für das Vorliegen eines einheitlichen Marktes sind erfolgte Substitutionen in jüngster Vergangenheit (zB bei einer plötzlichen Verknappung von Produkt A) sowie Aussagen von Nachfragern und Wettbewerbern.

Verbraucherpräferenzen

Auch unterschiedliche Verbraucherpräferenzen können für die sachliche Marktabgrenzung von Bedeutung sein. So können nationale Besonderheiten, wie zB ein unterschiedliches ästhetisches Empfinden, zu divergierenden Marktabgrenzungen in den einzelnen Mitgliedsstaaten führen (Komm. ABl. 2003 Nr. L 285/52 Tz 46 ff – Haniel/Cementbouw). 28

Angebotsumstellungsflexibilität

Zur Feststellung der Angebotsumstellungsflexibilität ist zu fragen, ob ein Hersteller kurzfristig und ohne erhebliche Kosten seine Produktion von einem auf ein anderes Produkt umstellen kann. Dabei geht die Kommission davon aus, dass die Umstellungsfähigkeit innerhalb eines Jahres ausreichend schnell ist (Komm. WuW/E EV 1783 Tz 21 – Lucas/Eaton). Von einander abweichende gesetzliche Anforderungen an Produktion und Vertrieb sind Indizien für eine ungenügende Angebotsumstellungsflexibilität (Komm. WuW/E EV 1903 Tz 15 – Nestlé/Perrier). In der Praxis wendet die Kommission das Kriterium der Angebotsumstellungsflexibilität nur sehr zurückhaltend an (Loewenheim/Meessen/Riesenkampff/*Riesenkampff/Lehr,* Art. 2 FKVO, Rn 28). 29

3. Der räumlich relevante Markt. Eine Definition des räumlich relevanten Marktes ist in Art. 2 FKVO nicht enthalten. Art. 9 Abs. 7 FKVO definiert den Markt in räumlicher Hinsicht jedoch als das Gebiet, „auf dem die betroffenen Unternehmen als Anbieter oder Nachfrager von Waren oder Dienstleistungen auftreten, in dem die **Wettbewerbsbedingungen hinreichend homogen** sind und das sich von den benachbarten Gebieten unterscheidet; dies trifft insbesondere dann zu, wenn die in ihm herrschenden **Wettbewerbsbedingungen sich von denen in den letztgenannten Gebieten deutlich unterscheiden**". Die Kommission und die Rechtsprechung beziehen sich in gängiger Praxis auch für die Marktabgrenzung im Rahmen von Art. 2 FKVO auf diese Definition (Loewenheim/Meessen/Riesenkampff/*Riesenkampff/Lehr*, Art. 2 FKVO, Rn 31). 30

Bei der Abgrenzung des räumlich relevanten Marktes geht die Kommission in zwei Schritten vor. Zunächst ermittelt sie, ob in dem **Absatzgebiet** der sich zusammenschließenden Unternehmen homogene Wettbewerbsbedingungen vorliegen. Falls das so ist, stellt das gesamte Absatzgebiet den räumlich relevanten Markt dar. Andernfalls bilden nur diejenigen Teile des Absatzgebiets, in denen hinreichend homogene Wettbewerbsbedingungen herrschen, den räumlich relevanten Markt. Die Prüfung, ob eine hinreichende Homogenität der Wettbewerbsbedingungen gegeben ist, berücksichtigt regelmäßig die Identität und Marktanteile der Anbieter, die Art ihrer Kundenbeziehungen, die Distributionskanäle zum Endverbraucher sowie Verbraucherpräferenzen, Nachfragetrends und Preise als Indiz gegenseitiger Marktdurchdringung (Bekanntmachung der Kommission zur Definition des relevanten Marktes im Wettbewerbsrecht der Gemeinschaft, ABl. 1997 Nr. C 372/5 Tz 28 ff). In einem zweiten Schritt prüft die Kommission dann, ob die Wettbewerbsbedingungen in den vorläufig abgegrenzten Gebieten erhebliche Unterschiede zu den an sie **angrenzenden Nachbargebieten** aufweisen. Sollte dies der Fall sein, bleibt es bei dem im ersten Schritt gewonnenen Ergebnis. Andernfalls werden auch die Nachbargebiete in den räumlich relevanten Markt einbezogen (Loewenheim/Meessen/Riesenkampff/*Riesenkampff/Lehr*, Art. 2 FKVO, Rn 32). Märkte, bei denen die natürlichen Wettbewerbsbedingungen durch Marktzutrittsschranken in Form hoheitlicher Regelungen (zB nationale Lizenzierungserfordernisse, Einfuhrbeschränkungen oder rechtliche Monopole) verfälscht werden, stellen grundsätzlich selbstständige räumlich relevante Märkte dar (EuGH Slg 1991, 2915 (2961) – ERT-AE/DEP). Häufig ist der relevante Markt kleiner als der Gemeinsame Markt, zB wegen starker nationaler Käuferpräferenzen (Komm. ABl. 1991 Nr. C 281/2 – Renault/Volvo). Zu beachten ist, dass die Abgrenzung des räumlich relevanten Marktes auch insbesondere durch die fortschreitende Integration nationaler Märkte zu einem gemeinschaftsweiten Markt beeinflusst werden kann (Bekanntmachung der Kommission zur Definition des relevanten Marktes im Wettbewerbsrecht der Gemeinschaft, ABl. 1997 C 372/5 Tz 32). 31

4. Der zeitlich relevante Markt. Auch im europäischen Recht ist die Abgrenzung des Marktes in zeitlicher Hinsicht von relativ geringer Bedeutung. Sie ist aber dann relevant, wenn die potenziell marktbeherrschende Stellung der Unternehmen auf einen bestimmten Zeitabschnitt begrenzt ist. Dies kann infolge einer temporären Mangelsituation der Fall sein (EuGH Slg 1978, 1513 (1526) – BP). 32

III. Zusammenfassung

Die obigen Ausführungen machen deutlich, dass die Abgrenzung des relevanten Marktes zum Zwecke der **Fusionskontrolle im deutschen und europäischen Kartellrecht** weitgehend anhand **ähnlicher Kri-** 33 terien erfolgt (*Trafkowski*, Medienkartellrecht (2002) 31 f). In der Tat wird die Bestimmung des relevanten Marktes für die Prüfung eines Zusammenschlusses in der Praxis oft im Wege gegenseitiger Konsultationen zwischen Bundeskartellamt und Europäischer Kommission vorgenommen. Dies darf jedoch nicht darüber hinwegtäuschen, dass der Grundansatz im Recht der deutschen und europäischen Fusionskontrolle verschieden ist: Während es dem Bundeskartellamt vor allem auf Strukturschutz ankommt, geht es der Kommission vorrangig darum, das Funktionieren des Wettbewerbs im gemeinsamen Markt sicherzustellen.

B. Anwendung auf den Mediensektor

I. Besonderheiten des Mediensektors

34 Im Mediensektor gelten grundsätzlich die gleichen Maßstäbe zur Abgrenzung der relevanten Märkte wie in anderen Wirtschaftsbereichen. Allerdings ist zu beachten, dass die Märkte im Medienbereich einer sehr **dynamischen technologischen Entwicklung** ausgesetzt sind und es so mitunter erhebliche Schwierigkeiten geben kann, diesen Entwicklungen bei der Marktabgrenzung **Rechnung zu tragen** (so bereits in Bezug auf die Telekommunikationsmärkte: *Immenga*, MMR 2000, 196 ff). Die einmal getroffene Bestimmung des jeweils relevanten Marktes muss daher angesichts der rasanten technologischen Entwicklungen im Mediensektor mitunter häufig angepasst werden (BKartA Tätigkeitsbericht 2007/2008 S. 10).

35 Bei den Märkten des Mediensektors ist außerdem zu beachten, dass es sich oftmals um zweiseitige (besser: mehrseitige oder Plattform-) Märkte handelt. Hierunter sind Märkte mit mindestens drei Teilnehmerseiten zu verstehen (*Lindstädt*, ZWeR 2010, 53, 79). Dieses Phänomen ist zB für Zeitungen zu beobachten, deren Kunden zum einen die Leser sind, zum anderen aber auch die Anzeigenschaltenden. Mehrt die Zeitung ihre Leserschaft, kommt es zu „indirekten Netzwerkeffekten“, weil sie dadurch gleichzeitig ihre Attraktivität auf dem Anzeigenmarkt ausbaut, indem der Werbende pro Anzeige mehr potenzielle Kunden erreichen kann. In einem mehrseitigen Markt müssen sich positive Entwicklungen auf der einen Seite jedoch nicht zwangsläufig positiv auf die andere Seite auswirken. Vielmehr kann zB die Erhöhung der Zahl der Werbeblöcke zu einer Minderung der Zuschauerzahl führen (*Ferrando/Gabszewicz*, S. 2). Die Wechselwirkungen zwischen den verschiedenen Marktseiten sind jedenfalls bei der wettbewerbsrechtlichen Beurteilung zu berücksichtigen (BKartA Tätigkeitsbericht 2007/2008 S. 10), denn durch die Anwendung der klassischen Methoden zur Markteinteilung unter Außerachtlassung dieser Effekte kann es beispielsweise zu einer Einordnung eines Zusammenschlusses als Konglomerat kommen, auch wenn die Auswirkungen eher horizontaler Natur sind (*Lindstädt*, ZWeR 2010, 53, 73).

II. Telekommunikation

36 **1. Allgemeines. a) Telekommunikation und „Sonderkartellrecht“.** Eine Besonderheit der Telekommunikationsindustrie ist, dass sie in Deutschland nicht nur dem allgemeinen Kartellrecht, sondern auch den sektorspezifischen Bestimmungen des Telekommunikationsrechts als „Sonderkartellrecht“ unterliegt. Es stellt sich damit die Frage nach dem **Anwendungsbereich des allgemeinen Kartellrechts neben den speziellen Regelungen zur Regulierung der Telekommunikation.** Die Antwort fällt im deutschen bzw europäischen Recht unterschiedlich aus. Für das deutsche Recht stellt § 2 Abs. 3 TKG 2004 klar, dass das GWB insofern anwendbar bleibt als das TKG keine abschließenden Regelungen trifft. In der Praxis hat dies die Auswirkung, dass die sektorspezifische Regulierung durch die Bundesnetzagentur (BNetzA) faktisch der allgemeinen Missbrauchsaufsicht des Bundeskartellamtes vorgeht. Da das TKG allerdings laut *Bechtold* keine „ausdrücklich abschließenden Regelungen“ iSd § 2 Abs. 3 Satz 1 TKG trifft, sollen die unmittelbar wirkenden Kartell- und Missbrauchsverbote auf Telekommunikationsunternehmen uneingeschränkt anwendbar sein (Vor § 28, Rn 29). Auf europäischer Ebene gilt hingegen, dass aufgrund des Anwendungsvorrangs des Gemeinschaftsrechts gegenüber dem Recht der Mitgliedsstaaten das EU-Fusionskontrollrecht nicht durch das nationale Telekommunikationsrecht verdrängt wird.

37 **b) Von der Infrastrukturbedingtheit der Dienstleistungsmärkte zur Konvergenz der Trägermedien.** Telekommunikationsdienstleistungen können über verschiedene Trägermedien (zB Festnetz, Mobilfunknetz, Internet) erbracht werden. Dabei stellt sich immer wieder die Frage, ob die einzelnen Dienstleistungen jeweils unterschiedlichen sachlich relevanten Märkten zuzuordnen sind, je nachdem,

über welche technische Infrastruktur sie im Einzelfall erbracht werden. Traditionell erfolgte die **Marktabgrenzung im Telekommunikationsbereich** infrastrukturgebunden, dh der relevante Produktmarkt wurde nach Übertragungswegen bestimmt. Technologische Weiterentwicklungen, insbesondere die Digitalisierung, führen aber zunehmend zu dem Zusammenwachsen bisher getrennt genutzter Übertragungswege und Inhalte (Konvergenz). Dies schafft zunehmend infrastrukturübergreifende Dienstleistungsmärkte.

Es wurde bereits darauf hingewiesen, dass eine einmal getroffene Marktdefinition im Mediensektor rasch von den technologischen Entwicklungen überholt werden kann. Im Bereich der Telekommunikation gilt das ganz besonders, da dieser Wirtschaftszweig wie kaum ein anderer durch ständige Innovation gekennzeichnet ist (dazu auch den Hinweis in den Leitlinien der Kommission zur Marktanalyse und Ermittlung beträchtlicher Marktmacht nach dem gemeinsamen Rechtsrahmen für elektronische Kommunikationsnetze und -dienste, ABl. 2002 Nr. C 165/6). Inwieweit es jeweils zu infrastrukturübergreifenden Dienstleistungsmärkten kommt, hängt von der wirtschaftlichen Entwicklung und den Nutzungsgewohnheiten der Verbraucher ab (*Schnelle/Bartosch*, BB 1999, 1933 (1937); *Mestmäcker/Schweitzer*, Wettbewerbsrecht (2004), § 25 Rn 28; siehe auch *Holznagel*, NJW 2002, 2351 ff). Bereits 1997 hat die Kommission darauf hingewiesen, dass insbesondere ein Zusammenwachsen der Mobilfunk- und Festnetzmärkte im Bereich der Sprachtelefonie denkbar sei, da in der Praxis eine immer weitergehende Ersetzung von Festnetzanschlüssen durch Mobilanschlüse zu verzeichnen ist (Mitteilung der Kommission vom 29.5.1997 über die weitere Entwicklung der Drahtlos- und Mobilfunkkommunikation in Europa, KOM (97) 217 endg., S. 3, 8). Gegenwärtig schafft die Bündelung mehrerer Dienstleistungsangebote (zB Internet +Festnetz +TV +Mobilfunk) durch ein einziges Trägermedium (sog. „triple"- oder „quadruple"-play) neue Herausforderungen für die Marktabgrenzung (siehe Rn 65). 38

Die nachfolgende Darstellung hat zum Ziel, einen Überblick über die bisher von der Kommission anerkannten wesentlichsten Dienstleistungs- und Infrastrukturmärkte im Bereich der Telekommunikation zu geben. 39

2. Markt für Telekommunikationsdienstleistungen. a) Festnetz. aa) Sprachtelefonie. Die Sprachtelefonie über das Fernmeldefestnetz stellt nach der Entscheidungspraxis der Kommission einen separaten relevanten Produktmarkt im Vergleich zu den anderen Infrastrukturmedien für die Übertragung von zweiseitigen Signalen dar. In der Sache BiB/Open (Komm. ABl. 1999 Nr. L 312/1 Tz 37 – British Interactive Broadcasting/Open) hat die Kommission betont, dass die Übertragung per **Kabelfernsehen** oder **drahtlosem Festnetz** kein gleichwertiges Substitut sei, da die Bandbreite dieser Übertragungsmedien eher niedrig ist. In British Telecom/MCI (II) (Komm. ABl. 1997 Nr. L 336/1 Tz 13) hat die Kommission die Austauschbarkeit des Kabelnetzes mit Satellitennetzen für die Übertragung von Telefonaten wegen der Verzögerungen bei der Übertragung, Echoeffekten und der Anfälligkeit für klimatische Einflüsse der letzteren abgelehnt. In Telia/Telenor (Komm. ABl. 2001 Nr. L 40/1 Tz 121) hat die Kommission klargestellt, dass trotz der starken Verbreitung von Mobilfunktelefonen die Sprachtelefonie per Handy nicht mit der Sprachtelefonie über Festnetz austauschbar sei. Auch die **Telefonie über das Internet (Voice over IP, „VoIP")** steht wohl noch nicht in einem Austauschbarkeitsverhältnis mit der Telefonie über Festnetz. Mit zunehmenden technologischen Verbesserungen erscheint aber eine Konvergenz der verschiedenen Trägermedien zu einem infrastrukturunabhängigen Markt für die Erbringung von Sprachtelefoniedienstleistungen denkbar (offen gelassen in: Komm. 29.6.2009, M.5532 Tz 38 – Carphone Warehouse/Tiscali UK; Komm. 29.1.2010 M.5730 Tz 17 – Telefonica/Hansenet Telekommunikation). Von einem solchen gemeinsamen Sprachtelefoniemarkt ist wohl erst dann auszugehen, wenn die Netzbetreiber ihre Übertragungstechniken vollständig auf international standardisierte IP-basierte Lösungen umgestellt haben und die Endkunden durch Einsatz von intelligenter Routing-Software immer und überall unter vergleichbaren Bedingungen telefonieren können (Hoeren/Sieber/*Mozek/Zendt*, Teil 23, Rn 58). Im Übrigen wären in einen solchen infrastrukturunabhängigen Markt nur sogenannte „managed" VoIP-Dienste miteinzubeziehen, nicht also die bloße Zurverfügungstellung eines Breitbandanschlusses, in dessen Rahmen der Endkunde dann eigenständig VoIP-Sofware nutzt (Komm. 29.6.2009, M.5532 Tz 38 – Carphone Warehouse/Tiscali UK). *Körber* geht in Bezug auf ortsfeste Telefonate schon jetzt von einem gemeinsamen Markt for herkömmliche und (managed) VoIP-Telefonie aus (ZWeR 2008, 146, 166). 40

41 Hinsichtlich der Erbringung von Sprachtelefoniedienstleistungen über Festnetz unterscheidet die Kommission zwischen den Märkten für den Zugang der Endverbraucher und solchen für den Netzzugang der Betreiber.

42 (1) **Zugang für Teilnehmer (Endverbraucher) zu vermittelten Sprachtelefondiensten.** Seit der Entscheidung in der Sache Telia/Telenor (Komm. ABl. 2001 Nr. L 40/1 Tz 84 ff) unterteilt die Kommission den Markt für die **Erbringung von Sprachtelefonie** an den Endverbraucher in die **Märkte für Orts-, Fern-, und Auslandsgespräche** (s.a. Koenig/Bartosch/Braun/*Rosenthal/Francis*, EC Competition (2009) 253 ff mwN). Die Einordnung der verschiedenen Netzebenen als gesonderte relevante Märkte stützte die Kommission auf die hierarchische Struktur des öffentlichen Fernmeldenetzes („public switched telephony network" – PSTN) (Komm. – Telia/Telenor, Tz 88). Diese besteht aus drei abgrenzbaren Segmenten: (a) dem Ortsanschlussnetz („local loop" oder „letzte Meile"), das den Teilnehmer an die lokalen Schaltstellen des Netzwerks anschließt, (b) dem Fernnetz, das die lokalen Schaltstellen mit den höheren Schaltebenen, den sog. Transitschaltstellen („transit exchanges") verbindet, und (c) dem internationalen Netz, das den Telefonverkehr von dem internationalen Gateway eines nationalen Netzes über „Backhaul"-Kabel zu den internationalen Zentralstellen (sog. „cable head" oder „landing point"), und damit in das ausländische Telefonnetz überleitet (Komm. – Telia/Telenor, Tz 10 ff). Die Martksegmentierung ergebe sich daraus, dass tatsächlich nicht alle Anbieter die gesamte Palette von Orts-, Fern-, und Auslandsgeprächen direkt an den Endkunden anbieten würden (Komm. – Telia/Telenor, Tz 88). Die genannten Märkte sind grundsätzlich jeweils nationaler Natur (Komm. ABl. 2001 Nr. L 40/1– Telia/Telenor, Tz 121). Im Hinblick auf die getroffene Marktaufteilung für Sprachtelefoniedienstleistungen an Endkunden fällt auf, dass diese bisher infrastrukturgebunden vorgenommen wurde. So wurde in der Sache BT/MCI (II) (Komm. 14.5.1997 M.856 Tz 13) zwischen Auslandstelefonie via Satellit und via unterseeischer Kabelverbindungen aufgrund der unterschiedlichen Sprachqualitäten differenziert.

43 In Telia/Telenor (Komm. ABl. 2001 Nr. L 40/1 Tz 84 ff) hat die Kommission eine Differenzierung zwischen **ankommenden und abgehenden Anrufen** grundsätzlich nicht für angebracht gehalten. Etwas anderes käme nur dann in Betracht, wenn die Leitungen für die Initialisierung und den Empfang eines Gesprächs getrennt zu mieten seien, was jedoch – selbst falls dies in der Praxis möglich sei – dem Teilnehmer keinen finanziellen Vorteil bringe. Ankommende und abgehende Anrufe müssten daher vielmehr als Einheit betrachtet werden (Koening/Bartosch/Braun/*Rosenthal/Francis*, EC Competition (2009), 255). Dahingegen sind die Märkte für **Verbindungen in das Festnetz** und für **Verbindungen in das Mobilfunknetz** zu unterscheiden (noch verneint in Komm. Telia/Telenor, Tz 93, wo ein gemeinsamer Markt mit Ferngesprächen angenommen wurde, in Komm 7.12.2006 M.4442 Tz 20 f – Carphone Warehouse/AOL UK mangels Entscheidungserheblichkeite offengelassen, aber in Komm. 7.9.2005 M.3914 Tz 10 – Tele2/Versatel bejaht; in diese Richtung auch Monopolkommission 2009, Sondergutachten 56, Tz 72).

44 (2) **Netzzugang für Betreiber.** In Telia/Telenor (Komm. ABl. 2001 Nr. L 40/1 Tz 95 ff) hat die Kommission ferner festgestellt, dass neben dem Markt für die Bereitstellung von Telefondienstleistungen an den Endkunden ein **Parallel-Markt** für den Netzzugang der Betreiber von Netzwerken bestehe. Denn genauso wie Teilnehmer den Zugang zum Netz benötigten, um Anrufe zu tätigen, seien Betreiber auf den Zugang zu den Telefonnetzen angewiesen, um Anrufe weiterzuleiten oder zu empfangen. Hier zeigt sich bereits, dass eine klare Trennung zwischen Dienstleistungsmärkten einerseits und Infrastrukturmärkten andererseits nicht möglich ist. Die Bereitstellung von Sprachtelefonie an Endkunden überlappt mit der Bereitstellung von Netzwerkinfrastruktur.

45 Die Kommission unterscheidet auf Betreiberseite zwischen dem Zugang neuer Betreiber zum Ortsnetz einerseits und dem Zugang zu den Fern- („backbone") bzw Auslandsnetzen andererseits. Diese Märkte seien grundsätzlich jeweils nationaler Natur, wobei bei den Fern- und Auslandsnetzen auch eine Differenzierung nach Länderpaaren denkbar sei (Komm. ABl. 2001 Nr. L 40/1 Tz 122 – Telia/Telenor). Diese Differenzierung ergibt sich wiederum daraus, dass nicht alle Betreiber sowohl Orts- als auch Fern- und Auslandsverbindungen selbst anbieten, und daher teils auf die Vermittlungsleistungen von Betreibern auf Netzebenen, über die sie nicht selbst verfügen, angewiesen sind (Komm. – Telia/Telenor, Tz 96 ff).

46 **bb) Sonstige Dienste.** Neben dem Markt für die Bereitstellung von Sprachtelefonie über Festnetz hat die Kommission eine Vielzahl weiterer Mehrwertdienstleistungen identifiziert, die ebenfalls über Festnetz erbracht werden. Dabei hat sie jeweils weiter danach unterschieden, ob diese Dienstleistungen

geschlossenen Kundengruppen (sog. **„non-public services“**) oder aber einem offenen Kundenkreis (sog. **„public services“**) angeboten werden. Bei letzteren differenziert die Kommission ferner danach, ob diese Leistungen hauptsächlich Großunternehmen oder aber kleinen und mittleren Unternehmen und Privatleuten angeboten werden (Komm. 18.12.1996, M.802 Tz 22 f – Telecom Eireann). Zu diesen Mehwertdienstleistungen gehören uA die „Massenverkehrsdienste zu bestimmten Zielen“ (**MABEZ**), welche nach § 3 Nr. 11d TKG definiert sind als Dienste, insbesondere des Rufnummernbereichs (0)137, die charakterisiert sind durch ein hohes Verkehrsaufkommen in einem oder mehreren kurzen Zeitintervallen mit kurzer Belegungsdauer zu einem Ziel mit begrenzter Abfragekapazität (Nutzung in der Praxis für Televoting und Gewinnspiele). Der Markt für die Erbringung von MABEZ-Diensten gegenüber Programmanbietern ist gegenüber der Erbringung anderer Mehrwertdienste ein eigenständiger Markt, da alle telekommunikationsgestützten Mehrwertdienste von den Diensteanbietern (erkennbar an den unterschiedlichen Vorwahlen, zB 0900, 0180) für verschiedene Verwendungszwecke genutzt werden, und die entsprechenden Leistungen von unterschiedlichen Programmanbietern nachgefragt werden. Für das Angebot von MABEZ-Diensten müssen außerdem besondere technische Voraussetzungen der Anbieter vorliegen und auch die Preise unterscheiden sich erheblich von denen anderer Mehrwertdienste (BKartA, 6.8.2009, B 7 – 11/09 Tz 41 ff – MABEZ-Dienste = WuW 2009, 1189, 1192).

Besonders hervorzuheben ist der Markt für die Erbringung von **Datenkommunikationsdienstleistungen**. Diese werden vor allem von Unternehmen nachgefragt, wohingegen für Sprachtelefoniedienstleistungen gleichermaßen eine Nachfrage von Privat- und Geschäftskunden besteht (Komm. ABl. 1999 Nr. L 218/14 Tz 22 – Cégétel+4). Innerhalb der Datendienste hat die Kommission insbesondere den Markt für Paketlösungen von Kommunikationsdienstleistungen („packed-switched data communication services“) identifiziert. Diese sind dadurch gekennzeichnet, dass sie die Übertragung großer Datenmengen ermöglichen und sich dafür spezifischer Datennetzwerke bedienen, die über verschiedene Umschalthebel und Router an den Zugangs- und Verbindungspunkten verfügen (Komm. ABl.2001 Nr. L 40/1 Tz 101 ff – Telia/Telenor; offen gelassen in Komm. 15.12.2004 M.3561,Tz 10 – Deutsche Telekom/Eurotel). In räumlicher Hinsicht ist der relevante Markt national, europaweit oder global, je nachdem in welcher geographischen Ausdehnung die Paketdienste angeboten werden (Komm. – Telia/ Telenor, Tz 125). 47

Ebenfalls maßgeblich von Unternehmen nachgefragt werden „unified communications“ – Produkte und Dienstleistungen zur Zusammenführung verschiedener von ihnen verwendeter Kommunikationswege einschließlich Präsenzfunktionen in eine einheitliche und einfache Anwendungsumgebung (Komm. 29.3.2010 M.5669 Tz 8/9 – Cisco/Tandberg). Trotz des erkennbaren Trends in diese Richtung kann noch nicht von einem einheitlichen Markt ausgegangen werden. (Komm. 29.3.2010 M.5669 Tz 17 – Cisco/Tandberg), da aus Sicht der Konsumenten zur Zeit ein höherer Bedarf an Einzelkommunikationsdienstleistungen besteht (Komm. – Avaya/Nortel Enterprises Solutions, Tz 11). In der Zukunft könnte ein Markt für „unified communication“ jedoch in „public solutions“ (allgemeine Anwendungslösung, welche von einer zentralen Plattform aus angeboten wird) und „private solutions“ (maßgeschneiderte Anwendungslösung, deren physische und Software-Bestandteile beim Kunden selbst aufgebaut/installiert werden) einzuteilen sein (Komm. 18.1.2009 M.5607 Tz 9 – Avaya/Nortel Enterprises Solutions). Bereits jetzt bilden bestimmte „unified communications“ – Produkte eigenständige Märkte, zB das Angebot von **Videokonferenzen** (video communications solutions, „VCS“). Hierbei ist weiter je nach Umfang und technischer Komplexität der verwendeten Komponenten (zur Zeit noch) zwischen drei von einander getrennte Märkte für dedicated-room VCS, multi-purposed room-based VCS and executive office/desktop VCS zu unterscheiden (ausführlich zu diesen Differenzierungen: Komm. 29.3.2010 M.5669 Tz 11 ff – Cisco/Tandberg). Telepräsenz, dh die möglichst realitätsnahe Projezierung einer Person an einen entfernten Ort, stellt hingegen wegen der Nähe zur dedicated-room VCS und begrifflichen Unklarheiten wohl keinen eigenen Markt dar (offen gelassen in: Komm. – Cisco/Tandberg, Tz 19, 23). **Audiokonferenzdienste** schließlich stellen einen eigenen (wohl national) abzugrenzenden Markt dar (Komm. 14.5.1997 M.856 Tz 15, 21 f – BT/MCI (II)). 48

Darüber hinaus stellt das Angebot weltweiter Telekommunikationsdienstleistungen (sog. „global telecommunications services“ – **GTS**) einen eigenen relevanten Markt dar. GTS sind sog. fortgeschrittene Dienste, die weit über einfache Basisleistungen wie die Übertragung von Sprach- oder Faxsignalen hinausgehen und auch virtuelle Privatnetze für Sprach- und Datenübermittlung sowie andere Funktionen beinhalten (Komm. ABl. 2003 Nr. L 300/1 Tz 70 – MCI WorldCom/Sprint). Bei den GTS-Leistungspaketen handelt es sich um maßgeschneiderte Produkte, dh Lösungen, die speziell für den 49

Kommunikationsbedarf eines individuellen Kunden zusammengestellt und verwaltet werden. GTS werden zumeist von multinationalen Konzernen mit Geschäftsstellen in einer Vielzahl von Ländern und Kontinenten erworben. Sie werden regelmäßig zu einem globalen Paket-Preis angeboten, auch wenn sie eine breite und Veränderungen unterworfene Vielfalt von Dienstleistungen einschließen. Daher nahm die Kommission an, dass dieser Markt nur einen relevanten Produktmarkt darstelle, der nicht weiter in engere Produktmärkte für die jeweils innerhalb des GTS enthaltenen einzelnen Dienste unterteilt werden müsse. In der Entscheidung MCI WorldCom/Sprint (Komm. – MCI WorldCom/ Spring, Tz 87 ff) hat die Kommission erneut überprüft, ob einzelne oder sämtliche der im Bündel „weltweiter Dienste" enthaltenen Leistungen für sich allein genommen gegebenenfalls jeweils einen Produktmarkt bilden. Im Ergebnis hat sie diese Frage erneut verneint, da die Einstufung einer spezifischen Dienstleistung als eigenen Produktmarkt der wirtschaftlichen Logik der Funktionsweise des Marktes zuwiderlaufen würde (Komm. – MCI WorldCom/Sprint, Tz 90). Gleichzeitig hat sie jedoch eine Unterscheidung zwischen dem Basisdienst der Bereitstellung von Datenübertragungsprotokollen und den mithilfe dieser Protokolle erbrachten Mehrwertdiensten befürwortet (Komm. – MCI World-Com/Sprint, Tz 96). In France Telecom/Equant (Komm. 21.3.2001, M.2257 Tz 27) hat die Kommission schließlich angedeutet, dass die Bereitstellung von grenzüberschreitenden betreuten Datendienstleistungen („cross-border managed data network services" – **MDNS**) aufgrund von Erwägungen sowohl auf der Nachfrage- als auch auf Angebotsseite als getrennter Produktmarkt innerhalb der größeren Kategorien von GTS oder Datenkommunikationsdiensten angesehen werden könnte; in dem konkreten Fall hat sie die Entscheidung aber offen gelassen.

50 Da die Kunden von GTS vorwiegend weltweit tätige Unternehmen sind und die betreffenden Dienstleistungen als solche globaler Natur sind, ist der räumlich relevante Markt für GTS ein globaler (Komm. 19.7.1999, M.1510 Tz 11 – BT/AT&T/Japan Telecom; Komm. ABl. 2003 Nr. L 300/1 Tz 98 ff – MCI WorldCom/Sprint; offen gelassen in: Komm. 2.10.2008 M.5148 Tz 15 – Deutsche Telekom/OTE). In der Entscheidung BT/ESAT (Komm. 27.3.2000, M.1838 Tz 17) hat die Kommission darauf hingewiesen, dass zwar die Herstellung globaler Dienste eine globale Dimension habe, der Vertrieb dieser Leistungen jedoch eine engere, dh nationale Reichweite haben mag, da die Anbieter globaler Dienstleistungen einer nationalen Präsenz bedürfen und oft unabhängige lokale Vertriebshändler mit eigenem Netzwerk für Datenverkehr mit dem nationalen Verkauf der globalen Dienstleistungen beauftragen. Daher finde der Vertrieb globaler Dienste nur auf einem nationalen Markt statt.

51 **b) Mobilfunk. aa) Differenzierung zwischen Mobilfunk- und Festnetz trotz zunehmender Konvergenz.** Obwohl sowohl die Mobilfunk- als auch die Festnetztelefonie im Kern den gleichen Dienst anbieten, und zwar die Stimmübertragung in Echtzeit, stellen sie angesichts bloß geringfügiger Austauschbarkeit und nach wie vor spürbaren Kostenunterschieden jeweils eigenständige Produktmärkte dar. Die nahezu fehlende Substituierbarkeit wird zB dadurch verdeutlicht, dass Mobilfunktelefonnutzer in der Regel zusätzlich über einen Festnetzanschluss verfügen (Komm. ABl. 1995 L 280/49 Tz 10 – GSM Italien). In der Entscheidung Pirelli/Edizione/Olivetti/Telecom Italia (Komm. 20.9.2001, M. 2574 Tz 33) hat die Kommission ferner darauf hingewiesen, dass allein die Mobilfunktelefonie ein Telefonieren unabhängig vom Standort bzw Anschlusspunkt des Festnetzes erlaube. Das Kriterium des Preisunterschieds, welcher zu Beginn der 90-er Jahre noch erheblich war, ist jedoch im Zuge der rasanten technologischen Entwicklung und Verbreitung der Mobilfunktelefonie zunehmend unbedeutender geworden. In Telia/Telenor (Komm. ABl. 2001 Nr. L 40/1 Tz 94) stellte die Kommission daher vor allem darauf ab, dass der Mobilfunk im Gegensatz zum Festnetz nicht in gleicher Weise für den Zugang zum Internet genutzt werden könne. Angesichts der Entwicklung von internetfähigen Mobiltelefonen der dritten Generation, die ähnliche Übertragungsgeschwindigkeiten wie das Festnetz leisten können, ist dieses Kriterium jedoch heutzutage weitgehend überholt. So hat die Kommission – allerdings im Bereich der Regulierung des Telekommunikationssektors – für Österreich schon einen einheitlichen Markt für ortsfesten und mobilen Breitbandzugang anerkannt (Komm. 7.12.2009 AT/ 2009/0970 S. 8 f). Die fehlende Austauschbarkeit wird daher vielmehr mit der unterschiedlichen Handhabbarkeit von Festnetz- und Mobilfunkgeräten, und den nach wie vor bestehenden – wenn auch nicht mehr so extremen – Unterschieden in den Telefontarifen begründet.

52 In räumlicher Hinsicht ist der relevante Markt für mobile Telekommunikationsdienste ein nationaler. Auch die internationalen Roaming-Vereinbarungen zwischen den GSM-Netzbetreibern, die es jedem Kunden ermöglichen, sein Gerät überall in Europa einzusetzen, rechtfertigen nicht die Annahme eines europaweiten Mobilfunkmarktes. Dies begründet die Kommission vor allem damit, dass im Ausland

getätigte oder empfangene Mobilfunkverbindungen wesentlich teurer seien als die entsprechenden Dienste im Inland (Komm. 22.6.1998, JV.2 Tz 21 f – ENEL/FT/DT; Komm. 18.8.1998, JV.9 Tz 21 – Telia/Sonera/Motorola/Omnitel; Komm. 12.4.2000, M.1795 Tz 23 – Vodafone Airtouch/Mannesmann). In der Entscheidung Omnitel (Komm. 27.3.1995, M.538) wies die Kommission allerdings darauf hin, dass fallende Roaming-Gebühren die Entwicklung in Richtung eines europäischen Marktes bedingen könnten. Mit den EU-Roaming-Verordnungen (VO (EG) Nr. 717/2007, ABl. 2007 Nr. L 171/32 und VO (EG) Nr. 544/2009, ABl. 2009 Nr. L 167/12) wurden wichtige Schritte in diese Richtung getan. Danach wurden Höchstsätze sowohl für eingehende als auch für getätigte Gespräche im Ausland festgesetzt, die seit dem 1.7.2011 nur noch 11 bzw 35 Cent betragen. In Vodafone/Singlepoint (Komm. 16.9.2003, M.3245 Tz 15 ff) begründete die Kommission den nationalen Charakter der Mobilfunkmärkte mit dem Erfordernis der nationalen Lizenzierung der Netzwerkbetreibern.

bb) Sprachdienste vs. Datendienste. Die Kommission und das BKartA unterscheiden zwischen **mobilem Sprachfunk**, dh mobiler Sprachtelefonie, und **mobilem Datenfunk** (ständige Praxis der Kommission seit Fall RWE/Mannesmann (Komm. 28.2.1994, M.408 Tz 11, 14; so auch BKartA 13.8.2007, B 7–61/07 Tz 105 ff – MBS; BKartA Tätigkeitsbericht 2007/2008 S. 134). Die diesbezüglich maßgeblichen Abgrenzungskriterien sind vor allem die Art des Angebotes und der Preis. Beim mobilen Datenfunk werden Datenpakete vom Absender zum Empfänger gesendet, ohne hierfür eine gesonderte Verbindung aufzubauen und ohne, dass der Empfänger im Zeitpunkt der Übertragung erreichbar sein muss. Dadurch ist eine erhöhte Frequenzökonomie möglich, die wiederum im Vergleich zum mobilen Sprachfunk, bei dem jeweils eine gesonderte Verbindung aufgebaut werden muss, zu niedrigeren Kosten führt. Zu beachten ist, dass **SMS** nicht in den Markt für Mobilfunkdatendienste miteinzubeziehen sind (BKartA – MBS, Tz 111), da sie in der Regel im Bündel mit Sprachtelefonie bezogen werden und auch die Preisgestaltung derjeningen der Sprachtelefonie ähnelt. Infolge der Verbreitung des Internets ist die Abgrenzung zwischen Daten- und Sprachdiensten aber von zunehmend geringerer Bedeutung. Sowohl der Markt für mobile Sprach- als auch der Markt für mobile Datendienste ist national abzugrenzen (BKartA 13.8.2007, B 7–61/07 Tz 114 – MBS). 53

Mobilfunk-Datendienste sind dabei nicht mit anderen drahtlos empfangbaren Datendiensten (zB WLAN/Hotspots, WiMAX) austauschbar (BKartA 13.8.2007, B 7 – 61/07 Tz 112 – MBS). Auch der Endkundenmarkt für mobilen Rundfunk gehört nicht zu den mobilen Datendiensten (BKartA – MBS, Tz 44 f; siehe dazu unten Rn 131). 54

cc) Getrennte Märkte für Netzbetreiber („wholesale") und Enddienstbereitsteller („retail"). Die Kommission hat mehrfach die Frage untersucht, ob von getrennten Märkten für Mobilfunknetzbetreiber („carrier") und Enddienstbereitstellern („distributor") auszugehen ist. Während die Netzbetreiber Mobilfunknetze errichten und instandhalten, besteht die Tätigkeit der Enddienstbereitsteller allein in dem Verkauf von Komplettpaketen von Mobilfunkdienstleistungen an Endkunden („retail"). Sofern die Enddienstbereitsteller über keine eigenen Netze verfügen (sogenannte Mobilfunk-Serviceprovider, vgl BKartA Tätigkeitsbericht 2007/2008 S. 134), müssen sie Sendezeitpakete („airtime") von einem Netzbetreiber (im „wholesale") kaufen. In der Sache Mannesmann/Orange (Komm. 20.12.1999, M. 1760 Tz 8 ff) war die Kommission der Frage der Unterteilung des „Marktes für Mobilfunktelekommunikationsdienste" erstmals mithilfe von Marktumfragen nachgegangen. Obwohl viele der befragten Unternehmen eher eine Aufspaltung des Marktes favorisierten, konnte das Ergebnis im konkreten Fall offen gelassen werden (so auch in Komm. 4.8.2000, M.2053 Tz 11 – Telenor/BellSouth/Sonofon). In der Entscheidung Vodafone Airtouch/Mannesmann (Komm. 12.4.2000, M.1795 Tz 11) wurde eine weitere Unterteilung des Marktes für voreilig gehalten. In der Sache Vodafone/Singlepoint (Komm. 16.9.2003, M.3245 Tz 10 ff) ist die Kommission dann aber zu dem Schluss gekommen, dass doch von getrennten Märkten ausgegangen werden müsse. Hierbei hat sie vor allem auf die fehlende Austauschbarkeit auf Angebotsseite zwischen den Netzbetreibern und den Enddienstbereitstellern abgestellt. Aufgrund extrem hoher, wenn nicht sogar prohibitiver Zugangsbarrieren zum Netzwerkbereich (aufgrund von beschränkter Frequenzenzahl, Lizenzerfordernissen und des hohen Investitionsvolumens) sei es für Internetzugangsanbieter (sog. Internet Service Providers, ISP) und unabhängige „retailer" praktisch unmöglich, die von den Netzbetreibern erbrachten Leistungen selbst anzubieten. Daher müsse unterschieden werden zwischen (a) einem Markt für den Wiederverkauf von Mobilfunktelekommunikationsdiensten („retail") einerseits, und (b) einem Markt für Mobilfunknetzbetreiber („wholesale") andererseits. Eine weitere Unterteilung des „retail"-Marktes, zB in getrennte Märkte für Geschäfts- und Privatkunden oder für Prepaid- und Vertragskunden (Komm. 27.11.2007 M.4947 Tz 14 – Vodafone/Tele2 Italy/Tele2 Spain; Komm. 1.3.2010 M.5650 Tz 20 ff – T-Mobile/Orange), 55 oder des „wholesale"-Marktes, zB in seperate Märkte für Gesprächsinitialisierung und Gesprächsbeendigung, wurde von der Kommission auf Grundlage von Marktumfragen abgelehnt (Komm. – Vodafone/Singlepoint, Tz 11 f; Komm. 29.1.2010 M.5730 Tz 18 – Telefonica/Hansenet Telekommunikation).

56 **dd) Keine Segmentierung der Mobilfunkdienste nach Technologieprotokollen.** Ursprünglich tendierte die Kommission dazu, eine Unterteilung des Marktes für Mobilfunkleistungen nach den verwendeten Technologieprotokollen (analoge bzw digitale Dienste, GSM-900 bzw DCS-1800 Dienste) vorzunehmen. Im Hinblick auf die GSM-900-Dienste und die DCS-1800-Dienste stützte sie die Annahme getrennter Märkte vor allem auf die unterschiedliche Größe der Funkzellen, die Notwendigkeit einer zusätzlichen Vorrichtung im Endgerät bei den DCS-1800-Diensten sowie die nur beschränkte Anzahl internationaler Roaming-Vereinbarungen bei letzteren (Komm. 16.8.1995, M.618, Tz 18 – Cable & Wireless/Veba). Inzwischen hat die Kommission diesen Ansatz jedoch angesichts der Verbreitung von sog. Dual Made Handsets, die das Roaming zwischen beiden Systemen erlauben, aufgegeben (Komm. 11.8.1998, JV.4 Tz 19 – Viag/Orange U.K.; Komm. 22.6.1998, JV.2 Tz 18 – ENEL/FT/DT).

57 Für die Frage der Marktabgrenzung wird es heute insgesamt als unbeachtlich angesehen, ob die Mobilfunktechnologie auf dem 2G–Standard, GSM-900, GSM-1800 (ehemals DCS-1800) oder analogen Plattformen beruht (Komm. 11.8.2000, M.2016 Tz 13 – France Telecom/Orange; Komm. 26.6.2001, M.2469 Tz 7 – Vodafone/Airtel; Komm. 12.4.2000, M.1795 Tz 8 – Vodafone Airtouch/Mannesmann; Komm. 21.5.1999, M.1430 Tz 8 ff – Vodafone/Airtouch). Fraglich ist jedoch, ob nicht die Mobilfunkdienste der 3. Generation (zB UMTS) einen eigenen relevanten Markt darstellen. Denn im Vergleich zu den zuvor vorwiegend genutzten GSM-basierten Standards bieten diese eine Vielzahl von Verbesserungen im Hinblick auf Multimedia-Anwendungen (zB Sprachtelefonie, Videodienste, Messagingdienste, Internetzugang), globale Mobilität und Deckung. In ACS/Sonera Vivendi/XFERA (Komm. 31.7.2000, M.1954) hat die Kommission gleichwohl die Existenz eines eigenen relevanten Produktmarktes für UMTS-basierte mobile Telekommunikationsdienste abgelehnt (aufrechterhalten in Komm. 27.11.2007 M.4947 Tz 14 – Vodafone/Tele2 Italy/Tele 2 Spain; Komm. 1.3.2010 M.5650 Tz 22 ff – T-Mobile/Orange). Das BKartA hat sowohl für Sprachdienste als auch für Datendienste bestätigt, dass nicht zwischen 2G-(GSM-) und 3G-(UMTS-)Netzen zu unterscheiden sei (BKartA 13.8.2007, B 7 – 61/07 Tz 108 f – MBS).

58 **ee) Nahtlose paneuropäische Mobilfunkdienste für international tätige Mobilfunkkunden als eigener Markt.** In der Entscheidung Vodafone Airtouch/Mannesmann (Komm. 12.4.2000, M.1795 Tz 21 – Vodafone Airtouch/Mannesmann) hat die Kommission erstmals einen eigenen Markt für fortgeschrittene pan-europäische Mobilfunkdienste angenommen, der von dem nationalen Markt für Mobilfunkdienste zu unterscheiden sei. Diese neuen Dienste bestehen vor allem in dem pan-europäischen Angebot von Internetmobilfunkdiensten und drahtlosen Lokalisierungsdiensten („wireless location services") für Mobilfunknutzer.

59 Die Annahme eines eigenständigen Marktes für diese Dienste hat die Kommission vor allem darauf gestützt, dass die Kunden solcher Dienstleistungen – vor allem europaweit bzw global tätige Unternehmen – diese im Verhältnis zu regionalen und nationalen Angeboten nicht für austauschbar halten. Sie fragten gesondert pan-europäische Dienste nach, da nur diese die unterschiedslose Nutzung aller Funktionen und Einrichtungen des Heimatnetzwerks unabhängig vom jeweiligen Aufenthaltsort des Nutzers in Europa ermöglichten (Komm. 12.4.2000, M.1795 Tz 21 – Vodafone Airtouch/Mannesmann). In der Entscheidung France Telecom/Orange (Komm. 11.8.2000, M.2016 Tz 16) hat die Kommission oben genannte Auffassung erneut vertreten. Dabei hat sie darauf hingewiesen, dass die Erbringung pan-europäischer Dienste ein einheitliches Netz voraussetze, so dass ein Patchwork nationaler Dienste oder von Festnetz- und Mobilfunklösungen keine gleichwertige Alternative bieten würde (Komm. – France Telecom/Orange, Tz 15 f). In geographischer Hinsicht sei tendenziell von einem europaweiten Markt auszugehen, auch wenn der geographische Markt letztlich offen gelassen wurde.

60 **ff) Internationale Roamingdienste.** In der Entscheidung Vodafone/BT/Airtel (Komm. 18.12.2000, M. 1863, Tz 17) hat die Kommission erstmalig einen eigenständigen „wholesale"-Markt für internationale **Roamingdienste** angenommen, der ein nationaler Markt sei (so auch Komm. 1.3.2010 M.5650 Tz 32 ff – T-Mobile/Orange mwN). Diese Dienste beinhalten auch Daten- und Contentdienstleistungen (Koenig/Bartosch/Braun/*Rosenthal/Francis*, EC Competition (2009) 259 f mwN). Internationale Roamingdienste beruhen auf bilateralen Vereinbarungen zwischen Mobilfunkbetreibern in verschiedenen

Ländern. Sie befriedigen zum einen die Nachfrage von ausländischen Mobilfunknetzbetreibern, die ihren Kunden einen nahtlosen Service anbieten wollen, der nicht auf das Gebiet beschränkt ist, in dem sie ihr eigenes physisches Netzwerk haben. Zum anderen besteht eine Nachfrage auf Seite der Mobilfunknutzer, die ihre Mobiltelefone auch außerhalb ihres Heimatlandes nutzen möchten, ohne eine neue SIM-Karte zu erstehen. Internationale Roamingdienste unterscheiden sich aus Nachfragesicht von nationalem Roaming, der Bereitstellung von Sendezeit, dem indirekten Zugang durch eine Netzbetreibervorauswahl oder der allgemeinen Pre-Selektion. In Vodafone/Airtel (Komm. 26.6.2001, M.2469 Tz 13) hat die Kommission diese Marktabgrenzung bestätigt.

c) **Internet.** In der Entscheidung Worldcom/MCI (Komm. ABl. 1999 Nr. L 116/1 Tz 60) hat die Kommission festgestellt, dass Internetdienste einen eigenen Produktmarkt darstellten. Sie seien nicht durch andere Datenübertragungsdienste substituierbar, da ein dauerhafter und ungehinderter Zugang zu sämtlichen Internetnutzern bei der Verwendung anderer Datenprotokolle nicht möglich sei. Darüber hinaus biete das Internet auch eine Basis für das Angebot von Diensten, die eng verbundenen Produktmärkten angehören (zB die Märkte für Internetwerbung). 61

aa) **Internetzugangsdienste für Endnutzer.** Der Zugang zum Internet kann über verschiedene Technologien erfolgen. Hierzu gehören vor allem die herkömmlichen Telefonleitungen, drahtlose Netzwerke (zB GSM, DCS-1800, Satelliten), TV-Kabel und Stromkabel. In der Entscheidung @ Home Benelux B.V. (Komm. 15.9.1998, JV.11 Tz 16) hat die Kommission darauf hingewiesen, dass verschiedene Zugangsmodi gleichwohl nicht notwendigerweise die Annahme separater Produktmärkte rechtfertigten. 62

In der Entscheidung Telia/Telenor (Komm. ABl. 2001 Nr. L 40/1) hat die Kommission erstmals einen gesonderten Markt für Internetzugangsdienste angenommen und in diesem Zusammenhang zwischen **Schmalband-Internetzugang über telefonische Einwahl** („dial-up"; geringe Bandbreite) und **Schmalband-Internetzugang über Standleitung** („dedicated line"; hohe Bandbreite) unterschieden, wobei sie es allerdings noch offen ließ, ob letztere jeweils getrennte Produktmärkte darstellten. In BT/ESAT (Komm. 27.3.2000, M.1838) hat die Kommission dann ausgeführt, dass der Internetzugang über telefonische Einwahl und der Schmalband-Internetzugang über Standleitung in der Tat aus Nachfragersicht getrennte Produktmärkte darstellten, da ersterer sich vor allem an Privatkunden und kleinere Unternehmen wende, letzterer aber vor allem von Großunternehmen nachgefragt werde. Dabei hat die Kommission darauf hingewiesen, dass im Bereich des Dial-up-Internetzugangs möglicherweise zwischen Produktmärkten für Privat- und Geschäftskunden differenziert werden müsse (Komm. ABl. 2001 Nr.L 268/28 Tz 33 – AOL/Time Warner). Bereits in Telia/Telenor (Komm. Tz 126) hat die Kommission festgestellt, dass der Markt für ISP dial-up Dienste ein nationaler Markt sei wegen der Notwendigkeit des Zugangs zum Ortsanschlussnetz („letze Meile", „local loop"). Im Vergleich zum Schmalband-Internetzugang insgesamt stellt der **Breitband-Zugang** zum Internet aufgrund der erhöhten Übertragungskapazität und -geschwindigkeit wiederum einen selbstständigen sachlichen Markt dar (Komm. ABl. 2001 Nr. L 268/28 – AOL/Time Warner). Das BKartA trennt ebenfalls die Märkte für schmalbandige (analoge und ISDN-Anschlüsse) bzw für breitbandige (ADSL, VDSL; auch breitbandige Kabelanschlussprodukte) Telefonanschlüsse und Anschlussprodukte, auch aufgrund der Tatsache, dass schmalbandige Anschlüsse mit Geschwindigkeiten unter 128 kbit/s in der Regel im Paket mit Telefondiensten, breitbandige Anschlüsse aber mit Internetnutzungsdiensten vermarktet werden (BKartA 3.4.2008 B7-200/07 Tz 201 ff – Kabel Deutschland/Orion Cable u.a.). Innerhalb der Breitband-Internetanschlüsse ist wieder zwischen Privatkunden und Geschäftkunden mit besonderen Bedüfnissen zu differenzieren (Komm. 29.6.2009, M.5532 Tz 22 – Carphone Warehouse/Tiscali UK; offen gelassen in: Komm. 7.12.2006 M.4442 Tz 12 ff – Carphone Warehouse/AOL UK; Komm. 26.2007 M.4521 Tz 36 f – LGI/Telenet), nach Zugangsart trennt aber weder die Kommission noch das BKartA (Komm. – Carphone Warehouse/AOL UK, Tz 9 ff, Komm. – Carphone Warehouse/Tiscali UK, Tz 18 für Kabel und DSLx; BKartA 3.4.2008 B7-200/07 Tz 201 f, 205 ff – Kabel Deutschland/Orion Cable u.a. für ADSL und VDSL). Durch die fortschreitende Entwicklung der Voice over IP („VoIP", siehe Rn 39) – Telefonie und dem steigenden Angebot von Naked-DSL Anschlüssen (ohne schmalbandigen Zugang) sowie der daraus folgenden Wechselbewegung der Kunden zu Breitband-Anschlüssen ist mit einem Zusammenwachsen der Märkte zu rechnen (Komm. – Carphone Warehouse/Tiscali UK, Tz 9 ff; Komm. 29.1.2010 M.5730 Tz 8 ff – Telefonica/Hansenet Telekommunikation; BKartA – Kabel Deutschland/Orion Cable u.a., Tz 203). Dies gilt insbesondere vor dem Hintergrund, dass die Kommission eine flächendeckende Versorgung Europas „mit einem superschnellen Internetzugang (mehr als 1 Gigabit/Sekunde)" anstrebt (Komm. IP/11/794). 63

64 Der Internetzugang über ein öffentlich zugängliches **WLAN** Netz stellt einen eigenen Markt dar (offen gelassen in: Komm. 10.7.2002 M.2803 Tz 20 ff – Telia/Sonera).

65 Es kann inzwischen möglicherweise von einem eigenständigen Markt für **Triple Play**-Produkte, dh für das gebündelte Anbieten der drei Dienste audiovisuelle Unterhaltung (Fernsehen, Video-on-Demand), (IP-)Telefonie und Internet ausgegangen werden (so auch Koenig/Bartosch/Braun/*Rosenthal/Francis*, EC Competition (2009) 277 f, 281; im Ergebnis offen gelassen: Komm. 6.9.2006 M.4338 Tz 18 – Cinven/Warburg/Pincus/Multikabel; Komm. 24.1.2010 M.5734 Tz 43 ff – Liberty Global Europe/ Unitymedia; verneinend: Komm. 25.3.2010 M.5748 Tz 64 – Prisa/Telefónica/Telecino/Digital+; BKartA 3.4.2008 B7-200/07 Tz 204 – Kabel Deutschland/Orion Cable u.a). In Zukunft erscheint sogar ein Quadruple Play-Markt unter Einbeziehung von Mobilfunkangeboten möglich (KOM (2008) 594 Tz 3.3).

66 Der **Zugang zum Internet über Mechanismen mit verschiedenen Übertragungs-, Display- und Benutzereigenschaften**, dh insbesondere der Zugang per WAP Mobilfunkgeräten, Set-Top Boxen und PCs, stellt jeweils eigenständige Produktmärkte dar (Komm. 20.7.2000, JV.48 Tz 34 – Vodafone/Vivendi/ Canal+, Komm. 24.4.2001, M.2222 Tz 12 – UGC/Liberty Media).

67 Der Markt für Internetzugangsdienste ist grundsätzlich ein national begrenzter Markt (Komm. 29.6.2009, M.5532 Tz 47 – Carphone Warehouse/Tiscali UK; BKartA, 7.3.2002, B6-144/01 Tz 16 – Bild.de/T-Online; BKartA 3.4.2008 B7-200/07 Tz 210 ff, 205 ff – Kabel Deutschland/Orion Cable u.a.). Dies wird durch die Abhängigkeit der Dienstleistungen von den jeweiligen nationalen Telekommunikationsinfrastrukturen, das Vorhandensein von lokalen Einwahlnummern im Falle der Nutzung von Dial-up-Verbindungen, und den Umstand, dass Lizenzen zum Angebot von Kabelnetzen auf nationaler Basis vergeben werden, begründet. Beim Zugang über das Kabelnetz kann dessen Ausbreitungsgebiet eine Rolle spielen (offen gelassen in: Komm. 26.2007 M.4521 Tz 38 – LGI/Telenet). Anders verhält es sich hingegen bei Zugangsdiensten über Mobiltelefone. Hier nimmt die Kommission einen europaweiten Markt an.

68 **bb) Sonstige Internetdienste.** Die Kommission hat klargestellt, dass die **Internetwerbung** und die **Bereitstellung kostenpflichtiger Inhalte** (zB Spiele, Sondernachrichtendienste) jeweils eigenständige Produktmärkte neben dem Internetzugangsdienst als solchem darstellen (Komm. 15.9.1998, JV.11 Tz 14 ff – @ Home Benelux B.V.; Komm. 20.7.2000, JV.48 Tz 27 – Vodafone/Vivendi/Canal+, BKartA, 7.3.2002, B6–144/01, Tz 34 – Bild.de/T-Online, BKartA, 27.2.2002, B6–136/01, Tz 10 – Berlin Online GmbH/Berlin.de). Dies begründete die Kommission u.a. damit, dass die genannten Dienste von jeweils unterschiedlicher Seite bezahlt werden: Der von den ISPs bereitgestellte Internetzugang werde vom Kunden bezahlt, die Werbemöglichkeit auf Websites von den werbenden Unternehmen und die zahlungspflichtigen Inhalte von den Abonnenten der fraglichen Anbieter (so auch bereits Komm. 15.9.1997, M.973 – Bertelsmann/Burda/HOS Lifeline). Der relevante Markt innerhalb der Bereitstellung kostenpflichtiger Inhalte wird eng definiert (Komm. 15.9.1997, M.972 Tz 10 – Bertelsmann/ Burda/Springer – HOS MM: unabhängige medizinische Online-Dienste für professionelle Benutzer). So existiert kein einheitlicher Markt für Online-Marktplätze, sondern es ist nach der Art der verkauften Güter zu unterscheiden (Komm. 25.4.2001, M.2398 Tz 13 – Linde/Jungheinrich/JV, letztlich offen gelassen). Auch auf dem Markt für Internetwerbung ist nach der Art der Online-Seite zu unterscheiden (Komm. 27.6.2001, M.2468 – Seat Pagine Gialle/Eniro: gesonderter Markt für Werbung auf B2B–Verzeichnissen; BKartA 26.3.2001, B5–14/01 S. 6 f – Daimler/Chrysler/DCX.NET/T-Online-International: Möglichweise gesonderter Markt für Pkw-Portale; Komm. 7.3.2008 M.5051 Tz 23 – APW/ GMG/EMAP Möglicherweise ebenso gesonderter Markt für Online-Stellenanzeigen). Unklar ist, ob – unabhängig von ihrer Finanzierung – auch ein selbstständiger Markt für B2B–Marktplätze existiert, auf dem Unternehmen elektronisch ihr Angebot oder ihre Nachfrage einstellen (BKartA 25.9.2000, B5–40/00 S. 10 ff – Covisint; BKartA 26.1.2001, B3–110/00 Tz 18 ff – Goodyear/Michelin).

69 Auch ist der **Markt für Internetwerbung** von den Märkten für Werbung durch andere Medien zu unterscheiden (Komm. ABl. 2001 Nr. L 40/1 Tz 107 – Telia/Telenor; Komm. 11.3.2008 M.4731 Tz 44 ff – Google/DoubleClick). Der Markt für Internetwerbung ist seinerseits zu unterteilen in die Märkte für die Bereitstellung von **Onlinewerbeflächen** (auf dem Website-Betreiber und Werbetreibende unmittelbar aufeinander treffen) und den Markt für die **Vermittlung von Online-Werbung** (auf dem Vermittler den Werbetreibenden gebündelt verfügbare Werbeflächen von Website-Betreibern anbieten) (Komm. 21.2.2010 M.5676 Tz 26, 31, 35 – SevenOneMedia/G+J u.a.; Komm.– Google/DoubleClick, Tz 57 ff). Auf dem Vermittlungsmarkt ist eine weitere Unterteilung in suchgebundene (wird in einer

Suchmaschine neben den Resultaten platziert) und nicht suchgebundene (erscheint – bspw als Banner – auf einer beliebigen Seite, auch Display-Werbung genannt) Werbung erforderlich (Komm. Google/ DoubleClick, Tz 70 ff). Grundsätzlich ist auch bezüglich des Marktes für Onlinewerbefläche selbst eine Unterscheidung zwischen „search“, „non-search“ und „classified“ (Anzeige in einer bestimmten Kategorie auf einer dafür vorgesehenen Internetseite) denkbar (letztlich offen gelassen in Komm. 7.3.2008 M.5051 Tz 28 – APW/GMG/EMAP; Komm. – SevenOneMedia/G+J u.a., Tz 29, 31; Komm. Google/DoubleClick, Tz 48 ff; Komm. 12.2.2010 M.5727 Tz 62 ff – Microsoft/Yahoo!SearchBusiness). Selbst wenn man zur Zeit für die gesamte Internetwerbung von einer Trennung von Display- und suchgebundener Werbung ausgeht, ist in Zukunft jedoch aufgrund des verstärkten Einsatz von Targeting (zielgruppenorientiertes Einblenden von Werbung auf Webseiten) im Display-Bereich mit einem Verschwimmen der Märkte zu rechnen (Komm. – SevenOneMedia/G+J u.a., Tz. 29 ff), da sich so die Streuverluste in ähnlicher Weise wie bei suchgebundener Werbung reduzieren. Schließlich ist Online-Display-Werbung abzugrenzen von Online-Videowerbung im Rahmen von Online-Video auf Abruf (VaA). Der letztgenannte Bereich könnte allerdings mit dem offline-VaA und dem konventionellen Free-TV Werbemarkt (s. Rn 133) einen eigenen Markt bilden (Komm 27.10.2010 M.5881 Tz 50 ff – ProSiebenSat.1/RTL interactive).

Aufgrund von Sprachbarrieren sind die Märkte für die Bereitstellung von Onlinewerbeflächen und für kostenpflichtige Inhalte in der Regel – außer, wenn etwa die gleiche Sprache in verschiedenen Ländern gesprochen wird – nationaler Natur (Komm. 27.5.1998, JV.1, Tz 19 – Telia/Telenor/Schibsted; Komm. 11.3.2008 M.4731 Tz 84 – Google/DoubleClick; Komm. 21.2.2010 M.5676 Tz 32– SevenOneMedia/ G+J u.a.). Der Markt für die Vermittlung von Online-Werbung ist hingegen zumindest EWR-weit (Komm. Google/DoubleClick, Tz 85 ff; Komm. – SevenOneMedia/G+J u.a., Tz 38). Ferner hat die Kommission angedeutet, dass möglicherweise im Rahmen der Internetwerbung weiter danach differenziert werden müsse, auf welcher Plattform (zB Mobilfunk) die Werbung erfolge (Komm. 14.6.2001, M.2463 Tz 13 – Speedy Tomato; eher verneinend in Komm. 12.2.2010 M.5727 Tz 76 ff – Microsoft/ Yahoo!SearchBusiness). 70

Es besteht ein vorgelagerter, zumindest EWR-weiter Markt für die Bereitstellung von Online Adserving-Technologie, auf welche Website-Betreiber und Werbetreibende zurückgreifen müssen. Der Markt ist weiter zu unterteilen in Display Adserving und Adserving für andere Anzeigeformen (Komm. 11.3.2008 M.4731 Tz 74 ff, 91– Google/DoubleClick). 71

In Vodafone/ Vivendi/ Canal+ (Komm. 20.7.2000, JV.48 – Vodafone/Vivendi/Canal+) hat die Kommission entschieden, dass die **Bereitstellung von Internet-Portalen** einen eigenen Produktmarkt darstellt. Dabei hat die Kommission weiter differenziert zwischen vertikalen Portalen, dh Portalen, die darauf fokussiert sind, relativ beschränkten Zugang zu einer bestimmten Art von Inhalten (zB SportsLine.com) zu ermöglichen, sowie spezialisierten Suchmaschinen und horizontalen Portalen wie Yahoo oder AltaVista, die umfassende Datenverzeichnisse, persönliche Homepages und Email anbieten (Komm. 13.10.2000, M.2050 Tz 24, 25 – Vivendi/Canal+/Seagram; Komm. 12.2.2010 M.5727 Tz 31 ff – Microsoft/Yahoo!SearchBusiness). In der Entscheidung Vodafone/ Vivendi/ Canal+ äußerte sich die Kommission ferner dahin gehend, dass innerhalb der horizontalen Portale potenziell getrennte Märkte für horizontale Portale bestehen können, je nachdem welche Plattform für den Zugang zum Internet benutzt wird (PC, Mobiltelefon, TV etc.). Vertikale Portale mit unterschiedlichem Inhalt stehen nicht miteinander im Wettbewerb (Komm. – Vivendi/Canal+/Seagram, Tz 25). Was die Frage des relevanten geographischen Marktes angeht, ist die Kommission davon ausgegangen, dass es einen im Entstehen befindlichen pan-europäischen Markt für horizontale Portale gäbe, die WAP-basierten Zugang (durch Mobiltelefone) anbieten. Andere Formen von Internetportalen könnten für bestimmte internetbezogene Tätigkeiten nationale Märkte haben, die aber zunehmend auch europäische Märkte sein könnten. Es können sogar besondere Märkte für regionale Portale bestehen (BKartA 27.2.2002, B6–136/01 Tz 12 ff – Berlin Online GmbH/Berlin.de). In den Entscheidungen Telia/Telenor/Schibsted (Komm. 27.5.1998, JV.1, Tz 14) und Planet Internet/Fortis Bank/Mine JV (Komm. 10.7.2000, M. 1964 Tz 9) hatte die Kommission noch angenommen, dass Portale nicht als eigener Markt behandelt werden könnten, da sie lediglich Dienste bündelten, die zu anderen Märkten gehören. Keinen eigenen Markt stellen Suchmaschinen dar, da sie unentgeltlich funktionieren und daher nur der Internetwerbemarkt betroffen sein kann (Komm. 28.9.1998, JV.8 Tz 11 – Deutsche Telekom/Springer/Holtzbrink/ Infoseek/Webseek). Das Gleiche gilt für kostenlose Online-Computerspiele (Komm. 5.5.1999, JV.16 Tz 7 – Bertelsmann/Viag/Game Channel). Offen gelassen hat die Kommission allerdings, ob kosten- 72 pflichtige Online-Computerspiele einen eigenen Markt darstellen oder lediglich Teil des Marktes für Internet-Bezahldienste wäre (Komm. – Bertelsmann/Viag/Game Channel, Tz 7).

73 Das Bundeskartellamt geht von einem Markt für **Internethosting** aus, der die Bereitstellung von Speicherplatz, Rechenleistung, Datentransfervolumen und zugehörige Dienstleistungen umfasst. Hierzu gehört insbesondere das Web-Hosting, dh das Speichern und Bereitstellen von Web-Seiten (BKartA 18.12.2009 B7-104/09 Fallbericht S. 1 – Strato/Deutsche Telekom). Möglicherweise ist zwischen „Shared-Hosting" (Betrieb von Diensten vieler Kunden auf einem Rechner) und „Dedicated Hosting" (Betrieb der Anwendung jedes Kunden auf einem eigenen Rechner mit erheblich mehr Gestaltungs- und Steuermöglichkeiten) zu unterscheiden (BKartA– Strato/Deutsche Telekom; Fallbericht S. 1). Die Märkte für shared und dedicated hosting sind wohl national (Komm. – KPNQwest/Ebone/GTS, Tz 21 f), wobei die Kommission auch EU-weite Märkte in Betracht gezogen hat (BKartA Strato/Deutsche Telekom, Fallbericht S. 2).

74 Einzelheiten zu **Online-Musik-Downloads** sind weiter unten dargestellt (s. unten Rn 152 ff).

75 **3. Märkte für Telekommunikationsinfrastruktur.** Neben den oben aufgeführten Dienstleistungsmärkten bestehen von diesen getrennte Märkte für die Bereitstellung von Telekommunikationsinfrastruktur. Dies ergibt sich daraus, dass die Telekommunikationsinfrastruktur nicht nur von den Eigentümern derselben selbst genutzt wird, sondern auch Dritte, die nicht über ausreichende eigene Netzwerke verfügen, die Nutzung dieser Infrastruktur nachfragen, um ihre eigenen Leistungen dem Endverbraucher anzubieten.

76 Zum Markt für Telekommunikationsinfrastruktur zählt die Kommission, wie sie in den „Leitlinien der Kommission zur Marktanalyse und Ermittlung beträchtlicher Marktmacht nach dem gemeinsamen Rechtsrahmen für elektronische Kommunikationsnetze und -dienste" (Komm. ABl. 2002 Nr. C 165/03 Tz 67) erläutert, jede Infrastruktur, die für eine bestimmte Dienstleistung verwendet werden kann. Ob der Markt für Netzinfrastruktur in exakt so viele Teilmärkte unterteilt werden kann, wie es Netzinfrastrukturtypen gibt, werde vom Ausmaß der Substituierbarkeit zwischen diesen (alternativen) Netzen abhängig gemacht.

77 **a) Markt für den Zugang zum Fernmeldenetz.** Es wurde bereits darauf hingewiesen, dass parallel zu den Märkten für den Zugang des Endkunden zum Festnetz („retail") Märkte für den Zugang der Betreiber zu diesem Netz („wholesale") bestehen. In Telia/Telenor (Komm. ABl. 2001 Nr. L 40/1 Tz 95 ff) hat die Kommission im Hinblick auf den Zugangsmarkt für Betreiber zwischen dem Zugang zu dem Ortsnetzanschluss („letzte Meile") einerseits und dem Zugang zu Netzwerken für Fernverbindungen bzw internationale Verbindungen andererseits unterschieden. Innerhalb des Zugangs zum Ortsnetzanschluss ist möglicherweise wiederum zwischen verschiedenen Teilen der „letzten Meile" zu unterscheiden, nämlich dem „terminating segment" (Abschlusssegment) und dem „trunk segment" (Hauptleitung zwischen zwei Abschlusssegmenten oder einem Abschlusssegment und der Ortsvermittlungsstelle des Netzbetreibers). Die Monopolkommission rät außerdem innerhalb des Zugangsmarktes zum Ortsnetzanschluss zu einer Unterscheidung nach Art des Zugangs für alternative Telefonanbieter, und zwar zwischen dem entbündelten Zugang zur Teilnehmeranschlussleitung (TAL), dem gemeinsamen Zugang zur TAL („line sharing", hier wird dem Wettbewerber nicht die gesamte TAL überlassen, sondern er teilt sich einen bestimmten Frequenzbereich mit dem Netzbetreiber), Bitstromzugang (hier wird dem Bitstromnachfrager ein Breitband-DSL-Anschluss überlassen und der darüber geführte Datenstrom über sein Konzentratornetz zu dem zugehörigen Übergabepunkt geleitet) (Monopolkommission 2009, Sondergutachten 56, Tz 28 ff) und Resale von DSL-Anschlüssen (die bei den Teilnehmer durch den Netzbetreiber geschalteten Anschlüsse werden durch alternative Telefonanbieter als eigene Produkte auf Großhandelsbasis vermarktet). Auch die Kommission erwägt eine Unterscheidung nach entbündeltem Zugang zur TAL, Bitstromzugang und dem Resale von Endkundenprodukten (offen gelassen in: Komm. 29.6.2009 M.5532 Tz 28 ff – Carphone Warehouse/Tiscali UK). Mangelnde Substituierbarkeit zwischen den verschiedenen Zugangsarten ergibt sich daraus, dass ein alternativer Anbieter mit Bitstromzugang über deutlich weniger eigene Infrastrukturen verfügen muss als einer mit bloß entbündeltem Zugang zur TAL, Resale erfordert sogar so gut wie keine eigene Infrastruktur (Monopolkommission aaO, Tz 28).

78 Im Übrigen ist der Zugangsmarkt für Betreiber nach den sachlichen Einzelleistungen des Netzwerkbetreibers in Märkte für den Verbindungsaufbau, die Anrufzustellung (Terminierung) und für Transitdienste weiter zu unterteilen (Monopolkommission 2009, Sondergutachten 56, Tz 52, Tz 84 ff; Komm. 7.9.2005 M.3914 Tz 11 – Tele2/Versatel; Komm. 27.11.2007 M.4947 Tz 13, 15 – Vodafone/

Tele2 Italy/Tele2 Spain; Komm. 29.1.2010 M.5730 Tz 25 – Telefonica/Hansenet Telekommunikation; Komm. 1.3.2010 M.5650 Tz 36 f – T-Mobile/Orange). Der Terminierungsmarkt ist national (Komm. 1.3.2010 M.5650 Tz 38 – T-Mobile/Orange). Schließlich kann der Zugang für Betreiber zu sachlich spezieller Telekommunikationsinfrastruktur nochmals einen eigenen Markt darstellen. So ist für den Aufbau einer eigenen technischen Plattform zum Angebot von MABEZ-Leistungen (s.o. Rn 46) durch Mehrwertdiensteanbieter die Zuführung der Anrufe vom Endnutzer zur technischen Plattform (Durchleitung durch das eigene Netz) durch den Netzbetreiber Voraussetzung. Diese Infrastrukturleistung einschließlich des typischerweise mitübernommenen Billing, der Fakturierung und des Delkrederes bildet daher einen eigenständigen, dem eigentlichen Angebot von MABEZ-Leistungen vorgelagerten Markt (BKartA, 10.9.2009, Fallbericht zu B 7 – 11/09, S. 2).

Für die Bereitstellung internationaler Netzinfrastuktur hatte die Kommission bereits in der früheren Entscheidung BT/AT&T (Komm. 20.3.1999, JV.15 Tz 79) einen eigenen Produktmarkt („market for the provision of **international carrier services**") angenommen. In diesem Zusammenhang wurde auch die Frage aufgeworfen, ob dieser Markt nach Länderpaaren zu unterteilen oder aber weltweit zu definieren sei. Mangels Entscheidungserheblichkeit wurde diese Frage jedoch letztlich offen gelassen. Zugleich betonte die Kommission aber, dass verschiedene internationale Länderpaare aus Nachfragesicht tatsächlich nicht substituierbar seien (Komm. – BT/AT&T, Tz 82). Angesichts der zunehmenden Zugänglichkeit der Kommunikation per Satellit und des Alternativtransits durch dritte Länder oder Hoheitsgebiete hat die Kommission in jüngerer Zeit angedeutet, dass der Markt für internationale Sprachtelefonie auch in breitere Kategorien als Länderpaare unterteilbar sei (Komm. 21.3.2001, M. 2257 Tz 17 – France Telecom/Equant, offen gelassen in Komm. 19.5.2005 M.3764 Tz 14 ff – Belgacom/Swisscom/JV). 79

b) Markt für den Betrieb von Mobilfunknetzen? In Mannesmann/Orange (Komm. 20.12.1999, M. 1760 Tz 7 ff) hatte es die Kommission noch offen gelassen, ob es parallel zu dem Markt für den Verkauf von Komplettangeboten von Mobilfunkleistungen an den Endkunden auch einen gesonderten Markt für den Betrieb von Mobilfunknetzen gibt. 80

Nach den Leitlinien der Kommission (Leitlinien der Kommission zur Marktanalyse und Ermittlung beträchtlicher Marktmacht nach dem gemeinsamen Rechtsrahmen für elektronische Kommunikationsnetze und -dienste, Komm. ABl. 2002 Nr. C 165/3, Tz 69) ist gegebenenfalls zwischen einem Markt für den **Gesprächsursprung** und einem Markt für den Gesprächsabschluss (**Terminierung**) zu differenzieren. Ob der Markt für den Zugang zur Mobilfunkinfrastruktur den Zugang zu einem individuellen Mobilfunknetz oder zu sämtlichen Mobilfunknetzen einschließt, sollte aufgrund einer Analyse der Struktur und des Funktionierens des Marktes entschieden werden. Auf dem Markt für Gesprächsursprung stehen sich einerseits die Netzbetreiber, andererseits die Service Provider und MVNOs (Mobile Virtual Network Operators = Anbieter ohne eigene Funknetze, aber mit eigenen Netzstrukturen im Backbone Bereich) gegenüber (Komm. 27.11.2007 M.4947 Tz 15 – Vodafone/Tele2 Italy/Tele2 Spain). Auf dem Markt für den Gesprächsabschluss/die Terminierung hat jedes Mobilfunkunternehmen für sein eigenes Netz ein natürliches Monopol, da Festnetzbetreiber sowie andere Service Provider und und MVNOs auf die jeweilige Terminierungsleistung angewiesen sind (Komm. 29.1.2010 M.5730 Tz 25 – Telefonica/Hansenet Telekommunikation; Komm. 1.3.2010 M.5650 Tz 36 f – T-Mobile/Orange; BGH 29.6.2010 – KZR 24/08 = WuW 2010, 1029, 1033 f mwN; *Haus*, WuW 2010 1237, 1238 mwN), so auch die Empfehlung der Kommission (Komm: ABl. 2007, Nr. L 344/65 Anhang, Markt Nr. 7). Es ist daher für das Netz jeden Mobilfunkbetreibers ein eigener Markt zu bilden, in welchen auch die MVNOs miteinzubeziehen sind (Monopolkommission 2009, Sondergutachten 56, Tz 93). 81

In TDC/CMG/Migway JV (Komm. 4.10.2001, M.2598) hat die Kommission einen eigenen Markt für SMS-Plattformen und ihre Instandhaltung diskutiert, jedoch im Ergebnis offen gelassen. Die Parteien hatten zur Begründung eines eigenen Marktes argumentiert, dass SMS-Plattformen auf spezifischer, gegenüber anderen Technologien nicht austauschbarer Technologie beruhten (Komm. – TDC/CMG/Migway, Tz 15). In derselben Entscheidung hat die Kommission einen eigenständigen Markt für den Anschluss an das internationale Signalisierungsnetz, das Festnetz- sowie Mobilfunkbetreiber verbindet, angenommen. Dieser sei ein europäischer Markt (Komm. – TDC/CMG/Migway, Tz 17). 82

c) Markt für Internetkonnektivität und Internetzugang. Die Anbieter von Internetzugangsdiensten an Endkunden sind auf die Konnektivität mit anderen Netzen angewiesen, um ihren Kunden Zugang zu dem gesamten Internet zu ermöglichen. Sie müssen daher in der Regel Anschlussvereinbarungen („in- 83 terconnection agreements") mit anderen Netzbetreibern schließen. Wie die Kommission grundlegend in der Entscheidung WorldCom/MCI (Komm. ABl. 1999 Nr. L 116/1 Tz 32 ff) analysiert hat, können diese einerseits als (horizontale) „peering agreements" ausgestaltet sein, aufgrund derer zwei Betreiber gebührenfrei Internetdaten aus ihren jeweiligen Netzen entgegennehmen; andererseits können (vertikale) „transit agreeements" vereinbart werden, durch die kleinere Netzbetreiber an die Netze größerer Betreiber angeschlossen werden, wobei die Kunden der kleineren Netzbetreiber nicht nur mit den Nutzern der größeren Netze, sondern auch mit den Kunden aller anderen kleineren Betreiber, die ebenfalls ein Transitabkommen mit dem gleichen größeren Netzbetreiber geschlossen haben, verbunden werden. Ob und in welcher Form Netzbetreiber Internetkonnektivitätsabkommen schließen müssen, hängt davon ab, welche Stellung sie in dem hierarchisch aufgebauten Internet einnehmen. Die einzigen Netzbetreiber, die eigenständig – über „Peering"-Abkommen untereinander bzw völlig autonom – umfassende Konnektivität gewährleisten können, sind die Betreiber von sog. Spitzennetzen („top-level network operators"). Die anderen zwei Betreibergruppen, die sog. „secondary peering network operators" und die „transit-only resellers", verfügen jeweils nur über Teilnetze und sind deshalb auf den Abschluss von Transitabkommen mit den Betreibern der Spitzennetze angewiesen. Der alleinige Abschluss (horizontaler) „Peering"-Vereinbarungen zwischen diesen „zweitrangigen" Dienstanbietern ermöglicht ihnen keine lückenlose Konnektivität. Vor diesem Hintergrund hat die Kommission in der genannten Entscheidung (WorldCom/MCI, Tz 62 ff) angenommen, dass die **Bereitstellung von Spitzen-** bzw **universeller Konnektivität** einen eigenständigen relevanten Markt bildet, da sie aus Nachfragesicht nicht mit dem Angebot der Betreiber von Teilnetzen austauschbar sei. Denn selbst bei einer hypothetischen Preiserhöhung der Dienste der Spitzenanbieter um 5 bis 10 % würden die Kunden der Betreiber von Spitzennetzen nicht zu den Anbietern von „secondary peering network operators" bzw „transit-only resellers" wechseln, da diese nicht in gleicher Weise vollständige Konnektivität gewährleisten können. Ferner wäre es auch für zweitrangige Dienstanbieter unrentabel, sich bei einer Preiserhöhung der Transitgebühren der Spitzennetzbetreiber auf multiple „Peering"- bzw Transit-Vereinbarungen zu verlegen (Komm.- WorldCom/MCI, Tz 31 ff (62 ff); Komm. ABl. 2003 Nr. L 300/1 Tz 65 – MCI World Com/Sprint). In räumlicher Hinsicht ist von jeweils weltweiten Märkten auszugehen, da ein Preisanstieg für universelle Internetkonnektivität bei den Verbraucher weltweit spürbar wäre (Komm. – WorldCom/MCI, Tz 82; Komm. – MCI World Com/Sprint, Tz 97).

84 In der Entscheidung Worldcom/MCI (Komm. ABl. 1999 Nr. L 116/1 Tz 89 ff) hat die Kommission ferner festgestellt, dass der Markt für universelle Internetkonnektivität zu unterscheiden sei von dem Markt für Internetzugangsdienste für Endnutzer, der die Bereitstellung der physischen **Verbindung zwischen dem Endnutzer und dem nächsten Präsenzpunkt seines ISP** betrifft. Um solche Internetzugangsdienste für Endnutzer anbieten zu können, sind die Internet Service Provider (ISP) auf Netzinfrastruktur-Vorleistungen angewiesen. Welche und wie viele Vorleistungen dafür benötigt werden, hängt von dem Umfang eigenrealisierter Infrastruktur des jeweiligen ISP ab. Ein **DSL-Netz** besteht zB aus drei Wertschöpfungsstufen, nämlich der bereits erwähnten „letzten Meile", dem sogenannten Konzentratornetz sowie dem IP-Backbone-Netz (Kernnetz). Ein ISP benötigt also uU alle diese Vorleistungen als Netzelemente, um dem Endkunden einen Internetanschluss anbieten zu können (BKartA 7.6.2010 B7 – 68/09 Fallbericht S. 1 – DTAG).

III. Printmedien

85 **1. Druck.** Im Bereich Druck ist zunächst zwischen dem Markt für den Verpackungsdruck und dem Markt für den **Druck von Textveröffentlichungen** zu unterscheiden (Komm. 15.12.2003, M.3322 Tz 21 – Polestar/Prisa/Inversiones Ibersuizas/JV). Dies ergibt sich aus der Unterschiedlichkeit der Technik und Arbeitsweise und des Kundenkreises (Komm. – Polestar/Prisa/Inversiones Ibersuizas/JV, Tz 21). Unterschiedliche Märkte bestehen zudem für **verschiedene Druckverfahren**, dh das Offset- und Tiefdruckverfahren, obwohl es mit zunehmender technischer Entwicklung zu einer Austauschbarkeit der Verfahren kommen könnte (Komm. – Polestar/Prisa/Inversiones Ibersuizas/JV, Tz 29; auch Komm. 15.2.1999, M.1377 Tz 19 – Bertelsmann/Wissenschaftsverlag Springer; Komm. 14.8.2007, M.4893 Tz 11 ff – Quebecor World/RSDB). Im Bereich des Tiefdrucks wiederum stellt der Druck von Zeitschriften aufgrund des unterschiedlichen Termindrucks einen anderen Markt dar als der Druck von Katalogen und anderer Werbung (Komm. – Quebecor World/RSDB, Tz 15; noch offen gelassen in Komm. – Polestar/Prisa/Inversiones Ibersuizas/JV, Tz 32). Offen gelassen hat die Kommission, ob auch nach der Kapazität der Unternehmen zu unterscheiden ist (Komm. – Polestar/Prisa/Inversiones Ibersuizas/JV, Tz 23). Ebenso offen gelassen hat die Kommission ob „pre-press"-Dienstleistungen wie

Layouting und „after-press"-Dienstleistungen wie die Bindung eigene Märkte sind (Komm. – Quebecor World/RSDB, Tz 17 ff).

Der **räumlich relevante Markt** ist regelmäßig auf einen Mitgliedstaat begrenzt. Denn gewöhnlich wenden sich Auftraggeber an nationale Druckunternehmen, um jede Produktionsphase zu kontrollieren und sicherzugehen, dass das Produkt den Zielvorstellungen gerecht wird. Auch in Hinblick auf den Zeitaufwand, die Kosten und die folgenden Verbreitungsmöglichkeiten geht die Kommission von einem nationalen Markt aus (Komm. 15.12.2003, M.3322 Tz 33, 34 – Polestar/Prisa/Inversiones Ibersuizas/JV; auch Komm. 15.2.1999, M.1377 Tz 22 – Bertelsmann/Wissenschaftsverlag Springer). 86

2. Bücher. Im Bereich der Buchverlage kann für die Marktabgrenzung nicht strikt auf die Sicht der Leser abgestellt werden (vgl für den Bereich der Wissenschaftsliteratur: Komm. 15.2.1999, M.1377, Tz 9 – Bertelsmann/Wissenschaftsverlag Springer, Komm. 29.7.2003, M.3197, Tz 13 – Candover/Cinven/Bertelsmann-Springer). Denn aus Sicht des Lesers werden zwei unterschiedliche Publikationen selten als vollständig gegeneinander austauschbar angesehen werden (BKartA, 9.11.1999, B6-104/99, Tz 7 – Beck/NOMOS). Die Marktabgrenzung unter dem Gesichtspunkt der Austauschbarkeit für den Leser würde daher zu einer Unzahl von sehr kleinen relevanten Märkten führen (Komm. – Bertelsmann/Wissenschaftsverlag Springer, Tz 10). Es sind deshalb **Gruppen von Büchern** zu bilden, die sich an einen bestimmten Leserkreis richten. 87

Grundlegend sind dabei zunächst die Märkte für Allgemeinliteratur, Fachbücher und Wissenschaftsliteratur zu unterscheiden. 88

a) **Allgemeinliteratur.** Zu dem Markt für Allgemeinliteratur gehören solche Bücher, die einem **allgemeinen Unterhaltungs- und Informationsbedürfnis** entsprechen, etwa Belletristik, Sachbücher, Ratgeber, Nachschlagewerke. Diese sind zu unterscheiden von den Märkten für Fachbücher, wissenschaftliche Bücher und Schulbücher. Mit Büchern in anderer Sprache sind sie ebenso wenig austauschbar wie mit Kinder- und Jugendbüchern, die wiederum einen eigenständigen Markt bilden (BKartA 24.11.2003, B6–7/03 S. 16 ff – Random House/Wilhelm Heyne Verlag; so auch BKartA 29.4.2009 B6-9/09 Tz 22 – Bertelsmann/Wissenmedia/u.a.). Das BKartA geht außerdem von gesonderten Märkten für deutschsprachige Universallexika, deutschsprachige Themenlexika und deutschsprachige Themensachbücher aus, wobei die beiden erstgenannten zum Zeitpunkt der Entscheidung Bagatellmärkte darstellten (BKartA – Bertelsmann/Wissenmedia/u.a., Tz 22 ff). Für den Buchverkauf durch die Verlage (s. dazu unten Rn 100) an Wiederverkäufer hat die Kommission – angesehen von der Unterscheidung zu Fachbüchern und wissenschaftlichen Büchern – weitere eigenständige Märkte angenommen für Kinder- und Jugendbücher, schöngeistige Bücher, Sachbücher, Comics, Lehrbücher, Referenzwerke und Fortsetzungswerke (Komm. ABl. 2004 Nr. L 125/54, Tz 190 ff – Legardère/Natexis/VUP). Des Weiteren ist zu unterscheiden nach Buchform: **Taschenbücher** gehören einem anderen Markt an als Hardcover und Paperback (BKartA – Random House/Wilhelm Heyne Verlag, S. 19 ff; BKartA 12.2.1999, B6-6/99 Tz 5 – Bonnier Media/Taschenbuch-Vertrieb Ingeborg Blank GmbH). Gründe hierfür sind vor allem die im Vergleich zu Hardcovern geringere Aktualität, der niedrigere Preis, das Erscheinen in Buchreihen, der geringere Prestigewert und die geringere Verarbeitungsqualität und Haltbarkeit (BKartA – Random House/Wilhelm Heyne Verlag, S. 26). 89

In räumlicher Hinsicht umfasst der Markt in der Regel den jeweiligen Mitgliedstaat und uU den gesamten Sprachraum. 90

b) **Fachbücher.** Fachbücher unterscheiden sich von Allgemeinliteratur dadurch, dass sie zumeist berufsbezogen sind und keine weiteren Leserkreise erreichen. Sie stellen einen eigenständigen Markt dar (Komm. 15.2.1999, M.1377 Tz 15 – Bertelsmann/Wissenschaftsverlag Springer). Im Gegensatz zu den an das akademische Fachpublikum gerichteten Veröffentlichungen zeichnen sie sich durch **sehr stark praxisorientierte Inhalte** aus. Zielgruppe sind nicht die Universitäten, sondern Praktiker. Innerhalb der Fachbücher muss weiter nach der Adressatengruppe, dh nach bestimmten **Berufsgruppen**, unterschieden werden. (Komm. 29.7.2003, M.3197 Tz 25 – Candover/Cinven/Bertelsmann-Springer). Hierfür spricht, dass Veröffentlichungen für Berufszweige eine detaillierte Kenntnis der Branche und der Abnehmer erfordern. Da sich berufsbezogene Publikationen häufig nicht nur aus den Verkaufserlösen, sondern zu einem großen Teil auch aus Werbeeinnahmen finanzieren, ist ferner ein guter Zugang zu den jeweiligen Unternehmen, die in einer Branche tätig sind, erforderlich (Komm. – Bertelsmann/Wissenschaftsverlag Springer, Tz 16). 91

92 Die Trennung in wissenschaftliche und berufsbezogene Publikationen lässt sich nicht immer strikt durchführen. So liegt es etwa im Bereich Medizin (offen gelassen in Komm. 15.2.1999, M.1377 Tz 17 – Bertelsmann/Wissenschaftsverlag Springer) und Rechtswissenschaft (BKartA 9.11.1999, B6-104/99 Tz 9 – Beck/NOMOS). Dafür muss dort dann zwischen Büchern für Juristen/Mediziner und Nichtjuristen/Nichtmediziner (dann Allgemeinliteratur) unterschieden werden (BKartA – Beck/NOMOS, Tz 9).

93 Berufsbezogene Publikationen finanzieren sich häufig nicht nur über Verkaufserlöse, sondern auch über Werbe- und Anzeigeneinnahmen. Entsprechend existiert neben dem Lesermarkt auch ein **Anzeigenmarkt** (Komm. 15.2.1999, M.1377 Tz 18 – Bertelsmann/Wissenschaftsverlag Springer), auf dem allerdings in der Regel die gleichen Publikationen wie auf dem Lesermarkt im Wettbewerb miteinander stehen, da Werbe- und Anzeigenkunden auf den entsprechenden Leserkreis abzielen.

94 Der **räumliche Markt** für berufsbezogene Publikationen umfasst grundsätzlich nur den jeweiligen Mitgliedstaat. Allenfalls erstreckt er sich auf einen Sprachraum. Denn normalerweise erscheinen derartige Publikationen in der Nationalsprache und werden auch ausschließlich auf nationaler Ebene vertrieben. Ferner haben die Publikationen oft einen bestimmten Nachrichtenwert (zB Verbandsveröffentlichungen), der an nationalen Themen orientiert ist (Komm. 15.2.1999, M.1377 Tz 21 – Bertelsmann/Wissenschaftsverlag Springer; Komm. 29.7.2003, M.3197 Tz 28 – Candover/Cinven/Bertelsmann-Springer).

95 c) **Wissenschaftsliteratur.** Auch im Bereich der Wissenschaftsliteratur kann nicht strikt auf die Substituierbarkeit der Veröffentlichungen abgestellt werden. Denn in der Regel wird eine solche Substituierbarkeit weder zwischen verschiedenen Fachgebieten, noch zwischen Veröffentlichungen innerhalb eines Fachgebiets gegeben sein (Komm. 15.2.1999, M.1377 Tz 10 – Bertelsmann/Wissenschaftsverlag Springer). Deswegen werden Abnehmer im Falle einer Preiserhöhung nicht die eine Veröffentlichung gegen eine andere, ein anderes Thema betreffende austauschen. (Komm. 29.7.2003, M.3197 Tz 13 – Candover/Cinven/Bertelsmann-Springer). Zudem werden wissenschaftliche Publikationen überwiegend von Universitäten sowie den staatlichen und privaten Einrichtungen der Forschung und der Lehre nachgefragt. Diese Nachfrage umfasst grundsätzlich eine ganze Bandbreite wissenschaftlicher Veröffentlichungen, was die Festlegung des Marktes über die Nachfragerseite zusätzlich erschwert (Komm. – Candover/Cinven/Bertelsmann-Springer, Tz 18).

96 Entscheidend für die Abgrenzung der Produktmärkte im Bereich der wissenschaftlichen Publikationen ist daher nicht die Nachfrage-, sondern die **Angebotssubstituierbarkeit** anhand folgender Faktoren: Reputation, Zugang zu Autoren und Herausgebern, Kenntnis der Kundenbasis sowie der Vertriebswege (Komm. 15.2.1999, M.1377 Tz 11 – Bertelsmann/Wissenschaftsverlag Springer; Komm. 29.7.2003, M.3197 Tz 14, 19 – Candover/Cinven/Bertelsmann-Springer; ebenso BKartA, 9.11.1999, B6-104/99 Tz 8 – Beck/NOMOS). Ein Verlag, der diese Voraussetzungen erfüllt, kommt als Anbieter von Publikationen, die an ein bestimmtes wissenschaftliches Fachpublikum gerichtet sind, in Betracht. Die Kommission hält es danach für wahrscheinlich, dass zumindest ein gesonderter Markt für naturwissenschaftliche, technische und medizinische Fachliteratur existiert (Komm. – Candover/Cinven/Bertelsmann-Springer, Tz 20).

97 Insbesondere im Bereich der wissenschaftlichen Veröffentlichungen hat sich die Rechtsprechung mit der Frage befasst, ob auch nach dem **Medium der Veröffentlichung** (Bücher, Zeitschriften, CD-ROM und Online-Dienste) weiter zu differenzieren ist (offen gelassen in: Komm. 15.2.1999, M.1377 Tz 13, 14 – Bertelsmann/Wissenschaftsverlag Springer; Komm. 29.7.2003, M.3197 Tz 21 – Candover/Cinven/Bertelsmann-Springer). Die Kommission scheint zur Annahme eines einheitlichen Marktes zu tendieren (Komm. 27.8.1998, M.1275 Tz 9, 11 – Havas/Bertelsmann/Doyma, letztlich offengelassen). Das BKartA ging 1999 (jedenfalls für den Bereich der Rechtwissenschaft) noch von getrennten Märkten für Bücher, Zeitschriften und Online-Dienste aus (BKartA 9.11.1999, B6-104/99 Tz 10 – Beck/NOMOS).

98 Bei wissenschaftlichen Publikationen liegt die Annahme eines **weltweiten Marktes** nahe. Dies gilt jedenfalls, wenn der Großteil der Publikationen in der betreffenden Fachrichtung auf Englisch ist und weltweit gelesen wird (Komm. 15.2.1999, M.1377 Tz 20 – Bertelsmann/Wissenschaftsverlag Springer; Komm. 29.7.2003, M.3197 Tz 23 – Candover/Cinven/Bertelsmann-Springer).

99 d) **Verlegerechte und Vertrieb von Büchern.** Verlage stehen miteinander im Wettbewerb um **Verlegerechte**, dh die Rechte an Werken, die sie unmittelbar von den Autoren erwerben (Komm. ABl. 2004

Nr. L 125/54 Tz 71 ff – Legardère/Natexis/VUP). Ein Wettbewerb findet allerdings nur bezüglich von **Einzelwerken** statt und nicht bei Kollektivwerken, die aufgrund von Aufträgen der Verlagshäuser durch mehrere Autoren entstehen. Zu den Einzelwerken gehören typischerweise allgemeine Literatur, Kinder- und Jugendbücher, akademische und Fachbücher und Comics (Komm. – Legardère/Natexis/VUP, Tz 89 ff). Dabei existieren jeweils unterschiedliche Märkte für in der Landessprache geschriebene Werke und solche, die ursprünglich in einer anderen Sprache geschrieben und dann in die Landessprache übersetzt werden (Komm. – Legardère/Natexis/VUP, Tz 81 ff; Komm. 5.7.2010, M.5838 Tz 20 – Bertelsmann/Planete/Circulo). Innerhalb der Landessprache sind dann weiter die Rechte am Verlegen im **Taschenbuch** zu unterscheiden von den Rechten am Verlegen in anderen Formaten (Komm. – Legardère/Natexis/VUP, Tz 97 ff). Auch die Verlegerechte für die Verwertung in **Buchklubs** stellen einen eigenen Markt dar (Komm. – Legardère/Natexis/VUP, Tz 106 ff). Ob dieser Sekundärmarkt für Klubrechte weiter nach dem Inhalt der innerhalb der Klubs verkauften Bücher zu untergliedern ist, hat die Kommsission offen gelassen (Komm. – M.2978 Tz. 113 f – Lagardère/Natexis/VUP). Die räumlichen Märkte für Verlegerechte in der Landessprache weisen ebenso wie die Märkte für Rechte an ausländischen Werken eine weltweite Dimension auf (Komm. – Legardère/Natexis/VUP, Tz 305, 309).

Auch für die **Vertriebs- und Auslieferungsleistungen an Verlage** hat die Kommission ausführlich die relevanten Märkte definiert (s. ausf. Komm. ABl. 2004 Nr. L 125/54 Tz 115 ff – Legardère/Natexis/VUP). Für den **Buchverkauf durch die Verlage** an Wiederverkäufer ist nach den großen Buchkategorien Allgemeine Literatur, Kinder- und Jugendbücher, schöngeistige Bücher, Sachbücher, Comics, Lehrbücher, Bücher aus dem akademischen und professionellen Bereich, Referenzwerke und Fortsetzungswerke zu unterscheiden. Innerhalb dieser Kategorien werden zT weitere Unterscheidungen, insbesondere nach Format (Taschenbücher/Hardcover) und Inhalt (Schulbücher/Bücher mit Schulbuchcharakter; leichte/schwere Referenzwerke), vorgenommen (s. ausf. zu allem vorigen: Komm. – Legardère/Natexis/VUP, Tz 190 ff; Komm. 15.10.2007, M.4611 Tz 15 ff – Egmont/Bonnier). Der Verkauf ex-Verlag ist weiterhin zu unterteilen nach den Käufergruppen Großhändler, „Hypermarkets“ (große Supermärkte mit Non-food-Bereich) und reguläre Buchhandlungen (Komm. 5.7.2010, M.5838 Tz 26 – Bertelsmann/Planete/Circulo). In räumlicher Hinsicht weist der verlagsseitige Verkauf an Wiederverkäufer eine supranationale geografische Dimension auf, die aber auf den Sprachraum begrenzt ist (Komm. – Lagardère/Natexis/VUP, Tz 350 ff). 100

Auch zu den Märkten für den **Verkauf von Großhändlern an Einzelhändler** und den **Verkauf der Einzelhändler an die Verbraucher** hat die Kommission Ausführungen gemacht (Komm. ABl. 2004 Nr. L 125/54 Tz 278 ff – Legardère/Natexis/VUP). Ob der Verkauf durch Buchklubs und sonstigen Versandhandel (welche jedenfalls nicht getrennt zu betrachten sind) vom restlichen Einzelhandel gesondert zu beurteilen ist, scheint nach Ansicht der Kommission von regionalen Gegebenheiten abzuhängen (verneinend für Dänemark: Komm. 15.10.2007, M.4611 Tz 13 – Egmont/Bonnier; bejahend für Italien: Komm 22.4.1999, M.1407 Rn 15 – Bertelsmann/Mondadori). Das Bundeskartellamt hat die Frage zuletzt offen gelassen (BKartA 16.1.2007 B6-510/06 S. 21 – Verlagsgruppe Weltbild/Heinrich Hugendubel u.a.; BKartA 30.4.2008 B6-8/08 Tz 25 – Thalia Holding/BuchKaiser). Auf Einzelhandelsebene ist zwischen dem Markt für neue Bücher und dem Markt für gebrauchte Bücher zu unterscheiden; eine weitere Unterscheidung nach der Ausgestaltung des Buchverkaufs, zB durch Kaufhausabteilungen, Boutiquen, kleinen oder großen Buchhandlungen ist hingegen nicht erforderlich (BKartA – Thalia Holding/BuchKaiser, Tz 24 f). Es existiert ein Markt für stationären Sortimentsbuchhandel, zu dem jedoch nicht der Vertrieb von Büchern in „sonstigen Verkaufsstellen“ wie in Tankstellen, Supermärkten, Gartencentern uä (BKartA – Thalia Holding/BuchKaiser, Tz 41) oder der Verkauf in Antiquariaten gehören (BKartA – Verlagsgruppe Weltbild/Heinrich Hugendubel u.a., S. 25). Der Direktvertrieb durch Verlage stellt nochmals einen separaten Markt dar (BKartA 16.1.2007 B6-510/06 S. 21 f – Verlagsgruppe Weltbild/Heinrich Hugendubel u.a.; BKartA 30.4.2008 B6-8/08 Tz 25 – Thalia Holding/BuchKaiser). In räumlicher Hinsicht ist von regionalen Einzelhandelsmärkten auszugehen (BKartA – Thalia Holding/BuchKaiser, Tz 47; BKartA – Verlagsgruppe Weltbild/Heinrich Hugendubel u.a., S. 26 f). 101

3. Zeitungen. Zunächst ist der Markt für Zeitungen von den Märkten für andere Medien abzugrenzen. So stellen die Märkte für Fernsehen und Radio selbstständige Märkte dar, da sie, was die Reichweite und Themenvertiefung angeht, nicht mit Zeitungen substituiert werden können (Komm. 14.3.1994, M.423 Tz 13 – Newspaper Publishing; Komm. 1.2.1999, M.1401 Tz 17 – Recoletos/Unedisa). 102

103 Der Zeitungsmarkt ist sodann in den **Lesermarkt**, in dem die Nachfrager die Käufer der Zeitung sind, und den **Anzeigenmarkt**, auf dem Werbetreibende die Nachfrager sind, zu unterteilen (Komm. 14.3.1994, M.423 Tz 15 – Newspaper Publishing; Komm. 1.2.1999, M.1401 Tz 16 – Recoletos/Unedisa). Sowohl der Leser- als auch der Anzeigenmarkt ist ein sog. zweiseitiger Markt (siehe Rn 35) oder Plattform-Markt. Denn beide Märkte sind dadurch gekennzeichnet, dass der Anbieter (zB Zeitungsverlag) seinen Gesamterlös aus dem Angebot auf beiden Märkten erwirtschaftet und der Erfolg auf dem einen Markt (zB Anzeigenmarkt) von der Marktstellung auf dem anderen Markt (zB Lesermarkt) beeinflusst wird (BKartA 29.8.2008, B 6 – 52/08 S. 21 f – Intermedia/Health & Beauty = WuW 2009, 75, 78).

104 a) **Lesermarkt.** **Tageszeitungen** und wöchentliche Zeitungen und Magazine gehören nicht zum gleichen sachlichen Markt, da erstere wesentlich günstiger und aktueller sind (Komm. – Recoletos/Unedisa, Tz 20; Komm. 20.4.1999, M.1455, Tz 16 – Gruner + Jahr/Financial Times/JV; Komm. 16.6.2004, M.3420 Tz 13 – GIMD/Socpresse).

105 **Regionale Zeitungen** und **nationale Zeitungen** stellen grundsätzlich unterschiedliche Märkte dar, da sich erstere auf lokale Themen konzentrieren (Komm. 14.3.1994, M.423 Tz 13 – Newspaper Publishing; Komm. 20.4.1999, M.1455 Tz 17 – Gruner + Jahr/Financial Times/JV; Komm. 7.7.2005, M. 3817 Tz 10 – Wegener/PCM/JV; ebenso BKartA 12.1.2000, B6–118/98 S. 26 – WAZ/OTZ; BKartA 10.12.2002, B6–98/02 S. 16, 27 – Holtzbrinck/Berliner Verlag; BKartA 8.9.2004, B6–27/04 S. 29 f – M. DuMont Schauberg/Bonner Zeitungsdruckerei; BKartA 21.4.2009, B 6–150/08 Tz 35 – NPG/Detjen = WuW 2009, 1071, 1074). Allerdings kann ein gemeinsamer Markt bestehen für regionale Zeitungen und regionale Ausgaben nationaler Zeitungen (Komm. – Wegener/PCM/JV, Tz 16, 19). Zeitungen, die in solchen verschiedenen Regionalausgaben erscheinen, jedoch einen überwiegend überregionalen Teil enthalten (zB Bild-Zeitung), sind dann hinsichtlich des bundeseinheitlichen Teils dem bundesweiten Markt zuzurechnen, bezüglich ihrer Regionalausgaben den jeweiligen regionalen Märkte (BKartA 30.3.2010, B 6–98/09 Tz 62 – Roth+Horsch/Pressevertrieb Pfalz).

106 Inhaltlich ist jedenfalls zwischen **allgemeinen Tageszeitungen**, **Sportzeitungen** und **Wirtschaftszeitungen** zu unterscheiden (Komm. 1.2.1999, M.1401 Tz 21 – Recoletos/Unedisa; vgl auch Komm. 7.7.2005, M.3817 Tz 18 – Wegener/PCM/JV). Diese Unterscheidung erklärt sich zum einen dadurch, dass unterschiedliche Kundenbedürfnisse erfüllt werden: Während allgemeine Zeitungen einen weiten Bereich an Informationen abdecken, berichten Sport- und Finanzzeitungen fokussierter (Komm. – Recoletos/Unedisa, Tz 21; Komm. 20.4.1999, M.1455 Tz 17 – Gruner + Jahr/Financial Times/JV). Auch die unterschiedlichen Preiskategorien für die verschiedenen Zeitungen und die unterschiedlichen verkaufsstarken Tage sprechen für unterschiedliche Märkte (Komm. – Recoletos/Unedisa, Tz 22). Auch eine relative, geringe, jedoch spürbare Preiserhöhung (SNIPP-Test) würde weder dazu führen, dass Sportzeitungsleser auf einmal zu Finanzzeitungen wechseln würden, noch dazu, dass die Herausgeber einer Sport- oder Finanzzeitung kurzfristig eine allgemeine Zeitung herausgeben würden. (Komm. – Recoletos/Unedisa, Tz 23, 24).

107 Auch ist nach der **Qualität der Zeitungen** abzugrenzen. So existieren getrennte Märkte für **Boulevardzeitungen** (zB „Daily Mirror"), **„mid-market titles"** (zB „Daily Express") und **Zeitungen gehobener Qualität** (zB „The Times") (Komm. 14.3.1994, M.423 Tz 14 – Newspaper Publishing; Komm. 20.4.1999, M.1455 Tz 17 – Gruner + Jahr/Financial Times/JV; zur Differenzierung zwischen Boulevard (auch sog. **Straßenverkaufszeitungen**)- und sog. **Abonnementszeitschriften** aufgrund des Unterschieds in Breite und Tiefe der Berichterstattung ebenso: OLG Düsseldorf 3.12.2008 VI-Kart 7/06 Rn 186 ff – Axel Springer/ProSiebenSat1Media; BKartA 10.12.2002, B6–98/02 S. 23 – Holtzbrinck/Berliner Verlag; BGH WuW/E BGH 2425 (2428) – Niederrheinische Anzeigenblätter; BKartA 11.2.2009 B6–15/09 – DuMont Schauberg/BD Deutsche Zeitungsholding; BKartA 21.4.2009, B 6–150/08 Tz 35 – NPG/Detjen = WuW 2009, 1071, 1074; BKartA 9.7.2009, B 6–38/09 Tz 70 – shz/Blickpunkt mwN; BKartA 30.3.2010, B6–98/09 Tz 61 – Roth+Hirsch/Presse-Vertrieb Pfalz). Qualitativ hochwertige Zeitungen bieten nicht nur eine ausführlichere Nachrichtenerstattung, auch die Reichweite der Themen, vor allem im internationalen Bereich, überwiegt die der Boulevardzeitungen bei weitem. Sie sind in Regel etwa doppelt so teuer und die Leserkreise der beiden Zeitungsarten gehören unterschiedlichen sozioökonomischen Gruppen an. Auch eine geringe Preissenkung der „Times" führte daher in keiner Weise zu einer Abwanderung der Boulevardzeitungsleser (Komm. – Newspaper Publishing, Tz 14).

Kostenfreie Zeitungen gehören nicht zum gleichen Markt wie andere Zeitungen, da sie sich in Hinblick auf Format, Inhalt und Zielgruppe unterscheiden (Komm. 7.7.2005, M.3817 Tz 15, 19 – Wegener/PCM/JV). 108

Nicht einzubeziehen in den Lesermarkt sind Angebote aus dem Internet, zumindest wenn diese unentgeltlich sind. Mangels Entgeltlichkeit im Verhältnis zum Leser handelt es sich nicht um eine Marktleistung, so dass **Online-Zeitungen** allenfalls unter dem Gesichtspunkt des Substitutionswettbewerbs Berücksichtigung finden können (BKartA 21.4.2009 B6–150/08 Tz 40 – NPG/Detjen = WuW 2009, 1071, 1074). 109

b) **Anzeigenmarkt.** Auf dem Anzeigenmarkt erwerben Werbungstreibende als Nachfrager Anzeigenraum, um ihren Verkauf zu fördern (Komm. 14.3.1994, M.423 Tz 15 – Newspaper Publishing). Der Zeitungsanzeigenmarkt ist dabei zu unterscheiden von dem **Fernseh- und Radiowerbemarkt** (BKartA 15.4.1999, B6–141/98 Tz 10 – Oberbayerisches Volksblatt/RFR Regionalfernsehen). Es können jedoch benachbarte Märkte vorliegen, wenn Substitutionsbeziehungen bestehen (BKartA – Oberbayerisches Volksblatt/RFR Regionalfernsehen, Tz 10). 110

Da Werbungstreibende immer eine bestimmte Zielgruppe erreichen möchten und demnach Anzeigenraum in Zeitungen erwerben, die von der jeweiligen Lesergruppe gelesen werden, entspricht der Anzeigenmarkt in der Regel dem Lesermarkt (Komm. 14.3.1994, M.423 Tz 16 – Newspaper Publishing). An diesem Grundsatz meldet die Kommission allerdings auch Zweifel an, da zwar je nach Themengebiet unterschiedliche Leserkreise beständen, die sich jeweils für bestimmte Werbung eigneten; doch richte sich die geschriebene Presse insgesamt an den gebildeten Teil der Gesellschaft, welcher somit im Vergleich zu dem Werbepublikum, das über Fernseh- und Radiowerbung angesprochen werden kann, bereits abgegrenzt sei. Des Weiteren würden Anzeigenplätze meist themenübergreifend von großen Werbefirmen erworben (im Ergebnis offen gelassen: Komm. 1.2.1999, M.1401 Tz 27 – Recoletos/Unedisa). 111

Auch auf dem Anzeigenmarkt existieren getrennte sachliche Märkte für **nationale und regionale Zeitungen** (Komm. 7.7.2005, M.3817 Tz 28–30 – Wegener/PCM/JV), für qualitativ hochwertige Zeitungen (Komm. 14.3.1994, M.423 Tz 16 – Newspaper Publishing; anders offenbar BKartA 19.1.2006, B6–103/05 S. 59 – Axel Springer/ProSiebenSat1Media) und für wöchentliche Magazine im Vergleich zu Tageszeitungen (Komm. 16.6.2004, M.3420 Tz 17 – GIMD/Socpresse; BKartA – Axel Springer/ProSiebenSat1Media, S. 59 f). Es existiert auch ein eigener Markt für stadtteilbezogene (sublokale) Blätter, in denen Verlage entgeltlich den Druck, die Vervielfältigung und die Veröffentlichung von Inseraten anbieten. Lokale Anzeigenwerbung im Internet ist in diesen Markt nicht miteinzubeziehen (OLG Düsseldorf 14.3.2007 VI – Kart 8/06 (V) – SZ/Lokalzeitung = WuW 2007, 635, 637) und es ist nicht weiter nach Wochentag, an dem das Blatt erscheint, zu unterteilen (OLG Düsseldorf – SZ/Lokalzeitung, S. 638). 112

Nach Auffassung des BKartA sind in den **Anzeigenmarkt von Tageszeitungen** auch Straßenverkaufszeitungen und Anzeigenblätter einzubeziehen, obwohl diese nicht zum gleichen Lesermarkt gehören (BKartA 28.5.2002, B6–33/02 Tz 12 – WAZ/T.A. Schachmayer; BKartA 8.9.2004, B6–27/04 S. 33 – M. DuMont Schauberg/Bonner Zeitungsdruckerei; BKartA 19.1.2006, B6–103/05 S. 59 – Axel Springer/ProSiebenSat1Media; BKartA 30.3.2010, B6–98/09 Tz 63 – Roth+Horsch/Pressevertrieb Pfalz), jedenfalls soweit sie Anzeigenbelegungseinheiten anbieten, die mit denjenigen der regionalen Abonnement-Tageszeitungen im Wesentlichen deckungsgleich sind (BKartA 9.7.2009, B 6–38/09 Tz 29 – shz/Blickpunkt). Das gilt allerdings nicht generell, sondern es ist nach der Bedeutung des jeweiligen Werbeträgers für Anzeigen von regionalem, lokalem oder sogar sublokalem Interesse zu unterscheiden (BKartA 26.1.2006, B6–138/05 S. 21 – Süddeutscher Verlag/Südost-Kurier; KG WuW OLG 4095 (4103) – W + i Verlag/Weiss-Druck). Kauf- und Kundenzeitschriften (die kostenlos beim Kunden abgegeben werden) können zum Anzeigenmarkt für Tageszeitungen, Straßenverkaufszeitungen und Anzeigenblätter gehören (Langen/Bunte/*Bunte*, Anhang zum Fünften Abschnitt GWB Rn 12 mwN), nicht aber Beilagen- und Prospektverteildienste (OLG Düsseldorf 14.3.2007 VI – Kart 8/06 (V) – SZ/Lokalzeitung = WuW 2007, 635, 638; BKartA 21.4.2009, B 6–150/08 Tz 66 – NPG/Detjen). Nicht einzubeziehen in diesen Anzeigenmarkt sind außerdem Stadtmagazine wegen ihrer deutlich längeren Erscheinungszyklen, ihrer Hinwendung an eine spezielle, sehr freizeit- und konsumorientierte Zielgruppe und ihres besonders hochwertigen Druckbildes (BKartA – shz/Blickpunkt, Tz 29; BKartA 21.4.2009, B6–150/08 Tz 66 – Neue Pressegesellschaft/Zeitungsverlag Schwäbisch Hall = WuW 2009, 1071, 1079). 113

114 Möglicherweise besteht ein gesonderter Markt für sog. **Rubrikenanzeigen**, dh Anzeigen, die konkret ein Angebot oder eine Nachfrage nach einem bestimmten Gut ausdrücken und dabei nach der Art des Gutes in einer Rubrik gruppiert werden („Kleinanzeigen") (BKartA 21.4.2009, B6–150/08 Tz 67 – Neue Pressegesellschaft/Zeitungsverlag Schwäbisch Hall). Bereits im Tätigkeitsbericht 2007/2008 wies das BKartA jedoch darauf hin, dass es hinsichtlich Klein- und Rubrikenanzeigen eine zunehmende Konvergenz zwischen Tageszeitungen und Anzeigenblättern einerseits und den Internetpräsenzen dieser Printmedien und spezialisierten Internetportalen andererseits gebe. Das Verhältnis zwischen Internet und Printmedien im Bereich der Klein- und Rubrikenanzeigen werde daher mit besonderer Sorgfalt untersucht (BKartA Tätigkeitsbericht 2007/2008, S. 10).

115 **c) Räumlicher Markt.** Für **national erscheinende Zeitungen** ist der räumliche Markt national (Komm. 16.6.2004, M.3420 Tz 29 – GIMD/Socpresse), da kein nennenswerter Export stattfindet (Komm. 14.3.1994, M.423 Tz 17 – Newspaper Publishing), was auf die kulturellen und sprachlichen Eigenheiten der Zeitungen zurückzuführen ist (Komm. 1.2.1999, M.1401 Tz 29 – Recoletos/Unedisa). Unter Umständen ist der gesamte Sprachraum einzubeziehen (offen gelassen in: Komm. 20.4.1999, M.1455 Tz 21 – Gruner + Jahr/Financial Times/JV).

116 Der räumliche Markt für **regionale oder lokale Zeitungen** ist ebenfalls regional bzw lokal, wobei ggf Pendlerströme zu berücksichtigen sind (BKartA 13.1.2009 B6 10/09, Fallbericht Tz 13 – Zeitungsverlag Schwerin/Kurierverlag). Das Gleiche gilt für **Regionalausgaben von nationalen Zeitungen** (Komm. 7.7.2005, M.3817 Tz 24 – Wegener/PCM/JV; BKartA 12.1.2000, B6-118/98 S. 26 – WAZ/OTZ). Entsprechend ist der Anzeigenmarkt in räumlicher Hinsicht abzugrenzen (Komm. – Wegener/PCM/JV, Tz 33, 34; BKartA 15.4.1999, B6–141/98 Tz 9 – Oberbayerisches Volksblatt/RFR Regionalfernsehen; BKartA 9.7.2009, B 6–38/09 Tz 31 – shz/Blickpunkt). Er erstreckt sich auf das (Kern-)Verbreitungsgebiet der regionalen oder lokalen Zeitung (BKartA 8.9.2004, B6–27/04 S. 31 – M. DuMont Schauberg/Bonner Zeitungsdruckerei; BKartA 2.4.2004, B6–81/03 S. 22 – Lausitzer Rundschau/Wochenkurier Verlagsgesellschaft; BKartA 1.3.2005, B6–103/04 S. 14 – S-W Verlag/Wochenspiegel (Mayen/Cochem/Zell; BKartA 9.7.2009, B6–38/09 Tz31 – medien holding:nord/Axel Springer; BKartA 30.3.2010, B6–98/09 Tz 64 – Roth+Horsch/Pressevertrieb Pfalz).

117 **4. Zeitschriften.** Auch im Bereich der Zeitschriften ist zwischen dem **Lesermarkt** und dem **Anzeigenmarkt** zu unterscheiden (s. dazu schon oben Rn 1 ff; Komm. 8.4.2005, M.3648 Tz 9 – Gruner + Jahr/MPS). Zu beachten ist auch hier, dass zwischen diesen jeweils getrennten sachlich zu beurteilenden Märkten Wechselwirkungen bestehen und es sich um sogenannte zweiseitige Märkte handelt (BKartA 29.8.2008, B 6–52/08 S. 21 f – Intermedia/Health & Beauty = WuW 2009, 75, 77 mwN; BKartA Tätigkeitsbericht 2007/2008 S. 71 f; siehe auch Rn 35).

118 **a) Lesermarkt.** Die Bestimmung des sachlichen Marktes erfolgt vor allem nach **Inhalt, Erscheinungsweise, Qualität und Preis der Zeitschrift.** Entsprechend sind in Hinblick auf Thematik und Zielgruppe der Leser unterschiedliche Teilmärkte zu bilden (Komm. 8.4.2005, M.3648 Tz 10 – Gruner + Jahr/MPS; Komm. 25.9.2000, M.2147 Tz 10 – VNU/Hearst/Stratosfera).

119 Zunächst sind dabei **Publikumszeitschriften** von **Fachzeitschriften** zu unterscheiden (BKartA 2.8.2004, B6–26/04 S. 21 – Gruner + Jahr/Erwerb Lizenz für deutsche Ausgabe der Zeitschrift National Geographic; BKartA 29.8.2008, B 6 – 52/08 S. 26 – Intermedia/Health & Beauty). Ausländische Fachzeitschriften sind in den relevanten Markt zumindest dann nicht miteinzubeziehen, wenn es sich bei der Leserzielgruppe um Nichtakademiker handelt (zB Kosmetik-Fachzeitschriften, BKartA – Intermedia/Health & Beauty, S. 28). Innerhalb der Publikumszeitschriften ist weiter zwischen den **„General Interest"**- und **„Special Interest"**-Segmenten zu unterscheiden und dabei wiederum zwischen den jeweiligen Leserkreisen. Es bestehen daher verschiedene Produktmärkte für zB Automobilzeitschriften, Elternzeitschriften (Komm. 8.4.2005, M.3648 Tz 10 – Gruner + Jahr/MPSWirtschaftsmagazine, Politikmagazine (Komm. 16.6.2004, M.3420 Tz 13 – GIMD/Socpresse), Fahrradzeitschriften (BKartA 15.10.2010 B6–93/10 – B&D/Delius Klasing; Fahrradzeitschriften, die sich an den Fahrradhandel und nicht an Endverbraucher richten, gehören zu einem anderen sachlichen Markt), Angelzeitschriften, Golfzeitschriften, Jagdzeitschriften (BKartA 27.9.2000, B6–88/00 Tz 7, 10, 11 – Axel Springer/Jahr Verlag), Elektronikzeitschriften, Computerzeitschriften und Telekommunikationszeitschriften (BKartA 22.8.2001, B6–56/01 Tz 16, 19, 20 und 21 – SV-C Verwaltungs-GmbH/WEKA), Erotik-Zeitschriften (BKartA – Roth+Horsch/Pressevertrieb Pfalz, Tz 72) und Fernsehzeitschriften (BKartA 30.3.2010, B 6–98/09 Tz 72 – Roth+Horsch/Pressevertrieb Pfalz), wobei bei letzteren umstritten ist, ob der Markt weiter unterteilt werden muss in Programmzeitschriften mit wöchentlicher, 14-tägiger

oder 4-wöchiger Berichterstattung (Langen/Bunte/*Bunte*, Anhang zum Fünften Abschnitt GWB Rn 10 mwN). Elektronische Medien mit vergleichbaren Inhalten (zB Informationen im Internet) gehören nicht zum gleichen sachlichen Markt (BKartA Tätigkeitsbericht 2007/2008 S. 71; BKartA – Intermedia/ Health & Beauty, S. 34).

Neben der behandelten Thematik wird bisweilen auch die **Art der Berichterstattung** („anspruchsvoll und authentisch", BKartA 2.8.2004 B6–26/04 S. 22 – Gruner + Jahr/Erwerb Lizenz für deutsche Ausgabe der Zeitschrift National Geographic; vgl Komm. 29.11.1995, M.665 Tz 9 – CEP/Groupe de la Cité), die Häufigkeit des Erscheinens, die Vertriebsform (Abonnement oder Einzelverkauf) und der Leserkreis, der sich nach Geschlecht, Alter, sozialer Bevölkerungsschicht, Einkommen und Wohnort bestimmt, für die Marktabgrenzung herangezogen (Komm. – CEP/Groupe de la Cité, Tz 9). 120

Mit Spartenfernsehprogrammen und Online-Angeboten besteht kein gemeinsamer Markt (BKartA 27.9.2000, B6–88/00 Tz 9 – Axel Springer/Jahr Verlag). 121

b) **Anzeigenmarkt.** Da unterschiedliche Mediengattungen unterschiedliche Empfänger auf unterschiedliche Art und Weise erreichen, existiert **kein medienübergreifender Werbemarkt**, der neben Zeitschriften auch Fernsehen, Radio und Internet umfasst. (Komm. 8.4.2005, M.3648 Tz 11 – Gruner + Jahr/MPS; Komm. 7.3.2008, M.5051 Tz 22 – APW/GMG/EMAP). 122

Da viele Marken spartenübergreifend werben, besteht **keine zwingende Überstimmung von Lesermarkt und Anzeigenmarkt** (BKartA 27.9.2000, B6–88/00 Tz 12 – Axel Springer/Jahr Verlag). Der Anzeigenmarkt ist daher tendenziell weiter zu fassen (BKartA 2.8.2004, B6–26/04 S. 26 – Gruner + Jahr/ Erwerb Lizenz für deutsche Ausgabe der Zeitschrift National Geographic; BKartA 29.8.2008, B 6–52/08 S. 37 – Intermedia/Health & Beauty). Zwar ist aus Sicht der Werbetreibenden der genau eingegrenzte Leserkreis einer Special-Interest-Zeitschrift besonders geeignet, um eben diese Zielgruppe zu erreichen. Allerdings werden zwischen 70 und 100 % des Anzeigenraumes über Media-Agenturen zeitschriften-segmentübergreifend eingekauft, da Markenartikelhersteller im Zeitschriftensektor eine breitere Mischung von Zeitschriften bevorzugten und sich nur in seltenen Fällen auf ein Zeitschriften-Segment beschränkten (offen gelassen in: Komm. – Gruner + Jahr/MPS, Tz 14, 15). Wie beim Lesermarkt für Zeitschriften ist dennoch auch auf Anzeigenseite zwischen **Publikums- und Fachzeitschriften** zu unterscheiden, da die sich an das Fachpublikum richtenden Werbetreibende bei Ersteren einen größeren Streuverlust erleiden als bei Letzteren und zudem aufgrund der Auflagenhöhe der Preis für Anzeigen in Publikumszeitschriften meist über dem Niveau von Fachzeitschriften liegt (BKartA – Intermedia/Health & Beauty, S. 37 ff). 123

Grundsätzlich sollte das wesentliche Kriterium zur Marktabgrenzung dennoch der **Leserkreis** sein, der sich hauptsächlich aus der **Thematik** der Zeitschrift ergibt (Komm. 16.6.2004, M.3420 Tz 20 – GIMD/ Socpresse; vgl auch Komm. 29.11.1995, M.665 Tz 13 – CEP/Groupe de la Cité; BKartA 12.4.2000, B6–20/00 Tz 10 – Holtzbrinck/Akzent). Auf die Entgeltlichkeit bzw den Preis der Zeitschrift für den Leser soll es hingegen nicht ankommen (OLG Düsseldorf 26.10.2009 VI-W (Kart) 3/09, Tz 5). Denn der Werbende will zum einen einen bestimmten Personenkreis erreichen und zum anderen seine Marke mit dem Image der Zeitschrift in Verbindung bringen (Komm. – GIMD/Socpresse, Tz 20). Ergänzend wird bisweilen ein **Überschneidungskriterium** herangezogen. Danach befinden sich zwei Zeitschriften auf dem gleichen Anzeigenmarkt, wenn ein bestimmter Anteil (mindestens 25%-30 %) der Anzeigenkunden der einen Zeitschrift auch Kunden der anderen Zeitschrift sind (Komm. – GIMD/Socpresse, Tz 21; Komm. – CEP/Groupe de la Cité, Tz 13). 124

c) **Räumlicher Markt.** Wegen sprachlicher und kultureller Besonderheiten sind die Zeitschriftenmärkte in der Regel **national** (Komm. 25.9.2000, M.2147 Tz 11 – VNU/Hearst/Stratosfera; Komm. 16.6.2004, M.3420 Tz 29 – GIMD/Socpresse). Bei einem geringeren Verbreitungsgebiet kann der räumliche Markt auch kleiner sein (vgl BKartA 27.9.2000, B6–88/00 Tz 13 – Axel Springer/Jahr Verlag). Unter Umständen kommt jedoch auch ein auf den Sprachraum erweiterter Markt in Betracht, etwa auf dem Anzeigenmarkt bei Automobilzeitschriften, die keinen starken nationalen Bezug aufweisen. Vielmehr seien Fahrzeugkampagnen in Deutschland und Österreich motividentisch und würden meist zeitgleich geschaltet. Außerdem inserierten bei den in Deutschland verlegten Zeitschriften auch österreichische Anzeigenkunden (Komm. 8.4.2005, M.3648 Tz 22 – Gruner + Jahr/MPS). 125

d) **Vertrieb von Zeitungen und Zeitschriften.** Für Zeitschriften, aber auch für Zeitungen, bestehen eigene Vertriebsmärkte: Zum einen bezieht der Pressegroßhandel (**Pressegrosso**) Zeitungen und Zeitschriften von den Verlagen und liefert diese an den Einzelhandel. Die Pressegrossisten sind auf zwei 126 sachlichen Märkten tätig, indem sie erstens den Verlagen Vertriebsleistungen anbieten und zweitens dann deren Presseerzeugnisse an die Einzelhändler weiterverkaufen (BKartA 30.3.2010, B 6–98/09 Tz 30 – Roth+Horsch/Pressevertrieb Pfalz). Die Märkte sind jeweils regional entsprechend den Vertriebsgebieten der Pressegrossisten abzugrenzen (BKartA – Roth+Horsch/Pressevertrieb Pfalz, Tz 31). Den Pressegrossomärkten vorgelagert ist der Markt der **Nationalvertriebe**, auf dem diese für die Verlage Zeitschriften und Zeitungen an Pressegrossisten und den Bahnhofbuchhandel vertreiben und den Rechnungs- und Zahlungsverkehr übernehmen (BKartA 22.12.2009 B6–119/09 – Burda/WAZ; vgl auch AfP 2010, 136).

IV. Film, Fernsehen, Radio und Musik

127 **1. Filmlizenzen. Filmlizenzen** werden von den Produzenten (Studios) an einzelne Händler verkauft, die sie wiederum an die Kinobetreiber weiterverkaufen. Beide Ebenen stellen **verschiedene Märkte** dar (Komm. 13.10.2000, M.2050 Tz 16 – Vivendi/Canal+/Seagram; vgl aber auch Komm. 30.3.2005, M. 3595 Tz 10, 11 – Sony/MGM, wonach ausdrücklich offen gelassen wird, ob Produktion, Einkauf und Vertrieb von Kinofilmen einen einheitlichen Markt oder getrennte Märkte darstellen). Offen gelassen hat die Kommission auch die Frage, ob für Spielfilme ein einheitlicher Markt besteht oder dieser nach **Genres** weiter zu unterteilen ist (Komm. – Sony/MGM, Tz 13). Der räumliche Markt ist jeweils national, da sich die Mitgliedstaaten durch unterschiedliche rechtliche Rahmenbedingungen und unterschiedlichen Publikumsgeschmack auszeichnen (Komm. – Sony/MGM, Tz 21, 22; Komm. – Vivendi/Canal+/Seagram, Tz 16).

128 **2. TV-Programminhalte.** Programminhalte, die die Sender nicht selbst herstellen, zB Rechte an Sportereignissen oder Kinofilme, kaufen sie auf **Märkten für Senderechte** ein (Komm. ABl. 2004 Nr. L 110/73 Tz 49 ff – Newscorp/Telepiù; Komm. 30.4.2002, JV.57 Tz 18 – TPS). Der Markt für Senderechte iSd § 20 UrhG ist abzugrenzen von dem für andere Verwertungshandlungen des Urheberrechts wie der öffentliche Zugänglichmachung (§ 19a UrhG) und der Kabelweitersendung nach § 20b UrhG (LG Köln 23.12.2009 28 O (Kart) 479/08 Tz 155 ff = WuW 2010, 440, 448 ff). Bei der Abgrenzung der Märkte innerhalb der Senderechte, dh für die Austauschbarkeit der Sendungen aus Sicht der Fernsehsender, berücksichtigt die Kommission die Austauschbarkeit der Sendungen aus Sicht der Verbraucher. Es kann so zwischen verschiedenen Märkten unterschieden werden, zumindest zwischen den **Märkten für Premiumfilme** (s. Rn 135), **Fußballwettbewerbe**, an denen Landesmannschaften teilnehmen und die jedes Jahr stattfinden, **andere Sportarten, allgemeine und themenspezifische Programme** (Komm.- Newscorp/Telepiù, Tz 52 mwN, 56 ff, 64 ff, 69 ff, 74 ff; Komm. 14.8.2002, M.2845 Tz 25, 30 ff, 56 – Sogecable/Canalsatelie Digital/Via Digital; vgl ausf. zu Senderechten bei wichtigen Sportereignissen: Komm. ABl. 2000 Nr. L 151/18 – Eurovision).

Der Markt für **TV-Programme** umfasst nicht solche Programme, die lediglich für den herstellenden Sender produziert werden (Komm. 20.9.1995 M.553 Tz 17 – RTL/Veronica/Endemol; Komm. 22.9.2006, M.4353 Tz 11, 12 – Permira/All3Media Group; Komm. 8.9.2009 M.5533 Tz 48 – Bertelsmann/KKR/JV; Komm. 11.3.2010 M.5776 Tz 19 – Telecino/Cuatro). Werden **„in-house"-Produktionen** allerdings auch an andere Sender verkauft, gehören sie auch zum gleichen Markt wie Produktionen von Dritten (Komm. 11.7.2000, M.1943 Tz 8 – Telefonica/Endemol; Komm. – Permira/All3Media Group, Tz 10 ff). Der Markt für TV-Programme ist in der Regel national, kann sich aber auch auf einen Sprachraum erstrecken, wenn Rechte für mehr als ein Land vergeben werden (Komm. 3.8.1999, M.1574 Tz 17 – Kirch/Mediaset).

Innerhalb der **Fußballrechte** könnte nach Ansicht der Kommission weiter zu unterscheiden sein danach, ob es sich um einen regelmäßigen (zB Liga) oder sonstigen Wettbewerb (zB WM) handelt (Komm. 13.11.2001, M.2483 Tz 20 – Group Canal+/RTL/GJCD/JV; vgl auch Komm. ABl. 2001 Nr. 171/12 – UEFA-Übertragungsregelung). Auch **Kinofilme** und **TV-Produktionen** gehören zu getrennten Märkten (Komm. 13.10.2000, M.2050 Tz 17 – Vivendi/Canal+/Seagram; Komm. 30.3.2005, M.3595 Tz 20 – Sony/MGM; vgl auch Komm. 29.6.2000, M.1958 Tz 12 – Bertelsmann/GBL/Pearson TV). Kinofilme sind möglicherweise weiter zu unterteilen in „erfolgreiche Hollywood-Majors" und sonstige Produktionen (Komm. – Newscorp/Telepiù, Tz 58; Komm. 11.3.2010 M.5776 Tz 15 – Telecino/Cuatro; Komm. 25.3.2010 M.5748 Tz 32 – Prisa/Telefónica/Telecino/Digital+; Komm. 13.7.2010 M.5779 Tz 22 – Comcast/NBC Universal).

129 Hinsichtlich einiger dieser Märkte stehen frei empfangbare Fernsehsender und **Pay-TV-Sender** nicht im Wettbewerb (Komm. ABl. 2004 Nr. L 110/73 Tz 53, 54 – Newscorp/Telepiù; Komm. 25.6.2008

M.5121 Tz 13 ff – News Corp/Premiere; Komm. 11.3.2010 M.5776 Tz 28 ff – Telecino/Cuatro). So werden Rechte an Kinofilmen und Sportveranstaltungen getrennt nach Pay-TV, Free-TV und Pay-per-View verkauft, so dass insoweit getrennte Märkte existieren (Komm. 21.3.2000, JV.37 Tz 42, 43 – BSkyB/Kirch Pay TV; Komm. 13.11.2001, M.2483 Tz 20 – Group Canal+/RTL/GJCD/JV; Komm. 30.3.2005, M.3595 Tz 14 ff – Sony/MGM; Komm. 25.3.2010 M.5748 Tz 32 – Prisa/Telefónica/Telecino/Digital+, hinsichtlich eines eigenen **Pay-per-View** Marktes aber offen gelassen in Komm 20.12.2000 M.2211 Tz 17 – Universal Studio Networks/De Facto 829 (NTL)/Studio Channel Ltd). Unter Umständen kommt sogar eine Unterscheidung zwischen **Pay-TV erstes und zweites Fenster** (dh Erstverwertung und Zweitverwertung) in Betracht (Komm. – Newscorp/Telepiù, Tz 58 ff; Komm. – Sony/MGM Tz 16; Komm. – Prisa/Telefónica/Telecino/Digital+, Tz 32; Komm. 21.12.2010 M.5932 Press Release IP/10/1767 – BskyB/NewsCorp; offen gelassen in Komm. Sogecable/Canalsatelie Digital/Via Digital, Tz 29; Komm. 13.7.2010 M.5779 Tz 21 – Comcast/NBC Universal). Bei Pay-TV-Übertragungsrechten ist nicht nach Übertragungsplattform zu unterscheiden (Komm. 18.7.2007 M.4504 Tz 26 – SFR/Tele 2).

Das BKartA hat offen gelassen, ob zu dem Markt für den Erwerb der Übertragungsrechte an einzelnen Veranstaltungen/Filmen durch Pay-TV auch der Erwerb ganzer **vorproduzierter Spartenprogramme** zählt (die vom Pay-TV Anbieter dann seinem Senderpaket hinzugefügt werden) (BKartA 3.4.2008 B7-200/07 Tz 189 – Kabel Deutschland/Orion Cable u.a.; vgl auch BKartA Tätigkeitsbericht 2007/2008 S. 96). Die Kommission geht von einem nationalen/sprachgebundenen Markt für den Erwerb von Fernsehkanälen durch Pay-TV Sender zur Vervollständigung des Programmbouquets aus (Komm 20.12.2000 M.2211 Tz 18 – Universal Studio Networks/De Facto 829 (NTL)/Studio Channel Ltd; Komm. 2.4.2003 M.2876 Tz 75 ff – Newscorp/Telepiù; offen gelassen in Komm. 24.1.2010 M. 5734 Tz 17 ff – Liberty Global Europe/Unitymedia).

Die Märkte für Senderechte sind in der Regel **national** (Komm. 13.10.2000, M.2050 Tz 17 – Vivendi/Canal+/Seagram), können sich allerdings auf einen gesamten Sprachraum erstrecken (Komm. 2.4.2003 M.2876 Tz 62 – Newscorp/Telepiù; Komm. 22.9.2006, M.4353 Tz 15 – Permira/All3Media Group; Komm. 30.3.2005, M.3595 Tz 25, 26 – Sony/MGM). Dies gilt auch für Rechte für wichtige Sportveranstaltungen, da diese in der Regel auf nationaler Ebene vergeben werden (Komm. ABl. 2001 Nr. 171/12 Tz 44 – UEFA-Übertragungsregelung). Die Märkte für Rechte an regelmäßig stattfindende Fußballwettkämpfen (Weltmeisterschaft, Europameisterschaft) könnten aber über den nationalen Rahmen hinaus gehen (Komm. 18.1.2007, M.4519 Tz 11 – Lagadère/Sportfive). 130

Im Bereich des **mobilen Rundfunks** werden üblicherweise nicht nur einzelne Senderechte, sondern **Rechte an ganzen Programmpaketen** auf einem dem Endkundenmarkt vorgelagerten Markt gehandelt. Zum Teil – wie im Fall „MBS“ (BKartA 13.8.2007, B7–61/07) – kann dieser Markt in zwei Vertriebsstufen und damit in zwei Submärkte unterteilt werden. In dieser Konstellation bieten auf einer ersten Stufe die Programmproduzenten einem Plattformanbieter bestimmte Inhalte an. Auf einer zweiten Stufe verkauft dann der Plattformanbieter den Weiterverkäufern (zB Mobilfunk-Serviceprovidern, ggf MVNOs) Programmpakete einschließlich aller technischen Leistungen (BKartA – MBS, Tz 30 ff, 70), damit diese schließlich die Programmpakete an die Endkunden vermarkten können. Letzterer Markt ist jedenfalls national abzugrenzen (BKartA – MBS, Tz 72). Je nach Vertriebsgestaltung ist aber auch ein einziger Markt für den Handel mit den Rechten an Programmpaketen für den mobilen Rundfunk denkbar, auf dem sich dann – wie auf dem Markt für Senderechte und vor allem Spartenprogramme – Programmproduzenten und Programmveranstalter (hier: Mobilfunk-Serviceprovidern, ggf MVNOs) gegenüber stünden. 131

3. Fernsehen. Der Vollständigkeit halber ist darauf hinzuweisen, dass neben den kartellrechtlichen Vorschriften für Zusammenschlüsse im Rundfunkbereich nach §§ 25-39 RStV ein rundfunkspezifisches Anti-Konzentrationsrecht besteht, das überstarke Meinungsmacht verhindern soll (vgl auch 7. Abschnitt Rn 159 ff). 132

a) Free-TV (Markt für Fernsehwerbung). Zwar stehen sich die Fernsehsender als Wettbewerber um Zuschauer gegenüber; allerdings finanzieren sich frei empfangbare Fernsehsender („Free-TV“ oder auch „FTA“ = „free-to-air“) nicht über ein von den Zuschauern zu entrichtendes Entgelt, sondern über Werbung bzw Gebühren. Daher existiert im Free-TV zumindest nach Ansicht des BKartA **kein Markt für Fernsehzuschauer** (BKartA 19.1.2006, B6–103/05 S. 23 – Axel Springer/ProSiebenSat1Media; BKartA 11.4.2006, B6–142/05 S. 13 – RTL/n-tv; offen gelassen in Komm. 3.8.1999, M.1574 Tz 11 mwN – Kirch/Mediaset), da die Zuschauerzahlen jedenfalls im Rahmen der Beurteilung des Fernseh- 133 werbemarktes herangezogen werden müssten). An dieser Sichtweise wird jedoch kritisiert, dass es de facto auch im Free-TV einen Kampf um Einschaltquoten gibt (Langen/Bunte/*Bunte*, Anhang zum Fünften Abschnitt GWB Rn 14 mwN; *Körber*, ZWeR 2009 315, 338 f mwN). Die Kommission ging früher von einem einheitlichen Zuschauermarkt aus (Komm. 20.9.1995 M.553 Tz 20 ff – RTL/Veronica/Endemol), ließ die Frage dann offen (Komm. 3.8.1999, M.1574 Tz 11 mwN – Kirch/Mediaset) und sprach zuletzt von einem Free-TV-Markt (Komm. 22.2.2007 M.4547 Tz 8 ff – KKR/Permira/ProSiebenSat.1), was teilweise als Entscheidung für einen Zuschauermarkt angesehen wird (Koenig/Bartosch/Braun/*Rosenthal/Francis*, EC Competition (2009) 275). Jedenfalls sollen die Zuschauerzahlen aber im Rahmen der Beurteilung des Fernsehwerbemarkts herangezogen werden (Komm – Kirch/Mediaset, Tz 11 mwN). Der sachlich relevante Markt bei Zusammenschlüssen von Free-TV-Fernsehsendern ist iE (noch) der **Markt für Fernsehwerbung.** Dieser ist wiederum zu unterscheiden von dem Markt für Werbung durch andere Medien (Komm. – Kirch/Mediaset, Tz 11; Komm. 13.1.1992, M. 176 Tz 25 – Sunrise; OLG Düsseldorf 3.12.2008 VI-Kart 7/06 (V) Tz 36 ff – Axel Springer/ProSiebenSat1Media; BKartA – Axel Springer/ProSiebenSat1Media, S. 23). Als Anbieter gehören dem Fernsehwerbemarkt somit alle Fernsehsender an, die sich zumindest teilweise über Werbeeinnahmen finanzieren (BGH 8.6.2010 KVR 4/09 Tz 17 – Springer/ProSieben II = WuW 2010 1261, 1263). Die Marktposition der Wettbewerber auf diesem Markt bestimmt sich in erster Linie nach ihrem Werbeumsatz und in zweiter Linie nach ihrem Zuschaueranteil (Komm. 7.10.1996, M.779 Tz 20 – Bertelsmann/CLT). Zur Berechnung des Zuschaueranteils sind wohl über das Internet gestreamte Fernsehinhalte in Form von catch-up-Videos auf Abruf (VaA) miteinzubeziehen (Komm. 27.10.2010 M.5881 Tz 30 f – ProSiebenSat.1/RTLinteractive). Möglicherweise ist sogar der Online-Videowerbemarkt im Rahmen von VaA als Teil des regulären Marktes für Fersehwerbung (Komm. – ProSiebenSat.1/RTLinteractive, Tz 52) anzusehen. Der **nationale Fernsehwerbemarkt** ist sachlich zudem von den regionalen Fernsehwerbemärkten abzugrenzen (BKartA – Axel Springer/ProSiebenSat1Media, S. 25 f).

134 **Pay-TV-Sender** (s.u. Rn 129) gehören nach Ansicht der Kommission nur dann zu dem Markt für Fernsehwerbung, wenn sie sich auch durch Werbung finanzieren (Komm. ABl. 1994 Nr. L 364/1 Tz 32 – MSG Media Service; Komm. 7.10.1996 M.779 Tz 13; Bertelsmann/CLT; aber auch: BKartA 19.1.2006, B6–103/05 S. 25 – Axel Springer/ProSiebenSat1Media). Die deutsche Rechtssprechung dagegen fordert, dass die Abonnemententgelte gegenüber den Werbeeinnahmen nicht überwiegen dürfen (BGH 8.6.2010 KVR 4/09 Tz 17 – Springer/ProSieben II = WuW 2010 1261, 1263; in der Vorinstanz: OLG Düsseldorf 3.12.2008 VI-Kart 7/06 (V) Tz 37 – Axel Springer/ProSiebenSat1Media).

135 **b) Pay-TV.** Pay-TV und frei empfangbare Fernsehsender gehören bis auf die oben diskutierten Ausnahmen (s. Rn 134) zu unterschiedlichen Märkten, vor allem, da sie sich auf unterschiedliche Weise finanzieren und erstere außerdem insbesondere sog. „Premiuminhalte" wie Sportübertragungen und aktuelle Kinofilme anbieten (Komm. 9.11.1994 M.469 Tz 32 – MSG Media Services; Komm. ABl. 1999 Nr. L 53/1 Tz 18 – Bertelsmann/Kirch/Premiere; ausf: Komm. ABl. 2004 Nr. L 110/73 Tz 18 ff, 38 – Newscorp/Telepiù, 38; Komm. 14.8.2002, M.2845 Tz 15 – Sogecable/Canalsatelie Digital/Via Digital; Komm. 13.10.2000, M.2050 Tz 20 – Vivendi/Canal+/Seagram; Komm. 13.7.2006, M. 4204 Tz 11 – Cinven/UPC France; Komm. 18.1.2007, M.4519 Tz 12 – Lagadère/Sportfive; Komm. 25.6.2008 M.5121 Tz 13 ff – News Corp/Premiere; Komm. 11.3.2010 M.5776 Tz 14 – Telecino/Cuatro). Im Gegensatz zu Free-TV- Sendern, die um Werbetreibende konkurrieren, stehen Pay-TV-Anbieter im direkten **Wettbewerb um Zuschauer als Kunden.** Dennoch besteht eine Interdependenz zwischen den Märkten, da der Erfolg von Pay-TV wesentlich von der Qualität des vorhandenen Free-TVs abhängt (Komm. – MSG Media Service, Tz 32, 48).

136 Innerhalb des Marktes für Pay-TV ist weiter zu unterscheiden nach der **Programmart**, dh danach, ob der Sender ein allgemeines Programm, ein Spartenprogramm oder ein multi-thematisches Programm anbietet (Komm. 13.7.2006, M.4204 Tz 14 – Cinven/UPC France; Komm. 30.4.2002, JV.57 Tz 16 – TPS). Darüber hinaus spricht viel für eine Unterteilung nach **Genre** der Pay-TV-Sender. Fraglich ist auch, ob weiter nach der Vertriebsart, also nach der **Verbreitung des Senders** über Kabel, Satellit, Internet oder digitales Antennenfernsehen zu unterscheiden ist (ausf., aber im Ergebnis offen gelassen in: Komm. 4.3.2005, M.3609 Tz 24 ff – Cinven/France Telecom Cable – Numericable; Komm. 13.7.2006 M.4204 Tz 26 ff – Cinven/UPC France; Komm. 25.6.2008 M.5121 Tz 22 – News Corp/Premiere). Für Frankreich und das Vereinigte Königreich hat die Kommission bereits 1999 entschieden, dass insoweit ein einheitlicher Markt gegeben ist (Komm. – TPS, Tz 14; Komm. ABl. 1999 Nr. L 312/1 Tz 26 – British Interactive Broadcasting/Open). Ob eigene Märkte für **Pay per view**-Kanäle oder Filme

existieren, bleibt offen (Komm 20.12.2000 M.2211 T 17 – Universal Studio Networks/De Facto 829 (NTL)/Studio Channel Ltd; Koenig/Bartosch/Braun/*Rosenthal/Francis*, EC Competition (2009) 269).

Der **räumliche Markt** für Pay-TV ist schon aus sprachlichen Gründen in der Regel national (Komm. ABl. 2004 Nr. L 110/73 Tz 48 – Newscorp/Telepiù; Komm. 11.7.2000, M.1943 Tz 12 – Telefonica/Endemol; Komm. 13.10.2000, M.2050 Tz 20 – Vivendi/Canal+/Seagram). 137

Außerdem besteht ein gesonderter, vorgelagerter Markt für digitale technische **Plattformen für Pay-TV** (BKartA Tätigkeitsbericht 2007/2008 S. 98; vgl auch *Christmann*, ZUM 2009,7), auf dem als Gesamtdienstleistung verschiedene Leistungen wie insbesondere die Bereitstellung des Verschlüsselungssystems, die Smartcard-Verwaltung und die Sicherstellung einer kompatiblen Set-Top-Boxen-Basis angeboten werden (Komm. 27.5.1998 M.993 Tz 19 ff – Bertelsmann/Kirch/Premiere; hinsichtlich einer Untergliederung in einzelne Teildienstleistungen wie die Bereitstellung der Decoder, die Abwicklung der Zugangskontrolle, die Abonnentenverwaltung gegenüber den Pay-TV-Kunden und die Abrechnung gegenüber den Programmanbietern (teilweise) offen gelassen in: Komm. 9.11.1994 M.469 Tz 20 ff – MSG Media Services; Komm. 25.6.2008 M.5121 Tz 40 ff – News Corp/Premiere). De facto ist dieser Markt auf Plattformen für die Satellitenausstrahlung begrenzt, da die großen Kabelnetzbetreiber jeweils eigene technische Plattformen betreiben (BKartA Tätigkeitsbericht 2007/2008 S. 98; offen gelassen in: Komm.– Bertelsmann/Kirch/Premiere, Tz 21; offen gelassen in: Komm. 27.5.1998 M.1027 Tz 18 – Deutsche Telekom/BetaReserach). Der räumliche Markt für technische Pay-TV Leistungen entspricht den jeweiligen Sprachräumen (Komm. – Bertelsmann/Kirch/Premiere, Tz 22). 138

c) **Digitale interaktive Fernsehdienste.** Als digitale interaktive Fernsehdienste werden Plattformen bezeichnet, auf denen über das Fernsehsignal Dienste von Drittanbieter wie zB Online-Banking, Home-Shopping, Zugriff auf bestimmte Internetseiten, E-Mail, Spiele-Download etc. angeboten werden (Komm. 21.3.2000, JV.37 Tz 30 – BSkyB/Kirch Pay TV). Nach der Kommission stellen diese Plattformen einen eigenen Markt dar, auf dem aus Sicht der Verbraucher gegenüber anderen Plattformen, insbesondere über Pay-TV und PC, abgegrenzt wird (Komm. – BSkyB/KirchPayTV, Tz 17 ff). Eigentlich wurde dieser „downstream"-Markt jedoch nur als Hilfsmittel zur Bestimmung eines jedenfalls in diesem Bereich existierenden eigenständigen **„upstream"-Markt gebildet**, auf dem Drittanbieter auf eine entsprechende interaktive Fernsehplattform zurückgreifen wollen, um ihre Inhalt anzubieten (Komm. ABl. 1999 Nr. L 312/1 Tz 12 – British Interactive Broadcasting/Open; Komm. – BSkyB/KirchPayTV, Tz 30 ff). Dieser „upstream"-Markt kann aber eben nur bestimmt werden, indem auf die Vergleichbarkeit der interaktiven Fernsehplattform mit anderen Angebotsplattformen für den Verbraucher abgestellt wird (Komm. – BSkyB/KirchPayTV, Tz 14), da die Drittanbieter ja auf diese anderen Plattformen wechseln könnten. 139

d) **Mobiler Rundfunk.** Mobiler Rundfunk heißt Nutzung von Rundfunk und Mediendiensten, insbesondere Fernsehen, auf kleinen, tragbaren Endgeräten wie Mobiltelefonen, PDAs, MP3-Playern uä (BKartA 13.8.2007, B 7 – 61/07 Tz 13 f – MBS). Nach dem BKartA ist der Endkundenmarkt, auf dem mobile Rundfunkdienste entgeltlich angeboten werden, von dem stationären Fernsehempfang abzugrenzen, wobei in der Anfangsphase des mobilen Fernsehens von den stationären Übertragungsmärkten ein nicht unerheblicher Substitutionswettbewerb ausgehen dürfte (BKartA – MBS, Tz 108 f). Die Kommission hat dagegen offen gelassen, ob dieser Bereich Pay-TV-Markt insgesamt zuzurechnen ist (Komm. 25.3.2010 M.5748 Tz 22 – Prisa/Telefónica/Telecino/Digital+). Nach dem BKartA gehören jedenfalls die verschiedenen, zum mobilen Empfang genutzten Mobil-TV-Standards zu demselben Markt (insbesondere DVB-H, DMB und MediaFLO) (BKartA – MBS, Tz 46). Dahingegen war das Angebot von Fernseh- und Mediendiensten über UMTS zumindest im Jahr 2007 nicht in den Markt einzubeziehen, da die Kapazitäten (Nutzer pro UMTS-Zelle) noch zu gering waren (BKartA – MBS, Rn 47). Der räumliche Markt für mobilen Rundfunk ist auf Deutschland beschränkt (BKartA – MBS, Rn 49). 140

e) **TV-Infrastruktur. aa) Übertragung von Fernsehprogrammen (Einspeisemärkte).** Damit Verbraucher einen Fernsehsender empfangen können, muss dieser in das jeweilige Medium (Antenne, Kabel, Satellit, Internet) eingespeist worden sein. Daher existieren **Märkte für Übertragungsdienste** („wholesale"), auf denen sich die Fernsehsender als **Inhalteanbieter** und die **Infrastrukturanbieter** (für Kabel, Satellit, digitales Antennenfernsehen oder Internet) gegenüberstehen (vgl Komm. 6.9.2006, M.4338 Tz 19, 20 – Cinven/Warburg/Pincus/Caserma/Multikabel; (Komm. 2.6.2006, M.4217 Tz 13 – Providence/Carlyle/UPC Sweden; BKartA 22.2.2002, B7–168/01 Tz 85 f – Liberty/KDG; BKartA 20.6.2005, B7–22/05 Tz 38 – Iesy (Apollo)/Ish). Dabei stellen **terrestrische, Kabel- und Satellitenübertragung** un- 141 terschiedliche Märkte dar (Komm. 9.11.1994 M.469 Tz 44 – MSG Media Services; Komm. 19.7.1995; M.490 Tz 57, 61 ff – Nordic Satellite Distribution; Komm. – Providence/Carlyle/UPC Sweden, Tz 17; BKartA – Liberty/KDG, Tz 87; Komm. 25.3.2010 M.5748 Tz 56 – Prisa/Telefónica/Telecino/Digital +; BKartA 3.4.2008 B7-200/07 Tz 43 – Kabel Deutschland/Orion Cable u.a; offen gelassen in Komm. 26.6.2008 M.5105 Tz 23 – Abertis/Sepi/CDTI/INTA/Hispasat; Komm. 24.1.2010 M.5734 Tz 28 – Liberty Global Europe/Unitymedia). Der Markt für Übertragung via xDSL verhält sich dagegen eher komplementär zu den anderen Übertragungsmethoden, da die Sender grundsätzlich versuchen, so viele Haushalte wie mögliche über alle Plattformen zu erreichen und aus ihrer Sicht daher keine Austauschbarkeit gegeben ist (Komm. 26.2007 M.4521 Tz 29 – LGI/Telenet). Außerdem ist nicht zwischen der Einspeisung analoger und digitaler Signale zu unterscheiden (BKartA – Kabel Deutschland/Orion Cable u.a., Tz 73 ff). Auf dem Markt für die Einspeisung analoger und digitaler Rundfunksignale in das Breitbandkabelnetz ging das BKartA im Jahr 2008 von einer marktbeherrschenden Stellung der Kabel Deutschland GmbH (die das ehemalige Breitbandkabelnetz der Deutschen Telekom betreibt) aus (BKartA – Kabel Deutschland/Orion Cable u.a., Tz 36).

142 Auch hier stehen **Pay-TV-Sender** und Free-TV-Sender nach Auffassung der Kommission nicht im Wettbewerb miteinander (Komm. 4.3.2005, M.3609 Tz 11, 17, 18 – Cinven/France Telecom Cable – Numericable; unklar in: Komm. 24.1.2010 M.5734 Tz 27 – Liberty Global Europe/Unitymedia), wohingegen das BKartA von einem gemeinsamen Markt für die Einspeisung von Free-TV einerseits und Pay-TV andererseits ausgeht (BKartA 3.4.2008 B7-200/07 Tz 37 – Kabel Deutschland/Orion Cable u.a.).

143 Der **räumliche Markt** für Übertragungsdienste erstreckt sich beim Kabelfernsehen auf das Verbreitungsgebiet des Kabelanbieters, da diese Kunden dann nur über dieses eine Kabelnetz erreicht werden können (Komm. 2.6.2006, M.4217 Tz 19 – Providence/Carlyle/UPC Sweden; offen gelassen in: Komm. 6.9.2006, M.4338 Tz 31 – Cinven/Warburg/Pincus/Caserma/Multikabel). Auch natürliche Sprachgrenzen können eine Rolle spielen (Komm. 26.2007 M.4521 Tz 31 ff – LGI/Telenet). Nach Auffassung des BKartA bildet jedes Kabelnetz einer Regionalgesellschaft einen eigenen räumlichen Markt (BKartA 3.4.2008 B7-200/07 Tz 88 – Kabel Deutschland/Orion Cable u.a).

144 **bb) Signallieferungsmärkte.** Auf den Signallieferungsmärkten stehen sich Kabelnetzbetreiber der Netzebene 3 als Anbieter und die Kabelnetzbetreiber der Netzebene 4 (dh der Kabelnetze in den Häusern der Verbaucher) als Nachfrager gegenüber (BKartA 3.4.2008 B7-200/07 Tz 173 ff – Kabel Deutschland/Orion Cable u.a.). Auch die Kommission geht für Deutschland (aufgrund einer besonderen historischen Entwicklung) von diesem „intermediary maket for signal delivery" aus (Komm. 24.1.2010 M.5734 Tz 32 ff – Liberty Global Europe/Unitymedia), welcher sich also zwischen dem Einspeisungsmarkt (vgl Rn 141) und dem Endkundenmarkt (vgl Rn 145) befindet.

145 **cc) Fernsehempfang durch Verbraucher.** Fernsehempfang ist über verschiedene Medien (Antenne, Kabel, Satellit und Internet) möglich. Dennoch existiert kein einheitlicher Fernsehempfangsmarkt, sondern zB ein **Markt für Kabelfernsehen** (vgl Komm. 6.9.2006, M.4338 Tz 32 – Cinven/Warburg/Pincus/Caserma/Multikabel; BKartA 22.2.2002, B7–168/01 Tz 33 f – Liberty/KDG). Auf diesem Markt stehen sich Kabelnetzbetreiber der Ebene 4 bzw – seltener – 3 und Endverbraucher gegenüber (BKartA – Liberty/KDG, Tz 33). Zum gleichen Markt gehört nach neuerer Auffassung des BKartA auch Fernsehempfang über die DSL-Leitung (sog. IPTV) (BKartA 3.4.2008 B7–200/07 Tz 129 – Kabel Deutschland/Orion Cable u.a.). Dies hatte die Kommission bis zum Jahr 2010 noch offen gelassen (Komm. 2.6.2006, M.4217 Tz 12 – Providence/Carlyle/UPC Sweden; Komm. – Cinven/Warburg/Pincus/Caserma/Multikabel, Tz 33 ff; Komm. 26.2.2007 M.4521 Tz 24 – LGI/Telenet; Komm. 24.1.2010 M.5734 Tz 35 ff – Liberty Global Europe/Unitymedia) und das BKartA im Jahr 2005 noch ausdrücklich verneint (s. ausf. BKartA – Liberty/KDG, Tz 35 ff; BKartA 20.6.2005, B7–22/05 Tz 47 ff – Iesy (Apollo)/Ish). Ebenfalls anzunehmen ist, dass in der Zukunft der Fernsehempfang über digitales Antennenfernsehen zum gleichen Markt wie Kabelfernsehen gehören wird (Komm. 2.6.2006, M.4217 Tz 12 – Providence/Carlyle/UPC Sweden; offen gelassen in: Komm. – Cinven/Warburg/Pincus/Caserma/Multikabel, Tz 33 ff). Im Jahr 2008 hat das BKartA dies allerdings noch verneint (s. ausf. BKartA – Liberty/KDG, Tz 35 ff; BKartA 20.6.2005, B7–22/05 Tz 47 ff – Iesy (Apollo)/Ish; BKartA – Kabel Deutschland/Orion Cable u.a., Tz 137). Der Fernsehempfang über Satellit stellt einen gesonderten Markt dar (BKartA – Kabel Deutschland/Orion Cable u.a., Tz 137).

146 **4. Radio.** Auch Radiosender finanzieren sich durch Werbung. Entsprechend existiert wie im Free-TV kein Markt für Hörer, sondern für **Hörfunkwerbung** (Komm. 7.10.1996, M.779 Tz 19 – Bertelsmann/

CLT). Dieser bildet mit Werbung in anderen Medien keinen gemeinsamen Markt (BKartA 25.4.2002, B6–159/01 Tz 37 – Radio L 12 GmbH & Co. KGB; KartA 16.12.2002, B6–119/02 Tz 27 – RTL Radio/Holtzbrinck Hörfunk). Der sachliche Markt ist jedoch zwischen dem Markt für nationale, regionale oder lokale Werbung abzugrenzen (BKartA 23.4.2004, B6–56/03 S. 15 – Radio Ton-Regional/Lokal-Radio Services). Auch ist bei der Abgrenzung des relevanten Marktes auf die Zielgruppe der Radiosender abzustellen (BKartA 23.4.2004, B6–56/03 S. 19 f – Radio Ton-Regional/Lokal-Radio Services).

5. Musik. Es ist grundlegend zwischen der Vermarktung von Rechten an Musik (Musikverlage), Musikaufzeichnung und Vertrieb (Tonträgergesellschaften) und Verkauf von aufgezeichneter Musik an Endverbraucher (Einzelhändler; Musik-Download) zu unterscheiden (Komm. 21.9.1998, M.1219 Tz 9 – Seagram/Polygram). 147

a) Vermarktung von Rechten an Musik (Musikverlage). Die Vermarktung von Rechten an Musik umfasst den **Erwerb von Rechten an musikalischen Werken und ihrer anschließenden Verwertung** gegen eine Vergütung (Komm. ABl. 2005 Nr. L 62/30 Tz 40 – Sony/BMG I). Im Einzelnen besteht die Tätigkeit der Musikverlage – auf einem vorgelagerten Markt – im Entdecken und Fördern von Künstlern, im Gewähren künstlerischer und finanzieller Unterstützung sowie im Erwirken rechtlichen Schutzes der Werke als Gegenleistung für die Übertragung der Verwertungsrechte und – auf einem zweiten Markt – in der wirtschaftlichen Verwertung der Werke, u.a. durch Lizenzgewährung an Tonträgergesellschaften („record companies“) (Komm. 2.9.2002, M.2883 Tz 12 – Bertelsmann/Zomba; Komm. ABl. 2005 Nr. L 62/30 Tz 40 – Sony/BMG I; Komm. 22.5.2007 M.4404 Tz 14 ff – Universal/BMG Music Publishing). Weiterhin muss nach **Art der Verwertung** unterschieden werden, dh zwischen mechanischen Rechten (zB zur Herstellung und zum Vertrieb von CDs), Aufführungsrechten (zB für Radio und Fernsehen), Synchronisationsrechten (zB als Soundtrack für Werbung), graphischen Rechten, sowie Rechten für die Onlineverwertung (Komm. – Universal/BMG Music Publishing, Tz 18 ff; Komm. 8.9.2009 M.5533 Tz 32 ff – Bertelsmann/KKR/JV; noch offen gelassen in: Komm. – Bertelsmann/Zomba, Tz 13; Komm. – Sony/BMG I, Tz 42, 43). Die Kommission hat zudem bislang offen gelassen, ob zwischen unterschiedlichen **Genres**, sowie zwischen internationalen und nationalen Künstlern zu unterscheiden ist (Komm. – Bertelsmann/Zomba, Tz 17, 18; Komm. – Universal/BMG Music Publishing, Tz 36 ff; Komm. – Bertelsmann/KKR/JV, Tz 34). 148

Die räumliche Ausdehnung des Marktes für Verlagsdienstleistungen, welche für die Urheber erbracht werden, scheint national zu sein, da die Urheber sich hauptsächlich an Verlage mit lokaler Präsenz zu wenden scheinen und Mitglieder der nationalen Verwertungsgesellschaften sind (Komm. 22.5.2007 M.4404 Tz 61 – Universal/BMG Music Publishing). 149

b) Musikaufzeichnung und -vertrieb (Tonträgergesellschaften). Der Markt für Musikaufzeichnung und Vertrieb umfasst die **Untervertragnahme, Aufzeichnung und Vermarktung von Künstlern sowie den Verkauf der Tonträger** (Komm. 21.9.1998, M.1219 Tz 11 – Seagram/Polygram; Komm. ABl. 2005 Nr. L 062/30 Tz 10 – Sony/BMG; Komm. 2.9.2002, M.2883 Tz 9 – Bertelsmann/Zomba). Möglicherweise ist dabei zwischen Märkten für verschiedene **Musikgenres** zu differenzieren (Komm. – Seagram/Polygram, Tz 15). So spricht Vieles jedenfalls für eine Unterscheidung zwischen **Pop und Klassik** (Komm. 27.4.1992, M.202 Tz 9 – Thorn EMI/Virgin Music; Komm. – Bertelsmann/Zomba, Tz 10) und zwischen **national und international** erfolgreicher Musik (Komm. – Seagram/Polygram, Tz 13). 150

Die Kommission vermutet einen räumlich auf den jeweiligen Mitgliedstaat begrenzten Markt. Dafür spreche die nationale Organisationsstruktur der Tonträgergesellschaften, unterschiedliche Verbrauchervorlieben und Preisniveaus (Komm. 21.9.1998, M.1219 Tz 15, 20 – Seagram/Polygram, letztlich allerdings offen gelassen). 151

c) Verkauf aufgezeichneter Musik/Musik-Download. Für den Groß- und Einzelhandelsmarkt, auf dem Trägermedien mit aufgezeichneter Musik verkauft werden, bestehen keine Besonderheiten. Aufgrund von Zuordnungsproblemen zu einem bestimmten Genre kann von einem einheitlichen Tonträgermarkt ausgegangen werden, der sämtliche CD-Alben und Sampler umfasst (Komm. 3.10.2007 M. 3333 Tz 17- Sony/BMG II). Von wachsender Bedeutung ist demgegenüber der **Markt für Online-Musik.** Dieser ist zu unterteilen in den **Markt für Lizenzen zum Vertrieb von Online-Musik (Großhandel)**, ohne die die Betreiber (zB Apple iTunes) keine Musik anbieten könnten, und den **Markt für den Online-Vertrieb von Musik an Endverbraucher (Einzelhandel)** (Komm. ABl. 2005 Nr. L 62/30 Tz 24 ff – Sony/BMG I). Letzterer Markt unterscheidet sich wiederum von dem Markt von auf physischen 152

Datenträgern zu erwerbender Musik, weil die Musik beim Online-Download dem Nachfrager sofort zur Verfügung steht, ohne dass dieser dafür einen Laden aufsuchen oder auf den Versand des Trägermediums warten muss (Komm. 13.10.2000, M.2050 Tz 25, 26 – Vivendi/Canal+/Seagramf; Komm. ABl. 2005 Nr. L 62/30 Tz 23, 24 – Sony/BMG I; Komm. ABl. 2001 Nr. L 268/28 Tz 21 – AOL/Time Warner). Zudem sind auf der Anbieterseite im Gegensatz zu dem Verkauf von Musik-CDs keine umfangreichen Vertriebsstrukturen notwendig, was auch zu unterschiedlichen Preisniveaus zwischen online-Musik und auf physischen Datenträgern angebotener Musik führt (Komm. – AOL/Time Warner, Tz 21). Ob „music downloading" (hier wird die Musikdatei dauerhaft vom Anwender gespeichert) und „music streaming" (hier wird die Musikdatei nur temporär auf das Abspielgerät des Nutzers übertragen) jeweils eigene Produktmärkte darstellen, hat die Kommission offen gelassen (Komm. – Vivendi/Canal+/Seagram, Tz 29), ist aber wohl zu bejahen (Komm. – AOL/Time Warner, Tz 22 ff).

153 Ein gesonderter Markt für **mobilen Musik-Download** war im Jahr 2000 – und wohl auch heute noch – nicht anzunehmen (Komm. 13.10.2000, M.2050 Tz 31, 32 – Vivendi/Canal+/Seagram). Aufgrund der Synchronisierungsmöglichkeit zwischen Mobiltelefon und PC, bzw dem Angebot von „Doppeldownloads" ist wohl auch in Zukunft eine klare Abgrenzung nicht möglich (Komm. 3.10.2007 M. 3333 Tz 28 ff – Sony/BMG II).

154 Der Großhandelsmarkt für Lizenzen zum Vertrieb von Online-Musik ist national (Komm. ABl. 2005 Nr. L 62/30 Tz 32 – Sony/BMG I), da die Lizenzgeber den Lizenznehmern bewusst territoriale Beschränkungen auferlegen (Hoeren/Sieber/*Beckmann/Müller*, Teil 10, Rn 92). Gleiches gilt für den Einzelhandelsmarkt (Komm. – Sony/BMG I, Tz 36; Komm. 3.10.2007 M.3333 Tz 37 – Sony/BMG II). Beides könnte sich jedoch ändern, wenn länderübergreifende Lizenzvereinbarungen und europaweite Handelsplattformen zunehmen (Komm. – Sony/BMG I, Tz 32, 36; aber auch Komm. ABl. 2001 Nr. L 268/28 Tz 27 – AOL/Time Warner).

V. Software

155 Es existiert **kein Gesamtmarkt für Software**, vielmehr ist nach Art der Anwendung zu unterscheiden. So existieren beispielsweise eigene Märkte für Webdesign-Software, Bildbearbeitungssoftware und Vektorgrafik-Software (BKartA 23.12.2005 B7 – 162/05 Tz 11 – Adobe/Macromedia = WuW 2006, 809 ff). Anwendungs- und Systemsoftware stehen in einem komplementären Verhältnis (Kilian/Heussen/*Klees*, 1. Abschnitt, Teil 62, III, 3, Rn 94). Hinsichtlich Unternehmensanwendungssoftware (enterprise application software, „EAS"), welche von Verbrauchersoftware abzugrenzen ist (Komm. 26.10.2004 Tz 15 – Oracle/Peoplesoft) geht die Kommission von getrennten Märkten für Hochfunktionslösungen für Finanzverwaltungssysteme (Financial Management Systems, „FMS") und Personalverwaltungssoftware oder Software für Großunternehmen mit komplexen Funktionsanforderungen aus (Komm. – Oracle/Peoplesoft, Tz 171). Möglicherweise sind weitere EAS-Untermärkte zu bilden (offen gelassen in: Komm. 27.11.2007 M.4944 Tz 7 ff – SAP/Business Objects; Komm. 20.7.2010 M. 5904 – SAP/Sybase). Bei Softwareproduktmärkten handelt es sich trotz Anpassungen an die jeweiligen sprachlichen Gegebenheiten um **weltweite Märkte** (Komm. 26.10.2004 Tz 179 – Oracle/Peoplesoft; BKartA 23.12.2005 B7 – 162/05 Tz 35 – Adobe/Macromedia).

22. Abschnitt: FKVO

Ohne weitere Fundstellenangaben zitierte Entscheidungspraxis der Europäischen Gerichte (EuGH und EuG: http://curia.europa.eu/de/content/juris/index.htm) sowie der Europäischen Kommission (Fusionen: http://ec.europa.eu/comm/competition/mergers/cases/ bzw Antitrust: http://ec.europa.eu/comm/competition/antitrust/cases/index.html) ist im Internet auf den jeweiligen Websites unter den angegebenen Links veröffentlicht. 1

Einführung zur Fusionskontrollverordnung

Die Fusionskontrollverordnung (FKVO 139/2004, ABl. 2004 Nr. L 24/1) wurde am 20. Januar 2004 auf der Grundlage der Art. 83, 308 EGV (ABL. 2006 Nr. C 321 E) erlassen und hob mit ihrem Inkrafttreten am 1. Mai 2004 die **VO 4064/89** (ABl. 1989 Nr. L 395/1), welche durch die VO 1310/97 (ABl. 1997 Nr. 180/1) novelliert wurde, auf. Diese hatte die EG-Fusionskontrolle besonders durch die Einführung eines **materiellen Beurteilungsmaßstabes** geprägt. Unternehmenszusammenschlüsse wurden anhand des **Marktbeherrschungstests** daraufhin untersucht, ob sie zur Begründung oder Verstärkung einer marktbeherrschenden Stellung führten und dadurch wirksamer Wettbewerb im gemeinsamen Markt oder einem erheblichen Teil desselben erheblich behindert wurde. Dieser Beurteilungsmaßstab wurde in der FKVO 2004 grundlegend **geändert**: Nunmehr kommt es darauf an, ob der Zusammenschluss zu einer erheblichen Behinderung wirksamen Wettbewerbs im gemeinsamen Markt oder einem erheblichen Teil desselben führt (sog. **SIEC-Test**, „significant impediment of effective competition"), während der Marktbeherrschungstest hierfür lediglich einen **Beispieltatbestand** darstellt. Andere grundlegende materielle Regelungen der VO 4064/89 (ABl. 1989 Nr. L 395/1) sind beibehalten worden, wie zB der Grundsatz der einzigen Anlaufstelle (**one-stop-shop**), dh die ausschließliche Zuständigkeit der Kommission für gemeinschaftsrelevante Zusammenschlüsse (für detaillierte 2

Ausführungen zu den Änderungen im Fusionskontrollverfahren und den Zuständigkeiten vgl *Rosenthal*, EuZW 2004, 327 ff). Grundsätze zur Bewertung von horizontalen Zusammenschlüssen hat die Kommission in ihren „Leitlinien zur Bewertung horizontaler Zusammenschlüsse" (ABl. 2004 Nr. C 31/5) veröffentlicht; für nicht-horizontale Zusammenschlüssen liegen gesonderte Leitlinien vor (ABl. 2008 Nr. C 265/6). Bei der Anwendung zentraler Begriffe der FKVO (Zusammenschluss, Vollfunktionsgemeinschaftsunternehmen, beteiligte Unternehmen, Berechnung des Umsatzes) liegt in Gestalt der Konsolidierten Mitteilung zu Zuständigkeitsfragen (ABl. 2008 Nr. C 95/1; berichtigte Fassung ABl. 2009 Nr. C 43/09) ein Leitfaden vor.

3 Die Kommission verabschiedete zur FKVO die Durchführungsverordnung 802/2004 (ABl. 2004 Nr. L 133/1), in deren Anhang die **Form CO** und ein **vereinfachtes Formblatt** zur Anmeldung von Zusammenschlüssen enthalten sind. Für Verweisungsanträge gemäß Art. 4 Abs. 4 und 5 ist das **Formblatt RS** („reasoned submission") vorgesehen. Zum Verweisungssystem insgesamt (Art. 4 Abs. 4, 5, Art. 9 und 22) hat die Kommission die „Mitteilung über die Verweisung von Fusionssachen" (ABl. 2005 Nr. C 56/2) veröffentlicht.

Artikel 1 FKVO Anwendungsbereich

(1) Unbeschadet des Artikels 4 Absatz 5 und des Artikels 22 gilt diese Verordnung für alle Zusammenschlüsse von gemeinschaftsweiter Bedeutung im Sinne dieses Artikels.

(2) Ein Zusammenschluss hat gemeinschaftsweite Bedeutung, wenn folgende Umsätze erzielt werden:

a) ein weltweiter Gesamtumsatz aller beteiligten Unternehmen zusammen von mehr als 5 Mrd. EUR und

b) ein gemeinschaftsweiter Gesamtumsatz von mindestens zwei beteiligten Unternehmen von jeweils mehr als 250 Mio. EUR;

dies gilt nicht, wenn die beteiligten Unternehmen jeweils mehr als zwei Drittel ihres gemeinschaftsweiten Gesamtumsatzes in ein und demselben Mitgliedstaat erzielen.

(3) Ein Zusammenschluss, der die in Absatz 2 vorgesehenen Schwellen nicht erreicht, hat gemeinschaftsweite Bedeutung, wenn

a) der weltweite Gesamtumsatz aller beteiligten Unternehmen zusammen mehr als 2,5 Mrd. EUR beträgt,

b) der Gesamtumsatz aller beteiligten Unternehmen in mindestens drei Mitgliedstaaten jeweils 100 Mio. EUR übersteigt,

c) in jedem von mindestens drei von Buchstabe b) erfassten Mitgliedstaaten der Gesamtumsatz von mindestens zwei beteiligten Unternehmen jeweils mehr als 25 Mio. EUR beträgt und

d) der gemeinschaftsweite Gesamtumsatz von mindestens zwei beteiligten Unternehmen jeweils 100 Mio. EUR übersteigt;

dies gilt nicht, wenn die beteiligten Unternehmen jeweils mehr als zwei Drittel ihres gemeinschaftsweiten Gesamtumsatzes in ein und demselben Mitgliedstaat erzielen.

(4) Vor dem 1. Juli 2009 erstattet die Kommission dem Rat auf der Grundlage statistischer Angaben, die die Mitgliedstaaten regelmäßig übermitteln können, über die Anwendung der in den Absätzen 2 und 3 vorgesehenen Schwellen und Kriterien Bericht, wobei sie Vorschläge gemäß Absatz 5 unterbreiten kann.

(5) Der Rat kann im Anschluss an den in Absatz 4 genannten Bericht auf Vorschlag der Kommission mit qualifizierter Mehrheit die in Absatz 3 aufgeführten Schwellen und Kriterien ändern.

A. Vorbemerkungen

4 Die aktuelle Fassung des Art. 1 entstand durch die Übernahme eines Großteils des Art. 1 der vorhergehenden VO 4064/89 (vgl VO 4064/89, Art. 1; ABl. 1989 Nr. L 395/1). In Art. 1 wird der **Anwendungsbereich** der VO 139/2004 (ABl. 2004 Nr. L 24/1) klar bestimmt. Gleichzeitig werden in Abs. 1 die anmeldepflichtigen Vorhaben aufgeführt. Dies sind alle Vorhaben, welche Unternehmenszusammenschlüsse von gemeinschaftsweiter Bedeutung darstellen. Abs. 2 enthält die **Begriffsdefinition** der gemeinschaftsweiten Bedeutung, welche von einem gemeinsamen weltweiten Umsatz von mehr als 5

Mrd. EUR und einem individuellen gemeinschaftsweiten Umsatz von je 250 Mio. EUR abhängt. Ist die Schwelle aus Abs. 2 nicht überschritten, so liegt trotzdem ein Zusammenschluss von gemeinschaftsweiter Bedeutung vor, wenn Unternehmen an dem Zusammenschluss beteiligt sind, deren weltweiter Gesamtumsatz aber mehr als 2,5 Mrd. EUR beträgt. Zusätzlich müssen mindestens zwei der beteiligten Unternehmen jeweils einen gemeinschaftsweiten Umsatz von mehr als 100 Mio. EUR erreichen und der Zusammenschluss erhebliche Auswirkungen in mindestens drei Mitgliedstaaten erkennen lassen. Abs. 4 erlegt der Kommission auf, an den Rat über die Anwendung der Umsatzkriterien und -schwellenwerte des Art. 1 Bericht zu erstatten. Der Rat wird in Abs. 5 ermächtigt, die Umsatzkriterien und -schwellenwerte des Abs. 3 zu ändern.

Die Anwendungsvoraussetzungen der VO 139/2004 (ABl. 2004 Nr. L 24/1) sind in Übereinstimmung mit dem Primärrecht des EG-Vertrags auszulegen, dh die Anwendbarkeit der VO 139/2004 hängt davon ab, dass Produkte im Geltungsbereich des EG-Vertrages betroffen sind (*Bechtold/Bosch/Brinker/Hirsbrunner*, Art. 1 Rn 5). 5

Das Abkommen über den Europäischen Wirtschaftsraum (EWR-Abkommen, ABl. 1994 Nr. L 344/3) begründet eine ausschließliche Zuständigkeit der EG-Kommission für gemeinschaftsrelevante Zusammenschlüsse im Gebiet des EWR. Das Gebiet des EWR umschließt die EU und die Hoheitsgebiete der drei EFTA (European Free Trade Association)-Staaten Island, Liechtenstein und Norwegen, aber nicht die Schweiz. Wenn ein Unternehmenszusammenschluss gemeinschaftsweite Bedeutung hat, wird auch die Zuständigkeit der nationalen Behörden in den betroffenen EFTA-Staaten ausgeschlossen (*Bechtold/Bosch/Brinker/Hirsbrunner*, Art. 1 Rn 3). 6

B. Anwendungsbereich der VO 139/2004 (Abs. 1)

I. Grundsatz

Art. 1 eröffnet den Anwendungsbereich der VO 139/2004 (ABl. 2004 Nr. L 24/1) für Unternehmenszusammenschlüsse, die von gemeinschaftsweiter Bedeutung sind. Für diese Beurteilung greift die Kommission auf Schwellenwerte zurück, bei deren Überschreiten Strukturveränderungen auf dem Gemeinsamen Markt zu erwarten sind (vgl ErwG 8, 9 zur VO 139/2004). Praktisch gesehen wird durch die Schwellenwerte die Zuständigkeit der Kommission vom Zuständigkeitsbereich der nationalen Fusionskontrollbehörden abgegrenzt: Zusammenschlüsse, die unterhalb der Schwellenwerte liegen, haben keine gemeinschaftsweite Bedeutung und werden von der VO 139/2004 nicht berührt. Zusammenschlüsse, die oberhalb der Schwellenwerte liegen, fallen in die **ausschließliche Kompetenz** der Kommission (vgl Art. 21, sog. „one-stop-shop"-Prinzip). 7

Im ersten Vorschlag der Kommission für eine Fusionskontrollverordnung (ABl. 1973 Nr. C 92/1) wurde die Anwendung der Verordnung auf einen Zusammenschluss noch davon abhängig gemacht, ob die Marktanteile des Zusammenschlusses in einem Mitgliedstaat über 25 % liegen. Nachdem der Marktanteil im späteren Entwurf von 1982 (ABl. 1982 Nr. C 36/3) nicht mehr als Aufgreifkriterium fungierte, wurde er als Prüfungsmaßstab ganz abgeschafft. Seitdem sind die Umsatzschwellenwerte maßgeblich. 8

Hinsichtlich des entscheidenden **Zeitpunktes** für die Prüfung der Aufgreifkriterien ist Folgendes zu beachten: Der Zusammenschlusstatbestand muss zum Zeitpunkt der **Anmeldung** erfüllt sein. Wird der Zusammenschluss danach aufgrund von Verpflichtungszusagen abgeändert, fällt dadurch die Zuständigkeit der Kommission zur Beurteilung des Zusammenschlusses nach der Fusionskontrollverordnung nicht weg (*Bechtold/Bosch/Brinker/Hirsbrunner*, Art. 1 Rn 6). 9

II. Zusammenschlusstatbestand

Der Begriff des Zusammenschlusses wird nicht in Art. 1, sondern in Art. 3 definiert und durch die Mitteilung zu Zuständigkeitsfragen (ABl. 2008 Nr. C 95/1) konkretisiert. Zusammenschlüsse iSd Art. 3 sind Vorgänge, die in den beteiligten Unternehmen eine dauerhafte Veränderung der Kontrolle bewirken; damit sind nach Erwägungsgrund 20 FKVO nur Vorgänge gemeint, die zu einer dauerhaften Veränderung der Marktstruktur führen (Konsolidierte Mitteilung zu Zuständigkeitsfragen, Tz 7 ff). Der Kontrollerwerb kann auch durch die Gründung von (Vollfunktions-) Gemeinschaftsunternehmen (Langen/Bunte/*Baron*, Art. 3 Rn 3) erfolgen. 10

III. Umsatzschwellen

11 **1. Begriff der beteiligten Unternehmen.** Der Begriff des Unternehmens wird in der FKVO nicht definiert, sondern es wird der **funktionale Unternehmensbegriff** auf der Grundlage der gefestigten Verwaltungspraxis und der Rechtsprechung zum EG-Kartellrecht zugrunde gelegt (Langen/Bunte/*Baron*, Art. 3 Rn 9; vgl auch Ausführungen unter Artikel 3 Rn 81 f). Welche Unternehmen als beteiligt gelten, wird in der VO 139/2004 (ABl. 2004 Nr. L 24/1) ebenfalls nicht weiter ausgeführt. Die Kommission hat ihre Beurteilung dieses Begriffs in der Konsolidierten Mitteilung zu Zuständigkeitsfragen dargelegt (ABl. 2008 Nr. C 95/1 Tz 129 ff). Aus dieser gehen folgende Definitionen hervor:

12 Bei **Fusionen** gelten die fusionierenden Unternehmen als beteiligte Unternehmen (ABl. 2008 Nr. C 95/1, Tz 132). Beim **Kontrollerwerb** sind diejenigen beteiligt, die an der Kontrolle teilhaben, also bei Alleinkontrolle das alleinkontrollierende Unternehmen sowie das Unternehmen, das kontrolliert wird (Tz 134). In den Fällen des Übergangs von gemeinsamer zu alleiniger Kontrolle ist der „ausscheidende" Anteilseigner kein beteiligtes Unternehmen (Tz 138). Besonderheiten gelten für die Fälle des Erwerbs gemeinsamer Kontrolle (Tz 139 ff) sowie des Erwerbs der Kontrolle durch ein Gemeinschaftsunternehmen (Tz 145 ff). Beim **Erwerb eines Unternehmens** gelten das erwerbende und das erworbene Unternehmen als beteiligt, bei Teilerwerben aber nur der Erwerber und der zu erwerbende Unternehmensteil (Tz 136).

13 **2. Berechnung der Umsätze.** Die gemeinschaftsweite Bedeutung eines Zusammenschlusses richtet sich zunächst nach dem Schwellenwert in Art. 1 Abs. 2. Danach kommt es auf die weltweiten, gemeinschaftsweiten und nationalen Umsätze der betroffenen Unternehmen an. Ergibt sich nicht schon hieraus eine gemeinschaftsweite Bedeutung, sind die Schwellenwerte des Art. 1 Abs. 3 zu prüfen. Damit werden solche Zusammenschlüsse erfasst, die trotz Nichterfüllens der Voraussetzungen von Art. 1 Abs. 2 üblicherweise Anmeldungen bei mehreren nationalen Fusionskontrollbehörden erfordern (FK-KartellR/*Völcker*, Art. 1 Rn 14). Hierbei wird nicht nach Wirtschaftssektoren differenziert. Es werden also die Umsätze aus allen Tätigkeitsbereichen der Beteiligten berücksichtigt und nicht nur die Umsätze aus den Tätigkeitsbereichen, die durch den Zusammenschluss unmittelbar berührt sind (*Bechtold/Bosch/Brinker/Hirsbrunner*, Art. 1 Rn 9). Es kommt bei der Berechnung auf das letzte abgeschlossene Geschäftsjahr an.

14 Die Berechnung des Umsatzes richtet sich nach Art. 5 (vgl Rn 116 ff).

15 **3. Klärung von Zweifelsfällen.** Im Einzelfall kann es zweifelhaft sein, ob ein Zusammenschluss in den Anwendungsbereich des EG-Fusionskontrollrechts fällt. Dies ergibt sich zB aus Schwierigkeiten bei der Umsatzberechnung und der Umsatzverteilung auf die einzelnen Länder, der Frage, ob ein Kontrollerwerb vorliegt, oder ob es sich um ein Vollfunktions-Gemeinschaftsunternehmen handelt. Um diese Fragen einheitlich beantworten zu können, besitzt die Kommission insofern einen Entscheidungsvorrang (*Bechtold/Bosch/Brinker/Hirsbrunner*, Art. 1 Rn 13).

IV. Zusammenschlüsse mit Beteiligung von Unternehmen in Drittstaaten

16 Die VO 139/2004 greift ein, wenn bestimmte Umsatzschwellen in der Gemeinschaft erreicht werden. Hierzu ist nicht erforderlich, dass die beteiligten Unternehmen ihren Sitz in einem Mitgliedstaat haben (Langen/Bunte/*Baron*, Art. 1 Rn 43; Pressemitteilung IP/08/426 der Komm. v. 11.3.2008 zu M.4731 – Google/DoubleClick).

17 Aus völkerrechtlicher Sicht kommt es darauf an, ob sich der betreffende Zusammenschluss in voraussehbarer Weise **unmittelbar** und **erheblich** in der Gemeinschaft auswirken wird (EuG Slg 1999, II-753 (782) – Gencor/Kommission). Dies ist in Anbetracht der Rechtsprechung bei einem Drittlandszusammenschluss oberhalb der Umsatzschwellen in aller Regel der Fall. Gleiches gilt auch, wenn sich der Zusammenschluss in erheblichem Ausmaß auf einen Weltmarkt auswirkt, von dem der Markt der Gemeinschaft nur ein Teil ist (*Bechtold/Bosch/Brinker/Hirsbrunner*, Art. 1 Rn 15).

V. Vorbehalt des Art. 22 (Abs. 1 2. Hs)

18 Wie sich aus Art. 1 Abs. 1 2. Hs ergibt, kann gem. Art. 22 auf Antrag eines oder mehrerer Mitgliedstaaten die FKVO unter bestimmten Voraussetzungen auch auf Fälle Anwendung finden, in denen die Umsatzschwellen des Art. 1 nicht erreicht sind. Die materielle Fusionskontrolle der Kommission erstreckt sich dann allerdings nur auf die Auswirkungen in dem oder den beantragenden Mitglied-

staat(en) (*Bechtold/Bosch/Brinker/Hirsbrunner*, Art. 1 Rn 18; weitere Ausführungen s. unten, zu Art. 22 Rn 313 ff).

C. Gemeinschaftsweite Bedeutung aufgrund erheblicher weltweiter und gemeinschaftsweiter Auswirkungen (Abs. 2)

Abs. 2 legt sowohl für die Aktivität der beteiligten Unternehmen auf dem Weltmarkt als auch auf dem Gemeinsamen Markt Umsatzschwellen fest, welche kumulativ überschritten werden müssen. 19

I. 5 Mrd. Euro weltweiter Umsatz (Art. 1 Abs. 2 lit. a)

Die beteiligten Unternehmen einschließlich der nach Art. 5 Abs. 4 mit diesen verbundenen Unternehmen müssen gemeinsam einen **weltweiten Gesamtumsatz** von mehr als 5 Mrd. Euro erreichen, wobei es auf die Zahl der beteiligten Unternehmen und die Verteilung der Umsätze zwischen diesen nicht ankommt (FK-KartellR/*Völcker*, Art. 1 Rn 15). Für die Berechnung des Umsatzes ist Art. 5 heranzuziehen (s. unten zu Art. 5 Rn 116 ff). 20

II. 250 Mio. Euro gemeinschaftsweiter Umsatz (Art. 2 Abs. 2 lit. b)

Zur Feststellung der gemeinschaftsweiten Bedeutung eines Zusammenschlusses ist es weiter erforderlich, dass mindestens zwei beteiligte Unternehmen einen **gemeinschaftsweiten Gesamtumsatz** von jeweils mehr als 250 Mio. EUR erzielen („de-minimis-Regel"). Ein Zusammenschluss muss also das Gesamtvolumen von mindestens 500 Mio. EUR in der EU umfassen. Auf diese Weise sollen Bagatellerwerbe ausgesondert werden. 21

Wegen der bloßen Anknüpfung an den Umsatz der beteiligten Unternehmen fallen auch sog. „Kantinenfälle" in den Anwendungsbereich der VO 139/2004 (ABl. 2004 Nr. L 24/1), dh Fälle, in denen zwei Großunternehmen einen Kantinenbetrieb erwerben. In der Kommissionspraxis hat sich deshalb für solche Bagatellfälle die **Anmeldung in Kurzform** entwickelt (Langen/Bunte/*Baron*, Art. 1 Rn 32). In welchen Fällen eine solche Anmeldung möglich ist, ergibt sich aus dem Anh. II zur VO Nr. 802/2004 (ABl. 2004 Nr. L 133/1) und der „Bekanntgabe der Kommission über ein vereinfachtes Verfahren für bestimmte Zusammenschlüsse gemäß der Verordnung (EG) Nr. 139/2004" (ABl. 2005 Nr. C 56/32). 22

D. Gemeinschaftsweite Bedeutung aufgrund erheblicher Auswirkungen in mehreren Mitgliedstaaten (Abs. 3)

Abs. 3 sieht vor, dass für alle Zusammenschlüsse, die erhebliche Auswirkungen in drei oder mehr Mitgliedstaaten haben, die weltweite Umsatzschwelle auf 2,5 Mrd. EUR (statt 5 Mrd. EUR) und die gemeinschaftsweite Umsatzschwelle auf 100 Mio. EUR (statt 250 Mio. EUR) gesenkt werden. Dafür müssen alle beteiligten Unternehmen gemeinsam einen Gesamtumsatz von mehr als 100 Mio. EUR in mind. drei Mitgliedstaaten erzielen, und in jedem von mind. drei dieser Mitgliedstaaten müssen zwei oder mehr beteiligte Unternehmen jeweils allein einen Gesamtumsatz von über 25 Mio. EUR erzielen. 23

Außerdem muss auch die sog. Zwei-Drittel-Regelung erfüllt sein, um eine gemeinschaftsweite Bedeutung des Zusammenschlusses annehmen zu können. 24

E. Die Zwei-Drittel-Regelung

Ein Zusammenschluss hat auch bei Erreichen der weltweiten und gemeinschaftsweiten Umsatzschwellen nach Abs. 2 oder Abs. 3 **keine gemeinschaftsweite Bedeutung**, wenn jedes der beteiligten Unternehmen zwei Drittel seines gemeinschaftsweiten Umsatzes in demselben Mitgliedstaat erzielt. Dieses Kriterium ist nicht erfüllt, wenn nur eines der beteiligten Unternehmen die Zwei-Drittel-Schwelle unterschreitet (Komm. ABl. 1999 Nr. L 53/31 Tz 14 – Deutsche Telekom/Beta Research). Auf diese Weise soll verhindert werden, dass Zusammenschlüsse mit hauptsächlich nationalen Dimensionen nach der VO 139/2004 (ABl. 2004 Nr. L 24/1) überprüft werden (*Bechtold/Bosch/Brinker/Hirsbrunner*, Art. 1 Rn 24). Mit „gemeinschaftsweitem Umsatz" ist der Umsatz in den EG-Mitgliedstaaten, jedoch ohne Berücksichtigung der anderen EWR-Länder Island, Liechtenstein und Norwegen, gemeint (*Bechtold/Bosch/Brinker/Hirsbrunner*, Art. 1 Rn 24). 25

F. Revisionsklausel (Abs. 5)

26 Entgegen Art. 352 AEUV, der grundsätzlich für die Änderung von Verordnungen Einstimmigkeit voraussetzt, kann der Rat gem. Abs. 5 die Umsatzschwellen und -kriterien des Abs. 3 mit qualifizierter Mehrheit beschließen.

Artikel 2 FKVO Beurteilung von Zusammenschlüssen

(1) Zusammenschlüsse im Sinne dieser Verordnung sind nach Maßgabe der Ziele dieser Verordnung und der folgenden Bestimmungen auf ihre Vereinbarkeit mit dem Gemeinsamen Markt zu prüfen.

Bei dieser Prüfung berücksichtigt die Kommission:

a) die Notwendigkeit, im Gemeinsamen Markt wirksamen Wettbewerb aufrechtzuerhalten und zu entwickeln, insbesondere im Hinblick auf die Struktur aller betroffenen Märkte und den tatsächlichen oder potenziellen Wettbewerb durch innerhalb oder außerhalb der Gemeinschaft ansässige Unternehmen;
b) die Marktstellung sowie die wirtschaftliche Macht und die Finanzkraft der beteiligten Unternehmen, die Wahlmöglichkeiten der Lieferanten und Abnehmer, ihren Zugang zu den Beschaffungs- und Absatzmärkten, rechtliche oder tatsächliche Marktzutrittsschranken, die Entwicklung des Angebots und der Nachfrage bei den jeweiligen Erzeugnissen und Dienstleistungen, die Interessen der Zwischen- und Endverbraucher sowie die Entwicklung des technischen und wirtschaftlichen Fortschritts, sofern diese dem Verbraucher dient und den Wettbewerb nicht behindert.

(2) Zusammenschlüsse, durch die wirksamer Wettbewerb im Gemeinsamen Markt oder in einem wesentlichen Teil desselben nicht erheblich behindert würde, insbesondere durch Begründung oder Verstärkung einer beherrschenden Stellung, sind für mit dem Gemeinsamen Markt vereinbar zu erklären.

(3) Zusammenschlüsse, durch die wirksamer Wettbewerb im Gemeinsamen Markt oder in einem wesentlichen Teil desselben erheblich behindert würde, insbesondere durch Begründung oder Verstärkung einer beherrschenden Stellung, sind für mit dem Gemeinsamen Markt unvereinbar zu erklären.

(4) Soweit die Gründung eines Gemeinschaftsunternehmens, das einen Zusammenschluss gemäß Artikel 3 darstellt, die Koordinierung des Wettbewerbsverhaltens unabhängig bleibender Unternehmen bezweckt oder bewirkt, wird eine solche Koordinierung nach den Kriterien des Artikels 81 Absätze 1 und 3 des Vertrags beurteilt, um festzustellen, ob das Vorhaben mit dem Gemeinsamen Markt vereinbar ist.

(5) Bei dieser Beurteilung berücksichtigt die Kommission insbesondere, ob

- es auf dem Markt des Gemeinschaftsunternehmens oder auf einem diesem vor- oder nachgelagerten Markt oder auf einem benachbarten oder eng mit ihm verknüpften Markt eine nennenswerte und gleichzeitige Präsenz von zwei oder mehr Gründerunternehmen gibt;
- die unmittelbar aus der Gründung des Gemeinschaftsunternehmens erwachsende Koordinierung den beteiligten Unternehmen die Möglichkeit eröffnet, für einen wesentlichen Teil der betreffenden Waren und Dienstleistungen den Wettbewerb auszuschalten.

A. Vorbemerkungen/Überblick über den Regelungsgehalt

27 Art. 2 FKVO 139/2004 (ABl. 2004 Nr. L 24/1) liefert den materiellen Beurteilungsmaßstab für Unternehmenszusammenschlüsse (*Bechtold/Bosch/Brinker/Hirsbrunner*, Art. 2 Rn 1).

28 Gemäß Art. 2 Abs. 3 der Vorgängerverordnung 4064/89 (ABl. 1989 Nr. L 395/1) waren Zusammenschlüsse, die eine marktbeherrschende Stellung begründen oder verstärken, durch die wirksamer Wettbewerb im Gemeinsamen Markt erheblich behindert würde, für unvereinbar mit dem Gemeinsamen Markt zu erklären. Somit war die Begründung oder Verstärkung einer marktbeherrschenden Stellung eine notwendige Voraussetzung für eine Untersagungsverfügung (Loewenheim/Meessen/Riesenkampff/*Riesenkampff/Lehr*, Art. 2 Rn 2). Die am 1.5.2004 in Kraft getretene neue FKVO 139/2004 (ABl. 2004 Nr. L 24/1) enthält demgegenüber einen **neuen materiellen Prüfungsmaßstab.** Danach sind Unternehmenszusammenschlüsse dann für unvereinbar mit dem Gemeinsamen Markt zu erklären, wenn durch sie „wirksamer Wettbewerb im Gemeinsamen Markt oder in einem wesentlichen Teil

desselben erheblich behindert würde, insbesondere durch Begründung oder Verstärkung einer beherrschenden Stellung." Entscheidendes Kriterium zur Beurteilung der Unvereinbarkeit mit dem Gemeinsamen Markt ist also die **erhebliche Behinderung wirksamen Wettbewerbs** geworden (aufgrund der englischen Formulierung „Significant Impediment of Effective Competition" auch **„SIEC-Test"** genannt). Bei diesem neuen Beurteilungsmaßstab dient das Kriterium der Marktbeherrschung aber weiterhin als **Regelbeispiel** für die erhebliche Behinderung des wirksamen Wettbewerbs (Schulte/*Zeise*, Rn 1217). Dies soll der Kommission erlauben, ihre wettbewerbliche Beurteilung eines Zusammenschlusses über den bisherigen strukturellen Ansatz hinaus, durch eine Marktergebnisprognose zu ergänzen, sog. **„more economic approach"** (Immenga/Mestmäcker/*Immenga/Körber*, Art. 2 Rn 204).

Anlass dieser materiellen Neuerung gaben vor allem drei Anliegen. Als erstes sollte eine potenzielle fusionskontrollrechtliche **Schutzlücke** (sog. enforcement gap) des Marktbeherrschungstests bei bestimmten Konstellationen von Oligopolzusammenschlüssen geschlossen werden (vgl auch Rn 1654 ff). Als zweite Bestrebung sollte eine **Annäherung** der materiellen Beurteilungsmaßstäbe der US-amerikanischen Wettbewerbsbehörde (SLC-Test) und der Kommission erreicht werden, um unterschiedliche Ergebnisse bei der Beurteilung der gleichen Zusammenschlussvorhaben zu vermeiden. Drittes Ziel war es trotzdem **Rechtssicherheit** zu gewährleisten, sich also nicht zu weit von den bisherigen Fusionskontrollmaßstäben zu entfernen, um weiterhin die Rechtsprechung und die bisherige Praxis der Kommission als Orientierung bei der Behandlung von Zusammenschlüssen verwenden zu können (Loewenheim/Meessen/Riesenkampff/*Riesenkampff/Lehr,* Art. 2 Rn 3). 29

B. Die Beurteilungskriterien für Zusammenschlüsse (Art. 2 Abs. 2 und 3)

I. Die Abgrenzung des relevanten Marktes

Um Fusionswirkungen prognostizieren zu können, muss zunächst der zu untersuchende Markt in **sachlicher** und **räumlicher** Hinsicht abgegrenzt werden. Hierzu findet sich eine detaillierte medienrechtliche Kommentierung im 21. Abschnitt. 30

II. Erhebliche Behinderung wirksamen Wettbewerbs

1. Allgemeines. Ein Zusammenschluss kann den wirksamen Wettbewerb auf dem Gemeinsamen Markt durch nicht koordinierte oder koordinierte Wirkungen erheblich beeinträchtigen, in dem das fusionierte Unternehmen entweder für sich genommen zu große Marktmacht erlangt, oder gemeinsam mit anderen Unternehmen (Loewenheim/Meessen/Riesenkampff/*Riesenkampff/Lehr,* Art. 2 Rn 57). Unter den **nicht koordinierten Wirkungen** versteht man zum einen den Fall, in dem durch den Zusammenschluss **ein Unternehmen allein marktbeherrschend** (Einzelmarktbeherrschung) wird bzw seine marktbeherrschende Stellung verstärkt wird (*Bechtold/Bosch/Brinker/Hirsbrunner*, Art. 2 Rn 39). Zum anderen sind solche Fälle erfasst – und dies sollte durch die Einführung des SIEC-Tests ausdrücklich klargestellt werden (vgl ErwG 25 zur FKVO) –, in denen ein beteiligtes Unternehmen durch den Zusammenschluss auf einem oligopolistischen Markt zwar keine marktbeherrschende Stellung, aber dennoch einen wesentlichen **Verhaltensspielraum** erlangt, welcher durch andere am Wettbewerb beteiligte Unternehmen nicht hinreichend kontrolliert werden kann, sog. unilaterale Effekte im Oligopol (Langen/Bunte/*Baron*, Art. 2 Rn 190; vgl auch ErwG 25 zur FKVO). Entscheidend ist jeweils, dass das Unternehmen in die Lage versetzt wird, die Wettbewerbsparameter spürbar zu schädigen; dies kann zB durch **Preiserhöhungen, schlechtere Qualität** der Ware, **weniger Innovationen** oder durch die **Einschränkung der Warenauswahl** am Markt geschehen (*Bechtold/Bosch/Brinker/Hirsbrunner*, Art. 2 Rn 47 f). Diese Art von Auswirkungen auf die Marktstruktur bezeichnet die Kommission als „nicht koordinierte Wirkungen" (vgl Leitlinien zur Bewertung horizontaler Zusammenschlüsse, Komm. ABl. 2004 Nr. C 31/5, Tz 22 a), da sie aus der Beseitigung des Wettbewerbsdrucks erwachsen und nicht aus erwartetem koordiniertem Verhalten der beteiligten Unternehmen. 31

Daneben kann es zu einer erheblichen Behinderung des wirksamen Wettbewerbs durch die **koordinierten Wirkungen** eines Zusammenschlusses kommen. Gemeint ist damit, dass ein Zusammenschluss die Wettbewerbsbedingungen in der Weise verändern kann, dass Marktteilnehmer, die vorher ihr Verhalten nicht koordiniert haben, nach der Fusion dazu neigen in einem koordinierten Verhalten das Preisniveau zu erhöhen oder in einer sonstigen Weise dem Wettbewerb Schaden zuzufügen (Loewenheim/Meessen/Riesenkampff/*Riesenkampff/Lehr,* Art. 2 Rn 62). 32

33 Der wirksame Wettbewerb muss durch die beschriebenen Marktaktivitäten lediglich **eingeschränkt**, aber nicht ausgeschaltet werden (vgl ErwG 26 zur FKVO). Der Zusammenschluss muss zudem **kausal** für die Wettbewerbsbehinderung sein (EuGH Slg 1998, I-1375, Tz 124 – Kali + Salz). Das Merkmal der Kausalität ist in der Regel gegeben, und kann ausnahmsweise bei einer **Sanierungsfusion** (s. unten, Rn 64 ff) fehlen (Loewenheim/Meessen/Riesenkampff/*Riesenkampff/Lehr,* Art. 2 Rn 166).

34 Eine Behinderung wirksamen Wettbewerbs durch einen Zusammenschluss kann zudem nur dann unvereinbar mit dem Gemeinsamen Markt sein, wenn er **nachweisbar spürbare nachteilige Auswirkungen** auf die Verbraucher hat (Loewenheim/Meessen/Riesenkampff/*Riesenkampff/Lehr,* Art. 2 Rn 55; vgl auch EuG 27.9.2006, T-168/01 Tz 118 – GlaxoSmithKline/Kommission).

35 Die Wettbewerbsbehinderung muss den **Gemeinsamen Markt** oder einen wesentlichen Teil desselben **betreffen.** Eine Untersagung ist also nicht zulässig, wenn nur der Wettbewerb außerhalb des Gemeinsamen Marktes behindert wird oder wenn zwar der Wettbewerb innerhalb des Gemeinsamen Marktes behindert wird, der betroffene Markt aber keinen wesentlichen Teil des Gemeinsamen Marktes umfasst (*Bechtold/Bosch/Brinker/Hirsbrunner*, Art. 2 Rn 72). Zur Beurteilung, ob ein wesentlicher Teil des Gemeinsamen Marktes betroffen ist, wird in Übereinstimmung mit der Rechtsprechung zu Art. 102 AEUV auf wirtschaftliche Kriterien wie die Struktur und den Umfang der Produktion und des Verbrauchs des betreffenden Produkts sowie auf die Gewohnheiten und die wirtschaftlichen Möglichkeiten der Anbieter und Nachfrager abgestellt (Immenga/Mestmäcker/*Immenga/Körber* Art. 2 Rn 137 mwN). Ein Markt, der das gesamte Gebiet eines Mitgliedstaates umfasst, bildet unabhängig von der Größe des jeweiligen Mitgliedstaates **immer** einen wesentlichen Teil des Gemeinsamen Marktes, während Märkte von regionaler oder lokaler räumlicher und wirtschaftlicher Dimension **keinen** wesentlichen Teil des Gemeinsamen Marktes darstellen (*Bechtold/Bosch/Brinker/Hirsbrunner*, Art. 2 Rn 72). Zu letzterem zählen meist Märkte für Druckerzeugnisse wie **Zeitungen und Zeitschriften** (woraus sich die nationale Zuständigkeit für viele Zusammenschlüsse in diesem Bereich ergibt), während Märkte für Kataloge und Werbebeilagen auch gemeinschaftsweit sein können (Komm. ABl. 2006 Nr. L 61/17 Tz 43 ff – Bertelsmann/Springer/JV).

36 **2. Einzelmarktbeherrschung (nicht koordinierte Wirkungen). a) Allgemeines.** Der Begriff der marktbeherrschenden Stellung ist **nicht legaldefiniert.** Allerdings ist er durch Art. 102 AEUV und die dazu ergangene Rechtsprechung des EuGH ausgeformt worden, welche die Kommission ihren fusionskontrollrechtlichen Entscheidungen zugrunde legt (Immenga/Mestmäcker/*Immenga/Körber* Art. 2 Rn 404). Der EuGH versteht demnach unter einer **marktbeherrschenden Stellung** die wirtschaftliche Machtstellung eines Unternehmens, welche es in die Lage versetzt, die Aufrechterhaltung des **wirksamen Wettbewerbs** auf dem relevanten Markt zu **verhindern,** indem sie ihm die Möglichkeit verschafft, sich seinen Wettbewerbern, seinen Abnehmern und letztlich dem Verbraucher gegenüber in einem wesentlichen Umfang **unabhängig** zu verhalten (EuGH Slg 1979, 461 Tz 38 – Hoffmann-La Roche/Kommission). Selbst ein lebhafter Wettbewerb auf einem bestimmten Markt schließt eine beherrschende Stellung auf diesem Markt deshalb nicht aus (EuGH – Hoffmann-La Roche/Kommission, Tz 70).

37 Die marktbeherrschende Stellung muss durch den Zusammenschluss **begründet oder verstärkt** werden. Das heißt allerdings nicht, dass Behinderungs- oder Marktbeherrschungseffekte von den Zusammenschlussbeteiligten unmittelbar ausgehen müssen. Ausreichend ist, wenn ein Zusammenschluss zur Schaffung oder Verstärkung der marktbeherrschenden Stellung eines **Dritten,** nicht am Zusammenschluss Beteiligten, führt (Komm. ABl. 2004 Nr. L 103/1 Tz 228 – Exxon/Mobil sowie ABl. 2004 Nr. L 110/73 Tz 269 ff mwN – Newscorp/Telepiú).

38 **b) Begründung oder Verstärkung einer marktbeherrschenden Stellung.** Die **Begründung** einer marktbeherrschenden Stellung setzt voraus, dass durch den Unternehmenszusammenschluss ein **unabhängiger Verhaltensspielraum** für das fusionierte Unternehmen gegenüber Wettbewerbern und Abnehmern entsteht (Komm. ABl. 1991 Nr. L 334/42 Tz 51 – Aerospatiale-Alenia/de Havilland). Anhand einer **Prognoseentscheidung** soll also festgestellt werden, ob sich durch den Zusammenschluss die Marktstruktur derart verändert, dass ein wirksamer Wettbewerb nicht mehr gewährleistet ist, sondern vielmehr das Unternehmen wesentliche Unabhängigkeit erlangt (Loewenheim/Meessen/Riesenkampff/*Riesenkampff/Lehr,* Art. 2 Rn 117).

39 Eine **Verstärkung** der marktbeherrschenden Stellung setzt voraus, dass ein schon bestehender unabhängiger Verhaltensspielraum der beteiligten Unternehmen erweitert oder abgesichert wird (FK-KartellR/*Ehricke*, Art. 2 Rn 130). Es ist grundsätzliche Aufgabe der Fusionskontrolle zu verhindern, dass

die von einer beherrschenden Marktstellung ausgehende Marktmacht noch erweitert und damit die wettbewerbsbeschränkenden Auswirkungen noch intensiviert werden (Immenga/Mestmäcker/*Immenga/Körber*, Art. 2 Rn 410). Für die Feststellung, ob ein unkontrollierter Verhaltensspielraum und somit eine marktbeherrschende Stellung vorliegt, sieht der Art. 2 Abs. 1 eine nicht abschließende Aufzählung der maßgeblichen Kriterien vor (Loewenheim/Meessen/Riesenkampff/*Riesenkampff/Lehr*, Art. 2 Rn 71). Hinsichtlich der zu untersuchenden Kriterien zur Beurteilung, ob eine beherrschende Stellung vorliegt, unterscheidet die Kommission zwischen **horizontalen, vertikalen** und **konglomeraten** Zusammenschlüssen. Allerdings ist eine strikte Unterscheidung nicht immer möglich, da die beteiligten Unternehmen oftmals unterschiedliche Leistungen auf mehreren Märkten anbieten, so dass der Zusammenschluss auf einem Markt horizontale, auf einem anderen nicht-horizontale Fusionswirkungen erzeugt (vgl *Ruppelt*, EuZW 2007, 219 ff). Die Kommission hat Leitlinien zur Beurteilung von horizontalen Zusammenschlüssen (Leitlinien zur Bewertung horizontaler Zusammenschlüsse, ABl. 2004 Nr. C 31/5) und zur Beurteilung von nicht-horizontalen Zusammenschlüssen, dh vertikale und konglomerate (Leitlinien zur Bewertung nichthorizontaler Zusammenschlüsse, ABl. 2008 C 265/6) erlassen.

c) **Horizontale Zusammenschlüsse.** Wenn die fusionierenden Unternehmen auf denselben relevanten 40
Märkten tätig sind, handelt es sich um einen horizontalen Zusammenschluss. Bei diesem lassen sich wettbewerbsbehindernde Effekte am leichtesten feststellen und messen (*Bechtold/Bosch/Brinker/Hirsbrunner*, Art. 2 Rn 57). Hinsichtlich der Beurteilung, ob ein Zusammenschluss zweier Unternehmen eine marktbeherrschende Stellung begründet, wird in der Kommissionspraxis auf mehrere **Prüfkriterien** zurückgegriffen.

Es werden zunächst der **kombinierte Marktanteil** der fusionierenden Unternehmen und der **Konzen-** 41
trationsgrad des Marktes vor und nach der Fusion berechnet und hieraus Schlüsse über die zukünftig zu erwartende Marktstruktur und Wettbewerbssituation gezogen (Leitlinien zur Bewertung horizontaler Zusammenschlüsse, ABl. 2004 Nr. C 31/5, Tz 9, 14).

Die **Marktanteile** werden in den Leitlinien zur Bewertung horizontaler Zusammenschlüsse (Komm. 42
ABl. 2004 Nr. C 31/5) als **Anhaltspunkte** für die Marktstruktur und die wettbewerbliche Bedeutung der Fusionspartner und ihrer Wettbewerber bezeichnet (vgl Tz 14). Die Marktanteile werden nach den Vorgaben in der Mitteilung der Kommission zur Definition des relevanten Marktes (ABl. 1997 Nr. C 372/5, Tz 54–55) und der Mitteilung der Kommission über die Berechnung des Umsatzes (ABl. 1998 Nr. C 66/25) unabhängig von der Art des Zusammenschlusses (horizontal, vertikal oder konglomerat) berechnet. Bei Marktanteilen über 50 % ist grundsätzlich von der Vermutung auszugehen, dass eine marktbeherrschende Stellung vorliegt, bei Marktanteilen unter 25 % grundsätzlich nicht (vgl Leitlinien zur Bewertung horizontaler Zusammenschlüsse, Tz 17, 18).

Der **Konzentrationsgrad** bemisst sich nach dem Herfindahl-Hirshman-Index (HHI). Dieser entspricht 43
der Summe der Quadrate der jeweiligen Marktanteile sämtlicher Unternehmen auf einem Markt (vgl Leitlinien zur Bewertung horizontaler Zusammenschlüsse, ABl. 2004 Nr. C 31/5, Tz 14–21 und Leitlinien zur Bewertung nichthorizontaler Zusammenschlüsse, ABl. 2008 C 265/6, Tz 25). Bei drei Unternehmen mit Marktanteilen von 50 %, 30 % und 20 % beträgt er also bspw 3 800 (= $50^2 + 30^2 + 20^2$). Ein Zusammenschluss ist grundsätzlich unbedenklich, wenn der HHI 1000 oder weniger beträgt (Leitlinien zur Bewertung horizontaler Zusammenschlüsse, Tz 19).

Erfolgt der Zusammenschluss mit einem **potenziellen Wettbewerber**, so ist der entscheidende Ge- 44
sichtspunkt zumeist der wegfallende Wettbewerbsdruck, der durch potenzielle Wettbewerber bisher ausgeübt wurde (Loewenheim/Meessen/Riesenkampff/*Riesenkampff/Lehr*, Art. 2 Rn 120; vgl auch Leitlinien zur Beurteilung horizontaler Zusammenschlüsse, ABl. 2004 Nr. C 31/5, Tz 60 mwN).

Weitere Anhaltspunkte bieten u.a. die **Entwicklung des Angebots und der Nachfrage** (Komm. 45
ABl. 1997 Nr. L 11/30 Tz 150 – Gencor/Lonrho) und die **Wahlmöglichkeiten** für Lieferanten und Abnehmer (Leitlinien zur Beurteilung horizontaler Zusammenschlüsse, ABl. 2004 Nr. C 31/5, Tz 31).

d) **Vertikale Zusammenschlüsse. Vertikale Zusammenschlüsse** sind Zusammenschlüsse zwischen Un- 46
ternehmen, die auf unterschiedlichen Ebenen in der Beschaffungskette tätig sind, also zB ein Zusammenschluss zwischen einem Hersteller und einem seiner Lieferanten (Leitlinien zur Bewertung nichthorizontaler Zusammenschlüsse, ABl. 2008 C 265/6 Tz 4).

Generell kommt es bei rein vertikalen Zusammenschlüssen nicht zu einer Addition von Marktanteilen 47
und auch zu keinem Wettbewerbsverlust zwischen den sich zusammenschließenden Unternehmen (Leitlinien zur Bewertung nichthorizontaler Zusammenschlüsse, ABl. 2008 C 265/6 Tz 10 ff).

48 Wettbewerbsbehindernde Effekte können sich aber insbesondere aus den **verringerten Zugangsmöglichkeiten** der Wettbewerber zu den Beschaffungs- und Absatzmärkten ergeben (Loewenheim/Meessen/Riesenkampff/*Riesenkampff/Lehr*, Art. 2 Rn 123; vgl Leitlinien zur Bewertung nichthorizontaler Zusammenschlüsse, ABl. 2008 Nr. C 265/6 Tz 17 ff). Führt der Zusammenschluss für die anderen Marktteilnehmer zu solchen Marktausschlusseffekten, könnte dies zur **Abhängigkeit** der anderen Marktteilnehmer von den sich zusammenschließenden Unternehmen führen, zB wenn ein Anbieter die Kontrolle über eine **Infrastruktur** erlangt, auf die alle Anbieter angewiesen sind, um im Markt tätig zu werden (vgl etwa Komm. ABl. 1999 Nr. L 53/1 Tz 56 ff – Bertelsmann/Kirch/Premiere). Insbesondere im Bereich Medien und Internet hat die Kommission Zusammenschlüsse aufgrund der Begründung oder Verstärkung einer Marktbeherrschung ohne Marktanteilsaddition untersagt, da in diesem Bereich der freie Zugang zu Infrastruktur, Technologie und Inhalten durch eine Fusion leicht gefährdet ist (Schulte/*Zeise*, Rn 1349 ff; vgl auch Komm. 18.7.2007, M.4504 – SFR/Telé 2 France; Komm. 13.10.2000, M.2050 – Vivendi/Canal+/Seagram; Komm. ABl. 1999 Nr. L 53/31 – Deutsche Telekom/BetaResearch).

49 Typischerweise besteht das Risiko bei vertikalen Zusammenschlüssen im Medienbereich also darin, dass die zusammengeschlossenen Anbieter **alleinigen Zugriff** auf einzigartigen Inhalt, neue Vertriebsmethoden, Verteilungsnetzwerke oder Funkfrequenzen erlangen (*Ungerer*, Rede vom 20.9.2004, S. 13). So befürchtete die Kommission etwa im Fall **AOL/Time Warner** (Komm. ABl. 2001 Nr. L 268/28, Tz 54 ff), dass aufgrund der bereits bestehenden Marktmacht von AOL, als dem weltgrößten Zugangsanbieter zum Internet, im Bereich des Zugangs zu Download- und Streaming-Technologien und der riesigen Anzahl von Verlegerechten von Time Warner und Bertelsmann im Bereich Online-Musik der Zusammenschluss Formatvorgaben für Musikdateien im gesamten Markt für Online-Musik durchsetzen könnte (Komm. – AOL/Time Warner, Tz 56). Dadurch wären alle anderen Marktteilnehmer von dieser Technologie abhängig und AOL könnte vom Markt unabhängig die Kosten der Wettbewerber durch Lizenzierungskosten steigern, was im Ergebnis zu einer marktbeherrschenden Stellung auf dem Markt für Online-Musik führen würde (Komm. – AOL/Time Warner, Tz 59). Drohende Marktabschottung und die Begründung oder Verstärkung einer marktbeherrschenden Stellung sind also auf verschiedenen Mediensektoren (TV, Musik/Filme über Internet und Internetzugangsdienste), sowohl im Content- als auch im Carrierbereich, die vorherrschenden Gefahren bei vertikalen Zusammenschlüssen. Im Fall **SFR/Telé2 France** bestand die Gefahr, dass der Erwerber über die alleinige Kontrolle des Internetzugangs- und Festnetztelefoniegeschäft an einem Wettbewerber der DSL-Anbieter auf dem nachgelagerten Markt für den Pay-TV-Vertrieb beteiligt würde und seine Stellung auf dem Pay-TV-Markt dazu nutzen könnte, das erworbene Unternehmen beim Zugang zu Senderechten gegenüber anderen zu bevorzugen (vgl Komm. 18.7.2007, M.4504 – SFR/Telé 2 France). Diese Gefahr kann auch auf mehreren Märkten gleichzeitig bestehen, wie im Fall **Vivendi/Canal+/Seagram** (Komm. 13.10.2000, M.2050 – Vivendi/Canal+/Seagram). Vivendi war sowohl im Telekommunikationssektor (als Mobiltelefonieanbieter) als auch durch die Beteiligung an Canal+ in der Filmproduktion, im Filmvertrieb und -verleih und der Lizenzierung von Übertragungsrechten im Fernsehen im Pay-TV tätig. Canal+ produzierte Inhalte für Fernsehen und Pay-TV, bot Lizenzen für Übertragungsrechte sowie Fernsehdienste über Kabel und Satellit an und entwickelte Strategien für audiovisuelle Übertragung im Internet. Vivendi und Canal+ betrieben gemeinschaftlich „Vizzavi“, ein Portal für den Vertrieb unterschiedlicher Inhalte über verschiedene Plattformen wie Mobiltelefone, Set-top-Boxen und PCs. Seagram war durch die vorige Übernahme von Polygram mit den Universal Studios verbunden und somit sowohl mit Musikinhalten als auch mit der Produktion von Programminhalten für das Fernsehen und dem Filmverleih befasst. Der Zusammenschluss zwischen diesen Unternehmen betraf deshalb den Pay-TV Markt, den entstehenden Markt für Vertriebsportale und den in der Entwicklung begriffenen Markt für Online-Musik (Komm. – Vivendi/Canal+/Seagram, Tz 15).

50 e) **Konglomerate Zusammenschlüsse.** Konglomerate Zusammenschlüsse, teilweise auch als diagonale oder diversifizierende Zusammenschlüsse bezeichnet, lassen sich am besten negativ definieren, als Zusammenschlüsse, die weder horizontal noch vertikal sind (Langen/Bunte/*Baron*, Art. 2 Rn 234). Positiv formuliert ist diese Art der Zusammenschlüsse darauf gerichtet, Unternehmen auf **unterschiedlichen**, ggf benachbarten **Märkten** zusammenzufassen (vgl Anmeldeformular „Formblatt CO“, ABl. 2004 Nr. L 133/1: Abschnitt IV, 6.3 c), also bspw Zusammenschlüsse zwischen Herstellern von sich ergänzenden Produkten oder von Produkten, welche zum gleichen Sortiment gehören und von den Verbrauchern zum gleichen Verwendungszweck erworben werden, ohne substituierbar zu sein, oder zwischen Herstellern von Produkten, die keinen Bezug zueinander haben. Generell ergibt sich aus kon-

glomeraten Zusammenschlüssen nur ein **niedriges Gefahrenpotential** für den Wettbewerb, bei eng benachbarten Märkten ist es jedoch möglich, dass ein Unternehmen, das vor dem Zusammenschluss eine marktbeherrschende Stellung auf einem Markt innehatte, durch den Zusammenschluss eine **Hebelwirkung** (sog. Leverage-Effekt) auf den benachbarten Markt ausüben und auch dort eine beherrschende Stellung einnehmen könnte (*Brei*, EuZW 2003, 585 (587)). Diese wettbewerblich beachtlichen Hebelwirkungen kann ein marktbeherrschendes Unternehmen in verschiedenen Formen einsetzen, indem es etwa durch **Produktbündelung** (sog. Bundling) oder durch **Produktkopplung** (sog. Tying) seiner Produkte mit den Produkten des erworbenen Unternehmens, die Marktmacht auf seinem „Heimatmarkt“ ausnutzt, um auch auf dem Markt des erworbenen Unternehmens eine marktbeherrschende Stellung zu begründen (Langen/Bunte/*Baron*, Art. 2 Rn 240). An die Annahme dieser Effekte werden nach der Rechtsprechung des EuGH die nämlichen Beweismaßanforderungen wie bei anderen Zusammenschlussarten gestellt (grundlegend EuGH 15.2.2005, C-12/03, Slg 2005, I-987 Tz 19 ff – Tetra Laval/Sidel; vgl auch *Körber*, WuW 2008, 522, 532; *Bechtold/Bosch/Brinker/Hirsbrunner*, Art. 2 Rn 65; nach Loewenheim/Meessen/Riesenkampff/*Riesenkampff/Lehr*, Art. 2 Rn 136 sind hohe Begründungsanforderungen gestellt). Im **Telekommunikationssektor** kommt die Bündelung häufig als Kombination verschiedener Dienste vor, zB als **„Angebotspaket“** aus Daten- und Stimmübertragungsdiensten für Unternehmen im Rahmen von sog. „virtual private networks“ (vgl Komm. ABl. 2001 Nr. L 40/1 Tz 160, 222 – Telia/Telenor) oder in Form von **„Triple Play“**-Angeboten, die Stimmübertragungsdienste, Breitbandinternetzugang und Fernsehübertragung kombinieren („Broadband Growth in the EU“, S. 2). Eine Produktkopplung liegt vor, wenn durch den Erwerb eines Produkts der Erwerb eines anderen, daran gebundenen Produkts, erforderlich wird (vgl zu nachfolgenden Ausführungen auch Leitlinien zur Bewertung nichthorizontaler Zusammenschlüsse, ABl. 2008 Nr. C 265/6 Tz 96 ff). Dies kann durch **technische Produktbindung** geschehen, wenn durch die Konstruktion des Produkts sichergestellt ist, dass es nur zusammen mit dem daran gebundenen Produkt funktionieren kann und nicht mit Produkten der Konkurrenzunternehmen. **Microsoft** hat dies zB hinsichtlich des Windows Media Players getan, welcher auf allen Windows-Rechnern vorinstalliert war, was den Käufern keine Möglichkeit ließ, ein Windows-Betriebssytem ohne Media Player zu erwerben, um somit seine beherrschende Stellung auf dem Markt für PC-Betriebssysteme auf dem Markt für Music-Player auszunutzen (vgl Ausführungen der Kommission zur technischen Produktbindung im Kartellverfahren gegen Microsoft, Komm. 24.3.2004, COMP/C-3/37 792 – Microsoft; bestätigt von EuG 17.9.2007, T-201/04 – Microsoft/Kommission, Tz 814 ff; vgl auch *Dietrich*, MR-Int 2007, 201 ff; *Schonger*, JbVergl Staats- und Rechtswissenschaft 2009, 193 ff). Auch eine **vertragliche Produktbindung** ist möglich, wenn der Kunde sich beim Erwerb des bindenden Produkts verpflichtet, nur das gebundene Produkt dazu zu erwerben statt alternativer Produkte der Konkurrenz (Näher zur Bedeutung der Unterscheidung von technischer und vertraglicher Koppelung vgl Mitteilung der Kommission zu den Prioritäten bei der Anwendung des Art. 82 EGV (nunmehr Art. 102 AEUV) auf Fälle von Behinderungsmissbrauch durch marktbeherrschende Unternehmen, 2009/C45/02, Rn 47 ff; dazu *Pellech*, ÖZK 2011, 105 ff).

Daneben kann es durch den Zusammenschluss zu sog. **„Portfolio-Effekten“** kommen. Darunter sind 51 Wettbewerbsbeschränkungen zu verstehen, die entstehen, wenn die Erweiterung der Produktpalette wettbewerblich relevant ist – etwa, weil die Abnehmer nun mehrere zusammenhängende Produkte aus einer Hand erwerben können – und die Wettbewerber nicht über eine vergleichbare Produktpalette verfügen (Immenga/Mestmäcker/*Immenga/Körber*, Art. 2 Rn 520). Zudem kann es zu der Begründung oder Verstärkung einer marktbeherrschenden Stellung bei konglomeraten Zusammenschlüssen durch den Zuwachs an **Ressourcen** kommen (so Loewenheim/Meessen/Riesenkampff/*Riesenkampff/Lehr*, Art. 2 Rn 130 während dieser Gesichtspunkt in den Leitlinien zur Bewertung nichthorizontaler Zusammenschlüsse, ABl. 2008 C 265/6 keine Erwähnung findet).

3. Unilaterale Effekte im Oligopol (nicht koordinierte Wirkungen). In einem oligopolistischen Markt 52 kann es durch den Zusammenschluss zweier Unternehmen dazu kommen, dass das fusionierte Unternehmen einen erheblichen, unabhängigen **Verhaltensspielraum** erlangt, durch den es den Wettbewerb spürbar und nachhaltig behindern kann, **ohne** aber eine **marktbeherrschende Stellung** zu begründen oder zu verstärken (Loewenheim/Meessen/Riesenkampff/*Riesenkampff/Lehr*, Art. 2 Rn 159). Die Wettbewerbsbehinderung beruht – anders als bei der kollektiven Marktbeherrschung im Oligopol – nicht auf stillschweigendem, langfristig angelegtem Parallelverhalten der Oligopolmitglieder (sog. Tacit Collusion, vgl unten Rn 58), sondern auf **Beseitigung wichtigen Wettbewerbsdrucks** durch einen Zusammenschluss, ohne dass dabei die neue Unternehmenseinheit eine beherrschende Marktstellung erlangt oder eine solche verstärkt und ohne dass die Unternehmen die Preise und Mengen ihrer Wettbewerber kennen (FK-KartellR/*Ehricke*, Art. 2 Rn 219). Zu einer solchen Verringerung erheblichen Wettbewerbsdrucks durch einen erheblichen, unabhängigen Verhaltensspielraum kann es vor allem in drei Fallgruppen kommen: Bei einer besonderen wettbewerblichen Nähe der Zusammenschlussbeteiligten, einer besonderen wettbewerblichen Bedeutung des einen Zusammenschlusspartners und bei Entstehen der Möglichkeit zur Behinderung der Wettbewerber (Leitlinien zur Bewertung horizontaler Zusammenschlüsse, ABl. 2004 Nr. C 31/5, Tz 28 ff).

53 a) **Besondere wettbewerbliche Nähe der Zusammenschlussbeteiligten.** Bei dieser Form der Verringerung des Wettbewerbsdrucks ist zwischen heterogenen (differenzierten) und homogenen Produktmärkten zu unterscheiden.

54 Liegen **differenzierte Produkte** vor, sind die von verschiedenen Marktteilnehmern angebotenen Produkte nur begrenzt füreinander substituierbar und werden deshalb von unterschiedlichen Nachfragergruppen unterschiedlich stark präferiert (Immenga/Mestmäcker/*Immenga/Körber*, Art. 2 Rn 491). Negative Auswirkungen für den Wettbewerb auf diesem differenzierten Produktmarkt treten ein, wenn zwei besonders stark konkurrierende Unternehmen sich zusammenschließen und die Produkte der beteiligten Unternehmen relativ nahe Substitute darstellen, da Kunden bei Preiserhöhungen für Produkt A nahezu zwangsläufig auf Produkt B des Fusionspartners ausweichen werden und dem fusionierten Unternehmen aus der Preiserhöhung daher kein Nachteil entsteht (Langen/Bunte/*Baron*, Art. 2 Rn 149; vgl Komm. 2.3.2001, M.2256 Tz 33 ff – Philips/Agilent Health Care Solutions). Allerdings darf hierzu die Preiserhöhung nicht durch Gegenreaktionen dritter Wettbewerber ausgeglichen werden können, so dass nur bei **erheblicher Marktmacht** der beteiligten Unternehmen eine Wettbewerbsbehinderung eintritt (Langen/Bunte/*Baron*, Art. 2 Rn 149).

55 Bei **homogenen Produkten** sind die angebotenen Güter aus der Sicht der Kunden perfekte Substitute, so dass keine Präferenzen für Güter unterschiedlicher Anbieter erkennbar sind (Komm. ABl. 2001 Nr. L 188/1 Tz 71 – VEBA/VIAG). Da auf diesen Märkten wegen der Homogenität der Produkte stets ein Ausweichen auf alle auf dem Markt tätigen Unternehmen möglich ist, kommen unilaterale Effekte seltener vor als auf heterogenen Produktmärkten. Sie können allerdings vorliegen, wenn die Wettbewerber der Zusammenschlussparteien etwaige Preiserhöhungen nach der Fusion nicht ausgleichen können, zB aufgrund von Marktzutrittsschranken oder Kapazitätsengpässen im Inland (Langen/Bunte/*Baron*, Art. 2 Rn 151), so dass es durch die Preiserhöhung nicht zu einem Verlust an Marktanteilen der Zusammenschlussparteien kommt.

56 b) **Besondere wettbewerbliche Bedeutung des einen Zusammenschlusspartners.** Ein erheblicher, unabhängiger Verhaltensspielraum kann auch dadurch erlangt werden, dass ein Unternehmen sich mit dem Wettbewerbsunternehmen zusammenschließt, welches bisher den größten Wettbewerbsdruck (sog. **Maverick**) ausgeübt hat, was dazu führt, dass der Wettbewerbsdruck zwischen den fusionierenden Unternehmen wegfällt und die übrigen im Markt aktiven Wettbewerber nicht mehr genug Wettbewerbsdruck ausüben können, um tatsächlich wirksamen Wettbewerb sicherzustellen, so dass die Beteiligten auch ohne Abstimmung mit anderen Unternehmen Preise über Wettbewerbsniveau durchsetzen können (vgl *Bechtold/Bosch/Brinker/Hirsbrunner*, Art. 2 Rn 58).

57 c) **Möglichkeit zur Behinderung der Wettbewerber.** Weiterhin kann es zu einer Wettbewerbsbehinderung dadurch kommen, dass die Beteiligten trotz fehlender marktbeherrschender Stellung einen erheblichen Einfluss auf den Bezug von Einsatzmitteln oder Vertriebswegen erlangen, so dass sie die Möglichkeit haben, das **Wachstum** oder den **Markzutritt** von kleineren oder potenziellen Wettbewerbern zu **erschweren.** Dies kann insbesondere relevant werden auf Märkten, auf denen das Zusammenwirken verschiedener Infrastrukturen oder Plattformen von Bedeutung ist, etwa auf Telekommunikationsmärkten (Immenga/Mestmäcker/*Immenga/Körber*, Art. 2 Rn 495; vgl auch Leitlinien zur Bewertung horizontaler Zusammenschlüsse, ABl. 2004 Nr. C 31/5, Tz 36).

58 **4. Kollektive Marktbeherrschung (koordinierte Wirkungen).** Eine kollektive Marktbeherrschung ergibt sich, wenn der Zusammenschluss erwarten lässt, dass sich mehrere Unternehmen auf dem Markt hinsichtlich ihrer Wettbewerbsaktivitäten **koordiniert** verhalten werden (vgl Leitlinien zur Beurteilung von horizontalen Zusammenschlüssen, ABl. 2004 Nr. C 31/5, Tz 39). Diese **kollektive oder oligopolistische Marktbeherrschung** zeichnet sich dadurch aus, dass durch einen Zusammenschluss Marktstrukturen entstehen, die dazu führen, dass, im **Innenverhältnis** der beteiligten Unternehmen untereinander, jedes Mitglied des beherrschenden Oligopols es in Wahrnehmung der gemeinsamen Interessen für möglich, wirtschaftlich vernünftig und daher ratsam hält, **dauerhaft** einheitlich auf dem

Markt vorzugehen, um zu höheren als den Wettbewerbspreisen zu verkaufen. Dies geschieht ohne dass zuvor eine Vereinbarung getroffen oder auf eine abgestimmte Verhaltensweise zurückgegriffen, jeweils im Sinne von Artikel 101 AEUV, werden muss (EuG Slg 1999, II 753, Tz 277 – Gencor/Kommission; EuG Slg 2002, II-2585, Tz 61 – Airtours/Kommission) und ohne dass im **Außenverhältnis** die potenziellen Wettbewerber oder die Kunden und Verbraucher wirksam reagieren können. Entscheidend dafür ist die gemeinsame, aber in jedem Unternehmen individuell gebildete Einsicht, dass Wettbewerbsvorstöße (zB Preissenkungen) sich nicht auszahlen würden, da sie von den Wettbewerbern schnell nachvollzogen würden, so dass es dadurch nicht zum Gewinn von Marktanteilen des vorstoßenden Unternehmens, sondern zu einem Absinken des Preisniveaus insgesamt auf dem Markt kommen würde (*Mestmäcker/Schweitzer*, Wettbewerbsrecht (2004) § 25 Rn 104). Da eine solche stillschweigende Kooperation der Unternehmen (sog. **Tacit Collusion**) eine bloße Anpassung an die Marktverhältnisse darstellt und als solche nicht gem. Art. 81 EGV verboten ist, zielt die Fusionskontrolle darauf ab, bereits das Entstehen entsprechender Marktstrukturen zu verhindern (FK-KartellR/*Ehricke*, Art. 2 Rn 185).

Nach Ansicht der Rechtsprechung ist zur Begründung einer solchen Marktposition mit fehlendem Innen- und Außenwettbewerb, die Erfüllung von verschiedenen Bedingungen erforderlich. Wegweisende Entscheidung in diesem Bereich war die **„Airtours"-Entscheidung** des EuG (Slg 2002, II-2585). Dort hat das EuG, und im Anschluss daran auch die Kommission, **drei Kriterien** festgelegt, anhand deren zu entscheiden ist, ob eine Verhaltensabstimmung im Sinne einer kollektiven Marktbeherrschung vorliegt (Langen/Bunte/*Baron* Art. 2 Rn 197). Der EuGH hat die Airtours-Kriterien ebenfalls anerkannt (EuGH 10.7.2008, C-413/06 – Sony/BMG (Impala), Slg 2008, I-4951 = WuW/EU-R 1498 ff = EWS 2008, 329 ff) und hat betont, dass diese mit den Vorgaben seiner Rechtsprechung für das Vorliegen kollektiver Marktbeherrschung in Überstimmung stehen (EuGH Tz 119 ff, 124), dass sie aber nicht „mechanisch isoliert" geprüft werden dürften, ohne den „wirtschaftlichen Gesamtzusammenhang einer unterstellten stillschweigenden Koordinierung" zu beachten (EuGH Tz 125; vgl auch *Hirsbrunner/v.Köckritz,* EuZW 2008, 591 ff). 59

Zunächst muss der sachlich und räumlich relevante Markt eine **hinreichende Transparenz** aufweisen, um das Verhalten der anderen Mitglieder auf dem Markt in Erfahrung zu bringen, und um somit überwachen zu können, ob die übrigen Unternehmen die Koordinierung fortsetzen (FK-KartellR/*Ehricke*, Art. 2 Rn 216). Hierzu hat das Gericht im Urteil „Sony/BMG(Impala)" (EuG 13.7.2006, T-464/04 Tz 303) ausgeführt, dass bei Vorliegen bestimmter Umstände, insbesondere einem über längere Zeit zu beobachtenden parallelen Preissetzungsverhalten eine **Vermutung** zugunsten eben dieser Markttransparenz begründet werde; der EuGH hat demgegenüber gefordert, dass Vermutungen nur bezüglich der Prognoseentscheidungen der Kommission zulässig seien, so dass Aussagen zur Wahrscheinlichkeit der gegenwärtigen Tatsachenlage auszuermitteln sind (EuGH – Sony /BMG(Impala) Tz 50; *Hirsbrunner/v.Köckritz,* EuZW 2008, 591 (595)). 60

Um die stillschweigende Koordinierung dauerhaft profitabel zu halten, ist es zudem erforderlich, sicherzustellen, dass die Unternehmen nicht aus der Koordinierung ausscheren, weshalb **Abschreckungsmaßnahmen** notwendig sind, die von den Oligopolmitgliedern durchgesetzt werden können (EuG Slg 2002, II-2585 Tz 62 – Airtours). Ein solcher Sanktionsmechanismus gilt als nachgewiesen, wenn keiner der koordinierenden Oligopolisten einen Anreiz hat, aus der Koordinierung auszuscheren, weil er damit die Koordinierung insgesamt und die ihm daraus erwachsenden Vorteile gefährden würde (vgl EuGH 10.7.2008, C-413/06, Slg 2008, I-4951 Tz 122 ff – Bertelsmann/Impala; vgl auch *Bechtold/Bosch/Brinker/Hirsbrunner*, Art. 2 Rn 49 f). Um wirksam zu sein, muss die Sanktion zugleich rasch auf ein abweichendes Verhalten des ausscherenden Unternehmens erfolgen (Langen/Bunte/*Baron* Art. 2 Rn 199). 61

Außerdem muss der **Außenwettbewerb fehlen**, dh das Oligopol muss in der Lage sein, in beachtlichem Maße unabhängig von den anderen tatsächlichen und potenziellen Wettbewerbern, den Abnehmern und Verbrauchern vorzugehen (Komm. ABl. 1994 Nr. 102/15 Tz 53 – Mannesmann/Vallourec/Ilva; EuGH 31.3.1998, C-68/94, Slg 1998, I-1375 Tz 221 – Kali + Salz). Dies setzt den Nachweis der Kommission voraus, dass durch die voraussichtlichen Reaktionen der aktuellen und der potenziellen Konkurrenten, sowie der Verbraucher, die vom Oligopol geplanten Ergebnisse der gemeinsamen Vorgehensweise nicht in Frage gestellt werden können (Loewenheim/Meessen/Riesenkampff/*Riesenkampff/Lehr,* Art. 2 Rn 144). Die Umsetzung dieser Anforderung an den Nachweis durch die Kommission ist aber problematisch, da die Kommission zum einen weiterhin die Rechte der Parteien im Verfahren wahren muss und zum anderen, im Gegensatz zu Untersuchungen von Zusammenschlussvorhaben 62 durch die amerikanischen Fusionskontrollbehörden, an wesentlich strengere verfahrensrechtliche Vorgaben, etwa hinsichtlich des straffen Zeitplans der FKVO, gebunden ist (*Brandenburger/Janssens*, Competition Policy International 1/2007, 301 ff (310)).

III. Rechtfertigungsgründe

63 **1. Allgemeines.** Der Begriff der Rechtfertigungsgründe ist bei der fusionsrechtlichen Beurteilung eines Zusammenschlusses nicht in einem rechtstechnischen Sinne zu verstehen, sondern umfasst besondere Umstände, die bei einer Abwägung im Einzelfall die Freigabe eines Zusammenschlusses ermöglichen können, der ansonsten zu untersagen wäre (Loewenheim/Meessen/Riesenkampff/*Riesenkampff/Lehr*, Art. 2 Rn 165). Die dogmatischen Ansatzpunkte der möglichen Rechtfertigungsgründe sind dabei unterschiedlich. Der Fall der **Sanierungsfusion** (sog. failing Company defence), setzt an der fehlenden Kausalität zwischen einer Verschlechterung der Marktstruktur und dem Zusammenschluss an (Schulte/*Zeise*, Rn 1362). Die **Abwägungsklausel** stellt hingegen darauf ab, dass etwaige Behinderungen des Wettbewerbes in einem Markt mit wettbewerbsfördernden Effekten in einem anderen sachlichen oder räumlichen Markt aufgewogen werden können (*Bechtold/Bosch/Brinker/Hirsbrunner*, Art. 2 Rn 92). Letztlich werden unter dem Kriterium der **Effizienzvorteile** die Entwicklungen des technischen und wirtschaftlichen Fortschritts berücksichtigt (FK-KartellR/*Ehricke*, Art. 2 Rn 235). Trotz der unterschiedlichen Ansatzpunkte lassen sich diese drei Fallgruppen unter dem Stichwort der Rechtfertigungsgründe zusammenfassen, da sie alle die Gemeinsamkeit haben, dass sie eine Ausnahme bilden, deren Voraussetzungen von den jeweiligen Unternehmen nachgewiesen werden müssen (Loewenheim/Meessen/Riesenkampff/*Riesenkampff/Lehr*, Art. 2 Rn 165).

64 **2. Sanierungsfusion.** Unter dem Begriff Sanierungsfusion versteht man einen Zusammenschluss unter Beteiligung mindestens eines Unternehmens, welches auch ohne die Fusion aus dem Markt ausscheiden würde (Immenga/Mestmäcker/*Immenga/Körber*, Art. 2 Rn 382). Bei solchen Zusammenschlüssen mit sanierungsbedürftigen Unternehmen mangelt es an dem erforderlichen **Kausalzusammenhang** mit der Wettbewerbsbehinderung, da der Zusammenschluss zu der gleichen oder jedenfalls zu einer nicht schlechteren Marktstruktur führt, die sich auch ohne ihn ergeben hätte (*Bechtold/Bosch/Brinker/Hirsbrunner*, Art. 2 Rn 71; EuGH Slg 1998, I-1375, Tz 115 – Frankreich/SCPA/EMC/Kommission). Seit der Entscheidung „Kali+Salz/MDK/Treuhand" (Komm. ABl. 1994 Nr. L 186/38) ist dieses aus dem amerikanischen Recht entlehnte Rechtsinstitut fester Bestandteil der europäischen Fusionskontrolle (Langen/Bunte/*Baron*, Art. 2 Rn 216). Aus dieser Rechtsprechung und seiner Weiterentwicklung in der Entscheidungspraxis der Kommission (Komm. ABl. 2001 Nr. L 132/45 – BASF/Eurodiol/Pantochim) lassen sich drei Kriterien ableiten, bei deren kumulativen Erfüllung eine Sanierungsfusion vorliegt (Immenga/Mestmäcker/*Immenga/Körber*, Art. 2 Rn 384, 385).

65 Eine Sanierungsfunktion ist demnach selbst bei Verstärkung einer marktbeherrschenden Stellung zulässig, wenn das zu erwerbende Unternehmen ohne die Übernahme durch den Erwerber **kurzfristig aus dem Markt ausscheiden** würde, und wenn es keine **weniger wettbewerbsschädliche Erwerbsalternative** gibt (*Bechtold/Bosch/Brinker/Hirsbrunner*, Art. 2 Rn 71). Das dritte Kriterium war zunächst, dass die Marktanteile des zu erwerbenden Unternehmens auch im Falle seines Ausscheidens aus dem Markt dem erwerbenden Unternehmen zugewachsen wären. Mit der „BASF"-Entscheidung wurde auf mehr wertende wirtschaftliche Betrachtung abgestellt, was dazu führt, dass es nunmehr ausreicht, wenn die **Vermögensgegenstände** des zu erwerbenden Unternehmens ohne den Zusammenschluss **unausweichlich den Markt verlassen würden** (Langen/Bunte/*Baron*, Art. 2 Rn 219; Komm. ABl. 2001 Nr. L 132/45 Tz 136 f – BASF/Eurodiol/Pantochim).

66 Ähnliche Erwägungen werden auch bei der sog. „**Failing Division Defence**" angestellt. Damit ist der Fall gemeint, dass es nicht um den Erwerb eines vollständigen sanierungsbedürftigen Unternehmens geht, sondern nur um einen unrentablen Geschäftsbereich (*Bechtold/Bosch/Brinker/Hirsbrunner*, Art. 2 Rn 71; vgl auch OECD Bericht, Oktober 1996, Az OCDE/GD(96)23, S. 22, 94). In diesem Fall sind aber besonders hohe Anforderungen an den Nachweis der fehlenden Kausalität zu stellen (Kommission ABl. 1999 Nr. L 53/1, Tz 71 – Bertelsmann/Kirch/Premiere; vgl auch Komm. 2.4.2003, M. 2876 Tz 211 – Newscorp/Telepiù).

67 **3. Abwägungsklausel.** Daraus, dass der Normtext der FKVO auf „alle Märkte" in Art. 2 Abs. 1 lit. a) Bezug nimmt, kann hergeleitet werden, dass wettbewerbsbehindernde Effekte in einem Markt mit wettbewerbsfördernden Effekten in anderen sachlichen oder räumlichen Märkten aufgewogen werden können, soweit sie ihre Ursache im Zusammenschluss haben (*Bechtold*, EuZW 1996, 389 ff). Dies

stellt allerdings **keine explizite Abwägungsklausel** dar, wie sie im deutschen Recht, § 36 Abs. 1 Satz 2 GWB, enthalten ist. Vielmehr haben weder der EuG noch der EuGH bisher eine wettbewerbliche Abwägung in diesem Sinne vorgenommen (Loewenheim/Meessen/Riesenkampff/*Riesenkampff/Lehr*, Art. 2 Rn 185).

Daher wird mehrheitlich vertreten, dass eine Abwägungsklausel im europäischen Fusionskontrollrecht, sofern überhaupt, nur in **sehr engen Grenzen** berücksichtigt werden kann, und zwar nur wenn die wettbewerbsfördernden Effekte die wettbewerblichen Nachteile der Fusion **eindeutig überwiegen** und zudem eine **Wettbewerbsbehinderung unvermeidbar** ist (*Bechtold/Bosch/Brinker/Hirsbrunner*, Art. 2 Rn 80). 68

4. Effizienzvorteile. Erstmalig ist in ErwG 29 zur FKVO 139/2004 eine ausdrückliche Berücksichtigung von begründeten und wahrscheinlichen Effizienzvorteilen vorgesehen, was einen Beleg für den „more economic approach" und die Annäherung an die Maßstäbe der amerikanischen Fusionskontrolle darstellt (Langen/Bunte/*Baron*, Art. 2 Rn 209). Wettbewerbsbehindernde Effekte können danach durch Effizienzvorteile einer Fusion, also zB durch Kosteneinsparungen gemindert werden. So führt die Kommission aus, dass kein Verbot des Zusammenschlusses auszusprechen ist, wenn „die Kommission auf der Grundlage ausreichender Beweismittel feststellen kann, dass die mit der Fusion herbeigeführten Effizienzvorteile geeignet sind, die Fähigkeit und den Anreiz des fusionierten Unternehmens zu verstärken, den Wettbewerb zum Vorteil für die Verbraucher zu beleben, wodurch den nachteiligen Wirkungen dieser Fusion auf den Wettbewerb entgegengewirkt wird" (Leitlinien zur Bewertung horizontaler Zusammenschlüsse, ABl. 2004 Nr. C 31/5, Tz 77). Damit die Effizienzvorteile berücksichtigt werden können, müssen sie drei Voraussetzungen erfüllen, nämlich den **Verbrauchern zugute** kommen, **fusionsspezifisch** und **nachprüfbar** sein (Immenga/Mestmäcker/*Immenga/Körber*, Art. 2 Rn 368; vgl ausf. Leitlinien zur Bewertung horizontaler Zusammenschlüsse, Tz 78 ff). 69

Vorteile für den Verbraucher müssen umfangreich und ohne große zeitliche Verzögerung für den Verbraucher realisierbar sein, wobei mit einer Weitergabe der Effizienzvorteile an den Verbraucher nur gerechnet werden kann, wenn auf dem relevanten Markt noch ein gewisser Wettbewerbsdruck die Unternehmen dazu zwingt, den Verbraucher an den Vorteilen teilhaben zu lassen (Loewenheim/Meessen/Riesenkampff/*Riesenkampff/Lehr*, Art. 2 Rn 178 ff). Zudem muss der Effizienzvorteil, etwa in Form einer Senkung von variablen oder Fixkosten, absolut und relativ bedeutend sein und jedenfalls über die normalerweise bei Fusionen erzielten Rationalisierungsvorteile hinausgehen (*Bechtold/Bosch/Brinker/Hirsbrunner*, Art. 2 Rn 76). Die Effizienzvorteile sind nur dann zu berücksichtigen, wenn sie **fusionsspezifisch** sind. Dafür muss der Zusammenschluss der beteiligten Unternehmen für die Entstehung der Effizienzvorteile kausal sein, wovon immer dann auszugehen ist, wenn die fraglichen Vorteile sich unmittelbar aus dem Zusammenschluss ergeben, und es keine anderen weniger wettbewerbsbehindernden Möglichkeiten gibt, die behaupten Vorteile zu erzielen (Loewenheim/Meessen/Riesenkampff/*Riesenkampff/Lehr*, Art. 2 Rn 181). Schließlich müssen die Effizienzvorteile **nachprüfbar** sein, wobei es an den Unternehmen liegt, durch Vorlage der entsprechenden Dokumente den Nachweis dafür zu erbringen, dass sie die aus dem Zusammenschluss gewonnenen Effizienzvorteile auch wirklich an den Verbraucher weitergeben (Langen/Bunte/*Baron*, Art. 2 Rn 213). Den Nachweis für solche fusionsspezifischen Effizienzvorteile für den Verbraucher zu erbringen ist allerdings gegenwärtig und wahrscheinlich auch in Zukunft äußerst schwierig (vgl aber Loewenheim/Meessen/Riesenkampff/*Riesenkampff/Lehr*, Art. 2 Rn 182 unter Hinweis auf die entsprechende Aussagen der Kommission, die künftige Praxis stärker an Effizienzgesichtspunkten orientieren zu wollen). 70

C. Kooperative Auswirkungen von Gemeinschaftsunternehmen (Art. 2 Abs. 4)

Nach der Sonderregelung für Gemeinschaftsunternehmen in Art. 2 Abs. 4 und 5 ist eine Verhaltenskoordinierung, die durch die **Gründung** eines Gemeinschaftsunternehmens herbeigeführt wird, materiell nach Art. 101 Abs. 1 und 3 AEUV zu beurteilen. Gemäß Abs. 4 muss es sich um einen Zusammenschluss iSd Art. 3 Abs. 4 handeln und ein **Vollfunktionsgemeinschaftsunternehmen** vorliegen, das auf Dauer alle Funktionen einer selbstständigen wirtschaftlichen Einheit erfüllt (vgl Art. 3 Abs. 2 FKVO). Zudem muss das Gemeinschaftsunternehmen die Koordinierung unabhängig bleibender Unternehmen bezwecken oder bewirken. 71

I. Betroffene Märkte (Candidate Markets)

72 Aus praktischen Gründen grenzt die Kommission die Anwendung des Art. 2 Abs. 4 auf solche Märkte ein, die in Abs. 5, 1. Spstr. genannt sind, also den Markt des Gemeinschaftsunternehmens, die vor- oder nachgelagerten, und die benachbarten oder eng damit verknüpften Märkte, sofern die Beteiligten auf diesen Märkten **gleichzeitig** in **nennenswertem** Umfang aktiv sind (Immenga/Mestmäcker/*Immenga/Körber*, Art. 2 Rn 543). Diese Märkte werden als „**Candidate Markets**" bezeichnet (vgl „Guiding Principles for Identifying Candidate Markets").

73 Vor- oder nachgelagerte Märkte (sog. up- oder downstream markets) sind **vertikal** verbundene Märkte (s. auch die Ausführungen zu vertikalen Zusammenschlüssen, Rn 46 ff). Benachbarte Märkte können sachlich oder räumlich nah beieinander angelegt sein (Langen/Bunte/*Baron*, Art. 2 Rn 252; Komm., 3.5.2000 JV.44 Tz 31 ff – Hitachi/NEC-DRAM/JV). Die Definition der „verknüpften" Märkte gestaltet sich hingegen schwierig, da sie sich mit den benachbarten Märkten überschneiden (Langen/Bunte/*Baron*, Art. 2 Rn 253). Die Kommission hat beispielsweise für unterschiedliche **Internetdienste und -zugänge** das Vorliegen verknüpfter Märkte angenommen (Komm. 28.9.1998, JV.8 Tz 26 – Deutsche Telekom/Springer/Holtzbrink/Infoseek/Webseek), für verschiedene **B2B–Plattformen** dagegen nicht (Langen/Bunte/*Baron*, Art. 2 Rn 253; Komm, 2.5.2001, M.2374 Tz 22 – Telenor/Ergogroup/DNB/Accenture/JV).

74 **Nennenswert** ist eine Marktpräsenz der Unternehmen, wenn sie **spürbar** ist (vgl *Pohlmann*, WuW 2003, 473 (480)). Zudem müssen die Unternehmen **gleichzeitig** im Markt präsent sein, was bedeutet, dass mindestens zwei unabhängige Unternehmen, deren Verhalten koordiniert wird auf demselben Markt tätig sein müssen (Langen/Bunte/*Baron*, Art 2 Rn 254), was auch bei potenziellen Wettbewerbern der Fall sein kann (Komm. 4.8.1998, JV.5 Tz 29 – Cegetel/Canal+/AOL/Bertelsmann).

II. Voraussetzungen der Verhaltenskoordinierung

75 Die Kommission legt in der Praxis drei Kriterien zugrunde, die erfüllt sein müssen, damit eine Verhaltenskoordinierung iSd Art. 2 Abs. 4 vorliegt. Die Verhaltenskoordinierung muss im Einzelnen nachgewiesen werden, es gibt diesbezüglich **keine Vermutung einer Koordinierung**, wobei sich aufgrund der mangelnden exakten Abgrenzung Überschneidungen bei den Kriterien ergeben können (Langen/Bunte/*Baron*, Art. 2 Rn 255).

76 **1. Wahrscheinlichkeit der Koordinierung.** Ob eine Verhaltenskoordinierung wahrscheinlich ist, erfordert eine prognostische Bewertung der Marktaktivität. In erster Linie wird durch die Kommission geprüft, ob die Unternehmen aufgrund der gegebenen Marktstruktur ein **Interesse** an der Verhaltenskoordinierung haben und ob sie eine solche **dauerhaft durchsetzen** könnten (Langen/Bunte/*Baron*, Art. 2 Rn 257). Das Interesse an einer Koordinierung hängt davon ab, welche wirtschaftliche Bedeutung die Marktaktivität des Gemeinschaftsunternehmens für das Mutterunternehmen hat. Je kleiner der Markt oder der Marktanteil des Gemeinschaftsunternehmens ist, desto kleiner ist das Koordinierungsinteresse (Komm. 27.5.1998, JV.6 Tz 30 ff – Ericsson/Nokia/Psion). Die Durchsetzbarkeit einer Koordinierung hängt vor allem von den Marktstrukturen ab, wobei die Kriterien zur Bewertung der Marktstruktur weitgehend denen der oligopolistischen Marktbeherrschung entsprechen. Förderlich sind also **stabile Märkte**, eine hohe Konzentration oder gemeinsame Aktivitäten in anderen Märkten (Langen/Bunte/*Baron*, Art. 2 Rn 260; Komm. 20.7.2000, JV.48 Tz 83 ff – Vodafone/Vivendi/Canal+), aber auch die nötige Marktmacht darf den Unternehmen nicht fehlen, um die Wettbewerber auf dem Koordinationsmarkt verdrängen zu können (Komm. 17.8.1999, JV.21 Tz 37 ff – Skandia/Storebrand/Pohjola).

77 **2. Spürbarkeit der Koordinierung.** Die Verhaltenskoordinierung muss auch eine **spürbare Wirkung** haben. Ein Zusammenschluss kann nicht wegen erwarteter Koordinierungswirkungen untersagt werden, wenn die Unternehmen die Koordinierung durch Vereinbarung hätten herbeiführen dürfen. Die Spürbarkeit wird nach den Kriterien der De-minimis-Bekanntmachung (ABl. 2001 Nr. C 368/13) beurteilt, was bedeutet, dass in erster Linie die Marktanteile der Mütterunternehmen ausschlaggebend sind (De-minimis-Bekanntmachung, Abschnitt II, Tz 7 ff). Liegen die Marktanteile der Mütterunternehmen und des Gemeinschaftsunternehmens insgesamt bei 10 % oder darunter, so nimmt die Kommission keine spürbare Wirkung an (Komm. 4.8.1998, JV.5 Tz 17 – Cegetel/Canal+/AOL/Bertelsmann), bei Marktanteilen über 20 % grundsätzlich schon (Komm. 30.9.1999, JV.22 Tz 52 ff – Fujitsu/Siemens).

3. Kausalität des Gemeinschaftsunternehmens für die Koordinierung. Letztlich muss das Gemeinschaftsunternehmen für die Verhaltenskoordinierung ursächlich sein. Eine **Kausalität** in diesem Sinne wird von der Kommission nur angenommen, wenn das Gemeinschaftsunternehmen erstmals eine Verhaltenskoordinierung der Mütterunternehmen bewirkt (Langen/Bunte/*Baron*, Art. 2 Rn 265). Hierzu gehört auch, dass das Gemeinschaftsunternehmen einen erheblichen Beitrag zur Koordinierung leistet (Komm. 21.3.2000, JV.37 Tz 91 – BSkyB/KirchPayTV). 78

III. Einzelfreistellung nach Art. 101 Abs. 3 AEUV

Wenn die Voraussetzungen des Art. 2 Abs. 4 erfüllt sind, ist zu prüfen, ob die Verhaltenskoordinierung gemäß Art. 101 Abs. 3 AEUV freigestellt ist. In problematischen Fällen haben bisher alle Unternehmen durch Zusagen die wettbewerblichen Bedenken ausgeräumt. Somit liegt zur ausdrücklichen Untersagung eines Zusammenschlusses aufgrund unzulässiger Verhaltenskoordinierung noch **keine Rechtsprechung** vor (Langen/Bunte/*Baron*, Art. 2 Rn 267; FK/*Schröer*, Art. 2 Rn 295). 79

Artikel 3 FKVO Definition des Zusammenschlusses

(1) Ein Zusammenschluss wird dadurch bewirkt, dass eine dauerhafte Veränderung der Kontrolle in der Weise stattfindet, dass

a) zwei oder mehr bisher voneinander unabhängige Unternehmen oder Unternehmensteile fusionieren oder dass

b) eine oder mehrere Personen, die bereits mindestens ein Unternehmen kontrollieren, oder ein oder mehrere Unternehmen durch den Erwerb von Anteilsrechten oder Vermögenswerten, durch Vertrag oder in sonstiger Weise die unmittelbare oder mittelbare Kontrolle über die Gesamtheit oder über Teile eines oder mehrerer anderer Unternehmen erwerben.

(2) Die Kontrolle wird durch Rechte, Verträge oder andere Mittel begründet, die einzeln oder zusammen unter Berücksichtigung aller tatsächlichen oder rechtlichen Umstände die Möglichkeit gewähren, einen bestimmenden Einfluss auf die Tätigkeit eines Unternehmens auszuüben, insbesondere durch:

a) Eigentums- oder Nutzungsrechte an der Gesamtheit oder an Teilen des Vermögens des Unternehmens;

b) Rechte oder Verträge, die einen bestimmenden Einfluss auf die Zusammensetzung, die Beratungen oder Beschlüsse der Organe des Unternehmens gewähren.

(3) Die Kontrolle wird für die Personen oder Unternehmen begründet,

a) die aus diesen Rechten oder Verträgen selbst berechtigt sind, oder

b) die, obwohl sie aus diesen Rechten oder Verträgen nicht selbst berechtigt sind, die Befugnis haben, die sich daraus ergebenden Rechte auszuüben.

(4) Die Gründung eines Gemeinschaftsunternehmens, das auf Dauer alle Funktionen einer selbstständigen wirtschaftlichen Einheit erfüllt, stellt einen Zusammenschluss im Sinne von Absatz 1 Buchstabe b) dar.

(5) Ein Zusammenschluss wird nicht bewirkt,

a) wenn Kreditinstitute, sonstige Finanzinstitute oder Versicherungsgesellschaften, deren normale Tätigkeit Geschäfte und den Handel mit Wertpapieren für eigene oder fremde Rechnung einschließt, vorübergehend Anteile an einem Unternehmen zum Zweck der Veräußerung erwerben, sofern sie die mit den Anteilen verbundenen Stimmrechte nicht ausüben, um das Wettbewerbsverhalten des Unternehmens zu bestimmen, oder sofern sie die Stimmrechte nur ausüben, um die Veräußerung der Gesamtheit oder von Teilen des Unternehmens oder seiner Vermögenswerte oder die Veräußerung der Anteile vorzubereiten, und sofern die Veräußerung innerhalb eines Jahres nach dem Zeitpunkt des Erwerbs erfolgt; diese Frist kann von der Kommission auf Antrag verlängert werden, wenn die genannten Institute oder Gesellschaften nachweisen, dass die Veräußerung innerhalb der vorgeschriebenen Frist unzumutbar war;

b) wenn der Träger eines öffentlichen Mandats aufgrund der Gesetzgebung eines Mitgliedstaats über die Auflösung von Unternehmen, die Insolvenz, die Zahlungseinstellung, den Vergleich oder ähnliche Verfahren die Kontrolle erwirbt;

c) **wenn die in Absatz 1 Buchstabe b) bezeichneten Handlungen von Beteiligungsgesellschaften im Sinne von Artikel 5 Absatz 3 der Vierten Richtlinie 78/660/EWG des Rates vom 25. Juli 1978 aufgrund von Artikel 54 Absatz 3 Buchstabe g) des Vertrages über den Jahresabschluss von Gesellschaften bestimmter Rechtsformen[1] vorgenommen werden, jedoch mit der Einschränkung, dass die mit den erworbenen Anteilen verbundenen Stimmrechte, insbesondere wenn sie zur Ernennung der Mitglieder der geschäftsführenden oder aufsichtsführenden Organe der Unternehmen ausgeübt werden, an denen die Beteiligungsgesellschaften Anteile halten, nur zur Erhaltung des vollen Wertes der Investitionen und nicht dazu benutzt werden, unmittelbar oder mittelbar das Wettbewerbsverhalten dieser Unternehmen zu bestimmen.**

A. Vorbemerkungen

80 Grundsätzlich muss eine Unternehmenstransaktion zwei Voraussetzungen erfüllen, um in den Anwendungsbereich der Europäischen Fusionskontrolle zu fallen: Es muss ein **Zusammenschluss** vorliegen, und dieser muss die **Umsatzschwellen** des Art. 1 überschreiten. Wann ein Zusammenschluss iSd VO 139/2004 (ABl. 2004 Nr. L 24/1) vorliegt, wird in Art. 3 definiert. Ein Zusammenschluss iSd Art. 3 Abs. 1 wird durch **Fusion** oder **Kontrollerwerb** bewirkt. Gemäß ErwG 20 der VO 139/2004 kommt es in beiden Fällen zu „dauerhaften Veränderungen der Kontrolle an dem beteiligten Unternehmen und damit der Marktstruktur". Ein Kontrollerwerb kann durch ein einzelnes Unternehmen oder durch mehrere Unternehmen in Form der gemeinsamen Kontrolle erfolgen. Auch die Gründung **kooperativer Gemeinschaftsunternehmen** unterliegt der EG-Fusionskontrolle. Für die Praxis bietet die einschlägige konsolidierte Mitteilung zu Zuständigkeitsfragen (ABl. 2008 Nr. C 95/1) nähere Erläuterungen zum Begriff des Zusammenschlusses (Tz 7 ff), zum Begriff der beteiligten Unternehmen (Tz 124, 129 ff) und zur Berechnung des Umsatzes (Tz 157 ff).

B. Unternehmensbegriff

81 Die FKVO enthält keine eigene Definition des Unternehmensbegriffs, daher muss auf die Entscheidungspraxis und Rechtsprechung des EG-Kartellrechts zurückgegriffen werden. Der EuGH sieht im Begriff des Unternehmens jede eine wirtschaftliche Tätigkeit ausübende Einheit, **unabhängig** von ihrer Rechtsform oder der Art der Finanzierung (EuGH Slg 1994, I-43 ff Tz 18 mwN – Eurocontrol). Unternehmen können aus natürlichen wie juristischen Personen bestehen sowie Körperschaften oder Gesellschaften sein, was einerseits aus Art. 3 I lit. b) FKVO hervorgeht, zum anderen aber auch durch die Entscheidungspraxis der Kommission bestätigt wird (Mitteilung der Kommission über den Begriff der beteiligten Unternehmen, ABl. 1998 C 66/1; Komm. 16.5.1991, M.082 Tz 3 – Asko/Jacobs/Adia). Zwischen öffentlichen und privaten Unternehmen soll hierbei grundsätzlich **nicht unterschieden** werden (vgl ErwG 22 zur FKVO; Komm. WuW/E EU-V 79 Tz 7 – Neste/Ivo). **Bundesländer** und sonstige öffentlich-rechtliche Körperschaften können ebenfalls Unternehmen sein, sofern es sich um Körperschaften handelt, die eine mit autonomen Entscheidungsbefugnissen ausgestattete wirtschaftliche Einheit bilden (*Bechtold/Bosch/Brinker/Hirsbrunner*, Art. 3 Rn 5; Immenga/Mestmäcker/*Immenga/Körber*, Art. 3 Rn 7; vgl Komm. 20.3.2000, M.1842 Tz 4 – Vattenfall/HEW).

82 Die fusionierenden Unternehmen müssen vor dem Zusammenschluss voneinander **unabhängig** gewesen sein. Wenn Unternehmen, welche bereits einem gemeinsamen Konzern angehören oder aufgrund anderer Umstände nicht voneinander unabhängig sind, ihre Verbindung verstärken, stellt dies keinen Zusammenschluss iSd FKVO dar (vgl Konsolidierte Mitteilung zu Zuständigkeitsfragen, ABl. 2008 Nr. C 95/1 Tz 9).

C. Zusammenschluss durch Fusion (Abs. 1 lit. a)

83 Eine **Fusion** im Sinne von Artikel 3 Absatz 1 lit. a) der Fusionskontrollverordnung liegt der Mitteilung über den Begriff des Zusammenschlusses (ABl. 1998 Nr. C 66/5, vgl auch für nachfolgende Ausführungen Abschnitt I Tz 6–7) zufolge dann vor, wenn **zwei oder mehr** bisher voneinander unabhängige **Unternehmen** zu einem neuen Unternehmen **verschmelzen** und keine eigene Rechtspersönlichkeiten mehr bilden, oder wenn ein Unternehmen in einem anderen Unternehmen aufgeht, wobei das letztere

1 ABl. L 222 vom 14.8.1978, S. 11. Richtlinie zuletzt geändert durch die Richtlinie 2003/51/EG des Europäischen Parlaments und des Rates (ABl. L 178 vom 17.7.2003, S. 16).

seine Rechtspersönlichkeit behält, während das erstere als juristische Person untergeht. Eine Fusion im Sinne von Artikel 3 Absatz 1 lit. a) liegt aber auch dann vor, wenn zuvor unabhängige Unternehmen ihre Aktivitäten so zusammenlegen, dass eine wirtschaftliche Einheit entsteht, ohne dass rechtlich von einer Fusion gesprochen werden kann, zB wenn zwei oder mehr Unternehmen vertraglich vereinbaren, sich einer gemeinsamen wirtschaftlichen Leitung zu unterstellen, ohne ihre Rechtspersönlichkeit aufzugeben (Komm. 10.2.2003, M.3071, Tz 5 – Carnival Corp/P&O Princess (II)).

D. Zusammenschluss durch Kontrollerwerb (Abs. 1 lit. b)

Nach Art. 3 Abs. 2 ist unter „Kontrolle" die **Möglichkeit** zu verstehen, einen „bestimmenden Einfluss auf die Tätigkeit eines Unternehmens auszuüben". Eine weiter gehende Definition des Kontrollbegriffs ist in der FKVO nicht enthalten. Es geht also darum, einen lenkenden Einfluss auf die wesentlichen unternehmerischen oder strategischen Entscheidungen des Unternehmens ausüben zu können (FK-KartellR/*Schröer*, Art. 3 Rn 21), und **nicht** unbedingt darum, dass **tatsächlich** Einfluss genommen wird. 84

I. Erwerb durch Personen oder Unternehmen

Als „Personen" kommen gemäß Art. 3 Abs. 1 lit. b) natürliche oder juristische Personen in Betracht, die selbst keine eigene wirtschaftliche Tätigkeit wahrnehmen, aber bereits ein oder mehrere Unternehmen kontrollieren (*Bechtold/Bosch/Brinker/Hirsbrunner*, Art. 3 Rn 5). Auch eine natürliche Person wird im Wege der Unternehmensfiktion von der Kommission als Unternehmen behandelt, wenn sie einer eigenen Wirtschaftstätigkeit nachgeht (Konsolidierte Mitteilung zu Zuständigkeitsfragen, ABl. 2008 Nr. C 95/1, Tz 12). 85

II. Kontrollerwerb durch ein einzelnes Unternehmen – „sole control"

Die **alleinige Kontrolle** wird dadurch begründet, dass ein Unternehmen durch Erwerb von Anteilen die **Stimmenmehrheit** an einem anderen Unternehmen erwirbt und hierdurch den bestimmenden Einfluss über das Unternehmen erlangt (Konsolidierte Mitteilung zu Zuständigkeitsfragen, ABl. 2008 Nr. C 95/1, Tz 54). Bei Abweichungen zwischen Kapitalanteilen und Stimmrechten sind die Stimmrechte zur Beurteilung der Einflussnahme ausschlaggebend (Langen/Bunte/*Baron*, Art. 3 Rn 28). 86

Andere in Abs. 2 ausdrücklich genannte Formen des Kontrollerwerbs erfolgen zB durch **Vermögenserwerb** (Abs. 1 lit. b, Abs. 2 lit. a) und durch **Verträge**, welche eine Einflussnahme auf die wirtschaftliche Betätigung des Unternehmens ermöglichen (Abs. 2 lit. b). Der Kontrollerwerb „in sonstiger Weise", welcher in Abs. 1 lit. b) erwähnt wird, soll die **Lückenlosigkeit** des Zusammenschlussbegriffs gewährleisten, da es für die Frage der Anwendbarkeit der FKVO nicht auf die Art und Weise ankommt, in welcher der Kontrollerwerb stattfindet (*Bechtold/Bosch/Brinker/Hirsbrunner*, Art. 3 Rn 8). 87

1. Verschiedene Möglichkeiten des Kontrollerwerbs. Die einfachste Form des Kontrollerwerbs ist die **alleinige Kontrolle** durch Übernahme aller Anteile (100 %) des zu erwerbenden Unternehmens durch ein einzelnes anderes Unternehmen, den Erwerber (Langen/Bunte/*Baron*, Art. 3 Rn 44). Dieses hält dann auch die Stimmenmehrheit (so zB in: Komm. 3.2.1999, M.1411 Tz 5 – Deutsche Bank/Coral). Im Fall **„RTL/M6"** fand dagegen der alleinige Kontrollerwerb dadurch statt, dass „Suez Lyonnais des Eaux" alle Anteile an M6 veräußerte, wodurch RTL, ohne weitere Anteile zu erwerben, die Anteilsmehrheit hielt (Komm. 12.3.2004, M.3330 Tz 1). 88

Auch jede Form des **Mehrheitserwerbs** führt in aller Regel zur alleinigen Kontrolle, es sei denn, der Mehrheitsgesellschafter kann trotz seiner Stimmenmehrheit wesentliche Entscheidungen nicht allein treffen (FK-KartellR/*Schröer*, Art. 3 Rn 65). Die Kontrolle kann sich gemäß Abs. 1 lit. b) über die Gesamtheit eines Unternehmens erstrecken oder nur über ausgesonderte Unternehmensteile, die nach der Akquisition veräußert werden (Langen/Bunte/*Baron*, Art. 3 Rn 49). Auch wenn eine Minderheitsbeteiligung auf eine Mehrheitsbeteiligung aufgestockt wird, liegt ein Kontrollerwerb vor. Ein Beispiel im Medienbereich für den Mehrheitserwerb bietet der Fall **„Bertelsmann/Wissenschaftsverlag Springer"** (Komm. 15.2.1999, M.1377, dort vgl Tz 6). 89

Bei **paritätischen Beteiligungen** (50:50) kann ebenfalls alleinige Kontrolle vorliegen, wenn Zusatzvereinbarungen bestehen, welche von den Anteilen abweichende Stimmrechtsverteilungen vorsehen (Langen/Bunte/*Baron*, Art. 3 Rn 50). 90

91 Die alleinige Kontrolle ist bei paritätischen Beteiligungen mit Einstimmigkeitsgebot regelmäßig **ausgeschlossen,** da auch hier keine wesentlichen Entscheidungen allein getroffen werden können. Dies gilt nicht, wenn die Einstimmigkeit durch besondere Regelungen ausgehebelt wird (zB durch eine Put-oder Call-Option; Langen/Bunte/*Baron*, Art. 3 Rn 51).

92 Alleinige Kontrolle kann auch mit einer qualifizierten Minderheitsbeteiligung erworben werden, wobei unterschieden wird, ob die Minderheitsbeteiligung mit besonderen Rechten ausgestattet ist oder der Minderheitsgesellschafter rein faktisch die Kontrolle erwirbt, etwa, wenn die restlichen Aktien sich in Streubesitz befinden und er daher mit einer Mehrheit in der Hauptversammlung rechnen kann (Konsolidierte Mitteilung zu Zuständigkeitsfragen, ABl. 2008 Nr. C 95/1, Tz 59; vgl etwa Komm. 10.2.1990, M.25, Tz 4 – Arjomari/Wiggins Teape).

93 **2. Wechsel von gemeinsamer zu alleiniger Kontrolle und vice versa.** Bei einem **Wechsel** von gemeinsamer zu alleiniger Kontrolle und umgekehrt liegt ein Zusammenschluss im Sinne der FKVO vor ((Konsolidierte Mitteilung zu Zuständigkeitsfragen, ABl. 2008 Nr. C 95/1, Tz 83), auch bei anderen **Änderungen** der Beschaffenheit von Kontrolle (zB Komm. ABl. 1999 L 53/1, Tz 12 – Bertelsmann/Kirch/Premiere). Wenn alleinige Kontrolle bereits vorliegt, gilt eine Verstärkung der Kontrolle durch eine Anteilserhöhung jedoch nicht als neuer Zusammenschluss (Langen/Bunte/*Baron*, Art. 3 Rn 42).

III. Kontrollerwerb durch mehrere Unternehmen – „joint control"

94 Die Kontrolle kann von einem oder mehreren Unternehmen **gemeinsam** erworben werden (Art. 3 Abs. 1 lit. b). Eine gemeinsame Kontrolle ist dann gegeben, wenn zwei oder mehr Unternehmen die Möglichkeit haben, einen entscheidenden Einfluss in einem anderen Unternehmen auszuüben (Konsolidierte Mitteilung zu Zuständigkeitsfragen, ABl. 2008 Nr. C 95/1, Tz 62). Dieser Einfluss richtet sich typischerweise darauf, wirtschaftliche Entscheidungen zu treffen und durchzusetzen (Langen/Bunte/*Baron*, Art. 3 Rn 58).

95 **1. Paritätische Beteiligungen.** Der klare und einfache Fall von gemeinsamer Kontrolle ist die paritätische 50:50-Beteiligung mit **Stimmengleichheit** der Anteilseigner, da keiner der beiden Gesellschafter das Unternehmen ohne oder gegen den Willen des anderen führen kann (Langen/Bunte/*Baron*, Art. 3 Rn 60; vgl etwa Komm. ABl. 1995 Nr. L 161/27, Tz 8 – Siemens/Italtel). Dies ist auch dann gegeben, wenn zwei Gesellschafter unter 50 % der Anteile halten und ein Drittgesellschafter mit seiner Minderheitsbeteiligung keine Möglichkeit hat, entscheidend auf die wirtschaftlichen Vorgänge Einfluss zu nehmen (Langen/Bunte/*Baron*, Art. 3 Rn 60).

96 **2. Disparitätische Beteiligungen.** Unter disparitätischen Beteiligungen versteht man Konstellationen, in denen entweder die beiden beherrschenden Unternehmen nicht die gleichen Stimmrechte haben oder gleich stark in Entscheidungsgremien vertreten sind, oder in denen mehr als zwei beherrschende Unternehmen beteiligt sind (Konsolidierte Mitteilung zu Zuständigkeitsfragen, ABl. 2008 Nr. C 95/1, Tz 65 ff).

IV. Gemeinschaftsunternehmen (Abs. 4)

97 Die Gründung von Gemeinschaftsunternehmen stellt eine Fallgruppe des Kontrollerwerbs dar. Ein Gemeinschaftsunternehmen ist naturgemäß ein gemeinsam kontrolliertes Unternehmen. Art. 3 Abs. 2 betrifft sowohl die Neugründung als auch die Umwandlung eines bisher allein kontrollierten Unternehmens in ein gemeinsam kontrolliertes Gemeinschaftsunternehmen (*Bechtold/Bosch/Brinker/Hirsbrunner*, Art. 3 Rn 19).

98 **1. Vollfunktionsfähigkeit.** Die Anwendbarkeit der VO 139/2004 auf Gemeinschaftsunternehmen setzt gemäß Art. 3 Abs. 4 voraus, dass das Gemeinschaftsunternehmen dauerhaft alle Funktionen einer selbstständigen wirtschaftlichen Einheit erfüllt, also **vollfunktionsfähig** ist. Dies bestimmt sich nach den Tatsachen, die **zum Zeitpunkt des Erlasses** der Kommissionsentscheidung vorliegen (*Bechtold/Bosch/Brinker/Hirsbrunner*, Art. 3 Rn 20), und wird in einer Gesamtschau von mehreren Beurteilungsmerkmalen beurteilt, so zB unter Berücksichtigung der dauerhaften (Konsolidierte Mitteilung zu Zuständigkeitsfragen, ABl. 2008 Nr. C 95/1, Tz 103) und eigenständigen Aktivität des Gemeinschaftsunternehmens am Markt (vgl Komm. 6.11.1995, M.544, Tz 15 – Unisource/Telefónica), die Wahrnehmung wesentlicher Funktionen durch das Gemeinschaftsunternehmen und die Verfügbarkeit aus-

reichender Ressourcen für die Teilnahme am Wettbewerb (Komm. 21.10.1999, M.1679, Tz 7 – France Telekom/STI/SRD).

Der Charakter als Vollfunktionsgemeinschaftsunternehmen wird nicht beeinträchtigt, wenn das Gemeinschaftsunternehmen in der Anlaufphase fast vollständig von Verkäufen an die bzw Käufen von den Muttergesellschaften abhängig ist. Die Anlaufphase darf allerdings je nach den auf dem betreffenden Markt vorherrschenden Bedingungen einen Zeitraum von drei Jahren nicht überschreiten (Konsolidierte Mitteilung zu Zuständigkeitsfragen, ABl. 2008 Nr. C 95/1, Tz 97). 99

2. Besondere Konstellationen. Wenn ein Gemeinschaftsunternehmen bei seiner Gründung **noch nicht** alle Merkmale der Vollfunktionsfähigkeit erfüllt, kann es dennoch als vollfunktionsfähig angemeldet werden, wenn in absehbarer Zukunft diese Merkmale erfüllt sein werden, dh die Übertragung der Funktionen und Ressourcen verbindlich geplant ist, von keinen Bedingungen abhängig ist und ein hinreichend enger zeitlicher Zusammenhang mit der Gründung des Gemeinschaftsunternehmens besteht (*Bechtold/Bosch/Brinker/Hirsbrunner*, Art. 3 Rn 28; vgl Komm. 25.7.1995 M.551, Tz 22 – ATR/BAe). 100

Die Ausweitung der Tätigkeitsbereiche eines Gemeinschaftsunternehmens stellt regelmäßig einen Fall nicht kontrollpflichtigen internen Wachstums dar (*Polley/Grave,* WuW 2003, 1010 ff). Anders kann die Rechtslage sein, wenn die Tätigkeitserweiterung mit der Übertragung von wesentlichen Vermögenswerten, von know-how oder Verträgen von den Mutterunternehmen an das Gemeinschaftsunternehmen verbunden ist (vgl Konsolidierte Mitteilung zu Zuständigkeitsfragen, ABl. 2008 Nr. C 95/1, Tz 107). In Betracht zu ziehen sind vor allem Fälle, in denen die Ausweitung der Tätigkeit sich auf „andere sachliche oder räumliche Märkte" bezieht, die „nicht das Ziel des ursprünglichen Gemeinschaftsunternehmens waren" (vgl Konsolidierte Mitteilung zu Zuständigkeitsfragen, ABl. 2008 Nr. C 95/1, Tz 107; FK-KartellR/*Schröer*, Art. 3 Rn 120). In diesen Fällen soll eine nach der FKVO zu beurteilende Neugründung des Gemeinschaftsunternehmens fingiert werden (vgl Konsolidierte Mitteilung zu Zuständigkeitsfragen, ABl. 2008 Nr. C 95/1, Tz 107). Als neuer Zusammenschluss kann ferner die Umwandlung eines Teilfunktionsgemeinschaftsunternehmens in ein Vollfunktionsgemeinschaftsunternehmen erfasst sein (vgl Kom. 3.10.2008 M5241 – American Express/Fortis/Alpha Card; vgl a. Konsolidierte Mitteilung zu Zuständigkeitsfragen, ABl. 2008 Nr. C 95/1, Tz 109). **Mehrere Kontrollerwerbsvorgänge** zwischen den gleichen Parteien können zu einem einheitlichen Zusammenschlussvorhaben zusammengefasst werden. Hierbei muss allerdings auch ein enger zeitlicher, rechtlicher und wirtschaftlicher Zusammenhang bestehen und die Vorgänge zur gleichen Art des Kontrollerwerbs gehören (*Bechtold/Bosch/Brinker/Hirsbrunner*, Art. 3 Rn 31). 101

V. Ausnahmen vom Zusammenschlussbegriff (Abs. 5)

Nach Abs. 5 lit. a) ist der Anteilserwerb durch Kreditinstitute, sonstige Finanzinstitute oder Versicherungsgesellschaften unter engen Voraussetzungen **fusionskontrollfrei**, wenn der Anteilserwerb nur vorübergehend ist und zum Zweck der Veräußerung erfolgt (sog. **Bankenklausel**), wobei aber schon zum Zeitpunkt des Anteilserwerbs der Weiterverkauf verbindlich geplant und dieser in der Regel auch im Laufe eines Jahres erfolgen muss (Komm. 20.8.1991, M.116, Tz 5 f – Kelt/American Express). Sind diese Voraussetzungen erfüllt, so liegt kein Zusammenschluss vor. 102

Gemäß Art. 3 Abs. 5 lit. b) (sog. **Insolvenzklausel**) findet die FKVO keine Anwendung auf den Kontrollerwerb durch Träger eines öffentlichen Mandats aufgrund der Gesetzgebung eines Mitgliedstaates über die Auflösung von Unternehmen, den Konkurs, die Insolvenz, die Zahlungseinstellung, den Vergleich oder ähnliche Verfahren. In Deutschland ist damit der Insolvenzverwalter (§ 56 InsO) gemeint (Immenga/Mestmäcker/*Immenga/Körber*, Art. 3 Rn 154). Die Klausel bezieht sich auf den Kontrollerwerb durch den Mandatsträger, nicht einen Dritten, welcher durch die Veräußerungshandlungen des Mandatsträgers ein Unternehmen oder dessen Teile erwirbt (Langen/Bunte/*Baron*, Art. 3 Rn 122). Die FKVO findet gemäß Art. 3 Abs. 5 lit. c) ebenfalls keine Anwendung auf den Kontrollerwerb durch Beteiligungsgesellschaften, sofern die mit den erworbenen Anteilen verbundenen Stimmrechte nur zur Erhaltung des vollen Wertes der Investitionen und nicht dazu benutzt werden, unmittelbar oder mittelbar das Wettbewerbsverhalten der betroffenen Unternehmen zu bestimmen (sog. **Luxemburgische Klausel**). 103

Artikel 4 FKVO Vorherige Anmeldung von Zusammenschlüssen und Verweisung vor der Anmeldung auf Antrag der Anmelder

(1) Zusammenschlüsse von gemeinschaftsweiter Bedeutung im Sinne dieser Verordnung sind nach Vertragsabschluss, Veröffentlichung des Übernahmeangebots oder Erwerb einer die Kontrolle begründenden Beteiligung und vor ihrem Vollzug bei der Kommission anzumelden.

Eine Anmeldung ist auch dann möglich, wenn die beteiligten Unternehmen der Kommission gegenüber glaubhaft machen, dass sie gewillt sind, einen Vertrag zu schließen, oder im Fall eines Übernahmeangebots öffentlich ihre Absicht zur Abgabe eines solchen Angebots bekundet haben, sofern der beabsichtigte Vertrag oder das beabsichtigte Angebot zu einem Zusammenschluss von gemeinschaftsweiter Bedeutung führen würde.

[1]Im Sinne dieser Verordnung bezeichnet der Ausdruck „angemeldeter Zusammenschluss" auch beabsichtigte Zusammenschlüsse, die nach Unterabsatz 2 angemeldet werden. [2]Für die Zwecke der Absätze 4 und 5 bezeichnet der Ausdruck „Zusammenschluss" auch beabsichtigte Zusammenschlüsse im Sinne von Unterabsatz 2.

(2) [1]Zusammenschlüsse in Form einer Fusion im Sinne des Artikels 3 Absatz 1 Buchstabe a) oder in Form der Begründung einer gemeinsamen Kontrolle im Sinne des Artikels 3 Absatz 1 Buchstabe b) sind von den an der Fusion oder der Begründung der gemeinsamen Kontrolle Beteiligten gemeinsam anzumelden. [2]In allen anderen Fällen ist die Anmeldung von der Person oder dem Unternehmen vorzunehmen, die oder das die Kontrolle über die Gesamtheit oder über Teile eines oder mehrerer Unternehmen erwirbt.

(3) [1]Stellt die Kommission fest, dass ein Zusammenschluss unter diese Verordnung fällt, so veröffentlicht sie die Tatsache der Anmeldung unter Angabe der Namen der beteiligten Unternehmen, ihres Herkunftslands, der Art des Zusammenschlusses sowie der betroffenen Wirtschaftszweige. [2]Die Kommission trägt den berechtigten Interessen der Unternehmen an der Wahrung ihrer Geschäftsgeheimnisse Rechnung.

(4) Vor der Anmeldung eines Zusammenschlusses gemäß Absatz 1 können die Personen oder Unternehmen im Sinne des Absatzes 2 der Kommission in einem begründeten Antrag mitteilen, dass der Zusammenschluss den Wettbewerb in einem Markt innerhalb eines Mitgliedstaats, der alle Merkmale eines gesonderten Marktes aufweist, erheblich beeinträchtigen könnte und deshalb ganz oder teilweise von diesem Mitgliedstaat geprüft werden sollte.

[1]Die Kommission leitet diesen Antrag unverzüglich an alle Mitgliedstaaten weiter. [2]Der in dem begründeten Antrag genannte Mitgliedstaat teilt innerhalb von 15 Arbeitstagen nach Erhalt dieses Antrags mit, ob er der Verweisung des Falles zustimmt oder nicht. [3]Trifft der betreffende Mitgliedstaat eine Entscheidung nicht innerhalb dieser Frist, so gilt dies als Zustimmung.

Soweit dieser Mitgliedstaat der Verweisung nicht widerspricht, kann die Kommission, wenn sie der Auffassung ist, dass ein gesonderter Markt besteht und der Wettbewerb in diesem Markt durch den Zusammenschluss erheblich beeinträchtigt werden könnte, den gesamten Fall oder einen Teil des Falles an die zuständigen Behörden des betreffenden Mitgliedstaats verweisen, damit das Wettbewerbsrecht dieses Mitgliedstaats angewandt wird.

[1]Die Entscheidung über die Verweisung oder Nichtverweisung des Falls gemäß Unterabsatz 3 ergeht innerhalb von 25 Arbeitstagen nach Eingang des begründeten Antrags bei der Kommission. [2]Die Kommission teilt ihre Entscheidung den übrigen Mitgliedstaaten und den beteiligten Personen oder Unternehmen mit. [3]Trifft die Kommission innerhalb dieser Frist keine Entscheidung, so gilt der Fall entsprechend dem von den beteiligten Personen oder Unternehmen gestellten Antrag als verwiesen.

[1]Beschließt die Kommission die Verweisung des gesamten Falles oder gilt der Fall gemäß den Unterabsätzen 3 und 4 als verwiesen, erfolgt keine Anmeldung gemäß Absatz 1, und das Wettbewerbsrecht des betreffenden Mitgliedstaats findet Anwendung. [2]Artikel 9 Absätze 6 bis 9 finden entsprechend Anwendung.

(5) Im Fall eines Zusammenschlusses im Sinne des Artikels 3, der keine gemeinschaftsweite Bedeutung im Sinne von Artikel 1 hat und nach dem Wettbewerbsrecht mindestens dreier Mitgliedstaaten geprüft werden könnte, können die in Absatz 2 genannten Personen oder Unternehmen vor einer Anmeldung

bei den zuständigen Behörden der Kommission in einem begründeten Antrag mitteilen, dass der Zusammenschluss von der Kommission geprüft werden sollte.

Die Kommission leitet diesen Antrag unverzüglich an alle Mitgliedstaaten weiter.

Jeder Mitgliedstaat, der nach seinem Wettbewerbsrecht für die Prüfung des Zusammenschlusses zuständig ist, kann innerhalb von 15 Arbeitstagen nach Erhalt dieses Antrags die beantragte Verweisung ablehnen.

[1]Lehnt mindestens ein Mitgliedstaat gemäß Unterabsatz 3 innerhalb der Frist von 15 Arbeitstagen die beantragte Verweisung ab, so wird der Fall nicht verwiesen. [2]Die Kommission unterrichtet unverzüglich alle Mitgliedstaaten und die beteiligten Personen oder Unternehmen von einer solchen Ablehnung.

[1]Hat kein Mitgliedstaat gemäß Unterabsatz 3 innerhalb von 15 Arbeitstagen die beantragte Verweisung abgelehnt, so wird die gemeinschaftsweite Bedeutung des Zusammenschlusses vermutet und er ist bei der Kommission gemäß den Absätzen 1 und 2 anzumelden. [2]In diesem Fall wendet kein Mitgliedstaat sein innerstaatliches Wettbewerbsrecht auf den Zusammenschluss an.

(6) [1]Die Kommission erstattet dem Rat spätestens bis 1. Juli 2009 Bericht über das Funktionieren der Absätze 4 und 5. [2]Der Rat kann im Anschluss an diesen Bericht auf Vorschlag der Kommission die Absätze 4 und 5 mit qualifizierter Mehrheit ändern.

A. Vorbemerkungen

Die Pflicht zur vorherigen Anmeldung von Zusammenschlüssen nach Art. 4 bildet zusammen mit dem Vollzugsverbot des Art. 7 einen wichtigen Pfeiler des **präventiven Fusionskontrollsystems** (vgl ErwG 34 zur FKVO). Seit dem Inkrafttreten der VO 139/2004 (ABl. 2004 Nr. L 24/1) regelt Art. 4 nicht mehr nur die Pflicht der Unternehmen zur vorherigen Anmeldung von Unternehmenszusammenschlüssen, sondern auch die **Verweisung** von Unternehmenszusammenschlüssen **vor der Anmeldung**. Dies soll eine optimale Zuweisung von Fällen an die sachkundigste Stelle ermöglichen und Mehrfachanmeldungen vermeiden helfen (vgl Langen/Bunte/*Baron*, Art. 4 Rn 2). Deshalb findet sich jetzt in Art. 4 Abs. 4 und 5 die Verweisungsmöglichkeit vor Verfahrensbeginn. Das ausschließliche Initiativrecht liegt bei den Anmeldern eines Zusammenschlusses, die über die umfassendsten Informationen über ihr Vorhaben verfügen (Langen/Bunte/*Baron*, Art. 4 Rn 2). Die Anmeldungen müssen nicht mehr innerhalb einer bestimmten Frist erfolgen, wie dies noch in der VorgängerVO 4064/89 (ABl. 1989 Nr. L 395/1) der Fall war. Die Details des Anmeldevorgangs sind in der Durchführungsverordnung VO 802/2004 (ABl. 2004 Nr. L 133/1) geregelt. 104

B. Anmeldepflicht und Anmeldefähigkeit (Abs. 1)

Ein Zusammenschluss von gemeinschaftsweiter Bedeutung iSd FKVO muss gemäß Art. 4 Abs. 1 Unterabs. 1 bei der Kommission nach Abschluss des Vertrages, Veröffentlichung des Übernahmeangebots oder Erwerb einer die Kontrolle begründenden Beteiligung angemeldet werden. Die Anmeldepflicht besteht aber auch, wenn die Zustimmung der gesellschaftsrechtlich zuständigen Organe erforderlich ist und diese noch aussteht (*Bechtold/Bosch/Brinker/Hirsbrunner*, Art. 4 Rn 8). 105

Die in **Abs. 1 Unterabs. 2** erwähnten Tatbestände begründen zwar **keine Anmeldepflicht**, aber die Anmeldefähigkeit der aufgeführten Vorhaben. Hierzu gehören der geplante Abschluss eines Zusammenschlussvertrages, die geplante Abgabe eines öffentlichen Übernahmeangebots und die Gründung eines Gemeinschaftsunternehmens durch ein Bewerberkonsortium. Ist der Abschluss eines Zusammenschlussvertrages geplant, so müssen die Parteien glaubhaft machen können, dass sie gewillt sind, den Vertrag abzuschließen, und hinreichend konkrete Pläne vorweisen können, um die Kommission in die Lage zu versetzen, ihre Zuständigkeit festzustellen und den bevorstehenden Zusammenschluss zu überprüfen, zB durch die Vorlage der „unterzeichneten Grundsatzvereinbarung, Übereinkunft oder Absichtserklärung" (vgl den 34. ErwG zur FKVO). Die geplante Abgabe eines öffentlichen Übernahmeangebots ist gem. Abs. 2 Unterabs. 2 anmeldefähig, wenn die beteiligten Unternehmen öffentlich ihre **Absicht** zur Abgabe eines solchen Angebots bekannt gegeben haben, während ein von einem Bewerberkonsortium gegründetes Gemeinschaftsunternehmen erst anmeldefähig wird, wenn es die **Lizenz** oder die Konzession erhalten hat (*Bechtold/Bosch/Brinker/Hirsbrunner*, Art. 4 Rn 15). 106

C. Anmeldepflichtige (Abs. 2)

107 Bei Fusionen (Art. 3 Abs. 1 lit. a) sind die beteiligten Unternehmen verpflichtet, eine **gemeinsame Anmeldung** einzureichen. Beim Kontrollerwerb eines Unternehmens über die Gesamtheit oder Teile eines anderen Unternehmens (Art. 3 Abs. 1 lit. b) ist nach S. 2 der Erwerber anmeldepflichtig. Bei einem öffentlichen Übernahmeangebot ist wiederum der Bieter anmeldepflichtig (vgl Art. 2 Abs. 2 S. 2).

D. Form und Inhalt der Anmeldung

108 Die formellen Anforderungen an eine Anmeldung werden in den Art. 1–5 der Durchführungsverordnung 802/2004 (ABl. 2004 Nr. L 133/1) dargelegt. Die Verwendung des der VO 802/2004 beigefügten **Formblattes CO** (für „Concentration") ist **zwingende Voraussetzung** für die Wirksamkeit (vgl Art. 3 Abs. 1 VO 802/2004). Außerdem müssen alle Angaben gemäß Art. 4 Abs. 1 VO 802/2004 richtig und vollständig sein. Die Vollständigkeit der Anmeldung ist Voraussetzung für den Beginn der Verfahrensfristen (vgl Art. 5 Abs. 3 VO 802/2004; Art. 10 Abs. 1). Bei unrichtigen oder entstellten Angaben kann die Kommission eine Geldbuße nach Art. 14 Abs. 1 lit. b) VO 139/2004 (ABl. 2004 Nr. L 24/1) verhängen. Für **Gemeinschaftsunternehmen**, die gar nicht oder in nur vernachlässigbarem Umfang im Gebiet des Europäischen Wirtschaftsraums tätig sind, und für in der „Bekanntmachung der Kommission über ein vereinfachtes Verfahren für bestimmte Zusammenschlüsse" (ABl. 2005 Nr. C 56/32) genau definierte, im Allgemeinen von vornherein unproblematische Fälle (vgl Art. 3 Abs. 1 iVm Anhang II VO 802/2004) ist eine **Anmeldung in Kurzform** möglich (*Bechtold/Bosch/Brinker/Hirsbrunner*, Art. 4 Rn 19).

E. Veröffentlichung der Tatsache der Anmeldung (Abs. 3)

109 Die Kommission **veröffentlicht** gemäß Art. 4 Abs. 3 FKVO die Tatsache der Anmeldung im Amtsblatt der Europäischen Union, damit interessierte Dritte die Gelegenheit zur Stellungnahme erhalten, wofür eine üblicherweise zehntägige Frist gesetzt wird (*Bechtold/Bosch/Brinker/Hirsbrunner*, Art. 4 Rn 22). Eine Veröffentlichung erfolgt bei **allen Anmeldungen**, nicht nur, wenn die Anwendbarkeit der VO 139/2004 (ABl. 2004 Nr. L 24/1) feststeht (vgl etwa Komm. 13.9.1993, M.366 – Alcatel/STC, Anmeldung im ABl. 1993 Nr. C 209/17). Die Kommission trägt dabei den berechtigten Interessen der Unternehmen an der Wahrung ihrer Geschäftsgeheimnisse Rechnung (Art. 4 Abs. 3 S. 2).

I. Verweisung durch die Kommission an die mitgliedstaatliche Ebene (Art. 4 Abs. 4)

110 Die Verweisungsvoraussetzungen des Art. 4 Abs. 4 stimmen mit denen des Art. 9 Abs. 2 lit. a) überein. Eine Verweisung von der Kommission an den jeweiligen Mitgliedstaat vor der Anmeldung ist gemäß der Mitteilung der Kommission über die Verweisung von Fusionssachen (ABl. 2005 Nr. C 56/2, Tz 16 ff) möglich, wenn Anhaltspunkte dafür vorliegen, dass der Zusammenschluss den Wettbewerb in einem oder mehreren Märkten erheblich beeinträchtigen kann, diese fraglichen Märkte sich in einem Mitgliedstaat befinden und alle Merkmale eines gesonderten Marktes aufweisen. Außerdem ergibt sich aus der Kommissionsmitteilung, dass die beteiligten Unternehmen die (Teil-)Verweisung des Zusammenschlusses **beantragen** und nachweisen müssen, dass sich das Vorhaben eventuell auf den Wettbewerb in einem gesonderten Markt in dem Maße auswirkt, dass eine Untersuchung angezeigt ist, und diese auch sachlich gerechtfertigt wäre, also an die Behörde verwiesen wird, die zur Prüfung am besten geeignet wäre (Mitteilung über die Verweisung von Fusionssachen, Tz 19 f; *Hess*, AfP 2004, 339 (340)).

111 Die Antragsteller müssen einen **begründeten Antrag** in Form des ausgefüllten **Formblattes RS** (für „reasoned submission") bei der Kommission einreichen (vgl Art. 6 Abs. 1 VO 802/2004 mit Anhang III: ABl. 2004 Nr. L 133/1 ff). Von diesem Antrag werden allen Mitgliedstaaten umgehend Ausfertigungen zugeleitet (Mitteilung über die Verweisung von Fusionssachen, ABl. 2005 Nr. C 56/2, Tz 56). Alle im Antrag genannten Staaten entscheiden daraufhin binnen 15 Arbeitstagen, ob sie einer Verweisung zustimmen. Die Kommission entscheidet nach Ablauf dieser Frist binnen 25 Arbeitstagen, ob dem Verweisungsantrag stattzugeben ist, wobei sie ähnlich wie in Verweisungsverfahren nach Art. 9 ein Entscheidungsermessen ausüben kann (*Bechtold/Bosch/Brinker/Hirsbrunner*, Art. 4 Rn 26). Bei einer **Teilverweisung** bleibt die Kommission für den nicht verwiesenen Teil des Zusammenschlusses zuständig; eine solche Fragmentierung soll allerdings soweit möglich vermieden werden, da das Prinzip der einzigen Anlaufstelle dann eingeschränkt würde (Mitteilung über die Verweisung in Fusionssachen,

Tz 11, 12). Bei Untätigkeit der Kommission gilt die Verweisungsfiktion des Art. 4 Abs. 4 Unterabs. 4. Das weitere Verfahren in den Mitgliedstaaten richtet sich nach Art. 9 Abs. 6–9.

II. Verweisung von der mitgliedstaatlichen Ebene an die Kommission (Art. 4 Abs. 5)

Die Möglichkeit der Verweisung vor der Anmeldung von der mitgliedstaatlichen Ebene an die Kommission steht für Zusammenschlüsse iSd Art. 3 zur Verfügung, die, ohne eine gemeinschaftsweite Bedeutung iSd Art. 1 zu haben, nach dem Wettbewerbsrecht von **mindestens drei Mitgliedstaaten** geprüft werden könnten (*Bechtold/Bosch/Brinker/Hirsbrunner*, Art. 4 Rn 27). Ein Fall sollte an die Kommission verwiesen werden, wenn diese über die besseren Voraussetzungen verfügt, um sich mit dem Fall zu befassen (*Bechtold/Bosch/Brinker/Hirsbrunner*, Art. 4 Rn 27). Dies ist vor allem dann der Fall, wenn der Zusammenschluss den Wettbewerb über das Hoheitsgebiet eines Mitgliedstaates hinaus beeinträchtigen würde (ErwG 16 zur VO 139/2004). Doch auch, wenn dies nicht der Fall ist, kann die Kommission die zu bevorzugende Prüfstelle sein, da sie einheitliche Ermittlungen leiten und gut koordinierte Auflagen bestimmen kann und zudem eventuell über weiteres Fachwissen oder größere Erfahrung auf dem jeweiligen Gebiet verfügt, wodurch Zeit und Kosten gespart werden können (Langen/Bunte/*Baron*, Art. 4 Rn 55). 112

Die beteiligten Unternehmen oder Personen iSd Abs. 2 können vor der Anmeldung bei den nationalen Wettbewerbsbehörden einen Antrag auf Verweisung bei der Kommission stellen. Es ist dabei wieder das **Formblatt „RS“** (für „reasoned submission“) zu verwenden. Der Anmelder muss in der Begründung deutlich machen, welche Mitgliedstaaten den Zusammenschluss nach nationalem Recht kontrollieren könnten (Formblatt RS, Teilabschnitt 6.3). Die Kommission leitet wiederum allen Mitgliedstaaten den Antrag zu (vgl Ausführungen oben Rn 111) und die für die Kontrolle des Zusammenschlusses zuständigen Mitgliedstaaten haben wie im Verfahren nach Art. 4 Abs. 4 die Möglichkeit, innerhalb von 15 Arbeitstagen **die Verweisung abzulehnen** (Mitteilung über die Verweisung von Fusionssachen, ABl. 2005 Nr. C 56/2 (18), Tz 75). Wurde ein Mitgliedstaat vom Anmelder irrtümlich nicht als zuständig in den Antrag aufgenommen, kann er dies der Kommission binnen der o.g. Frist erklären und ebenfalls eine Beurteilung des Antrags abgeben (Langen/Bunte/*Baron*, Art. 4 Rn 65). Konnte er wegen mangelnder Angaben den Antrag nicht ablehnen, kann er auch nach der Anmeldung eine Verweisung beantragen (Mitteilung über die Verweisung von Fusionssachen, Tz 77). Die Bewertung nur irrtümlich als zuständig bezeichneter Mitgliedstaaten ist nicht beachtlich (Art. 4 Abs. 5 Unterabs. 3). 113

Die Verweisung wird gemäß Art. 4 Abs. 5 Unterabs. 4 **abgelehnt**, wenn einer der zuständigen Mitgliedstaaten sich gegen den Antrag ausspricht. Stimmen hingegen alle zuständigen Mitgliedstaaten zu oder lassen sie ohne eine Stellungnahme die Frist verstreichen, erfolgt die Verweisung an die Kommission, welche dann den Fall übernimmt (Mitteilung über die Verweisung von Fusionssachen, ABl. 2005 Nr. C 56/2, Tz 76). Daraufhin muss der Fall gem. Art. 4 Abs. 1 bei der Kommission angemeldet werden. 114

III. Rechtsfolgen von unrichtigen oder unvollständigen Angaben im Verweisungsantrag

Missbräuchliche Falschangaben können durch Maßnahmen der Kommission korrigiert werden (Mitteilung über die Verweisung von Fusionssachen, ABl. 2005 Nr. C 56/2 (18), Tz 77). In Art. 14 Abs. 1 lit. a) FKVO ist geregelt, dass die Kommission bei unvollständigen oder unrichtigen Angaben in einer Anmeldung ein **Bußgeld** festsetzen kann. Ist eine Verweisung von der Kommission an die mitgliedstaatliche Ebene aufgrund von falschen Angaben der Anmelder erfolgt, so verlangt die Kommission eine Anmeldung nach den Voraussetzungen des Art. 4 Abs. 1 (vgl Mitteilung über die Verweisung von Fusionssachen, Tz 60; Einleitung des Formblattes RS in Anhang III zur VO 802/2004: ABl. 2004 Nr. L 133/1).Wenn ein Fall aufgrund falscher oder unvollständiger Angaben von der mitgliedstaatlichen Ebene an die Kommission verwiesen wurde, kann diese, sofern sie das Vorprüfverfahren noch nicht abgeschlossen hat, den Zusammenschluss gem. Art. 9 an den Mitgliedstaat **zurückverweisen**, wenn dieser fristgemäß einen Verweisungsantrag gestellt hat (*Bechtold/Bosch/Brinker/Hirsbrunner*, Art. 4 Rn 32). 115

Artikel 5 FKVO Berechnung des Umsatzes

(1) [1]Für die Berechnung des Gesamtumsatzes im Sinne dieser Verordnung sind die Umsätze zusammenzuzählen, welche die beteiligten Unternehmen im letzten Geschäftsjahr mit Waren und Dienstleistungen erzielt haben und die dem normalen geschäftlichen Tätigkeitsbereich der Unternehmen zuzuordnen sind, unter Abzug von Erlösschmälerungen, der Mehrwertsteuer und anderer unmittelbar auf den Umsatz bezogener Steuern. [2]Bei der Berechnung des Gesamtumsatzes eines beteiligten Unternehmens werden Umsätze zwischen den in Absatz 4 genannten Unternehmen nicht berücksichtigt.

Der in der Gemeinschaft oder in einem Mitgliedstaat erzielte Umsatz umfasst den Umsatz, der mit Waren und Dienstleistungen für Unternehmen oder Verbraucher in der Gemeinschaft oder in diesem Mitgliedstaat erzielt wird.

(2) Wird der Zusammenschluss durch den Erwerb von Teilen eines oder mehrerer Unternehmen bewirkt, so ist unabhängig davon, ob diese Teile eigene Rechtspersönlichkeit besitzen, abweichend von Absatz 1 aufseiten des Veräußerers nur der Umsatz zu berücksichtigen, der auf die veräußerten Teile entfällt.

Zwei oder mehr Erwerbsvorgänge im Sinne von Unterabsatz 1, die innerhalb von zwei Jahren zwischen denselben Personen oder Unternehmen getätigt werden, werden hingegen als ein einziger Zusammenschluss behandelt, der zum Zeitpunkt des letzten Erwerbsvorgangs stattfindet.

(3) An die Stelle des Umsatzes tritt

a) bei Kredit- und sonstigen Finanzinstituten die Summe der folgenden in der Richtlinie 86/635/EWG des Rates[2] definierten Ertragsposten gegebenenfalls nach Abzug der Mehrwertsteuer und sonstiger direkt auf diese Erträge erhobener Steuern:
   i) Zinserträge und ähnliche Erträge,
   ii) Erträge aus Wertpapieren:
      – Erträge aus Aktien, anderen Anteilsrechten und nicht festverzinslichen Wertpapieren,
      – Erträge aus Beteiligungen,
      – Erträge aus Anteilen an verbundenen Unternehmen,
   iii) Provisionserträge,
   iv) Nettoerträge aus Finanzgeschäften,
   v) sonstige betriebliche Erträge.

   Der Umsatz eines Kredit- oder Finanzinstituts in der Gemeinschaft oder in einem Mitgliedstaat besteht aus den vorerwähnten Ertragsposten, die die in der Gemeinschaft oder dem betreffenden Mitgliedstaat errichtete Zweig- oder Geschäftsstelle des Instituts verbucht;
b) bei Versicherungsunternehmen die Summe der Bruttoprämien; diese Summe umfasst alle vereinnahmten sowie alle noch zu vereinnahmenden Prämien aufgrund von Versicherungsverträgen, die von diesen Unternehmen oder für ihre Rechnung abgeschlossen worden sind, einschließlich etwaiger Rückversicherungsprämien und abzüglich der aufgrund des Betrags der Prämie oder des gesamten Prämienvolumens berechneten Steuern und sonstigen Abgaben. Bei der Anwendung von Artikel 1 Absatz 2 Buchstabe b) und Absatz 3 Buchstaben b), c) und d) sowie den letzten Satzteilen der genannten beiden Absätze ist auf die Bruttoprämien abzustellen, die von in der Gemeinschaft bzw. in einem Mitgliedstaat ansässigen Personen gezahlt werden.

(4) Der Umsatz eines beteiligten Unternehmens im Sinne dieser Verordnung setzt sich unbeschadet des Absatzes 2 zusammen aus den Umsätzen

a) des beteiligten Unternehmens;
b) der Unternehmen, in denen das beteiligte Unternehmen unmittelbar oder mittelbar entweder
   i) mehr als die Hälfte des Kapitals oder des Betriebsvermögens besitzt oder
   ii) über mehr als die Hälfte der Stimmrechte verfügt oder
   iii) mehr als die Hälfte der Mitglieder des Aufsichtsrats, des Verwaltungsrats oder der zur gesetzlichen Vertretung berufenen Organe bestellen kann oder
   iv) das Recht hat, die Geschäfte des Unternehmens zu führen;

---

2 ABl. L 372 vom 31.12.1986, S. 1. Richtlinie zuletzt geändert durch die Richtlinie 2003/51/EG des Europäischen Parlaments und des Rates.

c) der Unternehmen, die in dem beteiligten Unternehmen die unter Buchstabe b) bezeichneten Rechte oder Einflussmöglichkeiten haben;
d) der Unternehmen, in denen ein unter Buchstabe c) genanntes Unternehmen die unter Buchstabe b) bezeichneten Rechte oder Einflussmöglichkeiten hat;
e) der Unternehmen, in denen mehrere der unter den Buchstaben a) bis d) genannten Unternehmen jeweils gemeinsam die in Buchstabe b) bezeichneten Rechte oder Einflussmöglichkeiten haben.

(5) Haben an dem Zusammenschluss beteiligte Unternehmen gemeinsam die in Absatz 4 Buchstabe b) bezeichneten Rechte oder Einflussmöglichkeiten, so gilt für die Berechnung des Umsatzes der beteiligten Unternehmen im Sinne dieser Verordnung folgende Regelung:

a) Nicht zu berücksichtigen sind die Umsätze mit Waren und Dienstleistungen zwischen dem Gemeinschaftsunternehmen und jedem der beteiligten Unternehmen oder mit einem Unternehmen, das mit diesen im Sinne von Absatz 4 Buchstaben b) bis e) verbunden ist.
b) Zu berücksichtigen sind die Umsätze mit Waren und Dienstleistungen zwischen dem Gemeinschaftsunternehmen und jedem dritten Unternehmen. Diese Umsätze sind den beteiligten Unternehmen zu gleichen Teilen zuzurechnen.

A. Vorbemerkungen

Art. 5 regelt die Berechnung der **Gesamtumsätze**, die bei der Anwendung der VO 139/2004 (ABl. 2004 Nr. L 24/1), insbesondere den Umsatzkriterien des Art. 1 Abs. 2 und 3, maßgeblich sind. Die Umsatzberechnung wirkt sich daher unmittelbar auf die **Zuständigkeit** der Kommission zur Ausübung der Fusionskontrolle aus. Hierbei wird eine Aufteilung in den weltweiten Gesamtumsatz, den gemeinschaftsweiten Gesamtumsatz und den Gesamtumsatz in den einzelnen Mitgliedstaaten vorgenommen (vgl Art. 5 Abs. 1 Unterabs. 2). Es geht dabei um die Messung der Wirtschaftskraft der beteiligten Unternehmen (Mitteilung der Kommission zur Berechnung des Umsatzes, ABl. 1998 Nr. C 66/25, Tz 6). Einzelheiten sind in der Konsolidierten Mitteilung zu Zuständigkeitsfragen (ABl. 2008 Nr. C 95/1) der Kommission über die Berechnung des Umsatzes enthalten. 116

B. Relevante Umsätze

I. Währungsumrechnung und relevanter Zeitraum

Nach Art. 5 Abs. 1 sind für die Berechnung der Gesamtumsätze „die Umsätze zusammenzuzählen, welche die beteiligten Unternehmen im letzten Geschäftsjahr mit Waren und Dienstleistungen erzielt haben, die ihrem normalen geschäftlichen Tätigkeitsbereich zuzurechnen sind." Maßgeblich ist das letzte abgeschlossene Geschäftsjahr **vor** der Anmeldung. Die Umsätze sind in Euro anzugeben, wobei die Umrechnung der Währungen aus EU-externen Unternehmen sich nach dem durchschnittlichen Umrechnungskurs im relevanten Zeitraum richtet (Abschnitt 1.6 des Formblattes CO, Anhang I zur VO 802/2004: ABl. 2004 Nr. L 133/1). 117

II. Umsätze mit Waren und Dienstleistungen

Berechnet werden die Umsätze mit **Waren** und **Dienstleistungen** (Konsolidierte Mitteilung zu Zuständigkeitsfragen, ABl. 2008 Nr. C 95/1, Tz 157 ff). Die Umsatzdaten ergeben sich in aller Regel aus den von den Unternehmen mit der Anmeldung eingereichten **Geschäftsberichten**. Schwierigkeiten ergeben sich mitunter aus der Zuordnung von Umsätzen bei grenzüberschreitenden Dienstleistungen, wobei aber grundsätzlich auf den Sitz des Kunden abzustellen ist, da dort der Umsatz erzielt wird und der Wettbewerb stattfindet (Konsolidierte Mitteilung zu Zuständigkeitsfragen, ABl. 2008 Nr. C 95/1, Tz 199 ff). 118

Die Umsatzberechnung erfolgt unter Abzug von **Erlösschmälerungen** (dh der Gesamtheit aller Abschläge, Rabatte und Vergütungen, welche die Unternehmen ihren Kunden zugestehen und die den Erlös direkt beeinflussen) und steuerlichen Aspekten, dh der Mehrwertsteuer und anderer unmittelbar auf den Umsatz bezogener Steuern (Konsolidierte Mitteilung zu Zuständigkeitsfragen, ABl. 2008 Nr. C 95/1, Tz 165 f). 119

C. Erwerb von Unternehmensteilen

120 Wenn nur Teile eines Unternehmens erworben werden, so wird bei der Umsatzberechnung unabhängig davon, ob diese Teile eine eigene Rechtspersönlichkeit besitzen, nur der Umsatz des erworbenen Teils berücksichtigt (vgl Art. 5 Abs. 2 Unterabs. 1; Konsolidierte Mitteilung zu Zuständigkeitsfragen, ABl. 2008 Nr. C 95/1, Tz 136). Die **Umsätze des Veräußerers** werden also **nicht** einbezogen, wenn er vollständig veräußert und nicht künftig noch einen mitkontrollierenden Einfluss behält (Langen/Bunte/*Baron*, Art. 5 Rn 42). Konzerninterne Umsätze werden nicht berücksichtigt (Konsolidierte Mitteilung zu Zuständigkeitsfragen, ABl. 2008 Nr. C 95/1, Tz 167).

D. Umsatzzurechnung

121 Gem. Art. 5 Abs. 4 setzt sich der Umsatz eines beteiligten Unternehmens aus dem Umsatz des Unternehmens selbst, sowie den Umsätzen derjenigen Unternehmen, mit denen das beteiligte Unternehmen iSd lit. b) bis e) verbunden ist, zusammen.

I. „Verbundene" Unternehmen

122 Die Zurechnung der Umsätze verbundener Unternehmen in Art. 5 Abs. 5 lit. b) bis e) ist den sog. Verbundklauseln in den Gruppenfreistellungsverordnungen der Kommission nachgebildet (Langen/Bunte/*Baron*, Art. 5 Rn 51). Die **Verbundklausel** umfasst die Tochtergesellschaften (Art. 5. Abs. 4 lit. b), die Muttergesellschaften (Art. 5 Abs. 4 lit. c), die Schwestergesellschaften (Art. 5 Abs. 4 lit. d) sowie dritte Unternehmen, die von den vorstehend genannten Unternehmen gemeinsam beherrscht werden (Art. 5 Abs. 4 lit. e). **Innenumsätze** zwischen solchen verbundenen Unternehmen werden bei der Umsatzberechnung **nicht** berücksichtigt (*Bechtold/Bosch/Brinker/Hirsbrunner*, Art. 5 Rn 8).

II. Gemeinschaftsunternehmen

123 Die Zurechnung von Umsätzen von Gemeinschaftsunternehmen ist schwierig. In Art. 5 Abs. 5 ist der Fall geregelt, dass das beteiligte Unternehmen gemeinsam mit seinen Mutter-, Tochter- und Schwestergesellschaften an einem Gemeinschaftsunternehmen beteiligt ist. Die Kommission wendet Art. 5 entsprechend an, wenn das beteiligte Unternehmen seinerseits ein Gemeinschaftsunternehmen ist (Langen/Bunte/*Baron*, Art. 5 Rn 66).

124 **Problematisch** ist aber zB die Konstellation, dass zwei Unternehmen mit jeweils über 250 Mio. EUR Umsatz und gemeinsam über 5 Mrd. EUR gemeinschaftsweitem Umsatz eine paritätische Holdinggesellschaft gründen, mittels welcher sie ein anderes Unternehmen erwerben wollen, welches die Umsatzschwellen des Art. 1 Abs. 2 erreicht. Sieht man das erwerbende Unternehmen (die Holdinggesellschaft) und das zu erwerbende Unternehmen als beteiligt an, so wird die Umsatzschwelle des Art. 1 Abs. 2 lit. b) nicht überschritten, da mangels Überschreiten der 50%-Beteiligungsgrenze der Umsatz der Muttergesellschaften nicht der Holdingsgesellschaft zugerechnet würde. Für diese Fälle bedient sich die Kommissionspraxis des sog. **„transparenten Vehikels"** (Komm. 18.5.1992, M.218, Tz 12 – Eucom/Digital), wonach die Kommission die Mütter des GU als beteiligte Unternehmen ansehen will, wenn das GU lediglich als **Werkzeug** für den Erwerb durch die Mütter dient (Langen/Bunte/*Baron*, Art. 1 Rn 68). Das soll insbesondere der Fall sein, wenn das GU eigens für den Kontrollerwerb gegründet wurde, nicht tätig ist, keine Rechtspersönlichkeit besitzt oder kein VollfunktionsGU ist (Konsolidierte Mitteilung zu Zuständigkeitsfragen, ABl. 2008 Nr. C 95/1, Tz 147).

125 Da trotz dieser Konzepte zur Erleichterung der Umsatzzurechnung viele Fallkonstellationen nicht ausdrücklich geregelt sind, nimmt die Kommission in Zweifelsfällen die Zurechnung nach den allgemeinen Grundsätzen vor, also Doppelzählungen zu vermeiden und die wirtschaftliche Stärke der beteiligten Unternehmen möglichst präzise wiederzugeben (Konsolidierte Mitteilung zu Zuständigkeitsfragen, ABl. 2008 Nr. C 95/1, Tz 185 ff).

E. Sonderregelungen für Banken und Versicherungen

I. Banken

Art. 5 Abs. 3 lit. a) enthält eine Sonderregelung für die Umsatzberechnung von Banken und sonstigen Finanzinstituten. Die Begriffe der Kredit- und Finanzinstitute werden entsprechend den Definitionen in der Richtlinie 2000/12/EG über die Aufnahme und Ausübung der Tätigkeit der Kreditinstitute (ABl. 2000 Nr. L 126/1) ausgelegt (Konsolidierte Mitteilung zu Zuständigkeitsfragen, ABl. 2008 Nr. C 95/1, Tz 207). **Kreditinstitute** sind dementsprechend Unternehmen, deren Tätigkeit darin besteht, Einlagen oder andere rückzahlbare Gelder des Publikums entgegenzunehmen und Kredite für eigene Rechnung zu gewähren (Art. 1 Richtlinie 2000/12/EG über die Aufnahme und Ausübung der Tätigkeit der Kreditinstitute, ABl. 2000 Nr. L 126/1). **Finanzinstitute** sind Unternehmen, die keine Kreditinstitute sind und deren Haupttätigkeit darin besteht, Beteiligungen zu erwerben (zB als Holdinggesellschaften), oder eines oder mehrere der banknahen Geschäfte zu betreiben, die unter den Nummern 2 bis 12 der in Anhang I enthaltenen Liste aufgeführt sind (Art. 1 Richtlinie 2000/12/EG über die Aufnahme und Ausübung der Tätigkeit der Kreditinstitute, ABl. 2000 Nr. L 126/1). Für Beteiligungsgesellschaften, die keine Bankgeschäfte betreiben und als Finanzholding und damit als „sonstiges Finanzinstitut“ iSd Art. 5 Abs. 3 lit. a) anzusehen sind, gelten die allgemeinen Regeln der Umsatzberechnung (Konsolidierte Mitteilung zu Zuständigkeitsfragen, ABl. 2008 Nr. C 95/1, Tz 217). 126

Bei **Banken** wird statt auf den Umsatz auf die Bankerträge abgestellt, um der wirtschaftlichen Realität der Bankbranche besser gerecht zu werden (ErwG 6 zur VO 1310/97: ABl. 1997 L 180/1). Es werden bei Kredit- und Finanzinstituten auch Erträge aus Anteilen an verbundenen Unternehmen einbezogen, während diese bei anderen Unternehmen nach Art. 5 Abs. 1 S. 2 nicht berücksichtigt werden (*Bechtold/Bosch/Brinker/Hirsbrunner*, Art. 5 Rn 17). Die geographische Zurechnung des Umsatzes ist in Tz 195 ff der Konsolidierten Mitteilung zu Zuständigkeitsfragen (ABl. 2008 Nr. C 95/1) geregelt. Danach sind die Erträge den Geschäfts- oder Zweigstellen zuzurechnen, in denen sie verbucht wurden. 127

II. Versicherungen

Bei Versicherungsunternehmen tritt an die Stelle des Umsatzes die Summe der **Bruttoprämien** (Art. 5 Abs. 3 lit. b). Diese Summe umfasst alle vereinnahmten sowie alle noch zu vereinnahmenden Prämien aufgrund von Versicherungsverträgen, die von den Versicherungsunternehmen oder für ihre Rechnung abgeschlossen worden sind, einschließlich etwaiger Rückversicherungsprämien und abzüglich der aufgrund des Betrages der Prämien oder des gesamten Prämienvolumens berechneten Steuern und sonstigen Abgaben (Langen/Bunte/*Baron*, Art. 5 Rn 76). Geographisch sind die Prämien dem Standort des jeweiligen Versicherungsnehmers zuzuordnen (*Bechtold/Bosch/Brinker/Hirsbrunner*, Art. 5 Rn 19). Einnahmen aus Wertpapieren, Grundstücken und anderen Vermögenswerten, welche die Versicherungsunternehmen aufgrund ihrer gesetzlichen Verpflichtung angelegt haben, um geeignete Rücklagen für Entschädigungsleistungen zu bilden, fließen nicht in die Umsatzberechnung des Art. 5 Abs. 3 lit. b) ein (Immenga/Mestmäcker/*Immenga/Körber*, Art. 5 Rn 80). Übersteigt der Erwerb von Beteiligungen aber das Maß der reinen Finanzanlagen und führt dies dazu, dass ein Versicherungsunternehmen **bestimmenden Einfluss** erlangt, so wird dies dem Unternehmen (wie bei Kredit- und Finanzinstituten) über die Verbundklausel des Art. 5 Abs. 4 zugerechnet (Immenga/Mestmäcker/*Immenga/Körber*, Art. 5 Rn 80; Komm. 21.11.1990, M.018., Tz 5 f – AG/AMEV). Nähere Hinweise zu der Umsatzberechnung bei Versicherungsunternehmen finden sich in Tz 214 ff der Konsolidierten Mitteilung zu Zuständigkeitsfragen (ABl. 2008 Nr. C 95/1). 128

Artikel 6 FKVO Prüfung der Anmeldung und Einleitung des Verfahrens

(1) Die Kommission beginnt unmittelbar nach dem Eingang der Anmeldung mit deren Prüfung.

a) Gelangt sie zu dem Schluss, dass der angemeldete Zusammenschluss nicht unter diese Verordnung fällt, so stellt sie dies durch Entscheidung fest.

b) Stellt sie fest, dass der angemeldete Zusammenschluss zwar unter diese Verordnung fällt, jedoch keinen Anlass zu ernsthaften Bedenken hinsichtlich seiner Vereinbarkeit mit dem Gemeinsamen Markt gibt, so trifft sie die Entscheidung, keine Einwände zu erheben und erklärt den Zusammenschluss für vereinbar mit dem Gemeinsamen Markt.

Durch eine Entscheidung, mit der ein Zusammenschluss für vereinbar erklärt wird, gelten auch die mit seiner Durchführung unmittelbar verbundenen und für sie notwendigen Einschränkungen als genehmigt.

c) Stellt die Kommission unbeschadet des Absatzes 2 fest, dass der angemeldete Zusammenschluss unter diese Verordnung fällt und Anlass zu ernsthaften Bedenken hinsichtlich seiner Vereinbarkeit mit dem Gemeinsamen Markt gibt, so trifft sie die Entscheidung, das Verfahren einzuleiten. Diese Verfahren werden unbeschadet des Artikels 9 durch eine Entscheidung nach Artikel 8 Absätze 1 bis 4 abgeschlossen, es sei denn, die beteiligten Unternehmen haben der Kommission gegenüber glaubhaft gemacht, dass sie den Zusammenschluss aufgegeben haben.

(2) Stellt die Kommission fest, dass der angemeldete Zusammenschluss nach Änderungen durch die beteiligten Unternehmen keinen Anlass mehr zu ernsthaften Bedenken im Sinne des Absatzes 1 Buchstabe c) gibt, so erklärt sie gemäß Absatz 1 Buchstabe b) den Zusammenschluss für vereinbar mit dem Gemeinsamen Markt.

Die Kommission kann ihre Entscheidung gemäß Absatz 1 Buchstabe b) mit Bedingungen und Auflagen verbinden, um sicherzustellen, dass die beteiligten Unternehmen den Verpflichtungen nachkommen, die sie gegenüber der Kommission hinsichtlich einer mit dem Gemeinsamen Markt zu vereinbarenden Gestaltung des Zusammenschlusses eingegangen sind.

(3) Die Kommission kann eine Entscheidung gemäß Absatz 1 Buchstabe a) oder b) widerrufen, wenn

a) die Entscheidung auf unrichtigen Angaben, die von einem beteiligten Unternehmen zu vertreten sind, beruht oder arglistig herbeigeführt worden ist

oder

b) die beteiligten Unternehmen einer in der Entscheidung vorgesehenen Auflage zuwiderhandeln.

(4) In den in Absatz 3 genannten Fällen kann die Kommission eine Entscheidung gemäß Absatz 1 treffen, ohne an die in Artikel 10 Absatz 1 genannten Fristen gebunden zu sein.

(5) Die Kommission teilt ihre Entscheidung den beteiligten Unternehmen und den zuständigen Behörden der Mitgliedstaaten unverzüglich mit.

A. Vorbemerkungen/Entstehungsgeschichte

129 Artikel 6 ist eine bedeutende **verfahrensrechtliche Vorschrift**, welche die **abschließenden Entscheidungen** des Vorprüfverfahrens (sog. Phase-I-Verfahren) regelt. Die möglichen Entscheidungen sind in Abs. 1 lit. a), b) und c) aufgezählt. Die Kommission kann also feststellen, dass die FKVO (ABl. 2004 Nr. L 24/1) auf einen angemeldeten Zusammenschluss nicht anwendbar ist, den Zusammenschluss – ggf mit Auflagen und Bedingungen – freigeben oder das Hauptprüfverfahren einleiten. Diese Möglichkeiten zum Verfahrensabschluss sind in ähnlicher Weise für das Hauptprüfverfahren in Art. 8 geregelt. Art. 6 ist ebenso wie Artikel 8 mit der Fristenregelung des Art. 10 verbunden.

130 Mit der Revision der FKVO (ABl. 2004 Nr. L 24/1) in 2004 wurde Art. 6 nicht erheblich verändert. Die Freistellung von Nebenabreden wurde in Angleichung an Art. 8 in eine gesetzliche Fiktion umgeformt, so dass die Kommission nicht jede Nebenabrede einzeln prüfen muss. In Abs. 1 lit. c) wurde die Möglichkeit der Glaubhaftmachung der Aufgabe eines Zusammenschlusses durch die Parteien eingefügt.

B. Funktion des Art. 6 FKVO

131 Art. 6 FKVO regelt die **erste Phase** des Prüfverfahrens. In dieser werden die wettbewerblich unbedenklichen Fälle von den kritischen Fällen getrennt (Langen/Bunte/*Baron*, Art. 6 Rn 5). Aus der Fristenregelung des Art. 10 Abs. 1 ergibt sich, dass die Kommission sich in den ersten 25 Arbeitstagen nach der Anmeldung des Zusammenschlusses auf eine der in der Norm aufgeführten Entscheidungsalternativen festlegen oder den Zusammenschluss an eine nationale Wettbewerbsbehörde verweisen muss. Nach einer Verweisung kann die Kommission keine verfahrensabschließende Entscheidung mehr treffen, da sie hierzu nicht mehr befugt ist (vgl Ausführungen zu den Art. 4, 9 und 22). Trifft die Kommission innerhalb der Frist keine Entscheidung, gilt der Zusammenschluss gem. Art. 10 Abs. 6 als freigestellt.

C. Entscheidungsalternativen im Vorprüfverfahren

I. Feststellung der Nichtanwendbarkeit der Verordnung (Abs. 1 lit. a)

Eine Kommissionsentscheidung nach Art. 6 Abs. 1 lit. a) erfolgt, wenn **kein Zusammenschluss** iSv Art. 3 vorliegt (zB Komm. 10.12.2001, M.2638 – 3i/Consors/100 World; Komm. 22.12.1995, M.673 – Channel Five) oder diesem die gemeinschaftsweite Dimension iSv Art. 1 fehlt (zB Komm. 31.1.2000, M.1821 – BellSouth/VRT (E-Plus); Komm. 15.9.1995 M.604 – Albacom). Üblicherweise werden jedoch Zweifelsfragen über die Anwendbarkeit der Verordnung bereits im Voranmeldeverfahren geklärt, so dass seit 2002 keine solche Entscheidung mehr ergangen ist (Immenga/Mestmäcker/*Immenga/Körber*, Art. 6 Rn 3). Sie muss innerhalb der Frist des Art. 10 Abs. 1 getroffen werden, andernfalls wird die Genehmigung gem. Art. 10 Abs. 6 **fingiert** (Langen/Bunte/*Baron*, Art. 6 Rn 14). Die Feststellung der Nichtanwendbarkeit der Verordnung bleibt gem. Art. 8 aber auch während des nachfolgenden Verfahrens möglich. 132

II. Freigabe innerhalb der ersten Prüfungsphase – keine Bedenken (Abs. 1 lit. b)

Die Kommission prüft in einem **summarischen** Verfahren, ob bei möglichst enger sachlicher und räumlicher Marktabgrenzung Gefahren für den Wettbewerb entstehen können (Langen/Bunte/*Baron*, Art. 6 Rn 23). Dabei wendet die Kommission nicht alle Kriterien zur sachlichen und räumlichen Marktabgrenzung an, sondern tut dies nur so weit, wie dies nötig ist, um eine abschließende Entscheidung treffen zu können (Langen/Bunte/*Baron*, Art. 6 Rn 23). Liegen die Marktanteile selbst bei strenger Beurteilung unter 25 % (vgl ErwG 32 zur FKVO) und liegen **keine Bedenken** bei den denkbaren alternativen Marktdefinitionen vor, so erfolgt die Freigabe durch die Kommission (zB Komm. 22.2.2007, M.4547 – KKR/Permira/ProSiebenSat1; Komm. 7.12.2006, M.4451 – Alcatel/Nortel Networks; Komm. 7.12.2006, M.4442 – Carphone Warehouse/AOL UK; Komm. 4.12.2006, M.4454 – TPG/Telediffusion de France; Komm. 28.11.2006, M.4417 – Telecom Italia/AOL German Access Business). 133

III. Freigabe nach Änderungen (Abs. 2 Unterabs. 1)

Die Kommission kann den Zusammenschluss auch noch nach Änderungen im Vorprüfungsverfahren für vereinbar mit dem Gemeinsamen Markt erklären. Änderungen sind in diesem Zusammenhang Modifikationen des Zusammenschlussvorhabens gegenüber der ursprünglich durch die Unternehmen angemeldeten Form, die noch vor der Entscheidung der Kommission vollzogen worden sind (FK-KartellR/*Schröer*, Art. 6 Rn 19). In Ausnahmefällen kann der Vollzug der Änderung auch nach der Kommissionsentscheidung geschehen, wenn sichergestellt ist, dass er noch vor dem Vollzug des Zusammenschlusses erfolgt. Erscheint dies unsicher, müssen Änderungen durch **Auflagen oder Bedingungen** abgesichert werden (Komm. ABl. 1999 Nr. L 88/1, Tz 120 ff – Siemens/Elektrowatt). 134

IV. Freigabe innerhalb der ersten Prüfungsphase unter Bedingungen und Auflagen (Abs. 2 Unterabs. 2)

Ergeben die Ermittlungen, dass **ernsthafte Bedenken** gegen den Zusammenschluss sprechen, ist die Kommission **gebunden**, das Hauptprüfverfahren einzuleiten, es sei denn, die wettbewerblichen Bedenken lassen sich durch Modifikationen des Zusammenschlussvorhabens ausräumen (Langen/Bunte/*Baron*, Art. 6 Rn 26). Dann gibt die Kommission gem. Art. 6 Abs. 2 den Zusammenschluss, möglicherweise unter bestimmten Bedingungen oder Auflagen, nach Art. 6 Abs. 1 lit. b) frei. 135

Aus dem Wortlaut des Art. 6 ergeben sich keine Anhaltspunkte für die Voraussetzungen, unter welchen in den beiden Verfahrensphasen Zusagen entgegengenommen werden dürfen. Aus dem 30. ErwG der FKVO und der Mitteilung der Kommission über zulässige Abhilfemaßnahmen (ABl. 2008 C 267/1) gehen aber die Umstände hervor, unter denen dies möglich ist (Langen/Bunte/*Baron*, Art. 6 Rn 28). In der ersten Verfahrensphase ist demzufolge eine Zusagenverpflichtung nur akzeptabel, wenn „das Wettbewerbsproblem klar umrissen ist und leicht gelöst werden kann" (Mitteilung über zulässige Abhilfemaßnahmen, ABl. 2008 Nr. C 267/1, Tz 81). Die Kommission akzeptiert aber dennoch bereits in der ersten Verfahrensphase sehr **komplexe Zusagen** (zB Komm. 13.10.2000, M.2050, Tz 68 ff – Vivendi/Canal+/Seagram; Komm. WuW/E EU-V 455 – BSkyB/Kirch Pay TV). 136

137 Ein Verpflichtungsangebot muss den in der Mitteilung über zulässige Abhilfemaßnahmen (ABl. 2008 Nr. C 267/1) aufgelisteten Voraussetzungen genügen: Dazu gehört die **Angabe der vollständigen materiellen und verfahrenstechnischen Verpflichtungen,** die die beteiligten Unternehmen eingehen, die **Unterzeichnung von einer hierzu ordnungsgemäß bevollmächtigten Person,** die Beifügung der in der Durchführungsverordnung vorgesehenen **Informationen über die angebotenen Verpflichtungen** und die **Beifügung einer nicht vertraulichen Fassung der Verpflichtungen,** die einem Markttest mit Dritten unterzogen werden könne (Mitteilung über zulässige Abhilfemaßnahmen, ABl. 2008 Nr. C 267/1, Tz 79).

138 **1. Fristgebundenheit.** Die Parteien müssen der Kommission spätestens innerhalb von **20 Arbeitstagen** nach Eingang der Anmeldung ihre Angebote vorlegen (Art. 18 Abs. 1 VO 802/2004: ABl. 2004 Nr. L 133/1). Die Frist des Vorprüfverfahrens wird dann gem. Art. 10 Abs. 1 Unterabs. 2 automatisch von 25 auf 35 Arbeitstage verlängert. Dies gilt auch, wenn die Vorschläge des Unternehmens bereits mit der Anmeldung eingehen (*Bechtold/Bosch/Brinker/Hirsbrunner*, Art. 6 Rn 10). Die Kommission gibt daraufhin den nationalen Wettbewerbsbehörden und meist auch anderen Marktteilnehmern Gelegenheit, Stellung zu nehmen (vgl Mitteilung über zulässige Abhilfemaßnahmen, ABl. 2008 Nr. C 267/1, Tz 80). Spätere Nachbesserungen der Verpflichtungsvorschläge werden nur in begrenztem Umfang akzeptiert (Mitteilung über zulässige Abhilfemaßnahmen, Tz 83). Umfangreichere Änderungen werden grundsätzlich nicht mehr berücksichtigt. Denn die Frist soll sicherstellen, dass der Kommission ausreichend Zeit bleibt, um alle Aspekte des Zusammenschlusses ordnungsgemäß zu prüfen (vgl Langen/Bunte/*Baron*, Art. 6 Rn 34). Es ist ihr aber wohl auch nicht untersagt, umfangreichere verspätete Änderungen noch zu akzeptieren (Langen/Bunte/*Baron*, Art. 6 Rn 34).

139 Die Parteien können im Falle eines **Fristablaufs** einer Entscheidung nach Art. 6 Abs. 1 lit. c) dadurch entgehen, dass sie die ursprüngliche Anmeldung zurücknehmen und eine **Neuanmeldung** unter Angabe von Verpflichtungen vornehmen (Langen/Bunte/*Baron*, Art. 6 Rn 36).

140 **2. Umsetzung von Verpflichtungen.** Verpflichtungen, mit denen eine Genehmigung erreicht werden soll, machen **Sicherheitsvorkehrungen** erforderlich, um ihre wirksame und rechtzeitige Umsetzung zu gewährleisten. Die insofern getroffenen Durchführungsbestimmungen sind in der Regel Bestandteil der Verpflichtungen, die die beteiligten Unternehmen gegenüber der Kommission eingehen. In ausführlich gestalteten Hinweisen hat die Kommission Leitlinien für die Umsetzung von Veräußerungsverpflichtungen gegeben, die die häufigsten Verpflichtungen darstellen (vgl Mitteilung über zulässige Abhilfemaßnahmen, ABl. 2008 Nr. C 267/1, Tz 95 ff). Die Einhaltung der Zusagen wird durch **Bedingungen und Auflagen** in der Entscheidung sichergestellt. Die Rechtsfolgen entsprechen denen des Hauptverfahrens, dh bei einem Verstoß gegen eine Auflage kann die Entscheidung widerrufen werden (Art. 6 Abs. 3 lit. b). Wird eine Bedingung missachtet, fällt die Genehmigung des Zusammenschlusses weg (vgl Ausführungen zu Art. 15).

141 Diese Unterscheidung in den Rechtsfolgen erfordert auch eine genaue Unterscheidung zwischen Auflagen und Bedingungen, wie sie zB das deutsche Verwaltungsrecht kennt (vgl unten Rn 164 ff). In der Mitteilung über zulässige Abhilfemaßnahmen (ABl. 2008 Nr. C 267/3, Tz 19) hat die Kommission die Begriffe erläutert. Auch in ihren Entscheidungen wird in der Regel angegeben, ob es sich im jeweiligen Fall um eine Auflage oder eine Bedingung handelt. Allerdings wurde bisher noch keine Entscheidung wegen der Nichterfüllung einer Auflage aufgehoben oder wegen Nichterfüllung einer Bedingung als nichtig betrachtet (*Berg*, EuZW 2003, 362 (366)).

V. Einleitung des Verfahrens (Abs. 1 lit. c)

142 Wenn ernsthafte Bedenken der Kommission an der Vereinbarkeit eines Zusammenschlusses mit dem Gemeinsamen Markt vorliegen, trifft sie die Entscheidung, das Verfahren einzuleiten (so zB in Komm. 8.12.2006, M.4404 – Universal Music Group/BMG Music Publishing). Die Kommission hat zwar einen weiten **Ermessensspielraum** bei der Frage, ob ernsthafte Bedenken gegeben sind (Langen/Bunte/*Baron*, Art. 6 Rn 46; *Schwarze*, EuZW 2002, 741 (743)). Ist dies der Fall, besteht hinsichtlich der Verfahrenseinleitung aber kein Ermessen mehr. Die Entscheidungen zur Verfahrenseinleitung bedürfen einer tragfähigen Begründung (Art. 296 AEUV). Sie haben nach Art. 6 Abs. 1 lit. c) keine Bindungswirkung für das nachfolgende Verfahren nach Art. 8, dh die Kommission kann neue Gesichtspunkte im Hauptprüfverfahren vorbringen, allerdings muss dann in besonderer Weise das rechtliche Gehör der beteiligten Unternehmen und Dritter gewahrt werden (*Bechtold/Bosch/Brinker/Hirsbrunner*, Art. 6 Rn 7). Ist eine Entscheidung nach Art. 6 Abs. 1 lit. c) ergangen, können die Unternehmen nicht

mehr durch eine bloße Rücknahme der Anmeldung eine Untersagung verhindern, sondern müssen gemäß Art. 6 Abs. 1 lit. c), 2. Satz zusätzlich glaubhaft machen, das Vorhaben endgültig aufgegeben zu haben.

D. Widerruf einer Entscheidung (Abs. 3 und 4)

143 Art. 6 Abs. 3 zeigt, dass das grundsätzliche **Verbot des rückwirkenden Widerrufs** rechtmäßiger Rechtsakte **nicht ausnahmslos** ist (EuG Slg 2002, II-4825, Tz 139–141 – Lagardère und Canal+/Kommission). Der Widerruf gemäß Abs. 3 ist unter denselben Voraussetzungen möglich wie der nach Art. 8 Abs. 6. Demgemäß kann die Kommissionsentscheidung widerrufen werden, wenn sie auf falschen Angaben beruht, die ein beteiligtes Unternehmen zu vertreten hat (zB in Komm. ABl. 2000 Nr. L 95/34, Tz 4 ff – Sanofi/Synthélabo), die Entscheidung arglistig herbeigeführt worden ist oder die beteiligten Unternehmen nach der Freigabe ihres Zusammenschlusses gegen eine Auflage verstoßen haben.

144 **Unrichtige Angaben** sind objektiv unzutreffende Tatsachenmitteilungen, welche für die Entscheidung der Kommission zumindest mitursächlich geworden sein müssen (Immenga/Mestmäcker/*Immenga/Körber*, Art. 6 Rn 71), während die arglistige Herbeiführung vorsätzliche, unlautere Beeinflussung der Kommission durch Drohung oder Bestechung erfasst (*Fuchs*, EuZW 1996, 263 ff (265)).

145 Die Liste der Widerrufsgründe in Abs. 3 ist zwar an sich **abschließend**, ein Widerruf aus anderen Gründen ist nach der Rechtsprechung in Ausnahmefällen dennoch **möglich**, wenn die zu widerrufende Entscheidung rechtswidrig ist, der Widerruf innerhalb eines vernünftigen Zeitraums erfolgt und der Widerruf nicht das berechtigte Vertrauen der Entscheidungsadressaten verletzt (EuG Slg 2002, II-4825, Tz 138–141 – Lagardère und Canal+/Kommission). Die Rechtswidrigkeit der Entscheidung muss von der Kommission bewiesen werden. Der Widerruf hat jedoch **nicht** die Untersagung des Zusammenschlusses zur Folge, da diese nur nach Art. 8 Abs. 3 erlassen werden kann (Immenga/Mestmäcker/*Immenga/Körber*, Art. 6 Rn 79). Nach der Aufhebung einer Entscheidung nach Art. 6 Abs. 1 lit. a) oder b) wird die Anmeldung nochmals unter den Voraussetzungen des Art. 6 Abs. 1 geprüft (vgl Art. 6 Abs. 4). Wird eine Freigabeentscheidung nach Art. 6 Abs. 1 lit. b aufgehoben, kann die Kommission danach erneut eine solche Entscheidung erlassen oder nach Art. 6 Abs. 1 lit. c) vorgehen. In einem solchen Fall ist sie an die Fristen des Art. 10 nicht gebunden (Abs. 4).

E. Mitteilungspflichten (Abs. 5)

146 Die Entscheidungen nach Art. 6 sind den **beteiligten Unternehmen** und den zuständigen **Behörden** der Mitgliedstaaten nach Art. 6 Abs. 5 unverzüglich mitzuteilen. Eine Pflicht zur Veröffentlichung der Entscheidungen besteht nicht (vgl Art. 20 FKVO). Von Entscheidungen nach Art. 6 Abs. 1 lit. a) und b) stellt die Kommission Versionen zur öffentlichen Einsichtnahme zur Verfügung, welche keine Geschäftsgeheimnisse der Parteien mehr enthalten, während Entscheidungen zur Verfahrenseinleitung gem. Art. 6 Abs. 1 lit. c) – anders als die abschließende Entscheidung – dagegen nicht veröffentlicht werden (Langen/Bunte/*Baron*, Art. 6 Rn 49).

F. Rechtsmittel

I. Rechtsmittel gegen Entscheidungen nach Art. 6 Abs. 1 lit. a) und b)

147 Da Entscheidungen gem. Art. 6 Abs. 1 lit. a) und b) inhaltlich einer Teiluntersagung gleichkommen, sind sie grds. durch beteiligte Unternehmen **anfechtbar** (*Bechtold/Bosch/Brinker/Hirsbrunner*, Art. 6 Rn 11). Auch bei unbedingten Freigabeentscheidungen kann ein **Rechtsschutzinteresse** gegeben sein, zB bei Zielunternehmen („target companies"), welche Gegenstand einer unfreundlichen Übernahme geworden sind (Langen/Bunte/*Baron*, Art. 6 Rn 21). **Klagebefugt** ist jeder, der von einer Entscheidung unmittelbar und individuell betroffen ist (Art. 263 Abs. 4 AEUV). Auch ein **Klagerecht dritter Parteien** (zB Wettbewerbern, Abnehmern oder Lieferanten) wird (im Gegensatz zur Rechtslage im deutschen Recht) weitgehend bejaht (EuG Slg 1992, II-2579, Tz 31–35 – CCE de la Société générale des grandes sources u.a./Kommission; EuGH Slg 2003, II-1279, Tz 87 ff mwN – Babyliss/Kommission; ausführl. auch *Rosenfeld/Wolfsgruber*, EuZW 2003, 743 ff (744)).

II. Rechtsmittel gegen Entscheidungen nach Art. 6 Abs. 1 lit. c)

148 Entscheidungen nach Art. 6 Abs. 1 lit. c) sind als lediglich verfahrenseinleitende Entscheidungen für natürliche und juristische Personen **nicht selbstständig anfechtbar**, da sie die Rechtsstellung der beteiligten Unternehmen nicht dauerhaft verändern (Immenga/Mestmäcker/*Immenga/Körber*, Art. 6 Rn 66). Die abschließende Entscheidung in der Hauptsache gem. Art. 8 muss also abgewartet und eventuell dagegen Klage erhoben werden.

149 Auch die **Mitgliedstaaten** haben Klagerechte, allerdings nicht vor dem EuG, sondern direkt vor dem EuGH (vgl Art. 3 Abs. 1 lit. c) des Beschlusses des Rates vom 24.10.1988, ABl. 1988 Nr. C 319/1). Die Mitgliedstaaten können ebenso wie Privatpersonen **alle Entscheidungen** gem. Art. 6 Abs. 1 lit. a) und b) **anfechten**, während Entscheidungen nach Art. 6 Abs. 1 lit. c) auch für Mitgliedstaaten nicht anfechtbar sind, da ein Rechtsstreit über die Verfahrenseinleitung zu unlösbaren praktischen Problemen führen würde (Langen/Bunte/*Baron*, Art. 6 Rn 66). Es steht den Mitgliedstaaten also auch nur eine Klage gegen die Entscheidung zur Hauptsache nach Art. 8 zu.

III. Klagefrist

150 Gegen Entscheidungen der Kommission kann innerhalb einer Frist von **zwei Monaten** geklagt werden (Art. 263 AEUV). Die Frist beginnt am **Tag nach der Bekanntgabe** an den Betroffenen oder bei einer Veröffentlichung der anzufechtenden Maßnahme am 14. Tag nach ihrem Erscheinen im Amtsblatt der Europäischen Gemeinschaften (vgl Art. 81 der VerfO des Gerichtshofes der EG). Jede Entscheidung nach Art. 6 wird durch eine kurze Mitteilung im Amtsblatt bekannt gemacht (FK-KartellR/*Schröer*, Art. 6 Rn 70).

151 Trifft die Kommission innerhalb der Frist des Art. 10 Abs. 1 keine Entscheidung, so tritt die **Vereinbarkeitsfiktion** gem. Art. 10 Abs. 6 ein. Dies entfaltet die gleichen Rechtswirkungen wie eine Entscheidung nach Art. 6 Abs. 1 lit. b). Für den Rechtsschutz gelten deshalb die gleichen Maßstäbe (Langen/Bunte/*Baron*, Art. 6 Rn 69).

Artikel 7 FKVO Aufschub des Vollzugs von Zusammenschlüssen

(1) Ein Zusammenschluss von gemeinschaftsweiter Bedeutung im Sinne des Artikels 1 oder ein Zusammenschluss, der von der Kommission gemäß Artikel 4 Absatz 5 geprüft werden soll, darf weder vor der Anmeldung noch so lange vollzogen werden, bis er aufgrund einer Entscheidung gemäß Artikel 6 Absatz 1 Buchstabe b) oder Artikel 8 Absätze 1 oder 2 oder einer Vermutung gemäß Artikel 10 Absatz 6 für vereinbar mit dem Gemeinsamen Markt erklärt worden ist.

(2) Absatz 1 steht der Verwirklichung von Vorgängen nicht entgegen, bei denen die Kontrolle im Sinne von Artikel 3 von mehreren Veräußerern entweder im Wege eines öffentlichen Übernahmeangebots oder im Wege einer Reihe von Rechtsgeschäften mit Wertpapieren, einschließlich solchen, die in andere zum Handel an einer Börse oder an einem ähnlichen Markt zugelassene Wertpapiere konvertierbar sind, erworben wird, sofern

a) der Zusammenschluss gemäß Artikel 4 unverzüglich bei der Kommission angemeldet wird und

b) der Erwerber die mit den Anteilen verbundenen Stimmrechte nicht ausübt oder nur zur Erhaltung des vollen Wertes seiner Investition aufgrund einer von der Kommission nach Absatz 3 erteilten Freistellung ausübt.

(3) [1]Die Kommission kann auf Antrag eine Freistellung von den in Absatz 1 oder Absatz 2 bezeichneten Pflichten erteilen. [2]Der Antrag auf Freistellung muss mit Gründen versehen sein. [3]Die Kommission beschließt über den Antrag unter besonderer Berücksichtigung der möglichen Auswirkungen des Aufschubs des Vollzugs auf ein oder mehrere an dem Zusammenschluss beteiligte Unternehmen oder auf Dritte sowie der möglichen Gefährdung des Wettbewerbs durch den Zusammenschluss. [4]Die Freistellung kann mit Bedingungen und Auflagen verbunden werden, um die Voraussetzungen für einen wirksamen Wettbewerb zu sichern. [5]Sie kann jederzeit, auch vor der Anmeldung oder nach Abschluss des Rechtsgeschäfts, beantragt und erteilt werden.

(4) Die Wirksamkeit eines unter Missachtung des Absatzes 1 abgeschlossenen Rechtsgeschäfts ist von einer nach Artikel 6 Absatz 1 Buchstabe b) oder nach Artikel 8 Absätze 1, 2 oder 3 erlassenen Entscheidung oder von dem Eintritt der in Artikel 10 Absatz 6 vorgesehenen Vermutung abhängig.

Dieser Artikel berührt jedoch nicht die Wirksamkeit von Rechtsgeschäften mit Wertpapieren, einschließlich solcher, die in andere Wertpapiere konvertierbar sind, wenn diese Wertpapiere zum Handel an einer Börse oder an einem ähnlichen Markt zugelassen sind, es sei denn, dass die Käufer und die Verkäufer wussten oder hätten wissen müssen, dass das betreffende Rechtsgeschäft unter Missachtung des Absatzes 1 geschlossen wurde.

A. Vorbemerkungen

Die VO 139/2004 (ABl. 2004 Nr. L 24/1) verbietet den vorzeitigen Vollzug anmeldepflichtiger Zusammenschlussvorhaben, da bereits vollzogene Zusammenschlüsse nachträglich oft nur schwer wieder entflochten werden können (Langen/Bunte/*Baron*, Art. 7 Rn 1). Das Vollzugsverbot gilt seit Inkrafttreten der VO 139/2004 während des gesamten Verfahrens, dafür wurden im Vergleich zur früheren Fassung der Verordnung die Voraussetzungen für eine Befreiung von dem Verbot in Art. 7 Abs. 3 deutlich herabgesetzt. 152

B. Vollzugsverbot

Art. 7 verbietet den Vollzug des Zusammenschluss vor Anmeldung, ohne zu definieren, was unter dem Vollzug zu verstehen ist. Erfasst sind davon alle Handlungen, welche die Umsetzung des Vorhabens **vollenden.** Hierzu gehören zB die Übertragung von Aktien, die Ausübung von Weisungen oder Registereintragungen, aber nicht Vorbereitungshandlungen und die ungefähre Angleichung der Geschäftsstruktur der zusammenzuschließenden Unternehmen (Immenga/Mestmäcker/*Immenga/Körber*, Art. 7 Rn 6). Allerdings darf der Veräußerer nicht zu einer absoluten Abstimmung aller wichtigen Geschäftshandlungen mit dem Erwerber verpflichtet werden (*Bechtold/Bosch/Brinker/Hirsbrunner*, Art. 7 Rn 1). Der Abschluss eines Vertrags zur Umsetzung des Zusammenschlusses stellt jedenfalls allein noch keinen „Vollzug" dar, da er die Anmeldepflicht nach Art. 4 Abs. 1 erst bedingt, wogegen aber die Ausübung von sich aus einem solchen Vertrag ergebenden Rechten und Pflichten und/oder die Vornahme faktischer Handlungen zur Durchsetzung erworbener Kontrollrechte erfasst werden (Langen/Bunte/*Baron*, Art. 7 Rn 10). Gemäß Art. 7 Abs. 2 lit. b) darf ein öffentliches Übernahmeangebot trotz Vollzugssperre verwirklicht werden, wenn der Erwerber es sogleich bei der Kommission anmeldet und die erworbenen Stimmrechte nicht oder nur mit Zustimmung der Kommission und zur bloßen Werterhaltung ausübt. 153

C. Rechtsfolgen des Verstoßes gegen das Vollzugsverbot

I. Geldbußen (Art. 14 Abs. 2)

Gem. Art. 14 Abs. 2 lit. b) kann die Kommission **Geldbußen** in Höhe von bis zu **10 % des** von den beteiligten Unternehmen erzielten **Gesamtumsatzes** verhängen, wenn ein Zusammenschluss vorzeitig vollzogen wird. Wurde vor dem Vollzug außerdem die Anmeldung unterlassen, kann zusätzlich ein Bußgeld nach Art. 14 Abs. 2 lit. a) festgesetzt werden (*Bechtold/Bosch/Brinker/Hirsbrunner*, Art. 7 Rn 6; vgl Komm. 18.2.1998, M.920, Tz 17 – Samsung/AST). Bei Zuwiderhandlungen gegen Auflagen und Bedingungen nach Art. 7 Abs. 3 S. 4 können Bußgelder gem. Art. 14 Abs. 2 lit. d) verhängt werden. 154

II. Entflechtung (Art. 8 Abs. 4 und 5)

Gem. Art. 8 Abs. 4 kann die Kommission alle geeigneten Maßnahmen ergreifen, um den vorzeitig vollzogenen Zusammenschluss zu entflechten oder notfalls seine Auswirkungen so gering wie möglich zu halten. Dies kann zB vorkommen, wenn der Zusammenschluss legal vollzogen ist, bevor die Kommission zur Prüfung des Zusammenschlusses ermächtigt wird, etwa durch eine Verweisung nach Art. 22 Abs. 3 (Langen/Bunte/*Baron*, Art. 7 Rn 26). Der Kommission stehen auch noch einstweilige Maßnahmen nach **Art. 8 Abs. 5** zur Verfügung, wenn ein Zusammenschluss vollzogen wird, über den noch nicht entschieden wurde. 155

III. Zivilrechtliche Rechtsfolgen (Art. 7 Abs. 4)

156 Rechtsgeschäfte, die gegen das Vollzugsverbot verstoßen, sind bis zu einer abschließenden Entscheidung im Fusionskontrollverfahren **schwebend unwirksam.** Die schwebende Unwirksamkeit wird endgültig, wenn der Zusammenschluss untersagt wird (*Bechtold/Bosch/Brinker/Hirsbrunner*, Art. 7 Rn 7). Dies betrifft nur die verbotenen Vollzugshandlungen, nicht die zugrunde liegenden Verpflichtungsgeschäfte (Langen/Bunte/*Baron*, Art. 7 Rn 30). Die Rechtsfolgen der Unwirksamkeit richten sich dann nach nationalem Recht (Immenga/Mestmäcker/*Immenga/Körber*, Art. 7 Rn 41).

D. Freistellung vom Vollzugsverbot (Art. 7 Abs. 3)

157 Auf Antrag kann die Kommission Freistellungen vom Vollzugsverbot erteilen. Der Antrag kann gem. Art. 7 Abs. 4 S. 5 von den Zusammenschlussbeteiligten jederzeit vor oder gleichzeitig mit der Anmeldung gestellt werden. Daraufhin wägt die Kommission im Rahmen ihres Ermessens die Nachteile für die Parteien oder für Dritte bei Aufrechterhaltung des Verbots mit den Beeinträchtigungen für den Wettbewerb durch Befreiung vom Vollzugsverbot gegeneinander ab (*Bechtold/Bosch/Brinker/Hirsbrunner*, Art. 7 Rn 3). Die Befreiung kann von der Kommission mit **Auflagen und Bedingungen** verbunden werden, um die Voraussetzungen für wirksamen Wettbewerb effektiv zu sichern (Langen/Bunte/*Baron*, Art. 7 Rn 17).

E. Vollzugskontrolle

158 Eine Vollzugskontrolle wie nach deutschem Recht (§ 39 Abs. 6 GWB) gibt es nach der FKVO (ABl. 2004 Nr. L 24/1) nicht. Nach Abschluss des Kontrollverfahrens besteht keine Mitteilungspflicht der Unternehmen über den Vollzug gegenüber der Kommission, weshalb in der Praxis nicht auszuschließen ist, dass ein Vorhaben aus verschiedenen Gründen nicht realisiert wird, ohne dass die Kommission dies erfährt (Langen/Bunte/*Baron*, Art. 7 Rn 33).

Artikel 8 FKVO Entscheidungsbefugnisse der Kommission

(1) Stellt die Kommission fest, dass ein angemeldeter Zusammenschluss dem in Artikel 2 Absatz 2 festgelegten Kriterium und - in den in Artikel 2 Absatz 4 genannten Fällen - den Kriterien des Artikels 81 Absatz 3 des Vertrags entspricht, so erlässt sie eine Entscheidung, mit der der Zusammenschluss für vereinbar mit dem Gemeinsamen Markt erklärt wird.

Durch eine Entscheidung, mit der ein Zusammenschluss für vereinbar erklärt wird, gelten auch die mit seiner Durchführung unmittelbar verbundenen und für sie notwendigen Einschränkungen als genehmigt.

(2) Stellt die Kommission fest, dass ein angemeldeter Zusammenschluss nach entsprechenden Änderungen durch die beteiligten Unternehmen dem in Artikel 2 Absatz 2 festgelegten Kriterium und - in den in Artikel 2 Absatz 4 genannten Fällen - den Kriterien des Artikels 81 Absatz 3 des Vertrags entspricht, so erlässt sie eine Entscheidung, mit der der Zusammenschluss für vereinbar mit dem Gemeinsamen Markt erklärt wird.

Die Kommission kann ihre Entscheidung mit Bedingungen und Auflagen verbinden, um sicherzustellen, dass die beteiligten Unternehmen den Verpflichtungen nachkommen, die sie gegenüber der Kommission hinsichtlich einer mit dem Gemeinsamen Markt zu vereinbarenden Gestaltung des Zusammenschlusses eingegangen sind.

Durch eine Entscheidung, mit der ein Zusammenschluss für vereinbar erklärt wird, gelten auch die mit seiner Durchführung unmittelbar verbundenen und für sie notwendigen Einschränkungen als genehmigt.

(3) Stellt die Kommission fest, dass ein Zusammenschluss dem in Artikel 2 Absatz 3 festgelegten Kriterium entspricht oder - in den in Artikel 2 Absatz 4 genannten Fällen - den Kriterien des Artikels 81 Absatz 3 des Vertrags nicht entspricht, so erlässt sie eine Entscheidung, mit der der Zusammenschluss für unvereinbar mit dem Gemeinsamen Markt erklärt wird.

(4) Stellt die Kommission fest, dass ein Zusammenschluss

a) bereits vollzogen wurde und dieser Zusammenschluss für unvereinbar mit dem Gemeinsamen Markt erklärt worden ist oder
b) unter Verstoß gegen eine Bedingung vollzogen wurde, unter der eine Entscheidung gemäß Absatz 2 ergangen ist, in der festgestellt wird, dass der Zusammenschluss bei Nichteinhaltung der Bedingung das Kriterium des Artikels 2 Absatz 3 erfüllen würde oder - in den in Artikel 2 Absatz 4 genannten Fällen - die Kriterien des Artikels 81 Absatz 3 des Vertrags nicht erfüllen würde,

kann sie die folgenden Maßnahmen ergreifen:

– Sie kann den beteiligten Unternehmen aufgeben, den Zusammenschluss rückgängig zu machen, insbesondere durch die Auflösung der Fusion oder die Veräußerung aller erworbenen Anteile oder Vermögensgegenstände, um den Zustand vor dem Vollzug des Zusammenschlusses wiederherzustellen. Ist es nicht möglich, den Zustand vor dem Vollzug des Zusammenschlusses dadurch wiederherzustellen, dass der Zusammenschluss rückgängig gemacht wird, so kann die Kommission jede andere geeignete Maßnahme treffen, um diesen Zustand soweit wie möglich wiederherzustellen.
– Sie kann jede andere geeignete Maßnahme anordnen, um sicherzustellen, dass die beteiligten Unternehmen den Zusammenschluss rückgängig machen oder andere Maßnahmen zur Wiederherstellung des früheren Zustands nach Maßgabe ihrer Entscheidung ergreifen.

In den in Unterabsatz 1 Buchstabe a) genannten Fällen können die dort genannten Maßnahmen entweder durch eine Entscheidung nach Absatz 3 oder durch eine gesonderte Entscheidung auferlegt werden.

(5) Die Kommission kann geeignete einstweilige Maßnahmen anordnen, um wirksamen Wettbewerb wiederherzustellen oder aufrecht zu erhalten, wenn ein Zusammenschluss

a) unter Verstoß gegen Artikel 7 vollzogen wurde und noch keine Entscheidung über die Vereinbarkeit des Zusammenschlusses mit dem Gemeinsamen Markt ergangen ist;
b) unter Verstoß gegen eine Bedingung vollzogen wurde, unter der eine Entscheidung gemäß Artikel 6 Absatz 1 Buchstabe b) oder Absatz 2 des vorliegenden Artikels ergangen ist;
c) bereits vollzogen wurde und für mit dem Gemeinsamen Markt unvereinbar erklärt wird.

(6) Die Kommission kann eine Entscheidung gemäß Absatz 1 oder Absatz 2 widerrufen, wenn

a) die Vereinbarkeitserklärung auf unrichtigen Angaben beruht, die von einem der beteiligten Unternehmen zu vertreten sind, oder arglistig herbeigeführt worden ist oder
b) die beteiligten Unternehmen einer in der Entscheidung vorgesehenen Auflage zuwiderhandeln.

(7) Die Kommission kann eine Entscheidung gemäß den Absätzen 1 bis 3 treffen, ohne an die in Artikel 10 Absatz 3 genannten Fristen gebunden zu sein, wenn

a) sie feststellt, dass ein Zusammenschluss vollzogen wurde
   i) unter Verstoß gegen eine Bedingung, unter der eine Entscheidung gemäß Artikel 6 Absatz 1 Buchstabe b) ergangen ist oder
   ii) unter Verstoß gegen eine Bedingung, unter der eine Entscheidung gemäß Absatz 2 ergangen ist, mit der in Einklang mit Artikel 10 Absatz 2 festgestellt wird, dass der Zusammenschluss bei Nichterfüllung der Bedingung Anlass zu ernsthaften Bedenken hinsichtlich seiner Vereinbarkeit mit dem Gemeinsamen Markt geben würde oder
b) eine Entscheidung gemäß Absatz 6 widerrufen wurde.

(8) Die Kommission teilt ihre Entscheidung den beteiligten Unternehmen und den zuständigen Behörden der Mitgliedstaaten unverzüglich mit.

A. Vorbemerkungen/Grundsatz

Das nach dem Vorprüfverfahren (Phase I) gem. Art. 6 Abs. 1 lit. c) FKVO (ABl. 2004 Nr. L 24/1) eingeleitete Hauptprüfverfahren (Phase II) kann gem. Art. 8 durch **drei verschiedene Entscheidungen** abgeschlossen werden: 159

Der **Freigabe** des Zusammenschlusses (Art. 8 Abs. 1 iVm Art. 2 Abs. 2), der Freigabe des Zusammenschlusses unter **Bedingungen und Auflagen** (Art. 8 Abs. 2 iVm Art. 2 Abs. 2) und der **Untersagung** des Zusammenschlusses (Art. 8 Abs. 3 iVm Art. 2 Abs. 3). Anders als im Vorprüfverfahren steht es der 160

Kommission im Hauptprüfverfahren nicht offen, festzustellen, dass der Zusammenschluss nicht unter die FKVO fällt (*Bechtold/Bosch/Brinker/Hirsbrunner*, Art. 8 Rn 2).

161 Zu einer Freigabe nach Art. 8 Abs. 1 iVm Art. 2 Abs. 2 (ohne Bedingungen und Auflagen) kommt es, wenn die Kommission festgestellt hat, dass der Zusammenschluss mit dem Gemeinsamen Markt **vereinbar** ist. Eine Freigabe unter Bedingungen und Auflagen (Art. 8 Abs. 2 iVm Art. 2 Abs. 2) erfolgt, wenn sich im Laufe der Ermittlungen ergeben hat, dass nach entsprechenden Änderungen die **ernsthaften Bedenken**, die gegen den Zusammenschluss sprachen, **beseitigt** werden und damit das Gefährdungspotenzial für den Wettbewerb wegfällt (Langen/Bunte/*Baron*, Art. 8 Rn 12). Die Kommission untersagt den Zusammenschluss (Art. 8 Abs. 3 iVm Art. 2 Abs. 3), wenn sie festgestellt hat, dass eine Unvereinbarkeit mit dem Gemeinsamen Markt besteht. Bereits vollzogene Zusammenschlüsse müssen dann nach Art. 8 Abs. 4 entflochten werden.

162 Seit der Revision der FKVO 2004 (ABl. 2004 Nr. L 24/1) regelt Abs. 1 die Freigabe ohne Zusagen der Parteien oder Bedingungen der Kommission, Abs. 2 dagegen die Freigabe unter Modifikationen. Abs. 4 regelt die Maßnahmen zur Entflechtung bereits vollzogener Zusammenschlüsse. Abs. 5 berechtigt die Kommission zum Erlass einstweiliger Maßnahmen zur Wiederherstellung wirksamen Wettbewerbs.

B. Freigabe eines Zusammenschlusses ohne Auflagen (Art. 8 Abs. 1)

163 Wenn die Kommission in ihren Ermittlungen zu dem Ergebnis kommt, dass ein Zusammenschluss die Kriterien des Art. 2 Abs. 2 FKVO bzw des Art. 81 Abs. 3 EGV (ABL. 2006 Nr. C 321 E) erfüllt, also durch den Zusammenschluss keine marktbeherrschende Stellung begründet oder verstärkt wird, gibt sie ihn frei. Hierzu müssen die in der ersten Verfahrensphase festgestellten ernsthaften Bedenken gegen den Zusammenschluss ausgeräumt worden sein (zB Komm. ABl. 1993 Nr. L 114/34, Tz CXII ff – Mannesmann/Hoesch; Komm. ABl. 1994 Nr. L 102/15, Tz 127 ff – Mannesmann/Vallourec/Ilva; Komm. ABl. 1995 Nr. L 161/27, Tz 59 ff – Siemens/Italtel; Komm. ABl. 2005 Nr. L 218/6, Tz 187 ff – Oracle/PeopleSoft; Komm. ABl. 2005 Nr. L 62/30, Tz 183 – Sony/BMG).

C. Freigabe eines Zusammenschlusses unter Auflagen und Bedingungen (Art. 8 Abs. 2)

I. Allgemeines

164 Ähnlich wie bei einfach gelagerten Fällen der ersten Verfahrensphase nimmt die Kommission zur Abwendung einer Untersagung **Verpflichtungserklärungen** (Zusagen) der Unternehmen entgegen (Langen/Bunte/*Baron*, Art. 8 Rn 12). Mögliche Abhilfemaßnahmen und deren Durchführung hat die Kommission in ihrer Mitteilung über zulässige Abhilfemaßnahmen (ABl. 2008 Nr. C 267/1, Tz 22 ff) zusammengefasst. Außerdem sind im Internet von der Kommission verfasste Mustertexte für die Abgabe von Veräußerungsverpflichtungen und der Bestellung eines Treuhänders abrufbar (http:/europa.eu.int/comm/competition/mergers/legislation). Es liegt in der Verantwortung der Parteien, Abhilfemaßnahmen vorzuschlagen (Langen/Bunte/*Baron*, Art. 8 Rn 17). Sie müssen geeignet sein, das Wettbewerbsproblem zu lösen. Dies ist in jedem Einzelfall anhand der konkreten Umstände zu prüfen (EuG 30.9.2003, 158/00, Slg 2003, II-3825 – ARD/Kommission; *Bechtold/Bosch/Brinker/Hirsbrunner*, Art. 8 Rn 14). Die Kommission sorgt für die **Durchsetzung** der Verpflichtungserklärungen, indem sie die **Bedingungen oder Auflagen** in den Tenor ihrer Entscheidung übernimmt (*Bechtold/Bosch/Brinker/Hirsbrunner*, Art. 8 Rn 4).

II. Abgrenzung zwischen Auflagen und Bedingungen

165 Die Kommission versteht unter einer **Bedingung** das Verlangen an die Unternehmen, Maßnahmen zu vollziehen, die den vom Zusammenschluss betroffenen Markt strukturell verändern und erst die Erfüllung der Bedingung lässt die Wirksamkeit der Vereinbarkeit eintreten (FK-KartellR/*Rieger*, Art. 8 Rn 17).

166 Die **Auflagen** geben den beteiligten Unternehmen demgegenüber ein bestimmtes Tun, Dulden oder Unterlassen auf. Das kann zB erforderlich sein, um die Erfüllung einer Bedingung zu ermöglichen (Immenga/Mestmäcker/*Immenga/Körber*, Art. 8 Rn 96). Die Kommission legt fest, welche Anforde-

rungen hierzu erfüllt werden müssen (Langen/Bunte/*Baron*, Art. 8 Rn 30). Wird eine Auflage verletzt, kann die Kommission die Freigabeentscheidung gem. Art. 8 Abs. 6 widerrufen, die Entscheidung verliert aber durch die Zuwiderhandlung nicht ihre Wirksamkeit, wie dies bei einer Bedingung der Fall wäre.

Bedingungen und Auflagen unterscheiden sich in den durch sie ausgelösten Rechtsfolgen klar (vgl Mitteilung über zulässige Abhilfemaßnahmen, ABl. 2008 Nr. C 267/1, Tz 19 f). Daher muss in der Entscheidung der Kommission eindeutig zum Ausdruck kommen, ob es sich um eine Bedingung oder eine Auflage handelt. Eine große praktische Bedeutung hat die Unterscheidung gleichwohl noch nicht erlangt (*Berg*, EuZW 2003, 362 ff (366 f)). Bislang ist auch nicht detailliert festgelegt, welche Fallkonstellationen die Auferlegung von Bedingungen und welche die Verhängung von Auflagen erfordern (*Fuchs*, WuW 1996, 269 ff (278); vgl auch Mitteilung über zulässige Abhilfemaßnahmen, ABl. 2008 Nr. C 267/1, Tz 19). 167

Bedingungen und Auflagen sind **selbstständig anfechtbar**, und sowohl die Unternehmen, die Zusagen geleistet haben, als auch Dritte, welche durch die Abhilfemaßnahmen beschwert sind, können dagegen klagen (Langen/Bunte/*Baron*, Art. 8 Rn 28, Art. 16 Rn 106 ff). 168

III. Voraussetzungen der Auferlegung von Auflagen und Bedingungen

Verpflichtungserklärungen, die in Form von Auflagen und Bedingungen in die Entscheidung der Kommission aufgenommen werden, müssen **verhältnismäßig** sein, also die Trias der Geeignetheit, Erforderlichkeit und Zweckmäßigkeit erfüllen (*Bechtold/Bosch/Brinker/Hirsbrunner*, Art. 8 Rn 10, 13). 169

Neben ihrer generellen Eignung zur Erfüllung des gewünschten Zwecks, müssen die Bedingungen und Auflagen für die Genehmigung **erforderlich** sein, um die Vereinbarkeit des Zusammenschlusses mit dem Gemeinsamen Markt zu gewährleisten. Daraus ergibt sich, dass wettbewerbliche Probleme so weit bereinigt sein müssen, dass eine Untersagung nicht mehr gerechtfertigt ist (Langen/Bunte/*Baron*, Art. 8 Rn 22). Im Vorprüfverfahren erfordert dies nur den Nachweis, dass die ursprünglichen Bedenken ausgeräumt wurden, während im Hauptprüfverfahren nachgewiesen werden muss, dass ohne die Auflagen und Bedingungen eine erhebliche Behinderung wirksamen Wettbewerbs oder eine unzulässige Verhaltenskoordinierung vorliegen würde (*Bechtold/Bosch/Brinker/Hirsbrunner*, Art. 8 Rn 10 f). 170

Die Bedingungen und Auflagen müssen auch **zweckmäßig**, also praktisch durchführbar sein. Es dürfen ihnen keine unüberwindbaren Hindernisse rechtlicher oder tatsächlicher Natur entgegenstehen, wobei noch nicht ausreicht, dass Rechtspositionen Dritter lediglich beeinträchtigt werden, da bei Vertragsverhältnissen mit Dritten dies zwangsläufig eintreten wird (vgl *Bechtold/Bosch/Brinker/Hirsbrunner*, Art. 8 Rn 13). 171

IV. Arten von Verpflichtungszusagen

1. Verhaltens- und strukturbezogene Verpflichtungserklärungen. Je nach Einzelfall können sowohl verhaltensbezogene Verpflichtungen (zB Hold-Separate-Verpflichtungen, siehe auch Rn 177) als auch strukturorientierte Verpflichtungen (Beispiel: Veräußerung von Unternehmensteilen) geboten sein, um eine Untersagungsentscheidung abzuwenden (*Bechtold/Bosch/Brinker/Hirsbrunner*, Art. 8 Rn 15). In der VO 139/2004 ist **keine Präferenz** in dieser Hinsicht vorgesehen (EuG 30.9.2003, 158/00, Slg 2003, II-3825, 3887 – ARD/Kommission. Allerdings haben strukturbezogene Verpflichtungserklärungen den Vorteil, dass sie keine langfristigen Überwachungsmaßnahmen erforderlich machen und sie die Entstehung oder Verstärkung einer marktbeherrschenden Stellung auf längere Frist ausschließen (EuG Slg 2003, II-3825, Tz 193 – ARD/Kommission). Dennoch hat die Kommission in vielen Fällen auch verhaltensbezogene Zusagen ausreichen lassen, so zB die Planung eines Schiedsverfahrens zur Streitbeilegung zwischen den beteiligten Unternehmen und Dritten (Komm. 13.10.2000, M.2050, Tz 78 – Vivendi/Canal+/Seagram) oder die Zusicherung der diskriminierungsfreien Zugangsgewährung zu technischen Plattformen (Komm. 21.3.2000, JV.37, Tz 92 ff iVm dem Anhang der Entscheidung – BSkyB/Kirch Pay TV). Aus der Merger Remedies Study vom Oktober 2005 ging hinsichtlich der verhaltensbezogenen Verpflichtungserklärungen hervor, dass viele ex post betrachtet nur teilweise effektiv oder wirkungslos waren, da die Marktentwicklung sich anders vollzog als von der Kommission vorhergesehen (vgl Merger Remedies Study 2005, Abschnitte IV.A.2, IV.C.2). 172

173 **2. Veräußerungszusagen und andere strukturbezogene Verpflichtungszusagen.** Der typische Fall einer strukturbezogenen Verpflichtungszusage ist die Veräußerungszusage. Die Veräußerung von Unternehmensteilen eignet sich häufig dazu, gerade jene Marktanteilsaddition rückgängig zu machen, die den Zusammenschluss in den kritischen Bereich bringen (Immenga/Mestmäcker/*Immenga/Körber*, Art. 8 Rn 122); mittels Auflage kann die Kommission in ihrer Genehmigungsentscheidung auch die Durchführung von der vorangegangenen Umsetzung der Zusage abhängig machen (Komm. 13.3.2001, ABl. 2004 Nr. L 82 – The Post Office/TPG/SPPL; sog. up-front-buyer-Zusagen, dazu Mitteilung über zulässige Abhilfemaßnahmen, ABl. 2008 Nr. C 267/1, Tz 53 ff) Mit der gleichen Wirkung kann auch der Erwerb eines Unternehmens auf die wettbewerblich unbedenklichen Teile beschränkt werden (Immenga/Mestmäcker/*Immenga/Körber*, Art. 8 Rn 122). Damit dadurch tatsächlich eine strukturelle Veränderung bewirkt wird, muss es sich um lebensfähige Unternehmensteile handeln (Mitteilung über zulässige Abhilfemaßnahmen, ABl. 2008 Nr. C 267/3, Tz 23 f). Um die Lebensfähigkeit zu erhalten, kann es notwendig sein, auch andere Geschäftsbereiche, die selbst keine wettbewerblichen Probleme aufwerfen, mit zu veräußern (Immenga/Mestmäcker/*Immenga/Körber*, Art. 8 Rn 124, 128). Welches der beteiligten Unternehmen Marktanteile durch die Veräußerung abgibt, ist grundsätzlich unerheblich. Allerdings wird üblicherweise eine geschäftliche Aktivität des Zielunternehmens veräußert (Immenga/Mestmäcker/*Immenga/Körber*, Art. 8 Rn 130).

174 Die Kommission verfügt über einen Zustimmungsvorbehalt hinsichtlich der Person des Erwerbers. Denn schließlich kommt es auf die Weiterführung des veräußerten Unternehmensteils an, was nur zu erwarten ist, sofern der Erwerber unabhängig ist, sowie über hinreichende Wettbewerbsfähigkeit, Know-how, Marktkenntnis oder Finanzkraft verfügt (vgl *Bechtold/Bosch/Brinker/Hirsbrunner*, Art. 8 Rn 21).

175 Auch auf andere Weise als durch Veräußerung von Unternehmensteilen kann eine Verbesserung der Marktstruktur herbeigeführt werden. Hierzu zählt vor allem die Zerschlagung struktureller Bindungen durch die Aufgabe von Mitspracherechten an anderen Unternehmen, die Beendigung von Vereinbarungen mit Wettbewerbern, die Beschränkung von Vertretungs- oder Stimmrechten oder die Veräußerung von Minderheitsbeteiligungen oder Beteiligungen an Gemeinschaftsunternehmen (Immenga/Mestmäcker/*Immenga/Körber*, Art. 8 Rn 138). Im Fall **„Universal Music Group/BMG Music Publishing“** (Komm. 22.5.2007, M.4404 – Universal/BMG Music Publishing) veräußerte Universal mehrere bedeutende Kataloge mit angloamerikanischen Urheberrechten und Verträgen mit Urhebern, um die Bedenken der Kommission hinsichtlich des Wettbewerbs im Markt für Musikverlagsrechte von Online-Anwendungen auszuräumen.

176 **3. Marktöffnungszusagen.** Wenn die wettbewerblichen Probleme auf dem Markt sich nicht aus hohen Marktanteilen, sondern aus bestehenden Abschottungswirkungen ergeben, haben Veräußerungszusagen häufig nicht die gewünschte Wirkung. Vielmehr können Abschottungswirkungen aus Ausschließlichkeitsbindungen, Netzwerkeffekten oder Patenten besonders effektiv durch die Aufhebung exklusiver Bindungen oder das Gewähren des Zugangs zu den für die Marktteilnahme erforderlichen Infrastrukturen und Schlüsseltechnologien beseitigt werden (Immenga/Mestmäcker/*Immenga/Körber*, Art. 8 Rn 139; Mitteilung über zulässige Abhilfemaßnahmen, ABl. 2001 Nr. C 68/3, Tz 26 f). Letzteres ist insbesondere auf den Telekommunikationsmärkten von Bedeutung, da dort die Marktteilnahme in der Regel den diskriminierungsfreien Zugang zu Versorgungsnetzen voraussetzt (Immenga/Mestmäcker/*Immenga/Körber*, Art. 8 Rn 141). So mussten der schwedische Telefonanbieter Telia und der norwegische Telefonanbieter Telenor zusagen, ihre Netzinfrastruktur bis zu den Endverbrauchern (sog. „local loop“) Wettbewerbern zu diskriminierungsfreien Bedingungen zur Verfügung zu stellen, um diese zu effektivem Wettbewerb um Endverbraucher in die Lage zu versetzen (Komm. ABl. 2001 Nr. L 40/1, Tz 381 lit. d – Telia/Telenor; daneben waren allerdings weitere Veräußerungszusagen erforderlich). In der Sache British Telecommunications und MCI Communications Cooperations sagten die Parteien zu, Wettbewerben unabdingbare Nutzungsrechte an den östlichen Abschnitten der transatlantischen Verbindungskabel für Telefongespräche zwischen den USA und dem Vereinigten Königreich anzubieten, um effektiven Wettbewerb sicherzustellen (Komm. ABl. 1997 Nr. L 336/1, Tz 76 – BT/MCI (II)). Um Marktöffnungszusagen handelt es sich auch, wenn andere notwendige Voraussetzungen für wirksamen Wettbewerb als die Nutzung von Infrastruktur geschaffen werden. So verpflichteten sich die Parteien in „NC/Canal+/CDPQ/Bank of America“ anderen Pay-TV-Anbietern die von den Parteien kontrollierten Fernsehinhalte zu nicht-diskriminierenden Konditionen anzubieten (Komm. 3.12.1998, M.1327, Tz 39 ff – NC/Canal+/CDPQ/Bank of America; vgl auch Pressemitteilung IP/07/1120 der Komm. vom 18.7.2007 zu Télé2 France/SFR). Denn nur so konnte auf dem Pay-TV-

Markt ein effektiver Wettbewerb sichergestellt werden (ähnlich auch Komm. 2.4.2003, M.2876, Tz 225 lit. g), 246 ff – Newscorp/Telepiú).

177 **4. Verhaltenszusagen.** Auch Verhaltenszusagen bedürfen eines strukturellen Bezugs, um mit hinreichender Sicherheit die Begründung oder Verstärkung einer marktbeherrschenden Stellung zu verhindern (Immenga/Mestmäcker/*Immenga/Körber*, Art. 8 Rn 143). Sofern es sich bei ihnen nicht um Marktöffnungszusagen handelt, flankieren sie häufig nur Veräußerungszusagen, indem sich die Parteien etwa verpflichten, den Wert oder die Wettbewerbsfähigkeit eines zu veräußernden Unternehmensteils bis zu dessen Veräußerung zu erhalten (Immenga/Mestmäcker/*Immenga/Körber*, Art. 8 Rn 148). Eine flankierende Maßnahme liegt auch vor, wenn sich die Parteien verpflichten, den zu veräußernden Unternehmensteil bis zu dessen Veräußerung vom restlichen Unternehmen getrennt zu halten (sog. „hold-separate-Verpflichtung") bzw keine Geschäftsgeheimnisse oder andere wichtige Informationen mehr zwischen dem zu veräußernden Unternehmensteil und dem Rest mehr auszutauschen (sog. „chinese walls") (Immenga/Mestmäcker/*Immenga/Körber*, Art. 8 Rn 149, 150).

178 Häufig entstehen so „Paketlösungen", in denen Veräußerungs-, Marktöffnungs- und andere Verhaltenszusagen kombiniert werden (so zB Komm. 12.4.2000, M.1795, Tz 61 iVm dem Anhang der zur Entscheidung – Vodafone Airtouch/Mannesmann).

179 **5. Alternative und bedingte Zusagen.** Unter **alternativen Zusagen** („alternative remedies"), sind solche Zusagen zu verstehen, die gelten sollen, wenn die primär angebotenen Zusagen nicht wirksam genug sind oder die Kommission an ihrer Durchführbarkeit zweifelt (Komm. 8.4.1999, M.1453, Tz 38 – AXA/GRE). Daneben gibt es auch bedingte Verpflichtungen, die vom Eintreten eines bestimmten Ereignisses abhängig sind (*Bechtold/Bosch/Brinker/Hirsbrunner*, Art. 8 Rn 18).

V. Verfahren

180 Gem. Art. 19 Abs. 2 der VO 802/2004 sind die Zusagen der Kommission binnen **65 Arbeitstagen** zu übermitteln. Eine Fristverlängerung ist möglich, wenn diese nach Art. 10 Abs. 3 Unterabs. 2 beantragt wird. Eine angemessene Beteiligung der Mitgliedstaaten und die evtl. Konsultation Dritter muss möglich sein (vgl ErwG 17 zur VO 802/2004: ABl. 2004 Nr. L 133/1). Die Fristenberechnung richtet sich gem. Art. 19 Abs. 3 VO 802/2004 nach Art. 7–9 VO 802/2004. Die Fristen binden die beteiligten Unternehmen, aber nicht die Kommission (EuG 30.9.2003, T 158/00, Slg 2003, II-3825, Tz 386 f – ARD/Kommission). Deshalb kann die Kommission auch **nach Ablauf** der Fristen Verpflichtungserklärungen annehmen. Die beteiligten Unternehmen können auch noch nachträgliche Änderungen an ihren Verpflichtungserklärungen vornehmen, solange deren wesentlicher Sachgehalt nicht grundlegend verändert wird und die Kommission den Änderungen zustimmt (*Bechtold/Bosch/Brinker/Hirsbrunner*, Art. 8 Rn 24).

181 Inhaltlich ist erforderlich, dass die Parteien in ihren Verpflichtungszusagen **auf alle** von der Kommission **aufgeworfenen Wettbewerbsprobleme** eingehen, die angebotenen Verpflichtungen und die zur Durchführung der angebotenen Zusagen erforderlichen Maßnahmen eingehend beschreiben, damit eine umfassende Würdigung durch die Kommission erfolgen kann; die Angebote sind von einer hierzu ordnungsgemäß bevollmächtigten Person zu unterzeichnen und zudem ist eine vertrauliche Fassung der Verpflichtungen beizufügen, die einem Markttest mit Dritten unterzogen werden können (Mitteilung über zulässige Abhilfemaßnahmen, ABl. 2008 Nr. C 267/1, Tz 91).

182 Um den Bearbeitungsaufwand hinsichtlich der Zusagentexte zu reduzieren und die **Fallbearbeitung** zu **vereinheitlichen**, hat die Kommission **Mustertexte** für die Zusagen der Parteien veröffentlicht (Best Practice Guidelines: The Commission´s Model Text for Divestiture Commitments and the Trustee Mandate under the EC Merger Regulation, Tz 5). Außerdem wurde bei der Merger Task Force die Abteilung B 5 gegründet, deren Tätigkeit sich hauptsächlich auf die Formulierung und die Beurteilung von Zusagen bezieht (*Berg*, EuZW 2003, 362 ff).

VI. Nichteinhaltung von Auflagen und Bedingungen

183 Bei der Nichteinhaltung von **Bedingungen** wird die gesamte Freigabeentscheidung **unwirksam** (Immenga/Mestmäcker/*Immenga/Körber*, Art. 8 Rn 95). Die Kommission kann dann ihre Befugnisse nach Art. 8 Abs. 4 lit. b) und Abs. 5 lit. b) nutzen. Werden dagegen **Auflagen** nicht eingehalten, kann die Kommission **Geldbußen** (Art. 14 Abs. 2 lit. d) in Höhe von bis zu 10 % des Gesamtumsatzes der be-

teiligten Unternehmen festsetzen und **Zwangsgelder** verhängen (Art. 15 Abs. 1 lit. c), um die fristgerechte Erfüllung einer Auflage durch die Unternehmen zu erwirken. Auch der Widerruf der Kommissionsentscheidung oder der Erlass einstweiliger Maßnahmen nach Art. 8 Abs. 5 und 6 ist möglich (vgl Ausführungen dazu unten Rn 202 ff).

D. Nebenabreden (Art. 8 Abs. 2 Unterabs. 3)

184 Art. 8 Abs. 2 Unterabs. 3 regelt, dass mit einer Freigabeentscheidung die mit der Durchführung des Zusammenschlusses **unmittelbar verbundenen** und für die Durchführung **notwendigen** Einschränkungen (wettbewerbsbeschränkende Nebenabreden der beteiligten Unternehmen) als genehmigt gelten. Abreden, welche einen integralen Bestandteil des Zusammenschlusses bilden, sind von der Kommission daher nicht separat zu prüfen (vgl ErwG 21 zur FKVO: ABl. 2004 Nr. L 24/1). Die beteiligten Unternehmen können aber dann eine **Einzelfallprüfung** bei der Kommission beantragen, wenn ungelöste Rechtsfragen entstehen, die zu ernsthafter Unsicherheit führen können. Dies ist zu bejahen, wenn eine Frage noch nicht von der Kommission entschieden wurde und nicht in einer Bekanntmachung geregelt ist (vgl ErwG 21 zur FKVO).

I. Voraussetzungen für das Vorliegen von Nebenabreden

185 Zu den Voraussetzungen der Notwendigkeit der Abreden für die Durchführung des Zusammenschlusses und der unmittelbaren Verbundenheit mit dem Zusammenschluss hat die Kommission die „Bekanntmachung über Einschränkungen des Wettbewerbs, die mit der Durchführung von Unternehmenszusammenschlüssen unmittelbar verbunden und für diese notwendig sind“ erlassen (Bekanntmachung über Nebenabreden, ABl. 2005 Nr. C 56/24).

186 Notwendig für die Durchführung des Zusammenschlusses sind solche Abreden, ohne die das Vorhaben entweder gar nicht oder nur unter deutlich ungewisseren **Voraussetzungen**, zu wesentlich höheren **Kosten**, über einen spürbar längeren **Zeitraum** oder mit erheblich geringeren **Erfolgsaussichten** durchgeführt werden könnte (Bekanntmachung über Nebenabreden, ABl. 2005 Nr. C 56/24, Tz 13; Komm. 18.12.2000, M.1863, Tz 20 – Vodafone/BT/Airtel JV).

187 Gem. Tz 12 müssen die Wettbewerbsbeschränkungen einen **unmittelbaren Bezug** zum Zusammenschluss selbst aufweisen, dh es reicht nicht aus, wenn sie gleichzeitig oder im gleichen Zusammenhang mit dem Zusammenschluss verabredet werden. Solche Einschränkungen, die nur bei Gelegenheit des Zusammenschlusses vereinbart werden, werden von der Freigabe des Zusammenschlusses nicht berührt und können daher nach nationalem Wettbewerbsrecht oder an den europäischen Wettbewerbsregeln gemessen werden (vgl Bekanntmachung über Nebenabreden, ABl. 2005 Nr. C 56/24).

188 In Tz 11 (Bekanntmachung über Nebenabreden, ABl. 2005 Nr. C 56/24) wird klargestellt, dass diese Voraussetzungen **objektiv** zu bewerten sind, es also nicht ausreicht, dass lediglich die beteiligten Unternehmen die Nebenabreden für notwendig oder mit dem Zusammenschluss verbunden halten.

189 Ist eine der genannten Voraussetzungen nicht erfüllt, so sind die Wettbewerbsbeschränkungen, wenn sie eine direkte Folge des Zusammenschlusses darstellen, zwar nicht automatisch verboten, aber gemäß Art. 2 Abs. 4 und 5 separat an Art. 101 AEUV zu messen (Immenga/ Mestmäcker/*Immenga/Körber*, Art. 8 Rn 44).

II. Typische Formen von Nebenabreden

190 In ihrer Bekanntmachung über Nebenabreden (ABl. 2005 Nr. C 56/24) geht die Kommission explizit auf die drei wichtigsten Arten von Nebenabreden ein, die den Wert des zu veräußernden Unternehmens bewahren oder die Folgen der Herauslösung eines Unternehmens aus bestehenden Konzernverbindungen abfedern sollen: **Wettbewerbsverbote, Lizenzvereinbarungen** und **Bezugs- und Lieferpflichten.**

191 Da bei der Veräußerung eines Unternehmens das größere wirtschaftliche Risiko auf dem Erwerber lastet, sind Einschränkungen, die den Veräußerer begünstigen, strenger zu beurteilen als Einschränkungen zu dessen Lasten (vgl Bekanntmachung über Nebenabreden, ABl. 2005 Nr. C 56/24, Tz 17). Wettbewerbsverbote müssen daher **befristet** und in räumlicher und sachlicher Hinsicht auf das zur

Erreichung ihres Ziels erforderliche Maß **beschränkt** werden (Bekanntmachung über Nebenabreden, Tz 18 ff, 23; EuG Slg 2001, II-2459, Tz 106 – Métropole Television-M6/Kommission).

Lizenzvereinbarungen stellen in den meisten Fällen integrale Bestandteile des Zusammenschlusses dar, müssen **nicht** befristet werden und dürfen nicht räumlich beschränkt sein (Bekanntmachung über Nebenabreden, ABl. 2005 Nr. C 56/24, Tz 28 f). 192

Bezugs- und Lieferpflichten zugunsten des Erwerbers oder des Veräußerers gelten als mit der Durchführung des Zusammenschlusses unmittelbar verbunden und für diese notwendig, soweit sie dazu dienen, die Auswirkungen der Herauslösung von Geschäftsbereichen aus einer bestehenden wirtschaftlichen Einheit abzufedern und in einem Zeitrahmen von maximal fünf Jahren auf die Lieferung von bestimmten Mengen gerichtet sind (*Bechtold/Bosch/Brinker/Hirsbrunner*, Art. 8 Rn 33). Nicht auf bestimmte Mengen begrenzte Pflichten oder Ausschließlichkeitsbindungen sind grds. nicht als notwendig iSd Art. 8 Abs. 2 Unterabs. 3 anzusehen (Bekanntmachung über Nebenabreden, ABl. 2005 Nr. C 56/24, Tz 34). 193

E. Untersagung eines Zusammenschlusses (Art. 8 Abs. 3)

I. Tatbestände

Die Entscheidung nach Art. 8 Abs. 3 ist eine **gebundene Entscheidung** und stellt, wenn die Voraussetzungen des Art. 2 Abs. 3 und 4 FKVO vorliegen, die Unvereinbarkeit eines Zusammenschlusses mit dem Gemeinsamen Markt fest (Immenga/Mestmäcker/*Immenga/Körber*, Art. 8 Rn 167). 194

Eine Untersagung setzt keine vorherige Anmeldung voraus, so dass **keine Umgehungsmöglichkeit** für Unternehmen durch die Verweigerung der Anmeldung besteht (FK-KartellR/*Rieger*, Art. 8 Rn 38). Die Verweigerung der Anmeldung kann sich zudem auch nachteilig für die beteiligten Unternehmen auswirken, weil ohne Anmeldungseingang auch die Frist zur Durchführung des Vorprüfverfahrens nicht ausgelöst wird, so dass bei einer Verfahrenseinleitung durch die Kommission die Frist von 90 Arbeitstagen gem. Art. 10 Abs. 3 Unterabs. 1 zu laufen beginnt (*Bechtold/Bosch/Brinker/Hirsbrunner*, Art. 8 Rn 36). Ist gemäß Art. 6 Abs. 1 lit. c) S. 2 die **Anmeldung zurückgenommen** worden, muss der Zusammenschluss dennoch untersagt werden, es sei denn, die beteiligten Unternehmen machen glaubhaft, die weitere Durchführung des Vorhabens aufgegeben zu haben (EuG 28.9.2004, T-310/00, Tz 96 – MCI/Kommission). 195

Die Untersagungsbefugnis der Kommission richtet sich auch gegen Zusammenschlüsse, die unter **Verstoß** gegen eine **Bedingung** durchgeführt wurden (*Bechtold/Bosch/Brinker/Hirsbrunner*, Art. 8 Rn 37). 196

II. Rechtsfolgen bei Zuwiderhandlungen

1. Vollzugsgeschäfte. Wird ein Zusammenschluss trotz Untersagung vollzogen, werden sämtliche Vollzugshandlungen, die unter Missachtung des Vollzugsverbots nach Art. 7 Abs. 1 durchgeführt werden, mit der Untersagung **auf Dauer unwirksam**. Dies ergibt sich aus Art. 7 Abs. 4, der die Vollzugshandlungen von der Entscheidung nach Art. 8 Abs. 3 abhängig macht. Hieraus folgt aber im Umkehrschluss, dass Vollzugsgeschäfte, die nicht Gegenstand eines Vollzugsverbots waren, wirksam sind, auch wenn die Kommission später eine Entscheidung nach Art. 8 Abs. 3 erlässt (FK-KartellR/*Rieger*, Art. 8 Rn 39). Dies folgt aus der Systematik des Abs. 4, in dem der Kommission im Fall einer Entscheidung nach Abs. 3 erlaubt wird, den Unternehmen aufzugeben, den Zusammenschluss **rückgängig** zu machen. Einer solchen Erlaubnis würde es nicht bedürfen, wenn die Unwirksamkeit von Vollzugsgeschäften ohnehin als Folge einer Untersagung nach Abs. 3 einträte (FK-KartellR/*Rieger*, Art. 8 Rn 39). Es wird argumentiert, dass es der Einfügung einer Vorschrift nach dem Vorbild des Art. 101 Abs. 2 AEUV bedurft hätte, wenn alle Vollzugsgeschäfte, welche einer Untersagung zuwiderlaufen, mit zivilrechtlicher Unwirksamkeit hätten sanktioniert werden sollen (FK-KartellR/*Rieger*, Art. 8 Rn 39). 197

2. Verpflichtungsgeschäfte. Für Verpflichtungsgeschäfte ergibt sich aus Art. 14 Abs. 2, dass der Vollzug eines für unvereinbar mit dem Gemeinsamen Markt erklärten Zusammenschlussvorhabens unzulässig ist. Ein hierauf gerichtetes Verpflichtungsgeschäft ist deshalb im deutschen Recht nach § 134 BGB zivilrechtlich **nichtig**, wenn die Untersagungsentscheidung nach Abs. 3 wirksam geworden ist (FK-KartellR/*Rieger*, Art. 8 Rn 40; Immenga/Mestmäcker/*Immenga/Körber*, Art. 8 Rn 169). 198

F. Entflechtung (Art. 8 Abs. 4)

199 Grundsätzlich dürfen alle Unternehmenszusammenschlüsse, welche der EG-Fusionskontrollverordnung unterliegen, erst nach positivem Abschluss des Fusionskontrollverfahrens vollzogen werden, vgl Art. 7 Abs. 1 (*Bechtold/Bosch/Brinker/Hirsbrunner*, Art. 8 Rn 37). Wenn ein Zusammenschluss schon vollzogen ist, wird die nachträgliche Entflechtung von der Kommission angeordnet. **Ausnahmen** vom umfassenden Vollzugsverbot nach Art. 7 Abs. 1 gelten für Fusionen, welche von der Kommission eine **Befreiung vom Vollzugsverbot** nach Art. 7 Abs. 3 erhalten haben oder durch den Erwerb von Wertpapieren an der Börse oder einem ähnlichen Markt iSd Art. 7 Abs. 4 Unterabs. 1 geschehen. Vorkommen kann auch der Fall, in dem die Sache nach Art. 22 **von einem Mitgliedstaat** an die Kommission **verwiesen** wurde und zum Zeitpunkt der Verweisung bereits vollzogen war (zB Komm. 20.9.1995, M. 553 – „RTL/Veronica/Endemol“ Rn 6).

I. Voraussetzungen der Anordnung

200 Die ergangene Untersagung oder bedingte Freigabeentscheidung durch die Kommission muss **wirksam** sein, damit die Rückgängigmachung eines Zusammenschlusses angeordnet werden kann, wobei die Wirksamkeit der Untersagung nicht durch die Klageerhebung einer der Parteien entfällt (*Bechtold/Bosch/Brinker/Hirsbrunner*, Art. 8 Rn 38). Erklärt das Gericht die Untersagungsentscheidung aber für nichtig, folgt daraus die Nichtigkeit der Anordnung nach Art. 8 Abs. 4 (*Bechtold/Bosch/Brinker/Hirsbrunner*, Art. 8 Rn 38; EuG Slg 2002, II-4519, Tz 37 – Tetra Laval/Kommission).

II. Kompetenzen der Kommission

201 Gem. Art. 8 Abs. 4 kann die Kommission alle Maßnahmen anordnen, um sicherzustellen, dass der Zustand vor dem Vollzug so weit wie möglich wiederhergestellt wird. Die Kommission verfügt bei der Wahl der geeigneten Maßnahmen über **Entscheidungsermessen**, allerdings muss sie den **Verhältnismäßigkeitsgrundsatz** beachten (*Bechtold/Bosch/Brinker/Hirsbrunner*, Art. 8 Rn 40; Komm. ABl. 2004 Nr. L 38/1, Tz 12 – Tetra Laval/Sidel). Wenn eine Entflechtung nicht möglich ist, sind „andere Maßnahmen“ iSd Art. 8 Abs. 4 anzuordnen, um den Zustand vor Vollzug der Fusion so weit wie möglich wieder herzustellen. Hierbei muss die Lage vor und nach dem Zusammenschluss untersucht werden und nur diejenigen Auswirkungen rückgängig gemacht werden, welche tatsächlich eingetreten sind (*Bechtold/Bosch/Brinker/Hirsbrunner*, Art. 8 Rn 40). Maßnahmen zur allgemeinen Verbesserung der Marktstruktur, die eher dem „industrial engineering“ angehören, sind also **unzulässig** (*Bechtold/Bosch/Brinker/Hirsbrunner*, Art. 8 Rn 40). Wenn sich die Unternehmen weigern, die angeordnete Entflechtung durchzuführen, kann die Kommission Geldbußen nach Art. 14 Abs. 2 lit. c) und Zwangsgelder gem. Art. 15 Abs. 1 lit. d) verhängen, um die Unternehmen zur Durchführung der Entflechtung zu bewegen.

G. Einstweilige Maßnahmen (Art. 8 Abs. 5)

202 Art. 8 Abs. 5 ermächtigt die Kommission dazu, einstweilige Maßnahmen anzuordnen, wenn ein Zusammenschluss unter Verstoß gegen das Vollzugsverbot des Art. 7 vollzogen wurde, ein Verstoß gegen eine Bedingung vorliegt oder der Zusammenschluss untersagt wird, nachdem er vollzogen wurde. Die Maßnahmen sind **vorläufiger** und **sichernder Art** und sollen bewirken, dass während des Entflechtungsprozesses der wirksame Wettbewerb nicht verfälscht wird (Langen/Bunte/*Baron*, Art. 8 Rn 129). Das Verhältnismäßigkeitsprinzip gebietet, dass ein Eingreifen dieser Art zum Schutz des Wettbewerbs als Ganzem und der Interessen der Verbraucher erforderlich und angemessen sein muss (Langen/Bunte/*Baron*, Art. 8 Rn 130).

203 Die Kommission darf gem. Art. 18 Abs. 2 einstweilige Maßnahmen vorläufig anordnen, ohne den betroffenen Personen, Unternehmen oder Unternehmensvereinigungen Gelegenheit zur Äußerung zu geben, soweit sie dies **unverzüglich** nach der Anordnung der Maßnahme **nachholt** (Immenga/Mestmäcker/*Immenga/Körber*, Art. 8 Rn 187). Es handelt sich also um eine vorläufige Entscheidung iSd Art. 13 Abs. 1 Unterabs. 2 iVm Art. 12 Abs. 12 VO 802/2004 (ABl. 2004 Nr. L 133/1), nach welcher den beteiligten Unternehmen eine Frist gem. Art. 11 lit. b) VO 802/2004 gesetzt wird, binnen welcher diese zu der Entscheidung Stellung nehmen und unter den Voraussetzungen des Art. 14 Abs. 1 und 2 VO 802/2004 eine **mündliche Anhörung** beantragen können (*Bechtold/Bosch/Brinker/Hirsbrunner*,

Art. 8 Rn 44). Es wird ihnen gem. Art. 17 Abs. 1 und 2 VO 802/2004 **Akteneinsicht** gewährt. Erst hiernach erfolgt dann eine endgültige Entscheidung der Kommission.

Die Anordnung einstweiliger Maßnahmen durch Kommissionsentscheidung ist mit der Nichtigkeitsklage gem. Art. 263 AEUV selbstständig **anfechtbar**. 204

H. Widerruf von Freigabeentscheidungen (Art. 8 Abs. 6)

Freigabeentscheidungen können widerrufen werden, wenn sie auf **unrichtigen Angaben** beruhen, welche von den beteiligten Unternehmen zu vertreten sind, diese die Freigabeentscheidung arglistig herbeigeführt haben oder Auflagen nicht eingehalten werden. Da im Falle einer Nichtbeachtung einer Bedingung dagegen die vollständige Unwirksamkeit der Entscheidung eintritt, ist es besonders wichtig, zwischen Auflagen und Bedingungen zu differenzieren (s.o. unter Rn 165 ff). 205

Beruht die Entscheidung auf **unrichtigen Angaben** (Art. 8 Abs. 5 lit. a), so bedeutet dies, dass ein **Kausalzusammenhang** zwischen der Unrichtigkeit der Angaben und der Freigabeentscheidung bestehen muss, die Entscheidung also nicht ergangen wäre, wenn der Kommission die Fehlerhaftigkeit der Angaben bekannt gewesen wäre (FK-KartellR/*Rieger*, Art. 8 Rn 52). Bei einer **arglistigen** Herbeiführung der Entscheidung kommt es zudem auf eine **rechtswidrige Einwirkung** auf die Kommission durch ein Unternehmen an, zB durch Drohung oder Bestechung (Immenga/Mestmäcker/*Immenga/Körber*, Art. 8 Rn 191). 206

Nach Art. 8 Abs. 5 lit. b) kann die Vereinbarkeitsentscheidung nach Abs. 2 auch widerrufen werden, wenn die beteiligten Unternehmen einer **Auflage** aus der Vereinbarkeitsentscheidung **zuwiderhandeln**. Das Merkmal der Zuwiderhandlung wird nicht definiert, es handelt sich aber grds. um eine Nichtbefolgung einer Auflage innerhalb der dazu gesetzten Frist (FK-KartellR/*Rieger*, Art. 8 Rn 57). Will die Kommission einen Zusammenschluss verhindern, so muss sie nach dem Widerruf der Freigabeentscheidung eine Unvereinbarkeitsentscheidung erlassen, da aus dem Widerruf nicht schon die Unvereinbarkeit des Zusammenschlusses folgt (FK-KartellR/*Rieger*, Art. 8 Rn 56). 207

Auch in **anderen Fallgestaltungen** ist ein Widerruf denkbar, obwohl die Aufzählung in Art. 8 Abs. 6 abschließend ist (*Bechtold/Bosch/Brinker/Hirsbrunner*, Art. 8 Rn 47). Hierzu müsste die zu widerrufende Entscheidung materiell falsch sein und der Widerruf innerhalb eines vernünftigen Zeitraums erfolgen, so dass nicht das berechtigte Vertrauen der Entscheidungsadressaten verletzt wird (EuG Slg 2002, II-4825, Tz 138–141 – Lagardère und Canal+/Kommission). 208

I. Rechtsfolgen

Mit dem Widerruf einer Freigabeentscheidung hat die Kommission wieder die Untersagungskompetenz, das Verfahren wird also in das Stadium der Hauptprüfung **zurückgesetzt** (Immenga/Mestmäcker/*Immenga/Körber*, Art. 8 Rn 194). Die Frist des Art. 10 Abs. 3 gilt gemäß Art. 8 Abs. 7 lit. b) nicht, da der betreffende Zusammenschluss meist schon vollzogen ist und die betroffenen Unternehmen daher kein Interesse an einer dringlichen Behandlung haben (*Bechtold/Bosch/Brinker/Hirsbrunner*, Art. 8 Rn 49). 209

Die Kommission kann also die Dauer des Verfahrens vom öffentlichen Interesse am Schutz des wirksamen Wettbewerbs abhängig machen, da der Zusammenschluss auch **nach Ablauf** der Frist von 90 Arbeitstagen aus Art. 10 Abs. 3 nachträglich **untersagt** werden kann (Langen/Bunte/*Baron*, Art. 8 Rn 135). Allerdings kann die Kommission nicht unbegrenzt zuwarten, bevor sie eine beschwerende Entscheidung fällt. Obwohl es keine allgemeinen Verjährungsregeln in der FKVO 139/2004 (ABl. 2004 Nr. L 24/1) gibt, welche die Entscheidungsbefugnis der Kommission beschränken, gebietet es der Grundsatz der **Rechtssicherheit**, dass nach dem Vollzug eines Zusammenschlusses, der den Widerruf der Vereinbarkeitsentscheidung oder die Entflechtung begründen würde, und einer belastenden Entscheidung ein angemessener Zeitraum von höchstens fünf Jahren liegen darf (*Bechtold/Bosch/Brinker/Hirsbrunner*, Art. 8 Rn 50). 210

Artikel 9 FKVO Verweisung an die zuständigen Behörden der Mitgliedstaaten

(1) Die Kommission kann einen angemeldeten Zusammenschluss durch Entscheidung unter den folgenden Voraussetzungen an die zuständigen Behörden des betreffenden Mitgliedstaats verweisen; sie unterrichtet die beteiligten Unternehmen und die zuständigen Behörden der übrigen Mitgliedstaaten unverzüglich von dieser Entscheidung.

(2) Ein Mitgliedstaat kann der Kommission, die die beteiligten Unternehmen entsprechend unterrichtet, von Amts wegen oder auf Aufforderung durch die Kommission binnen 15 Arbeitstagen nach Erhalt der Kopie der Anmeldung mitteilen, dass

a) ein Zusammenschluss den Wettbewerb auf einem Markt in diesem Mitgliedstaat, der alle Merkmale eines gesonderten Marktes aufweist, erheblich zu beeinträchtigen droht oder
b) ein Zusammenschluss den Wettbewerb auf einem Markt in diesem Mitgliedstaat beeinträchtigen würde, der alle Merkmale eines gesonderten Marktes aufweist und keinen wesentlichen Teil des Gemeinsamen Marktes darstellt.

(3) Ist die Kommission der Auffassung, dass unter Berücksichtigung des Marktes der betreffenden Waren oder Dienstleistungen und des räumlichen Referenzmarktes im Sinne des Absatzes 7 ein solcher gesonderter Markt und eine solche Gefahr bestehen,

a) so behandelt sie entweder den Fall nach Maßgabe dieser Verordnung selbst oder
b) verweist die Gesamtheit oder einen Teil des Falls an die zuständigen Behörden des betreffenden Mitgliedstaats, damit das Wettbewerbsrecht dieses Mitgliedstaats angewandt wird.

Ist die Kommission dagegen der Auffassung, dass ein solcher gesonderter Markt oder eine solche Gefahr nicht besteht, so stellt sie dies durch Entscheidung fest, die sie an den betreffenden Mitgliedstaat richtet, und behandelt den Fall nach Maßgabe dieser Verordnung selbst.

In Fällen, in denen ein Mitgliedstaat der Kommission gemäß Absatz 2 Buchstabe b) mitteilt, dass ein Zusammenschluss in seinem Gebiet einen gesonderten Markt beeinträchtigt, der keinen wesentlichen Teil des Gemeinsamen Marktes darstellt, verweist die Kommission den gesamten Fall oder den Teil des Falls, der den gesonderten Markt betrifft, an die zuständigen Behörden des betreffenden Mitgliedstaats, wenn sie der Auffassung ist, dass ein gesonderter Markt betroffen ist.

(4) Die Entscheidung über die Verweisung oder Nichtverweisung nach Absatz 3 ergeht

a) in der Regel innerhalb der in Artikel 10 Absatz 1 Unterabsatz 2 genannten Frist, falls die Kommission das Verfahren nach Artikel 6 Absatz 1 Buchstabe b) nicht eingeleitet hat; oder
b) spätestens 65 Arbeitstage nach der Anmeldung des Zusammenschlusses, wenn die Kommission das Verfahren nach Artikel 6 Absatz 1 Buchstabe c) eingeleitet, aber keine vorbereitenden Schritte zum Erlass der nach Artikel 8 Absätze 2, 3 oder 4 erforderlichen Maßnahmen unternommen hat, um wirksamen Wettbewerb auf dem betroffenen Markt aufrechtzuerhalten oder wiederherzustellen.

(5) Hat die Kommission trotz Erinnerung durch den betreffenden Mitgliedstaat innerhalb der in Absatz 4 Buchstabe b) bezeichneten Frist von 65 Arbeitstagen weder eine Entscheidung gemäß Absatz 3 über die Verweisung oder Nichtverweisung erlassen noch die in Absatz 4 Buchstabe b) bezeichneten vorbereitenden Schritte unternommen, so gilt die unwiderlegbare Vermutung, dass sie den Fall nach Absatz 3 Buchstabe b) an den betreffenden Mitgliedstaat verwiesen hat.

(6) Die zuständigen Behörden des betreffenden Mitgliedstaats entscheiden ohne unangemessene Verzögerung über den Fall.

[1]Innerhalb von 45 Arbeitstagen nach der Verweisung von der Kommission teilt die zuständige Behörde des betreffenden Mitgliedstaats den beteiligten Unternehmen das Ergebnis einer vorläufigen wettbewerbsrechtlichen Prüfung sowie die gegebenenfalls von ihr beabsichtigten Maßnahmen mit. [2]Der betreffende Mitgliedstaat kann diese Frist ausnahmsweise hemmen, wenn die beteiligten Unternehmen die nach seinem innerstaatlichen Wettbewerbsrecht zu übermittelnden erforderlichen Angaben nicht gemacht haben.

Schreibt das einzelstaatliche Recht eine Anmeldung vor, so beginnt die Frist von 45 Arbeitstagen an dem Arbeitstag, der auf den Eingang der vollständigen Anmeldung bei der zuständigen Behörde des betreffenden Mitgliedstaats folgt.

(7) [1]Der räumliche Referenzmarkt besteht aus einem Gebiet, auf dem die beteiligten Unternehmen als Anbieter oder Nachfrager von Waren oder Dienstleistungen auftreten, in dem die Wettbewerbsbedingungen hinreichend homogen sind und das sich von den benachbarten Gebieten unterscheidet; dies trifft insbesondere dann zu, wenn die in ihm herrschenden Wettbewerbsbedingungen sich von denen in den letztgenannten Gebieten deutlich unterscheiden. [2]Bei dieser Beurteilung ist insbesondere auf die Art und die Eigenschaften der betreffenden Waren oder Dienstleistungen abzustellen, ferner auf das Vorhandensein von Zutrittsschranken, auf Verbrauchergewohnheiten sowie auf das Bestehen erheblicher Unterschiede bei den Marktanteilen der Unternehmen oder auf nennenswerte Preisunterschiede zwischen dem betreffenden Gebiet und den benachbarten Gebieten.

(8) In Anwendung dieses Artikels kann der betreffende Mitgliedstaat nur die Maßnahmen ergreifen, die zur Aufrechterhaltung oder Wiederherstellung wirksamen Wettbewerbs auf dem betreffenden Markt unbedingt erforderlich sind.

(9) Zwecks Anwendung seines innerstaatlichen Wettbewerbsrechts kann jeder Mitgliedstaat nach Maßgabe der einschlägigen Vorschriften des Vertrags beim Gerichtshof Klage erheben und insbesondere die Anwendung des Artikels 243 des Vertrags beantragen.

A. Vorbemerkungen

Die VO 139/2004 (ABl. 2004 Nr. L 24/1) enthält nur zwei Ausnahmen von der ausschließlichen Zuständigkeit der Kommission („one-stop-shop"). Eine liegt in der Geltendmachung „berechtigter Interessen" der Mitgliedstaaten gem. Art. 22 Abs. 4 und die andere in der Verweisung eines Falles an die nationale Behörde gem. Art. 9 und Art. 4 Abs. 4 (Langen/Bunte/*Baron*, Art. 9 Rn 1). Art. 9 regelt die Verweisung eines Unternehmenszusammenschlusses an eine nationale Behörde nach Einleitung des Verfahrens durch die Kommission. Die Verweisungsregelungen in Art. 4 Abs. 4 und Abs. 9 erlauben eine **Verweisung**, wenn ein Unternehmenszusammenschluss zwar die Umsatzkriterien des Art. 1 erfüllt, aber aufgrund seiner spezifischen Auswirkungen auf den Markt besser von einer nationalen Behörde beurteilt werden sollte. Dies kommt besonders dann in Betracht, wenn die Beurteilung eines Falles die Kenntnis lokaler Marktbedingungen erfordert oder der relevante Markt keinen wesentlichen Teil des Gemeinsamen Marktes darstellt (*Bechtold/Bosch/Brinker/Hirsbrunner*, Art. 9 Rn 1). Die **Sachnähe** einer nationalen Behörde soll eine wirkungsvollere Kontrolle ermöglichen (Mitteilung der Kommission über die Verweisung von Fusionssachen, ABl. 2005 Nr. C 56/22, Tz 8 ff). Diese Bestimmungen stellen also eine **Feinsteuerung** der Kompetenzverteilung im Bereich der Fusionskontrolle dar, um die Unzulänglichkeiten der rein quantitativen Bestimmungen des Anwendungsbereiches der FKVO zu kompensieren (Immenga/Mestmäcker/*Immenga/Körber*, Art. 9 Rn 4). 211

B. Der Verweisungsantrag (Abs. 2)

Wenn ein Mitgliedstaat eine Verweisung begehrt, muss er dies der Kommission durch einen Antrag gemäß Art. 9 Abs. 2 mitteilen. Dieser Antrag muss innerhalb von **15 Arbeitstagen**, nachdem der Mitgliedstaat eine Abschrift der Anmeldung erhalten hat, bei der Kommission eingereicht werden. Die Fristenberechnung richtet sich nach der VO 802/2004 (ABl. 2004 Nr. L 133/1) (*Bechtold/Bosch/Brinker/Hirsbrunner*, Art. 9 Rn 2). In seinem begründeten Antrag muss der Mitgliedstaat darlegen, dass entweder der Zusammenschluss wirksamen Wettbewerb in einem gesonderten Markt des antragstellenden Mitgliedstaates erheblich zu beeinträchtigen droht, oder der Zusammenschluss den Wettbewerb in einem gesonderten Markt in diesem Mitgliedstaat erheblich beeinträchtigt und dieser Markt keinen wesentlichen Teil des Gemeinsamen Marktes darstellt. Durch Art. 21 Abs. 3 Unterabs. 2 sind die Mitgliedstaaten ermächtigt, die zur Stellung eines solchen Verweisungsantrags erforderlichen Ermittlungen durchzuführen. Die **beteiligten Unternehmen** werden nach dem Eingang eines Verweisungsantrags unterrichtet und erhalten **rechtliches Gehör**, auch wenn eine Stellungnahme nicht ausdrücklich im Gesetz vorgesehen ist (*Bechtold/Bosch/Brinker/Hirsbrunner*, Art. 9 Rn 2). 212

C. Materielle Voraussetzungen einer Verweisung (Abs. 2 lit. a) und b))

Eine Verweisung setzt voraus, dass der betreffende Zusammenschluss auf einem gesonderten Markt 213
in einem Mitgliedstaat zu einer Verschlechterung der Wettbewerbsbedingungen führt. Ob dieser ge-

sonderte Markt einen wesentlichen Teil des Gemeinsamen Marktes darstellt, entscheidet dann über die weiteren Verweisungsvoraussetzungen (*Bechtold/Bosch/Brinker/Hirsbrunner*, Art. 9 Rn 3).

I. Gesonderter Markt

214 Der Markt, auf dem eine Marktbeherrschung begründet oder verstärkt oder der Wettbewerb beeinträchtigt wird, muss sowohl in **sachlicher** als auch in **räumlicher** Hinsicht alle Merkmale eines gesonderten Marktes aufweisen. Dies bedeutet, dass es sich um einen **Referenzmarkt** handeln muss. Eine Abgrenzung wird unter den gleichen Gesichtspunkten durchgeführt wie unter Art. 2. Hinsichtlich der räumlichen Marktbegrenzung enthält Art. 9 Abs. 7 Hinweise zu den maßgeblichen Faktoren: die Art und Eigenschaften der betroffenen Produkte oder Dienstleistungen, die Existenz von Marktzutrittsschranken oder Verbraucherpräferenzen, deutlich unterschiedliche Marktanteile der Unternehmen zwischen räumlich benachbarten Gebieten oder wesentliche Preisunterschiede. In Betracht kommen demnach nur gesonderte Märkte, die in einem Mitgliedstaat liegen, also nicht über dessen Landesgrenzen hinausgehen (*Bechtold/Bosch/Brinker/Hirsbrunner*, Art. 9 Rn 3). Diese Kriterien lehnen sich eng an die Beschreibung des räumlich relevanten Marktes in Abschnitt 6 II des Formblattes CO (ABl. 2004 Nr. L 133/1) (Immenga/Mestmäcker/*Immenga/Körber*, Art. 9 Rn 25).

215 Zu den einzelnen Aspekten der Marktabgrenzung vgl die Ausführungen im 21. Abschnitt.

II. Wesentlicher Teil des Gemeinsamen Marktes

216 Ob ein gesonderter Markt einen wesentlichen Teil des Gemeinsamen Marktes darstellt, beurteilt sich nach der Struktur und dem Umfang der **Produktion** und des **Verbrauchs** der in Betracht kommenden Produkte sowie aufgrund der Gewohnheiten und der wirtschaftlichen Möglichkeiten der Anbieter und Nachfrager (*Bechtold/Bosch/Brinker/Hirsbrunner*, Art. 9 Rn 5, vgl insbes. EuGH Slg 1975, 1663, Tz 371 f – Suiker Unie). Die Kommission berücksichtigt in der Praxis auch **Ein- und Ausfuhren.** Ein Markt, der das gesamte Gebiet eines Mitgliedstaates umfasst, bildet immer einen wesentlichen Teil des Gemeinsamen Marktes (*Bechtold/Bosch/Brinker/Hirsbrunner*, Art. 9 Rn 5 f).

III. Beeinträchtigung des Wettbewerbs

217 Die Verweisung setzt außerdem voraus, dass der betreffende Zusammenschluss auf dem gesonderten Markt zu einer Verschlechterung der Wettbewerbsbedingungen führt. Wenn der gesonderte Markt einen **wesentlichen Teil** des Gemeinsamen Marktes umfasst, muss eine **erhebliche** Wettbewerbsbeeinträchtigung daraus folgen, gem. Art. 9 Abs. 2 lit. a) (Langen/Bunte/*Baron* Art. 9 Rn 12). Bei einem Markt, der keinen wesentlichen Teil des Gemeinsamen Marktes ausmacht, genügt eine einfache Beeinträchtigung des Wettbewerbs, gem. Art. 9 Abs. 2 lit. b) (*Bechtold/Bosch/Brinker/Hirsbrunner*, Art. 9 Rn 7).

218 Der Begriff der Wettbewerbsbeeinträchtigung wird in der Verordnung nicht definiert, er ist aber **nicht** mit der „erheblichen Behinderung wirksamen Wettbewerbs" nach Art. 2 Abs. 2 und 3 **identisch** (*Bechtold/Bosch/Brinker/Hirsbrunner*, Art. 9 Rn 7). Im Gegensatz zu den Anforderungen an den Nachweis der „erheblichen Behinderung wirksamen Wettbewerbs" iSd Art. 2, ist bei Art. 9 lediglich erforderlich, dass nach einer vorläufigen Prüfung hinreichende Anhaltspunkte dafür vorliegen, dass der Zusammenschluss einen erheblich nachteiligen Einfluss auf den Wettbewerb haben wird und daher einer genauen Überprüfung bedarf (Langen/Bunte/*Baron*, Art. 9 Rn 23). Es ist davon auszugehen, dass eine Wettbewerbsbeeinträchtigung bei Marktanteilsadditionen aufgrund eines horizontalen Zusammenschlusses oder Ausschlusswirkungen infolge eines vertikalen Zusammenschlusses vorliegt (*Bechtold/Bosch/Brinker/Hirsbrunner*, Art. 9 Rn 7).

D. Entscheidung über den Verweisungsantrag

I. Ausdrückliche und stillschweigende Entscheidung

219 Wenn die Kommission einem Verweisungsantrag stattgibt, teilt sie dies dem Antragsteller durch Entscheidung mit (vgl Art. 9 Abs. 1 S. 1). Entweder wird der Zusammenschluss vollständig verwiesen oder es erfolgt eine Teilverweisung nach Art. 9 Abs. 3 lit. b), woraufhin die Kommission die restlichen Aspekte des Zusammenschlusses selbst behandelt (*Bechtold/Bosch/Brinker/Hirsbrunner*, Art. 9 Rn 10).

Eine **Teilverweisung** kommt aber nur in Betracht, wenn der zu verweisende Bestandteil des Zusammenschlusses **abtrennbar** ist, dh dass der Fall nicht unnötig zerstückelt und seine Behandlung deswegen nicht übermäßig erschwert werden darf (Langen/Bunte/*Baron*, Art. 9 Rn 30).

Bei der Abweisung eines Antrages kommt es dagegen sehr **selten** vor, dass dies dem betreffenden Mitgliedstaat in Form einer ausdrücklichen Entscheidung mitgeteilt wird (zB in Komm. 18.12.1991, M. 165, Tz 19 ff – Alcatel/AEG Kabel). Vielmehr wurde in der bisherigen Kommissionspraxis eine Verweisung **stillschweigend abgewiesen**, indem die Kommission das Hauptprüfverfahren eingeleitet und den am Zusammenschluss Beteiligten innerhalb von drei Monaten nach der Anmeldung eine Mitteilung der Beschwerdepunkte zugestellt hat (*Bechtold/Bosch/Brinker/Hirsbrunner*, Art. 9 Rn 8). Nach Auffassung der Kommission ergibt sich die Möglichkeit einer stillschweigenden Abweisung aus einem Umkehrschluss aus Art. 9 Abs. 4 lit. b) und Art. 9 Abs. 5 (Immenga/Mestmäcker/*Immenga/Körber*, Art. 9 Rn 55). 220

II. Verweisungsfiktion (Abs. 5)

Wenn die Kommission nicht binnen **65 Arbeitstagen** nach der Anmeldung auf einen Verweisungsantrag reagiert, wird die Verweisung durch eine unwiderlegbare gesetzliche Vermutung fingiert (Loewenheim/Meessen/Riesenkampff/*Westermann*, Art. 9 Rn 21). Der Eintritt dieser Vermutung ist von mehreren Voraussetzungen abhängig, die in Abs. 5 aufgezählt werden und kumulativ erfüllt sein müssen. Zunächst muss eine fristgerechte Antragstellung durch den Mitgliedstaat erfolgt und das Hauptprüfverfahren eingeleitet worden sein (*Bechtold/Bosch/Brinker/Hirsbrunner*, Art. 9 Rn 9). Die Kommission darf innerhalb der 65 Arbeitstage **keine Entscheidung** über Verweisung oder Nichtverweisung getroffen oder vorbereitende Schritte zum Erlass von Maßnahmen unternommen haben, welche für eine etwaige negative Entscheidung erforderlich wären, wie zB die Versendung der Mitteilung der Beschwerdepunkte iSd Art. 18 (Immenga/Mestmäcker/*Immenga/Körber*, Art. 9 Rn 61). Letztlich muss eine **Erinnerung** iSd Art. 9 Abs. 5 vom antragstellenden Mitgliedstaat an die Kommission innerhalb der 65 Arbeitstage ergangen sein (*Bechtold/Bosch/Brinker/Hirsbrunner*, Art. 9 Rn 9). 221

E. Nationales Verfahren nach einer Verweisung (Abs. 6 und 8)

I. Keine „unangemessene Verzögerung"

Der Art. 9 Abs. 6 schreibt vor, dass die nationale Wettbewerbsbehörde „ohne unangemessene Verzögerung" über einen verwiesenen Zusammenschluss entscheiden soll (*Bechtold/Bosch/Brinker/Hirsbrunner*, Art. 9 Rn 12). Das heißt, sie sollte innerhalb einer Frist von **45 Arbeitstagen** nach der Verweisung das Ergebnis einer vorläufigen wettbewerbsrechtlichen Prüfung sowie die ggf vorgesehenen Maßnahmen dem Unternehmen mitteilen (Langen/Bunte/*Baron*, Art. 9 Rn 33). Eine endgültige Entscheidung muss in dieser Zeit noch nicht erfolgen (*Bechtold/Bosch/Brinker/Hirsbrunner*, Art. 9 Rn 12). 222

II. Wettbewerblicher Beurteilungsmaßstab

Die nationale Wettbewerbsbehörde kann nach Art. 9 Abs. 8 nur **Maßnahmen** ergreifen, die für die Aufrechterhaltung oder Wiederherstellung wirksamen Wettbewerbs auf dem betreffenden Markt **unbedingt erforderlich** sind (*Bechtold/Bosch/Brinker/Hirsbrunner*, Art. 9 Rn 13). Die Maßnahmen des Mitgliedstaates müssen sich innerhalb der Grenzen der Verweisungsentscheidung halten, daher darf die nationale Behörde nur die an sie verwiesenen Aspekte beurteilen (Langen/Bunte/*Baron*, Art. 9 Rn 35). Obwohl die nationalen Behörden dabei grds. ihr eigenes Recht anwenden, verpflichtet Art. 9 Abs. 8 sie dazu, einen auf den Verweisungsmarkt beschränkten wettbewerblichen Beurteilungsmaßstab anzulegen, also nur **wettbewerbsbezogene Erwägungen** in die etwaige Untersagung oder Auferlegung von Auflagen und Bedingungen einzubeziehen (Loewenheim/Meessen/Riesenkampff/*Westermann*, Art. 9 Rn 24). Umgekehrt dürfen die nationalen Behörden aber **ausnahmsweise** aufgrund nicht-wettbewerblicher Erwägungen auf Maßnahmen verzichten (*Bechtold/Bosch/Brinker/Hirsbrunner*, Art. 9 Rn 13). 223

F. Rechtsschutz (Abs. 9)

224 Der Abs. 9 begründet **kein selbstständiges Klagerecht** der Mitgliedstaaten, sondern stellt nur das aus Art. 263 AEUV erwachsende Klagerecht und das Recht auf die Beantragung einstweiliger Anordnungen aus Art. 279 AEUV klar (Immenga/Mestmäcker/*Immenga/Körber*, Art. 9 Rn 74). **Klageberechtigt** sind die Mitgliedstaaten, deren Verweisungsanträge abgelehnt wurden, nicht deren Wettbewerbsbehörden (Langen/Bunte/*Baron*, Art. 9 Rn 39). Die Klagerechte der übrigen Mitgliedstaaten und des Rates werden nicht erwähnt, sie ergeben sich aber unmittelbar aus dem EG-Vertrag (*Bechtold/Bosch/Brinker/Hirsbrunner*, Art. 9 Rn 14).

225 Die sich zusammenschließenden **Unternehmen** können auf der Grundlage des Art. 263 Abs. 4 AEUV gegen stattgebende Verweisungsentscheidungen der Kommission klagen, wenn sie durch die jeweilige Entscheidung unmittelbar und individuell betroffen sind (*Bechtold/Bosch/Brinker/Hirsbrunner*, Art. 9 Rn 14). Nach der Rechtsprechung des EuG können auch **Dritte** gegen Verweisungsentscheidungen klagen (EuG Slg 2003, II-1433, Tz 276 ff – Royal Philips Electronics/Kommission). Hier sei auch auf die Ausführungen zu Art. 16 (Rn 278) verwiesen.

226 Zuständiges Gericht ist der EuGH, da das EuG nur über Klagen natürlicher oder juristischer Personen gem. Art. 263 Abs. 4 AEUV entscheidet (Langen/Bunte/*Baron*, Art. 9 Rn 39, vgl Art. 3 Abs. 1 lit. c) des Ratsbeschlusses vom 24.10.1988, ABl. 1988 Nr. L 319/1).

Artikel 10 FKVO Fristen für die Einleitung des Verfahrens und für Entscheidungen

(1) [1]Unbeschadet von Artikel 6 Absatz 4 ergehen die Entscheidungen nach Artikel 6 Absatz 1 innerhalb von höchstens 25 Arbeitstagen. [2]Die Frist beginnt mit dem Arbeitstag, der auf den Tag des Eingangs der Anmeldung folgt, oder, wenn die bei der Anmeldung zu erteilenden Auskünfte unvollständig sind, mit dem Arbeitstag, der auf den Tag des Eingangs der vollständigen Auskünfte folgt.

Diese Frist beträgt 35 Arbeitstage, wenn der Kommission ein Antrag eines Mitgliedstaats gemäß Artikel 9 Absatz 2 zugeht oder wenn die beteiligten Unternehmen gemäß Artikel 6 Absatz 2 anbieten, Verpflichtungen einzugehen, um den Zusammenschluss in einer mit dem Gemeinsamen Markt zu vereinbarenden Weise zu gestalten.

(2) Entscheidungen nach Artikel 8 Absatz 1 oder 2 über angemeldete Zusammenschlüsse sind zu erlassen, sobald offenkundig ist, dass die ernsthaften Bedenken im Sinne des Artikels 6 Absatz 1 Buchstabe c) - insbesondere durch von den beteiligten Unternehmen vorgenommene Änderungen - ausgeräumt sind, spätestens jedoch vor Ablauf der nach Absatz 3 festgesetzten Frist.

(3) [1]Unbeschadet des Artikels 8 Absatz 7 müssen die in Artikel 8 Absätze 1 bis 3 bezeichneten Entscheidungen über angemeldete Zusammenschlüsse innerhalb einer Frist von höchstens 90 Arbeitstagen nach der Einleitung des Verfahrens erlassen werden. [2]Diese Frist erhöht sich auf 105 Arbeitstage, wenn die beteiligten Unternehmen gemäß Artikel 8 Absatz 2 Unterabsatz 2 anbieten, Verpflichtungen einzugehen, um den Zusammenschluss in einer mit dem Gemeinsamen Markt zu vereinbarenden Weise zu gestalten, es sei denn, dieses Angebot wurde weniger als 55 Arbeitstage nach Einleitung des Verfahrens unterbreitet.

[1]Die Fristen gemäß Unterabsatz 1 werden ebenfalls verlängert, wenn die Anmelder dies spätestens 15 Arbeitstage nach Einleitung des Verfahrens gemäß Artikel 6 Absatz 1 Buchstabe c) beantragen. [2]Die Anmelder dürfen eine solche Fristverlängerung nur einmal beantragen. [3]Ebenso kann die Kommission die Fristen gemäß Unterabsatz 1 jederzeit nach Einleitung des Verfahrens mit Zustimmung der Anmelder verlängern. [4]Die Gesamtdauer aller etwaigen Fristverlängerungen nach diesem Unterabsatz darf 20 Arbeitstage nicht übersteigen.

(4) Die in den Absätzen 1 und 3 genannten Fristen werden ausnahmsweise gehemmt, wenn die Kommission durch Umstände, die von einem an dem Zusammenschluss beteiligten Unternehmen zu vertreten sind, eine Auskunft im Wege einer Entscheidung nach Artikel 11 anfordern oder im Wege einer Entscheidung nach Artikel 13 eine Nachprüfung anordnen musste.

Unterabsatz 1 findet auch auf die Frist gemäß Artikel 9 Absatz 4 Buchstabe b) Anwendung.

(5) Wird eine Entscheidung der Kommission, die einer in diesem Artikel festgesetzten Frist unterliegt, durch Urteil des Gerichtshofs ganz oder teilweise für nichtig erklärt, so wird der Zusammenschluss erneut von der Kommission geprüft; die Prüfung wird mit einer Entscheidung nach Artikel 6 Absatz 1 abgeschlossen.

Der Zusammenschluss wird unter Berücksichtigung der aktuellen Marktverhältnisse erneut geprüft.

[1]Ist die ursprüngliche Anmeldung nicht mehr vollständig, weil sich die Marktverhältnisse oder die in der Anmeldung enthaltenen Angaben geändert haben, so legen die Anmelder unverzüglich eine neue Anmeldung vor oder ergänzen ihre ursprüngliche Anmeldung. [2]Sind keine Änderungen eingetreten, so bestätigen die Anmelder dies unverzüglich.

Die in Absatz 1 festgelegten Fristen beginnen mit dem Arbeitstag, der auf den Tag des Eingangs der vollständigen neuen Anmeldung, der Anmeldungsergänzung oder der Bestätigung im Sinne von Unterabsatz 3 folgt.

Die Unterabsätze 2 und 3 finden auch in den in Artikel 6 Absatz 4 und Artikel 8 Absatz 7 bezeichneten Fällen Anwendung.

(6) Hat die Kommission innerhalb der in Absatz 1 beziehungsweise Absatz 3 genannten Fristen keine Entscheidung nach Artikel 6 Absatz 1 Buchstabe b) oder c) oder nach Artikel 8 Absätze 1, 2 oder 3 erlassen, so gilt der Zusammenschluss unbeschadet des Artikels 9 als für mit dem Gemeinsamen Markt vereinbar erklärt.

A. Vorbemerkungen

Die Verfahren der europäischen Fusionskontrolle (FKVO, ABl. 2004 Nr. L 24/1) unterliegen einer strengen Fristengebundenheit und folgen dem **Beschleunigungsgrundsatz**, wodurch eine wirksame Kontrolle und Rechtssicherheit für die Unternehmen gewährleistet wird (Immenga/Mestmäcker/*Immenga/Körber*, Art. 10 Rn 1). Zudem bewirken die Regelungen eine **einheitliche Behandlung** aller angemeldeten Zusammenschlussvorhaben durch die Kommission (*Bechtold/Bosch/Brinker/Hirsbrunner*, Art. 10 Rn 1). 227

Durch die Fristen wird das Fusionskontrollverfahren in **zwei Phasen** aufgeteilt, das Vorprüf- und das Hauptprüfverfahren. Das Vorprüfverfahren dauert höchstens 25, in den in Abs. 1 Unterabs. 2 bestimmten Fällen höchstens 35 Arbeitstage, das Hauptprüfverfahren dauert noch zusätzliche 90 bzw 105 Arbeitstage (*Bechtold/Bosch/Brinker/Hirsbrunner*, Art. 10 Rn 2). Die Regeln der FKVO werden durch die Regeln über die Fristenberechnung in der Durchführungsverordnung zur FKVO, VO 802/2004 (ABl. 2004 Nr. L 133/1) ergänzt (Loewenheim/Meessen/Riesenkampff/*Westermann*, Art. 10 Rn 1). Sollten Fälle auftreten, welche weder unter den Art. 10 noch die VO 802/2004 fallen, gilt die VO 1182/71 des Rates (ABl. 1971 Nr. L 124/1) subsidiär (*Bechtold/Bosch/Brinker/Hirsbrunner*, Art. 10 Rn 2). 228

B. Das Vorprüfverfahren (Abs. 1)

Das Vorprüfverfahren dauert im Regelfall höchstens 25 Arbeitstage (vgl Art. 10 Abs. 1). Die Frist beginnt an dem Arbeitstag, der auf den wirksamen Eingang der Anmeldung folgt (*Bechtold/Bosch/Brinker/Hirsbrunner*, Art. 10 Rn 3). Arbeitstage sind gem. Art. 24 VO 802/2004 (ABl. 2004 Nr. L 133/1) alle Tage mit Ausnahme der Samstage, Sonntage, gesetzlichen Feiertage und sonstigen Feiertage (Langen/Bunte/*Baron*, Art. 10 Rn 3). Die Frist beginnt am nächsten Arbeitstag nach der Einreichung der Anmeldung auf dem vollständig ausgefüllten Formblatt CO (vgl Ausführungen zu Art. 4). Liegen bei der Anmeldung nur **unvollständige Angaben** vor, kann die Frist unterbrochen werden (vgl Art. 5 Abs. 2 VO 802/2004), so dass die Frist neu beginnt, wenn die Anmeldung vervollständigt eingereicht wird. Auch bei einer **wesentlichen Änderung** der in der Anmeldung enthaltenen Tatsachen, welche die anmeldenden Unternehmen der Kommission mitteilen müssen, kann eine Fristunterbrechung eintreten (Art. 4 Abs. 3 VO 802/2004). Die Frist endet laut Art. 8 VO 802/2004 mit Ablauf des letzten Arbeitstages der Frist (Langen/Bunte/*Baron*, Art. 10 Rn 3). 229

C. Das Beschleunigungsgebot (Abs. 2)

230 Die Regelung des Art. 10 Abs. 2 verpflichtet die Kommission, das Hauptprüfverfahren durch Entscheidung **abzuschließen**, sobald festgestellt wird, dass die ernsthaften **Bedenken**, aufgrund derer das Hauptprüfverfahren eröffnet worden ist, durch Zusagen der Unternehmen oder aufgrund der Ermittlungen der Kommission **ausgeräumt** worden sind (*Bechtold/Bosch/Brinker/Hirsbrunner*, Art. 10 Rn 5). Die Rechtsprechung sieht hierin eine für das Fusionskontrollrecht spezifische Ausprägung des **Beschleunigungsgebots** und eine bindende Verpflichtung der Kommission (EuG Slg 1997, II-2137 (2198) – Kaysersberg/Kommission). Die Kommission versteht Art. 10 Abs. 2 auch dahin gehend, dass die Beurteilung auf die Ausräumung der ernsthaften Bedenken beschränkt werden kann, wenn eine Freigabeentscheidung im frühen Stadium des Hauptprüfverfahrens erfolgt, um unter praktischen Gesichtspunkten das Ermittlungsverfahren möglichst kurz zu halten (*Bechtold/Bosch/Brinker/Hirsbrunner*, Art. 10 Rn 5). Diese Auffassung der Kommission steht allerdings im Gegensatz zu der Regelung des Art. 8 Abs. 1, der aussagt, das die Kommission im Hauptprüfverfahren keine Auflagen und Bedingungen aussprechen darf, die nicht erforderlich sind, um einer erheblichen Wettbewerbsbehinderung oder Verhaltenskoordinierung zuvorzukommen (s. oben, Art. 8 Rn 192 ff).

D. Dauer des Hauptprüfverfahrens (Abs. 3)

231 Laut Art. 10 Abs. 3 stehen der Kommission **90 Arbeitstage** zur Verfügung, um das Hauptprüfverfahren nach seiner Einleitung durch eine Entscheidung abzuschließen (Immenga/Mestmäcker/*Immenga/Körber*, Art. 10 Rn 28). Die Frist beginnt am Tag nach der Eröffnung (Art. 7 VO 802/2004, ABl. 2004 Nr. L 133/1) und endet mit dem letzten Arbeitstag der Frist, gem. Art. 8 VO 802/2004 (*Bechtold/Bosch/Brinker/Hirsbrunner*, Art. 10 Rn 6). Die Frist verlängert sich auf 105 Tage, wenn die beteiligten Unternehmen Änderungen des Vorhabens anbieten (Langen/Bunte/*Baron*, Art. 10 Rn 5).

232 Eine fakultative **Verlängerung** der Frist ist möglich, wenn entweder die Anmelder vor Ablauf einer Frist von 15 Arbeitstagen einen Antrag stellen oder die Kommission vor Ablauf des Hauptprüfverfahrens mit Zustimmung der Anmelder eine Fristverlängerung anordnet (Langen/Bunte/*Baron*, Art. 10 Rn 6, vgl Art. 8 Abs. 3 Unterabs. 2). Dies soll bewirken, dass ausreichend Zeit für die Untersuchung der vorgetragenen Tatsachen zur Verfügung steht (vgl ErwG 35 zur FKVO). Diese Art der Fristverlängerung soll aber nur auf **Ausnahmefälle** angewandt werden, zB bei schwierigen und kontroversen Rechtsfragen oder sehr komplexen Sachverhalten (*Dittert*, WuW 2004, 148 ff (150)). Die Gesamtdauer aller freiwilligen Fristverlängerungen darf dabei **20 Arbeitstage** nicht überschreiten (Immenga/Mestmäcker/*Immenga/Körber*, Art. 10 Rn 35, vgl Art. 8 Abs. 3 Unterabs. 2).

E. Fristhemmung (Fristaussetzung) und neuer Fristbeginn (Abs. 4 und 5)

233 Wenn die Untersuchung eines Zusammenschlusses verzögert wird und die beteiligten Unternehmen dies zu vertreten haben, wird die Verfahrensfrist gehemmt oder ausgesetzt. Dies kann sowohl im Vorprüf- als auch im Hauptprüfverfahren eintreten (*Bechtold/Bosch/Brinker/Hirsbrunner*, Art. 10 Rn 7). Generell tritt eine Fristhemmung ein, wenn die Kommission im Rahmen des ihr zuerkannten Ermessens zu der Auffassung gelangt, nicht über alle für den Erlass der Entscheidung **erforderlichen Informationen** zu verfügen, und die Unternehmen trotz Aufforderung durch förmliche Entscheidung, iSd Art. 11 Abs. 3, die Informationen nicht vorlegen (Langen/Bunte/*Baron*, Art. 10 Rn 7). Wenn die Kommission den Weg der Auskunftsentscheidung, iSd Art. 11 Abs. 3, anstelle eines einfachen Auskunftsverlangens wählt, ohne dazu durch ein Verhalten der Beteiligten veranlasst worden zu sein, führt dies nicht zu einer Fristhemmung (Langen/Bunte/*Baron*, Art. 10 Rn 7, vgl auch Art. 9 Abs. 2 VO 802/2004: ABl. 2004 Nr. L 133/1). Sie wird aber ohne Weiteres ausgelöst, wenn die Frist zur Beantwortung des Auskunftsersuchens oder der Duldung der Nachprüfung abgelaufen ist (*Bechtold/Bosch/Brinker/Hirsbrunner*, Art. 10 Rn 8). Eine Fristhemmung tritt auch ein, wenn gem. Art. 13 eine Nachprüfung durch förmliche Entscheidung durchgeführt werden muss (FK-KartellR/*Schröer* Art. 10 Rn 28, vgl Art. 10 Abs. 4 iVm Art. 9 VO 802/2004).

234 Mit dem Tag der Verkündung eines **Nichtigkeitsurteils** des EuGH oder auch des EuG (entgegen dem Wortlaut des Art. 10 Abs. 5, welcher nur von „Gerichtshof" spricht) führt die Kommission nach Art. 10 Abs. 5 ein neues Verfahren unter Berücksichtigung der neuen Marktverhältnisse durch, wenn das Urteil sich auf eine verfahrensabschließende Entscheidung der Kommission bezieht, unabhängig davon, ob die betreffende Entscheidung vollständig oder nur teilweise für nichtig erklärt worden ist

(Immenga/Mestmäcker/*Immenga/Körber*, Art. 10 Rn 35). Das neue Verfahren durch die Kommission muss die Gründe, die den Urteilstenor tragen, beachten (EuG Slg 2002, II-4071 (4196) – Schneider Electric/Kommission). Ergibt sich aus der Urteilsbegründung zwingend die Vereinbarkeit des Zusammenschlusses mit dem Gemeinsamen Markt, gilt das Vorhaben mit Ablauf der Ausschlussfrist in Art. 10 Abs. 6 als endgültig freigegeben (*Bechtold/Bosch/Brinker/Hirsbrunner*, Art. 10 Rn 11). Die Frist des neuen Verfahrens beginnt wie bei einer Erstanmeldung an dem Arbeitstag zu laufen, der auf den Eingang der Anmeldung oder der Anmeldungsergänzung folgt (Loewenheim/Meessen/Riesenkampff/*Ablasser-Neuhuber*, Art. 10 Rn 15).

F. Vereinbarkeitsfiktion (Abs. 6)

Wenn die Kommission die Fristen des Vorprüf- oder Hauptprüfverfahrens verstreichen lassen hat, 235
ohne eine Entscheidung nach den Art. 6 Abs. 1 lit. b) oder c) oder nach Art. 8 Abs. 1, 2 oder 3 zu erlassen, wird in Fortentwicklung des Beschleunigungsgebots eine Entscheidung der Kommission durch die unwiderlegbare gesetzliche Vermutung des Art. 10 Abs. 6 fingiert (vgl EuGH 1.7.2008, C-413/09, Tz 49 – Bertelsmann/Impala; *Bechtold/Bosch/Brinker/Hirsbrunner*, Art. 10 Rn 12). Wenn ein Zusammenschluss allerdings an einen Mitgliedstaat verwiesen worden ist (gem. Art. 9), kann die Genehmigungsfiktion des Art. 10 Abs. 6 nicht mehr eintreten, wie aus der Formulierung „unbeschadet des Artikel 9“ im Normtext hervorgeht (Immenga/Mestmäcker/*Immenga/Körber*, Art. 10 Rn 42). Dies soll verhindern, dass eine Verweisungsfiktion gemäß Art. 9 Abs. 5 wirkungslos wird (Langen/Bunte/*Baron*, Art. 10 Rn 11). Bei einer Teilverweisung kann sich die Genehmigungsfiktion deshalb nur auf den nicht verwiesenen Teil beziehen (*Bechtold/Bosch/Brinker/Hirsbrunner*, Art. 10 Rn 13).

Artikel 11 FKVO Auskunftsverlangen

(1) Die Kommission kann zur Erfüllung der ihr durch diese Verordnung übertragenen Aufgaben von den in Artikel 3 Absatz 1 Buchstabe b) bezeichneten Personen sowie von Unternehmen und Unternehmensvereinigungen durch einfaches Auskunftsverlangen oder durch Entscheidung verlangen, dass sie alle erforderlichen Auskünfte erteilen.

(2) Richtet die Kommission ein einfaches Auskunftsverlangen an eine Person, ein Unternehmen oder eine Unternehmensvereinigung, so gibt sie darin die Rechtsgrundlagen und den Zweck des Auskunftsverlangens, die Art der benötigten Auskünfte und die Frist für die Erteilung der Auskünfte an und weist auf die in Artikel 14 für den Fall der Erteilung einer unrichtigen oder irreführenden Auskunft vorgesehenen Sanktionen hin.

(3) [1]Verpflichtet die Kommission eine Person, ein Unternehmen oder eine Unternehmensvereinigung durch Entscheidung zur Erteilung von Auskünften, so gibt sie darin die Rechtsgrundlage, den Zweck des Auskunftsverlangens, die Art der benötigten Auskünfte und die Frist für die Erteilung der Auskünfte an. [2]In der Entscheidung ist ferner auf die in Artikel 14 beziehungsweise Artikel 15 vorgesehenen Sanktionen hinzuweisen; gegebenenfalls kann auch ein Zwangsgeld gemäß Artikel 15 festgesetzt werden. [3]Außerdem enthält die Entscheidung einen Hinweis auf das Recht, vor dem Gerichtshof gegen die Entscheidung Klage zu erheben.

(4) [1]Zur Erteilung der Auskünfte sind die Inhaber der Unternehmen oder deren Vertreter, bei juristischen Personen, Gesellschaften und nicht rechtsfähigen Vereinen die nach Gesetz oder Satzung zur Vertretung berufenen Personen verpflichtet. [2]Ordnungsgemäß bevollmächtigte Personen können die Auskünfte im Namen ihrer Mandanten erteilen. [3]Letztere bleiben in vollem Umfang dafür verantwortlich, dass die erteilten Auskünfte vollständig, sachlich richtig und nicht irreführend sind.

(5) [1]Die Kommission übermittelt den zuständigen Behörden des Mitgliedstaats, in dessen Hoheitsgebiet sich der Wohnsitz der Person oder der Sitz des Unternehmens oder der Unternehmensvereinigung befindet, sowie der zuständigen Behörde des Mitgliedstaats, dessen Hoheitsgebiet betroffen ist, unverzüglich eine Kopie der nach Absatz 3 erlassenen Entscheidung. [2]Die Kommission übermittelt der zuständigen Behörde eines Mitgliedstaats auch die Kopien einfacher Auskunftsverlangen in Bezug auf einen angemeldeten Zusammenschluss, wenn die betreffende Behörde diese ausdrücklich anfordert.

(6) Die Regierungen und zuständigen Behörden der Mitgliedstaaten erteilen der Kommission auf Verlangen alle Auskünfte, die sie zur Erfüllung der ihr durch diese Verordnung übertragenen Aufgaben benötigt.

(7) [1]Zur Erfüllung der ihr durch diese Verordnung übertragenen Aufgaben kann die Kommission alle natürlichen und juristischen Personen befragen, die dieser Befragung zum Zweck der Einholung von Informationen über einen Untersuchungsgegenstand zustimmen. [2]Zu Beginn der Befragung, die telefonisch oder mit anderen elektronischen Mitteln erfolgen kann, gibt die Kommission die Rechtsgrundlage und den Zweck der Befragung an.

[1]Findet eine Befragung weder in den Räumen der Kommission noch telefonisch oder mit anderen elektronischen Mitteln statt, so informiert die Kommission zuvor die zuständige Behörde des Mitgliedstaats, in dessen Hoheitsgebiet die Befragung erfolgt. [2]Auf Verlangen der zuständigen Behörde dieses Mitgliedstaats können deren Bedienstete die Bediensteten der Kommission und die anderen von der Kommission zur Durchführung der Befragung ermächtigten Personen unterstützen.

A. Vorbemerkungen

236 Art. 11 regelt die Auskunfts- und Untersuchungsrechte der Kommission hinsichtlich der **Beweiserhebung und stellt die wichtigste Informationsquelle der Kommission dar** (FK-KartellR/*Völcker*, Art. 11 Rn 1). Er ermächtigt die Kommission, durch Auskunftsverlangen bei den beteiligten Unternehmen und Dritten fallrelevante Informationen anzufordern und anders als noch in Art. 11 VO 4064/89 (ABl. 1989 Nr. L 395/1) kann die Kommission Beweise auch durch **mündliche Befragungen**, gem. Art. 11 Abs. 7, von natürlichen oder juristischen Personen erheben (*Bechtold/Bosch/Brinker/Hirsbrunner*, Art. 11 Rn 1). Art. 11 VO 139/2004 (ABl. 2004 Nr. L 24/1) entspricht weitgehend den Art. 18 und 19 VO 1/2003, auf deren Auslegung daher zurückgegriffen werden kann (Immenga/Mestmäcker/*Immenga/Körber*, Art. 11 Rn 2).

B. Umfang der Befugnis der Kommission zur Einholung von Auskünften

237 Die Kommission kann nach Art. 11 Abs. 1 Auskunftsverlangen verschicken, soweit dies zur Erfüllung der ihr durch die VO 139/2004 (ABl. 2004 Nr. L 24/1) übertragenen Aufgaben erforderlich ist (Immenga/Mestmäcker/*Immenga/Körber*, Art. 11 Rn 5). Sie muss deshalb nicht abwarten, bis durch eine Anmeldung ihr Zuständigkeitsbereich berührt wird, sondern kann schon **vor der Anmeldung** durch Auskunftsersuchen Informationen von Marktteilnehmern anfordern, sofern die beteiligten Unternehmen auf eine vertrauliche Behandlung ihres Vorhabens verzichten (*Bechtold/Bosch/Brinker/Hirsbrunner*, Art. 11 Rn 2). Auch nach einer Entscheidung kann die Kommission zur Sicherstellung der Einhaltung von Bedingungen und Auflagen oder bei dem Verdacht eines Bußgeld- oder Zwangsgeldtatbestandes Auskunftsersuchen verschicken, wenn dies nötig ist, um wirksamen Wettbewerbsschutz zu gewährleisten (*Bechtold/Bosch/Brinker/Hirsbrunner*, Art. 11 Rn 2).

C. Adressaten von Auskunftsverlangen und Träger der Auskunftspflicht

238 Mögliche Auskunftspflichtige können gemäß Art. 11 Abs. 4 Personen, Unternehmen oder Unternehmensvereinigungen sein –beachte aber die Verweisung auf Art. 3 Abs. 1 lit. b) (*Bechtold/Bosch/Brinker/Hirsbrunner*, Art. 11 Rn 3). Bei Unternehmen sind die **Inhaber** oder deren **Vertreter** Träger der Pflicht zur Auskunftserteilung. Bei Personen- oder Kapitalgesellschaften sind nach Gesetz oder Satzung zur Vertretung berufene Personen Träger der Auskunftspflicht. Für Unternehmensvereinigungen wird dies nicht ausdrücklich festgelegt, nach Art. 18 Abs. 4 VO 1/2003 (ABl. 2003 Nr. L 1/1) gelten für Unternehmensvereinigungen aber die gleichen Grundsätze wie für Unternehmen. Die Auskunftspflicht lässt sich nur gegen die Unternehmen oder die Unternehmensvereinigungen selbst, nicht gegen die Inhaber oder Vertreter durchsetzen (vgl jeweils *Bechtold/Bosch/Brinker/Hirsbrunner*, Art. 11 Rn 3).

239 Auch **Regierungen** und **zuständige Behörden** der Mitgliedstaaten können gem. Abs. 6 von der Kommission um Auskunft gebeten werden, wobei ihnen gegenüber die Kommission nicht zum Erlass einer förmlichen Auskunftsentscheidung befugt ist (FK-KartellR/*Völcker*, Art. 11 Rn 7). Wenn sie dem Auskunftsverlangen nicht Folge leisten, ist ein Vertragsverletzungsverfahren nach Art. 258 AEUV wegen Verstoßes gegen die Verpflichtung zur loyalen Zusammenarbeit (Gemeinschaftstreue) gem. Art. 4

Abs. 3 EUV iVm Art. 11 Abs. 6 FKVO möglich (Immenga/Mestmäcker/*Immenga/Körber*, Art. 11 Rn 12).

D. Einfache Auskunftsverlangen und Auskunftsentscheidungen

Meistens fordert die Kommission Informationen, bedingt durch den Beschleunigungsgrundsatz, durch einfaches Auskunftsverlangen an (Immenga/Mestmäcker/*Immenga/Körber*, Art. 11 Rn 14). Nur in **Ausnahmefällen**, also bei Verweigerung der Beantwortung eines solchen Verlangens oder einer Vermutung, dass dies eintreten wird, fordert die Kommission die Informationen durch **Entscheidung** an (zB in Komm. ABl. 2001 Nr. L 4/31, Tz 1 ff – Mitsubishi Heavy Industries). Hierzu muss sie nicht erst erfolglos ein einfaches Auskunftsverlangen geschickt haben, sondern muss die Einholung von Auskünften durch einfaches Auskunftsverlangen als **von vornherein erfolglos** einstufen (*Bechtold/Bosch/Brinker/Hirsbrunner*, Art. 11 Rn 5). Die Wettbewerbsbehörde des Mitgliedstaates, in dessen Hoheitsgebiet sich der Sitz des betroffenen Unternehmens befindet, erhält eine Kopie der Entscheidung (Immenga/Mestmäcker/*Immenga/Körber*, Art. 11 Rn 19, vgl Art. 11 Abs. 5). 240

Im Gegensatz zu Auskunftsverlangen durch Entscheidung wird die Nichtbeantwortung von einfachen Auskunftsverlangen nach Art. 11 Abs. 2 nicht sanktioniert (Immenga/Mestmäcker/*Immenga/Körber*, Art. 11 Rn 23). Entscheidet sich der Adressat aber, eines zu beantworten, ist er verpflichtet, eine richtige und nicht irreführende Antwort zu geben, sonst droht ihm eine Geldbuße nach Art. 14 Abs. 1 lit. b), worüber die Kommission den Adressaten nach Art. 11 Abs. 2 informieren muss (FK-KartellR/*Völcker*, Art. 11 Rn 19). Bei Auskunftsverlangen durch Entscheidung stellt schon die ganze oder teilweise Verweigerung der Beantwortung einen Geldbußtatbestand iSd Art. 14 Abs. 1 lit. c) dar (Langen/Bunte/*Baron*, Art. 11 Rn 2). Außerdem kann die Kommission die Beantwortung durch Verhängung eines Zwangsgeldes (Art. 15 Abs. 1 lit. a) erzwingen (*Bechtold/Bosch/Brinker/Hirsbrunner*, Art. 11 Rn 5). 241

Fordert die Kommission Auskünfte durch Entscheidung an, wird die **Verfahrensfrist** unter den Voraussetzungen des Art. 10 Abs. 4 automatisch **ausgesetzt**, es sei denn, das Verhalten des betroffenen Unternehmens hat die Kommission zu dieser Vorgehensweise veranlasst (*Bechtold/Bosch/Brinker/Hirsbrunner*, Art. 11 Rn 7, vgl auch Art. 9 VO 802/2004, ABl. 2004 Nr. 133/1). 242

E. Sonstige Anforderungen

Alle Auskunftsverlangen müssen gemäß Art. 11 Abs. 2 auf die **Rechtsgrundlage**, ihren Zweck sowie mögliche Sanktionen im Falle der Erteilung einer unrichtigen, irreführenden oder unvollständigen Auskunft hinweisen (*Bechtold/Bosch/Brinker/Hirsbrunner*, Art. 11 Rn 8). Auskunftsverlangen durch Entscheidung müssen den Adressaten außerdem auf die Möglichkeit von Zwangsgeldern hinweisen und über den **Rechtsweg** an den Gerichtshof **belehren** (Loewenheim/Meessen/Riesenkampff/*Hecker*, Art. 11 Rn 5). Nach der Rechtsprechung muss auch der **Untersuchungsgegenstand** genau bezeichnet werden, damit die Unternehmen entscheiden können, ob sie die Auskunft verweigern oder beim EuG Klage einreichen wollen, sofern es sich um ein Auskunftsverlangen durch Entscheidung handelt (Schlussanträge GA Mischo, EuGH Slg 2002, I-8375, Tz 188 – ICI/Kommission). 243

Die Beantwortung der Auskunftsverlangen muss nicht schriftlich erfolgen, auch eine telefonische Beantwortung ist möglich, wenn die Kommission dies für notwendig hält, um das Verfahren zu beschleunigen (*Bechtold/Bosch/Brinker/Hirsbrunner*, Art. 11 Rn 10). Da häufig ein großer Zeitdruck bei der Bewertung von Zusageangeboten der Unternehmen herrscht, setzt die Kommission sehr kurze Fristen, beispielsweise fünf Tage zur Beantwortung von 322 Fragen (EuG Slg 1999, II-4071 ff, Tz 100 – Schneider Electric/Kommission), zur Beantwortung der Auskunftsersuchen, was vom EuG grds. gebilligt wird (Langen/Bunte/*Baron*, Art. 11 Rn 3). 244

F. Befragung von natürlichen und juristischen Personen

Art. 11 Abs. 7 entspricht Art. 19 VO 1/2003. Neu ist aber, dass die Kommission alle natürlichen oder juristischen Personen **mündlich befragen** kann, wenn diese der Befragung über einen Untersuchungsgegenstand zustimmen (*Bechtold/Bosch/Brinker/Hirsbrunner*, Art. 11 Rn 12). Die Befragung kann auch telefonisch oder mit anderen elektronischen Mitteln erfolgen (FK-KartellR/*Völcker*, Art. 11 Rn 25, vgl auch EuG Slg 1999, II-1299 ff, Tz 84 – Endemol/Kommission). 245

246 Alle befragten Personen haben sowohl ein allgemeines als auch ein besonderes **Zeugnisverweigerungsrecht**, was sich aus dem Zustimmungserfordernis in Art. 11 Abs. 7 ergibt. Die Zeugnisverweigerung zieht keine Sanktionen nach sich, da Art. 14 und 15 nicht auf Art. 11 Abs. 7 verweisen (Immenga/Mestmäcker/*Immenga/Körber*, Art. 11 Rn 25).

247 Die Mitwirkung der beteiligten Unternehmen an der Zeugenbefragung ist nicht ausdrücklich in der FKVO geregelt, aber das Recht, Fragen an Belastungszeugen zu stellen oder stellen zu lassen, ist eines der in der **Grundrechtecharta** (ABl. 2000 Nr. C 364/1) garantierten Verteidigungsrechte (Art. 48 Abs. 2 Grundrechtecharta iVm Art. 52 Abs. 3 Grundrechtecharta und Art. 6 Abs. 3 lit. d) EMRK) und müsste auch für Unternehmen in Fusionskontrollverfahren der Kommission gelten (*Bechtold/Bosch/Brinker/Hirsbrunner*, Art. 11 Rn 14).

248 Auch die Voraussetzungen, unter welchen die **Geheimhaltung der Identität** von Zeugen möglich ist, sind nicht klar geregelt (EuGH Slg 1985, 3539 (3587), Tz 34 ff – Adams/Kommission). Die Verteidigungsrechte erfordern generell die Offenlegung der Zeugenidentität, nur wenn die Gefährdung von überwiegenden Zeugeninteressen absehbar ist, kann eine Geheimhaltung gewährleistet sein (*Bechtold/Bosch/Brinker/Hirsbrunner*, Art. 11 Rn 14).

G. Das Aussageverweigerungsrecht

249 Unternehmen und Personen haben ein **beschränktes Auskunftsverweigerungsrecht** (vgl ErwG 41 zur VO 139/2004). Sie können nicht dazu verpflichtet werden, eine Zuwiderhandlung einzugestehen, deren Nachweis der Kommission obliegt (EuG Slg 2001, II-729 (756) – Mannesmannröhren-Werke/Kommission). Dennoch haben die Unternehmen eine Pflicht zur **aktiven Mitwirkung** und müssen alle Informationen bereithalten, die vom Untersuchungsgegenstand betroffen sind (*Bechtold/Bosch/Brinker/Hirsbrunner*, Art. 11 Rn 15). Die Fragen der Kommission müssen sich auf einen konkreten Untersuchungsgegenstand beziehen, was sich schon aus der Pflicht ergibt, diesen im Auskunftsverlangen anzugeben (vgl Art. 11 Abs. 2). Sie müssen für die Ermittlung **erheblich** und klar genug umschrieben sein, um eine konkrete Beantwortung zu ermöglichen, sonst kann ein Unternehmen eine Beantwortung verweigern, da **ausforschende Fragen unzulässig** sind (Immenga/Mestmäcker/*Immenga/Körber*, Art. 11 Rn 7). Allerdings umfasst die Pflicht zur aktiven Mitarbeit die Verpflichtung zur Herausgabe aller vorhandenen Schriftstücke, selbst wenn diese belastend sind (*Bechtold/Bosch/Brinker/Hirsbrunner*, Art. 11 Rn 15). Diese einschränkende Auslegung des Auskunftsverweigerungsrechtes durch die Rechtsprechung ist unter dem Gesichtspunkt der Garantie auf ein faires Verfahren, vgl Art. 6 EMRK bzw Art. 52, 53 der Grundrechtscharta (ABl. 2000 Nr. C 364/1), bedenklich (Immenga/Mestmäcker/*Immenga/Körber*, Art. 11 Rn 7). Anders verhält es sich mit Schriftstücken, die unter das Anwaltsprivileg falle, zu denen wiederum nicht die auf unternehmensinterner Kommunikation mit einem Unternehmensjuristen fallenden Vorgänge gehören (EuG 17.9.2007, T-125/03 und T-252/03, Tz 165 – Akzo Nobel Chemicals bzw Akcros Chemicals; kritisch dazu *Bechtold/Bosch/Brinker/Hirsbrunner*, Art. 11 Rn 15).

250 Gegen ein einfaches Auskunftsverlangen kann ein Unternehmen das Auskunftsverweigerungsrecht ins Feld führen, nicht aber bei einem Auskunftsverlangen durch Entscheidung. Gegen eine solche kann das Unternehmen aber **klagen** und ggf im Verfahren zur Herstellung der aufschiebenden Wirkung sein Auskunftsverweigerungsrecht geltend machen (*Bechtold/Bosch/Brinker/Hirsbrunner*, Art. 11 Rn 19).

Artikel 12 FKVO Nachprüfungen durch Behörden der Mitgliedstaaten

(1) [1]Auf Ersuchen der Kommission nehmen die zuständigen Behörden der Mitgliedstaaten diejenigen Nachprüfungen vor, die die Kommission gemäß Artikel 13 Absatz 1 für angezeigt hält oder die sie in einer Entscheidung gemäß Artikel 13 Absatz 4 angeordnet hat. [2]Die mit der Durchführung der Nachprüfungen beauftragten Bediensteten der zuständigen Behörden der Mitgliedstaaten sowie die von ihnen ermächtigten oder benannten Personen üben ihre Befugnisse nach Maßgabe ihres innerstaatlichen Rechts aus.

(2) Die Bediensteten der Kommission und andere von ihr ermächtigte Begleitpersonen können auf Anweisung der Kommission oder auf Ersuchen der zuständigen Behörde des Mitgliedstaats, in dessen

Hoheitsgebiet die Nachprüfung vorgenommen werden soll, die Bediensteten dieser Behörde unterstützen.

Art. 12 regelt die **Nachprüfungen iSd Art. 13** (FKVO, ABl. 2004 Nr. L 24/1), die Behörden der Mitgliedstaaten im Wege der Amtshilfe für die Kommission durchführen (Loewenheim/Meessen/Riesenkampff/*Hecker*, Art. 12 Rn 1). Die Nachprüfungen der Mitgliedstaaten nach Art. 12 stehen dabei weder in einem alternativen noch in einem subsidiären Verhältnis zu den Nachprüfungen durch die Kommission nach Art. 13, sondern die Kommission entscheidet nach der **Zweckmäßigkeit**, welche Art der Nachprüfung Vorrang hat (*Bechtold/Bosch/Brinker/Hirsbrunner*, Art. 12 Rn 1). 251

Die Kommission muss gemäß Art. 12 Abs. 1 um eine Nachprüfung bei der national zuständigen Behörde (in Deutschland das BKartA) **ersuchen** (Langen/Bunte/*Baron*, Art. 12). Für die Praxis ist diese Vorschrift jedoch ohne Bedeutung, da die Nachprüfungen gem. Art. 12 und 13 dem Verhältnismäßigkeitsgrundsatz unterliegen und ein Vorgehen nach Art. 11 regelmäßig das mildere Mittel darstellt, und das Verfahren nach Art. 12 insofern nicht erforderlich ist (Immenga/Mestmäcker/*Immenga/Körber*, Art. 12 Rn 4). 252

Die Maßnahmen, welche die mit der Nachprüfung betrauten Bediensteten ergreifen dürfen, richten sich nach innerstaatlichem Recht (Immenga/Mestmäcker/*Immenga/Körber*, Art. 12 Rn 6, vgl Art. 12 Abs. 1 S. 2). Die mitgliedstaatlichen Behörden müssen bei der Durchführung das Berufsgeheimnis gem. Art. 17 beachten und dürfen die Ergebnisse der Nachprüfung nicht in eigenen Verfahren verwerten, sondern müssen zudem gewährleisten, dass sie nur im Verfahren der Kommission nach VO 139/2004 (ABl. 2004 Nr. L 24/1) verwertet werden (*Bechtold/Bosch/Brinker/Hirsbrunner*, Art. 12 Rn 3). 253

Artikel 13 FKVO Nachprüfungsbefugnisse der Kommission

(1) Die Kommission kann zur Erfüllung der ihr durch diese Verordnung übertragenen Aufgaben bei Unternehmen und Unternehmensvereinigungen alle erforderlichen Nachprüfungen vornehmen.

(2) Die mit den Nachprüfungen beauftragten Bediensteten der Kommission und die anderen von ihr ermächtigten Begleitpersonen sind befugt,

a) alle Räumlichkeiten, Grundstücke und Transportmittel der Unternehmen und Unternehmensvereinigungen zu betreten,
b) die Bücher und sonstigen Geschäftsunterlagen, unabhängig davon, in welcher Form sie vorliegen, zu prüfen,
c) Kopien oder Auszüge gleich in welcher Form aus diesen Büchern und Geschäftsunterlagen anzufertigen oder zu verlangen,
d) alle Geschäftsräume und Bücher oder Unterlagen für die Dauer der Nachprüfung in dem hierfür erforderlichen Ausmaß zu versiegeln,
e) von allen Vertretern oder Beschäftigten des Unternehmens oder der Unternehmensvereinigung Erläuterungen zu Sachverhalten oder Unterlagen zu verlangen, die mit Gegenstand und Zweck der Nachprüfung in Zusammenhang stehen, und ihre Antworten aufzuzeichnen.

(3) [1]Die mit der Nachprüfung beauftragten Bediensteten der Kommission und die anderen von ihr ermächtigten Begleitpersonen üben ihre Befugnisse unter Vorlage eines schriftlichen Auftrags aus, in dem der Gegenstand und der Zweck der Nachprüfung bezeichnet sind und in dem auf die in Artikel 14 vorgesehenen Sanktionen für den Fall hingewiesen wird, dass die angeforderten Bücher oder sonstigen Geschäftsunterlagen nicht vollständig vorgelegt werden oder die Antworten auf die nach Absatz 2 gestellten Fragen unrichtig oder irreführend sind. [2]Die Kommission unterrichtet die zuständige Behörde des Mitgliedstaats, in dessen Hoheitsgebiet die Nachprüfung vorgenommen werden soll, rechtzeitig vor deren Beginn über den Prüfungsauftrag.

(4) [1]Unternehmen und Unternehmensvereinigungen sind verpflichtet, die Nachprüfungen zu dulden, die die Kommission durch Entscheidung angeordnet hat. [2]Die Entscheidung bezeichnet den Gegenstand und den Zweck der Nachprüfung, bestimmt den Zeitpunkt des Beginns der Nachprüfung und weist auf die in Artikel 14 und Artikel 15 vorgesehenen Sanktionen sowie auf das Recht hin, vor dem Gerichtshof Klage gegen die Entscheidung zu erheben. [3]Die Kommission erlässt diese Entscheidung nach Anhörung der zuständigen Behörde des Mitgliedstaats, in dessen Hoheitsgebiet die Nachprüfung vorgenommen werden soll.

(5) [1]Die Bediensteten der zuständigen Behörde des Mitgliedstaats, in dessen Hoheitsgebiet die Nachprüfung vorgenommen werden soll, sowie die von dieser Behörde ermächtigten oder benannten Personen unterstützen auf Anweisung dieser Behörde oder auf Ersuchen der Kommission die Bediensteten der Kommission und die anderen von ihr ermächtigten Begleitpersonen aktiv. [2]Sie verfügen hierzu über die in Absatz 2 genannten Befugnisse.

(6) Stellen die Bediensteten der Kommission oder die anderen von ihr ermächtigten Begleitpersonen fest, dass sich ein Unternehmen einer aufgrund dieses Artikels angeordneten Nachprüfung, einschließlich der Versiegelung der Geschäftsräume, Bücher oder Geschäftsunterlagen, widersetzt, so leistet der betreffende Mitgliedstaat die erforderliche Amtshilfe, gegebenenfalls unter Einsatz der Polizei oder anderer gleichwertiger Vollzugsorgane, damit die Bediensteten der Kommission und die anderen von ihr ermächtigten Begleitpersonen ihren Nachprüfungsauftrag erfüllen können.

(7) [1]Setzt die Amtshilfe nach Absatz 6 nach einzelstaatlichem Recht eine gerichtliche Genehmigung voraus, so ist diese zu beantragen. [2]Die Genehmigung kann auch vorsorglich beantragt werden.

(8) [1]Wurde eine gerichtliche Genehmigung gemäß Absatz 7 beantragt, prüft das einzelstaatliche Gericht die Echtheit der Kommissionsentscheidung und vergewissert sich, dass die beabsichtigten Zwangsmaßnahmen weder willkürlich noch - gemessen am Gegenstand der Nachprüfung - unverhältnismäßig sind. [2]Bei der Prüfung der Verhältnismäßigkeit der Zwangsmaßnahmen kann das einzelstaatliche Gericht die Kommission unmittelbar oder über die zuständige Behörde des betreffenden Mitgliedstaats um ausführliche Erläuterungen zum Gegenstand der Nachprüfung ersuchen. [3]Das einzelstaatliche Gericht darf jedoch weder die Notwendigkeit der Nachprüfung in Frage stellen noch Auskünfte aus den Akten der Kommission verlangen. [4]Die Prüfung der Rechtmäßigkeit der Kommissionsentscheidung ist dem Gerichtshof vorbehalten.

A. Allgemeines

254 Der Art. 13 regelt die eigenen **Ermittlungen, die die Kommission** in Fusionskontrollverfahren der VO 139/2004 (ABl. 2004 Nr. L 24/1) durchführt, wobei er fast wörtlich Art. 20 VO 1/2003 (ABl. 2003 Nr. L 1/1) entspricht (Langen/Bunte/*Baron*, Art. 13 Rn 1). Im Fusionskontrollverfahren finden auch Nachprüfungen iSd Art. 13 nur äußerst selten statt, da, wie im Rahmen des Art. 12, bedingt durch den Grundsatz der Verhältnismäßigkeit besondere Umstände für eine solche Nachprüfung vorliegen müssen (FK-KartellR/*Völcker*, Art. 13 Rn 2). Nachprüfungen können nur bei Unternehmen oder Unternehmensvereinigungen durchgeführt werden, nicht aber bei natürlichen Personen. Nachprüfungen in Geschäftsräumen der betroffenen Unternehmen verstoßen nicht gegen die **Unverletzlichkeit der Wohnung** (*Bechtold/Bosch/Brinker/Hirsbrunner*, Art. 13 Rn 1).

B. Nachprüfungsauftrag und -entscheidung

255 Nachprüfungen können von der Kommission entweder durch einen einfachen schriftlichen Prüfungsauftrag oder eine förmliche Entscheidung angeordnet werden (Immenga/Mestmäcker/*Immenga/Körber*, Art. 13 Rn 6). Die Unternehmen sind nur **verpflichtet**, Nachprüfungen auf der Grundlage von **Entscheidungen** zu **dulden** (FK-KartellR/*Völcker*, Art. 13 Rn 10, vgl Art. 13 Abs. 4 S. 1). Erklären sie aber ihr Einverständnis mit einer Nachprüfung, die nur durch Auftrag angeordnet wurde, haben sie geringere Mitwirkungspflichten zu erfüllen (*Bechtold/Bosch/Brinker/Hirsbrunner*, Art. 13 Rn 2). Wenn eine Nachprüfung durch eine Entscheidung angeordnet wurde, wird die Verfahrensfrist nach Art. 10 Abs. 4 **gehemmt**, wenn die Anordnung aufgrund von Umständen erfolgt ist, welche die beteiligten Unternehmen zu vertreten haben (Langen/Bunte/*Baron*, Art. 13 Rn 3; vgl auch Art. 9 Abs. 1 lit. c) VO 802/2004, ABl. 2004 Nr. L 133/1).

C. Eröffnung des Prüfungsauftrags/Belehrung

256 Die Kommissionsbediensteten eröffnen gemäß Art. 13 Abs. 3 nach ihrem Eintreffen den Inhalt ihres Nachprüfungsauftrags oder der Nachprüfungsentscheidung und **belehren** über die Rechte und Pflichten des betroffenen Unternehmens (*Bechtold/Bosch/Brinker/Hirsbrunner*, Art. 13 Rn 4).

257 Der Nachprüfungsauftrag bzw die -entscheidung soll möglichst genau angegeben, wonach die Kommission sucht, auf welche Punkte sich die Nachprüfung bezieht und zu welcher Zeit und an welchem

Ort sie stattfinden soll, damit die Unternehmen ihre Mitwirkungs- und **Verteidigungsrechte** geltend machen können (Immenga/Mestmäcker/*Immenga/Körber*, Art. 13 Rn 9). Eine rein ausforschende Nachprüfung (**„fishing expedition“**) ist unzulässig (*Bechtold/Bosch/Brinker/Hirsbrunner*, Art. 13 Rn 5).

Die Nachprüfung beginnt, wenn das Unternehmen sich bereit erklärt, die durch Prüfungsauftrag angeordnete Nachprüfung zu dulden, oder wenn die Nachprüfungsentscheidung zugestellt wird. Sie endet, wenn die Bediensteten der Kommission das abschließende Prüfungsprotokoll erstellt haben, oder sonst zu erkennen geben, dass die Nachprüfung beendet ist. (*Bechtold/Bosch/Brinker/Hirsbrunner*, Art. 13 Rn 13). Dabei ist zu beachten, dass sich aus ErwG 39 zur VO 139/2004 (ABl. 2004 Nr. L 133/1) ableiten lässt, dass die Dauer einer Nachprüfung normalerweise **48 Stunden** nicht überschreiten soll. 258

D. Nachprüfungsmaßnahmen

Alle Maßnahmen, welche die Kommission bei einer Nachprüfung ergreifen kann, sind in Abs. 2 erschöpfend aufgeführt (Loewenheim/Meessen/Riesenkampff/*Hecker*, Art. 13 Rn 3). Welche Maßnahmen im Einzelfall ergriffen werden, ist eine Frage der Verhältnismäßigkeit (*Bechtold/Bosch/Brinker/Hirsbrunner*, Art. 13 Rn 6). Die Berechtigung aus Art. 13 Abs. 1 lit. a), alle Räumlichkeiten, Grundstücke und Transportmittel der Unternehmen zu betreten, erstreckt sich auf das ganze Unternehmen und somit auch Konzerngesellschaften, eine genaue Bezeichnung des Ortes im Prüfungsauftrag oder der Entscheidung ist daher nicht erforderlich (FK-KartellR/*Völcker*, Art. 13 Rn 8). Die Prüfung der in Art. 13 Abs. 1 lit. b) genannten Bücher und sonstigen Geschäftsunterlagen ist weit auszulegen und umfasst alle beim Unternehmen vorhandenen schriftlichen Unterlagen, wie Briefwechsel, interne Vermerke, Protokolle, und Dokumente Dritter sowie elektronische Datenträger und geschäftsinterne Datenbanken und E-Mail-Systeme (Loewenheim/Meessen/Riesenkampff/*Hecker*, Art. 13 Rn 3). Der Schriftverkehr mit einem unabhängigen, in der EU zugelassenen Rechtsanwalt ist davon **ausgenommen** (EuGH Slg 1982, 1575 ff, Tz 21 ff – AM&S/Kommission). **Die unrichtige Beantwortung von Fragen** zieht auch dann ein Bußgeld nach sich, wenn sie freiwillig geschieht, während die Verweigerung der Auskunftserteilung nur bei einer Nachprüfung iSd Abs. 4 bußgeldbewehrt ist (Immenga/Mestmäcker/*Immenga/Körber*, Art. 13 Rn 13). 259

E. Unterstützung durch nationale Behörden und Amtshilfe

Die Bediensteten der Wettbewerbsbehörde des Mitgliedstaates, in dessen Hoheitsgebiet die Nachprüfung durchgeführt werden soll, haben nach Abs. 5 die Nachprüfung aktiv zu unterstützen, wobei ihnen nach Abs. 5 S. 2 die in Abs. 2 aufgeführten Befugnisse zustehen (*Bechtold/Bosch/Brinker/Hirsbrunner*, Art. 13 Rn 10). 260

Wenn sich Unternehmen einer Nachprüfung **widersetzen**, muss nach Abs. 6 der Mitgliedstaat, in dessen Hoheitsgebiet die Nachprüfung durchgeführt werden soll, auf Verlangen der Kommission durch die nationalen Polizeikräfte oder gleichwertige Vollzugsorgane **Amtshilfe** leisten (Immenga/Mestmäcker/*Immenga/Körber*, Art. 13 Rn 1). Der Inhalt und die Reichweite der richterlichen Überprüfung einer solchen Maßnahme ist in ErwG 40 und Art. 13 Abs. 8 FKVO (ABl. 2004 Nr. L 24/1) dargelegt. Daraus folgt, dass die nationalen Gerichte nur **beschränkte Überprüfungskompetenzen** haben und die Prüfung der Rechtmäßigkeit der Nachprüfungsentscheidung dem EuGH vorbehalten ist (*Bechtold/Bosch/Brinker/Hirsbrunner*, Art. 13 Rn 12). 261

Artikel 14 FKVO Geldbußen

(1) Die Kommission kann gegen die in Artikel 3 Absatz 1 Buchstabe b) bezeichneten Personen, gegen Unternehmen und Unternehmensvereinigungen durch Entscheidung Geldbußen bis zu einem Höchstbetrag von 1 % des von dem beteiligten Unternehmen oder der beteiligten Unternehmensvereinigung erzielten Gesamtumsatzes im Sinne von Artikel 5 festsetzen, wenn sie vorsätzlich oder fahrlässig

a) in einem Antrag, einer Bestätigung, einer Anmeldung oder Anmeldungsergänzung nach Artikel 4, Artikel 10 Absatz 5 oder Artikel 22 Absatz 3 unrichtige oder irreführende Angaben machen,

b) bei der Erteilung einer nach Artikel 11 Absatz 2 verlangten Auskunft unrichtige oder irreführende Angaben machen,
c) bei der Erteilung einer durch Entscheidung gemäß Artikel 11 Absatz 3 verlangten Auskunft unrichtige, unvollständige oder irreführende Angaben machen oder die Auskunft nicht innerhalb der gesetzten Frist erteilen,
d) bei Nachprüfungen nach Artikel 13 die angeforderten Bücher oder sonstigen Geschäftsunterlagen nicht vollständig vorlegen oder die in einer Entscheidung nach Artikel 13 Absatz 4 angeordneten Nachprüfungen nicht dulden,
e) in Beantwortung einer nach Artikel 13 Absatz 2 Buchstabe e) gestellten Frage
   - eine unrichtige oder irreführende Antwort erteilen,
   - eine von einem Beschäftigten erteilte unrichtige, unvollständige oder irreführende Antwort nicht innerhalb einer von der Kommission gesetzten Frist berichtigen oder
   - in Bezug auf Fakten im Zusammenhang mit dem Gegenstand und dem Zweck einer durch Entscheidung nach Artikel 13 Absatz 4 angeordneten Nachprüfung keine vollständige Antwort erteilen oder eine vollständige Antwort verweigern,
f) die von den Bediensteten der Kommission oder den anderen von ihr ermächtigten Begleitpersonen nach Artikel 13 Absatz 2 Buchstabe d) angebrachten Siegel gebrochen haben.

(2) Die Kommission kann gegen die in Artikel 3 Absatz 1 Buchstabe b) bezeichneten Personen oder die beteiligten Unternehmen durch Entscheidung Geldbußen in Höhe von bis zu 10 % des von den beteiligten Unternehmen erzielten Gesamtumsatzes im Sinne von Artikel 5 festsetzen, wenn sie vorsätzlich oder fahrlässig

a) einen Zusammenschluss vor seinem Vollzug nicht gemäß Artikel 4 oder gemäß Artikel 22 Absatz 3 anmelden, es sei denn, dies ist ausdrücklich gemäß Artikel 7 Absatz 2 oder aufgrund einer Entscheidung gemäß Artikel 7 Absatz 3 zulässig,
b) einen Zusammenschluss unter Verstoß gegen Artikel 7 vollziehen,
c) einen durch Entscheidung nach Artikel 8 Absatz 3 für unvereinbar mit dem Gemeinsamen Markt erklärten Zusammenschluss vollziehen oder den in einer Entscheidung nach Artikel 8 Absatz 4 oder 5 angeordneten Maßnahmen nicht nachkommen,
d) einer durch Entscheidung nach Artikel 6 Absatz 1 Buchstabe b), Artikel 7 Absatz 3 oder Artikel 8 Absatz 2 Unterabsatz 2 auferlegten Bedingung oder Auflage zuwiderhandeln.

(3) Bei der Festsetzung der Höhe der Geldbuße ist die Art, die Schwere und die Dauer der Zuwiderhandlung zu berücksichtigen.

(4) Die Entscheidungen aufgrund der Absätze 1, 2 und 3 sind nicht strafrechtlicher Art.

A. Vorbemerkung

262 Bei Verstößen gegen die VO 139/2004 (ABl. 2004 Nr. L 24/1) kann die Kommission Geldbußen verhängen. Dies ist in Art. 14, nach dem Vorbild von Art. 23 VO 1/2003 (ABl. 2003 Nr. L 1/1), geregelt (*Bechtold/Bosch/Brinker/Hirsbrunner*, Art. 14 Rn 1). Mit der Neufassung der Fusionskontrollverordnung wurde die Berechnungsweise der Geldbuße vereinheitlicht und hängt vom **Gesamtumsatz** des betroffenen Unternehmens ab (Immenga/Mestmäcker/*Immenga/Körber*, Art. 14 Rn 8, vgl Art. 14 Abs. 1). In der Praxis nutzt die Kommission erkennbar die Abschreckungswirkung von Geldbußen, um der Pflicht zur vorherigen Anmeldung von Unternehmenszusammenschlüssen und der Mitwirkung am Verfahren Nachdruck zu verleihen, was durch die Berechnungsweise besonders bei größeren Unternehmen effektiver ist als früher (Langen/Bunte/*Baron*, Art. 14 Rn 1). Die Geldbußen sind ebenso wie die des Art. 23 VO 1/2003 nicht strafrechtlicher Natur (*Bechtold/Bosch/Brinker/Hirsbrunner*, Art. 14 Rn 1).

B. Mögliche Adressaten einer Bußgeldentscheidung

263 Die Entscheidung zur Festsetzung einer Geldbuße kann sich gemäß Abs. 1 und 2 gegen **Unternehmen** richten, gegen Personen nach Art. 3 Abs. 1 lit. b) (Personen, die bereits mindestens ein Unternehmen kontrollieren), gegen sonst an Unternehmenszusammenschlüssen Beteiligte oder dazu befragte Unternehmen und schließlich gegen Unternehmensvereinigungen, die zu den Auswirkungen eines angemeldeten Unternehmenszusammenschlusses befragt werden (*Bechtold/Bosch/Brinker/Hirsbrunner*,

Art. 14 Rn 2). **Natürliche Personen**, die nicht ein Unternehmen kontrollieren oder einer eigenen Wirtschaftstätigkeit nachgehen, können nicht mit Geldbußen belegt werden (Immenga/Mestmäcker/*Immenga/Körber*, Art. 14 Rn 5). Aufgrund des Auswirkungsprinzips geht die Kommission zwar davon aus, dass sie Geldbußen auch gegen Unternehmen mit Sitz in einem Drittstaat festsetzen kann, jedoch würden diese Sanktionen mangels Vollstreckungsmöglichkeit nicht durchgesetzt werden können (*Bechtold/Bosch/Brinker/Hirsbrunner*, Art. 14 Rn 5; Immenga/Mestmäcker/*Immenga/Körber*, Art. 14 Rn 5).

C. Bußgeldtatbestände

Die Tatbestände, die eine Festsetzung von Geldbußen rechtfertigen, werden in Art. 14 **abschließend** aufgezählt (*Bechtold/Bosch/Brinker/Hirsbrunner*, Art. 14 Rn 3). Sie können alle nach dem Normtext nicht nur vorsätzlich, sondern auch fahrlässig erfüllt werden (Immenga/Mestmäcker/*Immenga/Körber*, Art. 14 Rn 7). Teilweise überschneiden sich die Tatbestände, in welchem Falle sie nach dem Spezialitätsprinzip voneinander abgegrenzt werden müssen (*Bechtold/Bosch/Brinker/Hirsbrunner*, Art. 14 Rn 3). In der Praxis folgt die Kommission dem aber nicht immer (vgl zB Komm. ABl.1999 Nr. L 225/12, Tz 14 ff – Samsung/AST). 264

Art. 14 unterscheidet zwischen der Verletzung von **Verfahrensvorschriften** einerseits (Abs. 1) und der Verletzung von **materiellen Verboten** andererseits (Abs. 2). Bei der Verletzung von Verfahrensvorschriften können Geldbußen bis zu 1 % des Gesamtumsatzes festgesetzt werden, während Verstöße nach Abs. 2 als gravierender eingestuft sind und Geldbußen bis zu 10 % ermöglicht werden (Loewenheim/Meessen/Riesenkampff/*Hecker*, Art. 14 Rn 2). Eine Höchstgrenze für Geldbußen gegen „Personen" wird nicht erwähnt, da es aber nur Personen treffen kann, die mindestens ein Unternehmen kontrollieren, werden diese wie Unternehmen behandelt (Konsolidierte Mitteilung zu Zuständigkeitsfragen, ABl. 2008 Nr. C 95/1, Tz 12). 265

D. Bemessungskriterien

Bei der Zumessung von Geldbußen werden gemäß Abs. 3 **Art, Dauer und Schwere** einer Zuwiderhandlung in der Ermessensentscheidung der Kommission berücksichtigt (Loewenheim/Meessen/Riesenkampff/*Hecker*, Art. 14 Rn 3). Die Art des Verstoßes findet sich bereits in der Abstufung innerhalb des Tatbestandskatalogs von Abs. 1 und 2 wieder (Immenga/Mestmäcker/*Immenga/Körber*, Art. 14 Rn 9). Unter Berücksichtigung der Tatsache, dass die meisten der in Art. 14 FKVO aufgeführten tatbestandsmäßigen Verstöße punktuelle Handlungen sind, kann die Zweckmäßigkeit des Kriteriums der Dauer des Verstoßes jedoch bezweifelt werden (*Bechtold/Bosch/Brinker/Hirsbrunner*, Art. 14 Rn 7). Für das Kriterium der Schwere berücksichtigt die Kommission den Grad des Verschulden, Ausmaß der materiellen Wettbewerbsverletzung, sowie unter Umständen auch die freiwillige Selbstanzeige und kooperative Haltung des Unternehmens im Verfahren (Loewenheim/Meessen/Riesenkampff/*Hecker*, Art. 14 Rn 3). 266

Nach der Kommissionspraxis kann eine besondere Schwere eines Verstoßes beispielsweise darin liegen, dass irreführende Angaben auf die Frage nach dem Vorliegen eines Kontrollerwerbs gemacht werden (Komm. ABl. 2001 Nr. L 97/1, Tz 177 f – Deutsche Post/trans-o-flex). Insgesamt sind all diese Kriterien sehr unbestimmt, so dass das Ermessen der Kommission nur unzureichend durch den Verhältnismäßigkeitsgrundsatz beschränkt wird (*Bechtold/Bosch/Brinker/Hirsbrunner*, Art. 14 Rn 7). 267

Das bislang höchste Bußgeld (insg. ca. 419 Mio. EUR, für Siemens und einem anschließend von Siemens übernommenen Unternehmen) wurde am 24.1.2007 gegen die Siemens AG verhängt (Pressemitteilung IP/07/80 der Komm. v. 24.1.2007, allerdings wegen einer verbotenen Preisabsprache). 268

E. Verfahren

Gemäß Art. 18 Abs. 1 muss die Kommission den Unternehmen vor Festsetzung der Geldbuße **rechtliches Gehör** gewähren, während das Verfahren im Übrigen dem Hauptprüfverfahren (vgl Art. 8) gleicht (Langen/Bunte/*Baron*, Art. 14 Rn 6). Mithin muss die Kommission vor einer Entscheidung den Unternehmen eine **Mitteilung der Beschwerdepunkte** zustellen und ihnen **Akteneinsicht** gewähren (Immenga/Mestmäcker/*Immenga/Körber*, Art. 14 Rn 11). Die Unternehmen können zu den Beschwerdepunkten schriftlich Stellung nehmen und eine mündliche Anhörung beantragen (*Bechtold/Bosch/Brin-* 269 *ker/Hirsbrunner*, Art. 14 Rn 8). Anschließend ist der Beratende Ausschuss gem. Art. 19 Abs. 3 anzuhören und eine Entscheidung zu fällen, welche nach Art. 20 Abs. 1 veröffentlicht wird (Loewenheim/Meessen/Riesenkampff/*Hecker*, Art. 14 Rn 5). Die gerichtliche Anfechtung richtet sich nach Art. 16 FKVO.

F. Verfolgungs- und Vollstreckungsverjährung

270 Fragen der Verjährung und Verwirkung werden in der VO 139/2004 (ABl. 2004 Nr. L 24/1) nicht behandelt. Aus Gründen des **Vertrauensschutzes** und der **Rechtssicherheit** ist Art. 1 Abs. 1 VO 2988/74 über die Verfolgungs- und Vollstreckungsverjährung im Verkehr- und Wettbewerbsrecht der Europäischen Wirtschaftsgemeinschaft (ABl. 1974 Nr. L 319/1) auch auf die Bußgeldentscheidungen der VO 139/2004 anwendbar (*Bechtold/Bosch/Brinker/Hirsbrunner*, Art. 14 Rn 9). Nach VO 1/2003 (ABl. 2003 Nr. L 1/1) gilt diese nicht mehr für den Bereich der Art. 101 und 102 AEUV, aber noch für die Fusionskontrolle. Demnach verjähren Zuwiderhandlungen gegen die Pflicht zur richtigen und vollständigen Anmeldung von Unternehmenszusammenschlüssen sowie über die Beantwortung von Auskunftsverlangen und die Duldung von Nachprüfungen **in drei Jahren**, alle anderen Zuwiderhandlungen **binnen 5 Jahren** (Immenga/Mestmäcker/*Immenga/Körber*, Art. 14 Rn 10; vgl auch Art. 1 Abs. 1 der VO 2988/74, ABl. 1974 Nr. L 319/1). Nach Verstreichen der doppelten Verjährungsfrist, setzt die absolute Verjährung ein (*Bechtold/Bosch/Brinker/Hirsbrunner*, Art. 14 Rn 9).

Artikel 15 FKVO Zwangsgelder

(1) Die Kommission kann gegen die in Artikel 3 Absatz 1 Buchstabe b) bezeichneten Personen, gegen Unternehmen oder Unternehmensvereinigungen durch Entscheidung ein Zwangsgeld bis zu einem Höchstbetrag von 5 % des durchschnittlichen täglichen Gesamtumsatzes des beteiligten Unternehmens oder der beteiligten Unternehmensvereinigung im Sinne von Artikel 5 für jeden Arbeitstag des Verzugs von dem in ihrer Entscheidung bestimmten Zeitpunkt an festsetzen, um sie zu zwingen,

a) eine Auskunft, die sie in einer Entscheidung nach Artikel 11 Absatz 3 angefordert hat, vollständig und sachlich richtig zu erteilen,

b) eine Nachprüfung zu dulden, die sie in einer Entscheidung nach Artikel 13 Absatz 4 angeordnet hat,

c) einer durch Entscheidung nach Artikel 6 Absatz 1 Buchstabe b), Artikel 7 Absatz 3 oder Artikel 8 Absatz 2 Unterabsatz 2 auferlegten Auflage nachzukommen oder

d) den in einer Entscheidung nach Artikel 8 Absatz 4 oder 5 angeordneten Maßnahmen nachzukommen.

(2) Sind die in Artikel 3 Absatz 1 Buchstabe b) bezeichneten Personen, Unternehmen oder Unternehmensvereinigungen der Verpflichtung nachgekommen, zu deren Erfüllung das Zwangsgeld festgesetzt worden war, so kann die Kommission die endgültige Höhe des Zwangsgeldes auf einen Betrag festsetzen, der unter dem Betrag liegt, der sich aus der ursprünglichen Entscheidung ergeben würde.

A. Vorbemerkungen

271 In Art. 15 FKVO (ABl. 2004 Nr. L 24/1) wird die Kommission ermächtigt, Zwangsgelder festzusetzen, um Personen, Unternehmen oder Unternehmensvereinigungen zu zwingen, ihren Anordnungen Folge zu leisten. Die Vorschrift entspricht Art. 24 VO 1/2003 (ABl. 2003 Nr. L 1/1), in welchem Zwangsgelder in Verfahren der Art. 101 oder 102 AEUV geregelt werden (*Bechtold/Bosch/Brinker/Hirsbrunner*, Art. 15 Rn 1).

272 Das Zwangsgeld ist (anders als das Bußgeld) nicht eine Strafe für vollendete schuldhafte Verstöße, sondern **ein Mittel zur zukünftigen Durchsetzung** von Entscheidungen, die Handlungs-, Duldungs- oder Unterlassungspflichten begründen (*Bechtold/Bosch/Brinker/Hirsbrunner*, Art. 15 Rn 1). Das Zwangsgeld ist zu diesen Entscheidungen akzessorisch, dh die Festsetzung ist rechtmäßig, wenn die durchzusetzende Entscheidung rechtmäßig ist (Immenga/Mestmäcker/*Immenga/Körber*, Art. 15 Rn 2, vgl auch Art. 24 VO 1/2003, ABl. 2003 Nr. L 1/1). Zwischen den Tatbeständen des Art. 14 und denen des Art. 15 besteht **keine Gesetzeskonkurrenz**, also können Geldbußen und Zwangsgelder auch nebeneinander in derselben Entscheidung festgesetzt werden (Langen/Bunte/*Baron*, Art. 15 Rn 1).

B. Voraussetzungen der Zwangsgeldfestsetzung

Zwangsgelder können gemäß Art. 15 Abs. 1 genau wie Geldbußen nach Art. 14 nur durch **Entscheidung** festgesetzt werden. Regelmäßig erfolgt dies in derselben Entscheidung, in welcher die Adressaten der Entscheidung zur Befolgung bestimmter Anordnungen aufgefordert werden (*Bechtold/Bosch/Brinker/Hirsbrunner*, Art. 15 Rn 2). Eine Zwangsgeldfestsetzung ist nur in den in Art. 15 ausdrücklich aufgeführten Fällen möglich (Immenga/Mestmäcker/*Immenga/Körber*, Art. 15 Rn 1). Ansonsten ist die Festsetzung unzulässig. Zwangsgelder setzen **kein Verschulden** voraus. Die Höhe des festgesetzten Zwangsgeldes wird nach dem Betrag bemessen, der erforderlich ist, das geforderte Verhalten zu erzwingen (Langen/Bunte/*Baron*, Art. 15 Rn 2). 273

C. Berechnung von Zwangsgeldern

Zwangsgelder können **maximal 5 %** des durchschnittlichen täglichen Gesamtumsatzes betragen. Dabei wird der Gesamtumsatz des letzten vollen Geschäftsjahres durch die Anzahl der Tage dieses Jahres geteilt (EuG Slg 2000, II-491 ff, Tz 5022 ff – Cimenteries CBR). Der in Abs. 1 genannte Höchstbetrag bezieht sich nicht auf den Gesamtumsatz von Personen. Diesen sind die Umsätze der Unternehmen zuzurechnen, die durch sie kontrolliert werden (*Bechtold/Bosch/Brinker/Hirsbrunner*, Art. 15 Rn 3). Die Berechnungsmodalitäten werden in Art. 15 nicht ausgeführt, mithin entscheidet die Kommission nach pflichtgemäßen Ermessen (Immenga/Mestmäcker/*Immenga/Körber*, Art. 15 Rn 4). Hierbei muss aber unbedingt der **Verhältnismäßigkeitsgrundsatz** beachtet werden (*Bechtold/Bosch/Brinker/Hirsbrunner*, Art. 15 Rn 3). 274

D. Verfahren

I. Opportunitätsprinzip

Für das Zwangsgeldverfahren gilt ebenso wie für das Geldbußverfahren das Opportunitätsprinzip, es liegt also im **Entschließungsermessen** der Kommission, ob ein Zwangsgeld festgesetzt wird (Loewenheim/Meessen/Riesenkampff/*Hecker*, Art. 15 Rn 2). Üblicherweise wird ein Zwangsgeld nur festgesetzt, wenn das Risiko besteht, dass ein Entscheidungsadressat den ihm auferlegten Pflichten nicht nachkommen wird. Es müssen hierfür aber keine begründeten Anhaltspunkte aufgeführt werden (*Bechtold/Bosch/Brinker/Hirsbrunner*, Art. 15 Rn 4). 275

II. Zwangsgeldfestsetzung

Das Verfahren zur Festsetzung verläuft in zwei Stufen (Langen/Bunte/*Baron*, Art. 15 Rn 3). Zunächst bedarf es der **Festsetzung**, also der Auferlegung eines Zwangsgeldes (Abs. 1), welche durch Entscheidung iSd Art. 249 Abs. 4 EGV (ABL. 2006 Nr. C 321 E) erfolgt. In der Festsetzung wird neben der Ankündigung, dass ein Zwangsgeld verhängt wird, eine Festlegung des Tagessatzes sowie des frühesten Zeitpunktes, zu dem der besagte Tagessatz als Zwangsgeld anfallen kann, aufgeführt (*Bechtold/Bosch/Brinker/Hirsbrunner*, Art. 15 Rn 6). Zwangsgeldfestsetzungen können nicht isoliert vollzogen werden und sind deshalb auch **nicht isoliert anfechtbar** (EuGH Slg 1989, 2859, Tz 56 – Hoechst/Kommission). Der Adressat muss also die zugrunde liegende Entscheidung angreifen, wenn er gegen das Zwangsgeld vorgehen will. Ist die Entscheidung rechtskräftig, muss den in der Entscheidung auferlegten Pflichten entsprochen werden, um das Zwangsgeld zu vermeiden. 276

III. Zwangsgeldfeststellung

Von der Festsetzung ist die zweite Stufe des Verfahrens, die **Bezifferung** der verwirkten Summe und ihre Vollstreckung zu unterscheiden (Langen/Bunte/*Baron*, Art. 15 Rn 3). Wenn ein Unternehmen seiner zwangsgeldbewehrten Verpflichtung nicht nachkommt, kann die Kommission nach Abs. 2 die endgültige Höhe wiederum festsetzen. Auch hierin liegt ein Beschluss iSd Art. 288 Abs. 4 AEUV (ehemals Art. 249 EGV). Dieser stellt einen vollstreckbaren Titel nach Art. 299 Abs. 1 AEUV dar (*Bechtold/Bosch/Brinker/Hirsbrunner*, Art. 15 Rn 8). Um eine Verwechslung mit der „Festsetzung", also der Androhung nach Abs. 1 zu vermeiden, sollte auf der zweiten Stufe von einer **„Feststellung"** gesprochen werden (*Bechtold/Bosch/Brinker/Hirsbrunner*, Art. 15 Rn 8). Sie erfolgt, indem das vorgesehene Zwangsgeld mit der Anzahl der Tage der Zuwiderhandlung multipliziert wird. Art. 15 sieht dafür 277 keinen absoluten Höchstbetrag vor, so dass das schließlich zu zahlende Zwangsgeld auch über der 10%-Grenze liegen kann (Langen/Bunte/*Baron*, Art. 15 Rn 3). Hier hat die Kommission jedoch einen **Ermessensspielraum.** Abs. 2 sieht vor, dass die Kommission den Gesamtbetrag des Zwangsgeldes auf einen Betrag herabsetzen kann, der unter der Summe liegt, die sich aus der Feststellung ergibt (Immenga/Mestmäcker/*Immenga/Körber*, Art. 15 Rn 6). Eine Pflicht dazu besteht jedoch nicht (*Bechtold/ Bosch/Brinker/Hirsbrunner*, Art. 15 Rn 8).

Artikel 16 FKVO Kontrolle durch den Gerichtshof

Bei Klagen gegen Entscheidungen der Kommission, in denen eine Geldbuße oder ein Zwangsgeld festgesetzt ist, hat der Gerichtshof die Befugnis zu unbeschränkter Ermessensnachprüfung der Entscheidung im Sinne von Artikel 229 des Vertrags; er kann die Geldbuße oder das Zwangsgeld aufheben, herabsetzen oder erhöhen.

278 Der Art. 16 FKVO (ABl. 2004 Nr. L 24/1) entspricht Art. 31 VO 1/2003 (ABl. 2003 Nr. L 1/1). Er sieht vor, dass der Gerichtshof bei der Beurteilung von Klagen gegen Geldbuß- und Zwangsgeldentscheidungen der Kommission zur **uneingeschränkten Ermessensnachprüfung** befugt ist (*Bechtold/ Bosch/Brinker/Hirsbrunner*, Art. 16 Rn 1). Die Befugnis zur uneingeschränkten Ermessensüberprüfung ist eine Abweichung von Grundfall des Art. 263 Abs. 2 AEUV und basiert auf der Regelung des Art. 261 AEUV, der den Rat ausdrücklich ermächtigt, in Ratsverordnungen „dem Gerichtshof eine Zuständigkeit zu übertragen, welche die Befugnis zu unbeschränkter Ermessennachprüfung von Änderung oder Verhängung solcher Maßnahmen umfasst" (Loewenheim/Meessen/Riesenkampff/*Hecker*, Art. 16 Rn 1). Die in Art. 16 erwähnte Kontrolle durch den Gerichtshof erstreckt sich auf das Gericht Erster Instanz (EuG) und den Gerichtshof der Europäischen Gemeinschaften (EuGH). Dies entspricht der Terminologie des EG-Vertrages, der nicht zwischen Gericht und Gerichtshof unterscheidet. Die Aufteilung in zweiinstanzliche Verfahren zwischen Gericht erster Instanz und Gerichtshof hat zur Folge, dass die Befugnis zur unbeschränkten Ermessensnachprüfung beim Gericht erster Instanz liegt (*Bechtold/Bosch/Brinker/Hirsbrunner*, Art. 16 Rn 2). Aus Art. 16 folgt, dass das Gericht hinsichtlich der Festsetzung von Geldbußen oder Zwangsgeldern sein Ermessen an die Stelle des Ermessens der Kommission setzen darf. Demnach kann es eine von der Kommission festgesetzte Geldbuße oder ein Zwangsgeld aufheben oder herabsetzen, aber auch die Geldbuße oder das Zwangsgeld erhöhen, da die *reformatio in peius* bei Entscheidungen nach Art. 14, 15 FKVO nicht verboten ist (FK-KartellR/ *Rösler*, Art. 16 Rn 9). Der Gerichtshof wird nur aufgrund eines auf Rechtsfragen beschränkten Rechtsmittels tätig (Art. 256 Abs. 1 Unterabs. 2 AEUV). Die Neufestsetzung der Geldbuße, wie Art. 16 VO 139/2004 sie möglich macht, setzt tatsächliche Erwägungen voraus, die dem Gerichtshof als Rechtsmittelinstanz unzugänglich sind. Hält der Gerichtshof die Geldbuße aus rechtlichen Gründen für unzulässig, muss er das Verfahren zur Neubeurteilung der Geldbuße an das Gericht zurückverweisen (*Bechtold/Bosch/Brinker/Hirsbrunner*, Art. 16 Rn 2).

Artikel 17 FKVO Berufsgeheimnis

(1) Die bei Anwendung dieser Verordnung erlangten Kenntnisse dürfen nur zu dem mit der Auskunft, Ermittlung oder Anhörung verfolgten Zweck verwertet werden.

(2) Unbeschadet des Artikels 4 Absatz 3 sowie der Artikel 18 und 20 sind die Kommission und die zuständigen Behörden der Mitgliedstaaten sowie ihre Beamten und sonstigen Bediensteten, alle sonstigen, unter Aufsicht dieser Behörden handelnden Personen und die Beamten und Bediensteten anderer Behörden der Mitgliedstaaten verpflichtet, Kenntnisse nicht preiszugeben, die sie bei Anwendung dieser Verordnung erlangt haben und die ihrem Wesen nach unter das Berufsgeheimnis fallen.

(3) Die Absätze 1 und 2 stehen der Veröffentlichung von Übersichten oder Zusammenfassungen, die keine Angaben über einzelne Unternehmen oder Unternehmensvereinigungen enthalten, nicht entgegen.

279 Die Vorschrift des Art. 17 entspricht weitgehend Art. 28 VO 1/2003 (ABl. 2003 Nr. L 1/1). Er regelt die **Verschwiegenheitspflicht** der Bediensteten der Kommission und der nationalen Behörden sowie deren Hilfspersonen. Informationen, die bei der Anwendung der Verordnung 139/2004 (ABl. 2004

Nr. 24/1) erlangt werden, dürfen nur zu dem Zweck verwendet werden, für den sie ursprünglich eingeholt worden sind (Langen/Bunte/*Baron*, Art. 17 Rn 4). Sie können also weder in mehreren Verfahren verwendet (Weitergabeverbot, Abs. 2) noch außerhalb der VO 139/2004 verwertet werden (Verwertungsverbot, Abs. 1) (Loewenheim/Meessen/Riesenkampff/*Hecker*, Art. 17 Rn 1). Dies bedeutet aber nicht, dass die Kommission nicht aufgrund von Tatsachen, von denen sie zufällig Kenntnis erhalten hat, ein anderes Verfahren einleiten kann (EuG Slg 1999, II-931 (1068) – Limburgse Vinyl Maatschappij/Kommission). Sind ihr in einem Verfahren belastende Dokumente in die Hände gefallen, so kann sie in einem zweiten Verfahren Kopien derselben Dokumente anfordern, um diese anschließend als Beweismittel zu verwenden (*Bechtold/Bosch/Brinker/Hirsbrunner*, Art. 17 Rn 2).

Bedienstete der Kommission dürfen schon aufgrund von Art. 339 AEUV Auskünfte, die ihrem Wesen nach unter das Berufsgeheimnis fallen, nicht preisgeben (Immenga/Mestmäcker/*Immenga/Körber*, Art. 17 Rn 6). Diese Verpflichtung wird durch Art. 17 Abs. 2 auf die zuständigen Behörden der Mitgliedstaaten, deren Beamte und sonstigen Bediensteten sowie alle sonstigen, unter Aufsicht dieser Behörden oder der Kommission handelnden Personen einschließlich der Beamten etc. von mitgliedstaatlichen Behörden, die keine Wettbewerbsbehörden sind, **ausgedehnt** (*Bechtold/Bosch/Brinker/Hirsbrunner*, Art. 17 Rn 3). So sind also auch externe Experten, welche die Kommission mit der Erstellung eines Gutachtens beauftragt, zur Einhaltung des Berufsgeheimnisses zu verpflichten (*Bechtold/Bosch/Brinker/Hirsbrunner*, Art. 17 Rn 3). Kenntnisse, die ihrem Wesen nach unter das Berufsgeheimnis fallen, sind laut **Art. 339 AEUV** insbesondere „Auskünfte über Unternehmen sowie über deren Geschäftsbeziehungen oder Kostenelemente". Es sind also nicht nur die eigentlichen Geschäftsgeheimnisse geheimhaltungsbedürftig, sondern auch sonstige, der Öffentlichkeit nicht zugängliche Informationen, deren Publikation den Interessen der Betroffenen schaden könnte, insbesondere Auskünfte, die mit der Bitte um Wahrung der **Anonymität** des Informanten gegeben worden sind (EuGH Slg 1985, 3539 (3587), Tz 34 ff – Adams/Kommission). Allerdings verbietet das Berufsgeheimnis gemäß Abs. 3 nicht die Veröffentlichung von anonymisierten Übersichten oder Zusammenfassungen, die keine Angaben über einzelne Unternehmen oder Unternehmensvereinigungen enthalten (Immenga/Mestmäcker/*Immenga/Körber*, Art. 17 Rn 14). 280

Artikel 18 FKVO Anhörung Beteiligter und Dritter

(1) Vor Entscheidungen nach Artikel 6 Absatz 3, Artikel 7 Absatz 3, Artikel 8 Absätze 2 bis 6, Artikel 14 und Artikel 15 gibt die Kommission den betroffenen Personen, Unternehmen und Unternehmensvereinigungen Gelegenheit, sich zu den ihnen gegenüber geltend gemachten Einwänden in allen Abschnitten des Verfahrens bis zur Anhörung des Beratenden Ausschusses zu äußern.

(2) Abweichend von Absatz 1 können Entscheidungen nach Artikel 7 Absatz 3 und Artikel 8 Absatz 5 vorläufig erlassen werden, ohne den betroffenen Personen, Unternehmen oder Unternehmensvereinigungen zuvor Gelegenheit zur Äußerung zu geben, sofern die Kommission dies unverzüglich nach dem Erlass ihrer Entscheidung nachholt.

(3) [1]Die Kommission stützt ihre Entscheidungen nur auf die Einwände, zu denen die Betroffenen Stellung nehmen konnten. [2]Das Recht der Betroffenen auf Verteidigung während des Verfahrens wird in vollem Umfang gewährleistet. [3]Zumindest die unmittelbar Betroffenen haben das Recht der Akteneinsicht, wobei die berechtigten Interessen der Unternehmen an der Wahrung ihrer Geschäftsgeheimnisse zu berücksichtigen sind.

(4) [1]Sofern die Kommission oder die zuständigen Behörden der Mitgliedstaaten es für erforderlich halten, können sie auch andere natürliche oder juristische Personen anhören. [2]Wenn natürliche oder juristische Personen, die ein hinreichendes Interesse darlegen, und insbesondere Mitglieder der Leitungsorgane der beteiligten Unternehmen oder rechtlich anerkannte Vertreter der Arbeitnehmer dieser Unternehmen einen Antrag auf Anhörung stellen, so ist ihrem Antrag stattzugeben.

A. Vorbemerkungen

Art. 18 FKVO (ABl. 2004 Nr. L 24/1) behandelt die **Verteidigungsrechte** der Unternehmen. Geregelt sind die Anhörung von Beteiligten und Dritten, nicht aber die der Mitgliedstaaten. Für diese findet sich eine eigene Regelung in Art. 19 (*Bechtold/Bosch/Brinker/Hirsbrunner*, Art. 18 Rn 1). Art. 18 wird 281 konkretisiert und ergänzt durch Art. 11 bis 18 VO 802/2004 (ABl. 2004 Nr. L 133/1), das Mandat des Anhörungsbeauftragten (ABl. 2001 Nr. L 162/21), die Mitteilung der Kommission über die Akteneinsicht (ABl. C 325 vom 22.12.2005) sowie die „Best Practices"-Leitlinien der Generaldirektion Wettbewerb der Europäischen Kommission über die Durchführung von Fusionskontrollverfahren (Immenga/Mestmäcker/*Immenga/Körber*, Art. 18 Rn 3). Zu beachten ist auch ErwG 36 zur VO 139/2004, in dem es heißt, die VO solle im Einklang mit den Grundrechten und den in der Grundrechte-Charta aufgeführten Grundsätzen ausgelegt werden (*Bechtold/Bosch/Brinker/Hirsbrunner*, Art. 18 Rn 1). **Anmelder** und die **anderen Beteiligten** (die nicht Anmelder sind) haben den am weitesten reichenden Anspruch auf rechtliches Gehör, der sich nur hinsichtlich der Akteneinsicht voneinander unterscheidet. Dritte (zB Kunden, Verbraucherverbände, Lieferanten oder Wettbewerber) haben in begründeten Fällen ebenfalls einen beschränkten Anspruch darauf, gehört zu werden, soweit sie ein **hinreichendes Interesse** geltend machen (Loewenheim/Meessen/Riesenkampff/*Ablasser-Neuhuber*, Art. 18 Rn 5).

282 Die **Anhörungsbeauftragten** sollen nach den Vorstellungen der Kommission für einen ordnungsgemäßen Ablauf der mündlichen Anhörung sorgen und zur Objektivität der Anhörung und der darauf basierenden Entscheidung beitragen (Langen/Bunte/*Baron*, Art. 18 Rn 2; vgl Beschluss über das Mandat von Anhörungsbeauftragten in bestimmten Wettbewerbsverfahren, ABl. 2001 Nr. L 162/21). Sie sollen bewirken, dass alle für die Beurteilung des Falles erheblichen Umstände bei der Ausarbeitung von Entwürfen zu Entscheidungen der Kommission angemessen berücksichtigt werden, haben aber keine Möglichkeit, dies zu erzwingen (*Bechtold/Bosch/Brinker/Hirsbrunner*, Art. 18 Rn 4).

B. Recht der Betroffenen auf Äußerung

283 Aus Art. 18 Abs. 1 geht hervor, dass die betroffenen Personen, Unternehmen oder Unternehmensvereinigungen sich zu den Einwänden der Kommission äußern dürfen, **bevor** eine potenziell belastende Entscheidung erlassen wird (Loewenheim/Meessen/Riesenkampff/*Ablasser-Neuhuber*, Art. 18 Rn 9). Mit **Betroffenheit** ist gemeint, dass die Entscheidung die Interessen der fraglichen Personen, Unternehmen oder Unternehmensvereinigungen in rechtlicher oder tatsächlicher Hinsicht beeinträchtigen kann (*Bechtold/Bosch/Brinker/Hirsbrunner*, Art. 18 Rn 6; s. auch Art. 11 ff VO 802/2004, ABl. 2004 Nr. L 133/1). Die Entscheidungen, vor deren Erlass eine Anhörung zu erfolgen hat, sind in Art. 18 Abs. 1 abschließend aufgeführt: Befreiungen vom Vollzugsverbot (Art. 7 Abs. 4 FKVO), Freigabeentscheidungen in der zweiten Phase mit Bedingungen oder Auflagen (Art. 8 Abs. 2 Unterabs. 2 FKVO), Verbotsentscheidungen (Art. 8 Abs. 3 FKVO), Entflechtungsanordnungen bei bereits vollzogenen Zusammenschlüssen (Art. 8 Abs. 4 FKVO), Entscheidungen über den Widerruf einer bereits erteilten Genehmigung wegen Täuschung oder Nichtbeachtung einer Auflage (Art. 8 Abs. 5 FKVO) sowie die Festsetzung von Geldbußen (Art. 14 FKVO) und Zwangsgeldern (Art. 15 FKVO). Grundsätzlich können sich die Betroffenen in allen Verfahrensabschnitten äußern, wobei die schriftliche und mündliche Anhörung nach der Mitteilung der Beschwerdepunkte durch die Kommission ausdrücklich geregelt ist (*Bechtold/Bosch/Brinker/Hirsbrunner*, Art. 18 Rn 7).

C. Vorläufiger Erlass von Entscheidungen ohne die Gelegenheit zur Äußerung

284 Art. 18 Abs. 2 sieht vor, dass die Kommission ausnahmsweise auf eine vorherige Anhörung verzichten kann, wenn sie beabsichtigt, eine Entscheidung über die **Befreiung vom Vollzugsverbot** gem. Art. 7 Abs. 3 oder eine Entscheidung zur **Anordnung einstweiliger Maßnahmen** gemäß Art. 8 Abs. 5 zu erlassen (Loewenheim/Meessen/Riesenkampff/*Ablasser-Neuhuber*, Art. 18 Rn 12). Die so erlassene Entscheidung ist vorläufig und wird gem. Art. 12 Abs. 2 Unterabs. 2 S. 2 erst endgültig, wenn den Beteiligten der volle Wortlaut unverzüglich übermittelt wird und diese innerhalb einer von der Kommission gesetzten Frist nicht schriftlich dazu Stellung nehmen (FK-KartellR/*Völcker*, Art. 18 Rn 7). Erfolgt aber eine schriftliche Stellungnahme, erlässt die Kommission eine neue Entscheidung, in welcher sie die vorläufige Entscheidung entweder aufhebt, ändert oder bestätigt (*Bechtold/Bosch/Brinker/Hirsbrunner*, Art. 18 Rn 8).

D. Die Mitteilung der Beschwerdepunkte

285 Nach Abschluss der Ermittlungen in der zweiten Verfahrensphase stellt die Kommission die wesentlichen Gesichtspunkte des Falles schriftlich zusammen und fordert die Unternehmen auf, zu dieser Mit-

teilung der Beschwerdepunkte Stellung zu nehmen (Langen/Bunte/*Baron*, Art. 18 Rn 3, vgl auch Art. 13 Abs. 2 VO 802/2004, ABl. 2004 Nr. L 133/1). Die Beschwerdepunkte müssen **alle Erwägungen** enthalten, auf welche die Kommission ihre spätere Entscheidung stützen wird und alle erforderlichen Angaben zur Verfügung stellen, damit die Unternehmen sich sachgerecht verteidigen können (FK-KartellR/*Völcker*, Art. 18 Rn 18). Die beteiligten Unternehmen können sich dann dazu bis zur Sitzung des Beratenden Ausschusses äußern, gem. Art. 18 Abs. 1.

E. Akteneinsicht

Damit die Betroffenen die Einwände der Kommission überprüfen können, haben sie ein Recht auf Akteneinsicht. Dies setzt eine Pflicht der Kommission zur Aktenführung voraus (*Bechtold/Bosch/Brinker/Hirsbrunner*, Art. 18 Rn 16). Nach Art. 18 Abs. 3 haben zumindest die **unmittelbar Betroffenen** das Recht auf Akteneinsicht. Die Regelung des Art. 17 Abs. 1 und 2 VO 802/2004 (ABl. 2004 Nr. L 133/1) konkretisiert dies und stellt klar, dass primär die „Beteiligten" und die „anderen Beteiligten" ein Recht auf Akteneinsicht haben, also die Anmelder und die anderen am Zusammenschluss Beteiligten iSd Art. 11 lit. b) VO 802/2004 (Immenga/Mestmäcker/*Immenga/Körber*, Art. 18 Rn 27). Bei **Dritten** setzt das (umstrittene, vgl Immenga/Mestmäcker/*Immenga/Körber*, Art. 18 Rn 28, mwN) Recht auf Akteneinsicht den Nachweis eines berechtigten Interesses voraus und zudem muss die Akteneinsicht für den ordnungsgemäßen Ablauf einer Untersuchung notwendig sein. Ein **berechtigtes Interesse** besteht, wenn ein Dritter ohne Akteneinsicht seine Verfahrensrechte gar nicht oder nur mit unzumutbaren Einschränkungen ausüben kann (EuGH Slg 1986, 1965, Tz 8, 23, 28 – Akzo Chemie). Dieser Nachweis ist in der Praxis aber sehr schwer zu erbringen, da die Kommission im Rahmen ihrer Unterrichtungspflicht gem. Art. 16 Abs. 2 DVO-FKVO den Dritten nicht vertrauliche Fassungen wesentlicher Verfahrensdokumente ohnehin zuleitet (MüKo-EU-WettbewR/*Ohlhoff*, Art. 18 FKVO Rn 44). 286

Bei der Durchführung der Akteneinsicht müssen die berechtigten Interessen der Unternehmen an der Wahrung ihrer Geschäftsgeheimnisse berücksichtigt werden und zusätzlich das **Berufsgeheimnis** des Art. 17 Abs. 2 gewahrt bleiben (Immenga/Mestmäcker/*Immenga/Körber*, Art. 18 Rn 31). Bevor die Kommission Unterlagen weiterleitet, von denen es streitig ist, ob sie Geschäftsgeheimnisse enthalten, muss sie das betroffene Unternehmen anhören. Sie muss also ihre Absicht zur Offenlegung dem Unternehmen mitteilen und ihm eine Frist zur Stellungnahme einräumen (EuGH Slg 1986, 1965 Leitsatz 4 – Akzo Chemie). Kommt sie trotz entgegenstehender Stellungnahme des Unternehmens zu dem Schluss, dass die Informationen nicht schützenswert sind, teilt sie dies dem Unternehmen in einer schriftlich begründeten Entscheidung mit, welche aber nicht gleich vollzogen werden darf (*Bechtold/Bosch/Brinker/Hirsbrunner*, Art. 18 Rn 18; vgl Art. 9 Mandat des Anhörungsbeauftragten, ABl. 2001 Nr. L 162/21). 287

Von der Akteneinsicht **ausgenommen** sind nach Art. 17 Abs. 3 VO 802/2004 (ABl. 2004 Nr. 133/1) vertrauliche Informationen, interne Unterlagen der Kommission und der zuständigen Behörden der Mitgliedstaaten, die Korrespondenz zwischen der Kommission und den zuständigen Behörden der Mitgliedstaaten sowie der zuständigen Behörden untereinander (Langen/Bunte/*Baron*, Art. 18 Rn 32). Der Anhörungsbeauftragte entscheidet über Anträge auf Einsicht in Schriftstücke, die bei der Akteneinsicht nicht offen gelegt worden sind (*Bechtold/Bosch/Brinker/Hirsbrunner*, Art. 18 Rn 21). 288

F. Mündliche Anhörung Beteiligter

Beteiligte können nach der Zustellung der Mitteilung der Beschwerdepunkte eine Anhörung beantragen und der Kommission ihre Auffassungen mündlich erläutern. Der Begriff der „Beteiligten" aus Art. 11 lit. b) VO 802/2004 (ABl. 2004 Nr. 133/1) ist hier maßgeblich (*Bechtold/Bosch/Brinker/Hirsbrunner*, Art. 18 Rn 22). Mitglieder eines Oligopols sind idR nicht Beteiligte, sondern Dritte, die keine mündliche Anhörung beantragen können (vgl aber Langen/Bunte/*Baron*, Art. 18 Rn 38). 289

In der mündlichen Anhörung erfolgt eine Auseinandersetzung mit dem Sachverhalt und dessen rechtlicher Würdigung, da sich die vielen Aspekte eines Zusammenschlussvorhabens besser in Rede und Gegenrede erfassen und erörtern lassen, als dies in einem schriftlichen Verfahren möglich wäre und mithin umfassende Klärung in kurzer Zeit erreicht wird (Immenga/Mestmäcker/*Immenga/Körber*, Art. 18 Rn 23). Dies führt natürlich auch zu einer größeren **Transparenz** im Prozess der **Entscheidungsfindung** (Langen/Bunte/*Baron*, Art. 18 Rn 16). Die Anhörungssitzungen sind nicht öffentlich 290

(Art. 15 Abs. 6 VO 802/2004, ABl. 2004 Nr. 133/1). Zur Wahrung von Geschäftsgeheimnissen können die beteiligten Parteien und ihre Wettbewerber gemäß Abs. 6 auch getrennt gehört werden. Die Vertreter der Mitgliedstaaten können an allen Abschnitten der Anhörung teilnehmen. Die Durchführung der mündlichen Anhörung obliegt dem Anhörungsbeauftragten und richtet sich nach den Regelungen im Mandat des Anhörungsbeauftragten (*Bechtold/Bosch/Brinker/Hirsbrunner*, Art. 18 Rn 22; vgl ABl. 2001 Nr. L 162/21).

Artikel 19 FKVO Verbindung mit den Behörden der Mitgliedstaaten

(1) [1]Die Kommission übermittelt den zuständigen Behörden der Mitgliedstaaten binnen dreier Arbeitstage eine Kopie der Anmeldungen und sobald wie möglich die wichtigsten Schriftstücke, die in Anwendung dieser Verordnung bei ihr eingereicht oder von ihr erstellt werden. [2]Zu diesen Schriftstücken gehören auch die Verpflichtungszusagen, die die beteiligten Unternehmen der Kommission angeboten haben, um den Zusammenschluss gemäß Artikel 6 Absatz 2 oder Artikel 8 Absatz 2 Unterabsatz 2 in einer mit dem Gemeinsamen Markt zu vereinbarenden Weise zu gestalten.

(2) [1]Die Kommission führt die in dieser Verordnung vorgesehenen Verfahren in enger und stetiger Verbindung mit den zuständigen Behörden der Mitgliedstaaten durch; diese sind berechtigt, zu diesen Verfahren Stellung zu nehmen. [2]Im Hinblick auf die Anwendung des Artikels 9 nimmt sie die in Artikel 9 Absatz 2 bezeichneten Mitteilungen der zuständigen Behörden der Mitgliedstaaten entgegen; sie gibt ihnen Gelegenheit, sich in allen Abschnitten des Verfahrens bis zum Erlass einer Entscheidung nach Artikel 9 Absatz 3 zu äußern und gewährt ihnen zu diesem Zweck Akteneinsicht.

(3) Ein Beratender Ausschuss für die Kontrolle von Unternehmenszusammenschlüssen ist vor jeder Entscheidung nach Artikel 8 Absätze 1 bis 6 und Artikel 14 oder 15, ausgenommen vorläufige Entscheidungen nach Artikel 18 Absatz 2, zu hören.

(4) [1]Der Beratende Ausschuss setzt sich aus Vertretern der zuständigen Behörden der Mitgliedstaaten zusammen. [2]Jeder Mitgliedstaat bestimmt einen oder zwei Vertreter, die im Fall der Verhinderung durch jeweils einen anderen Vertreter ersetzt werden können. [3]Mindestens einer dieser Vertreter muss für Kartell- und Monopolfragen zuständig sein.

(5) [1]Die Anhörung erfolgt in einer gemeinsamen Sitzung, die die Kommission anberaumt und in der sie den Vorsitz führt. [2]Der Einladung zur Sitzung sind eine Darstellung des Sachverhalts unter Angabe der wichtigsten Schriftstücke sowie ein Entscheidungsentwurf für jeden zu behandelnden Fall beizufügen. [3]Die Sitzung findet frühestens zehn Arbeitstage nach Versendung der Einladung statt. [4]Die Kommission kann diese Frist in Ausnahmefällen entsprechend verkürzen, um schweren Schaden von einem oder mehreren an dem Zusammenschluss beteiligten Unternehmen abzuwenden.

(6) [1]Der Beratende Ausschuss gibt seine Stellungnahme zu dem Entscheidungsentwurf der Kommission - erforderlichenfalls durch Abstimmung - ab. [2]Der Beratende Ausschuss kann seine Stellungnahme abgeben, auch wenn Mitglieder des Ausschusses und ihre Vertreter nicht anwesend sind. [3]Diese Stellungnahme ist schriftlich niederzulegen und dem Entscheidungsentwurf beizufügen. [4]Die Kommission berücksichtigt soweit wie möglich die Stellungnahme des Ausschusses. [5]Sie unterrichtet den Ausschuss darüber, inwieweit sie seine Stellungnahme berücksichtigt hat.

(7) [1]Die Kommission übermittelt den Adressaten der Entscheidung die Stellungnahme des Beratenden Ausschusses zusammen mit der Entscheidung. [2]Sie veröffentlicht die Stellungnahme zusammen mit der Entscheidung unter Berücksichtigung der berechtigten Interessen der Unternehmen an der Wahrung ihrer Geschäftsgeheimnisse.

A. Allgemeines

291 Art. 19 regelt die „enge und stetige Verbindung" zwischen der Kommission und den zuständigen Behörden der Mitgliedstaaten (s. auch ErwG 13 der VO 139/2004, ABl. 2004 Nr. L 24/1), also den Behörden, die von den Mitgliedstaaten mit der Wahrnehmung der mitgliedstaatlichen Rechte nach der VO 139/2004 beauftragt werden (*Bechtold/Bosch/Brinker/Hirsbrunner*, Art. 19 Rn 1). Die Wirksamkeit der Vorschrift ist abhängig von der Motivation, mit der die Behörden der Mitgliedstaaten die Verfahrensabläufe der EG-Fusionskontrolle betreuen, wobei die Mitgliedstaaten auf langjährige Erfahrungen in anderen Bereichen des EG-Wettbewerbsrechts (Art. 101, 102 AEUV) zurückgreifen kön-

nen (s. auch Art. 11 bis 14 VO 1/2003, ABl. 2003 Nr. L 1/1; kritisch Langen/Bunte/*Baron*, Art. 19 Rn 1). Gewichtige **Abweichungen** von den dortigen Regelungen ergeben sich jedoch aus dem Beschleunigungsgrundsatz (Abs. 1), der Veröffentlichung der Stellungnahme des Beratenden Ausschusses (Abs. 7), der Bezugnahme auf seine Stellungnahme (Abs. 6) und der Besetzung des Beratenden Ausschusses (Abs. 4).

B. Übermittlung von Schriftstücken (Abs. 1)

Die Anmeldung, für welche das **Formblatt „CO“** zu verwenden ist, ist **in 35-facher Ausfertigung** (inzwischen 37 durch den Beitritt Rumäniens und Bulgariens) bei der Kommission einzureichen (Art. 3 Abs. 1 und 2 VO 802/2004, ABl. 2004 Nr. L 133/1). 25 Kopien (inzwischen 27 durch den Beitritt Rumäniens und Bulgariens) davon werden binnen dreier Arbeitstage an die Mitgliedstaaten übermittelt, meist durch private Kurierdienste, bei kurzen Dokumenten aber auch über Telefax oder auf elektronischem Wege (*Wagemann*, WuW 1992, 730 (732)). Im Laufe des weiteren Verfahrens entstehen neue Dokumente, welche ebenfalls den Mitgliedstaaten in Abhängigkeit zu ihrer Wichtigkeit übermittelt werden (Immenga/Mestmäcker/*Immenga/Körber*, Art. 19 Rn 6). Welches **die „wichtigsten“ Schriftstücke** sind, hängt vom Einzelfall ab, auf jeden Fall zählen aber die Verpflichtungszusagen der Beteiligten, die Mitteilung der Beschwerdepunkte und die dazu abgegebenen Stellungnahmen dazu (*Bechtold/Bosch/Brinker/Hirsbrunner*, Art. 19 Rn 2). 292

C. Enge und stetige Verbindung (Abs. 2)

Zwischen der Kommission und den zuständigen Behörden der Mitgliedstaaten wird ein reger sachbezogener **Meinungsaustausch** gepflegt. Die Zusammenarbeit erfolgt in einem eigenen „Netzwerk“, das einen raschen Informationsaustausch und die Abstimmung im laufenden Verfahren ermöglicht (Langen/Bunte/*Baron*, Art. 19 Rn 6). 293

Gemäß Art. 19 Abs. 2 S. 1, 2. Hs haben die Behörden der Mitgliedstaaten das Recht, **jederzeit** bis zum Erlass der Entscheidung zu allen im Rahmen der FKVO durchgeführten Verfahren **Stellung zu nehmen**, zB durch Anregungen zu Auslegungsfragen und Vorschläge zu konkreten Entscheidungen (Immenga/Mestmäcker/*Immenga/Körber*, Art. 19 Rn 9). Die Kommission ist in ihrer Meinungsfindung frei, sie muss sich allerdings mit den Argumenten der Mitgliedstaaten auseinander setzen. So wäre es beispielsweise nicht angebracht sich der Einleitung eines Verfahrens leichtfertig zu verschließen, wenn dieses von mehreren Mitgliedstaaten angeregt wird (Langen/Bunte/*Baron*, Art. 19 Rn 8). 294

Die Stellungnahme erfolgt durch die zuständigen Behörden der Mitgliedstaaten, also in Deutschland allein durch das Bundeskartellamt, gem. § 50 GWB (Immenga/Mestmäcker/*Immenga/Körber*, Art. 19 Rn 9). Für Stellungnahmen nach Art. 19 Abs. 2 benötigt das Bundeskartellamt im Gegensatz zum Verfahren nach Art. 9 Abs. 2 nicht das Einvernehmen des Bundesministeriums für Wirtschaft. Zieht eine **nationale Behörde** in Erwägung, einen Verweisungsantrag nach Art. 9 zu stellen, genießt sie **besondere Verfahrensrechte** (Langen/Bunte/*Baron*, Art. 19 Rn 8). Sie kann Akteneinsicht beantragen, um die Opportunität eines Verweisungsantrags zu prüfen, und ist der Antrag gestellt, räumt die Kommission ihr die Gelegenheit ein, sich in allen Abschnitten des Verfahrens bis zum Erlass einer Entscheidung über den Verweisungsantrag zu äußern (*Bechtold/Bosch/Brinker/Hirsbrunner*, Art. 19 Rn 3). 295

D. Beratender Ausschuss (Abs. 3–7)

Die Kommission wird vom Beratenden Ausschuss für die Kontrolle von Unternehmenszusammenschlüssen beraten, der sich gemäß Art. 19 Abs. 4 aus **Vertretern der zuständigen Behörden** der Mitgliedstaaten zusammensetzt. Jeder Mitgliedstaat hat danach das Recht, einen oder zwei Vertreter zu benennen, wobei mindestens einer dieser Vertreter von der nationalen Wettbewerbsbehörde entsandt werden muss (Loewenheim/Meessen/Riesenkampff/*Westermann*, Art. 19 Rn 10). Der Ausschuss ist gemäß Art. 19 Abs. 3 vor jeder Entscheidung über die Vereinbarkeit eines Zusammenschlusses im Hauptprüfverfahren, über einstweilige Maßnahmen oder den Widerruf einer Freigabeentscheidung, eine Geldbuße- oder Zwangsgeldentscheidung anzuhören. Wird der Beratende Ausschuss entgegen Art. 19 Abs. 3 **nicht angehört**, liegt eine Verletzung zwingenden Verfahrensrechts vor, welche zur 296

Nichtigkeit der verfahrensabschließenden Entscheidung der Kommission führt (*Bechtold/Bosch/Brinker/Hirsbrunner*, Art. 19 Rn 4; vgl EuG Slg 2000, II-491, Leitsatz 12 u. Tz 742 – Cimenteries CBR).

Gemäß Abs. 5 ist der Ausschuss mit einer **Ladungsfrist von 10 Arbeitstagen** einzuberufen. Aufgrund des Beschleunigungsgrundsatzes der Fusionskontrolle (vgl Ausführungen zu Art. 10, Rn 230) kann die Frist ohne außergewöhnliche Gründe verkürzt werden (Langen/Bunte/*Baron*, Art. 19 Rn 16). Die Kommission versendet zusammen mit der Einladung zur Sitzung des Ausschusses einen **Entscheidungsentwurf**, auf dessen Grundlage der Ausschuss seine Beratung aufbaut und schließlich eine schriftliche Stellungnahme zum Entscheidungsentwurf der Kommission abgibt. Die Kommission muss diese Stellungnahme „soweit wie möglich" berücksichtigen (vgl Abs. 6), ist aber nicht verpflichtet, ihr zu folgen (Immenga/Mestmäcker/*Immenga/Körber*, Art. 19 Rn 17). Die beteiligten Unternehmen erhalten gemäß Art. 19 Abs. 7 eine Abschrift der Stellungnahme zusammen mit der verfahrensabschließenden Entscheidung, bevor die Stellungnahme im Amtsblatt veröffentlicht wird (*Bechtold/Bosch/Brinker/Hirsbrunner*, Art. 19 Rn 4).

Artikel 20 FKVO Veröffentlichung von Entscheidungen

(1) Die Kommission veröffentlicht die nach Artikel 8 Absätze 1 bis 6 sowie Artikel 14 und 15 erlassenen Entscheidungen, ausgenommen vorläufige Entscheidungen nach Artikel 18 Absatz 2, zusammen mit der Stellungnahme des Beratenden Ausschusses im *Amtsblatt der Europäischen Union*.

(2) Die Veröffentlichung erfolgt unter Angabe der Beteiligten und des wesentlichen Inhalts der Entscheidung; sie muss den berechtigten Interessen der Unternehmen an der Wahrung ihrer Geschäftsgeheimnisse Rechnung tragen.

297 Art. 20 FKVO (ABl. 2004 Nr. L 24/1) regelt die Veröffentlichungen von Entscheidungen der Kommission im Amtsblatt der Europäischen Union. Es ist darin nicht nur eine Veröffentlichungspflicht, sondern auch ein Veröffentlichungsrecht enthalten, welches eine Beeinträchtigung von Interessen der dadurch betroffenen Unternehmen impliziert (*Bechtold/Bosch/Brinker/Hirsbrunner*, Art. 20 Rn 1). Abs. 2 sieht vor, dass „den berechtigten Interessen der Unternehmen an der Wahrung ihrer Geschäftsgeheimnisse" Rechnung zu tragen sei. Aus diesem Grund müssen die Unternehmen eingereichte Unterlagen, die **Geschäftsgeheimnisse** enthalten, kennzeichnen und die Kennzeichnung begründen, um dann eine nicht vertrauliche Fassung nachzureichen (Immenga/Mestmäcker/*Immenga/Körber*, Art. 20 Rn 6). Die Kommission entfernt aus der zu veröffentlichenden Fassung bestimmte Inhalte (zB Komm. 22.2.1991, M.57 Tz 6 – Digital/Kienzle) oder ersetzt sie durch Näherungswerte mit dem Hinweis „Geschäftsgeheimnis" (vgl etwa Komm. 17.2.1995, M.468 Tz 38 – Siemens/Italtel). Abs. 1 zählt die zu veröffentlichenden Entscheidungen auf. Bei Entscheidungen über die Freigabe oder die Untersagung von Zusammenschlüssen veröffentlicht die Kommission in Übereinstimmung mit dem Wortlaut des Art. 20 Abs. 2 nur eine Zusammenfassung im Amtsblatt (*Bechtold/Bosch/Brinker/Hirsbrunner*, Art. 20 Rn 3). Der volle Wortlaut der Entscheidungen wird auf der Website der Generaldirektion Wettbewerb der Europäischen Kommission veröffentlicht (Entscheidungen nach Art. 6 Abs. 1 lit. a) und b), Art. 6 Abs. 2, Art. 9 und Art. 21 Abs. 4 Unterabs. 3), dies geschieht allerdings ohne ausdrückliche Rechtsgrundlage (*Bechtold/Bosch/Brinker/Hirsbrunner*, Art. 20 Rn 4). **Nicht veröffentlicht** werden insbesondere Entscheidungen über die Einleitung des Hauptprüfverfahrens (Art. 6 Abs. 1 c) und Entscheidungen über Anträge zur Aussetzung des Verfahrens, gem. Art. 7 Abs. 3 (Immenga/Mestmäcker/*Immenga/Körber*, Art. 20 Rn 13).

Artikel 21 FKVO Anwendung dieser Verordnung und Zuständigkeit

(1) Diese Verordnung gilt allein für Zusammenschlüsse im Sinne des Artikels 3; die Verordnungen (EG) Nr. 1/2003[3], (EWG) Nr. 1017/68[4], (EWG) Nr. 4056/86[5] und (EWG) Nr. 3975/87[6] des Rates

3 ABl. L 1 vom 4.1.2003, S. 1.
4 ABl. L 175 vom 23.7.1968, S. 1. Verordnung zuletzt geändert durch die Verordnung (EG) Nr. 1/2003 (ABl. L 1 vom 4.1.2003, S. 1).
5 ABl. L 378 vom 31.12.1986, S. 4. Verordnung zuletzt geändert durch die Verordnung (EG) Nr. 1/2003.
6 ABl. L 374 vom 31.12.1987, S. 1. Verordnung zuletzt geändert durch die Verordnung (EG) Nr. 1/2003.

gelten nicht, außer für Gemeinschaftsunternehmen, die keine gemeinschaftsweite Bedeutung haben und die Koordinierung des Wettbewerbsverhaltens unabhängig bleibender Unternehmen bezwecken oder bewirken.

(2) Vorbehaltlich der Nachprüfung durch den Gerichtshof ist die Kommission ausschließlich dafür zuständig, die in dieser Verordnung vorgesehenen Entscheidungen zu erlassen.

(3) Die Mitgliedstaaten wenden ihr innerstaatliches Wettbewerbsrecht nicht auf Zusammenschlüsse von gemeinschaftsweiter Bedeutung an.

Unterabsatz 1 berührt nicht die Befugnis der Mitgliedstaaten, die zur Anwendung des Artikels 4 Absatz 4 oder des Artikels 9 Absatz 2 erforderlichen Ermittlungen vorzunehmen und nach einer Verweisung gemäß Artikel 9 Absatz 3 Unterabsatz 1 Buchstabe b) oder Artikel 9 Absatz 5 die in Anwendung des Artikels 9 Absatz 8 unbedingt erforderlichen Maßnahmen zu ergreifen.

(4) Unbeschadet der Absätze 2 und 3 können die Mitgliedstaaten geeignete Maßnahmen zum Schutz anderer berechtigter Interessen als derjenigen treffen, welche in dieser Verordnung berücksichtigt werden, sofern diese Interessen mit den allgemeinen Grundsätzen und den übrigen Bestimmungen des Gemeinschaftsrechts vereinbar sind.

Im Sinne des Unterabsatzes 1 gelten als berechtigte Interessen die öffentliche Sicherheit, die Medienvielfalt und die Aufsichtsregeln.

[1]Jedes andere öffentliche Interesse muss der betreffende Mitgliedstaat der Kommission mitteilen; diese muss es nach Prüfung seiner Vereinbarkeit mit den allgemeinen Grundsätzen und den sonstigen Bestimmungen des Gemeinschaftsrechts vor Anwendung der genannten Maßnahmen anerkennen. [2]Die Kommission gibt dem betreffenden Mitgliedstaat ihre Entscheidung binnen 25 Arbeitstagen nach der entsprechenden Mitteilung bekannt.

A. Überblick

Art. 21 FKVO (ABl. 2004 Nr. L 24/1) kombiniert Art. 21 und 22 Abs. 1 der Vorgänger-VO 4064/89 (ABl. 1989 Nr. L 395/1). Er befasst sich mit zwei Themenkomplexen, nämlich dem Verhältnis zu anderen Normen des Gemeinschaftsrechts in Abs. 1 und der ausschließlichen Zuständigkeit der Kommission, die Zusammenschlüsse im Anwendungsbereich der FKVO 139/2004 zu beurteilen, in Abs. 2 (Langen/Bunte/*Baron*, Art. 21 Rn 1). 298

B. Ausschließliche Anwendbarkeit der VO 139/2004

I. Allgemeines

Abs. 1 stellt klar, dass von den sekundärrechtlichen Rechtsakten des EG-Wettbewerbsrechts nur die VO 139/2004 (ABl. 2004 Nr. L 24/1) (zusammen mit der VO 802/2004, ABl. 2004 Nr. L 133/1) die Beurteilung von Zusammenschlüssen iSd VO regelt und dass sie für andere als die in Art. 3 Abs. 1 und 2 definierten Zusammenschlüsse nicht gilt (*Bechtold/Bosch/Brinker/Hirsbrunner*, Art. 21 Rn 2). Eine Reihe von Verordnungen werden ausdrücklich als nicht anwendbar aufgeführt, um die alleinige Anwendbarkeit der FKVO sicherzustellen (Immenga/Mestmäcker/*Immenga/Körber*, Art. 21 Rn 5). 299

Dieser Anwendbarkeitsausschluss soll bewirken, dass die Kommission nicht zusätzlich Art. 101 oder Art. 102 AEUV auf Zusammenschlüsse im Anwendungsbereich der VO 139/2004 (ABl. 2004 Nr. L 24/1) anwenden kann. Nach der Rechtsprechung vor Inkrafttreten der FKVO war Art. 102 EGV anwendbar, wenn ein Unternehmenszusammenschluss die Verstärkung einer beherrschenden Stellung bewirkt (EuGH Slg 1973, 215 Leitsatz 12 ff – Continental Can). Die Anwendbarkeit der Art. 101, 102 AEUV nach Inkrafttreten der FKVO 139/2004 ganz auszuschließen, wäre jedoch aus Gründen der Normenhierarchie nicht möglich gewesen, da hierzu der EG-Vertrag hätte geändert werden müssen (*Bechtold/Bosch/Brinker/Hirsbrunner*, Art. 21 Rn 3). Daher schließt Art. 21 Abs. 1, 2. Hs nur die Anwendbarkeit der zu den entsprechenden Artikeln ergangenen Durchführungsverordnungen aus (Loewenheim/Meessen/Riesenkampff/*Westermann*, Art. 21 Rn 1). 300

II. Ausnahme von der ausschließlichen Anwendbarkeit

301 Eine Ausnahme von der Regelung des Abs. 1 gilt für Gemeinschaftsunternehmen, die keine gemeinschaftsweite Bedeutung haben und die Koordinierung des Wettbewerbsverhaltens unabhängig bleibender Unternehmen bezwecken oder bewirken. Auf solche Gemeinschaftsunternehmen sind die VO 1/2003 (ABl. 2003 Nr. L 1/1) und die anderen in Art. 21 Abs. 1 aufgeführten Verordnungen nach wie vor anwendbar, soweit eine spürbare Beeinträchtigung des zwischenstaatlichen Handels vorliegt (Langen/Bunte/*Baron*, Art. 21 Rn 5). Die Kommission hat zur Verabschiedung der VO 1310/97 in einer Protokollerklärung (WuW 1990, 240 ff) vertreten, dass es gewöhnlich Sache der nationalen Wettbewerbsbehörden sei, die Vollfunktionsgemeinschaftsunternehmen unterhalb der Umsatzschwellen der VO 139/2004 (ABl. 2004 Nr. L 24/1) zu kontrollieren. Deshalb werde die Kommission fortan die eigenen Zuständigkeiten nur noch dazu verwenden, diejenigen Vollfunktionsgemeinschaftsunternehmen zu kontrollieren, die **„erhebliche Auswirkungen"** auf den zwischenstaatlichen Handel haben könnten (Immenga/Mestmäcker/*Immenga/Körber*, Art. 21 Rn 14). Es handelt sich um eine Selbstbeschränkung der Kommission, die rechtlich nicht zwingend ist, sondern eine Gegenleistung der Kommission an die Mitgliedstaaten als Ausgleich für die Ausweitung des Anwendungsbereichs der EG-Fusionskontrolle auf kooperative Vollfunktionsgemeinschaftsunternehmen anlässlich der Novellierung der VO 4064/89 (ABl. 1989 Nr. L 395/1) durch die VO 1310/97 (ABl. 1997 Nr. L 180/1) darstellt (*Bechtold/Bosch/Brinker/Hirsbrunner*, Art. 21 Rn 7).

C. Ausschließliche Zuständigkeit der Kommission

302 Art. 21 garantiert die ausschließliche Zuständigkeit der Europäischen Kommission für die Beurteilung von Zusammenschlussvorhaben im Anwendungsbereich der Fusionskontrollverordnung, sowohl gegenüber den anderen Institutionen der Europäischen Gemeinschaft als auch gegenüber den nationalen Behörden.

I. Sperrwirkung gegenüber innerstaatlichem Wettbewerbsrecht

303 Nach Art. 21 Abs. 2 ist die Kommission vorbehaltlich einer Überprüfung durch den Gerichtshof ausschließlich dafür zuständig, die in der VO 139/2004 (ABl. 2004 Nr. L 24/1) vorgesehenen Entscheidungen zu erlassen. Art. 3 Abs. 1 untersagt deshalb logischerweise den Mitgliedstaaten, ihr innerstaatliches Wettbewerbsrecht auf Unternehmenszusammenschlüsse von gemeinschaftsweiter Bedeutung iSd Art. 1 anzuwenden. So wird das im ErwG 8 zur VO 139/2004 erwähnte Prinzip der einzigen Anlaufstelle (**„One-Stop-Shop"**) gesichert (Langen/Bunte/*Baron*, Art. 21 Rn 7). Das innerstaatliche Wettbewerbsrecht, das gem. Art. 21 Abs. 3 verdrängt wird, umfasst die nationale Fusionskontrolle, alle weiteren nationalen Kartellrechtsvorschriften iSd Art. 101–106 AEUV sowie die damit verbunden Verfahrensvorschriften (Immenga/Mestmäcker/*Immenga/Körber*, Art. 21 Rn 19). Der Anwendungsausschluss erstreckt sich auf das **gesamte** nationale Wettbewerbsrecht, auch in zivilen Streitigkeiten und im Ordnungswidrigkeitsverfahren, während mitgliedstaatliche Maßnahmen, die sich auf Rechtsgrundlagen außerhalb des Wettbewerbsrechts beziehen (insbesondere Maßnahmen nach dem UWG), von Art. 21 Abs. 3 nicht betroffen sind (*Bechtold/Bosch/Brinker/Hirsbrunner*, Art. 21 Rn 9).

II. Verweisungsverfahren

304 Der zweite Unterabs. des Abs. 3 enthält zwei Vorbehalte zugunsten der Befugnisse der Mitgliedstaaten in Verweisungsverfahren gem. Art. 4 Abs. 4 und Abs. 9. Demnach dürfen die mitgliedstaatlichen Behörden zum einen die erforderlichen **Ermittlungen** durchführen, um einen Verweisungsantrag vorbereiten zu können (was in der Praxis wenig Relevanz hat, da der an einer Verweisung interessierte Mitgliedstaat schon aus Art. 19 Abs. 2 zur Akteneinsicht berechtigt ist; vgl Langen/Bunte/*Baron*, Art. 21 Rn 13), und es wird zum anderen klargestellt, dass die Befugnis der nationalen Wettbewerbsbehörden zur **Durchführung** eines Fusionskontrollverfahrens im Anschluss an eine Verweisung dem Ausschließlichkeitsgrundsatz nicht widerspricht.

D. Maßnahmen zum Schutz von berechtigten Interessen

I. Einführung

305 Die Mitgliedstaaten dürfen gem. Abs. 4 gegen Unternehmenszusammenschlüsse **geeignete Maßnahmen** ergreifen, um berechtigte Interessen zu schützen, die in der Verordnung nicht berücksichtigt werden. Außerhalb der aufgeführten Fälle der öffentlichen Sicherheit, der Medienvielfalt und der Aufsichtsregeln sind mitgliedstaatliche Maßnahmen hinsichtlich der Durchführung eines Zusammenschlussvorhabens von der **Zustimmung der Kommission** abhängig, um die ausschließliche Zuständigkeit der Kommission zu sichern (*Bechtold/Bosch/Brinker/Hirsbrunner*, Art. 21 Rn 11). Die Wahrnehmung eines berechtigten Interesses durch einen Mitgliedstaat darf nicht dazu führen, dass die Befugnis der Kommission zur Untersagung eines Zusammenschlusses in Frage gestellt wird. Die Mitgliedstaaten können also von der Kommission freigegebene Zusammenschlüsse untersagen, untersagte Zusammenschlüsse aber nicht genehmigen (Loewenheim/Meessen/Riesenkampff/*Westermann*, Art. 21 Rn 11).

II. Öffentliche Sicherheit

306 Zur öffentlichen Sicherheit zählen **militärische Sicherheits- und Verteidigungsinteressen** iSd Art. 346 AEUV sowie die Gesundheit der Bevölkerung (Immenga/Mestmäcker/*Immenga/Körber*, Art. 21 Rn 24). Aufgrund des Art. 346 AEUV entfällt die Anmeldepflicht bei Zusammenschlüssen, die auf die Herstellung und den Vertrieb von Waffen, Munitionen und anderen Kriegsgeräten gerichtet ist, dabei dürfen aber nicht die Wettbewerbsbedingungen hinsichtlich der nicht eigens für militärische Zwecke bestimmten Waren beeinträchtigt werden (*Bechtold/Bosch/Brinker/Hirsbrunner*, Art. 21 Rn 14).

III. Medienvielfalt

307 Art. 21 Abs. 4 erkennt auch das öffentliche Interesse an der Medienvielfalt als berechtigt an. Der Schutz der Medienvielfalt ist ein allgemein anerkannter Rechtsgrundsatz des Gemeinschaftsrecht und orientiert sich an Art. 10 EMRK und Art. 11 Abs. 2 der Charta der Grundrechte der Europäischen Union (ABl. 2000 Nr. C 364/1) (*Bechtold/Bosch/Brinker/Hirsbrunner*, Art. 21 Rn 16). In Deutschland fehlt es an einer bundesgesetzlichen Regelung, da die Länder insoweit die Gesetzgebungskompetenz haben (Loewenheim/Meessen/Riesenkampff/*Westermann*, Art. 21 Rn 15). Während Zusammenschlüsse im Pressebereich allein nach wirtschafts-kartellrechtlichen Kriterien zu beurteilen sind, ist eine **medienrechtliche Fusionskontrolle** im Rundfunkstaatsvertrag der Länder für Zusammenschlüsse im Bereich Rundfunk und Fernsehen (RStV) vorgesehen, die parallel zu der wettbewerblichen Kontrolle durch das BKartA oder die Kommission stattfindet. Die Zusammenschlüsse sind von der Kommission zur Ermittlung der Konzentration (KEK) darauf zu überprüfen, ob sie die Gefahr einer vorherrschenden Meinungsmacht begründen (§ 26 RStV; vgl dazu Kap. 7 Rn 167 ff).

308 **Vorherrschende Meinungsmacht** wird vermutet, wenn die dem Unternehmen zurechenbaren Rundfunk- und/oder Fernsehprogramme einen durchschnittlichen Zuschaueranteil von 30 % (vgl Kap. 7 Rn 184) bzw bei Tätigkeiten auf mehreren medienrelevanten verwandten Märkten von 25 % erreichen. Ein Konfliktfall durch die KEK mit der Europäischen Fusionskontrolle ist bislang nicht aufgetreten. Der erste Fall, in dem die Medienvielfalt in dieser Hinsicht relevant wurde, war „Newspaper Publishing", in welchem der Schutz von unverfälschter Nachrichtendarstellung und Meinungsfreiheit durch den englischen Fair Trading Act 1973 als öffentliches Interesse iSd Art. 21 Abs. 4 anerkannt wurde (*Bechtold/Bosch/Brinker/Hirsbrunner*, Art. 21 Rn 16; vgl auch Komm. 14.3.1994, M.423, Tz 22 – Newspaper Publishing).

309 Allerdings befürchtet die Kommission aufgrund der vielen unterschiedlichen nationalen Regelungen in den Mitgliedstaaten, dass bislang **keine einheitliche Sicherung** der Medienvielfalt erfolgt ist. Aus diesem Grund hat die Arbeitsgruppe für die Koordination von Medienangelegenheiten (Task Force for the Co-ordination of Media Affairs, auch Media Task Force genannt) einen Bericht veröffentlicht, in welchem bemängelt wird, dass die bisherigen Studien zu diesem Thema keine konkreten Kriterien enthielten, anhand welcher das Vorliegen „echter Vielfalt" festgestellt werden konnte (vgl Komm. 16.1.2007, „Media Pluralism in the Member States of the European Union", SEC(2007) 32 S. 18). Der Bericht schlägt einen 3-Punkte-Plan vor. Nach einer Grundlagenstudie zur rechtsvergleichenden Übersicht der nationalen Normen zur Regulierung des Mediensektors, soll in einem zweiten Schritt

eine umfassende Studie durchgeführt werden, um objektive und konkrete Indikatoren zur Beurteilung der Medienvielfalt in den Mitgliedstaaten zu entwickeln (vgl auch Pressemitteilung der Komm. IP/07/52 v. 16.1.2007). Danach sollen im abschließenden dritten Schritt (noch nicht abgeschlossen) die Indikatoren für Medienvielfalt der breiten Öffentlichkeit zur Konsultation vorgestellt werden.

IV. Aufsichtsregeln

310 Aufsichtsregeln gelten ebenfalls als berechtigte Interessen. Hierbei sind insbesondere Aufsichtsregeln gemeint, die sich auf die Erbringung finanzieller Dienstleistungen beziehen und mit denen im allgemeinen nationale Banküberwachungsorgane, Börsengesellschaften oder Versicherungen betraut sind (FK-KartellR/*Rösler*, Art. 21 Rn 21). Im Bereich der Finanzdienstleistungen kommen viele Regelungen zur Überwachung von Vorhaben zum Erwerb von qualifizierten Beteiligungen in Betracht, die u.a. in der Richtlinie 2006/48/EG über die Aufnahme und Ausübung der Tätigkeit der Kreditinstitute (ABl. 2006 Nr. L 177/1) und der Richtlinie 2004/39/EG über Märkte für Finanzinstrumente (ABl. 2004 Nr. L 145/1) vorgesehen sind (*Bechtold/Bosch/Brinker/Hirsbrunner*, Art. 21 Rn 17).

V. Sonstige öffentliche Interessen

311 Die Wahrnehmung anderer als der ausdrücklich aufgezählten öffentlichen Interessen bedarf der **Zustimmung der Kommission.** Diese ist gem. Art. 21 Abs. 4 Unterabs. 3 zu erteilen, wenn die fraglichen Maßnahmen des Mitgliedstaates dem Schutz berechtigter Interessen dienen und hierzu geeignet sind. Die mitgliedstaatlichen Interessen müssen mit den allgemeinen Grundsätzen und den sonstigen Bestimmungen des Gemeinschaftsrechts vereinbar sein (*Bechtold/Bosch/Brinker/Hirsbrunner*, Art. 21 Rn 18).

312 Die Zustimmung muss vor Anwendung der fraglichen Maßnahmen eingeholt werden. Hierzu schickt der Mitgliedstaat eine entsprechende „Mitteilung“ an die Kommission (Immenga/Mestmäcker/*Immenga/Körber*, Art. 21 Rn 27). Diese muss grds. innerhalb von 25 Arbeitstagen über die Mitteilung eine Entscheidung fällen, obwohl an die Fristversäumung keine Rechtsfolgen geknüpft sind (vgl Art. 21 Abs. 4 Unterabs. 3). Auch ohne eine solche Mitteilung hat die Kommission das Recht zur Entscheidung (EuGH 22.6.2004, C-42/01, Tz 54 – Portugiesische Republik/Kommission). Wenn sich ein Mitgliedstaat einer solchen Entscheidung nicht unterzieht, kann die Kommission ein **Vertragsverletzungsverfahren** gem. Art. 258 AEUV einleiten (*Bechtold/Bosch/Brinker/Hirsbrunner*, Art. 21 Rn 20).

Artikel 22 FKVO Verweisung an die Kommission

(1) Auf Antrag eines oder mehrerer Mitgliedstaaten kann die Kommission jeden Zusammenschluss im Sinne von Artikel 3 prüfen, der keine gemeinschaftsweite Bedeutung im Sinne von Artikel 1 hat, aber den Handel zwischen Mitgliedstaaten beeinträchtigt und den Wettbewerb im Hoheitsgebiet des beziehungsweise der antragstellenden Mitgliedstaaten erheblich zu beeinträchtigen droht.

Der Antrag muss innerhalb von 15 Arbeitstagen, nachdem der Zusammenschluss bei dem betreffenden Mitgliedstaat angemeldet oder, falls eine Anmeldung nicht erforderlich ist, ihm anderweitig zur Kenntnis gebracht worden ist, gestellt werden.

(2) Die Kommission unterrichtet die zuständigen Behörden der Mitgliedstaaten und die beteiligten Unternehmen unverzüglich von einem nach Absatz 1 gestellten Antrag.

Jeder andere Mitgliedstaat kann sich dem ersten Antrag innerhalb von 15 Arbeitstagen, nachdem er von der Kommission über diesen informiert wurde, anschließen.

[1]Alle einzelstaatlichen Fristen, die den Zusammenschluss betreffen, werden gehemmt, bis nach dem Verfahren dieses Artikels entschieden worden ist, durch wen der Zusammenschluss geprüft wird. [2]Die Hemmung der einzelstaatlichen Fristen endet, sobald der betreffende Mitgliedstaat der Kommission und den beteiligten Unternehmen mitteilt, dass er sich dem Antrag nicht anschließt.

(3) [1]Die Kommission kann spätestens zehn Arbeitstage nach Ablauf der Frist gemäß Absatz 2 beschließen, den Zusammenschluss zu prüfen, wenn dieser ihrer Ansicht nach den Handel zwischen Mitgliedstaaten beeinträchtigt und den Wettbewerb im Hoheitsgebiet des bzw. der Antrag stellenden Mitgliedstaaten erheblich zu beeinträchtigen droht. [2]Trifft die Kommission innerhalb der genannten

Frist keine Entscheidung, so gilt dies als Entscheidung, den Zusammenschluss gemäß dem Antrag zu prüfen.

[1]Die Kommission unterrichtet alle Mitgliedstaaten und die beteiligten Unternehmen von ihrer Entscheidung. [2]Sie kann eine Anmeldung gemäß Artikel 4 verlangen.

Das innerstaatliche Wettbewerbsrecht des bzw. der Mitgliedstaaten, die den Antrag gestellt haben, findet auf den Zusammenschluss nicht mehr Anwendung.

(4) [1]Wenn die Kommission einen Zusammenschluss gemäß Absatz 3 prüft, finden Artikel 2, Artikel 4 Absätze 2 und 3, die Artikel 5 und 6 sowie die Artikel 8 bis 21 Anwendung. [2]Artikel 7 findet Anwendung, soweit der Zusammenschluss zu dem Zeitpunkt, zu dem die Kommission den beteiligten Unternehmen mitteilt, dass ein Antrag eingegangen ist, noch nicht vollzogen worden ist.

Ist eine Anmeldung nach Artikel 4 nicht erforderlich, beginnt die Frist für die Einleitung des Verfahrens nach Artikel 10 Absatz 1 an dem Arbeitstag, der auf den Arbeitstag folgt, an dem die Kommission den beteiligten Unternehmen ihre Entscheidung mitteilt, den Zusammenschluss gemäß Absatz 3 zu prüfen.

(5) [1]Die Kommission kann einem oder mehreren Mitgliedstaaten mitteilen, dass ein Zusammenschluss nach ihrem Dafürhalten die Kriterien des Absatzes 1 erfüllt. [2]In diesem Fall kann die Kommission diesen Mitgliedstaat beziehungsweise diese Mitgliedstaaten auffordern, einen Antrag nach Absatz 1 zu stellen.

A. Vorbemerkungen

Art. 22 FKVO (ABl. 2004 Nr. L 24/1) regelt die Verweisung von Unternehmenszusammenschlüssen ohne gemeinschaftsweite Bedeutung an die Kommission (Loewenheim/Meessen/Riesenkampff/*Westermann*, Art. 22 Rn 1). Er bezieht sich nur auf die Verweisungen, die auf Antrag eines Mitgliedstaates oder mehrerer Mitgliedstaaten erfolgen. Diese sind in Art. 4 Abs. 5 geregelt. Art. 22 ist zusammen mit Art. 4 Abs. 5 im Rahmen des Systems zur Feinsteuerung der Zuständigkeitsverteilung das Gegenstück zu Art. 9 und Art. 4 Abs. 4, welche die Verweisung von Unternehmenszusammenschlüssen von gemeinschaftsweiter Bedeutung an einen Mitgliedstaat ermöglichen (*Bechtold/Bosch/Brinker/Hirsbrunner*, Art. 22 Rn 1). Art. 22 ist auch als **„holländische Klausel"** bekannt, da die Niederlande ursprünglich während der Verhandlungen über die VO 4064/89 (ABl. 1989 Nr. L 395/1) die Möglichkeit der Verweisung von der mitgliedstaatlichen Ebene an die Kommission vorschlugen, da zu diesem Zeitpunkt in den Niederlanden keine nationale Fusionskontrolle vorhanden war (Langen/Bunte/*Baron*, Art. 22 Rn 1). Dies hat sich zwischenzeitlich geändert. Die Vorschrift ermöglicht nun die Verweisung von Zusammenschlüssen, die zwar den Zuständigkeitsbereich der nationalen Behörden betreffen, aber aufgrund ihrer Bedrohung für den Wettbewerb zwischen den Mitgliedstaaten durch eine Behörde der Gemeinschaft kontrolliert werden sollten (*Bechtold/Bosch/Brinker/Hirsbrunner*, Art. 22 Rn 1). 313

B. Voraussetzungen der Verweisung

Eine Verweisung kommt dann in Betracht, wenn der **Handel** zwischen den Mitgliedstaaten durch einen Zusammenschluss iSd Art. 3 FKVO **beeinträchtigt** wird, eine Wettbewerbsbeeinträchtigung im Hoheitsgebiet des antragstellenden Mitgliedstaats droht und ein Antrag eines oder mehrerer Mitgliedstaaten vorliegt (Langen/Bunte/*Baron*, Art. 22 Rn 11). Der Begriff der Handelsbeeinträchtigung ist in Übereinstimmung mit der Praxis zu Art. 101 und 102 AEUV auszulegen (Langen/Bunte/*Baron*, Art. 22 Rn 10; vgl EuG Slg 1999, II-3775, Tz 142 – Kesko/Kommission). Ein Zusammenschluss beeinträchtigt den zwischenstaatlichen Handel, wenn sich aufgrund einer Gesamtheit objektiver rechtlicher oder tatsächlicher Umstände mit hinreichender Wahrscheinlichkeit voraussehen lässt, dass der Warenverkehr zwischen den Mitgliedstaaten unmittelbar oder mittelbar, tatsächlich oder potenziell in einem der Erreichung der Ziele eines einheitlichen zwischenstaatlichen Marktes nachteiligen Sinne beeinflussen kann (*Bechtold/Bosch/Brinker/Hirsbrunner*, Art. 22 Rn 4; vgl EuGH Slg 1994, I-5641 Leitsatz 5 – DLG). Dies kann zB dann zu bejahen sein, wenn der fragliche Unternehmenszusammenschluss dazu führt, dass das Tätigwerden ausländischer Anbieter im fraglichen Mitgliedstaat behindert oder erschwert wird, die am Zusammenschluss beteiligten Unternehmen einen beträchtlichen Prozentsatz von Waren aus dem Ausland einführen oder ausländische Anbieter in einem großen Umfang auf die beteiligten Unternehmen angewiesen sind, um ihre Waren im Inland zu verkaufen (EuG – Kesko/Kom- 314 mission, Tz 144). Ist eine zukünftige Handelsbeeinträchtigung bereits hinreichend spürbar und vorhersehbar, kann sie berücksichtigt werden (EuG – Kesko/Kommission, Tz 103).

315 Weitere Voraussetzung für eine Verweisung ist die **drohende Wettbewerbsbeeinträchtigung** im Hoheitsgebiet des oder der antragstellenden Mitgliedstaaten, welche mit dem Beurteilungsmaßstab des Art. 2 Abs. 2 und 3 VO 139/2004 (ABl. 2004 Nr. L 24/1) übereinstimmt und wie dort auszulegen ist (Immenga/Mestmäcker/*Immenga/Körber*, Art. 22 Rn 33). Eine Verweisung soll – getreu dem Verhältnismäßigkeitsgrundsatz – nur dann erfolgen, wenn ein begründeter Anlass besteht. Schließlich muss zudem ein Antrag eines oder mehrerer Mitgliedstaaten vorliegen. **Gemeinsame Anträge** mehrerer Mitgliedstaaten kommen insbesondere dann in Betracht, wenn mindestens einer der von dem Zusammenschluss betroffenen Märkte in geografischer Hinsicht eine internationale Dimension aufweist (*Bechtold/Bosch/Brinker/Hirsbrunner*, Art. 22 Rn 7).

C. Verfahren und Fristen

316 Der Verweisungsantrag muss gemäß Abs. 1 S. 2 **binnen 15 Arbeitstagen**, nachdem der Unternehmenszusammenschluss angemeldet worden ist, oder anderweitiger Kenntniserlangung, gestellt werden. Andere Mitgliedstaaten können sich gemäß Art. 22 Abs. 2 S. 2 dem Antrag anschließen, sofern sie innerhalb von 15 Tagen, nachdem sie von der Kommission vom Antrag erfahren haben, eine entsprechende Mitteilung an die Kommission senden und den Nachweis erbringen, dass die Antragsvoraussetzungen für ihr Hoheitsgebiet erfüllt sind (Immenga/Mestmäcker/*Immenga/Körber*, Art. 22 Rn 25). Ein Verweisungsantrag führt in allen Mitgliedstaaten, in denen der Zusammenschluss geprüft wird, zu einer **Verfahrensfristenhemmung**, bis die Kommission eine Entscheidung nach Abs. 3 getroffen hat, es sei denn, ein Mitgliedstaat teilt der Kommission auch innerhalb der 15-tägigen Frist mit, dass er sich dem Antrag nicht anschließen wolle (*Bechtold/Bosch/Brinker/Hirsbrunner*, Art. 22 Rn 9).

317 Die Kommission verfügt nach Abs. 3 Unterabs. 1 über eine **Frist von 10 Arbeitstagen**, gerechnet ab dem Zeitpunkt, ab dem die Frist von 15 Arbeitstagen gemäß Abs. 2 verstrichen ist, um darüber zu entscheiden, ob sie dem Antrag stattgibt. Wenn die Kommission die Frist nicht einhält, wird die Stattgabe **fingiert**. In jedem Fall muss die Kommission alle beteiligten Mitgliedstaaten und Unternehmen vom Ergebnis unterrichten (Langen/Bunte/*Baron*, Art. 22 Rn 16 f).

318 Gemäß Art. 22 Abs. 4 Unterabs. 2 der VO 139/2004 (ABl. 2004 Nr. L 24/1) beginnen die Fristen des Vorprüfverfahrens am ersten Arbeitstag nach der Unterrichtung der beteiligten Unternehmen, gem. Abs. 3 Unterabs. 2 Satz 1. Die Kommission kann nach Abs. 3 Unterabs. 2 Satz 2 eine Anmeldung auf dem dafür vorgesehenen Formblatt CO verlangen (Langen/Bunte/*Baron*, Art. 22 Rn 16). Wird eine Anmeldung verlangt, beginnen die Fristen erst an dem Tag, an dem die Anmeldung wirksam wird. Gemäß Abs. 4 Unterabs. 1 finden praktisch alle Verfahrensvorschriften der VO 139/2004 Anwendung. Das Vollzugsverbot gem. Art. 7 greift jedoch nur ein, wenn der Zusammenschluss zu dem Zeitpunkt, zu dem die Kommission die Unternehmen über den Eingang eines Verweisungsantrags informiert, noch nicht vollzogen ist (Loewenheim/Meessen/Riesenkampff/*Westermann*, Art. 22 Rn 7).

319 Die beteiligten Unternehmen werden bei einem Verweisungsantrag gem. Art. 22 von der Kommission **angehört** (*Bechtold/Bosch/Brinker/Hirsbrunner*, Art. 22 Rn 11). Die Unternehmen können in einem etwaigen anschließenden Hauptprüfverfahren Einblick in den Verweisungsantrag nehmen, wenn die Kommission ihnen nach der Mitteilung über die Beschwerdepunkte Akteneinsicht gewährt.

D. Wirkungen einer Verweisung nach Art. 22

320 Die Kommission muss, wenn die Voraussetzungen des Art. 22 Abs. 1, 3 vorliegen, über die Verweisung **nach pflichtgemäßem Ermessen** entscheiden und bei der Untersuchung des Marktes im verweisenden Mitgliedstaat die **allgemeinen Grundsätze** der Subsidiarität, der Verhältnismäßigkeit, der geeigneteren Behörde und der einzigen Anlaufstelle beachten (vgl Mitteilung über Verweisung von Fusionssachen, ABl. 2005 Nr. C 56/2, Tz 8 ff). Deshalb prüft die Kommission grds. nur die Auswirkungen des Zusammenschlusses auf das Hoheitsgebiet der Mitgliedstaaten, die den Zusammenschluss verwiesen haben (*Bechtold/Bosch/Brinker/Hirsbrunner*, Art. 22 Rn 13). Die Kommission erlangt nicht die Befugnis, die Auswirkungen des Zusammenschlusses auf alle Mitgliedstaaten zu untersuchen. Sie kann aber Wettbewerbsprobleme aufgreifen, die nicht im Verweisungsantrag erwähnt werden (*Bechtold/Bosch/Brinker/Hirsbrunner*, Art. 22 Rn 13, vgl auch EuG Slg 1999, II-1299, Tz 40 – Endemol/Kommission).

Nach einer Verweisung findet das **innerstaatliche Wettbewerbsrecht** der verweisenden Staaten **keine Anwendung** mehr, die Staaten, die sich dem Antrag nicht angeschlossen haben, dürfen auf den Zusammenschluss aber weiter ihr Wettbewerbsrecht anwenden (Immenga/Mestmäcker/*Immenga/Körber*, Art. 22 Rn 46, 47).

E. Rechtsschutz

Verweisungen eines Zusammenschlusses von der mitgliedstaatlichen Ebene an die Kommission erfolgen durch eine Entscheidung der Kommission. Diese ist grds. ebenso durch eine Klage nach Art. 263 Abs. 4 AEUV **anfechtbar** wie Entscheidungen nach Art. 9, was nur die Möglichkeit einer Nachprüfung hinsichtlich der sachgerechten Ausübung des Ermessens seitens der Kommission eröffnet (Langen/Bunte/*Baron*, Art. 22 Rn 20). **Klageberechtigt** sind die am Zusammenschluss beteiligten Unternehmen, da deren Stellung durch eine Verweisung in rechtlicher und tatsächlicher Hinsicht verändert wird. Auch ein **Klagerecht Dritter** kann nicht ausgeschlossen werden (EuG Slg 2003, II-4251, Tz 61 – Cableuropa u.a./Kommission), obwohl in solchen Fällen selten Dritte ein Rechtsschutzbedürfnis darlegen können (*Bechtold/Bosch/Brinker/Hirsbrunner*, Art. 22 Rn 14). 321

F. Verweisungsantrag auf Aufforderung durch die Kommission

Nach Art. 22 Abs. 5 kann die Kommission einen Mitgliedstaat oder mehrere Staaten auffordern, einen Verweisungsantrag nach Art. 22 Abs. 1 zu stellen, wenn sie der Auffassung ist, dass die Verweisungsvoraussetzungen erfüllt sind. Sie verfügt aber nicht über die Möglichkeit, einen solchen **Antrag zu erzwingen** (Langen/Bunte/*Baron*, Art. 22 Rn 7). Eine Pflicht zur Antragstellung könnte sich höchstens aus dem Grundsatz der Gemeinschaftstreue gem. Art. 10 Abs. 1 EGV (ABl. 2006 Nr. C 321 E) ergeben (*Bechtold/Bosch/Brinker/Hirsbrunner*, Art. 22 Rn 15). 322

Artikel 23 FKVO Durchführungsbestimmungen

(1) Die Kommission ist ermächtigt, nach dem Verfahren des Absatzes 2 Folgendes festzulegen:

a) Durchführungsbestimmungen über Form, Inhalt und andere Einzelheiten der Anmeldungen und Anträge nach Artikel 4,

b) Durchführungsbestimmungen zu den in Artikel 4 Absätze 4 und 5 und den Artikeln 7, 9, 10 und 22 bezeichneten Fristen,

c) das Verfahren und die Fristen für das Angebot und die Umsetzung von Verpflichtungszusagen gemäß Artikel 6 Absatz 2 und Artikel 8 Absatz 2,

d) Durchführungsbestimmungen für Anhörungen nach Artikel 18.

(2) Die Kommission wird von einem Beratenden Ausschuss unterstützt, der sich aus Vertretern der Mitgliedstaaten zusammensetzt.

a) Die Kommission hört den Beratenden Ausschuss, bevor sie einen Entwurf von Durchführungsvorschriften veröffentlicht oder solche Vorschriften erlässt.

b) Die Anhörung erfolgt in einer Sitzung, die die Kommission anberaumt und in der sie den Vorsitz führt. Der Einladung zur Sitzung ist ein Entwurf der Durchführungsbestimmungen beizufügen. Die Sitzung findet frühestens zehn Arbeitstage nach Versendung der Einladung statt.

c) Der Beratende Ausschuss gibt seine Stellungnahme zu dem Entwurf der Durchführungsbestimmungen - erforderlichenfalls durch Abstimmung - ab. Die Kommission berücksichtigt die Stellungnahme des Ausschusses in größtmöglichem Umfang.

Art. 23 FKVO (ABl. 2004 Nr. L 24/1) ermächtigt die Kommission zum Erlass von **Durchführungsbestimmungen** und regelt auch das Verfahren, welches von der Kommission durchzuführen ist (*Bechtold/Bosch/Brinker/Hirsbrunner*, Art. 23 Rn 1). Diese Ermächtigungsgrundlage hat die Kommission zum Erlass der VO 802/2004 (Durchführungsverordnung, ABl. 2004 Nr. L 133/1) genutzt (Langen/Bunte/*Baron*, Art. 23 Rn 1). Die VO 802/2004 enthält in ihrem Anhang auch **Formblätter** für Anmeldungen und Verweisungsanträge (Immenga/Mestmäcker/*Immenga/Körber*, Art. 23 Rn 1). In ErwG 28 zur FKVO wird die Kommission aufgefordert, Leitlinien zu veröffentlichen, um zu erläutern, wie sie selbst Zusammenschlüsse nach der VO beurteile. Soweit die Kommission solche Leitlinien veröffentlicht, ist 323 sie im Wege einer **Selbstbindung** an diese gebunden (Langen/Bunte/*Baron*, Art. 23 Rn 3). Die Unternehmen können sich darauf auch im Verfahren vor der Kommission berufen, während der EuGH an die Leitlinien nicht gebunden ist (*Bechtold/Bosch/Brinker/Hirsbrunner*, Art. 23 Rn 2).

Artikel 24 FKVO Beziehungen zu Drittländern

(1) Die Mitgliedstaaten unterrichten die Kommission über die allgemeinen Schwierigkeiten, auf die ihre Unternehmen bei Zusammenschlüssen gemäß Artikel 3 in einem Drittland stoßen.

(2) [1]Die Kommission erstellt erstmals spätestens ein Jahr nach Inkrafttreten dieser Verordnung und in der Folge regelmäßig einen Bericht, in dem die Behandlung von Unternehmen, die ihren Sitz oder ihr Hauptgeschäft in der Gemeinschaft haben, im Sinne der Absätze 3 und 4 bei Zusammenschlüssen in Drittländern untersucht wird. [2]Die Kommission übermittelt diese Berichte dem Rat und fügt ihnen gegebenenfalls Empfehlungen bei.

(3) Stellt die Kommission anhand der in Absatz 2 genannten Berichte oder aufgrund anderer Informationen fest, dass ein Drittland Unternehmen, die ihren Sitz oder ihr Hauptgeschäft in der Gemeinschaft haben, nicht eine Behandlung zugesteht, die derjenigen vergleichbar ist, die die Gemeinschaft den Unternehmen dieses Drittlands zugesteht, so kann sie dem Rat Vorschläge unterbreiten, um ein geeignetes Mandat für Verhandlungen mit dem Ziel zu erhalten, für Unternehmen, die ihren Sitz oder ihr Hauptgeschäft in der Gemeinschaft haben, eine vergleichbare Behandlung zu erreichen.

(4) Die nach diesem Artikel getroffenen Maßnahmen müssen mit den Verpflichtungen der Gemeinschaft oder der Mitgliedstaaten vereinbar sein, die sich - unbeschadet des Artikels 307 des Vertrags - aus internationalen bilateralen oder multilateralen Vereinbarungen ergeben.

324 Basierend auf ErwG 44 zur FKVO (ABl. 2004 Nr. L 24/1) betrifft die Vorschrift des Art. 24 die Beziehungen, welche die Europäische Gemeinschaft im Bereich der Fusionskontrolle zu Drittländern unterhält (Immenga/Mestmäcker/*Immenga/Körber*, Art. 24 Rn 1). Abs. 1 sieht vor, dass die Mitgliedstaaten die Kommission unterrichten sollen, wenn „ihre" Unternehmen in Drittstaaten bei Zusammenschlüssen auf Schwierigkeiten stoßen. Damit sind wohl die Fälle gemeint, in denen der Erwerb von Unternehmen in Drittstaaten aus anderen als wettbewerblichen Gründen verhindert wird (*Bechtold/Bosch/Brinker/Hirsbrunner*, Art. 24 Rn 1). Die **Kommission** soll entsprechend Abs. 2 regelmäßig **Berichte** über die Erfahrungen von Unternehmen mit Fusionskontrollregimen in Drittstaaten verfassen, welche dem Rat zu übermitteln sind.

325 Gestützt auf Abs. 3 kann die Kommission ggf beim Rat die **Erteilung eines Verhandlungsmandats** beantragen, um mit Drittstaaten Verhandlungen zur Gewährleistung der Gegenseitigkeit aufzunehmen. Abs. 4 verpflichtet die Kommission und die Mitgliedstaaten zur Beachtung internationaler, bilateraler oder multilateraler Vereinbarungen. Insbesondere ist damit die Organisation of Economic Cooperation and Development (OECD) gemeint, in deren Rahmen intensiver Erfahrungsaustausch betrieben wird (*Bechtold/Bosch/Brinker/Hirsbrunner*, Art. 24 Rn 1). Auch die WTO und die UNCTAD beschäftigen sich in speziellen Arbeitsgruppen mit Fragen des Wettbewerbs, besonders bezogen auf die Situation in den Entwicklungsländern, und erstellen jährliche Berichte (Langen/Bunte/*Baron*, Art. 24 Rn 7 f). Auf informeller Ebene existiert seit 2001 das **International Competition Network** (ICN), ein weltweites Netz von Wettbewerbsbehörden, welches die Vereinheitlichung von Maßstäben für grenzübergreifende Wettbewerbssachen erreichen will. Die Arbeitsgruppe für Fusionskontrolle hat im Internet bereits Empfehlungen für eine Optimierung von Fusionskontrollverfahren veröffentlicht.

Artikel 25 FKVO Aufhebung

(1) Die Verordnungen (EWG) Nr. 4064/89 und (EG) Nr. 1310/97 werden unbeschadet des Artikels 26 Absatz 2 mit Wirkung vom 1. Mai 2004 aufgehoben.

(2) Bezugnahmen auf die aufgehobenen Verordnungen gelten als Bezugnahmen auf die vorliegende Verordnung und sind nach Maßgabe der Entsprechungstabelle im Anhang zu lesen.

Art. 25 FKVO (ABl. 2004 Nr. L 24/1) stellt klar, dass die VorgängerVO 4064/89 (ABl. 1989 Nr. L 395/1) einschließlich der Novellierungsverordnung 1310/97 (ABl. 1997 Nr. 180/1) mit Wirkung vom 1. Mai 2004 aufgehoben wurden. Seitdem gilt ausschließlich die VO 139/2004 (ABl. 2004 Nr. L 24/1). Der Übergang von der VO 4064/89 zur VO 139/2004 wird im Einzelnen in Art. 26 Abs. 2 geregelt, woraus sich ergibt, dass der für die Anwendbarkeit der VO 139/2004 **maßgebende Zeitpunkt** der Vertragsabschluss, die Veröffentlichung eines öffentlichen Übernahmeangebots oder der Kontrollerwerb ist (*Bechtold/Bosch/Brinker/Hirsbrunner*, Art. 25 Rn 1). Art. 25 Abs. 2 verweist auf eine Entsprechungstabelle, die in ABl. 2004 L 24 auf S. 20 ff abgedruckt ist (Immenga/Mestmäcker/*Immenga/Körber*, Art. 25 Rn 2). Darin wird im Einzelnen aufgeschlüsselt, wo die Vorschriften der früheren VO 4064/89 ihre Entsprechung in der VO 139/2004 haben. 326

Artikel 26 FKVO Inkrafttreten und Übergangsbestimmungen

(1) Diese Verordnung tritt am zwanzigsten Tag nach ihrer Veröffentlichung im *Amtsblatt der Europäischen Union* in Kraft.

Sie gilt ab dem 1. Mai 2004.

(2) Die Verordnung (EWG) Nr. 4064/89 findet vorbehaltlich insbesondere der Vorschriften über ihre Anwendbarkeit gemäß ihrem Artikel 25 Absätze 2 und 3 sowie vorbehaltlich des Artikels 2 der Verordnung (EWG) Nr. 1310/97 weiterhin Anwendung auf Zusammenschlüsse, die vor dem Zeitpunkt der Anwendbarkeit der vorliegenden Verordnung Gegenstand eines Vertragsabschlusses oder einer Veröffentlichung im Sinne von Artikel 4 Absatz 1 der Verordnung (EWG) Nr. 4064/89 gewesen oder durch einen Kontrollerwerb im Sinne derselben Vorschrift zustande gekommen sind.

(3) Für Zusammenschlüsse, auf die diese Verordnung infolge des Beitritts eines neuen Mitgliedstaats anwendbar ist, wird das Datum der Geltung dieser Verordnung durch das Beitrittsdatum ersetzt.

Diese Verordnung ist in allen ihren Teilen verbindlich und gilt unmittelbar in jedem Mitgliedstaat.

Geschehen zu Brüssel am 20. Januar 2004.

Art. 26 regelt das **Inkrafttreten** der VO 139/2004 (ABl. 2004 Nr. L 24/1). In Art. 26 Abs. 1 Unterabs. 2 heißt es, dass die VO ab dem 1. Mai 2004, also ab dem Datum des Beitritts der damals neuen Mitgliedstaaten gelten soll. Für alle neuen Mitgliedstaaten, die zu einem späteren Zeitpunkt beitreten, ist das **Datum des Beitritts** maßgebend (Art. 26 Abs. 3). Art. 26 Abs. 1 unterscheidet zwischen Inkrafttreten und Geltung (*Bechtold/Bosch/Brinker/Hirsbrunner*, Art. 26 Rn 2). Nach Abs. 1 ist die VO am 20. Tag nach ihrer Veröffentlichung im Amtsblatt der Europäischen Union in Kraft getreten, also am 18. Februar 2004. Sie gilt aber erst seit dem 1. Mai 2004, was bedeutet, dass die VorgängerVO 4064/89 (ABl. 1989 Nr. L 395/1) erst zu diesem Zeitpunkt außer Kraft getreten ist (*Bechtold/Bosch/Brinker/Hirsbrunner*, Art. 26 Rn 2). Art. 26 Abs. 2 enthält die einzige Übergangsvorschrift. Die VO 4064/89 findet hiernach weiterhin Anwendung auf Unternehmenszusammenschlüsse, bei denen der Vertragsabschluss, die Veröffentlichung eines öffentlichen Angebotes oder der Kontrollerwerb vor dem 1. Mai 2004 stattgefunden hat. 327

23. Abschnitt: GWB

1 Ohne weitere Fundstellenangabe zitierte Entscheidungspraxis des Bundesgerichtshofs (http://www.bundesgerichtshof.de/entscheidungen/entscheidungen.php), des Oberlandesgerichts Düsseldorf (http:// www.justiz.nrw.de/RB/nrwe2/index.php) sowie des Bundeskartellamts (http://www.bundeskartellamt.de/wDeutsch/entscheidungen/fusionskontrolle/EntschFusion.php) ist im Internet auf den jeweiligen Websites unter den angegebenen Links veröffentlicht.

§ 35 GWB Geltungsbereich der Zusammenschlusskontrolle

(1) Die Vorschriften über die Zusammenschlusskontrolle finden Anwendung, wenn im letzten Geschäftsjahr vor dem Zusammenschluss

1. die beteiligten Unternehmen insgesamt weltweit Umsatzerlöse von mehr als 500 Millionen Euro und

2. im Inland mindestens ein beteiligtes Unternehmen Umsatzerlöse von mehr als 25 Millionen Euro und ein anderes beteiligtes Unternehmen Umsatzerlöse von mehr als 5 Millionen Euro

erzielt haben.

(2) [1]Absatz 1 gilt nicht,

1. soweit sich ein Unternehmen, das nicht im Sinne des § 36 Abs. 2 abhängig ist und im letzten Geschäftsjahr weltweit Umsatzerlöse von weniger als zehn Millionen Euro erzielt hat, mit einem anderen Unternehmen zusammenschließt oder

2. soweit ein Markt betroffen ist, auf dem seit mindestens fünf Jahren Waren oder gewerbliche Leistungen angeboten werden und auf dem im letzten Kalenderjahr weniger als 15 Millionen Euro umgesetzt wurden.

[2]Soweit durch den Zusammenschluss der Wettbewerb beim Verlag, bei der Herstellung oder beim Vertrieb von Zeitungen oder Zeitschriften oder deren Bestandteilen beschränkt wird, gilt nur Satz 1 Nr. 2.

(3) Die Vorschriften dieses Gesetzes finden keine Anwendung, soweit die Kommission der Europäischen Gemeinschaft nach der Verordnung (EG) Nr. 139/2004 des Rates vom 20. Januar 2004 über die Kontrolle von Unternehmenszusammenschlüssen in ihrer jeweils geltenden Fassung ausschließlich zuständig ist.

A. Vorbemerkungen

2 In seiner ursprünglichen Fassung (1954) enthielt das GWB noch keine Vorschriften über die Zusammenschlusskontrolle. Erst mit der 2. GWB-Novelle von 1973 wurde die deutsche Zusammenschlusskontrolle eingeführt. Seitdem erfuhren die Vorschriften über die Fusionskontrolle in weiteren Novellen eine Vielzahl von Änderungen und Ergänzungen. In der 6. GWB-Novelle kam es zu einer grundsätzlichen Umgestaltung, indem für alle Vorschriften über die Zusammenschlusskontrolle ein besonderer Abschnitt gebildet wurde. Die 6. GWB-Novelle ersetzte weiter die bis dahin geltende Unterscheidung zwischen präventiver und nachträglicher Fusionskontrolle, indem sie in Anlehnung an das europäische Fusionskontrollrecht die ausschließlich präventive Fusionskontrolle einführte. Somit sind sämtliche Zusammenschlussvorhaben, die in den Geltungsbereich der Fusionskontrolle fallen, nunmehr **vor** ihrem **Vollzug** beim BKartA **anzumelden**. Des Weiteren wurden die Schwellenwerte der Kontrollpflicht in § 35 Abs. 1 auf gemeinsame Umsätze von 500 Mio. EUR weltweit und 25 Mio. EUR einer Partei im Inland sowie die Bagatellschwellen in § 36 Abs. 2 angehoben, die in § 37 enthaltenen Zusammenschlusstatbestände gestrafft und in Anlehnung an die europäische Fusionskontrolle der Zusammenschlusstatbestand des Kontrollerwerbs eingefügt. Außerdem führte die 6. GWB-Novelle förmliche Freigabeentscheidungen ein, die nunmehr von Dritten gerichtlich angegriffen werden können (**Drittklagebefugnis**).

3 Die 7. GWB-Novelle enthielt im Wesentlichen **verfahrensrechtliche Klarstellungen**. So schränkte sie die Drittklagebefugnis ein, indem der einstweilige Rechtsschutz gegen Freigabeentscheidungen des BKartA erschwert wurde. Die materielle Fusionskontrolle erfuhr hingegen keine Änderung. Insbesondere hat die Novelle den nunmehr in der europäischen Fusionskontrollverordnung des Rates Nr. 139/2004 (FKVO) (ABl. 2004 Nr. L 24/1) enthaltenen Maßstab der erheblichen Behinderung

wirksamen Wettbewerbs (nach der englischen Formulierung oft als **„SIEC-Test"** – significant impediment of effective competition – bezeichnet) nicht übernommen und hält nach wie vor am Kriterium der **Marktbeherrschung als Untersagungsvoraussetzung** fest, obwohl die Novelle im Übrigen der Anpassung des deutschen an das europäische Kartellrecht diente (BT-Drucks. 15/3640, S. 1). Zwar war im Regierungsentwurf vom 12.8.2004 (BT-Drucks. 15/3640) vorgesehen, besondere Untersagungsregeln für Pressezusammenschlüsse einzuführen bzw sie zu lockern. Sie wurden allerdings auf Beschlussempfehlung (BT-Drucks. 15/5049) des Ausschusses für Wirtschaft und Arbeit und Beratungen im Vermittlungsverfahren hin nicht in die Endfassung aufgenommen (BT-Drucks. 15/5735). Damit wurde auch die vorgesehene Kontrollfreiheit der Zusammenschlüsse von nicht konzernabhängigen Presseunternehmen bei Umsätzen von weniger als 2 Mio. Euro (§ 35 Abs. 2 S. 2 GWB-E) nicht verabschiedet.

B. Systematik der Fusionskontrollvorschriften

Die **Eingreifkriterien** für die Fusionskontrolle, dh die materiellen Bewertungskriterien, sind abschließend in § 36 Abs. 1 geregelt, während sich die **Aufgreifkriterien,** nach denen sich die Anwendbarkeit der (nationalen) Zusammenschlusskontrolle richtet, aus mehreren Vorschriften ergeben: § 35 Abs. 1 und 2 legen verschiedene quantitative Schwellenwerte fest und umreißen somit den Geltungsbereich der Fusionskontrolle. § 35 Abs. 3 regelt das Verhältnis der deutschen zur europäischen Fusionskontrolle. Die einzelnen Zusammenschlusstatbestände sind in § 37 aufgeführt, während § 38 Vorschriften zur Berechnung der Schwellenwerte enthält. Erfüllt ein Zusammenschluss alle Aufgreifkriterien, so ist er nach § 39 beim BKartA anzumelden; die Anmeldung führt zu einem zweistufigen Prüfverfahren, das in § 40 geregelt ist. § 41 statuiert ein Vollzugsverbot für die vom BKartA nicht freigegebenen Zusammenschlüsse, das u.a. von einer Entflechtungsregelung für bereits vollzogene Zusammenschlüsse flankiert wird. Führt das Verfahren vor dem BKartA zu einer Untersagung, so kann der Bundesminister für Wirtschaft und Arbeit auf Antrag den untersagten Zusammenschluss nach Maßgabe des § 42 erlauben. § 43 enthält Vorschriften über obligatorische Bekanntmachungen im Zusammenhang mit einem Fusionskontrollverfahren. 4

C. Anwendungsbereich der Fusionskontrollvorschriften

I. Allgemeines

Die Anwendbarkeit der Fusionskontrollvorschriften hängt von den sog. **Aufgreifkriterien** ab, die sich aus mehreren Vorschriften zusammensetzen (s.o. Abschnitt 21 Rn 10). Bei Erfüllung dieser Kriterien greift das BKartA einen Zusammenschluss auf, und kann ihn nach Prüfung der sog. Eingreifkriterien des § 36 Abs. 1 untersagen. Die Aufgreifkriterien sind zum einen die quantitativen Schwellenwerte und zum anderen das Vorliegen eines Zusammenschlusses, an dem ein Unternehmen beteiligt ist. 5

II. Inlandsauswirkung und Zusammenschlüsse mit Auslandsbezug

Der Anwendungsbereich der Fusionskontrollvorschriften ist nur dann eröffnet, wenn es im konkreten Fall um einen wettbewerblich erheblichen Zusammenschluss geht, der sich im Inland auswirkt (vgl § 130 Abs. 2, 1. Hs). Die Regelung des § 35 Abs. 1 Nr. 2 über den **Mindestumsatz** ist zwar Mindestvoraussetzung für die Inlandsauswirkung, stellt aber **keine abschließende Regelung** dar (Langen/Bunte/*Ruppelt*, § 35 Rn 5). Wie der Begriff der Inlandsauswirkung auszulegen ist, bestimmt sich vielmehr nach dem **Schutzzweck** der jeweils anzuwendenden Sachnorm des GWB (vgl Merkblatt des BKartA zur Inlandsauswirkung, S. 1). Es ist nach dem im § 130 Abs. 2 enthaltenen **Auswirkungsprinzip** zudem unerheblich, von wo und von wem die Wettbewerbsbeschränkung ausgeht. Daher erstreckt sich die deutsche Fusionskontrolle auch auf Zusammenschlüsse im Ausland, soweit sie sich im Inland auswirken (Langen/Bunte/*Ruppelt*, § 35 Rn 5). Jedoch kann die Anwendung des Auswirkungsprinzips nicht so weit reichen, dass die Kartellbehörde gegen jede sich im Inland auswirkende Wettbewerbsbeschränkung einschreiten kann. Vielmehr unterliegt das BKartA **völkerrechtlichen Einschränkungen** (Langen/Bunte/*Stadler*, § 130 Rn 118 ff; *Bechtold*, § 130 Rn 14). 6

III. Verhältnis zur europäischen Fusionskontrolle

§ 35 Abs. 3 stellt klar, dass die Vorschriften des GWB keine Anwendung finden, wenn die EU-Kommission nach der europäischen Fusionskontrollverordnung (VO Nr. 139/2004, ehemals VO 7

Nr. 4064/89; im Folgenden: FKVO) im Hinblick auf einen Zusammenschluss ausschließlich zuständig ist. Dies ist bei einem Zusammenschluss mit gemeinschaftsweiter Bedeutung der Fall. **„Gemeinschaftsweite Bedeutung"** hat ein Zusammenschluss nach Art. 1 Abs. 2 FKVO, wenn der **weltweite Gesamtumsatz** aller beteiligten Unternehmen mindestens **5 Mrd. EUR** und der gemeinschaftsweite Umsatz von zumindest zwei beteiligten Unternehmen mindestens 250 Mio. EUR betragen und auch nicht alle beteiligten Unternehmen mehr als 2/3 ihres Umsatzes in einem und demselben Mitgliedsstaat erzielen. Sind die Schwellenwerte des Art. 1 Abs. 2 FKVO nicht erfüllt, so kann sich die gemeinschaftsweite Bedeutung auch **subsidiär** aus den Voraussetzungen des Art. 1 Abs. 3 FKVO ergeben.

8 Ist der Anwendungsbereich der FKVO eröffnet, so geht hiervon grds. eine Sperrwirkung aus, wonach die nationalen Kartellbehörden weder eine Zuständigkeit zur parallelen Fusionskontrolle mit der EG-Kommission haben noch sich die Kontrollbereiche überschneiden dürfen (FK-KartellR/*Paschke*, § 35 Rn 30). Allerdings kann die Kommission gem. Art. 4 Abs. 4 iVm Art. 9 FKVO die Sache an die nationalen Kartellbehörden verweisen. Die Sperrwirkung bezieht sich nach der Begr. zum RegE der 6.GWB-Novelle auf das GWB insgesamt und damit auch auf Sachverhalte, die nach § 1 GWB beurteilt werden könnten (BR-Drucks. 852/97, S. 57).

D. Aufgreifkriterien des § 35 Abs. 1

I. Unternehmen

9 **1. Kartellrechtlicher Unternehmensbegriff.** Die Fusionskontrollvorschriften finden – ausweislich des Wortlauts des § 35 Abs. 1 – nur auf Unternehmen Anwendung. Hierfür gilt grds. der kartellrechtliche Unternehmensbegriff, wonach **alle natürlichen und juristischen Personen** sowie von ihnen gebildete nichtrechtsfähige Gesellschaften als Unternehmen gelten, sofern sie jenseits der Befriedigung ihrer persönlichen Bedürfnisse am **marktwirtschaftlichen Leistungsaustausch** teilnehmen. Der kartellrechtliche Unternehmensbegriff stellt nicht auf die Unternehmenseinheiten als solche ab, sondern hat die hinter ihnen stehenden **Rechtsträger** im Blick (vgl Langen/Bunte/*Ruppelt*, § 35 Rn 6). Dabei stellt die **Gewinnerzielungsabsicht** keine Voraussetzung dar (Loewenheim/Meessen/Riesenkampff/*Bauer*, § 35 Rn 3). Natürliche Personen sind, wenn sie eine Mehrheitsbeteiligung an einem Unternehmen halten, nach der „Flick-Klausel" (§ 36 Abs. 3) Unternehmen. Darüber hinaus können sie Unternehmen sein, wenn sie über die Verwaltung einer Mehrheits- oder Minderheitsbeteiligung an einem Unternehmen hinaus auch Einfluss auf die Unternehmensleitung nehmen (Loewenheim/Meessen/Riesenkampff/*Bauer*, § 35 Rn 3). Rechtlich selbstständige Unternehmen sind – ohne Rücksicht auf den Umfang ihrer marktwirtschaftlichen Aktivitäten – bereits kraft ihrer Rechtsform Unternehmen in diesem Sinne (Langen/Bunte/*Ruppelt*, § 35 Rn 7). Die in der Regel von einer Mehrzahl von Unternehmen gegründeten Gesellschaften, die ausschließlich der Koordinierung eines gemeinsam übernommenen Auftrages dienen, sind weder selbst noch im Hinblick auf ihre Muttergesellschaften Unternehmen (Langen/Bunte/*Ruppelt*, § 35 Rn 7). Bei **Treuhandverhältnissen** kommt es auf den Treugeber an, der das mit der Tätigkeit des Treuhänders verbundene **wirtschaftliche Risiko** trägt (*Bechtold*, § 35 Rn 25).

10 **2. Öffentliche Hand.** Der kartellrechtliche Unternehmensbegriff unterscheidet nicht zwischen privatrechtlichen und öffentlich-rechtlichen Rechtsträgern. Da dieser eine aktive Teilnahme am marktwirtschaftlichen Leistungsaustausch voraussetzt, erstreckt er sich auch auf die öffentliche Hand, wenn sie sowohl als Nachfrager als auch als Anbieter auf dem Markt präsent ist. Eine lediglich auf die Nachfrage gerichtete Tätigkeit genügt anders als im europäischen Recht – ohne Rücksicht auf den Umfang – nicht (Langen/Bunte/*Ruppelt*, § 35 Rn 9). Zwar muss bei öffentlich-rechtlichen Rechtsträgern im Hinblick auf § 1 eine Aufspaltung der unternehmerischen und der nichtunternehmerischen Tätigkeit vorgenommen werden. Diese Differenzierung ist allerdings fusionskontrollrechtlich unbedeutend, wenn der öffentlich-rechtliche Rechtsträger unter anderem auch unternehmerische Tätigkeiten ausübt (*Bechtold,* § 35 Rn 22).

11 **3. Beteiligte Unternehmen (Differenzierung nach der Art des Zusammenschlusses).** Die Qualifikation eines Unternehmens als Beteiligter hat praktische Bedeutung für die zu berücksichtigenden Umsätze im Rahmen des § 35 Abs. 1, die Beweislast im Rahmen der Abwägungsklausel sowie die Adressatenstellung hinsichtlich der Anmeldepflicht und der Nebenbestimmungen (Langen/Bunte/*Ruppelt*, § 35 Rn 13).

12 Wer „beteiligtes Unternehmen" iSd § 35 Abs. 1 ist, hängt von der Form des Zusammenschlusses ab: Beim **Vermögenserwerb** im Sinne des § 37 Abs. 1 Nr. 1 sind der Erwerber und der Veräußerer am

Zusammenschluss beteiligt; bei Letzterem trifft dies allerdings nur in Hinblick auf den veräußerten Vermögensteil zu (*Bechtold*, § 35 Rn 26). Verschmelzen mehrere Unternehmen miteinander, so sind die verschmolzenen Unternehmen beteiligt (Loewenheim/Meessen/Riesenkampff/*Bauer*, § 35 Rn 4). Bei einer Vermögensübertragung in Form einer Umwandlung sind das aufnehmende und das aufzunehmende Unternehmen beteiligt (Langen/Bunte/*Ruppelt*, § 35 Rn 14). Liegt ein **Kontrollerwerb** im Sinne des § 37 Abs. 1 Nr. 2 vor, so sind sowohl das die Kontrolle ausübende als auch das der Kontrolle unterworfene Unternehmen am Zusammenschluss beteiligt.

Bei **Umwandlung einer bisherigen Alleinkontrolle in eine gemeinsame Kontrolle** oder bei Erweiterung des Kreises der an der Kontrolle teilhabenden Unternehmen sind auch die bisher allein oder mitkontrollierenden Unternehmen als beteiligt zu behandeln (*Bechtold*, § 35 Rn 26). Beim **Anteilserwerb** im Sinne des § 37 Abs. 1 Nr. 3 sind der Erwerber der Anteile und das Unternehmen, an dem die Anteile erworben werden, beteiligt. Der Veräußerer ist nicht als Beteiligter anzusehen, was sich aus einem Rückschluss aus den §§ 39 Abs. 2 Nr. 2, 54 Abs. 2 Nr. 4 ergibt, da der Veräußerer in diesen Vorschriften ausdrücklich als Beteiligter qualifiziert wird (Langen/Bunte/*Ruppelt*, § 35 Rn 16). Diese Bestimmungen wären obsolet, wenn der Veräußerer allgemein als beteiligt gälte. Bei einem **Gemeinschaftsunternehmen** nach § 37 Abs. 1 Nr. 3 S. 3 sind nur diejenigen Unternehmen am Zusammenschluss beteiligt, die an dem Gemeinschaftsunternehmen eine mindestens 25%ige Beteiligung innehaben (vgl Loewenheim/Meessen/Riesenkampff/*Bauer*, § 35 Rn 4). Bei **sonstigen Unternehmensverbindungen** nach § 37 Abs. 1 Nr. 4 ist eine Differenzierung zwischen der alleinigen und der gemeinsamen Ausübung des wettbewerblich erheblichen Einflusses erforderlich. Übt nur ein Unternehmen in diesem Sinn Einfluss aus, so sind dieses und das dem Einfluss unterworfene Unternehmen beteiligt. Üben mehrere Unternehmen einen wettbewerblich erheblichen Einfluss aus, sind aus rechtlicher Sicht mehrere vertikale Zusammenschlüsse gegeben, an denen jeweils das den Einfluss nehmende und das dem Einfluss unterworfene Unternehmen beteiligt sind (Loewenheim/Meessen/Riesenkampff/*Bauer*, § 35 Rn 4). 13

An dem Zusammenschluss beteiligt sind nicht nur die unmittelbar Beteiligten, sondern darüber hinaus auch angesichts der Verbundklausel des § 36 Abs. 2 die **mittelbar Beteiligten**. Denn abhängige und herrschende Unternehmen sind als eine **wirtschaftliche Einheit** anzusehen, so dass es für die kartellrechtliche Beurteilung unerheblich ist, welches Unternehmen dieser Einheit den geplanten Zusammenschluss vollzieht. Die sich aus dem Zusammenschluss ergebenden Folgen treffen folglich sowohl die Gruppe als Unternehmenseinheit als auch jedes einzelne Unternehmen dieser Einheit. **Praktische Bedeutung** hat dies insbesondere für Zusammenschlüsse im Ausland, die einer Durchsetzung des deutschen Rechts weitgehend entzogen sind (Langen/Bunte/*Ruppelt*, § 35 Rn 17). 14

II. Umsatzschwellen

1. Unternehmensbezogene Umsätze. a) Schwellenwerte (§ 35 Abs. 1). Die Anwendbarkeit der Fusionskontrollvorschriften setzt u.a. voraus, dass die umsatzbezogenen Größenmerkmale des § 35 Abs. 1 erfüllt sind. Für Presseunternehmen sind dabei die besonderen Berechnungsfaktoren des § 38 Abs. 3 zu berücksichtigen. Diese Vorschrift verlangt einen **weltweiten Gesamtumsatz** aller beteiligten Unternehmen von **über 500 Mio. Euro**. Hierfür sind alle weltweiten Umsätze der beteiligten Unternehmen einschließlich der mit ihnen verbundenen Unternehmen zu berücksichtigen. Darüber hinaus ist eine **spürbare Inlandsauswirkung** erforderlich, an die keine hohen Anforderungen gestellt werden (in den Fällen BKartA v. 14.2.2007 – B5-10/07 – Sulzer/Kelmix, WuW/E DE-V 1340 und v. 11.4.2007 – B3-578/06 – Phonak/ReSound, WuW/E DE-V 1365; OLG Düsseldorf v. 16.11.2008 – VI-Kart 8/07 – Phonak/ReSound, WuW/E DE-R 2477, 2482 ff lag der Anteil des deutschen Umsatzes unter 15% bzw unter 10% des Umsatzes des Erwerbsobjekts). Diesbezüglich sieht § 35 Abs. 1 Nr. 2 vor, dass mindestens ein beteiligtes Unternehmen einen **Inlandsumsatz von mehr als 25 Mio. Euro** aufweist. Wird diese Schwelle nicht erreicht, so fällt der betroffene Zusammenschluss nicht unter die deutsche Fusionskontrolle. Der Gesetzgeber verfolgt mit dieser Mindestinlandsumsatz-Regelung den Zweck, Zusammenschlüsse mit nur marginalen wettbewerblichen Inlandsauswirkungen von der Fusionskontrolle auszunehmen (Regierungsentwurf zur 6. GWB-Novelle v. 29.1.1998, BT-Drucks. 13/9720, S. 55). Die durch das 3. Mittelstandsentlastungsgesetz eingeführte **5 Mio. Euro-Inlandsumsatzschwelle** soll die Zahl der einer Anmelde- und Kontrollpflicht unterworfen Zusammenschlussvorhaben reduzieren und damit die betroffenen Unternehmen entsprechend dem Sinn und Zweck der Fusionskontrolle, die Kontrollpflicht auf gesamtwirtschaftlich bedeutsame Fälle zu beschränken und solche mit nur marginalen wettbewerblichen Auswirkungen im Inland von der Kontrolle auszuschließen, entlasten (Begr. 15

RegE 3. Mittelstandsentlastungsgesetz, BT-Drucks. 16/10490, S. 18 f). Die Einführung der 5 Mio. Euro-Umsatzschwelle hat für die Beteiligungspraxis Spielraum für den mittelbaren Erwerb von Minderheitsbeteiligungen über Holdinggesellschaften eröffnet. Ist der Erwerb der Holdinggesellschaft selbst kontrollfrei, weil diese wesentlich nur Beteiligungserträge, die keine Umsätze iSd § 38 darstellen, und im Übrigen Umsatze unterhalb der 5 Mio. Euro-Schwelle erwirtschaftet, bleibt auch der mittelbare Erwerb der von der Holding gehaltenen Minderheitsbeteiligungen kontrollfrei (FK-KartellR/*Paschke*, § 35 Rn 21). Die mehrfache Inanspruchnahme der Umsatzschwellenklausel innerhalb eines engeren Zeitraumes auf unabhängig voneinander erfolgende Zusammenschlüsse ist nach dem Wortlaut der Regelung nicht ausgeschlossen (FK-KartellR/*Paschke*, § 35 Rn 21).

16 Für die Bemessung der Inlandsumsätze kommt es auf den Umsatz am Sitz des Kunden an. **Maßgeblich** ist das **letzte Geschäftsjahr vor dem geplanten Zusammenschluss**. Werden jedoch nach dem Abschluss des letzten Geschäftsjahres Unternehmen oder Teile von Unternehmen erworben bzw veräußert, so hat dies zur Folge, dass die anteiligen Umsätze hinzugerechnet bzw abgesetzt werden (Langen/Bunte/*Ruppelt*, § 35 Rn 19). Referenzjahr ist das Jahr der Anmeldung (FK-KartellR/*Paschke*, § 35 Rn 9).

17 **b) De-Minimis-Klausel (§ 35 Abs. 2 S. 1 Nr. 1).** Nach § 35 Abs. 2 Nr. 1 wird ein Konzentrationsvorgang mit einem nicht abhängigen Unternehmen, das im letzten Geschäftsjahr einen weltweiten Umsatz von weniger als 10 Mio. € erzielt hat, von der Fusionskontrolle nicht erfasst. Diese Regelung ersetzte die ehemalige **„Anschlussklausel“**, die den Anschluss eines kleinen Unternehmens mit einem großen Unternehmen von der Fusionskontrolle freistellte. Über den Verweis auf § 36 Abs. 2 sind die Umsätze der mit den Beteiligten verbundenen Unternehmen einzubeziehen. Hat der Zusammenschluss die Gründung eines Gemeinschaftsunternehmens nach § 37 Abs. 1 Nr. 3, S. 3 zum Gegenstand, wonach die am Zusammenschluss beteiligten Muttergesellschaften als partiell zusammengeschlossen gelten (Langen/Bunte/*Ruppelt*, § 35 Rn 23; aA: *Bechtold,* § 35 Rn 36, der für die Begründung der Kontrollpflicht auf den Zusammenschluss zwischen den Erwerbern abstellt), kommt es daher darauf an, ob der Umsatz einer der Muttergesellschafter unter 10 Mio. EUR beträgt.

18 Da das frühere Tatbestandsmerkmal „Sich-Anschließen“ durch das des „Zusammenschließens“ abgelöst wurde, gilt die de-minimis-Regelung für **jede Art des Zusammenschlusses** von kleinen und großen Unternehmen (Loewenheim/Meessen/Riesenkampff/*Bauer*, § 35 Rn 8). Nunmehr ist ohne Bedeutung, welches Unternehmen die Initiative zum Zusammenschluss ergreift oder ob eine feindliche oder eine freundliche Übernahme vorliegt (*Bechtold,* § 35 Rn 35). Ungeachtet des Wortlauts, der von einem Zusammenschluss mit **einem** anderen Unternehmen spricht, gilt die de-minimis-Klausel auch für Zusammenschlüsse von mehr als zwei Unternehmen (Loewenheim/Meessen/Riesenkampff/*Bauer*, § 35 Rn 8). Gem. § 35 Abs. 2 S. 2 findet die de-minimis-Klausel **keine Anwendung auf Pressezusammenschlüsse** (siehe unten).

19 **2. Marktbezogene Einschränkungen. a) Bagatellmarktklausel (§ 35 Abs. 2 S. 1 Nr. 2).** Die Bagatellmarktklausel hat die Zielsetzung, gesamtwirtschaftlich unbedeutende Märkte der Fusionskontrolle zu entziehen. Sie ist einschlägig, wenn ein Markt betroffen ist, auf dem seit mindestens 5 Jahren Waren oder Dienstleistungen angeboten werden und im letzten Kalenderjahr weniger als 15 Mio. EUR umgesetzt wurden (**Bagatellmarkt**). Die Fünfjahresfrist soll verhindern, dass Zusammenschlüsse auf neuen, noch expandierenden Märkten nur deswegen nicht der Fusionskontrolle unterworfen werden, weil die Marktvolumengrenze noch nicht erreicht wird. Gleichzeitig sollen Zusammenschlüsse auf Märkten, die innerhalb dieses Zeitraums nicht über die **Experimentierphase** hinausgelangt sind, nicht der Fusionskontrolle unterliegen (Regierungsentwurf zur 4. GWB-Novelle v. 27.9.1978, BT-Drucks. 8/2136, S. 23).

20 Die Abgrenzung des relevanten Marktes erfolgt nach allgemeinen Grundsätzen (vgl auch 21. Abschnitt). Nicht abschließend geklärt ist, ob mehrere Bagatellmärkte zu einem einheitlichen Markt zusammengefasst werden (sog. **Bündeltheorie**, vgl *Bechtold,* § 35 Rn 44). Die Bündelung von Märkten im Rahmen der Bagatellmarktklausel ist für die Zusammenschlussbeteiligten sowie das BKartA nicht ohne Weiteres zuverlässig festzustellen können; vielfach kann erst im Verwaltungsverfahren und den sich ggf anschließenden Rechtsmittelverfahren geklärt werden, ob nach Sinn und Zweck der Fusionskontrollregeln gerechtfertigt ist, eine nach den genannten Grundsätzen erfolgende Zusammenrechnung der Umsätze auf mehreren Bagatellmärkten vorzunehmen. Der BGH hat – unbeeindruckt von Kritik in der Literatur – in seiner jüngeren Entscheidungspraxis dafür erkannt, dass für die Zwecke der formellen Zusammenschlusskontrolle bei der Frage, welcher Markt bzw welche Märkte von dem Zu-

sammenschlussvorhaben im Sinne der Bagatellklausel „betroffen" sind, eine **„Grobsichtung"** vorzunehmen ist (BGH v. 14.10.2008 – KVR 30/08 – Faber/Basalt, WuW/E DE-R 2507, Tz 13). Sind die Zusammenschlussbeteiligten auf mehreren Märkten tätig, soll eine Bündelung dieser Märkte nur dann nicht in Betracht kommen, wenn für einen Markt **von vornherein „außer Zweifel"** steht, dass die materiellen Voraussetzungen der Zusammenschlusskontrolle nicht gegeben sind. Stellt sich im Laufe des (Verwaltungs-)Verfahrens heraus, dass die Zusammenschlussbeteiligten zur Anmeldung nach § 39 nicht verpflichtet waren oder das BKartA zur Einleitung eines Fusionskontrollverfahrens nicht befugt war, wird dies im Rahmen der materiellen Zusammenschlussprüfung berücksichtigt (vgl OLG Düsseldorf v. 29.4.2009 – VI-Kart 18/07 (V) – Faber/Basalt, WuW/E DE-R 2622, 2627; näher FK-KartellR/*Paschke*, § 35 Rn 34 ff).

Betreffen die Auswirkungen eines Zusammenschlusses mehrere Märkte, bleiben nur die von der Bagatellmarktklausel erfassten Märkte im Rahmen des § 36 Abs. 1 außer Betracht (Loewenheim/Meessen/Riesenkampff/*Bauer*, § 35 Rn 15). In Fälle, in denen ein Zusammenschluss auf einem Bagatellmarkt **Rückwirkungen auf andere Märkte** zeitigt, sind die Wirkung nur dann beachtlich, wenn sie **spürbar** sind (Langen/Bunte/*Ruppelt*, § 35 Rn 24). 21

Die Bagatellmarktklausel stellt allein auf das **Marktvolumen im Inland** ab (BGH v. 25.9.2007 – KVR 19/07 – Sulzer/Kelmix, WuW/E DE-R 2133 Tz. 16). Berücksichtigt werden nicht die Umsätze einzelner Unternehmen, sondern die Gesamtumsätze auf dem betroffenen Markt. Umsätze, die auf verschiedenen Wirtschaftsstufen mit der gleichen Ware erzielt werden, sind nicht hinzuzurechnen. Ebenso wenig sind konzerninterne Umsätze beachtlich (*Bechtold*, § 35 Rn 36). Im **Pressebereich** gilt die besondere Umsatzberechnungsmethode des § 38 Abs. 3; auf einem Handelsmarkt gilt die anteilige Umsatzberechnung nach § 38 Abs. 2. 22

b) **Pressemärkte.** § 35 Abs. 2 S. 2 erklärt die de-minimis-Klausel des § 35 Abs. 2 Nr. 1 für unanwendbar auf Zusammenschlüsse auf Pressemärkten. Hierdurch soll – ungeachtet der Größe des erwerbenden Unternehmens – verhindert werden, dass die Fusionskontrolle auf diesem Markt wegen relativ niedriger Umsätze ins Leere läuft (Beschlussempfehlung des Ausschusses für Wirtschaft zur 6. GWB-Novelle, BT-Drucks. 13/10633, S. 72). Die de-minimis-Klausel findet auch dann keine Anwendung, wenn sich ein Presseunternehmen mit einem anderen Unternehmen zusammenschließt, soweit der Zusammenschluss den Wettbewerb auf dem Pressemarkt beschränkt (Langen/Bunte/*Ruppelt*, § 35 Rn 27; FK-*Paschke*, § 35 Rn 30). Das Erfordernis der Wettbewerbsbeschränkung in § 35 Abs. 2 S. 2 ist ein **materiellrechtliches Kriterium** im Sinne des § 36 Abs. 1 und stellt aufgrund seiner Stellung im Rahmen der formellen Vorschrift des § 35 eine **Systemwidrigkeit** dar. ZT wird daher für eine Beschränkung der Anwendbarkeit der Rückausnahme bei horizontalen Effekten plädiert (*Bechtold*, § 35 Rn 32; Loewenheim/Meessen/Riesenkampff/*Bauer*, § 35 Rn 22). 23

Die Bagatellmarktklausel aus § 35 Abs. 2 S. 1 Nr. 2 ist hingegen auf alle Zusammenschlüsse, folglich auch auf Pressezusammenschlüsse anwendbar (Loewenheim/Meessen/Riesenkampff/*Bauer*, § 35 Rn 23). 24

§ 36 GWB Grundsätze für die Beurteilung von Zusammenschlüssen

(1) Ein Zusammenschluss, von dem zu erwarten ist, dass er eine marktbeherrschende Stellung begründet oder verstärkt, ist vom Bundeskartellamt zu untersagen, es sei denn, die beteiligten Unternehmen weisen nach, dass durch den Zusammenschluss auch Verbesserungen der Wettbewerbsbedingungen eintreten und dass diese Verbesserungen die Nachteile der Marktbeherrschung überwiegen.

(2) [1]Ist ein beteiligtes Unternehmen ein abhängiges oder herrschendes Unternehmen im Sinne des § 17 des Aktiengesetzes oder ein Konzernunternehmen im Sinne des § 18 des Aktiengesetzes, sind die so verbundenen Unternehmen als einheitliches Unternehmen anzusehen. [2]Wirken mehrere Unternehmen derart zusammen, dass sie gemeinsam einen beherrschenden Einfluss auf ein anderes Unternehmen ausüben können, gilt jedes von ihnen als herrschendes.

(3) Steht einer Person oder Personenvereinigung, die nicht Unternehmen ist, die Mehrheitsbeteiligung an einem Unternehmen zu, gilt sie als Unternehmen.

A. Vorbemerkungen

25 § 36 Abs. 1 stellt die **Grundnorm der materiellen Zusammenschlusskontrolle** dar, der zufolge das BKartA einen Zusammenschluss iSd § 37 untersagen muss, von dem zu erwarten ist, dass durch ihn eine marktbeherrschende Stellung begründet oder verstärkt wird (*Bechtold,* § 36 Rn 1). Das Gesetz verlangt hierzu eine **Prognose** über die Entwicklungen der **Marktstrukturen** nach dem **Zusammenschluss** (Langen/Bunte/*Ruppelt,* § 36 Rn 12; Loewenheim/Meessen/Riesenkampff/*Kahlenberg/Peter,* § 36 Rn 6). Durch die Verwendung des Begriffs der marktbeherrschenden Stellung nimmt § 36 Bezug auf die Marktbeherrschungsdefinitionen und -vermutungen des § 19 Abs. 2 und 3 (vgl Übereinstimmungen und Abweichungen unten, Rn 28 ff). Ein Zusammenschluss kann neben negativen Auswirkungen für die Wettbewerbsbedingungen auch positive Effekte mit sich bringen (Langen/Bunte/*Ruppelt,* § 36 Rn 48). Können folglich die am Zusammenschluss beteiligten Unternehmen nachweisen, dass trotz Erfüllung des Marktbeherrschungskriteriums durch den Zusammenschluss auch Verbesserungen der Wettbewerbsbedingungen eintreten und diese die Nachteile der Marktbeherrschung überwiegen, darf das BKartA den Zusammenschluss nicht untersagen (**sog. Abwägungsklausel**). Neben der Untersagungsklausel enthält § 36 in Abs. 2 die Verbundklausel, die für den gesamten Anwendungsbereich des Gesetzes sicherstellen soll, dass verbundene Unternehmen iSv §§ 17, 18 AktG im Rahmen der fusionsrechtlichen Betrachtung als **wirtschaftliche Einheit** behandelt werden (Langen/Bunte/*Ruppelt,* § 36 Rn 4). Des Weiteren enthält § 36 Abs. 2 S. 2 die **„Mehrmütterklausel"**, wonach bei einem Zusammenwirken mehrerer Unternehmen in der Weise, dass gemeinschaftlich ein beherrschender Einfluss auf ein anderes Unternehmen ausgeübt wird, jedes der zusammenwirkenden Unternehmen als herrschend angesehen wird. § 36 Abs. 3 ordnet an, dass jedem Rechtssubjekt, das Inhaber einer Mehrheitsbeteiligung an einem Unternehmen ist, die Unternehmenseigenschaft zukommt (**sog. Flick-Klausel**).

B. Untersagungsvoraussetzungen (§ 36 Abs. 1 S. 1, 1. Hs)

I. Prognosebetrachtung

26 Zur Beurteilung, ob ein Zusammenschluss in materieller Hinsicht zu untersagen ist, stellt der § 36 Abs. 1 auf eine **Prognosebetrachtung** („wenn zu erwarten ist") ab. Die nachteiligen Veränderungen der Wettbewerbsbedingungen durch die Begründung oder das Verstärken einer marktbeherrschenden Stellung müssen folglich nicht sofort eintreten, sondern sind in einer Gesamtschau unter Einbeziehung der zu erwartenden Entwicklung zu ermitteln. Dies geschieht durch einen Vergleich der Wettbewerbsbedingungen, die ohne den Zusammenschluss bestehen würden und denen, die durch den Zusammenschluss entstanden sind oder entstehen (BGH WuW/E DE-R 24 (27) – Stromversorgung Aggertal). Für die Bewertung der Veränderungen der Wettbewerbsbedingungen hat die Rechtsprechung eine Unterscheidung entwickelt, zwischen Wirkungen die **„durch"** den Zusammenschluss entstehen, und solchen, die **„mit"** dem Zusammenschluss entstehen (*Bechtold,* § 36 Rn 4). Während erstere unmittelbar aus dem Zusammenschluss herrühren und sogleich erkennbar sind, sind letztere nur zu berücksichtigen, wenn sie aufgrund konkreter Umstände, alsbald und mit hoher Wahrscheinlichkeit eintreten. Erforderlich ist also eine Wahrscheinlichkeitsprognose. Sie erübrigt sich bei Wirkungen, die schon „mit" dem Zusammenschluss eintreten (Loewenheim/Meessen/Riesenkampff/*Kahlenberg/Peter,* § 36 Rn 7; *Bechtold,* § 36 Rn 4). Die Prognose gestaltet sich umso schwieriger, je dynamischer die betroffenen Märkte sind (*Bohne,* WRP 2006, 540 (545)). Schwierigkeiten bereitet im Medienbereich die Berücksichtigung marktübergreifender (sog. **„cross-medialer"**) **Effekte**. Danach sind auch Wechselwirkungen zwischen Märkten in den Blick zu nehmen, auf denen jeweils nur einer der Beteiligten tätig ist. Das BKartA betont in diesem Zusammenhang, dass die bloße „Möglichkeit", die Effekte auf dem einen Markt für die Begründung oder Verstärkung einer marktbeherrschenden Stellung auf dem anderen Markt auszunutzen, ausreiche (BKartA, 19.1.2006 B6–103/05, S. 46 ff – Axel Springer/ProSiebenSat1Media; vgl auch *Bohne,* WRP 2006, 540 (545)). Eine eventuelle **Änderung der rechtlichen Rahmenbedingungen** durch Gesetze ist ebenfalls zu berücksichtigen, wenn sie die tatsächlichen Marktverhältnisse **hinreichend konkret und wahrscheinlich** ändern können (vgl *Bechtold,* § 36 Rn 4; Langen/Bunte/*Ruppelt,* § 36 Rn 36). **Zeitlich** stellt die Prognose auf die letzte mündliche Verhandlung vor der letzten Tatsacheninstanz ab (Loewenheim/Meessen/Riesenkampff/*Kahlenberg/Peter,* § 36 Rn 7 f). Die Länge des **Prognosezeitraums** hängt von den spezifischen Verhältnissen auf dem betroffenen Markt ab. Allerdings betont das BKartA, dass der Prognosezeitraum regelmäßig drei bis fünf Jahre betrage, falls keine **besonderen Umstände** vorliegen (BKartA, Auslegungsgrundsätze, Juli 2005, I.B.10. (S. 39)).

Besondere Umstände idS können bspw längere Nachfragezyklen durch langfristige Verträge sein (Loewenheim/Meessen/Riesenkampff/*Kahlenberg/Peter*, § 36 Rn 9).

II. Begriff der Marktbeherrschung

Zentrales Merkmal der materiellen Fusionskontrolle ist die **marktbeherrschende Stellung**. Trotz der herausragenden Bedeutung des Begriffs enthält § 36 **keine Definition der Marktbeherrschung**. Zur Beurteilung von Unternehmensfusionen stellt § 36 deshalb auf den Begriff der Marktbeherrschung aus § 19 Abs. 2 ab (Immenga/Mestmäcker/*Mestmäcker/Veelken,* § 36 GWB, Rn 123). Allerdings sind dabei nicht nur **Übereinstimmungen**, sondern auch **Abweichungen** festzustellen (Langen/Bunte/*Ruppelt*, § 36 Rn 12). Anschließend sind die drei nach dem GWB möglichen Varianten der Marktbeherrschung zu unterscheiden, wobei zu berücksichtigen ist, dass das Fehlen jeglichen Wettbewerbs einen absoluten Ausnahmefall darstellt und daher in der Fusionskontrolle zu vernachlässigen ist (Loewenheim/Meessen/Riesenkampff/*Kahlenberg/Peter*, § 36 Rn 10). 27

1. Übereinstimmungen der Marktbeherrschungsbegriffe (§§ 19, 36). Sowohl für den Bereich der Missbrauchsaufsicht, §§ 19, 20 GWB, als auch für den Bereich der Fusionskontrolle im Rahmen des § 36 gelten dieselben Grundsätze zur Inlandsauswirkung sowie zu den Auswirkungen einer marktbeherrschenden Stellung auf Auslandsmärkten. Dies bedeutet zum einen, dass für beide Vorschriften grds. die **Marktstellung im Inland maßgeblich** ist, während zum anderen die Marktbeherrschung auf Auslandsmärkten und der Wettbewerb im Ausland nur insoweit relevant sind, als die Rückwirkungen der Marktverhältnisse im Ausland auf das Inland zu berücksichtigen sind (Langen/Bunte/*Ruppelt*, § 36 Rn 13). Außerdem sind die widerlegbaren Vermutungen des § 19 Abs. 3 grundsätzlich auch in der Fusionskontrolle anwendbar (FK-KartellR/*Rieger*, § 36 Rn 45). 28

2. Abweichungen der Marktbeherrschungsbegriffe (§§ 19, 36). Ein **Unterschied** besteht in den **Untersuchungsgegenständen** der einzelnen Bereiche. Während die Vorschriften der §§ 19, 20 sich gegen ein ganz bestimmtes, in der Vergangenheit liegendes **Marktverhalten** richten, betrachtet die Fusionskontrolle langfristige, in der Zukunft mit hoher Wahrscheinlichkeit eintretende **strukturelle Wirkungen** (siehe zur Ausnahme: Verhaltensauflagen unter § 41, Rn 214 f) eines Zusammenschlusses mittels einer Prognoseentscheidung (Langen/Bunte/*Ruppelt*, § 36 Rn 17). Die **Missbrauchsaufsicht** (§§ 19, 20) ist also verhaltensbezogen und die Fusionskontrolle grundsätzlich strukturbezogen. 29

Da das Gesetz in der Fusionskontrolle eine in die Zukunft gerichtete Betrachtungsweise vorschreibt, taugen das Fehlen oder das Bestehen wesentlichen Wettbewerbs zur Prognostizierung einer marktbeherrschenden Stellung nicht ohne Weiteres, so dass die Prüfung der Marktbeherrschung in der Regel anhand des Merkmals der überragenden Marktstellung vorzunehmen ist (Langen/Bunte/*Ruppelt*, § 36 Rn 12). Hingegen genügt bei der Missbrauchsaufsicht in der Regel der Nachweis des Fehlens eines wesentlichen Wettbewerbs (Langen/Bunte/*Ruppelt*, § 36 Rn 12). 30

Auch bei der Anwendung von § 19 Abs. 3 bestehen Unterschiede: So kann die strikte Verwendung der in § 19 Abs. 3 angegebenen Rechengrößen auf die Fusionskontrolle grds. nicht übertragen werden, da zukünftige Entwicklungen niemals exakt berechenbar sind (Langen/Bunte/*Ruppelt*, § 36 Rn 15). Zudem können die **Vermutungen** nach § 19 Abs. 3 im Rahmen der Fusionskontrolle nur in engeren Grenzen widerlegt werden, und zwar ausschließlich dadurch, dass die Marktstruktur trotz Erreichens der Vermutungsgrenzen wesentlichen Wettbewerb erwarten lässt (Langen/Bunte/*Ruppelt,* § 36 Rn 16). 31

Schließlich liegt ein weiterer Unterschied in der Behandlung **potenzieller Anbieter** gleichartiger Waren. Denn bei der Fusionskontrolle müssen in die Prüfung der sich nach dem Zusammenschluss ergebenden wettbewerblichen Folgen auch der potenzielle Wettbewerb sowie Ausweichmöglichkeiten der Marktgegenseite, die mit hoher Wahrscheinlichkeit zu erwarten sind, einbezogen werden (FK-KartellR/*Rieger*, § 36 Rn 39). Anders als die Missbrauchsaufsicht hat die Fusionskontrolle zudem technische Entwicklungen sowie Änderungen der rechtlichen und wirtschaftlichen Rahmenbedingungen zu berücksichtigen (s. oben, Rn 26). In räumlicher Hinsicht bestehen keine Unterschiede (Langen/Bunte/*Ruppelt*, § 36 Rn 19). 32

3. Einzelmarktbeherrschung. Zur Vermeidung von Wiederholungen kann diesbezüglich auf die Kommentierung im 18. Abschnitt zu § 19 GWB, dort Rn 6 ff verwiesen werden. 33

4. Oligopolistische Marktbeherrschung. Auch bzgl oligopolistischer Marktbeherrschung kann auf die Kommentierung im 18. Abschnitt zu § 19 GWB, dort Rn 9 ff verwiesen werden. 34

III. Verschlechterung der Marktstruktur

35 **1. Allgemeines.** Wie bereits dargestellt nimmt die materielle Fusionskontrolle in entscheidendem Maße Bezug auf den Begriff der Marktbeherrschung iSd § 19 (*Bechtold,* § 36 Rn 1). In dieser Hinsicht besteht also zwischen den Fusionskontrollvorschriften (§§ 35 ff) und dem Begriff der Marktbeherrschung iSd § 19 eine **enge Verbindung** (*Bechtold,* § 35 Rn 1). Da sich eine marktbeherrschende Stellung gegen einen funktionsfähigen Wettbewerb richtet, geht mit der Begründung oder Verstärkung einer marktbeherrschenden Stellung inhaltlich eine **marktstrukturelle Verschlechterung** einher (Langen/Bunte/*Ruppelt,* § 36 Rn 23).

36 Die wettbewerblichen Wirkungen des Zusammenschlusses sind einer **umfassenden Gesamtschau** zu unterziehen, die nur dann eine marktstrukturelle Verschlechterung ergibt, wenn die negativen Aspekte die positiven überwiegen (Langen/Bunte/*Ruppelt,* § 36 Rn 35). Diese Betrachtung muss auch Entwicklungen einbeziehen, die mit **hoher Wahrscheinlichkeit** (FK-KartellR/*Rieger,* § 36 Rn 33) in nahem zeitlichen Zusammenhang etwa in Form von **Wegfall etwaiger Marktzutrittsschranken** zu erwarten sind (Langen/Bunte/*Ruppelt,* § 36 Rn 36). Sie hat die Wettbewerbsbedingungen vor dem Zusammenschluss mit denen zu vergleichen, die sich durch ihn ergeben (*Bechtold,* § 36 Rn 4; Langen/Bunte/*Ruppelt,* § 36 Rn 23 mwN). In diesem Rahmen kommt der Prüfung entscheidende Bedeutung zu, ob mit dem Zusammenschluss eine **Strukturveränderung** einhergeht, welche zugunsten eines oder mehrerer am Zusammenschluss beteiligten Unternehmen einen vom Wettbewerb nicht mehr hinreichend kontrollierten Verhaltensspielraum entsteht lässt. Dieser Verhaltensspielraum kann nach Auffassung der Rechtsprechung und des BKartA in der Möglichkeit zur Entwicklung unterschiedlicher Marktstrategien oder auch beim Einsatz einzelner Wettbewerbsparameter zum Ausdruck kommen (vgl BKartA, 2.2.2004 – B6-120/03 S. 43 – Holtzbrinck/Berliner Verlag). Zu berücksichtigen sind alle bei den Beteiligten und/oder mit ihnen verbundenen Unternehmen eintretenden Folgen in Bezug auf die Marktstruktur aus dem In- und Ausland (*Bechtold,* § 36 Rn 6), da die Untersagung lediglich einen Kausalzusammenhang zwischen dem Zusammenschluss und der Verschlechterung der Marktstruktur voraussetzt (Langen/Bunte/*Ruppelt,* § 36 Rn 24; *Bechtold,* § 36 Rn 6). Auch **mittelbare Auswirkungen** sind zu berücksichtigen. Die Fusionskontrolle setzt nicht unbedingt voraus, dass die wettbewerblichen Wirkungen bei den am Zusammenschluss beteiligten Unternehmen eintreten. Vielmehr können auch dritte Unternehmen in ihrer Marktstellung betroffen werden (Langen/Bunte/*Ruppelt,* § 36 Rn 24). So sind insbesondere aufgrund fusionskontrollrechtlich relevanter **kapitalmäßiger Verflechtungen** mit dritten Unternehmen auch Auswirkungen auf diese zu berücksichtigen (Langen/Bunte/*Ruppelt,* § 36 Rn 25; aA: *Bechtold,* § 36 Rn 8). Für diese Auffassung spricht die grundsätzliche Orientierung der Fusionskontrolle an dem strukturellen Merkmal der Marktbeherrschung, für den irrelevant ist, bei wem sie entsteht (Langen/Bunte/*Ruppelt,* § 36 Rn 25 mwN). Dies ist zumindest in den Fällen allgemein anerkannt, in denen es sich bei dem dritten Unternehmen um ein Unternehmen handelt, welches mit den anderen am Zusammenschluss beteiligten Unternehmen iSd § 36 Abs. 2 verbundenen ist oder zwischen ihnen eine sonstige gesellschaftsrechtliche Verbundenheit besteht (vgl *Bechtold,* § 36 Rn 8; OLG Düsseldorf WuW/E DE-R 1413 (1414) – Radio TON-Regional).

37 **a) Begründung einer marktbeherrschenden Stellung.** Die **Begründung der marktbeherrschenden Stellung** meint deren **erstmalige Entstehung** (FK-KartellR/*Rieger,* § 36 Rn 49; *Bechtold,* § 36 Rn 9). Diese kann bei einem nahen Wettbewerbsverhältnis von Erwerber und Zielobjekt bejaht werden (BKartA, 16.1.2007 B6-510/06, S. 35 – Weltbild/Hugendubel/Weiland). Eine marktbeherrschende Stellung entsteht auch dann, wenn ein und dasselbe Unternehmen – wenn auch mittelbar – die beiden einzigen Wettbewerber auf dem relevanten Markt kontrolliert und somit dafür sorgen kann, dass sie gegenseitig keinem wesentlichen Wettbewerb ausgesetzt sind (BKartA, 23.4.2004 – B6 56/03, S. 22 – Radio TON-Regional). Bei **sehr jungen und sich entwickelnden Märkten** verlangt das BKartA zur Annahme der Entstehung einer marktbeherrschenden Stellung, dass diese durch den Zusammenschluss bereits in der **Entstehungsphase** dauerhaft abgeschottet werden, wofür die bloße **Zuführung der Finanzkraft** nicht genügt; dies gilt insbesondere dann, wenn ein finanzstarker Wettbewerber auf dem Markt tätig ist (BKartA, 20.2.2002 – B7 206/01, S. 13 – T-Venture/Nexnet).

38 **b) Verstärkung einer marktbeherrschenden Stellung.** Eine **Verstärkung der marktbeherrschenden Stellung** ist hingegen anzunehmen, wenn der Zusammenschluss **neutralisierende Wirkungen** auf die Wettbewerbsbedingungen ausstrahlt, welche zur Änderung markt- und unternehmensbezogener Strukturen und somit zur Einschränkung des Wettbewerbs im Vergleich zu dessen hypothetischer Entwicklung ohne den Zusammenschluss führt (FK-KartellR/*Rieger,* § 36 Rn 55; *Bechtold,* § 36 Rn 10). Die be-

deutendste Fallgruppe der Verstärkungsalternative ist der **Zuwachs von Marktanteilen**. Die Marktanteile sind jedoch stets in Relation zu den konkreten Wettbewerbsverhältnissen auf dem betroffenen Markt zu sehen. So vermögen **hohe Marktanteile** als solche allein noch nicht die wettbewerbliche Lage abschließend zu erfassen. Insbesondere kann der **Substitutionswettbewerb** von Bedeutung sein, wenn er einen Umfang erreicht hat, der das Entstehen unkontrollierten Verhaltensspielraums ausschließen würde (BKartA, 9.11.1999 – B6-104/99, S. 7 – Beck/NOMOS). Eine Verstärkungswirkung wird auch dann angenommen, wenn durch den Zusammenschluss eine marktbeherrschende Stellung gesichert wird, etwa wenn die Fähigkeit zur Abwehr nachstoßenden Wettbewerbs „verstärkt oder auch nur erhalten oder gesichert wird" (BGH WuW/E 1854, 1860 – Zeitungsmarkt München; vgl a. OLG Düsseldorf WuW/E DE-R 647, 657 – OTZ).

Es genügt, wenn der Marktführer seine Marktstellung sichert, indem er aufgrund des Zusammenschlusses in die Lage versetzt wird, vorhandenen oder potenziellen Wettbewerb zu beschränken (vgl BKartA 28.5.2002 – B6-33/02, S. 11 – WAZ/T.A. Schachenmeyer; FK-KartellR/*Rieger*, § 36 Rn 55). Die bloße **Absicherung bestehender Lieferverbindungen** aufgrund des Zusammenschluss genügt allerdings nicht (BKartA 20.9.2000 – B7 99/00, S. 28 – Deutsche Telekom/debis). Lässt der Zusammenschluss erwarten, dass ein Zusammenschlussbeteiligter seinem Beteiligungsunternehmen eigene Ressourcen zur Abwehr potenziellen Wettbewerbs zur Verfügung zu stellen bereit ist, kann eine Einschränkung des potenziellen Wettbewerbs angenommen werden (BKartA 12.1.2000 – B6-118/98, S. 30 – WAZ/OTZ). Ist hingegen auch nach dem Zusammenschluss mit einem erheblichen potenziellen Wettbewerb zu rechnen, so kann die zusammenschlussbedingte **Erhöhung der Marktanteile** keinen unkontrollierten Verhaltensspielraum schaffen (vgl BKartA 22.8.2001 – B6-56/01, S. 14 – SV-C VerwaltungsGmbH/WEKA). Zu beachten ist allerdings, dass der Berücksichtigung des **potenziellen Wettbewerbs aus dem Ausland** Grenzen gesetzt sind. So können ausländische Zeitschriften beispielsweise nicht ohne Weiteres im Inland verkäuflich gemacht werden; hierfür reicht aufgrund **nationaler und sprachlicher Besonderheiten** eine Übersetzung meistens nicht aus (vgl BKartA 16.1.2007 – B6-510/06, S. 11 – Weltbild/Hugendubel/Weiland). Führt die **Erhöhung einer Beteiligung** zur Begründung einer **einheitlichen Leitung** und somit zur Steigerung des wettbewerblichen Einflusses, kann auch hierin eine Verstärkung der marktbeherrschenden Stellung liegen (Langen/Bunte/*Ruppelt*, § 36 Rn 23). Eine Monopolstellung wird verstärkt, wenn der ohnehin nicht wesentliche Wettbewerb geschwächt wird, was zur Ausdehnung der Monopolstellung führt (FK-KartellR/*Rieger*, § 36 Rn 55). Schließt sich ein marktbeherrschender Oligopolist mit einem schwachen Unternehmen zusammen, so kann hierin eine Verstärkung der Oligopolstellung liegen. Entsprechendes ist auch möglich, aber nicht zwingend, wenn durch einen Zusammenschluss zwischen zwei schwachen Unternehmen ein marktbeherrschendes Oligopol begründet wird (FK-KartellR/*Rieger*, § 36 Rn 68). Bei einem Zusammenschluss zweier marktbeherrschender Oligopolisten tritt nicht unbedingt eine Verstärkung des Oligopols ein (FK-KartellR/*Rieger*, § 36 Rn 68; aA: *Bechtold*, § 36 Rn 21 in Bezug auf **Aufholfusionen**), es sei denn, damit wird eine Monopolstellung begründet. Hat der Zusammenschluss eine **Dekonzentration des symmetrischen Oligopols** zur Folge, wird die Marktstellung nicht verstärkt (OLG Düsseldorf WuW/E DE-R 2593, 2595 –Springer/ProSiebenSat1; *Bechtold*, § 36 Rn 23). Bei **Gründung eines GU durch Oligopolmitglieder** bzw deren Beteiligung an einem solchen führt der von dem Zusammenschluss ausgehende **Gruppeneffekt** (BKartA, Auslegungsgrundsätze Juli 2005, S. 38, 48; FK-KartellR/*Rieger*, § 36 Rn 53) zu einer weiteren Einschränkung des Binnenwettbewerbs und Verstärkung der marktbeherrschenden Stellung des Oligopols im Verhältnis zu anderen Wettbewerbern (*Bechtold*, § 36 Rn 23; vgl auch BKartA, Auslegungsgrundsätze Juli 2005, S. 14). Die Verstärkungswirkung kann auch im Falle des Zusammenschluss des Mitglieds eines marktbeherrschenden Oligopols eintreten, wenn der vom Wettbewerb nur unzureichend kontrollierte Spielraum des beteiligten Oligopolmitglieds erweitert wird; dafür reicht die Feststellung einer Verstärkungswirkung zugunsten eines Oligopols im Außenverhältnis zu seinen Wettbewerbern aus, ohne dass es darauf ankommt, ob das Oligopol durch den Zusammenschluss auch im Innenverhältnis stabilisiert wird (BGH v. 8.6.2010 – KVR 4/09 – Springer/ProSieben II, Tz 43 ff, 47). 39

c) **Verschlechterung der Marktstruktur im Medienbereich.** Speziell für den Medienbereich können aufgrund der Entscheidungspraxis des BKartA und der Rechtsprechung im Bezug auf die Verschlechterung der Marktsstruktur einige konkretisierende Aussagen getroffen werden. So stützt das BKartA in Medienentscheidungen häufig die Annahme einer strukturellen Verschlechterung auf den **großen Marktanteilsvorsprung**, sog. „relativer Marktanteil", der beteiligten Unternehmen vor dem nächstgrößten Wettbewerber (Loewenheim/Meessen/Riesenkampff/*Kahlenberg/Peter*, § 36 GWB, Rn 27; vgl 40

BKartA, 2.4.2004 B6-81/03, S. 27 – Lausitzer Rundschau/Wochenkurier; BKartA, 9.11.1999 B6-104/99, S. 7 – Beck/NOMOS), sowie auf die **Synergieeffekte**, die sich aus der Bündelung einer Vielzahl von Zeitschriftentiteln bei der Herstellung, beim Druck und Vertrieb ergeben, welche zu **Kostenvorteilen** führen und somit den Zusammenschlussbeteiligten Strategiemöglichkeiten auf relevanten Märkten eröffnen. Von besonderer Bedeutung ist dies deshalb, weil die Wettbewerber nicht über diese Möglichkeiten verfügen (BKartA 22.8.2001 – B6-56/01, S. 14 – SV-C VerwaltungsGmbH/ WEKA). Relevant ist auch der Umstand, wenn die Zusammenschlussbeteiligten sich infolge eines Zusammenschlusses keinem an Finanz- und Ressourcenstärke auch nur halbwegs gewachsenen Wettbewerber gegenübersehen. Führt dies zu einer mit **Marktzutrittsschranken** einhergehenden Wettbewerbsposition, die nicht mehr angegriffen werden kann, kann eine strukturelle Marktverschlechterung angenommen werden (BKartA 27.9.2000 – B6–88/00, S. 10 – Axel Springer/Jahr Verlag). Dabei gilt der Grundsatz, dass der **Restwettbewerb** umso nachhaltiger zu schützen ist, je höher der Grad an Strukturverschlechterung, bzw an Wettbewerbsbeschränkungen auf den relevanten Märkten ist (BKartA 16.1.2007 – B6-510/06, S. 29 – Weltbild/Hugendubel/Weiland; BKartA 27.10.2005 – B6-86/05, S. 17 – MSV/PVN). Dies betrifft insbesondere den Buchhandelsmarkt, auf dem wegen des Buchpreisbindungsgesetzes der Preiswettbewerb weitgehend ausgeschlossen ist, so dass der verbleibende Wettbewerb hier als Qualitätswettbewerb besonders schützenswert ist (BKartA – Weltbild/Hugendubel/Weiland, S. 29).

41 Des Weiteren ist auch beachtlich, wenn durch den Zusammenschluss die **Fähigkeit zur Abwehr des nachstoßenden Wettbewerbs** durch Minderung des von Wettbewerbern zu erwartenden Wettbewerbsdrucks verstärkt oder auch nur erhalten oder gesichert wird (BGH WuW/E 1854, 1860 – Zeitungsmarkt München; OLG Düsseldorf WuW/E DE-R 647, 657 – OTZ und oben Tz 38; ferner BKartA 26.1.2006 – B6-138/05, S. 44 – Süddeutscher Verlag/Südostkurier; BKartA 3.8.2004 – B6-45/04, S. 24 – Gruner+Jahr/RBA; bestätigt durch OLG Düsseldorf WuW/E DE-R 1501 (1502) – Gruner+Jahr/RBA; BGH v. 8.6.2010 – KVR 4/09 – Springer/ProSieben II, Tz 43 ff, 47). Der Annahme einer marktbeherrschenden Stellung kann aber der Umstand entgegenstehen, dass auf dem relevanten Markt ein Wettbewerber vorhanden ist, der seit seinem Eintritt in den Markt innerhalb verhältnismäßig kurzer Zeit einen zweistelligen Marktanteil errungen hat und über den **Rückhalt eines ressourcenstarken Medienunternehmens** verfügt (vgl BKartA 27.9.2000 – B6–88/00, S. 9 – Axel Springer/Jahr Verlag). Der Rückhalt einer großen Mediengruppe kann ein wettbewerbliches Gegengewicht zur Stellung des Marktführers darstellen (vgl BKartA 1.3.2005 – B6-103/04, S. 20 – SW-Verlag/Wochenspiegel; BKartA 9.11.1999 – B6-104/99, S. 7 – Beck/NOMOS). Bei der Beurteilung einer Strukturverschlechterung kann die **Nachfragemacht** als ein den überragenden Verhaltensspielraum begrenzendes Strukturmerkmal nur dann berücksichtigt werden, wenn sie nicht alle Wettbewerber trifft, sondern marktstarke Nachfrager ihre Aufträge nach marktstrategischen Überlegungen verteilen, um gerade keinen unkontrollierten Verhaltensspielraum zu eröffnen (vgl BKartA 22.8.2001 – B6-56/01, S. 13 – SV-C VerwaltungsGmbH/WEKA).

42 Ein weiterer fusionskontrollrechtlich relevanter Aspekt stellt nach Auffassung des BKartA der zusammenschlussbedingt **verbesserte Zugang zu Informationen** durch Wissenstransfer dar (BKartA 20.9.2000 – B7-99/00, S. 13 – Deutsche Telekom/debis). Zu berücksichtigen ist dabei jedoch, dass sowohl dem Wissenstransfer als auch der **missbräuchlichen Verwertung** des erlangten Wissens **gesetzliche Schranken** gesetzt sind, die sich aus § 17 UWG; § 43 Bundesdatenschtuzgesetz (BDSG); § 89 Abs. 2 TKG; § 3 Abs. 1 S. 2 Telekommunikationsdatenschutzverordnung (TDSV) ergeben (BKartA – Deutsche Telekom/debis, S. 14).

43 **2. Ausmaß der Verschlechterung.** Neben der Frage des Vorliegens einer strukturellen Verschlechterung ist die Frage relevant, welches **Ausmaß** die Strukturverschlechterung erreichen muss. Nach allgemeiner Ansicht ist ein bestimmtes Ausmaß im Sinne einer wesentlichen Verschlechterung nicht erforderlich (Langen/Bunte/*Ruppelt*, § 36 Rn 37; *Bechtold*, § 36 Rn 11). Im Gegensatz zum BKartA, das den Begriff der Spürbarkeit verwendet (Langen/Bunte/*Ruppelt*, § 36 Rn 37; BKartA TB 2003/2004; BT-Drucks. 15/5790, S. 87 ff, 111, 142, 170, 176, 181 ff), verlangt die Rechtsprechung **keine Spürbarkeit** der Wettbewerbsbeschränkung (vgl *Bechtold*, § 36 Rn 10). Die weite Auslegung des Begriffs der Strukturverschlechterung sowie die Rechtslage nach der FKVO erfordern jedoch eine Einschränkung dahin gehend, dass **nur konkrete und marktrelevante Strukturveränderungen** zu berücksichtigen sind (Langen/Bunte/*Ruppelt*, § 36 Rn 37; *Bechtold*, § 36 Rn 11). Im Lichte des Sinn und Zwecks der materiellen Fusionskontrolle ist daher zu fragen, ob der konkrete Zusammenschluss die Entstehung einer Marktlage zur Folge hat, die den beteiligten Unternehmen einen erheblichen, vom Wettbewerb

nicht mehr hinreichend kontrollierten Handlungsspielraum im Sinne einer neutralisierenden Wirkung auf den Wettbewerb gewährt und folglich die Handlungsfreiheit der Marktgegenseite spürbar bedroht wird (FK-KartellR/*Rieger*, § 36 Rn 13). Auch in diesem Sinne nimmt die Rechtsprechung bei geringen Auswirkungen keine strukturelle Veränderung an, ohne das Merkmal der Spürbarkeit zu fordern (Langen/Bunte/*Ruppelt*, § 36 Rn 37; *Bechtold*, § 36 Rn 11). Inwieweit ein Zusammenschluss marktrelevant ist, hängt von der Marktstellung und dem Umfang der Konzentration auf dem jeweiligen sachlich relevanten Markt ab (Langen/Bunte/*Ruppelt*, § 36 Rn 38), wobei die Größe des betroffenen Marktes grds. unbeachtlich ist (Umkehrschluss aus § 35 Abs. 2 S. 1 Nr. 2, vgl *Bechtold*, § 36 Rn 12). Handelt es sich um **monopolistisch strukturierte Märkte** bzw **Märkte mit hohem Konzentrationsgrad**, sind auch geringe Verstärkungen wie die Absicherung der beherrschenden Stellung durch Wegfall von potenziellem Wettbewerb oder Restwettbewerb besonders hoch zu gewichten (BKartA 22.2.2002 – B7-168/01, S. 74 – LibertyMedia/KDG; BKartA, 28.12.2004 B7-150/04, S. 42 – SES/DPC; BGH WuW/E DE-R 668 – Werra Rundschau).

IV. Zusammenschluss

1. Allgemeines. Der Begriff des Zusammenschlusses ist in § 37 definiert. Dies bedeutet, dass andere Arten von Unternehmensverbindungen als die des § 37 Abs. 1 nicht zum Gegenstand eines Fusionskontrollverfahrens gemacht werden können. In materieller Hinsicht kommt den einzelnen Zusammenschlussvarianten aber deswegen nicht die gleiche Bedeutung zu (FK-KartellR/*Rieger*, § 36 Rn 2). Vielmehr ist bei der Anwendung des § 36, und damit bei der materiellen Prüfung des fraglichen Zusammenschlusses, nach den Zusammenschlussformen zu differenzieren (*Bechtold*, § 36 Rn 12). Im Rahmen der Fusionskontrolle kommt daher dem Begriff des Zusammenschlusses **Bedeutung in doppelter Hinsicht** zu. Während jeder Zusammenschluss in Sinne eines **Aufgreifkriteriums** die Anwendbarkeit der materiellen Fusionskontrolle ermöglicht, stellt er im Rahmen der Prüfung der Untersagungsvoraussetzungen nach § 36 Abs. 1 das **Eingreifkriterium** dar (FK-KartellR/*Rieger*, § 36 Rn 9). Insoweit besteht zwischen dem Aufgreifkriterium des § 35 Abs. 1 und dem Eingreifkriterium des § 36 Abs. 1 eine **sachliche Verknüpfung** (Langen/Bunte/*Ruppelt*, § 36 Rn 5). 44

2. Differenzierung nach Zusammenschlussformen. Bei der Beurteilung eines Zusammenschlussvorhabens sind die konkreten Auswirkungen des Zusammenschlusses auf das Verhältnis der beteiligten Unternehmen und ihrer Wettbewerbspotentiale maßgeblich. Hierbei geht es um die Einflussmöglichkeiten des erwerbenden Unternehmens auf das erworbene (Langen/Bunte/*Ruppelt*, § 36 Rn 6). Für diese Beurteilung genügt die Erfüllung eines der formellen Zusammenschlusstatbestände des § 37 Abs. 1 als solche noch nicht. Vielmehr ist jeder einzelne Zusammenschlussvorgang darauf hin zu untersuchen, welche **tatsächlichen Einflussmöglichkeiten** durch ihn begründet werden (Langen/Bunte/*Ruppelt*, § 36 Rn 5). Dafür kommt es darauf an, ob zwischen den beteiligten Unternehmen eine **wirtschaftliche oder wettbewerbliche Einheit** angenommen werden kann (Immenga/Mestmäcker/*Mestmäcker/Veelken*, § 36 GWB, Rn 103). In einem zweiten Schritt kann zudem anhand der differenzierten Betrachtung von möglichen Zusammenschlussformen (horizontal, vertikal und konglomerat) eine Aussage über das Gefährdungspotential des jeweiligen Zusammenschlusses hinsichtlich einer strukturellen Verschlechterung getätigt werden. 45

Bei einem **Vermögenserwerb** iSd § 37 Abs. 1 Nr. 1 entsteht aufgrund der Übertragung des Vollrechts (s. unten Rn 116) am Vermögen bzw Vermögensteil zwischen dem Erwerber und dem erworbenen Vermögen(-steil) stets eine wirtschaftliche Einheit (vgl *Bechtold*, § 36 Rn 13; FK-KartellR/*Rieger*, § 36 Rn 14). 46

Inwieweit beim **Kontrollerwerbstatbestand** des § 37 Abs. 1 Nr. 2 eine wirtschaftliche Einheit bejaht werden kann, hängt davon ab, in welchem Ausmaß die Ressourcen des kontrollierten Unternehmens dem Erwerber zur Verfügung stehen. Bei Erwerb einer Alleinkontrolle erfolgt regelmäßig eine Zusammenrechnung aller wirtschaftlichen Positionen und ist somit eine wirtschaftliche Einheit anzunehmen (Langen/Bunte/*Ruppelt*, § 36 Rn 6; FK-KartellR/*Rieger*, § 36 Rn 15). Führt der Erwerbsvorgang zur Begründung einer gemeinsamen Kontrolle über ein anderes Unternehmen, liegen wirtschaftliche Einheiten nur zwischen dem einzelnen mitkontrollierenden und dem kontrollierten Unternehmen. Zwischen den mitkontrollierenden Unternehmen ist eine wirtschaftliche Einheit grundsätzlich nicht begründet. Dies gilt umso mehr, je geringer die tatsächlichen Einflussmöglichkeiten des erwerbenden Unternehmens sind (*Bechtold*, § 36 Rn 13). 47

48 Bei **Minderheitsbeteiligungen** ist maßgeblich, ob und in welchem Ausmaß der Zusammenschluss sich auf die Marktpositionen der am Zusammenschluss beteiligten Unternehmen konkret auswirken kann (*Bechtold,* § 36 Rn 16). Für die Beurteilung ist neben der konkreten Beteiligungskonstruktion auch entscheidend, in welcher Beziehung die betroffenen Tätigkeitsbereiche zueinander stehen (Langen/Bunte/*Ruppelt,* § 36 Rn 7; *Bechtold,* § 36 Rn 16). Ist von einer Beteiligung die Begründung eines Einflusses nicht zu erwarten, so hat sie für die Marktanteilsadditionen keine Relevanz (*Bechtold,* § 36 Rn 16). Für die Frage der materiellen Auswirkungen auf den Wettbewerb kommt es nicht nur auf die gesellschaftsrechtlichen Einflussmöglichkeiten an, sondern vielmehr auch auf die wirtschaftlichen Interessen, wofür die Beteiligungshöhe ein wichtiges Indiz darstellt (Langen/Bunte/*Ruppelt,* § 36 Rn 7; vgl auch FK-KartellR/*Rieger,* § 36 Rn 19). Beteiligt sich ein Unternehmen an einem mit ihm im Wettbewerb stehenden Unternehmen mit einem Anteil von mindestens 25 % der Stimmrechte bzw des Kapitals, so geht mit diesem Vorgang regelmäßig die Aufhebung bzw erhebliche Einschränkung des Wettbewerbsverhältnisses im Interesse einer wettbewerblichen Einheit einher, da der Erwerber sich erfahrungsgemäß zum Zwecke der Wettbewerbseinschränkung an dem Konkurrenzunternehmen beteiligt (Langen/Bunte/*Ruppelt,* § 36 Rn 8).

49 Beim **Erwerb einer 50-%-Beteiligung** sowie einer **Beteiligung an einem GU** kommt es ebenfalls auf den tatsächlich vermittelten Einfluss an (*Bechtold,* § 36 Rn 17). Im Falle einer 50-%-Beteiligung dürfte allerdings ohnehin der Kontrollerwerbstatbestand vorliegen, wonach eine Addition aller Ressourcen und Potentiale gerechtfertigt ist. Im Hinblick auf GU kann eine wettbewerbliche Einheit nicht ohne Weiteres aus der Fiktion des § 37 Abs. 1 Nr. 3 S. 3 hergeleitet werden (FK-KartellR/*Rieger,* § 36 Rn 20). Vielmehr ist danach zu fragen, ob und inwieweit ein hemmender Einfluss auf den Wettbewerb ausgeübt wird (vgl Langen/Bunte/*Ruppelt,* § 36 Rn 11). Zwischen dem GU und seinen einzelnen Muttergesellschaften entsteht eine **parallele Verbindung**, die eine wettbewerbliche Einheit darstellt, da sich diese auf dem Markt, auf dem das GU tätig ist, nicht mehr im Wettbewerb befinden (Langen/Bunte/*Ruppelt,* § 36 Rn 11). Führt die Beteiligung am GU zu Gruppeneffekten, sind diejenigen wettbewerblichen Wirkungen in den Blick zu nehmen, die über die gemeinschaftliche Beteiligung der Muttergesellschaften hinausgehen (*Bechtold,* § 36 Rn 17).

50 Bei **sonstigen Unternehmensverbindungen** iSd Abs. 1 Nr. 4, bei denen ein wettbewerblich erheblicher Einfluss begründet wird, wird aufgrund des Charakters der Vorschrift als **Auffangtatbestand** davon ausgegangen, dass keine wettbewerbliche Einheit zustande kommt (FK-KartellR/*Rieger,* § 36 Rn 22). Hierbei kommt es für die Beurteilung auf die konkreten Auswirkungen des Zusammenschlusses auf die beteiligten Unternehmen an (*Bechtold,* § 36 Rn 18). Minderheitsbeteiligungen unterhalb der Verbundklausel des § 36 Abs. 2 begründen ebenfalls nicht ohne Weiteres eine wirtschaftliche Einheit mit der vollen Zurechnung der Marktanteile und des wettbewerblichen Potentials der Beteiligungsgesellschaft (Langen/Bunte/*Ruppelt,* § 36 Rn 7).

51 **3. Horizontale Zusammenschlüsse. a) Allgemeines.** Von einem **horizontalen Zusammenschluss** spricht man, wenn sich Unternehmen zusammenschließen, **die auf demselben Markt tätig** sind (*Bechtold,* § 36 Rn 19). Die strukturelle Verschlechterung lässt sich in solchen Fällen verhältnismäßig einfach prognostizieren (vgl *Bechtold,* § 36 Rn 19; *Zagouras,* Konvergenz (2002) 121). Sie beruht dabei grundsätzlich auf der **Addition von Marktanteilen,** über die die neue Unternehmenseinheit verfügt, und der **Verringerung der Zahl selbstständiger Anbieter** (FK-KartellR/*Rieger,* § 36 Rn 56). Auch geringe Marktanteilszuwächse können zur Verstärkung der marktbeherrschenden Stellung führen (Langen/Bunte/*Ruppelt,* § 36 Rn 26).

52 Nicht auf das Merkmal der Marktanteilsadditionen, sondern auf die Verminderung des Wettbewerbs durch die **Verringerung der Zahl selbstständiger Anbieter** kommt es hingegen bei **Minderheitsbeteiligungen und GU** an (*Bechtold,* § 36 Rn 19). Zu berücksichtigen sind allerdings auch eventuelle **Gegenwirkungen** aus dem gegenständlichen Markt, die den Verhaltensspielraum der zusammengeschlossenen Unternehmen einengen können (*Bechtold,* § 36 Rn 19). Die Rechtsprechung geht regelmäßig davon aus, dass den Marktanteilen eine **Indizwirkung** in Bezug auf eine strukturelle Verschlechterung zukommt mit der Folge, dass ein hoher Marktanteil für und ein niedrigerer gegen das Bestehen einer Marktbeherrschung spricht (vgl FK-KartellR/*Rieger,* § 36 Rn 56).

53 Bei der Beurteilung einer strukturellen Verschlechterung sind sog. **Abschmelzungseffekte** zu berücksichtigen, die sich etwa daraus ergeben, dass die Marktgegenseite Leistungen von Konkurrenzunternehmen in Anspruch nimmt, um auf diese Weise Abhängigkeiten zu vermeiden (*Bechtold,* § 36 Rn 19; FK-KartellR/*Rieger,* § 36 Rn 58; aA Langen/Bunte/*Ruppelt,* § 36 Rn 26 mit Nachweisen zur Praxis des

BKartA). Diese Abschmelzungseffekte können etwa in der zusammenschlussbedingten **Verminderung der Chancen** liegen, neue Kunden zu gewinnen oder die Geschäftsbeziehung zu den bestehenden Kunden auszuweiten (BKartA 20.9.2000 – B7-99/00, S. 10 – Deutsche Telekom/debis), und sie können zum Verlust von Marktanteilen führen (FK-KartellR/*Rieger*, § 36 Rn 58). Durch die Berücksichtigung der Abschmelzungseffekte ist es daher durchaus möglich, dass die addierten Marktanteile der zusammengeschlossenen Unternehmen geringer sind als die Summe der Marktanteile vor dem Zusammenschluss. Dies schließt jedoch nicht aus, die zukünftige Marktanteilsentwicklung in die Prognose einzubeziehen (Langen/Bunte/*Ruppelt*, § 36 Rn 26). Bei weiterhin als getrennte Zeitungen mit eigenen Redaktionen erscheinenden Zeitungen sind zusammenschlussbedingte Abschmelzungsprozesse bei der Berechnung von Marktanteilen allerdings ausgeschlossen (BKartA 2.2.2004 – B6-120/03 S. 17 – Holtzbrinck/Berliner Verlag).

Erwerbsvorgänge, aufgrund derer dem erwerbenden Unternehmen Ressourcen in Form **von Finanzkraft, technischem Know-how, Markenrechten** sowie **Angebotssortiment** zuwachsen, können eine Verschlechterung der Marktstruktur zur Folge haben (Langen/Bunte/*Ruppelt*, § 36 Rn 27). Der zusammenschlussbedingte Ressourcenzuwachs führt dann nicht zu einer Strukturverschlechterung, wenn die erworbenen Marktanteile im Vergleich zu denen der übrigen Wettbewerber gering sind (vgl BKartA 27.9.2000 – B6–88/00, S. 13 – Axel Springer/Jahr Verlag). Auch in einem aufgrund gesteigerten Einkaufsvolumens verbesserten Zugang zu Beschaffungsmärkten, einem durch die Erweiterung des Angebotssortiments verbesserten Zugang zu Absatzmärkten sowie einer Ausdehnung des Vertriebs- und Servicenetzes kann eine Strukturverschlechterung liegen (Langen/Bunte/*Ruppelt*, § 36 Rn 28). Des Weiteren können **größenbedingte Rationalisierungsvorteile** zur Minderung der Funktionsfähigkeit des Wettbewerbs führen (*Bechtold,* § 36 Rn 19; FK-KartellR/*Rieger*, § 36 Rn 58). Ebenso können von **Gemeinschaftsunternehmen auf Drittmärkten** auf die Märkte, auf denen die Muttergesellschaften tätig sind, wettbewerblich relevante Wirkungen ausgehen, welche eine strukturelle Verschlechterung begründen (Langen/Bunte/*Ruppelt*, § 36 Rn 28). 54

Bei dem Zusammenschluss mehrerer kleiner, nicht wettbewerbsfähiger Unternehmen zu einem größeren, wettbewerbsfähigeren Unternehmen, welches dann ein Gegengewicht zu einem oder mehreren Marktführern bildet, kann trotz der Verminderung der Anzahl der Anbieter eine strukturelle Verbesserung begründet werden (FK-KartellR/*Rieger*, § 36 Rn 56). Das Gleiche gilt bei einem Zusammenschluss kleinerer Oligopolmitglieder, es sei denn, der Zusammenschluss führt zu einer kritischen **Verengung des marktbeherrschenden Oligopols** (Langen/Bunte/*Ruppelt*, § 36 Rn 26; vgl auch BKartA, Auslegungsgrundsätze Juli 2005, S. 52). 55

b) Zusammenschluss zwischen potenziellen Wettbewerbern. Eine Verschlechterung der Wettbewerbsbedingungen kann sich auch aus dem **Wegfall** bzw **der Ausschaltung potenziellen Wettbewerbs** ergeben (vgl Langen/Bunte/*Ruppelt*, § 36 Rn 28; *Bechtold,* § 36 Rn 19; *Zagouras*, Konvergenz (2002) 121). Damit sind Unternehmen gemeint, die noch nicht auf dem relevanten Markt tätig sind, jedoch in der Lage wären, Einfluss auf den Wettbewerb auf diesem Markt auszuüben (*Bechtold,* § 19 Rn 33). Im Bereich der regionalen Abonnement-Tageszeitungen findet der potenzielle Wettbewerb etwa in den Gebieten statt, die an das Verbreitungsgebiet eines Anbieters angrenzen (BKartA 28.5.2002 – B6-33/02, S. 11 – WAZ/T.A. Schachenmeyer). Von großer Relevanz ist dies in dem Bereich der leistungsgebundenen Versorgungswirtschaft und im öffentlichen Personennahverkehr, insb. bei dem Zusammenschluss eines inländischen Unternehmens mit einem ausländischen, das bereits im Ausland auf dem gegenständlichen Markt tätig ist und über entsprechende Infrastruktur verfügt, auf dem inländischen Markt zwar noch nicht Fuß gefasst hat, aber trotzdem einen potenziellen Wettbewerber darstellt (Langen/Bunte/*Ruppelt*, § 36 Rn 29). Insbesondere durch Zurverfügungstellung wertvollen Knowhows kann der ausländische Erwerber dem inländischen Unternehmen im Verhältnis zu dessen inländischen Konkurrenten eine privilegierte Stellung einräumen (FK-KartellR/*Rieger*, § 36 Rn 57). 56

Die **abstrakte Möglichkeit** des Wegfalls potenziellen Wettbewerbs genügt nicht; vielmehr muss er **konkret** zu erwarten sein (Langen/Bunte/*Ruppelt*, § 36 Rn 29). Bei Erwerb einer Minderheitsbeteiligung an einem potenziellen Wettbewerber ergeben sich die Verstärkungseffekte nicht aus der Marktanteilsaddition, sondern eher der Einschränkung des Wettbewerbs (*Bechtold,* § 36 Rn 19), etwa in Form von **Einflussnahmen auf die Investitionsentscheidungen** (vgl Langen/Bunte/*Ruppelt*, § 36 Rn 29). Auch hier stellen die Marktzutrittsschranken ein Indiz für die Marktbeherrschung dar, wobei der völlige Ausschluss des Marktzutritts nicht vorausgesetzt wird. Ausreichend ist vielmehr, dass neue Wett- 57 bewerber nicht in der Lage sind, den Verhaltensspielraum des marktbeherrschenden Unternehmens effektiv einzuschränken (FK-KartellR/*Rieger*, § 36 Rn 57).

58 c) **Zusammenschluss zwischen Anbietern substituierbarer Leistungen.** Die Berücksichtigung der Marktanteile eines marktbeherrschenden Unternehmens reicht als solche noch nicht aus, um die Struktur des relevanten Marktes zu beurteilen (vgl *Bechtold,* § 19 Rn 30). Insofern kann die Marktstruktur auch Auswirkungen von Leistungen ausgesetzt sein, die mit den Produkten des relevanten Marktes wegen der **engen sachlichen Marktabgrenzung** zwar **nicht gleichwertig**, jedoch unter bestimmten Voraussetzungen **austauschbar** sind (FK-KartellR/*Rieger*, § 36 Rn 56; Langen/Bunte/*Ruppelt*, § 36 Rn 30). Diesem sog. **Substitutionswettbewerb** kommt bei der Beurteilung der Wettbewerbsbedingungen eine erhebliche Bedeutung zu (vgl *Bechtold,* § 19 Rn 32). Um einen wirksamen Substitutionswettbewerb anzunehmen, ist die **Flexibilität und Beweglichkeit der Nachfrage** erforderlich. Das BKartA hat beispielsweise in der zeitgleichen Doppelleserschaft von Abonnement-Zeitungen auf der einen, und Straßenverkaufszeitungen auf der anderen Seite keine Substituierbarkeit, sondern **Komplementarität** angenommen (BKartA 2.2.2004 – B6-120/03 S. 52 – Holtzbrinck/Berliner Verlag). Der bestehende Substitutionswettbewerb kann angesichts der überragenden Marktstellung eines Unternehmens die Funktion eines **Korrektivs** im Sinne einer Neutralisierungswirkung haben, die der Marktgegenseite ermöglicht, austauschbare Leistungen in Anspruch zu nehmen. Dies bewirkt eine Einschränkung des Verhaltensspielraums des Marktführers und stellt somit einen Faktor dar, welcher der Begründung oder Verstärkung einer marktbeherrschenden Stellung entgegensteuert und dessen Beeinträchtigung mit einer Verschlechterung der Marktstruktur einhergeht (vgl Langen/Bunte/*Ruppelt*, § 36 Rn 30). Die strukturelle Verschlechterung ist in dem Fall anzunehmen, in dem das marktbeherrschende Unternehmen sich mit einem Konkurrenten zusammenschließt, der austauschbare Leistungen anbietet (BKartA, Auslegungsgrundsätze Juli 2005, S. 31). Dadurch können beide Unternehmen kraft ihrer nunmehr effektiveren Einflussmöglichkeiten ihre Marktstellungen absichern (BKartA, Auslegungsgrundsätze Juli 2005, S. 32).

59 Auf einem heterogenen Markt ermöglicht die **Nähe der Substitutionsbeziehungen** zwischen den Zusammenschlussbeteiligten untereinander und ihren Wettbewerbern Anhaltspunkte in Bezug auf das **wettbewerbliche Gefährdungspotential** des Zusammenschlusses. Dabei gilt, je stärker das Substitutionsverhältnis der Zusammenschlussbeteiligten ist, desto stärker sind die negativen Auswirkungen, die nach einem Zusammenschluss auf den Qualitätswettbewerb zu erwarten sind. Eine besondere Bedeutung nimmt dabei das Substitutionsverhältnis der Zusammenschlussbeteiligten zu ihren wichtigsten Wettbewerbern ein (BKartA 16.1.2007 – B6-510/06, S. 35 – Weltbild/Hugendubel/Weiland). Die Nähe der Substitutionsbeziehungen arbeitete das BKartA im Fall Weltbild/Hugendubel/Weiland auf dem Buchhandelsmarkt anhand der Kriterien der **räumlichen Nähe der Zusammenschlussbeteiligten,** ihrer **Öffnungszeiten,** ihrem **Sortimentsaufbau,** der **Entwicklung** ihrer **Netto-Umsätze** sowie ihrer **gegenseitigen wettbewerblichen Reaktionen** heraus (BKartA – Weltbild/Hugendubel/Weiland, S. 36 ff).

60 d) **Horizontale Konzentrationen im Medienbereich.** Für horizontale Verflechtungen von Unternehmen wird im Medienbereich auch der Begriff der **intramediären Konzentrationen** verwendet. Gemeint damit sind Verflechtungen zwischen Unternehmen, die auf dem Gebiet desselben Mediums wie zB Fernsehen, Hörfunk oder Presse tätig sind, wobei diese Verflechtungen in der Regel eine **Reduzierung oder Eliminierung der Angebotsvielfalt** auf einem bestimmten Markt zur Folge haben (*Janik*, AfP 2002, 104 ff (107)). Aufgrund intramediärer Konzentrationen kommt es, unter anderem, zu einer erheblichen Abnahme der bei der Herstellung von Medienprodukten anfallenden festen Kosten (sog. **Fixkostendegression**) (KEK, Dritter Konzentrationsbericht, S. 37 f, *Janik*, S. 107). Dies ist insbesondere vor dem Hintergrund des Zusammenhangs der Einnahmen zu der **Reichweite** eines Mediums und der damit zusammenhängenden Kostendeckung zu sehen. Im Bereich Free-TV etwa hängt die Höhe der Werbeeinnahmen pro Zuschauer von der Zuschauerreichweite ab (sog. **Tausenderkontaktpreis**). Der Tausenderkontaktpreis bestimmt die Höhe der Kosten, um 1000 Personen in der Zielgruppe mit einem Spot oder einer Anzeige zu erreichen (vgl BKartA 11.4.2006 – B6-142/05, S. 16 – RTL/n-tv). Die reichweitenstarken Unternehmen haben somit im Vergleich zu anderen Anbietern wesentliche Vorteile. Hier führt eine höhere Reichweite zu höheren Werbeeinnahmen (**Werbeeinnahmen-Reichweiten-Spirale**), die wiederum in die Verbesserung der Programmqualität investiert werden können (KEK, Dritter Konzentrationsbericht, S. 37 f). Ein weiterer Vorteil solcher Verflechtungen für die beteiligten Medienunternehmen ist die Möglichkeit **mehrfacher interner Verwendung von Programminhalten** (*Janik*, S. 107).

In wettbewerblicher Sicht führt ein intramediärer Zusammenschluss zunächst zur **Addition von Marktanteilen** der zusammengeschlossenen Medienunternehmen, was eine Strukturverschlechterung zur Folge haben kann. Neben der absoluten Höhe der **Marktanteile**, die durch den Zusammenschluss weiter abgesichert und ausgeweitet werden, stellt auch der relative **Marktanteilsabstand** der zusammengeschlossenen Unternehmen zu ihren Wettbewerbern einen Gesichtspunkt dar, der eine Strukturverschlechterung begründen kann (vgl BKartA 2.4.2004 – B6-81/03, S. 27 – Lausitzer Rundschau/Wochenkurier; BKartA, 16.1.2007 B6-510/06, S. 34 – Weltbild/Hugendubel/Weiland). Ebenfalls beachtlich ist, wenn die Zusammenschlussbeteiligten in zu dem betroffenen Markt benachbarten Märkten eine starke Stellung innehaben (BKartA 1.3.2005 – B6-103/04, S. 19 – SW-Verlag/Wochenspiegel). Eine andere Beurteilung ist geboten, wenn eine Verstärkung der marktbeherrschende Stellung nicht zu erwarten ist, weil die zusammenschlussbeteiligten (Zeitungs-)Verlage weder aktuelle noch potenzielle Wettbewerber sind (BKartA13.1.2009 – B6-10/09). Hohe Marktanteile können durch niedrige Marktzutrittsschranken relativiert werden (BKartA 15.10.2010 – B6-93/10 betreffend den Markt für Fachzeitschriften). Im stationären Buchhandel kann die Bedeutung des Marktanteils durch den Substitutionswettbewerb des Versandhandels relativiert werden (BKartA 30.4.2008 – B6-8/08, S. 29 – Thalia/BuchKaiser). 61

Der zusammenschlussbedingte Ausbau der ohnehin hohen Marktanteile sowie des Marktanteilsabstandes entfaltet in Kombination mit den Strategiemöglichkeiten nach dem wirtschaftlichen Gesamtkonzept des Erwerbers, die durch die horizontale Integration begünstigt werden, Verstärkungswirkungen (vgl BKartA 3.8.2004 – B6-45/04, S. 23 ff – Gruner+Jahr/RBA; BGH WuW/E DE-R 668 ff – Werra Rundschau). Dies gilt insbesondere dann, wenn kein wirksamer **Substitutionswettbewerb** besteht, der die überragende Marktstellung der Zusammenschlussbeteiligten in Frage stellen kann (BKartA 21.4.2009 – B6-150/08 S. 34 f – Neue Pressegesellschaft Ulm/Zeitungsverlag Schwäbisch Hall; BKartA 2.2.2004 – B6-120/03 S. 50 f – Holtzbrinck/Berliner Verlag). Hierin kann eine **Verstärkung** der marktbeherrschenden Stellung liegen, wenn die hohen Marktanteile **Abschreckungs- und Entmutigungseffekte** auf Wettbewerber ausstrahlen, und somit Marktzutrittsschranken aufbauen (BKartA – Gruner+Jahr/RBA, S. 24; OLG Düsseldorf WuW/E DE-R 1501 (1503) – Gruner+Jahr/RBA; vgl auch BKartA 1.3.2005 – B6-103/04, S. 20 f – SW-Verlag/Wochenspiegel). Zur Bildung bzw Erhöhung von **Marktzutrittsschranken** trägt ebenfalls bei, wenn ein Marktzutritt von der Vergabe einer Exklusivlizenz abhängt, die Lizenzperiode lange Laufzeiten hat und der derzeitige Lizenzinhaber am Zusammenschluss beteiligt ist (BKartA 23.4.2004 – B6-56/03, S. 25 – Radio TON-Regional). Ein durch die Marktzutrittsschranken möglicher **Wegfall des tatsächlichen oder potenziellen Wettbewerbs** stellt eine typische horizontale Strukturverschlechterung dar (BKartA 21.4.2009 – B6-150/08 S. 35 – Neue Pressegesellschaft Ulm/Zeitungsverlag Schwäbisch Hall; BKartA 29.8.2008 – B6-52/08 S. 58 ff – Intermedia/H&B; BKartA 12.1.2000 – B6-118/98, S. 30 f – WAZ/OTZ). Die zusammenschlussbedingt kumulierten Ressourcen der Zusammenschlussbeteiligten, die ihnen uneingeschränkt zur Verfügung stehen, schränken wettbewerbliche Handlungsspielräume der aktuellen Wettbewerber weiter ein und hindern potenzielle Wettbewerber am Marktzutritt (BKartA – WAZ/OTZ, S. 39; BKartA 31.5.2005 – B6-106/04, S. 27 – Volksfreund/TW Wochenspiegel). Jedoch ist der zusammenschlussbedingte Wegfall des potenziellen Wettbewerbs stets im Zusammenhang mit den **Ausweichmöglichkeiten** der Nachfrager auf substituierbare Angebote zu sehen (BKartA 20.6.2005 – B7-22/05, S. 92 – Iesy/Ish). Führt der Zusammenschluss dazu, dass der **fehlende wesentliche Wettbewerb** gesellschaftsrechtlich, etwa durch Erlangung bzw Intensivierung eines beherrschenden Einflusses, und somit strukturell abgesichert wird, begründet dies ebenso eine Verstärkungswirkung (BKartA – WAZ/OTZ, S. 30 f; BKartA – Gruner+Jahr/RBA, S. 26). Das Gleiche gilt auch bei **Stärkung der Finanzkraft** (BKartA – WAZ/OTZ, S. 40 ff; BKartA 16.1.2007 – B6-510/06, S. 41 – Weltbild/Hugendubel/Weiland). Auf zweiseitigen Märkten – wie insbesondere den Pressemärkten – berücksichtigt das BKartA die durch die **Wechselwirkungen zwischen Lesermärkten und Anzeigenmärkten** hervorgerufenen indirekten Netwerkeffekte (sog. Auflagen-Anzeigen-Spirale; BKartA 21.4.2009 – B6-150/08 S. 11 ff, 34 f – Neue Pressegesellschaft Ulm/Zeitungsverlag Schwäbisch Hall; vgl a. BKartA 29.8.2008 – B6-52/08 S. 21 ff, 59 ff – Intermedia/H&B). 62

Würden hingegen aufgrund des Zusammenschlusses die beiden einzigen Wettbewerber von ein und demselben Unternehmen, zB kraft einer mittelbaren Beteiligung, kontrolliert, was dazu führen würde, dass die ursprünglich miteinander konkurrierenden Unternehmen nunmehr keinem wesentlichen Wettbewerb ausgesetzt wären, so kann dies ebenfalls eine Verschlechterung der Marktstruktur bewirken, und zwar durch die **Entstehung** einer marktbeherrschenden Stellung (BKartA 23.4.2004 – 63

B6-56/03, S. 22 – Radio TON-Regional). Für die Entstehung einer solchen marktbeherrschenden Stellung spricht auch ein nahes Wettbewerbsverhältnis des Erwerbers zu dem erworbenen Objekt vor dem Zusammenschluss (BKartA 16.1.2007 – B6-510/06, S. 35 – Weltbild/Hugendubel/Weiland).

64 Das BKartA sieht in dem durch einen Zusammenschluss bedingten **Aufbau einer eigenen Infrastruktur** durch die Zusammenschlussbeteiligten, beispielsweise im Bereich von Breitbandkabelnetzen, eine wichtige Strukturverbesserung, wenn vor dem Zusammenschluss der Bezug der technischen Plattform eine **Abhängigkeit** der Zusammenschlussbeteiligten vom Betreiber der technischen Plattform begründete (BKartA 20.6.2005 – B7-22/05, S. 56 ff – Iesy/Ish). Daraus folgt, dass eine Abhängigkeit von technischen Einrichtungen mitsamt der damit einhergehenden exklusiven Bindungen unter Berücksichtigung der Umstände des betroffenen Marktes grundsätzlich eine Strukturverschlechterung darstellt.

65 Eine weitere Verstärkungswirkung ergibt sich aus dem **verbesserten Zugang zu den Absatzmärkten.** Dies ist bei Pressezusammenschlüssen beispielsweise der Fall, wenn die zusammengeschlossenen Unternehmen nach dem Zusammenschluss mit einem wesentlich größeren Anzeigenvolumen rechnen können (BKartA 12.1.2000 – B6-118/98, S. 35 f – WAZ/OTZ). Können die Zusammenschlussbeteiligten nach dem Zusammenschluss im Vergleich zu den Wettbewerbern günstigere Einkaufskonditionen erzielen, spricht das – bei ohnehin starker Marktstellung – für eine strukturelle Verschlechterung (BKartA 16.1.2007 – B6-510/06, S. 39 ff – Weltbild/Hugendubel/Weiland). Der dadurch **verbesserte Zugang zu den Beschaffungsmärkten** erhöht die Wettbewerbsfähigkeit der Beteiligten, weil ihnen somit bessere Handlungsspielräume im Qualitätswettbewerb zustehen (BKartA– Weltbild/Hugendubel/Weiland, S. 40).

66 **4. Vertikale Zusammenschlüsse. a) Allgemeines.** Strukturelle Verschlechterungen können auch bei Zusammenschlüssen eintreten, an denen Unternehmen beteiligt sind, die zwar auf **demselben sachlich relevanten Markt, aber auf verschiedenen vor- und nachgelagerten Wirtschaftsstufen tätig** sind (vgl *Bechtold*, § 36 Rn 20; Langen/Bunte/*Ruppelt*, § 36 Rn 31). Hier kann an die Marktanteile der Zusammenschlussbeteiligten nicht angeknüpft werden (vgl *Zagouras*, Konvergenz (2002) 122). Verstärkungseffekte auf die Marktstruktur aufgrund des Zusammenschlusses können aber durch einen verbesserten Zugang **zu Beschaffungs- oder Absatzmärkten, einen verbesserten Zugriff auf knappe Güter** (Loewenheim/Meessen/Riesenkampff/*Kahlenberg*, § 36 Rn 56; *Zagouras*, Konvergenz (2002) 122) sowie durch die **Eingehung einer engen Lieferbeziehung** zwischen den beteiligten Unternehmen (Langen/Bunte/*Ruppelt*,, § 36 Rn 31) begründet werden. Wegen dieser Verbesserungen auf Seiten der sich zusammenschließenden Unternehmen entstehen im Hinblick auf die übrigen Wettbewerber **Ausschlusseffekte**, welche die Marktstruktur verschlechtern können (BKartA, Auslegungsgrundsätze Juli 2005, S. 18; FK-KartellR/*Rieger*, § 36 Rn 59). Dabei genügt es, wenn die Marktgegenseite ihre Bezugs- oder Absatzentscheidungen im Interesse der am Zusammenschluss beteiligten Unternehmen trifft, womit eine Verdrängung weiterer Wettbewerber einhergeht (vgl *Bechtold*, § 36 Rn 20). Bei einer **Vorwärtsintegration** (Lieferant übernimmt einen seiner bisherigen Abnehmer) kann sich die strukturelle Verschlechterung daraus ergeben, dass die übrigen Lieferanten einen Abnehmer verlieren (FK-KartellR/*Rieger*, § 36 Rn 59) und der Erwerber die Abnahme eigener Leistungen durch den erworbenen Abnehmer absichert (Langen/Bunte/*Ruppelt*, § 36 Rn 31). Diese Absicherung muss nicht eine Marktbeherrschung zur Folge haben, da neben rechtlichen auch tatsächliche Einflussmöglichkeiten genügen, um die Marktstellung des Erwerbers zu festigen (Langen/Bunte/*Ruppelt*, § 36 Rn 32). Im Falle einer **Rückwärtsintegration** (Abnehmer übernimmt einen seiner bisherigen Lieferanten) kann die Marktstruktur beeinträchtigt werden, indem die übrigen Wettbewerber vergleichsweise ungünstigere Bezugsmöglichkeiten haben (FK-KartellR/*Rieger*, § 36 Rn 59).

67 Durch die vertikale Integration können auch die **Marktzutrittsschranken** für potenzielle Konkurrenten erhöht werden (Loewenheim/Meessen/Riesenkampff/*Kahlenberg/Peter*, § 36 Rn 55; BKartA, Auslegungsgrundsätze Juli 2005, S. 18), indem der Markteintritt für einen Newcomer erforderlich macht, seine Tätigkeit auf eine weitergehende Leistungspalette zu erstrecken (vgl FK-KartellR/*Rieger*, § 36 Rn 59). Auch von **Minderheitsbeteiligungen auf vertikaler Ebene** kann eine Verstärkung einer marktbeherrschenden Stellung ausgehen (Langen/Bunte/*Ruppelt*, § 36 Rn 31; BKartA, Auslegungsgrundsätze Juli 2005, S 19). Die Praxis erkennt dies schon bei einer **26-%-Beteiligung** an (vgl FK-KartellR/*Rieger*, § 36 Rn 59). Bei einem von mehreren Oligopolmitgliedern zum Zwecke der Herstellung von Vorprodukten gegründeten GU kann eine Strukturverschlechterung unter dem Gesichtspunkt der Markt-

zutrittsschranken und der **Beseitigung des Nachfragewettbewerbs** der Oligopolmitglieder beim Einkauf dieses Produkts angenommen werden (*Bechtold*, § 36 Rn 20; Langen/Bunte/*Ruppelt*, § 36 Rn 28).

b) Vertikale Konzentrationen im Medienbereich. aa) Hintergründe. Im Medienbereich lassen sich verstärkt vertikale Integrationen auf den Breitbandkabelmärkten im Hinblick auf die Netzebenen (NE) 3 und 4 beobachten. Hintergrund dieser Entwicklung ist die Privatisierung von ehemals im Eigentum der Deutschen Telekom befindlichen Kabelnetzen. Die NE 3 betrifft die Übertragung der in das Kabelnetz eingespeisten Signale bis zum Hausübergabepunkt, während die NE 4 („letzte Meile") den Transport der Signale von der Grundstücksgrenze bis zur Kabelanschlussbuchse in der Wohnung zum Gegenstand hat (vgl BKartA 4.4.2001 – B7-205/00, S. 10 – NetCologne/CNRW). Für die Betreiber der NE 3 stellt die Einspeiseleistung an die Programm- und Inhalteanbieter die einzige Einnahmequelle dar, sofern sie nicht selbst über die einzuspeisenden Inhalte verfügen. Während daher das bloße Einspeisen fremder Inhalte auf der NE 3 (**Einspeisemarkt**) nicht sehr gewinnträchtig ist, kann die gleichzeitige Belieferung der Haushalte auf der NE 4 (**Endkundenmarkt**) mit attraktiven Inhalten wirtschaftlich sinnvoll sein. Aus diesem Grunde ist eine Übernahme (im Sinne einer vertikalen Integration) der Betreiber der NE 4 durch die Betreiber der NE 3 erstrebenswert, um auf diese Weise zu den Endkunden zu gelangen, ihre Dienstleistungen unmittelbar, dh ohne zwischengeschalteten NE 4-Betreiber anzubieten und somit einen wesentlich höheren Mehrwert zu erzielen (*Schalast/Jäger/Abrar*, WuW 2005, 741 (749)). Eine Fusion in diesem Bereich kann auch positive Effekte von wettbewerblicher Relevanz erzeugen. So sieht das BKartA in der Übernahme des NE 4-Betreibers Orion Cable durch den NE 3-Betreiber Kabel Deutschland (KDG) eine Verbesserungswirkung für den Wettbewerb auf dem DSL-Endkundenmarkt (F.A.Z. vom 13.3.2008). In gleicher Weise sind Tendenzen der NE 4- Betreiber auf dem sog. **Signalliefermarkt**, dh dem Markt für Signaltransporte zum NE 4-Betreiber, vorhanden, durch Übernahme der NE 3 einen freien und besseren Zugang zur Infrastruktur zu haben (vgl Übernahmebestrebungen der TeleColumbus: BKartA 21.6.2005 – B7-38/05 – TeleColumbus/Ish). Bei der Beurteilung, ob sich durch den vertikalen Zusammenschluss von NE 3 und NE 4 eine für § 36 relevante Strukturverschlechterung ergibt, sind stets die konkret betroffenen Märkte (Einspeise-, Signalliefer-, und Endkundenmarkt) zu unterscheiden. 68

bb) Vertikale Konzentrationen zwischen Infrastrukturanbietern. Schließen sich Infrastrukturanbieter, die auf vor- und nachgelagerten Wirtschaftsstufen tätig sind, vertikal zusammen, so kann hiervon eine Reihe von Strukturverschlechterungen ausgehen. In der Regel handelt es sich dabei um die Verstärkung einer marktbeherrschenden Stellung, über die einer oder sogar beide Zusammenschlussbeteiligten verfügen. Dies ist etwa der Fall, wenn der Erwerber aufgrund des Zusammenschlusses seine marktbeherrschende Stellung absichert, indem er seine Angebotspalette um die Dienstleistungen des erworbenen Unternehmens erweitert (BKartA 28.12.2004 – B7-150/04, S. 39 – SES/DPC). Somit wird der Erwerber in die Lage versetzt, durch ein breit gefächertes Angebot auf vor- und nachgelagerten Wirtschaftsstufen eines Marktes seine Kapazitäten auszulasten und die bestehenden Kundenbeziehungen abzusichern (BKartA – SES/DPC, S. 45). Darüber hinaus ist eine Verstärkung anzunehmen, wenn die Integration **Marktzutrittsschranken** aufbaut, indem der Aufbau einer technischen Infrastruktur (zB technische Plattform) erschwert wird (BKartA – SES/DPC, S. 43 f). Diese Frage ist umso bedeutsamer, je mehr eine etablierte technische Plattform aufgrund technischer Erfordernisse wie zB sog. Set-Top-Boxen einem natürlichen Monopol ähnelt (vgl BKartA – SES/DPC, S. 67; BKartA 22.2.2002 – B7-168/01, S. 40 – LibertyMedia/KDG). 69

Speziell bei dem Erwerb der NE 4 durch die NE 3 kann sich eine Verstärkungswirkung auf dem Einspeisemarkt aus der Erhöhung der nunmehr aus einer Hand zu versorgenden Haushalte (durchgängige Belieferung durch den Erwerber bis zum Endkunden) ergeben (BKartA 4.4.2001 – B7-205/00, S. 13 – NetCologne/CNRW). Die **Absicherung** der marktbeherrschenden Stellung muss allerdings eine dauerhafte sein. Führt ein Zusammenschluss zwischen der NE 3 und der NE 4 lediglich zu einem Übergang der indirekten Versorgung der Haushalte in eine direkte, etwa indem die bisher von der NE 3 indirekt über die NE 4 versorgten Haushalte nunmehr direkt von zusammengeschlossenen Unternehmen versorgt werden, kann hierin eine lediglich zeitlich beschränkte Absicherung liegen, die keine Verstärkungswirkung auf dem Einspeisemarkt entfaltet. Dies liegt darin begründet, dass die NE 4-Betreiber selbst keine **Reichweitengarantie** innehatten, sondern selbst nur auf die Laufzeit ihrer vertraglichen Vereinbarungen (sog. Gestattungsverträge) mit den Endkunden beschränkt waren (BKartA 21.6.2005 – B7-38/05, S. 54 f – Ish/TeleColumbus). Ebenso kann der Wegfall der Möglichkeit des NE 4-Betreibers, zu einem anderen als dem verflochtenen NE 3-Betreiber zu wechseln, nur dann eine Verstärkung begründen, wenn davon eine **nachweisbare Absicherungswirkung** ausgeht. Im konkreten Fall stellte 70 das BKartA entscheidend darauf ab, dass der Wegfall einer lediglich potenziellen Wechselmöglichkeit jedenfalls dann unerheblich ist, wenn ein Interesse der Wettbewerber an einem solchen Wechsel weitgehend nicht besteht und mithin ein Wechsel des NE 3-Betreibers auf dem betroffenen Einspeisemarkt praktisch nicht stattfindet (BKartA – Ish/TeleColumbus, S. 85).

71 Eine **Reichweitenausdehnung**, die sich aus der vertikalen Integration der NE 4 in die NE 3 ergibt, verstärkt die marktbeherrschende Stellung auf dem Einspeisemarkt nur dann, wenn sie – in Anlehnung an die Liberty-Entscheidung des BKartA (BKartA 22.2.2002 – B7-168/01 – LibertyMedia/KDG) – einen Reichweitenzuwachs deutlich über 450 000 Haushalte mit sich bringt. In der Liberty-Entscheidung hatte das BKartA nämlich eine Reichweitenausdehnung um 450 000 Haushalte als relativ gering angesehen (BKartA 21.6.2005 – B7-38/05, S. 57 f – Ish/TeleColumbus).

72 cc) **Vertikale Integrationen von Inhalteanbietern mit Infrastrukturanbietern.** Bei einer vertikalen Integration von Inhalteanbietern mit Infrastrukturanbietern folgt eine Strukturverschlechterung im Sinne der Verstärkung einer marktbeherrschenden Stellung auf dem **Signallieferungsmarkt** in erster Linie aus dem **verbesserten Zugang zu den Absatzmärkten.** Dies ist zum einen bei der Absicherung der bestehenden Absatzwege der Fall, indem die bisherigen Kunden, die an dem Zusammenschluss beteiligt sind, als Nachfrager erhalten bleiben (BKartA 22.2.2002 – B7-168/01, S. 42 – LibertyMedia/KDG).

73 Zum anderen erlangt der Infrastrukturanbieter einen vergleichsweise **besseren Zugang zu den Inhalten** des mit ihm zusammengeschlossenen Inhalteanbieters und der mit diesem verbundenen oder in irgendeiner anderen Weise verflochtenen Anbietern. Durch diese qualitative und quantitative Steigerung der Attraktivität des Angebots verbessern sich die Chancen der Zusammenschlussbeteiligten im Wettbewerb (zB Gestattungswettbewerb um den Endkundenmarkt) zu anderen Marktteilnehmern, da sie – losgelöst von bisherigen Abhängigkeiten von fremden Inhalteanbietern – ihre Reichweite erhöhen. Damit geht die Möglichkeit einher, aufgrund der verbesserten ohnehin starken Marktstellung auf dem **Endkundenmarkt** exklusive Liefervereinbarungen zu treffen (BKartA 22.2.2002 – B7-168/01, S. 32 ff – LibertyMedia/KDG). Eine weitere Verstärkungswirkung für den Endkundenmarkt ergibt sich aus der Kombination der Netze des erworbenen Kabelnetzbetreibers mit den Netzen der NE 4 sowie den der integrierten Netzen (NE 3 und NE 4), da hierdurch der von diesen Netzen ausgehende **Restwettbewerb** wegfällt bzw abgeschwächt wird (BKartA – Liberty Media/KDG, S. 28 f). Auch aus einem **verbesserten Zugang zu den Beschaffungsmärkten** kann bei einer vertikalen Integration von Inhalteanbietern mit Infrastrukturanbietern eine Strukturverschlechterung auf dem Endkundenmarkt ausgehen. Dies ist etwa der Fall, wenn die zusammengeschlossenen Unternehmen aufgrund der Konzentration ihrer Finanzkraft bei ihrer Bedarfsdeckung günstigere Konditionen im Vergleich zu ihren Wettbewerbern bekommen (BKartA – Liberty Media/KDG, S. 30). Beim Kauf der technischen Ausstattung (zB Set-Top-Boxen) kann dies mit Einfluss auf die Ausgestaltung der eingekauften Technik einhergehen (BKartA – Liberty Media/KDG Liberty, S. 37). Darüber hinaus kann die Erhöhung der Finanzkraft das Investitionsvolumen der zusammengeschlossenen Unternehmen erhöhen. Somit kann durch gezielte Investitionen die Attraktivität des eigenen Sortiments gesteigert und eine wesentlich günstigere Position im Wettbewerb um Gestattungsverträge auf dem Endkundenmarkt im Vergleich zu den anderen Wettbewerbern erreicht werden, was zur Folge hat, dass sich die Chancen anderer Wettbewerber verringern werden. Diese günstigere Marktstellung können die Zusammenschlussbeteiligten ausnutzen, indem sie ihren Kunden großflächig proprietär ausgestaltete Empfangsgeräte (etwa im Pay-TV Set-Top-Boxen) zur Verfügung stellen. Ein solches Vorgehen begründet Marktzutrittsschranken auf dem Endkundenmarkt, die je nach Umfang und Volumen der zusammenschlussbedingten Aktionsmöglichkeiten Marktabschottungseffekte und somit strukturelle Verschlechterungen mit sich bringen kann (BKartA – Liberty Media/KDG, S. 29).

74 Weiterhin sieht das BKartA in der exklusiven Ausgestaltung der Nutzung einer Infrastruktur regelmäßig – in Verbindung mit einer starken Marktstellung – eine strukturelle Verschlechterung (BKartA 22.2.2002 – B7-168/01, S. 32 ff – LibertyMedia/KDG; BKartA 7.3.2002 – B6-144/01, S. 9 f – Bild.de/T-Online). Ebenso wie die Nutzung ist auch ein exklusives Abrechnungssystem für die Nutzung der Infrastruktur ein Aspekt, der eine Verstärkungswirkung innehat (BKartA– Bild.de/T-Online, S. 10). Die Entscheidungspraxis des BKartA zeigt in diesem Zusammenhang, dass die Freigabe eines Zusammenschlusses, der eine solche **Exklusivität** aufweist, nur dann erfolgen kann, wenn die Zusammenschlussbeteiligten rechtsverbindlich erklärt haben, dass sie einen **offenen und diskriminierungsfreien Zugang zur Infrastruktur** gewährleisten werden (BKartA– Bild.de/T-Online, S. 9 ff).

5. Konglomerate Zusammenschlüsse. a) Allgemeines. Von einem Zusammenschluss zwischen Unternehmen, die **auf verschiedenen Märkten tätig** sind, können ebenfalls negative Auswirkungen auf die Marktstruktur ausgehen (FK-KartellR/*Rieger*, § 36 Rn 60; *Bechtold*, § 36 Rn 21). Da die konkreten Auswirkungen eines konglomeraten Zusammenschlusses (teilweise auch diagonaler Zusammenschluss genannt) auf die Marktstruktur weder anhand von Marktanteilsadditionen noch einer direkten Verbesserung in Lieferbeziehungen festgestellt werden können, kommt dem sich aus dem Zusammenschluss ergebenden **Zuwachs an Finanzkraft** eine besondere Bedeutung zu (Langen/Bunte/*Ruppelt*, § 36 Rn 33; vgl auch Loewenheim/Meessen/Riesenkampff/*Kahlenberg/Peter*, § 36 Rn 48). Die wesentliche Bedeutung der Finanzkraft beruht auf ihrer vielfachen Einsatzmöglichkeit auf allen Märkten als **Abschreckungspotential** (Langen/Bunte/*Ruppelt*, § 36 Rn 33; *Zagouras*, Konvergenz (2002) 123). Der Zuwachs an Finanzkraft ist allerdings nur insoweit für die wettbewerbliche Beurteilung maßgeblich, als von ihm eine wettbewerbsbeschränkende Wirkung unter Berücksichtigung der konkreten Marktverhältnisse wahrscheinlich ist (BKartA, Auslegungsgrundsätze Juli 2005, S. 16 f; Loewenheim/Meessen/Riesenkampff/*Kahlenberg/Peter*, § 36 Rn 48). Diesbezüglich ist mit der Rechtsprechung zu untersuchen, ob der Zuwachs an Finanzkraft die **Eignung** aufweist, **Abschreckungs- und Entmutigungseffekte** in Bezug auf aktuelle oder potenzielle Wettbewerber zu entfalten (BKartA, Auslegungsgrundsätze Juli 2005, S. 17; vgl zur Rspr: *Bechtold*, § 36 Rn 21; *Zagouras*, Konvergenz (2002) 124). Dies gilt umso mehr, je näher die einzelnen Tätigkeitsbereiche der beteiligten Unternehmen zueinander sind (Langen/Bunte/*Ruppelt*, § 36 Rn 34; *Bechtold*, § 36 Rn 21; FK-KartellR/*Rieger*, § 36 Rn 64 mwN; *Zagouras*, Konvergenz (2002) 123). Die **Nähe der Tätigkeitsbereiche** hat zur Folge, dass es aufgrund des Zusammenschlusses zur Bildung gemeinsamer Leistungsangebote im Sinne eines Gesamtsortiments (sog. **Pakettheorie**) kommt, womit die Vermarktungsmöglichkeiten im Interesse aller beteiligten Unternehmen – jedoch zulasten der Substitutionswettbewerber (*Zagouras*, Konvergenz (2002) 123) – verbessert werden (*Bechtold*, § 36 Rn 21). Dieser Umstand führt auch dann zu einer strukturellen Verschlechterung im Sinne der Verstärkung einer marktbeherrschenden Stellung, wenn die betreffenden Unternehmen bereits im Vorfeld des Zusammenschlusses finanziell leistungsfähig waren (Langen/Bunte/*Ruppelt*, § 36 Rn 34). Im Medienbereich kommt den sog. **cross-medialen Effekten** (s. unten Rn 81) eine besondere Bedeutung zu (*Bechtold*, § 36 Rn 21). 75

Durch die Abschreckungs- und Entmutigungseffekte, für deren Annahme **hohe Umsatzzahlen** als solche noch nicht ausreichen (FK-KartellR/*Rieger*, § 36 Rn 63), wird unter Ver- bzw Zurückdrängung vorhandenen und potenziellen Wettbewerbs die bereits bestehende Marktstellung abgesichert (Langen/Bunte/*Ruppelt*, § 36 Rn 34). Folglich kommt es bei diesen Effekten entscheidend darauf an, wie die aktuellen und potenziellen Wettbewerber auf sie reagieren; nicht zwingend ist, ob die Finanzkraft auch tatsächlich verwendet wird (Langen/Bunte/*Ruppelt*, § 36 Rn 33; aA: FK-KartellR/*Rieger*, § 36 Rn 62). Um allerdings wettbewerbliche Relevanz zu entfalten, müssen bezüglich der Finanzkraft **planmäßige Bestrebungen** der sich zusammenschließenden Unternehmen zum Zwecke einer Ressourcenzusammenfassung erkennbar sein, was in verstärktem Maße bei Mehrheitsbeteiligungen mit unternehmerischem Hintergrund der Fall ist (Langen/Bunte/*Ruppelt*, § 36 Rn 34). 76

Der Zuwachs an Finanzkraft ist regelmäßig in Relation zu den übrigen Wettbewerbern zu beurteilen, so dass eine Strukturverschlechterung in der Regel nicht möglich ist, wenn die Wettbewerber über **vergleichbare Finanzressourcen** verfügen (FK-KartellR/*Rieger*, § 36 Rn 66). Ebenso wenig kann eine Verstärkung der Marktstellung angenommen werden, wenn sich die Unternehmen an einem GU beteiligen und dadurch ein komplett neues Tätigkeitsgebiet erschließen (FK-KartellR/*Rieger*, § 36 Rn 67). 77

In der bisherigen Praxis hat das BKartA die oben genannten Kriterien allerdings nur äußerst selten als erfüllt angesehen, so dass es nur zu zwei Untersagungen bei konglomeraten Zusammenschlüssen kam, nämlich „GKN-Sachs" (vgl BGH WuW/E BGH 1501) und „Rheinmetall/WMF" (vgl BGH WuW/E BGH 2150). Beide Entscheidungen dürften sich allerdings aus heutiger Sicht als Fehlentscheidungen darstellen (*Säcker*, K&R 2006, 49 (52)). 78

b) Konglomerate Zusammenschlüsse im Medienbereich. Im Medienbereich bezeichnet man die Integrationen von Unternehmen auf verschiedenen Märkten auch als **intermediäre Zusammenschlüsse** (*Janik*, AfP 2002, 104 (108)). Als ein klassisches Beispiel für konglomerate Zusammenschlüsse von Medienunternehmen ist die Verflechtung von Rundfunkveranstaltern und Presseunternehmen zu nennen (*Janik*, S. 108). Die hauptsächliche Ursache intermediärer Verflechtungen ist die **fortschreitende Konvergenz der Medien** (siehe zum Begriff der Konvergenz ausführlich *Zagouras*, Konvergenz (2002) 1 ff) und damit zusammenhängende wachsende Bereitschaft von Medienunternehmen, sich zur Opti- 79 mierung der Wertschöpfungskette vom Erlangen einer Information bis zur ihrer Vermarktung auf verschiedenen Plattformen zu positionieren (*Gounalakis/Zagouras*, NJW 2006, 1624).

80 Intermediäre Verflechtungen sind mit einer ganzen Reihe von Vorteilen für die beteiligten Unternehmen verbunden. Hierzu gehören in erster Linie **Verbundvorteile**, die sich in der Erzielung von **Synergieeffekten** zeigen (*Gounalakis/Zagouras*, AfP 2006, 93; KEK, Dritter Konzentrationsbericht, S. 39). So können intermediäre Verflechtungen **günstigere Produktionsbedingungen durch gemeinsame Nutzung** der Inputs wie Recherche, Archive, Dokumentationen, Personal, Korrespondenten, Management und Verwaltung führen (*Janik*, AfP 2002, 104 (108)). Diese Verbundvorteile korrespondieren mit **Kostenvorteilen** durch **multimediale Mehrfachverwertung** der Programminhalte, der **Reichweitenvergrößerung** durch **Nutzung gemeinsamer Übertragungswege** sowie durch **gemeinsame Werbestrategien** (*Janik*, S. 108; KEK, Dritter Konzentrationsbericht, S. 39). Ferner spielt in jüngster Zeit die **Cross-Promotion** eine wichtige Rolle. Aufgrund der genannten Vorteile kann das **Produktionsrisiko** der beteiligten Unternehmen untereinander verteilt werden. Bei finanziellen Engpässen können die verflochtenen Unternehmen zudem durch **interne Quersubventionierungen** ihre Wettbewerbspositionen absichern. Darüber hinaus ergibt sich aus dem sog. **Gruppeneffekt** eine günstige Wettbewerbssituation auf anderen Märkten. Mit dem Gruppeneffekt werden die Ausstrahlungswirkungen von Kooperationen mehrerer Unternehmen in wichtigen unternehmerischen Teilbereichen bezeichnet, welche für die Entstehung eines günstigen wirtschaftlichen Umfeldes sorgen (vgl *Janik*, S. 108 mwN). Die Tatsache, dass die beteiligten Unternehmen auf verschiedenen Märkten tätig sind, verleiht ihnen Möglichkeiten, auf andere Märkte auszuweichen. Die sich hieraus ergebende Unabhängigkeit bei Schwankungen innerhalb eines Marktes führt zu einer erheblichen **Risikominderung** für die verflochtenen Unternehmen. Zusammenfassend hat dieses Beziehungsgeflecht zur Folge, dass die beteiligten Unternehmen nach dem Zusammenschluss in einer relativ besseren Ausgangslage für **weite Expansionen und Erschließung neuer Märkte** stehen (KEK, Dritter Konzentrationsbericht der KEK, S. 39). Das BKartA beobachtet zudem konglomerate Effekte von Zusammenschlüssen von Unternehmen auf unterschiedlichen Märkten (vgl BKartA 22.7.2010 – B7-56/10).

81 Im Rahmen intermediärer Zusammenschlüsse stellen die markübergreifenden („crossmedialen") Effekte der Konzentrationsbewegungen den hauptsächlichen Gegenstand der gegenwärtigen Diskussion dar. Dieses heftig umstrittene Problem wird seit längerem unter dem Begriff **„Cross Media-Ownership"** diskutiert (vgl *Bender*, Cross Media-Ownership (1999); KEK, Dritter Konzentrationsbericht, S. 39). In der Entscheidungspraxis des BKartA bildet das Zusammenschlussvorhaben **Axel Springer/ ProSiebenSat.1** ein Paradebeispiel für die Beurteilung crossmedialer Effekte. Hierbei handelte es sich um das Übernahmevorhaben eines führenden Fernsehveranstalters (ProSiebenSat.1) durch ein im Pressebereich sehr stark vertretenes Unternehmen (Axel Springer). Das BKartA untersagte diesen Zusammenschluss durch Verfügung vom 19. Januar 2006 aufgrund der Verstärkung der marktbeherrschenden Stellungen der Zusammenschlussbeteiligten auf dem Fernsehwerbemarkt, dem bundesweiten Lesermarkt für Straßenverkaufszeitungen und dem bundesweiten Anzeigenmarkt für Zeitungen (BKartA 19.1.2006 – B6-92202- Springer/Pro Sieben Sat1; bestätigt von OLG Düsseldorf v. 3.12.2008 – VI Kart 7/06 (V) und BGH v. 8.6.2010 – KVR 4/09). Die Untersagungsverfügung beruht maßgeblich auf den Überlegungen zur kartellrechtlichen Beurteilung crossmedialer Effekte, die sich aus dem Vollzug des konkreten Zusammenschlussvorhabens ergeben würden (vgl *Steger*, WuW 2010, 282 ff; *Bretschneider*, ZUM 2010, 418 ff; *Bremer/Grünewald*, MMR 2009, 80 ff).

82 **aa) Crossmediale Werbung zugunsten eigener Produkte.** Das BKartA führte in seiner Untersagungsverfügung aus, dass eine Cross-Promotion in Form von **gegenseitiger Werbung** zugunsten der Bild-Zeitung denkbar sei, was eine Strukturverschlechterung auf dem Lesermarkt für Straßenverkaufszeitungen zur Folge hätte. Die Bild-Zeitung gehört als auflagenstärkste Tageszeitung zum Axel Springer-Konzern. Durch die Übernahme von ProSiebenSat.1 werde den beteiligten Unternehmen die Einräumung von Werbezeiten zu günstigeren als marktüblichen Preisen bzw die wechselseitige Gewährung von Werbekapazitäten ermöglicht (BKartA – Axel Springer/ProSiebenSat.1, S. 51; bestätigt von OLG Düsseldorf v. 3.12.2008 – VI Kart 7/06 (V), Tz 167 ff). Ebenso möglich sei der Einsatz des Instruments des **Sponsorings** unter den Konzernunternehmen. Außerdem begünstige die Fusion die weithin übliche Praxis von Konzerngesellschaften, bei Schalten von Werbung in einem konzernzugehörigen Medium Rabatte zu gewähren. Durch eine gezielte Cross-Promotions-Strategie könnten die fusionierenden Unternehmen eine **gesteigerte Präsenz in der Öffentlichkeit** erreichen, die – gepaart mit einer kostengünstig verfügbaren Werbekapazität und einer damit einhergehenden effizienteren werblichen Förderung der konzerneigenen Produkte und Marken – geeignet sei, ggf zum Nachteil der Wettbewerber die Markt-

gegenseite zu beeinflussen und auf diese Weise den wirtschaftlichen Erfolg des Konzerns auf einem oder mehreren der betroffenen Märkte zu fördern (BKartA – Axel Springer/ProSiebenSat.1, S. 52; bestätigt von OLG Düsseldorf v. 3.12.2008 – VI Kart 7/06 (V), Tz 167 ff).

Dieser Beurteilung traten die Zusammenschlussbeteiligten mit dem Argument entgegen, eine **privilegierte Behandlung der konzerneigenen Produkte** durch Gewährung von Werbezeiten zu Vorzugskonditionen sei allein schon deshalb nicht möglich, weil die Werbezeiten gem. § 45 RStV auf 12 Minuten pro Stunde begrenzt seien und diese von allen ProSiebenSat.1-Sendern „...nahezu vollständig ausgeschöpft würden...", weshalb es sich nicht lohne, diese zu Vorzugskonditionen an konzernverbundene Unternehmen zu vermarkten. Nach Auffassung des BKartA greife dieses Argument nicht durch, weil eine „nahezu vollständige Ausschöpfung" gerade keine vollständige Ausschöpfung sei. Dies bedeute vielmehr, dass es Raum für konzerninterne Werbung gebe. So könnten nicht gebuchte Werbezeiten kurzfristig durch Werbung für die Bild-Zeitung belegt und „zu Geld gemacht" werden, ohne dass Einbußen bei den Werbeeinnahmen zu befürchten wären (BKartA – Axel Springer/ProSiebenSat.1, S. 52). Zu guter Letzt wies das BKartA auf die geplante EU-Fernsehrichtlinie hin, die – wenn sie verabschiedet würde – vielfältigere Möglichkeiten zur Werbung eröffnen würde. Nach der danach entstehenden Rechtslage entstünden weitergehende Möglichkeiten, die Bild-Zeitung in den ProSiebenSat. 1-Sendern zu bewerben (BKartA – Axel Springer/ProSiebenSat.1, S. 53). 83

bb) **Publizistische Cross-Promotion.** Für besonders gewichtig hält das BKartA die Möglichkeit zur **publizistischen Cross-Promotion.** Darunter versteht man eine Werbungsform, bei der Fernsehsender in ihren Sendungen auf die Inhalte der Printmedien Bezug nehmen und sie bewerben. Wettbewerbliche Brisanz erlangt die publizistische Cross-Promotion dadurch, dass den redaktionellen Teilen eines Medienproduktes durch die Leserschaft tendenziell ein **höheres Vertrauen** zuteil wird als bloßen Werbeblöcken (vgl a. BKartA 27.9.2000 –B6–88/00, S. 54 – Axel Springer/Jahr Verlag; ebenso *Schaarschmidt*, Cross-Promotion (2001), S. 220). Die Möglichkeit der publizistischen Cross-Promotion hat das BKartA in der beabsichtigten Werbung für die Bild-Zeitung in den ProSiebenSat.1-Sendern gesehen, was ebenfalls negative Auswirkungen auf den Lesermarkt für Straßenverkaufszeitungen nach sich ziehen könnte (BKartA – Axel Springer/ProSiebenSat.1, S. 54; bestätigt von OLG Düsseldorf v. 3.12.2008 – VI Kart 7/06 (V), Tz 173 f). 84

Einen mitentscheidenden Aspekt stellte die – zumindest theoretisch nahe liegende – Einführung einer **Boulevard-Sendung „Bild-TV"** dar. Dies ermögliche eine tägliche Verbindung eines „Entertainment-Portals" im Printbereich mit einem entsprechenden Portal im Fernsehen. Flankiert werde diese Werbungsvariante durch den Internetauftritt der Bild-Zeitung. Dadurch würde eine **„Cross-media-Plattform"** entstehen, die durch die koordinierte und enge Zusammenarbeit der Print- und Onlineredaktionen einen umfassenden Service anbieten könne (BKartA – Axel Springer/ProSiebenSat.1, S. 55; bestätigt von OLG Düsseldorf v. 3.12.2008 – VI Kart 7/06 (V), Tz 175 ff). Der daraufhin erhobene Einwand der Zusammenschlussbeteiligten, die Einführung eines „Bild-TV" sei auch unabhängig von dem konkreten Zusammenschlussvorhaben möglich, konnte das BKartA nicht überzeugen. Ein solcher Versuch sei mit Risiken verbunden, die in diesem Ausmaß nicht mehr vorlägen, wenn sie einen konzernzugehörigen Sender beträfen. Indem Axel Springer u.a. die Inhalte, die Gestaltung und das Umfeld eines Bild-TV-Formats bestimmen könne, wäre dieses Risiko erheblich vermindert (BKartA – Axel Springer/ProSiebenSat.1, S. 55). Im Übrigen seien die Verstärkungswirkungen auch ohne Einführung eines Bild-TV-Formats zu verzeichnen. So bestehe die Möglichkeit, in den allgemeinen Nachrichten der Sender gezielt Bezug auf die am folgenden Tage erscheinende Bild-Zeitung zu nehmen. Begünstigt werde dieses Konzept vor allem dadurch, dass diese Art **publizistischer Bezugnahme** bereits heute nicht mehr als Werbezeit im Sinne des Rundfunkstaatsvertrag (RStV) gewertet werde. Dieser Aspekt führe zu einer **Aufwertung des Werbewerts**, da anzunehmen sei, dass die von Zeitungen und Zeitschriften verbreiteten Exklusivmeldungen, die in Fernsehnachrichten als Vorabinformation verbreitet werden, einen nicht zu unterschätzenden Imagegewinn verbuchen können (BKartA – Axel Springer/ProSiebenSat.1, S. 56 f). Diesbezüglich vertraten die Anmelder die Ansicht, bei einer ProSiebenSat.1-bezogenen Berichterstattung in den Axel Springer-Printmedien würde ein großes potenzielles Interesse, nämlich ca. 80 % (ProSiebenSat.1-Sender hatten zum Zeitpunkt der Anmeldung einen Zuschaueranteil von ca. 22 %, vgl S. 24) Zuschaueranteil der anderen Sender, vernachlässigt. Das BKartA führte an, dieses Argument gelte in Bezug auf die Bild-Zeitung nicht, da sie je nach Marktabgrenzung 80–100 % der Leser von Straßenverkaufszeitungen auf sich vereinige und eine tägliche Reichweite von etwa 12 Mio. Leser habe (BKartA – Axel Springer/ProSiebenSat.1, S. 57). 85

86 Eine ebenso nicht unerhebliche Bedeutung kommt der **Verbesserung des Zugangs zu Absatzmärkten** auf dem bundesweiten Lesermarkt im Wege publizistischer Cross-Promotion zu. Hierdurch können Kundenkreise angesprochen werden, die bisher mit dem eigenen Medium nicht bzw nur teilweise erreicht und gewonnen werden konnten. So könne sich die Bild-Zeitung durch Ansprache der Zielgruppe der ProSiebenSat.1-Sender **neue Leserschichten** erschließen. Dies sei insofern als wichtig einzuordnen, als der Erschließung neuer, insb. jüngerer Leser zugunsten der Bild-Zeitung in Zukunft eine besondere Bedeutung zukomme. Die aufgrund der gegenseitigen Hinweise gestärkte bzw abgesicherte Marktposition der Konzernunternehmen werde durch das in die publizistische Cross-Promotion bestehende höhere Vertrauen noch weiter verbessert. Gerade eine derartige absatzfördernde Möglichkeit steht Zeitungsverlegern nicht zur Verfügung, die nicht mit Fernsehsendern verflochten sind (BKartA – Springer/ProSiebenSat1, S. 56 ff).

87 **cc) Cross-mediale Werbekampagnen.** Ein weiterer crossmedialer Effekt ist die Möglichkeit der sog. **crossmedialen Werbekampagnen.** Hierunter versteht das BKartA Werbung für Produkte von nichtkonzernzugehörigen Werbetreibenden, die abgestimmt über mehrere Medien vermittelt werden (BKartA – Springer/ProSiebenSat1, S. 62). Derartige Effekte hat das BKartA im Zusammenschlussvorhaben Axel Springer/ProSiebenSat.1 angenommen. Nach seiner Auffassung führe der Zusammenschluss auf dem bundesweiten Anzeigenmarkt für Zeitungen zu **Wechselwirkungen** aufgrund der marktbeherrschenden Stellung der Axel Springer/ProSiebenSat.1 auf dem Fernsehwerbemarkt und der Stellung der Bild-Zeitung auf dem Lesermarkt (BKartA – Axel Springer/ProSiebenSat.1, S. 63; bestätigt von OLG Düsseldorf v. 3.12.2008 – VI Kart 7/06 (V), Tz 175 ff). Dagegen wandten die Anmelder ein, mangels **Überschneidungen der Nutzergruppen** von Axel Springer und ProSiebenSat.1 sei es nicht möglich, für bestimmte Werbezielgruppen eine besonders hervorgehobene Position einzunehmen. Demgegenüber war das BKartA davon überzeugt, dass es nennenswerte Überschneidungen bei der Werbung für Telekommunikation, Fast Food, Kosmetik und Haushalt, Kraftfahrzeuge und Medien-Einzelhandel gebe (BKartA – Axel Springer/ProSiebenSat.1, S. 63). Jedenfalls in den Branchen, die von Überschneidungen betroffen würden, seien crossmediale Werbekampagnen zur Verbesserung der Stellung auf dem Fernsehwerbemarkt sowie auf dem bundesweiten Anzeigenmarkt möglich (BKartA – Axel Springer/ProSiebenSat.1, S. 64). Durch eine Werbestrategie, nach der eine Werbung auf mehrere Medien gleichzeitig abgestimmt wird, entsteht ein **„Multiplying-Effekt“** (*Gounalakis/Zagouras*, NJW 2006, 1624 (1626)). Aufgrund dieses Effekts würde die Bild-Zeitung die einzig denkbare Randsubstitution für bundesweite Fernsehwerbung im Bereich der Printmedien sein, die mit der Reichweite der Fernsehwerbung vergleichbar sei. Da es im Printbereich für Werbung, die auf ein Massenpublikum abzielt, somit keine Alternative zur Bild-Zeitung gebe, würde der Zusammenschluss zu einer Beseitigung des Wettbewerbsdrucks führen, den die Bild-Zeitung auf die Werbepreise der Fernsehsender ausüben könne (*Gounalakis/Zagouras*, S. 1625). Dies wiederum habe zur Folge, dass das Oligopol zwischen Bertelsmann und ProSiebenSat.1 auf dem Fernsehwerbemarkt verstärkt werde. Der **Wegfall des Wettbewerbsdrucks** führe dazu, dass die Fernsehsender bei der Preisgestaltung nicht mehr zur **Preisdisziplin** gezwungen wären. Verstärkt würde diese Situation dadurch, dass Werbekunden, die für eine Bewerbung ihrer Produkte auf eine Kombination aus Fernseh- und Printwerbung angewiesen sind, weniger Rabatte bekommen und **keine nennenswerte Ausweichmöglichkeit** haben würden (BKartA – Axel Springer/ProSiebenSat.1, S. 65). Der prognostizierbare Wegfall einer derartigen Ausweichmöglichkeit lässt sich auch auf die Strategien betroffener Fernseh- und Printmedienunternehmen stützen; diese sind zunehmend davon überzeugt, dass zur Effizienz der Werbung in kurzer Zeit kein Weg an den klassischen Kanälen in Form eines Werbepakets Print/TV/Internet vorbeiführt, (vgl BKartA – Axel Springer/ProSiebenSat.1, S. 65).

V. Kausalität zwischen dem Zusammenschluss und der Verschlechterung der Marktstruktur

88 **1. Allgemeines.** Mit der Formulierung, dass die Begründung oder Verstärkung einer marktbeherrschenden Stellung durch den Zusammenschluss eintritt, statuiert § 36 Abs. 1 ein **Kausalitätserfordernis** (Langen/Bunte/*Ruppelt*, § 36 Rn 40). Ergibt die Prüfung, dass die Strukturverschlechterung auch bei Hinwegdenken des Zusammenschlusses in ihrer konkreten Gestalt eintreten würde, fehlt die Kausalität (Langen/Bunte/*Ruppelt*, § 36 Rn 41; BKartA, Auslegungsgrundsätze, Juli 2005, S. 39). Da wirtschaftliche Entwicklungen vielfach verschiedene Ursachen haben, genügt es, wenn der Zusammenschluss die Strukturverschlechterung **mitverursacht** (vgl BKartA, Auslegungsgrundsätze, Juli 2005, S. 38; Langen/Bunte/*Ruppelt*, § 36 Rn 40). Tritt die Marktbeherrschung bei einem weiteren Zusam-

menschluss ein, ist die Kausalität zu bejahen, wenn und soweit der Erstzusammenschluss die Marktbeherrschung in ihrer konkreten Gestalt mitverursacht hat. Hier ist jeder einzelne Zusammenschluss darauf hin zu untersuchen, ob durch ihn ein Beitrag zur Erfüllung der Untersagungsvoraussetzungen des § 36 Abs. 1 geleistet wird (Langen/Bunte/*Ruppelt*, § 36 Rn 40). Bei zeitlich versetzt erfolgenden Zusammenschlüssen liegt die Kausalität nur dann vor, wenn die einzelnen Vorgänge Teile eines einheitlichen Gesamtvorganges sind (Langen/Bunte/*Ruppelt*, § 36 Rn 40). Ist die Strukturverschlechterung erst in Zukunft zu erwarten, so ist die Kausalität nur bei Vorliegen besonderer Umstände zu bejahen. Andernfalls beträgt der Prognosezeitraum regelmäßig nicht mehr als drei Jahre (BKartA, Auslegungsgrundsätze, Juli 2005, S. 39; Loewenheim/Meessen/Riesenkampff/*Kahlenberg*/*Peter*, § 36 Rn 119). Es reicht nicht aus, dass durch den Zusammenschluss die Begründung oder Verstärkung einer marktbeherrschenden Stellung möglich ist; vielmehr setzt die Kausalität einen gesteigerten Grad der Wahrscheinlichkeit des Eintritts einer Marktbeherrschung voraus (BKartA, Auslegungsgrundsätze, Juli 2005, S. 38 f). Für die Beurteilung, ob die Strukturverschlechterung kausal durch den Zusammenschluss eintritt, ist maßgeblich auf die Marktverhältnisse zum Zeitpunkt der Entscheidung abzustellen (BKartA, Auslegungsgrundsätze, Juli 2005, S. 38).

2. Sanierungsfusion. Einen besonders wichtigen Fall **fehlender Kausalität** bildet die sog. **Sanierungsfusion** („failing company defense", vgl *Bechtold*, § 36 Rn 7). Die Praxis stellt an die Fälle der Sanierungsfusion strenge Anforderungen. Der Zusammenschluss ist für die zu erwartende Strukturverschlechterung unter kumulativer Erfüllung folgender Voraussetzungen nicht kausal (vgl BKartA, Auslegungsgrundsätze, Juli 2005, S. 38 f; *Bechtold*, § 36 Rn 7): Erforderlich ist in erster Linie, dass das sanierungsbedürftige Unternehmen **ohne den Zusammenschluss aus dem Markt ausscheiden** würde. Dies ist etwa der Fall, wenn der bisherige Träger des sanierungsbedürftigen Unternehmens wegen der jahrelangen negativen Ergebnisse zur Fortsetzung der finanziellen Unterstützung nicht mehr bereit ist und das Unternehmen mangels eigener Ressourcen eine **Erfolg versprechende Restrukturierung** nicht mehr vornehmen kann. Insbesondere ist das Unternehmen dann nicht existenzfähig, wenn neben dem Mangel finanzieller Unterstützung **keine eigenen Einsparpotentiale** gegeben sind und davon ausgegangen werden kann, dass das sanierungsbedürftige Unternehmen ohne den Zusammenschluss mit an Sicherheit grenzender Wahrscheinlichkeit einzustellen wäre (vgl BKartA v. 11.4.2006 – B6-142/05, S. 39 f – RTL/n-tv). Nach Auffassung des BKartA entscheidet in einem marktwirtschaftlichen System der Wettbewerb darüber, ob und welche Unternehmen aus dem Markt ausscheiden (BKartA 10.12.2002 – B6-98/02, S. 38 – Tagesspiegel/Berliner Zeitung). Ein Ausscheiden nur einer Tochtergesellschaft (**„failing division"**) oder eines Teils des Konzerns genügt hierfür nicht (BKartA, Auslegungsgrundsätze, Juli 2005, S. 40). Außerdem ist das drohende Ausscheiden aus dem Markt **glaubhaft** anhand geeigneter Dokumente **nachzuweisen**, so dass eine bloße Behauptung nicht ausreicht (vgl Loewenheim/Meessen/Riesenkampff/*Kahlenberg*, § 36 Rn 121). Das BKartA fordert zudem, dass die Marktposition des sanierungsbedürftigen Unternehmens dem Erwerber zuwächst (BKartA v. 23.7.2009 – B6-67/09). Anzunehmen ist dies vor allem, wenn die Marktanteile dem Erwerber aufgrund seiner geschäftlichen Verbindungen ohnehin übergeleitet würden. Dies hat das BKartA im Fall **RTL/n-tv** schon darin gesehen, dass das Fernsehangebot von RTL-Sendern und n-tv von demselben Unternehmen (IP) vermarktet wurde. Hierfür hat das BKartA ausreichen lassen, dass das Marktpotenzial des sanierungsbedürftigen Unternehmens zumindest innerhalb des wettbewerbslosen Duopols verbleibt und nicht zu erwarten ist, dass Unternehmen außerhalb des Duopols das Marktpotential des sanierungsbedürftigen Unternehmens an sich ziehen würden, was etwa dann angenommen werden kann, wenn den Duopolisten vielfältige Möglichkeiten zur Verfügung stehen, die Kunden des sanierungsbedürftigen Unternehmens an sich zu binden oder aufgrund hoher Marktzutrittsschranken ein neuer Marktzutritt nicht erfolgt (BKartA – RTL/n-tv, S. 41). 89

Des Weiteren ist nachzuweisen, dass **kein anderer Erwerbswilliger vorhanden** ist, der das sanierungsbedürftige Unternehmen zu Bedingungen erwerben würde, die den Wettbewerb weniger beeinträchtigen würden (*Bechtold*, § 36 Rn 7). Dies bedingt, dass dem Zusammenschluss nachweislich erfolglose Veräußerungsbemühungen vorausgegangen sind (vgl Langen/Bunte/*Ruppelt*, § 36 Rn 42). Das BKartA sieht diese Voraussetzung als nicht erfüllt an, wenn der Eigentümer des sanierungsbedürftigen Unternehmens die Aufnahme von Verkaufsverhandlungen mit einem Kaufinteressenten abgelehnt hat, der ein ernsthaftes Kaufinteresse bekundet hat (BKartA 10.12.2002 – B6-98/02, S. 38 – Tagesspiegel/Berliner Zeitung). Hingegen hat es im Falle RTL/n-tv – vor dem Hintergrund, dass auf dem betroffenen relevanten (Fernsehwerbe-)Markt kein Unternehmen für eine Übernahme in Betracht kam – die mit Außenseitern geführten Gespräche, welche keine Erfolg versprechenden und profitablen Geschäfts- 90 modelle ergaben, als ausreichend angesehen. Dabei war nicht erforderlich, dass ausführliche Verhandlungen geführt oder ein vollständiger Einblick in die wirtschaftlichen Verhältnisse des sanierungsbedürftigen Unternehmens n-tv genommen wurde (vgl BKartA 11.4.2006 – B6-142/05, S. 40 – RTL/n-tv). Die auf die Rechtsprechung des BGH gestützte Rechtsauffassung, wonach in einem Missbrauchsverfahren die Zusammenlegung zweier Zeitungen als Ergebnis einer Interessenabwägung als sachlich gerechtfertigt angesehen werden könne (vgl BKartA – Tagesspiegel/Berliner Zeitung, S. 38), hat im Bereich der Fusionskontrolle keine Entsprechung. Anders als bei der Missbrauchskontrolle sei eine derartige Interessenabwägung bei der Fusionskontrolle nicht zulässig (BKartA – Tagesspiegel/Berliner Zeitung, S. 39). Die **Beweislast** für das Vorliegen dieser Voraussetzungen tragen die am Zusammenschluss beteiligten Unternehmen (BKartA, Auslegungsgrundsätze Juli 2005, S. 40).

91 Die Übernahme eines sanierungsbedürftigen Unternehmens durch den **Marktführer** bewirkt regelmäßig eine Strukturverschlechterung, da im Fall der Liquidation die Marktanteile nicht nur dem übernahmebereiten, sondern auch den übrigen Unternehmen zugute kommen würden (vgl *Bechtold,* § 36 Rn 7; Langen/Bunte/*Ruppelt*, § 36 Rn 42). Erfolgt die Übernahme durch ein im Vergleich zum Marktführer schwaches Oligopolunternehmen, ist eine Verschlechterung der Wettbewerbsstruktur zu verneinen (vgl Langen/Bunte/*Ruppelt*, § 36 Rn 42). Der Zusammenschluss zweier sanierungsbedürftiger Unternehmen, die ohne den Zusammenschluss aus dem Markt ausscheiden müssten, bewirkt keine Strukturverschlechterung. Stellt der auf einem anderen Markt tätige Erwerber seine Potentiale dem erworbenen Unternehmen zur Verfügung, mittels derer das sanierungsbedürftige Unternehmen wettbewerbsfähiger wird, liegt hierin eine Verbesserung der Marktstruktur. Führt ein Zusammenschluss auf dem einen Markt zu einer Marktbeherrschung, auf einem anderen Markt dagegen zu erheblichen strukturellen Verbesserungen, so kann in diesem Falle eine Sanierungsfusion angenommen werden (vgl FK-KartellR/*Rieger*, § 36 Rn 78).

C. Abwägungsklausel (§ 36 Abs. 1, 2. Hs)

I. Allgemeines

92 Ist vom BKartA festgestellt, dass der Zusammenschluss zur Begründung oder Verstärkung einer marktbeherrschenden Stellung führt, darf es den Zusammenschluss dennoch nicht untersagen, wenn durch den Zusammenschluss **Verbesserungen der Wettbewerbsbedingungen** eintreten. Bei diesen Verbesserungen handelt es sich um **qualitativ gleichwertige Aspekte**, die die Strukturverschlechterung ausgleichen können (*Bechtold,* § 36 Rn 28). Da sich die Fusionskontrolle an Strukturvorgängen orientiert, sind in die Abwägung lediglich strukturelle Verbesserungen einzubeziehen, die sich aus dem Zusammenschluss ergeben (BKartA 28.12.2004 – B7-150/04, S. 51 – SES/DPC; vgl auch FK-KartellR/*Rieger*, § 36 Rn 76). Erforderlich ist also ein **Kausalzusammenhang** zwischen dem Zusammenschluss und den Verbesserungen der Wettbewerbsbedingungen, für den ausreicht, wenn die Verbesserungen **zumindest mit hoher Wahrscheinlichkeit** zu erwarten sind (*Bechtold,* § 36 Rn 30). Bei dieser Abwägung wird eine wirtschaftliche Gesamtbetrachtung, die Verhaltensmerkmale sowie außerwettbewerbliche Gesichtspunkte berücksichtigt, nicht durchgeführt (vgl Langen/Bunte/*Ruppelt*, § 36 Rn 49; BKartA 22.2.2002 – B7-168/01, S. 44 – LibertyMedia/KDG). Solche gesamtwirtschaftlichen Aspekte können allenfalls Gegenstand des Ministererlaubnisverfahrens iSd § 42 sein (Loewenheim/Meessen/Riesenkampff/*Kahlenberg/Peter,* § 36 Rn 177; Langen/Bunte/*Ruppelt*, § 36 Rn 49). Ebenso wie die Prüfung, ob der Zusammenschluss eine marktbeherrschende Stellung begründet oder verstärkt, erfordert die Abwägung eine **Prognose der behaupteten Verbesserungen** der Wettbewerbsstruktur (vgl OLG Düsseldorf WuW/E DE-R 1845, 1853 – SES/DPC), obwohl der Wortlaut dies nicht ohne Weiteres vermuten lässt (vgl FK-KartellR/*Rieger*, § 36 Rn 87). Diese Prognoseentscheidung hat sowohl quantitative als auch qualitative Aspekte in einer Gesamtschau zu berücksichtigen. Für die Vorteile kann ein vollständiger Beweis nicht verlangt werden; vielmehr genügt schon die **hohe Wahrscheinlichkeit des Eintritts** (vgl BKartA – LibertyMedia/KDG, S. 75; FK-KartellR/*Rieger*, § 36 Rn 87).

93 In der Abwägung sind die erwarteten Verbesserungen in Relation zu der Strukturverschlechterung zu setzen. Daraus folgt: Je geringer das Maß der Marktbeherrschung, umso geringer sind die an die Strukturverbesserung zu stellenden Anforderungen (BKartA 4.4.2001 – B7-205/00, S. 16 – NetCologne/CNRW; FK-KartellR/*Rieger*, § 36 Rn 76). Ohne Berücksichtigung bleiben insb. neben bloßen unternehmensinternen Entwicklungen in Form von Rationalisierungsvorteilen, Zuwachs an Finanzmitteln, besserer Kapazitätsauslastung sowie Kosteneinsparungen (*Bechtold,* § 36 Rn 28; Loewenheim/Meessen/Riesenkampff/*Kahlenberg/Peter,* § 36 Rn 177) auch gesamtwirtschaftliche Vorteile wie der

Erhalt von Arbeitsplätzen (FK-KartellR/*Rieger*, § 36 Rn 76 und 79). Ebenso kann ein Beitrag zum technischen Fortschritt nicht berücksichtigt werden, da dies den Unternehmen im Interesse eines funktionsfähigen Wettbewerbs obliegt. Bewirken diese Vorteile dagegen strukturelle Verbesserungen, sind sie in die Abwägung einzustellen (Langen/Bunte/*Ruppelt*, § 36 Rn 49). Hingegen kann eine Dekonzentration auf der Veräußererseite etwa bei Auflösung eines Gemeinschaftsunternehmens eine berücksichtigungsfähige Verbesserung darstellen (FK-KartellR/*Rieger*, § 36 Rn 81). Das Gleiche gilt bei Zusammenschlüssen, die die Erschließung neuer Märkte zur Folge haben, allerdings nur insoweit, als zugleich weiteren Wettbewerbern die Möglichkeit des Marktzutritts gewährt wird (FK-KartellR/*Rieger*, § 36 Rn 82). Handelt es sich im konkreten Fall um einen Zusammenschluss, aufgrund dessen **Verbesserungen auf Auslandsmärkten** eintreten werden, ist dies nur dann zu berücksichtigen, soweit es dadurch auch zu strukturellen Verbesserungen auf inländischen Märkten kommt (Langen/Bunte/*Ruppelt*, § 36 Rn 49; Loewenheim/Meessen/Riesenkampff/*Kahlenberg*/*Peter*, § 36 Rn 177). Im Bereich der Medienzusammenschlüsse sind lediglich **Verbesserungen des wirtschaftlichen Wettbewerbs** geeignet, von der Abwägungsklausel erfasst zu werden; **Verbesserungen des publizistischen Wettbewerbs** sind außer Betracht zu lassen (*Bechtold*, § 36 Rn 35). Verbesserungen, die auf einem hinsichtlich der Marktanteile stark konzentrierten Markt eintreten, sind bei der Anwendung der Abwägungsklausel demgemäß auch relativ stark zu berücksichtigen (vgl BKartA 22.2.2002 – B7-168/01, S. 79 – LibertyMedia/KDG).

94 Unerheblich ist, wer von der Verbesserung der Wettbewerbsbedingungen profitiert; folglich reicht es auch aus, dass Märkte betroffen sind, auf denen die beteiligten Unternehmen nicht agieren (Langen/Bunte/*Ruppelt*, § 36 Rn 51). Außerdem müssen jene Märkte auch nicht von Dritten beherrscht werden (*Bechtold*, § 36 Rn 33). Nach Auffassung des BKartA hingegen können im Rahmen der Abwägungsklausel nur solche Märkte in die Abwägung einbezogen werden, auf denen Marktbeherrschung besteht. Eine Verbesserung könne nur dann berücksichtigt werden, wenn sie geeignet sei, die Nachteile der Marktbeherrschung abzubauen oder abzumildern. Wäre keine Marktbeherrschung erforderlich, so sei unklar, was unter einer Verbesserung zu verstehen ist. Soweit keine Marktbeherrschung vorliegt, unterscheide das Gesetz nicht zwischen besseren und weniger guten Marktstrukturen oder Wettbewerbsbedingungen (BKartA 22.2.2002 – B7-168/01, S. 43 – LibertyMedia/KDG). Dieser Ansicht trat das OLG Düsseldorf mit dem Argument entgegen, der Gesetzeswortlaut und die Gesetzesmaterialien gingen von Verbesserungen „auf beliebigen Märkten“ aus und forderten nicht, dass die Wettbewerbsverhältnisse auf dem Drittmarkt den Grad einer Marktbeherrschung erreicht haben. Bedeutung gewinne die Wettbewerbsstruktur auf dem Drittmarkt erst bei der Frage, ob die Verbesserungen auf dem Drittmarkt die Nachteile der Marktbeherrschung überwiegen (OLG Düsseldorf WuW/E DE-R 1845, 1851 – SES/DPC).

II. Verbesserung der Wettbewerbsbedingungen

95 **1. Verbesserung auf demselben Markt und auf anderen Märkten.** Den Verbesserungen der Wettbewerbsbedingungen auf demselben Markt kommt im Rahmen der Abwägungsklausel keine wesentliche Bedeutung zu, weil diese bereits in die Prüfung der Strukturverschlechterung eingeflossen sind (Langen/Bunte/*Ruppelt*, § 36 Rn 50). Allenfalls werden sie in Bezug auf Sanierungssachverhalte relevant. Der in der Praxis häufigere Fall ist die Strukturverbesserung auf anderen Märkten (FK-KartellR/*Rieger*, § 36 Rn 76; Loewenheim/Meessen/Riesenkampff/*Kahlenberg*/*Peter*, § 36 Rn 178). Dabei ist nicht erforderlich, dass die betroffenen Märkte eine besondere Beziehung zueinander aufweisen (Loewenheim/Meessen/Riesenkampff/*Kahlenberg*, § 36 Rn 178). Eine bloße **Erhöhung der Zahl der Marktteilnehmer** bedeutet nach Auffassung des BKartA noch keine Verbesserung der Wettbewerbsbedingungen, wenn zwischen den vorhandenen Marktteilnehmern bereits Wettbewerb herrscht (BKartA 22.2.2002 – B7-168/01, S. 43 – LibertyMedia/KDG). Das BKartA differenziert bei der Bewertung der strukturellen Verbesserungen danach, ob es sich um **junge und prosperierende Märkte** handelt, bei denen ohnehin mit dem Marktzutritt weiterer Wettbewerber zu rechnen ist oder um reife, wettbewerblich träge Märkte. Bei ersteren wiegen die Verbesserungen weniger als bei letzteren (vgl BKartA – LibertyMedia/KDG, S. 80). Besondere Relevanz erlangt die strukturelle Verbesserung auf anderen Märkten, wenn bestehende Substitutionsbeziehungen durch den Zusammenschluss begünstigt werden (*Bechtold*, § 36 Rn 31; FK-KartellR/*Rieger*, § 36 Rn 86). Der Entscheidungspraxis des BKartA lässt sich entnehmen, dass es sich bei der Beurteilung des Vorliegens von Strukturverbesserungen mit Hinweis auf den **Ausnahmecharakter der Abwägungsklausel** gegen eine weite Auslegung der Klausel wendet, um insbesondere bei konglomeraten Zusammenschlüssen eine Aufweichung der Fusionskontrolle zu

verhindern (BKartA – LibertyMedia/KDG, S. 44). Interessant an dieser Stelle ist, dass das BKartA die Berücksichtigung von **verhaltensbedingten Verbesserungen** im Rahmen der Abwägungsklausel nicht per se ausschließt (BKartA – LibertyMedia/KDG, S. 75).

96 Erhebliche Schwierigkeiten bereitet die **Festlegung des Prognosezeitraums**, in dem die zusammenschlussbedingten Verbesserungen berücksichtigt werden dürfen. Im Zusammenschlussvorhaben **LibertyMedia/KDG** vertrat Liberty die Ansicht, dieser Zeitraum müsse zwischen 5 und 8 Jahren betragen und ein kürzerer Zeitraum sei nicht geeignet, sämtliche wettbewerbsfördernden Wirkungen des Zusammenschlusses zu erfassen. Das BKartA folgte dieser Auffassung nicht. Es räumte ein, dass die **Telekommunikationsmärkte** eine **hohe Dynamik** aufweisen, deren zukünftige Entwicklung nicht zuletzt durch regulatorische Entscheidungen geprägt sein wird. Unter Verweis auf den Standpunkt der Monopolkommission seien die zukünftigen Entwicklungen wegen der wechselhaften Dynamik nicht mit einer ausreichenden Verlässlichkeit absehbar. Dieser Dynamik könne allenfalls durch die Berücksichtigung eines **Prognosezeitraums von 3 Jahren** Rechnung getragen werden (BKartA 22.2.2002 – B7-168/01, S. 81 f – LibertyMedia/KDG).

97 **2. Praxis bei Medienzusammenschlüssen.** Bei **Pressezusammenschlüssen** reicht in diesem Zusammenhang aus, wenn die auf dem Lesermarkt eintretenden Vorteile die Strukturverschlechterung auf dem Anzeigenmarkt und umgekehrt überwiegen (*Bechtold,* § 36 Rn 35), da eine hohe Leserzahl einer Zeitung ihre Stellung auf dem Anzeigenmarkt stärkt; umgekehrt fördert auch ein hohes Anzeigenaufkommen die Erhöhung der Leserzahl (sog. „Anzeigen-Auflagen-Spirale" vgl BKartA 27.10.2005 – B6-86/05, S. 24 – MSV/PVN; BKartA 26.1.2006 – B6-138/05, S. 49 – Süddeutscher Verlag/Südostkurier; BKartA 9.7.2009 – B6-38/09, S. 29 ff – Schleswig-Holsteiner Zeitungsverlag/Elmshorner Nachrichten).

98 Im Zusammenschlussvorhaben NetCologne/CNRW beriefen sich die Zusammenschlussbeteiligten mit folgenden Argumenten auf die Abwägungsklausel: Das **Kabelnetz** stelle neben dem Telefonnetz der Deutschen Telekom AG (DTAG) die einzige nahezu flächendeckende Infrastruktur für alternative leistungsgebundene Teilnehmeranschlüsse dar. Die Aufrüstung des Breitbandkabelnetzes sei daher geeignet, das Monopol der DTAG im Teilnehmeranschlussbereich zu beseitigen und einen Infrastrukturwettbewerb zwischen Telefon und Breitbandkabelnetz zu schaffen. Dies werde durch die Übernahme des auf der NE 4 bereits ausgebauten und rückkanalfähigen Breitbandkabelnetzes von NetCologne ermöglicht, während CNRW dadurch sofort in die Lage versetzt werde, im regionalen Bereich auch Telefonteilnehmeranschlüsse, Ortsgespräche und Internetzugang anzubieten. Hierdurch werde es binnen kurzer Zeit zu einem verstärkten Wettbewerb kommen. Zudem führe der beabsichtigte Netzausbau zu einer entscheidenden zeitlichen Verkürzung des Markteintritts von CNRW in die bisher von der DTAG beherrschten Märkte (vgl BKartA 4.4.2001 – B7-205/00, S. 15 – NetCologne/CNRW).

99 Trotz festgestellter Verstärkungswirkungen auf dem Einspeise- und dem Signallieferungsmarkt (BKartA 4.4.2001 – B7-205/00, S. 10–14 – NetCologne/CNRW) folgte das BKartA der Sichtweise der Anmelder und nahm Verbesserungen der Wettbewerbssituation auf den Märkten für Internetzugang und Festnetztelefonie innerhalb des Prognosezeitraums an. Die Freigabeentscheidung beruht maßgeblich auf den Überlegungen eines **beschleunigten (ohnehin geplanten) Markteintritts** durch den **schnellen Ausbau einer eigenen Infrastruktur** auf den betroffenen Märkten. Zur Gestaltung eines alternativen Angebotes auf der Basis einer eigenen Infrastruktur stelle – nach Ansicht des BKartA – die Übernahme von Ressourcen (Know-how, funktionierende Geschäftsprozesse in Form eines funktionierenden Netzmanagements, bestehenden Verträgen, des Datenverarbeitungssystems sowie die Bekanntheit der Marke), über die der marktzutrittswillige Erwerber im Gegensatz zum erworbenen Unternehmen nicht verfügt, eine wesentliche Zwischenstufe zum Aufbau einer weiteren Telekommunikationsstruktur dar (vgl BKartA – NetCologne/CNRW, S. 19 f). Dies gelte umso mehr, je stärker die Stellung des Marktführers auf den betroffenen Märkten sei, etwa bei monopolartigen bzw jedenfalls erheblichen Marktstellungen (BKartA – NetCologne/CNRW, S. 17). Eine besondere Bedeutung habe der schnelle Ausbau eines alternativen Netzes und der damit verbundene schnelle Markteintritt neuer Wettbewerber auf den Märkten, die sich noch in der Entwicklungsphase befinden (BKartA – NetCologne/CNRW, S. 23). Dabei kommt dem Zeitelement ein besonderes Gewicht zu. Ein durch den Zusammenschluss beschleunigter Markteintritt reduziere den Zeitvorteil, den der Marktführer aufgrund seiner Stellung und fehlenden Wettbewerbdrucks genieße (BKartA – NetCologne/CNRW, S. 24). Im einstweiligen Rechtsschutz teilte das OLG Düsseldorf allerdings die Einschätzung des BKartA nicht. Anders als das BKartA vertrat das Gericht die Auffassung, das BKartA habe die zusammenschlussbedingten Nachteile als zu

gering, die eintretenden Verbesserungen als zu günstig und die Anforderungen hieran als zu niedrig angesetzt. Zudem hielt das OLG Düsseldorf in dieser Entscheidung an dem Grundsatz fest, dass im Ausscheiden eines selbstständigen Wettbewerbers aus dem Wettbewerb eine Verstärkung der marktbeherrschenden Stellung und zugleich eine starke Minderung der durch den Zusammenschluss eintretenden Vorteile zu sehen seien (vgl OLG Düsseldorf WuW/E DE-R 665 (666) – NetCologne).

Auffällig an dieser Entscheidung des BKartA ist u.a., dass es entgegen der strukturorientierten Betrachtungsweise der Fusionskontrolle **Verhaltenserwartungen** berücksichtigt hat. Diese Vorgehensweise rechtfertigte das BKartA damit, dass konkrete Anhaltspunkte in Richtung einer positiven strukturellen Entwicklung der betroffenen Märkte vorlägen, etwa ein erwarteter Anstieg der Nachfrage nach Bandbreite in den kommenden Jahren (BKartA 4.4.2001 – B7-205/00, S. 24 – NetCologne/CNRW). Indem das OLG Düsseldorf in seinem Beschluss hinsichtlich der Anordnung der aufschiebenden Wirkung auf dieses Problem nicht eingegangen ist, liegt die Annahme nahe, dass die Einschätzung des BKartA zumindest in der Rechtsprechung des OLG Düsseldorf auf Zustimmung stößt. 100

Es stellte sich allerdings die Frage, welches Gewicht den genannten Überlegungen des BKartA bei der Anwendung der Abwägungsklausel zukommt. Im konkreten Fall war das Unternehmen, gegen das sich der aus dem Zusammenschluss prognostizierte belebte Wettbewerb richten sollte (Deutsche Telekom AG), an CNRW mit 45 % beteiligt, und somit wäre die Befürchtung angebracht, die vom BKartA angenommenen strukturellen Verbesserungen würden durch die DTAG verhindert werden, was den Ausschluss der Anwendbarkeit der Abwägungsklausel zur Folge hätte (BKartA 4.4.2001 – B7-205/00, S. 24 – NetCologne/CNRW). Das BKartA kam nach einer eingehenden Prüfung zu dem Schluss, dass die DTAG mittels ihrer Beteiligung über keine wettbewerblich erheblichen Einflussmöglichkeiten verfüge und ihr somit auch keine Behinderungsmöglichkeit zukomme (BKartA – NetCologne/CNRW, S. 25 ff). Auch dieser Argumentation trat das OLG Düsseldorf entgegen, indem es auf die bestehenden Gesellschaftervereinbarungen zwischen CNRW und KDG, einer 100%igen Tochtergesellschaft der DTAG, abstellte und somit einen **wettbewerblich erheblichen Einfluss der DTAG auf das Wettbewerbsverhalten von CNRW** annahm (OLG Düsseldorf WuW/E DE-R 665 (667) – NetCologne). Da allerdings die beim OLG Düsseldorf eingelegten Beschwerden entweder als unzulässig verworfen bzw zurückgenommen wurden, konnte eine abschließende Beurteilung dieser Frage in einer Hauptsacheentscheidung nicht erreicht werden (vgl BKartA, TB 2001/2002 BT-Drucks. 15/1226, S. 197). 101

In einer späteren Entscheidung setzte das BKartA seine bisherige Entscheidungspraxis fort. Nach wie vor stellt das BKartA bei der Anwendung der Abwägungsklausel darauf ab, ob von dem **Zusammenschluss Marktöffnungseffekte im Sinne des Wegfalls von Marktzutrittsschranken und Steigerung des Marktvolumens** (Angebot und Nachfrage) ausgehen. So hat das BKartA den Zusammenschluss SES/DPC trotz Verstärkung einer marktbeherrschenden Stellung auf dem Markt für die Bereitstellung von Satelliten – Transponderkapazitäten für die Rundfunkübertragung „direct-to-home“ (BKartA 28.12.2004 – B7-150/04, S. 39 – SES/DPC) sowie dem Markt für digitale technische Dienstleistungen für Pay-TV (BKartA – SES/DPC, S. 43) unter Anwendung der Abwägungsklausel freigegeben. Ausschlaggebend für die Entscheidung war zum einen die mit dem Vollzug des Zusammenschlusses einhergehende Öffnung einer bislang von Premiere durch eine proprietäre Verschlüsselungstechnologie und eine darauf basierte Set-Top-Box-Infrastuktur abgeschotteten technischen Plattform, die zu einem erheblichen Anstieg des Marktvolumens in Form einer Steigerung des Programmangebots und der Nachfrage sowie einer Zunahme der Anzahl von TV-Kanälen führe (BKartA – SES/DPC, S. 39 ff). Zum anderen kam der Überlegung erhebliche Bedeutung zu, dass durch die Einführung einer offenen Pay-TV-Plattform unter Berücksichtigung des konkreten Interesses von aktuellen und potenziellen Pay-TV-Anbietern an dem Geschäftsmodell SES/DPC mit dem Wegfall von bisher bestehenden und aufgrund sehr starker Marktstellungen schwer überwindbaren Marktzutrittsschranken zu rechnen sei (vgl BKartA – SES/DPC, S. 54). Diese Umstände führen zudem zu einer Kostensenkung auf den relevanten Märkten und sorgen insgesamt für eine Verbesserung der Wettbewerbsbedingungen (BKartA – SES/DPC, S. 40). Diese Sicht des BKartA hat das OLG Düsseldorf bestätigt (OLG Düsseldorf WuW/E DE-R 1845 (1853 ff) – SES/DPC). 102

III. Überwiegen der Verbesserungen über die Nachteile der Marktbeherrschung

Entsprechend dem eindeutigen Wortlaut des § 36 Abs. 1, 2. Hs müssen die durch den Zusammenschluss eintretenden Vorteile die Nachteile der Marktbeherrschung nicht nur aufwiegen, sondern überwiegen 103

(FK-KartellR/*Rieger*, § 36 Rn 88), womit eine Gleichgewichtigkeit von Vor- und Nachteilen nicht ausreicht (FK-KartellR/*Rieger*, § 36 Rn 88; aA: *Bechtold*, § 36 Rn 29; Loewenheim/Meessen/Riesenkampff/*Kahlenberg/Peter*, § 36 Rn 180 mit Hinweis auf verfassungsrechtliche Bedenken, während Langen/Bunte/*Ruppelt*, § 36 Rn 53 eine ins Gewicht fallende Wettbewerbsverbesserung ausreichen lässt). Durch die Formulierung „**Überwiegen**" wird sichergestellt, dass die Abwägungsklausel nur in den Fällen zur Anwendung gelangt, in denen der Zusammenschluss trotz der Begründung oder Verstärkung einer marktbeherrschenden Stellung eine **nicht unbedeutende Belebung des Wettbewerbs** auf anderen wichtigen Märkten bewirkt (vgl FK-KartellR/*Rieger*, § 36 Rn 88). Zur Feststellung dieses Kriteriums sind die durch den Zusammenschluss eintretenden Strukturverschlechterungen und -verbesserungen in einer **Gesamtschau** zu untersuchen (Loewenheim/Meessen/Riesenkampff/*Kahlenberg/Peter*, § 36 Rn 180). Im Rahmen der Abwägung zwischen den Vor- und Nachteilen eines Zusammenschlusses kommt den Vorteilen ein größeres Gewicht zu, wenn die Nachteile sich auf einen potenziellen (resp. künftigen) Wettbewerb beziehen. Dabei spielen die **Intensität und Umfang des potenziellen Wettbewerbs** eine bedeutende Rolle. Ist der von eher geringer Bedeutung, kann davon ausgegangen werden, dass der Zusammenschluss den potenziellen Wettbewerb nicht völlig ausschließt, sondern ihn nur dämpft (BKartA 28.5.2002 – B6-33/02, S. 15 – WAZ/T.A.).

104 Die Praxis setzt in Bezug auf die eintretenden Verbesserungen einen gewissen Grad an **Wesentlichkeit und Dauerhaftigkeit** voraus; besteht die Gefahr, dass aufgrund des vorübergehenden Charakters der Verbesserung auf dem einen Markt diese von der Strukturverschlechterung auf dem anderen Markt eingeholt wird, kann eine die Nachteile des Zusammenschlusses überwiegende Strukturverbesserung iSd § 36 Abs. 1 S. 1 Hs 2 nicht angenommen werden. Eine solche Beurteilung hat das BKartA im Fall **Holtzbrinck/Berliner Verlag** mit Blick auf den engen Zusammenhang zwischen Auflagenhöhe und Anzeigenvolumen auf dem Zeitungsmarkt (Leser- u. Anzeigenmarkt) vorgenommen (vgl BKartA 10.12.2002 – B6-98/02, S. 39 f – Tagesspiegel/Berliner Zeitung). Im Bereich der digitalen technischen Plattformen zur Verarbeitung von Satellitensignalen sah das BKartA in der beabsichtigten **Öffnung** dieser Plattform durch die SES/DPC die **nötige Grundlage** für das Angebot von zusätzlichem Pay-TV-Angebot in Deutschland und nahm ein Überwiegen iSd § 36 Abs. 1 2. Hs an, obwohl die Inanspruchnahme der Kostenvorteile einer digitalen Übertragung die Aufnahme der TV-Kanäle in einen Multiplex voraussetzt und somit eine gewisse **Zentralisierung der technischen Dienstleistungen** zur Folge hat, womit ein Abhängigkeitsverhältnis verbunden ist (BKartA 28.12.2004 – B7-150/04, S. 41 – SES/DPC). Diese Entscheidungspraxis zeigt einmal mehr, dass das BKartA im Interesse einer strukturellen Belebung bei der Gewichtung der Nachteile eher großzügig verfährt.

IV. Darlegungs- und Beweislast

105 § 36 Abs. 1 Hs 2 besagt sinngemäß, dass der Zusammenschluss vom BKartA nicht untersagt werden kann, wenn die beteiligten Unternehmen nachweisen, dass die durch den Zusammenschluss eintretenden Verbesserungen der Marktstruktur die Nachteile der Strukturverschlechterung überwiegen. Somit wird den Unternehmen die volle formelle und materielle Beweis- und Darlegungslast im Hinblick auf das Vorliegen der Voraussetzungen der Abwägungsklausel auferlegt (OLG Düsseldorf WuW/E DE-R 1845 (1853) – SES/DPC; *Bechtold*, § 36 Rn 31; Loewenheim/Meessen/Riesenkampff/*Kahlenberg/Peter*, § 36 Rn 181). Sind die Unternehmen trotz Vorlage **schlüssiger und plausibler Angaben und Einschätzungen** nicht in der Lage, die genauen Fakten darzulegen, ist das BKartA gehalten, die geeigneten und erforderlichen Ermittlungen durchzuführen (OLG Düsseldorf WuW/E DE-R 1845 (1853) – SES/DPC; Langen/Bunte/*Ruppelt*, § 36 Rn 57; FK-KartellR/*Rieger*, § 36 Rn 89).

D. Verbundklausel (§ 36 Abs. 2 S. 1)

I. Allgemeines

106 Mit der Verbundklausel verfolgt der Gesetzgeber den Zweck, Unternehmensgruppen, die wegen **gegenseitiger Verbindungen** in der Regel eine **wettbewerbliche Einheit** bilden, im Rahmen der Fusionskontrolle trotz ihrer rechtlichen Selbstständigkeit auch als wettbewerbliche Einheit zu behandeln (Loewenheim/Meessen/Riesenkampff/*Bauer*, § 36 Rn 182). Die Klausel wendet sich nur an Unternehmen, nicht an natürliche Personen, die nur ausnahmsweise im Rahmen des Abs. 3 als Unternehmen gelten. Der **maßgebliche Zeitpunkt** zur Beurteilung der Abhängigkeitsverhältnisse im Sinne der Verbundklausel ist der des Zusammenschlusses. Da der Wortlaut des § 36 Abs. 2 S. 1 ausdrücklich Bezug

auf die §§ 17, 18 AktG nimmt, gelten für die Auslegung die **aktienrechtlichen Grundsätze** (*Bechtold*, § 36 Rn 40; FK-KartellR/*Paschke*, § 36 Rn 95). Bedeutung hat die Verbundklausel nicht nur im Hinblick auf die Berechnung der Umsatzerlöse und der Marktanteile, sondern darüber hinaus für die gesamte Fusionskontrolle. Dem gesetzgeberischen Willen nach soll sie sogar für das gesamte GWB gelten. Damit soll sichergestellt werden, sämtliche abhängigen und herrschenden Unternehmen im Sinne des § 17 AktG oder Konzernunternehmen im Sinne des § 18 AktG als wirtschaftliche Einheit zu behandeln (Regierungsentwurf zur 6. GWB-Novelle v. 29.1.1998, S. 56).

II. Abhängige oder herrschende Unternehmen iSd § 17 AktG

Der Begriff des „abhängigen Unternehmens" bestimmt sich nach § 17 Abs. 1 AktG. Hiernach gelten als abhängige Unternehmen rechtlich selbstständige Unternehmen, auf die ein anderes Unternehmen (herrschendes Unternehmen) unmittelbar oder mittelbar einen beherrschenden Einfluss ausüben kann. **Beherrschender Einfluss** in diesem Sinne ist jede Einwirkung auf die Geschäftsleitung eines abhängigen Unternehmens, die einem anderen Unternehmen erlaubt, durch Besetzung seiner Organe die Geschäftspolitik zu bestimmen (Loewenheim/Meessen/Riesenkampff/*Bauer*, § 36 Rn 188). Die Beherrschung ist insoweit erheblich, als sie **gesellschaftsrechtliche Einflussmöglichkeiten** gewährt (*Bechtold*, § 36 Rn 38; Loewenheim/Meessen/Riesenkampff/*Bauer*, § 36 Rn 189). Als Grundlage für den beherrschenden Einfluss kommen alle rechtlichen (zB Beherrschungsverträge) und tatsächlichen Umstände (zB Sperrminoritäten mit gefestigter Hauptversammlungsmehrheit) in Betracht, die dem herrschenden Unternehmen gesicherte Einflussmöglichkeiten eröffnen (vgl *Bechtold*, § 36 Rn 40). Ein tatsächliches Gebrauchmachen von dieser Möglichkeit ist nicht erforderlich; vielmehr genügt bereits die bloße Möglichkeit (FK-KartellR/*Paschke*, § 36 Rn 97; Langen/Bunte/*Ruppelt*, § 36 Rn 63). Ist ein Unternehmen an einem anderen mehrheitlich beteiligt, so sieht § 17 Abs. 1 AktG für diesen Fall eine widerlegbare Vermutung der Abhängigkeit (vgl zum Begriff des Mehrheitsbesitzes § 16 AktG) vor. Ein Unternehmen, das sich auf die **Widerlegung der Abhängigkeitsvermutung** beruft, trifft diesbezüglich die **volle Darlegungs- und Beweislast** (Loewenheim/Meessen/Riesenkampff/*Bauer*, § 36 Rn 186). Angesichts des Umstandes, dass die Abhängigkeit bei einer Mehrheitsbeteiligung im Hinblick auf die damit begründeten Möglichkeiten der Einflussnahme auf die Geschäftsführungsorgane vermutet wird, kann die Vermutung mithilfe der aktienrechtlichen Instrumente der **Stimmbindungs- und Entherrschungsverträge** widerlegt werden (vgl Loewenheim/Meessen/Riesenkampff/*Bauer*, § 36 Rn 187). 107

III. Konzernunternehmen iSd § 18 AktG

Die Konzernklausel des § 18 AktG erfasst sowohl Unterordnungs- als auch Gleichordnungskonzerne. Indem allerdings § 18 Abs. 1 AktG den Nachweis einer einheitlichen Leitung voraussetzt, § 17 AktG hingegen mit der Voraussetzung des beherrschenden Einflusses den Unterordnungskonzern als abhängiges Unternehmen erfasst, hat im Rahmen des § 18 AktG nur der Gleichordnungskonzern eine praktische fusionskontrollrechtliche Bedeutung (vgl *Bechtold*, § 36 Rn 41; FK-KartellR/*Paschke*, § 36 Rn 91). Ein **Gleichordnungskonzern** liegt vor, wenn zwischen den unter einheitlicher Leitung verbundenen Unternehmen keine Unterordnung besteht. Er kann sowohl vertraglich als auch faktisch begründet werden. Auf die Rechtsform des Konzernunternehmens kommt es nicht an. Entscheidend ist folglich nicht das äußerliche Auftreten der einheitlich stehenden Leitungsmacht, sondern ihre Effizienz (*Bechtold*, § 36 Rn 41). Die faktische Unterstellung unter einheitliche Leitung kann sich aus Gesamtumständen, etwa der personellen Verflechtung, einheitlichen Zielvorgaben und dem gleichgerichteten Verhalten der Konzerngesellschaften ergeben (Langen/Bunte/*Ruppelt*, § 36 Rn 59). **„Einheitliche Leitung"** in diesem Sinne liegt vor, wenn die Konzernleitung die Geschäftspolitik der betreffenden Konzerngesellschaften und sonstige grundsätzliche Fragen der Geschäftsführung in einer auf Dauer angelegten, beständigen und konzernweiten Weise aufeinander abstimmt (vgl FK-KartellR/*Paschke*, § 36 Rn 92; ähnlich: BKartA, 28.5.2002 B6-33/02, S. 16 – WAZ/T.A. Schachenmeyer). Im Medienbereich hat das BKartA trotz einer weitgehenden Übertragung verlagswirtschaftlicher Angelegenheiten die Unterstellung unter eine einheitliche Leitung nicht angenommen, wenn das Unternehmen **wesentliche unternehmerische Entscheidungen** wie die Festlegung bzw Genehmigung des Redaktionsetats und des Investitionsplans, Festlegung der Vertriebspreise, Bestimmung des Umfangs der Berichterstattung sowie die Nutzung von Immobilien selbst treffen konnte und in der Lage war, sein Marktverhalten eigenständig zu gestalten (BKartA – WAZ/OTZ, S. 17). 108

109 Die **Verbundklausel** wendet sich nur an Unternehmen, nicht an natürliche Personen. Sie gilt nicht nur für inländische, sondern auch für ausländische Unternehmen. Sind öffentliche Unternehmen zusammengefasst, so kann eine Konzernverbindung nur angenommen werden, wenn die Unternehmensleitungen koordiniert agieren (*Bechtold,* § 36 Rn 42). Bei der Beurteilung, ob ein Konzernunternehmen im Sinne des § 18 AktG vorliegt oder nicht, sind auch Veränderungen der Konzernstruktur zu berücksichtigen. Wird ein konzernzugehöriges Unternehmen veräußert und scheidet es aus der Konzernstruktur aus, so findet eine Zurechnung der Ressourcen des veräußerten Unternehmens zum Konzern nicht mehr statt. Ebenso bleiben die veräußerten Teile außer Betracht, es sei denn, der Veräußerer der Teile behält nach wie vor seinen maßgeblichen Einfluss. Teile, die dem Konzern hinzugefügt werden, sind zu berücksichtigen, sofern sie zum Zeitpunkt des Vollzugs vorliegen (vgl Loewenheim/Meessen/Riesenkampff/*Bauer,* § 36 Rn 195; *Bechtold,* § 36 Rn 41).

E. „Mehrmütterklausel" (§ 36 Abs. 2 S. 2)

110 Mit der „Mehrmütterklausel" bezweckt der Gesetzgeber, die **koordinierte Einflussnahme** einer Mehrzahl von Unternehmen auf ein abhängiges Unternehmen mit der Verbundklausel zu erfassen (vgl FK-KartellR/*Paschke,* § 36 Rn 103). Dies beruht auf dem Gedanken, dass es jedenfalls für die Fusionskontrolle wettbewerblich gleichbedeutend ist, ob Unternehmen von einer oder mehreren Muttergesellschaften beherrscht werden (Langen/Bunte/*Ruppelt,* § 36 Rn 65). Erforderlich ist ein **Zusammenwirken,** das neben einer gemeinsamen Interessenlage Umstände umfasst, aus denen eine **erhebliche und dauerhafte Interessenparallelität** der Gesellschafter auf der Grundlage **einheitlicher Willensbildung** gefolgert werden kann (vgl FK-KartellR/*Paschke,* § 36 Rn 104). Vorliegen muss eine gesicherte gemeinsame Beherrschungsmöglichkeit, wofür das schlichte Nebeneinander gleichrangiger Beteiligungen nicht ausreicht (OLG Düsseldorf WuW/E DE-R 1413 (1414) – Radio TON-Regional; *Bechtold,* § 36 Rn 45). Gemeint ist ein so weitgehender Einfluss der zusammenwirkenden Gruppe, durch den sie ihre gemeinsamen Vorstellungen in den von ihr beherrschten Gremien durchsetzen kann (Langen/Bunte/*Ruppelt,* § 36 Rn 67). Hierfür reicht ein **mittelbarer Einfluss** auf die Geschäftspolitik aus, der durch die Bestimmung der personellen Besetzung von Aufsichtsrat und Vorstand ausgeübt wird. Die gemeinsame Beherrschungsmöglichkeit kann Folge **vertraglicher Vereinbarungen,** aber auch **tatsächlicher Umstände** sein (BKartA 23.4.2004 – B6-56/03, S. 8 – Radio TON-Regional), wobei Letzteres nur dann in Betracht kommt, wenn die tatsächlichen Verhältnisse ein **bewusstes und gewolltes Zusammenwirken** mit einer **gewissen Planmäßigkeit** auf der Grundlage eines gemeinsamen Beherrschungswillens gewährleisten (FK-KartellR/*Paschke,* § 36 Rn 106). Von einem dauerhaften Zusammenwirken mit der Begründung, dass ein faktischer Einigungszwang bestehe, kann keine Rede sein, wenn die dem Zusammenwirken zugrunde liegende Vereinbarung keine Notwendigkeit vorschreibt, in wichtigen Fragen eine Einigung zu suchen (OLG Düsseldorf WuW/E DE-R 1413 (1416) – Radio TON-Regional). Beruht ein Zusammenwirken nicht auf einer Vereinbarung, so kann eine **längerfristige tatsächliche Übung** ausreichen, die auf eine gemeinsame und einheitliche Entscheidungspraxis in den Gesellschaftsorganen schließen lässt. In diesem Fall spricht die längerfristige tatsächliche Übung für die Zielsetzung der beteiligten Unternehmen, in der Entscheidungsfindung der Gesellschaftsorgane einheitlich zu verfahren (vgl Langen/Bunte/*Ruppelt,* § 36 Rn 69). Ein Zusammenwirken wird nicht dadurch ausgeschlossen, dass für den Fall von Meinungsverschiedenheiten in der Satzung des Unternehmens der Stichentscheid eines unabhängigen Dritten vorgesehen ist (BGH Beschl. v. 7.11.2006 – KVR 39/05, S. 7 – Radio TON-Regional). Wird einem der beteiligten Unternehmen trotz paralleler Interessen eine besondere, im Verhältnis zu den anderen Unternehmen herausragende Position eingeräumt, kraft derer dieses Unternehmen für die Führung des gemeinsamen Unternehmens verantwortlich ist und die Unternehmenspolitik bestimmt, liegt keine gemeinsame Beherrschungsmöglichkeit vor (Loewenheim/Meessen/Riesenkampff/*Bauer,* § 36 Rn 197; *Bechtold,* § 36 Rn 45). Die Rechtsfolge der Mehrmütterklausel besteht darin, dass die Umsätze und Marktanteile aller herrschenden Unternehmen dem abhängigen Unternehmen zugerechnet werden. Im Falle der Beteiligung einer der gemeinsam herrschenden Mütter an einem Zusammenschluss muss sich diese auch die Umsätze und Marktanteile des mitbeherrschten Unternehmens zurechnen lassen (vgl *Bechtold,* § 36 Rn 46; Loewenheim/Meessen/Riesenkampff/*Bauer,* § 36 Rn 198).

F. „Flick – Klausel" (§ 36 Abs. 3)

Die Vorschriften der Fusionskontrolle haben ihrem Wortlaut nach nur Unternehmen im Blick; da jedoch auch Fälle denkbar sind, in denen wettbewerbsrelevante Verbindungen über Rechtsträger zustande kommen, die selbst keine Unternehmen sind, sieht § 36 Abs. 3 zur Wahrung der größtmöglichen Effizienz eine unwiderlegliche Fiktion der Unternehmenseigenschaft vor, die mit der Einführung der Fusionskontrolle durch die 2. GWB-Novelle – **erörtert am Beispiel der Flick-Gruppe** – eingefügt wurde. Als Normadressaten kommen natürliche Personen, Personenmehrheiten, privatrechtliche Stiftungen, öffentlich-rechtliche Körperschaften, Stiftungen oder Anstalten in Betracht (vgl Langen/Bunte/*Ruppelt*, § 36 Rn 74). Erforderlich ist, dass diesen eine Mehrheitsbeteiligung an einem Unternehmen zusteht. Der Begriff der **Mehrheitsbeteiligung** richtet sich nach **§ 16 AktG** und hat zur Folge, dass sowohl Stimmrechts- als auch Anteilsmehrheiten erfasst werden (Loewenheim/Meessen/Riesenkampff/*Bauer*, § 36 Rn 199; FK-KartellR/*Paschke*, § 36 Rn 110). Die Mehrheitsbeteiligung muss zum Zeitpunkt des Zusammenschlusses bestehen; die Begründung einer solchen Beteiligung durch den Zusammenschluss reicht nicht aus. Die Flick-Klausel gilt seit der 4. GWB-Novelle für alle Zusammenschlusstatbestände, wobei ihre Geltung durch die 6. GWB-Novelle – obwohl systematisch nur der Fusionskontrolle zugeordnet – auf das gesamte GWB erstreckt wurde (vgl *Bechtold*, § 36 Rn 48). Die Regelung hat einen **weitgehend klarstellenden Charakter**, da die genannten Rechtsträger bereits von dem weit auszulegenden kartellrechtlichen Unternehmensbegriff erfasst werden (Langen/Bunte/*Ruppelt*, § 36 Rn 74; s. zum kartellrechtlichen Unternehmensbegriff oben unter Rn 9). Die Anwendung der Flick-Klausel führt dazu, dass dem an einem Zusammenschluss beteiligten Unternehmen die sonstigen Ressourcen und Unternehmensbeteiligungen seines Mehrheitsgesellschafters über die Verbundklausel des § 36 Abs. 2 zugerechnet werden. Im Falle einer Beteiligung des Mehrheitsgesellschafters an einem Zusammenschluss ist er als Unternehmen im Sinne der fusionskontrollrechtlichen Vorschriften anzusehen (Loewenheim/Meessen/Riesenkampff/*Bauer*, § 36 Rn 201). 111

§ 37 GWB Zusammenschluss

(1) Ein Zusammenschluss liegt in folgenden Fällen vor:

1. **Erwerb des Vermögens eines anderen Unternehmens ganz oder zu einem wesentlichen Teil;**
2. **Erwerb der unmittelbaren oder mittelbaren Kontrolle durch ein oder mehrere Unternehmen über die Gesamtheit oder Teile eines oder mehrerer anderer Unternehmen. Die Kontrolle wird durch Rechte, Verträge oder andere Mittel begründet, die einzeln oder zusammen unter Berücksichtigung aller tatsächlichen und rechtlichen Umstände die Möglichkeit gewähren, einen bestimmenden Einfluss auf die Tätigkeit eines Unternehmens auszuüben, insbesondere durch**
   a) **Eigentums- oder Nutzungsrechte an einer Gesamtheit oder an Teilen des Vermögens des Unternehmens,**
   b) **Rechte oder Verträge, die einen bestimmenden Einfluss auf die Zusammensetzung, die Beratungen oder Beschlüsse der Organe des Unternehmens gewähren;**
3. **Erwerb von Anteilen an einem anderen Unternehmen, wenn die Anteile allein oder zusammen mit sonstigen, dem Unternehmen bereits gehörenden Anteilen**
   a) **50 vom Hundert oder**
   b) **25 vom Hundert**

   des Kapitals oder der Stimmrechte des anderen Unternehmens erreichen. Zu den Anteilen, die dem Unternehmen gehören, rechnen auch die Anteile, die einem anderen für Rechnung dieses Unternehmens gehören und, wenn der Inhaber des Unternehmens ein Einzelkaufmann ist, auch die Anteile, die sonstiges Vermögen des Inhabers sind. Erwerben mehrere Unternehmen gleichzeitig oder nacheinander Anteile im vorbezeichneten Umfang an einem anderen Unternehmen, gilt dies hinsichtlich der Märkte, auf denen das andere Unternehmen tätig ist, auch als Zusammenschluss der sich beteiligenden Unternehmen untereinander;
4. **jede sonstige Verbindung von Unternehmen, aufgrund deren ein oder mehrere Unternehmen unmittelbar oder mittelbar einen wettbewerblich erheblichen Einfluss auf ein anderes Unternehmen ausüben können.**

(2) Ein Zusammenschluss liegt auch dann vor, wenn die beteiligten Unternehmen bereits vorher zusammengeschlossen waren, es sei denn, der Zusammenschluss führt nicht zu einer wesentlichen Verstärkung der bestehenden Unternehmensverbindung.

(3) [1]Erwerben Kreditinstitute, Finanzinstitute oder Versicherungsunternehmen Anteile an einem anderen Unternehmen zum Zwecke der Veräußerung, gilt dies nicht als Zusammenschluss, solange sie das Stimmrecht aus den Anteilen nicht ausüben und sofern die Veräußerung innerhalb eines Jahres erfolgt. [2]Diese Frist kann vom Bundeskartellamt auf Antrag verlängert werden, wenn glaubhaft gemacht wird, dass die Veräußerung innerhalb der Frist unzumutbar war.

A. Allgemeines

112 § 37 Abs. 1 regelt für den gesamten Bereich der Fusionskontrolle in **enumerativer Aufzählung** die Zusammenschlusstatbestände als **Aufgreifkriterien.** Die Aufzählung richtet sich nach der Zusammenschlussintensität. Während die Tatbestände des § 37 Abs. 1 Nr. 1 (Vermögenserwerb) und Nr. 3 (Anteilserwerb) formellrechtlicher Natur sind, kommt dem Kontrollerwerbstatbestand nach § 37 Abs. 1 Nr. 2, der auf materielle Beherrschungs- und Einflussmöglichkeiten abstellt, eher die Funktion einer Generalklausel zu. Bleiben jedoch die Unternehmensverbindungen unterhalb der Schwellen des Anteils- und Kontrollerwerbs, so können sie von § 37 Abs. 1 Nr. 4 im Sinne eines Auffangtatbestandes erfasst werden (Loewenheim/Meessen/Riesenkampff/*Riesenkampff/Lehr*, § 37 Rn 1). Gem. Abs. 2 unterliegen auch die Fälle eines erneuten, mehrfachen Zusammenschluss bereits zusammengeschlossener Unternehmen der Fusionskontrolle, während Abs. 3 eine **Privilegierung von Banken, Finanzinstituten und Versicherungsunternehmen** vorsieht (siehe unten Rn 153 f). Damit geht ungeachtet des formalen Vorliegens der Zusammenschlusskriterien eine Fusionskontrollfreiheit insb. des Emissionsgeschäfts und des Wertpapierhandels einher (FK-KartellR/*Paschke,* § 37 Rn 112). Nach der Einführung des Kontrollerwerbstatbestands im Zuge der 6.GWB-Novelle kommt es häufig vor, dass ein und derselbe Vorgang mehrere Zusammenschlusstatbestände verwirklicht. Insbesondere überschneidet sich der Tatbestand des Kontrollerwerbs mit denen des Vermögens- und des Anteilserwerbs (Loewenheim/Meessen/Riesenkampff/*Riesenkampff/Lehr*, § 37 Rn 2). Maßgeblich für die fusionskontrollrechtliche Beurteilung ist nicht die Vereinbarung eines Zusammenschlusses im Sinne des Abschlusses eines Verpflichtungsgeschäfts, sondern dessen Vollzug, auf dem die wettbewerblich relevante Einflussnahme beruht (*Bechtold,* § 37 Rn 2).

B. Bedeutung des Zusammenschlussbegriffs

113 Der Zusammenschluss nach § 37 stellt einen **Grundbegriff des Fusionskontrollrechts** dar. Als **Aufgreifkriterium** wird er in sämtlichen Vorschriften des GWB **einheitlich** verwendet (FK-KartellR/*Paschke,* § 37 Rn 2). § 37 hat, indem er genau umrissene Zusammenschlusstatbestände enthält, einen formalen Charakter, der zur Folge hat, das jeder Vorgang, der die Voraussetzungen eines dieser Tatbestände erfüllt, ohne Rücksicht auf das Ausmaß der Betroffenheit beteiligter Unternehmen eine Kontrollpflicht begründet, die ihre Grenzen in den Schwellenwerten des § 35 und den materiellen Voraussetzungen des § 36 findet. Diese formale Ausrichtung des § 37 wurde allerdings durch die Einführung des Kontrollerwerbs zugunsten eines materiellen Ansatzes geschwächt (Langen/Bunte/*Ruppelt*, § 37 Rn 3 f). Besondere Bedeutung kommt dem Zusammenschlussbegriff im Hinblick auf die materielle Fusionskontrolle des § 36 und die Anmeldepflicht des § 39 zu. Als Aufgreifkriterium wohnt dem Zusammenschlussbegriff die Zielsetzung inne, eine effektive Fusionskontrolle zur Sicherung eines funktionierenden Wettbewerbs zu ermöglichen, indem sie die Grundlage für die Untersagung nach § 36 bildet. Im Rahmen der Anmeldepflicht nach § 39 kommt dem Zusammenschlussbegriff die Funktion zu, die interessierte Öffentlichkeit und das BKartA bezüglich der Konzentrationsvorgänge zu informieren. Außerdem erfüllt er die Aufgabe, aufgrund der beim BKartA erfolgenden Anmeldung des Zusammenschlusses eine **lückenlose Erfassung aller erheblichen Konzentrationsbewegungen** zu gewährleisten. (FK-KartellR/*Paschke,* § 37 Rn 1 ff). In § 37 erfährt der Zusammenschlussbegriff eine abschließende Gestaltung. Das bedeutet, dass nur die Vorgänge kartellrechtlich erheblich sind, welche unter den Begriff des Zusammenschlusses subsumiert werden können (Langen/Bunte/*Ruppelt*, § 37 Rn 4). Eine über diesen Rahmen hinausgehende Ausweitung der Definition ist mit Blick auf Bußgeldvorschriften des § 81 und die damit zusammenhängenden Verwaltungsvollstreckungsmaßnahmen, deren Grundlage § 37 bildet, nicht zulässig (*Bechtold,* § 37 Rn 2). Es ist jedoch zu beachten, dass vom Vorliegen eines Zusammenschlusses im Sinne des § 37 noch **keine Indizwirkung** bezüglich der Be-

gründung oder Verstärkung einer marktbeherrschenden Stellung ausgeht (FK-KartellR/*Paschke*, § 37 Rn 2). Diese muss erst im Fusionskontrollverfahren vom BKartA gesondert geprüft werden.

C. Formen des Zusammenschlusses

I. Vermögenserwerb (§ 37 Abs. 1 Nr. 1)

1. Vermögensbegriff. § 37 Abs. 1 Nr. 1 enthält zwei selbstständige, voneinander zu unterscheidende Erwerbsformen: den Erwerb eines Gesamtvermögens und den Erwerb eines wesentlichen Teils des Vermögens (s. zu Bsp. für wesentliche Vermögensteile, *Bechtold*, § 37 Rn 8; Langen/Bunte/*Ruppelt*, § 37 Rn 8). Hierbei werden unter **Vermögen** die geldwerten Güter und Rechte eines Unternehmens verstanden, soweit sie der unternehmerischen Nutzung unterliegen. Dafür kommt es auf ihre Art, Verwendung und Verwertbarkeit nicht an (vgl Langen/Bunte/*Ruppelt*, § 37 Rn 7). Während der Erwerb eines Gesamtvermögens in der Rechtsanwendung weitgehend unproblematisch ist, wirft die Frage der Wesentlichkeit eines Vermögensteils Auslegungsprobleme auf. Nach Ansicht des BKartA reicht es aus, wenn der erworbene Teil im Verhältnis zum Gesamtvermögen des Veräußerers **quantitativ ausreichend hoch** oder unabhängig davon **qualitativ** von Bedeutung ist, insbesondere weil es sich um eine wirtschaftliche Funktionseinheit für ein Produktions- oder Vertriebsziel handelt, durch das die Stellung des Veräußerers auf dem betreffenden Markt begründet wurde (BKartA 27.10.2005 – B6-86/05, S. 11 f – MSV/PVN; zT übereinstimmend: *Bechtold*, § 37 Rn 8). Neuerdings setzt die Praxis voraus, dass mit der Übertragung des betroffenen Vermögensteils eine Veränderung der Stellung des Erwerbers auf dem Markt einhergeht bzw zumindest eine dahin gehende **Eignung** besteht (BKartA – MSV/PVN, S. 12; Langen/Bunte/*Ruppelt*, § 37 Rn 9 f). Entscheidend ist, ob der veräußerte Vermögensteil die **tragende Grundlage der Stellung des Veräußerers** ist und die Veräußerung dem Erwerber die abstrakte Möglichkeit einräumt, in diese Stellung einzutreten (vgl BKartA, 2.8.2004 B6-26/04, S. 13 – National Geographic; BGH Beschl. v. 10.10.2006 – KVR 32/05, S. 9 – National Geographic I). Unbedingt erforderlich ist, dass der Veräußerer schon im Vorfeld der Übertragung eine Marktstellung innehat. Insofern genügt die ungenutzte Möglichkeit zur Begründung einer solchen Marktstellung nicht (OLG Düsseldorf WuW/E/E DE-R, 1504 ff – National Geographic). 114

Der Erwerb einer ausschließlichen Lizenz über gewerbliche Rechte stellt – im Gegensatz zur Ansicht des BKartA (BKartA 2.8.2004 – B6-26/04, S. 14 – National Geographic) – keinen wesentlichen Vermögensteil dar, da es nicht auf die Ausschließlichkeit der Lizenzverwertung ankommt, sondern eines Übergangs des Vollrechts bedarf, wofür der Erwerb von lediglich Verwertungs- und Nutzungsrechten nicht ausreicht (vgl OLG Düsseldorf WuW/E DE-R 1504 (1504 f) – National Geographic). Bei Einräumung von Lizenzrechten kann der Zusammenschlusstatbestand nur dann erfüllt sein, wenn der Lizenznehmer dadurch in die Stellung des Lizenzgebers eintritt. Dies ist bei Lizenzrechten für die Herausgabe eines vorher noch nicht bestehenden deutschsprachigen Magazins nicht der Fall (vgl BGH Beschl. v. 10.10.2006 – KVR 32/05 – National Geographic I). Hingegen kann die Übertragung von einzelnen Geschäftsfilialen einschließlich der vorhandenen Kundenbeziehungen sowie von gewerblichen Rechten einen Zusammenschluss darstellen. Das Gleiche gilt, wenn eine Marke übertragen wird, die aufgrund ihrer Bekanntheit bereits als solche eine **tragende Grundlage des Stellung des Veräußerers** bildete (Langen/Bunte/*Ruppelt*, § 37 Rn 9). So hat das BKartA im Zusammenschlussvorhaben MSV/PVN die Übertragung von Logistik-Funktionen auf das Gemeinschaftsunternehmen MSV als Erwerb eines wesentlichen Teils in qualitativer und quantitativer Hinsicht qualifiziert, dem eine zentrale Bedeutung für die nach außen gerichtete Tätigkeit eines Pressegrossisten zukomme, da die Pressegrossisten insbesondere im Bereich der Logistik im Wettbewerb zueinander sehen (BKartA 27.10.2005 – B6-86/05, S. 12 – MSV/PVN). 115

2. Erwerb. Der Begriff des Erwerbs erfordert einen Inhaberwechsel, folglich einen **Übergang des Vollrechts.** Insofern kann der Erwerb obligatorischer oder beschränkt dinglicher Rechte nicht ausreichen (*Bechtold*, § 37 Rn 4; aA: Loewenheim/Meessen/Riesenkampff/*Riesenkampff/Lehr*, § 37 Rn 6 mwN). Nichtsdestotrotz ist ein Erwerb anzunehmen, wenn das Vollrecht unter dem Vorbehalt beschränkt dinglicher Rechte übergeht (*Bechtold*, § 37 Rn 4). Soweit Sicherungsrechte bestellt werden, die eine privilegierte Behandlung des Gläubigers bezwecken, liegt hierin kein Erwerb (Langen/Bunte/*Ruppelt*, § 37 Rn 12). Erforderlich ist jedenfalls, dass der Erwerber ein Unternehmen ist (*Bechtold*, § 37 Rn 4). Der Erwerb ist mit der Übertragung des Eigentums bzw des Rechts vollzogen. Die Form der Übertragung ist unerheblich, da die Fusionskontrolle nicht auf den Übertragungsvorgang als solchen, sondern maßgeblich auf die **strukturellen Folgen einer Übertragung** abstellt (vgl Langen/Bunte/*Ruppelt*, § 37 116

Rn 11). Ebenso wenig kommt es auf den rechtlichen Grund oder die Motive an. So kann der Erwerb in Form von Einzelnach-, Gesamtnach-, oder Erbfolge geschehen (*Bechtold,* § 37 Rn 4). Ebenfalls kann er durch Umwandlung nach neuem Unwandlungsrecht als Oberbegriff für Verschmelzung, Spaltung und Vermögensübertragung zustande kommen (FK-KartellR/*Paschke,* § 37 Rn 19 ff). Findet eine organisatorische Umstrukturierung der vorhandenen Mittel statt, liegt kein Vermögenserwerb vor (Langen/Bunte/*Ruppelt,* § 37 Rn 13 f). Bei **Treuhandverhältnissen** ist darauf zu achten, dass der Treuhänder das Eigentum bzw das Recht für den Treugeber erwirbt, so dass Letzterer als Erwerber anzusehen ist (Langen/Bunte/*Ruppelt,* § 37 Rn 12).

II. Kontrollerwerb (§ 37 Abs. 1 Nr. 2)

117 **1. Allgemeines.** Die Einführung des Kontrollerwerbstatbestandes in § 37 Abs. 1 Nr. 2 erfolgte zum Zwecke der **Angleichung des deutschen Fusionskontrollrechts an die europäische FKVO** Nr. 139/2004 (GWB-Änderungsentwurf v. 29.1.1998, S. 2). Dies bedingt, dass die deutsche Rechtsanwendung sich an der europäischen Rechts- und Verwaltungspraxis orientieren muss, ohne an sie gebunden zu sein (Loewenheim/Meessen/Riesenkampff/*Riesenkampff/Lehr,* § 37 Rn 8; FK-KartellR/*Paschke,* § 37 Rn 26). Mit dieser Regelung wurden die früheren Tatbestände des Mehrheitserwerbs, der Unternehmensverträge, der personellen Verflechtung sowie der sonstigen Verbindungen mit Beherrschungsmöglichkeit ersetzt, wobei von einer vollständigen Deckungsgleichheit nicht ausgegangen werden kann (Langen/Bunte/*Ruppelt,* § 37 Rn 15). Da der Tatbestand des Kontrollerwerbs die **Funktion einer Generalklausel** hat, können gleichzeitig mehrere Zusammenschlusstatbestände einschlägig sein. Von ihm können auch Fälle erfasst werden, die nicht unter Nr. 3 fallen. Kontrolle in diesem Sinne bedeutet nach S. 2 die Fähigkeit, bestimmenden Einfluss auf die Tätigkeit eines Unternehmens auszuüben. Zwischen dem Begriff der Kontrolle iSd § 37 Abs. 1 Nr. 2 und dem der Möglichkeit eines beherrschenden Einflusses im Sinne des § 17 AktG besteht der Sache nach aufgrund der Bezugnahme des Fusionskontrollrechts auf die aktienrechtlichen Vorschriften eine Überstimmung. Folglich verlangt die Kontrolle beständige und umfassende Einwirkungsmöglichkeiten des beherrschenden Unternehmens auf ein anderes (*Bechtold,* § 37 Rn 10). Hierfür ist nicht auf die **formale Lage** abzustellen, sondern eine **Gesamtbetrachtung** der Umstände des Einzellfalles vorzunehmen. Ebenso ist keine eigentumsrechtliche, dingliche oder unmittelbar gesellschaftsrechtliche Verbindung erforderlich (vgl Langen/Bunte/*Ruppelt,* § 37 Rn 18; *Bechtold,* § 37 Rn 10; vgl auch BKartA, 3.8.2004 – B6-45/04, S. 13 – Gruner+Jahr/RBA). Auch nicht-gesellschaftsrechtliche Verbindungen sind denkbar, etwa in Form von **Leistungsaustauschverträgen, personellen Verbindungen** sowie **Betriebsüberlassungen** (siehe unten Rn 121). Der Begriff der Kontrolle setzt auch keine tatsächliche Ausübung eines beherrschenden Einflusses voraus; es genügt bereits die Möglichkeit hierzu. Zu berücksichtigen ist nur eine auf Dauer angelegte Kontroll- oder Beherrschungsmöglichkeit. Eine vorübergehende Kontrollmöglichkeit genügt schon deshalb nicht, weil mit dem Begriff der Kontrolle eine langfristige Einflussnahme auf die Unternehmenspolitik einhergehen muss (*Bechtold,* § 37 Rn 12). Neben der unmittelbaren Kontrolle besteht auch die Möglichkeit einer mittelbaren Kontrolle, die etwa dann gegeben ist, wenn der Inhaber einer Beteiligung an einem Unternehmen aufgrund der eingeräumten Rechte und Positionen Kontrolle an den mit diesem Unternehmen verbundenen Unternehmen erlangt (*Bechtold,* § 37 Rn 12).

118 **2. Bestimmender Einfluss. a) durch Anteilserwerb.** Ein **bestimmender Einfluss** iSd Abs. 1 Nr. 2 kann u.a. durch Erwerb von Anteilen begründet werden. Dieser Fall stellt die **praktische bedeutendste Konstellation** des Kontrollerwerbstatbestandes dar. Im Gegensatz zum Anteilserwerb nach Abs. 1 Nr. 3 ist hier das Erreichen bestimmter Schwellenwerte nicht erforderlich (Loewenheim/Meessen/Riesenkampff/*Riesenkampff/Lehr,* § 37 Rn 11). Dies zeigt die praktische Bedeutung auf, die dem Kontrollerwerbstatbestand beim Erwerb von Anteilen zukommt; Erwerbsvorgänge, bei denen der Beteiligungsgrad sich innerhalb der Schwellenwerte bewegt und somit nicht unter den Anteilserwerb iSd Abs. 1 Nr. 3 fällt, können somit der Fusionskontrolle unterworfen werden (vgl Langen/Bunte/*Ruppelt,* § 37 Rn 21). Dies gilt zum einen für den **Erwerb einer Mehrheitsbeteiligung**, zum anderen aber auch für Minderheitsbeteiligungen. Bei einer Mehrheitsbeteiligung wird im Lichte des § 17 Abs. 2 AktG vermutet, dass deren Inhaber in der Regel beherrschenden Einfluss auf die Unternehmensleitung hat (*Bechtold,* § 37 Rn 11); erforderlich ist allerdings, dass der Erwerber damit auch die **Stimmrechtsmehrheit** erlangt (Langen/Bunte/*Ruppelt,* § 37 Rn 19).

119 Eine **Minderheitsbeteiligung** kann ebenso einen bestimmenden Einfluss begründen, wenn sie in Anbetracht der **Gesamtumstände** eine **herausragende Stellung** nach sich zieht. Dies ist etwa und insbesondere

bei einer Hauptversammlungskonstruktion der Fall, in dem die Anteile des Zielunternehmens im **Streubesitz** sind (Langen/Bunte/*Ruppelt*, § 37 Rn 21; *Bechtold*, § 37 Rn 11). In diesem Falle kann die Minderheitsbeteiligung bei geringer Hauptversammlungspräsenz (resultierend aus den Erfahrungswerten der letzten 3 Jahre, vgl Merkblatt des BKartA zur Fusionskontrolle, S. 12) ein so wesentliches Gewicht erlangen, dass sie ausreicht, um die notwendige Mehrheit bei Abstimmungen zu erreichen (Loewenheim/Meessen/Riesenkampff/*Riesenkampff/Lehr*, § 37 Rn 11; *Bechtold*, § 37 Rn 11), es sei denn, die Ausübung der Stimmrechte unterliegen **satzungsrechtlicher oder vertraglicher Einschränkungen** (FK-KartellR/*Paschke*, § 37 Rn 47).

b) durch Vermögenserwerb. § 37 Abs. 1 Nr. 2 a führt den Vermögenserwerb als Regelbeispiel des Kontrollerwerbs an. Der Vermögenserwerb hiernach steht in **offener Konkurrenz** zum Vermögenserwerb nach Abs. 1 Nr. 1, womit Nr. 2 a dahin gehend ausgelegt werden muss, dass der Erwerb von Eigentums- oder Nutzungsrechten an Teilen des Unternehmens nur dann den Kontrollerwerbstatbestand erfüllen kann, wenn es sich dabei um wesentliche Teile handelt (vgl BGH Beschl. v. 10.10.2006 – KVR 32/05, S. 7 – National Geographic I). Somit können etwaige **Wertungswidersprüche im Gesetz** ausgeräumt werden (Langen/Bunte/*Ruppelt*, § 37 Rn 17; Loewenheim/Meessen/Riesenkampff/*Riesenkampff/Lehr*, § 37 Rn 8). In Bezug auf den Begriff des wesentlichen Teils in diesem Sinne nehmen das BKartA und der BGH eine **marktbezogene Analyse** des überlassenen Betriebsteils vor, während in der Literatur ein Vergleich zwischen dem überlassenen Teil und dem Restunternehmen angestellt wird, um festzustellen, ob der überlassene Teil eine überragende Bedeutung hat (vgl FK-KartellR/*Paschke*, § 37 Rn 35). 120

Auch hier ist **keine eigentumsrechtliche Absicherung erforderlich;** die Kontrolle kann auch auf Nutzungsrechten begründet sein (Langen/Bunte/*Ruppelt*, § 37 Rn 18). Eine wichtige Fallgruppe der auf Nutzungsrechten beruhenden Kontrolle bilden die **Betriebsüberlassungsverträge**. Hierbei handelt es sich um vertragliche Vereinbarungen, mit denen ein Unternehmen einem anderem überlassen wird und der Betriebsübernehmer bei der Unternehmensführung weisungsfrei agiert, ohne dass es zum Eigentümerwechsel kommt. Entscheidend ist, wer die **Leitungsmacht** hat und ob die Betriebsüberlassung zu einer Addition von Markteinfluss führt (FK-KartellR/*Paschke*, § 37 Rn 36). So kann auch ein **Mitspracherecht** des Eigentümers an der Begründung des Kontrollerwerbs nichts ändern, sofern es dem Eigentümer nicht ermöglicht, die Unternehmensführung durch den Betriebsübernehmer so zu beschränken, dass bei einer wertenden Betrachtung nicht mehr von einer Kontrolle ausgegangen werden kann (FK-KartellR/*Paschke*, § 37 Rn 36). 121

c) durch Unternehmensverträge. Wettbewerbsrechtlich relevanter bestimmender Einfluss kann auch durch Verträge begründet werden. Besonders wichtige Fallgruppen unter den vielfältigen Vertragsgestaltungsmöglichkeiten stellen Unternehmensverträge dar. Diesen ist gemeinsam, dass es zwischen den Unternehmen nicht zur Eigentumsübertragung kommt, sondern unter Beibehaltung von Organisationseinheiten und der eigentumsrechtlichen Zuordnung der Einfluss etabliert wird. **Beherrschungs-, (Teil-)Gewinnabschöpfungs-** sowie **Betriebsführungsverträge** stellen praktisch wichtige Vertragsgestaltungen in diesem Sinne dar (Langen/Bunte/*Ruppelt*, § 37 Rn 25). Bei einem **Beherrschungsvertrag** wird der bestimmende Einfluss dadurch begründet, dass ein Unternehmen sich der Leitung eines anderen unterwirft (Unterordnungskonzern). Verträge, die eine gleichberechtigte, koordinierte Geschäftsleitung bewirken (sog. **Gleichordnungskonzerne**) fallen jedoch nicht hierunter, weil bei diesen kein Unternehmen sich dem anderen unterstellt (vgl FK-KartellR/*Paschke*, § 37 Rn 41; aA Langen/Bunte/*Ruppelt*, § 37 Rn 23). **Geschäftsführungsverträge** konstituieren die Verpflichtung der Unternehmensleitung, das Unternehmen für die Rechnung eines anderen Unternehmens zu führen. Hierbei kann ein bestimmender Einfluss nur dann begründet sein, wenn dem Risikoträger zugleich ein **vertragliches Weisungsrecht** eingeräumt wird (FK-KartellR/*Paschke*, § 37 Rn 42). Bei **Gewinnabführungsverträgen** führt das Unternehmen den Betrieb für die eigene Rechnung, verbunden mit der Verpflichtung, den Gewinn an ein anderes Unternehmen auszukehren. Diese Verträge verleihen dem begünstigten Unternehmen lediglich ein Organisationsmittel bei bestehender Marktbeherrschung, stellen aber kein Mittel der Beherrschung dar (Langen/Bunte/*Ruppelt*, § 37 Rn 24). 122

d) durch personelle Verflechtung. Auch die **personelle Besetzung der Organe** von Unternehmen kann wettbewerbsrechtlich von Bedeutung sein. Sie ist ein geeignetes Mittel zur Ausübung von Einfluss auf Unternehmen. Im Zusammenschlussvorhaben **Volksfreund-Druckerei/TW Wochenspiegel** hat das BKartA in der Einräumung des Rechts zugunsten der Volksfreund-Druckerei, ein Mitglied in den Beirat des TW-Verlags zu entsenden und von **Veto-Rechten**, einen Kontrollerwerbstatbestand angenommen, 123 da sie sich aufgrund des **Einstimmigkeitserfordernisses** im Beirat über die Teilnahme an Beratungen und Diskussionen hinaus an allen **wesentlichen unternehmensstrategischen Entscheidungen** des TW-Verlages beteilige (BKartA 31.5.2005 – B6-106/04, S. 14 ff – Volksfreund/TW Wochenspiegel). Da die Entstehung eines beherrschenden Einflusses an die durch den Zusammenschluss eintretende **Addition von Marktmacht** anknüpft, die in der Regel infolge einer vertraglichen Vereinbarung zustande kommt, kann ein Zusammenschluss bei einer **personellen Verflechtung** nur dann vorliegen, wenn die damit verbundene Leitungsmacht tatsächlich und langfristig gesichert wird. Die erforderliche **dauerhafte Einflusssicherung** kann u.a. auch in der **Einräumung von Vetorechten** zugunsten des Erwerbers sowie von **Mitbestimmungsrechten** bei der Gremienbesetzung begründet sein (FK-KartellR/*Paschke,* § 37 Rn 38 f). Wann eine wettbewerblich erhebliche personelle Verflechtung vorliegt, ist im Gegensatz zur Vorgängerregelung des § 37 Abs. 1 Nr. 2 S. 2 lit. b nicht nach quantitativen Merkmalen zu bestimmen. Vielmehr bedarf die erforderliche Personenmehrheit grds. einer **Einzelfallbetrachtung**, welche die Prüfung zum Inhalt hat, ob aufgrund der personellen Verbindung der betroffenen Unternehmen die Möglichkeit einer bestimmenden Einflussnahme besteht (Langen/Bunte/*Ruppelt,* § 37 Rn 25).

124 **3. Sonstige Fälle. a) Alleinkontrolle.** Eine Alleinkontrolle kann auf vielerlei Weise begründet werden. Dies ist zum einen bei der Übernahme sämtlicher Anteile eines Unternehmens durch ein anderes der Fall. Zum anderen begründet auch jede Form des Mehrheitserwerbs, darunter auch eine Aufstockung einer Minderheitsbeteiligung auf eine Mehrheitsbeteiligung, eine alleinige Kontrolle (vgl BKartA 3.8.2004 – B6-45/04 – Gruner+Jahr/RBA), es sei denn, dem Erwerb liegen Vereinbarungen zugrunde, aufgrund derer der Mehrheitserwerber wesentliche Entscheidungen nicht allein treffen kann. Das Gleiche gilt auch für paritätische Beteiligungen. Beim Erwerb einer Minderheitsbeteiligung ist dies nur ausnahmsweise anzunehmen (FK-KartellR/*Paschke,* § 37 Rn 47 f; vgl auch oben Rn 119 f).

125 **b) Gemeinsame Kontrolle.** Die Kontrolle kann auch gemeinsam durch eine Mehrzahl von Unternehmen erlangt und ausgeübt werden, bei der die **Grundsätze der Mehrmütterklausel** nach § 36 Abs. 2 S. 2 heranzuziehen sind (*Bechtold,* § 37 Rn 13; Langen/Bunte/*Ruppelt,* § 37 Rn 31). Die Begründung einer gemeinsamen Kontrolle beruht weder auf dem bloßen Nebeneinander von Beteiligungen noch auf den kumulierten Einflussmöglichkeiten mehrerer Unternehmen. Vielmehr müssen zusätzliche Umstände in Form von Vereinbarungen, einer **auf Dauer angelegten gesellschaftsrechtlichen und faktischen Interessenparallelität** (vgl BKartA 20.2.2002 – B7-206/01, S. 5 – T-Venture/Nexnet) sowie tatsächlicher Umstände hinzutreten, die eine gesicherte gemeinsame Beherrschung ermöglichen (Merkblatt des BKartA zur Fusionskontrolle, S. 12). Maßgeblich ist dabei, dass ein gemeinsamer Einfluss auf das abhängige Unternehmen entsteht, aufgrund dessen den mitkontrollierenden Unternehmen ermöglicht wird, die eigenen Wettbewerbsinteressen im Verhältnis zueinander und gegenüber dem abhängigen Unternehmen abzustimmen und durchzusetzen (vgl Langen/Bunte/*Ruppelt,* § 37 Rn 31). Bei einer **gemeinsamen Beherrschung von paritätischen Gemeinschaftsunternehmen** betrachtet das BKartA einen Einigungszwang in den Gremien des Gemeinschaftsunternehmens sowie ähnlich wirkende **Zustimmungserfordernisse bei unternehmensstrategischen Entscheidungen** als wichtige Kriterien (BKartA 3.8.2004 – B6-45/04, S. 11 – Gruner+Jahr/RBA; BKartA 23.4.2004 – B6-56/03, S. 8 – Radio TON-Regional). Die in der Satzung festgeschriebene Möglichkeit, einen bestehenden Einigungszwang im Aufsichtsrat durch Anrufung eines erweiterten Aufsichtsrates abzuschwächen, ist nach der Rechtsprechung – entgegen der Ansicht des BKartA (BKartA– Radio TON-Regional, S. 8) – zugunsten des betreffenden Unternehmens zu berücksichtigen, falls die Entscheidungspraxis zeigt, dass bereits von dieser Möglichkeit Gebrauch gemacht worden ist (OLG Düsseldorf WuW/E DE-R 1413 (1416) – Radio TON-Regional). Sind den Unternehmen Vetorechte bezüglich strategischer Entscheidungen eines abhängigen Unternehmens eingeräumt, begründen sie grds. einen beherrschenden Einfluss, da der bestimmende Einfluss maßgeblich an die Möglichkeit anknüpft, strategische Entscheidungen zu blockieren. Nicht ausreichend sind jedoch die üblichen Vetorechte eines Minderheitengesellschafters (Loewenheim/Meessen/Riesenkampff/*Riesenkampff/Lehr,* § 37 Rn 16).

126 **c) Umwandlung einer Alleinkontrolle in eine gemeinsame Kontrolle und umgekehrt.** Der Kontrollerwerbstatbestand erfasst auch Fälle, in denen der Kreis der kontrollierenden Unternehmen auf ein einziges Unternehmen geschrumpft wird (vgl BKartA 3.8.2004 – B6-45/04, S. 11 – Gruner+Jahr/RBA). Damit geht eine Strukturveränderung einher, welche die Einflussmöglichkeiten des Inhabers der alleinigen Kontrolle steigert. Das Gleiche gilt, wenn der Erwerbsvorgang zur Ausdehnung des Kreises der kontrollierenden Unternehmen führt, da hiermit die wettbewerblich erheblichen Einflussmöglichkeiten weiteren Unternehmen als Kontrollinhaber zustehen (*Bechtold,* § 37 Rn 15). Das BKartA stuft auch den Fall als Kontrollerwerb nach Nr. 2 ein, in dem die Anzahl der an der gemeinsamen Kontrolle

beteiligten Unternehmen beispielsweise von 3 auf 2 reduziert wird (Merkblatt des BKartA zur Fusionskontrolle, S. 12; aA *Bechtold,* § 37 Rn 16).

III. Anteilserwerb (§ 37 Abs. 1 Nr. 3)

1. Allgemeines. Der Anteilserwerb ist der in der Praxis am häufigsten vorkommende Zusammenschlusstatbestand. Seit der Einführung des Kontrollerwerbs durch die 6. GWB-Novelle kommt es häufiger zu **Überschneidungen** zwischen den beiden Tatbeständen aus Nr. 2 und Nr. 3. Dessen ungeachtet hielt der Gesetzgeber am Erhalt des Anteilserwerbstatbestandes fest, der aufgrund seiner Klarheit den Betroffenen eine feste Orientierung gibt und auch Fälle unterhalb der Schwelle des Kontrollerwerbs zu erfassen geeignet ist (Loewenheim/Meessen/Riesenkampff/*Riesenkampff/Lehr*, § 37 Rn 19). 127

2. Anteile. Die bis zur 5. GWB-Novelle geltende Differenzierung zwischen Kapital und Stimmrechten weicht nunmehr einer **Gleichstellung der beiden Begriffe** (Langen/Bunte/*Ruppelt*, § 37 Rn 34). Der Anteilserwerb als formaler Tatbestand ist einschlägig, wenn eine Beteiligung von mindestens 25 % oder 50 % am Kapital oder an den Stimmrechten erreicht ist. Erfasst sind Anteile jeder Art an Personen- und Kapitalgesellschaften. Für die **BGB-Gesellschaft** gilt dies nur, wenn sie ein Unternehmen im fusionskontrollrechtlichen Sinne ist (*Bechtold,* § 37 Rn 24). Eine bloße Beteiligung an einem Unternehmen als stiller Gesellschafter reicht nicht aus. Bei einer **stillen Gesellschaft** beteiligt sich der stille Gesellschafter mit einer Einlage an der stillen Gesellschaft. Diese Einlage geht in das Vermögen des Unternehmensinhabers über, während er auch dann Alleininhaber der Gesellschaft bleibt. Hierbei unterliegen die Kapitalanteile und die Stimmrechte am Unternehmen nicht der Verfügungsgewalt des stillen Gesellschafters. Er ist in der Regel lediglich am Gewinn beteiligt. Ist hingegen im Innenverhältnis eine **Beteiligung des stillen Gesellschafters am Gesellschaftsvermögen** oder die **Einräumung von Mitwirkungsrechten** vereinbart, die Treuhandelemente aufweisen, kann hierin insofern ein Anteilserwerb liegen (vgl hierzu: FK-KartellR/*Paschke,* § 37 Rn 53). Vorkaufsrechte auf Anteile (sog. Optionsrechte), welche den künftigen Erwerb von Anteilen betreffen, fallen grds. nicht unter den Tatbestand des Anteilserwerbs. Dies gilt nicht, wenn die Optionsechte bereits faktische Rechtsstellungen begründen, die Einflussmöglichkeiten auf das Unternehmen vermitteln (Langen/Bunte/*Ruppelt*, § 37 Rn 34). 128

3. Erwerb. Der Erwerbsbegriff der Nr. 3 entspricht dem der Nr. 1 (s. oben Rn 116). Ebenso wie dort ist er **funktional und weit** auszulegen (*Bechtold,* § 37 Rn 25). Ein Erwerb liegt folglich vor, wenn ein Rechtsträger in die Stellung eines Gesellschafters einrückt. Unbeachtlich ist, auf welchem zivilrechtlichen Wege der Erwerb erfolgt; sowohl **derivativer** als auch **originärer Erwerb** sind davon erfasst (Langen/Bunte/*Ruppelt*, § 37 Rn 35). In zeitlicher Hinsicht ist maßgeblich auf die zivilrechtlich wirksame Erlangung der gesellschaftsrechtlichen Position abzustellen (Langen/Bunte/*Ruppelt*, § 37 Rn 35). Wie beim Vermögenserwerb genügt der Erwerb beschränkt dinglicher Rechte nicht; vielmehr muss das **Vollrecht** erworben werden. Bei einer **Sicherungsübertragung** liegt ein Anteilserwerb vor, soweit sie über die bloße Privilegierung des Gläubigers aus den Anteilen hinausgeht (vgl Ausführungen zum Vermögenserwerb). Führt ein unternehmensinterner Vorgang zu einer **Kapitalherabsetzung**, ist ein Anteilserwerb begründet, wenn sich dadurch die Beteiligungsverhältnisse am Unternehmen ändern (Loewenheim/Meessen/Riesenkampff/*Riesenkampff/Lehr,* § 37 Rn 20). Entscheidend ist allein das Erreichen oder Überschreiten der Schwellenwerte. Nr. 3 enthält ein **Stufensystem,** wonach bei jedem Erreichen einer jeden Stufe ein selbstständiger Zusammenschlusstatbestand verwirklicht wird. Ist beispielsweise die Stufe einer Beteiligung von 25 % erreicht, so stellt eine **Aufstockung** dieser Beteiligung auf 50 % und mehr einen weiteren Zusammenschlusstatbestand dar, der ein eigenständiges Fusionskontrollverfahren nach sich zieht. Dies gilt auch für eine Aufstockung der Beteiligung von bspw 24 % auf 25 % (vgl *Bechtold,* § 37 Rn 26; Loewenheim/Meessen/Riesenkampff/*Riesenkampff/Lehr*, § 37 Rn 22). 129

Im Zusammenhang mit dem Stimmrechtserwerb genügt die Erlangung jeder Rechtsstellung, kraft derer der Erwerber das Stimmrecht unmittelbar oder mittelbar ausüben kann. Dies kann insbesondere durch **Stimmbindungsverträge** (vgl BKartA 23.4.2004 – B6-56/03, S. 12 – Radio TON-Regional) geschehen, die sich jedoch nicht nur auf bestimmte Fallkonstellationen beziehen dürfen, sondern das mit der Gesellschafterstellung verbundene Stimmrecht gänzlich erfassen müssen (*Bechtold,* § 37 Rn 25). Auch der mittelbare Erwerb einer Beteiligung kann einen Zusammenschluss begründen. Dies ist etwa gegeben, wenn eine Beteiligung an einem Unternehmen als solche die Schwellen der Nr. 3 noch nicht erreicht, das Unternehmen jedoch, an dem Anteile erworben wurden, an weiteren Unternehmen beteiligt ist und aufgrund dieser Beteiligung unter Überschreitung der Schwellen der Nr. 3 Einflussmöglichkeiten auf 130 diese Unternehmen hat (Langen/Bunte/*Ruppelt*, § 37 Rn 38). Die **Zurechnung des mittelbaren Erwerbs** setzt allerdings das Vorliegen von Voraussetzungen des § 36 Abs. 2 voraus (Loewenheim/Meessen/Riesenkampff/*Riesenkampff/Lehr*, § 37 Rn 22; aA: Langen/Bunte/*Ruppelt*, § 37 Rn 38). Der Erwerber muss ein Unternehmen im kartellrechtlichen Sinne sein. Anteilserwerb durch Privatpersonen wird nicht erfasst, soweit für sie nicht die Fiktion des § 36 Abs. 3 gilt. Der **Erwerb einer Option** fällt nur dann hierunter, wenn sie jederzeit durch einseitige Erklärung ausübbar ist (*Bechtold*, § 37 Rn 25).

131 **4. Zurechnungsklausel. a) Allgemeines.** Die Zurechnungsklausel des § 37 Abs. 1 Nr. 3 S. 2 sieht vor, dass zu den Anteilen eines Unternehmens auch die **Anteile** hinzuzurechen sind, die **einem anderen für Rechnung dieses Unternehmens gehören.** Hierunter fallen auch Anteile verbundener Unternehmen im Sinne des § 36 Abs. 2. Daraus folgt, dass den herrschenden Unternehmen die Anteile der beherrschten und den beherrschten die der herrschenden Unternehmen zugerechnet werden. Liegt eine gemeinsame Beherrschung des Unternehmens vor, so sind dem beherrschten Unternehmen die Anteile aller herrschenden Unternehmen zuzurechnen (Loewenheim/Meessen/Riesenkampff/*Riesenkampff/Lehr*, § 37 Rn 22).

132 Umstritten ist die Frage, ob die Zurechnungsklausel auch **zugunsten der beteiligten Unternehmen** anwendbar ist. Die Rechtsprechung verneint dies mit der Begründung, die Zurechnungsklausel bezwecke nur die Erweiterung, nicht aber die Restriktion des Zusammenschlusstatbestandes, so dass die Zurechnung nur zulasten der beteiligten Unternehmen eingreift (WuW/E BGH 2882 (2891) – Zurechnungsklausel). Diese Auffassung wird in der Literatur mit Blick auf den Gesetzeswortlaut angegriffen (vgl Loewenheim/Meessen/Riesenkampff/*Riesenkampff/Lehr*, § 37 Rn 22; *Bechtold*, § 37 Rn 31). Anteile, die ein Dritter für die Rechnung des Erwerbers oder eines mit ihm verbundenen Unternehmens hält, sind ihm ebenfalls zuzurechnen (*Bechtold*, § 37 Rn 32). Die Zurechnungsklausel knüpft nur an ein Tätigwerden für die Rechnung des Erwerbers an; eine rechtlich gesicherte Weisungsbefugnis ist nicht erforderlich. Maßgeblich ist insoweit die Verteilung des wirtschaftlichen Risikos; die Risikotragung versetzt den Erwerber in die Lage, aufgrund der Kapitalanteile oder der Stimmrechte Einfluss auf die Unternehmensmacht zu nehmen (Langen/Bunte/*Ruppelt*, § 37 Rn 36 f; *Bechtold*, § 37 Rn 32).

133 b) **Treuhandlösungen.** Im Zusammenhang mit Treuhandlösungsvorschlägen seitens der Zusammenschlussbeteiligten erfuhr die Zurechnungsklausel in der Praxis des BKartA und der Rechtsprechung eine weitgehende Präzisierung. Während Medienunternehmen durch das Angebot von Treuhandlösungen – unter Beseitigung von Zurechnungsvoraussetzungen – einer Untersagung durch das BKartA zu entgehen beabsichtigten, versuchte die Praxis dieser Umgehungstendenz mit höheren Anforderungen vorzubeugen. Im Zusammenschlussvorhaben **WAZ/Iserlohner Kreisanzeiger und Zeitung (IKZ)** wurden die Anteile der IKZ durch einen Geschäftsführer und Mitgesellschafter der WAZ erworben, nachdem das BKartA die Versuche der WAZ, die genannten Anteile direkt zu erwerben, als kartellrechtlich unzulässig beanstandet hatte. Hierbei wurde der Erwerb von der WAZ-Gruppe finanziert und zwischen der WAZ und dem Erwerber eine Vereinbarung des Inhalts getroffen, dass die Anteile nach zehn Jahren auf die WAZ übergehen sollten. Außerdem war vereinbart, dass ein Großteil der Gewinne in der Zwischenzeit der WAZ-Gruppe zufließen sollte. In Anbetracht dieser Vereinbarungen stellten sich die Praxis und Rechtsprechung auf den Standpunkt, dass einem Unternehmen die von einem Treuhänder erworbenen Anteile an einem anderen Unternehmen jedenfalls dann iSd § 37 Abs. 1 Nr. 3 S. 2 zuzurechnen seien, wenn es als Treugeber nicht nur das **wirtschaftliche Risiko** trage, sondern auch in die Lage versetzt werde, die mit dem Anteil verbundene Leitungsmacht auszuüben (vgl BGH WuW/E DE-R 613 ff – WAZ/IKZ).

134 Das BKartA und das OLG Düsseldorf stellen neben den Vertragsbedingungen, zu denen das Tragen des wirtschaftlichen Risikos und die damit einhergehende **Leitungsmacht** gehört, auf die **Gesamtumstände des Einzelfalles** ab (BKartA 2.2.2004 – B6-120/03 S. 27 ff und 39 f – Holtzbrinck/Berliner Verlag; OLG Düsseldorf WuW/E DE-R 1361 ff – Berliner Verlag/Holtzbrinck). Die inhaltliche Neuerung liegt darin, dass die **berufliche und persönliche Verbindung der Vertragsparteien** (Treugeber und Treuhänder) zur Annahme der Zurechnung maßgeblich herangezogen wurde. Hier hatte Holtzbrinck in Aussicht gestellt, das zu erwerbende Unternehmen „Der Tagesspiegel" an seinen ehemaligen Manager P. Gerckens zu veräußern, um die kartellrechtlichen Hindernisse bei der erneuten Anmeldung zu beseitigen (vgl *Hess*, AfP 2004, 36 ff (38)). Das BKartA und das OLG Düsseldorf sahen in dieser Treuhandvariante eine unzulässige Umgehung kartellrechtlicher Vorschriften und nahmen eine Zurechnung der Anteile iSv § 37 Abs. 1 Nr. 3 S. 2 an. Aus der Einräumung einer **Call Option** zugunsten Holtzbrincks, kraft derer Holtzbrinck das Recht hatte, bei Änderung des bis Ende 2004 erwarteten

rechtlichen Rahmens im Hinblick auf die Pressefusionskontrolle 75 % der Anteile am „Tagesspiegel" zurück zu erwerben (BKartA – Berliner Verlag/Holtzbrinck, S. 29), eines vereinbarten Veräußerungsverbots, der Tragung des **Verlustrisikos** durch Holtzbrinck sowie dessen Beteiligung am Veräußerungserlös sei der Schluss zu ziehen, dass Holtzbrinck das wirtschaftliche Risiko des Erwerbs übernehme und eine **treuhänderische Beziehung** zwischen P. Gerckens und Holtzbrinck vorliege (BKartA – Berliner Verlag/Holtzbrinck, S. 27 ff; OLG Düsseldorf WuW/E DE-R 1361 (1368) – Berliner Verlag/ Holtzbrinck). Zudem begründe die berufliche und persönliche Nähe des Erwerbers P. Gerckens die Annahme, dass Holtzbrinck maßgeblichen Einfluss auf das Unternehmen haben werde, dessen Anteile erworben wurden (BKartA – Berliner Verlag/Holtzbrinck, S. 41 ff; OLG Düsseldorf WuW/E DE-R 1361 (1369) – Berliner Verlag/Holtzbrinck).

Dieser Standpunkt reiht sich in die vom BGH vertretene Auffassung ein, wonach zur Annahme einer Zurechnung iSv § 37 Abs. 1 Nr. 3 S. 2 nicht erforderlich ist, dass es zu einer völligen Risikoverlagerung vom formalen Eigentümer auf ein dahinter stehendes Unternehmen kommt. Vielmehr genügt es, wenn das wirtschaftliche Risiko im Wesentlichen von dem dahinter stehenden Unternehmen übernommen wird (BKartA 2.2.2004 – B6-120/03 S. 28 – Holtzbrinck/Berliner Verlag; BGH WuW/E DE-R 613 (615) – Treuhanderwerb). Das BKartA hält auch eine Verkürzung der oben genannten Call Option für nicht berücksichtigungsfähig, wenn aufgrund der Gesamtumstände die Absicht der Unternehmen feststeht, im Endeffekt ein fusioniertes Unternehmen zu bilden (vgl BKartA – Holtzbrinck/Berliner Verlag, S. 30 f). Sind aufgrund einer Würdigung der Gesamtumstände Anhaltspunkte dafür vorhanden, dass der Erwerber sich in die **Marktstrategie des dahinter stehenden Unternehmens** einordnen werde, so ist davon auszugehen, dass die Leitungsmacht vom Letzteren ausgeübt wird, ohne dass es hierfür einer rechtlichen Absicherung bedarf (BKartA – Holtzbrinck/Berliner Verlag, S. 39; BGH WuW/E DE-R 613 (617) – Treuhanderwerb). Dabei ist nicht erheblich, ob der Treuhänder den Weisungen des Treugebers unterliegt (vgl Loewenheim/Meessen/Riesenkampff/*Riesenkampff/Lehr*, § 37 Rn 23; Langen/Bunte/*Ruppelt*, § 37 Rn 36 f), da „die tatsächliche Vermutung besteht, dass derjenige, der das wirtschaftliche Risiko einer Beteiligung trägt, auch auf die Ausübung der mit dieser Beteiligung verbundenen Rechte und Befugnisse Einfluss nimmt und seine Interessen auch ohne ein rechtlich verbindliches Weisungsrechts berücksichtigt werden" (BGH WuW/E DE-R 613 (617) – Treuhanderwerb; OLG Düsseldorf WuW/E DE-R 1361 (1369) – Berliner Verlag/Holtzbrinck). Schließlich stellt nach Auffassung des BKartA auch eine beabsichtigte Zusammenarbeit, insb. im redaktionellen Bereich einen Grund für die Zurechnung dar (BKartA B6 – 120/03, S. 41 f; OLG Düsseldorf WuW/E DE-R 1361 (1369) – Berliner Verlag/Holtzbrinck). 135

D. Gemeinschaftsunternehmen (§ 37 Abs. 1 Nr. 3, S. 3)

I. Gesetzliche Definition und Voraussetzungen

Ein einheitlicher, wettbewerblich relevanter Vorgang kann rechtlich mehrere Zusammenschlüsse begründen. Dieser Konstellation trägt das GWB mit der Regelung der Nr. 3 S. 3 Rechnung. Die Regelung fingiert – trotz ihrer systematischen Stellung im Rahmen des Anteilserwerbstatbestandes – einen **eigenständigen Zusammenschlusstatbestand** (*Bechtold*, § 37 Rn 33). Sie enthält – ohne Rücksicht darauf, dass sie im Vergleich zu ihrer Vorgängerregelung den Begriff des Gemeinschaftsunternehmens nicht ausdrücklich nennt – eine Legaldefinition des Gemeinschaftsunternehmens (*Bechtold*, § 37 Rn 33; aA FK-KartellR/*Paschke*, § 37 Rn 65). Erwerben danach mehrere Unternehmen gleichzeitig oder nacheinander Anteile an einem Unternehmen iHv mindestens 25 %, so gelten diese Erwerbsvorgänge in Bezug auf die Märkte, auf denen dieses GU tätig ist, auch als Zusammenschlüsse der sich beteiligenden Unternehmen untereinander. Die Fusionskontrolle erfasst in einer solchen Konstellation nicht nur die Auswirkungen der vertikalen Zusammenschlüsse auf den Wettbewerb zwischen den Muttergesellschaften und dem GU, sondern auch jene des horizontalen Zusammenschlusses zwischen den Muttergesellschaften untereinander (*Bechtold*, § 37 Rn 33). Es wird folglich fingiert, dass sich die am GU beteiligten Muttergesellschaften auf dem Tätigkeitsgebiet des Gemeinschaftsunternehmens auch untereinander zusammenschließen (**Fiktion der Teilfusion**). Diese Fiktion gilt jedoch nicht in Bezug auf Märkte, auf denen nur die Muttergesellschaften im Wettbewerb stehen (Loewenheim/Meessen/Riesenkampff/*Riesenkampff/Lindemann*, § 37 Rn 49). Die Fiktion ist in vieler Hinsicht von Bedeutung. Zum einen sind die quantitativen Voraussetzungen des § 35 Abs. 1 zu nennen. Hierbei sind die **Gesamtumsatzerlöse aller Muttergesellschaften** zu berücksichtigen, nicht nur die Umsatzerlöse, die auf dem Tätigkeitsgebiet des Gemeinschaftsunternehmens erzielt werden (*Bechtold*, § 37 Rn 34; Langen/ 136

Bunte/*Ruppelt*, § 37 Rn 44). Denn der Zusammenschluss betrifft nicht nur das Tätigkeitsgebiet des Gemeinschaftsunternehmens, sondern insgesamt die Marktpräsenz der Muttergesellschaften (vgl Loewenheim/Meessen/Riesenkampff/*Riesenkampff/Lindemann*, § 37 Rn 49). Des Weiteren kommt der Fiktion hinsichtlich der Anmeldepflicht Bedeutung zu. Dies führt jedoch nicht dazu, dass das Gemeinschaftsunternehmen und die beteiligten Muttergesellschaften im Rahmen der Prüfung des § 36 unwiderleglich als wirtschaftliche Einheit behandelt und ihre Marktanteile addiert werden (Loewenheim/Meessen/Riesenkampff/*Riesenkampff/Lindemann*, § 37 Rn 49). Es ist dennoch möglich, dass der Zusammenschluss Auswirkungen auf vor- und nachgelagerte Märkte entfaltet und somit im Rahmen des § 36 Abs. 1 Bedeutung erlangt (Langen/Bunte/*Ruppelt*, § 37 Rn 44). Im Rahmen der Marktbeherrschungsvermutungen nach § 19 Abs. 3 hat die Teilfusion jedoch eine Addition von Marktanteilen auf den Märkten zur Folge, auf denen das GU tätig ist (Loewenheim/Meessen/Riesenkampff/*Riesenkampff/Lindemann*, § 37 Rn 49).

137 Das Gemeinschaftsunternehmen existiert, solange die Beteiligung einer jeden Muttergesellschaft iHv mindestens 25 % aufrechterhalten wird. Bei **Ausscheiden von Gesellschaftern** oder **Sinken der Beteiligung unter 25 %** greift die Fiktion nicht mehr. Die Beteiligung muss nicht paritätisch sein (FK-KartellR/*Paschke*, § 37 Rn 66). Es ist irrelevant, wann eine Beteiligung erworben wird, da die Regelung bereits dem Wortlaut nach Fälle des gleichzeitigen und sukzessiven Erwerbs gleichstellt. Ausreichend ist eine bloße **gleichzeitige Beteiligung am Gemeinschaftsunternehmen.** Zudem wird eine **besondere Interessenparallelität** oder eine **Koordinierung** zwischen den Muttergesellschaften nicht vorausgesetzt (Langen/Bunte/*Ruppelt*, § 37 Rn 43; *Bechtold*, § 37 Rn 33).

138 Das Gemeinschaftsunternehmen ist auch dann fusionskontrollrechtlich relevant, wenn es nicht ein **Vollfunktionsunternehmen**, sondern lediglich mit **Hilfsfunktionen** betraut ist (FK-KartellR/*Paschke*, § 37 Rn 56; Langen/Bunte/*Ruppelt*, § 37 Rn 43). Diese Unterscheidung kann allenfalls in Bezug auf die Frage relevant werden, ob neben der Fusionskontrolle auch das Kartellverbot nach §§ 1 ff Anwendung findet (Loewenheim/Meessen/Riesenkampff/*Riesenkampff/Lindemann*, § 37 Rn 50). Das Unternehmen muss keine **Rechtspersönlichkeit** besitzen, um unter die Regelung zu fallen. Ebenso ist nicht erforderlich, dass die Muttergesellschaften im **Innenverhältnis** selbstständig sind. Die Zusammenschlussfiktion findet auch auf verbundene Muttergesellschaften Anwendung (FK-KartellR/*Paschke*, § 37 Rn 69).

II. Abgrenzung zum Gemeinschaftsunternehmen nach europäischem Fusionskontrollrecht

139 Bei Beteiligungen mehrerer Unternehmen stuft die europäische Fusionskontrolle nur den Erwerb der Mitkontrolle an einem Gemeinschaftsunternehmen als Zusammenschluss ein. Wird keine Mitkontrolle begründet, so ergibt sich aus dem bloßen Erwerb einer Beteiligung von mindestens 25 % als solche nicht die Anwendbarkeit der europäischen Fusionskontrolle, selbst wenn die Umsatzschwellen erreicht werden. Vielmehr ist in diesem Falle die deutsche Fusionskontrolle einschlägig (Loewenheim/Meessen/Riesenkampff/*Riesenkampff/Lindemann*, § 37 Rn 51). Zudem setzt die europäische Fusionskontrolle im Zusammenhang mit dem Gemeinschaftsunternehmen im Gegensatz zur deutschen Fusionskontrolle voraus, dass das Gemeinschaftsunternehmen ein **Vollfunktionsunternehmen** ist (vgl Art. 3 Abs. 4 FKVO). Bei Gemeinschaftsunternehmen mit nur Hilfsfunktionen, wie sie von der deutschen Fusionskontrolle erfasst werden, findet die EU-Fusionskontrolle keine Anwendung (*Bechtold*, § 37 Rn 56).

E. Wettbewerblich erheblicher Einfluss (§ 37 Abs. 1 Nr. 4)

I. Allgemeines

140 Nr. 4 qualifiziert, als subsidiärer Zusammenschlusstatbestand, eine **Unternehmensverbindung** als Zusammenschluss, wenn die Unternehmensverbindung die beteiligten Unternehmen dazu befähigt, **unmittelbar oder mittelbar einen wettbewerblich erheblichen Einfluss** auf ein anderes Unternehmen auszuüben. Die Regelung bezweckt eine **lückenlose Erfassung** von Fällen, die weder unter Nr. 1 noch unter Nr. 3 fallen, jedoch aufgrund ihrer wettbewerbsrelevanten Auswirkungen fusionskontrollrechtlich bedeutsam sind (FK-KartellR/*Paschke*, § 37 Rn 71). Dies gilt auch nach der Einführung des Kontrollerwerbstatbestandes; nunmehr ist der Nr. 4 die Funktion zugedacht, Fälle unterhalb des Bereichs des bestimmenden Einflusses zu erfassen. Ergänzend dient die Regelung dazu, in wettbewerblich kritischen Fällen eine Umgehung der Fusionskontrolle durch geschickte Gestaltungen der Unternehmensverbin-

dungen mit gleichen wettbewerblichen Wirkungen vorzubeugen (Langen/Bunte/*Ruppelt*, § 37 Rn 45). Bedeutung hat die Vorschrift hauptsächlich in den Fällen einer Minderheitsbeteiligung unter 25 % (Loewenheim/Meessen/Riesenkampff/*Riesenkampff/Lehr*, § 37 Rn 26).

II. Einfluss

Der Begriff des Einflusses erfasst Einwirkungsmöglichkeiten zwischen **bloßer Information** und der **Beherrschung** (*Bechtold*, § 37 Rn 42). Erforderlich ist, dass der Erwerber die Möglichkeit hat, an der Entscheidungsfindung des dem Einfluss unterworfenen Unternehmens mitzuwirken. Einer tatsächlichen Einflussnahme bedarf es nicht; es genügt schon die Möglichkeit hierzu (Langen/Bunte/*Ruppelt*, § 37 Rn 52; BKartA 31.5.2005 – B6-106/04, S. 18 – Volksfreund/TW Wochenspiegel). Dies ergibt sich schon aus dem Wortlaut und dem **Zweck der Regelung**, bereits der Gefährdung des Wettbewerbs durch die Möglichkeit einer wettbewerbsrelevanten Einflussnahme entgegenzuwirken (BKartA – Volksfreund/TW Wochenspiegel, S. 18 f; Loewenheim/Meessen/Riesenkampff/*Riesenkampff/Lehr*, § 37 Rn 28). 141

Eine Einflussmöglichkeit ist bereits dann anzunehmen, wenn nach der **Art der Vertragsgestaltung** und der **wirtschaftlichen Verhältnisse** zu erwarten ist, dass seitens der anderen Gesellschafter auf die Vorstellungen des Erwerbers Rücksicht genommen wird (Loewenheim/Meessen/Riesenkampff/*Riesenkampff/Lehr*, § 37 Rn 28; BKartA 31.5.2005 – B6-106/04, S. 19 – Volksfreund/TW Wochenspiegel; OLG Düsseldorf WuW/E DE-R 1581 (1582) – Bonner Zeitungsdruckerei). Hierzu genügen **bloße Mitwirkungsrechte** noch nicht (*Bechtold*, § 37 Rn 43). Der **gesetzgeberischen Konzeption** zufolge müssen **weitere Faktoren** wie **Informations-, Mitsprache- und Kontrollmöglichkeiten (sog. Plusfaktoren)** vorliegen, die entweder auf Verträgen oder sonstigen Umständen beruhen können (vgl Regierungsentwurf zur 5. GWB-Novelle v. 30.5.1989, BT-Drucks. 11/4610, S. 20; BKartA – Volksfreund/TW Wochenspiegel, S. 18; BKartA 2.4.2004 – B6-81/03, S. 10 ff – Lausitzer Rundschau/Wochenkurier). Darüber hinaus können sich die Einflussmöglichkeiten auch aus Entsendungsrechten für die Leitungsorgane der Gesellschaft und der Mitwirkung bei **wichtigen geschäftspolitischen Entscheidungen** ergeben (vgl BKartA – Volksfreund/TW Wochenspiegel, S. 18; Langen/Bunte/*Ruppelt*, § 37 Rn 51). Dies gilt jedoch nur insoweit, als es auf das konkrete Entsendungsrecht bei der Entscheidungsfindung im Unternehmen ankommt (BKartA 25.4.2002 – B6-159/01, S. 9 – Radio L12). Ausreichend kann sein, dass ein Mehrheitsgesellschafter nach der Art der wirtschaftlichen Verhältnisse auf die unternehmerischen Interessen und Kompetenzen des Minderheitsgesellschafters Rücksicht nimmt (BGH v. 21.11.2000 – KVR 16/99, WuW/E DE-R 607, 610 – Minderheitsbeteiligung im Zeitschriftenhandel; BKartA 30.3.2010 – B6-98/09, S. 15 ff – Roth+Horsch Pressevertrieb). 142

Die sog. Plusfaktoren müssen ihre Grundlage in einer **gesellschaftsrechtlichen oder vergleichbaren Beziehung** haben, die den Erwerber in die Lage versetzt, mittels seiner Beteiligung auf die Gesellschaft und das Wettbewerbsgeschehen Einfluss zu nehmen (vgl OLG Düsseldorf WuW/E DE-R 1581 (1582) – DuMont Schauberg/Bonner Zeitungsdruckerei; Loewenheim/Meessen/Riesenkampff/*Riesenkampff/Lehr*, § 37 Rn 28; aA *Bechtold*, § 37 Rn 43, der eine rechtliche Absicherung für nicht unbedingt erforderlich hält). So hat das BKartA eine wettbewerblich erhebliche Einflussmöglichkeit schon bei **Erwerb einer Beteiligung von 9 %** angenommen, die ihre Grundlage in der wirtschaftlichen und wettbewerblichen Interessenlage sowie den durch die Gesellschafterstellung vermittelten Mitwirkungsrechten habe (BKartA 8.9.2004 – B6-27/04, S. 19 ff – DuMont Schauberg/Bonner Zeitungsdruckerei). Das OLG Düsseldorf folgte dieser Einschätzung mit folgender Begründung nicht: Zur Annahme eines wettbewerblich erheblichen Einflusses bei einer Beteiligung von unter 25 % bedarf es des Vorliegens von **Plusfaktoren** in Form von umfassenden **Auskunfts-, Einsichts- und Vetorechten** sowie **Organpräsenz im Beirat** und einer **Interessenverknüpfung** zu einem weiteren Minderheitsgesellschafter. Diese Voraussetzung ist nicht erfüllt, wenn der Minderheitsgesellschafter aufgrund der Beteiligung unter 25 % (im konkreten Falle 9,015 %) nur die Möglichkeit der Stimmrechtsausübung in der Gesellschafterversammlung hat und die Gesellschafterversammlung mit aktuellen, das operative Geschäft betreffenden Entscheidungen nicht befasst ist (OLG Düsseldorf WuW/E DE-R 1581 (1582 f) – Bonner Zeitungsdruckerei). 143

Der Einfluss muss nicht unbedingt das gesamte Wettbewerbspotential des Unternehmens betreffen (BKartA 25.4.2002 – B6-159/01, S. 9 – Radio L12; Loewenheim/Meessen/Riesenkampff/*Riesenkampff/Lehr*, § 37 Rn 28). Vielmehr genügt es, wenn der Erwerber kraft seiner Beteiligung das Wettbewerbspotential zur Verfolgung seiner wirtschaftlichen Interessen einsetzen kann (BKartA – Radio 144

L12, S. 9; FK-KartellR/*Paschke,* § 37 Rn 75). Die Regelung setzt nicht voraus, dass der Erwerber seine Vorstellungen durchsetzt. Vielmehr reicht es aus, wenn aus seiner gesellschaftsrechtlichen Stellung die Möglichkeit herrührt, seine Vorstellungen in der Gesellschaft durchzusetzen (Loewenheim/Meessen/ Riesenkampff/*Riesenkampff/Lehr,* § 37 Rn 28). Hat jemand, dessen Verhalten einem Unternehmen zuzurechnen ist, in den Gremien mehrerer Unternehmen eine **Doppelmitgliedschaft** oder eine vergleichbare personelle Verflechtung inne, so kann auch dies den Einfluss begründen (*Bechtold,* § 37 Rn 43).

145 Zur Begründung eines Einflusses reicht es bereits aus, wenn aus einer Beteiligung unterhalb der 25 %-Schwelle die Stellung einer **aktienrechtlichen Sperrminorität** folgt, sofern diesem Einfluss wettbewerbliche Relevanz zukommt (vgl Langen/Bunte/*Ruppelt,* § 37 Rn 47). Die Sperrminorität verleiht ihrem Inhaber die Möglichkeit, in den Entscheidungsgremien der Gesellschaft Beschlussfassungen zu verhindern. Bei unter der 25 % -Schwelle bleibenden Beteiligungen ist zu prüfen, ob sie dem Aktionär eine Position verschafft, die der eines Aktionärs mit einer Beteiligung von über 25% vergleichbar ist (FK-KartellR/*Paschke,* § 37 Rn 83). Besondere Bedeutung kommt der Sperrminorität in dem Fall zu, in dem die für Beschlüsse erforderliche Mehrheit auf über 75% erhöht wird. Die gleiche Wirkung kommt auch Vereinbarungen zu, mit denen die Ausübung von Stimmrechten verbindlich geregelt wird (Langen/Bunte/*Ruppelt,* § 37 Rn 50). Ein der aktienrechtlichen Sperrminorität **vergleichbares Sperrpotential** ist bei anderen Gesellschaftsformen etwa dann anzunehmen, wenn die Gesellschaftsbeschlüsse zu ihrer Wirksamkeit der Zustimmung des Minderheitengesellschafters bedürfen (Langen/Bunte/ *Ruppelt,* § 37 Rn 51).

III. Wettbewerbliche Erheblichkeit

146 Das Vorliegen eines Einflusses reicht als solches noch nicht aus, um die Fusionskontrolle auszulösen. Vielmehr muss der Einfluss wettbewerblich erheblich sein. Dies ist der Fall, wenn aufgrund des zwischen den Unternehmen bestehenden Beziehungsgeflechts zu erwarten ist, dass der Wettbewerb zwischen den Unternehmen wesentlich eingeschränkt ist, so dass diese nicht mehr unabhängig am Markt auftreten (Regierungsentwurf zur 6. GWB-Novelle v. 29.1.1998, BT-Drucks. 13/9720, S. 43; BKartA 31.5.2005 – B6-106/04, S. 20 – Volksfreund/TW Wochenspiegel). Die Beurteilung erfolgt im Wege einer **Gesamtbetrachtung**, die neben der **Höhe der erworbenen Beteiligung** auch das Vorliegen **sonstiger Umstände** wie die Einräumung von Entsenderechten in die Organe der Gesellschaft, das unternehmerische Interesse an der Beteiligung sowie die wirtschaftlichen Beziehungen zwischen dem Erwerber und dem Beteiligungsunternehmen berücksichtigt (BKartA 8.9.2004 – B6-27/04, S. 18 – DuMont Schauberg/Bonner Zeitungsdruckerei). Erforderlich ist, dass der Erwerber eine Stellung erlangt, kraft derer er auf die Ressourcen und das Marktverhalten des erworbenen Unternehmens aktiv Einfluss nehmen kann oder das erworbene Unternehmen sein Wettbewerbsverhalten entsprechend den Interessen des Erwerbers ausgestaltet (Loewenheim/Meessen/Riesenkampff/*Riesenkampff/Lehr,* § 37 Rn 29). Die erforderliche Einflussnahme kann auch darin liegen, dass ein Gesellschafter aufgrund seiner Beteiligung an einem anderen Unternehmen das Recht erlangt, ein Mitglied in den Beirat zu entsenden, in dem eine **enge Abstimmung über wettbewerbsrelevante Belange** des Unternehmens stattfindet (BKartA B6-81/03, S. 11 ff – Lausitzer Rundschau/Wochenkurier). So hat das OLG Düsseldorf im Zusammenschlussvorhaben NetCologne/CNRW– anders als das BKartA (vgl BKartA v. 4.4.2001 B7-205/00 – NetCologne/CNRW) – in der 45-%-Beteiligung der 100%ig zur DTAG gehörenden KDG an der CNRW und dem Bestehen von Gesellschaftervereinbarungen zwischen CNRW und KDG einen erheblichen Einfluss auf das wettbewerbliche Verhalten der CNRW gesehen (OLG Düsseldorf WuW/ E DE-R 665 (667) – NetCologne). Da der Tatbestand der Nr. 4 eine strukturorientierte Kontrolle voraussetzt, kommt es nicht darauf an, ob zwischen den Unternehmen eine tatsächliche Verhaltensabstimmung besteht (*Bechtold,* § 37 Rn 44). Um als wettbewerblich erheblich qualifiziert zu werden, muss der Einfluss auch das Marktverhalten und die Selbstständigkeit aller am Zusammenschluss beteiligten Unternehmen mitsamt ihrer verbundenen Unternehmen erfassen (Langen/Bunte/*Ruppelt,* § 37 Rn 52). Wettbewerbsrelevante Auswirkungen, die die Unternehmensverbindung bei dritten Unternehmen entfaltet, erfüllen den Tatbestand der Nr. 4 nicht (FK-KartellR/*Paschke,* § 37 Rn 75). Dem Wortlaut nach kann der Einfluss **unmittelbar oder mittelbar** ausgeübt werden. Dafür reicht es nicht aus, wenn die Unternehmensverbindung ausschließlich über dritte Unternehmen besteht. Ein wettbewerblich erheblicher Einfluss kommt in der Regel bei horizontalen und vertikalen Zusammenschlüssen in Betracht (FK-KartellR/*Paschke,* § 37 Rn 77 f). Hingegen ist er bei konglomeraten Zusammenschlüssen nur ausnahmsweise gegeben (Langen/Bunte/*Ruppelt,* § 37 Rn 52; *Bechtold,* § 37 Rn 44). Wird der

bereits vorhandene wettbewerblich erhebliche Einfluss wesentlich gesteigert, so begründet dies noch keinen weiteren Zusammenschlusstatbestand nach Nr. 4, es sei denn, ein anderer Zusammenschlusstatbestand wird hierdurch erfüllt (Loewenheim/Meessen/Riesenkampff/*Riesenkampff/Lehr*, § 37 Rn 27).

Sind die Voraussetzungen der Nr. 4 erfüllt, so gelten die gleichen rechtlichen Folgen wie bei den übrigen Zusammenschlusstatbeständen. Folglich unterliegt auch dieser Zusammenschluss der präventiven Fusionskontrolle. Ist das Vorliegen eines wettbewerblich erheblichen Einflusses festgestellt, so entfaltet dies eine im Vergleich zu anderen Zusammenschlusstatbeständen **stärkere Präjudizwirkung** hinsichtlich der materiellen Bewertung des Zusammenschlusses, ohne das BKartA von der Prüfung der Voraussetzungen des § 36 Abs. 1 zu befreien (Langen/Bunte/*Ruppelt*, § 37 Rn 53). 147

IV. Einflussmöglichkeit durch eine Mehrheit von Unternehmen

Wie beim Zusammenschlusstatbestand des Kontrollerwerbs können Einflussmöglichkeiten auch einer Mehrzahl von Unternehmen zustehen. Dies setzt eine **gemeinsame Interessenlage** der am Zusammenschluss beteiligten Unternehmen voraus, wofür eine bloße gemeinsame Beteiligung nicht ausreicht (*Bechtold*, § 37 Rn 46). Die gemeinsame Interessenlage hat zur Folge, dass hierauf die gleichen Grundsätze wie bei der gemeinsamen Kontrolle (s.o. Rn 125) Anwendung finden (Loewenheim/Meessen/Riesenkampff/*Riesenkampff/Lehr*, § 37 Rn 30). Erforderlich ist jedenfalls ein **Zusammenwirken** auf der Grundlage einer rechtlichen Vereinbarung oder aber auch tatsächlicher Umstände, die mit einer **gesicherten gemeinsamen Einflussmöglichkeit** einhergehen. Kann das beteiligte Unternehmen seine Interessen lediglich im Einvernehmen mit den anderen beteiligten Gesellschaften durchsetzen, so kann eine gesicherte gemeinsame Einflussmöglichkeit nicht angenommen werden (*Bechtold*, § 37 Rn 46). 148

F. Einschränkungen des Zusammenschlussbegriffs

I. Zusammenschluss bereits zusammengeschlossener Unternehmen (§ 37 Abs. 2)

Abs. 2 betrifft die Möglichkeit erneuter Zusammenschlüsse zwischen bereits zusammengeschlossenen Unternehmen (**mehrfache Kontrolle**). Von der grundsätzlichen Fusionskontrollpflicht wird allerdings abgesehen, wenn der erneute Zusammenschluss nicht zu einer wesentlichen Verstärkung der bereits bestehenden Unternehmensverbindung führt. Mit Abs. 2 schuf der Gesetzgeber eine Regelung, die keinen zusätzlichen Zusammenschlusstatbestand konstruiert. (Langen/Bunte/*Ruppelt*, § 37 Rn 54). Vielmehr ist die Regelung des Abs. 2 so zu verstehen, dass sie an einen bestehenden Zusammenschluss anknüpft und somit nur die **Funktion einer Einschränkung** hat (Loewenheim/Meessen/Riesenkampff/*Riesenkampff/Lehr*, § 37 Rn 33). Die materiellrechtliche Bedeutung eines Zusammenschlusses zwischen bereits zusammengeschlossenen Unternehmen besteht darin, dass nur diejenigen wettbewerblichen Auswirkungen zu berücksichtigen sind, die aus der Verstärkung durch den Zweitzusammenschluss herrühren (*Bechtold*, § 37 Rn 47; Loewenheim/Meessen/Riesenkampff/*Riesenkampff/Lehr*, § 37 Rn 38). 149

Voraussetzung für die Anwendbarkeit des Abs. 2 ist, dass ein **Erstzusammenschluss** besteht, an den sich ein **weiterer Zusammenschluss** anschließt, wobei jeder der beiden Zusammenschlüsse die Voraussetzungen des Abs. 1 erfüllen muss (*Bechtold*, § 37 Rn 48). Die Durchführung eines Fusionskontrollverfahrens bezüglich des ersten Zusammenschlusses stellt keine Bedingung dar (Loewenheim/Meessen/Riesenkampff/*Riesenkampff/Lehr*, § 37 Rn 34). Das Vorliegen einer wesentlichen Verstärkung ist anhand eines Vergleichs der Unternehmensverbindungen unmittelbar nach dem ersten und zweiten Zusammenschluss zu ermitteln (Loewenheim/Meessen/Riesenkampff/*Riesenkampff/Lehr*, § 37 Rn 35). Dabei knüpft die Verstärkung an die Frage an, ob von dem Zweitzusammenschluss **negative Effekte** auf die Selbstständigkeit und die Dispositionsfreiheit des betroffenen Unternehmens ausgehen (Langen/Bunte/*Ruppelt*, § 37 Rn 55). Eine wesentliche Verstärkung kann nicht angenommen werden, wenn die bereits bestehende Unternehmensverbindung nicht intensiviert wird. Dabei kommt es nicht auf die Marktstellung der Unternehmensverbindung an, sondern lediglich auf die interne Verbindung zwischen den Unternehmen (*Bechtold*, § 37 Rn 47). 150

Keinen Zweitzusammenschluss begründet etwa der **Vermögenserwerbstatbestand**, weil bei diesem nach dem Zusammenschluss nur noch ein einziger Rechtsträger existiert (Loewenheim/Meessen/Riesenkampff/*Riesenkampff/Lehr*, § 37 Rn 36). Ebenso liegt bei der **Gründung einer 100%igen Tochtergesellschaft** keine wesentliche Verstärkung vor, es sei denn, dies stellt nur einen ersten Schritt in einem 151

Gesamtplan für eine Gründung durch mehrere dar (*Bechtold,* § 7 Rn 50). Gleiches gilt für eine bereits unter **einheitlicher Leitung im Sinne des § 18 Abs. 1 AktG** zusammengefasste Unternehmensverbindung. Wird eine bereits bestehende, auf der Stimmrechtsmehrheit beruhende alleinige Kontrolle zu einer qualifizierten Mehrheit aufgestockt, kann dies keinen Zusammenschlusstatbestand verwirklichen, da damit nur die bestehende Kontrolle verstärkt wird (Loewenheim/Meessen/Riesenkampff/*Riesenkampff/Lehr,* § 37 Rn 36). Bei **konzerninterner Übertragung von Beteiligungen** und anderen Formen **konzerninterner Umstrukturierungen** wird an der bisherigen wirtschaftlichen Zusammenfassung der Unternehmensverbindung nichts verändert. Daher ist von einer Verstärkung nicht auszugehen (Langen/Bunte/*Ruppelt,* § 37 Rn 59).

152 Wird eine Beteiligung auf eine der gesetzlichen Beteiligungsschwellen erhöht, hängt die Frage, ob eine wesentliche Verstärkung der Unternehmensverbindungen vorliegt, von den Umständen des Einzelfalles ab (*Bechtold,* § 37 Rn 50). Die **Aufstockung einer Minderheitsbeteiligung** auf eine Mehrheitsbeteiligung begründet hingegen wegen der wesentlich stärkeren Stellung des Mehrheitsinhabers im Verhältnis zu anderen in der Regel eine wesentliche Verstärkung (Langen/Bunte/*Ruppelt,* § 37 Rn 58). Das Gleiche gilt, wenn bestehende Rechte durch Erwerb einer Mehrheitsbeteiligung abgesichert werden (Loewenheim/Meessen/Riesenkampff/*Riesenkampff/Lehr,* § 37 Rn 38). Die **Beweislast** für die Behauptung, dass keine wesentliche Verstärkung der Unternehmensverbindung eintritt, tragen die Unternehmen (Langen/Bunte/*Ruppelt,* § 37 Rn 55; *Bechtold,* § 37 Rn 48). Dies ändert jedoch nichts daran, dass das BKartA aufgrund des Amtsermittlungsgrundsatzes zur Aufklärung des Sachverhaltes berufen ist (Loewenheim/Meessen/Riesenkampff/*Riesenkampff/Lehr,* § 37 Rn 33).

II. „Bankenklausel" (§ 37 Abs. 3)

153 Abs. 3 enthält eine **Privilegierung** für den Anteilserwerb durch Kreditinstitute, Finanzinstitute und Versicherungsunternehmen (s. zu den Begriffen unter § 38 Rn 161 f), wonach formal relevante Zusammenschlüsse unter der Bedingung nicht als kontrollpflichtige Zusammenschlüsse zu qualifizieren sind, dass die in Abs. 3 genannten Erwerber keine Stimmrechte aufgrund der erworbenen Anteilen ausüben und die Veräußerung innerhalb eines Jahres erfolgt. Damit sollen Erwerbsvorgänge, die nur zum Zwecke der Weiterveräußerung dienen, von der Fusionskontrolle freigestellt werden, um somit das Emissionsgeschäft und den Wertpapierhandel ohne wesentliche wettbewerbliche Auswirkungen zu erleichtern (Langen/Bunte/*Ruppelt,* § 37 Rn 62). Die „Bankenklausel" erfasst grds. nur **Anteilserwerbsvorgänge**; für den **Kontrollerwerb** gilt sie nur insoweit, als damit die Kontrolle durch den Erwerb von Anteilen einhergeht (*Bechtold,* § 37 Rn 52; Loewenheim/Meessen/Riesenkampff/*Riesenkampff/Lehr,* § 37 Rn 41). Sie setzt voraus, dass die Veräußerung im Zusammenhang mit der **üblichen Tätigkeit des Erwerbers** steht (*Bechtold,* § 37 Rn 53; vgl auch FK-KartellR/*Paschke,* § 37 Rn 117). Der Erwerber muss bereits zum Zeitpunkt des Erwerbs die **feste Absicht** haben, die erworbenen Anteile weiter zu veräußern (Loewenheim/Meessen/Riesenkampff/*Riesenkampff/Lehr,* § 37 Rn 43). Beabsichtigt er nach dem Erwerb die Anteile zu halten, so verwirklicht dies den Zusammenschlusstatbestand des Anteilserwerbs. Daher muss er in diesem Falle mit Ablauf der Frist eine Anmeldung beim BKartA vornehmen. Während der Dauer des Anmeldeverfahrens darf der Erwerber die Stimmrechte weiterhin nicht ausüben (*Bechtold,* § 37 Rn 54). Aufgrund des Wegfalls der Formulierung der Vorgängervorschrift, wonach die Veräußerung „auf dem Markt" zu erfolgen hatte, unterliegt der Erwerber in Bezug auf den Kreis der Erwerbswilligen keinen Einschränkungen. Somit darf er die Anteile auch an andere Kreditinstitute, Finanzinstitute sowie Versicherungsunternehmen veräußern (FK-KartellR/*Paschke,* § 37 Rn 116; Langen/Bunte/*Ruppelt,* § 37 Rn 63). Die Klausel erfasst auch einen **Anteilserwerb im Auftrag eines Dritten,** es sei denn, der Dritte trägt von Anfang an das wirtschaftliche Risiko des Erwerbs. In diesem Falle liegt ein unmittelbarer Erwerb durch den Dritten vor (Loewenheim/Meessen/Riesenkampff/*Riesenkampff/Lehr,* § 37 Rn 43).

154 Konnte die **Jahresfrist** nicht eingehalten werden, so besteht in Anlehnung an Art. 3 Abs. 5 lit. a S. 2 FKVO die **Möglichkeit der Fristverlängerung.** Hierfür bedarf es einer **glaubhaften Darlegung,** dass die Veräußerung innerhalb der Frist unzumutbar war (Loewenheim/Meessen/Riesenkampff/*Riesenkampff/Lehr,* § 37 Rn 45). Die Formulierung „war" eröffnet dem Erwerber die Möglichkeit, einen Antrag auf Fristverlängerung auch nach Ablauf der Frist zu stellen. Die Glaubhaftmachung in diesem Sinne ist mit der Regelung des **§ 294 ZPO nicht identisch** und verlangt lediglich eine argumentative Darlegung der Veräußerungshindernisse, aus der hervorgeht, dass die Frist für die Veräußerung nicht ausreichte. Diese Hindernisse sollen erforderlichenfalls durch Vorlage entsprechender Korrespondenz

nachgewiesen werden. Über den Antrag auf Fristverlängerung entscheidet das BKartA durch Verfügung gem. § 61, gegen die eine **Beschwerde** statthaft ist. Diese hat jedoch keine aufschiebende Wirkung (vgl hierzu: *Bechtold,* § 37 Rn 55). Die Klausel privilegiert den Anteilserwerb nur solange, wie ihre Voraussetzungen erfüllt sind. Fällt beispielsweise eine der Voraussetzungen nachträglich fort, so unterliegt der Erwerbsvorgang als Zusammenschluss mit ex-nunc-Wirkung der präventiven Kontrolle. Dies ändert jedoch nichts an der Wirksamkeit des Anteilserwerbs, was zur Folge hat, dass der Zusammenschluss nicht dem Vollzugsverbot, sondern nur der präventiven Kontrolle unterliegt (Loewenheim/Meessen/Riesenkampff/*Riesenkampff/Lehr,* § 37 Rn 45; *Bechtold,* § 37 Rn 54).

§ 38 GWB Berechnung der Umsatzerlöse und der Marktanteile

(1) [1]Für die Ermittlung der Umsatzerlöse gilt § 277 Abs. 1 des Handelsgesetzbuchs. [2]Umsatzerlöse aus Lieferungen und Leistungen zwischen verbundenen Unternehmen (Innenumsatzerlöse) sowie Verbrauchsteuern bleiben außer Betracht.

(2) Für den Handel mit Waren sind nur drei Viertel der Umsatzerlöse in Ansatz zu bringen.

(3) Für den Verlag, die Herstellung und den Vertrieb von Zeitungen, Zeitschriften und deren Bestandteilen, die Herstellung, den Vertrieb und die Veranstaltung von Rundfunkprogrammen und den Absatz von Rundfunkwerbezeiten ist das Zwanzigfache der Umsatzerlöse in Ansatz zu bringen.

(4) [1]An die Stelle der Umsatzerlöse tritt bei Kreditinstituten, Finanzinstituten, Bausparkassen sowie bei Kapitalanlagegesellschaften im Sinne des § 2 Abs. 6 des Investmentgesetzes der Gesamtbetrag der in § 34 Abs. 2 Satz 1 Nr. 1 Buchstabe a bis e der Kreditinstituts-Rechnungslegungsverordnung in der jeweils geltenden Fassung genannten Erträge abzüglich der Umsatzsteuer und sonstiger direkt auf diese Erträge erhobener Steuern. [2]Bei Versicherungsunternehmen sind die Prämieneinnahmen des letzten abgeschlossenen Geschäftsjahres maßgebend. [3]Prämieneinnahmen sind die Einnahmen aus dem Erst- und Rückversicherungsgeschäft einschließlich der in Rückdeckung gegebenen Anteile.

(5) Beim Erwerb des Vermögens eines anderen Unternehmens ist für die Berechnung der Marktanteile und der Umsatzerlöse des Veräußerers nur auf den veräußerten Vermögensteil abzustellen.

A. Allgemeines

§ 38 stellt für den gesamten Bereich der Fusionskontrolle Regelungen zur **Umsatzberechnung** auf. 155
Bedeutung haben diese Regelungen zum einen für die **größenbezogenen Merkmale des** § 35 und zum anderen für die **anmeldepflichtigen Angaben nach** § 39. Neben allgemeinen Grundsätzen enthält die Vorschrift branchenspezifische Sonderregelungen und eine Sonderregelung für den Fall des Vermögenserwerbs. Trotz der anders lautenden Gesetzesüberschrift enthält die Vorschrift **keine Regelungen zur Berechnung von Marktanteilen**; diese bestimmen sich nach § 19 (FK-KartellR/*Paschke,* § 38 Rn 1).

B. Berechnung der Umsätze

I. Grundsätze

Zur Berechnung der Umsatzerlöse verweist § 38 Abs. 1 auf **§ 277 Abs. 1 HGB**. Ungeachtet des Wort- 156
lauts ist § 277 Abs. 1 HGB jedoch ohne Rücksicht auf die Rechtsform im gesamten Bereich der Fusionskontrolle anwendbar. Unter Umsatzerlöse im Sinne des § 277 Abs. 1 HGB fallen alle betriebstypischen, dem Unternehmenszweck entsprechenden Erlöse aus der **gewöhnlichen Geschäftstätigkeit**. Da der Begriff der Umsatzerlöse keine Beschränkung auf den Markt des Zusammenschlusses trifft, sind **sämtliche Erlöse** des Unternehmens auf allen Tätigkeitsfeldern zu berücksichtigen (FK-KartellR/*Paschke,* § 38 Rn 3 ff). Im Rahmen der Bagatellmarktklausel nach § 35 Abs. 2 Nr. 2 kommt es bei der Umsatzberechnung nicht auf den Umsatz der beteiligten Unternehmen an, sondern wegen ihrer Marktbezogenheit auf den Umsatz auf dem betroffenen Markt (vgl *Bechtold,* § 38 Rn 3). Erlöse verbundener Unternehmen werden über die Verbundklausel berücksichtigt. Innerhalb der Konzerne sind **Innenumsatzerlöse** abzuziehen, um eine Doppelzählung zu vermeiden (Langen/Bunte/*Ruppelt,* § 38 Rn 6; Loewenheim/Meessen/Riesenkampff/*Bauer,* § 38 Rn 12). Bei Gemeinschaftsunternehmen im Sinne des § 37 Abs. 1 Nr. 3 S. 3 sind die von der gesetzlichen Fiktion der Teilfusion nach § 37 Abs. 1 Nr. 3 S. 4 betroffenen Umsätze des Gemeinschaftsunternehmens und der Muttergesellschaften zu addieren (FK-

KartellR/*Paschke*, § 38 Rn 4; Loewenheim/Meessen/Riesenkampff/*Bauer*, § 38 Rn 5). Werden die Unternehmen aufgrund eines gemeinsam übernommenen Auftrages im Rahmen einer Arbeitsgemeinschaft tätig, wird der Gesamterlös auf die Unternehmen verteilt (Langen/Bunte/*Ruppelt*, § 38 Rn 2). Auch Auslandsumsätze sind ohne Einschränkungen Umsatzerlöse im Sinne dieser Vorschrift, was in § 35 Abs. 1 Nr. 1 mit dem Begriff der weltweiten Umsatzerlöse klargestellt ist (vgl FK-KartellR/*Paschke*, § 38 Rn 6). Ausnahmsweise erfolgt bei der Berechnung der Mindestumsatzgröße für ein beteiligtes Unternehmen in § 35 Abs. 1 Nr. 2 eine Beschränkung auf Inlandsumsätze. Nach § 38 Abs. 1 S. 2 sind **Nettoumsätze** in Ansatz zu bringen.

II. Branchenspezifische Sonderregelungen (§ 38 Abs. 2, 3, 4)

157 **1. Warenhandel.** Gemäß § 38 Abs. 2 sind Warenhandelsumsätze nur zu ¾ in Ansatz zu bringen. Zweck dieser anteiligen Anrechnung ist das **verhältnismäßig geringere Gefährdungspotential des Warenhandels** (vgl FK-KartellR/*Paschke*, § 38 Rn 10). Hierunter fallen Umsätze von Unternehmen, deren Geschäftsbetrieb ganz oder teilweise im Vertrieb von Waren besteht (*Bechtold*, § 38 Rn 5). § 38 Abs. 2 erfasst somit nur Umsätze, die auf der **Weiterveräußerung** von Waren beruhen. Werden die Waren von dem Unternehmen be- oder verarbeitet, so kann die **Kürzungsregel** nicht zur Anwendung kommen, da hier ausschließlich auf die fremd erzeugten Waren abzustellen ist. Demgegenüber lässt die bloße (Um-) Verpackung erworbener Waren die Klausel unberührt (vgl Loewenheim/Meessen/Riesenkampff/*Bauer*, § 38 Rn 13). Beim **Strom- und Gashandel** geht die hM wegen der häufigen Umformungen nicht von „Handel mit Waren" aus (aA vgl FK-KartellR/*Paschke*, § 38 Rn 11, sowie Langen/Bunte/*Ruppelt*, § 38 Rn 8, der eine differenzierte Betrachtung anstellt).

158 **2. Medien.** Gem. § 38 Abs. 3 sind die Umsätze, sowohl die weltweiten, als auch die inländischen iSd § 35 Abs. 1, im Medienbereich mit dem Faktor 20 zu multiplizieren. Mit dieser Sonderregelung verfolgt der Gesetzgeber den Zweck, Marktkonzentrationen im regionalen und lokalen Presse- und Rundfunkbereich der Fusionskontrolle zu unterwerfen. Die regional bzw lokal tätigen Presse- u. Rundfunkunternehmen sind angesichts ihrer Größenstruktur und geringen Umsatzerlöse nicht in der Lage, die Umsatzschwellen des § 35 Abs. 1 zu erreichen. Diese **Sonderbehandlung** ist nach dem Bundesverfassungsgericht verfassungsrechtlich unbedenklich (vgl FK-KartellR/*Paschke*, § 38 Rn 12; *Bechtold*, § 38 Rn 8).

159 **a) Presse.** Von der Medienrechenklausel erfasst werden nur **periodisch erscheinende Druckwerke** auf allen Wirtschaftsstufen (Verlag, Herstellung, Vertrieb). Hierzu gehören neben Zeitungen, Zeitschriften und ihren Bestandteilen auch Anzeigenblätter, sofern sie einen nicht ganz nebensächlichen redaktionellen Teil aufweisen (FK-KartellR/*Paschke*, § 38 Rn 14). Mit „Bestandteilen" sind Teile der fertigen Zeitungen und Zeitschriften gemeint, nicht aber die Informationstätigkeit von Presseagenturen (Langen/Bunte/*Ruppelt*, § 38 Rn 10). Soweit der **reine Vertrieb von Presseprodukten** betroffen ist, ist umstritten, ob die Umsätze seit der 6. GWB-Novelle auch weiterhin nach Abs. 3 iVm Abs. 2 mit dem Faktor 15 (also ¾ von 20) zu multiplizieren sind (m.A. *Bechtold*, § 38 Rn 7), oder ob vielmehr nun auch hier das Zwanzigfache des Umsatzes in Ansatz zu bringen ist (hM: BKartA; vgl auch Loewenheim/Meessen/Riesenkampff/*Bauer*, § 38 Rn 16; FK-KartellR/*Paschke*, § 38 Rn 12; Langen/Bunte/*Ruppelt*, § 38 Rn 9).

160 **b) Rundfunk.** Von dem Begriff des Rundfunks werden Fernsehen und Hörfunk erfasst. Der Gesetzgeber hat wegen der veränderten Marktverhältnisse den Anwendungsbereich des § 38 Abs. 3 auf den Rundfunk erweitert. Ebenso wie im Pressebereich erfolgt auch hier eine 20fache Anrechnung der Umsätze. Dabei spielt es keine Rolle, ob es sich um öffentlich-rechtliche Gebühren oder um privatrechtliche Entgelte handelt (*Bechtold*, § 38 Rn 8; Loewenheim/Meessen/Riesenkampff/*Bauer*, § 38 Rn 17). Anders als bei Presseprodukten werden nicht nur fremd erzeugte Produkte erfasst, sondern auch eigene Produktionen. Dies ist insb. im Hinblick auf die **Rahmenprogramm-Anbieter** bedeutsam. Sie bieten anderen Hörfunkveranstaltern, die aus eigener Kraft nicht imstande sind, ein eigenes Vollprogramm herzustellen, eigene Produktionen an und üben somit publizistischen und wirtschaftlichen Einfluss auf die regionalen und lokalen Märkte aus (*Bechtold*, § 38 Rn 8; FK-KartellR/*Paschke*, § 38 Rn 17). Von dieser Regelung betroffen sind zudem auch Angebote von Kabelnetzbetreibern, soweit sie entgeltlich Rundfunksignale an den Endkunden aussenden (Loewenheim/Meessen/Riesenkampff/*Bauer*, § 38 Rn 18; FK-KartellR/*Paschke*, § 38 Rn 18).

161 **3. „Banken-Klausel".** In Abs. 4 S. 1 enthält § 38 eine **Sonderregelung** zur Umsatzberechnung für Kreditinstitute, Finanzinstitute und Bausparkassen. Bis zur 6. GWB-Novelle sah § 23 Abs. 1 S. 4 aF vor,

dass für Kreditinstitute und Bausparkassen ein Zehntel der Bilanzsumme angesetzt wird. Die Regelung des § 38 Abs. 4 knüpft aber nun nicht mehr an die Bilanzsumme an, sondern an die Ertragsgrößen. Dies ist insofern sachgerecht, als die Bilanzsumme einschließlich der Vermögensposten Bestandsgrößen darstellen, während die Umsatzerlöse Austauschprozesse auszudrücken (Langen/Bunte/*Ruppelt*, § 38 Rn 12). Die Begriffe des **Kredit- und Finanzinstituts sowie der Bausparkasse** richten sich nach § 1 Abs. 1; Abs. 1 a KWG sowie § 1 Abs. 1 des Gesetzes über Bausparkassen. Ergänzend können zur Begriffsbestimmung auch die einschlägigen **Rechtsakte der EG** herangezogen werden, da der Gesetzgeber die Änderung der Banken-Klausel zwecks Erreichung der Europarechtskonformität vorgenommen hat (Loewenheim/Meessen/Riesenkampff/*Bauer*, § 38 Rn 19). So sind die Begriffe des Kreditinstituts bzw des Finanzinstituts im Art. 1 Nr. 1 bzw Nr. 5 der RL 2000/12/EG legal definiert (vgl ABl. 2000 Nr. L 126, geändert durch die RL 2000/28/EG, ABl. 2000 Nr. L 275). Zudem beruht die in § 38 Abs. 4 genannte Verordnung auf der Umsetzung der RL 86/635/EWG. Da § 38 Abs. 4 ausdrücklich auf den § 34 Abs. 2 der in § 38 Abs. 4 genannten Verordnung verweist, stellen die in ihr genannten Erträge den Anknüpfungspunkt für die Umsatzberechnung dar. Als **Umsatzerlöse** sind danach folgende Größen anzusehen: Zinserträge, laufende Erträge aus Aktien und anderen nicht fest verzinslichen Wertpapieren, Beteiligungen, Anteile an verbundenen Unternehmen, Provisionsbeiträge, Nettobeträge aus Finanzgeschäften, sonstige betrieblichen Erträge. Die Bausparkassen werden vom Begriff des Kreditinstituts erfasst, so dass ihre Aufzählung in § 38 Abs. 4 S. 1 rein deklaratorischer Natur ist (Loewenheim/Meessen/Riesenkampff/*Bauer*, § 38 Rn 19). In der Regel sind die Leistungen der Kreditinstitute umsatzsteuerfrei. Daher spielt der Hinweis auf den Abzug der Umsatzsteuer grds. keine Rolle. Jedoch steht ihnen eine **Optionsmöglichkeit** auf die Umsatzsteuerpflicht zu, weshalb der Umsatzsteuerabzug wieder an Bedeutung gewinnt. Des Weiteren sind auch andere direkt erhobene Steuern abzusetzen (*Bechtold*, § 38 Rn 11). Bei **gemischten Unternehmen**, die sowohl als Kreditinstitute, Finanzinstitute oder Bausparkassen als auch in anderen Wirtschaftsbereichen agieren, gelten für die Umsatzberechnung die üblichen handelsrechtlichen Grundsätze (*Bechtold*, § 38 Rn 11).

4. Versicherungen. § 38 Abs. 4 S. 2 bestimmt die Prämieneinnahmen der Versicherungsunternehmen 162
als die relevanten Umsätze. Unter **Prämieneinnahmen** sind Einnahmen aus dem Erst- und Rückversicherungsgeschäft einschl. der in Rückendeckung gegebenen Anteile zu verstehen. Versicherungsunternehmen in diesem Sinne sind private und öffentlich-rechtliche Versicherungsunternehmen nach § 1 VAG. Auch Rückversicherungsunternehmen fallen hierunter. Soweit Sozialversicherungsträger unter die Fusionskontrolle fallen, kann bei ihnen der Umsatz nur anhand von Beitragseinnahmen festgestellt werden (*Bechtold*, § 38 Rn 12 f). Sind Unternehmen betroffen, die neben Versicherungsdienstleistungen auch Tätigkeiten auf anderen Tätigkeitsgebieten verrichten, sind nach den üblichen Grundsätzen die anteiligen Umsätze anzusetzen (vgl Loewenheim/Meessen/Riesenkampff/*Bauer*, § 38 Rn 21).

III. Umsatzberechnung beim Vermögenserwerb (§ 38 Abs. 5)

§ 38 Abs. 5 sieht vor, dass zur Berechnung der Marktanteile und der Umsatzerlöse des Veräußerers 163
lediglich der **veräußerte Vermögensteil** maßgeblich ist. Folglich kommt es nicht auf das gesamte Vermögen des Veräußerers an. Hierbei wird der Veräußerer, der nur einen Teil seines Vermögens überträgt, nicht als Beteiligter im Sinne des § 35 Abs. 1 S. 1 Nr. 1 angesehen. Veräußert er dagegen sein gesamtes Vermögen, ist auf alle seine Marktanteile und Umsatzerlöse abzustellen. Insofern bewirkt § 38 Abs. 5 eine **Gleichbehandlung** des Vermögenserwerbs mit dem Zusammenschlusstatbestand des Anteilserwerbs im Sinne des § 37 Abs. 1 S. 2 Nr. 3, bei dem der Veräußerer nicht als Beteiligter gilt, im Hinblick auf die Marktanteile und die Umsatzerlöse (Loewenheim/Meessen/Riesenkampff/*Bauer*, § 38 Rn 22).

§ 39 GWB Anmelde- und Anzeigepflicht

(1) Zusammenschlüsse sind vor dem Vollzug beim Bundeskartellamt gemäß den Absätzen 2 und 3 anzumelden.

(2) Zur Anmeldung sind verpflichtet:

1. **die am Zusammenschluss beteiligten Unternehmen,**
2. **in den Fällen des § 37 Abs. 1 Nr. 1 und 3 auch der Veräußerer.**

(3) [1]In der Anmeldung ist die Form des Zusammenschlusses anzugeben. [2]Die Anmeldung muss ferner über jedes beteiligte Unternehmen folgende Angaben enthalten:

1. die Firma oder sonstige Bezeichnung und den Ort der Niederlassung oder den Sitz;
2. die Art des Geschäftsbetriebes;
3. die Umsatzerlöse im Inland, in der Europäischen Union und weltweit; anstelle der Umsatzerlöse sind bei Kreditinstituten, Finanzinstituten, Bausparkassen sowie bei Kapitalanlagegesellschaften im Sinne des § 2 Abs. 6 des Investmentgesetzes der Gesamtbetrag der Erträge gemäß § 38 Abs. 4, bei Versicherungsunternehmen die Prämieneinnahmen anzugeben;
4. die Marktanteile einschließlich der Grundlagen für ihre Berechnung oder Schätzung, wenn diese im Geltungsbereich dieses Gesetzes oder in einem wesentlichen Teil desselben für die beteiligten Unternehmen zusammen mindestens 20 vom Hundert erreichen;
5. beim Erwerb von Anteilen an einem anderen Unternehmen die Höhe der erworbenen und der insgesamt gehaltenen Beteiligung;
6. eine zustellungsbevollmächtigte Person im Inland, sofern sich der Sitz des Unternehmens nicht im Geltungsbereich dieses Gesetzes befindet.

[3]In den Fällen des § 37 Abs. 1 Nr. 1 oder 3 sind die Angaben nach Satz 2 Nr. 1 und 6 auch für den Veräußerer zu machen. [4]Ist ein beteiligtes Unternehmen ein verbundenes Unternehmen, sind die Angaben nach Satz 2 Nr. 1 und 2 auch über die verbundenen Unternehmen und die Angaben nach Satz 2 Nr. 3 und Nr. 4 über jedes am Zusammenschluss beteiligte Unternehmen und die mit ihm verbundenen Unternehmen insgesamt zu machen sowie die Konzernbeziehungen, Abhängigkeits- und Beteiligungsverhältnisse zwischen den verbundenen Unternehmen mitzuteilen. [5]In der Anmeldung dürfen keine unrichtigen oder unvollständigen Angaben gemacht oder benutzt werden, um die Kartellbehörde zu veranlassen, eine Untersagung nach § 36 Abs. 1 oder eine Mitteilung nach § 40 Abs. 1 zu unterlassen.

(4) [1]Eine Anmeldung ist nicht erforderlich, wenn die Kommission der Europäischen Gemeinschaft einen Zusammenschluss an das Bundeskartellamt verwiesen hat und dem Bundeskartellamt die nach Absatz 3 erforderlichen Angaben in deutscher Sprache vorliegen. [2]Das Bundeskartellamt teilt den beteiligten Unternehmen unverzüglich den Zeitpunkt des Eingangs der Verweisungsentscheidung mit und unterrichtet sie zugleich darüber, inwieweit die nach Absatz 3 erforderlichen Angaben in deutscher Sprache vorliegen.

(5) Das Bundeskartellamt kann von jedem beteiligten Unternehmen Auskunft über Marktanteile einschließlich der Grundlagen für die Berechnung oder Schätzung sowie über den Umsatzerlös bei einer bestimmten Art von Waren oder gewerblichen Leistungen verlangen, den das Unternehmen im letzten Geschäftsjahr vor dem Zusammenschluss erzielt hat.

(6) Die am Zusammenschluss beteiligten Unternehmen haben dem Bundeskartellamt den Vollzug des Zusammenschlusses unverzüglich anzuzeigen.

A. Allgemeines

164 § 39 regelt das auf dem Grundsatz der präventiven Kontrolle beruhende Verfahren der Fusionskontrolle. Jeder Zusammenschluss, der die Aufgreifkriterien des § 35 erfüllt, ist vor seinem Vollzug anmelde- und kontrollpflichtig. Durch die Durchführung eines Fusionskontrollverfahrens im Vorfeld des Vollzugs soll der Untersagung eines Zusammenschluss nach Vollzug und einem **komplizierten Entflechtungsverfahren** vorgebeugt werden (vgl Loewenheim/Meessen/Riesenkampff/*Riesenkampff/Lehr*, § 39 Rn 1). Bei Vollzug ohne vorherige Anmeldung besteht die Möglichkeit der **nachträglichen Anzeige** (Abs. 6). In den Absätzen 2 und 3 sind die Adressaten der Anmeldepflicht sowie die Form und der Inhalt der Anmeldung geregelt. Eine **Modifikation** erfährt die Anmeldepflicht im Falle der **Verweisung** der Sache an das BKartA durch die EG-Kommission (Abs. 4). Abs. 5 enthält die dem BKartA im Verfahren zustehenden Ermittlungsbefugnisse. Im Gegensatz zur europäischen Fusionskontrolle verwendet der deutsche Gesetzgeber den Begriff des Zusammenschlussvorhabens nicht; er spricht vielmehr von „Zusammenschluss". Dennoch besteht seiner Ansicht nach eine **sachliche Übereinstimmung** der beiden Begriffe (Regierungsentwurf zur 6. GWB-Novelle v. 29.1.1998, BT-Drucks. 13/9720, S. 58).

B. Anmeldung des Zusammenschlusses und Anzeigepflicht

I. Anmeldung

1. Anmeldepflicht (§ 39 Abs. 1). Nach dem Wortlaut des § 39 Abs. 1 sind Zusammenschlüsse anzumelden; die Regelung findet in § 81 besondere Sanktionsvorschriften, die seit der 7. GWB-Novelle die fehlende Anmeldung nicht mehr unmittelbar sanktionieren; nach § 81 Abs. 1 Nr. 1 begeht eine Ordnungswidrigkeit, wer einen Zusammenschluss ohne Anmeldung und Freigabe vollzieht und nach § 81 Abs. 2 Nr. 3 ist sanktioniert, wer Zusammenschlüsse „nicht richtig" oder „nicht vollständig" anmeldet. § 39 hat deshalb nach geltendem Recht einen hybriden Charakter: Die Regelung statuiert in Abs. 1 eine Anmeldeobliegenheit (*Bechtold,* § 39 Rn 5; FK-KartellR/*Paschke,* § 39 Rn 2). Ohne eine ordnungsgemäße und vollständige Anmeldung, die von den beteiligten Unternehmen vorzunehmen ist, kann eine Freigabe des Zusammenschlussvorhabens nicht erfolgen. Für nicht freigegebene Zusammenschlüsse wiederum besteht ein nach § 81 Abs. 2 Nr. 1 bußgeldbewehrtes Vollzugsverbot nach § 41. Die kartellordnungswidrigkeitenrechtlichen Sanktionen nach § 81 Abs. 2 Nr. 3 bleiben davon unberührt. 165

Bei Vollzug des Zusammenschlusses ohne vorherige Anmeldung und Freigabe durch das BKartA besteht die Möglichkeit der **nachträglichen Anmeldung** (vgl BKartA – B6 026/04, S. 4 – Gruner+Jahr/RBA). Der Unterschied zur Anzeigepflicht nach Abs. 6 liegt darin, dass die Anzeigepflicht ein vorangegangenes Fusionskontrollverfahren voraussetzt (*Bechtold,* § 39 Rn 4). 166

Ungeachtet des Wortlauts besteht **keine** mit **Sanktionen** versehene Anmeldepflicht (Langen/Bunte/*Ruppelt,* § 39 Rn 1; *Bechtold,* § 39 Rn 5). Daher kann sie nicht mit Mitteln des Verwaltungszwangs durchgesetzt werden (Loewenheim/Meessen/Riesenkampff/*Riesenkampff/Lehr,* § 39 Rn 7). Vielmehr ist eine **Anmeldeobliegenheit** anzunehmen (*Bechtold,* § 39 Rn 5). Dies folgt aus dem Umstand, dass es den Unternehmen anheim gestellt ist, ob sie einen Erwerbsvorgang anmelden, der einen Zusammenschlusstatbestand verwirklicht (*Bechtold,* § 39 Rn 5). Der Verstoß gegen die „Anmeldepflicht" ist daher als solcher ohne rechtliche Folgen; erst der Vollzug begründet Rechtsfolgen. Die Unternehmen dürfen den Zusammenschluss nur nicht vollziehen, bevor er angemeldet und vom BKartA freigegeben worden ist (vgl Loewenheim/Meessen/Riesenkampff/*Riesenkampff/Lehr,* § 39 Rn 6). Die Anmeldepflicht gilt auch bei **ausländischen Zusammenschlüssen,** soweit diese Auswirkungen im Inland haben (FK-KartellR/*Paschke,* § 39 Rn 9). Die anmeldenden Unternehmen haben die Möglichkeit, eine Anmeldung zurückzunehmen, etwa um das Vorhaben so zu ändern, dass eine Freigabe im Vorprüfverfahren in Betracht kommt (BGH v. 20.4.2010 – KVR 1/09 – Phomak/GN Store, Tz 11 ff). 167

2. Anmeldefähigkeit. Zur Anmeldung ist ein gewisser **Grad der Konkretisierung** des Zusammenschlussvorhabens erforderlich (FK-KartellR/*Paschke,* § 39 Rn 4). Erst ein hinreichend präzises Vorhaben als Verfahrensgegenstand macht eine materielle Beurteilung möglich. Hierfür bedarf es weder eines verbindlichen Vertrages noch der Zustimmung aller Unternehmensorgane (Langen/Bunte/*Ruppelt,* § 39 Rn 4; FK-KartellR/*Paschke,* § 39 Rn 4). Es genügt aber schon die Absicht, Anteile zu erwerben, welche die Beteiligung auf die Schwellenwerte des § 37 Abs. 1 erhöhen würden (vgl Loewenheim/Meessen/Riesenkampff/*Riesenkampff/Lehr,* § 39 Rn 14; *Bechtold,* § 39 Rn 7). Das BKartA bejaht bei einer grundsätzlichen Einigung der beteiligten Unternehmen bereits die Anmeldefähigkeit. Bei einer **Ausschreibung** ist der Erwerbsvorgang erst nach Zuschlag im Vergabeverfahren anmeldefähig (Langen/Bunte/*Ruppelt,* § 39 Rn 4). Auf die Realisierbarkeit des Vorhabens kommt es nicht an. **Nicht anmeldefähig** sind jedoch ungewisse und unmögliche Vorhaben (*Bechtold,* § 39 Rn 6). Bei der Anmeldung muss zumindest ansatzweise feststehen, welcher Zusammenschlusstatbestand verwirklicht wird (Langen/Bunte/*Ruppelt,* § 39 Rn 3). Zulässig sind auch **Haupt- und Hilfsanmeldungen** (vgl Loewenheim/Meessen/Riesenkampff/*Riesenkampff/Lehr,* § 39 Rn 13 f). So kann bei einer Anmeldung für den Fall einer Untersagung ein gleichgewichtiger alternativer Erwerbsvorgang angegeben werden (FK-KartellR/*Paschke,* § 39 Rn 6). 168

Für die Anmeldung muss der **Zeitpunkt des Vollzugs** nicht exakt feststehen (*Bechtold,* § 39 Rn 7). Die Praxis (Rspr und BKartA) nimmt ein **kontrollfähiges Vorhaben** an, wenn dessen Vollzug **„in absehbarer Zeit"** vorgesehen ist. Klare Umrisse erhält dieses Erfordernis nach den Besonderheiten des betroffenen Marktes. Die Praxis orientiert sich nach einem **Zeitraum von drei bis fünf Jahren** (vgl Langen/Bunte/*Ruppelt,* § 39 Rn 3; FK-KartellR/*Paschke,* § 39 Rn 5). Diese Auffassung hat zur Folge, dass eine Anmeldung, die nicht mehr innerhalb dieses Zeitraums erfolgt, unwirksam ist (*Bechtold,* § 39 Rn 7). Anmeldungen, die weiterreichen, sind nicht anmeldefähig, weil ihnen die Prüffähigkeit fehlt. Sind die 169

rechtlichen Rahmenbedingungen für die vorgesehene Geschäftstätigkeit noch ungewiss, kann ebenso keine Anmeldefähigkeit angenommen werden (Langen/Bunte/*Ruppelt*, § 39 Rn 3). Setzt die wirksame Gründung eines Unternehmens eine **Registereintragung** voraus, so kann der Antrag auf Eintragung erst nach positivem Abschluss des Fusionskontrollverfahrens gestellt werden (Langen/Bunte/*Ruppelt*, § 39 Rn 6).

170 **3. Adressaten der Anmeldeverpflichtung (§ 39 Abs. 2).** Die Anmeldeverpflichtung richtet sich nach Abs. 2 Nr. 1 an die am Zusammenschluss beteiligten Unternehmen sowie in den Fällen des Vermögens- und Anteilserwerbs auch den Veräußerer (vgl Abs. 2 Nr. 2). Adressaten der Anmeldepflicht können somit sowohl Unternehmen als auch natürliche Personen sein (vgl *Bechtold,* § 39 Rn 8). Welche Unternehmen am Zusammenschluss beteiligt sind, hängt davon ab, welcher Zusammenschlusstatbestand im Einzelfall verwirklicht wird (vgl hierzu ausführlich oben unter § 37 Rn 112 ff). Auch die von der Verbundklausel des § 36 Abs. 2 erfassten Unternehmen sind beteiligt in diesem Sinne (FK-KartellR/*Paschke,* § 39 Rn 14). Sind Unternehmen anmeldepflichtig, obliegt die Erfüllung der Anmeldepflicht den nach Gesetz und Satzung zur Vertretung berufenen natürlichen Personen (*Bechtold,* § 39 Rn 8; FK-KartellR/*Paschke,* § 39 Rn 15). Die Anmeldepflicht trifft jedes einzelne am Zusammenschluss beteiligte Unternehmen (vgl *Bechtold,* § 39 Rn 9; Loewenheim/Meessen/Riesenkampff/*Riesenkampff/Lehr*, § 39 Rn 11); eine **Einzelanmeldung** ist allerdings insofern unpraktisch, weil möglicherweise kein Unternehmen allein über die nach § 39 Abs. 3 erforderlichen Informationen verfügt, um eine ordnungsgemäße und vollständige Anmeldung beim BKartA vorzunehmen (Langen/Bunte/*Ruppelt*, § 39 Rn 8). Da es dem BKartA um die Verschaffung eines umfassenden Überblicks über den Zusammenschluss geht, kann es genügen, dass einer der Anmeldeverpflichteten die Anmeldung tätigt (Loewenheim/Meessen/Riesenkampff/*Riesenkampff/Lehr*, § 39 Rn 11). In der Praxis ist es üblich, dass ein gemeinsamer Verfahrensbevollmächtigter bestimmt wird, der den Zusammenschluss mit Wirkung für alle beteiligten Unternehmen anmeldet (FK-KartellR/*Paschke,* § 39 Rn 10; Langen/Bunte/*Ruppelt*, § 39 Rn 9). Insofern ist die Anmeldepflicht der **zivilrechtlichen Gesamtschuld** ähnlich (*Bechtold,* § 39 Rn 9; FK-KartellR/*Paschke,* § 39 Rn 16). Nicht anmeldende Unternehmen sind weiterhin Verfahrensbeteiligte; ihre Verfahrensrechte sind jedoch eingeschränkt (FK-KartellR/*Paschke,* § 39 Rn 16).

171 **4. Form und Inhalt der Anmeldung (§ 39 Abs. 3).** Hinsichtlich der Form des Zusammenschlusses genügen **zusammenfassende Beschreibungen des Erwerbsvorganges**, welcher die Zusammenschlusstatbestände verwirklicht. Bei wirtschaftlich einheitlichen Zusammenschlüssen, die zeitversetzt vollzogen werden, ist auch eine **Stufenanmeldung** möglich (*Bechtold,* § 39 Rn 10). In der Anmeldung ist die Vorlage von Verträgen, auf denen der Zusammenschluss beruht, nicht erforderlich (*Bechtold,* § 39 Rn 10). Die Anmeldung muss klar zum Ausdruck bringen, dass damit die Anmeldung eines Zusammenschlusses beabsichtigt wird und es sich nicht etwa um eine **informelle Anfrage** handelt (FK-KartellR/*Paschke,* § 39 Rn 17). Auch der Zeitpunkt des Vollzugs muss nicht angegeben werden (*Bechtold,* § 39 Rn 10). Die Anmeldung ist an **keine bestimmte Form** gebunden; sie könnte daher auch **mündlich** erfolgen. Da aber für die Anmeldung die Vorlage einer Vielzahl von schriftlichen Unterlagen erforderlich ist, ist eine **schriftliche Anmeldung** unabdingbar (Langen/Bunte/*Ruppelt*, § 39 Rn 10).

172 In Satz 2 ist ein Katalog der bei der Anmeldung **zwingend notwendigen Angaben** enthalten: Erforderlich sind nach Nr. 1 und 2 Angaben über die beteiligten Unternehmen, zu denen auch die mit ihnen verbundenen inländischen und ausländischen Unternehmen gehören (Loewenheim/Meessen/Riesenkampff/*Riesenkampff/Lehr*, § 39 Rn 18). Bei verbundenen Unternehmen sind die Konzernbeziehungen mitzuteilen (*Bechtold,* § 39 Rn 12). Nr. 3 erfordert die getrennte Ausweisung der Umsatzerlöse nach Inland, EU und Weltmarkt, um damit dem BKartA die Beurteilung der Aufgreifkriterien nach § 35 Abs. 1 zu ermöglichen (Loewenheim/Meessen/Riesenkampff/*Riesenkampff/Lehr*, § 39 Rn 20). Bei Kreditinstituten, Finanzinstituten und Bausparkassen ist der Gesamtbetrag der Erträge, bei Versicherungsunternehmen die Prämieneinnahmen entsprechend § 38 Abs. 4 anzugeben. Soweit es um die Art des Geschäftsbetriebes geht, kommt es auf die **tatsächliche Tätigkeit** an, nicht auf die Angabe im Gesellschaftsvertrag (*Bechtold,* § 39 Rn 12). Zur Berechnung der Umsatzerlöse und Marktanteile ist § 38 heranzuziehen. Die 20%-Schwelle der Nr. 4 gilt nur für den Anwendungsbereich des GWB oder einen wesentlichen Teil desselben. Während der Gesetzgeber hierzu die Größenordnung von Bundesländern als Maßstab nahm, soweit sie Flächenstaaten sind (Regierungsentwurf zur 2. GWB-Novelle, BT-Drucks. 6/2520, S. 32), ist nach dem BGH (BGH WuW/E 1685, 1686 – Springer-Elbe Wochenblatt) ein wesentlicher Teil anzunehmen, „wenn sich in einem bestimmten Wirtschaftsbereich die entscheidenden Wettbewerbsvorgänge wegen der in diesem Bereich herrschenden Markt- oder Unternehmensstrukturen wesentlich auf regionalen Märkten abspielen“ (vgl FK-KartellR/*Paschke,* § 39 Rn 28;

Bechtold, § 39 Rn 13). Unabhängig davon, ob sie durch den Zusammenschluss betroffen sind, sind Anteile auf allen Märkten anzugeben (*Bechtold,* § 39 Rn 12). Beim **Anteilserwerb** sind nach Nr. 5 die Höhe des erworbenen Anteils und der danach insgesamt gehaltenen Beteiligung zu nennen (Loewenheim/Meessen/Riesenkampff/*Riesenkampff/Lehr,* § 39 Rn 23). **Relevanter Zeitpunkt** für die Daten ist der Anmeldezeitpunkt. Grundlage der Angaben über die Umsatzerlöse stellt der **letzte Jahresabschluss** dar. Für die Berechnung der Marktanteile sind die jüngsten Daten maßgeblich (Loewenheim/Meessen/Riesenkampff/*Riesenkampff/Lehr,* § 39 Rn 22).

Nr. 6 setzt die **Benennung eines Inlandsvertreters** voraus, um Schwierigkeiten bei der Zustellung durch das BKartA zu verhindern. Dies ist insb. im Zusammenhang mit der Freigabefiktion nach § 40 Abs. 2 S. 2 und dem Fristablauf wegen § 40 Abs. 2 S. 3 Nr. 3 bedeutsam (*Bechtold,* § 39 Rn 16; Loewenheim/Meessen/Riesenkampff/*Riesenkampff/Lehr,* § 39 Rn 24). 173

II. Anzeigepflicht (§ 39 Abs. 6)

Die am Zusammenschluss beteiligten Unternehmen haben nach Abs. 6 den Vollzug des Zusammenschlusses unverzüglich anzuzeigen. **Sinn dieser Regelung** besteht darin, das BKartA, das infolge der Anmeldung des Zusammenschlusses vor Vollzug bereits mit der Sache betraut war, über den Vollzug des Zusammenschlusses zu informieren (*Bechtold,* § 39 Rn 22) und somit dem BKartA eine genauere Beobachtung der Marktkonzentration zu ermöglichen (Langen/Bunte/*Ruppelt,* § 39 Rn 20; FK-KartellR/*Paschke,* § 39 Rn 46). Das Tatbestandsmerkmal **„unverzüglich"** richtet sich nach § 121 Abs. 1 S. 1 BGB (Loewenheim/Meessen/Riesenkampff/*Riesenkampff/Lehr,* § 39 Rn 32). Eine Anzeige ist regelmäßig unverzüglich, wenn sie **innerhalb von 6 bis 8 Wochen nach Vollzug** erfolgt (*Bechtold,* § 39 Rn 23). Die Anzeigepflicht richtet sich an die am Zusammenschluss beteiligten Unternehmen; ebenso wie bei der Anmeldung genügt es, wenn die Anzeige von einem der beteiligten Unternehmen mit Wirkung für alle getätigt wird. Insofern ist auch die Anzeigepflicht **gesamtschuldähnlich** (*Bechtold,* § 39 Rn 23). Da Abs. 6 im Gegensatz zur Anmeldeobliegenheit des Abs. 1 eine wirkliche Anzeigepflicht begründet, kann sie mit den **Mitteln des allgemeinen Verwaltungszwangs** durchgesetzt werden (Loewenheim/Meessen/Riesenkampff/*Riesenkampff/Lehr,* § 39 Rn 32). Die Unterlassung der Anzeige begründet eine **Ordnungswidrigkeit** iSd § 81 Abs. 2 Nr. 4. Die Anzeigepflicht gilt auch bei ausländischen Zusammenschlüssen, soweit sie sich im Inland auswirken (Loewenheim/Meessen/Riesenkampff/*Riesenkampff/Lehr,* § 39 Rn 33). 174

III. Verweisung an das BKartA durch die EG-Kommission und umgekehrt (§ 39 Abs. 4)

In Übereinstimmung mit der Regelung des Art. 9 Abs. 1 FKVO betrifft Abs. 4 die Fälle, in denen die EG-Kommission ein Verfahren an das BKartA verweist. In diesen Fällen bedarf es keiner Anmeldung, sofern die Angaben des § 39 Abs. 3 in deutscher Sprache vorliegen. Dadurch sollen die betroffenen Unternehmen entlastet werden, indem auf eine erneute Anmeldung verzichtet wird (vgl Loewenheim/Meessen/Riesenkampff/*Riesenkampff/Lehr,* § 39 Rn 28). So wurde beispielsweise das Zusammenschlussvorhaben der Medienunternehmen **Kabel Deutschland GmbH (KDG)/Kabelnetz NRW Hold-Co GmbH (ish)** von der ursprünglich zuständigen Europäischen Kommission auf Antrag an das BKartA verwiesen (vgl BKartA TB 2003/2004, BT-Drucks. 15/5790, S. 158). Die Verweisung begründete die EG-Kommission damit, dass die drei geplanten Fusionsvorhaben **ähnliche kartellrechtliche Fragen** aufwerfen und das BKartA zur Untersuchung lokaler Märkte unter Berücksichtigung besonderer nationaler Gegebenheiten am besten in der Lage sei (vgl *Hess,* AfP 2004, 339 ff (340)). Die Verweisung bewirkt, dass die Vorschriften des GWB, und nicht die der FKVO Anwendung finden (*Bechtold,* § 39 Rn 29). Es kommt nicht drauf an, ob sich die Angaben aus dem Formblatt CO oder dem Verweisungsblatt RS ergeben (*Bechtold,* § 39 Rn 30). Zur Effizienz der Fusionskontrolle sowohl auf gemeinschaftsweiter als auch auf nationaler Ebene kann ein Fall auch vom BKartA an die EG-Kommission verwiesen werden, wenn der Zusammenschluss eine gemeinschaftsweite Bedeutung hat oder die Gemeinschaftszuständigkeit in sonstiger Weise begründet ist (vgl 14. und 16. Erwägungsgrund der FKVO 139/2004). 175

C. Ermittlungsbefugnisse des BKartA (§ 39 Abs. 5)

Abs. 5 verleiht dem BKartA ein **Auskunftsrecht** über die Marktanteils- und Umsatzangaben. Seinem Umfang nach geht dieses Auskunftsrecht über den nach Abs. 3 für eine Anmeldung notwendigen Inhalt 176 hinaus (Langen/Bunte/*Ruppelt*, § 39 Rn 17). Erfasst sind neben den Angaben über die Marktanteile und die Umsätze der unmittelbar am Zusammenschluss beteiligten Unternehmen auch die der verbundenen Unternehmen. Dies wird von § 36 Abs. 2 für den gesamten Bereich der Fusionskontrolle klargestellt (vgl Langen/Bunte/*Ruppelt*, § 39 Rn 17). Auf dieser Grundlage ist davon auszugehen, dass eine Zurechnung in beide Richtungen der Unternehmensverbindung erfolgt (*Bechtold*, § 39 Rn 20). Das Auskunftsrecht des BKartA korrespondiert mit der **Auskunftspflicht** (Langen/Bunte/*Ruppelt*, § 39 Rn 18) des herrschenden Unternehmens mit Sitz im Inland, Informationen über alle in- und ausländischen abhängigen Unternehmen zur Verfügung zu stellen. Hat es seinen Sitz im Ausland, so sind alle abhängigen Unternehmen mit Sitz im Inland zur Erteilung von Auskünften verpflichtet (vgl *Bechtold*, § 39 Rn 20). Beim Auskunftsverlangen hat das BKartA den Grundsatz der Verhältnismäßigkeit zu beachten (Loewenheim/Meessen/Riesenkampff/*Riesenkampff/Lehr*, § 39 Rn 29). **Adressat des Auskunftsverlangens** sind Unternehmen, nicht natürliche Personen. Es bedarf hierfür keines förmlichen Beschlusses (*Bechtold*, § 39 Rn 21). Die Nichtbeantwortung des Auskunftsverlangens stellt eine **Ordnungswidrigkeit** dar und zieht die **Verhängung von Geldbußen** nach sich (vgl Langen/Bunte/*Ruppelt*, § 39 Rn 18). Davon zu unterscheiden sind bloße formlose Anfragen, die zu beantworten die Unternehmen nicht verpflichtet sind. Da das Auskunftsverlangen eine **Verfügung** iSd § 61 darstellt, ist es nach § 63 Abs. 1 anfechtbar (vgl Loewenheim/Meessen/Riesenkampff/*Riesenkampff/Lehr*, § 39 Rn 30). Gestützt auf Abs. 5 kann das BKartA keine Vorlage von Unterlagen verlangen oder Geschäftsräume des Unternehmens betreten (*Bechtold*, § 39 Rn 21). Diese Befugnisse folgen aus dem allgemeinen Auskunftsrecht des § 59, das von Abs. 5 unberührt bleibt (Loewenheim/Meessen/Riesenkampff/*Riesenkampff/Lehr*, § 39 Rn 31). Zudem hat es auch Betriebs- und Geschäftsgeheimnisse nach § 203 Abs. 2 StGB zu beachten (*Bechtold*, § 39 Rn 21).

D. Sanktionen bei Verstößen

177 Der Vollzug eines Zusammenschlusses ohne vorherige Anmeldung ist durch das Vollzugsverbot nach § 41 Abs. 1 sanktioniert. Ist die Anmeldung nicht ordnungsgemäß, so beginnen die Fristen des § 40 Abs. 1 S. 1 und § 40 Abs. 2 S. 2 erst mit dem Eingang der vollständigen und ordnungsgemäßen Anmeldung zu laufen. Zudem stellen folgende Handlungen Ordnungswidrigkeiten dar, die nach § 81 die Verhängung von Bußgeldern nach sich ziehen: Die **unrichtige und unvollständige Anmeldung** (§ 81 Abs. 2 Nr. 3); der Vollzug eines Zusammenschlusses ohne vorherige Anmeldung (§ 81 Abs. 2 Nr. 1); die **Verletzung eins formellen Auskunftsverlangens** des BKartA nach den § 59 Abs. 2 (§ 81 Abs. 2 Nr. 6) und das **Unterlassen der Anzeige** nach Abs. 6 (§ 81 Abs. 2 Nr. 4). Das BKartA kann die Auskunfts- und Anzeigepflicht im Wege des Verwaltungszwanges nach den Vorschriften des Verwaltungsvollstreckungsgesetzes (VwVG) durchsetzen; dies gilt nicht im Hinblick auf die Anmeldepflicht, da sie nur eine Anmeldeobliegenheit und somit keine sanktionierte Pflicht darstellt. In Betracht kommt auch eine auf §§ 6 ff. VwVG beruhende Erzwingung einer richtigen und vollständigen Anmeldung (vgl hierzu: FK-KartellR/*Paschke*, § 39 Rn 54).

§ 40 GWB Verfahren der Zusammenschlusskontrolle

(1) [1]Das Bundeskartellamt darf einen Zusammenschluss, der ihm angemeldet worden ist, nur untersagen, wenn es den anmeldenden Unternehmen innerhalb einer Frist von einem Monat seit Eingang der vollständigen Anmeldung mitteilt, dass es in die Prüfung des Zusammenschlusses (Hauptprüfverfahren) eingetreten ist. [2]Das Hauptprüfverfahren soll eingeleitet werden, wenn eine weitere Prüfung des Zusammenschlusses erforderlich ist.

(2) [1]Im Hauptprüfverfahren entscheidet das Bundeskartellamt durch Verfügung, ob der Zusammenschluss untersagt oder freigegeben wird. [2]Wird die Verfügung nicht innerhalb von vier Monaten nach Eingang der vollständigen Anmeldung den anmeldenden Unternehmen zugestellt, gilt der Zusammenschluss als freigegeben. [3]Die Verfahrensbeteiligten sind unverzüglich über den Zeitpunkt der Zustellung der Verfügung zu unterrichten. [4]Dies gilt nicht, wenn

1. **die anmeldenden Unternehmen einer Fristverlängerung zugestimmt haben,**
2. **das Bundeskartellamt wegen unrichtiger Angaben oder wegen einer nicht rechtzeitig erteilten Auskunft nach § 39 Abs. 5 oder § 59 die Mitteilung nach Absatz 1 oder die Untersagung des Zusammenschlusses unterlassen hat,**

3. eine zustellungsbevollmächtigte Person im Inland entgegen § 39 Abs. 3 Satz 2 Nr. 6 nicht mehr benannt ist.

(3) [1]Die Freigabe kann mit Bedingungen und Auflagen verbunden werden. [2]Diese dürfen sich nicht darauf richten, die beteiligten Unternehmen einer laufenden Verhaltenskontrolle zu unterstellen.

(3a) [1]Die Freigabe kann widerrufen oder geändert werden, wenn sie auf unrichtigen Angaben beruht, arglistig herbeigeführt worden ist oder die beteiligten Unternehmen einer mit ihr verbundenen Auflage zuwiderhandeln. [2]Im Falle der Nichterfüllung einer Auflage gilt § 41 Abs. 4 entsprechend.

(4) Vor einer Untersagung ist den obersten Landesbehörden, in deren Gebiet die beteiligten Unternehmen ihren Sitz haben, Gelegenheit zur Stellungnahme zu geben.

(5) Die Fristen nach den Absätzen 1 und 2 Satz 2 beginnen in den Fällen des § 39 Abs. 4 Satz 1, wenn die Verweisungsentscheidung beim Bundeskartellamt eingegangen ist und die nach § 39 Abs. 3 erforderlichen Angaben in deutscher Sprache vorliegen.

(6) Wird eine Freigabe des Bundeskartellamts durch gerichtlichen Beschluss rechtskräftig ganz oder teilweise aufgehoben, beginnt die Frist nach Absatz 2 Satz 2 mit Eintritt der Rechtskraft von neuem.

A. Allgemeines

§ 40 regelt das Verfahren der Fusionskontrolle in der Gestalt, die es infolge einer Vielzahl wesentlicher Änderungen mit der 6. GWB-Novelle erfahren hat. Die 6. GWB-Novelle führte eine generelle präventive Fusionskontrolle unter Aufgabe der nachträglichen Prüfung ein. Wesentlich für das Fusionskontrollverfahren ist die **strikte Trennung zwischen Vor- und Hauptprüfverfahren**: Während im Vorprüfverfahren die Freigabe durch formloses Verwaltungsschreiben oder durch Verstreichen der Monatsfrist gem. Abs. 1 S. 1 erfolgt, findet das Hauptverfahren nach Ablauf der Monatsfrist statt, in dem entweder eine Untersagung oder eine Freigabe des Zusammenschlusses erfolgt. Ergeht eine Untersagungsverfügung nicht innerhalb einer Frist von vier Monaten nach Eingang der vollständigen Anmeldung, gilt der Zusammenschluss nach Abs. 2 S. 2 als freigegeben (**Freigabefiktion**). Unter den Voraussetzungen des Abs. 2 S. 4 gilt dies jedoch nicht. Es besteht auch die Möglichkeit, eine Freigabe mit Nebenbestimmungen zu versehen, die nicht zu einer laufenden Verhaltenskontrolle führen dürfen (vgl Abs. 3). Unter den Voraussetzungen des Abs. 3 a kann die Freigabe widerrufen oder geändert werden. Mit der Ausgestaltung der Entscheidungen im Hauptprüfverfahren als Verfügung geht eine **Verbesserung des Rechtsschutzes** Dritter einher, da diese nach § 63 Abs. 1 S. 1 anfechtbar sind (vgl Loewenheim/Meessen/Riesenkampff/*Riesenkampff/Lehr*, § 40 Rn 1). Die Fristen des § 40 sind keine Mindestfristen, so dass eine Verfügung auch vor Ablauf der Fristen erfolgen kann (vgl Regierungsentwurf zur 6. GWB-Novelle, BT-Drucks. 13/9720, S. 59; Langen/Bunte/*Ruppelt*, § 40 Rn 11). Die von der **Kommission zur Ermittlung der Konzentration im Medienbereich (KEK)** vorgenommene Prüfung berührt die Prüfungskompetenz des BKartA nicht, weil beide Verfahren **unterschiedliche Schutzrichtungen** haben: während das BKartA den **Schutz des Wettbewerbs** im Blick hat, geht es beim medienrechtlichen Verfahren um die **Gewährleistung der Medienvielfalt** geht (FK-KartellR/*Rieger*, § 40 Rn 4). Das Kernproblem der jetzigen Regelung liegt darin, dass sie dem BKartA die Befugnis einräumt, im Vorprüfverfahren formlos zu entscheiden. Dies führt in bestimmten Fällen dazu, dass das BKartA selbst darüber entscheiden kann, ob sein Verfahrensabschluss angefochten werden können soll oder nicht (vgl *Bechtold*, § 40 Rn 4; Loewenheim/Meessen/Riesenkampff/*Riesenkampff/Lehr*, § 40 Rn 4). 178

B. Informelles Vorverfahren

In der Praxis hat sich im Vorfeld des formellen Vorprüfverfahrens ein **informelles Abklärungsverfahren** eingebürgert (vgl BKartA, TB 2003/2004, BT-Drucks. 15/5790, S. 11, 40, 134, 139, 183). Hierbei treten die zusammenschlusswilligen Unternehmen vor Einleitung des formellen Verfahrens mit dem BKartA in Verbindung, um sich mit ihm über die mit dem Zusammenschluss zusammenhängenden kartellrechtlichen Probleme auszutauschen (*Bechtold*, Art. 1 VO 1/2003 Rn 25). Für dieses Vorverfahren existiert keine ausdrückliche Bestimmung. Während die EG-Kommission in dieser Hinsicht eine restriktivere Linie verfolgt, zeichnet sich auf nationaler Ebene eine Tendenz der nationalen Kartellbehörden ab, den Unternehmen großzügigere Hilfestellungen zu geben (vgl *Bechtold*, Art. 1 VO 1/2003 Rn 28 ff). 179

C. Vorprüfverfahren

I. „Monatsbrief"

180 Mit dem sog. „Monatsbrief" teilt das BKartA dem Anmelder seinen **Eintritt in die Prüfung** des Zusammenschlusses mit (FK-KartellR/*Rieger*, § 40 Rn 9; Loewenheim/Meessen/Riesenkampff/*Riesenkampff/Lehr*, § 40 Rn 8). Dieser bloßen Mitteilung kommt **kein eigenständiger Regelungscharakter** zu, da sie lediglich dazu dient, dem BKartA die **Erhaltung der viermonatigen Frist** zu ermöglichen, weshalb sie auch nicht mit einer Beschwerde anfechtbar ist (vgl Loewenheim/Meessen/Riesenkampff/*Riesenkampff/Lehr*, § 40 Rn 8). Diese Mitteilung ist nicht an eine bestimmte Form gebunden (FK-KartellR/*Rieger*, § 40 Rn 4) und kann daher **auch mündlich** erfolgen. Zudem bedarf sie keiner förmlichen Zustellung (Loewenheim/Meessen/Riesenkampff/*Riesenkampff/Lehr*, § 40 Rn 8; FK-KartellR/*Rieger*, § 40 Rn 9).

181 Die Mitteilung ist an die anmeldenden Unternehmen zu richten, nicht an alle beteiligten Unternehmen (*Bechtold*, § 40 Rn 6). Bei einer Anmeldung durch mehrere Unternehmen ist eine Mitteilung an alle erforderlich. Werden die am Zusammenschluss beteiligten Unternehmen von einem Verfahrensbevollmächtigten vertreten, genügt eine Mitteilung an diesen (Loewenheim/Meessen/Riesenkampff/*Riesenkampff/Lehr*, § 40 Rn 6). Bei ausländischen Unternehmen ist die Problematik der Zustellung mit der Regelung des § 39 Abs. 3 Nr. 6 behoben worden (*Bechtold*, § 40 Rn 6; FK-KartellR/*Rieger*, § 40 Rn 8). Die Mitteilung muss dem Anmeldenden **innerhalb eines Monats** zugehen. Diese Monatsfrist ist eine verfahrensrechtliche Ausschlussfrist (*Bechtold*, § 40 Rn 6; FK-KartellR/*Rieger*, § 40 Rn 6). Bei ihrem Ablauf ist die Untersagungsbefugnis des BKartA von Gesetzes wegen präkludiert (Loewenheim/Meessen/Riesenkampff/*Riesenkampff/Lehr*, § 40 Rn 5; FK-KartellR/*Rieger*, § 40 Rn 6). Diese **Fiktion** ist zwar nicht ausdrücklich im Gesetz geregelt; jedoch ist sie **allgemein anerkannt** und ergibt sich nicht zuletzt aus der Analogie zu Abs. 2 S. 2 (*Bechtold*, § 40 Rn 6). Für den Fristbeginn ist maßgeblich, dass eine vollständige Anmeldung vorliegt, auf deren Richtigkeit es nicht ankommt (Loewenheim/Meessen/Riesenkampff/*Riesenkampff/Lehr*, § 40 Rn 6; *Bechtold*, § 40 Rn 9). Die **Fristberechnung** richtet sich nach § 31 VwVfG, der auf §§ 187 ff BGB verweist (FK-KartellR/*Rieger*, § 40 Rn 7).

II. „Freigabebescheid"

182 Im Anschluss an eine ordnungsgemäße Anmeldung findet im sog. Vorprüfverfahren eine Aussonderung von Fällen statt, die aus fusionskontrollrechtlicher Sicht unbedenklich sind. Zur Freigabe dieser Zusammenschlüsse stehen dem BKartA zwei Instrumente zur Verfügung: zum einem kann es die Monatsfrist des Abs. 1 S. 1 verstreichen lassen, wonach die Freigabe fingiert wird. Und zum anderen kann es die Freigabe des Zusammenschlusses durch formloses Verwaltungsschreiben mit dem Inhalt aussprechen, dass die Untersagungsvoraussetzungen des § 36 Abs. 1 nicht vorliegen (Langen/Bunte/*Ruppelt*, § 40 Rn 24; FK-KartellR/*Rieger*, § 40 Rn 4). Das BKartA verliert durch den Freigabebescheid seine Untersagungsbefugnis, was zur Folge hat, dass zugleich auch das Vollzugsverbot des § 41 Abs. 1 aufgehoben wird (Langen/Bunte/*Ruppelt*, § 40 Rn 23; Loewenheim/Meessen/Riesenkampff/*Riesenkampff/Lehr*, § 40 Rn 3). Dadurch, dass das BKartA mit dem Freigabebescheid die Feststellung trifft, dass die Untersagungsvoraussetzungen des § 36 Abs. 1 nicht vorliegen, kommt dem Freigabebescheid allerdings noch keine Verwaltungsaktqualität zu (vgl zur gegenteiligen Rspr des KG: Langen/Bunte/*Ruppelt*, § 40 Rn 24). Hierfür spricht der Umkehrschluss aus Abs. 2, wonach das BKartA im Hauptprüfverfahren durch Verfügung entscheidet (Langen/Bunte/*Ruppelt*, § 40 Rn 24). Auch die Begründung zum Regierungsentwurf führt vor Augen, dass der gesetzgeberische Wille sich ausdrücklich darauf bezog, in der ersten Phase des Verfahrens keine förmliche Entscheidung zu erlassen, sondern sie mit einer **formlosen Verwaltungsmitteilung** abzuschließen (Regierungsentwurf zur 6. GWB-Novelle, BT-Drucks. 13/9720, S. 44). Zudem nimmt der Freigabebescheid die gesetzliche Freigabefiktion durch Fristablauf vorweg (Langen/Bunte/*Ruppelt*, § 40 Rn 24), die nicht anfechtbar ist (s.o.). Des Weiteren kann aus Abs. 6 der Schluss gezogen werden, dass eine Anfechtungsmöglichkeit nur im Rahmen des Hauptprüfverfahrens besteht (Loewenheim/Meessen/Riesenkampff/*Riesenkampff/Lehr*, § 40 Rn 3). Auch der BGH (BGH WuW/E DE-R 1571 f – Ampere) geht hierbei von einer *„im Grundsatz nicht anfechtbaren Entscheidung"* aus (vgl *Bechtold*, § 40 Rn 7). Hat das BKartA einmal eine Mitteilung vorgenommen und somit die Freigabe des Zusammenschlusses ausgesprochen, geht davon eine Bindungswirkung aus, die allenfalls unter den Voraussetzungen des Abs. 2 S. 4 Nr. 2 beseitigt werden kann (*Bechtold*, § 40 Rn 7).

D. Hauptprüfverfahren

I. Allgemeines

183 Das BKartA „soll" nach Abs. 1 S. 2 mit dem sog. Monatsbrief das Hauptprüfverfahren einleiten, wenn es eine weitere Prüfung des Zusammenschlusses für erforderlich hält. Die weitere Prüfung ist nicht erforderlich, wenn eine Untersagung unter allen Gesichtspunkten ausscheidet (*Bechtold,* § 40 Rn 8). Dabei handelt es sich um eine **Prognoseentscheidung** des BKartA mit dem Inhalt, dass die Prüfung nicht innerhalb der Monatsfrist abgeschlossen werden kann und eine Untersagung des Zusammenschlusses in Betracht kommt (*Bechtold,* § 40 Rn 8). Obwohl es sich dabei dem Wortlaut nach um eine **Soll-Vorschrift** handelt, ist davon auszugehen, dass dem BKartA **kein Beurteilungsspielraum** zusteht (FK-KartellR/*Rieger*, § 40 Rn 14; Loewenheim/Meessen/Riesenkampff/*Riesenkampff/Lehr*, § 40 Rn 10).

184 Das Hauptprüfverfahren schließt das BKartA mit einer Verfügung ab, die einen **Verwaltungsakt** darstellt. Hierfür reicht aus Gründen der **Transparenz des Verwaltungshandelns**, des **Rechtsschutzes** gegen Freigaben sowie dem **klaren Wortlaut** ein Verstreichenlassen der Untersagungsfrist nicht aus (Loewenheim/Meessen/Riesenkampff/*Riesenkampff/Lehr*, § 40 Rn 16). Die Untersagungsverfügung unterliegt **in vollem Umfang der gerichtlichen Überprüfung;** das BKartA hat weder einen Beurteilungsspielraum noch ein Entscheidungsermessen (Langen/Bunte/*Ruppelt*, § 40 Rn 6; FK-KartellR/*Rieger*, § 40 Rn 12). Dennoch hat das BKartA in seiner Verfügungspraxis den **Grundsatz der Verhältnismäßigkeit** zu beachten (Loewenheim/Meessen/Riesenkampff/*Riesenkampff/Lehr*, § 40 Rn 12). Die Prüfung des BKartA hat sich auf die Umstände zu beziehen, die sich aus der Anmeldung oder den behördlichen Ermittlungen ergeben haben. Im Vorfeld einer Untersagungsverfügung hat das BKartA den Behörden der betroffenen Länder **Gelegenheit zur Stellungnahme** zu geben und dafür eine **angemessene Frist** zu setzen (vgl Langen/Bunte/*Ruppelt*, § 40 Rn 3). Das BKartA kann nur eine Volluntersagung des Zusammenschlusses wegen einer Wettbewerbsbeschränkung im Inland aussprechen (Langen/Bunte/*Ruppelt*, § 40 Rn 8; differenzierend: *Bechtold,* § 40 Rn 23); eine Teiluntersagung des Zusammenschlusses ist allenfalls bei Auslandszusammenschlüssen und den von der EG-Kommission an das BKartA verwiesenen Zusammenschlüssen möglich (Langen/Bunte/*Ruppelt*, § 40 Rn 6). Bei Untersagung von **Auslandszusammenschlüssen** ist zu beachten, dass die Verfügungsgewalt des BKartA **völkerrechtlichen Einschränkungen** unterliegt, die insoweit relativiert sind, als im Inland Unternehmen existieren, die mit den betroffenen ausländischen Unternehmen im Sinne der Verbundklausel des § 36 Abs. 1 verbunden sind (Langen/Bunte/*Ruppelt*, § 40 Rn 8). Kommt das BKartA im Rahmen der Prüfung zu dem Schluss, dass die Untersagungsvoraussetzungen des § 36 Abs. 1 nicht vorliegen, ergeht eine Freigabeverfügung.

185 Der Fall einer Verweisung durch die europäische Kommission wird in Abs. 5 geregelt, wonach der Fristbeginn vom Vorliegen der nach § 39 Abs. 3 erforderlichen Angaben in deutscher Sprache abhängt. Das Hauptprüfverfahren hat das BKartA innerhalb einer Frist von 4 Monaten durch Zustellung der Verfügung abzuschließen. Dabei ist auf den **Eingang einer vollständigen Anmeldung** abzustellen. Die Zustellung hat an die anmeldenden Unternehmen zu erfolgen; eine Zustellung an die Beigeladenen ist nicht mehr erforderlich (FK-KartellR/*Rieger*, § 40 Rn 16). Damit soll eine Aufhebung der Verfügung verhindert werden, die darauf beruht, dass sie einem Beigeladenen nicht rechtzeitig zugestellt wurde (Loewenheim/Meessen/Riesenkampff/*Riesenkampff/Lehr*, § 40 Rn 17).

II. Freigabefiktion

186 Ergeht die Verfügung des BKartA – aus welchem Grund auch immer – nicht innerhalb von vier Monaten seit Eingang der vollständigen Anmeldung, so gilt der Zusammenschluss nach Abs. 2 S. 2 als freigegeben. Für die **Fristenberechnung** gelten die Grundsätze zur Frist nach Abs. 1 S. 1. Um andere Verfahrensbeteiligte über den Eintritt der Freigabefiktion und die Rechtsmittelfristen zu informieren, hat das BKartA gem. Abs. 2 S. 3 unverzüglich über den Zeitpunkt der Zustellung an die anmeldenden Unternehmen zu unterrichten (Loewenheim/Meessen/Riesenkampff/*Riesenkampff/Lehr*, § 40 Rn 17).

III. Ausnahmen von der Freigabefiktion

187 S. 4 enthält eine Regelung, kraft derer das BKartA trotz der Freigabefiktion noch eine Untersagungsbefugnis hat. Die Regelung statuiert nach allgemeiner Ansicht Ausnahmen zu S. 2 und nicht zu S. 3.

Insofern ist die systematische Einordnung des S. 4 missglückt (vgl Loewenheim/Meessen/Riesenkampff/*Riesenkampff/Lehr*, § 40 Rn 18).

188 Kommen die Ermittlungen des BKartA innerhalb der Viermonatsfrist nicht zum Abschluss oder beabsichtigen die Unternehmen einer drohenden Untersagung durch weitere Ausführungen zu entgehen, stellt sich die **Möglichkeit der einvernehmlichen Fristverlängerung** nach Abs. 2 S. 4 Nr. Dies ist die praktisch wichtigste Fallgruppe des S. 4 (Langen/Bunte/*Ruppelt*, § 40 Rn 14; FK-KartellR/*Rieger*, § 40 Rn 22). Allerdings bezieht sich die Fristverlängerung nur auf die Viermonatsfrist; eine Verlängerung der Monatsfrist des Abs. 1 S. 1 ist nicht möglich (*Bechtold*, § 40 Rn 14). Erforderlich ist die **Zustimmung aller Unternehmen**, die am Zusammenschluss beteiligt sind (Langen/Bunte/*Ruppelt*, § 40 Rn 14). Wird die Anmeldung durch einen gemeinsamen Bevollmächtigten vorgenommen, genügt dessen Zustimmung, solange er eine wirksame Vollmacht hat (vgl FK-KartellR/*Rieger*, § 40 Rn 25; Loewenheim/Meessen/Riesenkampff/*Riesenkampff/Lehr*, § 40 Rn 19; *Bechtold*, § 40 Rn 15). Eine mehrfache Verlängerung ist möglich (*Bechtold*, § 40 Rn 15). Eine zeitliche Obergrenze ist zwar nicht vorgesehen; dennoch hat die Verlängerung einen konkreten Endtermin festzulegen (*Bechtold*, § 40 Rn 15; FK-KartellR/*Rieger*, § 40 Rn 26). Die Unternehmen müssen der Fristverlängerung nicht zustimmen; ebenso besteht keine Bindung des BKartA an die Fristverlängerung. Auch vor dem Endtermin kann die Verfügung ergehen (*Bechtold*, § 40 Rn 15; Loewenheim/Meessen/Riesenkampff/*Riesenkampff/Lehr*, § 40 Rn 20).

189 Machen die Unternehmen gegenüber dem BKartA in Bezug auf das Zusammenschlussvorhaben unrichtige Angaben oder erteilen sie die vom BKartA angeforderten Auskünfte nicht rechtzeitig, gilt nach S. 4 Nr. 2 die Freigabefiktion nicht (*Bechtold*, § 40 Rn 16). Zwischen der **Unrichtigkeit der Angaben** und der vom BKartA unterlassenen Untersagung muss ein Kausalzusammenhang bestehen; fehlt die Kausalität, so kann dies allenfalls eine **Ordnungswidrigkeit** iSd § 81 Abs. 2 Nr. 3 begründen (Loewenheim/Meessen/Riesenkampff/*Riesenkampff/Lehr*, § 40 Rn 21). Nach dem Willen des Gesetzgebers soll sich die Regelung der Nr. 2 neben **unrichtigen Angaben** auch auf **unvollständige Angaben** erstrecken (Regierungsentwurf zur 6. GWB-Novelle, BT-Drucks. 13/9720, S. 59). Unvollständige Angaben sind unrichtigen Angaben nur dann gleichzusetzen, wenn die Unvollständigkeit einen falschen Eindruck hervorruft und den Schluss rechtfertigt, die unterlassene Angabe hätte erfolgen müssen (vgl *Bechtold*, § 40 Rn 16; FK-KartellR/*Rieger*, § 40 Rn 27). Die Unternehmen müssen die Unrichtigkeit oder die Unvollständigkeit nicht zu vertreten haben (Langen/Bunte/*Ruppelt*, § 40 Rn 15). Zu den fraglichen Angaben gehören nach hM auch **Angaben Dritter**, die weder am Zusammenschluss noch am Verfahren beteiligt sind (Loewenheim/Meessen/Riesenkampff/*Riesenkampff/Lehr*, § 40 Rn 21); dies gilt allerdings nur insoweit, als den Unternehmen diese Angaben **zurechenbar** sind. Im Zusammenhang mit der Auskunft stellt das Gesetz nicht auf die Richtigkeit der Auskunft ab, sondern lediglich auf deren **Rechtzeitigkeit** (*Bechtold*, § 40 Rn 17).

190 Nr. 3 erfasst Fälle, in denen bei der Anmeldung ein **Zustellungsbevollmächtigter** benannt war, dieser aber nachträglich weggefallen ist. Zweck dieser Regelung ist, während des gesamten Verfahrens Inlandszustellungen an ausländische Unternehmen sicherzustellen (*Bechtold*, § 40 Rn 18; Loewenheim/Meessen/Riesenkampff/*Riesenkampff/Lehr*, § 40 Rn 22). Die Ausnahmeregelungen der Nr. 1–3 sind abschließend; eine auf anderen Gründen beruhende Erweiterung ist nicht zulässig (FK-KartellR/*Rieger*, § 40 Rn 31 ff).

IV. Freigaben mit Nebenbestimmungen

191 **1. Allgemeines.** Als **Ausfluss des Verhältnismäßigkeitsprinzips** regelt Abs. 3 S. 1 die Möglichkeit des BKartA, eine Freigabeverfügung mit Bedingungen oder Auflagen zu versehen (Loewenheim/Meessen/Riesenkampff/*Riesenkampff/Lehr*, § 40 Rn 29). Damit löste der Gesetzgeber die **alte Zusagenpraxis des BKartA** ab (FK-KartellR/*Rieger*, § 40 Rn 38). Bis zur 6. GWB-Novelle nahm das BKartA in Form von **öffentlich-rechtlichen Verträgen** Zusagen von am Zusammenschluss beteiligten Unternehmen entgegen, um die Freigabehindernisse auszuräumen. Mit der 6. GWB-Novelle entschied sich der Gesetzgeber wegen rechtlicher Probleme bei der Durchsetzung der Zusagen für das **flexiblere Instrument der Nebenbestimmungen.** Die bis 1998 in der Praxis gängigen sog. **Nachfristzusagen** in Form von öffentlich-rechtlichen Verträgen sind mit der 6. GWB-Novelle endgültig entfallen (BKartA TB 1999/2000, BT-Drucks. 14/6300, S. 23; FK-KartellR/*Rieger*, § 36 Rn 30; aA: *Bechtold*, § 36 Rn 35, der die Nachfristzusagen weiterhin im Hinblick auf Auslandssachverhalte für möglich und zulässig hält, da das BKartA andernfalls in diesen Fällen durch Anordnung von Nebenbestimmungen seine Zuständigkeit

überschreite). Die Freigabe mit Nebenbestimmungen soll dazu dienen, die bei der Zusagenpraxis entstehenden **Lücken** zu schließen. Deshalb kann bei der Beurteilung von Nebenbestimmungen auch auf die bis zur 6. GWB-Novelle ergangene Rechtsprechung angeknüpft werden, wonach das BKartA die Zusagenvorschläge der beteiligten Unternehmen zu berücksichtigen hat, soweit diese glaubwürdig sind (BGH v. 20.4.2010 – KVR 1/09 Phonak/GN Store, Tz. 90).

Die Nebenbestimmungen sind ein **spezifisches Instrument für das Hauptverfahren**; im Vorprüfverfahren sind sie nicht zulässig (Loewenheim/Meessen/Riesenkampff/*Riesenkampff/Lehr*, § 40 Rn 31). Sie dienen zur Sicherstellung der von Unternehmen zur Beseitigung der Wettbewerbsbeschränkung gegenüber dem BKartA vorgeschlagenen Maßnahmen (*Bechtold,* § 40 Rn 23). Daher ist die Verbindung einer Freigabeverfügung mit Nebenbestimmungen nur dann zulässig, wenn deren Erfüllung dazu führt, dass die Untersagungsvoraussetzungen des § 36 Abs. 1 mangels Strukturverschlechterung nicht mehr vorliegen. Dies ergibt sich aus dem Sinn und Zweck der Fusionskontrolle, der auf die **Verhinderung von Strukturverschlechterungen** abzielt (Langen/Bunte/*Ruppelt*, § 40 Rn 27 ff). Daher bleiben die **sog. Vorfristzusagen** – ungeachtet der Regelung des Abs. 3 S. 1 – erhalten, anhand derer Unternehmen die Verpflichtung eingehen, das Zusammenschlussvorhaben so weit abzuändern, dass die Untersagungsvoraussetzungen des § 36 Abs. 1 nicht mehr erfüllt sind (Loewenheim/Meessen/Riesenkampff/*Riesenkampff/Lehr*, § 40 Rn 29). 192

2. Abstimmung mit den Zusammenschlussbeteiligten. Um die Effektivität dieser Praxis zu gewährleisten und zu steigern, ist erforderlich, dass die Anordnung der Nebenbestimmungen in Abstimmung mit den betroffenen Unternehmen erfolgt. Insofern ist die Bereitschaft der Unternehmen konstitutiv (vgl *Bechtold,* § 36 Rn 36). Macht das BKartA seinerseits Vorschläge, so sind sie nur dann zu berücksichtigen, wenn sie von den beteiligten Unternehmen zumindest nicht von vornherein endgültig abgelehnt werden (BKartA TB 1999/2000, BT-Drucks. 14/6300, S. 23). Zwar ist das BKartA aufgrund des Amtsermittlungsgrundsatzes gehalten, vor Erlass einer Untersagungsverfügung eine Freigabe unter Nebenbestimmungen zu prüfen. Hiervon bleibt aber die Möglichkeit der Unternehmen, ihrerseits Vorschläge zu unterbreiten, unberührt (FK-KartellR/*Rieger*, § 36 Rn 31). Bei Sachverhalten mit **Auslandsberührung** bedürfen die Nebenbestimmungen ggf einer Abstimmung mit **ausländischen Kartellbehörden** (*Bechtold,* § 40 Rn 23). 193

3. Ermessensentscheidung. Das BKartA entscheidet nach **pflichtgemäßem Ermessen**, ob es einen Zusammenschluss unter Anordnung von Nebenbestimmungen freigibt oder untersagt (vgl Abs. 3 S. 1). Dieser Ermessensspielraum ist allerdings durch den **Grundsatz der Verhältnismäßigkeit** eingeschränkt: unterbreiten die am Zusammenschluss beteiligten Unternehmen Vorschläge über zur Beseitigung der Strukturverschlechterung geeignete und durchführbare Maßnahmen und überzeugen diese das BKartA, so reduziert sich sein **Ermessen auf Null** (Langen/Bunte/*Ruppelt*, § 40 Rn 28; Loewenheim/Meessen/Riesenkampff/*Riesenkampff/Lehr*, § 40 Rn 30). Die Vorschläge müssen seitens der Unternehmen erfolgen, da das BKartA dazu weder berufen noch verpflichtet ist. Unterbreiten die Unternehmen keine Vorschläge, muss das BKartA seinerseits keine Maßnahmen vorschlagen (vgl *Bechtold,* § 40 Rn 23). Dies ist vor dem Hintergrund der **Wirtschaftlichkeitserwägungen** sachgerecht, die das BKartA im Gegensatz zu den zusammenschlussbeteiligten Unternehmen nicht anzustellen braucht (Langen/Bunte/*Ruppelt*, § 40 Rn 28; *Bechtold*, § 40 Rn 23). Aus diesem Grunde wirken die beteiligten Unternehmen und das BKartA an der Ausgestaltung der Nebenbestimmungen regelmäßig zusammen (Langen/Bunte/*Ruppelt*, § 40 Rn 28). 194

4. Verbot laufender Kontrolle. Die Regelung des Abs. 3 S. 1 erfasst lediglich **Strukturauflagen**, welche die Marktstrukturen unmittelbar verändern; daher sind **reine Verhaltensauflagen** grds. unzulässig (Loewenheim/Meessen/Riesenkampff/*Riesenkampff/Lehr*, § 40 Rn 35; Langen/Bunte/*Ruppelt*, § 40 Rn 29). Der Sinn des Verbots von Verhaltensauflagen im Rahmen der Fusionskontrolle als Strukturkontrolle besteht darin, dass wettbewerbsschädigende Auswirkungen eines Zusammenschlusses nur durch strukturbezogene Maßnahmen kompensiert werden können (vgl BKartA, 27.9.2000 B6-88/00, S. 69 – Axel Springer/Jahr Verlag). Die strukturorientierte Ausrichtung der Fusionskontrolle verbietet es, die beteiligten Unternehmen im Wege der Anordnung von Nebenbestimmungen einer laufenden Verhaltenskontrolle zu unterwerfen (*Bechtold,* § 40 Rn 24; FK-KartellR/*Rieger*, § 40 Rn 40). Stellen die Unternehmen strukturelle Maßnahmen in Aussicht, ist das BKartA an seine Erklärung, dass bei Vollzug dieser Maßnahmen die Untersagungsvoraussetzungen nicht vorliegen und es daher den Zusammenschluss nicht untersagen wird, iSd § 38 VwVfG gebunden. Bei Nichtdurchführung dieser 195

Maßnahmen bleibt die Untersagungsbefugnis des BKartA unberührt (Langen/Bunte/*Ruppelt*, § 40 Rn 26).

196 In der Praxis lassen sich verhaltensbezogene Auflagen, die auf die Veränderung der Marktstruktur abzielen, nicht gänzlich vermeiden. Daher spricht das Gesetz vom Verbot einer „laufenden" Verhaltenskontrolle (Langen/Bunte/*Ruppelt*, § 40 Rn 29; FK-KartellR/*Rieger*, § 40 Rn 37). Möglich und zulässig sind folglich vertraglich abgesicherte Auflagen, mit denen beteiligten Unternehmen auferlegt wird, ihren Einfluss auf andere Unternehmen im Interesse eines funktionierenden Wettbewerbs auf das zulässige Maß zu begrenzen. Ebenso strukturell und somit zulässig sind auch **Lizenzierungsauflagen**, da sie geeignet sind, die Marktstruktur zu verändern (FK-KartellR/*Rieger*, § 40 Rn 40; *Bechtold*, § 40 Rn 24). Auflagen, die zur Folge haben, dass den Wettbewerbern der beteiligten Unternehmen der Zugang zu den betroffenen Märkten eröffnet wird, sind auch zulässig (sog. **Marktöffnungszusagen**, Loewenheim/Meessen/Riesenkampff/*Riesenkampff/Lehr*, § 40 Rn 34, mit weiteren Beispielen). Die Organisation bzw den Vertrieb betreffende Auflagen sind mangels Strukturbezugs unzulässig (*Bechtold*, § 40 Rn 24). Dagegen ist eine Auflage, mit der die Stilllegung einer Produktionsanlage gefordert wird, keine Verhaltensauflage, da die damit einhergehende Kapazitätsbeschränkung zum Verlust von Marktanteilen, somit zu einer strukturellen Veränderung führt (*Bechtold*, § 40 Rn 24, FK-KartellR/*Rieger*, § 40 Rn 39).

197 **5. Form.** Die Begriffe der Bedingung und der Auflage sind dem **allgemeinen Verwaltungsrecht** (vgl § 36 VwVfG) entnommen. Wird die Freigabeverfügung mit einer Auflage versehen, so ist die Verfügung – vorbehaltlich der Widerrufsmöglichkeit nach Abs. 3 a – auch ohne Erfüllung der Auflage wirksam. Dies bewirkt die **Aufhebung des Vollzugsverbots** (Loewenheim/Meessen/Riesenkampff/*Riesenkampff/Lehr*, § 40 Rn 32). Die Auflage ist kein integrierender Bestandteil der Verfügung und als selbstständiger Verwaltungsakt **selbstständig anfechtbar** (*Bechtold*, § 40 Rn 22). Da strukturelle Maßnahmen erst nach dem Vollzug durchgeführt werden können und die Fusionskontrolle grds. eine Strukturkontrolle ist, erweist sich die Auflage im Vergleich zur Bedingung entgegen der Präferenz des Bundeswirtschaftsministeriums als das effizientere Mittel (Loewenheim/Meessen/Riesenkampff/*Riesenkampff/Lehr*, § 40 Rn 32; Langen/Bunte/*Ruppelt*, § 40 Rn 31). Im Gegensatz zur Auflage hängt bei der Bedingung (auflösend oder aufschiebend) die Wirksamkeit der Verfügung vom Bedingungseintritt ab. Während bei einer aufschiebenden Bedingung die Wirkung der Freigabe erst mit Erfüllung der Bedingung eintreten, entfallen bei einer auflösenden Bedingung die Freigabewirkungen mit dem Bedingungseintritt (Loewenheim/Meessen/Riesenkampff/*Riesenkampff/Lehr*, § 40 Rn 33).

198 **6. Nebenbestimmungen bei Medienzusammenschlüssen.** Im Bereich der Medienzusammenschlüsse vollzieht sich die Entwicklung der Nebenbestimmungspraxis grundsätzlich nach den allgemeinen Regeln, wobei auch einige **medienspezifischen Erscheinungen** beobachtet werden können. Da der Gesetzgeber der 6. GWB-Novelle die Zusagen durch die Figur der Nebenbestimmungen ersetzte, ist die Praxis des BKartA diesbezüglich im Zusammenhang mit den alten Zusagen zu beurteilen. Dabei sind zwischen den strukturorientierten, verhaltensorientierten Zusagen (der Begriff der Zusagen wird im Folgenden als Synonym zu Nebenbestimmungen verwendet) und den Treuhandlösungen zu unterscheiden.

199 **a) Strukturbezogene Zusagen.** Die in der Praxis in Bezug auf Medienzusammenschlüsse bedeutendste Problematik ist die Gefahr der **Ressourcenüberleitung.** Hierunter ist die unmittelbare bzw mittelbare Übertragung der Ressourcen eines erworbenen Unternehmens durch den Erwerber zu verstehen, nachdem das BKartA hat verlautbaren lassen, dass der konkrete Erwerbsvorgang voraussichtlich die Untersagungsvoraussetzungen des § 36 Abs. 1 erfüllen werde. Die Gefahr der Überleitung besteht insbesondere deswegen, weil die Zusammenschlussbeteiligten ungehinderten Einblick in den Geschäftsbetrieb des zu veräußernden Unternehmens haben und somit in den Besitz unternehmerisch wichtiger Informationen gelangen. Diese Gefahr besteht jedenfalls in den Fällen, in denen Schwierigkeiten bei der Veräußerung absehbar oder nicht unwahrscheinlich sind (BKartA 16.1.2007 – B6-510/06, S. 49 – Weltbild/Hugendubel/Weiland). Die fusionskontrollrechtliche Beurteilung hat dabei die Maxime im Blick, eine ungerechtfertigte Begünstigung des Erwerbers im Sinne einer Strukturverschlechterung zu verhindern. Um dieses Ziel zu erreichen, knüpft das BKartA die Freigabe eines Zusammenschlusses an eine Reihe strikter Voraussetzungen an, die es in seiner Entscheidungspraxis herausgearbeitet und stetig fortentwickelt hat.

200 Neben dem Erfordernis, dass das erworbene Unternehmen an einen weder unmittelbar noch mittelbar mit den Zusammenschlussbeteiligten verbundenen oder verflochtenen Dritten (eine juristische oder

natürliche Person) zu veräußern ist (BKartA 22.8.2001 – B6-56/01, S. 2 – SV-C VerwaltungsGmbH/WEKA), fordert das BKartA, dass der neue Erwerber aufgrund seiner **Erfahrungen und finanziellen Ressourcen die wirtschaftlichen Voraussetzungen für den erfolgreichen Fortbestand** des Unternehmens bieten müsse (BKartA – SV-C VerwaltungsGmbH/WEKA, S. 17; BKartA 16.1.2007 – B6-510/06, S. 3 – Weltbild/Hugendubel/Weiland). Mit dieser Einschränkung bringt das BKartA zum Ausdruck, dass die bloße (formelle) **Veräußerung an einen unabhängigen Dritten** als solche zur Ausräumung kartellrechtlicher Bedenken noch nicht ausreicht; vielmehr geht es dem BKartA im Interesse der bestehenden Marktstrukturen auch um den **Erhalt und Fortbestand** des betreffenden Unternehmens. Die vorausgesetzte Veräußerung umfasst dabei die wirksame Übertragung aller für den erfolgreichen Fortbestand der Medienprodukte erforderlichen Rechte, Vermögensgegenstände und personellen Ressourcen (BKartA – SV-C VerwaltungsGmbH/WEKA, S. 17). In einer neueren Entscheidung stellte das BKartA das Erfordernis des Erhalts und Fortbestands des zu veräußernden Unternehmens dahin gehend klar, dass darunter auch dessen **unveränderte Fortführung bis zum Bedingungseintritt** zu verstehen ist, wozu unter anderem Kapital, Mitarbeiter und Vermögensgegenstände zur Verfügung zu stellen sind, um eine Schwächung des Wettbewerbspotentials des zu veräußernden Unternehmens zu verhindern (BKartA – Weltbild/Hugendubel/Weiland, S. 50).

Die Annahme einer wirksamen Veräußerung macht das BKartA von seiner **vorherigen Zustimmung** abhängig, welche die Pflicht zur Anmeldung des Erwerbs unberührt lässt (BKartA 22.8.2001 – B6-56/01, S. 3 – SV-C VerwaltungsGmbH/WEKA; BKartA 16.1.2007 – B6-510/06, S. 3 – Weltbild/Hugendubel/Weiland). Das Erfordernis der vorherigen Zustimmung durch das BKartA diene der Überprüfung, ob das gesamte wettbewerbliche Potential des erworbenen Unternehmens auch tatsächlich dauerhaft auf einen unabhängigen Dritten übergehe, der die **wirtschaftliche Gewähr für die erfolgreiche selbstständige Fortführung** des erworbenen Unternehmens bietet (vgl BKartA– SV-C VerwaltungsGmbH/WEKA, S. 17; BKartA– Weltbild/Hugendubel/Weiland, S. 49 f). Um einer Umgehung der angeordneten Nebenbestimmungen durch Erlangung von Einfluss auf das veräußerte Unternehmen vorzubeugen, untersagte das BKartA in seiner jüngsten Entscheidungspraxis den Zusammenschlussbeteiligten, innerhalb von 4 Jahren nach Veräußerung des Unternehmens unmittelbaren oder mittelbaren Einfluss auf das veräußerte Unternehmen zu nehmen, indem sie Anteile an diesem erwerben oder **personelle Verbindungen** etwa in Form der **Übernahme leitender Angestellter** aufbauen. Solche Bestimmungen sicherten den dauerhaften strukturellen Effekt der aufschiebenden Bedingung (BKartA– Weltbild/Hugendubel/Weiland, S. 50). 201

Das BKartA bedient sich bei der Anordnung von Nebenbestimmungen zumeist der Figur der **aufschiebenden Bedingung.** Diese ist zum einen deshalb erforderlich, weil sie die Entstehung bzw Verstärkung einer marktbeherrschenden Stellung auch für einen Übergangszeitraum verhindert. Zum anderen dient sie dazu, den wirtschaftlichen Wert des erworbenen Unternehmens zu wahren (vgl BKartA 22.8.2001 – B6-56/01, S. 18 f – SV-C VerwaltungsGmbH/WEKA; BKartA 16.1.2007 – B6-510/06, S. 48 f – Weltbild/Hugendubel/Weiland). Dies ist bei einer Auflage bzw einer auflösenden Bedingung nach Ansicht des BKartA – mangels Eignung – nicht der Fall (BKartA– SV-C VerwaltungsGmbH/WEKA, S. 18; BKartA – Weltbild/Hugendubel/Weiland, S. 49). Dabei beruht die Verweigerung der Entgegennahme von auflösenden Bedingungen darauf, dass bei diesen fortlaufend kontrolliert werden müsste, ob die Verpflichtungen tatsächlich eingehalten werden, damit die Freigabe weiter Bestand hat (BKartA 27.10.2005 – B6-86/05, S. 25 – MSV/PVN). 202

In zeitlicher Hinsicht könne der Gefahr der Ressourcenüberleitung begegnet werden, indem den beteiligten Unternehmen eine **Veräußerungsfrist** von ca. 3 Monaten gewährt werde, die auferlegte Veräußerung zu bewirken. Diese relativ kurze Veräußerungsfrist lässt sich nur dann rechtfertigen, wenn eine Vielzahl anderer übernahmewilliger Interessenten vorliegen (vgl BKartA 27.9.2000 – B6–88/00, S. 15 – Axel Springer/Jahr Verlag). 203

Eine vorgeschlagene Einstellung des betreffenden (erworbenen) Unternehmens, mit dem der Erwerber im aktuellen Wettbewerb steht, ist keine zulässige Zusage, da die Einstellung dazu führen kann, dass die Marktanteile des eingestellten Unternehmens seinen Wettbewerbern, darunter auch dem Erwerber, zu Gute kommen (vgl BKartA 26.1.2006 – B6-138/05, S. 44 – Süddeutscher Verlag/Südostkurier). 204

b) Verhaltensbezogene Zusagen. In Übereinstimmung mit der grundsätzlichen Orientierung an Strukturvorgängen verwirft das BKartA verhaltensorientierte Maßnahmen zur Untersagungsabwendung als unzulässig. In den Fällen KDG/Kabel BW und KDG/iesy hat die KDG einerseits die Veräußerung der Play-Out-Center in Usingen und Berlin angeboten. Andererseits erklärte sie sich bereit, sich zur Nicht- 205 erhöhung der Einspeisegebühren bis Ende 2007 zu verpflichten. Dabei handelt es sich um Gebühren, die gegenüber den Sendern erhoben werden. Zudem wolle sie sich verpflichten, die Kabelnetzinfrastruktur massiv auszubauen und unter Investitionen iHv 1,8 Milliarden in den nächsten zehn Jahren rund 21 Millionen Haushalten mit Internetzugang zu versorgen (vgl *Schalast/Jäger/Abrar*, WuW 2004, 741 ff (744)). Diese Zusagen lehnte das BKartA allerdings mit der Begründung ab, sie seien **unzulässige kontrollbedürftige Investitions- und Verhaltensauflagen** (vgl BKartA, TB 2003/2004, BT-Drucks. 15/5790, S. 24; *Hess*, AfP 2004, 428 ff (430)). Dies gilt nicht nur im Hinblick auf eine unmittelbare laufende Verhaltenskontrolle, sondern auch eine „abgeleitete", derer sich das BKartA bedienen müsste, um die Erfüllung der vorgeschlagenen Abhilfemaßnahmen wie die **Einsetzung eines Treuhänders** zu überwachen. In einem solchen Falle müsste der Treuhänder den betreffenden Zusammenschluss an Stelle der Kartellbehörde einer laufenden Verhaltenskontrolle unterziehen (BKartA 27.10.2005 – B6-86/05, S. 25 – MSV/PVN).

206 Die vorgeschlagene **Trennung von Redaktionen zweier Presseunternehmen** innerhalb eines Konzerns, um die redaktionelle Selbstständigkeit zu erreichen, bewertete das BKartA ebenfalls als eine **unternehmerische Verhaltensweise,** die jederzeit geändert werden könne und deswegen bei der Erhaltung wettbewerblicher Strukturen nicht berücksichtigt werden dürfe (BKartA 2.2.2004 – B6-120/03 S. 45 – Holtzbrinck/Berliner Verlag). In die gleiche Richtung zielt die Argumentation des BKartA, nach der Maßnahmen in Form einer Einschränkung unternehmerischer Einflussmöglichkeiten bzw die Gewährleistung bestimmter Qualitätsstandards mit Blick auf das Verbot laufender Verhaltenskontrolle nicht berücksichtigungsfähig sind (BKartA 27.10.2005 – B6-86/05, S. 25 – MSV/PVN). Gleiches gilt für den im Fall **Axel Springer/ProSiebenSat.1** getätigten **(Lizenz-) Auflagenvorschläge** zur Verpflichtung, keine Programminhalte unter Verwendung der Marke „Bild" zu gestalten, die Fernsehwerbezeiten der P7S 1-Programme getrennt vom Springer-Anzeigenangebot zu vermarkten und in den Programmen nicht in einer das Maß anerkannter journalistischer Grundsätze überschreitenden Weise Bezug auf die Bild-Zeitung zu nehmen. Ebenso unberücksichtigt bleibt die Verpflichtung, keine Werbung oder Sponsoring für die Bild-Zeitung zu schalten, deren Umfang die Werbebuchungen für die Bild-Zeitung im Durchschnitt der Werbebuchungen der letzten 5 Jahre übersteigt (BKartA 27.9.2000 – B6-88/00, S. 67 f – Axel Springer/Jahr Verlag).

207 c) **Treuhandlösung.** Eine weitere Fallgruppe im Rahmen der Zusagen ist das Angebot von **Treuhandlösungen.** Dabei handelt es sich um eine Konstruktion, nach der das gegenständliche Unternehmen einem Dritten – zumindest nach außen hin – zur Treuhand überlassen wird. Eine solche Lösung halten das BKartA und die Rechtsprechung nur dann für möglich und zulässig, wenn damit keine Umgehung der Fusionskontrolle einhergeht. Dabei stellt die Praxis strikte Anforderungen an die Eignung des erwerbswilligen Dritten (Treuhänder). Erscheint er in einer Gesamtschau der Vertragsbedingungen und der Gesamtumstände des Einzelfalles nicht als unabhängig vom ursprünglichen Erwerbswilligen, so stellt sich dies als eine unzulässige Umgehung kartellrechtlicher Vorschriften dar (BKartA 2.2.2004 – B6-120/03 S. 27 ff – Holtzbrinck/Berliner Verlag; OLG Düsseldorf WuW/E DE-R 1361 ff – Berliner Verlag/Holtzbrinck; näher hierzu oben § 37 Rn 131 ff).

E. Rechtsschutz

208 Gegen die Untersagungsverfügung können die Verfahrensbeteiligten nach § 63 Abs. 1 S. 1 mit einer Beschwerde gem. § 54 Abs. 2 und 3 vorgehen. Bei **Aufhebung** der Untersagungsverfügung wird das Vollzugsverbot hinfällig. Auch eine Freigabe kann mit einer Beschwerde angefochten werden, wenn sie mit Nebenbestimmungen versehen ist. Andernfalls besteht keine Beschwer. Die Beschwerde gegen eine Freigabe ist begründet, wenn sich aus der gerichtlichen Prüfung ergibt, dass der Freigabeverfügung nicht hinreichende und unzutreffende Feststellungen zugrunde gelegt wurden und somit eine Untersagung wahrscheinlich ist (Loewenheim/Meessen/Riesenkampff/*Riesenkampff/Lehr*, § 40 Rn 37 ff). Als selbstständiger Verwaltungsakt ist die Auflage im Gegensatz zur Bedingung einer selbstständigen Anfechtung zugänglich. Bei einer angeordneten Bedingung kann eine Verpflichtungsklage auf Erlass einer Freigabeverfügung ohne die konkrete Bedingung erhoben werden (Loewenheim/Meessen/Riesenkampff/*Riesenkampff/Lehr*, § 40 Rn 38). Dritten kommt die Beschwerdebefugnis unter der Bedingung zu, dass sie nach § 54 Abs. 2 **beigeladen** und **materiell beschwert** sind. Einer subjektiven Rechtsverletzung bedarf es nicht. Die **materielle Beschwerde** ist etwa dann anzunehmen, wenn durch den Zusammenschluss ein Markt betroffen ist, auf dem der Dritte tätig ist und eine Strukturverschlechterung droht. Die Beschwerde hat keine aufschiebende Wirkung; welche aber nach § 65 Abs. 2 S. 3 vom

Beschwerdegericht auf Antrag angeordnet werden kann (Langen/Bunte/*Ruppelt*, § 40 Rn 32). Voraussetzung hierfür ist nach § 65 Abs. 3 S. 4 allerdings die **Verletzung subjektiver Rechte des Beschwerdeführers** (Regierungsentwurf zur 6. GWB-Novelle v. 29.1.1998, BT-Drucks. 13/9720, S. 65).

§ 41 GWB Vollzugsverbot, Entflechtung

(1) [1]Die Unternehmen dürfen einen Zusammenschluss, der vom Bundeskartellamt nicht freigegeben ist, nicht vor Ablauf der Fristen nach § 40 Abs. 1 Satz 1 und Abs. 2 Satz 2 vollziehen oder am Vollzug dieses Zusammenschlusses mitwirken. [2]Rechtsgeschäfte, die gegen dieses Verbot verstoßen, sind unwirksam. [3]Dies gilt nicht für Verträge über Grundstücksgeschäfte, sobald sie durch Eintragung in das Grundbuch rechtswirksam geworden sind, sowie für Verträge über die Umwandlung, Eingliederung oder Gründung eines Unternehmens und für Unternehmensverträge im Sinne der §§ 291 und 292 des Aktiengesetzes, sobald sie durch Eintragung in das zuständige Register rechtswirksam geworden sind.

(2) [1]Das Bundeskartellamt kann auf Antrag Befreiungen vom Vollzugsverbot erteilen, wenn die beteiligten Unternehmen hierfür wichtige Gründe geltend machen, insbesondere um schweren Schaden von einem beteiligten Unternehmen oder von Dritten abzuwenden. [2]Die Befreiung kann jederzeit, auch vor der Anmeldung, erteilt und mit Bedingungen und Auflagen verbunden werden. [3]§ 40 Abs. 3a gilt entsprechend.

(3) [1]Ein vollzogener Zusammenschluss, der die Untersagungsvoraussetzungen nach § 36 Abs. 1 erfüllt, ist aufzulösen, wenn nicht der Bundesminister für Wirtschaft und Technologie nach § 42 die Erlaubnis zu dem Zusammenschluss erteilt. [2]Das Bundeskartellamt ordnet die zur Auflösung des Zusammenschlusses erforderlichen Maßnahmen an. [3]Die Wettbewerbsbeschränkung kann auch auf andere Weise als durch Wiederherstellung des früheren Zustands beseitigt werden.

(4) Zur Durchsetzung seiner Anordnung kann das Bundeskartellamt insbesondere

1. **(weggefallen)**
2. **die Ausübung des Stimmrechts aus Anteilen an einem beteiligten Unternehmen, die einem anderen beteiligten Unternehmen gehören oder ihm zuzurechnen sind, untersagen oder einschränken,**
3. **einen Treuhänder bestellen, der die Auflösung des Zusammenschlusses herbeiführt.**

A. Allgemeines

§ 41 Abs. 1 S. 1 statuiert ein **Vollzugs- und Mitwirkungsverbot** für einen kontroll- und anmeldepflichtigen, jedoch nicht angemeldeten bzw vor der Entscheidung des BKartA vollzogenen Zusammenschluss. Verstöße gegen dieses Verbot stellen eine **Ordnungswidrigkeit** iSd § 81 Abs. 2 Nr. 1 dar. Die infolge dieses Verbots getätigten **Rechtsgeschäfte** sind nach Abs. 1 S. 2 grds. **unwirksam**, wobei die Unwirksamkeit der Rechtsgeschäfte bei konstitutiver Eintragung eingeschränkt ist (vgl S. 3). Die Regelung soll über die Schwierigkeiten hinweghelfen, die mit bereits vollzogenen Zusammenschlüssen verbunden sind (Langen/Bunte/*Ruppelt*, § 41 Rn 1). Abs. 2 eröffnet die Möglichkeit der Befreiung vom Vollzugsverbot, falls **wichtige Gründe** für den Vollzug geltend gemacht werden. Die Befreiung kann auch mit Nebenbestimmungen verbunden werden. Abs. 3 sieht die Auflösung des bereits vollzogenen Zusammenschlusses vor, der die Voraussetzungen des § 36 Abs. 1 erfüllt, es sei denn, der Bundeswirtschaftsminister erteilt eine Erlaubnis iSd § 42. Die zur Auflösung erforderlichen Maßnahmen ordnet das BKartA an; die Wettbewerbsbeschränkung kann auch durch Wiederherstellung des früheren Zustandes beseitigt werden. Schließlich enthält Abs. 4 die dem BKartA zustehenden Durchsetzungsmöglichkeiten bzgl seiner Auflösungsanordnung. 209

B. Vollzugsverbot

I. Inhalt (§ 41 Abs. 1 S. 1)

Erlässt das BKartA eine Freigabeentscheidung oder entscheidet es nicht innerhalb der **Monatsfrist** nach § 40 Abs. 1 S. 1, so wird das Vollzugsverbot hinfällig (Loewenheim/Meessen/Riesenkampff/*Riesenkampff/Lehr*, § 40 Rn 2). Bei einer Untersagungsverfügung gilt das Vollzugsverbot bis zu einer Aufhebung durch die Gerichte oder das BKartA. Auch nach Ergehen einer Untersagungsverfügung gilt das Vollzugsverbot (vgl Loewenheim/Meessen/Riesenkampff/*Riesenkampff/Lehr*, § 41 Rn 2; Langen/Bun- 210 te/*Ruppelt*, § 41 Rn 1). Erfasst vom Verbot sind alle den Zusammenschluss vollendenden Maßnahmen. **Bloße Vorbereitungshandlungen** werden nicht erfasst (*Bechtold*, § 41 Rn 4). Setzt sich der Vollzugsvorgang aus mehreren Handlungen zusammen, erstreckt sich das Vollzugsverbot auf jede den Zusammenschluss vollendende Handlung (Loewenheim/Meessen/Riesenkampff/*Riesenkampff/Lehr*, § 40 Rn 3). Das Vollzugsverbot richtet sich an die am Zusammenschluss beteiligten Unternehmen. Gehört der Veräußerer nicht zum Kreis der materiell beteiligten Unternehmen, so gilt das Vollzugsverbot dennoch im Hinblick auf die Mitwirkung am Zusammenschluss auch für ihn (Langen/Bunte/*Ruppelt*, § 41 Rn 1; *Bechtold*, § 41 Rn 4). Setzt der Vollzug zu seiner Vollendung eine **Eintragung ins Handels- oder Genossenschaftsregister** voraus, ist den Unternehmen untersagt, die Eintragung vorzunehmen (*Bechtold*, § 41 Rn 4). Zudem ist entgegen dem Wortlaut der Vorschrift davon auszugehen, dass das Mitwirkungsverbot sich auch auf Dritte erstreckt, denen keine Unternehmenseigenschaft zukommt, da die Vorgängerregelung keine Beschränkung auf Unternehmen enthielt (Loewenheim/Meessen/Riesenkampff/*Riesenkampff/Lehr*, § 41 Rn 4). Der Verstoß gegen das Vollzugsverbot stellt einen Bußgeldtatbestand nach § 81 Abs. 1 Nr. 1 dar (vgl BKartA, TB 2003/2004, BT-Drucks. 15/5790, S. 25).

II. Folge der Unwirksamkeit (§ 41 Abs. 1 S. 2 und S. 3)

211 Für die Rechtsgeschäfte, die unter Verstoß gegen das Vollzugsverbot abgeschlossen worden sind, sieht Abs. 1 S. 2 die Folge der Unwirksamkeit vor. Dabei handelt es sich um **schwebende Unwirksamkeit** (Langen/Bunte/*Ruppelt*, § 41 Rn 2; *Bechtold*, § 41 Rn 5). Wird also das Fusionskontrollverfahren nachträglich im Sinne der beteiligten Unternehmen abgeschlossen, so tritt nachträglich volle Wirksamkeit mit **ex-tunc-Wirkung** ein (Loewenheim/Meessen/Riesenkampff/*Riesenkampff/Lehr*, § 41 Rn 5). Abs. 1 S. 2 gilt neben zivilrechtlichen Verträgen auch für öffentlich-rechtliche Verträge. Ist der Zusammenschluss durch ein Landesgesetz bewirkt, so kann sich dessen Nichtigkeit wegen Verstoßes gegen das Bundesrecht ergeben (vgl Art. 31 GG). Bei **Hoheitsakten ohne Gesetzesrang** ergibt sich die Nichtigkeitsfolge aus § 44 Abs. 2 Nr. 5 VwVfG (*Bechtold*, § 41 Rn 5; Loewenheim/Meessen/Riesenkampff/*Riesenkampff/Lehr*, § 41 Rn 6). Abs. 1 S. 3 sieht allerdings eine Einschränkung dahin gehend vor, dass die Rechtsgeschäfte im Falle einer konstitutiven Eintragung wirksam sind. Hierunter fallen Grundstücksgeschäfte, Verträge über die Umwandlung, Eingliederung oder Gründung eines Unternehmens sowie die **Unternehmensverträge** iSd **§§ 291, 292 AktG**. Diese Geschäfte sind wirksam, sobald die konstitutive Eintragung erfolgt ist. Den Regelungszweck stellt die **Publizitäts- und Verkehrsschutzfunktion** der Registereintragung dar (vgl Langen/Bunte/*Ruppelt*, § 41 Rn 2). Das Registergericht ist allerdings verpflichtet, im Vorfeld der Eintragung zu prüfen, ob die Voraussetzungen des Vollzugsverbots vorliegen und in diesem Falle die Eintragung aussetzen (Loewenheim/Meessen/Riesenkampff/*Riesenkampff/Lehr*, § 41 Rn 6).

III. Befreiung vom Vollzugsverbot (§ 41 Abs. 2)

212 **1. Wichtige Gründe.** Nach Abs. 2 kann auf Antrag eine **Befreiung vom Vollzugsverbot** erteilt werden, wenn die beteiligten Unternehmen wichtige Gründe geltend machen, um drohende Schäden von sich oder von Dritten abzuwenden. Diese Möglichkeit ist in Anlehnung an den Art. 7 Abs. 3 FKVO in die deutsche Fusionskontrolle eingeführt worden und ist wegen des Grundsatzes der präventiven Kontrolle auf **Ausnahmesituationen** zu begrenzen (Langen/Bunte/*Ruppelt*, § 41 Rn 4). Bedeutsam ist die Befreiung vor allem in den Fällen von **Sanierungsfusionen** (Langen/Bunte/*Ruppelt*, § 41 Rn 4) sowie von Auslandszusammenschlüssen, wenn etwa die Unternehmen wegen besonderer Umstände nicht imstande sind, die nach § 39 Abs. 3 erforderlichen Angaben zu machen (Loewenheim/Meessen/Riesenkampff/*Riesenkampff/Lehr*, § 41 Rn 7). Darüber hinaus können auch **Termindruck, Erfordernisse ausländischer Rechtssysteme** sowie ein zu erwartender **Rückgang der Umsatzerlöse** – dies ist im Hinblick auf die Umsatzschwellen des § 35 Abs. 1 relevant – wichtige Gründe sein (*Bechtold*, § 41 Rn 11). Sowohl die geltend gemachten wichtigen Gründe als auch die abzuwehrenden Schäden haben sich an der mit der Durchführung des Fusionskontrollverfahrens verbundenen Belastung zu orientieren. Auf die Belastung durch das Vollzugsverbot kommt es nicht an (*Bechtold*, § 41 Rn 10).

213 Die Befreiung muss **erforderlich** sein. Dies ist nicht der Fall, wenn die drohenden Schäden auch durch eine schnelle Freigabe abgewendet werden können. Die Erforderlichkeit ist regelmäßig in den Fällen zu bejahen, in denen eine **lange Verfahrensdauer** zu erwarten ist (Loewenheim/Meessen/Riesenkampff/*Riesenkampff/Lehr*, § 41 Rn 8). Die Entscheidung des BKartA über den Befreiungsantrag ergeht im Sinne einer **Prognoseentscheidung** über den voraussichtlichen Ausgang des Fusionskontroll-

verfahrens (Loewenheim/Meessen/Riesenkampff/*Riesenkampff/Lehr,* § 41 Rn 8). Ergibt die Prognose, dass die Untersagungsvoraussetzungen vorliegen, kommt eine Befreiung nicht in Betracht. Es ist jedoch zu berücksichtigen, dass das Vollzugsverbot, von dem befreit werden soll, dazu dient, den aufgrund des vollzogenen Zusammenschlusses auftretenden Problemen vorzubeugen. Vor diesem Hintergrund kann die Befreiung großzügig erteilt werden, wenn die Auflösung des Zusammenschlusses unschwer und binnen kurzer Zeit erreicht werden kann (*Bechtold,* § 41 Rn 11). Ist eine Befreiungserteilung für den gesamten Zusammenschluss nicht möglich, so kann sie auch für einzelne Vollzugsakte erteilt werden (*Bechtold,* § 41 Rn 11). Die Befreiung wird auf **Antrag** erteilt. **Antragsberechtigt** sind neben den am Zusammenschluss beteiligten Unternehmen auch Dritte, von denen die drohenden Schäden mittels Befreiung abgewendet werden sollen (*Bechtold,* § 41 Rn 12). Der Antrag kann auch im Vorfeld der Anmeldung gestellt werden. Das BKartA entscheidet darüber nach pflichtgemäßem Ermessen und unter Berücksichtigung des **Verhältnismäßigkeitsgrundsatzes** (Loewenheim/Meessen/Riesenkampff/*Riesenkampff/Lehr,* § 41 Rn 9). Der Antrag eines Antragsberechtigten genügt. Wird die Befreiung erteilt, gilt sie nur bis zum Abschluss des Fusionskontrollverfahrens (*Bechtold,* § 41 Rn 12). Folgt aus der fusionskontrollrechtlichen Prüfung die Freigabe des Zusammenschlusses, so erledigt sich die Befreiung; andernfalls wirkt die Befreiung bis zum **Eintritt der Bestandskraft** der Untersagungsverfügung fort (*Bechtold,* § 41 Rn 12). Die **Darlegungs- und Beweislast** für das Vorliegen wichtiger Gründe tragen die Unternehmen (Loewenheim/Meessen/Riesenkampff/*Riesenkampff/Lehr,* § 41 Rn 9; Langen/Bunte/*Ruppelt,* § 41 Rn 5).

2. Bedingungen und Auflagen. Abs. 2 S. 2 eröffnet dem BKartA die Möglichkeit, die Befreiung mit Bedingungen und Auflagen zu versehen. Die Regelung bezweckt die **bestmögliche Reduzierung** der durch die Befreiung vom Vollzugsverbot eintretenden negativen Auswirkungen auf den Wettbewerb (Langen/Bunte/*Ruppelt,* § 41 Rn 5). Hierbei besteht angesichts des grundsätzlichen Regelungszwecks, Strukturveränderungen zu erfassen und von einer laufenden Verhaltenskontrolle abzusehen, eine Besonderheit. Das BKartA kann nicht nur strukturorientierte, sondern auch **Verhaltensauflagen** anordnen (*Bechtold,* § 41 Rn 10; Langen/Bunte/*Ruppelt,* § 41 Rn 6). Dies gilt allerdings nur **für die Dauer das Fusionskontrollverfahrens** (*Bechtold,* § 41 Rn 10). Die Verhaltensauflagen können in Form von Untersagung der Stimmrechtsausübung oder der Übertragung von Kundenbeziehungen ausgestaltet sein. Durch Verhaltensauflagen soll erreicht werden, das Zielunternehmen für die Dauer des Fusionskontrollverfahrens wettbewerbsrelevanten Einflüssen so weit wie möglich zu entziehen und somit für eine Erleichterung der Entflechtung im Falle einer Untersagung zu sorgen (Loewenheim/Meessen/Riesenkampff/*Riesenkampff/Lehr,* § 41 Rn 10). 214

Nach Abs. 2 S. 3 iVm § 40 Abs. 3 a kann die Befreiung bei Zuwiderhandlungen gegen eine Bedingung und Auflage, bei unrichtigen Angaben sowie bei arglistiger Täuschung widerrufen oder geändert werden. 215

IV. Vollzugsverbote in der medienkartellrechtlichen Praxis

Die neuere medienkartellrechtliche Praxis weist zwei Zusammenschlüsse auf, bei denen das BKartA unter Feststellung von Verstößen gegen das Vollzugsverbot Untersagungen verfügt hat. Diesen Zusammenschlüssen ist gemeinsam, dass sie bereits vor mehreren Jahren vollzogen wurden und dass das BKartA von ihnen erst nachträglich Kenntnis erlangt hatte. Die nachträgliche Kenntniserlangung mündete schließlich in beiden Fällen in der Einleitung von Fusionskontrollverfahren von Amts wegen. So führte die fusionskontrollrechtliche Prüfung in der Sache **Lausitzer Rundschau/Wochenkurier** zur Annahme einer Verstärkung der marktbeherrschenden Stellung der Lausitzer Rundschau auf lokalen und regionalen Anzeigenmärkten sowie der Absicherung der Alleinstellung als regionale Abonnement-Tageszeitung und in der Folge zur nachträglichen Untersagung des Zusammenschlusses (BKartA 2.4.2004 – B6-81/03 – Lausitzer Rundschau/Wochenkurier; vgl auch BT-Drucks. 15/5790, BKartA, TB 2003/2004, S. 97 f). Eine nachträgliche Untersagung verfügte das BKartA auch im Fall **Gruner +Jahr/National Geographic**, bei dem der Gruner+Jahr Verlag die Lizenz für die Herausgabe der deutschsprachigen Ausgabe der Zeitschrift „National Geographic" erworben und ein paritätisches Gemeinschaftsunternehmen für die Herausgabe dieser Zeitschrift gegründet hatte. Dieser Erwerb hatte nach Auffassung des BKartA zur Verstärkung einer marktbeherrschenden Stellung von Gruner+Jahr Verlag auf dem Lesermarkt für populäre Wissenszeitschriften in Deutschland geführt (BKartA 3.8.2004 – B6-45/04 – Gruner+Jahr/RBA; vgl auch BKartA, TB 2003/2004, BT-Drucks. 15/5790, 216

S. 98 f). Aus dieser recht spärlichen Praxis wird deutlich, dass die Kartellaufsicht im Hinblick auf Vollzugsverbote bei Medienzusammenschlüssen keine besonderen Maßstäbe aufstellt.

C. Entflechtung

I. Allgemeines

217 Abs. 3 regelt die **Auflösung** eines bereits **vollzogenen Zusammenschlusses**, der die Untersagungsvoraussetzungen des § 36 Abs. 1 erfüllt. Nach der Einführung der präventiven Kontrolle kommt die Regelung nur in Ausnahmefällen zur Anwendung (Langen/Bunte/*Ruppelt*, § 41 Rn 7). Auch Auslandszusammenschlüsse werden im Hinblick auf ihre Auswirkungen im Inland erfasst (Loewenheim/Meessen/Riesenkampff/*Riesenkampff/Lehr,* § 41 Rn 11).

II. Auflösung (§ 41 Abs. 3)

218 Abs. 3 S. 1 begründet die Verpflichtung der am Zusammenschluss beteiligten Unternehmen, einen unzulässigerweise vollzogenen Zusammenschluss aufzulösen. Die Verpflichtung entsteht allerdings nicht aufgrund einer Anordnung des BKartA; vielmehr ist sie begründet, sobald die Untersagungsvoraussetzungen gem. § 36 Abs. 1 vorliegen oder ein Antrag auf Ministererlaubnis abgelehnt oder zurückgenommen wurde. Wird eine Freigabeentscheidung gerichtlich aufgehoben, so hat dies nicht die Entstehung der Auflösungsverpflichtung zur Folge (Loewenheim/Meessen/Riesenkampff/*Riesenkampff/Lehr,* § 41 Rn 12). Mit der Aufhebung der Freigabe wird eine nochmalige Prüfung des Zusammenschlusses durch das BKartA bewirkt. Keineswegs steht aber damit das Vorliegen der Untersagungsvoraussetzungen gem. § 36 Abs. 1 endgültig fest (Langen/Bunte/*Ruppelt*, § 41 Rn 8).

219 Eine Auflösungsverfügung darf erst ergehen, wenn die Untersagungsverfügung **unanfechtbar** geworden ist (*Bechtold,* § 41 Rn 14). Das ergibt sich sowohl aus dem historischen Kontext als auch aus Abs. 3 S. 1 (vgl *Bechtold,* § 41 Rn 13). Da das Vorliegen der Untersagungsvoraussetzungen nach § 36 Abs. 1 erst mit der **Bestandskraft der Untersagungsverfügung** feststeht, entsteht die Verpflichtung erst mit diesem Zeitpunkt (Loewenheim/Meessen/Riesenkampff/*Riesenkampff/Lehr,* § 41 Rn 13). Daher kann sie auch nicht vor Ablauf der Frist für die Beantragung der Ministererlaubnis nach § 42 Abs. 3 entstehen (*Bechtold,* § 41 Rn 17). Dass die Untersagungsverfügung unanfechtbar sein muss, ist Ausfluss des **Grundsatzes der Rechtssicherheit und des Bestimmtheitsgebotes** (Loewenheim/Meessen/Riesenkampff/*Riesenkampff/Lehr,* § 41 Rn 13). Entsprechend dem **Bestimmtheitsgebot** muss die Auflösungsanordnung unmissverständlich zum Ausdruck bringen, welche Maßnahmen die am Zusammenschluss beteiligten Unternehmen zur Entflechtung zu ergreifen haben (Loewenheim/Meessen/Riesenkampff/*Riesenkampff/Lehr,* § 41 Rn 14). Daneben besteht auch die Möglichkeit zur Festlegung der zur Auflösung geeigneten Maßnahmen **im Einvernehmen** mit den betroffenen Unternehmen (*Bechtold,* § 41 Rn 22; Langen/Bunte/*Ruppelt*, § 41 Rn 11). So ist auch eine Auflösung aufgrund eines öffentlich-rechtlichen Vertrages möglich (*Bechtold,* § 41 Rn 22).

220 Die Auflösungsanordnung dient der Beseitigung von wettbewerbsbeschränkenden Auswirkungen, die sich aus einem unzulässigerweise vollzogenen Zusammenschluss ergeben (*Bechtold,* § 41 Rn 20; Langen/Bunte/*Ruppelt*, § 41 Rn 9). In welcher **Form die Beseitigung** erfolgt, ist einzelfallabhängig. Insbesondere ergibt sich aus einem Umkehrschluss aus Abs. 3 S. 3, dass die formale Wiederherstellung des früheren Zustandes nicht maßgeblich ist (*Bechtold,* § 41 Rn 16). Auch die Rückabwicklung des vollzogenen Zusammenschlusses hat keinen generellen Vorrang gegenüber anderen Maßnahmen zur Beseitigung der Wettbewerbsbeschränkung (Loewenheim/Meessen/Riesenkampff/*Riesenkampff/Lehr,* § 41 Rn 18; Langen/Bunte/*Ruppelt*, § 41 Rn 9). Im Hinblick auf die anzuordnenden Auflösungsmaßnahmen hat das BKartA einen weiten **Ermessens- und Gestaltungsspielraum** (*Bechtold,* § 41 Rn 21; Langen/Bunte/*Ruppelt*, § 41 Rn 12). Hierbei muss das BKartA den **Grundsatz der Verhältnismäßigkeit** beachten. Dies hat zur Folge, dass die Maßnahmen zur Beseitigung der Wettbewerbsbeschränkung geeignet und erforderlich sein müssen (Langen/Bunte/*Ruppelt*, § 41 Rn 11).

221 Die **Auflösungsanordnung** ist nur insoweit erforderlich und somit zulässig, als der vollzogene Zusammenschluss die formellen und materiellen Untersagungsvoraussetzungen erfüllt (Loewenheim/Meessen/Riesenkampff/*Riesenkampff/Lehr,* § 41 Rn 18). Damit ist also eine Reduzierung der Auswirkungen des untersagten Zusammenschlusses auf ein Ausmaß gemeint, das nicht mehr die formellen und materiellen Untersagungsvoraussetzungen erfüllen würde (*Bechtold,* § 41 Rn 20; vgl auch OLG

Düsseldorf WuW/E DE-R 1370 (1373) – Professor v. S.). Darüber hinausgehende Maßnahmen sind von der Anordnungsbefugnis des BKartA nicht mehr gedeckt. Folglich erweist sich die Untersagungsverfügung als **rechtliche Grundlage für die spätere Auflösung** und steckt die Grenzen ab, innerhalb deren die Auflösung vollzogen werden muss (vgl OLG Düsseldorf- Professor v. S., S. 1373). Insbesondere ist im Rahmen der Erforderlichkeit das, von den zur Verfügung stehenden Möglichkeiten, für die Unternehmen relativ mildeste Mittel zu wählen (vgl Loewenheim/Meessen/Riesenkampff/*Riesenkampff/Lehr,* § 41 Rn 18; Langen/Bunte/*Ruppelt,* § 41 Rn 10).

Ändern die beteiligten Unternehmen den vollzogenen Zusammenschluss derart, dass er einen anderen 222
als den vollzogenen Zusammenschlusstatbestand erfüllt, ist die bereits ergangene Auflösungsanordnung unzulässig, da die ihr zugrunde liegende Untersagungsverfügung nicht den jetzigen Zusammenschlusstatbestand erfasst (*Bechtold,* § 41 Rn 20; Langen/Bunte/*Ruppelt,* § 41 Rn 11). Die betroffenen Unternehmen können auch aus eigener Initiative Maßnahmen ergreifen, welche die Wettbewerbsbeschränkung beseitigen. Hierfür genügen aber **formale Beseitigungsmaßnahmen** nicht, solange die Wettbewerbsbeschränkung fortbesteht (Loewenheim/Meessen/Riesenkampff/*Riesenkampff/Lehr,* § 41 Rn 16). Betreiben die betroffenen Unternehmen trotz ihrer rechtlichen Verpflichtung keine Auflösung bzw kommen sie ihrer Verpflichtung nicht gehörig nach, hat das BKartA nach Abs. 3 S. 2 die zur Auflösung erforderlichen Maßnahmen anzuordnen. Zudem kann das BKartA wettbewerbsschädlichen Auswirkungen des Vollzugs auch im Wege des **Erlasses einstweiliger Anordnungen** nach § 60 Nr. 1 und § 64 Abs. 3 vorbeugen (Loewenheim/Meessen/Riesenkampff/*Riesenkampff/Lehr,* § 41 Rn 13). Das BKartA kann den Veräußerer eines Unternehmens verpflichten, das veräußerte Unternehmen zurückzunehmen, es sei denn, dass der Veräußerer hierzu objektiv nicht imstande ist, oder dass die Rücknahme nicht die Beseitigung der Wettbewerbsbeschränkung zur Folge hat. Damit wird allerdings **kein Rückübertragungsanspruch des Veräußerers** begründet, sofern der Veräußerer sich den Rückerwerb nicht vorbehalten hatte (Loewenheim/Meessen/Riesenkampff/*Riesenkampff/Lehr,* § 41 Rn 19).

Die Auflösungsverfügung richtet sich gegen die in der Untersagungsverfügung genannten Unterneh- 223
men. Wird die Rücknahme einer Beteiligung angeordnet, so fällt auch der Veräußerer hierunter (*Bechtold,* § 41 Rn 21).

III. Durchsetzungsverfügung (§ 41 Abs. 4)

Abs. 4 regelt die **Durchsetzungsmöglichkeiten** des BKartA für den Fall, in dem die Unternehmen, gegen 224
die sich die Auflösungsanordnung richtet, die Auflösung des Zusammenschlusses nicht freiwillig vornehmen. Das BKartA kann die Auflösungsanordnung auf dieser Grundlage mit Zwangsmitteln durchsetzen. Dies kann in Form einer Untersagung oder Einschränkung von Stimmrechtsausübung sowie **Bestellung eines Treuhänders** zur Vornahme der Auflösung geschehen (*Bechtold,* § 41 Rn 23). Zudem kann das BKartA auf die Vorschriften des VwVG zurückgreifen. Insbesondere ist die Festsetzung von Zwangsgeldern möglich, die in § 86 a geregelt ist. Alle Zwangsmittel, derer sich das BKartA bedient, dürfen erst nach Ablauf einer angemessenen Frist und einer **vorherigen Androhung** angewendet werden (Loewenheim/Meessen/Riesenkampff/*Riesenkampff/Lehr,* § 41 Rn 20). Wird vom BKartA ein Treuhänder bestellt, unterliegt dieser hierbei den **Weisungen des BKartA,** das die Reichweite seiner Befugnisse bestimmt. Er ist zur Vornahme aller für die Auflösung erforderlichen Maßnahmen berechtigt (Loewenheim/Meessen/Riesenkampff/*Riesenkampff/Lehr,* § 41 Rn 20).

IV. Auflösung von Medienzusammenschlüssen

Im Bereich der Medienzusammenschlüsse weist die Praxis eine moderate Entwicklung auf (vgl BKartA, 225
TB 2003/2004, BT-Drucks. 15/5790, S. 24 f). Dennoch kann die Handhabung der Auflösung eines Medienzusammenschlusse anhand des Zusammenschlussvorhabens **Westdeutscher Allgemeiner Zeitungsverlag / Ostthüringer Zeitungsverlag (WAZ/OTZ)** beurteilt werden. Es besteht Einigkeit darüber, eine an dem **Auflösungszweck** orientierte Betrachtung anzustellen. Der Zweck der Auflösung ist es, dem Erwerber den Zuwachs an Marktmacht und Ressourcen zu entziehen, der ihm durch den Zusammenschluss zugute gekommen ist. Ergeht auf dieser Grundlage eine Auflösungsverfügung, so wird sie gegenstandslos, wenn die Betroffenen den beanstandeten Erwerbsvorgang freiwillig auf ein **fusionskontrollrechtlich zulässiges Maß** zurückgeführt haben. Dies kann etwa in Form einer Veräußerung der Anteile an einen Dritten geschehen (OLG Düsseldorf WuW/E DE-R 1370 (1371) – Professor von S.).

226 Zur Annahme einer wirksamen Entflechtung bei Veräußerung des betroffenen Unternehmens an **dritte Personen** setzt das BKartA voraus, dass diese **persönlich und fachlich geeignet** sind und dass das BKartA für den Erwerb seine **vorherige Zustimmung** erteilt hat. Handelt es sich bei ihm um eine Privatperson, so muss sie entweder als Gesellschafter bei einem Medienunternehmen beteiligt oder als Geschäftsführer bei einem solchen beschäftigt gewesen sein (vgl BKartA, TB 2003/2004, BT-Drucks. 15/5790, S. 97). Dies dient dazu, das **Einschalten von Strohleuten** und **ähnliche Umgehungsgeschäfte** auszuschließen. Dieser Ansatz stimmt mit der Praxis des BKartA zu untersagungsabwendenden Zusagen bzw Nebenbestimmungen überein. Die Rechtsprechung beanstandet dieses Vorgehen hinsichtlich einer wirksamen Auflösung grundsätzlich nicht (vgl OLG Düsseldorf WuW/E DE-R 1370 ff – Professor von S.). Führt die Rückführung dazu, dass das am Zusammenschluss beteiligte Unternehmen, an das die Untersagungsverfügung gerichtet war, seine Positionen dahin gehend verliert, dass es das Wettbewerbspotential des betroffenen Unternehmens nicht mehr in seiner Gesamtheit steuern kann, liegt eine **wirksame Entflechtung** vor, so dass die Auflösungsanordnung des BKartA hinfällig wird. Zu diesen Positionen gehören wichtige publizistische und unternehmerische sowie andere das Wettbewerbspotential des betroffenen Unternehmens ausmachende Entscheidungen, bei denen nunmehr die Mitwirkung des Mitgesellschafters für eine wirksame Entscheidungsfindung maßgeblich sein wird, wie etwa wichtige Maßnahmen der Preisgestaltung, Entscheidungen bzgl Finanz- und Investitionsvolumen, Erwerb von Unternehmen und Unternehmensanteilen, Änderungen des Geschäftsbetriebes, Errichtung von Zweigniederlassungen, Abschluss, Änderung und Kündigung von Unternehmensverträgen und ähnlichen Vereinbarungen sowie die Festlegung wichtiger publizistischer Grundsätze. Ferner gehört hierzu der gesamte Bereich der Geschäftsführung, namentlich die Bestellung und Abberufung der Geschäftsführung, die Erteilung und Entziehung von Prokura sowie der Abschluss und die Änderung von Anstellungsverträgen mit leitenden Angestellten (OLG Düsseldorf – Professor von S., S. 1372).

D. Rechtsschutz

227 Die betroffenen Unternehmen können die Auflösungsverfügung mit einer **Beschwerde** nach § 63 Abs. 1 anfechten. Dieser kommt **keine aufschiebende Wirkung** zu (vgl § 64 Abs. 1). Die Aussetzung der Vollziehung durch das BKartA ist nach § 65 Abs. 3 S. 2 möglich.

§ 42 GWB Ministererlaubnis

(1) [1]Der Bundesminister für Wirtschaft und Technologie erteilt auf Antrag die Erlaubnis zu einem vom Bundeskartellamt untersagten Zusammenschluss, wenn im Einzelfall die Wettbewerbsbeschränkung von gesamtwirtschaftlichen Vorteilen des Zusammenschlusses aufgewogen wird oder der Zusammenschluss durch ein überragendes Interesse der Allgemeinheit gerechtfertigt ist. [2]Hierbei ist auch die Wettbewerbsfähigkeit der beteiligten Unternehmen auf Märkten außerhalb des Geltungsbereichs dieses Gesetzes zu berücksichtigen. [3]Die Erlaubnis darf nur erteilt werden, wenn durch das Ausmaß der Wettbewerbsbeschränkung die marktwirtschaftliche Ordnung nicht gefährdet wird.

(2) [1]Die Erlaubnis kann mit Bedingungen und Auflagen verbunden werden. [2]§ 40 Abs. 3 und 3a gilt entsprechend.

(3) [1]Der Antrag ist innerhalb einer Frist von einem Monat seit Zustellung der Untersagung beim Bundesministerium für Wirtschaft und Technologie schriftlich zu stellen. [2]Wird die Untersagung angefochten, beginnt die Frist in dem Zeitpunkt, in dem die Untersagung unanfechtbar wird.

(4) [1]Der Bundesminister für Wirtschaft und Technologie soll über den Antrag innerhalb von vier Monaten entscheiden. [2]Vor der Entscheidung ist eine Stellungnahme der Monopolkommission einzuholen und den obersten Landesbehörden, in deren Gebiet die beteiligten Unternehmen ihren Sitz haben, Gelegenheit zur Stellungnahme zu geben.

A. Allgemeines

I. Bedeutung

228 Neben der Abwägungsklausel des § 36 Abs. 1 stellt die Ministererlaubnis ein Instrument zur Verfügung, mit dem in sämtlichen Fusionsfällen eine auch mit dem Allgemeininteresse übereinstimmende

sachgerechte Einzelfallentscheidung getroffen werden soll (vgl Loewenheim/Meessen/Riesenkampff/*Riesenkampff/Lehr*, § 42 Rn 1). Die Formulierung „im Einzelfall" deutet auf den **Ausnahmecharakter** dieser Regelung hin (vgl Langen/Bunte/*Ruppelt*, § 42 Rn 1). Die Ministererlaubnis eröffnet die Möglichkeit, im Rahmen der Fusionskontrolle auch **außerwettbewerbliche Gesichtspunkte** zu berücksichtigen und in der Abwägung zwischen Gründen des Allgemeininteresses und wettbewerblichen Gesichtspunkten ersteren den Vorrang einzuräumen. Grundlage für das Erlaubnisverfahren bildet die Untersagungsverfügung des BKartA, die lediglich Wettbewerbsgesichtspunkte im Blick hat. Dagegen stellt die Ministererlaubnis eine **allgemeine politische Korrektur** des nach § 36 Abs. 1 gefundenen Ergebnisses dar (vgl *Bechtold,* § 42 Rn 1, 3). Die Praxis zeigt, dass dieser Ausnahmetatbestand mit **großer Zurückhaltung** angewandt worden ist, so dass einem entsprechenden Antrag aus Sicht der Beteiligten nur eine **geringe Erfolgsquote** beschieden ist und die Erlaubnis meist unter Beschränkungen bzw Nebenbestimmungen erteilt wurde bzw wird (vgl Loewenheim/Meessen/Riesenkampff/*Riesenkampff/Lehr*, § 42 Rn 1).

II. Zweistufigkeit des Verfahrens

Ein Antrag auf die Erteilung der Ministererlaubnis ist nur dann zulässig, wenn das BKartA den Zusammenschluss bereits untersagt hat. Dies führt zu einer **strikten Trennung der Prüfungsmaßstäbe:** während das BKartA sich ausschließlich mit den wettbewerblichen Aspekten zu befassen hat, erschöpft sich der Prüfungsrahmen des Bundeswirtschaftsministers in der Prüfung außerwettbewerblicher Vor- und Nachteile des Zusammenschlusses (vgl Loewenheim/Meessen/Riesenkampff/*Riesenkampff/Lehr*, § 42 Rn 2). Der Bundeswirtschaftsminister hat die vom BKartA festgestellten Wettbewerbseinschränkungen in eine Abwägung mit den Vorteilen des Zusammenschlusses für die überragenden Interessen der Allgemeinheit einzustellen (vgl *Bechtold,* § 42 Rn 3). 229

III. Bindung an die Feststellungen der Untersagungsverfügung

Nach ganz hM ist der Bundeswirtschaftsminister bei seiner Entscheidung über die Erlaubnis an die vom BKartA getroffenen tatsächlichen und rechtlichen Feststellungen gebunden (vgl zur hM: Loewenheim/Meessen/Riesenkampff/*Riesenkampff/Lehr*, § 42 Rn 3 mwN; aA: *Bechtold,* § 42 Rn 5, der diese Auffassung im Hinblick auf die vom BKartA als falsch erkannten Feststellungen für bedenklich hält). Von diesen kann der Minister nur **abweichen**, wenn die Feststellungen des BKartA **offensichtlich unplausibel, spekulativ oder widersprüchlich** sind. Sind Tatsachen vorhanden, die zum Zeitpunkt der BKartA-Entscheidung nicht berücksichtigt werden konnten, so kann der Minister diese in seine Wertung aufnehmen (Loewenheim/Meessen/Riesenkampff/*Riesenkampff/Lehr*, § 42 Rn 3 mwN; *Bechtold,* § 42 Rn 5; FK-KartellR/*Quack*, § 42 Rn 29). 230

B. Materielle Voraussetzungen

I. Überblick

Nach § 42 Abs. 1 S. 1 erteilt der Bundeswirtschaftsminister die Erlaubnis zu einem vom BKartA untersagten Zusammenschluss, wenn die Wettbewerbsbeschränkung durch die gesamtwirtschaftlichen Vorteile des Zusammenschlusses aufgewogen oder durch ein überragendes Allgemeininteresse gerechtfertigt und die marktwirtschaftliche Ordnung nicht gefährdet ist. Bei den Begriffen der **gesamtwirtschaftlichen Vorteile** und des **überragenden Interesses der Allgemeinheit** handelt es sich um **unbestimmte Rechtsbegriffe,** die dem Minister einen **weiten Beurteilungsspielraum** einräumen (vgl Sondergutachten der Monopolkommission, WuW/E DE-V 737 (738) – Tagesspiegel/Berliner Zeitung). Dies ist jedoch nicht im Sinne eines Entscheidungsermessens zu verstehen; vielmehr besteht bei Bejahung der Voraussetzungen des § 36 Abs. 1 ein **Anspruch auf Erlaubniserteilung** (vgl Loewenheim/Meessen/Riesenkampff/*Riesenkampff/Lehr*, § 42 Rn 4; *Bechtold,* § 42 Rn 6). 231

II. Gemeinwohlvorteile

1. Allgemeines. Die beiden oben genannten Tatbestandsvoraussetzungen der **gesamtwirtschaftlichen Vorteile** und des **überragenden Interesses der Allgemeinheit** hängen so eng miteinander zusammen, dass sie sich einer strikten Abgrenzung entziehen (Sondergutachten der Monopolkommission, WuW/E DE-V 737 (739) – Tagesspiegel/Berliner Zeitung). Jedoch kann eine nähere Begriffsbestimmung an- 232 hand ihrer Reichweite erreicht werden. So sind unter den Begriff der „gesamtwirtschaftlichen Vorteile" nur Gemeinwohlvorteile wirtschaftlicher Art zu subsumieren. Bei der Beurteilung der **„Interessen der Allgemeinheit"** können auch **nichtwirtschaftliche Gemeinwohlerwägungen** herangezogen werden. Um allerdings eine ausufernde Anwendung des Tatbestandsmerkmals „Interessen der Allgemeinheit" zu verhindern, setzt die Regelung voraus, dass die Vorteile „überragend" sind (vgl Loewenheim/Meessen/Riesenkampff/*Riesenkampff/Lehr*, § 42 Rn 5 ff; FK-KartellR/*Quack*, § 42 Rn 22). Es ist nicht zwingend notwendig, dass alle Beteiligten am Wirtschaftsleben von den Vorteilen profitieren. Vielmehr ist ausreichend, wenn die Vorteile einzelnen Wirtschaftsbereichen oder Regionen zu Gute kommen (FK-KartellR/*Quack*, § 42 Rn 19). So können etwa gesamtwirtschaftliche Vorteile auch vorliegen, wenn wirtschaftliche Vorteile unmittelbar nur bei einer begrenzten Anzahl von Unternehmen eintreten, dies aber zu einer Verbesserung führt, die für die Gesamtwirtschaft von einigem Gewicht ist (Langen/Bunte/*Ruppelt*, § 42 Rn 4). Ist allerdings zu erwarten, dass die durch den Zusammenschluss eintretenden Vorteile ausschließlich den Interessen der am Zusammenschluss Beteiligten dienen, so sind sie als nicht relevant anzusehen (vgl Loewenheim/Meessen/Riesenkampff/*Riesenkampff/Lehr*, § 42 Rn 5).

233 Als **„gesamtwirtschaftliche Vorteile"** sind zB anerkannt die langfristige Sicherung der Energieversorgung der Bundesrepublik Deutschland, die Erhaltung wertvollen technischen Potentials oder Know-hows, die Lösung von Strukturkrisen, die Sanierung der beteiligten Unternehmen, die Sicherung gesamtwirtschaftlich notwendiger Wirtschaftsbereiche und die Stärkung der internationalen Wettbewerbsfähigkeit (vgl *Bechtold,* § 42 Rn 9). Rationalisierungsvorteile stellen insoweit einen gesamtwirtschaftlichen Vorteil dar, als sie über die üblichen Rationalisierungspotentiale des betreffenden Zusammenschlusses hinausgehen. Dagegen vermag die bloße Arbeitsplatzsicherung als solche noch nicht eine Erlaubnis zu rechtfertigen, da die Arbeitsplatzsicherung uU auch mit einer Gefährdung von Arbeitsplätzen einhergeht (vgl Loewenheim/Meessen/Riesenkampff/*Riesenkampff/Lehr*, § 42 Rn 6). **„Interessen der Allgemeinheit"** können beispielsweise regional-, militär- und gesundheitspolitische Gründe, Gründe des Umwelt- und Klimaschutzes, Abbau von Subventionen, die Entlastung der öffentlichen Haushalte und **Sicherung der Pressevielfalt** sein; bei der letzteren sind hohe Anforderungen an den Nachweis von Eignung und Erforderlichkeit des Zusammenschlusses und die verfassungsrechtliche Legitimation einer fusionskontrollrechtlichen Erlaubnis zu stellen (*Bechtold,* § 42 Rn 9; ausführlich s. unten Rn 235).

234 Nach § 42 Abs. 1 S. 3 kann die Erlaubnis nur unter dem Vorbehalt erteilt werden, dass das Ausmaß der Wettbewerbsbeschränkung die marktwirtschaftliche Ordnung nicht gefährdet. Dies ist nur dann der Fall, wenn der Zusammenschluss nicht zur Ausschaltung des Wettbewerbs führt, der für die marktwirtschaftliche Ordnung wesentliche Bedeutung aufweist (Loewenheim/Meessen/Riesenkampff/*Riesenkampff/Lehr*, § 42 Rn 10).

235 **2. Sicherung der Pressevielfalt als Gemeinwohlgrund?** In seinem Sondergutachten zum Zusammenschlussvorhaben **Tagesspiegel/Berliner Zeitung** betonte die Monopolkommission, dass die **Gewährleistung der Pressefreiheit durch Sicherung und Erhaltung der Pressevielfalt** ein Gemeinwohlinteresse sein kann (Sondergutachten der Monopolkommission, WuW/E DE-V 737 (739) – Tagesspiegel/Berliner Zeitung). Der Bundeswirtschaftsminister könne daher eine Pressefusion erlauben, wenn er zu der Überzeugung gelangt, dass die Pressevielfalt ohne den Zusammenschluss gefährdet würde (Sondergutachten der Monopolkommission – Tagesspiegel/Berliner Zeitung, S. 740). Dabei verbiete die **Neutralitätspflicht des Staates** eine Beurteilung anhand inhaltlicher Kriterien, ihrer politischen Ausrichtung oder der subjektiven Qualität (Sondergutachten der Monopolkommission – Tagesspiegel/Berliner Zeitung, S. 745). Grund für diese Neutralitätspflicht ist, dass § 42 im Hinblick auf die Pressefreiheit des Art. 5 Abs. 1 S. 2 GG verfassungskonform ausgelegt werden muss (*Zagouras*, WRP 2007, 1429 (1434)). Im Hinblick auf die Regelung des § 42 Abs. 2 S. 1, wonach eine Ministererlaubnis mit **Nebenbestimmungen** verbunden werden kann, vertritt die Monopolkommission die Auffassung, dass Auflagen nur dann in Betracht kommen, wenn sie **strukturbezogen** sind. Darüber hinaus sind sie unter der Bedingung zulässig, dass „...sie sich in einem einmaligen Akt vollziehen lassen und zu ihrer Kontrolle eine einmalige Überprüfung ausreicht". Dem stehen Maßnahmen gleich, die „...in wenigen zeitlich eng zusammenliegenden Akten zu realisieren sind und die das BKartA... mit vertretbarem Aufwand kontrollieren kann" (Sondergutachten der Monopolkommission – Tagesspiegel/Berliner Zeitung, S. 757).

236 Im Zusammenschlussvorhaben Tagesspiegel/Berliner Zeitung hatte Holtzbrinck vorgetragen, die **redaktionelle Selbstständigkeit** der Zeitung „Der Tagesspiegel" und damit die **Pressevielfalt** könne nur

durch eine Fusion mit der „Berliner Zeitung" gesichert werden. Zudem sei „Der Tagesspiegel" unveräußerlich und daher in ihrer Existenz gefährdet. Als dieses Argument sich nicht hat bestätigen lassen und die vom Bundeswirtschaftsminister beauftragte Monopolkommission sich gegen eine Erlaubniserteilung aussprach (Sondergutachten der Monopolkommission, WuW/E DE-V 737 (760) – Tagesspiegel/Berliner Zeitung), wurde der Antrag noch vor der Entscheidung zurückgenommen (vgl BKartA TB 2003/2004, BT-Drucks. 15/5790, S. 25; *Hess*, AfP 2003, 250 ff (251)).

Das von Holtzbrinck angeführte Argument, die **Sanierung eines Unternehmens** könne einen **Gemeinwohlgrund** im Rahmen eines Ministererlaubnisverfahrens darstellen, hat die Monopolkommission zwar nicht abschließend beurteilt. Dennoch prüfte sie das Vorliegen der Voraussetzungen einer Sanierungsfusion, die vom BKartA und der Rechtsprechung entwickelt worden sind (vgl Sondergutachten der Monopolkommission, WuW/E DE-V 737 (742 ff) – Tagesspiegel/Berliner Zeitung). Dies zeigt, dass die Monopolkommission zumindest konkludent davon ausgeht, dass die Sanierung eines sanierungsbedürftigen Unternehmens einen Gemeinwohlgrund darstellen kann. Dies ist allerdings eine eher problematische Linie. Denn bei Vorliegen der Voraussetzungen einer Sanierungsfusion kann eine Freigabe auch auf der Grundlage wettbewerblicher Erwägungen im gerichtlichen Verfahren gegen die Untersagungsverfügung mit Erfolg erstritten werden. Insofern bedürfte es des Instruments der Ministererlaubnis nicht. 237

III. Wettbewerbsfähigkeit auf ausländischen Märkten

Dieses in der Entscheidungspraxis des Bundeswirtschaftsministers sehr **restriktiv ausgelegte Tatbestandsmerkmal** erfasst neben der Erhaltung einer schon bestehenden auch den Ausbau der Wettbewerbsfähigkeit auf Auslandsmärkten. Gefordert wird, dass der Zusammenschluss zur **dauerhaften Sicherung der internationalen Wettbewerbsfähigkeit** unerlässlich ist. Es genügt, wenn diese Effekte in Zukunft mit hinreichender Wahrscheinlichkeit eintreten (vgl Loewenheim/Meessen/Riesenkampff/*Riesenkampff/Lehr*, § 42 Rn 8; *Bechtold,* § 42 Rn 10). 238

IV. Abwägung

Um festzustellen, ob im Einzelfall die Wettbewerbsbeschränkung infolge des Zusammenschlusses von gemeinwirtschaftlichen Vorteilen aufgewogen wird oder durch ein überragendes Interesse der Allgemeinheit gerechtfertigt ist, muss der Minister die festgestellte Wettbewerbsbeschränkung gegen die Gemeinwohlvorteile abwägen. Hierbei ist zu berücksichtigen, dass **keine allgemeinen Regeln** für die Abwägung existieren, sondern stets auf die Umstände des Einzelfalles abzustellen ist. Dennoch bietet eine **relative Gewichtung** der zu erwartenden Wettbewerbsbeschränkung und der Gemeinwohlvorteile eine Orientierung (Loewenheim/Meessen/Riesenkampff/*Riesenkampff/Lehr*, § 42 Rn 9). Je höher das Gewicht der Wettbewerbsbeschränkung ist, desto höhere Anforderungen sind an die Gemeinwohlvorteile zu stellen und umgekehrt (vgl Sondergutachten der Monopolkommission, WuW/E DE-V 737 (738) – Tagesspiegel/Berliner Zeitung). Dabei reicht es aus, dass sich aus einer Gegenüberstellung der Wettbewerbsbeschränkung und der Gemeinwohlvorteile kein negativer Saldo ergibt. Das bedeutet, dass die Vorteile die Nachteile nur aufwiegen, nicht aber überwiegen müssen. Diese Saldierung kann auch die vom BKartA berücksichtigten, aber nicht für ausreichend gehaltenen Vorteile erfassen (FK-KartellR/*Quack*, § 42 Rn 24; vgl auch Langen/Bunte/*Ruppelt*, § 42 Rn 10). 239

Der Zusammenschluss muss kausal für die zu erwartenden Gemeinvorteilen sein, wofür es nicht ausreicht, dass die Vorteile nur in einem losen Zusammenhang zum Zusammenschluss stehen (Langen/Bunte/*Ruppelt*, § 42 Rn 9). Die Möglichkeit des Eintritts von Gemeinwohlvorteilen genügt als solche nicht; vielmehr müssen sie mittels einer **Zukunftsprognose** positiv festgestellt werden. Hierfür ist erforderlich, dass die Gemeinwohlvorteile zum Zeitpunkt des Zusammenschlusses mit **hinreichender Wahrscheinlichkeit** erwartet werden können und konkret nachweisbar sind (*Bechtold,* § 42 Rn 8). In diese Prognose fließen alle positiven und negativen Auswirkungen des Zusammenschlusses unter dem Gesichtspunkt der Gemeinwohlvorteile ein. Die zu erwartende Verbesserung ist nur dann beachtlich, wenn sie zumindest mittelfristig erhalten bleibt; nur kurzfristige Vorteile vermögen eine Ministererlaubnis nicht zu rechtfertigen (vgl Langen/Bunte/*Ruppelt*, § 42 Rn 9). Angesichts der Dauerhaftigkeit der Zusammenschlüsse ist darauf zu achten, dass auch nur die dauerhaften Vorteile in die Abwägung einbezogen werden können (FK-KartellR/*Quack*, § 42 Rn 24). 240

241 Zudem muss der Zusammenschluss erforderlich sein, was nicht der Fall ist, wenn die Gemeinwohlvorteile auch auf andere, weniger wettbewerbsbeschränkende Weise erreicht werden können. Findet sich etwa ein **alternativer Bewerber**, bei dem die Untersagungsvoraussetzungen des § 36 Abs. 1 nicht erfüllt sind, der Zusammenschluss also auch aufgrund wettbewerblicher Erwägungen vom BKartA freigegeben werden kann, so ist von der Nichterforderlichkeit des Zusammenschlusses auszugehen (vgl *Bechtold,* § 42 Rn 8).

C. Bedingungen und Auflagen

242 Nach § 42 Abs. 2 S. 1 kann eine Erlaubnis mit Bedingungen und Auflagen verbunden werden. Dies ergibt sich daraus, dass die Ministererlaubnis nur unter den Voraussetzungen des § 42 Abs. 1 S. 1 erteilt werden kann. Stehen der Erlaubniserteilung allerdings **Hindernisse** entgegen, so kann der Minister diese durch Anordnung von Bedingungen und Auflagen beseitigen (vgl *Bechtold,* § 42 Rn 12; FK-KartellR/*Quack*, § 42 Rn 37). Die Begriffe der Bedingung und der Auflage sind dem **allgemeinen Verwaltungsrecht** entnommen. Während die Bedingung ein integrierender Bestandteil und keine selbstständige Verfügung ist, von der das Wirksamwerden der Erlaubnis abhängt, stellt die Auflage einen selbstständigen und gesondert anfechtbaren Verwaltungsakt dar (vgl *Bechtold,* § 42 Rn 13; Loewenheim/Meessen/Riesenkampff/*Riesenkampff/Lehr*, § 42 Rn 13). Die Erlaubnis ist auch ohne die Erfüllung der angeordneten Auflage wirksam. Die in Betracht zu ziehenden Nebenbestimmungen müssen geeignet und erforderlich, dh in der Lage sein, die wettbewerblichen Nachteile in Anbetracht der Gemeinwohlvorteile zugunsten der letzteren zu reduzieren und somit der Erfüllung der Erlaubnisvoraussetzungen des Abs. 1 S. 1 zu dienen (*Bechtold,* § 42 Rn 12). Die Erlaubnis kann sich auch bei Anordnung von Nebenbestimmungen lediglich auf den von den beteiligten Unternehmen vorgenommenen bzw vorgesehenen Zusammenschluss beziehen (Langen/Bunte/*Ruppelt*, § 42 Rn 13).

243 Der Minister kann seine Erlaubnis auch auf einen Teil des Zusammenschlusses beschränken. Diese **Möglichkeit der Teilerlaubnis** steht allerdings unter dem Vorbehalt der **Teilbarkeit des Zusammenschlusses** (vgl FK-KartellR/*Quack*, § 42 Rn 37; *Bechtold,* § 42 Rn 13). Eine gegenständliche Änderung des Antrages etwa in Form der Rückführung einer Mehrheitsbeteiligung auf eine Minderheitsbeteiligung ist von dieser Beschränkung nicht erfasst (Loewenheim/Meessen/Riesenkampff/*Riesenkampff/Lehr*, § 42 Rn 12; FK-KartellR/*Quack*, § 42 Rn 37). Zu beachten ist zudem, dass die Praxis der Nebenbestimmung kraft Verweisung auf § 40 Abs. 3 nicht dazu führen darf, die beteiligten Unternehmen einer laufenden Verhaltenskontrolle zu unterstellen. Vielmehr müssen sie darauf gerichtet sein, strukturelle Veränderungen zu bewirken (vgl Langen/Bunte/*Ruppelt*, § 42 Rn 14).

244 Kraft Verweisung des § 42 Abs. 2 S. 2 auf § 40 Abs. 3 a stehen dem Bundeswirtschaftsminister bei Zuwiderhandlungen gegen die Auflagen die in § 40 Abs. 3 a geregelten Möglichkeiten zur Durchsetzung der Verfügung zu.

D. Verfahrensfragen

I. Verfahrenseinleitung

245 Das Erlaubnisverfahren wird mit einem **Antrag** eingeleitet. Zum Kreis der Antragsberechtigten gehören alle Unternehmen, gegen die sich die Untersagungsverfügung des BKartA richtete, dh also alle am Zusammenschluss beteiligten Unternehmen (Langen/Bunte/*Ruppelt*, § 42 Rn 16). In den Fällen des **Vermögens- und Anteilserwerbs (§ 37 Abs. 1 Nr. 1 und 3)** ist zudem auch der Veräußerer antragsberechtigt, während Beigeladenen kein Antragsrecht zusteht. Es ist nicht erforderlich, dass alle Antragsberechtigten den Antrag stellen; vielmehr genügt es, wenn einer von ihnen das Verfahren einleitet (vgl *Bechtold,* § 42 Rn 15; FK-KartellR/*Quack*, § 42 Rn 47). Der Antrag ist **binnen eines Monats in schriftlicher Form** einzureichen. Für den **Beginn der Frist** gibt es zwei Alternativen: Die Frist beginnt grds. mit der Zustellung der Untersagungsverfügung. Legen die Betroffenen gegen die Untersagungsverfügung Beschwerde ein, so beginnt die Frist mit dem Zeitpunkt, in dem die Untersagungsverfügung unanfechtbar wird (vgl *Bechtold,* § 42 Rn 15; Langen/Bunte/*Ruppelt*, § 42 Rn 16). Es ist jedem Antragsberechtigten anheim gestellt, ob er auf die Untersagungsverfügung hin einen Erlaubnisantrag stellt oder eine Beschwerde erhebt. Die Praxis geht davon aus, dass diese auch **parallel** verfolgt werden können. Dies ist deshalb sachgerecht, weil mit ihnen **unterschiedliche Gegenstände** angegriffen werden (vgl Loewenheim/Meessen/Riesenkampff/*Riesenkampff/Lehr*, § 42 Rn 16; *Bechtold,* § 42 Rn 16).

II. Verfahrensablauf

Zuständig für die Entscheidung ist der Bundeswirtschaftsminister, in persona, nicht das Ministerium (*Bechtold*, § 42 Rn 17). Der Minister „soll" gem. § 42 Abs. 4 S. 1 über den Antrag **innerhalb von 4 Monaten** entscheiden. Für den **Fristbeginn** ist der Zeitpunkt der Antragsstellung entscheidend. Da auch der Bundeswirtschaftsminister eine Kartellbehörde im Sinne des § 48 Abs. 1 ist, sind die Vorschriften der §§ 54 ff GWB im Erlaubnisverfahren anwendbar (*Bechtold*, § 42 Rn 18; Langen/Bunte/*Ruppelt*, § 42 Rn 17). Folglich sind auch Beiladungen im Sinne des § 54 Abs. 3 zulässig; zudem findet eine **öffentliche mündliche Verhandlung** nach § 56 Abs. 3 S. 3 statt. Bei **Verstoß** gegen einen dieser Verfahrensgrundsätze ist die Erlaubnis rechtswidrig. Gem. § 42 Abs. 4 S. 2 ist der Bundeswirtschaftsminister verpflichtet, vor seiner Entscheidung eine unverbindliche Stellungnahme der Monopolkommission über formelle und materielle Fragen der Erlaubnis einzuholen. Hierbei ist die Monopolkommission an die Feststellungen des BKartA gebunden (vgl Loewenheim/Meessen/Riesenkampff/*Riesenkampff/Lehr*, § 42 Rn 19). Außerdem ist den obersten Landesbehörden Gelegenheit zur Stellungnahme zu geben. Die Entscheidung des Ministers ist zu begründen und mit einer Rechtsbehelfsbelehrung zu versehen. 246

E. Widerruf oder Änderung der Erlaubnis durch den Minister

Über die Verweisung des § 42 Abs. 2 S. 2 auf § 40 Abs. 3 a kann der Minister bei Erfüllung der Voraussetzungen des § 40 Abs. 3 a die Erlaubnis widerrufen oder ändern. Insofern besteht hier zu den Aufhebungsregeln bzgl Freigabeentscheidungen des BKartA keine Besonderheit (vgl *Bechtold*, § 42 Rn 19). 247

F. Rechtsschutz

Gegen die **Ablehnung der Erlaubnis** ist die **(Verpflichtungs-)Beschwerde** mit dem Ziel der Verpflichtung zur Erlaubniserteilung zulässig. Hat der Minister die Erlaubnis mit Auflagen versehen, so kann eine **(Anfechtungs-)Beschwerde** zur Beseitigung der Auflagen angestrebt werden. Trifft der Minister innerhalb der 4-Monatsfrist keine Entscheidung, folgt aus der Soll-Vorschrift des § 42 Abs. 1, dass gegen die Unterlassung der rechtzeitigen Entscheidung eine **Untätigkeitsbeschwerde** im Sinne des § 63 Abs. 3 eingelegt werden kann (vgl FK-KartellR/*Quack*, § 42 Rn 76 ff). 248

Die Untersagungsverfügung des BKartA und die Ablehnung der Ministererlaubnis können auch gleichzeitig angefochten werden. Für beide Beschwerden ist das **OLG Düsseldorf** zuständig. Soweit die Beschwerde sich gegen die Ministerentscheidung im Hinblick auf die wirtschaftspolitischen Wertungen des Ministers richtet, so ist sie in analoger Anwendung des § 71 Abs. 5 S. 2 der gerichtlichen Überprüfung entzogen. Diesbezüglich kommt dem Minister eine **Einschätzungsprärogative** zu. Das Gericht überprüft lediglich, ob die für die Einschätzung erheblichen **Tatsachen verfahrensfehlerfrei** festgestellt wurden und die Entscheidung auf **vernünftigen und vertretbaren Erwägungen** beruht (Loewenheim/Meessen/Riesenkampff/*Riesenkampff/Lehr*, § 42 Rn 22 f; vgl auch FK-KartellR/*Quack*, § 42 Rn 34). 249

§ 43 GWB Bekanntmachungen

(1) Die Einleitung des Hauptprüfverfahrens durch das Bundeskartellamt nach § 40 Abs. 1 Satz 1 und der Antrag auf Erteilung einer Ministererlaubnis sind unverzüglich im Bundesanzeiger oder im elektronischen Bundesanzeiger bekannt zu machen.

(2) Im Bundesanzeiger oder im elektronischen Bundesanzeiger sind bekannt zu machen

1. **die Verfügung des Bundeskartellamts nach § 40 Abs. 2,**
2. **die Ministererlaubnis, deren Ablehnung und Änderung,**
3. **die Rücknahme und der Widerruf der Freigabe des Bundeskartellamts oder der Ministererlaubnis,**
4. **die Auflösung eines Zusammenschlusses und die sonstigen Anordnungen des Bundeskartellamts nach § 41 Abs. 3 und 4.**

(3) Bekannt zu machen nach Absatz 1 und 2 sind jeweils die Angaben nach § 39 Abs. 3 Satz 1 sowie Satz 2 Nr. 1 und 2.

A. Sinn und Zweck

250 Aufgrund der wirtschaftlichen Bedeutung der Unternehmenszusammenschlüsse und ihrer nachhaltigen Auswirkungen auf die Wettbewerbsbedingungen besteht ein **hohes öffentliches Informationsinteresse** an der Beurteilung von Fusionen. Diesem Interesse trägt die Vorschrift des § 43 Rechnung und sorgt folglich für **Publizität und Transparenz der Fusionskontrolle** (Langen/Bunte/*Ruppelt*, § 43 Rn 1 f). Auf diese Weise soll den von dem Zusammenschluss Betroffenen ermöglicht werden, ihre Interessen im Rahmen der fusionskontrollrechtlichen Prüfung in Form von Beteiligung am Fusionskontrollverfahren oder Unterstützung des BKartA zu verfolgen und auf das Verfahren Einfluss zu nehmen. Die regelmäßige Bekanntmachung macht die Entscheidungspraxis der Verwaltung vorhersehbarer und führt somit zur **Erhöhung der Rechtssicherheit.** Indes erschöpft sich der Informationsdienst des BKartA nicht in Abs. 1 und 2. Informiert wird die Öffentlichkeit auch über den zweijährigen Tätigkeitsbericht nach § 53, die Pressemitteilungen, die Fachpresse, das Hauptgutachten der Monopolkommission nach § 44 sowie über das Internet (vgl Loewenheim/Meessen/Riesenkampff/*Riesenkampff/Lehr*, § 43 Rn 2; FK-KartellR/*Nägele*, § 43 Rn 9).

B. Form und Inhalt der Bekanntmachung

251 Nach Abs. 1 sind die Einleitung des Hauptprüfverfahrens oder der Antrag auf Erteilung der Ministererlaubnis unverzüglich im **Bundesanzeiger** oder im **elektronischen Bundesanzeiger** bekannt zu machen. Damit wird betroffenen Dritten ermöglicht, sich durch rechtzeitiges Handeln am Verfahren in Form von bspw Beiladungen zu beteiligen (Langen/Bunte/*Ruppelt*, § 43 Rn 3). Abs. 2 zählt kartellrechtliche Entscheidungen auf, die – anders als Abs. 1 – nicht unverzüglich bekannt gemacht werden müssen. Diese sind die Verfügungen des BKartA, die Entscheidungen des Ministers über die Erteilung der Ministererlaubnis, die Aufhebung der Freigabe von Zusammenschlüssen oder der Ministererlaubnis sowie die Auflösung von Zusammenschlüssen und Anordnungen zu deren Durchsetzung. Abs. 3 verweist für den Inhalt der Bekanntmachungen auf die nach § 39 Abs. 2 S. 1 und Abs. 3 S. 2 Nr. 1 und Nr. 2 erforderlichen Angaben. Dazu gehören neben der Form des Zusammenschlusses die Firma, der Sitz und die Art des Geschäftsbetriebes der beteiligten Unternehmen sowie der herrschenden Unternehmen als nur mittelbar Beteiligte. Über Abs. 3 hinaus darf das BKartA unter Wahrung der Geschäftsgeheimnisse beteiligter Unternehmen eine weitergehende Veröffentlichung der Entscheidungen vornehmen (siehe hierzu: Loewenheim/Meessen/Riesenkampff/*Riesenkampff/Lehr*, § 43 Rn 3–7).

C. Rechtsschutz

252 § 43 schreibt eine Bekanntmachungspflicht der Kartellbehörden vor, denen **kein Ermessensspielraum** zusteht (*Bechtold,* § 43 Rn 6). Die Bekanntmachung ist **kein Verwaltungsakt**, sondern **schlichtes Verwaltungshandeln** (vgl zur hM FK-KartellR/*Nägele,* § 43 Rn 34; aA *Bechtold,* § 43 Rn 6), so dass die Bekanntmachung nicht mit einer Verpflichtungsbeschwerde erzwungen werden kann. Vielmehr kann eine **allgemeine Leistungsbeschwerde** erhoben werden. Bei drohenden irreparablen Schäden durch eine noch zu erfolgende Bekanntmachung ist **vorbeugender Rechtsschutz** möglich, für den ein qualifiziertes, gerade auf die Inanspruchnahme eines vorbeugenden Rechtsschutzes gerichtetes Interesse geltend gemacht werden muss (Loewenheim/Meessen/Riesenkampff/*Riesenkampff/Lehr*, § 43 Rn 8; *Bechtold,* § 43 Rn 6).

3. Teil: Medienwettbewerbsrecht

1. Kapitel: Grundsätze des Medienwerberechts

Schrifttum: *Berlit*, Auswirkungen der Aufhebung des Rabattgesetzes und der Zugabeverordnung auf die Auslegung von § 1 UWG und § 3 UWG, WRP 2001, 349 ff; *Berlit*, Wettbewerbsrecht, 8. Aufl. 2011 (zitiert: *Berlit*, Wettbewerbsrecht); *Fezer*, UWG, Kommentar, 2. Aufl. 2010 (zitiert: *Fezer/Bearbeiter*, UWG; *Harte-Bavendamm/Henning-Bodewig*, UWG, Kommentar, 2. Aufl. 2009 (zitiert: *Harte/Henning/Bearbeiter*, UWG); *Köhler/Bornkamm*, Gesetz gegen den unlauteren Wettbewerb, Kommentar, 29. Aufl. 2011 (zitiert: *Köhler/Bornkamm/Bearbeiter*, UWG); *Klocker/Ost* FS Bechtold, 2006, 229 ff; *Köhler*, Die „Bagatellklausel" in § 3 UWG, GRUR 2005, 1 ff; *Köhler*, Was ist „vergleichende Werbung"?, GRUR 2005, 273 ff; *Köhler*, Der Rechtsbruchtatbestand im neuen UWG, GRUR 2004, 381 ff; *Köhler*, Neujustierung des UWG am Beispiel der Verkaufsförderungsmaßnahmen, GRUR 2010, 767 ff; *Köhler*, Die Kopplung von Gewinnspielen an Umsatzgeschäfte: Wende in der lauterkeitsrechtlichen Beurteilung, GRUR 2011, 478 ff; *Lettl*, Das neue UWG, 1. Auflage 2004 (zitiert: *Lettl*, UWG); *Löffler*, Presserecht, 5. Aufl. 2006 (zitiert: *Löffler*, Presserecht); *Matutis*, UWG, Praxiskommentar, 2. Aufl. 2009 (zitiert: *Matutis*, UWG); *Rath-Glawatz/Engels/Dietrich*, Das Recht der Anzeige, 3. Aufl. 2006 (zitiert: *Rath-Glawatz/Engels/Dietrich*, Recht der Anzeige)

Medienunternehmen zeichnen sich in Bezug auf wettbewerbsrechtliche Aktivitäten durch **zwei Besonderheiten** aus. Zum einen besteht ein besonderer **grundgesetzlicher Schutz** und Auftrag (Art. 5 Abs. 1 Satz 2 GG), zum anderen müssen Medienunternehmen ihre Produkte üblicherweise auf **zwei Märkten** anbieten: dem der Medienkonsumenten und dem der Werbekunden. Lange Jahre mussten Unternehmen einer bestimmten Mediengattung sich im Wesentlichen nur mit unmittelbaren Konkurrenten derselben Fachbranche auseinandersetzten. Mit dem Entstehen und dem Erfolg neuer Medien sehen sich viele Unternehmen nun zunehmend auch dem Druck ausgesetzt, ihre „Pfründe" gegen neue Wettbewerber zu verteidigen. Zudem wächst die Anzahl von Medienprodukten stetig. Seit Jahren vermehren sich die Medienangebote, zuletzt insbesondere auch die neuen Medien. All dies führt bei einer relativ konstanten Anzahl von Medienkonsumenten und konjunkturbedingt schwankenden und bestenfalls stagnierenden Budgets der Werbungstreibenden zu einer **Verschärfung des Wettbewerbs.** Vor allem zur Sicherung des gesellschaftlichen Interesses an einer funktionierenden und vielfältigen Medienlandschaft kommt dem Wettbewerbsrecht daher eine gestiegene Bedeutung zu. 1

Die Kommentierung versucht, sich auf die für Medienunternehmen im Hinblick auf das **eigene Werbeverhalten relevantesten Fragestellungen** zu konzentrieren, in Teilbereichen noch spezieller auf die für die Presse einschlägigen Probleme. Für die elektronischen Medien (TV, Online) ist auf die entsprechenden Ausführungen vor allem im 29. und 30. Abschnitt zu verweisen. Das erst 2004 neu gefasste UWG wurde durch das Erste Gesetz zur Änderung des Gesetzes gegen den unlauteren Wettbewerb (Änderungsgesetz) mit Wirkung ab 30.12.2008 erneut erheblich verändert. Damit wurden die Vorgaben der Richtlinie 2005/29/EG für das Recht der geschäftlichen Handlungen gegenüber Verbrauchern („Richtlinie über unlautere Geschäftspraktiken"), §§ 1 bis 4 und 7, sowie der Richtlinie 2006/114/EG für irreführende und vergleichende Werbung, §§ 5 und 6, umgesetzt. Die Kommentierung der Vorauflage war damit in nicht unwesentlichen Teilen zu überarbeiten und ergänzen. Nichts desto trotz müssen auch in der Medienpraxis weniger einschlägigen Normen im notwendigen Umfang, wenngleich auch in der gebotenen Kürze dargestellt werden. Dies ist nicht zuletzt wegen der – wenn auch eingeschränkten – Haftung der Medien für die Verbreitung von Werbung Dritter erforderlich. §§ ohne Gesetzesangaben sind solche des UWG. 2

24. Abschnitt: Trennung von Werbung und Inhalten

A. Allgemeines

3 Verbraucher und übrige Marktteilnehmer bringen den Medien ein besonderes Vertrauen entgegen. Jedermann soll Informationen objektiver Dritter von subjektiven Aussagen werbungstreibender Unternehmen unterscheiden können. Schleichwerbung zu verhindern ist also das Wesen des **Trennungsgebots**, das zum Schutz dieses Vertrauens in die Erkennbarkeit werblicher Äußerungen entwickelt wurde (vgl nur BVerfG NJW 2005, 3201 f). Seine Rechtfertigung findet es mithin in der überragenden Bedeutung der Meinungs- und Pressefreiheit für den öffentlichen Meinungsbildungs- und Informationsprozess. Redaktionelle Berichterstattung soll frei von wirtschaftlichen Interessen Dritter erfolgen und so die **publizistische Glaubwürdigkeit der Medien** erhalten. Dies liegt auch im langfristigen Eigeninteresse der Medien. Nur eine glaubwürdige Publikation ist in der Lage, bei werberelevanten Nutzerkreisen eine hohe Akzeptanz zu erfahren, was wiederum Voraussetzung für Erfolg auf dem Anzeigenmarkt ist. Und nur ausreichende Vertriebs- oder Anzeigenerlöse sichern die notwendige wirtschaftliche Unabhängigkeit. Die in Zeiten starken Wettbewerbs um Werbegelder gestiegene Bedeutung des Trennungsgebots zeigt sich beispielhaft in einem sprunghaften Anstieg entsprechender – begründeter – Beschwerden beim Presserat (Pressemitteilung vom 3.12.2010: von 15 ausgesprochenen Rügen betrafen 14 eine Verletzung des Trennungsgebotes). Neben den reinen presse- und verfassungsrechtlichen Argumenten ist es aber auch aus originär wettbewerbsrechtlicher Sicht unvertretbar, den Mediennutzer durch die Verschleierung von Werbung zu täuschen und damit irrezuführen (vgl *Rath-Glawatz/Engels/Dietrich*, Recht der Anzeige, Rn 369).

B. Normierung

4 Das Trennungsgebot ist vielfach normiert. Seine gesetzliche Grundlage für die periodische Presse findet sich in den **Landespressegesetzen** identisch (in Hamburg § 10 LPresseG, vgl 67. Abschnitt Rn 66). Im Pressebereich treten ergänzend hinzu die Richtlinien des **Zentralverbandes der deutschen Werbewirtschaft (ZAW)** für redaktionell gestaltete Anzeigen (zu finden zB unter www.vdz.de) sowie die Vorgaben des **Deutschen Presserats** in Ziffer 7 des Pressekodex:

Ziffer 7

Die Verantwortung der Presse gegenüber der Öffentlichkeit gebietet, dass redaktionelle Veröffentlichungen nicht durch private oder geschäftliche Interessen Dritter oder durch persönliche wirtschaftliche Interessen der Journalistinnen und Journalisten beeinflusst werden. Verleger und Redakteure wehren derartige Versuche ab und achten auf eine klare Trennung zwischen redaktionellem Text und Veröffentlichungen zu werblichen Zwecken.

5 Für den **Fernsehbereich** ist dies unter anderem geregelt in den §§ 7 und 8 des Rundfunkstaatsvertrags (s. 28. Abschnitt). Schließlich gilt für **redaktionelle Online-Angebote** seit dem 1. März 2007 § 58 Rundfunkstaatsvertrag (s. 30. Abschnitt). In diesem Abschnitt sollen nur die Auswirkungen im Pressebereich dargestellt werden.

6 All die genannten Normen sind **ordnungsrechtlicher Natur** und stellen zunächst keine wettbewerbsrechtlichen Vorschriften dar. Ein Verstoß gegen die relevanten Regelungen der Landespressegesetze führt aber freilich regelmäßig zur Unlauterkeit nach § 4 Nr. 11, vgl 25. Abschnitt Rn 162. Der **allgemeine wettbewerbsrechtliche Tatbestand** des Verbots der Schleichwerbung findet sich – auch für Bereiche außerhalb der Medien – in **§§ 3, 4 Nr. 3** sowie mittlerweile ergänzend auch in Nr. 11 des Anhangs zu § 3 Abs. 3.

§ 4 UWG Beispiele unlauterer geschäftlicher Handlungen

Unlauter handelt insbesondere, wer

...

3. den Werbecharakter von geschäftlichen Handlungen verschleiert;

...

und

Anhang zu § 3 Abs. 3 UWG

Unzulässige geschäftliche Handlungen im Sinne des § 3 Abs. 3 sind

...

11. der vom Unternehmer finanzierte Einsatz redaktioneller Inhalte zu Zwecken der Verkaufsförderung, ohne dass sich dieser Zusammenhang aus dem Inhalt oder aus der Art der optischen oder akustischen Darstellung eindeutig ergibt (als Information getarnte Werbung);

...

Die anderen erwähnten Normen und Regelungen (LPG, ZAW-Richtlinien, Pressekodex) sind dann zur **Ausfüllung dieses allgemein gehaltenen wettbewerbsrechtlichen Tatbestands des Verbots der Schleichwerbung** heranzuziehen (BVerfG NJW 2003, 277 ff – Veröffentlichung von Anwalts-Ranglisten; *Rath-Glawatz/Engels/Dietrich*, Recht der Anzeige, Rn 385). 7

C. Voraussetzungen

Gem. § 4 Nr. 3 handelt unlauter, wer den Werbecharakter von geschäftlichen Handlungen verschleiert. 8
Diese Bezeichnung passt den bisher verwendeten Begriff der Wettbewerbshandlung lediglich terminologisch richtlinienkonform an, zur Definition s. 25. Abschnitt § 2 Abs. 1 Nr. 1. Im Rahmen redaktioneller Tätigkeit liegt ein solches unlauteres Verhalten vor, wenn das äußere Erscheinungsbild der Berichterstattung so gestaltet wird, dass der Medienkonsument nicht klar erkennen kann, dass diese Berichterstattung werbliche Elemente enthält. Denn der Verkehr misst einem redaktionellen Beitrag als einer objektiven Meinungsäußerung oder als Berichterstattung einer neutralen Redaktion größere Bedeutung bei und steht dieser unkritischer gegenüber als den werbenden Behauptungen von Anzeigenkunden (BGH NJW 1981, 2573 f – Getarnte Werbung I). Es darf deshalb bei einer redaktionellen Berichterstattung **weder über das „ob"**, also das Vorhandensein einer Entscheidung über die Veröffentlichung allein durch die Redaktion, **noch über das „wie"**, also die gebotene Objektivität einer Veröffentlichung, **getäuscht werden** (*Harte/Henning/Frank*, UWG § 4 Rn 16). Dabei sind auch wertende Einschätzungen und Prognosen der Folgen einer versteckten Werbung zu berücksichtigen, insbesondere für die Merkmale der sachlich-objektiven Unterrichtung, der Werbewirkung und deren Übermaß beziehungsweise Einseitigkeit (BVerfG NJW 2003, 277 ff – Veröffentlichung von Anwalts-Ranglisten). Die Präzisierungen in Nr. 11 des Anhangs zu § 3 Abs. 3 werden durch die bisher schon einschlägigen **Fallgruppen** ebenfalls abgebildet:

I. Vortäuschen eines redaktionellen Beitrags

Hier knüpft der Vorwurf der Unlauterkeit daran an, dass der Leser irrtümlicherweise davon ausgeht, 9
es handele sich um einen **Beitrag der Redaktion**, obwohl diese tatsächlich inhaltlich gänzlich oder zumindest im Wesentlichen **an der Erstellung unbeteiligt** war. Dies wird entweder der Fall sein bei besonders gestalteten Inseraten im nicht-redaktionellen Bereich oder bei Texten im redaktionellen Bereich, die aber nicht von der Redaktion selbst verfasst sind.

1. Getarnte Anzeigen. In der Regel sind bezahlte Anzeigen als solche aufgrund ihres optischen Ge- 10
samteindrucks und ihrer inhaltlichen Gestaltung für jedermann, sogar den flüchtigen Leser, erkennbar. Zwar kann dies im Einzelfall aufgrund der inhaltlichen Ausrichtung der Publikation, beispielsweise bei Modemagazinen, deshalb schwierig sein, weil sowohl die redaktionellen Beiträge als auch die zielgruppenspezifische Werbung sich einer ähnlichen Bildsprache bedienen. Trotzdem werden in diesen Fällen die angesprochenen verständigen Leserkreise, die dies gewohnt sind, üblicherweise nicht getäuscht. Problematisch sind vielmehr die Fälle, in denen nicht der redaktionelle Teil in einer Werbe-

ästhetik, sondern umgekehrt die **Anzeige wie ein redaktioneller Beitrag** gestaltet ist. Dies ist als solches unproblematisch zulässig und wird in der Regel durch die konkrete Aufmachung erfolgen. Es ist dann aber im Einzelfall zu prüfen, ob die Gestaltung der Anzeige sich von der publikationsüblichen Gestaltung des redaktionellen Teils so stark absetzt, dass eine Irreführung nicht vorliegt. Wenn dies nicht der Fall ist, ist zur Vermeidung der Irreführung die Werbeschaltung als solche gesondert zu **kennzeichnen**, was in der Regel, aber nicht notwendigerweise durch die Hinzufügung des ausreichend deutlichen Hinweises **„Anzeige"** erfolgen wird (*Köhler/Bornkamm/Köhler*, § 4 Rn 3.21 f). Es sind jedoch auch andere **vergleichbare unmissverständliche Hinweise** denkbar wie beispielsweise „Werbeinformation" (BGH GRUR 1996, 791 ff – Editorial II). Nicht ausreichend sind dagegen unklare Bezeichnungen wie „PR-Mitteilung" (OLG Düsseldorf WRP 1972, 145 ff), „PR-Anzeige" (OLG Düsseldorf GRUR 1979, 165 f), „Wirtschaftsanzeigen – public relations" (BGH NJW 1974, 1141 f – Wirtschaftsanzeigen Public Relations), „Sonderveröffentlichung" (LG München WRP 2006, 775 ff; aA *Rath-Glawatz/Engels/Dietrich*, Recht der Anzeige, Rn 353 für „Verlagssonderveröffentlichung") oder die sonstigen in Ziff. 8 der ZAW-Richtlinien genannten Begriffe. Im Einzelfall kann es auch auf die angesprochenen **Verkehrskreise** ankommen (OLG Frankfurt GRUR-RR 2010, 173 für Kinder; OLG Karlsruhe GRUR-RR 2010, 245 für flüchtige Leser eines Anzeigenmagazins).

11 Ob eine besondere **Kennzeichnungspflicht** besteht, wird sich erst im Einzelfall aus dem konkreten Vergleich der Anzeige mit dem redaktionellen Teil der Publikation ergeben. Als Indizien hierfür werden zunächst die **optische Gestaltung, insbesondere das Layout, das Schriftbild und die Kombination Text/Bild** heranzuziehen sein. Zeigt sich danach, dass Schriftgröße und -type – insbesondere auch für Überschriften –, Spaltenbreite des Textes und die Einbindung von Fotos die Anzeige wie eine typische redaktionelle Seite erscheinen lassen, besteht eine Kennzeichnungspflicht. Nach etwas zu weitgehender Ansicht des LG Stuttgart (WRP 2006, 773 ff) soll in solchen Fällen aber selbst die pauschale Kennzeichnung durch das Wort „Anzeige" nicht genügen, wenn sich die Anzeige nahtlos in den vorhergehenden und folgenden redaktionellen Teil einfügt. Richtigerweise wird dies vielmehr von der konkreten Gestaltung und Platzierung des Wortes „Anzeige" abhängen. So kann einmal eine sehr geringe Schriftgröße ausreichen (OLG Jena MD 2009, 808 ff), eine zusätzliche undeutliche Schrift (OLG München WRP 2010, 161) oder eine untypische Einrahmung im Einzelfall dagegen nicht helfen (OLG Hamm AfP 1992, 274 f – Freizeitspaß für jedermann). Allerdings ist zutreffend, dass die **Anordnung** der Anzeige innerhalb der Publikation durchaus eine Rolle spielt. So kann die Kennzeichnungspflicht auch deshalb entfallen, weil die Anzeige innerhalb eines umfangreichen Werbeblocks mit vielen Seiten voller Anzeigen abgedruckt wird und sich aus dem Gesamtzusammenhang ergibt, dass bezahlte Werbung vorliegt (LG Köln AfP 1982, 236). Andererseits reicht es in Zeiten, in denen sowohl redaktionelle als auch werbliche Beilagen üblich sind, nicht aus, wenn in einer als „Erkältungsspezial" bezeichneten heftartigen, redaktionell aufgemachten Werbebeilage ein einmaliger, nicht besonders deutlicher Hinweis „Anzeige" abgedruckt wird (LG Hamburg MD 2005, 1008, 1011). Dagegen muss eine als typischer Umhefter („Flappe") zum Titelblatt einer Zeitschrift gestaltete Anzeige, die auf eine Anzeige auf der Rückseite der Zeitschrift verweist, nicht gekennzeichnet werden, wenn der Werbecharakter der gesamten Werbung unverkennbar ist und bei einer Kenntnisnahme nur des Umhefters deren isolierter Inhalt keine Verkaufsförderung bewirkt (BGH Urt. v. 1.7.2010, I ZR 161/09 – Flappe). Auch kann eine auffallend **reklamehafte Sprache** der Anzeige dazu führen, dass sie bereits auf „den ersten Blick" als bezahlte Werbung erkennbar ist (*Rath-Glawatz/Engels/Dietrich*, Recht der Anzeige, Rn 351). Wer sich mit seinem redaktionellen Inhalt gezielt an Kinder oder Jugendliche richtet, muss wegen der begrenzten Kritikfähigkeit von Kindern und Jugendlichen in besonderem Maße für eine erkennbare Trennung von redaktionellem Inhalt und Werbung sorgen (OLG Frankfurt WRP 2010, 156 ff).

12 Die Kennzeichnungspflicht korreliert im Übrigen mit einem **Kennzeichnungsrecht**. Ein Verlag, der einen redaktionellen Beitrag unzutreffend als „Anzeige" bezeichnet, handelt unlauter, da dies geeignet ist, im umkämpften Anzeigenmarkt zu Unrecht als bevorzugtes Werbemedium zu gelten (KG AfP 1995, 656 ff).

13 **2. Übernahme von Beiträgen werbender Dritter.** In diesen Fällen wird der Leser darüber getäuscht, dass der Inhalt eines redaktionellen Beitrags in Wahrheit gar **nicht aus der Feder der Redaktion stammt, sondern in der Regel vom beschriebenen Unternehmen zur Verfügung gestellt wurde.** Denn dadurch wird die berechtigte Erwartung des Lesers, wonach redaktionellen Beiträgen eigene Recherchen der Redaktion zugrunde liegen, enttäuscht (BGH GRUR 1997, 914 ff – Die Besten II). Allerdings ist die wortgleiche Übernahme einer PR-Information ohne Hinweis auf die Urheberschaft per se nicht unzu-

lässig, wenn die Darstellung nur **sachlich zutreffend** ist und **keine unsachliche werbemäßige Herausstellung** enthält (BGH AfP 1993, 566 f – Produktinformation I; BGH AfP 1993, 567 ff – Faltenglätter). In Grenzfällen kann aber auch schon das Unterlassen des Mindestmaßes an journalistischer Tätigkeit, nämlich die Bearbeitung der Presseinformation der Unternehmen, Anknüpfungspunkt für die Unlauterkeit sein (BGH GRUR 1998, 481 ff – Auto '94).

II. Vortäuschen einer neutralen Berichterstattung

In dieser auch „**redaktionelle Hinweise**" genannten Fallgruppe begründet sich die Unlauterkeit damit, dass eine positive (Produkt-)Berichterstattung entweder durch Beeinflussung überhaupt erst veröffentlicht wird oder so positiv ausfällt, dass von objektiver sachlicher Berichterstattung nicht mehr ausgegangen werden kann. 14

1. Vortäuschen von Unabhängigkeit trotz Gegenleistung. Wie dargestellt muss die wortgleiche Übernahme einer PR-Information alleine noch nicht zwingend unlauter sein. Trotz richtigen Inhalts und sachlicher Darstellung wird sie es aber dann, wenn dies **im Rahmen einer Geschäftsbeziehung**, insbesondere neben einem **Anzeigenauftrag**, stattfindet. Denn die Lebenserfahrung spreche dagegen, dass in solchen Fällen die Entscheidung, ob die Werbeinformation veröffentlicht wird oder nicht, unbeeinflusst und allein aus redaktionellen Gründen erfolgt (BGH NJW 1981, 2573 f – Getarnte Werbung I). Vielmehr liege es nahe, dass den Wünschen und Anregungen von Anzeigenkunden, die natürlich nicht verärgert werden sollen, mit größerem Wohlwollen begegnet wird als sonstigen Dritten. Dieser Auffassung kann so pauschal nicht gefolgt werden, vielmehr ist im Einzelfall auch aufgrund des sonst beim betreffenden Presseorgan **üblichen redaktionellen Standards** zu untersuchen, ob eine unzulässige Verknüpfung vorliegt. So wird die „seriöse" Presse jederzeit positiv über ein neues Automodell berichten und trotzdem eine Anzeige des betreffenden Herstellers veröffentlichen dürfen, ohne sich dem Vorwurf der Schleichwerbung auszusetzen. Erst bei einer auffälligen Häufung derartiger Kombinationen wird man eine Unlauterkeitsprüfung vornehmen können. 15

Dies gilt selbstverständlich aber für eigene redaktionelle Beiträge, die inhaltlich gerade **im Hinblick auf entsprechende Aufträge** „freundlich" gestaltet sind. Deshalb stellt die Veröffentlichung eines Gesundheitsmagazins, in dessen redaktionellen Beiträgen fast ausschließlich über Produkte eines in einer Pressemitteilung als ‚exklusiver Werbepartner' bezeichneten Arzneimittelherstellers berichtet wird und das fast ausschließlich mit dessen Werbeanzeigen gefüllt ist, einen Verstoß gegen das Trennungsgebot dar (LG München WRP 2006, 284 ff). 16

Es muss zudem nicht zwingend bereits ein Anzeigenauftrag vorliegen. So kann es auch ausreichen, wenn durch Vortäuschung einer neutralen redaktionellen Berichterstattung ein werbender, **auf die Akquisition gerichteter Inhalt** verborgen wird (BVerfG NJW 2003, 277 ff – Veröffentlichung von Anwalts-Ranglisten). Auch können verborgene gesellschaftsrechtliche Abhängigkeiten, schuldrechtliche Kooperationen oder Absatzinteressen für andere Produkte geeignet sein, einen vordergründig objektiven Beitrag in unlauterem Licht erscheinen zu lassen (BGH GRUR 1990, 611 ff – Werbung im Programm). Dagegen kann es trotz Bestehens einer Vertriebskooperation zwischen einem Fernsehsender und dem Verleger einer Programmzeitschrift zulässig sein, den redaktionellen Schwerpunkt auf das Programm dieses Senders zu legen und nicht über die Vertriebskooperation aufzuklären, sofern der Verkehr erkennen kann, dass es sich um eine Art Special-Interest-Zeitschrift für das insoweit vom Sender monopolartig angebotene Programm handelt (OLG Hamburg, AfP 2005, 282 ff – TV Digital). 17

Schließlich spielt auch die Art der Publikation oder die Art des redaktionellen Beitrags eine Rolle. So werden an **Anzeigenblätter oder Kundenzeitschriften** nicht dieselben Anforderungen zu stellen sein wie an Tageszeitungen oder Zeitschriften (BGH GRUR 1997, 907 ff – Emil-Grünbär-Klub), nachdem solche Publikationen in ersten Linie Werbezwecken dienen. Deshalb verstößt ein kostenloses Anzeigenblatt, in dem ein redaktioneller Beitrag gekoppelt mit einer Anzeige erscheint, auch nicht zwingend gegen das Trennungsgebot (OLG Naumburg WRP 2010, 1561 ff). Auch Produkthinweise im Rahmen von Preisrätseln, die zum redaktionellen Teil zu zählen sind (BGH GRUR 1994, 821 ff – Preisrätselgewinnauslobung I), bilden eine besondere Fallgruppe. Bei einer solchen **Preisrätselgewinnauslobung** werden die Gewinne vom Hersteller üblicherweise unentgeltlich zur Verfügung gestellt und von der das Rätsel veranstaltenden Redaktion jedenfalls eher unkritisch beschrieben, was für das Unternehmen einen Werbeeffekt und für den Verlag eine kostengünstige Steigerung der Attraktivität der Publikation mit sich bringt. Dies ist grundsätzlich zulässig, auch die bildliche Darstellung des Gewinns und eine wiederholte Erwähnung des Produktnamens sind unter bestimmen Umständen möglich. Sofern dies 18 allerdings in einer Weise geschieht, bei der die werbliche Herausstellung des Produkts und seiner Eigenschaft optisch und dem Aussagegehalt nach deutlich im Vordergrund steht und beim Leser der Eindruck entsteht, hier habe die Redaktion in einem **vermeintlich objektiven Auswahlverfahren** ein besonders attraktives und kaufenswertes Produkt ausgesucht, so ist dies als getarnte redaktionelle Werbung unlauter (BGH GRUR 1994, 821 ff – Preisrätselgewinnauslobung I; BGH GRUR 1997, 145 ff – Preisrätselgewinnauslobung IV). Auch soll bei **Erwähnung des Herstellers**, insbesondere auch bei mehrfacher Namensnennung sowie der Abbildung des Produkts anzugeben sein, dass die ausgelobten Preise von diesem unentgeltlich zur Verfügung gestellt worden sind (BGH GRUR 1994, 823 ff – Preisrätselgewinnauslobung II; BGH GRUR 1996, 804 ff – Preisrätselgewinnauslobung III).

19 **2. Vortäuschen von Objektivität.** In dieser wohl schwierigsten Fallgruppe liegt eine Unlauterkeit dann vor, wenn der in Wettbewerbsabsicht verfasste Beitrag ein Unternehmen oder seine Produkte **über das durch eine sachliche Information bedingte Maß hinaus, also übermäßig oder zu einseitig werbend darstellt** (*Köhler/Bornkamm/Köhler*, § 4 Rn 3.27). Man muss allerdings auch feststellen, dass es der Wirtschaftsberichterstattung immanent ist, kritisch oder eben lobend über Unternehmen zu berichten. Nicht jede positive Erwähnung eines Unternehmens oder Produktes ist deshalb gleich beanstandenswert (BVerfG NJW 2005, 3201 f). Wenn es sich um „trendige" Produkte handelt, viele Fachjournalisten zur affinen Zielgruppe gehören und diese von den Produkten auch oftmals selbst begeistert sind, fällt die Berichterstattung regelmäßig auffallend positiv bis euphorisch auf. Dies ist aber der Mischung aus Strategie und Produktqualität geschuldet und nicht zu beanstanden. Entscheidend für eine Unlauterkeit ist dagegen ein **werblicher Überschuss ohne sachliche Rechtfertigung** (BGH GRUR 1997, 912 ff – Die Besten I; OLG München ZUM 2006, 425 f), wobei die Rechtsprechung zu dessen Feststellung verschiedene Kriterien entwickelt hat (*Lettl*, UWG Rn 269):

20 a) **Aufmachung.** Sofern der redaktionelle Beitrag den Charakter einer **attraktiv aufgemachten Werbeanzeige** aufweist, kann von einer sachlichen Rechtfertigung nicht ausgegangen werden (BGH GRUR 1997, 139 f – Orangenhaut).

21 b) **Art und Maß der Darstellung.** Der BGH geht regelmäßig von unzulässiger redaktioneller Werbung aus, wenn der Beitrag eine **pauschale Anpreisung** enthält (BGH GRUR 1997, 139 f – Orangenhaut). Gleiches kann bei einer besonderen **optischen Hervorhebung** der Firmenbezeichnung (zB in der Überschrift, BGH GRUR 1998, 489 ff – Unbestimmter Unterlassungsantrag III) oder der Marke (*Köhler/Bornkamm/Köhler*, § 4 Rn 3.27b) gelten sowie in der Regel bei der **Nennung eines Produkts als einziges von mehreren vergleichbaren** (BGH GRUR 1996, 293 ff – Aknemittel; LG München WRP 2006, 284 ff). Allerdings soll dies dann nicht der Fall sein, wenn der ansonsten nicht zu beanstandende Beitrag ein Produkt ohne jede Hervorhebung und ohne Herstellerhinweis insgesamt zurückhaltend erwähnt (BGH GRUR 1997, 541 ff – Produkt-Interview). Sofern zehntausende Konkurrenten auf einem Markt existieren, können diese Grundsätze dann auch auf eine Herausstellung von hunderten einzelner Wettbewerber ausgeweitet werden, sofern kein sachlicher Grund für deren Hervorhebung vorliegt (BGH GRUR 1997, 912 ff – Die Besten I; BGH GRUR 1997, 914 ff – Die Besten II). Neben dem lobenden Herausheben eines Produktes unter vielen vergleichbaren werden auch das Aufstellen von **bewusst unwahren Behauptungen** oder die **unkritische Übernahme von Herstellerangaben** mit übermäßig werbendem Gehalt als wettbewerbswidrige Werbung einzuordnen sein (OLG Köln AfP 2004, 136 ff). Auch kann unzulässige Schleichwerbung vorliegen, wenn der Radio-Moderator am Anfang und am Ende eines redaktionellen Interviews mit einem Unternehmensinhaber das Unternehmen werbemäßig anpreist und ausdrücklich zum Besuch des Unternehmens auffordert (KG GRUR-RR 2005, 320 ff). Zur Schleichwerbung durch Setzen eines Links vgl Erl. in Abschnitt 30, Rn 27.

22 c) **Publizistischer Anlass.** Schließlich spielt es eine Rolle, ob der positiven Berichterstattung ein **publizistischer Anlass, also ein berechtigtes Informationsbedürfnis** der Leser zugrunde liegt. Dies muss gerade im Hinblick auf die Erwähnung des Unternehmens oder seiner Produkte vorliegen (BGH GRUR 1998, 489 ff – Unbestimmter Unterlassungsantrag III). Es sind zahlreiche Konstellationen wie Berichte über Produktinnovationen, Geschäftseröffnungen, Firmenveranstaltungen, Richtfeste und ähnliches vorstellbar, bei denen ein legitimes Interesse, ja sogar geradezu eine Notwendigkeit an der Nennung von Unternehmen oder Produkten besteht. Bei erkennbar **anzeigenunterstützenden** redaktionellen Beiträgen ist dagegen nachvollziehbar nicht von einem Informationsinteresse der Leser, sondern vielmehr von einem wirtschaftlichen Eigeninteresse des Verlags auszugehen (BGH GRUR 2002, 463 ff – Anzeigenplatzierung; BGH GRUR 1998, 471 ff – Modenschau im Salvator-Keller). So ist ein Zeitschriftenbeitrag, der in der Weise zustande kommt, dass das Presseorgan sich ohne publizistischen Anlass

einem Unternehmen andient, um dessen Firmenportrait nach Abstimmung und Genehmigung des vom Presseorgan entworfenen Textes unter Verwendung von **vom Unternehmen zur Verfügung gestellten Fotografien** zu veröffentlichen, unzulässige redaktionelle Werbung (OLG Düsseldorf ZUM-RD 2007, 119 ff). Sofern sich der Verlag den Abdruck (nur) der Fotografien vergüten lassen will, ist ein entsprechender Vertrag nichtig (auch LG Hannover GRUR 2006, 790).

III. Product Placement

Nachdem die Probleme zum „**Product Placement**" überwiegend im Fernseh- und Spielfilmbereich auftreten, sei hier auf den 28. Abschnitt verwiesen. Als grundlegendes Urteil kann die Entscheidung BGH GRUR 1995, 744 ff – Feuer, Eis & Dynamit I gelten, mittlerweile gibt es für den öffentlich-rechtlichen und den privaten Rundfunk in §§ 15 und 44 RStV jedoch eine Reihe von Ausnahmetatbeständen. 23

25. Abschnitt: Lauterkeitsschutz

§ 1 UWG Zweck des Gesetzes

[1]Dieses Gesetz dient dem Schutz der Mitbewerber, der Verbraucherinnen und Verbraucher sowie der sonstigen Marktteilnehmer vor unlauteren geschäftlichen Handlungen. [2]Es schützt zugleich das Interesse der Allgemeinheit an einem unverfälschten Wettbewerb.

A. Allgemeines

§ 1 fasst die unter der Geltung der bis zum 2. Juli 2004 gültigen Fassung des UWG (UWG aF) herrschende Rechtsprechung zum Zweck des UWG zusammen. Im Gegensatz zum UWG aF ist die von der Rechtsprechung (nur BVerfG GRUR 2002, 455 ff – Tier- und Artenschutz; BGH GRUR 2002, 825 ff – Elektroarbeiten) schon lange etablierte „**Schutzzwecktrias**" seit 2004 ausdrücklich kodifiziert. Die Regelungen des Wettbewerbsrechts schützen seitdem auch vom Wortlaut her Mitbewerber, Verbraucher und die Allgemeinheit und zwar jeden selbstständig und gleichrangig nebeneinander. Im Vergleich zu der bis zum 30.12.2008 geltenden Fassung des UWG (UWG 2004) wurde im gesamten UWG der Begriff des (unlauteren) Wettbewerbs durch den der geschäftlichen Handlung ersetzt, die in § 2 Abs. 1 Nr. 1 (vgl dort) definiert ist. 1

B. Schutz der Mitbewerbers

Der Begriff des **Mitbewerbers** ist in § 2 Abs. 1 Nr. 3 (vgl dort) als im Wettbewerb stehender Unternehmer definiert. Der Schutzzweck des § 1 betrifft insoweit die völlige Entfaltungsmöglichkeit als freier Unternehmer in allen Ausprägungen im Horizontalverhältnis gegenüber seinen Mitbewerbern. Jede 2 zum Betrieb gehörende Tätigkeit wie **Einkauf, Herstellung, Forschung, Marketing oder Vertrieb** wird potenziell genauso erfasst wie die betriebliche Organisation beispielsweise in Form des eigenen Personalwesens.

C. Schutz der Verbrauchers und sonstiger Marktteilnehmer

3 § 2 Abs. 2 verweist zur Begriffsbestimmung des **Verbrauchers** auf § 13 BGB. Der Verbraucher soll im Vertikalverhältnis zu Unternehmen sowohl in seiner Entscheidungsfreiheit allgemein wie auch in seiner über richtig einschätz- und zuordenbare Informationen veranlassten Willensbildung geschützt werden.

D. Schutz des Allgemeininteresses

4 Der entsprechende Schutzzweck wird in § 1 definiert als Schutz des **Interesses der Allgemeinheit an einem unverfälschten Wettbewerb**. Zwei Aspekte sind hervorzuheben: So sollen über das UWG nur **marktspezifische Interessen** durchgesetzt werden können, also keine sonstigen (Allgemein)Interessen wie Umweltschutz, Tierschutz, Jugendschutz oder Schutz der Sozialinstitutionen oder der Rechtspflege. Zum anderen soll der freie Wettbewerb als solcher geschützt sein.

§ 2 UWG Definitionen

(1) Im Sinne dieses Gesetzes bedeutet

1. „geschäftliche Handlung" jedes Verhalten einer Person zugunsten des eigenen oder eines fremden Unternehmens vor, bei oder nach einem Geschäftsabschluss, das mit der Förderung des Absatzes oder des Bezugs von Waren oder Dienstleistungen oder mit dem Abschluss oder der Durchführung eines Vertrags über Waren oder Dienstleistungen objektiv zusammenhängt; als Waren gelten auch Grundstücke, als Dienstleistungen auch Rechte und Verpflichtungen;
2. „Marktteilnehmer" neben Mitbewerbern und Verbrauchern alle Personen, die als Anbieter oder Nachfrager von Waren oder Dienstleistungen tätig sind;
3. „Mitbewerber" jeder Unternehmer, der mit einem oder mehreren Unternehmern als Anbieter oder Nachfrager von Waren oder Dienstleistungen in einem konkreten Wettbewerbsverhältnis steht;
4. „Nachricht" jede Information, die zwischen einer endlichen Zahl von Beteiligten über einen öffentlich zugänglichen elektronischen Kommunikationsdienst ausgetauscht oder weitergeleitet wird; dies schließt nicht Informationen ein, die als Teil eines Rundfunkdienstes über ein elektronisches Kommunikationsnetz an die Öffentlichkeit weitergeleitet werden, soweit die Informationen nicht mit dem identifizierbaren Teilnehmer oder Nutzer, der sie erhält, in Verbindung gebracht werden können;
5. „Verhaltenskodex" Vereinbarungen oder Vorschriften über das Verhalten von Unternehmern, zu welchem diese sich in Bezug auf Wirtschaftszweige oder einzelne geschäftliche Handlungen verpflichtet haben, ohne dass sich solche Verpflichtungen aus Gesetzes- oder Verwaltungsvorschriften ergeben;
6. „Unternehmer" jede natürliche oder juristische Person, die geschäftliche Handlungen im Rahmen ihrer gewerblichen, handwerklichen oder beruflichen Tätigkeit vornimmt, und jede Person, die im Namen oder Auftrag einer solchen Person handelt;
7. „fachliche Sorgfalt" der Standard an Fachkenntnissen und Sorgfalt, von dem billigerweise angenommen werden kann, dass ein Unternehmer ihn in seinem Tätigkeitsbereich gegenüber Verbrauchern nach Treu und Glauben unter Berücksichtigung der Marktgepflogenheiten einhält.

(2) Für den Verbraucherbegriff gilt § 13 des Bürgerlichen Gesetzbuchs entsprechend.

A. Allgemeines

5 Der europäischen Regelungstechnik folgend und im Sinne der Rechtsklarheit wurde im reformierten UWG ein **Definitionenkatalog** aufgenommen. Er ist nicht abschließend. Neben dem in § 3 zentral verorteten Begriff der „Lauterkeit" ist der der „geschäftlichen Handlung" in § 2 Abs. 1 Nr. 1 die neue bestimmende Figur des UWG. Nur eine geschäftliche Handlung eröffnet den Anwendungsbereich des UWG und grenzt damit das allgemeine Deliktsrecht – zunächst – aus.

B. Geschäftliche Handlung

Der Begriff der **geschäftlichen Handlung** tritt an die Stelle des „Handelns im geschäftlichen Verkehr" im UWG 2004. Eine geschäftliche Handlung setzt nach Nr. 1 danach voraus: 6

I. Handlung einer Person

Der Begriff der **Handlung** ist weit zu verstehen und umfasst wie im normalen Deliktsrecht sowohl positives wie auch konkludentes Tun sowie ein Unterlassen, sofern eine Rechtspflicht zum Handeln bestand. Die Handlung kann in jeder Form erfolgen (mündlich, schriftlich, ausdrücklich oder konkludent). Als Handlung gelten alle Verhaltensweisen, also auch alle Äußerungen und rechtliche Erklärungen. Es muss eine Handlung einer **Person** vorliegen, bei juristischen Personen ist auf das Handeln der Organe und Angestellten abzustellen. Für eine parallele Eigenhaftung der Organe juristischer Personen ist positive Kenntnis erforderlich, die bei einem Geschäftsführer eines Verlags für redaktionelle Veröffentlichungen ohne zusätzliche Anhaltspunkte nicht vorausgesetzt werden kann (OLG Bremen AfP 2007, 219 f). 7

II. Zugunsten eines Unternehmens

Der sogenannte „**Unternehmensbezug**" der Handlung grenzt rein privates oder hoheitliches Handeln vom Anwendungsbereich des UWG aus. Zum Begriff des Unternehmens siehe Abs. 2. 8

III. Objektiver Zusammenhang

Die Notwendigkeit der Wettbewerbsförderungsabsicht des UWG 2004 wurde zugunsten des Kriteriums des **objektiven Zusammenhangs** mit der Förderung der in § 2 Abs. 1 Nr. 1 genannten Tätigkeiten aufgegeben. Das subjektive Element, eine Handlung müsse „mit dem Ziel" der Absatzförderung vorgenommen werden, ist entfallen, so dass die bisherige Prüfung von objektivem Marktbezug und subjektiver Wettbewerbsförderungsabsicht obsolet geworden ist. 9

Das Verhalten muss lediglich objektiv im Zusammenhang mit der Förderung des eigenen oder fremden Absatzes oder Bezugs oder mit einem Vertrag über Waren oder Dienstleistungen stehen. § 2 Abs. 1 Nr. 1 unterscheidet nicht danach, ob dies zugunsten des eigenen oder eines fremden Unternehmens geschieht oder ob Absatz, Bezug oder ein Vertrag über Waren oder Dienstleistungen betroffen ist. Alle diese Kriterien sind weit auszulegen. So wurde ein objektiver Zusammenhang angenommen bei der Ankündigung der Vereinbarung eines Gewährleistungsausschlusses (BGH WRP 2010, 1475 ff – Gewährleistungsausschluss im Internet) und bei Äußerungen über einen Mitbewerber in einem E-Mail-Newsletter (OLG Köln GRUR-RR 2010, 219). Bei einzelnen Äußerungen soll es dagegen auf die Person des Empfängers ankommen (OLG Karlsruhe GRUR-RR 2010, 47; KG Berlin AfP 2010, 480). Nunmehr ist auch gesetzlich normiert, dass der Begriff der **Waren** nicht nur bewegliche Sachen, sondern auch Grundstücke und der der **Dienstleistungen** auch alle Arten von Rechten, insbesondere auch Immaterialgüterrechte, umfasst. 10

Ein objektiver Zusammenhang liegt auch nach der neuen Rechtslage nicht vor bei reinem privatem, betriebs- oder behördeninternem oder hoheitlichem Handeln, bei allen Formen ideeller Aktivität wie sozialpolitischer Tätigkeit, Spendenwerbung, Mitgliederwerbung und -betreuung von Vereinen, Verbänden oder Gewerkschaften. Im Gegensatz zur alten Rechtslage liegt bei der **Abwicklung, Durchsetzung oder Verletzung von Verträgen** nunmehr allerdings eine geschäftliche Handlung vor, vgl auch Rn 15. 11

Die Rechtslage bleibt für den **Schutzbereich des Art. 5 Abs. 1 Satz 2 GG** unverändert. Die bisherige grundsätzliche Vermutung, dass die **Berichterstattung von Medienunternehmen im Rahmen ihrer redaktionellen Tätigkeit das Ziel verfolgt, die Öffentlichkeit über Vorgänge von allgemeinem Interesse zu unterrichten** (BGH GRUR 1995, 270 ff – Dubioses Geschäftsgebaren), bleibt bestehen. Deshalb fehlte es bei der Veröffentlichung von Anwaltsranglisten schon unter der Geltung des bisherigen UWG (aF und 2004) an der Absicht des Verlags, den Wettbewerb der in den **Ranglisten** angeführten Rechtsanwälte zu fördern, sofern die konkrete Art der Aufmachung unter Berücksichtigung der erläuternden Hinweise keine übermäßig anpreisende Darstellung enthält, die den Boden sachlicher Information verlässt (BGH AfP 2006, 460 ff – Rechtsanwalts-Ranglisten). Sofern die redaktionelle Veröffentlichung einer solchen Rangliste jedoch eine übermäßig werbende Anpreisung darstellt, der keine aussagekräf- 12 tigen Beurteilungskriterien zugrunde liegen, handelt das Presseorgan in der Absicht, den Wettbewerb der gelisteten Rechtsanwälte zu fördern (BGH GRUR 1997, 914 ff – Die Besten II; für Ärztelisten BGH GRUR 1997, 912 ff – Die Besten I). Nach neuer Rechtslage wird man zu formulieren haben, dass bei der redaktionellen Veröffentlichung damit ein objektiver Zusammenhang zwischen (geschäftlicher) Handlung und Absatzförderung fehlt (für Ranglisten: LG München I VuR 2010, 116). Auch für die folgenden Entscheidungen wird man die Notwendigkeit der Wettbewerbsförderungsabsicht durch die Notwendigkeit eines objektiven Zusammenhangs ersetzen können. Insofern gilt Vergleichbares grundsätzlich für die Veröffentlichung vergleichender **Warentests**, die weiterhin dann zulässig sind, solange damit keine klare und deutliche Irreführung der Leser verbunden ist (OLG Frankfurt GRUR-RR 2007, 16 ff – ÖKO-Test). Auch das in der Vergangenheit begründete Vorliegen eines negativen Spannungsverhältnisses zwischen einer Zeitschrift und dem im Zentrum neuer **kritischer Berichterstattung** stehenden Unternehmen begründet per se noch keine Wettbewerbsabsicht (OLG Hamm AfP 1992, 379 ff; OLG Nürnberg Urt. v. 26.2.2008 – 3 U 2099/07). Nur wenn positiv nachgewiesen wird, dass eine Wettbewerbsförderungsabsicht ausschlaggebendes Motiv für eine Veröffentlichung war und eine **größere als nur notwendig begleitende Rolle** gespielt hat (BGH GRUR 1995, 270 ff – Dubioses Geschäftsgebaren; BGH GRUR 2002, 987 ff – Wir Schuldenmacher), kann von einer eine Lauterkeitsprüfung eröffnenden Wettbewerbshandlung ausgegangen werden. Dieses Privileg gilt mangels redaktionellem Handeln selbstverständlich nicht für das marktübliche Werben um Abonnenten oder Anzeigenkunden.

13 Liegt bei der Berichterstattung über fremde Waren oder Unternehmen nun regelmäßig offensichtlich kein objektiver Zusammenhang zur Förderung fremden Wettbewerbs vor, so gilt dies grundsätzlich auch für eine Berichterstattung über die eigenen Wettbewerber (sog. **„Pressefehde"**). Zwar kann möglicherweise tatsächlich der Absatz der Produkte des Wettbewerbers betroffen sein, für die Feststellung eines objektiven Zusammenhangs und damit einer geschäftlichen Handlung reicht eine bloße redaktionelle Berichterstattung, die Inhalt, Methodik oder Stil der Berichterstattung eines Wettbewerbers zum Inhalt hat, jedoch regelmäßig nicht aus (so zur alten Rechtslage BGHZ NJW 1966, 1617 ff – Höllenfeuer; OLG Köln AfP 1993, 657 ff). Dies gilt sogar dann, wenn sich in herabwürdigender Weise mit dem Wettbewerber befasst wird, sofern ein besonderes öffentliches Interesse an einer Berichterstattung über das Verhältnis der Wettbewerber besteht (LG München I AfP 1997, 828 ff – Pressefehde). Das einer Kritik am Wettbewerber regelmäßig immanente Erhoffen auch eines wirtschaftlichen Vorteils ist ebenfalls unschädlich, sofern der Wettbewerber nicht erkennbar pauschal herabgesetzt wird und die bloße Meinungskundgabe dahinter zurücktritt (OLG Hamburg NJW 1996, 1002 ff – Schmuddelsender).

IV. Zeitpunkt der geschäftlichen Handlung

14 Im Gegensatz zur bisherigen Rechtslage entfällt im Hinblick auf Verträge eine zeitliche Differenzierung. So fallen nunmehr auch geschäftliche Handlungen **vor, während und vor allem auch nach Geschäftsabschluss** in den Anwendungsbereich des UWG (*Berlit*, Wettbewerbsrecht I. Rn 2). Hierzu gehören also auch die Fälle einer Nicht- oder Schlechterfüllung vertraglicher Pflichten oder der Abwicklung von Vertragsverhältnissen (OLG München WRP 2010, 295 ff).

C. Marktteilnehmer

15 Der zusätzliche Begriff des **Marktteilnehmers** wird in §§ 1, 3, 4 Nrn. 1 und 11 sowie in § 7 Abs. 1 verwendet und dient primär dazu, sicherzustellen, dass der Lauterkeitsschutz im Vertikalverhältnis auch auf Abnehmer oder Anbieter von Waren oder Dienstleistungen ausgedehnt wird, die gewerblich handeln und damit keine Verbraucher iSv § 2 Abs. 2 iVm § 13 BGB sind. Er umfasst in diesem Zusammenhang also Unternehmen, fiskalisch handelnde Behörden, Stiftungen, Verbände oder sonstige Organisationen.

D. Mitbewerber

16 Nach § 2 Abs. 1 Nr. 3 ist **Mitbewerber** jeder Unternehmer, der zu anderen Unternehmern in einem konkreten Wettbewerbsverhältnis steht. Wegen des Begriffs des Unternehmers siehe Abs. 2. Entscheidend für die Qualifikation als Mitbewerber ist die Feststellung eines **konkreten Wettbewerbsverhältnisses.**

I. Bedeutung

Relevanz hat das Vorliegen eines konkreten Wettbewerbsverhältnisses vor allem auch bei der **Aktivlegitimation** für die Geltendmachung von lauterkeitsrechtlichen Ansprüchen. Nur wenn diese gegeben ist, liegt eine Anspruchsberechtigung nach § 8 Abs. 3 Nr. 1 vor. 17

II. Wettbewerbsverhältnis

Der Regelfall des **konkreten (unmittelbaren) Wettbewerbsverhältnisses** liegt nach der klassischen Definition dann vor, wenn zwischen den Vorteilen, die jemand durch eine Maßnahme für sein Unternehmen oder das eines Dritten zu erreichen sucht, und den Nachteilen, die ein anderer dadurch erleidet, eine **Wechselbeziehung in dem Sinne besteht, dass der eigene Wettbewerb gefördert und der fremde Wettbewerb beeinträchtigt** werden kann. Eine nur geringe Wahrscheinlichkeit, dass eine solche Beeinträchtigung lauterkeitsrechtlich schützenswerter Interessen eintreten kann, reicht allerdings nicht aus. Sie kann aber immer dann angenommen werden, wenn beide Unternehmen regelmäßig auf demselben **sachlichen, räumlichen und zeitlichen Markt** als Anbieter oder Abnehmer tätig sind, wobei bloße Berührungen schon ausreichen. 18

Bei Werbung in einem nur **regional verbreiteten Medienprodukt** wird die Reichweite regelmäßig den **räumlich relevanten Markt** für das beworbene Produkt abgrenzen. Dies ist jedoch genauso wenig zwingend und mithin einzelfallabhängig wie die Frage des vermuteten Wettbewerbsverhältnisses von Werbungstreibenden in überregionalen Medien. So wird die Werbung eines Immobilienmaklers aus München für Immobilien in München in einer bundesweit erscheinenden Zeitung einen Berliner Konkurrenten nicht behindern, wenn dieser nur auf dem Berliner Markt tätig ist (BGH GRUR 2001, 260 ff – Vielfachabmahner). Andererseits wird bei Verbreitungsgebieten von Medien bei Überschneidungen im Grenzgebiet insbesondere im Hinblick auf Anzeigenkunden regelmäßig ein großzügiger Maßstab anzulegen sein (BGH WRP 1998, 42 ff – Unbestimmter Unterlassungsantrag III). 19

Ein **besonderes („ad hoc"-) Wettbewerbsverhältnis** (oder auch konkretes mittelbares Wettbewerbsverhältnis) liegt vor, wenn zwei an sich üblicherweise nicht konkurrierende Unternehmen ausnahmsweise durch eine bestimmte Handlung für einen bestimmten Zeitraum in eine **wettbewerblich verdichtete Sonderbeziehung** eintreten. Dies gilt insbesondere dann, wenn durch die Wettbewerbshandlung konkret auf den Wettbewerber oder dessen Produkte Bezug genommen wird. So kann das Aufzeigen einer **ernsthaften Substitutionsmöglichkeit** zwischen den eigenen Produkten und denen des Wettbewerbers ein Wettbewerbsverhältnis begründen (für Werbeaussagen bejaht bei – Statt Blumen ONKO-Kaffee, BGH GRUR 1972, 553 ff, verneint bei „Um Geld zu vermehren, empfehlen wir ein anderes Papier" in einer Werbung für eine Zeitschrift, BGH GRUR 2002, 828 ff – Lottoschein). Ein Wettbewerbsverhältnis wurde ebenfalls angenommen bei einem Fernsehsender, der **in einer Sendung Rechtsauskünfte** erteilt im Verhältnis zu im Sendegebiet ansässigen Rechtsanwälten (BGH GRUR 2002, 987 ff – Wir Schuldenmacher) sowie zwischen einem Fernsehsender und einem Hersteller von Geräten, die Werbeinseln ausblenden können (BGH GRUR 2004, 877 ff – Werbeblocker). 20

E. Nachricht

Sofern § 2 Abs. 1 Nr. 4 von einem elektronischen Kommunikationsdienst spricht, werden damit neben **Sprachtelefonen** im Wesentlichen **Faxgeräte, E-Mail und SMS** umfasst. Die Definition der Nachricht wurde im Hinblick auf § 7 Abs. 2 Nr. 4 aufgenommen. 21

F. Verhaltenskodex

Der in § 2 Abs. 1 Nr. 5 genannte Begriff des Verhaltenskodex ist neu im UWG eingeführt, geht zurück auf den Wortlaut des Art. 2f der Richtlinie über unlautere Geschäftspraktiken und ist entsprechend auszulegen. Verhaltenskodizes sollen die *berufliche Sorgfalt einer Wirtschaftsbranche* regeln (*Matutis*, UWG § 2 Rn 12). So handelt es sich bei den ZAW-Richtlinien für redaktionell gestaltete Anzeigen (vgl 24. Abschnitt Rn 4) um einen solchen anerkannten Verhaltenskodex (*Berlit*, Wettbewerbsrecht, I. Rn 14). 22

G. Unternehmer

23 Der Begriff des Unternehmers wird nun nicht mehr über **§ 14 BGB**, sondern gem. des etwas weiteren Art. 2 b der Richtlinie über unlautere Geschäftspraktiken definiert. Entscheidend ist dabei nicht die Rechtsform des Unternehmens, sondern dessen tatsächliche Stellung im Wettbewerb. Erforderlich ist für die Unternehmereigenschaft deshalb lediglich, dass die geschäftliche Handlung im Rahmen der gewerblichen, handwerklichen oder beruflichen Tätigkeit vorgenommen wird.

H. Fachliche Sorgfalt

24 § 2 Abs. 1 Nr. 7 übernimmt schließlich auch den Begriff der fachlichen Sorgfalt aus Art. 2 h der Richtlinie über unlautere Geschäftspraktiken. Maßstab ist der **Standard an Fachkenntnissen** und die Sorgfalt, deren Einhaltung ihm gegenüber jeder Verbraucher billigerweise erwarten kann. Dies entspricht im Wesentlichen der „Sorgfalt eines ordentlichen Kaufmanns" in § 347 Abs. 1 HGB (*Köhler*, GRUR 2010, 767, 773).

I. Verbraucher

25 Nach § 2 Abs. 2 bestimmt sich der Begriff des **Verbrauchers** nach § 13 BGB.

I. Bedeutung und Begriff

26 Wegen des in § 13 normierten Abstellens auf den Abschluss von Rechtsgeschäften – der in den für das UWG relevanten Sachverhalten aber oft nicht vorausgesetzt wird – ist zur Begründung der **Verbraucheigenschaft** auf den **Zweck des Handelns** abzustellen. Verbraucher ist danach jede natürliche Person, die zu Zwecken handelt, die weder ihrer gewerblichen noch ihrer selbstständigen beruflichen Tätigkeit zugerechnet werden können (*Lettl*, UWG Rn 34). Auch ein Unternehmer, der ein privates Rechtsgeschäft abschließt, ist daher Verbraucher. Geschützt werden soll seine Entscheidungsfreiheit.

II. Verbraucherleitbild

27 Entgegen des Verbraucherleitbilds des alten UWG, wonach der flüchtige und unkritische Verbraucher geschützt wurde, gilt seit dem UWG 2004 das gemeinschaftlich einheitlich anzuwendende Verbraucherleitbild, wie es auch bei der Beschreibung der Verbraucherkreise in § 3 Abs. 2 vorausgesetzt wird. Es ist auf den **durchschnittlich informierten, aufmerksamen und verständigen Durchschnittsverbraucher** abzustellen, wobei die jüngst gelegentlich vorgenommene Substitution von „durchschnittlich" durch „normal" oder „angemessen" inhaltlich dasselbe ist. Entscheidend ist stets eine zielgruppenabhängige Einzelfallbetrachtung. In jedem Fall darf aber von einem vernünftig kritischen Verbraucher ausgegangen werden, der im Hinblick auf Marktentwicklungen auch eine **Bereitschaft zum Lernen und Umdenken** besitzt. Dieses neue Verbraucherleitbild ist von enormer Bedeutung und ist auch Grund für viele jüngere Entscheidungen, die von der bisherigen Rechtsprechung abweichen.

§ 3 UWG Verbot unlauterer geschäftlicher Handlungen

(1) Unlautere geschäftliche Handlungen sind unzulässig, wenn sie geeignet sind, die Interessen von Mitbewerbern, Verbrauchern oder sonstigen Marktteilnehmern spürbar zu beeinträchtigen.

(2) [1]Geschäftliche Handlungen gegenüber Verbrauchern sind jedenfalls dann unzulässig, wenn sie nicht der für den Unternehmer geltenden fachlichen Sorgfalt entsprechen und dazu geeignet sind, die Fähigkeit des Verbrauchers, sich auf Grund von Informationen zu entscheiden, spürbar zu beeinträchtigen und ihn damit zu einer geschäftlichen Entscheidung zu veranlassen, die er andernfalls nicht getroffen hätte. [2]Dabei ist auf den durchschnittlichen Verbraucher oder, wenn sich die geschäftliche Handlung an eine bestimmte Gruppe von Verbrauchern wendet, auf ein durchschnittliches Mitglied dieser Gruppe abzustellen. [3]Auf die Sicht eines durchschnittlichen Mitglieds einer auf Grund von geistigen oder körperlichen Gebrechen, Alter oder Leichtgläubigkeit besonders schutzbedürftigen und eindeutig identifizierbaren Gruppe von Verbrauchern ist abzustellen, wenn für den Unternehmer vorhersehbar ist, dass seine geschäftliche Handlung nur diese Gruppe betrifft.

(3) Die im Anhang dieses Gesetzes aufgeführten geschäftlichen Handlungen gegenüber Verbrauchern sind stets unzulässig.

A. Allgemeines

28 Die Generalklausel des Abs. 1 enthält das allgemeine Verbot **unlauterer geschäftlicher Handlungen** und hat damit den Bezug auf den als antiquiert empfundenen Begriff der „**guten Sitten**“ des UWG aF – und den Begriff des „unlauteren Wettbewerbs“ des UWG 2004 – abgelöst. Sinn und Zweck ist, das Marktverhalten im Interesse aller Marktteilnehmer an unverfälschtem Wettbewerb zu regeln. Als normierter Ausfluss des Grundsatzes von Treu und Glauben in Gestalt der missbräuchlichen Rechtsausübung findet sich in § 3 zudem eine allgemeine **Spürbarkeitsgrenze**, die die bisherige Bagatellschwelle des UWG 2004 ersetzt.

B. Unlauterkeit

29 **Unterlauter** sind nach der Definition des EuGH **alle Handlungen, die den anständigen Gepflogenheiten in Handel, Gewerbe, Handwerk und selbstständiger beruflicher Tätigkeit zuwiderlaufen.** Geschützt werden soll vor allem das Funktionieren des Leistungswettbewerbs. Der bisher verwendete Begriff des „Anstandsgefühls eines verständigen Durchschnittswettbewerbstreibenden“ oder der verbindliche Bezug auf die Verkehrssitte ist aufgegeben.

30 Die Bestimmung dessen, was unlauter ist, ist mit Ausnahme der im Anhang zu § 3 Abs. 3 aufgeführten, stets unlauteren Fälle geschäftlicher Handlungen (sog. „Schwarze Liste“, vgl Rn 31 ff) einer **Abwägung und Bewertung aller Interessen** vorbehalten. Nicht berücksichtigt werden nach der jetzigen Rechtslage die Folgen des Handelns, diese sind nun im Rahmen der Auswirkung der Beeinträchtigung (sog. „Spürbarkeitsgrenze“, vgl Rn 31) relevant. In der Regel bieten die in §§ 4 bis 7 gelisteten, § 3 konkretisierenden Beispiele und Fallgruppen aber ausreichend Anhaltspunkte zur Bestimmung der Unlauterkeit. Allerdings müssen stets auch sämtliche Voraussetzungen des § 3 erfüllt sein, um eine Unlauterkeit nach §§ 4 bis 7 UWG zu begründen. § 3 stellt in der Praxis einen nur relativ selten alleine einschlägigen Auffangtatbestand dar. Einzige wichtige Ausnahme hiervon bildet die Fallgruppe der auch für die Medien recht relevanten sogenannten **allgemeinen Marktstörung**, die von der Rechtsprechung zu § 1 UWG aF entwickelt, in den Beispielen des § 4 allerdings nicht ausdrücklich erwähnt wurde. Dieses Unterlassen bedeutet nach allgemeiner Auffassung allerdings nicht, dass hieran nicht festzuhalten ist. Vielmehr bleibt es weiterhin der Rechtsprechung vorbehalten, diese Fallgruppe weiterzuentwickeln. Aus Gründen der Übersicht wird sie bei § 4 Nr. 10 behandelt.

C. Eignung zur spürbaren Beeinträchtigung

31 Nach dieser neuen „**Spürbarkeitsgrenze**“ (oder auch Erheblichkeitsgrenze und im UWG 2004 noch Bagatellschwelle) sollen **Eingriffe in den Leistungswettbewerb, die keine wesentliche Beeinflussung des wirtschaftlichen Verhaltens der Marktteilnehmer zur Folge haben, vom Lauterkeitsgebot verschont bleiben.** Die Schwelle ist nach dem Willen des Gesetzgebers nicht zu hoch anzusetzen. Als Kriterium für das Vorliegen einer relevanten Spürbarkeit werden zwar nach wie vor die zur Prüfung der Bagatellgrenze des § 3 UWG 2004 verwendeten Merkmale wie die **Intensität des Eingriffs** in geschützte Interessen bestimmter Marktteilnehmer, aber auch **Häufigkeit und Dauer** der Handlung sowie die Anzahl der von der Handlung **betroffenen Markteilnehmern** oder auch eine feststellbare, nicht unerhebliche Nachahmungsgefahr (OLG Jena GRUR 2006, 246 f) heranzuziehen sein. Ganz relevant kommt es nunmehr aber auch darauf an, ob die **Unlauterkeit das Entscheidungsverhalten des Betroffenen beeinflusst** (*Köhler/Bornkamm/Köhler*, UWG § 3 Rn 122). So können fehlerhafte Mengen- oder Größenangaben, die zwar unlautere Verstöße gegen Preisangaben- oder Einheitenverordnung darstellen, trotzdem mangels Spürbarkeit zulässig sein, wenn der aufgeklärte Verbraucher üblicherweise die richtigen Maße trotzdem erkennt (OLG Hamm K&R 2010, 279; OLG Hamm MMR 2010, 548 f). Im Bereich der Onlinedienstleistungen sollen **fehlende Pflichtangaben im Impressum** das Wirtschaftsverhalten eines Durchschnittsverbrauchers wesentlich beeinflussen und damit unzulässig sein (OLG Hamm K&R 2009, 504 ff), gleiches gilt bei falschen Angabe über die Lieferbarkeit von Waren (LG Hamburg GRUR-RR 2010, 258).

D. Beeinträchtigung von Verbrauchern

32 Nach dem auch „**Verbrauchergeneralklausel**" genannten § 3 Abs. 2 Satz 1 kann eine geschäftliche Handlung bereits dann unlauter sein, wenn § 3 Abs. 1 noch nicht erfüllt ist (*Matutis*, UWG § 3 Rn 15). Sofern diese nicht der fachlichen Sorgfalt eines Unternehmers nach § 2 Abs. 1 Nr. 7 entspricht und zudem dazu geeignet ist, die Fähigkeit des Verbrauchers zur informierten Entscheidung spürbar zu beeinträchtigen und ihn zu Geschäften verleitet, die er sonst nicht gemacht hätte, ist sie unlauter. Es kommt nun also nicht mehr auf die Beeinträchtigung des Wettbewerbs zum Nachteil der Marktteilnehmer, sondern auf die **Beeinträchtigung der Verbraucherinteressen** an. Der Verbraucher soll eine möglichst informierte und damit effektive geschäftliche Entscheidung treffen (*Köhler*, GRUR 2010, 767, 773).

33 Es gilt, wie bei § 2 Abs. 2 bereits ausgeführt, stets die Sicht eines durchschnittlich informierten, situationsadäquat aufmerksamen und verständigen Durchschnittsverbrauchers. Die Bedeutung dieses europäische Verbraucherleitbildes wird in § 3 Abs. 2 Satz 2 und 3 weiter konkretisiert: Maßgeblich ist im allgemeinen der durchschnittliche Verbraucher und im Fall, dass sich die geschäftliche Handlung an eine **bestimmte Gruppe von Verbrauchern** wendet, ein **durchschnittliches Mitglied** dieser Gruppe. Sollte der Unternehmer vorhersehen können, dass es sich dabei um eine **besonders schutzwürdige Gruppe** von Verbrauchern handelt, ist konsequenterweise auf ein durchschnittliches Mitglied dieser Gruppe abzustellen. Wer sich mit seiner Werbung also gezielt an Kinder und Jugendliche wendet, muss deren geschäftliche Unerfahrenheit berücksichtigen, wobei auch für solche Gruppen mittlerweile durchaus ein aufgeklärter Maßstab anzulegen sein kann (vgl BGH GRUR 2006, 161 ff – Zeitschrift mit Sonnenbrille).

E. „Schwarze Liste"

34 § 3 Abs. 3 verweist als Beispielskatalog **stets unzulässiger geschäftlicher Handlungen gegenüber Verbrauchern** auf den neuen Anhang zum UWG, der sog. „**schwarzen Liste**" und setzt damit Art. 5 Abs. 5 der Richtlinie über unlautere Geschäftspraktiken einschließlich des entsprechenden Anhangs um. Es handelt sich dabei um **Verbote ohne Wertungsvorbehalt**, die daher auch ohne Vorliegen einer spürbaren Beeinträchtigung nach § 3 Abs. 1 unlauter sind. Diese klaren Regeln sind deshalb eng auszulegen. Unter den Nrn. 1 bis 24 werden **irreführende** unlautere geschäftliche Handlungen, unter den Nrn. 25 bis 30 **aggressive** unlautere Praktiken beschrieben.

Unzulässige geschäftliche Handlungen im Sinne des § 3 Abs. 3 sind

1. **die unwahre Angabe eines Unternehmers, zu den Unterzeichnern eines Verhaltenskodexes zu gehören;**

35 Durch die Angabe, einen Kodex iSv § 2 Abs. 1 Nr. 5 unterzeichnet zu haben oder auch durch die einen entsprechenden Eindruck erweckende Bezugnahme auf einen solchen Kodex darf der Verbraucher berechtigterweise erwarten, dass der Unternehmer diesen auch einhält. Entscheidend ist also die direkte oder eben indirekte Behauptung, **sich entsprechend eines Kodex zu verhalten.**

2. **die Verwendung von Gütezeichen, Qualitätskennzeichen oder Ähnlichem ohne die erforderliche Genehmigung;**

36 Entscheidend ist allein, ob der Unternehmer ein entsprechendes **Güte- oder Qualitätskennzeichen zum Zeitpunkt der geschäftlichen Handlung autorisiert** verwenden darf. Ob die beworbenen Waren den Vorgaben dann auch entsprechen, ist jedenfalls für ein Verbot nach dieser Nr. 2 des Anhangs irrelevant.

3. **die unwahre Angabe, ein Verhaltenskodex sei von einer öffentlichen oder anderen Stelle gebilligt;**

37 Wird über die **Autorität, die die Billigung** von Regeln der Selbstverpflichtung **durch eine Behörde begründet, getäuscht**, wird der Verbraucher unzulässigerweise über eine wesentliche Eigenschaft des Kodex irregeführt. Unerheblich ist dabei, ob der Kodex überhaupt gebilligt werden könnte oder die genannte Stelle zuständig wäre (*Matutis*, UWG Anhang Rn 10).

4. **die unwahre Angabe, ein Unternehmer, eine von ihm vorgenommene geschäftliche Handlung oder eine Ware oder Dienstleistung sei von einer öffentlichen oder privaten Stelle bestätigt, gebilligt oder**

genehmigt worden, oder die unwahre Angabe, den Bedingungen für die Bestätigung, Billigung oder Genehmigung werde entsprochen;

Hier sind zwei Komplexe unter Verbot gestellt: zum einen die **Irreführung über die Güte der beworbenen Waren**, die durch das Berufen auf eine idR renommierte Institution begründet wird, zum anderen die **Irreführung über ein Vertrauen**, das der Verbraucher **in das Vorliegen der Konformität mit anerkannten Vorgaben** setzt. Die erste Variante betrifft vor allem auch die Fälle des **Ambush Marketing**, mit dem der unzutreffende Eindruck erweckt wird, der Unternehmer sei als offizieller, vom Veranstalter nach dessen ggf strengen Kriterien zugelassener Sponsor tätig. 38

5. **Waren- oder Dienstleistungsangebote im Sinne des § 5a Abs. 3 zu einem bestimmten Preis, wenn der Unternehmer nicht darüber aufklärt, dass er hinreichende Gründe für die Annahme hat, er werde nicht in der Lage sein, diese oder gleichartige Waren oder Dienstleistungen für einen angemessenen Zeitraum in angemessener Menge zum genannten Preis bereitzustellen oder bereitstellen zu lassen (Lockangebote). Ist die Bevorratung kürzer als zwei Tage, obliegt es dem Unternehmer, die Angemessenheit nachzuweisen;**

Dieses in Nr. 5 geregelte Verbot der **Lockvogelangebote** präzisiert das **Irreführungsverbot in Bezug auf die Vorratsmenge.** Kann ein beworbenes Angebot nicht mindestens zwei Tage erfüllt werden, wird die Unlauterkeit zunächst grundsätzlich vermutet. Anknüpfungspunkt für die Unlauterkeit ist dabei die fehlende Aufklärung über eine unzureichende Bevorratung, nicht die unzureichende Bevorratung selbst (BGH GRUR 2011, 340 – Irische Butter). Nr. 5 Satz 2 ermöglicht es dem Unternehmer aber, sich hinsichtlich der **Angemessenheit einer „kurzen" Bevorratung zu exkulpieren.** Nr. 2 entspricht also im Wesentlichen dem § 5 Abs. 5 UWG 2004, die hierzu ergangene Rechtsprechung insbesondere über die Ausnahmefälle (unerwartete hohe Nachfrage, unverschuldete Lieferschwierigkeiten usw.) wird weiterhin gelten. 39

6. **Waren- oder Dienstleistungsangebote im Sinne des § 5a Abs. 3 zu einem bestimmten Preis, wenn der Unternehmer sodann in der Absicht, stattdessen eine andere Ware oder Dienstleistung abzusetzen, eine fehlerhafte Ausführung der Ware oder Dienstleistung vorführt oder sich weigert zu zeigen, was er beworben hat, oder sich weigert, Bestellungen dafür anzunehmen oder die beworbene Leistung innerhalb einer vertretbaren Zeit zu erbringen;**

Eine Unlauterkeit nach Nr. 6 ist darin begründet, dass der Unternehmer **von vornherein andere als die beworbenen Waren oder Dienstleistungen** verkaufen wollte und den Verbraucher durch diese Täuschung **angelockt** hat. Der Unternehmer muss entsprechend zielgerichtet vorgegangen sein. Ob es sich um bei den beworbenen Waren um Sonderangebote gehandelt hat oder nicht ist irrelevant. 40

7. **die unwahre Angabe, bestimmte Waren oder Dienstleistungen seien allgemein oder zu bestimmten Bedingungen nur für einen sehr begrenzten Zeitraum verfügbar, um den Verbraucher zu einer sofortigen geschäftlichen Entscheidung zu veranlassen, ohne dass dieser Zeit und Gelegenheit hat, sich aufgrund von Informationen zu entscheiden;**

Der Grund der absoluten Unlauterkeit nach Nr. 7 liegt darin, dass durch das Vortäuschen eines nicht bestehenden Zeitdrucks beim Verbraucher ein **psychologischer Kaufzwang** hervorgerufen wird. Es darf hierfür objektiv die behauptete oder suggerierte enge zeitliche Grenze nicht bestehen und der Verbraucher darf keine Zeit gehabt haben, sich ausreichend über die Güte des beworbenen Angebots zu informieren. Die **Absicht des Unternehmers reicht aus**, eine geschäftliche Entscheidung des Verbrauchers muss noch nicht stattgefunden haben. Wenn sich der Verbraucher allerdings trotz des hervorgerufenen Zeitdrucks ausreichend informieren konnte, scheidet die Nr. 7 aus. Als Beispiele für unlauter verursachten Zeitdruck können Behauptungen über einen angeblichen Lieferstopp oder das angebliche Ende einer Rabattaktion sein. 41

8. **Kundendienstleistungen in einer anderen Sprache als derjenigen, in der die Verhandlungen vor dem Abschluss des Geschäfts geführt worden sind, wenn die ursprünglich verwendete Sprache nicht Amtssprache des Mitgliedstaats ist, in dem der Unternehmer niedergelassen ist; dies gilt nicht, soweit Verbraucher vor dem Abschluss des Geschäfts darüber aufgeklärt werden, dass diese Leistungen in einer anderen als der ursprünglich verwendeten Sprache erbracht werden;**

42 Die Irreführung besteht bei der Nr. 8 in der enttäuschten Erwartung des Verbrauchers, dass **nachvertragliche Serviceleistungen** zu seiner geschäftlichen Entscheidung **nicht in der für den Abschluss verwendeten Sprache** stattfinden. Ein vorheriger Hinweis verhindert die Unlauterkeit.

9. die unwahre Angabe oder das Erwecken des unzutreffenden Eindrucks, eine Ware oder Dienstleistung sei verkehrsfähig;

43 Nr. 9 betrifft vor allem Fälle, in denen die Ware oder Dienstleistung **gegen gesetzliche Verbote** verstößt, etwa bei Fehlen einer Betriebserlaubnis für ein technisches Gerät.

10. die unwahre Angabe oder das Erwecken des unzutreffenden Eindrucks, gesetzlich bestehende Rechte stellten eine Besonderheit des Angebots dar;

44 Nr. 10 regelt die bekannte Fallgruppe der **„Werbung mit Selbstverständlichkeiten“**, vgl 26. Abschnitt Rn 21. Wer also den Eindruck erweckt, gesetzliche Rechte seien eine Besonderheit des beworbenen Angebots, handelt unlauter. Wohl prominentestes Beispiel ist eine Werbung mit „2 Jahre Gewährleistung“.

11. der vom Unternehmer finanzierte Einsatz redaktioneller Inhalte zu Zwecken der Verkaufsförderung, ohne dass sich dieser Zusammenhang aus dem Inhalt oder aus der Art der optischen oder akustischen Darstellung eindeutig ergibt (als Information getarnte Werbung);

45 Dieses mit § 4 Nr. 3 korrespondierende und im Wesentlichen inhaltsgleiche absolute **Verbot redaktioneller Werbung** gilt für alle Medienangebote. Ausführliche Erläuterungen finden sich im 24. Abschnitt. Dogmatisch ist allerdings die Nr. 11 vor § 4 Nr. 3 zu prüfen (vgl BGH Urt. v. 1.7.2010 – I ZR 161/09 – Flappe).

12. unwahre Angaben über Art und Ausmaß einer Gefahr für die persönliche Sicherheit des Verbrauchers oder seiner Familie für den Fall, dass er die angebotene Ware nicht erwirbt oder die angebotene Dienstleistung nicht in Anspruch nimmt;

46 Die in Nr. 12 normierte **„Angstwerbung“** war dem UWG ebenfalls bereits bekannt. Anknüpfungsgrund für die Unlauterkeit ist das Ausnutzen des Fehlens einer rationalen Entscheidungsgrundlage des Verbrauchers aufgrund seiner **emotionalen Zwangslage.** Es muss sich dabei um Angst um die persönliche Sicherheit handeln, Angst um das Vermögen reicht nicht.

13. Werbung für eine Ware oder Dienstleistung, die der Ware oder Dienstleistung eines Mitbewerbers ähnlich ist, wenn dies in der Absicht geschieht, über die betriebliche Herkunft der beworbenen Ware oder Dienstleistung zu täuschen;

47 Die mit § 4 Nr. 9 und § 5 Abs. 1 Nr. 1 und Abs. 2 korrespondierende Nr. 13 erfasst nur eine **Täuschung über die betriebliche Herkunft**, nicht aber eine solche wegen der Verwendung verwechslungsfähiger Kennzeichen. Es kommt also nur auf die Ähnlichkeit der Ware oder Dienstleistung an.

14. die Einführung, der Betrieb oder die Förderung eines Systems zur Verkaufsförderung, das den Eindruck vermittelt, allein oder hauptsächlich durch die Einführung weiterer Teilnehmer in das System könne eine Vergütung erlangt werden (Schneeball- oder Pyramidensystem);

48 Nr. 14 verbietet wie schon der bisherige § 4 Nr. 2 zwei Verkaufsfördermaßnahmen: das **„Schnellballsystem“**, bei dem der Veranstalter mit den vom Erstkunden geworbenen weiteren Kunden Verträge abschließt sowie das **„Pyramidensystem“**, bei dem der Erstkunde gleichlautende Verträge mit anderen Verbrauchern schließt. Derartiger Vertriebssysteme sind zudem nach § 16 Abs. 2 strafbar.

15. die unwahre Angabe, der Unternehmer werde demnächst sein Geschäft aufgeben oder seine Geschäftsräume verlegen;

49 Das absolute Verbot der Nr. 15 betrifft die Werbung mit einer **angeblichen Geschäftsaufgabe**, da in solchen Fällen Verbraucher üblicherweise davon ausgehen, dass besonders **günstige (Geschäftsaufgabe-)Konditionen** zu erzielen sind.

16. die Angabe, durch eine bestimmte Ware oder Dienstleistung ließen sich die Gewinnchancen bei einem Glücksspiel erhöhen;

Nr. 16 des Anhangs erfasst die Angebote für **Produkte, deren Einsatz die Gewinnchancen bei** einem – gemeinschaftsrechtlich auszulegenden – **Glücksspiel erhöhen** sollen. Es sind nicht die Koppelungsfälle des § 4 Nr. 6 gemeint, sondern beispielsweise das Angebot von „Schummelprodukten" wie gezinkten Karten. 50

17. die unwahre Angabe oder das Erwecken des unzutreffenden Eindrucks, der Verbraucher habe bereits einen Preis gewonnen oder werde ihn gewinnen oder werde durch eine bestimmte Handlung einen Preis gewinnen oder einen sonstigen Vorteil erlangen, wenn es einen solchen Preis oder Vorteil tatsächlich nicht gibt, oder wenn jedenfalls die Möglichkeit, einen Preis oder sonstigen Vorteil zu erlangen, von der Zahlung eines Geldbetrags oder der Übernahme von Kosten abhängig gemacht wird;

Im Fall der Nr. 17 wird – anders als bei der Nr. 20 – dem Verbraucher unlauter **der Eindruck vermittelt, er habe bereits einen Preis gewonnen.** Die stellt gleichzeitig auch einen Verstoß gegen § 4 Nr. 5 dar. Übliche Begleitaufwendungen zur Erlangung des Preises, zB Anreisekosten für die Gewinnabholung, fallen nicht unter die Nr. 17 (vgl auch Nr. 21). 51

18. die unwahre Angabe, eine Ware oder Dienstleistung könne Krankheiten, Funktionsstörungen oder Missbildungen heilen;

Entsprechende **unwahre Angaben im gesundheitstherapeutischen Bereich** verstoßen in aller Regel schon gegen das Heilmittelwerbegesetz und sind dann auch gem. § 4 Nr. 11 unlauter. Zudem werden die Fälle der Nr. 18 stets gegen § 5 Abs. 1 Satz 2 Nr. 1 verstoßen, der falsche Angaben über die Zwecktauglichkeit erfasst. 52

19. eine unwahre Angabe über die Marktbedingungen oder Bezugsquellen, um den Verbraucher dazu zu bewegen, eine Ware oder Dienstleistung zu weniger günstigen Bedingungen als den allgemeinen Marktbedingungen abzunehmen oder in Anspruch zu nehmen;

Die Nr. 19 des Anhangs ahndet **Täuschungen über Marktbedingungen oder Bezugsquellen** zum wirtschaftlichen Nachteil des Verbrauchers. Dies ist ein Sonderfall der Täuschung über Preiswürdigkeit eines Angebots. 53

20. das Angebot eines Wettbewerbs oder Preisausschreibens, wenn weder die in Aussicht gestellten Preise noch ein angemessenes Äquivalent vergeben werden;

Die Unlauterkeit der Nr. 20 beruht auf der **Täuschung über tatsächliche Gewinne** und ist wie die Nr. 17 ein Sonderfall der Unlauterkeit nach § 4 Nr. 5. Nr. 20, erfordert aber zumindest die konkrete Beschreibung der Preise, eine allgemeiner Hinweis auf „tolle Preise" reicht nicht. 54

21. das Angebot einer Ware oder Dienstleistung als „gratis", „umsonst", „kostenfrei" oder dergleichen, wenn hierfür gleichwohl Kosten zu tragen sind; dies gilt nicht für Kosten, die im Zusammenhang mit dem Eingehen auf das Waren- oder Dienstleistungsangebot oder für die Abholung oder Lieferung der Ware oder die Inanspruchnahme der Dienstleistung unvermeidbar sind;

Im Grunde stellt das Verbot der Nr. 21, keine **unwahren Angaben über Umsonstleistungen** zu machen, einen Unterfall der Irreführung über die Preisberechnung nach § 5 Abs. 1 Satz 2 Nr. 2 dar. Nicht unter die Nr. 21 fällt das Versprechen einer kostenlosen Zugabe, wenn der Verbraucher nicht darüber im Unklaren gelassen wurde, dass er die Hauptleistung zu bezahlen hat (OLG Köln GRUR 2009, 608). Unter den im 2. Hs genannten unbeachtlichen Kosten sind die üblichen Porto-, Kommunikations- oder Abholkosten zu verstehen. 55

22. die Übermittlung von Werbematerial unter Beifügung einer Zahlungsaufforderung, wenn damit der unzutreffende Eindruck vermittelt wird, die beworbene Ware oder Dienstleistung sei bereits bestellt;

56 Nr. 22 erfasst wie auch § 4 Nr. 3 die Fälle **Täuschung über das Bestehen eines Vertragsverhältnisses durch rechnungsähnliche Aufmachung von Angeboten.** Der Verbraucher soll davor geschützt werden, leichtfertig Zahlungen zu leisten, zu deren Begleichung er sich tatsächlich noch gar nicht verpflichtet hatte. Auf eine Täuschungsabsicht des Anbietenden kommt es dabei nicht an.

23. die unwahre Angabe oder das Erwecken des unzutreffenden Eindrucks, der Unternehmer sei Verbraucher oder nicht für Zwecke seines Geschäfts, Handels, Gewerbes oder Berufs tätig;

57 Die **Verschleierung unternehmerischen Handelns** ist nach Nr. 23 unlauter, weil der Verbraucher gewerbliche und nichtgewerbliche Angebote völlig unterschiedlich einschätzt.

24. die unwahre Angabe oder das Erwecken des unzutreffenden Eindrucks, es sei im Zusammenhang mit Waren oder Dienstleistungen in einem anderen Mitgliedstaat der Europäischen Union als dem des Warenverkaufs oder der Dienstleistung ein Kundendienst verfügbar;

58 Das Verbot der Nr. 24 soll den Verbraucher vor **Irreführungen im grenzüberschreitenden Verkehr** schützen. Denn für den Verbraucher hängt der praktische Wert einer Ware regelmäßig auch von der Verfügbarkeit eines Kundendienstes ab.

25. das Erwecken des Eindrucks, der Verbraucher könne bestimmte Räumlichkeiten nicht ohne vorherigen Vertragsabschluss verlassen;

59 Ob in den Fällen der Nr. 25 zugleich auch eine Nötigung nach § 240 StGB vorliegt, ist irrelevant. Entscheidend ist das Maß des **psychischen Zwangs zum Vertragsabschluss vor Ort**, wobei Räumlichkeit weit zu fassen ist und nicht nur Verkaufsräume des Unternehmers, sondern auch Räumlichkeiten Dritter oder die des Verbrauchers oder bei Vorliegen einer besonderen Zwangslage, sogar Situationen im Freien meint.

26. bei persönlichem Aufsuchen in der Wohnung die Nichtbeachtung einer Aufforderung des Besuchten, diese zu verlassen oder nicht zu ihr zurückzukehren, es sein denn, der Besuch ist zur rechtmäßigen Durchsetzung einer vertraglichen Verpflichtung gerechtfertigt;

60 Das Verbot der Nr. 26 erfasst geschäftliche Aktivitäten, die unter **Verletzung des Hausrechts** erfolgen. Wie bei Nr. 25 kommt es nicht darauf an, ob die strafrechtliche Schwelle zu §§ 123 oder 240 StGB überschritten wurde. Trifft den Verbraucher eine vertragliche Mitwirkungspflicht, die den Besuch der Wohnung notwendig macht, scheidet Nr. 26 aus.

27. Maßnahmen, durch die der Verbraucher von der Durchsetzung seiner vertraglichen Rechte aus einem Versicherungsverhältnis dadurch abgehalten werden soll, dass von ihm bei der Geltendmachung seines Anspruchs die Vorlage von Unterlagen verlangt wird, die zum Nachweis dieses Anspruchs nicht erforderlich sind, oder dass Schreiben zur Geltendmachung eines solchen Anspruchs systematisch nicht beantwortet werden;

61 Eine wirkliche Neuerung im deutschen UWG bringt das Verbot des § 27, wonach nunmehr auch Fälle **nachvertraglicher Leistungsverweigerung** als unlauter verboten werden. Eine systematische Nichtbeantwortung von Schreiben wird man mit systematischem Ignorieren von Anrufen oder Besuchen gleichsetzen können.

28. die in eine Werbung einbezogene unmittelbare Aufforderung an Kinder, selbst die beworbene Ware zu erwerben oder die beworbene Dienstleistung in Anspruch zu nehmen oder ihre Eltern oder andere Erwachsene dazu zu veranlassen;

62 Mit dem Verbot der **auffordernden Werbung gegenüber Kindern** in Nr. 28 wird der Schutz des § 4 Nr. 2 ausgeweitet, nachdem es auf eine Ausnutzung der Unerfahrenheit nicht ankommt. Der Begriff „Kinder" ist gemeinschaftsrechtlich auszulegen und letztlich durch den EuGH zu klären. Aufgrund der Verweisung in Satz 2 der Nr. 28 des Anhangs I der Richtlinie über unlautere Geschäftspraktiken auf Art. 16 der (früheren) Fernsehrichtlinie, die explizit von „Minderjährigen" spricht, wird es beim Begriff „Kinder" vermutlich nur um **Personen unter 14 Jahren** handeln. Es reicht hier jeder Kaufappell wie zB „jetzt gleich bestellen" oder „holt sie euch". Die bloße Ansprache mit „du" reicht nicht aus.

Die zweite Variante soll verhindern, dass Kinder zu Kaufmotivatoren werden („Sag deinen Eltern, du brauchst dies unbedingt!").

29. die Aufforderung zur Bezahlung nicht bestellter Waren oder Dienstleistungen oder eine Aufforderung zur Rücksendung oder Aufbewahrung nicht bestellter Sachen, sofern es sich nicht um eine nach den Vorschriften über Vertragsabschlüsse im Fernabsatz zulässige Ersatzlieferung handelt, und

Die erste Variante der Nr. 29 schützt vor der **Irreführung über das Bestehen einer vertraglichen Beziehung**. Nachdem es Verbrauchern zudem regelmäßig unangenehm oder lästig sein kann, erhaltene Sachen zurückzuschicken, bestimmt das Verbot der Nr. 29 auch, dass es unlauter ist, eine solche **Rücksendung oder Aufbewahrung von Sachen zu verlangen, die der Verbraucher nicht bestellt hat.** Dies gilt auch für den Fall des irrtümlichen Versendens nach wirksamem Widerruf einer Bestellung (OLG Koblenz MMR 2010, 38). 63

30. die ausdrückliche Angabe, dass der Arbeitsplatz oder Lebensunterhalt des Unternehmers gefährdet sei, wenn der Verbraucher die Ware oder Dienstleistung nicht abnehme.

Das **Aufbauen moralischen Drucks**, das nach Nr. 30 verboten ist, kann auch schon nach § 4 Nr. 1 unlauter sein. Der Verbraucher soll vor geschäftlichen Entscheidungen geschützt werden, die primär durch den moralischen Vorwurf fehlender Hilfsbereitschaft oder Solidarität motiviert sind – egal, ob die dargestellten Folgen tatsächlich eintreten können. Es bedarf aber einer entsprechenden „ausdrücklichen" Angabe, unterschwellige oder konkludente Hinweise fallen nicht unter die Nr. 30 und sind an § 4 Nr. 1 zu prüfen. 64

§ 4 UWG Beispiele unlauterer geschäftlicher Handlungen

Unlauter handelt insbesondere, wer

...

1. **geschäftliche Handlungen vornimmt, die geeignet sind, die Entscheidungsfreiheit der Verbraucher oder sonstiger Marktteilnehmer durch Ausübung von Druck, in menschenverachtender Weise oder durch sonstigen unangemessenen unsachlichen Einfluss zu beeinträchtigen;**

...

A. Allgemeines

§ 4 Ziff. 1 dient primär dem **Schutz der Entscheidungsfreiheit** der Marktteilnehmer auf der Marktgegenseite, also im Vertikalverhältnis (*Lettl*, UWG Rn 156). Umfasst wird sowohl die rechtsgeschäftliche als auch die tatsächliche Entscheidungsfreiheit (zB die Entscheidung über die Geltendmachung von Ansprüchen). Zwar liegt es im Wesen der Marktwirtschaft, auf die Entscheidungen der Gegenseite Einfluss zu nehmen. Dies soll aber in einer Weise geschehen, dass diese noch die ihr zugedachte **Schiedsrichterfunktion** im Wettbewerb ausüben kann. Die bloße Eignung zur Beeinträchtigung reicht im Sinne einer Mitursächlichkeit aus. Nur soweit die in §§ 4 Nr. 2 und 3, 5 und 7 sowie dem Anhang zu § 3 Abs. 3 normierten Sonderfälle der unzulässigen Beeinträchtigung nicht einschlägig sind, ist auf § 4 Nr. 1 zurückzugreifen. Nr. 1 nennt als Mittel der unzulässigen Beeinträchtigung die Ausübung von Druck, das Handeln in menschenverachtender Weise sowie als Oberbegriff die Geltendmachung von sonstigem unangemessenem unsachlichem Einfluss. 65

B. Druckausübung

Unter der Ausübung von Druck ist in richtlinienkonformer Auslegung sowohl der Tatbestand der **Nötigung** als auch die sonstige Ausübung **physischen oder psychischen** Drucks zu verstehen, dem sich der Markteilnehmer nicht oder nur schwer entziehen kann (*Köhler/Bornkamm/Köhler*, UWG § 4 Rn 1.26). Typischerweise werden davon alle Formen von Zwang und Drohung umfasst. 66

I. Physischer Zwang

67 Die Vornahme **physischen Zwangs**, insbesondere durch Anwendung körperlicher Gewalt (wie zB beim Hineinzerren in ein Ladengeschäft) stellt stets eine unlautere Druckausübung dar.

II. Psychischer Zwang

68 Ein psychischer, auch psychologischer oder moralischer Kaufzwang liegt vor, wenn der Werbende mit außerhalb der Sache liegenden Mitteln in einem solchen Ausmaß auf die Willensentscheidung des Verbrauchers einwirkt, dass dieser zumindest **anstandshalber** nicht umhin kann, das Angebot anzunehmen (BGH WRP 1998, 162 f – Erstcoloration). Der Durchschnittsverbraucher müsste die Ablehnung des Angebots mithin als unerträglich unanständig oder peinlich empfinden. Hierzu zählen beispielsweise relevante Vorwürfe der **fehlenden Dankbarkeit, Solidarität oder Hilfsbereitschaft.** So wurde die Werbung für Produkte, bei deren Kauf man Punkte erwerben konnte, die in ein Klassensparbuch einzukleben waren und bei Erreichen einer bestimmten Punktzahl eine verbilligte Klassenreise ermöglichten, als unlauter angesehen. Denn diese Werbeform schafft einen Gruppenzwang und beeinträchtigt die Entscheidungsfreiheit von Schülern und Eltern in unangemessener unsachlicher Weise (OLG Celle GRUR-RR 2005, 387 f – Klassensparbuch).

III. Drohung

69 Unter Drohung ist hier das **rechtswidrige Inaussichtstellen eines Nachteils** für den Fall des Unterbleibens eines bestimmten geschäftlichen Verhaltens zu verstehen. Dies kann ausdrücklich oder konkludent geschehen. Rechtswidrig ist das Verhalten, wenn entweder das Mittel oder der Zweck rechtswidrig oder der Einsatz des Mittels zu diesem Zweck unangemessen ist (*Lettl*, UWG Rn 165). Oft wird das Verhalten des Werbenden die Grenze zur **strafbaren Nötigung** überschritten haben, so beispielsweise, wenn ein Vertreter droht, die Wohnung erst nach Abschluss eines Vertrags zu verlassen. Auch die Ankündigung des Besuchs eines auf Inkasso spezialisierten Mitarbeiter-Teams in den Abendstunden kann als unterschwellige Gewaltandrohung verstanden werden und ist unlauter (OLG München WRP 2010, 295 ff).

C. Handeln in menschenverachtender Weise

70 § 4 Nr. 1 Alt. 2 dient der Achtung und Wahrung der in Art. 1 GG geschützten **menschlichen Würde.** Werbung beschränkt sich schon lange nicht mehr auf rein sachbezogene Information. Vor allem **Imagewerbung** soll Unternehmen und deren Produkte sowohl mit unterschiedlichsten Werten assoziieren als auch Aufmerksamkeit und Wiedererkennung garantieren. Der gesetzgeberischen Intention lag offenbar die Rechtsprechung zur **„Benetton-Schockwerbung“** (BGH NJW 1995, 2492 ff – H.I.V. POSITIV I; BVerfG GRUR 2001, 170 ff; BGH GRUR 2002, 360 ff – H.I.V. POSITIV II; BVerfG GRUR 2003, 442 ff) zugrunde. In einer Anzeige der Bekleidungsfirma wurde ein menschliches Gesäß mit dem Aufdruck „H.I.V. POSITIVE“ abgebildet. Während der BGH durch die Werbung mindestens die Menschenwürde von Personen, die selber HIV-positiv seien, als verletzt ansah, stellte das BVerfG kein Handeln in menschenverachtender Weise fest. Zwar diene die in der Anzeige verwendete Meinungsäußerung auch Werbezwecken, weder den abgebildeten noch den umworbenen Personen werde aber ihr Achtungsanspruch als Mensch durch Verhöhnung oder Erniedrigung abgesprochen. Solange nicht **ekelerregende, Furcht einflößende oder jugendgefährdende Bilder** verwendet werden, stellt ein vom Elend der Welt unbeschwertes Gemüt des Verbrauchers danach keinen für eine Grundrechtsabwägung relevanten Belang dar.

71 Ohnehin verlangt § 4 Nr. 1 Alt. 2 eine **Eignung zur Beeinträchtigung der Entscheidungsfreiheit** der Marktteilnehmer. Weder wurde aber durch die Werbung aufgefordert, aufgrund von Mitleid Waren von Benetton zu erwerben noch wurde nahe gelegt, dass mit dem Erwerb solcher Waren die dargestellten Verhältnisse geändert werden können. Fälle, in denen die Entscheidungsfreiheit von Kunden in menschenverachtender Weise beeinträchtigt werden kann, sind mithin nur schwer denkbar.

D. Geltendmachung sonstigen unangemessenen unsachlichen Einflusses

Dies wird allgemein definiert als eine Einwirkung auf Verbraucher und sonstige Marktteilnehmer mit dem Ziel, sie von rational-kritischen Erwägungen über Nutzen und Nachteile eines Angebots, insbesondere über seine Preiswürdigkeit und Qualität, abzuhalten. **Die Verkaufsförderungsmaßnahme muss die Rationalität der Nachfrageentscheidung ausschalten** (BGH GRUR 2001, 752 ff – Eröffnungswerbung). Durch richtlinienkonforme Auslegung soll allerdings das Kriterium der Rationalität der Entscheidung durch ein Erfordernis der Ausnutzung einer Machtposition zur Ausübung von Druck ersetzt werden (*Köhler/Bornkamm/Köhler*, UWG § 4 Rn 1.58 ff). Ob dies praktische Auswirkungen haben wird, bleibt abzuwarten. Der Auffangtatbestand des § 4 Abs. 1 wird jedenfalls auch als **kleine Generalklausel** verstanden, da er wegen seiner Unbestimmtheit offen für neue Entwicklungen ist. Gerade für die Medien war diese Variante unlauteren Wettbewerbs stets von Relevanz. Am Beispiel sog. „Stummer Verkäufer“ (vgl Rn 157) hat der BGH hierzu ausgeführt: „Nach der Lebenserfahrung liegt es fern, dass die Kunden durch die ihnen eröffnete und von ihnen zum Teil auch wahrgenommene Möglichkeit der weithin gefahrlosen Entwendung von Zeitungen nachhaltig beeinflusst werden und in Zukunft beim entgeltlichen Erwerb von Zeitungen nicht mehr rational entscheiden können, welchem Angebot sie den Vorzug geben (BGH GRUR 2010, 455 ff – Stumme Verkäufer II). Es sind verschiedene Bereiche zu unterscheiden: 72

I. Irreführung

Eine **Irreführung**, also das Hervorrufen einer der Wirklichkeit nicht entsprechenden Vorstellung, mithin einer **Täuschung**, ist regelmäßig schon nach § 5 unlauter. Nachdem eine die Entscheidungsfreiheit der betroffenen Verkehrskreise beeinflussende Irreführung häufig vorkam und vorkommt und stets auch von einigem Gewicht ist, hat sie auch in § 4 in vielfältiger Weise Niederschlag erfahren. Eine Unlauterkeit nach § 4 Nr. 1 Alt. 3 kann allerdings nur dann einschlägig sein, wenn nicht schon die Sonderregelungen in §§ 4 Nr. 3 und 5 anwendbar sind. Sofern die Irreführung primär der Herabsetzung eines Mitbewerbers dient, ist § 4 Nr. 8 oder 10, sofern dies für eine Herkunftstäuschung über ein fremdes Produkt gilt, ist § 4 Nr. 9 einschlägig. Der direkte Anwendungsbereich von § 4 Nr. 1 im Hinblick auf irreführende Maßnahmen ist daher sehr gering. 73

II. Verkaufsförderungsmaßnahmen (Wertreklame)

Das Mittel der **Wertreklame**, auch als **„übertriebenes Anlocken“** bezeichnet, besagt, dass ein Kaufmann nicht mit Worten, sondern **mit Werten Werbung betreibt**, dass er also etwas verschenkt, sei es eine ungekoppelte Werbegabe, sei es eine Zugabe oder sei es die Ware selbst, für deren entgeltlichen Absatz er damit zugleich wirbt (BGH WRP 2004, 746 ff – Zeitung zum Sonntag). Während früher Wertreklame von den Gerichten vor allem aufgrund der Tatsache, dass der Unternehmer nicht mit der Qualität seines Produkts, sondern mit zusätzlichen Anreizen werbe, regelmäßig kritisch beurteilt wurde, wird **heute ein anderer Maßstab** angelegt. Denn es ist ja entsprechend § 3 Abs. 2 das Bild des **durchschnittlich informierten, situationsadäquat aufmerksamen und verständigen Durchschnittsverbrauchers** heranzuziehen, dem klar ist, dass ein Kaufmann nichts zu verschenken hat. Ein solcher Verbraucher ist danach in der Lage, die Preiswürdigkeit und Qualität von Angeboten auch dann rational und kritisch zu vergleichen, wenn Zugaben oder sonstige zusätzlichen Anreize gewährt werden. Zudem sind die Aufhebung von Rabattgesetz und Zugabeverordnung im Juli 2001 und der darin vom Gesetzgeber – wenn auch unter Druck der EU – zum Ausdruck gebrachte Wille von großer Bedeutung. Beide Faktoren führen dazu, dass Verkaufsförderungsmaßnahmen weit seltener als noch vor wenigen Jahren als unlauter beurteilt werden und die frühere Rechtsprechung mithin nur sehr bedingt herangezogen werden kann. In der jüngeren Rechtsprechung haben sich die Einhaltung des **Transparenzgebots**, also das Gebot ausreichender Information des Verbrauchers, und die Sicherung der **Rationalität der Nachfrageentscheidung** als Beurteilungsmaßstab verfestigt. Nur wenn diese Rationalität der Nachfrageentscheidung **vollständig in den Hintergrund tritt**, kann eine Unlauterkeit angenommen werden (nur BGH GRUR 2002, 976 ff – Koppelungsangebot I). Die im Laufe der Zeit herausgebildeten Fallgruppen können aber im Grundsatz weiterhin Geltung beanspruchen: 74

1. Koppelungsangebote. Unter Koppelungsgeschäft ist die miteinander **verbundene Abgabe von mehreren Waren** oder die Erbringung von Dienstleistungen zu verstehen, die an einen Warenerwerb geknüpft und zu einem Gesamtpreis angeboten werden. Es ist dies die in der Praxis wichtigste Fallgruppe 75 der Wertreklame. Die früher vorgenommene Unterscheidung zwischen Vorspannangeboten, offenen und verdeckten Koppelungsangeboten und Zugaben ist weitestgehend hinfällig geworden (BGH GRUR 2002, 979 ff – Koppelungsangebot II). Es ist mithin **egal, ob Haupt- und Lockleistung gleichberechtigt nebeneinander stehen, ob sie funktionell zusammengehören oder ob die Koppelung von vornherein überhaupt erkennbar** war. Auch muss der Wert einer Zugabe grundsätzlich nicht angegeben werden. Regelungen für besondere Koppelungsangebote sind die § 4 Nr. 4 (Zugaben) und Nrn. 5 und 6 (Preisausschreiben, Glücksspiel). Dies gilt insbesondere für die Einhaltung von Informationspflichten.

76 **Koppelungsangebote sind grundsätzlich zulässig.** Sie sind notwendige und gewollte Folge des Leistungswettbewerbs und oft Basis für Produkteinführungen und Markteintritte. Koppelungsangebote bedürfen daher **zusätzlicher, besonderer Umstände**, die den Vorwurf der Unlauterkeit rechtfertigen (BGH GRUR 2003, 626 ff – Umgekehrte Versteigerung II). Als solche Umstände bei Koppelungsangeboten können im Einzelfall gelten:

77 a) **Art der Koppelung.** Hier sind vor allem die Fälle zu nennen, in denen die umworbene Person bei Ihren Kaufentscheidungen Drittinteressen zu beachten hat und die Gefahr besteht, dass **der Anreiz zur Verfolgung der Eigeninteressen die gebotene Wahrung der Drittinteressen überlagert** (BGH WRP 2008, 780 ff – Hagelschaden). Dies kann bei der öffentlichen Hand oder sonstigen Hoheitsträgern ebenso der Fall sein wie bei Berufsgruppen mit besonderer Verantwortung für Dritte wie beispielsweise bei Ärzten (BGH GRUR 2003, 624 ff – Kleidersack; BGH GRUR 2010, 850 ff – Brillenversorgung II) oder Rechtsanwälten, Steuerberatern oder Wirtschaftsprüfern (BGH WRP 2009, 1227 – Winteraktion).

78 b) **Wert oder Besonderheit der Zugabe.** Hier kann eine Unlauterkeit praktisch nur noch dann angenommen werden, wenn zur Gewährung einer Zugabe noch weitere Umstände hinzutreten, mag auch der am **Marktpreis** zu beurteilende Wert der Zugabe (sog. **Wertanmutung**) absurd hoch sein oder in krassem Missverhältnis zum Wert der Hauptware stehen. Ein solcher Umstand kann in der **Verletzung des Transparenzgebots** liegen.

79 Schon 2004 wurde das Aufkleben eines Warengutscheins im Wert von ca. 10 Euro auf einer Frauenzeitschrift mit einem Verkaufspreis von 2,20 Euro mangels Eignung zur unsachlichen Beeinträchtigung der Entscheidungsfreiheit des Verbrauchers für zulässig erachtet (OLG Köln AfP 2005, 558 ff). Und das Angebot einer **Jugendzeitschrift im Wert von 2,30 Euro mit einer Sonnenbrille im – nicht ausgewiesenen – Wert von ca. 15,00 Euro als Zugabe** ist in einer durchaus als grundsätzlich zu bezeichnenden Entscheidung nicht als unzulässig angesehen worden (BGH GRUR 2006, 161 ff – Zeitschrift mit Sonnenbrille). Unlauter wäre die Aktion nur dann gewesen, wenn durch Erwecken des Eindrucks einer besonderen Hochwertigkeit über den tatsächlichen Wert der Brille getäuscht und damit gegen das Transparenzgebot verstoßen worden wäre.

80 c) **Werbung gegenüber schutzbedürftigen Personen.** Möglich ist eine Unlauterkeit auch bei gezielter Ansprache von Personen, die entweder mangels geschäftlicher Unerfahrenheit oder aufgrund besonderer Umstände eine **verminderte kritische Distanz zur Werbung** aufweisen. Zu nennen sind hier nach der Wertung des § 4 Nr. 2 primär Kinder und Jugendliche, aber auch Kranke, Einwanderer oder Aussiedler. Die Übergänge zum Anwendungsbereich von § 4 Nr. 2 sind fließend. Allerdings ist auch hier das Hinzutreten weiterer Umstände erforderlich, etwa eines **Gruppenzwangs** (BGH GRUR 2008, 183 ff – Tony Taler) oder eines **überhöhten Preises.** Wie der Fall „Zeitschrift mit Sonnenbrille“ (BGH GRUR 2006, 161 ff) zeigt, reicht allein der über sechsfache Wert der Prämie im Verhältnis zur Hauptware auch bei Jugendlichen nicht aus, diese unlauter zu verführen, sofern das Angebot noch im Rahmen des üblichen Taschengelds liegt. Eine nennenswerte wirtschaftliche Belastung sei deshalb auch dann nicht anzunehmen, wenn die Zeitschrift nur wegen der Sonnenbrille gekauft werde. Bei gezielter Kaufaufforderung an Kinder ist Nr. 28 des Anhangs zu § 3 Abs. 3 einschlägig.

81 d) **Besondere Entscheidungssituation.** Hier ist vor allem an Fälle zu denken, in denen der Verbraucher dem **direkten Einfluss des Verkäufers** ausgesetzt ist oder unter – vor allem zeitlichen – **Entscheidungsdruck** gesetzt wird. Eine solche Gefahr kann zwar bei Vertreterbesuchen, in der Regel aber nicht beim Versandhandel der Fall sein (BGH GRUR 2002, 1000 ff – Testbestellung). So hat der BGH auch betont, dass ein Koppelungsangebot dann nicht unlauter sei, wenn man die Werbebroschüre eingehend studieren kann und dann nach Eingang der Ware noch weitere zehn Tage Zeit hat, Vergleichsangebote einzuholen und sich endgültig zu entscheiden (BGH GRUR 2003, 890 ff – Buchclub-Koppelungsangebot). Der Hinweis „Abgabe nur in haushaltsüblichen Mengen, solange der Vorrat reicht“ übt ge-

nauso wenig einen unlauteren zeitlichen Druck aus (BGH GRUR 2004, 344 ff – Treue-Punkte) wie das Versprechen, jeder 100. Einkauf sei gratis, eine irrationale Kaufrauschentscheidung verursacht (BGH WRP 2009, 950 f – Jeder 100. Einkauf gratis).

2. Preisnachlässe/Rabatte, Geschenke und Quasi-Geschenke. Nach Aufhebung des Rabattgesetzes sind **alle Arten von Preisnachlässen** mit Ausnahme besonderer gesetzlicher Verbote (§ 3 BuchPRG) **grundsätzlich zulässig.** Die Höhe des Nachlasses ist ohne Bedeutung (*Berlit*, WRP 2001, 349 ff). Auch die Art der Vergünstigung ist irrelevant, weshalb die Gewährung eines Rabatts grundsätzlich genauso zulässig ist wie die Abgabe von kostenlosen Exemplaren. Eine Unlauterkeit kann sich mithin auch hier nur aufgrund **besonderer Umstände** ergeben. Eine unsachliche Beeinflussung einer Werbung mit der Angabe „Nur heute Haushaltsgroßgeräte ohne 19% Mehrwertsteuer" liegt jedenfalls nicht vor, wenn die Werbung erst am Tag des Angebots erscheint (BGH GRUR 2010, 1022 ff – Ohne 19% Mehrwertsteuer). Anders kann dies beispielsweise bei einer sehr kurzen zeitlichen Befristung des Angebots (*Lettl*, UWG Rn 185; OLG Hamm GRUR 2006, 86 ff – Sonntagsrabatt) oder einer Verletzung des Transparenzgebots sein, wobei hier dann aber in der Regel §§ 4 Nr. 4 oder 5 einschlägig sind. Für die in § 4 Nr. 4 ebenfalls genannten Geschenke gilt dies entsprechend. 82

3. Kundenbindungssysteme. Diese auch **Treueprogramme** genannten Verkaufsförderungssysteme haben das Ziel, die Verbraucher durch Gewährung von Preisnachlässen, Zugaben oder sonstigen Vergünstigungen zu einer Konzentration ihrer Bezüge auf die Betreiberunternehmen zu veranlassen (*Köhler/Bornkamm/Köhler*, UWG § 4 Rn 1 135). Aus der Gesetzesbegründung zur Aufhebung von RabattG und ZugabeVO ergibt sich der gesetzgeberische Wille, dass gegen solche Programme **grundsätzlich keine lauterkeitsrechtlichen Bedenken** bestehen. Lediglich die konkrete Ausgestaltung kann wettbewerbsrechtlich unzulässig sein. So kann eine Konstruktion kritisch sein, wonach erworbene Boni nach einer gewissen Zeit verfallen, da hierdurch die Gefahr überflüssiger Käufe besteht (BGH GRUR 1999, 515 ff – Bonusmeilen). Auch hier wird aber eine Verletzung des Transparenzgebots den häufigsten Fall denkbarer Unlauterkeit darstellen, sofern nicht schon spezielle Tatbestände greifen. 83

4. Preisausschreiben, Gewinnspiele, Glücksspiele, Lotterien und Ausspielungen. Ohne ein spezialgesetzliches Verbot sind entsprechende Wettbewerbe und Spiele zu Zwecken des Wettbewerbs **grundsätzlich zulässig,** wie sich aus dem Umkehrschluss zu § 4 Nrn. 5 und 6 ergibt. Als hiervon nicht erfasster Umstand, der eine Unlauterkeit begründen kann, dürften, wenn überhaupt (vgl BGH GRUR 1998, 735 – Rubbelaktion), allenfalls völlig unangemessen hohe Preise oder Gewinne gelten können (LG München NJW 2003, 3066 ff). Das reine **Veranstalten von Gewinnspielen durch Medien** zur Bindung von Lesern, Hörern oder Zuschauern ist, sofern nicht § 4 Nr. 6 einschlägig ist, stets zulässig. Es kommt aufgrund der Berücksichtigung von Art. 5 Abs. 1 GG bei in den redaktionellen Teil integrierten Spielen insbesondere nicht darauf an, ob die Gewinne als spektakulär empfunden werden oder eine Notwendigkeit zum längeren „Dabeibleiben" besteht (BGH GRUR 2002, 1003 f – Gewinnspiel im Radio). 84

Die in jüngerer Zeit auch bei Verlagen beliebte Werbung mit **Fragebögen für Umfragen,** die zwar keinen aleatorischen, jedoch immerhin den Reiz der – wenn auch sehr geringen – Beeinflussung eines öffentlichen Meinungsbildes zu den abgefragten Themen bietet, ist grundsätzlich zulässig. Für die reine Imagewerbung, bei der an der Umfrage teilgenommen werden kann, ohne gleichzeitig eine Bestellung zu tätigen, ist dies völlig unstreitig. Dies gilt aber auch sowohl für die Fälle, in denen dem **Teilnehmer an der Frageaktion als Gegenleistung** für dessen Teilnahme ein Rabatt auf das beworbene Produkt versprochen wird als auch für die Fälle, in denen die Umfrage nur an die Bestellung zu den üblichen Bedingungen gekoppelt ist. Denn in Zeiten wöchentlicher, ja täglicher Meinungsumfragen wird die Rationalität der Nachfrageentscheidung eines aufgeklärten und verständigen Verbrauchers dadurch nicht unlauter ausgeschaltet. Ein psychologischer Kaufzwang derart, dass der Drang, an der Umfrage teilnehmen zu wollen, die rationale Entscheidung über den gekoppelten Erwerb eines Produkts dahin zurücktreten lässt, ist nicht erkennbar. Die Qualität der Fragen kann im Hinblick auf Art. 5 GG ebenfalls keine Rolle spielen. Etwas anderes wird nur dann gelten, wenn unter dem Vorwand einer Meinungsumfrage primär andere Ziele, etwa Adressgewinnung, verfolgt werden (OLG Frankfurt GRUR 1989, 845 – Adressenbeschaffung, LG Köln VuR 1997, 288 ff). 85

III. Gefühlsbetonte Werbung

Für den Absatz oder Bezug eines Produkts wird neben den Faktoren Preis, Qualität und materiellen Anreizen auch die Befriedigung immaterieller, emotionaler Bedürfnisse des Verbrauchers eingesetzt. **Diese Koppelung eines Produkts an bestimmte soziale, politische oder religiöse Werte oder entspre-** 86

chende Appelle ist außerhalb von § 4 Nr. 1 Alt. 2 und § 4 Nr. 2 **grundsätzlich zulässig.** Aus § 1 Satz 2 folgt, dass eine Werbung nicht allein wegen eines als anstößig empfundenen Inhalts unlauter ist (*Lettl*, UWG Rn 230). So ist eine bloß **geschmacklose Werbung stets zulässig** (BGH GRUR 1995, 592 ff – Busengrabscher). Zum Problemkreis der Werbung, die den Schutzbereich der Achtung der menschlichen Würde tangiert siehe oben Rn 35. Eine Unlauterkeit gefühlsbetonter Werbung wird sich mithin nur aus besonderen Umständen ergeben können. So kann die Werbung einer Brauerei, die dem Kunden als zusätzlichen Anreiz versprochen hatte, für den Kauf eines Kasten Biers einen Quadratmeter Regenwald zu schützen, nur unter dem Gesichtspunkt der Irreführung über den tatsächlichen Umfang und Ablauf des Engagements unlauter sein (BGH WRP 2007, 303 ff – Regenwaldprojekt I; BGH WRP 2007, 308 ff – Regenwaldprojekt II). Auch ist die Werbung eines Augenoptikers mit seinem Engagement für eine Tierschutzorganisation trotz jedes fehlenden Sachzusammenhangs zwischen Ware und Engagement im Sinne reiner Imagewerbung zulässig und nicht geeignet, einen verständigen Verbraucher unangemessen unsachlich zu beeinflussen (BGH GRUR 2006, 75 f – Artenschutz).

IV. Laienwerbung

87 Mit dieser gerne auch „**Freundschaftswerbung**" genannten Variante sollen private Beziehungen einer Person zu Dritten für die Werbung gegen Gewährung eines Vorteils ausgenutzt werden. Eine Unzulässigkeit der **Laienwerbung** kann vor allem dann vorliegen, wenn von ihr die Gefahr eines unangemessenen unsachlichen Einflusses oder der Belästigung oder **Kommerzialisierung der Privatsphäre** ausgeht (BGH GRUR 1991, 150 f – Laienwerbung für Kreditkarten). Wie immer bei § 4 Nr. 1 ist auf die Umstände des Einzelfalls abzustellen. Allein die Höhe der Prämie oder Provision jedenfalls ist lauterkeitsrechtlich mittlerweile irrelevant (*Köhler/Bornkamm/Köhler*, UWG § 4 Rn 1 209). Sofern nicht schon die Spezialnormen der Nr. 14 des Anhangs zu § 3 Abs. 3, der §§ 4 Nr. 2, 5, 7 und 16 Abs. 2 (strafbare progressive Kundenwerbung – „Schneeballsystem") einschlägig sind, kann eine Unlauterkeit nach Ansicht des BGH im Wesentlichen nur noch dann vorliegen, wenn die Gefahr einer Irreführung oder unzumutbaren Belästigung des Umworbenen besteht, wenn die Werbung auf eine Verdeckung des Prämieninteresses und damit auf eine Täuschung über die Motive des Werbenden angelegt ist oder wenn sie sich auf Waren oder Dienstleistungen bezieht, für die besondere Maßstäbe gelten (BGH GRUR 2006, 949 ff – Kunden werben Kunden).

88 Die ersten beiden Varianten sind mittlerweile weitestgehend durch §§ 5 und 7 abgedeckt. Zur dritten Gruppe ist beispielsweise der Fall zu zählen, wenn durch den Laienwerber Daten potenzieller Kunden ohne deren Einverständnis, also unter **Verletzung des Rechts auf informationelle Selbstbestimmung,** und ohne deren Kenntnis übermittelt werden (BGH GRUR 1992, 622 ff – Verdeckte Laienwerbung). Im zur letzten Gruppe zu rechnenden Fall „Kunden werben Kunden" war eine dem Heilmittelwerbegesetz (HWG) unterfallende Laienwerbung für Gleitsichtgläser unzulässig. Der Schutzzweck und die der Regelung des § 7 HWG zugrunde liegende selbstständige Wertung des Gesetzgebers seien auch im Rahmen des § 4 Nr. 1 zu berücksichtigen, was dazu führe, dass die Gefahr einer unangemessenen und unsachlichen Beeinflussung vorliegt. Freilich war die Werbung wegen des Verstoßes gegen § 7 HWG auch gem. § 4 Nr. 11 unlauter.

V. Besonderheiten für die Presse, insbesondere deren Wettbewerbsregeln

89 Bei **Zeitschriften und Zeitungen** als traditionellen Kaufmedien sind Werbung mit Wertreklame und Laienwerbung seit jeher üblich und akzeptiert. Gerade die Laienwerbung ist aufgrund der Ersparnisse für den Außendienst eine beliebte Vertriebsmethode. Der hierfür verwendete Begriff **„Leser werben Leser"** ist allerdings etwas ungenau. Der Werber muss kein Bezieher der beworbenen Zeitung oder Zeitschrift, ja nicht einmal ein Leser sein. Da deshalb sein Prämieninteresse alleiniges Motiv sein kann, besteht durchaus die genannte Gefahr der Kommerzialisierung der Privatsphäre. Nachdem dann auch noch der Wert von Abschlussprämien, also den Zugaben, die der Besteller eines selbst genutzten Abonnements erhält, teilweise absurd hoch ausfielen, aber auch unter dem Druck von Einzelhändlern, die gegen eine entsprechende Praxis vorgegangen sind, haben die Verbände (BDZV für Zeitungen, VDZ für Zeitschriften) zur Verhinderung von Auswüchsen und zur Vereinheitlichung des Wettbewerbs **Wettbewerbsregeln** aufgestellt, die jeweils vom Kartellamt nach § 24 GWB genehmigt wurden (zu finden unter www.bdzv.de und www.vdz.de).

90 Sie enthalten Bestimmungen zur Wertreklame, zu verschiedenen Abonnementarten und zur Laienwerbung. Zur Frage der **Marktverstopfung** durch die Abgabe kostenloser Exemplare kann im Übrigen auf

die Kommentierung zur allgemeinen Marktstörung, § 4 Nr. 10 Rn 150 ff, verwiesen werden. Man hatte sich bei der Formulierung der Wettbewerbsregeln im Wesentlichen an den vormals einschlägigen obergerichtlichen (zB OLG Hamburg AfP 1993, 656, OLG Hamm AfP 1995, 419 – Schnupper-Abo, KG Berlin AfP 2001, 80 f) und höchstrichterlichen Entscheidungen (zB BGH GRUR 1989, 366 – Wirtschaftsmagazin) orientiert, weshalb vor allem die deutlich älteren Regeln des BDZV, aber auch die des VDZ in weiten Teilen nicht (mehr) die aktuelle Rechtsprechung widerspiegeln und den Abonnementvertrieb eigentlich stärker regulieren als rechtlich zwingend wäre.

1. Wettbewerbsrechtliche Relevanz. Diese von der jeweiligen Branche im Rahmen eigener Regeln gesetzten Vorgaben für Art und Umfang von Zugaben, Probeexemplaren oder Abonnements oder die Ausgestaltung von Laienwerbung sind **lauterkeitsrechtlich keineswegs bindend,** mag dies auch eine der Intentionen ihrer Erschaffung gewesen sein. So begründet eine Überschreitung dieser selbst gesetzten Grenzen keine Unlauterkeit und dies sogar dann, wenn diese Regeln von der Kartellbehörde anerkannt sind (BGH GRUR 2006, 773 ff – Probeabonnement). Im konkreten Fall ging es um ein Probeabonnement mit einer Laufzeit von 13 Wochen, einer Ersparnis gegenüber dem Einzelverkauf von über 40 % sowie einer Zugabe. Es lag also auch noch eine **Kumulation verschiedener Aspekte von Wertreklame** vor. Die bisherige Rechtsprechung, die die Wettbewerbsregeln bei der lauterkeitsrechtlichen Bewertung wettbewerblichen Verhaltens der Verlage unmittelbar berücksichtigt hat (nur OLG Hamburg Urt. v. 2.11.2005 – 5 U 44/05), ist damit komplett aufgehoben worden. Die Wettbewerbsregeln stellen auch keine „gesetzliche Vorschrift" iSv § 4 Nr. 11 dar. Der BGH hat vielmehr festgestellt, dass die Wettbewerbsregeln **nur Mindeststandards** dafür setzen können und sollen, was nach Ansicht der Marktteilnehmer in jedem Fall zulässig ist, nicht aber feste Obergrenzen. 91

2. Kartellrechtliche Relevanz. Obwohl der BGH in diesem richtungweisenden Urteil der Auffassung der Instanzgerichte, wonach sich die Verlage mit den bindenden Regeln selbst vorgegeben hätten, was noch als Ausdruck lauteren Wettbewerbs angesehen werde könne, korrigiert hat, halten sich die Verlage bislang weitestgehend an die eigenen Vorgaben. Dass sich diese kaufmännischer Vernunft folgende Verhaltensweise in Zeiten tendenziell sinkender Auflagen fortsetzt, wäre wünschenswert und nicht zuletzt auch **preisbindungsrechtlich relevant, wenn nicht gar zwingend notwendig.** Zwar hat der BGH festgestellt, dass es grundsätzlich keine Rücksichtnahmepflicht der Verlage hinsichtlich des Einzelhandels gibt und ein Interesse der Verlage am für sie vorzugswürdigen Abonnementvertrieb anzuerkennen sei. Sofern aber eine **unsachliche Nachfrageverschiebung** nachgewiesen werde, könne durchaus das Kartellamt im Rahmen seiner Missbrauchsaufsicht tätig werden und die – vertragliche – Preisbindung für nichtig erklären. So wurde durch den Vizepräsidenten des Bundeskartellamts, Dr. Peter Klocker, bereits gemutmaßt, dass die Sonderbehandlung der Zeitschriftenverlage in § 30 GWB möglicherweise nicht mehr erforderlich sei, nachdem die weitgehenden Lockangebote im Abonnentenbereich das Preisbindungsrecht ohnehin unterlaufen würden (*Klocker/Ost,* FS Bechtold, 2006, S. 229). Zur Sicherung der Preisbindung im Zeitungs- und Zeitschriftenbereich ist eine Mäßigung im Bereich der Wertreklame daher ganz im Sinne der Verlage. Ohnehin ist das Schicksal der Wettbewerbsregeln aufgrund des „Ablaufs" der Freistellung nach § 131 Abs. 3 GWB nach wie vor offen. 92

3. Steuerrechtliche Relevanz. Schließlich stellt sich bei Kombinationsangeboten das Problem des Steuersatzes. Presseerzeugnisse unterliegen gem. lfd. Nr. 49 der Anlage 2 zu § 12 Abs. 2 Nr. 1 UStG dem ermäßigten Steuersatz von 7 %. Bei Zugaben (zB CDs oder DVDs) soll dann der den Charakter bestimmende Bestandteil für die Frage des einheitlich ermäßigten Steuersatzes relevant sein (BFH AfP 1998, 658 ff). Als Kriterien können hier **neben der angemessenen Wertrelation** die gemeinsame und einheitliche Präsentation, ein inhaltlicher Bezug und ein presseüblicher Vertrieb gelten. Es hilft insbesondere auch, wenn die Beigabe nicht gesondert erhältlich ist (FG Hamburg EFG 2005, 1812 f). 93

§ 4 UWG Beispiele unlauterer geschäftlicher Handlungen

…

2. geschäftliche Handlungen vornimmt, die geeignet sind, geistige oder körperliche Gebrechen, das Alter, die geschäftliche Unerfahrenheit insbesondere von Kindern oder Jugendlichen, die Leichtgläubigkeit, die Angst oder die Zwangslage von Verbrauchern auszunutzen;

…

A. Allgemeines

94 § 4 Nr. 2 dient dem Schutz bestimmter, vom Gesetzgeber als besonders schützenswert erachteten Gruppen von Verbrauchern und knüpft die Unlauterkeit von Wettbewerbshandlungen deshalb an die Ausnutzung einer besonders schutzwürdigen Situation von Verbrauchern. **Geschützt sind ausschließlich Verbraucher**, also keine sonstigen Marktteilnehmer. Während § 4 Nr. 1 den Verbraucher davor schützen soll, dass er nicht in eine Lage gebracht wird, in der seine Entscheidungsfreiheit nicht mehr gewährleistet ist, wird diese Situation in § 4 Nr. 2 als schon bestehend vorausgesetzt und nur das Ausnutzen geahndet. Mit der Verwirklichung des Tatbestands von § 4 Nr. 1 ist regelmäßig auch der des § 4 Nr. 1 erfüllt.

B. Ausnutzen

95 Ein „Ausnutzen" der in § 4 Nr. 2 genannten besonderen Umstände liegt vor, wenn der Handelnde **diese Umstände kennt und gezielt als Mittel einsetzt**, um ein Geschäft abzuschließen (*Lettl*, UWG Rn 243). Bedingter Vorsatz genügt. Zudem reicht die Eignung zur Ausnutzung aus, die Gefahr braucht sich nicht zu verwirklichen.

C. Fallgruppen

96 § 4 Nr. 2 listet nunmehr sechs Varianten auf, in denen Verbraucher als besonders schutzwürdig erscheinen und erwähnt neben der für Kinder und Jugendliche einschlägigen Fallgruppe der **geschäftlichen Unerfahrenheit** jetzt insbesondere auch Verbraucher mit geistigen oder körperlichen Gebrechen. Abzustellen ist nach § 3 Abs. 2 dabei stets auf ein durchschnittliches Mitglied einer entsprechenden Gruppe.

I. Geistige oder körperliche Gebrechen sowie Alter

97 Die genannten Merkmale „geistige oder körperliche Gebrechen" oder „Alter" müssen beim betroffenen Personenkreis zur Folge haben, dass **dessen Informiertheit, Aufmerksamkeit und Verständigkeit** gegenüber einem Durchschnittsverbraucher **zurückfällt**. Eine bloße Körperbehinderung, die die Fähigkeit zur freien geschäftlichen Entscheidung nicht beeinträchtigt, fällt nicht hierunter. Gleiches gilt selbstverständlich auch für das bloße Alter, sofern keine weiteren Ausfallerscheinungen hinzutreten.

II. Geschäftliche Unerfahrenheit

98 Eine solche liegt vor, wenn eine Person nicht die Erfahrungen im Geschäftsleben hat, die bei einem durchschnittlich informierten, aufmerksamen und verständigen Verbraucher vorausgesetzt werden (*Köhler/Bornkamm/Köhler*, UWG § 4 Rn 2.23). Zu beachten ist, dass über die Begriffe Unerfahrenheit und Leichtgläubigkeit das **europäische Verbraucherleitbild nicht ausgehebelt** werden darf. Bei Kindern und Jugendlichen wird geschäftliche Unerfahrenheit stets vorausgesetzt. Sie entscheiden sich zumeist gefühlsmäßig und folgen einem spontanen Begehren (OLG Frankfurt GRUR 2005, 782 ff – Milchtaler).

99 **1. Grundsatz.** Eine Unlauterkeit wegen des Ausnutzens geschäftlicher Unerfahrenheit setzt regelmäßig voraus, dass sich die Werbung **gezielt** an einzelne Verbraucher oder Verbrauchergruppen richtet, bei denen von solcher Unerfahrenheit ausgegangen werden kann. Dies wird immer dann der Fall sein, **wenn diese Personen körperlich, geistig oder seelisch behindert sind, wenn sie lese-, schreib- oder sprachunkundig oder wenn sie mit den hiesigen Verhältnissen nicht vertraut sind** (BGH GRUR 1998, 1041 f – Verkaufsveranstaltung in Aussiedlerwohnheim). In der Regel wird bei geistiger oder körperlicher Behinderung auch schon die erste Variante von § 4 Nr. 2 greifen. Aber auch der Durchschnittsverbraucher, auf den diese Kriterien nicht zutreffen, kann geschäftlich unerfahren iSv § 4 Nr. 2 sein, sofern sich die Unerfahrenheit auf Sonderwissen bezieht. So ist die unzureichende Belehrung über ein Widerrufsrecht unlauter, wenn durch sie die Gefahr begründet wird, dass der Kunde von seinem Widerrufsrecht keinen Gebrauch macht und der Unternehmer diese **Rechtsunkenntnis** zu seinem Vorteil ausnutzt (OLG Düsseldorf GRUR 2006, 782 ff – Lottofonds).

100 **2. Gegenüber Kindern und Jugendlichen.** Indizien dafür, dass sich die Werbung – zumindest auch – gezielt an diese **besonders schützenswerte Verbrauchergruppe** wendet, können das verwendete Medi-

um (zB Jugendzeitschrift) oder die Art des Produkts (zB Spielzeug) sein, die inhaltliche Gestaltung, die Ansprache („Du") oder die Verwendung von Zugaben, die speziell für diese Altersgruppe gemacht sind (*Köhler/Bornkamm/Köhler*, UWG § 4 Rn 2.26). Kinder und Jugendliche sollen primär **vor dem Erwerb unnötiger oder überteuerter Waren oder Leistungen geschützt** werden. Allerdings ist **nicht jede gezielte Beeinflussung von Minderjährigen unlauter** (OLG Frankfurt GRUR 2005, 782 ff – Milchtaler). Maßgeblich ist, ob sich gerade der Umstand, dass Minderjährige typischerweise noch nicht in ausreichendem Maße in der Lage sind, Waren oder Dienstleistungsangebote kritisch zu beurteilen, auf die Erwerbsentscheidung auswirken kann (BGH GRUR 2006, 776 ff – Werbung für Klingeltöne). Es ist dabei insbesondere darauf abzustellen, ob eine für Kinder und Jugendliche notwendige erhöhte Transparenz des Angebots vorliegt (verneint bei „Werbung für Klingeltöne") oder ob auf die noch unzureichend ausgeprägte Fähigkeit zum Haushalten abgezielt wird. Dies wird allerdings umso seltener vorliegen, je geringer die finanzielle Belastung (oder der Wert der Prämie) ausfällt. So wurde eine Werbeaktion, bei der für den Kauf von 25 Schokoladenriegeln während eines längeren Zeitraums ein bei Dritten einzulösender Gutschein über fünf Euro als Prämie versprochen wird, nicht als unlauter angesehen (BGH GRUR 2009, 71 ff – Sammelaktion für Schoko-Riegel). Sofern die an Kinder gerichtete Werbung eine klare Aufforderung zum Kauf enthält („Holt sie euch!"), ist dies nunmehr nach Nr. 28 des Anhangs zu § 3 Abs. 3 unlauter.

III. Leichtgläubigkeit

Leichtgläubigkeit bedeutet, dass eine bestimmte Information nicht weiter hinterfragt, sondern ohne 101
Weiteres als zutreffend angesehen wird (*Lettl*, UWG Rn 251). In aller Regel wird Leichtgläubigkeit mit geschäftlicher Unerfahrenheit zusammentreffen, so dass deren isolierter Anwendungsbereich gering ist. Selbstständige Bedeutung erlangt der Tatbestand vor allem bei beratungsbedürftigen Geschäften, wenn sich der Verbraucher auf die Behauptungen des Werbenden aufgrund dessen (tatsächlicher oder vermeintlicher) Sachkenntnis oder beruflicher Stellung verlässt.

IV. Angst

Wer Ängste schürt und durch den Erwerb eines bestimmten Produkts eine **Errettung aus der Angst** 102
machenden Situation verspricht, nutzt die Angst des Verbrauchers im Sinne von § 4 Nr. 2 aus. Allein der Hinweis auf zutreffende gesellschaftliche oder wissenschaftliche Realitäten (zB Inflation oder Klima) vermag eine Unlauterkeit – außer womöglich in Notzeiten – nicht zu begründen. Ohnehin sind unter Zugrundelegung des Leitbilds des aufgeklärten und vernünftigen Verbrauchers kaum noch Angebote oder Werbeaussagen vorstellbar, die nach § 4 Nr. 2 Alt. 5 unlauter sind.

V. Zwangslage

Eine **Zwangslage** liegt vor, wenn durch wirtschaftliche Not oder sonstige Umstände ein zwingendes 103
Bedürfnis nach einer Geld-, Sach- oder Dienstleistung entsteht (*Köhler/Bornkamm/Köhler*, UWG § 4 Rn 2.57 ff), wie dies beispielsweise bei **Unfällen, Erkrankungen, Armut oder sonstige besondere Drucksituationen** der Fall sein kann (*Harte/Henning/Stuckel*, UWG § 4 Rn 36). Die Zwangslage muss objektiv bestehen und den verständigen Durchschnittsverbraucher derart bedängen, dass er außer Stande ist, eine rationale, an seinen Bedürfnissen orientierte Entscheidung zu treffen. Lauterkeitsrechtlich relevant sind insbesondere die Fälle, in denen Anbieter eine **Vormachtsstellung** ausnutzen, um den Verbraucher zum Erwerb zusätzlicher Leistungen zu bewegen.

§ 4 UWG Beispiele unlauterer geschäftlicher Handlungen

…

3. **den Werbecharakter von geschäftlichen Handlungen verschleiert;**

…

A. Allgemeines

104 § 4 Nr. 3 soll als Ausprägung des Transparenzgebots und des Irreführungsverbots dem Adressaten von Wettbewerbshandlungen ermöglichen, subjektive Werbemaßnahmen und -aussagen als solche zu erkennen und von objektiven Informationen durch Dritte zu unterscheiden. § 4 Nr. 3 ist ergänzt worden durch die im Wesentlichen inhaltsgleiche Nr..11 des Anhangs zu § 3 Abs. 3. In den Schutzbereich fallen sowohl Verbraucher als auch sonstige Marktteilnehmer. **Soweit Normadressat von § 4 Nr. 3 die Medien im Hinblick auf ihre redaktionellen Angebote sind, kann auf den 24. Abschnitt, Trennung von Werbung und Inhalten, verwiesen werden.** Im Übrigen ist zu unterscheiden zwischen der Anbahnung und dem Inhalt von werblichem Kontakt.

B. Verschleierte Kontaktaufnahme

105 Unter verschleierter Kontaktaufnahme sind die Fälle zu verstehen, in denen der Anbieter von Waren oder Dienstleistungen **unter einem Vorwand mit der Marktgegenseite Kontakt aufnimmt**, ohne dass diese dessen tatsächliche Absicht, ein Geschäft abzuschließen, erkennen können. Klassisches Beispiel hierfür ist die Kaffeefahrt, bei der in den Werbeschreiben nicht klar zum Ausdruck kommt, dass ein wesentlicher Teil der Fahrt der Warenabsatz des Veranstalters dienen soll (BGH GRUR 1988, 829 f – Verkaufsfahrten II). Eine andere, inzwischen sehr beliebte Fallkonstellation ist die der versteckten Adressgewinnung wie beim Versenden eines **Fragebogens** zu einer vermeintlichen Meinungsumfrage, sofern die Empfänger tatsächlich nur veranlasst werden sollen, ihre Adressen und weitere persönliche Daten zu überlassen (BGH GRUR 1973, 268 – Verbraucher-Briefumfragen).

C. Getarnte Werbung

106 Außerhalb der redaktionellen Berichterstattung kann getarnte Werbung im Wesentlichen in der **Tarnung als wissenschaftliche oder fachliche Äußerung, im Vortäuschen objektiver und neutraler Auskunft sowie im Rahmen der Verwendung von nicht als Werbung erkennbaren Materialien vorkommen.** Dabei wird es jeweils im Einzelfall darauf ankommen, wie viel Objektivität und Kompetenz der angesprochene informierte Durchschnittsverbraucher dem sich Äußernden üblicherweise entgegenbringt (BGH GRUR 1995, 744 ff – Feuer, Eis & Dynamit I).

§ 4 UWG Beispiele unlauterer geschäftlicher Handlungen

...

4. **bei Verkaufsförderungsmaßnahmen wie Preisnachlässen, Zugaben oder Geschenken die Bedingungen für ihre Inanspruchnahme nicht klar und eindeutig angibt;**

...

A. Allgemeines

107 § 4 Nr. 4 soll als Ausprägung von **Transparenzgebot und Irreführungsverbot** Verbraucher und sonstige Marktteilnehmer vor unangemessen unsachlichem Einfluss durch unzureichende Information über die Bedingungen für die Inanspruchnahme von **Verkaufsförderungsmaßnahmen** schützen. Vor allem angesichts der hohen Attraktivität und des häufigen Einsatzes solcher Maßnahmen wird allgemein ein Missbrauchspotential hinsichtlich möglicher Irreführung und Preisverschleierung erblickt (*Harte/Henning*, UWG § 4 Nr. 4 Rn 17).

B. Verkaufsförderungsmaßnahmen

108 Neben den exemplarisch aufgezählten Preisnachlässen, Zugaben und Geschenken hat § 4 Nr. 4 **praktische Relevanz vor allem auch bei Treueprogrammen und sonstigen Kundenbindungssystemen.** Deren Ausgestaltung ist auch wegen der längeren Dauer und der notwendigen Vielzahl von einzelnen Kaufentscheidungen, die sich auf das Programm auswirken, komplizierter als die bloße Gewährung von Rabatten oder Zugaben für eine einzelne Ware. Es sind deshalb insoweit hohe Anforderungen an deren Transparenz zu stellen.

C. Unklare Bedingungen für die Inanspruchnahme

Unter solchen Bedingungen sind alle Voraussetzungen zu verstehen, die erfüllt sein müssen, damit der Kunde die Vergünstigung erlangen kann. Der Begriff der Bedingungen ist weit auszulegen und umfasst sowohl die **Berechtigung** als auch die **Modalitäten** (*Köhler/Bornkamm/Köhler*, UWG § 4 Rn 4.9). Als Kriterien für die Berechtigung zur Inanspruchnahme gelten dabei etwa Wohnort, Geschlecht oder Alter, als Modalitäten sind Zeitraum oder Ausgestaltung des Angebots zu verstehen. Von § 4 Nr. 4 werden **nur unklare Bedingungen der Inanspruchnahme der Vergünstigung sanktioniert**, nähere Angaben über die zu erwerbende entgeltliche Ware werden nicht gefordert (OLG Köln MMR 2006, 472 f). So ist die Werbung für einen Preisnachlass unlauter, wenn nicht klar darauf hingewiesen wird, dass dieser nur für Vorratsware gilt (BGH WRP 2010, 1017 ff – Preisnachlass nur für Vorratsware). Auch müssen besondere Verkaufsaktionen zwar nicht befristet werden (BGH GRUR 2008, 1114 f – Räumungsfiliale), sofern die Aktion aber von vornherein befristet war, muss auf diese Befristung hingewiesen werden (BGH Urt. v. 30.4.2009 – I ZR 148/07 – 90% Preisnachlass wegen Räumung). Hat eine Aktion bereits begonnen, braucht auf den Beginn nicht hingewiesen zu werden (BGH GRUR 2009, 1185 f – Totalausverkauf), außerdem kann es zulässig sein, auf Fundstellen für ergänzende Informationen zu verweisen (BGH GRUR 2009, 1064 ff – Geld-zurück-Garantie II). Auch sind die Höhe des Preisnachlasses (*Lettl*, UWG Rn 285; differenzierend *Köhler/Bornkamm/Köhler*, UWG § 4 Rn 4.13) oder der Wert von Zugabe oder Geschenk keine Bedingungen der Inanspruchnahme. Unklarheiten hierüber fallen ggf unter § 4 Nr. 1 oder § 5. 109

§ 4 UWG Beispiele unlauterer geschäftlicher Handlungen

...

5. **bei Preisausschreiben oder Gewinnspielen mit Werbecharakter die Teilnahmebedingungen nicht klar und eindeutig angibt;**

...

A. Allgemeines

§ 4 Nr. 5 dient dem Schutz der Teilnehmer an Preisausschreiben und Gewinnspielen vor unsachlicher Beeinflussung und Irreführung durch unklare Teilnahmebedingungen. Als Unterfall des § 4 Nr. 4 soll dem speziellen Missbrauchspotential dieser von **aleatorischen Reizen** geprägten, jedoch grundsätzlich zulässigen Verkaufsförderungsmaßnahmen begegnet werden. Auch § 4 Nr. 5 schützt Verbraucher und sonstige Marktteilnehmer. 110

B. Preisausschreiben oder Gewinnspiele mit Werbecharakter

Unter **Preisausschreiben** ist ein Wettbewerb, bei dem der Gewinner zunächst nur aufgrund seiner **persönlichen Kenntnisse oder Fertigkeiten** ermittelt wird, zu verstehen. In der Regel wird freilich oftmals am Ende durch Los entschieden, so, wenn beim Preisrätsel mehrere richtige Antworten eingehen. Das Wesen des **Gewinnspiels** dagegen liegt darin, dass der Gewinner ausschließlich durch irgendein **Zufallselement** (und ohne einen Einsatz, sonst wäre es Glücksspiel) bestimmt wird (*Lettl*, UWG Rn 213). Der Werbecharakter ist gegeben, wenn Preisausschreiben oder Gewinnspiel dazu dienen, entweder den **Warenabsatz oder das Erscheinungsbild des Unternehmens zu fördern**. Er liegt in der Regel schon in der mit der Gewinnauslobung verbundenen positiven Selbstdarstellung des Unternehmens (BGH GRUR 2005, 1061 ff – Telefonische Gewinnauskunft). 111

C. Unklare Teilnahmebedingungen

Unter **Teilnahmebedingungen** sind alle Voraussetzungen zu verstehen, die der Teilnehmer erfüllen muss, um am Preisausschreiben oder Gewinnspiel teilzunehmen. Der Begriff ist weit zu verstehen und betrifft sowohl die Vorgaben, **ob** jemand teilnehmen kann als auch **wie** teilgenommen werden kann. Auch eine vorgelagerte Werbung für das Gewinnspiel selbst wird erfasst (BGH NJW 2008, 2509 ff – Urlaubsgewinnspiel). Ein Ausschluss wegen Betriebszugehörigkeit ist mithin ebenso mitzuteilen wie sämtliche Modalitäten, angefangen von der Frage, wer Veranstalter ist bis zur genauen Beschreibung 112 der wirksamen Teilnahme einschließlich etwaiger Kosten einer Teilnahme. So reicht es aus, wenn die Aufforderung, die Telefonnummer für eine Gewinnbenachrichtigung – freiwillig – mitzuteilen mit dem Hinweis verknüpft wird, dass auch „weitere interessante telefonischen Angebote" erfolgen könnten (BGH, Urt. v. 14.4.2011 – I ZR 50/09). Weiter kann eine Wettbewerbswidrigkeit bei den vor allem von Spartensendern populär gemachten **TV-Gewinnspielen mit einer 0137-Rufnummer** nur dann angenommen werden, wenn vom Moderator vorgetäuscht wird, dass niemand anrufen würde, um Personen zur Teilnahme zu bewegen. Das „Hot-Button-Verfahren", bei dem auch dann Verbindungsgebühren zulasten des Anrufers anfallen, wenn eine Teilnahme nicht zustande kommt, ist hingegen unbedenklich. Ein nur halbwegs verständiger Teilnehmer an einem derartigen Gewinnspiel weiß, dass er für die Teilnahme ein Entgelt in Form der Telefongebühren entrichten muss und nur eine Chance besteht, die Gewinnfrage beantworten zu können (OLG München MMR 2006, 225 f). Ferner ist über die Frage der Inanspruch- und Entgegennahme eines Gewinns grundsätzlich klar zu informieren (BGH GRUR 2005, 1061 ff – Telefonische Gewinnauskunft). Nicht erforderlich dagegen ist eine umfassende Information über die ausgelobten Gewinne oder die Gewinnchance, sofern die Mitteilung nicht für die Entscheidung über die Teilnahme selbst relevant ist, wie dies bei Reisen mit festen Terminen der Fall wäre. Auch der Zeitpunkt der umfassenden Information muss so gewählt sein, dass es einem potenziellen Teilnehmer möglich ist, sie bei seiner Teilnahmeentscheidung zu berücksichtigen. Bei flüchtigen Medien kann es ausreichen, auf stets verfügbare Informationsquellen zu verweisen (BGH GRUR 2010 158 ff – FIFA-WM-Gewinnspiel).

§ 4 UWG Beispiele unlauterer geschäftlicher Handlungen

...

6. **die Teilnahme von Verbrauchern an einem Preisausschreiben oder Gewinnspiel von dem Erwerb einer Ware oder der Inanspruchnahme einer Dienstleistung abhängig macht, es sei denn, das Preisausschreiben oder Gewinnspiel ist naturgemäß mit der Ware oder der Dienstleistung verbunden;**

...

A. Allgemeines

113 Ursprünglicher Normzweck der § 4 Nr. 6 war der Schutz von Verbrauchern – nicht aber sonstiger, regelmäßig geschäftserfahrener Marktteilnehmer – vor unsachlicher Beeinflussung durch **Ausnutzung der Spiellust und des Gewinnstrebens** (*Köhler/Bornkamm/Köhler*, UWG § 4 Rn 6.2). Dieser Sonderfall des § 4 Nr. 1 Alt. 3 sollte den Verbraucher mithin vor dem Erwerb von Produkten schützen, die er eigentlich nicht braucht. Zwar stellte § 4 Nr. 6 anders als § 4 Nr. 5 nicht auf den Werbecharakter von Preisausschreiben und Glücksspiel ab, inhaltliche Unterschiede ergaben sich daraus praktisch aber nicht (*Lettl*, UWG Rn 290). Nachdem der EuGH (GRUR 2010, 244 ff – Plus-Warenhandelsgesellschaft; GRUR 2011, 76 ff – Mediaprint) festgestellt hat, dass sowohl das deutsche wie das österreichische Kopplungsverbot im Gewinnspielrecht deshalb gegen EU-Recht verstoßen, weil sie in ihrer Auslegung **als per-se- bzw allgemeines Verbot mit der Richtlinie über unlautere Geschäftspraktiken unvereinbar** seien, wird überlegt, dass man künftig zusätzlich auf § 3 Abs. 2 Satz 1 zurückgreifen und prüfen muss, ob die Koppelung tatsächlich die Verbraucherentscheidung **spürbar beeinträchtigt** (*Köhler/Bornkamm/Köhler*, UWG § 4 Rn 6.2a). Mittlerweile hat der BGH die Entscheidung des EuGH aufgegriffen und folgerichtig festgestellt, dass eine Koppelung nur dann unlauter ist, wenn sie im Einzelfall von Art. 5 Abs. 2 lit. a) oder Art. 6 und 7 der Richtlinie 2005/29/EG über unlautere Geschäftspraktiken erfasst wird (BGH GRUR 2011, 532 – Millionen-Chance II, vgl unter Rn 118). Die folgenden Ausführungen zum Tatbestand des § 4 Nr. 6 sind daher im Vergleich zur Vorauflage gekürzt, nachdem die praktische Bedeutung in Zukunft nur noch sehr überschaubar sein wird.

B. Unzulässige Koppelung an Warenerwerb

114 Eine **Abhängigkeit** der Teilnahme an einem Preisausschreiben oder Gewinnspiel vom Erwerb einer Ware oder der Inanspruchnahme einer Dienstleistung kann in zwei Varianten vorliegen.

I. Rechtliche Abhängigkeit

Unter der **rechtlichen Abhängigkeit** sind die Fälle zu verstehen, in denen der Verbraucher irgendeine Ware kaufen muss, um überhaupt am Preisausschreiben oder Gewinnspiel teilnehmen zu können. Dies ist beispielsweise gegeben, wenn die Teilnahmekarte auf der Produktverpackung abgedruckt ist oder der Gewinnbezug vom Erwerb der Ware abhängig gemacht wird, wobei es unbeachtlich ist, ob eine bestimmte oder nur irgendeine Ware erworben werden muss (OLG Frankfurt MD 2006, 1177 ff). Unzulässig ist auch, wenn das eigentliche Gewinnspiel nicht – wie regelmäßig der Fall – dem Erwerbsvorgang nachgeschaltet ist, sondern durch den Warenerwerb automatisch die Teilnahme am Gewinnspiel stattfindet. So war es unlauter, damit zu werben, dass „jeder 20. Käufer" Flugtickets gewinnen würde (OLG Köln WRP 2007, 102). Auch die bei Vertriebsabteilungen beliebte Methode der „**Early Birds**", also der nur für die schnellsten Besteller eröffneten Teilnahmemöglichkeit an einer Verlosung, fällt deshalb ebenso unter § 4 Nr. 6 wie das direkte Gewähren eines **Geschenks für die schnellsten Besteller**, da es im Wesentlichen vom Zufall abhängt, wer in deren Genuss kommt. 115

II. Tatsächliche Abhängigkeit

Eine Koppelung liegt auch dann vor, wenn eine nur **tatsächliche Abhängigkeit** zwischen dem Warenabsatz und der Gewinnspielteilnahme oder den Gewinnchancen anzunehmen ist, weil der Verbraucher aus anderen als rechtlichen Gründen nicht umhin kann, eine Ware oder Dienstleistung zu erwerben, um teilzunehmen oder seine Gewinnchance zu erhöhen (*Köhler/Bornkamm/Köhler*, UWG § 4 Rn 6.10). Ob eine solche Abhängigkeit besteht, beurteilt sich im Einzelfall nunmehr aber aus der Sicht eines durchschnittlich informierten, aufmerksamen und verständigen Verbrauchers (BGH WRP 2005, 876 – Traumcabrio). Unter Zugrundelegung dieses modernen Verbraucherbegriffs hat der BGH damit dem lange Zeit vorherrschenden vermeintlichen Erfahrungssatz endgültig den Garaus gemacht, wonach ein nicht ganz unerheblicher Teil der angesprochenen Verkehrskreise schon allein aufgrund der **Verbindung von Bestell- und Gewinnspielschein** davon ausgehe, durch eine Warenbestellung könne die Gewinnchance verbessert werden. Gerade für die Abonnentengewinnung der Verlage wird damit die Möglichkeit eröffnet, für Bestell- und Gewinnspielvorgang einen Coupon zu verwenden und allein durch dessen Gestaltung eine Unlauterkeit wegen tatsächlicher Abhängigkeit iSv § 4 Nr. 6 zu vermeiden. Entscheidend für die Ausgestaltung des Bestellscheins ist danach, dass eine klare **Trennung von Bestellung und Gewinnteilnahme** vorhanden ist. Dies wird in erster Linie durch den ausdrücklichen Hinweis auf eine Teilnahmemöglichkeit ohne gleichzeitige Bestellverpflichtung geschehen. 116

Ein **psychischer Kaufzwang**, der zum Vorliegen einer tatsächlichen Abhängigkeit führt, wird – wenn überhaupt – nur noch dann angenommen werden können, wenn der Verbraucher aus seiner Anonymität heraustreten muss. Dies kann dann der Fall sein, wenn dies notwendig ist, um an einer Veranstaltung teilzunehmen oder den Gewinn entgegenzunehmen, wobei der bloße Kontakt ohne zusätzliche Umstände – wie ein Bloßstellen – nicht ausreichen wird (BGH GRUR 1998, 735 ff – Rubbelaktion). 117

Wie oben bereits dargestellt hat § 4 Nr. 6 BGH die Vorgaben des EuGH aufgegriffen und im Grunde contra legem festgestellt, dass eine Koppelung nur noch dann unlauter ist, wenn sie im Einzelfall deshalb eine unlautere Geschäftspraxis darstellt, weil sie als **irreführende Geschäftspraxis** oder als **Verstoß gegen die berufliche Sorgfalt** einzuordnen ist (BGH GRUR 2011, 532 – Millionen-Chance II). Eine Irreführung käme etwa in Betracht, wenn der Verbraucher über die Gewinnchancen in die Irre geführt oder auch nur unzureichend über Teilnahmebedingungen oder Gewinnmöglichkeiten unterrichtet würde. Ein Verstoß gegen die berufliche Sorgfalt kann im Ausnahmefall angenommen werden, wenn von dem gekoppelten Gewinnspielangebot eine so starke Anlockwirkung ausgeht, dass die Rationalität der Nachfrageentscheidung der Verbraucher vollständig in den Hintergrund tritt. Dies lag in dem der Entscheidung des BGH zugrunde liegenden Fall nicht vor. Es ging um eine Werbekampagne einer Einzelhandelskette, bei der Verbraucher durch Einkäufe Punkte sammeln konnten und bei Ansammlung von 20 Punkten (dies entsprach einem Einkaufswert von 100,- EUR) kostenlos an einer Lottoziehung (der Wert der Gewinnchance entsprach dem üblichen Lottoeinsatz von ca. 1,- EUR) teilnehmen konnten. Diese nach bisheriger Rechtsprechung verbotene Gewinnspielkoppelung hat der BGH jetzt als zweifelsfrei zulässig erachtet. Insgesamt kann ein Wettbewerbsverstoß bei einer Gewinnspielkopplung hingegen etwa weiterhin in Frage kommen, wenn der Verbraucher durch die Gewinnspielkopplung zu einer **uninformierten Spontanentscheidung** veranlasst werden soll oder wenn sich das Angebot an **besonders schutzwürdige Verbrauchergruppen**, etwa Kinder und Jugendliche, richtet (*Köhler*, GRUR 2011, 478 ff). 118

119 **Gebührenpflichtige Fernsehgewinnspiele** können ebenfalls zulässig sein, obwohl die Teilnehmer ein überwiegend dem Sender zufließendes Entgelt in Form von Telefongebühren zu entrichten haben, um an einem automatisierten Losverfahren teilzunehmen, welches über die Durchstellung des Anrufers in die Sendung entscheidet (OLG München MMR 2006, 225 f). Dies kann unabhängig von der neuen Rechtsprechung des BGH vor allem dann angenommen werden, wenn, wie in der Gesetzesbegründung vorgesehen, die Kosten nicht über die **üblichen Übermittlungskosten** hinausgehen. Legt man die Kosten einer Postkarte oder eines Briefes zugrunde, werden TV-Gewinnspiele, bei denen die Kosten eines Anrufs bei ca. **0,50 Euro** liegen, nicht als unlauter angesehen werden können. Dies entspricht auch der überwiegenden Praxis.

C. Naturgemäße Verbundenheit

120 Eine Unlauterkeit nach § 4 Nr. 6 scheidet aus, wenn Preisausschreiben oder Gewinnspiel naturgemäß mit der Ware oder Dienstleistung verbunden ist. Dieses **Privileg können vor allem die Medien** für sich in Anspruch nehmen, da es seit jeher Teil der redaktionellen Konzeption war, entsprechende Rätsel oder Spiele zur Unterhaltung der Leser, Hörer oder Zuschauer anzubieten. Der Verbraucher ist an entsprechende Angebote gewöhnt und erwartet diese auch. Der die Attraktivität des Mediums steigernde Unterhaltungswert geht insoweit der Ausnutzung der Spielsucht vor. Normale **Preisrätsel in Zeitungen oder Gewinnspiele in Radio und Fernsehen** unterliegen daher nur dann Bedenken, wenn zusätzliche Umstände hinzutreten wie der Zwang zum Erwerb weiterer Waren oder unklare Teilnahmebedingungen.

§ 4 UWG Beispiele unlauterer geschäftlicher Handlungen

...

7. die Kennzeichen, Waren, Dienstleistungen, Tätigkeiten oder persönlichen oder geschäftlichen Verhältnisse eines Mitbewerbers herabsetzt oder verunglimpft;

...

A. Allgemeines

121 Primärer **Schutzzweck** von § 4 Nr. 7 ist die Bewahrung des Mitbewerbers vor einer Beeinträchtigung seiner Wettbewerbschancen (*Köhler/Bornkamm/Köhler*, UWG § 4 Rn 7.2). Erfasst werden primär Meinungsäußerungen aber auch herabsetzende oder verunglimpfende Tatsachenbehauptungen, obwohl der Wortlaut von § 4 Nr. 8 nahe legt, dass Tatsachenbehauptungen stets hierunter fallen. Da eine Anwendung von § 4 Nr. 7 eine **Einschränkung der Meinungsfreiheit** nach sich zieht und als allgemeines Gesetz iSv Art. 5 Abs. 2 GG gilt, ist im **Einzelfall stets entsprechend abzuwägen** (BVerfG GRUR 2001, 1058 ff – Therapeutische Äquivalenz). Unwahre Tatsachenbehauptungen verwirklichen stets § 4 Nr. 7 (und in der Regel auch § 4 Nr. 8), da Art. 5 Abs. 1 GG insoweit keinen Schutz gewährt. Sofern die Beeinträchtigung im Rahmen einer vergleichenden Werbung geschieht, ist § 6 als abschließende Regelung vorrangig. Für eine Beeinträchtigung von Kennzeichen (vgl § 6 Abs. 2 Nr. 4, Rn 14) gilt zudem, dass **im Anwendungsbereich der Bestimmungen des Markengesetzes für § 4 Nr. 7 kein Raum** ist (BGH GRUR 2005, 583 ff – Lila-Postkarte).

B. Herabsetzen oder Verunglimpfen

122 Als Verletzungshandlung kommt jede Äußerung in Betracht, die nicht notwendigerweise textlich oder mündlich erfolgen muss. Auch die Verwendung von Fotografien oder sonstige Handlungsformen mit Warenbezug sind möglich. Eine **Herabsetzung** liegt dann vor, wenn eine **Verringerung der Wertschätzung** des Mitbewerbers, seines Unternehmens oder seiner Leistungen gegeben ist. Es kommt ausschließlich auf das Verständnis des modernen Verbrauchers oder sonstigen Marktteilnehmers an (*Lettl*, UWG Rn 299). Insbesondere im werberelevanten Bereich von **Humor und Ironie** ist darauf abzustellen, ob es primär um Aufmerksamkeitswerbung für die eigenen Produkte oder das eigene Unternehmen oder eher um Verspottung der Konkurrenz geht. Nur im letzten Fall ist wie bei **Schmähkritik**, bei der nicht die Sachauseinandersetzung, sondern eine Diffamierung im Vordergrund steht,

von einer Verwirklichung von § 4 Nr. 7 auszugehen. Eine **Verunglimpfung schließlich kann als Verächtlichmachung in Gestalt eines abträglichen Werturteils ohne jede sachliche Grundlage**, mithin als gesteigerte Form der Herabsetzung verstanden werden (*Köhler/Bornkamm/Köhler*, UWG § 4 Rn 7.12).

C. Einzelfälle

Werden die Erwerber eines Konkurrenzprodukts als Menschen dargestellt, die nicht mit der Zeit gehen und auch sonst eher lasch im Verkehr auftreten, liegt eine verunglimpfende Darstellung iSv § 4 Nr. 7 vor, sofern der Vergleich an **keinerlei objektiv verifizierbare Merkmale** anknüpft (OLG München Urt. v. 21.7.2005 – 6 U 5248/04). Zulässig hingegen ist die Versendung eines Schreibens, in dem auf sachliche Art auf die Abgabe einer strafbewehrten Unterlassungserklärung oder den Erlass einer einstweiligen Verfügung gegen den Wettbewerber hingewiesen wird. Ein solches Richtigstellungsschreiben setzt den Wettbewerber nicht herab (OLG München Urt. v. 6.7.2006 – 29 U 1853/06). 123

§ 4 UWG Beispiele unlauterer geschäftlicher Handlungen

...

8. **über die Waren, Dienstleistungen oder das Unternehmen eines Mitbewerbers oder über den Unternehmer oder ein Mitglied der Unternehmensleitung Tatsachen behauptet oder verbreitet, die geeignet sind, den Betrieb des Unternehmens oder den Kredit des Unternehmers zu schädigen, sofern die Tatsachen nicht erweislich wahr sind; handelt es sich um vertrauliche Mitteilungen und hat der Mitteilende oder der Empfänger der Mitteilung an ihr ein berechtigtes Interesse, so ist die Handlung nur dann unlauter, wenn die Tatsachen der Wahrheit zuwider behauptet oder verbreitet wurden;**

...

A. Allgemeines

Unlauter ist gem. § 4 Nr. 8 jede **Anschwärzung** eines Mitbewerbers. Die Regelung entspricht inhaltlich dem § 14 UWG aF, die Änderungen sind nur redaktioneller Natur (*Berlit*, Wettbewerbsrecht III. Rn 99). Zweck ist der Individualschutz der Mitbewerber vor unwahren, geschäftsschädigenden Behauptungen gegenüber Dritten (*Lettl*, UWG Rn 304). § 4 Nr. 8 ist neben §§ 5, 6 Abs. 2 Nr. 5 und §§ 823 ff BGB anwendbar. 124

B. Tatsachenbehauptung

Voraussetzung ist das Vorliegen einer falschen Tatsachenbehauptung. Insofern ist die **Abgrenzung von Meinungsäußerung und Tatsachenbehauptung** (vgl oben 33. Abschnitt Rn 51) von Bedeutung. So ist die Äußerung einer Rechtsansicht keine wettbewerbswidrige Tatsachenbehauptung (OLG Düsseldorf K&R 2009, 730 f). § 4 Nr. 8 unterscheidet zwischen dem Sonderfall vertraulicher Mitteilungen, an denen der Mitteilende oder der Empfänger ein berechtigtes Interesse hat und sonstigen Mitteilungen. Die Tatsachenbehauptung muss sich auf Waren, Dienstleistungen oder das Unternehmen oder den Unternehmer oder ein Mitglied der Unternehmensleitung beziehen. Sowohl die Tatsachenbehauptung, also das Aufstellen einer solchen als auch deren Mitteilung, also die Weitergabe, muss **gegenüber einem Dritten** erfolgen. Die Person des Dritten ist dabei weit auszulegen und erfasst alle anderen Marktteilnehmer neben dem Verletzen (*Lettl*, UWG Rn 312). 125

Die Tatsachenbehauptung muss falsch sein, wahre Tatsachenbehauptungen werden wie Werturteile nur über § 4 Nr. 7 geahndet. § 4 Nr. 8 1. Hs stellt zugunsten des Verletzten eine **Beweislastumkehr** auf. Danach muss nicht der vermeintlich Verletzte die Unwahrheit beweisen, sondern der Angreifer die Wahrheit seiner Tatsachenbehauptung. 126

C. Eignung zur Betriebs- oder Kreditschädigung

Die Äußerung muss objektiv geeignet sein, den Betrieb oder die Kreditwürdigkeit des Mitbewerbers zu schädigen. Es genügt, wenn die Behauptung nach dem Verständnis des durchschnittlich informier- 127 ten, aufmerksamen und verständigen Durchschnittsangehörigen des angesprochenen Empfängerkreises **irgendwelche Nachteile für die Erwerbstätigkeit** mit sich bringen kann (*Köhler/Bornkamm/Köhler*, UWG § 4 Rn 8.19). So sind falsche Behauptungen über die Lieferfähigkeit (BGH GRUR 1993, 572 ff – Fehlende Lieferfähigkeit), über Bonitätszweifel (BGH WRP 1995, 493 ff – Schwarze Liste) oder über die Wirksamkeit des Präparats eines Wettbewerbers (BGH WRP 2002, 828 ff – Hormonersatztherapie) nach § 4 Nr. 8 unlauter. Gerade im letzten Fall zeigt sich der Vorteil der Beweislastumkehr für den Angegriffenen.

D. Vertrauliche Mitteilungen

128 Die **Beweislastumkehr** des § 4 Nr. 8 1. Hs **gilt** jedoch gem. § 4 Nr. 8 2. Hs als Ausnahme von der Ausnahme dann **nicht, wenn es sich um eine vertrauliche Mitteilung handelt**, an der ein berechtigtes Interesse besteht. Hier muss der vermeintlich Verletzte den Beweis der Unwahrheit erbringen. **Vertraulich ist eine Mitteilung, wenn der Mitteilende berechtigterweise davon ausgeht, dass eine Weiterleitung nicht erfolgt.** An den Nachweis der Vertraulichkeit durch den Mitteilenden sind hohe Anforderungen zu stellen, die beispielsweise bei Pressemitteilungen, Rundschreiben oder Mitteilungen an Verbände (BGH GRUR 1992, 860 ff – Bauausschreibungen) regelmäßig nicht vorliegen. Es muss weiter ein **berechtigtes Interesse** an der Mitteilung durch den Mitteiler oder den Empfänger vorliegen. Dies ist im Rahmen einer Interessenabwägung zwischen dem verfolgten Nutzen der Mitteilung und dem möglichen Schaden unter Berücksichtigung des Verhältnismäßigkeitsgrundsatzes zu beurteilen (*Lettl*, UWG Rn 318). Die Mitteilung muss so schonend wie möglich erfolgen.

§ 4 UWG Beispiele unlauterer geschäftlicher Handlungen

...

9. **Waren oder Dienstleistungen anbietet, die eine Nachahmung der Waren oder Dienstleistungen eines Mitbewerbers sind, wenn er**
   a) **eine vermeidbare Täuschung der Abnehmer über die betriebliche Herkunft herbeiführt,**
   b) **die Wertschätzung der nachgeahmten Ware oder Dienstleistung unangemessen ausnutzt oder beeinträchtigt oder**
   c) **die für die Nachahmung erforderlichen Kenntnisse oder Unterlagen unredlich erlangt hat;**

...

A. Allgemeines

129 Normzweck von § 4 Nr. 9 ist ausschließlich der Schutz des Mitbewerbers vor der Ausbeutung seines Leistungsergebnisses. Sofern solche Leistungsergebnisse allerdings nicht unter Sonderrechtsschutz (Patent-, Gebrauchsmuster-, Marken- oder Urhebergesetz) stehen, sind sie grundsätzlich frei. Jeder Gewerbetreibende darf sich an entsprechenden Gestaltungen orientieren und diese auch übernehmen. Diese grundsätzliche **Nachahmungsfreiheit**, ohne die jeder Fortschritt unmöglich wäre, ist nur dann eingeschränkt, wenn ein besonderes Unlauterkeitsmoment hinzutritt. Die Auflistung in § 4 Nr. 9 lit. a) bis c) ist nach der Gesetzesbegründung nicht abschließend. § 4 Nr. 9 begründet also den **ergänzenden wettbewerbsrechtlichen Leistungsschutz**.

B. Waren oder Dienstleistungen

130 Der Begriff der Waren und Dienstleistungen ist weit auszulegen und erfasst Leistungs- und Arbeitsergebnisse aller Art (*Köhler/Bornkamm/Köhler*, UWG § 4 Rn 9.21). Darunter technische und nichttechnische Erzeugnisse, Datensammlungen, verkörperte Werbemittel wie Kataloge, Preislisten, Muster oder Prospekte, Werbeslogans oder Werbeauftritte. Schutz genießt aber immer nur die konkrete Gestaltung der Leistung, nie die zugrunde liegende Idee oder die – oft gemeinfreien – Grundgedanken einer Gestaltung (BGH GRUR 2005, 166 ff – Puppenausstattungen). Das nachgeahmte Produkt bedarf zudem einer **wettbewerblichen Eigenart**, also etwas, was es aus der Masse der Allerweltsprodukte heraushebt. Diese ist dann gegeben, wenn die konkrete Ausgestaltung oder bestimmte Merkmale des Erzeugnisses geeignet sind, die angesprochenen Verkehrskreise auf seine **betriebliche Herkunft** oder

seine **Besonderheiten** hinzuweisen (*Köhler/Bornkamm/Köhler*, UWG § 4 Rn 9.24), was sich in der Regel aber aus ästhetischen oder technischen Merkmalen ergibt.

C. Anbieten einer Nachahmung

Unter der Geltung des alten UWG haben sich drei Fallgruppen der Nachahmung herausgebildet. Die stärkste Form ist die der **unmittelbaren Leistungsübernahme**, also des Herstellens einer identischen Kopie. Eng verbunden ist die **fast identische Leistungsübernahme**, bei der die Nachahmung nur geringfügige, im Gesamteindruck unerhebliche Abweichungen vom Original aufweist (BGH GRUR 2000, 521 ff – Modulgerüst). Die unmittelbare Leistungsübernahme ist dabei von der nicht unter § 4 Nr. 9 fallenden unmittelbaren Übernahme des Leistungsergebnisses zu unterscheiden (BGH NJW 2011, 1811 ff – Hartplatzhelden.de). Die schwächste Form der Nachahmung ist die **nachschaffende Übernahme oder Anlehnung**. Hierbei wird die fremde Leistung nicht unmittelbar oder fast identisch übernommen, sondern lediglich als Vorbild benutzt und nachschaffend über Einsatz eigener Leistung wiederholt (BGH GRUR 1992, 523 ff – Betonsteinelemente). Entscheidend ist im Einzelfall, ob erkennbar wesentliche Elemente des Originals übernommen wurden oder ob sich die Nachahmung davon deutlich absetzt. So ist ein Angebot, dass Zusammenfassungen (sog. **Abstracts**) verschiedener Feuilletonartikel überregionaler Zeitungen selbst und über Dritte anbietet, nicht unlauter, da nicht die übernommenen, sondern die eigenen Gestaltungsmerkmale im Vordergrund stehen (OLG Frankfurt GRUR 2008, 249 ff – der BGH hat der Revision nur im Hinblick auf urheberrechtliche Fragen stattgegeben, Urt. v. 1.12.2010 – ZR 12/08). Keine Leistungsübernahme liegt vor beim bloßen Setzen von Hyperlinks (BGH GRUR 2003, 958 ff – Paperboy), es sei denn, es handelt sich um eine systematische Übernahme eines bedeutenden Teils eines (zB redaktionellen) Angebots, was sich gerade auch durch die Auswahl, Mischung und Anordnung seiner Beiträge und Themen auszeichnet. 131

Die Nachahmung muss weiter angeboten werden. **Anbieten** meint dabei jede Handlung, die auf den Vertrieb gerichtet ist einschließlich der Werbung und dem Feilhalten (*Köhler/Bornkamm/Köhler*, UWG § 4 Rn 9.39). Allein die reine Herstellung ist noch kein Anbieten. In subjektiver Hinsicht setzt ein Nachahmen **Kenntnis des Vorbilds** und ein bewusstes Übernehmen oder Anlehnen voraus. Doppelschöpfungen fallen daher unabhängig ihrer Chronologie nicht unter § 4 Nr. 9. 132

D. Unlauterkeit der Nachahmung

Die in § 4 Nr. 9 lit. a) bis c) genannten Fallgruppen stellen keine abschließende Auflistung der besonderen Umstände dar, die die **Nachahmung** einer wettbewerblichen eigenartigen Leistung als **unlauter** erscheinen lassen. 133

I. Vermeidbare Herkunftstäuschung (§ 4 Nr. 9 lit. a))

Danach handelt unlauter, wer die eine gewisse Bekanntheit genießende Leistung eines Mitbewerbers durch die Übernahme von Merkmalen, mit denen der verständige und aufgeklärte maßgebliche Verkehrskreis eine betriebliche Herkunftsvorstellung verbindet, nachahmt und seine Leistung anbietet, wenn er nicht im Rahmen des Möglichen und Zumutbaren alles Erforderliche getan hat, um eine entsprechende Irreführung auszuschließen (*Lettl*, UWG Rn 335). Es handelt sich um eine Ausprägung des Transparenzgebots im Hinblick auf die Herkunft von Waren oder Dienstleistungen. Natürlich ist jede **Herkunftstäuschung** theoretisch **vermeidbar**, bei § 4 Nr. 9 lit. a) wird deshalb gefordert, dass sie durch **geeignete und zumutbare Maßnahmen** wie individualisierende Materialien, Bezeichnungen oder Verpackungen verhindert werden kann (BGH GRUR 2000, 521 ff – Modulgerüst), wobei dies bei ästhetischen Merkmalen regelmäßig leichter fallen dürfte als bei technischen. 134

II. Rufausbeutung und -beeinträchtigung (§ 4 Nr. 9 lit. b))

Eine unlautere **Rufausbeutung** liegt vor, wenn die angesprochenen Verkehrskreise die Wertschätzung für das Original im Sinne eines **Imagetransfers** auf die Nachahmung übertragen. Dies liegt dann vor, wenn Eigenart und Besonderheiten des Produkts zu Qualitätserwartungen hinsichtlich des Originals führen, die der Verkehr dann aufgrund der Herkunftstäuschung dann der Nachahmung zuschreibt (BGH WRP 1985, 397 ff – Tchibo/Rolex). Andererseits ist es beispielsweise bei der Bewerbung von Sportfelgen zulässig, einen Sportwagen eines berühmten Herstellers mitsamt den montierten – und für 135 den Wagen zugelassenen – Felgen abzubilden, da dies deren bestimmungsgemäße Verwendung darstellt (BGH GRUR 2005, 163 ff – Aluminiumräder). Auch stellt die Veröffentlichung von Filmausschnitten von von einem Verband organisierten Spielbetrieb keine unlautere Nachahmung eines geschützten Leistungsergebnisses dar (BGH Urt. v. 28.10.2010 – I ZR 60/09).

III. Unredliche Erlangung von Kenntnissen und Unterlagen (§ 4 Nr. 9 lit. c))

136 Das besondere Unlauterkeitsmoment liegt hier in dem Vertrauensbruch, der durch **Erschleichung** eines fremden **Betriebsgeheimnisses** begangen wird. Als verletztes oder unberechtigt verwertetes Geschäftsgeheimnis kommen Informationen oder Unterlagen sowohl zu allen technischen Fragen als auch Kundenlisten, Rechnungen von Lieferanten oder sonstige, etwa strategische Papiere in Betracht.

IV. Sonstige Fälle

137 Eine Unlauterkeit kann sich schließlich auch vorwiegend aus dem Gesichtspunkt der **Behinderung** ergeben. Im Gegensatz zu § 4 Nr. 10 werden hier die Fälle aufgefangen, denen keine gezielte Behinderung innewohnt, sondern die Förderung des eigenen Wettbewerbs im Vordergrund steht. Als Beispiele können hier Preisunterbietung, Einsparung von Entwicklungskosten bei Nachahmung kurzlebiger Waren oder auch das systematische Nachahmen einer Vielzahl von Produkten eines Herstellers genannt werden.

§ 4 UWG Beispiele unlauterer geschäftlicher Handlungen

...

10. Mitbewerber gezielt behindert;

...

A. Allgemeines

138 § 4 Nr. 10 dient dem **Schutz der Mitbewerber vor individueller Behinderung** und zwar durch sämtliche Erscheinungsformen wie Boykott, Verdrängungs- und Vernichtungswettbewerb oder Missbrauch von Nachfragemacht (*Lettl*, UWG Rn 351). Dabei sind auch Handlungen im Verhältnis zweier Unternehmer auf verschiedenen Wirtschaftsstufen, insbesondere das sogenannte **Anzapfen**, erfasst (*Köhler/Bornkamm/Köhler*, UWG § 4 Rn 10.2). Der Begriff des Mitbewerbers richtet sich nach § 2 Nr. 3.

B. Gezielte Behinderung

139 **Behinderung** ist die Beeinträchtigung der wettbewerblichen Entfaltungsfreiheit eines Mitbewerbers (BGH GRUR 2001, 1061 ff – Mitwohnzentrale.de). Erfasst werden dabei alle Wettbewerbsparameter wie Absatz, Bezug, Werbung, Produktion, Finanzierung oder Personal (BGH GRUR 2004, 877 ff – Werbeblocker). Es genügt eine konkrete Eignung zur Behinderung. Da eine Behinderung des Mitbewerbers allerdings wettbewerbsimmanent ist, bedarf es zur Begründung der Unlauterkeit nach § 4 Nr. 10 stets eines zusätzlichen Umstandes, der über die bloße Folge des Wettbewerbs hinausgeht (*Berlit*, Wettbewerbsrecht III. 139). Dies wird durch das Merkmal der gezielten Behinderung klargestellt. **Gezielt** ist eine Behinderung, wenn nicht die Förderung des eigenen, sondern die Störung des Mitbewerbers im Vordergrund steht (BGH GRUR 2005, 581 f – The Colour of Elégance; BGH GRUR 2008, 917 ff – EROS). Dies liegt stets bei festgestellter **Behinderungsabsicht** vor sowie dann, wenn sich die Maßnahmen objektiv entsprechend auswirken (BGH GRUR 2007, 800 ff – Außendienstmitarbeiter). Die sich im Laufe der Zeit herausgebildeten Fallgruppen geben dabei Anhaltspunkte:

I. Absatzbehinderung

140 Hier ist zwischen der **kundenbezogenen Behinderung** in Form von Kundenfang sowie dem Abwerben von Kunden einschließlich des Verleitens zum Vertragsbruch und **produkt- und vertriebsbezogener Behinderung** zu unterscheiden.

1. Kundenfang. Ein unlauteres Abfangen von Kunden liegt nur dann vor, wenn sich der Werbende gewissermaßen **zwischen den Mitbewerber und dessen Kunden stellt**, um diesem eine Änderung des Kaufentschlusses aufzudrängen (BGH GRUR 1986, 547 – Handzettelwerbung). Die reine Verwendung einer Domain mit einer Gattungsbezeichnung reicht hierfür nicht aus, da lediglich der eigene Vorteil angestrebt wird (BGH GRUR 2001, 1061 ff – Mitwohnzentrale.de). Unzulässig ist die Verwendung von fast identischen, in der Regel gattungsähnlichen Domains (LG Erfurt MMR 2005, 121 ff) oder sogenannten **Tippfehlerdomains**, sofern nicht ohnehin schon markenrechtliche Ansprüche bestehen. Auch die Verwendung von Service-Rufnummern, die mit denen eines Wettbewerbers fast identisch sind, kann unlauter sein, wenn nach dem Anruf nicht unmissverständlich aufgeklärt wird (OLG Frankfurt GRUR-RR 2009, 65 ff). Unstreitig schließlich können **Zugaben zu Zeitschriften** nie nach § 4 Nr. 10 unlauter sein, da sie sich nicht gezielt gegen einen oder mehrere bestimmt Mitbewerber richten (OLG Köln AfP 2005, 558 ff). 141

2. Abwerben von Kunden. Wesen des **Abwerbens** ist das Veranlassen von Marktteilnehmern, ein mit einem Mitbewerber bestehendes Schuldverhältnis aufzulösen und zu einem Neuabschluss mit dem eigenen Unternehmen zu veranlassen. Da dieses Ziel grundsätzlich wettbewerbsimmanent ist, ist das bloße Abwerben nicht unlauter, sofern die Wettbewerbswidrigkeit nicht durch besondere Unlauterkeitsumstände begründet wird (BGH GRUR 2002, 548 ff – Mietwagenkostenersatz). Hierzu können sowohl die Mittel als auch die Methoden des Abwerbens zählen. So ist unzulässig das **Verleiten des Kunden zum Bruch des Vertrags** mit dem Mitbewerber, wie dies bei einer unberechtigten Kündigung der Fall wäre. Zulässig ist hingegen, dem Kunden Hilfe bei einer ordnungsgemäßen Beendigung von Vertragsverhältnissen mit Mitbewerbern bis hin zur aktiven Mitwirkung zu gewähren, sofern nicht besondere Umstände wie die **Ausübung von Druck, eine Überrumplung oder auch das Herabsetzen des Mitbewerbers** vorliegen. Auch die Nutzung **unlauter beschaffter Kundenlisten** ist unzulässig (BGH GRUR 1963, 197 ff – Zahnprothesen-Pflegemittel). 142

3. Produktbezogene Behinderung. Die unmittelbare oder mittelbare **Einwirkung auf das Produkt** eines Mitbewerbers zur Absatzerschwerung oder -behinderung wie Beschädigung oder Funktionsbeeinträchtigung ist stets unlauter (*Lettl*, UWG Rn 369), so auch das Anbieten von Geräten zum kostenlosen Empfang von Pay-TV-Programmen (OLG Frankfurt NJW 1996, 264 f – Piratenkarte). Ein Gerät zur Ausblendung von Werbeblöcken stellt hinsichtlich des werbefinanzierten Programms des Senders allerdings keine produktbezogene Behinderung dar (BGH GRUR 2004, 877 ff – Werbeblocker). 143

4. Vertriebsbezogene Behinderung. Unter **vertriebsbezogener Behinderung** sind verschiedene Varianten der Beeinträchtigung von Vertriebsmaßnahmen gemeint. 144

a) Selektive Vertriebssysteme. Hierunter sind Vertriebshindernisse wie die Verpflichtung von Händlern, die Produkte des Herstellers nicht an vom Hersteller nicht zum Vertrieb zugelassene Händler zu vertreiben, zu verstehen. Solche **selektiven Vertriebsbindungssysteme** werden vor allem aus Gründen der Markenpflege verwendet und deren Einhaltung oftmals durch Kontrollnummern auf den Produkten überwacht. Sofern ein solches System zulässig ist, kann das **Entfernen dieser Kontrollnummern** eine vertriebsbezogene Behinderung nach § 4 Nr. 10 darstellen (*Köhler/Bornkamm/Köhler*, UWG § 4 Rn 10.64). Und wer gegenüber einem Anbieter, der sein Produkt ausschließlich selbst vermarktet und seinen Abnehmern den gewerblichen Weiterverkauf verbietet, seine Wiederverkaufsabsicht verschweigt, handelt unter dem Gesichtspunkt des **Schleichbezugs** wettbewerbswidrig (BGH GRUR 2009, 173 ff – bundesligakarten.de). 145

b) Werbebehinderung. Die gezielte Ausschaltung fremder Werbung durch Vernichtung, Beschädigung, Überdeckung oder vergleichbaren Handlungen ist als **Werbebehinderung** regelmäßig unlauter (BGH GRUR 2004, 877 ff – Werbeblocker). So ist das Gewinnspiel eines Zeitschriftenverlags, bei dem die Leser Fotos über die Platzierung der beworbenen Zeitschrift in den jeweiligen Einzelverkaufsstellen einsenden sollen und dabei veranlasst werden, die Auslage zum Nachteil der Konkurrenzblätter zu verändern, wegen gezielter Behinderung nach § 4 Nr. 10 unlauter (LG Hamburg MD 2005, 980 ff). Keine Werbebehinderung ist das Setzen von **Deep-Links** auf Unterseiten eines Internetangebots, obwohl dadurch die vermeintlich werberelevanteste Homepage quasi umgangen wird (BGH GRUR 2003, 958 ff – Paperboy). Eine gezielte Behinderung kann hingegen vorliegen, wenn ein Markeninhaber Mitbewerber aufgrund einer sog. „Markenbeschwerde“ bei Google daran hindert, durch **AdWord-Werbung** unter Nutzung dieser Marke als Schlüsselwort (**„Keyword“**) gezielt auf ihr Angebot an Produkten der betreffenden Marke hinzuweisen (BGH GRUR 2009, 500 ff; OLG Köln WRP 2010, 1179 ff). Durch die Änderung des Markenschutzprogramms durch Google hat sich dieses Problem 146 allerdings praktisch von selbst erledigt. Die Nutzung allgemeiner Begriffe als Keywords ist dagegen regelmäßig zulässig, auch wenn dadurch seine Werbeanzeigen bei der Suche nach einem Mitbewerber erscheinen (OLG Karlsruhe WRP 2008, 135 ff). Gleiches gelte – jedenfalls wettbewerbsrechtlich – für die Verwendung von sog. **Meta-Tags** im Quellcode einer Internetseite (BGH MMR 2006, 812 – Impuls III). Ob dies auch für den Fall gilt, dass fremde Kennzeichen tausendfach als Meta-Tags genutzt werden, darf allerdings bezweifelt werden. Die sich an Großveranstaltungen anlehnende Werbung, das sogenannte **Ambush Marketing**, erfüllt für sich allein nicht den Tatbestand der gezielten Behinderung von Veranstalter und Sponsoren (*Köhler/Bornkamm/Köhler*, UWG § 4 Rn 10.74).

147 c) **Boykott.** Hierunter ist die Aufforderung zu einer Liefer- oder Bezugssperre zu verstehen, mit der bestimmte wirtschaftliche, aber auch politische, soziale oder ähnliche Zwecke erreicht werden sollen. Das Vorliegen eines lauterkeitsrechtlich relevanten **Boykotts** setzt stets eine Wettbewerbshandlung iSv § 2 Abs. 1 Nr. 1 voraus. Die Absicht, fremden Wettbewerb zu fördern, genügt daher (BGH GRUR 2000, 344 ff – Beteiligungsverbot für Schilderpräger) und ist erfüllt bei der Verbreitung von Listen von Anbietern, die bestimmte ökologische Kriterien nicht erfüllen (OLG München NJWE-WettbR 1999, 274 f), nicht aber, wenn versucht wird, Verbraucher allgemein vom Erwerb bestimmter, beispielsweise gentechnisch veränderter Produkte, abzuhalten (OLG Stuttgart GRUR-RR 2006, 20 ff). Bei **Unternehmen** wird regelmäßig das Vorliegen einer **Wettbewerbshandlung vermutet** (OLG Düsseldorf NJWE-WettbR 1999, 123 ff), bei **redaktionellen Äußerungen durch Medien** hingegen **scheidet die Vermutung einer Wettbewerbsabsicht dagegen aus** (BGH GRUR 1984, 461 ff – Kundenboykott).

148 Ein **Boykott ist nach § 4 Nr. 10 grundsätzlich unzulässig**, kann im Einzelfall aber durch **Art. 5 Abs. 1** gerechtfertigt sein, wenn die Motive einer Angelegenheit von öffentlichem Interesse dienen und der Boykott inhaltlich und in der Wahl der Mittel verhältnismäßig ist. So wurde das dringende Anraten einer Konzertagentur an eine andere, eine als rechtsradikal bekannte Musikgruppe nicht auftreten zu lassen, als zulässig erachtet (LG Köln GRUR 1994, 741 f). Unlauter dagegen ist das Übersenden von Aufklebern für Postkästen, die dazu auffordern, mit Ausnahme eines bestimmten Anzeigenblattes keine sonstige Werbung einzuwerfen (OLG Stuttgart NJWE-WettbR 1999, 97 f). Bei einem Boykott aus wirtschaftlichen Motiven wird dies deshalb regelmäßig der Fall sein. Im Übrigen ist § 21 Abs. 1 GWB parallel anwendbar.

II. Betriebsstörung

149 Hierzu gehören sämtliche Fallgestaltungen, die einen unmittelbaren oder mittelbaren Eingriff in den Betrieb des Mitbewerbers darstellen. Relevant sind hier vor allem das Ausspähen von Geschäftsgeheimnissen (BGH GRUR 2009, 1075 f – Betriebsbeobachtung) sowie das **Abwerben von Mitarbeitern**, das zwar als marktimmanentes Verhalten grundsätzlich zulässig, bei Hinzutreten von besonderen Umständen (gezielte Behinderung, Verleiten zum Vertragsbruch oder Störung des Betriebsablaufs) aber unlauter ist (BGH GRUR 1984, 129 ff – shop-in-the-shop I). Ein kurzer Telefonanruf am Arbeitsplatz zum Zweck des Abwerbens ist aber stets zulässig, sofern er nur der ersten Kontaktaufnahme dient. Gleiches gilt, wenn der Verstoß gegen ein – auch bekanntes – Wettbewerbsverbot eines bei einem Mitbewerber angestellten Mitarbeiters lediglich ausgenutzt wird (BGH GRUR 2007, 800 ff – Außendienstmitarbeiter).

C. Sonderfall: Allgemeine Marktstörung

150 Wie oben bei § 3 Rn 29 dargestellt, wurde bei § 4 die **allgemeine Marktstörung** – oder auch **allgemeine Marktbehinderung** – nicht als Regelbeispiel aufgenommen, obwohl dies der Systematik der Rechtsprechung entsprochen hätte.

I. Allgemeines

151 Mit der Fallgruppe der allgemeinen Marktstörung soll der **Bestand des Wettbewerbs** geschützt werden. Nicht die Gezieltheit der Behinderung, sondern die Bedrohung des Wettbewerbs als solchem ist primärer Anknüpfungspunkt für die Unlauterkeit. Die Wettbewerbshandlung muss danach geeignet sein, eine Existenzgefährdung des relevanten Wettbewerbsbestands darzustellen.

II. Gefährdung des Wettbewerbsbestand

Eine solche liegt also immer dann vor, wenn das **Wettbewerbsverhalten allein oder in Verbindung mit zu erwartenden gleichartigen Maßnahmen von Mitbewerbern die ernstliche Gefahr begründet, der auf der unternehmerischen Leistung beruhende Wettbewerb werde in erheblichem Maße eingeschränkt** (BGH GRUR 2001, 80 ff – ad-hoc-Meldung). Zur Beurteilung des relevanten Marktes ist dieser räumlich, sachlich und zeitlich abzugrenzen und Anzahl und Größe der Mitbewerber und Zugangsschranken festzustellen. Ob die Wettbewerbshandlung diesen so beschriebenen Markt zu gefährden in der Lage ist, ist danach zu beurteilen, ob sich die **wettbewerblichen Strukturen dauerhaft verschlechtern**, insbesondere auch durch das Ausscheiden kleiner und mittlerer Wettbewerber (BGH GRUR 1991, 616 ff – Motorboot-Fachzeitschrift). Bei der Ursächlichkeit der Handlung für die Bestandgefährdung ist dabei nach der Rechtsprechung vor allem auch darauf abzustellen, ob eine **Massierung des Wettbewerbsverhaltens durch zu erwartende Nachahmer** eintreten kann und diese zur Gefährdung führt. Allerdings ist ein Marktverhalten nicht allein schon deshalb unlauter, weil es allein oder in Verbindung mit Nachahmungen den Bestand des Wettbewerbs gefährdet, andernfalls wären äußerst innovative und erfolgreiche Markteintritte stets von Wettbewerbswidrigkeit bedroht. Vielmehr bedarf es zusätzlicher Unlauterkeitsmerkmale: 152

1. Preisunterbietung. Eine Preisunterbietung ist für sich **allein nicht unlauter**, sondern vielmehr als Zeichen gesunden Wettbewerbs anzusehen (BGH GRUR 1990, 687 ff – Anzeigenpreis II). So ist unverzichtbare Voraussetzung für die Annahme einer unlauteren Preisunterbietung im Handel ein **Angebot unter Einstandspreis.** Die bloße abstrakte Gefahr, die in dieser Hinsicht von der werblichen Ankündigung einer generellen Rabattgewährung von 10 % auf die Produkte von Mitbewerbern ausgeht, reicht hierfür aber nicht aus (BGH GRUR 2006, 596 ff – 10 % billiger). Generell wird für die Preisunterbietung regelmäßig ein sachlicher, **nachvollziehbar betriebswirtschaftlicher Grund** wie eine Produktneueinführung, die Absatzförderung in Krisenzeiten oder eine Räumung des Lagers vorliegen müssen. 153

2. Unentgeltliche Abgabe. Als Extremfall der Preisunterbietung kann die **Gratisabgabe** verstanden werden. Die Gefahr einer unlauteren Marktstörung liegt hier besonders nahe, da normalerweise niemand ein Produkt kauft, das es anderswo umsonst gibt (OLG Stuttgart AfP 1998, 413 ff). Es droht also eine **Marktverstopfung.** Sofern keine Unlauterkeit nach § 4 Nr. 1 wegen übertriebenem Anlocken oder psychischem Kaufzwang vorliegt, ist das Verschenken von Waren oder Dienstleistungen dann unlauter, wenn kein **Rechtfertigungsgrund** vorliegt. Als solcher kommt vor allem die den Leistungsvergleich fördernde **Abgabe zu Erprobungszwecken** in Betracht. Dabei ist es unerheblich, in welchem Umfang und wie lange die Aktion erfolgt, sogar eine vorübergehende Deckung des Verbraucherbedarfs ist unerheblich (BGH GRUR 1969, 295 ff – Goldener Oktober). Indizien für eine Unlauterkeit sind beispielsweise das Vorhandensein einer Verdrängungsabsicht und die Dauerhaftigkeit der Maßnahme (BGH GRUR 2001, 80 ff – ad-hoc-Meldung). 154

3. Besonderheiten für Presseprodukte. Die Tatsache, dass Verleger ihre **Presseprodukte** auf **zwei Märkten**, dem Anzeigen- und dem Lesermarkt, verkaufen, kann zur Folge haben, dass eine ausreichende Finanzierung allein durch die Einnahmen auf einem dieser Märkte realisiert werden kann. In der Regel wird dies eher der Anzeigenmarkt sein, so dass eine kostenlose Abgabe einer Zeitung oder Zeitschrift (**„Gratisvertrieb“**) kein betriebswirtschaftlicher Husarenritt sein muss. Schon die Parallele zum Privatrundfunk, Privatfernsehen und rein werbefinanzierten Online-Nachrichtenportalen belegt dies. Als weitere Besonderheit gewährleistet Art. 5 Abs. 1 Satz 2 GG nicht nur die Pressefreiheit, sondern auch die **Institution Presse.** Wegen der Bedeutung der Meinungsvielfalt soll dabei im Grundsatz auch eine Versorgung mit qualitativ hochwertigen Presseerzeugnissen sichergestellt werden. Die ältere Rechtsprechung, die den Erhalt hochwertiger redaktioneller Qualitätsinformation grundsätzlich vor der Gefahr einer Verwässerung oder Verdrängung schützen wollte (BGH WRP 1985, 330 ff – Bliestal-Spiegel; BGH GRUR 1996, 778 ff – Stumme Verkäufer), ist durch jüngere Entscheidungen weitestgehend aufgegeben worden (BGH GRUR 2010, 455 ff – Stumme Verkäufer II). 155

a) Gratisabgabe anzeigenfinanzierter Zeitungen. Die unentgeltliche Abgabe **rein anzeigenfinanzierter Zeitungen ist mittlerweile als grundsätzlich zulässig** erachtet worden (BGH GRUR 2004, 602 ff – 20 Minuten Köln; BGH WRP 2004, 746 ff – Zeitung zum Sonntag). Die Institutionsgarantie des Art. 5 Abs. 1 GG schützt danach **jede Form redaktioneller Berichterstattung ohne Rücksicht auf inhaltliche Qualität oder Art der Finanzierung.** Insofern müssen diese Grundsätze auch für die jedenfalls in der Vergangenheit (BGH GRUR 1992, 191 ff – Amtsanzeiger) restriktiver behandelten **Anzeigenblätter** 156 mit – möglicherweise eher überschaubarem – redaktionellem Teil gelten. Die bloße Gefahr einer Verschlechterung der redaktionellen Qualität der entgeltlichen Tagespresse oder des erhöhten Einflusses der Anzeigenkunden auf den redaktionellen Teil rechtfertigt keinen solch massiven Eingriff in die Presse- und Informationsfreiheit, wie dies ein wettbewerbsrechtliches Verbot darstellen würde. Es ist **nicht Aufgabe des Lauterkeitsrechts, den Bestand vorhandener Wettbewerbsstrukturen zu bewahren** und wirtschaftlichen Entwicklungen entgegenzusteuern, in denen die bisherigen Marktteilnehmer – wenn auch nachvollziehbar – eine Bedrohung ihres Kundenstamms sehen (BGH WRP 2004, 746 ff – Zeitung zum Sonntag). Es würde dem freien Spiel der Kräfte des Marktes widersprechen, wenn ein Marktzutritt gerade in räumlich (zB Regionalmärkte) oder zeitlich (zB Sonntagsmarkt) abgegrenzte Märke dadurch verhindert würde, dass Neueinsteigern zu große Vorgaben gemacht würden. Sofern also das Vertriebssystem des „Angreifers" nicht **gezielt** allein darauf ausgelegt ist, durch eine **dauerhafte Abgabe unter Selbstkostenpreis** den Wettbewerbsbestand durch Verdrängung der wesentlichen Wettbewerber zu gefährden, ist dies lauterkeitsrechtlich zulässig. Diese Grundsätze gelten ausdrücklich auch für eine **dauerhafte** Gratisverteilung.

157 **b) Gratisabgabe entgeltlicher Zeitungen.** In der Vergangenheit wurde es bereits als unlauter angesehen, wenn Zeitungen, die an sich gegen Entgelt vertrieben werden, durch die unkontrollierte Abgabe in Verkaufsboxen (sog. **Stumme Verkäufer**) zu einem großen Teil faktisch umsonst abgegeben wurden (BGH GRUR 1996, 778 ff – Stummer Verkäufer). Diese Rechtsprechung ist überholt (BGH GRUR 2010, 455 ff – Stumme Verkäufer II). Denn wenn es einem Verleger freisteht, eine rein werbefinanzierte Zeitung anzubieten, ist kein Grund ersichtlich, dass dies nicht auch für eine an sich **entgeltliche Zeitung** gelten soll – sofern nicht die Wettbewerber durch reine Wirtschaftsmacht gezielt verdrängt werden sollen, mithin der durch eine vorhandene Marktmacht entstehende querfinanzierte „längere Atem" unlauter eingesetzt wird.

158 **c) Fachzeitschriften.** Gleiches wird für nach den genannten Entscheidungen auch für **Fachzeitschriften** gelten. Das Argument, gerade auf dem regelmäßig eingeschränkten, wenn nicht gar geschlossenen Markt der Fachzeitschriften könne im Einzelfall eine Bestandsgefährdung vor allem unter Berücksichtigung der Auffassung der betroffenen Marktteilnehmer womöglich schneller eintreten (BGH GRUR 1982, 53 ff – Bäckerfachzeitschrift), überzeugt nicht. Denn der Markt für Fachzeitschriften wird sich in seiner eingeschränkten Vielfalt kaum von den Märkten für Regionalzeitschriften unterscheiden, für die die Entscheidung „20 Minuten Köln" Klarheit geschaffen hat. Auch die Rechtsprechung, die im Fall des **kostenlosen Abdrucks von Anzeigen** im Bereich der Fachzeitschriften einen strengeren Maßstab angelegt hat und das Angebot kostenloser privater Kleinanzeigen in einer Fachzeitschrift auf einem geschlossenen Markt untersagt hat (BGH GRUR 1991, 616 ff – Motorboot-Fachzeitschrift), scheint veraltet. Denn auch hier soll sowohl der Leser frei entscheiden, was er lesen mag, als auch der Verleger, wie er sein Produkt finanziert und vertreibt. Dem Wettbewerber bleibt stets unbenommen, sich entsprechend zu verhalten.

159 **d) Gratislieferungen zu Erprobungszwecken.** Diese sowohl zur **Neuleser- als auch zur Abonnentengewinnung** eingesetzte Werbemethode ist stets und uneingeschränkt zulässig, sofern sie vom **Erprobungszweck gedeckt** ist. Hierfür ist auf **Art, Umfang und Dauer** der kostenlosen Verteilung abzustellen sowie darauf, wie oft sich ein Leser ein Bild vom Inhalt des Blattes machen muss, um es mit den Wettbewerbern vergleichen zu können. Auch deshalb wurde ein lediglich neu gestalteter Immobilienteil einer Tageszeitung nicht als Rechtfertigung für die massenhafte Gratisverteilung angesehen (KG AfP 1999, 281 ff). Die Rechtsprechung hatte auch zu den zeitlichen Grenzen eine umfangreiche Kasuistik entwickelt. So waren zwei Wochen (12 Ausgaben) bei Tageszeitungen (BGH GRUR 1957, 600 – Westfalen-Blatt), bei am Markt etablierten Zeitschriften drei kostenlose Ausgaben (OLG Hamburg AfP 1985, 49; OLG München WRP 1996, 54; OLG Schleswig WRP 1996, 57) und bei Neueinführungen oder Relaunches vier kostenlose Exemplare (OLG Hamburg AfP 1993, 656 für Wochenzeitungen) als noch zulässig erachtet worden. Der zeitliche Abstand zweier kostenloser Probelieferungen wurde bei mindestens drei Monaten verortet (KG AfP 2001, 80). Ob diese Vorgaben, die fast allesamt Einzug in die jeweiligen Wettbewerbsregeln der Verbände gefunden haben, nach den jüngeren Entscheidungen jedenfalls lauterkeitsrechtlich noch Bestand haben, ist äußerst fraglich. Wie oben Rn 91 dargestellt, bleibt aber die Gefahr, dass eine zu gewichtige Nachfrageverschiebung zulasten des preisgebundenen Einzelhandels eintritt mit der Folge, dass die **kartellrechtliche** Missbrauchsaufsicht tätig wird. Insofern liegt die Einhaltung der traditionellen Vorgaben im ureigensten Interesse der von der Preisbindung insgesamt profitierenden Verlage.

e) **Auswirkungen neuer Medien und Märkte.** Inwiefern der **rasant wachsende Online-Markt sowohl für redaktionelle Angebote als auch für private Anzeigen** künftig zu berücksichtigen sein wird, bleibt abzuwarten. So sind insbesondere die mittlerweile qualitativ hochwertigen Online-Nachrichtenportale, die überwiegend von den großen Verlagen unter einer bekannten (Print-)Marke angeboten, aber mit eigenständigen Redaktionen ausgestattet sind, für viele, vermeintlich jüngere Leser eine echte und in der Regel auch noch kostenlose Alternative zu entgeltlichen Tageszeitungen geworden. Diese Entwicklung war bei der Ausweitung der Rundfunkmedien so nicht zu beobachten und wird sich mit der immer größeren Verbreitung schneller Online-Anschlüsse, dem Aufkommen immer mehr multimedialer Inhalte und neuer, oft mobiler und multimedialer Abrufmöglichkeiten weiter fortsetzen. Ob man vor diesem Hintergrund **künftig überhaupt noch von geschlossenen Märkten** wird sprechen können, deren Bestand und Schicksal ausschließlich von wenigen Wettbewerbern alleine bestimmt wird, scheint zumindest diskussionswürdig. Derzeit deutet die Entwicklung der Werbeerlöse durch Onlinemedien und die Erfahrungen mit Bezahlinhalten jedenfalls nicht darauf hin, dass diese in Kürze flächendeckend entgeltpflichtig werden. Auch die Auswirkungen des sogenannten „Web 2.0" bestätigen die Entwicklung. Nachdem mittlerweile jedermann Nachrichten aller Art produzieren und verbreiten kann, wird die Auswahl, Verifizierung und Aufbereitung von Nachrichten entscheidendes Merkmal von Qualitätsjournalismus sein. Hierfür wird der Nutzer oder Leser im Zweifel dann auch bereit sein, Geld auszugeben, so dass sich der Markt vermutlich selbst regulieren wird, das Wettbewerbsrecht sich also auf das gezielte Verdrängen von Wettbewerbern mit den genannten unlauteren Mitteln konzentrieren und reduzieren kann. Das bloße Faktum eines kostenlosen Zugangs zu redaktionellen Informationen kann lauterkeitsrechtlich deshalb keine Rolle spielen. 160

Auch die Frage der Zulässigkeit **kostenloser Anzeigenschaltungen** muss durch die Existenz von Portalen für Klein- oder Stellenanzeigen sowie den Versteigerungsangeboten möglicherweise weiterentwickelt werden. Soweit einem Verlagsunternehmen, welches im Printbereich nur über einen geringen Marktanteil im Stellenmarkt verfügt, die einschränkende Vorgabe gemacht wurde, wonach die parallele kostenlose Veröffentlichung der Stellenanzeigen in einem Online-Dienst unproblematisch nur für den Zeitraum der Markteinführung zulässig sei (OLG München GRUR 1999, 1019), ist dies abzulehnen. 161

§ 4 UWG Beispiele unlauterer geschäftlicher Handlungen

...

11. einer gesetzlichen Vorschrift zuwiderhandelt, die auch dazu bestimmt ist, im Interesse der Marktteilnehmer das Marktverhalten zu regeln.

A. Allgemeines

§ 4 Nr. 11 normiert die vor der UWG-Novelle 2004 von Rechtsprechung und Lehre geschaffene Fallgruppe des **Vorsprungs durch Rechtsbruch.** Es sind dabei die Grundsätze umgesetzt worden, wie sie der BGH im Jahr 2000 in Abkehr von seiner bisherigen Spruchpraxis aufgestellt (BGH GRUR 2000, 1076 ff – Abgasemissionen) und in der Folge verfestigt hat (BGH GRUR 2002, 825 ff – Elektroarbeiten). Die bis dahin geltende Aufteilung in wertbezogene und wertneutrale Normen, bei denen zur Begründung einer Sittenwidrigkeit bewusste und planmäßige Verstöße erforderlich waren, ist zugunsten einer einheitlichen Betrachtungsweise aufgegeben worden. Danach lag bei Normverstößen nur noch dann eine Verletzung von § 1 UWG aF vor, wenn die Vorschrift, sofern sie nicht wichtigen Gemeinschaftsgütern wie der Gesundheit dient, zumindest eine sekundäre wettbewerbsbezogene Schutzfunktion aufweist. Dies hat der Gesetzgeber mit der Anknüpfung an Marktverhaltensregeln, die dem Interesse der Marktteilnehmer – und nicht sonstigen Interessen – dienen, übernommen. Der **Schutzzweck** ist daher **darauf gerichtet, Mitbewerber, Verbraucher und sonstige Markteilnehmer vor Verstößen gegen Marktverhaltensregeln zu schützen, die außerhalb des UWG liegen** (*Köhler/Bornkamm/Köhler*, UWG § 4 Rn 11.6). 162

Zu beachten ist, dass bei § 4 Nr. 11 das Überschreiten der **Bagatellgrenze** nach § 3 im Einzelfall **besonders festgestellt** werden muss, da eine tatbestandsimmanente Erheblichkeit nicht angenommen werden kann (*Köhler*, GRUR 2005, 1 ff). Zwar gilt dies für eine Unlauterkeit nach § 3 dem Grunde nach immer, bei der Verletzung von Normen außerhalb des Wettbewerbsrechts ist aber eine vertiefte 163

Prüfung notwendig. Kriterien für eine Erheblichkeit sind dabei Schutzweck der verletzen Norm sowie Art, Schwere, Häufigkeit und Dauer des Verstoßes.

B. Verstoß gegen ein Gesetz

164 Gesetzliche Vorschrift iSv § 4 Nr. 11 sind **alle in Deutschland gültigen Rechtsnormen**. Hierzu zählen neben formellen und materiellen Gesetzen auch unmittelbar geltendes Gemeinschaftsrecht und auch föderale Staatsverträge. Keine gesetzlichen Vorschriften sind dagegen ausländische Rechtsnormen, Verwaltungsvorschriften, -anordnungen oder -akte, technische Vorschriften (zB DIN-Normen) oder Standesregeln. Ebenfalls keine gesetzlichen Vorschriften gem. § 4 Nr. 11 stellen Wettbewerbsregeln von Verbänden dar, siehe oben Rn 56. Sofern die verletze Norm einen **subjektiven Tatbestand** hat, muss dieser auch dann erfüllt sein, wenn lauterkeitsrechtlich nur ein verschuldensunabhängiger Unterlassungsanspruch geltend gemacht wird.

C. Marktverhaltensregelung im Interesse der Markteilnehmer

165 Die Verletzung einer gesetzlichen Vorschrift führt nur dann zu einer Unlauterkeit nach § 4 Nr. 11, wenn deren Gegenstand zumindest auch ist, das Marktverhalten im Interesse der Marktteilnehmer zu regeln. Nach dem Wortlaut („auch") genügt es, wenn dies weder alleiniger noch wichtigster Zweck ist. **Marktverhalten** ist jede Tätigkeit auf einem Markt, die unmittelbar oder mittelbar der Förderung des Absatzes oder Bezugs eines Unternehmens dient. Dies umfasst alle **Tätigkeiten mit Außenwirkung**, also Kauf und Verkauf von Waren und Dienstleistungen sowie alle Arten von Werbung, nicht aber die reine Herstellung oder die Forschung (*Köhler/Bornkamm/Köhler*, UWG § 4 Rn 11.34). Im **Interesse der Marktteilnehmer** kann auch als „zur Verhinderung von **Nachteilen für Marktteilnehmer**" gelesen werden. Deshalb ist eine Regelung dann nicht im Interesse der Marktteilnehmer, wenn sie sich nur zu deren Gunsten auswirkt. Gleiches gilt, wenn nur allgemeine wichtige Gemeinschaftsgüter oder Drittinteressen geschützt werden (*Köhler*, GRUR 2004, 381 ff). Wer Marktteilnehmer ist, richtet sich nach § 2 Abs. 1 Nr. 2.

D. Einzelfälle

166 Aus der **umfangreichen Kasuistik** sollen hier nur die vermeintlich relevantesten genannt werden. Aus Mediensicht ist dabei ist zu berücksichtigen, dass § 4 Nr. 11 nicht nur Bedeutung für das eigene Werbeverhalten hat, sondern vor allem auch für die Beurteilung der Frage, ob eine **Haftung für die Verbreitung der Werbung** eines Dritten in Frage kommt.

I. Marktzutrittsregelungen, insbesondere berufsbezogene

167 **Reine Marktzutrittsregeln** greifen schon vor einer Betätigung auf einem Markt ein und regeln deshalb kein Marktverhalten. Sie verwehren Personen den Marktzutritt aus Gründen, die nichts mit ihrem Marktverhalten zu tun haben. Ein Verstoß hiergegen begründet nie eine Unlauterkeit nach § 4 Nr. 11. Beispiele sind gesellschaftsrechtliche Wettbewerbsverbote (§§ 60, 86 Abs. 1, 112 und 161 Abs. 2 HGB, 284 AktG), Normen des Gemeinderechts (zB Art. 87 BayGO) oder baurechtliche Vorschriften. Sofern Marktzutrittsregeln aber **auch Marktverhalten** regeln sollen, reicht dies für eine Anwendbarkeit von § 4 Nr. 11 aus. Hervorzuheben sind vor allem die **Zulassungsregeln für freie Berufe** (Ärzte, Apotheker, Architekten, Steuerberater, Rechtsanwälte). Denn diese Normen regeln auch die Qualität und Unbedenklichkeit der angebotenen Dienstleistungen insbesondere im Verbraucherinteresse. Dies ist vor allem für **Ratgebersendungen und -zeitschriften** relevant. Das Angebot eines Senders, im Einzelfall **außerhalb einer Sendung** Rechtsrat zu erteilen, ist gem. § 4 Nr. 11 iVm Art. 1 § 1 RBerG unlauter (BGH GRUR 2002, 987 ff – Wir Schuldenmacher). Gleiches gilt für das Angebot einer Zeitschrift, der Verlag werde konkrete rechtliche Anfragen prüfen (OLG Düsseldorf Urt. v. 26.3.1998 -2 U 116/97). Werden dagegen Ratschläge **im Rahmen einer laufenden Sendung** angekündigt und angeboten, ist dies zulässig, da wegen der begrenzten Zeit nur wenige Anrufer überhaupt durchgestellt und diese dann weder abschließend noch verbindlich beraten werden (BGH GRUR 2002, 985 ff – WISO).

II. Produktbezogene Regelungen

168 Neben den Informations- und **Kennzeichnungspflichten** für Produkte (§ 10 AMG, § 7 Abs. 2 EichG, § 5 Abs. 1 Nr. 1 KosmetikVO, §§ 3 Abs. 4 Nr. 1, 6 LMKV oder § 7 TabakprodVO), die dem Schutz der Verbraucher dienende Marktverhaltensregeln sind, müssen hier vor allem produktbezogene Werbebeschränkungen beachtet werden. Insbesondere die Vorschriften des **Heilmittelwerbegesetzes** sind aus Sicht werbungsverbreitender Medien praxisrelevant. So müssen Anzeigen von Pharmaunternehmen regelmäßig daraufhin überprüft werden, ob nicht nach § 3 HWG mit **Erfolgsversprechen** geworben wird. Auch bei der Abbildung von Personen in Berufskleidung oder der bildlichen Darstellungen von Krankheitsfällen ist § 11 HWG zu prüfen. Die „Zahnarztfrau" lässt grüßen. Hinweise zur umfangreichen Rechtsprechung finden sich bei *Köhler/Bornkamm/Köhler*, UWG § 4 Rn 11. 135.

169 Auch **landespresserechtliche Vorschriften zur Kennzeichnung entgeltlicher Veröffentlichungen** (zB § 10 HambLPG), die bei unzulässiger **Schleichwerbung** einschlägig sind, dienen dem Interesse der Marktteilnehmer. Denn der Verleger, der gegen die Kennzeichnungsvorschrift verstößt, verschafft sich stets einen ungerechtfertigten Vorteil gegenüber seinen gesetzestreuen Mitbewerbern (*Löffler*, Presserecht, LPG § 10 Rn 53). Ein Verstoß gegen diese Vorschrift begründet deshalb regelmäßig die Unlauterkeit nach § 4 Nr. 11 (OLG Hamm WRP 1985, 655 f).

III. Absatzbezogene Regelungen

170 Zunächst ist neben Preisvorschriften (zB § 29 TKG, § 4 HOAI) vor allem die **Preisangabenverordnung** zu nennen. Wegen der zahlreichen Rechtsprechung darf auch hier auf *Köhler/Bornkamm/Köhler*, UWG § 4 Rn 11 143 verwiesen werden. Weiter dienen die Regelungen des **Ladenschlussgesetzes** auch dem Interesse der Mitbewerber und sind Gesetze iSv § 4 Nr. 11. Gleiches gilt für **Vermarktungs- und Vertriebsverbote** (zB §§ 21, 43 Abs. 1 AMG) sowie zivilrechtliche **Informations- und Belehrungspflichten** (zB §§ 312 ff BGB). So ist ein Verstoß gegen die BGB-InfoV in der Regel geeignet, den Wettbewerb zum Nachteil der Mitbewerber und der Verbraucher nicht nur unerheblich im Sinne von § 3 zu beeinträchtigen (KG Berlin MD 2007, 325 ff). Die bislang offene Frage, ob unwirksame AGB über § 4 Nr. 11 wettbewerbliche Relevanz besitzen, ist durch die beiden jüngsten Entscheidungen des BGH (GRUR 2010, 1117 ff – Gewährleistungsausschluss im Internet; GRUR 2010, 1120 ff – Vollmachtsnachweis) geklärt. Eine richtlinienkonforme Auslegung gebietet danach eine lauterkeitsrechtliche Kontrolle unwirksamer AGB. § 13 TMG hingegen wird nicht als Marktverhaltensvorschrift angesehen und das Setzen des „Gefällt mir"-Buttons von Facebook bei unzureichender Datenschutzerklärung damit als nicht lauterkeitsrechtlich angreifbar beurteilt (KG Berlin MMR 2011, 464).

IV. Sonstige Regelungen

171 Hierzu gehören vor allem **strafrechtliche Normen** wie §§ 16 ff UWG oder die §§ 284, 287 und 298 ff StGB. Angesichts des boomenden Marktes der Wettanbieter insbesondere im Online-Bereich und der Bereitschaft dieser Branche, massiv in Werbung zu investieren, ist die Verlockung für Medien groß, entsprechende Werbung zu veröffentlichen. Allerdings ist der Glücksspielstaatsvertrag mit seinen restriktiven Regelungen ein Gesetz iSv § 4 Nr. 11, so dass ein Verstoß hiergegen unlauter sein kann (OLG München WRP 2009, 1014; OLG Köln Urt. v. 19.11.2010 – 6 U 38/10).

§ 7 UWG Unzumutbare Belästigungen

(1) [1]Eine geschäftliche Handlung, durch die ein Marktteilnehmer in unzumutbarer Weise belästigt wird, ist unzulässig. [2]Dies gilt insbesondere für Werbung, obwohl erkennbar ist, dass der angesprochene Marktteilnehmer diese Werbung nicht wünscht.

...

A. Allgemeines

172 Durch die UWG-Novelle 2008 stellt § 7 nicht mehr nur einen weiteren Fall der Konkretisierung der Unlauterkeit nach § 3 dar, in dem die frühere Rechtsprechung zur Fallgruppe der „belästigenden Werbung" nach § 1 UWG aF unter Berücksichtigung insbesondere von Art. 13 der Datenschutz-Richtlinie

2002/58/EG umgesetzt war. Vielmehr ist die unzumutbare Belästigung nach § 7 nunmehr ein selbstständiger Unlauterkeitstatbestand, was zur Folge hat, dass die Bagatellklausel des § 3 nicht mehr anwendbar ist (BGH WRP 2010, 1249 ff – Telefonwerbung nach Unternehmenswechsel). § 7 Abs. 1 Satz 1 kann als eine „kleine Generalklausel", Abs. 1 Satz 2 als Beispielstatbestand hierzu, Abs. 2 als Ergänzung zur „schwarzen Liste" und Abs. 3 als Ausnahme von Abs. 2 Nr. 3 angesehen werden. § 7 Abs. 2 und Abs. 3 sind richtlinienkonform auszulegen.

§ 7 soll den Ausgleich der Interessen der Marktteilnehmer am Schutz der privaten und unternehmerischen Sphäre mit dem Interesse der Unternehmer an umfassender Zulässigkeit von Werbung schaffen. Durch wirtschaftliches Gewinnstreben motivierte Handlungen sollen dem Empfänger **nicht unangemessen aufgedrängt** werden. Insbesondere wird seine Freiheit geschützt, sich selbst zu entscheiden, ob er sich innerhalb seiner Sphäre mit Werbung beschäftigen will oder nicht. Schließlich ist dieser Bereich auch vor Blockaden (voller Briefkasten oder E-Mail-Account) und Vermögensbelastungen (Faxpapier, Toner oder Onlinekosten) zu schützen. Während §§ 4, 5 und 6 den Inhalt von Werbung kontrollieren, regelt § 7 also nur die **Art und Weise des Herantretens** an Marktteilnehmer, die als solche aber schon belästigend und damit unlauter sein kann. Geschützt werden alle Marktteilnehmer und nicht nur Verbraucher. § 7 ist in der Praxis gerade bei der **Werbung für Verlagsprodukte** von enormer Bedeutung.

B. Belästigung in unzumutbarer Weise

173 Die Belästigung bei § 7 Abs. 1 Satz 1 ist allgemein formuliert und nicht auf Werbung beschränkt, umfasst daher anders als § 7 Abs. 1 Satz 2 und Abs. 2 **auch sonstige geschäftliche Handlungen**. Nachdem jede Werbeansprache immer ein gewisses Belästigungspotential enthält, wird zugunsten des werbenden Unternehmers nicht jede Belästigung, sondern nur eine unzumutbare als unlauter angesehen. Nach der Gesetzesbegründung gilt eine geschäftliche Handlung dann als **unzumutbar**, wenn sich die Belästigung zu einer solchen Intensität verdichtet hat, die von einem **großen Teil der angesprochenen Verkehrskreise als unerträglich empfunden** wird (*Lettl*, UWG Rn 529). Dies ist insgesamt durch Abwägung aller Interessen zu ermitteln, wobei kein zu strenger Maßstab anzulegen ist. Kriterien hierfür können die Tiefe des Eindringens in die Individualsphäre, die Intensität, der Ort, die Zeit oder die Art der Kontaktaufnahme, der Aufwand, sich zu entziehen und vor allem auch eine **Nachahmungs- und Summierungsgefahr** sein (*Köhler/Bornkamm/Köhler*, UWG § 7 Rn 27). Eine Werbung für Grabmale, die zwei Wochen nach dem Todesfall auf dem Postweg erfolgte, wurde jüngst nicht als unzulässige Belästigung der Hinterbliebenen angesehen (BGH GRUR 2010, 1113 ff – Grabmalwerbung). Der Hauptanwendungsbereich von § 7 Abs. 1 liegt im Wesentlichen bei allen Kommunikationsansprachen, die nicht mit den Fernabsatzmitteln des § 7 Abs. 2 erfolgen. Da die Praxisrelevanz anderer geschäftlicher Handlungen als Werbung für die Medien kaum gegeben ist, werden Satz 1 und Satz 2 gemeinsam behandelt.

C. Erkennbarkeit des entgegenstehenden Willens

174 Für den Werbenden muss **erkennbar** sein, dass der Empfänger eine Ansprache für Werbezwecke nicht wünscht. Dieser **entgegenstehende Wille** muss irgendwie geäußert worden sein, wobei dies vor oder auch erst während der Werbeansprache erfolgen kann (*Köhler/Bornkamm/Köhler*, UWG § 7 Rn 35). Nur dann gebührt ihm grundsätzlicher Vorrang vor den Interessen des Werbenden.

D. Einzelfälle

175 Die „kleine Generalklausel" des § 7 Abs. 1 ist dann unmittelbar anwendbar, wenn es an einem Tatbestandsmerkmal des § 7 Abs. 2 fehlt. So liegt beim **verdeckten werblichen Ansprechen** von potenziellen Kunden regelmäßig kein Wille des Angesprochenen vor, in die Ansprache einzuwilligen, weil er insoweit ja keine Notwendigkeit erkennen kann. Die Unlauterkeit einer solchen – letztlich gegen das Transparenzgebot verstoßenden – werblichen Maßnahme ergab sich daher unmittelbar aus § 7 Abs. 1 UWG 2004 (BGH GRUR 2004, 699 ff – Ansprechen in der Öffentlichkeit I, damals noch unter Heranziehung von § 3). Für solche für den Adressaten überraschende und unvorhersehbare Ansprachen gilt dies auch gem. § 7 Abs. 1 Satz 1. Ist der Werbende aber **von vornherein als solcher erkennbar**, bedarf es weiterer Umstände, um eine Unlauterkeit zu bejahen. Denn normal kann sich der Angesprochene durch geringen Aufwand der Werbemaßnahme entziehen. Nur, wenn dies etwa durch die örtlichen Verhältnisse oder die Hartnäckigkeit des Werbenden nicht möglich ist, liegen solche eine Un-

lauterkeit nach § 7 Abs. 1 begründenden zusätzlichen Umstände vor (BGH GRUR 2005, 443 ff – Ansprechen in der Öffentlichkeit II). Wird der Angesprochene etwa am Weitergehen gehindert oder verfolgt, ignoriert der Werbende den erkennbar entgegengesetzten Willen des Angesprochenen und handelt schon vom Wortlaut her unlauter nach Satz 2.

Die Zulässigkeit von **Haustürwerbung** bzw **Vertreterbesuchen** ist umstritten. Der BGH sieht Vertreterbesuche auch ohne ausdrückliche oder zumindest konkludente Einwilligung des Beworbenen **grundsätzlich als zulässig** an, sofern nicht aufgrund besonderer Umstände die Gefahr einer untragbaren oder sonst wettbewerbswidrigen Belästigung und Beunruhigung des privaten Lebensbereichs gegeben ist (BGH GRUR 1994, 380 ff – Lexikothek). Das Argument der im Gegensatz zur Telefonwerbung angeblich geringeren Belästigung ist im Schrifttum überwiegend abgelehnt worden (*Köhler/Bornkamm/Köhler*, UWG § 7 Rn 46 ff). Umstände, die eine Haustürwerbung nach Ansicht der Rechtsprechung zu § 7 Abs. 2 Satz 1 UWG – nunmehr schon gem. § 7 Abs. 1 Nr. 2 – unlauter erscheinen lassen, sind ein erkennbar **entgegenstehender Wille** („Keine Vertreterbesuche"), ein **Nichtfolgeleisten einer Bitte**, das Haus zu verlassen oder eine **unlautere Vorbereitung des Hausbesuchs**. Hierzu zählen die schriftliche Ankündigung ohne einfache Ablehnungsmöglichkeit (BGH GRUR 1994, 818 f – Schriftliche Voranmeldung), die Provokation von Haustürwerbung (BGH GRUR 1976, 32 f – Präsentation), die Verknüpfung mit vorheriger unentgeltlicher Zuwendung (BGH GRUR 1973, 81 f – Gewinnübermittlung), die Täuschung über den Grund des Besuchs oder die Ausnutzung von besonderen, psychisch belastenden Situationen (vgl BGH GRUR 2000, 235 ff – Werbung am Unfallort IV). 176

Eine **unbestellte Leistungserbringung** wie das Zusenden unbestellter Waren oder die Erbringung unbestellter Dienstleistungen jeweils mit Zahlungsaufforderung ist **grundsätzlich eine unzumutbare Belästigung und damit unlauter** (BGH GRUR 1992, 855 f – Gutscheinübersendung). Dabei kann es keinen Unterschied machen, ob es sich um wertvolle oder um geringwertige Produkte des täglichen Bedarfs handelt (*Lettl*, UWG Rn 595). 177

Eine unzumutbare Belästigung können auch **Werbemethoden im Internet** darstellen. Sobald es dem Nutzer erheblich erschwert oder gar unmöglich gemacht wird, die Werbung zu ignorieren und sich weiter frei im Internet zu bewegen, wird die Werbung unlauter sein. Dies ist zB der Fall bei **Pop-Under-Fenstern** oder **Pop-Up-Werbung** („**Exit-Pop-Up-Fenster**"), die nicht geschlossen werden kann oder stets neu erscheint (LG Düsseldorf MMR 2003, 486). 178

§ 7 UWG Unzumutbare Belästigungen

…

(2) Eine unzumutbare Belästigung ist stets anzunehmen

1. **bei Werbung unter Verwendung eines in den Nummern 2 und 3 nicht aufgeführten, für den Fernabsatz geeigneten Mittels der kommerziellen Kommunikation, durch die ein Verbraucher hartnäckig angesprochen wird, obwohl er dies erkennbar nicht wünscht;**

…

A. Allgemeines

Der **Normzweck** entspricht im Wesentlichen dem des § 7 Abs. 1 und dient damit dem **Schutz des allgemeinen Persönlichkeitsrechts** der Werbeempfänger. § 7 Abs. 2 Nr. 1 regelt dabei nunmehr auch explizit die Fälle, die nicht speziell durch § 7 Abs. 2 Nrn. 2 und 3 erfasst werden, also Werbung gegenüber Verbrauchern, die nicht mittels Telefon, Fax oder E-Mail erfolgt. Erfasst werden also im Wesentlichen Briefe, Prospekte, Kataloge und alle Sorten Gratisblätter. Für die Erkennbarkeit des entgegenstehenden Willens gilt das oben in Rn 174 Ausgeführte. 179

B. Hartnäckigkeit

Unter dem Begriff des **hartnäckigen Ansprechens** ist lediglich ein wiederholtes Ansprechen zu verstehen, auf eine besonders intensive Einwirkung kommt es nicht an (*Köhler/Bornkamm/Köhler*, UWG § 7 Rn 102). Es genügt ein **zweimaliges Ansprechen**, bei nur einmaligem muss auf § 7 Abs. 1 zurückgegriffen werden. 180

C. Einzelfälle

181 **Hauptanwendungsfall** ist die **Briefkastenwerbung**, also der Einwurf von nicht adressiertem Werbematerial (Handzettel, Kataloge, Prospekte) in den Briefkasten der Empfänger. Nachdem das Werbematerial als solches leicht erkenn- und entfernbar ist und nicht zuletzt auch im Interesse des Verbrauchers an attraktiven Angeboten sein kann, wird die Belästigung grundsätzlich nicht als unzumutbar angesehen. Etwas anders gilt aber eben dann, wenn ein **entgegenstehender Wille** des Beworbenen (sog „**Werbeverweigerer**"), etwa durch einen klaren Hinweis auf dem Briefkasten, **erkennbar ist** (BGH GRUR 1989, 225 ff – Handzettel-Wurfsendung). Ist der Sperrvermerk am Briefkasten entfernt worden, liegt allerdings keine Unlauterkeit vor.

182 Bei **Gratisblättern** (Zeitungen, Zeitschriften oder Anzeigenblättern) **mit redaktionellem Teil** kommt es auf den **Inhalt des Sperrvermerks** an. Hat sich der Briefkasteninhaber nur gegen den Einwurf von „Werbesendungen und Prospekten" gewandt, ist ein Einwurf solcher Gratisblätter zulässig (OLG Karlsruhe GRUR 1991, 940 f – Anzeigenblatt im Briefkasten). Den Hinweis „Bitte keine Werbung" wird man mit dem OLG Stuttgart (AfP 1994, 226 f) richtigerweise entsprechend auszulegen haben. **Zeitungsbeilagenwerbung**, also das Einlegen von losem Werbematerial in (Kauf-)Zeitungen, ist jedenfalls **bei Abonnements zulässig**, nachdem es dem Verleger unbenommen bleibt, sein Produkt mit Werbung aller Art (normale Anzeigen, feste oder lose Beilagen) zu finanzieren und zu vertreiben. Im Rahmen des Abonnementvertrages hat der Leser insoweit hierin eingewilligt (OLG Karlsruhe AfP 1991, 647 f).

183 Persönlich an den Adressaten gerichtete **Briefwerbung**, die in der Lage ist, einen Sperrvermerk zu umgehen, ist ebenfalls grundsätzlich zulässig, sofern sie **nicht als Privatbrief getarnt** ist und nicht mehr von leichter Erkenn- und Entfernbarkeit ausgegangen werden kann. Gleiches gilt bei der Missachtung einer Aufforderung durch den Empfänger (BGH NJW 1973, 1119 – Briefwerbung), die individuell oder über die Eintragung in die **Robinson-Liste** des Deutschen Direktmarketing-Verbands erfolgen kann. **Briefbeilagenwerbung**, bei der einem im Rahmen einer bestehenden Geschäftsbeziehung versandten Brief Werbung beigelegt wird, ist nach denselben Grundsätzen zu behandeln (*Harte/Henning/Ubber*, § 7 Rn 101).

184 Bei der **Scheibenwischerwerbung**, also dem Anbringen von Werbe-Handzetteln an der Windschutzscheibe, wird der Grad der Belästigung die Schwelle zur Unzumutbarkeit in der Regel nicht überschreiten (OLG Hamm GRUR 1991, 229 ff – Scheibenwischer-Werbung).

§ 7 UWG Unzumutbare Belästigungen

...

2. **bei Werbung mit einem Telefonanruf gegenüber einem Verbraucher ohne dessen vorherige ausdrückliche Einwilligung oder gegenüber einem sonstigen Marktteilnehmer ohne dessen zumindest mutmaßliche Einwilligung,**

...

A. Allgemeines

185 § 7 Abs. 2 Nr. 2 regelt die für die Praxis wichtige Frage des **individuellen Telefonmarketings**. Gerade Verlage nutzen diese Möglichkeit für die Neuabonnentengewinnung und vor allem für die sogenannte **Kündigerrückgewinnung und Nachfass-Aktionen** wie bei Probeabonnements. Der Gesetzgeber hat sich in Ausnutzung des Spielraums von Art. 13 Abs. 3 der Datenschutz-Richtlinie 2002/58/EG für das **opt-in-Modell** entschieden. Danach bedarf es für einen werbemotivierten Anruf gegenüber Verbrauchern eines **besonderen Einverständnisses**, gegenüber sonstigen Marktteilnehmern kann dieses Einverständnis bei entsprechenden Umständen vermutet werden. Eine reine **Kaltakquise** ist stets unzulässig (LG Hamburg Urt. v. 16.6.2009 – 407 O 300/07). Dies entspricht im Wesentlichen auch der durch die Rechtsprechung entwickelten Situation zu § 1 UWG aF. Zweck ist also der **vorrangige Schutz der Individualsphäre** gegenüber dem wirtschaftlichen Gewinnstreben der gewerblichen Wirtschaft, da es angesichts der Vielfalt der Werbemethoden nicht erforderlich ist, mit der Werbung auch in den privaten Bereich des Umworbenen einzudringen. § 7 Abs. 2 Nr. 2 regelt nur die Zulässigkeit von Telefonwerbung durch „echte Menschen", wie durch die Erwähnung von „automatisierten Anrufmaschinen" in

§ 7 Abs. 2 Nr. 3 klargestellt ist. Betroffen ist daher vor allem das Wirken der stetig wachsenden Zahl von **Call-Centern**.

B. Einwilligung zur Werbung

Der Begriff der Werbung ist weit zu verstehen. **Telefonumfragen zu reinen Meinungsforschungszwecken** (zB solche zu Politbarometern) fallen nicht hierunter. Anders jedoch, wenn die Umfrage den Hauptzweck der Absatzförderung kaschiert, so bei einem als Meinungsbefragung getarnten Telefonanruf (**Marktforschung oder Verbraucherumfrage**), mit dem der Gewerbetreibende erfahren will, wie der Angerufene eine ihm zuvor übersandte Printwerbung beurteilt (OLG Stuttgart GRUR 2002, 457 f; LG Hamburg GRUR-RR 2007, 61 f). Nicht als Werbung ist auch der Anruf eines **Personalberaters** am Arbeitsplatz eines Arbeitnehmers zur ersten Kontaktaufnahme einzuordnen, wenn dieser hierbei nur nach seinem Interesse an einer neuen Stelle befragt und diese kurz beschrieben wird (BGH GRUR 2004, 696 ff – Direktansprache am Arbeitsplatz I). § 7 Abs. 2 Nr. 2 unterscheidet bei den Voraussetzungen für das Vorliegen einer **Einwilligung** beim Telefonmarketing zwischen der Empfängergruppe. Wenn sich Verlage des **Werbenden Buch- und Zeitschriftenhandels** (WBZ) zur Abonnentenakquise bedienen, haften diese für ohne Einwilligung getätigte Telefonanrufe des an sich selbstständigen WBZ-Unternehmens. Denn dieser gilt als **Beauftragter iSv § 8 Abs. 2** (OLG Schleswig VuR 2010, 109). 186

I. Anrufe bei Verbrauchern

Der Tatbestand der Einwilligung entspricht nicht dem des § 183 BGB, sondern meint das **vorherige Einverständnis mit dem Anruf**. Sie kann vertraglich oder einseitig, muss aber ausdrücklich, ohne Zwang und in Kenntnis der Sachlage erklärt werden. Eine **konkludente Einwilligung** eines Verbrauchers **reicht nicht aus** (*Köhler/Bornkamm/Köhler*, UWG § 7 Rn 132). Sie ist jederzeit für die Zukunft frei widerrufbar (*Lettl*, UWG Rn 536). Eine nachträgliche Billigung reicht nicht (BGH GRUR 1994, 380 ff – Lexikothek). **Dauer und Umfang einer Einwilligung** sind **durch Auslegung zu ermitteln**. So liegt eine solche bei einer Telefonwerbung des Versicherers gegenüber seinem privaten Versicherungsnehmer zu dem Zweck, ihn zur Versicherung eines weiteren Risikos zu veranlassen, nicht vor, wenn nicht der Angerufene zuvor ausdrücklich oder stillschweigend sein Einverständnis erklärt hat, zu Werbezwecken angerufen zu werden (BGH GRUR 1995, 220 f – Telefonwerbung V). Eine **Werbung für sonstige Vertragsabschlüsse im Rahmen einer bestehenden Geschäftsbeziehung** ohne Einwilligung ist daher unlauter (BGH GRUR 2000, 818 ff – Telefonwerbung VI; OLG Köln GRUR 2005, 965), egal, wie lange die Geschäftsbeziehung auch schon besteht (LG Coburg Urt. v. 13.12.2007 – 1HK O 37/07). Hierbei wird nur im seltenen Ausnahmefall eine konkludente Einwilligung anzunehmen sein, da eine Telefonnummer bei Vertragsschluss üblicherweise nur im Bewusstsein angegeben wird, dass deren Nutzung lediglich für Anrufe im Rahmen der konkreten Vertragsabwicklung stattfindet (OLG Frankfurt GRUR 2005, 964 f). 187

Für die Nachbearbeitung von Abonnementskunden, die **Kündigerrückgewinnung**, bedeutet dies, dass eine Einwilligung allein aufgrund des vorherigen Vertragsverhältnisses nicht angenommen werden kann (OLG Hamm Urt. v. 30.6.2009 – 4 U 54/09). Anders hingegen beim aktiven **Beschwerdemanagement**, bei dem nach telefonischer Beschwerde durch den Kunden dessen Zufriedenheit nach erfolgter Beschwerdebehandlung erfragt werden soll. Hier erfolgte der Anruf ja im Rahmen der bestehenden Vertragsbeziehung mit dem vom Kunden selbst gewählten Kommunikationsmittel (*Lettl*, UWG Rn 545). 188

In der Praxis wird häufig mit **vorformulierten Einwilligungserklärungen** gearbeitet. Diese unterliegen der **AGB-Kontrolle** gem. §§ 305 ff BGB. Sofern eine Einwilligungsklausel nicht schon nach § 305 c Abs. 1 BGB überraschend und mithin gar nicht einbezogen ist – etwa weil sie an versteckter Stelle untergebracht ist –, ist wichtigster Maßstab stets § 307 Abs. 1 Satz 1, das Verbot unangemessener Benachteiligung, und § 307 Abs. 1 Satz 2, das Transparenzgebot. Nach der Rechtsprechung ist dabei **eine in AGB vorformulierte Einwilligungserklärung in Telefonwerbung nicht generell wegen unangemessener Benachteiligung unlauter** (BGH GRUR 2000, 818 ff – Telefonwerbung VI; OLG Hamburg WRP 2009, 1282 ff). Neben den eindeutigen Fällen einer unzulässigen „opt-out"-Klausel wird Maßstab für das Vorliegen einer unangemessenen Benachteiligung die Einhaltung des **Transparenzgebots** 189 sein. Sofern kein Verstoß dagegen vorliegt und die AGB überschaubar und klar formuliert sind, wird eine unlautere Benachteiligung des aufgeklärten, verständigen Verbrauchers nicht gegeben sein.

190 Die bis heute zB auf Bestell- oder Gewinnspielteilnahmekarten gern verwendete Formulierung **„Ich bin damit einverstanden, dass mir telefonisch weitere interessante Angebote gemacht werden (ggf bitte streichen)“** reicht für die Annahme einer Einwilligung in Telefonanrufe, bei denen für den Abschluss eines Abonnements geworben wird, jedenfalls dann nicht aus, wenn sie so allgemein gehalten ist, dass sie die Bewerbung aller möglichen Waren oder Dienstleistungen durch einen nicht überschaubaren Kreis von Unternehmen erlaubt (OLG Köln WRP 2009, 1416 ff; OLG Hamburg GRUR-RR 2009, 351 ff). Sofern sich eine solche Klausel allerdings beispielsweise im Rahmen einer **reinen Abonnementwerbung** auf vergleichbare Produkte des werbenden Unternehmens beschränkt („... andere Zeitschriftenabonnements unseres Verlags...“), wird dies als zulässig anzusehen sein (so in der Tendenz OLG Hamburg WRP 2009, 1282 ff). Dies kann unter Berücksichtigung des modernen Verbraucherbildes insbesondere auch dann zu vertreten sein, wenn der Besteller zu Kommunikationszwecken freiwillig auch seine Telefonnummer angibt. Stets als unlauter werden die Fälle anzusehen sein, in denen die Einwilligung in Textpassagen enthalten ist, die auch andere Erklärungen oder Hinweise enthalten („... z.B. zur Gewinnbenachrichtigung und für weitere interessante telef. Angebote der ...“). Es bedarf also einer gesonderten separaten Einwilligung (BGH, Urt. v. 14.4.2011 – I ZR 38/10).

191 Für den in der Praxis wichtigen **Adresshandel** kann als Maßstab gelten, dass eine Einwilligung in Telefonanrufe nur über kurze und klare AGB des Adressdatengenerierers und -verkäufers und nur bei präziser Beschreibung des Kreises der letztlich Anrufberechtigten angenommen werden kann (vgl OLG Hamm MD 2006, 1288).

II. Anrufe bei sonstigen Marktteilnehmern

192 Wer einen **Telefonanschluss zu gewerblichen Zwecken** unterhält, rechnet mit Anrufen potenzieller Geschäftspartner und solcher Personen, die auch aus Eigeninteresse in Verbindung zu treten wünschen (BGH AfP 2004, 260 ff – Telefonwerbung für Zusatzeintrag). Deshalb und weil hier die Gefahr eines Eindringens in einen Privatbereich nicht besteht, lässt § 7 Abs. 2 Nr. 2 bei der Telefonwerbung gegenüber Nicht-Verbrauchern zusätzlich eine **mutmaßliche Einwilligung** gelten. Eine solche ist anzunehmen, wenn aufgrund konkreter tatsächlicher Umstände vom Anrufer vor dem Anruf **ein sachliches Interesse des Anzurufenden vermutet** werden kann (BGH GRUR 2010, 939 ff – Telefonwerbung nach Unternehmenswechsel). Ob ein solches vorliegt, ist durch Abwägung der aufeinander treffenden Interessen zu ermitteln. So kann ein sachliches Interesse im Einzelfall angenommen werden bei bestehender oder angebahnter Geschäftsbeziehung (BGH AfP 2004, 260 ff – Telefonwerbung für Zusatzeintrag; kritischer BGH GRUR 2008, 189 ff – Suchmaschineneintrag), bei Mitarbeiterwechsel zum Wettbewerber (BGH GRUR 2010, 939 ff – Telefonwerbung nach Unternehmenswechsel) oder bei Branchenüblichkeit (BGH GRUR 2001, 1181 ff – Telefonwerbung für Blindenwaren), nicht aber zur Anbahnung eines sogenannten unternehmerischen Hilfsgeschäfts, dessen Gegenstand nicht zum Kerngeschäft des Angerufenen gehört (BGH GRUR 1991, 764 ff – Telefonwerbung IV). Die Annahme, dass der Angerufene als Unternehmer immer Interesse an einem besonders guten Angebot habe, reicht also nicht aus (*Lettl*, UWG Rn 549).

§ 7 UWG Unzumutbare Belästigungen

...

3. bei Werbung unter Verwendung einer automatischen Anrufmaschine, eines Faxgerätes oder elektronischer Post, ohne dass eine vorherige ausdrückliche Einwilligung des Adressaten vorliegt, oder

...

(3) Abweichend von Absatz 2 Nr. 3 ist eine unzumutbare Belästigung bei einer Werbung unter Verwendung elektronischer Post nicht anzunehmen, wenn

1. ein Unternehmer im Zusammenhang mit dem Verkauf einer Ware oder Dienstleistung von dem Kunden dessen elektronische Postadresse erhalten hat,

2. der Unternehmer die Adresse zur Direktwerbung für eigene ähnliche Waren oder Dienstleistungen verwendet,

3. der Kunde der Verwendung nicht widersprochen hat und
4. der Kunde bei Erhebung der Adresse und bei jeder Verwendung klar und deutlich darauf hingewiesen wird, dass er der Verwendung jederzeit widersprechen kann, ohne dass hierfür andere als die Übermittlungskosten nach den Basistarifen entstehen.

A. Allgemeines

Der **Zweck** von § 7 Abs. 2 Nr. 3 ist auf den Schutz vor unerbetenen Nachrichten zur Direktwerbung gerichtet und unterscheidet – Art. 13 Abs. 5 der Datenschutz-RL 2002/58/EG hätte dies erlaubt – nicht zwischen natürlichen und juristischen Personen. Hintergrund ist die günstige mechanische Nutzung moderner Massenmedien. § 7 Abs. 2 Nr. 3 ist richtlinienkonform auszulegen. Bereits eine **einmalige Zusendung** einer Werbe-E-Mail ohne Einwilligung kann einen rechtswidrigen Eingriff darstellen (BGH GRUR 2009, 980 ff – E-Mail-Werbung II). 193

B. Vorherige ausdrückliche Einwilligung

Reichte unter Geltung des § 1 UWG aF (vgl BGH GRUR 1996, 208 ff – Telefax-Werbung; BGH WRP 2004, 731 ff – E-Mail-Werbung) noch eine mutmaßliche und unter Geltung des UWG 2004 noch eine konkludente Einwilligung aus, so bedarf es nunmehr einer **vorherigen ausdrücklichen Einwilligung für den konkreten Fall.** Für die Einwilligung gelten zunächst dieselben Grundsätze wie bei § 7 Abs. 2 Nr. 2, vgl Rn 187. Eine solche ausdrückliche Einwilligung liegt bei der reinen Angabe der E-Mail-Adresse als Kontaktmöglichkeit auf der eigenen Homepage nicht vor (BGH K&R 2010, 115 f – E-Mail-Werbung gegenüber Gewerbetreibenden; BGH WRP 2008, 1330 ff – FC Troschenreuth; für Fax: OLG Hamm Urt. v. 13.11.2008 – 4 U 150/08). Auch eine voreingestellte Einwilligungserklärung bei einem **Newsletterbezug** entspricht nicht den Anforderungen an § 7 Abs. 2 Nr. 3 (OLG Jena CR 2010, 815 f). 194

C. Einzelne Maßnahmen

§ 7 Abs. 2 Nr. 3 nennt **drei technische Wege der individuellen Ansprache.** Automatische Anrufmaschinen spielen in der Praxis dabei kaum eine Rolle. Als Faxgeräte gelten nicht nur das klassische Faxgerät, bei dem schon allein der Verbrauch von Papier und Toner eine Belästigung darstellt, sondern auch das moderne PC-Fax (BGH GRUR 2007, 164 f – Telefax-Werbung II). Unter den Begriff der **elektronischen Post** fallen schließlich nicht nur **E-Mails,** sondern auch alle über ein öffentliches Kommunikationsnetz verschickte Text-, Sprach-, Bild- oder Tonnachrichten, die beim Empfänger bis zum Abruf gespeichert werden, also auch **Handy-Kommunikation wie SMS, MMS oder E-Cards** (*Fezer/Mankowski*, UWG § 7 Rn 86). 195

D. Ausnahme für elektronische Post nach § 7 Abs. 3

Der praxisrelevante § 7 Abs. 3 erlaubt dem Unternehmer unter vier Voraussetzungen, im Rahmen bestehender geschäftlicher Verbindungen das vermeintlich am wenigsten belästigende Massenwerbemittel der elektronischen Post im Rahmen einer **opt-out-Lösung** einzusetzen. **Alle Voraussetzungen müssen kumulativ vorliegen.** 196

I. Erhalt der Postadresse

Unter Postadresse sind nur die E-Mailadresse und die SMS-Adresse (Mobilfunknummer) zu verstehen. Der Unternehmer muss die Adresse **im Zusammenhang** (zB **Abschluss, Abwicklung, Gewährleistung**) **mit dem Verkauf eines Produkts** erlangt haben, wobei hier jedes Austauschgeschäft (zB Miet-, Dienst- oder Werkvertrag) ausreicht (*Lettl*, UWG Rn 566). Umstritten ist, ob eine Erlangung im Zusammenhang mit der Auflösung eines Vertrages, insbesondere durch Ausübung eines Widerrufsrechts, ausreicht. Richtigerweise wird dies nur dann der Fall sein, wenn die Adresse bei Vertragsschluss angegeben worden ist, nicht aber, wenn sie erst durch die Auflösungshandlung, also beispielsweise durch den Widerruf selbst, bekannt geworden ist. In jedem Fall muss der Unternehmer die Adresse **vom Kunden selbst** bekommen haben und nicht von einem Dritten. Ein Adresskauf reicht hier grundsätzlich nicht aus. 197

II. Direktwerbung für ähnliche eigene Produkte

198 Zunächst muss es sich zwingend um **eigene Produkte** desjenigen handeln, der das Geschäft getätigt hat, in dessen Rahmen die Adresse generiert wurde. Weiter darf die elektronische Postadresse nur für die Werbung für Produkte genutzt werden, die entweder für den **gleichen erkennbaren oder doch typischen Zweck oder Bedarf des Kunden** geeignet sind wie das bereits erworbene Produkt (*Lettl*, UWG Rn 568), wie dies bei verschiedenen Zeitschriftentiteln eines Verlags der Fall ist, oder die **funktionell zusammenhängen**, wie dies bei Zubehör im Verhältnis zur Hauptware vorliegt.

III. Kein Widerspruch

199 Es darf kein Widerspruch vorliegen, der nicht zwingend über die elektronische Post erfolgen muss, sondern **auf jedem Weg** erklärt werden kann. Er muss den Unternehmer nur erreichen. Der Widerspruch kann **zu jeder Zeit**, also auch schon direkt im Zusammenhang mit der Angabe der elektronischen Adresse erfolgen.

IV. Aufklärungspflicht

200 Dem Kunden muss ermöglicht werden, dem Unternehmer seinen Widerspruch auch zuzuleiten. Ihm ist deshalb eine entsprechende Kontaktadresse (Post, Telefon- oder Fax-Nummer oder E-Mailadresse) mitzuteilen und er muss **sowohl bei Erhebung als auch bei jeder Verwendung** der elektronischen Adresse klar und deutlich auf die Möglichkeit des Widerspruchs hingewiesen werden (LG Bonn MD 2009, 873 ff). Bei der Ausübung des Widerspruchs dürfen nur die **üblichen Übermittlungskosten** anfallen, also darf weder die Nutzung einer Mehrwertdiensterufnummer zwingend notwendig sein oder ein Entgelt für die Einstellung verlangt werden.

§ 7 UWG Unzumutbare Belästigungen

(2) Eine unzumutbare Belästigung ist stets anzunehmen

4. bei Werbung mit einer Nachricht, bei der die Identität des Absenders, in dessen Auftrag die Nachricht übermittelt wird, verschleiert oder verheimlicht wird oder bei der keine gültige Adresse vorhanden ist, an die der Empfänger eine Aufforderung zur Einstellung solcher Nachrichten richten kann, ohne dass hierfür andere als die Übermittlungskosten nach den Basistarifen entstehen.

...

A. Allgemeines

201 § 7 Abs. 2 Nr. 4 setzt Artikel 13 Abs. 4 der Datenschutz-Richtlinie 2002/58/EG um und verbietet die anonyme Direktwerbung mit elektronischen Nachrichten. **Schutzzweck** ist neben der Verhinderung einer unzumutbaren Belästigung vor allem in Übereinstimmung mit dem **Transparenzgebot** das Ermöglichen oder Erleichtern der Durchsetzung von Ansprüchen gegenüber dem Werbungstreibenden.

B. Unzureichende Identität des Absenders einer Nachricht

202 Unter Nachricht sind alle elektronischen **Nachrichten** iSv **§ 2 Abs. 1 Nr. 4** und damit Telefonanrufe, Fax-, E-Mail- oder SMS-Nachrichten zu verstehen. Eine Verschleierung der Identität liegt vor, wenn sich hinter der angegebenen Adresse nicht die des Werbenden verbirgt, eine Verheimlichung, wenn gar keine angegeben wird. Eine gültige Adresse muss im Übrigen bei **jeder entsprechenden Werbeansprache** mitgeteilt werden, egal, ob dies auch schon bei vorhergehenden Kontakten erfolgt ist.

26. Abschnitt: Irreführungsschutz

§ 5 UWG Irreführende geschäftliche Handlungen

(1) [1]Unlauter handelt, wer eine irreführende geschäftliche Handlung vornimmt. [2]Eine geschäftliche Handlung ist irreführend, wenn sie unwahre Angaben enthält oder sonstige zur Täuschung geeignete Angaben über folgende Umstände enthält:

1. **die wesentlichen Merkmale der Ware oder Dienstleistung wie Verfügbarkeit, Art, Ausführung, Vorteile, Risiken, Zusammensetzung, Zubehör, Verfahren oder Zeitpunkt der Herstellung, Lieferung oder Erbringung, Zwecktauglichkeit, Verwendungsmöglichkeit, Menge, Beschaffenheit, Kundendienst und Beschwerdeverfahren, geographische oder betriebliche Herkunft, von der Verwendung zu erwartende Ergebnisse oder die Ergebnisse oder wesentlichen Bestandteile von Tests der Waren oder Dienstleistungen;**
2. **den Anlass des Verkaufs wie das Vorhandensein eines besonderen Preisvorteils, den Preis oder die Art und Weise, in der er berechnet wird, oder die Bedingungen, unter denen die Ware geliefert oder die Dienstleistung erbracht wird;**
3. **die Person, Eigenschaften oder Rechte des Unternehmers wie Identität, Vermögen einschließlich der Rechte des geistigen Eigentums, den Umfang von Verpflichtungen, Befähigung, Status, Zulassung, Mitgliedschaften oder Beziehungen, Auszeichnungen oder Ehrungen, Beweggründe für die geschäftliche Handlung oder die Art des Vertriebs;**
4. **Aussagen oder Symbole, die im Zusammenhang mit direktem oder indirektem Sponsoring stehen oder sich auf eine Zulassung des Unternehmers oder der Waren oder Dienstleistungen beziehen;**
5. **die Notwendigkeit einer Leistung, eines Ersatzteils, eines Austauschs oder einer Reparatur;**
6. **die Einhaltung eines Verhaltenskodexes, auf den sich der Unternehmer verbindlich verpflichtet hat, wenn er auf diese Bindung hinweist, oder**
7. **Rechte des Verbrauchers, insbesondere solche aufgrund von Garantieversprechen oder Gewährleistungsrechte bei Leistungsstörungen.**

...

A. Allgemeines

Mit § 5 UWG 2004 als Nachfolger der „kleinen Generalklausel" des § 3 UWG aF wurden im Rahmen der UWG-Novelle 2004 die (Irreführungs-)Richtlinie 84/450/EWG in der Form, die sie nach Integrierung der Richtlinie (über vergleichende Werbung) 97/55/EG besaß, umgesetzt. Die aktuelle, stark veränderte Fassung des § 5 (einschließlich des § 5a) beruht auf der Umsetzung der Richtlinie über unlautere Geschäftspraktiken durch die UWG-Novelle 2008. Der **Schutzzweck** von § 5 ist weiterhin ein doppelter: **Zum einen sollen die Mitbewerber vor der wettbewerbsverfälschenden Wirkung irreführender geschäftlicher Handlungen geschützt, zum anderen soll die Entscheidungsfreiheit der Marktgegenseite gewahrt werden** (*Köhler/Bornkamm/Bornkamm*, UWG § 5 Rn 1.8 ff). Kern des Vorwurfs der Unlau- 1 terkeit durch Irreführung ist die **Verletzung des Transparentgebots.** § 5 ist anders als § 3 UWG aF kein eigenständiger Tatbestand, sondern stellt eine weitere Konkretisierung der allgemeinen Unlauterkeitsregel des § 3 dar. Deshalb kommt es auch auf das Überschreiten der **Spürbarkeitsgrenze** an.

2 Die Kommentierung orientiert sich am **Aufbau** der Norm sowie vor allem an der **medienrechtlichen Relevanz.** § 5 Abs. 1 Satz 1 ist die generelle Irreführungsvorschrift, § 5 Abs. 1 Satz 2 Nrn. 1 bis 7 listen dann die einzelnen Umstände auf, über die irreführende Angaben gemacht werden können: Nr. 1 und Nr. 3 betreffen die beiden wichtigsten Fallgruppen der produktbezogenen bzw unternehmensbezogenen Irreführung, die Nr. 2 betrifft die Irreführung bezüglich des Verkaufsanlasses, der Preisberechnung und der Vertragsbedingungen, Nr. 4 behandelt die Irreführung mit Sponsoring oder Zulassung, Nr. 5 die Irreführung mit der Notwendigkeit von Leistungen, Nr. 6 betrifft die Irreführung über die Einhaltung eines Verhaltenskodex und Nr. 7 schließlich behandelt die Irreführung bei Verbraucherrechten. § 5 Abs. 2 Satz 2, der bisher die Relevanz eines Verschweigens geregelt hat, ist im Wesentlichen durch den neuen § 5a ersetzt und ergänzt worden. § 5 Abs. 2 behandelt die irreführende Verwechslungsgefahr, § 5 Abs. 3 erstreckt den Irreführungsschutz auf vergleichende Werbung und § 5 Abs. 4 konkretisiert diesen dann für Werbung mit herabgesetzten Preisen. Die **Kommentierung des § 5 behandelt zentral die für die Eigenwerbung der Medien auf ihren beiden Märkten** – den der Medienkonsumenten einerseits und den Anzeigenmarkt andererseits – **hauptsächlich relevanten Bereiche Alleinstellungswerbung und Werbung mit Mediadaten.** Vor diesem Hintergrund und der ausufernden Einzelfallkasuistik wird wie schon in der Vorauflage bei § 5 Abs. 2 Nrn. 1 bis 3 UWG 2004 auf eine explizite Einzelkommentierung von § 5 Abs. 1 Satz 2 Nrn. 1 bis 7 verzichtet.

B. Geschäftliche Handlung

3 § 5 knüpft nicht mehr an den Begriff der Werbung an, sondern an den der **geschäftlichen Handlung** iSv § 2 Abs. 1 Nr. 1. Zu den Einzelheiten, insbesondere den Unternehmens- und Marktbezug, siehe im 25. Abschnitt Rn 6 ff. Damit sind beispielsweise nunmehr auch irreführende Angaben über das Bestehen oder die Höhe einer Forderung erfasst (Berlit, Wettbewerbsrecht V. Rn 1). Die sprachliche Entwicklung von § 5 Abs. 1 (jetzt Satz 1) durch die diversen Novellen ist redaktionell etwas unglücklich. Tatsächlich ist (nach wie vor) schlicht gemeint: **„Unlauter handelt, wer im geschäftlichen Verkehr irreführende Angaben macht."** (*Köhler/Bornkamm/Bornkamm*, UWG § 5 Rn 2.2).

C. Angaben

4 Unter **Angaben** iSv § 5 Abs. 1 Satz 2 sind **Aussagen eines Unternehmens zu verstehen, die ein Mindestmaß an Information enthalten und sich auf nachprüfbare Tatsachen beziehen** (*Köhler/Bornkamm/Bornkamm*, UWG § 5 Rn 2.37). Aussagen sind dabei sämtliche Kundgaben an jedweden Empfänger in jedweder Form und können sowohl Tatsachenbehauptungen als auch Werturteile enthalten (*Harte/Henning/Dreyer*, UWG § 5 Rn 119). **Bloße Werturteile** ohne Tatsachenkern fallen nicht unter § 5. Dies gilt insbesondere für reine **Kaufappelle** und nicht nachprüfbare **Anpreisungen** (*Köhler/Bornkamm/Bornkamm*, UWG § 5 Rn 2.43 ff). So sind die fast inflationär häufig verwendeten Slogans der Radiosender („... und das Beste von Heute!") ausschließlich als subjektive Einschätzung und zulässige Wertung einzuordnen (vgl BGH GRUR 2002, 182 ff – Das Beste jeden Morgen). Sofern aber ein **Tatsachenkern** enthalten ist („blitzschnell", „riesengroß", „superbillig") muss zumindest dieser Tatsachenkern eine Prüfung nach § 5 überstehen. **Unwahre Angaben sind stets unlauter.** Dies ist der Fall, wenn eine objektive Nachprüfung nicht deren Richtigkeit ergibt. **Missverständliche Angaben** sind dann unlauter, wenn sie **zur Täuschung zumindest geeignet** sind (vgl auch Rn 9). § 5 Abs. 1 Satz 2 Nrn. 1 bis 7 listen praktisch abschließend entsprechende relevante Umstände.

D. Irreführung

5 Die schon in Art. 2 Nr. 2 der Richtlinie 84/450/EWG enthaltene Definition ist nach wie vor zutreffend. Danach gilt als **irreführende Werbung jede Werbung, die in irgendeiner Weise – einschließlich ihrer Aufmachung – die Personen, an die sie sich richtet oder die von ihr erreicht werden, täuscht oder zu täuschen geeignet ist und die infolge der ihr innewohnenden Täuschung ihr wirtschaftliches Verhalten beeinflussen kann oder aus diesen Gründen einen Mitbewerber schädigt oder zu schädigen geeignet ist.** Es muss bei den angesprochenen relevanten Verkehrskreisen also eine Fehlvorstellung hervorge-

rufen werden, die geeignet ist, das Marktverhalten im Sinne des Werbenden zu beeinflussen. Die reine Eignung zur Irreführung reicht aus, vgl Rn 24.

I. Relevanter Personenkreis

Zur Beurteilung, ob eine Irreführung vorliegt, kommt es entscheidend auf das **Verständnis des angesprochenen Personenkreises** an (*Köhler/Bornkamm/Bornkamm*, UWG § 5 Rn 2.67). Dabei wird in Anlehnung an das moderne Verbraucherbild stets die **durchschnittlich informierte, angemessen aufmerksame und angemessen verständige Durchschnittsperson des maßgeblichen, also angesprochenen Personenkreises** (vgl auch § 2 Abs. 2) zugrunde gelegt (*Lettl*, UWG Rn 412). 6

Gerade bei **Medien** im Rahmen ihres eigenen werblichen Wirkens auf zwei verschiedenen Märkten wird es dann entscheidend darauf ankommen, ob sich die Werbung an Konsumenten oder potenzielle Abonnenten, an mit Fachbegriffen vertraute Branchenkreise oder an beide wendet. Eine Anzeige zur Eigenwerbung in Tageszeitungen oder Publikumszeitschriften kann daher anders zu beurteilen sein wie dieselbe Anzeige in Fachzeitungen oder Branchendiensten (LG München I Urt. v. 23.12.2004 – 9HK O 16231/04). So wurde auch – etwas grenzwertig – eine **Werbung mit Auflagenzahlen trotz unterschiedlicher Vertriebswege** der verglichenen Zeitschriften als zulässig erachtet, weil den angesprochenen Verkehrskreisen die Besonderheiten durchaus bewusst seien (LG Hamburg MD 2010, 432 ff). Bei einer Werbung gegenüber der breiten Öffentlichkeit, also **gegenüber dem modernen Durchschnittsverbraucher**, werden die Gerichte zur Beurteilung der Frage, ob eine Fehlvorstellung hervorgerufen wurde, daher aber auch die eigene Sachkunde und das eigene Verständnis der Richter heranziehen können und keine entsprechenden Sachverständigengutachten einholen müssen (BGH GRUR 2004, 244 ff – Marktführerschaft). 7

II. Täuschung, Fehlvorstellung

Eine solche liegt vor, wenn **das bei den angesprochenen Verkehrskreisen hervorgerufene Verständnis nicht mit der Wirklichkeit übereinstimmt**. Zur Beurteilung sind sämtliche in § 5 Abs. 1 Satz 2 Nrn. 1 bis 7 genannten Merkmale, Angaben und Eigenschaften zu berücksichtigen. Neben den in § 5 Abs. 2 bis 4 explizit behandelten Fällen kann man folgende **Fallgruppen** unterscheiden: 8

1. Falsche Werbeaussage. Objektiv falsch ist eine Werbeaussage immer dann, wenn beim normativ Beworbenen aufgrund der Werbung eine **mit der Wirklichkeit nicht übereinstimmende Vorstellung** entsteht. Dies liegt beispielsweise immer vor, wenn einem beworbenen Produkt eine Eigenschaft zugeschrieben wird, die es schlicht nicht besitzt. Objektiv falsche Werbung ist grundsätzlich irreführend (BGH GRUR 2002, 715 ff – Scanner-Werbung). Das gilt auch dann, wenn große Teile der angesprochenen Kreise genug Markt- oder Sachkenntnis haben, um nicht irregeführt zu werden, da **auch der bloß flüchtige Verbraucher** geschützt wird. Das Verbreiten objektiv falscher Werbung wird strafrechtlich ergänzt durch § 16 und § 14 HWG. 9

2. Missverständliche Werbeaussage. Bei missverständlicher Werbung, also solcher, die von den maßgeblichen, durchschnittlich informierten und verständigen Personenkreisen in verschiedener Weise verstanden werden kann, kommt es darauf an, **ob auch nur eine dieser Deutungsmöglichkeiten nicht mit der Wirklichkeit übereinstimmt.** Dann liegt eine Irreführung vor. Hierbei kommt es auf den Wortsinn und das allgemeine Sprachverständnis an (BGH GRUR 2003, 361 ff – Sparvorwahl). So wird der Begriff „**Marktführerschaft**" für ein Nachrichtenmagazin beim durchschnittlichen Zeitschriftenleser zumindest auch auf die Auflage und nicht nur auf die – dieser Zielgruppe oftmals sogar unbekannten – Reichweite bezogen werden (BGH GRUR 2004, 244 ff – Marktführerschaft). Und eine Werbung mit dem Hinweis auf eine bestimmte Anzahl von Sonderseiten zu einem bestimmten Ereignis ist zumindest auch so zu verstehen, dass es sich um Seiten mit redaktioneller Berichterstattung und nicht auch um reine Anzeigenseiten handelt. Wer mit dem Slogan „**Gehen Sie auf Nummer sicher ...**" für einen DSL-Anschluss wirbt, erweckt den Eindruck, dass die Verwendung des beworbenen Sicherheitspakets auch weitestgehend sicher ist. Ist dies nicht der Fall, ist die Werbung unlauter (OLG Hamburg Urt. v. 6.7.2006 – 3 U 244/05). Und wer das Schlagwort „**TV-Premieren**" als Werbung für einen Film in einer Programmzeitschrift nutzt, wird überwiegend so verstanden, als ob der Film noch nie im Fernsehen lief. Gilt dies aber nur für Free-TV, lief der Film also schon im Pay-TV, ist die Werbung irreführend und unlauter (OLG Köln GRUR-RR 2008, 404 f). 10

11 **3. Wahre Werbeaussage.** In seltenen Einzelfällen wird auch eine **wahre Werbeaussage** irreführend sein können. Dies wird dann vorliegen, wenn der Verbraucher aus der zutreffenden Werbeangabe falsche Schlüsse zieht. Hauptanwendungsfall ist die Werbung mit Selbstverständlichkeiten, siehe hierzu unten Rn 23.

12 **4. Medienrelevante Einzelfälle.** Zur Beurteilung der Frage, ob eine Irreführung vorliegt, können vor allem auch die von Rechtsprechung und Literatur entwickelten **Fallgruppen** und die unter Berücksichtigung medienrelevanter Bereiche vorliegende Kasuistik herangezogen werden:

13 a) **Allein- oder Spitzenstellungswerbung.** Einen besonders bedeutsamen Fall der Irreführung stellt die unlautere **Allein- oder Spitzenstellungsbehauptung** dar. Damit rühmt sich der Werbende – in der Regel unter Verwendung eines Superlativs – zu Unrecht einer herausgehobenen Marktstellung, die er angeblich entweder als einziger (**Alleinstellung**: „Der Größte", „Die Nr. 1", „Der Billigste") oder als **Mitglied der führenden Spitzengruppe** („einer der Größten", „unter den billigsten", „Leistungsspitze", „keiner ist größer", „Nichts hilft schneller" – negativer Komparativ) innehat. Dabei ist stets genau festzustellen, für **welches Merkmal** (zB **Unternehmensgröße, Produktbeschaffenheit**) und auf **welchem Markt** (zB **Branche oder Region**) er die Sonderstellung in Anspruch nimmt. Eine Allein- oder Spitzenstellungswerbung ist nur zulässig, wenn sie wahr ist. Bereits seit langem haben sich hierfür zwei Kriterien herausgebildet. Danach ist eine Alleinstellungswerbung nicht unlauter, wenn der Werbende seine Konkurrenten in der relevanten Beziehung **deutlich überragt und dies von einer gewissen Stetigkeit** („dauerhaft und deutlich") ist (BGH GRUR 1981, 910 f – Der größte Biermarkt der Welt; BGH GRUR 1985, 140 ff – Größtes Teppichhaus der Welt). Für die werbliche Behauptung, zu den wachstumsstärksten Unternehmen der Branche zu gehören, reicht es daher nicht aus, nur hohe Wachstumszahlen für ein Jahr nachzuweisen (OLG Köln GRUR-RR 2006, 237 f). Bei der Spitzengruppenwerbung ist es zudem erforderlich, dass es überhaupt eine entsprechende Spitzengruppe gibt. Bei einer reinen **reklameartigen Anpreisung**, bei der das subjektive Element überwiegt und jeder Adressat seine eigenen Schlüsse ziehen kann, liegt mangels Behauptung einer Alleinstellung kein Verstoß gegen § 5 vor (BGH GRUR 2002, 182 ff – Das Beste jeden Morgen; OLG Hamburg MD 2007, 826 ff zum Slogan eines Versicherers „Für Sie und Ihr Recht kämpft niemand so wie ROLAND"). Bei der Aussage „**Simply the best**" für ein technisches Produkt wird der Adressat allerdings erwarten, dass es in den üblichen Vergleichstests vorne liegt (OLG Hamburg WRP 209, 647). Zulässig wird dagegen die Anpreisung einer TV-Zeitschrift mit der Behauptung sein, sie habe „**Europas härteste Filmredaktion**" sowie erkennbare bloße Übertreibungen („ewig haltbar", „unzerreißbar"). Der nachprüfbare Tatsachenkern („überdurchschnittlich lang haltbar") muss jedoch wahr sein (*Köhler/Bornkamm/Bornkamm*, UWG § 5 Rn 2. 127).

14 Gerade bei der Bewerbung von **Medienerzeugnissen** wird angesichts des teils unübersichtlich großen Marktes sehr gerne auf Superlative zurückgegriffen. Entscheidungen hierzu sind zahlreiche ergangen. So war der Slogan „**Die große deutsche Tages- und Wirtschaftszeitung**" der „Frankfurter Allgemeine Zeitung" als solcher nicht als eine im Hinblick auf die Auflagenhöhe unzulässige Alleinstellungs-, sondern zunächst nur als Spitzengruppenwerbung zu verstehen. Denn je größer der beworbene Markt ist, desto weniger reicht die bloße Verwendung des bestimmten Artikels mit einem nicht gesteigerten Eigenschaftswort aus, um auf eine Alleinstellung zu schließen (BGH GRUR 1998, 951 ff – Die große deutsche Tages- und Wirtschaftszeitung). Wird ein bestimmter Artikel allerdings wie bei „**Der Kölner Online-Branchenführer**" mit einem nur regionalen geographischen Hinweis verbunden, kann dies vom Verkehr als Alleinstellungsbehauptung verstanden werden (OLG Köln MD 2006, 1068 ff; vgl auch OLG Stuttgart NJW 2006, 2273 ff zu „Bodenseekanzlei"). Der Slogan „**Die Stimme Berlins**" als Werbung für eine Tageszeitung stellt dagegen keine unzulässige Alleinstellungsberühmung dar, solange der Akzent nicht auf dem bestimmten Artikel liegt (KG GRUR-RR 2001, 60). Besteht der relevante Markt aus nur zwei Marktteilnehmern, stellt jede Spitzengruppenbehauptung im Verhältnis zum anderen Markteilnehmer eine Alleinstellungsbehauptung dar. Die Verwendung des Slogans „**Deutschlands globale Wirtschaftszeitung**" zur Bewerbung der „Financial Times Deutschland" war daher im Verhältnis zum „Handelsblatt" unlauter, da der deutsche Markt der börsentäglich erscheinenden Wirtschafts- und Finanzzeitungen nur durch diese beiden Wettbewerber gebildet wurde (LG Köln AfP 2003, 461 f). Allerdings ist bei kleinen Märkten mit wenigen Wettbewerbern nicht davon auszugehen, dass jede Werbeaussage in allen Einzelheiten differenziert wahrgenommen wird. So muss sich die Aussage „**Das seit Jahrzehnten führende deutsche Fachmagazin für den Lebensmittelhandel**" am gesamten speziell auf die Lebensmittelbranche zugeschnittenen Markt messen lassen, dem nicht nur „Magazine" oder Zeitschriften, sondern auch vergleichbar häufig erscheinende „Zeitungen" angehören (OLG Köln

GRUR-RR 2005, 324 f). Denn der Verkehr geht schlicht allgemein von der führenden Publikation innerhalb dieser Branche aus. Auch ist eine Alleinstellungsberühmung, die erkennbar nur das „**Segment der überregionalen meinungsbildenden Zeitungen**" betrifft, nicht unrichtig und damit zulässig, wenn davon nicht erfasste Zeitschriften oder sonstige Massenpublikationen insoweit höhere Auflagen als die beworbene Zeitung haben (OLG Hamburg GRUR 1999, 429 ff).

Insbesondere auch bei Spitzenstellungsbehauptungen mit geografischer Anknüpfung kommt es auf die Richtigkeit der hervorgehobenen Merkmale und das Verständnis des angesprochenen Personenkreises an. So erweckt der Slogan „**Einer der führenden Internet-Provider Europas**" zwar nur die Verkehrserwartung, dass die Gesamtzahl der Vertragskunden europaweit insgesamt, nicht aber in jedem einzelnen Land in der Spitzengruppe liegt (OLG Hamburg CR 2005, 521 ff, vgl auch BGH GRUR 1996, 910 ff – **Der meistverkaufte Europas**, OLG Frankfurt GRUR 2003, 1059 ff zu „**Weltweit die Nr. 1**"). Wenn die Zahl der Kunden dann aber weit unter den Zahlen der führenden europäischen Wettbewerber liegt, ist eine Irreführung gegeben. Zudem war die Werbung „**T-Online ist Europas größter Onlinedienst**" auch deshalb unlauter, weil der Verkehr annimmt, dass ein entsprechender Dienst überall in Europa oder zumindest in seinen wesentlichen Teilen angeboten wird (BGH WRP 2004, 1165 ff – Größter Online-Dienst). Anders ist dies bei deutschsprachigen Zeitschriften zu beurteilen. Hier erwartet der Verkehr aufgrund der Sprachausrichtung nachvollziehbar nicht, dass eine solche Publikation auch auf allen relevanten Märkten in Europa erscheint (OLG Hamburg GRUR-RR 2006, 170 ff zu „**Europas größtes People-Magazin**"). Es reicht dann vielmehr aus, wenn ein Vergleich der nationalen Marktführer die Spitzenstellung unter diesen belegt, wobei die angesprochenen Verkehrskreise die Alleinstellungsbehauptung regelmäßig mit den Merkmalen Auflage und/oder Reichweite verbinden werden. Bei der Werbeaussage einer Zeitschrift, sie habe mit Abstand den **größten „Response" auf Anzeigen**, erwartet der angesprochene Verkehr nicht nur, dass die Response-Quote absolut, sondern auch relativ im Verhältnis zu den Wettbewerbern die höchste ist (LG Köln AfP 1992, 312 f). 15

Gerade bei der Frage nach den relevanten Anknüpfungsmerkmalen ist im Hinblick auf den angesprochenen Verkehrskreis dann weiter zu differenzieren. Wird die Werbeaussage im Rahmen einer Anzeige in einer überregionalen Tageszeitung getätigt, sind die Verkehrsauffassungen der durchschnittlichen Verbraucher ebenso zu berücksichtigen wie die der Fachkreise. Deshalb ist die Behauptung der „**Marktführerschaft**" eines Nachrichtenmagazins, die auf einer nur geringfügig größeren Reichweite (dazu noch bei nur einer von mehreren Erhebungen) beruht, gegenüber allen Adressaten unlauter, wenn die Auflage des werbenden Magazins deutlich geringer ist (BGH GRUR 2004, 244 ff – Marktführerschaft). In diesem Fall wäre die Aussage wegen der konkreten Gestaltung sogar gegenüber den Fachkreisen, die üblicherweise zwischen Reichweite und Auflage differenzieren können, unzulässig gewesen. Dagegen ist der Slogan „**Deutschland größtes Nachrichtenmagazin**" zur reinen Abonnentenwerbung zulässig, weil die angesprochenen Verkehrskreise der Aussage einzig und allein den Hinweis auf die verkaufte oder verbreitete Auflage entnehmen (LG München Urt. v. 23.12.2004 – 9HK O 16231/04). Den potenziellen Abonnenten sei mangels Fachkenntnis nämlich überhaupt nicht bewusst, dass es eine Divergenz zwischen der allgemein bekannten Auflagenhöhe und der eher nur Fachkreisen bekannten Reichweite geben kann. So sind auch irreführende Angaben in einem an den Endverbraucher gerichteten Werbeprospekt in der Regel nicht relevant für eine Täuschung von Werbekunden, die für eine Werbung in diesem Werbemittel gewonnen werden sollen (OLG Hamburg AfP 2005, 477 ff). Der primär an Fachkreise gerichtete Werbeslogan „**Europas beliebteste Programmzeitschrift**" ist dagegen irreführend, wenn nur die Reichweite, nicht aber die Auflagenzahlen der beworbenen Zeitschrift vor den Wettbewerbstiteln liegen. Denn die angesprochenen Verkehrskreise werden eine „Beliebtheit" einer Zeitschrift auch nicht nur an der bloßen Reichweite, also der Anzahl der Leser festmachen (OLG Hamburg Urt. v. 12.2.2009 – 3 U 77/07). 16

b) Werbung mit Auflagenerhebungen und Werbeträgeranalysen. Bei der Werbung mit konkreten, regelmäßig durch die IVW (Informationsgemeinschaft zur Feststellung der Verbreitung von Werbeträgern e.V.) erhobenen **Auflagenzahlen** ist stets die Art der Auflage korrekt anzugeben, wenn die für den angesprochenen Verkehr relevant ist. So verbinden Durchschnittsleser mit dem Begriff der Auflage beispielsweise die verkaufte, nicht aber die verbreitete Auflage (OLG Hamm WRP 1991, 328 f). Das sachkundige Publikum dagegen wird Begriffe wie „verkaufte Auflage" auch im Detail richtig einordnen (OLG München Urt. v. 10.5.2007 – 29 U 1826/07). Dagegen war die an die Allgemeinheit gerichtete Werbung „**Deutschlands auflagenstärkste Jugendzeitschrift**" unter Hinweis auf die IVW-Zahlen unlauter, da die beworbene Zeitschrift anders als die Wettbewerber bundesweit nur fünfmal im Jahr und dazu noch kostenlos erschien. Auch darf bei der Werbung mit Auflagesteigerungen nicht der 17

Eindruck einer stetigen Tendenz erweckt werden, wenn nur ein einmaliger Sprung vorliegt (OLG Frankfurt WRP 1978, 552 f).

18 Bei der Verwendung der Daten der in der Praxis für den Print-Bereich wichtigsten **Werbeträgeranalysen**, der MA (Arbeitsgemeinschaft Media Analyse e.V. – ag.ma) und der AWA (Allensbacher Markt- und Werbeträgeranalyse) – relevant ist in der Praxis auch die darauf basierende Werbung mit den sogenannten Tausenderkontaktpreisen (TKP) –, die **Reichweitenuntersuchungen** von Werbeträgern im Hinblick auf bestimmte Segmente darstellen, wird sich die Werbung **regelmäßig an ein sachkundiges Publikum** wenden, das sich vor allem an den mitgeteilten Zahlen orientiert. Eine nicht ideal gewählte **grafische Aufarbeitung** der Zahlen ist daher unschädlich, wenn die Zahlen zutreffend mitgeteilt und deutlich zu erkennen sind (OLG München GRUR-RR 2003, 189 f). Wer mit den Zahlen einer Werbeträgeranalyse wirbt, muss zudem die vorgegebene Einteilung der Marktsegmente wahrheitsgemäß abbilden (OLG Hamburg GRUR-RR 2002, 298 ff). Der Zentralverband (früher Zentralausschuss) der deutschen Werbewirtschaft (ZAW) hat hierzu schon 1970 Richtlinien für die Werbung mit Zeitungs- und Zeitschriftenanalysen verabschiedet (zu finden in AfP 1971, 114).

19 Im Übrigen werden bei der Werbung mit Werbeträgeranalysen wegen der konkreten Darstellung des Marktes unter Nennung der relevanten Wettbewerber oftmals die Maßstäbe für vergleichende Werbung, § 6, anzuwenden sein.

20 c) **Blickfangwerbung. Blickfangwerbung** liegt vor, wenn im Rahmen einer Gesamtankündigung einzelne Angaben im Vergleich zu den übrigen Angaben besonders herausgestellt sind, um hierauf Aufmerksamkeit zu lenken (*Köhler/Bornkamm/Bornkamm*, UWG § 5 Rn 2.93). Eine so herausgestellte isolierte Werbeaussage darf für sich nicht irreführend sein. Eine irrtumsausschließende Aufklärung kann allerdings durch einen sogenannten **Sternchenhinweis** erfolgen. Dieser muss aber klar und unmissverständlich gestaltet sein, am Blickfang teilhaben und auf die vollständigen erforderlichen Angaben verweisen (BGH GRUR 2003, 163 f – Computerwerbung II; OLG Stuttgart WRP 2005, 919 ff). Zudem muss er für den Durchschnittsverbraucher auch deutlich lesbar sein, was bei einer 4-Punkt-Schrift trotz klaren Kontrastes nicht mehr gegeben ist (OLG Hamburg WRP 2007, 242 ff – nicht rechtskräftig). Maßstab kann hier die für den Bereich der Heilmittelwerbung einschlägige Schriftmindestgröße von 6-Punkt sein (BGH GRUR 1987, 301 f – 6-Punkt-Schrift). Für den **Onlinebereich** hat das OLG Hamm entschieden, dass eine schlagwortartige Halbwahrheit in einem Online-Angebot dann nicht irreführend ist, wenn die Aufklärung auf einer zwangsläufig mit aufzurufender nächster Internetseite folgt (GRUR-RR 2010, 36 f). Und im **Fernsehen** kann ein schriftlich eingeblendeter aufklärender Hinweis ausreichen, obwohl dieser von nur zuhörenden Fernsehteilnehmern nicht wahrgenommen würde (BGH GRUR 2009, 418 ff – Fußpilz).

21 Sofern allerdings die blickfangmäßig herausgestellte Werbeaussage **isoliert betrachtet schlicht unrichtig** („dreiste Lüge") ist, kann auch ein aufklärender Sternchenhinweis die Werbung nicht mehr retten (OLG Hamburg MD 2006, 1377 ff – Neuwahlen; BGH GRUR 1998, 951 ff – Die große deutsche Tages- und Wirtschaftszeitung). Bei nur missverständlicher Aussage des isolierten Blickfangs muss dies nicht zwingend gelten (BGH GRUR 2003, 249 f – Preis ohne Monitor). Wird allerdings für einen Bestandteil eines **Kopplungsangebots** mit einem besonders günstigen Preis geworben, muss der Preis für die anderen Bestandteile des Angebots in der Werbung **deutlich kenntlich** gemacht werden. Im Rahmen eines Angebots für ein Mobiltelefon und einen Netzkartenvertrag dürfen deshalb die für die Freischaltung des Kartenvertrags anfallende Aktivierungskosten nicht zwischen untergeordneten Informationen versteckt sein (BGH GRUR 2006, 164 ff – Aktivierungskosten II; vgl auch Rn 33 zu § 5a Abs. 2).

22 d) **Sonstiges.** Eine **Werbung mit Selbstverständlichkeiten** ist irreführend und damit unlauter, wenn gerade durch die Mitteilung von Eigenschaften, die ohnehin vorausgesetzt werden dürfen, der Eindruck erweckt werden soll, es würde das Produkt von denen des Wettbewerbs in besonderem Maße absetzen. Eine besondere Hervorhebung der angepriesenen Selbstverständlichkeit ist dabei nicht notwendig (BGH WRP 2009, 435 ff – Edelmetallankauf). Dies gilt vor allem in den Fällen, in denen die herausgestellten Eigenschaften oder Merkmale gesetzlich vorgeschrieben oder völlig produkt- oder branchenüblich sind (*Köhler/Bornkamm/Bornkamm*, UWG § 5 Rn 2 115).

23 Da der Verbraucher bei der Werbung für gesundheitsfördernde Mittel (**Gesundheitswerbung**) besonders hohe Erwartungen stellt und auch aus Verzweiflung den Aussagen oft fast blind vertraut, sind an diese Werbung **besonders strenge Anforderungen** an die Richtigkeit, Eindeutigkeit und Klarheit der Aussagen zu stellen (BGH GRUR 2002, 182 ff – Das Beste jeden Morgen). Wer seinem Produkt ge-

sundheitsfördernde Wirkung beimisst, führt bereits irre, wenn die behauptete Wirkung nach wissenschaftlicher Erkenntnis umstritten ist und eine wissenschaftliche Absicherung der Aussage nicht erbracht werden kann (BGH GRUR 2002, 273 ff – Eusovit; LG Bonn MD 2007, 183 ff für eine Augen-Massage-Brille als Prämie bei der Abonnentenwerbung).

Zur **Werbung mit Äußerungen Dritter** zählen die werbliche Verwendung von Gutachten, wissenschaftlichen Beiträgen, Meinungsumfragen, Empfehlungen, Gütesiegeln oder Testergebnissen („Stiftung Warentest“, „Öko-Test“). Hier müssen die vom angesprochenen Verkehr zu Recht erwarteten Umstände auch zutreffen. So müssen Gutachten und wissenschaftliche Werke auch wissenschaftlichen Anforderungen genügen. Die Äußerungen Dritter dürfen nicht vom Werbenden bezahlt sein, ohne dass dies klar und eindeutig erkennbar ist. Sie müssen ferner – sofern nichts anderes erkennbar mitgeteilt wird – aktuell sein und nicht missverständlich oder aus dem Zusammenhang gerissen zitiert werden. Insbesondere bei **Testergebnissen** ist es zudem erforderlich, die konkrete **Fundstelle** anzugeben, andernfalls liegt eine Irreführung vor (KG Berlin Urt. v. 8.6.2010 – 5 U 30/09). Eine nicht ausreichend deutliche Angabe steht dem gleich (KG Berlin Beschluss v. 11.2.2011 – 5 W 17/11). Denn solchen Testergebnissen kommt aus Sicht des Verkehrs eine besondere Bedeutung zu, so dass eine leichte Überprüfbarkeit sichergestellt werden muss (OLG Hamburg WRP 2007, 557 f). Schließlich haftet der Verwender ähnlich der presserechtlichen Verbreiterhaftung für die für seine werblichen Zwecke gebrauchten Aussagen in vollem Umfang (*Köhler/Bornkamm/Bornkamm*, UWG § 5 Rn 2 160 ff). 24

III. Relevanz der Irreführung

Irreführende Werbung muss generell geeignet sein, das wirtschaftliche Verhalten der maßgeblichen Durchschnittsperson zu beeinflussen (*Lettl*, UWG Rn 447), und zwar gerade in dem Punkt und in dem Ausmaß, in dem sie von der Wahrheit abweicht (BGH GRUR 2000, 239 – Last-Minute-Reise). Diese auch „**Relevanzerfordernis**“ genannte Voraussetzung fand sich als zu § 3 UWG aF entwickeltes ungeschriebenes Tatbestandsmerkmal ansatzweise in § 5 Abs. 2 Satz 2 UWG 2004 und findet sich nun erneut nur versteckt im neuen § 5a Abs. 1 wieder. Es reicht zur Bejahung einer unlauteren Irreführung aus, wenn diese **nur geeignet** ist, das Wettbewerbsverhalten der Marktgegenseite zu beeinflussen. Wird also der Angesprochene bloß **angelockt**, sich mit dem Angebot zu beschäftigen, entscheidet sich dann aber dagegen, reicht dies schon aus (*Lettl*, UWG Rn 447). Der etwas vorsichtigeren Auffassung ist entgegenzuhalten, dass jedem ernsthaften Anlocken ja schon das Fernhalten von den Angeboten der Wettbewerber immanent ist. Hält die irreführende Angabe den Angesprochenen jedoch gerade davon ab, dem Angebot nachzugehen, liegt keine Relevanz der Irreführung vor. So ist die irreführende (und falsche) telefonische Auskunft, eine Ware sei noch nicht vorrätig, nicht unlauter (BGH GRUR 2002, 1095 f – Telefonische Vorratsanfrage). 25

Bislang wurde eine Relevanz der Irreführung immer dann **festgestellt**, wenn die erzeugte Fehlvorstellung für die Kaufentscheidung eines **nicht unbeachtlichen Teils des Verkehrs** von maßgeblicher Bedeutung ist (BGH GRUR 2000, 239 – Last-Minute-Reise). Ob sich dies unter Berücksichtigung des durchschnittlich informierten, situationsadäquat aufmerksamen und verständigen Durchschnittsverbrauchers dahin gehend ändert, dass eine konkret personenbezogene Einzelfallprüfung notwendig ist, bleibt abzuwarten (so *Lettl*, UWG Rn 450 und 455). 26

IV. Interessenabwägung

Der selbstverständlich auch im Wettbewerbsrecht zu beachtende **Grundsatz der Verhältnismäßigkeit** kann im Einzelfall im Rahmen einer **Interessenabwägung** dazu führen, dass eine Irreführung trotz vorliegen einer Relevanz nicht unlauter ist. Zu berücksichtigen sind dabei vor allem der Grad der Irreführung, die Art der beeinträchtigten Allgemeininteressen und die Interessen des Werbenden an wertvollen Besitzständen. 27

§ 5 UWG Irreführende geschäftliche Handlungen

…

(2) Eine geschäftliche Handlung ist auch irreführend, wenn sie im Zusammenhang mit der Vermarktung von Waren oder Dienstleistungen einschließlich vergleichender Werbung eine Verwechslungsge-

fahr mit einer anderen Ware oder Dienstleistung oder mit der Marke oder einem anderen Kennzeichen eines Mitbewerbers hervorruft.

...

28 § 5 Abs. 2 stellt den lauterkeitsrechtlichen **Schutz vor Verwechslungen** dar. Der Gesetzgeber hat durch die UWG-Novelle 2008 die Fragen des Anwendungsbereichs von § 5 Abs. 2 einerseits und sowohl § 4 Nr. 9 als auch §§ 14, 15 MarkenG andererseits nunmehr der Rechtsprechung überlassen, nachdem eine entsprechende Einschränkung in der Richtlinie über unlautere Geschäftspraktiken nicht enthalten ist.

29 Der Verwechslungsschutz des § 5 Abs. 2 hat zwei Tatbestandsvoraussetzungen. Es muss sich um eine geschäftliche Handlung im **Zusammenhang mit einer Produktvermarktung** handeln und diese Handlung muss eine **Verwechslungsgefahr** mit Produkten oder Kennzeichen eines Mitbewerbers hervorrufen. Zur Produktvermarktung gehören dabei sowohl die Gestaltung und Bezeichnung des Produkts als auch jede Werbemaßnahme hierfür (*Köhler/Bornkamm/Bornkamm*, UWG § 5 Rn 4 237 ff). Und von einer Verwechslungsgefahr kann immer dann ausgegangen werden, wenn die angesprochenen Verkehrskreise unter Berücksichtigung aller Umstände, insbesondere auch der Branchenübung, eine Ähnlichkeit zwischen den Produkten erkennen und annehmen, dass diese aus denselben oder zumindest wirtschaftlich verbundenen Unternehmen stammen (*Matutis,* UWG § 5 Rn 81).

§ 5 UWG Irreführende geschäftliche Handlungen

...

(3) **Angaben im Sinne von Absatz 1 Satz 2 sind auch Angaben im Rahmen vergleichender Werbung sowie bildliche Darstellungen und sonstige Veranstaltungen, die darauf zielen und geeignet sind, solche Angaben zu ersetzen.**

...

30 Bei erkennbarem Bezug zu einem bestimmten Wettbewerber ist immer eine Unlauterkeit nach § 6 zu prüfen. Allerdings stellt § 5 Abs. 3 klar, dass **auch vergleichende Werbung irreführend** sein kann. Geht es bei der Beanstandung vergleichender Werbung nämlich nicht um einen Mangel an Objektivität, sondern um den Vorwurf, der Werbende habe einseitig nur für sich günstige Konstellationen in den Vergleich einbezogen, ist Prüfungsmaßstab das Verbot der irreführenden geschäftlichen Handlung (BGH GRUR 2010, 658 ff – Paketpreisvergleich). So ist es irreführend, wenn im Rahmen eines Preisvergleichs konkreter Anbieter der vom Werbenden gegenübergestellte eigene Preis anders als bei den Vergleichspreisen nicht im typischen Regelfall, sondern nur unter besonderen, im Einzelfall aber nicht genannten Voraussetzungen erreichbar ist (OLG Hamburg MD 2006, 1377 ff – Neuwahlen). § 5 Abs. 3 legt außerdem fest, dass es auf die konkrete Form der Werbung nicht ankommt, solange die ausdrücklichen Werbeangaben dadurch erkennbar ersetzt werden. Praktische Bedeutung erlangt § 5 Abs. 3 auch in den Fällen der **Werbung mit Produkttests und Testergebnissen**, wenn diese irreführend sind. So wurde die Angabe „Stiftung Warentest – GUT" zwar mit Angabe der Fundstelle, aber ohne Hinweis auf das Abschneiden der Konkurrenz als unlauter angesehen, weil von den über 20 Kameras nur eine schlechter, aber fast die Hälfte besser bewertet wurde (BGH GRUR 1982, 436 f – Test gut).

§ 5 UWG Irreführende geschäftliche Handlungen

...

(4) **[1]Es wird vermutet, dass es irreführend ist, mit der Herabsetzung eines Preises zu werben, sofern der Preis nur für eine unangemessen kurze Zeit gefordert worden ist. [2]Ist streitig, ob und in welchem Zeitraum der Preis gefordert worden ist, so trifft die Beweislast denjenigen, der mit der Preisherabsetzung geworben hat.**

A. Allgemeines

§ 5 Abs. 4 betrifft die **Preissenkungswerbung** und stellt das Korrektiv des UWG für die weitgehend freigegebene Preiswerbung dar (*Lettl*, UWG Rn 426). Da Preissenkungswerbung wegen des Eindrucks eines besonders günstigen Preises ein hohes Irreführungspotential besitzt, soll verhindert werden, dass zunächst sogenannte **Mondpreise** gefordert werden, um kurz darauf mit einer Preissenkung werben zu können. Anknüpfungspunkt für die Unlauterkeit ist also die mangelnde Ernsthaftigkeit des Ausgangs- oder Basispreises. Die **Beweislastumkehr** in § 5 Abs. 4 Satz 2 dient der besseren Durchsetzung der Norm in der Praxis. 31

B. Voraussetzungen

Es muss eine **Gegenüberstellung** von ursprünglichem Basispreis und reduziertem Preis vorliegen. Dies kann durch Nennung der Einzelpreise, aber auch durch Mitteilung der prozentualen Reduzierung oder auf ähnliche Weise erfolgen. Bei einem pauschalen Versprechen müssen auch alle betroffenen Produkte erfasst werden (BGH WRP 2009, 951 ff – 20% auf alles). Der Basispreis muss vom Werbenden gefordert worden sein und nicht etwa vom Hersteller, so dass die Werbung mit dem Hinweis auf die „unverbindliche Preisempfehlung des Herstellers" kein Fall des § 5 Abs. 4 sein kann. Ob der kurz vor der Ankündigung der Preisherabsetzung geforderte Ausgangspreis nur **unangemessen kurz** gefordert worden ist, richtet sich nach den Umständen des Einzelfalls. Maßgebend sind hierbei die Warenart (Langlebige Produkte oder Produkte des täglichen Bedarfs), die Verhältnisse des Betriebs sowie die Wettbewerbssituation (BGH GRUR 2000, 337 ff – Preisknaller). 32

§ 5a UWG Irreführung durch Unterlassen

(1) Bei der Beurteilung, ob das Verschweigen einer Tatsache irreführend ist, sind insbesondere deren Bedeutung für die geschäftliche Entscheidung nach der Verkehrsauffassung sowie die Eignung des Verschweigens zur Beeinflussung der Entscheidung zu berücksichtigen.

...

§ 5a wurde **durch** die **UWG-Novelle 2008** eingeführt. Abs. 1 ersetzt **praktisch wortgleich** § 5 Abs. 2 Satz 2 UWG 2004, Abs. 2 bis 4 ergänzen diesen für **Verbraucher.** § **5a** normiert den Umstand, dass auch das **Verschweigen von Tatsachen zu einer Irreführung** führen kann. Dabei wird vor allem auf die **Bedeutung der Irreführung für die geschäftliche Entscheidung** abgestellt (BGH WRP 2007, 303 ff – Regenwaldprojekt I). Voraussetzung ist aber stets, dass den Werbenden eine entsprechende **Aufklärungspflicht** trifft (*Lettl*, UWG Rn 418). Eine solche Aufklärungspflicht kann sich u.a. aus Gesetz (zB § 355 Abs. 2 BGB), Vertrag oder vorangegangenem Tun ergeben. Ein generelles Informationsgebot wird durch § 5a nicht begründet (BGH GRUR 1996, 367 f – Umweltfreundliches Bauen). Ob ein entsprechendes Aufklärungsversäumnis dann auch geeignet ist, die **Entscheidung der Marktgegenseite zu beeinflussen**, ist durch eine **Abwägung der Interessen des Werbenden – dieser will möglichst viele positive Eigenschaften hervorheben – mit denen der Beworbenen – diese wollen möglichst umfassend aufgeklärt werden** – zu ermitteln. So ist das Bewerben eines höherwertigen und langlebigen Produkts ohne den Hinweis „Auslaufmodell" dann unlauter, wenn bereits ein Nachfolgeprodukt auf dem Markt ist (BGH GRUR 2000, 616 ff – Auslaufmodell III). Auch ist eine Werbung für einen DSL-Anschluss dann unzulässig, wenn nicht auch darauf hingewiesen wird, dass es eines – kostenpflichtigen – Telefonanschlusses bedarf, da bei den angesprochenen Verkehrskreisen dies (noch?) nicht als bekannt vorausgesetzt werden kann (OLG Hamburg GRUR 2006, 285 f). Bei der sich an Apotheker richtenden Werbung für eine kostenlose Apotheken-Kundenzeitschrift sollen das Verschweigen von Auflage, Distributionsdichte und Umfangs von redaktionellem Teil keine wesentliche Rolle für die Entscheidung des Apothekers, diese zur Abgabe an seine Kunden zu erwerben, spielen (LG Hamburg MD 2010, 426 ff). Wird für den Fall des Kaufs seiner Produkte vom Hersteller eine nicht näher spezifizierte imagefördernde Leistung versprochen, so wird der angesprochene Verbraucher dagegen nur erwarten, dass zeitnah eine nennenswerte entsprechende Leistung erbracht wird (BGH WRP 2007, 308 ff – Regenwaldprojekt II). Die fehlende Darstellung der Details ist dann nicht unlauter. 33

§ 5a UWG Irreführung durch Unterlassen

...

(2) Unlauter handelt, wer die Entscheidungsfähigkeit von Verbrauchern im Sinne des § 3 Absatz 2 dadurch beeinflusst, dass er eine Information vorenthält, die im konkreten Fall unter Berücksichtigung aller Umstände einschließlich der Beschränkungen des Kommunikationsmittels wesentlich ist.

...

34 § 5a Abs. 2 bis 4 schützen nur Verbraucher. Hintergrund ist das Bestreben des Gesetzgebers, den kaufmännischen Verkehr nicht mit Informationsanforderungen zu belasten, die in erster Linie dem **Verbraucherschutz** dienen. Nach **Abs. 2** ist das **Vorenthalten wesentlicher Informationen**, die für eine faire Entscheidungsfindung relevant sind (sog. **geschäftliche Relevanz**), unlauter. In die von Abs. 2 angeordnete Abwägung sind insbesondere auch die Wesensmerkmale des betroffenen Kommunikationsmittels einzustellen. Vorenthalten kann der Unternehmer dabei nur Informationen, die ihm bekannt sind oder zumindest bekannt sein müssten, eine eigene allgemeine Nachforschungspflicht ist Abs. 2 nicht zu entnehmen. Als wesentliche Informationen können zB Kosten von Verbrauchsnebenleistungen wie der Aufladung einer Prepaid-Karte anzusehen sein (BGH WRP 2009, 809 ff – Xtrapac). Der zur Beurteilung der geschäftlichen Relevanz aufgenommene Verweis auf § 3 Abs. 2 meint nur einen Verweis auf § 3 Abs. 2 Satz 1, also auf die **Spürbarkeitsklausel** (*Köhler/Bornkamm/Bornkamm*, UWG § 5a Rn 55).

§ 5a UWG Irreführung durch Unterlassen

...

(3) Werden Waren oder Dienstleistungen unter Hinweis auf deren Merkmale und Preis in einer dem verwendeten Kommunikationsmittel angemessenen Weise so angeboten, dass ein durchschnittlicher Verbraucher das Geschäft abschließen kann, gelten folgende Informationen als wesentlich im Sinne des Absatzes 2, sofern sie sich nicht unmittelbar aus den Umständen ergeben:

1. **alle wesentlichen Merkmale der Ware oder Dienstleistung in dem dieser und dem verwendeten Kommunikationsmittel angemessenen Umfang;**
2. **die Identität und Anschrift des Unternehmers, gegebenenfalls die Identität und Anschrift des Unternehmers, für den er handelt;**
3. **der Endpreis oder in Fällen, in denen ein solcher Preis aufgrund der Beschaffenheit der Ware oder Dienstleistung nicht im Voraus berechnet werden kann, die Art der Preisberechnung sowie gegebenenfalls alle zusätzlichen Fracht-, Liefer- und Zustellkosten oder in Fällen, in denen diese Kosten nicht im Voraus berechnet werden können, die Tatsache, dass solche zusätzlichen Kosten anfallen können;**
4. **Zahlungs-, Liefer- und Leistungsbedingungen sowie Verfahren zum Umgang mit Beschwerden, soweit sie von Erfordernissen der fachlichen Sorgfalt abweichen, und**
5. **das Bestehen eines Rechts zum Rücktritt oder Widerruf.**

...

35 § 5a Abs. 3 enthält eine nicht abschließende Liste von Merkmalen, die bei konkreten Angeboten als so wesentlich anzusehen sind, dass sie nicht verschwiegen werden dürfen. Dabei werden nur **konkrete Angebote („invitatio ad offerendum")** erfasst, vorhergehende, eher allgemeine Werbung ist von Abs. 3 nicht betroffen. Neben den „üblichen" Vorgaben fällt insbesondere Abs. 3 Nr. 4 auf, der dem Unternehmer die Pflicht auferlegt, den Verbraucher über alles aufzuklären, was vom Üblichen abweicht. Wer also branchenunübliche Angebote macht, muss darüber aufklären, andernfalls handelt er unlauter.

§ 5a UWG Irreführung durch Unterlassen

…

(4) Als wesentlich im Sinne des Absatzes 2 gelten auch Informationen, die dem Verbraucher auf Grund gemeinschaftsrechtlicher Verordnungen oder nach Rechtsvorschriften zur Umsetzung gemeinschaftsrechtlicher Richtlinien für kommerzielle Kommunikation einschließlich Werbung und Marketing nicht vorenthalten werden dürfen.

§ 5a Abs. 4 schließlich verweist auf einen dynamisch gestalteten, offenen Katalog gemeinschaftsrecht- 36
lich bedingter Informationspflichten, wie er sich aus Anhang II der **Richtlinie über unlautere Geschäftspraktiken** ergibt. Wegen der umfangreichen Einzelheiten muss auf eine Übersicht zB bei Bornkamm (*Köhler/Bornkamm/Bornkamm*, UWG § 5a Rn 41 ff) verwiesen werden.

27. Abschnitt: Vergleichende Werbung

§ 6 UWG Vergleichende Werbung

(1) Vergleichende Werbung ist jede Werbung, die unmittelbar oder mittelbar einen Mitbewerber oder die von einem Mitbewerber angebotenen Waren oder Dienstleistungen erkennbar macht.

...

A. Allgemeines

1 § 6 wurde mit Wirkung zum 30.12.2008 geändert durch das Erste Gesetz zur Änderung des Gesetzes gegen den unlauteren Wettbewerb vom 22.12.2008. Damit wurde die Richtlinie 2006/114/EG umgesetzt, die die Richtlinie 84/450/EWG einschließlich der integrierten Richtlinie 97/55/EG abgelöst hat. § 6 ist entsprechend richtlinienkonform auszulegen (grundlegend: *Köhler*, GRUR 2005, 273 ff).

2 Zweck ist die **objektive Information des Verbrauchers über die Vorteile vergleichbarer Produkte** und eine Förderung des Wettbewerbs im Interesse der Verbraucher (*Lettl*, UWG Rn 461). § 6 Abs. 1 definiert den Begriff der vergleichenden Werbung und ist weit auszulegen (EuGH GRUR 2002, 354 ff – Toshiba Europe). **Vergleichende Werbung ist grundsätzlich zulässig,** unlauter ist sie aber dann, wenn einer der Tatbestände des § 6 Abs. 2 erfüllt ist. Auch § 6 konkretisiert das Unlauterkeitserfordernis des § 3, weshalb auch bei unzulässiger vergleichender Werbung die Bagatellschwelle überschritten sein muss. Schließlich stellt § 5 Abs. 3 klar, dass, sofern vergleichende Werbung irreführt, diese auch an § 5 zu messen ist.

B. Werbung

3 Der Begriff der **Werbung** knüpft an Art. 2 lit. a) der Richtlinie 2006/114/EG an und ist danach jede Äußerung bei der Ausübung eines Handels, Gewerbes, Handwerks oder freien Berufs mit dem Ziel, den Absatz von Waren oder die Erbringung von Dienstleistungen, einschließlich unbeweglicher Sachen, Rechte und Verpflichtungen, zu fördern. Der Adressat ist egal, auch reicht ein individuelles Verkaufsgespräch aus (BGH GRUR 2004, 607 ff – Genealogie der Düfte). Bei einer **Werbung durch Dritte,** also nicht durch den Unternehmer selbst, kommt es darauf an, ob eine **Wettbewerbsförderungsabsicht** vorliegt. Dies ist nicht der Fall beim Vergleich von Waren und Dienstleistungen durch neutrale und unabhängige Dritte (zB Stiftung Warentest), deren Ziel die Information und Aufklärung der Verbraucher ist (BGH GRUR 1999, 69 ff – Preisvergleichsliste II). Auch bei der **Veröffentlichung von Testvergleichen oder Ranglisten durch Medien** spricht eine Vermutung gegen eine Veröffentlichung in Wettbewerbsförderungsabsicht (BGH AfP 2006, 460 ff – Rechtsanwalts-Ranglisten, vgl auch oben 25. Abschnitt, Rn 12).

C. Erkennbarmachen des Mitbewerbers

4 Voraussetzung für eine vergleichende Werbung ist weiter, dass die Werbung den Mitbewerber oder dessen Produkte unmittelbar oder mittelbar erkennbar macht, also eine Identifizierung ermöglicht. **Die Werbung muss auf einen oder mehrere bestimmte so deutlich gerichtet sein, dass ein nicht ganz unerheblicher Teil der angesprochenen, verständigen Verkehrskreise sie als vom Vergleich betroffenen**

ansieht (BGH GRUR 1999, 1100 ff – Generika-Werbung). Eine fern liegende, um mehrere Ecken gedachte Bezugnahme reicht nicht aus.

I. Unmittelbares Erkennbarmachen

Ein Mitbewerber oder seine Produkte sind dann **unmittelbar erkennbar**, wenn das Unternehmen, dessen Kennzeichen oder Produktbezeichnungen genannt oder bildlich dargestellt werden oder sonst wie, beispielsweise über deren Werbemotive oder -aussagen, identifizierbar sind (*Köhler/Bornkamm/Köhler*, UWG § 6 Rn 83). 5

II. Mittelbares Erkennbarmachen

Ein **mittelbares Erkennbarmachen** liegt dann vor, wenn die Werbung so angelegt ist, dass sich dem normativen Verbraucher die **Bezugnahme** auf den oder die Mitbewerber geradezu **aufdrängt**. Eine bloß **pauschale Bezugnahme** auf alle Mitbewerber reicht in der Regel nicht aus (BGH GRUR 2001, 752 ff – Eröffnungswerbung), es sei denn, die Zahl **der Mitbewerber ist so überschaubar**, dass sich eine Zuordnung quasi von selbst ergibt (BGH GRUR 2002, 982 ff – DIE „STEINZEIT" IST VORBEI!). Auch reicht das bloße Hervorheben der Vorteile der eigenen Produkte regelmäßig nicht aus, da der Verkehr aufklärende Hinweise des Werbenden nicht ohne Weiteres als Vergleich zur Leistung anderer Mitbewerber ansieht (BGH GRUR 1999, 1100 ff – Generika-Werbung). Als weitere Kriterien für eine mittelbare Erkennbarkeit können die **Anknüpfung an vorige Werbung des Mitbewerbers** (OLG Hamburg MD 2005, 942 ff) oder **an deren betriebliche Verhältnisse** (BGH GRUR 2002, 633 ff – Hormonersatztherapie) herangezogen werden. Schließlich kann auch die Verwendung des **Komparativs** zu einer mittelbare Erkennbarkeit führen, wenn darin – vor allem wegen deren Anzahl – eine Bezugnahme auf bestimmte Mitbewerber gesehen werden kann (verneint für „Lieber besser aussehen als viel bezahlen", BGH GRUR 1997, 227 ff – Aussehen mit Brille; bejaht für „Lieber zu Sixt als zu teuer", OLG Hamburg GRUR 1992, 531). 6

D. Vergleich

Schon aus dem Titel des § 6 folgt, dass entgegen des strengen Wortlauts sowohl von § 6 Abs. 1 als auch Art. 2 lit. c) der Richtlinie 2006/114/EG vergleichende Werbung neben der Erkennbarmachung des Mitbewerbers oder seiner Produkte auch einen konkreten **Vergleich** erfordert. Ein solcher liegt mangels **Gegenüberstellung von Kaufalternativen** nicht vor bei der bloßen Bezugnahme auf den Mitbewerber oder dessen Waren, auch wenn sie mit dem Ziel der Anlehnung an den guten Ruf erfolgt (BGH GRUR 2002, 163 ff – Aluminiumräder). So wird aus der bloßen Kritik an Waren, Leistungen oder Werbemethoden von Mitbewerbern regelmäßig kein Vergleich herauszulesen sein (*Berlit*, Wettbewerbsrecht IV. Rn 4). Auch die in der Aussage „Gelddifferenz zurück, wenn Sie Vergleichbares billiger kaufen" liegende Spitzengruppenberühmung stellt keinen Werbevergleich dar, da kein Mitbewerber oder dessen Waren erkennbar ist (OLG Hamburg MD 2005, 790 ff). Fahren in einem Autowerbespot auch Fahrzeuge eines anderen Hersteller zufällig mit durchs Bild, liegt mangels Bezugnahme ebenfalls kein Vergleich vor (*Köhler*, GRUR 2005, 273 ff). 7

§ 6 UWG Vergleichende Werbung

…

(2) Unlauter handelt, wer vergleichend wirbt, wenn der Vergleich

1. **sich nicht auf Waren oder Dienstleistungen für den gleichen Bedarf oder dieselbe Zweckbestimmung bezieht,**
2. **nicht objektiv auf eine oder mehrere wesentliche, relevante, nachprüfbare und typische Eigenschaften oder den Preis dieser Waren oder Dienstleistungen bezogen ist,**
3. **im geschäftlichen Verkehr zu einer Gefahr von Verwechslungen zwischen dem Werbenden und einem Mitbewerber oder zwischen den von diesen angebotenen Waren oder Dienstleistungen oder den von ihnen verwendeten Kennzeichen führt,**
4. **den Ruf des von einem Mitbewerber verwendeten Kennzeichens in unlauterer Weise ausnutzt oder beeinträchtigt,**

5. die Waren, Dienstleistungen, Tätigkeiten oder persönlichen oder geschäftlichen Verhältnisse eines Mitbewerbers herabsetzt oder verunglimpft oder
6. eine Ware oder Dienstleistung als Imitation oder Nachahmung einer unter einem geschützten Kennzeichen vertriebenen Ware oder Dienstleistung darstellt.

A. Allgemeines

8 § 6 Abs. 2 setzt Art. 3 a Abs. 1 der Richtlinie 97/55/EG um, definiert anders als diese jedoch keine positiven Zulässigkeitskriterien, sondern legt vielmehr entsprechend der UWG-Systematik fest, unter welchen Voraussetzungen ein Vergleich unlauter ist. Das „oder" bei Nr. 5 macht klar, dass lediglich einer der Tatbestände erfüllt sein muss. Die Begriffe „Waren und Dienstleistungen" sind wie in § 2 Abs. 1 Nr. 1 zu verstehen.

B. Unzulässiger Waren- oder Dienstleistungsvergleich, Nr. 1

9 § 6 Abs. 2 Nr. 1 soll verhindern, dass „Äpfel mit Birnen" verglichen werden, ohne dass der Umworbene dies merkt. Dies ist dann der Fall, wenn die verglichenen Produkte nicht für **denselben Bedarf oder dieselbe Zweckbestimmung** sind. Beide Begriffe dürfen nicht zu eng verstanden werden (*Köhler/Bornkamm/Köhler*, UWG § 6 Rn 98) und sind aus der Sicht des durchschnittlich informierten, angemessen aufmerksamen und verständigen Durchschnittsadressaten zu beurteilen (*Lettl*, UWG Rn 487). Eine zulässige Vergleichbarkeit liegt dann vor, wenn aus deren Sicht die Produkte **austauschbar (substituierbar)** sind (BGH GRUR 1999, 501 ff – Vergleichen Sie). Eine völlige Funktionsidentität ist dabei nicht erforderlich. Auch kann sich der Vergleich auf Produktgruppen oder gar Produktgattungen beziehen (BGH GRUR 1998, 824 ff – Testpreis-Angebot).

10 Eine Austauschbarkeit wurde danach bejaht beim **Vergleich der Reichweite** von Publikationen („Leser pro Ausgabe") trotz nicht ganz identischer Verbreitungsgebiete (OLG Hamburg MD 1999, 979 ff). Auch ein **Drei-Monats-Tarif** (als Aktionsangebot) eines Anbieters für einen DSL-Internet-Zugang ist mit **Jahrestarifen** anderer Anbieter vergleichbar, wenn auch die Folgekosten nach Ablauf des Drei-Monats-Zeitraums mitgeteilt werden. Denn aus Sicht der Verbraucher seien Funktion und damit auch Bedarf schlicht identisch, nämlich einen Internetzugang zu erhalten (KG MMR 2005, 245). Gleiches gilt für einen Vergleich von **ISDN-Anschlüssen**, wenn nur einer zusätzlich einen Anrufbeantworter enthält (OLG Frankfurt GRUR-RR 2001, 89 f).

C. Unzulässigkeit wegen unsachlichen Eigenschaftsvergleichs, Nr. 2

11 Nach § 6 Abs. 2 Nr. 2 darf nur mit bestimmen **Eigenschaften** eines Produktes oder seinem **Preis** geworben werden. Es kommt entscheidend darauf an, ob der angesprochene Verkehr (OLG Hamburg GRUR 1999, 429 ff für eine Werbung gegenüber Anzeigenkunden und Werbeagenturen) aus den **produktbezogenen Angaben eine nützliche Information** für seine Nachfrageentscheidung gewinnen kann. Bei den Eigenschaften muss es sich dabei um **nachprüfbare Tatsachen** handeln, außerdem müssen die Eigenschaften wesentlich, relevant und typisch sein. **Wesentlich** ist eine Eigenschaft dann, wenn sie für die vorgesehene Verwendung nicht völlig erheblich ist, **relevant**, wenn sie Kaufentschluss einer nicht völlig unerheblichen Zahl von Verbrauchern zu beeinflussen vermag und **typisch**, wenn sie die Eigenart der verglichenen Produkte aus der Sicht der angesprochenen Verkehrskreise im Hinblick auf den Bedarf oder die Zweckbestimmung prägt und damit repräsentativ oder aussagekräftig für deren Wert als Ganzes ist (BGH GRUR 2004, 607 ff – Genealogie der Düfte; BGH GRUR 2005, 172 Stresstest). Der Eigenschaftsvergleich muss ferner – und dies ist der Kern von § 6 Abs. 2 Nr. 2 – **objektiv** dargestellt werden, soll sich mithin nicht aus einer subjektiven Wertung des Werbenden ergeben (EuGH GRUR 2006, 1348 ff – Lidl Belgium). Ein Verstoß gegen § 6 Abs. 2 Nr. 2 wird deshalb auch **„irreführende vergleichende Werbung"** genannt. Für **Preisvergleiche** bedeutet dies, dass die entsprechende Werbeaussage wahr und nachprüfbar sein muss (*Lettl*, UWG Rn 495). Dabei lässt die Unvollständigkeit oder Einseitigkeit eines Preisvergleichs dessen Objektivität allerdings nur dann entfallen, wenn ein irreführender Eindruck, etwa über Vollständigkeit aller Faktoren, erweckt wird (BGH NJW-RR 2010, 1191f – Paketpreisvergleich). Aus Art. 7 lit. a) der Richtlinie 2006/114/EG kann sich schließlich im Einzelfall eine Informationspflicht zumindest über eine Fundstelle der Grunddaten des Vergleichs ergeben (OLG Köln Urt. v. 18.2.2009, 6 W 5/09). Eine grundsätzliche Pflicht zur Ermöglichung

der Nachprüfung ohne Weiteres und ohne jeden Aufwand gibt es aber nicht (nur LG Hamburg MD 2010, 426 ff).

So ist das Objektivitätserfordernis verletzt, wenn beim **Vergleich von Zeitungsabonnements** nicht auf die unterschiedliche Erscheinungsweise hingewiesen wird (KG GRUR-RR 2003, 319). Wird der vom Konkurrenzverlag für eine Fachzeitschrift betriebene **Werbeaufwand undifferenziert in ein schlechtes Licht** gerückt, ohne dass eine nähere Kosten-/Nutzen-Analyse vorgenommen wird, liegt ebenfalls unsachliche Werbung vor (LG Hamburg MD 2006, 262 ff für den Slogan „Da stimmen Preis und Inhalt, das rechnet sich. Die stecken ja auch nicht alles in die Werbung"). Gleiches gilt für einen Werbevergleich, wenn in der Werbung für eine Zeitschrift deren **Werbeträgerkontakte mit der Sehbeteiligung** einer Fernsehsendung mit Formulierungen gegenübergestellt werden, die eine generelle und vorbehaltlose Vergleichbarkeit der Zahlenwerte suggerieren (OLG Hamburg MD 2007, 286 ff für „1,1 Millionen sehen samstags..." und „2,3 Millionen lesen montags..."). Sofern in einer vergleichenden Werbung, die die Vorteile des digitalen Fernsehens gegenüber Kabelfernsehen herausstellt, der geringere Leistungsumfang gegenüber dem Kabelnetzbetreiber für den Verbraucher nicht erkennbar wird, liegt ebenfalls irreführende vergleichbare Werbung vor (LG Bonn GRUR-RR 2005, 288 ff). Auch das Verschweigen einer unterschiedlichen Tarifstruktur bei sonst zutreffender Darstellung der Gesprächsgebühren bei Wettbewerbern auf dem Gebiet der Vermittlung von Telefongesprächen stellt einen unlauteren Vergleich dar (OLG Hamburg MD 2006, 183 ff). 12

D. Unzulässigkeit wegen der Herbeiführung einer Verwechslungsgefahr, Nr. 3

Ein Werbevergleich ist nach § 6 Abs. 2 Nr. 3 unlauter, wenn die Gefahr von **Verwechslungen** hinsichtlich der **Mitbewerber**, deren **Produkte** oder deren **Kennzeichen** begründet wird. Unter Kennzeichen sind dabei nicht nur Marken, sondern auch geschäftliche Bezeichnungen und geografische Herkunftsangaben zu verstehen. Kennzeichen müssen für eine Unlauterkeit nach § 6 Abs. 2 Nr. 3 auch im Sinne eines Hinweises auf die betriebliche Herkunft des eigenen Produkts genutzt werden (*Köhler/Bornkamm/Köhler*, UWG § 6 Rn 146). Anders als bei § 14 Abs. Nr. 2 MarkenG reicht es nicht aus, wenn bloß die Gefahr einer Verwechslung besteht, es muss tatsächlich zu Verwechslungen im angesprochenen Verkehrskreis kommen (*Lettl*, UWG Rn 505). 13

E. Unzulässigkeit wegen Rufausbeutung oder -beeinträchtigung, Nr. 4

Der nunmehr die „Wertschätzung" ersetzende Begriff des „Rufs" unterliegt aufgrund Art. 4 lit. f) der Richtlinie 2006/114/EG einer europäischen Definition, eine eigene nationale Begriffsbildung sollte unterbleiben (BT-Drucks. 16/10145, S. 28). Anknüpfungspunkt für eine Unlauterkeit nach § 6 Abs. 2 Nr. 4 ist die Art und Weise der **Ausnutzung oder Beeinträchtigung** des Rufs der von einem Mitbewerber verwendeten **Kennzeichen.** Der Ruf ist dabei als Gesamtheit dessen zu verstehen, wie ein Unternehmen oder Produkt wahrgenommen wird (*Matutis*, UWG § 6 Rn 22). Eine Ausnutzung oder Beeinträchtigung ist wie bei § 4 Nr. 9 lit. b) zu verstehen, ebenso muss ein Imagetransfer vorliegen, siehe oben 25. Abschnitt Rn 663. Die einem Vergleich immanente Ausnutzung des Rufes eines Kennzeichens allein durch die Nennung des Wettbewerbers ist regelmäßig hinzunehmen, für eine Unlauterkeit sind vielmehr **zusätzliche besondere Umstände** erforderlich (OLG Köln WRP 2008, 383). So wurde die Verwendung der Telekom-Farben grau/magenta zur Gestaltung der Telefonbücher eines Wettbewerbers als unlauter angesehen, weil es weder einen Anlass noch sachliche Gründe gab, sich für die Produktgestaltung an die Farbmarken des größten Wettbewerbers anzulehnen (BGH GRUR 1997, 754 ff – grau-magenta). Auch ist es unlauter, das fremde Kennzeichen nicht zur Information, sondern ausschließlich zum **Anlocken** („Eye-Catcher") von Interessenten zu verwenden (KG MMR 2005, 315 f für eine Auktion bei Ebay). 14

F. Unzulässigkeit wegen Herabsetzung oder Verunglimpfung, Nr. 5

Eine **Herabsetzung** im Sinne von § 6 Abs. 2 Nr. 5 ist die Verringerung der Wertschätzung in den Augen der angesprochenen Verkehrskreise, eine **Verunglimpfung** dann gesteigerte Form der Herabsetzung in Gestalt eines abträglichen Werturteils ohne sachliche Grundlage (*Köhler/Bornkamm/Köhler*, UWG § 6 Rn 166). Normalen Werbevergleichen, die Preise oder Eigenschaften, ja sogar Mängel sachlich und richtig gegenüberzustellen, liegt zwar stets die Darstellung der Unterlegenheit der Produkte der Wettbewerber zugrunde, dies stellt jedoch nie eine Herabsetzung oder gar Verunglimpfung dar. In der Praxis 15 werden relevante abfällige Werbevergleiche regelmäßig mit den Mitteln der **Ironie und des Humors** stattfinden. Ein humorvoller und ironischer Werbevergleich kann dabei auch noch dann zulässig sein, wenn er sich nicht auf feinen Humor und leise Ironie beschränkt, auch derbere Vergleiche können hinzunehmen sein. Solange die Werbung weder den Mitbewerber dem **Spott oder der Lächerlichkeit** preisgibt noch vom Adressaten der Werbung wörtlich und damit ernst genommen und daher als Abwertung verstanden wird, stellte diese keine unlautere Herabsetzung dar (BGH GRUR 2010, 161 ff – Gib mal Zeitung).

16 Zwar hat der BGH mit dieser Entscheidung – Gib mal Zeitung – klargestellt, dass auch kräftige humorvolle Überspitzungen grundsätzlich hinzunehmen sind, ob damit auch Entscheidungen hinfällig werden, die sich mit einer zusätzlichen Sachaussage einer Werbung beschäftigt haben, ist allerdings offen. So wurde der für eine Fachzeitschrift mit dem Slogan **„Da stimmen Preis und Inhalt, das rechnet sich. Die stecken ja auch nicht alles in die Werbung"** erhobene Vorwurf, das Preis-/Leistungsverhältnis sei gestört, eine unlautere Herabsetzung nach § 6 Abs. 2 Nr. 5 angenommen (LG Hamburg MD 2006, 262 ff). Auch habe die sich an einen bekannten und geschützten Slogan anlehnende Werbung **„Geiz ist geil, wenn Sie an der Kasse merken, dass wir an der Werbung sparen"** die fremde Aussage gezielt entwertet, da die Aussagerichtung ins Gegenteil gekehrt wird (OLG Hamburg MD 2005, 942 ff). Eine unlautere herabsetzende vergleichende Werbung wurde ferner angenommen, wenn ein Preisvergleich mit einem **ironisch-abwertenden Seitenhieb** verknüpft wird, der nicht die Preiswürdigkeit der verglichenen Angebote, sondern einen **außerhalb des Vergleichs liegenden Vorwurf** gegen den Konkurrenten betrifft (OLG Frankfurt GRUR-RR 2005, 355 f für den Slogan „Na... auch T-Aktionär?").

G. Unzulässigkeit wegen Imitation oder Nachahmung, Nr. 6

17 Der auf dem zum Schutz der französischen Parfumindustrie aufgenommenen Art. 3 a Abs. 1 lit. h) der Richtlinie 97/55/EG beruhende § 6 Abs. 2 Nr. 6 bezweckt den **Schutz der Hersteller von Originalprodukten, denen kein Sonderrechtsschutz** beispielsweise nach dem PatentG **mehr zusteht** und die sonst gegen Imitationen schutzlos wären (*Lettl*, UWG Rn 514). Normadressat ist der Nachahmende, unlauter ist es also, wenn der Werbende sein eigenes Produkt entsprechend bezeichnet. Wie die Darstellung stattfindet, ist egal, die angesprochenen Verkehrskreise dürfen nur nicht den Eindruck gewinnen, dass **das angebotene Produkt eine – offene – Nachahmung eines fremden Originalprodukts** sei (BGH GRUR 2010, 343 ff – Oracle).

2. Kapitel: Besonderes Medienwerberecht

Schrifttum: *Beucher/Leyendecker/v. Rosenberg*, Mediengesetze, München 1999 (zitiert: *Beucher*); *Blaue*, Werbung wird Programm, Baden-Baden 2011; *Bolay*, Televoting- und Gewinnspiel-Call-In-Shows zwischen Teleshopping und redaktionellem Programm, K&R 2009, 91; *Bork*, Werbung im Programm, München 1988; *ders.*, Eigenwerbung im Fernsehprogramm, ZUM 1990, 11; *Bosman*, Rundfunkrechtliche Aspekte der Trennung von Werbung und Programm, ZUM 1990, 545; *Castendyk*, Werbeintegration im TV-Programm – wann sind Themen Placements Schleichwerbung oder Sponsoring?, ZUM 2005, 857; *ders.*, Die Neuregelung der Produktplatzierung im Fernsehen – Definition, Systematik, Prinzipien und Probleme, ZUM 2010, 29; *Dörr/Kreile/Cole*, Handbuch Medienrecht, 2. Aufl., Frankfurt aM 2011; *Engels*, Das Recht der Fernsehwerbung für Kinder, Baden-Baden 1997; *Engels/Giebel*, Das neue Fernsehwerberecht, ZUM 2000, 265; *Erlmeier/Reinwald*, Rechtsfragen bei Eigenwerbekanälen nach § 45b Rundfunkstaatsvertrag, ZUM 2002, 440; *Fezer*, Lauterkeitsrecht, 2. Aufl., München 2010; *Flemming*, Aktuelle und zukünftige programmbegleitende Werbeformen im Rundfunk, Frankfurt aM 2005; *Frey*, Werbung im Programm, Saarbrücken 2007; *Gersdorf*, Grundzüge des Rundfunkrechts, München 2003; *Glockzin*, „Product Placement“ im Fernsehen – Abschied vom strikten Trennungsgebot zwischen redaktionellem Inhalt und Werbung, MMR 2010, 161; *Gounalakis/Wege*, Product Placement und Schleichwerbungsverbot – Widersprüche im neuen Fernsehrichtlinien-Entwurf, K&R 2006, 97; *Grewenig*, Die Umsetzung der EU-Richtlinie über audiovisuelle Mediendienste in deutsches Recht aus Sicht des privaten Rundfunks, ZUM 2009, 703; *Gundel*, Das Verbot der ideellen Rundfunkwerbung auf dem Prüfstand der EMRK, ZUM 2005, 345; *Hahn/Vesting*, Beck'scher Kommentar zum Rundfunkrecht, 2. Aufl., München 2008; *Hain*, Das werberechtliche Trennungsgebot und dieses flankierende Regelungen, K&R 2008, 661; *Harte-Bavendamm/Henning-Bodewig*, UWG, 2. Aufl., München 2009 (zitiert: *Harte/Henning*); *Hartlieb/Schwarz*, Handbuch des Film-, Fernseh- und Videorechts, 4. Aufl., München 2004; *Hartstein/Ring/Kreile/Dörr/Stettner*, Rundfunkstaatsvertrag Kommentar (Loseblatt), Band I-III, München, Stand: 48. Ergänzungslieferung November 2010 (zitiert: *Hartstein*); *Härting/Schätzle*, Product Placement, IBRB 2010, 19; *Henning-Bodewig*, Product Placement und Sponsoring, GRUR 1988, 867; *dies.*, Sponsoring, AfP 1991, 487; *dies.*, Neuere Entwicklungen im Sponsoring, ZUM 1997, 633; *Herkströter*, Werbebestimmungen für den privaten Rundfunk nach dem Rundfunkstaatsvertrag vom 31.8.1991, ZUM 1992, 395; *Hesse*, Rundfunkrecht, 3. Aufl., München 2003; *ders.*, Die Umsetzung der Werbebestimmungen der EU-Richtlinie über audiovisuelle Mediendienste in deutsches Recht aus Sicht des öffentlich-rechtlichen Rundfunks, ZUM 2009, 718; *Herrmann/Lausen*, Rundfunkrecht, 2. Aufl., München 2004; *Herrmann/Hirsch*, Münchener Kommentar zum Lauterkeitsrecht, München 2006 (zitiert: MüK-oUWG); *Hochstein*, Neue Werbeformen im Rundfunk, AfP 1991, 696; *Holzgraefe*, Werbeintegration in Fernsehsendungen und Videospielen, Baden-Baden 2010; *ders.*, Bühne frei für Product Placement – Werden die neuen Werberichtlinien der Landesmedienanstalten dem RStV gerecht?, MMR 2011, 221; *Holznagel/Stenner*, Die Zulässigkeit neuer Werbeformen, ZUM 2004, 617; *Kassai/Kogler*, Produktplatzierung: Der Trojaner des Kommerzes?, K&R 2008, 717; *Kilian*, Die Neuregelung des Product Placement, WRP 2010, 826; *Kleist/Scheuer*, Neue Regelungen für audiovisuelle Mediendienste – Vorschriften zu Werbung und Jugendschutz und ihre Anwendung in den Mitgliedstaaten, MMR 2006, 206; *Knickenberg*, Programmfreiheit contra Sponsoring, Köln 1999; *Köhler/Bornkamm*, Wettbewerbsrecht, 29. Aufl., München 2011; *Kreile*, Die Neuregelung der Werbung im 4. Rundfunkänderungsstaatsvertrag, ZUM 2000, 194; *ders.*, Die Umsetzung der EU-Richtlinie über audiovisuelle Mediendienste in deutsches Recht aus Sicht der Produzenten, ZUM 2009, 709; *Ladeur*, Neue Werbeformen und der Grundsatz der Trennung von Werbung und Programm, ZUM 1999, 672; *ders.*, Das Werberecht der elektronischen Medien, Heidelberg 2004; *Laukemann*, Fernsehwerbung im Programm, Frankfurt aM 2002; *Lober/Neumüller*, Verkehrte Gewinnspielwelt? Zulässigkeit von Geschicklichkeits- und Glücksspielen in Internet und Rundfunk, MMR 2010, 295; *Loitz/Arnold/Schmitz/Isenbart*, Handbuch des Rundfunkwerberechts, Köln 2004 (zitiert: Handbuch); *Mallick*, Product Placement in den Massenmedien, Baden-Baden 2009; *Meyer-Harport*, Neue Werbeformen im Fernsehen, Frankfurt aM 2000; *Müller-Rüster*, Product Placement im Fernsehen, Tübingen 2010; *Oberländer*, Gemeinsame Richtlinien der Landesmedienanstalten als normkonkretisierende Verwaltungsvorschriften?, ZUM 2001, 487; *Petersen*, Virtuelle Werbung und Split-Screening, 2002; *Piper/Ohly*, UWG, 5. Aufl., München 2010; *Platho*, Werbung, nichts als Werbung – und wo bleibt der Trennungsgrundsatz?, ZUM 2000, 46; *ders.*, Die Systematik von Schleichwerbung und Produktplatzierung und ihre Verfehlung in der AVMD-Richlinie, MMR 2008, 582; *Potthast*, Die Umsetzung der EU-Richtlinie über audiovisuelle Mediendienste aus Ländersicht, ZUM 2009, 698; *Prasch*, Die Werbung im Fernsehen, Hamburg 2005; *Puff*, Product Placement, Baden-Baden 2009; *Ruth-Glawatz/Engels/Giebel/Dietrich*, Das Recht der Anzeige, 3. Aufl., Köln 2006; *Sack*, Zur wettbewerbsrechtlichen Problematik des Product Placement im Fernsehen, ZUM 1987, 103 (Sonderheft); *ders.*, Wer erschoß Boro?, WRP 1990, 791; *ders.*, Neue Werbeformen im Fernsehen – rundfunk- und wettbewerbsrechtliche Grenzen, AfP 1991, 704; *Schultze*, Product Placement im Spielfilm, München 2001; *Schulz*, Medienkonvergenz light – Zur neuen Europäischen Richtlinie über audiovisuelle Mediendienste, EuZW 2008, 107; *Spindler/Schuster*, Recht der elektronischen Medien, München 2008 (zitiert: S/S; in der 2. Aufl. 2011 ist nur § 8a kommentiert); *Stenner*, Die Zulässigkeit interaktiver und individualisierter Werbung im Fernsehen und in audiovisuellen Telemedien, Hamburg 2009; *Volpers*, Public Relations und werbliche Erscheinungsformen im Radio, Berlin 2008; *Volpers/Bernhard/Schnier*, Public Relations und werbliche Erscheinungsformen im Fernsehen, Berlin 2008; *Volpers/Bernhard/Clausen-Muradian*, Die Regelungen zur Produktplatzierung im Rundfunkstaatsvertrag und in den Gemeinsamen Werberichtlinien der Landesmedienanstalten und ihre Umsetzung im TV, 2011; *Volpers/Holznagel*, Trennung von Werbung und Programm im Fernsehen, Berlin 2009; *Völkel*, Product Placement aus der Sicht der Werbebranche und seine rechtliche Einordnung, ZUM 1992, 55; *Wandtke*, Medienrecht Praxishandbuch, Band 3: Wettbewerbs- und Werberecht, 2. Aufl., Berlin 2011 (zitiert: *Wandtke*); *Weiand*, Rechtliche Aspekte des Sponsoring, NJW 1994, 227; *Wieben*, Die Trennung von Werbung und redaktionellem Programm, Münster 2001; *Wimmer*, Spiele ohne Grenzen? – Reformbedarf bei der Aufsicht über TV-Gewinnspiele, MMR 2007, 417.

Weitere Materialien: Richtlinie 2010/13/EU vom 10.3.2010 zur Koordinierung bestimmter Rechts- und Verwaltungsvorschriften der Mitgliedstaaten über die Bereitstellung audiovisueller Mediendienste (Richtlinie über audiovisuelle Mediendienste), zitiert: AVMD; ARD-Richtlinien für Werbung, Sponsoring, Gewinnspiele und Produktionshilfe (in der Fassung vom 12.3.2010), zitiert: ARD-Richtlinien; ZDF-Richtlinien für Werbung, Sponsoring, Gewinnspiele und Produktionshilfe (in der Fassung vom 12.3.2010), zitiert: ZDF-Richtlinien; Gemeinsame Richtlinien der Landesmedienanstalten für die Werbung, die Produktplatzierung, das Sponsoring und das Teleshopping im Fernsehen (in der Fassung vom 23.2.2010), zitiert: WerbeRL-TV; Gemeinsame Richtlinien der Landesmedienanstalten für die Werbung, zur Durchführung der Trennung von Werbung und Programm und für das Sponsoring sowie Teleshopping im Hörfunk (in der Fassung vom 23.2.2010), zitiert: WerbeRL-HörF; Mitteilung der Kommission zu Auslegungsfragen in Bezug auf bestimmte Aspekte der Bestimmungen der Richtlinie „Fernsehen ohne Grenzen" über die Fernsehwerbung (2004/C 102/02), zitiert: Mitteilung.

28. Abschnitt: Rundfunkwerberecht

§ 7a RStV Einfügung von Werbung und Teleshopping

§ 8 RStV Sponsoring

§ 8a RStV Gewinnspiele

§ 43 RStV Finanzierung

§ 44 RStV Zulässige Produktplatzierung

§ 45 RStV Dauer der Fernsehwerbung

§ 45a RStV Teleshopping-Fenster und Eigenwerbekanäle

§ 46 RStV Richtlinien

Vorbemerkungen

A. Wirtschaftliche Bedeutung der Werbung im Rundfunk

Die Werbespotanzahl im deutschen **Fernsehen** hat sich in jüngerer Zeit etwas reduziert. Während im 1
Jahr 2008 noch mit 3,99 Millionen TV-Spots die Rekordmarke erzielt wurde, wurden im Jahr 2009 insgesamt 3,68 Millionen Spots ausgestrahlt. Die durchschnittliche Spotlänge betrug dabei 25 Sekunden. Für den Werbemarkt in Deutschland, dessen Brutto-Werbeinvestitionen im Jahr 2009 bei knapp 22,5 Milliarden EUR lagen, ist die TV-Werbung von ausschlaggebender Bedeutung: Die Fernsehwirtschaft hat mit 9,4 Milliarden EUR die höchsten Werbeumsätze in den klassischen Medien verbucht (41,8 % der Gesamtumsätze), wobei sich dieser „Werbekuchen" auf insgesamt 20 Sender verteilt hat (zum Ganzen *SevenOne Media*, WerbemarktReport 2009; die vom Zentralverband der Werbewirtschaft ermittelten Daten für das Jahr 2009 zeichnen ein deutlich negativeres Bild; näher hierzu *Wolf/Heffler*, Der Werbemarkt 2009, MP 2010, 278 ff). Das Gros der TV-Werbeinvestitionen entfällt bei den privaten Veranstaltern unverändert auf die klassischen Werbespots, doch haben sich 2009 die Umsätze der Sender mit dem Verkauf von TV-Sonderwerbeformen wie Programmsponsoring, Singlespots oder Spotpremieren auf ca. 1 Milliarde EUR erhöht, was einen Anteil am Werbegeschäft von 11,1 % bedeutet. Diese Sonderwerbeformen dauern mit Ausnahme der Dauerwerbesendungen im Schnitt 11 Sekunden. Besonders beliebt bei den Werbenden als „Special Ad" ist nach wie vor die Split Screen Werbung (Investitionsvolumen: 553 Millionen EUR), gefolgt vom – sich wieder positiv entwickelnden – Sponsoring (*SevenOne Media*, WerbemarktReport 2009).

Die **Hörfunkveranstalter** konnten im Jahr 2009 nach zuletzt rückläufiger Entwicklung wieder einen 2
kleinen Anstieg der Werbeinvestitionen verzeichnen; die Einnahmen aus Werbung lagen im Vergleich zum Vorjahr um 1,6 % im Plus und betrugen etwas über 1,3 Milliarden EUR. Der Anteil am Gesamtwerbemarkt beträgt damit weitgehend konstant ca. 5,8 %. Der „Hörfunk-Share" liegt allerdings mittlerweile hinter dem des Internet.

Nach der Konzeption der dualen Rundfunkordnung sind die Einnahmen aus Werbung für die **priva-** 3
ten Rundfunkveranstalter de jure und de facto **primäres** Finanzierungsmittel (§ 43), während für den **öffentlich-rechtlichen** Rundfunk als vorrangige Finanzierungsquelle die Rundfunkgebühr vorgesehen ist und die werbeveranlassten Einnahmen lediglich von **sekundärer** Bedeutung sein dürfen, § 13 Abs. 1 S. 1 (zu Letzterem ausführlich *Bosman*, ZUM 2003, 444 ff; *Loeb*, ZUM 2004, 290 ff). Vgl zu Einzelheiten der Finanzierung privater Veranstalter Rn 356 ff.

Zur Praxis der **Werbebuchung im Rundfunk** vgl *Castendyk*, in: Hartlieb/Schwarz, Kap. 251 Rn 4. Der 4
ZAW hat „Einheitliche Grundsätze zur Gestaltung und Ausführung von Aufträgen im Bereich der Rundfunkwerbung" empfohlen (Stand März 2003; www.zaw.de). Näher zum Ganzen auch Abschnitt 56, Rn 18 ff.

B. Bedeutung und Durchsetzung des Rundfunkwerberechts

I. RStV, UWG und weitere gesetzliche Vorschriften

Auf Werbung, aber auch Gewinnspiele, Teleshopping und Sponsoring im Rundfunk finden eine Viel- 5
zahl von gesetzlichen Bestimmungen Anwendung, die sich in ihrer Gesamtheit als **Rundfunkwerberecht im weiteren Sinne** begreifen lassen.

Originäre Rechtsquelle für die werbende Tätigkeit in Fernsehen und Hörfunk sind die werberechtli- 6
chen Vorschriften des **RStV** (**Rundfunkwerberecht im engeren Sinne**); sie sind normiert in den §§ 7, 7a, 8, 8a, 15, 16, 16f, 17, 18 sowie 43 bis 46a, hinzu kommen die bedeutsamen Legaldefinitionen in § 2 Abs. 2. Entsprechend ihrer systematischen Stellung finden die §§ 7, 7a, 8 und 8a auf den öffentlich-rechtlichen und den privaten Rundfunk in gleicher Weise Anwendung, während die §§ 15 ff nur für

die öffentlich-rechtlichen, die §§ 43 ff allein für die privaten Veranstalter gelten. Aus dem divergierenden Stellenwert der Werbeeinnahmen für die Finanzierung der Veranstalter erklärt sich, dass die Werbetätigkeit im privaten Rundfunk – bei generalisierender Betrachtung – grundsätzlich minder restriktiven Anforderungen unterliegt. Die Bestimmungen des RStV sind im Hinblick auf die Fernsehwerbung erheblich von den ehemals in der FernsehRL, nunmehr in der **AVMD** enthaltenen werberechtlichen Regelungen determiniert (instruktiv *Müller-Rüster,* S. 85 ff; näher Abschnitt 2, Rn 3 ff). Auf europäischer Ebene ist ferner das **FernsehÜ** vom 1. März 2002 von Bedeutung.

7 Die in den einzelnen **Landesrundfunk- bzw -mediengesetzen** vorgesehenen werbungsbezogenen Vorschriften sind mit den Bestimmungen des RStV in der Regel **deckungsgleich.** Nur im Detail finden sich mitunter divergierende Regelungen (vgl die Nachweise im Rahmen der jeweiligen Kommentierung). Die landesrechtlichen Vorschriften sind anzuwenden, soweit der RStV keine anderweitigen Regelungen enthält oder solche Regelungen zulässt, § 1 Abs. 2.

8 Gleichrangig neben dem RStV stehen die – nicht rundfunkspezifischen – **Vorschriften des UWG,** die auf die Lauterkeit (§ 3 UWG) der fraglichen geschäftlichen Handlung abstellen; sie finden uneingeschränkt auf die Rundfunkwerbung Anwendung, auch wenn der RStV spezifische Regelungen vorsieht. Der Verstoß gegen eine Vorschrift des RStV begründet in der Regel auch die Unlauterkeit der Werbemaßnahme nach § 4 Nr. 11 UWG, da die Bestimmungen des RStV typischerweise zumindest „auch" dazu bestimmt sind, das marktbezogene Verhalten der Veranstalter im Interesse der Marktteilnehmer – insbesondere der Verbraucher – zu regeln (vgl Fezer/*Kreile,* § 4-S 5 Rn 68 ff; MüKoUWG/*Schaffert,* § 4 Nr. 11 Rn 293 f und 296). Voraussetzung ist allerdings, dass sich das Verhalten des Veranstalters überhaupt als geschäftliche Handlung iSv § 2 Abs. 1 Nr. 1 UWG qualifizieren lässt (eingehend Fezer/*Kreile,* § 4-S 5 Rn 44 ff). Dass nicht nur die privaten, sondern auch die öffentlich-rechtlichen Veranstalter voll den Restriktionen des Lauterkeitsrechts unterliegen, wird nicht mehr in Frage gestellt (zu Einzelheiten vgl zB *Hartstein,* § 7 Rn 80 ff).

9 Flankiert werden die Bestimmungen des RStV ferner insbesondere von den Vorschriften des **HWG** sowie – unter dem Gesichtspunkt des Jugendschutzes – des **JMStV** (zu Letzterem vgl die Kommentierung in Abschnitt 82, Rn 1 ff).

10 Schließlich kommt der internen Aufsicht, dh der **Selbstregulierung durch die Werbewirtschaft** – namentlich in Gestalt des Deutschen Werberats und dessen verschiedenen Verhaltensregelwerken – eine nicht zu unterschätzende Bedeutung auch im Bereich der Rundfunkwerbung zu (näher Fezer/*Kreile,* § 4-S 5 Rn 105 f). Ziff. 2 Abs. 4 der WerbeRL-TV/HörF ordnet auch ausdrücklich an, dass über die Anforderungen des § 7 Abs. 10 hinaus die einschlägigen Verhaltensregeln des Deutschen Werberats über die kommerzielle Kommunikation für alkoholhaltige Getränke Anwendungen finden.

II. Durchsetzung der werberechtlichen Anforderungen des RStV

11 Sofern ein Veranstalter den rundfunkrechtlichen Zulässigkeitsrahmen der Ausstrahlung von Werbebotschaften überschritten hat, ist im Hinblick auf die Sanktionierung dieser Zuwiderhandlung in erster Linie nach der **Rechtsform** des Veranstalters zu differenzieren.

12 Sofern ein **privater Veranstalter** die Vorgaben der §§ 7 ff, 44 ff missachtet, besteht für die Zuschauer/Zuhörer die nach Landesrecht – teilweise ausdrücklich, zB § 25 Abs. 3 HPRG – eingeräumte Möglichkeit, sich bei der zuständigen LMA zu beschweren. Erlangt die LMA auf diesem oder anderem Wege (etwa durch Anzeige einer anderen, unzuständigen LMA, § 38 Abs. 1) Kenntnis von einem (präsumtiven) Rechtsverstoß, ist sie verpflichtet, sich mit der Anzeige zu befassen, § 38 Abs. 1 S. 2. Stellt sie einen Verstoß gegen die werberechtlichen Bestimmungen des RStV fest, trifft sie gegenüber dem Veranstalter die **„erforderlichen Maßnahmen"**. Als Maßnahmen kommen nach § 38 Abs. 2 „insbesondere" Beanstandung, Untersagung, Rücknahme und Widerruf in Betracht, wobei ein Widerruf der Zulassung nur unter den engen Voraussetzungen des § 38 Abs. 4 Nr. 1 b) möglich ist. Das Spektrum der Sanktionsinstrumentarien ist also breit gefächert und wird landesrechtlich weiter präzisiert; es reicht zB nach dem abgestuften Verfahren des HSH MStV – abgesehen von der Möglichkeit informeller Hinweise – von der Feststellung der Zuwiderhandlung (sog. Beanstandung) über die Aufforderung zu Beseitigung und Unterlassung bis hin zur Anordnung des Ruhens der Zulassung bzw zum Zulassungsentzug im Falle eines wiederholten (schwerwiegenden) Rechtsverstoßes (§ 40 HSH MStV; auch *Beucher,* § 7 Rn 6; eingehend *Ladeur,* in: Hahn/Vesting, § 7 Rn 89 ff). In der Aufsichtspraxis wird häufig von einer förmlichen Beanstandung des Werbeverstoßes abgesehen, wenn in der Vergangenheit beim

sich einsichtig zeigenden Veranstalter keine Unregelmäßigkeiten festgestellt werden konnten. Die Gerichte haben einzelnen LMAen wiederholt die Grenzen der ihnen zur Verfügung stehenden Aufsichtsmittel aufgezeigt, vgl BayVGH ZUM-RD 1999, 150 m. Anm. *Deutschle*, ZUM 1999, 614; OVG Berlin ZUM 2003, 585.

Hat ein Veranstalter von bundesweit verbreitetem privaten Rundfunk schuldhaft, dh vorsätzlich oder fahrlässig gegen eine der werberechtlichen Bestimmungen des RStV verstoßen, steht es der jeweiligen LMA als ebenfalls zuständigen Verwaltungsbehörde (§ 49 Abs. 3) frei, diese Zuwiderhandlung als **Ordnungswidrigkeit** nach § 49 Abs. 1 S. 1 zu ahnden; denkbar sind insoweit Geldbußen von bis zu 500 000 EUR, § 49 Abs. 2 (s. ferner Abs. 4; zum Ganzen *Clausen-Muradian*, ZUM 1997, 800 ff). Normadressaten der Ordnungswidrigkeitstatbestände sind allein die Veranstalter (ausführlich *Ladeur*, ZUM 2001, 643 ff); die Ansicht des OLG Celle (ZUM 2003, 54), im Einzelfall könne auch der Produzent einer einzelnen Sendung Veranstalter in diesem Sinne seien, ist abzulehnen (eingehend *Lesch*, ZUM 2003, 44 ff). Mit § 49 vergleichbare Regelungen sehen auch die Landesgesetze vor, etwa § 51 HSH MStV. Die Direktorenkonferenz der LMAen (DLM) hat am 27.6.2007 „Anwendungs- und Auslegungsregeln der Landesmedienanstalten zur Durchführung von Ordnungswidrigkeitsverfahren nach dem Rundfunkstaatsvertrag (OWiRL)“ beschlossen (www.alm.de). 13

Berufen zur rundfunkwerberechtlichen Aufsicht über die privaten Rundfunkveranstalter ist die jeweils zuständige LMA, § 35 Abs. 1. Dies gilt jedoch nur im Außenverhältnis; die interne Prüfung und die Entscheidung über ein aufsichtliches Einschreiten erfolgt durch die **Kommission für Zulassung und Aufsicht (ZAK,** § 35 Abs. 2 S. 1 Nr. 1). Diese wurde mit dem 10. RÄndStV etabliert und löste die durch Beschluss der DLM zuvor bestehende „Gemeinsame Stelle Programm, Werbung und Medienkompetenz“ (GSPWM) ab. Seit dem 1.9.2008 dient die ZAK der jeweils zuständigen LMA als „Wanderorgan“ bei der Erfüllung ihrer Aufsichtsaufgaben (auch) im Bereich des Rundfunkwerberechts, § 36 Abs. 2 S. 1 (ausführlich zum Ganzen *Gröpl*, ZUM 2009, 21 ff). Die ZAK hat sich eine Geschäfts- und Verfahrensordnung gegeben (abrufbar unter www.alm.de). 14

Für die **öffentlich-rechtlichen Veranstalter** finden die Regeln der Staatsaufsicht Anwendung, die sich im Einzelnen aus dem jeweiligen Rundfunkgesetz/Rundfunkstaatsvertrag ergeben; dabei gilt der Vorrang der Selbstverfassung durch die Organe der Rundfunkanstalt, vgl zB § 31 Abs. 2 ZDF-StV (näher *Ladeur*, in: Hahn/Vesting, § 7 Rn 91 f, dort auch zur Rechtsaufsicht nach Landesrecht). Dass die Ordnungswidrigkeitstatbestände des § 49 Abs. 1 auf den öffentlich-rechtlichen Rundfunk keine Anwendung finden sollen, ist nicht nachvollziehbar und verfassungsrechtlich (Art. 3 Abs. 1 GG) bedenklich (vgl *Degenhart*, ZUM 1997, 153, 162 ff). 15

Unabhängig von der Rechtsform des Rundfunkveranstalters ist es betroffenen Mitbewerbern, aber auch sachlegitimierten Verbänden über das **UWG** möglich, unter Einsatz spezifisch privatrechtlicher Mittel gegen vermeintliche Verstöße gegen den RStV vorzugehen (§ 4 Nr. 11 UWG). Namentlich Unterlassungs- und Beseitigungsanspruch nach § 8 Abs. 1 UWG können sich hier als wirkungsvolle Rechtsdurchsetzungsinstrumente erweisen, zumal im besonders effektiven Verfahren des einstweiligen Rechtsschutzes. Die Praxis zeigt indes, dass die Durchsetzung der rundfunkspezifischen Werberegelungen über das UWG ein Schattendasein führt; es sind kaum Fälle bekannt, in denen etwa ein Verbraucherverband oder Mitbewerber einen Titel zB gegen unzulässige Schleichwerbung erwirkt hat. Angesichts der Präsenz von „Schleichwerbeskandalen“ etc. in der Öffentlichkeit sowie des hohen Schutzgutes ist es nicht recht nachvollziehbar, warum die Sorge um die Einhaltung der Bestimmungen des RStV weitgehend der öffentlich-rechtlichen Aufsicht, der eine gewisse – strukturbedingte – Schwerfälligkeit nicht gänzlich abgesprochen werden kann, überantwortet wird. Dies überrascht umso mehr, als in anderen Bereichen, die ebenfalls in erster Linie verwaltungsrechtlich geprägt sind, es allgemeiner Handhabe entspricht, schnell und effizient mit dem UWG „zu arbeiten“ (vgl zum Ganzen auch Wandtke/*Castendyk*, Kap. 3, Rn 23 ff). 16

III. Rundfunkwerberechtliches „Sekundärrecht“

§ 16f sieht vor, dass die in der ARD zusammengeschlossenen Landesrundfunkanstalten und das ZDF **Richtlinien** zur Durchführung der §§ 7, 7a, 8, 8a, 15 und 16 erlassen. Eine korrespondierende Pflicht – und Ermächtigung, nunmehr auch für Satzungen – statuiert § 46 für die LMAen. Derzeit gelten die **„ARD-Richtlinien für Werbung, Sponsoring, Gewinnspiele und Produktionshilfe“** in der Fassung vom 12.3.2010 (www.ard.de), die **„ZDF-Richtlinien für Werbung, Sponsoring, Gewinnspiele und Produktionhilfe“** in der Fassung vom 12.3.2010 (www.zdf.de) sowie die **„Gemeinsame Richtlinien der Lan-** 17

desmedienanstalten für die Werbung, zur Durchführung der Trennung von Werbung und Programm und für das Sponsoring sowie Teleshopping im Fernsehen" in der Fassung vom 23.10.2010 (www.alm.de), wobei die LMAen weitere (weitgehend identische) Richtlinien vom gleichen Tag für den Hörfunk beschlossen haben. Die Richtlinien sind für die Rundfunkwerbepraxis von kaum zu überschätzender, gleichsam „sekundärrechtlicher" Bedeutung; ihre Rechtsnatur und -wirkungen sind im Einzelnen allerdings umstritten (vgl Rn 442 ff).

C. Verfassungsrechtliche Rahmenbedingungen

18 Werbung ist Meinung und genießt den verfassungsrechtlichen Schutz der **Meinungsfreiheit nach Art. 5 Abs. 1 S. 1 GG**; dies jedenfalls dann, wenn es sich um Wirtschaftswerbung handelt, die einen wertenden, meinungsbildenden Inhalt hat (BVerfG GRUR 2001, 170, 172 – Benetton-Schockwerbung I). Folgt man der neueren Rechtsprechung des BVerfG, scheint sich gar die Prüfung zu erübrigen, ob die Werbemaßnahme gesellschaftspolitische Bezüge aufweist und damit einen Beitrag zu einer Debatte von allgemeinem Interesse darstellt (vgl BVerfG GRUR 2003, 349 – Preistest). Auf das Grundrecht der Meinungsfreiheit kann sich bei der Ausstrahlung von Rundfunkwerbung nicht nur das unmittelbar werbetreibende Unternehmen berufen; vom personalen Schutzbereich ist vielmehr auch der die fremde Meinung vermittelnde und verbreitende Rundfunkveranstalter geschützt. Dies gilt in gleicher Weise für den privaten wie auch den öffentlich-rechtlichen Rundfunk (ausführlich zur Meinungsfreiheit etwa *Stenner*, S. 59 ff; *Leitgeb*, S. 94 ff).

19 Rundfunkwerbung wird ferner – zumindest mittelbar – von der materiellen **Rundfunkfreiheit nach Art. 5 Abs. 1 S. 2 Alt. 2 GG** erfasst und geschützt (*Hesse*, ZUM 1987, 548, 551 f; *Bosman*, ZUM 2003, 444, 448 ff; *Wieben*, S. 59 ff; *Leitgeb*, S. 152 ff; jeweils mwN, auch zur Gegenauffassung).

20 Die Schutzgewährleistungen der Meinungs- und Rundfunkfreiheit sind bei der rundfunkrechtlichen Behandlung von Werbung in Hörfunk und Fernsehen in dem von der Verfassung geforderten Umfang angemessen zu berücksichtigen (näher zum Verhältnis von Verfassungs- und Rundfunk(werbe)recht 4. Abschnitt, Rn 68 ff).

D. Zentrale Begriffe des Rundfunkwerberechts

21 Ebenso wie der Begriff der geschäftlichen Handlung für die Anwendbarkeit des UWG von entscheidender Bedeutung ist, bestimmt der Begriff der **Werbung** die Spannweite des gesamten Rundfunkwerberechts. Werbung ist der in § 2 Abs. 2 Nr. 7 legaldefinierte Zentralterminus, dessen Erfüllung vielfach erst die Prüfung der einzelnen Werbebeschränkungen in den §§ 7, 8, 15 ff und 43 ff ermöglicht. Er wird ergänzt durch die Begriffe des **Teleshopping** (§ 2 Abs. 2 Nr. 9) sowie des **Sponsoring** (§ 2 Abs. 2 Nr. 10), die aber im Vergleich zur Werbung von eher untergeordneter Bedeutung sind. In dem Definitionskatalog des § 2 Abs. 2 finden sich ferner gesetzliche Bestimmungen der Begriffe „Schleichwerbung" (Nr. 8) und „Produktplatzierung" (Nr. 11).

I. Werbung, § 2 Abs. 2 Nr. 7

22 Nach überkommenem Verständnis ist im Bereich der Werbung zwischen der **sog. instrumentalen** und der **sog. medialen Werbung** zu differenzieren (statt aller *Bork*, GRUR 1988, 264, 270; *Sack*, ZUM 1987, 103, 116 f). Danach gehören zur instrumentalen („kommerziellen") Werbung solche Werbeformen, die – wie etwa der klassische Werbespot in einer Werbeinsel – vom übrigen Programm deutlich abgegrenzt sind. Mediale Werbung ist dagegen diejenige, die vom redaktionellen Programm ausgeht, in dieses also integriert ist und als dessen Bestandteil nicht abgetrennt werden kann. Diese terminologische Unterscheidung ist für die Anwendbarkeit der Rundfunkwerberegeln nicht von Belang. Rechtlich ausschlaggebend ist vielmehr allein, ob der gesetzliche Terminus der Werbung erfüllt ist. Dies ist typischerweise auch bei der medialen Werbung der Fall (vgl nur BGH GRUR 1990, 611, 614 – Werbung im Programm).

23 Ausgangspunkt der Bestimmung des Werbungsbegriffs ist die **Legaldefinition in** § 2 Abs. 2 Nr. 7 (stimmt überein mit Art. 1 i) AVMD), wonach Werbung zu verstehen ist als „jede Äußerung bei der Ausübung eines Handels, Gewerbes, Handwerks oder freien Berufs, die im Rundfunk von einem öffentlich-rechtlichen oder einem privaten Veranstalter oder einer natürlichen Person entweder gegen Entgelt oder eine ähnliche Gegenleistung oder als Eigenwerbung gesendet wird, mit dem Ziel, den

Absatz von Waren oder die Erbringung von Dienstleistungen, einschließlich unbeweglicher Sachen, Rechte und Verpflichtungen, gegen Entgelt zu fördern". Dem Begriff der Werbung liegen damit **drei Determinanten** zugrunde (1. unternehmensbezogene Äußerung; 2. Entgeltlichkeit ihrer Sendung; 3. Förderungsabsicht des Veranstalters), die bei der Auflösung einzelner Abgrenzungsprobleme zu berücksichtigen sind (unter 4.).

1. Unternehmensbezogene Äußerung. Zunächst muss es sich bei der in Rede stehenden Verlautbarung um eine „Äußerung bei der Ausübung eines Handels, Gewerbes, Handwerks oder freien Berufs" handeln (die Definition stimmt insoweit überein mit der Definition in Art. 2 Nr. 1 der Irreführungsrichtlinie 84/450/EG). Erforderlich ist also, dass die Äußerung im Zusammenhang mit einer unternehmerischen Tätigkeit gefallen ist, **sog. Unternehmensbezug.** Bereits diese tatbestandsbegrenzende Funktion des § 2 Abs. 2 Nr. 7 (vgl zu § 5 Abs. 1 UWG Köhler/*Bornkamm*, § 5 Rn 2.12 ff) hat zur Konsequenz, dass vom Werbungsbegriff des RStV allein die **wirtschaftlich motivierte Werbung**, nicht aber die sog. ideelle Werbung erfasst wird. Dies war nach altem Recht umstritten (vgl im Rückblick *Herrmann/Laussen*, § 20 Rn 10), doch steht nunmehr außer Frage, dass nur **Wirtschaftswerbung** dem Regelungsregime des RStV untersteht, was sich gerade auch aus einem Umkehrschluss zu Satz 2 des § 2 Abs. 2 Nr. 7 ergibt, wonach § 7 Abs. 9 unberührt bleibt (statt aller *Hartstein*, § 7 Rn 3 ff; *Hesse*, Kap. 3 Rn 51; *Schulz*, in: Hahn/Vesting, § 2 Rn 76; aA zuletzt *Schwarz/Eichler*, AfP 1996, 228 ff). Ideelle Werbung ist – ihre Unentgeltlichkeit vorausgesetzt – als **sog. Social Advertising** in den engen Grenzen des § 7 Abs. 9 S. 3 zulässig (näher Rn 233 ff). 24

Eigenwerbung des Veranstalters weist in jeder ihrer Erscheinungsformen den notwendigen Unternehmensbezug auf, da auch der Veranstalter ein „Gewerbe" ausübt (vgl aber nachfolgend Rn 30). 25

Mit dem 13. RÄndStV wurde die Legaldefinition in Umsetzung von Art. 1 i) AVMD dahin gehend ergänzt, dass es für den Werbebegriff auch genügt, wenn die unternehmensbezogene Äußerung von einer **natürlichen Person** gesendet wird. Damit ist klargestellt, dass es nicht erforderlich ist, dass der Veranstalter selbst werbend tätig wird. Den rundfunkwerberechtlichen Restriktionen unterfallen vielmehr auch die Fälle, in denen ein Dritter im Rahmen der Rundfunkveranstaltung auf die Zuschauer werbend einwirken will. Erfasst sind darüber hinaus solche Personen, die in die Herstellung der ausgestrahlten Sendung integriert waren, also etwa der Regisseur, Schauspieler oder Moderatoren. Ob der Veranstalter selbst in diesen Fällen einen Werbezweck verfolgt, ist für die Anwendbarkeit etwa des § 7 irrelevant – **auch untergeschobene Werbung ist Werbung** (vgl *Hartstein*, § 7 Rn 4; *Holznagel/Stenner*, § 2 Rn 73).

2. Entgeltlichkeit der Sendung. Die unternehmensbezogene Äußerung muss von dem öffentlich-rechtlichen oder privaten Veranstalter (oder der natürlichen Person) gegen Entgelt oder eine ähnliche Gegenleistung gesendet werden; alternativ kann dies „als Eigenwerbung" geschehen. Typischerweise erfolgt die Sendung gegen den Zufluss von Geldmitteln. Neben Geld- und Sachleistungen kommt **jede geldwerte Gegenleistung** in Betracht (*Schulz*, in: Hahn/Vesting, § 2 Rn 75). Die geforderte Ähnlichkeit liegt vor, wenn sowohl Empfänger als auch Leistender den Leistungsgegenstand als **ungefähres Äquivalent zum üblichen Entgelt** verstehen. Der ausdrückliche Einbezug der Eigenwerbung des Veranstalters als Alternative zur Entgeltlichkeit macht deutlich, dass deren Werbecharakter nicht von der Erbringung einer Gegenleistung abhängig sein soll bzw kann. 26

3. Förderungsabsicht des Veranstalters. Werbung iSv § 2 Abs. 2 Nr. 7 liegt schließlich nur vor, wenn die Äußerung von dem Veranstalter in **Förderungsabsicht** gesendet wird, also mit dem Ziel, den Absatz von Waren oder die Erbringung von Dienstleistungen gegen Entgelt zu fördern. Eine insoweit fast identische, lediglich auf den Bezug von Waren oder Dienstleistungen ausgedehnte Definition findet sich in § 2 Abs. 1 Nr. 1 UWG. Jedenfalls aus dem subjektiven Tatbestandsmerkmal der Förderungsabsicht ergibt sich, dass vom rundfunkrechtlichen Werbebegriff nur Wirtschaftswerbung erfasst wird (vgl *Schulz*, in: Hahn/Vesting, § 2 Rn 76 und bereits Rn 24). 27

Der Veranstalter kann mit der Sendung der Äußerung nur dann das Ziel der entgeltlichen Absatzförderung verfolgen, wenn die Sendung objektiv geeignet ist, den Warenabsatz oder die Dienstleistungserbringung zugunsten des „Werbenden" zu fördern. Erforderlich ist daher eine **objektive Förderungseignung**, deren Vorliegen jedoch in der Regel kaum problematisch sein wird. Insbesondere ist kein tatsächlicher Förderungserfolg nötig. Auch muss die Äußerung nicht unmittelbar auf die Absatzförderung gerichtet sein, vielmehr genügt bereits eine mittelbare Förderung, so dass namentlich die zunehmend beliebtere reine **Imagewerbung** (Aufmerksamkeitswerbung) erfasst ist (vgl zum Ganzen, al- 28 lerdings im Hinblick auf § 2 Abs. 1 Nr. 1 UWG, *Köhler*/Bornkamm, § 2 Rn 34 ff mN aus der Rspr; ferner *Schulz*, in: Hahn/Vesting, § 2 Rn 79).

29 Ob der Veranstalter bei Sendung der unternehmensbezogenen Äußerung gegen Entgelt mit dem Ziel handelt, den Absatz von Waren zu fördern etc., ist unter wertender Berücksichtigung aller Umstände des Einzelfalls zu entscheiden (vgl zur Wettbewerbsabsicht BGH GRUR 1995, 270, 272 f – Dubioses Geschäftsgebaren). Regelmäßig wird diese Feststellung kein Problem darstellen, allemal dann nicht, wenn vom Werbenden tatsächlich ein Entgelt gezahlt wurde oder sich der Werbezweck schon dem durchschnittlichen Rezipienten aufdrängt oder für diesen auch nur erkennbar ist (vgl *Engels/Giebel*, ZUM 2000, 265, 268 f).

30 Aus dem Merkmal der Förderungsabsicht ergibt sich zwingend, dass die von der Legaldefinition einbezogene **Eigenwerbung** nur im Falle des Hinweises auf **kostenpflichtige Programmbegleitmaterialien** (Bücher, Zeitschriften, Klingeltöne, Spiele etc.) Werbung im Sinne des RStV darstellt, da nur in diesem Fall das Ziel des Veranstalters darin bestehen kann, den Absatz gegen Entgelt zu fördern (vgl *Engels/Giebel*, ZUM 2000, 265, 279 f; *Gersdorf*, Rn 254). Fragwürdig erscheint insoweit Ziff. 1 Abs. 1 Nr. 2 der WerbeRL-TV/HörF, wonach Hinweise auf Begleitmaterialien zu Sendungen nicht als Werbung anzusehen sein sollen. Denn eine – wenn auch nur sekundäre – Förderungsabsicht dürfte richtigerweise selbst dann anzunehmen sein, wenn es dem Veranstalter weniger um den kommerziellen Absatz des Begleitmaterials geht als primär darum, für den Rezipienten den Nutzen der einzelnen Sendung zu erhöhen (anders *Schulz*, in: Hahn/Vesting, § 2 Rn 83). Hierfür spricht auch ein Umkehrschluss aus §§ 16 Abs. 4, 45 Abs. 2, wonach bei Hinweisen auf Begleitmaterialien eine Anrechnung auf die Gesamtwerbedauer unterbleibt.

31 Für den Tatbestand der Werbung bedarf es einer Unterscheidung zwischen Merchandising-Produkten und Begleitmaterialien, die direkt von dem eigenen Programm abgeleitet sind, **nicht** (anders zB *Beucher*, § 7 Rn 11 ff, allerdings zur alten Rechtslage). Diese Kategorisierung ist vielmehr allein für die Anrechnung der Werbezeit von Bedeutung (vgl die Erläuterungen in Rn 395 ff).

32 Werbung iSd § 2 Abs. 2 Nr. 7 liegt dagegen nicht vor, wenn die Eigenwerbung allein darin besteht, die Zuschauer/Zuhörer über das eigene Programm mittels **Programmhinweisen und -trailern** zu informieren, denn für das Programm erhält der Veranstalter kein Entgelt, mag es ihm mittelbar auch um die entgeltliche Erbringung von Dienstleistungen gehen (allgemeine Meinung, vgl nur *Hartstein*, § 7 Rn 7; insoweit zutreffend Ziff. 1 Abs. 1 Nr. 1 der WerbeRL-TV/HörF). Anders ist allerdings zu entscheiden für Programmankündigungen im Pay-TV, wenn die „beworbene" Sendung nicht von dem bereits abgegoltenen Abonnement umfasst ist (gleiches gilt für Hinweise auf Pay-per-view-Angebote, *Engels/Giebel*, ZUM 2000, 265, 279 f; *Schulz*, in: Hahn/Vesting, § 2 Rn 82).

33 **4. Werbecharakter einzelner Fallgruppen.** Die Qualifizierung verschiedener Sonderformen kommunikativer Inhaltsvermittlung als Werbung iSd RStV bereitet Schwierigkeiten.

34 **a) Bartering.** Von einem sog. **Bartering** wird gesprochen, wenn werbetreibende Dritte selbst Sendungen produzieren oder produzieren lassen, um sie den Rundfunkveranstaltern kostenlos zur Verfügung zu stellen. Diese strahlen sodann häufig Werbespots des Programmlieferanten aus; dies als Gegenleistung ebenfalls unentgeltlich. Das Bartering, das auch im Non-Profit-Bereich anzutreffen ist, stellt in der Regel keine Werbung iSd RStV dar, vielmehr handelt es sich um redaktionelles Programm (näher *Schulz*, in: Hahn/Vesting, § 2 Rn 94; *Beucher*, § 7 Rn 17). Allerdings ist nicht zu verkennen, dass die zur Verfügung gestellten Beiträge regelmäßig auch werbliche Botschaften beinhalten, so dass eine kritische Prüfung anhand des Schleichwerbeverbots nach § 7 Abs. 7 S. 1 stets veranlasst ist (instruktiv zum Bartering jetzt auch mit Beispielen aus der Praxis *Volpers/Bernhard/Schnier*, S. 28, 40 u. 141 f).

35 **b) Dauerwerbesendungen.** Dauerwerbesendungen (auch: Telepromotions), also Sendungen „von mindestens 90 Sekunden Dauer, in denen Werbung redaktionell gestaltet ist, der Werbecharakter erkennbar im Vordergrund steht und die Werbung einen wesentlichen Bestandteil der Sendung darstellt" (Ziff. 3 Abs. 3 Nr. 1 der WerbeRL-TV), sind Werbung iSd § 2 Abs. 2 Nr. 7. § 7 Abs. 5 sieht eine Sonderregelung für Dauerwerbesendungen vor. In der jüngeren Vergangenheit stand bei der rechtlichen Beurteilung von Dauerwerbesendungen ganz die Frage im Vordergrund, in welcher Form der Veranstalter sie zu kennzeichnen hat (ausführlich Rn 123 ff).

36 **c) Crosspromotion.** Unterschiedlich beurteilt wird die Frage, inwieweit **Crosspromotion** (= Fremdpromotion) als Werbung iSd RStV zu qualifizieren ist. Fremdpromotion ist nach dem Begriffsverständnis der LMAen der werbliche Hinweis auf einen anderen Rundfunkveranstalter als Unternehmen

oder dessen Dienstleistungen (Ziff. 9 Abs. 1 Nr. 3 der WerbeRL-TV), also die sowohl im öffentlich-rechtlichen als auch im privaten Rundfunk anzutreffende „werbliche Herausstellung eines Medienprodukts in einem anderen Medienprodukt" (*Bornemann*, K&R 2001, 302, 306). Von wesentlicher Bedeutung ist die Qualifikation dabei für Crosspromotion innerhalb von TV-Senderfamilien, da hier das Interesse an einer möglichst liberalen Handhabung der „Querverweise" besonders ausgeprägt und eine Einstufung (sogar) als Eigenwerbung in Erwägung zu ziehen ist (eingehend *Bornemann*, K&R 2001, 302 ff; dagegen *Platho*, MMR 2002, 21 ff). Einzig konsequent erscheint eine strikte Orientierung am Wortlaut des § 2 Abs. 2 Nr. 7. Es drängt sich damit eine Beurteilung parallel zur Behandlung von Eigenwerbung des Veranstalters auf; dies unabhängig von der Familienzugehörigkeit des beworbenen Senders. Danach ist der Hinweis auf kostenpflichtige Angebote (Merchandising-Produkte, Pay-TV) des anderen Senders als Werbung anzusehen, während reine Programmhinweise mangels Förderungsabsicht nicht unter die werberechtlichen Bestimmungen fallen. Folge ist insbesondere, dass ausgestrahlte – sogar entgeltliche – Programmtrailer zugunsten eines anderen Senders nicht gem. § 7 Abs. 3 als Werbung zu kennzeichnen sind (im Ergebnis ähnlich VG Berlin, ZUM 2002, 933, 935 f; *Bornemann*, K&R 2001, 302, 308 ff; Handbuch/*Loitz*, S. 169 ff; anders *Platho*, MMR 2002, 21 ff). Zur Frage der Anwendbarkeit des § 45 Abs. 2 auf Crosspromotion bei Familiensendern vgl Rn 394.

d) Social Advertising. Keine Werbung ist schließlich **Social Advertising** iSd § 7 Abs. 9 S. 3, dh unent- 37
geltliche Beiträge im Dienst der Öffentlichkeit einschließlich von Spendenaufrufen zu Wohlfahrtszwecken (vgl *Hartstein*, § 7 Rn 67; *Bornemann*, K&R 2001, 302, 310). Satz 3 nimmt Social Advertising lediglich aus der Zulässigkeitsregel des Satzes 1 aus. Den Anforderungen des § 2 Abs. 2 Nr. 7 genügt es aber schon deshalb nicht, weil dort die Ausstrahlung gegen Entgelt oder eine ähnliche Gegenleistung erfolgen muss, während Social Advertising per definitionem die Unentgeltlichkeit des Beitrags verlangt. Entsprechend findet insbesondere das Kennzeichnungsgebot nach § 7 Abs. 3 keine Anwendung. Näher zum Social Advertising Rn 233 ff.

II. Teleshopping, § 2 Abs. 2 Nr. 10

Teleshopping (früher: Fernseheinkauf) findet an sich nur im privaten Rundfunk statt, vgl § 18. Es ist 38
insoweit der Hörfunk- und Fernsehwerbung regulatorisch weitgehend **gleichgestellt**, s. nur §§ 7 Abs. 1-3 und § 7a. Nach der Legaldefinition in § 2 Abs. 2 Nr. 10 ist Teleshopping iSd RStV die „Sendung direkter Angebote an die Öffentlichkeit für den Absatz von Waren oder die Erbringung von Dienstleistungen, einschließlich unbeweglicher Sachen, Rechte und Verpflichtungen, gegen Entgelt in Form von Teleshoppingkanälen, -fenstern und -spots" (ebenso Art. 1 l) AVMD).

Entscheidendes Charakteristikum des Teleshopping ist die Möglichkeit des Rezipienten, in unmittel- 39
barer Reaktion auf das ausgestrahlte Angebot alles Erforderliche veranlassen zu können, um einen sofortigen Vertragsschluss im Hinblick auf die präsentierte Ware bzw die offerierte Dienstleistung herbeizuführen. Typischerweise bedarf es dafür lediglich eines telefonischen Anrufs des Zuschauers/Zuhörers, um mit dem Anbieter den durch den Spot (als invitatio ad offerendum) in einem ersten Schritt angebahnten Abschluss des Vertrages perfekt zu machen und die Vertragsdurchführung in die Wege zu leiten (vgl schon *Stettner/Tresenreiter*, ZUM 1994, 669, 670; *Hartstein*, § 45 Rn 14).

Orientiert man sich an dem Merkmal der Unmittelbarkeit/Direktheit der Absatzeinleitung, erweist sich 40
auch die **Abgrenzung des Teleshopping von der Werbung** als wenig problematisch (anders offenbar *Hartstein*, § 45 Rn 15). Werbung beinhaltet stets allenfalls indirekte Angebote an das Publikum. Werden in der Sendung Telefonnummern oder andere sofortige Kontaktmöglichkeiten genannt, auf den Preis des angebotenen Produkts deutlich hingewiesen und erfolgt eine detaillierte Beschreibung des Produkts, um den Rezipienten genau über die Ware/Dienstleistung in Kenntnis zu setzen, sind dies wesentliche Indizien, die auf das Vorliegen von Teleshopping hinweisen (vgl *Schulz*, in: Hahn/Vesting, § 2 Rn 135 ff). Die Abgrenzung gestaltet sich umso einfacher, als die klassische Werbung vielfach nicht mehr das einzelne zu erwerbende Produkt zum Gegenstand hat, sondern als Imagewerbung primär auf eine Steigerung des positiven Images des Unternehmens abzielt (zu weiteren Abgrenzungsfragen *Schröder*, S. 34 ff).

Fraglich ist, ob **sog. Call-In-Sendungen**, dh vom Zufall abhängige **Gewinnspiele**, an denen der Zu- 41
schauer per Telefon kostenpflichtig teilnehmen kann, als Teleshopping iSd § 2 Abs. 2 Nr. 10 einzustufen sind. Nach Ansicht des EuGH stellt eine Sendung bzw ein Teil einer Sendung, in der oder dem den Zuschauern vom Fernsehveranstalter die Möglichkeit angeboten wird, sich durch die unmittelbare Anwahl von Mehrwert-Telefonnummern und damit entgeltlich an einem Gewinnspiel zu beteiligen,

dann Teleshopping dar, „wenn die Sendung bzw dieser Teil der Sendung unter Berücksichtigung des Zwecks der Sendung, in der das Spiel stattfindet, der Bedeutung des Spiels innerhalb der Sendung – bezogen auf die Zeit, die erhofften wirtschaftlichen Ergebnisse im Verhältnis zu den von der Sendung insgesamt erwarteten Ergebnisse – sowie der Ausrichtung der den Kandidaten gestellten Fragen ein tatsächliches Dienstleistungsangebot ist". Nach Auffassung des EuGH handelt sich bei dem Gewinnspiel jedoch tatsächlich nur dann um Teleshopping, „wenn es eine tatsächliche unabhängige wirtschaftliche Dienstleistungstätigkeit ist und sich nicht auf ein einfaches Unterhaltungsangebot innerhalb der Sendung beschränkt" (vgl zum Ganzen EuGH MMR 2008, 32, 33; s. auch die Anm. von *Scheuer*, MMR 2008, 34; *Bahr*, Tele-Talk 1/2008, 36; *Scherbaum*, MR 2007, 405). Der EuGH hat mit seiner Entscheidung den nationalen Behörden und Gerichten eine Reihe unterscheidungskräftiger Kriterien an die Hand gegeben, die zugleich genügend Spielraum für sachgerechte Abwägungen im Einzelfall lassen. Feststehen dürfte nach dem Urteil jedenfalls, dass Formate wie „Deutschland sucht den Superstar", „Big Brother" oder „Let's dance", in denen die Beteiligung der Zuschauer per Anruf redaktionell von wesentlicher Bedeutung (und wirtschaftlich typischerweise nur von mittelbarem Interesse) ist, auch hinsichtlich des „Gewinnspielanteils" nicht als Teleshopping zu kategorisieren sind (vgl weiter mit Darstellung der Folgen für die Praxis *Bahr*, Tele-Talk 1/2008, 36). Zu bedenken ist aus Veranstaltersicht jedoch stets, dass es sich bei dem Gewinnspiel mit Mehrwertdiensten auch um Werbung oder Eigenwerbung handeln kann. Ein Spiel mit Gewinnmöglichkeit, das nicht unter den Begriff des Teleshopping fällt, insbesondere weil es redaktionell bedingter Bestandteil einer Unterhaltungssendung ist, stellt dann Werbung iSv § 2 Abs. 2 Nr. 7 dar, wenn es „aufgrund seines Ziels und seines Inhalts sowie der Bedingungen, unter denen die Gewinne präsentiert werden, eine Äußerung enthält, die einen Anreiz für die Zuschauer schaffen soll, die als Gewinne präsentierten Waren und Dienstleistungen zu erwerben, oder die die Vorzüge der Programme des betreffenden Veranstalters mittelbar in Form der Eigenwerbung bewerben soll" (EuGH MMR 2008, 32, 33 f; vgl ferner Rn 327).

42 Das Direct **Response Television (DRTV)** ist keine besondere Erscheinungsform des Teleshopping. Teleshopping ist vielmehr als eine Spielart des DRTV zu begreifen. DRTV-Spots sind Werbespots, in denen dem Rezipienten zwar ebenso wie beim Teleshopping die Möglichkeit aufgezeigt wird, unmittelbar mit dem werbenden Produktanbieter in Kontakt zu treten, sei es per Telefon, SMS oder auf anderem Wege. Anders als beim Teleshopping geht es jedoch nicht in erster Linie um den Erwerb des Produkts, sondern zB um die Erlangung weiterer Produkt- oder Unternehmensinformationen oder um die Teilnahme an einem Gewinnspiel. DRTV-Spots bzw -Dauerwerbesendungen unterliegen daher voll den werbungsbezogenen Bestimmungen, es sei denn, sie sind ausnahmsweise doch derart ausgestaltet, dass sie schon als Teleshopping zu qualifizieren sind (vgl *Hartstein*, § 45 Rn 16).

43 Im Einzelnen ist zwischen vier verschiedenen Erscheinungsformen des Teleshopping zu unterscheiden, nämlich **Teleshopping-Spots, Teleshopping-Fenstern, Teleshopping-Kanälen und Teleshopping-Sendungen**. Letztere sind allerdings nicht in der Begriffsbestimmung des § 2 Abs. 2 Nr. 10 enthalten, was bereits darauf hindeutet, dass ihre rundfunkrechtliche Zulässigkeit und Behandlung zweifelhaft ist.

44 **1. Teleshopping-Spots.** Ein Werbespot liegt vor, wenn die ausgestrahlte Werbung weniger als 90 Sekunden dauert, weil es sich andernfalls um eine Dauerwerbesendung handelt. Entsprechend handelt es sich um einen **Teleshopping-Spot**, wenn die Sendung des Teleshopping-Angebots einen Zeitraum von 89 Sekunden nicht überschreitet. Typische Teleshopping-Spots haben Telefon-Hotlines (meist erotischen Inhalts) und in jüngerer Zeit auch den Erwerb von Klingeltönen, simplen Spielen oder Hintergrundbildern für das Handy zum Gegenstand. Die Spots sind für die öffentlich-rechtlichen Veranstalter die einzig legitime Möglichkeit, sich im Bereich des Teleshopping zu betätigen, vgl § 18. Werbespots und Teleshopping-Spots unterliegen im RStV der gleichen rechtlichen Behandlung.

45 **2. Teleshopping-Fenster.** Eine gesonderte Regelung findet sich für **Teleshopping-Fenster** in § 45a Abs. 1 RStV. Teleshopping-Fenster werden von Programmen gesendet, die nicht ausschließlich für Teleshopping bestimmt sind, und müssen eine Mindestdauer von 15 Minuten – und zwar ohne Unterbrechung – haben. Zu Einzelheiten vgl *Braml*, S. 36 f und die Kommentierung zu § 45a Abs. 1 in Rn 408 ff.

46 **3. Teleshopping-Sendungen.** Fraglich ist, ob als weitere Kategorie des Teleshopping **„sonstige" Teleshopping-Sendungen** anzuerkennen sind. Im RStV sind diese an keiner Stelle erwähnt. Gleichwohl geht die Aufsichtspraxis davon aus, dass Teleshopping-Sendungen zulässig sind, vgl Ziff. 9 Nr. 4 der WerbeRL-TV. Teleshopping-Sendungen dauern nach überkommenem Verständnis mindestens 90 Sekunden (also länger als Teleshopping-Spots), sind jedoch auch kürzer als die 15-minütigen Teleshopping-

Fenster. Dass Teleshopping-Sendungen als kategorial den Dauerwerbesendungen ähnliche Angebote nicht generell unzulässig sind, ergibt sich nach weit überwiegender Auffassung sowohl aus der zugrunde liegenden Gesetzgebungsgeschichte der AVMD als auch unter systematischen Gesichtspunkten (vgl eingehend *Castendyk*, MMR 2000, 82 ff; *Kreile*, ZUM 2000, 194, 200 ff; *Hartstein*, § 45 Rn 19 ff). **Gegen** die rundfunkrechtliche Zulässigkeit von Teleshopping-Sendungen werden in jüngerer Zeit indes nicht von der Hand zu weisende Argumente angeführt, namentlich der an sich eindeutige Wortlaut des RStV und die Ordnungswidrigkeitsvorschrift des § 49 Abs. 1 S. 1 Nr. 22 (*S/S-Holznagel/Stenner*, § 45 Rn 9 und ausführlich *Stenner*, S. 105 ff). Diese Mindermeinung hat zuletzt auch dadurch weiter Gewicht bekommen, als sich in der Legaldefinition des § 2 Abs. 2 Nr. 10 seit dem 13. RÄndStV nunmehr der ausdrückliche Zusatz findet „in Form von Teleshoppingkanälen, -fenstern und -spots". Wäre den Ländern an einer Klärung der streitigen Auslegungsfrage bzw der unmissverständlichen „Legalisierung" von Teleshopping-Sendungen gelegen gewesen, hätte man ohne Weiteres auch diese Kategorie in die Begriffsbestimmung aufnehmen können. Stattdessen ist dies unterblieben, was im Umkehrschluss auf die Unzulässigkeit von Teleshopping-Sendungen hindeuten könnte. Gegenstandslos wird die Frage der Zulässigkeit freilich, wenn auf die zeitliche Grenze von 90 Sekunden gänzlich verzichtet und jedes Angebot als Teleshopping-Spot qualifiziert wird, das nicht 15 Minuten lang dauert (vgl auch *Hartstein*, § 45 Rn 19 ff).

4. Teleshopping-Kanäle. Unter den Begrif des **Teleshopping-Kanals** fällt jeder Sender, der sich komplett auf das Angebot von Teleshopping konzentriert und kein redaktionelles Programm anbietet. Zu den Teleshopping-Kanälen zählen Sender wie QVC, 1-2-3.tv oder Channel 21. Teleshopping-Kanäle unterfallen nur sehr wenigen Regelungen des RStV. Maßgeblich ist die Vorschrift des § 1 Abs. 4: Die Vorschriften des 1. und 3. Abschnitts des RStV gelten für Teleshopping-Kanäle nur, sofern dies ausdrücklich bestimmt ist. Eine solche Geltungsanordnung findet sich etwa in den §§ 7 Abs. 11, 8 Abs. 7 und 8a Abs. 3. 47

III. Sponsoring, § 2 Abs. 2 Nr. 9

§ 8 sieht für den Bereich des Sponsoring eine gesonderte Regelung vor. Der Gesetzgeber erachtet eine systematische Trennung von Rundfunkwerbung und Sponsoring für erforderlich, obgleich eine nachvollziehbare Abgrenzung spätestens seit Zulassung des Bewegtbildes im Sponsorenhinweis nicht nur für die Rezipienten vielfach mit erheblichen Schwierigkeiten behaftet ist. Nach § 2 Abs. 2 Nr. 9 – ähnlich lautet Art. 1 k) AVMD – ist Sponsoring im Sinne des RStV „jeder Beitrag einer natürlichen oder juristischen Person oder einer Personenvereinigung, die an Rundfunktätigkeiten oder an der Produktion audiovisueller Werke nicht beteiligt ist, zur direkten oder indirekten Finanzierung einer Sendung, um den Namen, die Marke, das Erscheinungsbild der Person oder Personenvereinigung, ihre Tätigkeit oder ihre Leistung zu fördern". 48

1. Finanzierungsbeitrag. Bei der fraglichen Leistung muss es sich zunächst um einen **Beitrag zur direkten oder indirekten Finanzierung einer Sendung** handeln. Eine **direkte** Finanzierung liegt vor, wenn dem Veranstalter unmittelbar Geldmittel zur Verfügung gestellt werden; von einer **indirekten** Finanzierung ist demgegenüber auszugehen, wenn statt Geld Dienst- oder Sachleistungen von dritter Seite erbracht werden, die für den Veranstalter die Ersparnis von andernfalls zu tragenden Aufwendungen zur Folge haben (*Weiand*, ZUM 1993, 81, 82; *Schulz*, in: Hahn/Vesting, § 2 Rn 129). 49

Als **mittelbarer Finanzierungsbeitrag** sind daher auch kostenlos überlassene Produktionsmittel (zB Requisiten), der Verzicht auf Gegenleistungsforderungen, die Zurverfügungstellung von Geld- und Sachpreisen etc. zu qualifizieren (vgl *Greffenius/Fikentscher*, ZUM 1992, 526, 529 f), und zwar unabhängig von ihrer Wertigkeit und ihrer Bedeutung für die Fertigstellung der Sendung. Erforderlich ist allein eine objektive Förderungseignung, dh der konkrete Beitrag muss (irgendwie) geeignet sein, dem Veranstalter die Finanzierung der Sendung – wenn auch nur geringfügig – zu erleichtern. Der Gefahr einer unangemessenen Ausdehnung des Sponsoringbegriffs auf jedwede Unterstützungsleistung (mit der Folge, dass zahlreiche Sponsorhinweise geschaltet werden müssten) lässt sich dabei über das Regulativ der Förderungsabsicht adäquat entgegensteuern (ähnlich *Schulz*, in: Hahn/Vesting, § 2 Rn 129). Dasselbe gilt grds. für die sog **Ausstattungsfälle** (vgl auch *Beucher*, § 8 Rn 7). Allerdings dürften die Regelungen betreffend Produktplatzierung (§§ 7 Abs. 7, 15, 44) als leges speciales in der Regel ohnehin vorrangig sein. 50

Finanzierungsobjekt muss eine „Sendung" sein. Erfasst sind damit lediglich die Fälle des **Sendungssponsoring** (auch: Sende- oder Programmsponsoring), vgl bereits *Bork*, ZUM 1988, 322, 325. Um 51

Sponsoring iSd RStV handelt es sich demgegenüber nicht, wenn ein Unternehmen **Ereignissponsoring** (auch: Eventsponsoring) betreibt, also statt einer Sendung ein konkretes Ereignis oder eine bestimmte Veranstaltung finanziell unterstützt (statt aller *Beucher*, § 8 Rn 6; *Engels/Giebel*, ZUM 2000, 265, 272, jeweils mwN). Dies ergibt sich unmittelbar aus dem Wortlaut des § 2 Abs. 2 Nr. 9, lässt sich darüber hinaus aber auch teleologisch rechtfertigen, da es beim Sponsoring eines Ereignisses – anders als beim Sendungssponsoring – aufgrund der fehlenden direkten Einflussmöglichkeit des Unternehmens auf den Rundfunkveranstalter an einer Gefährdung der Unabhängigkeit des Rundfunks fehlt. Aus diesem Grund scheidet auch eine analoge Anwendung aus (zum Ganzen BGH NJW 1992, 2089, 2090 f; *Bork*, ZUM 1988, 322, 325). Zu den Beschränkungen der Übertragung eines gesponserten Events vgl die Erläuterungen in Rn 183 f. Da in der Legaldefinition nur von „Sendung" die Rede ist, ist es unerheblich, ob in concreto bereits die Produktion der Sendung oder erst deren Ausstrahlung finanzielle Förderung erfahren hat. Wollte man den Anwendungsbereich des § 2 Abs. 2 Nr. 9 auf das Ausstrahlungssponsoring reduzieren, liefe das Verbot des § 8 Abs. 2 leer (richtig *Schulz*, in: Hahn/Vesting, § 2 Rn 127 f). Unter einer Sendung iSv § 2 Abs. 2 Nr. 9 und § 8 Abs. 1 ist konkret ein in sich geschlossener, zeitlich begrenzter Teil eines Rundfunkprogramms mit einem redaktionellen Eigenwert zu verstehen (so *S/S-Holznagel/Stenner*, § 8 Rn 6). Es ist also stets zu prüfen, ob ein solcher eigenständiger Charakter gegeben ist, was etwa bei einer Anmoderation oder einem Teleshoppingfenster zu verneinen, bei einer Kurzsendung (vgl hierzu weiter Rn 313) hingegen regelmäßig zu bejahen ist (*S/S-Holznagel/Stenner*, § 8 Rn 7 ff mwN).

52 **2. Person des Unterstützers.** Der Finanzierungsbeitrag muss von einer natürlichen oder juristischen Person oder einer Personenvereinigung stammen, „die an Rundfunktätigkeiten oder an der Produktion audiovisueller Werke nicht beteiligt ist". Um Sponsoring iSv § 2 Abs. 2 Nr. 9 handelt es sich demnach nicht, wenn etwa ein Rundfunkveranstalter oder ein Produzent für die Förderungsmaßnahme verantwortlich zeichnet. Allerdings wurde die **Legaldefinition** insoweit von den Ländern bzw vom europäischen Gesetzgeber im Wortlaut **zu weit** gefasst, da nach Sinn und Zweck nicht jede Person oder Personenvereinigung, die irgendwie an Rundfunktätigkeiten oder Produktionen beteiligt ist, ausgeschlossen sein soll, sondern nur solche Akteure, die an der konkreten Rundfunktätigkeit/Produktion beteiligt sind. Es ist daher unschädlich, wenn der Förderer anderweitig rundfunksendungsspezifisch engagiert ist (*Hartstein*, § 8 Rn 15; *Beucher*, § 8 Rn 5). Methodisch lässt sich dieses Ergebnis über eine **teleologische Reduktion der Norm** erreichen.

53 Welche Anforderungen wiederum an den **Begriff der Beteiligung** zu stellen sind, wird unterschiedlich beurteilt. Richtigerweise sollte man von einer Beteiligung an Rundfunktätigkeit oder Produktion iSv § 2 Abs. 2 Nr. 9 erst ausgehen, wenn der geleistete Beitrag nicht ohne Weiteres durch einen anderen Beitrag ersetzt werden kann (ähnlich, allerdings noch enger *Hartstein*, § 8 Rn 21 und *S/S-Holznagel/Stenner*, § 2 Rn 87). Der Einwand, ein solch enges Begriffsverständnis berücksichtige allein die Sponsoreninteressen (*Schulz*, in: Hahn/Vesting, § 2 Rn 121 ff), vermag nicht recht zu tragen, da auch die Veranstalter ein handfestes wirtschaftliches Interesse an der Förderungstätigkeit Dritter und einer nicht zu strengen Handhabung des Sponsoringbegriffes haben. Das **sog. Titelsponsoring**, also die Integrierung der Firma o.ä. eines Unternehmens in den Titel einer Sendung, lässt sich allenfalls als Sponsoring iSv § 8 begreifen, wenn es sich tatsächlich (exzeptionell) auf die Bezeichnung im Sendungstitel beschränkt (vgl *Ladeur*, in: Hahn/Vesting, § 7 Rn 65; *Hackbarth*, ZUM 1998, 974, 977 f). Da eine Beteiligung des Titelpatronaten an der Produktion aber den Regelfall darstellt, ist das Titelsponsoring an den Grundsätzen zum Schleichwerbeverbot nach § 7 Abs. 7 zu beurteilen, s. Rn 192 (vgl auch *Schulz*, in: Hahn/Vesting, § 2 Rn 125; weiter wohl *Engels/Giebel*, ZUM 2000, 265, 281 f).

54 **3. Förderungsabsicht des Unterstützers.** Der finanzielle Unterstützer ist schließlich nur Sponsor iSv § 2 Abs. 2 Nr. 9, wenn er den Beitrag geleistet hat, um den Namen, die Marke, das Erscheinungsbild der Person oder Personenvereinigung, ihre Tätigkeit oder Leistungen zu fördern. Erforderlich ist damit ein **subjektives Moment**; aus dem Wortlaut („um zu") folgt, dass die Förderung der Außendarstellung Ziel des konkreten Beitrags sein muss, dh erforderlich ist direkter Vorsatz bzw Absicht des Unterstützers. Die billigende Inkaufnahme der Förderungswirkung genügt nicht (*Hartstein*, § 8 Rn 25; *Beucher*, § 8 Rn 11). Diese sog. **Förderungsabsicht** grenzt das Sponsoring iSd RStV von altruistischen Unterstützungsleistungen ab, mit denen nicht unternehmensgerichtete, sondern allein mäzenatische Motive verfolgt werden. Dem Förderer geht es in diesen Fällen nicht um den mit dem Sponsorhinweis verbundenen Werbeeffekt. Vielmehr beschränkt sich sein Interesse auf die einseitige, nicht an eine „Gegenleistung" geknüpfte Unterstützung/Realisierung der Produktion/Ausstrahlung der Sendung.

Eine **bedeutsame Abgrenzungsfunktion** kommt dem Kriterium der Förderungsabsicht zu, sofern es um die Bereitstellung von Produktionsmitteln, die Überlassung von Geld- und Sachpreisen, den Verzicht auf die Geltendmachung von Forderungen etc. geht. In diesen Fällen handelt es sich zwar um einen indirekten Finanzierungsbeitrag (vgl bereits Rn 50), doch beabsichtigt der Unterstützer in der Regel keine Förderung der Außendarstellung seiner Person. Auch wenn es ihm zweifelsfrei willkommen ist, dass zB der (kaum vermeidbaren) Abbildung des zur Verfügung gestellten Ausstattungsgegenstandes im Rahmen der Sendung ein gewisser Werbeeffekt zukommen kann, ändert das nichts daran, dass es ihm letztlich nur um die Ermöglichung der Sendung geht (in diese Richtung auch *Brinkmann*, in: Hahn/Vesting, § 8 Rn 11; abweichend Harte/Henning/*Frank*, § 4 Nr. 3 Rn 48). § 8 greift daher nicht; die Zulässigkeit ergibt sich vielmehr nach den Regeln zur Produktplatzierung (ähnlich *Hartstein*, § 8 Rn 22-24). 55

E. Entwicklungsperspektiven des Rundfunkwerberechts

Neben den klassischen Werbespots, die wirtschaftlich namentlich für die privaten Veranstalter unverändert von entscheidender Bedeutung sind (vgl Rn 1), haben in der jüngeren Entwicklung zunehmend **„neue Werbeformen“** (Sonderwerbeformen, Special Ads) die Werbepraxis geprägt. Primärer Zweck sämtlicher neuer Werbeformen ist es, die dem Rezipienten vertraute Statik und Berechenbarkeit der herkömmlichen Werbeblockwerbung (Stichwort: Zapping) aufzuweichen und die Streuverluste durch die geschickte Verquickung der Werbebotschaft mit dem eigentlichen Programminhalt bestmöglich zu minimieren. Der Gesetzgeber hat diesem Anliegen der Veranstalter bereits mit dem 4. RÄndStV teilweise Rechnung getragen, indem er die Zulässigkeit von Split Screen Werbung und virtueller Werbung ausdrücklich – wenn auch unter engen Voraussetzungen – festgeschrieben hat (§ 7 Abs. 4, Abs. 6). 56

Die Kommission der Europäischen Gemeinschaften hat sich in einer Mitteilung aus dem Jahr 2004 „zu Auslegungsfragen in Bezug auf bestimmte Aspekte der Bestimmungen der Richtlinie „Fernsehen ohne Grenzen“ über die Fernsehwerbung“ (2004/C 102/02) ebenfalls eingehend mit der Frage beschäftigt, inwiefern die einschlägigen Regelungen der FernsehRL (nunmehr AVMD) auf moderne Werbetechniken, die sich insbesondere im Zuge der Technologie- und Marktentwicklung herausgebildet haben, anwendbar sind. Vor allem aus der Möglichkeit **interaktiv gestalteter Werbung**, die sich in Deutschland allerdings noch immer nicht nennenswert etablieren konnte, resultieren neue Fragestellungen (vgl *Holznagel/Stenner*, ZUM 2004, 617; auch *Gleich*, MP 2005, 37 ff). Das Gleiche gilt für individualisierte bzw zielgruppenspezifisch gestaltete Werbeinhalte (ausführlich zum Ganzen nun *Stenner*, insb. S. 181 ff). 57

Als Sonderwerbeformen im Fernsehen haben sich in der jüngeren Werbepraxis Formen wie **Promostories, Spotpremieren, Skyscrapers, Framesplits, Best Minute Spots** und **Werbecrawls** zunehmend durchgesetzt (näher mit Erläuterungen *Volpers/Bernhard/Schnier*, S. 116 ff mit anschaulichen Beispielen aus der Praxis sowie *Blaue*, S. 81 ff und 215 ff). 58

Gerade auch im Hinblick auf diese **tatsächlichen Wandlungsprozesse** haben sowohl das europäische als auch das deutsche Rundfunkwerberecht zuletzt als grundlegend zu bezeichnende **normative** Veränderungen erfahren (zur „Notwendigkeit einer Flexibilisierung“ schon früher *Ladeur*, AfP 2003, 385 ff). Zunächst ist dies auf europäischer Ebene geschehen; dort ist die dem RStV seit ehedem maßgeblich zugrunde liegende FernsehRL im Jahr 2007 in erheblichem Umfang und mit weit reichenden Folgen novelliert worden. Der Europäische Gesetzgeber hat es in Anbetracht der neuen Übertragungstechniken für audiovisuelle Mediendienste für notwendig erachtet, „den geltenden Rechtsrahmen anzupassen, um den Auswirkungen des Strukturwandels, der Verbreitung der Informations- und Kommunikationstechnologien (IKT) und den technologischen Entwicklungen auf die Geschäftsmodelle und insbesondere auf die Finanzierung des kommerziellen Rundfunks Rechnung zu tragen“. Nach dem ursprünglichen Vorschlag (hierzu statt vieler *Gounalakis/Wege*, K&R 2006, 97 ff; *Kleist/Scheuer*, MMR 2006, 206 ff; *Leitgeb*, ZUM 2006, 837 ff) wurde von der Kommission ein geänderter Vorschlag vorgelegt, den das Europäische Parlament schließlich beschlossen hat (Richtlinie 2007/65/EG). Die Richtlinie für audiovisuelle Mediendienste (AVMD) ist am 19.12.2007 in Kraft getreten, am 10.3.2010 wurde eine kodifizierte Fassung verabschiedet (allein diese Fassung liegt der Kommentierung zugrunde). Im Mittelpunkt der Novelle stand – neben der Ausweitung des Anwendungsbereichs auf nichtlineare Dienste wie zB Video-on-Demand – vor allem die Deregulierung der Vorschriften für Werbung und Teleshopping, etwa betreffend die Unterbrechung von Sendungen und die Werbehöchstdauer. Neu eingeführt wurde auch der Oberbegriff der „audiovisuellen kommerziellen Kommunikation“, von dem 59 unter anderem Fernsehwerbung, Sponsoring, Teleshopping und Produktplatzierung erfasst sind (vgl Art. 1 h) AVMD). Zudem entschieden sich die Mitgliedstaaten für eine Unterscheidung zwischen Schleichwerbung einerseits und Produktplatzierung andererseits; Schleichwerbung ist ausnahmslos verboten, während Produktplatzierung zwar grundsätzlich ebenfalls untersagt ist, jedoch zB in Kinofilmen oder Sendungen der leichten Unterhaltung bei Wahrung näher bezeichneter Anforderungen zulässig ist (vgl Art. 11 Abs. 3 AVMD). Gerade die Neuregelung des Product Placement war auf europäischer Ebene medienpolitisch in besonderer Weise umstritten (speziell hierzu *von Danwitz*, AfP 2005, 417 ff; ausführlich zur Gesetzgebungsgeschichte und zu den Werbevorschriften der AVMD zB *Müller-Rüster*, S. 99 ff; *Holzgraefe*, S. 106 ff).

60 Alle Mitgliedstaaten hatten bis zum 19.12.2009 Zeit, die neuen Bestimmungen der AVMD in nationales Recht umzusetzen. Da sich Deutschland im Rahmen der Novellierung der FernsehRL noch gegen die eingeschränkte Legalisierung von Product Placement ausgesprochen hatte und den Mitgliedstaaten ausdrücklich vorbehalten war, hinsichtlich der Anforderungen an Produktplatzierungen abweichende Regelungen zu treffen (Art. 3 Abs. 1 AVMD), war keineswegs vorgezeichnet, welchen Weg das deutsche Rundfunkwerberecht gehen würde. Die Fronten für und wider eine Liberalisierung der Bestimmungen betreffend Werbung, Teleshopping etc. in Deutschland waren erwartungsgemäß hart (kritisch zB *Platho*, MMR 2008, 582 ff). Letztlich haben sich die Länder dafür entschieden, die reformierten Regelungen der AVMD im ganzen Umfang auf den RStV zu adaptieren. Vollzogen wurde diese 1:1-Umsetzung mit dem 13. RÄndStV. Seit dem 1.4.2010 kommen daher auch die deutschen Rundfunkveranstalter in den Vorzug erheblich liberalisierter Werbevorschriften (zu der Reformdiskussion und den verschiedenen Ansätzen vgl nur ausführlich die Monographien von *Mallick*, *Müller-Rüster*, *Holzgraefe* und *Leitgeb*, jeweils passim). Aus verschiedenen Gründen haben sie sich bislang allerdings bei der Nutzung der neuen Gestaltungsmöglichkeiten vergleichsweise zurückhaltend gezeigt (vgl die Bestandsaufnahme von *Volpers/Bernhard/Clausen-Muradian*, passim).

61 Die Aufmerksamkeit des **Praktikers** sollte in Zukunft weniger dem Für und Wider der Liberalisierung der Werbevorschriften für den Rundfunk und insbesondere der eingeschränkten Zulassung von Produktplatzierungen gewidmet sein. Auf europäischer und nationaler Ebene wurden in dieser Hinsicht die maßgeblichen Grundentscheidungen nach ausführlicher medienpolitischer Diskussion getroffen, so dass deren Substrat bis auf weiteres **als rundfunkwerberechtlicher status quo zu akzeptieren ist.** Im Mittelpunkt des Interesses sollte vielmehr die Aufgabe stehen, die in Teilen neuen rechtlichen Rahmenbedingungen mit Leben auszufüllen und die zahlreichen rechtlichen Zweifelsfälle und Auslegungsfragen (hierzu mit anschaulichen Beispielen aus der Praxis *Volpers/Bernhard/Clausen-Muradian*, passim) unter Beachtung der überkommenen Schutzzwecke des Rundfunkwerberechts sachgerecht zu beantworten.

§ 7 RStV Werbegrundsätze, Kennzeichnungspflichten

(1) Werbung und Teleshopping dürfen nicht

1. die Menschenwürde verletzen,
2. Diskriminierungen aufgrund von Geschlecht, Rasse oder ethnischer Herkunft, Staatsangehörigkeit, Religion oder Glauben, Behinderung, Alter oder sexueller Orientierung beinhalten oder fördern,
3. irreführen oder den Interessen der Verbraucher schaden oder
4. Verhaltensweisen fördern, die die Gesundheit oder Sicherheit sowie in hohem Maße den Schutz der Umwelt gefährden.

(2) [1]Werbung oder Werbetreibende dürfen das übrige Programm inhaltlich und redaktionell nicht beeinflussen. [2]Satz 1 gilt für Teleshopping-Spots, Teleshopping-Fenster und deren Anbieter entsprechend.

(3) [1]Werbung und Teleshopping müssen als solche leicht erkennbar und vom redaktionellen Inhalt unterscheidbar sein. [2]In der Werbung und im Teleshopping dürfen keine Techniken der unterschwelligen Beeinflussung eingesetzt werden. [3]Auch bei Einsatz neuer Werbetechniken müssen Werbung und Teleshopping dem Medium angemessen durch optische oder akustische Mittel oder räumlich eindeutig von anderen Sendungsteilen abgesetzt sein.

(4) [1]Eine Teilbelegung des ausgestrahlten Bildes mit Werbung ist zulässig, wenn die Werbung vom übrigen Programm eindeutig optisch getrennt und als solche gekennzeichnet ist. [2]Diese Werbung wird auf die Dauer der Spotwerbung nach §§ 16 und 45 angerechnet. [3]§ 7a Absatz 1 gilt entsprechend.

(5) [1]Dauerwerbesendungen sind zulässig, wenn der Werbecharakter erkennbar im Vordergrund steht und die Werbung einen wesentlichen Bestandteil der Sendung darstellt. [2]Sie müssen zu Beginn als Dauerwerbesendung angekündigt und während ihres gesamten Verlaufs als solche gekennzeichnet werden. [3]Die Sätze 1 und 2 gelten auch für Teleshopping.

(6) [1]Die Einfügung virtueller Werbung in Sendungen ist zulässig, wenn

1. am Anfang und am Ende der betreffenden Sendung darauf hingewiesen wird und
2. durch sie eine am Ort der Übertragung ohnehin bestehende Werbung ersetzt wird.

[2]Andere Rechte bleiben unberührt. [3]Satz 1 gilt auch für Teleshopping.

(7) [1]Schleichwerbung, Produkt- und Themenplatzierung sowie entsprechende Praktiken sind unzulässig. [2]Soweit in den §§ 15 und 44 Ausnahmen zugelassen sind, muss Produktplatzierung folgende Voraussetzungen erfüllen:

1. Die redaktionelle Verantwortung und Unabhängigkeit hinsichtlich Inhalt und Sendeplatz müssen unbeeinträchtigt bleiben,
2. die Produktplatzierung darf nicht unmittelbar zu Kauf, Miete oder Pacht von Waren oder Dienstleistungen auffordern, insbesondere nicht durch spezielle verkaufsfördernde Hinweise auf diese Waren oder Dienstleistungen,

   und
3. das Produkt darf nicht zu stark herausgestellt werden; dies gilt auch für kostenlos zur Verfügung gestellte geringwertige Güter.

[3]Auf eine Produktplatzierung ist eindeutig hinzuweisen. [4]Sie ist zu Beginn und zum Ende einer Sendung sowie bei deren Fortsetzung nach einer Werbeunterbrechung oder im Hörfunk durch einen gleichwertigen Hinweis angemessen zu kennzeichnen. [5]Die Kennzeichnungspflicht entfällt für Sendungen, die nicht vom Veranstalter selbst oder von einem mit dem Veranstalter verbundenen Unternehmen produziert oder in Auftrag gegeben worden sind, wenn nicht mit zumutbarem Aufwand ermittelbar ist, ob Produktplatzierung enthalten ist; hierauf ist hinzuweisen. [6]Die in der ARD zusammengeschlossenen Landesrundfunkanstalten, das ZDF und die Landesmedienanstalten legen eine einheitliche Kennzeichnung fest.

(8) In der Fernsehwerbung und beim Teleshopping im Fernsehen dürfen keine Personen auftreten, die regelmäßig Nachrichtensendungen oder Sendungen zum politischen Zeitgeschehen vorstellen.

(9) [1]Werbung politischer, weltanschaulicher oder religiöser Art ist unzulässig. [2]Satz 1 gilt für Teleshopping entsprechend. [3]Unentgeltliche Beiträge im Dienst der Öffentlichkeit einschließlich von Spendenaufrufen zu Wohlfahrtszwecken gelten nicht als Werbung im Sinne von Satz 1. [4]§ 42 bleibt unberührt.

(10) Werbung und Teleshopping für alkoholische Getränke dürfen den übermäßigen Genuss solcher Getränke nicht fördern.

(11) Die Absätze 1 bis 10 gelten auch für Teleshoppingkanäle.

A. Allgemeines

§ 7 UWG enthält als **Fundamentalnorm** des Rundfunkwerberechts die zentralen Grundsätze zulässiger Werbung in TV und Hörfunk. 62

I. Entstehungsgeschichte

Seit Inkrafttreten des RStV steht § 7 – bis 1996: § 6 – als wegweisende werberechtliche Vorschrift in besonderer Weise im Mittelpunkt des medienrechtlichen und -politischen Interesses. Entsprechend waren die einzelnen Regelungen von Beginn an einem fortwährenden Änderungsprozess unterworfen, vielfach inspiriert durch gesetzgeberische Schritte auf europäischer Ebene. Weitgehend unangetastet geblieben sind aber – abgesehen von den seit dem 1.4.2010 bestehenden eingeschränkten Möglichkeiten einer Produktplatzierung – die prinzipiellen Forderungen des Trennungsgebots sowie des Be- 63 einflussungs- und Schleichwerbeverbots. Durch den 4. RÄndStV wurde der zuvor nicht einbezogene Bereich des Teleshopping in § 7 integriert (Abs. 1, Abs. 2 S. 2, Abs. 3, Abs. 8, Abs. 9 S. 2, Abs. 10, Abs. 11). Ebenfalls durch den 4. RÄndStV haben auch moderne Erscheinungsformen der Werbung, zum einen die Split Screen Werbung und zum anderen die virtuelle Werbung, eine ausdrückliche Regelung erfahren (Abs. 4 und Abs. 6), was im politischen Diskurs allerdings ausgesprochen umstritten und zum damaligen Zeitpunkt – wie auch jetzt noch – ohne europäische Vorgabe war.

64 Die für § 7 Abs. 7 S. 1 wesentliche Legaldefinition von Schleichwerbung in § 2 Abs. 2 Nr. 8 wurde durch das Erfordernis der Absicht („absichtlich") ergänzt, um die aufsichtsrechtlichen Möglichkeiten eines Einschreitens gegen Schleichwerbung im Rundfunk zu erschweren. Eine schutzzweckbezogene Zäsur vollzog sich schließlich mit dem Inkrafttreten des JMStV zum 1.4.2003. Bis dahin sah § 7 Abs. 1 in den Sätzen 2 und 3 vor, dass Werbung und Teleshopping, die sich auch an Kinder und Jugendliche richten oder bei denen Kinder oder Jugendliche eingesetzt werden, nicht deren Interessen schaden oder ihre Unerfahrenheit ausnutzen dürfen; zudem durfte Teleshopping Minderjährige nicht dazu anhalten, Kauf- oder Miet- bzw Pachtverträge für Waren oder Dienstleistungen zu schließen. Diese Maßgaben wurden ersatzlos gestrichen. Eine ausdifferenzierte Regelung erfährt das Spannungsverhältnis von Jugendschutz und Werbung und Teleshopping nunmehr in **§ 6 JMStV** (vgl die Kommentierung in 82. Abschnitt, Rn 16 ff).

65 Näher zur Entstehungsgeschichte *Hartstein*, § 7 Rn 1; *Ladeur*, in: Hahn/Vesting, § 7 Rn 2 f.

II. Verfassungsrechtliche Aspekte

66 Zu den grundgesetzlichen Rahmenbedingungen vgl zunächst Rn 18 ff. Zur verfassungsrechtlichen Bedeutung und Tragweite des Trennungsgebots (§ 7 Abs. 3) s. ausführlich zB *Wieben*, S. 64 ff.

III. Europarechtliche Aspekte

67 Mit der Neufassung u.a. des § 7 durch den 4. RÄndStV wollte der Gesetzgeber die bereits vorhandenen Regelungen an die Bestimmungen der damaligen FernsehRL anpassen. Zum Ausdruck gebracht hat er dieses Anliegen insbesondere durch eine weitgehende Angleichung des Wortlauts an die europäischen Regelungen. Zudem hat er bekräftigt, dass deren Auslegung auch für die Auslegung des § 7 (sowie weiterer Bestimmungen) maßgeblich sein soll (vgl Amtliche Begründung zum 4. RÄndStV, abgedruckt bei *Hartstein*, § 7).

68 Mit dem 13. RÄndStV, mit dem die AVMD umgesetzt wurde, hat eine weitere Angleichung an die europäischen Vorgaben stattgefunden. Für die einzelnen Bestimmungen des § 7 findet sich auf europarechtlicher Ebene **jedoch nach wie vor nicht** durchgängig **das jeweilige Pendant**. Art. 9 Abs. 1 c) AVMD entspricht § 7 Abs. 1. Eine Normierung des Beeinflussungsverbots (§ 7 Abs. 2) findet sich hingegen nicht. Inhaltsidentisch sind dagegen § 7 Abs. 3 und Art. 19 Abs. 1 und Art. 9 Abs. 1 b) AVMD. Zu einer ausdrücklichen Regelung der Split Screen Werbung (§ 7 Abs. 4) konnte sich der europäische Gesetzgeber auch im Rahmen der Novellierung der FernsehRL hin zur AVMD nicht entscheiden. Gleiches gilt für den Bereich der virtuellen Werbung, § 7 Abs. 6 (vgl auch *Ladeur*, SpuRt 2000, 45 ff und 101 ff). Auch sieht die AVMD für Dauerwerbesendungen keine mit § 7 Abs. 5 übereinstimmende Regelung vor. Die Regelungen betreffend Schleichwerbung und Produktplatzierung nach § 7 Abs. 7 finden sich in Art. 9 Abs. 1 a) und Art. 11 AVMD wieder. Mit § 7 Abs. 8 und 9 haben die Staatsvertragsparteien für die inländischen Veranstalter hingegen Restriktionen geschaffen, für die es im europäischen Fernsehwerberecht kein Vorbild gibt. § 7 Abs. 10 entspricht Art. 22 e) AVMD.

69 Der Europarat hat im Rahmen des FernsehÜ ebenfalls vergleichbare Bestimmungen erlassen, vgl Art. 1 Abs. 2 und 5 sowie Art. 13. Hier sind ausdrücklich auch das Irreführungs- und Schädigungsverbot, das Verbot der Ausübung redaktionellen Einflusses auf den Programminhalt durch den Werbetreibenden sowie das Auftrittsverbot für Moderatoren von Nachrichtensendungen und Sendungen zum politischen Zeitgeschehen statuiert worden.

B. Anwendungsbereich

70 Entsprechend seiner systematischen Stellung gelten die Regelungen des § 7 **für den öffentlich-rechtlichen Rundfunk und den privaten Rundfunk** in gleicher Weise. Auf die zugrunde liegende Übertragungstechnik kommt es nicht an. Ebenso wenig ist die Reichweite des ausgestrahlten Programms von

Bedeutung; auch auf den regionalen und lokalen Rundfunk findet § 7 Anwendung. Ob die einzelnen Bestimmungen nur für das Fernsehen oder auch für den Hörfunk Geltung beanspruchen, ergibt sich unmittelbar aus dem Normtext bzw jedenfalls aus dem Regelungsinhalt: Die Abs. 1, 2, 3, 5, 7, 9 und 10 sind sowohl auf das Fernsehen als auch auf den Hörfunk anwendbar; die Abs. 4, 6 und 8 gelten dagegen nur für Werbung im TV. Die Abs. 1 bis 10 gelten ohne Ausnahme auch für Teleshopping-Kanäle, Abs. 11. Zu den in § 2 Abs. 2 Nrn 7 und 10 legal definierten Begriffen der Werbung und des Teleshopping vgl die Erläuterungen in Rn 22 ff und 38 ff.

C. Die Regelungsanordnungen im Einzelnen

I. Diskriminierungs-, Irreführungs-, Schädigungs- und Gefährdungsverbot, Abs. 1

Abs. 1 wurde mit dem 13. RÄndStV in Anlehnung an Art. 9 Abs. 1 c) AVMD weitgehend neu gefasst. 71
Werbung und Teleshopping dürfen demnach die Menschenwürde nicht verletzen, Diskriminierungen unterschiedlichster Art weder beinhalten noch fördern, nicht irreführen oder den Interessen der Verbraucher schaden oder Verhaltensweisen fördern, die die Gesundheit oder Sicherheit sowie in hohem Maße den Schutz der Umwelt gefährden. In Art. 1 Abs. 1 und 2 FernsehÜ findet sich eine in Teilen vergleichbare Regelung.

1. Bedeutung. Die normative und damit auch rechtspraktische Bedeutung der Vorschrift dürfte auch 72
nach dem 13. RÄndStV **gering** sein; § 7 Abs. 1 spielt im Rundfunkwerberecht keine nennenswerte Rolle. Letztlich handelt es sich um eine einer Blankettnorm ähnliche Bestimmung mit Appellcharakter, die deklaratorisch wiedergibt, was spezialgesetzlich in detaillierter Form verboten ist, und zugleich auf eine Konkretisierung durch eben diese Verbote angewiesen ist. Angesichts der Unbestimmtheit des Verbotstatbestands sieht der RStV folgerichtig eine Sanktionierung eines Verstoßes gegen Abs. 1 als Ordnungswidrigkeit in § 49 nicht vor. Insgesamt weist § 7 Abs. 1 Nrn. 1 bis 4 ähnliche programmatische Züge auf wie § 41, wonach Programme des bundesweit veranstalteten privaten Rundfunks die Würde des Menschen sowie die sittlichen, religiösen und weltanschaulichen Überzeugungen anderer zu achten haben und auf ein diskriminierungsfreies Miteinander hinwirken sollen.

Zur Erleichterung der Rechtspraxis verweisen Ziff. 2 Abs. 1 der WerbeRL-TV/HörF auf die spezial- 73
gesetzlichen Regelungen zu Werbung und Teleshopping, zum Verbraucherschutz, zum Schutz der Umwelt sowie zum Wettbewersbrecht. Zu beachten seien insbesondere die in diesen Vorschriften enthaltenen Werbeverbote oder inhaltlichen Einschränkungen der Werbung sowie die Jugendschutzgesetze, das LFBG sowie die Werbebeschränkungen des HWG.

2. Verbot der Verletzung der Menschenwürde. § 7 Abs. 1 Nr. 1 gibt – ebenso wie § 3 S. 1, wonach die 74
Würde des Menschen zu achten und zu schützen ist (zu diesem allgemeinen Programmsatz vgl etwa *S/S-Holznagel/Krone*, § 3 Rn 8 ff) – eine **rechtsstaatliche Selbstverständlichkeit** wieder: (Auch) Werbung und Teleshopping dürfen die Menschenwürde nicht verletzen. Die über Art. 1 Abs. 1 S. 1 GG für unantastbar erklärte Würde des Menschen ist damit auch vor der Kreativität der Werbetreibenden gesichert. Die Bestimmung ist mit Blick auf § 4 Nr. 1 UWG zu betrachten, wonach u.a. geschäftliche Handlungen für unlauter erklärt werden, die geeignet sind, die Entscheidungsfreiheit „in menschenverachtender Weise" zu beeinträchtigen. Diese Eignung soll anzunehmen sein, wenn die Verletzung der Menschenwürde in Rede steht, also wenn die Handlung dem Betroffenen durch Erniedrigung, Brandmarkung, Verfolgung, Ächtung oder andere Verhaltensweisen seinen Achtungsanspruch als Mensch abspricht (vgl *Köhler/Bornkamm*, § 4 Rn 1.37). In einem solchen Fall ist auch von einem Verstoß gegen § 7 Abs. 1 Nr. 1 auszugehen.

3. Diskriminierungsverbot. Nach § 7 Abs. 1 Nr. 2 dürfen Werbung und Teleshopping keine Diskri- 75
minierungen „aufgrund von Geschlecht, Rasse oder ethnischer Herkunft, Staatsangehörigkeit, Religion oder Glauben, Behinderung, Alter oder sexueller Orientierung" beinhalten oder fördern. Nr. 2 verfolgt damit – bezogen auf den Bereich der Rundfunkwerbung – das gleiche Regelungsanliegen wie das **Allgemeine Gleichbehandlungsgesetz** (AGG, vgl dessen § 1). Umfasst ist sowohl solche Werbung, die eine Diskriminierung selbst beinhaltet, als auch solche, die aufgrund ihrer Darbietung oder ihres Inhalts zu einer Förderung diskriminierenden Verhaltens beiträgt. Unter Diskriminierung ist jedwede Benachteiligung oder Herabsetzung zu verstehen, wobei Nr. 2 die Frage offen lässt, ob es auch diskriminierende Werbung geben kann, die sich auf einen Rechtfertigungsgrund berufen darf und damit nicht rundfunkwerberechtlich unzulässig ist. Im allgemeinen Wettbewerbsrecht wird lediglich die Unlau-

terkeit aufgrund einer Geschlechterdiskriminierung (namentlich zulasten des weiblichen Geschlechts) erörtert (vgl *Steinbeck*, ZRP 2002, 435; ferner *Fezer*, JZ 1998, 265).

76 **4. Irreführungsverbot.** Das Verbot der Irreführung nach § 7 Abs. 1 Nr. 3 Alt. 1 will verhindern, dass durch Werbung oder Teleshopping die Zuschauer/Zuhörer über die relevanten Eigenschaften des beworbenen bzw zum Erwerb angebotenen Produkts getäuscht und zu ihrem Nachteil irregeführt werden. Dieses rundfunkrechtliche **Irreführungsverbot** ist grundsätzlich ebenso zu interpretieren wie das lauterkeitsrechtliche Irreführungsverbot nach § 5 Abs. **1 UWG,** wonach unlauter und damit unzulässig handelt, wer irreführend wirbt. Erforderlich ist daher insbesondere auch eine rundfunkrechtliche Relevanz der Irreführung (*Sack*, AfP 1991, 704, 706). Berücksichtigt werden kann ferner der ausdifferenzierte Katalog in § 5 Abs. 2 UWG (vgl die Kommentierung zu § 5 UWG in Abschnitt 26, Rn 1 ff sowie *Beucher*, § 7 Rn 18). Da Verstöße gegen das Trennungsgebot nach § 7 Abs. 3 und das Schleichwerbeverbot nach § 7 Abs. 7 S. 1 prinzipiell geeignet sind, den Zuschauer/Zuhörer über den werblichen Charakter des vermeintlich redaktionellen Programms irrezuführen, wäre insoweit ein Rückgriff auf das rundfunkrechtliche Irreführungsverbot denkbar; doch verdrängen die einschlägigen Spezialregelungen die allgemeine Bestimmung des § 7 Abs. 1 Nr. 3.

77 **5. Schädigungsverbot.** Offensichtlich mit Vollzugsschwierigkeiten behaftet ist das denkbar abstrakte **Verbot der Schädigung der Verbraucherinteressen** durch Werbung und Teleshopping nach § 7 Abs. 1 Nr. 3 Alt. 2 (vgl auch *Ladeur*, in: Hahn/Vesting, § 7 Rn 26). In Betracht zu ziehen ist, hierunter etwa Verstöße gegen gesetzliche Verbraucherrechte (zB nach dem Fernabsatzrecht, §§ 312 ff, 355 BGB) im Rahmen von Teleshopping-Sendungen zu fassen, da mangelnde Aufklärung über Widerrufsrechte etc. nachweislich den Interessen der Verbraucher „schadet". Allerdings lässt sich die Missachtung des gesetzlich verankerten Verbraucherschutzes ebenfalls über das UWG – für diesen Bereich auch effizienter – sanktionieren.

78 **6. Gefährdungsverbot.** Das **Verbot der Förderung gesundheits-, sicherheits- oder umweltschutzgefährdender Verhaltensweisen** nach § 7 Abs. 1 Nr. 4 wird konkretisiert durch Spezialgesetze, insbesondere §§ 5, 6 LFBG und die restriktiven Vorschriften des HWG. Auch der RStV sieht in § 8 Abs. 5 eine weitere Regelung vor, die namentlich auf den Schutz der Gesundheit abzielt. Von einer Förderung iSd Nr. 4 ist regelmäßig dann auszugehen, wenn die in Rede stehende gefährdende Verhaltensweise als nachahmungswert dargestellt oder verharmlost wird (*S/S-Holznagel/Stenner*, § 7 Rn 15). Hinsichtlich des Schutzes der Umwelt bedarf es einer Gefährdung „in hohem Maße". Hiermit wird wohl dem Umstand Rechnung getragen, dass eine Vielzahl von sozialadäquaten Verhaltensweisen notwendig in die Umwelt eingreift (Autofahren, Fleischprodukte verzehren etc.), deren Bewerbung und damit positive Darstellung aber nicht untersagt sein soll.

II. Beeinflussungsverbot, Abs. 2

79 Es ist Werbung und Werbetreibenden ebenso wie Teleshopping-Spots, Teleshopping-Fenstern und deren Anbietern untersagt, auf das übrige Programm inhaltlich oder redaktionell Einfluss zu nehmen.

80 **1. Regelungszweck.** Das Beeinflussungsverbot bezweckt die **Sicherung der Unabhängigkeit der Programmgestaltung** (sog. Sicherungszweck), die ausschließlich durch den Veranstalter erfolgen soll. Die Parallelregelung in § 8 Abs. 2 bringt dieses Anliegen für das Sponsoring deutlicher zum Ausdruck, indem dort die Einflussnahme nicht zu einer Beeinträchtigung der Verantwortung und der redaktionellen Unabhängigkeit des Veranstalters führen darf. Dahinter steht der einheitliche Gedanke, dass die Neutralität gegenüber dem Wettbewerb am freien Markt zu gewährleisten ist und sachfremde Einflüsse auf die Redaktionen durch die werbetreibende Wirtschaft zu verhindern sind; zudem ist das Publikum vor Täuschungen zu schützen (vgl *Beucher*, § 7 Rn 22; Fezer/*Kreile*, § 4-S 5 Rn 79 mwN). Die praktische Bedeutung des Beeinflussungsverbots ist angesichts der erheblichen Nachweisprobleme sehr gering (vgl Wandtke/*Castendyk*, Kap. 3, Rn 40 u 120 ff: bloßer Programmsatz).

81 **2. Tatbestand der Beeinflussung.** Von einer unzulässigen Programmbeeinflussung kann erst die Rede sein, wenn sich der Werbetreibende an den Veranstalter wendet, um **definitive Erwartungen** zu formulieren oder den Ankauf von Werbezeit an die **Erfüllung von Auflagen** zu knüpfen. Auch dürfen die Einzelheiten des Programms nicht den Vorgaben der Werbetreibenden angepasst werden, Ziff. 2 Abs. 2 der WerbeRL-TV/HörF. Die Einflussnahme kann sich sowohl auf den Inhalt des Programms als auch auf dessen zeitliche Gestaltung und Abfolge beziehen, Bezugspunkt der Beeinflussung müssen „die systeminternen Kriterien der Stoffauswahl und -behandlung" des Veranstalters sein (*Castendyk*,

ZUM 2005, 857, 862). Unzulässig ist auch die Einflussnahme auf die Platzierung von Sendungen im Umfeld der Werbung.

Da sowohl privater als auch öffentlich-rechtlicher Rundfunk (wenn auch Letzterer nur in eingeschränktem Maße) von den Werbeeinnahmen aus dem Verkauf von Werbezeiten abhängig sind, **wohnt dem derzeitigen Finanzierungskonzept ein gewisses Beeinflussungsmoment gleichsam inne** (vgl bereits *Hochstein*, AfP 1991, 696, 697; auch *Engels/Giebel*, ZUM 2000, 265, 270 f). Die Veranstalter können sich nicht gänzlich davon freimachen, ihre Programmgestaltung an den – gemutmaßten, auf Erfahrungswerten basierenden – Vorstellungen der Werbewirtschaft zumindest in Teilaspekten auszurichten. Es handelt sich hierbei aber allenfalls um eine mittelbare Einflussnahme auf das Programm, die rundfunkrechtlich zu akzeptieren ist. Entsprechend ist es zulässig, wenn die Werbetreibenden bei den Veranstaltern nach den – inhaltlich und zeitlich festgelegten – Sendungen nachfragen, um auf diesem Wege Kenntnis von einem möglichst günstigen, zielgruppengerechten Werbeumfeld zu erlangen. Nach Sinn und Zweck kann das Beeinflussungsverbot in diesen Fällen nicht greifen, da der Veranstalter von seinem redaktionellem Entscheidungsspielraum bereits Gebrauch gemacht hat und ein „Angriff" auf seine Unabhängigkeit gar nicht mehr möglich ist (vgl *Hartstein*, § 7 Rn 25; *Ladeur*, in: Hahn/Vesting, § 7 Rn 27). 82

Von einer unzulässigen Einflussnahme ist dagegen etwa auszugehen, wenn ein Kosmetikhersteller nur unter der Bedingung Werbeaufträge bucht, dass der Veranstalter auch eine fertig produzierte Sendung über das Unternehmen ausstrahlt, oder ein Energieversorger den Entzug von Werbeaufträgen in Aussicht stellt, wenn der Sender nicht bis auf weiteres von der kritischen Berichterstattung über seine Strompreiskalkulation Abstand nimmt (weitere Beispiele bei *Hartstein*, § 7 Rn 24). 83

Dem **Bartering** (vgl Rn 34) steht das Beeinflussungsverbot nach Abs. 2 nicht entgegen, mag der (werbetreibende) Produzent der Sendung auch kein anderes Ziel im Auge haben, als für seine Werbung ein optimales Werbeumfeld zu kreieren (vgl *Herkströter*, ZUM 1992, 395, 400; kritisch *S/S-Holznagel/Stenner*, § 7 Rn 20: „Grenze zur unzulässigen Programmbeeinflussung"). 84

Das Verbot der Einflussnahme auf die redaktionellen und inhaltlichen Erwägungen des Veranstalters wird schließlich auch als Ausdruck bzw konstitutives Merkmal des **Trennungsgebots** nach § 7 Abs. 3 betrachtet (etwa *Prasch*, S. 52; vgl auch *Wieben*, S. 95). 85

III. Trennungsgebot, Abs. 3

§ 7 Abs. 3 S. 1 statuiert den zentralen werberechtlichen Grundsatz (das rundfunkrechtliche „Reinheitsgebot"), dass Werbung und Teleshopping als solche leicht erkennbar und vom redaktionellen Inhalt unterscheidbar sein müssen. Werbung kann aber nur dann für den Rezipienten klar erkennbar sein, wenn sie von dem, was nicht Werbung ist, eindeutig getrennt ist. Dieses **Gebot der Trennung von Werbung und Programm** (bzw das Verbot der Werbung im Programm) wird in Satz 1 nur vage angedeutet; im Wesentlichen realisiert wird es durch die Vorgabe des Abs. 3 S. 3 (die sich seit dem 13. RÄndStV freilich in erster Linie auf den Einsatz neuer Werbetechniken bezieht), wonach Werbung und Teleshopping im Fernsehen durch optische und/oder akustische Mittel, im Hörfunk nur durch akustische Mittel „eindeutig von anderen Sendungsteilen getrennt sein" müssen (*Bosman*, ZUM 1990, 545, 548; zum Verhältnis von Trennungs- und Kennzeichnungsgrundsatz ausführlich Wandtke/*Castendyk*, Kap. 3, Rn 33 ff u. 128 ff). Konkretisierungen, aber auch Einschränkungen erfährt das Trennungsgebot in den Abs. 4, 5 und 6. In der Literatur wurde bereits seit längerem in Erwägung gezogen, den Trennungsgrundsatz jedenfalls im Unterhaltungsbereich einer Restriktion zuzuführen (*Ladeur*, ZUM 1999, 672 ff; *Busch*, MMR 2003, 714 ff). Diese Überlegungen waren freilich beachtlichen Bedenken ausgesetzt (vgl *Platho*, ZUM 2000, 46 ff; *Prasch*, S. 75 ff), jedoch kann die mit dem 13. RÄndStV erfolgte eingeschränkte Legalisierung von Produktplatzierungen (§§ 7 Abs. 6, 15, 44) nicht anders denn als **partielle Aufhebung** des Trennungsgebots bzw Reduzierung des mit dem Trennungsgebot angestrebten Schutzniveaus verstanden werden. 86

1. Regelungszweck. Das Trennungsgebot verfolgt seiner ratio nach einen dreifachen Schutzzweck (sog **Schutzzwecktrias**), wie insbesondere auch der BGH herausgearbeitet hat (BGH GRUR 1990, 611, 615 – Wer erschoss Boro?). **Erstens** will das Gebot der Trennung von Werbung und Programm dazu beitragen, die Unabhängigkeit der Programmgestaltung zu wahren und sachfremde Einflüsse Dritter auf die Sendungen zu verhindern. **Zweitens** dient das Trennungsgebot der Erhaltung der Objektivität und Neutralität des Rundfunks gegenüber dem Wettbewerb im Markt; es trägt damit den Interessen des 87

Marktes und der betroffenen Wettbewerber an der Gleichheit der wettbewerblichen Ausgangsbedingungen Rechnung. **Drittens** zielt das Trennungsgebot auf den Schutz der Rezipienten und damit der Allgemeinheit vor einer Täuschung über den werbenden Charakter einer Sendung ab. Im Vergleich zur Werbung vertraut der Zuschauer/Zuhörer sehr viel eher in die Objektivität der Programmgestaltung (zum Ganzen statt vieler *Gersdorf*, Rn 256; *Gounalakis*, WRP 2005, 1476, 1477; *Hesse*, Kap. 3 Rn 57; *Wieben*, S. 48 ff).

88 Bei der Feststellung eines Verstoßes gegen das Trennungsgebot sind allerdings nicht nur die Belange der Rezipienten, der Allgemeinheit und der Wettbewerber in Rechnung zu stellen. Zu berücksichtigen und in einer Abwägung zu gewichten sind auch die grundrechtlichen Verbürgungen zugunsten des Veranstalters aus Art. 5 Abs. **1 S. 2** (Rundfunkfreiheit) sowie vor allem – falls einschlägig – Art. 5 Abs. **3 S. 1 GG** (Kunstfreiheit). Dies kann im Einzelfall dazu führen, dass eine Sendung trotz deutlich werblicher Elemente nicht zu beanstanden ist (vgl VG Berlin MMR 1999, 177, 179 f sowie bestätigend in MMR 1999, 619, 623 zum Willy Bogner Film „Feuer, Eis und Dynamit").

89 **2. Leichte Erkennbarkeit.** Die leichte – bis zum 13. RÄndStV: klare – Erkennbarkeit von Werbung und Teleshopping kann nur dadurch gewährleistet werden, dass eine entsprechende **Kennzeichnung** mit hinreichender Deutlichkeit erfolgt. Abzustellen ist auf den durchschnittlichen Rezipienten, der das Programm mit der durchschnittlichen situationsadäquaten Aufmerksamkeit verfolgt. Für ihn muss sichtbar bzw hörbar sein, dass er nunmehr mit Werbung „konfrontiert" wird. Ferner muss es ihm bei durchschnittlicher Verständigkeit und Aufmerksamkeit möglich sein, Werbung bzw Teleshopping vom redaktionellen Inhalt zu unterscheiden.

90 **3. Trennung und Kennzeichnung im Fernsehen.** Im **Fernsehen** muss die Trennung von Werbung und Programm durch **geeignete optische Mittel** erfolgen. Dies bedeutet jedenfalls, dass der **Beginn** der Fernsehwerbung durch ein Werbelogo eindeutig gekennzeichnet werden muss. Eine fortdauernde Kennzeichnung während der gesamten Werbesendung ist dagegen nicht notwendig (Umkehrschluss aus § 7 Abs. 5 S. 2). Für die Ausgestaltung des Werbelogos, das nur in begründeten Ausnahmefällen gewechselt werden darf, sieht Ziff. 3 Abs. 1 Nrn. 4 bis 7 der WerbeRL-TV verschiedene Anforderungen vor. Danach muss sich das Werbelogo vom Senderlogo und von den zur Programmankündigung verwendeten Logos deutlich unterscheiden. Das Werbelogo, das sowohl ein Fest- als auch ein Bewegtbild sein kann, soll **mindestens 3 Sekunden** den gesamten Bildschirm ausfüllen (insoweit kritisch *Hartstein*, § 7 Rn 30). Das Logo muss den Schriftzug „Werbung" enthalten, was aber ausnahmsweise verzichtbar sein soll, nämlich wenn der Veranstalter über einen längeren Zeitraum nur ein unverwechselbares und ansonsten im Programm nicht benutztes Logo für die Werbeankündigung benutzt. Schließlich dürfen die laufende Sendung oder Elemente der vorangegangenen oder nachfolgenden Sendung, also Bild und/oder Ton, nicht Bestandteil des Werbelogos sein.

91 Eine Kennzeichnung des **Endes** der Werbung oder des Teleshopping ist prinzipiell entbehrlich, da es einer Warnung des Zuschauers vor dem fortgeführten redaktionellen Programm nach dem Schutzzweck des Trennungsgebots nicht bedarf. Überflüssig erscheint Ziff. 3 Abs. 1 Nr. 3 der WerbeRL-TV, wonach eine Kennzeichnung des Endes ausnahmsweise notwendig sein soll, wenn andernfalls die Werbung vom nachfolgenden Programm nicht eindeutig abgesetzt ist (zu Recht kritisch *Herkströter*, ZUM 1992, 395, 401). Allerdings haben sich die privaten Sender in einer freiwilligen Vereinbarung mit den LMAen dazu verpflichtet, im Umfeld von Kindersendungen auch am Ende des Werbeblocks sowohl eine optische als auch eine akustische Kennzeichnung vorzunehmen (vgl *Hartstein*, § 7 Rn 28).

92 **Crosspromotion** ist nur dann als Werbung zu kennzeichnen, wenn es sich um einen werbenden Hinweis auf kostenpflichtige Angebote (Merchandising-Produkte; Pay-TV) eines anderen Senders handelt (Rn 36). Auch in diesem Fall ist das Logo „Werbung" anzubringen.

93 **4. Trennung und Kennzeichnung im Hörfunk.** Im **Hörfunk** besteht die einzige Kennzeichnungsmöglichkeit zur Trennung von Werbung und Programm naturgemäß in der Verwendung geeigneter akustischer Mittel. Denkbar ist dies durch eine **gesonderte Ansage**, etwa durch den Moderator („Nach ein paar Minuten Werbung geht's weiter!"), oder den Einsatz eines **Werbejingles** als spezielles Signal, das im übrigen Programm nicht verwendet wird und sich von dem Erkennungssignal des Senders sowie den ansonsten verwendeten Audio-Logos (zB Promo-Jingles) genügend unterscheidet. Ziff. 3 Abs. 1 Nr. 4 der WerbeRL-HörF schreibt vor, dass das akustische Mittel „aufgrund der Art seiner Gestaltung und der Dauer seiner Ausstrahlung" eine deutliche Trennung von Programm und Werbung zu gewährleisten hat.

Anders als beim Fernsehen, wird man im Hörfunk eine Kennzeichnung des Endes der Werbung **nicht** generell für entbehrlich erachten können, da das grundsätzliche Gebot der Blockwerbung in § 7a Abs. 2 S. 1 auf Hörfunkwerbung keine Anwendung findet und die damit eröffnete Möglichkeit des ständigen Wechsels zwischen Werbung und Moderation (sog. Moderatorenwerbung) eine zusätzliche Aufklärung des Zuhörers immer dann erforderlich macht, wenn die Werbung von dem nachfolgenden Programm nicht eindeutig abgesetzt ist (*Hartstein*, § 7 Rn 29a; *Beucher*, § 7 Rn 32). 94

5. Trennung und Kennzeichnung bei Einsatz neuer Werbetechniken, Satz 3. Nach § 7 Abs. 3 S. 3, der mit dem 13. RÄndStV neu eingefügt wurde, müssen Werbung und Teleshopping „dem Medium angemessen" durch optische oder akustische Mittel oder räumlich eindeutig von anderen Sendungsteilen abgesetzt sein. Mit der neuen Regelung verfolgten die Länder den Zweck, das Trennungs- und Kennzeichnungsgebot entwicklungsoffen und flexibel auszugestalten; mit dem **technischen Fortschritt**, namentlich mit der Digitalisierung, gehen – im Einzelnen nicht absehbare – Möglichkeiten der Werbegestaltung und –integration einher, denen mit den Geboten der Trennung vom redaktionellen Inhalt und der leichten Erkennbarkeit ebenfalls zu begegnen ist (vgl auch *Hartstein*, § 7 Rn 30a). Der Rundfunkgesetzgeber hat in der Amtlichen Begründung zum 13. RÄndStV betont, dass mit dem Satz 3 „effektiver Verbraucherschutz" bezweckt ist. 95

6. Verbot subliminaler Werbung, Satz 2. Verboten ist es, in Werbung und Teleshopping „Techniken der unterschwelligen Beeinflussung" einzusetzen. § 7 Abs. 3 S. 2 entspricht damit Art. 9 Abs. 1 b) AVMD. Eine unterschwellige, sog. **subliminale Werbung** liegt vor, wenn der Rezipient die gesendete Werbebotschaft nicht bewusst wahrnehmen und rational erfassen kann, diese vielmehr allein auf das Unterbewusstsein einwirkt (*Bosman*, ZUM 1990, 545, 556; *Sack*, AfP 1991, 704, 709). Das kann etwa durch die extrem kurze, nur Bruchteile von Sekunden andauernde Einblendung von Werbebotschaften, Marken etc. geschehen (*Hartstein*, § 7 Rn 31). Ob unterschwelligen Techniken in der Werbung überhaupt Werbewirksamkeit zukommt, ist freilich umstritten. Subliminale Werbung verstößt nicht nur gegen § 7 Abs. 3 S. 2, sondern ist auch unlauter nach §§ 3, 4 Nr. 1 UWG wegen unangemessener unsachlicher Beeinflussung des Verbrauchers, weil dieser keine Möglichkeit hat, sich der Beeinflussung zu entziehen (*Köhler*/Bornkamm, § 4 Rn 1.248; *Piper/Ohly/Sosnitza*, § 4 1/41). 96

Abzugrenzen ist die Werbung unterhalb der Bewusstseinsschwelle von **suggestiven Werbeformen**, die nicht unter Satz 2 fallen. Suggestive Werbung zeichnet sich dadurch aus, dass die Werbebotschaft zwar bewusst wahrgenommen wird, ihre Verarbeitung durch den Zuschauer/Zuhörer jedoch unterschwellig erfolgt (vgl *Hartstein*, § 7 Rn 31). Die Grenzen der Zulässigkeit der Verwendung dieses Werbemechanismus ergeben sich zum einen aus § 7 Abs. 1 Nr. 3 RStV, zum anderen aus § 4 Nr. 1 UWG (vgl *Piper*/Ohly/Sosnitza, § 4 Rn 1/23; auch *Loewenheim*, GRUR 1975, 99 ff). 97

IV. Anforderungen an Split Screen Werbung, Abs. 4

Es war bis zur Einfügung des Abs. 4 in § 7 durch den 4. RÄndStV strittig, ob die werbliche Teilnutzung des Bildschirms in Form einer zeitgleichen Ausstrahlung von redaktionellen und werblichen Inhalten zulässig ist. Geführt wurde diese Auseinandersetzung vor dem Hintergrund des Trennungsgebots; es bestand Uneinigkeit, ob dieses nur eine **räumliche** oder auch eine **zeitliche** Trennung verlangte (vgl VG Berlin ZUM 1999, 165; OVG Berlin ZUM 1999, 500). Nunmehr ist klargestellt, dass eine „Teilbelegung" des ausgestrahlten Bildes mit Werbung zulässig ist, sofern dem Trennungs- und Kennzeichnungsgebot Genüge geleistet wird. Es genügt also eine räumliche Trennung. Die Bildschirmaufteilung zum Zwecke der Integration von Werbung wird terminologisch u.a. mit dem Begriff des Split Screen erfasst. 98

Eine von den LMAen durchgeführte Programmanalyse hat ergeben, dass sich die Programmanbieter beim Einsatz von Split Screen Werbung ganz überwiegend an die gesetzlichen Vorgaben halten (ALM Jahrbuch 2004, S. 19). 99

1. Bedeutung. § 7 Abs. 4 erlaubt keine Vergrößerung des Werbevolumens der Veranstalter, da die Split Screen Werbung nach Satz 2 voll auf die Dauer der Spotwerbung nach §§ 16, 45 **angerechnet** wird. Die Regelung eröffnet vielmehr die Möglichkeit, die Positionierung der Werbung dergestalt mit dem Programm (zeitlich) zu „verknüpfen", dass der allein am redaktionellen Inhalt interessierte Zuschauer es nicht mehr wagt, bei Beginn der Werbung sogleich auf ein anderes Programm zu „zappen" (wie es bei klassischen Werbeblöcken typischerweise der Fall ist). Weder die AVMD noch das FernsehÜ sehen eine mit § 7 Abs. 4 vergleichbare Regelung vor. Allerdings geht auch die Kommission davon aus, dass 100 der Grundsatz der Trennung von Werbung und redaktionellem Inhalt der Zulässigkeit von Split Screen Werbung nicht entgegensteht, sofern nur die allgemeinen Anforderungen an Fernsehwerbung eingehalten werden (vgl Mitteilung, Rn 41 ff).

101 Beim Einsatz von Split Screen Werbung ist zu beachten, dass die urheberrechtlichen Befugnisse des Rechteinhabers einer Bildschirmteilung entgegenstehen können. So kann es insbesondere notwendig sein, dass der Veranstalter sich ein Bearbeitungsrecht vertraglich einräumen lässt (vgl *Ladeur*, in: Hahn/Vesting, § 7 Rn 36; *Kreile*, ZUM 2000, 194, 197 f).

102 Da § 7 Abs. 4 S. 1 seinem eindeutigen Wortlaut nach lediglich die Teilbelegung „mit Werbung" für zulässig erklärt, kommt eine unmittelbare oder analoge **Erstreckung der Vorschrift auf Teleshopping nicht** in Betracht. Hätten die Länder auch Split Screen Teleshopping ermöglichen wollen, hätten sie dies – ebenso wie etwa in § 7 Abs. 1 bis 3 – entsprechend zum Ausdruck bringen müssen (*Stenner*, S. 144).

103 **2. Optische Trennung und Kennzeichnung.** Auch Split Screen Werbung muss vom restlichen, zeitgleich ausgestrahlten Programm **eindeutig optisch getrennt** und als solche **gekennzeichnet** sein. Erforderlich ist, dass die Aufteilung des Bildschirms in Programmfenster und Werbefenster klar signalisiert wird, etwa durch einen gut sichtbaren „Trennungsstrich" (*Ladeur*, in: Hahn/Vesting, § 7 Rn 34). Nach Ziff. 3 Abs. 2 Nr. 2 der WerbeRL-TV soll die Eindeutigkeit der Trennung insbesondere gegeben sein, wenn das Werbefenster während des gesamten Verlaufs durch den Schriftzug „Werbung" vom redaktionellen Teil des Programms abgegrenzt ist.

104 **3. Präsentation der Split Screen Werbung.** Die „Teilung" des Bildschirms setzt nicht zwingend voraus, dass sich das Werbefenster über die gesamte Breite oder Höhe des Bildschirms erstreckt. Neben der horizontalen und vertikalen Aufteilung ist es ebenso zulässig, die Werbung durch andere grafische Darstellungen, etwa als kreisförmige oder schräge Einblendungen, zu präsentieren (*Hartstein*, § 7 Rn 32e; *Flemming*, S. 104 f).

105 § 7 Abs. 4 trifft keine Aussage darüber, ob die zeitgleiche Ausstrahlung von Werbung auch mit Ton unterlegt werden darf. Wollte man dies verneinen, wäre die Werbung auf die optischen Reize beschränkt, während das ebenfalls ausgestrahlte Programm „den Ton angeben würde". Richtigerweise bestehen **keine Bedenken**, dass die Split Screen Werbung auch **akustisch** für den Rezipienten wahrnehmbar ist, zumal andernfalls die volle Anrechnung auf die maximal zulässige Werbezeit kaum mehr zu rechtfertigen wäre (vgl Fezer/*Hoeren*, § 4–3 Rn 71; *Kreile*, ZUM 2000, 194, 197 f).

106 Split Screen Werbung kann nicht nur durch Spotwerbung in einem gesonderten Fenster, sondern auch durch optisch hinterlegte **Laufbandwerbung** erfolgen, Ziff. 3 Abs. 2 Nr. 1 der WerbeRL-TV und Ziff. 6.1 der ARD/ZDF-Richtlinien. Nicht zulässig ist es jedoch, die Werbung über das laufende Programm zu legen, *Hartstein*, § 7 Rn 32a.

107 Wie sich aus der Anordnung der entsprechenden Geltung von § 7a Abs. 1 in Satz 3 ergibt, dürfen Übertragungen für Gottesdienste sowie Sendungen für Kinder **nicht** mit Split Screen Werbung versehen werden. Im Übrigen aber bestehen gegen die Zulässigkeit des Einsatzes von Split Screen Werbung etwa bei Nachrichtensendungen, Sendungen zum politischen Zeitgeschehen, Dokumentarfilmen sowie Sendungen religiösen Inhalts keine Bedenken.

108 Ein Mindestabstand zwischen zwei Split Screen Werbeblöcken im Programm privater Veranstalter war schon in der Vergangenheit **nicht** einzuhalten; mit Wegfall jedweder Abstandsregelungen durch den 13. RÄndStV gilt dies erst recht.

109 **4. Anrechnung auf die Werbezeit, Satz 2.** § 7 Abs. 4 S. 2 stellt klar, dass auch Split Screen Werbung vollständig auf die Dauer der Spotwerbung (§§ 16, 45) **angerechnet** wird. Der Grenzwert des maximal zulässigen Werbevolumens bleibt daher konstant. Wie groß die Werbeeinblendung tatsächlich ist, spielt für die Anrechnung keine Rolle, vgl ausdrücklich Ziff. 6.1 der ARD/ZDF-Richtlinien und Ziff. 3 Abs. 2 Nr. 3 der WerbeRL-TV.

110 **5. Sonderformen der Split Screen Werbung.** Als besondere Erscheinungsformen des Split Screen haben sich in der Fernsehpraxis vor allem folgende Techniken durchgesetzt (zu weiteren Formen wie Movesplits, Skycrapers und Splitboards vgl *Volpers/Bernhard/Schnier*, S. 77 ff):

111 **a) Werbecrawls.** Unter **Werbecrawls** (auch: Tickerwerbung) versteht man Textlaufzeilen am Rand oder am Fuße des Bildschirms, in denen dem Zuschauer Werbung – häufig neben redaktionellen Informationen – präsentiert wird. Gerade Nachrichtensender wie n-tv oder N 24 haben in der Vergan-

genheit von der Laufbandwerbung reichlich Gebrauch gemacht. Werbecrawls stellen letztlich nur eine Spielart der Split Screen Werbung dar, so dass auf sie dieselben Regelungen Anwendung finden; insbesondere wird die Ausstrahlungszeit auf die Werbedauer angerechnet (vgl *Hartstein*, § 7 Rn 32b; *Ladeur*, in: Hahn/Vesting, § 7 Rn 34). Ob die bloße Kennzeichnung zu Beginn und am Ende der jeweiligen Textwerbung dem Kennzeichnungsgebot genügt, ist allerdings zweifelhaft (Fezer/*Hoeren*, § 4–3 Rn 72).

b) Grafikwerbung. Mit dem Begriff „**Grafikwerbung**" lassen sich alle Abbildungen von Firmenlogos, Unternehmensmarken, Produktnamen etc. von technischen Dienstleistern im Verlauf der Einblendung von redaktionellen Zusatzinformationen wie Spielständen und sonstiger Messdaten bei Sportberichterstattungen bezeichnen. Zu denken ist etwa an die Abbildung eines Unternehmenskennzeichens bei der Einblendung des Torstandes bei Fußballspielen, des Punktestandes beim Tennis oder der Zwischenzeiten eines Leichtathletikwettkampfs; auch Computeranimationen wie die Formel-1-Startaufstellung sind eine Grafik (vgl Handbuch/*Loitz*, S. 189). Üblicherweise wird diese Werbeform als „Grafiksponsoring" bezeichnet, was aber in die Irre leitet, da es sich um ein Sponsoring iSd § 2 Abs. 2 Nr. 9 und § 8 allenfalls handeln kann, wenn das abgebildete Unternehmen an der Zeitermittlung etc., also an der Produktion der Sendungen, nicht beteiligt ist (zu Recht kritisch *Flemming*, S. 107 f). 112

Als (Split Screen) Werbung wird die Einblendung des Firmenlogos jedoch **nicht** betrachtet, wenn zwischen den abgebildeten technischen Dienstleistern und der Grafikeinblendung ein „direkter funktionaler Zusammenhang" besteht, vgl Ziff. 12 Abs. 2 der WerbeRL-TV sowie Ziff. 15 der ARD/ZDF-Richtlinien. Dieser soll namentlich bei der Zurverfügungstellung der für die Ermittlung der Ergebnisse erforderlichen Hard- und/oder Software vorliegen; „technische Dienstleistungen" sollen in den Bereichen der Daten-, Informations- und Bildbe- bzw -verarbeitung erbracht werden können. Besteht eine solche Konnexität, handelt es sich nicht um Werbung, sondern um eine bloße Quellenangabe („**Grafikidentifikation**"); Trennungs- und Kennzeichnungsgebot sowie Anrechnungsklausel sind nicht zu beachten. 113

Fehlt es dagegen an dem erforderlichen direkten funktionalen Zusammenhang zwischen erwähntem Dienstleister und der Grafikeinblendung, handelt es sich um Split Screen Werbung; sie ist wie jede andere Bildschirmteilbelegung vom Programm zu trennen, zu kennzeichnen und auf die Gesamtwerbezeit anzurechnen (*Hartstein*, § 7 Rn 32b; *Kreile*, ZUM 2000, 194, 197; *Flemming*, S. 107 f; zweifelnd *Ladeur*, in: Hahn/Vesting, § 7 Rn 35). Zur Spruchpraxis der LMAen vgl Handbuch/*Loitz*, S. 190 f. 114

Die WerbeRL-TV und ARD/ZDF-Richtlinien beschränken die Zulässigkeit der Erwähnung von technischen Dienstleistern auf den Bereich der Sportberichterstattung. Ob diese Einengung sachlich gerechtfertigt ist, erscheint fraglich. Sachangemessen dürfte es vielmehr sein, die Nennung von technischen Dienstleistern auch auf andere Grafikeinblendungen zu erweitern, etwa im Rahmen von Wahlkampfsendungen (s. auch Handbuch/*Loitz*, S. 190). 115

c) Branding. Als sog. **Branding** lässt sich schließlich eine eher seltene Werbestrategie bezeichnen, die sich in der Einblendung einer Firmenlogos oder einer Marke in einer Ecke des Bildschirms erschöpft. Praktiziert wurde dies zu Beginn etwa bei der bekannten, ansonsten völlig werbefreien „Langen Kulmbacher Filmnacht" aus dem Jahre 1997. Da es sich bei diesen kurzen Hinweisen auf das Unternehmen ebenfalls um Werbung handelt, sind insbesondere das Trennungs- und Kennzeichnungsgebot zu beachten. Ausführlich zum Branding *Flemming*, S. 111 ff. 116

V. Zulässigkeit von Dauerwerbesendungen, Abs. 5

§ 7 Abs. 5 geht von der prinzipiellen Zulässigkeit von **Dauerwerbesendungen** aus, und zwar sowohl im öffentlich-rechtlichen als auch im privaten Rundfunk. Dabei beschränkt sich die Regelung nicht auf das Fernsehen, mag der Wortlaut dies auch nahe legen. Im **Hörfunk** sind Dauerwerbesendungen in gleicher Weise zulässig. Mit gutem Grund kann man in Frage stellen, ob das in Ziff. 3 Abs. 3 Nr. 3 der WerbeRL-TV enthaltene Verbot der Dauerwerbesendungen für Kinder im Hinblick auf den Gesetzesvorbehalt verfassungsrechtlich zu rechtfertigen ist, vgl (verneinend) *Hartstein*, § 7 Rn 44 und (bejahend) *Ladeur*, in: Hahn/Vesting, § 7 Rn 45; ferner *S/S-Holznagel/Stenner*, § 7 Rn 53. 117

1. Begriff der Dauerwerbesendung. Nach Ziff. 3 Abs. 3 Nr. 1 der WerbeRL-TV sind Dauerwerbesendungen Sendungen von mindestens 90 Sekunden Dauer, in denen Werbung redaktionell gestaltet ist, der Werbecharakter im Vordergrund steht und die Werbung einen wesentlichen Bestandteil der Sendung darstellt. Als Prototyp der Dauerwerbesendung gelten allgemein Gameshows wie „Glücksrad" 118 oder „Der Preis ist heiß“ (vgl *Hartstein*, § 7 Rn 33; VG Neustadt ZUM 1992, 382). In jüngerer Zeit haben große Autohersteller zur Präsentation neuer Modellreihen auf das Konzept der Dauerwerbesendung gesetzt und Shows von bis zu 12 Minuten ausgestrahlt (nach Handbuch/*Loitz*, S. 165 f).

119 Konstitutive Merkmale für die Einordnung einer Sendung als Dauerwerbesendung sind zum einen ihre Länge (Mindestdauer von 90 Sekunden) und zum anderen ihr primär werblicher Charakter sowie die redaktionelle Gestaltung der Werbung. Gerade die **„Gemengelage von redaktioneller Gestaltung und Werbeaussagen“** (OVG Rheinland-Pfalz AfP 1991, 663, 664) ist für die Qualifizierung als Dauerwerbesendung notwendig, da erst hierdurch die Gefährdungslage auf Rezipientenseite entsteht, die die fortdauernde Kennzeichnung als Dauerwerbesendung rechtfertigt (*Herkströter*, ZUM 1992, 395, 403 f; *Hochstein*, AfP 1991, 696, 700). Erforderlich ist insoweit eine Abgrenzung „wirklicher“ Dauerwerbesendungen von bloßen Werbespots mit einer (Über)Länge von mehr als 89 Sekunden. Die Auffassung, allein die Länge von mindestens 90 Sekunden – dh ohne Rücksicht auf etwaige redaktionelle Elemente – würde bereits für die Annahme einer Dauerwerbesendung genügen (so *Hartstein*, § 7 Rn 34), kann mit Blick auf den Schutzzweck des § 7 Abs. 5 nicht überzeugen. Andernfalls müsste auch ein „normaler“ Werbespot, der länger als 90 Sekunden dauert, als Dauerwerbesendung gekennzeichnet werden, was aber mangels bestehender Gemengelage nicht gerechtfertigt erscheint. Es handelt sich vielmehr um einen „normalen“ sog. Long Spot (vgl *Volpers/Bernhard/Schnier*, S. 76) Im Übrigen ergibt sich auch aus der Definition in Ziff. 3 Abs. 3 Nr. 1 WerbeRL-TV, dass die Voraussetzungen von Mindestdauer, redaktioneller Gestaltung etc. kumulativ vorliegen müssen (wohl ebenso *S-S-Holznagel/Stenner*, § 7 Rn 38 ff).

120 Der **Werbecharakter steht erkennbar im Vordergrund**, wenn die Handlung trotz der redaktionellen Gestaltungselemente sichtbar nur dazu dient, den Rahmen für Werbepräsentationen abzugeben (*Beucher*, § 7 Rn 36). Das ist nicht der Fall, wenn es sich bei der Sendung letztlich um einen klassischen Spielfilm handelt, der lediglich auf neuartige Weise werbende Elemente integriert (VG Berlin MMR 1999, 177, 178 und – ausführlicher – in MMR 1999, 619, 623 zum Willy Bogner Film „Feuer, Eis und Dynamit“; vgl auch die Anm. von *Hartel*, ZUM 1999, 750). Eine Magazinsendung, die lokale und regionale Restaurants und Hotels vorstellt, ist ebenfalls nicht als Dauerwerbesendung anzukündigen und zu kennzeichnen, wenn die Darstellung im Wesentlichen einen Informationszweck verfolgt. Selbst eine „enthusiastische Berichterstattung“ steht dem nicht entgegen, solange unter dem Strich der Werbezweck nicht dominiert (vgl VG Berlin MMR 1999, 162, 163 und MMR 1999, 615, 618 f zum Gastronomiemagazin „ars vivendi“ des Sender FAB; das OVG Berlin hat diese Sicht nicht beanstandet, vgl ZUM 2003, 585). Im Jahr 2009 wurde die bekannte Show „Wok WM“ vom Sender ProSieben erstmals als Dauerwerbesendung klassifiziert und entsprechend gekennzeichnet, nachdem in den Shows der Vorjahre ein deutliches Überwiegen der werblichen Elemente und damit Schleichwerbung festgestellt wurde (VG Berlin ZUM-RD 2009, 292). Der Fall zeigt, wie man aus der Not eine Tugend machen kann: Die Sendung wurde daraufhin – augenscheinlich werbeattraktiv – als „gefährlichste Dauerwerbesendung der Welt“ ausgestrahlt.

121 Die **Abgrenzung von Dauerwerbesendung einerseits und Teleshopping** andererseits muss danach erfolgen, ob für den Rezipienten die Möglichkeit besteht, in unmittelbarer Reaktion auf das ausgestrahlte Angebot alles Erforderliche veranlassen zu können, um einen sofortigen Vertragsschluss im Hinblick die präsentierte Ware bzw die offerierte Dienstleistung herbeizuführen (Rn 39 f). Ist dies der Fall, handelt es sich um eine Teleshopping-Sendung, auf die § 7 Abs. 5 keine Anwendung findet. So waren die zuletzt viel beachteten, jeweils fünfminütigen „Jägermeister WildShopping“-Folgen trotz der erkennbar parodistischen Ausrichtung nicht als Dauerwerbesendung, sondern als Teleshopping zu qualifizieren.

122 Eine besondere Erscheinungsform von Dauerwerbesendungen sind die sog. **Infomercials**, mit denen Unternehmen in journalistisch aufbereiteter, aber imageträchtiger Weise eingehend über ihre Produkte, gegenwärtige Vorkommnisse, Zukunftspläne etc. informieren (vgl *Mohr/Scherer*, ZUM 2001, 147, 150 f; der Begriff wird allerdings nicht ganz einheitlich verwendet). Infomercials werden den Veranstaltern vielfach kostenlos zur Verfügung gestellt; sie sind als Dauerwerbesendung zu kennzeichnen, sofern der Werbecharakter erkennbar im Vordergrund steht und die Werbung einen wesentlichen Bestandteil der Sendung darstellt, was häufig aber nur mit Schwierigkeiten festgestellt werden kann (vgl *Ladeur*, in: Hahn/Vesting, § 7 Rn 39; VG Berlin ZUM 1999, 751, 754). Stehen hingegen die redaktionell-informativen Teile bzw der Filmcharakter im Vordergrund, ist eine Kennzeichnung als Dauerwerbesendung weder geboten noch zulässig (vgl *S/S-Holznagel/Stenner*, § 7 Rn 49 mwN).

2. Ankündigung und Kennzeichnung, Satz 2. Die Ausstrahlung von Dauerwerbesendungen ist nur zulässig, wenn sie zu Beginn als Dauerwerbesendung **angekündigt** und während ihres gesamten Verlaufs als solche **gekennzeichnet** werden. Dahinter steht der Gedanke, dass dem Rezipienten der Werbecharakter der Sendung unmittelbar verdeutlicht werden soll (vgl Amtliche Begründung, abgedruckt bei *Hartstein*, § 7). Ziff. 3 Abs. 3 Nr. 2 der WerbeRL-TV konkretisiert diese Vorgabe dahin gehend, dass die Kennzeichnung im **Fernsehen** fortwährend mit dem Schriftzug „Werbesendung" oder „Dauerwerbesendung" erfolgen muss und der Schriftzug sich durch Größe, Form und Farbgebung deutlich lesbar vom Hintergrund der laufenden Sendung abzuheben hat. Abzustellen ist insoweit – gemäß dem europäischen Verbraucherleitbild – auf den durchschnittlich intelligenten Fernsehzuschauer, der die Sendung mit durchschnittlicher Aufmerksamkeit verfolgt. Die Ankündigung der Dauerwerbesendung muss durch optische und/oder akustische Anzeige erfolgen; sie darf nicht mit dem zur Kennzeichnung von Werbespots verwendeten Logo identisch sein (*Herkströter*, ZUM 1992, 395, 404). 123

Gegenstand mehrerer Gerichtsverfahren war in jüngerer Zeit die Frage, ob eine Dauerwerbesendung, die zu Beginn auch als „Dauerwerbesendung" deklariert wurde, während ihres weiteren Verlaufs mit dem Begriff „**Promotion**" gekennzeichnet werden darf. Sämtliche befassten Gerichte haben dies **verneint** (VG Berlin K&R 2008, 491, bestätigt durch OVG Berlin-Brandenburg K&R 2008, 770; VG München ZUM 2008, 889, bestätigt durch BayVGH Beschluss vom 15.8.2008, Az 7 CS 08.2309; VG Neustadt an der Weinstraße Beschluss vom 1.8.2008, Az 6 L 687/08.NW, bestätigt durch OVG Rheinland-Pfalz ZUM-RD 2009, 176). Zur Begründung wurde im Wesentlichen angeführt, der Schutzzweck des § 7 Abs. 5 S. 2 rechtfertige es, für Dauerwerbesendungen eine Kennzeichnung zu verlangen, die sich gerade auch dem Zuschauer, der sich in eine solche bereits laufende Sendung einschalte, deren Werbecharakter nicht nur unmissverständlich, sondern zugleich leicht erfassbar, also ohne kognitiven Aufwand, und damit „unmittelbar" erschließe. Dies sei bei dem Begriff „Promotion" nicht der Fall, da es sich hierbei um einen Anglizismus handele und dieser zumindest mehrdeutig sei. Es sei zudem zu berücksichtigen, dass sich weitere Formen der Kennzeichnung wie „Promotion" denken ließen, was dazu führen könne, dass sich der Zuschauer uU einer Vielzahl unterschiedlicher Kennzeichnungen ausgesetzt sehen würde und jeweils beurteilen müsste, ob diese Kennzeichnungen eine unterschiedliche Bedeutung haben und welcher der in § 7 RStV geregelten Formen von Fernsehwerbung sie jeweils zuzuordnen sind. Demgegenüber **erhöhe die in den Werberichtlinien vorgesehene Standardisierung der Kennzeichnung die Erkennungsgenauigkeit**, weil sich der Zuschauer auf eine bestimmte Form der Kennzeichnung verlassen dürfe, also umgekehrt auch darauf vertrauen dürfe, dass es sich nicht um eine Dauerwerbesendung handele, wenn die Sendung nicht entsprechend gekennzeichnet sei. Die Pflicht zur Kennzeichnung einer Dauerwerbesendung als „(Dauer-)Werbesendung" begegne schließlich auch keinen verfassungsrechtlichen Bedenken (OVG Berlin-Brandenburg K&R 2008, 770, 772; OVG-Rheinland-Pfalz ZUM-RD 2009, 176). Dieser Rechtsprechung ist zuzustimmen (ebenso *Hain*, K&R 2008, 661, 666; *Volpers/Holznagel*, S. 175). Insbesondere überzeugen der entwickelte „Standardisierungsgedanke" und der damit verbundene Vertrauensgrundsatz, auch wenn zugleich nicht zu verkennen ist, dass die Argumentation im Bereich des § 7 Abs. 5 auf einen Maximalschutz der Rezipienteninteressen auf der einen Seite hinauslaufen kann, der die Interessen der Veranstalter und Werbetreibenden auf der anderen Seite bis zu einem gewissen Punkt hintanstellt (zur Berücksichtigung aller involvierten Interessen EuGH, ZUM 2003, 949, 953 zu § 44 Abs. 4 aF). 124

Im Ergebnis ergeben sich aus den Entscheidungsgründen **klare Konsequenzen**: 1. Eine Dauerwerbesendung ist zu Beginn stets als „Dauerwerbesendung" anzukündigen (vgl Wortlaut des § 7 Abs. 5 S. 2 und VG München, ZUM 2008, 889, 891); 2. Während ihres gesamten weiteren Verlaufs ist sie als „Werbesendung" oder „Dauerwerbesendung" zu kennzeichnen. Sämtliche anderen Ankündigungen und Kennzeichnungen sind – wie in Ziff. 3 Abs. 3 Nr. 3 WerbeRL-TV vorgesehen – unzulässig, da sie der bezweckten Erkennnungsgenauigkeit zuwiderlaufen. Die Kennzeichnung etwa als „**Informercial**" genügt daher **nicht** (speziell hierzu Handbuch/*Loitz*, S. 196; *Schulz*, in: Hahn/Vesting, § 2 Rn 93). 125

Ankündigung und Kennzeichnung der Dauerwerbesendungen im **Hörfunk** gestalten sich vergleichsweise schwierig, da insoweit naturgemäß nur eine akustische Aufklärung möglich ist. Eine wesentliche Rolle kommt insoweit dem Moderator zu: Ihm obliegt es, zu Beginn die Dauerwerbesendung anzukündigen und im weiteren Verlauf der Sendung in regelmäßigen Abständen auf den Werbecharakter durch (kurze) Hinweise aufmerksam zu machen. Dass darunter der „Fluss" der Sendung leiden kann, ist im Hinblick auf die Kennzeichnungsnotwendigkeit hinzunehmen. Entscheidend ist, dass dem Zuhörer insgesamt der Werbecharakter der Sendung offenbart wird (vgl VG München, Urteil vom 25.1.1999, Az M 3 K 97.8386). S. auch Ziff. 3 Abs. 2 der WerbeRL-HörF. 126

127 **3. Zeitlicher Regelungsrahmen.** Im Hinblick auf die zeitlichen Vorgaben sind die allgemeinen Werbebeschränkungen im Auge zu behalten. Den öffentlich-rechtlichen Veranstaltern ist es nicht gestattet, nach 20:00 Uhr oder an Sonn- und Feiertagen Dauerwerbesendungen zu senden, § 16 Abs. 1 S. 4. Die privaten Veranstalter werden durch die Anerkennung von Dauerwerbesendungen insoweit privilegiert, als § 45 Abs. 1 für diese nicht gilt, dh Dauerwerbesendungen können auch sehr viel länger als 12 Minuten andauern (Gleiches gilt für § 16 Abs. 3). Mit Wegfall der Regelung durch den 13. RÄndStV, dass die Gesamtdauer von Teleshopping-Spots, Werbespots und anderen Formen der Werbung, zu denen Dauerwerbesendungen zählen, 20 % der täglichen Sendezeit nicht überschreiten dürfen, sind Dauerwerbesendungen nunmehr in unbegrenztem Umfang zulässig. Es verbleibt mithin lediglich bei der 20-Minuten-Regel für die öffentlich-rechtlichen Veranstalter nach § 16 Abs. 1 S. 1; diesbezüglich sind die redaktionellen Teile der Sendung aus der Gesamtdauer nicht herauszurechnen (*Hartstein*, § 7 Rn 38).

128 **4. Einfügung von Werbespots.** Die Einfügung von – auch einzelnen – Werbespots in Dauerwerbesendungen ist **zulässig** (*S/S-Holznagel/Stenner*, § 7 Rn 51 mwN). Einer gesonderten Kennzeichnung der eingefügten Werbespots bedarf es nicht, allerdings ist die Kennzeichnung als Dauerwerbesendung auch während des Reklameblocks beizubehalten. Der Sender ProSieben hat insoweit im Jahr 2009 Neuland betreten, als er die „Wok-WM" als Dauerwerbesendung deklarierte und zudem noch durch Spotwerbung unterbrach (Funkkorrespondenz 4/2009 vom 23.1.2009).

VI. Zulässigkeit von virtueller Werbung, Abs. 6

129 Mit dem 4. RÄndStV wurde die Regelung des § 7 Abs. 6 (damals S. 2) neu eingeführt. Danach ist die Einfügung virtueller Werbung in Sendungen zulässig, wenn am Anfang und am Ende der betreffenden Sendung auf diese Einfügung hingewiesen **und** durch die virtuelle Werbung eine am Ort der Übertragung ohnehin bestehende Werbung ersetzt wird. § 7 Abs. 6 S. 1 gilt auch für Teleshopping, S. 3. Die FernsehRL sieht keine Regelung betreffend virtuelle Werbung vor; die Kommission geht aber von ihrer **Vereinbarkeit mit der FernsehRL** aus, sofern weder Komfort und Vergnügen des Zuschauers noch Zusammenhang und Wert der Sendung beeinträchtigt werden (vgl Mitteilung, Rn 66 ff). Zur amerikanischen Rechtslage ausführlich *Deutsch*, GRUR-Int 2001, 400 ff.

130 **1. Bedeutung.** Der Begriff der virtuellen Werbung steht für die **technische Möglichkeit, ein reales Bild – auch in Echtzeit live – digital in der Weise zu bearbeiten**, dass entweder neue Werbebotschaften in das Bild eingeblendet oder vorhandene Werbeflächen durch die Einblendung abweichender Werbung überlagert werden (vgl nur *Kreile*, ZUM 2000, 194, 200). Besondere Bedeutung hat diese Technik für die Übertragung von **Sportveranstaltungen** wie Fußballspielen etc., da hier die Übertragungsstätten in der Regel über zahlreiche Werbeflächen verfügen (Bandenwerbung, Werbeplakate). Gerade bei der Übertragung ausländischer Sportereignisse bietet sich der Einsatz von virtueller Werbung (virtuelle Billboards) an, wenn die tatsächlich vor Ort vorhandene Werbung Produkte bewirbt, die in Deutschland gar nicht erhältlich sind, wie es etwa bei asiatischen Kampfsportarten der Fall sein mag. Darüber hinaus stellt es technisch zB kein Problem dar, die Eisrinne beim Bobrennen oder den Mittelkreis des Fußballplatzes mit Werbung zu belegen (*Flemming*, S. 25). Zur virtuellen Werbung in Sportübertragungen eingehend *Ladeur*, SpuRt 2000, 45 ff und 101 ff.

131 Anders als teilweise vorgeschlagen (vgl *Schneider*, AfP 1998, 49), ist der Einsatz virtueller Werbung auch bei anderen Ereignissen und Veranstaltungen als sportlichen Anlässen erlaubt. § 7 Abs. 6 beschränkt den Anwendungsbereich nicht auf Sportsendungen, so dass auch die Werbung etwa bei Musikveranstaltungen nachträglich bearbeitet werden kann.

132 **2. Zulässigkeitsrahmen.** Die Zulässigkeit der Einfügung virtueller Werbung hängt **zum einen** davon ab, dass sowohl am Anfang als auch am Ende der Sendung darauf hingewiesen wird, dass die am Ort der Übertragung vorhandene Werbung durch nachträgliche Bildbearbeitung verändert wird resp. verändert worden ist. Der **Hinweis** kann **optisch** oder **akustisch**, auch durch den Moderator, erfolgen (zB „In der nachfolgenden Sendung ist Werbung erkennbar, die mit der im Stadion vorhandenen Werbung nicht identisch ist."). Der einfache Hinweis auf den Einsatz virtueller Werbung ist insoweit problematisch, als dem durchschnittlichen Fernsehzuschauer vielfach nicht bekannt sein wird, was unter virtueller Werbung zu verstehen ist (vgl auch Ziff. 3 Abs. 4 Nr. 1 der WerbeRL-TV). Strittig ist, wie mit der Hinweispflicht umzugehen ist, wenn der Veranstalter gar nicht weiß, dass eine virtuelle Bildbearbeitung stattgefunden hat (vgl Handbuch/*Loitz*, S. 406 f).

Zulässig ist virtuelle Werbung **zum anderen** nur, wenn durch sie eine am Ort der Übertragung ohnehin bestehende Werbung ersetzt wird (insoweit kritisch *Flemming*, S. 94 ff). Es ist dem Fernsehsender also nicht gestattet, bei der Übertragung eines Ereignisses tatsächlich nicht vorhandene Werbeflächen virtuell neu zu schaffen oder (ggf. extra geschaffene) Werbeflächen, die tatsächlich werbefrei sind, mit virtueller Werbung zu „manipulieren" (vgl *Engels/Giebel*, ZUM 2000, 265, 273 f). Die Staatsvertragsparteien haben es damit zur Bedingung für die Zulässigkeit virtueller Werbung gemacht, dass sie sich an der am Ort der Rundfunkübertragung vorzufindenden Lebenswirklichkeit orientiert (*Platho*, ZUM 2000, 46, 51). 133

Teilweise wird davon ausgegangen, dass die Werbung sowohl durch Standtexte als auch durch bewegte Bilder möglich ist (*Kreile*, ZUM 2000, 194, 200) und im Hinblick auf Erscheinungsform, Größe etc. abweichend von der tatsächlich vorhandenen Werbung gestaltet werden kann (*Hartstein*, § 7 Rn 60). Dieses liberale Verständnis erscheint allerdings im Hinblick auf die **Notwendigkeit einer gewissen „Realitätsnähe"** bedenklich. Zu Recht untersagen es daher Ziff. 3 Abs. 4 Nr. 3 der WerbeRL-TV und Ziff. 7 der ARD/ZDF-Richtlinien, am Ort der Übertragung vorhandene statische Werbung durch Werbung mit Bewegtbildern zu ersetzen; nach Auffassung der Kommission soll virtuelle Werbung zudem nicht besser sichtbar oder aufdringlicher sein als die Werbung, die gewöhnlich am Veranstaltungsort angebracht wird oder tatsächlich dort zu sehen ist (Mitteilung, Rn 69). 134

Sog. virtuelle Placements, mit denen Requisiten zB in Spielfilmen nachträglich virtuell ausgetauscht oder implementiert werden, sind von § 7 Abs. 6 nicht erfasst. Da auch eine analoge Anwendung nicht möglich ist, sind sie nach geltender Rechtslage unzulässig (*Holznagel/Stenner*, ZUM 2004, 617, 621; *dies.*, § 7 Rn 90 f; *Wieben*, S. 268 ff). 135

§ 7 Abs. 6 S. 2 stellt klar, dass **andere Rechte unberührt** bleiben, was heißen soll, dass bei der Einfügung virtueller Werbung insbesondere die Urheber- und Leistungsschutzrechte Dritter zu beachten sind. Auch schuldrechtliche, an sich nur relativ wirkende Vereinbarungen etwa zwischen Stadionbetreiber und Werbetreibenden können der nachträglichen Bildbearbeitung entgegenstehen; in der Regel wird sich der Veranstalter daher um die Einwilligung der involvierten Personen bemühen müssen. Die Kommission geht sogar generell von der Unzulässigkeit virtueller Werbung aus, wenn Veranstalter und Rechtsinhaber nicht zuvor zugestimmt haben (Mitteilung, Rn 68). Im Übrigen gelten selbstverständlich die sonstigen Werbebeschränkungen des deutschen und europäischen Werberechts (vgl Ziff. 3 Abs. 4 Nr. 3 der WerbeRL-TV). 136

3. Keine Anrechnung auf Werbedauer. Auf virtuelle Werbung finden die Regelungen der maximal zulässigen Werbedauer (§§ 16, 45) keine Anwendung. Ebenso wenig ist das Blockwerbegebot nach § 7a Abs. 2 S. 1 zu beachten (vgl *Kreile*, ZUM 2000, 194, 200; zum Ganzen *Petersen*, S. 83 ff und 101 ff). 137

4. Weitere Regelwerke. Für den Einsatz virtueller Werbung bei der Übertragung von Sportveranstaltungen sind auch die Empfehlung des ständigen Komitees des Europarats vom 20./21.3.1997 (abgedruckt bei *Hartstein*, § 7 Rn 60 in Fn 1) sowie die FIFA Regulations for the Use of Virtual Advertising aus dem Jahr 1999 von Bedeutung (www.fifa.com). Vgl ferner das Memorandum on Virtual Advertising der European Broadcasting Union (EBU) vom 25.5.2000 (www.ebu.ch)). 138

VII. Verbot der Schleichwerbung, Abs. 7

Nach § 7 Abs. 7 S. 1 sind – entsprechend Art. 9 Abs. 1 a) S. 2 und Art. 11 Abs. 2 AVMD – Schleichwerbung, Produkt- und Themenplatzierung sowie „entsprechende Praktiken" unzulässig. Die Bestimmung statuiert damit im Grundsatz und in Übereinstimmung mit § 7 Abs. 6 S. 1 aF ein **Verbot von Schleichwerbung und solchen Maßnahmen, die Schleichwerbung qualitativ gleichstehen.** Indessen ist das Verbot in Satz 1 mit den Ausnahmekatalogen in den §§ 15, 44 und den an diese Ausnahmen anknüpfenden Regelungen in den Sätzen 2 bis 5 zu betrachten: Der Rundfunkgesetzgeber hat mit dem 13. RÄndStV die Einfügung und Sendung von Product Placement – in der Terminologie des RStV: Produktplatzierungen – im weitem Umfang in Anlehnung an die Vorgaben in der AVMD legalisiert. Wie man sich zu dieser grundlegenden Novellierung positioniert, ist eine medienpolitische Frage (zu den verschiedenen Perspektiven der beteiligten Kreise im Rahmen der Umsetzung der AVMD vgl nur die Beiträge von *Potthast*, *Grewenig*, *Kreile* und *Hesse* in ZUM 2009, 697 ff). Aus Sicht des Praktikers ist jedenfalls bis zu einer etwaigen abermaligen Überarbeitung des § 7 Abs. 7 maßgeblich, beabsichtigte Produktplatzierungen mit dem neuen rechtlichen Regelungsgerüst, das auf einem nicht sofort eingän- 139 gigen System von Grundsätzen, Ausnahmen und Unterausnahmen beruht und das naturgemäß Auslegungsfragen mit sich bringt, in Einklang zu bringen bzw ausgestrahlte Produktplatzierungen auf ihre rundfunkwerberechtliche Konformität zu überprüfen.

140 **1. Allgemeines.** Das Verbot von Schleichwerbung und Produkt- und Themenplatzierungen des § 7 Abs. 7 S. 1 **konkretisiert das in** Abs. 3 **enthaltene Trennungsgebot (bzw ist dessen logische Konsequenz)**, wonach Werbung und übriges Programm strikt voneinander zu trennen sind. Der Schutzzweck ist deckungsgleich; auch das Verbot von Schleichwerbung zielt darauf ab, die Programmverantwortlichen vor einer Beeinflussung durch die Werbewirtschaft zu bewahren und damit die Objektivität und Neutralität der Rundfunktätigkeit zu sichern, die Gleichheit der wettbewerblichen Ausgangsbedingungen aufrechtzuerhalten und einer Irreführung der Verbraucher über den wahren Charakter der einzelnen Sendung entgegenzuwirken (ausführlich *Gounalakis*, WRP 2005, 1476, 1478 ff mwN). Die eingeschränkte Zulassung von Produktplazierungen unter den Voraussetzungen der §§ 15, 44 und § 7 Abs. 2 bis 5 stellt freilich eine erhebliche Lockerung bzw partielle Aufhebung des so verstandenen Trennungsgrundsatzes dar. Als Gegengewicht zu dem merklich reduzierten Schutzniveau des Trennungsgebots sind jedoch das in S. 2 Nr. 1 nochmals verankerte Beeinflussungsverbot sowie der Kennzeichnungsgrundsatz nach den S. 2 bis 6 zu verstehen (vgl *Castendyk*, ZUM 2010, 29, 33).

141 **2. Schleichwerbung in Kinoproduktionen.** Einer Beurteilung nach § 7 Abs. 7 unterliegen nicht solche Filme, die für das Kino produziert wurden und **dort** ausgestrahlt werden. In den beiden grundlegenden Entscheidungen **„Feuer, Eis & Dynamit I und II"** zum gleichnamigen Film von Willy Bogner hat der BGH zwar klargestellt, dass sich der (wettbewerbsrechtliche) Grundsatz der Trennung von Werbung und redaktionellem Teil und das Verbot getarnter (Wirtschafts-)Werbung nicht auf Presse und elektronische Medien beschränken, vielmehr darüber hinaus auch für Darbietungen im **Kino** gelten (BGH GRUR 1995, 744 und 750). Allerdings hat er diese Aussage dahin gehend relativiert, als für die Werbung je nach **Art des Mediums** eine unterschiedliche wettbewerbsrechtliche Beurteilung mit Blick auf die Beachtung und Bedeutung, die der Verkehr werbenden Angaben Dritter beimesse, geboten sei. Zu berücksichtigen sei dabei insbesondere der Grad der vom Verkehr angenommenen Objektivität und Kompetenz des vermeintlich werbefremden Dritten, so dass an Spielfilme im Kino **weniger strenge Maßstäbe** anzulegen seien.

142 Nach Auffassung des BGH ist die Grenze zur Unzulässigkeit aber **überschritten**, wo über nicht unerwartete und erträgliche Verquickungen von Hersteller- und Werbeinteressen hinaus Zahlungen oder andere geldwerte Leistungen „von einigem Gewicht" von Unternehmen dafür erbracht werden, dass diese selbst oder ihre Erzeugnisse in irgendeiner Weise in Erscheinung treten. Sei ein Kinospielfilm zu mehr als 20 % aus der Akquirierung von Werbegeldern finanziert, müsse das Publikum auf diesen Umstand durch geeignete Hinweise vor Beginn der Vorführung aufmerksam gemacht werden, so dass dieses über die Produktdurchdringung des Films aufgeklärt werde (vgl zum Ganzen auch Fezer/*Kreile*, § 4-S 5 Rn 58 f; *Hartstein*, § 7 Rn 50 mwN). Es stellt sich zwangsläufig die Frage, ob diese Bewertungskriterien ebenfalls gelten, wenn ein für das Kino produzierter Film im Rahmen der Zweitverwertung im Fernsehen ausgestrahlt wird (hierzu Rn 186).

143 **3. Schleichwerbung, Produkt- und Themenplatzierung und entsprechende Praktiken.** In der Vergangenheit entsprach es vielfach anzutreffender Praxis, die Begriffe „Schleichwerbung" und „Product Placement" als Synonyme zu verwenden. Dies war und ist in mehrerlei Hinsicht unzutreffend bzw ungenau und führt in die Irre (ablehnend auch *Gounalakis*, WRP 2005, 1476, 1489; *Schultze*, S. 17). Product Placement ist der überkommene Begriff für die gezielte visuelle oder verbale Platzierung bestimmter identifizierbarer Waren oder Dienstleistungen im Rahmen eines Programmbeitrages (*Beucher*, § 7 Rn 45; *Engels/Giebel*, ZUM 2000, 265, 278), der nunmehr in § 2 Abs. 2 Nr. 11 eine gesetzliche Definition gefunden hat. Aus der Systematik der AVMD und des RStV, insbesondere aus § 7 Abs. 7 und § 2 Abs. 2 Nrn. 8 und 11, geht nunmehr in aller Deutlichkeit hervor, dass Schleichwerbung und Produktplatzierung **zwei unterschiedliche Begriffe sind** und verschiedene Lebenssachverhalte bzw Phänomene betreffen. Hieran ist im Ausgangspunkt stets zu erinnern. Dass die Übergänge in einzelnen Fallgestaltungen fließend seien können und in der seit dem 1.4.2010 geltenden Systematik des RStV gewisse Inkongruenzen und Lücken festzustellen sind (vgl *Castendyk*, ZUM 2010, 29, 31), ändert hieran nichts.

144 **a) Begriff der Schleichwerbung.** Für den Begriff der Schleichwerbung findet sich in **§ 2 Abs. 2 Nr. 8 S. 1** eine **Legaldefinition**; sie ist mit jener in Art. 1 Abs. 1 j) AVMD identisch. Schleichwerbung ist danach „die Erwähnung oder Darstellung von Waren, Dienstleistungen, Namen, Marken oder Tätig-

keiten eines Herstellers von Waren oder eines Erbringers von Dienstleistungen in Sendungen, wenn sie vom Veranstalter absichtlich zu Werbezwecken vorgesehen ist und mangels Kennzeichnung die Allgemeinheit hinsichtlich des eigentlichen Zwecks dieser Erwähnung oder Darstellung irreführen kann." In Satz 2 heißt es: „Eine Erwähnung oder Darstellung gilt insbesondere dann als zu Werbezwecken beabsichtigt, wenn sie gegen Entgelt oder eine ähnliche Gegenleistung erfolgt."

Die gesetzliche Definition macht eine **dreigliedrige Prüfung** notwendig, um beurteilen zu können, ob es sich bei der in Rede stehenden Praktik um – per se unzulässige – Schleichwerbung handelt: 145

aa) Erwähnung oder Darstellung von Waren etc. Erforderlich ist zunächst eine Erwähnung oder Darstellung von Waren, Dienstleistungen, Namen, Marken oder Tätigkeiten eines Warenherstellers oder Dienstleistungserbringers im Programm des Rundfunkveranstalters, also eine **Äußerung oder Abbildung mit Werberelevanz.** Dem Kriterium kommt erkennbar keine nennenswerte tatbestandsbegrenzende Funktion zu, da jede „erwähnende" Handlung, die zu einer Assoziation mit einem bestimmten Unternehmen führt, erfasst wird. Dies ist selbstverständlich etwa bei der Integration eines Markenartikels als Requisit in einen Fernsehfilm, der Bandenwerbung bei einer übertragenen Sportveranstaltung oder der Besprechung eines neu erschienenen Buches der Fall (vgl *Schulz*, in: Hahn/Vesting, § 2 Rn 98). 146

bb) Werbeabsicht des Veranstalters. Schleichwerbung verlangt (seit Inkrafttreten des 4. RÄndStV) ferner, dass die Erwähnung oder Darstellung „vom Veranstalter absichtlich zu Werbezwecken vorgesehen ist", sie also durch eine **Werbeabsicht des Veranstalters** motiviert ist. Die Werbeabsicht ist das zentrale Kriterium zur Unterscheidung zulässiger von unzulässigen Werbeeffekten; es markiert die Grenzlinie zwischen solchen Erwähnungen und Darstellungen, die sich aus programmlich-dramaturgischen, redaktionellen oder künstlerischen Gründen erklären (dazu u. Rn 159 f), und solchen, bei denen es letztlich nur um die Förderung fremden unternehmerischen Wettbewerbs geht. 147

Ob die Produkterwähnung vom Veranstalter absichtlich zu Werbezwecken vorgesehen ist, ist im Wege einer Gesamtschau und Abwägung aller Umstände des Einzelfalls zu ermitteln. Die Werbeabsicht ist dabei **positiv festzustellen**; nicht möglich und unter Berücksichtigung der Rundfunkfreiheit auch nicht zulässig ist es, mittels Annahme einer tatsächlichen Vermutung schon aus der werbewirksamen Erwähnung als solcher auf eine entsprechende Werbeabsicht des Veranstalters zu schließen. Gerade die Regelung in § 2 Abs. 2 Nr. 8 S. 2 zeigt, dass der Gesetzgeber zur Feststellung der Werbeabsicht ebenfalls das Vorliegen besonderer Umstände für notwendig erachtet (vgl auch *Schulz*, in: Hahn/Vesting, § 2 Rn 104). Da Absicht als subjektives Moment regelmäßig nicht nachweisbar ist, begegnet es keinen Bedenken, die Motivation des Veranstalters an Hand von **Indizien**, also äußeren Beweisanzeichen, festzustellen (ausdrücklich Ziff. 4 Nr. 3 der WerbeRL-TV/HörF; auch VG Hannover ZUM-RD 1998, 412, 413). Dies korrespondiert mit der Handhabe im Lauterkeitsrecht; dort wird die Bejahung der erforderlichen Wettbewerbsabsicht ebenfalls auf objektive Umstände gestützt. Die Schlussfolgerung aus den Indizien auf das Vorliegen einer Werbeabsicht auf Veranstalterseite muss derart eindeutig (und damit „zwingend") sein, dass sie die Überzeugung verschafft, dass das gesetzliche Tatbestandsmerkmal erfüllt ist (OVG Berlin-Brandenburg ZUM 2007, 765, 766 m. Anm. Meinberg, AfP 2007, 505). 148

Nach § 2 Abs. 2 Nr. 8 S. 2 gilt eine Erwähnung oder Darstellung insbesondere dann als zu Werbezwecken beabsichtigt, wenn sie **gegen Entgelt oder eine ähnliche Gegenleistung** erfolgt. Schon vor Einführung dieser gesetzlichen Vermutung (richtig: *Herkströter*, ZUM 1992, 395, 402; anders OVG Berlin-Brandenburg ZUM 2007, 765, 766; *Platho*, ZUM 2000, 46, 48: gesetzliche Fiktion; zum Streit auch Wandtke/*Castendyk*, Kap. 3 Rn 90 f) bestand Einigkeit darüber, dass die Entrichtung von Entgelt ein besonders gewichtiges Indiz für eine Erwähnung zu Werbezwecken darstellt (vgl nur *Greffenius/Fikentscher*, ZUM 1992, 526, 529). In der Tat ist eine Werbeabsicht des Veranstalters grundsätzlich zu vermuten, wenn er für die Erwähnung eines bestimmten Produkts von interessierter Seite eine Geldzahlung erhält. Gleiches gilt, wenn statt einer monetären eine „ähnliche", dh funktional äquivalente Gegenleistung an den Veranstalter gerichtet wird. 149

Der Begriff „Gegenleistung" deutet aber an, dass nicht jede beliebige Leistung eines Unternehmens die Vermutungswirkung begründet, sondern nur solche, die in einem synallagmatischen Verhältnis zu der vom Veranstalter geleisteten werbewirksamen Erwähnung oder Darstellung stehen; die Leistung muss also – ebenso wie die Zahlung von Geld – im Hinblick und anlässlich der Inszenierung des Produkts erbracht werden (*Gounalakis*, WRP 2005, 1476, 1482 f; vgl aber auch *Wieben*, S. 172 f mwN). Entsprechend darf nur mit Vorsicht vom Gegenleistungscharakter von kostenlos oder vergünstigt zur Verfügung gestellten – nicht aber notwendigerweise von endgültig überlassenen – **Requisiten** oder Dienstleistungen ausgegangen werden. Es bestand schon vor dem 13. RÄndStV Einigkeit, dass jeden- 150 falls die einfache Darstellung kostenlos bereitgestellter Requisiten nicht gegen das Verbot der Schleichwerbung verstößt (*Ladeur*, in: Hahn/Vesting, § 7 Rn 48; *Sack*, AfP 1991, 704, 708). Mit Einfügung des § 2 Abs. 2 Nr. 11 S. 2, wonach es sich bei der kostenlosen Bereitstellung von Waren oder Dienstleistungen (nur) um Produktplatzierung handelt, wenn die betreffende Ware oder Dienstleistung von bedeutendem Wert ist, und der Regelung in § 7 Abs. 7 S. 2 Nr. 3, wonach auch kostenlos zur Verfügung gestellte geringwertige Güter nicht zu stark herausgestellt werden dürfen, hat diese Praxis ihre gesetzliche Grundlage gefunden (näher hierzu unten Rn 170 ff).

151 Ein weiteres aussagekräftiges, zudem vergleichsweise einfach nachweisbares Indiz für eine Werbeabsicht des Veranstalters ist die **Intensität der Darstellung nach Art und Umfang** (vgl *Platho*, ZUM 2000, 46, 48; Ziff. 4 Nr. 3 der WerbeRL-TV/HörF). Geht mit der konkreten Erwähnung des Produkts, der unternehmerischen Tätigkeit etc. eine Werbewirkung einher, die sich dramaturgisch oder journalistisch nicht mehr rechtfertigen lässt, so liegt die Annahme nahe, der Veranstalter handele nicht im Programmauftrag, sondern zu Werbezwecken. Von einer auffälligen Intensität der Präsentation ist zB bei der großformatigen, merklich lang andauernden oder wiederholten Abbildung von Ware, Unternehmenslogo usw oder der besonders präzisen Beschreibung eines Produkts ohne Bezug zum Programminhalt auszugehen. Das OVG Niedersachen hat etwa die Häufigkeit und Form der Anpreisung der Barbie-Puppe einschließlich Kleidung und Zubehör anlässlich ihres Jubiläums beanstandet (ZUM-RD 1999, 347). Nach § 7 Abs. 7 S. 2 Nr. 3 darf auch im Rahmen einer grundsätzlich zulässigen Produktplatzierung das Produkt nicht zu stark herausgestellt werden (näher unter Rn 199 ff).

152 Im Zusammenhang mit der auffälligen Herausstellung eines Produkts steht die **ungleichmäßige Auswahl** von Waren, Marken, Herstellern etc. Die Werbeabsicht des Veranstalters kann indiziert sein, wenn er ohne sachliche Rechtfertigung wiederholt auf dieselben Produkte zurückgreift, so dass sich die zwangsläufig ergebende Werbewirkung nicht ausgewogen verteilen kann (vgl *Sack*, ZUM 1987, 103, 111; *Völkel*, ZUM 1992, 55, 65). Es erscheint zB angreifbar, wenn eine Reportage („Die Heimwerker – Deutsche im Dübelwahn") trotz einer vielfältigen Baumarktlandschaft fast ausnahmslos allein einen Baumarkt als verlässlichen Partner präsentiert. Das gilt erst recht, wenn der Baumarkt mit positiven Attributen wie „Marktführer", „Service wird groß geschrieben" und „Einkaufsparadies für Hobby-Handwerker" gleichsam lobend gehuldigt wird (als unbedenklich eingestuft allerdings von OVG Berlin-Brandenburg ZUM 2007, 765 m. Anm. *Meinberg*, AfP 2007, 505).

153 Deutlich weist auf eine Werbeabsicht des Veranstalters hin, wenn er mit interessierten Herstellern/Dienstleistern ausdrückliche **vertragliche Vereinbarungen** trifft, in denen er sich dazu verpflichtet, in werbewirksamer Form die Produkte oder Marken in das Programm zu integrieren (*Sack*, AfP 1991, 704, 707 f; *Völkel*, ZUM 1992, 55, 65); so etwa geschehen in „Marienhof-Skandal". Je detaillierter die Vorgaben für die Darstellung ausgestaltet sind, desto zwingender ist eine Werbeabsicht des Veranstalters indiziert (*Gounalakis*, WRP 2005, 1476, 1482). Ohne Indizwirkung sind allerdings Absprachen, die sich auf die reine Produktionsmittelbereitstellung beschränken.

154 Werden die Werbeeffekte final herbeigeführt, wurde insbesondere bereits in der Entstehungsphase des Werkes dieses **zielgerichtet und planmäßig auf die Einbindung von Produkten** etc. **hin konzipiert**, ist dies ebenfalls ein aussagekräftiges Beweisanzeichen für eine Werbeabsicht des Veranstalters (*Gounalakis*, WRP 2005, 1476, 1481 f). Gleiches gilt, wenn – insbesondere im lokalen Rundfunk – dem Zuhörer ein Besuch des schon unkritisch lobend herausgestellten Unternehmens geradezu anempfohlen wird (KG ZUM 2005, 746, 748).

155 Von den Gerichten werden die vorbenannten und weitere (vgl auch *Völkel*, ZUM 1992, 55, 65; *Wieben*, S. 172 ff) Indizien im Rahmen der Entscheidungsgründe typischerweise ausführlich und detailliert dargetan und gewürdigt; vgl aus der jüngeren Judikatur insb. VG Düsseldorf Urteil vom 28.4.2010, Az 27 K 4657/08 – Tiefkühlspinat; VG München Urteil vom 5.3.2009, Az M 17 K 07.5805, – Party-Poker.com, nachgehend BayVGH Urteil vom 15.7.2010, Az 7 BV 09.1276; VG Neustadt an der Weinstraße Urteil vom 15.2.2008, Az 6 K 599/07.NW – Jetzt geht's um die Eier, nachgehend OVG Rheinland-Pfalz ZUM 2009, 507; VG Berlin ZUM-RD 2009, 292 – WOK WM.

156 **cc) Irreführung des Rezipienten.** Um Schleichwerbung handelt es sich bei der absichtlich zu Werbezwecken erfolgten Produktabbildung oder -nennung schließlich nur, wenn sie „mangels Kennzeichnung die Allgemeinheit hinsichtlich des eigentlichen Zwecks dieser Erwähnung oder Darstellung **irreführen** kann". Aus diesem Erfordernis wird deutlich, dass die nicht von Werbeabsichten getragene Programmgestaltung – im Rahmen des Schleichwerbeverbots – nicht um ihrer selbst willen geschützt wird, sondern maßgeblich auf den Schutz des Vertrauens der gutgläubigen Rezipienten abstellt; das

Vertrauen der Zuschauer/Zuhörer richtet sich dabei darauf, dass die durch das Programm hervorgerufenen Werbeeffekte allein programmbedingt und damit unumgänglich sind.

Die Legaldefinition in § 2 Abs. 2 Nr. 8 hat mit dem 13. RÄndStV insofern eine Änderung erfahren, als das Merkmal „**mangels Kennzeichnung**“ neu eingefügt wurde. Nach Auffassung der Länder sollen hiermit zwar keine inhaltlichen Neuerungen verbunden sein (Amtliche Begründung zum 13. RÄndStV, S. 4). Tatsächlich kommt dem Merkmal der Kennzeichnung aber erhebliche Bedeutung zu, da es sich um das wesentliche tatbestandliche Unterscheidungskriterium zwischen Schleichwerbung einerseits und Produktplatzierung iSv § 2 Abs. 2 Nr. 11 andererseits handelt (vgl nachfolgend Rn 178 ff). Entgegen der Amtlichen Begründung ist eine „Übernahme“ der Definition in Art. 1 Abs. 1 j) AVMD in dieser Hinsicht auch nicht erfolgt, da dort von einer Irreführung „mangels Kennzeichnung“ nicht die Rede ist. 157

Ob die nicht gekennzeichnete Produkterwähnung tatsächlich eine Irreführung zur Folge hat, ist nicht von Bedeutung. Es genügt, wenn die Darstellung ein **Irreführungspotenzial** in sich trägt, dh **geeignet** ist, einen durchschnittlich informierten und verständigen Rezipienten, der das Programm mit der der Situation angemessenen Aufmerksamkeit verfolgt, über den Werbecharakter zu täuschen. Fallgestaltungen möglicher Schleichwerbung, denen es an der notwendigen Irreführungseignung fehlt, sind allerdings nur unter engen Bedingungen zu bejahen, etwa wenn bei der Markenpräsentation „derart dick aufgetragen wird“, dass der Werbecharakter vom Durchschnittsbetrachter kaum mehr zu übersehen ist (vgl VG Berlin MMR 1999, 177, 179 f und VG Berlin MMR 1999, 619, 623; hierzu auch *Hartel*, ZUM 1999, 750 f). 158

dd) Korrektiv der programmlich-dramaturgischen Notwendigkeit. Den vorbenannten Grundsätzen, insbesondere den Umständen, die das Vorliegen einer Werbeabsicht indizieren (zB Intensität der Darstellung; unausgewogene Produktauswahl), ist als „**Korrektiv**“ die **Erfüllung des verfassungsrechtlichen Programmauftrages** des Veranstalters entgegenzustellen („Programmauftrag als immanente Schranke des Schleichwerbeverbots“). Sofern die werberelevante Handlung zur Verwirklichung des Programmauftrags unter objektiven Gesichtspunkten **unvermeidbar** ist, lässt diese Feststellung den Schluss zu, dass die erzielte Werbewirkung vom Veranstalter nicht beabsichtigt war (*Greffenius/Fikentscher*, ZUM 1992, 526, 529). Als unvermeidbar sind Darstellungen und Erwähnungen anzusehen, die aus redaktionellen, journalistischen oder dramaturgischen Gründen gerechtfertigt sind (*Platho*, ZUM 2000, 46, 48; *Gounalakis*, WRP 2005, 1476, 1481 mwN). Da die Würdigung der für und gegen eine Werbeabsicht sprechenden Indizien nicht zu einer unzulässigen Einengung des durch die Rundfunkfreiheit geschützten redaktionellen Gestaltungsspielraums des Programmveranstalters führen darf, ist mit Bedacht der richtige Ansatzpunkt für die Vermeidbarkeitsprüfung zu wählen: Maßgeblich ist nicht etwa, ob ein alternatives redaktionelles Konzept vorstellbar und zu realisieren gewesen wäre, das die inkriminierte Darstellung vermieden hätte (was in aller Regel der Fall ist). Entscheidend ist vielmehr allein, ob das gewählte redaktionelle Konzept die Darstellung rechtfertigen kann (richtig OVG Berlin-Brandenburg ZUM 2007, 765, 766). Ziff. 4 Nr. 1 der WerbeRL-TV/HörF stellt ausdrücklich klar, dass das Darstellen von Waren, Herstellern usw außerhalb von Werbesendungen keine Schleichwerbung ist, wenn es „aus überwiegend programmlich-dramaturgischen Gründen sowie zur Wahrnehmung von Informationspflichten erfolgt“. Nach Ziff. 8 Abs. 3 der ARD/ZDF-Richtlinien ist die Produkterwähnung zulässig, wenn und soweit sie aus journalistischen oder künstlerischen Gründen, insbesondere zur Darstellung der realen Umwelt, zwingend erforderlich ist. 159

Da es in diesem Sinne – auch unter Berücksichtigung der Programmfreiheit und des Programmauftrags, dem Informationsbedürfnis und der Bedeutung für die Meinungsbildung (*Gounalakis*, WRP 2005, 1476, 1481) – unvermeidbar ist, dass bei der Fahrt des Kommissars zum Tatort das Dienstfahrzeug in das Bild gerät, die Werbeplakate bei der Konzertübertragung ebenfalls abgebildet werden, die Heimwerkersendung konkrete Baumaterialien und Werkzeuge benennt und mit der Berichterstattung von der CEBIT über die neuesten Produkte faktisch ein Werbeeffekt einhergeht, handelt es sich in diesen – und den zahlreichen vergleichbaren – Fällen **nicht** um verbotene Schleichwerbung. 160

ee) Schleichwerbung in Co-, Auftrags- und Fremdproduktionen. Die vorbenannten Grundsätze, namentlich zum Vorliegen einer Werbeabsicht, gelten uneingeschränkt für die – vergleichsweise seltenen – **Eigenproduktionen** der Rundfunkveranstalter; hier ist allein er dafür verantwortlich, dass die konkrete Produktion den zulässigen Rahmen unvermeidbarer Werbewirkungen nicht verlässt. 161

Kein Unterschied ergibt sich, wenn es sich um eine **Co-Produktion** handelt oder eine Produktion vollumfänglich bei einem Dritten in **Auftrag** gegeben wird. Den Veranstalter trifft in diesen Fällen die 162

Pflicht, von seinen privatautonomen Gestaltungsmöglichkeiten Gebrauch zu machen und durch entsprechende – bestenfalls angemessen strafbewehrte – vertragliche Abreden sicherzustellen, dass den Anforderungen des Schleichwerbeverbots Genüge geleistet wird (vgl auch *Hartstein*, § 15 Rn 5 ff und OVG Rheinland-Pfalz ZUM 2009, 507). Andernfalls bestünde die greifbare Gefahr einer weit reichenden Aushöhlung des § 7 Abs. 7 S. 1 durch den vornehmlichen Einsatz von Co- und Auftragsproduktionen (*Sack*, ZUM 1987, 103, 116; jetzt auch VG Berlin ZUM-RD 2009, 292 ff – WOK WM).

163 Demgegenüber fehlt es dem Veranstalter typischerweise an einer vergleichbaren Einflussmöglichkeit, wenn er **Fremdproduktionen** ankauft; Gleiches gilt für die **Übertragung fremder Veranstaltungen**. Nur sehr selten wird sich hier praktisch wie auch rechtlich die Gelegenheit bieten, die erworbene Produktion nachträglich zu bearbeiten und die werbewirksame Darstellung auf das dramaturgisch/journalistisch/künstlerisch Notwendige „zurückzustutzen" (VG München ZUM 2009, 690; ausführlich *Sack*, AfP 1991, 704, 708). Bei der Sendung von – auch ausländischen, vgl *Ladeur*, in: Hahn/Vesting, § 7 Rn 67 – Fremdproduktionen läuft es daher regelmäßig auf eine **Abwägung** hinaus, in der vor dem Hintergrund des Programmauftrags und dem Schutzzweck des Schleichwerbeverbots das Interesse der Rezipienten an der Ausstrahlung einerseits und Quantität und Qualität der Werbeeffekte andererseits gegenüberzustellen sind (vgl *Wieben*, S. 175 f).

164 **b) Begriff der Produktplatzierung.** Mit dem 13. RÄndStV wurde eine **Legaldefinition** von Product Placement bzw Produktplatzierung in den RStV eingefügt. Nach § 2 Abs. 2 Nr. 11 S. 1 ist Produktplatzierung „die gekennzeichnete Erwähnung oder Darstellung von Waren, Dienstleistungen, Namen, Marken, Tätigkeiten eines Herstellers von Waren oder eines Erbringers von Dienstleistungen in Sendungen gegen Entgelt oder eine ähnliche Gegenleistung mit dem Ziel der Absatzförderung". Nach Satz 2 ist die kostenlose Bereitstellung von Waren oder Dienstleistungen ebenfalls Produktplatzierung, sofern die betreffende Ware oder Dienstleistung von bedeutendem Wert ist.

Auch hier macht die gesetzliche Definition eine **dreigliedrige Prüfung** notwendig, wobei bei Vorliegen sämtlicher tatbestandlicher Voraussetzungen – anders als bei der Schleichwerbung – noch kein Urteil darüber getroffen ist, ob es sich um eine zulässige oder um eine unzulässige Produktplatzierung handelt.

165 **aa) Gekennzeichnete Erwähnung oder Darstellung von Waren etc.** Hinsichtlich der Erwähnung oder Darstellung von Waren, Dienstleistungen usw ergibt sich zu den Erläuterungen zum Schleichwerbebegriff (o. Rn 146) lediglich insoweit ein Unterschied, als der Begriff der Produktplatzierung voraussetzt, dass es sich um eine **„gekennzeichnete"** Erwähnung handelt. Dies erklärt sich vor der gesetzgeberischen Intention, das Merkmal der Kennzeichnung zum maßgeblichen Abgrenzungskriterium zwischen Schleichwerbung und Produktplatzierung zu erklären (o. Rn 157). Systematisch wurde eine der (Ausnahme-)Voraussetzungen an eine zulässige Produktplatzierung (§ 7 Abs. 7 S. 3 bis 6) zum Begriffsmerkmal erklärt, was gerade auch in Anbetracht der Tatsache, dass die Legaldefinition in Art. 1 Abs. 1 m) AVMD einen entsprechenden Zusatz nicht kennt, kritisch betrachtet wird (vgl *Castendyk*, ZUM 2010, 29, 31).

166 Ungeklärt ist die Frage, wann von einer **„gekennzeichneten"** Erwähnung iSv § 2 Abs. 2 Nr. 11 auszugehen ist. Hier kommen grundsätzlich zwei Lösungswege in Betracht: Entweder es wird darauf abgestellt, ob überhaupt eine Kennzeichnung erfolgt ist, oder man vollendet die Hereinnahme einer Zulässigkeitsvoraussetzung in die Legaldefinition und bejaht nur dann eine Kennzeichnung, wenn diese mit den Anforderungen des § 7 Abs. 7 S. 3 bis 6 im Einklang steht, also insbesondere zu Beginn und zum Ende einer Sendung und nach jeder Werbeunterbrechung angemessen erfolgt. Teilweise wird argumentiert, allein eine regelkonforme Kennzeichnung könne eine Kennzeichnung iSv § 2 Abs. 2 Nr. 11 sein, da nur auf diese Weise eine trennscharfe Abgrenzung zur Schleichwerbung gewährleistet sei (*Holzgraefe*, S. 152 ff). Dies kann jedoch nicht überzeugen, da eine klare Differenzierung schon dadurch hinreichend gesichert ist, indem die Produktplatzierung – wenn auch nicht bis in das letzte Detail so, wie es § 7 Abs. 7 S. 3 bis 6 und die entsprechenden Auslegungsrichtlinien der Aufsichtsbehörden vorsehen – als solche grundsätzlich durch Kennzeichnung erkenntlich gemacht wird. Hierfür spricht auch, dass andernfalls der Ordnungswidrigkeitstatbestand in § 49 Abs. 1 Nr. 9 jedweden Anwendungsbereich verloren hätte, da dieser das Vorliegen einer Produktplatzierung ebenso vorsieht wie einen nicht eindeutigen Hinweis.

167 Produktplatzierung betrifft nach § 2 Abs. 2 Nr. 11 die gekennzeichnete Produkterwähnung „eines" Herstellers von Waren oder „eines" Erbringers von Dienstleistungen. Hier ist fraglich, ob auch sog. **Generic Placement** vom Begriff der Produktplatzierung umfasst ist. Unter einem Generic Placement versteht man die werbewirksame Herausstellung nicht eines konkreten Produkts, sondern ganzer Wa-

ren- oder Dienstleistungsgattungen, die keinem bestimmten Unternehmen zugeordnet werden können. Im Marienhof-Schleichwerbeskandal der ARD sollen etwa die „Arbeitsgemeinschaft Textiler Bodenbelag“ ebenso wie der „Zentralverband Sanitär-Heizung-Klima“ gegen Entgelt für die Integration der von ihnen vertretenen Produktgattungen gesorgt haben. Die strenge Auslegung nach dem Wortlaut spricht gegen eine Einbeziehung von solchen Generic Placements („eines“), jedoch müsste dann Gleiches für den Schleichwerbebegriff nach § 2 Abs. 2 Nr. 8 gelten (vgl schon *Castendyk*, ZUM 2005, 857, 860 f). Gewichtiger ist daher das Argument, angesichts des grundsätzlichen Verbots von Produktplatzierungen sei der Begriff im Zweifel restriktiv auszulegen, weshalb Generic Placements dem Schleichwerbungsverbot unterliegen (*Müller-Rüster*, S. 279; ausführlich zum Ganzen *Leitgeb*, S. 363 ff).

bb) Gegen Entgelt oder eine ähnliche Gegenleistung. Die Produkte müssen in der Sendung „gegen Entgelt oder eine ähnliche Gegenleistung“ erwähnt oder dargestellt werden. Während dieses Merkmal im Rahmen des Schleichwerbebegriffs nach § 2 Abs. 2 Nr. 8 S. 2 die Werbeabsicht des Veranstalters vermuten lässt bzw fingiert, handelt es sich bei der Produktplatzierung um ein **eigenständiges Begriffsmerkmal.** Gleichwohl kann auf die Erläuterungen zur Schleichwerbung verwiesen werden (o. Rn 149 f). Zur kostenlosen Bereitstellung von Waren von bedeutendem Wert vgl Rn 170 ff. 168

cc) Ziel der Absatzförderung. Die Produktdarstellung muss schließlich „mit dem **Ziel der Absatzförderung**“ erfolgen. Dieses Merkmal, das sich in Art. 1 Abs. 1 m) AVMD nicht findet, entspricht § 2 Abs. Abs. 1 Nr. 1 UWG aF, wonach unter einer Wettbewerbshandlung u.a. jede Handlung einer Person mit dem Ziel, zugunsten des eigenen Unternehmens den Absatz zu fördern, zu verstehen war. Die Funktion dieses Merkmals im Rahmen des § 2 Abs. 2 Nr. 11 dürfte identisch sein: Im Wesentlichen wird mit ihm bezweckt, Handlungen mit anderen als geschäftlichen Zielsetzungen aus dem Anwendungsbereich der Vorschriften betreffend Produktplatzierungen auszunehmen (also zB soziale, wissenschaftliche oder künstlerische Ziele). Orientiert man sich an den Grundsätzen zur Auslegung des Wettbewerbshandlungsbegriffs, ist maßgeblich, ob zwischen der Produkterwähnung und der Absatzförderung ein unmittelbarer Zusammenhang gegeben ist (vgl im Einzelnen *Hefermehl/Köhler/Bornkamm*, 26. Aufl. 2008, § 2 Rn 21 ff). Dem Merkmal des Ziels der Absatzförderung sollte in der zukünftigen Praxis keine nennenswerte Bedeutung zukommen, da § 2 Abs. 2 Nr. 11 bereits die Erwähnung oder Darstellung von Waren etc. vorsieht und diesbezüglich die Verfolgung anderer als geschäftlicher Zwecke schwerlich vorstellbar ist. 169

dd) Kostenlose Produktbeistellung. § 2 Abs. 2 Nr. 11 S. 2 stellt klar, dass die **kostenlose Bereitstellung** von Waren oder Dienstleistungen ebenfalls Produktplatzierung ist, vorausgesetzt, die betreffende Ware oder Dienstleistung ist von bedeutendem Wert. Umfasst ist damit der Bereich unentgeltlicher Produktionshilfen. Die Differenzierung zwischen entgeltlicher Produktplatzierung einerseits und unentgeltlicher Produktbereitstellung andererseits ist wichtig, da im öffentlich-rechtlichen Rundfunk – abgesehen von Fremdproduktionen (§ 15 Nr. 1) – lediglich unentgeltliche Produktbereitstellungen gestattet sind (§ 15 Nr. 2). Auch im privaten Rundfunk ist die Unterscheidung von Relevanz (vgl § 44 S. 1 Nrn. 1 u 2), da unentgeltliche Produktplatzierungen in deutlich mehr Formaten gestattet sind. 170

Ist die Ware/Dienstleistung nicht von bedeutendem Wert, greifen weder die Regelungen zur Produktplatzierung noch das Schleichwerbeverbot. Die kostenlose Beistellung von wertmäßig bedeutungslosen Produkten ist damit im Grundsatz keinen rundfunkwerberechtlichen Schranken ausgesetzt. Dahinter steht der Gedanke, dass die kostenlose Bereitstellung von wertmäßig nicht bedeutsamen Gütern im Allgemeinen die redaktionelle Unabhängigkeit nicht in relevanter Weise bedroht (*Müller-Rüster*, S. 283). Allerdings ist § 7 Abs. 7 S. 2 Nr. 3 Hs 2 zu beachten, wonach auch kostenlos zur Verfügung gestellte geringwertige Güter nicht zu stark herausgestellt werden dürfen. 171

Die Frage drängt sich auf, wann ein zur Verfügung gestelltes Produkt noch geringwertig oder schon von bedeutendem Wert ist. Denkbar ist ein mit hoher Rechtssicherheit verbundener absoluter Ansatz, dh die Grenze könnte unabhängig vom konkreten Einzelfall einheitlich bei einem bestimmten Wert, etwa 5.000 EUR, festgesetzt werden. Ein relativer Ansatz hingegen würde den Wert des bereit gestellten Produkts ins Verhältnis zu den Kosten der Herstellung der begünstigten Sendung setzen (vgl zu den unterschiedlichen Auffassungen *Castendyk*, ZUM 2010, 29, 32; *Mallick*, S. 234 f). Die LMAen haben sich in Ziff. 1 Abs. 2 Nr. 2 der WerbeRL-TV für eine Kombination entschieden: Die Wertbestimmung hat für jede Produktion gesondert zu erfolgen, als relevante Grenze für die Bestimmung des bedeutenden Wertes wird **1 Prozent der Produktionskosten ab einer Untergrenze von 1.000 EUR** festgelegt (kritisch *Holzgraefe*, MMR 2011, 221, 222 f). Dabei erfolgt die Bestimmung auch für jede einzelne Ware oder Dienstleistung gesondert. Eine wertmäßige Addition der einzelnen Produkte findet nicht 172 statt, es sei denn, mehrere Leistungen erfolgen durch den gleichen Partner. Fraglich kann im Einzelfall sein, was der richtige Ansatzpunkt für die Wertbestimmung des bereitgestellten Produkts ist (vgl *Kreile*, ZUM 2009, 709, 715 f).

173 Die Regelung in § 2 Abs. 2 Nr. 11 S. 2 betrifft nicht jedwede wertmäßig bezifferbare Hilfestellung durch Dritte. Gegenstand einer kostenlosen Bereitstellung können nur Waren und Dienstleistungen sein. Nach dem Willen der Länder sind von der Regelung Gegenstände und Immobilen, **die im Handel nicht frei erhältlich sind**, nicht erfasst (Amtliche Begründung zum 13. RÄndStV, S. 5). Auch ist zB die günstige Vermietung von Stadthallen oder die Bereitstellung von Strom bei Außenübertragungen nicht relevant (*Potthast*, ZUM 2009, 698, 702). Dem entspricht Ziff. 1 Abs. 2 Nr. 1 der WerbeRL-TV, wonach auch solche Produkte außer Betracht bleiben sollen, die in der Produktion als solche nicht unmittelbar sichtbar sind (vgl auch *Holzgraefe*, MMR 2011, 221, 223).

174 **c) Begriff der Themenplatzierung.** Ausdrücklich verboten sind seit dem 13. RÄndStV auch **Themenplatzierungen** bzw Themenplacements (teilweise auch irreführend Themen-Sponsoring genannt; ausführlich *Bülow*, CR 1999, 105 ff; mit anderem Begriffsverständnis auch *Prasch*, S. 117 ff). Das Verbot lässt sich darauf zurückführen, dass nach Auffassung der EU bei Themenplatzierung die redaktionelle Verantwortung und Unabhängigkeit des Mediendiensteanbieters beeinträchtigt wird (Erwägungsgrund 93 zur AVMD; ferner Amtliche Begründung zum 13. RÄndStV, S. 5).

175 Themenplatzierung zeichnet sich nach überkommenem Verständnis dadurch aus, dass es um die Kommunikation eines bestimmten Themas in der Öffentlichkeit **ohne Bezug zu einem konkreten Produkt** und die Sensibilisierung der Rezipienten für dieses Thema geht (vgl *Puff*, S. 21 f; *Volpers/Bernhard/Schnier*, S. 111 f mit Beispielen). Beliebt ist die Platzierung **ideell geprägter Themen** wie zB die positive Darstellung der Entwicklungshilfe oder der SOS-Kinderdörfer (eingehend *Castendyk*, ZUM 2005, 857, 861 ff). Freilich finden sich in der Literatur unterschiedliche Definitionen und Systematisierungsversuche (vgl auch *Leitgeb*, S. 13 ff u. 53 ff). Die LMAen definieren den Begriff in Ziff. 1 Abs. 3 der WerbeRL-TV dahin gehend, dass Themenplatzierung die Programmintegration werblicher Aussagen bezüglich bestimmter Produkt- oder Dienstleistungsgattungen gegen Entgelt oder eine ähnliche Gegenleistung mit dem Ziel der Absatzförderung ist. Ferner heißt es, Themenplatzierung insbesondere wirtschaftlicher, politischer, religiöser oder weltanschaulicher Art sei unzulässig.

176 Aus dieser Definition ergibt sich, dass die LMAen dem Begriff der Themenplatzierung **ein weites Verständnis** zugrunde legen. Folgt man dem, ergibt sich aus § 7 Abs. 7 S. 1 die Unzulässigkeit einer Vielzahl von Placementarten: Unzulässig ist demnach nicht nur das Generic Placement (Platzierung bestimmter Produktgattungen, zB textiler Bodenbelag, vgl o. Rn 167), sondern auch das Imageplacement (Platzierung des Images eines Produkts/Unternehmens, zB Ausbildungschancen bei der Sparkasse) und das Ideaplacement (Platzierung einer bestimmten Botschaft). Untersagt ist ferner das Politic Placement (Platzierung einer politischen Botschaft, zB Thematisierung des Beitritts der Türkei zur EU in „Marienhof", vgl *Lilienthal*, epd medien 42/2005, S. 3, 11). Da der RStV selbst keine Definition von Themenplatzierung vorsieht und die LMAen eine weite Definition präferien, dürfte auch das sog. Themen-PR (Themen Public Relations) nach § 7 Abs. 7 S. 1 zu beurteilen sein (zum Themen-PR *Volpers/Bernhard/Schnier*, S. 23 ff, und *Volpers/Holznagel*, S. 181 ff).

177 **d) Begriff der „entsprechenden Praktik".** Nach § 7 Abs. 7 S. 1 sind schließlich auch **„entsprechende Praktiken"** verboten. Unklar – und bislang kaum thematisiert – bleibt, was hierunter zu verstehen ist; angesichts der beträchtlichen Weite des Schleichwerbungsbegriffes und des Begriffs der Themenplatzierung scheint es eines (zusätzlichen) Auffangtatbestandes kaum mehr zu bedürfen (anders *Engels/Giebel*, ZUM 2000, 265, 270). Die Amtliche Begründung zum 4. RÄndStV führt diesbezüglich aus, das Verbot der Schleichwerbung sei auf entsprechende Praktiken zu erstrecken, die insbesondere im **Teleshopping** denkbar seien (abgedruckt bei *Hartstein*, § 7). Sie nimmt damit Bezug auf die europäische Regelung in Art. 10 Abs. 4 FernsehRL aF, wonach neben Schleichwerbung explizit „entsprechende Praktiken im Teleshopping" untersagt waren. Dem Einbezug „entsprechender Praktiken" kommt damit letztlich eine lediglich **klarstellende Funktion** zu; die werbewirksame, vom Veranstalter absichtlich zu Werbezwecken vorgesehene Erwähnung von Produkten, Marken etc. im Programm kann nicht schon deshalb zulässig sein, weil im Rahmen eines Teleshoppingspots, Teleshoppingfensters, Teleshoppingkanals oder einer Teleshoppingsendung der entgeltliche Erwerb eines anderen Produkts angeboten wird (ebenso *Mallick*, S. 125 f).

178 **4. Systematik des § 7 Abs. 7 RStV.** Wie sich aus den erläuterten Legaldefinitionen ergibt, unterscheiden sich Schleichwerbung und Produktplatzierung insbesondere dadurch, dass Schleichwerbung generell

die nicht gekennzeichnete Erwähnung oder Darstellung von Waren etc. betrifft, Produktplatzierung hingegen tatbestandlich von vornherein nur gegeben ist, wenn es sich um eine „gekennzeichnete" Erwähnung handelt. Das Merkmal der Kennzeichnung stellt mithin **das entscheidende Abgrenzungsmerkmal** zwischen Schleichwerbung und Produktplatzierung dar, wobei die erfolgende Kennzeichnung als solche noch nichts über die Zulässigkeit der Produktplatzierung besagt. Dass es sich bei der Kennzeichnung um das wesentliche Unterscheidungskriterium handelt, hat der Rundfunkgesetzgeber selbst ausdrücklich dem 13. RÄndStV zugrunde gelegt (vgl Amtliche Begründung, S. 5).

Für die Frage, ob eine Kennzeichnung gegeben ist und damit die Regeln betreffend Produktplatzierungen anwendbar sind, ist richtigerweise darauf abzustellen, ob **überhaupt eine** Kennzeichnung erfolgt ist. Ob diese Kennzeichnung im Einzelnen mit den Vorgaben des § 7 Abs. 7 S. 3 bis 6 im Einklang steht, ist für die vorgelagerte Frage, ob es sich um Schleichwerbung iSv § 2 Abs. 2 Nr. 8 oder um Produktplatzierung iSv § 2 Abs. 2 Nr. 11 handelt, irrelevant (vgl zuvor Rn 166). 179

Die systematischen – und praktischen – Konsequenzen dieser klaren tatbestandlichen Differenzierung sind erheblich: Ist die Produkterwähnung nicht gekennzeichnet, kommt eine Beurteilung nach den (liberalisierten) Regelungen nach § 7 Abs. 7 S. 2 bis 6 iVm §§ 15, 44 nicht in Betracht. Es ist vielmehr über die unterlassene Kennzeichnung hinaus positiv festzustellen, ob die weiteren Voraussetzungen an das Vorliegen einer Schleichwerbung iSv § 2 Abs. 2 Nr. 8 gegeben sind. Ist dies der Fall, greift allein das Verdikt der Unzulässigkeit nach § 7 Abs. 7 S. 1. Auf irgendwelche Ausnahmen von diesem Verbot kann sich der Veranstalter nicht berufen. Hat hingegen eine Kennzeichnung stattgefunden, ist der Anwendungsbereich für die Prüfung der mit dem 13. RÄndStV eingefügten Ausnahmevorschriften und Zulässigkeitsvoraussetzungen eröffnet; bei Erfüllung der rundfunkstaatsvertraglichen Anforderungen liegt eine zulässige Produktplatzierung vor. 180

Letztlich ist diese Unterscheidung zwischen Schleichwerbung und Produktplatzierung rein formalistischer Natur und daher in ihrer Sinnhaftigkeit zumindest fragwürdig, zumal sie in der AVMD in dieser Form nicht angelegt ist (kritisch etwa *Castendyk*, ZUM 2010, 29, 31). Da sie aber im Wortlaut des RStV unmissverständlich niedergelegt ist und zudem auch dem gesetzgeberischen Willen der Länder entspricht, führt nach geltendem Recht an der Abgrenzung nach dem rein äußerlichen Merkmal der Kennzeichnung kein Weg vorbei (im Ergebnis ebenso zB *Hartstein*, § 7 Rn 50; *Holzgraefe*, S. 150; *ders.*, MMR 2011, 221, 224; *Müller-Rüster*, S. 277 f). Anders ausgedrückt: Die Veranstalter haben es selbst in der Hand, durch eine – wenn auch für sich genommen nicht regelkonforme – Kennzeichnung einer Beurteilung nach den liberalisierten Vorschriften für Produktplatzierungen den Weg zu ebnen. Gerade weil aber in allen „Verdachtsfällen" ohne Kennzeichnung das Verbot der Schleichwerbung noch seine unveränderte Gültigkeit hat, haben die über Jahrzehnte hinweg entwickelten diesbezüglichen Grundsätze nach wie vor Relevanz. 181

5. Grundsatz der Unzulässigkeit, Satz 1. Bei § 7 Abs. 7 S. 1 handelt es sich streng genommen um eine reine Rechtsfolgennorm. Die Bedeutung beschränkt sich darauf, die Rechtsfolge insbesondere von Schleichwerbung und Themenplatzierungen abschließend anzuordnen. Die tatbestandlichen Voraussetzungen für das Verbot ergeben sich mithin allein aus dem Vorliegen einer Schleichwerbung iSv § 2 Abs. 2 Nr. 8 bzw einer Themenplatzierung im dargestellten Begriffsverständnis. In der Vergangenheit haben sich **fallgruppenspezifische Beurteilungsgrundsätze** herausgebildet, die angesichts des absoluten Schleichwerbeverbots auch nach dem 13. RÄndStV unverändert von Bedeutung sind, insbesondere wenn nicht gekennzeichnetes Product Placement zu prüfen ist. Unabhängig hiervon sind die nachfolgenden Fallgruppen für alle Produktionen, die bis zum 19.12.2009 (einschließlich) fertiggestellt worden sind, nach § 63 von Bedeutung. Dies gilt ungeachtet des etwas missverständlichen Wortlauts des § 63 (ausführlich *Holzgraefe*, S. 228 f) und entspricht dem Willen der Länder, für vor dem Stichtag fertig gestellte Altproduktionen solle die bisherige Rechtslage weiterhin gelten (Amtliche Begründung zum 13. RÄndStV, S. 20). 182

a) Übertragung von Veranstaltungen. Bei der **Übertragung von Veranstaltungen**, insbesondere Sportveranstaltungen wie Fußballspielen, lässt es sich nicht vermeiden, dass die vor Ort existente Trikot-, Banden- und sonstige Werbung von der Kamera ebenfalls eingefangen wird. Sofern keine besonderen Anhaltspunkte die Übertragung kennzeichnen (zB wiederholter Zoom auf ein Werbeplakat), handelt es sich nicht um Schleichwerbung. Es fehlt an der erforderlichen Werbeabsicht des Veranstalters; zudem wird die Allgemeinheit nicht über den Werbezweck irregeführt (vgl nur *Hartstein*, § 7 Rn 51; *Sack*, AfP 1991, 704, 707). 183

184 Da dem Anwendungsbereich des § 8 lediglich das sog. Sendungssponsoring, nicht aber das sog. **Ereignissponsoring** (auch in Form des **Ereignistitelsponsoring**, zB BMW-Open), also die finanzielle Förderung von Veranstaltungen und Ereignissen durch Sponsoren unterfällt, ergeben sich in erster Linie aus dem Trennungs- und Schleichwerbungsverbot Zulässigkeitsgrenzen für die Übertragung gesponserter (Sport-)Veranstaltungen. Diese sind überschritten, wenn der Veranstalter den Ereignissponsor zB unangemessen in seine Berichterstattung einbezieht, etwa durch lobende Herausstellung oder das wiederholte Einblenden des Sponsorlogos (vgl *Hartstein*, § 8 Rn 17).

185 **b) Produkterwähnung in Fernsehfilmen, Serien und Spielfilmen.** Das als Paradefall der Schleichwerbung gehandelte und gerade in Fernsehfilmen und Serien vielfach anzutreffende **Product Placement** ist nur unzulässig, wenn es tatsächlich die im Einzelnen dargestellten Voraussetzungen der Schleichwerbung erfüllt; im Übrigen ist es als zulässige Produktplatzierung, etwa im Wege der kostenlosen Bereitstellung von Requisiten, nicht zu beanstanden (vgl bereits o. Rn 150; zur Rechtslage in Österreich vgl zuletzt Öst. VGH ZUM 2006, 507).

186 Spezifische Probleme können sich allerdings aus der zweitverwertenden Ausstrahlung von – insoweit liberaleren Anforderungen unterliegenden, vgl o. Rn 141 f – **Kinoproduktionen** im Fernsehen ergeben. Hier ist neben dem künstlerischen Wert des Filmes (Art. 5 Abs. 3 GG) zu berücksichtigen, dass gerade die massive Präsenz von Werbung zum Wegfall der Irreführungsgefahr beim Publikum führen kann; es mag daher genügen, lediglich für Anfang und Ende des Filmes eine Kennzeichnungspflicht vorzusehen (vgl *Ladeur*, in: Hahn/Vesting, § 7 Rn 64; *Wieben*, S. 198 ff). Das VG Berlin hat einen entsprechenden Hinweis („Der nachfolgende Film enthält bezahlte Markeneinbindungen.“) für den Film „Feuer, Eis und Dynamit“ für ausreichend erachtet (VG Berlin MMR 1999, 177 und 619; kritisch Fezer/*Kreile*, § 4-S 5 Rn 60).

187 **c) Redaktionelle Werbung.** Die bekannteste Erscheinungsform der Schleichwerbung ist neben dem unzulässigen Product Placement die **redaktionelle Werbung**. Der – theoretische – Unterschied besteht darin, dass beim Product Placement Ausgangspunkt ein redaktioneller Beitrag ist, in welchen Werbung eingefügt wird, während bei redaktionell aufgemachter Werbung eine Werbesendung mit redaktionellem Inhalt so weit angereichert wird, dass ihr werbender Charakter nicht mehr ausreichend zum Vorschein gelangen kann (Harte/Henning/*Frank*, Einl. G Rn 55; *Hartstein*, § 7 Rn 54). In praktischer Hinsicht allerdings sind die Grenzen, gerade auch im Hörfunk, fließend; man denke nur an Beiträge, die zB das Jubiläum eines bestimmten Markenartikels zum Gegenstand haben (vgl OVG Niedersachsen AfP 1999, 300). Die terminologische Unterscheidung ist letztlich müßig, da allein entscheidend ist, ob die Voraussetzungen des § 2 Abs. 2 Nr. 6 gegeben sind.

188 **d) Produkterwähnung in Unterhaltungssendungen.** Keinen Unterschied macht es, wenn in **Talkshows, Sport-, Quiz-, Koch- oder anderen Unterhaltungssendungen** Waren, Dienstleistungen oder Marken Erwähnung finden oder dargestellt werden. Dies geschieht etwa in der Weise, dass der Interviewpartner auf das Tragen werblich gekennzeichneter Kleidung besteht oder sich zum Interview nur bereit erklärt, wenn er auch sein neuestes Werk (Buch, CD usw) präsentieren kann. In diesen Fällen ist genau zu prüfen, ob die Produktplatzierung überhaupt geeignet ist, den durchschnittlichen Zuschauer über den Werbecharakter irrezuführen. Auch kann nicht ohne Weiteres aus der bloßen Duldung von Verhaltensweisen Dritter auf eine Werbeabsicht des Veranstalters geschlussfolgert werden (näher *Ladeur*, in: Hahn/Vesting, § 7 Rn 49 f). Schließlich ist zu berücksichtigen, dass es für die Rezipienten von erheblichem Interesse sein kann, zB den Auftritt eines medienscheuen Fernsehstars präsentiert zu bekommen. Maßgeblich ist also, ob sich der Auftritt mit programmlichen Gründen rechtfertigen lässt (*S/S-Holznagel/Stenner*, § 7 Rn 69).

189 **e) Produkterwähnung in Informations-, Ratgeber- und Kultursendungen.** In einem deutlich sensibleren Umfeld erfolgt die Produktbenennung, wenn es sich um **Ratgeber- oder Testsendungen, Gesundheitsmagazine oder andere primär auf Informationsvermittlung ausgerichtete Sendungen** handelt (vgl auch *S/S-Holznagel/Stenner*, § 7 Rn 67). Der erhebliche Imagegewinn und Absatzzuwachs, der mit einer positiven Kritik einhergeht, ist bekannt und erklärt namentlich die Prominenz der – wettbewerbsrechtlich strengen Anforderungen unterliegenden – Werbung mit Testergebnissen. Über die Zulässigkeit oder Unzulässigkeit des werbeeffektiven Einsatzes von Waren und Dienstleistungen in diesen Formaten entscheidet das Vorliegen eines informatorischen Rechtfertigungsgrundes: Sind die Werbewirkungen allein darauf zurückführen, dass der Veranstalter über das konkrete Produkt journalistisch informieren möchte, und geschieht dies im Rahmen des nach Art und Umfang Notwendigen, kann von keiner Werbeabsicht ausgegangen werden. Demgegenüber liegt der Verdacht der Schleichwerbung

nahe, wenn die Sendung die notwendige Neutralität und Objektivität vermissen lässt und den werblichen Aspekt, zB durch plumpe Anpreisung, in den Vordergrund rückt. Das Anliegen eines Ratgebermagazins, die Zuschauer über die gesundheitlichen Gefahren des Rollerskatens zu informieren, kann es rechtfertigen, nicht nur die erforderlichen Schutzvorkehrungen (Handgelenkschoner etc.) konkret zu benennen, sondern sich auch über das passende „coole Outfit“ unter der Nennung von Preis und Bezugsmöglichkeit „auszulassen“ (so jedenfalls VG Berlin ZUM-RD 2007, 446). Zur Unbedenklichkeit des Hinweises auf Nahrungsmittel in der Sendung „Hobbythek“ vgl OLG Frankfurt AfP 1994, 47; zur Zulässigkeit der Einblendung einer Zeitschrift in einer Ratgebersendung OLG Hamburg AfP 1993, 578 (FINANZtest).

Bei **Kultursendungen im weiteren Sinne**, die sich mit großem Publikumserfolg der im positiven Fall sehr werbewirksamen Rezension von Werken widmen (zB „Lesen!“ mit Elke Heidenreich), sind die gleichen Maßstäbe anzulegen; allerdings ist hierbei das subjektive Verständnis (auch des Rezensenten) von Kunst und Kultur in Rechnung zu stellen, so dass dem Merkmal der Objektivität im Zweifel nicht viel entnommen werden kann. Die Vorstellung von neuen Kinofilmen, DVDs, CDs usw durch kleinere Ausschnitte ist solange zulässig, wie sich die Präsentation auf das beschränkt, was zur Befriedigung des Informationsinteresses des Zuschauers/Zuhörers erforderlich ist (*Beucher*, § 7 Rn 53; auch OLG München ZUM-RD 1997, 10, 17). 190

f) Preispräsentation in Gewinnspielen. Für die Veranstaltung von **Gewinnspielen in Fernsehen und Hörfunk** und die dortige Auslobung von Geld- und Sachpreisen sehen Ziff. 11.2 der ARD/ZDF-Richtlinien und Ziff. 8 der WerbeRL-TV/HörF einige besondere Anforderungen vor. So haben die öffentlich-rechtlichen Veranstalter bei der Preisauslobung darauf zu achten, dass unter den Produkten ein Wechsel stattfindet, Produkte oder ihre Spender also nicht einseitig bevorzugt werden. Die Darstellung oder Nennung muss sich auf das programmlich Notwendige beschränken; jeder über die Information über den Gewinn und/oder seinen Spender hinausgehende Werbeeffekt ist zu vermeiden. Die LMAen erachten es ausdrücklich als zulässig, wenn die privaten Veranstalter den Spender zweimal nennen bzw zur Verdeutlichung des Produkts auch den Preis in Form von Bewegtbildern zweimal optisch darstellen. Vgl ferner Handbuch/*Loitz*, S. 181 ff. 191

g) Titelsponsoring. (Medienfremdes) **Titelsponsoring**, also die Integration eines Firmennamens, Firmenemblems oder einer Marke in den Titel einer Sendung (eingehend *Hackbarth*, ZUM 1998, 974 ff), lässt sich nach überwiegender Auffassung in der Regel nicht als Sponsoring iSv § 2 Abs. 2 Nr. 9 und § 8 qualifizieren, es sei denn, es wird inhaltlich auf den Titelsponsor überhaupt kein Bezug genommen (vgl *Hartstein*, § 7 Rn 55a; *Ladeur*, in: Hahn/Vesting, § 7 Rn 65; vgl nunmehr aber unten Rn 312). Folgt man der hM, ist wesentliche Beurteilungsgrundlage daher vielfach das Schleichwerbeverbot. Die LMAen haben in jüngerer Zeit etwa gegen RTL II wegen der Sendung „Die Nutella-Geburtstagsshow“ ein Bußgeldverfahren eingeleitet, weil Inhalte gegen Bezahlung in das Programm integriert wurden. Auch wurde gegen die Sendung „Die kultige Handy-Show – O2 can do“ vorgegangen. Nach Ziff. 7 Abs. 10 Nr. 2 der WerbeRL-TV/HörF dürfen bei der Erwähnung des Namens, einer Marke etc. im Titel der Sendung „keine werblichen Effekte in den Vordergrund rücken“. Nach Auffassung der LMAen war durch die Hinzufügung des Werbeslogans von O2 gegen diese Vorgabe verstoßen worden (zum Ganzen ALM Jahrbuch 2005, S. 22). 192

h) Verlags TV. Eng verwandt mit dem Titelsponsoring bzw nur eine besondere Erscheinungsform des Titelsponsoring ist das **sog. Verlags TV** (vgl *Blaue*, S. 324 ff). Hierbei handelt es sich um Sendungen, die (in der Regel als zugelieferte TV-Magazine) innerhalb des Gesamtprogramms eines Veranstalters ausgestrahlt werden und die angesichts ihres Namens und ihrer journalistischen Ausrichtung Bezug zu einem publizistischen Werk aus dem Printbereich haben; zu nennen sind etwa „Spiegel TV“, „Focus TV“, „Süddeutsche Zeitung TV“ oder auch „Bravo TV“ und „FIT FOR FUN TV“. Bei dieser Form der Kooperation von Unternehmen und Veranstaltern kann es sich bereits begrifflich nicht um Sponsoring handeln, da die beteiligten Verlagshäuser in aller Regel – jedenfalls mittelbar – an der Produktion der Sendung beteiligt sind (*Engels/Giebel*, ZUM 2000, 265, 281). Nach Ziff. 13 Abs. 2 der WerbeRL-TV dürfen Verlags TV-Sendungen durch ihren Inhalt und ihre Gestaltung nicht einen direkten Hinweis auf die nächste bzw aktuelle Ausgabe des Printprodukts enthalten; zudem dürfen bei der Erwähnung des Verlages oder des Printproduktes keine werblichen Effekte in den Vordergrund rücken. Ob es allerdings gerechtfertigt ist, dem Printprodukt dessen – an sich zu bejahenden – Status als Begleitmaterial iSv § 45 Abs. 2 explizit abzuerkennen, erscheint fraglich; für den Zuschauer kann es durchaus von Interesse sein, zu erfahren, dass in der anstehenden Ausgabe des Printprodukts Teile des Sen- 193 dungsinhalts weiter vertieft werden (ebenso *Hartstein*, § 7 Rn 55b; aA *Ladeur*, in: Hahn/Vesting, § 7 Rn 68; vgl auch Handbuch/*Loitz*, S. 397 ff mit Nachweisen aus der Aufsichtspraxis).

194 i) **Grafikwerbung.** Sog. **Grafikwerbung (auch Grafiksponsoring)**, also die mit der Einblendung von Grafiken verbundene Einblendung von Firmen- oder Produktnamen bei Sportberichterstattungen, ist nicht nach § 7 Abs. 7 S. 1 unzulässig (vgl die Erläuterungen in Rn 112 ff und ferner *Engels/Giebel*, ZUM 2000, 265, 280 f; *S/S-Holznagel/Stenner*, § 7 Rn 79 ff).

195 **6. Exzeptionelle Zulässigkeit von Produktplatzierungen, S. 2 bis 6.** Das Verbot von Produktplatzierungen in Satz 1 findet eine erhebliche Einschränkung nach den Vorgaben der §§ 15, 44 und des § 7 Abs. 7 S. 2 bis 6. Sind die Voraussetzungen einer der Ausnahmevorschriften der §§ 15, 44 erfüllt (vgl hierzu die Kommentierung in Rn 363 ff) und werden ferner die kumulativen Anforderungen der Sätze 2 bis 6 eingehalten, ist die vorgenommene Produktplatzierung rundfunkwerberechtlich nicht zu beanstanden. Die Ausnahmen sind in Satz 2 abschließend geregelt (Amtliche Begründung zum 13. RÄndStV, S. 6). Hervorzuheben ist, dass die Sätze 2 bis 6 **ausschließlich für Produktplatzierungen** gelten; auf Schleichwerbung und Themenplatzierung finden sie keine Anwendung.

196 **a) Wahrung der redaktionellen Verantwortung und Unabhängigkeit, S. 2 Nr. 1.** Auch bei Produktplatzierungen muss die redaktionelle Verantwortung und Unabhängigkeit hinsichtlich Inhalt und Sendeplatz unbeeinträchtigt bleiben. S. 2 Nr. 1 schützt davor, dass durch finanzielle Mittel oder für die Sendung zur Verfügung gestellte Produkte auf den Inhalt oder Sendeplatz Einfluss genommen wird. Die Ausgestaltung der Sendung soll unbeeinflusst von der Produktplatzierung erfolgen und jedwede redaktionelle Entscheidungen nicht durch den wirtschaftlichen Anreiz beeinträchtigt werden (vgl Amtliche Begründung zum 13. RÄndStV, S. 7). Das Gebot der redaktionellen Unabhängigkeit in Nr. 1 entspricht der Sponsoring-Regelung in § 8 Abs. 2 und stellt eine abermalige Bekräftigung des Beeinflussungsverbots nach § 7 Abs. 2 dar: Auch die eingeschränkte Zulassung von Produktplatzierungen ändert nichts daran, dass die Programmgestaltung einzig und allein durch den Veranstalter bzw von ihm beauftragte Dritte erfolgen soll. Träger der geschützten redaktionellen Verantwortung und Unabhängigkeit sind – in Abhängigkeit von der konkreten Produktionsform – sowohl das befasste Produktionsunternehmen (im Falle einer Auftragsproduktion) als auch der Veranstalter (*Hartstein*, § 7 Rn 53b).

197 **b) Keine unmittelbare Aufforderung zum Kauf etc., S. 2 Nr. 2.** Nach S. 2 Nr. 2 darf die Produktplatzierung „nicht unmittelbar zu Kauf, Miete oder Pacht von Waren oder Dienstleistungen auffordern"; untersagt sind insbesondere spezielle verkaufsfördernde Hinweise auf die platzierten Produkte. Die Regelung ist an § 8 Abs. 3 angelehnt und begründet ebenfalls ein **sog. Animierungsverbot**. Mit ihr ist klargestellt, dass die platzierten Waren oder Dienstleistungen zwar gezeigt werden dürfen, eine werbende Erwähnung aber ebenso wenig gestattet ist wie das Hervorheben des Produkts hinsichtlich besonderer Eigenschaften (Amtliche Begründung zum 13. RÄndStV, S. 7). Mit S. 2 Nr. 2 soll sichergestellt werden, dass die in §§ 15, 44 erwähnten Programmformate nicht durch Elemente, die in Richtung Teleshopping tendieren, gestört werden (*Hartstein*, § 7 Rn 53c). Die bloße Einbeziehung eines Produkts in eine Sendung ohne hinzutretende Umstände kann dabei noch nicht als Kaufappell begriffen werden (*Castendyk*, ZUM 2010, 29, 37).

198 Ob die Produktplatzierung unmittelbar zum Kauf etc. auffordert, ist aus Sicht des maßgeblichen – durchschnittlich verständigen – Rezipienten zu beurteilen, der die Produktplatzierung mit situationsadäquater Aufmerksamkeit betrachtet. Die Grenze des Zulässigen ist klar überschritten, wenn etwa in einer Kochsendung das platzierte Olivenöl nicht nur verwendet wird, sondern seitens eines Beteiligten auch zugleich darauf hingewiesen wird, der Hersteller habe nunmehr den Preis dauerhaft gesenkt. Gleiches gilt etwa für eine Auto-Show, wenn hier auf die „einmalige" Sonderaktion aller beteiligten Vertragshändler mit erheblichen Rabatten hingewiesen wird.

199 **c) Keine zu starke Herausstellung, S. 2 Nr. 3.** Schließlich darf nach S. 2 Nr. 3 das platzierte Produkt nicht „zu stark" herausgestellt werden. Nach Auffassung der Länder bezweckt das Verbot unangemessener Herausstellungen („**undue prominence**") den Schutz der Verbraucher vor Irreführung und verpflichtet den Veranstalter dazu, dem platzierten Produkt keine auffällige Stellung im Sendungsverlauf einzuräumen und damit Werbeeffekte zu vermeiden (Amtliche Begründung zum 13. RÄndStV, S. 7).

200 Ob ein Produkt entgegen Nr. 3 zu stark herausgestellt wird, ist unter Berücksichtigung aller Umstände des konkreten Einzelfalls aus Sicht des maßgeblichen Durchschnittsrezipienten festzustellen. Abzu-

stellen ist dabei insbesondere auf **objektive Indizien wie Art, Dauer, Häufigkeit und Intensität der Darstellung.** Die LMAen lesen das Verbot von undue prominence dahin gehend, dass die Produktplatzierung redaktionell gerechtfertigt sein müsse, was der Fall sei, wenn das Produkt aus überwiegend programmlich-dramaturgischen Gründen in die Handlung oder den Ablauf integriert werde oder die Verwendung oder Darstellung des Produkts als Information zur Verdeutlichung des Inhalts der Sendung notwendig sei (Ziff. 4 Nr. 6 der WerbeRL-TV). Nach Ziff. 9.3.3. iVm 8.3 der ARD/ZDF-Richtlinien ist durch die Art der Darstellung nach Möglichkeit die Förderung werblicher Interessen zu vermeiden, etwa durch die Präsentation von Marktübersichten statt Einzeldarstellungen oder das Vermeiden werbewirksamer Kameraführung.

Diese Grundsätze erinnern stark an die verschiedenen Indizien zur Feststellung einer Werbeabsicht des Veranstalters im Rahmen der Schleichwerbung, wo ebenfalls auf die Intensität der Darstellung nach Art und Umfang und auf die dramaturgische oder journalistische Rechtfertigung der mit der Produkterwähnung einhergehenden Werbewirkung abgestellt wird (im Einzelnen o. Rn 147 ff). Tatsächlich findet sich auch in der Literatur die Forderung, zur Feststellung einer undue prominence sei auf diese bewährte, von Rechtsprechung und Aufsicht getragene Praxis zurückzugreifen (*Volpers/Holznagel*, S. 161 ff; *Platho*, MMR 2008, 582, 586; wohl auch *Puff*, S. 70). Vor dem Hintergrund der mit dem 13. RÄndStV intendierten Liberalisierung von Product Placement kann dieser Ansatz indes nicht überzeugen. Die Ziele der Novellierung würden ad absurdum geführt (*Müller-Rüster*, S. 287), wenn nunmehr dieselben objektiven Umstände zur Bejahung einer zu starken Herausstellung angeführt würden, die in der Vergangenheit (und auch noch in der Gegenwart) zur positiven Feststellung der erforderlichen Werbeabsicht herangezogen wurden. Der Widerspruch liegt auf der Hand: Was bislang „nach altem Recht" mangels journalistischer oder dramaturgischer Rechtfertigung verbotene Schleichwerbung war, wäre nunmehr „nach neuem Recht" unzulässige, da zu stark herausgestellte Produktplatzierung. Die gesetzgeberischen Liberalisierungsbemühungen wären in diesem Fall im Sande verlaufen (zu Recht kritisch *Castendyk*, ZUM 2010, 29, 37; *Müller-Rüster*, S. 287 f). 201

Folgerichtig kann es für eine zu starke Herausstellung des platzierten Produkts nicht ausreichen, dass die Integration vermeidbar war, also über das dramaturgisch oder journalistisch erforderliche Maß hinausgeht (*Holzgraefe*, S. 251; *Castendyk*, ZUM 2010, 29, 37). An die Begründung einer übermäßigen Herausstellung des platzierten Produkts müssen vielmehr **strengere Anforderungen** gestellt werden, und zwar dergestalt, dass die Herausstellung ein solches Ausmaß annimmt, dass der natürliche Handlungsablauf der Sendung bei verständiger Betrachtung merklich in den Hintergrund rückt und die Werbewirkung das fiktionale oder non-fiktionale Geschehen dominiert. Dies ergibt sich aus dem Ziel des europäischen und nationalen Gesetzgebers, das absolute Schleichwerbeverbot unter bestimmten Voraussetzungen einzuschränken, und im Übrigen auch aus dem Wortlaut des § 7 Abs. 7 S. 2 Nr. 3, wonach das Produkt sehr wohl stark, nicht aber „zu" stark herausgestellt werden darf (in die gleiche Richtung *Holzgraefe*, S. 252: „das Werbeobjekt avanciert zum Hauptdarsteller"; *Mallick*, S. 241: „explizite werbliche Hervorhebung"). Nach diesen Grundsätzen ist etwa eine übermäßige Herausstellung zu bejahen, wenn im Rahmen der Sendung „Die Super Nanny" nicht nur ein Kind sichtbar mit einer Windel von Pampers gewickelt wird (was nicht zu beanstanden ist), sondern darüber hinaus ein Dialog entsteht, in dem auf die besonderen Vorzüge von Pampers-Windeln, etwa die „hervorragende" Saugfähigkeit, hingewiesen wird (Beispiel nach *Kreile*, ZUM 2009, 709, 714). 202

Die vorstehenden Grundsätze gelten nicht nur für entgeltliche Produktplatzierung iSv § 2 Abs. 2 Nr. 11. Nach Nr. 3 Hs 2 gilt das Verbot einer zu starken Herausstellung vielmehr in gleicher Weise auch für kostenlos zur Verfügung gestellte geringwertige Güter. Im Rahmen der Nr. 3 ist mithin die Frage, ob die Produktbereitstellung wertmäßig von Bedeutung ist oder nicht (oben Rn 170 ff), irrelevant. 203

d) Hinweis- und Kennzeichnungspflicht, S. 3 bis 6. Als weitere Zulässigkeitsvoraussetzung für Produktplatzierungen in den Ausnahmefällen der §§ 15 und 44 ist in den Sätzen 3 bis 6 eine **differenzierte Kennzeichnungspflicht** vorgesehen. Im Rahmen der Novellierung der AVMD hat die Frage der Kennzeichnung von Produktplatzierunen ebenso breiten Raum eingenommen wie in der anschließenden Reform des RStV (vgl im Einzelnen *Volpers/Holznagel*, S. 166 ff; *Leitgeb*, S. 380 ff; *Mallick*, S. 242 ff; *Holzgraefe*, S. 212 ff). Die gewählte Lösung entspricht der in Art. 11 Abs. 3 S. 3 d) AVMD gewählten Kennzeichnung. Die Mitgliedstaaten haben mithin ebenso wie die Länder die Gefahr in Kauf genommen, dass einzelne Zuschauer, die nicht die ganze Sendung sehen, sondern „hin und her schalten", den Hinweis auf Produktplatzierung eventuell nicht wahrnehmen. 204

205 aa) **Eindeutiger Hinweis, S. 3.** Den Ausgangspunkt statuiert S. 3: Auf eine Produktplatzierung ist eindeutig hinzuweisen. Bezweckt ist mit dieser allgemeinen Kennzeichnungspflicht die Herbeiführung von **Transparenz**, da der Verbraucher durch den eindeutigen Hinweis informiert ist und den Grund für die Verwendung des platzierten Produkts einordnen kann (Amtliche Begründung zum 13. RÄndStV, S. 7).

206 bb) **Angemessene Kennzeichnung, S. 4 und 6.** Satz 4 konkretisiert die Hinweispflicht für das Fernsehen dahin gehend, dass die Produktplatzierung zu Beginn und zum Ende einer Sendung sowie bei deren Fortsetzung nach einer Werbeunterbrechung angemessen zu kennzeichnen ist. Diese Kennzeichnungspflicht orientiert sich an der Sponsoring-Regelung in § 8 Abs. 1 und gilt im Grundsatz für sämtliche Produktionsarten, dh von der Eigenproduktion bis hin zur Auftragsproduktion. Nach Ziff. 4 Nr. 7 der WerbeRL-TV ist die Produktplatzierung jedenfalls dann angemessen gekennzeichnet und für den Zuschauer erkennbar, wenn die Kennzeichnung jeweils für die Dauer von mindestens 3 Sekunden die **Abkürzung „P" als senderübergreifendes Logo** für Produktplatzierungen enthält, wobei diese Deklaration durch Einblendung eines erläuternden Hinweises zu ergänzen ist (etwa „Unterstützt durch Produktplatzierungen"). Auf das senderübergreifende Logo „P" haben sich die LMAen mit den in der ARD zusammengeschlossenen Landesrundfunkanstalten und dem ZDF entsprechend der gesetzlichen Aufforderung in Satz 6 als einheitliche Kennzeichnung festgelegt (vgl entsprechend Ziff. 9.4 der ARD/ZDF-Richtlinien).

207 Den Veranstaltern ist nach Ziff. 4 Nr. 8 der WerbeRL-TV freigestellt, vor Beginn und/oder nach Ende der Sendung zusätzlich auf die Person des Produktplatzierers hinzuweisen. Auch ist die zusätzliche **Einblendung eines Markenlogos** zulässig; die LMAen haben sich insoweit bis zu einem gewissen Punkt an den erweiterten Einblendungsmöglichkeiten beim Sponsoring nach § 8 Abs. 1 orientiert. Allerdings ist nur die Einblendung des Markenlogos statthaft; weitere werbliche Wirkungen dürfen mit dem Hinweis auf Produktplatzierungen – anders als beim Sponsorhinweis – nicht einhergehen (vgl *Mallick*, S. 244; *Holzgraefe*, S. 214 ff). Gestattet sind aber weitere Hinweise im Teletext und/oder Internet. Hiermit dürfte einhergehen, dass auch ein vorheriger Hinweis auf diese ergänzenden Informationen, zB durch Einblendung eines Laufbandes, erfolgen darf (vgl Dörr/*Kreile*/Cole, Kap. J Rn 47).

208 Für die kostenlose Bereitstellung von Produkten von bedeutendem Wert gilt die Kennzeichnungspflicht in gleicher Weise, weil auch diese eine Produktplatzierung darstellt (§ 2 Nr. 11 S. 2). Wertmäßig nicht bedeutsame Produktbereitstellungen sind hingegen nicht zu kennzeichnen. Nach Ziff. 4 Nr. 9 der WerbeRL-TV bleiben jedoch die Regeln zu **Ausstatterhinweisen** unberührt, so dass unverändert gilt, dass Ausstatterhinweise am Ende von Sendungen zulässig sind (Ziff. 12.1 der WerbeRL-TV). Ausstatterhinweise werden nicht als Werbung behandelt, sofern sie wie Sponsorhinweise gestaltet sind. Nach Ziff. 9.4 der ARD/ZDF-Richtlinien ist im Fall einer unentgeltlichen Produktionshilfe der Schriftzug einzublenden „unterstützt durch Produktionshilfe" (vgl weiter *Hartstein*, § 7 Rn 53e).

209 Im Hörfunk ist Produktplatzierung nach Satz 4 durch einen „gleichwertigen" Hinweis angemessen zu kennzeichnen. Hintergrund dieser Regelung ist, dass im Hörfunk die Sendeformate nicht immer eindeutig in Sendungen gegliedert sind (Amtliche Begründung, S. 7).

210 cc) **Kennzeichnungspflicht bei Fremdproduktionen, S. 5.** Im Prinzip gilt die dargestellte Kennzeichnungspflicht nach S. 4 auch für Fremdproduktionen. S. 5 sieht insoweit allerdings eine gewichtige Ausnahme vor: Die Kennzeichnungspflicht entfällt für solche Sendungen, die nicht vom Veranstalter selbst oder von einem mit dem Veranstalter verbundenen Unternehmen produziert oder in Auftrag gegeben worden sind, wenn **nicht „mit zumutbarem Aufwand"** ermittelbar ist, ob Produktplatzierung enthalten ist, wobei auf diesen Umstand dann hinzuweisen ist. Die „primäre" Kennzeichnungspflicht nach S. 4 wird also durch eine „sekundäre" Kennzeichnungspflicht nach S. 5 ersetzt (*Müller-Rüster*, S. 289).

211 Mit der Ausnahmeregelung (grundsätzlich kritisch zB *Hartstein*, § 7 Rn 53 f) wollten die Länder der Tatsache Rechnung tragen, dass sichere Erkenntnisse über die Existenz einer Produktplatzierung regelmäßig nur bei Eigen- und Auftragsproduktionen vorhanden sind. Entsprechend sei – mit Ausnahme bereits erfolgter europäischer Kennzeichnung – bei dem Erwerb von Fremdproduktionen nachzufragen, wobei angesichts der gestuften Vertriebsebenen die Nachforschungspflichten auf das vertretbare Maß zu beschränken seien. Mit dem Hinweis auf erfolglose Nachforschungsbemühungen könne der Veranstalter dem Vorwurf vorbeugen, eine Prüfung sei gar nicht erfolgt (vgl Amtliche Begründung zum 13. RÄndStV, S. 8). Hinzuzufügen ist, dass dieser Hinweis erst erfolgen darf, wenn tatsächlich nach Produktplatzierungen ermittelt wurde; nicht zulässig ist es, pauschal auf die Möglichkeit des Vorhandenseins von Produktplatzierungen hinzuweisen, ohne zuvor den Versuch unternommen zu

haben, statt Unsicherheit Gewissheit über Produktplatzierungen zu erlangen (ebenso *Müller-Rüster*, S. 290). Dies gilt umso mehr, als der Warnhinweis im Falle eines inflationären Gebrauchs mit der Zeit absehbar kaum mehr aufklärend beim Rezipienten wirken könnte (*Holzgraefe*, S. 217 f).

Ungeklärt ist, wann ein nicht mehr „zumutbarer" Aufwand angenommen werden kann. Insoweit werden **Art und Umfang der Nachforschungsmaßnahmen** in Verhältnis zu dem angestrebten Zweck (Aufklärung der Zuschauer zur Vermeidung von Irreführung) zu setzen sein. Nach Ziff. 4 Nr. 10 der WerbeRL-TV gilt als zumutbarer Aufwand jedenfalls, wenn der Veranstalter den Verkäufer in vertraglicher oder sonstiger Weise zur Vorlage einer Erklärung auffordert, ob die Sendung Produktplatzierung enthält. Über die Einforderung einer solcher „Unbedenklichkeitsbescheinigung" hinaus dürfte es aber auch verhältnismäßig sein, dem Verkäufer bzw Lizenzgeber eine „Placementliste" – unter Zusicherung der Vollständigkeit – abzuverlangen, wobei vertraglich zusätzlich darauf hingewirkt werden müsste, dass diese Abgabeverpflichtung innerhalb der Lizenzkette weitergereicht wird (vgl *Castendyk*, ZUM 2010, 29, 36). Auch ist dem Sender sicherlich zumutbar, die erworbene Fremdproduktion selbst zu sichten und gezielt dahin gehend zu überprüfen, ob sich Produktplatzierungen finden lassen (vgl weiter *Holzgraefe*, S. 218 f). 212

War tatsächlich nicht mit zumutbarem Aufwand ermittelbar, ob Produktplatzierung enthalten ist, muss hierauf hingewiesen werden. Dieser sekundären Kennzeichnungspflicht ist nach Auffassung der LMAen nicht dergestalt nachzukommen, dass hierauf zB zu Beginn und zum Ende der Sendung hingewiesen wird (so aber zB *Holzgraefe*, S. 218 f). Nach Ziff. 4 Nr. 10 der WerbeRL-TV kann der Hinweis zwar im Zusammenhang mit der Sendung erfolgen; es genügt aber schon der Hinweis im Zusammenhang mit Programmankündigungen zur Sendung im Videotext oder anderen Medien (ebenso Ziff. 9.5 der ARD/ZDF-Richtlinien). Die ARD/ZDF-Richtlinien schlagen als Hinweis vor: „Diese Sendung könnte Produktplatzierungen enthalten." 213

7. Wettbewerbsrechtliche Beurteilung von Schleichwerbung etc. Schleichwerbung in Fernsehen und Hörfunk ist grundsätzlich auch wettbewerbsrechtlich verfolgbar (grundlegend BGH GRUR 1990, 611 – Werbung im Programm). Das Gleiche gilt für rundfunkwerberechtlich untersagte Themen- und Produktplatzierungen, vorausgesetzt, der Anwendungsbereich des UWG ist eröffnet. Als problematisch kann sich der Nachweis der erforderlichen Wettbewerbsabsicht des Rundfunkveranstalters erweisen; sie ist aber jedenfalls anzunehmen, wenn ein Produkt oder eine Dienstleistung über das durch eine sachliche Information bedingte Maß hinaus werbend dargestellt wird. Die Unlauterkeit der Schleichwerbung bzw unzulässigen Produktplatzierung folgt sodann aus §§ 3, 4 Nr. 3 UWG sowie §§ 3, 4 Nr. 11 UWG, da § 7 Abs. 7 S. 1 UWG eine Marktverhaltensvorschrift in diesem Sinne darstellt (ausdrücklich KG ZUM 2005, 746, 747). Seit der UWG-Novelle 2008 ist auch Nr. 11 des Anhangs zu § 3 Abs. 3 UWG zu beachten, wonach der vom Unternehmer finanzierte Einsatz redaktioneller Inhalte zu Zwecken der Verkaufsförderung, ohne dass sich dieser Zusammenhang aus dem Inhalt oder aus der Art der optischen und akustischen Darstellung eindeutig ergibt, stets unzulässig ist. Generalisierend kann davon ausgegangen werden, dass Schleichwerbung und Produktplatzierungen nur dann als unlauter anzusehen sind, wenn die speziellen Anforderungen des RStV nicht gewahrt wurden, da es andernfalls insb. zu einer Aushöhlung der im RStV enthaltenen Legalisierungen (zB §§ 7 Abs. 7 S. 2, 44) kommen würde (umfassend zur lauterkeitsrechtlichen Beurteilung von Product Placement jetzt *Holzgraefe*, S. 289 ff; *Puff*, S. 88 ff; *Mallick*, S. 160 ff). 214

8. Weitere Aspekte der Schleichwerbung. Um Schleichwerbung bzw Schleichwerbeskandale größeren Umfangs aufzudecken, sind die einschlägig recherchierenden Redakteure naturgemäß auf die besonderen Methoden des investigativen Journalismus angewiesen. Gerade im Hinblick auf die Finanzierung der öffentlich-rechtlichen Veranstalter besteht ein ausgeprägtes Interesse der Allgemeinheit daran zu erfahren, ob und in welchem Umfang Schleichwerbepraktiken stattfinden. Besteht insoweit ein begründeter Verdacht, können **Unterlassungs- und andere Ansprüche** gegen den zur Aufklärung des Verdachts in zulässiger Weise (verdeckt) recherchierenden Journalisten **nicht mit Erfolg geltend gemacht werden** (grundlegend OLG München ZUM 2005, 399, 403 ff; zuvor ZUM 2004, 312 ff). 215

Ein **Vertrag**, der auf die Integrierung unzulässiger Produktplatzierungen oder sonstiger Schleichwerbung gerichtet ist, ist in der Regel **nichtig** nach §§ 134, 138 Abs. 1 BGB (OLG München AfP 1988, 252 m. Anm. *Hauschka*; OLG München AfP 1992, 306; AfP 1995, 655; NJW-RR 2006, 768 f). Dabei ist je nach Fallgestaltung zwischen den vertragsrechtlichen Beziehungen zwischen Hersteller, Produktionsgesellschaft, Werbeagentur und Veranstalter zu differenzieren (umfassend zu den vertragsrechtlichen Implikationen von Product Placement *Puff*, S. 132 ff). 216

217 Ist zur Erfüllung des hiernach nichtigen Vertrages bereits ein Entgelt geleistet geworden, ist ein entsprechender **Kondiktionsanspruch** nach § 812 Abs. 1 S. 1 Fall 1 BGB regelmäßig **nach § 817 S. 2 BGB ausgeschlossen** (OLG München AfP 1988, 252, 253 f; NJW-RR 2006, 768, 769 f). Im Einzelnen ergibt sich eine Vielzahl von bereicherungsrechtlichen Abwicklungsproblemen (ausführlich *Puff*, S. 165 ff).

VIII. Werbeverbot für Nachrichtensprecher, Abs. 8

218 § 7 Abs. 8 statuiert indirekt ein **eingeschränktes „Berufsverbot"** für solche Personen, die regelmäßig Nachrichtensendungen oder Sendungen zum politischen Zeitgeschehen vorstellen, indem er ihnen untersagt, in der Fernsehwerbung und beim Teleshopping im Fernsehen aufzutreten. Dagegen soll der werbliche Auftritt im Hörfunk keinen Bedenken unterliegen. Das Verbot stimmt mit der – allerdings noch weitergehenden – Regelung in Art. 13 Abs. 4 FernsehÜ überein. Die FernsehRL sieht keine vergleichbare Bestimmung vor.

219 **1. Regelungszweck.** Sinn und Zweck des § 7 Abs. 8 bestehen darin, der **kommerziellen Ausnutzung jenes Vertrauens entgegenzuwirken**, das von den Rezipienten solchen Personen entgegengebracht wird, die für als besonders neutral und objektiv bekannte Formate wie Nachrichtensendungen und Sendungen zum politischen Zeitgeschehen nach außen hin „verantwortlich zeichnen". Auch soll die Glaubwürdigkeit dieser – vermeintlich unabhängigen – Personen nicht dadurch erschüttert werden, dass sie gleichzeitig als „eingekaufte Werbebotschafter zur Kundenmanipulation" auftreten (*Hartstein*, § 7 Rn 61; Handbuch/*Loitz*, S. 153). Alles in allem zielt die Bestimmung darauf ab, dem wirtschaftlich motivierten Imagetransfer zulasten der Zuschauer und zugunsten der Werbetreibenden einen Riegel vorzuschieben.

220 **2. Verfassungsrechtliche Zweifel.** Im Schrifttum werden erhebliche **verfassungsrechtliche Bedenken** gegen die Berufsausübungsregelung des § 7 Abs. 8 geltend gemacht (vgl *Hartstein*, § 7 Rn 62; wohl auch *Beucher*, § 7 Rn 56 und Handbuch/*Loitz*, S. 153 f). In der Tat erscheint es sehr fraglich, ob der strikte Ausschluss jeglicher werbenden Tätigkeit von Nachrichtenmoderatoren etc. im Fernsehen und der damit einhergehende Eingriff in die durch Art. 12 GG geschützte Berufsausübungsfreiheit durch einen hinreichenden Gemeinwohlbelang gerechtfertigt werden kann; die Wahrung des Verhältnismäßigkeitsgrundsatzes steht hier auf denkbar wackligen Füßen. Teilweise wird demgegenüber allerdings ausdrücklich die Verfassungskonformität der Vorschrift bekräftigt, vgl *Ladeur*, in: Hahn/Vesting, § 7 Rn 76, und *S/S-Holznagel/Stenner*, § 7 Rn 94 f. Übereinstimmung besteht immerhin insoweit, als die tatbestandlichen Voraussetzungen des § 7 Abs. 8 (verfassungskonform) **eng auszulegen** sind. Relativiert wird die Auseinandersetzung zudem durch den Umstand, dass die Verträge mit den auch nicht nachrichtlich tätigen Moderatoren jedenfalls bei den öffentlich-rechtlichen Veranstaltern seit den umstrittenen Werbekampagnen zB von Johannes B. Kerner (Air Berlin) und Reinhold Beckmann vielfach eine vertragliche Genehmigungspflicht vorsehen; schließlich kommt dem selbstregulativen Einfluss der journalistischen Verbände ebenfalls eine beachtliche Bedeutung zu.

221 **3. Sachlicher Anwendungsbereich.** Sachlich erfasst das Verbot lediglich Nachrichtensendungen und Sendungen zum politischen Zeitgeschehen. Unter den Begriff der Nachrichtensendung fallen nur die **klassischen Nachrichtensendungen** wie „Tagesschau", „heute", „RTL Aktuell" oder „RTL II News" (vgl *Hartstein*, § 7 Rn 63). Zu den Sendungen zum politischen Zeitgeschehen zählen jedenfalls **anerkannte Polit-Magazine** wie etwa „Monitor", „Berlin direkt" oder auch „Tagesthemen" und „heute journal". Dagegen fallen eher an (kurzweiliger) Information und Unterhaltung orientierte Talkshows wie „Anne Will" oder „Maybrit Illner" – anders als zB (früher) „Maischberger" auf n-tv – ebenso wenig unter § 7 Abs. 8 wie Infotainment-Magazine wie „Spiegel TV", „Stern TV" oder „akte 07" (vgl *Hartstein*, § 7 Rn 64; *Beucher*, § 7 Rn 58).

222 **4. Persönlicher Anwendungsbereich.** Vom persönlichen Anwendungsbereich sind diejenigen Personen erfasst, die die sachlich einschlägigen Sendungen „vorstellen". Dies sind einzig und allein die **Moderatoren**; bei mehreren Vorstellenden (zB bei „heute journal"), unterliegen **sämtliche Akteure** dem Werbeverbot. Dem Wortlaut nach lassen sich unter § 7 Abs. 8 auch Nachrichtensprecher aus dem Hörfunk subsumieren (vgl Handbuch/*Loitz*, S. 153); da der durchschnittliche Fernsehzuschauer diesen aber in der Werbung kaum wiedererkennen wird und der Gedanke des Imagetransfers insoweit nicht greift, dürfte die Verbotsnorm teleologisch zu reduzieren sein. Der Moderator muss „regelmäßig" tätig werden, so dass die gelegentliche Moderation als Ersatzkraft nicht genügen dürfte (*S/S-Holznagel/Stenner*, § 7 Rn 97).

Bemerkenswert ist, dass die Nachrichtensprecher und Moderatoren politischer Sendungen nur mittelbar-faktisch von der Regelung des § 7 Abs. 8 getroffen werden, da **Normadressat allein der Veranstalter ist** (*Hartstein*, § 7 Rn 65). Aber sogar für diesen stellt ein Verbotsverstoß keine bußgeldbewehrte Ordnungswidrigkeit dar; § 7 Abs. 8 wird im Katalog des § 49 Abs. 1 nicht genannt. 223

Zur **wettbewerbsrechtlichen** Beurteilung der Werbung mit einem bekannten Moderator einer Verbrauchersendung (Eduard Zimmermann) vgl OLG Hamburg ZUM 1994, 650. 224

IX. Werbung politischer, weltanschaulicher und religiöser Art und Beiträge im Dienst der Öffentlichkeit, Abs. 9

§ 7 Abs. 9 betrifft den weiten Bereich nicht kommerzieller, dh nicht auf wirtschaftlichen Profit ausgerichteter Rundfunkwerbung. Werbung und Teleshopping politischer, weltanschaulicher oder religiöser Art sind danach unzulässig, wobei unentgeltliche Beiträge im Dienst der Öffentlichkeit einschließlich von Spendenaufrufen zu Wohlfahrtszwecken nicht als Werbung in diesem Sinne anzusehen sind. 225

1. Bedeutung. Das **Ziel der Vorschrift** besteht darin, jenen Gefahren vorzubeugen, die sich für den rundfunkrechtlichen Programmauftrag aus der Möglichkeit des Kaufs von Sendezeit durch Parteien, Private oder gesellschaftliche Gruppierungen ergeben können. Nach den Vorstellungen des Gesetzgebers dürfen weder Fernsehen noch Hörfunk, die einer pluralistischen Ausgewogenheit und Vielfalt im Programm verpflichtet sind, in der Weise instrumentalisiert werden, als sie der naturgemäß einseitigen Interessenrealisierung der einzelnen politischen, weltanschaulichen oder religiösen Kräfte gegen Entgelt Vorschub leisten. „Der Rundfunk als Medium und Faktor eines freien und offenen Prozesses der Bildung öffentlicher Meinung soll nicht finanzstarken Kreisen zur einseitigen Beeinflussung des Konzerts der pluralistischen Interessenartikulation geöffnet werden.“ (so und zum Ganzen *Stettner*, ZUM 1995, 559, 562 f; OVG Lüneburg NJW 1999, 515, 516 f). 226

§ 7 Abs. 9 S. 1 statuiert **kein generelles Verbot der sog. ideellen Werbung bzw Ideenwerbung** (hM: *Hartstein*, § 7 Rn 66; *Stettner*, ZUM 1995, 559, 561; VG Berlin ZUM 1999, 955, 956), die im Übrigen nicht unter den Werbungsbegriff des § 2 Abs. 2 Nr. 7 fällt (vgl Rn 24). Dies folgt bereits aus der Binnenlogik des Abs. 9, da es andernfalls des ausdrücklichen Verbots politischer Werbung etc. nicht bedurft hätte. Der das Social Advertising betreffende Satz 2 hat insoweit lediglich klarstellende Bedeutung. 227

Die Regelung unterliegt **keinen verfassungsrechtlichen Bedenken** (OVG Lüneburg NJW 1999, 515, 516 f; die Verfassungskonformität des Verbotes politischer und religiöser Werbung an Taxen nach § 26 Abs. 4 S. 2 BOKraft hat das BVerfG bestätigt, NJW 2000, 1326 m. Anm. *Hufen*, JuS 2000, 1020). Allerdings hat jüngst der BayVerfGH festgestellt, dass das Verbot politischer Werbung im Rundfunk insoweit gegen die landesverfassungsrechtlich nach Art. 111 a Abs. 1 S. 1 BV geschützte Rundfunkfreiheit verstößt und damit nichtig ist, als es auch Werbung aus Anlass eines zugelassenen Volksbegehrens und eines Volksentscheids erfasst. Das Verbot sei in diesem Umfang nicht ausreichend durch das Gebot der Ausgewogenheit des Gesamtprogramms gerechtfertigt; zur Gewährleistung eines Programmangebots, das der gebotenen Vielfalt Rechnung trage, sei unter den besonderen Verhältnissen der Werbung für Volksbegehren und Volksentscheide und in Anbetracht der verfassungsrechtlichen Bedeutung der Volksgesetzgebung ein Werbeverbot nicht erforderlich (BayVerfGH AfP 2007, 553 ff). Fraglich ist zudem, ob sich in der weiteren Aufsichtspraxis Änderungen im Hinblick auf zwei jüngere Entscheidungen des EGMR (medialex 2001, 58 – VGT Verein gegen Tierfabriken vs. Schweiz; medialex 2003, 171 – Murphy vs. Irland) ergeben werden, die in ihrer Zusammenschau eine – freilich nur schwer nachvollziehbare – Differenzierung zwischen politischer und religiöser Rundfunkwerbung nahe legen. Immerhin hat der EGMR das Ziel, eine ungleichgewichtige Einflussnahme finanzkräftiger Gruppierungen mittels Rundfunkwerbung zu verhindern, als grundsätzlich legitim anerkannt. Ausführlich *Gundel*, ZUM 2005, 345 ff; s. auch Handbuch/*Loitz*, S. 247 ff und nunmehr zum Werbeverbot im norwegischen Fernsehen für politische Parteien EGMR NVwZ 2010, 241. 228

2. Reichweite des Verbots. § 7 Abs. 9 S. 1 beschränkt das Verbot auf die Werbung politischer, weltanschaulicher und religiöser Art. Die Untersagung **politischer Werbemaßnahmen** ist umfassend zu verstehen und nicht nur auf den Tätigkeitsbereich der politischen Parteien zu beschränken (ausführlich OVG Lüneburg NJW 1999, 515, 516; BayVerfGH AfP 2007, 553 ff). Entsprechend sind neben der parteipolitischen Werbung auch der tages-, sozial-, gesellschafts-, kulturpolitisch usw motivierte Einsatz der Rundfunkwerbung untersagt, sei es durch Einzelpersonen, Bürgerinitiativen, Wählervereini- 229 gungen oder sonstige Interessengruppierungen. Maßgebliches Prüfungskriterium für die Unzulässigkeit ist die Überlegung, ob mit dem Werbespot unmittelbar Einfluss auf die Willensbildung der Gesamtheit der Rezipienten ausgeübt werden soll. Das ist etwa bei der staatlichen Öffentlichkeitsarbeit nicht der Fall (zum Ganzen *Stettner*, ZUM 1995, 559, 563 ff; *Beucher*, § 7 Rn 61 f, jeweils auch zu Fernsehspots der Bundeswehr). Die LMAen haben zB Laufbandhinweise gegen die Urheberrechtsreform, Spots der Kassenärztlichen Vereinigung gegen die Gesundheitsreform 1999 sowie Werbung „für das werdende Leben" im Zusammenhang mit der Reformierung des Abtreibungsrechts als verbotene politische Werbung eingeordnet (nach Handbuch/*Loitz*, S. 242 ff).

230 Werbung **religiöser oder weltanschaulicher Art** zeichnet sich dadurch aus, dass sie ein Thema oder eine (aktuelle) Frage aufgreift, um dieses unter spezifisch glaubensbezogenen Gesichtspunkten in die Öffentlichkeit zu tragen. Substrat der Werbung muss der Glaube sein, der sich als Bekenntnis auf der Grundlage einer Religion oder einer Weltanschauung entfalten kann (eine nähere Abgrenzung ist entbehrlich; zu Art. 4 Abs. 1 GG vgl BVerwG NVwZ 1992, 1187 ff). Entsprechend ist nicht nur die Werbung der katholischen und evangelischen Kirche sowie der jüdischen Gemeinden ausgeschlossen, sondern auch aller anderen Religions- und Weltanschauungsgemeinschaften. Auch sog. Sekten sind erfasst. Die LMAen haben etwa die Bewerbung des Gratisbuches „Kraft zum Leben" im Fernsehen beanstandet (nach Handbuch/*Loitz*, S. 241 f).

231 Ob eine Werbung verbotenen Inhalts ist, muss aus der **Sicht des Empfängers** beurteilt werden. Abzustellen ist dabei in erster Linie auf die Wortwahl im Tonbeitrag und den Aussagegehalt des Bildeindrucks (OVG Sachsen-Anhalt ZUM 2002, 665, 666).

232 Ein **Vertrag**, der auf die Ausstrahlung einer gegen § 7 Abs. 9 S. 1 verstoßenden Werbung gerichtet ist, ist **nicht** nach § 134 BGB nichtig, da sich das Werbeverbot nicht gegen die Vornahme des Rechtsgeschäfts als solches richtet (OLG München NJW-RR 1998, 633, 634).

233 **3. Privilegierung von Social Advertising, Satz 3.** Nach Satz 3 sind unentgeltliche Beiträge im Dienst der Öffentlichkeit einschließlich von Spendenaufrufen zu Wohlfahrtszwecken privilegiert; dieses **sog. Social Advertising** gilt nicht als Werbung iSv Satz 1 (kritisch zum Merkmal der Unentgeltlichkeit *Engels/Giebel*, ZUM 2000, 265, 274). Die Bestimmung hat letztlich nur klarstellende (und symbolische) Bedeutung, da ideelle Werbung zu sozialen Zwecken im Grundsatz – es sei denn, die Voraussetzungen des Satzes 1 sind erfüllt – zulässig ist (s. auch schon Rn 24). Entsprechend ist es an sich nicht erforderlich, positiv zu begründen, warum der fragliche (unentgeltliche) Beitrag „im Dienst der Öffentlichkeit" erfolgt; es genügt vielmehr die Feststellung, dass es sich um keine nach Satz 1 verbotene Werbemaßnahme nichtkommerzieller Art handelt.

234 Nach Ziff. 5 der WerbeRL-TV/HörF liegt Social Advertising bei solchen Beiträgen vor, die einen **direkten oder indirekten Aufruf zu verantwortlichem, sozial erwünschtem Verhalten** enthalten oder über die Folgen individuellen Verhaltens aufklären. Typischerweise zählen hierzu Appelle, die die Gesundheit, die Sicherheit der Verbraucher oder den Schutz der Umwelt zu fördern geeignet sind; Gleiches gilt für Aufrufe für wohltätige Zwecke (vgl auch *Stettner*, ZUM 1995, 559, 567). Nicht zu beanstanden sind daher etwa unentgeltliche Beiträge im Rundfunk betreffend Aids-Aufklärung, Organspende, Klimaveränderung, Ausländerfeindlichkeit oder auch Lebensmittelskandale. Aufsehen erregt hat zuletzt die hierzulande bislang größte Social-Marketing Kampagne „Du bist Deutschland", die das Verhältnis der Deutschen zu ihrem Land thematisierte und die Initialzündung zu einer neuen „Aufbruchstimmung" geben wollte.

235 Im Hinblick auf die von Satz 3 explizit einbezogenen **Spendenaufrufe** hält Ziff. 17.1 der ARD/ZDF-Richtlinien fest, dass diese nur dann verbreitet werden sollen, wenn die Spenden allgemein anerkannten humanitären, sozialen und kulturellen Zwecken dienen und die zweckentsprechende Spendenverwertung ausreichend sichergestellt ist (vgl ferner Ziff. 17.2).

236 **4. Sendezeit für Dritte, § 42.** § 7 Abs. 9 S. 3 stellt klar, dass § 42 vom Verbot politischer und glaubensbezogener Werbung unberührt bleibt. Nach § 42 Abs. 1 (der wie auch Abs. 2 lediglich für bundesweit verbreiteten privaten Rundfunk gilt, Abs. 3) sind den Evangelischen Kirchen und der Katholischen Kirche ebenso wie den Jüdischen Gemeinden auf Wunsch angemessene Sendezeiten zur Übertragung religiöser Sendungen einzuräumen (**sog. Drittsendungen**), wobei die Veranstalter die Erstattung ihrer Selbstkosten verlangen können. In die gleiche Richtung geht Abs. 2, der unter näher dargelegten Voraussetzungen den politischen Parteien einen Anspruch auf Einräumung von Sendezeit zum Zwecke der Wahlwerbung gibt (zu Einzelheiten vgl *Hartstein*, § 42 Rn 5 ff). Ob diese Privilegierung

auf Volksbegehren als weiterer Form der Ausübung von Staatsgewalt durch das Volk analog angewendet werden kann (oder § 7 Abs. 9 S. 1 teleologisch zu reduzieren ist), wird kontrovers beurteilt (dafür: VG Berlin ZUM 1999, 955; *Ladeur*, in: Hahn/Vesting, § 7 Rn 77; dagegen: *Hartstein*, § 7 Rn 66; *Grupp*, AfP 1999, 455; *Bornemann*, ZUM 1999, 910).

5. **Rechtsprechung.** Die Rspr hat sich wiederholt mit § 7 Abs. 9 beschäftigt: Spots des Deutschen Gewerkschaftsbundes sind politische Werbung und damit unzulässig (OVG Lüneburg NJW 1999, 515; zuvor VG Hannover ZUM 1996, 997); Spots des Volksbegehrens „Schluss mit der Rechtschreibereform" sind nicht zu beanstanden (VG Berlin ZUM 1999, 955). Vgl ferner OLG München ZUM-RD 1998, 440. Aus der Zeit vor Einführung des § 7 Abs. 9 vgl BayVGH ZUM 1987, 588 und BayVGH ZUM 1990, 536. 237

X. Werbung und Teleshopping für alkoholische Getränke

Nach § 7 Abs. 10 dürfen Werbung und Teleshopping für alkoholische Getränke nicht deren übermäßigen Genuss fördern. Die Vorschrift wurde mit dem 13. RÄndStV neu eingefügt. Sie setzt Art. 22 e) AVMD um, wonach Unmäßigkeit im Genuss nicht gefördert und Enthaltsamkeit oder Mäßigung nicht negativ dargestellt werden dürfen. 238

Von einer Förderung übermäßigen Genusses von alkoholischen Getränken ist etwa auszugehen, wenn zu einem missbräuchlichen Konsum – und sei es nur mittelbar – aufgerufen wird (zB Werbung für eine sog. Flatrate-Party) oder aber die Folgen eines maßlosen Konsums verharmlost werden. Eine unzulässige Verharmlosung ist dabei nicht nur bei Relativieriung der gesundheitlichen Risiken anzunehmen, sondern auch dann, wenn der übermäßige Konsum als sozial anerkannt dargestellt wird (*Hartstein*, § 7 Rn 70a). 239

Differenzierte Anforderungen sehen über § 7 Abs. 10 hinaus die „Verhaltensregeln des Deutschen Werberats über die kommerzielle Kommunikation für alkoholische Getränke" aus dem Jahr 2009 vor (abrufbar unter www.werberat.de). 240

Zu beachten ist neben § 7 Abs. 10 zudem die Regelung in § 6 Abs. 5 JMStV. Danach darf Werbung für alkoholische Getränke sich weder an Kinder oder Jugendliche richten noch durch die Art der Darstellung Kinder und Jugendliche besonders ansprechen oder diese beim Alkoholgenuss darstellen. 241

D. Vorschriften des Landesrundfunkrechts

Für den **privaten Rundfunk** wird in den meisten landesrechtlichen Mediengesetzen § 7 RStV für anwendbar erklärt; fehlt eine solche Klausel, sind mit § 7 weitgehend identische Bestimmungen enthalten: § 11 Abs. 1 LMedienG Ba-Wü, Art. 8 Abs. 1 S. 1 BayMG; § 48 MStV B-B; § 15 Abs. 1 BremLMG; § 16 Abs. 1 HSH MStV; § 32 Abs. 1 HPRG; § 37 RundfG M-V; § 38 Abs. 1 LMG NRW; § 1 Abs. 2 LMG Rh-Pf; § 45 Abs. 1 SMG; § 24 Abs. 1 SächsPRG; § 7 Abs. 2 MG S-A; § 28 ThürLMG. Eine unvollständige Regelung enthält § 24 NMedienG. 242

Für den **öffentlich-rechtlichen Rundfunk** finden sich nur teilweise Vorschriften, die § 7 entsprechen. Nach § 6a WDR-G, § 8 SWR-StV, § 7 Abs. 1 RBB-StV finden die werberechtlichen Vorschriften des RStV Anwendung. § 12 Abs. 1 MDR-StV normiert das Trennungs-, Kennzeichnungs- und Beeinflussungsverbot. § 36 NDR-StV spricht die Werbung nur kurz an. Der ZDF-StV enthält gar keine Regelung; Gleiches gilt für das HR-G. § 19 Abs. 2 RBG sieht die Zulässigkeit von Werbesendungen (und gesponserten Sendungen) nur insoweit vor, als sie für die Finanzierung der Anstalt benötigt werden. 243

E. Sanktionsfolgen eines Verstoßes gegen § 7

Verstößt eine Rundfunkanstalt oder ein privater Veranstalter gegen eine der Bestimmungen des § 7, haben sich die Organe der Rundfunkanstalt zunächst mit dem Sachverhalt zu befassen bzw kann die zuständige LMA von den ihr eingeräumten Aufsichtsmitteln Gebrauch machen (vgl näher Rn 11 ff). 244

Handelt ein **privater** Veranstalter vorsätzlich oder fahrlässig einem Ver- oder Gebot des § 7 zuwider, kann der Verstoß von der zuständigen LMA auch als **Ordnungswidrigkeit** mit einer Geldbuße von bis zu 500.000 EUR geahndet werden. Im Einzelnen sind das Trennungsgebot, das Verbot des Einsatzes unterschwelliger Techniken, die Trennungs- und Kennzeichnungspflicht bei Split Screen Werbung, die Kennzeichnungspflicht bei Dauerwerbesendungen, das Schleichwerbeverbot, das Verbot unzulässiger 245 oder nicht hinreichend gekennzeichneter Produktplatzierungen, die Anforderungen an die Einfügung virtueller Werbung in die Sendung sowie das Verbot ideeller Werbung nach **§ 49** Abs. **1 S. 1 Nrn 2 bis 10** strafbewehrt.

246 Schließlich ist es Mitbewerbern und anspruchsberechtigten Verbänden auch möglich, per Geltendmachung von **wettbewerbsrechtlichen Unterlassungs- und Beseitigungsansprüchen** gegen den vermeintlich rechtswidrig werbenden Veranstalter vorzugehen. Die Unlauterkeit der – positiv zu begründenden – geschäftlichen Handlung des Veranstalters wird sich in aller Regel jedenfalls aus § 4 Nr. 11 UWG ergeben (denkbar auch aus § 4 Nrn 1, 2 und 3 oder § 5 UWG), da jede der Bestimmungen zumindest „auch" dazu bestimmt ist, im Interesse der Marktteilnehmer – insbesondere der Verbraucher – das Marktverhalten der Veranstalter zu regeln. Offensichtlich ist das Vorliegen dieser (jedenfalls sekundären) Schutzfunktion bei § 7 Abs. 1 bis 7; näherer Begründung bedarf die Annahme einer Marktverhaltensregelung allenfalls im Hinblick auf § 7 Abs. 8 sowie § 7 Abs. 9 S. 1 u. 2. Vgl auch MüKoUWG/*Schaffert*, § 4 Nr. 11 Rn 292 ff.

§ 7a RStV Einfügung von Werbung und Teleshopping

(1) Übertragungen von Gottesdiensten sowie Sendungen für Kinder dürfen nicht durch Werbung oder Teleshopping-Spots unterbrochen werden.

(2) [1]Einzeln gesendete Werbe- und Teleshopping-Spots im Fernsehen müssen die Ausnahme bleiben; dies gilt nicht bei der Übertragung von Sportveranstaltungen. [2]Die Einfügung von Werbe- oder Teleshopping-Spots im Fernsehen darf den Zusammenhang von Sendungen unter Berücksichtigung der natürlichen Sendeunterbrechungen sowie der Dauer und der Art der Sendung nicht beeinträchtigen noch die Rechte von Rechteinhabern verletzen.

(3) Filme mit Ausnahme von Serien, Reihen und Dokumentarfilmen sowie Kinofilme und Nachrichtensendungen dürfen für jeden programmierten Zeitraum von mindestens 30 Minuten einmal für Fernsehwerbung oder Teleshopping unterbrochen werden.

(4) [1]Richten sich Werbung oder Teleshopping-Spots in einem Fernsehprogramm eigens und häufig an Zuschauer eines anderen Staates, der das Europäische Übereinkommen über das grenzüberschreitende Fernsehen ratifiziert hat und nicht Mitglied der Europäischen Union ist, so dürfen die für die Fernsehwerbung oder das Teleshopping dort geltenden Vorschriften nicht umgangen werden. [2]Satz 1 gilt nicht, wenn die Vorschriften dieses Staatsvertrages über die Werbung oder das Teleshopping strenger sind als jene Vorschriften, die in dem betreffenden Staat gelten, ferner nicht, wenn mit dem betroffenen Staat Übereinkünfte auf diesem Gebiet geschlossen wurden.

A. Allgemeines

247 § 7a ist zum 1.4.2010 mit dem 13. RÄndStV neu eingefügt worden. Bis dahin fanden sich für den öffentlich-rechtlichen und privaten Rundfunk in § 15 und § 44 zwei unterschiedliche Vorschriften über die Einfügung von Werbung und Teleshopping. Mit § 7a wurden die rechtlichen Bestimmungen nunmehr vereinheitlicht und vor die Klammer gezogen; zugleich erfolgte eine partielle Liberalisierung nach dem europäischen Vorbild. § 7a Abs. 1 entspricht Art. 20 Abs. 2 S. 2 und 3 AVMD, wobei die Staatsvertragsparteien von der Möglichkeit, die Unterbrechung von Kindersendungen für Werbung oder Teleshopping zuzulassen, zwecks Beibehaltung eines höheren Schutzniveaus für Kinder keinen Gebrauch gemacht haben. § 7a Abs. 2 geht auf Art. 19 Abs. 2 und Art. 20 Abs. 1 AVMD zurück, Abs. 3 entspricht wiederum Art. 20 Abs. 2 S. 1 AVMD. In § 7a Abs. 4 schließlich finden sich die bisherigen Regelungen der § 15 Abs. 5 und § 44 Abs. 6 AVMD wieder. Weitgehend identischen Inhalts ist die Regelung in **Art. 14 FernsehÜ**. Zur Entstehungsgeschichte des § 7a vgl ausführlich *Hartstein*, § 7a Rn 1 ff.

B. Die Regelungsanordnungen im Einzelnen

248 Hinsichtlich des Anwendungsbereichs des § 7a ist zu beachten, dass lediglich Abs. 1 sowohl auf das Fernsehen als auch auf den Hörfunk Anwendung findet. Die Abs. 2 bis 4 hingegen gelten ausschließlich für Werbung und Teleshopping im Fernsehen. Hieraus folgt, dass die Unterbrechung von Sendungen

und Einfügung von Werbung im Hörfunk im Grundsatz unter deutlich erleichterten Voraussetzungen möglich ist. Für reine Werbekanäle gilt § 7a nicht, vgl § 45 Abs. 3.

I. Keine Unterbrecherwerbung bei Gottesdiensten und Kindersendungen, Abs. 1

Gottesdienste und Kindersendungen dürfen weder durch Werbung noch durch Teleshopping unterbrochen werden, Abs. 1. 249

Der Begriff der **Gottesdienstübertragung** darf trotz des Verbotscharakters des Abs. 1 **nicht zu eng** interpretiert werden. Erfasst werden die religiös motivierten Zusammenkünfte der Anhänger sämtlicher Religionsgemeinschaften. Ob die Übertragung live oder erst zeitversetzt erfolgt, ist einerlei (zB „Hour of Power" auf TELE 5). Auch ist nicht von Bedeutung, wenn der Gottesdienst lediglich partiell übertragen und somit nur ein Zusammenschnitt/Ausschnitt gesendet wird (vgl *Hartstein*, § 7a Rn 3; *Ladeur*, in: Hahn/Vesting, § 14 Rn 5). Erforderlich ist allerdings, dass es sich (noch) um einen Gottesdienst in diesem Sinne handelt. Das Verbot der Unterbrecherwerbung nach Abs. 1 gilt nicht für sonstige „Sendungen religiösen Inhalts" (vgl § 44 Abs. 5 S. 1 aF). 250

Wegen der **besonderen Empfänglichkeit** von Kindern für die Botschaft von Werbetreibenden dürfen auch Sendungen für Kinder nicht durch Werbung oder Teleshopping unterbrochen werden (vgl Amtliche Begründung, abgedruckt bei *Hartstein*, § 7a; ausführlich *Engels*, S. 248 ff; ferner Handbuch/*Loitz*, S. 216 ff; ausführlich zu werblichen Erscheinungsformen im Kinderprogramm *Volpers/Bernhard/Schnier*, S. 169 ff). Wann eine Sendung eine Kindersendung darstellt, wird unterschiedlich beurteilt. Entscheidend ist, bis zu welchem Alter der Zuschauer oder Zuhörer als „Kind" anzusehen ist. Weder die AVMD noch das FernsehÜ treffen diesbezüglich eine Aussage. Teilweise wird vertreten, schutzbedürftig seien allenfalls Kinder von bis zu 12 Jahren (zB *Beucher*, § 44 Rn 7 mwN). Eine solch liberale Altersgrenze gefährdet jedoch den Schutzgedanken des Abs. 1. Zu Recht geht Ziff. 6 Abs. 1 der WerbeRL-TV/HörF davon aus, dass Sendungen für Kinder solche sind, die sich nach Inhalt, Form oder Sendezeit überwiegend **an unter 14-jährige** wenden. Hiermit korrespondiert etwa der – von der Kommission dann allerdings zurückgezogene – Vorschlag einer Verordnung über Verkaufsförderung, in dessen Art. 2 lit. j eine „Person unter 14 Jahren" als Kind definiert wird [KOM(2002) 585 endgültig]. 251

Das Verbot des Abs. 1 greift nicht bereits, wenn zum Kreis des Publikums unter 14jährige zählen. Erforderlich ist vielmehr, dass es sich um eine Sendung „**für**" Kinder handelt. Abzustellen ist insoweit darauf, dass die Sendung nach Inhalt, Form oder Sendezeit überwiegend, dh programmlich in erster Linie auf unter 14jährige ausgerichtet ist. Die LMAen haben 1994 zum damaligen § 26 Abs. 1 RStV ein **Arbeitspapier** verfasst, das unverändert als interpretatorische Stütze für die Auslegung des § 44 Abs. 1 herbeigezogen werden kann (abgedruckt bei *Hartstein*, § 7a Rn 8). Nach den dortigen „Auslegungsvorschlägen" soll insbesondere von einer Kindersendung auszugehen sein, wenn eine Gesamtschau ergibt, dass die Sendung durch gestalterische und dramaturgische Mittel besonders auf die kindliche Wahrnehmung zugeschnitten ist (zB Charaktere, Schnitt, Musik, Zeichentrick) und überwiegend an Erleben, Erfahrungshorizont und Sprachwelt des Kindes orientiert ist. Als Kriterien hierfür dienen etwa die kindgemäße Ansprache, die kindbezogenen spielerischen Elemente oder Kinder als Hauptpersonen. Sendungen wie „Die Schlümpfe", „Tom & Jerry", „Pipi Langstrumpf" oder „Winnie Puh" dürfen demnach nicht durch Werbung oder Teleshopping unterbrochen werden. Zur Bedeutung des Ausstrahlungszeitpunktes vgl Handbuch/*Loitz*, S. 368. 252

Als Kindersendung gelten auch einzelne Sendungen, die durch verbindende Elemente so gestaltet sind, dass sie wie eine **einheitliche Kindersendung** erscheinen, vgl Ziff. 6 Abs. 1 der WerbeRL-TV/HörF. Auch zu den Erfordernissen des „verbindenden Elements" und der „einheitlichen Kindersendung" sieht das Arbeitspapier der LMAen detaillierte Auslegungsvorschläge vor (kritisch *Beucher*, § 44 Rn 10 f). 253

„**Auch-Kindersendungen**", die sich – wie zB Familiensendungen oder computeranimierte Filme wie „Ice Age" – übergreifend an Personen aller Altersstufen wenden, unterliegen nicht dem Verbot des Abs. 1 (vgl *Castendyk*, in: Hartlieb/Schwarz, S. 658 Rn 26). Das Gleiche gilt für Serien wie „Die Simpsons" oder „Futurama", die sich zwar des in Kindersendungen verbreiteten Gestaltungsmittels des Zeichentrick bedienen, die aber dem Inhalt nach ersichtlich nicht „an Erleben, Erfahrungshorizont und Sprachwelt" eines Kindes (so das Arbeitspapier) orientiert sind (vgl auch *S/S-Holznagel/Stenner*, § 44 Rn 10). Auch können Sendungen, die sich schwerpunktmäßig an Jugendliche im Alter von 14 254

Jahren aufwärts richten (etwa Bravo TV), zum Zwecke der Werbung nach Maßgabe der Abs. 2 bis 4 unterbrochen werden.

II. Blockwerbegebot, Abs. 2 S. 1

255 § 7a Abs. 2 S. 1 ordnet an, dass einzeln gesendete Werbe- und Teleshopping-Spots im Fernsehen – abgesehen von der Übertragung von Sportveranstaltungen – die Ausnahme bleiben müssen. Bis zum 4. RÄndStV sah der RStV vor, dass Fernsehwerbung „in Blöcken" einzufügen ist. In Übernahme der Formulierung des damaligen Art. 10 Abs. 2 FernsehRL modifizierte der Gesetzgeber den Normtext dahin gehend, dass einzeln gesendete Werbe- und Teleshopping-Spots die Ausnahme bilden müssen. Er wollte damit klarstellen, dass das sog. **Blockwerbegebot** nicht ohne jede Einschränkung gilt. Entsprechend ist von einem **Regel-Ausnahme-Verhältnis** auszugehen, das seine Rechtfertigung in dem Schutz des Zuschauers vor dem „Bombardement" mit vereinzelten Werbespots findet (vgl auch OVG Niedersachsen ZUM 1994, 661, 662): Im Regelfall muss der Werbeblock im Mindesten aus zwei Werbe- oder Teleshoppingspots bestehen, und nur ausnahmsweise darf es bei einem singulären Spot bleiben (vgl auch Ziff. 6 Abs. 2 der WerbeRL-TV). Unter Schutzzweckgesichtspunkten sprach einiges dafür, diesen Ausnahmefall lediglich bei Vorliegen exzeptioneller (qualitativer) Umstände anzunehmen, zB dann, wenn der Veranstalter nachweisen kann, dass für die Werbeinsel tatsächlich nur ein Spot verkauft werden konnte (zur Einblendung der Werbeuhr vor der Tagesschau vgl LG Hamburg AfP 1993, 664). Allerdings wird ganz überwiegend und angesichts der jüngst erfolgten Liberalisierung auch zu Recht davon ausgegangen, dass der Ausnahmeregelung ein **rein quantitatives Verständnis** zugrunde zu legen ist (eingehend *Hartstein*, § 7a Rn 12), so dass ab und an auch (Exklusiv-)Werbung als Single Spot – oder als Single Split, § 7 Abs. 4 – gesendet werden darf. Irgendwelcher (qualifizierter) Gründe für die Ausstrahlung eines einzelnen Werbespots bedarf es also nicht. Da Abs. 2 auf den Hörfunk keine Anwendung findet, sind dort einzeln ausgestrahlte Spots recht häufig anzutreffen.

256 Keine Geltung beansprucht das grundsätzliche Blockwerbegebot im Bereich der **Übertragung von Sportveranstaltungen**, § 7a Abs. 2 S. 1 Hs 2. Zu beachten ist, dass nicht jedwede Sendung mit sportlichem Bezug privilegiert ist, sondern lediglich die – live oder auch zeitversetzt erfolgende – Übertragung von Sportveranstaltungen. Für Formate wie „Doppelpass" oder „Fight Club", in denen Sportereignisse redaktionell-journalistisch aufbereitet und zusammengefasst werden, gilt also unverändert das Blockwerbegebot. Das erklärt sich auch vor dem mit der Ausnahmeregelung verfolgten Ziel, die Schaltung von Werbung an den natürlichen Handlungsablauf des sportlichen Ereignisses anzupassen (vgl *Hartstein*, § 7a Rn 12), was nicht selten heißt, eine kurze Unterbrechung durch einen Single-Spot auszufüllen. § 7a Abs. 2 S. 1 Hs 2 betrifft also weniger jene natürlichen Pausen, die sich nach dem gültigen Regelwerk der übertragenen Sportart ergeben; denn sowohl die Halbzeitpause beim Fußball, der Seitenwechsel beim Tennis oder die Ringpause beim Boxen sind ausreichend lang, um mindestens zwei Werbe- oder Teleshopping-Spots zu senden. Die generelle Zulässigkeit von Single Splits ist vielmehr besonders interessant für rein zufällige, von der betreffenden Sportart nicht regelhaft vorgesehene Unterbrechungen wie etwa das Foul beim Fußball, der Schlägerbruch beim Tennis oder unvorhergesehene Wartezeiten bei Leichtathletikveranstaltungen. Insofern hat sich zur früheren Rechtslage eine echte Liberalisierung ergeben (vgl noch Mitteilung, Rn 23, zu Art. 1 Abs. 2 FernsehRL).

III. Beeinträchtigungsverbot, Abs. 2 S. 2

257 Abs. 2 ist hinsichtlich der Einfügung von Werbe- und Teleshopping-Spots im Fernsehen im Vergleich zur bisherigen Rechtslage mit dem 13. RÄndStV nicht unerheblich liberalisiert worden. Während bis dahin die Möglichkeiten einer sog. Unterbrecherwerbung eher streng waren – der Grundsatz lautete: Werbung ist zwischen einzelne Sendungen oder deren eigenständige Teile einzufügen, zugleich sind starre zeitliche Grenzen einzuhalten -, ist die Zulässigkeit der Einfügung von Werbe- und Teleshopping-Spots nunmehr in erster Linie von der Frage abhängig, ob die Werbepause den Zusammenhang der Sendung **beeinträchtigt**. Der verfolgte Schutzzweck, im Interesse der Zuschauer einer Unterbrechung des dramaturgischen „Flusses" einzelner Sendungen entgegenzuwirken, ist damit tendenziell weiter herabgewichtet worden. Konkret darf die Einfügung von Spots nicht dazu führen, dass der Zusammenhang der Sendungen unter Berücksichtigung der natürlichen Sendeunterbrechungen sowie der Dauer und der Art der Sendung beeinträchtigt wird (1.) oder die Rechte von Rechteinhabern verletzt werden (2.).

1. Wahrung des Zusammenhangs der Sendung. Eine Werbeschaltung ist stets möglich, wenn eine Sendung geendet hat, da eine Beeinträchtigung des Zusammenhangs in diesem Fall von vornherein nicht in Betracht kommt. Nach Ziff. 6 Abs. 3 der WerbeRL-TV beeinträchtigt die Einfügung von Werbe- und Teleshopping-Spots zudem jedenfalls dann nicht den Charakter einer Fernsehsendung, wenn sie in einem **natürlichen Einschnitt der Sendung** erfolgt, der unabhängig von der Werbeschaltung auch als solcher für sich erkennbar ist. Maßgebliche Bedeutung kommt insoweit der dramaturgisch-redaktionellen Gestaltung der betreffenden Sendung zu (*Hartstein*, § 7a Rn 14); dramaturgisch zusammenhängende Elemente im Handlungsverlauf sollen nicht unterbrochen werden. Dabei ist zu beachten, dass nicht auf den unmittelbaren Kontext, sondern auf den Gesamtzusammenhang der Sendung abzustellen ist. Entsprechend mag etwa die Schaltung von Werbeinseln an dramaturgisch besonders spannenden Stellen – zB Auflösung der Millionen-Frage in einer Quiz-Show – zwar lästig sein, rundfunkrechtlich angreifbar ist dies indes nicht. Anhaltspunkte für einen natürlichen Einschnitt sind etwa Merkmale wie Zeitsprünge, Ortswechsel, Ende von Dialogszenen und neue Handlungsstränge. 258

Bei der Beantwortung der Frage, ob gegen das Beeinträchtigungsverbot des Abs. 2 verstoßen wird, bietet sich auch eine Orientierung an den Grundsätzen zu § 44 Abs. 3 aF an (vgl Vorauflage, Rn 256 ff). Nach § 44 Abs. 3 aF durften bei Fernsehsendungen, die aus eigenständigen Teilen bestanden, Werbung und Teleshopping-Spots ebenso wie bei Sportsendungen und Sendungen über ähnlich gegliederte Ereignisse und Darbietungen mit Pausen allein zwischen die eigenständigen Teile oder in die Pausen eingefügt werden. Liegen eigenständige Teile bzw Pausen in diesem Sinne vor, kann auch nach geltender Rechtslage eine Beeinträchtigung des Charakters der Sendung nicht angenommen werden. Eine Sendung besteht dabei aus **eigenständigen Teilen**, wenn jeder Teil für den durchschnittlichen Zuschauer aus sich heraus inhaltlich nachvollziehbar ist, so dass es der Kenntnis von den vor- oder nachgeschalteten Teilen nicht notwendigerweise bedarf (ähnlich *Ladeur*, in: Hahn/Vesting, § 44 Rn 10). Starkes Indiz für die Eigenständigkeit des jeweiligen Teils ist daher die hypothetische Überlegung, ob aus Sicht des Rezipienten auch eine alleinige Aussendung des Ausschnitts von Interesse wäre. Das ist sicherlich der Fall, wenn im Rahmen einer humoristischen Sendung verschiedene Comedians auftreten, ohne inhaltlich aufeinander Bezug zu nehmen, oder bei der Aussendung einer Variete-Veranstaltung. Auch Verbraucher-, Lifestyle- und andere Magazine setzen sich typischerweise aus eigenständigen, in sich thematisch abgeschlossenen Beiträgen zusammen. 259

Zu den Programmformaten, die sich durch eine ähnliche Struktur wie Sportsendungen auszeichnen, also ebenfalls natürliche Pausen enthalten, zählen etwa mehraktige Opern- und Theateraufführungen oder Rockkonzerte mit „Halbzeit" (ähnlich *Hartstein*, § 7a Rn 15). 260

Der Veranstalter hat es im Übrigen in der Hand, die Beeinträchtigung des Sendungscharakters durch Werbe- oder Teleshopping-Spots dadurch zu vermeiden, dass er in eine an sich einheitliche Sendung weitere – eigenständige – Sendeinhalte integriert. Der sich hieraus ergebende natürliche Einschnitt kann für Werbeschaltungen genutzt werden. In diesem Fall wird zwar der Charakter der Sendung bei Licht betrachtet ebenfalls beeinträchtigt, aber eben lediglich durch „fremde" Sendeteile und nicht durch Werbung. Durch eine **zielorientierte Parzellierung der Programmgestaltung** in autonome Teile lässt sich also eine Kollision mit den Vorgaben des § 7a Abs. 2 S. 2 ohne Weiteres vermeiden (vgl auch *Hartstein*, § 7a Rn 15). 261

2. Wahrung der Rechte von Rechteinhabern. Die Einfügung von Werbe- oder Teleshopping-Spots im Fernsehen darf darüber hinaus auch nicht die **Rechte von Rechtsinhabern** verletzten. Die Veranstalter sind mithin gehalten, durch entsprechend ausgestaltete Lizenzverträge zu gewährleisten, dass sie von sämtlichen Inhabern urheberrechtlicher Rechtspositionen, namentlich den Urhebern und den leistungsschutzberechtigten Produzenten, die erforderlichen Rechte zur partiellen Unterbrechung bzw Unterteilung der betreffenden Sendung erhalten (*Dörr/Kreile/Cole*, Kap. J Rn 55). Dies kann insbesondere auch dadurch geschehen, dass dem Veranstalter ein umfassendes Bearbeitungsrecht nach § 14 UrhG vertraglich eingeräumt wird (*Hartstein*, § 7a Rn 16). In Schweden haben sich im Jahr 2008 zwei Regisseure vor dem Höchsten Gericht gegen einen privaten Fernsehveranstalter durchgesetzt, weil dieser ihre urheberrechtlich geschützten Interessen an ihren Filmwerken durch die – vertraglich nicht genehmigte – Schaltung von Werbung verletzt hatte. Das Höchste Gericht stellte fest, dass die in den Spielfilmen „Alfred Nobel" und „Der Hai, der zuviel wusste" geschalteten Werbespots einen unzulässigen Eingriff in die künstlerische Eigenart und in die persönliche Beziehung der Urheber zu ihrem Werk darstellten (vgl hierzu *Bähler*, medienheft vom 23.5.2008, S. 1 ff; auch *Rosén*, GRUR-Int 2004, 1002 ff). 262

IV. Unterbrecherwerbung bei Fernseh- und Kinofilmen sowie Nachrichtensendungen, Abs. 3

263 Nach § 7a Abs. 3 dürfen Fernsehfilme, Kinofilme und Nachrichtensendungen für jeden programmierten Zeitraum von mindestens 30 Minuten einmal für Fernsehwerbung oder Teleshopping unterbrochen werden. Eine Ausnahme besteht für Serien, Reihen und Dokumentarfilme: Bei diesen Sendeformaten darf Unterbrecherwerbung zeitlich ohne Begrenzung geschaltet werden. Bis zum 1.4.2010 war die Unterbrechung von Film- und Nachrichtensendungen zum Zwecke der Werbung nur alle 45 Minuten gestattet; der 13. RÄndStV hat also in Umsetzung von Art. 20 Abs. 2 S. 1 AVMD auch in dieser Hinsicht zu einer Liberalisierung geführt. Allerdings durften nach altem Recht nach zwei 45-minütigen Strecken auch nach kürzerer Dauer unterbrochen werden; die nunmehr geltende 30-Minuten-Regel hingegen ist starr (kritisch *Grewenig*, ZUM 2009, 703, 705).

264 Bei **Fernseh- und Kinofilmen sowie Nachrichtensendungen** ist eine Unterbrechung nun zweimal bei 60-minütiger Dauer, dreimal bei über 90-minütiger Dauer und ein weiteres Mal je zusätzlicher 20-minütiger Dauer zulässig. An- und Absagen können bei der Berechnung der Sendelänge nur unter gewissen Voraussetzungen berücksichtigt werden (hierzu Handbuch/*Loitz*, S. 374). § 7a Abs. 3 zielt auf einen ausgewogenen Schutz der finanziellen Interessen der Veranstalter und der Werbetreibenden einerseits sowie der Interessen der Rechteinhaber und der Zuschauer als Verbraucher andererseits ab (vgl EuGH ZUM 2003, 949, 953 Rn 62 ff m. Anm. *Krausnick/Westphal*, ZUM 2004, 825 zur Vorgängerregelung). Die Restriktion der Möglichkeiten zur Unterbrecherwerbung rechtfertigt sich dabei insbesondere aus dem Schutz des Rezipienten vor übermäßiger Werbung (vgl EuGH aaO, Rn 64, 70 und 101). Um einen Kinospielfilm handelt es sich, wenn der Film in erster Linie für das Kino produziert wurde (*Hartstein*, § 44 Rn 20). Erfolgte die Produktion dagegen primär für das Fernsehen, ist von einem Fernsehfilm auszugehen; einer exakten Abgrenzung bedarf es angesichts der identischen Behandlung allerdings ohnehin nicht.

265 Bis zum Inkrafttreten des 4. RÄndStV war ausgesprochen streitig, ob im Rahmen der Ermittlung der Länge des Kinospiel- bzw Fernsehfilms auf die Dauer der tatsächlich abgelaufenen Sendezeit inklusive Werbung (**sog. Bruttoprinzip**) oder allein auf die Länge des Filmwerks selbst (**sog. Nettoprinzip**) abgestellt werden musste (vgl nur mwN *Tschentscher/Klee*, ZUM 1994, 146, 148 ff; *Jarass*, ZUM 1997, 769 ff). Der EuGH hat für die Anwendung des Bruttoprinzips plädiert (EuGH ZUM 2000, 58 m. Bespr. *Bodewig*, JZ 2000, 659), den Mitgliedstaaten aber zugleich freigestellt, für die ihrer Rechtshoheit unterworfenen Veranstalter das Nettoprinzip vorzusehen. Wie sich aus dem Wortlaut des Abs. 3 nunmehr deutlich ergibt, hat sich der deutsche Gesetzgeber gleichwohl für das **Bruttoprinzip** entschieden („programmierte Sendedauer"; ausdrücklich Ziff. 6 Abs. 4 Nr. 3 der WerbeRL-TV). **Die Werbedauer ist daher nach geltender Rechtslage einzuberechnen.** Unzulässig ist es, das Tempo von Spielfilmen etc. unmerklich zu verlangsamen („Gummifilme") und damit zu verlängern (zur wettbewerbsrechtlichen Bewertung *v. d. Horst*, ZUM 1994, 239 ff).

266 Zum Begriff der **Nachrichtensendung** vgl o. Rn 221. Da Abs. 3 im Minimum einen programmierten Zeitraum von 30 Minuten voraussetzt, dürfen Nachrichtensendungen, die (einschließlich Werbung, vgl zuvor) kürzer dauern, nicht für Werbung unterbrochen werden. Es liegt damit in der Hand des Veranstalters, durch die Dauer des eingefügten Werbeblocks die „Unterbrechungsfähigkeit" der Nachrichtensendung herbeizuführen: Wird in eine Nachrichtensendung, die insgesamt nur 19 Minuten eigentliche Sendezeit andauert, ein Werbeblock von 12 Minuten eingefügt, ist dies nicht zu beanstanden.

267 Serien, Reihen und Dokumentarfilme können häufiger und ohne Rücksicht auf die 30-Minuten-Regel unterbrochen werden. Unter einer **Serie** ist eine episodenhafte Abfolge von filmischen Werken mit einer thematisch – nicht notwendig bis zum Ende – durchdachten Gesamthandlung zu verstehen (vgl OVG Lüneburg ZUM 1994, 661, 663; VG Hannover AfP 1994, 84, 85). Wesentliches Charakteristikum ist, dass die einzelnen Folgen inhaltlich miteinander verknüpft sind („audiovisueller Fortsetzungsroman"). Typische Serien der privaten Veranstalter sind etwa soap operas („Gute Zeiten, schlechte Zeiten"; „Unter uns") oder Telenovelas („Verliebt in Berlin"). Auch real life soaps wie „Big Brother" dürften Serien darstellen. Am erforderlichen episodenübergreifenden Kontext fehlt es demgegenüber bei **Reihen**. Zwar findet auch hier eine Verknüpfung zwischen den einzelnen Teilen statt. Doch hat jede Sendung „ein Anfang und ein Ende", wie es zB bei „Sex and the city" oder „Stromberg" der Fall ist.

268 Da mehrere kürzere Werbeblöcke unter dem Gesichtspunkt der Werbewirksamkeit sehr viel effizienter sind als wenige lange Werbeblöcke (und damit für den Veranstalter wirtschaftlich interessanter), wur-

den in den 1990er Jahren langwierige Streitigkeiten um die Frage geführt, unter welchen Voraussetzungen die **Ausstrahlung mehrerer Kinospiel- und Fernsehfilme** (zB „Gefährliche Liebschaften“) als **Reihe** iSv Abs. 3 qualifiziert werden kann (vgl nur OVG Lüneburg ZUM 1994, 661; OLG Celle ZUM 1997, 834). Auf Vorlage des OVG Niedersachsen entschied der EuGH – entgegen liberaleren Stimmen im deutschen Schrifttum (*Tschentscher/Klee*, ZUM 1994, 146, 154 ff; *Engel*, ZUM 2003, 85 ff) – unter besonderer Betonung des Schutzes der Zuschauer vor übermäßiger Werbung, dass ein primär an formalen Kriterien orientiertes Begriffsverständnis abzulehnen sei. Der Begriff der „Reihe“ erfordere vielmehr **materielle Verbindungen**. Diese müssten sich aus dem Inhalt der einzelnen Filme ergeben, beispielsweise der Fortentwicklung einer Handlung von einer Sendung zur anderen oder dem Wiederkehren bestimmter Personen in den einzelnen Sendungen (EuGH ZUM 2003, 949, 955 Rn 101 ff). Will man dem folgen, ist in erster Linie darauf abzustellen, ob die einzelnen Sendungen ein **„roter Faden“** durchzieht, der Ausdruck eines bestimmten – wenn auch vagen – inhaltlichen Konzepts ist (vgl zuvor schon *Beucher*, § 44 Rn 24 ff mwN). Sekundäre Bedeutung kommt daneben formalen Aspekten zu (gleicher Sendeplatz, identische Dauer etc.). Nach Ziff. 6 Abs. 4 Nr. 1 der WerbeRL-TV bestehen Reihen aus „mehreren Sendungen, die durch gemeinsame thematische, inhaltliche und formale Schwerpunkte ein gemeinsames Konzept aufweisen und in einem zeitlichen Zusammenhang ausgestrahlt werden“. Ziff. 6 Abs. 4 Nr. 2 der WerbeRL-TV ordnet ferner an, dass Kinofilme, die als Reihe ausgestrahlt werden, nur alle 30 Minuten einmal für Werbung unterbrochen werden dürfen (vgl zum Ganzen auch *Hartstein*, § 7a Rn 21 f).

Für **Dokumentarfilme** galt bis Inkrafttreten des 13. RÄndStV (ebenso wie jetzt noch bei Nachrichtensendungen), dass eine Unterbrechung nicht erlaubt war, wenn die programmierte Sendezeit weniger als 30 Minuten betrug (§ 44 Abs. 5 S. 1 aF). Das Erfordernis dieser Mindestdauer ist nunmehr weggefallen. Dokumentarfilme stellen den journalistisch-wissenschaftlichen Versuch dar, in möglichst authentischer Form die Lebenswelt abzubilden und zu erklären. Der dokumentarische – und nicht der unterhaltende – Charakter steht erkennbar im Vordergrund (*Hartstein*, § 7a Rn 23). Wird ein Dokumentarfilm ausgestrahlt, der ursprünglich als „Kino-Dokumentarfilm“ produziert wurde (etwa „Die Bucht“ oder „Serengeti“), führt dies nicht zu einer Behandlung als Kinofilm (*S/S-Holznagel/Stenner*, § 44 Rn 32). 269

V. Umgehungsverbot, Abs. 4

Die Regelung des Abs. 4 statuiert ein **Umgehungsverbot** (vgl auch Art. 16 FernsehÜ). Für den Fall, dass sich Werbung oder Teleshopping-Spots eines deutschen Fernsehveranstalters „eigens und häufig“ an Zuschauer eines anderen Staates richten, der zum einen das FernsehÜ ratifiziert hat und zum anderen nicht Mitglied der EU ist, dürfen die in diesem Staat geltenden Vorschriften nicht umgangen werden. Dieses Umgehungsverbot findet nach Satz 2 allerdings dann keine Anwendung, wenn die Vorschriften des RStV strenger sind als die Vorschriften des Empfangsstaates oder mit dem Empfangsstaat eine zwischenstaatliche Übereinkunft getroffen wurde. Von praktischer Bedeutung ist die Regelung des § 7a Abs. 4 etwa im Verhältnis zur Schweiz: Eine Reihe deutscher Veranstalter senden ihr auch in Deutschland ausgestrahltes Originalprogramm in die Schweiz aus, ersetzen jedoch die für Deutschland vorgesehene Werbung durch Werbespots für das Schweizer Publikum (sog. Schweizer Werbefenster; vgl hierzu *Weber/Spacek*, Medienheft Dossier 21, S. 24 ff). Die deutschen Veranstalter sind bei der Ausstrahlung dieser Werbefenster gehalten, die Bestimmungen des Schweizer RTVG, das in mancher Hinsicht strenger ist als der RStV, zu beachten. 270

Bei der Prüfung, ob gegen § 7a Abs. 4 verstoßen wurde, ist in einem **ersten Schritt** festzustellen, ob gegen – strengere, Satz 2 – rundfunkwerberechtliche **Vorschriften des Empfangsstaates überhaupt verstoßen** wurde. Nicht immer wird die zuständige LMA auf eindeutige Bestimmungen und richterrechtliche Vorgaben treffen. Dies kann es erforderlich machen, im Wege der Amtshilfe bei der zuständigen Aufsichtsbehörde um Unterstützung nachzusuchen oder auch ein Sachverständigengutachten betreffend die Auslegung des anzuwendenden ausländischen Rechts einzuholen. 271

In einem **zweiten Schritt** ist zu prüfen, ob die Werbevorschriften des Empfangsstaates iSv § 7a Abs. 4 **„umgangen“** wurden. Von einer Umgehung wird nicht schon allein deshalb ausgegangen werden können, weil die Werbevorschriften nicht eingehalten wurden. Vielmehr ist eine zielgerichtete Missachtung dieser Vorschriften zu verlangen. Dies ergibt sich aus den Erläuterungen zu Art. 16 FernsehÜ, in Anlehnung dessen § 7a Abs. 4 bzw die Vorgängerregelungen in den RStV aufgenommen wurden (vgl Amtliche Begründung zu § 13 RStV 1991 und § 26 RStV, abgedruckt bei *Hartstein*, § 7a), in dem sog. 272

Explanatory Report zum überarbeiteten FernsehÜ, das zum 1.3.2002 in Kraft getreten ist. Dort wird ausgeführt, dass es genüge, wenn sich der ausstrahlende Veranstalter von den Vorschriften in dem Empfangsstaat eine ungefähre Vorstellung mache, und dass der Verstoß gegen Regelungen mit unklarem und mehrdeutigem Inhalt nicht als Umgehung qualifiziert werden könne (Explanatory Report, Rn 274). Legt man diese Auslegungsgrundsätze zugrunde, sind an die Annahme einer „Umgehung" gesteigerte Anforderungen zu stellen, so dass jedenfalls die gelegentliche Nichteinhaltung von Normen, deren Regelungsgehalt sich hinsichtlich der zu beurteilenden Werbung nicht ohne Zweifel präzise auslegen lässt, nicht als Umgehung qualifiziert werden kann (vgl zu den strengen Anforderungen für ein Vorgehen nach § 20 Abs. 4 auch *Bumke*, in: Hahn/Vesting, § 20 Rn 113).

273 Schließlich ist in einem **dritten Schritt** festzustellen, ob mit der intendierten Zuwiderhandlung gegen die Werbevorschriften des Empfangsstaates **Wettbewerbsverzerrungen verursacht oder das Gleichgewicht des ausländischen Fernsehsystems beeinträchtigt** werden. Auch dieses Kriterium ergibt sich nicht aus § 7a Abs. 4, wohl aber aus dem Explanatory Report zu Art. 16 FernsehÜ (vgl dort Rn 267 und 276). Allerdings wird man an diese in § 7a Abs. 4 hineinzulesenden Tatbestandsmerkmale keine strengen Voraussetzungen stellen können, da andernfalls für das Umgehungsverbot kaum mehr ein Anwendungsbereich bliebe. Namentlich für die Annahme einer Wettbewerbsverzerrung dürfte es vielmehr bereits genügen, dass mit der Umgehung der Werbevorschriften wettbewerblich nicht völlig unerhebliche Vorteile für den sendenden Veranstalter einhergehen.

C. Vorschriften des Landesrundfunkrechts

274 In den Landesrundfunkgesetzen finden sich zum Teil explizite Regelungen zur Einfügung von Werbung, die § 7a gleichen, so zB in § 40 RundfG M-V und § 29 ThürLMG. Im Übrigen wird die entsprechende Geltung des § 45 angeordnet, vgl zB § 11 Abs. 1 LMedienG Ba-Wü, Art. 8 Abs. 1 BayMG, § 16 Abs. 1 MStV HSH, § 38 Abs. 1 LMG NRW.

D. Sanktionsfolgen eines Verstoßes gegen § 7a

275 Die Missachtung einer der Regelungen des § 7a durch den Veranstalter stellt nach § 49 Abs. 1 Nrn. 11 und 12 eine Ordnungswidrigkeit dar, wenn Vorsatz oder Fahrlässigkeit nachzuweisen ist. Im Übrigen kann die zuständige LMA von ihren aufsichtsrechtlichen Befugnissen Gebrauch machen. § 7a ist eine Marktverhaltensregelung iSv § 4 Nr. 11 UWG; auch ein lauterkeitsrechtliches Vorgehen von Konkurrenten oder Verbänden ist daher möglich.

§ 8 RStV Sponsoring

(1) [1]Bei Sendungen, die ganz oder teilweise gesponsert werden, muss zu Beginn oder am Ende auf die Finanzierung durch den Sponsor in vertretbarer Kürze und in angemessener Weise deutlich hingewiesen werden; der Hinweis ist in diesem Rahmen auch durch Bewegtbild möglich. [2]Neben oder anstelle des Namens des Sponsors kann auch dessen Firmenemblem oder eine Marke, ein anderes Symbol des Sponsors, ein Hinweis auf seine Produkte oder Dienstleistungen oder ein entsprechendes unterscheidungskräftiges Zeichen eingeblendet werden.

(2) Inhalt und Programmplatz einer gesponserten Sendung dürfen vom Sponsor nicht in der Weise beeinflusst werden, dass die redaktionelle Verantwortung und Unabhängigkeit des Rundfunkveranstalters beeinträchtigt werden.

(3) Gesponserte Sendungen dürfen nicht zum Verkauf, zum Kauf oder zur Miete oder Pacht von Erzeugnissen oder Dienstleistungen des Sponsors oder eines Dritten, vor allem durch entsprechende besondere Hinweise, anregen.

(4) Sendungen dürfen nicht von Unternehmen gesponsert werden, deren Haupttätigkeit die Herstellung oder der Verkauf von Zigaretten und anderen Tabakerzeugnissen ist.

(5) Beim Sponsoring von Sendungen durch Unternehmen, deren Tätigkeit die Herstellung oder den Verkauf von Arzneimitteln und medizinischen Behandlungen umfasst, darf für den Namen oder das Image des Unternehmens gesponsert werden, nicht jedoch für bestimmte Arzneimittel oder medizinische Behandlungen, die nur auf ärztliche Verordnung erhältlich sind.

(6) [1]Nachrichtensendungen und Sendungen zur politischen Information dürfen nicht gesponsert werden. [2]In Kindersendungen und Sendungen religiösen Inhalts ist das Zeigen von Sponsorenlogos untersagt.

(7) Die Absätze 1 bis 6 gelten auch für Teleshoppingkanäle.

(8) § 7 Absatz 1, 3 und Absatz 8 bis 10 gelten entsprechend.

A. Allgemeines

§ 8 sieht im Verein mit der Legaldefinition in § 2 Abs. 2 Nr. 9 für den Bereich des Sponsorings ein ausdifferenziertes Regelungssystem vor. Die Einkünfte aus Sponsoring stellen sowohl für die öffentlich-rechtlichen als auch die privaten Rundfunkveranstalter „sonstige Einnahmen" iSv §§ 13 Abs. 1 S. 1, 43 S. 1 dar, auf denen ihre Finanzierung – wenn auch nur in bescheidenem Umfang – basiert. Auf europäischer Regelungsebene sehen Art. 10 AVMD und Art. 17, 18 FernsehÜ weitgehend inhaltsidentische Vorschriften vor. **276**

I. Entstehungsgeschichte

Die rundfunkstaatsvertragrechtliche Behandlung des Sponsoring ist seit 1987 von einem **fortschreitenden Prozess der Liberalisierung** gekennzeichnet. Während der RStV zunächst ein weit reichendes Verbot des Sponsoring insbesondere für den öffentlich-rechtlichen Rundfunk vorsah – gestattet waren gesponserte Sendungen nur, wenn sie nicht den wirtschaftlichen Interessen des Sponsors oder eines anderen dienten –, sahen sich die Staatsvertragsparteien insbesondere auch vor dem Hintergrund der europäischen Rechtsentwicklung zu einer schrittweisen Öffnung des Zulässigkeitsrahmens für Sponsoring veranlasst. So wurden etwa das Sponsoring als dritte Möglichkeit der öffentlich-rechtlichen Veranstalter zur Finanzierung anerkannt, das ursprüngliche Verbot, dass eine gesponserte Sendung nicht durch Werbespots des Sponsors unterbrochen werden darf, aufgehoben, die Gelegenheit zum Sponsorhinweis durch Bewegtbild geschaffen und § 8 in mehrerlei Hinsicht an die ebenfalls geänderten europäischen Regelungen angepasst (zB in den Abs. 4 und 5). Unmittelbarer Nutznießer dieser zunehmenden Lockerung der Sponsoringbestimmungen war und ist der Sponsor; die Veranstalter profitieren nur mittelbar von der liberalisierten Rechtslage, indem das Sponsoring als Alternative bzw Ergänzung zu klassischen Werbeformen für potenzielle Sponsoren deutlich an Attraktivität gewonnen hat. Eingehend zur Entstehungsgeschichte *Hartstein*, § 8 Rn 1 ff; *Brinkmann*, in: Hahn/Vesting, § 8 Rn 1 ff. **277**

II. Wirtschaftliche Bedeutung des Sponsoring

Unter wirtschaftlichem Blickwinkel fristet das Sponsoring als eigenständige Finanzierungsform – im Vergleich zur Werbung – trotz der erheblichen Liberalisierungsbemühungen noch immer ein **Schattendasein.** Die Kommission zur Ermittlung des Finanzbedarfs der **Rundfunkanstalten** (KEF) rechnet in ihrem 17. Bericht im Zeitraum von 2009–2012 mit Sponsoringerträgen der **ARD** iHv 176,2 Mio. EUR (Gesamtvolumen) und des **ZDF** iHv 98 Mio. EUR, vgl 17. KEF-Bericht Tz. 348 ff (www.kef-online.de). Dem stehen für dieselbe Gebührenperiode vielfach höhere Erträge aus Werbung gegenüber; insoweit rechnet die KEF mit 376 Mio. EUR bei der ARD und 477 Mio. EUR beim ZDF (aaO Tz. 343 f). Bei den **privaten Fernsehveranstaltern** entwickelte sich das Sponsoringgeschäft zuletzt positiv. Die Brutto-Umsätze beliefen sich im Jahr 2009 auf 250 Mio. EUR, was ein Plus von bald 10 % bedeutet (SevenOne Media, WerbemarktReport 2009). **278**

Trotz dieses deutlichen Finanzierungsungleichgewichts kommt dem Sponsoring eine „**Schlüsselreizfunktion**" zu; die tatsächliche wirtschaftliche Bedeutung ist für die Veranstalter daher bei weitem höher zu veranschlagen. Werbung und Sponsoring sind zunehmend als komplementäre Faktoren einer einheitlichen Kommunikationsstrategie der Unternehmen zu begreifen. Sponsoring wird kaum mehr singulär eingesetzt; stattdessen findet eine **Verschränkung mit den klassischen Werbeformen** (aber auch anderen „Below-the-line-Maßnahmen") statt. Entsprechend wird das Sponsoring auch als **Einfallstor** in das originäre Werbegeschäft interpretiert, was gerade im Hinblick auf die Akquirierung von Nicht- und Neukunden bedeutsam ist (vgl zum Ganzen den Sonderbericht von ARD, ZDF und KEF „Sponsoring im öffentlich-rechtlichen Rundfunk"; auch *Hartstein*, § 8 Rn 10). Nach einer Befragung der 4 000 umsatzstärksten Betriebe und Dienstleistungsunternehmen in Deutschland, Österreich und der Schweiz aus dem Jahre 2010 setzen knapp 71% der Unternehmen in ihrem Kommunikationsmix **279** auf Sponsoring, wobei hierauf im Durchschnitt 16 % des Gesamtbudgets aufgewendet wurden (Sponsoring Trends 2010, www.bbdo-live.com).

280 Die benannten „versteckten" Wirkungsparameter des Sponsoring relativieren die frühere Feststellung der KEF, wonach ein Verzicht der öffentlich-rechtlichen Rundfunkveranstalter auf Sponsoring (bzw dessen rechtliche Untersagung, wie wiederholt auf politischer Ebene ins Spiel gebracht und von der interessierten Seite der privaten Veranstalter fortwährend gefordert) für den Zeitraum von 2005–2008 voraussichtlich einen – kaum nennenswerten – **Rundfunkgebührenzuschlag iHv 0,18** EUR zur Folge gehabt hätte (vgl 15. KEF-Bericht, Band 2, Tz. 312 ff). Hinzu kommt der Umstand, dass nicht nur, wohl aber vor allem auf dem Gebiet von Sportereignissen der Erwerb der Fernsehübertragungsrechte vielfach a priori nur in Betracht kommt, wenn dem Ereignissponsor zB der Fußball-WM zugleich die (exklusive) Möglichkeit zum Sendungssponsoring eröffnet wird (sog. Doppelsponsoring).

281 Parallel zur Weiterentwicklung der gängigen Werbeformen, hat sich auch in der Sponsoringpraxis eine Ausdifferenzierung ergeben. Eingesetzt werden zunehmend „**Sondersponsoringformen**" wie Trailersponsoring, Titelsponsoring, Rubrikensponsoring, Labelsponsoring und Block Sponsoring (vgl ZAW, S. 310 sowie *Volpers/Bernhard/Schnier*, S. 85 ff; ferner nachfolgend Rn 309 ff).

III. Systematischer Zusammenhang

282 Ihre besondere Bedeutung erlangen die Sponsoring-Vorschriften aufgrund ihrer Wirkung als **Spezialregelung**. Während die Praxis die Werbewirkung von Sponsoring beabsichtigt und faktisch die Grenzen schwimmend erscheinen, unterscheidet der RStV streng zwischen Werbung iSv § 2 Abs. 2 Nr. 7 einerseits und Sponsoring iSv § 2 Abs. 2 Nr. 9 andererseits, so dass die spezifischen Beschränkungen der §§ 7a, 16 und 45 auf das Sponsoring keine Anwendung finden. Namentlich das Blockwerbegebot nach § 7a Abs. 2 S. 1 und das Verbot des § 16 Abs. 1 S. 4 (keine Ausstrahlung von Werbesendungen nach 20:00 Uhr sowie an Sonn- und bundesweit anerkannten Feiertagen) sind von den Veranstaltern nicht zu beachten. Abs. 8 ordnet jedoch an, dass die Abs. 1, 3, 8, 9 und 10 auf Sponsoring im Rundfunk entsprechend gelten.

IV. Interpretationshilfe durch Richtlinien

283 Den einzelnen Regelungsanordnungen des § 8 wurden sowohl für den öffentlich-rechtlichen als auch für den privaten Rundfunk verschiedene Interpretationshilfen zur Normausfüllung in Form der von §§ 16f, 46 vorgesehenen Richtlinien an die Seite gestellt. Für die privaten Veranstalter enthält Ziff. 7 der WerbeRL-TV/HörF in insgesamt 10 Absätzen detaillierte Grundsätze für die Anwendung der Sponsoring-Vorschriften. Für die öffentlich-rechtlichen Veranstalter sind zudem die „Regeln für die Praxis zur Gestaltung von Sponsorhinweisen" (abgestimmter Stand vom 31.3.2005; www.mdr-werbung.de) zu berücksichtigen; hier wird den Rundfunkanstalten und Sponsoren eine weitere Richtschnur für die Ausgestaltung von Sponsorhinweisen an die Hand gegeben, um insbesondere die ausreichende Unterscheidung eines Sponsortrailers von einem Werbespot sicherzustellen.

B. Regelungszweck

284 Sinn und Zweck des § 8 bestehen zum einen darin, die nicht ohne Weiteres nach außen erkennbare Mitwirkung Dritter an der Sendung offen zu legen und für den Rezipienten transparent zu machen (**Transparenzzweck**). Dem Sponsorhinweis kommt insoweit eine Klarstellungsfunktion zu, dass die Sendung von dritter Seite durch eine nicht ganz unerhebliche Unterstützungsleistung mitfinanziert wurde, § 8 Abs. 1. Zum anderen wird der Schutz der redaktionellen Verantwortung und Unabhängigkeit des Veranstalters intendiert (§ 8 Abs. 2); durch das Beeinflussungsverbot soll sichergestellt werden, dass auch eine gesponserte Sendung nach den Ideen und Vorstellungen des an programmlichen Aspekten orientierten Veranstalters, nicht nach Maßgabe der typischerweise profitgerichteten Interessen des Sponsors konzipiert wird (**Sicherungszweck**). Schließlich bezwecken die Sponsoringbestimmungen, wie sich insbesondere aus der Entstehungsgeschichte ergibt, auch die Erschließung und Sicherung des Sponsoring als eigenständige Finanzierungsform (**Finanzierungszweck**). Nur indem dem Sponsor im Rahmen der Erfüllung der Hinweispflicht die Möglichkeit eröffnet wird, sich selbst in werbewirksamer Weise medial zu präsentieren, erweist sich das Sponsoring als attraktives Komplement zu den klassischen Werbeformen, das die Unternehmen – mit Ausnahme weniger Mäzenaten –

erst dazu veranlasst, monetär oder in anderer Weise Unterstützung zugunsten des Veranstalters zu leisten.

C. Anwendungsbereich

Ebenso wie § 7 findet § 8 auf **Fernsehen** und **Hörfunk** gleichermaßen Anwendung. Die Vorschrift gilt sowohl für die öffentlich-rechtlichen als auch die privaten Rundfunkveranstalter. Die Reichweite des ausgestrahlten Programms ist nicht von Bedeutung. 285

Für den Begriff des Sponsoring findet sich in § 2 Abs. 2 Nr. 9 eine Legaldefinition; zu Einzelheiten vgl die Erläuterungen in Rn 48 ff. 286

D. Die Zulässigkeitsanforderungen im Einzelnen

In § 8 Abs. 1 bis 6 sind jeweils eigenständige Ge- und Verbote normiert, die den Zulässigkeitsrahmen für Sponsoring im Rundfunk konkret abstecken. Nur solche Sponsoringmaßnahmen, die sämtlichen Anforderungen entsprechen, sind rundfunk- und damit auch wettbewerbsrechtlich nicht zu beanstanden. 287

I. Deklarationsgebot, Abs. 1

Abs. 1 bringt das Transparenz- und Klarstellungsanliegen zum Ausdruck, indem es dem Veranstalter ein **Deklarationsgebot** auferlegt. Bei Sendungen, die zumindest teilweise gesponsert sind, muss zu Beginn oder am Ende auf die Finanzierung durch den Sponsor hingewiesen werden, und zwar in angemessener Weise deutlich und in vertretbarer Kürze. Im Rahmen der Erfüllung dieser Kennzeichnungspflicht wird dem Sponsor zugleich die Möglichkeit eröffnet, sich imagefördernd selbst zu inszenieren. Da Abs. 1 eine **Muss-Vorschrift** darstellt, kann der Veranstalter nicht auf den Sponsorhinweis verzichten (vgl *Brinkmann*, in: Hahn/Vesting, § 8 Rn 16), was allerdings in Anbetracht der beabsichtigten Werbewirkung auch fern liegt. Jedoch kann es in solchen Fällen bereits an der erforderlichen Förderungsabsicht fehlen, so dass es sich bei dem Beitrag gar nicht um Sponsoring handelt und § 8 keine Anwendung findet. 288

1. Platzierung des Sponsorhinweises. Der Sponsorhinweis hat zu **Beginn** (sog. **Indikativ** oder Opener) oder am **Ende** (sog. **Abdikativ** oder Closer) der Sendung zu erfolgen. Anders als nach der ursprünglichen Fassung muss also nicht notwendigerweise sowohl am Anfang als auch am Ende der Sendung auf den Sponsor hingewiesen werden; dem Veranstalter steht diese Möglichkeit aber selbstverständlich offen (deutlicher Art. 10 Abs. 1 c) AVMD: „zum Beginn, während und/oder zum Ende der Sendung"). „Zu Beginn" erfolgt der Hinweis auch, wenn er (erst) im Vorspann der Sendung enthalten ist. Auch in diesem Fall ist gewährleistet, dass für den Rezipienten der sachliche Zusammenhang von Hinweis und Sendung hinreichend erkennbar wird. Für die konkrete Platzierung und Ausgestaltung des Sponsorhinweises muss stets entscheidend sein, dass dieser sich in den Augen der Zuschauer tatsächlich noch als bloß aufklärende Klarstellung mit Bezug auf die Sendung (wenn auch mit werblichen Elementen) präsentiert und nicht nur als reiner Werbespot im Gewande eines Sponsorhinweises (vgl *Hartstein*, § 8 Rn 30). Der inhaltliche Bezug zur gesponserten Wettersendung ist etwa hergestellt, wenn im Rahmen des Sponsorhinweises das Wetter eine wesentliche Rolle spielt. 289

Umstritten ist, ob Abs. 1 nur die Untergrenze der Hinweishäufigkeit normiert oder zugleich auch die maximale Anzahl von Hinweisen nach oben hin begrenzt, was namentlich für die Frage der Zulässigkeit von (zusätzlichen) Sponsorhinweisen innerhalb einer einheitlichen Sendung bedeutsam ist. Während teilweise für wiederholende Hinweise während der Sendung kein Raum gesehen wird (*Brinkmann*, in: Hahn/Vesting, § 8 Rn 18 u. 20), erkennt die überwiegende Meinung in § 8 Abs. 1 kein Verbot der Sponsornennung im Laufe der Sendung (*Hartstein*, § 8 Rn 30; *Friccius*, ZUM 1996, 1019, 1023; *Henning-Bodewig*, ZUM 1997, 633, 639 ff; auch EuGH ZUM 1997, 198, 201 Rn 43 ff). In der Tat sind Sponsorhinweise vor und nach jeder Werbepause (sog. break bumper oder Reminder) als zulässig zu erachten (ausdrücklich erlaubt nach Ziff. 7 Abs. 5 Nr. 2 WerbeRL-TV), mag die tatsächliche Aufklärungswirkung auch zweifelhaft sein. Über einen Erst-Recht-Schluss wird man sodann auch zur Zulässigkeit des Sponsorhinweises während der Sendung, dh innerhalb des redaktionellen Programms **mittels Split Screen** kommen müssen, da in diesem Fall – vorausgesetzt, die übrigen Anforderungen des § 8 bleiben gewahrt – die Klarstellung effizienter erfolgt (vgl Mitteilung, Rn 53 f). Sponsorhinweise 290 innerhalb des redaktionellen Programms können ferner über ein Laufband, als während der Sendung eingeblendeter sog. Sponsoring Icon oder auch durch die Benennung durch einen Moderator erfolgen (*Volpers/Bernhard/Schnier*, S. 93 ff). In der Praxis kann die Zulässigkeit wiederholter Sponsoringhinweise in Kombination mit den unterschiedlichen Formen des Sponsoring dazu führen, dass – zulässigerweise – innerhalb von nicht einmal 5 Minuten insgesamt 6 Hinweise ausgestrahlt werden (anschaulich *Volpers/Bernhard/Schnier*, S. 85).

291 **2. Deutlichkeit des Hinweises.** Auf die Finanzierung durch den Sponsor muss ferner in angemessener Weise **deutlich** hingewiesen werden. Dabei dürfen an das Erfordernis der Eindeutigkeit **nicht zu hohe Anforderungen** gestellt werden. Es genügt, wenn der Sponsor in Verbindung mit der Sendung gebracht wird und in irgendeiner Weise zum Ausdruck kommt, dass der Sponsor die Sendung finanziell unterstützt (*Hartstein*, § 8 Rn 33). Begleitende Formulierungen aus dem OFF wie „TV Movie präsentiert ihnen den nachfolgenden Blockbuster“ oder „Die Talkshow – mit freundlicher Unterstützung von Warsteiner“ unterliegen daher keinen Zweifeln. Aber auch weniger evidente Hinweise sind nicht zu beanstanden, zB „Viel Spaß beim WM-Endspiel wünscht Ihnen Coca-Cola“ oder „Gute Fahrt bei jedem Wetter wünscht MAZDA“. Den teilweise merklich restriktiveren Auffassungen in der Literatur (sehr eng etwa *Brinkmann*, in: Hahn/Vesting, § 8 Rn 16) kann nicht gefolgt werden, da sie außer Acht lassen, dass sich das maßgebliche Verständnis des Durchschnittszuschauers seit der weitgehenden Legitimierung des Sendungssponsoring für diesbezügliche Hinweise nach und nach sensibilisiert hat. In Anbetracht dieses Gewöhnungsprozesses und des intendierten Schutzes erscheint es nicht notwendig, die Klarstellung textlich auf einige wenige anerkannte aufklärende Formulierungen „festzuzurren“ (im Ergebnis ebenso *Hartstein*, § 8 Rn 33 mw Beispielen und *Friccius*, ZUM 1996, 1019, 1023; auch *Ladeur*, Rn 354 und *Beucher*, § 8 Rn 15). Mit dem 13. RÄndStV wurde § 8 Abs. 1 dahin gehend ergänzt, dass die gesponserte Sendung „in angemessener Weise“ eindeutig zu kennzeichnen ist. Dieser Ergänzung, mit der die Formulierung in Art. 10 Abs. 1 c) AVMD übernommen wurde, dürfte keine eigenständige regulative Bedeutung zukommen, vielmehr handelt es sich lediglich um eine Klarstellung in der Hinsicht, dass der Sponsorhinweis nur unter Wahrung der Verhältnismäßigkeit werbliche Wirkung entfalten darf (ähnlich *Hartstein*, § 8 Rn 32). Während das Tatbestandsmerkmal „in vertretbarer Kürze“ eine quantitative Grenze vorgibt (vgl sogleich), wird mit dem Merkmal „in angemessener Weise“ eine qualitative Grenze aufgezeigt.

292 **3. Dauer des Hinweises.** Der deutliche Sponsorhinweis muss schließlich **„in vertretbarer Kürze“** erfolgen. Da dieses Erfordernis den Zweck verfolgt, einen zusätzlichen Werbeeffekt für den Sponsor zu verhindern, darf die Zeitspanne dem Grunde nach nur solange bemessen sein, wie es für den Rezipienten erforderlich ist, um den Hinweis auf die Fremdfinanzierung wahrnehmen zu können (vgl Amtliche Begründung, abgedruckt bei *Hartstein*, § 8; OLG Frankfurt GRUR 1994, 131, 132). Das bedeutet freilich zugleich, dass der Hinweis auch nicht zu kurz ausfallen darf. In der Literatur wird noch eine Hinweislänge von bis zu 10 Sekunden als vertretbar kurz und damit zulässig betrachtet (*Beucher*, § 8 Rn 14), was allerdings auch die absolute Höchstdauer darstellen sollte, da andernfalls das aufklärende Element des Sponsorhinweises vollends vom werblichen Moment kaschiert wird. Einen angemessen erscheinenden Orientierungswert geben die ARD/ZDF-Praxisregeln in Ziff. II. 2. vor, wonach der Sponsortrailer 7 Sekunden pro Sponsor nicht überschreiten soll; bei mehreren Sponsoren soll die Gesamthinweisdauer von 15 Sekunden nicht überschritten werden.

293 **4. Hinweis durch Bewegtbild.** Abs. 1 S. 1 Hs 2 stellt klar, dass der Sponsorhinweis im Rahmen der vertretbaren Kürze und der erforderlichen Deutlichkeit auch durch **Bewegtbild** möglich ist. Durch die Anerkennung dieser Gestaltungsoption, von der in der Praxis in aller Regel Gebrauch gemacht wird, können sich jedoch weitere Probleme der Abgrenzung zum klassischen Werbespot ergeben.

294 **5. (Weitere) Einblendungselemente.** Neben oder anstelle des Namens des Sponsors kann auch dessen Firmenemblem oder eine Marke eingeblendet werden, Abs. 1 S. 2. Mit dem 13. RÄndStV wurde die Möglichkeit zur Einblendung in Anlehnung an Art. 10 Abs. 1 c) AVMD auch auf andere Symbole des Sponsors, einen Hinweis auf seine Produkte oder Dienstleistungen sowie entsprechende unterscheidungskräftige Zeichen **erweitert.** Mit dieser redaktionellen Ergänzung ist nunmehr klargestellt, dass im Rahmen des Hinweises auch nur einzelne Produkte benannt werden dürfen; früher wurde hierfür unter den Begriff der Marke auch der reine Produktname subsumiert (vgl OLG Frankfurt GRUR 1994, 131, 133). Dass die Einblendung etwa eines prägenden Produkts des Sponsors zur Erfüllung der Hinweispflicht nach Abs. 1 genügen kann, liegt nicht nur im Interesse des sponsernden Unternehmens, sondern dient auch der beabsichtigten Aufklärung, da nicht selten in den maßgeblichen Zuschauer-

kreisen der Name des Sponsors – anders der des Produkts – weithin unbekannt ist (OLG Frankfurt GRUR 1994, 131, 133). Allemal in diesen Fällen erweist sich der Produktname als notwendiges Identifikationsmerkmal (s. auch *Federhoff-Rink*, GRUR 1992, 643, 646). Da nunmehr zudem auch ein „anderes Symbol" eingeblendet werden darf, dürfte es keinen Bedenken begegnen, wenn der Sponsorhinweis etwa durch die Einblendung einer Figur wie des „Michelin-Männchens" oder des „Meister Propper" erfolgt (*Hartstein*, § 8 Rn 34).

Sog. **imageprägende Slogans** (zB „Nichts ist unmöglich. Toyota.") dürften nach alter Rechtslage regelmäßig angesichts der zusätzlichen Verwässerungsgefahr unzulässig gewesen sein (vgl *Brinkmann*, in: Hahn/Vesting, § 8 Rn 21; anders *Beucher*, § 8 Rn 18). Diese restriktive Auslegung sollte sich mit dem 13. RÄndStV überholt haben. Denn der Hinweispflicht kann auch mit Einblendung eines „entsprechenden unterscheidungskräftigen Zeichens" genügt werden. Dies ist bei Slogans, die das Image des Unternehmens aus der maßgeblichen Sicht des Rezipienten prägen, naturgemäß der Fall, so dass das Deklarationsgebot gewahrt ist (ebenso wohl *Hartstein*, § 8 Rn 35). 295

Ausdifferenzierte Vorgaben zur Darstellung eines Produkts in einem Sponsortrailer finden sich in **II. 3. a) der ARD/ZDF-Praxisregeln.** Danach sollen Produktabbildungen in folgendem Rahmen zulässig sein: 1. In einem Sponsortrailer darf eine Marke abgebildet werden. Zu diesem Zweck ist es gestattet, die Marke (Produktname) bzw das Firmenemblem vom Produkt bildlich abzunehmen und das Produkt insoweit bildlich angeschnitten darzustellen. Die Marke an sich muss dabei im Vordergrund stehen. 2. Der Produktname muss als Marke beim Patent- und Markenamt eingetragen oder zumindest angemeldet sein. Wurde das Produkt inkl. Verpackung als Bildmarke eingetragen oder zumindest angemeldet, darf nicht das ganze Produkt eingeblendet werden. 3. Die Einblendung des angeschnittenen Produkts soll lediglich der Logoeinblendung dienen, Schwerpunkt des Sponsortrailers hat der Markenbzw Produktname zu sein. 4. Werbliche Anpreisungen, Produktbeschreibungen sowie die Darstellung von Genuss- und Verzehrsszenen sind im Rahmen des Sponsorhinweises grundsätzlich nicht zulässig. 296

Handelt es sich bei dem Sendungssponsor um einen gebührenpflichtigen telefonischen Auskunftsdienst und weist der Sponsorhinweis entsprechend auf die Telefonnummer hin, muss auch der Preis für die Inanspruchnahme der Auskunft angegeben werden; andernfalls handelt es sich um einen – wettbewerbswidrigen – Verstoß gegen die PAngVO (OLG Schleswig MMR 2002, 55). Zur Aufsichtspraxis der LMAen vgl Handbuch/*Loitz*, S. 312 ff. 297

II. Beeinflussungsverbot, Abs. 2

Nach Abs. 2 dürfen Inhalt und Programmplatz einer gesponserten Sendung vom Sponsor nicht in der Weise beeinflusst werden, dass die Verantwortung und die redaktionelle Unabhängigkeit des Veranstalters beeinträchtigt werden (**sog. Sicherungszweck**). Klarzustellen ist, dass das Beeinflussungsverbot nicht jede Beeinflussung durch den Sponsor untersagt, sondern nur solche Suggestionsformen, die die Beeinträchtigung von Verantwortung und redaktioneller Autonomie zur Konsequenz haben. In der Tat wird kaum einer finanziellen Unterstützungsleistung von Dritten ein gewisses Einwirkungsmoment abzusprechen sein (vgl *Hartstein*, § 8 Rn 38). Der Sponsor darf weder auf die Platzierung der gesponserten Sendung (etwa zielgruppengerechter Sendeplatz oder Integrierung von Werbeinseln) noch auf deren inhaltliche Ausgestaltung (zB Ausladung bestimmter Gäste aus gesponserter Talksendung) Einfluss nehmen. Allerdings wird man dem Sponsor nicht generell untersagen dürfen, mit Vorschlägen, Hinweisen, weiterführenden Überlegungen etc. auf den Veranstalter zuzugehen. Dies erscheint solange unbedenklich, wie das Faktum, dass gesponsert wurde, für das anschließende Verhalten des Veranstalters nicht ausschlaggebend ist, dh kausal wird. Diese Grenze der Äußerung zulässiger Anregungen ist aber überschritten, wenn der Sponsor definitive Erwartungen formuliert oder den finanziellen Beitrag an die Erfüllung von Auflagen knüpft (vgl weiter *Brinkmann*, in: Hahn/Vesting, § 8 Rn 22; auch Ziff. 12.5 der ARD- und ZDF-Richtlinien). Die externe Überwachung des Beeinflussungsverbots ist freilich bei alledem mit erheblichen Schwierigkeiten verbunden. Relativiert wird diese Feststellung dadurch, dass im Hauptfall des Sponsoring, dem Sponsern von Sportsendungen, jedenfalls die Gefahr der inhaltlichen Beeinflussung weitgehend ausgeschlossen ist (*Friccius*, ZUM 1996, 1019, 1023). 298

III. Animierungsverbot, Abs. 3

Abs. 3 statuiert das **sog. Animierungsverbot**. Eine gesponserte Sendung darf nicht zum Verkauf, zum Kauf oder zur Miete oder Pacht von Erzeugnissen oder Dienstleistungen des Sponsors oder eines Drit- 299 ten anregen; dies vor allem nicht durch entsprechende „besondere Hinweise“. Ziff. 7 Abs. 7 der WerbeRL-TV/HörF konkretisiert dieses Verbot dahin gehend, dass eine unzulässige Anregung dann vorliegen soll, wenn in der Sendung Erzeugnisse oder Dienstleistungen vorgestellt, allgemein empfohlen oder sonst als vorzugswürdig herausgestellt werden, die der Sponsor der Sendung oder ein Dritter anbietet. Eine unzulässige Anregung soll ferner dann anzunehmen sein, wenn in einer Fernsehsendung, die aus der Übertragung von sportlichen oder kulturellen Veranstaltungen oder Ereignissen ähnlicher Art besteht, im Wesentlichen Waren, Dienstleistungen, Namen, Marken oder Tätigkeiten auf Banden, Werbereitern oder sonstigen Gegenständen erkennbar sind, deren Hersteller oder Erbringer der Sponsor oder ein Dritter ist.

300 Da Abs. 3 nach Auffassung des historischen Gesetzgebers eine **Ausprägung des Verbots der Schleichwerbung** ist (vgl Amtliche Begründung, abgedruckt bei *Hartstein*, § 8), sollte zunächst darauf abgestellt werden, ob die fragliche Einblendung bzw der konkrete Hinweis unabhängig von den spezifischen Sponsoring-Regelungen eine verbotene Schleichwerbungspraktik nach § 7 Abs. 7 S. 1 darstellt (*Henning-Bodewig*, ZUM 1997, 633, 641). Ist dies nicht der Fall, muss das noch engere Verbot des § 8 Abs. 3 in Bezug genommen werden, dh es ist zu prüfen, ob sich in der Sendung Anreize ausfindig machen lassen, die ihr Werbecharakter verleihen. In der Literatur wird es als Verstoß gegen das Animierungsverbot angesehen, wenn zB Firmenembleme, Produkte und Name des Sponsors im Hintergrund der gesponserten Sendung gezeigt werden oder sich die Sendung in anderer Weise mit den Produkten oder Leistungen des Sponsors näher befasst, etwa als lobende Würdigung des aktuellen Fabrikats des die Sendung sponsernden Autounternehmens (*Hartstein*, § 8 Rn 39; *Brinkmann*, in: Hahn/Vesting, § 8 Rn 23).

301 Seit Inkrafttreten des 13. RÄndStV ist bei Anwendung dieser eher strikten Grundsätze allerdings zu berücksichtigen, dass Produktplatzierungen im eingeschränkten Umfang nach § 7 Abs. 7 S. 2, 44 zulässig sein können. Es stellt sich daher die Frage, ob es dem Sponsor erlaubt ist, zulässige Produktplatzierungen zu schalten. Dies ist trotz des weiten Wortlauts des § 8 Abs. 3 wohl zu bejahen. Das Beeinflussungsverbot nach Abs. 2 ist gewahrt, wenn die Voraussetzungen des § 7 Abs. 7 S. 2 Nr. 1 erfüllt sind, und das über § 8 Abs. 8 anwendbare Trennungsgebot des § 7 Abs. 3 ist ebenfalls nicht verletzt, wenn die Kennzeichnungsvorgaben des § 7 Abs. 7 S. 3, 4 eingehalten werden. Im Übrigen ist nicht ersichtlich, welches spezifische Schutzgut es gebieten sollte, Produktplatzierungen zwar im Allgemeinen unter bestimmten Voraussetzungen zuzulassen, sie aber dann (doch) zu untersagen, wenn sie von einem sponsernden Unternehmen herrühren. Im Ergebnis dürfte daher eine **teleologische Reduktion des § 8 Abs. 3** veranlasst sein (zu § 8 Abs. 3 vgl ferner *Henning-Bodewig*, ZUM 1997, 633, 641 f).

302 **Nicht** zu beanstanden ist es (anders als nach altem Recht), wenn der Sponsor einer Sendung auch in den Werbeblöcken innerhalb der gesponserten Sendung Werbung schaltet.

303 Uneinigkeit besteht, in welchem Rahmen der Sendungssponsor **Gewinne** für ein im Rahmen der gesponserten Sendung veranstaltetes Gewinnspiel bereitstellen darf. Gemäß Ziff. 11.3 der ARD/ZDF-Richtlinien dürfen Produkte oder Leistungen, die der Sponsor zur Verfügung gestellt hat, innerhalb einer gesponserten Sendung nicht präsentiert werden; zudem ist die Kumulation von Sendungssponsoring und Gewinnspielen mit demselben Kooperationspartner „zu vermeiden“ (restriktiv auch *Hartstein*, § 8 Rn 39). Dies erscheint allerdings zu weitgehend. Richtigerweise kann von einer Anreizwirkung der Gewinnbereitstellung erst ausgegangen werden, wenn die Präsentation des ausgelobten Preises nicht neutral erfolgt, sondern werbliche Züge annimmt (ähnlich *Brinkmann*, in: Hahn/Vesting, § 8 Rn 23).

IV. Kein Sponsoring durch Tabakwarenhersteller, Abs. 4

304 Das in Abs. 4 statuierte Sponsoringverbot für im Tabakbereich tätige Unternehmen entspricht weitgehend Art. 10 Abs. 2 AVMD und Art. 18 Abs. 1 FernsehÜ. Es geht ferner konform mit Art. 4 Abs. 2 der Richtlinie 2003/33/EG vom 26.5.2003 zur Angleichung der Rechts- und Verwaltungsvorschriften der Mitgliedstaaten über Werbung und Sponsoring zugunsten von Tabakerzeugnissen (die Richtlinie findet auf das Fernsehen keine Anwendung, vgl Erwägungsgrund 12), und der entsprechenden Umsetzungsnorm in § 21a Abs. 5 des Vorläufigen Tabakgesetzes. Danach ist es einem Unternehmen, dessen Haupttätigkeit die Herstellung oder der Verkauf von Tabakerzeugnissen ist, verboten, ein Hörfunkprogramm zu sponsern. Die übereinstimmende Beschränkung des Sponsoringverbots auf das Erfordernis einer Haupttätigkeit im Tabakbereich resultiert aus der Überlegung, dass § 8 Abs. 4 andern-

falls – also Ausschluss vom Sponsoring, sobald auch nur ein kleiner Teil der unternehmerischen Aktivitäten mit Tabakerzeugnissen in Verbindung steht – einer verfassungsrechtlichen Prüfung nicht standhalten könnte. Die wirtschaftliche Gesamtentwicklung, die in den vergangenen Jahren zu einer zunehmenden Diversifizierung der angebotenen Produktpalette von Tabakunternehmen geführt hat, begründet allerdings die Gefahr einer Untergrabung des Sponsoring-Verbots. Bemerkenswert ist schließlich Art. 5 der Richtlinie EG 2003/33/EG und dessen Umsetzung in § 21 a Abs. 6 des Vorläufigen Tabakgesetzes; hiernach ist **Veranstaltungs- oder Ereignissponsoring** mit dem Ziel oder der Wirkung, den Verkauf eines Tabakerzeugnisses zu fördern, bei jedweder grenzüberschreitenden Wirkung verboten.

V. Sponsoring im Zusammenhang mit Arzneimitteln, Abs. 5

Anders als Abs. 4, differenziert § 8 Abs. 5 im Hinblick auf sponsernde Maßnahmen im Zusammenhang 305
mit **Arzneimitteln und medizinischen Behandlungen**, indem es zugleich einen Erlaubnis- und einen Verbotstatbestand statuiert. Unternehmen, deren Tätigkeit die Herstellung oder den Verkauf von Arzneimitteln und medizinischen Behandlungen „umfasst" (auf eine entsprechende schwerpunktmäßige Tätigkeit kommt es also nicht an), dürfen beim Sendungssponsoring ohne Vorbehalt zugunsten ihres Namens oder Images sponsern. Dagegen ist es ihnen untersagt, für bestimmte Arzneimittel oder medizinische Behandlungen zu sponsern, es sei denn, diese sind auch ohne ärztliche Verordnung erhältlich (auf die freie, also apothekenunabhängige Verkäuflichkeit, §§ 43 ff und 50 AMG, kommt es nicht an; vgl auch die Werbeverbote in §§ 10, 11 HWG betreffend verschreibungspflichtige Arzneimittel). Die Bayer AG kann also zur Pflege ihres Namens und Images Sendungen finanziell unterstützen, darf im Rahmen des Sponsorhinweises aber nicht etwa auf ihr rezeptpflichtiges Herzmittel Trasylol hinweisen. Der Arzneimittelbegriff ergibt sich aus § 2 AMG, die Verordnungspflichtigkeit aus § 48 AMG iVm der Arzneimittelverschreibungsverordnung (AMVV), zuletzt geändert durch Gesetz vom 17.2.2011.

VI. Kein Sponsoring von Nachrichtensendungen, Abs. 6

Nachrichtensendungen und **Sendungen zum politischen Zeitgeschehen** dürfen (gar) nicht gesponsert 306
werden, § 8 Abs. 6 (ebenso Art. 10 Abs. 4 AVMD und Art. 18 Abs. 3 FernsehÜ). Die Regelung ist im Zusammenhang mit § 7 Abs. 9 und § 4 Nr. 3 UWG zu sehen, die denselben Schutzzweck verfolgen. Dieser besteht einheitlich darin, die Integrität und Authentizität der besonders sensiblen nachrichtlich und politisch ausgerichteten Sendungen, die ungeachtet ihrer Zugehörigkeit zum öffentlich-rechtlichen oder privaten Rundfunk der freien individuellen und öffentlichen Meinungsbildung sowie der Meinungsvielfalt in besonderer Weise verpflichtet sind, im weiten Umfang zu schützen (vgl bereits Rn 219). Entsprechend betont die Gesetzesbegründung, durch Abs. 6 solle von vornherein der Eindruck vermieden werden, die Unabhängigkeit und Objektivität könne durch den Sponsor beeinträchtigt werden (Amtliche Begründung, abgedruckt bei *Hartstein*, § 8). Dem RStV liegt ein einheitliches Begriffsverständnis zugrunde, so dass hinsichtlich der Termini auf die Erläuterungen zu § 7 Abs. 9 verwiesen werden kann (vgl Rn 221 ff; ferner *Hartstein*, § 8 Rn 41 und – weiter – *Brinkmann*, in: Hahn/Vesting, § 8 Rn 27).

VII. Geltung für Teleshoppingkanäle

§ 8 Abs. 7 bestimmt ausdrücklich (vgl § 1 Abs. 4), dass die Absätze 1 bis 6 auch für Teleshoppingkanäle 307
gelten. Damit ist zum einen klargestellt, dass auch Sendungen in Teleshoppingkanälen gesponsert werden dürfen. Zum anderen ergibt sich aus § 8 Abs. 7, dass Teleshoppingkanäle den gleichen rechtlichen Zulässigkeitsvoraussetzungen an Sponsoring unterliegen wie alle anderen Veranstalter.

VIII. Entsprechende Geltung einzelner Regelungen des § 7

Mit dem 13. RÄndStV wurde auch § 8 Abs. 8 eingefügt. Danach gelten für das Sponsoring die Vor- 308
schriften des § 7 Abs. 1, 3, 8, 9 und 10 entsprechend. Auch Sponsoring darf mithin nicht die Menschenwürde verletzen etc. (§ 7 Abs. 1) und muss das Trennungsgebot wahren (§ 7 Abs. 3), im Sponsorhinweis dürfen nicht die in § 7 Abs. 8 genannten Personen integriert sein und der Hinweis darf nicht politischer, weltanschaulicher oder religiöser Art sein (§ 7 Abs. 9), schließlich darf der Sponsorhinweis nicht den übermäßigen Genuss alkoholischer Getränke fördern (§ 7 Abs. 10), was freilich nicht heißt, dass Herstellern alkoholischer Getränke Sponsoring generell untersagt ist. Mit dem Verweis des § 8

Abs. 8 auf § 7 Abs. 9 gilt nunmehr wieder das – mit dem 4. RÄndStV vorübergehend gestrichene – Verbot des Sponsoring politischer, weltanschaulicher und religiöser Art (anders wohl *Hartstein*, § 8 Rn 40). Religiösen Vereinigungen oder politischen Parteien ist es mithin untersagt, Sendungen zu sponsern. Dies sehen auch die WerbeRL-TV/HörF in Ziff. 7 Abs. 9 vor (kritisch hierzu wegen des Gesetzesvorbehaltes – allerdings nach alter Rechtslage – *S/S-Holznagel/Stenner*, § 8 Rn 26 mwN).

E. Sonderformen des Sponsoring

309 Neben dem klassischen Sendungs- und Programmsponsoring haben sich weitere „Sonderformen" des Sponsoring durchgesetzt; deren Beurteilung richtet sich zum Teil allerdings weniger nach § 8 als nach den Bestimmungen des § 7 (vgl zu Sponsoring-Sonderformen auch *Stenner*, S. 108 ff; *Volpers/Bernhard/Schnier*, S. 86 ff).

I. Ereignissponsoring

310 Das **sog. Ereignis- oder Eventsponsoring**, also die finanzielle Unterstützung einer Veranstaltung durch einen Dritten (insbesondere Sportveranstaltungen), wird nicht vom Sponsoringbegriff des § 8 erfasst (näher Rn 51). Die Übertragung einer gesponserten Veranstaltung ist grundsätzlich nicht zu beanstanden; zu beachten sind jedoch die Grenzen des Schleichwerbeverbots nach § 7 Abs. 7 S. 1 (vgl Rn 183).

II. Doppelsponsoring

311 Keinen Bedenken begegnet das **sog. Doppelsponsoring**, also die parallele finanzielle Unterstützung sowohl der Veranstaltung als auch der Sendung. Auf der Hand liegt die Zulässigkeit des Sponsoring, wenn Sendungs- und Eventsponsor personenverschieden sind; hier muss das Publikum allenfalls darüber aufgeklärt werden, dass der Programmsponsor nicht auch der Sponsor der Veranstaltung ist (so *Castendyk*, in: Hartlieb/Schwarz, Kap. 252 Rn 6). Im Falle einer Personenidentität ergeben sich die Zulässigkeitsgrenzen sowohl aus § 8 als auch aus den §§ 7 Abs. 3, 7.

III. Titelsponsoring

312 Ziff. 7 Abs. 10 der WerbeRL-TV/HörF definiert **Titelsponsoring** (auch Titelpatronage) als „Einsetzen von Namen von Unternehmen, Produkten oder Marken als Sendungstitel". Titelsponsoring erfreut sich großer Beliebtheit, wie Sendungen wie „Die Nutella-Geburtstagsshow", „Die kultige Handy-Show – O 2 can do", „Doppelpass – Die Krombacher Runde" oder „Brandneu – Das MediaMarkt Magazin" belegen. Die Verwendung einer Unternehmens- oder Produktbezeichnung als Titel einer Sendung lässt sich regelmäßig als Sponsoring iSv § 8 qualifizieren, mag auch der Sponsor an der Produktion der Sendung beteiligt sein und entsprechend auf ihn auch inhaltlich Bezug genommen werden. Die Auffassung, gerade aus der Integration der Marke etc. in die Sendung folge, dass § 8 nicht anwendbar sei (so noch in der Vorauflage, Rn 232 und 193 mwN), dürfte nicht haltbar sein, da die Legaldefinition des § 2 Abs. Nr. 9 keinerlei Einschränkung enthält und damit Titelsponsoring fraglos umfasst (richtig *Stenner*, S. 114 f). Zu Recht sieht Ziff. 7 Abs. 10 der WerbeRL-TV/HörF daher vor, dass Titelsponsoring (nur) zulässig ist, wenn die allgemeinen Anforderungen nach § 2 Abs. 2 Nr. 9 und § 8 Abs. 2 bis 6 RStV erfüllt sind. Weitere Anforderungen ergeben sich darüber hinaus über die Verweisungsvorschrift des § 8 Abs. 8, so dass beim Titelsponsoring vor allem auch das Trennungsgebot zu beachten ist. Im Übrigen sind auch das Beeinflussungs- und Animierungsverbot im Auge zu behalten (ausführlich zum Titelsponsoring *Hackbarth*, ZUM 1998, 974 ff).

IV. Sponsoring von Kurzsendungen

313 Während das Sponsoring von Spotwerbung, Dauerwerbesendungen oder Teleshopping-Fenstern nicht zulässig ist, steht der Förderung von **Kurzsendungen** wie zB Wetterberichten nichts entgegen, Ziff. 7 Abs. 2 der WerbeRL-TV/HörF. Der zu befürchtenden Zerstückelung einer Sendung in minimale, angeblich eigenständige Sendungen (etwa ständige Verkehrsnachrichten im Hörfunk; vgl *Henning-Bodewig*, AfP 1991, 487, 493) ist durch eine genaue Prüfung der Eigenständigkeit entgegenzuwirken: Teile von Sendungen, denen es an der inhaltlichen Abgeschlossenheit fehlt, sind nicht sponserfähig. Ebenso ist ein Sponsoring ausgeschlossen, wenn das Programmelement erst im Hinblick auf die Sponsorentätigkeit veranlasst worden ist (*Brinkmann*, in: Hahn/Vesting, § 8 Rn 14 f). Programmhinweise

dürfen nicht gesponsert werden, Ziff. 7 Abs. 6 Nr. 2 der WerbeRL-TV/HörF, wohl aber darf in Hinweisen auf gesponserte Sendungen der Sponsor erwähnt werden (Nr. 1). Zulässig ist auch das **sog. Rubrikensponsoring** als Unterfall des Sponsoring von Kurzsendungen. Hierunter ist das Sponsoring einer einzelnen, regelmäßig erscheinenden Rubrik innerhalb einer Sendung zu verstehen, zB im Rahmen eines Morgenmagazins das Sponsoring von Sportnachrichten, Wirtschaftsnews und „Prominentenklatsch" durch unterschiedliche Sponsoren (vgl *Volpers/Bernhard/Schnier*, S. 87 f; ferner *Castendyk*, in: Hartlieb/Schwarz, Kap. 252 Rn 9).

V. Themensponsoring

Zum sog. **Themensponsoring** – richtig: Themenplacement – vgl die Erläuterungen in Rn 174 ff. 314

F. Vorschriften des Landesrundfunkrechts

Ganz überwiegend erklären die **Landesrundfunk- bzw -mediengesetze** § 8 RStV ausdrücklich für anwendbar bzw enthalten identische Regelungen: § 11 Abs. 1 LMedienG BaWü, Art. 9 BayMG; § 48 Abs. 1 MStV B-B; § 15 Abs. 1 BremLMG; § 16 Abs. 1 HSH MStV; § 32 Abs. 1 HPRG; § 39 RundfG M-V; § 38 Abs. 1 LMG NRW; § 24 Abs. 1 SächsPRG; § 7 Abs. 3 MG S-A; § 31 ThürLMG. Lediglich § 31 Abs. 6 ThürLMG sieht ein weitergehendes Sendungssponsoringverbot für solche (potenziellen) Sponsoren vor, die nach dem ThürLMG oder nach anderen gesetzlichen Vorschriften nicht werben dürfen oder die überwiegend Produkte herstellen oder verkaufen oder Dienstleistungen erbringen, für die Werbung gesetzlich verboten ist. 315

G. Sanktionsfolgen eines Verstoßes gegen § 8

Für die privaten Veranstalter von bundesweit verbreitetem Rundfunk stellt es eine **Ordnungswidrigkeit** dar, wenn sie vorsätzlich oder fahrlässig gegen das Deklarationsgebot nach § 8 Abs. 1 S. 1 (vgl § 49 Abs. 1 S. 1 Nr. 13) oder in einer nach § 8 Abs. 3 bis 6 unzulässigen Weise Sponsorsendungen ausstrahlen (§ 49 Abs. 1 S. 1 Nr. 14). Ein Verstoß gegen das Beeinflussungsverbot nach § 8 Abs. 2 kann dagegen nicht als Ordnungswidrigkeit verfolgt werden, was seinen Grund vor allem in den Anforderungen des rechtsstaatlich begründeten Bestimmtheitsgrundsatzes haben dürfte. Die LMAen haben es ferner in der Hand, von den ihnen nach Landesrecht eingeräumten Aufsichtsmitteln Gebrauch zu machen (allgemein Rn 11 ff). 316

Einen probaten **privatrechtlichen Weg** zur Bekämpfung unzulässiger Sponsoringpraktiken eröffnet das **UWG**. Den Verbänden, Mitbewerbern und sonstigen Sachlegitimierten stehen Unterlassungs-, Beseitigungs- und ggf. auch Schadensersatzansprüche nach §§ 8, 9 UWG zu, sofern sich das Sponsoringverhalten des – öffentlich-rechtlichen oder privaten – Veranstalters (und des Sponsors) als unlauter iSv § 3 UWG präsentiert. Die Unlauterkeit ergibt sich dabei jedenfalls aus § 4 Nr. 11 UWG, da § 8 RStV unzweifelhaft – und zwar in toto – eine Marktverhaltensregelung in diesem Sinne darstellt (vgl Harte/Henning/*v. Jagow*, § 4 Nr. 11 Rn 120; *Piper*/Ohly, § 4.3 Rn 3/9 und § 4.11 Rn 11/302; BGH NJW 1992, 2089, 2091 – Ereignis-Sponsorwerbung; OLG Frankfurt GRUR 1994, 131, 132). Zudem wird vielfach der Unlauterkeitstatbestand des § 4 Nr. 3 UWG erfüllt sein. Die Ausstrahlung der gesponserten Sendung bzw des Sponsorhinweises stellt auch eine geschäftliche Handlung des Veranstalters iSv § 2 Abs. 1 Nr. 1 UWG dar (BGH NJW 1992, 2089, 2090 – Ereignis-Sponsorwerbung; OLG Frankfurt GRUR 1994, 131, 132; *Federhoff-Rink*, GRUR 1992, 643, 645 f). 317

§ 8a RStV Gewinnspiele

(1) [1]**Gewinnspielsendungen und Gewinnspiele sind zulässig. [2]Sie unterliegen dem Gebot der Transparenz und des Teilnehmerschutzes. [3]Sie dürfen nicht irreführen und den Interessen der Teilnehmer nicht schaden. [4]Insbesondere ist im Programm über die Kosten der Teilnahme, die Teilnahmeberechtigung, die Spielgestaltung sowie über die Auflösung der gestellten Aufgabe zu informieren. [5]Die Belange des Jugendschutzes sind zu wahren. [6]Für die Teilnahme darf nur ein Entgelt bis zu 0,50 Euro verlangt werden; § 13 Abs. 1 Satz 3 bleibt unberührt.**

(2) Der Veranstalter hat der für die Aufsicht zuständigen Stelle auf Verlangen alle Unterlagen vorzulegen und Auskünfte zu erteilen, die zur Überprüfung der ordnungsgemäßen Durchführung der Gewinnspielsendungen und Gewinnspiele erforderlich sind.

(3) Die Absätze 1 und 2 gelten auch für Teleshoppingkanäle.

A. Allgemeines

318 § 8a Abs. 1 und 2 wurde mit dem 10. RÄndStV zum 1.9.2008 in den RStV eingefügt. Bis dahin galten die von den LMAen beschlossenen „Anwendungs- und Auslegungsregeln für die Aufsicht über Fernseh-Gewinnspiele" vom 19.6.2007 (abgedruckt bei *Hartstein*, § 8a in Fn 1) sowie die „Handreichung der Landesmedienanstalten für die Veranstaltung von Hörfunkgewinnspielen" vom 15.1.2008. Da es sich bei diesen Regeln jedoch um bloße – richterlich voll überprüfbare – verwaltungsinterne Interpretationen insbesondere der über § 41 Abs. 1 S. 4 RStV anwendbaren Bestimmungen des UWG handelte (vgl *Wimmer*, MMR 2007, 417, 418), entschied sich der Rundfunkgesetzgeber dazu, dieses lückenhafte Regelungsregime zu schließen und mit § 8a eine ausdrückliche Regelung in den RStV aufzunehmen. Mit dem 12. RÄndStV wurde – mit Blick auf § 1 Abs. 4 – der Abs. 3 hinzugefügt, der die Geltung der Abs. 1 und 2 für Teleshoppingkanäle anordnet. Abs. 1 S. 1 stellt klar, dass Gewinnspielsendungen (sog. Call-In-Sendungen) und Gewinnspiele im Grundsatz zulässig sind.

319 **Call-In-Sendungen** haben sich über mehrere Jahre hinweg einer großen Beliebtheit beim Fernsehpublikum erfreut, so dass zahlreiche private Veranstalter zumindest teilweise auf dieses Format gesetzt haben. Seriösität und Legalität der Angebote wurden jedoch von vielen Marktbeobachtern angezweifelt, so dass aus straf-, aufsichts- und wettbewerbsrechtlicher Perspektive nach Regulierung und Sanktionen verlangt wurde (vgl statt vieler *Wimmer*, MMR 2007, 417; *Becker/Ulbrich/Voß*, MMR 2007, 149). In der Hochphase machte die Branche einen jährlichen Umsatz von 350 Millionen EUR. Mittlerweile sind die Umsätze jedoch rückläufig, so dass sich mehrere Sender bereits wieder von Call-In-Shows verabschiedet haben.

320 § 8a ist bei privaten Veranstaltern im Zusammenhang mit § 46 S. 1 zu betrachten, wonach die LMAen gehalten sind, zur Durchführung des § 8a eine Satzung oder Richtlinie zu erlassen, in der „insbesondere die Ahndung von Verstößen und die Bedingungen zur Teilnahme Minderjähriger näher zu bestimmen sind" (im Einzelnen zu § 46 Rn 434 ff; für die öffentlich-rechtlichen Veranstalter gilt § 16a Satz 1). Die LMAen haben sich für das Instrument der Satzung entschieden und eine **„Satzung über Gewinnspielsendungen und Gewinnspiele" (kurz: Gewinnspielsatzung**, GewSpS) verabschiedet, die zum 23.2.2009 in Kraft getreten ist (abrufbar unter www.alm.de). Die Satzung enthält neben Begriffsbestimmungen und Regelungen zum Jugendschutz insbesondere konkretisierende Anordnungen zum Transparenzgebot, Irreführungs- und Manipulationsverbot und zum Schutz der Nutzer vor übermäßiger Teilnahme. Ferner finden sich detaillierte Regelungen zu Spielablauf, -gestaltung und –auflösung und zu den Informationspflichten und deren Erfüllung während des Spielverlaufs (vgl im Einzelnen nachfolgend). Die LMAen begründen die rückläufige Entwicklung bei Call-In-Formaten gerade auch mit den regulativen Vorgaben der GewSpS und deren konsequenten Umsetzung.

B. Anwendungsbereich

I. Persönlicher Anwendungsbereich

321 § 8a findet sowohl auf öffentlich-rechtliche Veranstalter, die aus den Gewinnspielen/Gewinnspielsendungen allerdings keine Einnahmen erzielen dürfen (§ 13 Abs. 1 S. 3), als auch auf private Veranstalter Anwendung. Ferner gilt § 8a für Fernsehen und Hörfunk gleichermaßen. Auch Veranstalter von Teleshoppingkanälen müssen die Vorschriften des § 8a und der Gewinnspielsatzung wahren, vgl Abs. 3. Generell gehören zum Kreis der Normadressaten lediglich die Rundfunkveranstalter; Telekommunikationsanbieter sind vom persönlichen Anwendungsbereich nicht umfasst, was namentlich hinsichtlich der zulässigen Entgelthöhe zu beachten ist (*Hartstein*, § 8a Rn 2).

II. Sachlicher Anwendungsbereich

Sachlich findet § 8a lediglich auf Gewinnspiele und Gewinnspielsendungen Anwendung. Den Rundfunkveranstaltern ist es erlaubt, für die Teilnahme ein Entgelt von bis zu 0,50 EUR zu verlangen, § 8 Abs. 1 S. 6. 322

1. Gewinnspiele. Nach § 2 Nr. 1 GewSpS ist ein **Gewinnspiel** ein Bestandteil eines Rundfunkprogramms (oder eines Telemedienangebots), der den Nutzern im Falle der Teilnahme die Möglichkeit auf den Erhalt eines Vermögenswertes, insbesondere in Form von Geld, Waren oder Dienstleistungen, bietet. Hierunter fallen insbesondere die im Rahmen von sog. Televoting-Shows veranstalteten Gewinnspiele. In Televoting-Formaten wie „Das Supertalent", „Deutschland sucht den Superstar", „Let's dance" oder „The next Uri Geller" wird der Wettbewerb zwischen den auftretenden Kanditaten durch die Zuschauer als Jury im Wege der telefonischen Abstimmung entschieden. Hier wird regelmäßig auch ein Gewinn ausgelobt, der am Ende der jeweiligen Sendung unter allen abstimmenden Anrufern verlost wird (vgl *Bolay*, K&R 2009, 91 f). Auch die – formattypische – „5.000-Euro-Gewinnchance", die für die Zuschauer von „Wer wird Millionär" besteht (per SMS für 0,50 EUR ist ein Lösungsbuchstabe zu übermitteln und unter allen SMS mit der richtigen Antwort wird gelost), stellt ein Gewinnspiel iSv § 2 Nr. 1 GewSpS dar. 323

2. Gewinnspielsendungen. Gewinnspielsendungen zeichnen sich demgegenüber dadurch aus, dass sie eine gewisse Mindestdauer aufweisen und aus einem oder mehreren Gewinnspielen bestehen. § 2 Nr. 2 GewSpS definiert den Begriff Gewinnspielsendung dahin gehend, dass es sich hierbei um einen inhaltlich zusammenhängenden, nicht durch andere Programmelemente unterbrochenen, zeitlich begrenzten Teil eines Rundfunkprogramms von mehr als 3 Minuten Länge (einschließlich der Hinweise nach §§ 10 und 11 GewSpS) handelt, bei dem die Durchführung eines oder mehrerer Gewinnspiele, insbesondere unter Berücksichtigung des zeitlichen Umfangs dieser Spiele, den Schwerpunkt darstellt. Die maximal zulässige Dauer einer Gewinnspielsendung soll nach § 9 Abs. 8 GewSpS 3 Stunden betragen. Gemeinhin werden Gewinnspielsendungen idS **„Call-In-Shows"** genannt; aus der Praxis kennt man sie insbesondere von dem Veranstalter 9Live, der fast ausschließlich Call-In-Shows sendete, oder Veranstaltern wie SPORT1 („Das Sportquiz") oder Sat1 („Quiz Night"). Prägend für sämtliche Call-In-Sendungen ist, dass Zuschauer im Rahmen eines Live-Quiz mittels kostenpflichtiger telefonischer Teilnahme versuchen können, die vom Moderator gestellten Wissens- oder Ratefragen zu beantworten bzw Rätsel oder Wortspiele zu lösen und dadurch Geld- oder Sachpreise zu gewinnen (instruktiv zB *Bolay*, K&R 2009, 91, 92). 324

In **technischer Hinsicht** werden die Anrufe von den Teilnehmern eines Gewinnspiels über Rufnummern „für Massenverkehr zu bestimmten Zielen" (MABEZ-Nummern) entgegengenommen. Bei Call-In-Shows werden die eingehenden Anrufe entweder im Spielmodus des sog. Hot Button oder aber im Spielmodus „Anrufbeantworter" registriert. Im Hot Button-Modus wird zu einem beliebigen Zeitpunkt ein Anrufer ausgewählt, nachdem ein technischer Auswahlmechanismus aktiviert wurde. Der per Zufall ausgewählte Anrufer wird mit dem Moderator verbunden und kann sich in der Rätsellösung versuchen. Im Spielmodus „Anrufbeantworter" hingegen geht es zunächst darum, durch den Anruf eine zuvor mitgeteilte Gewinnleitung zu treffen, um dann die Möglichkeit zu haben, auf dem Anrufbeantworter Name und Telefonnummer zu hinterlassen. Nach Ablauf des Spiels wird mittels eines technischen Zufallsprinzips ein Anrufer ausgewählt und zurückgerufen, der dann Gelegenheit erhält, die richtige Antwort zu geben (vgl zu den technischen Einzelheiten nur *Wimmer*, MMR 2007, 417). 325

3. Abgrenzung zum illegalen Glücksspiel. Im Einzelfall kann sich die Abgrenzung von Gewinnspielen und **Glücksspielen** als diffizil erweisen. Im Anwendungsbereich des § 284 StGB besteht das Wesen des Glücksspiels nach allgemeiner Auffassung darin, dass die Entscheidung über Gewinn und Verlust eines nicht ganz unbeträchtlichen Vermögenswerts nach den Vertragsbedingungen nicht wesentlich von den Fähigkeiten, den Kenntnissen und der Aufmerksamkeit der Spieler abhängt, sondern allein oder hauptsächlich vom Zufall (vgl etwa BGH NStZ 2003, 372, 373). § 3 Abs. 1 des Glücksspielstaatsvertrages (GlüStV) versteht Glücksspiele ähnlich; danach soll ein Glücksspiel vorliegen, wenn im Rahmen eines Spiels für den Erwerb einer Gewinnchance ein Entgelt verlangt wird und die Entscheidung über den Gewinn ganz oder überwiegend vom Zufall abhängt, wobei letzteres jedenfalls anzunehmen ist, wenn dafür der ungewisse Eintritt oder Ausgang zukünftiger Ereignisse maßgeblich ist. Ungeachtet der sich im Einzelnen ergebenden Abgrenzungsfragen (statt vieler zB *v. Frenz/Masch*, ZUM 2006, 189 ff; *Bolay*, MMR 2009, 669 ff; *Lober/Neumüller*, MMR 2010, 295 ff; *Ruttig*, WRP 2011, 174 ff) ist in praktischer Hinsicht davon auszugehen, dass sich der Rundfunkgesetzgeber für die rechtliche Zuläs- 326 sigkeit von Gewinnspielen im Rundfunk mit einem „Einsatz" von bis zu 0,50 EUR entschieden hat (es fehlt an der Erheblichkeit des Vermögenswertes), so dass die Veranstaltung dieser Gewinnspiele auch ansonsten in der Regel keinen rechtlichen Bedenken ausgesetzt ist (ebenso wohl zB *Hartstein*, § 8a Rn 5; *S/S-Holznagel/Jahn*, § 8a Rn 11).

327 **4. Gewinnspiele als Teleshopping.** Wie der EuGH herausgearbeitet hat, kann es Fallgestaltungen geben, in denen das veranstaltete Gewinnspiel der **Definition des Teleshopping oder der Werbung unterfällt** (EuGH MMR 2008, 32, 33 m. Anm. von *Scheuer*, MMR 2008, 34). Zwar wird das regelmäßig nicht der Fall sein; jedoch kann mitunter unter Berücksichtigung des Zwecks der Sendung, in der das Gewinnspiel stattfindet, der Bedeutung des Gewinnspiels innerhalb dieser Sendung sowie der Ausrichtung der gestellten Gewinnfragen die Sendung als tatsächliches Dienstleistungsangebot anzusehen sein mit der Folge der Qualifizierung als Teleshopping. In gleicher Weise ist auch eine Einstufung als Werbung möglich, wenn das Spiel aufgrund seines Ziels und seines Inhalts sowie der Bedingungen, unter denen die Gewinne präsentiert werden, eine Äußerung enthält, die einen Anreiz für die Zuschauer schaffen soll, die als Gewinne präsentierten Waren oder Dienstleistungen zu erwerben (vgl bereits oben Rn 41 und *Hartstein*, § 8a Rn 15; *S/S-Holznagel/Jahn*, § 8a Rn 12 ff). Um eine sachgerechte Zuordnung zu gewährleisten, bedarf es stets einer umfassenden Berücksichtigung aller Umstände des konkreten Einzelfalls. Bei konsequenter Umsetzung der abstrakten Vorgaben des EuGH lässt sich jedoch pauschalisierend gut begründen, zum einen im Rundfunkprogramm ausgestrahlte Call-In-Shows als Teleshopping zu qualifizieren, da ihre Ausstrahlung dem unmittelbaren Absatz entgeltlicher Gewinnchancen dient, zum anderen Gewinnspiele innerhalb von Televoting-Shows nicht als Teleshopping einzustufen, da hier die Unterhaltung des Publikums ganz im Vordergrund steht und die entgeltpflichtige Abstimmung mit nachfolgender Gewinnoption nicht selbst Dienstleistungscharakter aufweist, vielmehr lediglich den dienstleistungsfernen Hauptzweck der Televoting-Show fördern soll (vgl im Einzelnen *Bolay*, K&R 2009, 93 ff u. *S/S-Holznagel/Jahn*, § 8a Rn 15).

C. Die Regelungsanordnungen im Einzelnen

328 Innerhalb des § 8a kann grundsätzlich zwischen Abs. 1 und Abs. 2 unterschieden werden: Während Abs. 1 inhaltliche Anforderungen für die Durchführung von Gewinnspielen vorsieht, enthält Abs. 2 eine verfahrensrechtliche Dokumentenvorlage- und Auskunftspflicht, über die der zuständigen Behörde die Überprüfung ermöglicht werden soll, ob die Gewinnspiele tatsächlich in Einklang mit Abs. 1 durchgeführt werden. Innerhalb des Abs. 1 ist dabei zwischen den einzelnen Geboten und Verboten zu unterscheiden.

I. Transparenzgebot, Abs. 1 S. 2

329 Gemäß § 8a Abs. 1 S. 2 unterliegen Gewinnspielsendungen und Gewinnspiele dem Gebot der **Transparenz**, über das das besonders hohe Schutzgut der Durchschaubarkeit und Nachvollziehbarkeit von Gewinnspielen geschützt werden soll. Das Gebot der Transparenz ist im Zusammenhang mit § 4 Nr. 5 UWG zu sehen; danach handelt unlauter, wer bei Gewinnspielen – allerdings nur mit Werbecharakter – die Teilnahmebedingungen nicht klar und eindeutig angibt. Das Transparenzgebot hat in der GewSpS eine differenzierte Präzisierung und Ausgestaltung erfahren.

330 **1. Transparente Gestaltung im Einzelnen.** In § 5 GewSpS haben die LMAen das allgemeine Transparenzgebot weiter konkretisiert. Die hierin festgelegten **allgemeinen Transparenzanforderungen** begegnen mit Ausnahme von Abs. 2 S. 2 keinen rechtlichen Bedenken (BayVGH ZUM-RD 2010, 102). § 5 Abs. 1 GewSpS sieht vor, dass der Anbieter für die transparente Gestaltung der Gewinnspiele gegenüber den Teilnehmern im Vorfeld allgemein verständliche Teilnahmebedingungen aufzustellen und auf seiner Website und – sofern vorhanden – im Fernsehtextangebot zu veröffentlichen hat (sog. Mitmachregeln). Nach Abs. 2 S. 1 hat der Anbieter für den Fall, dass er eine Auswahl unter den Nutzern im Hinblick auf die Unterbreitung eines Lösungsvorschlags vornimmt, den Einsatz des eingesetzten Auswahlverfahrens, den Auswahlmechanismus selbst und/oder dessen Parameter zu protokollieren. Durch diese Protokollierungspflicht soll die nachträgliche Prüfung ermöglicht werden, mit welchen technischen Mitteln der Veranstalter den Ablauf des Gewinnspiels gesteuert hat. Nach Abs. 2 S. 2 soll für jeden Zeitpunkt des laufenden Spiels die Nutzeranzahl protokolliert und belegt werden. Diese Dokumentationspflicht ist nach Auffassung des BayVGH mangels Rechtfertigung unzulässig; es sei nicht erkennbar, welchem rundfunkgesetzlich vorgegebenen Zweck sie dienen könne (ZUM-RD 2010, 102).

§ 5 Abs. 3 GewSpS ordnet schließlich an, dass bei Anwendung eines technischen Auswahlverfahrens sicherzustellen ist, dass für jeden Teilnehmer während der gesamten Dauer des Gewinnspiels **die gleiche Chance** sowie die grundsätzliche Möglichkeit besteht, ausgewählt zu werden, und dass sowohl der Zeitpunkt als auch die Auswahl der Nutzer dem Zufallsprinzip unterworfen sind. Das Erfordernis der Gewährleistung von Chancengleichheit ist nicht zu unbestimmt und darf nicht mit der individuellen Gewinnwahrscheinlichkeit (durch Schwankungen im Anrufvolumen) vermengt werden; entscheidend ist, dass die zur gleichen Zeit aktiven Nutzer die gleiche Chance auf Gewinn haben und dass veranstalterseits nicht durch die technische Gestaltung des Spielablaufs die Auswahlchancen für bestimmte Zeitpunkte oder gar einzelne Nutzergruppen gezielt vermindert oder erhöht werden (richtig BayVGH ZUM-RD 2010, 102). 331

2. Transparenz bei Spielablauf, -gestaltung und -auflösung. § 8a Abs. 1 S. 4 präzisiert das Transparenzgebot dahin gehend, dass im Programm insbesondere über die Kosten der Teilnahme, die Teilnahmeberechtigung, die Spielgestaltung sowie über die Auflösung der gestellten Aufgabe zu informieren ist. Grundlegend – und selbstverständlich – ist auch die Information über Art und Umfang des in Rede stehenden Gewinns. Aus der Information über Teilnahmekosten einerseits und denkbaren Gewinn andererseits ergibt sich für den Interessenten die Möglichkeit, das Kosten-Nutzen-Verhältnis zu analysieren. 332

In § 9 GewSpS finden sich hinsichtlich Ablauf, Gestaltung und Auflösung von Gewinnspielen präzisierende Regelungen, an deren Wirksamkeit nur bei den Abs. 7 und 8 Bedenken bestehen (BayVGH ZUM-RD 2010, 102). Abs. 1 stellt klar, dass sich die Spielgestaltung und die Durchführung der Spiele nach den verbindlichen Teilnahmebedingungen richten. Die Lösung eines Spiels muss allgemein verständlich und insbesondere auch mithilfe der technischen Ausstattung eines durchschnittlichen Haushalts nachvollziehbar sein (also etwa nicht nur mittels eines hochauflösenden Bildschirms), Abs. 2. Bei Wortfindungsspielen dürfen nur Begriffe verwendet werden, die in allgemein zugänglichen (auch Online-)Nachschlagewerken oder allgemein zugänglicher Fachliteratur enthalten sind (Abs. 3). Sind die Bedingungen, die sich aus den verbindlichen Teilnahmebedingungen ergeben, erfüllt, ist der ausgelobte Gewinn zwingend auszuschütten (Abs. 4). Für den Fall, dass bei einem Telefon-Gewinnspiel der durchgestellte Nutzer einen Lösungsvorschlag nicht abgibt, muss gem. Abs. 5 sofort ein weiterer Nutzer durchgestellt werden. Abs. 6 sieht in Umsetzung des Transparenzgebots detaillierte Regelungen zur Gewinnspielauflösung nach Ablauf vor. Die Auflösung muss deutlich wahrnehmbar und in allgemein verständlicher Weise – ggf. auch erst am Ende der Sendung – erfolgen, zudem ist sie auf der Website des Veranstalters und – soweit vorhanden – im Fernsehtext zu veröffentlichen und dort mindestens für die Dauer von drei Tagen nach Ablauf des Spiels vorzuhalten. Die Auflösung hat dort vollständig und allgemein verständlich unter Erläuterung der Lösungslogik zu erfolgen, sie muss zudem genau zuzuordnen und nachvollziehbar sein. 333

Nach § 9 Abs. 7 GewSpS hat die Auswahl eines Nutzers innerhalb eines Zeitraums von höchstens 30 Minuten zu erfolgen, sofern im Rahmen der Gewinnspielsendung eine solche Auswahl vorgenommen wird. Diese Vorschrift hat der BayVGH ebenso für unwirksam erklärt wie die Regelung in § 9 Abs. 8 GewSpS, wonach Gewinnspielsendungen höchstens eine Dauer von 3 Stunden haben dürfen. Für diese zeitlichen Beschränkungen biete §§ 46, 8a RStV keine hinreichende Rechtsgrundlage, da es dem Rundfunkgesetzgeber nicht darum gegangen sei, die Nutzer von Gewinnspielen generell von einer Mehrfachteilnahme abzuhalten, weshalb Gründe des Teilnehmerschutzes auch keine zeitlichen Obergrenzen für die Dauer von Sendungen oder für das Durchstellen von Anrufen rechtfertigen könnten. Die LMAen hätten ohne gesetzliche Vorgabe und ohne das notwendige Maß an demokratischer Legitimation versucht, aufgrund eigenen politischen Gestaltungswillens politisch ein wichtiges Zeichen zu setzen (BayVGH ZUM-RD 2010, 102). 334

3. Manipulationsverbot. Das Gebot der Transparenz bedingt, dass manipulative Eingriffe des Veranstalters in Gewinnspielsendungen verboten sind. Obwohl es sich daher um eine Selbstverständlichkeit handelt, haben die LMAen in § 7 GewSpS ein **ausdrückliches Manipulationsverbot** statuiert. Danach sind Veränderungen in einem laufenden Gewinnspiel – insbesondere durch die Abänderung von Spielregeln – ebenso unzulässig wie die Vorspiegelung weiterer Nutzer oder fehlender Nutzer. Darüber hinaus werden Eingriffe in Nutzerauswahl und Rätsellösung sowie die Reduzierung des Gewinns untersagt. 335

4. Ausschluss von der Teilnahme. Mit dem Transparenzgebot geht ferner einher, dass Nutzer nicht willkürlich und ohne nachvollziehbare Begründung von der Teilnahme an dem Gewinnspiel oder der 336

Gewinnspielsendung ausgeschlossen werden dürfen. Entsprechend stellt § 4 GewSpS klar, dass ein Ausschluss von einzelnen Nutzern nur anhand abstrakt-genereller Regelungen erfolgen darf, wobei diese bereits im Vorfeld bekannt gegeben worden sein müssen. Das Erfordernis einer vorherigen Bekanntgabe ist nicht dahin gehend zu verstehen, dass etwa zu Beginn der Gewinnspielsendung vom Moderator auf die abstrakt-generellen Regelungen hingewiesen werden muss. Es genügt vielmehr der Hinweis auf den Ausschluss in den Teilnahmebedingungen des Veranstalters, vgl § 10 Abs. 3 GewSpS. Der Ausschluss kann sich zB auf sämtliche Anrufer beziehen, die mit Powerdialern oder in anderer Form die Teilnahme oder Gewinnmöglichkeiten zu manipulieren versuchen, um sich einen unrechtmäßigen Vorteil gegenüber den Mitspielern zu verschaffen, aber auch auf Mitarbeiter der LMAen oder von konkurrierenden Unternehmen (so sehen es etwa die „Mitmachregeln" des Senders 9Live vor).

337 **5. Informationspflichten und deren Erfüllung im Sendungsverlauf.** In Umsetzung des Transparenzgebotes sehen die §§ 10 und 11 GewSpS **detaillierte Informationspflichten** für die Veranstaltung von Gewinnspielen und Gewinnspielsendungen sowie ausdifferenzierte Regelungen für die Erfüllung dieser Informationspflichten während des Sendungsverlaufs vor. Nach § 10 Abs. 1 S. 1 GewSpS sind die Nutzer vor ihrer Teilnahme umfassend über alle Umstände aufzuklären, die für die Entscheidung über die Teilnahme von Bedeutung sind. Im Einzelnen ist bei Gewinnspielen und Gewinnspielsendungen auf das Teilnahmeentgelt, den Ausschluss Minderjähriger, die Tatsache, dass Gewinne nicht an Minderjährige bzw Minderjährige unter 14 Jahren ausgeschüttet werden, und auf die allgemeinen Teilnahmebedingungen und die Möglichkeit ihrer Kenntnisnahme hinzuweisen. Darüber hinaus ist auf die Tatsache, dass nicht jede entgeltpflichtige Teilnahme zur Auswahl des Nutzers führt, den Zeitrahmen, in dem die Auswahl des Nutzers vorgesehen ist sowie schließlich auf die Veröffentlichung der Auflösung hinzuweisen. § 10 Abs. 2 GewSpS sieht für Gewinnspielsendungen darüber hinaus eine Informationspflicht dergestalt vor, dass das eingesetzte Auswahlverfahren einschließlich etwaiger Spielvarianten deutlich wahrnehmbar und allgemein verständlich zu Beginn und während des Spielverlaufs zu erläutern ist. Hierbei ist insbesondere genau darzulegen, wie die konkrete Auswahl der Nutzer erfolgt, wobei der Hinweis auf einen von Dritten betriebenen Auswahlmechanismus nicht genügen soll.

338 Worauf in den Teilnahmebedingungen von dem Veranstalter im Einzelnen in allgemein verständlicher Weise hinzuweisen ist, ist in § 10 Abs. 3 GewSpS geregelt. In § 11 GewSpS ist zudem detailliert geregelt, wie den nach § 10 GewSpS bestehenden Informationspflichten konkret vom Veranstalter nachzukommen ist, wobei insoweit eine Differenzierung zwischen Fernsehen und Hörfunk, Gewinnspielsendungen und Gewinnspielen sowie Entgeltlichkeit und Unentgeltlichkeit erfolgt.

II. Irreführungsverbot, Abs. 1 S. 3

339 Gewinnspielsendungen und Gewinnspiele dürfen nach § 8a Abs. 1 S. 3 nicht irreführen. Das **Irreführungsverbot** steht mit dem Transparenzgebot in einem engen sachlichen Zusammenhang und findet sich in ähnlicher Weise auch in § 7 Abs. 1 wieder. Es ist zudem vor dem Hintergrund des allgemeinen wettbewerbsrechtlichen Irreführungsverbots nach § 5 UWG zu betrachten. Orientiert man sich an den diesbezüglich anerkannten Auslegungsgrundsätzen, liegt ein Verstoß gegen das Irreführungsverbot nicht nur dann vor, wenn es tatsächlich zu einer Täuschung gekommen ist. Vielmehr genügt die Eignung des Gewinnspiels, die angesprochenen Verkehrskreise irrezuführen und sie zu einer falschen Entscheidung zu beeinflussen. Irreführend ist ein Gewinnspiel dabei dann, wenn sich hierin – ohne Rücksicht auf etwaige subjektive Momente – eine Aussage findet, die bei den Adressaten eine Vorstellung erzeugt, die mit den wirklichen Verhältnissen nicht im Einklang steht. Abzustellen ist nicht auf den flüchtigen Betrachter, sondern auf den durchschnittlich informierten und verständigen Nutzer, der dem Gewinnspiel die der Situation angemessene Aufmerksamkeit entgegenbringt (siehe zum Ganzen nur *Köhler/Bornkamm*, § 5 Rn 2.64 ff mwN).

340 In § 6 Abs. 1 GewSpS findet sich eine nähere Erläuterung des Irreführungsverbots. Danach sind „Aussagen jeglicher Art, die falsch, zur Irreführung geeignet oder widersprüchlich sind, insbesondere über die Spieldauer, den Gewinn, die Lösungslogik der Aufgabe, die Anzahl der Nutzerinnern und Nutzer, den Schwierigkeitsgrad eines Spiels sowie über die allgemeinen Teilnahmebedingungen und das Verfahren zur Auswahl der Nutzerinnen und Nutzer, einschließlich der Möglichkeit, ausgewählt zu werden", unzulässig. Der BayVGH hat entschieden, dass § 6 Abs. 1 GewSpG weder unbestimmt noch unverhältnismäßig ist. Eine Spielgestaltung sei bereits dann als irreführend zu qualifizieren, wenn sie bei einem verständigen Rundfunkteilnehmer mit überwiegender Wahrscheinlichkeit zu Fehlvorstellungen führe, wobei insoweit bei Gewinnspielsendungen der übliche Wissens- und Erfahrungshorizont

eines Erwachsenen und bei einzelnen Gewinnspielen der eines 14 Jahre alten Jugendlichen maßgeblich sei (vgl § 3 Abs. 1 GewSpS). Ob ein solcher fiktiver Durchschnittsrezipient durch die Präsentation des Gewinnspiels in die Irre geführt werde, lasse sich nur im Wege einer Einzelfallbeurteilung ermitteln, die gerichtlich vollständig überprüfbar sei (BayVGH ZUM-RD 2010, 102).

§ 6 Abs. 1 S. 2 GewSpS erklärt die **Vorspiegelung eines Zeitdrucks** explizit für unzulässig. Ein Verhalten 341 eines Moderators einer Gewinnspielsendung, das – insbesondere durch entsprechende Äußerungen – den Eindruck entstehen lässt, der Zuschauer müsse möglichst schnell anrufen, ist mithin untersagt (s. auch *Hartstein*, § 8a Rn 6). Der in der Praxis durchaus häufig anzutreffende „Countdown ins Nichts" (*Wimmer*, MMR 2007, 417, 419) – also die sich als wahrheitswidrig erweisende dramatische Ankündigung des Moderators, das Gewinnspiel- oder Sendungsende stehe unmittelbar bevor („nur noch 30 Sekunden") – ist angesichts der eindeutigen Regelung in § 6 Abs. 1 S. 2 GewSpS rundfunkwerberechtlich unstatthaft.

III. Teilnehmerschutzgebot, Abs. 1 S. 2, und Schädigungsverbot, Abs. 1 S. 3

Gewinnspielsendungen und Gewinnspiele unterliegen nach § 8a Abs. 1 S. 2 ferner dem **Gebot des Teilnehmerschutzes**, zudem dürfen sie nach Abs. 1 S. 3 den Interessen der Teilnehmer nicht schaden. Das Teilnehmerschutzgebot wird in mehrfacher Hinsicht bereits durch die gesonderten Verbote der Irreführung und Manipulation sowie durch das allgemeine Gebot der Transparenz verwirklicht. 342

Darüber hinaus sieht § 8 GewSpS vor, dass die **Aufforderung zu wiederholter Teilnahme** unzulässig 343 ist (Abs. 1) und dass auch kein besonderer Anreiz zu wiederholter Teilnahme gesetzt werden darf, weshalb insbesondere der Vergleich zwischen Teilnahmeentgelt und Gewinnsumme, der Hinweis auf erhöhte Gewinnmöglichkeiten bei Mehrfachteilnahme und die Darstellung des Gewinns als Lösung für persönliche Notsituationen untersagt sind (Abs. 2). Auch Vergünstigungen, die einen Anreiz zur Mehrfachteilnahme darstellen, haben die LMAen in § 8 Abs. 3 GewSpS ausdrücklich für unzulässig erklärt.

Der **BayVGH** hat die Bestimmungen des § 8 GewSpS allerdings in toto für rechtlich unwirksam erklärt, 344 weil sie von der Normsetzungsermächtigung der §§ 46, 8a RStV nicht mehr gedeckt seien (ZUM-RD 2010, 102). § 8a könne nicht die Absicht der Länder entnommen werden, potenzielle Teilnehmer selbst nach Erreichen der Volljährigkeit von einer wiederholten Teilnahme generell abzuhalten, zumal § 8a – anders als der GlüStV – nicht der vorbeugenden Bekämpfung der Spielsucht, sondern nur der Gewährleistung fairer und interessengerechter Spielabläufe diene. Das Argument des BayVGH, das Gebot des Teilnehmerschutzes und das Verbot der Schädigung von Teilnehmerinteressen zielten nach dem Regelungszusammenhang lediglich auf den Schutz der Teilnehmer gegenüber dem Veranstalter, nicht aber auf den Schutz der Teilnehmer vor einer Mehrfachteilnahme und damit „vor sich selbst" ab (BayVGH aaO), ist schwerlich von der Hand zu weisen. Da allerdings in der Vergangenheit der Animation zur mehrfachen Gewinnspielteilnahme ein besonderes Gefährdungspotenzial beigemessen wurde und es auch wiederholt zu unzweifelhaft pathologischen Fallgestaltungen kam (vgl LG Berlin MMR 2005, 126: Über 47.000 Anrufe binnen 2,5 Monaten führten zu einem Rechnungsbetrag von über 23.000 EUR), obliegt es dem Rundfunkgesetzgeber, durch eine entsprechende sachliche Ausdehnung der Ermächtigungsgrundlage in § 8a den zumindest von den LMAen für notwendig erachteten Schutz vor Selbstschädigungen auf Basis des RStV nachhaltig zu ermöglichen (vgl auch *Hartstein*, § 8a Rn 8). Unbeschadet hiervon bleiben die allgemeinen wettbewerbs- und strafrechtlichen Regelungen, mit denen dem Aufruf zur mehrfachen Gewinnspielteilnahme ggf. (ebenfalls) begegnet werden kann (vgl OLG Düsseldorf Magazindienst 2005, 919).

IV. Wahrung jugendschutzrechtlicher Belange, Abs. 1 S. 5

Nach § 8a Abs. 1 S. 5 sind die **Belange des Jugendschutzes** zu wahren (grundlegend *Liesching*, Gewinnspiele im Rundfunk und in Telemedien – Straf- und jugendschutzrechtliche Anforderungen, 2008). § 46 S. 1 ordnet diesbezüglich an, dass in der Gewinnspielsatzung „insbesondere die Ahndung von Verstößen und die Bedingungen zur Teilnahme Minderjähriger näher zu bestimmen sind". Die Länder erkennen eine spezifische Schutzbedürftigkeit von Minderjährigen bei Gewinnspielen, weil ihre alterstypische geschäftliche Unerfahrenheit wirtschaftliche Risiken mit sich bringt, denen über die altersunabhängigen Anforderungen hinaus (Transparenz, Irreführungsverbot etc.) in besonderer Weise entgegenzuwirken ist (vgl BayGH ZUM-RD 2010, 102; auch *S/S-Holznagel/Jahn*, § 8a Rn 20 ff). 345

346 Konkretisierende Regelungen zu § 8 Abs. 1 S. 5 finden sich in § 3 GewSpS. Diese stehen mit der staatsvertraglichen Normsetzungsermächtigung in Einklang und begegnen deshalb keinen rechtlichen Bedenken (BayVGH ZUM-RD 2010, 102).

347 § 3 Abs. 1 GewSpS trifft die grundlegende Entscheidung, dass Minderjährigen die Teilnahme an Gewinnspielsendungen nicht gestattet werden darf, Minderjährigen unter 14 Jahren zudem auch nicht die Teilnahme an Gewinnspielen, und dass Gewinne auch nicht ausgeschüttet werden dürfen, soweit eine Teilnahme untersagt ist. Während die Veranstalter also Kinder und Jugendliche bis zum Tag der Vollendung ihres 14. Lebensjahres an keinerlei Gewinnspielen teilnehmen lassen dürfen, ist es erlaubt, dass Jugendliche ab diesem Tag zumindest an Gewinnspielen teilnehmen. Durch diese Festlegung **differenzierter Mindestaltersgrenzen** wird dem divergierenden Gefährdungspotenzial von Gewinnspielen und Gewinnspielsendungen angemessen Rechnung getragen (BayVGH ZUM-RD 2010, 102). Wird im Rahmen der Sendung darauf hingewiesen, dass eine Gewinnausschüttung im Falle einer unzulässigen Teilnahme von Minderjährigen selbst bei zutreffender Beantwortung der Gewinnfrage nicht erfolgen wird, kann dies der unzulässigen Teilnahme von vornherein durchaus wirksam vorbeugen (vgl *Hartstein*, § 8a Rn 9).

348 Nach § 3 Abs. 2 GewSpS sind „**besonders kinder- und jugendaffine**" Gewinnspielsendungen unzulässig. Dass diese Affinität vorliegt, kann sich insbesondere aus der Gewinnauslobung von Waren oder Produkten ergeben, die vor allem auf Minderjährige einen großen Anreiz zur Teilnahme ausüben, ferner aus der Stellung von Gewinnfragen, die vor allem Kinder und Jugendliche ansprechen. Besteht demnach der Gewinn in einer Gewinnspielsendung etwa in zwei VIP-Karten für ein Konzert von Justin Bieber oder in einer Wii-Konsole von Nintendo und wird in der Gewinnfrage etwa nach den Protagonisten der Twilight-Reihe gefragt, mag dies grundsätzlich auch für Erwachsene beantwortbar und von Interesse sein. Eine besondere Anziehungskraft entfalten Frage und Gewinn aber auf Kinder und Jugendliche, so dass von einer unzulässigen Gewinnspielsendung auszugehen ist.

349 § 3 Abs. 3 GewSpS ist dem Werbeverbot gegenüber Kindern und Jugendlichen nach § 6 Abs. 2 Nr. 1 JMStV nachgebildet, zudem finden sich Parallelen zu § 4 Nr. 2 UWG. Teilnahmeappelle, die ausschließlich oder ausdrücklich auch an Minderjährige gerichtet sind und deren Unerfahrenheit und Leichtgläubigkeit ausnutzen („Kinder, ruft doch mal an, der Gewinn ist so gut wie sicher und die paar Cent zahlen eh eure Eltern!"), sind bei Gewinnspielen und Gewinnspielsendungen unzulässig.

350 Die Beschränkungen nach § 3 Abs. 1 bis 3 GewSpS finden (ebenso wenig wie weitere Regelungen, insbesondere betreffend Informationspflichten nach § 10) keine Anwendung auf **unentgeltliche Angebote**. Unentgeltlich sind dem Wortsinn nach in erster Linie solche Angebote, die für den Teilnehmer völlig kostenlos sind (wenn zB eine Freephone-Telefonnummer – 00800 – anzurufen ist). Darüber hinaus sind nach § 2 Nr. 4 GewSpS als unentgeltlich auch solche Angebote anzusehen, bei denen für die Nutzer bei telefonischem Kontakt maximal 0,14 EUR, für eine SMS maximal 0,20 EUR und bei postalischem Kontakt nur die Kosten einer Postkarte pro Teilnahme anfallen. Hinter dieser Orientierung an den reinen Verbindungskosten steht die Erwägung, dass ein geringerer normativer Schutzbedarf bei solchen Gewinnspielangeboten besteht, die dem Veranstalter keine Gewinnerzielung durch Teilhabe an erhöhten Telekommunikationskosten ermöglichen (BayVGH ZUM-RD 2010, 102). Die alterstypische geschäftliche Unerfahrenheit von Kindern und Jugendlichen ist aus Sicht des Satzungsgebers letztlich nicht in einem solchen Umfang schutzwürdig, der es rechtfertigen könnte, die Teilnahme selbst an unentgeltlichen (= weitgehend kostenfreien) Gewinnspielen zu untersagen.

V. Deckelung des Teilnahmenentgelts, Abs. 1 S. 6

351 Nach § 8a Abs. 1 S. 6 ist klargestellt, dass die Veranstalter für die Teilnahme an dem Gewinnspiel nur ein **Entgelt von bis zu 0,50 EUR** (einschließlich) verlangen dürfen. Die Regelung gilt lediglich für private Veranstalter, da § 13 Abs. 1 S. 3 unberührt bleibt, wonach öffentlich-rechtliche Veranstalter keine Einnahmen aus dem Angebot von Telefonmehrwertdiensten erzielen dürfen. Der Wert von 0,50 EUR entspricht der überkommenen Auffassung zu § 284 StGB, nach der ein Betrag von 0,49 EUR als nicht relevant, da vermögensmäßig unerheblich angesehen wird (vgl LG Freiburg MMR 2005, 547; *Lober/Neumüller*, MMR 2010, 295, 296 mwN). Die zulässige Entgelthöhe bezieht sich lediglich auf die sog. MABEZ-Kosten, dh namentlich zusätzliche Transportkosten etwa von Mobilfunkanbietern werden insoweit nicht berücksichtigt (*Hartstein*, § 8a Rn 5). Abs. 1 S. 6 ist dahin gehend zu verstehen, dass nur die Kosten für den einzelnen Teilnahmevorgang betragsgemäß gedeckelt seien sollen. Eine Mehrfachteilnahme, also die wiederholte Teilnahme am selben Gewinnspiel für einen Betrag von je-

weils maximal 0,50 EUR, wird durch Abs. 1 S. 6 nicht verboten. Dies ergibt sich schon zwangslos aus dem Wortlaut und den dargestellten Regelungen betreffend den Schutz der Nutzer vor übermäßiger Teilnahme. Allenfalls in dem Fall, dass mit der Mehrfachteilnahme eine Erhöhung der Gewinnchance einhergeht, kann ein Verstoß gegen Abs. 1 S. 6 im Raum stehen (vgl auch LG Köln MMR 2009, 485 f).

VI. Pflicht zur Vorlage von Unterlagen und Auskunftserteilung, Abs. 2

Nach § 8a Abs. 2 ist der Veranstalter verpflichtet, der für die Aufsicht zuständigen Stelle auf Verlangen alle Unterlagen vorzulegen und Auskünfte zu erteilen, die zur Überprüfung der ordnungsgemäßen Durchführung der Gewinnspielsendungen und Gewinnspiele erforderlich sind. Die Vorschrift hat lediglich deklaratorischen Charakter, weil sie lediglich die ohnehin geltenden Auskunftsregelungen bestätigt (*Hartstein*, § 8a Rn 11). Für die privaten bundesweiten Veranstalter ist die ZAK grundsätzlich die zuständige Aufsichtsstelle. Geht es jedoch um ein Gewinnspiel, dass jugendbeeinträchtigende Bezüge aufweist, ergibt sich die Zuständigkeit der KJM nach § 16 JMStV (vgl *Hartstein*, § 8a Rn 12). Einzelheiten zu den Auskunfts- und Vorlagepflichten sind in § 12 GewSpS geregelt (vgl auch *S/S-Holznagel/Jahn*, § 8a Rn 24 ff). 352

D. Vorschriften des Landesrundfunkrechts

Die Mediengesetze der Länder erklären § 8a für anwendbar (zB Art. 9 S. 2 BayMG, § 48 Abs. 1 MStV B-B, § 38 Abs. 1 LMG NRW), teilweise enthalten sie aber auch inhaltsgleiche Vorschriften (etwa § 16a HSH MStV). 353

E. Sanktionsfolgen eines Verstoßes gegen § 8a

Wird gegen § 8a oder eine Bestimmung der GewSpS verstoßen, ergeben sich die allgemeinen aufsichtsrechtlichen Sanktionsfolgen. Es stellt eine Ordnungswidrigkeit nach § 49 Abs. 1 S. 2 Nr. 5 dar, wenn gegen eine Bestimmung der GewSpS verstoßen wird, soweit diese für einen bestimmten Tatbestand auf § 49 RStV verweist. Der entsprechende Katalog findet sich in § 13 Abs. 1 GewSpS, nach dessen Abs. 2 die Ordnungswidrigkeit mit einer Geldbuße von bis zu 500.000 EUR geahndet werden kann. 354

Über § 8a hinaus ergeben sich Beschränkungen für die Veranstaltung von Gewinnspielen in Fernsehen und Hörfunk aus den allgemeinen Regelungen des UWG und des StGB. Die Veranstaltung von Gewinnspielen stellt eine geschäftliche Handlung dar, so dass der Anwendungsbereich für eine lauterkeitsrechtliche Beurteilung insbesondere am Maßstab des § 4 Nrn. 5 und 6 UWG sowie des § 5 UWG eröffnet ist (aus der Rspr vgl etwa OLG München MMR 2006, 225; LG Berlin Magazindienst 2005, 1413). Unter strafrechtlichen Gesichtspunkten ist grds. denkbar, dass mit dem Gewinnspiel gegen das Verbot des unerlaubten Glücksspiels nach § 284 StGB verstoßen oder sogar ein Betrug nach § 263 StGB (hierzu speziell *Becker/Ulbrich/Voß*, MMR 2007, 149 ff) begangen wird (näher zum Ganzen zB *Wimmer*, MMR 2007, 417, 418 ff). 355

§ 43 RStV Finanzierung

[1]Private Veranstalter können ihre Rundfunkprogramme durch Einnahmen aus Werbung und Teleshopping, durch sonstige Einnahmen, insbesondere durch Entgelte der Teilnehmer (Abonnements oder Einzelentgelte), sowie aus eigenen Mitteln finanzieren. [2]Eine Finanzierung privater Veranstalter aus der Rundfunkgebühr ist unzulässig. [3]§ 40 bleibt unberührt.

A. Allgemeines

Anders als beim öffentlich-rechtlichen Rundfunk, für den die §§ 12 ff RStV ein ausdifferenziertes Finanzausstattungssystem vorsehen, wird die Finanzierung des privaten Rundfunks im RStV allein in § 43 (und § 40) angesprochen. § 43 eröffnet den privaten Veranstaltern formal die Möglichkeit einer **dreisäuligen Finanzierung** ihrer Rundfunkprogramme; neben Einnahmen aus Werbung und Teleshopping können die Sender ihre Programme aus „sonstigen Einnahmen" und „eigenen Mitteln" finanzieren. Aufgrund dieser generalklauselartig formulierten Begriffe bleibt es den privaten Veranstaltern 356 jedoch unbenommen, auch aus alternativen Finanzierungsquellen Einnahmen zu erzielen. § 43 hat mehr eine strukturierende denn reduzierende Funktion (*Engels/Giebel*, ZUM 2000, 265, 280). Die Finanzierung aus der Rundfunkgebühr – zukünftig: Rundfunkbeitrag – wird demgegenüber ausdrücklich für unzulässig erklärt. Hiervon ausgenommen bleibt allerdings die Finanzierung besonderer Aufgaben nach § 40, wonach ein bestimmter Anteil der Rundfunkgebühr etwa für die Förderung von Projekten für neuartige Rundfunkübertragungstechniken – zeitlich befristet bis zum 31.12.2020 – verwendet werden darf.

B. Möglichkeiten der Finanzierung

357 Hauptfinanzierungsquelle der privaten Rundfunkveranstalter ist die **Werbung**. Der Begriff der Werbung iSv § 43 orientiert sich an der Legaldefinition in § 2 Abs. 2 Nr. 7 RStV (im Einzelnen Rn 22 ff).

358 Der Begriff des **Teleshopping** (§ 2 Abs. 2 Nr. 10 RStV) umfasst gleichermaßen Teleshopping-Fenster (§ 45a Abs. 1), Teleshopping-Spots, Teleshopping-Sendungen und Teleshopping-Kanäle. Wirtschaftlich gewinnt diese Form der Finanzierung für den privaten Rundfunk zunehmend an Bedeutung (näher Rn 38 ff).

359 Die privaten Veranstalter können ihre Programme ferner aus **„sonstigen Einnahmen"** finanzieren. Das Gesetz nennt insoweit regelbeispielhaft Teilnehmerentgelte in Form von Zuschauerabonnements (Pay-TV) und Einzelentgelten. Erfasst sind aber auch zB Erträge aus Sponsoring (§ 2 Abs. 2 Nr. 9; zum Begriff Rn 48 ff), Merchandisingeinnahmen, Produktionskostenzuschüssen u.ä. (näher *Ladeur*, in: Hahn/Vesting, § 43 Rn 5). Ebenso zählen Mitgliedsbeiträge und Spenden (bedeutsam zB für den christlichen Radiosender Radio Horeb) zu den sonstigen Einnahmen (vgl auch § 27 Abs. 1 ThürLMG); allerdings können sich hier die Grenzen zum Sponsoring als fließend erweisen (vgl *Hartstein*, § 43 Rn 5). Erheblich an Bedeutung gewonnen hat seit etwa 2000 die Finanzierung durch telefonische Mehrwertdienste. Auf das Finanzierungsinstrument „Call Media" setzen Sender wie 9Live („Mitmachfernsehen", vgl Kommentierung zu § 8a), der mit seinem Erfolg beim Zuschauer und auf dem Fernsehmarkt für Furore, aber auch laute Kritik an den interaktiven Programmangeboten gesorgt hat. Kaum ein (privater) Fernseh- und Hörfunkveranstalter will heute gänzlich auf den Einsatz telefonischer Mehrwertdienste verzichten. Hiermit gehen neue Fragestellungen einher (ausführlich BLM, Call Media – Mehrwertdienste in TV und Hörfunk, BLM-Schriftenreihe Band 79, München 2005). Eingehend zu den sonstigen Einnahmen iSv § 43 und ihren (verfassungs-)rechtlichen Rahmenbedingungen auch BLM, BLM-Symposium Medienrecht 2006, Band 88, München 2007.

360 Schließlich ist den privaten Veranstaltern eine Finanzierung aus **eigenen Mitteln** gestattet. Hierzu zählt etwa das aus Beteiligungen an Drittunternehmen resultierende Finanzaufkommen. Auch Einnahmen aus rundfunkfremden Tätigkeiten stellen – wenn schon keine sonstigen Einnahmen – eigene Mittel dar (vgl *Beucher*, § 43 Rn 8).

C. Grenzen der Finanzierung

361 Die Rundfunkgebühr kommt als Finanzierungsquelle der privaten Veranstalter **nicht** in Betracht. Satz 2 stellt klar, dass die Gebührenfinanzierung den öffentlich-rechtlichen Rundfunkanstalten vorbehalten bleibt.

362 Hinsichtlich der prinzipiell von § 43 RStV vorgesehenen Finanzierung durch Teilnehmerentgelte hat das BVerfG allerdings auch **verfassungsrechtliche Grenzen** aufgezeigt (vgl zuvor *Neft*, ZUM 1997, 898 ff). Das in Bayern durch die Kabelgesellschaften nach Art. 33 Abs. 4 bis 6 BayMG aF über Jahre hinweg erhobene Teilnehmerentgelt (**sog. Kabelgroschen**) wurde für unvereinbar mit Art. 2 Abs. 1 GG erklärt (BVerfG MMR 2006, 87, 91; hierzu *Cornils*, DVBl 2006, 789 ff).

§ 44 RStV Zulässige Produktplatzierung

[1]Abweichend von § 7 Absatz 7 Satz 1 ist Produktplatzierung im Rundfunk zulässig

1. **in Kinofilmen, Filmen und Serien, Sportsendungen und Sendungen der leichten Unterhaltung, sofern es sich nicht um Sendungen für Kinder handelt, oder**

2. wenn kein Entgelt geleistet wird, sondern lediglich bestimmte Waren oder Dienstleistungen, wie Produktionshilfen und Preise, im Hinblick auf ihre Einbeziehung in eine Sendung kostenlos bereitgestellt werden, sofern es sich nicht um Nachrichten, Sendungen zum politischen Zeitgeschehen, Ratgeber- und Verbrauchersendungen, Sendungen für Kinder oder Übertragungen von Gottesdiensten handelt.

[2]Keine Sendungen der leichten Unterhaltung sind insbesondere Sendungen, die neben unterhaltenden Elementen im Wesentlichen informierenden Charakter haben, Verbrauchersendungen und Ratgebersendungen mit Unterhaltungselementen sowie Sendungen in Regionalfensterprogrammen und Fensterprogrammen nach § 31.

A. Allgemeines

§ 44 wurde mit dem 13. RÄndStV grundlegend geändert. Bislang fanden sich hier die Regelungen betreffend die Einfügung von Werbung und Teleshopping, die im Zuge des 13. RÄndStV aber für öffentlich-rechtlichen und privaten Rundfunk vereinheitlicht wurden und sich nunmehr „vor der Klammer“ in § 7a finden. Die Vorschrift des § 44 regelt für den privaten Rundfunk abschließend, in welchen Sendeformaten Produktplatzierungen erfolgen dürfen, und ist im systematischen Zusammenhang mit § 7 Abs. 7 S. 2 bis 6 zu sehen, wo sich die weiteren Zulässigkeitsvoraussetzungen für Produktplatzierungen finden. Die Parallelvorschrift zu § 44 ist für den öffentlich-rechtlichen Rundfunk § 15. 363

Die Länder haben in § 44 S. 1 – entsprechend der Regelung in Art. 11 Abs. 3 AVMD – zwischen **entgeltlicher** und **unentgeltlicher** Produktplatzierung unterschieden. Während Nr. 1 entgeltliche Produktplatzierungen betrifft und diese in bestimmten Formaten erlaubt, regelt Nr. 2 unentgeltliche Produktplatzierungen. Diese sind grundsätzlich ohne Rücksicht auf das Format zulässig; Nr. 2 bestimmt abschließend, in welchen Sendeformaten (auch) unentgeltliche Produktplatzierungen ausnahmsweise nicht gestattet sind. § 44 S. 2 nimmt auf den Begriff der „Sendung der leichten Unterhaltung“ in Nr. 1 Bezug und grenzt diesen negativ ein. 364

§ 44 gilt sowohl für das private Fernsehen als auch für den privaten Hörfunk. Zeitlich findet die Vorschrift jedoch lediglich auf solche Sendungen Anwendung, die nach dem 19.12.2009 produziert, dh fertiggestellt wurden (§ 63; vgl hierzu die Kommentierung in Rn 456). 365

B. Zulässigkeit entgeltlicher Produktplatzierungen, S. 1 Nr. 1

Nach § 44 S. 1 Nr. 1 ist entgeltliche Produktplatzierung zulässig in Kinofilmen, Filmen und Serien, Sportsendungen und Sendungen der leichten Unterhaltung. Dies gilt jedoch nicht, wenn es sich um Sendungen für Kinder handelt. 366

Mit der Zulassung entgeltlicher Produktplatzierungen in bestimmten Sendeformaten haben die Mitgliedstaaten im Rahmen der Novellierung der FernsehRL und die Länder bei der Reform des RStV dem Umstand Rechnung getragen, dass die Programmgattungen in unterschiedlicher Weise für den demokratischen Meinungsbildungsprozess von Bedeutung sind. Die abgestufte Zulässigkeit von Produktplatzierungen spiegelt die abgestufte Schutzbedürftigkeit des Rezipienten und diese die **abgestufte Meinungsbildungsrelevanz des Sendungsinhalts** wider (vgl *Gounalakis/Wege*, K&R 2006, 97, 101; *Puff*, S. 69; *Müller-Rüster*, S. 128 f). „Aus demokratietheoretischer Perspektive wiegt die Erosion des Trennungsgrundsatzes in informationshaltigen journalistischen Kontexten ungleich schwerer als in Unterhaltungsformaten“ (*Volpers/Bernhard/Schnier*, S. 14). Die Frage, welche Sendeformate im Einzelnen für Produktplatzierungen freigegeben werden konnten, nahm im Rahmen der Verhandlungen über die AVMD breiten Raum ein (vgl nur *Kleist/Scheuer*, MMR 2006, 206, 209; *Leitgeb*, ZUM 2006, 837, 842; frühzeitig schon *Ladeur*, AfP 2003, 385, 388 ff; *Busch*, MMR 2003, 714 ff). 367

Die Länder haben für den privaten Rundfunk davon abgesehen, nach der konkreten Produktionsart zu differenzieren. Anders als im öffentlich-rechtlichen Rundfunk (vgl § 15 S. 1 Nr. 1) sind im privaten Rundfunk Produktplatzierungen also nicht nur in Fremdproduktionen, sondern in gleicher Weise auch in Eigen-, Co- und Auftragsproduktionen gestattet. Für private Rundfunkveranstalter besteht seit dem 1.4.2010 mithin die Möglichkeit, zur Finanzierung ihrer Programme (§ 43) gezielt Produktplatzierungen zu akquirieren, wobei freilich die Zulässigkeitsanforderungen des § 7 Abs. 7 S. 2 gewahrt bleiben müssen (vgl *Hartstein*, § 44 Rn 5). 368

I. Kinofilme, Fernsehfilme und -serien

369 Zulässig sind entgeltliche Produktplatzierungen zunächst in Kino- und Fernsehfilmen sowie in Serien. Diese Formate finden auch in § 7a Abs. 3 eine gesonderte Erwähnung, so dass auf die dortigen Begriffserläuterungen verwiesen werden kann (o. Rn 264 und 267).

II. Sportsendungen

370 Platzierungstauglich sind auch **Sportsendungen**. Der Begriff der Sportsendung ist weiter als der der „Übertragung von Sportveranstaltungen" iSv § 7a Abs. 2 S. 1. Charakteristisch für eine Sportsendung ist der thematische Bezug zu Sport und sportlichen Aktivitäten. Umfasst sind damit Sportmagazine und Formate wie „Doppelpass" oder „Fight Club", in denen Sportereignisse redaktionell-journalistisch aufbereitet und zusammengefasst werden, ferner auch sportbezogene Talkformate (*Hartstein*, § 44 Rn 8).

III. Sendungen der leichten Unterhaltung

371 Produkte dürfen gegen Entgelt schließlich auch in „Sendungen der leichten Unterhaltung", die schon in § 44 Abs. 3 S. 1 aF Erwähnung gefunden hatten, platziert werden. Der Begriff der „leichten Unterhaltung" ist mit Auslegungsproblemen verbunden und wirft verschiedene Fragen auf, weshalb er sowohl im Rahmen der Novelle der FernsehRL als auch in den Verhandlungen zum 13. RÄndStV stark hinterfragt wurde. Vor diesem Hintergrund erklärt sich die gesetzgeberische Entscheidung, in § 44 S. 2 eine **negative Abgrenzung** vorzunehmen. Zu berücksichtigen sind zudem die Legaldefinitionen von Unterhaltung einerseits (§ 2 Abs. 2 Nr. 18: Kabarett und Comedy, Filme, Serien, Shows, Talk-Shows, Spiele, Musik) und Information andererseits (§ 2 Abs. 2 Nr. 15: Nachrichten und Zeitgeschehen, politische Information, Wirtschaft, Auslandsberichte, Religiöses, Sport, Regionales, Gesellschaftliches, Service und Zeitgeschichtliches).

372 Nach § 44 S. 2 sind keine Sendungen der leichten Unterhaltung insbesondere Sendungen, die neben unterhaltenden Elementen im Wesentlichen informierenden Charakter haben, Verbrauchersendungen und Ratgebersendungen mit Unterhaltungselementen sowie Sendungen in Regionalfensterprogrammen und Fensterprogrammen nach § 31. Der Rundfunkgesetzgeber hat diesbezüglich zur Begründung ausgeführt, der unterhaltende Charakter einer Sendung allein begründe nicht die Zuordnung zur leichten Unterhaltung, wenn die Sendung in erster Linie informierend sei. Einzelne kurzweilige Bestandteile, wie sie beim wachsenden Bereich des sog. Infotainment zunehmend Praxis würden, könnten nicht die Kategorisierung als leichte Unterhaltung rechtfertigen. Die Verbraucher sollten vielmehr davor geschützt werden, dass Unternehmen oder Werbetreibende ihre Produkte in solchen Sendungen platzieren, in denen objektive Beratung gesucht oder erwartet werde (Amtliche Begründung zum 13. RÄndStV, S. 11 u. 14). § 44 S. 2 kann sich auf Untersuchungsergebnisse einer Studie stützen, wonach ein Großteil der befragten Zuschauer zwar Produktplatzierungen in Unterhaltungsformaten akzeptiert, hingegen in Informationssendungen ablehnt (*Volpers/Holznagel*, S. 59 ff u. 98).

373 Ob eine Sendung der leichten Unterhaltung vorliegt, ist demnach im Rahmen einer **Schwerpunktbetrachtung** zu ermitteln. Liegt der primäre Zweck der Sendung aus Sicht des maßgeblichen Durchschnittsrezipienten in der Unterhaltung und nicht in der Vermittlung von Informationen, ist leichte Unterhaltung anzunehmen (zB *Mallick*, S. 238). Dies ist unzweifelhaft bei Castingshows wie „Germany's next Topmodel", „Deutschland sucht den Superstar" und „Ich Tarzan, Du Jane!" der Fall, ferner bei Reality-Shows wie „Dschungelcamp", „Big Brother" oder „Teenager außer Kontrolle". Liegt hingegen der inhaltliche Schwerpunkt unter Berücksichtigung der gesamten Sendung in der Information des Zuschauers/Zuhörers, ist Produktplatzierung nicht gestattet. Dies dürfte etwa anzunehmen sein bei Wissensmagazinen wie „Galileo" (*Müller-Rüster*, S. 299).

374 In besonderer Weise zweifelhaft ist die Kategorisierung einer Vielzahl **hybrider Sendungsformate wie zB Infotainment-Sendungen** (hierzu zB *Mallick*, S. 239). Charakteristikum und Ziel dieser Formate bestehen gerade in der Vermengung von Information und Unterhaltung. Ähnlich problematisch ist die Einordnung sog. Docutainment-Sendungen („K11 – Kommissare im Einsatz") sowie sog. Edutainment-Sendungen („Die Super Nanny"). Welches Element hier konkret dominiert, muss von Fall zu Fall sorgsam ermittelt werden, wobei ggf. die eigene Kategorisierung des Veranstalters im Rahmen des Lizenzverfahrens indiziell wirken kann (vgl *Castendyk*, ZUM 2010, 29, 34). Sog. Heimwerkersendungen wie „Einsatz in vier Wänden" oder „Die Hammer-Soap – Heimwerker im Glück" dürften in

der Regel ebenso der leichten Unterhaltung zuzuordnen sein wie Gartensoaps („Ab ins Beet!"), Koch-Docus („Das perfekte Dinner"), Auswanderer-Docus („Auf und davon – mein Auslandstagebuch") und ähnliche Docu-Formate wie „Raus aus den Schulden" oder „Hagen hilft!". Nach verbreiteter Auffassung in der Literatur soll in Zweifelsfällen angesichts des Ausnahmecharakters der Vorschrift eine **restriktive** Auslegung geboten sein (*Schulz*, EuZW 2009, 107, 110; *Müller-Rüster*, S. 129; *Holzgraefe*, S. 256).

Dass die **Regionalfensterprogramme und Fensterprogramme** nach § 31 vom Rundfunkgesetzgeber generell dem Begriff der leichten Unterhaltung entzogen werden, dient der Klarstellung und erklärt sich daraus, dass die Fensterprogramme gerade von Nachrichtencharakter und Informationsgehalt gekennzeichnet sind. Auch soll nach dem Willen der Länder der Versuch der Einflussnahme eines Hauptprogrammveranstalters zur Aufnahme kostensenkender Platzierungen im Voraus ausgeschlossen werden (Amtliche Begründung zum 13. RÄndStV, S. 13). 375

IV. Keine Produktplatzierung in Sendungen für Kinder

Unzulässig sind entgeltliche Produktplatzierungen ausnahmslos in Sendungen für Kinder. Der Begriff der Kindersendung findet sich bereits in § 7a Abs. 1, wonach Kindersendungen nicht durch Werbung oder Teleshopping-Spots unterbrochen werden dürfen. Auf die diesbezüglichen Erläuterungen wird verwiesen (Rn 251 ff). 376

C. Zulässigkeit unentgeltlicher Produktplatzierungen, S. 1 Nr. 2

§ 44 S. 1 Nr. 2 erweitert die Möglichkeiten einer Produktplatzierung für den Fall, dass vom platzierenden Unternehmen kein Entgelt geleistet wird. Werden lediglich bestimmte Waren oder Dienstleistungen, wie Produktionshilfen oder Preise, kostenlos bereitgestellt, ist dies **im Prinzip** ohne Rücksicht auf das konkrete Format der Sendung **zulässig.** Untersagt sind solche unentgeltlichen Produktplatzierungen jedoch in Nachrichten, Sendungen zum politischen Zeitgeschehen, Ratgeber- und Verbrauchersendungen, Sendungen für Kinder sowie Übertragungen von Gottesdiensten. 377

Wichtig ist für die Anwendung des § 44 S. 1 Nr. 2 die Unterscheidung zwischen der Bereitstellung von Produkten von bedeutendem Wert einerseits und geringwertigen Produkten andererseits (vgl § 2 Abs. 2 Nr. 11 S. 2 sowie Rn 170 ff). Eine Produktplatzierung liegt nur vor, wenn ein wertmäßig bedeutsames Produkt bereitgestellt wird, wenn also der Wert des Produkts mindestens 1.000 EUR beträgt und zudem 1 % der Produktionskosten ausmacht. Erreicht das bereitgestellte Produkt diesen Wert nicht, handelt es sich nicht um eine Produktplatzierung, so dass der **sachliche Anwendungsbereich des § 44 S. 1 Nr. 2 von vornherein nicht eröffnet ist.** In diesem Fall ist also auch die kostenlose Produktionshilfe in Nachrichtensendungen, Kindersendungen etc. zulässig (vgl auch *Hartstein*, § 44 Rn 11 f). Das Gleiche gilt für solche Hilfestellungen durch Dritte, die im Handel nicht frei erhältlich sind, sowie für in der Sendung als solche nicht unmittelbar sichtbare Produkte (zB Immobilien, Schiffe, Strom, vgl Rn 173 und *Hartstein*, § 44 Rn 13). 378

I. Nachrichten

Der Begriff der „Nachrichten" ist identisch mit dem Begriff der „Nachrichtensendung" in § 7 Abs. 8. Erfasst sind mithin die klassischen Nachrichtensendungen, deren Schwerpunkt klar erkennbar in der Übermittlung von Nachrichten besteht. Sendungen mit Nachrichtencharakter sind etwa „RTL Aktuell", „RTL II News" und „RTL Nachtjournal", ferner die diversen nachrichtenbezogenen Angebote von Sendern wie n-tv und N24 (vgl *Hartstein*, § 44 Rn 15; o. Rn 221). 379

II. Sendungen zum politischen Zeitgeschehen

Der Begriff der Sendung zum politischen Zeitgeschehen findet sich ebenfalls bereits in § 7 Abs. 8. Gemeint sind hiermit sowohl einzelne tagesaktuelle als auch regelmäßig gesendete Formate, die sich zumindest ganz überwiegend mit dem politischen Zeitgeschehen auseinandersetzen. Produktplatzierungen sind jedenfalls in anerkannten Polit-Magazinen, also auch Talk-Shows mit politischem Inhalt, untersagt (o. Rn 221). 380

III. Ratgeber- und Vebrauchersendungen

381 Zu den Ratgeber- und Verbrauchersendungen sind alle Sendungen zu zählen, die sich schwerpunktmäßig mit der Information des Rezipienten zu bestimmten Themenkomplexen befassen und die dem Zuschauer/Zuhörer Kenntnisse über Waren oder Dienstleistungen vermitteln wollen; es lässt sich zwischen Wirtschaftssendungen mit Verbraucherthemen, expliziten Ratgeber- und Verbrauchersendungen und Verbraucher-Shows unterscheiden (so *Hartstein*, § 44 Rn 17 ff). Erfasst sind danach jedenfalls typische Infotainment-Magazine wie „akte“ oder „Stern TV“.

IV. Sendungen für Kinder

382 Nicht nur die entgeltliche, auch die unentgeltliche Produktplatzierung ist in Sendungen für Kinder nicht zulässig. Entsprechend ist auch die Gestellung von Preisen für Kindersendungen untersagt. Zum Begriff der Kindersendung vgl nochmals o. Rn 251 ff.

V. Übertragungen von Gottesdiensten

383 Unentgeltliche Produktplatzierungen sind schließlich auch bei der Übertragung von Gottesdiensten nicht erlaubt. Der Begriff findet sich auch in § 7a Abs. 1; auf die dortigen Erläuterungen wird verwiesen (o. Rn 250).

§ 45 RStV Dauer der Fernsehwerbung

(1) [1]Der Anteil an Sendezeit für Fernsehwerbespots und Teleshopping-Spots innerhalb einer Stunde darf 20 vom Hundert nicht überschreiten. [2]Satz 1 gilt nicht für Produktplatzierungen und Sponsorhinweise.

(2) Hinweise des Rundfunkveranstalters auf eigene Programme und Sendungen und auf Begleitmaterialien, die direkt von diesen Programmen und Sendungen abgeleitet sind, unentgeltliche Beiträge im Dienst der Öffentlichkeit einschließlich von Spendenaufrufen zu Wohlfahrtszwecken sowie gesetzliche Pflichthinweise gelten nicht als Werbung.

(3) Die Absätze 1 und 2 sowie § 7a gelten nicht für reine Werbekanäle.

A. Allgemeines

384 § 45 regelt, in welchem zeitlichen Umfang die Werbung im Fernsehen zulässig ist. Die Vorschrift sieht seit dem 13. RÄndStV nur noch eine Begrenzung der stündlichen Werbezeit in Abs. 1 vor. Bis 2010 regelte § 45 zudem auch die pro Tag maximal zulässige Werbezeit. Mit dem 13. RÄndStV wurden die Vorgaben für die Fernsehveranstalter insoweit jedoch – in Übereinstimmung mit Art. 23 AVMD – erheblich liberalisiert. Zugleich wurde der Anwendungsbereich des § 45 auf Fernsehwerbung beschränkt, dh hinsichtlich der Werbung im Hörfunk sind keinerlei zeitlichen Beschränkungen (mehr) zu beachten. Abs. 2 nimmt gewisse Formen der Werbung von der Berechnung der Werbezeit aus. Nach Abs. 3 gelten § 45 und § 7a nicht für reine Werbekanäle, was Art. 25 Abs. 2 AVMD entspricht. § 45 gilt ferner nicht für Teleshoppingkanäle, da § 45 für diese keine ausdrückliche Geltungsanordnung aufweist (vgl § 1 Abs. 4).

B. Begrenzung der stündlichen Werbezeit, Abs. 1

385 Der Anteil an Sendezeit für Fernsehwerbespots und Teleshopping-Spots innerhalb einer Stunde darf 20 % nicht überschreiten, im Maximum also **12 Minuten** betragen (sog. Einstundenzeitraum). Für den Veranstalter eines 24-Stunden-Programms bedeutet dies, dass die Werbung an einem Tag im Maximum 4 Stunden und 48 Minuten andauern darf. Vor dem 13. RÄndStV durfte die Sendezeit für Werbespots 15% der täglichen Sendezeit nicht überschreiten; nunmehr liegt die Grenze also – resultierend aus der stündlichen Deckelung – bei 20 % (kritisch *Grewenig*, ZUM 2009, 703, 705: die Begrenzung der stündlichen, nicht der täglichen Werbezeit hätte aufgehoben werden müssen).

386 Erfasst von der 20%-Regelung sind lediglich Fernsehwerbespots und Teleshopping-Spots. Sie sind damit zum einen von Dauerwerbesendungen, die eine Dauer von mindestens 90 Sekunden aufweisen

(näher Rn 118 f), und zum anderen von Teleshopping-Fenstern, für die nach § 45a Abs. 1 eine Mindestdauer von 15 Minuten ohne Unterbrechung erforderlich ist, abzugrenzen. Angesichts des eindeutigen Wortlauts sind Dauerwerbesendungen und Teleshopping-Fenster nicht in die stündlich maximal zulässige Werbezeit einzuberechnen. Es ist mithin zulässig, in einer Stunde 12 Minuten Werbe- und Teleshoppingspots und zusätzlich zB eine Dauerwerbesendung und noch ein Teleshopping-Fenster zu senden (vgl auch *Hartstein*, § 45 Rn 5-7). Dies zeigt, dass die mit dem 13. RÄndStV beabsichtigte Liberalisierung nicht in der formalen Erhöhung der stündlichen Werbezeit besteht, sondern vielmehr darin, dass gewisse Werbeformen nicht mehr einberechnet werden.

Es ist umstritten, ob als weitere Kategorie des Teleshopping **„sonstige" Teleshopping-Sendungen** zulässig sind, die länger dauern als 90 Sekunden (und damit länger als Teleshopping-Spots), jedoch kürzer als die 15-minütigen Teleshopping-Fenster sind (vgl Rn 46 mwN). Sofern man die rundfunkrechtliche Zulässigkeit von Teleshopping-Sendungen bejaht, erhebt sich die Frage, ob sie im Rahmen des § 45 Abs. 1 eher wie Teleshopping-Spots (mit der Folge der Einberechnung) oder wie Teleshopping-Fenster (mit der Folge der Nicht-Einberechnung) zu behandeln sind. Weder der RStV noch die Werberichtlinien enthalten diesbezüglich eine eindeutige Aussage. Allerdings liegt es angesichts des Wortlauts des § 45 Abs. 1 nahe, Teleshopping-Sendungen, die eben gerade keine Teleshopping-Spots sind, nicht bei der Werbezeitberechnung zu berücksichtigen. Gegen eine Einberechnung von Teleshopping-Sendungen spricht zudem die Erwägung, dass nur so die Gleichbehandlung mit Dauerwerbesendungen, die ebenfalls mindestens 90 Sekunden dauern müssen, gewährleistet ist. Es ist kein Grund ersichtlich, warum Teleshopping-Sendungen und Dauerwerbesendungen in diesem Punkt unterschiedlich behandelt werden sollten. Im Ergebnis ist daher davon auszugehen, dass Teleshopping-Sendungen – ebenso wie Dauerwerbesendungen – in Werbeblöcke integriert werden können, ohne dass sie auf die 12 Minuten Werbezeit je Stunde anzurechnen sind (ebenso *Hartstein*, § 45 Rn 19 ff). 387

Die Berechnung des Einstundenzeitraums hat sich nicht an den Vorgaben der Tageszeiteinteilung zu orientieren. Die maßgebliche Stunde kann, muss aber nicht mit der Minute 0 beginnen (15:00 Uhr) und der Minute 59 (15:59 Uhr) enden (Mitteilung, Rn 9 ff; *Hartstein*, § 44 Rn 24). Ebenso gut kann sich der Veranstalter für eine **sog. verschobene volle Stunde** entscheiden (etwa von 10:15 Uhr bis 11:14 Uhr). Die Anerkennung der „sliding hour" gewährt nach Auffassung der Kommission den Veranstaltern ein „Maximum an Freiheit" (vgl Mitteilung, Rn 13). Der Einstundenzeitraum kann ggf. täglich geändert werden (Handbuch/*Loitz*, S. 417). 388

Da Abs. 1 nicht auf eine Durchschnittsbetrachtung abstellt, **verfallen** gegebenenfalls ungenutzte Werbekapazitäten mit Ablauf der maßgeblichen vollen Stunde. Es ist nicht möglich, die in einer Stunde nicht genutzte Werbezeit auf einen andere (lukrativere) Stunde zu transferieren. 389

Satz 2 stellt klar, dass Produktplatzierungen iSv §§ 2 Abs. 2 Nr. 11, 7 Abs. 7, 44 nicht auf die Werbedauer anzurechnen sind. Das Gleiche gilt für die nach § 8 Abs. 1 erforderlichen Sponsoringhinweise. 390

C. Anrechnungsfreie Beiträge, Abs. 2

Abs. 2 (identisch für den öffentlich-rechtlichen Rundfunk § 16 Abs. 4) nimmt bestimmte Hinweise und Beiträge von den Werbezeitbeschränkungen des Abs. 1 aus, indem er deren Charakter als Werbung iSv § 2 Abs. 2 Nr. 7 – sofern überhaupt gegeben – wegfingiert. Hinweise des Veranstalters auf eigene Programme und Sendungen und auf bestimmte Begleitmaterialien, unentgeltliche Beiträge im Dienst der Öffentlichkeit einschließlich von Spendenaufrufen zu Wohlfahrtszwecken sollen ebenso wenig wie gesetzliche Pflichthinweise als Werbung gelten. 391

I. Hinweise auf das eigene Programm und die eigene Sendung

Unter den Begriff des Veranstalterhinweises auf das eigene (zugelassene) Programm bzw die eigene Sendung fällt der gesamte Bereich der **Eigenpromotion**. Diese dient vor allem der Zuschauerbindung. Da Eigenwerbung in der Regel schon nicht als Werbung iSd § 2 Abs. 2 Nr. 7 zu qualifizieren ist (vgl hierzu Rn 30 ff), hat Abs. 2 keine große praktische Bedeutung; er stellt vielmehr deklaratorisch klar, dass Programm- und vergleichbare Trailer des Veranstalters nicht unter die Beschränkungen des § 45 Abs. 1 fallen. Wichtig ist die Privilegierungswirkung des Abs. 2 daher lediglich für Hinweise auf die nur entgeltlich empfangbaren Programme im Pay-TV, da in diesem Fall der Werbebegriff erfüllt ist und die Voraussetzungen für eine Anrechnung auf die Werbezeit grundsätzlich gegeben sind. 392

393 Nach Ziff. 9 Abs. 1 Nr. 2 der WerbeRL-TV kann sich Sender- bzw Eigenpromotion nicht nur auf das Gesamtprogramm und einzelne Sendungen beziehen, sondern auch auf die in ihnen handelnden Personen. Ferner sollen Hinweise auf Veranstaltungen und sonstige Ereignisse außerhalb der Programme des Veranstalters privilegiert sein. Von der Eigenpromotion ist die **Fremdpromotion** zu unterscheiden, für die der Veranstalter ein Entgelt erlangt und die komplett auf die Werbezeit angerechnet wird. Fremdpromotion zeichnet sich durch den werblichen Hinweis auf einen anderen Rundfunkveranstalter als Unternehmen oder dessen Dienstleistungen aus, Ziff. 9 Abs. 1 Nr. 3 WerbeRL-TV.

394 Unterschiedlich beurteilt wird, inwieweit **Crosspromotion**, also der von einem Sender ausgestrahlte Hinweis auf das Programm eines anderen Senders, in Programmen von (TV-)Senderfamilien an der Privilegierung teilhat. Die Qualifikation als Eigenpromotion ist ebenso denkbar wie die Qualifikation als Fremdpromotion. Die rundfunkwerberechtliche Beurteilung dieser Maßnahme zur familieninternen Zuschauerbindung wird maßgeblich durch die Reichweite des Veranstalterbegriffs im RStV determiniert. Auch die medienkonzentrationsrechtlichen Wertungen in den §§ 26 ff spielen nach zutreffender Auffassung in die Behandlung mit hinein. Im Ergebnis spricht viel für eine nicht zu restriktive Auslegung des § 45 Abs. 2, so dass auch Programmtrailer etc. auf konzernverbundene Sender nicht auf das Werbezeitkontingent nach Abs. 1 angerechnet werden sollten (vgl VG Berlin ZUM 2002, 933 und zuvor ZUM-RD 2001, 48; *Bornemann*, K&R 2001, 302 ff; ähnlich *Hartstein*, § 45 Rn 26; deutlich enger *Platho*, MMR 2002, 21 ff, und *S/S-Holznagel/Stenner*, § 45 Rn 15; unklar *Ladeur*, in: Hahn/Vesting, § 45 Rn 11). Nicht zuletzt der Gedanke der Gleichbehandlung mit der „Crosspromotion" bei den öffentlich-rechtlichen Rundfunkanstalten hat hier durchaus Gewicht (vgl § 16 Abs. 4).

II. Hinweise auf Begleitmaterialien

395 Hinweise auf **Begleitmaterialien**, die direkt von den eigenen Programmen/Sendungen des Veranstalters abgeleitet sind, sind ebenfalls nicht in die Werbedauer einzuberechnen. Hierunter fallen vor allem Hinweise auf die Bezugsmöglichkeit einer Wiedergabe der Sendung des Veranstalters (etwa auf Video, CD oder DVD; zur Vielgestaltigkeit denkbarer Begleitmaterialien vgl *Volpers/Bernhard/Schnier*, S. 148 ff). Bevorzugt werden ferner Hinweise auf Bücher, CDs, Videos, (Computer-)Spiele und andere Publikationen sowie deren Bezugsquellen, wenn durch das jeweilige Medium der **Inhalt** der Sendung erläutert, vertieft oder nachbearbeitet wird (vgl Ziff. 9 Abs. 2 Nr. 2 der WerbeRL-TV). Der AVMD scheint ein abweichendes Begriffsverständnis zugrunde zu liegen; nach Erwägungsgrund 98 bezieht sich der Begriff Begleitmaterialien „auf Produkte, die speziell dazu bestimmt sind, den Zuschauern die volle oder interaktive Nutzung der betreffenden Programme zu ermöglichen".

396 Mit der Notwendigkeit eines inhaltlichen Bezugs geht zugleich die Notwendigkeit eines **zeitlichen** Bezugs einher. Der Hinweis etwa auf ein inhaltlich vertiefendes Buch macht wenig Sinn, wenn die „begleitete" Sendung bereits mehrere Tage zuvor ausgestrahlt worden ist. Zu Recht gehen die LMAen daher davon aus, dass die privilegierte Behandlung des Hinweises auf Begleitmaterialien nur gerechtfertigt ist, wenn er „im Zusammenhang mit der Sendung oder mit Programmankündigungen von einzelnen Sendungen bzw Sendereihen am jeweiligen Sendetag erscheint", Ziff. 9 Abs. 2 Nr. 3 der WerbeRL-TV.

397 Beim Verlags TV („Spiegel TV", „Focus TV") soll es sich bei den entsprechenden Printprodukten um keine Begleitmaterialien handeln, auf die in den Verlags-TV-Sendungen hingewiesen werden darf, Ziff. 13 Abs. 2 Nr. 3 der WerbeRL-TV. Dies ist aber im Ergebnis zweifelhaft, da die tatbestandlichen Voraussetzungen des § 45 Abs. 2 grundsätzlich erfüllt sein dürften, wenn in der anstehenden Ausgabe des Printprodukts der im Verlags-TV thematisierte Sendungsinhalt weiter vertieft und erläutert wird (vgl Rn 193).

398 Im Einzelfall kann sich die Abgrenzung der Begleitmaterialien von sonstigen **Merchandising-Artikeln**, deren Bewerbung im Rahmen des Abs. 1 zulasten des Veranstalters zu berücksichtigen ist, als diffizil erweisen (ausführlich *Blaue*, S. 299 ff). Während Erzeugnisse wie Kleidung, Spielzeug u.ä. unproblematisch dem Merchandising zuzuordnen sind, erweist sich die Behandlung von Produkten wie etwa einem Posterheft als zweifelhaft. Taugliches **Abgrenzungskriterium** dürfte die Überlegung sein, ob das in Rede stehende Produkt einer weitergehenden Thematisierung des Sendeinhalts dienlich ist oder sich als Ausdruck einer bloßen Sekundärverwertung präsentiert, die lediglich aus Anlass der Sendung entstanden ist. Danach können reine Fanartikel (wie das Posterheft) anders als etwa eine programmbegleitende Zeitschrift („DSDS-Magazin") nicht als Begleitmaterial betrachtet werden.

Die LMAen selbst scheinen jedoch das von ihnen aufgestellte Erläuterungs- und Vertiefungserfordernis weniger eng zu interpretieren, wenn sie es in Ziff. 9 Abs. 2 Nr. 2 WerbeRL-TV grundsätzlich für möglich erachten, Klingeltöne und Wallpaper als Begleitmaterialien anzusehen. Vor dem Hintergrund der aufgezeigten Grundsätze muss es auch verwundern, dass der von der GSPWM und den VPRT-Mitgliedern gemeinsam ausgehandelte **„Leitfaden für Veranstalter“** betreffend **„Klingeltöne als Begleitmaterial“** in weitem Umfang das Angebot von Klingeltönen als Begleitmaterial anerkennt. Der Leitfaden (www.alm.de) soll einen grundsätzlichen Rahmen aufzeigen, in dem sich die VPRT-Mitglieder bewegen können, ohne sich dem Risiko einer Beanstandung auszusetzen. Es wird als zulässig angesehen, wenn Klingeltöne als Bestandteil eines Begleitmaterial-Paketes angeboten werden (zB Paket mit PC-Spiel, Heft und Klingelton), da hier der Klingelton neben anderen Zusatzinformationen nicht im Vordergrund steht. Darüber hinaus soll im Durchschnitt grundsätzlich auf etwa drei Klingeltöne pro Stunde im Einzelangebot hingewiesen werden dürfen. Eine solche Ausweitung erscheint jedoch in Anbetracht des allein werblichen Charakters von Klingeltönen ohne jeden vertiefenden Ansatz **bedenklich.** Zu Recht wird daher immerhin klargestellt, dass Klingeltöne in Gestalt von Geräuschnachbildungen, die nicht eindeutig einer bestimmten Sendung zuzuordnen sind (zB Pistolenschuss oder Sirene), oder True Tones (Originalausschnitte oder -zitate aus der Sendung), die keinen charakteristischen Teil der Sendung abbilden und dieser nicht eindeutig zuzuordnen sind, nicht als Begleitmaterial angeboten werden dürfen. 399

III. Unentgeltliche Beiträge im Dienst der Öffentlichkeit

Zu den unentgeltlichen Beiträgen im Dienst der Öffentlichkeit zählt – neben den ausdrücklich einbezogenen Spendenaufrufen zu Wohlfahrtszwecken – der gesamte Bereich des **social advertising** zu gemeinnützigen Zwecken. § 7 Abs. 9 S. 3 enthält eine identische Regelung. Zu Einzelheiten vgl dort Rn 233 ff. 400

IV. Gesetzliche Pflichthinweise

Gesetzliche Pflichthinweise gelten ebenfalls nicht als anrechnungsrelevante Werbung. § 45 Abs. 2 hat auch in dieser Hinsicht lediglich deklaratorischen Charakter, da Pflichthinweise ihrem Sinn und Zweck nach allein dem Schutz und der Aufklärung des Rezipienten – und nicht der Absatzförderung – dienen. Ein gesetzlicher Pflichthinweis stellt mithin von vornherein keine Werbung iSv § 2 Abs. 2 Nr. 7 dar (*S-S/Holznagel/Stenner*, § 45 Rn 19). Bis zum 10. RÄndStV war von Abs. 2 lediglich der bekannte **Pflichthinweis** nach § 4 Abs. 3 und Abs. 5 HWG „Zu Risiken und Nebenwirkungen lesen Sie die Packungsbeilage und fragen Sie Ihren Arzt oder Apotheker.“ erfasst. Um die Regelung flexibel anwenden zu können, wurde Abs. 2 mit dem 10. RÄndStV allgemein auf gesetzliche Pflichthinweise erweitert, so dass nunmehr auch der Hinweis nach § 5 GlüStV erfasst ist. Darüber hinaus existieren gegenwärtig indes keine weiteren obligatorischen Hinweise für im Fernsehen erlaubte Werbung; der Gesetzgeber bevorzugt es, den Schutz der Zuschauer vielmehr durch ein gänzliches Werbeverbot – etwa für Tabakerzeugnisse – zu realisieren. 401

D. Keine Geltung für reine Werbekanäle, Abs. 3

Abs. 3 ordnet an, dass die Abs. 1 und 2 ebenso wenig wie § 7a für reine Werbekanäle gelten. Die Bestimmung wurde mit dem 13. RÄndStV eingefügt und entspricht Art. 25 AVMD, wo allerdings weitergehend zwischen reinen Werbekanälen einerseits und Teleshoppingkanälen und ausschließlich der Eigenwerbung dienenden Fernsehkanälen andererseits unterschieden wird. Wegen § 1 Abs. 4 bedurfte es jedoch für Teleshoppingkanäle keiner klarstellenden Erwähnung, und für Eigenwerbekanäle findet sich in § 45a Abs. 2 S. 2 eine § 45 Abs. 3 entsprechende Regelung. Unter Werbekanälen iSv Abs. 3 sind solche Programme zu verstehen, deren ausschließlicher Gegenstand Fernsehwerbung ist (*Hartstein*, § 45 Rn 3b). Dass bei diesen eine Begrenzung der stündlichen Werbedauer von vornherein keinen Sinn macht, erklärt sich von selbst. 402

E. Vorschriften des Landesrundfunkrechts

Inhaltlich identische Regelungen zur maximal zulässigen Werbedauer finden sich in den **Landesrundfunkgesetzen**; so etwa in § 35 RundfG M-V. Im Übrigen wird die entsprechende Geltung des § 45 403 angeordnet, vgl zB § 16 Abs. 1 S. 1 MStV HSH, § 38 Abs. 1 LMG NRW, § 45 Abs. 1 SMG. Abweichend von § 45 sieht § 30 Abs. 4 ThürLMG vor, dass Werbeformen wie Teleshopping nicht länger als eine Stunde am Tag dauern dürfen; zudem dürfen Rundfunkveranstalter nicht als Vertragspartner oder Vertreter für die Bestellung von Waren und Dienstleistungen tätig sein.

F. Sanktionsfolgen eines Verstoßes gegen § 45

404 Die Überschreitung der nach § 45 zulässigen Dauer der Werbung kann eine Ordnungswidrigkeit nach § 49 Abs. 1 Nr. 21 darstellen. Die LMAen können von ihren Aufsichtsbefugnissen Gebrauch machen. Zudem ist die Möglichkeit eines Vorgehens auf wettbewerbsrechtlichem Wege eröffnet (§§ 8 ff UWG), da § 45 eine **Marktverhaltensregelung iSv** § 4 Nr. 11 UWG darstellt.

§ 45a RStV Teleshopping-Fenster und Eigenwerbekanäle

(1) [1]Teleshopping-Fenster, die in einem Programm gesendet werden, das nicht ausschließlich für Teleshopping bestimmt ist, müssen eine Mindestdauer von 15 Minuten ohne Unterbrechung haben. [2]Sie müssen optisch und akustisch klar als Teleshopping-Fenster gekennzeichnet sein.

(2) [1]Für Eigenwerbekanäle gelten die §§ 7 und 8 entsprechend. [2]Die §§ 7a und 45 gelten nicht für Eigenwerbekanäle.

A. Allgemeines

405 Auch § 45a ist im Rahmen des 13. RÄndStV erheblich überarbeitet worden. § 45a sieht seit 2000 eine spezifische Regelung von Teleshopping-Fenstern vor, wobei Abs. 2 bislang bestimmte, dass täglich höchstens acht Teleshopping-Fenster zulässig waren, deren Gesamtdauer drei Stunden pro Tag nicht überschreiten durfte. Diese zeitliche Reglementierung ist mit dem 13. RÄndStV ersatzlos weggefallen, so dass Zulässigkeitsvoraussetzungen an Teleshopping-Fenster gegenwärtig lediglich dergestalt bestehen, als sie zum einen eine ununterbrochene Mindestdauer von 15 Minuten aufweisen müssen und zudem vom Veranstalter optisch und akustisch klar als Teleshopping-Fenster zu kennzeichnen sind. § 45a Abs. 1 entspricht damit Art. 24 AVMD.

406 Mit Teleshopping-Fenstern wird den Veranstaltern die Möglichkeit eröffnet, eine weitere Finanzquelle zu erschließen (vgl § 43), ohne dass die Dauer der am Tag ausgestrahlten Teleshopping-Fenster auf die Werbezeit angerechnet werden müsste. Dies folgt zwar – anders als nach früherer Rechtslage – nicht mehr explizit aus § 45, ergibt sich aber aus der mit dem 13. RÄndStV verfolgten Liberalisierungsabsicht.

407 In Abs. 2 findet sich nunmehr die Anordnung der entsprechenden Anwendung der §§ 7 und 8 für Eigenwerbekanäle. Bis zum 13. RÄndStV fanden Eigenwerbekanäle eine gesonderte Regelung in § 45b, der von den Ländern ersatzlos gestrichen wurde. Während vormals für Eigenwerbekanäle auch die Vorschriften betreffend die Einfügung von Werbung und deren Dauer entsprechend galten, unterliegen Eigenwerbekanäle seit 2010 insofern einer deutlich großzügigeren Betrachtung, als sie lediglich den in § 7 enthaltenen Werbegrundsätzen und Kennzeichnungspflichten sowie den Sponsoring-Vorschriften nach § 8 nachkommen müssen. § 45a Abs. 2 steht damit im Einklang mit Art. 25 AVMD. Mit dem 10. RÄndStV wurde zunächst auch die entsprechende Anwendung des § 8a angeordnet. Dieser Verweis ist aber mittlerweile wieder entfallen.

B. Zulässigkeit von Teleshopping-Fenstern, Abs. 1

I. Anwendungsbereich

408 § 45a Abs. 1 findet entsprechend seiner systematischen Stellung allein auf den **privaten Rundfunk** Anwendung. Im öffentlich-rechtlichen Rundfunk ist Teleshopping – mit Ausnahme von Teleshopping-Spots – verboten, § 18.

409 **1. Fernsehen und Hörfunk. Uneinigkeit** besteht hinsichtlich der Frage, ob sich § 45a Abs. 1 lediglich auf das Fernsehen oder auch auf den Hörfunk bezieht. *Hartstein*, § 45a Rn 2, geht unter Bezugnahme auf die amtliche Begründung davon aus, dass die Regelung nur das Teleshopping im Fernsehen erfasst.

Dem ist mit *Ladeur* (in: Hahn/Vesting, § 45a Rn 5) entgegenzuhalten, dass sich eine **Schlechterstellung des Hörfunks** im Vergleich zum Fernsehen (durch Einberechnung des Teleshopping in die Dauer der Werbezeit) weder teleologisch rechtfertigen lässt noch verfassungsrechtlich haltbar sein dürfte. Hinzu kommt, dass der Wortlaut des § 45a Abs. 1 für eine Differenzierung keinen Anhaltspunkt gibt. Hätte der historische Gesetzgeber die Absicht gehabt, nur die Fernsehveranstalter von der Privilegierung des § 45a Abs. 1 profitieren lassen zu wollen, hätte er dies – wie etwa in § 45 – entsprechend deutlich zum Ausdruck gebracht. Zu Recht geht daher auch Ziff. 9 Nr. 1 der WerbeRL-HörF von der Anwendbarkeit des § 45a Abs. 1 auf Teleshopping-Fenster im Hörfunk aus (ebenso *S/S-Holznagel/Stenner*, § 45a Rn 2).

2. Voll- und Spartenprogramme sowie Teleshopping-Kanäle. Direkte Anwendung findet § 45a nur auf Teleshopping-Fenster, „die von einem Programm gesendet werden, das nicht ausschließlich für Teleshopping bestimmt ist". § 45a gilt also nur für Voll- und Spartenprogramme, nicht aber für eigenständige Teleshopping-Kanäle wie QVC oder 1-2-3.tv (vgl nur *Hartstein*, § 45a Rn 4). Dies ergibt sich nunmehr unmittelbar aus § 1 Abs. 4, weil § 45a keine ausdrückliche Geltungsanordnung in diesem Sinne vorsieht. 410

3. Begriff des Teleshopping-Fensters. Ein Teleshopping-Fenster liegt vor, wenn es sich um ein Programmfenster im Rahmen eines Mantelprogramms handelt, das Teleshopping iSv § 2 Abs. 2 Nr. 10 anbietet (vgl *Braml*, S. 36 f). Zum Begriff des Teleshopping vgl Rn 38 ff. Nicht erforderlich ist, dass das Fenster aus einer einzigen Offerte besteht. Vielmehr können verschiedene Angebote aneinandergereiht werden. Typisch ist etwa die Präsentation einzelner Produkte durch Moderatoren mit sofortiger Bestellmöglichkeit. Der Umstand, dass Werbespots, Teleshopping-Spots oder Teleshopping-Sendungen in das Fenster integriert werden, ändert nichts an dessen Qualität als Teleshopping-Fenster (vgl *Ladeur*, in: Hahn/Vesting, § 45a Rn 7). Allerdings ergeben sich in diesem Fall Modifikationen des zeitlichen Umfangs des Fensters. 411

II. Zeitliche Anforderungen

Abs. 1 statuiert nur noch eine zeitliche Anforderung an die Zulässigkeit der Ausstrahlung von Teleshopping-Fenstern. So muss das Fenster eine **Mindestdauer von 15 Minuten** haben, dh die Teleshopping-Angebote müssen so aneinandergereiht sein, dass sie insgesamt eine Dauer von zumindest einer Viertelstunde aufweisen. Eine Unterbrechung ist insoweit unzulässig, als das Fenster durch den Beginn oder die Fortsetzung des Programms unterbrochen wird. Teleshopping-Spots von weniger als 90 Sekunden und Teleshopping-Sendungen von mehr als 90 Sekunden, aber weniger als 15 Minuten werden in die Gesamtdauer einberechnet. Nicht berücksichtigt werden dagegen Werbespots, für die vielmehr – anders als für die Teleshopping-Spots – eine Anrechnung auf die Dauer der Werbezeit nach § 45 erfolgt. Insofern vollzieht sich zwar eine Ungleichbehandlung von Teleshopping-Spots und -Sendungen einerseits und Werbespots andererseits, die in § 45 Abs. 1 noch gleich behandelt werden. Dies ist jedoch gerechtfertigt, da Teleshopping unabhängig von seiner konkreten Präsentationsform im Rahmen der zeitlichen Vorstellungen des § 45a Abs. 1 nach dem Willen der Staatsvertragsparteien eine Privilegierung erfahren soll. Werden also Werbespots integriert, verlängert sich die erforderliche Mindestdauer des Teleshopping-Fensters um die entsprechende Sekundenzahl (vgl zum Ganzen auch *Hartstein*, § 45a Rn 5; *Ladeur*, in: Hahn/Vesting, § 45a Rn 7). Ob die in Deutschland anerkannte Berücksichtigung von Teleshopping-Spots mit den Vorstellungen des europäischen Gesetzgebers ohne Weiteres im Einklang steht, ist allerdings fraglich. In Erwägungsgrund Nr. 100 zur AVMD heißt es ausdrücklich, dass es wichtig sei, „zwischen der Sendezeit für Teleshopping-Spots, Werbespots und anderen Formen der Werbung einerseits und der Sendezeit für Teleshopping-Fenster andererseits unterscheiden zu können". Diese Formulierung legt es nahe, Teleshopping-Spots in gleicher Weise wie Werbespots zu behandeln (entsprechend § 45 Abs. 1), so dass sie bei der Berechnung der erforderlichen Mindestdauer des Teleshopping-Fensters nicht einzustellen wären. Die Werberichtlinien enthalten diesbezüglich keinen Hinweis. 412

Nach alter Rechtslage durfte der Veranstalter höchstens acht Teleshopping-Fenster täglich senden, wobei deren Gesamtdauer drei Stunden pro Tag nicht überschreiten durfte. Diese mengenmäßige Begrenzung sowohl der Anzahl als auch der Dauer nach hat der Gesetzgeber ersatzlos gestrichen, so dass den Veranstaltern gegenwärtig deutlich mehr Gestaltungsspielraum zur Verfügung steht. De facto können sie beliebig viele Teleshopping-Fenster täglich senden, solange diese jeweils mindestens 15 Minuten dauern und der Charakter als Voll- oder Spartenprogramm beibehalten bleibt. 413

III. Kennzeichnungspflicht, Abs. 1 Satz 2

414 Nach Abs. 1 S. 2 müssen die Fenster optisch und akustisch klar als Teleshopping-Fenster klassifiziert sein. Nach Ziff. 10 Nr. 1 der WerbeRL-TV kommt der Veranstalter dieser **Kennzeichnungspflicht** im Fernsehen ordnungsgemäß nach, wenn er die Fenster am Anfang optisch und akustisch kennzeichnet sowie während ihrer gesamten Dauer als „Teleshopping" oder „Verkaufssendung" ausweist. Vormals gestatteten die LMAen Fernsehveranstaltern auch die Kennzeichnung als „Werbesendung", was Charakter und Ziel eines Teleshopping-Fensters jedoch eher unzulänglich zum Ausdruck brachte. Zu fordern ist, dass die Kennzeichnung (denkbar auch zB „Fernseheinkauf") für den Zuschauer fortlaufend gut wahrnehmbar ist.

415 Auch bei Teleshopping-Fenstern im Hörfunk ist zu Beginn der Sendung darauf hinzuweisen, dass es sich um eine Verkaufssendung handelt. Dass die LMAen gemäß Ziff. 9 Nr. 1 der WerbeRL-HörF den Hinweis auf eine „Werbesendung" für ausreichend erachten und ferner fordern, dass während des Verlaufs der Sendung auf den Charakter der Sendung als „Dauerwerbesendung/Werbesendung" hingewiesen wird, ist gerade im Hinblick auf die abweichenden Anforderungen an die Kennzeichnung von Teleshopping-Fenstern im Fernsehen nicht recht nachvollziehbar. Es ist sinnvoll, sich für Fernsehen und Hörfunk auf eine einheitliche Kennzeichnung zu verständigen (und zwar in Form von „Teleshopping" oder „Verkaufssendung"), nicht zuletzt um eine unnötige Irritation des Rezipienten zu vermeiden. Gerade auch die von den LMAen für ausreichend erachtete Kennzeichnung im Hörfunk als Dauerwerbesendung erscheint wenig „klar kennzeichnend" iSv § 45a Abs. 1 S. 2, da diese Kennzeichnung nun gerade „echten" Dauerwerbesendungen nach § 7 Abs. 5 vorbehalten bleiben sollte. Hinsichtlich der Kennzeichnung im Sendungsverlauf ist im Hörfunk nur die Einblendung eines akustischen Signals („Teleshopping") in regelmäßigen Abständen praktisch umsetzbar.

IV. Hinweis auf Bestellkosten

416 Über die Anforderungen des § 45a Abs. 1 hinaus sehen die Werberichtlinien (Ziff. 9 Nr. 2 HörF, Ziff. 19 Nr. 2 TV) übereinstimmend vor, dass beim Teleshopping generell die mit der Bestellung anfallenden Kosten deutlich dargestellt werden müssen. Zur Gewährleistung eines effektiven Verbraucherschutzes ist der eindeutige Hinweis auf die Bestellkosten notwendig und damit auch bei Teleshopping-Fenstern stets vorzunehmen.

V. Vorschriften des Landesrundfunkrechts

417 Auf **landesrechtlicher Ebene** wird entweder auf § 45a Abs. 1 (ausdrücklich) verwiesen oder es findet sich eine vergleichbare Bestimmung; s. etwa § 11 Abs. 1 LMedienG Ba-WÜ; Art. 8 Abs. 1 S. 2 BayMG; § 15 Abs. 1 BremLMG; § 16 Abs. 1 S. 1 MStV HSH; § 36 RundfG M-V; § 38 Abs. 1 LMG NRW.

VI. Sanktionsfolgen eines Verstoßes gegen Abs. 1

418 Nach § 49 Abs. 1 Nr. 22 handelt **ordnungswidrig**, wer Teleshopping-Fenster vorsätzlich oder fahrlässig verbreitet, obwohl diese keine Mindestdauer von 15 Minuten ohne Unterbrechung haben oder nicht optisch und akustisch klar als Teleshopping-Fenster gekennzeichnet sind. Stellen die LMAen einen Verstoß fest, können sie von ihrem Arsenal an Aufsichtsmaßnahmen Gebrauch machen (näher Rn 11 ff). Da Abs. 1 das Marktverhalten der Rundfunkveranstalter im Interesse der Marktteilnehmer regelt, begründet eine Zuwiderhandlung auch deren Unlauterkeit nach §§ 4 Nr. 11, 3 UWG. Mitbewerber und Verbände können daher auch auf privatrechtlichem Wege gegen Verstöße vorgehen.

C. Eigenwerbekanäle, Abs. 2

419 In § 45a Abs. 2 ist nunmehr die rechtliche Beurteilung von Eigenwerbekanälen geregelt. § 45a Abs. 2 ist mit dem 13. RÄndStV an die Stelle des § 45b aF getreten, der ersatzlos entfallen ist. § 45a Abs. 2 entspricht Art. 25 AVMD sowie Art. 18a FernsehÜ. Die Vorschrift ordnet die „entsprechende", dh sinngemäße Anwendung der werberechtlichen Bestimmungen in den §§ 7 und 8 an. Zugleich stellt sie klar, dass die §§ 7a und 45 nicht für Eigenwerbekanäle gelten.

I. Anwendungsbereich

Entsprechend seiner Stellung findet § 45a Abs. 2 nur auf den privaten Rundfunk Anwendung. Er gilt für die Veranstaltung von Fernsehen und Hörfunk gleichermaßen, sei es bundesweit, regional oder lokal. 420

1. Begriff des Eigenwerbekanals. Weder das europäische Recht noch der RStV definieren den Begriff des Eigenwerbekanals. Eigenwerbekanäle sind eigenständig nach § 20 lizenzierte Angebote, deren Inhalte der Eigendarstellung eines Unternehmens in der Öffentlichkeit dienen, jedoch nicht der unmittelbaren Förderung des Absatzes von Waren oder Dienstleistungen (vgl Ziff. 1 Abs. 1 der WerbeRL-TV bzw Ziff. 19 Abs. 1 WerbeRL-HörF). Sie sind **nicht** „Werbespotkanäle", die 24 Stunden täglich Spotwerbung für Eigen- und Drittprodukte senden (ausführlich *Erlmeier/Reinwald*, ZUM 2002, 440, 442 f) und die nunmehr in § 45 Abs. 3 geregelt sind. Von (reinen) Teleshopping-Kanälen iSv § 1 Abs. 4 unterscheiden sie sich insofern, als sie – anders als Teleshopping-Kanäle – nicht der unmittelbaren Förderung des Absatzes von Waren und Dienstleistungen dienen; es geht vielmehr um Imagepflege und -förderung (*S-S/Holznagel/Stenner*, § 45b Rn 4). Der Unterschied zur reinen Eigenwerbung (vgl Rn 30 ff) eines Veranstalters besteht schließlich darin, dass diese im Rahmen herkömmlicher Rundfunkprogramme stattfindet. Zum Begriff vgl ferner *Ladeur*, in: Hahn/Vesting, § 45b Rn 5. 421

2. Business TV. Gerade im Hinblick auf den vielgestaltigen Komplex des **Business TV** ergeben sich zahlreiche Abgrenzungsfragen (eingehend *Lammek/Dreyer*, CR 1999, 638 ff; *Libertus*, K&R 2001, 119 ff; *Mohr/Scherer*, ZUM 2001, 147 ff). Unter diesem Oberbegriff lassen sich verschiedene Erscheinungsformen zusammenfassen: Das **klassische Business TV** dient ausschließlich der unternehmensinternen Information von geschlossenen Benutzergruppen (Mitarbeiter, Händler, Auslandsniederlassungen). **Infomercials** sind Sendungen von Unternehmen mit Firmeninformationen, die im Rahmen von herkömmlichen Programmen ausgestrahlt werden und für die Allgemeinheit bestimmt sind. Als **Kunden TV** werden von Unternehmen produzierte Sendungen bezeichnet, die an Verkaufsstellen mit Publikumsverkehr ausgestrahlt werden (zB in Drogerie- oder Baumärkten). **Firmen TV** setzt sich ebenso wie das originäre Business TV aus unternehmensbezogenen Informationen zusammen, richtet sich jedoch nicht an eine geschlossene Nutzergruppe, sondern an die Allgemeinheit. Unterscheiden lassen sich schließlich noch **Verlags TV** (vgl hierzu auch Ziff. 13 der WerbeRL-TV) und **Zielgruppen TV** (zum Ganzen *Mohr/Scherer*, ZUM 2001, 147 f). 422

Ob die verschiedenen Ausprägungen des Business TV unter dem Begriff des Eigenwerbekanals subsumiert werden können, hängt zunächst von der (vorrangigen) Feststellung ab, ob es sich um Rundfunk iSv § 2 Abs. 1 S. 1 und 2 oder Telemedien iSv § 2 Abs. 1 S. 3 handelt. Entscheidende Bedeutung kommt insoweit den den Rundfunkbegriff konstituierenden Merkmalen der „Bestimmung für die Allgemeinheit" sowie „Darbietung" zu. Obgleich im hohen Maße von den Umständen des Einzelfalls abhängig, wird man regelmäßig davon ausgehen können, dass **Business TV** einen **Telemediendienst** darstellt, während **Kunden TV** ebenso wie **Infomercials** und vor allem **Firmen TV** dem **Rundfunk** zuzuordnen sind. Kunden TV und Firmen TV können dann auch unter den Begriff des Eigenwerbekanals iSv § 45a Abs. 2 fallen, sofern die Inhalte für die öffentliche Meinungsbildung von Relevanz sind (vgl zum Ganzen *Libertus*, K&R 2000, 119 ff; auch *Ladeur*, in: Hahn/Vesting, § 45b Rn 6). Die Unterscheidung ist namentlich für die Zulassungspflichtigkeit bzw -freiheit von Bedeutung, vgl §§ 20, 1 Abs. 1. Einer der wenigen Eigenwerbekanäle stellte „Bahn TV" dar, deren Veranstalter die Deutsche Bahn AG war. Hier wurde bis zum 31.12.2010 24 Stunden täglich „rund um Mobilität und Logistik" informiert. „Wella-TV" vom gleichnamigen Haarpflegekonzern hingegen scheiterte, nachdem sich der Empfang für die als Kunden angesprochenen Friseursalons als zu investitionsintensiv erwies. 423

Die Landesanstalt für Medien Nordrhein-Westfalen hat in Kooperation mit der Business-TV-Initiative NRW einen **Leitfaden zu den medienrechtlichen Aspekten des Business TV** erstellt; er ist abgedruckt bei *Hartstein*, § 2 Rn 20. 424

3. Keine Personenidentität erforderlich. Hervorzuheben ist, dass Veranstalter des Eigenwerbekanals und beworbenes Unternehmen **nicht personenidentisch** sein müssen. Es ist nicht erforderlich, dass das beworbene Unternehmen zwingend selbst als Veranstalter des Programms auftritt und die Zulassung begehrt (*Erlmeier/Reinwald*, ZUM 2002, 440, 444 ff). Beispielsweise plant der Eigenwerbekanal „DMF" der DMF-Markenfernsehen GmbH (lizenziert von der MABB), ausschließlich Eigenwerbeprogramme seiner Vertragspartner zu verbreiten. Eine „eigene" Eigenwerbung soll nicht stattfinden 425 (vgl auch KEK 154 – DMF; www.kek-online.de). Auch Ziff. 1 Abs. 1 der WerbeRL-TV bringt die Möglichkeit der Unternehmensverschiedenheit zum Ausdruck („eines Unternehmens").

426 **4. Ausstrahlung nicht unternehmensbezogener Programmbeiträge.** Fraglich ist, ob es im Rahmen von Eigenwerbekanälen zulässig ist, auch solche **nichtwerblichen Programmbeiträge auszustrahlen**, die von Dritten zugeliefert wurden und die keinen Bezug zum Veranstalter des Eigenwerbekanals aufweisen. Zu denken ist insoweit etwa an die Ausstrahlung von Nachrichten- oder Sportsendungen. Gegen die Zulässigkeit solcher Inhalte spricht sicherlich, dass der Rezipient fälschlicherweise davon ausgehen könnte, es handele sich um ein Vollprogramm und nicht um einen Eigenwerbekanal. Ferner ist vor irreführenden Werbepraktiken zu schützen. Ob diese Erwägungen aber sogleich ein generelles Verbot der Integration allgemeiner Programmbeiträge rechtfertigt, ist zweifelhaft. Der notwendige Rezipientenschutz dürfte dadurch ausreichend gewährleistet sein, dass man im Allgemeinen vom Eigenwerbekanal ausschließlich eigenwerbende Beiträge verlangt, es aber zugleich gestattet, dass in einem zeitlich vertretbaren Ausmaß ab und an ausnahmsweise Sendungen ohne Bezug zum Programm gestaltenden Unternehmen ausgestrahlt werden (*S/S-Holznagel/Stenner*, § 45b Rn 5; *Stenner*, S. 153). Dies scheint gerade auch vor dem Hintergrund angemessen, dass auch bei Eigenwerbekanälen eine spezifische Kennzeichnungspflicht besteht (vgl nachfolgend Rn 429).

II. „Entsprechende" Geltung, Satz 1

427 § 45a Abs. 2 S. 1 ordnet die umfassende „entsprechende" Geltung der in § 7 enthaltenen Werbegrundsätze und Kennzeichnungspflichten sowie der Sponsoring-bezogenen Vorschriften des § 8 an. Sämtlichen Anforderungen, die hiernach an Werbung, Teleshopping und Sponsoring gestellt werden, müssen im Grundsatz auch Eigenwerbekanäle gerecht werden. Im Umkehrschluss lässt sich folgern, dass die Einfügung von Werbespots Dritter, das Sponsoring einzelner Sendungen und die Sendung von Teleshopping-Fenstern auch im Rahmen eines Eigenwerbekanals statthaft sind. Das Gleiche gilt für andere Formen der Werbung wie etwa Dauerwerbesendungen.

428 Da die benannten Vorschriften nur „entsprechende Anwendung" finden sollen, ist es möglich, den einem Eigenwerbekanal immanenten Besonderheiten durch eine **flexible Auslegungspraxis** der einzelnen Regelung Rechnung zu tragen (vgl *Ladeur*, in: Hahn/Vesting, § 45b Rn 9; auch *Hartstein*, § 45a Rn 10). Eigenart und Ziel eines Eigenwerbekanals sind daher stets bei der Anwendung etwa des § 7 im Auge zu behalten. Folgerichtig können namentlich das Beeinflussungsverbot nach § 7 Abs. 2 oder das Trennungsgebot nach § 7 Abs. 3 sowie die hieran anknüpfenden Regelungen bei Eigenwerbekanälen keine Anwendung finden. Denn Programmverantwortlicher und Werbetreibender sind bei einem Eigenwerbekanal zumindest im Regelfall identisch, und Sinn und Zweck eines Eigenwerbekanals besteht gerade darin, das Image in der Öffentlichkeit zu pflegen und damit den Absatz zu fördern. Die Schutzzwecktrias des Trennungsgebots geht bei Eigenwerbekanälen daher ins Leere, weil die Programmgestaltung per se nicht unabhängig ist, Objektivität und Neutralität zudem nicht zu erwarten sind und für den Zuschauer schließlich der werbende Charakter der ausgestrahlten Beiträge nicht zuletzt angesichts der notwendigen Kennzeichnung als Eigenwerbekanal offenkundig ist (richtig *Stenner*, S. 155). Anders verhält es sich freilich, sofern – ausnahmsweise – Programmbeiträge gesendet werden, die der Rezipient mit einem regulären Vollprogramm in Verbindung bringt (vgl zuvor Rn 426). In diesem Fall sind Beeinflussungsverbot und Trennungsgrundsatz sehr wohl zu wahren.

429 Ziff. 11 Abs. 2 der WerbeRL-TV sieht vor, dass durch die Präsentation und Programmkennung die **Erkennbarkeit** des Eigenwerbekanals zu gewährleisten ist. Dass die Kennzeichnung einen Bezug zu dem beworbenen Unternehmen aufweist (so *Erlmeier/Reinwald*, ZUM 2002, 440, 444 f, zB „Bahn-TV"), dürfte unter Schutzzweckgesichtspunkten nicht zwingend zu fordern sein.

430 Keine Erwähnung findet in § 45a Abs. 2 die Vorschrift des § 8a betreffend Gewinnspiele. Hieraus ist indes nicht zu folgern, dass **Gewinnspiele** in Eigenwerbekanälen nicht statthaft sind. Vielmehr ist die Veranstaltung von Gewinnspielen solange zulässig, als die einzelnen Regelungen über Gewinnspiele in § 8a eingehalten werden. Dies entspricht der ehemaligen Rechtslage, nach der § 8a in der Vorgängerregelung des § 45b ausdrücklich Erwähnung fand. Dies hatte aber lediglich klarstellenden Charakter, so dass aus dem Wegfall im Zuge des 13. RÄndStV keine weiteren Schlussfolgerungen zu ziehen sind (vgl *Hartstein*, § 45a Rn 10).

III. Keine Anwendbarkeit der §§ 7a und 45

Abs. 2 Satz 2 ordnet an, dass die Grundsätze zur Einfügung von Werbung und Teleshopping nach § 7a ebenso wenig für Eigenwerbekanäle gelten wie die Grenzen der zulässigen Werbedauer nach § 45. Auch dies entspricht Art. 25 AVMD und stellt die Parallelvorschrift zu § 45 Abs. 3 dar. 431

IV. Vorschriften des Landesrundfunkrechts

Die Landesrundfunkgesetze ordnen zumeist die entsprechende Geltung des § 45a Abs. 2 an oder sehen inhaltsidentische Vorschriften vor, vgl etwa Art. 8 Abs. 1 S. 2 BayMG, § 16 Abs. 1 S. 1 MStV HSH, § 36 Abs. 2 RundfG M-V. 432

V. Sanktionsfolgen eines Verstoßes gegen § 45a Abs. 2

Da § 45a Abs. 2 selbst kein Verbot statuiert, nimmt der Ordnungswidrigkeitenkatalog des § 49 Abs. 1 auf § 45a Abs. 2 nicht ausdrücklich Bezug. Allerdings findet über die Entsprechungsklausel auch § 49 Abs. 1 Nr. 2–10, 13 und 14 Anwendung, so dass eine Zuwiderhandlung durch den Veranstalter des Eigenwerbekanals mit einer **Geldbuße** von bis zu 500.000 EUR geahndet werden kann. Im Übrigen steht es der zuständigen LMA frei, von den ihr zur Verfügung stehenden Sanktionsmitteln Gebrauch zu machen. 433

§ 46 RStV Richtlinien

[1]Die Landesmedienanstalten erlassen gemeinsame Satzungen oder Richtlinien zur Durchführung der §§ 7, 7a, 8, 8a, 44, 45 und 45a; in der Satzung oder Richtlinie zu § 8a sind insbesondere die Ahndung von Verstößen und die Bedingungen zur Teilnahme Minderjähriger näher zu bestimmen. [2]Sie stellen hierbei das Benehmen mit den in der ARD zusammengeschlossenen Landesrundfunkanstalten und dem ZDF her und führen einen gemeinsamen Erfahrungsaustausch in der Anwendung dieser Richtlinien durch.

A. Allgemeines

§ 46 ist systematisch im Zusammenhang mit § **16f und** § 33 zu betrachten. § **16f** stellt die Parallelvorschrift zu § 46 für den öffentlich-rechtlichen Rundfunk dar; dort ist vorgesehen, dass die in der ARD zusammengeschlossenen Landesrundfunkanstalten und das ZDF ebenfalls Richtlinien erlassen. § 33 beauftragt die LMAen zum Erlass von gemeinsamen Richtlinien zur näheren Ausgestaltung der §§ 25, 31 und 32. Da mit der Aufstellung von Richtlinien durch alle LMAen primär das Ziel verfolgt wird, die Verwaltungspraxis im Rundfunkwerberecht bundesweit zu vereinheitlichen, ist auch die **Präambel** des RStV im Blick zu behalten, wonach die LMAen „unter dem Gesichtspunkt der Gleichbehandlung privater Veranstalter und der besseren Durchsetzbarkeit von Entscheidungen verstärkt zusammenarbeiten". 434

Die Anwendung des § 46 war in der Vergangenheit stark von der Frage geprägt, wie die gemeinsamen Richtlinien **systematisch einzuordnen** sind und welche **rechtliche Tragweite** ihnen zukommt. Die diesbezügliche Kontroverse ist seit dem 10. RÄndStV vom 19.12.2007 zwar nicht erledigt, wohl aber in einem anderen Licht zu betrachten. Während § 46 bis dahin lediglich eine Richtlinienbefugnis der LMAen statuierte, wurde § 46 mit dem 10. RÄndStV auch auf die Befugnis zum Erlass gemeinsamer Satzungen erweitert. Hintergrund war die ebenfalls mit dem 10. RÄndStV neu eingefügte Regelung des § 8a über Gewinnspiele. Konsequenz der sachlichen Ausweitung der Ermächtigungsgrundlage ist, dass die LMAen in Zukunft genau zu bedenken haben, ob sie sich für das Instrument der Satzung oder das der Richtlinie entscheiden. An ihrer Entscheidung müssen sie sich sodann bei einer streitigen Auseinandersetzung mit einem Veranstalter festhalten lassen (vgl nachfolgend Rn 442 ff). 435

B. Satzungs- und Richtlinienbefugnis der Landesmedienanstalten

I. Sachliche Reichweite

436 Die Richtlinien- und Satzungskompetenz der LMAen ist gegenständlich beschränkt auf die Durchführung, dh **Auslegung und Anwendung** der §§ 7, 7a, 8, 8a, 44, 45 und 45a. Richtlinien und Satzungen zur Durchführung anderweitiger Bestimmungen – etwa des UWG – sind unzulässig. Die Statuierung von Richtlinien bzw Satzungen betreffend § 46a ist ebenfalls nicht statthaft und auch nicht sinnvoll, da die landesrechtliche Privilegierung regionaler und lokaler Fernsehprogramme Angelegenheit des einzelnen Bundeslandes und damit einer „gemeinsamen" Satzung oder Richtlinie gar nicht zugänglich ist. Der Erlass von Jugendschutzrichtlinien durch die LMAen beruht nicht (mehr) auf § 46, sondern auf § 15 Abs. 2 JMStV.

437 Sofern eine Satzung oder Richtlinie zu § 8a erlassen wird, sind insbesondere die Ahndung von Verstößen und die Bedingungen zur Teilnahme Minderjähriger näher zu bestimmen. Nach den Vorstellungen der Länder ist von den LMAen insbesondere zu regeln, wie die Teilnahme nicht volljähriger Personen bei bestimmten Gewinnspielen ausgeschlossen wird. Entsprechend sieht die Gewinnspielsatzung – zur Wahrung der Belange des Jugendschutzes (§ 8a Abs. 1 S. 5) – in § 3 ein differenziertes Verbot der Teilnahme Minderjähriger an Gewinnspielen und Gewinnspielsendungen vor. Die Ahndung von Verstößen ist in § 13 der Satzung (Ordnungswidrigkeiten) geregelt.

II. Verfahren des Erlasses von Richtlinien und Satzungen

438 Die LMAen erlassen „gemeinsame" Richtlinien/Satzungen. Dies geschieht in der Form des Beschlusses. Nach den „Grundsätzen für die Zusammenarbeit der Arbeitsgemeinschaft der Landesmedienanstalten in der Bundesrepublik Deutschland (ALM)" vom 20.1.2004 bedürfen die Beschlüsse der Arbeitsgemeinschaft zum Erlass gemeinsamer Richtlinien nach § 46 der **Einstimmigkeit**, § 5 Abs. 2 Nr. 2. Nicht einstimmig beschlossene Richtlinien sind daher unwirksam (*Beucher*, § 46 Rn 2).

439 Die Wirksamkeit der Richtlinien wird dagegen **nicht** berührt von einer etwaigen Missachtung der in § 46 S. 2 vorgesehenen Herstellung des „**Benehmens**" mit den in der ARD zusammengeschlossenen Landesrundfunkanstalten und dem ZDF. Sinn und Zweck der Benehmensherbeiführung ist die Sicherstellung einer gemeinsame Handhabung vor allem der für öffentlich-rechtlichen und privaten Rundfunk in gleicher Weise geltenden Bestimmungen (§§ 7, 7a, 8 und 8a) sowie inhaltsidentischer Vorschriften. Benehmensherstellung bedeutet nicht, dass die Richtlinien/Satzungen der LMAen und von ARD/ZDF tatsächlich übereinstimmen müssen, mag dies in aller Regel angesichts der Identität des sachlichen Regelungsinhalts, etwa hinsichtlich der Sponsoring-Vorgaben nach § 8, auch wünschenswert sein (richtig *Hartstein*, § 46 Rn 7). Benehmen macht aber jedenfalls eine Anhörung und sachliche Auseinandersetzung mit den Ansichten und Vorstellungen des Gesprächspartners erforderlich (*Hartstein*, § 46 Rn 7). Kann kein Benehmen hergestellt werden oder unterbleibt ein entsprechender Versuch sogar gänzlich, sind die einstimmig beschlossenen Richtlinien gleichwohl wirksam (vgl *Ladeur*, in: Hahn/Vesting, § 46 Rn 11).

440 Erst Recht ist für die Wirksamkeit der erlassenen Richtlinien und Satzungen **nicht** von Belang, ob (nachträglich) der ebenfalls in Satz 2 vorgesehene gemeinsame **Erfahrungsaustausch** in der Anwendung dieser Richtlinien durchgeführt wird. Dass in § 46 S. 2 nicht ausdrücklich auch die Satzungen erwähnt sind, dürfte wohl keinen redaktionellen Fehler darstellen (zumal es „hierbei" heißt, dh beim Erlass der Satzung oder Richtlinie; anders *Hartstein*, § 46 Rn 1), da im öffentlich-rechtlichen Rundfunk angesichts der – unstrittigen – Außenwirkung einer Satzung ohnehin nur von vornherein der Erlass von Richtlinien in Betracht kommt (vgl *Hartstein*, § 46 Rn 4). Folgerichtig stellt § 16f keine Ermächtigungsgrundlage für Satzungen dar, und die Anforderungen an Gewinnspiele nach § 8a wurden in die ARD- und ZDF-Richtlinien integriert.

C. Bedeutung und Kontrolle der Richtlinien und Satzungen

I. Rechtliche Bedeutung der Satzungen

441 Mit der bestehenden Ermächtigung zum Erlass von Satzungen verfügen die LMAen über die Befugnis, normkonkretisierende und normergänzende Regelungen hinsichtlich der in § 46 S. 1 genannten Vorschriften des RStV zu erlassen. Die erlassenen Satzungen stellen echte Rechtsnormen mit Wirkung für

und gegen jedermann dar. Verabschieden die LMAen eine Satzung, wird diese von den Verwaltungsgerichten auf ihre Vereinbarkeit mit der Ermächtigungsgrundlage sowie dem höherrangigen Recht, zu dem freilich auch der Verhältnismäßigkeitsgrundsatz zählt, überprüft (vgl *Hartstein*, § 46 Rn 2).

II. Rechtliche Bedeutung der Richtlinien

Seit langem strittig ist die rechtliche **Einordnung und Tragweite** der gemeinsamen Richtlinien. Einigkeit 442
besteht lediglich insoweit, dass es sich bei den Richtlinien um Verwaltungsvorschriften handelt, aus denen jedenfalls für die LMAen im verwaltungsinternen Bereich eine rechtliche Bindungswirkung resultiert. Die Richtlinien übernehmen damit im Mindesten die Funktion einer standardisierten Norminterpretationshilfe (**sog. norminterpretierende Verwaltungsvorschriften**), die zur Selbstbindung der LMAen in ihrer Verwaltungspraxis führt (zu Recht klarstellend *Beucher*, § 46 Rn 3).

Während es die wohl **hM** hierbei belässt (zB *Beucher*, § 46 Rn 3; *Hartstein*, § 46 Rn 2 ff; *Hesse*, Kap. 443
3 Rn 55; OVG Niedersachsen ZUM 1999, 347, 350), nimmt eine starke Mindermeinung eine weitergehende Bedeutung der Richtlinien in der Art an, als es sich um **sog. konkretisierende Verwaltungsvorschriften** handeln soll (zB *S/S-Holznagel/Stenner*, § 46 Rn 2; *Ladeur*, DÖV 2000, 217 ff; *ders.*, in: Hahn/Vesting, § 46 Rn 6 ff; *Oberländer*, ZUM 2001, 487 ff; *Stenner*, S. 95 ff). Praxisbedeutsame Folge wäre, dass die gemeinsamen Richtlinien über ihre verwaltungsinterne Bindungswirkung hinaus – ebenso wie Satzungen – unmittelbar Außenwirkung entfalten würden, dh sie würden nicht nur die LMAen in ihrer Anwendungspraxis binden, sondern im Streitfall – vorbehaltlich völlig atypischer Fallgestaltungen – auch einer autonomen Auslegung der gesetzlichen Bestimmungen des RStV durch die Gerichte entgegenstehen. Die Richtlinien hätten damit letztlich rechtssetzungsähnlichen Charakter („Zwischenschritte auf dem Weg vom Gesetz zum Einzelfall"; *Oberländer*, ZUM 2001, 487, 491).

Vorzugswürdig erscheint ein **restriktives Verständnis**, wonach es sich bei den Richtlinien lediglich um 444
norminterpretierende und ermessenssteuernde Verwaltungsvorschriften handelt. Hierfür spricht – neben der Überlegung, ob bei Bejahung einer Konkretisierungswirkung nicht sogar der Parlamentsvorbehalt in Frage gestellt würde – vor allem der Umstand, dass dem Normzweck des § 46, die Herbeiführung einer homogenen Aufsichtspraxis unterhalb der einzelnen LMAen, bereits durch die Anerkennung einer Selbstbindungskraft der Richtlinien ausreichend Rechnung getragen wird (*Beucher*, § 46 Rn 3). Zudem erscheint es bedenklich, neben den Verwaltungsgerichten auch die Zivilgerichte (vgl *Ladeur*, in: Hahn/Vesting, § 46 Rn 12: Richtlinien als Konkretisierung der Unlauterkeit iSv § 3 UWG) im Rahmen originär wettbewerbsrechtlicher Auseinandersetzungen (etwa zwischen zwei Veranstaltern als Mitbewerbern), in denen die werberechtlichen Bestimmungen des RStV vornehmlich über § 4 Nr. 11 UWG Bedeutung erlangen, an die Auslegungs- und Wertungsmaßstäbe der Richtlinien zu „fesseln". Dies gilt umso mehr, als bislang nicht geklärt ist, ob normkonkretisierende Verwaltungsvorschriften gegenüber Gerichten der ordentlichen Gerichtsbarkeit überhaupt Bindungswirkung entfalten können; dies ist aber gerade in Anbetracht der alternativen oder auch kumulativen Sanktionierung über das UWG von praktischer Relevanz. Trotz der rechtssystematischen Unterschiede mag schließlich auch die Entscheidung des BGH „Probeabonnement" gegen die Annahme einer normkonkretisierenden Gestaltungswirkung bemüht werden (BGH AfP 2006, 361 ff; kritisch *Bechtold*, WRP 2006, 1162 ff). Hier hat der BGH klargestellt, dass der Umstand, dass Wettbewerbsregeln von der Kartellbehörde nach § 24 ff GWB anerkannt werden, ihnen weder Rechtsnormqualität verleiht noch Schlussfolgerungen auf die Lauterkeit des fraglichen Verhaltens zulässt. Vielmehr sei das Gericht im Zivilrechtsstreit in seiner Beurteilung frei. Die rechtliche Bedeutung der Anerkennung beschränke sich auf eine Selbstbindung der Kartellbehörde, die bei unveränderter Sachlage die Verabschiedung der anerkannten Wettbewerbsregeln nicht mehr als kartellrechtswidrig beanstanden könne, § 26 Abs. 1 S. 2 GWB. Im Ergebnis ist damit dem OVG Berlin-Brandenburg beizupflichten, das zutreffend betont, die Richtlinien dienten lediglich als „Auslegungshilfen und Ansätze für eine Selbstbindung der Verwaltung der LMA" (ZUM 2007, 765, 766 m. Anm. *Meinberg*, AfP 2007, 504).

III. Konsequenzen aus dem Nebeneinander von Richtlinien und Satzungen

Die vorstehend aufgezeigten Unterschiede zwischen Richtlinien und Satzungen (lediglich mittelbare 445
Außenwirkung über Selbstbindung der Verwaltung einerseits, unmittelbare Außenwirkung andererseits) erfordern es, dass die LMAen mit Bedacht von der Ermächtigungsgrundlage des § 46 Gebrauch machen. Gerade weil es ihnen nunmehr seit dem 10. RÄndStV frei steht, auch Vorschriften mit unmittelbarer, die Gerichte grundsätzlich bindender Außenwirkung durch Erlass einer Satzung zu eta-

blieren, können sie nicht (länger) gleichwohl „lediglich“ Richtlinien erlassen, um sich später auf deren konkretisierenden, rechtssetzungsähnlichen Charakter zu berufen. Die LMAen müssen sich vielmehr **an ihrer Entscheidung für das eine und gegen das andere rechtliche Instrument festhalten lassen.** Es steht nicht in ihrem Belieben, in der Rechtsform der Richtlinie erlassene Regelungen in der Aufsichtspraxis satzungsgleiche Bedeutung beizumessen. Da die LMAen nach der Erweiterung der Ermächtigungsgrundlage im Jahr 2010 die Werberichtlinien grundlegend überarbeitet, jedoch zugleich den Richtliniencharakter beibehalten haben, sollte daher eigentlich nicht mehr ernsthaft fraglich sein, dass einer die Gerichte bindenden Außenwirkung der Werberichtlinien nicht das Wort geredet werden kann. Wenn die LMAen dies erreichen wollten, hätten sie von ihrer Satzungsermächtigung Gebrauch machen müssen (ebenso *Hartstein*, § 46 Rn 4).

446 Je nach gewählter Rechtsform ergeben sich Unterschiede im Umfang der gerichtlichen Überprüfbarkeit und im Rechtsschutz. Eine von den LMAen erlassene Satzung muss dem gleichen Prüfungsmuster Stand halten wie jede andere Satzung und ist als echte Rechtsnorm zudem über § 47 VwGO einer vom konkreten Fall losgelösten verwaltungsgerichtlichen Normenkontrolle zugänglich. Entsprechend hat der BayVGH die Gewinnspielsatzung in einem Normenkontrollverfahren für teilweise unwirksam erklärt (ZUM-RD 2010, 102). Die erlassenen Richtlinien hingegen werden lediglich insoweit einer gerichtlichen Überprüfung unterzogen, als dies inzident in einem verwaltungsgerichtlichen Klageverfahren anhand des konkret in Streit stehenden Einzelfalls geschieht (*Hartstein*, § 46 Rn 6).

D. Werberichtlinien für Fernsehen und Hörfunk

447 Aktuell gelten die „**Gemeinsamen Richtlinien der Landesmedienanstalten für die Werbung, zur Durchführung der Trennung von Werbung und Programm und für das Sponsoring sowie Teleshopping im Fernsehen**“ in der Fassung vom 23.2.2010 und die „Gemeinsame Richtlinien der Landesmedienanstalten für die Werbung, zur Durchführung der Trennung von Werbung und Programm und für das Sponsoring sowie Teleshopping im Hörfunk in der Fassung vom 23.2.2010 (jeweils abrufbar unter www.alm.de). Die LMAen haben die erheblichen Änderungen und Neuerungen im Rundfunkwerberecht durch den 13. RÄndStV Anfang 2010 zum Anlass genommen, die Gemeinsamen Richtlinien anzupassen und zu überarbeiten. Bis dahin galten noch die Richtlinien vom 10.2.2000. Dass die Richtlinien 10 Jahre lang nicht aktualisiert wurden, führte dazu, dass sie teilweise mit den dynamischen Entwicklungen der Werbepraxis im Rundfunk nicht recht Schritt halten konnten. Die zielsetzende Feststellung der LMAen in der Präambel, dass „die Richtlinien angesichts der vielfältigen und im ständigen Wandel begriffenen Programm- und Werbestrukturen auch zukünftig einer Überprüfung und Fortschreibung bedürfen“, wurde in der Vergangenheit daher eventuell nicht stets mit der notwendigen Konsequenz praktisch umgesetzt.

§ 46a RStV Ausnahmen für regionale und lokale Fernsehveranstalter

Für regionale und lokale Fernsehprogramme können von § 7 Absatz 4 Satz 2, § 7a Absatz 3 und § 45 Absatz 1 nach Landesrecht abweichende Regelungen getroffen werden.

A. Allgemeines

448 Die Vorschrift des § 46a erklärt sich aus Art. 26 AVMD, wonach die Mitgliedstaaten für Fernsehprogramme, „die ausschließlich für ihr eigenes Hoheitsgebiet bestimmt sind und weder unmittelbar noch mittelbar in einem oder mehreren Mitgliedstaaten öffentlich empfangen werden können“, teilweise abweichende Regelungen vorsehen dürfen (vgl ferner Art. 3 FernsehÜ). Der Gesetzgeber hat von dieser Möglichkeit mit dem 5. RÄndStV Gebrauch gemacht. Der 13. RÄndStV und die damit verbundende Liberalisierung des Rundfunkwerberechts haben redaktionelle Änderungen des § 46a mit sich gebracht. Rundfunkpolitischer Hintergrund des § 46a ist, dass regionale und lokale Fernsehveranstalter **unter besonderem wirtschaftlichen Druck** stehen; dem soll durch eine Erleichterung der auf Werbeeinnahmen basierenden Finanzierung durch gelockerte werberechtliche Regularien entgegengetreten werden. Gerade in Deutschland mit seinen vielen Grenzgebieten stellt sich jedoch das Problem, dass sich der – vom europäischen Recht geforderte – ausschließliche Empfang im Inland nicht immer sicher gewährleisten lässt.

B. Anwendungsbereich

Uneinheitlich wird der **sachliche Anwendungsbereich** des § 46a interpretiert. Dem Wortlaut nach findet er ausschließlich auf regionale und lokale Fernsehprogramme Anwendung. Das sind solche, deren Sendefrequenzen in einem begrenzten Gebiet, das typischerweise kleiner ist als die Fläche eines Bundeslandes, zu empfangen sind und sich thematisch primär mit regionalen und lokalen Inhalten beschäftigen (so *Hartstein*, § 46a Rn 7). Entsprechend wird angenommen, dass nicht nur bundesweit, sondern auch landesweit verbreitete Programme sowie Regionalfenster in überregionalen Programmen (§ 2 Abs. 2 Nr. 6) nicht an dem Privileg teilhaben dürfen, ausgenommen das Ballungsraumfernsehen wie etwa der Stadtstaaten Berlin und Hamburg (*Hartstein*, § 46a Rn 6 f; auch *Ladeur*, in: Hahn/Vesting, § 46a Rn 5). 449

Demgegenüber sehen verschiedene **Landesrundfunkgesetze** ausdrücklich auch eine Besserstellung von Regionalfensterprogrammen und Länderprogrammen vor (Art. 8 Abs. 2 S 2 BayMG iVm Fernsehfensterwerbesatzung vom 17.5.2002, www.blm.de; § 48 Abs. 2 MStV B-B; § 16 Abs. 2 iVm § 2 Abs. 2 MStV HSH). Diese Rechtssetzungspraxis ist **nicht zu beanstanden**, da Sinn und Zweck des § 46a – Förderung solcher Programme, die wegen ihrer geringen Reichweite vor dem Problem stehen, lukrative Werbeaufträge zu akquirieren – nicht notwendig ein restriktives Verständnis gebieten und vor allem Art. 26 AVMD lediglich verlangt, dass die Sendung nicht in einem anderem Mitgliedstaat öffentlich empfangen wird, was bei Landesprogrammen ebenfalls sichergestellt werden kann. 450

Auf den Hörfunk findet § 46a – wie sich aus dem Wortlaut unmittelbar ergibt – **keine** Anwendung. Dies ist vor dem unionsrechtlichen Hintergrund des Art. 26 AVMD nachvollziehbar; rundfunkpolitisch und teleologisch indessen liegt es keineswegs fern, § 46a über eine entsprechende gesetzliche Ergänzung auch auf den vor vergleichbaren werbewirtschaftlichen Problemen stehenden Hörfunk zu erweitern. 451

C. Möglichkeiten der Abweichung

Die Landesgesetzgeber dürfen Regelungen treffen (sowie gesetzliche Ermächtigungsgrundlagen etablieren, aufgrund derer die LMA die Einzelheiten durch Satzung regeln darf; so in Art. 8 Abs. 2 S. 2 BayMG; § 15 Abs. 2 S. 2 BremLMG; § 38 Abs. 2 LMG NRW; § 23 Abs. 2 LMG Rh-Pf), die von §§ 7 Abs. 4 S. 2, 7a Abs. 3 und 45 Abs. 1a abweichen können. Nach Sinn und Zweck darf (und wird) es sich hierbei allein um Abweichungen **zugunsten** der lokalen und regionalen Veranstalter handeln (vgl *Hartstein*, § 46a Rn 8). Nach Landesrecht kann also zB die Bestimmung getroffen werden, dass Split Screen Werbung nicht auf die Werbung angerechnet wird. Auch dürfen die zeitlichen Voraussetzungen der Unterbrecherwerbung ebenso modifiziert werden wie der Anteil an Sendezeit für Werbe- und Teleshopping-Spots (näher *Hartstein*, § 46a Rn 9). 452

Zu beachten ist allerdings, dass durch das abweichende Landesrecht zu gewährleisten ist, dass die Gestaltung des Programms, der gesamte Zusammenhang und der Charakter der Sendung nicht beeinträchtigt werden und auch kein Verstoß gegen die Rechte der Rechteinhaber erfolgen darf (Amtliche Begründung zu § 46a, abgedruckt bei *Hartstein*, § 46a; ausdrücklich auch zB Art. 8 Abs. 2 S. 1 Nr. 2 BayMG; § 38 Abs. 2 LMG NRW; § 32 S. 2 Nr. 2 ThürLMG). 453

D. Vorschriften des Landesrundfunkrechts

Die meisten Länder haben von der Ermächtigung Gebrauch gemacht und günstigere Regelungen zugunsten ihrer „lokalen/regionalen" Veranstalter etabliert (teilweise wiederum mit Einschränkungen): § 11 Abs. 3 LMedienG BaWü; Art. 8 Abs. 2 BayMG; § 48 Abs. 2 MStV B-B; § 15 Abs. 2 BremLMG; § 16 Abs. 2 HSH MStV; § 42 RundfG M-V; § 24 Abs. 2 NMedienG; § 38 Abs. 2 LMG NRW; § 23 Abs. 2 LMG Rh-Pf; § 45 Abs. 2 SMG; § 24 Abs. 2 SächsPRG; § 7 Abs. 2 MG S-A; § 32 ThürLMG. 454

§ 63 RStV Übergangsbestimmung für Produktplatzierung

§ 7 Absatz 7 und die §§ 15 und 44 gelten nicht für Sendungen, die vor dem 19. Dezember 2009 produziert wurden.

455 Die Übergangsbestimmung des § 63 wurde mit dem 13. RÄndStV neu eingeführt. Sie hat in erster Linie **deklaratorische Bedeutung** und stellt klar, dass die ausnahmsweise Zulässigkeit von Produktplatzierungen nach §§ 7 Abs. 7, 15 und 44 nur für solche Sendungen gilt, die ab dem 19.12.2009 (einschließlich) produziert wurden. Der 19.12.2009 ist deswegen der maßgebliche Stichtag, weil bis zu diesem Datum die AVMD von den Mitgliedstaaten in nationales Recht umgesetzt werden musste. Entsprechend findet sich in Art. 11 Abs. 1 AVMD eine parallele Übergangsvorschrift.

456 § 63 stellt eine wichtige zeitliche Zäsur dar, die von Werbetreibenden, Produzenten und Rundfunkveranstaltern in der Zukunft stets im Blick behalten werden sollte. Maßgeblich für die Anwendung der „alten" oder „neuen" Regelungen betreffend Product Placement ist das Datum des Produktionsendes und damit die **Fertigstellung** und Endabnahme der Sendung (ebenso *Holzgraefe*, S. 109). Mit Produktplatzierungen versehene Sendungen, deren Produktion noch vor dem 19.12.2009 begonnen, aber erst nach diesem Stichtag ihr abschließendes Ende qua Abnahme gefunden hat, sind daher nach den nunmehr gültigen Vorschriften zu beurteilen. Insbesondere bei der Vergabe von Auftrags- und ggf. beim Einkauf von Fremdproduktionen sollten die Veranstalter sich das Fertigstellungsdatum verbindlich benennen lassen und für eine ausreichende vertragliche Absicherung Sorge tragen.

457 In § 63 findet sich ein redaktioneller Fehler dergestalt, als nach dessen Wortlaut das „alte Recht" auf alle Sendungen Anwendung finden soll, die vor dem 19.12.2009, also bis zum 18.12.2009 (einschließlich) produziert worden sind. Das „neue Recht" soll für ab dem 19.12.2009 produzierte Sendungen gelten. § 63 weicht damit von Art. 11 Abs. 1 AVMD ab, wo von den liberaleren Vorschriften nur solche Sendungen profitieren sollen, die „nach" dem 19.12.2009 produziert werden. Die Länder haben also mit § 63 die einschneidende zeitliche Zäsur – wohl versehentlich – um genau einen Tag nach vorne verlagert. Im Wege einer richtlinienkonformen Auslegung wird man aber entgegen dem eindeutigen Wortlaut zu dem Ergebnis kommen müssen, **dass die neuen Regelungen erst ab dem 20.12.2009 Wirkung entfalten** (zum Ganzen auch *Holzgraefe*, S. 155).

458 Hinsichtlich der Rechtslage für bis zum 19.12.2009 fertiggestellte Altproduktionen wird auf die Kommentierung in der Vorauflage und in den Rn 182 ff verwiesen (vgl ferner zusammenfassend *Hartstein*, § 63 Rn 3 ff).

29. Abschnitt: Sonderregeln für den öffentlich-rechtlichen Rundfunk

Schrifttum: *Bethge*, Verfassungsvorrang der öffentlich-rechtlichen Grundversorgung, Media-Perspektiven 1992, S. 624; *Bull,* Rundfunkbeitrag und Datenschutz, Baden-Baden 2010; *Dittmann,* Die Finanzierung des öffentlich-rechtlichen Rundfunks durch eine Medienabgabe, Stuttgart 2008 (zitiert: *Dittmann*, Finanzierung); *Dörr*, Aktuelle Fragen des Drei-Stufen-Tests, ZUM 2009, 897 ff; *Eberle*, Öffentlich-rechtlicher Rundfunk und Telemedienauftrag, AfP 2008, 329 ff; *Eicher,* Die Reform der Rundfunkfinanzierung – Zum Stand der Debatte, in: Knothe/Potthast (Hrsg.), Das Wunder von Mainz – Rundfunk als gestaltete Freiheit, Festschrift für Hans-Dieter Drewitz, Baden-Baden 2009, S. 213 ff (zitiert Eicher-Festschrift); *Eicher, Schneider*, Die Rundfunkgebührenpflicht in Zeiten der Medienkonvergenz, NVwZ 2009, 741 ff; *Eichhorn*, Die wirtschaftliche Betätigung der öffentlich-rechtlichen Rundfunkanstalten, ZUM 1992, 592 ff; *Ernst*, Erst anmelden, dann surfen – Rundfunkgebühren für Internet-Anschlüsse? NJW 1997, 3006 ff (zitiert: *Ernst*, Rundfunkgebühren für Internet-Anschlüsse); *Fiebig*, Gerätebezogene Rundfunkgebührenpflicht und Medienkonvergenz, Berlin 2008; *Fiebig*, Rundfunkgebühren für Internet-PC, Kommunikation & Recht 2005, 71 ff; *Grimm*, Die wirtschaftliche Betätigung der öffentlich-rechtlichen Rundfunkanstalten – Verfassungsrechtliche Fragen, ZUM 1992, 581 ff. (zitiert: *Grimm,* Die wirtschaftliche Betätigung der öffentlich-rechtlichen Rundfunkanstalten); *Grzeszick*, Der Telemedienauftrag des öffentlich-rechtlichen Rundfunks zwischen Verfassungs- und Gemeinschaftsrecht, NVwZ, 2008, 608 ff; *Hahn/Vesting*, Beck'scher Kommentar zum Rundfunkrecht, 2003 (zitiert: *Hahn/Vesting*, Rundfunkrecht); *Hain*, Die europäische Transparenz-Richtlinie und der öffentlich-rechtliche Rundfunk in Deutschland, MMR 2001, 219 ff (zitiert: *Hain*, Transparenz-Richtlinie); *Hartstein/Ring/Kreile/Dörr/Stettner*, Kommentar zum Rundfunkstaatsvertrag und Jugendmedienschutz-Staatsvertrag, Loseblattsammlung (zitiert: *Hartstein/Ring/Kreile/Dörr/Stettner*, Rundfunkstaatssvertrag); *Hermann/Lausen*, Rundfunkrecht, 2. Aufl. 2004; *Hesse*, Rundfunkrecht, 3. Aufl. 2003 (zitiert: *Hesse*, Rundfunkrecht); *Hesse,* Die Umsetzung der AVMD-Richtlinie aus Sicht des öffentlich-rechtlichen Rundfunks, ZUM 2009, 718 ff; *Hoffmann-Riem,* Pay-TV im öffentlich-rechtlichen Rundfunk, Media Perspektiven 1996, 73 ff (zitiert: *Hoffmann-Riem*, Pay-TV); *Huber*, Aktuelle Fragen des Drei-Stufen-Tests, ZUM 2010, 201 ff; *Jarass*, Verfassungsrechtliche Fragen einer Reform der Rundfunkgebühr, Mai 2007; *Jutzi*, Informationsfreiheit und Rundfunkgebührenpflicht, NVwZ 2008, 603 ff; *Kirchhof*, Die Finanzierung des öffentlich-rechtlichen Rundfunks, Baden-Baden 2010; *Koenig/Haratsch*, Die Rundfunkgebühren auf dem Prüfstand des Altmark-Trans-Urteils des Europäischen Gerichtshofs, ZUM 2003, 804 ff (zitiert: *Koenig/Haratsch*, Rundfunkgebühren und Altmark-Trans-Urteil); *Ladeur*, Zur Verfassungswidrigkeit der Regelungen des Drei-Stufen-Tests für Onlineangebote des öffentlich-rechtlichen Rundfunks nach § 11f RfStV, ZUM 2009, 906 ff; *Lerche*, Gestaltungskompetenz des Gesetzgebers und Programmbereich der öffentlich-rechtlichen Rundfunkanstalten, in: Wirtschafts- und Medienrecht in der offenen Demokratie, Freundesgabe für Friedrich Kübler zum 65. Geburtstag, 1997 (zitiert: *Lerche*, Gestaltungskompetenz); *Libertus*, Zur Frage der Entscheidungskompetenz bei der Wahrnehmung der Grundversorgungsaufgabe, ZUM 1995, 699 ff; *Mahrenholz*, Grundversorgung und Programmfreiheit, in: Wirtschafts- und Medienrecht in der offenen Demokratie, Freundesgabe für Friedrich Kübler zum 65. Geburtstag, 1997 (zitiert: *Mahrenholz*, Grundversorgung); *Michel*, Konvergenz der Medien – Auswirkungen auf das Amsterdamer Protokoll und das Europäische Beihilferecht, MMR 2005, 284 ff (zitiert: *Michel*, Konvergenz der Medien); *Op-*

permann, Deutsche Rundfunkgebühren und europäisches Beihilferecht, Tübinger Schriften zum internationalen und europäischen Recht, Band 41, 1997 (zitiert: *Oppermann*, Deutsche Rundfunkgebühren und europäisches Beihilferecht); *Papier/Schröder*, Verfassungsfragen des Dreistufentests – Inhaltliche und verfahrensrechtliche Herausforderungen, Baden-Baden 2011 (zitiert: *Papier/Schröder*, Verfassungsfragen des Dreistufentests); *Pfab*, Was die Drei-Stufen-Tests gebracht haben, epd medien vom 14.1.2011, S. 7 ff; *Reislhuber*, Rundfunkgebührenpflicht für internetfähige PCs, MultiMedia und &Recht 2010, 459 ff; *Ricker*, Rundfunkgebühren für Computer mit Internet-Zugang? NJW 1997, 3199 ff; *Ruttig*, Der Einfluss des EG-Beihilferechts auf die Gebührenfinanzierung der öffentlich-rechtlichen Rundfunkanstalten, 2001 (zitiert: *Ruttig*, EG-Beihilferecht und Gebührenfinanzierung); *Scheble*, Perspektiven der Grundversorgung, 1994, S. 155 f.; *Schipanski*, Jüngste Entwicklungslinien eines eventuellen Beihilfecharakters der Gebührenfinanzierung des öffentlich-rechtlichen Rundfunks, K&R, 2006, 217 ff (zitiert: *Schipanski*, Beihilfecharakter der Gebührenfinanzierung); *Schmidt/Eicher*, Drei-Stufen-Test für Fortschrittene, epd medien vom 10.6.2009, S. 5 ff; *Seidel*, Die öffentlich-rechtlichen Rundfunkanstalten als Rundfunkunternehmen, Media Perspektiven 1991, S. 504; *Trzaskalik*, Transparenzpflichten des öffentlich-rechtlichen Rundfunks, 2000, S. 19 ff (zitiert: *Trzaskalik*, Transparenzpflichten); *Tschentscher*, Gebührenpflichtigkeit des Internet- und Handy-Rundfunks? AfP 2001, 93 ff; *v. Münch*, Wie lange noch Rundfunk-Zwangsgebühr?, NJW 2000, 634 ff; *Wimmer*, Der Drei-Stufen-Test nach dem 12. Rundfunkänderungsstaatsvertrag, ZUM 2009, 601 ff.

A. Der gesetzliche Programmauftrag

I. Auftrag und Angebote

1. Die qualitativen Bestimmungen der Generalklauseln §§ 11, 11a RStV. § 11 RStV regelt den originären gesetzlichen Auftrag für die öffentlich-rechtlichen Rundfunkanstalten. Dieser steht in engem Zusammenhang mit der verfassungsrechtlich gebotenen Grundversorgung und spiegelt dabei weitgehend die verfassungsrechtlichen Vorgaben auf einfachgesetzlicher Ebene wieder. Grundnormen für die Beauftragung der Rundfunkanstalten sind § 11 und § 11a RStV mit allgemeinen Ausführungen und qualitativen Bestimmungen zum öffentlichen-rechtlichen Auftrag. Diese werden jeweils noch durch die spezifischen Beauftragungsnormen für Fernsehen (§ 11b RStV), Hörfunk (§ 11c RStV) und Telemedien (§ 11d RStV) ergänzt, die mit dem 12. Rundfunkänderungsstaatsvertrag eingeführt worden sind. 1

§ 11 Abs. 1 Satz 1 RStV enthält dabei die Generalklausel, wonach der öffentlich-rechtliche Rundfunk durch die Herstellung und Verbreitung seiner Angebote als Medium und Faktor des Prozesses freier individueller und öffentlicher Meinungsbildung zu wirken hat. Die gesetzliche **Verpflichtung zur Gewährleistung der Grundversorgung** ist ein Charakteristikum des öffentlich-rechtlichen Rundfunks: Die Privaten können auf freiwilliger Basis zwar ein ähnliches Angebot wie die öffentlich-rechtlichen Rundfunkanstalten veranstalten, sind hierzu aber nicht gesetzlich verpflichtet. Damit fehlt es an der verfassungsrechtlich gebotenen „Gewährleistung" (BVerfGE 73,118, 157 f; *Bethge*, Verfassungsvorrang der öffentlich-rechtlichen Grundversorgung, Media-Perspektiven 1992, S. 624; *Scheble*, Perspektiven der Grundversorgung (1994), S. 155 f). 2

Hervorzuheben ist in diesem Zusammenhang außerdem, dass der öffentlich-rechtliche Rundfunk neben der Verbreitung auch die Aufgabe zur **„Herstellung"** von Angeboten hat, und die Rundfunkanstalten einen wesentlichen Teil ihrer Sendungen und Filme selbst herstellen. Auch hierin unterscheiden sich die öffentlich-rechtlichen Rundfunkanstalten von den privaten Veranstaltern, die ihr Programm überwiegend mit Kaufproduktionen bestücken. 3

Die Regelungen in § 11 Abs. 1 Sätze 2 bis 6 und § 11 Abs. 2 RStV enthalten im Wesentlichen die Zusammenfassung der **inhaltlichen Anforderungen** an die Programme, wie sie bereits generalklauselartig in den Rundfunkgesetzen bzw -staatsverträgen der einzelnen Rundfunkanstalten enthalten sind (vgl im Einzelnen zu den Programmgrundsätzen der öffentlich-rechtlichen Rundfunkanstalten die Ausführungen bei *Hesse,* Rundfunkrecht, S. 168 ff). So wird in § 11 Abs. 1 Satz 2 RStV festgelegt, dass der öffentlich-rechtliche Rundfunk in seinen Programmen einen umfassenden Überblick über das internationale, europäische, nationale und regionale Geschehen in allen Lebensbereichen zu geben hat. Hierdurch soll die internationale Verständigung, die europäische Integration und der gesellschaftliche Zusammenhalt in Bund und Ländern gefördert werden (vgl § 11 Abs. 2 Satz 3 RStV). Dabei werden auch die verschiedenen Bereiche Information, Bildung, Beratung, Unterhaltung und Kultur erfasst und so die Verwirklichung des klassischen Rundfunkauftrags gesichert (vgl § 11 Abs. 2 Sätze 4 und 5 RStV). 4

Unterhaltung soll dabei einem öffentlich-rechtlichen Angebotsprofil entsprechen (vgl § 11 Abs. 2 Satz 6 RStV). In § 11 Abs. 3 RStV wird die Verpflichtung zur Objektivität und Unparteilichkeit sowie zur Meinungsvielfalt und Ausgewogenheit der Programme und Angebote geregelt.

5 In § 11 RStV wird durch die Verwendung des Begriff „**Angebote**" bewusst nicht mehr zwischen Rundfunkprogrammen und Telemedien unterschieden. Die Grundnorm für die Auftragserteilung erfasst damit pauschal Hörfunk- und Fernsehprogramme sowie Telemedien.

6 § 11a definiert die „Angebote" des öffentlich- rechtlichen Rundfunks. Nach § 11a Abs. 1 RStV sind Angebote des öffentlich-rechtlichen Rundfunks Rundfunkprogramme (Hörfunk- und Fernsehprogramme) und Telemedien nach Maßgabe dieses Staatsvertrages und der jeweiligen landesrechtlichen Regelungen. Rundfunkprogramme, die über unterschiedliche Übertragungswege zeitgleich verbreitet werden, gelten gemäß § 11a Abs. 2 RStV zahlenmäßig als ein Angebot. Zudem ist der öffentlich-rechtliche Rundfunk nach § 11a Abs. 1 Satz 2 RStV ermächtigt, programmbegleitend Druckwerke mit programmbezogenem Inhalt anzubieten.

7 **2. Präzisierung des gesetzlichen Auftrags aufgrund des europäischen Beihilfeverfahrens gegen ARD und ZDF in §§ 11b, 11c und 11d RStV.** Der gesetzliche Auftrag und die bislang von den Rundfunkanstalten praktizierte Verfahrensweise einschließlich der Aufstellung von Selbstverpflichtungen (vgl Ausführungen zu § 11e RStV) hat durch das umfassende Beihilfeverfahren der EU-Kommission gegen ARD und ZDF zur Vereinbarkeit der deutschen Rundfunkgebührenfinanzierung mit dem **Beihilfeverbot des EG-Vertrages** weitere Konkretisierungen erfahren (vgl zur Frage der Vereinbarkeit der Gebührenfinanzierung des öffentlich-rechtlichen Rundfunks mit den Beihilfevorschriften des europäischen Rechts *Schipanski*, Beihilfecharakter der Gebührenfinanzierung, K&R 2006, 217 ff; *Michel*, Konvergenz der Medien, MMR 2005, 284 ff, *Koenig/Haratsch*, Rundfunkgebühren und Altmark-Trans-Urteil, ZUM 2003, 804 ff; *Ruttig*, EG-Beihilferecht und Gebührenfinanzierung, 2001; *Oppermann*, Deutsche Rundfunkgebühren und europäisches Beihilferecht, 1997).

8 Die EU-Kommission hat aufgrund zahlreicher Beschwerden privater Rundfunkveranstalter eine beihilferechtliche Überprüfung der deutschen Rundfunkgebührenfinanzierung vorgenommen. Entgegen der Auffassung der Regierung der Bundesrepublik ist die EU-Kommission der Auffassung, dass es sich bei den **deutschen Rundfunkgebühren** tatbestandlich um eine **Beihilfe** im Sinne von Art. 87 EG-Vertrag handelt, so dass aus Sicht der EU-Kommission auch eine entsprechende beihilferechtliche Überprüfung möglich und zulässig ist. Im Rahmen dieses Verfahrens gegen ARD und ZDF hat die EU-Kommission dabei erhebliche Bedenken an der Vereinbarkeit des deutschen Finanzierungssystems mit den europäischen Beihilferegelungen geäußert (vgl Ziffer 243 des Schreibens der Generaldirektion Wettbewerb der Europäischen Kommission zur Finanzierung der öffentlich-rechtlichen Rundfunkanstalten in Deutschland und zur Vereinbarkeit des bestehenden Systems mit dem Gemeinsamen Markt vom 3. März 2005, abgedruckt in epd-Medien, Nr. 21 vom 19. März 2005).

9 Nach der Protokollerklärung von Amsterdam zu Art. 87 des EG-Vertrags liegt es zwar in der ausschließlichen Zuständigkeit der Mitgliedstaaten, einen öffentlich-rechtlichen Rundfunk zu unterhalten und diesen mit den zur Erfüllung seiner Aufgaben erforderlichen Finanzmitteln auszustatten. Allerdings ist hinsichtlich der Höhe dieser Finanzmittel Voraussetzung, dass der Mitgliedstaat seinem öffentlich-rechtlichen **Rundfunk** einen **genau umrissenen Auftrag** gibt, um der EU-Kommission eine Überprüfung der Finanzierung auf Einhaltung der beihilferechtlichen Vorgaben zu ermöglichen. Die EU-Kommission ist unter anderem der Ansicht, dass der Auftrag des öffentlich-rechtlichen Rundfunks in Deutschland genauer und konkreter festgelegt werden muss, um eine Überprüfung auf Vereinbarkeit der Rundfunkgebührenfinanzierung mit den europäischen Beihilferegeln zu ermöglichen.

10 Zur Einstellung dieses beihilferechtlichen Verfahrens kamen die EU-Kommission und Deutschland im April 2007 im Rahmen eines gemeinsam ausgehandelten Kompromisses überein, innerhalb eines Zeitraums von 24 Monaten bestimmte sogenannte „**zweckdienliche Maßnahmen**" zur Anpassung des Finanzierungssystems des öffentlich-rechtlichen Rundfunks in Deutschland umzusetzen, um so die Bedenken des EU-Kommission auszuräumen (vgl Ziffer 397 ff des Schreibens der Europäischen Kommission zur Finanzierung der öffentlich-rechtlichen Rundfunkanstalten in Deutschland vom 24. April 2007, abgedruckt in epd-Medien, Nr. 39 vom 19. Mai 2007). Ein Teil dieser Maßnahmen betrifft die von der EU-Kommission angemahnte konkretere Definition des öffentlich-rechtlichen Auftrags. Betroffen sind hiervon ausschließlich die digitalen Zusatzangebote und Telemedien. Insbesondere sollte für die Beauftragung für neue oder veränderte digitale Angebote und Telemedien ein neues Verfahren

zur Präzisierung in Bezug auf den Auftrag aller öffentlich-rechtlichen Rundfunkanstalten im Rundfunkstaatsvertrag verankert werden.

Die Umsetzung der zweckdienlichen Maßnahmen erfolgte durch den **12. Rundfunkänderungsstaatsvertrags** vom 18. Dezember 2008, der zum 1. Juni 2009 in Kraft getreten ist. Im Bereich des Auftrags wurden die Grundnormen § 11 und § 11a RStV durch spezifische Beauftragungsnormen für Fernsehen (§ 11b RStV), Hörfunk (§ 11c RStV) und Telemedien (§ 11d RStV) ergänzt sowie ein Prüfungsverfahren zur Beauftragung für neue oder veränderte digitale Angebote – das sog. Drei-Stufen-Test-Verfahren (§ 11f RStV) – eingeführt. 11

II. Fernsehprogramme gemäß § 11b RStV

Während § 11 RStV iVm § 11a RStV die Anforderungen an die Inhalte der Programme festlegt, finden sich konkrete Beschreibungen und quantitative Regelungen zu den öffentlich-rechtlichen **Fernsehprogrammen in § 11b RStV**. Die Regelung konkretisiert den Auftrag der in der ARD zusammengeschlossenen Landesrundfunkanstalten und des ZDF zur Veranstaltung von Fernsehprogrammen, indem diese Fernsehprogramme namentlich aufgezählt werden. Die Anzahl der öffentlich-rechtlichen Fernsehprogramme wird mit Inkrafttreten des Zwölften Rundfunkänderungsstaatsvertrags nicht erhöht. 12

Die in der ARD zusammengeschlossenen Landesrundfunkanstalten veranstalten gemäß § 11b Abs. 1 Nr. 1 RStV gemeinsam das Vollprogramm **„Erstes Deutsches Fernsehen (Das Erste)"**. Einzelheiten zur Veranstaltung dieses Programms regelt der ARD-Staatsvertrag. Es handelt sich um ein Vollprogramm gemäß § 2 Abs. 2 Nr. 1 RStV. Die in § 11b Abs. 2 Nr. 1 RStV genannten **„Dritten Fernsehprogramme"** werden von einzelnen oder mehreren in der ARD zusammengeschlossenen Landesrundfunkanstalten nach Maßgabe von einzelnen Landesgesetzen oder Staatsverträgen veranstaltet. Die in Nummer 1 namentlich genannten Landesrundfunkanstalten veranstalten jeweils ein „Drittes Programm" einschließlich regionaler Auseinanderschaltungen. Nummer 2 erwähnt das vom Bayerischen Rundfunk neben dessen „Drittem Programm" veranstaltete Spartenprogramm **„BR-alpha"** mit dem Schwerpunkt Bildung. In § 11b Abs. 3 RStV erfolgt die namentliche Beauftragung der Fernsehprogramme des ZDF. Das in Nummer 1 genannte Programm **„Zweites Deutsches Fernsehen (ZDF)"** ist ebenfalls ein Vollprogramm und wird detailliert geregelt durch den ZDF-Staatsvertrag. 13

Vor Inkrafttreten des 12. Rundfunkänderungsstaatsvertrages waren die in der ARD zusammengeschlossenen Landesrundfunkanstalten und das ZDF „berechtigt, ausschließlich in digitaler Technik jeweils bis zu drei weitere Fernsehprogramme mit den Schwerpunkten Kultur, Bildung und Information zu veranstalten." (§ 19 Abs. 4 Satz 1, 2. Halbsatz RStV aF) Anstelle dieser Regelung wird nunmehr in § 11b Abs. 1 Nr. 2 RStV für die ARD der Auftrag zur Veranstaltung der namentlich genannten **digitalen Zusatzprogramme** „EinsExtra", „EinsPlus" und „EinsFestival" erteilt. Gleiches gilt für die Programme des ZDF nach § 11b Abs. 3 Nr. 2 RStV „ZDFinfokanal", „ZDFkulturkanal" und „ZDFfamilienkanal" Bei diesen Angeboten handelt es sich um digitale Zusatzprogramme, die sich inhaltlich nach den, dem 12. Rundfunkänderungsstaatsvertrag als Anlage beigefügten Programmkonzepten richten. 14

Im Rahmen der zur Einstellung des Beihilfeverfahrens zwischen der Bundesrepublik und der EU-Kommission vereinbarten Maßnahmen wurden die Anstalten dazu verpflichtet, die Programmkonzepte für ihre digitalen Zusatzangebote zu konkretisieren. Diese Programmkonzepte sind durch die zuständigen Gremien genehmigt worden und anschließend als Anlage dem 12. Rundfunkänderungsstaatsvertrag beifügt worden. Auf diese Weise ist eine EU-konforme Beauftragung der öffentlich-rechtlichen Rundfunkanstalten mit ihren digitalen Zusatzprogrammen gewährleistet. 15

Nach § 11b Abs. 4 RStV ist geregelt, dass ARD und ZDF die bundesweiten Programme **Kinderkanal, 3sat, ARTE** und **Phönix** gemeinschaftlich veranstalten. Für das Fernsehprogramm „3sat" wird die Beauftragung mit einem kulturellen Schwerpunkt beibehalten. Das als „arte-Der Europäische Kulturkanal" bezeichnete Fernsehprogramm wird – wie bisher auf der Grundlage des zwischenstaatlichen Vertrags vom 2. Oktober 1990 – zwischen der Französischen Republik und den deutschen Ländern veranstaltet. Zu diesem Zweck beteiligen sich die in der ARD zusammengeschlossenen Landesrundfunkanstalten und das ZDF an ARTE G.E.I.E. mit Sitz in Straßburg. Neben dem deutschen und französischen öffentlich-rechtlichen Rundfunk können sich auch andere europäische öffentlich-rechtliche Rundfunkveranstalter beteiligen. 16

17 § 11b Abs. 5 RStV legt fest, dass die analoge Verbreitung eines bislang ausschließlich digital verbreiteten Programms unzulässig ist.

III. Hörfunkprogramme gemäß § 11c RStV

18 § 11c RStV beschreibt den Auftrag im Hörfunk, insbesondere welche **Hörfunkprogramme** die in der ARD zusammengeschlossenen Landesrundfunkanstalten und das Deutschlandradio veranstalten. § 11c Abs. 1 Satz 1 RStV verweist darauf, dass sich die rechtlichen Grundlagen für die Radioprogramme im jeweiligen Landesrecht finden. Die Hörfunkprogramme versorgen das jeweilige Sendegebiet, wobei der Sendeauftrag auch mehrere Länder umfassen kann, aber nicht auf eine bundesweite Versorgung ausgerichtet sein darf. Letzteres ist Aufgabe des Deutschlandradios mit seinen Programmen.

19 Ausschließlich im Internet verbreitete Hörfunkprogramme – sog. **Webchannels** – sind nur nach Maßgabe eines nach § 11f durchgeführten Verfahrens (sog. Drei-Stufen-Test, vgl hierzu die Ausführungen zu § 11f RStV) zulässig. Darunter fallen nicht Sendungsschleifen oder Schleifen einer oder mehrerer Sendungen des gleichen Genres des analogen Hörfunkprogramms, die unverändert als lineares Angebot im Internet zur Verfügung gestellt werden. Dies gilt auch für Sendungsschleifen, die nur ganz unwesentlich, also lediglich um Tagesaktualitäten wie Wetter, Verkehr, Nachrichten oder Werbung verkürzt worden sind. Für diese Angebote muss kein eigenes Telemedienkonzept erstellt werden. Sie müssen jedoch im Rahmen der Bestandsüberführung der öffentlich-rechtlichen Onlineangebote ebenfalls das Drei-Stufen-Test-Verfahren durchlaufen.

20 **1. Beauftragung der in der ARD zusammengeschlossenen Landesrundfunkanstalten.** § 11c Abs. 2 RStV hält an der mit dem Achten Rundfunkänderungsstaatsvertrag eingeführten **zahlenmäßigen Begrenzung der Hörfunkprogramme** fest, wonach die Gesamtzahl der terrestrisch verbreiteten Hörfunkprogramme der in der ARD zusammengeschlossenen Rundfunkanstalten die Zahl der zum 1. April 2004 terrestrisch verbreiteten Hörfunkprogramme nicht übersteigen darf. Diese Beschränkung bezieht sich aber weder auf einen Programmnamen noch auf die damalige Programmausrichtung.

21 Das Landesrecht kann vorsehen, dass die jeweilige Landesrundfunkanstalt zusätzlich so viele digitale terrestrische Hörfunkprogramme veranstaltet wie sie Länder versorgt (vgl § 11c Abs. 2 Satz 2 RStV). Das jeweilige Landesrecht kann zudem auch vorsehen, dass terrestrisch verbreitete Hörfunkprogramme gegen andere terrestrisch verbreitete Hörfunkprogramme, auch gegen ein Kooperationsprogramm, ausgetauscht werden, wenn dadurch insgesamt keine Mehrkosten entstehen und sich die Gesamtzahl der Programme nicht erhöht (**Austauschgarantie in § 11c Abs. 2 Satz 3 RStV**). Kooperationsprogramme werden jeweils als ein Programm der beteiligten Anstalten gerechnet (vgl § 11c Abs. 2 Satz 4 RStV). § 11c Abs. 2 Satz 5 RStV stellt klar, dass eine nur zeitlich begrenzte Einspeisung regionaler Inhalte nicht zur Behandlung als eigenständiges Programm führt. Gleiches gilt für die Übernahme gemeinsamer Nachtschienen. Eine zeitlich beschränkte Einspeisung liegt aber nicht mehr vor, wenn quantitativ wesentliche Programmteile zu den prägenden Sendezeiten voneinander abweichen.

22 Trotz der Austauschgarantie ist jedoch der Austausch eines in digitaler Technik verbreiteten Programms gegen ein in analoger Technik verbreitetes Programm nicht zulässig (vgl § 11c Abs. 2 Satz 6 RStV). Damit wird der Tatsache Rechnung getragen, dass ein Teil der terrestrisch verbreiteten Programme von Anfang an für die Verbreitung in digitaler Technik vorgesehen war. Angesichts des von den Ländern gesteckten Ziels der Digitalisierung der Übertragungswege sollen Programme, die ausschließlich digital gestartet wurden, nicht nachträglich als analoges Angebot verbreitet werden. Dies wäre nur gegen Verzicht auf ein bestehendes Analogprogramm möglich.

23 **2. Beauftragung des Deutschlandradios.** § 11c Abs. 3 RStV beauftragt unmittelbar das **Deutschlandradio** mit der Veranstaltung von drei bundesweiten Hörfunkprogrammen mit den Schwerpunkten in den Bereichen Information, Bildung und Kultur. Die Norm entspricht einer inhaltsgleichen Bestimmung im Deutschlandradio-Staatsvertrag. Neu ist dabei das in digitaler Technik verbreitete Programm „DRadio Wissen" (vgl § 11c Abs. 3 Nr. 3 RStV), das sich nach dem dem Staatsvertrag als Anlage beigefügten Konzept richtet, soweit das lineare Programm beschrieben wird. Für das Programm ist der Rückgriff auf vorhandene Angebote und die Kooperation mit ARD-Hörfunksendern wesentlich. In § 11c Abs. 3 Nr. 4 RStV wird ferner dem Deutschlandradio die Möglichkeit eingeräumt, mit Inhalten aus den bestehenden Programmen für die Audionutzung im Internet weitere Programme neu zusammenzustellen, wenn ein Drei-Stufen-Test-Verfahren nach Maßgabe des § 11f RStV durchgeführt wurde.

3. Jährliche Liste mit den aktuellen Hörfunkprogrammen. § 11c Abs. 4 RStV sieht vor, dass regelmäßig eine **Liste** mit den aktuellen Namen der Hörfunkprogramme von den in der ARD zusammengeschlossenen Landesrundfunkanstalten und dem Deutschlandradio veröffentlicht wird. Dies hat jeweils zum Jahresanfang zu geschehen – erstmals zum 1. Januar 2010 – und dient der Transparenz der Auftragserfüllung. Dokumentiert wird damit auch die Einhaltung der in § 11c Abs. 2 RStV geregelten Höchstzahl der Programme. 24

IV. Bedeutung der quantitativen Programmzahlbegrenzung in §§ 11b und 11c RStV vor dem Hintergrund der Digitalisierung

Programmzahlbeschränkungen können unter dem Aspekt der Programmfreiheit und dem Gebot der Staatsferne problematisch sein. Die Entscheidung über die Zahl der Programme ist grundsätzlich vom Schutz der Rundfunkfreiheit umfasst und primär Sache der Rundfunkanstalten (BVerfGE 87, 181, 201; 90, 60, 91). So gesehen stellen gesetzliche Programmzahlbeschränkungen einen Eingriff in die Rundfunkfreiheit dar, der der verfassungsrechtlichen Rechtfertigung bedarf. Nachdem die finanziellen Interessen der Rundfunkteilnehmer, nicht in unzumutbarem Umfang zur Finanzierung von Programmvorhaben der Rundfunkanstalten herangezogen zu werden, bereits durch das Verfahren zur Festsetzung der Rundfunkgebühr berücksichtigt werden, kommt als Regelungsziel lediglich der Schutz der privaten Konkurrenz im dualen Rundfunksystem in Betracht. Dies ist jedoch äußerst problematisch. Insbesondere ist fraglich, ob der Konkurrentenschutz ein zulässiges Motiv für die Beschränkung der Rundfunkfreiheit ist. Nach der Rechtsprechung des Bundesverfassungsgerichts ist zwar die Sicherung der wirtschaftlichen Lebensfähigkeit des privaten Rundfunks ein legitimes gesetzgeberisches Anliegen, es darf aber nicht durch die Einschränkung des publizistischen Wettbewerbs erreicht werden (BVerfGE 74, 297, 336). Zudem ist fraglich, ob Rundfunkgesetze ein allgemeines Gesetz im Sinne von Art. 5 Abs. 2 GG sind, weil ihnen die persönliche Allgemeinheit fehlt, denn sie richten sich nur gegen die jeweilige Rundfunkanstalt (BVerfGE 74, 297, 336). 25

Gesetzliche Programmzahlbegrenzungen im Rahmen des gesetzlichen Programmauftrags sind also nicht per se mit der Verfassung unvereinbar sind, allerdings verfügt der Gesetzgeber nicht über einen unbeschränkten Gestaltungsspielraum, sondern hat die verfassungsrechtlichen Vorgaben zu beachten, wenn er solche Beschränkungen vornimmt (BVerfGE 90, 60, 92). Insbesondere ist darauf zu achten, dass sich die Grundversorgung den wandelnden Bedürfnissen der Rezipienten anpassen muss. Vor diesem Hintergrund stellt sich die Frage, ob die Regelungen und insbesondere die quantitativen Beschränkungen in den §§ 11b und 11c RStV in dieser Form vor dem Hintergrund der Konvergenz und Digitalisierung noch zeitgemäß sind. Durch die Digitalisierung und die Vervielfachung der Übertragungswege ist es möglich, ohne zusätzliche Kosten die verschiedensten Programme und Angebote aus bestehenden neu zusammenzumischen und anzubieten. Vor diesem Hintergrund ist zweifelhaft, ob die strengen quantitativen Vorgaben in den §§ 11b und 11c RStV, die vor allem auch zur Vermeidung von weiteren Kosten und zusätzlichem Aufwand bei den Anstalten eingeführt worden sind, in dieser Form noch Sinn machen. 26

V. Telemedien gemäß § 11d RStV

Die öffentlich-rechtlichen Rundfunkanstalten waren bis zum Inkrafttreten des 12. Rundfunkänderungsstaatsvertrages ermächtigt, „programmbegleitend Telemedien mit programmbezogenem Inhalt" anzubieten (vgl § 4 Abs. 3 Satz 1 des ARD-Staatsvertrages aF, § 4 Abs. 3 Satz 2 des ZDF-Staatsvertrages aF, § 4 Abs. 3 des Deutschlandradio-Staatsvertrages aF). **Telemedien** ist ein aus „Teledienste" und „Mediendienste" gebildeter Oberbegriff für elektronische Informations- und Kommunikationsdienste, ausgenommen Telekommunikation und Rundfunk. 27

Die Rundfunkanstalten haben entsprechend ihrer verfassungsrechtlichen Entwicklungsgarantie von dieser Ermächtigung Gebrauch gemacht. In Folge einer stark gewachsenen Dichte von Haushalten, die technisch an das Internet angeschlossen sind und über das Internet verfügbare Angebote nutzen, werden öffentlich-rechtliche Telemedien von den Nutzern zunehmend als eigenständiger Angebotssektor wahrgenommen. Öffentlich-rechtliche Telemedien haben im Zuge der technischen und inhaltlichen Entwicklung Marktrelevanz erlangt. 28

Die bisherige Ermächtigung zur Veranstaltung von Telemedien wird mit Inkrafttreten des 12. Rundfunkänderungsstaatsvertrages durch § 11d RStV zu einer **originären Beauftragung** und konkretisiert 29 den öffentlich-rechtlichen Auftrag zum Angebot von Telemedien. Diese ausdrückliche **Einbeziehung von Telemedien in den öffentlich-rechtlichen Auftrag** trägt der **Entwicklungsgarantie des öffentlich-rechtlichen Rundfunks** in der konvergierenden digitalen Medienwelt Rechnung und erfüllt gleichzeitig die Forderung der EU-Kommission nach einer Konkretisierung der Beauftragung (vgl *Eberle*, Öffentlich-rechtlicher Rundfunk und Telemedienauftrag, AfP 2008, 329 ff; *Grzeszick*, Der Telemedienauftrag des öffentlich-rechtlichen Rundfunks zwischen Verfassungs- und Gemeinschaftsrecht, NVwZ, 2008, 608 ff). Die EU-Kommission hatte anerkannt, dass der öffentlich-rechtliche Rundfunkauftrag auch neue Dienste umfassen kann, sofern diese denselben demokratischen, sozialen und kulturellen Bedürfnissen der Gesellschaft dienen. Sie forderte allerdings eine klarere Auftragsdefinition.

30 Onlineangebote der öffentlich-rechtlichen Rundfunkanstalten sind mit den Regelungen in §§ 11, 11a iVm § 11d RStV – eingeführt durch den 12. Rundfunkänderungsstaatsvertrag – nicht mehr akzessorisch an vorangegangene Programmangebote in Hörfunk und Fernsehen gebunden, sondern gehören mit ihren verschiedenen Angebotsformen originär zur Angebotspalette des öffentlich-rechtlichen Rundfunks. Das Kriterium des Sendungsbezugs zusammen mit der jeweils vorgesehenen Verweildauer dient dabei nur der Einordnung des anzuwendenden Beauftragungsverfahrens, ist aber kein Kriterium für das Vorliegen eines öffentlich-rechtlichen Auftrags als solchen.

31 So ist es im Rahmen des Beihilfeverfahrens trotz einiger kritischer Punkte insgesamt doch gelungen, den Rundfunkauftrag in der Entwicklung weiterhin zukunftsoffen und dynamisch zu erhalten.

32 **1. Journalistisch-redaktionelle Veranlassung und Gestaltung, § 11d Abs. 1 RStV.** Telemedien, die von den in der ARD zusammengeschlossenen Landesrundfunkanstalten, dem ZDF und Deutschlandradio angeboten werden, setzen gemäß § 11d Abs. 1 RStV eine **journalistisch-redaktionelle Veranlassung und journalistisch-redaktionelle Gestaltung** des betreffenden Angebots voraus. Der Begriff „journalistisch-redaktionell“ verlangt eine planvolle Tätigkeit mit dem Ziel der Herstellung und zeitnahen Weitergabe eines Angebots, das den Anforderungen des § 11 RStV als Beitrag zur Meinungsbildung genügt. Als journalistisch-redaktionelle Tätigkeitsschwerpunkte kommen insbesondere die recherchierende Sammlung, die auswählende und gewichtende Bewertung recherchierter Quellen sowie die systematisierende und strukturierende sprachliche oder sonstige Aufbereitung in Betracht. Eine Veranlassung ist zB dann gegeben, wenn der journalistisch-redaktionell bearbeitete Gegenstand öffentliche Relevanz aufweist. Journalistisch-redaktionelle Gestaltung ist gegeben, wenn das für das in Bearbeitung befindliche Angebot ausgewählte Material in eigenständiger Weise in Text, Bild oder Ton geformt wird. Rein zufällige Ansammlungen wie zB unredigierte Chats oder Messergebnisse, nicht bearbeitete Wiedergaben wie Web-Kameras und Foto-Galerien oder nicht gewichtete Inhalte (aufgelistete Agenturmeldungen) sind Beispiele für Angebote, die das Merkmal journalistisch-redaktionell nicht erfüllen.

33 Der Begriff des Angebots ist gesetzlich nicht definiert und eher weit zu verstehen. Dies bedeutet, dass nicht jede einzelne Webseite bereits als **„Angebot“** einzustufen ist, sondern in der Regel der gesamte Onlineauftritt einer Rundfunkanstalt als „Angebot“ zu qualifizieren ist. Die öffentlich-rechtlichen Telemedienangebote sind durchgängig journalistisch-redaktionell veranlasst und gestaltet. Alle Elemente werden unter journalistischen Gesichtspunkten ausgewählt und in das Angebot integriert. Verantwortlich für die Erstellung sind redaktionelle Mitarbeiter. Soweit im Rahmen dieser Angebote einzelne Tabellen, Charts, Webcams, Fotogalerien oder ähnliche Elemente verwendet werden, geschieht dies zur Ergänzung und Erläuterung von Nachrichten und Beiträgen. Diese Elemente sind keine zufällige Ansammlung; sie werden ebenfalls journalistisch sorgfältig recherchiert und ausgewählt und sind in das Gesamtangebot integriert.

34 Nach § 11 Abs. 4 RStV wird den in der ARD zusammengeschlossenen Landesrundfunkanstalten, dem ZDF und dem Deutschlandradio ermöglicht, ihre Angebote jeweils zusammenzufassen und zu diesem Zweck elektronische Portale und elektronische Programmführer zu nutzen. Dies dient im Interesse des Nutzers einem erleichterten Zugriff.

35 **2. Typisierbare Angebotsformen, § 11d Abs. 2 RStV.** § 11d RStV konkretisiert die Auftragserteilung im Bereich der Telemedien, indem die Regelung in Absatz 2 Nrn. 1 bis 4 **verschiedene Inhaltstypen** und für diese **unterschiedliche Beauftragungsverfahren** vorsieht.

36 Das Kriterium des „Sendungsbezugs“ und die jeweilige Verweildauer sowie die unterschiedlichen Beauftragungsverfahren (Beauftragung durch Gesetz oder durch die Genehmigung im Drei-Stufen-Test-Verfahren) dienen dabei als Differenzierungskriterien.

Die bisherige Formulierung zur Veranstaltung von Telemedien – „programmbegleitend mit programmbezogenem Inhalt" – war aus Sicht der EU-Kommission zu ungenau. Daher wird jetzt zwischen sendungsbezogenen und nicht sendungsbezogenen Angeboten unterschieden. 37

§ 2 Abs. 2 Nr. 18 RStV definiert **„sendungsbezogene Angebote"** als „Angebote, die der Aufbereitung von Inhalten aus einer konkreten Sendung einschließlich Hintergrundinformation dienen, soweit auf für die jeweilige Sendung genutzte Materialien und Quellen zurückgegriffen wird und diese Angebote thematisch und inhaltlich die Sendung unterstützend vertiefen und begleiten, ohne jedoch bereits ein eigenständiges neues oder verändertes Angebot nach § 11f Abs. 3 RStV darzustellen; Vorankündigungen sind zulässig." Ferner muss gemäß § 11d Abs. 3 RStV bei sendungsbezogenen Telemedien der zeitliche und inhaltliche Bezug zu einer bestimmten Sendung im jeweiligen Telemedienangebot ausgewiesen werden. 38

Was die **Verweildauer** angeht, so gibt es zunächst die gesetzliche Fristen: Bis zu sieben Tage bzw 24 Stunden (vgl § 11d Abs. 2 Nr. 1 und Nr. 2 RStV) und die unbefristete Verweildauer für Archive (nach § 11d Abs. 2 Nr. 4 RStV). Ansonsten sind auch andere zeitliche Kategorien möglich, sofern diese im Telemedienkonzept ausgewiesen sind und im Rahmen des Drei-Stufen-Tests nach § 11f RStV genehmigt worden sind. Die öffentlich-rechtlichen Landesrundfunkanstalten der ARD haben in ihren Telemedienkonzepten ein ARD-einheitliches Verweildauerkonzept festgelegt. Dieses orientiert sich an den Nutzerinteressen sowie an redaktionellen Kriterien. Dabei werden neben den gesetzlichen Fristen weitere Verweildauern von drei, sechs und zwölf Monaten sowie fünf Jahren für verschiedene Inhalte eingeführt. Diese Verweildauern sind als Maximaldauern angelegt. 39

a) **§ 11d Abs. 2 Nr. 1 RStV: Sendungen auf Abruf bis zu sieben Tage und von bestimmten Sportereignissen bis zu 24 Stunden.** Die in **§ 11d Abs. 2 Nr. 1 RStV** erfassten **Sendungen auf Abruf** können **bis zu sieben Tage** nach deren Ausstrahlung angeboten werden. Das bedeutet konkret, dass beispielsweise eine Sendung, die am Tag 1 um 20.00 Uhr ausgestrahlt wurde, maximal bis zum Tag 7 um 19.59 Uhr im Angebot verfügbar gehalten werden kann. Für Spiele der 1. und 2. Fußball-Bundesliga und Sendungen auf Abruf von Großereignissen nach § 4 RStV wird eine Begrenzung auf 24 Stunden vorgenommen, da in diesen Fällen bei zeitlich längerer Abrufmöglichkeit höhere Kosten für den Erwerb von zusätzlichen Rechten zu erwarten sind. Dies soll im Interesse der Rundfunkgebührenzahler vermieden werden. Hierzu sind die Rundfunkanstalten per Gesetz ermächtigt und beauftragt. Soweit nach § 11d Abs. 2 Nr. 1 RStV ein Telemedienkonzept erforderlich ist, hat dies beschreibenden Charakter und bedarf keines Drei-Stufen-Tests. 40

b) **§ 11d Abs. 2 Nr. 2 RStV: Inhaltlich und zeitlich auf eine Sendung bezogene Telemedien bis zu sieben Tage.** **§ 11d Abs. 2 Nr. 1 RStV** betrifft **sendungsbezogene Telemedien.** Diese können ebenfalls **bis zu sieben Tage** nach Ausstrahlung der konkreten Sendung verfügbar gehalten werden. Bei der Gestaltung solcher Telemedien wird gefordert, dass die konkrete Sendung thematisch und inhaltlich vertieft und begleitet wird, was bei einem Rückgriff auf die für die Sendung genutzten Materialien und Quellen gewährleistet ist. Es wird klargestellt, dass solche sendungsbezogenen Telemedien keinen eigenständigen Charakter dergestalt aufweisen dürfen, dass damit ein neues oder verändertes Angebot nach § 11f Abs. 3 RStV geschaffen würde. Ferner sind auch sendungsbezogene Telemedien in Telemedienkonzepten entsprechend § 11f Abs. 1 RStV zu beschreiben. Die Vorschrift wird ergänzt durch § 11d Abs. 3 S. 2 RStV, der verlangt, dass bei sendungsbezogenen Telemedien der zeitliche und inhaltliche Bezug zu einer bestimmten Sendung im jeweiligen Telemedienangebot ausgewiesen werden muss. Damit soll erreicht werden, dass es möglich ist, den Sendungsbezug ohne Rechercheaufwand festzustellen. § 11d Abs. 2 Nr. 2 RStV stellt außerdem klar, dass Vorankündigungen in Form von Telemedien vor Ausstrahlung der Sendung zulässig sind, ohne dass dafür eine zeitliche Frist gesetzt wird. Die Rundfunkanstalten sind per Gesetz zur Veranstaltung von sendungsbezogenen Telemedien bis sieben Tage nach Ausstrahlung der konkreten Sendung ermächtigt und beauftragt. Soweit nach § 11d Abs. 2 Nr. 2 RStV ein Telemedienkonzept erforderlich ist, hat dies beschreibenden Charakter und bedarf keines Drei-Stufen-Tests. 41

c) **§ 11d Abs. 2 Nr. 3 RStV: Sendungen und sendungsbezogene Telemedien länger als sieben Tage sowie nichtsendungsbezogene Telemedien nach Maßgabe des Telemedienkonzepts. § 11d Abs. 2 Nr. 3 RStV** beauftragt die Rundfunkanstalten mit **Sendungen und sendungsbezogenen Telemedien über sieben Tage hinaus** sowie mit dem Angebot **nicht sendungsbezogener Telemedien:** Deren Bereitstellung hat auf der Grundlage eines Telemedienkonzepts zu erfolgen und erfordert bei neuen oder veränderten Angeboten die Durchführung eines Drei-Stufen-Tests. Insoweit wird auf § 11f RStV verwiesen. § 11d 42

Abs. 2 Nr. 3 RStV hebt hervor, dass in den Telemedienkonzepten angebotsabhängig eine Befristung für die Verweildauer eines Angebots vorzunehmen ist. Weitere Anforderungen dazu stellt § 11f RStV auf. Bei nichtsendungsbezogenen Telemedien sind presseähnliche Angebote unzulässig (vgl zur Bedeutung dieses Verbots die Ausführungen unter A. V. 4b). Mit dieser Vorschrift trägt der Gesetzgeber dem Umstand Rechnung, dass für die Nutzung im Internet gestaltete Angebote regelmäßig aus einer von den Nutzern erwarteten Kombination verschiedener Elemente bestehen, die Text, Ton und Bild verbinden. Die Nummer 3 sieht eine Beauftragung durch die jeweiligen Gremien nach erfolgreichem Drei-Stufen-Test gemäß § 11f RStV vor.

43 d) **§ 11d Abs. 2 Nr. 4 RStV: zeitlich unbefristete Archive mit zeit- und kulturgeschichtlichen Inhalten.** **§ 11d Abs. 2 Nr. 4 RStV** umfasst den Auftrag, **zeitlich unbefristete Archive mit zeit- und kulturgeschichtlichen Inhalten** nach Maßgabe der gemäß § 11f RStV zu erstellenden Telemedienkonzepte anzubieten. Diese Regelung berücksichtigt die Tatsache, dass die öffentlich-rechtlichen Rundfunkanstalten jeweils seit ihrer Gründung Archive mit Ton- und Bilddokumenten angelegt haben, deren Zurverfügungstellung in Form von Telemedien den demokratischen, sozialen und kulturellen Bedürfnissen der Gesellschaft entspricht. Inhaltlich sind diese Angebote auszurichten auf Zeit- und Kulturgeschichte. Unter Zeitgeschichte wird allgemein der geschichtliche Zeitraum, der der Gegenwart unmittelbar vorausgeht, verstanden. Gegenstand von Kulturgeschichte sind nach allgemeiner Ansicht die Entwicklungen und Wandlungen im Bereich des geistig-kulturellen Lebens sowie deren Erforschung und Darstellung. Betrachtet wird das Handeln von Personen, Gesellschaften und Staaten im Hinblick auf kulturelle Muster und Orientierungen sowie deren institutionelle Verfestigung. Kulturgeschichte in diesem Sinn hinterfragt die individuellen und gruppenspezifischen Erfahrungen und Wahrnehmungen, Symbole, Wertesysteme und Sinndeutungen. Zusammenfassend formuliert betrachtet die Kulturgeschichte Ablauf und Wandlung des gesellschaftlichen, geistigen, künstlerischen und wissenschaftlichen Lebens und ist damit Teil der Bildung. Telemedien der Rundfunkanstalten, die sich mit Inhalten dieses Charakters befassen, entsprechen der Beauftragung. Die Nummer 4 sieht eine Beauftragung durch die jeweiligen Gremien nach erfolgreichem Drei-Stufen-Test gemäß § 11f RStV vor.

44 e) **Kein Regel-Ausnahme-Verhältnis: Gleichberechtigtes Nebeneinander der Nrn.1 bis 4.** Es handelt sich bei den vier Nummern in § 11d Abs. 2 RStV um kein Regel-Ausnahme-Verhältnis – sie stehen gleichberechtigt nebeneinander: Die **sieben Tage-Frist** für Sendungen und sendungsbezogene Telemedien ist **kein gesetzlich vorgeschriebener Regelfall.** Die ersten beiden Ziffern sind eine direkte Beauftragung an die Rundfunkanstalten durch den Gesetzgeber, während die Nummern 3 und 4 eine Beauftragung durch die jeweiligen Gremien nach erfolgreichem Drei-Stufen-Test gemäß § 11f RStV vorsehen. Es handelt sich bei der Sieben-Tage Regel also um eine gesetzliche Privilegierung. Die Regelungen der Nrn. 1 bis 4 des § 11 d Abs. 2 RStV stehen daher gleichberechtigt nebeneinander. Online-Angebote, die über die Sieben-Tage-Frist nicht hinausgehen, sind lediglich formal privilegiert, weil kein Drei-Stufen-Test erforderlich ist.

45 Die in § 11d Abs. 2 RStV aufgeführten Inhaltstypen lassen sich auf der Angebotsebene aber allenfalls noch theoretisch, jedoch nicht mehr faktisch auseinanderhalten. Faktisch ist es so, dass es kein Angebot innerhalb der öffentlichen-rechtlichen Onlineangebote gibt, das sich den Nrn. 1 und 2 komplett zuordnen ließe. Der Bestand besteht aus einer Vielzahl von Inhalten, die – miteinander vernetzt – allen vier Inhaltstypen zugeordnet werden können. In den Angeboten gibt es zahlreiche sendungsbezogene Inhalte und Elemente – vor allem aufgrund der Informationsorientiertheit und Aktualität der bestehenden Angebote -, die sieben Tage oder kürzer vorgehalten werden. Diese sendungsbezogenen Inhalte oder Elemente kommen aber innerhalb von sendungsbezogenen und nicht sendungsbezogenen Angeboten immer vermischt mit Inhalten und Elementen, die älter als sieben Tage sind.

46 Auch ist die enge Defintion von **„Sendungsbezug"** im Hinblick auf die Programmautonomie kritisch zu bewerten. Die Mehrzahl der Inhalte in den öffentlich-rechtlichen Onlineangeboten steht jedoch inhaltlich und thematisch weiterhin im Zusammenhang mit einer oder mehreren Sendungen aus Hörfunk und Fernsehen. Der Bezug von Inhalten zu Sendungen wird im Hinblick auf die Abgrenzung zu unzulässigen Angeboten der Negativliste sowie im Hinblick auf das jeweilige Verweildauerkonzept auch hergestellt und transparent gemacht. Der Pflicht zur Kennzeichnung wird damit nachgekommen.

47 **3. Spezifischer Telemedienauftrag im Bereich Telemedien § 11d Abs. 3 RStV.** Die Regelung in **§ 11d Abs. 3 RStV** überträgt den öffentlich-rechtlichen Rundfunkanstalten die besondere Verantwortung, den demokratischen, sozialen und kulturellen Bedürfnissen der Gesellschaft durch ein Telemedienangebot gerecht zu werden, das sich von kommerziellen Angeboten dadurch inhaltlich eindeutig ab-

grenzt, dass es allen Bevölkerungsgruppen die **Teilhabe an der Informationsgesellschaft** ermöglicht, **Orientierungshilfe** bietet und die **technische und inhaltliche Medienkompetenz** aller Generationen und von Minderheiten fördert.

Neben § 11d Abs. 3 RStV gilt für die Inhalte der Telemedienangebote insbesondere die Grundnorm des § 11 RStV. Im Rahmen des Drei-Stufen-Test für den Bestand der öffentlich-rechtlichen Telemedien wurde in Telemedienkonzepten ausführlich dargelegt, wie die Rundfunkanstalten diese Aufgabe inhaltlich wahrnehmen werden, zB durch Maßnahmen zu barrierearmen Angeboten oder zur technischen Zugangsfreiheit zu ihren Angeboten. Mit der Beachtung dieser inhaltlichen Zielvorgabe entsprechen öffentlich-rechtliche Telemedien dem von den Rundfunkanstalten selbst formulierten Anspruch, der Gesellschaft als **verlässlicher Führer durch das Internet** („trusted guide") dienen zu wollen.

4. Unzulässige Telemedienangebote und Negativliste. a) Verbote nach § 11d Abs. 5 RStV und Negativliste. § 11d Abs. 5 RStV sagt aus, welche Telemedienangebote unzulässig sind. Weiterhin gilt für alle Onlineangebote ein absolutes **Werbe- und Sponsoringverbot**. Unzulässig sind außerdem **Abrufangebote angekaufter Spielfilme und angekaufter Folgen von Fernsehserien, die keine Auftragsproduktionen sind**, weil die öffentlich-rechtlichen Angebote nicht in Konkurrenz treten sollen zu kommerziellen Video-on-Demand-Angeboten oder Videotheken. Außerdem soll vermieden werden, dass bei den Rundfunkanstalten hohe Rechtekosten für den Erwerb von Abrufrechten entstehen. Eine **flächendeckende lokale Berichterstattung** ist vom Auftrag nicht umfasst und damit ebenfalls unzulässig. 48

Im Detail wird das öffentlich-rechtliche Telemedienangebot weiter begrenzt durch die dem Staatsvertrag als Anlage beigefügte sogenannte **„Negativliste"**. Die Negativliste enthält insbesondere solche Angebote, die für Erwerbszwecke kommerzieller Anbieter relevant sind. Es handelt sich dabei um insgesamt 17 verschiedene Angebotselemente, die enumerativ aufgelistet werden, wie zB Anzeigen- oder Preisvergleichsportale, Ratgeberportale ohne Sendungsbezug, Partner-, Kontakt-, Stellen-, Tauschbörsen oder Musikdownload von kommerziellen Fremdproduktionen. Ebenfalls unzulässig sind zB Routenplaner, Spiele ohne Sendungsbezug oder Fotodownloads ohne Sendungsbezug sowie Verlinkungen, die unmittelbar zu direkten Kaufaufforderungen führen. 49

In den Telemedienkonzepten der Rundfunkanstalten wird festgestellt, dass die Onlineangebote keine Elemente enthalten, die in der im Staatsvertrag beigefügten Negativliste enthalten sind. Soweit in einzelnen öffentlich-rechtlichen Onlineangeboten bestimmte Elemente gegen die Negativliste verstoßen haben, wurden sie aus dem Netz genommen. Im Rahmen der fortlaufenden Kontrolle der Telemedien ist es Aufgabe der Gremien, regelmäßig zu überprüfen, ob die auf Grundlage der Telemedienkonzepte angebotenen und für jedermann abrufbaren öffentlich-rechtlichen Telemedien staatsvertragskonform sind und nicht gegen die gesetzlichen Verbote verstoßen. 50

b) Verbot nichtsendungsbezogener presseähnlicher Angebote, § 11d Abs. 2 Nr. 3 letzter Halbsatz RStV. Nicht sendungsbezogene Telemedienangebote sind generell zulässig, es sei denn, sie sind presseähnlich. Für die Reichweite des Verbots presseähnlicher Angebote ist die Definition in § 2 Abs. 2 Ziffer 19 RStV von Bedeutung. Danach sind **presseähnliche Angebote** „nicht nur elektronische Ausgaben von Printmedien, sondern alle journalistisch-redaktionell gestalteten Angebote, die nach Gestaltung und Inhalt Zeitungen oder Zeitschriften entsprechen". 51

Maßgeblich als Vergleichsmaßstab sind damit nicht die Onlineauftritte der Verlagshäuser, sondern die Frage, ob das Angebot nach Inhalt und Gestaltung dem einer Zeitung entspricht. Dabei sind die jeweiligen Inhalte als Abgrenzungsmerkmal nicht geeignet, denn sowohl die Presse als auch die Rundfunkanstalten sind berechtigt, über jedes relevante Thema zu berichten. Damit ist die Gestaltung des Gesamtangebots entscheidend: Nur wenn das Gesamtangebot insgesamt, dh, nicht einzelne Beiträge, dem einer Tageszeitung oder einer Zeitschrift nahe kommt, liegt ein presseähnliches Angebot vor. Charakeristisch für Zeitschriften und Zeitungen sind Text- und statische Bildkombinationen. 52

Die öffentlich-rechtlichen Onlineangebote nutzen jedoch alle medientypischen Gestaltungselemente und technischen Anwendungen wie Bewegtbilder, Audios, interaktive Module (inkl. Personalisierung), Links, verschiedene Formen von Bild-, Text- und Tonkombinationen und verschiedene Angebotstiefen. Auch die optische Gestaltung der Gesamtdarbietung hat nichts gemein mit der bei Zeitungen und Zeitschriften üblichen Aufmachung. Die Inhalte sind in hohem Maße dynamisch, Aktualisierungen erfolgen teilweise in sehr kurzem Rhythmus und orientieren sich allein an der aktuellen Berichterstattung. Bilder werden in der Regel ebenfalls nicht statisch angeboten, sondern in Bildergalerien. Presse- 53 produkte weisen allein Text- und statische Bildkombinationen auf, sie werden auch nicht ständig aktualisiert.

54 Der Gesetzgeber schließt nicht aus, dass nichtsendungsbezogene Telemedienangebote der Rundfunkanstalten Texte aufweisen dürfen: Der Umstand, dass auch mit Texten gearbeitet wird, macht das Angebot nicht unzulässig. Texte werden benötigt, um dem Nutzer überhaupt den zielgerichteten Zugriff auf ein Telemedium zu ermöglichen. Mit dieser Vorschrift nimmt der Gesetzgeber darauf Rücksicht, dass für die Nutzung im Internet gestaltete Angebote regelmäßig aus einer von den Nutzern erwarteten Kombination verschiedener Elemente bestehen, die Text, Ton und Bild verbinden. Bei nichtsendungsbezogenen Telemedien ist beispielsweise auch zu erwarten, dass Texte erforderlich sind, um durch Ton und Bild dargestellte Gestaltungselemente für den Nutzer kognitiv erfassbar zu machen. Auch vor dem Hintergrund des inhaltlichen Anspruchs, den § 11d Abs. 3 RStV speziell für den öffentlich-rechtlichen Auftrag im Bereich der Telemedien über § 11 RStV hinaus formuliert, ist es angemessen, dass nichtsendungsbezogene Telemedien eine dem jeweiligen Thema entsprechende Kombination von Text, Ton und Bild aufweisen. Die öffentlich-rechtlichen Telemedienangebote sind daher nicht presseähnlich (vgl zu dieser Thematik *Papier/Schröder*, Verfassungsfragen des Dreistufentests, 2011, S. 61 ff).

VI. Drei-Stufen-Test-Verfahren gemäß § 11f RStV

55 Der Gesetzgeber legt gemäß Art. 5 des Grundgesetzes in abstrakter Weise den Auftrag des öffentlich-rechtlichen Rundfunks fest. Nach der Rechtsprechung des Bundesverfassungsgerichts (BVerfGE 119, 181) dürfen die Vorgaben nicht so detailgenau sein, dass sie bereits im Voraus die Mittel bestimmen, die zur Finanzierung erforderlich sind. Andererseits stellte die Generaldirektion Wettbewerb der EU-Kommission fest, dass eine allgemeine Ermächtigung der öffentlich-rechtlichen Rundfunkanstalten zur Erbringung nur unscharf definierter neuer Mediendienste gegen Beihilferecht verstößt und andere Marktteilnehmer davon abhalten würde, ihrerseits neue Dienste zu entwickeln.

56 Nach der Rechtsprechung des Europäischen Gerichtshofes ist Voraussetzung der Übereinstimmung mit europäischem Recht, dass ein klarer Beauftragungsakt an ein Unternehmen vorliegt, mit einer so konkret umrissenen Aufgabenstruktur, die eine genaue Berechnung der zu ersetzenden Nettokosten der Auftragserfüllung zulässt, wodurch Überkompensation und damit ungerechtfertigte Wettbewerbsverzerrungen ausgeschlossen werden. In Übereinstimmung mit beiden Vorgaben hat Deutschland gegenüber der Generaldirektion Wettbewerb zugesagt, ein **Verfahren zur Konkretisierung des allgemeinen Telemedienauftrages** einzuführen, das die Ausgestaltung des Gesetzesrahmens den pluralistisch besetzten Rundfunkgremien überlässt und die staatliche Beauftragung auf eine Prüfung der Einhaltung der gesetzlichen Vorgaben beschränkt. Nach einem dreistufigen Test müssen die Begründungen zu den Vorhaben so konkret sein, dass die zuständige Rechtsaufsicht das Angebot beurteilen kann. Zur Konkretisierung dient im Wesentlichen ein von den Rundfunkanstalten selbst vorzulegendes (Gesamt-)Konzept für neue Medien. § 11f RStV regelt die Inhaltsbeschreibung des Konzepts sowie die generellen Kriterien, wann ein Angebot als neu oder verändert gilt, desweiteren die Prüfmaßstäbe, die Stellungnahmen Dritter und die formalen Grundlagen des Verfahrens. Insbesondere trifft § 11f RStV Vorkehrungen zur Sicherung der Unabhängigkeit der Gremienentscheidung in sachlicher und verfahrenstechnischer Hinsicht (vgl *Wimmer*, Der Drei-Stufen-Test nach dem 12. Rundfunkänderungsstaatsvertrag, ZUM 2009, 601 ff; *Huber*, Aktuelle Fragen des Drei-Stufen-Tests, ZUM 2010, 201 ff; *Ladeur*, Zur Verfassungswidrigkeit der Regelungen des Drei-Stufen-Tests für Onlineangebote des öffentlich-rechtlichen Rundfunks nach § 11f RStV, ZUM 2009, 906 ff; *Dörr*, Aktuelle Fragen des Drei-Stufen-Tests, ZUM 2009, 897 ff).

57 Die Rundfunkanstalten haben gemäß § 11e RStV entsprechende Satzungen bzw Richtlinien für das neue Verfahren nach § 11f RStV erlassen, die in den amtlichen Verkündungsblättern der Länder veröffentlicht worden sind. Das **ARD-Verfahren zum Drei-Stufen-Test für die gemeinschaftlich veranstalteten ARD-Angebote** („ARD-Genehmigungsverfahren für neue oder veränderte Gemeinschaftsangebote von Telemedien" ist im Internet abrufbar unter der Internetadresse http://www.br-online.de/content/cms/Universalseite/2008/03/10/cumulus/BR-online-Publikation-ab-05-2009--340203-200904 26155530.pdf).

58 **1. Inhalt der Telemedienkonzepte.** § 11f Abs. 1 RStV enthält Vorgaben für den verbindlichen Inhalt von Telemedienkonzepten, soweit sie Grundlage der Beauftragung sind. Der Umfang eines Telemedienkonzeptes kann variieren. Die genehmigten Konzepte sind Zulässigkeitsvoraussetzung für alle Te-

lemedien, die nicht nach § 11d Abs. 2 Nr. 1 und Nr. 2 RStV schon vom Gesetzgeber beauftragt sind; dies betrifft also die Telemedien nach § 11d Abs. 2 Nr. 3 und Nr. 4 RStV. Soweit nach § 11d Abs. 2 Nr. 1 und Nr. 2 RStV ein Telemedienkonzept erforderlich ist, hat dies beschreibenden Charakter und bedarf keines Drei-Stufen-Tests. In den Telemedienkonzepten soll die inhaltliche Ausrichtung der Telemedien nach **Zielgruppe, Inhalt, Ausrichtung und Verweildauer** der geplanten Angebote näher beschrieben werden. Die Konzepte müssen also genauer als die gesetzliche Ermächtigung sein und können ein einziges oder eine Vielzahl von Angeboten umfassen. Aus dem Text muss sich ablesen lassen, wer angesprochen werden soll, was vorrangig angeboten wird und wie das Angebot sich ausrichtet, ob es sich zum Beispiel um informative, unterhaltende, bildende oder kulturelle Inhalte handelt. In jedem Falle muss die Obergrenze für die zeitliche Verfügbarkeit angegeben werden. Archivangebote, die für unbegrenzte Zeit zulässig sind, müssen als solche benannt werden. Desweiteren sind in dem Telemedienkonzept Aussagen zu den drei Bereichen nach § 11f Abs. 4 RStV zu treffen.

§ 11f Abs. 2 RStV regelt dabei, dass der Inhalt eines Telemedienkonzepts der KEF die Berechnung der 59 anfallenden Nettokosten ermöglichen muss. Die KEF muss in der Lage sein, aus der jeweiligen Beschreibung den zusätzlichen oder lediglich fortzuschreibenden Bedarf zu erkennen. Sowohl die Rundfunkanstalten als auch die KEF gehen davon aus, dass die in diesem Staatsvertrag unmittelbar oder durch einen erfolgreichen Drei-Stufen-Test beauftragten Telemedien dem Bestand zugerechnet werden und nicht als Projekte gebührensteigernd wirken. Für die Fernseh- und Hörfunkprogramme ergeben sich diese Kriterien schon aus dem Staatsvertrag, der Ausrichtung als Voll-, Zusatz- oder Spartenprogramm mit festgelegtem Konzept und letztlich der zeitlichen Beschränkung. Für Telemedien leistet erst ein hinreichend genaues Telemedienkonzept eine Prüfgrundlage.

2. Positiv- und Negativkriterien für eine neues oder verändertes Telemedienangebot. 11f Abs. 3 RStV 60 regelt die **Voraussetzungen für die Aufnahme eines Prüfverfahrens.** Nicht jedes Angebot und jede Änderung eines Telemedienangebots muss dieses Verfahren durchlaufen. Die Kriterien, wann eine neues oder verändertes Telemedienangebot vorliegt, sind von den in der ARD zusammengeschlossenen Landesrundfunkanstalten, dem ZDF und dem Deutschlandradio einheitlich in ihren Satzungen oder Richtlinien gemäß § 11e RStV festgelegt worden. Das ARD-Verfahren zum Drei-Stufen-Test für die gemeinschaftlich veranstalteten ARD-Angebote ist im Internet abrufbar unter der Internetadresse http://www.br-online.de/content/cms/Universalseite/2008/03/10/cumulus/BR-online-Publikation-ab-05-2009--340203-20 090426155530.pdf.

Die Aufgreifkriterien ermöglichen eine klare Abgrenzung zwischen einem bestehenden und geänderten 61 oder neuen Angebot. In jedem Fall wird ein Verfahren eingeleitet, wenn sich der Inhalt maßgeblich ändert oder bei gleichem Inhalt die Zielgruppenansprache wechselt.

Im Einzelnen sprechen folgende Kriterien für das Vorliegen eines neuen oder veränderten Angebots (**Positivkriterien**):

- Grundlegende Änderung der thematisch-inhaltlichen Ausrichtung des Gesamtangebots, dh zB, das Thema des Gesamtangebotes wird ausgewechselt (zB der Wechsel von einem Unterhaltungsangebot zu einem allgemeinen Wissensangebot);
- Substantielle Änderung der Angebotsmischung, dh zB, ein Wechsel von einem unterhaltungsorientierten zu einem informationsorientierten Angebot;
- Veränderung der angestrebten Zielgruppe, zB im Hinblick auf einen signifikanten Wechsel in der Altersstruktur (zB Wechsel von einem Kinderprogramm zu einem Seniorenprogramm);
- Wesentliche Steigerung des Aufwands für die Erstellung eines Angebots, wenn diese im Zusammenhang mit inhaltlichen Änderungen des Gesamtangebots steht.

Ein neues oder verändertes Angebot liegt insbesondere unter folgenden Voraussetzungen nicht vor (**Negativkriterien**):

- Veränderung oder Neueinführung einzelner Elemente, Weiterentwicklung einzelner Formate ohne Auswirkung auf die Grundausrichtung des Angebots;
- Veränderung des Designs ohne direkte Auswirkung auf die Inhalte des betroffenen Angebots;
- Verbreitung bereits bestehender Telemedien auf neuen technischen Verbreitungsplattformen (Technikneutralität);
- Weiterentwicklung im Zuge der technischen Entwicklung auf bereits bestehenden Plattformen;
- Weiterentwicklung oder Änderung aufgrund gesetzlicher Verpflichtungen (zB Barrierefreiheit);

- Änderung im Bereich der sendungsbezogenen Telemedien, die auf einer Änderung des begleitenden Fernseh- oder Hörfunkprogramms beruhen, sofern es sich nicht um eine grundlegende Änderung handelt;
- Vorliegen eines Testbetriebs (dh, das Angebot dauert maximal zwölf Monate, ist bezüglich des Nutzerkreises und der räumlichen Ausweitung begrenzt und wird mit dem Ziel durchgeführt, hierdurch Erkenntnisse zu neuen Technologien, innovativen Diensten oder Nutzerverhalten zu erhalten).

62 Ausgangspunkt für die Beurteilung, ob ein neues oder verändertes Angebot vorliegt, sind die jeweiligen Konzepte der bereits bestehenden Telemedienangebote. Die Positiv- bzw Negativkriterien sind zwar maßgeblich und haben Indizwirkung. Entscheidend ist aber eine **Abwägung in der Gesamtschau aller in Frage kommenden Kriterien unter Berücksichtigung der ursprünglichen Angebotskonzepte.** Die Änderung muss sich danach auf die Positionierung eines Angebots im publizistischen Wettbewerb beziehen. Zu berücksichtigen ist auch, inwieweit aus Nutzersicht bereits vergleichbare Angebote der Landesrundfunkanstalten bestehen.

63 **3. Die „drei Stufen“ des Verfahrens.** § 11f Abs. 4 RStV bestimmt die drei Verfahrensstufen, die ein neues oder verändertes Angebot durchlaufen muss, bevor es Bestandteil des Rundfunkauftrages wird. Steht fest, dass das geplante Angebot nicht von der allgemeinen Ermächtigung oder einem bestehenden Telemedienkonzept umfasst ist, legt der Intendant der Rundfunkanstalt dem zuständigen Gremium die hinreichend genaue Beschreibung und eine Begründung vor, warum damit der Auftrag aus §§ 11, 11a und 11d Abs. 3 RStV erfüllt wird. Bei ARD-Gemeinschaftsangeboten liegt diese Aufgabe bei der federführenden Anstalt. Im Telemedienkonzept sind hierzu drei Bereiche auszuführen:

- Auf der **ersten Stufe** ist schriftlich darzulegen, in welcher Weise **das Telemedienangebot den demokratischen, sozialen und kulturellen Bedürfnissen der Gesellschaft entspricht** und damit der öffentlich-rechtliche Auftrag erfüllt wird (vgl § 11f Abs. 4 Satz 2 Nr. 1 RStV).
- **Zweitens** ist darzulegen, in welchem Umfang das Angebot **in qualitativer Hinsicht zum publizistischen Wettbewerb beiträgt** (vgl § 11f Abs. 4 Satz 2 Nr. 2 RStV). Die Beurteilung erfolgt nicht isoliert, sondern dabei sind Quantität und Qualität der vorhandenen frei zugänglichen Angebote, die marktlichen Auswirkungen des geplanten Angebotes sowie dessen meinungsbildende Funktion angesichts bereits vorhandener vergleichbarer Angebote zu berücksichtigen. In diese Betrachtung fließen neben den Angeboten der privaten Konkurrenz auch bestehende Angebote der Rundfunkanstalten ein. Um eine genaue Prüfung zu ermöglichen, sind Beginn und Dauer des Angebotes anzugeben.
- Auf der **dritten Stufe** ist der **finanzielle Aufwand,** der für die Erbringung des Angebots vorgesehen ist, vorzustellen (vgl § 11f Abs. 4 Satz 2 Nr. 3 RStV). Die Gremien tragen ganz wesentlich die Verantwortung für einen effektiven, auftragskonformen Mitteleinsatz.

64 **4. Stellungnahme Dritter und Expertise von Sachverständigen.** § 11f Abs. 5 RStV gibt den Rahmen für das Verfahren im zuständigen Gremium vor und sieht die Einbeziehung der **Stellungnahmen Dritter** und der **Expertise von Sachverständigen** vor. Um den zuständigen Gremien eine objektive Prüfung zu ermöglichen, sollen Dritte die Möglichkeit zur Äußerung haben. Damit werden jedoch keine subjektiven Rechte Dritter begründet. Weil dies allein der Information der Gremienmitglieder dient, werden nur allgemeine Festlegungen zum Publikationsorgan und zur Mindestfrist einer Anhörung getroffen. Je nach Angebot kann das Gremium die Anhörungsfristen angemessen verlängern und weitere Informationen einholen. Die Kosten einer Gutachtertätigkeit sind von der betroffenen Rundfunkanstalt zu tragen. Die Norm sieht für die Marktanalyse und Bewertung der Marktauswirkungen eine obligatorische Befassung externer Gutachter vor. Auch die Beauftragung eines Instituts oder einer Institution statt einzelner Sachverständiger ist möglich. Es sind nicht nur die Vorhaben, sondern auch die Namen der befassten Gutachter zu veröffentlichen. Um möglichst unabhängig zu handeln und auch vertrauliche Daten nutzen zu können, erhält der Gutachter mit der Beauftragung das Recht, auch solche Dritte zu befragen, die sich nicht auf die Veröffentlichung hin gemeldet haben. Der Gutachter tritt mit diesen unmittelbar in Kontakt, kann sich aber auch mit dem Gremium abstimmen. Weitere Details werden in den Verfahrensregelungen zum Drei-Stufen-Test geregelt.

65 **5. Vorgaben für die Gremienbefassung und Genehmigung.** § 11f Abs. 6 RStV enthält Vorgaben für die **gremieninterne Willensbildung** sowie den Umfang der **Begründungs- und Veröffentlichungspflichten.** Da es sich um eine grundlegende Entscheidung handelt, genügt nicht die einfache Mehrheit der anwesenden Gremienmitglieder. Die doppelte Sicherung – Mehrheit von zwei Dritteln der Anwesenden

und Mehrheit der gesetzlichen Mitglieder – vermeidet Zufallsergebnisse, schafft eine breite Legitimationsbasis und trägt den Besonderheiten der Gremienpräsenz Rechnung. Der Rechtfertigung nach außen, gegenüber dem Gebührenzahler und dem Wettbewerber, dient auch die Begründungspflicht, die sich auf die relevanten geprüften Punkte bezieht: Die Auftragskonformität und die Berücksichtigung der Einwendungen und Gutachten. Die Begründung muss einen Abwägungsprozess erkennen lassen und darstellen, wie sich die Stellungnahmen und neuen Erkenntnisse auf das ursprünglich geplante Vorhaben auswirken. Im Sinne eines durchgehend transparenten Verfahrens ist dieses Ergebnis ebenfalls zu veröffentlichen. Um umfassende Stellungnahmen mit den notwendigen wirtschaftlichen Details nicht von vornherein auszuschließen, sind dabei die Geschäftsgeheimnisse sowohl Dritter als auch der Rundfunkanstalten zu wahren, die dem Gutachter oder den Gremienmitgliedern im Laufe des Verfahrens bekannt geworden sind. Die Satzungen und Richtlinien nach § 11e RStV sehen entsprechende Regelungen vor.

6. Abschließende Prüfung der Rechtsaufsicht. Nach § 11f Abs. 7 RStV hat die **Rechtsaufsichtsbehörde** ein umfassendes Auskunftsrecht gegenüber der Rundfunkanstalt und bestimmt Umfang und Ort der Veröffentlichung geprüfter Telemedienkonzepte. Zuständig ist die Rechtsaufsicht, die auch sonst die Rechtmäßigkeit des Handelns der Rundfunkanstalt prüft. Die Behörde prüft die Einhaltung der Verfahrensschritte und der gesetzlichen Vorgaben. Kommt sie zu dem Ergebnis, dass das Verfahren ordnungsgemäß durchgeführt ist und das neue Angebot dem gesetzlichen Auftrag entspricht, ist das Telemedienkonzept im jeweiligen amtlichen Verkündungsblatt zu veröffentlichen; die Begründung der Gremienentscheidung, die Stellungnahmen oder ein Gutachten sind nicht Bestandteil der Veröffentlichung. Mit der Veröffentlichung kann das Angebot verbreitet werden. 66

7. Durchführung von Drei-Stufen-Test-Verfahren für die zum 31. Mai 2009 bestehenden öffentlich-rechtlichen Telemedienangebote. Das Verfahren nach § 11f RStV ist künftig bei allen neuen oder veränderten Telemedienangeboten durchzuführen. Obwohl von der EU-Kommission nicht gefordert, wurde von den Ländern in der Übergangsbestimmung in Art. 7 des 12. Rundfunkänderungsstaatsvertrags festgelegt, dass auch die **bereits bestehenden Telemedienangebote von ARD, ZDF und Deutschlandradio** ein solches Genehmigungsverfahren durchlaufen müssten. Es wurde festgelegt, dass die Anforderungen des § 11d RStV auch für alle bestehenden Angebote gelten, die über den 1. Juni 2009 hinaus fortgeführt werden. Dieser Bestand ist in Telemedienkonzepten den Ländern darzulegen. Das Drei-Stufen-Test-Verfahren sollte bis zum 31. August 2010 abgeschlossen sein. Bis zum Abschluss des Verfahrens ist die Fortführung der bestehenden Angebote jedoch zulässig (vgl hierzu ingesamt *Schmidt, Eicher*, Drei-Stufen-Test für Fortgeschrittene, epd medien vom 10.6.2009, S. 5 ff). 67

Diese Bestandsüberführung ist fristgerecht zum September 2010 abgeschlossen worden. In über 40 Drei-Stufen-Test-Verfahren wurden nach 18 Monaten intensiver Arbeit den öffentlich-rechtlichen Onlineangeboten von ARD, ZDF und Deutschlandradio attestiert, dass die Angebote dem öffentlichen Auftrag entsprechen und einen „qualitativen Beitrag zum publizistischen Wettbewerb" leisten. Im Rahmen ihrer Genehmigung haben die Gremien einige Anpassungen der von den Intendanten vorgelegten Konzepte bzw Auflagen für die künftige Vereinbarkeit der Telemedienkonzepte mit dem öffentlich-rechtlichen Funktionsauftrag im Internet gefordert. Anschließend wurden die Konzepte von den zuständigen Rechtsaufsichtsbehörden abschließend geprüft und zur Veröffentlichung in den amtlichen Verkündungsblättern freigegeben. Gleichzeitig können die genehmigten Konzepte auch auf den Onlineseiten der Rundfunkanstalten eingesehen werden (die ARD-Gemeinschaftsangebote sind zB abrufbar im Internet unter http://www.ard.de/intern/dreistufentest). 68

8. Bewertung. Ein zusammenfassendes Urteil über das Drei-Stufen-Test-Verfahren fällt zwiespältig aus. Auf der einen Seite ist eine konkretere Auftragsbestimmung zu konstatieren, die das Telemedienangebot des öffentlich-rechtlichen Rundfunks beihilferechtlich absichert. Ohne ein Telemedienangebot ist fraglich, wie in einem sich schnell entwickelnden Medienumfeld die Angebote des öffentlich-rechtlichen Rundfunks mittel- und langfristig wettbewerbsfähig gehalten werden könnten. Auf der anderen Seite ist das Verfahren durch die Vielzahl der Beteiligten und die hohe Formalisierung der einzelnen Verfahrensschritte sehr aufwändig und schwerfällig und kann damit als Innovationsbremse wirken. Fraglich ist auch, ob der betriebene Aufwand noch in einem vernünftigen Verhältnis zur Größe des Angebots steht, für das er die Grundlage bildet. 69

Wie auch immer man diese Fragen beurteilen mag, auf jeden Fall ist die Bedeutung der Gremien aufgrund des Drei-Stufen-Tests gestiegen und hat ihnen zu neuem Selbstbewusstsein verholfen. Ein neues oder wesentlich verändertes Angebot kann erst dann starten, wenn es vom Rundfunkrat genehmigt 70 ist. Die gestiegene Verantwortung führt zu einem gesteigerten Selbstbewusstsein der Gremien, aufgrund dessen sie in den ihrer Kontrolle unterliegenden Bereichen eine intensivere Mitsprache reklamieren. Wird damit maßvoll und verantwortungsbewusst umgegangen, so kann darin auch eine Legitimationschance für den öffentlich-rechtlichen Rundfunk liegen (vgl *Pfab*, Was die Drei-Stufen-Tests gebracht haben, epd medien vom 14.1.2011, S. 7 ff).

VII. Konkretisierung des Auftrags durch Programmrichtlinien und Selbstverpflichtungen gemäß § 11e RStV

71 Durch die Bestimmungen in den §§ 11a bis d RStV wird zwar der gesamte Tätigkeitsbereich der öffentlich-rechtlichen Rundfunkanstalten abgedeckt, allerdings werden – mit Ausnahme der Programmkonzepte für die digitalen Zusatzprogramme als Anhang zum 12. Rundfunkänderungsstaatsvertrag – keine konkreteren Angaben zum öffentlich-rechtlichen Programmauftrag gemacht. Die Grundversorgung setzt zwar ein alle Bereiche abdeckendes umfassendes Programmangebot voraus, allerdings stellt sich seit jeher die Frage, wie detailliert und konkret die gesetzlichen Bestimmungen zur Beschreibung des Programmauftrags sein müssen, um die Grundversorgung zu gewährleisten und nicht in die Programmautonomie der Rundfunkanstalten einzugreifen (zum Verhältnis zwischen Anstaltsautonomie und der Gestaltungsmacht des Gesetzgebers im Bereich der Grundversorgung *Lerche*, Gestaltungskompetenz, S. 239, 242; *Mahrenholz*, Grundversorgung, S. 251, 258; *Libertus*, Entscheidungskompetenz, ZUM 1995, 699 ff).

72 Definitionen und **Konkretisierungen des Auftrags** sind zwar als Verfahrensregeln ein notwendiger Teil der rechtlichen Ausgestaltung zur Sicherung der dienenden Funktion der Rundfunkfreiheit, die der Gesetzgeber aufgrund des Gesetzesvorbehalts aufgreifen muss. Diese Regelungen müssen jedoch die Vorgaben aus Art. 5 Abs. 1 GG beachten. Eine detaillierte gesetzliche Festlegung des Programms, etwa mit genauen Vorgaben zu prozentualen Anteilen von Sendezeiten für bestimmte Sparten und Genres, ist aus verfassungsrechtlichen Gründen wegen des Gebotes der Staatsfreiheit und der Beachtung der Programmautonomie der Anstalten daher nicht möglich. Außerdem läuft eine detaillierte Beschreibung des öffentlich-rechtlichen Betätigungsfeldes Gefahr, im Laufe der Zeit mit der Entwicklungsgarantie des öffentlich-rechtlichen Rundfunks in Konflikt zu geraten. Der Begriff der Grundversorgung ist dynamisch zu verstehen und allein an die Funktion gebunden, die der Rundfunk im Rahmen von Art. 5 Abs. 1 GG zu erfüllen hat. Der öffentlich-rechtliche Rundfunk muss sich daher mit seinen Programmen fortentwickeln können und es muss ihm möglich sein, neue Übertragungsformen zu nutzen und daran angepasste, zeitgemäße neue Dienste anzubieten (BVerfGE 83, 238, 326). Sofern sich der öffentlich-rechtlichen Rundfunk nicht über einen einmal festgeschriebenen Umfang und Inhalt hinaus für neue Publikumsinteressen und für neue Formen weiterentwickeln könnte, würde das öffentlich-rechtliche Programmangebot über kurz oder lang zu einem Nischenanbot werden, das an Attraktivität verliert und zum Auslaufmodell wird, das keinerlei Funktion für eine umfassende öffentliche Meinungsbildung mehr entfalten kann.

73 Vor diesem Hintergrund ist bereits mit dem 7. Rundfunkänderungsstaatsvertrag nach dem Vorbild der BBC ein Verfahren mit einem Modell zur **Selbstverpflichtung** des öffentlich-rechtlichen Rundfunks eingeführt worden, das in § 11e RStV näher geregelt ist.

74 Es beruht auf den staatsvertraglichen Grundnormen der §§ 11, 11a RStV mit seinen bereits beschriebenen generalklauselartigen Ausführungen zum gesetzlichen Programmauftrag der öffentlich-rechtlichen Rundfunkanstalten sowie den Beauftragungsnormen für Hörfunk (11b RStV), Fernsehen (§ 11c RStV) und Telemedien (§ 11d RStV).

75 **1. Programmrichtlinien.** Auf der zweiten Ebene sind gemäß § 11e Abs. 1 Satz 2 RStV von den Rundfunkanstalten Richtlinien zu erlassen, die die gesetzlichen **Programmgrundsätze** allgemeingültig konkretisieren und ausgestalten. Die in der ARD hierfür geltenden Richtlinien sind die sogenannten „ARD-Grundsätze für die Zusammenarbeit im ARD-Gemeinschaftsprogramm ‚Erstes Deutsches Fernsehen' und anderen Gemeinschaftsprogrammen und -angeboten" (im ZDF gelten die „Richtlinien für die Sendungen des ‚Zweiten Deutschen Fernsehens"). Die ARD-Grundsätze sind im März 2004 durch die ARD-Hauptversammlung verabschiedet worden und enthalten grundlegende Aussagen zum Auftrag des ARD-Gemeinschaftsprogramms Das Erste und zu weiteren Gemeinschaftsangeboten sowie Anforderungen für die Gestaltung von Sendungen und Angeboten. Besonderes Gewicht wird dabei auf den Bereich Information gelegt (die ARD-Grundsätze sind im Internet abrufbar unter der Internet-

adresse http://www.br-online.de/content/cms/Universalseite/2008/03/06/cumulus/BR-online-Publikation-ab-01-2010--35644-20100202153141.pdf.).

2. Satzung für das Drei-Stufen-Test-Verfahren nach § 11f RStV. Mit dem 12. Rundfunkänderungsstaatsvertrag sind die öffentlich-rechtlichen Rundfunkanstalten und die Körperschaft „Deutschlandradio" zudem zum Erlass von Binnenrecht für das neue Verfahren nach § 11f RStV verpflichtet worden. Die Satzungen und Richtlinien legen insbesondere die Verfahrensschritte im Drei-Stufen-Test fest. Geregelt werden muss, wann ein Angebot als neu oder verändert eingestuft wird und so das Prüfverfahren auslöst. Festgelegt werden Erstellung, Inhalt und Detailgrad der Konzepte. Zudem müssen die Satzungen und Richtlinien auch Regelungen zur Unabhängigkeit der Gremienentscheidungen enthalten. Dazu zählen Regeln zur Personal- und Sachausstattung, zur eigenständigen Sachermittlung und Gutachtensbeauftragung (vgl § 11e Abs. 1 Satz 2 RStV). Die Satzungen und Richtlinien – das gilt auch für neu zu erlassende – sind von den in der ARD zusammengeschlossenen Landesrundfunkanstalten, dem ZDF und dem Deutschlandradio in den amtlichen Verkündungsblättern der Länder zu veröffentlichen, damit sie wirksam werden (vgl § 11e Abs. 1 Satz 3 RStV). 76

Das formale Prüfverfahren für ARD-Gemeinschaftsangebote („**ARD-Genehmigungsverfahren für neue oder veränderte Gemeinschaftsangebote von Telemedien**") wurde am 25. November 2009 von der ARD-Hauptversammlung (Intendanten und Gremienvorsitzende) mit Zustimmung der zuständigen Gremien der einzelnen Landesrundfunkanstalten beschlossen und in den amtlichen Verkündungsblättern der einzelnen Länder veröffentlicht (u.a. BayStAnz Nr. 17 vom 24.4.2009). Es ist im Internet abrufbar unter der Internetadresse http://www.br-online.de/content/cms/Universalseite/2008/03/10/cumulus/BR-online-Publikation-ab-05-2009--340203-20090426155530.pdf. 77

3. Selbstverpflichtungen: Bericht über geplante programmliche Schwerpunkte sowie über die Erfüllung des Auftrags. Auf der Basis dieser jeweiligen Programmrichtlinien von ARD, ZDF und Deutschlandradio erfolgt schließlich auf der dritten Stufe die eigentliche Selbstverpflichtung der Anstalten: ARD, ZDF und Deutschlandradio sind gemäß § 11e Abs. 2 verpflichtet, in einem Rhythmus von zwei Jahren die **geplanten Schwerpunkte** der jeweils anstehenden programmlichen Leistungen (sog. Selbstverpflichtungen) sowie einen **Bericht über die Erfüllung des Auftrags** im zurückliegenden Zeitraum abzugeben und für jedermann einsehbar zu veröffentlichen. Die inhaltliche Ausgestaltung bleibt dabei der Autonomie der Anstalten überlassen. Die Aufstellung obliegt als Teil der Unternehmensleitung den Intendanten in Abstimmung mit ihren Gremien. Ziel dieses Verfahrens ist es, das Qualitätsbewusstsein innerhalb der Anstalten zu stärken, das öffentliche Programmprofil für die Öffentlichkeit deutlicher herauszuarbeiten und dabei vor allem auch die Akzeptanz des öffentlich-rechtlichen Rundfunks in der Öffentlichkeit zu fördern. 78

Die in der ARD zusammengeschlossenen Landesrundfunkanstalten, das ZDF und das Deutschlandradio haben erstmals zum 1. Oktober 2004 ihre jeweiligen programmlichen Selbstverpflichtungen für die Jahre 2005 und 2006 abgegeben. Während die ARD ihre Selbstverpflichtungen als „**Leitlinien**" bezeichnet, veröffentlicht das ZDF seine programmlichen Ziele unter dem Titel der „Programm-Perspektiven". Seit dem Jahr 2006 wurde dann erstmals auch Rechenschaft über die jeweils in den vergangenen zwei Jahren geleistete Arbeit abgegeben und darauf aufbauend die Leitlinien bzw Programm-Perspektiven für die kommenden Jahre veröffentlicht (die aktuellen ARD-Leitlinien 2011/2012 einschließlich des Rechenschaftsberichts zu den Jahren 2009/2010 sind abrufbar unter der Internetadresse http://www.daserste.de/service/Leitlinien10-091210-p.pdf.). 79

B. Finanzierung des öffentlich-rechtlichen Rundfunks

I. Grundsatz der funktionsgerechten Finanzierung gemäß § 12 Abs. 1 RStV

Aus Art. 5 Abs. 1 GG ergibt sich der Grundsatz der funktionsgerechten Finanzierung, damit gewährleistet ist, dass der öffentlich-rechtliche Rundfunk auch den Aufgaben nachkommen kann, die ihm von Verfassung wegen obliegen. Eine **funktionsgerechte Finanzierung** schützt den öffentlich-rechtlichen Rundfunk vor fremder Einflussnahme, gewährleistet seine Bestands- und Entwicklungsgarantie und versetzt ihn so in die Lage, seine Funktion im dualen System zu erfüllen (BVerfGE 83, 238, 310; 87, 181, 199; 90, 60, 90). 80

1. Vorrang der Finanzierung aus Rundfunkgebühren gemäß § 13 Abs. 1 Satz 1 2. Halbsatz RStV. Der öffentlich-rechtliche Rundfunk hat keinen Anspruch auf eine bestimmte **Finanzierungsform**, solange 81 die Finanzierung insgesamt gewährleistet ist. Wie der Gesetzgeber seiner Gewährleistungspflicht nachkommt, ist Sache seiner eigenen Entscheidung. Allerdings ist die Rundfunkgebühr gemäß § 13 Abs. 1 2. Halbsatz RStV die vorrangige Finanzierungsquelle, weil sie von Einschaltquoten unabhängig macht und damit die dem öffentlich-rechtlichen Rundfunk am besten entsprechende Art der Finanzierung darstellt. Im Niedersachsen-Urteil hat das Bundesverfassungsgericht ausgeführt, dass private Veranstalter, weil sie auf das Werbeaufkommen angewiesen sind, auch von Einschaltquoten abhängig sind, so dass nur solche Sendungen Programminhalt werden, die eine genügenden Programmreichweite erwarten lassen. Werbefinanzierung wirkt also tendenziell einem vielfältigen Programm entgegen. Diese Reduzierung der Vielfaltsanforderungen an private Veranstalter ist nach Auffassung des Bundesverfassungsgerichts hinnehmbar, solange die Grundversorgung durch die öffentlich-rechtlichen Rundfunkanstalten gewährleistet ist (BVerfGE 73, 118, 158).

82 Neben der **Finanzierung aus Rundfunkgebühren** sind aber gemäß § 13 Abs. 1 Satz 1 1. Halbsatz RStV auch ergänzende Arten der Finanzierung zulässig. In der Praxis hat sich daher ein System der Mischfinanzierung aus Gebühren, Einnahmen aus Werbung und sonstigen Einnahmen herausgebildet. So betragen die Einnahmen aus Rundfunkwerbung und Sponsoring etwa 6 % der Gesamteinnahmen der ARD. (Quelle: ARD.de).

83 Da die Einnahmen aus Werbung und sonstigen Tätigkeiten von der EU-Kommission als „kommerzielle" Tätigkeiten eingestuft werden, sind hierbei zudem besondere europarechtliche Vorgaben zu beachten (vgl hierzu die Ausführungen zu den §§ 16a ff RStV).

84 **2. Vereinbarkeit der Finanzierung des öffentlich-rechtlichen Rundfunks mit den europäischen Beihilferegelungen.** Im Rahmen des europäischen Beihilfeverfahrens gegen ARD und ZDF hat die EU-Kommission eine umfassende Überprüfung des Finanzierungssystems des öffentlich-rechtlichen Rundfunks in der Bundesrepublik vorgenommen und dabei erhebliche Bedenken an der **Vereinbarkeit des deutschen Finanzierungssystems mit den europäischen Beihilferegelungen** geäußert.

85 Entgegen der Auffassung der Regierung der Bundesrepublik qualifiziert die EU-Kommission die **deutschen Rundfunkgebühren** tatbestandlich als eine **Beihilfe im Sinne von Art. 87 EG-Vertrag**, so dass aus Sicht der EU-Kommission auch eine entsprechende beihilferechtliche Überprüfung möglich und zulässig ist (vgl Ziffer 141 ff des Schreibens der Europäischen Kommission zur Finanzierung der öffentlich-rechtlichen Rundfunkanstalten in Deutschland vom 24. April 2007, abgedruckt in epd-Medien, Nr. 39 vom 19. Mai 2007).

86 Die Kommission geht dabei von einer sogenannten **Altbeihilfe** aus. Von Altbeihilfen spricht man gemäß Art. 1 Buchstabe b der Verfahrensordnung (EG) Nr. 659/1999 bei „bestehenden Beihilfen", die bereits vor Inkrafttreten des EG-Vertrages in den Mitgliedstaaten bestanden – oder zu dem Zeitpunkt der Einführung keine Beihilfen waren und erst aufgrund der Entwicklung des gemeinsamen Marktes zu Beihilfen wurden – und seitdem keine Änderungen durch den Mitgliedstaat erfahren haben. Diese Einstufung der Rundfunkgebührenfinanzierung als Beihilfe ist problematisch, weil die EU-Kommission auch nach Einstellung des konkreten Beihilfeverfahrens nach wie vor die Möglichkeit behält, die Rundfunkgebühr oder einzelne Bestandteile von ihr jederzeit, zB aus Anlass einer neuen Beschwerde einer erneuten beihilferechtlichen Prüfung daraufhin zu unterziehen, ob die in ihrer Entscheidung aufgestellten Kriterien eingehalten wurden. Auch bei der von der EU-Kommission vorgenommenen Qualifizierung der Rundfunkgebühr als Altbeihilfe sind geplante „Änderungen" bei der EU-Kommission zu notifizieren – wobei im Vorhinein nicht mit Sicherheit gesagt werden kann, wann die Kommission von einer „Änderung" in diesem Sinne ausgeht – und dürfen nur im Einvernehmen mit der Kommission umgesetzt werden. Darüber hinaus ist der Mitgliedstaat fortlaufenden Vorschlägen für zweckdienliche Maßnahmen ausgesetzt.

87 Aufgrund der Einordnung der Rundfunkgebühr durch die Kommission als Beihilfe ist die sog. **Transparenzrichtlinie** (Richtlinie 2000/52/EG der Kommission vom 26. Juli 2000 zur Änderung der Richtlinie 80/723/EWG über die Transparenz der finanziellen Beziehungen zwischen den Mitgliedstaaten und den öffentlichen Unternehmen, ABl. Nr. L 193/75) auf die Rundfunkanstalten anwendbar. Die Richtlinie verlangt eine getrennte Buchführung von solchen Unternehmen des öffentlichen Sektors, die staatliche Mittel, dh Beihilfen für ihren hoheitliche Tätigkeitsbereich erhalten und gleichzeitig privatwirtschaftlich tätig sind, um Fälle von Quersubventionierung offenlegen zu können. Da die Richtlinie nur für solche Unternehmen Anwendung findet, die Beihilfe erhalten, galt sie nach bisheriger Rechtsauffassung der Bundesrepublik nicht für die öffentlich-rechtlichen Rundfunkanstalten. Die Anforderungen der Transparenzrichtlinie sind daher bei ihrer Umsetzung in deutsches Recht nicht auf die

öffentlich-rechtlichen Rundfunkanstalten erstreckt worden (Transparenzrichtliniengesetz des Bundes vom 16.8.2001, BGBl. I, 2141; aA *Trzaskalik*, Transparenzpflichten des öffentlich-rechtlichen Rundfunks, 2000, S. 19 ff; *Hain*, Die europäische Transparenz-Richtlinie und der öffentlich-rechtliche Rundfunk in Deutschland, MMR 2001, 219 ff).

Zur Einstellung dieses beihilferechtlichen Verfahrens kamen die EU-Kommission und Deutschland im April 2007 schließlich aufgrund eines gemeinsam ausgehandelten Kompromisses überein, innerhalb eines Zeitraums von 24 Monaten bestimmte sogenannte **„zweckdienliche Maßnahmen"** zur Anpassung des Finanzierungssystems des öffentlich-rechtlichen Rundfunks in Deutschland umzusetzen, um so die Bedenken des EU-Kommission auszuräumen (....). Ein Teil der gegenüber der EU-Kommission zugesagten Maßnahmen betrifft die von der EU-Kommission angemahnte Konkretisierung des öffentlich-rechtlichen Auftrags (vgl hierzu die Ausführungen unter A. I.2.). Ein weiterer großer Bereich betrifft verschiedene Maßnahmen zur Optimierung der Transparenz, Marktkonformität und Kontrolle bei sogenannten kommerziellen Tätigkeiten der öffentlich-rechtlichen Rundfunkanstalten, um Quersubventionierung durch Gebührengelder auszuschließen (vgl hierzu die Ausführungen zu §§ 16a ff RStV). 88

3. Verbot von Pay-TV, § 13 Abs. 1 Satz 2 RStV – Verbot von Einnahmen aus Telefonmehrwertdiensten, § 13 Abs. 1 Satz 3 RStV. Nach § 13 Abs. 1 Satz 2 RStV sind Programme und **Angebote** im Rahmen des Auftrags des öffentlich-rechtlichen Rundfunks **gegen besonderes Entgelt** unzulässig; ausgenommen hiervon sind Begleitmaterialien. 89

Pay-TV ist als weitere Finanzierungsform für den öffentlich-rechtlichen Rundfunk nicht grundsätzlich ausgeschlossen, bedürfte aber der ausdrücklichen Zulassung durch den Gesetzgeber (BVerfGE 74, 297, 347; *Hoffmann-Riem*, Pay-TV, Media Perspektiven 1996, 73 ff). Die Finanzierung des öffentlich-rechtlichen Rundfunks durch Rundfunkgebühren hat jedoch Vorrang, weil diese Finanzierungsform am besten geeignet ist, um die Unabhängigkeit des öffentlich-rechtlichen Rundfunks sicherzustellen. Bei Pay-TV steigen die Einnahmen mit der Zahl der Zuschauer. Damit besteht die Gefahr von Defiziten in der Programmgestaltung in dem Sinne, dass nicht mehr das gesamte Spektrum der Meinungsvielfalt abgedeckt wird, sondern bevorzugt diejenigen Teile der Bevölkerung bedient werden, die über eine für die Wirtschaft attraktive Kaufkraft verfügen. Der öffentlich-rechtliche Rundfunk ist nur aufgrund der Gebührenfinanzierung weitgehend unabhängig von Einschaltquoten und dadurch in der Lage, ein inhaltlich umfassendes Programmangebot, mithin die Grundversorgung zu erbringen. 90

Daher geht § 13 Abs. 1 Satz 2 RStV davon aus, dass Angebote des öffentlich-rechtlichen Rundfunks in Erfüllung seines Auftrags aus Absatz 1 mit Entrichtung der Rundfunkgebühr durch den Zuschauer finanziert sind. Weder dürfen einzelne Angebote noch ganze Programme gegen ein zusätzliches Entgelt verbreitet werden. Damit sind – wie auch bisher – sogenannte Pay per Channel oder Pay per View Angebote und weitere, nur gegen zusätzliches Entgelt empfangbare Angebote dem gebührenfinanzierten Rundfunk untersagt. 91

Das Verbot in § 13 Abs. 1 RStV, entgeltpflichtige Angebote vorzuhalten, wurde mit dem 8. Rundfunkänderungsstaatsvertrag in Bezug auf Telefonmehrwertdienste noch konkretisiert. Nach § 13 Abs. 1 Satz 3 RStV ist es dem öffentlich-rechtlichen Rundfunk nicht gestattet, Einnahmen aus dem Angebot von **Telefonmehrwertdiensten** zu erzielen. Dies schließt nicht aus, Telefonmehrwertdienste so zu verwenden, dass für den Teilnehmer nur die Kosten der technischen Übertragung entstehen. 92

Programmbegleitende Aktivitäten wie die Herausgabe von **Begleitmaterial** können weiterhin gegen Entgelt erfolgen, stehen jedoch unter dem Vorbehalt, dass sie der Erfüllung der staatsvertraglichen oder gesetzlichen Aufgaben dienen, um so sicherzustellen, dass die wirtschaftliche Betätigung der Anstalten nicht Selbstzweck wird. Ebenso erstreckt sich das Entgeltverbot nicht auf den Verkauf von Eigenproduktionen oder den Vertrieb von Bild- oder Tonträgern mit den Sendeinhalten. 93

II. Die Reform der Rundfunkfunkfinanzierung

1. Defizite des bisherigen Modells. Die heutige Rundfunkgebührenpflicht knüpft an das Bereithalten eines Rundfunkgerätes zum Empfang an (vgl § 13 Abs. 2 RStV; § 2 Abs. 2 S. 1 iVm § 1 Abs. 2 RGebStV). Auf die Frage der tatsächlichen Nutzung dieses Geräts kommt es dabei nicht an. Die technische Konvergenz der elektronischen Medien führte jedoch dazu, dass Rundfunkprogramme nicht mehr nur herkömmlich (terrestrisch, über Kabel oder Satellit) verbreitet wurden, sondern auch zeitgleich ins Internet eingestellt wurden (sog. Live-Streaming). Zudem waren zu den herkömmlichen Rundfunk- 94 empfangsgeräten sog. „neuartige Geräte" (zB PC, Laptop, PDA, Handy) mit multifunktionalen Eigenschaften hinzugetreten, die zwar via Internet den Empfang von Rundfunk ermöglichen, aber in erster Linie anderen Zwecken dienen. Daher wurde für die Rundfunkgebührenpflicht seit dem 1. Januar 2007 zwischen „herkömmlichen" (Kriterium: monofunktionales Empfangsteil) und „neuartigen" Geräten (Kriterium: Rundfunkempfang über das Internet) differenziert. Während für einen herkömmlichen Fernseher aktuell eine Grundgebühr und eine Fernsehgebühr anfallen (insgesamt 17,98 EUR), wird zB für Internet-PC nur eine Grundgebühr in Höhe von derzeit 5,76 EUR erhoben.

95 Diese Differenzierung lässt sich angesichts der fortschreitenden Medienkonvergenz nicht mehr aufrechterhalten. So werden PC zunehmend auch als Fernsehgerät genutzt (2010 fand die Nutzung von Radio und Fernsehen in Deutschland bereits zu 30 % im Internet statt, vgl epd medien, Nr. 53/2010 S. 3 f). Auf Dauer ist daher nicht zu rechtfertigen, warum für einen PC nur eine Grundgebühr zu zahlen ist, während für ein herkömmliches Fernsehgerät zusätzlich eine Fernsehgebühr anfällt. Eine unterschiedliche Gebührenhöhe gerät daher in Konflikt mit dem Gebot der Lastengleichheit.

96 Zudem ergeben sich für die Rundfunkanstalten für den Nachweis des Bereithaltens eines Rundfunkempfangsgeräts erhebliche Beweisschwierigkeiten. Derzeit müssen die Rundfunkanstalten belegen können, welches Gerät, von wem, wo, seit wann, zu welchem Zweck, gebührenpflichtig in technischer Hinsicht zum Empfang bereitgehalten wird. Das provoziert Schutzbehauptungen, Widerspruchs- und Klageverfahren. Da zudem die Gebührenbeauftragten keine Betretungsrechte haben, ist auch eine wirksame Kontrolle der Bürger kaum möglich.

97 Aufgrunddessen wurde es zunehmend schwieriger, die Rundfunkgebühr als solidarische Abgabe zur Finanzierung der Gesamtveranstaltung Rundfunk (BVerfGE 31, 314, 329) der Bevölkerung zu vermitteln (vgl *Dittmann*, Finanzierung, S. 2 mwN). Hierdurch und mit dem damit verbundenen erhöhten Kontrollaufwand zur Durchsetzung der Rundfunkgebühr sank deren Akzeptanz deutlich (vgl *Dittmann*, Finanzierung, S. 3 mwN). Immer weniger Leute melden ihre Rundfunkgeräte freiwillig an, immer mehr melden ihre Geräte ab. So führte die GEZ zum Jahresende 2009 rund 581.000 Teilnehmerkonten weniger im Bestand als noch im Vorjahr (vgl GEZ-Geschäftsbericht 2009, S. 9, abrufbar auf www.gez.de). Die **nachlassende Gebührenakzeptanz** zusammen mit den zunehmenden Gebührenausfällen wegen Befreiungen sowie die sich abzeichnende demographische Entwicklung führten zur Prognose einer jährlichen Verringerung der Gebühreneinnahmen um ein Prozent und zu einer Gefährdung der Finanzierung des öffentlich-rechtlichen Rundfunks.

98 **2. Urteile des Bundesverwaltungsgerichts zur Rundfunkgebührenpflicht für internetfähige PC vom 27. Oktober 2010.** Im Zuge der Konvergenz stellt sich insbesondere das Problem, inwieweit PC, die internetfähig sind, der Rundfunkgebührenpflicht unterliegen, wenn sie zum Empfang von Rundfunkgeräten geeignet sind (*Ricker*, Rundfunkgebühren für Computer mit Internet-Zugang?, NJW 1997, 3199 ff; *Ernst*, Rundfunkgebühren für Internet-Anschlüsse?, NJW 1997, 3006 ff; *Tschentscher*, Gebührenpflichtigkeit des Internet- und Handy-Rundfunks?, AfP 2001, 93 ff; *v. Münch*, Wie lange noch Rundfunk-Zwangsgebühr?, NJW 2000, 634 ff; *Fiebig*, Rundfunkgebühren für Internet-PC, Kommunikation & Recht 2005, 71 ff; *Reislhuber*, Rundfunkgebührenpflicht für internetfähige PCs, MultiMedia und Recht 2010, 459 ff).

99 Nach dem Wortlaut der Definition in § 1 Abs. 1 RfGebStV handelt es sich um Rundfunkempfangsgeräte, so dass grundsätzlich eine Verpflichtung zur Zahlung der Rundfunkgebühr gemäß § 2 Abs. 2 RfGebStV besteht.

100 Durch den 4. Rundfunkänderungstaatsvertrag wurde 1999 mit der Regelung des § 5a RfGebSV ein **Moratorium** für die Rundfunkgebührenpflicht eingeführt, wonach Online-PCs bis zum Ablauf des 31. Dezember 2003 von der Rundfunkgebührenpflicht befreit sind. Dieses Moratorium wurde mehrmals verlängert, so dass dadurch in der Praxis das Problem zumindest befristet gelöst war. Mit dem 8. Rundfunkänderungsstaatsvertrag ist das Moratorium jedoch zum 31. Dezember 2006 abgelaufen, so dass seit dem 1. Januar 2007 Rechner, die Rundfunkprogramme ausschließlich über Angebote aus dem Internet wiedergeben können, grundsätzlich gebührenpflichtig sind.

101 Hintergrund für die Beendigung des Moratoriums war, dass mit der zunehmenden Perfektionierung des Empfangs von Rundfunk über das Internet – zuerst der von Radioprogrammen, später dann der von Fernsehsendungen – und der damit verbundenen steigenden Nutzerzahlen die Internet-PC die Gefahr einer massenweisen „Flucht aus der Rundfunkgebühr" bestand (OVG Koblenz Urt. v. 12.3.2009 – 7 A 10959/08; *Eicher, Schneider*, NVwZ 2009, 741 f).

Nach dem Wegfall des Moratoriums ab dem Jahr 2007 wurde um die Rundfunkgebührenpflicht neuartiger Rundfunkgeräte dennoch weiter gestritten (zB mit einer bereits aus formalen Gründen erfolglosen Verfassungsbeschwerde zum Bundesverfassungsgericht [Beschluss v. 30. 1. 2008 – I BvR 829/06] gegen die angeblich neu eingeführte „PC-Gebühr"). Während die Verfassungskonformität im Schrifttum zum Teil verneint wurde (*Jutzi*, NVwZ 2008, 603; *Fiebig*, Gerätebezogene Rundfunkgebührenpflicht und Medienkonvergenz, S. 433), wurde sie von erstmals eingeschalteten Gerichten erst in der Berufungsinstanz weitgehend bestätigt (OVG Rheinland-Pfalz Urt. v. 12.3.2009 – 7 A 10959/08; BayVGH Urt. v. 19.5.2009 – 7 B 08.2922; OVG Nordrhein-Westfalen Urt. v. 26.5.2009 – 8 A 2690/08; OVG Niedersachsen Beschl. v. 1.7.2009 – 4 LA 350/08). 102

Schließlich hat das **Bundesverwaltungsgericht in Leipzig mit seinen Urteilen vom 27.10.2010** (6 C 12.09; 6 C 17.09; 6 C 21.09) geklärt, dass internetfähige Rechner Rundfunkempfangsgeräte iSd Rundfunkgebührenstaatsvertrags sind. 103

Der 6. Senat hat die Revisionen der drei Kläger gegen abschlägige Urteile der Vorinstanzen zurückgewiesen: Bei internetfähigen PC handelt es sich um Rundfunkempfangsgeräte iSd Rundfunkgebührenstaatsvertrags. Für die Gebührenpflicht kommt es nach dessen Regelungen lediglich darauf an, ob die Geräte zum Empfang bereit gehalten werden, nicht aber darauf, ob der Inhaber tatsächlich Radio- bzw Fernsehsendungen mit dem Rechner empfängt. Ebenso wenig ist es erheblich, ob der PC mit dem Internet verbunden ist, wenn er technisch nur überhaupt dazu in der Lage ist. Diese sich aus dem Rundfunkgebührenstaatsvertrag ergebende Rechtslage verstößt auch nicht gegen höherrangiges Recht. Insbesondere verletzt sie nicht in rechtswidriger Weise die Rechte der Kläger auf Freiheit der Information (Art. 5 Abs. 1 GG) und der Berufsausübung (Art. 12 Abs. 1 GG) oder den Gleichbehandlungsgrundsatz (Art. 3 Abs. 1 GG). Zwar greift die Erhebung von Rundfunkgebühren für internetfähige PC in die Grundrechte der Kläger aus Art. 5 Abs. 1 und 12 Abs. 1 GG ein, indem sie die Rundfunkgebührenpflicht an die – jedenfalls auch – beruflichen und informatorischen Zwecken dienende Nutzung oder auch nur den Besitz der Rechner knüpft. Dieser Eingriff ist jedoch gerechtfertigt durch die – ebenfalls verfassungsrechtlich begründete – Finanzierungsfunktion der Rundfunkgebühren für die öffentlich-rechtlichen Rundfunkanstalten. Der Eingriff ist auch nicht unverhältnismäßig, sondern von der Typisierungsbefugnis des Gebührengesetzgebers gedeckt. 104

Der Gleichbehandlungsgrundsatz wird vom Rundfunkgebührenstaatsvertrag ebenfalls nicht verletzt. Zwar werden insofern ungleiche Sachverhalte gleich behandelt, als die herkömmlichen monofunktionalen Rundfunkempfangsgeräte mit den multifunktionalen internetfähigen PCs gebührenrechtlich gleich behandelt werden. Entscheidend für die Gebührenerhebung ist jedoch nicht die technische Unterschiedlichkeit der Empfangsgeräte, sondern die gleiche Möglichkeit zum Empfang von Rundfunksendungen durch diese verschiedenartigen Geräte. 105

Der Gleichheitssatz des Art. 3 Abs. 1 GG verlangt für das Abgabenrecht, dass die Gebührenpflichtigen durch ein Gebührengesetz rechtlich und tatsächlich gleich belastet werden. Wird die Gleichheit im Belastungserfolg durch die rechtliche Gestaltung des Erhebungsverfahrens prinzipiell verfehlt, kann dies die Verfassungswidrigkeit der gesetzlichen Gebührengrundlage nach sich ziehen. Die Rundfunkanstalten können an der Gebührenpflichtigkeit von internetfähigen PCs daher auf Dauer nur festhalten, wenn diese sich auch tatsächlich durchsetzen lässt. Insoweit wird der Gesetzgeber die Entwicklung zu beobachten haben. 106

3. Die Reform der Rundfunkfinanzierung: Der Rundfunkbeitragsstaatsvertrages. Trotz des wichtigen Grundsatzurteils des Bundesverwaltungsgerichts zur Rundfunkgebührenpflichtigkeit von internetfähigen PCs bleiben die Defizite des bisherigen Finanzierungsmodells bestehen. Insbesondere verliert aufgrund der Entwicklungen der Konvergenz der bisherige, die Gebührenpflichtigkeit auslösende Tatbestand des „Rundfunkempfangsgerätes" an Trennschärfe, so dass sich die **Frage** stellt, ob das bisherige **Modell der Rundfunkgebührenfinanzierung zukunftsfähig** ist oder es nicht sinnvoller wäre, nach einem alternativen Modell, das gegenüber dem Status quo Vorteile besitzt, zu suchen. 107

Die Ministerpräsidenten haben daher auf ihrer Sitzung in Bad Pyrmont am 19./20.10.2006 die Rundfunkkommission der Länder beauftragt, alternative Lösungen zur Finanzierung des öffentlich-rechtlichen Rundfunks innerhalb eines Jahres zu erarbeiten. In die Überlegungen der beauftragten Rundfunkkommission der Länder wurde eine Vielzahl von Abgabenmodellen einbezogen, wie zB eine Bürgerabgabe oder eine reine Steuerfinanzierung (*Eicher-Festschrift*, S. 213, 222 f). 108

109 Mit dem Modellwechsel zu einem technikunabhängigen, zukunftsfähigen und stabilisierten Finanzierungssystem für den öffentlich-rechtlichen Rundfunk ab der Gebührenperiode 2013 hatten die Ministerpräsidenten folgende **politische Ziele** verfolgt:

- Verlässliche und zukunftssichere Finanzierungsbasis für den öffentlich-rechtlichen Rundfunk,
- ein einfacheres und gerechteres Abgabenmodell,
- weniger Kontrollaufwand mit besserem Schutz der Privatsphäre,
- Lösung der Problematik der technischen Konvergenz im Bereich der Geräte,
- Wegfall der bisherigen Doppelbelastungen im privaten Bereich einer Wohnung,
- damit verbunden eine verbesserte Akzeptanz bei den Bürgern,
- gleich hoher Finanzierungsbeitrag aus dem nicht privaten Bereich,
- geringerer Verwaltungsaufwand,
- Aufkommensneutralität für den öffentlich-rechtlichen Rundfunk und
- Beitragsstabilität für den Bürger (keine durch die Reform bedingte Erhöhung der Rundfunkgebühr).

110 Auf der Ministerpräsidentenkonferenz am 9.6.2010 in Berlin wurde schließlich die Entscheidung für einen grundlegenden Systemwechsel getroffen: Nach dieser Entscheidung wird das bisherige Gebührensystem mit seiner Anknüpfung an das Bereithalten eines Rundfunkempfangsgerätes ab dem Jahr 2013 durch den neuen **geräteunabhängigen Rundfunkbeitrag** abgelöst werden, bei dem die Abgabepflicht an jede Raumeinheit anknüpft, in der typischerweise Rundfunkempfangsgeräte stehen und damit der Empfang von Rundfunk möglich ist. Im Einzelnen wird dabei an das Innehaben einer **Wohnung,** einer **Betriebsstätte** oder ein **Kraftfahrzeug** angeknüpft.

111 ARD und ZDF haben bei der Entwicklung eines alternativen Finanzierungsmodells konstruktiv mitgewirkt und insbesondere zu den finanzverfassungsrechtlichen Fragestellungen einer geräteunabhängigen Haushalts-/Unternehmensabgabe die folgenden grundlegenden Gutachten in Auftrag gegeben und den Ländern zur Verfügung gestellt: *Jarass*, Verfassungsrechtliche Fragen einer Reform der Rundfunkgebühr, Mai 2007; *Dittmann*, Die Finanzierung des öffentlich-rechtlichen Rundfunks durch eine Medienabgabe, 2008; *Kirchhof*, Die Finanzierung des öffentlich-rechtlichen Rundfunks, 2010; *Bull*, Rundfunkbeitrag und Datenschutz, 2010.

112 Am 15.12.2010 haben die Ministerpräsidenten den **15. Rundfunkänderungsstaatsvertrag**, in dem in Art. 1 der **neue Rundfunkbeitragsstaatsvertrag** enthalten ist, unterzeichnet. Der neue Rundfunkbeitragsstaatsvertrag ist der wesentliche Teil des 15. Rundfunkänderungsstaatsvertrags und tritt an die Stelle des bisherigen Rundfunkgebührenstaatsvertrags.

113 Im Laufe des Jahres 2011 soll der Änderungsstaatsvertrag in die jeweiligen Landesparlamente als Gesetzentwurf eingebracht und von diesen bis zum Jahresende 2011 durch Zustimmung zu dem Vertragsgesetz ratifiziert werden. Bei planmäßiger Ratifzierung soll der Rundfunkbeitragsstaatsvertrag **am 1. Januar 2013 in Kraft** treten, während der bisher geltende Rundfunkgebührenstaatsvertrag gleichzeitig außer Kraft tritt. Einige für den Systemwechsel bedeutsame Übergangsvorschriften des Rundfunkbeitragsstaatsvertrags sollen bereits am 1. Januar 2012 in Kraft treten.

114 **a) Eckpunkte des Rundfunkbeitragsstaatsvertrags.** Das neue Finanzierungsmodell zeichnet sich durch zwei grundlegende Änderungen aus:

115 An die Stelle der bisherigen Rundfunkgebühr, die an das Bereithalten eines Rundfunkempfangsgerätes anknüpft, tritt der neue **einheitliche Rundfunkbeitrag** in Höhe von derzeit 17,98 EUR. Damit entfällt die bisherige Anknüpfung an unterschiedliche Gerätearten. Der Rundfunkbeitrag beruht auf der Grundüberlegung, dass heute fast alle Wohnungen und Betriebsstätten mit stationären Rundfunkempfangsgeräten ausgestattet sind. Berücksichtigt man zusätzlich sämtliche mobilen und multifunktionalen Geräte (Autoradios, Handys, Laptops usw.), so besteht dort in nahezu 100 Prozent der Fälle die Möglichkeit zum Rundfunkempfang. Deswegen wird nicht mehr an die Geräte selbst, sondern an jene Raumeinheiten angeknüpft, in denen typischerweise die Möglichkeit zum Rundfunkempfang besteht. Mit der Zahlung des Rundfunkbeitrags werden daher alle Möglichkeiten der Nutzung von Rundfunk in den Raumeinheiten Wohnung, Betriebsstätte, Gästezimmer und Kraftfahrzeug – sei es mittels herkömmlicher oder neuartiger Rundfunkgeräte – durch die darin wohnenden, sich aufhaltenden oder arbeitenden Personen abgegolten. Damit kommt es auch nicht mehr auf die Frage an, ob dort überhaupt Rundfunkgeräte vorhanden und welcher Art diese sind. Auch künftig wird dabei zwischen privatem und nicht privatem Bereich unterschieden:

Im **privaten Bereich** wird pro Wohnung pauschal nur noch ein Beitrag erhoben. Die heutige Mehrfachgebührenpflicht für Haushaltsangehörige, die über ein Rundfunkgerät im eigenen Zimmer und ein eigenes Gehalt verfügen, entfällt. Auf die Zahl der Bewohner kommt es ebenso wenig an wie darauf, ob diese in ehelicher Gemeinschaft oder als „WG" zusammenleben. Im Hinblick auf die zwischen den Bewohnern einer Wohnung bestehende Gesamtschuldnerschaft kann der Rundfunkbeitrag zwar von jedem verlangt, muss aber nur von einem der Beitragspflichtigen gezahlt werden; dieser muss sich dann auch bei der zuständigen Landesrundfunkanstalt anmelden. Rein privat genutzte Kfz sind beitragsfrei. Empfänger bestimmter Sozialleistungen können weiterhin die Befreiung von der Beitragspflicht beantragen. 116

Im **nicht privaten Bereich** knüpft der Rundfunkbeitrag an eine **Betriebsstätte** an. Die Beitragshöhe pro Betriebsstätte variert aus Gründen der Belastungsgleichheit nach der Zahl der (sozialversicherungspflichtig) Beschäftigten (degressiv ausgestaltete Staffel): Betriebe mit bis zu acht Mitarbeitern zahlen pro Betriebsstätte einen Drittelbeitrag. Für Betriebe mit bis zu 19 Mitarbeitern fällt ein Beitrag an. Diesen ersten beiden Staffelstufen sind insgesamt 90% der Betriebe zuzuordnen. Für Großbetriebe mit mehr als 20.000 Beschäftigten sind maximal 180 Rundfunkbeiträge zu entrichten. Betriebsstätten, die sich in einer Wohnung befinden, sind beitragsfrei. Jeder beitragspflichtigen Betriebsstätte kann ein geschäftlich genutztes Kfz zugerechnet werden; für weitere Fahrzeuge fällt ein Drittelbeitrag an. Auch für Hotel- und Gästezimmer wird zusätzlich jeweils ein Drittelbeitrag erhoben. Bei bestimmten gemeinnützigen und vergleichbaren Einrichtungen (zB Behinderten- oder Altenheime, Schulen, Universitäten, Feuerwehr, Polizei etc.) wird der Rundfunkbeitrag auf höchstens einen Beitrag pro Betriebsstätte begrenzt. 117

b) Bewertung. Die Umstellung von der bisherigen Rundfunkgebühr auf den Rundfunkbeitrag hat zwei unmittelbare Folgen. Sie löst zum einen die durch immer weiter voranschreitende Digitalisierung ausgelöste Konvergenz der Empfangsgeräte. Ist Anknüpfungspunkt die Wohnung und nicht mehr das einzelne Gerät, dann erübrigt sich im konkreten Einzelfall die Frage, ob es sich um ein Rundfunkempfangsgerät handelt und seit wann dieses zum Empfang bereitgehalten wird. Die weitere Folge besteht darin, dass die Privatsphäre der Abgabepflichtigen besser geschützt wird. Denn das Vorhandensein einer Wohnung ist wesentlich einfacher festzustellen als das Vorhandensein eines Gerätes in der Wohnung. Damit gibt es weniger Ansatzpunkte für Streitigkeiten über das Bestehen einer Abgabepflicht. Dies sollte im Verbund mit der einfachen Nachvollziehbarkeit des Systems zu einer verbesserten Akzeptanz des Beitrags für den öffentlich-rechtlichen Rundfunk führen, die für den gesicherten Fortbestand des öffentlich-rechtlichen Rundfunks unerlässlich ist. 118

Ein weiterer Effekt, der diesem Ziel dient, ist die verbesserte Abgabengerechtigkeit. Dadurch, dass es schwieriger ist, sich der Abgabepflicht zu entziehen, werden ehrliche Beitragszahler entlastet, die nicht für Schwarzseher und Schwarzhörer mitzahlen müssen. Der neue Beitrag ist darüber hinaus familienfreundlich, weil nur noch ein Betrag pro Wohnung zu entrichten ist und damit die Abgabepflicht für Jugendliche mit eigenem Einkommen im Haushalt der Eltern entfällt. Schließlich wird das neue Modell auch dazu beitragen, die Abgabenlast für die Bürger konstant zu halten. Der Beitrag wird zunächst auf demselben Niveau wie die Rundfunkgebühr fortgeführt und nach zwei Jahren der Finanzbedarf der Rundfunkanstalten von der Kommission zur Ermittlung des Finanzbedarfs überprüft. Auch wenn sich natürlich nicht alle Probleme der Finanzierung des öffentlich-rechtlichen Rundfunks durch die Einführung eines neuen Modells lösen lassen, so sind die Vorteile des neuen Modells in der Summe doch eindeutig. 119

III. Finanzverteilung in der ARD: Finanzausgleich gemäß § 12 Abs. 2 RStV

Im Hinblick auf die Verteilung des Finanzaufkommens innerhalb des ARD-Verbundes ist der **Finanzausgleich** zu beachten, der in seinen Grundzügen in § 12 Abs. 2 RStV sowie in §§ 12 bis 16 RFinStV staatsvertraglich festgelegt ist und insbesondere die funktionsgerechte Aufgabenerfüllung der kleinen Anstalten Saarländischer Rundfunk und Radio Bremen sicherstellen soll. Die Finanzausgleichsmasse für die kleinen Landesrundfunkanstalten wurde in den vergangenen Jahren immer stärker abgebaut. Die mit dem 8. Rundfunkänderungsstaatsvertrag eingeführte Änderung in § 12 Abs. 2 Satz 1 RStV trägt dem Umstand Rechnung, dass durch den Zusammenschluss von Ostdeutschem Rundfunk Brandenburg (ORB) und Sender Freies Berlin (SFB) zum Rundfunk Berlin-Brandenburg (RBB) mit Ablauf des Jahres 2006 nicht mehr die Notwendigkeit besteht, dass der RBB noch Mittel aus der Finanzausgleichsmasse erhält. Dementsprechend sind Nehmer des Finanzausgleichs ab dem Jahr 2007 nur noch 120

Radio Bremen und der Saarländische Rundfunk. Eine entsprechende Neuregelung hat auch § 14 des Rundfunkfinanzierungsstaatsvertrags erfahren.

121 Der Finanzausgleich ist nicht unmittelbar durch Art. 5 GG gewährleistet. Art. 5 GG fordert eine bedarfsgerechte Finanzierung zur Sicherstellung der Grundversorgung. Grundrechtsträger ist dabei immer die einzelne Rundfunkanstalt, so dass ihr Bedarf durch die Rundfunkgebühr zu decken ist. Allerdings steht hier nur das Aufkommen aus dem eigenen Anstaltsbereich zur Verfügung, so dass die Gebühr in den kleinen Bundesländern unter Umständen wesentlich höher ausfallen müsste als in den großen Bundesländern mit einer hohen Anzahl gebührenpflichtiger Haushalte. Das System stößt hier an seine Grenzen. Die derzeitige Einheitsgebühr ist nur über den Finanzausgleich zu erhalten, auf den es aber keinen verfassungsrechtlichen Anspruch gibt, sondern der im Konsens von beteiligten Ländern beschlossen werden muss.

IV. Finanzbedarf des öffentlich-rechtlichen Rundfunks gemäß § 14 RStV

122 **1. Dreistufiges Verfahren der Gebührenfestsetzung. Das Gebührenurteil des Bundesverfassungsgerichts vom 22. Februar 1994.** Die Ermittlung und Bemessung des Finanzbedarfs des öffentlich-rechtlichen Rundfunk erfolgt gemäß § 14 RStV in Verbindung mit §§ 1 bis 7 Rundfunkfinanzierungsstaatsvertrag (RFinStV) in einem dreistufigen Verfahren. Das Bundesverfassungsgericht hatte in seinem **Gebührenurteil** vom 22.2.1994 in wesentlichen Bereichen eine Verbesserung der Ausgestaltung des seinerzeitigen Gebührenfestsetzungsverfahren verlangt, um dem Gebot funktionsgerechter Finanzierung der öffentlich-rechtlichen Rundfunkanstalten Rechnung zu tragen und politische Einflussnahme auf die Programmgestaltung auszuschließen (BVerfGE 90, 60, 96 ff).

123 Der Gesetzgeber hatte daraufhin gemäß § 14 RStV in Verbindung mit den §§ 1 bis 7 RFinStV ein **dreistufiges KEF-Verfahren** geschaffen.

124 Auf der **ersten Stufe** melden die Rundfunkanstalten gemäß § 1 RFinStV ihren Finanzbedarf bei der Kommission zur Ermittlung des Finanzbedarfs (KEF) an. Der angemeldete Finanzbedarf bildet die Grundlage des Verfahrens.

125 Auf der **zweiten Stufe** wird dieser von der KEF gemäß § 3 Abs. 1 RFinStV fachlich überprüft. Unter Beachtung der Programmautonomie überprüft die KEF, ob sich die Programmentscheidungen im Rahmen des rechtlich umgrenzten Rundfunkauftrags halten und ob der aus ihnen abgeleitete Finanzbedarf zutreffend und im Einklang mit den Grundsätzen von Wirtschaftlichkeit und Sparsamkeit ermittelt worden ist (vgl § 14 Abs. 1 bis Abs. 3 RStV, § 3 Abs. 1 Satz 2 RFinStV).

126 Bei dem durch die Rundfunkanstalten angemeldeten Bedarf wird unterschieden zwischen dem **Bedarfsbestand** gemäß § 14 Abs. 2 Nr. 1 RStV und dem Entwicklungsbedarf gemäß § 14 Abs. 2 Nr. 2 RStV.

127 Der Bestand wird gemäß § 14 Abs. 2 Nr. 3 RStV nach verschiedenen Indizes fortgeschrieben, zum einen unter Berücksichtigung der allgemeinen Kostenentwicklung sowie unter Berücksichtigung der besonderen Kostenentwicklung im Medienbereich. In der Praxis erfolgt diese Prüfung bzw Bedarfsplanung im sog. **indexgestützten integrierten Prüfungs- und Rechnungslegungsverfahren** zur Feststellung des Finanzbedarfs der Rundfunkanstalten (IIVF) (*Hahn/Vesting*, Rundfunkrecht, § 13, Rn 89 ff). Die Indexierung bezieht sich dabei vor allem auf folgende Bereiche:

- Aufwand für die unveränderte Fortführung bestehender Programme (Programmaufwand) unter Einbeziehung einer rundfunkspezifischen Steigerungsrate,
- Personalaufwand bereinigt um Personalmehrungen und -minderungen,
- Aufwand für Altersversorgung,
- Investitionen,
- Sachaufwendungen.

128 Für die einzelnen Bereiche werden dabei unterschiedliche Steigerungsraten herangezogen, um den Aufwand zu bestimmen. So wird der Programmaufwand unter Anbindung an den Preisindex des Bruttoinlandprodukts sowie einer rundfunkspezifischen Teuerungsrate ermittelt. Elemente bei der Ermittlung der rundfunkspezifischen Teuerungsrate sind dabei insbesondere die Preissteigerungsraten bei den Sportlizenzen und im Spielfilmbereich. Bei den Personalaufwendungen wird dagegen an die Steigerungsrate des Personalaufwands der Länder angeknüpft. Etwaige Rationalisierungsfaktoren werden dabei abgezogen.

Der **Entwicklungsbedarf** betrifft die Anmeldung neuer Projekte und wird von der KEF einer gesonderten Betrachtung im Rahmen der Prüfung des Finanzbedarfs unterzogen. Die ARD meldet für den 18. KEF-Bericht die Projekte DAB (für die Jahre bis 2011), digitaler Hörfunk (2012-2014), DVB-T (2009-2010), Mobile Broadcast (2012) und Umstellung HDTV (2009-2016) an. 129

Schließlich sind nach § 14 Abs. 2 Nr. 4 RStV bei der Überprüfung und Ermittlung des Finanzbedarfs auch die **Entwicklung der Gebührenerträge** zugrunde zulegen. Das Gebührenaufkommen ist nicht nur von der tatsächlichen Höhe der Rundfunkgebühr abhängig, sondern auch von der Gesamtanzahl der gebührenpflichtigen Geräte. Hierbei spielen wiederum viele Faktoren eine Rolle, insbesondere auch die allgemeine wirtschaftliche Lage sowie langfristig die Entwicklung der Bevölkerung. 130

In ihrem Bericht legt die KEF die finanzielle Lage der Rundfunkanstalten dar und gibt gegenüber den Landesregierungen eine **Empfehlung** ab, ob und in welcher Höhe eine Erhöhung der Rundfunkgebühren notwendig ist (vgl § 3 Abs. 5 RFinStV). Auf der **dritten Stufe** wird gemäß §§ 14 Abs. 4 RStV iVm § 7 Abs. 2 RFinStV auf der Grundlage des KEF-Berichts die Rundfunkgebühr durch Staatsvertrag der Länder verbindlich festgesetzt. Die Länder sind dabei weitestgehend an die Gebührenempfehlung der KEF gebunden: Das Bundesverfassungsgericht hat in seinem Gebührenurteil ausgeführt, dass der Gesetzgeber nur aus Gründen von einer KEF-Empfehlung abweichen darf, die vor der Rundfunkfreiheit Bestand haben. Nach der Auffassung des höchsten deutschen Gerichts erschöpfen sich solche Gründe im Wesentlichen „in Gesichtspunkten des Informationszugangs und der angemessenen Belastung der Rundfunkteilnehmer" (BVerfGE 90, 60, 104). 131

2. Das zweite Gebührenurteil vom 11. September 2007. Mehr als zehn Jahre nach dem Gebührenurteil des Bundesverfassungsgerichts vom 22.2.1994 stand das bestehende, rundfunkstaatsvertraglich festgelegte Gebührenfestsetzungsverfahren erneut auf dem gerichtlichen Prüfstand. Die öffentlich-rechtlichen Rundfunkanstalten von ARD, ZDF und Deutschlandradio waren der Ansicht, dass das Verfahren der Gebührenfestsetzung im Zusammenhang mit dem 8. Rundfunkänderungsstaatsvertrag Defizite aufwies und legten deswegen **Verfassungsbeschwerde** beim Bundesverfassungsgericht ein. Im Rahmen der Beratungen zum 8. Rundfunkänderungsstaatsvertrags waren die Länder erstmals seit Bestehen des neuen gestuften Gebührenfestsetzungsverfahren von der empfohlenen Gebührenerhöhung der KEF abgewichen. Die KEF hatte in ihrem 14. Bericht eine Erhöhung der Rundfunkgebühren ab dem 1. Januar 2005 um 1,09 EUR – von insgesamt 16,15 EUR auf 17,24 EUR – vorgeschlagen (vgl 14. KEF-Bericht, Tz. 444 f., abrufbar unter http://www.kef-online.de). Die Ministerpräsidenten der Länder beschlossen eine Reduzierung des KEF-Vorschlags um 0,21 EUR, so dass die Höhe der Rundfunkgebühr seit Inkrafttreten des 8. Rundfunkänderungsstaatsvertrags am 1. April 2005 insgesamt 17,03 EUR betrug (vgl § 8 RFinStV). In der amtlichen Begründung zum 8. Rundfunkänderungsstaatsvertrag wurden der Beschluss der Länder und die Abweichung vom Vorschlag der KEF im Hinblick auf die Angemessenheit der Belastung der Gebührenzahler im Einzelnen begründet (vgl Bayer. LT-Drucks. 15/1921 vom 29.10.2004, S. 22 f, abrufbar unter http://www.bayern.landtag.de). Die Länder wiesen zum einen auf die deutlich angespannte allgemeine wirtschaftliche Lage sowie auf die aktuelle Gesamtentwicklung der Aufgaben im dualen Rundfunksystem und im Wettbewerb der Medien hin. Desweiteren wurde Bezug genommen auf die von den Rundfunkanstalten vorgelegten strukturellen Selbstbindungen und die damit vorhandenen, aber noch nicht hinreichend erschlossenen Einsparpotentiale bei den Rundfunkanstalten. Weitere Einsparpotentiale der Rundfunkanstalten ergaben sich nach Ansicht der Länder aufgrund veränderter staatsvertraglicher Bedingungen wegen der Einstellung des analogen terrestrischen Fernsehens und der Vereinfachung des Gebührenbefreiungsverfahrens. Dagegen legten die Rundfunkanstalten Verfassungsbeschwerde ein, weil die in der amtlichen Begründung zum 8. Rundfunkänderungsstaatsvertrag angegebenen Argumente keinen Bezug zu dem Kriterium einer angemessenen Belastung der Rundfunkteilnehmer haben. Soweit auf konkrete Einsparpotentiale abgestellt wird, seien Fragen des Finanzbedarfs der ARD berührt, deren Prüfung in die ausschließliche Zuständigkeit der KEF fällt. Das Bundesverfassungsgericht folgte in seinem Urteil vom 11.9.2007 dieser Argumentation und erklärte die Abweichung vom KEF-Vorschlag für verfassungswidrig. Darüber hinaus bestätigte es noch einmal, dass die in seiner Rechtsprechung aufgestellten Anforderungen zur Sicherung der Rundfunkfreiheit durch die Entwicklung von Kommunikationstechnologie und Medienmärkten nicht überholt seien (BVerfGE 119, 181). 132

C. Werbung im öffentlich-rechtlichen Rundfunk

133 Der Rundfunkstaatsvertrag enthält in § 2 Abs. 2 Nr. 5 RStV eine begriffliche Definition von „Werbung“ sowie im allgemeinen und besonderen Teil mehrere Regelungen zu Umfang und Inhalt bzw Gestaltung der Werbung.

134 Die **inhaltlichen Vorschriften zu Werbung und Sponsoring**, insbesondere das Gebot der Trennung von Werbung und Programm und das grundsätzliche Verbot von Produktplatzierung sowie die Regelung zur **Platzierung der Werbung** sind im allgemeinen Teil des Rundfunkstaatsvertrag, in den §§ 7, 7a und 8 enthalten und gelten damit in gleicher Weise für den öffentlich-rechtlichen wie für den privaten Rundfunk.

135 Bei den Vorschriften der §§ 15 und 16 RStV handelt es sich um Regelungen zur **zulässigen Produktplatzierung** (§ 15 RStV) und **zum Umfang der Werbung** (§ 16 RStV) speziell für den öffentlich-rechtlichen Rundfunk. Die Werbemöglichkeiten sind im Vergleich zum privaten Rundfunk, für den der Umfang der Werbung in §§ 44 und 45 RStV geregelt ist, wesentlich geringer, da sich der öffentlich-rechtliche Rundfunk gemäß § 13 Abs. 1 2. Halbsatz. RStV vorrangig aus der Rundfunkgebühr finanziert.

136 Weitere Liberalisierungen der Werberegelungen sind durch die **neue EU-Richtlinie über audiovisuelle Mediendienste** bedingt (Richtlinie 2010/13/EU des Europäische Parlaments und des Rates vom 10. März 2010 zur Koordinierung bestimmter Rechts- und Verwaltungsvorschriften der Mitgliedstaaten über die Bereitstellung audiovisueller Mediendienste – Richtlinie über audiovisuelle Mediendienste; kodifizierte Fassung im ABl. L Nr. 95/1). Die neuen europäischen Vorgaben für Werbung, Sponsoring und das sog. Product-Placement – die entgeltliche oder kostenlose Platzierung von Produkten in Fernsehen und Radio – wurden mit dem 13. Rundfunkänderungsstaatsvertrag umgesetzt. Dieser ist am 1. April 2010 in Kraft getreten (vgl *Hesse*, Die Umsetzung der AVMD-Richtlinie aus Sicht des öffentlich-rechtlichen Rundfunks, ZUM 2009, 718 ff).

137 Sonstige Finanzierungsquellen wie die Einnahmen aus Werbung sind aufgrund des bestehenden Systems der Mischfinanzierung zwar zulässig, machen jedoch nur einen geringen Anteil der Gesamtfinanzierung der öffentlich-rechtlichen Anstalten aus. So betragen die Einnahmen aus Rundfunkwerbung und Sponsoring etwa 6 % der Gesamteinnahmen der ARD (Quelle: ARD.de). Die Tatsache, dass der öffentlich-rechtliche Rundfunk wesentlich weniger Werbung veranstalten darf, trägt zudem zur Unterscheidbarkeit des öffentlich-rechtlichen Programmprofils im Vergleich zu den ausschließlich werbefinanzierten privaten Programmen bei.

138 Die **Einschränkungen** bezüglich des **Umfangs der Werbung** finden im Übrigen auch ihre Anknüpfung in dem staatsvertraglich verankerten Verbot von Werbung und Sponsoring in den öffentlich-rechtlichen Telemedienangeboten (vgl § 11d Abs. 5 RStV). Ebenso verhält es sich mit dem in § 18 RStV verankerte Teleshopping-Verbot. Mit Ausnahme von Teleshopping-Spots darf gemäß § 18 RStV kein Teleshopping im öffentlich-rechtlichen Rundfunk veranstaltet werden. Teleshoppingangebote würden sich zudem auch nicht in das öffentlich-rechtliche Programmprofil einfügen.

139 Gleichwohl wird in Politik und Öffentlichkeit immer wieder über die **gänzliche Abschaffung** von Werbung im öffentlich-rechtlichen Rundfunk nach dem Vorbild der BBC diskutiert. Der Vorteil eines komplett werbefreien Programms wäre eine deutliche Schärfung des öffentlich-rechtlichen Programmprofils. Im Hinblick auf die Werbewirtschaft ist jedoch darauf hinzuweisen, dass bestimmte Bevölkerungsgruppen nur über die öffentlich-rechtlichen Programme erreicht werden.

140 Bei einer Abschaffung der Werbung bestünde zudem die Gefahr, dass die funktionsgerechte **Finanzierung** des Rundfunks **in Frage gestellt** wird, da ohne die Einnahmen aus Werbung und Sponsoring eine erheblich höhere Rundfunkgebühr zur Finanzierung der öffentlich-rechtlichen Rundfunkanstalten notwendig wäre.

141 So plant die KEF zum 18. KEF-Bericht eine Neuberechnung der Mindereinnahmen bei einem vollständigen Wegfall von Werbung und Sponsoring in den öffentlichen Programmangeboten und des dafür erforderlichen Gebührenzuschlags. Der 18. KEF-Bericht wird voraussichtich Ende 2011 veröffentlicht.

142 Die letzte derartige Berechnung wurde auf Wunsch der Rundfunkkommission der Länder im Jahr 2005 durchgeführt und ergab für die Gebührenperiode 2005-2008 einen notwendigen monatlichen Gebührenzuschlag von insgesamt 1,42 EUR. Der ARD-Anteil belief sich dabei auf 0,95 EUR, davon entfielen

0,84 EUR auf ein vollständiges Verbot der reinen Hörfunk- und Fernseh-Werbung, 0,11 EUR wären zur Kompensation eines kompletten Sponsoringverzichts notwendig gewesen. Erste Berechnungen der ARD gehen davon aus, dass sich die Relationen gegenüber der letzten Berechnung nicht wesentlich ändern werden. Die Rundfunkgebühr hätte somit – bei Abschaffung von Werbung und Sponsoring – insgesamt 18,66 EUR (wohl 17,24 plus 1,42) betragen müssen, wobei fraglich ist, ob dieser Betrag tatsächlich in der Öffentlichkeit vermittelbar gewesen und von den Ländern beschlossen worden wäre.

Mit dem 15. Rundfunkänderungsstaatsvertrag, der bei erfolgreicher Ratifizierung zum 1. Januar 2013 in Kraft treten wird, wird in § 16 RStV ein **Verbot von Programmsponsoring** im Fernsehen nach 20.00 Uhr sowie an Sonntagen und im ganzen Bundesgebiet anerkannten Feiertagen eingeführt. Ausnahmen sind vorgesehen für das Sponsoring der Übertragung von Großereignissen nach § 4 Abs. 2 RStV (Olympische Spiele, Fußball-WM und Fußball-EM sowie für Fußball-Länderspiele der Deutschen Nationalmannschaft). ARD und ZDF haben angekündigt, dass durch den Wegfall des Programmsponsorings wichtige Einnahmen in zweistelliger Millionenhöhe entfallen werden. Eine genaue Berechnung wird auch hier die KEF mit dem 18. KEF-Bericht veröffentlichen. 143

I. Zulässige Produktplatzierung, § 15 RStV

1. Produktplatzierung: Definition nach § 2 Abs. 2 Nr. 11 RStV und generelles Verbot. Der mit dem 13. Rundfunkänderungsstaatsvertrag neu gefasste § 15 RStV bestimmt, in welchen Fällen **entgeltliche und unentgeltliche Produktplatzierung**, auch Product-Placement genannt, im öffentlich-rechtlichen Rundfunk ausnahmsweise zulässig ist. 144

Die in § 2 Abs. 2 Nr. 11 RStV neu aufgenommene Definition übernimmt die in der EU-Richtlinie enthaltene Definition der Produktplatzierung. Danach ist Produktplatzierung *„die gekennzeichnete Erwähnung oder Darstellung von Waren, Dienstleistungen, Namen, Marken, Tätigkeiten eines Herstellers von Waren oder eines Erbringers von Dienstleistungen in Sendungen gegen Entgelt oder eine ähnliche Gegenleistung mit dem Ziel der Absatzförderung. Die kostenlose Bereitstellung von Waren oder Dienstleistungen ist Produktplatzierung, sofern die betreffende Ware oder Dienstleistung von bedeutendem Wert ist.“* 145

Wie Werbung und Sponsoring dient auch die Produktplatzierung – als Unterfall der Werbung – dem Ziel der Absatzförderung. Im Unterschied zur Schleichwerbung ist die Produktplatzierung jedoch gekennzeichnet. Während bei der Schleichwerbung mangels Kennzeichnung die Gefahr besteht, dass der Zuschauer irregeführt wird, wird bei der Produktplatzierung durch die Kennzeichnung das eigentliche Ziel der Einbeziehung, die Werbewirkung, offengelegt. Erfasst ist dabei nur die am Fernsehschirm sichtbare Produkterwähnung oder -darstellung. Nicht erfasst sind laut amtlicher Begründung zum Staatsvertrag außerdem Gegenstände und Immobilien, die im Handel nicht frei erhältlich sind. 146

ARD und ZDF unterscheiden dabei strukturell zwischen den beiden möglichen Fällen der Produktplatzierung, nämlich zwischen der **entgeltlichen Produktplatzierung** und der unentgeltlichen Produktplatzierung, der sog. **Produktionshilfe.** 147

Die kostenlose Bereitstellung von Waren oder Dienstleistungen – die sog. Produktionshilfe – ist nur dann eine Produktplatzierung im Sinne der Definition des Rundfunkstaatsvertrags, wenn sie einen „bedeutenden Wert“ aufweist. In den aktuellen „ARD-ZDF-Richtlinien für Werbung, Sponsoring, Gewinnspiele und Produktionshilfe“ erfolgt eine Festlegung dahin gehend, dass eine Produktionshilfe dann einen „bedeutenden Wert“ aufweist, wenn er 1% des Produktionsetats, mindestens jedoch 1.000 EUR erreicht. Dabei handelt es sich um eine Kombination zweier Berechnungsprinzipien, nämlich einer Prozentgrenze (entsprechend in der Schweiz) mit einer absoluten Mindestgrenze (entsprechend dem ORF-Gesetz). 148

Themenplatzierung ist nach der Begriffsbestimmung der EU-Richtlinie ein Unterfall der Produktplatzierung und ausnahmslos verboten (vgl § 7 Abs. 7 RStV), da hier die redaktionelle Verantwortung und Unabhängigkeit des Mediendiensteanbieters beeinträchtigt wird. 149

Im neugefassten § 7 Abs. 7 RStV wird ein **generelles Verbot für Schleichwerbung, Produkt- und Themenplatzierung** mit abschließend geregelten Ausnahmen für Produktplatzierung in §§ 15 und 44 RStV festgelegt. Die Ausnahmen gelten nicht für Schleichwerbung und Themenplatzierung. Da der Rundfunkstaatsvertrag die Regelung nach den beiden Säulen des dualen Systems trennt, finden sich die weiteren Bestimmungen zur ausnahmsweisen Zulässigkeit von Produktplatzierung im öffentlich-recht- 150 lichen Rundfunk in § 15 RStV, die für den privaten Rundfunk in § 44 RStV. Die Regelungen weichen hinsichtlich der bezahlten Produktplatzierung voneinander ab. Beide Systeme haben die Vorgabe, entsprechende Richtlinien zu erlassen und darüber das gegenseitige Benehmen herzustellen sowie im Anschluss einen Erfahrungsaustausch über die Anwendungen dieser Richtlinien zu führen (vgl § 16 und § 46 RStV).

151 **2. Ausnahmsweise zulässige Produktplatzierung im öffentlich-rechtlichen Rundfunk.** Nach **§ 15 Satz 1 Nr. 1 RStV** ist **entgeltliche Produktplatzierung** zulässig in Kinofilmen, Filmen und Serien, Sportsendungen und Sendungen der leichten Unterhaltung, die nicht vom Veranstalter selbst oder von einem mit dem Veranstalter verbundenen Unternehmen produziert oder in Auftrag gegeben wurden, sofern es sich nicht um Sendungen für Kinder handelt. Nummer 1 umfasst damit alle **Fremdproduktionen**, also alle fertig produzierten Sendungen, die auf dem Markt erworben und nicht selbst hergestellt oder beauftragt wurden. Nach den Regeln dieses Staatsvertrages werden Tochterunternehmen den Rundfunkanstalten als verbundene Unternehmen zugeordnet. Koproduktionen werden dann als Fremdproduktionen behandelt, wenn der Veranstalter nur einen untergeordneten Teil der finanziellen Mittel bereitstellt und daher im Regelfall kein entscheidendes Mitspracherecht bei der Gestaltung der Produktion, etwa der Besetzung der Rollen und Auswahl des Produktionsteams, hat (Minderheitsproduzent). Ausnahmslos unzulässig bleibt entgeltliche Produktplatzierung jedoch bei Sendungen für Kinder.

152 Nach **§ 15 Satz 1 Nr. 2 RStV** ist **unentgeltliche Produktplatzierung** – auch als unentgeltliche Produktionshilfe bezeichnet – in einer Sendung zulässig, sofern es sich nicht um Nachrichten, Sendungen zum politischen Zeitgeschehen, Ratgeber- und Verbrauchersendungen, Sendungen für Kinder oder Übertragungen von Gottesdiensten handelt. Zulässig ist die Aufnahme eines Produktes, wenn sie redaktionell begründet ist oder der Abbildung der Lebenswirklichkeit dient und sich nur als ersparte Aufwendung auswirkt. Diese Art der Produktionshilfe ist vor allem in fiktionalen Formaten und in Form von Preisen schon bisher für zulässig gehalten worden. Die EU sieht darin aber einen Unterfall der Produktplatzierung. Eine Einschränkung der Ausnahme gilt jedoch für die aufgelisteten Formate, die ohne unterstützende Produkte Dritter allein aus Gebührengeldern finanziert werden sollen.

153 Keine Sendungen der leichten Unterhaltung sind insbesondere Sendungen, die neben unterhaltenden Elementen im Wesentlichen informierenden Charakter haben, Verbrauchersendungen und Ratgebersendungen mit Unterhaltungselementen sowie Sendungen in Regionalfensterprogrammen und Fensterprogrammen nach § 31.

154 Im Übrigen sind die **sonstigen Zulässigkeitsvoraussetzungen nach § 7 Abs. 7 RStV einzuhalten**, die für öffentlich-rechtliche wie für private Veranstalter gelten, wenn sie Produkte oder Dienstleistungen platzieren. Hierzu gehört die Anforderung, dass die redaktionelle Verantwortung und Unabhängigkeit hinsichtlich Inhalt und Sendeplatz unbeeinträchtigt bleiben müssen (vgl § 7 Abs. 7 Nr. 1 RStV). Nach § 7 Abs. 7 Nr. 2 RStV darf die Produktplatzierung zum Schutz des Verbrauchers nicht unmittelbar zu Kauf, Miete oder Pacht von Waren oder Dienstleistungen auffordern, insbesondere nicht durch spezielle verkaufsfördernde Hinweise auf diese Waren und Dienstleistungen. Nach § 7 Abs. 7 Nr. 3 RStV darf das Produkt zudem nicht zu stark herausgestellt werden; diese Vorgabe gilt auch für Produktionshilfen für geringwertige Güter. Der Veranstalter ist verpflichtet, dem unentgeltlichen oder gegen Bezahlung aufgenommenen Produkt keine auffällige, unangemessene Herausstellung („*undue prominence*“) im Sendungsverlauf einzuräumen und damit Werbeeffekte zu vermeiden. Das Produkt soll im natürlichen Handlungsablauf aus programmlich-dramaturgischen Gründen eingebunden sein. Schließlich ist gemäß § 7 Abs. 7 Satz 3 RStV auf entgeltliche Produktplatzierung sowie auf unentgeltliche Produktionshilfe eindeutig hinzuweisen (Kennzeichnungspflicht). Sie ist zu Beginn und zum Ende einer Sendung sowie bei deren Fortsetzung nach einer Werbeunterbrechung oder im Hörfunk durch einen gleichwertigen Hinweis angemessen zu kennzeichnen (vgl § 7 Abs. 7 Satz 4 RStV).

155 In der Regel kann nur bei Eigen- oder Auftragsproduktionen sichere Kenntnis von der Verwendung einer entgeltlichen oder unentgeltlichen Produktionshilfe bestehen. Entgeltliche Produktplatzierung ist in Eigen- und Auftragsproduktionen des öffentlich-rechtlichen Rundfunks ohnehin nicht erlaubt. Bei dem Erwerb von Fremdproduktionen ist entsprechend nachzufragen, da Produktplatzierungen nicht immer offensichtlich sind. Kann jedoch in einer Fremdproduktion nicht mit zumutbarem Aufwand ermittelt werden, ob in einer Sendung entgeltliche Produktplatzierung oder unentgeltliche Produktionshilfe enthalten ist, entfällt die Kennzeichnungspflicht nach § 7 Abs. 7 Satz 5 RStV. Die ARD-ZDF-Richtlinien sehen hierzu in Umsetzung der Vorgabe vor, dass darauf im programmbegleitenden Videotext oder Telemedienangebot oder in sonstiger geeigneter Weise darauf hinzuweisen ist, dass die

Aufklärung nicht möglich war (zB „*Diese Sendung könnte Produktplatzierungen enthalten.*“). Als zumutbarer Aufwand gilt, wenn die Anstalt den Verkäufer in vertraglicher oder sonstiger Weise zur Vorlage einer Erklärung auffordert, ob die Sendung Produktplatzierung enthält.

Die mit § **63 RStV** neu eingefügte **Übergangsbestimmung für Produktplatzierungen** stellt klar, dass die einschlägigen Vorschriften der §§ 7 Abs. 7 RStV sowie §§ 15 und 44 RStV nur für Sendungen gelten, die nach dem 19. Dezember 2009 produziert wurden. Dies betrifft sowohl die grundsätzliche Zulässigkeit von Produktplatzierungen als auch die Verpflichtung zur Kennzeichnung. Für vor dem 19. Dezember 2009 fertiggestellte „Altproduktionen“ gilt weiterhin die alte Rechtslage vor Inkrafttreten des 13. Rundfunkänderungsstaatsvertrags. 156

II. Dauer der Werbung, § 16 RStV

Nach § 16 Abs. 1 RStV ist Fernsehwerbung nur im **ersten Programm der ARD und im zweiten Programm des ZDF** gestattet, in den anderen Programmen, insbesondere den dritten Programmen, den Satellitenprogrammen und den digitalen Zusatzprogrammen ist Werbung gemäß § 16 Abs. 2 RStV ausgeschlossen. 157

In den Programmen, in denen Fernsehwerbung zulässig ist, ist sie gemäß § 16 Abs. 1 Satz 1 RStV auf eine Dauer von **20 Minuten je Werktag** beschränkt und darf gemäß § 16 Abs. 1 Satz 3 RStV nur vor 20 Uhr und nur von Montag bis Samstag ausgestrahlt werden; an Sonntagen und im ganzen Bundesgebiebt anerkannt Feiertagen dürfen Werbesendungen nicht ausgestrahlt werden. § 16 Abs. 1 Satz 2 RStV stellt klar, dass auf die zulässigen Werbezeiten des öffentlich-rechtlichen Rundfunks Sendezeiten mit Produktplatzierungen und Sponsorhinweise nicht angerechnet werden. Im Bereich des Hörfunks ist die Werbung gemäß § 16 Abs. 5 RStV auf den Stand vom 1. Januar 1987 eingefroren. 158

Diese unterschiedliche Ausgestaltung der quantitativen Regelungen zur Werbung für den öffentlich-rechtlichen Rundfunk einerseits und den privaten Rundfunk andererseits findet ihre rechtliche Grundlage in der europäischen **EU-Mediendienste-Richtlinie.** Darin werden zwar in EU-weit einheitliche Vorgaben zu Dauer, Platzierung und Gestaltung der Werbung im Fernsehen festgelegt, den Mitgliedstaaten wird jedoch in Art. 4 Abs. 1 der Richtlinie die Möglichkeit einräumt, Fernsehveranstalter, die ihrer Rechtshoheit unterliegen, strengeren Vorschriften für die von der Richtlinie erfassten Bereiche zu unterwerfen. Deutschland hat von dieser Möglichkeit Gebrauch gemacht. 159

In § 16 Abs. 4 RStV wird klargestellt, dass Hinweise der Rundfunkanstalten auf eigene Programme und Sendungen sowie auf Begleitmaterialien, die direkt von diesen Programmen und Sendungen abgeleitet sind, unentgeltliche Beiträge im Dienst der Öffentlichkeit einschließlich von Spendenaufrufen zu Wohlfahrtszwecken sowie gesetzliche Pflichthinweise nicht als Werbung gelten. 160

Neben den quantitativen Werberegelungen gibt es Regelungen zur **Platzierung der Werbung** im zeitlichen Programmablauf. Mit dem 13. Rundfunkänderungsstaatsvertrag wird der neue § 7a RStV eingeführt. Darin werden die bisher für öffentlich-rechtlichen und privaten Rundfunk bestehenden unterschiedlichen Vorschriften über die Einfügung von Werbung nach den bisher geltenden Regelungen (§ 15 RStV bzw § 44 RStV alte Fassung) vereinheitlicht und entsprechend der europarechtlichen Vorgaben liberalisiert. Neu ist insbesondere § 7a Abs. 3 RStV, wonach Filme – mit Ausnahme von Serien, Reihen und Dokumentarfilmen – sowie Kinofilme und Nachrichtensendungen nunmehr für jeden programmierten Zeitraum von mindestens 30 Minuten einmal für Fernsehwerbung oder Teleshopping unterbrochen werden dürfen. Bislang lag diese Grenze bei 45 Minuten. 161

Von der in der EU-Richtlinie eröffneten Möglichkeit, Werbeunterbrechungen auch in Kindersendungen zuzulassen, wurde jedoch kein Gebrauch gemacht, um das höhere Schutzniveau für Kinder beizubehalten. Es bleibt hier bei dem schon bisher bestehenden Verbot (vgl § 7a Abs. 1 RStV). 162

III. Werberichtlinien gemäß § 16f RStV

Zur Durchführung der Werbebestimmungen sind die öffentlich-rechtlichen Rundfunkanstalten in § 16f RStV – ebenso wie die Landesmedienanstalten gemäß § 46 RStV – ermächtigt, **Richtlinien** zu erlassen, um die rundfunkstaatsvertraglichen Regelungen für die Praxis zu konkretisieren und handhabbar zu machen. 163

§ 16f Satz 4 RStV stellt klar, dass die in der ARD zusammengeschlossenen Landesrundfunkanstalten und das ZDF spezifische Vorgaben zur Anwendung der Bestimmungen über Schleichwerbung, Pro- 164 dukt- und Themenplatzierung zu erarbeiten haben. Unter anderem ist dort näher zu bestimmen, wann die Voraussetzungen einer zulässigen unentgeltlichen Produktplatzierung nach § 15 Satz 1 Nr. 2 RStV gegeben sind, in welchen Formaten, in Abgrenzung zu den in § 15 Satz 1 Nr. 2 RStV genannten, eine unentgeltliche Produktplatzierung zulässig ist und in welchem Umfang sie stattfinden kann. Darüber hinaus ist näher zu bestimmen, wie in unentgeltlichen Produktplatzierungen des öffentlich-rechtlichen Rundfunks die Unabhängigkeit der Produzenten und Redaktionen gesichert sowie eine ungebührliche Herausstellung des Produkts vermieden wird und somit die Voraussetzungen des § 7 Abs. 7 Satz 2 Nr. 1 und 3 RStV erfüllt werden. Außerdem ist hier auch die in § 7 Abs. 7 Satz 6 RStV geregelte einheitliche Kennzeichnung von Produktplatzierung festzulegen.

165 § 16f Satz 5 RStV verpflichtet auch das Deutschlandradio, entsprechende Richtlinien zur Durchführung der Bestimmungen über Werbegrundsätze, Produktplatzierung und Gewinnspiele zu erlassen.

166 Die öffentlich-rechtlichen Rundfunkanstalten und die Landesmedienanstalten sind dabei gehalten, über ihre jeweiligen Richtlinien zu Werbung, Sponsoring und Produktplatzierung das Benehmen herzustellen und einen gegenseitigen Erfahrungsaustausch über die Anwendung dieser Richtlinien durchzuführen.

167 Die aktuellen Fassung der **„ARD-Richtlinien für Werbung, Sponsoring, Gewinnspiele und Produktionshilfe in der Fassung vom 12.3.2010"** sind im Internet abrufbar unter der Internetadresse http://www.br-online.de/content/cms/Universalseite/2008/03/06/cumulus/BR-online-Publikation-ab-01-201 0--85807-20100401171432.pdf.

IV. Änderung der Werbung, § 17 RStV

168 Nach § 17 RStV kann eine **Änderung** der genannten staatsvertraglichen **Bestimmungen über** die **Werbung** im öffentlich-rechtlichen Rundfunk im Wege einer Vereinbarung der Ministerpräsidenten erfolgen. Von dieser Möglichkeit wurde bislang nicht Gebrauch gemacht. Es stellt sich bezüglich dieser Regelung zudem die Frage, ob allein eine Vereinbarung der Landesregierungen ausreichend ist, staatsvertragliche Bestimmungen wirksam zu ändern.

D. Kommerzielle Tätigkeiten und Beteiligungen

169 In Umsetzung der im Beihilfeverfahren zugesagten Maßnahmen wurden durch den 12. Rundfunkänderungsstaatsvertrag vom 18. Dezember 2008 mit den §§ 16a bis e RStV neue Bestimmungen über **kommerzielle Tätigkeiten**, die **Beteiligung** an Unternehmen und die **Kontrolle** der Beteiligung an Unternehmen sowie der kommerziellen Tätigkeiten beim öffentlich-rechtlichen Rundfunk eingeführt. Kommerzielle Tätigkeiten werden definiert als solche Betätigungen des öffentlich-rechtlichen Rundfunks, bei denen Leistungen auch für Dritte im Wettbewerb angeboten werden. Die Regelungen in §§ 16a ff RStV gehen zurück auf das Beihilfeverfahren und beruhen auf dem Grundgedanken, dass eine Quersubventionierung kommerzieller Tätigkeiten aus der Rundfunkgebühr nicht stattfinden darf, weil dadurch der Wettbewerb verzerrt würde. Im Einzelnen werden hierfür folgende rechtliche Anforderungen festgelegt.

170 Nach deutschem Verständnis verhielt es sich zur Einführung der §§ 16a ff RStV so, dass wirtschaftliche Betätigungen der Rundfunkanstalten, auch wenn sie außerhalb der Programmveranstaltung stattfinden und keinen Schwerpunkt der Tätigkeit der Rundfunkanstalten darstellen, je nach Einzelfall und sachlichem Zusammenhang noch zum Funktionsbereich der Rundfunkanstalten gehören können und damit im Rahmen der sog. **Randnutzung** zulässigerweise wahrgenommen werden dürfen (vgl *Grimm*, Die wirtschaftliche Betätigung der öffentlich-rechtlichen Rundfunkanstalten, ZUM 1992, 581 ff; *Eichhorn*, Die wirtschaftliche Betätigung der öffentlich-rechtlichen Rundfunkanstalten, ZUM 1992, 592 ff; *Seidel*, Die öffentlich-rechtlichen Rundfunkanstalten als Rundfunkunternehmen, Media Perspektiven 1991, 504).

171 Auf europäischer Ebene ist es jedoch so, dass die EU-Kommission trotz Anerkennung der Kompetenz der Mitgliedstaaten zur alleinigen Definition und Organisation des öffentlich-rechtlichen Rundfunks ein grundlegend anderes Verständnis davon hat, welche Tätigkeiten als sogenannte Dienstleistungen von allgemeinem wirtschaftlichem Interesse überhaupt Teil des **Rundfunkauftrags** sein können und welche Tätigkeiten als **„kommerzielle" Tätigkeiten** in keinem Fall zulässiger Teil des Auftrags sein können. Die Auffassung der Kommission unterscheidet sich nicht nur grundlegend von dem Verständ-

nis des Auftrags nach deutschem Verfassungsrecht, sondern führt auch dazu, dass sie im Hinblick auf die durch die technologischen Veränderungen bedingten neuen Online-Dienste und digitalen Programme strenge Anforderungen an die Auftragsdefinition stellt. Die EU-Kommission begründet dies damit, dass durch die Ausweitung des Angebots der Anstalten neue Wettbewerbsverhältnisse entstehen und das Gleichgewicht zwischen öffentlich-rechtlichen und wettbewerblichen Belangen sichergestellt sein müsse.

I. Grundnorm des § 16a RStV für kommerzielle Tätigkeiten

§ 16a RStV enthält die grundlegenden Bestimmungen für **kommerzielle Tätigkeiten** der Rundfunkanstalten. Kommerzielle Tätigkeiten werden definiert als solche Betätigungen des öffentlich-rechtlichen Rundfunks, bei denen Leistungen auch für Dritte im Wettbewerb angeboten werden. Dies sind beispielsweise Werbung und Sponsoring, Verwertungsaktivitäten (insbesondere Merchandising), Produktionstätigkeiten für Dritte und die Vermietung von Senderstandorten an Dritte. Bei der Regelung des § 16a RStV handelt es sich um spezifische Vorgaben für kommerzielle Tätigkeiten. Die allgemeinen Voraussetzungen für die Beteiligung an Unternehmen sind in § 16b RStV enthalten. 172

1. Transparenz: Gesonderte Rechnungslegung durch strukturellen Separierung. „Kommerzielle Tätigkeiten" sind von den übrigen Tätigkeiten durch **gesonderte Rechnungslegung** zu trennen. „Kommerzielle Tätigkeiten" sind daher grundsätzlich durch rechtlich selbstständige Tochtergesellschaften zu erbringen, müssen also **organisationsrechtlich ausgelagert** werden. Damit soll erreicht werden, dass eine klare Trennung des kommerziellen Bereichs vom Bereich des öffentlichen Auftrags erfolgt. Eine Ausnahme vom Gebot der strukturellen Separierung kann dann gemacht werden, wenn es sich bei den kommerziellen Tätigkeiten um eine Betätigung **mit geringer Marktrelevanz** handelt. In diesem Ausnahmefall kann diese Tätigkeit auch durch die Rundfunkanstalt selbst erbracht werden. Voraussetzung ist dann jedoch, dass die Bereiche des öffentlichen Auftrags von den kommerziellen Bereichen in der Buchführung getrennt werden. Bei solchen Tätigkeiten mit geringerer Marktrelevanz handelt es sich nur um geringfügige Tätigkeiten und Einnahmen. 173

Für die öffentlich-rechtlichen Rundfunkanstalten bedeutet dies, dass auch Tätigkeiten, die bislang noch als Betriebe gewerblicher Art in den Anstalten durchgeführt werden, im Wege des Outsourcings ausgegliedert werden müssen. 174

2. Marktkonformität und Fremdvergleich. Kommerzielle Tätigkeiten dürfen **nur unter Marktbedingungen** erbracht werden. Dies schließt insbesondere aus, dass hierfür Mittel eingesetzt werden, die für die Erfüllung des Auftrags bestimmt sind (Verbot der Quersubventionierung). Damit wird zugleich den Vorgaben der EU-Kommission entsprochen, dass Rundfunkgebührenmittel nicht für kommerzielle Tätigkeiten verwendet werden dürfen. 175

Um sicherzustellen, dass bei der organisationsrechtlichen Trennung der kommerziellen Tätigkeiten von den Tätigkeiten im Rahmen des Auftrags keine Rundfunkgebührenmittel fließen, besteht zudem die Vorgabe, dass sich die Rundfunkanstalten auch im Verhältnis zu ihren kommerziell tätigen Tochterunternehmen marktkonform zu verhalten haben. **Marktkonformität** bedeutet in diesem Zusammenhang, dass sie auch gegenüber ihren Tochtergesellschaften solche Bedingungen vorzusehen haben, die am Markt gelten (sog. **„arms length principle"**). Dies bedeutet, dass Leistungen gegenüber den Töchtern zu Marktpreisen zur Verfügung zu stellen sind und Entgelte an die Tochterunternehmen für Leistungen zu Marktpreisen zu zahlen sind. In Verbindung mit der Anforderung, dass sich die Tochtergesellschaften selbst am Markt marktkonform verhalten müssen, wird sichergestellt, dass eine Wettbewerbsverzerrung durch diese kommerzielle Tätigkeit ausgeschlossen ist. 176

3. Genehmigung der kommerziellen Tätigkeiten durch die zuständigen Gremien. § 16a Abs. 2 RStV enthält die näheren Vorgaben für die Aufnahme kommerzieller Tätigkeiten. Die Aufnahme kommerzieller Tätigkeiten durch Tochtergesellschaften bedarf grundsätzlich der vorherigen Zustimmung durch das zuständige Aufsichtsgremium der Rundfunkanstalt. Für die Prüfung sind den Gremien umfassende Unterlagen vorzulegen; die näheren Einzelheiten sind in § 16a Abs. 2 Satz 2 RStV geregelt. 177

II. Beteiligung an Unternehmen, § 16b RStV

§ 16b RStV enthält die Voraussetzungen, unter denen öffentlich-rechtliche Rundfunkanstalten private Unternehmen gründen bzw sich **an Unternehmen mittelbar oder unmittelbar beteiligen** können. Da- 178 neben gelten die besonderen Vorgaben des § 16a RStV, wenn von diesen Beteiligungsgesellschaften kommerzielle Tätigkeiten ausgeübt werden sollen.

179 Öffentlich-rechtliche Rundfunkanstalten dürfen Unternehmen, die einen gewerblichen oder sonstigen wirtschaftlichen Zweck zum Gegenstand haben, nur gründen oder sich daran beteiligen, wenn dies im sachlichen Zusammenhang mit ihren gesetzlichen Aufgaben steht, das Unternehmen die Rechtsform einer juristischen Person besitzt und die Satzung des Unternehmens einen Aufsichtsrat oder ein entsprechendes Organ vorsieht. Soweit eine Rundfunkanstalt Strukturen außerhalb ihrer öffentlich-rechtlichen Organisation bildet, soll damit eine hinreichende Transparenz und Lenkbarkeit durch die Rundfunkanstalt als Inhaberin der Beteiligung sichergestellt werden.

180 Die Rundfunkanstalten haben sich bei einer Beteiligung oder Gründung einer hundertprozentigen Tochter durch geeignete Regelungen den nötigen Einfluss auf die Geschäftsleitung des Unternehmens, namentlich eine angemessene Vertretung im Aufsichtsgremium zu sichern und eine Prüfung der Betätigung der Anstalt bei dem Unternehmen unter Beachtung kaufmännischer Grundsätze durch einen Wirtschaftsprüfer auszubedingen (vgl § 16b Abs. 2 und 3 RStV).

III. Kontrolle der Beteiligung an Unternehmen, § 16c RStV

181 Mit den §§ 16c und 16d RStV werden Vorschriften neu eingefügt, die die **Kontrolle** über die Anstalten auf den Bereich der Tochtergesellschaften und Beteiligungsunternehmen erstrecken. Besondere Bestimmungen über die Kontrolle der kommerziellen Tätigkeiten enthält dabei § 16d RStV (s. hierzu unter IV), während § 16c RStV die allgemeinen Regelungen für die Kontrolle der Beteiligungen einer Rundfunkanstalt festlegt.

182 **1. Effektives Beteiligungscontrolling und regelmäßige Informationen an das zuständige Aufsichtsgremium der Rundfunkanstalt.** § 16c Abs. 1 RStV legt fest, dass in den Rundfunkanstalten als Muttergesellschaften ein **effektives Controlling** über die Beteiligungen einzurichten ist. Dies dient mittelbar auch dazu, bei den Rundfunkanstalten die Kontrolle durch die Gremien auch auf die Beteiligungsunternehmen zu erstrecken. Deshalb ist auch vorgesehen, dass der Intendant das jeweilige Aufsichtsgremium der Rundfunkanstalt regelmäßig über die wesentlichen Vorgänge in den Beteiligungsunternehmen, insbesondere über deren aktuelle finanzielle Entwicklung, unterrichtet. Sofern es sich hierbei um kommerzielle Tätigkeiten handelt, die in die Tochtergesellschaft ausgelagert wurden, ist § 16e RStV zu beachten, der eine generelle Haftungsübernahme durch die Rundfunkanstalt selbst untersagt. Außerdem ist zu beachten, dass bei kommerziellen Tätigkeiten eine Quersubventionierung durch die Rundfunkanstalt nicht zulässig ist.

183 **2. Jährlicher Beteiligungsbericht des Intendanten.** Neben der aktuellen Unterrichtung des Aufsichtsgremiums durch den Intendanten wird zudem ein **jährlicher turnusmäßiger Beteiligungsbericht** durch den Intendanten vorgeschrieben, der eine Übersicht über sämtliche unmittelbaren und mittelbaren Beteiligungen der Rundfunkanstalt zu geben und diese nach ihrer wirtschaftlichen Bedeutung zu bewerten hat (vgl § 16c Abs. 2 RStV). Kommerzielle Tätigkeiten sind in diesem Bericht gesondert darzustellen. Dabei ist darzulegen, dass die besonderen Voraussetzungen und Vorgaben für kommerzielle Tätigkeiten eingehalten werden.

184 Der Bericht soll zudem eine Zusammenfassung darüber enthalten, welches Ergebnis das Controlling durch die Rundfunkanstalt in Bezug auf die jeweilige Beteiligung ergeben hat. Das Aufsichtsgremium der Rundfunkanstalt ist ferner über solche Vorgänge gesondert zu informieren, denen eine besondere Bedeutung im Hinblick auf die Beteiligung zukommt. Dies gilt nicht nur in wirtschaftlicher Hinsicht, sondern insbesondere auch im Hinblick auf die Geschäftspolitik und Ausrichtung des Beteiligungsunternehmens. Um neben der internen Kontrolle durch die Gremien in der Rundfunkanstalt eine externe Kontrolle zu ermöglichen, ist schließlich vorgesehen, dass der Bericht den jeweils zuständigen Rechnungshöfen und der aufsichtsführenden Landesregierung zu übermitteln ist.

185 **3. Prüfungsrecht der Rechnungshöfe bezüglich bestimmter Beteiligungsunternehmen.** § 16c Abs. 3 RStV enthält das **Prüfungsrecht der Rechnungshöfe** bezüglich der Wirtschaftsführung bestimmter Beteiligungsunternehmen der Rundfunkanstalten. Dies gilt für solche Beteiligungsunternehmen, an denen die Rundfunkanstalten mit anderen öffentlich-rechtlichen juristischen Personen mit Mehrheit beteiligt sind und der Gesellschaftsvertrag oder die Satzung dieses Prüfungsrecht vorsieht. Damit kommt es nicht auf die Beteiligung der einzelnen Rundfunkanstalt an, sondern auf die Beteiligung der öffentlichen

Hand insgesamt. Die Rundfunkanstalten sind verpflichtet, für die Aufnahme der erforderlichen Regelungen in den Gesellschaftsvertrag oder in die Satzung des Unternehmens zu sorgen.

Wenn mehrere Rechnungshöfe für die Prüfung der Rundfunkanstalt zuständig sind, was insbesondere bei Mehrländeranstalten oder einer Tochtergesellschaft mehrerer Rundfunkanstalten möglich ist, können die zuständigen Rechnungshöfe die Prüfung auf einen Rechnungshof aus ihrem Kreis übertragen (vgl § 16c Abs. 4 RStV). 186

IV. Zusätzliche Vorgaben für die Kontrolle der kommerziellen Tätigkeiten, § 16d RStV

§ 16d RStV enthält besondere und zusätzlich zu beachtende Bestimmungen über die **Kontrolle der kommerziellen Tätigkeiten**, die regelmäßig durch rechtlich selbstständige Tochtergesellschaften zu erbringen sind. Es unterliegen allerdings nur kommerzielle Tätigkeiten solcher Gesellschaften der besonderen Kontrolle, bei denen die Rundfunkanstalten mit Mehrheit beteiligt sind. 187

1. Bestellung eines Abschlussprüfers im Einvernehmen mit dem Rechnungshof. Sofern ein Prüfungsrecht der zuständigen Rechnungshöfe besteht (vgl § 16c Abs. 3 Satz 2 RStV), ist vorgesehen, dass der nach § 319 Abs. 1 Satz 1 HGB jährlich zu bestellende **Abschlussprüfer für das kommerziell tätige Unternehmen** nur im Einvernehmen mit dem zuständigen Rechnungshof bestellt werden kann. Damit soll gewährleistet werden, dass die Abschlussprüfung auch diejenigen Fragestellungen erfasst, die sich aufgrund der Vorgaben für kommerzielle Tätigkeiten gemäß § 16a RStV für die Rundfunkanstalt und deren Beteiligungsunternehmen ergeben. 188

2. Fragenkatalog zur Einhaltung der Vorgaben für kommerziellen Tätigkeiten. Die Fragestellungen für den Abschlussprüfer werden von dem zuständigen Rechnungshof festgelegt und müssen dabei insbesondere den Nachweis der Einhaltung der staatsvertraglichen Vorgaben für kommerzielle Aktivitäten in § 16a RStV umfassen. Die Rundfunkanstalten haben daher dafür zu sorgen, dass der Abschlussprüfer bei den kommerziell tätigen Beteiligungsunternehmen in seine Prüfung die von den jeweils zuständigen Rechnungshöfen festgelegten Fragestellungen mit aufnimmt. 189

3. Jahresabschlussprüfung durch ausgewählte Wirtschaftsprüfer. Die nach diesem Verfahren ausgewählten Wirtschaftsprüfer testieren den **Jahresabschluss der Beteiligungsunternehmen** nach den jeweiligen handelsrechtlichen Vorschriften und berichten den zuständigen Rechnungshöfen hierüber und über die von diesen festgelegten besonderen Fragestellungen zu kommerziellen Tätigkeiten. Das Ergebnis der Abschlussprüfung und den Abschlussbericht teilen sie den zuständigen Rechnungshöfen mit. Bei festgestellten Verstößen gegen die Vorgaben für kommerzielle Tätigkeiten ist die Rechtsaufsicht zu informieren (vgl § 16d Abs. 1 Satz 8 RStV). Damit soll sichergestellt werden, dass die Rechtsaufsicht, sofern eine Abhilfe durch den Intendanten oder die Gremien nicht erfolgt, entsprechend handeln kann. 190

4. Verankerung des Prüfungsrechts des Abschlussprüfers in der Satzung des Beteiligungsunternehmens. Die Rundfunkanstalten haben – spiegelbildlich zur Verankerung des allgemeinen Prüfungsrechts der Rechnungshöfe für Beteiligungen insgesamt in § 16c Abs. 3 RStV – auch dafür Sorge zu tragen, dass die entsprechenden speziellen Regelungen für die Bestellung des Abschlussprüfers in den **Gesellschaftsvertrag oder die Satzung** des kommerziell tätigen Beteiligungsunternehmens aufgenommen werden. 191

5. Übermittlung der Gesamtergebnisse der Rechnungshofprüfung an Intendant, zuständige Aufsichtsgremien und Beteiligungsunternehmen sowie zuständige Landtage und KEF. Das Gesamtergebnis der Prüfungen der Rechnungshöfe zu kommerziellen Tätigkeiten ist vollständig dem jeweiligen **Intendanten** der beteiligten Rundfunkanstalt und den dortigen **Aufsichtsgremien** sowie den **geprüften Beteiligungsunternehmen** selbst zu übermitteln. Während der Intendant und die Aufsichtsgremien der beteiligten Rundfunkanstalt umfassend informiert werden müssen, ist den Landesregierungen und den Landtagen der die Rundfunkanstalten tragenden Länder und der KEF lediglich das wesentliche Ergebnis der Prüfung zu übermitteln. Bei der Zusammenfassung der wesentlichen Ergebnisse ist darauf zu achten, dass durch die Weitergabe die Wettbewerbsfähigkeit des Beteiligungsunternehmens nicht beeinträchtigt wird, insbesondere Betriebs- und Geschäftsgeheimnisse gewahrt werden. 192

V. Haftung für kommerziell tätige Beteiligungsunternehmen, § 16e RStV

193 § 16e RStV untersagt den Rundfunkanstalten die Übernahme einer Haftung für kommerziell tätige Beteiligungsunternehmen. Das Verbot gilt nicht nur für eine ausdrückliche vertragliche Haftungsübernahme, sondern für sämtliche Gestaltungen, die zu einer gesetzlichen Haftung der Rundfunkanstalten für das Beteiligungsunternehmen führen, zB den Abschluss von Ergebnisabführungsverträgen oder sonstigen eine Haftung auslösenden Unternehmensverträgen. Damit soll eine Wettbewerbsverzerrung verhindert werden. Da die Rundfunkanstalten selbst nicht insolvenzfähig sind, würde die Übernahme einer Haftung den kommerziell tätigen Beteiligungsunternehmen einen Wettbewerbsvorteil dahin gehend verschaffen, dass sie an dieser Bonität der Mutterunternehmen teilhaben. Dies würde es ihnen wiederum ermöglichen, zu günstigeren Bedingungen als andere Unternehmen Kredite aufzunehmen. Damit läge ein Verstoß gegen die Pflicht des marktkonformen Verhaltens der Rundfunkanstalten gegenüber ihren Beteiligungsunternehmen mit kommerziellen Tätigkeiten vor.

VI. Erweiterte Prüfungsrechte der KEF

194 Das wesentliche Ergebnis der Prüfungen der Rechnungshöfe zu kommerziellen Tätigkeiten ist auch der KEF zu übermitteln (vgl § 16d Abs. 2 Satz 2 RStV). Die Anstalten können diesen Prüfmitteilungen ihre eigene Stellungnahme hinzufügen.

195 In § 1 Abs. 4 RFinStV wurde zudem eine staatsvertragliche Regelung verankert, wonach, sofern die jährlichen Gesamterträge der Anstalten die Gesamtaufwendungen für die Auftragserfüllung um mehr als 10% der Rundfunkgebühren übersteigen, diese Beträge als Rücklage anzulegen und zu verzinsen sind, um damit die systembedingte Unterdeckung für den angemeldeten Bedarf für den weiteren Verlauf abzudecken. Die **KEF prüft**, inwieweit die Anstalten diese Reserven für im Voraus festgelegte Zwecke verwendet haben. Überschüsse werden von der KEF als Grundlage für ihre Fortschreibungen genutzt und die für diese Position angesetzten Mittel für die nächste Gebührenperiode entsprechend geringer berücksichtigt (vgl § 3 Abs. 2 RFinStV). Ebenso wird staatsvertraglich abgesichert, dass die Gesamterträge der Anstalten aus Gebühren die Nettokosten nicht übersteigen, die aus dem öffentlich-rechtlichen Auftrag erwachsen, bei Berücksichtigung der anderen direkten oder indirekten Einnahmen aus diesem Auftrag (vgl § 3 Abs. 2 Satz 1 RFinStV). Schließlich ist in § 3 Abs. 5 RFinStV nunmehr vorgesehen, dass die KEF durchgängig eine Überprüfung auf der Basis von Ist-Zahlen vornimmt. Die gegenwärtige Praxis hält sich im Rahmen der in diesem Komplex vorgesehenen Regelungen. Sie sind aus Sicht der Kommission aus systematischen Gründen erforderlich, bedeuten aber – vorbehaltlich der Ausgestaltung bei der Umsetzung – keine Verschlechterung des gegenwärtigen Zustandes.

E. Sonstige Vorschriften

I. Versorgungsauftrag, § 19 RStV

196 In § 19a RStV wurde aus systematischen Gründen die bisher in § 52a Abs. 2 RStV enthaltene Bestimmung zur Digitalisierung der Angebote des öffentlich-rechtlichen Rundfunks in den II. Abschnitt des Rundfunksstaatsvertrages mit den Vorschriften über den öffentlich-rechtlichen Rundfunk im Wesentlichen unverändert übernommen.

197 In § 19a Satz 1 RStV wird nunmehr allgemein bestimmt, dass der öffentlich-rechtliche Rundfunk seinem gesetzlichen Auftrag durch **Nutzung aller geeigneter Übertragungswege** nachkommen kann. Bisher war diese Aussage auf die Verpflichtung zur Versorgung der Bevölkerung mit Rundfunk beschränkt. Mit dieser Änderung soll klargestellt werden, dass dies nicht nur für Rundfunkprogramme, sondern für alle vom gesetzlichen Auftrag umfassten Angebote des öffentlich-rechtlichen Rundfunks gilt.

198 § 19a RStV in seiner Neufassung ist Ausdruck der verfassungsrechtlich geschützten Entwicklungsgarantie für den öffentlich-rechtlichen Rundfunk. Er konkretisiert die bisherige Bestimmung in § 19a Satz 1 RStV, indem klargestellt wird, dass bei der Wahl geeigneter Übertragungswege für die Verbreitung der vom Auftrag umfassten Angebote der Rundunkanstalten insbesondere die **Grundsätze der Wirtschaftlichkeit und Sparsamkeit** zu beachten sind.

199 Zur Förderung der Digitalisierung gilt generell, dass die analoge Verbreitung bisher ausschließlich digital verbreiteter Programme unzulässig ist (vgl § 19a Satz 3 RStV).

II. Beanstandungen, 19a RStV

Mit dem 12. Rundfunkänderungsssstaatsvertrag wurde die neue Regelung in § 19a RStV eingefügt. 200
Danach können die zuständigen Aufsichtsgremien der in der ARD zusammengeschlossenen Landesrundfunkanstalten, des ZDF und des Deutschlandradios vom Intendanten verlangen, dass er bei Rechtsverstößen **Beanstandungen** der Gremien im Programm **veröffentlicht**. Dies soll zu einer Stärkung der Position der Gremien beitragen. Die Regelung hatte in der Praxis bisher noch wenig Relevanz.

30. Abschnitt: Werberecht der elektronischen Medien

Schrifttum: *Ahrens,* Das Herkunftslandprinzip in der E-Commerce-Richtlinie, CR 2000, 835 ff; *Baetge*, Unverlangte E-Mail-Werbung zwischen Lauterkeits- und Deliktsrecht, NJW 2006, 1037 ff; *Bornkamm/Seichter,* Das Internet im Spiegel des UWG, CR 2005, 747 ff; *Brömmelmeyer*, E-Mail-Werbung nach der UWG-Reform, GRUR 2006, 285 ff; *BVDW,* Online-Werbeinvestitionen zeigen 2010 ein sattes Plus, Internet ist erstmals zweitstärkstes Werbemedium, OVK Online-Report 2011/01, 4 ff; *Dieselhorst,* Anmerkung zum Urteil des LG Frankfurt/Main: „Index-Spamming" zugunsten Internet-Apotheke, CR 2002, 224 ff; *Ernst,* Anmerkung zum Urteil des LG Hamburg: Meta-Tags, CR 2000, 122 ff; *ders.*, Suchmaschinenmarketing (Keyword-Advertising, Doorwaypages u.ä.) im Wettbewerbs- und Markenrecht, WRP 2004, 278 ff; *ders.*, „in-context behavioral advertising" – Pop-Up-Werbefenster, MMR 2004, 840 ff, JurPC Web-Dok. 230/2004; *Fezer,* Markenschutzfähigkeit der Kommunikationszeichen und Kommunikationsschutz der Marken, WRP 2010, 165 ff; *Fezer*, Markenrecht, 4. Aufl. 2009; *Fezer/Mankowski,* Lauterkeitsrecht, 2. Aufl. 2010; *Gloy/Loschelder/Erdmann-Hasselblatt,* Handbuch des Wettbewerbsrecht, 4. Aufl. 2010; *Hefermehl/Köhler/Bornkamm*, Gesetz gegen den unlauteren Wettbewerb, 29. Aufl. 2011; *Henning-Bodewig*, Das europäische Wettbewerbsrecht: Eine Zwischenbilanz, GRUR Int. 2002, 389 ff; *Hoeren*, Internetrecht, Skript, 2011; *ders.*, Anmerkung zum BGH-Urteil „Paperboy": Keine wettbewerbsrechtlichen Bedenken mehr gegen Hyperlinks?, GRUR 2004, 1 ff; *ders./Sieber/Süßenberger,* Hyperlinks zu Mitbewerbern oder Verbänden, in: Handbuch Multimedia-Recht, Stand 2010; *Hünsch,* Keyword Advertising – Rechtmäßigkeit suchwortabhängiger Werbebanner in der aktuellen Rechtsprechung, MMR 2006, 357 ff; *Ingerl/Rohnke*, Markengesetz, 3. Aufl. 2010; *Kaufmann*, Metatagging – Markenrecht oder reformiertes UWG?, MMR 2005, 348 ff; *Leistner/Pohtmann*, Email-Direktmarketing im neuen europäischen Recht und in der UWG-Reform, WRP 2003, 815 ff; *Leitgeb,* Virales Marketing – Rechtliches Umfeld für Werbefilme auf Internetportalen wie YouTube, ZUM 2009, 39 ff; *Mankowski,* Besondere Formen von Wettbewerbsverstößen im Internet und Internationales Wettbewerbsrecht, GRUR Int. 1999, 995 ff; *Metzger*, Anmerkung zum Urteil des LG Hamburg: Verlinkung auf Webseite eines Konkurrenten, CR 2001, 265 ff; *Musiol,* Keine markenmäßige Benutzung durch Google-AdWords, GRUR-prax 2010,

147 ff; *Ohlenburg*, Die neue EU-Datenschutzrichtlinie 2002/58/EG – Auswirkungen und Neuerungen für elektronische Kommunikation, MMR 2003, 82 ff; *Ohly*, Herkunftslandprinzip und Kollisionsrecht, GRUR Int. 2001, 889 ff, *ders./Piper*, UWG, 4. Aufl. 2006; *ders.*, Keyword Advertising auf dem Weg zurück von Luxemburg nach Paris, Wien, Karlsruhe und Den Haag, GRUR 2010, 776 ff; *Pierson*, Online-Werbung nach der UWG Reform, K&R 2006, 489 ff; *ders./Bretall*, „Das neue „neue UWG": Von der Reform 2004 zur Reform 2008, JurPC Web-Dok. 203/2009; *Sack*, Das internationale Wettbewerbs- und Immaterialgüterrecht nach der EGBGB Novelle, WRP 2000, 269 ff; *ders.*, Vom Erfordernis der markenmäßigen Benutzung zu den Markenfunktionen bei der Haftung für Markenverletzungen, WRP 2010, 198, 205 ff; *Schubert*, Das Verständnis des aufmerksamen und verständigen Durchschnittsverbrauchers über Meta-Tags, JurPC Web-Doc 86/2006; *Spindler*, Das Gesetz zum elektronischen Geschäftsverkehr – Verantwortlichkeit der Diensteanbieter und Herkunftslandprinzip, NJW 2002, 921 ff; *Viefhues*, Internet und Kennzeichenrecht: Meta-Tags, MMR 1999, 336 ff; *Wiebe*, Anmerkung zum Urteil des OLG Celle: Deep Links, CR 1999, 524 ff.

A. Einleitung

Marketing- und Werbeausgaben im Bereich der Onlinekommunikation nehmen weiter stark zu und verdrängen in einigen Bereichen bereits die Werbung in den klassischen Medien. Im Jahr 2010 wuchs der Online-Werbemarkt in Deutschland um insgesamt 26 Prozent auf 5,4 Mrd. Euro und nimmt damit inzwischen einen Anteil von 19,2 Prozent der Gesamtwerbeausgaben ein (Online-Vermarkterkreis im BVDW, OVK Online-Report 2011/01, S. 4, 6). Die Ausgaben haben damit 2010 erstmals die Investitionen in die klassische Zeitungswerbung übertroffen (19,0 Prozent). Online-Werbung hat sich damit als zweitstärkstes Werbemedium nach dem noch immer dominanten Fernsehen (39,1 Prozent) etabliert. Während die Werbeinvestitionen in den klassischen Massenmedien Print, Hörfunk und Fernsehen in einem wirtschaftlich schwachen Umfeld bis 2009 sanken oder nur leicht anstiegen, verzeichnete die Online-Werbung nach Angaben des OVK kontinuierlich starke Wachstumsraten (2009: 16 Prozent, 2010: 26 Prozent, Prognose für 2011: 19 Prozent). Damit weist das Internet mit Abstand die höchste prozentuale Wachstumsrate aller Medienformen auf. 1

Eine gesetzliche **Definition** der Onlinewerbung existiert nicht. Versteht man „Werbung" als jede Äußerung gegenüber Dritten zur Förderung des Absatzes von Waren oder Dienstleistungen (vgl Art. 2 Nr. 1 Richtlinie Nr. 84/450/EWG vom 10. September 1984 über irreführende und vergleichende Werbung, ABl. EG Nr. L 250, S. 17), so bedeutet Onlinewerbung die Absatzförderung unter Zuhilfenahme von Onlinekommunikation. Allerdings erfordern einige Varianten des Onlinemarketings gar keine „Äußerungen gegenüber Dritten" (zum Beispiel Suchmaschinenmarketing). Deshalb spricht vieles dafür, die Begriffe der Onlinewerbung und des Onlinemarketings weiter zu fassen, im Sinne des gemeinschaftsrechtlichen Begriffs der **kommerziellen Kommunikation**. Dies ist „jede Form" der Kommunikation, die der „unmittelbaren oder mittelbaren Förderung" des Absatzes oder des Erscheinungsbildes eines Unternehmens dient (§ 2 Nr. 5 TMG; vgl auch Art. 2 f der Richtlinie 2000/31/EG vom 8. Juni 2000 über bestimmte rechtliche Aspekte der Dienste der Informationsgesellschaft, insbesondere des elektronischen Geschäftsverkehrs im Binnenmarkt, ABl. EG Nr. L 178, 1 ff; dazu im Einzelnen *Pierson*, K&R 2006, 489, 491). 2

Im Markt haben sich zahlreiche, in Funktionsweise und Wirkung höchst unterschiedliche Werbeformen entwickelt. Neben Varianten, die sich an herkömmliche Formen aus dem Print- oder Fernsehbereich anlehnen (zB Display-Werbung), sind andere Techniken durch die spezifische Funktionsweise der Onlinekommunikation erst möglich geworden (Suchmaschinenmarketing, Social Media Marketing). Leitgedanke der rechtlichen Beurteilung ist das **Trennungsgebot**: Kommerzielle Kommunikation und redaktionelle Inhalte müssen erkennbar voneinander getrennt sein (vgl § 6 Absatz 1 Nr. 1 TMG, §§ 7 Abs. 3 und 58 Abs. 1 RStV, § 4 Nr. 3 UWG, § 10 HmbPresseG). Das ursprünglich für den Bereich der Presse entwickelte Gebot, den Verbraucher vor kommerziell geprägter, jedoch verdeckter Beeinflussung der publizistisch aufbereiteten Information zu bewahren (dazu Abschnitt 24 Rn 3 ff), wird durch lauterkeits-, urheber- und markenrechtliche Regelungen ergänzt und erweitert, wobei sich die rechtlichen Grenzen der einzelnen Werbeformen nach ihren technischen Besonderheiten richten. 3

B. Graphische Werbeformen

I. Display-Werbung

4 **1. Begriff.** Unter Display-Werbung versteht man alle Werbemittel im Internet, die mit visuellen Elementen (Grafiken, Animationen, Videos) arbeiten. Einen Unterfall der Display-Werbung stellt die sogenannte Banner-Werbung dar, bei der die entsprechende Datei (meist in Form einer Flash- oder GIF-Datei) auf einer Fläche der Webseite eingebunden wird. In der Regel sind Display-Werbeformen verlinkt, dh ein Klick auf die Werbefläche öffnet eine Webseite, auf der meist weitere Informationen und Produkte angeboten werden. Die Erscheinungsformen der Display-Werbung entsprechen im Großen und Ganzen den Presseanzeigen. Dabei wird in der Werbewirtschaft unter Berücksichtigung von Größe, Form und Platzierung zwischen zahlreichen spezifischen Typen unterschieden, wie beispielsweise Wallpaper, Super Banner, Rectangle, Skyscraper, Expanding Banner, Pop-Under oder Microsite. Die Begrifflichkeit ist allerdings nicht einheitlich (vgl auch die Übersicht bei Fezer/*Mankowski*, Lauterkeitsrecht 2010, § 4-S 12, Rn 68). Displaywerbung ist wirtschaftlich der bedeutendste Sektor im Online-Marketing.

5 **2. Rechtliche Beurteilung.** Display-Werbung ist als kommerzielle Kommunikation zu kennzeichnen, jedenfalls aber in ihrer gestalterischen Erscheinung hinreichend deutlich von etwaigen publizistischen Inhalten der Webseite zu trennen (vgl § 6 Abs. 1 TMG). Dabei kann grundsätzlich auf die für den Print- und TV-Bereich zum Trennungsgebot formulierten Anforderungen zurückgegriffen werden, denn im Kern unterscheidet sich die Funktionalität von Onlinewerbung nicht von Werbemaßnahmen in herkömmlichen Massenmedien. Den Trennungs- und Transparenzanforderungen ist in der Regel durch die Ausgestaltung der typischen Bannerformen genügt (Fezer/*Mankowski*, Lauterkeitsrecht, 2010, § 4-S 12, Rn 70), solange sich das Banner äußerlich ausreichend vom redaktionellen Inhalt einer Webseite abhebt. Die Inhalte der werblichen Aussagen unterliegen den allgemeinen Regeln des Äußerungs-, Wettbewerbs- und Markenrechts.

II. Pop-ups

6 **1. Begriff.** Ein **Pop-up** ist eine Werbeanzeige in Bannerform, die sich beim Aufruf einer Webseite automatisch in einem separaten, zumeist kleineren Fenster über den Inhalt der aufgerufenen Webseite legt. Das Fenster kann üblicherweise durch einen Mausklick wieder geschlossen werden. Die meisten Web-Browser bieten einen sogenannten Pop-up-Blocker an, der das Aufpoppen automatisch unterbindet. Interstitials und AdBreaks sind großformatige Pop-ups. Beim **Interstitial** („Zwischeneinblendung“) erscheint die Werbung unmittelbar bei Aufruf der Webseite. Demgegenüber wird ein **Ad-Break** in einer zeitlich vorher festgelegten Abfolge vor den eigentlichen Inhalt der aufgerufenen Seite geschaltet. Einen unter Werbenden sehr beliebten Sonderfall stellen **Pop-Unders** dar. Sie öffnen sich im Hintergrund der aktuellen Browserinstanz und fallen dem Nutzer meist erst ins Auge, wenn er das Fenster im Vordergrund schließt.

7 **2. Rechtliche Beurteilung.** Es muss für den Nutzer eindeutig erkennbar sein, dass es sich beim Pop-up um vorgeschaltete Werbung handelt. Ist dies der Fall und kann die Werbeeinblendung im Übrigen jederzeit vom Nutzer geschlossen werden, so bleibt sie trotz des Belästigungspotentials für den Nutzer in aller Regel unter der Schwelle der unzumutbaren Belästigung (§ 7 Abs. 1 UWG; vgl Hefermehl/*Köhler*/Bornkamm, UWG 2009, § 4 Rn 1.209; Gloy/Loschelder/Erdmann-*Hasselblatt*, Wettbewerbsrecht 2010, § 61 Rn 101; aA Fezer/*Mankowski*, Lauterkeitsrecht, 2010, § 4-S 12, Rn 149). Etwas anderes gilt bei sogenannten **Exit-Pop-ups.** Diese öffnen sich beim Wegklicken eines anderen Banners oder beim Versuch, eine Webseite zu verlassen, ohne dass der Nutzer darauf Einfluss hätte. So ist es dem Nutzer nur unter erschwerten Bedingungen oder gar nicht möglich, die aufgerufene Seite zu verlassen. Exit-Pop-ups sind als unzumutbare Belästigung wettbewerbswidrig, denn der Nutzer wird gegen seinen Willen gezwungen, sich auf der Seite des Verwenders aufzuhalten, dessen Angebot zur Kenntnis zu nehmen und gegebenenfalls auch noch Kosten für die Belegung des Internetanschlusses aufzuwenden (LG Düsseldorf MMR 2003, 486, 487). Pop-unders sind dagegen in der Regel rechtlich unproblematisch, da das Schließen des eigentlichen Fensters nicht erschwert oder verzögert wird und sie vom Nutzer jederzeit geschlossen werden können.

8 Werden Pop-ups ohne die Zustimmung des Betreibers auf der Webseite eines Wettbewerbers platziert, kommen, je nach Einzelfall, wettbewerbsrechtliche Maßnahmen wegen Rufausbeutung und gezielter Behinderung in Betracht (§ 4 Nr. 10 UWG; vgl LG Köln, MMR 2004, 840, 840 [Ls.] = JurPC Web-

Dok. 230/2004), denn solche Maßnahmen sind unter anderem geeignet, fremde Kundenströme auf die Internetpräsenz des Handelnden umzuleiten. Außerhalb eines Wettbewerbsverhältnisses muss auf das allgemeine Deliktsrecht (§§ 823 Abs. 1, 1004 BGB, vgl Hefermehl/*Köhler*/Bornkamm, Wettbewerbsrecht 2009, § 4 Rn 1.209 f) oder Besitzstörung zurückgegriffen werden (*Bornkamm/Seichter*, CR 2005, 747, 752).

III. Videowerbung

1. Begriff. Durch die zunehmende Verbreitung schneller Internetanschlüsse hat sich Bewegtbildwerbung etabliert. Gängige Werbeformen sind das **Pre-Roll**, bei der ein Werbeclip vor der Anzeige des aufgerufenen Videoinhalts eingeblendet wird, und das **Post-Roll**, bei dem die entsprechende Einblendung im Anschluss an das Video erfolgt. Eine Zwischenform ist das **Mid-Roll**, bei dem der Inhalt durch eine Werbebotschaft unterbrochen wird. Ein weiterer Verbreitungsweg für Videowerbung ist die sogenannte virale Verbreitung: Hier ist die Werbebotschaft nicht mit einem vom Nutzer nachgefragten Inhalt verknüpft. Stattdessen setzen die Absender darauf, dass der jeweilige Werbefilm als solcher in der Zielgruppe so populär ist, dass diese ihn freiwillig an Freunde und Bekannte über soziale Netzwerke oder andere Online-Kommunikationswege (zB E-Mail) weiterleiten. Zur rechtlichen Einordnung viraler Werbung siehe Rn 74 ff. 9

2. Rechtliche Bewertung. Pre-, Post- und Midrolls unterliegen inhaltlich denselben Grundsätzen wie klassische Fernsehwerbung. Ihr Inhalt muss den Anforderungen des Jugendmedienschutzstaatsvertrages bzw des Rundfunkstaatsvertrages genügen. Auch muss es für den Nutzer eindeutig erkennbar sein, dass es sich um Werbung handelt. Es kann auf die für den TV-Bereich entwickelten Anforderungen verwiesen werden. Die Werbung muss durch optische und/oder akustische Mittel deutlich vom eigentlichen Inhalt abgegrenzt sein. Im Übrigen sind §§ 7 und 8 RStV gemäß § 58 Abs. 3 RStV bei fernsehähnlichen Internetangeboten entsprechend anwendbar. 10

C. Suchmaschinen

Um die Flut an Informationen im Internet zu ordnen, stehen den Nutzern **Suchprogramme** zur Verfügung, die das Internet nach Begriffen durchkämmen. Die Suchprogramme bündeln ein erhebliches Maß an Aufmerksamkeit auf Seiten der Nutzer. Deshalb hat das Marketing unter Einsatz von Suchprogrammen erheblich zugenommen. Die entsprechenden Marketing-Tätigkeiten werden unter den Begriffen SEM („Search Engine Marketing") und SEO („Search Engine Optimisation") zusammengefasst. Die hierunter gefassten Tätigkeiten sind vielfältig und ändern sich fortlaufend mit der technischen Entwicklung und Veränderung der Suchalgorithmen der Suchmaschinen. Während SEO vor allem Maßnahmen umfasst, die eine bestimmte Webseite in technischer Hinsicht für die Bewertungssysteme der Suchmaschinen attraktiver machen soll, zielt SEM vor allem auf die Werbung über Suchmaschinen und deren Publisher-Netzwerk oder auf den direkten Kauf von Listenplatzierungen in den Ergebnislisten. 11

I. Suchmaschinenoptimierung (SEO)

1. Begriff. Unter SEO werden alle Modifikationen einer Webseite zusammengefasst, die – für bestimmte Suchbegriffe – der Generierung eines höheren Rankings in den Trefferlisten der Suchmaschinen dienen. Suchmaschinen durchforsten das Internet ständig mit spezieller Software (Crawler, Spider oder Robots). Diese Programme analysieren die gefundenen Webseiten im Hinblick auf ihre Relevanz für bestimmte Suchwörter und Themen. Für die entsprechende Beurteilung werden verschiedene Kriterien und Algorithmen eingesetzt, um eine hohe Qualität der Trefferliste zu erreichen. Die Analysemethoden gehören zu den zentralen Geschäftsgeheimnissen der Suchmaschinenbetreiber. SEO zielt darauf ab, die Beurteilungskriterien der Suchmaschinen zu erkennen und die zu optimierende Webseite in ihrem Aufbau, ihrem Inhalt und ihrer Gestaltung so zu modifizieren, dass der Algorithmus der Webseite eine möglichst hohe Relevanz für bestimmte Suchbegriffe beimisst. Soweit in der Literatur davon ausgegangen wird, dass es sich hierbei um generell kritikwürdiges Vorgehen handelt (vgl zum Beispiel Fezer-*Mankowski*, Lauterkeitsrecht 2010, § 4-S 12, Rn 76 und Rn 82), erscheint dies zu weitgehend. Gerade dem „Finetuning" einer Webseite kommt im Kontext der Suchmaschinenoptimierung eine besondere Bedeutung zu. 12

13 **2. Hintergrund.** Grundsätzlich lassen sich die Bewertungskriterien der Suchmaschinen in zwei Kategorien unterteilen: Die Kategorie **„Context“** (Kontext) bezieht sich auf die inhaltliche Relevanz einer Webseite für eine bestimmte Suchanfrage, während die Kategorie **„Authority“** (Autorität) die Reputation einer Webseite abbildet.

14 In der modernen Suchmaschinentechnologie hat sich für die Bestimmung der Autorität als zentrales Element die **„Link Popularity“** etabliert: Suchmaschinen weisen einer Webseite ein höheres Renommee zu, wenn viele andere Webseiten auf diese verlinken. Hierbei ist ein Link je wertvoller, desto höher die Reputation seiner Quelle ist. Auch wird die Relevanz gesteigert, wenn auch der Inhalt auf der Webseite, von der verlinkt wird, eine hohe Übereinstimmung mit dem Suchwort aufweist. Ein weiteres Kriterium für die Suchmaschine ist die **„Click Popularity“**, bei der gezählt wird, wie viele Nutzer zuvor die entsprechende Webseite von der Suchergebnisliste aus angesteuert haben.

15 Für die Kategorie **Context** spielen vor allem auf der Webseite verwandte Begriffe und die Position, auf der sich diese befinden, eine Rolle. Beispielsweise wird eine Webseite, die den Begriff „Sport“ im Titel trägt, mit höherer Wahrscheinlichkeit Informationen zum Thema Sport enthalten als eine Webseite mit dem Begriff „Küche“ im Titel. Gleiches gilt für die Häufigkeit, mit der ein Begriff auf einer Webseite auftaucht: Die mehrfache Erwähnung eines Begriffs erhöht für den Suchmaschinenalgorithmus die Wahrscheinlichkeit, dass die Webseite sich thematisch mit dem entsprechenden Suchbegriff befasst. Der Algorithmus wird deshalb – grob vereinfacht – der Webseite für das betreffende Suchwort eine höhere Relevanz beimessen. Ein weiteres Kriterium setzt die Häufigkeit des Suchbegriffs auf einer Webseite in das Verhältnis zur Gesamtzahl der Wörter auf der Webseite (**Keyword-Density**).

16 **3. Einzelne SEO-Strategien.** Die unter dem Begriff SEO versammelten Strategien sind vielfältig und unterscheiden sich sowohl in ihrer Funktion als auch in ihrer rechtlichen Relevanz. Allen gemein ist, dass die jeweilige Maßnahme der Verbesserung des Rankings der optimierten Webseite dienen soll.

17 **a) Meta-Tagging. aa) Begriff.** Meta-Tags sind Daten, die als Begriffe in der Kopfzeile der Webseite niedergelegt werden (dem sogenannten Header). Sie haben die Aufgabe, für Suchdienste die Inhalte von **Webseiten zu beschreiben.** Dies können so unterschiedliche Elemente wie Schlüsselwörter, Beschreibungen der Seite oder Informationen über den Autor sein. Meta-Tags sind für den Nutzer in aller Regel nicht wahrnehmbar und können nur über den Quelltext eingesehen werden. Diese technische Besonderheit wurde früher regelmäßig ausgenutzt, da Suchmaschinen den Inhalt der Meta-Tags als Ranking-Kriterium nutzten. Ob die in den Meta-Tags verwandten Begriffe mit dem Anbieter oder dem Inhalt der jeweils beschriebenen Seite tatsächlich in Zusammenhang stehen, können die Suchmaschinenprogramme in der Regel aber nicht erkennen, geschweige denn überprüfen. Die meisten Suchmaschinenbetreiber sind deshalb dazu übergegangen, den Meta-Tags keinen oder nur noch äußerst geringen Wert für die Bewertung einer Webseite zukommen zu lassen. Dennoch ist Meta-Tagging einer der wenigen Bereiche, zu dem umfassende Rechtsprechung vorliegt.

18 **bb) Rechtliche Bewertung.** Soweit es sich beim Meta-Tag um einen **Gattungsbegriff** – etwa „Computer“ oder „Kaffee“ – handelt, ist seine Verwendung im Grundsatz unbedenklich (Fezer/*Mankowski*, Lauterkeitsrecht 2010, § 4-S 12 Rn 90; Hefermehl/*Köhler*/Bornkamm, UWG 2009, § 4 Rn 10.31). Rein beschreibende Begrifflichkeiten dürfen nicht monopolisiert werden. Wird allerdings ein Meta-Tag verwandt, das begrifflich mit dem Inhalt der beworbenen Webseite in keinerlei Zusammenhang steht, kann seine Verwendung unter den Aspekten der unzumutbaren Belästigung, des übertriebenen Anlockens und des gezielten Abfangens von Kunden sowie der Irreführung der angesprochenen Verkehrskreise wettbewerbswidrig sein. So ist die Verwendung des Begriffs „Heilstollen“ als wettbewerbswidriger Einsatz eines Meta-Tag eingeordnet worden, da eine heilende Wirkung des Produktes – entgegen § 3 Abs. 1 HWG – nicht dargelegt sei, so dass eine Fehlvorstellung beim Verbraucher hervorgerufen werde (OLG Hamm GRUR-RR 2009, 186, 188: irreführende Werbung gemäß §§ 3, 5 UWG zu bewerten).

19 Insgesamt ist aber ist ein **großzügiger Maßstab** anzulegen, denn die Nutzer sind sich bei der Eingabe allgemein gehaltener Begriffe durchaus bewusst darüber, dass die Suchmaschinen in ihrer Trefferliste auch Webseiten aufführen, deren Inhalt mit dem Suchbegriff nichts oder nur am Rande zu tun hat (OLG Düsseldorf MMR 2004, 257, 259 – Impuls; OLG Düsseldorf MMR 2004, 319, 320 f – Metatag III). Verwendet etwa ein Anbieter von Roben für Rechtsanwälte, Richter und Staatsanwälte in der Kopfzeile die Begriffe „BGH“ „Rechtsprechung“, „Entscheidungen“, „Universität“, „StVO“, „Uni“, „Repetitorium“ zu Werbezwecken, so liegt in keinem dieser Begriffe ein wettbewerbswidriges Verhalten (OLG Düsseldorf, GRUR-RR 2003, 48, 48 – Meta Tags; anders LG Düsseldorf, MMR, 2002,

557, 558 f – Metatags). Der Nutzer, der solche Begriffe eingibt, weiß, dass er eine Vielzahl von Angeboten aufgezeigt bekommt, die ihn nicht interessieren oder die ohnehin nicht seinem Informationsanliegen entsprechen (OLG Düsseldorf MMR 2004, 257, 259 – Impuls; OLG Düsseldorf MMR 2004, 319, 320 f – Metatag III).

Voraussetzung für markenrechtliche Abwehransprüche (§§ 14, 15 MarkenG) war nach bislang herrschender Auffassung in Rechtsprechung und Literatur eine kennzeichenmäßige Verwendung (BGH GRUR 1996, 68, 70 – Cotton Line; BGH GRUR 2005, 419, 422 – Räucherkate; BGH GRUR 2007, 65 = NJW 2007, 153, 154 – Impuls; Fezer/*Jung-Weiser*, Lauterkeitsrecht 2010, § 4-S 11 Rn 212). Dies ist der Fall, wenn die nicht völlig fern liegende Möglichkeit besteht, dass Verkehrskreise in dem Zeichen ein Unterscheidungsmerkmal gegenüber anderen – identischen oder ähnlichen – Waren oder Dienstleistungen erblicken (OLG Hamburg WRP 1996, 572, 576 – Les Paul Gitarren; Fezer/*Jung-Weiser*, Lauterkeitsrecht, 2010, § 4-S 11 Rn 179). Der Gebrauch des Kennzeichens muss danach als Herkunftshinweis aufgefasst werden. Allerdings ist dieses Tatbestandsmerkmal als Voraussetzung der Benutzung der Marke in Ansehung der jüngsten Rechtsprechung des EuGH zum Keyword Advertising nicht mehr zu halten; maßgeblich ist nunmehr – neben der Nutzung der Marke im geschäftlichen Verkehr für eigene Waren oder Dienstleistungen – das Erfordernis einer **Beeinträchtigung ihrer Funktion**, und zwar in erster Linie der Herkunfts- oder der Werbefunktion der Marke (dazu unten II.2.a). 20

Die Benutzung eines fremden Kennzeichens als Meta-Tag stellt nach herrschender Auffassung regelmäßig eine **Markenrechtsverletzung** dar. Der Umstand, dass die Verwendung des Kennzeichens für den Nutzer visuell nicht wahrnehmbar ist, steht weder der Nutzung der Marke noch der Verwirklichung des Verletzungstatbestandes entgegen (BGH NJW 2007, 153, 154 – Impuls; vgl auch BGH GRUR 2009, 500, 501, Rn 15 – Beta Layout; OLG München GRUR-RR 2005, 220, 220 – Memory; OLG Hamburg GRUR-RR 2005, 118, 119 – Aidol; *Ingerl/Rohnke*, Markengesetz 2010, nach § 15 Rn 190; *Fezer*, Markenrecht 2009, § 3 Rn 350; aA OLG Düsseldorf MMR 2004, 257, 259 – Impuls; OLG Düsseldorf MMR 2004, 319, 320 f – Metatag III, unter Hinweis auf die fehlende Wahrnehmbarkeit des Meta-Tags für die Nutzer). Maßgeblich ist, dass durch die Verwendung des Meta-Tags das Suchergebnis beeinflusst wird, um den Nutzer auf die entsprechende Seite des Verwenders zu führen. Damit übernimmt das Meta-Tag „die Funktion einer Marke“ (*Ingerl/Rohnke*, Markengesetz 2010, nach § 15 Rn 190). Der Bundesgerichtshof hat deshalb dem Anbieter eines Online-Kostenvergleichs für private Krankenversicherungen in der Leitentscheidung untersagt, den Begriff „Impuls“– eine Wortmarke seines Wettbewerbers – als Meta-Tag zu verwenden (BGH GRUR 2007, 65 = BGH NJW 2007, 153, 154 – Impuls). Eine Verwechslungsgefahr könne sich bereits daraus ergeben, dass die Nutzer, die das Firmenschlagwort des Markeninhabers kennen und als Suchwort eingeben, als Treffer auch auf die Leistung des Wettbewerbers hingewiesen werden und sich damit befassen. Ob der Irrtum bei näherer Befassung mit der Internetseite ausgeräumt werde, sei dabei nicht relevant. Dies überzeugt auch mit Blick auf die Funktion der Marke, die nicht nur den Herkunftsschutz absichert, sondern, insbesondere im Falle des Identitätsschutzes (Art. 5 Abs. 1 Satz 2 lit. a MarkenRL = § 14 Abs. 1 Nr. 1 MarkenG), auch die Werbe- und Kommunikationsfunktion der Marke. Selbst wenn der Nutzer einer Suchmaschine bei der Eingabe des Kennzeichens mit weit gestreuten Ergebnissen rechnet (vgl OLG Düsseldorf MMR 2004, 257, 259 – Impuls; OLG Düsseldorf MMR 2004, 319, 320 f – Metatag III), so verliert doch das Kennzeichen im Rahmen der Eingabe nicht seine Verkehrsfunktion. Umgekehrt kann nicht jede Verwendung fremder Marken als Meta-Tag im Sinne eines Automatismus zum Markenrechtsverstoß führen. Je allgemeiner die Suchbegriffe der Nutzer gehalten sind, desto höher sind die Anforderungen an die Darlegung der kennzeichenmäßigen Verwendung (potenzielle Beeinflussung des Suchergebnisses) und die Verwechslungsgefahr beim Auswurf des Suchergebnisses durch die Suchmaschine (vgl zu dieser Einschränkung OLG Düsseldorf MMR 2004, 257, 259 – Impuls). 21

Da bei der Verwendung von Kennzeichen als Meta-Tags in der Regel Zeichenidentität vorliegt, bestehen regelmäßig **Abwehransprüche** aus Identitäts- und Verwechslungsschutz, wenn im Übrigen Produkt- bzw Branchenidentität (Art. 5 Abs. 1 Satz 2 lit. a MarkenRL = § 14 Abs. 1 Nr. 1 MarkenG) oder -ähnlichkeit vorliegt (Art. 5 Abs. 1 Satz 2 lit. b MarkenRL = § 14 Abs. 2 Nr. 2 MarkenG). Liegt keine Produkt- bzw Branchenidentität oder -ähnlichkeit vor, können Abwehransprüche aus Bekanntheitsschutz wegen Verwässerungsgefahr und Rufschädigung in Betracht kommen (Art. 5 Abs. 2 MarkenRL = § 14 Abs. 2 Nr. 3 MarkenG). 22

Dagegen scheiden Abwehransprüche insbesondere aus, wenn die Verwendung des Zeichens vom Ankündigungs- und Werberecht des Händlers umfasst ist (§ 23 Nr. 1, Nr. 2 MarkenG), als notwendiger 23

Hinweis auf die Bestimmung der Ware im Zubehör- oder Ersatzteilgeschäft verwandt wird (§ 23 Nr. 3 MarkenG), wenn Erschöpfung des Kennzeichenrechts eingetreten ist (§ 24 MarkenG) oder wenn seine Aufnahme als Meta-Tag im Rahmen eines zulässigen Vergleichs durch einen Wettbewerber erfolgt (§ 6 UWG – BGH NJW 2007, 153, 154 – Impuls). Ob ein solcher **Erlaubnistatbestand** eingreift, hängt davon ab, wie das Kennzeichen auf der Webseite konkret verwandt wird (vgl dazu, insbesondere zur jüngeren Rechtsprechung des EuGH im Hinblick auf markenrechtliche Erlaubnistatbestände beim Keyword Advertising, unten II.2.a). Die Grenze zur Unlauterkeit (vgl §§ 23, 24 Abs. 2 MarkenG) wird allerdings nicht schon dadurch überschritten, dass Meta-Tags für den Nutzer unsichtbar sind, denn damit wird ihre markenrechtliche Relevanz erst begründet (so wohl im Ergebnis auch BGH NJW 2007, 153, 154 f – Impuls). Ein Händler überschreitet jedoch sein Recht auf freie Benutzung, wenn er zum Beispiel die in Meta-Tags angeführte Markenware tatsächlich nur unregelmäßig bezieht oder wenn er Marken in einer Art oder Dichte als Meta-Tags einsetzt, die in keinem Verhältnis zu seinem tatsächlichen Angebot stehen (Fezer/*Jung-Weiser*, Lauterkeitsrecht, 2010, § 4-S 11 Rn 216).

24 Ist der Schutzbereich des Markenrechts eröffnet, so ist ein **Rückgriff auf das UWG** grundsätzlich ausgeschlossen (BGH GRUR 2002, 622, 623 – shell.de). Gleichwohl kann die Verwendung fremder Kennzeichen oder sachfremder Begriffe in wettbewerbsrechtlicher Hinsicht relevant werden. Zur Frage eines Wettbewerbsverstoßes hat sich der Bundesgerichtshof in seiner Leitentscheidung zu Meta-Tags zwar nicht geäußert, die Markenrechtsverletzung im Ergebnis aber gerade auf das Phänomen der wettbewerblichen Aufmerksamkeitsverschiebung gestützt (BGH NJW 2007, 153, 154 f – Impuls). Die Verwendung von Meta-Tags stellt als solche in der Regel noch **keine wettbewerbswidrige Handlung** dar. Die erhöhte Aufmerksamkeit wird zwar mit „falschen Mitteln" erzielt, erlangt jedoch wettbewerbsrechtliche Relevanz in der Regel erst, wenn sie die Schwelle der unmittelbaren Beeinträchtigung fremder Werbung, der Vereitelung eines potenziellen Kaufentschlusses oder der direkten Intervention in eine Kundenbeziehung des Kennzeicheninhabers überschreitet (wie hier OLG Düsseldorf MMR 2003, 407, 207 f; OLG Düsseldorf MMR 2004, 319, 321 – Metatag III; Fezer/*Jung-Weiser*, Lauterkeitsrecht 2010, § 4-S 11 Rn 208 f; Hefermehl/*Köhler*/Bornkamm, UWG 2010, § 4 Rn 10.31). Im Übrigen sind Meta-Tags auch wettbewerbsrechtlich zulässig, wenn ein berechtigter Grund für die Verwendung fremder Kennzeichen vorliegt (§§ 23, 23 MarkenG, 6 UWG; OLG Düsseldorf, MMR 2004, 319, 320 – Meta-Tag III; MMR 2004, 257, MMR 2004, 257, 259 – Impuls).

25 Wird jedoch ein (potenzieller) Käufer durch unsachliche Beeinflussung über Meta-Tags am möglichen Erwerb einer Ware oder Leistung **gehindert**, liegt Abfangen von Kunden vor (§ 4 Nr. 10 UWG; vgl Hefermehl/*Köhler*/Bornkamm, UWG 2009, § 4 Rn 10.31). Dafür muss sich der Verwender allerdings zwischen seine Konkurrenten und den potenziellen Kunden drängen, um Letzteren zu einer Änderung seines Kaufentschlusses zu drängen (OLG Düsseldorf MMR 2003, 407, 407 f; OLG Düsseldorf MMR 2004, 319, 321 – Metatag III; vgl auch BGH GRUR 1986, 547, 548 – Handzettelwerbung; BGH GRUR, 2001, 1061, 1063 – Mitwohnzentrale.de). Unlauter sind die hierfür eingesetzten Mittel erst, wenn der Nutzer belästigt oder unangemessen unsachlich beeinflusst wird – aber in der Regel nicht schon deshalb, weil der Verwender innerhalb der Trefferliste durch Meta-Tags einen Aufmerksamkeitsgewinn erzielen kann (vgl *Viefhues,* MMR 1999, 336, 441; *Kaufmann,* MMR 2005, 348, 350 f). Ein Abfangen von Kunden durch Meta-Tags setzt also Voraus, dass weitere Faktoren hinzukommen, beispielsweise die Nutzung eines fremden Kennzeichens als Schriftzug auf der beworbenen Webseite oder als Bezeichnung der URL selbst (vgl BGH NJW 2007, 153, 154 f – Impuls). Auch Rufausbeutung – durch Ausnutzug des Aufmerksamkeitseffektes – kommt erst in Betracht, wenn der Einsatz von Meta-Tags eine erhebliche tatsächliche Behinderung oder gar eine faktische Blockade für den Auftritt des Kennzeicheninhabers herbeiführt (Fezer/*Jung-Weiser,* Lauterkeitsrecht 2010, § 4-S 11 Rn 209).

26 Erwecken Meta-Tags den **falschen Eindruck** einer wirtschaftlichen Verbindung zum Wettbewerber, liegt Irreführung vor (§ 5 Abs. 1 UWG). Allerdings ist diese erst wettbewerbsrechtlich relevant, wenn sie maßgebliche Bedeutung für den Kaufentschluss erheblicher Nutzerkreise entfalten kann. Der – durch Meta-Tags beeinflusste – Auswurf der Suchmaschinen-Trefferliste wird als solcher im Regelfall noch keine derart kaufrelevante Fehlvorstellung hervorrufen. Der Nutzer entscheidet sich erst in einem späteren Stadium für oder gegen ein Produkt, anhand der Angaben auf der angewählten Webseite. Bis zum Abschluss eines Kaufvertrages muss der Nutzer noch weitere, rechtserhebliche Schritte durchlaufen (*Kaufmann*, MMR, 2005, 348, 351; Hefermehl/*Köhler*/Bornkamm, Wettbewerbsrecht 2011, § 4 Rn 10.31). Aus diesen Gründen wird etwa im Domainrecht für die Frage der Irreführung zu Recht maßgeblich auf den Inhalt der Webseite abgestellt (vgl BGH GRUR 2001, 1061, 1063 – Mitwohnzentrale.de; BGH MMR 2003, 252, 254 – presserecht.de). Dies ist auf Meta-Tags übertragbar. Im

Übrigen rechnet der verständige Nutzer bei der Verwendung von Suchmaschinen ohnehin mit breit gestreuten Treffern, so dass auch deshalb die Beeinflussung der Trefferliste eines Suchergebnisses typischerweise noch keine wettbewerbswidrige Handlung darstellen wird.

b) Word-Stuffing und Index-Spamming. Ähnlich wie Meta-Tagging funktioniert (Key-)Word Stuffing, 27
in weiteren technischen Varianten auch als Index Spamming oder Font Matching bezeichnet. Hier werden die Schlüsselbegriffe nicht im Header der Webseite abgelegt, sondern – kaum oder gar nicht wahrnehmbar – **im Text der Webseite** selbst (zum Beispiel als weiße Schrift auf weißem Hintergrund). Auch diese Maßnahmen haben das Ziel, die Aufmerksamkeit über Suchmaschinenpräsenz zu verbessern, im Falle des Index Spamming in erster Linie durch massenhaften Einsatz von bestimmten Begriffen. Auch hier haben sich die meisten Suchmaschinen auf das Phänomen eingestellt und filtern farblich mit dem Hintergrund identische oder ähnliche Textelemente vor der Bewertung aus. Die Grundregeln zur rechtlichen Einordnung von Meta-Tags finden auch hier Anwendung (vgl LG Essen MMR 2004, 692, 693; LG Frankfurt/Main CR 2002, 222, 223 – Index-Spamming; Fezer/*Mankowski*, Lauterkeitsrecht 2010, § 4-S 12 Rn 97 f; *Dieselhorst*, CR 2002, 224, 225; *Ernst*, CR 2000, 122, 123).

c) Link-Buying und Link-Farming. aa) Begriff. Die meisten Suchmaschinen nutzen heute die Link 28
Popularity als maßgebliches Ranking-Kriterium: Je mehr Seiten auf eine bestimmte Webseite **verlinken**, desto höher ist ihre Reputation und damit ihr Ranking. Hierbei werden Links von „renommierten" Webseiten höher gewichtet als Links von unbekannten Webseiten.

Eine Methode, den Pagerank einer Seite zu erhöhen, besteht deshalb darin, die Anzahl der Links, die 29
auf die betreffende Seite verweisen, **zu erhöhen**. Dies kann entweder durch den Ankauf von Verlinkungen („Link-buying") oder die wechselseitige Verlinkung von Webseiten geschehen. Eine weitere Möglichkeit ist der Aufbau sogenannter Link-Farmen, dh Webseiten, die zahllose Links zu anderen Webseiten enthalten (wobei die Zielwebseiten in der Regel wieder auf die Linkfarm zurückverlinken, um deren Reputation zu erhöhen). Die meisten Suchmaschinen sind heute in der Lage, Linkfarmen zu identifizieren, indem sie nach Auffälligkeiten im Verhältnis der Linkanzahl zur normalen Textmenge suchen und generell Links von Seiten mit zahlreichen Links nur einen geringen Einfluss auf das Ranking beimessen. Auch erfolgt in der Regel eine Rückstufung oder gar der Ausschluss aus dem Ranking (Google bezeichnet dies als „artificial linkage"), wenn Link-Farming entdeckt wird. Das Vorgehen ist damit nicht ohne Risiko für den Verwender solcher Techniken.

bb) Rechtliche Bewertung. Auch wenn Link-Farming angesichts der technischen Vorkehrungen der 30
Suchmaschinenbetreiber heute kaum noch erfolgversprechend ist, dürfte eine gezielte **Mitbewerberbehinderung** im Sinne des § 4 Nr. 10 UWG insbesondere dann vorliegen, wenn sämtliche vorderen Plätze der Suchergebnisliste durch derartig falsch bewertete Treffer belegt sind und die natürlichen Ergebis-Positionen der Wettbewerber auf die folgenden Seiten der Trefferliste verdrängt werden (vgl Fezer-Mankowski, Lauterkeitsrecht 2010, § 4 S-12 Rn 98). Auch liegt in der Manipulation der Suchmaschine eine irreführende geschäftliche Handlung im Sinne des § 5 Abs. 1 UWG (Fezer-Mankowski, Lauterkeitsrecht, 2. Aufl. 2010, § 4 S-12 Rn 83). Ob auch eine Verschleierung des Werbecharakters vorliegt, ist zweifelhaft (so aber *Gloy/Loschelder/Erdmann-Bruhn*, Wettbewerbsrecht 2010, § 50 Rn 43). Grundsätzlich ändert sich durch das Link-Farming nicht der Charakter der verlinkten Webseite, es wird allein die Rangfolge in der Trefferliste verändert. Eine inhaltliche Irreführung erfolgt jedoch nicht.

Link-Buying bzw der Austausch von Links hat zunächst keine unmittelbare wettbewerbsrechtliche 31
Relevanz. Problematisch dürfte jedoch der Verkauf von Links **durch journalistisch-redaktionelle** Angebote sein: Die Verlinkung von Herstellerwebseiten ist als redaktionelle Entscheidung (vgl BGH GRUR 2011, 513 = NJW 2011, 2436, Az I ZR 191/08 – Heise) oder eindeutig vom redaktionellen Inhalte getrennte Werbeeinblendung zwar zulässig. Zu beachten ist aber, dass eine auf der redaktionellen Seite zwar optisch eindeutige Trennung von redaktionellem und werblichem Inhalt nur unter besonderen Voraussetzungen auch von einer – optisch „blinden" – Suchmaschine erkannt werden kann. Der Verkauf eines Links könnte sich damit dann als wettbewerbswidrig darstellen, wenn der Link zwar auf dem redaktionellen Angebot optisch als Werbung ausgewiesen ist, für die Suchmaschine die Trennung aber nicht deutlich gemacht wird. In diesem Fall würde die Verlinkung – zusätzlich zum Werbeeffekt auf der Ausgangsseite – das Ranking in der Suchmaschinentrefferliste erhöhen, da der Einfluss gerade der großen journalistischen Internetangebote auf die Rankingwertung relativ groß ist.

32 d) **Social Media Ranking.** Einen bislang ungeklärten Faktor stellt der Einfluss von Verlinkungen und Nennungen von Webseiten in sozialen Netzwerken wie Facebook und Twitter dar. So unternimmt Google bereits große Anstrengungen, um die Qualität von Verlinkungen in sozialen Netzwerken zu bestimmen und diese Verlinkungen ebenfalls in die Suchergebnislisten **einfließen zu lassen**. Damit dürfte für die Zukunft ein erhöhtes Interesse der werbetreibenden Wirtschaft an Nutzern sozialer Netzwerke bestehen, um diese zu einer positiven Nennung einer Webseite oder eines Produkts zu veranlassen. Auch ist zu erwarten, dass die Prinzipien des Link-Farming auf soziale Netzwerke übertragen werden, indem große Zahlen von Nutzerkonten angelegt und gesteuert werden, hinter denen keine realen Personen stehen. Bei entsprechend massiver Beeinflussung des Pageranks wird auch hier eine gezielte Mitbewerberbehinderung im Sinne des § 4 Nr. 10 UWG bzw einer irreführenden geschäftlichen Kommunikation nach § 5 Abs. 1 UWG anzunehmen sein. Der Einsatz von gefälschten, vermeintlich privaten Nutzerkonten für die Verbreitung von Werbung stellt zudem einen Verstoß gegen § 4 Nr. 3 UWG dar.

33 e) **Weitere Strategien.** Es gibt eine Reihe weiterer Möglichkeiten, die **Rankingfaktoren** der Suchmaschinen zu manipulieren, beispielsweise durch die Kombination aus Link-Farming und Nutzung der immer gleichen, beschreibenden Beschreibungstexte auf den Quellwebseiten („Google-Bombing"), durch Duplizierung von im Ranking hoch gelisteter Webseiten (Pagejacking – in der Regel unter Verstoß gegen das Urheberrecht) oder durch die Verwendung nur für die Suchmaschinensoftware sichtbarer Webseitenbereiche, die einen anderen Inhalt haben als die für den Nutzer bestimmten Seiten (Cloaking). Diese Mechanismen unterliegen ebenfalls den Grundsätzen dieses Abschnitts, werden aber – in Ermangelung einer unmittelbar werbespezifischen Funktionalität – nicht gesondert untersucht (eingehend dazu Fezer/*Mankowski*, Lauterkeitsrecht 2010, § 4-S 12 Rn 113 ff; *Mankowski*, GRUR Int. 1999, 995, 998; *Ernst*, WRP 2004, 278, 281).

II. Search Engine Marketing (Keyword Advertising und Keyword Buying)

34 **1. Allgemeines / Begriff.** Unter SEM fallen Maßnahmen, die darauf gerichtet sind, mithilfe von Sponsorenlinks oder direkt über die Trefferliste von Suchmaschinenseiten Internetnutzer für die eigene Webseite zu gewinnen. Fast alle Suchmaschinen bieten Werbeflächen an, auf welchen – optisch abgehoben von der eigentlichen Ergebnisliste – Links und kurze Beschreibungen in Abhängigkeit von dem vom Nutzer eingegebenen Suchwort angezeigt werden. Die Suchmaschinen vermarkten darüberhinaus auch Flächen auf beliebigen anderen Webseiten, die sich als Werbepartner („Publisher") für den Anzeigenverkauf zur Verfügung stellen. Der Werbetreibende bucht in beiden Fällen bestimmte Schlüsselwörter, auf deren Eingabe hin seine Anzeige erscheinen soll (AdWord, Banner on Keyword). Für diese Art der Werbeform hat sich deshalb der Begriff **Keyword Advertising** etabliert. In einigen Fällen ist auch der Kauf von Keywords dergestalt möglich, dass die Webseite des Keyword-Käufers unmittelbar in der Suchergebnisliste erscheint (sog. Keyword-Buying). Der Werbende erhält hier die Möglichkeit, seine Produkte – zumeist unabhängig von der tatsächlichen Relevanz seines Internetauftritts – für den jeweiligen Suchbegriff als „Suchergebnis" zu platzieren. Das Suchmaschinenmarketing zählt zu den attraktivsten, aber auch umstrittensten Werbemaßnahmen im Bereich der elektronischen Kommunikation. Seine Brisanz liegt zum einen in der zielgenauen Abstimmung auf das Suchverhalten der Nutzer, zum anderen darin, dass es aus Nutzersicht häufig nicht ohne Weiteres erkennbar ist.

35 **2. Rechtliche Beurteilung.** In wettbewerbsrechtlicher Hinsicht wird dieses Phänomen – in erster Linie bei Verwendung eines fremden Kennzeichens – unter den Gesichtspunkten der Irreführung (§ 5 UWG), unzulässigen Rufausbeutung (§ 4 Nr. 10 UWG) und Absatzbehinderung diskutiert (§ 4 Nr. 10 UWG), soweit nicht **vorrangig markenrechtliche** Abwehransprüche in Betracht kommen. In Ausnahmefällen ist die Geltendmachung marken- und wettbewerbsrechtlicher Ansprüche nebeneinander möglich (BGH MMR, 2002, 622, 623 – shell.de). Bei der rechtlichen Beurteilung ist zwischen Gattungsbegriffen und Kennzeichen zu unterscheiden.

36 **Gattungsbegriffe** sind grundsätzlich frei als Keywords verwendbar. Kontextsensitive Werbung darf an das sachliche Interesse anknüpfen, welches der Nutzer mit der Eingabe eines bestimmten Suchbegriffs signalisiert. Im Übrigen werden Bezeichnungen, die jedenfalls nach allgemeinem Sprachverständnis beschreibenden Charakter haben, vom Verkehr typischerweise als Sachhinweis zur Unterrichtung des Publikums – und damit nicht als Herstellerhinweis – verstanden (vgl OLG Hamburg, MMR 2005, 186, 187 – Aidol unter Verweis auf: BGH WRP 2003, 1353 – AntiVir/Antivirus mwN). Daran ändert auch der Umstand nichts, dass Keyword-Advertising in der Regel nicht erkennbar ist. Anders aber,

wenn die Werbeschaltung geeignet ist, gezielt einen Zusammenhang zwischen der Werbeeinblendung und dem Suchwort zu suggerieren, der tatsächlich nicht besteht (beispielsweise der Erwerb des Suchwortes „Baumwollkleidung“ für die Werbeschaltung eines Herstellers von Synthetiktextilien – Beispiel *Pierson*, K&R 2006, 547, 548). In diesen Fällen kommt irreführende Werbung in Betracht (§ 5 Abs. 1 Nr. 1 UWG – vgl *Ernst*, WRP 2004, 278, 279, Abschnitt I. 3. a).

Soweit sich der Verwender bewusst eines **fremden Kennzeichens** als Keyword bedient, um etwa seine Platzierung innerhalb der Trefferliste zugunsten seines eigenen Angebotes zu beeinflussen, beurteilt sich das Verhalten vorrangig nach Markenrecht (§§ 14, 15 MarkenG), subsidiär nach Wettbewerbsrecht. 37

a) **Werbeeinblendung.** Die „offene“ Variante des Keyword-Advertising, bei der als Werbung gekennzeichnete Platzierungen erworben werden, ist das **umstrittenste Phänomen** der internetspezifischen Werbung. Der EuGH hat mit den Entscheidungen Google France (EuGH GRUR 2010, 445 ff), Bergspechte (EuGH GRUR, 2010, 451 ff), Eis.de/BBY (EuGH GRUR 2010, 641 ff) und Portakabin (GRUR 2010, 841 ff) dazu in jüngerer Zeit eine Reihe von Urteilen erlassen, die der BGH im Kern nachvollzogen hat (BGH GRUR 2009, 500, 502 – Beta Layout; BGH, Urteil vom 13. Januar 2011, Az: I ZR 125/07, Rn 20 – Bananabay II). 38

Obwohl mehrere höchstrichterliche Entscheidungen ergangen sind, fehlt es an Rechtssicherheit und klaren Kriterien. Zwar hat der EuGH die grundsätzliche Zulässigkeit von Werbeeinblendungen durch Keyword-Advertising nicht ausdrücklich, aber doch in der Sache bestätigt. Doch hat er es den Gerichten der Mitgliedsstaaten auferlegt, diese zunehmend im Sinne eines **Transparenzgebotes** ausgestaltete Rechtsprechung umzusetzen. Auch die Haftung der Suchmaschinenbetreiber unterfällt zwar in der Regel dem Hostprovider-Privileg, doch es bleiben erhebliche Haftungsrisiken, nicht nur mit Blick auf die (deutsche) Rechtsfigur der Störerhaftung, sondern gerade auch in Anbetracht der Vorgaben des EuGH. 39

Im Kern sind die Grenzen des zulässigen Keyword-Advertising überschritten, wenn eine **Beeinträchtigung der markenrechtlichen Herkunftsfunktion** vorliegt. Die Figur der Funktionsbeeinträchtigung hat maßgeblichen Einfluss auf die Prüfungssystematik im Bereich des Keyword Advertising. Die Prüfung umfasst nunmehr zwei Schritte: Die Benutzung der Marke, und die Funktionsbeeinträchtigung. Für die **Benutzung** der Marke muss das Zeichen zum einen im geschäftlichen Verkehr herangezogen werden, zum anderen für Waren oder Dienstleistungen eingesetzt worden sein. 40

Die Benutzung **im geschäftlichen Verkehr** setzt voraus, dass der Einsatz im Zusammenhang mit einer auf einen wirtschaftlichen Vorteil gerichteten kommerziellen Tätigkeit erfolgt, also nicht nur im privaten Bereich (EuGH GRUR 2010, 445, 447, Rn 50 – Google France; EuGH GRUR 2007, 971, 972, Rn 27 – Céline). Dies ist für den Werbenden in aller Regel der Fall, wird jedoch vom EuGH für Suchmaschinenbetreiber grundsätzlich abgelehnt (EuGH GRUR 2010, 445, 447, Rn 57 – Google France, dazu im einzelnen Abschnitt III). 41

Darüber hinaus setzt die Funktionsstörung voraus, dass das Zeichen **für Waren oder Dienstleistungen** des Werbenden eingesetzt wird (EuGH GRUR 2007, 318, 319, Rn 28 f – Opel/Autec; EuGH GRUR 2008, 698, 699, Rn 34 – O2/H3G). Beispielhaft verweist die Rechtsprechung auf die Verwendungshandlungen des § 14 Abs. 3 MarkenG (= Art. 5 Abs. 3 MarkenRL) und auf Art. 9 Abs. 2 der Verordnung (EG) Nr. 40/94 über die Gemeinschaftsmarke (vgl EuGH GRUR 2010, 445, 447, Rn 61 – Google France). Es ist nicht erforderlich, dass die fremde Marke als Herkunftshinweis für die eigenen Produkte eingesetzt wird. Vielmehr genügt es, dass die fremde Marke – als Keyword – dazu benutzt wird, beim Internetnutzer eine Verbindung zwischen dem Zeichen und den Waren oder Dienstleistungen des Werbenden herzustellen (Nutzung zur Gegenüberstellung bzw referierende Benutzung, vgl EuGH GRUR 2010, 445, 448, Rn 70, 72 – Google France: „ (...) um zu erreichen, dass der Internetnutzer (...) auch seine eigenen Waren oder Dienstleistungen wahrnimmt“; EuGH GRUR 2008, 698, 699, Rn 34 – O2/H3G; BGH, WRP 2011, 1160, Urt. v. 13. Januar 2011, Az: I ZR 125/07, Rn 20 – Bananabay II). Dies ist bei Keyword Advertising regelhaft der Fall, denn die referierende Nutzung ist bei der Buchung von Marken als Suchbegriffen geradezu wesenstypisch. 42

Der Umstand, dass die Marke benutzt wird, indiziert noch keine Markenverletzung. Dafür ist eine **Funktionsstörung** erforderlich. Die bisher in Deutschland herrschende – auch hier zuletzt vertretene – Auffassung, die Benutzung der Marke setze als kennzeichenmäßige Verwendung einen Herkunftshinweis voraus, ist mit der Rechtsprechung des EuGH nicht vereinbar (so wohl im Ergebnis, wenn auch 43 nicht ausdrücklich, BGH, Urt. v. 13. Januar 2011, Az: I ZR 125/07, Rn 21 – Bananabay II; zu den Konsequenzen dieser dogmatischen Veränderung für die markenrechtliche Prüfungsdogmatik im Allgemeinen siehe nur *Ohly*, GRUR 2010, 776, 779, der vorschlägt, den Begriff der „kennzeichenmäßigen Nutzung" durch den Begriff der „Benutzung zum Zweck der Unterscheidung von Waren und Dienstleistungen" zu ersetzen; zum Streit um diese Rechtsfigur vgl *Sack*, WRP 2010, 198, 205 ff; *Musiol*, GRUR Prax 2010, 147, 147; *Fezer*, WRP 2010, 165, 180).

44 Die Grenzen des zulässigen Keyword-Advertising sind überschritten, wenn eine **Beeinträchtigung der Herkunftsfunktion** vorliegt („Funktionsbeeinträchtigung"). Dies ist nach der Rechtsprechung des EuGH anzunehmen, wenn die Anzeige eine wirtschaftliche Verbindung zwischen dem Werbenden und dem Markeninhaber suggeriert. Die Beeinträchtigung liegt bereits vor, wenn die Anzeige so vage gehalten ist, dass ein normal informierter und angemessen aufmerksamer Nutzer „auf der Grundlage des Werbelinks und der ihn begleitenden Werbebotschaft" nicht erkennen kann, ob eine solche wirtschaftliche Verbindung besteht (EuGH GRUR 2010, 445, 449, Rn 84 – Google France unter Hinweis auf EuGH GRUR 2007, 971, 972, Rn 27 – Céline, und auf den 29. Erwägungsgrund der Richtlinie 2000/31/EG – E-Commerce-Richtlinie). Der vom Gerichtshof in Bezug genommene Erwägungsgrund der E-Commerce-Richtlinie hebt die Bedeutung von Transparenzerfordernissen für den Verbraucherschutz und die Lauterkeit des Geschäftsverkehrs hervor. Auch die Richtlinie über unlautere Geschäftspraktiken (UGP-RL) enthält Transparenzgebote, wie das deutsche UWG (§§ UWG § 5a und UWG § 4 Nrn. 4, 5 UWG). Ob dieses Transparenzgebot verletzt ist, haben die Gerichte der Mitgliedsstaaten „anhand der gesamten Gestaltung der Anzeige zu beurteilen" (EuGH GRUR 2010, 841, 843, Rn 44 – Portakabin).

45 Diese **Gesamtwürdigung** muss sowohl den Text der Anzeige als auch den Text des Links auf die Präsenz des Werbenden umfassen (vgl EuGH GRUR 2010, 841, 843, Rn 43, 44 – Portakabin). Ob darüber hinaus auch der Auftritt des Werbenden auf seiner eigenen (verlinkten) Internetpräsenz von Relevanz ist, hat der EuGH offengelassen, wenngleich dies anzunehmen ist. Es ist weiter davon auszugehen, dass der Einsatz einer – unter Transparenzgesichtspunkten – unverfänglichen URL durch den Werbenden als Indiz für zulässiges Keyword Advertising einzuordnen ist (vgl im Übrigen OLG Düsseldorf, MMR 2007, 247, 248; LG Hamburg MMR 2005, 631, 633 – Störerhaftung des Suchmaschinenbetreibers für Adwords). Insgesamt fehlt es aber derzeit an einer belastbaren Kasuistik, zumal der EuGH den eigentlich abwägungsresistent konzipierten Identitätsschutz (Art. 5 Abs. 1 lit. a MarkenRL) über das Merkmal der Funktionsbeeinträchtigung normativ als positive Verhaltenspflicht zur Transparenz aufgeladen hat (*Ohly*, GRUR 2010, 776, 782). Gleichzeitig wurde die Subsumtion ausnahmslos den Gerichten der Mitgliedsstaaten überlassen. Die Anforderungen an die Schaffung von Transparenz und „Abstand" zum Markeninhaber können aber – vor Allem mit Blick auf den geringen Raum für Text in einer solchen Anzeige – in der praktischen Handhabe nicht zu hoch sein, wenn man, zu Recht, mit dem EUGH vom Grundsatz der Zulässigkeit von Keyword Advertising ausgeht.

46 Im Ergebnis ähnlich hat der **BGH** eine Verwechslungsgefahr bei der Prüfung des Bekanntheitsschutzes (Art. 5 Abs. 2 MarkenRL) mit dem Argument abgelehnt, das in Frage stehende Keyword sei nur als Suchbegriff, nicht aber in der Anzeige selbst verwandt worden; dies spreche dagegen, dass eine geschäftliche Verbindung suggeriert werde (BGH GRUR 2009, 500, 502 – Beta Layout; vgl – für Identitätsschutz – zuletzt auch BGH, Urt. v. 13. Januar 2011, Az: I ZR 125/07, Rn 28 – Bananabay II). Insgesamt haben deutsche Oberlandes- und Landgerichte unter Hinweis auf die hinreichend klare Abgrenzung der Keyword Werbung von der eigentlichen „organischen" Liste der Suchergebnisse zu Recht zumeist einen markenrechtlichen Verstoß verneint (vgl KG MMR 2009, 47, 47 f; OLG Frankfurt/M MMR 2008, 471, 472, sowie LG Hamburg MMR 2005, 629, 629 f; LG Hamburg MMR 2005, 631, 633; LG Leipzig MMR 2005, 622, 623; OLG Frankfurt/M, Beschluss vom 26.2.2008, Az: 3/11 O 16/08; aA OLG Braunschweig MMR 2007, 110, 110; OLG Braunschweig MMR 2007, 249, 250; OLG Dresden, K&R 2007, 269, 270; LG Braunschweig MMR 2007, 121, 122 – Bananabay; LG Leipzig MMR 2007, 265, 265 f.– Bananabay). Zwar besteht eine direkte begriffliche und technische Verknüpfung zwischen dem Kennzeichen, das der Nutzer in die Suchmaschine eingibt, und der Werbeeinblendung, die neben der Trefferliste ausgeworfen wird. Doch führt diese Verknüpfung aus Sicht des Nutzers nicht dazu, dass die Herkunft der beworbenen Webseite mit dem Suchwort übereinstimmt. Denn die Werbung ist in diesen Fällen durch den Zusatz „Anzeige" oder „Sponsored Link" als Marketingmaßnahme bezeichnet und optisch von der eigentlichen Trefferliste getrennt. Darin liegt ein zentraler Unterschied zur Nutzung von Meta-Tags und zum Erwerb von Keywords für Trefferlisten,

denn dort taucht die Webseite des Verwenders in der Trefferliste auf und wird deshalb vom Nutzer in Verbindung mit dem Suchwort gebracht.

Für die Frage der **Funktionsbeeinträchtigung** steht die Beeinträchtigung der Herkunftsfunktion eindeutig im Vordergrund. Allerdings kann die Beeinträchtigung auch auf die sogenannte Werbefunktion der Marke sowie auf ihre Kommunikations-, Investitions- und Qualitätsfunktion gestützt werden (vgl EuGH, GRUR 2009, 756, 761, Rn 57 – L'Oréal/Bellure; BGH, Urt. v. 13. Januar 2011, Az: I ZR 125/07, Rn 29 ff – Bananabay II). Allerdings gilt dies nur für den sogenannten Identitätsschutz, also dort, wo ein identisches Zeichen für identische Waren- oder Dienstleistungsklassen genutzt wird (Art. 5, Abs. 1, S. 2 lit. a MarkenRL = § 14 Abs. 1, Nr. 1 MarkenG). Eine Beeinträchtigung der Werbefunktion der Marke durch Verwendung von Marken Dritter als Keywords hat der EuGH mit dem zweifelhaften Argument verneint, die Anzeige erscheine neben den natürlichen Suchergebnissen, unter denen sich regelmäßig auch das Angebot des Markeninhabers befinde (EuGH GRUR 2010, 445, 450, Rn 97 – Google France; vgl *Musiol*, GRUR-Prax 2010, 147, 147). 47

Der **Verwechslungsschutz** (identisches/ähnliches Zeichen für identische/ähnliche Klassen – Art. 5 Abs. 1, S. 2 lit. b MarkenRL = § 14 Abs. 2, Nr. 2 MarkenG) umfasst dagegen nur die Herkunftsfunktion (EuGH GRUR 2010, 445, 448, Rn 78 – Google France) und der erweiterte Schutz bekannter Marken (Art. 5 Abs. 2 MarkenRL = § 14 Abs. 2, Nr. 3 MarkenG) umfasst zwar weitere Markenfunktionen, doch sind diese bereits durch den Tatbestand der Vorschrift konkretisiert. Die Darstellung in diesem Abschnitt konzentriert sich auf die Beeinträchtigung der Herkunftsfunktion im Falle des Identitätsschutzes, weil ihr die zentrale praktische Relevanz zukommt. Die rechtlichen Maßstäbe zur Herkunftsfunktion gelten allerdings entsprechend für das Tatbestandsmerkmal der Verwechslungsgefahr (EuGH GRUR 2010, 451, 452, Rn 40). Beim **Bekanntheitsschutz**, der keine gesonderte Feststellung einer Funktionsstörung voraussetzt, kommt es darauf an, ob der Werbende sich in die Sogwirkung einer bekannten Marke begibt, um ohne eigene Anstrengungen von ihrem Ruf zu profitieren – oder ob lediglich eine zulässige Aufmerksamkeitsausnutzung vorliegt. Hier fehlt es noch an belastbarer Rechtsprechung für den Bereich des Keyword Advertising (vgl *Ohly*, GRUR 2010, 776, 783). 48

Eine Markenverletzung durch Funktionsstörung entfällt, wenn die **Schranken** des Markenrechts greifen. **Beschreibende Angaben** (Art. 6 MarkenRL = § 23 MarkenG) in Gestalt von Keywords – in der Praxis kaum denkbar – müssen den anständigen Gepflogenheiten in Handel und Gewerbe entsprechen; das ist regelmäßig nicht der Fall, wenn Abnehmern eine wirtschaftliche Beziehung zwischen Markeninhaber und Werbendem suggeriert wird (EuGH GRUR 2010, 841, 845, Rn 67 – Portakabin). Da aber nach dem EuGH-Urteil „Google France" eine Markenverletzung nur unter dem Gesichtspunkt einer Beeinträchtigung der Herkunftsfunktion in Betracht kommt, greift in aller Regel die Schranken-Schranke der „anständigen Gepflogenheiten" ein, sofern sich der der Werbende der Verwechslungsgefahr oder Unklarheit bewusst war (EuGH GRUR 2010, 841, 845, Rn 70 – Portakabin; *Ohly*, GRUR 2010, 776, 783). 49

Erschöpfung kommt insbesondere in Betracht, wenn Keywords genutzt werden, um die Originalwaren des Markeninhabers weiterzuverkaufen. Auch hier lautet die entscheidende Frage, unter welchen Umständen sich der Markeninhaber dem Weitervertrieb aus berechtigten Gründen widersetzen kann (Art. 7 MarkenRL = § 24 MarkenG). Nach Auffassung des EuGH gilt dies bei einer erheblichen Schädigung des Rufs der Marke und beim Vorspiegeln einer wirtschaftlichen Verbindung zwischen dem Werbenden und dem Markeninhaber (EuGH GRUR 2010, 841, 845, Rn 79 f – Portakabin). Der Durchschnittsverbraucher sei mit dem Verkauf gebrauchter Waren über das Internet allerdings so vertraut, dass die Nennung der Marke im Zusammenhang mit Begriffen wie „gebraucht" oder „aus zweiter Hand" keine wirtschaftliche Verbindung suggeriere. Auch schließe die Entfernung der Marke vor dem Weiterverkauf die Erschöpfung aus. Schließlich sei die Erschöpfung nicht schon deshalb ausgeschlossen, weil der Weiterverkäufer mit dem Keyword eine Werbung auch für Waren anderer Hersteller auslöst. 50

In **wettbewerbsrechtlicher** Hinsicht ist die Nutzung von markenrechtlich geschützten Keywords für gekennzeichnete Werbeeinblendungen grundsätzlich zulässig, soweit die Anforderungen des Trennungsgebotes gewahrt sind (OLG Düsseldorf, MMR 2007, 247, 248; LG Hamburg MMR 2005, 631, 633 – Störerhaftung des Suchmaschinenbetreibers für Adwords). Der Tatbestand der Rufausbeutung scheidet in der Regel aus, weil ein Imagetransfer in Anbetracht der Erkennbarkeit der Werbemaßnahme nicht stattfindet (Hefermehl/*Köhler*/Bornkamm, Wettbewerbsrecht 2007, § 4 Rn 10.82). Die angesprochenen Verkehrskreise sehen in der Regel keine wettbewerbsrechtlich relevante Verbindung zwi- 51 schen einem Werbehinweis und dem Betrieb des – als Suchwort verwandten – Begriffs des Zeicheninhabers (LG Hamburg, MMR 2005, 631, 634; 629, 630; LG Leipzig, MMR 2005, 623, 623; OLG Düsseldorf, MMR 2007, 247, 248; OLG Frankfurt/M, Beschluss vom 26.2.2008, Az:3/11 O 16/08). Auch Kundenfang – als unzumutbare oder unsachliche Beeinflussung bei der Kaufentscheidung (vgl Hefermehl/*Köhler*/Bornkamm, Wettbewerbsrecht, § 4 Rn 10.31) – liegt grundsätzlich nicht schon in der suchwortgetriebenen Platzierung von offener Werbung (OLG Frankfurt/M, Beschluss vom 26.2.2008, Az: 3/11 O 16/08). Der Nutzer erhält durch solche Werbeeinblendungen im Umfeld von Trefferlisten allenfalls eine Alternative aufgezeigt (LG Hamburg, MMR 2005, 631, 633 f – Platzierung der Adword-Anzeige; LG Hamburg MMR 2005, 629; LG Leipzig MMR 2005, 622, 623). Zwar nutzt er die Popularität bestimmter Begriffe für eigene Zwecke aus. Doch bleibt der Nutzer in der Entscheidung, welchen Link er anklickt, autonom (*Hünsch*, MMR 2006, 357, 359), mag die Werbung ihn auch zur Änderung seines Kaufentschlusses veranlassen. Umgekehrt ist die Verwendung von Keywords **unzulässig**, wenn die Werbung nicht als solche identifizierbar ist, wenn sie gezielt auf markenrechtswidrige Inhalte führt oder wenn durch die Art und Weise ihrer Platzierung der unzutreffende Eindruck einer Sonderverbindung zum Kennzeicheninhaber erweckt wird (OLG Düsseldorf GRUR-RR 2001, 299, 300 – Mercedes-Stern).

52 **b) Listenplatzierung.** Dagegen ist der Erwerb von **Listenplatzierungen** für bestimmte Keywords markenrechtswidrig, wenn die übrigen markenrechtlichen Voraussetzungen erfüllt sind und keine gerechtfertigte Verwendung vorliegt (§§ 23, 24 MarkenG, § 6 UWG). Der Zeicheninhaber kann deshalb bei Zeichenidentität aus Identitäts- und Verwechslungsschutz, ansonsten aus Bekanntheitsschutz vorgehen (dazu vorstehend unter a)). Denn beim Erwerb von Platzierungen auf den Ergebnislisten der Suchmaschinen führt die Verwendung fremder Kennzeichen – ebenso wie bei der Verwendung von Meta-Tags – dazu, dass die Webseite des Verwenders unmittelbar in der Trefferliste aufgeführt wird und vom Nutzer deshalb mit dem fremden Kennzeichen in Verbindung gebracht werden kann. Die Verwechslungsgefahr kann bereits daraus folgen, dass die Nutzer, die etwa das Firmenschlagwort des Markeninhabers kennen und als Suchwort eingeben, als Treffer auch auf die Leistung des Wettbewerbers hingewiesen werden und sich näher damit befassen (vgl zu Meta-Tags, BGH NJW 2007, 153, 154 – Impuls; OLG Hamburg GRUR-RR 2005, 118, 119 – Aidol). Eine Übertragung der Rechtsprechung des Bundesgerichtshofs zu Meta-Tags ist aufgrund der ähnlich gelagerten Verwendung von Schlüsselbegriffen angemessen, zumal beim Keyword Buying im Zweifel ein noch stärkerer Eingriff in das Verkehrsverständnis des Kennzeichens stattfindet: Während bei Meta-Tags lediglich die Wahrscheinlichkeit einer Listenplatzierung indirekt erhöht wird, ermöglicht Keyword Buying den Erwerb einer konkreten Listenposition, und zwar üblicherweise in den „Top Ten" der Suchmaschine. Allerdings ist damit **nicht jegliche Form** von verdecktem Keyword Buying als Markenrechtsverstoß einzuordnen. Je allgemeiner die Suchbegriffe der Nutzer gehalten sind, desto höher liegen die Anforderungen an die Darlegung der markenrechtlichen Beeinträchtigung beim Auswurf des Suchergebnisses durch die Suchmaschine (vgl zu dieser Einschränkung OLG Düsseldorf MMR 2004, 257, 259 – Impuls; LG Leipzig MMR 2005, 622, 623 f. – Adwords als Markenrechtsverletzung).

53 **Wettbewerbsrechtlich** wird man nach den dargelegten Wertungen des Markenrechts gekaufte Listenplatzierungen angesichts der damit verbundenen Täuschung des Nutzers über das Suchmaschinenergebnis – als vermeintlichen Indikator für die Relevanz von gelisteten Seiten – als getarnte Werbung (§ 4 Nr. 3 UWG) und Irreführung (§ 5 UWG) einordnen müssen (vgl *Pierson*, K&R 2006, 547, 549; *Ernst*, WRP 2004, 278, 279; Fezer/*Mankowski*, Lauterkeitsrecht, 2005, § 4-S 12 Rn 98; Fezer/*Mankowski*, Lauterkeitsrecht, 2010, § 4-S 12 Rn 111; aA Hefermehl/*Köhler*/Bornkamm, Wettbewerbsrecht 2007, § 4 Rn 10.31).

III. Haftung

54 Liegt rechtswidriges Suchmaschinenmarketing vor, so haftet der Werbende selbst nach den allgemeinen Regeln (§ 7 Abs. 1 TMG). Für **Suchmaschinenbetreiber** hat der EuGH in der jüngeren Rechtsprechung dagegen ausdrücklich klargestellt, dass sie nicht als Täter, sondern allenfalls als Teilnehmer oder Störer in Anspruch genommen werden können, da sie den Werbekunden lediglich die Benutzung der Keywords ermöglichten, also nicht selbst über die Verwendung des Suchworts entscheiden. Zur Begründung wird angeführt, dass in der Bereitstellung noch keine Benutzung des Zeichens im Rahmen der „eigenen kommerziellen Kommunikation" des Suchmaschinenbetreibers liege (EuGH GRUR 2010, 445, 447, Rn 56 – Google France). Bei der Haftung des Suchmaschinenbetreibers als Teilnehmer oder

Störer ist davon auszugehen, dass die europarechtliche Privilegierung der Diensteanbieter und damit die Vorschriften zum Hosting auf Internetsuchmaschinen anwendbar sind (Art. 14 E-Commerce-RL 2000/31, §§ 8 ff TMG). Suchmaschinenbetreiber fallen unter die „Dienste der Informationsgesellschaft", sind aber in der Haftung nur privilegiert, wenn der Dienst „rein technischer, automatischer und passiver Art" ist und der Anbieter „weder Kenntnis noch Kontrolle über die weitergeleitete oder gespeicherte Information besitzt" (EuGH GRUR 2010, 445, 451, Rn 113 – Google France). Die Entscheidung darüber, ob das bei Anbietern eines Keyword Advertising Systems der Fall ist, überlässt der EuGH allerdings den Mitgliedstaaten. Der Umstand, dass ein Suchmaschinenbetreiber ein Entgelt verlange, Vergütungsmodalitäten festsetzte und Auskünfte allgemeiner Art gebe, spreche nicht gegen die Passivität; auch könne aus der Übereinstimmung zwischen Keyword und Suchbegriff nicht auf eine Kenntnis von Google geschlossen werden (vgl, insbesondere unter Hinweis auf automatisierte Eingabemasken, im Ergebnis auch LG Hamburg MMR 2005, 631, 633; OLG Hamburg MMR 2006, 754, 755; LG München I MMR 2004, 261, 262); andererseits könne eine Hilfestellung bei der Auswahl der Schlüsselwörter oder bei der Formulierung des Werbetextes als aktiver Beitrag gewertet werden (EuGH GRUR 2010, 445, 451, Rn 118 – Google France). Hat der der Betreiber der Suchmaschine trotz Kenntnis davon keine Maßnahmen zur Unterbindung unternommen (§§ 7–10 TMG), so haftet er gegenüber dem Verletzten für eine rechtswidrige Verwendung von Suchwörtern auf seiner Plattform.

Der EuGH hat bislang nicht beantwortet, ob die Privilegierung des Host Providers (Art. 14 E-Commerce-RL 2000/31, §§ 8 ff TMG) auch für **Unterlassungsansprüche** gilt. Der BGH verneint dies bislang (BGH GRUR 2004, 860, 862 f – Internet-Versteigerung I). Auf Unterlassung haftet der Betreiber danach auch vor Kenntniserlangung nach den Grundsätzen der Störerhaftung, wenn ihm vorbeugende Maßnahmen gegen Rechtsverletzungen zumutbar gewesen wären (vgl BGH JurPC Web-Doc. 108/2007 Abs. 40 – Internet-Versteigerung II; BGH MMR 2004, 668, 671 – Internet-Versteigerung I; BGH GRUR 2002, 619, 619 – Meissner Dekor; BGH MMR 2001, 671, 673 – ambiente.de). Eine Haftung auf Unterlassung setzt jedoch voraus, dass zumutbare Prüfungspflichten verletzt wurden. Dies beurteilt sich, je nach Einzelfall, anhand der Funktion und Aufgabenstellung des Suchmaschinenbetreibers und der Eigenverantwortung des Verletzers. Zumutbar sind vorbeugende Maßnahmen insbesondere, wenn eine Rechtsverletzung **offenkundig** war *und* Missbräuche durch Filtermechanismen ohne übermäßigen Aufwand hätten verhindert werden können (vgl LG München I MMR 2004, 261, 261 f). Umgekehrt kommt eine allgemeine Prüfungspflicht nicht in Betracht, wenn der Störungszustand für den Betreiber nicht oder nur mit unverhältnismäßigem Aufwand erkennbar war (vgl BGH JurPC Web-Doc. 108/2007 Abs. 40 – Internet-Versteigerung II; BGH GRUR, MMR 2004, 668, 671 – Internet-Versteigerung I; BGH GRUR 1997, 313, 315 f – Architektenwettbewerb; BGH GRUR 1994, 841, 842 f – Suchwort; BGH GRUR 1999, 418, 419 f – Möbelklassiker; BGH MMR 2001 671, 673 – ambiente.de). Ob Betreiber von Suchmaschinen einer Pflicht zur Einsetzung von Filter-Software zum Aufspüren rechtswidriger Inhalte unterliegen, hängt davon ab, ob sich die Merkmale des konkreten Dienstes zur Eingabe in ein Suchsystem eignen (vgl BGH JurPC Web-Dok. 108/2007, Abs. 47; vgl auch LG München I – Usenet, JurPC Web-Dok. 69/20007, Abs. 85; vgl auch: KG Berlin MMR 2006, 393, 394 f). 55

In seiner Entscheidung „Jugendgefährdende Medien bei Ebay" hat der BGH die Annahme von Prüfungspflichten des Betreibers der Online-Handelsplattform bzw die Verpflichtung zum Einsatz von Filtersystemen nicht auf die Grundsätze der Haftung des sogenannten mittelbaren Störers, sondern auf die Verletzung von wettbewerbsrechtlichen Verkehrspflichten gestützt. Wer durch sein Handeln im geschäftlichen Verkehr in einer ihm zurechenbaren Weise die Gefahr eröffne, dass Dritte Interessen von Marktteilnehmern verletzen, die durch das Wettbewerbsrecht geschützt sind, könne eine unlautere Wettbewerbshandlung begehen, wenn er diese Gefahr nicht im Rahmen des Möglichen und Zumutbaren begrenze (vgl BGH, MMR 2007, 634, 635 – Jugendgefährdende Medien bei Ebay). 56

D. Hyperlinks

I. Begriff

Hyperlinks sind Strukturelemente der Textbeschreibungssprache HTML (Hypertext Markup Language). Sie verknüpfen den Hinweis auf einen bestimmten Inhalt unter einer bestimmten Internetadresse mit der technischen Möglichkeit, diesen direkt aufzurufen. Sie können in verschiedenen Arten auftreten, die sich je nach technischer Programmierung und Erscheinungsbild für den Internetnutzer unterschiedlich darstellen (im Einzelnen Fezer/*Mankowski*, Lauterkeitsrecht, 2010, § 4-S 12, Rn 118). 57

Der herkömmliche Hyperlink auf die Homepage eines Dritten wird auch als **Surface Link** bezeichnet. In der Regel verbindet hier eine unterstrichene Textstelle oder ein Banner auf der Ausgangsseite den Nutzer beim Anklicken direkt mit der Homepage der verlinkten Webseite. Dagegen spricht man von einem **Deep Link**, wenn der Nutzer nicht auf die Zieladresse geleitet wird, sondern direkt auf tiefer liegende Webseiten, auf denen bestimmte Inhalte zugänglich gemacht werden. **Inline Links** oder **Embedded Links** zeichnen sich dadurch aus, dass eine fremde Datei – ohne Aktivierung auf Seiten des Nutzers – bereits im Zuge des Aufbaus der von ihm angewählten Webseite mitgeladen wird. Auf diese Weise werden die fremden Inhalte wie eigene in den Inhalt der Ausgangsseite eingebunden. Besonders häufig geschieht dies beim Einbinden fremder Video- oder Audioinhalte. Plattformen wie Youtube stellen eigens kurze Anweisungszeilen – sogenannte Codes – zur Verfügung, mit denen ein Video oder ein Audiofile unter Nutzung der Abspieltechnik des jeweiligen Anbieters auf Webseiten Dritter eingebaut werden kann. In diesen Fällen wird nicht nur der Inhalt der fremden Webseite mitgeladen, sondern auch die für die Anzeige erforderliche Software. Beim **Framing** schließlich wird der Inhalt der fremden Webseite durch die Verknüpfung, anders als beim Hyperlink, nicht im gesamten oder einem neuen Browserfenster dargestellt, sondern erscheint in einem Rahmen auf der Ausgangsseite. Insoweit erscheint der fremde Inhalt – ähnlich wie beim Inline Linking – für den Nutzer als eigentlicher Inhalt der Ausgangseite.

II. Rechtliche Beurteilung

58 Hyperlinks von Webseiten kommerzieller Unternehmen stellen regelhaft ein Handeln im geschäftlichen Verkehr dar und unterfallen damit dem Lauterkeitsrecht. Insgesamt ist für die rechtliche Beurteilung der Linksetzung entscheidend, ob der Linksetzer damit erkennbar nur den Zugang zu Inhalten oder Auftritten des Verlinkten eröffnet oder aber fremde Ergebnisse als eigene darstellt (abzugrenzen hiervon ist die Verantwortlichkeit für rechtswidrige Inhalte auf der verlinkten Seite, hierzu Rn 66 ff). Hier verläuft, grob formuliert, die Grenze zwischen zulässigen und unzulässigen Hyperlinks. Ausgangspunkt der rechtlichen Beurteilung ist, dass der Hinweis auf Leistungen Dritter als solcher noch kein Anmaßen eines fremden Leistungsangebotes darstellt. Der Einsatz von Hyperlinks ist angesichts der Infrastruktur und der Informationsfülle des Internet vielmehr eine Bedingung der Nutzung von Webinhalten, sozusagen ein Strukturelement der Onlinekommunikation überhaupt, auf dem nicht zuletzt die Inanspruchnahme von Suchdiensten aufsetzt (vgl BGH GRUR 2003, 958, 963 – Paperboy; BGH GRUR 2004, 693, 694 – Schöner Wetten; *Hoeren*, GRUR 2004, 1, 3). Unzulässig ist es dagegen insbesondere, die Quelle fremder Inhalte zu verschleiern, den unzutreffenden Eindruck einer Verbindung zwischen Wettbewerbern hervorzurufen, Wettbewerber durch Links zu behindern, im Rahmen der Ausgestaltung des Links fremde Zeichen als Herkunftshinweis zu verwenden oder Links auf rechtswidrige Inhalte aufrechtzuerhalten.

59 **1. Urheberrechtlich geschützte Werke.** Das Setzen von Hyperlinks auf fremde **urheberrechtlich geschützte Werke**, sei es in isolierter Form oder als Ergebnis der Anfrage auf einer Suchmaschine, ist als solches zulässig – und zwar unabhängig davon, ob lediglich ein herkömmlicher Hyperlink auf eine Homepage gesetzt wird (Surface Link) oder ob direkt auf Inhalte tiefer liegender Gliederungsebenen einer Webseite verwiesen wird (Deep Link). So liegen in der Verschlagwortung und Verlinkung von Seiten Dritter in der Regel weder Nutzungs- noch Störerhandlungen mit Blick auf Vervielfältigung (§ 16 UrhG), Zugänglichmachung (§ 19a UrhG) oder Datenbankrechte (§ 87b UrhG), da der Linksetzer das Werk weder selbst öffentlich zum Abruf bereithält noch selbst auf Abruf an Dritte übermittelt, sondern lediglich den bereits eröffneten Zugang erleichtert (BGH GRUR 2003, 958, 958 ff – Paperboy; BGH GRUR 2011, 56, 58 – Session-ID). Es ist vielmehr der Betreiber der verlinkten Webseite, der die Inhalte ohne technische Schutzmaßnahmen zur Nutzung bereitstellt und damit grundsätzlich konkludent seine Einwilligung zum Setzen eines Hyperlinks erteilt. Mit der Verlinkung wird die Gefahr einer rechtswidrigen Nutzung seiner Werke durch Dritte nicht qualitativ verändert, sondern nur insofern erhöht, als durch die Bündelung der Aufmerksamkeit eine größere Zahl von Nutzern an das Werk herangeführt wird. Dies genügt, unabhängig von der Frage, ob der Nutzer zum eigenen Gebrauch handelt (§ 53 UrhG), nicht für eine Störerhaftung.

60 Anders ist der Fall zu beurteilen, wenn der Betreiber der verlinkten Website sich einer **technischen Schutzmaßnahme** bedient, mit der er zum Ausdruck bringt, den öffentlichen Zugang zu dem geschützten Werk nur mit der von ihm vorgesehenen Einschränkung, zB auf bestimmte Nutzer oder bestimmte Zugangswege, ermöglichen zu wollen. Das Setzen eines Hyperlinks stellt einen Eingriff in das Recht

der öffentlichen Zugänglichmachung aus § 19a UrhG dar, wenn hierdurch ein unmittelbarer Zugriff auf dieses Werk unter Umgehung der Schutzmaßnahme ermöglicht wird (BGH GRUR 2011, 56 ff – Session-ID). Schutzmaßnahmen in diesem Sinne müssen nicht die Anforderungen des § 95a UrhG erfüllen (BGH GRUR 2011, 56, 59 – Session-ID). Ausreichend ist vielmehr, dass der Berechtigte Schutzmaßnahmen ergriffen hat, um das Zugänglichmachen des Werkes zu beschränken und diese Schutzmaßnahmen für Dritte als solche erkennbar sind.

Ebenfalls einen Eingriff in ein geschütztes Recht stellt es dar, wenn ein Link nicht lediglich auf eine 61 andere Webseite hinweist, sondern das Werk auf der Webseite des Linksetzers **als (verlinkte) Abbildung** erscheint. In seiner Entscheidung zur Bildersuche (BGH MMR 2010, 475 ff) hat der BGH klargestellt, dass es sich um eine Vervielfältigung (§ 16 Abs. 2 UrhG) sowie um eine öffentliche Zugänglichmachung handelt (§ 19a UrhG), wenn eine Suchmaschine das Werk selbstständig in verkleinerter Form abbildet („Thumbnail") und dieses Bild auf die Internetseite des Urhebers oder Nutzungsberechtigten verlinkt ist. Allerdings lag im entschiedenen Fall nach Auffassung des BGH eine Einwilligung des Berechtigten in die öffentliche Zugänglichmachung vor, da der Berechtigte sein Werk online bereitgestellt und dabei keine technischen Maßnahme eingesetzt hatte, um die Nutzung seines Werkes im Rahmen einer automatisierten Suchmaschine zu unterbinden (BGH, Urteil v. 29.4.2010 – I ZR 69/08, MMR 2010, 475 ff = NJW 2010, 2731 ff; vgl auch LG Köln, Az 28 O 662/08, BeckRS 2009, 26587). Rechtlich betrachtet stand hier nicht der Hyperlink in seiner Funktion als „Wegweiser" im Zentrum der Beurteilung, sondern die Visualisierung des geschützten Werks als verkleinerte Abbildung. Die zitierten Fälle veranschaulichen, dass die vergleichsweise starren Schrankenbestimmungen des kodifizierten Urheberrechts in Anbetracht der variablen Erscheinungsformen der Verlinkung zu unzweckmäßigen Einschränkungen führen und über Figuren wie die US-amerikanische Fair-Use-Doktrin (einwilligungsfreie Nutzung, Copyright Act 1976, 17 U.S.C. § 107) als Form der „technologieoffenen" Bewertung neuer Nutzungshandlungen nachgedacht werden sollte.

Kennzeichenrechtlich relevant ist die Ausgestaltung eines Hyperlinks unter Verwendung eines fremden 62 Zeichens, wenn eine markenmäßige Verwendung vorliegt und insbesondere die Schrankenregelung zum **Ankündigungs- und Werberecht** des Händlers nicht eingreift (§ 23 MarkenG, vgl LG Düsseldorf GRUR-RR 2006, 54, 55 – PKV-Wechsel). Sofern die Kennzeichnung sich aber weder unmittelbar noch mittelbar auf das Angebot des Linksetzers bezieht, sondern redaktionellen oder vergleichenden Zwecken oder zur Benennung fremder Originalwaren oder Dienstleistungen dient, handelt es sich um eine bloße Markennennung und kein Benutzen im Sinne des Markenrechts (LG Düsseldorf GRUR-RR 2006, 54, 55 – PKV-Wechsel). An einer markenmäßigen Benutzung wird es bei Linksammlungen, die gerade den Zweck haben, über fremde Inhalte im Internet zu informieren, regelmäßig fehlen (vgl OLG Köln, GRUR-RR 2003, 42 ff – Anwalt-Suchservice). Inwieweit eine grafische Verwendung des Kennzeichens im Rahmen des Hyperlinks noch als reine Markennennung angesehen werden kann, ist im Einzelnen umstritten (hierzu insbesondere Fezer/*Jung-Weiser*, Lauterkeitsrecht 2010, § 4-S 11, Rn 190; *Spindler/Schuster*, Recht der elektronischen Medien 2011, § 14 MarkenG, Rn 52), wobei richtigerweise davon auszugehen ist, dass ein Hyperlink mit dem Kennzeichen und insbesondere mit dem entsprechenden Logo eines Dritten nur dann versehen werde kann, wenn damit keine unzutreffende Vorstellung über das Angebot des Verlinkenden hervorgerufen und keine wirtschaftliche Verbindung zum (verlinkten) Dritten suggeriert wird.

In **wettbewerbsrechtlicher** Hinsicht kommt eine Untersagung von Surface Links oder Deep Links nur 63 in Betracht, wenn besondere Umstände zur Verlinkung hinzutreten (BGH GRUR 1997, 459, 464 – CB-Infobank I; LG Düsseldorf GRUR-RR, 54, 56 – PKV-Wechsel). In der Erleichterung des Zugriffs liegt grundsätzlich weder eine Übernahme fremder Leistung noch eine Verschleierung der Herkunft oder eine unlautere Werbebehinderung. Auch die „Vorbeiführung" des Nutzers an der Homepage des Betreibers und dort etwa geschalteter Werbemaßnahmen mag zwar ertragsmindernd wirken, bleibt aber zulässig, wenn und soweit der Betreiber selbst darauf verzichtet hat, technische Vorkehrungen gegen das Setzen von Deep-Links zu treffen (BGH GRUR 2003, 958, 962 f – Paperboy; LG München I CR 2002, 452, 455 – Deep-Links in Online-Pressespiegel; OLG Köln CR 2001, 708, 712 f – Deep Links in Suchdienst für Zeitungsartikel; OLG Düsseldorf MMR 1999, 729, 732 f – Baumarkt). Anders jedoch, wenn der Verlinkende technische **Schutzmaßnahmen** auf Seiten des Verlinkten überwindet. Solche Sperren können zum Beispiel durch Programmierung des HTML-Codes, Sperrung der Webseite für Suchmaschinen oder Programmierung der Link-Berechtigung errichtet werden (vgl *Hoeren*, GRUR 2004, 1, 5 f; Fezer/*Mankowski*, Lauterkeitsrecht 2010, § 4-S 12, Rn 133 ff). Damit wird signalisiert, dass kein freies Verlinken der Webseite gewünscht ist. Wer sie überwindet, handelt in Ausbeutung fremder Leistung, also wettbewerbswidrig. Sofern durch die Linksetzung eine **Vergleichssituation** geschaffen werden soll, indem etwa der Nutzer gezielt auf eine mit dem eigenen Angebot korrespondierende Angebotsseite eines Mitbewerbers geleitet wird, um so die Unterschiede zwischen den Angeboten zu verdeutlichen, muss sich der Vergleich im Rahmen der gesetzlichen Grenzen der vergleichenden Werbung bewegen (§ 6 Abs. 2 UWG, ausführlich Hoeren/Sieber/ *Süßenberger*, Handbuch Multimedia-Recht 2010, Teil 11.1, Rn 49).

64 **2. Verschleierung der Herkunft.** Hyperlinks, die aufgrund ihrer konkreten Ausgestaltung die **Quelle** oder Fremdurheberschaft der verlinkten Seite nicht erkennen lassen, wie etwa beim Framing oder Inline-Linking zumeist der Fall, sind **in der Regel wettbewerbswidrig** (OLG Hamburg CR 2001, 704, 705 – Framing). Ansprüche kommen unter dem Gesichtspunkt der Herkunftstäuschung (Fezer/*Mankowski*, Lauterkeitsrecht, 2010, § 4-S 12, Rn 124; vgl auch OLG Düsseldorf K&R 2000, 87, 90 – baumarkt.de), der Irreführung (Fezer/ *Mankowski*, Lauterkeitsrecht 2010, § 4-S12, Rn 124), der unmittelbaren Leistungsübernahme (OLG Celle CR 1999, 523, 523 f; OLG Düsseldorf CR 1998, 763, 764) und der Rufausbeutung in Betracht (Fezer/*Mankowski*, Lauterkeitsrecht 2010, § 4-S 12, Rn 124). Wird dabei auf urheberrechtlich geschützte Inhalte oder Datenbanken zugegriffen, liegt auch eine Urheberrechtsverletzung vor. So ermächtigt beispielsweise die Bereitstellung eines Onlinelexikons im Internet Dritte keineswegs, die Inhalte des Lexikons im Gewande einer fremden Webseite zugänglich zu machen (OLG Hamburg CR 2001, 704, 705). Daneben kommt eine Verletzung des Namensnennungsrechts des Urhebers in Betracht (§ 12 UrhG, vgl *Hoeren*, Internetrecht, April 2011, 4. Kap. II. 2. c) bb), S. 281). Auch **Inline Linking, Embedded Linking** bzw **Framing** sind unzulässig, wenn Inhalte von einer verlinkten Website unerkannt importiert werden. Dies führt auch regelmäßig dazu, dass graphische Elemente oder Werbeangebote ausgeblendet werden, die sich im ursprünglichen Rahmen des importierten Angebots befinden. Technische Vorkehrungen, sogenannte Frame-Killers (vgl Fezer/ *Mankowski*, Lauterkeitsrecht 2010, § 4-S 12, Rn 139), sind nur teilweise zur Abwehr geeignet, ihre Nutzung kann jedenfalls aber dem Betreiber der verlinkten Webseite nicht abverlangt werden.

65 **3. Eindruck einer unternehmerischen Verbindung.** Ein Transfer von Gütevorstellungen auf die verlinkende Website kann nicht regelhaft angenommen werden (*Metzger*, CR 2001, 265, 265 f; *Wiebe*, CR 1999, 524, 525; *Hoeren*, GRUR 2004, 1, 3; anders noch LG Hamburg CR 2001, 265, 265 f – Bundesligamanager). Treten aber weitere, wettbewerbsspezifische Aspekte hinzu, die den Eindruck einer geschäftlichen Verbindung herbeiführen, ist dies unzulässig. Dies kommt, je nach Einzelfall, beispielsweise bei **digitalen Kaufhäusern** in Betracht („Virtual Mall"). Das sind Webseiten, die Hyperlinks auf Homepages von fremden Unternehmen oder Markenherstellern bündeln, in einen übergreifenden Marketingzusammenhang stellen und sich damit als „Verkaufsraum" präsentieren. Wird dabei der Eindruck von privilegierten Verbindungen suggeriert, ohne dass dies den Tatsachen entspricht oder ohne dass mit der Zusammenstellung ein spezifisches Aufklärungsinteresse der Nutzer befriedigt wird, kommt eine Untersagung wegen offener Anlehnung in Betracht (*Hoeren*, Internetrecht, April 2011, 4. Kap. II. 2. c) cc), S. 282), soweit nicht ohnehin eine Kennzeichenverletzung wegen Überschreitung des Ankündigungs- und Werberechts des Händlers (§ 23 MarkenG) und damit eine rufmäßige Ausbeutung vorliegt (vgl Fezer/*Jung-Weiser*, Lauterkeitsrecht 2010, § 4-S 11, Rn 189 ff).

66 **4. Rechtswidrige Inhalte.** Der Linksetzer haftet grundsätzlich nicht für rechtswidrige Inhalte, die beim Abrufen des Links auf der verlinkten Seite zu Tage treten. Denn wer einen Link setzt, macht sich den verlinkten Inhalt noch nicht zu eigen (BGH GRUR 2004, 693, 695 f – Schöner Wetten; siehe auch KG Berlin MMR 2002, 119, 119 f – Schöner Wetten), es sei denn, er solidarisiert sich beispielsweise mit dem rechtswidrigen Inhalt und macht ihn sich so bewusst zu eigen (*Hoeren*, Internetrecht April 2011, 7. Kap. II. 4.a, S. 459). Abzustellen ist insofern auf die inhaltliche Gesamtaussage, die mit dem Link unter Berücksichtigung seines Kontextes verbunden ist (*Hoeren*, Internetrecht, April 2011, 7. Kap. II. 4. a), S. 458). Umgekehrt ist regelmäßig von einer rechtswidrigen Handlung auszugehen, wenn der Linksetzer **Kenntnis** von der Rechtswidrigkeit des verlinkten Inhalts erlangt hat und den Link gleichwohl einrichtet oder aufrechterhält (vgl zB LG Berlin MMR 2005, S. 718; OLG München GRUR-RR 2005, 372, 375 – AnyDVD, GRUR-RR 2009, 85, 87 ff – AnyDVD II; anders jedoch uU im redaktionellen Bereich, vgl BGH GRUR 2011, 513 = NJW 2011, 2436, Az: I ZR 191/08 und unten Rn 68). Jedoch wird auch vor Kenntnisnahme auf Unterlassung gehaftet, wenn zumutbare Prüfungspflichten verletzt wurden (BGH GRUR 2004, 693, 695 – Schöner Wetten). Dies ist mit Blick auf den Zweck des Links, die Kenntnis des Verlinkenden von den Umständen und seine Möglichkeiten zu prüfen, die Rechtswidrigkeit des Inhalts zu erkennen (LG München MMR 2001, 56, 57 – Explorer; LG Frankfurt/Main GRUR 2002, 83, 84 – Wobenzym II).

Besondere Maßstäbe gelten für die Verlinkung im **redaktionellen Kontext.** Anbieter redaktioneller Inhalte sind zur Trennung von Werbung und publizistischen Inhalten verpflichtet (vgl BGH GRUR 2004, 693, 695 f – Schöner Wetten). Für Links auf kommerzielle Inhalte bedeutet dies, dass Auswahl und Angebot der Links von der publizistischen Informationsaufgabe gedeckt sein müssen. Hier gelten dieselben Maßstäbe, die auch im Presse- und Rundfunkrecht zur Identifizierung redaktioneller Werbung herangezogen werden (siehe Abschnitt 24, 28, 29). Eine Wettbewerbsförderungsabsicht auf Seiten des Linksetzenden setzt grundsätzlich voraus, dass konkrete Umstände darauf hinweisen, dass neben der Absicht, das Publikum zu unterrichten, auch der Zweck der Förderung fremden Wettbewerbs in Gestalt der Verlinkung mehr als nur eine untergeordnete Rolle gespielt hat (BGH GRUR 2004, 693, 694 – Schöner Wetten; KG Berlin MMR 2002, 119, 120 – Schöner Wetten). Ein „werblicher Überschuss“ ist aber nicht bereits anzunehmen, wenn eine Auswahl der in Ansehung des redaktionellen Kontextes in Betracht kommenden Unternehmen verlinkt wird, aber eben nicht sämtliche Wettbewerber. Geht die mit der publizistischen Unterrichtung verbundene Werbewirkung jedoch über den Effekt einer Nebenfolge der publizistischen Auseinandersetzung hinaus, ist die Grenze zum wettbewerbswidrigen Handeln überschritten. Darüber hinaus muss ein aus dem redaktionellen Kontext herausführender Hyperlink auf eine kommerzielle Webseite so gestaltet sein, dass der Verweis für den Nutzer erkennbar wird. Dies ist beispielsweise nicht der Fall, wenn der Link sich von Hinweisen zu redaktionellen Seiten nicht unterscheidet (LG Berlin MMR 2005, 778, 778 f). Fehlt es an einem erkennbaren Hinweis, liegt ein Verstoß gegen das Trennungsgebot vor (LG Berlin MMR 2005, 778, 779; KG Berlin MMR 2006, 680, 681). 67

Wird im redaktionellen Kontext **auf rechtswidrige Inhalte verlinkt**, so ist die Verlinkung vom Gewährleistungsgehalt sowohl der Presse- als auch der Meinungsfreiheit umfasst (BGH GRUR 2011, 513 = NJW 2011, 2436, Urteil vom 14. Oktober 2010, Az I ZR 191/08 – Heise). Ein Link dient dem BGH zufolge nicht allein der technischen Erleichterung des Zugangs, sondern im Zusammenhang mit einem Beitrag entweder zugleich als Beleg oder als Quelle für zusätzliche Informationen. Damit richte sich die Zulässigkeit nicht allein nach der Kenntnis von der Rechtswidrigkeit des verlinkten Inhalts. Vielmehr könne trotz positiver Kenntnis die Verlinkung bei einem überwiegenden Informationsinteresse der Öffentlichkeit gerechtfertigt sein (BGH GRUR 2011, 513 = NJW 2011, 2436 – Heise). Im angeführten Verfahren gegen den Heise-Verlag hat das Gericht ein solches Informationsinteresse bejaht und hob die Vorentscheidungen des LG München I (Az 21 O 6742/07) und des OLG München (Az 29 U 5697/07, abgedruckt in GRUR-RR 2009, 85) auf. Dem Verlag war zuvor untersagt worden, im Rahmen einer redaktionellen Berichterstattung einen Link auf die Webpräsenz eines Unternehmens zu setzen, welches Software zur Umgehung von Kopierschutztechnologie anbietet und damit gegen § 95a Abs. 3 UrhG verstößt. 68

E. Social Media Marketing

Als „soziale Netzwerke“ werden Onlinedienste bezeichnet, die Nutzern die gegenseitige Vernetzung und Kommunikation ermöglichen. Die überwiegende Anzahl dieser Dienste arbeitet plattformunabhängig, dh Nutzer können von verschiedenen Endgeräten und Systemen (PC, Mobiltelefon, Tablettcomputer) auf die Dienste zugreifen. Gemeinsam ist den meisten Netzwerken, dass Nutzer **selbst darüber entscheiden,** welche weiteren Nutzer des Netzwerks ihre Äußerungen zu Kenntnis nehmen können und welcher Äußerungen anderer Nutzer sie zur Kenntnis nehmen („Freunde“, „Follower“). Über plattformeigene Funktionen (zB „retweet“, „Like-Button“) können Nachrichten an den gesamten Kreis der verbundenen Nutzer weitergegeben werden und verbreiten sich deshalb oft exponentiell. Dass das (werbe-)wirtschaftliche Potenzial dieser Netzwerke extrem hoch eingeschätzt wird, unterstreicht etwa der Einstieg der Investment-Bank Goldman Sachs im Januar 2011 bei Facebook, in dessen Rahmen das Netzwerk mit 50 Milliarden US$ bewertet wurde (Frankfurter Allgemeine Zeitung vom 3.1.2011). Facebook hat mittlerweile nach eigenen Angaben über 600 Millionen aktive Nutzer weltweit. 69

I. Begriff

Für die Werbewirtschaft ist nicht nur die theoretisch unbegrenzte Kontaktzahl in den Netzwerken interessant, sondern auch die Tatsache, dass Äußerungen von Kontakten aus dem Netzwerk der jeweiligen Nutzer in der Regel eine höhere **Glaubwürdigkeit** beigemessen wird als Äußerungen von Unbekannten oder von Unternehmen. Die möglichen Werbeformen auf Netzwerken sind vielfältig: Un- 70 ternehmen können ein eigenes Nutzerkonto anlegen, das als Instrument zur Kundenbindung und Imagepflege eingesetzt wird. Werbebotschaften können zudem über private Nutzer verbreitet werden, um von der Glaubwürdigkeit dieser Nutzer in ihrem eigenen Kontaktnetzwerk zu profitieren. Ein Unterfall davon ist die Entwicklung von anreizgetriebenen Lokalisierungsdiensten. Sie ist vor allem von der zunehmenden Verbreitung mobiler Endgeräte getrieben („Smartphones"), die einen ständigen mobilen Zugang zum Netzwerk ermöglichen. Diese Dienste erlauben es Nutzern, ihrem Kontaktnetzwerk mitzuteilen, wenn sie sich an einem bestimmten Ort, beispielsweise einem Geschäft oder Lokal, befinden. Für diese Mitteilung, das sogenannte Einchecken, erhält der Nutzer zumeist einen netzwerkrelevanten Anreiz (Bonuspunkte etc.), der wiederum in dem betreffenden Geschäft, Lokal etc. Vergünstigungen oder Vorteile eröffnet. Bekannte Dienste sind etwa „Google Places", „Facebook Orte" und „Foursquare".

II. Rechtliche Bewertung

71 **1. Unternehmenspräsenz in sozialen Netzwerken.** Die Präsenz eines Unternehmens in einem sozialen Netzwerk ist vergleichbar mit einer Unternehmenshomepage. Insofern kann auf die diesbezüglichen Anforderungen verwiesen werden. Insbesondere darf der Werbecharakter von Äußerungen **nicht verschleiert** werden (§ 4 Nr. 3 UWG). Das werbende Unternehmen muss als solches identifizierbar sein. Unzulässig wäre es etwa, wenn ein Unternehmen unter dem Namen eines Mitarbeiters oder einer erfundenen Identität Unternehmenswerbung über das Kontaktnetzwerk verbreiten würde, ohne dass aus Nutzersicht erkennbar ist, dass es sich um eine Unternehmenspräsenz handelt. Auch im Hinblick auf das Kennzeichenrecht ergeben sich keine Besonderheiten: Wenn ein Unternehmen im geschäftlichen Verkehr ein fremdes Kennzeichen als Namen seiner eigenen Präsenz nutzt, ist dies regelmäßig unzulässig (§§ 14, 15 MarkenG).

72 **2. Anreizsysteme.** Bei Statusmitteilungen privater Nutzer handelt es sich um Individualkommunikation, die nicht den Anforderungen des UWG unterliegt. Anders jedoch, wenn die Äußerung **als geschäftliche Handlung** zu bewerten ist. Dies ist jedes Verhalten zugunsten des eigenen oder fremden Unternehmens während oder nach einem Geschäftsabschluss, das mit der Förderung des Absatzes oder des Bezugs von Waren oder von Dienstleistungen oder mit dem Abschluss oder der Durchführung eines Vertrags über Waren oder Dienstleistungen objektiv zusammenhängt (§ 2 Nr. 1 UWG, vgl auch Fezer-*Hoeren*, Lauterkeitsrecht 2010, § 4-3 Rn 17). Der Bereich der privaten Äußerung wird verlassen, wenn der verbreitende Nutzer für ein Unternehmen tätig wird, zB wenn er vom werbenden Unternehmen Vorteile für die Weiterleitung versprochen bekommt und sich deshalb zu einer Weiterleitung veranlassen lässt. Insbesondere für die oben beschriebenen Lokalisierungsdienste ergeben sich hier Abgrenzungsfragen. Die Mitteilung eines Nutzers, sich an einem bestimmten Ort zu befinden, enthält oft auch den Namen eines Unternehmens (eine entsprechende Statuszeile im Netzwerk kann beispielsweise lauten: „Nutzer befindet sich hier: [Geschäftslokal]"). Die Mitteilung hat keinen Aufforderungscharakter. Im Unterschied zu den Fällen der sogenannten Freundschaftswerbung, in denen Nutzer über Unternehmenswebseiten Grußkarten oder Emails verschicken, an die eine Werbebotschaft angehängt ist (vgl BGH MMR 2009, 115 – Freundschaftswerbung im Internet, OLG Nürnberg GRUR-RR 2006, S. 26, 27), fehlt es in den Fällen des „Eincheckens" aber auch an einer über die Ortsmitteilung hinausgehenden, persönlich adressierten Botschaft, die im Rahmen der Beurteilung für eine private Äußerung und gegen ein Handeln im geschäftlichen Verkehr sprechen könnte.

73 Es ist darüber hinaus zu vermuten, dass insbesondere Bonussysteme, die bei **mehrfachem „Einchecken"** größere Vorteile versprechen, dazu führen, dass der Nutzer sein Handeln nach diesem Anreizsystem ausrichtet. Dies dürfte im Einzelfall für eine Zurechnung der Mitteilung zu einem Unternehmen ausreichen. Im Ergebnis veranlasst in einem solchen Fall das Unternehmen die geschäftliche Kommunikation mit dem Kontaktnetzwerk des Nutzers. Ob eine derartige Statusmitteilung als „elektronische Post" im Sinne des § 7 Abs. 2 Nr. 3 UWG – und damit mangels Einwilligung als unzumutbare Belästigung – zu bewerten ist, ist jedoch zweifelhaft. Die Statusmitteilung wird nicht an einen bestimmten Nutzer zugestellt; sie ist ein Hybrid aus Individual- und Kollektivkommunikation, wie sie für soziale Netzwerke typisch ist (vgl *Leitgeb*, ZUM 2009, 39, 45). Zudem kommt, je nach Einzelfall, auch hartnäckige Ansprache in Betracht (§ 7 Abs. 2 Nr. 1 UWG). Von einer mutmaßlichen Einwilligung in den Erhalt von Werbebotschaften kann jedenfalls im Regelfall nicht ausgegangen werden.

F. Virale Werbung

I. Begriff

Virale Werbung tritt in verschiedenen Formen auf (Videoclips, Computerspiele, elektronische Grußkarten). Gemeinsam ist allen die gewünschte **exponentielle Weiterverbreitung** durch den Nutzer, meist über soziale Netzwerke. Allerdings werden hier keine Vorteile für die Verbreitung gewährt – die Nutzer entscheiden selbst, ob sie einen Inhalt Dritten zugänglich machen. In der Regel handelt es sich im Video-, Audio- oder Grafikdateien, die über verschiedene Kanäle (soziale Netzwerke, Email, Verlinkung) übermittelt werden können. Teils ist die werbliche Funktion nicht oder nur auf den zweiten Blick erkennbar. Virale Werbung wird oft auf allgemeinen Videoportalen (YouTube, Clipfish, MyVideo etc.) oder eigens ins Leben gerufenen Webseiten bereitgestellt. Für die Werbewirtschaft ist entscheidend, dass im Erfolgsfall einer hohen Kontaktzahl nur geringe Marketingkosten gegenüberstehen. 74

II. Rechtliche Bewertung

Die virale Verbreitung als solche primär der Regulierung von Telemedien, da es an der rundfunktypischen Linearität der Bereitstellung und damit an dem Merkmal der „Darbietung“ im Sinne des § Abs. 1 RStV fehlt (*Leitgeb*, ZUM 2009, 39, 41). Nach § 6 Abs. 1 TMG ist damit eine **Kennzeichnung kommerzieller Inhalte** dort erforderlich, wo sich dem durchschnittlich aufgeklärten, verantwortlichen und vernünftigen Nutzer der Werbecharakter nicht erschließt. Dies betrifft insbesondere Inhalte, die vermeintlich privat oder jedenfalls ohne eine kommerzielle Zielsetzung erstellt sind („User Generated Content“). Hier wird mindestens ein Hinweis am Anfang oder am Ende des Videos erforderlich sein (*Leitgeb*, ZUM 2009, S. 39, 43 mit Hinweis auf Art. 3g Abs. 2 lit. d der Richtlinie für audiovisuelle Mediendienste – 2007/65/EG). Das Trennungsgebot des § 58 Abs. 1 Satz 1 RStV entfaltet hingegen in der Regel für viral verbreitete Videoclips keine praktische Bedeutung, da ein vom werblichen Inhalt zu trennendes, redaktionelles Angebot in der Regel nicht existiert. Bei einer Verbreitung über redaktionelle Webseiten (zB Berichterstattung im Internet über besonders erfolgreiche virale Kampagnen) trifft eine diesbezügliche Verpflichtung aber den redaktionellen Anbieter. 75

In **wettbewerbsrechtlicher** Hinsicht kommt es in erster Linie darauf an, ob der werbliche Charakter verschleiert wird (§ 4 Nr. 3 UWG). Offenbart sich dem durchschnittlich verständigen Verbraucher der Werbecharakter nicht, so ist ein Verstoß gegen § 4 Nr. 3 UWG zu bejahen. Liegt ein Verstoß gegen die § 58 Abs. 1 RStV oder § 6 Abs. 1 TMG vor, ergibt sich die Wettbewerbswidrigkeit zudem über § 4 Nr. 11 UWG, da beide Normen als Marktverhaltensregel Schutzfunktionen für die Lauterkeit des Wettbewerbs entfalten. Eine unzumutbare Belästigung im Sinne des § 7 Abs. 2 Nr. 1, 3 UWG liegt in der Regel nicht vor. Die Verbreiter handeln – auch bei Versand eines Inhalts per Email – in der Regel nicht zur Förderung fremden Wettbewerbs (*Leitgeb*, ZUM 2009, 39, 46). Der Werbende selbst aber verschickt keine elektronische Post, sondern stellt den Inhalt lediglich auf allgemein zugänglichen Webseiten bereit. 76

G. E-Mail-Marketing

I. Begriff

Die Verwendung „elektronischer Post“ zu Werbezwecken wurde im Zuge der UWG-Reform aus dem Jahr 2004 (Gesetz gegen den unlauteren Wettbewerb vom 3. Juli 2004, BGBl. 2004 Teil I, Nr. 32, S. 1414) einer eigenständigen Regulierung im Wettbewerbsrecht zugeführt (§ 7 Abs. 2 Nr. 3 und Abs. 3 UWG), die wiederum durch die UWG-Reform aus dem Jahr 2008 einige Änderungen erfahren hat. „Elektronische Post“ wird im Gemeinschaftsrecht definiert als „jede über ein öffentliches Kommunikationsnetz verschickte Text-, Sprach-, Ton- oder Bildnachricht, die im Netz oder im Endgerät des Empfängers gespeichert werden kann, bis sie von diesem abgerufen wird“ (Artikel 2 Satz 2 lit. h der Richtlinie 2002/58/EG des Europäischen Parlaments und des Rates vom 12. Juli 2002 über die Verarbeitung personenbezogener Daten und den Schutz der Privatsphäre in der elektronischen Kommunikation, ABl. EG Nr. L 201 vom 31.7.2002, Seite 37). Der elektronische Datenaustausch findet in aller Regel über einen Provider statt, der den Nutzern individuelle elektronische Briefkästen zur Verfügung stellt (Mailbox), von denen sie über einen ständig erreichbaren Mail-Server die an sie adressierten Nachrichten unter Verwendung eines Codes abfragen und herunterladen können. Neben E-Mail-Kommunikation fallen auch SMS-Nachrichten unter den Rechtsbegriff der elektronischen Post 77

(Erwägungsgrund 40 der Datenschutzrichtlinie). Daneben sind auch MMS von der Definition des Begriffs erfasst.

II. Rechtliche Beurteilung

78 Sofern nicht der Ausnahmetatbestand des § 7 Abs. 3 UWG eingreift, ist die Zusendung von Werbe-E-Mails ohne vorherige **ausdrückliche Einwilligung** des Adressaten nach § 7 Abs. 2 Nr. 3 stets eine unzumutbare Belästigung und damit gemäß § 7 Abs. 1 S. 1 UWG unzulässig. Die Regelungen fußen auf der Überzeugung, dass E-Mail-Werbung – anders etwa als die Beeinträchtigung durch Werbung im öffentlichen Raum oder in den Massenmedien (vgl BVerfG GRUR 1996, 899, 903 f – Werbeverbot für Apotheker) – grundsätzlich nicht hingenommen werden muss, weil man sich ihrer typischerweise nicht entziehen kann. Der Empfänger kann sich weder durch die Eintragung in Robinson-Listen noch durch den Einsatz von Filter-Software effektiv vor unaufgeforderter E-Mail-Werbung schützen, im Gegenteil: Der Einsatz von Filterprogrammen schafft noch das zusätzliche Risiko, persönliche Nachrichten zu verlieren. Das sogenannte **Spamming** macht seit einigen Jahren konstant zwischen 70 und 90 Prozent des globalen E-Mail-Verkehrs aus (www.viruslist.com, Kaspersky Lab Jahresbericht 2010).

79 Die Regelung der elektronischen Post ist durch **EU-Richtlinien** weitgehend vorgezeichnet, insbesondere durch Art. 10 Abs. 1 und 2 der Fernabsatzrichtlinie vom 20. Mai 1997 (Richtlinie 97/7 EG des Europäischen Parlaments und des Rates vom 20. Mai 1997 über den Verbraucherschutz bei Vertragsabschlüssen im Fernabsatz, ABl. EG Nr. L 144, Seite 19), Art. 7 Abs. 1 und 2 der Richtlinie über elektronischen Geschäftsverkehr vom 8. Juni 2000 (Richtlinie 2000/31/EG des Europäischen Parlaments und des Rates vom 8. Juni 2000 über bestimmte rechtliche Aspekt der Dienste der Informationsgesellschaft, insbesondere des elektronischen Geschäftsverkehrs im Binnenmarkt, ABl. EG Nr. L 178 vom 17.7.2000, Seite 1), Art. 13 Abs. 1 und 2 der Datenschutzrichtlinie für elektronische Kommunikation vom 12. Juli 2002 (Richtlinie 2002/58/EG des Europäischen Parlaments und des Rates vom 12. Juli 2002 über die Verarbeitung personenbezogener Daten und den Schutz der Privatsphäre in der elektronischen Kommunikation, ABl. EG Nr. L 201 vom 31.7.2002, Seite 37) und Art. 10 Abs. 1 und 2 der Fernabsatzlinie für Finanzdienstleistungen vom 23. September 2002 (Richtlinie 2002/65/EG des Europäischen Parlaments und des Rates vom 23. September 2002 über den Fernabsatz von Finanzdienstleistungen an Verbraucher, ABl. EG Nr. L 271 vom 9.10.2002, Seite 16; vgl zu den europarechtlichen Grundlagen *Brömmelmeyer*, GRUR 2006, 285, 286 f).

80 **1. Grundsatz: Opt-in-Modell.** Unaufgeforderte E-Mail-Werbung ohne **vorherige ausdrückliche Einwilligung** des Empfängers ist gemäß § 7 Abs. 2 Nr. 3 UWG „stets" (so der Gesetzeswortlaut) als unzumutbare Belästigung anzusehen und damit unzulässig. Die Bagatellschwelle der Unzumutbarkeit im Sinne von § 7 Abs. 1 S. 1 UWG findet auf § 7 Abs. 2 UWG keine Anwendung. Dies gilt für E-Mails an Verbraucher wie auch an Gewerbetreibende. Der Gesetzgeber geht davon aus, dass unaufgeforderte E-Mail-Werbung „gerade im geschäftlichen Bereich einen stark belästigenden Charakter" aufweist (Begründung, BT-Drucksache 15/1487, Seite 21; vgl *Brömmelmeyer*, GRUR 2006, 285, 290 ff). Bereits vor Inkrafttreten der UWG-Reform im Jahr 2004 entsprach dies der herrschenden Auffassung (BGH GRUR 2004, 517, 518 ff – E-Mail-Werbung; LG Berlin NJW 1998, 3208, 3208 – Zusendung unerwünschter E-Mail-Werbung).

81 Damit ist weder eine **mutmaßliche** noch eine **konkludente** Einwilligung ausreichend, um zur Zulässigkeit von unaufgeforderte E-Mail-Werbung zu gelangen (Hefermehl/*Köhler*/Bornkamm, Wettbewerbsrecht 2007, § 7 Rn 185). Allerdings ist der Begriff der Einwilligung im Einklang mit der Definition gemäß Art. 2 S. 2 lit. f der Richtlinie 2002/58/EG des Europäischen Parlaments und des Rates vom 12. Juli 2002 über die Verarbeitung personenbezogener Daten und den Schutz der Privatsphäre in der elektronischen Kommunikation auszulegen, der wiederum auf Art. 2 lit. h der Richtline 95/46/EG des Europäischen Parlaments und des Rates vom 24. Oktober 1995 zum Schutz natürlicher Personen bei der Verarbeitung personenbezogener Daten und zum freien Datenverkehr verweist (BGH GRUR 2008, 923, 925 – Faxanfrage im Autohandel; BGH GRUR 2008, 1010, 1012 – Payback). Innerhalb ihres Anwendungsbereichs zielt die Richtlinie auf die Vollharmonisierung; die Mitgliedsstaaten dürfen den durch sie gesetzten Schutzstandard weder über- noch unterschreiten (Amtl. Begr. BT-Drucks. 16/10145, S. 10; vgl auch *Pierson/Bretall*, JurPC Web-Dok. 203/2009, Abs. 2). Eine Einwilligung ist danach „jede Willensbekundung, die ohne Zwang für den konkreten Fall und in Kenntnis der Sachlage erfolgt und mit der die betroffene Person akzeptiert, dass personenbezogene Daten, die sie betreffen, verarbeitet werden". Durch die Einschränkung „ausdrücklich" dürfen keine strengeren Vorausset-

zungen geschaffen werden als an die „Einwilligung" nach der Richtlinie (so Hefermehl/*Köhler*/Bornkamm, Wettbewerbsrecht, 2. Aufl. 2010, § 7 Rn 185). Eine mutmaßliche Einwilligung reicht aber keinesfalls aus.

Besonderheiten gelten allerdings, wenn die Einwilligungserklärung in **AGB** integriert wird. In diesem Fall ist eine gesonderte Einwilligungserklärung erforderlich (BGH GRUR 2008, 1010, 1012 – Payback). Dies folgt aus der europarechtskonformen Auslegung des § 7 Abs. 2 Nr. 3 UWG. So heißt es in Erwägungsgrund 17 der Richtlinie 2002/58/EG, die Einwilligung des Nutzers müsse „in einer spezifischen Angabe" zum Ausdruck kommen. Der BGH entnimmt dieser Formulierung, dass eine solche Einwilligung nicht per AGB erteilt werden könne, wenn die AGB andere Erklärungen oder Hinweise enthalten (BGH GRUR 2008, 1010, 1012 – Payback). Es fehle dann an einer spezifischen Erklärung, wenn der Kunde weder ein bestimmtes Kästchen anzukreuzen hat noch sonst eine vergleichbar eindeutige Erklärung seiner Zustimmung abzugeben braucht. Eine solche AGB-Gestaltung stelle einen Verstoß gegen § 307 Abs. 2 Nr. 1 BGB dar (BGH GRUR 2008, 1010, 1012 – Payback). 82

Für die Erteilung der Einwilligung trägt der Werbende die **Beweislast.** Für den Nachweis reicht die bloße Eintragung der E-Mail-Adresse auf der Homepage des Versenders („Single-Opt-In") nicht aus. Ausreichend ist dagegen die Bestätigung durch den Einwilligenden im Wege des sogenannten **Double-Opt-In-Verfahrens,** in dessen Rahmen dem Einwilligenden nach Übermittlung eine E-Mail zugeschickt wird, in der die Einwilligung durch das Anklicken eines Links bestätigt wird. Erst dann kann davon ausgegangen werden, dass der Einwilligende und der Inhaber der E-Mail-Adresse identisch sind. Das Single-Opt-In-Verfahren kann nach Auffassung der Rechtsprechung Missbrauch durch Unbefugte nicht ausschließen (BGH Urt. v. 10.2.2011, Az: I ZR 164/09, Pressemitteilung des BGH Nr. 29/2011; LG Essen, GRUR-RR 2009, 353). Dem werbenden Unternehmen obliegt darüberhinaus die wettbewerbsrechtliche Verkehrspflicht, seinen Geschäftsbetrieb so zu organisieren, dass E-Mails lediglich an solche Personen versandt werden, die wirksam eingewilligt haben (OLG Düsseldorf MMR 2010, 99, 100). Im Falle eines Ankaufs von Adressen reicht die bloße diesbezügliche Zusicherung des Veräußerers nicht aus, da regelmäßig eine entsprechende Dokumentation vorliege (OLG Düsseldorf MMR 2010, 99, 100). 83

2. Ausnahme bei Geschäftskontakt: Opt-out-Modell. Im Rahmen bestehender Kundenbeziehungen kann die Versendung unaufgeforderter elektronischer Werbepost ausnahmsweise zulässig sein, wenn der vorangegangene Geschäftskontakt eine gewisse Qualität erreicht hat (qualifiziertes Opt-out-Modell – § 7 Abs. 3 UWG). Voraussetzung ist im Einzelnen, dass der Betreiber der Direktwerbung die E-Mailadresse „im Zusammenhang mit dem Verkauf einer Ware oder Dienstleistung von dem Kunden" erhalten hat (§ 7 Abs. 3 Ziffer 1 UWG), dass er sie zur Werbung eigener, ähnlicher Waren oder Dienstleistungen verwendet (Ziffer 2), dass der Adressat der Verwendung nicht zuvor widersprochen hat (Ziffer 3) und dass der Adressat bei der Bewerbung auf die Möglichkeit des Widerspruchs der Verwendung seiner E-Mail-Adresse hingewiesen wird (Ziffer 4). 84

Die E-Mail-Adresse des Empfängers muss aus einer **bestehenden Kundenbeziehung** stammen. Nach zutreffender Auffassung ist dafür jedoch nicht erforderlich, dass es zuvor tatsächlich zu einem Vertragsschluss gekommen ist oder dass gar ein dauerhafter, also nicht etwa durch Widerruf oder Rücktritt gelöster Vertrag bestand (*Brömmelmeyer,* GRUR 2006, 285, 288; *Leistner/Pothmann,* WRP 2003, 815, 822; *Ohlenburg,* MMR 2003, 83, 84; aA Hefermehl/*Köhler*/Bornkamm, UWG 2009, § 7 Rn 204). Vielmehr reicht es für eine Kundenbeziehung im Sinne von § 7 Abs. 3 Nr. 1 UWG aus, dass sich ein vorvertragliches Schuldverhältnis bereits für ein konkretes Produkt oder eine konkrete Leistung verdichtet hat. Zwar legen der Wortlaut der Norm („im Zusammenhang mit dem Verkauf einer Ware oder Dienstleistung") und der Richtlinie für elektronische Kommunikation („Verkauf", Art. 13 II) nahe, dass ein Rechtsgeschäft tatsächlich zustande gekommen sein muss (vgl auch Erwägungsgrund 41 des Gemeinsamen Standpunktes des Rates im Hinblick auf den Erlass der Richtlinie des Europäischen Parlaments und des Rates über die Verarbeitung personenbezogener Daten und den Schutz der Privatsphäre in der elektronischen Kommunikation, ABl. EG Nr. C 113 E vom 14.5.2002, Seite 39 – „ähnliche Produkte oder Dienstleistungen ... wie sie der Kunde ursprünglich erworben hat."). Jedoch verweist die Richtlinie für elektronische Kommunikation ausdrücklich darauf, dass die Daten „gemäß der (Datenschutz-)Richtlinie 95/46/EG" erlangt sein müssen (Art. 13 Abs. 2; vgl *Brömmelmeyer,* GRUR 2006, 285, 288). Danach ist die Erhebung personenbezogener Daten – wie insbesondere der E-Mail-Adresse – zulässig „für die Erfüllung eines Vertrages, dessen Vertragspartei die betroffene Person ist, oder für die Durchführung vorvertraglicher Maßnahmen, die auf Antrag der betroffenen Per- 85 sonen erfolgen“ (Art. 7, 2 lit. b der Datenschutz-Richtlinie 2002/58/EG). Wenn und soweit das vorvertragliche Schuldverhältnis sich also bereits auf ein konkretes Produkt oder eine konkrete Leistung verdichtet hat, ist von einer bestehenden Kundenbeziehung im Sinne von § 7 Abs. 3 Nr. 1 UWG auszugehen. Die **Beweislast** für die Erlangung der E-Mail-Adresse vom Kunden trägt der Werbende (Hefermehl/*Köhler*/Bornkamm, UWG 2009, § 7 Rn 204).

86 In einer bestehenden Kundenbeziehung dürfen nur **ähnliche, eigene** Waren oder Dienstleistungen beworben werden. Der Hersteller darf also grundsätzlich nur Produkte aus seiner eigenen Produktion, der Händler nur Produkte aus seinem Sortiment bewerben. „Ähnlich“ sind die beworbenen Produkte oder Dienstleistungen, wenn sie einem ähnlichen erkennbaren oder doch typischen Verwendungszweck oder Bedarf des Kunden wie der vorangegangene Kontakt dienen oder wenn sie sich aus Sicht des Kunden mit Blick auf das frühere Schuldverhältnis zwar nicht zwingend als austauschbar, aber doch als komplementär erweisen. Nicht zulässig ist demnach Werbung für das gesamte Sortiment eines Händlers oder für Waren aus einem anderen Verwendungsbereich. Dies gilt auch, wenn unter mehreren Waren auch ähnliche Waren beworben werden (OLG Jena MMR 2011, 101, 101 f).

87 Der Kunde muss eine effektive **Widerspruchsmöglichkeit** erhalten. Bei der Erhebung der Adresse und bei jeder Verwendung muss er „klar und deutlich“ darauf hingewiesen werden, dass er der Verwendung seiner E-Mail-Adresse ohne relevanten Kostenaufwand („Übermittlungskosten nach den Basistarifen“) jederzeit widersprechen kann (§ 7 Abs. 3 Ziffer 4 UWG). Dazu muss die Möglichkeit eingeräumt werden, unverlangte E-Mail-Werbung jederzeit durch Mausklick abzulehnen oder der Empfänger muss darauf hingewiesen werden, dass er der E-Mail-Werbung durch eine eigene E-Mail an eine eindeutig angegebene, als Hyperlink vernetzte E-Mail-Adresse widersprechen kann (Fezer/*Mankowski*, Lauterkeitsrecht 2010, § 7 Rn 149 f; *Brömmelmeyer*, GRUR 2006, 285, 289). Für den Widerspruch dürfen keine höheren Kosten als die Basistarife geltend gemacht werden; bei einer telefonischen Widerspruchsmöglichkeit ist insbesondere die Nutzung einer Zusatzkosten auslösenden Mehrwertdiensterufnummer nicht gestattet.

88 **3. Deliktsrecht.** Steht der Empfänger nicht im Wettbewerbsverhältnis zum Absender, so kann er auf das allgemeine Zivilrecht zurückgreifen (§§ 823 Abs. 1, 1004 BGB). Diese Normen sind im Lichte des Wortlauts und des Zwecks der EU-Richtlinie für elektronische Kommunikation und damit im Einklang mit § 7 Absatz 2 Nr. 3 und Absatz 3 UWG auszulegen. **Private** Anschlussinhaber können einen Eingriff in das allgemeine Persönlichkeitsrecht mit der Folge von Unterlassungs- und gegebenenfalls auch Schadenersatzansprüchen geltend machen (BGH GRUR 2004, 517, 518 ff – E-Mail-Werbung; LG Berlin NJW 1998, 3208, 3208 – Zusendung unerwünschter E-Mail-Werbung). **Gewerbetreibende** können sich auf das Recht am eingerichteten und ausgeübten Gewerbebetrieb berufen (LG Berlin MMR 1999, 43, 43 f; LG München I MMR 2003, 483, 483 f; LG Karlsruhe MMR 2002, 402, 402; vgl dazu *Baetge*, NJW 2006, 1037, 1038 f). Bereits eine einmalige Zusendung unverlangter Emails kann dem BGH zufolge einen Eingriff in den eingerichteten und ausgebübten Gewerbebetrieb darstellen (GRUR 2009, 980, 981 – Telefonaktion II). Es sei damit zu rechnen, dass die Zulässigkeit einzelner Übermittlungen insgesamt zu einem hohen Aufkommen an Werbe-E-Mails führen würde (BGH GRUR 2009, 980, 981 – Telefonaktion II).

89 **4. Telemedienrecht.** E-Mail-Marketing kann als **Bußgeldtatbestand** geahndet werden (§§ 6 Abs. 2, Satz 1, 16 Abs. 1, Abs. 3 TMG). Allerdings wird nicht jegliche Versendung unverlangte E-Mail-Werbung sanktioniert, sondern nur das absichtliche Verheimlichen oder Verschleiern der Identität des Absenders oder des kommerziellen Charakters der E-Mail. Ein Verschleiern oder Verheimlichen liegt vor, „wenn die Kopf- und Betreffzeile absichtlich so gestaltet sind, dass der Empfänger vor Einsichtnahme in den Inhalt der Kommunikation keine oder irreführende Informationen über die tatsächliche Identität des Absenders oder den kommerziellen Charakter der Nachricht erhält“ (§ 6 Abs. 2 Satz 2 TMG). Allerdings dürfte es in aller Regel schwer fallen, die Regelung durchzusetzen, da, soweit die Nachricht überhaupt aus Deutschland stammt, eine Identifizierung des tatsächlichen Absenders häufig gar nicht oder nur mit unverhältnismäßigem Aufwand möglich. Der Bußgeldtatbestand kommt neben den wettbewerbsrechtlichen Anforderungen zur Anwendung (*Pierson*, K&R 2006, 547, 550).

H. Grenzüberschreitende Werbung

90 Im Bereich des **elektronischen Geschäftsverkehrs** gilt das sogenannte Herkunftslandprinzip (§ 3 TMG; vgl BGH WRP 2006, 736, Tz. 29 – Arzneimittelwerbung im Internet). Danach haben deutsche Un-

ternehmen auch bei grenzüberschreitenden Tätigkeiten **innerhalb der EU** ausschließlich deutsches Recht zu beachten. Umgekehrt darf die Dienstleistungsfreiheit von EU-Anbietern im deutschen Markt grundsätzlich nicht eingeschränkt werden (§ 3 Abs. 2 TMG).

Unterfällt die grenzüberschreitende Werbemaßnahme eines deutschen Unternehmens weder dem Begriff des elektronischen Geschäftsverkehrs (Art. 3 der Richtlinie 2000/31/EG über den elektronischen Geschäftsverkehr) noch dem Begriff der Fernsehwerbung nach Art. 2 der Fernsehrichtlinie (89/552 EWG – Richtlinie für audiovisuelle Mediendienste), so findet seit dem 11. Januar 2009 **innerhalb der EU** das EU-Kollisionsrecht gemäß der Rom II-VO Anwendung (VO EG 864/2007 vom 11. Juli 2007). Danach ist das Recht des Staates anzuwenden, in dessen Gebiet sich die Beeinträchtigungen der Wettbewerbsbeziehungen oder der kollektiven Verbraucherinteressen ereignet oder ereignen kann („**Einwirkungsort**", vgl Hefermehl/*Köhler*/Bornkamm, UWG 2009, Einl. 5.33). Dies entspricht im Kern der bisherigen Figur des Marktortes (dazu sogleich), umfasst aber neben dem Ort, an dem auf die potenziellen Vertragspartner eingewirkt wird (zB Verbreitungsterritorium des Werbemediums, Ort von Absatzhandlungen, Ort der Behinderung von Wettbewerbern) auch den Ort des Zugangs von Willenserklärungen bei Beeinträchtigungen im Rahmen von Vertragsverhandlungen oder Vertragsschlüssen. 91

Für Verletzungen aus dem Zeitraum vor Inkrafttreten der Rom II-VO sowie für grenzüberschreitende Werbung, die sich **nicht auf EU-Mitgliedsstaaten beschränkt**, gilt – wie bisher – das Marktortprinzip. Danach findet das Recht des Ortes Anwendung, an dem die wettbewerblichen Interessen der Mitbewerber aufeinander treffen (Art. 40 Abs. 1 EGBGB; vgl *Sack*, WRP 2000, 269, 272 f; Hefermehl/*Köhler*/Bornkamm, Wettbewerbsrecht 2009, Einl. 5.5). 92

Da Marketingmaßnahmen im Internet typischerweise in mehrere nationale Märkte einwirken, sind zumeist auch mehrere Rechtsordnungen betroffen, so dass es zu einer Kumulierung unterschiedlicher Rechte kommen kann. Dies wird beim Schadenersatzanspruch durch eine getrennte Betrachtung für die einzelnen Märkte nach dem jeweiligen nationalen Recht berücksichtigt (sogenannte Schadensparzellierung). Beim **Unterlassungsanspruch** gelten jedoch Besonderheiten, soweit die Werbemaßnahme geographisch „unteilbar" ist. **Innerhalb der EU** kommt es gem. Art. 6 I Rom II-VO ggf zu einer Kumulation anwendbarer Rechte, da zugleich mehrere Einwirkungsorte betroffen sein können; das bedeutet, dass im Ergebnis nach dem jeweils strengsten anwendbaren Sachrecht über die Zulässigkeit der Werbemaßnahme zu entscheiden ist (vgl Hefermehl/*Köhler*/Bornkamm, Wettbewerbsrecht 2009, Einl. 5.41). Werbemaßnahmen aus dem Zeitraum vor Inkrafttreten der Rom II-VO oder mit Wirkung **außerhalb der EU** unterliegen einer normativen Korrektur. Ein Unterlassungsanspruch wird hier nur gewährt, wo die Kaufentscheidung des Kunden durch die Werbemaßnahme *spürbar* beeinflusst werden kann. Damit kommen als Marktorte nur diejenigen Rechtsordnungen in Betracht, in denen ein nicht unwesentlicher Teil der Bevölkerung bestimmungsgemäß oder gezielt angesprochen wird (im Einzelnen dazu Hefermehl/*Köhler*/Bornkamm, Wettbewerbsrecht 2009, Einl. 5.8; *Mankowski*, GRUR Int. 1999, 909, 915 ff; *Sack*, WRP 2000, 269, 277). Dabei spielt weniger die subjektive Zielrichtung des Anbieters als die objektive Ausgestaltung des Angebots eine Rolle. Unter Zugrundelegung der von der WIPO vorgeschlagenen „Joint Recommendations Concerning the Protection of Marks and other Intellectual Property Rights in Signs on the Internet" (vgl WRP 2001, 833 ff) bieten sich insbesondere die Sprache des Angebots (OLG Hamburg MMR 2002, 822, 824 – hotel-maritim.dk), zusätzliche Angaben auf der Webseite, die Art des Angebotes und die Bezugsmöglichkeiten im Inland als Kriterien an (Piper/*Ohly*, UWG, Einf. B Rn 25). Ist demzufolge neben dem deutschen noch das Wettbewerbsrecht eines anderen Staates anwendbar, so führt dies praktisch zur Anwendung des strengsten Rechts. Es ist auch nicht rechtsmissbräuchlich, wenn der Kläger seine Ansprüche auf die für ihn am geeignetsten erscheinende Rechtsordnung stützt (BGH GRUR 1971, 153, 155 – Tampax; BGH GRUR 1987, 172, 174 – Unternehmensberatungsgesellschaft I). 93

3. Kapitel: Rechtsfolgen von Werberechtsverstößen

Schrifttum: *Ahrens* (Hrsg.), Der Wettbewerbsprozeß, 6. Aufl. 2009 (zitiert: Ahrens/*Bearbeiter*, Der Wettbewerbsprozeß); *Berlit,* Aufbrauchsfrist im Gewerblichen Rechtschutz und Urheberrecht, 1997 (zitiert: *Berlit,* Aufbrauchsfrist im Gewerblichen Rechtschutz und Urheberrecht); *Berneke,* Die einstweilige Verfügung in Wettbewerbssachen, 2. Aufl. 2003 (zitiert: *Berneke,* Die einstweilige Verfügung in Wettbewerbssachen); *Gloy/Loschelder,* Handbuch des Wettbewerbsrechts, 4. Aufl. 2010 (zitiert: Gloy/Loschelder/*Bearbeiter*, Handbuch des Wettbewerbsrechts); *Harte-Bavendamm/Henning-Bodewig,* UWG, 2. Aufl. 2009 (zitiert: Harte/Henning/*Bearbeiter*, UWG); *Heckmann*, Internetrecht, 2. Aufl. 2009 (zitiert: *Heckmann*, Internetrecht); *Hoeren,* Das Telemediengesetz, NJW 2007, 201 ff (zitiert: *Hoeren,* NJW 2007, 801 ff); *Köhler/Arndt/Fetzer,* Recht des Internets, 6. Aufl. 2008 (zitiert: *Köhler/Arndt/Fetzer,* Recht des Internets); *Köhler/Bornkamm,* Gesetz gegen den unlauteren Wettbewerb UWG, 29. Aufl. 2011 (zitiert: *Köhler/Bornkamm,* Wettbewerbsrecht); *Köhler,* Rechtsprechungsbericht zum Recht des unlauteren Wettbewerbs VIII, GRUR-RR 2007, 337 ff (zitiert: *Köhler,* GRUR-RR 2007, 337 ff); *Köhler,* „Täter" und „Störer" im Wettbewerbs- und Markenrecht – Zur BGH-Entscheidung „Jugendgefährdende Medien bei eBay" (zitiert: *Köhler,* GRUR 2008, 1 ff); *Löffler,* Presserecht, 5. Aufl. 2006 (zitiert: *Löffler,* Presserecht); Münchener Kommentar, Lauterkeitsrecht, Band II, §§ 5–22 UWG, 2006 (zitiert: Münchener Kommentar/*Bearbeiter*, Lauterkeitsrecht); *Lieber/Zimmermann,* Die einstweilige Verfügung im gewerblichen Rechtsschutz, 2009 (zitiert: *Lieber/Zimmermann*, Die einstweilige Verfügung im gewerblichen Rechtsschutz); *Piper/Ohly/Sosnitza,* UWG, Gesetz gegen den unlauteren Wettbewerb, Kommentar, 5. Aufl. 2010 (zitiert: *Piper/Ohly/Sosnitza,* UWG); *Rath-Glawatz/Engels/Dietrich,* Das Recht der Anzeige, 3. Aufl. 2006 (zitiert: *Rath-Glawatz/Engels/Dietrich,* Das Recht der Anzeige); *Soehring*, Presserecht, 4. Aufl. 2010 (zitiert: *Soehring*, Presserecht); *Spindler,* Das neue Telemediengesetz – Konvergenz in sachten Schritten, CR 2007, 239 ff (zitiert: *Spindler,* CR 2007, 239 ff); *Spindler,* Proaktive Überwachungspflichten von Diskussionsforen im Internet, K&R 2006, 253 ff (zitiert: *Spindler,* K&R 2006, 253 ff); *Spindler/Schuster,* Recht der elektronischen Medien, 2008 (zitiert: Spindler/Schuster/*Bearbeiter*, Recht der elektronischen Medien); *Spindler/Schmitz/Geis,* TDG Kommentar, 2004 (zitiert: *Spindler/Schmitz/Geis,* TDG Kommentar); *Stadler,* Haftung für Informationen im Internet, 2. Aufl. 2005 (zitiert: *Stadler,* Haftung für Informationen im Internet); *Teplitzky,* Wettbewerbsrechtliche Ansprüche und Verfahren, 9. Aufl. 2007 (zitiert: *Teplitzky,* Wettbewerbsrechtliche Ansprüche und Verfahren); *Trautmann,* Das neue Telemediengesetz 2007, 2007 (zitiert: *Trautmann,* Das neue Telemediengesetz 2007); *Volkmann,* Der Störer im Internet, 2005 (zitiert: *Volkmann,* Der Störer im Internet); *Wenzel,* Das Recht der Wort- und Bildberichterstattung, 5. Aufl. 2003 (zitiert: Wenzel/*Bearbeiter*, Das Recht der Wort- und Bildberichterstattung).

31. Abschnitt: UWG

§ 8 UWG Beseitigung und Unterlassung

§ 8 UWG Beseitigung und Unterlassung

(1) [1]Wer eine nach § 3 oder § 7 unzulässige geschäftliche Handlung vornimmt, kann auf Beseitigung und bei Wiederholungsgefahr auf Unterlassung in Anspruch genommen werden. [2]Der Anspruch auf Unterlassung besteht bereits dann, wenn eine derartige Zuwiderhandlung gegen § 3 oder § 7 droht.

(2) Werden die Zuwiderhandlungen in einem Unternehmen von einem Mitarbeiter oder Beauftragten begangen, so sind der Unterlassungsanspruch und der Beseitigungsanspruch auch gegen den Inhaber des Unternehmens begründet.

(3) Die Ansprüche aus Absatz 1 stehen zu:

1. jedem Mitbewerber;
2. rechtsfähigen Verbänden zur Förderung gewerblicher oder selbstständiger beruflicher Interessen, soweit ihnen eine erhebliche Zahl von Unternehmern angehört, die Waren oder Dienstleistungen gleicher oder verwandter Art auf demselben Markt vertreiben, soweit sie insbesondere nach ihrer personellen, sachlichen und finanziellen Ausstattung imstande sind, ihre satzungsmäßigen Aufgaben der Verfolgung gewerblicher oder selbstständiger beruflicher Interessen tatsächlich wahrzunehmen und soweit die Zuwiderhandlung die Interessen ihrer Mitglieder berührt;
3. qualifizierten Einrichtungen, die nachweisen, dass sie in die Liste qualifizierter Einrichtungen nach § 4 des Unterlassungsklagengesetzes oder in dem Verzeichnis der Kommission der Europäischen Gemeinschaften nach Artikel 4 der Richtlinie 98/27/EG des Europäischen Parlaments und des Rates vom 19. Mai 1998 über Unterlassungsklagen zum Schutz der Verbraucherinteressen (ABl. EG Nr. L 166 S. 51) eingetragen sind;
4. den Industrie- und Handelskammern oder den Handwerkskammern.

(4) Die Geltendmachung der in Absatz 1 bezeichneten Ansprüche ist unzulässig, wenn sie unter Berücksichtigung der gesamten Umstände missbräuchlich ist, insbesondere wenn sie vorwiegend dazu dient, gegen den Zuwiderhandelnden einen Anspruch auf Ersatz von Aufwendungen oder Kosten der Rechtsverfolgung entstehen zu lassen.

(5) [1]§ 13 des Unterlassungsklagengesetzes ist entsprechend anzuwenden; in § 13 Abs. 1 und 3 Satz 2 des Unterlassungsklagengesetzes treten an die Stelle des Anspruchs gemäß § 1 oder § 2 des Unterlassungsklagengesetzes die Unterlassungsansprüche nach dieser Vorschrift. [2]Im Übrigen findet das Unterlassungsklagengesetz keine Anwendung, es sei denn, es liegt ein Fall des § 4a des Unterlassungsklagengesetzes vor.

A. Wettbewerbsrechtliche Abwehransprüche (§ 8 Abs. 1)

I. Unterlassungsanspruch

1 **1. Allgemeines.** Bei den wettbewerbsrechtlichen Abwehransprüchen kommt dem **Unterlassungsanspruch** eine vorrangige Bedeutung hinzu. Der Unterlassungsanspruch ist auf die **Abwehr künftiger Wettbewerbsverstöße** und damit auch **Werberechtsverstöße** gerichtet. Als präventiver Anspruch, der künftige Beeinträchtigungen der rechtlichen Position eines Wettbewerbers verhindern soll, unterscheidet sich der Unterlassungsanspruch vom Beseitigungsanspruch und Schadensersatzanspruch. Die beiden letzteren Ansprüche sind darauf gerichtet, die Folgen bereits eingetretener Rechtsverletzungen zu beseitigen bzw auszugleichen.

2 Derjenige, der einen Unterlassungsanspruch geltend machen will, braucht zwar den Eingriff in eine Rechtsposition als Voraussetzung für die Geltendmachung dieses Anspruchs nicht erst erdulden, erforderlich ist jedoch das Vorliegen einer **Begehungsgefahr.** Der abzuwehrende Eingriff muss demnach drohend bevorstehen. Handelt es sich um einen bevorstehenden erstmaligen Wettbewerbsverstoß, so spricht man von einer **Erstbegehungsgefahr.** Hat sich der Schuldner hingegen bereits wettbewerbswidrig verhalten und ist den Umständen nach anzunehmen, dass weitere wettbewerbswidrige Eingriffe auch künftig stattfinden, so liegt eine **Wiederholungsgefahr** vor. Will der Gläubiger eine Erstbegehungsgefahr abwehren, macht er einen **vorbeugenden Unterlassungsanspruch** geltend. Er macht hingegen einen **Verletzungsunterlassungsanspruch** geltend, wenn eine Wiederholungsgefahr für das bereits in der Vergangenheit vorgekommene wettbewerbswidrige Verhalten anzunehmen ist. Der Gläubiger eines Unterlassungsanspruchs wird den Zweck der Verhinderung einer erstmaligen oder einer weiteren Verletzung seiner wettbewerbsrechtlich geschützten Position nur erreichen, wenn er schnell handelt. In der Regel wird er deshalb versuchen, nach einer erfolglosen **Abmahnung**, verbunden mit der Aufforderung zur Abgabe einer **einfachen Unterlassungserklärung** (im Falle einer Erstbegehungsgefahr) oder einer **strafbewehrten Unterlassungserklärung** (im Falle des Vorliegens einer Wiederholungsgefahr), seinen Unterlassungsanspruch im Wege der **einstweiligen Verfügung** zu verfolgen, kann dies aber auch im Wege eines **Klageverfahrens** tun.

3 Die Geltendmachung eines Unterlassungsanspruchs, sei es unter dem Gesichtspunkt einer Erstbegehungsgefahr oder sei es unter dem Gesichtspunkt einer Wiederholungsgefahr, setzt **kein Verschulden** voraus, da ansonsten der Zweck der Verhinderung einer erstmaligen oder wiederholten Verletzung einer wettbewerbsrechtlichen Position des Gläubigers nicht erreicht werden könnte.

2. Vorbeugender Unterlassungsanspruch. a) Begründung der Erstbegehungsgefahr (§ 8 Abs. 1 Satz 2). Die für einen vorbeugenden Unterlassungsanspruch gemäß § 8 Abs. 1 S. 2 erforderliche **Erstbegehungsgefahr** ist dann gegeben, wenn **ernsthafte und greifbare tatsächliche Anhaltspunkte** dafür vorhanden sind, dass sich der Schuldner in **naher Zukunft** in der beanstandeten wettbewerbswidrigen Weise verhalten wird (st Rspr; BGH GRUR 2001, 1174 f – Berühmungsaufgabe; BGH GRUR 2003, 890, 892 – Buchclub-Kopplungsangebot; BGH GRUR 2003, 903 f – ABC der Naturheilkunde; BGH GRUR 2008, 912 f – Metrosex). Die Erstbegehungsgefahr muss im Einzelnen dargelegt und bewiesen werden. Ihr Vorliegen wird im Gegensatz zur Wiederholungsgefahr **nicht vermutet** (BGH GRUR 1989, 432, 434 – Kachelofenbauer). 4

Die **Berühmung** ist der bedeutsamste Fall der Begründung einer Erstbegehungsgefahr. Eine Berühmung ist dann anzunehmen, wenn der Schuldner für sich gegenüber jedermann und auch gegenüber dem Gläubiger in Anspruch nimmt, zu einer bestimmten Handlung berechtigt zu sein (BGH GRUR 1963, 218, 220 – Mampe Halb und Halb II; BGH GRUR 1987, 125 f – Berühmung). Ob eine Berühmung in diesem Sinne vorliegt, ist nach den Umständen des Einzelfalls zu beurteilen. Diese Frage stellt sich insbesondere immer wieder bei Äußerungen des Schuldners im **gerichtlichen Verfahren.** Im Gegensatz zur früheren Rechtsprechung des BGH (BGH GRUR 1987, 125 f – Berühmung) vertritt der BGH in jüngeren Entscheidungen – insbesondere auch zur Wettbewerbswidrigkeit von Werbemaßnahmen – die Auffassung, dass eine Berühmung im gerichtlichen Verfahren, rechtmäßig gehandelt zu haben, nicht ohne Weiteres darauf schließen lasse, dass der Schuldner sich auch künftig entsprechend verhalten werde. Vielmehr könne dieses Verhalten auch als **bloße Rechtsverteidigung** gewertet werden, wenn nach den Umständen des Einzelfalls anzunehmen sei, dass sich der Schuldner im Falle eines gerichtlichen Verbots seines Verhaltens hierüber nicht hinwegsetzen werde (BGH GRUR 2001, 1174 f – Berühmungsaufgabe; BGH GRUR 2003, 903 f – ABC der Naturheilkunde; BGH GRUR 2006, 429, 431 – Schlank-Kapseln). Um Fehlinterpretationen zu vermeiden, ist es dem Schuldner jedenfalls zu empfehlen, im gerichtlichen Verfahren eine Klarstellung dahin gehend vorzunehmen, dass die Behauptung der Rechtmäßigkeit seines Verhaltens ausschließlich der Rechtsverteidigung dient. Im Falle solcher Klarstellungen hat auch schon die frühere Rechtsprechung das Vorliegen einer Erstbegehungsgefahr durch Berühmung in Fällen der Beanstandung von Werbemaßnahmen verneint (BGH GRUR 1987, 45, 47 – Sommerpreiswerbung; BGH GRUR 1992, 618 f – Pressehaftung II; BGH GRUR 1999, 1097, 1099 – Preissturz ohne Ende). 5

Das Vorliegen einer Erstbegehungsgefahr kann sich auch aus einem anderen Umstand als dem der Berühmung eines rechtmäßigen Verhaltens ergeben. In Betracht kommen **Drohungen, Verhandlungen, Absichtserklärungen** und **vorbereitende Maßnahmen,** aus denen sich entnehmen lässt, dass ein künftiger Eingriff **unmittelbar** bevorsteht (*Köhler/Bornkamm*, Wettbewerbsrecht, § 8 Rn 1.23; *Teplitzky*, Wettbewerbsrechtliche Ansprüche und Verfahren, Kap. 10 Rn 13). Relevante vorbereitende Maßnahmen können zB auf ein wettbewerbswidriges Verhalten bezogene Werbemaßnahmen (BGH GRUR 1989, 432, 434 – Kachelofenbauer; BGH GRUR 1992, 116 f – Topfgucker-Scheck), die Fertigstellung des Rohmanuskripts einer wettbewerbswidrigen Presseveröffentlichung (OLG Hamburg AfP 2000, 188 f), die (wettbewerbswidrige) Schaltung einer Titelschutzanzeige (BGH GRUR 2001, 1054 f – Tagesreport) oder die (wettbewerbswidrige) Markenanmeldung (BGH GRUR 2008, 912, 914 – Metrosex) sein. 6

b) Fortfall der Erstbegehungsgefahr. Da anders als bei einem begangenen Wettbewerbsverstoß, bei dem eine Vermutung für eine Wiederholungsgefahr besteht, bei einem künftigen Wettbewerbsverstoß nicht der Fortbestand einer Erstbegehungsgefahr vermutet wird, ist für **die Beseitigung der Erstbegehungsgefahr,** anders als für die Beseitigung der Wiederholungsgefahr, **keine strafbewehrte Unterlassungserklärung** erforderlich. Die Erstbegehungsgefahr kann durch eine **unmissverständliche** und **ernst gemeinte Abstandsnahme** vom bisherigen Verhalten, zB durch eine **einfache Unterlassungsklärung** oder **Widerrufserklärung** oder die **Rücknahme einer Anzeige** geschehen. Eine die Erstbegehungsgefahr begründende Berühmung wird durch Aufgabe der Berühmung beseitigt, die bei den vom BGH entschiedenen Fällen zur Erstbegehungsgefahr in Form einer drohenden wettbewerbswidrigen Werbung in der uneingeschränkten und eindeutigen Erklärung liegt, dass die beanstandete Handlung in Zukunft nicht vorgenommen werde (BGH GRUR 1987, 125 f – Berühmung; BGH GRUR 1992, 116 f – Topfgucker-Scheck; BGH GRUR 1993, 53, 55 – Ausländischer Inserent; vgl auch zur Berühmungsaufgabe der Berechtigung zur Nutzung einer Marke OLG Köln NJOZ 2005, 3635, 3637). Wird die Berühmung aufgegeben und entfällt damit die Erstbegehungsgefahr, so entfällt damit auch die Möglichkeit der Geltendmachung eines vorbeugenden Unterlassungsanspruchs. 7

8 **3. Verletzungsunterlassungsanspruch (§ 8 Abs. 1 Satz 1). a) Wiederholungsgefahr und tatsächliche Vermutung.** Der Unterlassungsanspruch gemäß § 8 Abs. 1 S. 1 setzt zum einen ein wettbewerbswidriges Verhalten und damit eine bereits **vorgenommene Verletzungshandlung** voraus und zum anderen die Gefahr, dass sich eine solche Verletzungshandlung wiederholen wird. Die Annahme einer **Wiederholungsgefahr** als materiellrechtliche Anspruchsvoraussetzung (BGH GRUR 1980, 241 f – Rechtsschutzbedürfnis) erfordert die an objektiv erkennbaren Zuständen festzumachende **ernsthafte** und **greifbare Besorgnis der Wiederholung** des wettbewerbswidrigen Verhaltens (*Köhler/Bornkamm*, Wettbewerbsrecht, § 8 Rn 1.32; *Piper/Ohly/Sosnitza*, UWG, § 8 Rn 7). Nach ständiger Rechtsprechung – auch in Fällen wettbewerbswidriger Werbemaßnahmen – spricht für die Wiederholungsgefahr eine **tatsächliche Vermutung** (BGH GRUR 1992, 318, 319 f – Jubiläumsverkauf; BGH GRUR 1997, 379 f – Wegfall der Wiederholungsgefahr II; BGH GRUR 2001, 453, 455 – TCM Zentrum; BGH GRUR 2003, 450, 452 – Begrenzte Preissenkung). Die Wiederholungsgefahr ist widerleglich; dies obliegt dem Verletzer (BGH GRUR 1993, 579, 581 – Römer GmbH).

9 Die durch eine Verletzungshandlung begründete Wiederholungsgefahr erfasst **nicht nur die konkrete Verletzungsform** und damit die Wiederholung desselben Werberechtsverstoßes, sondern darüber hinaus auch die Verletzungsform, die mit der ursprünglichen Verletzung **im Kern gleichartig** ist (st. Rspr; BGH GRUR 2000, 337 f – Preisknaller; BGH GRUR 2005, 343, 346 – Ansprechen in der Öffentlichkeit II; BGH GRUR 2006, 421, 423 – Markenparfümverkäufe; BGH GRUR 2008, 702, 706 – Internet-Versteigerung III; BGH GRUR 2009, 418, 420 – Fußpilz). Eine gewisse **verallgemeinernde Formulierung** des Unterlassungsantrags wird daher zugelassen, um zu verhindern, dass der Schutz eines gerichtlich festgestellten Unterlassungsanspruchs bei Abweichungen künftiger Verletzungshandlungen von der ursprünglichen Verletzungsform, deren charakteristische Merkmale aber mit der ursprünglichen Verletzungsform übereinstimmen, nicht ins Leere läuft. Die im Einzelfall nicht selten schwierige Abgrenzung, ob die neue Verletzungsform im Vergleich zur früheren Verletzungsform als noch gleichartig zu betrachten ist, ist danach vorzunehmen, ob es statt um gleichartige, vielmehr um solche vom Unterlassungsanspruch nicht erfasste, weil **nur ähnliche Verletzungsformen** geht.

10 **b) Fortfall der Wiederholungsgefahr.** Der wesentlichste Fall des Fortfalls der Wiederholungsgefahr, der den Verletzungsunterlassungsanspruch entfallen lässt, ist die Abgabe einer **strafbewehrten Unterlassungsklärung** durch den Schuldner. Damit ist die Verpflichtungserklärung gemeint, das beanstandete Verhalten zukünftig zu unterlassen sowie zur Bekräftigung der Ernsthaftigkeit dieser Verpflichtungserklärung für jeden Fall der Zuwiderhandlung die Zahlung einer der Höhe nach **angemessenen Vertragsstrafe** zu versprechen (näher hierzu in Rn 146 ff).

11 Die Wiederholungsgefahr kann auch entfallen, wenn zu der Zeit, als sich das wettbewerbswidrige Verhalten ereignete, die **Rechtslage zweifelhaft** war, diese Rechtsunsicherheit aber in der Zwischenzeit durch eine **Gesetzesänderung** beseitigt wurde (BGH NJW-RR 1989, 101 f – Brillenpreise I; BGH GRUR 2002, 717, 719 – Vertretung der Anwalts-GmbH). Dies trägt den im Regelfall berechtigten Erwartungen Rechnung, dass derjenige, der bei einer zweifelhaften Rechtslage sein Verhalten noch mit guten Gründen verteidigen konnte, von diesem Verhalten Abstand nehmen wird, wenn sich aus der aktuellen Gesetzeslage ein klares Verbot des bisherigen Verhaltens ergibt (*Köhler/Bornkamm*, Wettbewerbsrecht, § 8 Rn 1.43).

12 Regelmäßig ist von einem Fortfall der Wiederholungsgefahr auch dann auszugehen, wenn der Schuldner durch ein **rechtskräftiges Urteil** zur Unterlassung verurteilt wird. Etwas anderes gilt, wie dies der BGH für den Fall einer angekündigten begrenzten Preissenkung entschieden hat, wenn sich der Schuldner in einer Auseinandersetzung mit einem Dritten weiterhin gegen den Vorwurf desselben wettbewerbswidrigen Verhaltens verteidigt, ohne sich ausdrücklich auf das zuvor ergangene rechtskräftige Urteil zu berufen und dies auch als Regelung für die neue Auseinandersetzung anzuerkennen (BGH GRUR 2003, 450, 452 f – Begrenzte Preissenkung).

13 Im **einstweiligen Verfügungsverfahren** entfällt schließlich die Wiederholungsgefahr dadurch, dass der Schuldner eine **Abschlusserklärung unter Verzicht** auf sein Recht zur Einlegung eines **Widerspruchs** (§ 924 ZPO), auf das Recht der Erzwingung der **Hauptsacheklage** (§ 926 ZPO) sowie auf das Recht, die Aufhebung der einstweiligen Verfügung wegen **veränderter Umstände** zu erwirken (§ 927 ZPO), abgibt und damit die einstweilige Verfügung als **endgültige Regelung** anerkennt (OLG Hamburg GRUR 1984, 889 f; OLG Karlsruhe GRUR 1995, 510, 513; *Köhler/Bornkamm*, Wettbewerbsrecht, § 8 Rn 1.51, § 12 Rn 3.77; so auch in Abweichung zur Vorauflage *Teplitzky*, Wettbewerbsrechtliche Ansprüche und Verfahren, Kap. 7 Rn 4 a).

Hingegen ist zur Annahme der Beseitigung der Wiederholungsgefahr der **bloße Wegfall der Störung** oder die **bloße (nicht strafbewehrte) Zusage des Verletzers,** von seinem wettbewerbswidrigen Verhalten künftig Abstand zu nehmen, **nicht ausreichend** (*Köhler/Bornkamm,* Wettbewerbsrecht, § 8 Rn 1.39 mit Rechtsprechungsnachweisen). Dies gilt auch für die Änderung der tatsächlichen Verhältnisse und selbst im Fall der Aufgabe der Geschäftsbetätigung, aus der die Verletzungshandlung des Schuldners resultiert, es sei denn, dass die Wiederaufnahme desselben oder eines ähnlichen Geschäftsbetriebs durch den Schuldner ausgeschlossen ist (BGH GRUR 1992, 318, 320 – Jubiläumsverkauf; BGH GRUR 1998, 824, 828 – Testpreis-Angebot; BGH GRUR 2001, 453, 455 – TCM-Zentrum; BGH GRUR 2008, 625, 628 – Fruchtextrakt). Von einem Fortfall der Wiederholungsgefahr kann folglich auch dann nicht ausgegangen werden, wenn eine als wettbewerbswidrig beanstandete Werbung lediglich eingestellt wird (BGH GRUR 1974, 225, 227 – Lager-Hinweiswerbung). 14

4. Umfang des Unterlassungsanspruchs. a) Sachlicher und räumlicher Umfang. Die konkrete Verletzungshandlung bestimmt den sachlichen Umfang des geltend gemachten Unterlassungsanspruchs mit der Maßgabe, dass die **Wiederholungsgefahr,** die durch die Verletzungshandlung begründet wird, auch **für alle im Kern gleichartigen Verletzungshandlungen** gilt. Insofern wird auf die Ausführungen unter Rn 9 verwiesen. Macht der Gläubiger einen über die konkrete Verletzungshandlung und solche im Kern gleichartigen Handlungen hinausgehenden Unterlassungsanspruch geltend – wie zB bei einer wettbewerbswidrigen Preiswerbung für Fotovergrößerungen einen darüber hinausgehenden Anspruch auf Unterlassung der beanstandeten wettbewerbswidrigen Werbung für jede Art von Fotoarbeiten (zB auch Filmentwicklungen oder das Anfertigen von Passfotos) oder bei einer wettbewerbswidrigen Preisempfehlungswerbung für Artikel der Unterhaltungselektronik und für Haushaltsgeräte einen darüber hinaus gehenden Anspruch für alle vom Schuldner geführten Markenartikel (BGH GRUR 1998, 1039, 1040 f – Fotovergrößerungen; BGH GRUR 2003, 446 f – Preisempfehlung für Sondermodelle) –, so kann das Gericht unter Abweisung der Klage im Übrigen dem Unterlassungsantrag nur in einem auf das **angemessene Maß beschränkten Umfang** mit einer entsprechenden Kostenfolge zulasten des Gläubigers stattgeben. Lässt sich im Einzelfall eine Reduktion des Unterlassungsanspruchs auf das angemessene Maß mangels tatsächlicher Anhaltspunkte nicht vornehmen, ist der Unterlassungsanspruch auf die **konkrete Verletzungsform** zu beschränken. 15

Die Beschränkung des sachlichen Umfangs eines Unterlassungsanspruchs kann sich auch aus der gebotenen Anwendung des Grundsatzes der **Verhältnismäßigkeit** ergeben. Dies hat dazu geführt, dass die Gerichte auch im Bereich beanstandeter Werbemaßnahmen diese ganz oder teilweise trotz Annahme des Vorliegens eines wettbewerbswidrigen Verhaltens nicht verboten haben (BGH GRUR 1996, 910, 912 – Der meistverkaufte Europas; BGH NJW 1998, 3489, 3491 – Warsteiner II; BGH GRUR 2002, 160, 162 – Warsteiner III; BGH GRUR 2003, 628, 630 – Klosterbrauerei). 16

Der Unterlassungsanspruch wird in seinem **räumlichen Umfang,** nämlich für das gesamte Gebiet der Bundesrepublik Deutschland, durch ein **räumlich beschränktes Tätigkeitsfeld** des Gläubigers oder des Schuldners **nicht eingeschränkt** (BGH GRUR 1999, 509 f – Vorratslücken; BGH GRUR 2001, 85, 86 f – Altunterwerfung IV). Dies gilt aber nur dann, wenn sich der Unterlassungsanspruch aus einer bundesrechtlichen Norm ergibt. Ergibt sich die fallspezifische Beurteilung aus speziellen landesrechtlichen Normen, scheidet ein bundesweiter Unterlassungsanspruch aus (BGH GRUR 2008, 438 ff – Oddset). Die Frage, ob ein in räumlicher Hinsicht beschränktes Unterlassungsurteil die Begehungsgefahr im gesamten Gebiet der Bundesrepublik Deutschland entfallen lässt, ist unter Berücksichtigung der Umstände des Einzelfalls zu entscheiden und wird davon abhängen, ob zu erwarten ist, dass der Gläubiger gegebenenfalls seinen Anspruch auch bundesweit verfolgen wird (*Köhler/Bornkamm,* Wettbewerbsrecht, § 8 Rn 1.57). 17

b) Aufbrauchsfrist. Um zu vermeiden, dass dem Schuldner aus dem durch die Geltendmachung eines Unterlassungsanspruchs erwirkten Verbot eines bestimmten wettbewerbswidrigen Verhaltens ein **unverhältnismäßiger Nachteil** entsteht, hat die Rechtsprechung das aus § 242 BGB abgeleitete Institut der **Aufbrauchsfrist** entwickelt, die auch eine Frist für die Einleitung der erforderlichen **Umstellungs- oder Beseitigungsmaßnahmen** beinhaltet. Da die Gewährung einer Aufbrauchsfrist zur zeitlich befristeten Fortsetzung des wettbewerbswidrigen Verhaltens des Schuldners führt, setzt deren Gewährung auch voraus, dass sowohl die berechtigten Belange des Gläubigers als auch diejenigen der Allgemeinheit hierdurch nicht unzumutbar beeinträchtigt werden (BGH GRUR 1974, 474, 476 – Großhandelshaus; BGH GRUR 1982, 425, 431 – Brillen-Selbstabgabestellen; BGH GRUR 1990, 522, 528 – HBV-Familien- und Wohnungsrechtsschutz; BGH GRUR 2007, 1079, 1082 f – Bundesdruckerei). In Anbe- 18 tracht des Umstandes, dass die Gewährung einer Aufbrauchsfrist ein rechtswidriges Verhalten perpetuiert, wird angenommen, dass sich eine solche Aufbrauchsfrist auf Ausnahmefälle zu beschränken habe und insofern bei der Gewährung einer Aufbrauchsfrist ein strenger Maßstab anzulegen sei *(Piper/Ohly/Sosnitza,* UWG, § 8 Rn 43; *Teplitzky,* Wettbewerbsrechtliche Ansprüche und Verfahren, Kap. 57 Rn 21).

19 Im Rahmen der für die Beurteilung der Gewährung einer Aufbrauchsfrist notwendigen **Abwägung aller betroffenen Interessen** ist auf Seiten des Schuldners insbesondere zu berücksichtigen, welcher Art und wie schwerwiegend die ihm drohenden Nachteile sind, wie schwer das Verschulden ist, das ihn trifft, sowie der Gesichtspunkt, seit wann der Schuldner mit einem Verbot seines Verhaltens zu rechnen hatte. Geht es um eine wettbewerbswidrige Werbung in Tageszeitungen, Zeitschriften oder kurzlebigen Werbeprospekten, wird eine Aufbrauchsfrist in der Regel nicht gewährt werden können (OLG München WRP 1985, 364 f; *Berlit,* Aufbrauchsfrist im Gewerblichen Rechtsschutz und Urheberrecht, Rn 71). Konnte der Schuldner seit Längerem von einem Verbot ausgehen, wird die Gewährung einer Aufbrauchsfrist ebenfalls eher nicht in Betracht kommen (BGH GRUR 1960, 563, 567 – Sektwerbung; BGH GRUR 1966, 495, 498 – Uniplast; BGH GRUR 1982, 425, 431 – Brillen-Selbstabgabestellen).

20 Auf der Seite des Gläubigers ist bei der Abwägung zur Gewährung einer Aufbrauchsfrist ebenfalls zu berücksichtigen, in welcher Weise eine **Betroffenheit** vorliegt. Dabei ist es von besonderer Bedeutung, ob das wettbewerbswidrige Verhalten den Gläubiger wie jeden anderen Mitbewerber trifft oder ob er **gezielt** und **individuell** betroffen ist. Mit einzubeziehen ist die Überlegung, dass die Aufbrauchsfrist nur den Unterlassungsanspruch, nicht hingegen einen möglichen Schadensersatzanspruch einschränkt. Diesem Umstand kann in der Weise Rechnung getragen werden, dass eine Aufbrauchsfrist nur gegen Sicherheitsleistung gewährt wird (*Köhler/Bornkamm,* Wettbewerbsrecht, § 8 Rn 1.64).

21 Mit der hM ist darüber hinaus davon auszugehen, dass eine **Aufbrauchsfrist** auch **im einstweiligen Verfügungsverfahren** gewährt werden kann. Hierfür spricht vor allem auch der Umstand, dass der Schuldner bei einem einstweiligen Verfügungsverfahren häufig keine Gelegenheit haben wird, sich kurzfristig auf das Verbot einzustellen und die erforderlichen Dispositionen für eine Umstellung und Beseitigung zu treffen (*Köhler/Bornkamm,* Wettbewerbsrecht, § 8 Rn 1.68; *Teplitzky,* Wettbewerbsrechtliche Ansprüche und Verfahren, Kap. 57 Rn 23).

22 Die **Dauer** der zu gewährenden **Aufbrauchsfrist,** die sich in der Regel im Bereich von **drei** bis **sechs Monaten** bewegt, bemisst sich ebenfalls nach den Umständen des Einzelfalls und wird je nach dem Ergebnis der Abwägung der betroffenen Interessen kürzer oder länger ausfallen (Harte/Henning/*Beckeldorf,* UWG, § 8 Rn 47; *Teplitzky,* Wettbewerbsrechtliche Ansprüche und Verfahren, Kap. 57 Rn 21).

II. Beseitigungsanspruch (§ 8 Abs. 1 Satz 1)

23 **1. Allgemeines.** Zielt der Unterlassungsanspruch auf die Abwehr künftigen rechtswidrigen Handelns ab, so wird im Gegensatz hierzu mit der Geltendmachung des **Beseitigungsanspruchs** der Zweck verfolgt, eine **bereits eingetretene Beeinträchtigung zu beseitigen.** Unterlassungsanspruch und Beseitigungsanspruch überschneiden sich insofern, als dass gleichzeitig mit der Beseitigung einer bereits eingetretenen Beeinträchtigung auch die Störungsquelle für fortdauernde künftige Beeinträchtigungen im Sinne der Zweckerreichung des Unterlassungsanspruchs bewirkt werden kann. Unterschiedliche Zwecke verfolgen auch der Beseitigungsanspruch einerseits sowie der Schadensersatzanspruch andererseits. Im Gegensatz zu dem **verschuldensunabhängigen** und auf eine Ausräumung von Gefahren gerichteten **Beseitigungsanspruch** verfolgt der Schadensersatzanspruch den Zweck, einen Ausgleich für den durch einen rechtswidrigen und schuldhaften Eingriff und damit die Realisierung der Gefahren entstandenen Schaden zu schaffen.

24 **2. Anhaltender Störungszustand als Anspruchsvoraussetzung.** Materielle Anspruchsvoraussetzung für die Beseitigung ist ein **anhaltender Störungszustand** aufgrund einer in der Vergangenheit bereits begangenen **Verletzungshandlung im geschäftlichen Verkehr.** Mit dem Beseitigungsanspruch können **keine Vorbereitungshandlungen** angegriffen werden (*Piper/Ohly/Sosnitza,* UWG, § 8 Rn 72; *Köhler/Bornkamm,* Wettbewerbsrecht, § 8 Rn 1.76 f). Darüber hinaus ist es erforderlich, dass die Störung **rechtswidrig** erfolgt (*Köhler/Bornkamm,* Wettbewerbsrecht, § 8 Rn 1.78; *Piper/Ohly/Sosnitza,* UWG, § 8 Rn 76).

3. Inhalt und Umfang des Anspruchs. Inhalt und Umfang des Beseitigungsanspruchs richten sich maßgeblich nach Art und Umfang der Beeinträchtigung. Im Falle **körperlicher Störungszustände,** zB durch die Verbreitung von Werbematerialien mit wettbewerbswidrigem Inhalt, kann der Beseitigungsanspruch je nach den Umständen des Einzelfalls auf Unkenntlichmachung der Störungsquelle, zB durch Überkleben, Schwärzen, Entfernen oder Verändern, oder auf Vernichtung oder Herausgabe an den Verletzten zum Zwecke der Vernichtung gerichtet sein. Im Fall **unkörperlicher Störungszustände,** zB durch wettbewerbswidrige Rundfunkwerbung, bietet sich in der Regel zur Beseitigung des Störungszustands nur der **Widerruf** an (Rn 27 ff). 25

Maßstab für den Umfang des Beseitigungsanspruchs sind der Grundsatz der **Verhältnismäßigkeit** sowie das **Übermaßverbot.** Hierbei ist eine **Interessenabwägung** unter Berücksichtigung der schutzwürdigen Belange des Verletzten einerseits sowie des Verletzers andererseits vorzunehmen. Kann die Beseitigung mit unterschiedlichen Mitteln erfolgen, ist das weniger **einschneidende Mittel** zu wählen (BGH GRUR 1963, 539, 542 – echt skai; BGH GRUR 1998, 415 f – Wirtschaftsregister; BGH GRUR 2002, 709, 711 – Entfernung der Herstellungsnummer III). 26

III. Widerrufsanspruch

1. Allgemeines. Als **besondere Form des Beseitigungsanspruchs** ist der **Widerrufsanspruch** ebenfalls von § 8 Abs. 1 S. 1 erfasst. Sein Zweck ist es, die **negativen Folgen wettbewerbswidriger Tatsachenbehauptungen** und insbesondere auch **irreführender Werbeaussagen** zu beseitigen. Für die Geltendmachung des Widerrufsanspruchs ist **weder ein Verschulden noch eine Wiederholungsgefahr** erforderlich. Ausreichend ist, dass die aufgestellte Tatsachenbehauptung **objektiv unrichtig** ist (*Köhler/Bornkamm,* Wettbewerbsrecht, § 8 Rn 1.95). 27

2. Anspruchsvoraussetzungen und Durchsetzung. Ebenso wie der Beseitigungsanspruch erfordert die Geltendmachung eines Widerrufsanspruchs einen **fortdauernden Störungszustand.** Dieser muss durch eine **unrichtige Tatsachenbehauptung** verursacht worden sein. Eine Tatsachenbehauptung ist nur dann anzunehmen, wenn die Äußerung einem **Wahrheitsbeweis** zugänglich ist. Die Tatsachenbehauptung unterscheidet sich deshalb von der bloßen **Meinungsäußerung** und einem Werturteil dadurch, dass letztere durch die **Elemente der Stellungnahme** und des **Dafürhaltens** geprägt sind. Die Abgrenzung kann im Einzelfall Schwierigkeiten bereiten (Wenzel/*Burkhardt,* Das Recht der Wort- und Bildberichterstattung, Kap. 4 Rn 41 ff). Darüber hinaus muss die Unwahrheit der Tatsachenbehauptung positiv feststehen. Die Beweislast hierfür liegt grundsätzlich beim Gläubiger (*Köhler/Bornkamm,* Wettbewerbsrecht, § 8 Rn 1.95). Stellt sich zB als Ergebnis einer Beweisaufnahme heraus, dass die Unrichtigkeit der angegriffenen Behauptung zwar nicht positiv feststeht, dies jedoch äußerst wahrscheinlich ist, weil keine ernsthaften Anhaltspunkte für die Richtigkeit sprechen, so kommt ein **eingeschränkter Widerruf** mit dem Inhalt in Betracht, dass die Behauptung nach dem Ergebnis der Beweisaufnahme nicht aufrecht erhalten wird (BGH GRUR 1977, 745, 747 – Heimstättengemeinschaft). Wenn sich herausstellt, dass eine Tatsachenbehauptung nur **zum Teil unwahr** ist, so kann nur eine **Richtigstellung** verlangt werden, nicht jedoch ein Widerruf der Behauptung insgesamt (BGH GRUR 1987, 397, 399 – Insiderwissen). 28

Ebenso wie beim Beseitigungsanspruch ist auch beim Widerrufsanspruch der Grundsatz der **Verhältnismäßigkeit** zu beachten. Dieser erfordert wiederum eine **Abwägung der Interessen** des Gläubigers einerseits und des Schuldners andererseits. Zu berücksichtigen ist hierbei, dass der Widerrufsanspruch dem Gläubiger nicht Genugtuung verschaffen soll, sondern lediglich dazu bestimmt ist, eine rechtswidrige Störung zu beseitigen (BGH GRUR 1992, 527 f – Plagiatsvorwurf II). Es ist deshalb stets zu prüfen, ob der Widerruf wirklich **notwendig** ist oder sich eine **mildere Maßnahme zur Störungsabwehr** anbietet (*Teplitzky,* Wettbewerbsrechtliche Ansprüche und Verfahren, Kap. 26 Rn 10 ff). So ist es denkbar, dass für den Fall, dass dem Gläubiger die Befugnis zur Veröffentlichung des Unterlassungsgebots gemäß § 12 Abs. 3 zugesprochen worden ist, es daneben nicht noch notwendigerweise eines öffentlichen Widerrufs der streitgegenständlichen Behauptung bedarf (BGH GRUR 1966, 272, 274 – Arztschreiber). 29

Ist der Widerrufsanspruch begründet, so hat der Schuldner den Störungszustand durch Abgabe einer Widerrufserklärung auf eigene Kosten grundsätzlich in der Art und Weise zu beseitigen, in der die Verletzungshandlung stattfand. Dies bedeutet bei Medienveröffentlichungen, dass der **Widerruf an gleicher Stelle und in gleicher Größe wie die unwahre Behauptung** zu erklären ist (BGH GRUR 1969, 30

555, 558 – Cellulitis). Vollstreckt wird das Urteil auf Erklärung des Widerrufs als unvertretbare Handlung gemäß § 888 ZPO.

IV. Privilegierung verfahrensbezogener Äußerungen

31 **Äußerungen,** seien es Tatsachenbehauptungen oder Werturteile, **in gerichtlichen Verfahren** zu Zwecken der Rechtsverfolgung oder Rechtsverteidigung sind grundsätzlich **nicht angreifbar.** Somit können die im Laufe gerichtlicher Verfahren von bestimmten Äußerungen Betroffenen gegen die Äußernden, zB den Schuldner oder dessen Anwalt, keine Unterlassungs-, Beseitigungs- oder Widerrufsansprüche geltend machen. Durch diesen Grundsatz soll die Durchführung eines gerichtlichen Verfahrens mit der Möglichkeit gewährleistet werden, dass sich die Parteien frei äußern und alle die aus ihrer Sicht zur Wahrung ihrer Rechtsposition erforderlichen Aspekte vortragen können (BGH GRUR 1998, 587, 589 f – Bilanzanalyse Pro 7; BGH NJW 2005, 279, 280 – Bauernfängerei; BGH GRUR 2010, 253 f – Frischdosendeckel). **Ausnahmen** von diesem Grundsatz hat die Rechtsprechung für zwei Fallgruppen erwogen. Als eine Ausnahme wird thematisiert, dass eine Partei in einem Rechtsstreit **bewusst unwahre Behauptungen** vorträgt oder **leichtfertige Behauptungen** aufstellt, deren **Unhaltbarkeit** ohne Weiteres auf der Hand liegt. Die zweite Ausnahme betrifft die Fälle, in denen die beeinträchtigende Äußerung offensichtlich **ohne jeden inneren Zusammenhang mit der Ausführung oder Verteidigung von Rechten** steht, der sie dienen soll (BGH GRUR 1973, 550 f – halbseiden; BGH GRUR 1995, 66, 68 – Konkursverwalter; *Teplitzky,* Wettbewerbsrechtliche Ansprüche und Verfahren, Kap. 19 Rn 16 mit Hinweisen zum Meinungsstand bei OLG München MDR 2003, 52).

32 Die Tatsache, dass verfahrensbezogene Äußerungen grundsätzlich privilegiert sind und insofern keine Abwehransprüche geltend gemacht werden können, bedeutet noch nicht, dass dies auch für wettbewerbsrechtliche **Schadensersatzsprüche** (näher hierzu in Rn 145), etwa wegen des unzutreffenden Vorwurfes einer wettbewerbswidrigen Werbung, gilt. Soweit es allerdings nur um den Schaden geht, der dem vermeintlichen Schuldner unmittelbar durch die Einleitung des gerichtlichen Verfahrens entsteht, werden diese Folgen abschließend durch die Kostenregelung der ZPO ausgeglichen, so dass für einen gesonderten Schadenersatzanspruch kein Raum besteht. Darüber hinaus enthält die ZPO auch für solche Nachteile, die durch den Vollzug eines vorläufigen und nachträglich aufgehobenen Verbots entstehen, abschließende Regelungen in §§ 717 Abs. 2, 945 ZPO.

33 Ob und inwieweit die Privilegierung verfahrensbezogener Äußerungen bei **Wettbewerbsverstößen** auch für solche im Vorfeld gerichtlicher Auseinandersetzungen getätigte Äußerungen und insbesondere für die ein **Gerichtsverfahren vorbereitende Abmahnung** gilt, ist nicht abschließend geklärt (näher hierzu Rn 144). Verneint wird die Geltung dieser Privilegierung jedoch für die mit einer **unberechtigten Schutzrechtsverwarnung** verbundene und einen Eingriff in den eingerichteten und ausgeübten Gewerbebetrieb darstellende **Abmahnung** auch unter Hinweis auf die oftmals schwerwiegenderen Folgen einer Schutzrechtsverletzung (zB Einstellung der Produktion) im Vergleich zur Abmahnung eines sich lediglich auf eine Werbemaßnahme beziehenden Wettbewerbsverstoßes (für Marken- und Patentrechte: BGH GRUR 2005, 882 ff – Unberechtigte Schutzrechtsverwarnung; BGH GRUR 2006, 433, 435 – Unbegründete Abnehmerverwarnung; BGH GRUR 2006, 217, 218 f – Detektionseinrichtung I; BGH GRUR 2006, 219, 221 – Detektionseinrichtung II; *Piper/Ohly/Sosnitza,* UWG, § 12 Rn 31 mwN).

B. Gläubiger der wettbewerbsrechtlichen Abwehransprüche (§ 8 Abs. 3)

I. Allgemeines

34 Gemäß § 8 Abs. 3 können die dort genannten Personen, Verbände und Kammern im Sinne einer **Gläubigermehrheit** die Abwehransprüche gemäß § 8 Abs. 1 geltend machen. § 8 Abs. 3 regelt gleichzeitig eine **Anspruchsmehrheit.** Danach steht jedem der genannten Gläubiger der jeweilige Abwehranspruch zu. Es gelten grundsätzlich die Vorschriften über die **Gesamtgläubigerschaft** (§§ 428 ff BGB). Dies bedeutet zB im Fall der Abgabe einer strafbewehrten Unterlassungserklärung und des damit verbundenen Fortfalls der Wiederholungsgefahr, dass in Anwendung der §§ 429 Abs. 3 S. 1, 422 Abs. 1 S. 1 BGB der Unterlassungsanspruch aller Gläubiger entfällt. Andererseits berühren Umstände, die nur in der Person eines Gläubigers begründet sind (insbesondere die in § 425 Abs. 2 BGB genannten), die Ansprüche der anderen Gläubiger nicht (§§ 429 Abs. 3, 425 BGB).

§ 8 Abs. 3 gilt für die **Abwehransprüche** gemäß § 8 Abs. 1 sowie beschränkt auf die Gläubiger gemäß § 8 Abs. 3 Nr. 2 bis 4 für den **Gewinnabschöpfungsanspruch** gemäß § 10, **nicht** jedoch für den **Schadensersatzanspruch** gemäß § 9. Die Anspruchsberechtigung der in § 8 Abs. 3 Genannten unterliegt nach dem Wortlaut keiner Einschränkung. Eine solche wird man aber dann annehmen müssen, wenn durch den jeweiligen Wettbewerbsverstoß **ausschließlich** die **individuellen Interessen** eines bestimmten Mitbewerbers betroffen sind. In diesen Fällen ist lediglich der betroffene Mitbewerber, nicht jedoch die Verbände und Kammern, anspruchsberechtigt bzw klagebefugt (*Piper/Ohly/Sosnitza*, UWG, § 8 Rn 88). 35

Eine **Abtretung** der Ansprüche gemäß § 8 Abs. 1 **durch den Mitbewerber** an die in § 8 Abs. 3 Genannten sowie an andere Dritte ist gemäß § 399 Abs. 1 1. Alt BGB **ausgeschlossen.** Das **Abtretungsverbot** gemäß § 399 Abs. 1 1. Alt BGB gilt auch für die **Verbände** und **Kammern** gemäß § 8 Abs. 3 Nr. 2 bis 4 (*Köhler/Bornkamm*, Wettbewerbsrecht, § 8 Rn 3.18 ff). Für **Mitbewerber** können Dritte mit Ausnahme von Verbänden und Kammern gemäß § 8 Abs. 3 Nr. 2 bis 4 in **Prozessstandschaft** handeln, wenn die hierfür allgemein erforderlichen Voraussetzungen der Ermächtigung und eines eigenen rechtschutzwürdigen Interesses des Prozessstandschafters an der Rechtswahrnehmung gegeben sind (BGH GRUR 1998, 417 f – Verbandsklage in Prozessstandschaft). 36

II. Mitbewerber (§ 8 Abs. 3 Nr. 1)

Gemäß § 8 Abs. 3 Nr. 1 ist jeder **Mitbewerber** anspruchsberechtigt bzw klagebefugt. Dies ist **jeder Marktteilnehmer,** der als Unternehmer mit anderen Unternehmern in einem konkreten Wettbewerbsverhältnis steht (25. Abschnitt, Rn 18). § 8 Abs. 3 Nr. 1 setzt ferner voraus, dass der Mitbewerber auch **selbst betroffen, dh in seinen eigenen Interessen berührt** ist (*Köhler/Bornkamm*, Wettbewerbsrecht, § 8 Rn 3.28). Eine solche Betroffenheit kann dann nicht angenommen werden, wenn es um ein wettbewerbswidriges Verhalten geht, das ausschließlich einen anderen Mitbewerber zB dadurch betrifft, dass dieser in einer Werbung herabgesetzt oder angeschwärzt wird. 37

Weitere Voraussetzung für die Anspruchsberechtigung bzw Klagebefugnis des Mitbewerbers ist es, dass die relevante unternehmerische Tätigkeit im Zeitpunkt des Begehens der Verletzungshandlung ausgeübt wurde und im Zeitpunkt der letzten mündlichen Verhandlung noch nicht beendet war (BGH GRUR 1995, 697, 699 – Funny Paper). 38

III. Verbände zur Förderung gewerblicher und beruflicher Interessen (§ 8 Abs. 3 Nr. 2)

Anspruchsberechtigte bzw klagebefugte Verbände gemäß § 8 Abs. 3 Nr. 2 können nur solche sein, die **rechtsfähig** sind. Hierzu zählen insbesondere rechtsfähige Vereine, juristische Personen des privaten Rechts (zB GmbH, AG) und des öffentlichen Rechts (zB Kammern freier Berufe, wie der Rechtsanwälte und Steuerberater) und Personengesellschaften wie die OHG, KG und die GbR (BGH NJW 2002, 3539 f). 39

Ferner verlangt § 8 Abs. 3 Nr. 2, dass es sich um Verbände handelt, deren **Zweck** die **Förderung gewerblicher** oder **selbstständiger beruflicher Interessen** ist. Dieser Zweck muss sich entweder ausdrücklich aus den Bestimmungen der **Satzung** oder durch Auslegung der Satzungsbestimmungen sowie der tatsächlichen Betätigung des jeweiligen Verbandes ergeben. Hingegen ist es nicht erforderlich, dass die Verbandsmitglieder ihren Verband auch ausdrücklich zur Verfolgung von Wettbewerbsverstößen ermächtigt haben (BGH GRUR 1965, 485 f – Versehrten-Betrieb; BGH GRUR 1986, 320 f – Wettbewerbsverein I; BGH GRUR 1990, 282, 284 – Wettbewerbsverein IV; BGH GRUR 2005, 689 f – Sammelmitgliedschaft III). 40

Nicht erforderlich ist es ferner, dass der Mitbewerber, der durch ein wettbewerbswidriges Verhalten eines anderen Mitbewerbers betroffen ist, selbst Mitglied des gemäß § 8 Abs. 3 Nr. 2 anspruchsberechtigten bzw klagebefugten Verbandes ist. Möglich ist es auch, dass der Mitbewerber in Form einer **mittelbaren Verbandszugehörigkeit** Mitglied eines anderen Verbandes wird, der seinerseits Mitglied dieses Verbandes ist. Bei dem die Mitgliedschaft vermittelnden anderen Verband muss es sich ebenfalls um einen Verband handeln, der den Zweck verfolgt, die gewerblichen oder selbstständigen beruflichen Interessen seiner Mitglieder zu fördern. Es ist darüber hinaus erforderlich, dass die Mitglieder des anderen Verbandes mit einer mittelbaren Wahrnehmung ihrer Interessen einverstanden sind, auch wenn es hierzu keiner ausdrücklichen Ermächtigung bedarf (BGH GRUR 2003, 454 f – Sammelmitgliedschaft I; BGH GRUR 2005, 522 f – Sammelmitgliedschaft II; BGH GRUR 2005, 689 f – Sam- 41 melmitgliedschaft III; BGH GRUR 2006, 778 f – Sammelmitgliedschaft IV; BGH GRUR 2007, 610 f – Sammelmitgliedschaft V; BGH GRUR 2007, 610 f – Vermittelte Mitgliedschaft in einem Wettbewerbsverband). Nicht angenommen werden kann aber, dass der vermittelnde Verband grundsätzlich auch die wettbewerblichen Interessen der Tochtergesellschaften seiner Mitglieder wahrnimmt, da keine generelle Vermutung für die Wahrnehmung dieser Interessen durch die Muttergesellschaft besteht (OLG Celle GRUR 2006, 519). Der die Mitgliedschaft vermittelnde andere Verband muss außer der Beauftragung mit der Förderung der gewerblichen oder selbstständigen beruflichen Interessen seiner Mitglieder im Übrigen nicht die weiteren Voraussetzungen von § 8 Abs. 3 Nr. 2 erfüllen (BGH GRUR 1999, 1116, 1118 – Wir dürfen nicht feiern; BGH GRUR 2006, 778 f – Sammelmitgliedschaft IV).

42 Anspruchsberechtigt bzw klagebefugt sind Verbände gemäß § 8 Abs. 3 Nr. 2 weiterhin nur dann, wenn ihnen Unternehmer angehören, **„die Waren oder Dienstleistungen gleicher oder verwandter Art auf demselben Markt vertreiben“**. Gleicher oder verwandter Art sind Waren und Dienstleistungen, auf die sich der Vertrieb, dh der Absatz von Waren oder Dienstleistungen auf dem Markt, beziehen muss, im Sinne einer von der Rechtsprechung vorgenommenen weiten Auslegung dann, wenn sich die beiderseitigen Waren oder Dienstleistungen ihrer Art nach so gleichen oder nahe stehen, dass der Absatz der Waren oder Dienstleistungen des Mitbewerbers durch das wettbewerbswidrige Handeln des anderen Mitbewerbers beeinträchtigt werden kann (BGH GRUR 1998, 489, 491 – Unbestimmter Unterlassungsantrag III; BGH GRUR 2000, 438, 440 – Gesetzeswiederholende Unterlassungsanträge; BGH GRUR 2001, 260 f – Vielfachabmahner; BGH GRUR 2006, 778 f – Sammelmitgliedschaft IV; BGH GRUR 2007, 809 f – Krankenhauswerbung). Als Waren oder Dienstleistungen gleicher oder verwandter Art hat die Rechtsprechung bei der wettbewerbsrechtlichen Beurteilung von Werbung zB Zeitungen und Anzeigenblätter (BGH GRUR 1998, 489 ff – Unbestimmter Unterlassungsantrag III), Lebensmittel und Nahrungsergänzungsmittel (BGH GRUR 1997, 541 f – Produkt-Interview) sowie die Durchführung von Heilbehandlungen in einem Sanatorium und das Angebot von Arzneimitteln (BGH GRUR 2000, 438 ff – Gesetzeswiederholende Unterlassungsanträge) angenommen. Von einem Vertrieb **auf demselben Markt,** ist auszugehen, wenn es sich um **denselben sachlich und räumlich relevanten Markt** handelt (BGH GRUR 2000, 438, 440 – Gesetzeswiederholende Unterlassungsanträge). Dabei definiert sich derselbe **sachlich relevante Markt** durch den Vertrieb von Waren oder Dienstleistungen gleicher oder verwandter Art (BGH GRUR 2001, 260 f – Vielfachabmahner). Für die Bestimmung desselben sachlich relevanten Markts ist es nicht erforderlich, dass die Beteiligten auf der gleichen Wirtschafts- oder Handelsstufe stehen (BGH GRUR 1998, 489, 491 – Unbestimmter Unterlassungsantrag III). Entscheidend ist auch nicht die Zugehörigkeit zur gleichen Branche (BGH GRUR 1972, 553 – Statt Blumen ONKO-Kaffee). Für die Bestimmung desselben **räumlich relevanten Markts** ist von der Geschäftstätigkeit des werbenden Unternehmens auszugehen und zu beurteilen, ob sich räumlich gesehen die beanstandete Werbemaßnahme auch auf den Kundenkreis der Mitglieder des jeweiligen Verbandes auswirken kann (BGH GRUR 2001, 260 f – Vielfachabmahner; BGH GRUR 2004, 251 f – Hamburger Auktionatoren).

43 Des Weiteren muss es sich bei den verbandsangehörigen Unternehmern, die Waren oder Dienstleistungen gleicher oder verwandter Art auf demselben Markt vertreiben, um eine **erhebliche Anzahl solcher Unternehmer** handeln. Dies lässt sich nicht allgemein festlegen. Erforderlich und ausreichend ist die anhand der Umstände des Einzelfalls zu treffende Feststellung, dass die verbandsangehörigen Unternehmer auf dem relevanten sachlichen und räumlichen Markt **repräsentativ** nach den Kriterien Anzahl und/oder Größe, Marktbedeutung oder wirtschaftlichem Gewicht vertreten sind, so dass ein **missbräuchliches Vorgehen** des Verbandes im Sinne der bloßen Wahrnehmung von Individualinteressen statt der kollektiven Wahrnehmung von Mitgliederinteressen **ausgeschlossen** werden kann (BGH GRUR 1998, 489, 491 – Unbestimmter Unterlassungsantrag III; BGH GRUR 2004, 251 f – Hamburger Auktionatoren; BGH GRUR 2007, 809 f – Krankenhauswerbung; BGH GRUR 2009, 692 f – Sammelmitgliedschaft IV; *Köhler/Bornkamm,* Wettbewerbsrecht, § 8 Rn 3.42 mit weiteren umfangreichen Rechtsprechungsnachweisen).

44 § 8 Abs. 3 Nr. 2 verlangt ferner, dass der Verband nach seiner **personellen, sachlichen und finanziellen Ausstattung** auch tatsächlich im Stande ist, seine satzungsmäßigen Aufgaben der Verfolgung gewerblicher oder selbstständiger beruflicher Interessen wahrzunehmen. In personeller Hinsicht muss ein Verband vor allem mit einem für die Wahrnehmung von Verbandsaufgaben – insbesondere auch die eigenständige Verfolgung von Wettbewerbsverstößen – geschultem Personal ausgestattet sein. Zu einer ausreichenden sachlichen Ausstattung gehören vor allen Dingen geeignete Büroräume mit der erforderlichen Büroausstattung und den benötigten Kommunikationsmitteln, insbesondere Telefon, Fax,

E-Mail, etc. (KG WRP 1999, 1302, 1306). Die finanzielle Ausstattung muss so beschaffen sein, dass der Verband seine Fixkosten tragen kann (BGH GRUR 1990, 282, 285 – Wettbewerbsverein IV) und in der Lage ist, die Verfahrenskosten durch alle Instanzen aufzubringen (BGH GRUR 1994, 385 – Streitwertherabsetzung). Die Aufbringung der erforderlichen finanziellen Ausstattung kann durch Mitgliedsbeiträge und Spenden, aber auch durch andere Einnahmen, wie zB Abmahngebühren, Vertragsstrafen oder Prozesskostendeckungszusagen erfolgen (BGH GRUR 2005, 689 f – Sammelmitgliedschaft III). Der Verband muss jedoch nicht nur zur Verfolgung des Verbandszwecks in der Lage sein. Erforderlich ist darüber hinaus, dass er seine satzungsgemäßen Aufgaben auch tatsächlich wahrnimmt (BGH GRUR 2000, 1084 f – Unternehmenskennzeichnung). Bei einem seit vielen Jahren als klagebefugt anerkannten und aktiv tätigen Verband spricht hierfür eine tatsächliche, jedoch widerlegliche Vermutung (BGH GRUR 2000, 1093 f – Fachverband). Anders wird dies bei neu gegründeten Verbänden zu beurteilen sein. Hier kommt es mehr auf die erkennbare personelle, sachliche und finanzielle Ausstattung und eine sich hieraus ableitende Prognose für die tatsächliche künftige Tätigkeit des Verbandes an (*Piper/Ohly/Sosnitza*, UWG, § 8 Rn 107).

Schließlich verlangt § 8 Abs. 3 Nr. 2 für die Anspruchsberechtigung bzw Klagebefugnis des Verbandes 45
auch, dass durch das beanstandete wettbewerbswidrige Verhalten **die Interessen der Verbandsmitglieder berührt sind.** Dies ist nur dann anzunehmen, wenn für eine erhebliche Zahl von Verbandsmitgliedern, die Waren oder Dienstleistungen gleicher oder verwandter Art auf demselben Markt wie der wettbewerbswidrig Handelnde vertreiben, die **Voraussetzungen der Anspruchsberechtigung gemäß § 8 Abs. 3 Nr. 1 erfüllt sind** (*Köhler/Bornkamm*, Wettbewerbsrecht, § 8 Rn 3.51).

Beispiele für Verbände im Sinne von § 8 Abs. 3 Nr. 2 sind die in § 1 der Unterlassungsklageverordnung 46
(UKlaV) vom 03. Juli 2002 (BGBl. Teil I/2002, S. 2565) zum Unterlassungsklagegesetz (UKlaG) genannten Wettbewerbsverbände (zB Wirtschaft im Wettbewerb, Verein für Lauterkeit in Handel und Industrie e.V., Düsseldorf). Weitere Beispiele für Verbände zur Förderung gewerblicher oder selbstständiger beruflicher Interessen finden sich bei *Teplitzky*, Wettbewerbsrechtliche Ansprüche und Verfahren, Kap. 13 Rn 20. Der für die Werbung maßgebliche Zentralverband der deutschen Werbewirtschaft (ZAW) ist nach eigenen Angaben selbst nicht gemäß § 8 Abs. 3 Nr. 2 klagebefugt. Es besteht aber eine Kooperationsvereinbarung mit der Zentrale zur Bekämpfung unlauteren Wettbewerbs, an die der ZAW Fälle der wettbewerbswidrigen Werbung weiterleitet.

IV. Verbraucherverbände (§ 8 Abs. 3 Nr. 3)

§ 8 Abs. 3 Nr. 3 nennt als weitere mögliche Gläubiger der Abwehransprüche gemäß § 8 Abs. 1 die 47
qualifizierten Einrichtungen, die nachweisen, dass sie in die Liste qualifizierter Einrichtungen nach § 4 UklaG oder in dem Verzeichnis der Kommission der Europäischen Gemeinschaften nach Art. 4 der Richtlinie 98/27/EG des Europäischen Parlaments und des Rats vom 19. Mai 1998 über Unterlassungsklagen zum Schutz der Verbraucherinteressen (ABl. EG Nr. L 166 S 51) eingetragen sind. Mit den qualifizierten Einrichtungen sind die **Verbraucherverbände** gemeint.

Qualifizierte Einrichtungen gemäß § 4 UklaG sind nur solche Verbraucherverbände, die in die beim 48
Bundesverwaltungsamt geführte Liste qualifizierter Einrichtungen eingetragen sind. Die Eintragung erfolgt auf Antrag (§ 4 Abs. 2 S. 1 UklaG) und ist konstitutiv. Die weiteren Eintragungsvoraussetzungen sind in § 4 Abs. 2 S. 1 UklaG geregelt (Erfordernis des rechtsfähigen Verbandes, des Satzungszwecks mit dem Inhalt der nicht gewerbsmäßigen und nicht nur vorübergehenden Wahrnehmung von kollektiven Verbraucherinteressen durch Aufklärung und Beratung, der Durchführung der satzungsmäßigen Tätigkeit seit mindestens einem Jahr auf der Grundlage einer hinreichenden personellen, sachlichen und finanziellen Ausstattung sowie einer Mitgliedschaft von mindestens 75 natürlichen Personen, falls dem Verband keine anderen Verbände angehören, die in dem satzungsmäßigen Aufgabenbereich des Verbandes tätig sind). Bei Verbraucherzentralen und anderen mit öffentlichen Mitteln geförderten Verbraucherverbänden wird widerleglich vermutet, dass sie die Eintragungsvoraussetzungen gemäß § 4 Abs. 2 S. 1 UklaG erfüllen (§ 4 Abs. 2 S. 2 UklaG). Die qualifizierten Einrichtungen gemäß § 4 UklaG sind unter folgendem Link abrufbar: http://www.bundesjustizamt.de/cln_101/nn_258902/SharedDocs/Publikationen/Verbraucher_Liste_qualif_Eintr,templateID=raw,property=publicationFile.pdf/Verbraucher_Liste_qualif_Eintr.pdf.

Qualifizierte Einrichtungen eines anderen EU Mitgliedsstaates sind in Deutschland nach § 8 Abs. 3 49
Nr. 3 nur dann anspruchsberechtigt, wenn sie die **Eintragung** in das vorgenannte und von der **Kommission erstellte Verzeichnis** (Rn 47) nachweisen. Die deutschen Gerichte müssen die Aufnahme in

dieses Verzeichnis als Nachweis der Berechtigung der qualifizierten Einrichtung zur Klageerhebung akzeptieren. Sie haben aber im Einzelfall das Recht zu prüfen, ob der Zweck der qualifizierten Einrichtung die Klageerhebung rechtfertigt (Art. 4 Abs. 1 S. 2 der Unterlassungsklagenrichtlinie).

V. Industrie- und Handelskammern, Handwerkskammern (§ 8 Abs. 3 Nr. 4)

50 **Anspruchsberechtigt** bzw **klagebefugt** sind nach § 8 Abs. 3 Nr. 4 die **öffentlich-rechtlich verfassten Industrie- und Handelskammern** sowie **Handwerkskammern.** Andere öffentlich-rechtlich verfassten Berufskammern (Berufskammern der Rechtsanwälte, Ärzte, etc.) sind nur dann anspruchsberechtigt bzw klagebefugt, wenn die Voraussetzungen gemäß § 8 Abs. 3 Nr. 2 vorliegen (Begr. RegE UWG zu § 8 Abs. 3 Nr. 4, BT-Drucks. 15/1487, S. 23). Voraussetzung für die Klagebefugnis ist bei den Kammern gemäß § 8 Abs. 3 Nr. 4, dass durch die beanstandete wettbewerbswidrige Handlung ihr Aufgabenbereich berührt ist (vgl IHK-Gesetz vom 18.12.1956, BGBl. I, S. 920; § 91 HandwO).

C. Schuldner der wettbewerbsrechtlichen Abwehransprüche (§ 8 Abs. 1 Satz 1)

I. Haftung des Verletzers

51 **1. Allgemeines.** Die Abwehransprüche gemäß § 8 Abs. 1 S. 1 richten sich gegen denjenigen, der den Bestimmungen gemäß § 3 oder § 7 zuwiderhandelt. **Schuldner** dieser Ansprüche ist der **Verletzer.** Verletzer ist zum einen der **Täter** bzw **Mittäter.** Zum anderen ist Verletzer auch derjenige, der an einer fremden Tat teilnimmt, mithin der **Anstifter** und der **Gehilfe.** Schließlich ist Schuldner der Abwehransprüche auch der **Störer.**

52 **2. Täterhaftung. Täter** bzw **Mittäter** ist jeder, der allein oder in bewusstem oder gewolltem Zusammenwirken mit einem anderen den Tatbestand des § 3 oder des § 7 adäquat kausal verwirklicht (**unmittelbare Täterschaft**) (BGH GRUR 2008, 530, 532 – Nachlass bei der Selbstbeteiligung; BGH GRUR 2009, 597 – Halzband; BGH GRUR 2010, 536, 541 – Modulgerüst II), oder vorsätzlich durch einen schuldlos oder lediglich mit Gehilfenvorsatz handelnden Dritten den objektiven Verletzungstatbestand als Werkzeug begehen lässt (**mittelbare Täterschaft**). Die Täterhaftung setzt voraus, dass der Handelnde eine Wettbewerbshandlung iSv § 2 Abs. 1 S. 1 vornimmt. Täter ist bei einer wettbewerbswidrigen Werbung in erster Linie derjenige, der die Veröffentlichung einer Anzeige beim Verlag in Auftrag gibt, aber im Fall häufig vorkommender sog. **Eigenanzeigen** auch der Verlag selbst (*Löffler,* Presserecht, BT Anz Rn 171, 211, 242 mwN; zur Eigenwerbung eines kostenlosen Anzeigenblattes mit Auflagenhöhe: OLG Köln NJOZ 2007, 1638 ff).

53 Eine besondere Ausprägung der Täterhaftung ist die durch die jüngere Rechtsprechung des BGH zunehmend ausgeprägte Täterhaftung bzw **Täterschaft aufgrund einer Verkehrspflichtverletzung.** Danach ist auch derjenige als Täter zu qualifizieren, der durch sein Handeln im geschäftlichen Verkehr die Gefahr eines rechtswidrigen Handelns eines Dritten im Sinne eines Wettbewerbsverstoßes begründet und ein solches Handeln im Rahmen des Möglichen und Zumutbaren erkennen und verhindern kann (BGH GRUR 2007, 890 ff – Jugendgefährdende Medien bei eBay; BGH BeckRS 2010, 24344 – Versandkosten bei Froogle II). Eine weitere Form der vom BGH in jüngerer Zeit (auch für das Wettbewerbsrecht) entwickelten Täterhaftung ist diejenige **aufgrund unzureichender Kontrolle geschäftlicher Einrichtungen.** Eine solche Haftung wurde in dem Fall angenommen, in dem ein Mitglied einer Internethandelsplattform seine Zugangsdaten zu seinen Mitgliedskonten nicht sicher vor dem Zugriff Dritter bewahrte und es infolgedessen durch den Dritten zu Rechtsverletzungen sowie auch zu einem Wettbewerbsverstoß kam (BGH GRUR 2009, 597 ff – Halzband). Mit diesem erweiterten Konzept der Täterhaftung, das in beiden vorgenannten Fallgruppen letztlich auf dem strafrechtlichen Konzept der Haftung für ein Unterlassen aufgrund einer Garantenstellung basiert, hat der BGH jedenfalls im Wettbewerbsrecht einen Positionswandel dahin gehend vollzogen, dass er insofern eine Haftung nur noch nach den Grundsätzen der Täterschaft und Teilnahme nicht aber mehr nach der Rechtsfigur der Störerhaftung behandelt (s. Rn 56 sowie auch 32. Abschnitt, Rn 9 ff).

54 **3. Teilnehmerhaftung.** Teilnehmer an einer wettbewerbswidrigen Handlung gemäß § 3 oder § 7 sind der Anstifter und der Gehilfe. **Anstifter** an einer fremden Tat ist derjenige, der vorsätzlich einen anderen zu dessen vorsätzlich begangener Zuwiderhandlung bestimmt hat (vgl § 26 StGB). Ein Bestimmen ist nur dann anzunehmen, wenn eine tatsächliche Einflussnahme auf das Handeln, wie insbesondere eine Aufforderung zur Zuwiderhandlung (BGH GRUR 2003, 807 f – Buchpreisbindung), vorliegt. Ein Be-

stimmen kann je nach den Umständen des Einzelfalls auch Gegenstand einer Werbung sein (vgl OLG Frankfurt aM GRUR-RR 2005, 230 f). **Gehilfe** ist, wer vorsätzlich einem anderen zu dessen vorsätzlich begangener Zuwiderhandlung Hilfe leistet (vgl § 27 StGB). Eine solche Beihilfe hat der BGH zB in der Bewerbung und Lieferung von gekoppelten und erkennbar für Arztpraxen bestimmten Waren gegenüber dem Arzneimittelgroßhandel gesehen, die der Großhandel wiederum gegenüber den Arztpraxen im Sinne eines wettbewerbswidrigen Koppelungsangebots bewarb (BGH GRUR 2003, 624, 626 – Kleidersack; vgl zur Teilnehmerhaftung auch BGH GRUR 2004, 704 f – Verabschiedungsschreiben; BGH GRUR 2008, 810 ff – Kommunalversicherer).

Im Hinblick auf die Verschuldensunabhängigkeit der Abwehransprüche gemäß § 8 Abs. 1 sind die Voraussetzungen für die Teilnehmerhaftung – sowohl für die Anstiftung als auch für die Beihilfe – dahin gehend anzupassen, dass eine vorsätzliche Zuwiderhandlung des Täters nicht erforderlich ist. Ausreichend ist die vorsätzliche Mitwirkung an der Verwirklichung des objektiven Tatbestands des Wettbewerbsverstoßes durch einen Anderen (Münchener Kommentar/*Fritzsche*, Lauterkeitsrecht, § 8 Rn 244). 55

4. Störerhaftung. Die Rechtsprechung hat, gestützt auf § 1004 BGB, in unterschiedlichen Rechtsgebieten und insbesondere im Marken- und Urheberrecht sowie aber auch im Wettbewerbsrecht das Institut der Haftung des **Störers** entwickelt. Danach ist Schuldner von Abwehransprüchen derjenige, der ohne Täter oder Teilnehmer zu sein, in irgendeiner Weise **willentlich und adäquat kausal** zur Verletzung eines geschützten Rechtsguts oder zu einer verbotenen Handlung beigetragen hat und dabei ihm **zumutbare Prüfungspflichten verletzt** hat, ohne dass es auf ein Verschulden ankommt (BGH GRUR 1997, 313 ff – Architektenwettbewerb, BGH GRUR 1997, 909 ff – Branchenbuch-Nomenklatur; BGH GRUR 1999, 418 ff – Möbelklassiker; BGH GRUR 2001, 1038 ff – ambiente.de; BGH GRUR 2002, 608 f – Meißner Dekor; BGH GRUR 2004, 693 ff – Schöner Wetten; BGH GRUR 2004, 860 ff – Internet-Versteigerung I; BGH ZUM 2007, 646 ff – Internet-Versteigerung II; BGH MMR 2008, 531 ff – Internet-Versteigerung III; BGH GRUR 2010, 633 ff – Sommer unseres Lebens). Wie oben bereits dargestellt wurde (Rn 53) hat aber der BGH in der Zwischenzeit, anders als im Immaterialgüterrecht (s. 32. Abschnitt Rn 9 ff) im Wettbewerbsrecht das Institut der Störerhaftung zugunsten einer Täterhaftung insbesondere unter dem Gesichtspunkt der Verletzung von Verkehrspflichten und der unzureichenden Kontrolle geschäftlicher Einrichtungen aufgegeben. Diese Täterhaftung ermöglicht damit über die Geltendmachung von Abwehransprüchen hinaus auch – anders als die Störerhaftung – die verschuldensabhängige Inanspruchnahme des Handelnden auf Schadensersatz (s. zur sich bereits früher ankündigenden Tendenz der Ablehnung der Störerhaftung im Wettbewerbsrecht auch BGH GRUR 2003, 807 f – Buchpreisbindung; BGH GRUR 2003, 969 f – Ausschreibung von Vermessungsleistungen; BGH GRUR 2005, 171 – Ausschreibung von Ingenieursleistungen). Vor dem Hintergrund dieser Rechtsprechungsentwicklung wird von einer ausführlichen Darstellung der früheren Rechtsprechung zur Störerhaftung im Wettbewerbsrecht abgesehen und insofern auf die Darstellung in der Voraufl., 31. Kapitel Rn 57 ff verwiesen (s. auch *Köhler/Bornkamm*, Wettbewerbsrecht, § 8 Rn 2.11 ff). Von Bedeutung bleibt die frühere Rechtsprechung zur Störerhaftung im Wettbewerbsrecht aber in Bezug auf die Kasuistik zu Art und Umfang zumutbarer Prüfungspflichten, die letztlich auch bei der Beurteilung der Täterhaftung in Bezug auf die Pflichten eine Rolle spielt, die derjenige im Sinne einer Garantenstellung für von ihm eröffnete Gefahrenquellen übernimmt (BGH GRUR 2007, 890 ff – Jugendgefährdende Medien bei eBay; BGH GRUR 2009, 597 ff – Halzband). 56

5. Verbreiterhaftung der Presse für gesetzeswidrige Anzeigen Dritter. Im Bereich der Werbung ist in der Rechtsprechung von besonderer Bedeutung, unter welchen Voraussetzungen die Presse für die Veröffentlichung **gesetzeswidriger Anzeigen Dritter** haftet. Diese Haftung ist bisher teilweise unter dem Gesichtspunkt der Täterhaftung (BGH GRUR 1973, 203 f – Badische Rundschau; BGH GRUR 1990, 1012 f – Pressehaftung I; BGH NJW 1992, 2765 f – Pressehaftung II) und wohl zu einem größeren Teil unter dem Gesichtspunkt der Störerhaftung (vgl zB BGH GRUR 1995, 751 f – Schlussverkaufswerbung; BGH GRUR 2001, 529, 531 – Herz-Kreislauf-Studie; BGH GRUR 2006, 429, 431 – Schlank-Kapseln) abgehandelt worden. Vor dem Hintergrund der jüngsten BGH Rechtsprechung zur Täterschaft aufgrund Verkehrspflichtverletzungen sowie aufgrund unzureichender Kontrolle geschäftlicher Einrichtungen (vgl Rn 53) liegt aber die Annahme nahe, dass die Haftung der Presse für gesetzeswidrige Anzeigen Dritter künftig von der Rechtsprechung unter dem Gesichtpunkt der Täterhaftung behandelt wird. Insofern bleibt die zu dieser Thematik bisher ergangene und die Prüfungspflicht der Presse einschränkende Rechtsprechung relevant, die die Haftung auf solche Anzeigeninhalte beschränkt hat, die **grobe, eindeutige und unschwer erkennbare Gesetzesverstöße** zum Gegenstand haben. Der Grund für 57 diese Beschränkung liegt darin, dass für die Presse eine Überprüfung sämtlicher bei ihr in Auftrag gegebenen Anzeigen aufgrund der regelmäßig unter hohem Zeitdruck stehenden Arbeit der Anzeigenredaktion und der Gewährleistung der Pressefreiheit unzumutbar ist (BGH GRUR 1973, 203 f – Badische Rundschau; BGH GRUR 1990, 1012 f – Pressehaftung I; BGH GRUR 2006, 429, 431 – Schlank-Kapseln). Die Rechtsprechung trägt damit insbesondere auch den Gesichtspunkten des Anzeigengeschäfts als Massengeschäft und der Aktualität der Anzeigenpublikationen, die darin besteht, dass Anzeigen, bedingt durch den beabsichtigten schnellen Werbezweck, in der Regel kurzfristig erscheinen, sowie auch der primären Verantwortlichkeit des Inserenten Rechnung. Die Anforderungen zur Prüfung von Anzeigen auf Gesetzesverstöße steigt abhängig von der Größe, der Auffälligkeit, dem Vorliegen redaktioneller Gestaltungselemente und dem Preis der Anzeige (BGH GRUR 2001, 529, 531 – Herz-Kreislauf-Studie; BGH GRUR 2006, 957 f – Stadt Geldern). Eine Prüfungspflicht wird zB bei einer Werbung angenommen, in der bei hinreichender Deutlichkeit des Rechtsverstoßes mit Verletzungen des allgemeinen Persönlichkeitsrechts, Verstößen gegen allgemein bekannte Straftatbestände oder mit schwerwiegenden Geschäftsschädigungen gerechnet werden muss (*Rath-Glawatz/Engels/Dietrich,* Das Recht der Anzeige, 1. Teil Rn 326 mit Rechtsprechungsnachweisen; s. auch *Soehring,* Presserecht, § 16 Tz 33 ff mit Rechtsprechungsnachweisen).

58 Die Haftung für gesetzeswidrige Anzeigen gilt auch für die Verleger von **Telefon- und Adressbüchern** (BGH GRUR 1994, 841 ff – Suchwort). Auch **Werbeagenturen** haften für von ihnen verursachte Gesetzesverstöße bei der Gestaltung und Durchführung von Werbung (BGH GRUR 1973, 208 f – Neues aus der Medizin). Dies gilt aber nicht für solche Gesetzesverstöße, die allein auf unrichtigen Angaben des Auftraggebers beruhen und bei denen die Werbeagentur keine Veranlassung hatte, die Richtigkeit der Angaben in Frage zu stellen (OLG Frankfurt aM GRUR-RR 2002, 77 f).

II. Unternehmenshaftung für Mitarbeiter und Beauftragte (§ 8 Abs. 2)

59 **1. Allgemeines. Zweck** der Haftungsregelung gemäß § 8 Abs. 2 ist es sicherzustellen, dass der Unternehmer, der im Wettbewerb mit Dritten vom Handeln seiner Mitarbeiter und Beauftragten **profitiert,** sich dann auch alle **unternehmensbezogenen Handlungen seiner Mitarbeiter und Beauftragten als eigene Handlungen** zurechnen lassen muss, als habe er diese **selbst begangen** (BGH GRUR 2003, 453 f – Verwertung von Kundenlisten; BGH GRUR 2009, 597 f – Halzband; BGH GRUR 2009, 1167, 1170 – Partnerprogramm). Damit wird eine **verschuldensunabhängige Haftung** des Unternehmers für Dritte begründet, bei der eine Entlastung nicht möglich ist (*Piper/Ohly/Sosnitza,* UWG, § 8 Rn 143 ff). § 8 Abs. 2 ist auf die gesetzlichen Abwehransprüche gemäß § 8 Abs. 1 anwendbar, nicht hingegen auf vertragliche Ansprüche sowie Schadensersatzansprüche gemäß § 9 (BGH GRUR 2006, 426, 428 – Direktansprache am Arbeitsplatz II; OLG Frankfurt aM GRUR 2007, 612).

60 **2. Zurechnungsvoraussetzungen.** Die Haftung gemäß § 8 Abs. 2 erfordert einen durch einen **Mitarbeiter oder Beauftragten begangenen Wettbewerbsverstoß** gemäß § 3 oder § 7. Hinsichtlich des Entstehens des Anspruchs gegen den Unternehmer aus § 8 Abs. 2 ist dieser im Verhältnis zum gleichzeitig gegen den Mitarbeiter oder Beauftragten bestehenden Anspruch aus § 8 Abs. 2 **akzessorisch.** Die Akzessorietät gilt aber nicht für den Fortbestand des Anspruchs gegen den Unternehmer aus § 8 Abs. 2. Entfällt dieser Anspruch gegen einen Mitarbeiter, zB wegen Wegfalls der Wiederholungsgefahr aufgrund einer von diesem Mitarbeiter abgegebenen strafbewehrten Unterlassungserklärung, so besteht derselbe gegen den Unternehmer gerichtete Anspruch jedoch fort (*Köhler/Bornkamm, Wettbewerbsrecht,* § 8 Rn 2.38).

61 Die Begriffe Mitarbeiter und Beauftragter sind weit auszulegen. **Mitarbeiter** ist, wer aufgrund eines **Beschäftigungsverhältnisses** verpflichtet ist, als Arbeitnehmer für den Unternehmer **weisungsabhängig** tätig zu werden (BGH GRUR 1965, 155 – Werbefahrer). **Beauftragter** ist derjenige, der ohne Mitarbeiter zu sein, in sonstiger Weise für das Unternehmen eines anderen aufgrund eines Vertragsverhältnisses tätig ist. Gleichzeitig muss ein Beauftragter aber in ein Unternehmen in einer Weise **eingegliedert** sein, das der Unternehmer einen bestimmenden und durchsetzbaren Einfluss auf die Tätigkeit des Beauftragten hat (BGH GRUR 2005, 864 f – Meißner Dekor II). Ausreichend ist, dass der Unternehmer die Möglichkeit und die Pflicht hat, einen solchen Einfluss auszuüben (BGH GRUR 1990, 1039 f – Anzeigenauftrag; BGH GRUR 1995, 605, 607 – Franchise-Nehmer; OLG Köln GRUR-RR 2006, 205 f; OLG Stuttgart NJW-RR 2009, 913, 916; BGH GRUR 2009, 1167, 1170 – Partnerprogramm). Beauftragte iSd § 8 Abs. 2 können zB Vertragshändler, Handelsvertreter und je nach den Umständen des Einzelfalls auch **Werbeagenturen** (BGH GRUR 1991, 772, 774 – Anzeigenrubrik II;

OLG Frankfurt aM GRUR 2007, 612), Internet-Werbepartner (Affiliates) (BGH GRUR 2009, 1167, 1170 – Partnerprogramm) sowie **im Anzeigengeschäft tätige Zeitungsverlage** (BGH GRUR 1990, 1039 f – Anzeigenauftrag) sein. Eine Konzerntochtergesellschaft kann Beauftragter der Muttergesellschaft sein. Umgekehrt ist dies nicht ohne Weiteres anzunehmen, so dass eine Tochtergesellschaft für die Internetwerbung ihrer Muttergesellschaft auch dann nicht haftet, wenn sie die beworbenen Waren vertreibt (OLG Hamburg GRUR-RR 2007, 296).

Inhaber des Unternehmens iSd § 8 Abs. 2 sind der **Einzelkaufmann** oder die **Gesellschaft,** wenn das Unternehmen eine Gesellschaft ist, nicht jedoch die Organe der Gesellschaft (zB Geschäftsführer, Vorstand). 62

D. Missbräuchliche Geltendmachung von Abwehransprüchen (§ 8 Abs. 4)

I. Allgemeines

Zweck von § 8 Abs. 4 ist es, dem **Missbrauch** bei der Geltendmachung von Unterlassungsansprüchen durch Verbände und Mitbewerber entgegenzuwirken, der darin besteht, statt der Bekämpfung unlauteren Wettbewerbs, den Wettbewerbsverstoß als Mittel zur Durchsetzung anderer nicht billigenswerter Interessen und insbesondere des Interesses der **Gewinnerzielung** durch Generierung von **Kosten der Rechtsverfolgung** zu benutzen. Der berechtigte Missbrauchseinwand führt zum Verlust der **Prozessführungsbefugnis** und damit zur Abweisung der Klage bzw eines einstweiligen Verfügungsantrages als **unzulässig** (BGH GRUR 1999, 509 f – Vorratslücken; BGH GRUR 2006, 243 f – MEGA SALE). Normadressaten sind die Gläubiger gemäß § 8 Abs. 3 und vor allem die Verbände (§ 8 Abs. 3 Nr. 2, 3) sowie die Mitbewerber (§ 8 Abs. 3 Nr. 1). **Anwendungsbereich** von § 8 Abs. 4 sind die **gesetzlichen** Abwehransprüche gemäß § 8 Abs. 1 Soweit der Missbrauchseinwand in Bezug auf ein Vertragsverhältnis erhoben wird, findet § 242 BGB Anwendung. § 8 Abs. 4 gilt sowohl für die **gerichtliche,** als auch die **außergerichtliche** Geltendmachung von Abwehransprüchen und ist damit insbesondere auch für die Abmahnung relevant. 63

II. Missbräuchliches Verhalten

1. Begriff des Missbrauchs. Von einem Missbrauch iSv § 8 Abs. 4 ist dann auszugehen, wenn sich der Handelnde überwiegend von **sachfremden Interessen** leiten lässt, die als die **eigentliche Triebfeder und das beherrschende Motiv** der Verfahrenseinleitung erscheinen (BGH GRUR 2000, 1089 f – Mißbräuchliche Mehrfachverfolgung; BGH GRUR 2001, 82 – Neu in Bielefeld I; BGH GRUR 2001, 260 f – Vielfachabmahner; BGH GRUR 2002, 357 f – Missbräuchliche Mehrfachabmahnung; BGH GRUR 2002, 715 f – Scanner-Werbung; BGH GRUR 2009, 1180, 1181 f – 0,00 – Grundgebühr). In § 8 Abs. 4 sind hierfür als Beispiele das primäre Ziel des Entstehenlassens von **Aufwendungsersatzansprüchen** oder **Prozesskosten** genannt. Ob ein Missbrauch vorliegt, ist jeweils im Einzelfall unter Berücksichtigung und Würdigung aller wesentlichen Umstände zu beurteilen (BGH GRUR 2001, 354 f – Verbandsklage gegen Vielfachabmahner). 64

2. Fallgruppen. Die in § 8 Abs. 4 angesprochene Fallgruppe missbräuchlichen Verhaltens betrifft die Sachverhalte, in denen bei der Verfolgung von Wettbewerbsverstößen das **Gebührenerzielungsinteresse** im Vordergrund steht. Dies ist anzunehmen, wenn der Gläubiger an der Verfolgung des beanstandeten Wettbewerbsverstoßes kein nennenswertes eigenes wirtschaftliches Interesse hat. Es ist dabei auf die objektive Sicht eines wirtschaftlich denkenden Gewerbetreibenden abzustellen (BGH GRUR 2001, 260 f – Vielfachabmahner). Für einen Missbrauch im Sinne eines vorrangigen Gebührenerzielungsinteresses spricht auch, wenn die Abmahntätigkeit in keinem vernünftigen wirtschaftlichen Verhältnis zu der gewerblichen Tätigkeit des Abmahnenden steht (BGH GRUR 2001, 260 f – Vielfachabmahner). 65

Ein Missbrauch kann auch vorliegen, wenn die Inanspruchnahme des Schuldners zu einer unverhältnismäßig hohen **Kostenbelastung** oder unangemessenen Bindung **personeller und finanzieller Kräfte** führt. Ein solcher Missbrauch ist jedenfalls dann anzunehmen, wenn sich aus den Umständen des Einzelfalls ergibt, dass die besondere wirtschaftliche Belastung des Schuldners die eigentliche Triebfeder und das beherrschende Motiv für das Vorgehen des Gläubigers gegen den Schuldner ist (BGH GRUR 2000, 1089 f – Mißbräuchliche Mehrfachverfolgung; BGH GRUR 2001, 260 f – Vielfachabmahner; BGH GRUR 2010, 454 f – Klassenlotterie). Allein der Umstand, dass die besondere wirt- 66 schaftliche Belastung des Schuldners durch die Inanspruchnahme einer Vielzahl von Gläubigern verursacht wird, reicht zur Annahme eines Missbrauchs noch nicht aus. Missbräuchlich ist es aber, wenn die Verfolgung des Schuldners durch eine Vielzahl von Gläubigern auf einem **abgestimmten Verhalten** der Gläubiger beruht und es für diese Mehrfachverfolgung keinen vernünftigen Grund gibt (BGH GRUR 2000, 1089, 1091 – Mißbräuchliche Mehrfachverfolgung; BGH GRUR 2002, 357 f – Missbräuchliche Mehrfachabmahnung).

67 Ferner kann ein Missbrauch gegeben sein, wenn der Gläubiger **wegen desselben Wettbewerbsverstoßes gegen mehrere rechtlich selbstständige Schuldner,** die aber alle Gesellschaften eines Konzerns sind, gesondert vorgeht, obwohl er diese unter Vermeidung einer erheblichen Erhöhung einer Kostenlast auch als Streitgenossen in Anspruch nehmen könnte (BGH GRUR 2002, 715 f – Scanner-Werbung; BGH GRUR 2006, 243 f – MEGA SALE). Ein solcher Missbrauch ist aber dann nicht anzunehmen, wenn es trotz des gleichen Wettbewerbsverstoßes durch mehrere Schuldner, zB durch die Veröffentlichung einer einheitlichen Werbung, sachliche Umstände gibt, aufgrund derer die einzelnen Verfahren einen unterschiedlichen Verlauf nehmen können (OLG Nürnberg GRUR-RR 2005, 169; OLG Köln GRUR-RR 2006, 203 f). Geht der Gläubiger gegen eine Vielzahl von unabhängigen Schuldnern, die nicht in einem Konzern oder in anderer Weise gesellschaftsrechtlich miteinander verbunden sind, wegen eines gleichartigen Wettbewerbsverstoßes bzw einer gleichartigen wettbewerbswidrigen Werbung vor, so kann hierin allein noch kein missbräuchliches Verhalten gesehen werden, auch wenn in allen Verfahren derselbe Anwalt für den Gläubiger oder die in einem Konzern verbundene Vielzahl von Gläubigern tätig wird (LG München I GRUR-RR 2006, 418 f; OLG München GRUR-RR 2007, 55 in Abweichung des erstinstanzlichen Urteils: LG München I GRUR-RR 2006, 416 ff). Gibt es aber in diesen Fällen ein kollusives Zusammenwirken zwischen dem Gläubiger und dem von ihm beauftragten Anwalt, beispielsweise in der Art, dass der Anwalt seinen Auftraggeber vom Kostenrisiko der Verfolgung einer gleichartigen und wettbewerbswidrigen Werbung gegenüber einer Vielzahl von Schuldnern vollständig oder zum großen Teil freistellt, so spricht dies für ein missbräuchliches Verhalten. Im Vordergrund steht dann die Verschaffung einer Gebühreneinnahmequelle für den Anwalt und nicht der Schutz gegen unlauteren Wettbewerb (OLG Frankfurt aM GRUR-RR 2007, 56 f).

68 Ein missbräuchliches Verhalten kann auch darin bestehen, dass ein Gläubiger ohne sachliche Notwendigkeit **parallel** zum **einstweiligen Verfügungsverfahren** das **Hauptsacheverfahren** betreibt ohne abzuwarten, ob die einstweilige Verfügung ergeht und vom Schuldner als endgültige Regelung anerkannt wird (BGH GRUR 2001, 78 f – Falsche Herstellerpreisempfehlung; BGH GRUR 2002, 715 f – Scanner-Werbung).

69 Ein missbräuchliches Verhalten kann ferner in einer **Wettbewerbsbehinderung** liegen, zB dann, wenn der Gläubiger eine Werbung sukzessive mehrfach angreift und den Schuldner dadurch zur mehrfachen Abänderung zwingt, obwohl die Möglichkeit bestanden hätte, alle in Betracht kommenden Wettbewerbsverstöße gleichzeitig geltend zu machen (OLG München NJW-WettbR 1998, 211 f; KG GRUR – RR 2010, 22 f). Erfolgt die Auswahl des Schuldners bei mehreren möglichen Schuldnern in **diskriminierender Art und Weise,** indem die Wettbewerbsverstöße der anderen Schuldner ohne sachlich gerechtfertigten Grund geduldet werden, so kann auch hierin ein missbräuchliches Verhalten bestehen (BGH GRUR 1997, 681, 683 – Produktwerbung). Zur Darstellung weiterer Fallgruppen missbräuchlichen Verhaltens wird auf Münchener Kommentar/*Fritzsche,* Lauterkeitsrecht, § 8 Rn 469 ff sowie *Köhler/ Bornkamm,* Wettbewerbsrecht, § 8 Rn 4.21 ff verwiesen.

E. Auskunftsanspruch (§ 8 Abs. 5)

I. Allgemeines

70 § 8 Abs. 5 begründet durch Verweisung auf den (2009 neu gefassten) § 13 UklaG einen **Auskunftsanspruch** und damit das Recht, von denjenigen, die Post-, Telekommunikations- und Telemediendienste erbringen und von denjenigen, die an der Erbringung solcher Dienste mitwirken, Auskünfte über Namen und zustellungsfähige Anschriften von am Verkehr dieser Dienste Beteiligten zur Durchsetzung von Abwehransprüchen gemäß § 8 Abs. 1 (Rn 71 f) zu verlangen. Damit soll sichergestellt werden, dass der namentlich nicht bekannte Schuldner zur Verfolgung von Wettbewerbsverstößen ermittelt werden kann.

II. Inhalt des Auskunftsanspruchs

Inhalt des Auskunftsanspruchs ist die Bekanntgabe der **Namen** und **zustellungsfähigen Anschriften** eines am Post-, Telekommunikations- oder Telemediensteverkehr Beteiligten unter der Voraussetzung, dass die Notwendigkeit des Erhalts der Angaben zur Durchsetzung des Unterlassungsanspruchs gemäß § 8 Abs. 1 und die Unmöglichkeit, sich diese Angaben anderweitig zu verschaffen, **schriftlich versichert** wird (§ 13 Abs. 1 UklaG). Im Gesetz ist zwar nur die Auskunftserteilung zur Durchsetzung des Unterlassungsanspruchs erwähnt. Es wird jedoch wegen des engen Zusammenhangs von Unterlassungs- und Beseitigungsansprüchen angenommen, dass sich der Auskunftsanspruch auch auf den Beseitigungsanspruch und damit **alle Abwehransprüche** gemäß § 8 Abs. 1 bezieht (*Teplitzky*, Wettbewerbsrechtliche Ansprüche und Verfahren, Kap. 38 Rn 35 d; Münchener Kommentar/*Ottofülling*, Lauterkeitsrecht, § 8 Rn 482; *Köhler/Bornkamm*, Wettbewerbsrecht, § 8 Rn 5.1). Gemäß § 13 Abs. 2 S. 1 UklaG besteht der Anspruch nur, soweit die Auskunft ausschließlich anhand der beim Auskunftspflichtigen vorhandenen Bestandsdaten erteilt werden kann. 71

Der Auskunftspflichtige kann vom Auskunftsberechtigten einen **angemessenen Ausgleich** für die Erteilung der Auskunft und damit die **Kosten der Auskunft** verlangen (§ 13 Abs. 3 S. 1 UklaG). Die Kosten der Auskunft hat der Beteiligte dem Auskunftsberechtigten im Falle der Begründetheit des geltend gemachten Abwehranspruchs zu ersetzen (§ 13 Abs. 3 S. 2 UklaG). 72

III. Berechtigte und Verpflichtete des Auskunftsanspruchs

Auskunftsberechtigt sind die in § 8 Abs. 3 Nr. 2 bis 4 und in § 3 Abs. 1 UklaG genannten Verbände und Kammern. Die Beschränkung der Auskunftsberechtigung auf bestimmte Verbände in § 13 aF UklaG wurde mit dem Gesetz zur Umsetzung der Verbraucherkreditrichtlinie (BGBl. I S. 2355) mit Wirkung vom 31. Oktober 2009 beseitigt (vgl die Begr. BT-Drucks. 16/11643, S. 138). **Mitbewerber** (§ 8 Abs. 3 Nr. 1) sind **nicht auskunftsberechtigt.** Der Auskunftsanspruch kann auf sie auch **nicht übertragen werden** (Piper/Ohly/*Sosnitza*, § 8 Rn 189). 73

Auskunftsverpflichtet sind die Erbringer von und Mitwirkenden an den in § 13 Abs. 1 UklaG genannten Diensten (Rn 70). Auskunftsverpflichtet ist also beispielsweise die Deutsche Post, die DENIC und Erbringer von Telemedien (zB Betreiber von Internetplattformen). 74

§ 9 UWG Schadensersatz

[1]Wer vorsätzlich oder fahrlässig eine nach § 3 oder § 7 unzulässige geschäftliche Handlung vornimmt, ist den Mitbewerbern zum Ersatz des daraus entstehenden Schadens verpflichtet. [2]Gegen verantwortliche Personen von periodischen Druckschriften kann der Anspruch auf Schadensersatz nur bei einer vorsätzlichen Zuwiderhandlung geltend gemacht werden.

A. Schadensersatzanspruch (§ 9 Satz 1)

I. Allgemeines

Zweck des Schadensersatzanspruchs gemäß § 9 ist die Schaffung eines **Ausgleichs** für die Nachteile, die dem Mitbewerber durch einen Wettbewerbsverstoß entstanden sind. Der Schadensersatzanspruch hat aber in der Praxis im Verhältnis zum Unterlassungsanspruch eine geringere Bedeutung. Das liegt daran, dass im konkreten Fall oftmals die Darlegung und der Nachweis des entstandenen Schadens Schwierigkeiten bereiten. Dies gilt nicht selten gerade auch für Schäden, die die Folge von wettbewerbswidrigen Werbemaßnahmen sind. 75

Gegenüber den auf das allgemeine Deliktsrecht gestützten Schadensersatzansprüchen hat § 9 als Norm des Wettbewerbsrechts, bei dem es sich um ein **Sonderdeliktsrecht** handelt, grundsätzlich **Vorrang.** Die speziellen Schadensersatzvorschriften des Wettbewerbsrechts verdrängen somit die Vorschriften des allgemeinen Deliktsrechts, das nur außerhalb des Anwendungsbereichs des Wettbewerbsrechts Anwendung findet. So bleiben zB §§ 824, 826 BGB mit den gegenüber § 11 längeren Verjährungsfristen der §§ 195, 199 BGB als tatbestandlich eigenständige Regelungen anwendbar (BGH GRUR 1977, 539, 543 – Prozessrechner). Denkbar ist aber auch die parallele Anwendung des allgemeinen Deliktsrechts, wenn der Anknüpfungspunkt für einen geltend gemachten Schadensersatzanspruch ein anderer als das 76 wettbewerbswidrige Verhalten ist, zB die unberechtigte Verwendung fremder Namen in einer Werbung (BGH GRUR 1994, 732, 735 f – McLaren). Die Möglichkeit, einen Schadensersatzanspruch wegen eines Wettbewerbsverstoßes auf § 823 Abs. 2 BGB iVm einer UWG-Norm zu stützen, wird weitgehend abgelehnt (s. hierzu im Einzelnen mit Rechtsprechungsnachweisen Münchener Kommentar/*Fritzsche,* Lauterkeitsrecht, § 9 Rn 8).

77 § 9 gilt nur für **gesetzliche Schadensersatzansprüche** wegen eines Verstoßes gegen § 3 oder § 7. Der Schadensersatzanspruch gemäß § 9 ist **abtretbar** (§ 398 BGB) und **verzichtbar** (§ 397 BGB).

II. Voraussetzungen

78 **1. Wettbewerbsverstoß.** Der Schadensersatzanspruch gemäß § 9 setzt eine gemäß § 3 oder § 7 unzulässige geschäftliche Handlung (§ 2 Abs. 1 Nr. 1), wie zB eine unzulässige Werbung, voraus. Die Unlauterkeit kann bereits tatbestandsmäßig entfallen, wenn der Geschädigte das Verhalten durch einseitige Einwilligung oder lizenzvertragliche Gestattung erlaubt hat oder **in Wahrnehmung berechtigter Interessen** gehandelt hat (*Piper/Ohly/Sosnitza,* UWG, § 9 Rn 4). Die Unlauterkeit kann des Weiteren als Tatbestand in den Fällen **zulässiger Abwehr** entfallen. So kann zB eine an sich unzulässige Anzeige in einer Tageszeitung zur Abwehr einer unzulässigen Abonnentenwerbung gerechtfertigt sein (BGH GRUR 1971, 259 f – WAZ; s. zur ausführlichen Darstellung des Einwands der Abwehr, insbesondere mit Ausführungen zu den Erfordernissen der Abwehrlage, des Abwehrzwecks, der Verhältnismäßigkeit, der Abwehrberechtigung sowie des Erfordernisses, dass keine Verletzung der Interessen Dritter stattfinden darf: *Piper/Ohly/Sosnitza,* UWG, § 8 Rn 164 ff; Münchener Kommentar/*Fritzsche,* Lauterkeitsrecht, § 11 Rn 236 ff).

79 **2. Verschulden.** Schadensersatzpflichtig gemäß § 9 S. 1 ist nur derjenige, der eine unzulässige geschäftliche Handlung **vorsätzlich** oder **fahrlässig** begeht, also **schuldhaft** handelt. **Vorsatz** ist dann gegeben, wenn ein Handeln in Kenntnis und Billigung sämtlicher Tatumstände vorliegt. Vorsätzlich handelt deshalb derjenige, der weiß, dass er sämtliche Tatbestandsmerkmale des § 3 oder § 7 verwirklicht, und das auch will. Der Vorsatz muss sich auf das Bewusstsein der Unlauterkeit erstrecken (Begr. RegE UWG 2004, BT-Drucks. 15/1487, S. 23). **Fahrlässig** handelt derjenige, der die **im Verkehr erforderliche** und nach objektiven Maßstäben zu beurteilende **Sorgfalt außer Acht lässt** (§ 276 Abs. 2 BGB). Sorgfaltsmaßstab ist dabei das Verhalten, das von einem ordentlichen Unternehmer in seiner Branche zu erwarten ist (BGH NJW-RR 2005, 386 f). In den Fällen, in denen der Schuldner als Fachmann über besondere Kenntnisse in einem Bereich verfügt, erhöht sich der Sorgfaltsmaßstab entsprechend (BGH GRUR 1999, 1106, 1109 – Rollstuhlnachbau). In Abgrenzung zur einfachen Fahrlässigkeit handelt **grob fahrlässig** derjenige, der die im Verkehr erforderliche Sorgfalt in ungewöhnlich hohem Maße verletzt, indem er ganz nahe liegende Überlegungen nicht anstellt oder beiseite schiebt und dasjenige unbeachtet lässt, was sich im gegebenen Fall jedem aufgedrängt hätte (BGH NJW-RR 1995, 659).

80 Im **Wettbewerbsrecht** gilt für die Beurteilung der Sorgfaltspflicht ein **strenger Maßstab** (BGH GRUR 2002, 248, 252 – Spiegel-CD-ROM; BGH GRUR 2002, 622, 626 – shell.de; BGH GRUR 2002, 706, 708 – vossius.de). Dem liegt die Annahme zugrunde, dass von einem Unternehmer die Verschaffung der für seinen Tätigkeitsbereich erforderlichen Kenntnisse einschließlich der maßgeblichen gesetzlichen Bestimmungen erwartet werden kann und er sich im Zweifelsfall mit zumutbarem Aufwand den erforderlichen Rechtsrat einzuholen hat (BGH GRUR 2002, 269 f – Sportwetten-Genehmigung). Der Unternehmer handelt deshalb zB fahrlässig, wenn er bei einer höchstrichterlich noch nicht geklärten Rechtslage für sein Handeln die ihm günstige Beurteilung zugrunde legt (BGH GRUR 2002, 248, 252 – Spiegel-CD-ROM). Ein **besonders strenger Sorgfaltsmaßstab** gilt bei der **Durchführung von Werbemaßnahmen.** Der Unternehmer ist nicht gezwungen, die Werbung in der geplanten Weise zu schalten. In Zweifelsfällen kann und muss er die Werbung ändern. Erwartet wird, dass der Werbende die allgemeinen Beurteilungsmaßstäbe des Wettbewerbsrechts kennt und andernfalls die notwendigen Erkundigungen einholt (BGH GRUR 1981, 286, 288 – Goldene Karte I; BGH GRUR 1999, 1011, 1014 – Werbebeilage; BGH GRUR 2002, 248, 252 – Spiegel-CD-ROM; BGH GRUR 2010, 738, 743 f – Peek & Cloppenburg; *Köhler/Bornkamm,* Wettbewerbsrecht, § 9 Rn 1.19). Dies gilt insbesondere auch bei der persönlichen Bezugnahme auf Mitbewerber in der Werbung (BGH GRUR 1966, 92, 95 – Bleistiftabsätze).

Im Einzelfall ist zu prüfen, ob den Gläubiger ein **Mitverschulden** gemäß § 254 Abs. 1 BGB trifft. Ein solches Mitverschulden kann den Schadensersatzanspruch mindern oder je nach den Umständen des Einzelfalls auch ganz ausschließen. 81

3. Schaden. a) Allgemeines. Der Gläubiger kann vom Schuldner, der eine unzulässige geschäftliche Handlung vornimmt, den hierdurch **adäquat verursachten Schaden** im Rahmen des **Schutzzwecks der verletzten Norm** ersetzt verlangen (*Köhler/Bornkamm,* Wettbewerbsrecht, § 9 Rn 1.12 ff). Die **Beweislast** für den Schadenseintritt und die Schadenshöhe trägt der Gläubiger. Dem Gläubiger steht aber für die Darlegung des Schadenseintritts und der Schadenshöhe die Beweiserleichterung gemäß § 287 ZPO mit der Möglichkeit der freien Beweiswürdigung und Schadensschätzung durch das Gericht zur Seite (BGH GRUR 1993, 55, 59 – Tchibo/Rolex II). 82

Es gibt **drei Arten der Schadensberechnung.** Dies ist zum einen die Berechnung des **konkreten Schadens** (Rn 84 ff) und zum anderen die Berechnung des **objektiven Schadens** in Form einer **angemessenen Lizenzvergütung** im Wege der **Lizenzanalogie** (Rn 88) sowie des Verlangens der **Herausgabe des Verletzergewinns** (Rn 89). Mit der Eröffnung der Möglichkeit der objektiven Schadensberechnung wird dem bei Wettbewerbsverstößen gegebenen Umstand der oftmals nur schwer möglichen Darlegung und des Nachweises eines konkreten Schadens Rechnung getragen. 83

b) Konkrete Schadensberechnung. Eine Form der konkreten Schadensberechnung bzw Schadensbeseitigung ist die im Wettbewerbsrecht und insbesondere in Fällen der unzulässigen Werbung nur wenig bedeutsame **Naturalrestitution** gemäß § 249 Abs. 1 BGB, dh die Schadensbeseitigung durch Wiederherstellung des ursprünglichen Zustandes. Ein wesentlicher Grund für die geringe Bedeutung der als Schadensersatzanspruch verschuldensabhängigen Naturalrestitution ist darin zu sehen, dass die Wiederherstellung des vor dem Eintritt des schädigenden Ereignisses gegebenen Zustandes oftmals auch durch den verschuldensunabhängigen Beseitigungsanspruch gemäß § 8 Abs. 1 S. 1 erreicht werden kann. Eine eigenständige Bedeutung kann die Naturalrestitution als Schadensersatzanspruch zB dann erlangen, wenn der für die Geltendmachung des Beseitigungsanspruchs gemäß § 8 Abs. 1 S. 1 notwendige anhaltende Störungszustand nicht gegeben ist. Im Bereich der Werbung kommt zB als ein solcher auf Naturalrestitution gerichteter Schadensersatzanspruch die Wiederherstellung vernichteten Werbematerials durch einen Mitbewerber in Betracht (*Teplitzky,* Wettbewerbsrechtliche Ansprüche und Verfahren, Kap. 3 Rn 11). Darüber hinaus könnte zB auch im Wege der Naturalrestitution die Beseitigung einer Marktverwirrung verlangt werden, die in Folge einer irreführenden Werbung eingetreten ist (*Köhler/Bornkamm,* Wettbewerbsrecht, § 9 Rn 1.31). 84

Unter dem Gesichtspunkt der Geltendmachung eines konkreten Schadens ist der Ersatz des **positiven Schadens** wesentlich relevanter. Hierzu zählt die Geltendmachung der **Rechtsverfolgungskosten,** wie insbesondere der Kosten des Anwalts für eine vorprozessuale Abmahnung, für die Geltendmachung weiterer Ansprüche wie Auskunfts- und Schadensersatzansprüche und für die Bemühungen um einen außergerichtlichen Vergleich (BGH GRUR 1990, 1012, 1014 – Pressehaftung I; Münchener Kommentar/*Fritzsche,* Lauterkeitsrecht, § 9 Rn 74 f). Als positiver Schaden kann auch der **Marktverwirrungsschaden** ersetzt verlangt werden. Eine klare und einheitliche begriffliche Definition dieses Schadens lässt sich der Rechtsprechung und Literatur bisher nicht entnehmen. Am überzeugendsten erscheint die begriffliche Einordnung des Marktverwirrungsschadens als des durch den Schädiger geschaffenen Zustandes der Minderung der Rechte oder des Ansehens des Verletzten und der Folge des mit hoher Wahrscheinlichkeit zu erwartenden Eintritts einer Vermögenseinbuße, ohne dass bereits ein entgangener Gewinn nachzuweisen wäre (BGH GRUR 1982, 489 f – Korrekturflüssigkeit; *Teplitzky,* Wettbewerbsrechtliche Ansprüche und Verfahren, Kap. 34 Rn 7; *Köhler/Bornkamm,* Wettbewerbsrecht, § 9 Rn 1.34). Ein Marktverwirrungsschaden, der auch darin bestehen kann, die geschäftlichen Entscheidungen anderer Marktteilnehmer durch Fehlvorstellungen über ein Unternehmen und dessen Produkte zu beeinflussen, kann vor allem auch durch eine irreführende Werbung oder eine rechtswidrige vergleichende Werbung entstehen. Kann der Marktverwirrungsschaden nicht im Wege der Naturalrestitution beseitigt werden, so ist Schadensersatz in Geld gemäß § 251 Abs. 1 BGB zu leisten. In den Fällen, in denen sich eine rechtswidrige Wettbewerbsmaßnahme unmittelbar gegen einen bestimmten Mitbewerber richtet (zB im Falle einer vergleichenden Werbung), kann der betroffene Mitbewerber in entsprechender Anwendung von § 249 Abs. 2 S. 1 BGB auch die ihm entstandenen Kosten für ergriffene Marktentwirrungsmaßnahmen verlangen, wenn sich diese Maßnahmen als erforderlich erweisen (BGH GRUR 1978, 187, 189 – Alkoholtest; *Köhler/Bornkamm,* Wettbewerbsrecht, § 9 Rn 132). Ersatzfähig können auch die Kosten für Aufklärungsmaßnahmen sowie die Kosten 85 für einen vermehrten Werbeaufwand und für eine berichtigende Werbung sein *(Köhler/Bornkamm,* Wettbewerbsrecht, § 9 Rn 1.32; Münchener Kommentar/*Fritzsche,* Lauterkeitsrecht, § 9 Rn 82). Die Erstattungsfähigkeit der Kosten zur Schaltung von berichtigenden Gegenanzeigen soll aber nur ausnahmsweise gegeben sein und zwar abhängig von der Schwere des Wettbewerbsverstoßes und seiner Auswirkungen, dem durch die berichtigende Werbung entgegengetreten wird (BGH GRUR 1978, 187, 189 – Alkoholtest; BGH GRUR 1979, 804 f – Falschmeldung; BGH GRUR 1990, 1012, 1015 – Presehaftung I).

86 Über den positiven Schaden hinaus hat der Schuldner dem Gläubiger gemäß § 252 S. 1 BGB auch Schadensersatz für den ihm in Folge des Wettbewerbsverstoßes **entgangenen Gewinn** zu leisten. Voraussetzung für den Anspruch auf Ersatz des entgangenen Gewinns ist, dass nur der Gewinn ersatzfähig ist, der **rechtmäßig** hätte erzielt werden können (BGH GRUR 2005, 519 f – Vitamin-Zell-Komplex). Häufig bereitet der Nachweis des in § 252 S. 2 BGB definierten entgangenen Gewinns Schwierigkeiten. Die **Beweislast** trägt der Gläubiger. Er muss so viele Tatsachen vortragen und beweisen, dass dem Gericht eine wenigstens **im Groben zu treffende Schätzung** des entgangenen Gewinns gemäß §§ 252 S. 2 BGB, 287 ZPO ermöglicht wird (BGH GRUR 1980, 841 f – Tolbutamid; BGH GRUR 1993, 757, 758 f – Kollektion Holiday; BGH NJW 2008, 2716 f – Schmiermittel). Geeignet zur Ermöglichung einer solchen Schadensschätzung ist insbesondere die Darlegung und der Nachweis der Umsatzentwicklung beim Gläubiger einerseits sowie beim Schuldner andererseits. Dies kann auch durch den nachweisbaren Wechsel von Kunden belegt werden (BGH GRUR 1982, 489 f – Korrekturflüssigkeit; BGH GRUR 1990, 687, 689 – Anzeigenpreis II). Ein entgangener Gewinn kann darüber hinaus auch dadurch belegt werden, dass der Gläubiger in Folge des Wettbewerbsverstoßes nachweisbar zu Preissenkungen gezwungen war (Münchener Kommentar/*Fritzsche,* Lauterkeitsrecht, § 9 Rn 89).

87 **c) Objektive Schadensberechnung.** Wie bereits erwähnt, ist alternativ zur konkreten Schadensberechnung auch die **objektive Schadensberechnung** in Form der Geltendmachung einer **angemessenen Lizenzvergütung** im Wege der **Lizenzanalogie** oder des Verlangens der **Herausgabe des Verletzergewinns** möglich. Die objektive Schadensberechnung ist im Wettbewerbsrecht für die Bereiche anerkannt, bei denen eine dem Immaterialgüterrechtschutz vergleichbare Situation vorliegt. Dies wird beim ergänzenden **wettbewerbsrechtlichen Leistungsschutz nach** § 4 Nr. 9 und bei der Verletzung fremder Betriebs- sowie Geschäftsgeheimnisse und anvertrauter Vorlagen angenommen (Münchener Kommentar/*Fritzsche,* Lauterkeitsrecht, § 9 Rn 91 mit Rechtsprechungsnachweisen). Die Methode der objektiven Schadensberechnung ergibt sich aus dem Umstand, dass im Einzelfall oftmals die Berechnung und der Nachweis des entgangenen Gewinns gar nicht oder nur mit großem Aufwand möglich ist. Die objektive Schadensberechnung ermöglicht damit einen billigen und gerechten Interessenausgleich (BGH GRUR 1995, 349, 351 – Objektive Schadensberechnung) und dient zugleich der Sanktionierung des schädigenden Verhaltens sowie mittelbar der Prävention gegen Rechtsverletzungen (BGH GRUR, 2001, 329, 331 – Gemeinkostenanteil).

88 Die Berechnung einer **angemessenen Lizenzvergütung** im Wege der **Lizenzanalogie** stellt eine erleichterte Schadensberechnung dar und ist in der Praxis die verbreiteste Form der Schadensberechnung. Sie kommt auch als Möglichkeit des Schadensersatzes im Falle einer wettbewerbswidrigen Werbung in Betracht und zwar insbesondere bei Bezugnahme auf das Unternehmen des Mitbewerbers oder dessen Produkte, soweit der Sonderrechtschutz für Immaterialgüterrechte nicht greift (zB im Falle der unzulässigen Rufausbeutung durch eine Werbung oder der unzulässigen Nachahmung einer Werbung). Zum Zweck der Schadensberechnung wird ein **Lizenzvertrag fingiert** und ermittelt, welche Lizenzvergütung die betroffenen Parteien bei Kenntnis der Sachlage vernünftigerweise vereinbart hätten (BGH GRUR 1993, 899 f – Dia-Duplikate; BGH GRUR 2006, 136 f – Pressefotos; BGH GRUR 2009, 407, 409 – Whistling for a train). Erforderlich ist darüber hinaus nur, dass ein Lizenzvertrag über die streitgegenständliche Rechtsposition möglich und verkehrsüblich ist (BGH GRUR 2006, 143, 145 – Catwalk). Dagegen kommt es nicht darauf an, ob es im konkreten Fall auch zu einer Lizenzerteilung gekommen wäre (BGH GRUR 1993, 55, 58 – Tschibo/Rolex II; BGH GRUR 2006, 143, 145 – Catwalk). Bei der Berechnung der **Höhe der Lizenzvergütung** ist der objektive Wert der Nutzungshandlung zu ermitteln. Auszugehen ist von der Sachlage bei Schluss der mündlichen Verhandlung und im Sinne einer ex-post-Betrachtung davon, was die Parteien bei Kenntnis dieser Sachlage vereinbart hätten, wenn sie die Dauer und das Ausmaß der tatsächlichen Nutzung vorausgesehen hätten (BGH GRUR 1990, 1008 f – Lizenzanalogie; BGH GRUR 1993, 55, 58 – Tchibo/Rolex II). Je nach Branchenübung kann eine **Pauschallizenz** oder eine **Stücklizenz** unter Zugrundelegung der Nettoverkaufspreise (1% bis 5% und bei Prestigeobjekten bis zu 20%; s. *Köhler/Bornkamm,* Wettbewerbsrecht, § 9 Rn 1.43

mit Rechtsprechungsnachweisen) in Betracht kommen. Für die Berechnung einer Lizenzvergütung für die Verwendung einer wettbewerbsrechtlich geschützten Leistung im Rahmen von Werbemaßnahmen ist die Stücklizenz naturgemäß nicht geeignet. Hier wird man für die Berechnung der Lizenzvergütung in erster Linie auf den Bekanntheitsgrad und den Ruf der genutzten Leistung sowie Art, Dauer und Intensität der Nutzung auch unter Berücksichtigung des finanziellen Volumens der jeweiligen Werbekampagne abstellen müssen.

Der unter Billigkeitsgesichtspunkten gewährte Schadensausgleich der **Herausgabe des Verletzergewinns** beruht auf der Fiktion, dass der Verletzergewinn im Falle des Ausbleibens der Verletzungshandlung vom Verletzten erzielt worden wäre (BGH GRUR 1995, 349, 351 – Objektive Schadensberechnung). Der Verletzergewinn kann nur in dem Umfang heraus verlangt werden, in dem er gerade auf der Verletzungshandlung beruht (BGH GRUR 2006, 419 f – Noblesse; BGH GRUR 2007, 431, 434 – Steckverbindungsgehäuse; BGH GRUR 2009, 857, 860 – Tripp-Trapp-Stuhl; BGH GRUR 2010, 237, 239 – Zoladex). Abzugsfähig vom Gewinn sind nur die konkreten und nachweisbar der Rechtsverletzung zuzuordnenden variablen Kosten, nicht hingegen die von der Rechtsverletzung unabhängigen Fixkosten, wie zB Mieten und zeitabhängige Abschreibungen für Anlagevermögen (BGH GRUR 2001, 329, 331 – Gemeinkostenanteil). 89

Für die verschiedenen Formen der Schadensberechnung gibt es ein **Wahlrecht**. Hiervon kann auch noch während eines Verfahrens auch in Form des Wechsels von der einen Schadensberechnungsform auf die andere Gebrauch gemacht werden. Das Wahlrecht erlischt entweder durch Erfüllung oder rechtskräftige Zuerkennung des Anspruchs (BGH GRUR 1993, 757 f – Kollektion Holiday). Darüber hinaus besteht für die verschiedenen Formen der Schadensberechnung ein **Vermengungsverbot**. Der Schadensersatzanspruch darf demnach nicht teilweise mit der einen und teilweise mit der anderen Schadensberechnungsform begründet werden. Die Möglichkeit über die im Wege der Naturalrestitution erfolgende Beseitigung von Schäden hinaus auch noch weitere hierdurch nicht abgedeckte Schäden ersetzt zu verlangen, bleibt aber erhalten (s. *Piper/Ohly/Sosnitza*, UWG, § 9 Rn 21). 90

III. Gläubiger und Schuldner des Schadensersatzanspruchs

Gläubiger des Schadensersatzanspruches gemäß § 9 ist allein der verletzte Mitbewerber, nicht hingegen Verbände und Kammern sowie Verbraucher. **Schuldner** des Schadensersatzanspruchs ist der Verletzer und damit jeder, der den Tatbestand des § 3 oder des § 7 schuldhaft verwirklicht, sei es als Täter, Mittäter, mittelbarer Täter, Anstifter oder Gehilfe. 91

B. Presseprivileg (§ 9 Satz 2)

I. Allgemeines

§ 9 S. 2 beschränkt die **Schadensersatzhaftung** der verantwortlichen Personen von periodischen Druckschriften auf **vorsätzliches Handeln.** Der Grund für dieses **Presseprivileg** liegt in der Berücksichtigung des hohen zeitlichen Drucks, unter dem Presseerzeugnisse auch aufgrund des ständig geforderten hohen Aktualitätsbezugs zustande kommen. Dies gilt insbesondere auch für das Anzeigengeschäft (s. zur beschränkten Haftung der Presse nur für grobe, eindeutige und unschwer erkennbare Gesetzesverstöße Rn 57). 92

II. Anwendungsbereich

Das Presseprivileg gemäß § 9 S. 2 gilt für **periodische Druckschriften.** Dies sind Zeitungen, Zeitschriften und sonstige auf wiederkehrendes, nicht notwendig regelmäßiges Erscheinen angelegte Druckwerke (BegrRegE, B zu § 9 BT-Drucks. 15/1487, S. 23). Es wird angenommen, dass § 9 S. 2 unter Berücksichtigung von Art. 5 Abs. 1 S. 2 GG auch auf andere Medien, wie insbesondere Rundfunk, Fernsehen und Internet-Publikationen, die periodisch Informationen übermitteln, entsprechend anwendbar ist (bejahend *Köhler/Bornkamm*, Wettbewerbsrecht, § 9 Rn 2.13; aA *Piper/Ohly/Sosnitza*, UWG, § 9 Rn 29; Harte/Henning/*Bergmann*, UWG, § 9 Rn 140). 93

Das Privileg gilt für alle **verantwortlichen Personen** von periodischen Druckschriften. Dies sind die Redakteure, der Verlag, das Druckunternehmen sowie das Vertriebsunternehmen als Verbreiter. 94

95 Auf das **Presseprivileg** kann sich ein Presseunternehmen dann **nicht berufen,** wenn das Presseunternehmen Inhalte periodischer Druckschriften und insbesondere auch Anzeigen selbst gestaltet, zB als Eigenwerbung, oder hieran mitwirkt (BGH GRUR 1997, 914 f – Die Besten II; Münchener Kommentar/*Fritzsche,* Lauterkeitsrecht, § 9 Rn 120; *Köhler/Bornkamm,* Wettbewerbsrecht, § 9 Rn 2.15). Das Presseprivileg greift auch dann nicht, wenn das Presseunternehmen gegen den Grundsatz der Trennung von Werbung und redaktionellem Text verstößt (§ 4 Nr. 3; *Piper/Ohly/Sosnitza,* UWG, § 9 Rn 30; *Köhler/Bornkamm,* Wettbewerbsrecht, § 9 Rn 2.15).

C. Bereicherungsanspruch

I. Allgemeines

96 Außer dem Schadensersatzanspruch ist bei Wettbewerbsverstößen auch ein **Bereicherungsanspruch** unter dem Gesichtspunkt der **Eingriffskondiktion** gemäß § 812 Abs. 1 S. 1, 2. Alt BGB in Betracht zu ziehen. Ob und in welchem Umfang § 812 Abs. 1 S. 1, 2. Alt BGB bei Eingriffen in nur wettbewerbsrechtlich geschützte Positionen zur Anwendung kommt, ist in der Rechtsprechung und Literatur bisher nicht abschließend geklärt (vgl *Köhler/Bornkamm,* Wettbewerbsrecht, § 9 Rn 3.2). Nach hM kommt aber jedenfalls ein Bereicherungsanspruch unter dem Gesichtspunkt der Eingriffskondiktion bei Fällen des **wettbewerbsrechtlichen Leistungsschutzes gemäß** § **4** Nr. **9,** bei der Verletzung fremder Betriebs- und Geschäftsgeheimnisse sowie bei der unbefugten Verwertung anvertrauter Vorlagen (§§ 17, 18) in Betracht *(Köhler/Bornkamm,* Wettbewerbsrecht, § 9 Rn 3.2; *Piper/Ohly/Sosnitza,* UWG, § 9 Rn 31; aA Münchener Kommentar/*Fritzsche,* Lauterkeitsrecht, § 9 Rn 126). Wie bei der objektiven Schadensberechnung in Form einer angemessenen Lizenzvergütung wird auch für die genannten Fallgruppen in Bejahung eines Bereicherungsanspruchs unter dem Gesichtspunkt der Eingriffskondiktion damit argumentiert, dass eine gesetzlich geschützte und dem Verletzten zugewiesene sowie vermögensrechtlich nutzbare Rechtsposition betroffen ist (s. Rn 87; BGH GRUR 1982, 301, 303 – Kunststoffhohlprofil II; *Piper/Ohly/Sosnitza,* UWG, § 9 Rn 31 mwN und entgegen der hM auch in den Fällen der §§ 4 Nr. 7, 6 Abs. 2 Nr. 3 bis 5). Bei einer wettbewerbswidrigen Werbung kommt ein Bereicherungsanspruch unter dem Gesichtspunkt der Eingriffskondiktion zB in den Fällen in Betracht, in denen sich die **Übernahme fremder Anzeigen** als **wettbewerbswidrige Ausbeutung einer fremden Leistung** iSv § 4 Nr. 9 darstellt (s. zB BGH GRUR 2002, 629, 632 – Nachahmung einer Straßenleuchte; *Löffler,* Presserecht, BT Anz Rn 164 ff).

II. Inhalt des Anspruchs

97 Die Voraussetzungen der Eingriffskondiktion gemäß § 812 Abs. 1 S. 1, 2. Alt BGB liegen vor, wenn der Schuldner etwas, dh eine vermögenswerte Rechtsposition, in sonstiger Weise und nicht aufgrund einer Leistung des Gläubigers sowie auf Kosten des Gläubigers ohne rechtlichen Grund erlangt hat. Der Schuldner hat dem Gläubiger das Erlangte herauszugeben. Im angesprochenen Fall der unzulässigen Ausbeutung einer fremden Leistung sowie in allen anderen Fällen der unzulässigen Nutzung einer dem Gläubiger zugewiesenen Rechtsposition durch den Schuldner hat der Schuldner, da naturgemäß in diesen Fällen das Erlangte nicht herausgegeben werden kann, **Wertersatz gemäß § 818 Abs. 2 BGB** zu leisten. Die Bestimmung des Wertes erfolgt nach dem objektiven Verkehrswert des Erlangten, der wiederum durch Festlegung einer **angemessenen Lizenzvergütung** bestimmt wird (BGH GRUR 1982, 301, 303 – Kunststoffhohlprofil II; BGH DS 2010, 391, 393 – Restwertbörse). Im Rahmen der Geltendmachung einer angemessenen Lizenzvergütung nach den Grundsätzen der Lizenzanalogie kommt auch ein Anspruch auf Ersatz ersparter Zinsaufwendungen in Betracht (BGH GRUR 1982, 286, 288 f – Fersenabstützvorrichtung; BGH GRUR 1982, 301, 304 – Kunststoffhohlprofil II). Der auf die Zahlung einer angemessenen Lizenzvergütung gerichtete Bereicherungsanspruch entspricht dem Schadensersatzanspruch der ebenfalls iS einer objektiven Schadensberechnung auf die Zahlung einer angemessenen Lizenzvergütung gerichtet sein kann (Rn 87 f), wobei der Bereicherungsanspruch im Gegensatz zum Schadensersatzanspruch **verschuldensunabhängig** ist.

D. Auskunfts- und Rechnungslegungsanspruch

I. Allgemeines

Mit der Geltendmachung des **Auskunftsanspruchs** beschafft sich der Gläubiger die erforderlichen Informationen, die er benötigt, um seinen **Schadensersatz- oder Bereicherungsanspruch** zu **konkretisieren.** Im UWG sind nur die beiden Sonderfälle des Auskunftsanspruchs, nämlich der gegen Post-, Telekommunikations- und Telemediendienste gerichtete Auskunftsanspruch gemäß § 8 Abs. 5 (Rn 70 ff) einerseits sowie der Auskunftsanspruch zur Geltendmachung des Gewinnabschöpfungsanspruches gemäß § 10 Abs. 4 S. 1 andererseits geregelt. Im Übrigen hat der Auskunftsanspruch zur Geltendmachung von Schadensersatz- und Bereicherungsansprüchen seine Rechtsgrundlage in den Grundsätzen von Treu und Glauben gemäß § 242 BGB (zB BGH GRUR 2001, 841 f – Entfernung der Herstellungsnummer II). 98

Der Anspruch auf **Rechnungslegung** ist eine gesteigerte Form des Auskunftsanspruchs. Er hat über die Erteilung von Angaben für die Konkretisierung des Schadensersatz- oder Bereicherungsanspruchs hinaus die Erteilung einer **Abrechnung** zum Inhalt. Der Rechnungslegungsanspruch kommt insbesondere in Betracht, wenn ein Schadensersatzanspruch in Form der Herausgabe des Verletzergewinns oder der Zahlung einer angemessenen Lizenzvergütung nach den Grundsätzen der Lizenzanalogie (Rn 87 f) oder ein Bereicherungsanspruch in Form der Zahlung einer angemessenen Lizenzvergütung nach den Grundsätzen der Lizenzanalogie (Rn 97) vorbereitet werden soll. Rechtsgrundlage für den Rechnungslegungsanspruch ist in diesen Fällen ebenfalls § 242 BGB (*Piper/Ohly/Sosnitza,* UWG, § 9 Rn 40). 99

II. Auskunftsanspruch

1. Unselbstständiger Auskunftsanspruch. Macht der Gläubiger zur Vorbereitung eines Schadensersatz- oder Bereicherungsanspruchs als Hauptanspruch einen **Auskunftsanspruch als Hilfsanspruch** geltend, so handelt es sich um einen akzessorischen und damit **unselbstständigen Auskunftsanspruch.** Der unselbstständige Auskunftsanspruch setzt das Bestehen eines Hauptanspruchs voraus (BGH GRUR 2001, 849, 851 – Remailing-Angebot). Von einem **Hauptanspruch** ist dann auszugehen, wenn er **dem Grunde nach** besteht. Dies ist wiederum anzunehmen, wenn ein Wettbewerbsverstoß erfolgt und damit regelmäßig ein Schadenseintritt wahrscheinlich ist (BGH GRUR 2001, 849, 851 – Remailing-Angebot). Im Umkehrschluss bedeutet dies, dass keine Umstände ersichtlich sein dürfen, die einen Schadenseintritt von vornherein als gänzlich fernliegend erscheinen lassen, zB wenn eine falsche Herstellerpreisempfehlung bei einer angegriffenen Werbung unauffällig ist und hinter einer zutreffenden und blickfangartig herausgestellten Preisdifferenz deutlich zurücktritt (BGH GRUR 2001, 78 f – Falsche Herstellerpreisempfehlung; s. aber auch BGH GRUR 2004, 437 f – Fortfall der Herstellerpreisempfehlung). 100

Gegenstand des Auskunftsanspruchs können nur die **konkrete Verletzungshandlung** sowie die im Kern gleichartigen Handlungen sein (BGH GRUR 2002, 709, 711 f – Entfernung der Herstellungsnummer III; s. zum erweiterten Auskunftsanspruch im Markenrecht BGH GRUR 2006, 504, 506 – Parfümtestkäufe sowie Anm. *Berlit,* LMK 2006, 180036). Dagegen besteht kein Anspruch auf Auskunftserteilung für nicht nachgewiesene und lediglich für möglich gehaltene Verletzungsfälle. Eine hierauf gerichtete Auskunft würde zu einer Umgehung der allgemein gültigen Darlegungs- und Beweislastregeln und damit zu einer unzulässigen Ausforschung führen (BGH GRUR 2002, 709, 711 f – Entfernung der Herstellungsnummer III; BGH GRUR 2006, 421, 424 – Markenparfümverkäufe; BGH GRUR 2006, 504, 506 – Parfümtestkäufe). Bei wettbewerbswidriger Werbung hat der BGH den Auskunftsanspruch mehrfach auf die konkret beanstandete Werbeaktion beschränkt (BGH WRP 2004, 606, 608 – Fortfall einer Herstellerpreisempfehlung; BGH WRP 2006, 577, 579 – Direktansprache am Arbeitsplatz II; s. auch OLG Frankfurt aM GRUR 2007, 612 f). 101

Bevor der **Gläubiger** einen Schuldner auf Auskunft in Anspruch nehmen kann, muss er die ihm selbst zugänglichen **Informationsquellen** nutzen. Auf Erteilung einer Auskunft hat der Gläubiger daher keinen Anspruch, wenn ihm die Beschaffung der Auskunft selber möglich ist. Der Schuldner hat darüber hinaus eine Auskunft nur zu erteilen, soweit ihm die **Auskunftserteilung** nach Art und Umfang **zumutbar** ist. Dies ist jedenfalls dann anzunehmen, wenn der Schuldner die **Auskunft unschwer erteilen kann.** Darüber hinaus kann der Schuldner aber auch je nach den Umständen des Einzelfalls verpflichtet sein, selbst größeren Aufwand und Kosten für die Erteilung der Auskunft in Kauf zu nehmen, solange er hierdurch nicht **unbillig** belastet wird (BGH GRUR 1986, 62, 64 – GEMA-Vermutung I). Es gilt 102 somit der Grundsatz der **Verhältnismäßigkeit,** der eine gegenseitige **Interessenabwägung** erfordert. Das bedeutet grundsätzlich, dass sich das Ausmaß der zu erteilenden Auskunft nach der Intensität der Verletzungshandlung richtet (BGH GRUR 2001, 841, 843 – Entfernung der Herstellungsnummer II).

103 Im Rahmen der Interessenabwägung ist auch ein eventuelles **Geheimhaltungsinteresse** des Schuldners zu berücksichtigen. Je nach den Umständen des Einzelfalls kann einem solchen Geheimhaltungsinteresse dadurch entsprochen werden, dass die Auskunft nur gegenüber einem zur Berufsverschwiegenheit verpflichteten Wirtschaftsprüfer zu erteilen ist und damit unter einen **Wirtschaftsprüfervorbehalt** gestellt wird (BGH GRUR 1981, 535 – Wirtschaftsprüfervorbehalt).

104 Die **Auskunft** hat als Wissenserklärung **richtig** und **vollständig** zu sein und ist grundsätzlich schriftlich zu erteilen. Unterlagen zum Beleg der Auskunft sind bei der Geltendmachung eines unselbstständigen Auskunftsanspruchs vom Schuldner nur beizubringen, soweit dies für den Gläubiger erforderlich ist, um die Verlässlichkeit der Auskunft festzustellen (BGH GRUR 1978, 52 f – Fernschreibverzeichnisse). Dem Umfang nach beschränkt sich die Auskunft auf die **Informationen,** die zur Geltendmachung des durch den Auskunftsanspruch vorzubereitenden Hauptanspruchs **geeignet** und **erforderlich** sind. Dies sind regelmäßig für die Ermittlung eines konkreten Schadens die **Art** der Verletzungshandlung sowie deren **Zeitpunkt, Umfang, Dauer** und **Intensität** (*Köhler/Bornkamm,* Wettbewerbsrecht, § 9 Rn 4.26). Bei wettbewerbswidrigen Veröffentlichungen in den Printmedien, wie wettbewerbswidrigen **Werbeschaltungen** in Zeitungen und Zeitschriften, sind **Auflagenhöhe, Verbreitungsgebiet** und **angesprochene Verkehrskreise** (vgl BGH GRUR 1987, 647 f – Briefentwürfe) und bei elektronischer Werbung (zB Hörfunk, Fernsehen, Internet) insbesondere Anzahl und Zeitpunkte der Werbeschaltungen sowie bei einer Internetwerbung die Anzahl der Aufrufe der Internetseiten (page impressions) anzugeben, auf denen die Werbung erscheint (vgl BGH GRUR 2001, 84 f – Neu in Bielefeld II; *Teplitzky,* Wettbewerbsrechtliche Ansprüche und Verfahren, Kap. 38 Rn 17). Für die objektive Schadensberechnung (Rn 89 ff) und damit für die Berechnung der angemessenen Lizenzvergütung und die Bestimmung des Verletzergewinns kommt es insbesondere auch auf die Auskunft über den erzielten Umsatz und den Gewinn unter Berücksichtigung aller bekannt zu gebenden Kostenfaktoren an (*Köhler/Bornkamm,* Wettbewerbsrecht, § 9 Rn 4.27 f; *Teplitzky,* Wettbewerbsrechtliche Ansprüche und Verfahren, Kap. 38 Rn 15 ff).

105 Der Auskunftsanspruch wird durch Auskunftserteilung erfüllt. Ist die **Auskunft unvollständig** erteilt, hat der Gläubiger Anspruch auf eine **Auskunftsergänzung** (BGH GRUR 1994, 630, 632 – Cartier-Armreif). Hat der Gläubiger berechtigte Zweifel an der Richtigkeit der erteilten Auskunft, so kann er nicht erneut Auskunft fordern. Er ist in diesem Fall darauf beschränkt, vom Schuldner die Abgabe einer die Richtigkeit der Auskunft belegenden **eidesstattlichen Versicherung** zu verlangen (§§ 259 Abs. 2, 260 Abs. 2 BGB; *Teplitzky,* Wettbewerbsrechtliche Ansprüche und Verfahren, Kap. 38 Rn 17).

106 **2. Selbstständiger Auskunftsanspruch.** Beim **selbstständigen Auskunftsanspruch** handelt es sich um einen **Anspruch auf Drittauskunft,** dh der Gläubiger verlangt vom Schuldner Auskunft über Namen und Anschriften von Dritten, um gegen diese einen Hauptanspruch durchzusetzen. Sinn und Zweck des Anspruchs auf Drittauskunft ist, es dem Gläubiger zu ermöglichen, die Bezugsquellen und Absatzwege in Erfahrung zu bringen, um so die **Quellen von Rechtsverletzungen zu verschließen** (BGH GRUR 1994, 630, 633 – Cartier-Armreif; BGH GRUR 2001, 841, 843 – Entfernung der Herstellungsnummer II). Die Gewährung eines selbstständigen Auskunftsanspruchs setzt eine durch eine Rechtsverletzung des Auskunftsschuldners begründete Rechtsbeziehung zwischen ihm und dem Gläubiger voraus (BGH GRUR 2001, 841, 842 f – Entfernung der Herstellungsnummer II). Besonderer Anwendungsbereich des selbstständigen Auskunftsanspruchs sind die Fälle des ergänzenden Leistungsschutzes gegen wettbewerbswidrige Nachahmungen gemäß § 4 Nr. 9 (*Köhler/Bornkamm,* Wettbewerbsrecht, § 9 Rn 4.2 mit Rechtsprechungsnachweisen) sowie auch die Rufausbeutung und -beeinträchtigung nach §§ 3, 6 Abs. 2 Nr. 4 und 6 (BGH GRUR 2010, 343, 346 – Oracle).

107 Der Anspruch beschränkt sich nicht nur auf die Abgabe von Erklärungen. Es kann auch die **Vorlage von Unterlagen** verlangt werden, wenn der Gläubiger darauf angewiesen und dem Schuldner die Vorlage zumutbar ist. Dies wird beim selbstständigen Auskunftsanspruch bzw Anspruch auf Drittauskunft in der Regel bejaht (BGH GRUR 2001, 841, 845 – Entfernung der Herstellungsnummer II; BGH GRUR 2002, 709, 712 – Entfernung der Herstellungsnummer III; BGH GRUR 2003, 433 f – Cartier-Ring). Wie beim unselbstständigen Auskunftsanspruch gilt auch beim selbstständigen Auskunftsanspruch der **Grundsatz der Verhältnismäßigkeit** unter **Abwägung aller betroffenen Interessen** und unter Berücksichtigung des Gebots der **Zumutbarkeit** (Rn 102). Gleichermaßen kann auch bei der Drittaus-

kunft eine **Auskunftsergänzung** im Falle einer unvollständigen Auskunftserteilung sowie die Abgabe einer **eidesstattlichen Versicherung** gemäß §§ 259 Abs. 2, 260 Abs. 2 BGB bei berechtigten Zweifeln an der Richtigkeit der erteilten Auskunft verlangt werden (Rn 103).

III. Rechnungslegungsanspruch

Der **Rechnungslegungsanspruch** ist als **gesteigerte Form des Auskunftsanspruchs** auf die Erteilung einer geordneten Zusammenstellung von Einnahmen und Ausgaben und der Vorlage diesbezüglicher Belege, soweit diese üblicherweise erteilt werden, gerichtet (§ 259 Abs. 1 BGB). Mit umfasst sind ggf die Angaben zu Namen und Anschriften von Lieferanten und Abnehmern, die Warenmengen und -preise sowie die Lieferzeitpunkte *(Piper/Ohly/Sosnitza,* UWG, § 9 Rn 66). Häufiger Anwendungsbereich ist die Fallgruppe des ergänzenden Leistungsschutzes gegen unzulässige Nachahmungen gemäß § 4 Nr. 9. 108

§ 11 UWG Verjährung

(1) Die Ansprüche aus §§ 8, 9 und 12 Absatz 1 Satz 2 verjähren in sechs Monaten.

(2) Die Verjährungsfrist beginnt, wenn

1. **der Anspruch entstanden ist und**
2. **der Gläubiger von den den Anspruch begründenden Umständen und der Person des Schuldners Kenntnis erlangt oder ohne grobe Fahrlässigkeit erlangen müsste.**

(3) Schadensersatzansprüche verjähren ohne Rücksicht auf die Kenntnis oder grob fahrlässige Unkenntnis in zehn Jahren von ihrer Entstehung, spätestens in 30 Jahren von der den Schaden auslösenden Handlung an.

(4) Andere Ansprüche verjähren ohne Rücksicht auf die Kenntnis oder grob fahrlässige Unkenntnis in drei Jahren von der Entstehung an.

A. Allgemeines

Die **Verjährungsvorschriften** des **§ 11** verhindern eine zeitlich unbegrenzte Anspruchsverfolgung gegenüber dem Schuldner und tragen damit zum **Rechtsfrieden** bei. Darüber hinaus dienen sie dem Interesse der Allgemeinheit an einer Regelung rechtlicher Angelegenheiten in einem zeitlich angemessenen Rahmen mit dem Ziel der Gewährleistung der **Sicherheit des Rechtsverkehrs.** 109

§ 11 Abs. 1 gilt für die Unterlassungs- und Beseitigungsansprüche gemäß § 8 Abs. 1 S. 1, Schadensersatzansprüche gemäß § 9 sowie den Abmahnkostenersatzanspruch gemäß § 12 Abs. 1 S. 2. Die **Regelverjährungsfrist** beträgt **sechs Monate** (§ 11 Abs. 1). Eine **zehnjährige** und **dreißigjährige** Verjährungsfrist regelt in Abweichung hiervon für **Schadensersatzansprüche § 11 Abs. 3.** Als weitere Abweichung ist in **§ 11 Abs. 4** für **Unterlassungs- und Beseitigungsansprüche** (§ 8 Abs. 1) sowie für den **Abmahnkostenersatzanspruch** (§ 12 Abs. 1 S. 2) eine **dreijährige Verjährungsfrist** vorgesehen. 110

Solche zu den UWG-Ansprüchen **konkurrierende Ansprüche verjähren grundsätzlich selbstständig** innerhalb der jeweils für sie geltenden Fristen (s. im Einzelnen *Piper/Ohly/Sosnitza,* UWG, § 11 Rn 9 ff). 111

Die Verjährung wird **nicht von Amts wegen** berücksichtigt, sondern nur, wenn der Schuldner eine entsprechende **Einrede** erhebt. Macht der Schuldner von dieser Einrede Gebrauch, hat er das Recht, die Leistung **dauernd zu verweigern** (§ 214 Abs. 1 BGB). 112

B. Anspruchsverjährung (§ 11 Abs. 1, 2)

I. Entstehung des Anspruchs (§ 11 Abs. 2 Nr. 1)

Der Beginn der sechsmonatigen Verjährung gemäß § 11 Abs. 1 setzt zunächst die **Entstehung des Anspruchs** voraus. Entstanden ist ein Anspruch dann, wenn er klageweise durchgesetzt werden kann. 113

Ein Unterlassungsanspruch oder ein Beseitigungsanspruch gemäß § 8 Abs. 1 S. 1 entsteht mit der **Begehung eines Verstoßes gegen § 3 oder § 7.** Dieser liegt dann vor, wenn die tatbestandliche Handlung des Wettbewerbsverstoßes beendet ist (BGH GRUR 1974, 99 f – Brünova). Bei einer **Einzelhandlung** 114 entsteht der Anspruch also mit Abschluss dieser Einzelhandlung, auch wenn der Verstoß noch Auswirkungen in der Zukunft hat (BGH GRUR 1990, 221, 223 – Forschungskosten). Bei einer **Dauerhandlung,** wie zB der Aufstellung eines Werbeplakats, entsteht der Anspruch mit Beendigung dieser Dauerhandlung bzw des Störungszustands (BGH GRUR 2003, 448, 450 – Gemeinnützige Wohnungsgesellschaft). Bei einer **fortgesetzten wiederholten Handlung,** wie zB der wiederholten Erteilung eines Auftrags für dieselbe Werbung, entsteht der Anspruch gesondert **neu für jeden Teilakt** (BGH GRUR 1992, 61, 63 – Preisvergleichsliste I; BGH GRUR 1999, 751, 754 – Güllepumpen). Nach hM kann ein **vorbeugender Unterlassungsanspruch** (Rn 4 ff) nicht verjähren (BGH GRUR 1979, 121 f – Verjährungsunterbrechung). Von der Gegenmeinung wird die Möglichkeit der Verjährung jedenfalls für die Fälle bejaht, bei denen sich die Erstbegehungsgefahr auf ein abgeschlossenes Ereignis gründet (*Köhler/Bornkamm,* Wettbewerbsrecht, § 11 Rn 1.3; *Piper/Ohly/Sosnitza,* UWG, § 11, 8 Rn 21 mwN).

115 Der **Schadensersatzanspruch** entsteht mit dem **Eintritt des Schadens.** Bei **Dauerhandlungen** entsteht durch eine Vielzahl einzelner und als **Teilakte** bezeichneter Handlungen je Teilakt ein neuer Schaden. Die **Verjährung** beginnt für **jeden Teilakt gesondert** (BGH GRUR 1992, 61, 63 – Preisvergleichsliste I; BGH GRUR 1999, 751, 754 – Güllepumpen).

116 Streitig ist, ob der **unselbstständige Auskunfts-** und **Rechnungslegungsanspruch** (Rn 100 ff) als Hilfsanspruch wie der Hauptanspruch gemäß § 11 verjährt (so zB BGH GRUR 1974, 99, 101 – Brünova; *Piper/Ohly/Sosnitza,* UWG, § 11 Rn 24) oder der Regelverjährung gemäß §§ 195, 199 BGB unterliegt (so wohl überwiegend die Literatur; zB *Köhler/Bornkamm,* Wettbewerbsrecht, § 9 Rn 4.42 unter Hinweis auf § 390 S. 2 BGB; Münchener Kommentar/*Fritzsche,* Lauterkeitsrecht, § 11 Rn 47 mwN, u.a. unter Hinweis auf die geringe praktische Bedeutung des Meinungsstreits: Bei Verjährung des Hauptanspruchs bestehe auch kein Auskunftsanspruch als Hilfsanspruch). Der **selbstständige Auskunfts-** und **Rechnungslegungsanspruch** (Rn 106 f) zur Durchsetzung von Ansprüchen gegen Dritte auf der Grundlage von §§ 3, 7 und 8 verjährt gemäß § 11.

117 Der **Anspruch auf Erstattung der Abmahnkosten** (§ 12 Abs. 1 S. 2) entsteht mit dem Zugang der Abmahnung (KG AfP 2010, 271 f).

II. Kenntnis, grob fahrlässige Unkenntnis (§ 11 Abs. 2 Nr. 2)

118 Der Beginn der sechsmonatigen Verjährung setzt ferner **positive Kenntnis** oder **grob fahrlässige Unkenntnis** von der Person des Schuldners – dh Name und Anschrift des Schuldners und bei einer Schuldnermehrheit jedes einzelnen Schuldners mit der Möglichkeit einer unterschiedlichen Verjährung desselben Anspruchs gegenüber dem jeweiligen Schuldner bei zeitversetzter Kenntnis des jeweiligen Schuldners – und den anspruchsbegründenden Umständen bzw Tatsachen voraus. Positive Kenntnis von den anspruchsbegründenden Tatsachen bedeutet nicht lückenlose Kenntnis von allen Tatsachen, sondern lediglich **in einem Umfang,** der einen **einigermaßen aussichtsreichen,** wenn auch nicht **risikolosen Verlauf** eines **gerichtlichen Verfahrens,** zB einer Feststellungsklage, erwarten lässt, so dass die Einleitung eines solchen Verfahrens zumutbar erscheint (BGH GRUR 1988, 832, 834 – Benzinwerbung, BGH NJW 2003, 2610 f; BGH GRUR 2009, 1186 – Mecklenburger Obstbrände: zur Kenntnis der Wahrheit oder Unwahrheit von geschäftsschädigenden Umständen als anspruchsbegründenden Tatsachen). Rechtliche Fehleinschätzungen hindern eine positive Kenntnis nicht, es sei denn, dass selbst ein rechtskundiger Dritter aufgrund der unübersichtlichen oder zweifelhaften Rechtslage zu einer solchen Fehleinschätzung kommen kann (BGH NJW 1999, 2041 f; BGH NJW 2003, 2610 f).

119 Die **grob fahrlässige Unkenntnis** ist der positiven Kenntnis gleichgestellt. Grob fahrlässig ist eine Unkenntnis dann, wenn sie auf eine **besonders vorwerfbare Außerachtlassung der im Verkehr erforderlichen Sorgfalt** zurückzuführen ist (s. zur Definition der groben Fahrlässigkeit auch Rn 79). Eine grob fahrlässige Unkenntnis ist auch dann anzunehmen, wenn der Schuldner – ohne dass eine Pflicht zur Marktbeobachtung besteht – **allgemein zugängliche Erkenntnisquellen nicht nutzt,** obwohl er dies mit einem zumutbaren Zeit- und Kostenaufwand (zB durch eine einfache Internetrecherche oder kurze Telefonate) unschwer könnte (BGH NJW 1996, 2933 f; *Köhler/Bornkamm,* Wettbewerbsrecht, § 11 Rn 1.28).

120 Beim **Schadensersatzanspruch** bestehen **zusätzliche Voraussetzungen** für den Beginn der sechsmonatigen Verjährung. Es muss ein **Schaden entstanden sein,** den der Schuldner **schuldhaft verursacht** hat. Vom Schaden und von der schuldhaften Verursachung muss der Gläubiger **positive Kenntnis** oder **grob fahrlässige Unkenntnis** haben. Für die Schadensentstehung genügt, dass überhaupt ein Schaden

entstanden ist. In seiner Entwicklung muss der Schaden noch nicht abgeschlossen, jedoch vorhersehbar sein. Für unvorhersehbare Schäden beginnt die Verjährung gesondert (BGH GRUR 1995, 608 f – Beschädigte Verpackung II; *Köhler/Bornkamm*, Wettbewerbsrecht, § 11 Rn 1.29 ff).

Für den Verjährungsbeginn reicht die positive Kenntnis oder grob fahrlässige Unkenntnis des **Wissensvertreters** des Gläubigers aus (vgl § 166 Abs. 1 BGB). Bei **Unternehmen** sind **Wissensvertreter** regelmäßig deren gesetzliche Vertreter, wie insbesondere die Geschäftsführer und deren Vorstände. Ob Ausnahmen von diesem Grundsatz, zB bei ausschließlich für Wettbewerbsverstöße in Großunternehmen zuständigen Spezialabteilungen, gerechtfertigt sein können, ist im Einzelfall zu ermitteln (vgl OLG Köln, NJW-RR 1999, 694 f; Münchener Kommentar/*Fritzsche*, Lauterkeitsrecht, § 11 Rn 142 ff mwN). Im Übrigen sind Wissensvertreter bei Wettbewerbsverstößen immer diejenigen, die vom Gläubiger mit der Erfassung von Wettbewerbsverstößen und deren Verfolgung oder zumindest Weitergabe an die zur Verfolgung Zuständigen beauftragt sind, wie zB **bestimmte Mitarbeiter von Rechtsabteilungen, Rechtsanwälte** und **Testkäufer** (BGH NJW 2000, 1411 f; BGH NJW 2001, 885 f; Münchener Kommentar/*Fritzsche*, Lauterkeitsrecht, § 11 Rn 141 mwN). 121

III. Beweislast

Beweispflichtig für die die Einrede der Verjährung begründenden Umstände gemäß § 11 Abs. 1, Abs. 2 ist der **Schuldner**. Dies gilt auch für den Nachweis der positiven Kenntnis oder grob fahrlässigen Unkenntnis des Gläubigers (OLG Jena WRP 2007, 1121). 122

C. Verjährung von Schadensersatzansprüchen (§ 11 Abs. 3)

Für **Schadensersatzansprüche** regelt § 11 Abs. 3 eine **zehnjährige Verjährungsfrist** ab **Anspruchsentstehung**, wenn eine positive Kenntnis oder grob fahrlässige Unkenntnis von den anspruchsbegründenden Tatsachen und der Person des Schuldners nicht besteht oder nachgewiesen werden kann. Spätestens in **dreißig Jahren** verjähren Schadensersatzansprüche **unabhängig von einer positiven Kenntnis oder grob fahrlässigen Unkenntnis und eines Schadenseintritts** ab der den Schaden auslösenden Handlung, dh dem Bestehen eines Schadensersatzanspruchs dem Grunde nach und damit **ab schuldhafter Begehung eines Wettbewerbsverstoßes.** 123

D. Verjährung anderer Ansprüche (§ 11 Abs. 4)

§ 11 Abs. 4 regelt für die in § 11 Abs. 1 genannten Ansprüche und mithin für Unterlassungs- und Beseitigungsansprüche (§ 8 Abs. 1) sowie den Abmahnkostenersatzanspruch (§ 12 Abs. 1 S. 2) eine **dreijährige Verjährungsfrist ab Anspruchsentstehung** für den Fall des Fehlens einer positiven Kenntnis oder grob fahrlässigen Unkenntnis der anspruchsbegründenden Tatsachen und der Person des Schuldners (§ 11 Abs. 2 Nr. 2). 124

E. Hemmung und Neubeginn der Verjährung

Hemmung der Verjährung bedeutet, dass ein bestimmter und genau zu ermittelnder Zeitraum bei der Berechnung der Verjährungsfrist nicht berücksichtigt wird und sich die **Verjährungsfrist** um diesen Zeitraum verlängert (§ 209 BGB). **Hemmungstatbestände** sind **Verhandlungen über den Anspruch** (§ 203 BGB), die **Klageerhebung** (§ 204 Abs. 1 Nr. 1 BGB), die Zustellung des **Antrags auf Erlass einer einstweiligen Verfügung** durch das Gericht an den Schuldner oder die Einreichung eines solchen Antrags durch den Gläubiger bei Gericht bei nicht erfolgender Antragszustellung an den Schuldner unter der Voraussetzung der Zustellung der einstweiligen Verfügung innerhalb eines Monats ab Verkündung (§ 204 Abs. 1 Nr. 9 BGB) sowie die **Anrufung der Einigungsstelle** gemäß § 15 Abs. 9 S. 1. 125

Bei einem **Anerkenntnis** des Anspruchs durch den Schuldner beginnt die **Verjährungsfrist neu zu laufen** (§ 212 Abs. 1 Nr. 1 BGB). Dies gilt auch für die **Vornahme** oder **Beantragung** einer gerichtlichen oder behördlichen **Vollstreckungsmaßnahme** (§ 212 Abs. 1 Nr. 2, Abs. 2, Abs. 3 BGB). 126

Die **Beweislast** für die Behauptungen zur Verjährungshemmung und zum Verjährungsneubeginn trägt der **Gläubiger.** 127

§ 12 UWG Anspruchsdurchsetzung, Veröffentlichungsbefugnis, Streitwertminderung

(1) [1]Die zur Geltendmachung eines Unterlassungsanspruchs Berechtigten sollen den Schuldner vor der Einleitung eines gerichtlichen Verfahrens abmahnen und ihm Gelegenheit geben, den Streit durch Abgabe einer mit einer angemessenen Vertragsstrafe bewehrten Unterlassungsverpflichtung beizulegen. [2]Soweit die Abmahnung berechtigt ist, kann der Ersatz der erforderlichen Aufwendungen verlangt werden.

(2) Zur Sicherung der in diesem Gesetz bezeichneten Ansprüche auf Unterlassung können einstweilige Verfügungen auch ohne die Darlegung und Glaubhaftmachung der in den §§ 935 und 940 der Zivilprozessordnung bezeichneten Voraussetzungen erlassen werden.

(3) [1]Ist auf Grund dieses Gesetzes Klage auf Unterlassung erhoben worden, so kann das Gericht der obsiegenden Partei die Befugnis zusprechen, das Urteil auf Kosten der unterliegenden Partei öffentlich bekannt zu machen, wenn sie ein berechtigtes Interesse dartut. [2]Art und Umfang der Bekanntmachung werden im Urteil bestimmt. [3]Die Befugnis erlischt, wenn von ihr nicht innerhalb von drei Monaten nach Eintritt der Rechtskraft Gebrauch gemacht worden ist. [4]Der Ausspruch nach Satz 1 ist nicht vorläufig vollstreckbar.

(4) Bei der Bemessung des Streitwerts für Ansprüche nach § 8 Absatz 1 ist es wertmindernd zu berücksichtigen, wenn die Sache nach Art und Umfang einfach gelagert ist oder wenn die Belastung einer der Parteien mit den Prozesskosten nach dem vollen Streitwert angesichts ihrer Vermögens- und Einkommensverhältnisse nicht tragbar erscheint.

A. Außergerichtliche Durchsetzung von Ansprüchen (§ 12 Abs. 1)

I. Abmahnung

128 **1. Allgemeines.** Die **Abmahnung** iSv § 12 Abs. 1 S. 1 ist die Mitteilung eines konkret zu bezeichnenden Wettbewerbsverstoßes durch den Gläubiger an den Schuldner mit der Aufforderung, das beanstandete unzulässige Verhalten in Zukunft zu unterlassen und innerhalb einer vom Gläubiger bestimmten und angemessenen Frist zur Beseitigung der Wiederholungsgefahr eine strafbewehrte Unterlassungserklärung abzugeben. Es geht also um die Geltendmachung eines Verletzungsunterlassungsanspruchs in Abgrenzung zu einem vorbeugenden Unterlassungsanspruch, bei dem zur Beseitigung der Erstbegehungsgefahr die Abgabe einer einfachen, dh nicht strafbewehrten Unterlassungserklärung ausreicht (Rn 7). Die Abmahnung hat die Funktionen der **Streitvermeidung,** der **Warnung** sowie der **Vermeidung von Kosten,** die in erhöhtem Umfang bei einer gerichtlichen Auseinandersetzung anfallen würden (*Piper/Ohly/Sosnitza,* UWG, § 12 Rn 2).

129 Die **Rechtsnatur** der Abmahnung ist umstritten. Sie wird teilweise als eine einer Prozesshandlung ähnliche **Gläubigermaßnahme,** teilweise als **Willenserklärung** sowie von einer dritten und wohl überwiegenden Meinung iS einer **Willensäußerung** als eine einseitige **geschäftsähnliche Handlung** angesehen, auf die die Vorschriften über Rechtsgeschäfte und Willenserklärungen (§§ 104 bis 185 BGB) entsprechend anzuwenden sind. Bedeutsam ist diese Unterscheidung vor allem für den Nachweis einer zum Zweck der Abmahnung erteilten Vollmacht sowie für den Zugang der Abmahnung (Rn 133 f) (s. zum Meinungsstand: *Teplitzky,* Wettbewerbsrechtliche Ansprüche und Verfahren, Kap. 41 Rn 4 ff; Münchener Kommentar/*Ottofülling,* Lauterkeitsrecht, § 12 Rn 11 f). Die Auffassung, die die Abmahnung als einseitige geschäftsähnliche Handlung einordnet, misst der Abmahnung eine **Doppelnatur** bei, da die Abmahnung neben der geschäftsähnlichen Handlung als Willensäußerung regelmäßig **auch** eine **Willenserklärung** iS eines **Angebots zum Abschluss eines Unterlassungsvertrages** enthält (*Köhler/Bornkamm,* Wettbewerbsrecht, § 12 Rn 1.10; *Piper/Ohly/Sosnitza,* UWG, § 12 Rn 3).

130 § 12 Abs. 1 sieht vor, dass der Gläubiger den Schuldner vor Einleitung eines gerichtlichen Verfahrens **abmahnen soll.** Zur Abmahnung besteht keine **Rechtspflicht.** Es handelt sich vielmehr um eine **Obliegenheit** mit der Folge, dass der Gläubiger im Falle eines sofortigen Anerkenntnisses des Unterlassungsanspruchs im Klageverfahren oder eines auf die Kosten beschränkten Widerspruchs im einstweiligen Verfügungsverfahren die Verfahrenskosten zu tragen hat (§ 93 ZPO).

131 Je nach den Umständen des Einzelfalls kann eine Abmahnung **entbehrlich** sein. Dies ist dann anzunehmen, wenn sich die Abmahnung als **unzumutbar** erweist, zB wenn die **Vereitelung** des Unterlas-

sungsanspruchs durch sofortiges Verteilen aller noch auf Lager befindlichen wettbewerbswidrigen Werbematerialien befürchtet werden muss. Die Unzumutbarkeit einer vorherigen Abmahnung kann sich auch aus der **besonderen Eilbedürftigkeit** ergeben, die dann anzunehmen ist, wenn sich ohne sofortige Erwirkung einer einstweiligen Verfügung ein Wettbewerbsverstoß nicht mehr verhindern lässt (OLG Hamburg GRUR 1969, 481 f), zB wenn die Gefahr einer **unmittelbaren Wiederholung** einer **unzulässigen Werbeaktion** besteht (OLG Hamburg WRP 1982, 687). Bei der Bejahung einer besonderen Eilbedürftigkeit zur Rechtfertigung einer nicht erfolgenden Abmahnung ist jedoch in Anbetracht der allgemein im Einsatz befindlichen modernen Kommunikationsmittel (E-Mail, Telefax) und der damit verbundenen kurzen Aktions- sowie Reaktionszeiten Zurückhaltung geboten (*Köhler/Bornkamm*, Wettbewerbsrecht, § 12 Rn 1.47). Entbehrlich ist die Abmahnung auch dann, wenn sie **keine Erfolgsaussicht** hat, zB weil der Schuldner erklärt, dass er einer Abmahnung keinesfalls Folge leisten wird (OLG Hamburg WRP 1995, 1037) oder sein wettbewerbswidriges Verhalten nach erfolgloser Abmahnung (OLG Nürnberg WRP 1992, 521, 523) oder trotz abgegebener Unterlassungserklärung (BGH GRUR 1990, 542, 543 – Aufklärungspflicht des Unterwerfungsschuldners) oder nach bereits erfolgter Verurteilung (OLG Nürnberg WRP 1981, 290 f) fortsetzt (s. auch Münchener Kommentar/*Ottofülling*, Lauterkeitsrecht, § 12 Rn 124 mwN).

2. Formale Anforderungen der Abmahnung. Für die Abmahnung besteht kein **Formzwang.** Aus Gründen der besseren Beweisbarkeit sollte sie aber, wie dies auch regelmäßig in der Praxis geschieht, schriftlich erklärt werden. 132

Der Abmahngläubiger kann sich vertreten lassen. Streitig ist aber, ob der Vertreter dem Abmahnschreiben eine **Originalvollmacht** beifügen muss und der Gläubiger anderenfalls die **Zurückweisung der Abmahnung** und damit deren **Unwirksamkeit** (§ 174 BGB) riskiert. In der Vergangenheit hat die Rechtsprechung und Literatur die Notwendigkeit der Vorlage einer Originalvollmacht bislang überwiegend verneint (zB OLG Köln WRP 1988, 79; OLG Karlsruhe NJW-RR 1990, 1323; OLG Frankfurt aM GRUR 2010, 221 f; Ahrens/*Deutsch*, Der Wettbewerbsprozeß, Kap. 1 Rn 107 f). Demgegenüber mehren sich in der jüngeren Rechtsprechung und Literatur die Stimmen, die unter Hinweis auf die Abmahnung als einer einseitigen geschäftsähnlichen Handlung und in analoger Anwendung von § 174 BGB die Vorlage einer Originalvollmacht für unentbehrlich halten (zB OLG Stuttgart NJWE-WettbR 2000, 125; OLG Düsseldorf WRP 2001, 52; OLG Düsseldorf ZUM-RD 2007, 579 ff; OLG Hamburg GRUR-RR 2008, 370 f; *Piper/Ohly/Sosnitza*, UWG, § 12 Rn 11). Für den Fall, dass der Schuldner zur Abgabe einer strafbewehrten Unterlassungserklärung bereit ist, sich jedoch zuvor verständlicherweise durch Vorlage einer Originalvollmacht von einer ordnungsgemäßen Bevollmächtigung überzeugen will, gibt es jedenfalls keinen billigenswerten Grund, einem solchen Verlangen des Schuldners nicht zu entsprechen, wenn der Gläubiger in einem anschließenden Gerichtsverfahren die Kostenlast im Falle eines dann abgegebenen sofortigen Anerkenntnisses durch den Schuldner vermeiden will (§ 93 ZPO). Für die Praxis ist deshalb zur Vermeidung negativer Kostenfolgen die Vorlage einer Originalvollmacht zu empfehlen, deren kurzfristige Beschaffung in aller Regel auch keine Schwierigkeiten bereiten dürfte (s. zur Darstellung und Diskussion der unterschiedlichen Auffassungen mit umfangreichen Rechtsprechungs- und Literaturnachweisen: *Köhler/Bornkamm*, Wettbewerbsrecht, § 12 Rn 1.25 ff; *Piper/Ohly/Sosnitza*, UWG, § 12 Rn 11; *Teplitzky*, Wettbewerbsrechtliche Ansprüche und Verfahren, Kap. 41 Rn 4 ff). Nach der jüngsten BGH Rechtsprechung ist aber davon auszugehen, dass § 174 S. 1 BGB nicht anwendbar ist und es der Vorlage einer Originalvollmacht nicht bedarf, wenn die Abmahnung mit der Aufforderung der Abgabe einer Unterwerfungserklärung verbunden wird; in diesem Fall ist die Abmahnung auf den Abschluss eines **Unterwerfungsvertrages** gerichtet und damit nicht als einseitiges Rechtsgeschäft zu verstehen (BGH 19.5.2010 – I ZR 140/08, Tz 14 f). 133

Lange Zeit umstritten war auch die Frage, ob für die Wirksamkeit einer Abmahnung nicht nur deren Absendung, sondern auch deren **Zugang** erforderlich ist. Dies wurde unter Hinweis darauf verneint, dass dem durch einen Wettbewerbsverstoß ohnehin schon belasteten Gläubiger über die Abmahnlast iS einer Warnung des Schuldners hinaus nicht auch noch zusätzlich die Verantwortlichkeit für den Erfolg seines Handelns zugemutet werden könne, so dass der Schuldner **das Risiko des Verlusts der Abmahnung auf dem Postweg** zu tragen habe (zB OLG Karlsruhe WRP 2003, 1146; OLG Braunschweig GRUR 2004, 887; *Teplitzky*, Wettbewerbsrechtliche Ansprüche und Verfahren, Kap. 41 Rn 6 b mit umfangreichen Rechtsprechungsnachweisen). Demgegenüber vertraten andere Stimmen in der Rechtsprechung und Literatur unter Hinweis auf die Anwendbarkeit von § 130 Abs. 1 S. 1 BGB den Standpunkt der Notwendigkeit des Zugangs einer Abmahnung, um deren Wirksamkeit anzunehmen; hieran war die weitere Ansicht geknüpft, dass der Gläubiger im Bestreitensfall den Zugang nach- 134 zuweisen hat, um das Risiko des § 93 ZPO auszuräumen (zB OLG Dresden WRP 1997, 1201 ff; OLG Düsseldorf GRUR 2001, 199 f; OLG Saarbrücken NJW 2004, 2908; LG Düsseldorf GRUR-RR 2006, 143 f; *Piper/Ohly/Sosnitza,* UWG, § 12 Rn 12 f; *Köhler/Bornkamm,* Wettbewerbsrecht, § 12 Rn 1.29 ff). Mit dem Einsatz moderner Kommunikationsmittel (Telefax, E-Mail) begleitend zur Übermittlung auf dem Postwege lässt sich der Zugang einer Abmahnung leicht bewerkstelligen und nachweisen, so dass dem Meinungsstreit schon in der Vergangenheit keine allzu große praktische Relevanz zugekommen sein dürfte. In der Zwischenzeit hat der BGH in einer Grundsatzentscheidung zur Thematik der Darlegungs- und Beweislast des Zugangs einer Abmahnung entschieden, dass es grundsätzlich Sache des Schuldners ist, die Voraussetzungen des § 93 ZPO darzulegen und zu beweisen. Aufgrund des Umstandes, dass es sich bei dem nicht erfolgten Zugang eines Abmahnschreibens um eine darzulegende und zu beweisende negative Tatsache handelt, führt dies nach Auffassung des BGH zu einer sekundären Darlegungslast des Gläubigers mit der Folge, dass dieser die genauen Umstände der Absendung vortragen und unter Beweis stellen muss. Gelingt sodann dem Schuldner der Beweis, dass ihm kein Abmahnschreiben zugegangen ist, kann nach Auffassung des BGH eine Kostenentscheidung nach § 93 ZPO zu seinen Gunsten ergehen. Hieraus ergibt sich, dass der BGH damit auch den Standpunkt der Notwendigkeit des Zugangs einer Abmahnung vertritt und es insofern auf die konkreten Umstände und Beweisergebnisse des Einzelfalls ankommt (BGH GRUR 2007, 629 f – Zugang des Abmahnschreibens; vgl auch OLG Frankfurt aM WRP 2009, 347 f).

135 **3. Inhaltliche Anforderungen der Abmahnung.** Um den inhaltlichen Anforderungen an die Abmahnung zu genügen, muss der anspruchberechtigte Gläubiger den beanstandeten Wettbewerbsverstoß **konkretisieren.** Dies hat in einer Weise zu geschehen, die es dem Schuldner ermöglicht, den Sachverhalt unter allen in Betracht kommenden rechtlichen Gesichtspunkten umfassend zu prüfen (zB OLG Hamburg WRP 1996, 773; vgl auch OLG Hamburg K&R 2009, 406).

136 Die Abmahnung muss außerdem die **Aufforderung** enthalten, eine **strafbewehrte Unterlassungserklärung** innerhalb einer bestimmten Frist abzugeben (bzw beim vorbeugenden Unterlassungsanspruch: Abgabe einer nicht strafbewehrten Unterlassungsklärung; Rn 7) (vgl BGH GRUR 2009, 502 – pcb; BGH GRUR 2010, 257 f – Schubladenverfügung; BGH GRUR 2010, 354 f – Kräutertee; BGH Urt. v. 19.5.2010 – I ZR 140/08, Tz 16). Ist die Unterlassungserklärung, die vom Schuldner in der Regel zur Unterzeichnung durch den Gläubiger vorformuliert wird und damit das Angebot zum Abschluss eines Unterwerfungsvertrages (§ 145 BGB) enthält, zu weit gefasst, berührt dies die Wirksamkeit der Abmahnung nicht. Es ist die Angelegenheit des Schuldners, die Unterlassungserklärung auf den rechtlich gebotenen Umfang einzuschränken und als neues Angebot auf Abschluss eines Unterwerfungsvertrages (§ 150 Abs. 2 BGB) abzugeben (*Köhler/Bornkamm,* Wettbewerbsrecht, § 12 Rn 1.17). Verweigert der Schuldner die Abgabe der zu weit gefassten Unterlassungserklärung ganz, kommt ein im anschließenden gerichtlichen Verfahren den Schuldner kostenmäßig entlastendes sofortiges Anerkenntnis (§ 93 ZPO) hinsichtlich des von Anfang an begründeten Teils des Unterlassungsverlangens nicht mehr in Betracht.

137 Die dem Schuldner zu setzende Frist muss unter Würdigung der Umstände des Einzelfalls **angemessen** sein. Im Normalfall ist eine Frist von sieben bis zehn Tagen (zB OLG Stuttgart WRP 2004, 1395) angemessen. Bei Eilbedürftigkeit und offensichtlichen Rechtsverstößen sind oftmals auch erheblich kürzere und nicht selten Fristen von nur zwei bis drei Tagen ausreichend. Eine zu kurze Frist macht die Abmahnung nicht unwirksam, kann jedoch zur Kostenbelastung des Gläubigers gemäß § 93 ZPO führen.

138 Zur Wirksamkeit der Abmahnung ist es erforderlich, dass in ihr die **Androhung gerichtlicher Maßnahmen** für den Fall der nicht fristgemäßen Abgabe der geforderten Unterlassungserklärung zum Ausdruck kommen. Eine solche Androhung kann durch einen ausdrücklichen Hinweis geschehen, muss sich aber zumindest aus den Umständen des Einzelfalls ergeben (*Köhler/Bornkamm,* Wettbewerbsrecht, § 12 Rn 1.21).

139 **4. Rechtsfolgen der Abmahnung.** Ist die **Abmahnung berechtigt** und hat der Schuldner die geforderte Unterlassungserklärung abgegeben, entfällt die Wiederholungsgefahr bzw Erstbegehungsgefahr bei einem geltend gemachten Verletzungsunterlassungsanspruch bzw vorbeugenden Unterlassungsanspruch (Rn 7, 9). Anlass zur Klage oder zu einem Antrag auf Erlass einer einstweiligen Verfügung besteht dann nicht mehr. Der Schuldner ist dennoch verpflichtet, dem Gläubiger die **Abmahnkosten gemäß § 12 Abs. 1 S. 2** zu erstatten; dies gilt aber nur für solche Abmahnungen, die vor Einleitung eines gerichtlichen Verfahrens ausgesprochen werden (BGH GRUR 2010, 257 f – Schubladenverfü-

gung). Erstattungsfähig sind die für die berechtigte Abmahnung **erforderlichen** sowie **tatsächlich angefallenen Aufwendungen** (keine Kostenerstattung für eine zweite Abmahnung mangels Berechtigung: BGH GRUR 2010, 354 f – Kräutertee). Ist eine **Abmahnung** nur **teilweise berechtigt,** kommt auch nur die Erstattungsfähigkeit eines Teils der Kosten, gemessen am Gegenstandswert des berechtigten Teils der Abmahnung in Betracht (BGH GRUR 2010, 744, 749 – Sondernewsletter). Dies sind in erster Linie die durch die Einschaltung eines Rechtsanwalts entstandenen Kosten, es sei denn, der Gläubiger wäre aufgrund seiner Sachkunde selbst zur Abmahnung in der Lage gewesen, wie dies insbesondere bei Verbänden (zB BGH GRUR 2004, 789 f – Selbstauftrag) oder bei Unternehmen, die über Rechtsabteilungen verfügen (zB BGH GRUR 2004, 448 – Auswärtiger Rechtsanwalt IV), der Fall sein kann (zur Erstattungsfähigkeit einer Kostenpauschale bei Verbänden: *Köhler/Bornkamm,* Wettbewerbsrecht, § 12 Rn 1.98 mit Rechtsprechungsnachweisen). Ein Kostenerstattungsanspruch besteht nicht, wenn die Abmahnung **missbräuchlich** (§ 8 Abs. 4) ist, zB im Fall einer **missbräuchlichen Mehrfachverfolgung** (Rn 64 ff), bei der der Erstattungsanspruch nur für die erste erforderliche Abmahnung besteht (BGH GRUR 2002, 357 f – Missbräuchliche Mehrfachabmahnung).

Der Frage, ob der Anspruch auf Ersatz von Abmahnkosten auch unter dem Gesichtspunkt der **Geschäftsführung ohne Auftrag** geltend gemacht werden kann oder sich ein solcher Anspruch bei schuldhaftem Handeln des Schuldners auch als **Schadensersatzanspruch** aus § 9 S. 1 ergibt, wird oftmals keine praktische Bedeutung zukommen. Solche Ansprüche werden in der Regel nicht über den Abmahnkostenersatzanspruch gemäß § 12 Abs. 1 S. 2 hinausgehen (denkbare Ausnahme ist die Geltendmachung der Abmahnkosten in einer Situation, in der bei Unkenntnis des Gläubigers im Zeitpunkt der Abmahnung die Wiederholungsgefahr nicht mehr bestand; LG Hamburg GRUR 1990, 216 f; *Köhler/Bornkamm,* Wettbewerbsrecht, § 12 Rn 1.86 ff). Bezweifelt wird aber die Möglichkeit, Abmahnkosten als Schadensersatz zu verlangen. Der Schadensersatzanspruch knüpfe an ein in der Vergangenheit liegendes Verhalten an, wohingegen es bei einer Abmahnung um die Verhinderung eines künftigen wettbewerbswidrigen Verhaltens gehe (Ahrens/*Scharen,* Der Wettbewerbsprozeß, Kap. 11 Rn 13). Der BGH, der diese Frage bisher nicht entschieden hat, hat aber jedenfalls im Fall des Einstellens einer wettbewerbswidrigen Werbung in das Internet angenommen, dass Abmahnkosten als Schadensersatz verlangt werden können, wenn es nicht um einen Einzelverstoß, sondern um eine Dauerhandlung geht. In einem solchen Fall diene die Abmahnung zugleich dazu, den Schaden abzuwenden oder zu mindern, so dass der Mitbewerber mit der Abmahnung die Obliegenheit aus § 254 Abs. 2 S. 1 BGB erfülle (BGH GRUR 2007, 631 f – Abmahnaktion). 140

Die im Falle der berechtigten Abmahnung vom Schuldner zu ersetzenden **Abmahnkosten** des Gläubigers zählen nicht zu den im Kostenfestsetzungsverfahren erstattungsfähigen Kosten und müssen selbstständig eingeklagt werden (BGH GRUR 2006, 439 f – Geltendmachung der Abmahnkosten; aA für die Abmahnkosten des Schuldners: OLG Hamburg NJOZ 2007, 1373 f). Der Gläubiger kann die durch die Abmahnung seines Rechtsanwalts angefallene Geschäftsgebühr bei der gerichtlichen Verfolgung des schon mit der Abmahnung geltend gemachten Unterlassungsanspruchs in voller Höhe verlangen. Die nach der Vorbem 3 IV zu Nr. 3100 VV RVG vorzunehmende anteilige Anrechnung mindert die Verfahrensgebühr (vgl BGH NJW 2007, 2049; BGH NJW 2007, 2050; BGH NJW-RR 2008, 1095), nicht die Geschäftsgebühr (vgl so noch zB OVG Münster NJW 2006, 1991; OLG Saarbrücken ZUM-RD 2007, 244, 246, 248). 141

Ist die **Abmahnung unberechtigt,** kann der zu Unrecht Abgemahnte eine **Gegenabmahnung** aussprechen, die jedoch nicht notwendige Voraussetzung zur Vermeidung der Kostenfolge gemäß § 93 ZPO ist (BGH GRUR 2004, 790, 792 – Gegenabmahnung). Die Kosten der Gegenabmahnung sind nur ausnahmsweise erstattungsfähig (§§ 670, 683 BGB) und zwar dann, wenn bei offensichtlich unzutreffenden tatsächlichen oder rechtlichen Annahmen des Abmahnenden nach deren Richtigstellung mit einer Änderung seiner Auffassung gerechnet werden kann oder wenn ohne Klageerhebung des Abmahnenden seit der Abmahnung längere Zeit verstrichen ist (BGH GRUR 2004, 790, 792 – Gegenabmahnung; OLG Hamm Beck-RS 2009, 89545). 142

Bei einer unberechtigten Abmahnung kann der Abgemahnte auch **negative Feststellungsklage** erheben, für die das Rechtschutzbedürfnis aber durch eine Unterlassungsklage des Abmahnenden entfallen kann (im Einzelnen *Piper/Ohly/Sosnitza,* UWG, § 12 Rn 28 mit Rechtsprechungsnachweisen). 143

Es wird vertreten, dass gegen die unberechtigte Abmahnung grundsätzlich nicht mit einer Unterlassungsklage vorgegangen werden könne, sondern für die Abmahnung als Vorstufe der gerichtlichen Auseinandersetzung die **Privilegierung verfahrensbezogener Äußerungen** (Rn 31, 33) entsprechend 144 gelten müsse, um den Ablauf und die Entscheidungsfindung in gerichtlichen Verfahren frei von Einflüssen Dritter zu gewährleisten (*Piper/OhlySosnitza,* UWG, § 12 Rn 30; zurückhaltender und wohl für eine individuelle Entscheidung je nach den Umständen des Einzelfalls: *Teplitzky,* Wettbewerbsrechtliche Ansprüche und Verfahren, Kap. 41 Rn 79 b). Der BGH tendiert wohl, ohne jedoch eine eindeutige Aussage für die Fälle der unberechtigten Abmahnung bei Wettbewerbsverstößen zu treffen, dazu, den Grundsatz der Privilegierung verfahrensbezogener Äußerungen auf eine solche Abmahnung nicht grundsätzlich entsprechend anzuwenden (BGH GRUR 2005, 882, 885 – Unberechtigte Schutzrechtsverwarnung). Einigkeit dürfte darüber bestehen, dass die Geltendmachung von Unterlassungsansprüchen gegen eine wettbewerbsrechtliche Abmahnung in den Fällen einer darin liegenden **irreführenden Werbung** (§ 5 Abs. 2 S. 1), **Anschwärzung** (§ 4 Nr. 8) oder **gezielten Behinderung** (§ 4 Nr. 10) möglich ist (vgl *Köhler/Bornkamm,* Wettbewerbsrecht, § 12 Rn 1.71; *Piper/Ohly/Sosnitza,* UWG, § 12 Rn 30 mwN).

145 Der Grundsatz der Privilegierung verfahrensbezogener Äußerungen steht auch nicht der Geltendmachung von **Schadensersatzansprüchen** unter den vorgenannten Gesichtspunkten der irreführenden Werbung, Anschwärzung und gezielten Behinderung sowie einer Kreditgefährdung (§ 824 BGB) und einer sittenwidrigen vorsätzlichen Schädigung (§ 826 BGB) entgegen (BGH GRUR 1998, 587, 590 – Bilanzanalyse Pro7; *Köhler/Bornkamm,* Wettbewerbsrecht, § 12 Rn 1.71 f; ein für alle genannten Fallgruppen vorsätzlich sittenwidriges Handeln fordernd: *Piper/Ohly/Sosnitza,* UWG, § 12 Rn 30). Außerdem wird angenommen, dass dem unberechtigt Abgemahnten bei einer für den Abmahnenden gegebenen Erkennbarkeit des in Bezug auf die Abmahnung entgegenstehenden Willens des Abgemahnten gegen den Abmahnenden auch ein **Schadensersatzanspruch gemäß § 678 BGB** wegen der ihm durch die Abmahnung **entstandenen Aufwendungen** (insbesondere der Kosten eines Rechtsanwalts) zusteht, um im Ergebnis ein Gleichgewicht zum Abmahnkostenersatzanspruch des (berechtigt) Abmahnenden gemäß § 12 Abs. 1 S. 2 herzustellen (OLG München GRUR-RR 2008, 461 f; *Köhler/Bornkamm,* Wettbewerbsrecht, § 12 Rn 1.73; *Piper/Ohly/Sosnitza,* UWG, § 12 Rn 32 mwN).

II. Strafbewehrte Unterlassungsverpflichtung

146 **1. Unterlassungsverpflichtung.** Gibt der Schuldner gegenüber dem Gläubiger eines gegen ihn geltend gemachten Verletzungsunterlassungsanspruchs eine **uneingeschränkte, bedingungslose** und **unwiderrufliche Erklärung** ab, Verletzungshandlungen der beanstandeten Art bei Meidung einer für jeden Fall der Zuwiderwiderhandlung fällig werdenden und angemessenen **Vertragsstrafe** künftig zu unterlassen, so begründet dies die **Ernsthaftigkeit** der Unterlassungserklärung, die die Wiederholungsgefahr entfallen lässt (st Rspr; BGH GRUR 1983, 127 f – Vertragsstrafeversprechen; BGH GRUR 1993, 677, 679 – Bedingte Unterwerfung; BGH GRUR 2008, 815 f – Buchführungsbüro; BGH GRUR 2010, 355 – Testfundstelle; *Köhler/Bornkamm,* Wettbewerbsrecht, § 12 Rn 1.123 f mwN; zur möglichen Ausräumung der Wiederholungsgefahr bei einer Teilunterwerfung oder befristeten oder zB durch Vorbehalt der Änderung der Gesetzeslage bedingten Unterlassungserklärung: *Köhler/Bornkamm,* Wettbewerbsrecht, § 12 Rn 1.125 ff mwN; s. zum Fortfall der Wiederholungsgefahr aus anderen Gründen als durch Abgabe einer strafbewehrten Unterlassungserklärung: Rn 11 ff). Die Wiederholungsgefahr entfällt auch dann, wenn die Unterlassungserklärung **ohne Anerkennung einer Rechtspflicht** jedoch rechtsverbindlich abgegeben wird (strittig; aA zB AG Charlottenburg GRUR 2002, 1472). Die Wiederholungsgefahr kann auch dadurch entfallen, dass der Schuldner die strafbewehrte Unterlassungserklärung bereits gegenüber einem anderen Gläubiger abgegeben hat (sog. **Drittunterwerfung**) (s. im Einzelnen: *Köhler/Bornkamm,* Wettbewerbsrecht, § 12 Rn 1.166 mit umfangreichen Rechtsprechungsnachweisen).

147 Mit der Abgabe der strafbewehrten Unterlassungserklärung kommt ein **Unterlassungsvertrag** zustande, der den gesetzlichen Unterlassungsanspruch ersetzt und eine neue konstitutive Verpflichtung iS eines **abstrakten Schuldanerkenntnisses** schafft (vgl *Köhler/Bornkamm,* Wettbewerbsrecht, § 12 Rn 1.103 f, 1.123 f), das – wenn der Schuldner nicht Kaufmann ist (§§ 343, 350 HGB) – der Schriftform bedarf (§§ 780, 781 BGB). Da der Schuldner zumeist Kaufmann sein wird, beschränkt sich das Schriftformerfordernis auf Unterlassungsverträge mit nicht eingetragenen Kleingewerbetreibenden und Angehörigen der freien Berufe (Rechtsanwälte, Steuerberater, Ärzte).

148 **2. Vertragsstrafe.** Eine **Vertragsstrafe,** die in einem bestimmten oder bestimmbaren Geldbetrag besteht, ist der Höhe nach so anzusetzen, dass sie den Schuldner als **Druckmittel** dazu anhält, nicht gegen die Unterlassungsverpflichtung zu verstoßen. Die **Angemessenheit** der Höhe der Vertragsstrafe richtet

sich somit danach, welcher Betrag erforderlich ist, um das pflichtgemäße Verhalten des Schuldners zu bewirken. Hierbei kommt es auf die Umstände des Einzelfalls und insbesondere auf die Art, die Schwere, das Ausmaß und die Folgen des Wettbewerbsverstoßes an.

Als Vertragsstrafe kann ein bestimmter Betrag vereinbart werden. Die Festlegung der Vertragsstrafe kann aber auch mit oder ohne Angabe einer Obergrenze **nach billigem Ermessen des Gläubigers** (§§ 315, 316 BGB) diesem mit der Maßgabe überlassen werden, dass im Falle des Bestreitens der Angemessenheit der Höhe der Vertragsstrafe diese vom zuständigen Gericht gemäß §§ 315 Abs. 3, 319 BGB zu bestimmen ist (BGH GRUR 1985, 937 f – Vertragsstrafe bis zu… II; BGH GRUR 1990, 1051 f – Vertragsstrafe ohne Obergrenze). 149

Die Vertragsstrafe wird durch einen schuldhaften Verstoß gegen die Unterlassungsverpflichtung **verwirkt.** Dabei erfasst der Verstoß auch **kerngleiche Verletzungshandlungen** (Rn 9). Verstößt der Schuldner gegen die Unterlassungsverpflichtung **mehrfach**, so ist durch **Vertragsauslegung im Einzelfall** zu ermitteln, ob trotz einer Vielzahl von Verstößen dennoch von **einer einzigen Zuwiderhandlung** unter den Gesichtspunkten der **natürlichen Handlungseinheit**, der Gleichartigkeit der Verstöße und der Außerachtlassung derselben Pflichtenlage sowie unter Berücksichtigung des Grundsatzes von Treu und Glauben (§ 242 BGB) auszugehen ist (BGHZ 146, 318, 325 ff – Trainingsvertrag; BGH GRUR 2009, 427 f – Mehrfachverstoß gegen Unterlassungstitel; *Köhler/Bornkamm,* Wettbewerbsrecht, § 12 Rn 1.149 mwN). Der Schuldner muss nicht die Forderung des Gläubigers, auf die Einrede des Fortsetzungszusammenhangs zu verzichten, akzeptieren (*Köhler/Bornkamm,* Wettbewerbsrecht, § 12 Rn 1.150). 150

B. Gerichtliche Durchsetzung von Ansprüchen durch einstweilige Verfügung (§ 12 Abs. 2)

I. Allgemeines

Im Wettbewerbsrecht und insbesondere auch bei der Verfolgung von Werberechtsverstößen kommt der **einstweiligen Verfügung** als Mittel des vorläufigen Rechtsschutzes eine besondere Bedeutung zu. Dies gilt vor allem für die **Unterlassungsverfügung**, die sich oftmals als das einzige Mittel zeigt, Werberechtsverstößen und deren vielfach gravierenden und schädigenden, jedoch nicht selten schwer nachweisbaren Folgen schnell und effektiv zu begegnen. Einstweilige Verfügungen machen ordentliche Klageverfahren oft entbehrlich, da die Gerichte selbst bei schwieriger Sach- und Rechtslage häufig eine umfassende rechtliche Prüfung wie im ordentliche Klageverfahren vornehmen. Folglich ist eine andere Entscheidung im ordentlichen Klageverfahren oftmals nicht zu erwarten, so dass der Schuldner nicht selten geneigt sein wird, eine endgültige rechtliche Regelung der Streitsache dadurch herbeizuführen, dass er die einstweilige Verfügung durch Abgabe einer Abschlusserklärung als endgültige Regelung verbindlich anerkennt. 151

II. Voraussetzungen

1. Verfügungsanspruch. Der **Verfügungsanspruch** ist die **materielle Anspruchsgrundlage** auf die der Gläubiger seinen Anspruch stützt. Gegenstand einstweiliger Verfügungen können Unterlassungsansprüche sein sowie auch Beseitigungsansprüche (zB auf Beseitigung eines Werbespruchs oder einer irreführenden Angabe auf einem Produkt: OLG Koblenz GRUR 1987, 730 f; ablehnend für die Vernichtung von Werbematerialien und deren Unbrauchbarmachung: *Piper/Ohly/Sosnitza,* UWG, § 12 Rn 111) unter Einschluss von Widerrufsansprüchen, soweit hierdurch keine unter Vorwegnahme des Hauptsacheverfahrens endgültige und nicht wieder rückgängig zu machende Sachlage geschaffen wird (*Köhler/Bornkamm,* Wettbewerbsrecht, § 12 Rn 3.9). Bei Widerrufsansprüchen dürfte daher die einstweilige Verfügung die Ausnahme sein (*Piper/Ohly/Sosnitza,* UWG, § 12 Rn 109). 152

Die Möglichkeit der Verfolgung von wettbewerbsrechtlichen **Auskunftsansprüchen** im Wege des einstweiligen Verfügungsverfahrens wird grundsätzlich verneint, weil der Gläubiger dadurch endgültige Befriedigung erlangen und die Hauptsache vorweggenommen würde (KG GRUR 1988, 403 f; OLG Köln GRUR-RR 2003, 296). Die Rechtsprechung lässt Ausnahmen zu, wenn **existentielle Gläubigerinteressen** betroffen sind (OLG Karlsruhe NJW 1984, 1905 f; KG GRUR 1988, 403 f; OLG Hamburg GRUR-RR 2007, 29 f). Umstritten ist, ob ein Vorgehen im einstweiligen Verfügungsverfahren in Fällen **offensichtlicher Rechtsverletzungen** zulässig ist, wie dies in spezialgesetzlichen Regelungen (zB § 19 153

Abs. 7 MarkenG; § 101 Abs. 7 UrhG; § 140 b Abs. 7 PatG) vorgesehen ist (bejahend: LG Düsseldorf WRP 1997, 253; *Köhler/Bornkamm,* Wettbewerbsrecht, § 12 Rn 3.10; verneinend: OLG Frankfurt aM OLGR 2001, 253; *Berneke,* Die einstweilige Verfügung in Wettbewerbssachen, Rn 42). Nicht durchsetzbar sind mit der einstweiligen Verfügung Ansprüche auf **Abgabe von Willenserklärungen** sowie **Schadensersatzansprüche** und hierauf gerichtete **Feststellungsansprüche** (*Piper/Ohly/Sosnitza,* UWG, § 12 Rn 111; *Köhler/Bornkamm,* Wettbewerbsrecht, § 12 Rn 3.11 mit Hinweis auf aA für Ansprüche auf Abgabe von Willenserklärungen).

154 **2. Verfügungsgrund.** Als Prozessvoraussetzung für die Durchsetzung eines Anspruchs im Wege der einstweiligen Verfügung bedarf es eines von Amts wegen zu prüfenden **Verfügungsgrundes** (§§ 917, 936 ZPO), der dann gegeben ist, wenn der Erlass einer einstweiligen Verfügung für den Gläubiger **dringlich** ist. In Wettbewerbssachen wird die Dringlichkeit gemäß § 12 Abs. 2 **vermutet.** Die Vermutung ist jedoch **widerleglich.**

155 Wichtigster Fall der Widerlegung der Dringlichkeitsvermutung ist die **Verzögerung der Antragstellung.** Eine Verzögerung der Antragstellung setzt aber voraus, dass der Gläubiger **Kenntnis** oder **grob fahrlässige Unkenntnis** (s. zur Definition Rn 79, 119) vom Wettbewerbsverstoß und von der Person des Schuldners hat. Einfache Fahrlässigkeit reicht nicht aus, da den Gläubiger keine Marktbeobachtungspflicht trifft. Der Gläubiger hat sich die Kenntnis oder grob fahrlässige Unkenntnis seines **Wissensvertreters** (s. zur Definition Rn 121) zurechnen zu lassen. Die Rechtsprechung dazu, nach Ablauf welcher Frist eine die Dringlichkeit ausschließende Verzögerung der Antragstellung anzunehmen ist, divergiert in den verschiedenen Oberlandesgerichtsbezirken weiterhin, auch wenn zunehmend eine Beschränkung auf ein zeitliches Fenster von einem bis zu zwei Monaten mit Abweichungen unter Berücksichtigung der Umstände des Einzelfalls zu erkennen ist. Nach wie vor am kürzesten ist die Frist mit einem Monat in München (OLG München CR 2003, 838; OLG München WRP 2008, 972, 976; so auch OLG Hamm MMR 2009, 628). Einige Gerichte nehmen eine Frist von fünf bis sechs Wochen an (zB OLG Köln GRUR 2000, 167; OLG Frankfurt aM WRP 2010, 156, 158), andere zwei Monate (OLG Düsseldorf 20.7.2009 – I-20 U 11/09 – juris Rn 21) oder auch bis zu drei Monaten (OLG Rostock WRP 2002, 196 (Bericht)). Entgegen der früheren Rechtsprechung des OLG Hamburg, das eine Dringlichkeitsfrist von bis zu sechs Monaten zuließ, kann diese nach der aktuellen Rechtsprechung des OLG unter Berücksichtigung der Umstände des Einzelfalls auf fünf bis sechs Wochen verkürzt sein (OLG Hamburg GRUR-RR 2008, 366 ff; OLG Hamburg, Beck RS 2009, 20872; s. zur Darstellung der Fristen für die einzelnen Oberlandesgerichte: *Lieber/Zimmer*, Die einstweilige Verfügung im Gewerblichen Rechtsschutz, Rn 168 ff, S. 107 ff; *Köhler/Bornkamm*, Wettbewerbsrecht, § 12 Rn 3.15).

156 Wenn der Gläubiger die **Verzögerung des Verfahrens** herbeiführt, so kann dies ebenfalls zur Annahme einer nicht gegebenen Dringlichkeit führen. Eine dringlichkeitsschädliche Verfahrensverzögerung ist jeweils nach den Umständen des Einzelfalls zu beurteilen und kann zB in der Beantragung der **Vertagung** eines Termins (OLG Hamm NJWE-WettbR 1996, 164; OLG Hamm 30.6.2009 – 4 U 74/09 – juris Rn 28 f) oder der **Verlängerung der zweimonatigen Berufungsbegründungsfrist** (OLG Karlsruhe WRP 2005, 1188 f; OLG Hamm 29.10.2009 – 4 U 112/09 – juris Rn 35) oder der **Verzögerung der Begründung der Beschwerde** (OLG Düsseldorf, WRP 1996, 1172, 1174; KG 4.4.2008 – 5 W 51/08 – KGR 2008, 551 LS) liegen (s. zur Darstellung weiterer Fälle der Verzögerung des Verfahrens: *Köhler/ Bornkamm,* Wettbewerbsrecht, § 12 Rn 3.16; *Berneke,* Die einstweilige Verfügung in Wettbewerbssachen, Rn 89a, 145). Die Dringlichkeit entfällt unter dem Gesichtspunkt der Verzögerung des Verfahrens in der Regel noch nicht für den Fall der Ausschöpfung der Rechtsmittelfristen (OLG Köln NJWE-WettbR 1997, 176 f; *Teplitzky,* Wettbewerbsrechtliche Ansprüche und Verfahren, Kap. 54 Rn 27).

157 Die Frage, ob die Dringlichkeit entfällt, stellt sich auch in den Fällen des sog. **forum shopping.** So lässt die Rücknahme eines bereits negativ (nicht rechtskräftig) beschiedenen Antrags und dessen erneute Stellung bei einem anderen Gericht, statt gegen die negative Entscheidung mit dem gegebenen Rechtsmittel vorzugehen, die Dringlichkeit (OLG Karlsruhe GRUR 1993, 135; OLG Frankfurt aM GRUR 2005, 972) oder das allgemeine Rechtschutzinteresse (OLG Frankfurt aM GRUR 2002, 44) entfallen. Strittig ist, ob dies auch dann anzunehmen ist, wenn der Antrag auf Erlass einer einstweiligen Verfügung noch vor einer mündlichen Verhandlung oder einer Entscheidung des Gerichts zurückgenommen und dann erneut bei einem anderen Gericht gestellt wird. Eine dringlichkeitsschädliche Verfahrensverzögerung wird damit begründet, dass der Gläubiger einen rechtlichen Anspruch auf ein Eilverfahren, nicht jedoch auf mehrfache Versuche einer erfolgreichen Anspruchsdurchsetzung, habe und ein

derartiges prozessuales Verhalten von dem besonderen Rechtschutzbedürfnis, das § 12 Abs. 2 voraussetze, nicht gedeckt sei (5. Senat des OLG Hamburg GRUR 2007, 614 f; *Teplitzky,* Wettbewerbsrechtliche Ansprüche und Verfahren, Kap. 54 Rn 24 mwN; aA 3. Zivilsenat des OLG Hamburg GRUR-RR 2002, 226; *Köhler/Bornkamm,* Wettbewerbsrecht, § 12 Rn 3.16 a mwN).

Die Dringlichkeit kann schließlich auch entfallen, wenn der Gläubiger im Zeitpunkt der Beantragung einer einstweiligen Verfügung bereits **Klage zur Hauptsache** erhoben hat und damit die fehlende Eilbedürftigkeit zum Ausdruck bringt. Ergeben sich aber während des Hauptsacheverfahrens neue Umstände, die eine Regelung im Eilverfahren doch erforderlich erscheinen lassen, so ist die Dringlichkeit anzunehmen (*Berneke,* Die einstweilige Verfügung in Wettbewerbssachen, Rn 83 mwN). 158

III. Verfahren der einstweiligen Verfügung

1. Rechtsweg und Zuständigkeit. Für Streitigkeiten nach dem UWG ist mangels einer speziellen Rechtswegzuweisung in der Regel die **Zuständigkeit der ordentlichen Gerichte** (§ 13 GVG) gegeben und zwar unabhängig davon, ob der Rechtsstreit im Hauptsacheverfahren oder im einstweiligen Verfügungsverfahren ausgetragen wird. Die Rechtswegprüfung erfolgt auch im einstweiligen Verfügungsverfahren nach § 17a GVG durch das Gericht von Amts wegen mit der Folge, dass im Falle der Unzuständigkeit des angerufenen Gerichts der Rechtsstreit an das zuständige Gericht zu verweisen ist (§ 17a Abs. 2 GVG). Ebenso wie im Hauptsacheverfahren ist auch im einstweiligen Verfügungsverfahren die sofortige Beschwerde gegen den Verweisungsbeschluss des Gerichts gemäß § 17a Abs. 4 S. 3 GVG möglich und zwar ebenso wie die Beschwerde gemäß § 17a Abs. 4 S. 5 GVG an den BGH (BGH NJW 1999, 3785). 159

Für die Entscheidung im einstweiligen Verfügungsverfahren ist örtlich und sachlich ausschließlich das **Gericht der Hauptsache** (§§ 937 Abs. 1, 802 ZPO) zuständig. In **dringenden Fällen** ist auch das **Amtsgericht** zuständig, in dessen Bezirk sich der Streitgegenstand befindet (§ 942 ZPO). Geht es, wie meist bei Werberechtsverstößen, um die Geltendmachung von Unterlassungsansprüchen, so ist das zuständige Gericht gemäß § 942 ZPO das Gericht des Bezirks, in dem die Verletzungshandlung begangen wurde oder deren Begehung droht. Ist ein Fall dringend und erweist sich eine mündliche Verhandlung nicht als erforderlich, kann der Vorsitzende anstatt des Gerichts allein entscheiden (§§ 937 Abs. 2, 944 ZPO). 160

2. Verfügungsantrag. Der Antrag auf Erlass einer einstweiligen Verfügung, der schriftlich oder zu Protokoll der Geschäftsstelle des zuständigen Gerichts (§§ 920 Abs. 3, 936 ZPO) zu stellen ist, unterliegt **nicht dem Anwaltszwang** (§ 78 Abs. 5 ZPO) und macht den Rechtsstreit **mit Einreichung des Antrags rechtshängig.** Folglich steht einer anderweitigen Antragstellung die Einrede der Rechtshängigkeit entgegen. Der Antrag auf Erlass einer einstweiligen Verfügung kann in jedem Stadium des Verfahrens ohne Einwilligung des Schuldners zurückgenommen werden (OLG Frankfurt aM WRP 2001, 716; OLG Köln GRUR-RR 2008, 445). Eine bereits erlassene einstweilige Verfügung wird wirkungslos. Über die Kosten wird gemäß § 269 Abs. 3 ZPO analog entschieden (OLG Karlsruhe WRP 1986, 354). 161

Ebenso wie für die Unterlassungsklage gilt auch für den Unterlassungsantrag im einstweiligen Verfügungsverfahren das **Erfordernis der Bestimmtheit** gemäß § 253 Abs. 2 Nr. 2 ZPO. Die Bestimmtheit des Verfügungsantrags ist zum einen notwendig, um den Streitgegenstand festzulegen, bei dem es sich in einem auf Unterlassung gerichteten einstweiligen Verfügungsverfahren um den prozessualen Anspruch des Gläubigers auf Sicherung des materiellrechtlichen Anspruchs handelt (*Berneke,* Die einstweilige Verfügung in Wettbewerbssachen, Rn 90). Zum anderen dient das Bestimmtheitserfordernis dazu, die Entscheidungsbefugnis des Gerichts gemäß § 308 Abs. 1 ZPO einzugrenzen und die Reichweite des Unterlassungsanspruchs einschließlich des Umfangs der diesbezüglichen Rechtskraft festzulegen. Daraus ergibt sich, dass der Verfügungsantrag so genau formuliert sein muss, dass dem Schuldner zum einen eine zielgerichtete Verteidigung möglich ist und zum anderen der Verfügungsanspruch ohne Weiteres vollstreckbar ist, so dass Inhalt und Umfang des Anspruchs nicht aus dem Erkenntnisverfahren in das Vollstreckungsverfahren verlagert werden (BGH GRUR 2003, 958, 960 – Paperboy; BGH GRUR 2006, 504 f – Parfümtestkäufe; BGH GRUR 2007, 607 ff – Telefonwerbung für „Individualverträge"). Ist ein Verfügungsantrag **unbestimmt,** so ist er als **unzulässig** zurückzuweisen, vorausgesetzt, das Gericht ist seiner Aufklärungspflicht gemäß § 139 ZPO nachgekommen. Ob **Verallgemeinerungen** dem Bestimmtheitsgebot gemäß § 253 Abs. 2 Nr. 2 ZPO genügen, ist anhand der Umstände des Einzelfalls zu entscheiden, wobei bei der Auslegung des Verfügungsantrages auch dessen 162

Begründung mit heranzuziehen ist (st Rspr zB BGH WRP 2001, 1182 f – Jubiläumsschnäppchen; BGH GRUR 2003, 242 f – Dresdner Christstollen). Jedenfalls ist dem Bestimmtheitserfordernis dann nicht mehr Genüge getan, wenn nicht nur **konkrete** einschließlich kerngleicher Verletzungshandlungen (Rn 9, 15, 150), sondern auch solche Handlungen erfasst werden sollen, die der Verletzungshandlung nur **ähnlich** sind. Formulierungen wie zB „ähnlich wie" (BGH GRUR 1991, 254, 256 – Unbestimmter Unterlassungsantrag I), die Untersagung des Gebrauchs einer „ähnlichen verwechslungsfähigen Bezeichnung" (BGH GRUR 1963, 430 f – Erdener Treppchen), „deutlich und unübersehbar" (BGH GRUR 2005, 692 f – „statt"-Preis), „gleichkommt" (BGH GRUR 1992, 191, 194 – Amtsanzeiger) und „Beiträge, die inhaltlich Werbung sind" (BGH GRUR 1993, 565 f – Faltenglätter) sind unbestimmt (s. zu weiteren Beispielen unbestimmter Anträge: *Köhler/Bornkamm,* Wettbewerbsrecht, § 12 Rn 2.37 ff; *Piper/Ohly/Sosnitza,* UWG, § 12 Rn 65). Für die Bestimmtheit eines Antrags reicht es grundsätzlich nicht aus, dass ein Verbot unter Hinweis auf den **gesetzlichen Verbotstatbestand** verlangt wird. Hiervon ausgenommen sind die Fälle, in denen das **Gesetz hinreichend eindeutig und konkret gefasst ist** (vgl zB OLG Nürnberg WRP 2008, 1471, 1473; BGH GRUR 2010, 749, 751 – Erinnerungswerbung im Internet), der Anwendungsbereich in einer Norm durch eine **gefestigte Auslegung** geklärt ist und eine weitere Konkretisierung im Rahmen des Unterlassungsantrags nicht möglich ist (BGH NJW 2009, 3582, 3584 f – Brillenversorgung) oder wenn der Gläubiger hinreichend deutlich macht, dass er letztlich ein Verbot im Umfang der **konkreten Verletzungshandlung** begehrt und nicht im vollen Umfang des Gesetzeswortlauts (BGH GRUR 2001, 529, 531 – Herz-Kreislauf-Studie; BGH GRUR 2003, 886, 887 – Erbenermittler; differenzierend OLG Hamburg GRUR-RR 2008, 318 ff).

163 Häufig sind sog **„Insbesondere-Anträge"**, mit denen Gläubiger einen verallgemeinernden Antrag durch beispielhafte Aufzählungen bestimmter Verletzungshandlungen konkretisieren. Nach der neueren Rechtsprechung des BGH ist ein solcher Antragszusatz nicht als unselbstständiger Bestandteil anzusehen, sondern vielmehr als Hilfsantrag zu einem eventuell unbestimmten und damit unzulässigen verallgemeinernden Antrag, um zu verdeutlichen, was jedenfalls auch gefordert wird und gegebenenfalls allein zugesprochen werden soll (BGH GRUR 2003, 886 f – Erbenermittler; *Teplitzky,* Wettbewerbsrechtliche Ansprüche und Verfahren, Kap. 51 Rn 36 ff).

164 Der Gläubiger hat den mit seinem Antrag verfolgten Verfügungsanspruch **schlüssig darzulegen** und damit einen Sachverhalt vorzutragen, der alle Tatbestandsmerkmale des geltend gemachten Anspruchs ausfüllt. Darüber hinaus sind Verfügungsgrund und Verfügungsanspruch **glaubhaft** zu machen. Eine vollständige Beweisführung ist nicht erforderlich. Ausreichend ist eine überwiegende Wahrscheinlichkeit für die Richtigkeit der aufgestellten Behauptungen. Als **Mittel der Glaubhaftmachung** kommen insbesondere eidesstattliche Versicherungen, Urkunden sowie Zeugen und Sachverständige iS präsenter Beweismittel, die im Termin zur mündlichen Verhandlung anwesend sein müssen, in Betracht. Die Verteilung der **Glaubhaftmachungslast** richtet sich nach den allgemeinen **Beweislastgrundsätzen** eines Klageverfahrens.

165 **3. Schutzschrift.** Zweck der im Gesetz nicht geregelten **Schutzschrift** ist es, dem Schuldner, der nicht ausschließen kann, dass eine einstweilige Verfügung ohne mündliche Verhandlung erlassen wird, die Möglichkeit zu geben, sich schon frühzeitig iS eines **vorgezogenen rechtlichen Gehörs** zur Sach- und Rechtslage umfassend zu äußern. Sind mehrere Gerichte zuständig, wie dies bei Werberechtsverstößen regelmäßig der Fall ist, so empfiehlt es sich, Schutzschriften zumindest bei den wichtigsten für die Beantragung einer einstweiligen Verfügung in Betracht kommenden zuständigen Gerichten zu hinterlegen. Im Aufbau befindlich ist ein **Zentrales Schutzschriftenregister** im Internet (www.schutzschriftenregister.de), das allerdings noch nicht von allen Landgerichten abgefragt wird. Für die Hinterlegung von Schutzschriften besteht **kein Anwaltszwang.** Kommt das Gericht zu der Auffassung, den Verfügungsantrag aufgrund der Ausführungen in der Schutzschrift zurückzuweisen, so hat es dem Gläubiger Gelegenheit zur Stellungnahme entweder im Rahmen einer anzuberaumenden mündlichen Verhandlung oder dadurch zu geben, dass es dem Gläubiger hierfür die Schutzschrift unter Setzung einer angemessenen Stellungnahmefrist zuleitet (*Teplitzky,* Wettbewerbsrechtliche Ansprüche und Verfahren, Kap. 5 Rn 52). Die Kosten der Schutzschrift sind **Verfahrenskosten.** Sie sind zu erstatten, wenn der Antrag auf Erlass einer einstweiligen Verfügung zurückgewiesen oder zurückgenommen wird (BGH GRUR 2008, 640 – Kosten der Schutzschrift III), aber nicht, wenn die Schutzschrift erst nach Rücknahme des Antrags oder dessen endgültiger Zurückweisung eingereicht wird (BGH WRP 2007, 786 f).

166 **4. Entscheidung durch Beschluss oder Urteil.** Ist der jeweilige Fall **dringend,** kann das Gericht dem Antrag auf Erlass einer einstweiligen Verfügung ohne mündliche Verhandlung durch **Beschluss** statt-

geben (§ 937 Abs. 2 ZPO). Die Dringlichkeit ist anzunehmen, wenn zu befürchten steht, dass das Zuwarten bis zum Termin einer mündlichen Verhandlung die Erreichung des Zwecks des Verfügungsantrags gefährden würde. Die Entscheidung des Gerichts erfolgt nach pflichtgemäßem Ermessen. Eine Beschlussentscheidung ergeht oftmals dann nicht, wenn dem Gericht bereits eine Schutzschrift vorliegt. Enthält die Schutzschrift nach Auffassung des Gerichts keine dem Verfügungsantrag entgegenstehenden sachlichen und rechtlichen Gesichtspunkte, kommt eine Beschlussentscheidung aber dennoch in Betracht. Das Gericht hat die Möglichkeit, dem Schuldner vor einer Entscheidung über den Verfügungsantrag Gelegenheit zur Stellungnahme zu geben. Hiervon machen die Gerichte oftmals Gebrauch. Einer **Begründung des Beschlusses** bedarf es nur, wenn das Gericht dem Verfügungsantrag nicht oder teilweise nicht stattgibt oder wenn die Entscheidung im Ausland geltend gemacht werden soll (§§ 922 Abs. 1, 936 ZPO). Die einstweilige Verfügung wird dem Gläubiger von Amts wegen zugestellt (§§ 329 Abs. 2 S. 2, 529 Abs. 2, 936 ZPO), der diese wiederum dem Schuldner im Parteienbetrieb zuzustellen hat (§§ 922 Abs. 2, 936 ZPO). Durch Beschluss ergeht auch die den Verfügungsantrag zurückweisende Entscheidung (§ 937 Abs. 2 ZPO) mit einer entsprechenden Begründung. Der Beschluss ist dem Gläubiger vom Gericht gemäß § 329 Abs. 2 S. 2 ZPO zuzustellen. Eine Mitteilung an den Schuldner erfolgt nicht (§ 922 Abs. 3 ZPO).

Fehlt es an den Voraussetzungen für eine Beschlussverfügung, so beraumt das Gericht einen Termin 167 zur **mündlichen Verhandlung** an mit der Möglichkeit der Verkürzung der Ladungsfristen (§§ 217, 226 Abs. 1 ZPO). Für die mündliche Verhandlung besteht Anwaltszwang. Bis zum Schluss der mündlichen Verhandlung können neue Tatsachen vorgetragen und Glaubhaftmachungsmittel beigebracht werden. Das Gericht erlässt eine einstweilige Verfügung durch **Endurteil**, wenn der Verfügungsantrag begründet ist (§§ 313, 330 ff, 922 Abs. 1, 936 ZPO). Erweist sich der Antrag nach dem Ergebnis der mündlichen Verhandlung als unbegründet, wird er ebenfalls durch Endurteil zurückgewiesen (§§ 313, 330 ff, 922 Abs. 1, 936 ZPO). Das Endurteil ist den Parteien in jedem Fall gemäß § 317 Abs. 1 S. 1 ZPO von Amts wegen zuzustellen. Zur Wahrung der Vollziehungsfrist gemäß § 929 Abs. 2 ZPO hat der Gläubiger ein die einstweilige Verfügung erlassendes Urteil aber auch im Parteibetrieb zuzustellen (*Köhler/Bornkamm*, Wettbewerbsrecht, § 12 Rn 3.29 mwN).

5. Rechtsbehelfe. a) Gläubiger. Wird der Antrag auf Erlass einer einstweiligen Verfügung zurückge- 168 wiesen, steht dem Gläubiger hiergegen der Rechtsbehelf der **sofortigen Beschwerde** gemäß §§ 567 Abs. 1 Nr. 2, 569 Abs. 1 S. 1 ZPO zu, die innerhalb einer Notfrist von zwei Wochen bei dem Gericht, dessen Entscheidung angefochten wird oder bei dem Beschwerdegericht einzulegen ist. Wird der erste Weg gewählt, kann das Gericht der Beschwerde abhelfen oder diese dem Beschwerdegericht zur Entscheidung vorlegen. Ordnet das Beschwerdegericht eine mündliche Verhandlung an, erfolgt die Entscheidung durch **Endurteil** (§§ 922 Abs. 1, 936 ZPO), das gemäß § 542 Abs. 2 ZPO unanfechtbar ist. Hält das Beschwerdegericht die Voraussetzungen gemäß § 937 Abs. 2 ZPO für gegeben, endet das Verfahren mit einem **Beschluss,** mit dem die Beschwerde entweder zurückgewiesen oder die einstweilige Verfügung erlassen wird. Erfolgt eine Zurückweisung, ist die Entscheidung endgültig. Eine Rechtsbeschwerde zum BGH findet aufgrund der Regelung gemäß § 542 Abs. 2 ZPO und trotz der Bestimmung gemäß § 574 Abs. 2 ZPO selbst dann nicht statt, wenn das OLG die Rechtsbeschwerde zugelassen hat (BGH GRUR 2003, 548 f – Rechtsbeschwerde I). Erlässt das Beschwerdegericht die einstweilige Verfügung im Beschlusswege, kann der Schuldner bei dem Gericht, dessen Entscheidung angefochten wurde, **Widerspruch** einlegen.

Der Gläubiger kann gegen ein Urteil erster Instanz, das entweder von vornherein (§§ 922 Abs. 1 S. 1, 169 936 ZPO) oder nach Widerspruch (§§ 925 Abs. 1, 936 ZPO) aufgrund einer mündlichen Verhandlung erging, **Berufung** einlegen (§§ 511 ff ZPO). Eine Revision ist nicht zulässig (§ 542 Abs. 2 S. 1 ZPO). Eine Zurückverweisung des Berufungsgerichts an das Gericht erster Instanz ist im einstweiligen Verfügungsverfahren nicht möglich (OLG Karlsruhe GRUR 1978, 116).

b) Schuldner. Gegen eine **Beschlussverfügung** kann der Antragsgegner **Widerspruch** gemäß §§ 924 170 Abs. 1, 936 ZPO einlegen, der nicht fristgebunden ist. Die Entscheidung über den Widerspruch ergeht nach notwendiger **mündlicher Verhandlung** durch **Endurteil** (§§ 925 Abs. 1, 936 ZPO), gegen das wiederum **Berufung** eingelegt werden kann.

Wurde eine einstweilige Verfügung erlassen, kann der Schuldner bei dem die Verfügung erlassenden 171 Gericht Antrag auf Anordnung der Klageerhebung binnen einer vom Gericht zu bestimmenden Frist gemäß §§ 926 Abs. 1, 936 ZPO stellen. Leistet der Gläubiger der Anordnung des Gerichts nicht Folge, so hat das die einstweilige Verfügung erlassende Gericht wiederum auf Antrag des Schuldners die einstweilige Verfügung durch Endurteil aufzuheben (§§ 926 Abs. 2, 936 ZPO).

172 Das Gericht, das die einstweilige Verfügung erlassen hat oder das Gericht der Hauptsache, hat auf Antrag des Schuldners eine einstweilige Verfügung **wegen veränderter Umstände** gemäß §§ 927, 936 ZPO aufzuheben. Die Aufhebung ist nur in Bezug auf solche veränderten Umstände möglich, die nach Erlass der einstweiligen Verfügung eingetreten sind oder von denen er erst nach Erlass der einstweiligen Verfügung Kenntnis erhalten hat oder die er, obwohl sie ihm vor Erlass der einstweiligen Verfügung bekannt waren, seinerzeit noch nicht glaubhaft machen konnte (*Piper/Ohly/Sosnitza,* UWG, § 12 Rn 157). Veränderte Umstände, die auf Antrag des Schuldners zu einer Aufhebung der einstweiligen Verfügung führen, sind zB der Wegfall der Wiederholungsgefahr wegen einer zwischenzeitlich abgegebenen strafbewehrten Unterlassungserklärung des Schuldners, die rechtskräftige Abweisung der Hauptsacheklage (BGH GRUR 1993, 998, 1000 – Verfügungskosten). Die Darlegungs- und Glaubhaftmachungslast für das Vorliegen veränderter Umstände liegt beim Schuldner. Das Gericht entscheidet aufgrund mündlicher Verhandlung durch Endurteil (§ 927 Abs. 2, 936 ZPO).

IV. Vollziehung der einstweiligen Verfügung

173 Auf die Anordnung der einstweiligen Verfügung folgt deren Vollziehung als Maßnahme der **Zwangsvollstreckung** (§§ 928, 936 ZPO) mit der Maßgabe, dass die Vollziehung innerhalb **eines Monats** ab Urteilsverkündung oder der Zustellung des Beschlusses an den Gläubiger durch diesen vorzunehmen ist, um nicht der Wirkung der einstweiligen Verfügung verlustig zu gehen.

174 Die Vollziehung einer Unterlassungsverfügung erfolgt im **Parteibetrieb** durch Zustellung der Urteils- oder Beschlussverfügung an den Schuldner gemäß **§§ 191 ff ZPO.** Die Amtszustellung des Urteils genügt für die Vollziehung einer Urteilsverfügung nicht. Die Parteizustellung wird entweder durch den **Gerichtsvollzieher** gemäß § 192 ZPO vorgenommen oder erfolgt von **Anwalt zu Anwalt,** wenn der Zustellungsempfänger zur Annahme des zuzustellenden Schriftstücks bereit ist und ein schriftliches Empfangsbekenntnis erteilt (§ 195 ZPO; BGH WRP 1982, 514, 517 – Vollziehung der einstweiligen Verfügung). Für eine ordnungsgemäße Zustellung von Anwalt zu Anwalt reicht die Übersendung der einstweiligen Verfügung mit einfachem Brief oder auch als Einschreiben mit Rückschein nicht aus. Die Zustellung muss, wenn sich ein **Prozessbevollmächtigter** für den Schuldner bestellt hat, an diesen erfolgen (§§ 172 Abs. 1 S. 1, 191 ZPO). Weist die **Zustellung Mängel** auf, so sind diese gemäß § 189 ZPO heilbar. § 189 enthält gleichermaßen für Urteils- und Beschlussverfügungen eine **Zustellungsfiktion.**

175 Es bedarf einer **erneuten** Vollziehung der einstweiligen Verfügung innerhalb der Monatsfrist, wenn diese inhaltlich abgeändert und insbesondere erweitert oder wesentlich eingeschränkt wird. Bloße sprachliche Korrekturen erfordern keine erneute Vollziehung (vgl *Köhler/Bornkamm,* Wettbewerbsrecht, § 12 Rn 3.66; *Piper/Ohly/Sosnitza,* UWG, § 12 Rn 168 mit umfangreichen Rechtsprechungsnachweisen).

V. Abschlussverfahren

176 Bedingt durch den Charakter der einstweiligen Verfügung als vorläufiger Regelung erfolgt die einen Rechtsstreit endgültig erledigende Regelung grundsätzlich erst im Hauptsacheverfahren. Das **Abschlussschreiben** und die **Abschlusserklärung** geben jedoch als ein solches von der Praxis entwickeltes **Abschlussverfahren** die Möglichkeit, den Rechtsstreit wie durch ein rechtskräftiges Urteil in der Hauptsache zu beenden (BGH GRUR 1991, 76 f – Abschlusserklärung). Inhalt der durch das Abschlussschreiben geforderten Abschlusserklärung ist in der Regel der Verzicht auf die Rechtsbehelfe des Widerspruchs (**§ 924 ZPO**) der Fristsetzung zur Erhebung der Hauptsacheklage (**§ 926 ZPO**) sowie des Antrags auf Aufhebung der einstweiligen Verfügung wegen veränderter Umstände (**§ 927 ZPO**). Im Hinblick darauf, dass die Abschlusserklärung den Gläubiger nicht besser stellen soll, als er im Fall eines rechtskräftigen Hauptsachetitels stünde, empfiehlt es sich, vom Verzicht auf den Rechtsbehelf gemäß § 927 ZPO solche erst künftig entstehenden Umstände auszunehmen. Die Abschlusserklärung hat im Übrigen unbedingt und vorbehaltlos zu erfolgen (BGH GRUR 1991, 76 f – Abschlusserklärung). In seinem Abschlussschreiben hat der Gläubiger dem Schuldner eine **angemessene Überlegungsfrist** für die Abgabe der Abschlusserklärung einzuräumen. Diese Frist soll in der Regel mindestens vier Wochen ab Zustellung der einstweiligen Verfügung und mindestens zwei Wochen ab Zugang des Abschluss-

schreibens betragen (KG WRP 1989, 659, 661; *Köhler/Bornkamm,* Wettbewerbsrecht, § 12 Rn 3.71; *Piper/Ohly/Sosnitza,* UWG, § 12 Rn 183). Für die Frage der Angemessenheit der Überlegungsfrist sind die Umstände des Einzelfalls entscheidend (OLG Frankfurt aM GRUR-RR 2003, 274 f; OLG Frankfurt aM GRUR-RR 2003, 294). Des Weiteren muss das Abschlussschreiben die Androhung enthalten, dass für den Fall der Nichtabgabe der geforderten Abschlusserklärung Hauptsacheklage erhoben wird. Die Kosten des Abschlussschreibens, das – wie dies vom Gläubiger zu beweisen ist – dem Schuldner zugegangen sein muss, sind Vorbereitungskosten des Hauptsacheverfahrens, die der Schuldner zu tragen hat (BGH GRUR 2010, 1038 f – Kosten für Abschlussschreiben). Dies gilt aber dann nicht, wenn der Schuldner eine strafbewehrte Unterlassungserklärung vor Absendung des Abschlussschreibens abgegeben hat oder der Gläubiger dem Schuldner bis zur Absendung des Abschlussschreibens keine angemessene Überlegungsfrist gewährt hat.

Die Abschlusserklärung hat die **Wirkung**, dass der Schuldner in dem Umfang, in dem er auf Rechts- 177
behelfe verzichtet hat, nicht mehr gegen die einstweilige Verfügung vorgehen kann. Es fehlt das Rechtsschutzbedürfnis sowohl für eine Hauptsacheklage, als auch für eine negative Feststellungsklage (BGH GRUR 1991, 76 f – Abschlusserklärung; BGH GRUR 2009, 1096 f – Mescher weis; BGH GRUR 2010, 855, 857 – Folienrollos; *Köhler/Bornkamm,* Wettbewerbsrecht, § 12 Rn 3.77). Schadensersatzansprüche gemäß § 945 ZPO kann der Schuldner nicht mehr geltend machen. Die Abschlusserklärung lässt mit derselben Wirkung wie eine strafbewehrte Unterlassungserklärung die Wiederholungsgefahr entfallen (s. Rechtsprechungs- und Literaturnachweise in Rn 13).

VI. Schadensersatz

Für den Fall, dass sich die einstweilige Verfügung als von Anfang an ungerechtfertigt erweist oder nach 178
den Bestimmungen der §§ 926 Abs. 2, 942 Abs. 3 ZPO aufgehoben wird, hat der Gläubiger dem Schuldner gemäß **§ 945 ZPO Schadensersatz** zu leisten. Die Schadensersatzpflicht gemäß § 945 ZPO besteht **verschuldensunabhängig.**

Eine einstweilige Verfügung ist als von Anfang an ungerechtfertigt anzusehen (§ 945 1. Alt ZPO), wenn 179
kein **Verfügungsanspruch** oder kein **Verfügungsgrund** bestand oder andere Zulässigkeitsvoraussetzungen bei Erlass der einstweiligen Verfügung nicht gegeben waren. Darlegungs- und beweispflichtig für die Rechtmäßigkeit der einstweiligen Verfügung im Zeitpunkt ihres Erlasses ist der Gläubiger bzw Beklagte im Schadensersatzprozess. Das Gericht, das über den Schadensersatzanspruch zu entscheiden hat, ist an eine rechtskräftige Entscheidung im Hauptsacheverfahren in Bezug auf den Verfügungsanspruch gebunden (BGH GRUR 1992, 203, 205 – Roter mit Genever; BGH GRUR 1993, 998 f – Verfügungskosten). Bei einstweiligen Verfügungsverfahren besteht keine Bindungswirkung für Beschlussverfügungen (BGH GRUR 1992, 203, 205 – Roter mit Genever), Versäumnisurteile (BGH WM 1971, 1129) sowie Verzichtsurteile ohne Begründung (BGH GRUR 1998, 1010 f – WINCAD). Bei sonstigen rechtskräftigen Entscheidungen des Verfügungsverfahrens besteht eine Bindungswirkung hinsichtlich des Verfügungsgrundes. Keine Bindungswirkung haben sonstige rechtskräftige Entscheidungen in Verfügungsverfahren, die den Verfügungsanspruch bejahen. Umstritten ist, ob Bindungswirkung solchen sonstigen rechtskräftigen Entscheidungen des einstweiligen Verfügungsverfahrens zukommt, die einen Verfügungsanspruch verneinen (eine Bindungswirkung bejahend zB: BGH NJW 1992, 2297 f; *Piper/Ohly/Sosnitza,* UWG, § 12 Rn 199; eine Bindungswirkung verneinend zB: OLG Stuttgart WRP 1992, 518, 520; *Teplitzky,* Wettbewerbsrechtliche Ansprüche und Verfahren, Kap. 36 Rn 22; *Berneke,* Die einstweilige Verfügung in Wettbewerbssachen, Rn 413).

Soweit es um eine Schadensersatzpflicht aufgrund der Aufhebung einer einstweiligen Verfügung wegen 180
Fristversäumung (§§ 926 Abs. 2, 942 Abs. 3, 945 2. Alt ZPO) geht, ist das Gericht an die Tatsache der Aufhebung gebunden und hat deren Berechtigung nicht mehr zu prüfen. Es fehlt aber an einem ersatzfähigen Schaden, wenn ein Verfügungsanspruch materiellrechtlich besteht und mithin das Verhalten des den Schadensersatzanspruch geltend machenden Schuldners rechtswidrig war (BGH GRUR 1981, 295 f – Fotoartikel I; BGH GRUR 1992, 203, 206 – Roter mit Genever). Eine analoge Anwendung des § 945 ZPO für den Fall, dass der Gläubiger auf die Rechte aus der einstweiligen Verfügung verzichtet, kommt ebenso wenig in Betracht wie für den Fall der Versäumung der Vollziehungsfrist gemäß § 929 Abs. 2 ZPO (BGH GRUR 1992, 203, 206 – Roter mit Genever; BGH MDR 1964, 224; *Berneke,* Die einstweilige Verfügung in Wettbewerbssachen, Rn 414 mwN).

Besteht ein Schadensersatzanspruch gemäß § 945 ZPO dem Grunde nach, so hat der Gläubiger dem 181
Schuldner denjenigen **Schaden zu ersetzen,** der **adäquat kausal** durch die Vollziehung der einstweiligen

Verfügung oder durch Erbringung der Sicherheitsleistung zur Abwendung der Vollziehung oder Aufhebung der einstweiligen Verfügung entstanden ist (BGH GRUR 1993, 998, 1000 – Verfügungskosten; *Köhler/Bornkamm*, Wettbewerbsrecht § 12 Rn 3.83 mit weiteren Rechtsprechungsnachweisen). Für solche durch § 12 Abs. 2 erfasste und mithin auf Unterlassung gerichtete Urteilsverfügungen setzt die Schadensersatzpflicht bereits vor Vollziehung ab dem Zeitpunkt der Urteilsverkündung ein, da der Schuldner ab diesem Zeitpunkt verpflichtet ist, die einstweilige Verfügung zu befolgen, es sei denn, der Gläubiger hat auf die Befolgung der einstweiligen Verfügung für die Zeit bis zur Vollziehung verzichtet (BGH GRUR 2009, 890 f – Ordnungsmittelandrohung; *Berneke*, Die einstweilige Verfügung in Wettbewerbssachen, Rn 416 mit umfangreichen Rechtssprechungs- und Literaturhinweisen). Unabhängig davon, ob die einstweilige Verfügung durch Urteil oder Beschluss erlassen wurde, setzt bei Unterlassungsverfügungen die Schadensersatzhaftung gemäß § 945 ZPO voraus, dass die jeweilige Verfügung mit einer Ordnungsmittelandrohung (§ 890 Abs. 2 ZPO) versehen ist. Dies gilt selbst dann, wenn die Unterlassungsverfügung im Parteibetrieb zugestellt und damit vollzogen wurde (BGH GRUR 1993, 415, 417 – Straßenverengung; BGH NJW 1996, 198 f – Einstweilige Verfügung ohne Strafandrohung; BGH GRUR 2009, 890 f – Ordnungsmittelandrohung). Die Schadensersatzverpflichtung endet mit Ablauf der Monatsfrist gemäß § 929 Abs. 2 ZPO, wenn die Vollziehung bzw die Zustellung der Unterlassungsverfügung in diesem Zeitraum nicht erfolgte. Nach § 945 ZPO ist der unmittelbare und der mittelbare Schaden zu ersetzen, der sich nach den Bestimmungen der §§ 249 ff BGB richtet.

182 Bei Unterlassungsverfügungen sind ersatzfähige Schäden insbesondere solche, die unmittelbar aus der Beachtung des jeweiligen gerichtlichen Verbots resultieren, wie zB alle Aufwendungen zur Umsetzung von Werbeverboten und insbesondere der Umstellung der Werbung (BGH GRUR 1993, 998, 1000 – Verfügungskosten), ein entgangener Gewinn und Kosten, die der Gläubiger vom Schuldner aufgrund der ergangenen einstweiligen Verfügung erstattet erhalten hat, nicht hingegen die eigenen Verfahrenskosten des Schuldners, die nicht durch die Vollziehung verursacht werden, jedoch im Aufhebungsverfahren gemäß §§ 927, 936 ZPO geltend gemacht werden können (BGH GRUR 1993, 998 f – Verfügungskosten). Ein Schaden des Schuldners, der dadurch entsteht, dass er Handlungen unterlässt, die vom Verbot der einstweiligen Verfügung nicht erfasst sind, ist ebenso wenig ersatzfähig (OLG Hamm GRUR 1989, 296 f) wie Schäden aus der Verhängung von Ordnungsmitteln aufgrund der Zuwiderhandlung gegen eine Unterlassungsverfügung (KG GRUR 1987, 571 f). Bei der Beurteilung des dem Schuldner zu ersetzenden Schadens ist ein eventuelles Mitverschulden des Schuldners gemäß § 254 BGB iS einer Schadensersatzminderungspflicht zu berücksichtigen. Kosten, die dem Schuldner entstehen, um seiner Schadensminderungspflicht Folge zu leisten, kann er gegenüber dem Gläubiger als Schadensersatz gemäß § 945 ZPO geltend machen (BGH GRUR 1993, 998, 1000 – Verfügungskosten).

C. Urteilsbekanntmachung (§ 12 Abs. 3)

I. Allgemeine Voraussetzungen

183 Gemäß § 12 Abs. 3 hat die in einem **Unterlassungsklageverfahren obsiegende Partei** einen Anspruch auf **Urteilsbekanntmachung** unter den dort genannten Voraussetzungen. Ob § 12 Abs. 3 nur für das Klageverfahren oder auch für das **einstweilige Verfügungsverfahren** gilt, ist umstritten (zB bejahend auch für das einstweilige Verfügungsverfahren: Ahrens/*Bähr,* Der Wettbewerbsprozeß, Kap. 37 Rn 28 ff; *Piper/Ohly/Sosnitza,* UWG, § 12 Rn 212; zB grundsätzlich verneinend für das einstweilige Verfügungsverfahren: *Teplitzky,* Wettbewerbsrechtliche Ansprüche und Verfahren, Kap. 26 Rn 26 f; *Köhler/Bornkamm,* Wettbewerbsrecht, § 12 Rn 4.9). Die Ablehnung der Anwendbarkeit von § 12 Abs. 3 für das einstweilige Verfügungsverfahren wird damit begründet, dass dieses im Gegensatz zum Klageverfahren nur vorläufigen Charakter habe und vorläufige Entscheidungen, wie sich dies auch aus § 12 Abs. 3 S. 4 ergebe, von der Bekanntmachungsmöglichkeit gemäß § 12 Abs. 3 nicht erfasst seien. Eine Bekanntmachung einer einstweiligen Verfügung komme aber dann in Betracht, wenn diese ihren vorläufigen Charakter durch Abgabe einer Abschlusserklärung, mit der der Schuldner die einstweilige Verfügung als endgültige Regelung anerkenne (vgl hierzu im Einzelnen Rn 176 ff), verloren habe (*Teplitzky,* Wettbewerbsrechtliche Ansprüche und Verfahren, Kap. 26 Rn 26 f).

184 Die Bekanntmachungsbefugnis gemäß § 12 Abs. 3 setzt voraus, dass der Unterlassungsanspruch der obsiegenden Partei zumindest auch auf das **UWG** gestützt wird. § 12 Abs. 3 ist lediglich auf die Veröffentlichung von **Urteilen** anwendbar. Endet ein Verfahren nicht durch Urteil, sondern zB in Folge der Abgabe einer strafbewehrten Unterlassungserklärung durch eine übereinstimmende Erledigungs-

erklärung der Hauptsache, so ist zwar nicht § 12 Abs. 3 anwendbar. Bei einer fortwirkenden Störung kommt aber unter dem Gesichtspunkt des Folgenbeseitigungsanspruchs dennoch die Bekanntmachung des Umstandes der Abgabe der strafbewehrten Unterlassungserklärung in Betracht (vgl BGH GRUR 1967, 362, 366 – Spezialsalz I). Darüber hinaus wird allgemein angenommen, dass die Urteilsbekanntmachung nur auf **Antrag** zugesprochen wird, auch wenn § 12 Abs. 3 dem Wortlaut nach dieses Erfordernis nicht ausdrücklich vorsieht (vgl *Piper/Ohly/Sosnitza,* UWG, § 12 Rn 214; *Köhler/Bornkamm,* Wettbewerbsrecht, § 12 Rn 4.6).

II. Besondere Voraussetzung des berechtigten Interesses

Der obsiegenden Partei steht der Bekanntmachungsanspruch nur zu, wenn sie ein **berechtigtes Interesse** dartut (§ 12 Abs. 3 S. 1). Die Zuerkennung der Bekanntmachung muss deshalb unter Abwägung aller betroffenen Interessen nach dem Grundsatz der Verhältnismäßigkeit zur Beseitigung einer fortdauernden wettbewerbswidrigen Störung erforderlich und geeignet sein. Dabei ist vor allem auf die Art, Dauer, Schwere der Verletzung, ihre Beachtung in der Öffentlichkeit, die seit der Verletzung vergangene Zeit und die Belastung der Urteilsbekanntmachung für die unterliegende Partei abzustellen (BGH GRUR 1955, 37, 43 – Cupresa; BGH GRUR 1966, 623, 627 – Kupferberg; BGH GRUR 1992, 527, 529 – Plagiatsvorwurf II; BGH GRUR 1998, 415, 417 – Wirtschaftsregister; *Köhler/Bornkamm,* Wettbewerbsrecht, § 12 Rn 4.7). Für die Beurteilung des Vorliegens eines berechtigten Interesses sind die Umstände im Zeitpunkt der Entscheidung maßgeblich (BGH GRUR 1968, 437, 439 – Westfalen-Blatt III). 185

III. Art und Umfang der Bekanntmachung

Der Zuspruch der Urteilsbekanntmachung **kann** durch das Gericht erfolgen (§ 12 Abs. 3 S. 1). Die Entscheidung steht somit im Ermessen des Gerichts, das jedoch pflichtgemäß auszuüben ist. Die vom Gericht zu bestimmende **Art der Bekanntmachung** (§ 12 Abs. 3 S. 2) hat das Medium, die Aufmachung einschließlich der Größe, die Häufigkeit, die Dauer und den Zeitpunkt der Bekanntmachung zum Gegenstand. Der ebenfalls vom Gericht zu bestimmende **Umfang der Bekanntmachung** (§ 12 Abs. 3 S. 2) bezieht sich darauf, ob das Urteil insgesamt oder nur teilweise bekannt gemacht werden darf. Dies hängt wiederum davon ab, inwieweit der obsiegenden Partei an der Urteilsveröffentlichung ein berechtigtes Interesse zusteht. Der Begriff der Bekanntmachung des Urteils umfasst die Möglichkeit, den verfügenden Teil des Urteils (Rubrum, Urteilsformel, Kostenentscheidung, Ordnungsmittelandrohung und Bekanntmachungsbefugnis) sowie auch den Tatbestand und die Entscheidungsgründe bekannt zu machen. Im Urteil ist außerdem die Kostentragungspflicht der unterliegenden Partei für die Urteilsbekanntmachung festzulegen. Die obsiegende Partei übt die Bekanntmachungsbefugnis nach Zustellung des rechtskräftigen Urteils selbst aus. Die Bekanntmachungsbefugnis erlischt, wenn die Bekanntmachung nicht innerhalb von drei Monaten nach Eintritt der Rechtskraft erfolgt (§ 12 Abs. 3 S. 3). 186

D. Streitwertminderung (§ 12 Abs. 4)

I. Allgemeines

§ 12 Abs. 4 stellt für das Wettbewerbsrecht und beschränkt auf die Ansprüche gemäß § 8 Abs. 1 als Vorschrift zu einer möglichen **Streitwertminderung** eine **verfahrensrechtliche Sonderregelung** zu den allgemeinen Regelungen über die Bemessung des Gebührenstreitwertes gemäß §§ 3 ff ZPO dar. Für andere als die in § 8 Abs. 1 genannten Ansprüche und insbesondere Schadensersatzansprüche gilt § 12 Abs. 4 nicht. 187

Der **Gebührenstreitwert** wird vom Gericht gemäß § 3 ZPO nach **freiem Ermessen** nach den Umständen des Einzelfalls festgesetzt. Für die Bemessung von Ansprüchen gemäß § 8 Abs. 1 kommt es dabei maßgeblich auf das wirtschaftliche Interesse des Gläubigers an der Abwehr von Verletzungshandlungen an (BGH GRUR 1990, 1052 f – Streitwertbemessung). Das wirtschaftliche Interesse bemisst sich wiederum daran, welche Gefahr für den Gläubiger, wie zB Umsatz- und Gewinneinbußen, Marktverwirrungsschäden und eine Rufschädigung, vom Verhalten des Schuldners iS eines sog **Angriffsfaktors** ausgeht. Wesentlich hierfür sind insbesondere die Art, der Umfang, die Intensität, die Dauer sowie die Auswirkungen der Verletzungshandlung und künftiger Verletzungshandlungen unter Einschluss der Stärke der Wiederholungsgefahr und die Unternehmensverhältnisse beim Gläubiger sowie beim 188

Schuldner (insbesondere Umsatz, Größe, Wirtschaftkraft und Marktstellung einschließlich der künftigen Entwicklung).

189 Ob im **einstweiligen Verfügungsverfahren** der gleiche Streitwert wie im Klageverfahren anzusetzen ist, ist umstritten. Soweit die Annahme des gleichen Streitwerts in der Rechtsprechung bejaht wird (zB OLG Hamburg WRP 1981, 470, 473; OLG München WRP 1985, 661 f), wird dem entgegen gehalten, dass der Verfügungsantrag nur auf die vorläufige Sicherung, nicht aber auf die Durchsetzung des Anspruchs gerichtet sei und dafür plädiert, einen unter Berücksichtigung der Umstände des Einzelfalls zu bestimmenden Abzug (*Teplitzky*, Wettbewerbsrechtliche Ansprüche und Verfahren, Kap. 49 Rn 29) oder pauschal einen Abzug von einem Drittel (KG WRP 2005, 368 f; OLG Rostock GRUR 2009, 39; *Köhler/Bornkamm*, Wettbewerbsrecht, § 12 Rn 5.12) vorzunehmen.

II. Tatbestände und Umfang der Streitwertminderung

190 **1. Einfach gelagerte Sache (§ 12 Abs. 4 1. Alt).** Voraussetzung für die Streitwertminderung bei einer einfach gelagerten Sache ist es, dass diese sowohl nach ihrer **Art** als auch nach ihrem **Umfang** einfach zu sein hat. Der Art nach einfach ist ein Fall, wenn der Sachverhalt unstreitig ist oder zumindest ohne großen Aufwand, zB durch eine einfache Beweisaufnahme, aufzuklären ist und die Klärung der Rechtslage keiner aufwändigen Prüfung bedarf. Ist die Sache der Art nach einfach, so wird dies regelmäßig, aber nicht zwingend, auch für den Umfang gelten. Ein Fall ist dann nach seinem Umfang als einfach anzusehen, wenn sich die Sach- und Rechtslage in wenigen nicht umfangreichen Schriftsätzen darstellen lässt. Der Umfang der Streitwertminderung ist bei einer einfach gelagerten Sache graduell nach dem konkreten Schwierigkeitsgrad und Umfang der Sache festzulegen (vgl *Köhler/Bornkamm*, Wettbewerbsrecht, § 12 Rn 5.22).

191 **2. Nicht tragbare Belastung (§ 12 Abs. 4 2. Alt).** Eine Streitwertminderung unter dem Gesichtspunkt einer **nicht tragbaren Belastung,** deren Feststellung **von Amts wegen** zu erfolgen hat, ist dann vorzunehmen, wenn sich aus den von der betroffenen Partei offen gelegten wirtschaftlichen Verhältnissen bei Zugrundelegung des vollen Streitwerts eine **unverhältnismäßig hohe** und damit **unzumutbare Kostenbelastung** ergibt (vgl BGH GRUR 1994, 385 – Streitwertherabsetzung). In Fällen einer nicht tragbaren Belastung richtet sich der Umfang der Streitwertminderung danach, dass in Anbetracht der konkreten Vermögens- und Einkommensverhältnisse die Zumutbarkeitsgrenze der Kostenbelastung gewahrt bleiben muss (vgl BGH GRUR 1994, 385 – Streitwertherabsetzung).

192 **3. Entscheidung über die Streitwertminderung.** Der Streitwert kann vom festsetzenden Gericht und in jeder Instanz von Amts wegen nach **Anhörung der Parteien** gemindert werden. Die Streitwertminderung erfolgt durch **Beschluss** und unterliegt dem Rechtsmittel der Streitwertbeschwerde (§ 68 GKG).

32. Abschnitt: TelemedienG

§ 7 TMG Allgemeine Grundsätze

(1) Diensteanbieter sind für eigene Informationen, die sie zur Nutzung bereithalten, nach den allgemeinen Gesetzen verantwortlich.

(2) [1]Diensteanbieter im Sinne der §§ 8 bis 10 sind nicht verpflichtet, die von ihnen übermittelten oder gespeicherten Informationen zu überwachen oder nach Umständen zu forschen, die auf eine rechtswidrige Tätigkeit hinweisen. [2]Verpflichtungen zur Entfernung oder Sperrung der Nutzung von Informationen nach den allgemeinen Gesetzen bleiben auch im Falle der Nichtverantwortlichkeit des Diensteanbieters nach den §§ 8 bis 10 unberührt. [3]Das Fernmeldegeheimnis nach § 88 des Telekommunikationsgesetzes ist zu wahren.

A. Normzweck der §§ 7 bis 10

§§ 7 bis 10 des TelemedienG regeln die **Verantwortlichkeit der Anbieter von Telemedien** (Diensteanbieter) für **eigene** zur Nutzung bereit gehaltene **Informationen,** aber vor allem auch für **fremde Informationen,** deren Nutzung sie als Diensteanbieter ermöglichen. Insbesondere im Hinblick auf die spezifischen Umstände des Internets enthalten die Regelungen Begrenzungen der Haftung der Diensteanbieter für Fremdinformationen und übernehmen damit eine **Filterfunktion** mit dem Ergebnis, dass eine Verantwortlichkeit und Haftung nach Maßgabe der einschlägigen Regelungen der jeweils zur Anwendung kommenden Rechtsgebiete (zB Wettbewerbsrecht, Markenrecht, Urheberrecht) nur noch besteht, soweit sie nicht durch §§ 7 bis 10 ausgegrenzt werden (*Trautmann,* Das neue Telemediengesetz 2007, 53 ff; *Köhler/Arndt/Fetzer,* Recht des Internets, 252 f). 1

Da **Telemedien** gemäß § 1 Abs. 1 **alle elektronischen Informations- und Kommunikationsdienste** sind, die nicht dem Begriff der Telekommunikationsdienste iS einer ausschließlichen Übertragung und eines Transports von Signalen gemäß § 3 Nr. 24 TKG unterfallen (zB die klassische Telefonie, Voice over IP) nicht telekommunikationsgestützte Dienste iSv § 3 Nr. 25 TKG sind (zB Telefon- oder Sprachmehrwertdienste) und nicht als Rundfunk iSd Rundfunkstaatsvertrages zu definieren sind, zählen zu den Telemedien zB Internet-Handelsplattformen und sonstige Webshops, Foren und Chats, Video on Demand Angebote, die Werbung für Waren und Dienstleistungsangebote per E-Mail sowie die Zugangsvermittlung zum Internet und damit der Nutzungsmöglichkeit dort eingestellter Informationen. 2

In §§ **7 bis 10** wurden die Regelungen der vor dem 1.3.2007 geltenden §§ **8 bis 11** TelediensteG (TDG) sowie §§ **6 bis 9** Mediendienstestaatsvertrag (MDStV) **unverändert übernommen.** Dies ist in mancher Hinsicht mit dem Ruf nach einer dringend erforderlichen Nachbesserung der gesetzlichen Bestimmungen kritisiert worden. So wurde zB schon in der Vergangenheit gefordert, eine bessere Abgrenzung und eindeutigere Definition der Begrifflichkeiten Telemediendienste einerseits und Telekommunikationsdienste andererseits vorzunehmen, gesetzlich sicherzustellen, dass die Diensteanbieter nicht mit uner- 3 füllbaren Pflichten zur Prüfung fremder Informationen belastet werden und die Haftung und Verantwortung grundsätzlich dem Verursacher selbst zuzuordnen, statt dem die Nutzung fremder Informationen ermöglichenden Diensteanbieter (s. zB Antrag der FDP Fraktion vom 13.6.2007, BT-Drucks. 16/5613; *Hoeren,* NJW 2007, 801, 805 f; *Spindler,* CR 2007, 239 ff). Zu den Einzelheiten einer bereits **geplanten Novellierung des TMG,** die aber bisher nicht stattgefunden hat, wird auf http://dip21.bundestag.de/dip21/btd/16/111/1611173.pdf verwiesen.

B. Verantwortlichkeit für eigene Informationen (§ 7 Abs. 1)

4 § 7 Abs. 1 normiert zunächst eine Selbstverständlichkeit, nämlich dass der Diensteanbieter für **eigene Informationen** nach Maßgabe der jeweils anwendbaren allgemeinen gesetzlichen Bestimmungen uneingeschränkt selbst verantwortlich ist. Dies bedeutet für den Bereich der Werbung, dass zB der Verlag elektronischer Presserzeugnisse für wettbewerbswidrige Eigenanzeigen uneingeschränkt und ohne die Möglichkeit der Inanspruchnahme der Haftungsprivilegien des TelemedienG gemäß §§ 8, 9 UWG auf Unterlassung, Beseitigung und Schadensersatz haftet (s. hierzu auch 31. Abschnitt, Rn 52, 95).

5 Die Verantwortlichkeitsregelung gemäß § 7 Abs. 1 erfasst aber nicht nur eigene Informationen im engeren Sinne, sondern auch solche **fremden Informationen,** die sich der Diensteanbieter **zu eigen macht.** Ein sich zu eigen machen ist gegeben, wenn der Diensteanbieter die jeweilige Information nicht klar als fremde Information kennzeichnet und sich nicht ausreichend davon distanziert. Bei der üblichen Bannerwerbung im Internet wird man in der Regel von einer fremden Information ausgehen müssen, die sich der Diensteanbieter nicht zu eigen macht (*Rath-Glawatz/Engels/Dietrich,* Das Recht der Anzeige, 1. Teil Rn 83 mwN; s. auch LG Hamburg zur Haftung von Foreneinträgen MMR 2007, 450 ff). Ob ein sich zu eigen machen im Einzelfall anzunehmen ist, wird nicht immer leicht feststellbar sein. In Betracht kommt im Online-Bereich ein sich zu eigen machen zB bei der Verwendung von **Frames** und **Inline-Links,** mit denen eine fremde Information mit werbendem Inhalt in die eigene Website des Diensteanbieters einbezogen wird (*Rath-Glawatz/Engels/Dietrich,* Das Recht der Anzeige, 1. Teil Rn 83). Ein Presseunternehmen macht sich aber eine wettbewerbswidrige Werbung dann nicht zu eigen, wenn es im Rahmen eines redaktionellen Artikels lediglich auf eine wettbewerbswidrige Werbung verlinkt (BGH GRUR 2004, 693 ff – Schöner Wetten). Von einem zu eigen machen ist auch dann auszugehen, wenn ein Betreiber eines Internetportals, in das Dritte für die Öffentlichkeit bestimmte Inhalte stellen können, diese Inhalte vor ihrer Freischaltung auf Vollständigkeit und Richtigkeit überprüft hat und sich hieran umfassende Nutzungsrechte einräumen lässt; dies gilt auch dann, wenn für die Nutzer des Internetportals erkennbar ist, dass die Inhalte nicht vom Betreiber, sondern von Dritten stammen (BGH GRUR 2010, 616, 618 f – Marions Kochbuch.de; vgl auch BGH GRUR 2008, 534, 536 – ueber18.de; BGH GRUR 2009, 1093 ff – Focus Online (zu eigen machen verneint); OLG Hamburg MMR 2009, 721 ff; s. zur ausführlichen Darstellung der diesbezüglichen Rechtsprechung und Literatur *Heckmann,* Internetrecht, Kap. 1.7 Rn 11 ff).

C. Keine Überwachungs- und Nachforschungspflichten (§ 7 Abs. 2 Satz 1)

6 § 7 Abs. 2 S. 1 normiert, dass der Diensteanbieter **keine Maßnahmen der Überwachung und Nachforschung** zu treffen hat, um festzustellen, ob rechtswidrige fremde Informationen, wie zB eine wettbewerbswidrige Werbung, bereit gehalten werden. Die Bestimmung trägt damit dem Umstand Rechnung, dass es einem Diensteanbieter angesichts der Flut von ständig wechselnden Informationen im Internet nicht **zumutbar** ist, eine allgemeine Rechtmäßigkeitsprüfung der Informationen vorzunehmen, deren Verbreitung er ermöglicht. Kommt es zu Rechtsverletzungen durch rechtswidrige fremde Informationen und erhält der Diensteanbieter hiervon **Kenntnis,** so ändert dies zwar nichts am Nichtbestehen allgemeiner Überwachungs- und Nachforschungspflichten. Es greift dann jedoch das allgemeine Haftungsrecht ein, wonach der Diensteanbieter im Rahmen einer Verpflichtung zur Unterlassung der Verbreitung rechtswidriger fremder Informationen oder deren Beseitigung zur Prüfung fremder Informationen in zumutbarem Umfang verpflichtet ist, um künftige Rechtsverstöße zu vermeiden (s. hierzu nachfolgende Ausführungen unter Rn 7 ff).

D. Verpflichtung zur Entfernung oder Sperrung der Nutzung von Informationen (§ 7 Abs. 2 Satz 2)

I. Entfernung, Sperrung und Unterlassung

§ 7 Abs. 2 S. 2 regelt, dass die in §§ 8 bis 10 vorgesehene Nichtverantwortlichkeit des Diensteanbieters 7 dessen Verpflichtung zur **Entfernung** oder **Sperrung** rechtswidriger fremder Informationen nach Maßgabe der allgemeinen gesetzlichen Bestimmungen unberührt lässt, wobei gemäß § 7 Abs. 2 S. 3 das Fernmeldegeheimnis gemäß § 88 TKG zu wahren ist. Da lediglich die Begriffe Entfernung und Sperrung genannt werden, geht es damit zunächst nach dem Wortlaut nur um Ansprüche auf **Beseitigung** fremder Informationen.

Der BGH nimmt jedoch in seiner zwischenzeitlich gefestigten Rechtsprechung an, dass nach § 7 8 Abs. 2 S. 2 (vormals § 8 Abs. 2 S. 2 TDG) nicht nur der Beseitigungsanspruch, sondern **ab Kenntniserlangung einer Rechtsverletzung** auch der weiterreichende und auf die Verhinderung künftiger Rechtsverletzungen gerichtete Anspruch auf Unterlassung der Verbreitung rechtswidriger Informationen gemäß der allgemeinen gesetzlichen Bestimmungen unberührt bleibe und folglich die in §§ 8 bis 10 (vormals §§ 9 bis 11 TDG) geregelten Haftungsprivilegierungen auf die **strafrechtliche Verantwortlichkeit** und die **Schadensersatzhaftung** beschränkt seien (BGH GRUR 2004, 860, 862 f – Internet-Versteigerung I; BGH GRUR 2007, 708, 710 – Internet-Versteigerung II; BGH GRUR 2007, 890 ff – Jugendgefährdende Medien bei eBay; BGH ZUM 2007, 533 f – Meinungsforum; BGH MMR 2008, 531 ff – Internet-Versteigerung III).

II. Störerhaftung

Anders als im Wettbewerbsrecht, für das der BGH in der Zwischenzeit eine Abkehr von der Störer- 9 haftung hin zur Täterhaftung unter dem Gesichtspunkt der Verletzung von Verkehrspflichten und der unzureichenden Kontrolle geschäftlicher Einrichtungen (BGH GRUR 2007, 890 ff – Jugendgefährdende Medien bei eBay; BGH BeckRS 2010, 24344 – Versandkosten bei Froogle II; BGH GRUR 2009, 597 ff – Halzband; s. im Einzelnen hierzu 31. Abschnitt Rn 53) vorgenommen hat, hält der BGH im Immaterialgüterrecht und insbesondere im Bereich des Persönlichkeits- und Namensrechts sowie des Urheber- und Markenrechts in Bezug auf denjenigen, der für fremde Informationen haftet, weiterhin am Rechtsinstitut der Störerhaftung fest. Dies begegnet in der Literatur zunehmenden Bedenken. Es wird vor allem argumentiert, dass die für die Täterhaftung maßgebliche Verkehrspflichtverletzung letztlich inhaltlich gleich mit dem für die Störerhaftung angelegten Maßstab der Verletzung von Prüfungspflichten sei. Es gehe in beiden Fällen um den allgemeinen Rechtsgrundsatz, dass jeder, der in seinem Verantwortungsbereich eine Gefahrenquelle schaffe oder andauern lasse, die ihm zumutbaren Maßnahmen und Vorkehrungen treffen müsse, die zur Abwendung der daraus Dritten drohenden Gefahren notwendig seien (Anm. *Stang/Hühner* zu BGH GRUR 2010, 633 ff – Sommer unseres Lebens; *Köhler/Bornkamm*, Wettbewerbsrecht, § 8 Rn 2.17).

Im Zentrum der Rechtsprechung zur Inanspruchnahme von Diensteanbietern auf Unterlassung der 10 Verbreitung rechtswidriger fremder Informationen steht insbesondere deren Haftung als **Störer** in Bezug auf das Betreiben von Internet-Handelsplattformen (zB BGH GRUR 2004, 860 ff – Internet-Versteigerung I; BGH ZUM 2007, 646 ff – Internet-Versteigerung II; BGH GRUR 2007, 890 ff – Jugendgefährdende Medien bei eBay; OLG München GRUR 2007, 419 ff; OLG Hamburg CR 2007, 180 ff; BGH MMR 2008, 531 ff – Internet-Versteigerung III; BGH MMR 2008, 818 ff – Namensklau im Internet) sowie die Betreiber von Meinungsforen (BGH ZUM 2007, 533 ff – Meinungsforum; OLG Hamburg MMR 2006, 744 ff; OLG Düsseldorf MMR 2006, 618 ff) sowie in Bezug auf Betreiber kommerzieller Newsserver für das Usenet (LG Hamburg MMR 2007, 333 ff; LG München I MMR 2007, 453 ff; LG Düsseldorf ZUM 2007, 553 ff; s. zur Störerhaftung von sonstigen Webhosting-Diensteanbietern auch: LG Köln ZUM 2007, 768 ff). Verlangt die Rechtsprechung einheitlich zum einen als Voraussetzung für die **Störerhaftung** einen **willentlichen** und **adäquat-kausalen Beitrag** zur Verletzung eines geschützten Rechtsguts, so ist darüber hinaus zur Annahme einer Störerhaftung aber auch die Verletzung einer **Prüfungspflicht** erforderlich, deren Umfang sich danach bemisst, ob und inwieweit dem als Störer in Anspruch Genommenen nach den Umständen des Einzelfalls ab Kenntniserlangung einer Rechtsverletzung eine Prüfung mit dem Ziel, Rechtsverletzungen künftig zu vermeiden, zuzumuten ist (BGH GRUR 2004, 860, 864 – Internet-Versteigerung I; BGH GRUR 2007, 708, 710 – Internet-Versteigerung II; BGH GRUR 2007, 890 ff – Jugendgefährdende Medien bei eBay;

BGH ZUM 2007, 533 f – Meinungsforum; BGH MMR 2008, 531 ff – Internet-Versteigerung III; BGH MMR 2008, 818 ff – Namensklau im Internet; s. im Einzelnen hierzu 31. Abschnitt, Rn 56 mit umfangreichen Rechtsprechungsnachweisen).

11 In der vorgenannten Rechtsprechung und der mittlerweile fast unüberschaubaren weiteren Rechtsprechung und Literatur zur Störerhaftung von Diensteanbietern und insbesondere Hostprovidern (s. statt vieler nur: *Volkmann,* Der Störer im Internet; *Stadler,* Haftung für Informationen im Internet) nimmt die Frage nach **Art und Umfang einer Prüfungspflicht** von Diensteanbietern auch unter dem Gesichtspunkt der Zumutbarkeit des Einsatzes einer potenzielle Rechtsverletzungen aufspürenden **Filtersoftware** sowie insbesondere auch der Abgrenzung der Prüfungspflicht gegenüber nicht bestehenden Überwachungs- und Nachforschungspflichten gemäß § 7 Abs. 2 S. 1 einen zentralen Raum ein. Auch nach der jüngsten Rechtsprechung des BGH, die für Hostprovider Verkehrspflichten etabliert (BGH GRUR 2007, 890 ff – Jugendgefährdende Medien bei eBay) und Kontrollpflichten für geschäftliche Einrichtungen annimmt, um den unberechtigten Zugriff hierauf mit der Folge von Rechtsverletzungen zu verhindern (BGH GRUR 2009, 597 ff – Halzband; BGH GRUR 2010, 633 ff – Sommer unseres Lebens) besteht weiterhin Anlass zu der Annahme, dass die Diskussion zum Umfang der Pflicht und Verantwortung von Hostprovidern im Hinblick auf Fremdinformationen noch längst nicht abgeschlossen ist. Für eine Verletzung von Prüfungspflichten und damit die Art und den Umfang einer zumutbaren Prüfung ist grundsätzlich der Gläubiger des Unterlassungsanspruchs darlegungs- und beweispflichtig (LG München MMR 2007, 453, 455). Der als Diensteanbieter in Anspruch genommene Schuldner kann sich nicht auf eine vorrangige Haftung des unmittelbaren Verletzers berufen (BGH ZUM 2007, 533, 535 – Meinungsforum).

12 Thematisiert wird die Störerhaftung auch für die die Haftungsprivilegierung bei der strafrechtlichen Verantwortung und Schadensersatzhaftung gemäß § 8 genießenden **Accessprovider** als Vermittler des rein technischen Zugangs ihrer Kunden zum Internet. Dass beim Accessprovider selbst bei Kenntniserlangung einer Rechtsverletzung in der Regel von einem willentlichen und adäquat-kausalen Beitrag zu dieser Rechtsverletzung ausgegangen werden kann, erscheint bereits nicht ausreichend geklärt (im obiter dictum ohne Begründung bejahend: OLG Frankfurt aM MMR 2005, 241, 243; s. auch OLG Hamburg CR 2005, 512, 516; AG Flensburg, MMR 2006, 181 ff) und auch in Anbetracht des Umstands zweifelhaft, dass der Accessprovider keinerlei Kontroll- und Einflussnahmemöglichkeit sowie Kenntnis von und Bezug zu den durch seine Kunden im Internet verbreiteten Informationen hat. Es fehlt somit an der für die Bejahung eines adäquat-kausalen Verhaltens notwendigen Voraussetzung des inneren Zusammenhangs zwischen der Rechtsverletzung und einer durch den Accessprovider hierfür geschaffenen Gefahrenlage (vgl BGH NJW 1986, 1329, 1332; so im Ergebnis auch: LG Frankfurt aM MMR 2008, 121 f; LG Düsseldorf 13.12.2007 – 12 O 550/07). Fraglich erscheint auch, ob bei einem Accessprovider von einer willentlichen Mitwirkung an einer Rechtsverletzung gesprochen werden kann, wenn dieser, wie regelmäßig, überhaupt keine Kenntnis von den transportierten Informationen und damit einer möglichen rechtswidrigen Beeinträchtigung hat und folglich eine inhaltsneutrale Dienstleistung erbringt (vgl BGH GRUR 1997, 313, 315 – Architektenwettbewerb). Des Weiteren lässt sich auch keineswegs generell sagen, ob und inwieweit den Accessprovider zumutbare Prüfungspflichten zur Verhinderung künftiger Rechtsverletzungen etwa durch Einsatz einer Filtersoftware oder durch Sperrung von Internetzugängen (Ports) treffen können; eine Portsperrung wird jedenfalls dann als zumutbare Maßnahme ausscheiden, wenn deren Wirksamkeit ohne Weiteres durch die Wahl eines anderen Ports umgangen werden könnte (vgl OLG München MMR 2000, 617, 619; LG München I MMR 2007, 453, 456; ablehnend zur Annahme von Prüfungspflichten von Accessprovidern: LG Kiel ZUM 2008, 246 ff; OLG Frankfurt aM GRUR-RR 2008, 93 f; LG Hamburg MMR 2010, 488 f).

§ 8 TMG Durchleitung von Informationen

(1) [1]Diensteanbieter sind für fremde Informationen, die sie in einem Kommunikationsnetz übermitteln oder zu denen sie den Zugang zur Nutzung vermitteln, nicht verantwortlich, sofern sie

1. die Übermittlung nicht veranlasst,
2. den Adressaten der übermittelten Informationen nicht ausgewählt und
3. die übermittelten Informationen nicht ausgewählt oder verändert haben.

[2]Satz 1 findet keine Anwendung, wenn der Diensteanbieter absichtlich mit einem Nutzer seines Dienstes zusammenarbeitet, um rechtswidrige Handlungen zu begehen.

(2) Die Übermittlung von Informationen nach Absatz 1 und die Vermittlung des Zugangs zu ihnen umfasst auch die automatische kurzzeitige Zwischenspeicherung dieser Informationen, soweit dies nur zur Durchführung der Übermittlung im Kommunikationsnetz geschieht und die Informationen nicht länger gespeichert werden, als für die Übermittlung üblicherweise erforderlich ist.

A. Allgemeines

§ 8 regelt in Bezug auf die bloße Durchleitung rechtswidriger fremder Informationen die **Befreiung des Diensteanbieters von der strafrechtlichen Verantwortung und der Schadensersatzhaftung,** lässt aber die Unterlassungshaftung nach den allgemeinen Gesetzen (§ 7 Abs. 2 S. 2) unberührt (s. Rn 7 ff). § 8 umfasst zwei Tätigkeitsbereiche, nämlich die **Übermittlung von fremden Informationen in einem Kommunikationsnetz** sowie die **Vermittlung des Zugangs zur Nutzung von fremden Informationen.** In der Praxis findet § 8 vor allen Dingen auf die Tätigkeit der den Zugang zum Internet vermittelnden **Accessprovider** Anwendung. In Betracht gezogen wird die Anwendung von § 8 darüber hinaus insbesondere auch für Netzwerkbetreiber, Betreiber von Peer to Peer Systemen, Domain Name Servern und für Betreiber von E-Mail Diensten (s. hierzu im Einzelnen *Heckmann*, Internetrecht, Kap. 1.8 Rn 12 ff; Spindler/Schuster/*Hoffmann,* Recht der elektronischen Medien, § 8 Rn 16 f; *Spindler/Schmitz/Geis,* TDG Kommentar, § 9 Rn 15 ff; *Köhler/Ahrndt/Fetzer,* Recht im Internet, 256 f). 13

Der gesetzgeberische Ansatz für die Haftungsprivilegierung gemäß § 8 liegt darin, dass diejenigen Diensteanbieter, deren Tätigkeit sich auf den rein technischen Vorgang der Durchleitung von Informationen und das Betreiben eines Kommunikationsnetzes beschränkt, von der strafrechtlichen Verantwortung und Schadensersatzhaftung für rechtswidrige fremde Inhalte aufgrund des Umstandes befreit sein sollen, dass sie **keine Möglichkeit zur Kontrolle der durchgeleiteten Informationen** haben. Die bloße Kenntnis von der Rechtswidrigkeit einer durchgeleiteten Information reicht für den Ausschluss der Haftungsprivilegierung gemäß § 8 nicht, soweit nicht der Tatbestand des kollusiven Zusammenwirkens gemäß § 8 Abs. 1 S. 2 erfüllt ist (vgl *Spindler/Schmitz/Geis,* TDG Kommentar, § 9 Rn 6). 14

B. Einschränkung der Haftungsprivilegierung (§ 8 Abs. 1 Satz 1 Nr. 1 bis 3)

Der Ausschluss der strafrechtlichen Verantwortlichkeit und der Schadensersatzhaftung gemäß § 8 greift dann nicht, wenn der Diensteanbieter die Übermittlung der rechtswidrigen fremden Informationen selbst veranlasst, den Adressaten der Informationen ausgewählt oder die Informationen selbst ausgewählt oder verändert hat (§ 8 Abs. 1 S. 1 Nr. 1 bis 3). Da § 8 zunächst vom Grundsatz der Befreiung von der strafrechtlichen Verantwortlichkeit und der Schadensersatzhaftung ausgeht, erscheint es sachgerecht, dass der Gläubiger hinsichtlich der die Haftungsprivilegierung ausschließenden Umstände gemäß § 8 Abs. 1 S. 1 Nr. 1 bis 3 **darlegungs- und beweispflichtig** ist (vgl BGH NJW 2003, 3764; *Heckmann*, Internetrecht, Kap. 1.8 Rn 28; *Stadler,* Haftung für Informationen im Internet, Rn 117 c, 117 d; aA *Spindler/Schmitz/Geis,* TDG Kommentar, § 9 Rn 54). 15

C. Einschränkung der Haftungsprivilegierung bei kollusivem Zusammenwirken (§ 8 Abs. 1 Satz 2)

Die Haftungsprivilegierung gemäß § 8 entfällt ferner, wenn der Diensteanbieter iS eines **kollusiven Zusammenwirkens** absichtlich mit dem Nutzer seines Dienstes zusammenarbeitet, um rechtswidrige Handlungen zu begehen. Die Beweislast für das Vorliegen eines kollusiven Zusammenwirkens trägt derjenige, der sich auf dessen Vorliegen beruft (*Heckmann*, Internetrecht, Kap. 1.8 Rn 30 mwN). 16

D. Haftungsprivilegierung bei automatischer kurzzeitiger Zwischenspeicherung (§ 8 Abs. 2)

§ 8 Abs. 2 sieht vor, dass auch die automatische kurzzeitige Zwischenspeicherung von Informationen als haftungsprivilegierte Übermittlung iSv § 8 Abs. 1 gilt, soweit diese Zwischenspeicherung zur Durchführung der Übermittlung der fremden Informationen geschieht und diese nicht länger als für die Übermittlung üblicherweise erforderlich gespeichert werden. Diese Art der Zwischenspeicherung ist von dem durch die Haftungsprivilegierung gemäß § 9 erfassten Caching als automatischer und 17 zeitlich begrenzter Zwischenspeicherung von Informationen zum alleinigen Zweck der effizienten Übermittlung von Informationen an andere Nutzer auf deren Anfrage abzugrenzen. § 8 Abs. 2 betrifft lediglich eine **technisch notwendige Zwischenspeicherung während und zum Zweck der Datenübermittlung** und trägt damit dem Umstand Rechnung, dass die einzelnen Datenpakete, in die die Informationen aufgeteilt werden, häufig auf ihrem Datentransportweg mittels mehrerer zum Einsatz kommender Rechner kurzfristig zwischengespeichert werden. Für welchen Zeitraum die Zwischenspeicherung gemäß § 8 Abs. 2 längstens zulässig ist, lässt sich nicht schematisch bemessen. Entscheidend wird darauf abzustellen sein, ob nach den jeweiligen Umständen des Einzelfalls die jeweilige Zeit der Zwischenspeicherung allein zum Zweck der Übermittlung von Informationen benötigt wurde. So kann bedingt durch technische Schwierigkeiten eine Zwischenspeicherung von mehreren Stunden oder auch Tagen in Betracht kommen, ohne dass die Haftungsprivilegierung gemäß § 8 Abs. 2 entfällt (vgl Spindler/Schuster/*Hoffmann*, Recht der elektronischen Medien, § 8 Rn 37 ff; *Stadler,* Haftung für Informationen im Internet, Rn 86).

§ 9 TMG Zwischenspeicherung zur beschleunigten Übermittlung von Informationen

[1]Diensteanbieter sind für eine automatische, zeitlich begrenzte Zwischenspeicherung, die allein dem Zweck dient, die Übermittlung fremder Informationen an andere Nutzer auf deren Anfrage effizienter zu gestalten, nicht verantwortlich, sofern sie

1. **die Informationen nicht verändern,**
2. **die Bedingungen für den Zugang zu den Informationen beachten,**
3. **die Regeln für die Aktualisierung der Informationen, die in weithin anerkannten und verwendeten Industriestandards festgelegt sind, beachten,**
4. **die erlaubte Anwendung von Technologien zur Sammlung von Daten über die Nutzung der Informationen, die in weithin anerkannten und verwendeten Industriestandards festgelegt sind, nicht beeinträchtigen und**
5. **unverzüglich handeln, um im Sinne dieser Vorschrift gespeicherte Informationen zu entfernen oder den Zugang zu ihnen zu sperren, sobald sie Kenntnis davon erhalten haben, dass die Informationen am ursprünglichen Ausgangsort der Übertragung aus dem Netz entfernt wurden oder der Zugang zu ihnen gesperrt wurde oder ein Gericht oder eine Verwaltungsbehörde die Entfernung oder Sperrung angeordnet hat.**

[2]§ 8 Abs. 1 Satz 2 gilt entsprechend.

A. Allgemeines

18 Die ebenfalls für die strafrechtliche Verantwortlichkeit und eine Schadensersatzhaftung geltende Haftungsprivilegierung gemäß § 9 richtet sich an die Betreiber von Proxy-Servern in Bezug auf das von diesen vorgenommene und in § 9 definierte **Caching.** Der gemäß § 9 haftungsprivilegierten Zwischenspeicherung zur beschleunigten Übermittlung von Informationen unterfällt nach der Rechtsprechung zB das Betreiben von kommerziellen Newsservern für das Usenet (s. zur Definition Rn 9; LG München MMR 2007, 453 f). Ebenso wurde als ein Fall des Caching die Zwischenspeicherung von Informationen auf einem internetbasierten Videorecorder (LG München I CR 2006, 787 ff) sowie auf einem Suchmaschinenindex für Fotos (AG Bielefeld MMR 2005, 556 ff) angesehen. Da gemäß § 9 die automatische Zwischenspeicherung nur zeitlich begrenzt zulässig ist, stellt sich die Frage nach dem maximal zulässigen Zeitraum. Ein schematisches Zeitmaß gibt es nicht. Vielmehr ist die zeitlich zulässige Dauer unter Berücksichtigung der Umstände des Einzelfalls und vor dem Hintergrund des gemäß § 9 allein zulässigen Zwecks der Zwischenspeicherung zur effizienteren Gestaltung der Übermittlung fremder Informationen an andere Nutzer auf deren Anfrage zu beurteilen. In der Rechtsprechung wurde im Einzelfall eine automatisierte Zwischenspeicherung von 30 Tagen für zulässig erachtet, ohne dass die Haftungsprivilegierung entfiel (LG München MMR 2007, 453 f).

B. Einschränkung der Haftungsprivilegierung (§ 9 Nr. 1 bis 5)

19 § 9 gewährt die Haftungsprivilegierung nur unter der Voraussetzung, dass die fremden Informationen nicht verändert werden (§ 9 Nr. 1). Ferner müssen die Bedingungen für den Zugang zu den Informationen beachtet werden (§ 9 Nr. 2). Damit ist gemeint, dass der Diensteanbieter die Beschränkung der Zugänglichmachung von Informationen an einen ganz bestimmten Personenkreis (zB Kunden von entgeltpflichtigen Video on Demand Diensten) zu beachten hat. Weiterhin hat der Diensteanbieter zum Erhalt der Haftungsprivilegierung auf die Aktualisierung der von ihm zwischengespeicherten Informationen zu achten (§ 9 Nr. 3), wie dies zB bei zwischengespeicherten Börsennachrichten erforderlich sein kann, um den Eindruck zu vermeiden, dass es sich bei den zwischengespeicherten Informationen um die (nicht mehr) aktuellen handelt. § 9 Nr. 4 stellt das Erfordernis auf, dass der Diensteanbieter die zulässige Sammlung von Daten, wie insbesondere Zählstatistiken (Begr. RegE BT-Drucks. 14/6098, 25) nicht behindern darf. Schließlich hat er nach Maßgabe der in § 9 Nr. 5 enthaltenen Regelungen unverzüglich für die Entfernung oder Sperrung von Informationen nach Kenntniserhalt der die Entfernung oder Sperrung erfordernden Tatsachen zu sorgen. Gemäß § 9 S. 2 findet das **Verbot des kollusiven Zusammenwirkens** gemäß § 8 Abs. 1 S. 2 entsprechend Anwendung. Zur Darlegungs- und Beweislast für das Vorliegen von Umständen, die die Haftungsprivilegierung ausschließen, wird auf die Ausführungen unter Rn 15 verwiesen.

§ 10 TMG Speicherung von Informationen

[1]Diensteanbieter sind für fremde Informationen, die sie für einen Nutzer speichern, nicht verantwortlich, sofern

1. **sie keine Kenntnis von der rechtswidrigen Handlung oder der Information haben und ihnen im Falle von Schadensersatzansprüchen auch keine Tatsachen oder Umstände bekannt sind, aus denen die rechtswidrige Handlung oder die Information offensichtlich wird, oder**
2. **sie unverzüglich tätig geworden sind, um die Information zu entfernen oder den Zugang zu ihr zu sperren, sobald sie diese Kenntnis erlangt haben.**

[2]Satz 1 findet keine Anwendung, wenn der Nutzer dem Diensteanbieter untersteht oder von ihm beaufsichtigt wird.

A. Allgemeines

20 § 10 regelt die Haftungsprivilegierung in Bezug auf die strafrechtliche Verantwortlichkeit und die Schadensersatzhaftung von **Hostprovidern** und mithin Diensteanbietern, die fremde Informationen für Dritte speichern, wie insbesondere Internet-Handelsplattformen, Betreiber von Meinungsforen oder auch Betreiber von kommerziellen Newsservern für das Usenet.

21 Aus dem Spektrum der Haftungsprivilegierungstatbestände gemäß §§ 8 bis 10 kommt der Haftungsprivilegierung gemäß § 10 die größte praktische Bedeutung zu, da sich die größte Anzahl der von der Rechtsprechung bisher entschiedenen Fälle mit der Frage der Haftung von Plattformbetreibern für solche von ihnen gespeicherten rechtswidrigen fremden Informationen befassen und zwar aus den Bereichen des Markenrechts, soweit es um den Verkauf von Produktplagiaten geht (zB BGH GRUR 2004, 860 ff – Internet-Versteigerung I; BGH ZUM 2007, 646 ff – Internet-Versteigerung II; BGH MMR 2008, 531 ff – Internet-Versteigerung III; OLG München, GRUR 2007, 419 ff; OLG Hamburg, CR 2007, 180 ff), des Urheberrechts mit Bezug zur rechtswidrigen Auswertung von Musikaufnahmen und Filmen (zB LG München MMR 2007, 453 ff; LG Hamburg ZUM 2007, 492 ff; LG Köln ZUM 2007, 568 ff; OLG Köln GRUR-RR 2008, 35 ff; OLG Düsseldorf MMR 2010, 483 ff; OLG Hamburg ZUM 2010, 440 ff) sowie des Wettbewerbsrechts (zB zur Hostproviderhaftung für die Bewerbung von jugendgefährdenden Schriften bei eBay: BGH GRUR 2007, 890 ff – Jugendgefährdende Medien bei eBay).

B. Einschränkung der Haftungsprivilegierung bei Kenntnis von der rechtswidrigen Handlung oder Information (§ 10 Satz 1 Nr. 1)

22 § 10 S. 1 Nr. 1 schließt die Haftungsprivilegierung in Bezug auf die strafrechtliche Verantwortlichkeit und Schadensersatzhaftung des Hostproviders in den Fällen aus, in denen er **Kenntnis von der rechtswidrigen Handlung oder Information** hat. Wenn bereits der Inhalt der Information rechtswidrig ist (zB Schriften, die Beleidigungen oder Verleumdungen enthalten), so entfällt die Haftungsprivilegierung bereits bei positiver Kenntnis des Inhalts, ohne dass es dann noch auf die richtige Bewertung des Inhalts als rechtswidrig ankommt. Wenn der Inhalt der Information jedoch rechtmäßig ist und sich die Rechtswidrigkeit lediglich aus der nicht gestatteten Verwendung der Informationen, wie zB bei der rechtswidrigen Verwendung urheberrechtlich geschützter Inhalte, ergibt, so bedarf es zur Annahme der Kenntnis der Rechtswidrigkeiten eines Wissens um die nicht vorliegende Erlaubnis der Verwendung der Informationen (*Köhler/Arndt/Fetzer,* Recht des Internets, 260). Kenntnis verlangt zumindest bedingten Vorsatz. Der Begriff der Kenntnis ist im Licht der Bestimmung gemäß § 7 Abs. 2 S. 2 zu sehen, wonach den Diensteanbieter keine proaktiven Überwachungs- und Nachforschungspflichten zur Verhinderung der Verbreitung rechtswidriger fremder Informationen treffen. Eine die Haftungsprivilegierung gemäß § 10 S. 1 Nr. 1 ausschließende Kenntnis ist aber dann anzunehmen, wenn sich die Rechtswidrigkeit ohne Weiteres aus den Umständen des Einzelfalls ergibt und das Verhalten des Diensteanbieters zeigt, dass sich dieser der Kenntnisnahme der Rechtswidrigkeit bewusst verschließt (*Köhler/Arndt/Fetzer,* Recht des Internets, 261). Die Frage der Kenntnis des Diensteanbieters ist eng verbunden mit der komplexen Fragestellung, ob und in welchem Umfang sich der Diensteanbieter das Wissen der für ihn tätigen Personen zurechnen lassen muss (s. im Einzelnen hierzu *Spindler/Schmitz/Geis,* TDG Kommentar, § 11 Rn 24 ff). Bei Unternehmen sind außer den gesetzlichen Vertretern (Geschäftsführer, Vorstände) Wissensvertreter bei Wettbewerbsverstößen, diejenigen, die mit der Erfassung von Wettbewerbsverstößen oder zumindest Weitergabe an die zur Verfolgung Zuständigen beauftragt sind, wie zB bestimmte Mitarbeiter von Rechtsabteilungen, Rechtsanwälte und Testkäufer (BGH NJW 2000, 1411 f; BGH NJW 2001, 885 f; Münchner Kommentar/*Fritzsche,* Lauterkeitsrecht, § 11 Rn 141 mwN; *Heckmann*, Internetrecht, Kap. 1.10 Rn 29).

23 Bei **Schadensersatzansprüchen** reicht zum Ausschluss der Haftungsprivilegierung gemäß § 10 S. 1 Nr. 1 aus, dass Tatsachen oder Umstände bekannt sind, aus denen die **rechtswidrige Handlung oder Information offensichtlich** wird. Der Gesetzgeber hat damit für die strafrechtliche Verantwortlichkeit einerseits sowie für die zivilrechtlichen Ansprüche andererseits unterschiedliche Haftungsprivilegierungen geschaffen. Damit ist die Haftungsprivilegierung für Diensteanbieter enger gefasst als dies bei Presseunternehmen insbesondere in Bezug auf die Veröffentlichung wettbewerbswidriger Fremdanzeigen der Fall ist, da in sofern gemäß § 9 S. 2 UWG unter den dort genannten Voraussetzungen eine Schadensersatzhaftung der Presse nur für vorsätzliches Handeln besteht. Insofern ist anzunehmen, dass § 9 S. 2 UWG gegenüber § 10 S. 1 Nr. 1 Vorrang genießt.

C. Einschränkung der Haftungsprivilegierung bei Nichttätigwerden nach Kenntniserlangung (§ 10 Satz 1 Nr. 2)

24 Um eine strafrechtliche Verantwortlichkeit oder eine Schadensersatzhaftung zu vermeiden, verlangt § 10 S. 1 Nr. 2, dass der Hostprovider unverzüglich, dh ohne schuldhaftes Zögern, die rechtswidrige fremde Information entfernt oder den Zugang zu ihr sperrt, sobald er Kenntnis von der rechtswidrigen Handlung oder Information erlangt hat. Wird der Hostprovider wegen einer auf seiner Plattform begangenen Rechtsverletzung schriftlich unter substantiierter Darlegung der beanstandeten rechtswidrigen fremden Information abgemahnt, so ist von einem Kenntniserhalt im Sinne von § 10 S. 1 Nr. 2 auszugehen.

D. Einschränkung der Haftungsprivilegierung gemäß § 10 Satz 2

25 § 10 S. 2 schließt eine Haftungsprivilegierung iSv § 10 S. 1 für den Fall aus, dass **der Nutzer dem Diensteanbieter untersteht oder von ihm beaufsichtigt wird.** Wann dies im Einzelfall anzunehmen ist, normiert das Gesetz nicht. § 10 S. 2 wird jedenfalls auf Arbeitnehmer und arbeitnehmerähnliche Personen anwendbar sein, soweit es um das Tatbestandsmerkmal geht, dass der Nutzer dem Diensteanbieter untersteht. Eine einheitliche Auffassung dazu, wann von einer Beaufsichtigung im Sinne von § 10 S. 2 auszugehen ist, gibt es bislang nicht. Für eine diesbezügliche Beurteilung werden die Beur-

teilungskriterien aus dem Konzernrecht und insbesondere § 290 HGB sowie §§ 15 ff AktG herangezogen (s. zum Meinungsstand im Einzelnen *Stadler,* Haftung für Informationen im Internet, Rn 112 ff; *Heckmann*, Internetrecht, Kap. 1.10 Rn 56 ff). Zur Darlegungs- und Beweislast für das Vorliegen von Umständen, die die Haftungsprivilegierungen gemäß § 10 ausschließen, wird auf die Ausführungen unter Rn 15 verwiesen.

4. Teil: Medienzivilrecht

1. Kapitel: Rechtsgüterschutz

33. Abschnitt: Das allgemeine Persönlichkeitsrecht

Artikel 8 EMRK Recht auf Achtung des Privat- und Familienlebens
Art. 1 GG Schutz der Menschenwürde
Art. 2 GG Persönliche Freiheitsrechte
§ 823 BGB Schadensersatzpflicht

Schrifttum: *Alexander*, Persönlichkeitsschutz und Werbung mit tagesaktuellen Ereignissen, AfP 2008, 556; *Beater*, Informationsinteressen der Allgemeinheit und öffentlicher Meinungsbildungsprozess, ZUM 2005, 602; *Beuthien*, Bildberichte über aktive und passive Personen der Zeitgeschichte, ZUM 2005, 352; *Claus*, Postmortaler Persönlichkeitsschutz im Zeichen allgemeiner Kommerzialisierung, 2004 (zit.: *Claus*); *Engels/Jürgens*, Auswirkungen der EGMR-Rechtsprechung zum Privatsphärenschutz – Möglichkeiten und Grenzen der Umsetzung des „Caroline“-Urteils im deutschen Recht, NJW 2007, 2517; *Fechner*, Informationsinteresse der Allgemeinheit, AfP 2006, 213; *Fischer*, Die Entwicklung des postmortalen Persönlichkeitsschutzes, 2004, S. 260 f. (zit.: *Fischer*); *Forkel*, Das Caroline-Urteil aus Straßburg – richtungsweisend für den Schutz auch der seelischen Unversehrtheit, ZUM 2005, 192; *Gersdorf*, Caroline-Urteil des EGMR – Bedrohung der nationalen Medienordnung, AfP 2005, 221; *Gounalakis/Klein*, Zulässigkeit von personenbezogenen Bewertungsplattformen – Die „Spickmich“-Entscheidung des BGH vom 23.6.2009, NJW 2010, 566; *Gregoritza*, Die Kommerzialisierung von Persönlichkeitsrechten Verstorbener, 2003 (zit.: *Gregoritza*); *Grimm*, Der Stolpe-Beschluss des BVerfG – Eine Rechtsprechungswende?, AfP 2008, 1; *Grützner*, Unzulässige Bild- und Wortberichterstattung über die Intimsphäre, ZUM 2005, 924; *Halfmeier*, Privatleben und Pressefreiheit – Rechtsvereinheitlichung par ordre de Strasbourg, AfP 2004, 417; *Heintschel von Heinegg*, Verfassungsrechtliche Rahmenbedingungen der Unterhaltungsberichterstattung, AfP Sonderheft 2007, 40; *Helle*, Privatautonomie und kommerzielles Persönlichkeitsrecht, JZ 2007, 444; *ders.*, Privatfotos Prominenter – Spagat zwischen Karlsruhe und Straßburg, AfP 2007, 192; *Hermann*, Persönlichkeitsrecht prominenter Personen, ZUM 2004, 665; *Hoecht*, Zur Zulässigkeit der Abrufbarkeit identifizierender Presseberichte über Straftäter aus Onlinearchiven, AfP 2009, 342; *Hoffmann-Riem*, Die Caroline II-Entscheidung des BVerfG – Ein Zwischenschritt bei der Konkretisierung des Kooperationsverhältnisses zwischen den verschiedenen betroffenen Gerichten, NJW 2009, 20; *Hubmann*, Der zivilrechtliche Schutz der Persönlichkeit gegen Indiskretion, JZ 1957, 521; *Jahn*, Unangenehme Wahrheiten für Prominente, NJW 2009, 3344; *Jung*, Die Vererblichkeit des Allgemeinen Persönlichkeitsrechts, 2005 (zit.: *Jung*); *Klass*, Zu den Grenzen der Berichterstattung über Personen des öffentlichen Lebens; AfP 2007, 517; *Kläver*, Rechtliche Entwicklungen zum Allgemeinen Persönlichkeitsrecht, JR 2006, 229; *Kremer*, Persönlichkeitsschutz für Prominente, Jura 2006, 459; *Kübler*, Perspektiven des Persönlichkeitsschutzes, AfP Sonderheft 2007, 7; *Lenski*, Der Persönlichkeitsschutz Prominenter unter EMRK und Grundgesetz, NVwZ 2005, 50; *Lettl*, Allgemeines Persönlichkeitsrecht und Medienberichterstattung, WRP 2005, 1045; *Lichtenstein*, Der Idealwert und der Geldwert des zivilrechtlichen Persönlichkeitsrechts vor und nach dem Tode, 2005 (zit.: *Lichtenstein*); *Lindner*, Persönlichkeitsrecht und Geo-Dienste im Internet – z.B. Google Street View/Google Earth, ZUM 2010, 292; Löffler/Ricker, Handbuch des Presserechts, 5. Aufl. 2005 (zit.: *Löffler/Ricker*, PresseR); *Loock*, Persönlichkeitsrecht versus Medienfreiheit, NJ 2005, 157; *Magold*, Personenmerchandising, 1994 (zit.: *Magold*, Personenmerchandising); *Mann*, Auswirkungen der Caroline-Entscheidung des EGMR auf die forensische Praxis, NJW 2004, 3220; *ders.*, Einschüchterung oder notwendiger Schutz der Persönlichkeit?, AfP 2008, 6; *Mitsch*, Postmortales Persönlichkeitsrecht verstorbener Straftäter, NJW 2010, 3479; *Molle*, Die Verdachtsberichterstattung, ZUM 2010, 331; *Musiol*, Zur Bildberichterstattung über Prominente und deren Kinder, EWiR 2005, 267; *ders.*, Zur Berichterstattung über eine absolute Person der Zeitgeschichte und deren Kinder, EWiR 2004, 819; *Raue*, Kunstfreiheit, Persönlichkeitsrecht und das Gebot der praktischen Konkordanz, AfP 2009, 1; *Rinsche*, Die Welt nach Caroline – Rechtliche und faktische Umsetzung des EGMR-Urteils im Fall Hannover, in FS Damm, Baden-Baden 2005, S. 156 ff. (zit.: *Rinsche*, in: FS Damm); *Robak*, Von „Esra“ zu „Rothenburg“, AfP 2009, 325; *Sajuntz*, Die Entwicklung des Presse- und Äußerungsrechts in den Jahren 2008 bis 2010, NJW 2010, 2992; *Schulze/Wessel*, Die Vermarktung Verstorbener, 2001 (zit.: *Schulze/Wessel*); *Seelmann-Eggebert*, Im Zweifel gegen die Meinungsfreiheit?, AfP 2007, 86; *ders.*, Die Entwicklung des Presse- und Äußerungsrechts in den Jahren 2005 bis 2007, NJW 2008, 2551; *Seiler*, Persönlichkeitsschutz und Meinungsfreiheit in der neueren Rechtsprechung des EGMR, des BVerfG und des BGH, WRP 2005, 545; *Seitz/Schmidt*, Der Gegendarstellungsanspruch, 4. Aufl. 2010 (zit.: *Seitz/Schmidt*); *Söder*, Persönlichkeitsrechte in der Presse – Pressefreiheit nur noch im Dienst „legitimer Informationsinteressen“?, ZUM 2008, 89; *Soehring/Seelmann-Eggebert*, Die Entwicklung des Presse- und Äußerungsrechts in den Jahren 2000–2004, NJW 2005, 571; *Starck*, Das Caroline-Urteil des Europäischen Gerichtshofs für Menschenrechte und seine rechtlichen Konsequenzen, JZ 2006, 76; *Stürner*, Caroline-Urteil des EGMR – Rückkehr zum richtigen Maß, AfP 2005, 213; *Teichmann*, Abschied von der absoluten Person der Zeitgeschichte, NJW 2007, 1917; *Teubel*, Die Rechtsprechung zur Berichterstattung über Prominente nach der Caroline-Entscheidung des EGMR, AfP 2006, 116; *Vahle*, Der Schutz der Persönlichkeitsrechte in der aktuellen Rechtsprechung, DSB 2004, 10; 2004, 14; 2005, 10; 2006, 269; *Wortmann*, Die Vererblichkeit vermögensrechtlicher Bestandteile des Persönlichkeitsrechts, 2005 (zit.: *Wortmann*); *Zagouras*, Satirische Politikerwerbung – Zum Verhältnis von Meinungsfreiheit und Persönlichkeitsschutz, WRP 2007, 115. Vgl darüber hinaus die Angaben im Gesamtliteraturverzeichnis.

Artikel 8 EMRK Recht auf Achtung des Privat- und Familienlebens

(1) Jede Person hat das Recht auf Achtung ihres Privat- und Familienlebens, ihrer Wohnung und ihrer Korrespondenz.

(2) Eine Behörde darf in die Ausübung dieses Rechts nur eingreifen, soweit der Eingriff gesetzlich vorgesehen und in einer demokratischen Gesellschaft notwendig ist für die nationale oder öffentliche Sicherheit, für das wirtschaftliche Wohl des Landes, zur Aufrechterhaltung der Ordnung, zur Verhütung von Straftaten, zum Schutz der Gesundheit oder der Moral oder zum Schutz der Rechte und Freiheiten anderer.

Art. 1 GG [Schutz der Menschenwürde]

(1) [1]Die Würde des Menschen ist unantastbar. [2]Sie zu achten und zu schützen ist Verpflichtung aller staatlichen Gewalt.

(...)

Art. 2 GG [Persönliche Freiheitsrechte]

(1) Jeder hat das Recht auf die freie Entfaltung seiner Persönlichkeit, soweit er nicht die Rechte anderer verletzt und nicht gegen die verfassungsmäßige Ordnung oder das Sittengesetz verstößt.

(...)

§ 823 BGB Schadensersatzpflicht

(1) Wer vorsätzlich oder fahrlässig das Leben, den Körper, die Gesundheit, die Freiheit, das Eigentum oder ein sonstiges Recht eines anderen widerrechtlich verletzt, ist dem anderen zum Ersatz des daraus entstehenden Schadens verpflichtet.

(2) [1]Die gleiche Verpflichtung trifft denjenigen, welcher gegen ein den Schutz eines anderen bezweckendes Gesetz verstößt. [2]Ist nach dem Inhalt des Gesetzes ein Verstoß gegen dieses auch ohne Verschulden möglich, so tritt die Ersatzpflicht nur im Falle des Verschuldens ein.

A. Entstehungsgeschichte, Rechtsnatur und verfassungsrechtlicher Kontext

1 Der **Schutz der menschlichen Persönlichkeit** wird durch das Zivilrecht, das Strafrecht und das öffentliche Recht gewährt. Er dient der Achtung, Entfaltung und Betätigung der individuellen Persönlichkeit und bewahrt vor rechtswidrigen Beeinträchtigungen seitens des Staates oder Dritter.

2 Anders als in anderen Rechtsordnungen fehlt in der Bundesrepublik Deutschland eine systematische gesetzliche Regelung; statt dessen findet sich der Persönlichkeitsschutz im Grundgesetz, im BGB, im StGB sowie in zahlreichen Spezialgesetzen, wo er jedoch meist nur fragmentarisch geregelt ist. Das allgemeine Persönlichkeitsrecht findet seine **verfassungsrechtliche Verankerung** (vgl nur BVerfG NJW 1993, 1463; NJW 1997, 2670; *Soehring*, Presserecht, § 13 Rn 2 ff; *Wenzel/Burkhardt*, Kap. 5 Rn 8 ff) in **Art. 1 Abs. 1 und Art. 2 Abs. 1 GG** (Schutz der Menschenwürde und der freien Entfaltung der Persönlichkeit). Die dazu ergangene Rechtsprechung – namentlich die Rechtsprechung des BVerfG – hat die Auslegung der zahlreichen einfachgesetzlichen Normen mit persönlichkeitsrechtlichem Schutzzweck maßgeblich beeinflusst und konkretisiert.

3 Im **BGB** finden sich verschiedenen Facetten des Persönlichkeitsschutzes dienende Vorschriften in § 12 (Namensrecht), § 824 (Kreditgefährdung), § 826 (vorsätzliche sittenwidrige Schädigung) und in § 823 Abs. 2 in Verbindung mit einem Schutzgesetz, namentlich den Beleidigungsdelikten der §§ 185 ff StGB. Umfassenden Schutz bietet dagegen § 823 Abs. 1, da **das allgemeine Persönlichkeitsrecht heute als „sonstiges Recht" im Sinne von § 823 Abs. 1 anerkannt** ist.

I. Entstehungsgeschichte

4 Bis zum Inkrafttreten des Bürgerlichen Gesetzbuches am 1. Januar 1900 war der rechtliche Schutz der Persönlichkeit in Deutschland durchaus üblich. So sah etwa das gemeine Recht vor, dass bei Missachtung der Persönlichkeit eine Geldbuße zu zahlen war; darüber hinaus gewährte es unter bestimmten Voraussetzungen Ansprüche auf Widerruf einer persönlichkeitsverletzenden Äußerung oder zur Abgabe einer Ehrenerklärung. Der noch im 19. Jahrhundert in den rheinischen Gebieten geltende Code Civil sah ebenfalls ausdrücklich Schadensersatzansprüche für die Verletzung von Persönlichkeitsrechten vor, und auch in verschiedenen anderen Rechtsordnungen der deutschen Länder waren rechtliche Ansprüche auf Achtung der Persönlichkeit anerkannt und in der Rechtspraxis auch durchaus von Bedeutung (vgl etwa RGZ 28, 238, 242 – Bücherboykott; 41, 43, 50 – Wagnerbriefe). Das Bürgerliche Gesetzbuch ging indes trotz erheblicher Kritik aus Teilen der Rechtswissenschaft einen anderen Weg,

und so wurde von der Aufnahme eines umfassenden persönlichkeitsrechtlichen Tatbestandes oder auch nur der Ehre in den Katalog der subjektiven Rechte des § 823 BGB bewusst abgesehen. Der wohl herrschenden Strömung der Zeit folgend wurde der rechtliche Schutz der Persönlichkeit als eine Aufgabe des Strafrechts angesehen; zudem wurde eine uferlose Weite des Begriffs des allgemeinen Persönlichkeitsrechts sowie dessen inhaltliche Wandelbarkeit als Argument gegen einen solchen Schutz vorgebracht.

Nach Inkrafttreten des BGB lehnte das Reichsgericht den Vorschlag, im Bereich des allgemeinen Persönlichkeitsrechts den gleichen Weg wie schon beim Recht am eingerichteten und ausgeübten Gewerbebetrieb zu gehen und ein allgemeines Persönlichkeitsrecht in den Rang eines sonstigen Rechts im Sinne des § 823 Abs. 1 BGB zu erheben, ebenfalls ausdrücklich und mit dem Hinweis darauf ab, dass es sich bei einem allgemeinen Persönlichkeitsrecht um ein *„jeder klaren Abgrenzung unzugängliches Gebilde“* handele. Stattdessen gewährte die Rechtsprechung in Einzelfällen Persönlichkeitsschutz auf der Grundlage des § 826 BGB. Obwohl nach der Vorstellung des historischen Gesetzgebers hier die eigentliche Domäne des zivilrechtlichen Persönlichkeitsschutzes liegen sollte, blieb die praktische Bedeutung dieser Rechtsnorm für den Persönlichkeitsschutz begrenzt. 5

Lehnte der historische Gesetzgeber die Anerkennung eines allgemeinen Persönlichkeitsrechts zunächst ab, so erkannte er besondere Ausprägungen desselben in der Form **besonderer Persönlichkeitsrechte** in außerhalb des Bürgerlichen Gesetzbuchs liegenden Tatbeständen an. So wurde bereits 1907 in den §§ 22 ff des Kunsturhebergesetzes (KUG) das **Recht am eigenen Bild** normiert (vgl dazu den 34. Abschnitt), und auch in anderen Spezialgesetzen fanden sich Vorschriften mit persönlichkeitsrechtlichem Einschlag. Freilich zeigte sich schon früh die strukturelle Lückenhaftigkeit dieses Systems enumerativ benannter Tatbestände, die die Rechtsprechung immer wieder vor neue Aufgaben stellte. So wurde etwa im Fall Bismarck (vgl RGZ 45, 170), der das Verbot der Veröffentlichung unrechtmäßig aufgenommener Fotos des Leichnams *Otto von Bismarcks* betraf, ein Verbot damit begründet, die Täter dürften aus den durch eine Straftat (Hausfriedensbruch!) erlangten Bildern keine Vorteile ziehen (vgl dazu 34. Abschnitt, Rn 1). In weiteren (allerdings vereinzelt bleibenden) Entscheidungen wurde der durch das KUG gewährte Persönlichkeitsschutz im Wege der Analogie dadurch erweitert, dass das Recht am eigenen Bild nunmehr auch den Schutz des „Lebens- und Charakterbildes“ umfassen sollte (vgl etwa KG JW 28, 363 – Piscator). 6

Die kopernikanische Wende vollzog der BGH im Jahre 1954 mit der **Leserbriefentscheidung** (vgl BGHZ 13, 334 = NJW 1954, 1404): 7

> Ausgangspunkt dieses Falles war ein Artikel in einer Wochenzeitschrift, in dem diese sich kritisch damit auseinandersetzte, dass ein Wirtschaftsminister aus der NS-Zeit eine Bank gegründet habe. Der von der Berichterstattung Betroffene beauftragte einen Rechtsanwalt, beim Verlag einen Berichtigungsanspruch geltend zu machen. Der Verlag lehnte diese Berichtigung ab und druckte stattdessen das Aufforderungsschreiben des Rechtsanwalts in der Rubrik „Leserbriefe“, wobei es diesen Brief durch Auslassungen dergestalt veränderte, dass der Eindruck entstehen musste, der Anwalt äußere seine persönliche Meinung über den von dem Artikel Betroffenen bzw er habe sich als Privatmann und aus eigenem Antrieb für die Belange des Betroffenen eingesetzt. Der klagende Anwalt verlangte, den Verlag zu verurteilen, in der nächsten Ausgabe die Behauptung zu widerrufen, dass er einen Leserbrief in der Sache an den Verlag gesandt habe. Der BGH gab ihm Recht, weil durch die vom Verfasser nicht gebilligte Veröffentlichung dessen Persönlichkeitsrecht verletzt werde.

Mit dieser Entscheidung erkannte der BGH erstmals und in bewusster Abkehr von der Rechtsprechung des Reichsgerichts ein bürgerlich-rechtliches, allgemeines Persönlichkeitsrecht als sonstiges Recht im Sinne von § 823 Abs. 1 BGB an, dessen Verletzung zivilrechtliche Ansprüche auslöst. Dieser Entscheidung folgten nur wenig später zahlreiche weitere, das allgemeine Persönlichkeitsrecht bejahende Urteile (vgl BGHZ 15, 249 – Cosima Wagner; 20, 345 – Paul Dahlke; 24, 72 – Gesundheitszeugnis; 24, 200 – Spätheimkehrer; 26, 52 – Sherlock Holmes). 8

Weiter verstärkt wurde das allgemeine Persönlichkeitsrecht dadurch, dass der BGH nur vier Jahre nach der Leserbrief-Entscheidung gegen den eindeutigen Wortlaut des § 253 BGB bei Verletzung des allgemeinen Persönlichkeitsrechts als Rechtsfolge **immateriellen Schadensersatz** anordnete (vgl BGHZ 26, 349 – Herrenreiter). Die Reaktionen der Literatur auf diese Entscheidungen konnten unterschiedlicher nicht sein. Während etwa *Dürig* von einem der *„kühnsten und im Prinzip gelungensten Würfe des Privatrechts“* sprach, sah sich *Flume* noch 1966 auf dem Essener Juristentag zu der Bemerkung ver- 9 anlasst, dass er sich bei der *Herrenreiter*-Entscheidung überlegt habe, ob er nicht Anzeige wegen Rechtsbeugung erstatten solle. Nicht zuletzt durch diese außerordentlich kontroversen Reaktionen beabsichtigte der Gesetzgeber in der Folgezeit, das allgemeine Persönlichkeitsrecht im BGB ausdrücklich zu verankern. Vor allem von Seiten der Presse wurde jedoch heftige Kritik an dem geplanten Gesetz zur Neuordnung des zivilrechtlichen Persönlichkeits- und Ehrenschutzes geübt, so dass der Entwurf 1959 schließlich fallen gelassen wurde. Die legislative Untätigkeit wurde stattdessen durch die Rechtsprechung kompensiert, die sich um die Bildung von Fallgruppen bemühte und damit die Generalklausel durch Herausbildung typischer Tatbestände zu konkretisieren versuchte.

II. Rechtsnatur und verfassungsrechtlicher Kontext

10 Bei dem allgemeinen Persönlichkeitsrecht handelt es sich um ein sogenanntes **Rahmenrecht** (grundlegend hierzu BGH GRUR 1966, 693 – Höllenfeuer). Es bietet keinen generellen „Schlechthin-Schutz" gegen kritische Äußerungen, sondern ist vielmehr als **offener Tatbestand** zu verstehen, der nur nach einer umfassenden Güter- und Pflichtenabwägung unter Berücksichtigung sämtlicher Umstände des Einzelfalles und unter Berücksichtigung der schützenswerten Interessen der betroffenen Persönlichkeit einerseits und den Belangen der in Artikel 5 GG gewährleisteten Freiheiten andererseits vorzunehmen ist. **Der Eingriff indiziert dementsprechend auch nicht die Rechtswidrigkeit**, sondern vielmehr muss in jedem Einzelfall durch eine Güterabwägung ermittelt werden, ob der Eingriff durch schutzwürdige andere Interessen gerechtfertigt ist oder nicht (vgl BGH NJW 2004, 762, 764; NJW 2005, 2766, 2770, jeweils mwN). Anders als bei den übrigen in § 823 Abs. 1 BGB genannten Rechtsgütern liegt die Reichweite des Persönlichkeitsrechts damit nicht absolut fest, sondern ist abhängig von den individuellen Gegebenheiten des Einzelfalles, wobei die betroffenen Grundrechte und Gewährleistungen der Europäischen Menschenrechtskonvention interpretationsleitend zu berücksichtigen sind (vgl BGH NJW 2010, 757 mwN). Bei der Lösung des grundsätzlichen Konflikts zwischen den Persönlichkeitsrechten des durch eine Medienberichterstattung Betroffenen einerseits und den verfassungsrechtlich verbürgten Rechten der Medien andererseits ist aber davon auszugehen, dass **keinem der beiden Verfassungswerte ein grundsätzlicher Vorrang vor dem jeweils anderen zukommt.** Beide Verfassungswerte müssen vielmehr im Konfliktfall nach Möglichkeit zum Ausgleich gebracht werden; wo sich dies nicht erreichen lässt, ist unter Berücksichtigung der falltypischen Gestaltung und der besonderen Umstände des Einzelfalles zu entscheiden, welches Interesse im Einzelfall zurückzutreten hat. Dabei sind beide Verfassungswerte in ihrer Beziehung zur Menschenwürde als dem Mittelpunkt des Wertesystems des Grundgesetzes zu sehen. Danach können von der Presse- und Rundfunkfreiheit zwar restriktive Wirkungen auf die aus dem Persönlichkeitsrecht abgeleiteten Ansprüche ausgehen; jedoch darf die durch eine öffentliche Darstellung bewirkte Einbuße an „Personalität" nicht außer Verhältnis zur Bedeutung der Veröffentlichung für die freie Kommunikation stehen (vgl BVerfG NJW 1973, 1226, 1229 – Lebach). Das allgemeine Persönlichkeitsrecht und die Medienfreiheiten des Artikel 5 GG beschränken und ergänzen daher einander dahin gehend, dass sie jeweils als Interpretationsstandard bei der Ermittlung der Bedeutung der beiderseitigen Rechte im Einzelfall zu berücksichtigen sind (*Soehring*, Presserecht, § 12 Rn 51). **Das allgemeine Persönlichkeitsrecht stellt also eine stets beachtliche Schranke der Berichterstattung durch die Medien dar; die Presse- und die Kunstfreiheit ihrerseits schränken aber auch das allgemeine Persönlichkeitsrecht ein und sind bei der Ermittlung seiner Tragweite zu berücksichtigen** (vgl BVerfGE 7, 198 – Lüth; 20, 162 – Spiegel; speziell zum Verhältnis zwischen Persönlichkeitsrecht und Kunstfreiheit vgl BVerfG AfP 2007, 441 – Esra; OLG Hamburg AfP 2007, 143 sowie AfP 2007, 146 – Contergan-Film; dazu auch BVerfG AfP 2007, 453).

III. Verhältnis zwischen allgemeinem Persönlichkeitsrecht und besonderen Persönlichkeitsrechten

11 Bereits vor Anerkennung des allgemeinen Persönlichkeitsrechts als einem sonstigen Recht im Sinne von § 823 Abs. 1 BGB waren die sogenannten **besonderen Persönlichkeitsrechte** anerkannt (dazu schon oben I.). Dies waren in erster Linie das Recht am eigenen Bild (§§ 22 ff KUG), der strafrechtliche Ehrschutz (§§ 185 ff StGB), verschiedene Ausprägungen des Urheberpersönlichkeitsrechts sowie das zivilrechtliche Namensrecht (§ 12 BGB). Diese Bestimmungen sind mit der Anerkennung eines allgemeinen Persönlichkeitsrechts nicht etwa gegenstandslos geworden, sondern haben vielmehr eine Erweiterung dahin gehend erfahren, dass Persönlichkeitsschutz auch über die in ihnen beschriebenen Tatbestände hinaus in Betracht kommen kann. Die besonderen Persönlichkeitsrechte bilden nur einen

Ausschnitt und eine besondere Erscheinungsform des allgemeinen Persönlichkeitsrechts (vgl BGH NJW 1971, 885 – Petite Jacqueline); sie unterscheiden sich qualitativ nicht vom allgemeinen Persönlichkeitsrecht, sondern sind originär in ihm angelegt. Trotz Eingreifens besonderer Persönlichkeitsrechte steht damit einem Rückgriff auf das allgemeine Persönlichkeitsrecht nichts entgegen. Allerdings ist dabei stets zu prüfen, ob sich der Persönlichkeitsschutz nicht bereits aus einem gesetzlich geregelten Sondertatbestand ergibt (zB § 12 BGB, § 22 KUG); diese Vorschriften gehen als *leges speciales* dem allgemeinen Persönlichkeitsrecht vor, das in einem solchen Fall nur noch als subsidiärer Auffangtatbestand in Betracht kommt. Der Vorrang dieser *leges speciales* darf indessen nur im Sinne einer tatbestandlich vorrangigen Prüfung verstanden werden, nicht aber im Sinne einer echten Verdrängung, da durch die Sonderregelung des § 22 KUG ein Rückgriff auf das allgemeine Persönlichkeitsrecht nicht verwehrt wird (ständige Rechtsprechung seit BGHZ 24, 200, 208; BGH NJW 1959, 1269 – Spielgefährtin II).

Das Recht auf Achtung des Privatlebens gemäß Art. 8 EMRK hingegen ist kein besonderes Persönlichkeitsrecht, sondern vielmehr eine Ausprägung des allgemeinen Persönlichkeitsrechts, dem im deutschen Recht lediglich der Rang einfachen Bundesrechts zukommt (BVerfG AfP 2008, 163 – Caroline IV). Die praktische Bedeutung der Gewährleistungen der Konvention liegt deshalb in erster Linie darin, dass sie als Auslegungshilfe für die Bestimmung des Inhalts und der Reichweite der Grundrechte herangezogen werden können (BVerfG, aaO; vgl hierzu auch BGH NJW 2010, 2728 – Archiv-Teaser), wobei stets darauf zu achten ist, dass die „konventionsfreundliche" Auslegung nicht zu einer von der Konvention selbst nicht gewollten (vgl Art. 53 EMRK) und normenhierarchisch nicht zu rechtfertigenden Einschränkung oder Minderung des Grundrechtsschutzes nach dem Grundgesetz führt (vgl hierzu BVerfG NJW 2004, 3407).

B. Träger des Allgemeinen Persönlichkeitsrechts

I. Natürliche Personen

Das Recht auf Achtung seiner personalen und sozialen Identität sowie auf Entfaltung seiner Persönlichkeit steht zunächst allen **natürlichen lebenden Personen** – Inländern wie Ausländern – zu. Auf Fragen der Geschäftsfähigkeit oder eines wie auch immer gearteten Ehr- oder Persönlichkeitsrechtsbewusstseins kommt es nicht an. 12

II. Juristische Personen und Personengesellschaften

Juristische Personen des Privatrechts genießen den Schutz eines **Unternehmenspersönlichkeitsrechts,** soweit ihre Funktion und soziale Wertgeltung als Wirtschaftsunternehmen betroffen sind (vgl BVerfG NJW 1994, 1784; BGH NJW 1994, 1281, 1282; für politische Parteien vgl OLG Köln, NJW 1987, 1415). Allerdings ist dem Unternehmenspersönlichkeitsrecht tendenziell eine geringere Bedeutung als dem allgemeinen Persönlichkeitsrecht einer natürlichen Person zuzubilligen, da der Unternehmensbereich prinzipiell Öffentlichkeitsbereich ist (OLG Hamburg AfP 2007, 146, 149 – Contergan-Film). Auch Personenvereinigungen, die nicht in Form einer juristischen Person organisiert sind, können sich auf den Schutz des Unternehmenspersönlichkeitsrechts berufen, wenn sie eine anerkannte gesellschaftliche Funktion erfüllen und einen einheitlichen Willen bilden können; dies ist insbesondere bei Offenen Handelsgesellschaften und Kommanditgesellschaften, nicht rechtsfähigen Vereinen und Gewerkschaften der Fall (BGHZ 24, 72, 77/78). 13

Dagegen sind die **juristischen Personen des öffentlichen Rechts,** wie Bund, Länder, Kommunen sowie Anstalten und Körperschaften des öffentlichen Rechts nicht Träger von Grundrechten und können sich daher grundsätzlich nicht auf ein allgemeines Persönlichkeitsrecht berufen. Allerdings genießen auch juristische Personen des öffentlichen Rechts im Zusammenhang mit der Erfüllung ihrer öffentlichen Aufgaben gem. §§ 185 StGB strafrechtlichen Ehrschutz (vgl § 194 Abs. 3 S. 2 StGB), was vermittelt über §§ 1004, 823 Abs. 2 BGB auch zivilrechtliche Ansprüche auslösen kann. Bei der Zuerkennung persönlichkeitsrechtlicher Ansprüche ist allerdings insofern Zurückhaltung geboten, als die strafrechtlichen Ehrschutzvorschriften in Bezug auf juristische Personen des öffentlichen Rechts nicht dem Schutz der persönlichen Ehre dienen, sondern vielmehr das Ziel verfolgen, dasjenige Mindestmaß an öffentlicher Anerkennung zu gewährleisten, das erforderlich ist, damit die jeweilige Institution ihre (öffentlichen) Aufgaben erfüllen kann und das unerlässliche Vertrauen in die Integrität öffentlicher Stellen nicht in Frage gestellt wird. Zivilrechtlichen Ehrschutz kann eine Behörde deshalb nur aus- 14 nahmsweise in Anspruch nehmen, nämlich dann, wenn eine Äußerung geeignet ist, die Behörde in ihrer Funktion erheblich zu beeinträchtigen (BGH NJW 2008, 2262, 2265). Eine weitere Ausnahme gilt für solche Körperschaften des öffentlichen Rechts, die ähnlich einem Privatmann am Wirtschaftsleben teilnehmen (BVerfG NJW 1976, 1411, 1412 f; BGH NJW 1984, 1607, 1608 f) sowie für solche Einheiten, die selbst Träger grundrechtlich verfasster Rechte bzw Gewährleistungen sind, wie dies etwa bei **öffentlich-rechtlichen Rundfunkanstalten** der Fall ist, die sich auf den Schutz des Art. 5 Abs. 1 Satz 1 GG berufen können.

III. Dauer des allgemeinen Persönlichkeitsrechts und Besonderheiten des postmortalen Persönlichkeitsrechts

15 Das Persönlichkeitsrecht erlischt zwar grundsätzlich mit dem Tod (BVerfG NJW 1971, 1645, 1647 – Mephisto), da Träger des Persönlichkeitsrechts nur der lebende Mensch sein kann. Jedoch lebt der allgemeine Wert- und Achtungsanspruch auch nach dem Ableben einer natürlichen Person fort, so dass das fortwirkende Lebensbild gegen grobe Beeinträchtigungen geschützt wird. Diese auf den ersten Blick nicht ganz leicht nachzuvollziehende Unterscheidung hat ihre Ursache in einer Differenzierung zwischen den unterschiedlichen grundgesetzlichen Rechtsquellen, aus denen sich das allgemeine Persönlichkeitsrecht speist: Der auch über den Tod hinaus geschützte Bereich der Persönlichkeit folgt aus dem Grundrecht des Art. 1 Abs. 1 GG, wonach die Würde des Menschen unantastbar ist. Demgegenüber besteht kein Schutz des Verstorbenen durch das Grundrecht der freien Entfaltung der Persönlichkeit aus Art. 2 Abs. 1 GG, weil Träger dieses Grundrechts nur die lebende Person ist (vgl BVerfG NJW 2001, 594; NJW 2001, 2957, 2959; NJW 2006, 3409 – Marlene Dietrich; BGH NJW 2006, 605).

16 Mit dieser Differenzierung verbunden sind die vieldiskutierten und für die Praxis außerordentlich bedeutsamen Fragen, ob der postmortale Persönlichkeitsschutz nur bei der Verletzung ideeller Interessen oder aber auch bei der Verletzung ausschließlich kommerzieller Interessen in Betracht kommen kann und welche Ansprüche die überlebenden Angehörigen des Verletzten im einzelnen geltend machen können:

17 Bei einer Verletzung der **ideellen Bestandteile** des postmortalen Persönlichkeitsrechts geht es der Sache nach um den durch Art. 1 Abs. 1 GG geschützten **postmortalen Achtungsanspruch.** Er ist **auf schwere Eingriffe beschränkt,** nämlich einerseits auf Verletzungen des allgemeinen Achtungsanspruchs, der dem Menschen kraft seines „Personseins" zusteht, sowie andererseits auf grobe Verzerrungen des Lebensbildes (vgl BVerfG AfP 2008, 161 – Ehrensache). Der **Kreis der Wahrnehmungsberechtigten** ist hier grundsätzlich **eng** zu ziehen; hierzu gehören neben einer etwaigen vom Verstorbenen selbst ausdrücklich ermächtigten Person lediglich die **nächsten** (überlebenden) **Angehörigen.** Steht fest, dass eine Handlung ideelle Bestandteile des postmortalen Persönlichkeitsrechts verletzt hat, so ist die Rechtswidrigkeit hierdurch indiziert (BVerfG aaO); eine Güterabwägung findet insofern nicht mehr statt. Allerdings können bei einer Verletzung der ideellen Bestandteile des zivilrechtlichen postmortalen Persönlichkeitsrechts **lediglich Abwehransprüche, nicht aber** auch (materielle oder immaterielle) **Schadensersatzansprüche** begründet werden (vgl BGH NJW 2006, 605; NJW 2007, 684, 685 f – kinski-klaus.de).

18 Das zivilrechtliche postmortale allgemeine Persönlichkeitsrecht schützt allerdings mit seinen **vermögenswerten Bestandteilen** auch vermögenswerte Interessen der Person. Bei einer Verletzung können bereicherungsrechtliche sowie materielle Schadensersatzansprüche bestehen, die von den **Erben** des Verstorbenen geltend gemacht werden können; **immaterielle Schadensersatzansprüche** sind aber auch hier **ausgeschlossen** (vgl BGH NJW 2000, 2195 – Marlene Dietrich; vgl dazu BVerfG NJW 2006, 3409; vgl auch BGH NJW 2006, 605 sowie NJW 2007, 684, 685 f – kinski-klaus.de). **Die vermögenswerten Bestandteile des postmortalen Persönlichkeitsrechts behalten dem Erben aber trotz ihrer Vererblichkeit nicht in gleicher Weise wie die urheberrechtlichen Verwertungsrechte bestimmte Nutzungshandlungen vor.** Das ergibt sich zum einen aus der Besonderheit des allgemeinen Persönlichkeitsrechts als Rahmenrecht (dazu s. oben Rn 10), bei dem bereits die Frage des Eingriffs nur durch eine umfassende Güterabwägung im Einzelfall zu ermitteln ist. Zum anderen leiten sich die Befugnisse des Erben aus den vermögenswerten Bestandteilen des postmortalen Persönlichkeitsrechts des Verstorbenen ab und **dürfen** insofern **nicht gegen dessen** (erklärten oder mutmaßlichen) **Willen eingesetzt werden** (vgl BGH NJW 2000, 2195 – Marlene Dietrich). Das Persönlichkeitsrecht des Verstorbenen soll es dem Erben ferner nicht ermöglichen, die öffentliche Auseinandersetzung mit Leben und Werk des Verstorbenen zu kontrollieren oder gar zu steuern (BGH NJW 2007, 684, 685 f – kinski-klaus.de). Die Verwendung

beispielsweise eines bekannten Namens oder Bildnisses ist danach nicht ohne Weiteres als ein zum Schadensersatz verpflichtender Eingriff in die vermögenswerten Bestandteile des postmortalen Persönlichkeitsrechts anzusehen (BGH NJW 2007, 684, 685 f – kinski-klaus.de). Eine Verletzung der vermögenswerten Bestandteile des postmortalen Persönlichkeitsrechts kann vielmehr nur nach sorgfältiger Abwägung der betroffenen Positionen angenommen werden, was insbesondere dann in besonderer Weise bedeutsam ist, wenn sich der in Anspruch Genommene für seine Handlungen auf Grundrechte wie etwa die Freiheit der Meinungsäußerung (Art. 5 Abs. 1 GG) oder die Freiheit der Kunst (Art. 5 Abs. 3 GG) berufen kann (vgl dazu auch BGH NJW 2000, 2195 – Marlene Dietrich). Dabei hat der BGH wiederholt festgestellt, dass eine etwa vorliegende Absicht der Gewinnerzielung die Unbedenklichkeit des Vorgehens nicht ohne Weiteres ausschließt (vgl BGH NJW 1996, 593; vgl auch NJW 2000, 2195 – Marlene Dietrich, zur Werbung für ein Musical über das Leben von Marlene Dietrich).

Die früher höchst umstrittene Frage der **Schutzdauer des postmortalen Persönlichkeitsrechts** (zu den verschiedenen Ansichten vgl die Nachweise in der Vorauflage unter Rn 18) **dürfte mittlerweile geklärt sein, nachdem der BGH die Schutzdauer für die vermögenswerten Bestandteile** in entsprechender Anwendung der Schutzfrist für das postmortale Recht am eigenen Bild (§ 22 S. 3 KUG) auf **zehn Jahre** am dem Tod des Persönlichkeitsrechtsträgers **begrenzt** hat (BGH NJW 2007, 684, 685 – kinski-klaus.de). Diese Entscheidung ist zu begrüßen. Sie trägt zum einen dem Umstand Rechung, dass das Schutzbedürfnis nach dem Tod mit zunehmendem Zeitablauf abnimmt (vgl BVerfG NJW 1971, 1645, 1647). Sie schafft aber auch Rechtssicherheit und berücksichtigt das berechtigte Interesse der Öffentlichkeit, sich mit Leben und Werk einer zu Lebzeiten weithin bekannten Persönlichkeit auseinandersetzen zu können. Zudem würde es einen nur schwer überbrückbaren Wertungswiderspruch darstellen, wenn die „postmortale Schutzfrist" im Bereich der Wortberichterstattung eine deutlich andere als im Bereich der Bildberichterstattung sein sollte. Das Interesse der Angehörigen (§ 22 KUG) oder – bei den vermögenswerten Bestandteilen des postmortalen Persönlichkeitsrechts – das der Erben (BGH NJW 1996, 593 – Marlene Dietrich) an einer wirtschaftlichen Verwertung des Persönlichkeitsbildes muss deshalb nach Ablauf von zehn Jahren zurücktreten. Der postmortale Schutz des allgemeinen Persönlichkeitsrechts endet damit allerdings nicht insgesamt nach Ablauf von zehn Jahren. Unter den Voraussetzungen und im Umfang des postmortalen Schutzes der **ideellen Bestandteile** des postmortalen Persönlichkeitsrechts (dazu schon oben unter Rn 16) besteht er fort, so dass Unterlassungsansprüche (nicht aber Schadensersatz- oder Geldentschädigungsansprüche) gegen grob ehrverletzende Äußerungen oder der Schutz des Rechts am eigenen Bilde gegen Herabwürdigung auch über die 10-Jahres-Frist hinaus fortbestehen können (vgl BGH NJW 1996, 593 – Willy Brandt; NJW 2007, 684, 685 – kinski-klaus.de). 19

C. Schutzbereiche des allgemeinen Persönlichkeitsrechts

Die **Systematisierungen des allgemeinen Persönlichkeitsrechts** sind ausgesprochen vielgestaltig (vgl die Übersichten bei *Prinz/Peters*, Rn 52 ff). Allen Ansätzen ist gemein, dass sie das allgemeine Persönlichkeitsrecht, dem Bild abgestufter konzentrischer Kreise nachempfunden, in verschiedene **Sphären** strukturieren; ein Ansatz, der auf *Hubmann* (JZ 1957, 521) zurückgeht und darauf abzielt, den Gegensatz von Privatheit und Öffentlichkeit durch eine systematische und über die bloße Beschreibung unzähliger Einzelfälle hinausgehende Strukturierung fassbarer und die gebotene Abwägung abstrakter zu machen. Das BVerfG hat sich diesem Ansatz schon früh angeschlossen (BVerfGE 27, 1, 6; vgl auch NJW 1980, 2070). Die im Schrifttum vorgeschlagenen Systematisierungsansätze (Grundlegend etwa *Hubmann*, JZ 1957, 521;*Wenzel/Burkhardt*, Kap. 5 Rn 20 ff; *Soehring*, Presserecht, § 19 Rn 4 ff; *Löffler/Steffen*, § 6 LPG, Rn 55 ff) sind unterschiedlich, und die Systematisierung und Typisierung bestimmter Aspekte des allgemeinen Persönlichkeitsrechts kann auch nicht als endgültig abgeschlossen gelten. Gleichwohl haben sich in der Rechtsprechung bestimmte Strukturierungen entwickelt, anhand derer der offene Tatbestand des allgemeinen Persönlichkeitsrechts konkretisiert worden ist und Grundsätze entwickelt worden sind, vermöge derer der Einzelfall nach normativen Kriterien zu beurteilen ist. 20

I. Die Sphären im Rahmen des Persönlichkeitsrechts

Bei der Prüfung der Frage einer eventuellen Verletzung des allgemeinen Persönlichkeitsrechts ist stets zu untersuchen, in welche Sphäre eine Presseberichterstattung eingegriffen hat; der Schutz des Persönlichkeitsrechts ist umso stärker ausgeprägt, je enger die Angelegenheit der Selbstbestimmung dem Be- 21 troffenen zugeordnet ist. Am „engsten am Betroffenen“ liegt die Intimsphäre, am wenigsten Schutz bietet die Öffentlichkeits- bzw Sozialsphäre (auch Individualsphäre genannt). Dazwischen liegt die Geheim- bzw Privatsphäre.

22 **1. Intimsphäre.** Den engsten Persönlichkeitsbereich bildet die **Intimsphäre**; sie umfasst den letzten unantastbaren Bereich menschlicher Freiheit (BVerfGE 32, 373, 378). Der Schutz der Intimsphäre ist nahezu absolut; der Lebensbereich, den der Einzelne sogar vor den meisten ihm nahe stehenden Personen geheim halten will, ist unantastbar. Jegliche Offenlegung, gleich auf welche Weise (Bildveröffentlichungen, Reportagen oder andere Berichterstattungen), hat damit normalerweise zu unterbleiben (vgl BGH NJW 1981, 1366) solange der Betroffene nicht einwilligt. Selbst überwiegende Interessen der Allgemeinheit können einen Eingriff in diesen absolut geschützten Kernbereich privater Lebensgestaltung regelmäßig nicht rechtfertigen; eine Abwägung findet hier – von ganz wenigen Ausnahmen abgesehen – grundsätzlich nicht statt (BVerfG NJW 1973, 891, 892 – Tonbandaufnahme; NJW 1990, 563). Allerdings verbietet sich auch im Bereich der Intimsphäre jede allzu schematische Betrachtung; auch hier kann in speziell gelagerten Fällen durchaus eine andere Beurteilung gerechtfertigt sein. So überwog etwa in der Auseinandersetzung zwischen einer zu Kindeszeiten von ihrem Vater vielfach vergewaltigten Frau und diesem über die Zulässigkeit der öffentlichen Erörterung der Vorfälle durch die Betroffene deren Grundrecht der Meinungsfreiheit das Persönlichkeitsrecht ihres Vaters trotz der unleugbaren Tatsache, dass es hier um intimste Vorgänge ging, und die Identität des Vaters durch die Berichterstattung seiner Tochter zwangsläufig aufgedeckt werden musste (vgl BVerfG NJW 1998, 2889).

23 Der Intimsphäre können **Vorgänge aus der innersten Gefühls- und Gedankenwelt** zuzuordnen sein, zB Äußerungen in Tagebüchern (vgl BVerfGE 80, 367) oder die vertrauliche Kommunikation unter Eheleuten (vgl BVerfGE 27, 344), wenn diese inhaltlich einen Kernbereich der privaten Lebensgestaltung betreffen und nicht zur Verbreitung an die Öffentlichkeit bestimmt sind. Zwischen Eheleuten ausgetauschte bloße Belanglosigkeiten sind demgemäß ebenso wenig der Intimsphäre zuzuordnen wie die Inhalte eines Tagebuches, welches ersichtlich zur Veröffentlichung bestimmt (oder gar schon veröffentlicht worden) ist.

24 Zur Intimsphäre zählen ferner Vorgänge aus dem **Sexualbereich**, die gegen eine Darstellung in der Öffentlichkeit nahezu absolut geschützt sind (vgl BGH AfP 1988, 34 – Intime Beziehungen; BVerfG NJW 2008, 39). Die Intimsphäre kann auch betroffen sein, wenn eine Person in einen sexuelle Vorgänge betreffenden Zusammenhang gerückt wird, ihr beispielsweise bestimmte sexuelle Vorlieben unterstellt werden (vgl OLG Hamburg NJW-RR 1995, 220 – Quickies; vgl auch KG ZUM-RD 1998, 554, 555 – schärfere Slips). Entgegen gelegentlich anzutreffender Äußerungen ist es jedoch falsch, dass das sexuelle Verhalten einer Person stets seiner unantastbaren Intimsphäre zugerechnet werden müsse und somit absolut geschützt sei. Entscheidend ist vielmehr, ob und wie sich dieses Verhalten sozial auswirkt, bzw ob es nur die betreffende Person etwas angeht (vgl BVerfG NJW 1990, 563). Je nach den Umständen kann deshalb bei Fragen des sexuellen Verhaltens einer Person der Intimbereich bereits verlassen sein. Insbesondere beim Vorliegen einer **Sexualstraftat** wird dies regelmäßig der Fall sein. Zwar mag sich diese im Bereich der Sexualität des Täters abspielen; mit ihr geht aber ebenfalls ein gewalttätiger Übergriff auf das Opfer, insbesondere auf dessen sexuelle Selbstbestimmung sowie körperliche Unversehrtheit, einher. Insofern kann die Begehung einer Sexualstraftat nicht als Akt der freien Entfaltung der Persönlichkeit des Täters gesehen werden und ist daher auch nicht von höchstpersönlicher, die Menschenwürde des Täters berührender Natur (BVerfG NJW 2009, 3357, 3359 – ehemaliger Bundesliga-Fußballspieler). Beschränkt sich die Berichterstattung jedoch nicht auf die Schilderung des eigentlichen Tatgeschehens und der für dieses Tatgeschehen maßgeblichen Umstände, sondern thematisiert sie darüber hinaus in reißerischer Aufmachung das gesamte Sexualleben des Angeklagten bzw des Täters einschließlich der Vorlieben und Praktiken der daran beteiligten Personen im Detail, ist die Intimsphäre des Angeklagten bzw des Täters verletzt (LG Köln v. 22.6.2011 – 28 O 951/11).

Auch wer etwa sein Sexualleben selbst in die Öffentlichkeit trägt – beispielsweise durch das „Ausplaudern“ sexueller Vorlieben gegenüber den Medien oder aber die Vornahme sexueller Handlungen auf einer öffentlichen Theaterbühne – kann gegen eine anschließende Berichterstattung nicht mit dem Argument vorgehen, dass diese seine Intimsphäre verletze. Gleiches gilt, wenn Vorgänge aus der Intimsphäre Auswirkungen in der sozial geprägten Öffentlichkeit oder gar der politischen Realität haben, wie dies etwa bei den immer wieder vorkommenden Berichterstattungen über „Fehltritte“ prominenter Zeitgenossen der Fall ist (vgl etwa OLG Hamburg NJW-RR 1991, 98 – Graf).

Ebenfalls zur Intimsphäre gehören regelmäßig **Nacktaufnahmen** (vgl BGH NJW 1985, 1617 – Nacktaufnahme), da es trotz einer inzwischen gelockerten Auffassung vom Sexualleben und einer unbefangenen Betrachtung des nackten menschlichen Körpers nach wie vor zum Vorrecht eines jeden Einzelnen gehört, darüber zu entscheiden, welche Maßstäbe er insofern anlegt. Allerdings ist auch in Bezug auf Nacktbilder die **Selbstdefinition des eigenen Schutzes** und insbesondere der eigene Umgang der betreffenden Person mit dem nackten Körper von erheblicher Bedeutung: wer etwa den eigenen unbekleideten Körper wissentlich und bewusst in der Öffentlichkeit vorführt oder aber in sonstiger Weise unbefangen mit diesem Thema umgeht – etwa in Form des „oben-ohne-Posierens" während eines Fußballspieles im Stadion oder aber auf den Wagen eines Festumzugs – kann im Falle einer entsprechenden Darstellung in den Medien nicht geltend machen, dass hier die Intimsphäre verletzt worden sei. 25

Bei der Frage, ob eine Nacktaufnahme die Intimsphäre verletzt, kommt es nicht entscheidend darauf an, ob die Abbildung tatsächlich den Körper des Betroffenen zeigt oder nicht; die Intimsphäre kann auch durch Darstellungen verletzt werden, die den Eindruck erwecken, es handele sich um eine bestimmte, unbekleidete Person, dies in Wahrheit aber gar nicht zutrifft. Dies betrifft zum einen **Personenverwechslungen** (vgl OLG Hamburg ZUM 1986, 351, 352) oder **Fotomontagen**, bei denen einem Betroffenen ein unbekleideter fremder Körper „untergeschoben" wird. 26

Zur Intimsphäre gehören indes nicht nur Bilder, sondern auch **verbale Äußerungen**, soweit diese einen vergleichbaren Gegenstand haben. Zur Intimsphäre gehören im Regelfall Äußerungen über das Sexualleben anderer wie etwa Mitteilungen über intime Beziehungen (vgl BGH AfP 1988, 34, 35) sowie andere Erklärungen sexuellen Inhalts (vgl BGH NJW 1988, 1984, 1985 – Telefonsex im Büro). Allerdings gilt auch hier wieder, dass die **Selbstdefinition des Betroffenen** maßgeblich für die Einordnung eines Sachverhalts zu einer bestimmten Persönlichkeitssphäre ist. Wer selbst seinen Intimbereich in die Öffentlichkeit trägt und beispielsweise in Magazin A ausgiebig über seine sexuellen Vorlieben plaudert, kann nicht gegen ein dieses Interview aufgreifendes Magazin B mit dem Argument vorgehen, dass hierdurch seine Intimsphäre verletzt werde (vgl hierzu schon oben Rn 24 sowie *Löffler/Steffen*, § 6 LPG, Rn 67). Die Selbsteinordnung muss insofern **situationsübergreifend und konsistent** erfolgen, denn das allgemeine Persönlichkeitsrecht und insbesondere der am weitestgehend geschützte Bereich der Intimsphäre dient allein der Aufrechterhaltung eines letzten, unantastbaren Bereichs menschlicher Freiheit, nicht aber der Durchsetzung möglichst hoher Exklusivhonorare als Gegenleistung für die Enthüllung intimer Details. 27

Nicht zur Intim-, sondern zur Privatsphäre zählen im Regelfall Berichterstattungen über **Krankheiten, ärztliche Untersuchungen** und **Operationen** (vgl BGH NJW 1996, 984, 985 – Caroline von Monaco II; NJW 2009, 754, 756 – Gesundheitszustand Prinz Ernst August von Hannover), jedenfalls, soweit es sich über sachliche Berichte über Erkrankungen unter Verzicht auf unnötige intime Details handelt (vgl BVerfGE 32, 379; BGH AfP 1996, 137, vgl hierzu auch OLG Hamburg, Urt. v. 6.7.2010 – 7 U 6/10 – Operationsfolgen einer bekannten Sportreporterin). Anderes gilt lediglich dann, wenn es sich um Krankheiten handelt, die einen unmittelbaren Bezug zu sexuellem Verhalten haben, was beispielsweise bei Geschlechtskrankheiten der Fall sein kann. Ist die Übertragung einer Krankheit jedoch auch unabhängig von bestimmten Sexualpraktiken möglich, wie etwa die Übertragung des HI-Virus, kann zumindest in der bloßen Mitteilung einer Erkrankung noch keine Verletzung der Intimsphäre gesehen werden (KG NJW-RR 2010, 622, 624). 28

Die Intensität des Schutzes der Intimsphäre hat zur Folge, dass in der Praxis nahezu immer eine Berichterstattung über dieser Sphäre zuzuordnende Sachverhalte nur im Falle einer **Einwilligung** gestattet ist (zur Einwilligung bei der Verwendung von Bildnissen vgl auch 34. Abschnitt Rn 19 ff). Dabei ist im Einzelfall zu ermitteln, wie weit die Einwilligung eigentlich reicht; wer beispielsweise seine Einwilligung dazu erteilt, dass ein Nacktfoto von ihm in einem Schulbuch abgedruckt wird, hat damit noch keine Einwilligung gegeben, dass dieses Bild auch in einer Fernsehsendung ausgestrahlt wird (vgl BGH NJW 1985, 1617 – Nacktaufnahme). 29

2. Privat- bzw Geheimsphäre. Der nächst weitere Persönlichkeitsrechtsbereich ist die **Privat- oder Geheimsphäre**. Sie betrifft denjenigen Schutzbereich des allgemeinen Persönlichkeitsrechts, in dem der Betroffene die berechtigte Erwartung hegen kann, dass dieser nicht Gegenstand einer breiten Veröffentlichung wird. Hierzu gehören typischerweise solche Äußerungen gegenüber einem begrenzten Personenkreis, bei dem eine objektiv gerechtfertigte Erwartung der Geheimhaltung besteht, was insbesondere dann der Fall ist, wenn ein Bruch der Vertraulichkeit gesetzlich sanktioniert ist. In diesen 30

Bereich fallen etwa **Äußerungen, die ohne oder gegen den Willen des Betroffenen auf Tonträger aufgenommen** worden sind (vgl BGH NJW 1988, 1016); Äußerungen in **persönlichen Briefen** (vgl BGHZ 15, 249 – Cosima Wagner) oder **in persönlichen E-Mails** (vgl KG ZUM 2011, 570); Mitschnitte von unter Verstoß gegen § 201 StGB abgehörten Telefongesprächen (vgl BGH NJW 1979, 647 – Kohl/Biedenkopf), **persönliche Aufzeichnungen** zu beruflichen oder geschäftlichen Fragen **mit vertraulichem Charakter** (vgl BGHZ 73, 120 – Kohl/Biedenkopf) sowie weiter solche vertraulichen Äußerungen, die für geheim erklärt und auch tatsächlich geheim gehalten worden sind. Hierzu können unter Umständen auch **Geschäftsgeheimnisse** gehören, wie etwa bereits zur Vernichtung bestimmte Geschäftsbücher (vgl OLG Hamm AfP 1993, 740). Der besonders geschützten Geheimsphäre zuzurechnen sind auch vertrauliche Diskussionen des Vorstands oder des Aufsichtsrats einer Gesellschaft, wenn und soweit sich diese auf ein Betriebs- oder Geschäftsgeheimnis beziehen.

31 Typischerweise ist die Geheimsphäre durch spezialgesetzliche Normen besonders geschützt (vgl §§ 201 ff StGB, § 404 AktG). Anders als dies im Bereich der Intimsphäre der Fall ist, bei welcher eine Abwägung der widerstreitenden Interessen nur in ganz seltenen Ausnahmefällen (wenn überhaupt) in Betracht kommt, ist der Schutz der Privat- bzw Geheimsphäre durch das allgemeine Persönlichkeitsrecht jedoch nicht schrankenlos, **sie genießt keinen absoluten Schutz**. Ihr Schutz steht in einem Spannungsverhältnis zu der mit gleichem Rang gewährleisteten Äußerungs- und Pressefreiheit, so dass die Belange des Betroffenen gegenüber dem Veröffentlichungsinteresse abzuwägen sind. Die Veröffentlichung daraus stammender Informationen kann ausnahmsweise zulässig sein, wenn an ihrem Inhalt unter **Abwägung** der widerstreitenden Interessen ein berechtigtes Informationsinteresse der Öffentlichkeit besteht. Ob dies der Fall ist, ist stets eine Frage des Einzelfalles.

32 In einer Vielzahl von Fällen geht mit einer Berichterstattung über einen der Privat- oder Geheimsphäre zuzuordnenden Berichterstattungsgegenstand die Frage der Rechtmäßigkeit der **Verwendung rechtswidrig erlangter Informationen** einher, weil die diese Sphäre betreffenden Inhalte häufig solche Informationen beinhalten, bei deren Beschaffung gegen zwingende Rechtsnormen verstoßen worden ist. Einigkeit besteht dabei zunächst darin, dass eine Rechtfertigung eines strafrechtlich sanktionierten Geheimnisbruchs auch unter dem Aspekt der Pressefreiheit nicht in Betracht kommt; die „gute Absicht", die ein Redakteur bei der Verwirklichung eines Straftatbestandes (wie etwa dem des § 201 StGB) im Hinblick auf eine sensationelle politische Enthüllung gehabt haben mag, bewahrt vor strafrechtlichen Sanktionen nicht. Umgekehrt gilt aber auch, dass die Tatsache, dass eine bestimmte Information nur unter Verwirklichung eines Straftatbestands durch einen Dritten erlangt werden konnte, nicht dazu führt, dass auch die Veröffentlichung dieser rechtswidrig erlangten Information per se unzulässig wäre; **eine Doktrin der „Früchte des verbotenen Baumes" gibt es insofern nicht.** Vielmehr sind auch hier unter Berücksichtigung aller Umstände des Einzelfalles die gegenläufigen Interessen gegeneinander abzuwägen. Dabei sind insbesondere die Intensität des Eingriffs einerseits und der Öffentlichkeitswert der durch diesen Eingriff beschafften Nachricht andererseits zu berücksichtigen und gegen das Grundrecht der Medien auf freie Berichterstattung abzuwägen. Ergibt sich dabei, dass der Informationswert der Nachricht schwerer wiegt als die durch ihre Beschaffung begangene Rechtsverletzung, so stellt die Rechtswidrigkeit der Informationsbeschaffung kein Verwertungshindernis dar (vgl BVerfG NJW 1984, 1741 – Der Aufmacher). Im Rahmen der Abwägung der widerstreitenden Interessen kann im Einzelfall auch eine differenzierende Lösung wie zB die Untersagung der wörtlichen und sinngemäßen Wiedergabe von auf rechtswidrigem Wege erlangten E-Mails bei gleichzeitiger Zulässigkeit der sonstigen publizistischen Verwendung der entsprechenden Informationen sein (KG ZUM 2011, 570).

33 **a) Der häusliche Bereich.** Der klassische Bereich der Privatsphäre ist der räumlich-gegenständlich zu verstehende **häusliche Bereich**. Eigentumsfragen sind dabei unerheblich; entscheidend ist allein, dass es sich um einen häuslichen Bereich handelt, der von den Betroffenen auch so verwendet wird. Zum häuslichen Bereich kann auch der Garten oder Balkon zählen, wenn und soweit diese Teile üblicherweise für Dritte unzugänglich sind. Eine Persönlichkeitsrechtsverletzung ist dabei regelmäßig nicht gegeben, wenn lediglich das Fotografieren der Außenansicht eines Grundstücks von einer allgemein zugänglichen Stelle aus und die Verbreitung dieser Fotos infrage stehen, weil die Aufnahmen nur den ohnehin nach außen gewandten Bereich betreffen (BGH NJW 2004, 766).

34 Eine besondere Problematik stellen Berichte dar, mit welchen einem breiten Publikum der genaue **Wohnort** einer bestimmten Person mitgeteilt wird (vgl BGH NJW 2009, 3030 – Wohnhaus Joschka Fischer; KG NJW-RR 2008, 1625 – ehemaliges RAF-Mitglied). Durch derartige Mitteilungen wird häufig einem großen Publikum Einblick in einen Lebensbereich gewährt, der sonst allenfalls einem

kleineren Personenkreis bzw solchen Personen bekannt war, die nur im Vorübergehen oder Vorüberfahren die Wohnanlage betrachten und nun in Erfahrung gebracht haben, dass sich die Wohnung des Betroffenen gerade in dieser Anlage befindet (vgl BGH NJW 2004, 762, 763 f; bestätigt durch BVerfG NJW 2006, 2836). Freilich ist dieser Eingriff in die Privatsphäre isoliert gesehen regelmäßig als gering anzusehen (vgl OLG Hamburg ZUM-RD 2006, 390). Der BGH hat auch die Veröffentlichung von Luftbildaufnahmen von Einzelhäusern, die unter Durchbrechung des Sichtschutzes des Grundstücks von einem Hubschrauber aus aufgenommen wurden, zwar als Eingriff in die Privatsphäre bewertet; er hat dabei jedoch betont, dass insofern weder der Kernbereich der Privatsphäre berührt noch der räumlich-gegenständliche Schutzbereich des Persönlichkeitsrechts nachhaltig beeinträchtigt werde, weshalb im Rahmen der Abwägung wegen des verbreiteten Interesses an derartigen Luftbildaufnahmen von einer Zulässigkeit solcher Aufnahmen auszugehen ist (BGH NJW 2004, 762; NJW 2004, 766; s. hierzu auch *Lindner*, ZUM 2010, 292). Derartige den Wohnort eines Betroffenen betreffende Veröffentlichungen haben allerdings dann ein deutlich höheres Gewicht, wenn die Veröffentlichung der in Rede stehenden Texte oder Bilder einer Vielzahl von Personen das Auffinden der Wohnung des Betroffenen ermöglicht (vgl OLG Hamburg AfP 2005, 75).

b) Privater Lebensbereich. Die Privatsphäre ist nach allgemeiner Auffassung nicht nur auf den klassischen, räumlich-gegenständlich zu verstehenden Bereich der „eigenen vier Wände" des Betroffenen zu begrenzen, sondern umfasst auch seinen damit im Zusammenhang stehenden **privaten Lebensbereich.** Zur Privatsphäre gehören etwa die **Religionszugehörigkeit** und religiöse Betätigungen (vgl BVerfG AfP 1998, 51; vgl hierzu auch *Wenzel*, Rn 5.54 ff), die **Vermögensverhältnisse** (vgl OLG Hamburg AfP 1992, 376; OLG Celle AfP 1997, 819; AG Berlin-Mitte NJW 1995, 2639) oder **Telefongespräche** (vgl BGH NJW 1979, 647, 649). 35

Zur Privatsphäre zählen im Regelfall auch Berichterstattungen über **Krankheiten, ärztliche Untersuchungen** und **Operationen** (dazu schon oben Rn 28; vgl hierzu auch BGH NJW 1996, 984, 985 – Caroline von Monaco II; NJW 2009, 754, 756 – Gesundheitszustand Prinz Ernst August von Hannover); dies kann allerdings bei bestimmten Personenkreisen – bspw bei wichtigen Politikern, Wirtschaftsführern oder Staatsoberhäuptern – anders sein (BGH NJW 2009, 754).

Ebenfalls der Privatsphäre zuzuordnen können alltägliche Freizeitbeschäftigungen und andere Betätigungen in Momenten der Entspannung oder des Sich-Gehen-Lassens außerhalb der Einbindung in die Pflichten des Berufs und Alltags zählen (BVerfG NJW 2008, 1793 – Caroline von Monaco IV; BGH AfP 2009, 256, 258), wobei gerade hier die Abgrenzung zur Sozialsphäre häufig schwer fällt und es insofern stets einer sorgfältigen Prüfung im Einzelfall bedarf, ob es um eine in besonderem Maße typischen Privatheitsbedürfnissen gewidmete Aktivität des Betroffenen geht. 36

Gleiches gilt für die Berichterstattung von **Urlaubsaufenthalten** prominenter Persönlichkeiten. Während der BGH diese noch dem grundsätzlich geschützten Kernbereich der Privatsphäre zuordnen wollte (BGH NJW 2007, 1977), hat das BVerfG dem zu Recht widersprochen und darauf hingewiesen, dass nicht dem Urlaubsaufenthalt als solchem ein erhöhter Schutzbedarf zukomme, sondern dieser vielmehr einer konkretisierenden Herleitung aus den Umständen der dargestellten Situation bedürfe (BVerfG NJW 2008, 1793 – Caroline IV). Somit bedarf es auch bei der Berichterstattung über die Urlaubsgestaltung Prominenter stets einer Einzelfallprüfung, ob eine in besonderem Maße typischen Entspannungsbedürfnissen gewidmete Aktivität des Betroffenen in Rede steht (BVerfG aaO). 37

Von besonderer praktischer Bedeutung ist gerade bei der Bestimmung des Schutzbereichs der Privatsphäre, dass hier kein abstrakt-generalisierender Maßstab anzulegen ist; vielmehr ist im Rahmen der vorzunehmenden Einzelfallprüfung auch zu berücksichtigen, ob und gegebenenfalls in welchem Umfang sich der Betroffene **für eine Medienberichterstattung geöffnet** hat (vgl BVerfG NJW 2006, 3406, 3408). Denn in welchem Umfang der Einzelne berechtigterweise davon ausgehen darf, den Blicken der Öffentlichkeit nicht ausgesetzt zu sein und in seinem Verhalten nicht Gegenstand einer Medienberichterstattung zu werden, lässt sich nur unter Berücksichtigung der konkreten Situation und damit unter Einbezug des eigenen **Verhaltens des Betroffenen** beurteilen (vgl BVerfG NJW 2000, 1021). Der Schutz der Privatsphäre vor öffentlicher Kenntnisnahme kann deshalb dort entfallen oder zumindest im Rahmen der Abwägung zurücktreten, wo sich der Betroffene selbst damit einverstanden gezeigt hat, dass bestimmte, gewöhnlich als privat geltende Angelegenheiten öffentlich gemacht werden (vgl BVerfG NJW 2006, 3406, 3408). Niemand ist an einer solchen Öffnung privater Bereiche gehindert; nur kann sich der Betreffende im Falle einer entsprechenden Öffnung später nicht mehr unbeschränkt auf einen öffentlichkeitsabgewandten Privatsphärenschutz berufen. Dies gilt insbesondere dort, wo die 38 freiwillige Selbstöffnung der Privatsphäre zu kommerziellen Zwecken erfolgt ist. Die Erwartung, dass Umwelt oder Presse eine private Angelegenheit nur begrenzt oder überhaupt nicht zur Kenntnis nehmen, muss **situationsübergreifend und konsistent** zum Ausdruck gebracht werden (vgl BGH NJW 2007, 3440, 3443 – Grönemeyer). Bei der Bestimmung der Reichweite des Persönlichkeitsrechtsschutzes ist zudem stets der situationsbezogene Umfang der berechtigten Privatheitserwartungen des Einzelnen zu berücksichtigen (BVerfG NJW 2006, 3406, 3408). So kann sich niemand auf seinen Privatsphärenschutz berufen, der sich in freier Entscheidung der Medienöffentlichkeit aussetzt, indem er solche Veranstaltungen besucht, die auf ein großes Interesse in der Öffentlichkeit stoßen und daher mit einer medialen Berichterstattung gerechnet werden muss (BVerfG ZUM-RD 2010, 657 – Charlotte Casiraghi; BGH Urt. v. 26.10.2010 – VI ZR 230/08, Rn 31 – Rosenball I). Zu berücksichtigen ist ferner, dass gerade bei prominenten Personen die Aufdeckung von Unstimmigkeiten zwischen öffentlicher Selbstdarstellung und privater Lebensführung nicht nur subjektive Privatheitserwartungen zurückdrängen, sondern darüber hinaus ein erhöhtes und berechtigtes Berichterstattungsinteresse auslösen kann (vgl BVerfG NJW 2008, 1793 – Caroline IV).

39 Entgegen einer teilweise vertretenen anders lautenden Interpretation stellt auf den gebotenen situationsbezogenen Umfang der berechtigten Privatheitserwartungen des Betroffenen auch die **Rechtsprechung des EGMR** (vgl EGMR NJW 2004, 2647, Rn 50 – von Hannover gegen Deutschland) ab. Auch sie misst nämlich dem Schutz der Privatsphäre dort ein besonderes Gewicht bei, wo heimlich und ohne Kenntnis des Betroffenen gewonnene Abbildungen veröffentlicht werden (EGMR NJW 2004, 2647, Rn 68) oder der Betroffene zwar noch mit einer Kenntnisnahme eines Beobachters, aber aufgrund der weiteren Umstände nicht mit der Verbreitung von Aufzeichnungen durch die Massenmedien rechnen muss (vgl EGMR Entscheidung vom 28. Januar 2003, Beschwerde-Nr. 44647/98, Rn 62 f – Peck gegen Großbritannien).

40 Wesentlich für die Frage der Zulässigkeit einer Berichterstattung aus dem Bereich der Privatsphäre ist die **Intensität des Eindringens** in die Privatsphäre des Betroffenen, die **soziale Position des Betroffenen** sowie **Art, Anlass** und **Gegenstand der Berichterstattung.**

41 So ist etwa bei Personen, die im öffentlichen Leben stehen, eine Berichterstattung aus einem Bereich, der der Privatsphäre zuzuordnen ist, regelmäßig eher zulässig als bei weithin unbekannten Personen, wenn und weil an Informationen aus der Privatsphäre schon insofern ein legitimes Berichterstattungsinteresse besteht, als bei derartigen Personen Vorgänge aus dem Bereich der Privatsphäre nicht selten auch ihre öffentliche Funktion beeinflussen. Soweit Medien sich in ihrer Berichterstattung mit prominenten Personen befassen, ist nach der Rechtsprechung des Bundesverfassungsgerichts aber nicht allein die Aufdeckung von Unstimmigkeiten zwischen öffentlicher Selbstdarstellung und privater Lebensführung von allgemeinem Interesse. Prominente Personen können auch Orientierung bei eigenen Lebensentwürfen bieten sowie Leitbild- oder Kontrastfunktionen erfüllen. Der Kreis berechtigter Informationsinteressen der Öffentlichkeit wäre zu eng gezogen, würde er auf skandalöse, sittlich oder rechtlich zu beanstandende Verhaltensweisen begrenzt. Auch die Normalität des Alltagslebens oder in keiner Weise anstößige Handlungsweisen prominenter Personen dürfen der Öffentlichkeit vor Augen geführt werden, wenn (und weil) dies der Meinungsbildung dienen kann (vgl BVerfGE 101, 361, 390). Insofern ist es auch unerheblich, ob ein entsprechender Beitrag einen dezidiert „ernsten" Informationsgehalt aufweist oder aber „unterhaltenden" Charakter hat. Denn abgesehen davon, dass die Grenzen zwischen diesen Bereichen ohnehin fließend sind, ist die Unterhaltsamkeit des Inhalts oder seiner Aufmachung eine häufig wichtige Bedingung zur Gewinnung öffentlicher Aufmerksamkeit und damit ggf auch zur Einwirkung auf die öffentliche Meinungsbildung. Deshalb kann einem Beitrag nicht allein seiner „nur" unterhaltsamen Aufmachung wegen die Bedeutung für die Meinungsbildung abgesprochen werden. Denn Unterhaltung ist ein wesentlicher Bestandteil der Medienbetätigung, der am Schutz der Pressefreiheit vollen Umfangs teil hat (BVerfGE, aaO). Zudem kann der publizistische und wirtschaftliche Erfolg der in Konkurrenz zu anderen Medien und Unterhaltungsangeboten stehenden Presse auf unterhaltende Inhalte und entsprechende Abbildungen angewiesen sein. Es wäre deshalb ebenso einseitig wie falsch anzunehmen, dass das Interesse der Bürger an Unterhaltung stets nur auf die Befriedigung von Wünschen nach Zerstreuung und Entspannung, nach Wirklichkeitsflucht und Ablenkung ziele. Unterhaltung kann auch Realitätsbilder vermitteln und Gesprächsgegenstände zur Verfügung stellen, an die sich Diskussionsprozesse anschließen können, die sich auf Lebenseinstellungen, Werthaltungen und Verhaltensmuster beziehen und erfüllt insofern wichtige gesellschaftliche Funktionen. Unterhaltung in den Medien ist somit weder unbeachtlich noch wertlos, und der Schutzbereich der Pressefreiheit umfasst deshalb auch unterhaltende Beiträge über das Privat- oder Alltagsleben von

Prominenten und ihr soziales Umfeld, insbesondere der ihnen nahestehenden Personen. Insofern hat das Bundesverfassungsgericht zu Recht hervorgehoben, dass es die Pressefreiheit in einer mit Art. 5 Abs. 1 GG unvereinbaren Weise einengen würde, wenn die Lebensführung dieses Personenkreises einer Berichterstattung außerhalb der von ihnen ausgeübten Funktionen grundsätzlich entzogen werde (BVerfG NJW 2008, 1793 – Caroline von Hannover).

c) **Privatsphäre in der Öffentlichkeit – die Rechtsprechung zur „örtlichen Abgeschiedenheit" nach BVerfG, BGH und EGMR.** Der Bereich der Privatsphäre ist nach heute wohl einhelliger Auffassung auch für Prominente nicht mehr notwendigerweise auf den gegenständlich-häuslichen oder den rein privaten Lebensbereich begrenzt. Sowohl der BGH (vgl BGH NJW 1996, 1128 – Caroline von Monaco III) als auch das BVerfG (vgl BVerfG NJW 2000, 1021 – Caroline von Monaco) haben entschieden, dass auch Persönlichkeiten des öffentlichen Lebens ein Recht darauf beanspruchen können, „sie selbst zu sein", ohne sich der Beobachtung durch Medien und Öffentlichkeit ausgesetzt zu sehen und dass von ihnen insofern nicht verlangt werden kann, dieses Recht ausschließlich in den eigenen vier Wänden oder in der Abgeschiedenheit eines gegen Blicke von außen abgeschirmten Gartens auszuüben. Dementsprechend hatte die Rechtsprechung den Schutz der Privatsphäre auf solche Örtlichkeiten und Situationen erweitert, in denen der Betroffene objektiv erkennbar für sich allein sein will (vgl BGH NJW 1996, 1128 – Caroline von Monaco III). Dabei war maßgeblich, ob der Betroffene eine Situation vorfindet oder schafft, in der er begründetermaßen und somit auch für Dritte erkennbar davon ausgehen darf, den Blicken der Öffentlichkeit nicht ausgesetzt zu sein (vgl BVerfG NJW 2000, 1021 – Caroline von Monaco; vgl auch LG Köln Urt. v. 16.6.2010 – 28 O 318/10 – Hofgang im Gefängnishof). Wo eine solche Situation indes nicht vorlag – wo etwa eine prominente, absolute Person der Zeitgeschichte (zu diesem Begriff vgl 34. Abschnitt, Rn 49 ff) über einen Markt schlendert – durfte nach bisheriger Rechtslage und insbesondere nach der Rechtsprechung des **BVerfG** – über ein solches Ereignis in Wort und Bild berichtet werden, sofern nicht im Einzelfall berechtigte Interessen des Betroffenen dem entgegenstanden, was namentlich für die Bildberichterstattung über derartige Ereignisse von erheblicher Bedeutung war (ausführlich dazu 34. Abschnitt, Rn 51). Dabei hat das BVerfG zur Begründung dieser Rechtsprechung maßgeblich darauf abgestellt, dass es häufig gerade das öffentliche Interesse, welches Prominente beanspruchten, kennzeichne, dass es nicht nur ihrer Funktionsausübung im engeren Sinn gelte. Vielmehr könne es sich wegen der herausgehobenen Funktion und der damit verbundenen Wirkung auch auf Informationen darüber erstrecken, wie sich diese Person generell, also außerhalb ihrer jeweiligen Funktion, in der Öffentlichkeit bewege. Diese habe ein berechtigtes Interesse daran zu erfahren, ob solche Personen, die oft als Idol oder Vorbild gelten würden, funktionales und persönliches Verhalten überzeugend in Übereinstimmung bringen (vgl BVerfG NJW 2000, 1021, 1025, NJW 2000, 2192). 42

Der **Europäische Gerichtshof für Menschenrechte (EGMR)** hat in der Entscheidung *Caroline von Hannover* vom 24. Juni 2004 (NJW 2004, 2647) diese Rechtsprechung kritisiert und als Verletzung von Art. 8 EMRK angesehen (vgl dazu auch 34. Abschnitt, Rn 52). Nach Auffassung des EGMR sei die einwilligungslose Veröffentlichung von Fotos auch bekannter Persönlichkeiten nur zulässig, wenn hiermit zu einer Diskussion von allgemeinem Interesse beigetragen werde, was bei Fotos, die sich ausschließlich auf Einzelheiten des Privatlebens bezögen, nach Auffassung des EGMR nicht der Fall sei (EGMR NJW 2004, 2647, 2650). Zudem ist den weiteren Ausführungen des EGMR zu entnehmen, dass er den Kreis derjenigen, die in der Öffentlichkeit zulässigerweise abgebildet werden dürfen, offenbar erheblich enger ziehen und im Wesentlichen auf Politiker beschränken will, da die Presse nur hier die legitime Rolle eines „Wachhunds" spielen könne (EGMR NJW 2004, 2647, 2649). 43

Die Reaktion auf die Entscheidung des EGMR fiel im Schrifttum ungewöhnlich heftig aus, wobei die Entscheidung überwiegend kritisiert worden ist (vgl dazu 34. Abschnitt, Rn 52 ff). In Rechtsprechung und Literatur ist ferner intensiv diskutiert worden, ob und ggf wie die Entscheidung des EGMR umzusetzen sei, insbesondere, ob die bisherige Rechtsprechung den Vorgaben des EGMR entsprechend angepasst werden müsse oder nicht (statt vieler: *Rinsche,* in: FS Damm, S. 170 ff), wobei weitgehende Einigkeit jedenfalls insoweit besteht, als zumindest die Bindung an die Rechtsprechung des BVerfG über Art. 31 Abs. 1 BVerfGG unverändert fortbesteht. 44

Der **BGH** hat der erstgenannten Frage zumindest insofern die Grundlage entzogen, als er auf die Entscheidung des EGMR mit einer **Änderung seiner Rechtsprechung im Bereich der Bildberichterstattung** reagiert und die bisherige Rechtsprechung durch das sog. **„abgestufte Schutzkonzept"** ersetzt hat (vgl BGH VersR 2005, 84; VersR 2006, 274; AfP 2007, 121; GRUR 2007, 527 [vgl hierzu auch 45

Klass, AfP 2007, 517]; NJW 2010, 3025), mit welcher er versucht hat, die Kritik des EGMR aufzugreifen. **Der BGH verlangt nunmehr auch bei prominenten absoluten Personen der Zeitgeschichte das Vorliegen eines Informationswerts für die Interessenabwägung** (BGH GRUR 2007, 527; NJW 2007, 3440 – Grönemeyer; NJW 2008, 749 – Oliver Kahn; NJW 2009, 1499, 1500 f – Enkel von Fürst Rainier; NJW 2009, 1502, 1503 – Sabine Christiansen I; NJW 2009, 757, 758 f – Karsten Speck; NJW 2009, 3138, f – Sabine Christiansen II): Je größer der Informationswert für die Öffentlichkeit ist, desto mehr muss das Schutzinteresse desjenigen, über den informiert wird, hinter den Informationsbelangen der Öffentlichkeit zurücktreten. Umgekehrt wiegt aber auch der Schutz der Persönlichkeit des Betroffenen desto schwerer, je geringer der Informationswert für die Allgemeinheit ist (zur neueren Rechtsprechung des BGH s. auch 34. Abschnitt, Rn 53 sowie Rn 77). Entscheidend ist insofern, dass nunmehr auch bei prominenten, absoluten Personen der Zeitgeschichte die Zulässigkeit der Verbreitung von Bildnissen in jedem Falle einer Interessenabwägung im Einzelfall bedarf. Dies wirkt sich praktisch bei einer Berichterstattung von prominenten, absoluten Personen der Zeitgeschichte in der (nicht örtlich abgeschiedenen) Öffentlichkeit ohne Bezug zu einem ihre Bekanntheit prägenden Bereich (etwa im Rahmen ihrer künstlerischen, wirtschaftlichen oder politischen Betätigung) aus: Während eine derartige Berichterstattung nach bisheriger Rechtsprechung (insbesondere der Rechtsprechung des BVerfG) regelmäßig (sofern nicht ausnahmsweise berechtigte Interessen des Betroffenen dagegen sprachen) zulässig war, ist sie dies nunmehr nur noch, wenn eine Interessenabwägung im Einzelfall die Zulässigkeit zu begründen vermag, womit der Bereich der Privatsphäre aber tendenziell ausgeweitet wird.

46 Das **BVerfG** hat das im Bereich der Bildberichterstattung angewandte **„abgestufte Schutzkonzept“** des BGH im Wesentlichen für verfassungskonform gehalten (BVerfG NJW 2008, 1793 – Caroline von Hannover). Es hat dabei jedoch zugleich hervorgehoben, dass die Lebensführung von Prominenten einer Berichterstattung außerhalb der von ihnen ausgeübten Funktionen keineswegs grundsätzlich entzogen ist, sondern dass bei derartigen Veröffentlichungen eine abwägende Berücksichtigung der kollidierenden Rechtspositionen in besonderer Weise erforderlich ist. Dabei kommt bei der Gewichtung des Informationsinteresses im Verhältnis zum kollidierenden Persönlichkeitsschutz dem Gegenstand der Berichterstattung maßgebliche Bedeutung zu, etwa der Frage, ob private Angelegenheiten ausgebreitet werden, die lediglich die Neugier befriedigen oder ob durch die Verbreitung ein Beitrag zum Prozess der öffentlichen Meinungsbildung geleistet wird (BVerfG NJW 2008, 1793, 1796 – Caroline von Hannover; BVerfG Beschl. v. 14.9.2010 – 1 BvR 1842/08 – Charlotte Casiraghi). Im Zuge dieser Gewichtung des Informationsinteresses haben die Gerichte allerdings von einer inhaltlichen Bewertung der betroffenen Darstellungen (als wertvoll oder wertlos, als seriös und ernsthaft oder unseriös) abzusehen und sind auf die Prüfung und Feststellung beschränkt, in welchem Ausmaß der Bericht einen Beitrag zum Prozess der öffentlichen Meinungsbildung zu erbringen vermag (BVerfG NJW 2008, 1793 – Caroline von Hannover). Zudem ist hervorzuheben, dass das zum Gewährleistungsgehalt der Meinungs- und Pressefreiheit gehörende Selbstbestimmungsrecht der Presse auch die Befugnis umfasst, den Gegenstand der Berichterstattung frei zu wählen, und nach eigenen publizistischen Kriterien zu entscheiden, was öffentliches Interesse beansprucht (vgl BverfGE 101, 361, 392; vgl auch NJW 2008, 1793 – Caroline von Hannover). Es ist daher nicht Aufgabe der Gerichte zu entscheiden, ob ein bestimmtes Thema überhaupt berichtenswert ist oder nicht (BVerfG NJW-RR 2010, 1195 – Hanfpflanze).

47 Die neuere Linie der Rechtsprechung mag damit zu einer gewissen Harmonisierung zwischen der Rechtsprechung des EGMR und der nationalen Rechtsprechung des Bundesverfassungsgerichts wie auch der Zivilgerichte beitragen. Sie tut dies aber um den Preis einer deutlich vergrößerten Rechtsunsicherheit sowohl für die Medien wie auch die Betroffenen, denn von wenigen, eindeutig gelagerten Ausnahmefällen abgesehen, ist das Ergebnis der vorzunehmenden Abwägungsprozesse durch das letztinstanzlich entscheidende Gericht kaum noch prognostizierbar (das Ergebnis des Beschlusses des BVerfG NJW 2008, 1793, wonach einige *Caroline von Hannover* und ihren Ehemann zeigende Urlaubsbilder für zulässig, andere hingegen für unzulässig gehalten wurden, zeigt dies überdeutlich).

48 Die Frage, ob die Vorgaben des **EGMR** aus seiner Entscheidung vom 24. Juni 2004 (NJW 2004, 2647) von den deutschen obersten Gerichten durch ihre neuere Rechtsprechung überhaupt hinreichend berücksichtigt werden, ist allerdings noch immer nicht abschließend geklärt. Denn im Gegensatz zur Auffassung des EGMR gehen sowohl das BVerfG (vgl NJW 2008, 1793 – Caroline von Hannover) als auch der BGH (vgl NJW 2007, 1981 – Abgestuftes Schutzkonzept; BGH, Urt. v. 26.10.2010 – 230/08, Rn 20 – Rosenball I) nach wie vor davon aus, dass die verfassungsrechtlich geschützte Meinungsbil-

dung auch **unterhaltende Beiträge** umfasst und nicht nur solche, die einen Beitrag zu einer Diskussion in einer demokratischen Gesellschaft leisten können und etwa Personen des politischen Lebens im Rahmen ihrer Amtsausübung betreffen (so aber EGMR, NJW 2004, 2647, 2649). Am 13. Oktober 2010 verhandelte die Große Kammer des EGMR den Fall *Caroline von Hannover gegen Deutschland* (Beschwerde-Nr. 40660/08 und 60641/08), wobei der EGMR die Frage zu klären hat, ob die derzeitige Entscheidungspraxis der deutschen Gerichte den Konflikt zwischen Art. 8 Abs. 1 und Art. 10 Abs. 1 EMRK nunmehr angemessen zu lösen vermag. Ausschlaggebend für die Beschwerde der Caroline von Hannover war die Entscheidung des BVerfG vom 26.2.2008 (NJW 2008, 1793 ff – Caroline von Hannover), die der Beschwerdeführerin nicht weit genug ging und im Rahmen derer die Frage der Reichweite des Grundrechts auf Schutz des allgemeinen Persönlichkeitsrechts im Hinblick auf Abbildungen aus dem Privat- und Alltagsleben der Beschwerdeführerin zu klären war. Eine Entscheidung des EGMR hierüber bleibt abzuwarten.

3. Öffentlichkeits- und Sozialsphäre. Die den schwächsten Schutz bietenden Sphären sind die Öffentlichkeits- und die Sozialsphäre. Beide Sphären sind dicht beieinander angesiedelt. Während die Öffentlichkeitssphäre sich vor einer eingeschränkten oder gänzlich uneingeschränkten Öffentlichkeit abspielt, findet in der Sozialsphäre vor allem das soziale und nicht direkt in der Öffentlichkeit gelagerte Verhalten statt. Die Öffentlichkeitssphäre ist dadurch geprägt, dass sich der Betroffene der Öffentlichkeit bewusst zuwendet, während die Sozialsphäre regelmäßig durch Verhaltensweisen geprägt ist, bei denen sich der Betroffene der Öffentlichkeit zwar nicht bewusst zuwendet, von ihr aber grundsätzlich wahrgenommen werden kann. In die Öffentlichkeitssphäre fallen insbesondere Betätigungen im öffentlichen, politischen und wirtschaftlichen Leben (bspw eine öffentliche Rede oder die Teilnahme an einer Fernsehshow), während etwa berufliche Tätigkeiten, die nicht unmittelbar mit der Öffentlichkeit verknüpft sind, in die Sozialsphäre fallen. Die beiden Sphären umfassen zusammengefasst den Menschen in seinen Beziehungen zur Umwelt, insbesondere in seinem beruflichen Wirken und Auftreten in seiner sonstigen öffentlichen Tätigkeit (vgl OLG Hamburg GRUR 1978, 325; BGH NJW 1981, 1367; NJW 1981, 1091). 49

Über wahre Tatsachen, die diesen Sphären entspringen und nicht ehrverletzend sind, darf grundsätzlich berichtet werden. Sofern die **Öffentlichkeitssphäre** berührt ist, hat das **Persönlichkeitsrecht** des Betroffenen **grundsätzlich zurückzutreten**; sofern die **Sozialsphäre** berührt ist, darf eine entsprechende Berichterstattung nur dann mit Sanktionen belegt werden, wenn diese **schwerwiegende Auswirkungen** auf das Persönlichkeitsrecht des Betroffenen haben kann. Das Persönlichkeitsrecht schützt in diesem Bereich nur vor entstellenden oder verfälschenden Darstellungen, die das Persönlichkeitsbild erheblich beeinträchtigen können, etwa wenn Stigmatisierung, soziale Ausgrenzung oder Prangerwirkung zu besorgen sind (vgl BGH NJW 2005, 592; NJW 2009, 2888, 2891 – „www.spickmich.de"; zur Prangerwirkung vgl auch BVerfG NJW 2010, 1587, 1589 – Zitat aus Anwaltsschreiben). Dies gilt auch und sogar in besonderer Weise für die berufliche Sphäre: Wer sich am Wirtschaftsleben beteiligt, muss sich in gesteigertem Maße der öffentlichen Kritik stellen (BGH NJW-RR 2007, 619). Dagegen gibt es keinen Anspruch darauf, in der Öffentlichkeit nur so dargestellt zu werden, wie man es selbst wünscht und man sich selbst sehen möchte; **ein allgemeines oder gar umfassendes Verfügungsrecht über die Darstellung der eigenen Person gewährt das allgemeine Persönlichkeitsrecht nicht** (vgl BVerfG NJW 1998, 1381, 1383; AfP 2010, 465, 466; zur Frage etwa der Zulässigkeit von Lehrerbewertungen im Internet: BGH NJW 2009, 2888 ff – „www.spickmich.de"). 50

a) Berichterstattung über Straftaten. Von erheblicher praktischer Bedeutung ist die Frage einer Verletzung des allgemeinen Persönlichkeitsrechts durch die Berichterstattung über Straftaten. Auf der einen Seite berührt eine (identifizierende) Berichterstattung über Straftäter ihre persönlichkeitsrechtlichen Interessen schon deshalb, weil deren Fehlverhalten öffentlich bekannt gemacht wird; auf der anderen Seite gibt es ein legitimes Interesse der Öffentlichkeit daran, nicht nur über die Tat, sondern auch über den Täter informiert zu werden. Auch wenn Straftaten häufig der Öffentlichkeits- oder Sozialsphäre zuzuordnen sein werden, besteht Einigkeit darüber, dass die rechtliche Zulässigkeit einer entsprechenden Berichterstattung nicht allein an den o.g. Kriterien (Rn 50) zu messen ist, sondern dass insofern besondere Kriterien gelten. 51

Ausgangspunkt ist zunächst, dass das allgemeine Persönlichkeitsrecht dem Täter keinen generellen Anspruch darauf gibt, das Strafverfahren unbeobachtet und „in aller Stille abwickeln" zu können und sich dadurch vollständig der medialen Öffentlichkeit und der damit einhergehenden sozialen Missbilligung durch sein Umfeld zu entziehen (vgl BVerfG NJW 2009, 3357, 3359 – ehemaliger Bundesliga- 52 spieler). Straftaten gehören vielmehr zum Zeitgeschehen, dessen Vermittlung in den Aufgabenbereich der Presse fällt (BVerfG NJW 2009, 350, 351 – Holzklotz-Fall; BGH NJW 2009, 757, 760 – Karsten Speck); wer den Rechtsfrieden bricht, muss es grundsätzlich dulden, dass das von ihm selbst erregte öffentliche Informationsinteresse auf den dafür üblichen Wegen befriedigt wird (BVerfG NJW 1973, 1226 – Lebach; NJW 2009, 3357, 3358 – ehemaliger Bundesligaspieler; BGH NJW 2009, 3576, 3578 f – Kannibale von Rothenburg).

53 Allerdings ist für jede Berichterstattung über Straftaten zunächst von Bedeutung, dass bis zu einer rechtskräftigen Verurteilung zugunsten des Betroffenen die Unschuldsvermutung gilt; persönlichkeitsrechtsverletzend und damit unzulässig ist daher jede Form der **Vorverurteilung**. Darüber hinaus ist auch im Bereich der Berichterstattung über Straftaten eine Rechtsgüterabwägung im Einzelfall erforderlich. Von Bedeutung sind dabei insbesondere der Stand des Verfahrens, die Person des (vermeintlichen) Täters, die Tat und der Tathergang sowie die zeitliche Distanz zur Tat.

54 So ist etwa anerkannt, dass bei feststehender Täterschaft des Betroffenen und einer **aktuellen Berichterstattung** über eine Straftat eine **Vermutung für das Überwiegen des Berichterstattungsinteresses** spricht (BVerfG NJW 2009, 3357, 3358 – ehemaliger Bundesligaspieler). Liegt hingegen die Tat bereits länger zurück, hat der Täter seine Strafe verbüßt und ist die Öffentlichkeit bereits hinreichend informiert worden, so lassen sich erneute Eingriffe in das Persönlichkeitsrecht des Täters schon im Hinblick auf das Resozialisierungsinteresse des Täters nicht mehr ohne Weiteres rechtfertigen. Dabei hat das Bundesverfassungsgericht jedoch ausdrücklich klargestellt, dass selbst die Verbüßung der Straftat keinen uneingeschränkten Anspruch darauf begründet, mit der Tat „allein gelassen zu werden" (BVerfG aaO). Dies gilt in besonderem Maße für solche Straftaten, bei denen das spezifische Interesse der Öffentlichkeit weniger durch die Tat selbst als vielmehr durch die Person des Täters begründet wird (vgl hierzu BVerfGE 35, 202, 238; vgl hierzu auch Rn 56). Es gilt aber auch solche Vorgänge, an denen ein **besonderes** (historisches, gesellschaftliches oder sonstiges) **Interesse** besteht, was etwa bei politisch motivierten Terroranschlägen (vgl hierzu etwa OLG Hamburg vom 20.3.2007 – 7 W 22/07), bei nationalsozialistischen Straftaten oder auch bestimmten Stasi-Tätigkeiten der Fall sein kann (vgl hierzu etwa OLG München vom 14.12.2010 – 18 U 3097/09). Das öffentliche Interesse an der Aufarbeitung zeitgeschichtlicher Ereignisse hat insofern Vorrang vor den Anonymitätsinteressen der Betroffenen.

55 Dem allgemeinen Informationsinteresse der Öffentlichkeit kommt regelmäßig auch dort ein besonderes Gewicht zu, wo es um **schwere oder gar schwerste Kriminalität** geht. Das bedeutet allerdings nicht, dass im Falle einer Berichterstattung über ein Strafverfahren eine vergleichsweise geringe Bedeutung der Straftat ausschließlich zur Begründung eines (geringen) öffentlichen Informationsinteresses verwendet werden darf. Vielmehr ist im Rahmen des vorzunehmenden Abwägungsprozess auch zu berücksichtigen, dass die Geringfügigkeit des Tatvorwurfs zugleich geeignet sein kann, die Bedeutung der Persönlichkeitsrechtsverletzung zu mindern (BVerfG NJW-RR 2010, 1195 – Hanfpflanze).

56 Im Rahmen der vorzunehmenden Güterabwägung sind schließlich auch die sonstigen Umstände des Einzelfalls zu berücksichtigen. So kann etwa eine **Vielzahl weiterer Presseberichte** über die in Rede stehende Tat Indiz für ein öffentliches Interesse am jeweiligen Berichtsgegenstand sein (vgl BVerfG NJW-RR 2010, 1195 – Hanfpflanze). Auch die **Person des Täters** hat regelmäßig Auswirkungen auf das Berichterstattungsinteresse. Insbesondere bei **Personen mit Leitbildfunktion** (namentlich bei Politikern, Wirtschaftsführern und sonstigen herausragenden Personen des öffentlichen Lebens) vermögen bestimmte Straftaten auch dann ein berechtigtes öffentliches Informationsinteresse nach sich zu ziehen, wenn diese nicht dem Bereich der schweren Kriminalität zuzuordnen sind, jedoch für das Bild des Betroffenen in der Öffentlichkeit von Bedeutung sind (vgl BVerfG aaO – Hanfpflanze).

57 Die vorstehenden Erwägungen gelten nicht nur für Straftaten, sondern auch für **Ordnungswidrigkeiten** sowie **ähnliche Verfehlungen** (vgl BVerfG NJW 2006, 2835), wozu uU auch in einer anderen Rechtsordnung (Ausland, DDR) nicht strafbare oder strafrechtlich nicht verfolgte Tätigkeiten gehören können (vgl etwa für die identifizierende Berichterstattung über Ex-Stasi-Spitzel OLG München vom 14.12.2010 – 18 U 3097/09).

58 **b) Berichterstattung über den Verdacht einer Straftat.** Liegt (wie so häufig) zunächst nur der Verdacht einer Straftat vor („**Verdachtsberichterstattung**"), so ist eine Berichterstattung nur unter engeren Voraussetzungen zulässig. Denn gerade in den Fällen schwerwiegender Straftaten birgt die Berichterstattung nicht selten die Gefahr einer Stigmatisierung des Beschuldigten, welche ein späterer Freispruch möglicherweise nicht mehr zu beseitigen vermag (BVerfG NJW 2009, 350, 352 – Holzklotz-Fall; NJW-RR 2010, 1195, 1197 – Hanfpflanze).

Eine zulässige Verdachtsberichterstattung setzt deshalb zunächst voraus, dass ein **berechtigtes öffentliches Interesse** an der Verbreitung des Verdachts besteht. Dies ist regelmäßig dann der Fall, wenn ein überwiegendes Informationsinteresse der Öffentlichkeit jedenfalls dann zu bejahen wäre, wenn der Verdacht zuträfe (zu den insofern zugrundezulegenden Kriterien im Einzelnen oben unter Rn 51 ff). Verlangt wird weiter, dass die Presse über einen gewissen **Mindestbestand an Beweistatsachen** verfügt, die eine entsprechende Berichterstattung rechtfertigen. Die Medien unterliegen bezüglich der Wahrheit dieser Tatsachen einer erhöhten Prüfungspflicht. Dabei ist einerseits zu berücksichtigen, dass ein anhängiges Ermittlungsverfahren für sich genommen noch keine hinreichende Anknüpfungstatsache für eine entsprechende Verdachtsberichterstattung darstellt, da die Staatsanwaltschaft schon bei Bestehen eines bloßen Anfangsverdachts verpflichtet ist, zu ermitteln (§ 152 StPO). Andererseits dürfen auch bei der Verdachtsberichterstattung die Anforderungen an die pressemäßige Sorgfalt (dazu ausführlich im 39. Abschnitt) nicht überspannt und insbesondere nicht so bemessen werden, dass darunter die Grundrechte der Presse- und der Meinungsfreiheit leiden. Erforderlich, aber auch ausreichend ist, dass die tatsächlichen Anhaltspunkte, auf die sich die Ermittlungen der Staatsanwaltschaft stützen sowie etwaige eigene Recherchen der Presse eine Verdachtsberichterstattung rechtfertigen. Nicht erforderlich ist dagegen, dass die Presse die tatsächlichen Feststellungen der Strafverfolgungsbehörden ihrerseits im Einzelnen überprüft. Insofern gilt, dass den Erkenntnissen und **Verlautbarungen amtlicher Stellen**, wie insbesondere der Staatsanwaltschaft, ein gesteigertes Vertrauen entgegengebracht werden darf und was umso mehr gilt, als die Ermittlungsbehörden nicht nur be-, sondern auch entlastendes Material zu ermitteln haben (vgl § 160 Abs. 2 StPO). Insofern dürfen die Medien regelmäßig davon ausgehen, dass die Erkenntnisse der amtlichen Stellen zuverlässig und umfassend sind und eine weitere Verpflichtung zur sofortigen Nachprüfung nicht besteht (BVerfG NJW-RR 2010, 1195, 1197 – Hanfpflanze; vgl hierzu auch OLG Karlsruhe NJW-RR 1993, 732, 733). 59

In jedem Fall haben die Medien sorgfältig abzuwägen zwischen dem öffentlichen Interesse an der Nachricht und der Schwere des Eingriffs in die Rechte des Betroffenen (vgl BGHZ 143, 199 – Verdachtsberichterstattung). 60

Im Falle der Berichterstattung über ein noch laufendes Verfahren muss ein Bericht den jeweiligen Sachstand des Verfahrens **wahrheitsgetreu, unverfälscht und ausgewogen** wiedergeben und er darf **keine Vorverurteilung** enthalten, da dies einen Verstoß gegen die **Unschuldsvermutung** darstellen würde, die sich aus dem Rechtsstaatsprinzip (Art. 20 Abs. 3 GG) ableiten lässt (vgl BGHZ 143, 199 – Verdachtsberichterstattung; OLG Brandenburg NJW 1999, 886, 888 – Täter-Opfer-Polizei). Auch bekannte, den Verdächtigen entlastende Tatsachen müssen mitgeteilt werden (vgl BGH ZUM 2000, 398; OLG Düsseldorf AfP 1980, 54); insofern gebietet es die journalistische Sorgfaltspflicht bei einer entsprechenden Berichterstattung, bewusst einseitige und verfälschende Darstellungen zu vermeiden (BVerfG NJW-RR 2010, 470, 473 – Pressespiegel; BGH NJW 2006, 601, 603). In der Regel ist (sofern möglich) auch die Stellungnahme des Betroffenen vor einer Berichterstattung einzuholen (vgl BGH NJW 2000, 1036, 1037). Er darf in dem Bericht nur als „Verdächtiger" oder „mutmaßlicher Täter" bezeichnet werden, nicht als „Täter" (vgl 39. Abschnitt Rn 78 ff). Auch in der Verbreitung einer echten Frage kann die Äußerung eines Verdachts liegen, so dass auch für diesen Fall die Grundsätze für die Zulässigkeit der Verbreitung von Verdachtsberichterstattungen zugrunde gelegt werden müssen (OLG Hamburg AfP 2008, 405 ff; AfP 2009, 149 ff). 61

Eine **identifizierende Berichterstattung** (insbesondere eine **Namensnennung**) ist regelmäßig nur bei der Berichterstattung über Schwerstkriminalität zulässig oder aber, wenn die Tat oder die Person des Täters ein besonderes Interesse der Öffentlichkeit auf sich ziehen (vgl BGH NJW 2006, 599; NJW 2009, 757 – Karsten Speck; OLG München NJW-RR 2003, 111; OLG Frankfurt AfP 1990, 229; OLG München NJW-RR 2003, 111). Die Beurteilung der Zulässigkeit einer identifizierenden Berichterstattung über **minderjährige Straftäter** unterliegt dabei noch strengeren Maßstäben als die Beurteilung der Zulässigkeit einer identifizierenden Berichterstattung über volljährige Straftäter (OLG Hamburg ZUM 2010, 61, 62). 62

Eine identifizierende Berichterstattung über den Angeklagten eines Strafverfahrens kann aber dann gerechtfertigt sein, wenn dieser sich nicht mehr umfassend auf die Verletzung seines allgemeinen Persönlichkeitsrechts berufen kann, so etwa, wenn er sich den Vorwürfen, die in der medialen Öffentlichkeit gegen ihn erhoben wurden, bereits eigenverantwortlich im Rahmen einer identifizierenden Berichterstattung gestellt hat oder wenn der Betreffende kraft seines Amtes oder aufgrund seiner gesellschaftlich hervorgehobenen Verantwortung beziehungsweise Prominenz auch in einer sonst be- 63 sonderen Weise im Fokus der Öffentlichkeit steht und daher die Medienpräsenz mit Rücksicht hierauf hinzunehmen hat (BVerfG NJW 2009, 3357, 3358 – ehemaliger Bundesligaspieler; NJW 2009, 2117, 2118; BGH NJW 2009, 3576, 3579 – Kannibale von Rothenburg). In diesem Zusammenhang liegt derzeit dem **EGMR** die Frage zur Entscheidung vor (Beschwerde-Nr. 39954/08 – *Axel Springer AG/ Deutschland*), ob ein bekannter Schauspieler dadurch, dass er in seiner Fernsehrolle als Kommissar eine Vorbildfunktion einnimmt, auch im wahren Leben Idol- oder Vorbildcharakter als „Ordnungshüter" erlangen kann, was wiederum ein erhöhtes Interesse der Öffentlichkeit an einer Berichterstattung über eine von ihm begangene Straftat rechtfertigen würde (s. hierzu OLG Hamburg Urt. v. 12.9.2006 – 7 U 134/05). Eine Entscheidung über den am 13. Oktober 2010 vor dem EGMR verhandelten Fall bleibt abzuwarten.

64 **Tatopfer und deren Angehörige** genießen dagegen tendenziell einen weiter gehenden Schutz. Sie dürfen im Regelfall namentlich nicht genannt werden, auch nicht bei Aufsehen erregenden Gewalttaten (vgl bezüglich des Opfers OLG Hamburg AfP 1975, 649; LG Stuttgart AfP 1983, 294; bezüglich der Angehörigen LG Köln AfP 1991, 747).

65 c) **Berichterstattung nach Abschluss eines Strafverfahrens.** Nach einem erfolgten (rechtskräftigen) **Freispruch** hat der Betroffene das Recht, von der Presse in Ruhe gelassen zu werden (vgl OLG Brandenburg NJW-RR 2003, 919). Nach einem **Schuldspruch** muss nach gewisser Zeit das **Resozialisierungsinteresse** des Täters mit dem Informationsinteresse der Öffentlichkeit in Einklang gebracht werden: Liegt eine Haftentlassung noch in weiter Ferne, so wird eine Resozialisierung durch eine identifizierende Berichterstattung häufig nicht beeinträchtigt (OLG Hamburg AfP 2008, 95); anders liegen die Dinge, wenn eine Haftentlassung absehbar ist und das Interesse der Allgemeinheit an der Tat bereits verblasst ist. Hier wird die Abwägung ab einem bestimmten Zeitpunkt zugunsten des Persönlichkeitsrechts ausfallen (vgl BVerfG NJW 1993, 1463, 1464; NJW 2000, 1859; OLG Hamburg AfP 2010, 270 f – Namensänderung einer ehemaligen Terroristin; AfP 2007, 228). Wurde die Haftstrafe zur Bewährung ausgesetzt, so ist das zeitlich bereits früher aktuell werdende Resozialisierungsinteresse ebenfalls zu berücksichtigen; allerdings überwiegt auch bei der Aussetzung einer Haftstrafe zur Bewährung das Resozialisierungsinteresse keineswegs zwingend (BVerfG NJW 2009, 3357, 3358 – ehemaliger Bundesligaspieler). Die Berichterstattung anlässlich der **Freilassung eines Straftäters** mag hinreichender Anlass für eine Berichterstattung über die Tat und eine etwaige vorzeitige Haftentlassung bzw die Aussetzung der Reststrafe zur Bewährung zu sein; bei einer Namensnennung des Täters ist allerdings Zurückhaltung geboten (OLG Nürnberg AfP 2007, 127; OLG München AfP 2007, 135).

66 Ein Sonderproblem von erheblicher praktischer Bedeutung stellt die in **Online-Archiven** recherchierbare frühere Berichterstattung über Straftaten dar. Einerseits kann auch das Bereithalten einer (identifizierbaren) Berichterstattung in einem Internetarchiv einen Eingriff in das allgemeine Persönlichkeitsrecht des Betroffenen darstellen; andererseits ist auch ein Interesse der Öffentlichkeit unbestreitbar, auch historische Medienberichte recherchieren zu können. Dieses Spannungsfeld ist wiederum im Rahmen einer umfassenden Rechtsgüterabwägung zu lösen, wobei allerdings besondere, die Medien in aller Regel privilegierende Maßstäbe anzulegen sind. Von besonderer Bedeutung ist dabei, dass ein anerkennenswertes Interesse der Öffentlichkeit nicht nur an der Information über das aktuelle Zeitgeschehen, sondern auch an der Möglichkeit besteht, vergangene zeitgeschichtliche Ereignisse zu recherchieren (vgl BGH NJW 2010, 2728; NJW 2010, 2432; NJW 2010, 757 – Sedlmayr, jeweils mwN). Dementsprechend nehmen die Medien ihre Aufgabe, in Ausübung der Meinungsfreiheit die Öffentlichkeit zu informieren und an der demokratischen Willensbildung mitzuwirken, auch dadurch wahr, dass sie nicht mehr aktuelle Veröffentlichungen für interessierte Mediennutzer verfügbar halten. Ein generelles Verbot der Einsehbarkeit und Recherchierbarkeit bzw ein Gebot der Löschung aller früheren den Straftäter identifizierenden Darstellungen in „Onlinearchiven" gibt es daher nicht; es würde dazu führen, dass Geschichte getilgt und der Straftäter vollständig immunisiert würde. Hierauf hat der Täter aber keinen Anspruch (vgl BVerfG NJW 2000, 1859, 1860; AfP 2009, 365 Rn 21).

67 Voraussetzung für die Anwendung dieser besonderen Maßstäbe ist allerdings, dass die in einem Online-Archiv bereitgehaltene Berichterstattung in einer Weise dargeboten wird, dass sie **als Altmeldung erkennbar** ist. Dies wird regelmäßig der Fall sein, wenn der Bericht in einem eigenständigen, als Archiv erkennbaren Bereich eines Onlineauftritts bereitgehalten und mit einem den historischen Charakter der Meldung deutlich machenden Datum versehen ist. Wo dies nicht der Fall ist, kommt eine Archiv-Privilegierung nicht in Betracht; die Zulässigkeit der Berichterstattung bemisst sich dann ausschließlich nach den bereits oben (Rn 51 ff) dargelegten Kriterien.

Ist eine in einem Online-Archiv bereitgehaltene identifizierbare Berichterstattung über eine Straftat als Altmeldung erkennbar, so ist auch hier wieder eine Rechtsgüterabwägung vorzunehmen, im Rahmen derer zunächst dieselben Abwägungskriterien relevant sind, die auch für eine aktuelle Berichterstattung über Straftaten zur Anwendung kommen. Im Rahmen des Abwägungsprozesses ist unter anderem zu prüfen, ob die historische Ausgangsberichterstattung zulässig war. Dies wirft ein besonderes Problem insofern auf, als sich diese Frage nach der Rechtslage und Rechtsprechung zum (häufig bereits lange zurückliegenden) Zeitpunkt der Erstveröffentlichung bemisst. 68

Im Rahmen des Abwägungsprozesses ist des Weiteren zu berücksichtigen, dass die in einem Online-Archiv bereitgehaltene historische Berichterstattung im Verhältnis zur aktiven Informationsvermittlung durch aktuelle Beiträge eine deutlich geringere Breitenwirkung und somit eine **signifikant geringere Verletzungsintensität** erzielt. Dies gilt umso mehr, als die konkrete Art und Weise der Archivierung regelmäßig eine **gezielte Suche** voraussetzt, so dass der Beitrag typischerweise nur von solchen Nutzern zur Kenntnis genommen wird, die sich selbst aktiv informieren wollen (BGH NJW 2010, 757 – Sedlmayr I). Dies gilt auch für sog. **Teaser**, die auf passiv geschalteten Webseiten bzw im Archivbereich auf im Archiv enthaltene Beiträge aufmerksam machen, sofern diese nicht in einen Kontext eingebettet sind, welcher ihnen den Anschein der Aktualität oder den Charakter einer erneuten Berichterstattung verleiht (BGH NJW 2010, 2728). 69

In der jüngeren Rechtsprechung der Instanzgerichte ist vereinzelt argumentiert worden, dass bei der Bereithaltung eines „Alt-Artikels" in einem Online-Archiv eine erhebliche Breitenwirkung zu bejahen sei, wenn die Berichterstattung bspw aufgrund der Eingabe des Namens des Antragstellers in eine Suchmaschine wie etwa Google auffindbar ist. was zu Dauerwirkungen und einer damit verbundenen erheblichen Eingriffsintensität führe („zeitlich gestreckte Breitenwirkung", vgl etwa LG Hamburg Urt.v. 9.7.2010 – 324 O 44/09). vom Urteil, S. 9 f). Diese Auffassung ist indes zweifelhaft. Es begegnet bereits grundsätzlichen Bedenken, die Funktionalitäten eines von einem mit dem Archivbetreiber regelmäßig in keiner Weise verbundenen (und von diesem auch nicht beeinflussbaren) Suchmaschinendienstes wie Google als Beleg dafür heranzuziehen, einen in einem Online-Archiv hinterlegten Beitrag für unzulässig zu erachten. Unabhängig davon dürfte die für Online-Archive typische fehlende Breitenwirkung auch nicht durch eine angebliche „Dauerwirkung" kompensiert werden können, da es sich bei der Breitenwirkung um etwas grundsätzlich anderes als die Dauer der Bereithaltung eines Beitrags handelt; ein Beitrag, der nur von wenigen, sich selbst aktiv informierenden Nutzern überhaupt zur Kenntnis genommen werden kann, kann nicht dadurch eine „erhebliche Breitenwirkung" zugesprochen werden, dass diese Recherchemöglichkeit über einen längeren Zeitraum besteht – eine „zeitlich gestreckte Breitenwirkung" gibt es schlichtweg nicht. Unabhängig davon vermag der Umstand einer längeren Zugriffsmöglichkeit auf archivierte Beiträge der Sache nach regelmäßig keinen „qualitativen Sprung" in Bezug auf die Eingriffsintensität zu begründen. Denn auch die längerfristige Zugriffsmöglichkeit ändert ja nichts daran, dass jeder einzelne Zugriff stets eine gezielte Suche und eine Auswertung der entsprechenden Trefferlisten voraussetzt. Zu guter Letzt ist unübersehbar, dass die Annahme einer „zeitlich gestreckten Breitenwirkung" die BGH-Rechtsprechung zu Online-Archiven letztlich in ihr glattes Gegenteil verkehren würde. Denn es ist einem Archiv immanent, dass man auf Selbiges nicht nur kurze Zeit, sondern dauerhaft zugreifen kann. Wollte man allein aus dem Umstand der dauerhaften Verfügbarkeit auf eine erhebliche Breitenwirkung der darin bereitgehaltenen Inhalte schließen, liefe dies im Ergebnis darauf hinaus, dass Online-Archive regelmäßig als unzulässig anzusehen wären, da die erhebliche Breitenwirkung stets zu bejahen wäre. Dass dies nicht richtig und mit der Rechtsprechung des Bundesgerichtshofs nicht zu vereinbaren wäre, ist evident.

Darüber hinaus ist eine **proaktive Prüfungspflicht** der Betreiber von Onlinemedien zu **verneinen** (BGH aaO). Eine solche hätte einen abschreckenden Effekt auf den Gebrauch der Meinungs- und Pressefreiheit, der den freien Informations- und Kommunikationsprozess einschnüren würde. Denn wären Betreiber von Online-Archiven verpflichtet, sämtliche archivierten Beiträge von sich aus immer wieder auf ihre Rechtmäßigkeit zu kontrollieren, so bestünde angesichts des mit einer derartigen Kontrolle verbundenen personellen und zeitlichen Aufwands die erhebliche Gefahr, dass von einer der Öffentlichkeit zugänglichen Archivierung entweder grundsätzlich abgesehen oder aber bereits bei der erstmaligen Veröffentlichung diejenigen Umstände ausgeklammert würden, die (wie etwa der Name des Straftäters) das weitere Vorhalten des Beitrags später rechtswidrig werden lassen könnten, an deren Mitteilung die Öffentlichkeit aber im Zeitpunkt der erstmaligen Berichterstattung ein schützenswertes Interesse hat. Hierdurch würde die Meinungs- und Medienfreiheit in unzulässiger Weise eingeschränkt (BGH NJW 2010, 2728). 70

71 Diese die Online-Archive grundsätzlich privilegierenden Maßstäbe dürften in gleicher Weise auf den Bereich der Archivierung zulässiger Verdachtsberichterstattungen Anwendung finden (vgl hierzu auch *Molle*, ZUM 2010, 331, 334).

D. Eingriffe in das allgemeine Persönlichkeitsrecht

I. Tatsachenbehauptung und Meinungsäußerung

72 Bei der Fragestellung, ob ein Eingriff in das Allgemeine Persönlichkeitsrecht durch eine Berichterstattung vorliegt, ist zunächst zu unterscheiden, ob es sich bei dieser Aussage um eine **Tatsachenbehauptung** oder aber um eine **Meinungsäußerung** handelt, da beide Äußerungsformen unterschiedlich stark geschützt werden. Denn Art. 5 Abs. 1 GG gewährleistet unter anderem die Freiheit des Einzelnen, seine Meinung frei zu äußern, während die Tatsachenbehauptung nur soweit geschützt wird, wie sie nicht erwiesenermaßen unwahr ist (BVerfG NJW 1976, 1677 – Echternach; NJW 1983, 1415 – NPD von Europa; NJW 1992, 1439 – Bayer).

73 Die Zuordnung einer Äußerung zum Bereich der Tatsachenbehauptung oder der Meinungsäußerung ist nicht selten schwierig; zugleich ist die Unterscheidung zwischen Tatsachenbehauptung und Meinungsäußerung in rechtlichen Auseinandersetzungen häufig die wesentliche Weichenstellung und oft ausschlaggebend für die Entscheidung, ob eine Berichterstattung als zulässig oder unzulässig anzusehen ist. Zudem knüpfen auch auf der **Rechtsfolgenseite** diverse medienrechtliche Ansprüche daran an, ob es sich bei einer Äußerung um eine Tatsachenbehauptung oder aber um eine Meinungsäußerung handelt.

74 **1. Abgrenzung. Tatsachenbehauptungen** sind durch die objektive Beziehung zwischen Äußerung und Wirklichkeit charakterisiert. Sie sind konkrete, nach Zeit und Raum bestimmbare, der Vergangenheit oder Gegenwart angehörige Geschehnisse oder Zustände, die Anspruch auf Wirklichkeitstreue erheben und auf ihre Richtigkeit hin **objektiv überprüfbar** sind (vgl BGH NJW 1998, 1223); ihr Aussagegehalt ist (zumindest theoretisch) mit den Mitteln der Beweiserhebung als „wahr“ oder „unwahr“ zu überprüfen. Der Begriff der **Meinung** ist demgegenüber geprägt durch die Elemente der **Stellungnahme, des Meinens und Dafürhaltens** (vgl BVerfG AfP 1994, 126; BGH AfP 1996, 145). Eine Meinung mag man teilen oder ablehnen; sie kann indes nicht als richtig oder falsch bezeichnet werden. **Meinungsäußerungen** sind also durch **subjektive Bewertungen** bzw Beziehungen des Einzelnen zum Inhalt der Aussage geprägt.

75 Die grundsätzliche **Abgrenzung** zwischen Tatsachenbehauptung und Meinungsäußerung ist anhand der sog. **Beweiszugänglichkeit** vorzunehmen: Ist eine Aussage einer Überprüfung auf ihre Richtigkeit mit den Mitteln des Beweises zugänglich (also durch Dokumente, Zeugenaussagen, Sachverständige o.ä. verifizierbar), so handelt es sich um eine Tatsachenbehauptung. Ist die Äußerung hingegen nicht dem Beweis zugänglich, sondern vielmehr von Elementen der Stellungnahme, des Meinens und des Dafürhaltens gekennzeichnet, so handelt es sich um eine Meinungsäußerung; sie kann nicht positiv nachgewiesen, sondern für ihre Akzeptanz kann nur durch Überzeugungsarbeit geworben werden. Die „Testfrage“ lautet also: Lässt sich die Aussage mit den Kriterien „wahr oder unwahr“ bzw „richtig oder falsch“ überprüfen? Wird diese Frage bejaht, so liegt eine Tatsachenbehauptung vor; wird sie verneint, so handelt es sich um eine Meinungsäußerung.

76 Der **Maßstab** ist dabei ein **objektiver**. Es kommt nicht darauf an, wie eine Äußerung von ihrem Verfasser oder Verbreiter gemeint war; entscheidend ist allein, ob der unbefangene Durchschnittsleser, -hörer oder -betrachter den Eindruck gewinnt, er habe es mit einer auf ihren Wahrheitsgehalt hin überprüfbaren Sachaussage zu tun (BGH NJW 1976, 1198 – Panorama; NJW 1981, 1089 – Der Aufmacher). An einer auf ihren Wahrheitsgehalt hin überprüfbaren Sachaussage mangelt es etwa dann, wenn eine Äußerung schon gar nicht als eigenständige Behauptung eines bestimmten Sachverhalts verstanden werden kann, sondern vom Rezipienten vielmehr als unvollständig und ergänzungsbedürftig erkannt wird. Dies ist häufig bei schlagwortartigen Äußerungen oder Slogans der Fall, die lediglich die Aufmerksamkeit des Publikums erregen bzw den Anreiz für Nachfragen schaffen sollen (BVerfG NJW 2010, 3501, 3502 – Gen-Milch).

2. Einzelfälle. Was in der Theorie einfach klingt, führt in der Praxis nicht selten zu schwierigen **Abgrenzungsfragen:** 77

a) Mischung von Tatsachenbehauptung und Meinungsäußerung. In einer Vielzahl von Fällen sind tatsächliche und wertende Elemente in einer Aussage enthalten, ohne dass sie sich scharf voneinander trennen lassen. Eine semantische Analyse und Trennung derartiger zusammengesetzter Äußerungen ist im Kontext ihrer rechtlichen Bewertung nicht möglich. Die Praxis entscheidet daher bei Mischformen im Allgemeinen danach, **ob der tatsächliche oder der wertende Charakter einer Aussage überwiegt** bzw **welchen Kern eine Aussage hat** (BGH NJW 1992, 1314, 1316 – Kassenarztrundschreiben; ZUM 1988, 135, 137 – Türkol II). In diesem Zusammenhang wird allerdings häufig übersehen, dass Werturteile in der Praxis sehr häufig zugleich auch Tatsachenbehauptungen enthalten, nämlich dass der Vorgang, der durch das Werturteil bewertet wird, tatsächlich stattgefunden hat. Das Werturteil beispielsweise, dass die Verkäufe eines Maschinenbauunternehmens in den USA sich schlecht entwickelt hätten, beinhaltet die Tatsachenbehauptung, dass das Unternehmen auf diesem Markt überhaupt etwas verkauft. 78

b) Innere Tatsachen. Stets problematisch sind in der Medienberichterstattung die sogenannten **inneren Tatsachen.** Um solche inneren Tatsachen handelt es sich bei **Absichten, Einstellungen, Gefühlen, Hoffnungen, Motiven und Zwecken** (vgl OLG Hamburg AfP 1983, 289, 290; OLG Frankfurt AfP 1983, 279, 281). Sie können Tatsachenbehauptungen im Sinne des Äußerungsrechts sein, denn nicht nur äußerlich wahrnehmbare Gegebenheiten und Vorgänge, sondern auch innere Umstände und Kenntnisse können Tatsachen im Sinne des Äußerungsrechts sein (vgl *Seitz/Schmidt*, Kap. 6 Rn 86 ff). Eine innere Tatsache wird häufig dort vorliegen, wo Gegenstand der Äußerung ein in der Vergangenheit liegendes Verhalten des Betroffenen ist und die Klärung seiner Motive anhand äußerer Indizien möglich erscheint. Die Behauptung, jemand habe „wissentlich" fehlerhafte Zahlen genannt, „damit" Prüfungsausschüsse fehlgesteuert würden, kann deshalb als innere Tatsache angesehen werden (BGH NJW 1992, 1314 – Kassenarztrundschreiben). Auch die Äußerung, jemand habe bewusst etwas verschwiegen, kann vor diesem Hintergrund als Tatsachenbehauptung einzuordnen sein (vgl OLG Stuttgart AfP 1987, 606, 608). Anders verhält es sich hingegen dort, wo der Äußernde erkennbar auf die innere Tatsache nur mithilfe von Indizien schließt und daraus eine persönliche Bewertung ableitet (vgl BGH NJW 2008, 2262). Die Abgrenzung zwischen inneren Tatsachen und bloßen Bewertungen bzw Motiven für ein bestimmtes Verhalten ist in der Praxis außerordentlich schwierig, zumal nicht selten als innere Tatsachenbehauptungen daherkommende Äußerungen der Sache nach nichts anderes sind als bewertende bzw kritisierende Aussagen und damit Meinungsäußerungen; die Interpretation einer Aussage darf insofern nicht am Wortlaut kleben, sondern muss sich kontextabhängig am Wortsinn orientieren. So ist etwa die Aussage, der Bundeskanzler bereite einen neuen Weltkrieg vor (BGHSt 6, 159), völlig zu recht ebenso als Meinungsäußerung und nicht als Behauptung einer inneren Tatsache qualifiziert worden, wie auch die Aussage, ein Strafverteidiger habe in einem Verfahren mit von ihm gestellten Anträgen nur Obstruktion betreiben, das Verfahren verzögern und das Gericht zermürben wollen (KG AfP 1997, 721). 79

c) Sinnzusammenhang. Häufig erschließt sich die zutreffende Einordnung einer Formulierung als Meinungsäußerung oder Tatsachenbehauptung erst aus ihrem Kontext. Dieser ist daher stets zu berücksichtigen, zumal es die Rechtsprechung wiederholt für unzulässig erklärt hat, komplexe Äußerungen (die sich aus tatsächlichen und wertenden Elementen zusammensetzen), in ihre jeweiligen isolierten Elemente zu zerlegen und nur die tatsächlichen Elemente zum Gegenstand von presserechtlichen Ansprüchen zu machen. **Es kommt bei der presserechtlichen Bewertung bestimmter Aussagen also nicht auf isolierte Einzelaussagen, sondern stets auf den Gesamtkontext an** (vgl BGH NJW 2009, 1872, 1873 – Fraport). Ferner sind auch die Zielgruppe und das bei ihr zu erwartende Vorverständnis (BGH NJW 1985, 1621 – Türkol) wie auch sonstige das Verständnis des angesprochenen Verkehrs mitbestimmende Begleitumstände zu berücksichtigen. 80

Wichtig ist in diesem Zusammenhang, dass für die Einstufung einer Äußerung als Tatsachenbehauptung oder Meinungsäußerung nur der „materielle", nicht aber der „formelle" Kontext entscheidend ist; die bloße Formulierung eines einzelnen Satzes ist insofern ebenso wenig entscheidend wie seine Einbettung in ein bestimmtes Umfeld. Ob eine Aussage etwa in einer auf eine Meinungsäußerung hindeutende Rubrik einer Zeitung („Kommentar") oder in der Aufmachung einer nüchternen Nachricht erfolgt, ist für sich genommen nicht entscheidend; ebenso wenig stehen **relativierende Einschübe** der („*soweit bekannt ist*", „*wie ich meine*", „*vieles spricht dafür, dass*", „*sollen angeblich*", „*of-* 81 *fenbar"*) Einordnung einer Aussage als Tatsachenbehauptung nicht prinzipiell entgegen (vgl BGH NJW 1997, 1148, 1149 – Chefarzt; NJW 2008, 2262, 2264; NJW 2009, 3580, 3581; LG München I Urt. v. 10.11.2010 – 9 O 19400/10; *Prinz/Peters*, Rn 13 mwN). Denn hätte es der Äußernde in der Hand, allein durch den Einschub einer der vorgenannten Formulierungen eine Tatsachenbehauptung in eine weniger angreifbare Meinungsäußerung zu „verwandeln", würde der Persönlichkeitsrechtsschutz weitgehend leerlaufen (vgl BGH NJW 2008, 2262, 2264; NJW 2009, 3580, 3581). Jedenfalls dann, wenn sich aus dem Gesamtzusammenhang des beanstandeten Beitrags vom Verfasser aufgestellte rufbeeinträchtigende Behauptungen ergeben und der einschränkende Einschub den unbefangenen Leser nicht davon abhalten kann, die Äußerungen in diesem Sinne zu verstehen, liegt eine dem Beweis zugängliche Tatsachenbehauptung vor (BGH aaO).

82 d) **Fragen.** In der Medienberichterstattung ist es ein anerkanntes Stilmittel, nicht nur mit Aussagen, sondern auch mit Fragen zu arbeiten. Bei der rechtlichen Einordnung derartiger Fälle kommt es darauf an, ob im konkreten Einzelfall die Frage wirklich als offene Frage zu verstehen oder aber ob sie rein rhetorischer Natur ist und dem Leser oder Hörer die Antwort gleichsam zwingend vorgibt (vgl BVerfG NJW 2003, 660; vgl auch BGH AfP 2004, 124 – Eindeutig zweideutig). **Rhetorische Fragen** sind nur scheinbar Fragen. Sie werden nicht um einer – inhaltlich noch nicht feststehenden – Antwort willen geäußert, sondern bilden vielmehr Aussagen, die rechtlich entweder wie ein Werturteil oder wie eine Tatsachenbehauptung zu behandeln sind. **Echte Fragen** stehen unter dem Gesichtspunkt der Meinungsfreiheit Werturteilen gleich (vgl BVerfG NJW 1992, 1442; BGH NJW 2009, 3030, 3032 – Wohnhaus Joschka Fischer). Die Unterscheidung zwischen echten und rhetorischen Fragen muss nach der Rechtsprechung des BVerfG mithilfe von Kontext und Umständen der Äußerung erfolgen. Ist ein Fragesatz **mehreren Deutungen** zugänglich, von denen ihn eine als echte, die andere als rhetorische Frage erscheinen lässt, müssen die Gerichte beide Deutungen erwägen und ihre Wahl begründen. Bei der Klärung, ob eine Äußerung eine wirkliche Frage oder bloß eine rhetorische Frage darstellt, war bislang im Interesse eines wirksamen Grundrechtsschutzes im Zweifel von einem weiten Fragebegriff auszugehen (vgl BVerfG NJW 1992, 1442). Ob diese Rechtsprechung angesichts der neueren Entscheidungen des BVerfG, wonach die rechtliche Behandlung mehrdeutiger Äußerungen abhängig von der Art des jeweils geltend gemachten Anspruchs zu unterschiedlichen Maßstäben führen soll (vgl BVerfG, NJW 2006, 207 – Stolpe; WRP 2008, 343), noch aufrecht erhalten werden kann, erscheint aber ausgesprochen fraglich (vgl dazu auch Rn 93 f).

83 e) **Schlussfolgerungen, Bewertungen, Prognosen, Zweifel.** In der Presseberichterstattung wird häufig mit der Darstellung von Schlussfolgerungen, Bewertungen, Prognosen oder Zweifeln gearbeitet. Derartige Äußerungen fußen zwar häufig auf Tatsachen, sie sind aber im Allgemeinen das Ergebnis einer subjektiven Überzeugungsbildung. Die Rechtsprechung geht in diesem Bereich daher **im Regelfall** vom Vorliegen einer **Meinungsäußerung** aus. Entscheidend ist aber letztlich auch hier wieder der Kontext einer Aussage: Überwiegt beispielsweise bei einer Aussage die Darstellung von Tatsachen (auf die dann die Schlussfolgerung nur noch als „Sahnehäubchen" aufgesetzt wird), so kann auch eine solche Aussage als Tatsachenbehauptung angreifbar sein (vgl OLG Karlsruhe NJW-RR 2003, 109).

84 Schwer abzugrenzen ist die Schlussfolgerung vor allem von der Behauptung einer **inneren Tatsache** wie derjenigen über Beweggründe, Absichten und Einschätzungen einer Person (dazu schon oben Rn 79). Die Aussage etwa, für den Lübecker Bürgermeister habe schon wenige Stunden nach dem Brandanschlag auf einen Asylbewerber festgestanden, dass die Täter Rechtsradikale waren, ist mit ausdrücklicher Billigung des BVerfG als Tatsachenbehauptung eingestuft worden (vgl BVerfG AfP 2004, 47; vgl auch OLG Köln AfP 2001, 524).

85 Als **Tatsachenbehauptung** anzusehen ist ferner die **Wiedergabe von Prognosen oder Bewertungen Dritter** (etwa der Wiedergabe von Unternehmensbewertungen durch Wertpapieranalysten): Ihre Prognose selbst mag als Meinungsäußerung einzuordnen sein, aber haben diese Dritten sich tatsächlich nicht so wie dargestellt geäußert, so ist die anderslautende Berichterstattung als unzutreffende Tatsachenbehauptung anzusehen.

86 Bei **Prognosen** ist ferner danach zu differenzieren, ob die Aussage als bloße individuelle Bewertung eines Journalisten (ohne Anspruch auf überprüfbare Richtigkeit) oder aber als Mitteilung mit eindeutigem Ankündigungscharakter daherkommt: Die Ankündigung, ein bestimmter Unternehmensteil werde noch in diesem Jahr verkauft, ist eine Tatsachenbehauptung; die Aussage, dass viel für einen solchen Verkauf spreche, dagegen nicht.

f) Rechtliche Qualifizierungen. Von erheblicher Bedeutung in der Medienberichterstattung sind auch rechtliche Qualifizierungen wie etwa der Vorwurf des Betruges, der Patentverletzung, der Bestechung oder auch nur der Bezeichnung eines Verhaltens als illegal. Die Rechtsprechung tendiert in diesen Fällen dazu (auch wenn die Entscheidungspraxis der Gerichte insofern nicht immer ganz konsistent ist), **rechtliche Bewertungen in der Regel** als **Meinungsäußerung** und nicht als Tatsachenbehauptung zu qualifizieren (vgl BGH NJW 1982, 2246, 2247; NJW 2009, 1872, 1874 – Fraport). Allerdings kann sich auch hier aus dem Sinnzusammenhang im konkreten Einzelfall eine andere Beurteilung ergeben, was insbesondere dann gilt, wenn der verwendete Rechtsbegriff dem Publikum einen durch ihn umschriebenen tatsächlichen Vorgang vermitteln soll (BGH NJW 1993, 930 – illegaler Fellhandel). Insbesondere die Verwendung von geläufigen Straftatbeständen kann im Einzelfall zur Einstufung als Tatsachenbehauptung führen (OLG Celle AfP 2002, 508 – Prozessbetrug; OLG Karlsruhe NJW-RR 2003, 688 – Betrug). Bei der Beurteilung ist aber stets zu berücksichtigen, ob der Begriff in seinem fest umrissenen „technischen" Sinn oder in einem davon womöglich abweichenden „alltagssprachlichen" Sinn Verwendung findet (OLG Köln AfP 2003, 335 – Plagiat). Wo etwa aus dem Gesamtzusammenhang erkennbar wird, dass es bei dem Vorwurf des Betruges nicht um den juristischen, sondern um einen laienhaft-alltagssprachlichen Begriff geht, liegt keine Tatsachenbehauptung vor (vgl BGH NJW 2002, 1193 – Käse-Vergleich). Die unrichtige Bezeichnung einer Kündigungsregelung als „Vertragsstrafe" kann als Meinungsäußerung anzusehen sein (vgl BGH NJW 2005, 279), und auch der Begriff der „Rechtbeugung" kann, muss aber nicht als Tatsachenbehauptung einzustufen sein (vgl OLG Frankfurt NJW 2003, 77; vgl auch KG NJW-RR 2004, 843 – Straftat). 87

g) Zitate. Zitate sind eine bei den Medien beliebte und vielfach praktizierte Methode der Berichterstattung, insbesondere deshalb, weil sie dem Leser den Eindruck der Informationsvermittlung „aus erster Hand" vermitteln und damit besonders authentisch wirken. Während die direkte Äußerung einer Person als **Behauptung** zu bezeichnen ist, wird eine solche Behauptung bei der Zitierung einer anderen Person nur **verbreitet. Behaupten** ist mithin die Darstellung eines bestimmten Tatbestandes als Gegenstand **eigener Feststellung** oder Überzeugung. Dagegen ist das **Verbreiten** von Tatsachenbehauptungen die Weitergabe einer von **dritter Seite** aufgestellten Behauptung als eine dem Verbreiter **fremde Überzeugung** (*Löffler/Ricker*, PresseR, Kap. 42, Rn 47). Diese Differenzierung ist vor allem für die Antragsfassung beim Unterlassungsanspruch relevant (vgl hierzu im Einzelnen 42. Abschnitt). 88

Bei Zitaten gilt: 89

- Zunächst ist nach den bereits oben geschilderten Kriterien zu ermitteln, ob das wiedergegebene **Zitat selbst** als **Tatsachenbehauptung oder** als **Meinungsäußerung** zu qualifizieren ist. Ergibt diese Prüfung, dass das Zitat als Tatsachenbehauptung einzuordnen ist, so stehen gegenüber der dieses Zitat verbreitenden Presse im Prinzip sämtliche gegen Tatsachenbehauptungen zur Verfügung stehende Rechtsbehelfe zur Verfügung; **das Medium kann sich also grundsätzlich nicht mit Erfolg darauf berufen, dass es doch nur die Behauptungen eines Dritten wiedergegeben habe.**
- Ausnahmsweise haftet der Verbreiter jedoch nicht für die Unrichtigkeit des Inhalts der fremden Behauptung, wenn er sich von dieser Äußerung **deutlich distanziert** hat und an der Mitteilung auch ein **öffentliches Interesse** bestand (etwa daran, dass sich gerade eine ganz bestimmte Person mit einer bestimmten Behauptung oder Kritik geäußert hat). Die Distanzierung muss für den Leser erkennen lassen, dass sich die Presse die Äußerung nicht zu Eigen macht (etwa durch die ausdrückliche Nennung des Äußernden, die Mitteilung von Bedenken gegen die Glaubwürdigkeit der Darstellung oder weitere einschränkende Zusätze). Das Informationsinteresse entfällt hingegen regelmäßig, wenn nur Gerüchte aus trüben, zweifelhaften Quellen oder Angaben aus der Privat- oder Intimsphäre mitgeteilt werden.
- Unabhängig davon, ob das Zitat seinerseits nun eine Meinungsäußerung oder aber eine Tatsachenbehauptung enthält, **ist mit jedem Zitat die Tatsachenbehauptung verbunden, der Zitierte habe sich so geäußert, wie er zitiert wird** – Zitate müssen also stimmen, um zulässig zu sein. Dies betrifft nicht nur den jeweiligen Satz (oder häufig auch nur Satzteil), mit dem eine Person im Einzelfall wörtlich zitiert wird, sondern vielmehr auch den Kontext, in den der zitierte Satz oder Satzteil durch die Medien gestellt wird. Wird also eine Person falsch zitiert oder aber eine von ihr tatsächlich getätigte Aussage in einen sinnentstellenden Zusammenhang gestellt, so kann es sich hierbei um eine unrichtige Tatsachenbehauptung handeln (BGH ZUM-RD 2008, 117, 119; vgl auch 39. Abschnitt Rn 65 ff).
- Lässt die Wiedergabe einer Äußerung mehrere Interpretationen zu, muss der Zitierende durch einen sog. **Interpretationsvorbehalt** kenntlich machen, dass es sich um seine subjektive Interpre-

tation der mehrdeutigen Äußerung handelt. Dies ist zumindest dann erforderlich, wenn im Rahmen der Deutung des Zitats auch ein anderes Verständnis möglich ist, das die Persönlichkeitsrechte des Zitierten umfassender wahrt (vgl OLG Köln AfP 2009, 603 ff). Lässt eine Äußerung jedoch an Wortwahl, Kontext der Gedankenführung und Stoßrichtung gemessen nur die Deutung zu, die ihr in der beanstandeten Berichterstattung beigemessen wurde, ist ihre Wiedergabe weder unrichtig noch verfälscht oder entstellt (BGH vom 21.6.2011 – VI ZR 262/09).

90 **h) Interviews.** Die das Zitat betreffenden Ausführungen gelten entsprechend auch für das Interview: **das frei erfundene Interview, aber auch das sinnentstellend veränderte oder gekürzte Interview stellt eine unrichtige Tatsachenbehauptung dar.** Hat sich das Presseunternehmen die Interview-Äußerungen erkennbar zu Eigen gemacht (etwa durch die Art der gestellten Fragen oder die gewählten Überschriften), ist eine Haftung für die Verbreitung der unrichtigen Tatsachenbehauptung regelmäßig anzunehmen. Ein zu-Eigen-Machen liegt etwa dann vor, wenn die fremde Interview-Äußerung in einer Weise in die eigenen Überlegungen eingefügt wird, dass die Äußerung in ihrer Gesamtheit als eigene erscheint (BGH NJW-RR 2009, 1413, 1415; NJW 2010, 760, 761 – Markwort). Hingegen kann eine **erkennbare Distanzierung** von den (wahrheitsgemäß und vollständig wiedergegebenen) Äußerungen des Interviewten eine Haftung entfallen lassen. In der Praxis stellt sich in diesem Zusammenhang allerdings häufig die Frage, wie eine erkennbare Distanzierung des Mediums von den Interview-Äußerungen eigentlich sinnvollerweise praktisch umgesetzt werden kann bzw ob eine erkennbare Distanzierung des Mediums von den Interview-Äußerungen überhaupt erforderlich ist, zumal aus der Perspektive der Leser, Zuhörer oder Zuschauer ohnehin regelmäßig klar ist, dass die Behauptungen des Interviewten seine eigenen und nicht diejenigen des das Interview wiedergebenden Mediums sind. Dabei ist auch zu berücksichtigen, dass es eine uneingeschränkte Haftung für jeden Fall der fehlenden erkennbaren Distanzierung schon deshalb nicht geben kann, weil es bereits keine uneingeschränkte Verbreiterhaftung gibt. Eine solche würde nämlich dazu führen, dass fremde, bloß wiedergegebene Äußerungen auf ihren Wahrheitsgehalt hin in gleicher Weise untersucht werden müssten wie auch ein eigener Beitrag. Dies würde den verfassungsrechtlich geschützten freien Kommunikationsprozess in unzulässiger Weise einengen. Insofern ist eine gewisse Einschränkung zwingend vorzunehmen (vgl BVerfG NJW-RR 2010, 470, 472 – Pressespiegel; BGH NJW 2010, 760, 761 – Markwort). In diese Richtung ist auch das OLG München gegangen (AfP 2007, 229 mit Anm. *Rehbock*) und hat zutreffend bei Interview-Äußerungen dieselbe eingeschränkte Prüfpflicht angenommen, wie sie auch bei Leserbriefen angenommen wird (so auch jüngst BVerfG NJW-RR 2010, 470, 472 – Pressespiegel). In seiner obengenannten Entscheidung hat das OLG München eine Distanzierung eines Presseunternehmens vom Inhalt der Äußerungen des Interviewpartners **nicht** für erforderlich gehalten, wenn die wiedergegebenen Interview-Äußerungen keine schweren Beeinträchtigungen von Persönlichkeitsrechten enthalten; denn für diesen Fall soll das Presseunternehmen schon keiner Prüfpflicht unterliegen. Wo allerdings keine Prüfpflicht besteht, muss denklogisch auch eine Verbreiterhaftung entfallen; und wo für Interview-Äußerungen nicht gehaftet wird, ist folglich auch eine erkennbare Distanzierung entbehrlich. Eine uneingeschränkte Prüfpflicht setzen im Übrigen auch das BVerfG (NJW-RR 2010, 470, 472 – Pressespiegel) und der BGH (NJW 2010, 760, 761 – Markwort) nicht voraus.

91 **i) Verdeckte Behauptungen.** Auch Äußerungen, die einen falschen Eindruck lediglich „zwischen den Zeilen“ vermitteln, können zu einer Rechtsverletzung führen. Allerdings ist bei der Annahme einer solchen verdeckten Behauptung Zurückhaltung geboten (vgl LG Düsseldorf AfP 2007, 58). Da bei ihnen unmittelbare sprachliche Fassung und tatsächlicher objektiver Sinn auseinanderfallen, bedarf es zu ihrer Begründung über die reine Wortinterpretation hinaus der Heranziehung weiterer, dem Text nicht unmittelbar zu entnehmender Gesichtspunkte und Maßstäbe (BVerfG NJW 2010, 2193 – Aktion Ausländerrückführung). Nach bisheriger Rechtsprechung lag eine verdeckte Behauptung nur dann vor, wenn der Äußernde durch das Zusammenfügen mehrerer offener Behauptungen eine **zusätzliche Sachaussage** macht und sich dem Rezipienten diese zusätzliche Sachaussage als unabweisliche Schlussfolgerung aufdrängen muss. Schließt der Leser aus eigenem Antrieb aus mitgeteilten Fakten auf eine Tatsache, lag nicht sofort eine Rechtsverletzung durch verdecktes Behaupten vor (vgl BGH NJW-RR 1994, 1242). Nur wenn es nahe liegt, aus mehreren unstreitigen Tatsachen eine bestimmte ehrverletzende Schlussfolgerung zu ziehen, wird eine bewusst unvollständige Berichterstattung rechtlich wie eine unwahre Tatsachenbehauptung behandelt, sofern die Schlussfolgerung bei Mitteilung der verschwiegenen Tatsache weniger nahe liegend erscheint und deshalb durch das Verschweigen dieser Tatsache beim unbefangenen Durchschnittsleser ein falscher Eindruck entstehen kann (BGH NJW 2000, 656; NJW 2006, 601). Eine verdeckte Behauptung liegt mithin etwa vor, wenn über die Abtreibung einer

Jugendlichen nach behaupteten sexuellen Übergriffen eines katholischen Priesters berichtet wird, wobei wahrheitsgemäß die Tatsache mitgeteilt wird, dass die Kirche die bevorstehende Abtreibung nicht verhindert hat. Der Bericht enthielt indes die verdeckte Behauptung, die Kirche hätte die Abtreibung tatsächlich verhindern können, obwohl dies wegen Unkenntnis der Identität des Opfers und des Priesters nicht der Fall war (OLG Köln NJW-RR 1998, 1175, im Ergebnis bestätigt durch BGH NJW 2006, 601). Allerdings stellt sich die Frage, ob die für mehrdeutige Aussagen entwickelte „Stolpe-Rechtsprechung" (BVerfG NJW 2008, 1654) zu einer Lockerung dieses Maßstabs führt. Nach der hier vertretenen Auffassung ist dies indes zu verneinen. Verdeckte und mehrdeutige Aussagen sind zwar in der Praxis nicht selten nur schwer voneinander zu trennen; sie betreffen indes rechtlich wie inhaltlich deutlich voneinander zu unterscheidende Sachverhalte. Zudem dürfte es einen mit Art. 5 GG kaum zu vereinbarenden, den freien Informations- und Kommunikationsprozess einschnürenden Effekt bedeuten, wenn man den Medien abverlangte, jede einzelne Berichterstattung nicht nur auf etwaige Mehrdeutigkeiten, sondern zusätzlich auch noch auf etwaige (gerade nicht als unabweisliche Schlussfolgerungen daherkommende) verdeckte Aussagen zu überprüfen. Eine Lockerung der insofern an verdeckte Aussagen anzulegenden Maßstäbe ist deshalb auch nach der Stolpe-Rechtsprechung nicht geboten (so auch LG Hamburg – 324 O 3/10).

j) Satire und Karikatur. Außerordentlich großzügig ist die Rechtsprechung im Bereich satirischer und 92
karikaturistischer Darstellungen. Diese werden in der Praxis **nahezu immer als Meinungsäußerung** (und darüber hinaus als durch das **Grundrecht der Kunstfreiheit** besonders geschützte Äußerungsform) eingeordnet. Nur in ganz seltenen Ausnahmefällen werden satirische Darstellungen auch isolierbare (und dementsprechend isoliert angreifbare) Tatsachenbehauptungen enthalten.

k) Mehrdeutige Aussagen („Stolpe-Rechtsprechung"). In einer Vielzahl von Fällen hinsichtlich der 93
Einordnung einer Äußerung als Tatsachenbehauptung oder Meinungsäußerung verbleiben Zweifel. In diesen Fällen sind die Gerichte in der Vergangenheit von der „Daumenregel" ausgegangen, dass Äußerungen im Zweifel Meinungscharakter haben und dementsprechend nur eingeschränkt angreifbar sind. Sei eine Aussage mehreren Deutungen zugänglich, so dürfe sich ein Gericht nicht für diejenige Auslegung entscheiden, die zur Verurteilung führt, ohne zuvor andere Auslegungen, die eine Verurteilung vermeiden würden, mit überzeugenden Gründen auszuschließen (BVerfG NJW 1992, 1493 – Bayer; BGH NJW 1998, 3047 – Stolpe; zuletzt BGH AfP 2004, 56 – Klinik Monopoly).

Diese Rechtsprechung gilt allerdings nicht mehr einschränkungslos. So hat das BVerfG bereits in der 94
Entscheidung *Benetton II* (BGH AfP 2003, 149) in Abkehr von der früheren Entscheidungspraxis (BGH AfP 1992, 53 – Bayer) für den Ausschluss anderer Deutungsalternativen nicht mehr die Angabe „überzeugender", sondern nur noch diejenige „nachvollziehbarer" Gründe gefordert. Und in der Entscheidung *Stolpe/IM Sekretär* vom 16. November 2005 (NJW 2006, 207) hat das BVerfG das Urteil des BGH in Sachen *Stolpe* von 1998 (BGH NJW 1998, 3047) aufgehoben, mit welchem der Stasi-Vorwurf noch als zulässige Meinungsäußerung angesehen worden war. Dabei hat das BVerfG klargestellt, dass **mehrdeutige Vorwürfe zwar nicht nachträglich geahndet werden können**, etwa durch die Verurteilung zu Schadensersatz, zur Entschädigung oder zur Berichtigung (BVerfG NJW 2006, 207) oder zur Gegendarstellung (BVerfG NJW 2008, 1654). Ein in die Zukunft gerichteter **Unterlassungsantrag kann nach der neueren Rechtsprechung dagegen nicht allein wegen Mehrdeutigkeit der Äußerung abgelehnt werden,** da der Äußernde ja die Möglichkeit habe, sich in Zukunft eindeutiger auszudrücken (vgl auch BVerfG NJW 2006, 3769 – Babycaust; OLG Hamburg NJW-RR 2007, 702).

Die sog. „Stolpe-Rechtsprechung" hat für die juristische Bewältigung mehrdeutiger Aussagen erheb- 95
liche Auswirkungen. Sie darf allerdings nicht mit einer Umkehrung der bisherigen Zweifelsregelung (dazu Rn 93) in ihr Gegenteil oder gar der Faustformel „im Zweifel unzulässig" verwechselt werden. So findet die Stolpe-Rechtsprechung Anwendung überhaupt nur bei solchen Äußerungen, die vom maßgeblichen Durchschnittspublikum als eine **geschlossene, aus sich heraus aussagekräftige Tatsachenbehauptung** wahrgenommen werden. Handelt es sich hingegen um Äußerungen, die einem Maße vieldeutig erscheinen, dass sie gar nicht als eigenständige Behauptung eines bestimmten Sachverhalts verstanden, sondern ohne Weiteres als in tatsächlicher Hinsicht unvollständig und ergänzungsbedürftig erkannt werden, fehlt es bereits an einer konkreten Tatsachenbehauptung (BVerfG NJW 2010, 3501 – *Gen-Milch*); die Anwendung der Stolpe-Rechtsprechung kommt hier nicht in Betracht. Dies ist typischerweise der Fall bei **Slogans** und **schlagwortartigen Äußerungen**, die lediglich die Aufmerksamkeit des Publikums erregen und Anreiz zu Nachfragen oder zur Rezeption weiterer Informationsquellen bieten sollen (BVerfG aaO). Eine geschlossene und aus sich heraus aussagekräftige Tatsachenbehaup-

tung wird man darüber hinaus häufig bei **Titelseiten, Überschriften** und **Trefferlisten** von Suchmaschinen („Snippets") zu verneinen haben. Denn all diesen Textformen ist gemein, dass sie regelmäßig primär dem Ziel dienen, Orientierung zu liefern und Interesse zu wecken; sie erheben demgemäß keinen Anspruch auf inhaltliche Vollständigkeit, sondern erschöpfen sich in einem griffig-knappen Hinweis auf den Inhalt des Gesamtbeitrags. Diese in der Natur der Sache liegende offensichtliche Unvollständigkeit ist dem Rezipienten auch regelmäßig bewusst, so dass sich sein Verständnis der Gesamtaussage nur im Kontext mit dem Gesamtbeitrag bildet. So ist es bspw für jeden verständigen Nutzer offenkundig, dass es gerade nicht Sinn und Zweck einer Suchmaschine ist, eigene Äußerungen aufzustellen, sondern dass der Suchmaschine nur eine Nachweisfunktion für das Auffinden fremder Informationen zu dem jeweiligen vom Nutzer eingegebenen Suchbegriff zukommt (vgl OLG Hamburg vom 26.5.2011 – 3 U 67/11 sowie OLG Hamburg MMR 2010, 490 (jeweils für Snippets); aA allerdings noch OLG Hamburg vom 5.12.2006 – 7 U 115/06 (für Überschriften)).

96 Ebenfalls keine Anwendung findet die Stolpe-Rechtsprechung auf solche Aussagen, denen eine Mehrdeutigkeit nur unter Berücksichtigung ganz **entfernt liegender Deutungsmöglichkeiten** attestiert werden kann. Deutungsvarianten, die nicht zumindest dem Verständnis eines **erheblichen Teils des Publikums** entsprechen, haben – ebenso wie **entfernt liegende verdeckte Äußerungen** – bei der Bestimmung der Mehrdeutigkeit außer Betracht zu bleiben (BVerfG NJW 2008, 1654). Die bloße Möglichkeit, dass einzelne Rezipienten eine Äußerung aufgrund subjektiver Vorstellungen in einem ganz bestimmten Sinne (miss-) verstehen, vermag eine Mehrdeutigkeit im Sinne der Stolpe-Rechtsprechung nicht zu begründen, wenn dieses Fehlverständnis vom objektiven Sinngehalt der Aussage nicht gedeckt ist (BGH NJW 2008, 2110 – Gen-Milch).

97 Steht fest, welche nicht entfernt liegenden Deutungsvarianten (einschließlich nicht entfernt liegender verdeckter Aussagen) der jeweils in Rede stehenden Äußerung zu entnehmen sind, so sind diese im Einzelnen auf ihre Zulässigkeit hin zu überprüfen. Führen sämtliche Deutungsvarianten zu Unzulässigkeit, so ist die Aussage insgesamt unzulässig. Führen dagegen sämtliche Deutungsmöglichkeiten zur Zulässigkeit, so ist die Aussage insgesamt zulässig; **eine etwaige Mehrdeutigkeit führt also nicht bereits für sich genommen zur Unzulässigkeit.** Stellt sich bei der Prüfung der verschiedenen Deutungsvarianten heraus, dass einige zur Unzulässigkeit, andere hingegen zur Zulässigkeit der Aussage führen, so ist bei der rechtlichen Beurteilung nach dem jeweils geltend gemachten Anspruch zu differenzieren: Beim **Unterlassungsanspruch** ist für die rechtliche Beurteilung der in Rede stehenden Aussage **die für die Medien ungünstige** (also die äußerungsrechtlich unzulässige) Deutungsvariante zugrunde zu legen. Hier setzt sich das Persönlichkeitsrecht des Betroffenen also gegenüber der Meinungs- und Pressefreiheit durch; nach Auffassung des Bundesverfassungsgerichts sind Einschüchterungseffekte hierdurch nicht zu erwarten, da es lediglich um die Unterlassung zukünftiger Äußerungen gehe und der Äußernde ja die Möglichkeit habe, sich in Zukunft eindeutig auszudrücken (dazu schon oben Rn 94). Das Bundesverfassungsgericht verlangt dabei aber, dass für die Klarstellung und damit für die Abwendung der Unterlassungsverpflichtung ein einfacher und kostengünstiger Weg eröffnet sein muss (BVerfG NJW 2008, 1654). Dies hat die praktische Konsequenz, dass schon eine **schlichte Klarstellung** gegenüber dem Betroffenen, dass die rechtsverletzende Deutung nicht beabsichtigt gewesen sei und die konkret in Rede stehende, mehrdeutige Aussage nicht wiederholt werde, auch **ohne Abgabe einer strafbewehrten Unterlassungsverpflichtungserklärung** ausreicht, um die Wiederholungsgefahr zu beseitigen (LG Hamburg AfP 2010, 613). Bei Ansprüchen auf **Gegendarstellung, Berichtigung** oder **Schadensersatz** ist hingegen die **für das jeweilige Medium günstigere** Deutungsmöglichkeit zugrunde zu legen, da die von derartigen Sanktionen ausgehende Wirkungen – namentlich die damit einhergehenden wirtschaftlichen und publizistischen Risiken sowie dem auch mit dem Abdruck einer Gegendarstellung stets verbundene Imageschaden – zu Einschüchterungseffekten auf Seiten der Medien führen kann, die mit dem von Artikel 5 Abs. 1 Satz 2 GG gewährleisteten Grundrechte der Pressefreiheit unvereinbar wären (BVerfG NJW 2006, 207; 2006, 3769; 2008, 1654).

98 **3. Wahre und unwahre Tatsachenbehauptungen. a) Unwahre Tatsachenbehauptungen.** Weitgehend Einigkeit der äußerungsrechtlichen Beurteilung besteht im Zusammenhang mit **unwahren Tatsachenbehauptungen,** da nach der ständigen Rechtsprechung des BVerfG **unwahre Tatsachenbehauptungen am Grundrechtsschutz des Art. 5 Abs. 1 GG nicht teilnehmen, wenn sie entweder bewusst unwahr sind, oder aber wenn ihre Unwahrheit bereits zum Zeitpunkt ihrer Äußerung oder Verbreitung evident ist** (grundlegend BVerfG NJW 1976, 1677 – Echternach; BVerfG NJW 1983, 1415 – NPD von Europa; NJW 1992, 1439 – Bayer; vgl auch BVerfG NJW-RR 2010, 470). Die Unwahrheit liegt vor, wenn der Aussagegehalt der Äußerung mit dem wirklichen Sachverhalt nicht übereinstimmt. In diesen Fällen

besteht an einer erneuten Verbreitung regelmäßig kein berechtigtes Interesse. Dementsprechend kommt es in diesen Fällen auch nicht zu einer Abwägung widerstreitender Grundrechtspositionen. Ein Eingriff in das Persönlichkeitsrecht liegt dann regelmäßig vor.

Bei der Anwendung dieses Grundsatzes ist allerdings Vorsicht geboten. So ist etwa eine erstmalige Verbreitung einer Behauptung, die sich erst nachträglich als unwahr herausstellt, nicht vom Grundrechtsschutz ausgenommen (BVerfGE 61, 1 = NJW 1983, 1415 – NPD von Europa; BVerfG NJW 1999, 1322 – Helnwein). Die Medien sind insofern nicht verpflichtet – dies wäre auch gar nicht möglich – stets nur die „absolute Wahrheit" zu verbreiten; sie sind lediglich verpflichtet, die Grundsätze der journalistischen Sorgfaltspflicht einzuhalten und alles zu tun, um Falschdarstellungen zu vermeiden. Stellt sich eine Darstellung nachträglich als unrichtig heraus, so ist trotz der objektiven Unrichtigkeit die rechtliche Zulässigkeit einer Äußerung im Rahmen des vorzunehmenden Abwägungsprozesses zu ermitteln, wobei insbesondere zu prüfen ist, ob die Äußerung im Einzelfall durch den Gesichtspunkt der **Wahrnehmung berechtigter Interessen** (§ 193 StGB analog) gerechtfertigt sein kann. Dies ist stets dann der Fall, wenn an der Verbreitung der in Rede stehenden Äußerung bei einer ex ante-Betrachtung und unterstellter Richtigkeit ein **überwiegendes öffentliches Interesse** bestand und überdies die journalistischen Sorgfaltspflichten eingehalten worden sind (vgl dazu 35. Abschnitt). Darüber hinaus ist zu berücksichtigen, dass **wertneutrale Falschmeldungen** wie etwa Vergröberungen aufgrund des Zwanges zur Kürze und pressegerechter Darstellung im Einzelfall unvermeidbar sein können. Wo sie das Lebensbild des Betroffenen im Einzelfall beim besten Willen nicht beeinträchtigen, können sie trotz objektiver Unrichtigkeit hinzunehmen sein (BVerfG AfP 2008, 55; NJW 1982, 2655 – Kredithaie; BGH NJW 1979, 1041 – Ex-Direktor). Gleiches gilt für Irrtümer, Übertreibungen und Ausschmückungen, wenn und soweit sie den wahren Sachverhalt in seiner Substanz nicht verfälschen und sich hieraus eine Beeinträchtigung des sozialen Geltungsanspruchs des Betroffenen nicht ergeben kann (BVerfG AfP 2008, 55; BGH GRUR 1968, 209 – Lengede). Dies gilt nicht nur insoweit, als es um Ansprüche geht, die ausschließlich die Vergangenheit betreffen (also namentlich Schadensersatz-, Entschädigungs-, Richtigstellungs- und Gegendarstellungsansprüche), sondern auch bei der Geltendmachung von Unterlassungsansprüchen (BGH AfP 2006, 60; bestätigt durch BVerfG AfP 2005, 55; vgl auch LG Köln AfP 2007, 380). 99

b) Wahre Tatsachenbehauptungen. Problematischer ist die Behandlung des allgemeinen Persönlichkeitsrechts im Zusammenhang mit **wahren Tatsachenbehauptungen**, wobei auch solche Tatsachenbehauptungen prozessual als wahr anzusehen sind, die der Betroffene nicht bestritten hat (OLG Hamburg Urt. v. 30.6.2009 – 7 U 95/08). Wahre Tatsachenbehauptungen können unter keinen Umständen tatbestandlich im Sinne der §§ 186 StGB, 824 BGB sein, da diese Vorschriften spezifisch an die Unwahrheit der aufgestellten oder verbreiteten ehrenrührigen bzw kreditschädigenden Behauptungen anknüpfen (dazu noch unten 35. Abschnitt). Die Frage, ob sich bei der Verbreitung wahrer Tatsachenbehauptungen in den Medien der in Gestalt des allgemeinen Persönlichkeitsrechts geschützte Wunsch des Betroffenen, mit seinen Belangen nicht an die Öffentlichkeit gezerrt zu werden, gegenüber dem Bestreben der Medien, die Öffentlichkeit möglichst umfassend zu informieren, durchsetzt, ist daher nur im Wege einer umfassenden Güter- und Interessenabwägung zu ermitteln. Dabei wirkt sich der Wahrheitsgehalt einer Aussage maßgeblich auf die Abwägung aus. Wahre Aussagen müssen in der Regel hingenommen werden, auch wenn sie nachteilig für den Betroffenen sind, unwahre dagegen nicht (vgl BVerfG NJW 1998, 2889). 100

Diese Formel ist allerdings insofern differenzierungsbedürftig, als auch bei wahren Aussagen ausnahmsweise Persönlichkeitsbelange überwiegen und die Meinungsfreiheit in den Hintergrund drängen können. Das ist insbesondere dann der Fall, wenn die Aussagen die **Intim- oder Privatsphäre** betreffen und sich nicht durch ein berechtigtes Informationsinteresse der Öffentlichkeit rechtfertigen lassen (vgl BVerfG NJW 1973, 1221; NJW 1984, 1741), oder wenn sie einen Persönlichkeitsschaden anzurichten drohen, der außer Verhältnis zu dem Interesse an der Verbreitung der Wahrheit steht (vgl BVerfG NJW 1998, 2889; NJW 1999, 1322, 1324; NJW 2009, 3357). 101

E. Betroffenheit und Identifizierbarkeit

Ansprüche wegen Verletzung von Persönlichkeitsrechten kann grundsätzlich nur geltend machen, wer durch die Berichterstattung **individuell betroffen** ist (BGH NJW 1993, 930, 931 – illegaler Fellhandel). Durch eine Behauptung über nicht näher eingegrenzte Personengruppen wie etwa „die Ärzte" („*die ihre Praxen schließenden Ärzte nehmen Patienten und Kranke in Geiselhaft*") ist nicht etwa jeder Arzt 102 betroffen (OLG Karlsruhe AfP 2007, 346). Die Betroffenheit ist nicht etwa gleich zu setzen mit einer denkbaren Auswirkung der Berichterstattung auf eine Person oder ein Unternehmen. Es kann sehr wohl sein, dass sich eine Berichterstattung im Einzelfall auf eine Person oder ein Unternehmen nachteilig auswirken kann oder dies sogar tatsächlich tut, wie dies etwa bei einer **kritischen Berichterstattung über Warengattungen, Dienstleistungen und Branchen** der Fall sein kann. Erforderlich ist insofern stets eine hinreichend enge Beziehung der beanstandeten Aussage zur Person des Betroffenen, sofern nicht eine direkte Zuordnung erfolgt. Dabei ist von erheblicher praktischer Bedeutung, dass lediglich faktisch-reflexartige Auswirkungen nicht ausreichend sind, um eine individuelle Betroffenheit zu vermitteln. Auch dort, wo nur wenige Anbieter auf dem Markt tätig sind und von einer kritischen Berichterstattung über Branchengegebenheiten betroffen sein können, fehlt es an einer individuellen Betroffenheit, weil und wenn es nicht um individuelle Angebote einzelner Branchenangehöriger geht (BGH NJW 1963, 1871 – Elektronenorgeln; OLG Hamburg AfP 1988, 348 – Schadstoff Zucker).

103 Das Erfordernis der individuellen Betroffenheit wirkt sich auch bei einer Berichterstattung über juristische Personen bzw deren Repräsentanten aus. Bei Äußerungen über Geschäftsführer, Mitarbeiter oder Gesellschafter von Wirtschaftsunternehmen, die keinen Bezug zur Tätigkeit des Unternehmens haben, ist das Unternehmen regelmäßig nicht betroffen (BGH GRUR 1981, 80, 83 – Medizin-Syndikat IV). Der Umstand, dass eine solche Kritik auch auf die Gesellschaft ausstrahlen kann, genügt für die Betroffenheit der Gesellschaft nicht. Anders ist dies indes, wenn die Kritik in der Person des kritisierten Gesellschafters oder Mitarbeiters die Gesellschaft selbst unmittelbar trifft (BGH GRUR 1981, 80, 83). Dies ist typischerweise der Fall, wenn über den Gesellschafter, Mitarbeiter, Repräsentanten gerade in dieser Eigenschaft oder wegen solcher Tätigkeiten berichtet wird, die der Verkehr gerade mit der Gesellschaft identifiziert. Umgekehrt kann aber auch der Verantwortliche in einem Unternehmen im Einzelfall durch eine Berichterstattung über das Unternehmen in seinen Rechten verletzt sein, was namentlich dort der Fall ist, wo nach der Verkehrsauffassung die betroffene Person in dem Unternehmen eine solche Position innehat, dass ihr die in Rede stehenden Umstände zuzurechnen sind. So ist bei der Berichterstattung über eine Zeitung der Chefredakteur unmittelbar betroffen (OLG Hamburg ArchPR 1977, 47; AfP 2008, 314) sowie bei einer Berichterstattung über Missstände in einem Theater dessen Intendant (*Soehring*, Presserecht, § 13 Rn 32), nicht aber beispielsweise der Polizeipräsident im Hinblick auf die von ihm geleitete Behörde (OLG Hamburg vom 19.2.2008 – 7 U 91/07).

104 Von der Betroffenheit zu unterscheiden ist die Frage der **Erkennbarkeit**. Wer in den Medien namentlich genannt oder aufgrund sonstiger Umstände erkennbar wird, muss deshalb allein aufgrund dieser Erkennbarkeit noch nicht im Rechtssinne betroffen sein (s. Rn 102 f). Wer umgekehrt in der Berichterstattung nicht erkennbar ist, mag zwar von dieser gemeint sein, kann aber nicht im Rechtssinne betroffen sein. Ansprüche wegen Verletzung des allgemeinen Persönlichkeitsrechts setzen indes nicht nur Betroffenheit, sondern auch die Erkennbarkeit des Betroffenen voraus.

105 Bei der **Wortberichterstattung** ist von einer Erkennbarkeit in aller Regel auszugehen, wenn der Name des Betroffenen ausdrücklich genannt wird. Zweifelhaft kann dies lediglich bei der Verwendung von Allerweltsnamen sein; in diesen Fällen ist der Betroffene nur dann **erkennbar, wenn seine Identität sich aus den übrigen Umständen des Berichts ableiten lässt.** Wird der Name des Betroffenen nicht genannt, so kommt es für die Frage der Erkennbarkeit darauf an, ob eine solche aus den sonstigen Umständen der konkret in Rede stehenden Berichterstattung ersichtlich ist. Die Rechtsprechung stellt an die Erkennbarkeit keine übermäßig hohen Anforderungen und lässt es im Regelfall genügen, wenn der Betroffene begründeten Anlass zur Annahme hat, er könne erkannt werden (BGH GRUR 1962, 211 – Hochzeitsbild; NJW 1971, 698, 700 – Pariser Liebestropfen), wobei die Erkennbarkeit innerhalb eines mehr oder minder großen Bekanntenkreises ausreichen soll (BVerfG NJW 2008, 39 – Esra). Die grundsätzlich großzügige Rechtsprechungspraxis zur Erkennbarkeit gilt grundsätzlich auch im Bereich der Bildberichterstattung (zu den Einzelheiten vgl 34. Abschnitt, Rn 13 ff).

34. Abschnitt: Besondere Persönlichkeitsrechte – Bildnisschutz

Schrifttum: *Alexander*, Persönlichkeitsschutz und Werbung mit tagesaktuellen Ereignissen, AfP 2008, 556; *Beuthien*, Das Recht auf nichtmediale Alltäglichkeit, K&R 2004, 457; *Beuthien/Hieke*, Unerlaubte Werbung mit dem Abbild prominenter Personen, AfP 2001, 353; *Beuthien/Schmölz*, Persönlichkeitsschutz durch Persönlichkeitsgüterrechte, 1999 (zit.: *Beuthien/Schmölz*); *Bonneß*, Der Schutz von Figuren durch das Urheberrechtsgesetz, 1998 (zit.: *Bonneß*); *Dasch*, Die Einwilligung zum Eingriff in das Recht am eigenen Bild, 1996 (zit.: *Dasch*); *Dreier/Schulze*, Urheberrechtsgesetz: UrhG, 3. Aufl. 2008 (zit.: Dreier/Schulze/*Bearbeiter*); *Ehmann*, Zum kommerziellen Interesse an Politikerpersönlichkeiten, AfP 2007, 81; *Engels/Jürgens*, Auswirkungen der EGMR-Rechtsprechung zum Privatsphärenschutz – Möglichkeiten und Grenzen der Umsetzung des „Caroline"-Urteils im deutschen Recht, NJW 2007, 2517; *Engels/Schulz*, Das Bildnis aus dem Bereich der Zeitgeschichte, AfP 1998, 574; *Ernst-Moll*, Das Recht am eigenen Bildnis vor und vor allem nach dem Tode, GRUR 1996, 558; *Fricke*, Keine Geldentschädigung für „Hassprediger", AfP 2005, 335; *von Gamm*, Urheberrechtsgesetz, 1968 (zit.: *v. Gamm*); *Gersdorf*, Caroline-Urteil des EGMR – Bedrohung der nationalen Medienordnung, AfP 2005, 221; *Götting*, Persönlichkeitsrechte als Vermögensrechte, 1995 (zit.: *Götting*); *ders.*, Sanktionen bei Verletzung des postmortalen Persönlichkeitsrechts, GRUR 2004, 801; *Grabenwarter*,

Schutz der Privatsphäre versus Pressefreiheit – Europäische Korrektur eines deutschen Sonderweges?, AfP 2004, 309; *Gregoritza*, Die Kommerzialisierung von Persönlichkeitsrechten Verstorbener, 2003; *Halfmeier*, Privatleben und Pressefreiheit – Rechtsvereinheitlichung par ordre de Strasbourg, AfP 2004, 417; *Helle*, Besondere Persönlichkeitsrechte im Privatrecht, 1991 (zit.: *Helle*); *Hermann*, Persönlichkeitsrecht prominenter Personen, ZUM 2004, 665; *Hochrathner*, Hidden Camera – Ein zulässiges Einsatzwerkzeug des investigativen Journalismus?, ZUM 2001, 669; *Hoecht*, Zur Zulässigkeit der Abrufbarkeit identifizierender Presseberichte über Straftäter aus Onlinearchiven, AfP 2009, 342; *Hoffmann-Riem*, Die Caroline II-Entscheidung des BVerfG – Ein Zwischenschritt bei der Konkretisierung des Kooperationsverhältnisses zwischen den verschiedenen betroffenen Gerichten, NJW 2009, 20; *Jung*, Die Vererblichkeit des Allgemeinen Persönlichkeitsrechts, 2005 (zit.: *Jung*); *Klass*, Zu den Grenzen der Berichterstattung über Personen des öffentlichen Lebens; AfP 2007, 517; *dies.*, Die neue Frau an Grönemeyers Seite – ein zeitgeschichtlich relevantes Ereignis?, ZUM 2007, 818; *Lichtenstein*, Der Idealwert und der Geldwert des zivilrechtlichen Persönlichkeitsrechts vor und nach dem Tode, 2005 (zit.: *Lichtenstein*); *Lindner*, Persönlichkeitsrecht und Geo-Dienste im Internet – z.B. Google Street View/Google Earth, ZUM 2010, 292; *Löffler/Ricker*, Handbuch des Presserechts, 5. Aufl. 2005 (zit.: *Löffler/Ricker*, PresseR); *Maaßen*, Bildzitate in Gerichtsentscheidungen und juristischen Publikationen, ZUM 2003, 830; *Magold*, Personenmerchandising, 1994; *Mann*, Auswirkungen der Caroline-Entscheidung des EGMR auf die forensische Praxis, NJW 2004, 3220; *Möhring/Nicolini*, Urheberrechtsgesetz: UrhG, 2. Aufl. 2000 (zit.: Möhring/Nicolini/*Bearbeiter*); *Neumann-Duesberg*, Bildberichterstattung über absolute und relative Personen der Zeitgeschichte, JZ 1960, 114; *Ohly*, Harmonisierung des Persönlichkeitsrechts durch den Europäischen Gerichtshof für Menschenrechte? – Rechtsvergleichende Anmerkungen zum Urteil in der Sache von Hannover/Deutschland, GRUR Int. 2004, 902; *Rinsche*, Die Welt nach Caroline – Rechtliche und faktische Umsetzung des EGMR-Urteils im Fall Hannover, in: FS Damm, Baden-Baden 2005, S. 156 ff (zit.: *Rinsche*, in: FS Damm); *Romatka*, Absolute und relative Personen der Zeitgeschichte – Vom Erfolgsmodell zum Auslaufmodell?, in: FS Damm, Baden-Baden 2005, S. 170 ff (zit.: *Romatka*, in: FS Damm); *Sajuntz*, Die Entwicklung des Presse- und Äußerungsrechts in den Jahren 2008 bis 2010, NJW 2010, 2992; *Schertz*, Die wirtschaftliche Nutzung von Bildnissen und Namen Prominenter, AfP 2000, 495; *Schulze/Wessel*, Die Vermarktung Verstorbener, 2001; *Seelmann-Eggebert*, Die Entwicklung des Presse- und Äußerungsrechts in den Jahren 2005 bis 2007, NJW 2008, 2551; *Seiler*, Persönlichkeitsschutz und Meinungsfreiheit in der neueren Rechtsprechung des EGMR, des BVerfG und des BGH, WRP 2005, 545; *Seitz*, Prinz und die Prinzessin – Wandlungen des Deliktrechts durch Zwangskommerzialisierung der Persönlichkeit, NJW 1996, 2848; *Söder*, Persönlichkeitsrechte in der Presse – Pressefreiheit nur noch im Dienst „legitimer Informationsinteressen"?, ZUM 2008, 89; *Stürner*, Caroline-Urteil des EGMR – Rückkehr zum richtigen Maß, AfP 2005, 213; *Wanckel*, Foto- und Bildrecht, 3. Aufl. 2009 (zit.: *Wanckel*); *Weber*, Google „Street View" und ähnliche Geo-Datendienste im Internet aus zivilrechtlicher Sicht, NJOZ 2011, 673; *Wortmann*, Die Vererblichkeit vermögensrechtlicher Bestandteile des Persönlichkeitsrechts, 2005 (zit.: *Wortmann*). Vgl darüber hinaus die Angaben im Gesamtliteraturverzeichnis.

A. Vorbemerkungen zu den §§ 22 ff KUG

I. Entstehungsgeschichte

1 Die Idee der Anerkennung eines Rechts am eigenen Bild, also der Möglichkeit, eine rechtlich legitimierte Herrschaft über Abbildungen des äußeren Erscheinungsbildes eines Menschen auszuüben, ist noch vergleichsweise jung. Sie ist maßgeblich mit einer technischen Erfindung einerseits – der **Fotografie** – und einer nahezu zeitgleich stattfindenden publizistischen Entwicklung andererseits – nämlich der rasant an Bedeutung gewinnenden Gattung der **Illustrierten** – verknüpft: Die Fotografie stellte erstmals eine jedermann zur Verfügung stehende Technik bereit, um Abbildungen vergleichsweise einfach herzustellen und zu vervielfältigen, während die auflagenstarken Illustrierten mit ihrem Akzent auf der Bebilderung die Fotografien erstmals einem Massenpublikum zugänglich machten. Nachdem sich gegen Ende des 19. Jahrhunderts herausstellte, dass die herkömmlichen rechtlichen Instrumentarien den Schutzbedürfnissen des Einzelnen nur ungenügend und nicht selten nur unter Zuhilfenahme zT gewagter rechtlicher Argumentationslinien Rechnung zu tragen vermochten (das Reichsgericht stützte 1899 sein Verbot der Veröffentlichung von heimlich angefertigten Aufnahmen des Leichnams von *Otto von Bismarck* (vgl RGZ 45, 170) auf den Hausfriedensbruch der heimlich in das Sterbezim-

mer eingedrungenen Journalisten (!)), schaffte der Gesetzgeber durch Einführung der bis heute geltenden Bestimmungen der §§ 22 ff des *Gesetzes betreffend das Urheberrecht an Werken der bildenden Künste und der Photographie* (Kunsturheberrechtsgesetz (KUG)) im Jahre 1907 erstmals einen deutschlandweit geltenden, kodifizierten Tatbestand, der einer abgebildeten Person Rechtsschutz gegen die unbefugte Verwertung ihres Bildnisses gewährte. Während das KUG durch § 141 Nr. 5 UrhG vom 9. September 1965 aufgehoben (und durch das UrhG ersetzt) wurde, gelten die Bestimmungen der §§ 22 ff KUG als vorkonstitutionelles Bundesrecht fort (vgl § 141 Nr. 5 UrhG). Sie sind mit dem Grundgesetz vereinbar (BVerfG NJW 2000, 1021, 1023 – Caroline von Monaco), wobei ihre Auslegung maßgeblich durch die Rechtsprechung des EGMR, des BGH und des BVerfG beeinflusst worden ist.

II. Rechtsnatur und Bedeutung der Vorschriften; Verhältnis zum allgemeinen Persönlichkeitsrecht und zum Urheberrecht; Aufbau und Systematik der §§ 22 ff KUG

1. Rechtsnatur. Seiner Rechtsnatur nach ist das Recht am eigenen Bild ein **besonderes Persönlichkeitsrecht,** dh eine besondere Ausprägung und sondergesetzliche Normierung des als sonstiges Recht im Sinne des § 823 BGB anerkannten allgemeinen Persönlichkeitsrechts (BVerfG GRUR 1973, 541, 545 – Lebach; BGH GRUR 1996, 227, 228 – Wiederholungsveröffentlichung; BGH GRUR 2005, 179, 180 – Tochter von Caroline von Hannover). Soweit das Recht am eigenen Bild reicht, geht es der allgemeinen Regelung grundsätzlich vor. Wo es tatbestandlich nicht einschlägig ist (etwa bei der *Herstellung* von Bildnissen, die nicht unter §§ 22 ff KUG fällt, vgl hierzu BGH NJW 2010, 1533, bei fehlender Erkennbarkeit des Abgebildeten (dazu unten Rn 13 f), bei der Verwendung anderer, nicht unter den Bildnisschutz fallender Persönlichkeitsmerkmale wie etwa Stil, Erscheinungsbild oder Lebens- und Charakterbild (vgl dazu BGH GRUR 2000, 715 – Der blaue Engel) sowie bei der Abbildung von Sachen (etwa dem Wohnhaus eines Prominenten, vgl dazu BGH GRUR 2004, 438 – Feriendomizil I; GRUR 2004, 442 – Feriendomizil II), kann aber im Einzelfall ein Rückgriff auf das allgemeine Persönlichkeitsrecht möglich sein (*Dreier/Schulze/Dreier*, UrhG, Vor §§ 22 ff KUG Rn 3). In Ausnahmefällen können Ansprüche wegen Verletzung des allgemeinen Persönlichkeitsrechts auch neben einer Verletzung des Rechts am eigenen Bild geltend gemacht werden, was namentlich im Bereich schwerwiegender Persönlichkeitsrechtsverletzungen und einem sich daraus möglicherweise ergebenden Anspruch auf Geldentschädigung (eine Rechtsfolge, die die §§ 22 ff KUG nicht vorsehen) der Fall sein kann. Ist eine Bildnisveröffentlichung aber nach § 23 KUG zulässig, so scheidet ein Rückgriff auf das allgemeine Persönlichkeitsrecht aus. Wird beispielsweise ein Foto eines Aufzugs unbekleideter Personen (sei es anlässlich einer politischen Demonstration oder aber im Rahmen einer künstlerischen Veranstaltung, wie sie etwa der Künstler *Spencer Tunick* veranstaltet) in gem. § 23 KUG zulässiger Weise verbreitet, so kann die in § 23 KUG zum Ausdruck kommende gesetzliche Wertung nicht durch einen Verweis auf eine behauptete Verletzung der Intimsphäre umgangen werden; eine Verletzung des allgemeinen Persönlichkeitsrechts kommt insofern nicht in Betracht. 2

2. Praktische Bedeutung. Die praktische Bedeutung der §§ 22 ff KUG ist erheblich; ein großer Teil der medienzivilrechtlichen Auseinandersetzungen entfällt auf Veröffentlichungen von Personenbildnissen. Für die modernen Medien ist die Bildbeschaffung mehr denn je von zentraler Bedeutung – ein Bild sagt häufig mehr als 1000 Worte. Andererseits ist das äußere Erscheinungsbild des Menschen Ausdruck seines Wesens und seiner Persönlichkeit; seine Darstellung kann im Einzelfall einen weit stärkeren Eingriff in die persönliche Sphäre bedeuten als es beispielsweise eine Wortberichterstattung vermag. Dementsprechend befindet sich das Institut des Rechts am eigenen Bild in einem Spannungsfeld zwischen den grundgesetzlich verbürgten Informationsinteressen der Öffentlichkeit (Art. 5 GG) und den persönlichkeitsrechtlichen Interessen des Abgebildeten. Der sich daraus ergebenden Problematik wird die in der Literatur vereinzelt anzutreffende Formel vom Recht am eigenen Bild als Selbstbestimmungs- und Kontrollrecht über die eigene Darstellung im Bild oder gar als Anspruch darauf, nur der subjektiven Selbstwahrnehmung bzw der gewünschten Selbstdarstellung des Abgebildeten entsprechend dargestellt zu werden (vgl etwa *Schricker/Loewenheim/Götting*, UrhR, § 60/ § 22 KUG Rn 8), nicht gerecht. Sie vernachlässigt nicht nur die bei einer Kollision grundrechtlich geschützter Positionen gebotene Interessenabwägung, sondern übersieht bereits, dass sich **ein allgemeines und umfassendes Verfügungsrecht über die Darstellung der eigenen Person aus den §§ 22 ff KUG gerade nicht ergibt und sich auch nicht aus Art. 2 Abs. 1 iVm Art. 1 Abs. 1 GG entnehmen** lässt (BVerfG 3

NJW 2000, 1021 – Caroline von Monaco). Zudem beruht die These auch auf einem Missverständnis. Das allgemeine Persönlichkeitsrecht sichert zwar, dass der Einzelne selbst darüber bestimmen darf, wie er sich in der Öffentlichkeit darstellt (vgl BVerfG NJW 1973, 1226; NJW 1983, 1179; NJW 2000, 1021). Daraus folgt jedoch nicht, dass Dritte – namentlich die Medien – einer lediglich gewünschten, mit den tatsächlichen Gegebenheiten indes nicht übereinstimmenden Selbstdarstellung des Betroffenen Folge zu leisten haben. Insofern hat das BVerfG zu Recht wiederholt betont, dass es **einen Anspruch darauf, nur so von anderen dargestellt zu werden, wie man sich selbst sieht oder gesehen werden möchte, nicht gibt** (st. Rspr; vgl etwa BVerfG NJW 1991, 91; NJW 1998, 1381; NJW 1998, 2898; NJW 1999, 1322; NJW 2000, 1021; NJW 2005, 3271; BVerfG AfP 2010, 562).

4 **3. Verhältnis zum urheberrechtlichen Bildnisschutz.** Trotz seiner historisch bedingten Verankerung in einem der Vorläufer des heutigen UrhG, dem KUG, ist der persönlichkeitsrechtliche Bildnisschutz vom urheberrechtlichen Bildnisschutz (§ 60 UrhG) zu unterscheiden. Während die §§ 22 ff KUG den Abgebildeten gegen die unerlaubte Verwertung durch jedermann – Dritte oder den Fotografen – schützen, regelt § 60 UrhG die Frage, ob der Abgebildete oder aber der Besteller ein Bildnis ohne Zustimmung des Urhebers (dh des Fotografen) verwerten darf, welcher ebenfalls (durch das UrhG begründete) Rechte an dem Bildnis besitzen kann. Dies hat praktische Konsequenzen insbesondere für den in der Praxis häufig auftretenden Fall einer Verwertung eines Bildnisses durch Dritte; hier bedarf die Zulässigkeit einer Bildnisverwertung sowohl einer (persönlichkeitsrechtlichen) Zustimmung des Abgebildeten (bzw einer durch § 23 KUG auch zustimmungsfrei zulässigen Veröffentlichung) wie auch der (urheberrechtlichen) Zustimmung des Fotografen. Ansprüche aus den §§ 22 ff KUG sind mangels urheberrechtlicher Qualität daher auch **keine Urheberrechtsstreitigkeiten** iSv § 105 UrhG (BayObLG ZUM 2004, 672).

5 **4. Aufbau und Systematik der §§ 22 ff KUG.** Systematisch sind die Bestimmungen der §§ 22 ff KUG als **Regel – Ausnahme – Rückausnahme** konstruiert: § 22 KUG normiert zunächst das Recht am eigenen Bild (Satz 1), eine Vermutung für die Erteilung einer Einwilligung (Satz 2), die Dauer des Rechts (Satz 3) sowie die Befugnis zu dessen Ausübung nach dem Tode des Abgebildeten (Satz 3 und 4). § 23 Abs. 1 KUG enthält dann vier Ausnahmen von der Grundregel des § 22 KUG, wobei die dogmatisch umstrittene Frage, ob es sich bei § 23 Abs. 1 KUG um eine Beschränkung des Schutzbereichs handelt (so etwa *v. Gamm*, Einf., Rn 112) oder aber um eine Ausnahme vom Einwilligungserfordernis (so etwa *Dreier/Schulze/Dreier*, UrhG, Vor §§ 22 ff Rn 6), in der Praxis nur geringe Bedeutung hat. § 23 Abs. 2 KUG enthält dann mit dem Vorbehalt eines gegenläufigen berechtigten Interesses eine Rückausnahme von der Ausnahme des § 23 Abs. 1 KUG. § 24 KUG enthält schließlich eine weitere Ausnahme vom Recht am eigenen Bild zum Zwecke der Rechtspflege und der öffentlichen Sicherheit, die § 45 UrhG entspricht. Hinzuweisen ist schließlich auf die hinsichtlich des Bildnisschutzes fortgeltenden §§ 33 ff KUG, die bestimmte zivil- und strafrechtliche Rechtsfolgen anordnen, so u.a. einen Vernichtungsanspruch.

B. Kommentierung des § 22 KUG

§ 22 KUG [Recht am eigenen Bilde]

[1]Bildnisse dürfen nur mit Einwilligung des Abgebildeten verbreitet oder öffentlich zur Schau gestellt werden. [2]Die Einwilligung gilt im Zweifel als erteilt, wenn der Abgebildete dafür, daß er sich abbilden ließ, eine Entlohnung erhielt. [3]Nach dem Tode des Abgebildeten bedarf es bis zum Ablaufe von 10 Jahren der Einwilligung der Angehörigen des Abgebildeten. [4]Angehörige im Sinne dieses Gesetzes sind der überlebende Ehegatte oder Lebenspartner und die Kinder des Abgebildeten und, wenn weder ein Ehegatte oder Lebenspartner noch Kinder vorhanden sind, die Eltern des Abgebildeten.

I. Bildnis im Sinne des § 22 KUG

6 Ein Bildnis im Sinne von § 22 KUG ist die **bildliche Darstellung eines Menschen in seiner äußeren Erscheinung** in einer für Dritte erkennbaren Weise (*Wanckel*, Rn 121; *Schricker/Loewenheim/Götting*, UrhR, § 22 KUG Rn 14).

7 **1. Darstellung eines Menschen.** Der Begriff des Bildnisses umfasst die **Darstellung einer menschlichen** (lebenden oder toten) **Person in ihrer wirklichen, dem Leben entsprechenden Erscheinung** (BGH GRUR 1958, 408 – Herrenreiter; GRUR 1962, 211 – Hochzeitsbild; vgl auch § 60 UrhG), dh solche

Darstellungen, die dazu bestimmt und geeignet sind, die äußere Erscheinung eines Menschen dem Betrachter bildlich vor Augen zu führen (BGH GRUR 1966, 102 – Spielgefährtin I). **Nicht** in den Anwendungsbereich von § 22 KUG fallen demgemäß **ersichtlich verfremdete Darstellungen** eines Menschen (etwa künstlerisch-abstrahierende Verfremdungen in der modernen Kunst) sowie **Darstellungen eines** (erkennbar anders aussehenden) **Schauspielers** (beispielsweise in einem Spielfilm); sie sind weder dazu geeignet noch dazu bestimmt, gerade die äußere Erscheinung des Dargestellten zu zeigen (vgl OLG München AfP 2008, 75). Ein Bildnis einer Person liegt auch nicht vor bei **bloßen Ähnlichkeiten** oder **zufälligen Übereinstimmungen** mit einer anderen Person (*Dreier/Schulze/Dreier*, UrhG, § 22 KUG Rn 2; *Schricker/Loewenheim/Götting*, UrhR, § 60/ § 22 KUG Rn 21). Wird allerdings ein einer anderen Person täuschend ähnlich aussehendes **Double** oder ein **„Look-alike"** dargestellt, so stellt diese Darstellung ein Bildnis des dargestellten „Originals" dar (BGH NJW 2000, 2201 – Der blaue Engel). Darüber hinaus hat das BVerfG festgestellt, dass die Verbreitung eines **technisch manipulierten Bildnisses**, das den Anschein erweckt, ein authentisches Abbild einer Person zu sein, eine Verletzung des allgemeinen Persönlichkeitsrechts darstellen kann (BVerfG AfP 2005, 171, 172; vgl hierzu auch OLG Hamburg AfP 2008, 82).

Ein Bildnis muss nicht notwendigerweise ein **Portrait** sein; auch **Ganzkörperaufnahmen** können ein 8
Bildnis sein. Kein Bildnis sind hingegen die Darstellung lediglich von **Körperteilen** (beispielsweise dem beschuhten Fuß eines bekannten Fußballspielers), **Ultraschallaufnahmen** und **Tomographien** (etwa des Gehirns eines bekannten Politikers), da diese das Aussehen der abgebildeten Person gerade nicht bildlich darstellen. Dies gilt auch dann, wenn die Person, deren Körperteil oder Organ gezeigt wird, namentlich genannt wird; derartige Darstellungen sind nämlich auch bei Namensnennung weder dazu geeignet noch dazu bestimmt, dem Betrachter gerade die Person in ihrer dem Leben nachgebildeten äußeren Erscheinung vor Augen zu führen. Allerdings kann in derartigen Fällen im Einzelfall eine Verletzung des allgemeinen Persönlichkeitsrechts vorliegen.

Nicht in den Schutzbereich des Bildnisses fallen ferner bildliche Darstellungen von **Fantasiefiguren** wie 9
zB Comicfiguren; hier kann aber unter Umständen – sofern die zeichnerische Darstellung einer fiktiven Figur urheberrechtlich geschützt ist – die bildliche Darstellung eine Urheberrechtsverletzung darstellen (*Bonneß*, 175 ff). Ebenfalls **kein Bildnis** ist die bildliche Darstellung von **Tieren** oder **unbelebten Sachen**; ein „Recht am Bild der eigenen Sache" gibt es nicht. Allerdings kann die bildliche Wiedergabe von Sachen – etwa einer Immobilie – unter Umständen eine Verletzung der Persönlichkeitsrechte ihres Besitzers bzw Eigentümers darstellen (BGH GRUR 2004, 438 – Feriendomizil I; BGH GRUR 2004, 442 – Feriendomizil II; NJW 2009, 3030 – Wohnhaus Joschka Fischer) und unter Umständen auch sachenrechtliche Ansprüche des Eigentümers begründen (vgl BGH GRUR 1975, 500 – Schloss Tegel; NJW 1989, 2251 – Friesenhaus; BGH NJW 2011, 753 – Sanssouci). Das ausschließliche Recht zur Anfertigung und Verwertung von Fotografien von Bauwerken und Gartenanlagen steht dem Grundstückseigentümer jedenfalls dann zu, wenn diese Abbildungen von seinem Grundstück aus angefertigt worden sind. Die Verwertungsbefugnis ergibt sich in diesem Fall schlicht aus dem Eigentum und nicht aus einem irgendwie gearteten „Recht am Bild der eigenen Sache". Ein öffentlich-rechtlicher Grundstückseigentümer kann im Einzelfall öffentlich-rechtlich verpflichtet sein, die Anfertigung und Verwertung solcher Fotografien zu gestatten (BGH NJW 2011, 753 – Sanssouci).

2. Form und Art der Darstellung. Für die Frage, ob ein Bildnis im Sinne von § 22 KUG vorliegt, ist 10
Form und Art der Darstellung ebenso wenig von Bedeutung wie die Beschaffenheit des Verbreitungsmediums. Vom Begriff des Bildnisses ist die Wiedergabe des Erscheinungsbildes in **jeder Form** und in **jedem Medium** umfasst, sei es als Fotografie, Grafik, Skulptur, Münzprägung (BVerfG ZUM 2001, 232; BGH GRUR 1996, 195 – Abschiedsmedaille) oder in gedruckter, über Film oder Fernsehen oder im Internet verbreiteter Form. Auf die technische Art der Darstellung und Verbreitung kommt es insofern nicht an.

Die Rechtsprechung hat hieraus gefolgert, dass auch **Karikaturen** (OLG Hamburg AfP 1983, 282 – 11
Tagesschausprecher), Darstellungen einer Person als **Comic-Figur** (LG München AfP 1997, 559 – Gustl Bayrhammer) oder **Computerspiel-Figur** (OLG Hamburg MMR 2004, 413 – Computerspiel mit Oliver Kahn), **Puppe** (AG Hamburg NJW 2005, 196) oder **Schattenriss** (LG Berlin AfP 2000, 555) dem Bildnisschutz zugänglich sind. Das ist allerdings insofern zweifelhaft, als es in einer Vielzahl derartiger Darstellungen gerade nicht darum geht, die äußere Erscheinung des Dargestellten wirklichkeitsgetreu darzustellen, sondern vielmehr darum, das äußere Erscheinungsbild zu verfremden (*Helle*,

S. 92 f). Richtigerweise dürften diese Fälle deshalb über eine Verletzung des allgemeinen Persönlichkeitsrechts zu lösen sein.

12 Ebenfalls bedenklich ist insofern die Rechtsprechung, wonach eine Bildnisverletzung des Dargestellten auch in solchen Fällen anzunehmen sein soll, in denen ein erkennbar anders als das dargestellte „Original“ aussehender Darsteller eine Person spielt und der Eindruck, es handele sich um eine bestimmte (berühmte) Person, gerade nicht aufgrund einer Ähnlichkeit im Aussehen, sondern auf andere Weise erzeugt wird (vgl etwa BGH NJW 2000, 2201 – Der blaue Engel: Nachstellen einer berühmten Szene mit *Marlene Dietrich* aus dem Film „Der blaue Engel“; vgl auch LG Düsseldorf AfP 2002, 64 – Franz Beckenbauer). In derartigen Fällen liegt ein Bildnis des Dargestellten gerade nicht vor (*Wandtke/Bullinger/Fricke*, UrhR, § 22 KUG Rn 7; *Beuthien/Hieke,* AfP 2001, 356); vielmehr wird lediglich eine *Assoziation* mit der Abbildung bzw der Person des Dargestellten hervorgerufen. Die bloße Assoziation vermag aber für sich genommen kein Bildnis im Sinne von § 22 KUG zu begründen (OLG Karlsruhe GRUR 2004, 1058). Auch diese Fälle wären deshalb richtigerweise über das allgemeine Persönlichkeitsrecht zu lösen (OLG Karlsruhe AfP 1996, 282 – Iwan Rebroff; *Wandtke/Bullinger/Fricke*, UrhR, § 22 KUG Rn 7).

13 3. **Erkennbarkeit.** Voraussetzung für ein Bildnis ist ferner die **Erkennbarkeit** des Abgebildeten. Sie ergibt sich in erster Linie aus den **Gesichtszügen** des Abgebildeten (BGH GRUR 1958, 408 – Herrenreiter; GRUR 1962, 211 – Hochzeitsbild; *Schricker/Loewenheim/Götting*, UrhR, § 60/ § 22 KUG Rn 16). Zwingend ist dies indes nicht; im Einzelfall kann sich die Erkennbarkeit auch aus anderen personenbezogenen Bildelementen ergeben, etwa der Statur, der Haltung, des Haarschnitts oder sonstiger mit der Person des Abgebildeten verbundenen äußeren Besonderheiten (BGH GRUR 1979, 732, 733 – Fußballtor; OLG Karlsruhe ZUM 2001, 883, 887; OLG Hamburg AfP 1987, 703, 704 – Aidsrisiko Tätowierung; LG Berlin AfP 1997, 732, 733 – Plakatwerbeaktion). Fehlt es indes an sich aus dem Bild ergebenden Merkmalen, die nur dem Abgebildeten zu eigen sind – etwa bei einer Ablichtung seitlich von hinten, bei der Gesicht und Figur nicht erkennbar sind und die abgebildete Person Allerweltskleidung und eine unauffällige „Durchschnittsfrisur“ trägt – so scheidet eine Erkennbarkeit aus (KG Berlin AfP 2006, 567). Darüber hinaus soll sich die Erkennbarkeit auch aus begleitenden Umständen ergeben können, die neben oder außerhalb einer Abbildung liegen (OLG Frankfurt/M NJW 1992, 441, 442; *Wenzel/von Strobl-Albeg*, Kap. 7 Rn 14). Auch wenn die Abbildung für sich genommen keine Identifizierung des Betroffenen ermöglicht, bejaht die Rechtsprechung die Erkennbarkeit daher etwa infolge eines Zusammenhangs mit früheren Veröffentlichungen (BGH GRUR 1979, 732, 733 – Fußballtor), bei paralleler Namensangabe (BGH GRUR 1966, 102 – Spielgefährtin I), bei der Identifizierbarkeit über eine mit abgebildete Person (OLG Frankfurt/M NJW 1992, 441, 442) oder Sache (str.; bejahend etwa OLG Düsseldorf GRUR 1970, 618, verneinend LG Hamburg AfP 1994, 161) oder bei sonstigen Hinweisen im Text, die Rückschlüsse auf die abgebildete Person zulassen (OLG München AfP 1983, 276, 277 – Liebesschule). Diese Rechtsprechung ist allerdings schon insofern fragwürdig, als sie nicht selten die logisch vorrangige Prüfung, ob überhaupt ein Personenbildnis vorliegt, unter Hinweis auf die Erkennbarkeit der dargestellten Person unterlässt. Dabei wird übersehen, dass die Erkennbarkeit zwar ein notwendiges, nicht aber hinreichendes Tatbestandsmerkmal eines Personenbildnisses im Sinne von § 22 KUG ist; nicht die Erkennbarkeit einer Person begründet ein Bildnis, sondern eine Personendarstellung ist nur dann ein Bildnis, wenn dieses erkennbar ist. Zudem vermengt diese Rechtsprechung nicht selten Fragen des Bildnisschutzes mit persönlichkeitsrechtlichen Fragen (*Wandtke/Bullinger/Fricke*, UrhR, § 22 KUG Rn 6; *Hochrathner* ZUM 2001, 669, 672). Da § 22 KUG ausschließlich das äußere Erscheinungsbild, nicht aber die Persönlichkeit des Betroffenen im Übrigen schützt, sind Fälle, in denen eine Person nur aus außerhalb einer Abbildung liegenden Umständen identifiziert werden kann, richtigerweise nach den für das allgemeine Persönlichkeitsrecht geltenden Kriterien und Abwägungsgrundsätzen zu beurteilen (OLG Karlsruhe GRUR 2004, 1058; *Wandtke/Bullinger/Fricke*, UrhR, § 22 KUG Rn 6; *Hochrathner*, ZUM 2001, 669, 671; *Löffler/Steffen*, § 6 LPG Rn 122; über das allgemeine Persönlichkeitsrecht entschied der BGH richtigerweise auch den Fall GRUR 1975, 451 – Nacktaufnahme). In Fällen einer lediglich über mit abgebildete Personen oder Sachen vermittelten Erkennbarkeit ist in jedem Falle sorgfältig zu prüfen, ob die jeweils in Rede stehenden mittelbaren Identifizierungshilfen tatsächlich Rückschlüsse auf die Identität der das Bild beanstandenden abgebildeten Person zulassen. Dies wird häufig zu verneinen sein, da im Regelfall weder Begleiter noch Sachen verlässliche Aussagen über die Person des Abgebildeten ermöglichen. Selbst über amtliche Hinweiszeichen wie etwa **Kfz-Kennzeichen** lässt sich eine Erkennbarkeit bspw des Fahrers

nicht begründen, da Kfz-Kennzeichen lediglich das Fahrzeug, nicht aber seinen Fahrer identifizieren (vgl AG Kerpen vom 4.11.2010 – 102 C 108/10).

Für die Erkennbarkeit kommt es nicht auf das Verständnis des Durchschnittslesers oder -zuschauers an (BVerfG NJW 2004, 3619, 3620). Vielmehr soll es genügen, wenn der Betroffene begründeten Anlass hat anzunehmen, er könne erkannt werden (BGH GRUR 1962, 211 – Hochzeitsbild; NJW 1971, 698, 700 – Pariser Liebestropfen). Hierfür reicht die Erkennbarkeit innerhalb eines mehr oder minder großen Bekanntenkreises aus (BGH GRUR 1979, 732, 733 – Fußballtor; OLG Hamburg AfP 1993, 590; OLG Stuttgart NJW-RR 1992, 536; OLG München AfP 1983, 276; *Wanckel*, Rn 126, *Dreier/Schulze/Dreier*, UrhG, § 22 KUG Rn 4; vgl auch 39. Abschnitt Rn 110 ff). Die Identifizierbarkeit im engeren Familien- und Freundeskreis genügt hingegen ebenso wenig wie eine Identifizierung durch den Prozessbevollmächtigten (vgl *Soehring*, Presserecht, § 13 Rn 37; KG Berlin AfP 2006, 567); die Erkennbarkeit muss mindestens für einen Personenkreis vorhanden sein, den der Betroffene nicht mehr ohne Weiteres selbst unterrichten kann (LG Köln AfP 2005, 81, 82; *Fricke*, AfP 2005, 335). Die Verwendung von **Augenbalken** oder einer „**Pixelung**", die üblicherweise nur einen Teil des Gesichts abdecken, kann die Erkennbarkeit ausschließen, muss dies aber nicht (vgl OLG Hamburg AfP 1987, 703; AfP 1993, 590; OLG Karlsruhe ZUM 2001, 883, 887; LG Frankfurt/M AfP 2007, 378; *Wenzel/v. Strobl-Albeg*, Kap. 7 Rn 16). 14

II. In den Schutzbereich fallende Verletzungshandlungen

Soweit keine der Ausnahmen der §§ 23 und 24 KUG eingreifen, ist nach § 22 KUG nur das **Verbreiten und öffentliche Zurschaustellen** von Bildnissen ohne Einwilligung des Abgebildeten verboten; die Anfertigung und die Vervielfältigung eines Bildnisses kann dagegen durch das allgemeine Persönlichkeitsrecht, die Vervielfältigung eines von einem Dritten angefertigten Bildnisses darüber hinaus uU auch über § 97 UrhG (gegenüber dem Inhaber der urheberrechtlichen Nutzungsrechte) geschützt sein (dazu unten Abschnitte 57–62). 15

1. Verbreiten. Unter Verbreiten ist **jede Art der Weitergabe eines körperlichen Bildnisses** zu verstehen; ob es sich um ein Original oder ein Vervielfältigungsstück handelt, ist unbeachtlich. Die Art der Verbreitung (etwa über eine Zeitung, eine Zeitschrift, ein Buch oder eine Postkarte) ist ebenso unerheblich wie die Art bzw Herstellung der Bildnisse (analoges oder digitales Foto, Fotokopie, Druck etc.). Auch auf den mit der Verbreitung verfolgten Zweck kommt es nicht an; auch die unentgeltliche oder nichtkommerzielle Verbreitung von Bildnissen fällt unter § 22 KUG. Der **Austausch von Bildnissen zwischen Bildarchiv und Presseunternehmen** kann mit Blick auf die Pressefreiheit jedoch noch nicht als Verbreitungshandlung im Sinne des § 22 KUG eingestuft werden (BGH ZUM 2011, 240). 16

2. Öffentliches Zurschaustellen. Das öffentliche Zurschaustellen ist **die Dritten verschaffte Möglichkeit, das Bildnis wahrzunehmen;** mithin also ein Sichtbarmachen des Bildnisses im weitesten Sinne. Auf die Art des Sichtbarmachens (Schaufenster, Museum), das dabei eingesetzte Medium (Gemälde, Foto, Film, Fernsehen, DVD, Internet) oder die technische Art des Sichtbarmachens kommt es nicht an (vgl *Schricker/Loewenheim/Götting*, UrhR, § 22 KUG Rn 37). Wesentlich ist allerdings, dass das Zurschaustellen (anders als das Verbreiten) stets ein öffentliches sein muss, wobei auf die Definition und Rechtsprechung zu § 15 Abs. 3 UrhG zurückgegriffen werden kann. Das bloße Zeigen von Fotos im rein privaten Kreis ist daher kein öffentliches Zurschaustellen im Sinne von § 22 KUG. Das öffentliche Zurschaustellen muss nicht zwingend gewerbsmäßig erfolgen (*Schricker/Loewenheim/Götting*, UrhR, § 60/ § 22 KUG Rn 37); auch ein nicht-gewerbliches oder unentgeltliches Zeigen von Bildnissen kann den Tatbestand des öffentlichen Zurschaustellens erfüllen (etwa im Falle einer unentgeltlichen Fotoausstellung oder auf einer Pressekonferenz, vgl VerfGH Berlin AfP 2007, 345). 17

3. Herstellen und Vervielfältigen. Die Herstellung und die Vervielfältigung eines Bildnisses sind vom Tatbestand des § 22 KUG nicht umfasst; eine analoge Anwendung kommt schon wegen der Strafbewehrung in § 33 KUG nicht in Betracht (*Dreier/Schulze/Dreier*, UrhG, § 22 KUG Rn 12). Die Herstellung von Bildnissen kann aber das allgemeine Persönlichkeitsrecht des Abgebildeten betreffen (BGH GRUR 1957, 494 – Spätheimkehrer; GRUR 1967, 205 – Vor unserer eigenen Tür; *Schricker/Loewenheim/Götting*, UrhR, § 22 KUG Rn 5; *Wanckel*, Rn 53 ff). So ist etwa die heimliche Anfertigung von Videoaufnahmen auch ohne Veröffentlichungsabsicht als Persönlichkeitsrechtsverletzung angesehen worden (BGH AfP 1995, 597 – Videoüberwachung; vgl auch BGH NJW 2010, 1533). Auch können die Umstände, unter denen ein Bildnis hergestellt worden ist, im Rahmen der bei der Prüfung einer möglichen Persönlichkeitsrechtsverletzung vorzunehmenden Güterabwägung eine Rolle spielen 18

(BVerfG AfP 2008, 163). Dabei ist allerdings zu beachten, dass der aus dem Persönlichkeitsrecht abgeleitete Schutz gegen das Herstellen von Aufnahmen nicht weiter reicht als derjenige gegen eine Veröffentlichung derselben; das Verbot der Herstellung eines Bildnisses, welches rechtmäßig verbreitet werden dürfte, wäre ein kaum überbrückbarer Wertungswiderspruch. Daher sind die von §§ 23 und 24 KUG geschützten Informationsinteressen jedenfalls durch eine analoge Anwendung dieser Vorschriften zu berücksichtigen (ebenso *Dreier/Schulze/Dreier*, UrhG, § 22 KUG Rn 13). Der Schutz gegen das Herstellen von Aufnahmen wird praktisch vor allem relevant, wenn sich der Abgebildete mit Gewalt gegen die Aufnahme zur Wehr setzt (vgl *Dreier/Schulze/Dreier*, UrhG, § 22 KUG Rn 15). Ist die Herstellung rechtswidrig, kann sich der Abgebildete auf Notwehr (§§ 227 BGB, 32 StGB) berufen, sofern deren weitere Voraussetzungen vorliegen (vgl dazu OLG Düsseldorf NJW 1994, 1971). Hinzuweisen ist in diesem Zusammenhang auf die spezialgesetzlich normierten Fotografier- und Verwertungsverbote, namentlich die Bestimmung des § **169 S. 2 GVG** und die darin niedergelegte Beschränkung des Fotografierens und Filmens bei **Gerichtsverhandlungen** (vgl dazu BVerfG AfP 2007, 344; NJW-RR 2007, 986; NJW 2008, 977). Das Persönlichkeitsrecht ist im Rahmen einer sitzungspolizeilichen Verfügung nach § 176 GVG jedoch nicht in weiterem Umfang zu schützen, als dies nach §§ 22, 23 KUG der Fall ist. Ist die Verbreitung eines „ungepixelten" Bildes eines Angeklagten aus dem Gerichtssaal nach §§ 22, 23 KUG zulässig, steht ein zuvor vom Gericht gemäß § 176 GVG ausgesprochenes „Verpixelungsverbot" der Zulässigkeit der Verbreitung nicht entgegen (BGH GRUR 2011, 750 – Bildveröffentlichung von Irak-Terroristen). Zu beachten ist schließlich auch die Bestimmung des § **201a StGB** die das unbefugte Herstellen von Bildaufnahmen aus dem **höchstpersönlichen Lebensbereich** unter Strafe stellt.

III. Einwilligung des Abgebildeten

19 **1. Einordnung und Rechtsnatur.** Die Verwendung eines Bildnisses ist bereits nach § 22 KUG stets dann zulässig, wenn eine **Einwilligung** des Abgebildeten vorliegt. Die **dogmatische Einordnung** der Einwilligung (negatives Tatbestandsmerkmal, die Rechtswidrigkeit oder nur die Rechtsfolgen eines (stets rechtswidrigen) Eingriffs beseitigender Umstand) ist in Rechtsprechung und Literatur umstritten (zum Meinungsstand vgl *Dasch*, S. 31 ff); die praktischen Konsequenzen dieses Meinungsstreits sind jedoch gering. Die lange Zeit umstrittene Frage der **Rechtsnatur** der Einwilligung (Realakt oder rechtsgeschäftliche Willenserklärung?), die erhebliche Bedeutung bei Fragen der Stellvertretung, der Abbildung von nicht oder nur beschränkt Geschäftsfähigen (namentlich Minderjährigen) sowie Anfechtung und Widerruf von einmal erteilten Einwilligungen hat, dürfte dagegen mittlerweile geklärt sein; die wohl herrschende Meinung in der neueren Rechtsprechung und Literatur geht von einer **Willenserklärung im Sinne der §§ 104 ff BGB** und den sich daraus ergebenden Rechtsfolgen aus, wobei angesichts der persönlichkeitsrechtlichen Relevanz der Einwilligung im Einzelfall Besonderheiten zu beachten sind (vgl etwa OLG Hamburg AfP 1995, 508; OLG München AfP 1982, 230, 232; *Schricker/Loewenheim/Götting*, § 60/ § 22 KUG, UrhR, Rn 39; *Prinz/Peters*, MedienR, Rn 248; *Soehring, Presserecht*, § 19 Rn 44); die ältere, noch von einem Realakt ausgehende Entscheidung des BGH (NJW 1974, 1947) dürfte mittlerweile aufgegeben worden sein (vgl BGH NJW 1980, 1903).

20 **2. Einwilligungsberechtigung. a) Einwilligungsberechtigte.** Einwilligungsberechtigt ist grundsätzlich der **Abgebildete** als Inhaber des Rechts am eigenen Bild. Die herrschende Auffassung zur Rechtsnatur der Einwilligung als rechtsgeschäftliche Willenserklärung hat allerdings zur Folge, dass die Einwilligung auch durch einen **Bevollmächtigten** erteilt werden kann (OLG München AfP 2001, 400; *Wenzel/von Strobl-Albeg*, Kap. 7 Rn 67).

21 **b) Geschäftsfähigkeit des Einwilligungsberechtigten.** Die Qualifizierung der Einwilligung als Willenserklärung bedingt, dass für die Wirksamkeit der Einwilligung die **Geschäftsfähigkeit** des Abgebildeten erforderlich ist. Das führt bei **nicht Geschäftsfähigen** dazu, dass diese die Einwilligung grundsätzlich nicht allein erteilen können; hier bedarf es stets der **Einwilligung des gesetzlichen Vertreters** bzw Betreuers (§§ 1629, 1793 BGB). In Ausnahmefällen kann allerdings die Einwilligung des gesetzlichen Vertreters oder Betreuers entbehrlich sein, was beispielsweise dort der Fall sein kann, wo im Zusammenhang mit dem Betreuungsverhältnis Vorwürfe gegen den Betreuer erhoben werden. Hier kann der Betreute uU auch ohne Zustimmung des Betreuers rechtswirksam in eine Bildberichterstattung einwilligen; anderenfalls wäre nicht nur eine kritische Berichterstattung schlechterdings unmöglich, sondern würde auch das in der Menschenwürde verankerte Selbstbestimmungsrecht des Betroffenen verletzt (LG Berlin, Urt. v. 13. 4.2006 – 27 O 291/06).

c) **„Doppelzuständigkeit" bei beschränkt Geschäftsfähigen.** Eine Durchbrechung der für rechtsgeschäftliche Willenserklärungen geltenden Grundsätze findet sich bei **beschränkt Geschäftsfähigen**, namentlich bei **einsichtsfähigen Minderjährigen**. Hier wird als Ausfluss des Selbstbestimmungsrechts des Minderjährigen eine **Doppelzuständigkeit** (*Schricker/Loewenheim/Götting*, UrhR, § 60/ § 22 KUG Rn 42) angenommen; neben der Einwilligung der gesetzlichen Vertreter (in der Regel *beider* Eltern (§§ 1626, 1629 BGB), vgl BGH GRUR 2005, 179, 180 – Tochter von Caroline von Hannover; GRUR 1975, 561, 562 – Nacktaufnahme) bedarf es zusätzlich auch der Einwilligung des Minderjährigen selbst (BGH GRUR 2005, 74, 75 – Charlotte Casiraghi II). Die erforderliche Einsichtsfähigkeit soll dabei in der Regel ab einem Alter von 14 Jahren anzunehmen sein (*Dreier/Schulze/Dreier*, UrhG, § 22 KUG Rn 26). 22

d) **Einwilligungsberechtigung nach dem Tode.** Mit dem **Tode des Abgebildeten** geht die Einwilligungsberechtigung auf die **Angehörigen** über (§ 22 S. 3 KUG). Diese sind nicht notwendigerweise identisch mit den Erben des Verstorbenen; vielmehr enthält § 22 KUG insofern eine autonome Regelung (vgl § 22 S. 4 KUG). Gibt es mehrere Einwilligungsberechtigte, so müssen **alle** von ihnen einwilligen; jeder einzelne Angehörige kann allein und unabhängig von den übrigen gegen eine unbefugte Verbreitung vorgehen (*Wandtke/Bullinger/Fricke*, UrhR, § 22 KUG Rn 12). Zu den Besonderheiten des postmortalen Bildnisschutzes siehe Rn 35 ff. 23

3. Art der Erteilung. Die Einwilligung ist **an keine Form gebunden**; sie kann mündlich oder schriftlich, ausdrücklich oder stillschweigend erfolgen (BGH GRUR 1996, 195, 196 – Abschiedsmedaille; GRUR 2005, 74, 75 – Charlotte Casiraghi II). Letzteres kann etwa dann der Fall sein, wenn sich die Person vor laufenden Kameras den Fragen von Journalisten stellt oder etwa im Rahmen von mehrtägigen Dreharbeiten für ein bekanntes Fernsehformat einem breiten Publikum seine familiären Probleme präsentiert (LG Bielefeld NJW-RR 2008, 715 – Die Super Nanny; *Wandtke/Bullinger/Fricke*, UrhR, § 22 KUG Rn 15), vor den Fotografen posiert, winkt oder in die Kamera lächelt (*Wenzel/von Strobl-Albeg*, Kap. 7 Rn 63; ähnlich OLG Köln NJW-RR 1994, 865). Wer einem Fernsehsender ein Interview im Sinne des § 22 KUG gewährt, muss ferner damit rechnen, dass der entsprechende Filmbeitrag auch im Internet verbreitet wird, insbesondere im Falle einer Sendung, die sich an computer- und technikinteressierte Zuschauer wendet (OLG Frankfurt/M, ZUM-RD 2011, 408). Wenn ein Bildreporter, der sich als solcher vorgestellt hat, Passanten auf der Straße zu einem bestimmten Thema befragt, so wird die Beantwortung der gestellten Fragen vor laufender Kamera als konkludente Einwilligung zu werten sein (OLG Karlsruhe ZUM 2006, 568). Reagiert die Person dagegen überhaupt nicht, kann ihr Schweigen schon nach zivilrechtlichen Grundsätzen nicht als Einwilligung interpretiert werden. Denn nicht anders als jede andere Willenserklärung auch, kann eine Einwilligung nur dort anzunehmen sein, wo das Schweigen aus der Sicht des Empfängers eine entsprechende Einwilligung hinreichend deutlich zum Ausdruck bringt; das bloße Schweigen hat aber keinen entsprechenden Erklärungswert. Voraussetzung für die Wirksamkeit einer stillschweigenden Einwilligung ist in der Regel, dass dem Betroffenen der Zweck der Veröffentlichung bekannt ist. Hiernach empfiehlt es sich, den Betroffenen über Art und Verwendung eines etwa geplanten Fernsehbeitrags aufzuklären (OLG Hamburg AfP 2005, 73 74), es sei denn, er hat erkennbar kein Interesse an dem Zweck der Aufnahme (*Soehring*, Presserecht, § 19 Rn 46b). Wird der Betroffene hingegen von einem Journalisten „überrumpelt" oder gar getäuscht und kann er daher den Aufnahmezweck nicht erfassen, kommt eine stillschweigende Einwilligung nicht in Betracht (OLG Frankfurt/M GRUR 1991, 49; OLG Hamburg AfP 2005, 73; *Wanckel*, Rn 144). 24

§ 22 S. 2 KUG enthält die gesetzliche Vermutung einer konkludenten Einwilligung für den Fall, dass der Abgebildete eine **Entlohnung** erhalten hat. Die Entlohnung muss nicht notwendigerweise in Geld erfolgen, muss jedoch Gegenleistung gerade dafür sein, dass der Abgebildete sich abbilden lässt (vgl OLG Nürnberg GRUR 1957, 296 – Fotomodell). Behauptet der Abgebildete, dass trotz der Honorierung eine Einwilligung in eine bestimmte Veröffentlichung nicht vorliege, trägt er dafür die Beweislast (OLG München ZUM 2006, 936). 25

4. Reichweite der Einwilligung. Die Reichweite der Einwilligung steht grundsätzlich zur Disposition des Erklärenden; dementsprechend kann sie **räumlich, zeitlich und inhaltlich beschränkt** werden (BGH GRUR 1992, 557 – Joachim Fuchsberger). Ist keine ausdrückliche Reichweitenbestimmung erfolgt, so ist sie durch Auslegung entsprechend §§ 133, 157 BGB nach den Umständen des Einzelfalls zu ermitteln (BGH GRUR 1956, 427, 428 – Paul Dahlke; GRUR 2005, 74, 75 – Charlotte Casiraghi II). Sie hängt maßgeblich von der Art der Veröffentlichung ab, die den unmittelbaren Anstoß für ihre Erteilung 26 gegeben hat (BGH GRUR 1979, 425, 426 – Fußballkalender; GRUR 2005, 74, 75 – Charlotte Casiraghi II).

27 Rechtsprechung und Literatur wenden bei der Auslegung der Einwilligung die urheberrechtliche **Zweckübertragungsregel** (§ 31 Abs. 5 UrhG) entsprechend an und gehen davon aus, dass der Abgebildete die Einwilligung in die Verwendung der Abbildung nur in dem Umfang erteilt hat, wie dies zur Erfüllung des Vertrags- bzw Aufnahmezwecks erforderlich war (OLG Hamburg ZUM 1996, 789, 790; OLG Köln AfP 1999, 377; KG ZUM-RD 1998, 554; *Dreier/Schulze/Dreier*, UrhG, § 22 KUG Rn 21; *Prinz/Peters*, MedienR, Rn 837).

28 Die Zweckübertragungsregel hat erhebliche praktische Bedeutung insbesondere bei den nur stillschweigend erklärten Einwilligungen (s.o. Rn 24 f); hier wird die Reichweite der Einwilligung zumeist eng ausgelegt (BGH GRUR 2005, 74, 75 – Charlotte Casiraghi II; *Wanckel*, Rn 138, 158 ff). Die (konkludente) Einwilligung zur Ablichtung anlässlich eines konkreten Ereignisses beinhaltet regelmäßig nur die Zustimmung zur Verbreitung im Zusammenhang mit der Berichterstattung über eben dieses Ereignis (vgl BGH GRUR 1964, 196 – Hochzeitsbild; NJW 1979, 2230 – Fußballkalender).

29 Die Anwendung der Zweckübertragungsregel hat aber auch nicht unerhebliche Bedeutung bei der Auslegung ausdrücklich erteilter Einwilligungen, wobei sie deren Reichweite im Regelfall zwar einschränkt, im Einzelfall aber auch erweitern kann. So umfasst etwa die Einwilligung in die Veröffentlichung eines Nacktfotos in einem Biologieschulbuch nicht die Wiedergabe dieses Fotos in einem kritischen Fernsehbericht zur Sexualkunde (BGH GRUR 1985, 308 – Nacktfoto). Die Einwilligung in die Aufnahme durch einen Berufsfotografen umfasst nicht die Verwendung für Werbezwecke (OLG Frankfurt/M GRUR 1986, 614 – Ferienprospekt) oder eine anderweitige kommerzielle Verwertung wie etwa in einem Jahreskalender mit Fotos der Mitglieder einer bekannten Popgruppe (OLG Hamburg AfP 1999, 486, 487 f – Backstreet Boys). Umgekehrt können allgemein bekannte und übliche Verwendungszwecke von einer erteilten Einwilligung erfasst sein, auch wenn sie namentlich nicht ausdrücklich in der Einwilligung erwähnt worden sind. So schließt die Einwilligung zur Verwendung eines Bildnisses in einem bestimmten Medium in aller Regel die Werbung für dieses Medium ein (*Schricker/Loewenheim/Götting*, UrhR, § 22 KUG Rn 52). Die Einwilligung in die Veröffentlichung als Titelbild einer Zeitschrift umfasst in der Regel auch die Abbildung des Titels im Rahmen einer Werbung für die Zeitschrift (LG Köln AfP 1982, 49 – Fernsehansagerin), nicht aber die Verwendung des Bildnisses für ein Filmplakat (OLG Hamburg Schulze OLGZ 113). Die Einwilligung in die Verwendung eines Bildnisses für die Ankündigung und Bewerbung eines Fernsehfilms (insbesondere in Programmzeitschriften) umfasst auch die Verwendung dieses Bildnisses im Zusammenhang mit einer Werbung für die Programmzeitschrift. Die Einstellung eines Bildnisses bei einem Internetdienst, der es Nutzern ermöglicht, das Foto in unterschiedlichen Blogs und Foren ohne gesonderten Upload öffentlich zugänglich zu machen, kann aus Sicht des Betreibers einer Personensuchmaschine als Einwilligung in die Veröffentlichung entsprechender Vorschaubilder („Thumbnails") ausgelegt werden, sofern für den Abgebildeten die Möglichkeit bestand, Suchmaschinen von der Nutzung auszuschließen (LG Köln vom 22.6.2011 – 28 O 819/10). Die Einwilligung für die Verwendung von Fotos in einem Reiseprospekt kann auch eine Verwendung des Bildnisses in Zeitungsanzeigen umfassen (OLG Frankfurt/M Schulze OLGZ 194; zahlreiche weitere Beispiele aus der Rechtsprechung bei *Wandtke/Bullinger/Fricke*, UrhR, § 22 KUG Rn 17).

30 Zu beachten ist stets, dass die Zweckübertragungsregel nicht eine materielle Inhaltskontrolle, sondern eine **Zweifelsregelung** ist; ihre Anwendung kommt nur dort in Betracht, wo Umfang und Zweck der Einwilligung gerade nicht hinreichend klar sind. Sie vermag weder eine explizit zum Ausdruck gebrachte weitreichende Einwilligung des Abgebildeten einzuschränken noch eine ausdrückliche erklärte Beschränkung aus Zweckmäßigkeitserwägungen zu erweitern.

31 **5. Nichtigkeit, Anfechtbarkeit und Widerruflichkeit der Einwilligung. a) Nichtigkeit und Anfechtung der Einwilligung.** Die Einwilligung kann – nicht anders als jede andere Willenserklärung auch – nach **§§ 134, 138 BGB** wegen Verstoßes gegen ein gesetzliches Verbot oder wegen Sittenwidrigkeit **nichtig** sein, was u.a. im Falle eines Verstoßes gegen ein gesetzliches Fotografierverbot (vgl etwa § 169 S. 2 GVG, § 201a StGB, dazu schon oben Rn 18) oder im Zusammenhang mit bestimmten (kinder-)pornographischen Darstellungen der Fall sein kann (vgl §§ 175, 176 Abs. 3, 180, 184 StGB). Daneben kann im Falle des Vorliegens der gesetzlichen Voraussetzungen die **Anfechtung** einer erklärten Einwilligung über §§ 119, 123 BGB in Betracht kommen; in der Praxis spielt die Anfechtung indes keine größere Rolle.

32 **b) Widerruflichkeit der Einwilligung.** Der Qualifizierung der Einwilligung als Willenserklärung (s.o. Rn 19) entspricht es, dass sie grundsätzlich **unwiderruflich** und für den Einwilligenden **bindend** ist (OLG München AfP 1989, 570, 571; LG Hamburg NJW-RR 2005, 1357, 1358; s. auch 39. Abschnitt Rn 125).

33 Ob gleichwohl und ggf unter welchen Voraussetzungen ausnahmsweise ein **Widerruf** der Einwilligung möglich ist, ist in Rechtsprechung und Literatur außerordentlich umstritten (zum Streitstand vgl OLG Frankfurt/M, ZUM-RD 2011, 408; *Wandtke/Bullinger/Fricke*, UrhR, § 22 KUG Rn 19). Die wohl herrschende Meinung geht davon aus, dass ein Widerruf nur unter besonderen Umständen erklärt werden kann. Solche können sich vor allem aus dem im Kern unverzichtbaren Selbstbestimmungsrecht ergeben, wenn in der Person des Abgelichteten ein Umstand eingetreten ist, der die weitere Veröffentlichung unzumutbar macht; es muss dann ein **wichtiger Grund** vorliegen (vgl BGH GRUR 1987, 128 – Nena; OLG München NJW-RR 1990, 999; LG Köln AfP 1996, 186, 187; LG Düsseldorf, Urt. v. 27.10.2010 – 12 O 309/10). Zur Bestimmung, ob ein solcher wichtiger Grund gegeben ist, zieht die Rechtsprechung zumeist den **Rechtsgedanken des § 35 VerlagsG** sowie **§ 42 UrhG** analog heran (vgl OLG München NJW-RR 1990, 999). Danach kann der Urheber ein Nutzungsrecht gegenüber dem Inhaber zurückrufen, wenn das Werk seiner Überzeugung nicht mehr entspricht und ihm deshalb die Verwertung seines Werkes nicht mehr zugemutet werden kann. Der Einwilligende kann sich dann von seiner Verpflichtung lösen (vgl OLG München NJW-RR 1990, 999; LG Köln AfP 1996, 186). Die Prüfung der gewandelten Überzeugung und der Unzumutbarkeit einer (erneuten) Veröffentlichung setzt stets eine umfassende Einzelfallabwägung zwischen den widerstreitenden Interessen der beteiligten Parteien wie auch der Allgemeinheit voraus (vgl LG Hamburg NJW-RR 2005, 1357, 1358). Wesentlich ist dabei insbesondere, dass der behauptete Überzeugungswandel des Abgebildeten konsequent durchgesetzt werden muss; wer etwa einmal ein Ablichten zulässt, kann sich in einem anderen, ähnlich gelagerten Fall nicht auf ein Rückzugsrecht in die Privatsphäre berufen (BVerfG NJW 2000, 1021, 1023; ebenso BGH NJW 2005, 594, 595/596) und somit auch die erteilte Einwilligung nicht widerrufen. Der Widerruf ist eine besondere Ausprägung des auch verfassungsrechtlich verbürgten Persönlichkeitsrechts. Er stellt aber **kein umfassendes Reuerecht** dar; die Anforderungen, die die Rechtsprechung an die Widerrufsgründe stellt, sind insofern streng. Sollen etwa Aktfotos aus dem Verkehr gezogen werden, da die abgelichtete Person derartige Bilder nunmehr nicht mehr wünscht, reicht dies allein nicht aus, um eine Einwilligung widerrufen zu können (vgl LG Köln AfP 1996, 186; OLG München NJW-RR 1990, 999); insofern bedarf es vielmehr einer aufgrund einer gewandelten inneren Einstellung objektiv feststellbaren, veränderten Lebensführung, die es nach Abwägung der widerstreitenden Rechtspositionen als unzumutbar erscheinen lässt, den Abgebildeten an seiner erteilten Einwilligung festzuhalten (*Prinz/Peters*, Rn 838 mwN). Ist der eigentliche Grund für den Widerruf einer Einwilligung im Sinne des § 22 KUG, dass der Abgebildete mit dem kritischen Inhalt eines Fernsehberichts, innerhalb dessen er abgebildet ist, nicht einverstanden ist, rechtfertigt dies daher nicht den Widerruf der Einwilligung (OLG Frankfurt/M, ZUM-RD 2011, 408). Insbesondere bei der Entgegennahme einer Entlohnung soll aufgrund des damit beim Verwerter geschaffenen Vertrauenstatbestandes zunächst eine grundlegende und gefestigte Veränderung im Leben der Abgebildeten vorliegen und erst nach drei bis fünf Jahren das Vorliegen eines wichtigen Grundes in Betracht kommen können (vgl OLG München NJW-RR 1990, 999, 1000).

34 Wird eine erteilte Einwilligung wirksam widerrufen, so entfaltet diese Wirkungen ex nunc (LG Köln AfP 1996, 186); mithin wird nicht die vor dem Widerruf erfolgte Verbreitung des Bildnisses, sollen lediglich eine etwaige erneute Verbreitung nach erklärtem Widerruf rechtswidrig. Wird der Widerruf einer erteilten Einwilligung erstmals in einer die Bildnisveröffentlichung beanstandenen Abmahnung mitgeteilt, so genügt aufgrund der Rechtmäßigkeit der Veröffentlichung bis zum Zugang von Abmahnung bzw Widerruf zur Ausräumung der Wiederholungsgefahr eine nicht vertragsstrafebewehrte, jedoch ernsthafte Erklärung, von einer etwaigen erneuten Verbreitung des Bildes abzusehen; auch die Abmahnkosten sind in diesem Fall aufgrund der bislang vorliegenden Rechtmäßigkeit der Bildveröffentlichung nicht zu ersetzen. Im Falle eines Widerrufs ist der Abgebildete dem Verwerter zu Aufwendungsersatz gemäß § 42 Abs. 3 UrhG analog (AG Charlottenburg AfP 2002, 172) bzw Schadensersatz gemäß § 122 BGB analog verpflichtet (*Dreier/Schulze/Dreier*, UrhG, § 22 KUG Rn 35).

IV. Der postmortale Persönlichkeitsschutz

35 § 22 S. 3 KUG sieht als einzige sondergesetzliche Normierung ausdrücklich einen **10-jährigen postmortalen Bildnisschutz** vor. Die Begrenzung der Schutzdauer beruht nicht nur auf dem Gedanken, dass das Schutzbedürfnis nach dem Tod mit zunehmendem Zeitablauf abnimmt (vgl BVerfG NJW 1971, 1645, 1647); sie schafft auch Rechtssicherheit und berücksichtigt das berechtigte Interesse der Öffentlichkeit, sich mit Leben und Werk einer zu Lebzeiten weithin bekannten Persönlichkeit auseinandersetzen zu können. Eine vergleichbare Bestimmung gibt es im Bereich des allgemeinen Persönlichkeitsrechts nicht, woraus sich früher zT erhebliche Wertungsdifferenzen ergaben. Diese sind indes mit der Entscheidung des BGH „kinski-klaus.de" (BGH NJW 2007, 684) insofern entfallen, als der BGH die 10-Jahres-Grenze des § 22 S. 3 KUG **auch auf Fälle der Verletzung des allgemeinen Persönlichkeitsrechts** erstreckt (BGH NJW 2007, 684; vgl zum postmortalen Persönlichkeitsschutz auch 33. Abschnitt Rn 15 ff).

36 Über lange Zeit war umstritten, ob die 10-Jahres-Frist des § 22 S. 3 KUG nur für die ideellen Interessen des Abgebildeten oder auch für die **vermögenswerten Bestandteile** des Persönlichkeitsrechts Geltung beansprucht bzw ob insofern andere Schutzfristen anzuwenden seien (zum Streitstand vgl *Wortmann,* S. 306 ff; *Lichtenstein*, S. 362 ff; *Jung*, S. 256 ff). In seiner Entscheidung „*Marlene Dietrich*" (NJW 2000, 2195) hatte der BGH die Frage dahinstehen lassen, wie lange die vermögenswerten Bestandteile des postmortalen Persönlichkeitsrechts geschützt sind und lediglich festgestellt, dass die vermögenswerten Bestandteile des Persönlichkeitsrechts jedenfalls noch bestehen, solange auch die ideellen Interessen noch geschützt sind; ob diese auch nach Ablauf der 10-Jahres-Frist geschützt sind, hatte der BGH dort nicht zu entscheiden. In der Entscheidung „kinski-klaus.de" (BGH NJW 2007, 684) hat der BGH diese Frage nunmehr dahin entschieden, dass der Schutz für die vermögenswerten Bestandteile des postmortalen Persönlichkeitsrechts in entsprechender Anwendung der Schutzfrist für das postmortale Recht am eigenen Bild (§ 22 S. 3 KUG) auf **zehn Jahre begrenzt** ist.

37 Darüber hinaus kann im Bereich des Bildnisschutzes im Einzelfall ein zeitlich über die 10-Jahres-Frist des § 22 S. 3 KUG hinausgehender **postmortaler Achtungsanspruch** bestehen (vgl etwa BGH GRUR 1984, 907 – Frischzellenkosmetik). Dies wird vor allem damit begründet, dass die Menschenwürde und die freie Entfaltung der Persönlichkeit zu Lebzeiten nur dann im Sinne des Grundgesetzes hinreichend gewährleistet sind (Art. 1 Abs. 1, Art. 2 Abs. 1 GG), wenn der Einzelne auf einen Schutz seines Lebensbildes wenigstens gegen grobe ehrverletzende Entstellungen nach seinem Tode vertrauen und in dieser Erwartung leben kann (vgl BGH GRUR 1968, 552 – Mephisto); dies solle jedenfalls solange gelten, bis das Bild des Verstorbenen verblasst und die Erinnerung an ihn erloschen ist (vgl BGH GRUR 1968, 555 – Mephisto; GRUR 1995, 668, 670 – Emil Nolde; *Löffler/Steffen*, § 6 LPG Rn 71 mwN; *Dreier/Schulze/Dreier*, UrhG, § 22 KUG Rn 30). Das führt im Ergebnis allerdings zu einer erheblichen Rechtsunsicherheit, weil schon die Frage, ab wann ein gravierender Eingriff zu bejahen ist, kaum verlässlich zu klären ist und zudem auch die weitere Frage, ab wann das Bild des Verstorbenen verblasst und die Erinnerung an ihn erloschen ist, wohl nur in den allerwenigsten Fällen exakt beantwortet werden kann. Zu Recht wird deshalb verlangt, dass der postmortale Achtungsanspruch auf **gravierende Verletzungen** beschränkt bleiben sollte (*Dreier/Schulze/Dreier*, UrhG, § 22 KUG Rn 30; vgl auch BGH GRUR 1984, 907 – Frischzellenkosmetik; OLG Bremen AfP 1994, 146).

V. Beweislastfragen; Sorgfaltspflichten des Verwerters

38 Die **Beweislast** für die **Erteilung einer Einwilligung** gem. § 22 S. 1 KUG trägt der Bildnisverwerter (BGH GRUR 1956, 427, 428 – Paul Dahlke; GRUR 1965, 495 – Wie uns die anderen sehen; OLG München NJW-RR 1996, 93). Er muss darlegen und beweisen, dass eine die Veröffentlichung umfassende Einwilligung vorgelegen hat. Im Falle einer unbeschränkten und nicht an einen bestimmten Berichterstattungsanlass gebundenen Einwilligung oder im Falle einer Honorarvereinbarung oder -zahlung (dazu schon oben Rn 25) trifft hingegen den Abgebildeten die Beweislast dafür, dass seine Einwilligung inhaltlich begrenzt war oder unter einem **Vorbehalt** gestanden hat, etwa dass die Aufnahme nur im Rahmen einer für ihn positiven Berichterstattung veröffentlicht werden dürfe (*Wandtke/Bullinger/Fricke*, UrhR, § 22 KUG Rn 18 mwN aus der Rspr). Beruft sich der Abgebildete auf einen **Widerruf** der erteilten Einwilligung, so trägt er die Beweislast für das Vorliegen eines wichtigen Grundes (*Wanckel*, Rn 172).

Aus der Beweislastverteilung folgt, dass Verwerter von Bildnissen besonderen **Sorgfaltspflichten** unterliegen; der BGH hat die Pflicht zur Prüfung der Veröffentlichungsbefugnis vor der Verbreitung ausdrücklich bejaht (vgl BGH NJW 1985, 1617). Wer also ein Personenbildnis veröffentlicht, muss sich vor Vervielfältigung und Verbreitung vergewissern, dass die Einwilligung des Abgebildeten auch den Zweck und den Umfang der geplanten Verbreitung umfasst (BGH GRUR 1962, 211, 214 – Hochzeitsbild; LG München ZUM 2004, 321, 323). Dies gilt für jede Abbildung, die von Dritten stammt, seien es Agenturen, Fotografen oder sonstige Dritte (BGH GRUR 1965, 495, 496 – Wie uns die anderen sehen; OLG Hamburg AfP 1977, 351, 353; OLG Düsseldorf AfP 1984, 229, 230 – Rückenakt). Das Maß der anzulegenden Sorgfalt ist abhängig vom Grad der mit einer Veröffentlichung verbundenen Beeinträchtigung. Eine erhöhte Sorgfaltspflicht besteht deshalb insbesondere bei der Veröffentlichung von **Nacktaufnahmen,** die einen erheblichen Eingriff in die Intimsphäre des Abgebildeten darstellen (BGH GRUR 1985, 398, 399 – Nacktfoto), bei Bildnissen von **Minderjährigen** (insbesondere aufgrund der oben unter Rn 22 skizzierten Doppelzuständigkeit) sowie bei von Dritten überlassenen Aufnahmen (*Dreier/Schulze/Dreier*, UrhG, § 22 KUG Rn 38), wobei auch hier im Einzelfall ein Verschulden des Verwerters zu verneinen sein kann (vgl BGH GRUR 1992, 557 – Talkmaster-Foto). Besonderheiten gelten indes für die Betreiber eines **Bildarchivs** zur kommerziellen Nutzung durch Presseunternehmen; sie müssen vor der Weitergabe archivierter Fotos an die Presse grundsätzlich nicht die Zulässigkeit der beabsichtigten Presseberichterstattung nach Maßgabe der §§ 22, 23 KUG prüfen (BGH ZUM 2011, 239 f). 39

C. Kommentierung des § 23 KUG

§ 23 KUG [Ausnahmen zu § 22]

(1) Ohne die nach § 22 erforderliche Einwilligung dürfen verbreitet und zur Schau gestellt werden:

1. **Bildnisse aus dem Bereiche der Zeitgeschichte;**
2. **Bilder, auf denen die Personen nur als Beiwerk neben einer Landschaft oder sonstigen Örtlichkeit erscheinen;**
3. **Bilder von Versammlungen, Aufzügen und ähnlichen Vorgängen, an denen die dargestellten Personen teilgenommen haben;**
4. **Bildnisse, die nicht auf Bestellung angefertigt sind, sofern die Verbreitung oder Schaustellung einem höheren Interesse der Kunst dient.**

(2) Die Befugnis erstreckt sich jedoch nicht auf eine Verbreitung und Schaustellung, durch die ein berechtigtes Interesse des Abgebildeten oder, falls dieser verstorben ist, seiner Angehörigen verletzt wird.

I. Allgemeines

§ 23 KUG bestimmt, wann die Veröffentlichung eines Bildnisses auch ohne Zustimmung des Abgebildeten erlaubt ist und ist damit **Ausnahme zur Grundregel des § 22 KUG.** Die Vorschrift beschränkt den Schutzumfang des Rechts am eigenen Bild im Interesse der Informations-, Abbildungs-, Meinungs- und Kunstfreiheit (vgl BGH EuGRZ 2007, 504). Soweit einer der in § 23 KUG genannten Tatbestände erfüllt ist, sind nicht nur Verbreitung und Zurschaustellung, sondern auch Herstellung und Vervielfältigung des Bildnisses zulässig, sofern nicht ein vorrangiges berechtigtes Interesse des Abgebildeten entgegensteht (§ 23 Abs. 2 KUG). Dabei ist die Interessenabwägung jedoch nicht auf § 23 Abs. 2 KUG beschränkt; vielmehr bedarf es schon bei der Prüfung von auslegungsfähigen Tatbestandsmerkmalen wie etwa dem Begriff der Zeitgeschichte einer Abwägung zwischen den widerstreitenden Schutzgütern der Meinungs- und Pressefreiheit einerseits und dem allgemeinen Persönlichkeitsrecht des Abgebildeten andererseits (BVerfG GRUR 2000, 446, 452 – Caroline von Monaco; AfP 2001, 212, 213 – Prinz Ernst August von Hannover; NJW 2006, 3406, 3407; NJW 2008, 1793 – Caroline von Hannover; BGH NJW 2009, 757 m.Anm. *Wanckel*). 40

Zu der früher in der Rechtsprechung ungeklärten Frage, ob im Rahmen der Interessenabwägung die Zulässigkeit der Wortberichterstattung nach den gleichen Maßstäben zu beurteilen ist wie die Zulässigkeit der Bildberichterstattung (die Frage offen lassend etwa noch BGH NJW 2009, 1499), haben nunmehr sowohl das BVerfG als auch der BGH Stellung bezogen und diese Frage dahin gehend beantwortet, dass der **Schutz des allgemeinen Persönlichkeitsrechts** gegen eine Presseberichterstattung 41 hinsichtlich der Veröffentlichung von **Bildern** einerseits und der **Wortberichterstattung** andererseits **unterschiedlich weit reicht** (BVerfG AfP 2010, 562 – Charlotte Casiraghi; BGH WRP 2011, 70 – Rosenball I). Insofern sollen **für die Bildberichterstattung strengere Maßstäbe** gelten, da es nach Auffassung des BGH einen ungleich stärkeren Eingriff in die persönliche Sphäre bedeuten soll, wenn jemand das Erscheinungsbild einer Person in einer Lichtbildaufnahme oder einem Film fixiert, es sich so verfügbar macht und der Allgemeinheit vorführt. Zudem soll ein erhöhtes Schutzbedürfnis auch daraus resultieren, dass die der Veröffentlichung notwendig vorausgehende Herstellung des Bildnisses vor allem prominente Personen in praktisch jeder Situation dem Risiko aussetzt, unvorhergesehen und unbemerkt oder aber unter erheblichen Belästigungen bis hin zu Verfolgungen und beharrlichen Nachstellungen mit der Folge fotografiert zu werden, dass das Bildnis in den Medien veröffentlicht wird (BGH aaO). Diese Annahme mag in bestimmten Situationen zutreffen; zwingend ist sie jedoch nicht. So stellt bspw ein kontextneutrales Portraitfoto oder aber die Verwendung eines vom Abgebildeten genehmigten Bildes in einem anderen Zusammenhang regelmäßig keinen starken Eingriff in die Persönlichkeitssphäre dar und setzt den Abgebildeten auch keinerlei Nachstellungen aus. Auch die von BVerfG und BGH vorgenommene Differenzierung zwischen Wort- und Bildberichterstattung darf deshalb nicht dahin gehend missverstanden werden, dass Bildveröffentlichungen ohne Einwilligung des Abgebildeten nur noch ausnahmsweise zulässig sind. Vielmehr ist nach wie vor in jedem Einzelfall zu prüfen, ob eine das Informationsinteresse der Öffentlichkeit überwiegende nennenswerte Beeinträchtigung des Persönlichkeitsrechts des Abgebildeten vorliegt oder nicht (vgl hierzu BGH WRP 2011, 73). Die Bedeutung der von BVerfG und BGH festgestellten unterschiedlichen Schutzbereichsreichweiten liegt lediglich darin, dass bei der Wortberichterstattung einerseits und der Bildberichterstattung andererseits andere Maßstäbe gelten; ein und dieselbe Berichterstattung kann hinsichtlich ihres Textteils zulässig, hinsichtlich ihrer Bildbestandteile hingegen unzulässig sein.

42 Die in der Praxis mit Abstand bedeutsamste Ausnahme stellt die Bestimmung des § 23 Abs. 1 Nr. 1 KUG dar, die in jüngster Zeit – angestoßen durch die in Rechtsprechung und Literatur außerordentlich kontrovers diskutierte Entscheidung des Europäischen Gerichtshofs für Menschenrechte (EGMR) vom 24. Juni 2004 (NJW 2004, 2647 – Caroline von Hannover) – durch mehrere neue Entscheidungen des BGH und die Entscheidung des BVerfG vom 26. Februar 2008 (NJW 2008, 1793 – Caroline von Hannover) eine deutliche Neukonturierung erhalten hat (dazu s. Rn 54 ff).

II. Bildnisse aus dem Bereich der Zeitgeschichte (§ 23 Abs. 1 Nr. 1 KUG)

43 Nach § 23 Abs. 1 Nr. 1 KUG dürfen Bildnisse aus dem Bereich der Zeitgeschichte **ohne** die nach § 22 KUG erforderliche **Einwilligung** verbreitet und zur Schau gestellt werden.

44 **1. Der Begriff der Zeitgeschichte. a) Definition, Umfang.** Der Begriff der Zeitgeschichte ist **grundsätzlich weit zu verstehen**; er umfasst alle Erscheinungen im Leben der Gegenwart, die von der Öffentlichkeit „*beachtet werden, bei (ihr) Aufmerksamkeit finden und Gegenstand der Teilnahme oder Wissbegier weiter Kreise sind*" (RGZ 125, 80, 82 – Tull Harder; vgl auch BVerfG GRUR 2000, 446, 452 – Caroline von Monaco) oder vereinfacht gesagt alles, woran gegenwärtig allgemeines Interesse besteht (*Wenzel/v. Strobl-Albeg*, Kap. 8 Rn 5). Der BGH hebt (trotz einer gewissen Akzentverschiebung in seiner Rechtsprechung nach der Caroline-Entscheidung des EGMR (NJW 2004, 2647)) auch in seiner neueren Rechtsprechung hervor, dass der Begriff der Zeitgeschichte **nicht zu eng verstanden** werden darf (BGH GRUR 2007, 527) und betont, dass schon nach der Entstehungsgeschichte des KUG, vor allem aber im Hinblick auf den Informationsbedarf der Öffentlichkeit, der Begriff nicht nur Vorgänge von historisch-politischer Bedeutung, sondern ganz allgemein das Zeitgeschehen, also alle Fragen von allgemeinem gesellschaftlichem Interesse umfasst. Der Begriff der Zeitgeschichte ist prinzipiell **vom Interesse der Öffentlichkeit her zu bestimmen** (BGH GRUR 2007, 527; EuGRZ 2007, 504; NJW 2007, 3440; NJW-RR 2010, 855; dazu sogleich auch Rn 46 ff).

45 Der **Begriff der Zeitgeschichte** ist dabei nicht auf historisch bedeutsame Ereignisse beschränkt, sondern umfasst sowohl tagesaktuelles als auch historisches Geschehen (*Löffler/Ricker*, PresseR, Kap. 43 Rn 10), und zwar auf überregionaler wie auch auf lokaler Ebene (*Engels/Schulz*, AfP 1998, 576; *Löffler/Ricker*, PresseR, Kap. 43 Rn 10). Zur Zeitgeschichte zählt deshalb das gesamte politische, soziale, wirtschaftliche und kulturelle Leben, ohne dass es auf eine wie auch immer geartete „Mindestqualität" ankommt. Er erstreckt sich auf alle Fragen von allgemeinem gesellschaftlichen Interesse (BGH NJW 2009, 3032 – Wer wird Millionär?). Auch Unfälle, Verbrechen, Kriegshandlungen und Naturkata-

strophen oder überregional vielleicht unbedeutende, regional aber vielbeachtete Bildnisse können dem Bereich der Zeitgeschichte zuzuordnen sein, weil es auch an ihnen ein Informationsinteresse gibt.

Deshalb ist es vom Ansatz her auch unerheblich, ob eine Bildveröffentlichung der „wertvollen" politischen Information oder aber „nur" der **Unterhaltung** dient. Ganz abgesehen davon, dass schon die Bewertung einer Berichterstattung als für die Meinungsbildung relevante Information oder aber bloße Unterhaltung kaum eindeutig sein wird und maßgeblich von individuell verschiedenen Interessen und Werten abhängt, darf nicht außer Acht gelassen werden, dass die verfassungsrechtlich geschützte Meinungsbildung auch unterhaltende Beiträge umfasst (BVerfG GRUR 2000, 446, 451 ff – Caroline von Monaco; ebenso BGH AfP 2007, 472 – Lebenspartnerin von Herbert Grönemeyer II; AfP 2007, 475 – Oliver Kahn; KG NJW 2005, 2320, 2321 – Günther Jauch). Meinungsbildung und Unterhaltung sind keine Gegensätze. Vielmehr erfüllt die Unterhaltung wichtige gesellschaftliche Funktionen, indem sie Gesprächsgegenstände zur Verfügung stellt und zu Diskussionsprozessen anregt (BVerfG GRUR 2000, 446, 452 – Caroline von Monaco; *Wenzel/v. Strobl-Albeg*, Kap. 8 Rn 6) und damit den Einzelnen bei der Standortgewinnung und Selbstbestätigung innerhalb seiner Gesellschaft und ihrer Zeit unterstützt. Auch der BGH hat wiederholt betont, dass durch unterhaltende Beiträge Meinungsbildung stattfinden kann und dass solche Beiträge die Meinungsbildung unter Umständen sogar nachhaltiger anregen und beeinflussen können als sachbezogene Informationen (vgl BGH GRUR 2007, 527; VersR 2004, 522, 523 mit Anmerkung von *Gerlach*; JZ 2004, 625). Das BVerfG hat diese Position in seinem Beschluss vom 26. Februar 2008 (NJW 2008, 1793 – Caroline von Hannover) ausdrücklich gebilligt und unterstrichen, dass gerade die Unterhaltsamkeit des Inhalts oder seiner Aufmachung eine häufig wichtige Bedingung zur Gewinnung öffentlicher Aufmerksamkeit und damit ggf auch zur Einwirkung auf die öffentliche Meinungsbildung ist. Unterhaltung ist ein wesentlicher Bestandteil der Medienbetätigung, der am Schutz der Pressefreiheit teil hat. Der publizistische und wirtschaftliche Erfolg der in Konkurrenz zu anderen Medien und Unterhaltungsangeboten stehenden Presse kann auf unterhaltende Inhalte und entsprechende Abbildungen nicht verzichten, wobei auch das BVerfG anerkannt hat, dass die Bedeutung visueller Darstellungen für die Berichterstattung der Presse in jüngerer Zeit sogar zugenommen hat (vgl BVerfG NJW 2008, 1793 – Caroline von Hannover; zum Ganzen vgl auch 33. Abschnitt, Rn 41, 45). 46

b) **Informationsinteresse der Öffentlichkeit.** Von erheblicher Bedeutung ist, **wie das Informationsinteresse zu bestimmen** ist. Im Schrifttum ist wiederholt dafür plädiert worden, das Informationsinteresse der Öffentlichkeit an einer Person und damit deren Stellenwert (auch) empirisch durch Einbeziehung von unabhängig voneinander erfolgten Vorveröffentlichungen unterschiedlicher Medien zu bestimmen (*Engels/Schulz*, AfP 1998, 574, 579, 581; *Soehring*, Presserecht, § 21 Rn 2c). Das BVerfG hat dies in der Vergangenheit unter Hinweis darauf abgelehnt, dass hierdurch die gebotene Interessenabwägung entfiele und dann berechtigte Belange des Abgebildeten unberücksichtigt bleiben könnten (BVerfG AfP 2001, 212, 214 – Prinz Ernst August von Hannover). Auch das BVerfG hat indes anerkannt, dass der **Bekanntheitsgrad ein Anhaltspunkt eines zeitgeschichtlichen Interesses** sein kann (BVerfG AfP 2001, 212, 214 – Prinz Ernst August von Hannover; ebenso BGH GRUR 2007, 527; *Dreier/Schulze/Dreier*, UrhG, § 23 KUG Rn 3). Zudem hat das BVerfG festgestellt, dass bei der Bestimmung des Informationsinteresses der Öffentlichkeit auch zu berücksichtigen ist, ob es eine Vielzahl weiterer Presseberichte über den jeweiligen Berichtsgegenstand gibt (BVerfG NJW-RR 2010, 1195 – Gefunden; vgl zum Faktum der medialen Erörterung eines Themas als Indiz für ein öffentliches Informationsinteresse: *Beater*, Medienrecht, Rn 995). Anerkannt ist ferner, dass auch kuriose oder anekdotische Elemente des jeweiligen Vorgangs zu berücksichtigen sein können (BVerfG aaO). Darüber hinaus kann aber auch an der Darstellung zeittypischer Zustände und Lebenslagen ein überwiegendes Informationsinteresse bestehen, wozu auch die Darstellung des Privat- und Alltagslebens prominenter Personen außerhalb von Staat und Politik gehören kann (BVerfG NJW 2008, 1793 – Caroline von Monaco IV). Dabei ist von Bedeutung, dass keineswegs allein die Aufdeckung von Unstimmigkeiten zwischen öffentlicher Selbstdarstellung und privater Lebensführung prominenter Personen von allgemeinem Interesse ist. Prominente Personen können auch Orientierung bei eigenen Lebensentwürfen bieten sowie Leitbild- oder Kontrastfunktionen erfüllen; der Kreis berechtigter Informationsinteressen der Öffentlichkeit wäre zu eng gezogen, würde er auf skandalöse, sittlich oder rechtlich zu beanstandende Verhaltensweisen begrenzt. Auch die Normalität des Alltagslebens prominenter Personen dürfe der Öffentlichkeit vor Augen geführt werden, wenn dies der Meinungsbildung zu Fragen von allgemeinem Interesse dienen kann (BVerfG aaO; vgl insofern auch 33. Abschnitt Rn 41 ff). Richtigerweise wird man das Informationsinteresse anhand eines **normativen Maßstabs** bestimmen müssen, welcher der 47

Pressefreiheit und zugleich dem Schutz der Persönlichkeit und ihrer Privatsphäre ausreichend Rechnung trägt, wobei aber der **empirische Bekanntheitsgrad des Abgebildeten zu berücksichtigen ist und den normativen Maßstab mitprägt** (*Wandtke/Bullinger/Fricke*, UrhR, § 23 KUG Rn 5 („normative Bestimmung auf empirischer Grundlage")).

48 **c) Absteckung der Grenzen durch die Presse.** Bedeutsam ist schließlich auch, wer über die Einordnung eines Berichtsgegenstands als dem Bereich der Zeitgeschichte zugehörig zu befinden hat. Dabei ist einerseits anerkannt, dass eine Berichterstattung als solche kein Ereignis der Zeitgeschichte ist (BVerfG AfP 2001, 212, 218 – Prinz Ernst August von Hannover); eine Berichterstattung gehört nicht deshalb gleichsam automatisch zum Bereich der Zeitgeschichte, weil sie erfolgt ist („König-Midas-Prinzip"; zur empirischen Ermittlung des Informationsinteresses vgl oben Rn 47). Andererseits besteht weitgehend Einvernehmen darüber, dass zum Kern der Presse- und der Meinungsbildungsfreiheit gehört, dass die Presse einen weitreichenden **Spielraum** besitzt, innerhalb dessen sie nach ihren publizistischen Kriterien entscheiden kann, was öffentliches Interesse beansprucht, und dass sich im Meinungsbildungsprozess herausstellt, was eine Angelegenheit von öffentlichem Interesse ist (BVerfG NJW 2008, 1793 – Caroline von Hannover; NJW 2010, 1195, 1196; BVerfGE 101, 361, 392; BGH NJW 2006, 599, 600 f; BGH GRUR 2007, 527; EGMR NJW 2006, 591, 592 f). Deshalb kann die Presse zur Wahrnehmung ihrer meinungsbildenden Aufgaben nach publizistischen Kriterien selbst entscheiden, was sie des öffentlichen Interesses für wert hält (vgl BVerfGE 101, 361, 392; BGH NJW-RR 1995, 789, bestätigt durch BVerfG NJW 2000, 1026; vgl auch BGH GRUR 2007, 527; AfP 2007, 472; AfP 2007, 475). Es ist grundsätzlich nicht Aufgabe der Gerichte zu entscheiden, ob ein bestimmtes Thema überhaupt berichtenswert ist oder nicht (vgl BVerfG NJW-RR 2010, 1195 – Gefunden). Es deutet deshalb auf ein grundlegendes Fehlverständnis des Gewährleistungsgehaltes der Meinungs- und Pressefreiheit hin, wenn ein Unterlassungsanspruch unter Hinweis darauf zuerkannt wird, dass der Gegenstand der Berichterstattung angeblich „belanglos" sei oder „zur öffentlichen Diskussion nichts beitrage". Denn die Presse- und Meinungsfreiheit steht nicht unter einem allgemeinen Vorbehalt des öffentlichen Interesses, sondern sie verbürgt primär die Selbstbestimmung des einzelnen Grundrechtsträgers über die Entfaltung seiner Persönlichkeit in der Kommunikation mit anderen. Bereits hieraus bezieht das Grundrecht sein in die Abwägung mit dem allgemeinen Persönlichkeitsrecht einzustellendes Gewicht, das durch ein mögliches öffentliches Informationsinteresse lediglich weiter erhöht werden kann (BVerfG aaO).

49 **2. Personen der Zeitgeschichte.** Auch wenn der Wortlaut von § 23 Abs. 1 Nr. 1 KUG nur auf zeitgeschichtliche Ereignisse abzustellen scheint („Bildnis aus dem Bereich der Zeitgeschichte"), besteht in Rechtsprechung und Literatur seit langem weitgehend Einigkeit darüber, dass es für die Anwendung des § 23 Abs. 1 Nr. 1 KUG nicht auf eine zeitgeschichtlich bedeutsame Aufnahme ankommt, sondern vielmehr darauf, in welchem Bezug die abgebildete Person zu einem zeitgeschichtlichen Ereignis im weitesten Sinne steht. Entsprechend dem Bezug der abgebildeten Person zu einem zeitgeschichtlichen Ereignis und dem sich daraus ergebenden öffentlichen Interesse unterschied man bislang zwischen **absoluten** und **relativen Personen der Zeitgeschichte** (grundlegend *Neumann-Duesberg*, JZ 1960, 114). Der BGH hat diese Differenzierung und Kategorisierung im Rahmen des von ihm formulierten „**abgestuften Schutzkonzepts**" (BGH NJW 2008, 3141) aufgegeben (dazu unten Rn 54 ff). Das BVerfG hat in seinem Beschluss vom 26. Februar 2008 (NJW 2008, 1793 – Caroline von Hannover) insoweit festgestellt, dass diese Differenzierung von Verfassungs wegen nicht geboten ist; es hat jedoch zugleich festgestellt, dass auch weiterhin der Rückgriff auf diese Figuren nicht zu beanstanden sei und die Fachgerichte insofern frei sind, auf diese Differenzierung in Zukunft nicht mehr oder nur noch in begrenztem Umfang zurückzugreifen (NJW 2008, 1793, 1798 – Caroline von Hannover). Es hat jedoch zugleich hervorgehoben, dass es der Rechtssicherheit dienen könne, die Abwägung zwischen Kommunikationsfreiheit und Persönlichkeitsschutz durch andere typisierende Hilfsbegriffe oder durch Fallgruppenbildungen anzuleiten (NJW 2008, 1793, 1798 – Caroline von Hannover).

50 **a) Absolute Personen der Zeitgeschichte: bisherige Definition und Umfang.** Als „absolute" Person der Zeitgeschichte gilt eine Person, die bereits für sich genommen und **ereignisunabhängig allgemein öffentliche Aufmerksamkeit** findet, so dass sie selbst Gegenstand der Zeitgeschichte ist. Hierzu zählen solche Menschen, die aufgrund ihrer hervorgehobenen Stellung in Politik und Gesellschaft oder durch besondere persönliche Leistungen aus der Masse der Mitmenschen herausragen (*Wandtke/Bullinger/Fricke*, UrhR, § 23 Rn 8). Typische **Beispiele** für absolute Personen der Zeitgeschichte sind etwa **Monarchen, Staatsoberhäupter** und herausragende **Politiker** (vgl etwa BGH NJW 1996, 593 – Bundeskanzler Willy Brandt; LG Berlin AfP 2003, 176 – Bundeskanzler Schröder), **Angehörige regierender**

Königs- und Fürstenhäuser, soweit sie durch ihre herausragende Stellung einen zeitgeschichtlichen Bezug aufweisen (vgl BGH NJW 1996, 985 – Caroline von Monaco; OLG Karlsruhe NJW 2006, 617 – Albert von Monaco). Absolute Personen der Zeitgeschichte können ferner **herausragende Repräsentanten der Wirtschaft** (BGH GRUR 1994, 391 – Alle reden vom Frieden), **Wissenschaftler** und **Erfinder** sein (vgl RGZ 74, 308 – Graf Zeppelin). Auch **Schauspieler** (BGH GRUR 1992, 557 – Joachim Fuchsberger; GRUR 2000, 709 – Marlene Dietrich) sowie **Musiker, Künstler** und **Entertainer** können absolute Personen der Zeitgeschichte sein (BGH NJW 1997, 1152 – Bob Dylan; OLG Hamburg AfP 1999, 486 – Backstreet Boys; OLG München AfP 1995, 658, 666 – Anne-Sophie Mutter; LG Berlin AfP 2001, 246 – Nina Hagen; OLG Hamburg AfP 1991, 437 – Roy Black); ebenso erfolgreiche **Sportler**, ihre **Trainer** und **Manager** (vgl OLG Frankfurt/M NJW 2000, 594 – Katarina Witt; BGH NJW 1968, 1091 – Ligaspieler („alle Fußball-Bundesligaspieler"); OLG Frankfurt/M NJW 1989, 402 – Boris Becker; vgl insofern aber auch LG Hamburg AfP 2008, 97 – Hansi Hinterseer).

Absolute Personen der Zeitgeschichte durften nach bislang herkömmlichem Rechtsverständnis – und insbesondere nach der **bisherigen Rechtsprechung des BVerfG – an für jedermann zugänglichen Orten in allen Lebenssituationen** uneingeschränkt fotografiert und abgebildet werden, sofern nicht im Einzelfall berechtigte Interessen des Abgebildeten (§ 23 Abs. 2 KUG, dazu unten Rn 75 ff) gegen eine Abbildung sprachen (BGH GRUR 1996, 923, 926 – Caroline von Monaco III). Dies hatte zur Konsequenz, dass absolute Personen der Zeitgeschichte nach der Rechtsprechung des BVerfG die Verbreitung ihrer Abbildungen auch dann hinnehmen mussten, wenn diese nur den **Privatbereich** betrafen. Eine Beschränkung der einwilligungsfreien Veröffentlichung auf Bilder, die Personen von zeitgeschichtlicher Bedeutung bei der Ausübung der Funktion zeigen, die sie in der Gesellschaft wahrnehmen, verlangte das allgemeine Persönlichkeitsrecht nach Auffassung des BVerfG nicht. Dabei stellte das BVerfG maßgeblich darauf ab, dass es häufig gerade das öffentliche Interesse, welches solche Personen beanspruchten, kennzeichne, dass dieses nicht nur der Funktionsausübung im engeren Sinn gelte. Vielmehr könne es sich wegen der herausgehobenen Funktion und der damit verbundenen Wirkung auch auf Informationen darüber erstrecken, wie sich diese Person generell, also außerhalb ihrer jeweiligen Funktion, in der Öffentlichkeit bewege. Diese habe ein berechtigtes Interesse daran zu erfahren, ob solche Personen, die oft als Idol oder Vorbild gelten würden, funktionales und persönliches Verhalten überzeugend in Übereinstimmung bringen (vgl BVerfG NJW 2000, 1021, 1025). Hiernach durften auch solche Bilder einer absoluten Person der Zeitgeschichte ohne ihre Einwilligung veröffentlicht werden, die sie bei bloß alltäglichen Verrichtungen zeigen, wie etwa bei Spaziergängen, beim Einkaufen im Supermarkt, bei sportlicher Betätigung, aber auch bei einem Sturz in einer öffentlichen Badeanstalt (BVerfG NJW 2000, 2192). 51

b) **Umfang nach neuer EGMR-Rechtsprechung.** Der **Europäische Gerichtshof für Menschenrechte** (EGMR) hat in der Caroline von Hannover-Entscheidung vom 24. Juni 2004 (NJW 2004, 2647) diese Rechtsprechung kritisiert und als Verletzung von Art. 8 EMRK angesehen. Nach Auffassung des EGMR sei die einwilligungslose Veröffentlichung von Fotos auch bekannter Persönlichkeiten nur zulässig, wenn hiermit zu einer Diskussion von allgemeinem Interesse beigetragen werde, was bei Fotos, die sich ausschließlich auf Einzelheiten des Privatlebens bezögen, angeblich nicht der Fall sei (EGMR NJW 2004, 2647, 2650). Zudem ist den weiteren Ausführungen des EGMR zu entnehmen, dass er den Kreis derjenigen, die in der Öffentlichkeit zulässigerweise abgebildet werden dürfen, offenbar erheblich enger ziehen und im Wesentlichen auf Politiker beschränken will, da die Presse nur hier die legitime Rolle eines „Wachhunds" spielen könne (EGMR NJW 2004, 2647, 2649). Die Reaktionen auf die Entscheidung des EGMR fielen im Schrifttum ungewöhnlich heftig aus, wobei die Entscheidung überwiegend kritisiert worden ist (vgl *Gersdorf*, AfP 2005, 221; *Grabenwarter*, AfP 2004, 309; *Halfmeier*, AfP 2004, 417; *Mann*, NJW 2004, 3220; *Ohly*, GRUR Int. 2004, 902; *Romatka* in FS Damm, S. 170 ff; *Soehring/Seelmann-Eggebert*, NJW 2005, 571, 576; das Urteil des EGMR begrüßen demgegenüber *Beuthien*, K&R 2004, 457; *Herrmann*, ZUM 2004, 665; *Stürner*, AfP 2005, 213). 52

c) **Reaktionen auf die EGMR-Entscheidung.** In Rechtsprechung und Literatur ist intensiv diskutiert worden, ob und ggf wie die Entscheidung des EGMR umzusetzen ist, insbesondere, ob die bisherige Rechtsprechung den Vorgaben des EGMR entsprechend angepasst werden müsse oder nicht (statt vieler *Rinsche*, in: FS Damm, S. 170 ff), wobei weitgehend Einigkeit jedenfalls insoweit besteht, als zumindest die Bindung an die Rechtsprechung des BVerfG über Art. 31 Abs. 1 BVerfGG unverändert fortbesteht (s. hierzu auch *Engels/Jürgens*, NJW 2007, 2517). Der **BGH** hat der erstgenannten Frage zumindest insofern die Grundlage entzogen, als er auf die Entscheidung des EGMR mit einer **Änderung seiner Rechtsprechung** und der Entwicklung des sog. **abgestuften Schutzkonzepts** reagiert hat (vgl BGH 53

NJW 2005, 594; NJW 2006, 599; NJW 2007, 1977 (vgl hierzu auch *Klass*, AfP 2007, 517); NJW 2007, 3440; NJW 2008, 749; NJW 2009, 1502; NJW 2009, 757; NJW 2009, 754), mit welcher er versucht hat, die Kritik des EGMR aufzugreifen. Der **BGH verlangt neuerdings** auch bei absoluten Personen der Zeitgeschichte **das Vorliegen eines Informationswerts für die Interessenabwägung**, die nunmehr nicht mehr auf der Ebene des § 23 Abs. 2 KUG, sondern vielmehr bereits bei der Zuordnung zum Bereich der Zeitgeschichte in § 23 Abs. 1 Nr. 1 KUG vorzunehmen sein soll (BGH NJW 2007, 1977; NJW 2009, 1499, 1500; NJW 2009, 757): Je größer der Informationswert für die Öffentlichkeit ist, desto mehr müsse das Schutzinteresse desjenigen, über den informiert wird, hinter den Informationsbelangen der Öffentlichkeit zurücktreten. Umgekehrt wiege aber auch der Schutz der Persönlichkeit des Betroffenen desto schwerer, je geringer der Informationswert für die Allgemeinheit ist. Dabei betont der BGH, dass bei der Beurteilung des Informationswerts bzw der Frage, ob es sich um ein zeitgeschichtliches Ereignis im Sinne des allgemein interessierenden Zeitgeschehens handelt, ein weites Verständnis geboten sei, damit die Presse ihren meinungsbildenden Aufgaben gerecht werden kann, und er stellt ferner heraus, dass auch die Bekanntheit des Abgebildeten bei der gebotenen Abwägung zu berücksichtigen ist. Das **BVerfG** hat diese Position ausdrücklich gebilligt (vgl Beschl. v. 26. 2.2008, NJW 2008, 1793; vgl dazu 33. Abschnitt Rn 45 ff).

54 **d) Auswirkungen der neuen Rechtsprechung.** Die neuere Rechtsprechung führt dazu, dass nunmehr auch bei **absoluten Personen der Zeitgeschichte** die Zulässigkeit der Verbreitung von Bildnissen in jedem Falle einer **Interessenabwägung** bedarf. **Dies wirkt sich namentlich bei Bildnissen von absoluten Personen der Zeitgeschichte in der** (nicht örtlich abgeschiedenen) **Öffentlichkeit ohne Bezug zu einer ihre Bekanntheit prägenden Sphäre aus:** Während derartige Aufnahmen nach bisheriger Rechtsprechung regelmäßig (sofern nicht ausnahmsweise ein Fall des § 23 Abs. 2 KUG vorlag) zulässig waren, sind sie dies nunmehr nur noch, wenn eine Interessenabwägung im Einzelfall die Zulässigkeit zu begründen vermag. Im Rahmen dieser Interessenabwägung stellt der BGH u.a. entscheidend auf den **Kontext** des Bildnisses zur **Wortberichterstattung** ab (BGH NJW 2007, 1977; NJW 2009, 2823; NJW 2009, 1499, 1500 – NJW 2009, 1502, 1503; NJW 2008, 3138, 3140 –; NJW 2010, 3025, 3026; BGH WRP 2011, 70; BGH WRP 2011, 73), was faktisch dazu führt, dass eine isolierte Zulässigkeitsprüfung allein anhand der Bilder selbst nur noch in seltenen Fällen (nämlich dann, wenn sich der zeitgeschichtliche Kontext unmittelbar aus dem Bild selbst ergibt) möglich sein dürfte. Als insofern zu berücksichtigende Wortberichterstattung ist gegebenenfalls auch eine **Bildunterschrift** anzusehen, und zwar selbst dann, wenn im fraglichen Presseerzeugnis eine darüber hinausgehende Textberichterstattung gänzlich fehlt (BGH NJW 2009, 3032 – Wer wird Millionär?). Ergibt sich hieraus ein Kontext zu einem zeitgeschichtlichen Ereignis, so kann das Ereignis selbst im Bild dargestellt, es muss jedoch nicht mit abgebildet werden; auch ein kontextneutrales oder ein kontextgerechtes Bildnis ist zulässig. Im Rahmen der vorzunehmenden Abwägung ist von Bedeutung, ob bei der Presseberichterstattung die Abbildung eines Fotos, das im Rahmen eines zeitgeschichtlichen Ereignisses aufgenommen worden ist, lediglich den Anlass dafür geben soll, über eine Person zu berichten oder ob die Wortberichterstattung nur dazu dient, einen Anlass für die Abbildung einer prominenten Person zu schaffen, ohne dass die Berichterstattung einen Beitrag zu öffentlichen Meinungsbildung erkennen lässt. Denn für letzteren Fall wird dem Veröffentlichungsinteresse regelmäßig kein Vorrang vor dem allgemeinen Persönlichkeitsrecht eingeräumt (BGH NJW 2009, 1502, 1503; BGH WRP 2011, 70). Ist der Gesamtkontext entscheidend, bedeutet dies auch, dass die Veröffentlichung eines bestimmten Bildnisses nicht generell untersagt werden kann, denn die Veröffentlichung könnte sich im Kontext zu einer bestimmten Wortberichterstattung auch als zulässig erweisen (BGH NJW 2008, 3134, 3137 – Heide Simonis). Das BVerfG stellt darüber hinaus auch auf die **Umstände der Gewinnung der Abbildung** (etwa durch Ausnutzung von Heimlichkeit oder beharrliche Nachstellung) sowie darauf ab, in welcher Situation der Betroffene erfasst wird (BVerfG, NJW 2008, 1793 – Caroline von Hannover; BGH NJW 2009, 754, 755). Daran ist richtig, dass das Gewicht einer mit der Abbildung verbundenen Beeinträchtigung des Persönlichkeitsrechts erhöht sein kann, wenn der Betroffene nach den Umständen, unter denen die Aufnahme gefertigt wurde, typischerweise die berechtigte Erwartung haben durfte, nicht in den Medien abgebildet zu werden. Auch insofern verbietet sich aber jede schematische Betrachtungsweise; im Falle einer Medienberichterstattung über Betroffene in Momenten der Entspannung oder des „Sich-Gehen-Lassens“ außerhalb der Einbindung in die Pflichten des Berufs und Alltags steigt zwar häufig der Schutzanspruch des Persönlichkeitsrechts; gleichzeitig steigt insofern aber auch das legitime öffentliche Interesse hinsichtlich des Verhaltens bekannter Persönlichkeiten im nicht der Öffentlichkeit zugewandten Bereich.

Faktisch bedeutet diese neue Rechtsprechung nichts anderes als die **Abkehr von der Figur der absoluten Person der Zeitgeschichte.** Mag dieser Begriff auch in Zukunft noch von der Rechtsprechung verwendet werden, so kommt ihm jedoch nicht mehr die gleiche Bedeutung wie früher zu. Die neue Rechtsprechung bringt fraglos sowohl auf Seiten der Betroffenen wie auch auf Seiten der Medien ein **erhebliches Maß an Rechtsunsicherheit** mit sich, da das Ergebnis des Abwägungsprozesses in der hier in Rede stehenden Fallkonstellation deutlich schwerer als früher zu prognostizieren ist. Die Entscheidung des BVerfG vom 26. Februar 2008 (NJW 2008, 1793 – Caroline von Hannover) zeigt dies augenfällig: In allen drei Verfahren ging es um die Zulässigkeit von Bildveröffentlichungen, die *Caroline von Hannover* und ihren Ehemann im Urlaub zeigten; diese Bilder wurden je nach dem Kontext, in dem sie in der konkreten Veröffentlichung standen, teilweise für zulässig, teilweise für unzulässig erklärt. Zudem hat die neuere Rechtsprechung auch Konsequenzen im Hinblick auf den Vortrag der Parteien im Prozess: Denn wenn in die vorzunehmende Abwägung maßgeblich auch die Umstände der Erstellung des Bildnisses mit einzubeziehen sind, ist hierzu auch von den Parteien vorzutragen. Insofern kommt auch der **Verteilung zivilprozessualer Darlegungs- und Beweislasten** Bedeutung zu. Dabei ist nach der Rechtsprechung des BVerfG sicherzustellen, dass weder den Medien noch dem Abgebildeten die Darlegung und der Beweis der verfassungsrechtlich für die Abwägung bedeutsamen Belange in unzumutbarer Weise erschwert wird. Will die Presse ohne Einwilligung des Betroffenen ein Bild von ihm veröffentlichen, soll es ihr nach dem Beschluss des BVerfG vom 26. Februar 2008 allerdings grundsätzlich zumutbar sein, die Umstände, unter denen das Bild entstanden ist, in einer Weise substantiiert darzulegen, dass gerichtlicherseits überprüft werden kann, ob der Verbreitung des Bildnisses berechtigte Erwartungen des Betroffenen entgegenstehen, vor Abbildungen zum Zwecke der Medienberichterstattung geschützt zu sein (BVerfG NJW 2008, 1793 – Caroline von Hannover). Dieser Grundsatz wird allerdings nur dann Geltung beanspruchen können, wenn die Medien hierzu auch tatsächlich in der Lage sind. Dies ist allerdings häufig nicht oder nur eingeschränkt der Fall, da entsprechende Aufnahmen in der Praxis nur noch selten durch medieneigene Journalisten angefertigt und weit überwiegend von Dritten (Agenturen, freiberuflichen Fotografen, Informanten, Privaten) angeliefert werden, die nicht selten nicht oder nur schwer zu erreichen sind und im Übrigen zu den Umständen der Erstellung entsprechender Bilder in einem Prozess aus nahe liegenden Gründen des Selbstschutzes nicht aussagen können oder wollen. 55

Die Frage, ob die Vorgaben des **EGMR** aus seiner Entscheidung vom 24. Juni 2004 (NJW 2004, 2647) von den deutschen obersten Gerichten durch ihre neuere Rechtsprechung überhaupt hinreichend berücksichtigt werden, ist noch nicht abschließend geklärt. Denn im Gegensatz zur Auffassung des EGMR gehen sowohl das BVerfG (vgl NJW 2008, 1793) als auch der BGH (vgl NJW 2007, 1981; BGH WRP 2011, 70) nach wie vor davon aus, dass die verfassungsrechtlich geschützte Meinungsbildung auch **unterhaltende Beiträge** umfasst und nicht nur solche, die einen Beitrag zu einer Diskussion in einer demokratischen Gesellschaft leisten können und etwa Personen des politischen Lebens im Rahmen ihrer Amtsausübung betreffen (so aber EGMR NJW 2004, 2647, 2649). Am 13. Oktober 2010 verhandelte die Große Kammer des EGMR den Fall *Caroline von Hannover gegen Deutschland* (Beschwerde-Nr. 40660/08 und 60641/08). Der EGMR hat dabei zu klären, ob die derzeitige Entscheidungspraxis der deutschen Gerichte den Konflikt zwischen Art. 8 Abs. 1 und Art. 10 Abs. 1 EMRK nunmehr angemessen zu lösen vermag. Ausschlaggebend für die Beschwerde war die Entscheidung des BVerfG vom 26. Februar 2008 (NJW 2008, 1793 ff – Caroline von Hannover), die der Beschwerdeführerin nicht weit genug ging und im Rahmen derer die Frage der Reichweite des Grundrechts auf Schutz des allgemeinen Persönlichkeitsrechts im Hinblick auf Abbildungen aus dem Privat- und Alltagsleben der Beschwerdeführerin zu klären war. Eine Entscheidung des EGMR bleibt abzuwarten, wobei weitgehende Einigkeit jedenfalls insoweit besteht, als zumindest die Bindung an die Rechtsprechung des BVerfG über Art. 31 Abs. 1 BVerfGG unverändert fortbesteht. 56

e) **Relative Personen der Zeitgeschichte: Definition und Umfang.** Als **„relative“ Person der Zeitgeschichte** ist eine Person anzusehen, die durch ein bestimmtes zeitgeschichtliches Ereignis das Interesse auf sich gezogen hat. Deshalb darf sie ohne ihre Einwilligung nur im Zusammenhang mit diesem Ereignis abgebildet werden, wenn daran ein sachentsprechendes Informationsinteresse und -bedürfnis der Öffentlichkeit besteht (BVerfG NJW 2001, 1921, 1922 f – Prinz Ernst August von Hannover; OLG München NJW-RR 1996, 93, 95). Insofern ist kein allzu kleinlicher Maßstab anzulegen; so kann etwa auch die Gleichstellungsbeauftragte einer Kommune eine relative Person der Zeitgeschichte sein (LG Frankfurt/M Urt. v. 4.3.2008 – 2-17 O 128/07). Dieses Interesse ist jedoch nur von vorübergehender Dauer, bis etwa das zeitgeschichtliche Ereignis beendet ist oder die Person sich ohne die mit ihr ver- 57 bundene Prominenz in der Öffentlichkeit aufhält. Eine relative Person der Zeitgeschichte darf grundsätzlich nur dann ohne ihre Einwilligung abgebildet werden, wenn ihre Veröffentlichung im Zusammenhang mit dem zeitgeschichtlichen Vorgang steht. Die Unzulässigkeit einer Bildnisveröffentlichung kann sich daher auch aus dem begleitenden Text ergeben, wenn dieser nämlich überhaupt nicht über das zeitgeschichtliche Ereignis informiert, anlässlich dessen das Foto aufgenommen wurde (vgl BGH GRUR 2005, 74, 76; KG Berlin AfP 2007, 221).

58 f) **Berichterstattung über Straftaten sowie über Angehörige, Begleiter und minderjährige Kinder von absoluten Personen der Zeitgeschichte.** Relative Personen der Zeitgeschichte können etwa **Straftäter** sein, wenn ihre Tat aus dem Rahmen des Alltäglichen fällt und ein gewisses Aufsehen erregt (BGH GRUR 2011, 750 – Bildveröffentlichung von Irak-Terroristen; LG Koblenz NJW 2007, 695, 697 – Fall Gäfgen; OLG Hamburg NJW-RR 1991, 990, 991; OLG Celle NJW-RR 2001, 335, 336; OLG Düsseldorf AfP 2002, 343 345; *Möhring/Nicolini/Gass*, UrhG, § 60 Anh./ § 23 KUG Rn 10; *Schricker/Loewenheim/Götting*, UrhR, § 60/ § 23 KUG Rn 33; *Wenzel/v. Strobl-Albeg*, Kap. 8 Rn 21, vgl zur Berichterstattung über Straftaten auch 33. Abschnitt Rn 51 ff), wobei hier im Regelfall ein zeitlicher Zusammenhang zu den Geschehnissen, über die berichtet wird, bestehen muss (Aktualitätsgrenze). Bei Taten von herausragender Bedeutung kann allerdings auch Jahrzehnte nach der Tat – etwa anlässlich der Berichterstattung über eine mögliche Haftentlassung – eine Bildberichterstattung zulässig sein (KG AfP 2007, 376). Das Interesse der Öffentlichkeit auf vollständige Information über vorgefallene schwere Straftaten kann hier das Persönlichkeitsrecht des Täters überwiegen, der letztlich durch seine Tat die Rechtsgüter der Gemeinschaft angreift und daher dulden muss, dass das an ihm nun bestehende Informationsinteresse auch befriedigt wird (BGH NJW 2009, 3676, 3578 f – Kannibale von Rothenburg; KG Berlin GRUR-RR 2007, 126, 127 – El Presidente). Allerdings ist zu berücksichtigen, dass gerade eine Bildberichterstattung, die möglicherweise wiederholt gezeigt wird und wegen der besonderen Intensität des optischen Eindrucks bei den Rezipienten eine dauerhafte Erinnerung an den Straftäter erzeugen kann, die Gefahr einer Stigmatisierung mit sich bringen kann, die ein späterer Freispruch ggf nicht mehr zu beseitigen vermag. In solchen Fällen ist es geboten, Bildaufnahmen des Betroffenen nur im anonymisierten Zustand, etwa „verpixelt", zu veröffentlichen (vgl BVerfG NJW 2009, 350, 352 – Holzklotz-Fall). Bei **Kleinkriminalität** fehlt es jedenfalls regelmäßig an einem sachlich gerechtfertigten Informationsinteresse; auch bei **Jugendlichen** ist eine Abbildung wegen Überwiegens des Persönlichkeitsschutzes regelmäßig nicht zulässig (BVerfG NJW 1993, 1463, 1464; NJW 2009, 3357, 3358; OLG Hamburg ZUM 2010, 61). Bei im **Verdacht** einer Straftat stehenden Personen muss immer die Unschuldsvermutung beachtet werden, ihr ist gegebenenfalls Vorrang einzuräumen. Maßgeblich bei der Abwägung sind dann zum Beispiel die Schwere der mutmaßlich begangenen Straftat oder die öffentliche Stellung des Verdächtigten (vgl OLG Frankfurt/M AfP 1990, 229; LG Berlin NJW 1986, 126; zu den Voraussetzungen einer Verdachtsberichterstattung vgl 33. Abschnitt, Rn 58). Auch ein Schwerstverbrecher wird durch das Begehen seiner Tat nicht zur absoluten Person der Zeitgeschichte. Hier überwiegt nach Ablauf einer gewissen Zeitspanne das Resozialisierungsinteresse des Straftäters gegenüber dem Informationsinteresse der Öffentlichkeit (vgl OLG Hamburg ZUM 1995, 336). Das Resozialisierungsinteresse wird allerdings dort nicht verletzt, wo der Zeitpunkt einer Haftentlassung noch nicht abzusehen ist (OLG Hamburg AfP 2008, 95). Das Resozialisierungsinteresse gebietet es ferner nicht, dass Verwerter **Archive** – namentlich solche, die über das Internet zugänglich sind – daraufhin durchsehen müssen, ob diese ältere Artikel mit Bildnissen von Straftätern enthalten. Denn allein durch das Bereithalten eines zu einem früheren Zeitpunkt erschienenen zulässigen Artikels wird der Betroffene nicht „erneut an das Licht der Öffentlichkeit gezerrt", da sich der Äußerungsgehalt lediglich in einem Hinweis auf eine in der Vergangenheit zulässige Berichterstattung erschöpft (vgl BGH NJW 2010, 2728; KG AfP 2006, 561, vgl dazu ausführlich 33. Abschnitt Rn 66 ff). Im Übrigen streitet für die Unangreifbarkeit des Archivs auch das Grundrecht auf Informationsfreiheit nach Art. 5 Abs. 1 S. 1 GG: Danach hat jeder das Recht, sich aus allgemein zugänglichen Quellen ungehindert zu unterrichten. Diese Quellen dürfen jedoch nicht dadurch verändert werden, dass eine ursprünglich zulässige Berichterstattung nachträglich gelöscht wird. Dies würde zudem zu einer Verfälschung der historischen Abbildung führen und der besonderen Bedeutung von Archiven (vgl BVerfG NJW 1982, 633; BGH 2010, 2728, 2730; OLG Frankfurt/M NJW 2007, 1366, 1367) nicht gerecht werden.

59 Relative Personen der Zeitgeschichte sind auch die **Beteiligten an spektakulären Strafprozessen** wie Richter und Schöffen (BVerfG NJW 2000, 2890, 2891), Staatsanwälte und Verteidiger (OLG Hamburg AfP 1982, 177, 178) sowie solche Zeugen, die die Aufmerksamkeit der Öffentlichkeit auf sich ziehen (*Soehring/Seelmann-Eggebert*, NJW 2005, 577). Ob **Opfer** von Straftaten als relative Personen

der Zeitgeschichte anzusehen sind, ist umstritten (bejahend etwa OLG Frankfurt/M AfP 1976, 181 – Verbrechensopfer; OLG Hamburg ZUM 2005, 168, 169; dagegen LG Münster NJW-RR 2005, 1065, 1066); richtigerweise wird man dies wohl nur dann bejahen können, wenn eine Abwägung des Informationsinteresses der Öffentlichkeit im Einzelfall die Betroffenheit des Opfers überwiegt, was maßgeblich von der Art der Tat und den Auswirkungen der Berichterstattung auf das Opfer abhängen wird. **Angehörige** von Straftätern oder deren Opfern sind regelmäßig nicht als relative Personen der Zeitgeschichte anzusehen (vgl LG Köln AfP 1991, 757). Eine sorgfältige Abwägung im Einzelfall ist auch bei **Unfallopfern** vorzunehmen (*Dreier/Schulze/Dreier*, UrhG, § 23 KUG Rn 9).

Angehörige von **absoluten Personen der Zeitgeschichte** werden nicht allein durch die Verwandtschaft 60 oder Beziehung zu einer absoluten Person der Zeitgeschichte (vgl KG AfP 2007, 221; OLG Hamburg AfP 1995, 504, 505; BGH GRUR 2004, 592, 593); sie sind allenfalls relative Personen der Zeitgeschichte, wenn sie – das allerdings ist entscheidend – als solche in der Öffentlichkeit aufgetreten sind. Ist dies der Fall, können sie allerdings auch alleine (dh ohne die absolute Person der Zeitgeschichte, über die sie ihre Stellung als relative Person der Zeitgeschichte erhalten haben) abgebildet werden. Allerdings kann Angehörigen absoluter Personen der Zeitgeschichte im Einzelfall aufgrund ihrer eigenen Funktion eine eigene Öffentlichkeitsstellung zukommen, wenn sie etwa selbst politische Arbeiten wie etwa ständige Repräsentationspflichten übernehmen. Dann leitet sich die Stellung als Person der Zeitgeschichte aus eigenem Handeln ab und nicht aus der Nähestellung zu einer anderen Person der Zeitgeschichte.

Auch **Lebensgefährten** und **vertraute Begleiter** absoluter Personen der Zeitgeschichte können als rela- 61 tive Personen der Zeitgeschichte anzusehen sein („**Begleiterrechtsprechung**"), wenn sie in der Öffentlichkeit in dieser Eigenschaft auftreten oder deren öffentliche Funktion mit ihnen gemeinsam oder für sie wahrnehmen (vgl BVerfG NJW 2001, 1921, 1923 – Prinz Ernst August von Hannover). In diesem Fall strahlt die zeitgeschichtliche Bedeutung der absoluten Person der Zeitgeschichte gleichsam auf ihren Begleiter ab; das zeitgeschichtliche Ereignis, welches die Abbildung des Begleiters rechtfertigt, ist also die Begleitsituation. Lose Bindungen genügen dabei nicht; wer sich nur gelegentlich oder sogar zufällig mit einem Prominenten in der Öffentlichkeit zeigt, ist keine relative Person der Zeitgeschichte (OLG Hamburg NJW-RR 1991, 99); im Einzelfall kann indes das Bildnis über § 23 Abs. 1 Nr. 2 KUG auch ohne Einwilligung des Abgebildeten zulässig sein (dazu unten Rn 65 ff).

Für die Zulässigkeit der Verbreitung eines Bildnisses unter dem Gesichtspunkt der Begleiterrechtspre- 62 chung ist weder erforderlich, dass das Foto des Begleiters gerade bei der Begleitsituation entstanden ist (LG Hamburg ZUM 2003, 577, 579 – Ehefrau von Guildo Horn) noch, dass die Begleiter von Prominenten gerade in der konkreten Begleitsituation zusammen mit dem Prominenten abgebildet werden (BVerfG AfP 2001, 212, 215 – Prinz Ernst August von Hannover), solange es einen Bezug zur absoluten Person der Zeitgeschichte gibt. Unzulässig ist deshalb die Verwendung eines Begleiterfotos zur Illustration einer Berichterstattung, die sich ausschließlich mit der Person des Begleiters befasst (BGH NJW 2004, 1795, 1796 – Charlotte Casiraghi). Aus der dogmatischen Verortung der Begleiterrechtsprechung im Bereich der relativen Person der Zeitgeschichte folgt, dass das berechtigte Interesse an der Begleitsituation eine zeitliche Dimension aufweist; es schwindet mit nachlassender Aktualität und endet, nachdem das „Begleitungsverhältnis" beendet ist und von ihm auch keinerlei Nachwirkungen mehr ausgehen (BGH NJW 2004, 1795; vgl auch LG Hamburg ZUM-RD 2004, 131). Soweit die Begleitsituation Gegenstand der Berichterstattung ist, reicht der Schutz des Begleiters vor Bildnisveröffentlichungen nicht weiter als derjenige der begleiteten absoluten Person der Zeitgeschichte (KG GRUR 2004, 1056, 1057 – Lebenspartnerin von Herbert Grönemeyer). Daher durfte nach bisherigem Rechtsverständnis auch über eine alltägliche Begleitsituation wie etwa einen gemeinsamen Einkaufsbummel (OLG Hamburg GRUR 1990, 35 – Begleiterin) oder den gemeinsamen Besuch eines Straßencafes im Bild berichtet werden (KG GRUR 2004, 1056, 1057; *Wandtke/Bullinger/Fricke*, UrhR, § 23 KUG Rn 19). Dies wird in dieser Pauschalität allerdings nach der geänderten Rechtsprechung des Bundesgerichtshofs zur absoluten Person der Zeitgeschichte (s. Rn 54 ff) nicht mehr aufrecht zu erhalten sein (anders bereits BGH AfP 2007, 472– Lebenspartnerin von Herbert Grönemeyer II; vgl zur neuen Rspr des BGH auch *Klass*, ZUM 2007, 818); vielmehr wird es auch hier maßgeblich auf eine abwägende Entscheidung in jedem Einzelfall ankommen.

Besonderen Schutz genießen **minderjährige Kinder absoluter Personen der Zeitgeschichte**, hinsichtlich 63 derer die Rechtsprechung zu Recht ein besonderes Schutzbedürfnis annimmt, da sie sich zu eigenverantwortlichen Personen erst entwickeln müssen (vgl BVerfG NJW 1968, 2233; NJW 1981, 1771; NJW

2000, 1021; NJW 2000, 2191). Sie sind relative Personen der Zeitgeschichte deshalb nur dann, wenn sie sich allein oder gemeinsam mit ihren Eltern **bewusst der Öffentlichkeit zuwenden**, etwa an **öffentlichen Veranstaltungen** teilnehmen oder im Pflichtenkreis ihrer Eltern **öffentliche Funktionen** wahrnehmen (BVerfG GRUR 2000, 446, 451 – Caroline von Monaco; ZUM 2005, 556, 557; GRUR 2005, 179, 181 – Tochter von Caroline von Hannover; OLG Hamburg AfP 1997, 535, 536). In allen übrigen Situationen genießen minderjährige Kinder einen besonderen Schutz vor der Medienbeobachtung und den von ihr ausgehenden Gefahren für die kindliche Persönlichkeitsentfaltung, der auch Momente der elterlichen Hinwendung zu den Kindern umfasst (BVerfG GRUR 2000, 446, 451 – Caroline von Monaco; NJW 2000, 2191). Deshalb ist die Verbreitung von Abbildungen, die Kinder von Prominenten in Begleitung ihrer Eltern in alltäglichen Situationen zeigen, ohne Einwilligung in aller Regel unzulässig (OLG München AfP 1995, 658, 660 – Taufe der Tochter von Anne-Sophie Mutter). Da es jedoch für die Zulässigkeit einer Bildberichterstattung in jedem Einzelfall einer Abwägung zwischen dem Interesse des Abgebildeten am Schutz seines Persönlichkeitsrechts und dem Informationsinteresse der Öffentlichkeit bedarf, gibt es keinen Anspruch darauf, die Veröffentlichung jeglicher Bilder, auf denen ein Minderjähriger abgebildet ist, bis zu dessen Volljährigkeit zu unterlassen (vgl BGH NJW 2010, 1454, 1455 – Sohn von Franz Beckenbauer).

64 g) **Zulässigkeitsvoraussetzungen der Berichterstattung über relative Personen der Zeitgeschichte.** Bei allen Darstellungen von relativen Personen der Zeitgeschichte ist ihre Zulässigkeit auf die Veröffentlichung von Bildnissen im **zeitlichen und thematischen Zusammenhang** mit dem zeitgeschichtlichen Ereignis beschränkt (BGH GRUR 1966, 102, 103 – Spielgefährtin I; *Schricker/Loewenheim/Götting*, UrhR, § 60/ § 23 KUG Rn 32). Das bedeutet nicht, dass ausschließlich die das zeitgeschichtliche Ereignis selbst wiedergebenden Fotos zulässig sind; vielmehr ist auch der Rückgriff auf andere Bilder (typischerweise Archivmaterial) zulässig, wenn diese **kontextneutral** oder **kontextgerecht** sind und die Verwendung in dem neuen Zusammenhang **keine zusätzliche Beeinträchtigung** des Persönlichkeitsrechts bewirkt (BVerfG AfP 2001, 212, 216 – Prinz Ernst August von Hannover; BGH GRUR 2002, 690, 692 – Marlene Dietrich; GRUR 2005, 76, 78 – „Rivalin" von Uschi Glas; NJW 2010, 3025, 3026 – Portraitfoto Charlotte Casiraghi). Für die **Kontextneutralität** ist entscheidend, dass durch den Wechsel des Kontextes der **Sinngehalt der Bildaussage nicht verändert** wird (BVerfG AfP 2001, 212, 216); auf das Format und die formale Art der Darstellung kommt es insofern nicht an. Für die **Kontextgerechtheit** kommt es darauf an, ob die Bildaussage dem neuen Sachzusammenhang gerecht wird (zur Begrifflichkeit vgl BVerfG NJW 2001, 1921). Die Veröffentlichung von Lichtbildern, die im Rahmen eines zeitgeschichtlichen Ereignisses angefertigt wurden, ist unter Berücksichtigung der Pressefreiheit also auch im anderen Kontext einer lediglich personenbezogenen Berichterstattung zulässig, da die Presse nach journalistischen Kriterien entscheiden können muss, was und wie sie über ein öffentliches Ereignis berichtet (BGH NJW 2011, 746 – Rosenball in Monaco). Die frühere **„Portraitfoto-Rechtsprechung"** (wonach bei einer Bebilderung mit nicht anlässlich des zeitgeschichtlichen Ereignisses selbst angefertigten Aufnahmen (also Archivbildern) nur eine auf Kopf und Halsansatz beschränkte Darstellung zulässig sein sollte) ist insofern durch die Rechtsprechung des BVerfG (AfP 2001, 212) **überholt** (zum Ganzen vgl *Mann,* in: FS Damm, S. 78 ff) und ist auch nach dem durch den BGH konturierten abgestuften Schutzkonzept nicht zu rechtfertigen. Eine **zusätzliche Beeinträchtigung** kann bei der Wahl eines anderen Bildes dann vorliegen, wenn das Bildnis den Betroffenen in einer **besonders unglücklichen Situation** oder **besonders unvorteilhaft** darstellt oder wenn ein insgesamt **irreführender Eindruck** erweckt wird (BGH GRUR 2002, 690, 692 – Marlene Bildnis).

III. Beiwerk im Sinne des § 23 Abs. 1 Nr. 2 KUG

65 Nach § 23 Abs. 1 Nr. 2 KUG dürfen Bilder, auf denen die Personen nur als **Beiwerk** neben einer Landschaft oder sonstigen Örtlichkeit erscheinen, ohne die nach § 22 KUG erforderliche Einwilligung verbreitet oder zur Schau gestellt werden.

66 Im Gegensatz zu Bildnissen betreffen **Bilder** die Darstellung einer Landschaft oder Örtlichkeit, während auf Bildnissen Personen die Hauptsache darstellen. Der Gesamteindruck von Bildern wird somit durch die abgebildete Umwelt vermittelt; sie ist das Thema der Darstellung und prägt deren Gehalt. Personen als Beiwerk sind insofern nicht entscheidend und prägen den Gesamteindruck nicht. Entscheidend ist die **Unterordnung unter die Bilddarstellung**, so dass es auch nicht auffallen würde, wenn die Personen auf dem Bild entfallen würden, da sich dadurch der Gesamtcharakter des Bildes nicht verändern würde (OLG Frankfurt/M GRUR 1986, 614, 615 – Ferienprospekt; OLG Oldenburg NJW-

RR 1988, 951, 952; OLG München NJW 1988, 915, 916; OLG Karlsruhe GRUR 1989, 823, 824 – Unfallfoto).

Ist die Landschaft dagegen bloßer Rahmen einer Personendarstellung oder wird eine dargestellte Person eindeutig aus der Anonymität herausgelöst und zum **Blickfang** gemacht, greift § 23 Abs. 1 Nr. 2 KUG nicht ein (vgl LG Oldenburg AfP 1987, 536). Gleiches gilt, wenn eine zunächst als Beiwerk anzusehende Person **vergrößert** oder **herausgeschnitten** wird; das Bild wird dann zum Bildnis (LG Oldenburg AfP 1987, 536; Schricker/Loewenheim/*Götting*, UrhR, § 60/ § 23 KUG Rn 82). Gleiches wird auch dort zu gelten haben, wo durch eine **begleitende Textberichterstattung** auf eine Person, deren Darstellung im Bild an sich als Beiwerk zu qualifizieren wäre, gezielt hingewiesen und die Personendarstellung hierdurch besonders herausgehoben wird. § 23 Abs. 1 Nr. 2 KUG ist **analog** auf solche Fälle anzuwenden, in denen Personen im **zufälligen Zusammenhang mit Personen der Zeitgeschichte** abgebildet werden (so auch Dreier/Schulze/*Dreier*, UrhG, § 23 KUG Rn 16; aA Schricker/Loewenheim/*Götting*, UrhR, § 23 KUG Rn 83, der in diesen Fällen von einer stillschweigenden Einwilligung der abgebildeten Privatperson ausgeht). Ob es sich bei den Personen, die bei den Aufnahmen für Geo-Dienste wie „Google Street View" zufällig mit abgebildet wurden und sich nunmehr auf den Seiten des entsprechenden Dienstes wiederfinden, um Beiwerke im Sinne des § 23 Abs. 1 Nr. 2 KUG handelt, ist umstritten. Hiergegen könnte insbesondere die bei „Google Street View" vorhandene Zoomfunktion sprechen. Andererseits dürfte in der Regel davon auszugehen sein, dass sich Gegenstand und Charakter des Bildes bei Wegfallen der betreffenden Personen nicht verändern würde (*Lindner*, ZUM 2010 292, aA *Weber*, NJOZ 2011, 673). 67

IV. Bilder von Versammlungen § 23 Abs. 1 Nr. 3 KUG

Nach § 23 Abs. 1 Nr. 3 KUG dürfen Bilder von **Versammlungen, Aufzügen und ähnlichen Vorgängen**, an denen die dargestellten Personen teilgenommen haben, ohne Einwilligung des Abgebildeten verbreitet werden. § 23 Abs. 1 Nr. 3 KUG dient dem Informationsinteresse und der Abbildungs- und Pressefreiheit. 68

Bei einer Bildberichterstattung über ein in der Öffentlichkeit stattfindendes Großereignis wie etwa einer Sportveranstaltung oder einem Karnevalsumzug steht die Darstellung des Geschehens und nicht die der Teilnehmer im Mittelpunkt. Wer an solchen Ereignissen teilnimmt, muss damit rechnen, aufgrund der Öffentlichkeit auf Bildern zusammen mit anderen Teilnehmern abgebildet zu werden. 69

Der Begriff der „**Versammlungen, Aufzüge und ähnliche Vorgänge**" ist weit zu verstehen und umfasst alle Ansammlungen von Menschen, die den kollektiven Willen haben, etwas gemeinsam zu tun; hierunter fallen etwa Demonstrationen, Menschenansammlungen, Sportveranstaltungen und Kongresse, nicht jedoch lediglich zufällig zusammentreffende Menschen (beispielsweise Fahrgäste einer U-Bahn oder Sonnenbadende auf einer Wiese, OLG München NJW 1988, 915, 916). 70

Ob diese Veranstaltung in der **Öffentlichkeit** stattfinden muss, ist streitig (bejahend *Dreier/Schulze/Dreier*, UrhG, § 23 KUG Rn 19; *v. Gamm*, Einf. Rn 122; wohl auch *Wandtke/Bullinger/Fricke*, UrhR, § 23 KUG Rn 30; aA *Schricker/Loewenheim/Götting*, UrhR, § 60/ § 23 KUG Rn 84). Richtigerweise wird man wohl danach differenzieren müssen, ob eine nicht-öffentliche Veranstaltung von der Zahl ihrer Teilnehmer wie auch der Zielrichtung einer Versammlung vergleichbar ist (was bei der Versammlung einer Partei oder politischen Gruppierung wohl zu bejahen, bei einer privaten Trauerfeier dagegen zu verneinen sein dürfte); nur dann wird man von einem ähnlichen Vorgang sprechen können. 71

Da es praktisch kaum möglich ist, die gesamte Veranstaltung zu fotografieren oder anders festzuhalten, sind auch **Ausschnitte** erlaubt, die nur eine begrenzte Teilnehmeranzahl zeigen. Es muss sich allerdings um einen repräsentativen Ausschnitt handeln (vgl OLG Hamburg GRUR 1990, 35; LG Stuttgart AfP 1989, 765, 766). Einzelne Großaufnahmen von Gesichtern werden nicht von § 23 Abs. 1 Nr. 3 umfasst (vgl LG Stuttgart AfP 1989, 765). Zur Sonderproblematik des Fotografierens von Polizisten und Demonstranten auf Demonstrationen vgl *Dreier/Schulze/Dreier*, UrhG, § 23 KUG, Rn 20 f. 72

V. Bildnisse im Interesse der Kunst (§ 23 Abs. 1 Nr. 4 KUG)

Gemäß § 23 Abs. 1 Nr. 4 KUG dürfen **Bildnisse**, die nicht auf Bestellung angefertigt sind, auch ohne Einwilligung des Abgebildeten verbreitet oder öffentlich zur Schau gestellt werden, wenn die Verbreitung oder Schaustellung einem höheren Interesse der Kunst dient (OLG Celle GRUR-Prax 2010, 465 73 mit Anm. *Czernik*). Diese Ausnahme hat in der Praxis kaum Bedeutung; sie soll künstlerische Bildnisstudien (unabhängig von ihrer Form; § 23 Abs. 1 Nr. 4 KUG unterfallen somit sowohl künstlerische Zeichnungen als auch künstlerische Fotografien, die zu Zwecken der Kunst hergestellt wurden) ermöglichen. Die Vorschrift findet ihre Rechtfertigung in der Kunstfreiheit wie auch in dem begrenzten Verbreitungszweck. Ausgenommen sind bestellte Kunstwerke, damit das Recht des abgebildeten Bestellers gewahrt bleibt.

74 Die Verbreitung oder Schaustellung von Bildnissen muss stets einem höheren Interesse der Kunst dienen, wobei jedoch nur die Zweckbestimmung angesprochen ist; eine urheberrechtliche Schutzfähigkeit des Bildnisses ist insofern nicht erforderlich (*Schricker/Loewenheim/Götting*, UrhR, § 60/ § 23 KUG Rn 103). Die Vorschrift ist auf **wissenschaftliche Zwecke** analog anzuwenden (*Wandtke/Bullinger/Fricke*, UrhR, § 23 KUG Rn 33; *Schricker/Loewenheim/Götting*, UrhR, § 60/ § 23 KUG Rn 104; *Wenzel/v. Strobl-Albeg*, Kap. 8 Rn 54; LG Hannover ZUM 2000, 970; aA *Dreier/Schulze/Dreier*, UrhG, § 23 KUG Rn 24), so etwa auch bei der Verwendung von Bildnissen in juristischen Publikationen (*Maaßen*, ZUM 2003, 830, 840).

VI. Verletzung berechtigter Interessen des Abgebildeten (§ 23 Abs. 2 KUG)

75 Von hoher praktischer Bedeutung war bislang die in Absatz 2 des § 23 KUG enthaltene Rückausnahme von den Einschränkungen zu § 22 KUG. Danach erstreckt sich eine nach § 23 Abs. 1 KUG „an sich" zulässige Befugnis zur Verbreitung oder Schaustellung nicht auf solche Handlungen, durch die ein **überwiegendes berechtigtes Interesse** des Abgebildeten oder, falls dieser verstorben ist, seiner Angehörigen verletzt wird. Die Vorschrift gilt nur für diejenigen Fälle, in denen nach § 23 Abs. 1 KUG eine Veröffentlichung ohne Einwilligung des Abgebildeten grundsätzlich zulässig wäre, nicht jedoch in anderen Fällen, etwa dem Fall des Vorliegens einer Einwilligung gem. § 22 KUG oder in Fällen des § 24 KUG.

76 § 23 Abs. 2 KUG verlangt, dass bei allen nach § 23 Abs. 1 KUG zulässigen Handlungen eine **Interessenabwägung** zwischen dem Informationsbedürfnis der Allgemeinheit und dem berechtigten Interesse des Abgebildeten, anonym zu bleiben und nicht abgebildet zu werden, stattfinden muss.

77 Die besondere Bedeutung der Norm lag bisher vor allem darin, dass mit ihr auch solche schutzwürdigen Interessen, die im Rahmen der bereits nach § 23 Abs. 1 KUG vorzunehmenden Abwägung – etwa bei der Frage, ob die abgebildete Person zeitgeschichtliche Bedeutung hat – nach bislang üblicher Auffassung nicht einbezogen werden konnten (zB der Schutz der Privatsphäre, vgl hierzu 33. Abschnitt Rn 30 ff), berücksichtigt wurden. Angesichts der Tatsache, dass diese Aspekte nach der neueren Rechtsprechung bereits auf der Ebene des § 22 KUG – insbesondere bei der Beantwortung der Frage, ob überhaupt ein zeitgeschichtliches Ereignis vorliegt – zu prüfen sind (vgl dazu Rn 53 ff), dürfte die praktische Bedeutung dieser Norm in Zukunft tendenziell eher zurückgehen. Sie dürfte allerdings insofern auch weiterhin von Bedeutung sein, als die vom BVerfG verlangte Berücksichtigung des Anlasses und der Umstände, unter denen die Aufnahme entstanden ist, sinnvollerweise auf dieser Ebene zu prüfen sein wird.

78 Grundsätzlich bedarf die Klärung der Frage, ob der Verwendung eines Bildnisses berechtigte Interessen des Abgebildeten entgegenstehen, einer umfassenden Abwägung der widerstreitenden Interessen in jedem Einzelfall. Allerdings haben sich in der Praxis bestimmte **Fallgruppen** herauskristallisiert, bei welchen eine Verletzung berechtigter Interessen angenommen werden kann. Dazu zählen insbesondere Eingriffe in die **Privat-** oder **Intimsphäre** des Abgelichteten (vgl hierzu 33. Abschnitt Rn 22 ff), die Benutzung von Abbildungen zu **Werbezwecken** sowie die **Bildmanipulation** bzw **Verfälschung des Aussagegehalts** von Bildnissen. Fällt eine Veröffentlichung unter eine dieser Kategorien, so kann sie trotz eines unter § 23 Abs. 1 KUG zu subsumierenden Sachverhalts unzulässig sein. Dabei kann nicht deutlich genug betont werden, dass stets eine sorgfältige Prüfung des individuellen Einzelfalls geboten ist: Nicht alle Sachverhalte, die sich einer der zT ohnehin nur schlagwortartig bezeichneten Kategorie zuordnen lassen, stellen eine Verletzung berechtigter Interessen dar; umgekehrt können aber auch Sachverhalte, die sich nicht einer der genannten Kategorien zuordnen lassen, sehr wohl eine Verletzung berechtigter Interessen des Abgebildeten darstellen.

79 **1. Privatsphäre.** Auch Personen der Zeitgeschichte werden in ihrer Privatsphäre vor Ablichtungen geschützt; sie haben – nicht anders als jeder andere Mensch auch – selbstverständlich ein Anrecht auf eine Privatsphäre, die den Blicken der Öffentlichkeit entzogen bleibt (BVerfG GRUR 2000, 446, 450

– Caroline von Monaco), wo sie „für sich sein und sich selbst gehören können" (BGH GRUR 1996, 923, 925 – Caroline von Monaco III; zur Privatsphäre vgl auch 33. Abschnitt Rn 30; vgl insofern auch BVerfG NJW 2008, 1793 – Caroline von Hannover). Bisher wurde die Privatsphäre in den eigenen vier Wänden bis zur Haustür uneingeschränkt anerkannt sowie außerhalb dieses Bereichs, soweit es sich dabei um eine **„örtliche Abgeschiedenheit"** handelte (vgl BGH NJW 1996, 1128; NJW 2004, 762, 763 – Feriendomizil I; NJW 2004, 766, 767 – Feriendomizil II; vgl auch LG Köln Urt. v. 16.6.2010 – 28 O 318/10 – Hofgang im Gefängnishof; grundlegend zur Privatsphäre 33. Abschnitt, Rn 30 ff). Eine örtliche Abgeschiedenheit liegt in der Regel vor, wenn der Einzelne eine Situation vorfindet oder schafft, in der er begründetermaßen (und somit auch für Dritte erkennbar) davon ausgehen kann, den Blicken der Öffentlichkeit nicht ausgesetzt zu sein (BVerfG GRUR 2000, 446, 450 – Caroline von Monaco). Die Kasuistik zur Frage, wann eine solche Situation vorliegt, war außerordentlich vielfältig und auch nicht immer ganz konsistent, was freilich angesichts der gebotenen einzelfallorientierten Beurteilung auch nicht überraschend ist (vgl die Nachweise aus der Rechtsprechung bei *Wandtke/Bullinger/Fricke*, UrhR, § 23 KUG Rn 38 und *Wanckel*, Rn 224 ff). Ob diese Rechtsprechung nach der Caroline-Entscheidung des EGMR (NJW 2004, 2467) noch uneingeschränkt Geltung beanspruchen kann, war in der Literatur umstritten (bejahend etwa *Wandtke/Bullinger/Fricke*, UrhR, § 23 KUG Rn 37; zweifelnd *Dreier/Schulze/Dreier*, UrhG, § 23 KUG Rn 29). Der BGH hat in seiner jüngeren Rechtsprechung (dazu schon oben unter Rn 53 ff) bereits eine den Vorstellungen des EGMR entgegenkommende Kurskorrektur vorgenommen und prüft namentlich bei Bildnissen, die absolute Personen der Zeitgeschichte in der nicht örtlich abgeschiedenen Öffentlichkeit zeigen, ob insofern ein öffentliches Informationsinteresse besteht (vgl BGH GRUR 2007, 527; NJW 2007, 3440; NJW 2008, 749; NJW 2009, 1502; NJW 2009, 757; NJW 2009, 754; dazu schon oben Rn 53). Das BVerfG hat in seinem Beschluss vom 26. Februar 2008 (NJW 2008, 1793) diese neue Rechtsprechung des BGH im Wesentlichen für verfassungskonform erachtet, dabei aber ausdrücklich betont, dass die in Art. 5 Abs. 1 S. 2 GG enthaltene Gewährleistung der Pressefreiheit auch unterhaltende Publikationen und Beiträge sowie deren Bebilderung umfasst und auch die Veröffentlichung von Bildern, die Personen des öffentlichen Lebens in alltäglichen oder privaten Zusammenhängen zeigen, zulässig sein kann. Es hat dabei in Abgrenzung von der Rechtsprechung des EGMR auch ausdrücklich festgestellt, dass der Kreis berechtigter Informationsinteressen der Öffentlichkeit zu eng gezogen wäre, würde er auf skandalöse, sittlich oder rechtlich zu beanstandende Verhaltensweisen von Prominenten begrenzt. Auch die Normalität des Alltagslebens prominenter Personen ist deshalb keineswegs einer Berichterstattung generell entzogen (BVerfG NJW 2008, 1793 f).

Der Schutz der Privatsphäre kann allerdings durch Offenbarungen des Betroffenen selbst deutlich ein- 80
geschränkt werden oder sogar gänzlich entfallen, wenn der Betroffene selbst sich damit einverstanden gezeigt hat, dass bestimmte, gewöhnlich als privat geltende Angelegenheiten öffentlich gemacht werden (vgl BVerfG NJW 2000, 1021). Wer seine Privatheit bewusst vermarktet – etwa durch sog. *Homestories*, insbesondere durch den Abschluss von Exklusivverträgen über die Berichterstattung aus dem Bereich der Privatsphäre (vgl BGH NJW 2009, 754; NJW 2009, 3576, 3579) – kann sich später nicht auf den Schutz genau dieses Bereiches berufen. Die Erwartung, dass die Umwelt Angelegenheiten oder Verhaltensweisen in einem Bereich mit Rückzugsfunktion nur begrenzt oder nicht zur Kenntnis nimmt, muss stets **situationsübergreifend** und **konsistent** zum Ausdruck gebracht werden (BVerfG GRUR 2000, 446, 450 – Caroline von Monaco; BGH NJW 2004, 762; NJW 2005, 594, 595 – Rivalin von Uschi Glas; BVerfG NJW 2006, 3406, 3408).

2. Intimsphäre. Ein berechtigtes Interesse des Abgebildeten wird häufig verletzt sein, sobald die Ab- 81
bildung die umfassend geschützte **Intimsphäre** berührt (BGH GRUR 1985, 398, 399, 400 – Nacktfoto; NJW 1988, 1984, 1985; zur Intimsphäre generell schon oben 33. Abschnitt Rn 22 ff). Dies gilt typischerweise für **Nacktaufnahmen**, und zwar auch dann, wenn sich der Abgebildete selbst in einer begrenzten Öffentlichkeit nackt gezeigt hat (BGH NJW 1988, 1984, 1985 – Nacktfoto; LG München I ZUM-RD 2005, 38, 42 – Playboy-Fotos im Internet). Ob es sich um echte Darstellungen oder aber um **Fotomontagen** handelt, ist insofern ohne Belang (OLG Köln NJW-RR 2002, 1700). Berechtigte Interessen können auch dann verletzt sein, wenn der Abgebildete in anderem Zusammenhang mit der Veröffentlichung von Nacktaufnahmen einverstanden war (OLG Hamburg AfP 1982, 41 – Romy Schneider; LG München I ZUM 2004, 320), wobei aber im Rahmen der Interessenabwägung Besonderheiten des Einzelfalls berücksichtigt werden können (vgl etwa OLG Hamburg AfP 1992, 159: kritische Berichterstattung über eine Nacktabbildung in einer anderen Zeitschrift; vgl insofern auch OLG

Frankfurt/M NJW 2000, 594 – Katarina Witt). Ebenfalls in den Bereich der Intimsphäre können Fotos von Unfallopfern oder Kranken fallen (vgl LG München I ZUM 2005, 922).

82 **3. Verwendung des Bildnisses zu Werbezwecken.** Missverständlich ist die häufig anzutreffende Behauptung, die berechtigten Interessen einer abgebildeten Person der Zeitgeschichte seien immer dann verletzt, wenn die Verwendung eines Bildnisses im Rahmen der Werbung erfolge. Richtig ist zunächst, dass sich auf § 23 Abs. 1 Nr. 1 KUG nicht berufen kann, wer keinem schutzwürdigen Informationsinteresse der Allgemeinheit nachkommt. Das ist unter anderem auch dann der Fall, wenn die Veröffentlichung des Bildnisses ausschließlich den Geschäftsinteressen des mit der Abbildung werbenden Unternehmens dient (BGH NJW 1956, 1554 – Paul Dahlke; NJW 1992, 2084 – Talkmaster-Foto; NJW-RR 1995, 789 – Chris Revue; NJW 1997, 1152 – Bob-Dylan-CD; NJW 2000, 2195 – Marlene Dietrich; NJW-RR 2000, 1356 – Der blaue Engel; NJW 2002, 2317 – Marlene Dietrich II; NJW 2009, 3032 – Wer wird Millionär?). Dagegen ist der Anwendungsbereich des § 23 Abs. 1 Nr. 1 KUG eröffnet, wenn die Werbeanzeige neben dem Werbezweck auch einen Informationsgehalt für die Allgemeinheit aufweist (BGH NJW 1997, 1152 – Bob-Dylan-CD; NJW-RR 2000, 1356 – Marlene Dietrich; vgl auch BVerfG NJW 2001, 594; OLG Hamburg ZUM-RD 2010, 469; vgl BGH NJW 2008, 3782 – zerknitterte Zigarettenschachtel; AfP 2008, 598 – Dieter Bohlen; zum Verhältnis Persönlichkeitsschutz und Werbung s. auch *Alexander*, AfP 2008, 556); der kommerzielle Zusammenhang schließt es nicht aus, dass die Veröffentlichung auch der Information der Allgemeinheit dient (vgl BGH GRUR 2007, 168 – kinski-klaus.de; BGH NJW 1996, 593 – Abschiedsmedaille; NJW 2002, 2317 – Marlene Dietrich II).

83 Dies hat praktische Bedeutung namentlich bei der **werblichen Eigendarstellung der Medien**: So darf etwa ein Bildnis, das im Zusammenhang mit einem Bericht im Innenteil einer Zeitschrift steht, nicht nur auf der **Titelseite** einer Zeitschrift verwendet werden, sondern mit ihm darf für die Zeitschrift auch durch Wiedergabe dieser Seite auf Plakaten, in Zeitungsanzeigen oder in TV-Spots geworben werden (BGH NJW 2002, 2317 – Marlene Dietrich). Dabei kommt es nicht darauf an, ob das in Rede stehende Bildnis im Innenteil der beworbenen Ausgabe ebenfalls enthalten ist (BGH NJW 2002, 2317), ob die Abbildung auf eine konkrete Berichterstattung in dem betreffenden Medium verweist oder ob für eine bereits existierende oder eine nur geplante Zeitung oder Zeitschrift geworben wird (BGH Urt. v. 18.11.2010 – I ZR 119/08 – Portraitfoto Günther Jauch; verfehlt insofern OLG München AfP 2007, 237 mit abl. Anm. *Ladeur*). Eine Werbung für eine geplante Zeitung mit der Titelseite eines Testexemplars, auf der eine prominente Person abgebildet ist, greift jedoch von dem Zeitpunkt an in unzulässiger Weise in das Recht am eigenen Bild der abgebildeten Person ein, zu dem es dem Werbenden möglich und gleichzeitig zumutbar ist, nicht mehr das Testexemplar, sondern ein tatsächlich erscheinendes oder bereits erschienenes Exemplar der entsprechenden Zeitung werblich abzubilden (BGH NJW-RR 2010, 855, 858 – Der strauchelnde Liebling). Bei der Werbung mit einem bereits erschienenen Exemplar ist es jedoch nicht erforderlich, dass die beworbenen Titel noch im Handel erhältlich sind. Soweit mit älteren Ausgaben keine besonderen Interessen des Abgebildeten verletzt werden, darf auch auf eine ältere Ausgabe zurückgegriffen werden. Aus dem Umstand, dass sogar mit noch nicht herausgegebenen fiktiven Ausgaben geworben werden kann, wenn auch nur für kurze Zeit, folgt vielmehr eine grundsätzliche Stärkung der Pressefreiheit, die die Anforderungen an ein berechtigtes Interesse der Abgebildeten erhöht (OLG Köln ZUM 2011, 504).

84 Diese grundsätzliche Wertung spielt auch im Rahmen der Anwendung von § 23 Abs. 2 KUG eine Rolle: Ist eine Bildnisverwendung zu Werbezwecken wegen eines zugleich vorliegenden Informationsinteresses der Öffentlichkeit nach § 23 Abs. 1 Nr. 1 KUG zulässig, kann dieses Ergebnis nicht durch den bloßen Hinweis auf den (bereits im Rahmen der Prüfung des § 23 Abs. 1 Nr. 1 KUG berücksichtigten) Aspekt einer kommerziellen Verwendung des Bildnisses wieder kassiert werden. Im Rahmen der nach § 23 Abs. 2 KUG vorzunehmenden Abwägung muss deshalb maßgeblich auf solche zusätzlichen Umstände abgestellt werden, die nicht bereits Gegenstand der Prüfung gem. § 23 Abs. 1 Nr. 1 KUG waren. Insofern wird es maßgeblich darauf ankommen, ob nur vermögenswerte Bestandteile des Persönlichkeitsrechts des Abgebildeten betroffen sind oder ob darüber hinaus auch ideelle Interessen verletzt sind (vgl dazu *Ehmann*, AfP 2007, 81), was etwa der Fall sein kann bei anlasslos verächtlich machenden und herabsetzenden Darstellungen, bei Versuchen, den Image- oder Werbewert des Abgebildeten auf die beworbene unternehmerische Leistung zu übertragen (vgl NJW 2009, 3032 – Wer wird Millionär?) oder wenn der unzutreffende Eindruck erweckt wird, als empfehle der Abgebildete das beworbene Produkt (BGH NJW 2007, 689 – Oskar Lafontaine).

4. Bildmanipulationen; satirische Darstellungen. Berechtigte Interessen des Abgebildeten verletzen können ferner **Bildmanipulationen** oder **Bildmontagen**, wenn und soweit der Aussagegehalt hierdurch verfälscht wird. Letzteres ist nicht der Fall bei rein reproduktionstechnisch bedingten und für den Aussagegehalt unbedeutenden Veränderungen (BVerfG GRUR 2005, 500, 503 – Ron Sommer; vgl insofern auch OLG Hamburg AfP 2008, 82), bei Fotomontagen, die als solche eindeutig erkennbar sind (vgl etwa OLG Karlsruhe AfP 1982, 48) sowie bei **satirischen Darstellungen**, die zudem noch in besonderer Weise von Art. 5 GG geschützt werden und häufig auch das Grundrecht der Kunstfreiheit für sich in Anspruch nehmen können (BVerfG NJW 1987, 2661 – Konkret-Karikatur; vgl auch BVerfG AfP 2002, 417; OLG München AfP 2009, 419 – gekreuzigter Bundestrainer), nicht jedoch bei solchen Darstellungen, die gerade den – unzutreffenden – Eindruck eines authentischen, unveränderten Bildnisses vermitteln (vgl BVerfG GRUR 2005, 500 – Ron Sommer). 85

D. Kommentierung des § 24 KUG

§ 24 KUG [Ausnahmen im öffentlichen Interesse]

Für Zwecke der Rechtspflege und der öffentlichen Sicherheit dürfen von den Behörden Bildnisse ohne Einwilligung des Berechtigten sowie des Abgebildeten oder seiner Angehörigen vervielfältigt, verbreitet und öffentlich zur Schau gestellt werden.

Nach § 24 KUG dürfen für **Zwecke der Rechtspflege und der öffentlichen Sicherheit** von den Behörden Bildnisse ohne Einwilligung des Berechtigten sowie des Abgebildeten oder seiner Angehörigen vervielfältigt, verbreitet und öffentlich zur Schau gestellt werden. Die Norm dient weder dem Informationsinteresse noch der Freiheit der Berichterstattung, sondern ausschließlich dem öffentlich-rechtlichen Interesse an der **Strafverfolgung** wie auch der **Verhütung von Straftaten**; sie privilegiert deshalb auch nur die mit diesen Aufgaben befassten **Behörden**, nicht aber die Verbreitung von als Fahndungsfotos aufgemachten Darstellungen nicht-staatlicher Stellen (vgl VerfGH Berlin AfP 2007, 345). Die Medien dürfen Fahndungsfotos verwenden, wenn sie entweder von den Behörden um Fahndungshilfe gebeten wurden (LG Köln ZUM 2004, 495, 497; *Damm/Rehbock*, Rn 310) oder wenn dies unter dem Gesichtspunkt der Wahrnehmung berechtigter Interessen gerechtfertigt erscheint. In der Praxis findet die Regelung vor allem Anwendung bei der Aushängung von **Fahndungsfotos.** Sind die tatbestandlichen Voraussetzungen erfüllt, so findet keine weitere Interessenabwägung statt; insbesondere § 23 Abs. 2 KUG greift insofern nicht ein. Allerdings unterliegt auch die Anwendung des § 24 KUG dem allgemein im öffentlichen Recht geltenden Verhältnismäßigkeitsgrundsatz (*Prinz/Peters*, MedienR, Rn 883), weshalb die Vorschrift nicht bei Bagatellkriminalität, sondern **nur bei schweren Straftaten** eingreifen soll (OLG Frankfurt/M NJW 1971, 47, 49 – Aktenzeichen XY – ungelöst; OLG Hamm NJW 1982, 458; *Dreier/Schulze/Dreier*, UrhG, § 24 KUG Rn 7). Darüber hinaus ist ein **dringender Tatverdacht** erforderlich (OLG Hamm NJW 1982, 458; *Wanckel,* Rn 251). Entsprechend verhält es sich auch bei der Frage der urheberrechtlichen Zulässigkeit der Verwendung von Fahndungsfotos ohne Nutzungseinräumung durch den Berechtigten. Öffentliche Stellen dürfen Fahndungsfotos zur Verfolgung von Zwecken der öffentlichen Sicherheit vervielfältigen und verbreiten, während die Medien hierzu nur berechtigt sind, wenn sie damit objektiv und direkt die laufende Fahndung unterstützen (EuGH, Az: C-145/10). 86

35. Abschnitt: Besonderer Persönlichkeitsschutz – Ehrenschutz

Schrifttum: *Bamberger/Roth* (Hrsg.), Kommentar zum Bürgerlichen Gesetzbuch, Band 1: §§ 1–610, CISG, 2. Auflage 2007; Band 2: §§ 611–1296, AGG, ErbbauVO, WEG, 2. Aufl. 2008 (zit.: Ba/Ro-*Bearbeiter*); *Born*, Gen-Milch und Good-will – Äußerungsrechtlicher Schutz durch das Unternehmenspersönlichkeitsrecht, AfP 2005, 110 ff; *Beuthien*, Was ist vermögenswert, die Persönlichkeit oder ihr Image?, NJW 2003, 1220 ff; *Beuthin/Schmölz*, Persönlichkeitsschutz durch Persönlichkeitsgüterrechte, 1999; *Canaris*, Die Reichweite der Expertenhaftung gegenüber Dritten, ZHR 163, 206 ff; *Damm/Rehbock*, Widerruf, Unterlassung und Schadensersatz in den Medien, 3. Auflage 2008 (zit.: *Damm/Rehbock*); *Erman*, BGB, Handkommentar zum Bürgerlichen Gesetzbuch, 12. Aufl. 2008 (zit.: Erman/*Bearbeiter*); *Di Fabio*, Persönlichkeitsrechte im Kraftfeld der Medienwirkung, AfP 1999, 126 ff; *Farkas*, Betriebsgeheimnisse versus Presse- und Meinungsfreiheit, FoR 2004, 133 ff; *Grunewald*, Die Haftung des Experten für seine Expertise gegenüber Dritten, AcP 187 (1987), 285 ff; *Larenz/Canaris*, Lehrbuch des Schuldrechts Band II/2: Besonderer Teil/2. Halbband, 13. Auflage 1994 (zit.: *Larenz/Canaris*); *Hagen*, Das Unternehmen als nach Art. 14 Abs. 1 GG geschütztes eigenständiges Rechtssubjekt, GewArch 2005, 402 ff; *Hager*, Der Schutz der Ehre im Zivilrecht, AcP 196 (1996), 168 ff; *Hubmann*, Das Persönlichkeitsrecht, 2. Aufl. 1967; *Jauernig* (Hrsg.), Bürgerliches Gesetzbuch: BGB, 13. Aufl. 2009 (zit.: *Jauernig*); *Joecks/Miebach u.a.* (Hrsg.), Münchener Kommentar zum Strafgesetzbuch, Band 3, §§ 185–262, 2003 (zit: MK-Bearbeiter); *Koos*, Der Name als Immaterialgut, GRUR 2004, 808 ff; *Kühl*, Strafgesetzbuch, 26. Auflage 2007 (zit.: Kühl, StGB); *Ladeur*, Die Anpassung des privaten Medienrechts an die „Unterhaltungsöffentlichkeit“, NJW 2004, 393 ff; *Ladeur*, Persönlichkeitsschutz und „Comedy“ – Das Beispiel der Fälle SAT1/Stahnke und RTL2/Schröder, NJW 2000, 1977 ff; *Ladeur*, Schutz von Prominenz als Eigentum, ZUM 2000, 879 ff; *Langohr*, Gedanken zur gekürzten Leserbriefveröffentlichung, MDR 1989, 959 ff; *Löffler*, Presserecht, 5. Aufl. 2006 (zit.: Löffler/*Bearbeiter*); *Loritz*, Berufsfreiheit, Wissenschafts- und Meinungsfreiheit bei Schriftsätzen und Gutachten von Rechtsanwälten und Wissenschaftlern, BB 2000, 2006 ff; *Maurach (Begr.)/Schroeder/Maiwald*, Strafrecht, Besonderer Teil; Teilband 1. Straftaten gegen Persönlichkeits- und Vermögenswerte, 10. Aufl. 2009 (zit.: M/Schroeder/*Bearbeiter*); *Palandt*, Bürgerliches Gesetzbuch, 69.

Auflage 2010; *Prinz/Peters*, Medienrecht – Die zivilrechtlichen Ansprüche, 1999 (zit.: *Prinz/Peters*, Medienrecht); *Prütting/Wegen/Weinreich*, BGB Kommentar, 5. Aufl. 2010 (zit.: P/W/W-*Bearbeiter*); *Quante*, Das allgemeine Persönlichkeitsrecht juristischer Personen – Eine zivilrechtliche Studie, 1999; *Rath-Glawatz*, Anzeigenauftrag und Kontrahierungszwang, WRP 1982, 625 ff; *Ricker*, Diskriminierungsverbot und Kontrahierungszwang im Anzeigenwesen, AfP 1980, 6 ff; *Ricker*, Freiheit und Aufgabe der Presse, 1983; *Rudolphi/Samson/Horn*, Systematischer Kommentar zum Strafgesetzbuch, Band 2: Besonderer Teil §§ 80–358 StGB, 68. Lieferung: März 2007 (zit.: SK-Rudolphi/*Bearbeiter*); *BGB-RGRK*, Das Bürgerliche Gesetzbuch mit besonderer Berücksichtigung der Rechtsprechung des Reichsgerichts und des Bundesgerichtshofes, 12. Aufl., 1975–1999 (zit.: BGB-RGRK/*Bearbeiter*); *Rüping/Kamp*, Strafrecht, Jugendliche im Bus, JuS 1976, 660 ff; *Sajutz*, Die Entwicklung des Presse- und Äußerungsrechts in den Jahren 2008 bis 2010, NJW 2010, 2992; *Schlosser*, Zur Beweislast im System zivilrechtlichen Ehrschutzes, JZ 1963, 309 ff; *Scholz/Konrad*, Meinungsfreiheit und allgemeines Persönlichkeitsrecht – Zur Rechtsprechung des Bundesverfassungsgerichts, AöR 123 (1998), 60 ff; *Scholz/Konrad*, Meinungsfreiheit und allgemeines Persönlichkeitsrecht, AöR 123 (1998), 60 ff; *Schönke/Schröder*, Strafgesetzbuch, 28. Aufl. 2010 (zit.: Schönke/Schröder/*Bearbeiter*); *Soehring*, Presserecht, 4. Aufl. 2010 (zit.: *Soehring*, Presserecht); *Soehring/Seelmann-Eggebert*, Die Entwicklung des Presse- und Äußerungsrechts in den Jahren 2000 bis 2004, NJW 2005, 571 ff; *Soergel/Siebert*, Bürgerliches Gesetzbuch mit Einführungsgesetzen und Nebengesetzen, Band 12 Schuldrecht 10, §§ 823–853, Produkthaftungsgesetz, Umwelthaftungsgesetz, 13. Aufl. 2006 (zit.: Soergel/*Bearbeiter*); *Stark*, Ehrenschutz in Deutschland, 1996; *Staudinger*, J. v. Staudingers Kommentar zum Bürgerlichen Gesetzbuch, Buch II: Recht der Schuldverhältnisse, §§ 826–829; Produkthaftungsgesetz 2009; §§ 823–825, 2009 (zit.: Staudinger/*Bearbeiter*); *Tenckhoff*, Grundfälle zum Beleidigungsrecht, JuS 1989, 35 ff; *Tröndle/Fischer*, Strafgesetzbuch und Nebengesetze, 57. Aufl. 2010 (zit.: *Tröndle/Fischer*); *Wenzel*, Das Recht der Wort- und Bildberichterstattung; 5. Aufl. 2003 (zit.: Wenzel/*Bearbeiter*).

§ 823 Abs. 2 BGB iVm §§ 185 ff StGB

§ 823 BGB Schadensersatzpflicht

(1) Wer vorsätzlich oder fahrlässig das Leben, den Körper, die Gesundheit, die Freiheit, das Eigentum oder ein sonstiges Recht eines anderen widerrechtlich verletzt, ist dem anderen zum Ersatz des daraus entstehenden Schadens verpflichtet.

(2) [1]Die gleiche Verpflichtung trifft denjenigen, welcher gegen ein den Schutz eines anderen bezweckendes Gesetz verstößt. [2]Ist nach dem Inhalt des Gesetzes ein Verstoß gegen dieses auch ohne Verschulden möglich, so tritt die Ersatzpflicht nur im Falle des Verschuldens ein.

A. Tatbestände

Der Ehrenschutz ist ein vom Gesetzgeber in den §§ 185 ff. StGB ausführlich geregelter Teilbereich des 1
Persönlichkeitsschutzes. Eine Äußerung kann daher nicht nur rechtswidrig sein, wenn sie die dargestellten Sphären (vgl 33. Abschnitt Rn 21 ff) und damit § 823 Abs. 1 BGB betrifft, sondern auch, wenn sie ein Schutzgesetz iSv § 823 Abs. 2 BGB verletzt. Als solche Gesetze gelten die §§ 185 ff StGB, die Ehre, Ruf und Ansehen schützen (BGHSt 1, 288, 289; BGHSt 11, 67, 70 f; BGHSt 35, 145, 147; MüKO-*Rixecker*, Anhang zu § 12 BGB Rn 73). Gemeint ist damit der soziale Geltungs- und Achtungsanspruch des Einzelnen, einschließlich juristischer Personen und nichtrechtsfähiger Personenvereinigungen wie zB Gewerkschaften oder politische Parteien (OLG München NJW 1996, 2515) sowie der Ehrenschutz juristischer Personen des öffentlichen Rechts (vgl OLGR Hamburg, 2007, 448 – Bundeskriminalamt; LG Hamburg AfP 2002, 450 – Bundeskanzleramt). In Verbindung mit § 823 Abs. 2 BGB sind die §§ 185 ff StGB folglich als Anspruchsgrundlage bei Persönlichkeitsrechtsverletzungen neben § 823 Abs. 1 BGB denkbar (BGHZ 95, 212; BGH MDR 1985, 1014, 1015 – Nachtigall II; OLG Köln GRUR 1993, 686, 687; OLG Hamburg AfP 1990, 135). Eine tatsächliche Rufbeeinträchtigung wird nicht vorausgesetzt; die Gefährdung reicht aus.

I. Beleidigung (§ 823 Abs. 2 iVm § 185 StGB)

§ 185 StGB Beleidigung

Die Beleidigung wird mit Freiheitsstrafe bis zu einem Jahr oder mit Geldstrafe und, wenn die Beleidigung mittels einer Tätlichkeit begangen wird, mit Freiheitsstrafe bis zu zwei Jahren oder mit Geldstrafe bestraft.

2 Während Ehrverletzungen durch unwahre oder verfälschende Berichterstattung von den §§ 186 ff StGB erfasst werden, schützt § 185 StGB vor Berichterstattungen, die durch **Meinungsäußerungen** die Ehre verletzen oder den Betroffenen auf andere Weise lächerlich machen (Löffler/*Steffen*, § 6 LPG Rn 80). § 192 StGB stellt darüber hinaus klar, dass auch die Kundgabe wahrer Äußerungen den Tatbestand von § 185 StGB erfüllen kann, wenn die Beleidigung aus der Form oder den Umständen folgt.

3 Der Begriff der **Beleidigung** ist nicht definiert (*Soehring*, Presserecht, Rn 12.7). Gleichwohl ist allgemein anerkannt, dass eine Beleidigung einen Angriff auf die Ehre durch **Kundgabe von Gering-, Nicht- oder Missachtung** darstellt (RGSt 71, 160; BGHSt 36, 148; Schönke/Schröder/*Lenckner*/*Eisele*, § 185 Rn 2; *Tröndle*/*Fischer*, § 185 Rn 4).

4 **1. Begriff der Ehre.** Die Ehre ist ein Teilbereich der Personenwürde und mit dieser und dem aus ihr fließenden Persönlichkeitsrecht nicht identisch (BGHSt 36, 145); ihr Inhalt und ihre Grenzen sind umstritten (vgl dazu Schönke/Schröder/*Lenckner*/*Eisele*, Vorbem. §§ 185 ff Rn 1 ff). Die Rspr vertritt einen normativ-faktischen Ehrbegriff, der die innere und äußere Ehre umfasst. Die **innere Ehre** ist der aus dem sittlichen und sozialen Persönlichkeitswert entspringende Achtungsanspruch. Die **äußere Ehre** meint den guten oder schlechten Ruf, den Leumund oder „Namen" (Wenzel/*Burkhardt*, Kap. 5 Rn 172 ff). Unter Berücksichtigung der Literaturstimmen ist eine Verletzung der Ehre jedenfalls dann anzunehmen, wenn dem Betroffenen zu Unrecht Mängel nachgesagt werden, die, wenn sie vorlägen, seinen Geltungswert mindern würden (BGHSt 36, 145). Dieser Wert ist aus dem allgemeinen Menschenwert sowie dem sittlichen und sozialen Wert des Betroffenen abzuleiten (vgl etwa M/Schroeder/*Maiwald*, BT 1 24/5). Für die Verwirklichung des Tatbestandes reicht es aus, wenn der gute Ruf gefährdet wird; eine tatsächliche Beeinträchtigung ist nicht erforderlich. Der Bereich der beruflichen, kaufmännischen oder wirtschaftlichen Betätigung wird durch die sog. **Geschäftsehre** geschützt (KG NJW 1979, 48; BGH NJW-RR 1995, 301, 303 – Dubioses Geschäftsgebaren). Eine besondere **Familienehre** ist nicht Schutzgegenstand des Beleidigungstatbestandes (hM, vgl etwa BGHSt 6, 186, 192); es fehlt insofern an einem eindeutig zu bestimmenden Zuordnungssubjekt (MüKO-*Rixecker*, Anhang zu § 12 BGB Rn 19). Die dadurch entstehende Lücke ist gleichwohl unbeachtlich, weil idR zugleich eine Beleidigung der Familienmitglieder unter einer **Kollektivbezeichnung** gegeben ist.

5 **2. Beleidigungsfähigkeit.** Grundsätzlich ist jeder lebende Mensch beleidigungsfähig, da ihm aufgrund seines allgemeinen Menschenwertes Ehre zukommt, also selbstverständlich auch Kinder, Geisteskranke oder Behinderte (*Kühl*, StGB, Vor § 185 Rn 2). Gleiches gilt für Personenmehrheiten, die als Kooperationen oder Institutionen dann beleidigt werden können, wenn sie eine anerkannte gesellschaftliche Aufgabe oder soziale Funktion erfüllen und einen einheitlichen Willen bilden können (st. Rspr; vgl BGHSt 6, 186); die Rechtsform ist irrelevant. **Geschützt** sind daher beispielsweise **rechtsfähige und nicht rechtsfähige Vereine** (BGH NJW 1971, 1655), **juristische Personen des öffentlichen Rechts** (BGH NJW 1982, 2246; BGH NJW 2009, 915) und sonstige Behörden und Stellen, die Aufgaben öffentlicher Verwaltung wahrnehmen (BVerfG NJW 1995, 3303, 3304 – Soldaten sind Mörder II; BGH AfP 2000, 463 – Babycaust) sowie Personengesellschaften (BGH NJW 1980, 2807, 2808 – Medizinsyndikat) und Kapitalgesellschaften (BGH NJW 1975, 1882, 1883; KG NJW 2000, 2210; OLG Frankfurt aM AfP 2000, 576). Als schutzwürdige Personenmehrheiten anerkannt sind auch **politische Parteien** (OLG München AfP 1976, 130) und **Gewerkschaften** (BGH NJW 1971, 1655). **Nicht beleidigungsfähig** sind **gesellige Vereinigungen**, in denen lediglich Hobbys gepflegt werden; hier ist gleichwohl eine sog. Kollektiv- oder Sammelbeleidigung möglich. Umstritten ist, ob auch Berufsstände wie beispielsweise die Anwaltschaft oder die Richterschaft beleidigungsfähig sind (LG Hannover NJW 1948, 349: ja; Schönke/Schröder/*Lenckner*/*Eisele*; Vorbem. §§ 185 ff; Rn 3a: nein). Die Beleidigungsfähigkeit wird auch hier davon abhängen, ob ein einheitlicher Wille gebildet werden kann.

6 Unter einer **Kollektivbezeichnung** kann sich die Beleidigung gegen jeden einzelnen Angehörigen einer Personenmehrheit richten, wenn diese so aus der Allgemeinheit hervortritt, dass der Kreis der betroffenen Personen klar umgrenzt ist, die Äußerung an ein Merkmal anknüpft, das auf alle Mitglieder des

Kollektivs zutrifft und die Zuordnung des Einzelnen zweifelsfrei ist (BGHSt 11, 207; BGHSt 36, 83; BayOLG NJW 1990, 1742; Schönke/Schröder/*Lenckner*/*Eisele*, Vor §§ 185 ff Rn 7 mwN). Werden Bundeswehr-Soldaten als Mörder bezeichnet, wird damit jeder einzelne Bundeswehr-Soldat in seiner persönlichen Ehre verletzt (KG NJW 2003, 685 ff). Selbiges kann gelten, wenn eine Äußerung an körperliche, geistige, ethnische, rassische oder geistige Merkmale anknüpft (BVerwG NJW 2003, 980, 985). Angenommen wurde eine Sammelbeleidigung bei einer Äußerung, die sich gegen die deutschen Ärzte (RG JW 1932, 3113) oder die Gesamtheit aller Patentanwälte richtete (BayOLG NJW 1953, 554), ebenso bei Äußerungen über die Spitze der Großbanken (Hamm DB 1980, 1215) oder über die „Beamten der Schutz- und Kriminalpolizei" (LG Düsseldorf MDR 1981, 868). Kann der verständige Leser den Kreis der Betroffenen nicht ohne Zweifel abgrenzen, fehlt es an der Betroffenheit einzelner Personen (LG München AfP 1970, 146; LG Karlsruhe ZUM-RD 2008, 154). Abgelehnt wurde eine Sammelbeleidigung bei Äußerungen, die sich gegen „die Katholiken", „die Christen" (LG Köln MDR 82, 771), „die Akademiker" (BGHSt 11, 207, 209), „die an der Entnazifizierung Beteiligten" (BGHSt 2, 38) sowie „alle Soldaten der Welt" (BVerfGE 93, 266, 302) oder „die Frauen" (BVerfGE 93, 266, 301; LG Hamburg NJW 1980, 56, 57) richteten. Ebenso wurde die individuelle Betroffenheit der einzelnen, an einem Protest teilnehmenden Ärzte durch eine herabsetzende Äußerung über die Protestbewegung insgesamt verneint (OLG Karlsruhe NJW-RR 2007, 1342 – „Patienten in Geiselhaft").

3. Kundgabe. Die Beleidigung muss kundgegeben sein. **Entscheidend** ist, dass ein bestimmter **Gedankeninhalt zum Ausdruck** kommt: dies kann mündlich, schriftlich oder bildlich geschehen. Satirische Äußerungen kommen ebenso in Betracht wie Karikaturen (OLG Hamburg MDR 1967, 146; OLG Hamburg NJW 1985, 1654); hier ist allerdings zwischen dem erkennbaren Aussagekern und der satirischen Einkleidung zu unterscheiden. Ist der Aussagekern beleidigend, wird idR eine Beleidigung vorliegen. Wenn die satirische Einkleidung als solche erkennbar ist, erfüllt sie den Tatbestand nur dann, wenn sie eine besondere Miss- oder Nichtachtung des Betroffenen darstellt (BVerfG NJW 1987, 2661). Schließlich kann die Beleidigung auch durch symbolische Handlungen (MüKO-*Rixecker*, Anhang zu § 12 BGB Rn 74 aE) wie Anspucken (OLG Zweibrücken NJW 1991, 240), an die Stirn tippen (OLG Düsseldorf NJW 1960, 1072) oder im Tragen einer Uniform (BVerfG NJW 1982, 1803) kundgegeben werden. 7

Die Kundgabe setzt weiter die **wissentliche und willentliche Mitteilung** an einen oder mehrere Erklärungsempfänger voraus. Danach sind publizistische Veröffentlichungen per se als Kundgabe anzusehen (*Soehring*, Presserecht, Rn 12.9). Eine wissentliche und willentliche Mitteilung liegt **nicht** vor, wenn es um Äußerungen geht, die ausschließlich für den **privaten Gebrauch** getätigt wurden, wie beispielsweise Tagebuchaufzeichnungen. Auch Äußerungen im engsten Freundes- und Familienkreis sind keine Kundgabe im Sinne der Vorschrift, weil sie den Betroffenen nicht in seiner Geltung in der Öffentlichkeit zu beeinträchtigen vermögen (MüKO-*Rixecker*, Anhang zu § 12 BGB Rn 78). Etwas anderes gilt jedoch dann, wenn die Möglichkeit besteht, dass die Äußerungen durch Familienmitglieder in die Öffentlichkeit getragen werden (OLG Stuttgart NJW 1963, 119). Auch Äußerungen im Rahmen der Berufsausübung – ein Rechtsanwalt findet scharfe Worte für seinen Gegner oder ein Verhalten – sind hinzunehmen (BVerfG NJW 2000, 199; OLG Hamm MDR 1971, 1852). Zur Frage, ob auch das Verhältnis zwischen einem Rechtsanwalt und seinem Mandanten diesem straffreien Raum zuzurechnen ist, vgl OLG Hamburg NJW 1990, 1246. 8

4. Geringachtung, Nichtachtung, Missachtung. Eine Äußerung bringt Gering-, Nicht- oder Missachtung zum Ausdruck, **wenn sie dem Betroffenen den elementaren Menschenwert oder seinen ethischen oder sozialen Wert** ganz oder teilweise **abspricht** und dadurch seinen grundsätzlich uneingeschränkten Achtungsanspruch verletzt (Wenzel/*Burkhardt*, Kap. 5 Rn 192); entscheidend ist ihr objektiver, ggf durch Auslegung zu ermittelnder Sinn (KG JR 1980, 290; BVerfGE 93, 266, 293 mwN). Bei der Beurteilung sind die Umstände des Einzelfalles, vor allem der Verhältnisse der Beteiligten (BVerfG NJW 2000, 199, 200), zu berücksichtigen; abstrakt beleidigende Äußerungen gibt es nicht (LG Celle Nds-Rpfl 77, 88). Wahre Tatsachenbehauptungen sind nicht Schutzgut von § 185 StGB: Zwar mag die Mitteilung wahrer Tatsachen einen zu Unrecht erworbenen oder erhaltenen Ruf beeinträchtigen, eine Gering-, Miss- oder Nichtachtung ist damit jedoch idR nicht verbunden. Trotz Wahrheit der Behauptung kann aber eine sog. **Formalbeleidigung** vorliegen, wenn die Äußerung aufgrund ihrer Form oder den Umständen ihrer Kundgabe beleidigend ist (Löffler/*Steffen*, § 6 LPG Rn 4 157 ff). 9

Soweit die Behauptung eine **Meinungsäußerung** ist, muss der Ehrschutz idR hinter der Meinungsfreiheit zurücktreten, wenn sich die Äußerung nicht als Angriff auf die Menschenwürde, Formalbeleidi- 10 gung oder Schmähkritik herausstellt (OLG Düsseldorf NJW 1998, 3214; OLG Frankfurt aM NJW 2003, 77). Teilweise sind Verletzungen des Persönlichkeitsrechts – wie beispielsweise durch Beobachten eines Liebespaares bei Zärtlichkeiten (BayObLG NJW 1980, 1969) oder Unhöflichkeiten (*Rüping/Kamp*, JuS 1976, 660) – keine Äußerungen und drücken jedenfalls nicht schon als solche Nichtachtung aus. Bei Äußerungen durch Bilder, Gesten (LG Düsseldorf NJW 1996, 2245), Tätlichkeiten, Karikaturen, satirischen Darstellungen (AG Hamburg NJW 1989, 410, OLG Frankfurt aM NJW-RR 2009, 475 – „Kameraden") und Glossen (LG Düsseldorf NJW 1992, 1335) ist der gedankliche Kern zu ermitteln (OLG Hamburg MDR 1967, 146). Die **Grenzen der Satire** sind überschritten, wenn die von ihrer satirischen Umkleidung freigelegte Aussage die Würde eines Betroffenen in ihrem Kernbereich betrifft (OLG Hamm NJW-RR 2004, 919). Allerdings ist zu berücksichtigen, dass der Satire als Einkleidung eines Aussagekerns immanent ist, mit Übertreibungen, Verzerrungen und Verfremdungen zu arbeiten (BGH AfP 2000, 167; Staudinger/*Hager*, § 823 BGB, Rn C 67). Festzustellen ist auch, ob eine Äußerung etwa nur **scherzhaft** erfolgt ist. Scherzhaftigkeit schließt eine Beleidigung aber nicht schon als solche aus. Bereits der Umstand, dass der Behauptende über den Betroffenen scherzt oder auch die Art des Scherzes kann eine Missachtung sein; allerdings ist bei der Annahme dieser Umstände Zurückhaltung geboten (BGHZ 45, 296, 308; BGH NJW 1974, 1762 – Deutschlandstiftung). Einer als **ironisch einzustufenden Äußerung** kann nicht eine Bedeutung beigelegt werden, die ihr nur zukommen könnte, wenn sie ernst gemeint beim Wort zu nehmen wäre.

11 Die **Beleidigung** ist **vollendet**, wenn sie **einem anderen zur Kenntnis gelangt** ist (BGHSt 9, 18); der Kenntnisnehmende muss nicht der Adressat der Beleidigung sein (BGH MDR 1954, 335). Auch muss der Empfänger den ehrenrührigen Inhalt nicht als solchen verstehen (RG 10, 373) oder der Betroffene die Äußerung als beleidigend empfinden (BGHSt 1, 291; BGHSt 7, 132; BGH NJW 1951, 368).

12 Als **beleidigend** wurden eingestuft die Bezeichnung „Du kleine primitive Nutte" im Rahmen einer Auseinandersetzung benachbarter Ladeninhaberinnen (LG Köln NJW-RR 2002, 189), die Bezeichnung der GSG9 als „Killertruppe" (OLG Köln AfP 1980, 112), die Bezeichnung von Mitarbeitern eines Sicherheitsdienstes als „primitive Schlägertruppe", die „hastig umgekleidete Skinheads" und „primitive Schlägernaturen" seien und in einem Einkaufszentrum „ihr Unwesen treiben" (BVerfG NJW 2002, 3315), die Bezeichnung einer Fernsehansagerin als „ausgemolkene Ziege" (BGHZ 39, 124) oder die Bezeichnung eines politischen Gegners als „Oberfaschist" (LG Düsseldorf NJW 1986, 1262). Als **nicht beleidigend** gewertet wurden Äußerungen wie „Schinder-Syndikat", „Ganovenkreis", „finstere Machenschaften", „Offenbarungseid-Genossen" oder „Gammler-Riege", wenn sie im Zusammenhang mit der Anprangerung von Wirtschaftsverbrechen von einem Wirtschaftsmagazin verwendet werden und auf einem entsprechenden Sachverhalt beruhen (OLG München AfP 1973, 94).

13 **5. Schmähkritik.** Eine Meinungsäußerung genießt ohne Rücksicht auf Inhalt, Form, Wert oder Bedeutung den uneingeschränkten Schutz von Artikel 5 GG (BVerfG NJW 1993, 1462 – Böll). Die Meinungsäußerungsfreiheit ist gleichwohl nicht vorbehaltlos gewährleistet und tritt regelmäßig hinter dem Ehrenschutz des Einzelnen zurück, wenn die Äußerung als sog. **Schmähkritik** zu bewerten ist (BVerfGE 82, 272, 274 – Zwangsdemokrat; BVerfGE 93, 266, 293 ff – Soldaten sind Mörder II; BVerfG NJW 1993, 1462 – Böll/Henscheid). Die Meinungsäußerung muss die Schwelle zur Schmähkritik überschritten haben; herabsetzende publizistische Meinungsäußerungen, die sich im Rahmen von Artikel 5 GG halten, sind weder straf- noch zivilrechtlich verfolgbar (BVerfGE 7, 198 – Lüth; BVerfGE 25, 264 – Blinkfuer). Als unzulässige Schmähkritik erfasst werden herabsetzende Äußerungen, bei denen nicht die Sache, sondern die **Diffamierung der Person** im Vordergrund steht (BVerfGE 82, 272; BVerfG AfP 2003, 538, 539). Unzulässig sind daher beleidigende Äußerungen, die in keinem sachlichen Zusammenhang mit ihrem Anlass stehen und eine allein persönlich diffamierende und herabsetzende Zielrichtung haben (BGH NJW 1987, 2227; BGH NJW 1994, 123; BGH AfP 2000, 167, 179; OLG Koblenz Urt. v. 12.9.2007 – 1 U 223/07). Auch im Kontext der Sachauseinandersetzung kann eine Äußerung im Einzelfall eine Schmähung darstellen (LG Hamburg Urt. v. 2.3.2010 – 325 O 442/09, abgrenzend BVerfG NJW 2009, 749 – „Dummschwätzer"). Im Interesse von Art. 5 GG sind die Grenzen unzulässiger Schmähkritik andererseits eng auszulegen: Auch die falsche, ungerechte, polemische Meinung oder ausfällige Kritik gilt daher nicht schon automatisch als Schmähkritik (BVerfGE 42, 163, 170 – Deutschlandstiftung; BVerfGE 85, 1, 15 – Kritische Bayeraktionäre; BVerfG NJW 1992, 2815, 2816 – Gestapo-Methoden; BGH NJW 1995, 279, 282 – Bauernfängerei; BGH NJW 2007, 686 ff; OLG Frankfurt aM NJW-RR 2009, 475, 477 – „Kameraden"). Derartige Kritik ist insbesondere zu tolerieren, wenn um weltanschauliche, ideologische oder politisch gegensätzliche Standpunkte gestritten wird. In diesen Fällen treffen **Übertreibungen** oder verbale Entgleisungen auf eine entsprechende

Erwartungshaltung der Leserschaft (beispielsweise im Wahlkampf). Die Toleranzschwelle ist im Übrigen dort besonders hoch, wo der Kritisierte durch eigene öffentliche Äußerungen scharfe Gegenangriffe herausgefordert hat (**Recht zum Gegenschlag**; vgl dazu Löffler/*Steffen*, § 6 LPG Rn 51). Darüber hinaus ist zu berücksichtigen, dass es im Lichte von Reizüberflutung „starker Formulierungen" bedarf, um auf den eigenen Standpunkt aufmerksam zu machen (BVerfGE 24, 278, 286 – Tonjäger; BGH NJW 1994, 124, 126 – Greenpeace; BGH NJW 2002, 1993 – Zuschussverlag).

Den jeweiligen Kontext berücksichtigend wurde **Schmähkritik** unter anderem **angenommen** für die Bezeichnung eines Models als „olle Crackbraut" (LG Köln Urt. v. 14.7.2010 – 28 O 857/09; juris), für die Forderung nach einer „echt weißen" Nationalmannschaft unter gleichzeitigem Hinweis auf einen „nicht weißen" Nationalspieler (LG Berlin AfP 2006, 386), für die Bezeichnung eines Widerstandskämpfers als „Landesverräter" (BGHSt 11, 329), die Bezeichnung als „Jude" in Verbindung mit „Zugehörigkeit zur fremdvölkischen Minderheit" (OLG Celle NstZ-RK 2004, 107), die Bezeichnung eines Richters als „Verfassungsfeind", er gehöre dem Volksgerichtshof zugeordnet (OLG Hamburg NJW 1990, 1246), oder Schimpfwörter ohne Nähe zur Darstellung eines verurteilungswürdigen Verhaltens wie Schuft, Kanaille, Halunke (OLG Hamburg AfP 1990, 135). Als **zulässige Meinungsäußerungen** wurde die Behauptung gewertet, eine Zeitschrift für Kapitalanleger sei ein „dümmliches Blatt" und gehöre nicht zu den herausragenden Publikationen (OLG Frankfurt aM AfP 1988, 675, 676); der Vorwurf gegen einen tendenziell ausgerichteten Verlag, er arbeite mit „Geschichtsfälschung", ihm sei „jedes Mittel recht" (OLG Köln AfP 1987, 217), der Vorwurf der Korruption in einem kritischen Internet-Artikel (BGH NJW 2009, 1872, 1874 – Fraport), die Bezeichnung der Kassenarztpraktiken an einer Universitätsklinik als „illegal" (BGH NJW 1982, 2246), die Bezeichnung der Tätigkeit einer Geistheilerin als „absurde Scharlaterie, die allerdings gefährlich ist" (OLG Karlsruhe AfP 1997, 721 – Uriella); die Bezeichnung einer Frau als „Busenwitwe" (LG Berlin ZUM 2005, 175) bzw „Busenmacher-Witwe" (OLG München AfP 2005, 560), der Vorwurf an eine Publizistin, ihre Spezialität seien antisemitische-antizionistische Statements (OLG Köln NJW-RR 2009, 697) sowie die Äußerung des Verdachts „unsauberer Geschäfte" (BGH NJW 2009, 3580). Schließlich wurde eine satirische Fotomontage für zulässig erachtet, die unvorteilhafte Fotos vom Gesicht des Betroffenen benutzte (BGHZ 156, 206, 208 ff – Fotomontage, aufgehoben durch BVerfG NJW 2005, 3271). 14

II. Üble Nachrede (§ 823 Abs. 2 iVm § 186 StGB)

§ 186 StGB Üble Nachrede

Wer in Beziehung auf einen anderen eine Tatsache behauptet oder verbreitet, welche denselben verächtlich zu machen oder in der öffentlichen Meinung herabzuwürdigen geeignet ist, wird, wenn nicht diese Tatsache erweislich wahr ist, mit Freiheitsstrafe bis zu einem Jahr oder mit Geldstrafe und, wenn die Tat öffentlich oder durch Verbreiten von Schriften (§ 11 Abs. 3) begangen ist, mit Freiheitsstrafe bis zu zwei Jahren oder mit Geldstrafe bestraft.

§ 186 StGB setzt die Äußerung einer **Tatsachenbehauptung** voraus, die geeignet ist, einen anderen verächtlich zu machen oder in der öffentlichen Meinung herabzuwürdigen; die Tatsachenbehauptung muss **nicht erweislich wahr** sein. Den Nachweis hat grundsätzlich der Äußernde zu führen. Der Vorsatz muss sich nicht auf die Unwahrheit der Behauptung beziehen (LG Hildesheim NJW-RR 2004, 1418, 1419). 15

1. Aufstellen oder Verbreiten einer Tatsachenbehauptung. Tatsachen sind alle **äußeren Geschehnisse, Zustände und Verhältnisse**, die Gegenstand sinnlicher Wahrnehmung sein können, aber auch **innere Sachverhalte** (Charaktereigenschaften, Motivationen), sobald sie zu äußeren Erscheinungen in Beziehung stehen (zum Tatsachenbegriff vgl 33. Abschnitt Rn 74 ff). Tatsache ist alles, was wahr oder falsch sein kann und insoweit als Wahrheitsbehauptung der **Nachprüfbarkeit** zugänglich ist, ohne dass es auf die naturwissenschaftliche oder technische Möglichkeit eines Beweises ankommt (BGHZ 3, 272; BGHZ 45, 304; BVerfGE 94, 1, 8; dazu auch EGMR NJW 2006, 1645, 1648 f; OLG Celle AfP 2002, 508; OLG Hamburg NJW-RR 1993, 1056; MüKO-*Rixecker*, Anhang zu § 12 BGB Rn 138). Zu mehrdeutigen und/oder verdeckten Äußerungen s. oben 33. Abschnitt Rn 93 sowie BVerfG AfP 2001, 382, 384). Nach der **ersten Alternative** von § 186 StGB muss die Tatsache **behauptet**, also einem Dritten gegenüber als Gegenstand eigener Überzeugung aufgestellt sein (LG Hildesheim NJW 2004, 3569). Die Ergänzung einer Äußerung um **einschränkende Zusätze** wie „ich glaube" oder „wahrscheinlich" steht der Annahme des Behauptens nicht entgegen (OLG Frankfurt aM NJW 1971, 2707, 2708). Eine 16

Tatsache kann zudem durch Aussprechen eines bloßen Verdachts (LG Braunschweig NJW 1964, 194), einer Andeutung oder Frage (BGH NJW 1970, 187 – Hormoncreme) oder durch Hinweis auf eine Möglich- bzw Wahrscheinlichkeit behauptet werden (zur Verdachtsberichterstattung s. 39. Abschnitt Rn 78 ff).

17 Die **zweite Alternative** von § 186 StGB betrifft das **Verbreiten** einer Tatsachenbehauptung. Darunter ist das **Mitteilen einer Tatsache als von anderer Seite gehört** zu verstehen, also nicht als Gegenstand eigener Erkenntnis oder Überzeugung (BGH JZ 1958, 438). Ein haftungsbegründendes Behaupten kann selbst dann vorliegen, wenn mitgeteilt wird, die Behauptung stamme von einem Dritten, aber keine ausreichende Distanzierung vorliegt (BGH GRUR 1969, 624, 627 – Hormoncreme; BGH NJW 1997, 1148, 1149; Brandenburgisches OLG AfP 2003, 343). Auch die Verbreitung als Gerücht genügt (BGHZ 1995, 339, 343), selbst wenn die Verbreitung mit dem Zusatz erfolgt, das Gerücht sei unglaubwürdig oder habe sich nicht bestätigt (BGHZ 18, 182; LG Hamburg NJW 1967, 213); gleichwohl wird derjenige, der dem Gerücht ernstlich entgegentritt, idR nicht rechtswidrig handeln (§ 193 StGB).

18 Die Tatsache muss weiter **in Beziehung auf einen anderen** behauptet oder verbreitet werden; Betroffener und Empfänger der Mitteilung dürfen also nicht personenidentisch sein; in diesen Fällen wäre § 185 StGB anwendbar (*Tröndle/Fischer*, § 186 Rn 10). Der Dritte muss bestimmt sein; es reicht aus, wenn er aus den Umständen erkennbar ist (OLG Braunschweig NdsRpfl 1965, 210). Ist eine Personenmehrheit betroffen, muss der Äußerungsempfänger eine dieser Gruppe nicht angehörige Person sein. Richtet sich die Äußerung gegen einen Angehörigen einer begrenzten Gruppe, ist jeder Gruppenangehörige verletzt (BGHSt 14, 48).

19 **2. Eignung zur Ehrverletzung.** Als Beleidigungstatbestand erfasst § 186 StGB allerdings nicht jede unwahre Tatsachenbehauptung, sondern lediglich solche Behauptungen, die jedenfalls geeignet sein können, die Ehre des Betroffenen zu beeinträchtigen (vgl Wenzel/*Burkhardt*, Kap. 5 Rn 193): Die „Tatsache" muss **bei Kenntnisnahme durch Dritte geeignet** sein, die **betroffene Person verächtlich zu machen** oder in der öffentlichen Meinung herabzuwürdigen (dies im Falle eines Berichts über Prüfung von Subventionsmissbrauch verneinend BGH NJW 2009, 915); ein sachlicher Unterschied besteht zwischen den beiden Varianten nicht. Wertneutrale Falschbehauptungen sind dagegen nicht tatbestandlich, da sie sich auf den sozialen Geltungsanspruch des Betroffenen nicht nachteilig auswirken können (BGH AfP 2006, 60 – dpa-Interview; BVerfG AfP 2008, 55 – dpa-Interview). **Verächtlichmachen** meint, den Betroffenen als der Achtung durch andere unwürdig hinzustellen oder ihn zumindest in seinem Wert herabzusetzen. Dies ist der Fall, wenn der Betroffene so dargestellt wird, als würde er seinen sittlichen Pflichten nicht genügen (OLG Hamburg AfP 1973, 385, 386), wenn also zB behauptet wird, jemand habe einen anderen betrogen (BGH AfP 1989, 669, 667 – Wünschelrute) oder bestohlen (BAG 1979, 2532). **Herabwürdigen** bedeutet, den Betroffenen in der öffentlichen Meinung, also in den Augen eines größeren, nicht geschlossenen Teils der Bevölkerung, als verachtenswert erscheinen zu lassen; die abwegige Bewertung eines unverfänglichen Geschehens reicht nicht aus (KG JR 1963, 351; OLG Karlsruhe NJW 2005, 612, 614). Die Eignung zur Verächtlichmachung oder Herabwürdigung genügt. Dass die Verächtlichmachung oder Herabwürdigung eingetreten ist, verlangt § 186 StGB nicht.

20 **3. Fehlender Wahrheitsbeweis.** Die Tatsache muss nicht erweislich wahr sein; wird die Tatsache als wahr erwiesen, ist ihre Äußerung nicht tatbestandsmäßig (*Tröndle/Fischer*, § 186 Rn 11). § 186 StGB stellt also nicht darauf ab, ob eine Tatsache wahr oder unwahr ist, sondern darauf, ob der Nachweis der Wahrheit erbracht werden kann; **entscheidend** ist, **ob** die **Wahrheit bewiesen** werden kann. Dabei müssen behauptete und bewiesene Tatsachen identisch sein (BGH VersR 1963, 943). Der Wahrheitsbeweis kann bereits geführt sein, wenn der Tatsachenkern bewiesen ist (BGHSt 18, 182); unwesentliche Abweichungen sind unschädlich. Dies wäre beispielsweise dann der Fall, wenn behauptet wird, jemand bekomme eine Pension von 10.000,00 EUR, tatsächlich erhält er aber eine Pension von 9.900,00 EUR. Maßgeblicher Zeitpunkt für die Beurteilung der Wahrheit ist der Augenblick, in dem die Erklärung abgegeben wird; eine zunächst unzutreffende Äußerung wird durch eine spätere Veränderung der Verhältnisse nicht wahr (Löffler/*Steffen*, § 6 LPG Rn 111c).

21 Den **Beweis** der Wahrheit hat **grundsätzlich der** sich **Äußernde** zu führen. In äußerungsrechtlichen Streitigkeiten lässt sich oftmals nicht klären, ob eine Behauptung wahr oder unwahr ist. Dieses Risiko trägt der Äußernde: Er muss darlegen und glaubhaft machen, dass seine ehrbeeinträchtigenden Behauptungen wahr sind (BGH NJW 1996, 1131, 1133; OLG Hamm NJOZ 2009, 2576, 2579; *Soehring*, Presserecht, Rn 12.12). Gefordert wird der tatsächliche Beweis (*Soehring*, Presserecht, Rn 12.12).

Diese Beweislastregel gilt auch, wenn nur zivilrechtliche Ansprüche gemäß § 823 Abs. 2 iVm § 186 StGB verfolgt werden, soweit nicht der Rechtfertigungsgrund der Wahrnehmung berechtigter Interessen eingreift (Näheres dazu s. unter Rn 36 ff). Nach hM wird die Beweislastregel über § 823 Abs. 2 BGB in das Deliktsrecht übernommen (BGH NJW 1996, 1131, 1133 – Lohnkiller; *Soehring*, Presserecht, Rn 30.24, *Damm/Rehbock*, Rn 416). Allerdings greift sie nicht ein, wenn die Äußerung den Betroffenen nicht verächtlich machen oder in der öffentlichen Meinung herabwürdigen kann (OLG München AfP 1980, 297, 298). In diesen Fällen bleibt es bei der klassischen Beweisregel, dass der Anspruchsteller die anspruchsbegründenden Tatsachen beweisen muss.

Der **Tatbestand** der üblen Nachrede wurde als **erfüllt** angesehen in der Behauptung, ein Kaufmann habe Konkurs erlitten (RGSt 2, 310), eine Berufsgenossenschaft habe Unterlagen gefälscht (LG Hamburg Urt. v. 13.2.2009 – 324 O 601/08) ein Schornsteinfeger dürfe nicht als Selbstständiger auftreten (LG Hamburg Urt. v. 27.3.2009 – 325 O 328/08, nicht veröffentlicht); die SPD habe gefordert, dass ein Kruzifix entfernt werden müsse (OLG Stuttgart JZ 1969, 77, 78) oder in dem Vorwurf, jemand sei „Stasi-Helfer" (OLG Hamburg DtZ 1992, 223). **Keine üble Nachrede** liegt in der Behauptung, ein Unternehmer habe kein ausreichendes Kapital bzw der Staat habe vor einer Kreditgewährung die Aufnahme eines Partners verlangt (Wenzel/*Burkhardt*, Kap. 5 Rn 220). 22

III. Verleumdung (§ 823 Abs. 2 iVm § 187 StGB)

§ 187 StGB Verleumdung

Wer wider besseres Wissen in Beziehung auf einen anderen eine unwahre Tatsache behauptet oder verbreitet, welche denselben verächtlich zu machen oder in der öffentlichen Meinung herabzuwürdigen oder dessen Kredit zu gefährden geeignet ist, wird mit Freiheitsstrafe bis zu zwei Jahren oder mit Geldstrafe und, wenn die Tat öffentlich, in einer Versammlung oder durch Verbreiten von Schriften (§ 11 Abs. 3) begangen ist, mit Freiheitsstrafe bis zu fünf Jahren oder mit Geldstrafe bestraft.

Es muss eine **unwahre Tatsache behauptet oder verbreitet** (s. dazu oben Abschnitt 33 Rn 98) werden. 23 Im Unterschied zur üblen Nachrede muss die **Unwahrheit** der Tatsachenbehauptung **nachgewiesen** werden; gelingt der Beweis – wie das für Presseveröffentlichungen idR der Fall sein dürfte – nicht, kommt § 186 StGB in Betracht. In der **ersten Alternative** muss die unrichtige Tatsachenbehauptung wie in § 186 StGB geeignet sein, einen **Dritten** verächtlich zu machen oder herabzuwürdigen. In der **zweiten Alternative** muss die **unwahre Tatsache geeignet** sein, den **Kredit** eines anderen **zu gefährden.** Schutzgut ist nicht die Ehre, sondern das Vermögen; einer Ehrverletzung bedarf es daher nicht (RGSt 44, 166). **Kredit** ist das Vertrauen, das jemand hinsichtlich der Erfüllung seiner vermögensrechtlichen Verbindlichkeiten genießt (Schönke/Schröder/*Lenckner/Eisele*, § 187 StGB Rn 4 mwN). Der Tatbestand kann auch gegenüber juristischen Personen verwirklicht werden. § 187 2. Alternative StGB kann daher auch bei nicht kränkenden Äußerungen erfüllt sein. Eine konkrete Gefährdung des Kredits ist nicht erforderlich; es reicht die Eignung zur Gefährdung. § 187 2. Alternative StGB findet eine zivilrechtliche Entsprechung in § 824 BGB, dessen Schutz umfangreicher ist, weil er keinen Vorsatz voraussetzt.

Der Vorsatz entspricht im Grundsatz dem des § 186 StGB. Erforderlich ist aber positive Kenntnis, dh 24 **sicheres Wissen** von der Unwahrheit. **Bedingter Vorsatz reicht insoweit nicht aus** (BayObLGSt JZ 1989, 700; RG JW 1937, 3215), wohl aber hinsichtlich der Eignung der Äußerung zur Verächtlichmachung oder Kreditgefährdung.

IV. Politische üble Nachrede (§ 823 Abs. 2 iVm § 188 StGB)

§ 188 StGB Üble Nachrede und Verleumdung gegen Personen des politischen Lebens

(1) Wird gegen eine im politischen Leben des Volkes stehende Person öffentlich, in einer Versammlung oder durch Verbreiten von Schriften (§ 11 Abs. 3) eine üble Nachrede (§ 186) aus Beweggründen begangen, die mit der Stellung des Beleidigten im öffentlichen Leben zusammenhängen, und ist die Tat geeignet, sein öffentliches Wirken erheblich zu erschweren, so ist die Strafe Freiheitsstrafe von drei Monaten bis zu fünf Jahren.

(2) Eine Verleumdung (§ 187) wird unter den gleichen Voraussetzungen mit Freiheitsstrafe von sechs Monaten bis zu fünf Jahren bestraft.

25 § 188 StGB verstärkt den Ehrschutz für **Personen des politischen Lebens**; geschützt ist nach hM nicht das politische Amt, sondern die Person (BGHSt 6, 161). Zweck ist, „der Vergiftung des politischen Lebens durch Ehrabschneidungen mittels nicht erweislich wahrer oder unwahrer Informationen entgegenzuwirken" (BVerfGE 4, 352, 356; BGHSt 6, 159, 161). Damit wird dem Umstand Rechnung getragen, dass sich im politischen Leben engagierende Personen in verschärftem Maße ehrverletzenden Angriffen ausgesetzt sind. **§ 188 StGB** schützt nur **im politischen Leben des Volkes stehende Personen**, nicht alle im öffentlichen Leben stehenden. Dies gilt auch dann, wenn diese Personen das öffentliche Leben auf dem Gebiet der Weltanschauung, Wirtschaft, Wissenschaft oder Kunst in erheblichem Maße mitgeprägt haben. Personen des öffentlichen Lebens sind denen „im politischen Leben des Volkes stehenden" Personen iSv § 188 StGB nicht gleichzusetzen (*Tröndle/Fischer*, § 188 StGB Rn 2). Die Norm schützt Personen, die sich **für eine gewisse Dauer mit grundsätzlichen Angelegenheiten des Staates befassen,** die seine Verfassung, Gesetzgebung, Verwaltung oder seine internationalen Beziehungen berühren und die aufgrund der ausgeübten Funktion das politische Leben maßgeblich beeinflussen (BGHSt 4, 338, 339; Schönke/Schröder/*Lenckner/Eisele*, § 188 Rn 2; *Kühl*, StGB, § 188 Rn 2; *Tröndle/Fischer*, § 188 Rn 2). Gemeint sind damit unter anderem der Bundespräsident, der Bundestagspräsident und Regierungsmitglieder von Bund und Ländern (LG Düsseldorf NJW 1983, 1212), auch Landtags- (BGH NJW 1952, 194) und Bundestagsmitglieder (BGHSt 3, 74), unabhängig davon, ob sie der Regierungs- oder Oppositionspartei angehören, führende Mitglieder politischer Parteien (OLG Düsseldorf NJW 1983, 1211), Richter des BVerfG, nicht aber sonstige Richter, auch wenn sie in Staatsschutzsachen tätig sind (BGHSt 4, 338). Vom Schutzbereich **nicht umfasst** werden Geistliche, Journalisten, Vertreter von Verbänden, Gewerkschaftsführer (aA: Löffler/*Steffen*, § 6 Rn 97) oder sonstige Personen, die öffentliche Belange im Rahmen ihrer Berufstätigkeit beeinflussen (*Tröndle/Fischer*, § 188 Rn 2), aber nicht politisch tätig sind.

26 § 188 StGB differenziert zwischen Taten nach § 186 (Abs. 1) StGB und § 187 (Abs. 2) StGB. Der Tatbestand setzt also die Verwirklichung einer üblen Nachrede oder Verleumdung voraus. Der verstärkte Ehrschutz beschränkt sich wie dort auf unwahre bzw nicht erweislich wahre Tatsachenbehauptungen. § 188 StGB greift allein da ein, wo die inkriminierte Äußerung inhaltlich geeignet ist, das öffentliche Wirken des Betroffenen erheblich zu erschweren, also seine Glaubwürdigkeit und Lauterkeit in Frage zu stellen oder seine Einflussmöglichkeiten nachhaltig zu verringern (BGH NJW 1954, 649; BGH NStZ 1981, 300). Diese inhaltliche Eignung der Äußerung, die Einflussmöglichkeiten zu verringern, muss vom Vorsatz umfasst sein. Darüber hinaus muss die Äußerung durch die Stellung des Betroffenen im öffentlichen Leben motiviert sein; seine Position als solche reicht als Motiv nicht aus. Ein politisches Motiv ist nicht erforderlich (BGHSt 4, 119). Irrelevant ist das vom Äußernden verfolgte Ziel oder seine Motivation, die Stellung des Betroffenen im politischen Leben untergraben zu wollen. Es reicht beispielsweise das bloße Spekulieren auf eine höhere Auflage wegen der besonderen politischen Stellung des Betroffenen aus (BGHSt 4, 119, 121).

27 Da der Tatbestand auf §§ 186, 187 StGB aufbaut, die ihrerseits bereits Schutzgesetze im Sinne des § 823 Abs. 2 BGB sind, kommt § 188 StGB im Zivilrecht kaum eigenständige Bedeutung zu.

V. Verunglimpfung des Andenkens Verstorbener (§ 189 StGB)

§ 189 StGB Verunglimpfung des Andenkens Verstorbener

Wer das Andenken eines Verstorbenen verunglimpft, wird mit Freiheitsstrafe bis zu zwei Jahren oder mit Geldstrafe bestraft.

28 Schutzobjekt ist die im Nachruf bestehende Nachwirkung der Persönlichkeit (BGHZ 50, 136 – Mephisto). Der Verstorbene muss **verunglimpft** sein. Mit diesem Verlangen bringt der Gesetzgeber zum Ausdruck, dass allein Beleidigungshandlungen von gewisser Intensität tatbestandsmäßig sind. Das Tatbestandsmerkmal ist erfüllt, wenn der Äußernde den Verstorbenen **besonders grob und schwerwiegend herabsetzt** (BGHSt 12, 366). Die Schwere kann sich aus dem Inhalt oder aus der Form der Äußerung ergeben sowie aus dem Beweggrund oder der Gelegenheit der Kundgebung. Zu einer Verunglimpfung wird eine Verleumdung immer, eine üble Nachrede, wenn sie einiges Gewicht hat, und eine einfache Beleidigung nur dann ausreichen, wenn sie unter besonders gravierenden Begleitumstän-

den erfolgt (LG Göttingen NJW 1979, 1559; MK-*Regge*, § 189 Rn 18). § 189 StGB setzt eine Verunglimpfung nach dem Tod des Betroffenen voraus. Verstorbene können auch unter **Kollektivbezeichnungen** verunglimpft werden (BGH NJW 1959, 800). Die Verunglimpfung muss sich dann auf eine Gruppe von Personen beziehen, deren Gemeinsamkeit sich gerade aus den Umständen ihres Sterbens ergibt (BGH 40, 105; BayObLG, NStZ 1997, 283). Die sogenannte **Auschwitz-Lüge** ist als Unterfall der Volksverhetzung gemäß § 130 Abs. 3 StGB strafbar (vgl dazu: BGH NJW 1994, 1421; BVerfG NJW 1994, 1779; BGH NJW 2001, 624 – Auschwitz-Lüge im Internet; BGH NJW 2002, 2144 – Leugnen des Holocaust durch Verteidigerhandeln). Für die Verwirklichung des Tatbestandes ist **bedingter Vorsatz ausreichend**; er muss sich auch darauf beziehen, dass die betroffene Person verstorben ist (*Tröndle/Fischer*, § 189 Rn 3).

VI. Formalbeleidigung (§ 192 StGB)

§ 192 StGB Beleidigung trotz Wahrheitsbeweises

Der Beweis der Wahrheit der behaupteten oder verbreiteten Tatsache schließt die Bestrafung nach § 185 nicht aus, wenn das Vorhandensein einer Beleidigung aus der Form der Behauptung oder Verbreitung oder aus den Umständen, unter welchen sie geschah, hervorgeht.

Kennzeichen einer Formalbeleidigung ist, dass sich **aus** den **Begleitumständen** eine **beleidigende Wertung** ergibt (*Tröndle/Fischer*, § 192 Rn 2 bis 4). Davon kann auszugehen sein, wenn bei der Veröffentlichung einer wahren ehrenrührigen Tatsache „entlastende“ Gesichtspunkte gezielt weggelassen werden, Kleinigkeiten aufgebauscht werden oder Behauptungen tendenziös zusammengestellt sind (*Tenckhoff*, JuS 1989, 39). Die gewählte Ausdrucksform ist anhand der Umstände des Einzelfalls zu würdigen, zu denen auch die persönlichen Umstände des Äußernden zählen. Gegebenenfalls kann bei der Untersuchung einer Äußerung auf einen formal beleidigenden Gehalt die Aufklärung des Sachverhalts notwendig sein. Aus diesem kann folgen, dass selbst schärfste Formulierungen als noch gerechtfertigt gelten (RGSt 65, 1). Auch wenn eine Formalbeleidigung anzunehmen ist, muss weiter geprüft werden, ob sie durch die grundrechtliche Äußerungsfreiheit gedeckt ist (BGH NJW 1982, 2655 – Kredithaie). 29

Für die rechtliche Beurteilung ist nicht relevant, ob der Äußernde für seine Behauptung Gründe anführt oder andeutet. Er kann auch unbeschadet der Darlegungslast im Prozess nicht zu einer Begründung verpflichtet werden, insbesondere nicht dazu, einen bereits früher dargelegten Sachverhalt zu wiederholen (BGH NJW 1974, 1762 – Deutschlandstiftung). Andererseits gibt die bloße Verwendung von Schimpfworten zu erkennen, dass es dem Äußernden nicht um die Wahrnehmung von Informationsinteressen, sondern darum gegangen ist, den Betroffenen zu beleidigen (RGSt 35, 231; OGHZ 2, 310). 30

Vom **Vorsatz** des Äußernden muss umfasst sein, dass Form oder Umstände der Kundgebung trotz der Wahrheit der Behauptung ehrverletzend sind (BayObLG 20, 108). 31

Eine **Formalbeleidigung** wurde **angenommen** für Bezeichnungen mit Schimpfworten (*Tröndle/Fischer*, § 192 Rn 2). Abgesehen davon kann ein formalbeleidigender Gehalt aus sonstigen Darstellungsweisen wie zum Beispiel der Verbreitung eines in Steckbriefform aufgemachten Plakats liegen (OLG Frankfurt aM AfP 1990, 228). **Keine Formalbeleidigung** liegt vor, wenn der Sachverhalt die Darstellungsweise ausnahmsweise rechtfertigt. Bei Vorliegen entsprechender tatsächlicher Anknüpfungspunkte wurden unter anderem die Behauptungen „zwiespältiger Charakter“ (BGHSt 12, 287), „hitzköpfiger Demagoge“ (OLG Hamm AfP 1962, 276) oder „Pfuscher, Scharlatan, pseudoreligiöser Vitaminguru“ (OLG Karlsruhe NJW-RR 2002, 1695) als nicht per se formalbeleidigend eingestuft. Gleiches gilt für die Bezeichnung „Kredithaie“ (BGH NJW 1982, 2655). 32

B. Rechtswidrigkeit

Bei Verletzungen von § 823 Abs. 2 BGB iVm einem Schutzgesetz ist die Rechtswidrigkeit durch die Verletzung des Schutzgesetzes indiziert (Palandt/*Sprau*, § 823 BGB Rn 59 mwN). 33

Gleichwohl kann die **Rechtswidrigkeit entfallen**, wenn der **Rechtfertigungsgrund der „Wahrnehmung berechtigter Interessen“** (s. dazu Rn 36 ff) greift oder **allgemeine Rechtfertigungsgründe** vorliegen (*Jauernig*, § 823 BGB Rn 79). 34

35 Der Feststellung dieser gesonderten Rechtfertigungsgründe bedarf es bei einer Verletzung des allgemeinen Persönlichkeitsrechts nach § 823 Abs. 1 BGB nicht, sondern nur bei Verletzungen von § 823 Abs. 2 BGB iVm einem Schutzgesetz. Beim **allgemeinen Persönlichkeitsrecht** als offener Tatbestand und Rahmenrecht (Staudinger/*Hager*, § 823 BGB Rn C 18) ist die Rechtswidrigkeit dann gegeben, wenn sie aus einer Interessenabwägung der tangierten Positionen folgt: In diesem Bereich folgen Rechtfertigung und mangelnde Tatbestandsmäßigkeit schon unmittelbar aus der Gewährleistung der Pressefreiheit und ihrer Abwägung mit den Interessen des Betroffenen (*Prinz/Peters*, Medienrecht, Rn 254; *Soehring*, Presserecht, Rn 15.3).

I. Wahrnehmung berechtigter Interessen (§ 193 StGB)

§ 193 StGB Wahrnehmung berechtigter Interessen

Tadelnde Urteile über wissenschaftliche, künstlerische oder gewerbliche Leistungen, desgleichen Äußerungen, welche zur Ausführung oder Verteidigung von Rechten oder zur Wahrnehmung berechtigter Interessen gemacht werden, sowie Vorhaltungen und Rügen der Vorgesetzten gegen ihre Untergebenen, dienstliche Anzeigen oder Urteile von seiten eines Beamten und ähnliche Fälle sind nur insofern strafbar, als das Vorhandensein einer Beleidigung aus der Form der Äußerung oder aus den Umständen, unter welchen sie geschah, hervorgeht.

36 § 193 StGB ist nach hM ein **Rechtfertigungsgrund** (BGHZ 3, 270, 280 f; OLG Frankfurt aM NJW 1980, 597; Staudinger/*Hager*, § 823 BGB Rn C 95 mwN). Im Zivilrecht hat die Wahrnehmung berechtigter Interessen ihren Standort in der Abgrenzung der „offenen" Schutzgüter Persönlichkeitsrecht und Recht am eigenen Unternehmen gegenüber den schutzwürdigen, insbesondere durch Artikel 5 GG gewährleisteten Interessen an freier Meinungsäußerung. Das Institut „Wahrnehmung berechtigter Interessen" aus Artikel 5 GG, § 193 StGB ist eine der Einbruchstellen der Grundrechte in das Zivilrecht (BVerfGE 12, 113, 125 ff); Grundrechte stecken hier also den Rahmen des Interessenausgleichs zwischen Privaten ab (BGH NJW 1993, 525, 527 – Kettenmafia): Die Freiheit der Medien ist für einen demokratischen Staat von schlechthin konstituierender Bedeutung (BVerfGE 12, 113, 125); die **Presse** erfüllt insofern eine **„öffentliche" Aufgabe**. Angesichts der mit der Erfüllung dieser Aufgaben verbundenen Risiken bietet die „Wahrnehmung berechtigter Interessen" eine notwendige **Haftungsreduzierung** für die Medien (vgl EGMR NJW 2006, 1645, 1648 f; BVerfGE 10, 121; LG Düsseldorf NJW 1992, 1335) – solange die Medien bei ihrer Aufgabenerfüllung sorgfältig handeln. Eine Haftungsreduzierung kommt indes bei Formalbeleidigungen oder Schmähkritik nicht in Betracht; der Rechtfertigungsgrund der „Wahrnehmung berechtigter Interessen" greift hier nicht (Bamberger/Roth-*Bamberger*, § 12 BGB Rn 191).

37 Nach § 193 StGB sind herabwürdigende Äußerungen von der Strafbarkeit als Beleidigung ausgenommen, wenn sie zur „Wahrnehmung berechtigter Interessen" gemacht werden und keine Formalbeleidigung oder Schmähkritik sind. Liegen demnach für eine Veröffentlichung berechtigte Interessen vor, ist die Berichterstattung nicht rechtswidrig, auch wenn sie für sich genommen den Beleidigungstatbestand erfüllt (BVerfG NJW 2000, 3196; BGHZ 3, 270, 281; BGHSt 18, 184). Der Grundsatz gilt selbst dann, wenn iSv § 186 StGB eine Äußerung „nicht erweislich wahr" ist. Dem Äußernden wird das Risiko abgenommen, dass sich eine von ihm aufgestellte Behauptung trotz Beachtung der von ihm grundsätzlich zu verlangenden Sorgfalt als falsch erweist. Ergibt sich im Nachhinein, dass eine Äußerung nicht zutrifft, sie aber in gutem Glauben an die Richtigkeit veröffentlicht wurde, sind die Medien vor Rechtsverfolgung geschützt (BGH NJW 1985, 1621, 1622 – Türkol I; KG AfP 2001, 65) – vorausgesetzt, das wahrgenommene Interesse war „berechtigt". Da nämlich keine Interessenwahrnehmung eine absolut rechtfertigende Wirkung hat, sind stets die wahrgenommenen mit den verletzten Interessen abzuwägen, wobei die verfassungsmäßigen Wertungen aus den Gewährleistungen von Artikel 5 Absätze 1 und 3 GG angemessen zu berücksichtigen sind (BVerfGE 93, 266 – Soldaten sind Mörder II; BGHZ 132, 12, 23 – Der Lohnkiller; BGHZ 139, 95, 105 ff – Stolpe).

38 Um festzustellen, ob eine Veröffentlichung in Wahrnehmung berechtigter Interessen erfolgte, muss das **Informationsinteresse** der Öffentlichkeit mit dem **Persönlichkeitsrecht** des Betroffenen abgewogen werden. Dabei muss die Veröffentlichung jedenfalls in der **Absicht der Interessenwahrung** unter **Beachtung der journalistischen Sorgfalt** erfolgt sein (OLG Karlsruhe AfP 2006, 162). Maßgeblich für das Informationsinteresse ist das Interesse der Mitteilungsempfänger, informiert zu werden; dieses Interesse kann grundsätzlich von jedermann wahrgenommen werden (vgl dazu *Soehring/Seelmann-Egge-*

bert, NJW 2000, 2466 ff; vgl auch Wenzel/*Burkhardt*, Kapitel 6 Rn 55 ff). Allerdings ist ein Informationsinteresse nicht für jede Mitteilung gegeben. Maßgeblich ist, welche Bedeutung die Mitteilung für die Allgemeinheit hat (BGH NJW 1960, 476, 477 – Alte Herren; OLG Karlsruhe NJW-RR 2006, 483; KG NJW-RR 2004, 843, 844); an **Belanglosigkeiten** oder **Banalitäten** besteht kein schützenswertes Informationsinteresse der Öffentlichkeit (BGH NJW 1996, 1128, 1130 – Caroline von Monaco III; BGHZ 24, 200, 208 – Spätheimkehrer; OLG Hamburg AfP 1992, 376, 377). Gleiches gilt für das reine Interesse an **Unterhaltung**, bloße **Neugier** oder **Sensationslust** (BGH NJW 1996, 1128, 1130 – Caroline von Monaco III; BGH NJW 1965, 2148, 2149 – Spielgefährtin I; BVerfG NJW 1973, 1221, 1224 – Soraya; aA OLG München AfP 1990, 214, 214).

Entscheidend ist, dass das wahrgenommene **Informationsinteresse sachlich bedingt** ist. Das Persönlichkeitsrecht des Betroffenen tritt daher nicht zurück, wenn die Berichterstattung bloß von dem Wunsch getragen ist, die Leser zu unterhalten oder deren Neugier zu befriedigen (BVerfGE 101, 361, 388 – Caroline von Monaco; BGH LM GG Art. 5 Nr. 16 – Gretna Green; OLG Frankfurt aM ZUM 1994, 514; zur gesellschaftlichen Bedeutung von Unterhaltung, *di Fabio*, AfP 1999, 126, 127, 131). Andererseits spielt die Kategorie der Publikation keine Rolle; auch die **Unterhaltungs- und Sensationspresse** steht unter dem **Schutz von Artikel 5 GG** (BVerfG NJW 1973, 1221, 1224 – Soraya). In die Abwägung ist zudem der Kreis der Informationsinteressenten einzubeziehen. Es muss ein Informationsinteresse der **Allgemeinheit** vorliegen, das dann nicht gegeben ist, wenn Vorgänge aus der Privat- und/oder Intimsphäre veröffentlicht werden, die nur für „Insider" von Interesse sein können. Gleiches kann bei Vorgängen aus dem wirtschaftlichen Bereich gelten, wenn das Interesse an der Äußerung eher beim Geschäftpartner liegt. An der Veröffentlichung **bewusst unwahrer Tatsachenbehauptungen** kann niemals ein berechtigtes Interesse bestehen; sie sind nicht vom Schutz des Artikels 5 GG umfasst (Löffler/*Steffen*, § 6 LPG Rn 52). 39

Um zur Rechtfertigung einer tatbestandsmäßigen Verletzung des Persönlichkeitsrechts zu gelangen, muss das Interesse der Öffentlichkeit höher bewertet werden als das Interesse des Betroffenen. Je größer das Informationsinteresse der Öffentlichkeit ist, desto eher tritt das Schutzinteresse des Betroffenen hinter die Informationsbelange der Öffentlichkeit zurück. Ist der Informationswert einer Angelegenheit für die Öffentlichkeit hingegen von eher geringerer Bedeutung, muss das Interesse der Medien an der Veröffentlichung hinter das Interesse des Betroffenen zurücktreten (BGH NJW 1996, 1128, 1130 – Caroline von Monaco III). Im Rahmen der Abwägung ist auch zu berücksichtigen, ob die ehrverletzende Veröffentlichung nach den konkreten Umständen das **erforderliche** und **angemessene Mittel** zur Wahrnehmung des höherwertigen Interesses ist. Die Medien trifft daher eine nach den Umständen des Einzelfalls mehr oder weniger weitgehende Sorgfaltspflicht (BGHSt 14, 51). So findet § 193 StGB beispielsweise bei leichtfertigen Beleidigungen keine Anwendung (vgl BGHSt 3, 75; LG Celle NJW 1988, 354). 40

Bei Angelegenheiten von **öffentlichem Interesse** und im **politischen Meinungskampf** schränkt das BVerfG diese Grundsätze zugunsten der Meinungsäußerungsfreiheit ein (BVerfGE 7, 198, 208; BVerfGE 42, 163; BVerfGE 61, 12; BVerfG NJW 1995, 3303): Hier kommt es nicht stets darauf an, ob die Ehrverletzung das schonendste Mittel ist; vielmehr sind auch **abwertende Äußerungen** zulässig und **starke Formulierungen hinzunehmen**, sofern sie nach Sachlage des Einzelfalls nicht unverhältnismäßig erscheinen (BVerfGE 24, 286; st Rspr). Zu Fragen der Verdachtsberichterstattung s. auch BGH AfP 2000, 167; zur Zulässigkeit der Namensnennung s. BVerfGE 35, 220; BGH NJW 1963, 484; BGH NJW 2000, 1036; LG Düsseldorf MDR 1971, 661; LG Stuttgart NJW 1972, 2230). 41

Eine Rechtfertigung durch § 193 StGB kommt nur dann infrage, wenn die **journalistische Sorgfalt** gewahrt wurde (OLG Hamburg Beschl. v. 9.9.2009 – 7 W 96/09 – nicht veröffentlicht; LG Landshut ZMR 2008, 569; LG Berlin Urt. v. 4.7.2007 – 27 O 428/06 – Gröllmann; OLG Karlsruhe NJW-RR 2006, 483). Aufgrund ihrer Breitenwirkung müssen die Medien besondere Rücksicht nehmen. Dies gilt insbesondere dann, wenn sie in Erfüllung ihrer öffentlichen Aufgabe handeln und Informationen zu einem Zeitpunkt veröffentlichen, zu dem die Informationen mit den zur Verfügung stehenden Mitteln nicht vollständig verifiziert werden konnten (BGHZ 90, 113 – Bundesbahnplanungsvorhaben; BGHZ 139, 95, 105 f – Stolpe; BGH NJW 1977, 1288 – Abgeordnetenbestechung). Dies hat zur Folge, dass berechtigte Interessen nicht wahrgenommen werden, wenn **nachlässig recherchiert** oder die Pflicht, sich um wahrheitsgemäße Berichterstattung zu bemühen, vernachlässigt wurde (BVerfGE 85, 1, 21 – Kritische Bayer-Aktionäre; BVerfG ZUM 2005, 917 – frauenfeindliche Fahrschule; BGH NJW 42

1994, 2614, 2616 – Pleite gehen). Zu den Anforderungen an die journalistische Sorgfaltspflicht s. 39. Abschnitt Rn 2 ff.

43 Schließlich ist für § 193 StGB ganz allgemein der **Verhältnismäßigkeitsgrundsatz** zu beachten. Die Veröffentlichung muss durch das von ihr verfolgte Ziel gerechtfertigt sein. Sensations- oder Stimmungsmache (RG 36, 422; OLG Bremen NStZ 1999, 621; OLG München NJW-RR 2001, 765) heißt die Norm ebenso wenig gut wie den Zweck, mit der Äußerung lediglich die eigene wirtschaftliche Situation verbessern zu wollen (RG 38, 241). Zur Wahrnehmung berechtigter Interessen s. ausführlich: Wenzel/*Burkhardt*, Kap. 6 Rn 27 ff.

44 § 193 StGB kann auch tadelnde Urteile über wissenschaftliche, künstlerische oder gewerbliche Leistungen oder Äußerungen, die zur Ausführung oder Verteidigung von Rechten gemacht werden, sowie Vorhaltungen und Rügen von Vorgesetzten gegen ihre Untergebenen, dienstliche Anzeigen oder Urteile von Seiten eines Beamten und ähnliche Fälle rechtfertigen. Es gelten daher auch hier die zur Wahrnehmung berechtigter Interessen geschilderten Grundsätze.

II. Die Rolle des § 190 StGB

§ 190 StGB Wahrheitsbeweis durch Strafurteil

[1]Ist die behauptete oder verbreitete Tatsache eine Straftat, so ist der Beweis der Wahrheit als erbracht anzusehen, wenn der Beleidigte wegen dieser Tat rechtskräftig verurteilt worden ist. [2]Der Beweis der Wahrheit ist dagegen ausgeschlossen, wenn der Beleidigte vor der Behauptung oder Verbreitung rechtskräftig freigesprochen worden ist.

45 § 190 Satz 1 StGB enthält eine **Beweisregel**. Diese Beweisregel ist über § 823 Abs. 2 BGB in das Deliktsrecht überführt (BGH MDR 1985, 1014, 1015 – Nachtigall II). Der Beweis der Wahrheit ist daher als erbracht anzusehen, wenn ein rechtskräftiges Strafurteil vorliegt, umgekehrt ist der Beweis ausgeschlossen, wenn der Betroffene rechtskräftig freigesprochen wurde. Die Norm verlangt, dass die behauptete und die erwiesene Tatsache identisch sind (RG 64, 286); ausreichend ist, dass die **Behauptung im Wesentlichen als richtig erwiesen** ist. Der Wahrheitsbeweis ist jedenfalls für §§ 186, 187 und 190 StGB möglich, auch für § 185 StGB im Fall der Behauptung einer ehrenrührigen Tatsache gegenüber dem Betroffenen selbst (BayObLG, NJW 1961, 85). Denkbar ist der Wahrheitsbeweis auch in sonstigen Fällen, in denen eine Formalbeleidigung mit einer Tatsachenbehauptung zusammenhängt. Der **Wahrheitsbeweis** ist als **erbracht** anzusehen, wenn der Betroffene wegen dieser Tat **rechtskräftig verurteilt** worden ist, gleich ob vor oder nach der Behauptung, ob durch Urteil oder Strafbefehl (SK-Rudolph/*Rogall*, § 190 Rn 5). Wird von einer Strafe abgesehen oder nach § 199 StGB für straffrei erklärt, liegt eine Verurteilung im Sinne der Norm vor. Die Beweiswirkung von Satz 1 ist auch gegeben, wenn der Eintrag im Bundeszentralregister gelöscht wird (LK-*Hilgendorf*, § 190 Rn 7; *Kühl*, StGB, § 190 StGB Rn 2; Schönke/Schröder/*Lenckner*/*Eisele*, § 190 Rn 3).

46 Der **Beweis der Wahrheit** ist **ausgeschlossen**, wenn der Betroffene vom Vorwurf der behaupteten Tat vor der Behauptung oder Verbreitung **rechtskräftig freigesprochen** worden ist (§ 190 Satz 2 StGB). Vor der Behauptung muss Rechtskraft eingetreten sein. Das Urteil muss das Nichtbegehen oder die Schuldlosigkeit feststellen oder insoweit zum Freispruch mangels Beweisen kommen (*Helle*, GA 1961, 168; aA *Tenckhoff*, JuS 1989, 37). Einstellung wegen Verjährung, Amnestie, fehlenden Strafantrags, Rücktritts vom Versuch sowie die Straffreierklärung nach § 199 StGB gelten nicht als Freispruch (MK-*Regge*, § 190 Rn 17); auch die Einstellung eines Verfahrens wegen eines Mangels an Beweisen steht dem Wahrheitsbeweis nicht entgegen.

47 Zur verfassungskonformen Auslegung von § 190 StGB s. Wenzel/*Burkhardt*, Kap. 5 Rn 229 ff.

III. Einwilligung

48 Die Rechtswidrigkeit entfällt, wenn der Betroffene dem Eingriff in sein Persönlichkeitsrecht zugestimmt hat. Hat er in Ausübung seines Selbstbestimmungsrechts seine Schutzsphäre in dem durch die Äußerung betroffenen Bereich selbst geöffnet, mangelt es nämlich an einer Grundlage für die Annahme der Rechtswidrigkeit. Ob die **Einwilligung rechtsgeschäftlichen** bzw **rechtsgeschäftsähnlichen Charakter** hat oder als **Realakt** verstanden werden muss, ist in hohem Maße umstritten. Der BGH und Teile der weiteren Rspr nehmen an, die Einwilligung sei ein Realakt (vgl BGHZ 38, 49, 54; BGH VersR

1961, 632, 633; BGH NJW 1964, 1177; BGH NJW 1980, 1907 f; aA: OLG Düsseldorf FamRZ 1984, 1121; OLG München AfP 1983, 120; OLG München NJW-RR 2000, 999 – Dolly Dollar). Richtigerweise wird man wohl davon ausgehen müssen, dass die Einwilligung rechtsgeschäftlichen Charakter hat (so auch Wenzel/*Burkhardt*, Kap. 6 Rn 92 mwN). Dies führt dazu, dass auch Vertretung bei der Erteilung der Einwilligung möglich ist. Soweit die Einwilligung Bestandteil einer rechtgeschäftlichen Vereinbarung ist, nimmt sie an der rechtsgeschäftlichen Natur des Vertrages teil (vgl auch 34. Abschnitt Rn 19).

Da die Gewährleistung der Selbstbestimmung über den eigenen Integritätsbereich im Vordergrund steht und nicht das Bedürfnis des Rechtsverkehrs, auf den Bestand der Einwilligung vertrauen zu dürfen (BGB – RGRK/*Steffen*, § 823 Rn 377), muss der Einwilligende lediglich die natürliche Fähigkeit besitzen, die Bedeutung und Tragweite des Eingriffs in sein Persönlichkeitsrecht zu erkennen und nach Abwägung von Pro und Contra zu entscheiden. Da die allgemeinen Regeln gelten, ist Geschäftsfähigkeit erforderlich. Für **Minderjährige** ist der Sorgeberechtigte zuständig (vgl BGHZ 160, 298, 304 – Das heimliche Babyglück), da der Minderjährige nach hM nicht einwilligen kann (OLG München AfP 1983, 276, 277; BGB-RGRK/*Dunz*, Anh. I Rn 28). Die **Einwilligung** muss – **ausdrücklich oder stillschweigend** – erklärt werden; **konkludentes Handeln** reicht aus (BVerfG NJW 2002, 3619, 3623 – Mitgehörtes Telefonat). Aus den Umständen folgt beispielsweise eine Einwilligung, wenn der Betroffene Aufnahmen billigt, obwohl er um die Veröffentlichungsabsicht und um sein Recht, die Einwilligung zu verweigern, weiß (BGHZ 49, 288, 295 – Fußballsammelbildnis; OLG Hamburg NJW-RR 2005, 479 – Polizeiverhör; OLG München NJW-RR 1996, 1487 – Sex-Papst). 49

Der **Umfang** der Einwilligung, also ihre gegenständliche und zeitliche Reichweite, ist **eng auszulegen.** Entscheidend ist der konkrete Anlass, für den sie erteilt wurde (BGH NJW 1985, 1617, 1619 – Nacktaufnahme; BGH NJW 2005, 56, 57 – Reitturnier); eine spätere Veröffentlichung eines anderen Zuschnitts ist idR von der Einwilligung nicht umfasst. Eine erteilte Einwilligung kann nach den allgemeinen Regeln **angefochten** werden, insbesondere wegen Arglist, wenn Reporter sich nicht als solche zu erkennen geben oder vertuschen, für welches Medienunternehmen sie tätig sind (*Prinz/Peters*, Medienrecht, Rn 251). Darüber hinaus kann die Einwilligung widerrufen werden. Beurteilt man, wie hier, die Einwilligung als eine rechtsgeschäftliche Erklärung, ist der **Widerruf** zulässig, wenn sich die Umstände seit der Einwilligung so verändert haben, dass eine **Veröffentlichung** den Betroffenen in seinem **Persönlichkeitsrecht** empfindlich **beeinträchtigt** (OLG München AfP 1989, 570, 571; *Prinz/Peters*, Medienrecht, Rn 252 mwN). Die Einwilligung kann aus wichtigem Grund **gekündigt** werden, wenn sie Bestandteil einer vertraglichen Vereinbarung ist (BGH GRUR 1987, 128 – Nena; vgl auch 34. Abschnitt Rn 32 ff). 50

Die **mutmaßliche Einwilligung** greift als Rechtfertigungsgrund, wenn die Zustimmung des Betroffenen nicht eingeholt werden konnte, aber eine Würdigung der Umstände ergibt, dass der Betroffene eingewilligt hätte oder ihm nichts daran gelegen hätte, der Veröffentlichung zuzustimmen (OLG Hamburg NJW 1960, 1482). Indes ist die Annahme, es läge eine konkludente Einwilligung vor, zurückhaltend zu handhaben. 51

Für das Vorliegen der Einwilligung ist der Äußernde beweispflichtig (BGHZ 20, 345, 348 – Paul Dahlke; BGH NJW 1965, 1374 – Satter Deutscher). 52

IV. Sonstige Rechtfertigungsgründe

Im Äußerungsrecht gelten darüber hinaus die allgemeinen Rechtfertigungsgründe, hinzu kommen weitere Rechtfertigungsgründe wie beispielsweise das Vorbringen von Äußerungen im rechtförmlichen Verfahren zur Verteidigung von Rechten (zum Beispiel Prozessvortrag, Eingabe an Behörden, Strafanzeigen) oder bei Äußerungen in Vertrauenssphären wie bei Gesprächen im engen Familienkreis oder im Gespräch mit dem eigenen Rechtsanwalt (LG Düsseldorf NJW 1974, 1250) in Betracht. Der praktisch relevanteste Rechtfertigungsgrund ist allerdings die Einwilligung. 53

C. Weitere Anspruchsvoraussetzungen und Beweislast

Zu den weiteren Anspruchsvoraussetzungen von § 823 Abs. 2 iVm §§ 185 ff StGB wie Zurechnungszusammenhang, Kausalität, Verschulden, Schaden und Beweislast s. insbesondere 44. Abschnitt Rn 7 ff. 54

D. Rechtsfolgen

55 Auch hier gilt der allgemeine Grundsatz, dass eine tatbestandsmäßige und rechtswidrige Verletzung Ansprüche (auf Unterlassung und Beseitigung) auslösen kann und bei schuldhafter Verletzung Schadensersatzansprüche in Betracht kommen. Ergänzt wird das Sanktionensystem durch presserechtliche Regelungen, die sich in den Landespressegesetzen finden. Daneben können Ansprüche aus Eingriffskondiktion in Frage kommen (BGHZ 81, 81). Zu Unterlassungs- und Beseitigungsansprüchen s. 42. Abschnitt; zur Richtigstellung/Widerruf s. u 43. Abschnitt, zum Gegendarstellungsanspruch s. 41. Abschnitt, zum Schadensersatz s. u 44. Abschnitt, zur Geldentschädigung s. 45. Abschnitt.

56 Soweit nicht in § 823 Abs. 1 BGB selbst erwähnte oder über das Merkmal „sonstiges Recht“ geschützte Persönlichkeitsgüter betroffen sind, greift die Rspr auf die Verletzung des allgemeinen Persönlichkeitsrechts neben dem Verstoß gegen Sondernormen zurück (zB BGH NJW 1974, 1948); § 823 Abs. 2 BGB steht selbstständig neben § 823 Abs. 1 BGB.

§ 824 BGB Kreditgefährdung

(1) Wer der Wahrheit zuwider eine Tatsache behauptet oder verbreitet, die geeignet ist, den Kredit eines anderen zu gefährden oder sonstige Nachteile für dessen Erwerb oder Fortkommen herbeizuführen, hat dem anderen den daraus entstehenden Schaden auch dann zu ersetzen, wenn er die Unwahrheit zwar nicht kennt, aber kennen muss.

(2) Durch eine Mitteilung, deren Unwahrheit dem Mitteilenden unbekannt ist, wird dieser nicht zum Schadensersatz verpflichtet, wenn er oder der Empfänger der Mitteilung an ihr ein berechtigtes Interesse hat.

A. Tatbestand

57 § 824 BGB ist anwendbar, soweit es um die wirtschaftliche Stellung oder Entwicklung des Betroffenen geht. Die Norm schützt natürliche wie juristische Personen (BGHZ 90, 113, 118 f; NJW 1974, 1762 – Deutschland-Stiftung; NJW 1975, 1882, 1883 – Geist von Oberzell; NJW 83, 1183), beispielsweise Handelsgesellschaften iR ihres Gesellschaftszwecks (RG HRR 41, 1005; LG Stuttgart NJW 1976, 628, 630), Hersteller eines Produkts, aber auch Alleinvertriebsberechtigte (BGH NJW-RR 1989, 924), Idealvereine (BGH NJW 1970, 378 – Sportkommission), nicht-rechtsfähige Vereine (BGHZ 42, 210 – Gewerkschaftspropaganda; BGH NJW 1971, 1655 – Sabotage) sowie oHG (Staudinger/*Hager*, § 823 Rn C 30) und KG (BGHZ 78, 24 – Medizin-Syndikat). Beeinträchtigungen des wirtschaftlichen Rufs eines Verstorbenen werden durch § 824 BGB nicht erfasst (BGHZ 50, 133 – Mephisto). Schutzgut ist weiter die wirtschaftliche Betätigung der öffentlichen Hand, selbst wenn sie dadurch öffentliche Aufgaben erfüllt, nicht jedoch die hoheitliche Betätigung des Staates (BGHZ 90, 113, 116 – Bundesplanungsvorhaben). Äußerungen, die sich gegen eine juristische Person richten, müssen von ihr verfolgt werden (RGZ 91, 354; RG Recht 16 Nr. 284). Daneben können Gesellschafter geschützt sein, wenn und soweit sie die Äußerung in ihrem eigenen Wirtschaftskreis betrifft. Ist die Gesellschaft betroffen, sind die Gesellschafter nicht automatisch unmittelbar betroffen – es sei denn, ein Gesellschafter ist Alleingesellschafter (BGH NJW 1954, 71, 72).

I. Unwahre Tatsachen

58 Der Schutz des § 824 BGB greift nur gegenüber unwahren Tatsachenbehauptungen, die nicht ehrenrührig sein müssen. **Tatsachen** sind dabei **konkrete Vorgänge** oder **Zustände** der Vergangenheit und Gegenwart, die sinnlich wahrnehmbar oder einer Überprüfung ihrer Richtigkeit durch Beweis zugänglich sind (BVerfG NJW 1996, 1529 f mwN; BGHZ 132, 12, 21 mwN; 139, 95, 102); dazu zählen auch innere Vorgänge wie Gefühle, Motivation oder Antriebsmotive (sog. innere Tatsachen; RGZ 101, 335, 337 f). Abzugrenzen sind Tatsachen von **Meinungsäußerungen**, also **Werturteilen**, die Elemente des Meinens und Dafürhaltens enthalten und die nicht am Maßstab wahr/unwahr zu messen sind (BGH NJW 1992, 1439, 1440; BGHZ 139, 95, 102; BGH NJW 1999, 483, 484). Bei der Abgrenzung Tatsachenbehauptung/Meinungsäußerung im Rahmen des § 824 BGB sind im Wesentlichen die Verkehrsauffassung (BGHZ 139, 95, 102; BGH NJW 2004, 598) und der verfassungsrechtliche Hintergrund von § 824 BGB zu berücksichtigen. Da die Verkehrsauffassung allein meist nicht aussagekräftig

genug ist, kommt der **Abwägung** der widerstreitenden Interessen entscheidende Bedeutung zu. So leitet die Rspr aus der Wissenschaftsfreiheit des Art. 5 Abs. 3 GG ab, dass **wissenschaftliche Äußerungen, ärztliche Diagnosen, Sachverständigengutachten** idR **nicht** als von § 824 BGB erfasste **Tatsachenbehauptungen** anzusehen sind (BGH NJW 1978, 751 f; BGH NJW 1989, 774, 775; BGH NJW 1999, 2736 f). Dies wird in der Literatur teilweise kritisiert, weil solche Thesen nachprüfbar seien (vgl Erman/*Schiemann*, § 824 Rn 2), teilweise wird dann auf Art. 5 Abs. 3 GG ein allgemeines (nicht auf § 824 BGB begrenztes) Wissensprivileg gestützt (zum Beispiel Larenz/*Canaris*, § 88 I 3 b; Staudinger/*Hager*, § 823 Rn C 82) oder unter Rückgriff auf Art. 5 Abs. 3 GG die Rechtwidrigkeit abgelehnt (*Loritz*, BB 2000, 2006, 2010). Im Ergebnis besteht Einigkeit darüber, dass § 824 BGB wissenschaftliche Äußerungen nicht erfassen soll. Der Schutz von Art. 5 Absätze 1 und 3 GG findet selbst dann Anwendung, wenn aufgrund irriger oder unselbstständiger Vorgehensweise von falschen Tatsachen ausgegangen wird; dies gilt jedoch dann nicht, wenn bei Sachverständigengutachten Fachkenntnisse vorgetäuscht wurden oder die Begutachtung grob fahrlässig falsch durchgeführt worden ist (BGH NJW 1978, 751, 752; BGH NJW 1989, 774 f; BGH NJW 1999, 2736 f).

Bei **gemischt-typischen Äußerungen**, also solchen, die sowohl Tatsachen- wie auch Meinungselemente enthalten, differenziert die Rspr nach dem inhaltlichen Schwerpunkt (BVerfG NJW 1983, 1415, 1416; BVerfG NJW-RR 2001, 411; BGH NJW 1966, 311 – zum Strafrecht; BGH NJW 1989, 1923; BGH NJW 2002, 1192, 1193 mwN; BGH NJW 2006, 830, 836). In der Literatur wird teilweise nach dem Grund der Fehlerhaftigkeit der Äußerung gefragt (Larenz/*Canaris*, § 79 I 2 b.)), teilweise wird zusätzlich ein Trennbarkeitserfordernis postuliert (Staudinger/*Hager*, § 823 Rn C 80; Soergel/*Beater*, § 824 Rn 18). Zu gemischt-typischen Äußerungen s. auch 33. Abschnitt Rn 55). 59

Als **Tatsachenbehauptungen** sind von der Rspr unter anderem eingestuft worden: Gerüchte (BGH NJW 1951, 532; Brandenburgisches OLG, AfP 2003, 343), rhetorische Fragen (BVerfG NJW 1992, 1442, 1443 f; BGH NJW 2004, 1034 f), das Ergebnis vergleichender Warentests, sofern den tatsächlichen Feststellungen im Rahmen des Tests eigenständige Bedeutung zukommt (LG Frankfurt aM GRUR-RR 2010, 83 – test-Kommentar) sowie verdeckte Aussagen, mit denen ein Verdacht (BGH GRUR 1975, 89 – Brüning I), eine Vermutung oder eine für möglich gehaltene Entwicklung kolportiert wird (BGHZ 78, 9, 14 ff; BGH NJW 2004, 598, 599 mwN; BVerfG NJW 2004, 1942, 1943). Darüber hinaus wurden als Tatsachenbehauptungen eingestuft: Die Behauptung, ein Journalist habe eine Veröffentlichung inszeniert (BGH AfP 1968, 55), eine Produktionsfirma habe für einen Kunden hergestellte Filmabschnitte herauskopiert und in den Film eines anderen Kunden eingesetzt (OLG München ZUM-RD 2009, 342, 343 – Werbefilmkopie), ein bestimmtes Verhalten sei illegal bzw strafbar bzw Betrug (BGH NJW 1982, 2246 – Klinikdirektoren; BGH NJW 1992, 1314 – Kassenarzt, dazu aber aA BVerfG NJW 1994, 2413; BGH GRUR 1989, 781 – Wünschelrute) oder ein Unternehmer sei zweimal pleite gegangen (BGH NJW 1994, 2614 – Pleite gehen) oder der Wettbewerber schmiere Einkäufer (BGH GRUR 1959, 31). Als **Meinungsäußerungen** und damit als Werturteile wurden von der Rspr eingestuft: Die Äußerung subjektiver Rechtsansichten (RGZ 94, 271, 273; BGH NJW 82, 2248, 2249 mwN), die Einordnung als „nicht empfehlenswert“ oder „mangelhaft“ bei vergleichenden Warentests (BGHZ 65, 325, 329 f – Warentest II; NJW 97, 2593, 2594 mwN) oder die Bezeichnung eines Prozessfinanzierungsmodells als Bauernfängerei (BGH NJW 2005, 279), die Aussage, an eine Firma seien 4,8 Mio. DM bezahlt worden, „ohne dass die Firma eine wirtschaftliche Leistung erbracht habe“ (BGH NJW 2004, 598 – Modernisierer), die Formulierung „nie wieder“ und „zweitklassig“ über ein Produktangebot (LG Münster MMR 2008, 694), die Bezeichnung von Milchprodukten als „Gen-Milch“ (BGH NJW 2008, 2110), ein Plagiatsvorwurf (OLG Köln NJW-RR 2002, 1341), die Bezeichnung eines Verlegers als glanzlose Existenz (BGH NJW 1965, 1476) oder die Behauptung, ein Chemiekonzern setze missliebige Kritiker unter Druck (BVerfGE 85, 1 – Kritische Bayer-Aktionäre). 60

II. Behaupten / Verbreiten

§ 824 BGB schützt vor dem Behaupten und Verbreiten unwahrer Tatsachenbehauptungen. **Behaupten** meint dabei die Mitteilung der Tatsachen als eigenes Wissen oder die distanzierungslose Mitteilung der Behauptung eines Dritten, also eine Äußerung, an die sich ein Dritter anhängt (BGH NJW 1970, 187, 188 – Hormoncreme; NJW 1997, 1148, 1149 f). **Verbreiten** ist die Weitergabe der Behauptung eines Dritten, ohne dass der Äußernde sich mit ihr identifiziert (RGZ 101, 335, 338; BGH NJW 1970, 187, 189 – Hormoncreme); erfasst sind nicht nur verdeckte Äußerungen, sondern auch rhetorische Fragen. Die Tatsache muss **dem Verkehr zugänglich gemacht** werden; es muss nach allgemeiner Er- 61 fahrung die Kenntnisnahme möglich sein (vgl zum UWG: BGH NJW 95, 1965, 1966). Ausnahmsweise kann es am Verbreiten durch ein Medium fehlen, wenn das Medium nur als Diskussionsforum beteiligt ist, wie beispielsweise ein Sender bei der Live-Übertragung einer Fernseh- oder Hörfunkdiskussion (BGHZ 66, 182, 188 f – Panorama; BGH NJW 1970, 187 – Hormoncreme), oder wenn Äußerungen und Stellungnahmen verschiedener Seiten in einer Dokumentation zusammen- oder gegenübergestellt sind (BGHZ 132, 13, 19 – Der Lohnkiller).

III. Schädigungseignung

62 Die in Rede stehende Behauptung muss geeignet sein, den Kredit eines anderen zu gefährden oder dessen Erwerb bzw sein Fortkommen zu benachteiligen (Vermögensschaden). **Kredit** meint das allgemeine Vertrauen in die Zahlungsfähigkeit und Zahlungswilligkeit des Betroffenen (RG GoldA 52, 104), während **Erwerb** die errungene wirtschaftliche und berufliche Stellung ist. **Fortkommen** sind die in die Zukunft gerichteten wirtschaftlichen und beruflichen Möglichkeiten des Betroffenen (BGH GRUR 1975, 89 – Brüning I; MüKo/*Wagner,* § 824 Rn 36 mwN). Die Rspr beschränkt dieses Merkmal auf die Schädigung des Betroffenen in seinen geschäftlichen Beziehungen (BGHZ 90, 113, 119 ff; zu aA in der Literatur vgl etwa MüKo/*Wagner,* § 824 Rn 37 mwN).

63 § 824 BGB erfasst nur Nachteile, die sich in bestehenden oder künftigen Geschäftsbeziehungen niederschlagen. Der Schutz richtete sich daher beispielsweise nicht gegen Aufforderungen zu Streiks oder Blockaden, die mit unwahren Tatsachen operieren, sowie zu Aktionen von Personen, die nur als Außenstehende und eben nicht als Geschäftspartner dem Erwerb oder Fortkommen des Betroffenen schaden können. Verzögerungen in der Planung bestimmter Objekte, die darauf beruhen, dass nach Aufforderung durch Kommunen und Bürger massenhaft Einspruch eingelegt wird, erfasst § 824 BGB nicht; sie sind nicht von „Geschäftspartnern", sondern von außen herangetragen (BGHZ 90, 113, 120 – Bundesbahnplanungsvorhaben). Andererseits greift der Schutz aus § 824 BGB nicht erst, wenn die wirtschaftliche Stellung als Ganzes belastet wird, sondern schon dann, wenn Einzelbeziehungen betroffen sind, wie beispielsweise der Absatz eines von mehren Produkten (BGH NJW 1966, 2010, 2011 – Teppichkehrmaschine; BGH NJW 1989, 456 – Filmbesprechung). Eine konkrete Gefahr für die geschützten Interessen wird nicht verlangt (LG Frankfurt aM NJW 1996, 1146 – Warenabsatz); die bloße Gefährdung reicht aus. Die Behauptung muss lediglich geeignet sein, innerhalb derjenigen Wirtschaftskreise, in denen sich der Betroffene bewegt und seine geschäftlichen Interessen verfolgt, die Auffassung über seine wirtschaftliche Leistungsfähigkeit und seine Kreditfähigkeit zu beeinflussen.

64 § 824 BGB setzt weiter die **unmittelbare Beeinträchtigung** des Betroffenen oder seines Betriebs voraus, seiner wirtschaftlichen Position, seines Produkts oder seiner ausgeübten Tätigkeit (BGH NJW 1963, 1871, 1872; BGHZ 90, 113, 120 – Bundesbahnplanungsvorhaben; BGH NJW 1992, 1312, 1314; OLG Karlsruhe AfP 2001, 130, 131; kritisch Staudinger/*Hager* § 824 Rn 7). Einer Namensnennung bedarf es nicht (BGH NJW 1966, 2010, 2011 – Teppichkehrmaschine, BGH NJW 1992, 1312, 1313 – Verkehrspoller), gleichwohl muss der Betroffene für den Adressatenkreis erkennbar in seinen durch § 824 BGB geschützten wirtschaftlichen Belangen unmittelbar angesprochen sein (BGH NJW-RR 1989, 924 f – Alleinvertriebsrecht eines Produzenten; vgl zu Fragen der Erkennbarkeit 33. Abschnitt Rn 102 ff). Eine unmittelbare Beeinträchtigung wird zum Beispiel für ein Unternehmen angenommen, dessen Produkt Gegenstand von Kritik ist (BGH NJW 1970, 2152, 2152 – Hormoncreme), sie wurde gleichwohl abgelehnt bei einem Systemvergleich ohne konkreten Bezug zu den Produkten eines bestimmten Herstellers (BGH NJW 1963, 1871, 1872; BGH NJW 1965, 36), bei einem Zuckerproduzenten durch eine Kampfschrift gegen den „Schadstoff Zucker", die sich mit den Gesundheitsgefahren des Verzehr von Industriezucker auseinandersetzt (OLG Hamburg NJW 1988, 3211), bei einem Hersteller des im Bild dargestellten Verkehrspollers in einem Artikel über einen Bestechungsskandal im städtischen Beschaffungsamt (BGH NJW 1992, 1312) oder bei der Einstufung eines Krankenhauses als sogenannte gemischte Anstalt (OLG Hamm VersR 1982, 387).

B. Rechtswidrigkeit (§ 824 Abs. 2 BGB)

65 Im Rahmen von § 824 BGB wird die **Rechtwidrigkeit** im Hinblick auf Artikel 5 GG mittels einer **Gesamtabwägung** festgestellt, die sich an den zum allgemeinen Persönlichkeitsrecht und Recht am Unternehmen entwickelten Grundsätzen orientiert (Palandt/*Sprau,* § 824 Rn 9). Die Rechtswidrigkeit einer das allgemeine Persönlichkeitsrecht und Recht am Unternehmen verletzenden Äußerung wird

mittels einer **Güter- und Interessenabwägung** festgestellt (BGHZ 59, 30, 34 – Zeitungsboykott; BGH NJW 1980, 881, 882 – Teilhaberquerelen; BGH NJW 1999, 279, 281 – Mietwagenabrechnung; *Soehring*, Presserecht, Rn 12.55; zu den Details der Güterabwägung s. 33. Abschnitt Rn 10). Die Rechtswidrigkeit entfällt, soweit sich die Veröffentlichung unter Beachtung von Art. 5 Abs. 2 GG im Rahmen der durch Art. 5 Abs. 1 GG gewährleisteten Presse- und Meinungsäußerungsfreiheit hält oder vom Schutz der durch Art. 5 Abs. 3 GG geschützten Kunst- und Wissenschaftsfreiheit umfasst ist.

Dabei enthält § 824 Abs. 2 BGB, wie § 193 StGB, eine **Haftungseinschränkung**, die diesen Grundsätzen Rechnung trägt. § 824 Abs. 2 BGB versagt den Ersatzanspruch, wenn dem Äußernden die Unwahrheit der inkriminierten Behauptung unbekannt war oder ein berechtigtes Interesse an der Äußerung vorlag. Abs. 2 greift also, wenn dem Äußernden die Unwahrheit der mitgeteilten Tatsache unbekannt war. Während bei fahrlässigen Falschbehauptungen die Haftung entfallen kann, greift Abs. 2 nicht bei Vorsatz oder Leichtfertigkeit; also wenn die Unwahrheit der Äußerung bekannt war oder jedenfalls billigend in Kauf genommen wurde (s. BVerfG NJW 2000, 199, 200 – zu § 193 StGB; *Born*, AfP 2005, 110, 113). In die Gesamtabwägung sind die wirtschaftlichen Interessen des Betroffenen ebenso einzubeziehen wie das Informationsinteresse der Mitteilungsempfänger. Bei Medienöffentlichkeit kann zudem ein ernsthaftes Interesse der Öffentlichkeit zu berücksichtigen sein (LG Düsseldorf Vers 1985, 247), so zum Beispiel bei Warnungen vor Gesundheitsbeeinträchtigungen durch die öffentliche Hand. Die Schadensersatzpflicht nach § 824 Abs. 2 BGB kann auch entfallen, wenn ein berechtigtes öffentliches Interesse daran besteht, einen Dritten zu zitieren (BGH NJW 1977, 1288 – Abgeordnetenbestechung). Andererseits findet § 824 Abs. 2 BGB keine Anwendung, wenn der Sachverhalt vorsätzlich, etwa durch geflissentliches Verschweigen wesentlicher Umstände oder durch übertreibende Ausmalung von Begleitumständen entstellt wird oder die Äußerung zur Wahrung der eigenen Interessen unangemessen ist und unnötig Schaden verursacht (so auch Palandt/*Sprau*, § 824 Rn 9). § 824 Abs. 2 BGB versagt zudem beim Vorliegen von Beleidigungsabsicht. Ist die Wahrheit der inkriminierten Äußerungen ungewiss, treffen den Äußernden besondere Prüfungspflichten (BGH NJW 1993, 525, 527). 66

Weiter greifen die allgemeinen Rechtfertigungstatbestände, s. dazu oben Rn 53 ff. 67

C. Weitere Anspruchsvoraussetzungen und Beweislast

Zu den weiteren Anspruchsvoraussetzungen wie Verschulden, Schaden und Beweislast s. unten im 44. Abschnitt. 68

D. Rechtsfolgen

Zu ersetzen ist der Vermögensschaden, also alle Aufwendungen, die der Betroffene für objektiv zweckmäßig halten durfte, um drohende Nachteile abzuwenden; Anspruch auf Ersatz von teuren Anzeigenaktionen besteht nur in Ausnahmefällen (BGH NJW 1986, 981). Naturalrestitution ist ferner durch Gegendarstellung, Richtigstellung und Widerruf (vgl BGH 1970, 39) möglich (vgl dazu 41. und 43. Abschnitt). Praktisch relevant ist beim Fehlen von Verschulden, insbesondere in den Fällen, in denen die Unwahrheit für den Äußernden nicht erkennbar war, der quasi-negatorische Unterlassungsanspruch (vgl dazu grundlegend: RGZ 60, 6, 7; 148, 114, 122 f; 163, 210, 214; BGH NJW 1993, 930, 931; s. dazu 42. Abschnitt). Soweit geschützte Interessen lediglich gefährdet und nicht verletzt sind, ist der Ersatzanspruch nur zuzubilligen, wenn die Gefährdung zu einem konkreten Vermögensschaden führt (BGHZ 90, 113 – Bundesbahnplanungsvorhaben). 69

§ 826 BGB Sittenwidrige vorsätzliche Schädigung

Wer in einer gegen die guten Sitten verstoßenden Weise einem anderen vorsätzlich Schaden zufügt, ist dem anderen zum Ersatz des Schadens verpflichtet.

A. Tatbestand

§ 826 BGB schützt vor Schadensfolgen aus Äußerungen, deren Rechtswidrigkeit sich aus dem Verstoß gegen sittliche Grundvorstellungen des Gemeinschaftslebens ergibt (Löffler/*Steffen*, § 6 LPG Rn 240). 70

Medienrechtlich ist die Norm allerdings kaum relevant: Zum einen wird der Schädigungsvorsatz praktisch schwer nachweisbar sein (vgl BGHZ 69, 128, 139; 70, 277, 279), zum anderen ist die Rechtsfolge keine andere als bei §§ 823, 824 BGB, so dass in den Fällen, in denen diese Normen bereits einschlägig sind, nicht auf § 826 BGB zurückgegriffen werden muss.

I. Verstoß gegen die guten Sitten

71 Eine Verletzung der guten Sitten ist bei einem Verstoß gegen das „Anstandsgefühl aller billig und gerecht Denkenden" anzunehmen (RGZ 48, 114, 124; BGH NJW 1991, 913, 914). Der Verstoß bemisst sich nach den Vorstellungen derjenigen Kreise, die von der inkriminierten Handlung betroffen sind (zum Beispiel BVerfGE 7, 198, 215 – Lüth; BGHZ 10, 228, 232; BGHZ 67, 119, 124 f; BGH NJW-RR 1989, 1255, 1257), uU auch der Allgemeinheit (BGHZ 145, 396, 399 ff). Ein Sittenverstoß kann sich aus der Sittenwidrigkeit der verwendeten Mittel, aus dem verfolgten **Zweck oder** aus der sog. **Mittel-Zweck-Relation** ergeben (vgl RGZ 130, 89, 91; BGHZ 129, 136 f, mwN). Seine **Verwirklichung** ist durch **Tun** oder **Unterlassen** denkbar, wobei ein Unterlassen nur dann tatbestandserfüllend wirkt, wenn die unterlassene Handlung sittlich geboten war (BGH NJW 1963, 148, 149; BGH NJW 2001, 3702, 3703 mwN). § 826 BGB ist ein sog. **offener Tatbestand**, dh die Sittenwidrigkeit ist an der grundgesetzlich gewährleisteten Meinungs- und Medienfreiheit des Art. 5 GG zu messen. **Sittenwidriges Handeln** kommt unter anderem in Betracht bei rechtswidrigen Boykottaufrufen (*Damm/Rehbock*, Rn 479) oder zielgerichteten Kampagnen (*Soehring*, Presserecht, Rn 12.71) gegen bestimmte Personen oder Institutionen, die durch die grundrechtlich gewährleistete Pressefreiheit nicht gedeckt sind (*Prinz/Peters*, Medienrecht, Rn 221), sowie bei der Bekanntgabe von Tatsachen aus dem privaten Lebensbereich, um den anderen zu schädigen (BGH BB 1954, 360). **Nicht sittenwidrig** ist die Veröffentlichung von rechtswidrig beschafften Informationen, die den Medien zugespielt werden, ohne dass sie sich an dem Rechts- oder Vertrauensbruch beteiligt haben (BGHZ 73, 120 – Kohl/Biedenkopf; BGH NJW 1987, 2267 – Langemann). **Sittenwidrig** kann hingegen sein, einen bekannten Namen als Domain ohne eigenes berechtigtes Interesse in der Absicht registrieren zu lassen, dem Namensinhaber die Nutzung für dessen Zwecke unmöglich zu machen bzw sie ihm gegenüber als Handelsware zu verwerten (Domaingrabbing; vgl OLG Zweibrücken NJW-RR 2003, 1270; OLG Köln NJW-RR 2006, 187). Weiter wurde Sittenwidrigkeit bejaht bei der leichtfertigen Erstattung eines Gutachtens, wenn für den Gutachter erkennbar ist, dass das Gutachten für die Entschließung des Adressaten von weittragender Bedeutung ist (BGH VersR 1966, 1034, 1036 – Sachverständiger; BGH NJW-RR 1986, 1150 – Tierarzt; BGH NJW 1987, 1758 – Steuerberater-Testat). Warentests können sittenwidrig sein, wenn sie bewusst die speziellen Anforderungen derartiger Test an die Neutralität von Auswahl und Prüfungsmethoden verletzen (BGHZ 65, 325, 334).

72 Dem Äußernden müssen die Tatsachen bekannt sein, mit denen die Sittenwidrigkeit begründet wird (RGZ 136, 293, 298; BGHZ 8, 83, 87 f; BGHZ 101, 380, 388 ff); ein Bewusstsein der Sittenwidrigkeit wird nicht verlangt (BGHZ 8, 83, 87; LG Hamburg ZIP 1997, 1409 – Mody-Bank). Gleichwohl können gegen die guten Sitten verstoßende Beweggründe wie Neid, Hass oder Rache dann Berücksichtigung finden, wenn sie nach außen in Erscheinung treten und sich in bestimmten Verhaltensweisen wiederfinden (vgl RGZ 74, 224, 230; BGH WM 1984, 906). Irrt der Schädiger über die Sittenwidrigkeit seines Verhaltens, liegt keine Sittenwidrigkeit iSv § 826 BGB vor (BGH NJW-RR 2000, 393, 395 mwN str). Nicht gegen die guten Sitten verstößt ein Verhalten, das sich an den Wertvorstellungen des Grundgesetzes orientiert.

73 Gelten **standesrechtliche Maßstäbe** wie der Pressekodex des deutschen Presserates, so sind diese nicht bindend. Diese Regeln können gleichwohl die Interessenabwägung leiten (MüKO-*Rixecker*, Anhang zu § 12 Rn 5) und zu berücksichtigen sein, soweit sie Ausdruck einer besonderen Verantwortung für die Gemeinschaft sind (zum Beispiel wenn die zugesicherte Vertraulichkeit eines Gesprächs grundlos nicht gewährt wird: BGH NJW 1987, 2667 – Langemann; Verstoß gegen Nr. 5 Pressekodex). Standeswidrigkeit führt indes nicht per se zur Sittenwidrigkeit; Standesregeln werden nicht ohne Weiteres zu Haftungsnormen (Wenzel/*Burkhardt*, Kap. 5 Rn 281).

74 Besonderes gilt im Bereich des **Abschlusszwangs** bei Presseanzeigen: Die Abschlussverweigerung eines Unternehmens mit **Monopolstellung** kann ein Verstoß gegen die guten Sitten im Sinne von § 826 BGB sein. Die herrschende Meinung in Literatur und Rechtsprechung nimmt eine Verpflichtung zum Abschluss eines Anzeigenvertrages an, wenn das Unternehmen eine Monopolstellung oder jedenfalls eine marktstarke Stellung besitzt (KG Berlin AfP 1991, 442 f; LG München NJW-RR 2001, 87 ff;

Staudinger-Oechsler, BGB, §§ 826–829 Rn 429 ff; AG Rendsburg NJW 1996, 1004 ff). Die Verpflichtung zum Abschluss von Anzeigenverträgen kann daher insbesondere Regional- bzw Heimatzeitschriften oder Spezialzeitschriften treffen.

75 Steht die Anzeige in Widerspruch zur redaktionellen Linie („**Tendenz**") der Publikation, gilt der Abschlusszwang nicht (vgl OLG Karlsruhe NJW 1988, 341 ff; LG Passau AfP 1982, 118 ff; OLG Düsseldorf Urt. v. 19.5.2009 – I-20 U 37/09). Ebenso wenig muss eine Anzeige abgedruckt werden, die für eine unseriös erscheinende Ehevermittlung wirbt (vgl OLG Stuttgart AfP 1997, 924 ff) oder möglicherweise das Anzeigengeschäft gefährdet (KG Berlin NJW 1984, 1123 ff). Gleiches gilt schließlich im Bereich **politischer Anzeigen:** Aufgrund des Einflusses von Artikel 5 GG besteht hier grundsätzlich kein Abschlusszwang (OLG Karlsruhe NJW 1988, 341; BVerfG NJW 1976, 1627).

II. Vorsatz

76 Die Haftung aus § 826 BGB greift nur bei vorsätzlich sittenwidriger Schädigung. Der Vorsatz ist getrennt von der Sittenwidrigkeit festzustellen (BGH WM 1966, 1150) und muss sich auf das schädigende Verhalten und den Schaden beziehen. Der Äußernde muss sich also spätestens im Zeitpunkt des Schadenseintritts (Bamberger/Roth/*Spindler*, § 826 Rn 10) den möglichen Kausalverlauf und die möglichen Schadensfolgen vorstellen (BGH NJW 1951, 596, 597; BGH NJW 1963, 579, 598; BGH NJW 2004, 3706, 3710) und sie zumindest billigend in Kauf genommen haben (BGH NJW 2000, 2896, BGH NJW 2004, 446). Eine vage Vorstellung über eine mögliche Schädigung genügt nicht (BGH WM 2001, 1454, 1457). Ausreichend ist **bedingter Vorsatz** (s. dazu BGHZ 8, 387, 393; BGHZ 60, 149, 154; BGH NJW 2004, 3706, 3710 mwN), Absicht ist nicht erforderlich (BGHZ 8, 387, 393; BGH NJW 1990, 389, 390). Des Öfteren wird der Vorsatz – trotz der Differenzierung zwischen Vorsatz und dem Bewusstsein der Sittenwidrigkeit – aus der Sittenwidrigkeit gefolgert (RGZ 90, 106, 109; BGHZ 10, 228, 233). IdR wird bedingter Vorsatz aus leichtfertigem Handeln, das für den Schädiger erkennbar war, abgeleitet (s. auch BGH VersR 79, 283, 284; BGH NJW-RR 1986, 1158, 1159; BGH NJW 1991, 3282, 3283; vgl aber auch BGH NJW 1991, 32, 33; kritisch zum Beispiel *Canaris*, ZHR 163, 206, 214 f; *Grunewald*, AcP 187, 285, 306 f). Fahrlässigkeit, auch grobe, genügt nicht (BGH NJW 1962, 1766).

B. Rechtsfolgen

77 Sind die Tatbestandsvoraussetzungen von § 826 BGB erfüllt, steht dem Betroffenen ein Anspruch auf Schadensersatz zu, dessen Inhalt und Umfang sich nach den §§ 249 ff BGB richtet (BGH NJW 2004, 2664, 2267). Zu ersetzen ist der durch die vorsätzliche sittenwidrige Schädigung entstandene Schaden einschließlich bereits konkretisierter Erwerbsaussichten (zum Beispiel auch Gefährdung von Ansprüchen gegenüber Dritten, BGH NJW 1995, 1284, 1285 f). Bei der Verletzung von Immaterialgüterrechten wie dem allgemeinen Persönlichkeitsrecht kommen auch Ansprüche auf Unterlassung, Beseitigung der Beeinträchtigung (zum Beispiel Richtigstellung, Widerruf) und Geldentschädigung (s. 45. Abschnitt) sowie der Auskunftsanspruch zur Schadensberechnung in Betracht (s. 48. Abschnitt).

36. Abschnitt: Namensschutz

§ 12 BGB Namensrecht

Schrifttum: *Bamberger/Roth* (Hrsg.), Kommentar zum Bürgerlichen Gesetzbuch, Band 2, München 2008; *Hubmann*, Das Persönlichkeitsrecht, 2. Aufl. 1967; *Erman*, BGB, Handkommentar zum Bürgerlichen Gesetzbuch, 12. Aufl. 2008 (zitiert: Erman/*Bearbeiter*); *Koos*, Der Name als Immaterialgut, GRUR 2004, 808 ff; *Maunz/Dürig/Herzog/Scholz*, Kommentar zum Grundgesetz, Loseblatt, 46. Aufl. 2006; *Löffler/Sedelmeier/Burkhardt* (Hrsg.), Presserecht, 5. Aufl. 2006 (zitiert: Löffler/*Bearbeiter*); *Prinz/Peters*, Medienrecht – Die zivilrechtlichen Ansprüche, 1999 (zitiert: *Prinz/Peters*, Medienrecht); *Prütting/Wegen/Weinreich*, BGB Kommentar, 5. Aufl. 2010 (zitiert: P/W/W-*Bearbeiter*); *Schönberger*, Der Schutz des Namens vor Gericht gegen die Verwendung als oder in Domain-Namen, GRUR 2002, 478 ff; *Soehring*, Presserecht, 4. Aufl. 2010 (zitiert: *Soehring*, Presserecht); *Wenzel*, Das Recht der Wort- und Bildberichterstattung, 5. Aufl. 2003 (zitiert: Wenzel/*Bearbeiter*).

§ 12 BGB Namensrecht

[1]Wird das Recht zum Gebrauch eines Namens dem Berechtigten von einem anderen bestritten oder wird das Interesse des Berechtigten dadurch verletzt, dass ein anderer unbefugt den gleichen Namen gebraucht, so kann der Berechtigte von dem anderen Beseitigung der Beeinträchtigung verlangen. [2]Sind weitere Beeinträchtigungen zu besorgen, so kann er auf Unterlassung klagen.

A. Tatbestand

1 Das Namensrecht ist eine **spezielle Ausprägung des Persönlichkeitsrechts** (BGHZ 17, 209; BGHZ 32, 103; BGH NJW 2000, 2195; BVerfG NJW 2007, 671) und insofern lex specialis gegenüber dem allgemeinen Persönlichkeitsrecht (zur Frage, ob das Namensrecht ein Persönlichkeitsrecht oder ein Immaterialgüterrecht bzw Mischrecht ist: vgl *Staudinger/Krüger-Nieland*, § 12 BGB Rn 12 ff). Das Persönlichkeitsrecht beinhaltet den Anspruch, sich gegen – behördliches oder privates – Bestreiten des Namensrechts sowie unbefugtes Benutzen des identischen oder verwechslungsfähigen Namens zu wehren sowie das Recht auf behördliche Feststellung des richtigen Namens und auf Fortführung des Namens (*Maunz/Dürig/Herzog*, Art. 1 Rn 42).

2 Der Name iSd § 12 BGB dient der Individualisierung des Rechtssubjekts. Er steht für die Person und kennzeichnet so ihre Identität (**Individualisierungsfunktion**). Namen haben darüber hinaus den Zweck, eine Person einer bestimmten Familie und/oder einer Unternehmensbezeichnung zuzuordnen (**Zuordnungsfunktion**); insofern kommt den Namen auch eine **Ordnungsfunktion** zu (BVerfG NJW 1988, 1577; Erman/*Saenger*, § 12 BGB Rn 1).

3 Nach der Gesetzessystematik sollte § 12 BGB zunächst nur für natürliche Personen gelten (vgl Palandt/*Ellenberger,* § 12 Rn 9). Mittlerweile ist anerkannt, dass die Norm analog auf juristische Personen und alle Arten von Vereinen und Gesellschaften anzuwenden ist. Namensschutz besteht daher unter anderem für juristische Personen des öffentlichen Rechts (BGH NJW 1994, 245; BGH NJW 2005, 978; BGH NJW 2006, 146; BVerfG NJW 1994, 2346), einschließlich des Namens von Behörden und Gerichten (LG Hamm NJW-RR 2001, 1620; *Schönberger*, GRUR 2002, 478, 481) sowie für eingetragene Vereine (BGH NJW 1970, 1270), juristische Personen (RG 109, 214), nichtrechtsfähige Vereine (RG 78, 102), Gewerkschaften (BGHZ 43, 245), Bürgerinitiativen (OLG Rostock GRUR-RR 2009, 190), politische Parteien (BGHZ 81, 914), oHG und KG (RG 114, 82), GbR (KG WRP 90, 38) sowie Vor-GmbH (BGHZ 120, 103).

4 In analoger Anwendung unterfallen dem Schutz von § 12 BGB in Überschneidung mit den §§ 17 ff HGB die Firma und alle Unternehmenskennzeichen, die im Wirtschaftsrecht eine namensähnliche Funktion haben sowie diejenigen Kennzeichen anderer Art, die unterscheidungskräftig sind, wie zB

Domainnamen (BGH NJW 2008, 3716 – afilias.de; BGH ZIP 2005, 2271; vgl auch OLG Stuttgart MMR 2008, 178; LG Köln NJW-RR 2006, 187; LG Nürnberg MMR 2000, 629; verneint für „Mahngericht.de" – Köln NJW-RR 2006, 187), Abkürzungen (OLG Hamburg AfP 2000, 93), Buchstabenbezeichnungen und Zahlen mit Namensfunktion (zum Beispiel 4711). Ähnliches gilt für Bildzeichen von anerkannter Unterscheidungskraft (BGHZ 126, 287 – Rotes Kreuz), Wappen (BGHZ 119, 237) und Embleme.

Kein Bestandteil des Namensschutzes ist die Marke, die Herkunft und Zuordnung einer Ware oder Dienstleistung kennzeichnet; für sie finden sich spezielle Regelungen im Markengesetz (s. dazu 63. Abschnitt). 5

I. Objekte des Namensschutzes

Der **Name** ist die Kennzeichnung einer Person zur Unterscheidung von anderen (RG 91, 352; BGH NJW 59, 525). Es gilt zwischen unterschiedlichen Arten und Formen von Namen zu unterscheiden. Man differenziert zunächst zwischen **Zwangsnamen** (Führung des Namens ist gesetzlich vorgeschrieben – bürgerlicher Name bzw für juristische Personen Name iVm der Rechtsform, für Kaufleute die Firma) und **Wahlnamen** (Name ist willkürlich gewählt und jederzeit ablegbar – Deckname, Pseudonym). Bei bürgerlichen Namen ist zu unterscheiden zwischen dem Familiennamen (durch Geburt oder Eheschließung erworben), dem Vornamen, der durch die mit Personensorge ausgestattete Person verliehen wird (vgl § 22 PStG) und den sonstigen Namen (zum Schutz des Vornamens durch § 12 BGB vgl BGH K&R 2009, 399). Wahlnamen, also sonstige Namen einer Person, die sich vom bürgerlichen Namen unterscheiden, sind Künstlernamen, Decknamen etc.; auch sie sind vom Schutz des § 12 BGB umfasst (OLG Stuttgart AfP 2002, 228). Gleichwohl muss bei Erklärungen gegenüber Behörden der bürgerliche Name verwendet werden. Im Rahmen einer Prozessführung genügt als Name jede Bezeichnung, die Zweifel hinsichtlich der Identität ausschließt. Die Wirksamkeit von Rechtsgeschäften ist von der Benutzung des bürgerlichen Namens unabhängig. 6

Zu den Familiennamen zählen gemäß Art. 109 Abs. 3 Satz 2 WRV, der als einfaches Bundesrecht weiter gilt, auch **Adelsprädikate**, wenn sie vor dem 14.8.1919 erworben wurden. Ordensnamen, die der Träger als Mitglied einer geistlichen Gemeinschaft wählt oder erhält, zählen ebenso wenig zum bürgerlichen Namen wie der Hofname, also der Zusatz, den der Besitzer eines Hofes teilweise seinem Familiennamen anfügt. Gleiches gilt für Wahlnamen und akademische Titel oder Berufsbezeichnungen (Palandt/*Ellenberger*, § 12 BGB Rn 6 f). Allerdings steht dem Berechtigten bei Bestreiten des Titels in entsprechender Anwendung von § 12 BGB ein Beseitigungsanspruch zu (Palandt/*Ellenberger*, § 12 BGB Rn 41). 7

Für alle **Zwangsnamen** besteht eine **Namensführungspflicht** (P/W/W-*Prütting*, § 12 BGB Rn 9), die für den bürgerlichen Namen aus § 111 OWiG und für die Firma aus §§ 29, 37a HGB folgt; s. auch: § 1 Abs. 1, 2 PersonalausweisG, §§ 1, 4 Abs. 1 PassG, § 15, 21 PStG. 8

Geschützt sind nur erlaubte Namen oder Kennzeichen, also nur solche Namen und/oder geschäftliche Bezeichnungen, die nicht gegen das Gesetz oder die guten Sitten (§ 138 BGB; §§ 3, 4 UWG; §§ 18, 37 HGB) verstoßen. 9

II. Anwendungsbereich

1. Räumlicher Schutzbereich. § 12 BGB schützt Namen im **gesamten Bundesgebiet**. Eingeschränkt ist der Schutz für Firmen und Geschäftsbezeichnungen nur im Handels- und Unternehmensrecht. Für die rechtliche Beurteilung des Namens bei grenzüberschreitenden Sachverhalten gilt das Personalstatut; entscheidend ist das Recht des Heimatstaates (BGHZ 56, 193, 195; BGHZ 72, 163, 165). Der Namensschutz eines ausländischen Namens kann innerhalb des Bundesgebietes nicht weiter gehen als das deutsche Recht selbst (BGHZ 39, 220, 233; BGHZ 8, 318). 10

2. Zeitlicher Schutzumfang. Der Schutz **beginnt** beim bürgerlichen Namen kraft Gesetzes **mit** der **Geburt** des Menschen, der **Eheschließung**, der Einbenennung oder der Adoption. Bei Wahlnamen entsteht der Schutz mit der Benutzung der unterscheidungskräftigen Bezeichnung. Mit der Aufnahme des befugten Gebrauchs im geschäftlichen Verkehr beginnt der Schutz der Firma (§§ 17 ff HGB, § 4 GmbHG). Sonstige geschäftliche Kennzeichen (Unternehmensbezeichnungen, Werktitel) erlangen ebenfalls Schutz mit der Aufnahme der Benutzung im geschäftlichen Verkehr. 11

12 Das Namensrecht **erlischt**, soweit es den bürgerlichen Namen betrifft, **mit** dem **Tod** (BGHZ 8, 318, 324 – Pazifist; BGH NJW 2007, 684). Nichts desto trotz bestehen seine vermögenswerten Bestandteile fort, so lange die ideellen Interessen des Verstorbenen durch das im beschränkten Umfang fortwirkende allgemeine Persönlichkeitsrecht geschützt sind (BGH NJW 2000, 2195). Firmen und andere **Unternehmenskennzeichen** verlieren ihren Schutz **durch Erlöschen** des Trägers der Unternehmensbezeichnung (Tod des Kaufmanns, Ende der juristischen Person oder der nichtrechtsfähigen Personenbezeichnung) oder den Verlust der Unterscheidungskraft des Kennzeichens; eine vorübergehende kurzfristige Stilllegung des Geschäftsbetriebs genügt nicht, wohl aber eine endgültige Beendigung der Geschäftstätigkeit (Palandt/*Ellenberger*, § 12 BGB Rn 13).

13 **3. Übertragbarkeit.** Das Namensrecht ist als Ausprägung des allgemeinen Persönlichkeitsrechts **grundsätzlich nicht übertragbar** (BGHZ 119, 237); es endet mit dem Tod seines Trägers (BGHZ 8, 318, 324; LG Hamm NJW 2002, 609). Gleichwohl bestehen seine vermögensrechtlichen Bestandteile fort, solange die ideellen Interessen des Verstorbenen durch das im beschränken Umfang fortwirkende allgemeine Persönlichkeitsrecht geschützt werden (BGH NJW 2000, 2195). Die Wahrnehmung obliegt den nahen Angehörigen, nicht automatisch den Erben (Staudinger/*Hager*, § 823 Rn C 40). Zudem kann der Namensträger einem anderen Nutzungsrechte am Namen als Lizenz einräumen (BGHZ 44, 372, 375); der Berechtigte wird nicht Inhaber des Namensrechts, kann aber ermächtigt sein, die Rechte des Namensträgers geltend zu machen (BGHZ 119, 237, 242). Im Handels-, Gesellschafts- oder Wirtschaftsrecht ist der Name als namensmäßige Kennzeichnung dann übertragbar bzw vererblich, wenn dies geschäftlichen oder sonstigen wirtschaftlichen Zwecken dient (s. auch §§ 22 ff HGB).

14 **4. Namensänderung.** Der Name einer natürlichen Person (**Zwangsname**) kann ohne **staatliche Genehmigung** nicht geändert werden. Die Namensänderung muss zur Erlangung dieser Genehmigung bei der zuständigen Verwaltungsbehörde beantragt werden (§§ 3, 5 NÄG iVm ErgG) und setzt das Vorliegen eines gesetzlichen Änderungsgrundes voraus. Bei Zweifeln über den richtigen Familiennamen wird der Familienname nach Durchführung des Verfahrens nach § 8 NÄG mit allgemeiner Wirkung verbindlich festgestellt.

III. Verletzungen des Namensrechts

15 Das Namensrecht kann positiv (**Namensanmaßung und unzulässiger Namensgebrauch**) und negativ (**Namensleugnung; Bestreiten des Namens**) verletzt werden: Andere Verletzungshandlungen werden von § 12 BGB nicht erfasst. Regelmäßig kommen dann Ansprüche aus § 823 Absatz 1 BGB iVm dem allgemeinen Persönlichkeitsrecht in Betracht (s. dazu 33. Abschnitt). Um eine Verletzung des Namensrechts bejahen zu können, muss der Störer willentlich und kausal zu der Verletzung beitragen (BGH WRP 2006, 1225).

16 **1. Namensanmaßung.** Eine Namensanmaßung liegt vor, wenn ein anderer den gleichen Namen ohne Berechtigung nutzt und dadurch ein schutzwürdiges Interesse des Namensträgers verletzt (OLG Stuttgart AfP 2002, 228 f; LG Düsseldorf AfP 2003, 77 ff). Der **Gebrauch eines fremden Namens** ist dann anzunehmen, wenn der gleiche oder ein verwechslungsfähiger Name genutzt wird. Ob eine Verletzung durch Gebrauch desselben oder eines verwechslungsfähigen Namens oder durch die Nutzung eines aussagekräftigen Bestandteils des Namens vorliegt, beurteilt sich im Wesentlichen nach der Auffassung der beteiligten Verkehrskreise. Der Gebrauch eines fremden Namens liegt nicht nur in seiner unbefugten Benutzung einer Person für sich selbst, sondern auch in der unzulässigen Bezeichnung einer dritten Person. Darüber hinaus kann auch der sonstige Gebrauch eines Namens für wirtschaftliche Zwecke das Namensrecht aus § 12 BGB verletzen (LG Hamburg Urt. v. 3.9.2004 – 324 O 285/04; OLG Hamburg Urt. v. 29.11.2005 – 7 U 97/04). Voraussetzung für einen Anspruch aus § 12 BGB ist, dass durch den Gebrauch eines Namens eine **Zuordnungsverwirrung** entsteht (BGH NJW 2008, 3716, 3717 – afilias.de; BGH 91, 117, 120; BGH NJW 1993, 813; BGH NJW 2005, 978; OLG Stuttgart MMR 2008, 178), also Verwechslungsgefahr vorliegt. **Unbefugt** ist der Gebrauch eines fremden Namens, **wenn** dem **Nutzer** der Name **nicht originär zusteht oder** es an einer **vertraglichen Berechtigung** fehlt (BGH WRP 2006, 1225). Der redliche Gebrauch des gesetzlich vorgeschriebenen eigenen Namens ist nicht unbefugt (BGHZ 29, 256, 263). Die Verwendung eines fremden bürgerlichen Namens ist nicht unbefugt, wenn sie dem Nutzer gestattet ist. Gleiches ist für den Namensgebrauch bei Gleichnamigkeit im Falle eines bürgerlichen Namens anzunehmen. Dies gilt nicht für die Nutzung von **Wahlnamen**; hier gilt der **Grundsatz der Priorität.** Die Verwendung des eigenen Namens ist gleichwohl dann unzulässig, wenn die wirtschaftliche Ausbeutung des Rufs eines bekannten gleichnamigen Un-

ternehmens beabsichtigt ist (BGHZ 4, 96, 100). Werden identische oder verwechslungsfähige Namen geführt, bedarf es zur Feststellung, ob unbefugter Namensgebrauch vorliegt, einer umfassenden Interessenabwägung im Einzelfall. Dies wird praktisch nur im Fall der Verwendung geschäftlicher Kennzeichen in Betracht kommen (vgl BGHZ 149, 191 ff – shell.de). In Konfliktfällen kann es sinnvoll sein, **unterscheidungskräftige Zusätze** zuzufügen. In Streitfällen spielen neben dem Grundsatz der Priorität und der Zumutbarkeit auch die Dauer der Benutzung wie der Besitzstand des Namensinhabers eine Rolle.

Ein Anspruch gemäß § 12 BGB setzt schließlich voraus, dass die **geschützten Interessen** des Namens- 17
trägers **verletzt** sind. Der Begriff „Interesse" ist dabei sehr weit zu verstehen und umfasst auch das rein persönliche, ideelle oder bloße Affektionsinteresse (BGHZ 8, 318, 322; BGHZ 43, 245, 255; BGHZ 124, 173, 181). Eine **Interessenverletzung** ist daher bereits dann anzunehmen, wenn eine Verwechslungsgefahr besteht oder der benutzte Name in irgendeiner Weise in einen zu missbilligenden Zusammenhang gebracht wird. Weiter begründet auch die Verwässerungsgefahr eine Interessenverletzung (BGHZ 19, 23, 27; BGH NJW 1992, 940 – Mercedes). Kein Schutz aus § 12 BGB besteht bei einer nur sehr geringen Interessenverletzung (BGH NJW 1991, 1532, 1534).

2. Namensleugnung. Eine Namensleugnung ist gegeben, wenn dem Namensträger das **Recht zum Ge-** 18
brauch des Namens in irgendeiner Form **streitig gemacht** wird, sei es durch dauernde Falschbezeichnung oder unrichtige Schreibweise.

B. Rechtsfolgen

Dem Inhaber des Namensrechts stehen **Ansprüche auf Beseitigung und Unterlassung** zu. Schadenser- 19
satzansprüche sieht § 12 BGB nicht vor. Sie können sich gleichwohl aus § 823 Abs. 1 BGB ergeben, da das Namensrecht ein sonstiges Recht im Sinne dieser Norm ist. Die dreifache Schadensberechnung (vgl dazu 44. Abschnitt Rn 16) gilt auch hier. Hinzu kommt der Bereicherungsanspruch aus § 812 Abs. 1 Satz 1 1 2. Alt BGB (Eingriffskondiktion), der insbesondere dann eine Rolle spielt, wenn es um die Berechnung einer fiktiven Lizenz geht (BGHZ 86, 90; BGH GRUR 1990, 1008, 1009). Weiter kann auch ein Anspruch auf Zahlung einer Geldentschädigung bestehen (LG Köln GRUR 1967, 323; s. auch BGHZ 30, 7; vgl dazu 45. Abschnitt).

37. Abschnitt: Schutz des gesprochenen Wortes

Schrifttum: *Hubmann*, Das Persönlichkeitsrecht, 2. Aufl. 1967; *Langohr*, Gedanken zur gekürzten Leserbriefveröffentlichung, MDR 1989, 959 ff; *Löffler/Sedelmeier/Burkhardt* (Hrsg.), Presserecht, 5. Aufl. 2006 (zitiert: Löffler/*Bearbeiter*); *Palandt*, Bürgerliches Gesetzbuch, 69. Aufl. 2010 (zitiert: Palandt/*Bearbeiter*); *Prinz/Peters*, Medienrecht – Die zivilrechtlichen Ansprüche, 1999 (zitiert: *Prinz/Peters*, Medienrecht); *Schlachter*, Der Schutz der Persönlichkeit nach bürgerlichem Recht, JA 1990, 33; *Soehring*, Presserecht, 4. Aufl. 2010 (zitiert: *Soehring*, Presserecht); *Soergel/Siebert*, Bürgerliches Gesetzbuch mit Einführungsgesetzen und Nebengesetzen, Band 12 Schuldrecht 10, §§ 823–853, Produkthaftungsgesetz, Umwelthaftungsgesetz, 13. Aufl. 2006 (zitiert: Soergel/*Bearbeiter*); *Wenzel*, Das Recht der Wort- und Bildberichterstattung, 5. Aufl. 2003 (zitiert: Wenzel/*Bearbeiter*).

A. Tatbestand

1 Das allgemeine Persönlichkeitsrecht schützt Teile der Persönlichkeit, die nicht ausdrücklicher Bestandteil der grundrechtlich garantierten Freiheiten sind, diesen aber in ihrer konstituierenden Bedeutung für die Persönlichkeit nicht nachstehen. Das **Recht zur Selbstbestimmung über die eigene Darstellung der Person in der Kommunikation** und damit über das gesprochene Wort ist als Ausprägung des allgemeinen Persönlichkeitsrechts allgemein anerkannt (BVerfG NJW 1980, 2070, 2071; BGH NJW 1982, 277 – Tonbandaufnahme 2; *Soehring*, Presserecht, Rn 10.16). Der Einzelne soll Gespräche „spontan, frei, unbefangen und ohne das Gefühl des Misstrauens und des Argwohns" führen dürfen (BGHZ 72, 120 – Kohl/Biedenkopf; BGHZ 27, 284 – Tonbandaufnahme; BGH ZIP 1987, 1572): Die Unbefangenheit der menschlichen Kommunikation wäre nachhaltig gestört, wenn der Äußernde damit rechnen müsste, dass seine Worte ohne seine Zustimmung technisch festgehalten und verbreitet werden dürften. Der Einzelne selbst kann also entscheiden, ob sein Wort auf einem Tonträger aufgenommen wird, in welcher Weise dies geschieht, von und vor wem die Worte abgespielt werden bzw ob sie überhaupt abgespielt werden (vgl auch: BVerfGE 54, 148, 155 – Eppler; BGH NJW 1991, 1180). Die Worte werden nicht nur inhaltlich festgehalten, sondern auch in den Einzelheiten ihres Ausdrucks. Mit der Aufzeichnung sind sie nicht nur aus einer durch die Flüchtigkeit des gesprochenen Wortes geprägten Situation herausgehoben, sondern können jederzeit einem Dritten zugänglich gemacht werden; es besteht die Gefahr, dass der Äußernde „vorgeführt" wird. Aus diesem Grund verlangt die Rspr, dass der Äußernde dem Anfertigen und Abspielen einer Tonbandaufnahme zustimmen muss.

2 Das Recht am gesprochenen Wort ist im Zivilrecht **gesetzlich nicht normiert**, sondern eine Ausprägung des allgemeinen Persönlichkeitsrechts, das wiederum zivilrechtlich über § 823 Abs. 1 BGB geschützt ist. **Umfasst** sind nicht nur private, sondern auch **geschäftliche Gespräche** (BVerfG NJW 1973, 891, 893 – Tonbandaufnahme; BGH NJW 1982, 277 – Tonbandaufnahme 2). Derartige Gespräche dürfen grundsätzlich nicht ungenehmigt auf Tonband mitgeschnitten werden. Ebenso wenig dürfen Dritte heimlich in ein Telefonat durch Mithöreinrichtungen einbezogen werden (BVerfG AfP 2003, 36). Gleichzeitig ist die **Verwertung** einer solchen ungenehmigten Teilnahme im Wege des Zeugen-, Urkunds- und Anscheinsbeweises vor Gericht vom allgemeinen Persönlichkeitsrecht umfasst und im Zivilprozess **grundsätzlich unzulässig** (BVerfGE 34, 238, 246 – Tonbandaufnahme; BVerfGE 35, 202, 220 – Lebach; BVerfGE 54, 148, 155 – Eppler; BVerfGE 106, 28, 39 – heimliche Mithörer; BVerfG NJW 1992, 815; BGHZ 27, 284, 286 – Tonbandaufnahme; BGH NJW 1982, 1397, 1398; BGH NJW 1987, 2268 – Langemann; BGH NJW 1988, 1016, 1017; BGH NJW 2003, 636 – Telefongespräch; OLG Karlsruhe NJW-RR 2003, 410 – Anti-Aggressionstraining). Schließlich schützt das Recht am gesprochenen Wort nicht nur vor Aufzeichnung oder Konservierung, sondern vor der stillen Teilhabe an der Kommunikation (BVerfG NJW 2002, 3619, 3620; BGH NJW 2003, 1727). Privatgespräche sind der ungenehmigten Veröffentlichung zwar nicht absolut entzogen; die Veröffentlichung wird aber nur in den seltensten Fällen zulässig sein. So beispielsweise, wenn der „Öffentlichkeitswert" der Information das berechtigte Schutzbedürfnis des Belauschten überwiegt (BGHZ 70, 120 – Kohl/Biedenkopf). Der BGH nimmt die Zulässigkeit darüber hinaus beispielsweise an, wenn eine Notwehrsituation oder „notwehrähnliche Lage" (BGH NJW 1958, 1344) gegeben ist und eine **Güterabwägung** zwischen dem Interesse an der Wahrheitsfindung und dem Schutz am gesprochenen Wort zugunsten des Interesses an der Wahrheitsfindung ausfällt (BGH NJW 1982, 277, 278 – Tonbandaufnahme II; vgl auch OLG Düsseldorf K&R 2010, 423, 424 f). Dabei hat sich die Güterabwägung an **§ 34 StGB** zu orientieren, wonach dem Interesse des einen Schutzgutes ein anderes Schutzgut nur dann zu weichen

braucht, wenn das erste im zu beurteilenden Fall wesentlich überwiegt und auf anderem Wege nicht geschützt werden kann (BGH NJW 1982, 277, 278 – Tonbandaufnahme). Der BGH hat dies angenommen bei der Feststellung der Identität eines Anrufers, der sich als eine andere Person ausgegeben hatte, um gefahrlos Verleumdungen auszusprechen. Zulässig kann die Aufzeichnung auch dann sein, wenn auf andere Weise nur schwer oder überhaupt nicht kriminelle Angriffe auf die berufliche Existenz abgewehrt werden können (BGH NJW 1994, 2289, 2292 ff).

Der Inhalt des Gesprächs ist ebenso irrelevant wie die Vereinbarung von Vertraulichkeit. 3

Der zivilrechtliche Schutz wird durch § 201 StGB verstärkt, der sich im Wesentlichen auf Tonbandaufzeichnungen bezieht; § 201 Abs. 2 Nr. 2 StGB sieht vor, dass das aus einer unzulässigen Tonbandaufzeichnung gewonnene Gesprächsprotokoll nicht veröffentlicht werden darf. Gleiches gilt für den Fall, in dem eine lange Passage durch ihre Detailgenauigkeit die Persönlichkeit des Sprechenden so intensiv zur Anschauung bringt, dass er sich der Öffentlichkeit preisgegeben fühlen muss (BGHZ 73, 120 – Kohl/Biedenkopf; BGH NJW 1987, 2667 – Langemann; OLG Karlsruhe NJW-RR 2003, 410 – Anti-Aggressionstraining: Aufzeichnung einer gruppentherapeutischen Sitzung im Bewährungsvollzug). 4

Im weitesten Sinne zählt zum Recht am eigenen Wort auch das **Recht auf Zitattreue.** Die Wiedergabe von inkorrekten Zitaten (BVerfG NJW 1993, 2925; BVerfG NJW 1980, 2070 – Eppler; BGH NJW 1998, 1391 – Rechte Professoren; BGH NJW 1982, 635 – Böll/Walden II; OLG Brandenburg NJW-RR 2007, 1641 – „Hasspredigt"), also so nicht gefallene oder durch Weglassungen oder Hinzufügungen veränderte Äußerungen, verletzt die Befugnis des Zitierten, selbst darüber zu entscheiden, ob und wie er mit eigenen Äußerungen an die Öffentlichkeit treten will. Dem Zitierten darf zudem nicht dadurch die Entscheidung über sein Wort genommen werden, dass einer mehrdeutigen Aussage die Hülle einer bestimmten, dem Äußernden unmittelbar zugeschriebenen Erklärung gegeben wird. Wird der Eindruck erweckt, eine Äußerung sei ein Zitat, obwohl eine Interpretation vorliegt, verletzt dies das Persönlichkeitsrecht des vermeintlich Zitierten (BVerfG NJW 1993, 2925; BVerfG NJW 1980, 2070 – Eppler; BGH NJW 1998, 1391 – Rechte Professoren; BGH NJW 1982, 635 – Böll/Walden II). Der Zitierte kann beanspruchen, dass seine Aussage daran gemessen wird, wie und in welchem Zusammenhang er sich geäußert hat, und nicht daran, wie Teile der Leser- oder Hörerschaft die Äußerung auch verstehen konnten, solange das Zitat als eindeutige, einer Interpretation nicht bedürftige Erklärung des Zitierten ausgegeben wird (BVerfGE 54, 148, 155 – Eppler; BVerfGE 54, 208, 217 – Böll; OLG Bremen AfP 1987, 514; OLG Hamburg NJW 1987, 1416, 1417). An die Zitattreue werden strenge Anforderungen gestellt; der Zitierende muss Wortwahl wie Gedankenführung des Zitierten berücksichtigen (BGH NJW 1982, 635 – Böll/Walden) und darf das Zitat nicht aus dem Zusammenhang reißen und ihm einen anderen Sinn geben (OLG München AfP 1981, 297; OLG Saarbrücken AfP 1985, 134; LG Köln NJOZ 2010, 1233, 1235). Ist es notwendig, das Zitat zu kürzen, muss deutlich werden, dass der Zitierte sich so nicht geäußert hat, sondern es sich um eine Zusammenfassung handelt. Gleiches gilt, wenn der Zitierende den Zitierten interpretiert. Ein Zitat sind nicht schon einzelne Worte in Anführungszeichen (BVerfG AfP 1993, 563, 564 – BKA-Präsident). Die Grundsätze der Zitattreue finden sich auch im Rahmen der Veröffentlichung von Leserbriefen wieder: Diese dürfen grundsätzlich nicht verkürzt veröffentlicht werden, es sei denn, dies ist vom Autor autorisiert (*Langohr*, MDR 1989, 959, 960). Zum Zitatschutz s. auch 33. Abschnitt Rn 88 f und 39. Abschnitt Rn 65 ff. 5

B. Rechtswidrigkeit

Voraussetzung eines Anspruchs aus § 823 Abs. 1 BGB ist die **Widerrechtlichkeit des Eingriffs** in das jeweilige Schutzgut, also die Rechtswidrigkeit der Äußerung. Als **Anknüpfungspunkt** für die Feststellung der Rechtswidrigkeit bieten sich der **verursachte Erfolg oder** das **Verhalten des Äußernden** an. Diese gegensätzlichen Möglichkeiten spiegeln sich in § 823 Abs. 1 BGB einerseits und in § 826 BGB andererseits wider. Während § 823 Abs. 1 BGB ein erfolgsorientiertes Konzept zu Grunde liegt (BGH NJW 1996, 3205), stellt § 826 BGB auf die Handlung ab. Die Rspr geht bei Verletzungen der in § 823 Abs. 1 BGB aufgeführten Schutzgüter dem Grundsatz nach weiter vom Erfolgsunrecht aus. Die Verletzung eines geschützten Rechtsguts ist danach rechtswidrig, wenn kein vom Schädiger (hier: Äußernden) nachzuweisender Rechtfertigungsgrund vorliegt. 6

7 Die Besonderheit der sogenannten offenen Tatbestände wie dem Persönlichkeitsrecht und dem Recht am eingerichteten und ausgeübten Gewerbebetrieb liegt indes darin, dass sie in nicht so starkem Maße abgegrenzt sind wie die anderen (geschriebenen) Rechtsgüter in § 823 Abs. 1 BGB. Sie haben vielmehr generalklauselartige Weite (vgl *Schlachter,* JA 1990, 33 ff). Die Rspr korrigiert, indem sie davon ausgeht, dass ein Eingriff in das Persönlichkeitsrecht oder das Recht am Unternehmen nicht schon für sich betrachtet rechtswidrig ist. Es bedarf vielmehr einer **einzelfallbezogenen Güter- und Interessenabwägung**, um über die Rechtswidrigkeit zu entscheiden (st Rspr BVerfG 1992, 815, 816; BGHZ 13, 334; BGHZ 24, 72; BGHZ 45, 296, 307 – Höllenfeuer; BGH NJW 1987, 2667; LG Berlin NJW 1997, 1155; Palandt/*Sprau*, § 823 BGB Rn 95; Soergel/*Zeuner*, § 823 BGB Rn 73; s. dazu auch 33. Abschnitt).

C. Rechtsfolgen

8 Liegt eine Verletzung des Rechts am gesprochenen Wort vor, stehen dem Betroffenen – bei Vorliegen der jeweiligen Voraussetzungen – Ansprüche auf Unterlassung, Berichtigung, Schadenersatz und Geldentschädigung zu. Darüber hinaus wird in den Fällen der Namensanmaßung eine Tatsachenbehauptung vorliegen, die auch gegendarstellungsfähig sein dürfte. Zu den Ansprüchen im Einzelnen s. 42. bis 45. Abschnitt.

38. Abschnitt: Unternehmensschutz

Schrifttum: *Badura*, Der Eigentumsschutz des eingerichteten und ausgeübten Gewerbebetriebes, AöR 98 (1973), 153; *Bamberger/Roth* (Hrsg.), Kommentar zum Bürgerlichen Gesetzbuch, Band 2, München 2008 (zitiert: Ba/Ro-*Bearbeiter*); *Born*, Gen-Milch und Goodwill – Äußerungsrechtlicher Schutz durch das Unternehmenspersönlichkeitsrecht, AfP 2005, 110 ff; *Brinkmann*, Der äußerungsrechtliche Unternehmensschutz in der Rechtsprechung des Bundesgerichtshofes, GRUR 1988, 516 ff; *Brinkmann*, Gewerbekritik zwischen freier Meinungsäußerung und Warentest, NJW 1987, 2712 ff; *Farkas*, Betriebsgeheimnisse versus Presse- und Meinungsfreiheit, FoR 2004, 133 ff; *Grunewald*, Die Haftung des Experten für seine Expertise gegenüber Dritten, AcP 187, 285 ff (1987); *Hagen*, Das Unternehmen als nach Art. 14 Abs. 1 GG geschütztes eigenständige Rechtssubjekt, GewArch 2005, 402 ff; *Hefermehl/Köhler/Bornkamm*, Wettbewerbsrecht, 28. Aufl. 2010 (zitiert: Hefermehl/*Bearbeiter*); *Holzner*, Meinungsfreiheit und Unternehmenspersönlichkeitsrecht: Neue Abwägungsmaßstäbe erforderlich?, MMR-aktuell 2010, 298851; *Kohl*, Wettbewerbsrechtliche Schranken für Presseberichterstattung und Pressekritik, AfP 1984, 207; *Koreng*, Das „Unternehmenspersönlichkeitsrecht" als Element des gewerblichen Reputationsschutzes, GRUR 2010, 1065; *Löffler/Sedelmeier/Burkhardt* (Hrsg.), Presserecht, 5. Aufl. 2006 (zitiert: Löffler/*Bearbeiter*); *Prinz/Peters*, Medienrecht – Die zivilrechtlichen Ansprüche, 1999 (zitiert: *Prinz/Peters*, Medienrecht); *Quante*, Das allgemeine Persönlichkeitsrecht juristischer Personen – Eine zivilrechtliche Studie, 1999; *Ricker*, Freiheit und Aufgabe der Presse, 1983; *Rüping/Kamp*, Strafrecht, Jugendliche im Bus, JuS 1976, 660 ff; *Schaub*, Äußerungsfreiheit und Haftung, JZ 2007, 548 ff; *Soehring*, Presserecht, 4. Aufl. 2010 (zitiert: *Soehring*, Presserecht); *Soehring/Seelmann-Eggebert*, Die Entwicklung des Presse- und Äußerungsrechts in den Jahren 2000 bis 2004, NJW 2005, 571 ff; *Wenzel*, Das Recht der Wort- und Bildberichterstattung; 5. Aufl. 2003 (zitiert: Wenzel/*Bearbeiter*).

Auch juristische Personen und nicht rechtsfähige Personenvereinigungen werden traditionell als Träger des Persönlichkeitsrechts anerkannt. Ihnen wird nicht nur das Recht an ihrem Namen zugebilligt. Sie werden unter bestimmten Voraussetzungen vor Verletzungen ihrer Ehre, vor Offenbarung ihrer Geheimnisse, vor Verfälschungen ihrer Identität oder gar vor dem Belauschen der Worte ihrer Angehörigen geschützt (BVerfG NJW 2002, 3619, 3622 – zum Recht am gesprochenen Wort; BGH NJW 2006, 601 – Erzbistum; BGH NJW 1998, 2045 – Rolex; BGH NJW 1994, 1281 – Heberger Bau; OLG München NJW 2006, 2515; LG Frankfurt aM AfP 2003, 468; BGH NJW 2009, 1872, 1873 – Fraport). Für Kritik an wirtschaftlicher Tätigkeit gilt zunächst das Wettbewerbsrecht; für kritische Beurteilungen, die außerhalb eines Wettbewerbsverhältnisses liegen oder ohne Wettbewerbsabsicht getätigt wurden, kann sich der Betroffene auf das Recht am eingerichteten und ausgeübten Gewerbebetrieb berufen (BGH AfP 1998, 399), das einprägsamer als Recht am Unternehmen bezeichnet wird, sowie daneben auf das allgemeine Persönlichkeitsrecht. 1

A. Tatbestand

Das Recht am eingerichteten und ausgeübten Gewerbebetrieb ist ein **sonstiges Recht** iSv § 823 Abs. 1 BGB, also ein Rahmenrecht, und soll die sonst bestehende Lücke insbesondere im gewerblichen Rechtsschutz schließen (BGHZ 45, 296, 307; BGH NJW 2003, 1041). Inhalt und Grenzen des Schutzes sowie die Rechtswidrigkeit des Eingriffs folgen aus einer Interessen- und Güterabwägung zwischen den im Einzelfall kollidierenden Interessensphären (BGHZ 138, 311). 2

I. Gewerbebetrieb/Unternehmen

Schutzgegenstand des Unternehmensrechtsschutzes in § 823 Abs. 1 BGB ist all das, was der unternehmerischen Betätigung und Entfaltung dient und den wirtschaftlichen Wert des Betriebes als bestehende Einheit ausmacht (BGH NJW-RR, 2005, 1175, 1177). Vorausgesetzt wird, dass der berufliche und 3 gewerbliche Tätigkeitsbereich in einem Betrieb oder Ähnlichem **sachlich-organisatorisch verfestigt** ist und auf eine gewisse Dauer angelegt sowie auf Erwerb (nicht notwendig Gewinn) gerichtet ist (BGHZ 90, 113 – Bundesbahn; BGH NJW 1958, 1986; BGH NJW 1979, 260 – Boxveranstaltung; BGH NJW 1961, 720 – Landwirtschaftsbetrieb; RGZ 153, 285 – Anwalt). Ist eine Ausweitung des Betätigungsfeldes vorgesehen, erstreckt sich der Schutz auch darauf (BGHZ 3, 270, 279 – Constanze I; BGHZ 30, 338, 356 – Bausperre). Fehlt die sachlich-organisatorische Verfestigung wie beispielsweise bei Freiberuflern, kommt der äußerungsrechtliche Persönlichkeitsschutz zum Tragen (s. dazu Wenzel/*Burkhardt,* Kap. 5 Rn 141). Der Schutz umfasst die Fortsetzung der bisherigen Tätigkeit aufgrund der bereits angefangenen Betriebsveranstaltung (BGH LM BGB § 829/C/Nr. 5), wobei es nicht auf deren Wirtschaftlichkeit ankommt. Nicht vom Schutz umfasst sind im Planungs- oder Versuchsstadium stecken gebliebene Vorhaben (BGH NJW 1969, 1207) oder solche, die konzessionsbedürftig sind und denen die Konzession fehlt.

II. Betriebsbezogenheit des Eingriffs

4 Das Recht am Unternehmen ist nur dann beeinträchtigt, wenn ein Eingriff in das Unternehmen erfolgt; dies kann nicht für jede unwahre oder negative Äußerung angenommen werden. Erfasst werden nur unmittelbare Beeinträchtigungen des Gewerbebetriebs als solchem (BGHZ 86, 152): Die Beeinträchtigung muss sich spezifisch gegen den **betrieblichen Organismus** oder die **unternehmerische Entscheidungsfreiheit** richten oder von der Verkehrsauffassung als Störung der Grundlagen gerade dieses Betriebs angesehen werden (BGHZ 138, 311, 317 – Filmaufnahmen in Ferienanlage) oder die unternehmerische Verwertung in Frage stellen. Beeinträchtigungen, die sich nur gegen vom Betrieb ohne Weiteres ablösbare Rechte oder Rechtsgüter richten, reichen nicht aus (BGH NJW 2003, 1040; BGH NJW 2004, 356 – Verletzung von dem besonderen Schutz des Unternehmens dienenden Verhaltenspflichten; BGH NJW-RR 2005, 673 – Verhinderung der Nutzung einzelner Betriebsgegenstände; *Soehring*, Presserecht, Rn 12.54a). Aus äußerungsrechtlicher Sicht wurde die **Betriebsbezogenheit** eines **Eingriffs** bejaht bei Aufrufen zu Protestaktionen gegen ein Unternehmen (BVerfG NJW 1989, 381 – Mietboykott; BGH NJW 1985, 1620 – Mietboykott; BGH GRUR 1980, 242 – Denkzettelaktion), bei Aufrufen zum Boykott eines bestimmten Unternehmens bzw eines bestimmten Produktes oder zur Bestreikung des Unternehmens (BVerfGE 25, 256 – Blinkfüer; BGH NJW 1985, 60 – Kundenboykott; OLG Karlsruhe OLGR 1997, 45 – Abonnementverträge; OLG München AfP 2002, 235 – Buchverlag), bei Warnungen vor geschäftlichen Beziehungen zu und mit einem Unternehmen (BGHZ 8, 142 – Schwarze Listen; BGH WM 1993, 69 – Kettenmafia), bei kritischen Berichten über die Produkte eines Unternehmens (BGH NJW 1963, 1871 – elektronische Orgel; BGH NJW 1970, 187 – Hormoncreme) oder bei der Meldung über einen Konkursantrag eines Unternehmens (BGHZ 36, 18, 23) bzw über die bevorstehende Abgabe einer Offenbarungsversicherung (OLG Bremen MDR 1992, 1033). Nur mittelbare Beeinträchtigungen sind kein Eingriff in das Recht am Unternehmen (zum Beispiel Nichteintragung des Betriebes ins Branchenbuch: LG Düsseldorf VersR 1997, 589). So wurde die **Betriebsbezogenheit** eines Eingriffs **verneint** bei Kritik an bestimmten Berufen oder Branchen (BGH GRUR 1969, 304 – Kredithaie; OLG Hamburg AfP 1984, 222; OLG Köln NJW 1985, 1943); bei der Berichterstattung über ein gegen den Vorstand eines Unternehmens geführtes Strafverfahren (OLG Koblenz Beschl. v. 19.4.2010 – 4 W 183/10; bei Kritik an allgemeinen Erscheinungen im Wirtschafts- und Marktgeschehen (OLG Köln NJW 1985, 1643 – Aufruf gegen Privatisierung der städtischen Reinigung), bei zu guter Bewertung eines Konkurrenzprodukts in einem vergleichendem Warentest (BGHZ 65, 325, 329 – Warentest II; BGH NJW 1987, 2222 – Komposthäcksler).

B. Rechtswidrigkeit

5 Die Rechtswidrigkeit eines Eingriffs ist unabhängig von dessen (gleichwohl ebenfalls notwendiger) Betriebsbezogenheit festzustellen. Das Recht am Unternehmen wird als offener Tatbestand verstanden, der allein nach einer Güterabwägung zur Feststellung der Rechtswidrigkeit einer Berichterstattung über das Unternehmen und seine Leistungen, Waren oder Verhältnisse führen kann (BGH AfP 1976, 34 – Warentest II; BVerfG NJW-RR 2004, 1710). Um die Reichweite des Unternehmensschutzes und die Grenze zulässiger Berichterstattung zu ermitteln, sind die konkret betroffenen schutzwerten Interessen miteinander abzuwägen. In die Güterabwägung muss – anders als wenn natürliche Personen betroffen wären – auch die Verfassungsgarantie des Art. 12 GG einbezogen werden (s. auch BVerfG NJW 1994, 1784; LG München I Urt. v. 13.2.2009 – 23 O 17284/08; offen gelassen aber BVerfG 2005, 883 –

Tierversuche), da die unternehmerische Tätigkeit zu den Betätigungsfeldern der Persönlichkeit zählt. Gleichwohl ist zu berücksichtigen, dass Unternehmen im Vergleich zu Personen geringeren Schutz genießen. Sie haben – dies folgt aus der Natur der Sache – keine Intimsphäre, sondern der Unternehmensbereich zählt grundsätzlich zur Öffentlichkeitssphäre; ihr Schutz vor Öffentlichkeit reicht daher weniger weit als der von natürlichen Personen (BGHZ 36, 77 – Waffenhändler). Infolgedessen kann die Presse ihre Berichterstattung zT damit rechtfertigen, dass wegen des zunehmenden Einflusses eines Unternehmens auf dem Markt ein öffentliches Interesse an Informationen über dessen Einfluss besteht. Ein Unternehmen kann daher nicht grundsätzlich verlangen, dass seine Stellung (BGHZ 138, 311, 320 – Filmaufnahmen in der Ferienanlage; BGH NJW 1971, 510, 512 – Kartellbehörde) oder seine Leistungskraft (BGHZ 36, 77 – Waffenhändler; BGH NJW 1966, 2010 – Teppichkehrmaschine; BGH GRUR 1969, 304 – Kredithaie; OLG Hamburg OLGR 2003, 170 – Privatbank in Not) öffentlich nicht thematisiert werden. Das Unternehmen hat weiter keinen Anspruch darauf, dass sein Auftreten am Markt (BGHZ 80, 25, 39 – Der Aufmacher; s. auch BVerfG NJW 2005, 883 – Tierversuche) nicht zum Gegenstand öffentlicher Erörterung gemacht wird.

Andererseits kann das Recht am Unternehmen verletzt sein, wenn die Berichterstattung in den Kernbereich einer **vertraulichen Sphäre** (zum Beispiel Redaktionskonferenz einer Zeitung: BVerfGE 66, 116, 120 – Der Aufmacher) eingreift. Dabei geht es insbesondere um die Veröffentlichung von Betriebsgeheimnissen oder von vertraulichen Informationen, die auf unrechtmäßige Weise beschafft wurden (vgl aber BVerfG NJW 2005, 883 – Tierversuche) oder um ohne Anlass ans Licht gebrachte längst verjährte Umstände. Nichts desto trotz kommen auch bei wahren Behauptungen Eingriffe in das Recht am Unternehmen in Betracht und zwar dann, wenn sie mit herabwürdigenden Werturteilen verbunden sind, die man als Schmähkritik beurteilen kann (BGHZ 45, 296, 307 – Höllenfeuer; BGHZ 65, 325, 331 – Warentest II; BGH NJW 1970, 187 – Hormoncreme; BGH NJW 1983, 304 – Kredithaie; OLG München NJW 1994, 1964 – Pygmäenlokal; OLG Frankfurt NJW 1996, 1146 – Weintest). Dabei ist zu berücksichtigen, dass insbesondere in den Fällen, in denen die Medienkritik am Unternehmen eine die Öffentlichkeit besonders berührende Frage betrifft, zugespitzte Äußerungen, plastische Klassifizierungen und grobe Abwertungen erlaubt sind – solange sie auf Diffamierungen verzichten (BGH GRUR 1969, 555 – Cellulitis; BGH NJW 2009, 1872, 1874 – Fraport). Als **zulässig** wurde angesehen, die Wassersuche mit der Wünschelrute als „Taschenspielertrick“ zu qualifizieren (BGH GRUR 1989, 781 – Wünschelrute), zu behaupten, das ermittelte Risiko einer Prozesskostenfinanzierung sei „Bauernfängerei“ (BGH NJW 2005, 279), die Formulierungen „nie wieder“ und „zweitklassig“ über ein Produktangebot (LG Münster MMR 2008, 694, 696) sowie die Äußerung des Verdachts „unsauberer Geschäfte“ (BGH NJW 2009, 3580). Als **unzulässige Schmähkritik** wurde unter anderem die Formulierung angesehen, Speisen eines Restaurants würden „wie eine Portion Pinscherkot in den Teller hineingeschissen“ (OLG Frankfurt NJW 1990, 2002) oder ein bestimmter Reifen sei ein „Sicherheitsrisiko“ (OLG Düsseldorf BB 1982, 62). Gleichwohl ist es prinzipiell zulässig, allgemein kritisierte Erscheinungen am Beispiel konkreter Unternehmen zu verdeutlichen (BGH NJW 1966, 2010 – Teppichkehrmaschine; BGH GRUR 1969, 555 – Cellulitis; BGH GRUR 1969, 304 – Kredithaie). Die Grenze dürfte erreicht sein, wenn das Heranziehen einzelner Unternehmen einseitig ohne redaktionelle Notwendigkeit erfolgt. 6

C. Rechtsfolgen

Liegt ein rechtswidriger Eingriff in das Recht am Unternehmen vor, stehen dem Betroffenen die verschuldensunabhängigen Ansprüche auf Unterlassung und Berichtigung einschließlich Gegendarstellung zu. Hinzu kommen Ansprüche auf Schadensersatz. Geldentschädigung wird ein Unternehmen nicht verlangen können, weil es keinen immateriellen Schaden erleiden kann (s. dazu 45. Abschnitt). 7

Der Schutz des Rechts am Unternehmen greift **subsidiär** ein, wenn sich aus dem Zusammenhang der auf dem jeweiligen Rechtsgebiet geltenden Vorschriften ergibt, dass der Unternehmensschutz lediglich lückenhaft geregelt ist (BGHZ 29, 65 – Stromkabelbeschädigung; BGHZ 138, 349 – Fischfutter; BGH NJW 1980, 881 – Teilhaberquerelen; BGH NJW 1999, 1028 – Torfsubstrat). Sind also die Zulässigkeit und die Folgen eines Verhaltens in Wettbewerbsabsicht im UWG geregelt, greift der Schutz des Rechts am Gewerbebetrieb nicht (BGHZ 38, 200, 240 – Kindernähmaschine; BGH GRUR 1965, 690, 694 – Facharzt; LG Mainz AfP 2001, 157). Das Recht am eingerichteten und ausgeübten Gewerbebetrieb kommt bei gewerbeschädigender Pressekritik daher nur außerhalb von Wettbewerbsverhältnissen zum Zuge (Wenzel/*Burkhardt*, Kap. 5 Rn 165). Auch § 823 Abs 2 BGB und § 824 BGB gehen wegen der 8

Subsidiarität des Unternehmensschutzes vor (BGHZ 45, 296, 307 – Höllenfeuer; BGHZ 65, 325, 328 – Warentest II; BGH NJW-RR 1989, 924; OLG München ZUM-RD 2009, 342, 343 – Werbefilmkopie). Aus diesem Grund kommt Unternehmensschutz aus § 823 Abs. 1 BGB nicht in Betracht, wenn es um den durch § 823 Abs. 2 BGB iVm §§ 186, 187 StGB und § 824 BGB gewährten Schutz vor unmittelbaren Beeinträchtigen durch das Aufstellen oder Verbreiten unwahrer Tatsachenbehauptungen geht (BGHZ 138, 311, 315 – Filmaufnahmen in Ferienanlage). Der Schutz greift nicht bei verletzenden Eingriffen in die personellen oder sachlichen Betriebsmittel, denen gegenüber der Schutz der körperlichen und gesundheitlichen Integrität, des Eigentums oder des Besitzes ausreicht. In derartigen Fällen wird Schutz nur gewährt, wenn der Funktionsbereich oder die unternehmerische Entscheidungsfreiheit angegriffen werden (BGHZ 55, 153, 168 f – Wasserstraßensperre; BGHZ 138, 311, 317 – Filmaufnahmen in Ferienanlage; BGHZ 66, 388, 393 – Versorgungskabel).

D. Sonderfälle

I. Vergleichende Warentests

9 Besondere praktische Relevanz hat der Schutz des Unternehmens in Fällen des Produktvergleichs mit Waren von Konkurrenten (Warentest). Die **Abwertung einer Ware** im Rahmen eines vergleichenden Warentests ist **grundsätzlich zulässig** (BGHZ 65, 325, 331 – Warentest II; BGH NJW 1986, 981 – Preisvergleich; BGH NJW 1987, 2222 – Komposthäcksler; BGH NJW 1989, 1923 – Boxentest; BGH NJW 1997, 2593, 2594 – Druckertest), wenn sie nicht zu Wettbewerbszwecken erfolgt; dies trägt der **Verbraucheraufklärung** Rechnung. Gleichwohl müssen bestimmte Anforderungen an Warentests gewahrt werden.

10 Nach Auffassung des BGH muss ein vergleichender Warentest **neutral**, **objektiv** sowie **sachkundig** erfolgen, die **Ergebnisse** müssen zumindest **vertretbar** sein (BGH NJW 1997, 2593, 2594 – Warentest IV; BGH NJW 1989, 1923 – Warentest V; BGH NJW 1976, 620, 622 – Warentest II). Dabei meint **Neutralität**, dass der Tester unabhängig ist, also keine eigenen wirtschaftlichen Interessen verfolgt (BGH NJW 1987, 1082, 1085 – Gastrokritiker). Die Testveröffentlichung kann bereits unter wettbewerbsrechtlichen Aspekten unzulässig sein, wenn der Tester nicht unabhängig ist (BGH NJW 1976, 620, 622 – Warentest II; Hefermehl/*Köhler*, Einl., Rn 7.30); auf den Inhalt des Tests kommt es dann nicht mehr an (Wenzel/*Burkhardt*, Rn 10.66; Hefermehl/*Köhler*, Einl. Rn 7.30). Als neutrale Testveranstalter sind idR Verbraucherverbände anzusehen (*Ricker*, 73). **Objektivität** meint, dass sich der Tester um Richtigkeit bemüht hat (BGH NJW 1997, 2593, 2594 – Warentest VI; BGH NJW 1987, 2222, 2223 – Warentest IV); objektive Richtigkeit des gewonnenen Ergebnisses ist nicht erforderlich. Daraus folgt, dass auch die sachgerechte Auswahl von Produkten mit dem Ziel, einen repräsentativen Ausschnitt zu erfassen, zulässig ist. Es müssen nicht sämtliche Fabrikate einer Produktpalette getestet werden; ein repräsentativer Querschnitt reicht aus, wenn im Testbericht deutlich darauf hingewiesen wird (BGH NJW 1987, 2222 – Komposthäcksler). Gleichwohl müssen so viele Prüfmuster in den Test aufgenommen werden, dass er durch Ausreißer nicht verfälscht werden kann (Löffler/*Steffen*, § 6 LPG Rn 147). Unzulässig ist es, nicht vergleichbare Produkte nach den gleichen Grundsätzen zu beurteilen, wie beispielsweise Maß- und Konfektionsanzüge, Nahrungsergänzungs- und Arzneimittel (OLG Frankfurt LMuR 2008, 155, 157), oder den Eindruck zu erwecken, nicht getestete Produkte seien gegenüber getesteten minderwertig (OLG Frankfurt NJW 1996, 1146 – „Adel verzichtet"; OLG Koblenz WRP 1984, 105, 107). Die Tests müssen weiter **sachkundig** durchgeführt worden sein, dh das Testverfahren muss an Sachkunde orientiert sein und fair gehandhabt werden; dem Tester bleibt es selbst überlassen, zu bestimmen, welche Aspekte er bei dem Test in welcher Art und Weise berücksichtigt (BGH NJW 1987, 2222, 2223 – Komposthäcksler). Die notwendige Sachkunde ist jedoch jedenfalls dann nicht gegeben, wenn der Tester mit den getesteten Produkten nicht fachgerecht umgehen kann (vgl dazu OLG Köln AfP 1995, 498, 499; OLG München AfP 1986, 75, 76).

11 Darüber hinaus müssen die gewonnenen Erkenntnisse diskutabel, also **vertretbar** sein (BGH NJW 1997, 2593, 2594 – Warentest VI). Dabei kommt dem **Bewertenden** ein **großer Beurteilungsspielraum** zu, was die Prüfmethoden, die Objektauswahl und die Darstellung der gewonnenen Ergebnisse angeht (BGH NJW 1997, 2593, 2594 – Warentest VI; BGH NJW 1989, 1823, 1824 – Warentest V; OLG Karlsruhe NJOZ 2010, 213, 217; *Kohl*, AfP 1984, 207). Werden bewusst Fehlurteile gefällt oder Ergebnisse durch unrichtige Angaben oder einseitige Auswahl der zum Vergleich gestellten Produkte verfälscht, ist die Grenze zur Unzulässigkeit überschritten; derartige Tests tragen nicht zur Verbraucheraufklärung bei. Schließlich kommt es darauf an, dass der Test mit **Sorgfalt** durchgeführt wurde,

an die der BGH hohe Anforderungen stellt (BGH NJW 1986, 981 – Preisvergleich; OLG Köln AfP 1995, 498, 500). Dem Tester obliegt es daher, mit größter Sorgfalt zu recherchieren; es ist beispielsweise seine Sache, ihm bekannte Wissenslücken durch Einholung von Auskünften zu schließen (BGH NJW 1989, 1923, 1924 – Warentest V) oder für die Dokumentation und Überprüfung des Testvorgangs zu sorgen (BGH NJW 1989, 1923, 1924 – Warentest V).

Die **Bewertung eines Produkts** im Rahmen eines Warentests ist nach ständiger Rspr des BGH nicht als Tatsachenbehauptung, sondern als **Meinungsäußerung** zu qualifizieren (BGH NJW 1997, 2593, 2594 – Warentest VI; BGH NJW 1989, 1923 – Warentest V; BGH NJW 1987, 2222, 2223 – Komposthäcksler). So stellt beispielsweise die Gesamtnote „ausreichend" ebenso eine (zulässige) Meinungsäußerung dar wie die Note für einen bestimmten Teilsaspekt des Geräts, etwa die Note für „Umweltverträglichkeit". **Verstößt** allerdings die **Meinungsäußerung gegen** die **Grundsätze** vergleichender Warentests, kann dies eine **Verletzung** des Rechts am Unternehmen darstellen (BGH NJW 1997, 2593, 2595 – Warentest VI; OLG München AfP 1986, 75, 76; OLG Frankfurt LMuR 2008, 155, 156), also insbesondere in den Fällen, in denen der Verbraucher durch eine falsche Darstellung des Prüfverfahrens (OLG München AfP 1986, 74) oder durch vermeintliche Testergebnisse (OLG Köln NJW-RR 1995, 1489; OLG Frankfurt NJW 1996,1146) fehlgeleitet wird. **Unzulässig** ist auch, im Rahmen eines Warentests die Grenze zur **Schmähkritik** zu überschreiten (BGH NJW 1976, 620). Als **zulässige Meinungsäußerung** wurden im Rahmen eines Benzintests angesehen „Der Stoff, in dem der Killer steckt" bzw „Autofahrer tanken Motorschäden" (OLG Düsseldorf AfP 1985, 38, 40). Unzulässige Schmähkritik oder die Verletzung der Grundsätze vergleichender Warentests können Unterlassungs- oder Schadensersatzansprüche begründen: Richtigstellung oder Gegendarstellung kommen als Rechtsfolgen hingegen nicht in Betracht, weil sie nur auf Tatsachenbehauptungen anwendbar sind (s. dazu 41. und 43. Abschnitt). 12

Eine Verletzung des Rechts am Unternehmen ist dann nicht anzunehmen, wenn ein Konkurrenzprodukt besser bewertet wird als das eigene; dies stellt nach Auffassung des BGH lediglich eine Reflexwirkung für das betroffene Unternehmen dar, die nicht vom Schutzzweck des durch § 823 Abs 1 BGB geschützten Rechts am Unternehmen umfasst ist (BGH NJW 1987, 2222, 2225 – Komposthäcksler). Das Gleiche gilt, wenn Konkurrenzprodukte nicht erwähnt wurden, weil sie den zu Grunde gelegten Mindestanforderungen nicht genügten (BGH NJW 1976, 620, 624 – Warentest II). Als **Tatsachenbehauptungen** werden unter anderem solche Testaussagen eingestuft, die für den Leser nicht nur unselbstständige Bausteine für die Testnote sind, sondern einen eigenen Aussagewert haben (BGH NJW 1989, 1923 – Boxentest; LG Frankfurt GRUR-RR 2010, 83 – test-Kommentar). Bei unzutreffenden Tatsachenbehauptungen kommen Ansprüche auf Unterlassung (OLG Köln AfP 1995, 498, 499 – Handscanner; OLG Frankfurt NJW 1996, 1146), Schadensersatz (BGH NJW 1986, 981, 982 – Preisvergleich), Berichtigung (BGH NJW 1976, 620, 623 – Warentest II; OLG Köln AfP 1995, 498, 499 – Handscanner) und Gegendarstellung (BGH NJW 1986, 981, 982 – Preisvergleich) in Betracht. Schaltet das betroffene Unternehmen zur Schadensabwendung Anzeigen, mit denen Testaussagen richtig gestellt werden, können die Schaltkosten nach der Rspr des BGH nur dann ersetzt verlangt werden, wenn sich die Gefahr eines Schadens derartig verdichtet hat, dass bei vernünftiger wirtschaftlicher Betrachtung ein solches Vorgehen zur Verringerung oder Abwendung des Schadens erforderlich scheint (BGH NJW 1986, 981, 982 – Preisvergleich). 13

II. Boykottaufrufe

Boykottaufrufe bezwecken, auf Entscheidungen/Tätigkeit eines Unternehmens Druck auszuüben; sie werden unter bestimmten Voraussetzungen als **betriebsbezogene Eingriffe** iSv § 823 Abs. 1 BGB und damit als Eingriff in das Recht am Unternehmen begriffen. Tatbestandlich ist ein Boykottaufruf, wenn der Adressat des Aufrufs zu einem bestimmten Verhalten gegenüber einem Dritten veranlasst werden soll. Es gibt demnach jedenfalls drei Beteiligte: Den Boykottveranstalter, also den Aufrufenden, die Boykottierer, also diejenigen, die zum Boykott aufgerufen werden, und den Boykottierten, dh denjenigen, gegen den sich der Aufruf richtet (BGHZ 19, 72, 77; ähnlich BGH GRUR 1999, 1031, 1032). Bei publizistischen Darstellungen ist zumeist der Verlag der Boykottveranstalter, der potenzielle Boykottierer ist der Leser/Hörer/Zuschauer und der Betroffene der Berichterstattung ist der Boykottierte. Der Adressat des Boykottaufrufs muss nicht zwingend mit demjenigen identisch sein, der boykottieren soll; es reicht, wenn der Adressat zum Einwirken auf einen Vierten veranlasst wird (BGH GRUR 1980, 242, 243 – Denkzettelaktion; OLG München ZUM-RD 2002, 370 – Scientology-Verlag). Zusätzlich 14 verlangt der Boykott eine Willensbeeinflussung; eine auf die Entschließungsfreiheit keinen Einfluss nehmende **Anregung** ist kein Boykottaufruf (BGH NJW 1954, 147 – Innungsboykott; OLG Hamburg MDR 1952, 295).

15 Boykottaufrufe sind nicht per se unzulässig (*Born*, AfP 2005, 110, 113); sie können ein Mittel geistigen Meinungskampfes sein. Ihre Zulässigkeit beurteilt sich nach dem Motiv des Boykottveranstalters, dem Ziel und Zweck des Aufrufs und dem eingesetzten Mittel (BVerfG NJW 1992, 1153, 1154 – Chefredakteur; BVerfG NJW 1983, 1181, 1182 – Boykott). Hinzukommend darf die Verfolgung der Ziele des Aufrufenden das Maß der nach den Umständen **notwendigen** und **angemessenen** Beeinträchtigung des Angegriffenen/Betroffenen nicht überschreiten (BVerfG NJW 1958, 257 – Lüth; BVerfG NJW 1983, 1181, 1182 – Denkzettelaktion). Verfolgt der Aufrufende eigene oder **fremde wirtschaftliche Ziele** oder übt er wirtschaftlichen Druck auf die Adressaten aus, ist idR anzunehmen, dass der Aufruf nicht durch Artikel 5 Abs. 1 GG gedeckt ist (BVerfG NJW 1992, 1153, 1154 – Chefredakteur; BVerfG NJW 1969, 1161, 1162 – Blinkfuer; BGH NJW 1985, 60, 62 – Kundenboykott). Anderes gilt, wenn die Aufforderung durch die Sorge um politische, wirtschaftliche, soziale oder kulturelle **Belange der Allgemeinheit** motiviert ist und auf die öffentliche Meinung einwirkt; in diesen Fällen kann Art. 5 Abs. 1 GG Schutz gewähren – und zwar auch dann, wenn dadurch private und wirtschaftliche Interessen beeinträchtigt werden (BVerfG NJW 1992, 1153, 1154 – Chefredakteur). Die Absicht, gemeinschaftswichtige Belange wahrzunehmen, kann selbst dann gegeben sein, wenn der Boykottveranstalter zum Boykottierten in einem beruflichen, gewerblichen oder sonstigen Konkurrenzverhältnis steht. Diese Situation schließt eine geistige Auseinandersetzung nicht schon per se aus (BGH NJW 1968, 1419 – Pelzversand). Für die Beurteilung der Zulässigkeit spielen auch – die im Einzelfall zu beurteilende – äußere Form des Aufrufs und seine Intensität, also die Häufigkeit, eine Rolle. Unzulässig ist ein Aufruf schon seiner Form wegen anzusehen, wenn sein Zweck lediglich in der Diffamierung des Boykottierten liegen soll. Besonders kritisch sind dabei Veröffentlichungen, die mit dem Bildnis des Boykottierten illustriert sind. Selbst wenn der Aufruf an sich zulässig war, kann sich die Unzulässigkeit aus der Häufigkeit seiner Schaltung ergeben. Wenn der Aufruf beispielsweise erfolgt, um Zeugen zu gewinnen oder Auskünfte zu erhalten, wird idR die einmalige Veröffentlichung ausreichen und in der Wiederholung eine weitere Beeinträchtigung des Betroffenen liegen. Wiederholungen werden daher nur in Ausnahmefällen zulässig sein.

16 Als **unzulässig** wurde der Aufruf eines Brancheninformationsdienstes angesehen, Fachhändler sollten die Hersteller benennen, die Verbrauchermärkte beliefern, damit Fachhändler von ihnen nichts mehr beziehen (BVerfG NJW 1983, 1183 – Denkzettelaktion). Unzulässig ist auch die Aufforderung, zum Zwecke der Bekämpfung einer bestimmten Wohnungspolitik aufzufordern, an einen Hausverwalter von 30.000 Mietwohnungen, deren Eigentümer er größtenteils ist, einen Monat lang keine Miete zu bezahlen (BGH NJW 1995, 1621, 1622 – Mietboykott). Als **zulässig** wurden Aufrufe angesehen, aus religiösen Gründen bestimmte Filme nicht zu sehen (OLG Düsseldorf MDR 1953, 356, 357) oder Seehundfelle wegen des grausamen Tötens der Tiere nicht mehr zu kaufen (OLG Frankfurt NJW 1969, 295, 296) sowie auch die ungerechtfertigte Verbreitung eines unbegründeten Insolvenzantrags (BGHZ 36, 18). Für die Zulässigkeit von Aufrufen zu Veranstaltungen oder Demonstrationen kann von Belang sein, ob der Aufruf auf Behinderung des Unternehmens zielt oder die Beeinträchtigung nur eine unbeabsichtigte Nebenwirkung ist (BGHZ 59, 30, 34 – Zeitungsblockade). Soweit beabsichtigt ist, eine gewerbliche Tätigkeit durch unmittelbaren Zwang wie beispielsweise Blockaden der Einfahrten zu verhindern, ist die Versammlung als unfriedlich nicht geschützt (BGHZ 59, 30, 36 – Zeitungsblockade; BGH NJW 1978, 377 – Baumaschinenblockade) und auch nicht der Aufruf dazu. Ob die Veranstaltung friedlich ist oder nicht, spielt allerdings dann keine Rolle, wenn die Demonstration nicht auf das Unternehmen zielt. In diesen Fällen scheidet eine Betriebsbezogenheit des Eingriffs aus, allerdings können andere Vorschriften eingreifen, zB der Nötigungstatbestand (§ 240 StGB). Zu Boykottaufrufen vgl auch § 21 GWB sowie § 4 UWG, insb. Hefermehl/*Köhler,* § 4 UWG Rn 10.116 ff.

III. Produktkritik

17 Grundsätzlich ist die Erwähnung von Produkten im negativen Zusammenhang zulässig: Wer in der Wirtschaft tätig ist, muss sich in weitem Umfang Kritik gefallen lassen (BGH AfP 1995, 404, 407 – Dubioses Geschäftsgebaren; BGH NJW 1976, 620, 621; BGH AfP 2002, 169; LG Bonn AfP 2005, 402; BGH NJW 2008, 2110 – „Gen-Milch"). Betroffen ist die Sozial- oder Öffentlichkeitssphäre des Unternehmens (BGH AfP 1998, 399, 400 – Ferienanlage), die nur eingeschränkten Schutz gewährt.

Nicht zulässig ist es, ein Produkt ohne Anlass an den Pranger zu stellen. Wird beispielsweise ein Erzeugnis als schlechtes Beispiel für eine ganze Branche genannt, ist die Nennung nur zulässig, wenn es einen **sachlichen Anlass** für die Darstellung im Bild oder im Text gibt. Den Medien ist es nach der Rspr (BGH NJW 1966, 2010, 2011 – Teppichkehrmaschine; BGH GRUR 1969, 304, 306) erlaubt, sich kritisch mit allgemein interessierenden Vorgängen auseinanderzusetzen und die Darstellung durch konkrete Beispiele mit Namensnennung zu verdeutlichen. Dies gilt allerdings dann nicht, wenn wesentliche Fakten verschwiegen oder falsch dargestellt werden (BGH NJW 1987, 2746). Als **unzulässig** wurde angesehen, das Etikett eines nitratfreien Mineralwassers in einem Beitrag über den angeblich schädigenden Nitratgehalt in Mineralwasser zu zeigen (OLG Stuttgart AfP 1988, 147, 148). Ebenfalls unzulässig ist, ein bestimmtes Produkt im Gegensatz zu weiteren Produkten abzuqualifizieren, ohne darauf hinzuweisen, dass das Produkt einer niedrigeren Preis- und Güteklasse angehört (BGH NJW 1963, 484 – Maris). Darüber hinaus kann die Erwähnung lange zurückliegender Sachverhalte unzulässig sein, wenn dadurch suggeriert wird, die Vorgänge hätten aktuelle Bedeutung, obwohl die Missstände schon lange behoben sind. Etwas anderes gilt, wenn ein aktueller Anlass, wie zum Beispiel ein Rückfall, vorliegt.

IV. Betriebsgeheimnisse/Vertrauensschutz

Auch die Veröffentlichung von **Betriebsinterna** wie beispielsweise Absatzzahlen, Werbestrategien, Protokolle von Konferenzen, Produkt- oder Marketingkonzepte, Pläne für künftige Unternehmensentwicklungen kann unter dem Blickwinkel des Schutzes des Rechts am Unternehmen unzulässig sein (BGH NJW 1989, 1089, 1090 – Der Aufmacher I). So wurde das Recht am Unternehmen durch die nicht anonymisierte Verwendung von zuvor im Bundesanzeiger veröffentlichten Jahresabschlüssen einer GmbH in einem Seminar als verletzt angesehen; es sei nicht erlaubt, die Daten unter Namensnennung für eigene Erwerbszwecke einzusetzen (BGH NJW 1994, 1281, 1282). Abgesehen davon sind Angestellte, Arbeiter und Lehrlinge hinsichtlich der ihnen anvertrauten oder zugänglich gewordenen Geschäfts- und Betriebsgeheimnisse „während der Dauer des Beschäftigungsverhältnisses“ zur Verschwiegenheit verpflichtet (§ 17 UWG). Hinzukommend basiert jede unternehmerische Tätigkeit auf einem Mindesttatbestand einer vertraulichen Geheimsphäre (BGH NJW 1981, 1089, 1090 – Der Aufmacher I; OLG Hamburg GRUR 1979, 725). Dieser Kernbereich genießt geringeren Schutz als die Intimsphäre einer natürlichen Person. Maßgeblich ist die Entscheidung im Einzelfall: Das Recht am Unternehmen muss hinter einem überwiegenden, sich aus besonderen Umständen ergebenden Interesse an der Veröffentlichung zurücktreten. Bei der Abwägung ist unter anderem zu berücksichtigen, ob die Interna auf rechtswidrige Art und Weise (BVerfG NJW 1984, 1741, 1743 – Wallraff) oder mittels „Einschleichjournalismus“ (BVerfG NJW 1984, 1741, 1743 – Wallraff; BGH NJW 1989, 1089, 1090 – Der Aufmacher I) erlangt wurden; ein generelles Verbreitungsverbot folgt daraus jedoch nicht (BVerfG NJW 1984, 1741, 1743 – Wallraff). 18

V. Verunglimpfung bekannter Kennzeichen

Marken, Namen (s. dazu oben im 36. Abschnitt) oder Slogans können ebenfalls vom Unternehmensschutz umfasst sein. Werden sie verunglimpft oder liegt eine „Verballhornung“ vor, kann das Recht am Unternehmen verletzt sein (BGH NJW 1986, 2951, 2952 – BMW; KG AfP 1997, 921, 923 – Teurer; OLG Hamburg ZUM-RD 1998, 121, 123 – Shell-Muschel). Als das Recht am Unternehmen nicht verletzend wurde der Verkauf von Aufklebern mit dem Wort „Lusthansa“ (OLG Frankfurt NJW 1982, 648) oder mit dem BMW-Emblem sowie dem Text „Bumms mal wieder“ (BGH NJW 1986, 2951) angesehen. Nichts desto trotz ergibt sich der Unterlassungsanspruch bei unzulässiger „Verunglimpfung“ idR häufig aus dem Wettbewerbsrecht; insofern wird auf die Abschnitte 24 f verwiesen. 19

2. Kapitel: Medienzivilrechtliche Pflichten

39. Abschnitt: Pflichten bei der Berichterstattung

Schrifttum: *Beater*, Sprachinformationen im Medienrecht, AfP 2005, 227 ff; *Borgmann*, Von Datenschutzbeauftragten und Bademeistern – Der strafrechtliche Schutz am eigenen Bild durch den neuen § 201 a StGB, NJW 2004, 2133 ff; *Damm/Rehbock/Smid*, Widerruf, Unterlassung und Schadensersatz in den Medien, 3. Aufl. 2008; *Frömming/Peters*, Die Einwilligung im Medienrecht, NJW 1996, 958 ff; *Götting/Schertz/Seitz*, Handbuch des Persönlichkeitsrechts, 2008; *Groß*, Öffentliche Aufgabe und Verantwortlichkeit der Presse, AfP 2005, 142 ff; *Härtling*, Internetrecht, 2. Aufl. 2005; *Hoeren*, Das Telemediengesetz, NJW 2007, 801 ff; *Hoppe*, Bildaufnahmen aus dem höchstpersönlichen Lebensbereich – der neue § 201 a StGB, GRUR 2004, 990 ff; *Lehr*, Grenzen für die Öffentlichkeitsarbeit der Ermittlungsbehörden, NStZ 2009, 409 ff; *Löffler*, Presserecht: Kommentar zu den deutschen Landespressegesetzen, 5. Aufl. 2006; *Nieland*, Störerhaftung bei Meinungsforen im Internet, NJW 2010, 1494 ff; *Paschke*, Medienrecht, 3. Aufl. 2009; *Peters*, Die journalistische Sorgfaltspflicht, NJW 1997, 1334 ff; *Prinz/Peters*, Medienrecht: Die zivilrechtlichen Ansprüche, 1999; *Rhode*, Publizistische Sorgfalt und redaktionelle Rechtspflichten, Diss., München 2004; *Seelmann-Eggebert*, Im Zweifel gegen die Meinungsfreiheit?, AfP 2007, 86 ff; *Schertz*, Der Schutz der Persönlichkeit vor heimlichen Bild- und Tonaufnahmen, AfP 2005, 421 ff; *Soehring*, Presserecht: Recherche, Darstellung und Haftung im Recht der Medien, 4. Aufl. 2010; *Spindler/Schuster*, Recht der elektronischen Medien, 2011; *Wanckel*, Foto- und Bildrecht, 3. Aufl. 2009; *Wenzel*, Das Recht der Wort- und Bildberichterstattung, 5. Aufl. 2003.

Den bei der Berichterstattung zu beachtenden Sorgfaltspflichten kommt in juristischer Hinsicht auf verschiedenen Stufen Bedeutung zu: 1

- Der Umstand, dass die Fehlerhaftigkeit einer Nachricht auch bei Erfüllung aller zumutbaren Vorkehrungen nicht erkennbar ist, kann in bestimmten Konstellationen dazu führen, dass die Verbreitung der Nachricht schon nicht dem Tatbestand einer die Verbreitung hindernden Norm unterfällt (so ist zB der Betreiber einer Internetplattform, die eine solche Vielzahl von Meldungen enthält, dass es ihm nicht zumutbar ist, diese auf ihre Zuverlässigkeit zu überprüfen, möglicherweise schon gar nicht Störer iSd § 1004 Abs. 1 BGB, BGH Urt. v. 10.4.2008, NJW 2008, 3714 f, 3715).
- Auf einer zweiten Stufe kann die Einhaltung der Sorgfaltspflichten die Rechtswidrigkeit der Verbreitung einer an sich einen Verbotstatbestand erfüllenden Meldung ausschließen, so in den Fällen der Wahrnehmung berechtigter Interessen (§ 193 StGB).
- Und schließlich – und das ist ursprüngliche „sedes materiae" der Sorgfaltspflichten – führt die Wahrung der bei der Berichterstattung zu beachtenden Sorgfaltspflichten in den Fällen, in denen die Verbreitung einer fehlerhaften Meldung Ansprüche auf Schadensersatz oder Geldentschädigung auslösen kann, dazu, dass es an dem diese Ansprüche auslösenden Verschulden (§ 823 Abs. 1, Abs. 2 BGB) des Verbreiters der Meldung fehlt, weil dann Vorsatz oder Fahrlässigkeit nicht gegeben sind (§ 276 Abs. 1 und 2 BGB).

Auch die Beachtung aller erdenklichen Sorgfaltspflichten schützt den Verbreiter periodisch erscheinender, redaktionell gestalteter Meldungen indessen nicht vor Ansprüchen der von der Meldung betroffenen Personen auf Gegendarstellung oder auf Richtigstellung; denn der Gegendarstellungsanspruch hängt von einer (gerichtlichen) Feststellung der Wahrheit oder Unwahrheit einer Meldung nicht ab (s. zB OLG Hamburg Urt. v. 14.4.1994, NJW 1994, 1179 ff, 1180), und ein Anspruch auf Richtigstellung kann auch dann gegeben sein, wenn sich erst nachträglich herausstellt, dass eine Nachricht, mag sie auch zunächst in zulässiger Weise verbreitet worden sein, unzutreffend gewesen ist (BGH Urt. v. 12.1.1960, GRUR 1960, 500 ff, 502 ff; ähnlich im Fall des Anspruchs auf eine Folgeberichterstattung nach einer zulässigen Berichterstattung über einen Verdacht, der sich später nicht bewahrheitet hat, BVerfG Beschl. v. 28.4.1997, NJW 1997, 2589 f, 2589). Umgekehrt begründet eine unzureichende Recherche dann keine Ansprüche der von der Berichterstattung betroffenen Personen, wenn die verbreitete Meldung trotzdem zutreffend ist oder die Abweichung von der Wahrheit verhältnismäßig so gering ist, dass der nicht zutreffende Teil der im Übrigen zutreffenden Berichterstattung für einen den Betroffenen entstandenen Schaden nicht kausal geworden ist (BGH Urt. v. 13.1.1987, NJW 1987, 1403 f, 1404). 2

§ 6 LPG

Für die Printmedien enthalten alle Landespressegesetze Regelungen über die Sorgfaltspflicht der Presse, die einander inhaltlich entsprechen. Auch in der Formulierung gibt es nur geringe Abweichungen (Synopse der deutschen Landespressegesetze bzw Landesmediengesetze bei *Löffler*, S. XXVI f). Exemplarisch für die Normierung der journalistischen Sorgfaltspflichten in den Landespressegesetzen der Länder lautet § 6 des Hamburgischen Pressegesetzes – der dem (zweiten) Modellentwurf eines Landespressegesetzes, genehmigt durch die Ständige Konferenz der Innenminister der Länder am 1.2.1963 (abgedruckt bei *Löffler*, Presserecht, 2. Aufl., Bd. II, 1968, 605 ff), entspricht – wie folgt: 3

§ 6 Hamburgisches Pressegesetz Sorgfaltspflicht der Presse

[1]Die Presse hat alle Nachrichten vor ihrer Verbreitung mit der nach den Umständen gebotenen Sorgfalt auf Wahrheit, Inhalt und Herkunft zu prüfen. [2]Die Verpflichtung, Druckwerke von strafbarem Inhalt freizuhalten (§ 19), bleibt unberührt.

A. Regelungszweck

Die Presse genießt durch die in Art. 5 GG verankerte Presse- und Meinungsfreiheit besonderen grundrechtlichen Schutz. Jene Privilegierung versetzt sie in die Lage, ihre besondere Verantwortung und 4

Aufgabe in einem demokratischen Staat zu erfüllen. Es ist die **öffentliche Aufgabe** der Presse, zu informieren, zur Meinungsbildung beizutragen und die staatlichen Autoritäten zu kontrollieren (BVerfG Beschl. v. 28.8.2000, NJW 2001, 503 ff, 504 ff). Hierdurch verfügt die Presse nicht nur über einen weitreichenden Einfluss. Ihr wird auch gesteigertes Vertrauen entgegengebracht. Dieser hervorgehobenen, privilegierten Position kann die Presse wiederum nur gerecht werden, wenn sie mit ihrer Aufgabe verantwortungsvoll umgeht, wenn sie verlässlich ist. Die Presse hat damit eine gesteigerte Verantwortung, die sich in der **journalistischen (oder auch publizistischen) Sorgfaltspflicht** niederschlägt. Wenn die normierte Prüfungspflicht sich auch auf „Wahrheit, Inhalt und Herkunft" der Nachrichten bezieht, so dient die journalistische Sorgfaltspflicht vor allem der **Wahrhaftigkeit der Berichterstattung.** Die Wahrheitspflicht ist heute insbesondere Ausdruck der Schutzpflicht, die im Hinblick auf die von einer Berichterstattung betroffenen Personen aus dem allgemeinen Persönlichkeitsrecht folgt (vgl BVerfG Beschl. v. 25.10.2005, NJW 2006, 207 ff, 210 – Stolpe). Wenn auch immer wieder die Frage des Schutzes des Staates und seiner Institutionen vor gefährdenden Presseveröffentlichungen diskutiert wird (s. zB BVerfG Urt. v. 27.2.2007, NJW 2007, 1117 ff, und dazu nunmehr Gesetzentwurf der Bundesregierung vom 20. 8. 2010, Gesetz zur Stärkung der Pressefreiheit, S. 4 und 7 f), steht heute der **Schutz von Individualinteressen** der von einer Berichterstattung betroffenen Personen und Unternehmen im Vordergrund. Eine unwahre Berichterstattung kann für die Betroffenen existenzvernichtend sein. Die Presse hat daher aufgrund ihrer einflussreichen Position eine gesteigerte Verantwortung, den Betroffenen vor einer unwahren oder ehrverletzenden Berichterstattung zu bewahren, die ihn in seinem sozialen, persönlichen und wirtschaftlichen Geltungsanspruch in ungerechtfertigter Weise beeinträchtigen kann (vgl BVerfG Urt. v. 12.1.1961, BVerfGE 12, 113 ff, 130 – Schmid).

5 Darüber hinaus dienen die Sorgfaltspflichten aber auch dem **Interesse der Allgemeinheit an wahrheitsgemäßer Unterrichtung.** Aus diesem Grund dürfen Auskunftsrechte aus § 4 Abs. 1 des Umweltinformationsgesetzes oder § 1 Abs. 1 des Informationsfreiheitsgesetzes nicht deshalb restriktiv gehandhabt werden, weil sie von Presseorganen geltend gemacht werden (vgl – zu einem Anspruch der Presse sogar auf Grundbucheinsicht – BVerfG Beschl. v. 28.8.2000, NJW 2001, 503 ff, 504 ff). Die Presse ist wegen ihrer Aufgabe bei der **öffentlichen Meinungsbildung** gehalten, Nachrichten und Behauptungen, die sie weitergibt, auf ihren Wahrheitsgehalt zu überprüfen. Für die Förderung der öffentlichen Meinungsbildung ist erforderlich, dass der Leser – im Rahmen des Möglichen – zutreffend unterrichtet wird. Auch dann, wenn Rechte Dritter nicht betroffen sind, ist die Presse daher aufgrund ihrer öffentlichen Aufgabe verpflichtet, wahrheitsgemäß zu berichten (BVerfG Urt. v. 12.1.1961, BVerfGE 12, 113 ff, 130 – Schmid).

6 Schließlich schützt die in § 6 LPG normierte journalistische Sorgfaltspflicht die grundrechtlich **garantierte Pressefreiheit** an sich. Durch eine wahrheitsgemäße und vollständige Berichterstattung bewahrt sich die Presse ihre **Glaubwürdigkeit, ihren Einfluss und ihren Geltungsanspruch** (vgl Löffler/*Steffen*, § 6 LPG Rn 159). Dies hat zur Folge – und kann vor dem Hintergrund, dass die Tätigkeit der Presse einem besonderen Grundrechtsschutz aus Art. 5 Abs. 1 Satz 2 GG unterliegt, allein den Rechtfertigungsgrund dafür bilden –, dass nur journalistisch-redaktionell gestaltete Medienangebote besonderen Sorgfaltsanforderungen unterliegen, während diese besonderen Sorgfaltsanforderungen nicht für die Verbreitung von Meldungen durch „private" Verbreiter gelten, etwa in der Form von Flugblättern oder Mitteilungen über das Internet, die erkennbar nicht redaktionell, sondern von dem eingeschränkten Erkenntnishorizont des Einzelnen aus gestaltet sind. Nur dieser darf insbesondere zunächst darauf vertrauen, dass unwidersprochen gebliebene Pressemeldungen zutreffend seien (BVerfG Beschl. v. 9.10.1991, NJW 1992, 1439 ff).

7 Obwohl – mit Ausnahme einiger strafrechtlicher Normen – die meisten Bestimmungen, nach denen es auf die Einhaltung der bei der Berichterstattung zu beachtenden Sorgfaltspflichten ankommt, dem Bundesrecht angehören (insbesondere der analog anzuwendende § 1004 BGB mit dem für den Unterlassungsanspruch und den Beseitigungsanspruch maßgeblichen Begriff des „Störers", § 193 StGB mit der „Wahrnehmung berechtigter Interessen" und § 823 Abs. 1 und 2 BGB iVm § 276 Abs. 1 und 2 BGB für die Schadensersatzpflicht), wird – soweit vorhanden – für die nähere Bestimmung der Sorgfaltspflichten auf den Inhalt der Regelungen des Landesrechts abgestellt, dem es obliegt, die Rechtsverhältnisse der Presse zu regeln, da dem Bund gemäß Art. 75 Nr. 2 GG lediglich eine Rahmengesetzgebungskompetenz zusteht. Die die Printmedien treffende journalistische Sorgfalt ist in den **LPG der einzelnen Bundesländer** geregelt (in den meisten LPG in § 6, in Bayern Art. 3 Abs. 2, in Berlin § 3 Abs. 2, in Mecklenburg-Vorpommern; Sachsen, Sachsen-Anhalt, Thüringen jeweils § 5); nur Hessen hat als einziges Bundesland von einer ausdrücklichen Festschreibung der journalistischen Sorgfalts-

pflicht im LPG abgesehen. Die Sorgfaltspflicht wird dort direkt aus der öffentlichen Aufgabe der Presse hergeleitet (s. zB OLG Frankfurt aM Beschl. v. 20.2.2002, NJW-RR 2003, 37 ff, 38). Zum **Datenschutzrecht** s. Rn 182.

Die besonderen Bestimmungen über journalistische Sorgfaltspflicht beschränken sich in den meisten LPG auf **Presseerzeugnisse** (weiter allerdings §§ 1, 6 des Saarländischen Mediengesetzes). Auf andere Druckwerke, insbesondere **Bücher**, werden von der Rechtsprechung dieselben Grundsätze angewandt, wenn sie im Einzelfall eine vergleichbare, pressemäßige Funktion wahrnehmen (vgl BGH Urt. v. 30.1.1996, NJW 1996, 1131 ff, 1133 – Lohnkiller; BGH Urt. v. 8.7.1980, GRUR 1980, 1099 ff, 1104; vgl auch BGH Urt. v. 21.6.2005, NJW 2005, 2844 ff, 2848 zur Privatsphärenverletzung durch eine Buchveröffentlichung). Wenn die Bearbeitung eines realen Falles in Form eines Romans, eines Theaterstücks oder eines Filmes erfolgt, ist zu überprüfen, ob der Inhalt der Veröffentlichung so beschaffen ist, dass der Leser die jeweils erzählten Vorkommnisse als Wiedergabe realen Geschehens auffasst; ist das der Fall – fehlt es also an einer hinreichenden künstlerischen Verfremdung – gelten auch für eine solche Veröffentlichung im Grundsatz die Anforderungen an die pressemäßige Sorgfalt (BGH Urt. v. 26.5.2009, NJW 2009, 3576 ff, 3577 f; BGH Urt. v. 16.9.2008, GRUR 2009, 83 ff, 85; BGH Urt. v. 26.5.2009, NJW 2009, 3576 ff, 3577 f – Rohtenburg). Für die anderen Medien enthalten andere Landesgesetze gesonderte Bestimmungen über die anzuwendende Sorgfalt, ansonsten kommen auch hier die allgemeinen Grundsätze (insbesondere § 276 Abs. 2 BGB) zur Anwendung. Auch hinsichtlich der eigentlich pressemäßigen Publikationen ist die Regelung im jeweiligen LPG nicht abschließend. Die weitere Bestimmung der Sorgfaltspflichten, Inhalt und Umfang der Haftung der Presse sowie die Rechtsfolgen der Verletzung der journalistischen Sorgfaltspflicht richten sich nach den **allgemeinen Gesetzen**, zB dem BGB, StGB und UWG. 8

Druckerzeugnisse, die im **Ausland** hergestellt, aber bestimmungsgemäß im Inland vertrieben werden, unterliegen den deutschen Gesetzen und müssen den deutschen Anforderungen an die journalistische Sorgfalt genügen (vgl BGH Urt. v. 3.2.1976, NJW 1976, 799 ff, 800 f – Alleinimporteur; vgl aber auch BGH Urt. v. 2.3.2010, NJW 2010, 1752 ff: beschränkte internationale Zuständigkeit deutscher Gerichte bei nur über die Internetausgabe in Deutschland abrufbaren Artikeln). Die Zuständigkeit der deutschen Gerichte beschränkt sich aber auf die Beurteilung nur derjenigen Wirkungen des Inhalts der Druckschrift, die auch im Inland eingetreten sind oder einzutreten drohen (EuGH Urt. v. 7.3.1995, NJW 1995, 1881 ff, 1882). 9

B. Journalistische Sorgfaltspflicht

I. Maßstab der Sorgfaltspflicht

1. Objektiver Maßstab. Der Maßstab der Sorgfaltspflicht wird, soweit es die Haftung auf Schadensersatz betrifft, in **§ 276 BGB** bestimmt. Danach ist die **„im Verkehr erforderliche Sorgfalt“** zu beachten. Dies entspricht der Regelung in § 6 LPG, wonach alle Nachrichten vor ihrer Verbreitung mit der „nach den Umständen gebotenen Sorgfalt“ zu überprüfen sind. Diese Kriterien gelten allgemein auch insoweit, als es schon im Rahmen der Rechtswidrigkeit auf die Einhaltung von Sorgfaltspflichten ankommt, zB bei der Wahrnehmung berechtigter Interessen. Dort, wo es für eine Inanspruchnahme unabhängig von einer Verletzung von Sorgfaltsverletzungen im Grundsatz nur auf das Setzen eines reinen Kausalbeitrags ankommt, scheiden Ansprüche aber gleichwohl aus, wenn es dem in Anspruch Genommenen schlechthin nicht zumutbar war, Maßnahmen zu ergreifen, die den Eintritt der Rechtsverletzung hätten verhindern können. Das betrifft insbesondere Ansprüche auf Unterlassung aus § 1004 Abs. 1 BGB analog gegen Stellen, deren Tätigkeit sich auf das reine technische Verbreiten beschränkt, wie den Zeitschriften- und Buchhandel oder Betreiber von Internetauftritten, die über diese lediglich Beiträge Dritter verbreiten. Sie schulden Unterlassung nur dann, wenn sie Prüfpflichten verletzt haben, die ihnen nach Art ihres Geschäftsbetriebes zugemutet werden können (BGH Urt. v. 19.4.2007, NJW 2007, 2636 ff, 2638 ff). Die spezifisch presserechtlichen Prüfungspflichten richten sich **nach objektiven Kriterien.** Entscheidend ist, was einem verantwortungsbewussten Presseunternehmen zur Vermeidung von Falschinformationen in der konkreten Situation möglich und zumutbar ist. Unerheblich sind dabei die individuellen Möglichkeiten eines konkreten Presseunternehmens oder das, was ein einzelner Journalist nach subjektiver Einschätzung für erforderlich hält (vgl BGH Urt. v. 5.4.1965, NJW 1965, 1373 f – Satter Deutscher; BGH, 1. Strafsenat, Urt. v. 15.1.1963, NJW 1963, 665 ff, 667; OLG München Urt. v. 5.12.1997, NJW-RR 1998, 1480 f, 1481). 10

11 **Nachlässigkeiten**, die sich in der journalistischen Praxis, zB aufgrund **höheren Konkurrenz- und Aktualitätsdrucks**, herausgebildet haben, dürfen nach der Rechtsprechung nicht dazu führen, dass ein geringerer Sorgfaltsmaßstab angelegt wird (BVerfG Beschl. v. 26.8.2003, NJW 2004, 589 f, 590; s. auch schon BGH Urt. v. 18.3.1959, GRUR 1959, 430 ff, 433 – Caterina Valente). Verbreitet etwa eine Zeitung eine sensationelle Falschmeldung, ohne weitere Recherchen anzustellen, um der Konkurrenz zuvorzukommen, handelt sie grob fahrlässig (was eigene Ansprüche des Zeitungsverlages wegen Nachteilen, die er aus seiner unzutreffenden Veröffentlichung erlitten hat, über § 254 BGB ausschließen kann: OLG München Urt. v. 5.12.1997, NJW-RR 1998, 1480 f, 1481).

12 Die Anforderungen, die an die Erfüllung der journalistischen Sorgfaltspflicht gestellt werden, müssen so angesetzt werden, dass sie sich auf den Gebrauch des Grundrechts der Meinungsäußerung **nicht abschreckend auswirken** (BVerfG Beschl. v. 25.6.2009, NJW-RR 2010, 470 ff, 471; BGH Urt. v. 15.12.2009, NJW 2010, 757 ff, 758 f). Die Anforderungen an die Sorgfaltspflicht, die für Medien höher sind als für Privatleute, sind daher wegen ihres Schutzzwecks zwar streng, dürfen aber **nicht überspannt** und vor allem nicht so bemessen werden, dass aus Furcht vor etwaigen rechtlich negativen Konsequenzen eine Äußerung nicht mehr getätigt wird. Dies würde den Kommunikationsprozess beschränken und die Funktion der Meinungsfreiheit sowie die Erfüllung der öffentlichen Aufgabe der Presse gefährden (BVerfG Beschl. v. 26.8.2003, NJW 2004, 589 f, 590; BGH Urt. v. 15.12.2009, NJW 2010, 757 ff, 758 f; s. auch BVerfG Beschl. v. 27.2.2003, NJW 2003, 1855 f, 1856; BVerfG Beschl. v. 9.10.1991, NJW 1992, 1439 ff; BGH Urt. v. 30.1.1996, NJW 1996, 1131 ff, 1133 – Lohnkiller). Dies ist insbesondere dort zu beachten, wo über Angelegenheiten berichtet werden soll, die für die Allgemeinheit von erheblicher Bedeutung sind (vgl BVerfG Beschl. v. 9.10.1991, NJW 1992, 1439 ff, 1440 – Bayer-Aktionäre; BVerfG Beschl. v. 22.6.1982, NJW 1983, 1415 ff).

13 So ergibt sich bereits aus dem Wortlaut des § 6 LPG („nach den Umständen gebotene Sorgfalt"), dass die Presse nicht dazu angehalten ist, nur die **objektive Wahrheit** zu berichten. Damit ist allgemein anerkannt, dass die Anforderungen an die Wahrheit im Rahmen der Presseberichterstattung nicht demselben Maßstab unterliegen wie etwa die **gerichtliche Wahrheitsfindung**. Es kann im Sinne eines freien Kommunikationsprozesses nicht verlangt werden, dass die Presse Informationen zurückhält, bis ihr Beweise vorliegen, die auch ein Gericht anerkennen müsste (BGH Urt. v. 12.5.1987, NJW 1987, 2225 ff, 2226 – Chemiegift; BGH Urt. v. 3.5.1977, NJW 1977, 1288 ff, 1289 – Abgeordnetenbestechung). Im Falle einer gerichtlichen Auseinandersetzung bleibt das Risiko der Unwahrheit einer Behauptung jedoch bei der Presse.

14 Art. 3 Abs. 2 LPG Bayern, wonach eine „Pflicht zu wahrheitsgemäßer Berichterstattung" besteht (ähnlich § 6 Abs. 1 Satz 1 des ZDF-Staatsvertrages), ist missverständlich. Gemeint ist auch hier lediglich das Bemühen um Wahrheit unter Anwendung der gebotenen Sorgfalt. Der zu verlangende Grad an Richtigkeitsgewähr ist umso höher anzusetzen, je schwerer und nachhaltiger das Ansehen des Betroffenen durch die Veröffentlichung beeinträchtigt wird (BVerfG Beschl. v. 25.8.2005, NJW 2006, 595 f; BVerfG Beschl. v. 25.6.2009, NJW-RR 2010, 470 ff, 472; BGH Urt. v. 3.5.1977, NJW 1977, 1288 ff, 1289 – Abgeordnetenbestechung).

15 Dementsprechend hat die Presse vor der Verbreitung einer Nachricht alles Notwendige und ihr Zumutbare zu unternehmen, um eine falsche oder aber ehrverletzende Berichterstattung zu verhindern. Zu beachten ist die sog. **„pressemäßige Sorgfalt"**, der hinreichend Rechnung getragen ist, wenn die **berufsmäßigen Besonderheiten der Presse** berücksichtigt sind. Sie richtet sich nach den im Einzelfall gegebenen Aufklärungsmöglichkeiten des sich Äußernden. Diesem muss im Zeitpunkt der Äußerung zumutbar und möglich sein, die Unwahrheit seiner Äußerung zu erkennen (BVerfG Beschl. v. 27.2.2003, NJW 2003, 1855 f, 1856; BGH Urt. v. 12.5.1987, NJW 1987, 2225 ff, 2226 – Chemiegift; OLG Köln Urt. v. 17.5.2005, NJW 2005, 2554 ff – Dschihad-Prediger).

16 Als wertvolle Orientierungshilfe können die **Publizistischen Grundsätze des Deutschen Presserates (Pressekodex)**, ergänzt durch zusätzliche Richtlinien, herangezogen werden (ausführlich hierzu *Tillmanns*, in: Götting/Schertz/Seitz, § 50 *passim*). Der Pressekodex hat zwar keine rechtlich bindende Wirkung, gibt jedoch die **berufsethischen Grundsätze** wieder, auf die sich die Vertreter der Presse im Sinne einer Selbstverpflichtung geeinigt haben. Bei der Ermittlung des anzuwendenden Sorgfaltsmaßstabes geben die Grundsätze des Pressekodex' Aufschluss darüber, was von einer sorgfältig arbeitenden Presse erwartet werden kann und sollte. So hat zB das OLG Jena eine Verletzung der journalistischen Sorgfaltspflicht mit der Missachtung verschiedener Richtlinien des Pressekodex' begründet (vgl OLG

Jena Urt. v. 31.3.2005, NJW-RR 2005, 1566 ff, 1568 zur ungenehmigten Bildveröffentlichung eines Suizidopfers unter gleichzeitiger Preisgabe des Wohnorts und des Namens des Opfers).

Die journalistische Sorgfaltspflicht erschöpft sich nicht in der Überprüfung von Nachrichten vor einer Berichterstattung. Sie reicht vielmehr bis in die **eigentliche Berichterstattung** hinein, denn die Presse ist im Rahmen der Ausübung der journalistischen Sorgfalt auch verpflichtet, ihre **Berichterstattung dem Ergebnis der Prüfung und Recherche anzupassen** (vgl BGH Urt. v. 30.1.1996, NJW 1996, 1131 ff, 1133 f). Die journalistische Prüfungspflicht bildet damit nur einen Teil der Sorgfaltspflicht. Letztere ist nicht gewahrt, wenn sich die Ergebnisse der Prüfung in der Berichterstattung nicht wiederfinden. Anderenfalls würde der Anspruch der Leser und auch der Betroffenen auf wahrheitsgemäße Unterrichtung sowie die journalistische Sorgfaltspflicht selbst leer laufen. 17

2. Gleitender Sorgfaltsmaßstab. Ein allgemein gültiger Maßstab für die bei der Recherche und der Berichterstattung zu beachtende Sorgfalt kann nicht aufgestellt werden. Es ist ein „gleitender Sorgfaltsmaßstab“ anzuwenden, der sich nach den **konkreten Umständen des Einzelfalles** richtet. Diese geben vor, in welchem Umfang die Presse recherchieren muss und was sie im Ergebnis berichten darf (BVerfG Beschl. v. 23.2.2000, NJW-RR 2000, 1209 ff, 1211; BGH Urt. v. 7.12.1999, NJW 2000, 1036 ff, 1036 f). Schon bei der Ermittlung des anzuwendenden Sorgfaltsmaßstabes hat die Presse daher unter Würdigung aller Umstände des Einzelfalls eine sorgfältige Güterabwägung vorzunehmen, bei der sowohl dem Grundrecht aus Art. 5 GG als auch der verfassungsrechtlich geschützten Position des von der geplanten Äußerung Betroffenen das gebotene Gewicht beizumessen ist (vgl BGH Urt. v. 30.1.1996, NJW 1996, 1131 ff, 1133 f – Lohnkiller). Erst nach Vornahme dieser Abwägung können Umfang und Inhalt der Recherche festgelegt werden. 18

Je **schwerwiegender der Eingriff** in das Persönlichkeitsrecht des Betroffenen im Falle einer Falschmeldung ist, desto höher sind die Anforderungen an die einzuhaltenden Sorgfaltspflichten (BGH Urt. v. 7.12.1999, NJW 2000, 1036 ff, 1036 f). Die Presse hat daher die **Folgen ihrer Berichterstattung für den Betroffenen** zu berücksichtigen (BVerfG Beschl. v. 25.10.2005, NJW 2006, 207 ff, 210 – Stolpe; BVerfG Beschl. v. 26.8.2003, NJW 2004, 589 f, 590 – Haarfarbe des Bundeskanzlers; BVerfG Urt. v. 12.1.1961, BVerfGE 12, 113 ff, 130 – Schmid; BGH Urt. v. 9.7.1985, NJW 1985, 2644 ff; BGH Urt. v. 30.1.1996, NJW 1996, 1131 ff, 1134 – Lohnkiller; BGH Urt. v. 5.3.1963, NJW 1963, 904 ff – Drahtzieher; BGH Urt. v. 3.5.1977, NJW 1977, 1288 ff, 1289 – Abgeordnetenbestechung; BGH Urt. v. 3.12.1985, NJW 1986, 981 ff – Preisvergleich; BGH Urt. v. 22.12.1959, GRUR 1960, 449 ff, 453 – Alte Herren). Danach kann ggf sogar eine wahrheitsgemäße, die von ihr betroffene Person identifizierbar bezeichnende Berichterstattung unzulässig sein, weil sie – ohne dass ein Informationsbedürfnis der Öffentlichkeit dies rechtfertigen könnte – mit schwer nachteiligen Folgen für den Betroffenen verbunden ist (BVerfG Urt. v. 5.6.1973, BVerfGE 35, 202 ff, 233 ff – Lebach). Wenn eine Veröffentlichung nur zu dem Zweck erfolgt, der von ihr betroffenen Person zu schaden, können sich in solchen Fällen sogar Ansprüche aus § 826 BGB ergeben (vgl BGH Urt. v. 25.5.1955, NJW 1955, 1274 f). 19

In die Abwägung einzubeziehende Faktoren (s. dazu zB BGH Urt. v. 3.5.1977, NJW 1977, 1288 ff, 1289; BGH Urt. v. 7.12.1999, BGHZ 143, 199 ff) sind neben der Intensität des Eingriffs insbesondere die **Verlässlichkeit der Quelle** (s. hierzu Rn 25 f), das **Informationsinteresse** der Öffentlichkeit sowie die **Art und Weise** und das **Umfeld der Veröffentlichung** (s. hierzu näher Rn 36 ff). 20

II. Sorgfaltsanforderungen im Einzelnen

1. Recherchepflicht/Bemühen um Wahrheit. Die **Pflicht zur Recherche** wird in Rechtsprechung und Literatur als wichtigster Bestandteil der journalistischen Sorgfaltspflicht bezeichnet (vgl OLG Frankfurt aM Urt. v. 20.2.2003, NJW-RR 2003, 37 ff, 38; *Peters*, NJW 1997, 1334 ff, 1335). Sie ist die Ausprägung der Wahrheitspflicht der Presse. Jedoch ist die Presse nicht verpflichtet, die objektive, „reine“ Wahrheit zu berichten (s. hierzu Rn 13). Sie hat die Pflicht, mit den gebotenen und ihr zur Verfügung stehenden Mitteln zu recherchieren und sich um die Wahrheit zu bemühen. Die **Wahrheitspflicht** steht mit der Recherchepflicht in direktem Zusammenhang und bildet den **Kernbestandteil der journalistischen Sorgfalt**. Die Pflicht zur Wahrheitsprüfung umfasst u.a. die in § 6 LPG ausdrücklich benannte Prüfung von Nachrichten auf **„Inhalt“ und „Herkunft“**, wobei der Begriff Nachrichten alle von der Presse berichteten Informationen, einschließlich Bildaufnahmen (BGH Urt. v. 11.11.1961, GRUR 1962, 211 ff, 214), einschließt. 21

22 Die Presse muss vor einer Veröffentlichung die Gefahr, über den Betroffenen etwas Falsches zu berichten, mit allen ihr möglichen Mitteln ausschließen. Liegt nicht ein **Mindestbestand an Beweistatsachen** vor, die für den Wahrheitsgehalt der Information sprechen, hat eine Veröffentlichung zu unterbleiben, unabhängig von der Bedeutung der Sache (BGH Urt. v. 26.11.1996, NJW 1997, 1148 ff, 1149 – Chefarzt; BGH Urt. v. 7.12.1999, NJW 2000, 1036 ff, 1036 f; BGH Urt. v. 3.5.1977, NJW 1977, 1288 ff, 1289 – Abgeordnetenbestechung; OLG Hamm Urt. v. 1.6.1992, NJW-RR 1993, 735 f, 735).

23 Die Anforderungen an die **Überprüfung der Wahrheit** steigen proportional zur Schwere des mit der Berichterstattung verbundenen Vorwurfs gegenüber dem Betroffenen. Die Recherchepflicht der Medien ist umso höher anzusetzen, je schwerwiegender und nachhaltiger das **Ansehen des Betroffenen** durch die Veröffentlichung beeinträchtigt wird (vgl BGH Urt. v. 30.1.1996, NJW 1996, 1131 ff, 1134 – Lohnkiller; BGH Urt. v. 15.12.1987, NJW-RR 1988, 733 f – Intime Beziehungen; BGH Urt. v. 3.5.1977, NJW 1977, 1288 ff, 1289 – Abgeordnetenbestechung).

24 Je nach den Umständen des Falles handelt die Presse noch in **Wahrnehmung berechtigter Interessen gemäß § 193 StGB** (vgl hierzu 35. Abschnitt Rn 36 ff), wenn sie auf bloße Anzeichen für das Vorliegen ehrenrühriger Vorgänge – denen mit pressemäßigen Mitteln nicht rechtzeitig auf den Grund zu gehen ist – hinweist, sofern das Fehlen einer Bestätigung den Lesern mitgeteilt wird. Die Veröffentlichung eines noch vagen Verdachts kann ausnahmsweise notwendig sein, um der Wahrheit erst ans Licht zu verhelfen, wenn es um die **Aufdeckung eines Missstandes oder um ein Thema von besonderem öffentlichen Interesse** geht (vgl BGH Urt. v. 3.5.1977, NJW 1977, 1288 ff, 1289 – Abgeordnetenbestechung). Wird zB unter Bezugnahme auf eine entsprechende behördliche Ordnungsverfügung über ein Chemieunternehmen behauptet, es würde Chemiegift in die Kanalisation leiten, kann wegen der besonderen Bedeutung des Umweltschutzes von der Presse nicht verlangt werden, vor Veröffentlichung ein Sachverständigengutachten einzuholen, sofern durch andere Informationen ein Mindestbestand an Beweistatsachen vorliegt (vgl BGH Urt. v. 12.5.1987, NJW 1987, 2225 ff, 2226 – Chemiegift).

25 Das Bemühen um Wahrheit hat in der Regel bei der Überprüfung der Nachrichtenquelle anzusetzen. Die **Zuverlässigkeit der Quelle** entscheidet mit darüber, ob weitere Recherchen für die Wahrheitsprüfung erforderlich sind. Je unzuverlässiger die Quelle und je schwerer der Vorwurf desto eher müssen weitere Nachforschungen angestellt werden (zur Übernahme einer Nachricht aus privilegierten Quellen und anderen Medien vgl Rn 54 ff und 50 ff). Auf eine **anonyme Quelle** dürfen sich Journalisten ohne weitere Recherche nicht verlassen. Insbesondere dann, wenn der Informant nicht nur gegenüber der Öffentlichkeit, sondern auch gegenüber dem Medium, an das er sich wendet, unerkannt bleiben will, sind Zweifel angebracht (vgl BGH Urt. v. 3.5.1977, NJW 1977, 1288 ff, 1289 – Abgeordnetenbestechung; *Peters*, NJW 1997, 1334 ff, 1336.). Die Presse hat zwar das Recht, einen Informanten geheim zu halten (§§ 53 Abs. 1 Nr. 5 StPO, 383 Abs. 1 Nr. 5 ZPO); das befreit sie aber nicht von der Verpflichtung, eine sorgfältige Recherche nachzuweisen, insbesondere die Zuverlässigkeit ihres Informanten (BGH Urt. v. 22.4.2008, NJW 2008, 2262 ff, 2265 f) oder, in den Fällen des § 186 StGB, die Wahrheit einer von ihr verbreiteten Tatsachenbehauptung.

26 Die **Prüfung der Zuverlässigkeit** ist daher als **Mindeststandard** des Bemühens um Wahrheit anzusehen (BVerfG Beschl. v. 6.9.2004, ZUM 2005, 917 ff, 919 – frauenfeindliche Fahrschule; BVerfG Beschl. v. 26.8.2003, NJW 2004, 589 f, 590 – Haarfarbe des Bundeskanzlers; BGH Urt. v. 3.5.1977, NJW 1977, 1288 ff, 1289 – Abgeordnetenbestechung). Ein Verstoß gegen diesen Grundsatz kann ein so schweres Verschulden bilden, dass der von der Berichterstattung betroffenen Person ein Anspruch auf Geldentschädigung zustehen kann; so zB dann, wenn der Vorwurf gegenüber einer Fahrschule, sie würde Fahrschülerinnen systematisch benachteiligen, nur auf die Aussage einer einzigen Fahrschülerin gestützt wird (BVerfG Beschl. v. 6.9.2004, ZUM 2005, 917 ff, 919). Wer über einen Polizisten berichtet, er habe für einen Bordellbesitzer gearbeitet, darf sich dabei nicht allein auf die Aussage einer Person aus dem Rotlichtmilieu verlassen (BGH Urt. v. 30.1.1996, NJW 1996, 1131 ff, 1134 – Lohnkiller). Keine verlässliche Quelle für die pressemäßige Verbreitung einer Behauptung sind gleichlautende Veröffentlichungen in anderen Presseorganen; auch sie entbinden den Journalisten nicht von der Pflicht zur eigenen Recherche (vgl BVerfG Beschl. v. 9.10.1991, NJW 1992, 1439 ff, 1442).

27 **2. Vollständigkeit; Eindruckserweckung.** Das Erfordernis der Vollständigkeit bedeutet **keine Verpflichtung der Presse, jedes Detail zu berichten** und jede ihr vorliegende Informationen zu veröffentlichen. Wenn ein Presseorgan hinreichende tatsächliche Anknüpfungspunkte dafür hat, eine Person mit einer negativen Bewertung oder gar polemischen Kritik zu belegen, darf es diese Kritik äußern,

ohne dass es seinen Lesern die Anknüpfungstatsachen mitteilen müsste; es besteht **kein Begründungszwang** (BGH Urt. v. 18.6.1974, GRUR 1975, 208 ff, 210 – Deutschlandstiftung). Beim Vorliegen einer Mehrzahl für und gegen eine Sichtweise sprechender Tatsachen und sonstiger Materialien (wie zB Bildern) müssen Journalisten beim Verfassen ihrer Artikel eine Auswahl treffen. Es liegt in der Natur der Sache, dass vorliegende Informationen und Nachrichten dabei bewertet, gekürzt, zusammengefasst oder auch weggelassen werden müssen. Eine solche **Zusammenfassung des Stoffes** lässt sich schon aus Platzgründen nicht vermeiden und bietet für sich genommen keinen Grund für Beanstandungen (BGH Urt. v. 22.12.1959, GRUR 1960, 449 ff, 453).

Eine unter Verstoß gegen die journalistische Sorgfaltspflicht unvollständige Berichterstattung liegt 28
hingegen dann vor, wenn durch **Weglassen bestimmter Informationen** beim Leser ein **verzerrtes Bild der Wirklichkeit** entsteht oder der Leser ein nach der negativen Seite entstelltes Bild der von der Berichterstattung betroffenen Person erhält (BGH Urt. v. 22.12.1959, GRUR 1960, 449 ff, 453). Die journalistische Sorgfaltspflicht reicht damit über die Ermittlung des Sachverhalts hinaus. Auch dann, wenn die dem Leser mitgeteilten Tatsachen der Wahrheit entsprechen, kann sich eine Sorgfaltspflichtverletzung daraus ergeben, dass der Sachverhalt entstellend geschildert wird (BGH Urt. v. 22.11.2005, NJW 2006, 601 ff, 603). Eine Tatsachenbehauptung, die nur Teilwahrheiten vermittelt, beim Adressaten der Äußerung einen **falschen Eindruck** erweckt und dadurch zu einer Fehleinschätzung der von der Berichterstattung betroffenen Person führt, ist schon aus diesem Grund rechtswidrig; es dürfen insbesondere nicht solche Fakten verschwiegen werden, deren Mitteilung beim Adressaten zu einer dem Betroffenen günstigeren Beurteilung des Gesamtvorgangs führen können (BGH Urt. v. 22.11.2005, NJW 2006, 601 ff, 603; s. auch BVerfG Beschl. v. 25.10.2005, NJW 2006, 207 ff, 210). Diese Prinzipien greifen auch dann, wenn im Wege einer Presseschau Beiträge verschiedener Herkunft zusammengestellt oder zusammengefasst werden: Auch dann darf diese Zusammenstellung oder Zusammenfassung nicht in einer solchen Weise erfolgen, dass sich eine einseitige und verfälschende Darstellung ergibt. Die Person, über die in solcher Weise berichtet wird, muss jedenfalls nicht eine Darstellung dulden, die sie durch Kürzungen im Verhältnis zu dem Ursprungsbeitrag oder den Ursprungsbeiträgen in einem ganz anderen Licht erscheinen lässt (BVerfG Beschl. v. 25.6.2009, NJW-RR 2010, 470 ff, 474).

Wenn dem Leser Tatsachen mitgeteilt werden, aus denen er erkennbar **eigene Schlussfolgerungen** zie- 29
hen soll, dürfen hierbei keine wesentlichen Tatsachen verschwiegen werden, die dem Vorgang ein anderes Gewicht geben könnten und deren Kenntnis für den Leser unerlässlich ist, der sich im Kernpunkt ein zutreffendes Urteil bilden will. Wenn es nahe liegt, aus mehreren unstreitigen Tatsachen eine bestimmte (ehrverletzende) Schlussfolgerung zu ziehen, so ist eine unvollständige Berichterstattung rechtlich wie eine unwahre Tatsachenbehauptung zu behandeln, wenn die Schlussfolgerung bei Mitteilung der verschwiegenen Tatsache weniger nahe liegend erscheint und deshalb durch das Verschweigen dieser Tatsache beim unbefangenen Durchschnittsleser ein falscher tatsächlicher Eindruck entstehen kann (BGH Urt. v. 22.11.2005, NJW 2006, 601 ff, 603). Allerdings ist in Fällen, in denen mittels zutreffender Tatsachenschilderungen ein unzutreffender Eindruck erweckt wird, hinsichtlich der Rechtsfolgen zu unterscheiden (zusammenfassend BVerfG Beschl. v. 24.5.2006, NJW 2006, 3769 ff – Babycaust): Für das Eintreten des auf die Zukunft gerichteten Unterlassungsanspruchs ist es bereits ausreichend, wenn der bei dem Leser erweckte Eindruck nicht fernliegend ist (BVerfG Beschl. v. 25.10.2005, NJW 2006, 207 ff, 208 f – Stolpe). Ansprüche auf Folgenbeseitigung (Gegendarstellung, Widerruf, Richtigstellung), Schadensersatz oder Geldentschädigung stehen der von der Berichterstattung betroffenen Person dagegen nur dann zu, wenn der unzutreffende Eindruck durch die Berichterstattung zwingend erweckt wird (BVerfG Beschl. v. 19.12.2007, NJW 2008, 1654 ff, 1655 ff; BGH Urt. v. 25.11.2003, NJW 2004, 598 ff, 599).

Wird zB wahrheitsgemäß berichtet, in einer Anwaltskanzlei sei aufgrund staatsanwaltlicher Anord- 30
nung eine Durchsuchung im Rahmen eines Ermittlungsverfahrens durchgeführt worden, und wird im selben Artikel ein Foto veröffentlicht, das einen Sozius der Kanzlei zusammen mit einem Kriminalbeamten bei der Durchsuchung zeigt, ist diese Berichterstattung als **unwahr** anzusehen, wenn **der klarstellende Hinweis unterbleibt**, dass sich das Ermittlungsverfahren nicht gegen den abgebildeten Sozius der Kanzlei richtet (OLG Karlsruhe Urt. v. 17.6.2005, NJW 2005, 2400 f). Ein Bericht über einen Chefarzt, der unter Hinweis auf entsprechende Anschuldigungen durch Stations- und Assistenzärzte den Vorwurf enthält, er habe schwere Kunstfehler begangen, ist unvollständig, wenn nicht gleichzeitig erwähnt wird, dass der ärztliche Direktor die Vorwürfe nicht teilt und der Chefarzt selbst aufgrund

einer Selbstanzeige bei der Ärztekammer eine Untersuchung gegen sich selbst veranlasst hat (BGH Urt. v. 26.11.1996, NJW 1997, 1148 ff, 1149).

31 Ob ein bestimmter tatsächlicher Eindruck erweckt wird, ist dabei unter Berücksichtigung des **Kontexts der gesamten Berichterstattung** zu klären (BGH Urt. v. 2.12.2008, NJW 2009, 915 f; BGH Urt. v. 3.2.2009, NJW 2009, 1872 ff – Korruptionsvorwurf; BGH Urt. v. 17.11.2009, NJW 2010, 760 ff – Interviewäußerung). Allerdings ist bei Textteilen, die von den Lesern isoliert wahrgenommen werden – etwa eine hervorgehobene Bildnebenschrift oder insbesondere eine Überschrift – für das Verständnis der Äußerung auch nur auf diesen isolierten Textteil abzustellen; denn das Erfordernis journalistischer Aufbereitung rechtfertigt auch in plakativ hervorgehobenen Sätzen keine Entstellungen (BVerfG Beschl. v. 16.7.2003, NJW 2004, 277 ff, 278; *Wanckel*, in: Götting/Schertz/Seitz, § 20 Rn 13). Wenn allerdings ein solcher isolierter Textteil so unscharf – „substanzarm" – gefasst ist, dass er erkennbar noch gar keine eigene Aussage enthalten, sondern den Leser nur dazu animieren will, sich weiter zu informieren, so kann der Betroffene keinen Unterlassungsanspruch daraus herleiten, dass der selbstständige Textteil auch eine Deutung mit rechtsverletzendem Inhalt zuließe (BVerfG Beschl. v. 8.9.2010, NJW 2010, 3501 f).

32 Ein Presseorgan hat ggf mitzuteilen, dass von ihm verbreitete Behauptungen durch das Ergebnis seiner Recherche nicht gedeckt sind. Eine nach seinem Kenntnisstand **umstrittene oder zweifelhafte Aussage** darf es nicht als feststehend hinstellen (BVerfG Beschl. v. 25.10.2005, NJW 2006, 207 ff, 210 – Stolpe; s. auch BGH Urt. v. 26.11.1996, NJW 1997, 1148 ff, 1149).

33 **3. Güterabwägung.** Die journalistische Sorgfalt gebietet es, **Grundrechte Dritter** zu achten. Auf der anderen Seite streiten zugunsten der Medien stets die **Gewährleistungen der Meinungs- und Pressefreiheit** aus Art. 5 Abs. 1 GG sowie ggf auch die Kunstfreiheit gemäß Art. 5 Abs. 3 GG. Keines der Grundrechte kann per se einen Vorrang für sich beanspruchen. Welches Recht im Einzelfall zurücktreten muss, hängt von den Umständen ab und von dem Ergebnis einer darauf basierenden **Güterabwägung** (s. zum Schutzbereich des allgemeinen Persönlichkeitsrechts sowie zu den Grundätzen der Güterabwägung ausführlich 33. Abschnitt Rn 20 ff).

34 **Unwahre Tatsachenbehauptungen** können grundsätzlich nicht den Schutz des Art. 5 Abs. 1 GG für sich beanspruchen, es sei denn, die Unwahrheit hat sich erst später herausgestellt und die Medien haben in **Wahrnehmung berechtigter Interessen** gemäß § 193 StGB gehandelt (s. zur Wahrnehmung berechtigter Interessen 35. Abschnitt Rn 36 ff). Unabhängig vom Wahrheitsgehalt kann die geplante Berichterstattung in die verschiedenen Bereiche des Persönlichkeitsrechts des Betroffenen, einschließlich dessen unternehmerischer Tätigkeit oder in sonstige schutzwürdige Belange eingreifen (s. zu den verschiedenen Schutzbereichen des allgemeinen und besonderen Persönlichkeitsrechts 33. bis 38. Abschnitt).

35 Es gehört zur Sorgfaltspflicht des Journalisten, vor einer Veröffentlichung unter **Würdigung aller Umstände des Falles** eine sorgfältige Güterabwägung vorzunehmen, bei der sowohl dem Grundrecht der Meinungs- und Pressefreiheit gemäß Art. 5 Abs. 1 GG als auch der verfassungsrechtlich geschützten Position des von der Äußerung Betroffenen das gebotene Gewicht beizumessen ist (vgl BVerfG Beschl. v. 10.7.2002, NJW 2002, 3767 ff, 3768 – Bonnbons; BVerfG Beschl. v. 26.6.2002, NJW 2002, 2626 ff, 2627 – Osho-Bewegung; BVerfG Beschl. v. 25.11.1999, NJW 2000, 1859 ff, 1860 f – Lebach II; BGH Urt. v. 5.12.2006, NJW 2007, 686 ff – „Terroristentochter"; BGH Urt. v. 30.1.1996, NJW 1996, 1131 ff, 1133 f – Lohnkiller). Diese Abwägung erfordert eine **echte Gewissensanspannung** (Wenzel/*Burkhardt*, Kap. 6 Rn 153). Unterbleibt eine solche, ist der journalistischen Sorgfaltspflicht nicht Genüge getan, so dass eine rechtsverletzende Berichterstattung verschuldet ist (BGH Urt. v. 30.1.1996, NJW 1996, 1131 ff, 1134 – Lohnkiller).

36 In die Güterabwägung sind insbesondere die **Intensität des Eingriffs** in die geschützten Rechtspositionen des Betroffenen bzw die Schwere des Vorwurfs, **Art und Grad des Informationsinteresses** (BVerfG Beschl. v. 14.2.2000, NJW 2000, 3413 ff, 3414 f) sowie die **Form der Veröffentlichung** einzubeziehen (vgl BGH Urt. v. 15.12.2009, NJW 2010, 757 ff, 758 f). Sodann hat der Journalist das Informationsinteresse den persönlichkeitsrechtlichen Belangen gegenüberzustellen und sich zu fragen, ob die Informationsinteressen überwiegen und ob eine Information der Öffentlichkeit auch mit einem weniger intensiven Eingriff in die Rechte des Betroffenen erfolgen kann. Kommt er nicht zu dem Ergebnis, dass ein überwiegendes Informationsinteresse der Öffentlichkeit vorliegt, hat jedenfalls eine Berichterstattung zu unterbleiben, die den Betroffenen erkennbar macht (vgl Wenzel/*Burkhardt*, Kap. 6 Rn 154).

a) Intensität des Eingriffs. Bevor der Journalist die **Intensität** des Eingriffs in die Rechte des Betroffenen prüft, hat er zunächst zu klären, ob eine den Betroffenen **identifizierende Berichterstattung** überhaupt geplant und erforderlich ist. Ein Eingriff in die Persönlichkeitsrechte kann nur dann vorliegen, wenn der Betroffene durch die Berichterstattung erkennbar wird. 37

Die Rechtsprechung stellt an die **Erkennbarkeit** sowohl bei Bild- als auch bei Textberichterstattungen **geringe Anforderungen** (zur Erkennbarkeit bei Bildberichterstattungen vgl Rn 110 ff und 34. Abschnitt Rn 13 f). Der begründete Anlass, auch nur vom Bekanntenkreis identifiziert zu werden, ist nach der Rechtsprechung und Literatur ausreichend (vgl BVerfG Beschl. v. 14.7.2004, NJW 2004, 3619 f, 3620). Ein solcher begründeter Anlass besteht allerdings nicht, wenn die Berichterstattung oder die Abbildung keine spezifischen individuellen Merkmale erkennen lassen (OLG Zweibrücken Beschl. v. 7.6.2010, MDR 2010, 1261 f). Identifizierbar sein kann der Betroffene auch dann, wenn sein Name nicht genannt wird oder in abgekürzter Form erscheint. Es genügt bereits, wenn nur Teilinformationen übermittelt werden, aus denen sich die Identität des Betroffenen ohne Weiteres ergibt oder mühelos ermitteln lässt. Wird in einem Zeitungsartikel ohne Namensnennung über einen in einer bestimmten Stadt tätigen Rechtsanwalt berichtet, der nach einer Karriere als Staatsanwalt gegen seinen Willen aus dem Justizdienst entlassen wurde und seitdem gegen seine Entlassung kämpft, ist eine Erkennbarkeit gegeben, da der Betroffene zumindest in den Justizkreisen der betreffenden Stadt zu identifizieren ist (BVerfG Beschl. v. 14.7.2004, NJW 2004, 3619 f, 3620). 38

Beabsichtigt der Journalist eine identifizierende Berichterstattung, hat er zu prüfen, ob diese in geschützte Rechte des Betroffenen eingreift und wie gravierend die **Veröffentlichung des betreffenden Vorgangs** und die **öffentliche Preisgabe der Persönlichkeit** des Betroffenen ist. Dabei hat er insbesondere darauf zu achten, ob die geplante Veröffentlichung das Persönlichkeitsbild des Einzelnen in der Öffentlichkeit entstellt, verfälscht oder dessen **Persönlichkeitsentfaltung** erheblich beeinträchtigt (vgl BVerfG Beschl. v. 25.11.1999, NJW 2000, 1859 ff, 1860 f – Lebach II). 39

Mit besonderer Vorsicht sind in diesem Zusammenhang **Berichterstattungen über Privatpersonen oder privatrechtliche Unternehmen** zu behandeln. Die Folgen einer unwahren bzw ehrverletzenden Berichterstattung sind für Private ungleich schwerer als für öffentliche Institutionen, da sie in der Regel weniger Möglichkeiten haben, sich gegen **existenz- und rufgefährdende Äußerungen** effektiv zur Wehr zu setzen (vgl BGH Urt. v. 22.4.2008, NJW 2008, 2262 ff, 2265 f). Falsche oder ehrenrührige Tatsachenbehauptungen werden einem großen Kreis von Lesern zugänglich gemacht, die den Wahrheitsgehalt in der Regel nicht kritisch hinterfragen oder gar nachprüfen. Selbst wenn auf Zweifel an der Wahrheit hingewiesen wird oder die Berichterstattung eine Distanzierung, etwa von einem ehrenrührigen Zitat eines Dritten, enthält, wird dies oft nur von einem kleinen Teil der Leserschaft gewürdigt (vgl BGH Urt. v. 3.5.1977, NJW 1977, 1288 ff, 1289 – Abgeordnetenbestechung). 40

Im Grundsatz besteht eine Verantwortlichkeit des Verbreiters einer rechtswidrigen Äußerung unabhängig davon, ob es sich bei dieser Äußerung um eine eigene Äußerung des Verbreiters handelt oder um eine als solche kenntlich gemachte Äußerung eines Dritten („Verbreiterhaftung"). Dies kommt im Gesetz in den Normen zum Ausdruck, in denen die Verantwortlichkeit daran anknüpft, dass jemand eine Tatsache „behauptet oder verbreitet" (zB §§ 186, 187 StGB, 824 BGB, 4 Nr. 8 UWG). Gleichwohl hält der BGH es für denkbar, dass die Verbreitung von in erheblicher Weise rechtsverletzenden Äußerungen eines Dritten durch die Presse zulässig ist, wenn sie im Rahmen einer journalistisch-redaktionellen Berichterstattung erfolgt, die diese Rechtsverletzung zum Inhalt hat, und ein überwiegendes Informationsinteresse der Öffentlichkeit besteht, über diese Vorgänge informiert zu werden (BGH Urt. v. 14.10.2010, NJW 2011, 2436 ff, 2439 – zweifelhaft). Ein gesteigertes Maß an Sorgfalt ist aber jedenfalls von der Presse immer dann an den Tag zu legen, wenn aus **dem Privat- oder Intimleben** berichtet wird, über den **Verdacht einer Straftat**, Verwicklung in **Skandale, geschäftliches Versagen** oder aber allgemein über Vorgänge, die geeignet sind, in der Öffentlichkeit **erhebliche negative Reaktionen** gegenüber dem Betroffenen auszulösen (vgl BGH Urt. v. 22.12.1959, GRUR 1960, 449 ff, 453 – Alte Herren; BGH Urt. v. 3.5.1977, NJW 1977, 1288 ff, 1289 – Abgeordnetenbestechung). 41

Ein besonders schwerwiegender Eingriff in die persönliche Ehre liegt etwa vor, wenn in identifizierbarer Weise über einen ehemaligen Polizeichef behauptet wird, er habe für einen Bordellbesitzer gearbeitet. Angesichts der Tragweite für den Betroffenen reicht es in einem solchen Fall nicht aus, sich auf die Aussage einer im Rotlichtmilieu tätigen Person zu verlassen, ohne weitere Recherchen anzustellen und ohne dem Betroffenen selbst Gelegenheit zur Stellungnahme zu geben (vgl BGH Urt. v. 30.1.1996, NJW 1996, 1131 ff, 1134 – Lohnkiller). Auch eine wahre Berichterstattung kann einen 42 rechtswidrigen, intensiven Eingriff begründen, so wenn anlässlich einer besonders heftigen Kritik an der legalen Praxis des Schwangerschaftsabbruchs ein einzelner Arzt herausgegriffen und gleichsam an den Pranger gestellt wird, obgleich dieser Arzt keinen Anlass dazu gegeben hat, dass die öffentliche Auseinandersetzung gerade am Beispiel seiner Person geführt wird (BVerfG Beschl. v. 24.5.2006, NJW 2006, 3769 ff).

43 Besonders heikel sind Berichterstattungen, die die **Intimsphäre** betreffen (vgl näher zum Schutzbereich der Intimsphäre 33. Abschnitt Rn 22 ff). Hier ist schnell der Punkt erreicht, an dem nicht nur eine Unterlassungsklage, sondern eine Klage des Betroffenen auf Zahlung einer Geldentschädigung droht. Wenn die Presse identifizierbar über einen Behördenmitarbeiter berichtet, dem fristlos gekündigt worden war, nachdem er aus seinem Dienstzimmer mit seiner Frau ein Telefongespräch sexuellen Inhalts geführt hatte, das von einer Mitarbeiterin mitgehört worden war, stellt diese Berichterstattung – mag vor dem Arbeitsgericht auch eine öffentliche Verhandlung über den Fall stattgefunden haben – einen widerrechtlichen Eingriff in die Intimsphäre des Betroffenen dar. Es mag zwar ein berechtigtes Interesse der Öffentlichkeit an einer Unterrichtung über das arbeitsgerichtliche Verfahren bestehen, die Prangerwirkung, die von einer den Betroffenen erkennbar machenden Presseveröffentlichung ausgeht, gebietet es den Presseorganen jedoch, die ihnen möglichen und zumutbaren Maßnahmen zu ergreifen, um eine Identifizierung des Betroffenen durch die Leser auszuschließen (BGH Urt. v. 24.11.1987, NJW 1988, 1984 f, 1985). Erst recht ist Zurückhaltung geboten, wenn nicht einmal feststeht, dass die berichteten Sachverhalte den Tatsachen entsprechen (vgl BGH Urt. v. 15.12.1987, NJW-RR 1988, 733 f).

44 Die Intimsphäre ist vor Eingriffen durch die Medien **absolut geschützt** (BGH Urt. v. 24.11.1987, NJW 1988, 1984 f, 1985). Dieser besonders geschützte Bereich umfasst die innerste Gedanken- und Gefühlswelt einer Person (BGH Urt. v. 27.4.1971, GRUR 1971, 417 ff, 418), das Bild des unbekleideten Körpers (BGH Urt. v. 22.7.1985, NJW 1985, 1617 ff, 1617 f) sowie die Darstellung von Handlungen mit sexuellem Gehalt (BGH Urt. v. 24.11.1987, NJW 1988, 1984 f, 1985; BGH Urt. v. 16.9.2008, GRUR 2009, 83 ff, 85). Selbst dann, wenn Schilderungen aus dem Intimbereich einer jedenfalls einem Teil der Leserschaft erkennbaren Person, etwa in einem „Schlüsselroman", verfremdet wiedergegeben werden, kann dies einen rechtswidrigen Eingriff in das allgemeine Persönlichkeitsrecht darstellen (BVerfG Beschl. v. 13.6.2007, NJW 2008, 39 ff – Esra; zurückhaltender BGH Urt. v. 16.9.2008, GRUR 2009, 83 ff, 85). Entsprechende Berichte können allenfalls dann zulässig sein, wenn der Betroffene sein **Intimleben selbst der Öffentlichkeit** zugänglich gemacht hat (vgl BGH Urt. v. 19.10.2004, NJW 2005, 594 ff, 595). Nur in ganz besonderen Ausnahmefällen kann eine Berichterstattung über Vorgänge aus dem Intimleben einer Person zulässig sein, so dann, wenn über ein Geschehen, das berechtigte Belange der Öffentlichkeit betrifft, nur unter Mitteilungen auch aus diesem Bereich berichtet werden kann und eine Anonymisierung der daran beteiligten Personen ausgeschlossen ist (so zB in der „VW-Affäre", s. hierzu die Veröffentlichungen und Kommentierungen des Urteils des 5. Strafsenats des BGH vom 17.9.2009, zB in NJW 2010, 92 ff).

45 Identifizierende Berichte, die Übergriffe in die gemäß Art. 1 Abs. 1 GG **unantastbare Menschenwürde** mit sich bringen, sind unabhängig von der Bedeutung der Angelegenheit grundsätzlich unzulässig; die Menschenwürde setzt der Meinungsfreiheit eine absolute Grenze (BVerfG Beschl. v. 11.3.2003, NJW 2003, 1303 ff, 1304). Gleiches gilt für Berichte über extreme Situationen, in denen der Mensch **besonders schutzbedürftig** ist, zB in Momenten der Trauer, des Schmerzes, der Verzweiflung oder der Erniedrigung (vgl OLG Hamburg Urt. v. 24.10.1974, NJW 1975, 649 ff, 651 – Abbildung des Opfers einer Straftat). Zurückhaltung ist ebenfalls geboten bei der identifizierenden Berichterstattung über Unfall-, Verbrechens- oder Suizidopfer (OLG Karlsruhe Urt. v. 18.8.1989, NJW-RR 1990, 1328 ff; s. auch OLG Jena Urt. v. 31.3.2005, NJW-RR 2005, 1566 ff; zum postmortalen Persönlichkeitsrecht vgl 33. Abschnitt Rn 15 ff). Im Pressekodex werden Fallgruppen konkretisiert, in denen besondere Zurückhaltung der Presse gefordert wird, zB bei einer Berichterstattung über Opfer von Unglücksfällen, Katastrophen und Straftaten (Richtlinie 8.1 und 11.3; ergänzt im September 2010 durch einen Praxis-Leitfaden Berichterstattung über Amokläufe).

46 Wenn etwa in einer auflagenstarken Presseveröffentlichung über den Krankenhausaufenthalt einer schwer erkrankten Fernsehreporterin ohne deren Einwilligung berichtet und ihre Leiden dabei ins Einzelne gehend geschildert werden, kann das einen Anspruch der Betroffenen auf Zahlung einer Geldentschädigung begründen, weil eine solche detailreiche Schilderung dem Leser gleichsam einen Blick in das Krankenzimmer eröffnet und die Betroffene als gebrechliche und hilflose Person in einem

Moment zeigt, der zu den privatesten eines Menschen gehört und in dem er vor den Augen der Öffentlichkeit abgeschirmt sein möchte. Die Schwere dieses Eingriffs wird nicht dadurch gemildert, dass der gewonnene Einblick bei dem Leser Mitgefühl hervorrufen soll; denn die Entscheidung darüber, ob sie einer breiten Öffentlichkeit gegenüber Mitgefühl erregen möchte, steht allein der betroffenen Person zu (OLG Hamburg Urt. v. 6.7.2010, ZUM 2010, 976 ff).

b) **Informationsinteresse der Öffentlichkeit.** Der Journalist hat sich weiterhin zu fragen, in welchem Umfang ein **berechtigtes Informationsinteresse** der Öffentlichkeit vorliegt und um welche Art des Informationsinteresses es sich handelt (BVerfG Beschl. v. 26.8.2003, NJW 2004, 589 f, 590 – Haarfarbe des Bundeskanzlers). Er muss insbesondere prüfen, ob es um einen Beitrag zur Meinungsbildung in einer die Öffentlichkeit wesentlich berührenden Frage oder um die Befriedigung reiner Neugier und Sensationslust geht. Zwar unterliegen auch Beiträge, die das Bedürfnis des Lesers nach Sensation und **Unterhaltung** befriedigen, dem Schutz des Art. 5 Abs. 1 GG. Die Befriedigung des Bedürfnisses nach Unterhaltung gehört ebenfalls zur öffentlichen Aufgabe der Presse (vgl entsprechend zum Rundfunk BVerfG Beschl. v. 25.11.1999, NJW 2000, 1859 ff, 1861 – Lebach II; ausführlich zum Informationsinteresse 34. Abschnitt Rn 46 ff). Dennoch ist die Bestimmung der **Art des Informationsinteresses** für die im Rahmen der Sorgfaltspflicht durchzuführenden Güterabwägung von Bedeutung. Geht es um einen Beitrag zur Meinungsbildung in einer die Öffentlichkeit wesentlich berührenden Frage im politischen, wirtschaftlichen, sozialen oder gesellschaftlichen Bereich, hat der Betroffene ein erheblich höheres Maß an Beeinträchtigungen hinzunehmen als bei einem Beitrag, der lediglich das Bedürfnis der Leser nach Sensationen und Unterhaltung befriedigt (s. dazu EGMR Urt. v. 24.6.2004, NJW 2004, 2647 ff zum Privatsphärenschutz Prominenter unter Verschärfung der bisherigen Rechtsprechung des BGH und BVerfG; vgl hierzu 34. Abschnitt Rn 43 ff). 47

c) **Form der Veröffentlichung.** Die Presse hat in die Güterabwägung ebenfalls die geplante Form der Veröffentlichung, wie zB **Sprache, Stilmittel, Aufmachung und Art der Berichterstattung**, einzubeziehen. Grundsätzlich ist die Presse in der Wahl der Form wie der Inhalte frei (BVerfG Urt. v. 15.12.1999, NJW 2000, 1021 ff, 1024). Allerdings kann gerade die Form der Veröffentlichung die Persönlichkeitsrechte des Betroffenen besonders beeinträchtigen. 48

So greift eine **Fernsehberichterstattung** über eine aufsehenerregende Straftat in Form eines Dokumentarspiels unter Namensnennung und Abbildung des Täters aufgrund der Breitenwirkung und der Suggestivkraft des Fernsehens in einer erheblichen Weise in das Persönlichkeitsrecht des Betroffenen ein (vgl BVerfG Urt. v. 5.6.1973, BVerfGE 35, 202 ff, 233 ff – Lebach; BVerfG Beschl. v. 25.11.1999, NJW 2000, 1859 ff, 1860 f – Lebach II). Ob ein **nicht dokumentarischer Spielfilm** in ähnlich schwerer Weise die persönlichkeitsrechtlichen Belange des Betroffenen berührt, hängt von den Umständen des Einzelfalles ab. Wird eine schwere und außergewöhnliche Straftat zum Gegenstand eines Films gemacht, dürfen sich die Autoren und die Filmhersteller – deren Tätigkeit als „Wirkbereich" ebenfalls dem besonderen Schutz der Kunstfreiheit aus Art. 5 Abs. 3 GG unterfällt – nicht über das verfassungsrechtlich geschützte Persönlichkeitsrecht des Täters hinwegsetzen, sondern müssen sich innerhalb des Spannungsverhältnisses halten, in dem die kollidierenden Grundwerte als Teile eines einheitlichen Wertesystems neben- und miteinander bestehen können: Je stärker das entworfene Persönlichkeitsbild beansprucht, sich mit der sozialen Wirklichkeit des Dargestellten zu identifizieren, desto schutzwürdiger ist dessen Interesse an einer wirklichkeitsgetreuen Darstellung seiner Person und umso weniger Anlass besteht dann auch, die Künstler rechtlich anders zu behandeln als den Berichterstatter oder Kritiker, dem Art. 5 Abs. 1 GG nicht erlaubt, über den Betroffenen unwahre und rufschädigende Behauptungen zu verbreiten. In der Abwägung ist weiter zu berücksichtigen, ob und inwieweit das Persönlichkeitsbild des Betroffenen verfälscht wird, welche Persönlichkeitssphären die Darstellung betrifft, welchen Informationswert sie für die Allgemeinheit hat und ob sie ernsthaft und sachbezogen erfolgt. Bei verurteilten Straftätern spielen außerdem Natur und Schwere der Tat eine Rolle sowie das Interesse des Täters an einer späteren Wiedereingliederung in die Gesellschaft. Einer den Fall in seinem Kern wahrheitsgemäß schildernden Verfilmung kann sich der Täter, der selbst nach seiner Tat die Öffentlichkeit gesucht hat und der noch eine lange Zeit der Strafverbüßung vor sich hat, daher kaum mit Erfolg widersetzen (BGH Urt. v. 26.5.2009, NJW 2009, 3576 ff, 3577 f). 49

4. Übernahme einer Nachricht aus fremder Quelle. Den Medien ist es nicht möglich, jede Nachricht selbst zu recherchieren. Dies gilt insbesondere für Tageszeitungen, die einem gewissen Aktualitätsdruck unterliegen. Aus diesem Grunde ist es zulässig und auch notwendig, dass die Presse **Nachrichten aus fremden Quellen** übernimmt. Auch bei der Übernahme einer fremden Nachricht durch die Presse sind 50

grundsätzlich eigene Recherchen über den Wahrheitsgehalt anzustellen (vgl BVerfG Beschl. v. 26.8.2003, NJW 2004, 589 f, 590; BVerfG Beschl. v. 25.8.2005, NJW 2006, 595 f). Eine Ausnahme gilt lediglich hinsichtlich der sog. „privilegierten Quellen" (s. hierzu näher Rn 54 ff). Allerdings soll die Schwere eines Eingriffs in das allgemeine Persönlichkeitsrecht einer von der Berichterstattung betroffenen Person dadurch gemindert sein können, dass ein Presseorgan einen Vorwurf wiederholt, der zwar unzutreffend ist, aber zuvor bereits von zahlreichen anderen Publikationsorganen verbreitet worden ist (so zu der Behauptung, der gerade erst 18 Jahre alte Sohn einer Politikerin habe rechtswidrig betäubungsmittelhaltige Pflanzen angebaut, BVerfG Beschl. v. 9.3.2010, NJW-RR 2010, 1195 ff, 1197 – sehr zweifelhaft).

51 Die **Übernahme von Informationen aus anderen Zeitungen** befreit grundsätzlich nicht von der **eigenen Prüfungspflicht.** Ein Presseorgan darf – anders als der sich zu Gegenständen des öffentlichen Interesses äußernde „Private" – nicht darauf vertrauen, dass unwidersprochen gebliebene Meldungen anderer Presseorgane zutreffend seien (vgl BVerfG Beschl. v. 9.10.1991, NJW 1992, 1439 ff, 1440 f, 1442). Der Umstand, dass eine Nachricht schon einmal veröffentlicht wurde, bedeutet nicht, dass sie richtig ist. Ein Journalist verletzt seine Sorgfaltspflichten, wenn er zB in einem Bericht über Unregelmäßigkeiten bei der Liquidation von ehemaligen Landesproduktionsgenossenschaften über den Liquidator behauptet, dieser habe eine Anzahl von Landesproduktionsgenossenschaften durch überhöhte Honorare und Verschleuderung des Genossenschaftsvermögens ruiniert, und diese Behauptung lediglich auf ungeprüfte Artikel aus anderen Zeitungen stützt (vgl OLG Brandenburg Urt. v. 15.2.1995, NJW 1995, 886 ff, 887). Für die Behauptung falscher Hochzeitsabsichten ist eine Zeitschrift auch dann verantwortlich, wenn dies unter Berufung auf eine Meldung in einer ausländischen Zeitschrift geschieht („Ici Paris will wissen: Hochzeit im September", BGH Urt. v. 15.11.1994, NJW 1995, 861 ff, 864 – Caroline I).

52 Im Gegensatz zur Presse dürfen sich **Privatpersonen** – im Sinne von Einzelpersonen, die nicht redaktionell gestaltete Einzelmeldungen verbreiten und denen kein Rechercheapparat zur Ermittlung von Sachverhalten zur Verfügung steht – bei der Aufstellung herabsetzender Behauptungen über Dritte, die nicht ihrem eigenen Erfahrungsbereich entstammen und ihre eigenen Überprüfungsmöglichkeiten übersteigen, auf unwidersprochene Presseberichte stützen (sog. **„Laienprivileg"**, BVerfG Beschl. v. 9.10.1991, NJW 1992, 1439 ff, 1442 – Bayer-Aktionäre). Aus diesem Grund ist auch ein Privatmann, der einem Presseorgan Verdachtsmomente mitteilt, nicht verpflichtet, diesem seinen Verdacht so ausgewogen und offen zu schildern, wie die Presse den Sachverhalt ihren Lesern im Rahmen einer zulässigen Verdachtsberichterstattung präsentieren müsste (OLG Hamburg Urt. v. 27.2.2007 – 7 U 106/06).

53 Der Auffassung, die **Veröffentlichung einer ungeprüften Information** könne bereits dann zulässig sein, wenn eine Rückfrage bei einem als zuverlässig angesehenen Erstveröffentlicher danach, ob der Betroffene gegen die Berichterstattung vorgegangen sei, keine Beanstandung ergeben habe und es sich bei dem Erstveröffentlicher um eine als zuverlässig bekannte Quelle wie eine öffentlich-rechtliche Rundfunkanstalt handle (so OLG Karlsruhe Urt. v. 13.5.2005, NJW 2006, 483 f), ist bereits im Ansatz verfehlt. Zum einen ist dadurch nicht gesichert, dass die von der Berichterstattung betroffene Person von der Erstveröffentlichung überhaupt Kenntnis erlangt hat. Zum anderen ist es allein Sache des Betroffenen, zu entscheiden, ob er gegen eine Berichterstattung vorgeht oder nicht; die **Untätigkeit des Betroffenen** nach einer Medienberichterstattung kann viele Gründe haben und darf daher **nicht als Indiz für die Wahrheit** der Behauptungen gewertet werden. Und zum dritten hätte der Inhalt einer solchen Nachfrage mit dem Inhalt der Meldung selbst nichts zu tun, so dass die Beschränkung auf eine solche Nachfrage geradezu einen Verzicht auf eine Recherche in der Sache darstellt, die mit der Recherchepflicht der Presse nicht vereinbar ist: Rückfragen bei der Quelle sind nicht dazu da, formale Umstände abzufragen, sondern müssen dazu dienen, sich in der Sache zu vergewissern (vgl BGH Urt. v. 8.12.1964, GRUR 1965, 254 ff, 255 f – Soraya).

54 **5. Privilegierte Quellen.** Eine wichtige Ausnahme von den vorstehend genannten Grundsätzen gilt: Die Presse darf Meldungen von als seriös anerkannten Presse- und Nachrichtenagenturen und die Inhalte von Presseerklärungen von Behörden oder sonstigen Äußerungen von Behördenmitarbeitern, die im Rahmen von deren öffentlich-rechtlicher Tätigkeit abgegeben werden, übernehmen, ohne dass eine Pflicht zur Nachrecherche besteht (Landgericht Oldenburg i.O. Urt. v. 18.5.1987, AfP 1988, 79 ff, 80; grundlegend *Wenzel*, Das Recht der Wort- und Bildberichterstattung, 2. Aufl., Rn 5.161). Die Übernahme einer Nachricht aus einer solchen privilegierten Quelle entbindet die Presse von weiterer Re-

cherche hinsichtlich der mitgeteilten Tatsachen (KG Urt. v. 7.6.2007, NJW-RR 2007, 356 f, 356). Die Weiterverbreitung der Nachricht ist dann nicht rechtswidrig mit der Folge, dass der von ihr betroffenen Person nicht einmal ein Unterlassungsanspruch gegen das die Nachricht weiterverbreitende Presseorgan zusteht (BVerfG Beschl. v. 9.3.2010, NJW-RR 2010, 1195 ff). Von der Rechtsprechung als privilegierte Quellen anerkannt sind zum einen die als **seriös anerkannten großen Presseagenturen**, zB dpa (Deutsche Presse-Agentur), Agence France Presse (AFP), AP (Associated Press), Reuters, ddp/ADN (Deutscher Depeschen-Dienst/Allgemeiner Nachrichtendienst, zum anderen Presseerklärungen, Meldungen oder Erklärungen von **Behörden**, zB der Staatsanwaltschaft oder der Polizei, wenn diese im Rahmen der öffentlich-rechtlichen Tätigkeit dieser Institutionen erfolgen (vgl BGH Urt. v. 12.5.1987, NJW 1987, 2225 ff, 2226 f – Chemiegift; OLG Karlsruhe Urt. v. 8.12.1992, NJW-RR 1993, 732 f, 733).

Die Privilegierung soll es den Medien ermöglichen, ihrer öffentlichen Aufgabe gerecht zu werden, da es einzelnen Presseorganen schlicht unmöglich wäre, die Vielzahl an Agenturmeldungen noch einmal selbst auf ihren Wahrheitsgehalt zu überprüfen (KG Urt. v. 7.6.2007, NJW-RR 2008, 356 f, 356). Der Vertrauensschutz, der der Presse insoweit gewährt wird, bezieht sich daher im Grundsatz nur auf die **inhaltliche Richtigkeit der Mitteilung.** Die Prüfung, ob diese Mitteilung auch ungefiltert veröffentlicht werden darf, obliegt dagegen weiterhin dem veröffentlichenden Presseorgan; dieses hat daher eigenverantwortlich darüber zu entscheiden, ob in seiner Publikation Namen, die in der Mitteilung enthalten sind, publiziert werden dürfen oder ob überhaupt ein berechtigtes öffentliches Interesse an einer Verbreitung der Mitteilung besteht (so ausdrücklich für die Übernahme einer Agenturmeldung OLG Nürnberg Urt. v. 12.12.2006, NJW-RR 2007, 1267 f, 1267). Jüngst hat zwar das BVerfG (Beschl. v. 9.3.2010, NJW-RR 2010, 1195 ff, 1197) *en passant* die Ansicht geäußert, dass ein Presseorgan sich bei Verbreitung der Pressemitteilung einer Staatsanwaltschaft nicht nur darauf soll verlassen dürfen, dass die Mitteilung zutreffend sei, sondern darüber hinaus auch darauf, dass der Pressesprecher der Staatsanwaltschaft die Abwägung der für und gegen eine Veröffentlichung sprechenden Momente vorgenommen habe, sowie weitergehend sogar darauf, dass dieser die Abwägung zutreffend vorgenommen habe. Das erscheint verfehlt, weil damit eine eigene Aufgabe der Presse auf eine Stelle verlagert wird, die womöglich über weniger Erfahrung und Problembewusstsein verfügt als ein Presseorgan (s. zur Problematik *Lehr*, NStZ 2009, 409 ff). Gänzlich schutzlos gestellt ist die von der Pressemitteilung betroffene Person aber auch dann nicht, wenn der Ansicht des BVerfG gefolgt werden sollte: Dann stünden ihr ggf **Ansprüche gegen die Pressestelle der Behörde** zu (zu Schadensersatzansprüchen aus § 839 BGB iVm Art. 34 GG s. zB BGH Urt. v. 25.9.1980, NJW 1981, 675 ff, 676). Will die Person, deren Rechte durch die Pressemitteilung einer Behörde verletzt worden sind, gegen die Behörde oder gegen den der Behörde übergeordneten Rechtsträger Unterlassungsansprüche geltend machen, stellt sich die schwierige Frage der Rechtswegzuständigkeit, da zweifelhaft ist, ob der Rechtsweg zu den ordentlichen Gerichten (§ 13 GVG) oder zu den Verwaltungsgerichten (§ 40 Abs. 1 VwGO) gegeben ist (differenzierend, aber für den Regelfall für die Zuständigkeit der Verwaltungsgerichte BGH Urt. v. 28.2.1978, GRUR 1978, 448 f; für den Rechtssuchenden ist die Problematik durch die Bestimmung des § 17 a Abs. 2 GVG entschärft). 55

Sobald begründete **Zweifel an der Richtigkeit der Meldung** als solche bestehen, etwa weil sie in sich widersprüchlich ist oder eine offensichtlich unzutreffende Aussage enthält, entfällt die Befreiung von der Recherchepflicht (KG Urt. v. 7.6.2007, NJW-RR 2008, 356 f, 356). Das Gleiche gilt natürlich dann, wenn das Presseorgan über eigene, bessere Erkenntnisse verfügt, als die privilegierte Quelle, der es seine Meldung entnommen hat. 56

Nicht vertraut werden darf auf eine Nachricht aus einer privilegierten Quelle, wenn diese **Zweifel an der Zuverlässigkeit ihrer Quelle** erkennen lässt, zB bei der bloßen Wiedergabe der Meldung einer nicht privilegierten Quelle oder bei Berufung auf eine Quelle, von der erkennbar ist, dass sie über keine eigene Kenntnis von der behaupteten Tatsache verfügt (vgl BVerfG Beschl. v. 26.8.2003, NJW 2004, 589 f, 590: Verbreitung der Aussage einer nicht für den Bundeskanzler tätigen Imageberaterin darüber, ob dieser seine Haare färbe). 57

Bei der **Übernahme von Bildnissen**, auch aus privilegierten Quellen, hat eine **eigene Prüfung der Einwilligung** der abgebildeten Person und etwa an der Aufnahme bestehenden Urheber- oder sonstiger **Nutzungsrechte** zu erfolgen (grundlegend BGH Urt. v. 10.11.1961, GRUR 1962, 211 ff; s. auch BGH Urt. v. 27.11.1979, GRUR 1980, 259 ff, 260). Auch insoweit gilt: Je stärker die Bildnisveröffentlichung in grundrechtlich geschützte Rechtsgüter des Betroffenen eingreifen kann, desto gründlicher muss vor 58 der Veröffentlichung geprüft werden, ob die Veröffentlichung erfolgen darf (vgl OLG Hamburg Urt. v. 4.5.2004, NJW-RR 2005, 479 ff, 480).

59 **6. Gerüchte.** Bei der Verbreitung von Gerüchten besteht grundsätzlich eine **gesteigerte Sorgfaltspflicht** im Hinblick auf den Wahrheitsgehalt und die Herkunft des Verdachts (OLG Frankfurt aM Urt. v. 20.2.2003, NJW-RR 2003, 37 ff, 38). Eine Tatsachenbehauptung behält auch als Gerücht, dh in gleichsam verdeckter Gestalt als Verdachtsäußerung, Vermutung oder „Möglichkeit eines Geschehens", ihren Charakter als Tatsachenbehauptung, wenn bei ihrer Äußerung nicht deutlich gemacht wird, dass nicht ein reales Geschehen geschildert werden soll (so schon der 2. Strafsenat des RG Urt. v. 6.3.1906, RGSt 38, 368 f). Die Verbreitung eines abträglichen Gerüchts oder Verdachts ist typischerweise geeignet, ein negatives Tatsachenbild über eine Person in die Welt zu setzen, und hieran hat jeder Anteil, der das Gerücht weiterträgt (OLG Brandenburg Urt. v. 12.6.2002, NJW-RR 2002, 1269 ff, 1269 f). Der Betroffene ist daher gegen die Verbreitung und Aufstellung von Gerüchten in gleicher Weise **geschützt wie gegen unwahre Tatsachenbehauptungen** (OLG Brandenburg Urt. v. 12.6.2002, NJW-RR 2002, 1269 ff, 1269 f). Die Sorgfaltspflichten der Presse sind insbesondere erhöht, wenn es um die Aufklärung eines für den Betroffenen ehrenrührigen Vorgangs geht (OLG Frankfurt aM Urt. v. 20.2.2003, NJW-RR 2003, 37 ff, 38).

60 Die Presse hat daher vor der Veröffentlichung eines Gerüchts dessen **Wahrheitsgehalt** zu überprüfen und dabei denselben Maßstab anzulegen wie bei der Überprüfung von Tatsachenbehauptungen (OLG Brandenburg Urt. v. 12.6.2002, NJW-RR 2002, 1269 ff, 1269 f). Dabei ist zu beachten, dass sie sich Berichte über Gerüchte in der Regel als **eigene Tatsachenbehauptung zurechnen** lassen muss; die Bezeichnung als Gerücht ändert daran ebenso wenig wie „Disclaimer" oder Zusätze wie „unbestätigt", „offenbar" oder Ähnliches: Anderenfalls würde es in der Hand des Verbreiters liegen, in der Form der Mitteilung von Gerüchten rechtsfolgenfrei die Ehre eines anderen aufs Empfindlichste zu verletzen (RG Urt. v. 6.3.1906, RGSt 38, 368 f). Die Verbreitung eines Gerüchts kann die Presse nicht damit rechtfertigen, dass es bereits durch andere Medien oder Einzelne verbreitet wurde (BGH, 1. Strafsenat, Urt. v. 15.1.1963, NJW 1963, 665 ff, 666 f).

61 **7. Leserbriefe.** Die Presse stellt auch immer ein Forum für die Meinungen anderer dar. Dies gilt in erster Linie für Leserbriefe. Nach dem Verständnis der Leser enthalten Leserbriefe in der Regel die Sichtweise des Verfassers und sind nicht dem Presseorgan zuzurechnen (vgl – zu einer Interviewäußerung – BGH Urt. v. 17.11.2009, NJW 2010, 760 ff, 761). Auch für den Inhalt von Leserbriefen besteht aber im Grundsatz eine **Prüfungspflicht** der Presse. Sie ist aber beschränkt auf **offensichtlich unzulässige oder erkennbar ehrverletzende Behauptungen** und auf Aussagen, die in besondere Weise geeignet sind, Dritte schwerwiegend in ihren Persönlichkeitsrechten zu verletzen (BGH Urt. v. 27.5.1986, NJW 1986, 2503 ff, 2505).

62 Gleichwohl bleibt die Presse **Verbreiter** der in Leserbriefen enthaltenen Äußerungen und kann daher unabhängig vom Vorliegen eines Verschuldens grundsätzlich als **Störer** auf Unterlassung in Anspruch genommen werden, solange sie sich nicht hinreichend vom Inhalt distanziert (BGH Urt. v. 27.5.1986, NJW 1986, 2503 ff). Es ist eine auf den konkreten Inhalt des Leserbriefs bezogene Distanzierung erforderlich (vgl BGH Urt. v. 26.10.1999, NJW 2000, 656 ff, 658); der übliche Vorbehalt, die Redaktion übernehme für die Leserbriefe keine Verantwortung oder der Inhalt der Leserbriefe gebe nicht die Meinung der Redaktion wieder, stellt daher keine ausreichende Distanzierung dar.

63 Für den Unterlassungsanspruch kann es jedoch an der erforderlichen **Wiederholungsgefahr** fehlen, da Leserbriefe in der Regel nur einmal veröffentlicht werden (BGH Urt. v. 27.5.1986, NJW 1986, 2503 ff, 2505). Etwas anderes gilt, wenn mit einer **erneuten Veröffentlichung zu rechnen ist,** was insbesondere bei Online-Ausgaben von Zeitungen der Fall sein kann, in denen die Beiträge einschließlich der Leserbriefe oftmals für einen längeren Zeitraum eingestellt sind oder die im Wege der Zugänglichmachung alter Ausgaben über ein „Online-Archiv" auch nach langer Zeit erneut allgemein zugänglich gemacht werden.

64 Unzulässig ist eine **Überarbeitung von Leserbriefen,** die über die üblichen, den Aussagegehalt nicht berührende Kürzungen hinausgeht. Führt eine Überarbeitung zu **inhaltlichen, sinnentstellenden Änderungen** hat eine Veröffentlichung ohne die **Zustimmung** des Autors zu unterbleiben, da ihm keine Äußerungen in den Mund gelegt werden dürfen, die er nicht getätigt hat (vgl *Paschke*, Medienrecht, Rn 947). Anderenfalls wäre sein grundrechtlich geschütztes Verfügungsrecht über die Darstellung der eigenen Person in der Öffentlichkeit verletzt (vgl BVerfG Beschl. v. 31.3.1993, NJW 1993, 2925 f).

8. Zitate. An etwas Gesagtem wird man gemessen. Enthält ein Zitat eine Äußerung, die in irgendeiner Weise gegen den Zitierten spricht, wird dieser damit gleichsam als „Zeuge gegen sich selbst" präsentiert (BVerfG Beschl. v. 31.3.1993, NJW 1993, 2925 f). Deshalb müssen Zitate „stimmen", dh die Aussage des Zitierten korrekt wiedergeben. Mit der Veröffentlichung eines Zitats werden in der Regel die zwei Behauptungen aufgestellt, dass der Betroffene sich überhaupt geäußert hat (dies neuerdings offenbar bezweifelnd: BGH Urt. v. 17.11.2009, NJW 2010, 760 ff, 761 f) und dass er sich wie zitiert geäußert hat (BVerfG Beschl. v. 3.6.1980, NJW 1980, 2072 ff, 2072). Der Journalist ist zur **Zitattreue** verpflichtet und muss vor der Veröffentlichung beides überprüfen. Er hat nicht nur die **Wortwahl** des Zitierten zu beachten, sondern auch den **Kontext**, in dem die Äußerung gefallen ist. Unzulässig ist es daher, das Zitat zwar wortgetreu zu veröffentlichen, es aber in einen anderen Gesamtkontext einzubinden und ihm hierdurch einen abweichenden Sinn zu geben. Darin kann ein so schwer wiegender Eingriff in das allgemeine Persönlichkeitsrecht liegen, dass dem Zitierten sogar eine Geldentschädigung zuerkannt werden kann (BVerfG Beschl. v. 3.6.1980, GRUR 1980, 1087 ff, 1090). Die Presse kann sich gegenüber Ansprüchen des Zitierten absichern, indem sie sich den Artikel oder zumindest die zu veröffentlichenden Zitate vorab von dem Betroffenen schriftlich freigeben lässt (OLG München Urt. v. 17.11.1995, NJW-RR 1996, 1487 ff, 1489). 65

Keine Ansprüche stehen demjenigen, der in einer Presseveröffentlichung fehlerhaft zitiert worden ist, gegen das Presseorgan dann zu, wenn nur so **geringe Abweichungen** zwischen dem als Zitat wiedergegebenen Text und dem, was der Zitierte tatsächlich gesagt hat, gegeben sind, dass der soziale Geltungsanspruch des Zitierten hiervon nicht betroffen ist (BGH Urt. v. 15.11.2005, NJW 2006, 609 f). 66

Ein besonders gravierender **Verstoß gegen die journalistische Sorgfaltspflicht** liegt in der Veröffentlichung **erfundener Interviews oder Zitate**. Die Veröffentlichung von Äußerungen, die dem Betroffenen in den Mund gelegt werden, kann u.a. mit der Zahlung einer nicht unbeträchtlichen Geldentschädigung für den Betroffenen sanktioniert werden (vgl BGH Urt. v. 15.11.1994, NJW 1995, 861 ff, 863 – Caroline I; BGH Urt. v. 27.11.1979, GRUR 1980, 259 ff, 260 – Wahlkampfillustrierte). 67

Ob sich die Medien eine verbreitete Aussage **zu eigen gemacht** haben und damit wie für selbst aufgestellte Behauptungen haften, ist aus der **Sicht des Durchschnittslesers** zu beurteilen und hängt von der konkreten Gestaltung der Veröffentlichung im Einzelfall ab (vgl – zum Zueigenmachen durch Einstellen von Fremdäußerungen in den eigenen Internetauftritt – BGH Urt. v. 12.11.2009, GRUR 2010, 616 ff, 618). Jedenfalls dann, wenn kritische Äußerungen Dritter derart in die eigene kritische Stellungnahme der Autoren eines Beitrags „eingebettet" werden, dass dieser insgesamt als eine sozusagen mit verteilten Rollen vorgetragene eigene Kritik der Autoren erscheint, können sich die Autoren nicht darauf berufen, dass die Äußerungen der zitierten Dritten keine eigenen gewesen seien (BGH Urt. v. 6.4.1976, BGHZ 66, 182 ff, 190 f). 68

Bisher war angenommen worden, dass der Verfasser eines Beitrags, der sich die Aussage eines Dritten nicht zu eigen machen will, sich von dieser **eigens und ernsthaft distanzieren** müsse (ausdrücklich gebilligt von BVerfG Beschl. v. 30. 9. 2003, NJW 2004, 590 f) und dass jedenfalls bei schweren Vorwürfen das bloße Setzen von Anführungszeichen keine hinreichende Distanzierung bilde (BGH Urt. v. 26.11.1996, NJW 1997, 1148 ff, 1149 – Chefarzt; NJW 2000, 656, 658 – Korruptionsvorwurf). Hier scheint der BGH nunmehr im Hinblick auf die Veröffentlichung von Interviews für die Presse günstiger urteilen zu wollen: Ob ein Zueigenmachen gegeben sei, sei mit einer im Interesse der Meinungsfreiheit und zum Schutz der Presse gebotenen Zurückhaltung zu prüfen. Werde ein „klassisch" in Frage und Antwort gegliedertes Interview mit einem Dritten veröffentlicht, so mache sich das Presseorgan in dem Interview etwa enthaltene ehrenrührige Äußerungen des Dritten nicht schon mit deren Verbreitung dadurch zueigen, dass es sich nicht ausdrücklich davon distanziert. Das gelte jedenfalls dann, wenn der Interviewer nicht von sich aus die Person desjenigen anspricht, über den der Dritte sich in ehrenrühriger Weise äußert (BGH Urt. v. 17.11.2009, NJW 2010, 760 ff, 761 – Interviewäußerung). 69

Hat die zitierte Person sich in mehrdeutiger Weise geäußert oder handelt es sich um eine Äußerung in einer fremden Sprache, die mehrere Möglichkeiten der Übersetzung ins Deutsche zulässt, darf bei der Wiedergabe des Zitats nicht der Eindruck erweckt werden, die zitierte Person habe sich mit dem Zitat auf einen der mehreren möglichen Inhalte festgelegt. Insbesondere ist es daher **kenntlich zu machen,** wenn das tatsächlich Gesagte im Rahmen einer **eigenen Interpretation** wiedergegeben wird (BGH Urt. v. 27.1.1998, NJW 1998, 1391 ff). Das Gleiche gilt, wenn das tatsächlich Gesagte **verkürzt** oder im Wege einer Zusammenfassung wiedergegeben wird. 70

71 Vorsicht ist geboten, wenn die Veröffentlichung eines Zitats auf **bloßem Hörensagen** beruht, mag sich der Zitierende auch noch so sicher sein, dass das Zitat korrekt sei. (Die Zahl der Irrtümer in dieser Hinsicht ist Legion: zB hat Richard Wagner den Ausdruck „Leitmotiv" ebenso wenig verwendet wie Sherlock Holmes in Conan Doyles Werken jemals „Elementary, my dear Watson" gesagt hat). Hat er das Zitat nicht von dem Zitierten selbst, hat der Journalist seine **Informationsquelle besonders zu prüfen**. Das KG hat die Erfüllung der journalistischen Sorgfaltspflicht bei der Veröffentlichung eines stark diffamierenden Zitats über einen Politiker („Der Mann ist solche Bundesscheiße, da möchte man überhaupt nicht reintreten!") basierend auf der Aussage eines Informanten vom Hörensagen bejaht, da eine Überprüfung des Informanten ergeben hatte, dass dieser sich nicht nur an die diffamierende Äußerung selbst, sondern auch an den Zusammenhang, in dem die Äußerung fiel, erinnern konnte (KG Urt. v. 29.2.2000, AfP 2001, 65 ff, 66; die hiergegen gerichtete Verfassungsbeschwerde des Betroffenen hat das BVerfG Beschl. v. 30.9.2003, NJW 2004, 590 f, nicht zur Entscheidung angenommen).

72 Die Verwendung von **Anführungszeichen** kann der Kennzeichnung als **Zitat** dienen, aber auch mitteilen, dass eine Aussage **sinngemäß** und nicht wörtlich zu verstehen ist. Was davon der Fall ist, ist durch Auslegung zu ermitteln (BVerfG Beschl. v. 31.3.1993, NJW 1993, 2925 f). Der Verfasser eines Beitrags sollte hier von vornherein – etwa durch Einfügung klarstellender Zusätze wie „so wörtlich" bzw „sinngemäß" – für Klarstellung sorgen.

73 **9. Stellungnahme des Betroffenen.** Im Grundsatz sollte die Einholung einer Stellungnahme des Betroffenen zu den Standards einer **fair und verantwortungsvoll arbeitenden Presse** gehören, insbesondere dann, wenn der Bericht Übergriffe in die geschützte Rechtssphäre des Betroffenen mit sich bringt.

74 Ob eine entsprechende **Verpflichtung der Medien** besteht, hängt von den Umständen des Einzelfalls ab. Jedenfalls bei der Verdachtsberichterstattung ist sie im Grundsatz zu bejahen (BGH Urt. v. 7.12.1999, NJW 2000, 1036 ff, 1036 f). Einzuholen ist eine Stellungnahme des Betroffenen auch, wenn die Berichterstattung einen **schweren Vorwurf** enthält, zB die Behauptung, ein Polizist habe für einen Bordellbesitzer gearbeitet (BGH Urt. v. 30.1.1996, NJW 1996, 1131 ff, 1134 – Lohnkiller; s. auch BGH Urt. v. 3.5.1977, NJW 1977, 1288 ff, 1289 – Abgeordnetenbestechung) oder auf sonstige Weise die Persönlichkeitsrechte des Betroffenen erheblich beeinträchtigt, wie etwa die Spekulation über eine intime Beziehung zwischen einem katholischen Geistlichen und einer verheirateten Frau (BGH Urt. v. 15.12.1987, NJW-RR 1988, 733 f – Intime Beziehungen).

75 Eine Pflicht zur Anhörung des Betroffenen besteht weiter dann, wenn eine solche **leicht möglich** ist, Aufklärung verspricht und kein überwiegender Aktualitätsdruck besteht (BVerfG Beschl. v. 26.8.2003, NJW 2004, 589 f, 590 – Haarfarbe des Bundeskanzlers; BGH Urt. v. 30.1.1996, NJW 1996, 1131 ff, 1134; BGH Urt. v. 8.12.1964, GRUR 1965, 254 ff, 255 f – Soraya).

76 Entbehrlich sein kann die Einholung einer Stellungnahme dagegen dann, wenn der Betroffene zu den konkret gegen ihn erhobenen Vorwürfen bereits öffentlich Stellung bezogen hat (vgl BVerfG Beschl. v. 27.11.2008, NJW 2009, 350 ff, 351 f) oder wenn eine Nachfrage mit an Sicherheit grenzender Wahrscheinlichkeit ohne Erfolg bleiben würde (vgl BGH Urt. v. 30.1.1996, NJW 1996, 1131 ff, 1134), zB weil der Betroffene unauffindbar ist oder zuvor gegenüber anderen Medien eine Stellungnahme nachdrücklich verweigert hat. Nicht ausreichend für ein Unterlassen der Anhörung ist es, dass mit großer Wahrscheinlichkeit zu erwarten ist, dass der Betroffene das ihm vorgeworfene Fehlverhalten in Abrede nehmen werde (OLG Hamburg Urt. v. 11.5.1995, NJW-RR 1996, 597 f, 597). Eine Stellungnahme des Betroffenen gleich zu Beginn der Recherche einzuholen, kann dagegen von der Presse nicht gefordert werden, da die Presse sich selbst erst einen Überblick über den Sachverhalt verschaffen können muss (OLG Frankfurt aM Urt. v. 20.2.2003, NJW-RR 2003, 37 ff, 38). Einen Anlass zu befürchten, dass der Betroffene schon vor der Veröffentlichung Unterlassungsansprüche gegen das Presseorgan geltend machen könnte, wenn er im Zuge der Recherchen selbst angehört und ggf mit gegen ihn erhobenen Vorwürfen konfrontiert wird, besteht in der Regel nicht; denn weil die Anhörung des Betroffenen zur notwendigen Recherche gehört und Recherchemaßnahmen keine Erstbegehungsgefahr begründen, solange der Inhalt der späteren Veröffentlichung noch nicht feststeht, ist ein Anspruch aus § 1004 Abs. 1 BGB analog nicht gegeben (OLG Karlsruhe Urt. v. 4.8.2006, NJW-RR 2006, 1551 ff; OLG Frankfurt aM Urt. v. 20.2.2002, NJW-RR 2003, 37 ff, 38 f).

77 Die Einholung einer Stellungnahme des Betroffenen darf keine reine Formsache sein. Eine Anhörung muss zu allen für ihn und für die Veröffentlichung **relevanten Punkten** erfolgen (vgl BVerfG Beschl. v. 27.11.2008, NJW 2009, 350 ff, 352).

10. Verdachtsberichterstattung. Besonders sensibel hat die Presse bei der sog. Verdachtsberichterstattung vorzugehen, da von ihr ein erhebliches Maß an Beeinträchtigung des Betroffenen und damit eine erhebliche Prangerwirkung – „es bleibt immer etwas hängen" – ausgeht (BGH Urt. v. 7.12.1999, NJW 2000, 1036 ff, 1036). Bei Berichten über den Verdacht von Straftaten („klassische" Verdachtsberichterstattung, BGH Urt. v. 7.12.1999, NJW 2000, 1036 ff) oder sonstigen ehrenrührigen Vorgängen in einer die Öffentlichkeit berührenden Angelegenheit (BGH Urt. v. 3.5.1977, NJW 1977, 1288 ff, 1289) gilt daher ein gesteigerter journalistischer Sorgfaltsmaßstab bei der Recherche sowie eine Pflicht zur **besonders sorgfältigen Abwägung** zwischen dem Persönlichkeitsrecht des Betroffenen und dem Informationsinteresse der Öffentlichkeit. Die echte Äußerung eines Verdachts – die auch als Frage formuliert sein kann (BVerfG Beschl. v. 21.3.2007, NJW 2007, 2686 ff, 2688) oder bereits in der Mitteilung liegen kann, dass gegen eine bestimmte Person ein staatsanwaltschaftliches Ermittlungsverfahren läuft (hieran allerdings zweifelnd BVerfG Beschl. v. 9.3.2010, NJW-RR 2010, 1195 ff, das hierin die schlichte Verbreitung einer Tatsache sieht) – ist eine eigene Art der Äußerung, die Elemente der Tatsachenbehauptung mit solchen der Meinungsäußerung verbindet; denn sie enthält nicht die definitive Behauptung, dass der Beschuldigte die Tat, deren er verdächtigt wird, begangen habe, sondern die Mitteilung, dass auf objektiven Tatsachen beruhende, ausreichend schwerwiegende Anzeichen vorliegen, die geeignet sind, es einem verständigen und gerecht abwägenden Beobachter als wahrscheinlich erscheinen zu lassen, dass der Verdächtigte die Tat begangen habe (vgl zur parallelen Problematik der Klassifizierung einer Verdachtskündigung im Arbeitsrecht BAG Urt. v. 29.11.2007 – 2 AZR 724/06, Rn 30 der Entscheidungsgründe). 78

Da es die Aufgabe der Medien ist, die Öffentlichkeit über **zeitgeschichtliche Ereignisse**, zu denen Straftaten, Verdachtsfälle oder aber Gerichtsverfahren gehören, zu informieren, vermittelt das allgemeine Persönlichkeitsrecht Straftätern oder Verdächtigen keinen Anspruch darauf, in der Öffentlichkeit nicht mit ihren (angeblichen) Taten konfrontiert zu werden (vgl BVerfG Beschl. v. 25.11.1999, NJW 2000, 1859 ff, 1860 f – Lebach II). Allerdings muss eine identifizierende Berichterstattung durch die Schwere der Tat und deren Aktualität geboten sein. Im Übrigen ist zu prüfen, ob ein überwiegendes Informationsinteresse auch an der Identität des Täters besteht. Ob über eine Straftat oder einen Verdacht in identifizierbarer Weise berichtet werden darf, hängt von folgenden, von der Rechtsprechung entwickelten **Voraussetzungen für die zulässige Verdachtsberichterstattung** ab (grundlegend zu den maßgeblichen Kriterien BGH Urt. v. 7.12.1999, NJW 2000, 1036 ff, 1036 f). 79

Art und Schwere der Tat: Eine Berichterstattung, die die Identität des Verdächtigten erkennen lässt, ist grundsätzlich nur dann zulässig, wenn sich die Tat bzw der Tatverdacht aus dem **Kreis „üblicher"** iSv leichter und mittlerer **Kriminalität besonders heraushebt** und von erheblicher Bedeutung ist (vgl, zur Berichterstattung über Straftaten überhaupt, BVerfG Urt. v. 5.6.1973, BVerfGE 35, 202 ff, 233 ff – Lebach); es muss sich um einen Vorgang von gravierendem Gewicht handeln, dessen Mitteilung durch ein **Informationsbedürfnis der Allgemeinheit** gerechtfertigt ist (BGH Urt. v. 7.12.1999, NJW 2000, 1036 ff, 1036 f). Ein öffentliches Interesse an der Berichterstattung über schwere Straftaten, zB Mord, Raub, Entführungen, Vergewaltigung, Betrug in großem Stil, Serieneinbrüche, erhebliche Wirtschaftsstraftaten, wird in der Regel anzuerkennen sein. Gleiches gilt grundsätzlich auch für Straftaten in einem Bereich, der einen Gegenstand aktueller öffentlicher Diskussion bildet, zB Straftaten mit ausländerfeindlichem Hintergrund oder Korruptionsfälle. Wenn auch in der Regel nur bei sehr schwerwiegenden Taten ein ausreichend hohes öffentliches Informationsinteresse bestehen wird, um die Gefahr einer Stigmatisierung des nicht rechtskräftig verurteilten Beschuldigten durch eine ihn erkennbar machende Berichterstattung zu rechtfertigen, soll auch über den Verdacht berichtet werden dürfen, dass jemand eine nicht schwer wiegende Straftat begangen habe, wenn daran aufgrund besonderer Umstände des Einzelfalls ein Berichterstattungsinteresse besteht; denn durch eine solche Beschuldigung, so das BVerfG, werde in das allgemeine Persönlichkeitsrecht des Betroffenen weniger stark eingegriffen, als wenn ihm eine schwere Straftat vorgeworfen werden würde (BVerfG Beschl. v. 9.3.2010, NJW-RR 2010, 1195 ff, 1197 – zweifelhaft). 80

Mindestbestand an Beweistatsachen: Vor einer Berichterstattung ist ein Mindestbestand an Tatsachen zu recherchieren und zusammenzutragen, der ausreicht, um den Tatverdacht zu rechtfertigen. Die Recherche muss umso genauer sein, je nachhaltiger die Berichterstattung geeignet ist, das Ansehen des Betroffenen zu beeinträchtigen (BGH Urt. v. 7.12.1999, NJW 2000, 1036 ff, 1036; s. auch BGH Urt. v. 30.1.1996, NJW 1996, 1131 ff, 1134 – Lohnkiller). Der Verdacht muss sich auf Tatsachen beziehen, die **konkrete Anhaltspunkte** für eine Täterschaft und den Wahrheitsgehalt der Berichterstattung bieten (vgl OLG Hamm Urt. v. 1.6.1992, NJW-RR 1993, 735 f, 735). 81

82 **Objektivität der Darstellung:** Die Darstellung darf keine Vorverurteilung des Betroffenen enthalten, sie darf also insbesondere nicht eine präjudizierende Darstellung den unzutreffenden Eindruck erwecken, der Betroffene sei der ihm vorgeworfenen strafbaren Handlung bereits überführt (BGH Urt. v. 7.12.1999, NJW 2000, 1036 ff, 1036 f). Unzulässig ist danach auch eine auf Sensationen ausgehende, bewusst einseitige oder verfälschende Darstellung (s. zB OLG Hamm Urt. v. 1.6.1992, NJW-RR 1993, 735 f).

83 **Stellungnahme des Betroffenen:** Grundsätzlich ist vor der Veröffentlichung eine Stellungnahme des Betroffenen einzuholen (BGH Urt. v. 7.12.1999, NJW 2000, 1036 ff, 1036 f). Eine entsprechende Pflicht besteht insbesondere dann, wenn die **Vorwürfe von besonderer Tragweite** sind (BGH Urt. v. 30.1.1996, NJW 1996, 1131 ff, 1134 – Lohnkiller). Gerade bei einer Verdachtsberichterstattung sollte die Presse schon wegen der erheblichen Prangerwirkung für den Betroffenen diesem eine Gelegenheit zur Stellungnahme geben. Dies verlangt nicht nur das Gebot der Fairness; im Ergebnis vermindert die Presse damit ihr **eigenes Haftungsrisiko**, das gerade bei unzulässiger Verdachtsberichterstattung erheblich sein kann, und schützt sich damit vor Ansprüchen des Betroffenen (zur Erforderlichkeit der Stellungnahme des Betroffenen allgemein vgl oben Rn 73 ff).

84 **Pressemäßige Sorgfalt:** Schließlich müssen die allgemeinen Anforderungen an die pressemäßige Sorgfalt und die Wahrheitspflicht gewahrt bleiben. Im Bereich der Verdachtsberichterstattung ist aber zu beachten, dass die Presse nicht darauf beschränkt sein darf, nur solche Informationen zu verbreiten, deren Wahrheit im Zeitpunkt der Veröffentlichung bereits mit Sicherheit feststeht. Deshalb verdienen als Ergebnis der gebotenen Abwägung zwischen dem Eingriff in das Persönlichkeitsrecht des Betroffenen und dem Informationsinteresse der Öffentlichkeit in der Regel dann die aktuelle Berichterstattung und das Informationsinteresse der Öffentlichkeit den Vorrang, wenn die vorstehend dargestellten Sorgfaltsanforderungen eingehalten sind. Wenn sich in einem solchen Fall später die Unwahrheit der Äußerung herausstellt, so ist diese als im Äußerungszeitpunkt rechtmäßig anzusehen, so dass Ansprüche auf Widerruf oder Schadensersatz ausscheiden (BGH Urt. v. 7.12.1999, NJW 2000, 1036 ff, 1037). Dem Betroffenen steht in einem solchen Fall aber aus § 1004 BGB analog ein äußerungsrechtlicher Folgenbeseitigungsanspruch auf eine Berichterstattung über das Ergebnis der Ermittlungen zu, wenn eine ursprünglich rechtmäßige Meldung über eine Straftat sich aufgrund späterer gerichtlicher, staatsanwaltschaftlicher oder sonst behördlicher Erkenntnisse in einem anderen Licht darstellt und die durch die Meldung hervorgerufene Beeinträchtigung des Persönlichkeitsrechts andauert (BVerfG Beschl. v. 28.4.1997, NJW 1997, 2589 f, 2589).

85 Ob es nach den Grundsätzen über die pressemäßige Sorgfalt gerechtfertigt ist, den Beschuldigten den Lesern ohne eigene Abwägung der dafür oder dagegen sprechenden Umstände erkennbar zu machen oder gar seinen Namen zu nennen, wenn die Ermittlungsbehörde dies zuvor in einer amtlichen Verlautbarung gegenüber der Presse getan hat (s. dazu *Lehr,* NStZ 2009, 409 ff), erscheint höchst zweifelhaft (in diesem Sinne aber BVerfG Beschl. v. 9.3.2010, NJW-RR 2010, 1195 ff, 1197). Gerechtfertigt ist eine den Betroffenen erkennbar machende Berichterstattung grundsätzlich nur dann, wenn ein berechtigtes öffentliches Informationsbedürfnis an der **Identität des Betroffenen** besteht (BGH Urt. v. 7.12.1999, NJW 2000, 1036 ff, 1038), das sich sowohl aus der Schwere der Tat ergeben kann, deren der Betroffene verdächtig ist, wie auch aus der Person des Betroffenen. Keinen Anonymitätsschutz kann der Betroffene natürlich dann beanspruchen, wenn er selbst sich gegenüber der Presse äußert (BVerfG Beschl. v. 10.6.2009, NJW 2009, 3357 ff, 3358).

86 Die Befugnis zur Offenbarung der Identität des Betroffenen kann sich insbesondere aus der **Stellung des Täters oder Beschuldigten**, seine öffentliche Bekanntheit, eine etwaige Idol- oder Vorbildfunktion oder seine Beziehung zu bedeutsameren Personen der Zeitgeschichte ergeben (weitgehend BVerfG Beschl. v. 9.3.2010, NJW-RR 2010, 1195 ff, 1197: Sohn einer Politikerin). Die Prominenz des Betroffenen allein rechtfertigt eine ihn identifizierbar machende Berichterstattung indessen nicht: So muss es auch ein Schauspieler, der in einer Fernsehserie einen Kriminalbeamten spielt, nicht ohne Weiteres dulden, dass unter Nennung seines Namens darüber berichtet wird, dass er eine verhältnismäßig geringfügige Straftat begangen haben soll (OLG Hamburg Urt. v. 28.6.2005 – 7 U 122/04). Dagegen hat der BGH die identifizierende Berichterstattung über einen Angehörigen des Hochadels, der mit seinem PKW eine erhebliche Geschwindigkeitsüberschreitung begangen hat, als zulässig erachtet (BGH Urt. v. 15.11.2005, NJW 2006, 599 ff).

87 Besonderen Schutz genießen **jugendliche Straftäter oder Tatverdächtige**. Hier ist im Rahmen der Abwägung die eingeschränkte Verantwortlichkeit für Fehlverhalten ebenso zu berücksichtigen wie das

gesteigerte Interesse an einer alsbaldigen Resozialisierung. Daher wird eine Berichterstattung über einen jugendlichen Beschuldigten in identifizierbarer Weise in der Regel unzulässig sein (BVerfG Beschl. v. 10.6.2009, NJW 2009, 3357 ff, 3358).

Andere Maßstäbe gelten auch dann nicht, wenn ein **Zwang zur kurzen Berichterstattung** besteht. Selbst wenn die Presse nur über einen begrenzten Raum zur Darstellung verfügt, entbindet sie dies nicht von der **Berücksichtigung der Belange des Betroffenen.** Insbesondere wenn dessen persönliches Ansehen auf dem Spiel steht, ist sie gehalten, genau und objektiv zu bleiben. Sollte sich ausnahmsweise solche Genauigkeit wegen der beschränkten Darstellungsmöglichkeit nicht erzielen lassen, hat eine den Betroffenen erkennbar machende Berichterstattung zu unterbleiben. Wenn das Ansehen des Betroffenen auf dem Spiel steht, darf sein Persönlichkeitsrecht nicht derartigen Sachzwängen untergeordnet werden (vgl BGH Urt. v. 30.1.1979, GRUR 1979, 421 ff, 422 – Exdirektor). Wird an prominenter Stelle eines Artikels das Vorliegen einer Straftat behauptet, reicht zur Klarstellung nicht eine im Kontext erfolgte Erwähnung, es gebe lediglich staatsanwaltschaftliche Ermittlungen (OLG Karlsruhe Urt. v. 17.5.2002, NJW-RR 2003, 688 ff, 690). 88

Ein schwerer Verstoß gegen die Grundsätze der zulässigen Verdachtsberichterstattung, der zur Zahlung einer Geldentschädigung führen kann, liegt zB vor, wenn eine Zeitung zum wiederholten Male unter voller Namensnennung und Abbildung des Betroffenen über ein Ermittlungsverfahren gegen diesen wegen Verdachts des Betruges berichtet, ohne ihr bekannte, **den Beschuldigten entlastende Gründe** mitzuteilen (vgl OLG Hamburg Urt. v. 21.2.2006, NJW-RR 2006, 1707 ff, 1708; s. auch BGH Urt. v. 30.1.1979, GRUR 1979, 421 ff, 422 – Exdirektor). In einem solchen Fall dürfen sich die Medien nicht einseitig auf die Angaben des Anzeigenden beschränken, vor allem dann nicht, wenn erhebliche **Zweifel an der Seriosität** seiner Angaben bestehen. Es ist vielmehr erforderlich, die Öffentlichkeit auch über entlastende Umstände und die Darstellung des Beschuldigten in ausreichendem Maße zu informieren. Eine nicht weiter ausgeführte Mitteilung, der Beschuldigte bestreite die Tat, erfüllt dieses Erfordernis jedenfalls nicht, wenn eine ausführlichere Darstellung der Position des Betroffenen vorliegt (OLG Hamburg Urt. v. 21.2.2006, NJW-RR 2006, 1707 ff, 1708). 89

War eine Berichterstattung als Verdachtsberichterstattung unzulässig, so ist sie gleichwohl rechtmäßig, wenn der Betroffene die ihm vorgeworfene Tat – was im Streitfall der Verbreiter der Berichterstattung zu beweisen haben wird (§ 186 StGB) – tatsächlich begangen hat (vgl BAG Urt. v. 23.6.2009, MDR 2009, 92 f, 92: Ist einem Arbeitnehmer wegen des bloßen Verdachts einer erheblichen Pflichtverletzung gekündigt worden, ohne dass die Voraussetzungen für einen hinreichend starken Verdacht gegeben waren, ist die Kündigung dennoch wirksam, wenn sich im Laufe des arbeitsgerichtlichen Verfahrens herausstellt, dass der Arbeitnehmer die Pflichtverletzung tatsächlich begangen hatte). War eine Verdachtsberichterstattung mangels Ausgewogenheit unzulässig, kann sie daher zulässig werden, wenn der Beschuldigte wegen der ihm vorgeworfenen Tat rechtskräftig verurteilt wird (§ 190 Satz 1 StGB). 90

Die Voraussetzungen für eine zulässige Verdachtsberichterstattung gelten auch für die **Gerichtsberichterstattung** (dazu BVerfG Beschl. v. 27.11.2008, NJW 2009, 350 ff, 351 f; BVerfG Beschl. v. 12.12.2007, NJW 2008, 838 ff, 840). Die Pflicht der Presse zur Rücksicht auf die schutzwürdigen Belange der Betroffenen ist bei einer Gerichtsberichterstattung über einen Zivil- oder Strafprozess, in dem **Fähigkeiten und Charakter des Betroffenen** zur Erörterung stehen, besonders groß (vgl BGH Urt. v. 30.1.1979, GRUR 1979, 421 ff, 422 – Exdirektor). 91

Mit dem **Abschluss des Strafverfahrens** tritt eine deutliche Zäsur ein. Für den Fall des Verfahrensabschlusses durch rechtskräftiges Urteil stellt § 190 StGB zwei Weichen: Hinsichtlich des verurteilten Beschuldigten gilt zugunsten desjenigen, der über den Tatvorwurf berichtet, als bewiesen, dass der Beschuldigte die Tat begangen hat; ist der Beschuldigte dagegen freigesprochen worden, gilt der Beschuldigte unwiderleglich als unschuldig, ein Beweis seiner Täterschaft ist ausgeschlossen. Damit ergeben sich als „Durchhänger" die Fälle, in denen es nicht zu einem Urteil kommt, insbesondere deswegen, weil schon das Ermittlungsverfahren eingestellt wird, weil die Ermittlungen keinen genügenden Anlass zur Erhebung der öffentlichen Klage bieten (§ 170 Abs. 2 StPO), oder weil es sich bei dem Vorwurf um ein zwar ehrenrühriges, nicht aber strafbares oder sonst gerichtlich verfolgbares Verhalten gehandelt hat. Jedenfalls dann, wenn ein Ermittlungsverfahren mangels Tatverdacht eingestellt wird, wird ein fortdauerndes öffentliches Interesse daran, in identifizierbarer Weise über den Betroffenen zu berichten, in der Regel nicht mehr gegeben sein (KG Urt. v. 28.4.1987, NJW 1989, 397 f). Ansonsten ist darauf abzustellen, ob ein fortwährendes aktuelles Informationsbedürfnis der Öffentlichkeit daran 92 besteht, über die Vorgänge zu berichten, zB deswegen, weil der Geschehensablauf noch nicht seinen Abschluss gefunden hat (vgl KG Urt. v. 5.11.2004, NJW-RR 2005, 350 ff).

93 Nach einer **Verurteilung** nimmt das Interesse der Öffentlichkeit an der Person des Täters in der Regel ab, ohne dass es mit dem Urteilsspruch oder dem Eintritt von dessen Rechtskraft abrupt enden würde. Der Täter hat das Recht, irgendwann mit seiner Tat „allein gelassen zu werden", und natürlich hat er ein **Recht auf Resozialisierung**, welches das Recht auf Anonymisierung erheblich verstärkt (grundlegend BVerfG Urt. v. 5.6.1973, BVerfGE 35, 202 ff, 233 ff – Lebach, BVerfG Beschl. v. 25.11.1999, NJW 2000, 1859 ff, 1860 f – Lebach II). Eine starre zeitliche Grenze gibt es aber nicht. Es kommt auch hier auf die Umstände des Einzelfalles an. Handelt es sich um eine Tat von außergewöhnlicher Schwere, die die Öffentlichkeit nachhaltig bewegt hat, kann eine Berichterstattung unter voller Namensnennung auch noch Jahre nach der Verurteilung zulässig sein (vgl OLG Frankfurt aM Beschl. v. 22.9.2006, AfP 2006, 571 f, 572: identifizierende Berichterstattung über den Täter in einem spektakulären Mordfall noch 5 Jahre nach Verurteilung zulässig).

94 Das Interesse des verurteilten Straftäters an seiner Resozialisierung wird naturgemäß immer größer, je näher das Ende seiner **Strafverbüßung** rückt. Auch dieses aber stellt kein notwendiges Ende der Befugnis zur Berichterstattung über Tat und Täter dar (BVerfG Beschl. v. 25.11.1999, NJW 2000, 1859 ff, 1860 – Lebach II). Es kommt immer auf die Umstände des Einzelfalls an: So wird es an einer Berichterstattung über spektakuläre Verbrechen, die die gesellschaftliche Entwicklung geradezu prägten, ein fortdauerndes Informationsbedürfnis der Öffentlichkeit geben, das es gestatten kann, über die damaligen Vorgänge unter Nennung auch der Namen der Täter zu berichten (s. etwa die Veröffentlichung des Urteils des 1. Strafsenats des BGH v. 23.12.2009 in NStZ 2010, 445 ff). Das berechtigt aber nicht dazu, die Täter von damals bis in ihr heutiges Leben hinein zu verfolgen und dieses zu einem Gegenstand einer den jeweiligen Betroffenen identifizierbar machenden Berichterstattung zu machen (OLG Hamburg Urt. v. 24.2.2009 – 7 U 68/08).

95 Eine im Zeitpunkt ihrer erstmaligen Veröffentlichung zulässige Berichterstattung über einen namentlich genannten Straftäter soll nach Auffassung des BGH auch lange Zeit nach Abschluss des Strafverfahrens und sogar über den Zeitpunkt der Haftentlassung des Täters hinaus weiterhin verbreitet werden dürfen, wenn sie wahrheitsgemäße Aussagen über eine Tat enthält, die erhebliches öffentliches Aufsehen erregt hatte, in ihr die Umstände der Tat, der Verurteilung und des weiteren Verfahrens sachbezogen, zurückhaltend und ohne zusätzliche stigmatisierende Umstände wiedergegeben werden und der Veröffentlichung nur eine geringe Breitenwirkung zukommt. Das soll insbesondere dann der Fall sein, wenn die Berichterstattung nur auf den für **Altmeldungen** (im „Archiv") vorgesehenen Seiten des Internetauftritts des Erstveröffentlichers zugänglich ist, in einer für den Nutzer ohne Weiteres ersichtlichen Weise als Altmeldung gekennzeichnet ist und auch nicht in sonstiger Weise in einen Kontext eingebettet ist, der ihr den Anschein der Aktualität oder den Charakter einer erneuten Berichterstattung verleiht und die Annahme rechtfertigen könnte, dass der Verbreiter sich erneut oder zeitlich uneingeschränkt mit der Person des Straftäters befasse (BGH Urt. v. 15.12.2009, NJW 2010, 757 ff, 758 f). Begründet hat der BGH seine Ansicht damit, dass der damit verbundene Eingriff in das allgemeine Persönlichkeitsrecht des Betroffenen gering sei, ein anerkennenswertes Interesse der Öffentlichkeit nicht nur an der Information über das aktuelle Zeitgeschehen, sondern auch an der Möglichkeit besteht, vergangene zeitgeschichtliche Ereignisse zu recherchieren, und es der Presse nicht zugemutet werden könne, bei Neuveröffentlichung ehemals zulässig verbreiteter Beiträge erneut zu überprüfen, ob ihre Veröffentlichung auch zum jetzigen Zeitpunkt noch zulässig sein könne. Alle diese Thesen sind mehr als fragwürdig (aA denn auch OLG Nürnberg Urt. v. 12.12.2006, NJW-RR 2007, 1267 f; OLG Hamburg Urt. v. 29.7.2008, ZUM 2009, 232 ff): Zum einen machen Internetsuchmaschinen es nunmehr jedem unschwer möglich, durch Eingabe von Namen ihn interessierender Personen (zB missliebiger Nachbar, Aspirant auf Arbeitsstelle oder zu vermietende Wohnung) festzustellen, ob dieser in seiner Vergangenheit dunkle Flecken hat. Zum anderen bezieht das andauernde Informationsbedürfnis der Öffentlichkeit sich nicht auf alle Aspekte vergangener Vorgänge wie etwa die Namen der Beteiligten, wenn an diesen Personen kein aktuelles Interesse mehr besteht. Und zum dritten ist die erneute Veröffentlichung eines älteren Beitrags eine neue Veröffentlichung, so dass nicht einzusehen ist, weshalb diese anderen Zulässigkeitskriterien unterliegen soll als eine Berichterstattung aus aktuellem Anlass, wobei hinzukommt, dass überhaupt nicht einzusehen ist, weshalb es dem Presseorgan bzw dem Internetverbreiter noch nicht einmal auf eine Beanstandung des Betroffenen hin zumutbar sein soll zu überprüfen, ob denn nicht wenigstens jetzt eine Anonymisierung vorgenommen werden sollte.

11. Einschaltung von Fachleuten; Warentests. Berichtet die Presse über Vorgänge, die eine **besondere Sachkunde** benötigen, kann die Hinzuziehung einer fachkundigen Person zur Einhaltung der journalistischen Sorgfaltspflicht erforderlich sein. Dies gilt insbesondere dann, wenn von dem geplanten Bericht Eingriffe in die geschützte Rechtssphäre des Betroffenen ausgehen. Ob eine fachkundige Person einzuschalten ist, hängt von den Umständen des Einzelfalles ab. Ist bei **komplexen wissenschaftlichen Sachverhalten** die Faktenlage eher dürftig und würde eine Berichterstattung die Rechte des Betroffenen erheblich beeinträchtigen, ist es ratsam, einen Experten zu Rate zu ziehen. In der Regel ist dabei der journalistischen Sorgfaltspflicht mit der Befragung eines Experten Genüge getan (vgl BGH Urt. v. 21.6.1966, NJW 1966, 2010 ff, 2011 – Teppichkehrmaschine). Zur Einholung eines Sachverständigengutachtens ist die Presse allerdings nicht verpflichtet, wenn Gegenstand der Berichterstattung eine **die Öffentlichkeit wesentlich berührende Frage** ist und weitere Anzeichen – etwa das Ergehen einer Ordnungsverfügung der zuständigen Behörde – für die Richtigkeit der verbreiteten Angaben sprechen (BGH Urt. v. 12.5.1987, NJW 1987, 2225 ff, 2226 – Chemiegift). 96

Werden in einer Presseveröffentlichung Preise oder Leistungen unterschiedlicher Anbieter miteinander verglichen oder bewertet, greifen die von der Rechtsprechung über die Rechtmäßigkeit von **Warentests** entwickelten Grundsätze ein, denn in einer unzulässigen Bevorzugung des einen Anbieters gegenüber den anderen kann eine Förderung fremden Wettbewerbs liegen (BGH Urt. v. 30.4.1997, NJW 1997, 2679 ff). Im Grundsatz stellen derartige Warentests Meinungsäußerungen dar, so dass dem Presseorgan hinsichtlich der Angemessenheit der Prüfungsmethoden, der Auswahl der Testobjekte und der Darstellung der Untersuchungsergebnisse ein erheblicher Ermessensfreiraum zusteht. Ein Warentest kann aber einen rechtswidrigen Eingriff in das Recht am eingerichteten und ausgeübten Gewerbebetrieb des Herstellers oder Vertreibers eines getesteten Produkts darstellen, wenn die Untersuchung nicht neutral, sachkundig und objektiv (im Sinne des Bemühens um objektive Richtigkeit) durchgeführt worden ist; unzulässig wird die Veröffentlichung insbesondere dann, wenn sie bewusste Fehlurteile, bewusste Verzerrungen oder unrichtige Angaben enthält, eine einseitige Auswahl der zum Vergleich gestellten Waren und Leistungen vorgenommen worden ist oder die Art des Vorgehens bei der Prüfung und die aus den durchgeführten Untersuchungen gezogenen Schlüsse sich als indiskutabel, dh sachlich nicht mehr vertretbar erweisen (BGH Urt. v. 10.3.1987, NJW 1987, 2222 ff, 2223). 97

Ansprüche gegen die Veröffentlichung eines Warentests wegen falscher Tatsachenbehauptungen (zB aus § 824 BGB) können dann bestehen, wenn den tatsächlichen Feststellungen im Rahmen des Tests in der Weise eine eigenständige Bedeutung zukommt, dass sie der Bewertung nicht lediglich als unselbstständige Wertungselemente untergeordnet sind, sondern als **Aussage über nachweisbare Fakten** und als Grundlage für das eigene Qualitätsurteil des Lesers aufzufassen sind (BGH Urt. v. 21.2.1989, NJW 1989, 1923 f, 1923; OLG Frankfurt aM Beschl. v. 11.1.1996, NJW 1996, 1146). Wird zB über die Wirkung einer alkoholhaltigen Zahnpasta berichtet, widerspricht es der journalistischen Sorgfaltspflicht, einen Test in der Weise durchzuführen, dass eine Versuchsperson sogleich nach dem Zähneputzen in ein von der Polizei verwendetes Alkoholtestgerät pustet und konstatiert wird, es habe sich Blutalkoholgehalt von über 0,8 Promille ergeben. Die Berichterstattung, dass bei Gebrauch der Zahnpasta der Verlust des Führerscheins drohe, verletzt die Rechte des Herstellers, weil ein Experte die Redakteure darüber hätte aufklären können, dass der Alkohol in der Zahnpasta lediglich im Mund und nicht im Blut aktiv wird (BGH Urt. v. 15.11.1977, NJW 1978, 210 ff – alkoholhaltige Zahnpasta). 98

Die Hinzuziehung einer sachkundigen Person vor der Veröffentlichung kann auch geboten sein bei Wiedergabe von **Äußerungen aus fremden Sprachen**; denn beim Bestehen mehrerer Übersetzungsmöglichkeiten darf nicht einfach eine ausgewählt und in Deutsch als Äußerung des Zitierten wiedergegeben werden, sondern es ist deutlich zu machen, dass die Übersetzung nur eine von mehreren Interpretationsmöglichkeiten darstellt (BGH Urt. v. 27.1.1998, NJW 1998, 1391 ff). Wird zB über einen islamischen Prediger berichtet, er habe den „Heiligen Krieg“ propagiert, so gebietet es die Sorgfaltspflicht, eine fachkundige Person zur Übersetzung und Bedeutung des verwendeten Wortes „Dschihad“ (das außer „Krieg“ auch allgemein „Anstrengung“ bedeuten kann) zu befragen (OLG Köln Urt. v. 17.5.2005, NJW 2005, 2554 ff). 99

12. Veröffentlichung von Werbeanzeigen. Der Schutzbereich der Pressefreiheit umfasst den gesamten Inhalt eines Presseorgans, darunter auch die Werbeanzeigen (BVerfG Urt. v. 12.12.2000, GRUR 2001, 170 ff, 172). Bei der Veröffentlichung von Anzeigen darf die Prüfungspflicht der Presse daher nicht **überspannt werden.** Die Anzeigen veröffentlichenden Presseorgane sind insbesondere nicht gehalten, jede Anzeige und jedes Inserat eingehend auf rechtliche Zulässigkeit zu überprüfen; besonders bei der 100

Anzeigenwerbung ist die Prüfungspflicht in der Regel auf grobe Verstöße zu beschränken (grundlegend BGH Urt. v. 30.6.1972, GRUR 1973, 203 ff, 204).

101 Jedoch gebietet es die journalistische Sorgfaltspflicht, Anzeigen vorab auf **grobe, offensichtliche Verstöße** zu überprüfen (BGH Urt. v. 30.6.1972, GRUR 1973, 203 ff, 204; BGH Urt. v. 26.4.1990, NJW-RR 1990, 1184 ff). Ist eine Anzeige vom Inhalt und der Aufmachung her als besonders **auffällig** anzusehen und nicht mit üblichen Anzeigen vergleichbar, setzt eine Pflicht zur Überprüfung ein (BGH Urt. v. 26.4.1990, GRUR 1990, 1012 ff, 1014), so insbesondere bei ungewöhnlichen Anzeigeninhalten, wie zB der Kundgabe einer Geschäftsaufgabe oder dem Vorwurf gegenüber einem Konkurrenten, er habe Gesetze verletzt.

102 Der betreffende Verlag muss bei **Zweifelsfragen** eine **juristische Überprüfung** der Anzeige vornehmen, zB durch Rückfrage in der Rechtsabteilung (BGH Urt. v. 26.4.1990, NJW-RR 1990, 1184 ff, 1185) oder bei einem Rechtsanwalt.

103 Zugunsten der Presse ist zu berücksichtigen, dass die Entscheidung über die Veröffentlichung einer Werbeanzeige regelmäßig unter großem Zeitdruck erfolgt, so dass auch aus diesem Grund eine eingehende Überprüfung ihrer rechtlichen Zulässigkeit häufig nicht erfolgen kann. Sind dem Presseorgan Bedenken an der Zulässigkeit der Anzeige aber bekannt geworden, muss es diesen nachgehen, bevor es die Anzeige erneut veröffentlicht (BGH Urt. v. 7.5.1992, GRUR 1992, 618 f, 619).

III. Sorgfaltspflicht und Recht am eigenen Bild

104 Durch eine bildliche Darstellung in der Presse wird der Betroffene in besonders massiver Weise der Öffentlichkeit preisgegeben. Aus diesem Grunde ist das **Recht am eigenen Bild als besondere Ausprägung des allgemeinen Persönlichkeitsrechts** gemäß § 22 KUG geschützt. Die Vorgaben des KUG gelten für die **Presse, das Fernsehen sowie Veröffentlichungen in den elektronischen Medien** gleichermaßen. Ein Internetanbieter, der es Nutzern gestattet, in seinen gleichsam als virtuellen Marktplatz gestalteten Internetauftritt Bilder einzustellen, ohne diese zu kontrollieren, muss die Rechtmäßigkeit des Angebots eines Bildes allerdings erst dann prüfen, wenn dieses ihm gegenüber als Rechte verletzend gerügt worden ist; vorher schuldet er weder Unterlassung noch Schadensersatz (BGH Urt. v. 17.12.2010, NJW 2011, 753 ff).

105 Die gesetzliche Regelung des Rechts, Bildnisse einer Person zu veröffentlichen, folgt einem **abgestuften Schutzkonzept** (zusammenfassend BGH Urt. v. 6.3.2007, GRUR 2007, 527 ff, 527 f). Nach § 22 KUG ist die Veröffentlichung des Bildnisses einer Person (s. ausführlich zu den Voraussetzungen für das Vorliegen eines Bildnisses 34. Abschnitt Rn 6 ff) in einer **für Dritte erkennbaren Weise** grundsätzlich nur dann zulässig, wenn eine Einwilligung des Betroffenen vorliegt. **Ausnahmen** von dem Erfordernis der Einwilligung sieht **§ 23 Abs. 1 KUG** vor. Für die Presse sind dabei die „Bildnisse aus dem Bereich der Zeitgeschichte" (§ 23 Abs. 1 Nr. 1 KUG) oder „Bilder von Versammlungen, Aufzügen und ähnlichen Vorgängen, an denen die dargestellten Personen teilgenommen haben" (§ 23 Abs. 1 Nr. 3 KUG), von besonderer Bedeutung.

106 Wichtig ist, dass nach deutschem Recht die Verbreitung des Bildnisses einer Person eine der Rechtfertigung im Einzelfall bedürftige Beeinträchtigung des Persönlichkeitsrechts der abgebildeten Person darstellt (BVerfG Beschl. v. 14.9.2010, NJW 2011, 740 ff, 742). Die Medien tragen daher die **Beweislast** für das Vorliegen einer Einwilligung oder für die Voraussetzungen der Ausnahmetatbestände gemäß § 23 KUG (BGH Urt. v. 15.1.1965, GRUR 1965, 495 ff, 495).

107 Nach § 23 Abs. 2 KUG ist auch die Veröffentlichung von Bildnissen, die dem Ausnahmekatalog des § 23 Abs. 1 KUG unterfallen – auch solchen aus dem Bereich der Zeitgeschichte (§ 23 Abs. 1 Nr. 1 KUG) – unzulässig, wenn diese ein **„berechtigtes Interesse des Abgebildeten"** verletzt. § 33 KUG stellt zudem das unter Verstoß gegen §§ 22, 23 KUG vorgenommene Verbreiten und die Schaustellung von Bildnissen unter Strafe.

108 Wenn im Mittelpunkt des Bildnisrechts auch die Frage steht, ob die Veröffentlichung von Bildnissen zulässig ist, so darf nicht übersehen werden, dass es mehrere Bestimmungen gibt, nach denen schon die **Anfertigung, der Besitz oder die Beschaffung von Aufnahmen** nicht gestattet ist, so zB § 68 Abs. 3 StPO, §§ 6 Abs. 1, 26 Abs. 1 des Gesetzes über das Bundeskriminalamt (Zeugenschutz), § 184b StGB (Verbreitung, Erwerb und Besitz kinderpornographischer Schriften) oder § 6b BDSG (Videoüberwachung). Der höchstpersönliche Lebensbereich erfährt durch § 201a StGB verstärkten Schutz. Das

unbefugte Herstellen und Übertragen (Abs. 1), Gebrauchen und Zugänglichmachen (Abs. 2) von Bildnissen einer anderen Person, die sich in einer Wohnung oder einem gegen Einblick besonders geschützten Raum befindet, wird unter Strafe gestellt, ebenso wie das wissentlich unbefugte Zugänglichmachen solcher Aufnahmen, selbst wenn sie befugt gemacht worden sind (Abs. 3).

Die Gesetzessystematik des KUG und des StGB verlangt von der Presse eine **besonders sorgfältige Prüfung der Zulässigkeit einer Veröffentlichung von Personenfotos.** Die Prüfungsschritte umfassen die Erkennbarkeit des Abgebildeten, das Vorliegen einer wirksamen ausdrücklichen oder konkludenten Einwilligung sowie deren Reichweite, Ausnahmetatbestände für eine einwilligungslose Veröffentlichung sowie ggf die Verletzung von berechtigten Interessen des Abgebildeten. 109

1. Erkennbarkeit. Ein Eingriff in das Recht am eigenen Bild kommt nur dann in Betracht, wenn der Abgebildete erkennbar ist (s. hierzu 34. Abschnitt Rn 13 ff). Die Medien müssen daher selbst prüfen, ob der Betroffene auf der Aufnahme zu erkennen ist oder nicht und dabei die strengen Vorgaben der Rechtsprechung beachten. Diese stellt an die **Erkennbarkeit geringe Anforderungen.** So ist es bereits ausreichend, wenn Dritte, die der abgebildeten Person nahe stehen und sie gut kennen, diese erkennen (vgl dazu ausführlich BGH Urt. v. 6.2.1979, GRUR 1979, 732 ff – Fußballtorwart; s. auch BVerfG Beschl. v. 14.7.2004, NJW 2004, 3619 f, 3620). Ausschlaggebend sind nicht nur die Gesichtszüge, sondern auch jedes andere denkbare identifizierende Merkmal wie zB Statur, Haltung, Frisur, Kleidung, Stimme oder weitere charakteristische Besonderheiten (BGH Urt. v. 6.2.1979, GRUR 1979, 732 ff – Fußballtorwart). 110

Nicht erforderlich ist, dass der Abgebildete tatsächlich erkannt wurde; es reicht schon, wenn er **begründeten Anlass** hat, er könnte identifiziert werden (BGH Urt. v. 26.1.1971, NJW 1971, 698 ff, 700). 111

Von besonderer Bedeutung für die Erkennbarkeit sind **besondere Kennzeichen**, mit denen die abgebildete Person verbunden wird. Der BGH bejahte die Erkennbarkeit eines bekannten Fußballtorwarts, obwohl dieser auf dem Bild nur von hinten abgebildet war, aufgrund seiner charakteristischen krummen Beine und seiner Frisur (vgl BGH Urt. v. 6.2.1979, GRUR 1979, 732 ff). Die Erkennbarkeit eines Reiters kann sich durch die gleichzeitige Abbildung seines Pferdes ergeben (vgl OLG Düsseldorf Urt. v. 30.9.1969, GRUR 1970, 618 f). 112

Sogar dann, wenn kein Körperteil der abgebildeten Person zu sehen ist, etwa weil sie vollständig in Textilien gehüllt ist, kann eine Erkennbarkeit aufgrund der Begleitinformationen vorliegen. Dies entschied das LG Hamburg im Hinblick auf die sog. „Bündelchen-Fotos“: Veröffentlicht wurden Fotos eines zum Schutz vor Fotografen vollständig eingehüllten Babys, das von seiner prominenten Mutter nach der Entbindung beim Verlassen des Krankenhauses auf dem Arm getragen wurde. Das LG bejahte eine Erkennbarkeit, da der **Begleitartikel** über die Geburt des Kindes berichtete, die Mutter mit abgebildet war und trotz Verhüllung des Babys die Darstellung eines menschlichen Körpers noch zu erkennen war (vgl LG Hamburg Urt. v. 7.1.2000 – 324 O 441/99; 324 O 431/99; 324 O 426/99). 113

Eine Erkennbarkeit muss sich insbesondere nicht aus dem Bild selbst, sondern kann sich auch aus dem **Kontext des Bildnisses mit dem Begleittext** ergeben, so insbesondere natürlich durch die Veröffentlichung des – auch abgekürzten – Namens (BGH Urt. v. 9.6.1965, NJW 1965, 2148 ff, 2149). 114

Problematisch ist es, wenn angenommen wird, dass die Erkennbarkeit sich sogar aus **Bezügen zu früheren Veröffentlichungen** ergeben können soll (vgl BGH Urt. v. 5.3.1974, GRUR 1974, 794 ff – Todesgift). Das kann nur bejaht werden, wenn es sich um eine Serie von zusammenhängenden Veröffentlichungen handelt, in der auf vorangegangene Abschnitte, die den Abgebildeten erkennbar gemacht haben, Bezug genommen wird. Anderenfalls stünde zu befürchten, dass dann, wenn ein Verbreiter eine den Betroffenen in unzulässiger Weise erkennbar machende Fotografie veröffentlicht hatte, andere Verbreiter diese Fotografie auch nicht unter Verwendung anonymisierender Mittel (zB Schwärzung der die Identifizierung ermöglichenden Bildbestandteile) veröffentlichen dürften, weil der Betroffene allein aufgrund der rechtswidrigen Vorveröffentlichung gleichwohl erkennbar bliebe. 115

Wollen die Medien die Erkennbarkeit des Betroffenen ausschließen, reichen **Augenbalken** sowie **„gepixelte“ oder „gekachelte“ Gesichtszüge** aufgrund der niedrigen Anforderungen an die Erkennbarkeit oftmals nicht aus (vgl OLG Hamburg Beschl. v. 6.1.1993, NJW-RR 1993, 923 f; OLG Karlsruhe Beschl. v. 2.10.1979, NJW 1980, 1701 f, 1702). Auch wenn Augenbalken und unkenntlich gemachte Gesichtszüge in der Praxis der Bildmedien eine übliche Vorkehrung sein mögen, ist die Frage, ob diese die Erkennbarkeit verhindern, von den Umständen des Einzelfalles abhängig (OLG Hamburg Beschl. v. 6.1.1993, NJW-RR 1993, 923 f). Die Medien müssen demnach sämtliche Begleitumstände 116 der geplanten Berichterstattung berücksichtigen, wollen sie ihrer journalistischen Sorgfaltspflicht genügen.

117 Zu beachten ist, dass die gängigen Methoden der Anonymisierung von Bildnissen meist nicht ausreichen, um eine Identifizierung der abgebildeten Personen zu verhindern: Augenbalken lassen meist charakteristische Eigenheiten wie Gesichtsform, Haaransatz usw unberührt, und auch eine Pixelung kann meist nicht verhindern, dass bei einem „Unscharfstellen" der Augen des Bildbetrachters diesem die abgebildete Person (wieder) erkennbar wird. Um nicht das Risiko einer ungenügenden Anonymisierung zur Vermeidung der Erkennbarkeit einzugehen, empfiehlt sich daher stets die **Prüfung**, ob nicht eine **wirksame Einwilligung** des Abgebildeten eingeholt werden kann oder einer der **Ausnahmetatbestände** des § 23 Abs. 1 KUG vorliegt.

118 Eine **gesteigerte Sorgfaltspflicht** besteht zudem bei Aufnahmen, die die **Intimsphäre** des Abgebildeten betreffen, insbesondere bei Nacktaufnahmen (s. zB OLG Oldenburg Urt. v. 14.11.1988, 400 f). Unabhängig von der Erkennbarkeit sind Nacktaufnahmen und Aufnahmen aus der Intimsphäre nur dann zulässig, wenn der Abgebildete eindeutig in die konkrete Veröffentlichung eingewilligt hat. Hat der Betroffene zB darin eingewilligt, dass eine ihn zeigende Nacktaufnahme in einem für den Biologieunterricht bestimmten Schulbuch veröffentlicht wird, deckt diese Einwilligung es auch dann nicht, dass diese Aufnahme in einer Fernsehsendung gezeigt wird, wenn die entsprechende Fernsehsendung Auseinandersetzungen um dieses Schulbuch betrifft (so BGH Urt. v. 22.7.1985, NJW 1985, 1617 ff, 1617 f).

119 **2. Prüfung der Einwilligung.** Die Medien müssen grundsätzlich selbst prüfen, ob eine Einwilligung des Abgebildeten (vgl 34. Abschnitt Rn 19 ff), sei sie **ausdrücklich oder konkludent**, vorliegt und ob diese Einwilligung die konkrete Veröffentlichung umfasst (BGH Urt. v. 11.11.1961, GRUR 1962, 211 ff, 214).

120 Bei der Prüfung der Einwilligung haben die Medien in jedem Einzelfall eine **Güterabwägung** zwischen der Pressefreiheit und den Belangen des Persönlichkeitsrechts vorzunehmen. Es gilt: Je schwerer die geplante Veröffentlichung in das Persönlichkeitsrecht des Abgebildeten eingreift, desto größer sind die Anforderungen an die Prüfung der Einwilligung. Ein Verleger oder ein vergleichbar verantwortliches Organ haben detaillierte **Anweisungen für das Prüfungsverfahren und dessen Kontrolle** zu geben.

121 Grundsätzlich hat der Verleger durch Weisungen an seine Mitarbeiter sicherzustellen, dass derjenige, der ein zu veröffentlichendes Bild übergibt, möglichst schriftlich garantiert, dass Rechte Dritter durch die Veröffentlichung nicht verletzt werden. Die Sorgfaltspflichten können auch dann erfüllt sein, wenn die Aufnahme von einer bisher als verlässlich bekannten **Bildagentur** stammt (OLG München Urt. v. 3.2.1975, NJW 1975, 1129 f).

122 Ist eine Veröffentlichung von besonders **verfänglichen, nachteiligen oder brisanten Aufnahmen** geplant, zB Nacktaufnahmen, Aufnahmen aus der Intimsphäre oder von Aufnahmen, die den Abgebildeten in einer schutzlosen Situation zeigen oder bei denen offensichtlich ist, dass von einer Einwilligung des Betroffenen nicht ohne Weiteres ausgegangen werden kann, haben die Medien **besonders sorgfältig zu prüfen**, ob eine Einwilligung wirksam erteilt worden ist (vgl BGH Urt. v. 12.12.1995, NJW 1996, 985 ff, 986).

123 Bei der geplanten Veröffentlichung von **„heiklen" Fotos** hat der Verleger oder eine Person mit vergleichbarer Verantwortung genaue Anweisungen zur Prüfung der Einwilligung zu erteilen. Er hat insbesondere darüber aufzuklären, dass der Erwerb eines Bildnisses von einer als zuverlässig anerkannten Bildagentur noch keine Garantie für das Vorliegen einer Einwilligung bietet (BGH Urt. v. 11.11.1961, GRUR 1962, 211 ff, 214), zumal die Bildagentur den konkreten Inhalt der Berichterstattung, deren Illustrierung die Aufnahme dienen soll, nicht kennt. Die Bildagentur selbst haftet aus diesem Grund nicht für eine rechtswidrige Verwendung der von ihr gelieferten Aufnahmen (BGH Urt. v. 7.12.2010, NJW 2011, 755 f).

124 **a) Prüfung der Anforderungen an eine ausdrückliche Einwilligung.** Welche **Rechtsnatur der Einwilligung** zukommt, hängt von den Umständen ab, unter denen sie erteilt wird (grundlegend hierzu nunmehr – zum Fall einer urheberrechtlichen Einwilligung – BGH Urt. v. 29.4.2010, GRUR 2010, 628 ff, 631 f): Lässt sich die abgebildete Person zu dem Zweck fotografieren, dass die Aufnahme veröffentlicht wird, so wird die Einwilligung in der Regel in dem Vertrag liegen, der dieser Zweckvereinbarung zugrunde liegt, so zB dann, wenn eine Person sich gegen Entgelt für die Anfertigung eines Symbolfotos anwerben lässt (vgl auch § 92 UrhG: Filmschauspieler), oder eine Person, die mit einem Presseorgan

einen Interviewvertrag geschlossen hat, einverstanden ist, dass sie während des Interviews abgelichtet und die Aufnahme mit dem Interview verbreitet wird (OLG München Urt. v. 17.11.1995, NJW-RR 1996, 1487 ff, 1489). Wirksamkeit und Bestand der Einwilligung richten sich dann nach den Regeln des allgemeinen bürgerlichen Rechts über Willenserklärung und Vertragsschluss. Daneben kann die Einwilligung aber auch den Charakter eines Realakts haben, der dem Akt der Bildnisveröffentlichung lediglich seine Rechtswidrigkeit nimmt. Für die Wirksamkeit einer solchen Einwilligung reicht es aus, wenn der Einwilligende tatsächlich in der Lage ist, Bedeutung und Tragweite seiner Einwilligung zu erfassen und danach zu handeln, und soweit nicht übergeordnete Gesichtspunkte, wie zB die guten Sitten (vgl § 228 StGB) oder das Erziehungsrecht der Eltern minderjähriger Kinder (Art. 6 Abs. 2 GG, § 1626 BGB), der Wirksamkeit entgegenstehen. Da eine rechtsgeschäftliche Einwilligung in der Regel den bloßen Realakt der schlichten Einwilligung enthält, kann auch der originelle Fall eintreten, dass der auf die Veröffentlichung gerichtete Vertrag und damit die rechtsgeschäftliche Einwilligung unwirksam sind, die Bildnisveröffentlichung aber gleichwohl nicht rechtswidrig ist, soweit die Einwilligung in die Bildnisveröffentlichung ersichtlich nicht vom Bestehen eines wirksamen Vertrages abhängen sollte (vgl BGH Urt. v. 5.12.1958, BGHZ 29, 33 ff, 36: Ein wegen Minderjährigkeit des Patienten unwirksamer Behandlungsvertrag über eine Operation kann eine wirksame Einwilligung des Minderjährigen in den operativen Eingriff enthalten). Beide Arten von Einwilligung können ausdrücklich oder durch schlüssiges Verhalten („konkludent") erklärt werden; so gilt die Einwilligung im Zweifel als erteilt, wenn der Abgebildete dafür, dass er sich hat abbilden lassen, ein Entgelt erhalten hat (§ 22 Satz 2 KUG).

Ob eine einmal erteilte Einwilligung wirksam **widerrufen** werden kann, hängt davon ab, um welche 125
Art der Einwilligung es sich handelt: Die rechtsgeschäftlich erteilte Einwilligung kann wegen ihres bindenden Charakters (vgl §§ 146, 147 BGB) erfolgreich grundsätzlich nur dann widerrufen werden, wenn der Einwilligende sich den Rücktritt oder die Kündigung vorbehalten hat oder § 242 BGB ein außerordentliches Kündigungsrecht erforderlich macht. In Betracht kommen zB Fälle eines Rückrufrechts wegen gewandelter Überzeugung analog § 42 UrhG: So darf die Einwilligung zur Verwendung lange zurückliegender Nacktaufnahmen wegen gewandelter innerer Einstellung der betroffenen Person widerrufen werden (LG Köln Urt. v. 20.12.1995, AfP 1996, 186 ff). Auch kann eine Einwilligung in die Herstellung und Ausstrahlung von Filmaufnahmen anlässlich des Besuches von Prüferinnen eines Bezirksamtes in der Wohnung einer alleinerziehenden Mutter von dieser wirksam widerrufen werden, wenn durch den geplanten Beitrag erheblich in die Privatsphäre der Betroffenen eingegriffen wird, ein gewichtiges Informationsinteresse der Öffentlichkeit nicht besteht und die betroffene Mutter erst unmittelbar vor dem Betreten ihrer Wohnung mit dem Fernsehteam konfrontiert wurde, so dass sie von den Journalisten überrumpelt worden ist und nicht hinreichend abschätzen konnte, welche Bedeutung und Folgen die Einwilligung für sie haben konnte (s. zB LG Hamburg Urt. v. 21.1.2005, NJW-RR 2005, 1357 ff). Auch das Erlangen der Einwilligung unter Ausnutzung einer ersichtlich schweren seelischen Belastung der abgebildeten Person kann dazu führen, dass die erklärte Einwilligung von dieser widerrufen werden darf oder gar nicht erst wirksam wird (vgl OLG Karlsruhe Urt. v. 26.5.2006, NJW-RR 2006, 1198 f, 1199).

Eine schlichte Einwilligung ist dagegen in der Regel mit Wirkung für die Zukunft frei widerruflich (vgl 126
BGH Urt. v. 29.4.2010, GRUR 2010, 628 ff, 631 f zur schlichten Einwilligung im Urheberrecht). Bei einer erneuten Veröffentlichung des Bildnisses ist daher sorgfältig zu prüfen, ob diese von der ursprünglichen Einwilligung gedeckt war und ob diese noch Bestand hat.

Liegt ein **wirksamer Widerruf** der Einwilligung vor, ist von einer (weiteren) Veröffentlichung abzuse- 127
hen (s. zB LG Hamburg Urt. v. 19.2.2002 – 324 O 280/01: Verurteilung zur Zahlung einer hohen Geldentschädigung wegen der Veröffentlichung von Nacktaufnahmen nach Widerruf der Einwilligung). Das macht es im Zweifel allerdings nicht unzulässig, den Betroffenen in dem Beitrag und den darin enthaltenen Bildnissen so zu anonymisieren, dass er nicht mehr erkennbar ist: Dann stellt die Veröffentlichung der Aufnahmen kein Bildnis des Betroffenen mehr dar.

b) **Prüfung der Anforderungen an eine konkludente Einwilligung oder das Vorliegen eines zeitge-** 128
schichtlichen Ereignisses. Eine – sei es rechtsgeschäftliche, sei es schlichte – konkludente Einwilligung kommt in Betracht, wenn das Verhalten der abgebildeten Person aus **Sicht des Empfängers** als Einwilligung aufzufassen ist und dem Betroffenen **Zweck, Art und Umfang der geplanten Veröffentlichung** bekannt sind (vgl OLG Hamburg Urt. v. 4.5.2004, NJW-RR 2005, 479 ff, 480; OLG Frankfurt aM Beschl. v. 8.5.1990, GRUR 1991, 49 f). Es gehört daher zur Sorgfaltspflicht der Medien, dem

Betroffenen die beabsichtigte Verwendung des Bildmaterials mitzuteilen, insbesondere, um welche Art von Sendung oder Veröffentlichung es sich handelt und dass er auf den Bildern zu erkennen sein wird.

129 Damit verpflichtet die journalistische Sorgfalt zu einer **konkreten Aufklärung als Voraussetzung einer konkludenten Einwilligung.** Eine derartige **Aufklärungspflicht** stellt keinen unzulässigen Eingriff in die Pressefreiheit dar. Vielmehr würde der Schutz des allgemeinen Persönlichkeitsrechts unangemessen verkürzt, wenn die Duldung von Bildaufnahmen in Unkenntnis von deren Verwendungszweck als stillschweigend abgegebene Einwilligung in die Veröffentlichung gewertet würde, die die abgebildete Person einwilligungslos nicht hinnehmen müsste (OLG Hamburg Urt. v. 4.5.2004, NJW-RR 2005, 479 ff, 481).

130 Grundsätzlich müssen die Medien eine konkludente Einwilligung sowohl zeitlich als auch inhaltlich nur **sehr eng auslegen.** Eine generelle Einwilligung in Veröffentlichungen jedweder Art wird kaum jemals konkludent erklärt werden. Die Einwilligung bezieht sich vielmehr nur auf die **konkrete Situation,** in der sie erteilt wird (vgl BGH Urt. v. 19.10.2004, NJW 2005, 594 ff, 595). Insbesondere ein allgemeines – konkludentes – Einverständnis mit Veröffentlichungen von Bildnissen aus der Privatsphäre kann daher kaum oder nur unter engen Voraussetzungen anzunehmen sein. Zu Recht sieht die Rechtsprechung selbst darin, dass eine Person „situationsübergreifend und konsistent“ zum Ausdruck gebracht hat, damit einverstanden zu sein, dass ihre Privatsphäre gänzlich oder in weiten Zügen in die Öffentlichkeit getragen wird, nicht eine Generaleinwilligung in entsprechende Veröffentlichungen, sondern nur ein Kriterium, das bei der Abwägung der widerstreitenden Interessen zu berücksichtigen ist und insbesondere dazu führen kann, dass eine entsprechende Veröffentlichung das allgemeine Persönlichkeitsrecht der betroffenen Person nicht oder nur so geringfügig verletzt, dass sie nicht rechtswidrig ist (BVerfG Urt. v. 15.12.1999, NJW 2000, 1021 ff, 1023; BVerfG Beschl. v. 21.8.2006, GRUR 2006, 1051 ff, 1053; BGH Urt. v. 5.12.2006, NJW 2007, 686 ff, 688). Eine solche Situation ist aber nicht etwa dann schon gegeben, wenn eine Frau mit dem Ehemann einer bekannten Schauspielerin zu einem öffentlichen Auftritt erscheint; dies rechtfertigt nicht die Veröffentlichung von weiteren Fotos aus der Privatsphäre der Frau, insbesondere dann nicht, wenn sie zeitlich vor der öffentlichen Preisgabe der Liebesbeziehung entstanden sind (vgl BGH Urt. v. 19.10.2004, NJW 2005, 594 ff, 595).

131 Der Maßstab der Sorgfaltspflicht im Hinblick auf das Vorliegen einer konkludenten Einwilligung hängt insbesondere von der **Erfahrenheit des Betroffenen mit den Medien** und von der **Intensität des Eingriffs in dessen Persönlichkeitsrechte** durch die geplante Veröffentlichung ab. Die Medien haben hier eine **Güterabwägung** vorzunehmen: Je unerfahrener der Betroffene im Umgang mit den Medien ist, je unangenehmer der geplante Beitrag für ihn sein kann und je stärker die geplante Veröffentlichung in grundrechtlich geschützte Rechtsgüter des Betroffenen eingreift, desto klarer muss er über die Verwendung und Art der Veröffentlichung aufgeklärt werden, damit eine etwaige Duldung der Aufnahmen als wirksame konkludente Einwilligung gewertet werden kann (vgl OLG Hamburg Urt. v. 4.5.2004, NJW-RR 2005, 479 ff, 480).

132 Zweifel am Vorliegen einer konkludenten Einwilligung können bereits dann bestehen, wenn aufgrund der Umstände des Einzelfalles davon auszugehen ist, dass dem Betroffenen das **Erfordernis einer Einwilligung** gar **nicht bekannt** war. Erscheint ein Polizist unangemeldet in Begleitung eines Kamerateams bei einem Beschuldigten zur polizeilichen Vernehmung, erklärt auf Nachfrage des Beschuldigten lediglich, dass das Team ihn begleite und verweist im Übrigen kurz auf den Inhalt eines in der Lokalzeitung erscheinenden Artikels, in welchem über die Begleitung eines örtlichen Polizisten durch ein Kamerateam für eine Fernsehsendung berichtet wurde, so ist zweifelhaft, ob dem Beschuldigten bewusst war, dass er dem Team den Zutritt und eine spätere Ausstrahlung des Filmmaterials verweigern konnte. In einem solchen Fall liegt eine konkludente Einwilligung nicht vor (vgl OLG Hamburg Urt. v. 4.5.2004, NJW-RR 2005, 479 ff, 479 f).

133 Häufig wird von einer konkludenten Einwilligung auszugehen sein, wenn der Betroffene Fragen **vor laufender Kamera** beantwortet und er die Kamera erkennbar bemerkt hat, da er in einem solchen Fall mit einer Ausstrahlung des Materials rechnen muss (OLG Karlsruhe Urt. v. 26.5.2006, NJW-RR 2006, 1198 f). Voraussetzung ist allerdings auch hier, dass dem Betroffenen **Art, Zweck und Umfang der Ausstrahlung** bekannt sind. In Erfüllung ihrer Sorgfaltspflicht sollten die Medien allerdings ein förmliches Interview vereinbaren. Bei einer spontanen Beantwortung von Fragen vor laufender Kamera muss der Betroffene nicht zwingend an eine spätere Ausstrahlung denken, so dass Zweifel an einer konkludenten Einwilligung bestehen können (vgl OLG Hamburg Urt. v. 4.5.2004, NJW-RR 2005, 479 ff, 480).

Die Medien haben gerade bei einer konkludenten Einwilligung vor Veröffentlichung zu prüfen, welchen **Verwendungszweck** die Einwilligung des Betroffenen abdeckt. Es gelten die von der Rechtsprechung für den Bereich des Urheberrechts entwickelten Grundsätze der Zweckübertragungslehre (s. dazu BGH Urt. v. 27.9.1995, NJW 1995, 3252 ff). Die stillschweigende Einwilligung kann daher nur für die Veröffentlichung oder Verbreitung des Bildnisses in einem Rahmen angenommen werden, der nicht in einem Missverhältnis zu der Bedeutung steht, die der Betroffene selbst in erkennbarer Weise der den Gegenstand der Filmaufnahme bildenden Thematik beigemessen hat. So ist es rechtswidrig, wenn ein Fernsehteam eine Mutter, deren Kind verschwunden war, im Augenblick von dessen Wiederauftauchen interviewt, der Sender dieses Interview dann aber in einer Unterhaltungssendung ausstrahlt, die ihre Zuschauer mit kleinen Skurrilitäten des Alltags unterhalten will (vgl OLG Karlsruhe Urt. v. 26.5.2006, NJW-RR 2006, 1198 f). 134

Höhere Anforderungen an die journalistische Sorgfaltspflicht ergeben sich nunmehr daraus, dass es die Rechtsfigur der „absoluten Person der Zeitgeschichte" nicht mehr gibt (so ausdrücklich BVerfG Beschl. v. 26.2.2008, NJW 2008, 1793 ff, 1798). Darunter wurden Personen verstanden, die das öffentliche Interesse nicht punktuell durch ein bestimmtes Ereignis auf sich gezogen haben, sondern unabhängig von einzelnen Ereignissen aufgrund ihres Status' und ihrer Bedeutung allgemeine öffentliche Aufmerksamkeit fanden, so dass ihr Bildnis im Grundsatz unabhängig vom konkreten Inhalt der Berichterstattung nach § 23 Abs. 1 Nr. 1 KUG veröffentlicht werden durfte und nur geprüft werden musste, ob nicht nach § 23 Abs. 2 KUG ausnahmsweise ein berechtigtes Interesse der Verwendung ihres Bildnisses im Einzelfall entgegenstand (so noch BVerfG Urt. v. 15.12.1999, NJW 2000, 1021 ff, 1025). Nunmehr muss sich die Prüfungspflicht auch bei der Abbildung einer solchen Person auf die beiden Aspekte erstrecken, ob die Bildnisveröffentlichung der **Vermittlung einer Information mit einem hinreichenden Nachrichtenwert** mit Orientierungsfunktion im Hinblick auf eine die Allgemeinheit interessierende Sachdebatte dient und ob die Abwägung keine schwerwiegenden Interessen des Betroffenen ergibt, die einer Veröffentlichung entgegenstehen. Dabei hat allerdings eine herausragende Stellung der abgebildeten Person in Politik oder Gesellschaft (zB BGH Urt. v. 10.3.2009, NJW 2009, 1499 ff, 1501: potenzieller Thronfolger eines mediterranen Kleinfürstentums) oder ihre Ausübung einer besonders öffentlichkeitswirksamen Tätigkeit (zB BGH Urt. v. 28.10.2008, NJW 2009, 757 ff, 758 f: langjährig tätiger Schauspieler und Fernsehmoderator) zur Folge, dass über eine solche Person in größerem Umfang berichtet werden darf als über andere Personen. Dagegen verlangt die journalistische Sorgfaltspflicht bei den früher sog. „relativen Personen der Zeitgeschichte" (s. zB BVerfG Beschl. v. 26.4.2001, NJW 2001, 1921 ff, 1922 f), also solchen Personen, die nur im Zusammenhang mit bestimmten Vorgängen zu einem Gegenstand des öffentlichen Interesses werden, in besonderem Maße die **Überprüfung des Inhalts des Bildnisses sowie der Herkunft und des Datums der Aufnahme**. Redaktionen haben in jedem Einzelfall genau zu prüfen, ob die Aufnahme Bezug zu einem zeitgeschichtlichen Ereignis hat. Steht die Möglichkeit einer Einwilligung im Raum, darf insbesondere nicht davon ausgegangen werden, dass eine situationsbezogene Einwilligung in die Veröffentlichung von Bildnissen aus der Privatsphäre gleichzeitig eine generelle konkludente Einwilligung solcher Aufnahmen, unabhängig von deren Inhalt, bedeutet (BGH Urt. v. 19.10.2004, NJW 2005, 594 ff, 595). 135

C. Träger der Sorgfaltspflichten

Bei der Produktion eines Presseerzeugnisses gibt es in der Regel mehrere Beteiligte, die auf **unterschiedlichen Ebenen des Arbeitsprozesses tätig** werden. Im Grundsatz gilt, dass Träger der journalistischen Sorgfaltspflichten die Personen oder Unternehmen sind, die an der **Vorbereitung, Herstellung und Verbreitung des Produkts beteiligt sind** (BGH Urt. v. 30.6.2009, NJW-RR 2009, 1413 ff, 1414). Insbesondere gilt dies für den Verleger (BGH Urt. v. 27.5.1986, NJW 1986, 2503 ff, 2503), den Herausgeber (BGH Urt. v. 8.7.1980, GRUR 1980, 1099 ff, 1104), verschiedene Redakteure, den jeweiligen Autor (BAG Urt. v. 18.2.1999, NJW 1999, 1988 f, 1989), Hilfspersonen bei der Erstellung des Druckwerks (zB Drucker, Setzer; vgl zu den Hilfspersonen BGH Urt. v. 18.10.2001, GRUR 2002, 618 f, 619), Händler und Grossisten (BGH Urt. v. 30.6.2009, NJW-RR 2009, 1413 ff, 1414), Importeure (BGH Urt. v. 3.2.1976, NJW 1976, 799 ff, 800 f) und Informanten (OLG Hamburg Urt. v. 27.2.2007 – 7 U 106/06). Zur Verantwortlichkeit bei ausländischen Publikationen vgl Rn 213 ff. 136

Anders als für die strafrechtliche Verantwortlichkeit als „verantwortlicher Redakteur" tritt eine Verantwortlichkeit für Verstöße gegen die Sorgfaltspflicht gegenüber den von der Veröffentlichung betroffenen Personen nur für diejenigen Beteiligten ein, die **tatsächlichen Einfluss auf das Produkt**, also 137 auf die konkrete Veröffentlichung haben. Das allerdings ist bei der „obersten Stufe“, also in der Regel dem Verlag (und nur wenn ein solcher nicht gegeben ist: dem Herausgeber) naturgemäß immer der Fall. Anderen Beteiligten muss der Betroffene im Streitfall beweisen, dass die Voraussetzungen vorliegen, unter denen sie auf die Veröffentlichung Einfluss genommen haben oder Einfluss hätten nehmen müssen, um das Erscheinen der rechtswidrigen Veröffentlichung zu verhindern. Sofern es um interne Vorgänge im Betrieb des Publikationsorgans geht, in die der Betroffene keinen Einblick hat, kann die in Anspruch genommenen Mitarbeiter allerdings eine erweiterte Darlegungslast treffen, so dass sie zunächst näher darlegen müssen, wie die Betriebsabläufe gestaltet sind, um dem Betroffenen zu ermöglichen, seine Behauptung sinnvoll unter Beweis zu stellen. Die gleichen Grundsätze gelten, soweit es um die Frage geht, welche Vorkehrungen im Einzelfall hätten getroffen werden können oder müssen, um das Erscheinen der rechtswidrigen Veröffentlichung zu verhindern (vgl BGH Urt. v. 10.4.2008, NJW 2008, 3714 f, 3715).

138 Eine vollständige Haftungsentlastung tritt für die Verantwortlichen mit der rechtlichen und faktischen Möglichkeit der Einflussnahme („Herr“ der Veröffentlichung) auch dann nicht ein, wenn Gestaltung und Inhalt der Publikation Dritten überlassen wird. Wer maßgeblichen Einfluss auf Inhalt und Gestaltung einer Publikation hat, ist aufgrund dieser Stellung verpflichtet, etwaigen Dritten genaue Anweisungen bezüglich des Inhalts zu geben und diesen bei der Berichterstattung über sog. **„heiße Eisen“** vorab sogar **selbst zu überprüfen**. So ist der Einwand eines Herausgebers oder Verlegers, man habe Herstellung und Ausgestaltung einer Wahlkampfzeitung vollständig einer Werbeagentur übergeben, rechtlich unerheblich (vgl BGH Urt. v. 27.11.1979, GRUR 1980, 259 ff, 260 – Wahlkampfillustrierte). Etwas anderes gilt dann, wenn der Inhaber des Publikationsorgans sämtliche Betriebsmittel – etwa im Wege der Verpachtung – einem Dritten überlässt und dieser damit allein zum Herrn des Unternehmens wird: Dann ist nur der Dritte für den Inhalt der Veröffentlichungen verantwortlich (BGH Urt. v. 30.6.2009, NJW-RR 2009, 1413 ff, 1415 – Domainpacht).

139 Negatorische und quasinegatorische Ansprüche auf **Unterlassung** und Folgenbeseitigung sind verschuldensunabhängig und knüpfen daher im Grundsatz allein an die **Mitwirkung** bei der Vorbereitung, Herstellung und Verbreitung und damit an die Störereigenschaft an. Gleichwohl ist auch diese Verantwortlichkeit nicht unbegrenzt: Wenn es dem in Anspruch Genommenen schlechthin nicht zumutbar ist, Maßnahmen zu ergreifen, die den Eintritt der Rechtsverletzung hätten verhindern können, ist er nicht mehr als „Störer“ im Sinne der Unterlassungsansprüche (insbesondere § 1004 BGB analog) anzusehen und seine Mitwirkung an der Verbreitung daher auch nicht rechtswidrig (BGH Urt. v. 1.4.2004, NJW 2004, 2158 ff; BGH Urt. v. 19.4.2007, NJW 2007, 2636 ff, 2638 ff). Dies hat der BGH bisher für Betreiber von Internetauftritten angenommen, die ungefiltert sehr große Mengen von Äußerungen Dritter verbreiten. Für technische Verbreiter von körperlichen Vervielfältigungsstücken wie Grossisten oder Inhaber von Vertriebsstellen oder Buchhandlungen will der BGH das offenbar in dieser Allgemeinheit nicht gelten lassen (s. BGH Urt. v. 30.6.2009, NJW-RR 2009, 1413 ff, 1414). Allerdings geht der BGH davon aus, dass es dem Großimporteur einer ausländischen Zeitschrift unzumutbar sein kann, diese auf rechtsverletzende Äußerungen durchzusehen, soweit er dazu keinen konkreten Anlass hat (BGH Urt. v. 3.2.1976, NJW 1976, 799 ff, 800 f). Jedenfalls ab Erhalt einer Abmahnung des Betroffenen, die ihm Kenntnis von dem rechtswidrigen Inhalt verschafft, wird auch der nur technische Verbreiter zum Störer, weil er sich jetzt nicht mehr auf die Unzumutbarkeit der Kenntnisnahme berufen kann (BGH Urt. v. 1.4.2004, NJW 2004, 2158 ff). Indessen wird dies nur eine qualifizierte Abmahnung bewirken können, die dem Verbreiter so hinreichende Informationen verschafft, dass er die Rechtswidrigkeit der beanstandeten Inhalte überprüfen kann (vgl OLG Hamburg Urt. v. 2.3.2010, MMR 2010, 490 ff, 491 f zum Unterlassungsanspruch gegen den Betreiber eines Weblogs). Eine weitere wichtige Einschränkung hat der BGH jüngst vorgenommen: Wenn eine Bildagentur einem Presseorgan auf dessen Anforderung ein von ihr vorrätig gehaltenes **Bildnis zuliefert**, ist das als gleichsam „presseinterner Vorgang“ nicht als eine Verbreitung des Bildnisses iSv § 22 KUG anzusehen. Die Bildagentur kann daher wegen dieser Zulieferung weder auf Unterlassung noch auf Schadensersatz in Anspruch genommen werden (BGH Urt. v. 7.12.2010, NJW 2011, 755 f).

I. Verleger

140 Die Hauptverantwortung innerhalb eines Presseunternehmens liegt in der Regel bei dem Verleger. Verleger im Sinne des Pressegesetzes ist der Unternehmer, der ein von ihm selbst oder von einem anderen hergestelltes Druckwerk erscheinen lässt und seine Verbreitung bewirkt, indem er ein aktives

Tun entfaltet, das auf das Erscheinen und auf die Verbreitung des Druckwerks einen bestimmenden Einfluss nimmt; die – möglicherweise fehlerhafte – Benennung einer Person im Impressum einer Druckschrift allein macht diese daher nicht zum Verleger (BayObLG, 4. StS. Beschl. v. 9.7.1975, NJW 1976, 435 f, 436). Der Verleger ist **„Herr" des Unternehmens** und damit verantwortlich für die **Prüfung und Kontrolle** von jeglichen Veröffentlichungen in Publikationen seines Verlages (BGH Urt. v. 4.6.1974, GRUR 1974, 797 ff, 798) einschließlich der Leserbriefe und Werbeanzeigen (s. dazu aber oben Rn 61 ff bzw Rn 100 ff). Der Verleger ist hinsichtlich rechtswidriger Inhalte seiner Veröffentlichungen als das Geschehen beherrschender Verursacher Störer im Sinne der Unterlassungsansprüche und haftet für deren Folgen über §§ 823, 31 BGB auf Schadensersatz. Denn unabhängig vom Verschulden seiner die konkrete Veröffentlichung erstellenden Mitarbeiter ist er selbst verpflichtet, die Betriebsabläufe so zu organisieren, dass es nicht zu rechtswidrigen Veröffentlichungen kommt (BGH Urt. v. 18.12.1962, NJW 1963, 484 f, 485), und er kann sich für ein Verschulden der mit diesen Aufgaben betrauten Personen haftungsrechtlich nicht entlasten. Die Verletzung dieser Pflicht begründet ein eigenes Organisationsverschulden des Verlegers (BGH Urt. v. 8.7.1980, GRUR 1980, 1099 ff, 1104).

Diese presserechtliche Verantwortlichkeit des Verlegers führt hingegen nicht zu einer publizistischen Zurechnung des Inhalts aller veröffentlichten Beiträge. Insoweit folgt seine Verantwortlichkeit und Haftung nur aus einer eventuellen Verletzung seiner aus der journalistischen Sorgfaltspflicht resultierenden **Prüfungs- und Kontrollpflichten**. Auch die nach Pressestrafrecht eintretende Strafbarkeit des Verlegers oder des verantwortlichen Redakteurs wegen Veröffentlichung von Artikeln strafbaren Inhalts beruht nicht darauf, dass ihnen der Inhalt dieser Artikel Dritter zugerechnet werden würde, sondern darauf, dass sie das Erscheinen solcher strafbaren Beiträge nicht unterbunden haben (vgl BVerfG Beschl. v. 24.5.2005, NJW 2005, 2912 ff, 2916 – Junge Freiheit). 141

Gerade bei großen Presseunternehmen liegt es auf der Hand, dass der Verleger seine Prüfungs- und Kontrollpflichten nicht immer selbst durchführen kann. Daher hat er die Möglichkeit, seine Pflichten zur Einhaltung der journalistischen Sorgfalt und die damit einhergehenden **Prüfungs- und Kontrollpflichten** an Mitarbeiter des Unternehmens oder auch an Externe zu **delegieren**. Auswahl der Personen, die mit den jeweiligen Aufgaben betraut werden sollen, und Organisation der Prüfung und Kontrolle haben so zu erfolgen, dass die Einhaltung der journalistischen Sorgfaltspflichten effektiv und den Anforderungen entsprechend geleistet werden kann (näheres zu den Anforderungen an die organisatorischen Pflichten unter Rn 167 ff). Auch im Falle ordnungsgemäßer Delegation der Aufgaben ist der Verleger Schuldner der verschuldensunabhängigen Unterlassungs- und Folgenbeseitigungsansprüche; denn diese knüpfen daran an, dass er derjenige ist, der über die Vorgänge in seinem Unternehmen bestimmen kann (BGH Urt. v. 27.5.1986, NJW 1986, 2503 ff, 2505). 142

Soweit eine Haftung des Verlegers nicht wegen eigenen Verschuldens, sondern eines Verschuldens seiner Mitarbeiter eintritt, so muss er sich dieses, wenn es um Vertragsverletzungen geht, nach § 278 BGB zurechnen lassen. Bei Verletzungen außerhalb vertraglicher Beziehungen, etwa bei Schäden, die Journalisten durch unzulässige Recherchemaßnahmen anrichten, haftet er nach § 831 Abs. 1 BGB: Danach wird vermutet, dass ihn bei der Auswahl, Anleitung oder Beaufsichtigung seiner schuldhaft Schäden anrichtenden Mitarbeiter ein eigenes Verschulden trifft. Von diesem Vorwurf kann er sich befreien, wenn er insoweit den **Entlastungsbeweis** führen kann. Voraussetzung ist, dass er bei der **Auswahl** der bestellten Person und der **Organisation** der Delegierung seiner Prüfungsaufgaben seine organisatorischen Pflichten erfüllt (s. hierzu näher Rn 167 ff) oder dass der Schaden auch bei Anwendung der erforderlichen Sorgfalt eingetreten wäre. Ein Verleger, der einen Restauranttest veröffentlicht, kann sich daher nicht mit Erfolg darauf berufen, die Rechtsverletzung beruhe ausschließlich auf Fehlern seiner „Testesser", wenn er nicht zugleich darlegt, dass er diese sorgfältig hat auswählen und das Erstellen der Berichterstattung gründlich hat überprüfen lassen (BGH Urt. v. 12.6.1997, NJW-RR 1998, 250 ff, 251 f). Entlasten kann sich der Verleger dagegen, wenn ein bisher zuverlässiger Mitarbeiter, dessen Arbeit nie Anlass zu Beanstandungen gegeben hat, eine Falschbehauptung veröffentlicht (vgl OLG München Urt. v. 8.6.1990, NJW-RR 1990, 1433 f, 1434). 143

Etwas anderes gilt, wenn über sog. **„heiße Eisen"** berichtet wird. Dabei handelt es sich um Berichterstattungen, von denen in **besonderem Maße die Gefahr der Verletzung von Persönlichkeits- oder Unternehmensrechten** ausgeht, wie zB im Falle von Enthüllungen oder Sensationsberichterstattungen über Personen oder Unternehmen (vgl BGH Urt. v. 8.7.1980, GRUR 1980, 1099 ff, 1104; BGH Urt. v. 8.12.1964, GRUR 1965, 254 ff, 255 f – Soraya), bei negativen Aussagen über ein Produkt (zB bei 144

Warentests, Rn 97, 98), bei Bildveröffentlichungen, die für den Betroffenen in besonders schwerem Maße nachteilig sind (OLG München Urt. v. 3.2.1975, NJW 1975, 1129 f, 1130 – Witzbuch), bei für den Betroffenen besonders herabsetzenden Äußerungen (BGH Urt. v. 5.3.1963, BGHZ 39, 124 ff, 127 f) oder bei identifizierender Verdachts- und Gerichtsberichterstattung (s. Rn 78, 79).

145 Besonders bei diesen heiklen Themen ist der Verleger verpflichtet, den Inhalt vor Veröffentlichung entweder **selbst zu überprüfen** oder aber geeignete und zuverlässige Mitarbeiter mit der Überprüfung kritischer Berichterstattung zu beauftragen und ihnen insoweit eine **Organstellung iSd §§ 30, 31 BGB** zu verschaffen, so dass der Verleger für deren Verschulden ohne Entlastungsmöglichkeit einzustehen hat (BGH Urt. v. 8.7.1980, GRUR 1980, 1099 ff, 1104). Je schutzwürdiger die Interessen des Betroffenen, desto eher ist für die Einhaltung der Sorgfaltspflicht erforderlich, dass der „Herr" der Veröffentlichung, in der Regel der Verleger, selbst den Inhalt prüft oder mit Betroffenen vorab Kontakt aufnimmt, zB für die Überprüfung einer etwaigen Einwilligung (vgl BGH Urt. v. 27.11.1979, GRUR 1980, 259 ff, 260 – Wahlkampfillustrierte).

146 Wird zB in einem Enthüllungsbuch behauptet, ein Mediziner habe sich wissentlich in den Dienst der Sterilisationsvorhaben des Dritten Reiches gestellt, ist hinsichtlich der **Schwere des Vorwurfs** eine Kontrolle durch einen Rechtsanwalt nicht ausreichend und führt **nicht zur Haftungsentlastung der Verlagsgesellschaft** als Herausgeberin. Die betreffende Verlagsgesellschaft als Herausgeberin ist in einem solchen Fall gehalten, das Buch selbst zu überprüfen, vor allem im Hinblick auf die Quellen und die Sprache, oder den mit der Prüfung Betrauten eine Organstellung gemäß §§ 30, 31 BGB zu verschaffen (BGH Urt. v. 8.7.1980, GRUR 1980, 1099 ff, 1104). Die Abbildung eines zwergwüchsigen Menschen in einem Witzbuch macht es erforderlich, dass der Verleger selbst bis zum Urheber des Fotos und dem Abgebildeten zurückgeht und das Vorliegen einer Einwilligung überprüft (OLG München Urt. v. 3.2.1975, NJW 1975, 1129 f, 1130 – Witzbuch).

147 Beim sog. „**Outsourcing**" von Redaktionen oder sonstigen Tätigkeiten im Bereich der Vorbereitung, Herstellung oder Verbreitung einer Publikation schließen die Verlage mit externen Redakteuren, Journalisten oder sonstigen Dienstleistern zB Subunternehmerverträge ab, in denen Inhalt und Gestaltung auf den Subunternehmer übertragen werden. Auch hier bleibt, anders als bei der Übertragung des gesamten Verlagsunternehmens auf einen Dritten (BGH Urt. v. 30.6.2009, NJW-RR 2009, 1413 ff – Domainpacht), der Verleger selbst Herr im Haus und kann sich nicht von seiner Haftung befreien. Die Verträge sehen gleichwohl häufig eine umfangreiche Abwälzung klassischer **Verlegerpflichten** auf den Subunternehmer vor und können mit internen Haftungsfreistellungen und Vertragsstrafen zulasten des Subunternehmers ausgestattet sein.

148 Dies ist für den Subunternehmer insbesondere dann problematisch, wenn die Verträge keine detaillierten Anweisungen und Richtlinien zur Einhaltung der journalistischen Sorgfaltspflichten enthalten, er jedoch die volle Verantwortung und Haftung für den Inhalt der Beiträge sowie die Gestaltung des Druckwerkes trägt und den Verleger im Innenverhältnis von allen Ansprüchen Dritter freistellen muss. Die Zulässigkeit solcher vertraglichen Gestaltungen dürfte insbesondere vom Umfang und Inhalt der Übertragung von Verantwortlichkeiten und der **Haftungsfreistellungen** abhängen.

149 Zu einer Befreiung des Verlegers wird ein solches Outsourcing kaum je führen. Lässt er das Schiff trotz Anheuerung fremder Besatzung weiterhin unter seiner Flagge segeln, erscheint die Publikation also weiterhin in seinem Verlag unter „seinem" Titellogo, muss der Verleger sich den Inhalt der Beiträge sogar weiterhin als grundsätzlich eigene Inhalte zurechnen lassen (vgl BGH Urt. v. 12.11.2009, GRUR 2010, 616 ff).

II. Herausgeber

150 Dem Herausgeber obliegt die **geistige Gesamtleitung** bei der Publikation eines Druckwerks. Im Gegensatz zum Verleger ist er nicht kaufmännisch, sondern ausschließlich **publizistisch** tätig (vgl BGH Urt. v. 20.1.1981, NJW 1981, 1089 ff, 1092 f, wo dem Verleger einerseits der Autor und andererseits der Herausgeber gegenübergestellt werden). Die Aufgaben eines Herausgebers und eines Verlegers können auch von einer Person wahrgenommen werden. Ist bei einer Publikation kein Verleger, sondern nur ein Herausgeber angegeben, ist davon auszugehen, dass dieser gleichzeitig die Funktion des Verlegers ausübt (vgl EuGH Urt. v. 7.3.1995, NJW 1995, 1881 ff, 1882).

151 Der Umfang der vom Herausgeber zu beachtenden Sorgfalts- und Prüfungspflichten hängt, wenn er nicht gleichzeitig Verleger ist, nur von dem **Umfang seiner konkreten Einflussnahme** auf die Veröf-

fentlichung ab. Viele als „Herausgeber“ bezeichnete Personen sind in die Erstellung des Presseerzeugnisses nicht maßgeblich involviert, sondern repräsentieren es eher, indem sie für eine bestimmte Tendenz oder ein hohes Niveau eines Blattes stehen. Kann ein solcher Herausgeber sich auf die organisatorischen Vorkehrungen seines Verlegers verlassen, haftet er grundsätzlich nur für eigene Beiträge (OLG Celle Urt. v. 16.1.1992, AfP 1992, 295 f).

Ist der Herausgeber dagegen in Ausnahmefällen als **„Herr“ der Veröffentlichung** anzusehen, treffen 152
ihn die **gleichen Sorgfaltspflichten** wie einen Verleger (vgl zB BGH Urt. v. 8.7.1980, GRUR 1980, 1099 ff, 1104 für die Verlagsgesellschaft als Herausgeberin eines Buches; BGH Urt. v. 27.11.1979, GRUR 1980, 259 ff, 260 für den beklagten Landesverband einer politischen Partei als Herausgeber einer Wahlkampfillustrierten).

III. Redakteure

1. Verantwortlicher Redakteur. Der verantwortliche Redakteur ist nach den LPG (vgl zB § 19 Abs. 2 153
Nr. 1 Hamburgisches LPG) **strafrechtlich verantwortlich** dafür, periodische Druckwerke von strafbaren Inhalten freizuhalten und im **Impressum** zu benennen. Wird der verantwortliche Redakteur irrtümlich im Impressum aufgeführt, ohne dass er tatsächlich diese Funktion ausübt, tritt eine strafrechtliche Haftung nicht ein. Das Gleiche gilt, soweit zivilrechtliche Ansprüche an die Stellung als verantwortlicher Redakteur anknüpfen, insbesondere für die Verpflichtung zum Abdruck einer Gegendarstellung nach vielen LPG (OLG Köln Urt. v. 16.9.1986, NJW 1987, 1418 f, 1419).

Für die strafrechtliche Haftung des verantwortlichen Redakteurs ist Voraussetzung, dass eine Bericht- 154
erstattung tatsächlich einen **strafbaren Inhalt** hat und der Redakteur dies mit der nach den Umständen des Einzelfalles erforderlichen und zumutbaren Sorgfalt hätte **verhindern** können. Im Allgemeinen wird eine eigene vollständige Recherche nicht zu fordern sein, wohl aber eine kritische Durchsicht der geplanten Veröffentlichung und in Zweifelsfragen Rücksprache mit dem jeweiligen Autor. Verdachtsmomenten im Hinblick auf einen strafbaren Inhalt hat der verantwortliche Redakteur unbedingt nachzugehen (vgl *Soehring*, Presserecht, Rn 26.10a).

Die **zivilrechtliche Haftung** auch des verantwortlichen Redakteurs hängt davon ab, ob und in welchem 155
Umfang er die Befugnis hat, über Inhalt und Gestaltung der jeweils konkreten Veröffentlichung für seinen Sachbereich zu entscheiden (KG Urt. v. 23.11.1990, NJW 1991, 1490 f). Ist er de facto mit der Auswahl und **Überprüfung des Stoffes** – unter Umständen nur für eine bestimmte Rubrik – betraut, hat er die erforderliche und ihm zumutbare Sorgfalt bei der Überprüfung und Kontrolle des Inhalts auszuüben. Er hat dafür Sorge zu tragen, dass Persönlichkeitsrechte Dritter durch die Veröffentlichung nicht verletzt werden. Hat er den betreffenden Artikel nicht selbst verfasst, ist es für die zivilrechtliche Haftung ausreichend, wenn er bei ordnungsgemäßer Erfüllung seiner Aufgabe als Redakteur das Erscheinen des Artikels hätte verhindern können und müssen (vgl BGH Urt. v. 7.12.1976, NJW 1977, 626 ff, 627).

Eine Nennung im Impressum kann allenfalls ein Indiz dafür sein, dass der verantwortliche Redakteur 156
auch mit Prüfungs- und Kontrollpflichten ausgestattet ist (vgl *Paschke*, Medienrecht, Rn 762). Maßgeblich für die zivilrechtliche Haftung ist jedoch allein die **tatsächliche Ausgestaltung** seiner redaktionellen Aufgabe (BGH Urt. v. 7.12.1976, NJW 1977, 626 ff, 627; OLG Köln Urt. v. 16.9.1986, NJW 1987, 1418 f, 1419).

2. Ressortleiter. Der Ressortleiter (oder Ressortredakteur) ist in der Regel für die **Auswahl des zu** 157
veröffentlichenden Stoffes zuständig (s. zB die Regelung in dem im Streit stehenden Redaktionsstatut in BAG Urt. v. 19.6.2001, NZA 2002, 397 ff, 397, 399 ff). Innerhalb seines Ressorts obliegt ihm die Wahrung der journalistischen Sorgfaltspflichten und damit auch die **inhaltliche Überprüfung und Kontrolle** der in seinem Sachbereich veröffentlichen Artikel. In seinem Ressort hat er für eine wahrheitsgemäße Berichterstattung zu sorgen und Eingriffe in die geschützten Rechte Dritter zu verhindern. Die Einhaltung dieser Sorgfaltspflichten innerhalb seines Ressorts hat er gewissenhaft zu organisieren und zu kontrollieren (vgl BGH Urt. v. 7.12.1976, NJW 1977, 626 ff, 627; BGH Urt. v. 18.6.1974, GRUR 1975, 208 ff – Deutschlandstiftung).

3. Chefredakteur. Der Chefredakteur **leitet, koordiniert und überwacht** sämtliche Redakteure eines 158
periodischen Druckwerks. In der Regel gehört zu den Aufgaben des Chefredakteurs nicht die inhaltliche Prüfung und Kontrolle der zu veröffentlichenden Beiträge. Daher trägt er die inhaltliche Verantwortung in der Regel nur für die von ihm selbst verfassten oder redigierten Beiträge (s. zB BGH Urt.

v. 30.4.1997, NJW 1997, 2679 ff), es sei denn, seine Prüfungspflichten sind aufgrund entsprechender Weisung des Verlegers erweitert worden. Entscheidend ist auch hier der Umfang des dem Chefredakteur **zugewiesenen Aufgabenbereichs** (OLG Celle Beschl. v. 30.8.1995, NJW 1996, 1149 ff, 1150).

159 Aufgrund seiner Aufsichtspflicht ist der Chefredakteur gehalten, seinen Redakteuren **Anweisungen** über Umfang und Intensität der Stoffprüfung zu geben und die Einhaltung dieser Richtlinien zu überwachen (vgl OLG Celle Beschl. v. 30.8.1995, NJW 1996, 1149 ff, 1150).

160 Sobald es sich jedoch um brisante Themen, Geschichten von besonderer Relevanz oder sog. **„heiße Eisen"** handelt (s. Rn 144), muss der Chefredakteur selbst den Inhalt des jeweiligen Artikels prüfen: Denn bei Beiträgen solcher Art darf sich keiner der Mitarbeiter in einer leitenden Stellung in dem mit der Erstellung des Beitrags befassten Bereich der Haftung dadurch entziehen, dass er sich aus dem Erstellungsprozess herausnimmt und diesen vollständig auf untere oder gar externe Stellen delegiert (vgl BGH Urt. v. 8.7.1980, GRUR 1980, 1099 ff, 1104; *Prinz/Peters*, Medienrecht, Rn 313).

IV. Presseagenturen

161 Presseagenturen unterliegen denselben **Sorgfaltspflichten** wie jedes andere Presseunternehmen (vgl BVerfG Beschl. v. 26.8.2003, NJW 2004, 589 f, 590 – Haarfarbe des Bundeskanzlers). Dies ist schon deshalb erforderlich, weil die Meldungen der als zuverlässig geltenden Presseagenturen von der Presse in der Regel **ohne weitere Recherche übernommen** werden dürfen (zur „privilegierten Quelle" s. Rn 54 ff). Das große **Vertrauen,** das die Medien den Agenturen entgegenbringen und das die hervorgehobene meinungsbildende Funktion von Presseagenturen rechtfertigt, kann und darf nur dann einen besonderen Schutz genießen, wenn die Agenturen die praktischen Möglichkeiten zur Überprüfung der Richtigkeit im Rahmen des Zumutbaren nutzen. Das BVerfG bejahte daher zB die Verletzung der journalistischen Sorgfaltspflicht durch eine Presseagentur, die aus einem Interview mit einer Imageberaterin über Kleidung, Styling und Aussehen zweier Kanzlerkandidaten deren unwahre Aussage verbreitete, der damalige amtierende und für Neuwahlen kandidierende Bundeskanzler färbe seine Haare. Da diese unwahre Äußerung an eine Aussage über Glaubwürdigkeit und Überzeugungskraft des Bundeskanzlers geknüpft wurde, hätte die Agentur vor Veröffentlichung **weitere Recherchen** zur Überprüfung des Wahrheitsgehaltes anstellen müssen (BVerfG Beschl. v. 26.8.2003, NJW 2004, 589 f, 590 – Haarfarbe des Bundeskanzlers).

162 Die Presseagentur haftet aber naturgemäß nicht für das, was ein anderes Presseorgan aus der von ihr zulässig verbreiteten Meldung macht; denn darauf, wie von ihr gelieferte Nachrichten verarbeitet und in welcher Form sie veröffentlicht werden, hat sie keinen Einfluss (vgl BGH Urt. v. 7.12.2010, NJW 2011, 755 f, zur rechtswidrigen Verwendung eines rechtmäßig gelieferten Agenturfotos).

V. Informanten

163 Wer sich der Presse bedient, um Informationen an die Öffentlichkeit zu bringen, ist selbst pressemäßiger Verbreiter (so schon RG Urt. v. 10.10.1887, RGSt 16, 245 ff; vgl zuletzt BGH Urt. v. 18.3.2010, MDR 2010, 1413 f, 1414: Die Lieferung einer Information an einen Internet-Informationsdienst zur ungefilterten Verbreitung im Internet begründet die Haftung des Zulieferers). Auch ein Informant, der Informationen an die Medien weitergibt, haftet daher grundsätzlich für deren **Richtigkeit und Vollständigkeit.** Seine Haftung beruht auf der Erwägung, dass er durch die Weitergabe und Verteilung seiner Informationen (zumeist als mittelbarer Täter oder Anstifter) eine etwaige Verletzungshandlung **veranlasst und adäquat verursacht** hat (BGH Urt. v. 9.12.2003, NJW 2004, 762 ff, 765). Behauptet also jemand gegenüber der Presse, ein Politiker sei informeller Mitarbeiter des Staatssicherheitsdienstes der DDR gewesen, ist er für die Verbreitung dieser Behauptung durch die Presse verantwortlich (BVerfG Beschl. v. 25.10.2005, NJW 2006, 207 ff). Der Informant haftet hingegen im Grundsatz nicht für das, was der Journalist, Autor oder Redakteur aus den Informationen macht (vgl OLG Hamburg Urt. v. 27.2.2007 – 7 U 106/06). Sind Verfälschungen, Unwahrheiten oder sonstige Übergriffe auf geschützte Rechtspositionen auf den Journalisten, Redakteur oder Autor zurückzuführen, so haftet der Informant hierfür nicht schon deshalb, weil er sich eine Überprüfung vor Veröffentlichung nicht vorbehalten hat (vgl BVerfG Beschl. v. 11.2.1992, NJW 1992, 2341 ff). Ohnehin suchen die Medien es zu vermeiden, die Veröffentlichung ihrer Beiträge von einer externen Freigabe abhängig zu machen, und lassen sich daher auf eine solche Abrede häufig nicht ein. Der Informant muss sich eine Prüfung nur dann **vorbehalten,** wenn es für ihn erkennbar Anhaltspunkte gibt, dass die **Medien in unzulässiger**

Weise berichten werden (BGH Urt. v. 23.1.1997, NJW-RR 1997, 934 f – Produktinterview). Verzichtet der Informant in so einem Fall auf die Prüfung oder gibt er den Bericht frei, obwohl dieser rechtsverletzende, unwahre, irreführende oder verfälschende Darstellungen enthält, kommt eine (Mit-)Haftung in Betracht.

Auch sonst unterliegt die Haftung des Informanten Einschränkungen. So kann von einem Informanten, der sich mit Verdachtsgründen in einer die Öffentlichkeit berührenden Frage an ein Presseorgan wendet, nicht verlangt werden, dass schon seine Mitteilung an das Presseorgan den Grundsätzen an eine ausgewogene Verdachtsberichterstattung genügt. Er darf sich in der Regel vielmehr darauf verlassen, dass die Presse das ihr von ihm überlassene Material in eigener Verantwortung prüft und in einer den Anforderungen an die pressemäßige Sorgfalt genügenden Weise aufbereitet (OLG Hamburg Urt. v. 27.2.2007 – 7 U 106/06). Eine solche **Einschränkung der Informantenhaftung** ist auch deshalb geboten, weil die Presse bei einer allzu strengen Haftung von Informanten – ungeachtet des prinzipiell gegebenen Informantenschutzes – befürchten müsste, dass sie nicht in genügender Weise mit Informationen versorgt wird, um ihre besondere Verantwortung und Aufgabe im demokratischen Staat zu erfüllen. 164

Diesen Grundsätzen unterliegen auch Mitteilungen von Gewerbetreibenden über Konkurrenten. Geben sie Informationen an die Medien weiter, haben sie allein darauf zu achten, dass die Informationen sachlich richtig sowie vollständig sind und die Rechte von Mitbewerbern nicht verletzen. Auch hier gilt: Sind die gelieferten Informationen richtig und vollständig und tritt eine **Wettbewerbswidrigkeit** erst durch die Aufbereitung in den Medien ein, haftet der Informant dafür nicht. Es ist vielmehr Aufgabe der Medien, die zutreffenden Informationen so aufzubereiten, dass eine Rechtsverletzung durch die Berichterstattung selbst nicht erfolgt (vgl BGH Urt. v. 19.9.1996, NJW-RR 1997, 235 f – Orangenhaut). Eine Haftung des Informanten kommt jedoch in Betracht, wenn er die Informationen der Presse in einer Weise hat zukommen lassen, die vermuten lässt, dass die Veröffentlichung in wettbewerbsrechtlich unzulässiger Weise erfolgen wird (BGH Urt. v. 23.1.1997, NJW-RR 1997, 934 f – Produktinterview; BGH Urt. v. 19.9.1996, NJW-RR 1997, 235 f – Orangenhaut). 165

VI. Technische Verbreiter

Technische Verbreiter (zB Grossisten, Drucker, Setzer, Importeure, Vertriebsstellen, Buchhandlungen) sind zwar als **Mitwirkende** beim Herstellungs-und Verbreitungsprozess grundsätzlich passivlegitimiert und damit **Störer.** Allerdings wird zu erörtern sein, ob eine Störerhaftung der Händler nicht dann ausgeschlossen ist, wenn eine Überprüfung der vertriebenen Druckerzeugnisse die Grenze der Zumutbarkeit überschreitet (s. Rn 139). So wird die Geltendmachung eines Unterlassungsanspruchs gegen den technischen Verbreiter nur dann erfolgreich sein können, wenn ihr eine Abmahnung vorausgegangen ist, die konsistente und schlüssige Informationen enthält, welche den Verbreiter in die Lage versetzen, das Vorliegen einer Rechtsverletzung zu prüfen (s. OLG Hamburg Urt. v. 2.3.2010, MMR 2010, 490 ff, 491 f zum Unterlassungsanspruch gegen den Betreiber eines Weblogs). Ein Schadensersatzansprüche begründendes Verschulden wird einem technischen Verbreiter nur in Ausnahmefällen vorzuwerfen sein, zB beim Vertrieb eines Druckerzeugnisses, bei dem es nahe liegt, dass es rechtswidrige Inhalte hat. Da die technischen Verbreiter aber üblicherweise keinen Einfluss auf den Inhalt der Publikation haben, wird ihnen auch dann ein Verschulden meist nicht vorzuwerfen sein, so dass sie auf die Zahlung von Schadenersatz oder Geldentschädigung in der Regel nicht in Anspruch genommen werden können (LG Berlin Urt. v. 14.11.2008, GRUR-RR 2009, 216 f; vgl BGH Urt. v. 3.2.1976, NJW 1976, 799 ff, 800 f – Alleinimporteur). 166

D. Organisatorische Vorkehrungen zum Einhalt der Sorgfaltspflichten

Der Hauptverantwortliche für eine Publikation, in der Regel der **Verleger**, hat seinen Betrieb so zu organisieren, dass eine Verletzung von Rechten Dritter ausgeschlossen ist (Rn 140 ff). Nur in diesem Rahmen kommt eine **Delegierung** seiner Prüfungs- und Kontrollaufgaben in Betracht. Kommt er seinen organisatorischen Pflichten nicht nach, ist er selbst aus § 823 BGB verpflichtet; eine Haftungsentlastung nach § 831 Abs. 1 Satz 2 BGB kann nicht eintreten. 167

168 Die organisatorischen Pflichten umfassen u.a.:

- **Auswahl der Personen für die Stoffprüfung:** Hierbei muss es sich um kompetente und zuverlässige Fachkräfte handeln, deren bisherige Arbeit keinen Anlass zu Beanstandungen gegeben hat. In der Regel werden qualifizierte Redakteure oder Lektoren mit diesen Aufgaben betraut.
- **Koordination der Aufgaben:** Der Verleger muss bestimmen, wer welche Aufgaben im Hinblick auf die Auswahl und Überprüfung des Stoffes übernimmt und hat Lücken in der Kontrolle zu vermeiden (Löffler/*Steffen*, § 6 LPG, Rn 221). Die Koordination der Aufgaben kann mehrere Organisationsebenen des Verlages umfassen.

169 – **Verpflichtung der Mitarbeiter zur Einhaltung der journalistischen Sorgfaltspflichten:** Der Verleger ist verpflichtet, verbindliche Richtlinien zur Einhaltung der journalistischen Sorgfaltspflichten für eigene oder freie Mitarbeiter aufzustellen und sie bezüglich ihrer Pflichten bei der Berichterstattung zu belehren. Ein pauschaler Hinweis auf die Verpflichtung zur Wahrung der journalistischen Sorgfalt ist nicht ausreichend. Die einzelnen Sorgfaltspflichten sind zu benennen und die Anforderungen an deren Einhaltung zu konkretisieren.

170 So müssen die mit der Stoffprüfung betrauten Mitarbeiter verpflichtet werden, Inhalte vor Veröffentlichung auf ihren **Wahrheitsgehalt** zu überprüfen, den Schutz rechtlich geschützter Interessen Dritter zu beachten und bei Übergriffen in deren geschützte Rechtsphäre eine **Güterabwägung** zwischen dem Persönlichkeitsrecht des Betroffenen und dem Informationsinteresse vorzunehmen. Die Maßstäbe und Kriterien für eine Abwägung sind den Mitarbeitern zur Kenntnis zu geben. Gleiches gilt für die Anforderungen hinsichtlich einzelner Sorgfaltspflichten (vgl hierzu oben Rn 21 ff), zB im Hinblick auf die Anforderungen an eine gründliche Recherche, die Vollständigkeit einer Berichterstattung, die Zulässigkeit der Namensnennung, die Voraussetzungen für eine Stellungnahme des Betroffenen, die Überprüfung von Werbeanzeigen auf grobe Rechtsverstöße oder die Erforderlichkeit der Hinzuziehung einer fachkundigen Person (BGH Urt. v. 21.6.1966, NJW 1966, 2010 ff, 2011).

- **„Heiße Eisen":** Die Mitarbeiter müssen verpflichtet werden, Berichte, von denen in besonderem Maße die Gefahr einer Verletzung des Persönlichkeits- oder Unternehmensrechts ausgeht, dem Verleger **vor Veröffentlichung vorzulegen.**
- **Verdachts- und Gerichtsberichterstattung:** Wegen der besonderen Auswirkungen für die Betroffenen sollten **unerfahrene Redakteure** mit Verdachts- und Gerichtsberichterstattungen nicht beauftragt werden. Der Verleger hat den beauftragten Redakteuren oder Journalisten genaue Anweisungen zu erteilen, unter welchen Voraussetzungen eine Verdachts- oder Gerichtsberichterstattung zulässig ist und in welchen Fällen in identifizierbarer Weise über den Angeklagten oder sonst Beschuldigten oder weitere Prozessbeteiligte berichtet werden darf (s. zur Verdachtsberichterstattung oben Rn 78 ff).
- **Unterrichtung über Änderungen und Fortentwicklungen:** Der Verleger hat weiterhin dafür zu sorgen, dass Mitarbeiter über tatsächliche und rechtliche Fortentwicklungen bzgl der Anforderungen an die journalistische Arbeit **unterrichtet und ggf weitergebildet** werden (vgl Löffler/*Steffen*, § 6 LPG Rn 221).
- **Bildberichterstattung:** Es gehört zur Pflicht des Verlegers, seine Mitarbeiter darüber zu informieren, unter welchen Voraussetzungen eine Bildnisveröffentlichung zulässig ist und welche Anforderungen an die Einholung und **Überprüfung der Einwilligung** des Betroffenen zu stellen sind (vgl hierzu oben Rn 124 ff). Er muss darüber aufklären, dass der Erwerb des Bildes von einer – auch als zuverlässig anerkannten – **Bildagentur** die eigenständige Prüfung der Einwilligung des Betroffenen, insbesondere bei „heiklen" Aufnahmen oder bei der geplanten Verwendung der Aufnahme für die Werbung, nicht ersetzen kann (vgl BGH Urt. v. 7.12.2010, NJW 2011, 755 f). Das Prüfverfahren sollte eine Nachfrage bei der Agentur vorsehen, ob eine Einwilligung für die konkret geplante Veröffentlichung besteht. Im Zweifelsfall ist der Betroffene selbst zu befragen.

E. Rechtsfolgen

171 Die Landespressegesetze knüpfen an eine Verletzung der journalistischen Sorgfaltspflicht **keine unmittelbaren zivilrechtlichen Folgen.** Sie legen den Medien jedoch verbindliche Rechtspflichten auf, wobei sich der zu beachtende Sorgfaltsmaßstab im Zivilrecht aus § 276 BGB ergibt. Bei Verletzung der journalistischen Sorgfalt liegt Verschulden iSd § 276 BGB vor. Die rechtlichen Konsequenzen fol-

gen aus den **deliktischen Ansprüchen des BGB** und sonstigen Normen des Privatrechts (wegen der einzelnen zivilrechtlichen Ansprüche s. Abschnitte 41–49).

Daneben gelten ungeschmälert Ansprüche aus **§§ 8 ff UWG** für den Fall, dass die Medien unlautere geschäftliche Handlungen vornehmen oder an solchen Handlungen Dritter teilnehmen. Hier gelten die im UWG geregelten spezifischen, **strengeren Sorgfaltspflichten** (s. zu den Rechtsfolgen von Werberechtsverstößen ausführlich 31. und 32. Abschnitt, zu den Grundsätzen des Medienwerberechts nach UWG: 24.–27. Abschnitt, zum besonderen Werberecht im Rundfunk und den elektronischen Medien: 28.–30. Abschnitt). 172

Die in der Presse geltenden Sorgfaltspflichten lassen auch **strafrechtliche Sanktionen,** insbesondere zum Schutz der Ehre und des Rufs vor ehrenrührigen, unwahren Behauptungen (§§ 185–189 StGB) zunächst unberührt. Sie sind aber bei der Prüfung der Wahrnehmung berechtigter Interessen gemäß **§ 193 StGB** von Bedeutung. Die Medien können sich nur dann auf die Wahrnehmung berechtigter Interessen – mit der Folge der Straffreiheit – berufen, wenn die journalistische Sorgfaltspflicht eingehalten wurde (vgl hierzu 35. Abschnitt Rn 36 ff). 173

§ 10 RStV

§ 10 RStV Berichterstattung, Informationssendungen, Meinungsumfragen

(1) [1]Berichterstattung und Informationssendungen haben den anerkannten journalistischen Grundsätzen, auch beim Einsatz virtueller Elemente, zu entsprechen. [2]Sie müssen unabhängig und sachlich sein. [3]Nachrichten sind vor ihrer Verbreitung mit der nach den Umständen gebotenen Sorgfalt auf Wahrheit und Herkunft zu prüfen. [4]Kommentare sind von der Berichterstattung deutlich zu trennen und unter Nennung des Verfassers als solche zu kennzeichnen.

(2) Bei der Wiedergabe von Meinungsumfragen, die von Rundfunkveranstaltern durchgeführt werden, ist ausdrücklich anzugeben, ob sie repräsentativ sind.

A. Regelungszweck

Der Rundfunk (**Hörfunk und Fernsehen**) ist ebenso wie die Presse zur Beachtung von **journalistischen Sorgfaltspflichten** verpflichtet. Diese Verpflichtung regelt der ins jeweilige Landesrecht transformierte § 10 RStV für den Rundfunk. 174

Der RStV gilt für Rundfunk in einem **dualen Rundfunksystem,** so dass sowohl der öffentlich-rechtliche als auch der private Rundfunk in gleichem Maße den Bestimmungen dieses Vertrages und damit auch den Grundsätzen zur journalistischen Sorgfaltspflicht unterliegen. 175

Vereinzelt finden sich in den Gesetzen der Bundesländer ergänzende rundfunkbezogene Bestimmungen zur journalistischen Sorgfalt. Grundlagen sind die jeweiligen **rundfunkbezogenen Landesgesetze** für den öffentlich-rechtlichen Rundfunk sowie die **Landesmediengesetze** für den privaten Rundfunk. Konkrete Vorgaben für journalistische Sorgfaltspflichten enthalten aber nur wenige von ihnen, zB das 176

Landesmediengesetz Baden-Württemberg vom 19.7.1999:

- *§ 3 Abs. 3: „Berichterstattung und Informationssendungen haben den anerkannten journalistischen Grundsätzen zu entsprechen. Sie müssen unabhängig und sachlich sein. Nachrichten und Berichte sind vor ihrer Verbreitung mit der nach den Umständen gebotenen Sorgfalt auf Wahrheit und Herkunft zu prüfen. Noch nicht ausreichend verbürgte Nachrichten und Berichte dürfen nur veröffentlicht werden, wenn sie mit einem erkennbaren Vorbehalt versehen sind. Tatsachenbehauptungen, die sich als falsch erwiesen haben, sind unverzüglich und angemessen richtig zu stellen. Kommentare sind von der Berichterstattung deutlich zu trennen und unter Nennung des Verfassers als solche zu kennzeichnen."*
- *§ 3 Abs. 4: „Die Personen oder Stellen, die durch eine Nachricht oder einen Bericht wesentlich betroffen werden, sollen vor der Verbreitung nach Möglichkeit gehört werden. Sendungen, die in den Privatbereich einer Person ohne deren Einwilligung eingreifen, sind nur zulässig, soweit der Eingriff in den Privatbereich im Einzelfall durch das Informationsinteresse der Öffentlichkeit ge-*

fordert wird und in angemessenem Verhältnis zur Bedeutung der Sache für die Öffentlichkeit steht. Die Intimsphäre ist in jedem Fall zu achten.“

177 In einigen Bundesländern werden die in den Landespressegesetzen normierten Sorgfaltsanforderungen auf den Rundfunk erstreckt, so zB in Bremen im

Gesetz über die Presse vom 16.3.1965:

§ 25 Abs. 1: „Die Grundsätze der Freiheit der Presse (§ 1), der öffentlichen Aufgabe der Presse (§ 3), des Informationsrechts der Presse (§ 4), der Sorgfaltspflicht der Presse (§ 6) gelten auch für den Rundfunk“

B. Sorgfaltspflichten für die Veranstaltung und die Verbreitung von Rundfunk

178 Nach § 10 RStV hat der Rundfunk die „anerkannten journalistischen Grundsätze“ zu beachten. Anerkannt sind die allgemeinen Sorgfaltspflichten, wie sie für § 6 LPG in diesem Abschnitt dargestellt sind. Damit unterliegen Hörfunk und Fernsehen denselben Sorgfaltspflichten wie die Presse (BGH Beschl. v. 19.4.2005 – VI ZR 275/04, ZUM-RD 2005, 434 f; s. ausführlich zu den Sorgfaltspflichten oben Rn 21 ff).

179 Teilweise wird berücksichtigt, dass Berichterstattungen im Fernsehen und im Hörfunk für den Betroffenen eine verstärkte nachteilige Wirkung haben können. So soll ein verurteilter Straftäter auch nach seiner Entlassung hinzunehmen haben, dass eine alte Zeitungsmeldung, in der unter Nennung seines Namens über seine Tat berichtet wird, im Internet abrufbar gehalten wird, während er eine Fernsehsendung solchen Inhalts nicht hinzunehmen hätte (so BGH Urt. v. 15.12.2009, NJW 2010, 757 ff, 758 f in Abgrenzung zu BVerfG Urt. v. 5.6.1973, BVerfGE 35, 202 ff, 233 ff – Lebach). Im Gesetz findet der Gedanke, dass Eingriffe in geschützte Rechte durch eine Bild- und Tonberichterstattung schwerer wiegen können als eine Berichterstattung in Printmedien seinen Niederschlag in § 169 Satz 2 GVG, wonach zum Zweck der Veröffentlichung vorgenommene Ton- und Fernseh-Rundfunkaufnahmen sowie Ton- und Filmaufnahmen aus dem **Gerichtssaal** unzulässig sind. Allerdings hält das BVerfG es für geboten, bei besonderes Aufsehen erregenden Verfahren den Rundfunkanstalten und -unternehmen außerhalb der Gerichtsverhandlung – aber bei Anwesenheit der Prozessbeteiligten – die Anfertigung von Aufnahmen im Gerichtssaal zum Zweck von deren Veröffentlichung zu ermöglichen (BVerfG Beschl. v. 27.11.2008, NJW 2009, 350 ff, 351 f).

180 Neben den gesetzlichen Grundlagen zur Geltung der allgemeinen journalistischen Sorgfaltspflichten für den Rundfunk existieren auch für Rundfunkjournalisten **Richtlinien und berufsethische Grundsätze**, die zwar keine Normenqualität aufweisen, jedoch ähnlich wie der Pressekodex Anhaltspunkte für eine den Sorgfaltspflichten genügende Berichterstattung liefern. So stellt der Deutsche Journalistenverband (DJV) „Qualitätskriterien für den öffentlich-rechtlichen Rundfunk“ auf (veröffentlicht unter www.djv.de), die u.a. Richtlinien für Rundfunkjournalisten enthalten. Die anerkannten allgemeinen Sorgfaltspflichten werden dort teilweise wiederholt und konkretisiert. Darüber hinaus werden weitere Grundsätze für eine faire und die **Persönlichkeitsrechte Dritter achtende Berichterstattung** aufgestellt, zB, dass Einschaltquoten und damit verbunden die Konkurrenz mit den Privaten in den Hörfunk-, Fernseh- und Internet-Angeboten des öffentlich-rechtlichen Rundfunks nicht zu einer Verwässerung der journalistischen Grundsätze führen dürfen, dass Talkformate und Spielshows keine voyeuristischen Tendenzen bedienen sollen, Nachrichten oder Behauptungen, insbesondere personenbezogener Art, die sich nachträglich als falsch erweisen, in den Sendungen unverzüglich freiwillig in angemessener Weise richtiggestellt oder Symbolfotos als solche erkennbar gemacht werden.

181 Bei Hörfunk, Fernsehen und auch elektronischen Medien gelten Besonderheiten im Hinblick auf die Ausstrahlung rechtsverletzender Äußerungen Dritter in einer **Live-Sendung**. Präsentiert ein Fernsehsender sich mit einer solchen Sendung lediglich als „Markt der Meinungen“, indem er in ihr die Darstellung verschiedener Meinungen ermöglicht, macht er sich die im Rahmen einer Live-Sendung ohne Distanzierung ausgestrahlten Äußerungen Dritter grundsätzlich nicht zu eigen (vgl BGH Urt. v. 6.4.1976, NJW 1976, 1198 ff, 1199 – Panorama). Eine Haftung des Senders neben oder anstelle des sich Äußernden kommt in diesen Fällen grundsätzlich nicht in Betracht (vgl BGH Urt. v. 6.4.1976, NJW 1976, 1198 ff, 1199 – Panorama; BGH Urt. v. 30.1.1996, NJW 1996, 1131 ff, 1132). Anderenfalls könnte der Rundfunk seine zentrale Aufgabe, die Darstellung der Meinungsvielfalt, nicht sachgerecht wahrnehmen. Diese Art der Darbietung hat in den Printmedien naturgemäß keine Entsprechung, und auch Internetveröffentlichungen – etwa Internetforen – können damit nicht verglichen

werden; für sie gilt diese Einschränkung der Verbreiterhaftung daher nicht (BGH Urt. v. 27.3.2007, NJW 2007, 2558 f, 2559). Eine Verantwortlichkeit des Senders besteht aber dann, wenn die rechtsverletzenden Äußerungen derart in die eigene kritische Stellungnahme der Autoren der Sendung eingebettet werden, dass die Sendung insgesamt als eine „lediglich mit verteilten Rollen gesprochene eigene Kritik des Fernsehens" erscheint (BGH Urt. v. 6.4.1976, NJW 1976, 1198 ff, 1200 – Panorama).

Selten werden sich Konflikte im Hinblick auf den Bereich des **Datenschutzes** ergeben; denn insoweit greift das in mehreren Bestimmungen normierte **Medienprivileg** (zB § 41 Abs. 1 BDSG, § 57 RStV, § 16 Deutschlandradio-Staatsvertrag). Selbst dann, wenn in dem Verbreiten einer Nachricht ein „Verarbeiten" personenbezogener Daten der von dem Beitrag betroffenen Person iSd § 3 BDSG liegen sollte, wäre die Veröffentlichung solcher journalistisch-redaktioneller Beiträge weder von einer Einwilligung des Betroffenen noch von einer ausdrücklichen gesetzlichen Ermächtigung iSd § 4 BDSG abhängig, weil nach dem Medienprivileg nur die für das Datengeheimnis und für die Datensicherung maßgeblichen Vorschriften des BDSG entsprechend gelten. Das Medienprivileg ist ein Ausfluss der in Art. 5 Abs. 1 Satz 2 GG verankerten Presse- bzw Rundfunkfreiheit; denn ohne die Erhebung, Verarbeitung und Nutzung personenbezogener Daten auch ohne Einwilligung der jeweils Betroffenen wäre journalistische Arbeit nicht möglich. Voraussetzung der datenschutzrechtlichen Privilegierung eines Beitrags ist, dass er ausschließlich zu eigenen journalistisch-redaktionellen Zwecken des Senders verbreitet wird. Das ist der Fall, wenn die Zielrichtung in einer Veröffentlichung für einen unbestimmten Personenkreis besteht und die Absicht einer Berichterstattung iSd Art. 5 Abs. 1 Satz 2 GG gegeben ist. Damit ist die Recherche, Redaktion, Veröffentlichung, Dokumentation und auch die Archivierung personenbezogener Daten zu publizistischen Zwecken umfassend geschützt (BGH Urt. v. 15.12.2009, NJW 2010, 757 ff, 759 f). 182

Auch bei Sendungen aus dem **Ausland**, die im Inland empfangen werden können, kann deutsches Recht anwendbar und können deutsche Gerichte zuständig sein, mit der Folge, dass negative Sanktionen drohen, wenn bei ihrer Erstellung nicht die für inländische Sendungen geltenden Sorgfaltsmaßstäbe eingehalten worden sind. Dafür reicht die bloße technische Möglichkeit, das Programm im Inland zu empfangen, allerdings nicht aus. Erforderlich ist eine gezielte Sendung auf deutschem Gebiet, etwa über eine mit dem Willen des Senders erfolgende Einspeisung des Programms in ein deutsches Breitbandkabelnetz, oder, wenn eine solche gezielte Verbreitung in Deutschland nicht gegeben ist, als inhaltliches Kriterium der Sendung ein über die bloße Empfangsmöglichkeit im Inland hinausgehender spezifischer Inlandsbezug. Hierfür ist entscheidend, ob die rechtsverletzenden Inhalte objektiv einen deutlichen Bezug zum Inland in dem Sinne aufweisen, dass eine Kollision der widerstreitenden Interessen, nämlich des Interesses der von der Berichterstattung betroffenen Person an der Achtung ihrer Rechte einerseits und des Interesses des Senders an der Gestaltung seiner Programme andererseits, nach den Umständen des konkreten Falls, insbesondere aufgrund des Inhalts der beanstandeten Meldung, im Inland tatsächlich eingetreten sein kann oder eintreten kann (s. BGH Urt. v. 2.3.2010, NJW 2010, 1752 ff zur Zuständigkeit deutscher Gerichte für Beanstandungen von Inhalten im Internet, die im Ausland eingespeist und in Deutschland abrufbar sind). Der Beurteilung deutschen Rechts unterliegen dann aber nur die in Deutschland eingetretenen oder drohenden Auswirkungen der Sendung (EuGH Urt. v. 7.3.1995, NJW 1995, 1881 ff, 1882 zur Verbreitung von Printmedien). Ein etwaiger Unterlassungsausspruch eines deutschen Gerichts ist auf das Verbot zu beschränken, die rechtswidrige Äußerung im Bereich der Bundesrepublik Deutschland erneut zu verbreiten (s. zB OLG Hamburg Urt. v. 3.6.2008 – 7 U 9/08; LG Hamburg Beschl. v. 9.7.2009 – 308 O 332/09). 183

C. Träger der Sorgfaltspflichten im Rundfunk

Träger der Sorgfaltspflichten im Bereich Rundfunk sind wie bei den Printmedien alle, die bei der Vorbereitung, Herstellung und Verbreitung des in Rede stehenden Beitrages mitwirken. In Betracht kommen vor allem die ausstrahlende Sendeanstalt bzw das ausstrahlende Sendeunternehmen, weil sie mit ihren sachlichen und personellen Mitteln die Ausstrahlung der Sendung ermöglichen (vgl BGH Urt. v. 6.4.1976, NJW 1976, 1198 ff, 1199 – Panorama), daneben aber auch das die Sendung herstellende Produktionsunternehmen. Geht die drohende Rechtsverletzung von seinem Verhalten aus, hat auch der Sprecher oder der Moderator einer Sendung die journalistische Sorgfalt zu wahren (vgl OLG Hamm Urt. v. 4.2.2004, NJW-RR 2004, 919 ff zur Passivlegitimation des Moderators und der Produktionsfirma hinsichtlich eines ehrenrührigen Beitrages im Rahmen einer Fernsehsendung). Der Intendant einer Fernsehanstalt haftet – ähnlich einem Herausgeber oder Chefredakteur – für ausge- 184 strahlte Fernsehbeiträge persönlich nur, sofern ihm selbst eine deliktische Handlung zur Last fällt, wie etwa bei einem ihm persönlich zurechenbaren Organisations- und Überwachungsverschulden (vgl OLG Köln Urt. v. 17.5.2005, NJW 2005, 2554 ff, 2555 – Dschihad-Prediger). Die öffentlich-rechtlichen Sendeanstalten sind bei Rechtsverletzungen durch von ihnen ausgestrahlte Programme wie privatrechtlich tätige Verbreiter zu behandeln (BGH Urt. v. 6.4.1976, NJW 1976, 1198 ff, 1199).

D. Rechtsfolgen

185 Für die Rechtsfolgen eines Verstoßes gegen die Verpflichtungen aus dem RStV gelten die Ausführungen zu § 6 LPG entsprechend (Rn 171 ff). Auch § 10 RStV selbst knüpft an die Verletzung der dort festgeschriebenen journalistischen Sorgfaltspflichten **keine direkte Sanktion**. Die Rechtsfolgen ergeben sich aus den **allgemeinen Gesetzen** (s. zu den medienzivilrechtlichen Ansprüchen Abschnitte 41–49).

§ 54 RStV iVm § 1 Abs. 4 TMG: Telemedien

§ 54 RStV Allgemeine Bestimmungen

(1) [1]Telemedien sind im Rahmen der Gesetze zulassungs- und anmeldefrei. [2]Für die Angebote gilt die verfassungsmäßige Ordnung. [3]Die Vorschriften der allgemeinen Gesetze und die gesetzlichen Bestimmungen zum Schutz der persönlichen Ehre sind einzuhalten.

(2) [1]Telemedien mit journalistisch-redaktionell gestalteten Angeboten, in denen insbesondere vollständig oder teilweise Inhalte periodischer Druckerzeugnisse in Text oder Bild wiedergegeben werden, haben den anerkannten journalistischen Grundsätzen zu entsprechen. [2]Nachrichten sind vom Anbieter vor ihrer Verbreitung mit der nach den Umständen gebotenen Sorgfalt auf Inhalt, Herkunft und Wahrheit zu prüfen.

(3) Bei der Wiedergabe von Meinungsumfragen, die von Anbietern von Telemedien durchgeführt werden, ist ausdrücklich anzugeben, ob sie repräsentativ sind.

§ 1 TMG Anwendungsbereich

(1) [1]Dieses Gesetz gilt für alle elektronischen Informations- und Kommunikationsdienste, soweit sie nicht Telekommunikationsdienste nach § 3 Nr. 24 des Telekommunikationsgesetzes, die ganz in der Übertragung von Signalen über Telekommunikationsnetze bestehen, telekommunikationsgestützte Dienste nach § 3 Nr. 25 des Telekommunikationsgesetzes oder Rundfunk nach § 2 des Rundfunkstaatsvertrages sind (Telemedien). [2]Dieses Gesetz gilt für alle Anbieter einschließlich der öffentlichen Stellen unabhängig davon, ob für die Nutzung ein Entgelt erhoben wird.

(2) Dieses Gesetz gilt nicht für den Bereich der Besteuerung.

(3) Das Telekommunikationsgesetz und die Pressegesetze bleiben unberührt.

(4) Die an die Inhalte von Telemedien zu richtenden besonderen Anforderungen ergeben sich aus dem Staatsvertrag für Rundfunk und Telemedien (Rundfunkstaatsvertrag).

(5) Dieses Gesetz trifft weder Regelungen im Bereich des internationalen Privatrechts noch regelt es die Zuständigkeit der Gerichte.

(6) Die besonderen Bestimmungen dieses Gesetzes für audiovisuelle Mediendienste auf Abruf gelten nicht für Dienste, die

1. **ausschließlich zum Empfang in Drittländern bestimmt sind und**
2. **nicht unmittelbar oder mittelbar von der Allgemeinheit mit handelsüblichen Verbraucherendgeräten in einem Staat innerhalb des Geltungsbereichs der Richtlinie 89/552/EWG des Rates vom 3. Oktober 1989 zur Koordinierung bestimmter Rechts- und Verwaltungsvorschriften der Mitgliedstaaten über die Ausübung der Fernsehtätigkeit (ABl. L 298 vom 17. 10. 1989, S. 23), die zuletzt durch die Richtlinie 2007/65/EG (ABl. L 332 vom 18. 12. 2007, S. 27) geändert worden ist, empfangen werden.**

A. Regelungszweck

Seit 2007 ist das **TMG** in Kraft, welches das bis dahin geltende TDG, TDDSG sowie den MDStV ablöst. Mit dem TMG wird nicht mehr zwischen Medien- und Telediensten unterschieden. Diese sind nunmehr in dem Begriff der **„Telemedien"** zentral zusammengeführt. Ergänzend zum TMG gilt der RStV, der inhaltsbezogene Vorschriften für Telemedien enthält (s. zum TMG *Hoeren*, NJW 2007, 801 ff; *Roßnagel*, NVwZ 2007, 743 ff). 186

Telemedien im Sinne des § 1 Abs. 1 TMG gehören nicht zur verkörperten Presse und unterfallen damit nicht dem **Pressebegriff.** Dennoch gelten für elektronische Medien dann **journalistische Sorgfaltspflichten**, wenn ihr Angebot journalistisch-redaktionell gestaltet ist. An nicht presseartig gestaltete Veröffentlichungen, die von „privaten" Verbreitern (Rn 6) in das Internet eingestellt werden und die erkennbar nicht redaktionell, sondern von dem eingeschränkten Erkenntnishorizont des Einzelnen aus gestaltet sind, sind weniger hohe Anforderungen zu stellen; ein solcher Verbreiter darf insbesondere zunächst darauf vertrauen, dass unwidersprochen gebliebene Pressemeldungen zutreffend seien (vgl BVerfG Beschl. v. 9.10.1991, NJW 1992, 1439 ff zur Veröffentlichung eines Flugblatts). 187

§ 1 Abs. 4 TMG verweist bezüglich der Anforderungen an die Inhalte von Telemedien auf den RStV. Dieser bestimmt in § 54 Abs. 2, dass „Telemedien **mit journalistisch-redaktionell gestalteten Angeboten,** in denen insbesondere vollständig oder teilweise Inhalte periodischer Druckerzeugnisse in Text oder Bild wiedergegeben werden", den „anerkannten journalistischen Grundsätzen" zu entsprechen haben und Nachrichten vor ihrer Verbreitung vom Anbieter mit der „nach den Umständen gebotenen Sorgfalt" auf „Inhalt, Herkunft und Wahrheit" zu überprüfen sind. Ergänzend bestimmt **§ 54 Abs. 1 RStV** die Geltung der verfassungsmäßigen Ordnung, der allgemeinen Gesetze und der Vorschriften zum Schutz der persönlichen Ehre für Telemedien. 188

Die Bestimmungen in § 54 RStV und § 1 TMG dienen dem Zweck, die für die Presse und den Rundfunk **geltenden Sorgfaltsmaßstäbe** in gleichem Maße für die journalistische Arbeit in den **elektronischen Medien** festzuschreiben. Die Pflichten sind damit von jedem zu befolgen, der Telemedien im Sinne des § 1 Abs. 4 TMG und § 54 Abs. 2 RStV anbietet. 189

B. Journalistische Sorgfaltspflichten im Bereich der Telemedien

I. Beachtung der anerkannten journalistischen Grundsätze

Durch Bezugnahme auf die allgemeinen Gesetze sowie die anerkannten journalistischen Grundsätze sind Anbieter im Bereich der Telemedien denselben Sorgfaltspflichten unterworfen wie die Presse und der Rundfunk, soweit die Dienste der **Berichterstattung** dienen und **journalistisch-redaktionell gestaltete Angebote** enthalten. Der gemäß § 276 Abs. 2 BGB erforderliche Sorgfaltsmaßstab („im Verkehr erforderliche Sorgfalt") ist damit auch im Bereich der elektronischen Medien anzuwenden. § 54 Abs. 2 Satz 2 RStV übernimmt im Wesentlichen die Formulierung aus § 6 LPG und verpflichtet die Anbieter zur Wahrheitsprüfung, einschließlich der Prüfung auf Inhalt und Herkunft einer Nachricht (vgl zur publizistischen Sorgfalt bei redaktionellen Internetangeboten ausführlich *Rhode*, 166 ff; Spindler/Schuster/*Smid,* § 54 RStV Rn 9 ff). 190

Durch die spezialgesetzliche Regelung im RStV und dem TMG werden die **Sorgfaltspflichten** für Berichterstattungen in Telemedien nicht beschränkt oder erweitert. Die Regelung stellt lediglich klar, dass sie auch für das in Rede stehende Medium und die Anbieter von Diensten der Telemedien gelten (BGH Urt. v. 30.6.2009, NJW-RR 2009, 1413 ff, 1413 f). Das TMG enthält in seinen §§ 7 bis 10 besondere Vorschriften über die „Verantwortlichkeit" von elektronischen Informations- und Kommunikationsdiensten, mit denen den Besonderheiten von Internetveröffentlichungen Rechnung getragen werden soll. Diese gelten indessen nicht für Unterlassungsansprüche (BGH Urt. v. 19.4.2007, NJW 2007, 2636 ff, 2637); ob sie für das Legen von Links auf Internetauftritte Dritter gelten, ist zweifelhaft (s. Spindler/Schuster/*Hoffmann*, Rn 38 vor § 7 TMG). Soweit das Bestehen von Ansprüchen von der Einhaltung bzw Nichteinhaltung publizistischer Sorgfalt abhängt, gelten die allgemeinen Grundsätze, wenn sich nicht – wie etwa für den Bereich der Internetforen (unten Rn 213 ff) – eigenständige Grundsätze herausgebildet haben. Von den Bestimmungen über den **Datenschutz** sind die Anbieter journalistisch-redaktioneller Beiträge durch das Medienprivileg weitgehend freigestellt (Rn 182). 191

II. Geltung der Sorgfaltspflichten für journalistisch-redaktionell gestaltete Angebote

192 § 54 Abs. 2 RStV bestimmt die Geltung der allgemeinen journalistischen Sorgfaltspflichten für „Telemedien mit **journalistisch-redaktionell gestalteten Angeboten,** in denen insbesondere vollständig oder teilweise **Inhalte periodischer Druckerzeugnisse in Text oder Bild wiedergegeben** werden“. Damit sollen die Sorgfaltspflichten nur für solche Angebote gelten, die eine gewisse Ähnlichkeit zu Presseerzeugnissen aufweisen, einen Beitrag zur Information der Öffentlichkeit und zur Meinungsbildung leisten und weitestgehend mit der journalistischen Arbeit in Presse und Rundfunk vergleichbar sind. Redaktionell gestaltet ist ein Angebot, wenn es dem Rezipienten vermittelt, dass Mitteilungen nicht ungefiltert weitergegeben, sondern bearbeitet oder jedenfalls auf ihren Inhalt überprüft und in eine als einheitliches Ganzes nach außen in Erscheinung tretende Gesamtpublikation eingebunden sind (vgl BGH Urt. v. 12.11.2009, GRUR 2010, 616 ff, 618 – Internetkochbuch). Journalistisch-redaktionell gestaltet ist ein solches Angebot, wenn in ihm in steter, nicht notwendig regelmäßiger Folge Beiträge über Themen von aktuellem Interesse verbreitet werden. Ob ein **journalistisch-redaktionell gestaltetes Angebot** vorliegt, ist stets anhand seiner nach außen hervortretenden **konkreten Gestaltung** zu beurteilen (KG Beschl. v. 10.7.2009, NJW-RR 2010, 1061 ff, 1061).

193 Die Abgrenzung zwischen journalistisch-redaktionell gestalteten und sonstigen Angeboten kann zu **Unsicherheiten** in der Praxis führen, da die Beantwortung der Frage, ob die Voraussetzungen des § 54 Abs. 2 RStV vorliegen, im Einzelfall – gerade für juristische oder journalistische Laien – nicht immer leicht vorzunehmen ist. Jedem ist heutzutage die Möglichkeit eröffnet, vor allem über das Internet, auf einfache Weise verschiedenste Inhalte einer breiten Öffentlichkeit zugänglich zu machen und damit aktiv am Kommunikationsprozess teilzunehmen, sei es zB durch die Veröffentlichung von Informationen auf einer selbst gestalteten Webseite, durch den Betrieb von Weblogs oder Podcasts, die Einstellung von Beiträgen in derartige Angebote oder die Übernahme von Einträgen daraus (s. zB LG Hamburg Urt. v. 16.5.2008, NJW-RR 2009, 699 f: Weiterverbreitung eines Beitrags aus einer Internetenzyklopädie). Im Bereich der Telemedien stellt sich, anders als im klassischen Journalismus, daher vermehrt die Frage, in welchem Umfang die publizistischen Sorgfaltspflichten Anbieter ohne journalistische Erfahrung treffen können. In jedem Fall ist von einem journalistisch-redaktionell gestalteten Angebot auszugehen, wenn **periodische Druckerzeugnisse in elektronischen Medien,** wie zB dem Internet, wiedergegeben werden, wie dies bei den **Online-Angeboten** von Zeitungen und Zeitschriften der Fall ist. Gleiches gilt für entsprechende Angebote von Hörfunk- oder Fernsehsendern (vgl BGH Urt. v. 15.12.2009, NJW 2010, 757 ff, 758 f: Mitschrift eines Hörfunkbeitrags).

194 Liegt hingegen **kein Bezugsmedium** vor, und handelt es sich um eine rein elektronische Publikation, kommt ein **Vergleich mit den herkömmlichen Medien** in Form von Druckwerken, Hörfunk oder Fernsehen in Betracht. Erfüllt das Angebot die Anforderungen von Aktualität, Publizität, Universalität und Periodizität und erweckt es bei dem Adressaten den Eindruck eines Presseerzeugnisses, liegt es nahe, von einer journalistisch-redaktionellen Gestaltung zu sprechen. Entscheidend ist demnach, ob das **Angebot als ein Beitrag zur Meinungsbildung und Information der Öffentlichkeit** angesehen werden kann und eine sinnvolle Auswahl und Zusammenstellung der einzelnen Beiträge erkennbar ist (zu bejahen zB für journalistisch anmutende **Nachrichtenblogs,** aber auch für themenbezogene Blogs). Auch als Einzelperson tätige Anbieter können der journalistischen Sorgfaltspflicht unterliegen, wenn ihr Angebot die oben dargelegten Grundsätze erfüllt.

195 Die Rechtsprechung hat die Frage der Abgrenzung von journalistisch-redaktionell gestalteten zu sonstigen Angeboten bislang erstaunlich selten beschäftigt (zB LG Düsseldorf Beschl. v. 29.4.1998, NJW-RR 1998, 1633 f); eine Ausnahme bildet die Frage, in welchem Umfang der **Betreiber eines Internetforums** für den Inhalt von Beiträgen haftet, die in ein von ihm eröffnetes, jedem Nutzer zugängliches Forum eingestellt werden (Rn 213 ff).

III. Verantwortlichkeit gemäß § 7 Abs. 2 TMG

196 Hinsichtlich der Schadensersatzansprüche begründenden, also **haftungsbegründenden Verantwortlichkeit** unterscheidet § 7 TMG, wie schon zuvor das TDG und der MDStV, zwischen **eigenen und fremden Informationen.** Diese im Grundsatz differenzierende Beurteilung der Verantwortlichkeit, je nachdem ob der Anbieter eigene oder fremde Inhalte einstellt oder zur Nutzung bereit hält, wirkt sich gleichermaßen auf die vom Diensteanbieter einzuhaltenden Sorgfaltspflichten aus (vgl ausführlich *Rhode*, 151 ff).

1. Eigene und fremde Informationen. § 7 Abs. 1 TMG bestimmt: *„Diensteanbieter sind für eigene Informationen, die sie zur Nutzung bereithalten, nach den allgemeinen Gesetzen verantwortlich."* 197

Damit gelten gemäß § 7 Abs. 1 TMG iVm § 54 Abs. 2 RStV für **eigene Informationen** in einem journalistisch-redaktionell gestalteten Angebot die anerkannten **journalistischen Sorgfaltspflichten** wie sie in den LPG und dem RStV niedergelegt und durch die Vorschriften des BGB, StGB und UWG näher bestimmt sind (vgl BGH Urt. v. 30.6.2009, NJW-RR 2009, 1413 ff, 1413 f). 198

„Informationen" sind alle Angaben, die im Rahmen des jeweiligen Telemediendienstes übermittelt oder gespeichert werden. „Eigene Informationen" im Sinne des TMG sind sämtliche Informationen, die der Diensteanbieter selbst herstellt und sodann über ein elektronisches Medium, zB das Internet, verbreitet, veröffentlicht oder auf sonstige Weise öffentlich zugänglich macht (vgl OLG München Urt. v. 3.2.2000, MMR 2000, 617 ff, 618 f). Zu eigenen Informationen gehören auch Inhalte, die zwar von **Dritten** geschaffen wurden, die der Anbieter aber für sein Angebot **ohne eine Distanzierung übernimmt** (OLG Köln Urt. v. 28.5.2002, NJW-RR 2002, 1700 f, 1701). Wer zB Texte oder Fotos für seine Internetpräsentation herstellen lässt, stellt diese als eigene Inhalte ins Netz (vgl BGH Urt. v. 12.11.2009, GRUR 2010, 616 ff, 618). 199

Nach der Rechtsprechung sind fremde Informationen wie eigene zu behandeln, wenn sich der Diensteanbieter **fremde Informationen Dritter zu eigen macht** (BGH Urt. v. 12.11.2009, GRUR 2010, 616 ff, 618; OLG Köln Urt. v. 28.5.2002, NJW-RR 2002, 1700 f, 1701; allgemein zum Zueigenmachen s. BGH Urt. v. 30.1.1996, NJW 1996, 1131 ff, 1131 – Lohnkiller). Wann ein Zueigenmachen vorliegt, hängt maßgeblich davon ab, ob nach den Umständen des Einzelfalles für den durchschnittlichen Nutzer der Eindruck entsteht, als handele es sich um einen eigenen Inhalt des Anbieters. Der innere Wille des Anbieters oder Content-Providers ist in diesem Zusammenhang nicht maßgeblich. Entscheidend ist die nach außen zum Ausdruck gebrachte (vgl BGH Urt. v. 12.11.2009, GRUR 2010, 616 ff, 618) Art der Datenübernahme, ihr Zweck und die konkrete Präsentation der fremden Daten durch den Übernehmenden (OLG Köln Urt. v. 28.5.2002, NJW-RR 2002, 1700 f, 1701). Es ist erforderlich, dass der Anbieter den fremden Inhalt **bewusst ausgewählt** und aufgrund dieser bewussten Entscheidung in sein Angebot aufgenommen hat. Die einzelnen Informationen müssen dem Anbieter konkret bekannt sein; eine generelle Entscheidung, Informationen Dritter in ein Angebot aufzunehmen, reicht für ein Zueigenmachen nicht aus (für eine zurückhaltende Sichtweise BVerfG Beschl. v. 25.6.2009, NJW-RR 2010, 470 ff, 472 f). Im Hinblick auf die Zurechnung fremder Informationen im Bereich der Telemedien können die **presserechtlichen Kriterien** Anwendung finden. 200

Ein Zueigenmachen fremder Informationen scheidet dann aus, wenn sich der Anbieter von den entsprechenden Informationen **eigens und ernsthaft distanziert** hat. Eine solche Distanzierung erfordert ein eigenes Verhalten des Verbreiters, aus dem erkennbar wird, dass er sich die verbreitete Äußerung nicht als eigene zurechnen lassen will. An eine solche Distanzierung dürfen aber keine überhöhten Anforderungen gestellt werden (BVerfG Beschl. v. 25.6.2009, NJW-RR 2010, 470 ff, 472 f; s. auch BGH Urt. v. 17.11.2009, NJW 2010, 760 ff – Interviewäußerung). Ein allgemeiner Hinweis auf einer Homepage in Form eines sog. **Disclaimers**, der eine Haftung für fremde Inhalte ausschließen soll, kann für eine ernsthafte und ausreichende Distanzierung ebenso wenig ausreichend sein wie die bloße Beschränkung auf eine **ausdrückliche Kennzeichnung fremder Inhalte** (vgl OLG Köln Urt. v. 28.5.2002, NJW-RR 2002, 1700 f, 1701), es sei denn, es handelt sich erkennbar um eine bloße Zusammenstellung fremder Beiträge im Sinne eines Pressespiegels (vgl BVerfG Beschl. v. 25.6.2009, NJW-RR 2010, 470 ff, 472 f). Entscheidend bleibt immer die konkrete Gestaltung des Angebots. Ermöglicht zB ein Anbieter unter seiner Domain die Einrichtung von Communities, in die Nutzer Inhalte einstellen können, so reicht ein Hinweis des Anbieters auf die Fremdheit der Informationen und fehlende Haftung für den Inhalt der Website zur Distanzierung nicht aus, wenn er die Infrastruktur der Communities sowie deren bildliche und textliche Ausgestaltung vorgibt und diese in die eigenen Internetseiten vollständig einbettet und mit werbenden Aussagen für eigene Produktangebote einrahmt (OLG Köln Urt. v. 28.5.2002, NJW-RR 2002, 1700 f, 1701; vgl auch BGH Urt. v. 27.3.2007, NJW 2007, 2558 f zur Frage der Haftung eines Forenbetreibers für Inhalte Dritter). 201

Ob bei moderierten News-Groups, Chat-Foren, Diskussionsforen, Gästebüchern oder Communities ein Zueigenmachen gegeben ist, hängt vom Einzelfall ab. Bei einer Ansammlung unterschiedlicher, ja konträrer Meinungen wird es eher ausscheiden. Es kann aber insbesondere dann gegeben sein, wenn die Inhalte vom Moderator in eine bestimmte Richtung gelenkt werden und damit die Äußerung bestimmter Inhalte provoziert wird (vgl BGH Urt. v. 27.3.2007, NJW 2007, 2558 f, 2559). 202

203 **2. Haftung für Links.** Die Frage der Verantwortlichkeit für Links bestimmt sich eigentlich nicht nach § 7 Abs. 1 bzw Abs. 2 TMG, sondern nach den allgemeinen Grundsätzen über die Verantwortlichkeit für die Verbreitung eigener oder fremder Äußerungen (Spindler/Schuster/*Hoffmann*, Rn 38 vor § 7 TMG; s. zB BGH Urt. v. 14.10.2010, NJW 2011, 2436 ff). Soweit es danach auf das Zueigenmachen einer Äußerung Dritter ankommt, kann dies auch durch Setzen eines Links erfolgen. Die Verantwortlichkeit für Links beschäftigt die Rechtsprechung immer wieder. Es geht dabei um die Haftung für die **Inhalte**, auf die durch den **Link verwiesen** wird, um **die Haftung für die Linksetzung** selbst, etwa wenn ohne Erlaubnis des Anbieters der Inhalte, auf die verwiesen wird, der Link gesetzt wird, oder um die Nutzung fremder Marken- oder Namensrechte im Link (vgl *Wilmer*, NJW 2008, 1845 ff). Ob eine Verantwortlichkeit gegeben ist, hängt von der **konkreten Ausgestaltung** im Einzelfall ab (BGH Urt. v. 18.10.2007, GRUR 2008, 534 ff, 536).

204 Seit einer BGH-Entscheidung aus dem Jahre 2003 (für den Fall einer Urheberrechtsverletzung BGH Urt. v. 17.7.2003, NJW 2003, 3406 ff – Paperboy; vgl danach BGH Urt. v. 1.4.2004, NJW 2004, 2158 ff) ist zumindest im Grundsatz klargestellt, dass das **Setzen eines Links** zu einer Datei auf einer fremden Website mit rechtlich geschützten oder rechtsverletzenden Inhalten für sich allein nicht eine **Zurechnung** der **fremden Inhalte** zum Linksetzer zur Folge hat. Der BGH sieht das Setzen eines Links nur als einen Hinweis auf fremde Inhalte und als eine Erleichterung des bereits geschaffenen Zugangs, wenn die Inhalte ohne technische Schutzmaßnahmen im Internet zugänglich gemacht wurden. Etwas anderes gilt, wenn bewusst auf offensichtlich strafbare Inhalte verwiesen wird oder jedenfalls erkennbar in Kauf genommen wird, dass die Verweise zu strafbaren Inhalten führen. Beispielhaft sei hier die Verlinkung mit Seiten volksverhetzenden, rassistischen oder pornographischen (BGH Urt. v. 18.10.2007, GRUR 2008, 534 ff, 536) Inhalten genannt.

205 Eine Haftung für die fremden Inhalte, auf die verwiesen wird, wird insbesondere dann zu bejahen sein, wenn der Linksetzende durch weitere Umstände (zB Frames, Inline-Linking, Begleittext) deutlich macht, dass er sich derart mit den fremden **Informationen identifiziert**, dass er erkennbar die Verantwortung dafür übernehmen will oder damit eigene Ausführungen ersetzt. Des Weiteren kann sich das Zueigenmachen aus der mit dem Internetauftritt umgesetzten Geschäftsidee ergeben, so etwa bei einem Angebot, das seinen Nutzern gezielt den Zugang zu Angeboten mit einem bestimmten Inhalt vermittelt (BGH Urt. v. 18.10.2007, GRUR 2008, 534 ff, 536).

206 Eine weitere Frage ist, ob der Linksetzende eine **Prüfungspflicht** bezüglich der Inhalte hat, auf die verlinkt wird. Die Überprüfung soll sich im Grundsatz nur auf **grobe und auch für einen juristischen Laien erkennbare Rechtsverstöße** beschränken (vgl BGH Urt. v. 1.4.2004, NJW 2004, 2158 ff, 2160). Im Übrigen sind die Umstände des Einzelfalles zu betrachten, insbesondere der Zweck des Links, Kenntnis des Linksetzenden von rechtswidrigen Inhalten auf der verlinkten Seite sowie die Möglichkeiten des Linksetzenden, die Rechtswidrigkeit der Inhalte, auf die verlinkt wird, zu erkennen (BGH Urt. v. 1.4.2004, NJW 2004, 2158 ff, 2160). Eine Prüfungspflicht ist jedenfalls dann begründet, wenn der Linksetzende **positive Kenntnis** von der Rechtswidrigkeit des Inhalts, auf den verlinkt wird, erlangt (vgl BGH Urt. v. 27.3.2007, NJW 2007, 2558 f, 2559 zur Haftung des Forenbetreibers). Durch Kenntnis eines offensichtlichen Rechtsverstoßes kann der den Link Setzende bei Untätigkeit vom Verletzten in die Pflicht genommen werden. Allerdings soll eine Verantwortlichkeit des den Link legenden Anbieters eines journalistisch-redaktionellen Angebots auch dann nicht gegeben sein, wenn er den Link zwar in Kenntnis des rechtswidrigen Inhalts der verlinkten Seite legt, die Verlinkung aber im Rahmen einer Berichterstattung über einen Gegenstand erfolgt, an dessen Mitteilung ein überwiegendes Informationsinteresse der Öffentlichkeit besteht: Das soll zB der Fall sein können bei einer Berichterstattung über den Inhalt eines Internetauftritts, der Rechte Dritter verletzt, so dass diese die Verlinkung auf den ihre Rechte verletzenden Internetauftritt ggf hinzunehmen haben (BGH Urt. v. 14.10.2010, NJW 2011, 2436 ff).

207 Auch dann, wenn ein Link nur den **Zugang** zu ohnehin **allgemein zugänglichen Quellen** erleichtert, dürfen im Interesse der Meinungs- und Pressefreiheit aus Art. 5 Abs. 1 GG keine zu strengen Anforderungen an die Prüfungspflicht gestellt werden (BGH Urt. v. 1.4.2004, NJW 2004, 2158 ff, 2160). Hat zB ein Anbieter einen Link auf einen Eintrag in einer Internetenzyklopädie gelegt, schuldet er keine Unterlassung und haftet nicht auf Schadensersatz, solange ihm nicht mitgeteilt wird, dass der Inhalt dieses Eintrags fehlerhaft ist. Diese Mitteilung setzt voraus, dass der rechtsverletzende Inhalt so genau bezeichnet ist, dass dem den Link Setzenden erkennbar wird, woraus sich die Rechtsverletzung ergeben soll (LG Hamburg Urt. v. 16.5.2008, NJW-RR 2009, 699 f). Wenn ein Presseunternehmen zur Er-

gänzung eines redaktionellen Artikels einen Link auf die Seite eines Anbieters von illegalen Glückspielen gesetzt hat, ohne sich den Inhalt, auf den verlinkt wird, zu eigen gemacht zu haben, liegt eine Verletzung der Prüfungspflicht nicht vor, solange sich ihm die Erkenntnis, dass die Veranstaltung von Online-Glückspielen im Inland auch dann strafbar ist, wenn sie im Internet aufgrund einer in einem Mitgliedstaat der EU erteilten Erlaubnis erfolgt, nicht geradezu aufdrängen musste (BGH Urt. v. 1.4.2004, NJW 2004, 2158 ff, 2160).

Da sich der Inhalt der Seite, auf die verlinkt wird, ständig ändern kann, stellt sich die Frage, ob der 208
Linksetzende eine **inhaltliche Veränderung** ständig **kontrollieren** muss. Dies dürfte nicht der Fall sein, weil die ständige Kontrolle aller verlinkten Inhalte kaum einem Anbieter zumutbar ist. Solange sich daher nicht förmlich aufdrängt, dass auf einen rechtswidrigen Inhalt verlinkt wird, oder eine entsprechende Kenntnis vermittelt wird, kann die Haftung des Linksetzenden für fremde Inhalte nur auf Ausnahmefälle beschränkt sein. Ein solcher ist zB gegeben, wenn dem Link Setzenden bekannt ist, dass auf der verlinkten Seite schon einmal oder gar wiederholt rechtswidrige Inhalte verbreitet worden sind; dann muss er sie im Auge behalten oder den Link löschen (vgl OLG Hamburg Urt. v. 2.7.2008, MMR 2008, 823 ff zu einer Verletzung von Urheberrechten). Zu beachten ist in diesem Zusammenhang, dass das Ausmaß der Distanzierung gegenüber dem Inhalt, auf den der Link Bezug nimmt, eine Rolle spielen kann: Je eher sich der Link als eine Art Empfehlung bestimmter Inhalte darstellt, je eher die in Bezug genommene verlinkte Seite sich in das eigene Angebot des Linksetzers integriert, desto mehr Kontrollpflichten sind dem Linksetzenden zumutbar, da er gegenüber dem Nutzer suggeriert, durch seine Auswahl die Inhalte als zumindest „artverwandt" ansehen zu wollen.

Die vorstehenden Ausführungen machen deutlich, dass es keine vom Einzelfall losgelöste Beurteilung 209
der Haftung für Links geben kann. Um den journalistischen Sorgfaltspflichten im Bereich der Telemedien Genüge zu tun, empfiehlt es sich, vor Verlinkung mit einem eigenen Angebot zunächst die Datei oder den Inhalt, auf den verlinkt wird, auf offensichtliche und für einen Laien erkennbare Rechtsverstöße zu überprüfen. Liegt eine offensichtliche Rechtswidrigkeit vor und ist diese erkennbar, hat die Linksetzung zu unterbleiben. Eine tiefergehende **Rechtsprüfung** ist angebracht, wenn **Inline-Linking oder Framing** vorgenommen wird oder wenn der Link derart in den eigenen Aufbau integriert ist, dass man von einer wirklichen Distanzierung nicht mehr sprechen kann.

3. Kontrolle fremder Inhalte. § 7 Abs. 2 TMG lautet: 210

„Diensteanbieter im Sinne der §§ 8 bis 10 sind nicht verpflichtet, die von ihnen übermittelten oder gespeicherten Informationen zu überwachen oder nach Umständen zu forschen, die auf eine rechtswidrige Tätigkeit hinweisen. Verpflichtungen zur Entfernung oder Sperrung der Nutzung von Informationen nach den allgemeinen Gesetzen bleiben auch im Falle der Nichtverantwortlichkeit des Diensteanbieters nach den §§ 8 bis 10 unberührt. Das Fernmeldegeheimnis nach § 88 des Telekommunikationsgesetzes ist zu wahren."

Diese Bestimmung hat Bedeutung für den Bereich einer Verschulden voraussetzenden Haftung; denn 211
die §§ 8 bis 10 TMG gelten nicht für Unterlassungsansprüche, so dass es insoweit bei den allgemeinen Grundsätzen bleibt (BGH Urt. v. 19.4.2007, NJW 2007, 2636 ff, 2637). Im Übrigen sind Anbieter, die fremde Informationen in einem Kommunikationsnetz übermitteln (§ 8 TMG, zB Access-Provider), fremde Informationen zur beschleunigten Übermittlung zwischenspeichern (§ 9 TMG) oder fremde Informationen für einen Nutzer speichern (§ 10 TMG), nicht verpflichtet, die von ihnen übermittelten oder gespeicherten Informationen zu überwachen oder nach Umständen zu forschen, die auf eine rechtswidrige Tätigkeit hinweisen. Diese **Haftungsprivilegierung** schließt eine allgemeine Überwachungspflicht für die entsprechenden Anbieter aus. Die Pflicht des Diensteanbieters, fremde Informationen zu entfernen oder zu sperren, setzt hingegen mit **Kenntnis** von Umständen ein, die auf eine Rechtswidrigkeit schließen lassen. In einem solchen Fall hat der Diensteanbieter unverzüglich tätig zu werden; anderenfalls handelt er schuldhaft – mit den entsprechenden zivilrechtlichen Haftungsfolgen.

Sobald ein Diensteanbieter, zB zur Sicherung der Qualität seines Angebots, **Kontrollen fremder Inhalte** durchführt und auf diese ausdrücklich hinweist, läuft er Gefahr, seine Haftungsprivilegierung zu verlieren, da der Nutzer davon ausgeht, dass alle eingestellten Inhalte vorab vom Anbieter kontrolliert und freigegeben wurden (BGH Urt. v. 18.10.2007, GRUR 2008, 534 ff, 536). Wer mit einer Vorkontrolle fremder Inhalte wirbt, riskiert die **Zurechnung jener Inhalte** (BGH Urt. v. 12.11.2009, GRUR 2010, 616 ff, 618). 212

IV. Besondere Sorgfaltspflichten im Internet

213 **1. Betrieb von Internetforen.** Die Frage, in welchem Umfang der Betreiber eines Internetforums für den Inhalt von Beiträgen haftet, die in ein von ihm eröffnetes, jedem Nutzer zugängliches Forum eingestellt werden, hat die Rechtsprechung wiederholt beschäftigt (s. den Überblick in *Damm/Rehbock/Smid,* Rn 737 ff und *von Nieland,* NJW 2010, 1494 ff). **Meinungs-und Diskussionsforen** sind jedenfalls insoweit der Presse ähnlich, als sie dem freien Austausch von Informationen dienen, sie unterscheiden sich von der Presse aber dadurch, dass die in sie eingestellten Beiträge nicht vor ihrer Veröffentlichung redaktionell bearbeitet oder überprüft werden. Andererseits kann der Betrieb eines Internetforums nicht mit der Veranstaltung einer Live-Sendung im Fernsehen verglichen werden, weil bei ihnen immerhin die theoretische Möglichkeit der Überprüfung ihrer Inhalte vor einer Freigabe besteht; für sie gelten die dem Rundfunkverbreiter zugutekommenden Einschränkungen der Verbreiterhaftung daher nicht (BGH Urt. v. 27.3.2007, NJW 2007, 2558 f, 2559). Dennoch würde eine generelle Verpflichtung des Betreibers zu einer vorherigen „Eingangskontrolle" die Möglichkeiten des freien Meinungsaustausches in grundrechtswidriger Weise beschränken. Eine solche Verpflichtung besteht daher nicht (OLG Hamburg Urt. v. 22.8.2006, AfP 2006, 565 ff, 566).

214 Es hat sich vielmehr die vermittelnde Linie herausgebildet, dass bei Foren, die in solcher Anzahl oder in solchem Umfang betrieben werden, dass ihre Inhalte nicht mit zumutbarem Aufwand kontrolliert werden können, den Betreiber nicht ohne Weiteres die Pflicht trifft, die Foreneinträge auf ihren Inhalt zu überprüfen. Diese Pflicht trifft ihn allerdings dann, wenn er **Kenntnis von einzelnen Beiträgen** erlangt, etwa weil derjenige, der meint, dass ihn ein Beitrag in seinen Rechten verletze, sich bei dem Forenbetreiber beschwert oder ihn förmlich abmahnt (BGH Urt. v. 27.3.2007, NJW 2007, 2558 f, 2559). Das gilt auch, wenn es sich bei dem eingestellten Inhalt um ein Bild handelt (BGH Urt. v. 17.12.2010, NJW 2011, 753 ff). Handelt es sich um Beiträge, bei denen nicht ohne Weiteres ersichtlich ist, inwiefern sich aus ihrem Inhalt die Verletzung von Rechten des Betroffenen ergeben soll, dürfte die Prüfpflicht zudem erst dann eintreten, wenn die Beanstandung die konkreten Sätze, Worte, Wortkombinationen, Bilder oder sonstigen Inhalte, deren Entfernung der Betroffene begehrt, benennt und die erhobene Beanstandung so hinreichend substantiiert ist, dass sie es dem Forenbetreiber ermöglicht, in eine Prüfung der Rechtswidrigkeit der beanstandeten Äußerungen einzutreten (OLG Hamburg Urt. v. 2.3.2010, MMR 2010, 490 ff).

215 Eine Pflicht zur Überprüfung der Foreninhalte auf rechtsverletzende Inhalte kann sich auch aus besonderen Umständen ergeben. So ist eine Überprüfung angezeigt, wenn der Forenbetreiber durch die Gestaltung des Forums die Einstellung von Beiträgen mit rechtsverletzenden Inhalten **provoziert** hat (vgl BGH Urt. v. 27.3.2007, NJW 2007, 2558 f, 2559). Wenn der Forenbetreiber in Anspruch genommen werden kann, trifft ihn die Verantwortlichkeit unabhängig davon, ob auch der Urheber der Äußerung bekannt ist und in Anspruch genommen werden kann. Da es sich um eine Frage des Bestehens einer Überwachungspflicht handelt, kann der Betreiber sich nicht dadurch entlasten, dass er dem Verletzten die Identität des Urhebers der verletzenden Aussage preisgibt (BGH Urt. v. 27.3.2007, NJW 2007, 2558 f). Den Betreiber eines Internetforums dürfte eine Verpflichtung zur Überprüfung auch künftiger Einträge dann treffen, wenn ihm bereits mindestens eine Rechtsverletzungshandlung von einigem Gewicht durch einen Eintrag in seinem Forum benannt worden ist und sich damit die **Gefahr weiterer Rechtsverletzungshandlungen** durch einzelne Nutzer bereits konkretisiert hat (OLG Hamburg Urt. v. 22.8.2006, AfP 2006, 565 ff; zurückhaltender dagegen OLG Düsseldorf Urt. v. 7.6.2006, MMR 2006, 618 ff). Das gilt jedenfalls, soweit es dem Betreiber möglich ist, durch Eingabe bestimmter Suchworte (zB Name des Betroffenen, bei der vorangegangenen Rechtsverletzung verwendete markante Ausdrücke oder Wortkombinationen) das Forum unter Kontrolle zu halten (s. zB BGH Urt. v. 11.3.2004, NJW 2004, 3102 ff – Internetauktionshaus; BGH Urt. v. 19.4.2007, NJW 2007, 2636 ff, 2638 ff – Internetversteigerung II). Eine Pflicht zur Vorabkontrolle dürfte sich auch ergeben, wenn ein Forum in einer dem Betreiber erkennbaren Weise durch eine Häufung rechtsverletzender Einträge so „aus dem Ruder läuft", dass seine ständige Kontrolle geboten ist, um künftige Rechtsverletzungen zu vermeiden (vgl LG Hamburg Urt. v. 4.12.2007, MMR 2008, 265 f).

216 **2. Weblogs und Podcasts.** Der RStV gilt für alle Telemedien, also grundsätzlich auch für **Blogs und Podcasts.** Eine rechtlich verbindliche Definition dieser Begriffe existiert nicht. Häufig hat ein Weblog die Gestalt eines – kontinuierlich fortgeschriebenen – **Tagebuchs** und wird im Internet veröffentlicht. Ein Blog dient dem Herausgeber (**„Blogger"**) zur Darstellung von Aspekten des eigenen Lebens und von Meinungen zu oftmals spezifischen Themengruppen. Weiter vertieft kann es sich auch um eine

Plattform zum Austausch von Meinungen und Informationen privater Personen handeln. Die Gestaltung reicht von professionell gestalteten Nachrichten- und Themenblogs bis hin zu kleinen Blogs von Privatpersonen. Wann die Grenze zu einem journalistisch-redaktionell gestalteten Angebot im Sinne des § 54 RStV überschritten ist, mit der Folge, dass für den Blogger die journalistischen Sorgfaltspflichten gelten, ist anhand der Umstände des Einzelfalles zu beurteilen (vgl hierzu Rn 193 ff). Sobald mit Regelmäßigkeit aktuelle Nachrichten eingestellt werden und auf das Angebot in erheblichem Umfang zugegriffen wird, sollten die journalistischen Sorgfaltspflichten eingehalten werden (vgl zur Störerhaftung von privaten Bloggern zB AG Berlin-Mitte Urt. v. 20.10.2004, MMR 2005, 639 f). Gleiches gilt für das Angebot von Podcasts, also dem Angebot von Audio-und Videodateien im Internet. Ob den Betreiber eines nicht journalistisch-redaktionell gestalteten Weblogs die Verpflichtung zur Überprüfung seines Angebots trifft, richtet sich nach einem gleitenden Maßstab: Je mehr ein konkreter Anlass zu der Befürchtung besteht, dass es durch Kommentare auf seiner Internetseite zu Persönlichkeitsrechtsverletzungen Dritter kommen wird, und je schwerwiegender die zu befürchtenden Verletzungen sind, umso mehr Aufwand wird er auf sich nehmen müssen, um die auf seiner Seite eingestellten Kommentare einer persönlichkeitsrechtlichen Überprüfung zu unterziehen; ist mit großer Sicherheit vorhersehbar, dass es zu schweren Persönlichkeitsrechtsverletzungen kommen wird, kann die Prüfpflicht des Betreibers ausnahmsweise zu einer Dauer- oder Vorabkontrollpflicht anwachsen (LG Hamburg Urt. v. 4.12.2007, MMR 2008, 265 f).

2. Ausländische Anbieter. Die grundsätzlich weltweite Abrufbarkeit der Auftritte im Internet bringt es in noch höherem Maße, als dies beim Rundfunk der Fall ist, mit sich, dass in einem Staat Inhalte in das Internet gestellt werden, die in einem anderen Staat abrufbar sind, in dem ihre Verbreitung, würde sie von diesem Staat aus und ausschließlich in diesem Staat erfolgen, rechtswidrig wäre. Sind Inhalte dieser Art in Deutschland abrufbar, stellt sich die Frage, ob für die Rechtsverfolgung durch den Betroffenen deutsche Gerichte zuständig sind (**internationale Zuständigkeit**), und, soweit dies bejaht ist, die weitere – der Materie des **internationalen Privatrechts** zugehörige – Frage, nach welchem Recht sich bestimmt, ob die beanstandeten Inhalte rechtswidrig verbreitet sind. Soweit deutsches Recht anwendbar ist, gelten für die jeweilige Publikation auch die nach deutschem Recht maßgeblichen Grundsätze über die publizistische Sorgfalt. 217

Fehlen internationale Abkommen zwischen dem Staat, in dem die Einspeisung erfolgt, und der Bundesrepublik Deutschland, richtet sich die internationale Zuständigkeit deutscher Gerichte nach den **allgemeinen Grundsätzen** des deutschen Rechts über die örtliche Zuständigkeit, also nach dem Tatortprinzip des § 32 ZPO: Danach ist für Klagen aus unerlaubten Handlungen und Klagen auf Unterlassung von Rechtsverletzungen das Gericht zuständig, in dessen Bezirk die Handlung begangen ist. Begehungsort ist dabei sowohl der Handlungsort als auch der Erfolgsort, so dass eine Zuständigkeit auch dort gegeben ist, wo die Rechtsverletzung eingetreten ist oder auch nur einzutreten droht. Um das Inland als Erfolgsort annehmen zu können, ist es aber nicht allein ausreichend, dass der beanstandete Inhalt im Inland abgerufen werden kann; erforderlich ist vielmehr eine besondere Beziehung des beanstandeten Inhalts zum Inland. Für diese ist es wiederum aber auch nicht erforderlich, dass sich der beanstandete Inhalt oder der Internetauftritt, auf dem er sich befindet, gezielt (auch) an deutsche Internetnutzer richtet. Entscheidend ist vielmehr, ob die als rechtsverletzend beanstandeten Inhalte objektiv einen deutlichen Bezug zum Inland in dem Sinne aufweisen, dass eine Kollision der widerstreitenden Interessen (also des Interesses des Betroffenen an der Achtung seiner Rechte einerseits und des Interesses des Betreibers des Internetauftritts an dessen ungehinderter Gestaltung andererseits) nach den Umständen des konkreten Falls im Inland tatsächlich eingetreten ist oder eintreten kann; maßgeblich hierfür ist insbesondere der Inhalt der beanstandeten Meldung. Diese Voraussetzungen sind gegeben, wenn die angegriffenen Äußerungen inhaltlich einen deutlichen Inlandsbezug aufweisen, der ein erhebliches Interesse deutscher Internetnutzer an ihrer Kenntnisnahme nahe legt, zB weil durch die beanstandeten Äußerungen die Achtung, die ein in der Bundesrepublik Deutschland wohnender und geschäftlich tätiger Betroffener hier genießt, auch hier gestört oder gefährdet wird (BGH Urt. v. 2.3.2010, NJW 2010, 1752 ff; BGH Urt. v. 29.3.2011, NJW 2011, 2059 ff; krit. hierzu *Brand*, NJW 2011, 2061 f). Der Beurteilung deutschen Rechts unterliegen aber nur die in Deutschland eingetretenen oder drohenden Auswirkungen der rechtswidrigen Inhalte (vgl EuGH Urt. v. 7.3.1995, NJW 1995, 1881 ff, 1882). In sachrechtlicher Hinsicht hat nach Art. 40 Abs. 1 EGBGB der Betroffene, sofern er in Deutschland ansässig ist, die Wahl, ob das Recht des Orts, an dem die Äußerung in das Internet eingespeist worden ist, angewendet werden soll oder das deutsche Recht; will er, dass deutsches Recht angewandt wird, hat er zu Beginn des Gerichtsverfahrens eine entsprechende Bestimmung zu treffen. 218

Kommt das deutsche Gericht – gleich, nach welchem in der Sache anwendbaren Recht – zu dem Ergebnis, dass die im Ausland in das Internet eingespeiste Publikation rechtswidrig ist, muss es einen Unterlassungsausspruch dahin gehend beschränken, dass dem Schuldner nur verboten wird, diesen Inhalt im Bereich der Bundesrepublik Deutschland zu verbreiten (s. zB OLG Hamburg Urt. v. 3.6.2008 – 7 U 9/08; LG Hamburg Beschl. v. 9.7.2009 – 308 O 332/09); denn auf das Ausland erstreckt sich die Hoheitsgewalt der deutschen Gerichte nicht.

219 Erfolgt die Einspeisung in das Internet in einem Staat, der der **Europäischen Union** angehört oder zu dem völkerrechtliche Verträge über das anzuwendende Recht bestehen, sind nach Art. 3 EGBGB deren besondere Bestimmungen über das internationale Privatrecht anzuwenden. Im Bereich der Europäischen Union ist hinsichtlich der gerichtlichen Zuständigkeit insbesondere Art. 5 Nr. 3 EuGVVO zu beachten, wonach ebenfalls das Tatortprinzip gilt. Veröffentlichungen im Internet betreffend hat der BGH hierzu dem EuGH die Frage vorgelegt, ob der Betroffene danach eine Unterlassungsklage gegen den Betreiber des Internetauftritts unabhängig davon, in welchem Mitgliedstaat der Betreiber niedergelassen ist, (auch) bei dem Gericht eines Mitgliedstaats erheben kann, in dem der Internetauftritt nur abgerufen werden kann, oder ob die Zuständigkeit der Gerichte eines Mitgliedstaats, in dem der Betreiber des Internetauftritts nicht niedergelassen ist, voraussetzt, dass ein besonderer Bezug der beanstandeten Inhalte oder des betreffenden Internetauftritts zu diesem Mitgliedstaat bestehen muss, der über die bloß technisch mögliche Abrufbarkeit hinausgeht (BGH Beschl. v. 10.11.2009, GRUR 2010, 261 ff, 262 ff; EuGH Rs. C-509/09); die letztere Lösung ist die, die der BGH für die internationale Zuständigkeit im Verhältnis zu Staaten vertritt, mit denen keine besonderen Übereinkommen bestehen (Rn 214). In sachlicher Hinsichtlich ist an sich nach Art. 3 Nr. 1 b) EGBGB iVm Art. 4 Abs. 1 der Verordnung (EG) Nr. 864/2007 („Rom-II-Verordnung") eigentlich das Recht des Staates anzuwenden, in dem der Schaden eintritt, unabhängig davon, in welchem Staat das schadensbegründende Ereignis oder indirekte Schadensfolgen eingetreten sind; anders als für die Bereiche des Wettbewerbsrechts und des Urheberrechts (Artt. 6 bzw 8 Rom-II-VO) gilt die Rom-II-Verordnung nach ihrem Art. 1 Abs. 2 g) aber nicht für Verletzungen des allgemeinen Persönlichkeitsrechts und ähnliche Fälle („Verleumdung"), so dass es an sich bei der Regelung des Art. 40 Abs. 1 EGBGB bliebe (Rn 218). Speziell für Internetveröffentlichungen gilt allerdings wiederum die auf europäischem Recht beruhende, wenig klare Sonderregelung über das **Herkunftslandprinzip** in § 3 TMG. Hierzu hat der BGH dem EuGH die Frage vorgelegt, ob (so KG Urt. v. 24.3.2006, AfP 2006, 258 ff) diese Regelung dahin geht, dass sie auch für den Bereich des Zivilrechts als Spezialregelung die Anwendung des im Herkunftsland geltenden Rechts anordnet, oder ob (so OLG Hamburg Urt. v. 24.7.2007 – 7 U 98/06) es sich bei dieser Regelung nur um ein „Korrektiv" handelt in dem Sinne, dass auf materiellrechtlicher Ebene zunächst die Gesetze des Mitgliedstaats anzuwenden sind, in dem der Betreiber des Internetauftritts nicht niedergelassen ist, und dann, wenn sich danach eine Verantwortlichkeit des Betreibers ergibt, diese doch ausgeschlossen wird, wenn nach dem Recht des Mitgliedstaats, in dem der Inhalt eingespeist worden ist, eine Verantwortlichkeit nicht gegeben wäre (BGH Beschl. v. 10.11.2009, GRUR 2010, 261 ff, 264 ff).

C. Träger der Sorgfaltspflichten

220 Träger der Sorgfaltspflichten ist jeder, der in den Telemedien **journalistisch-redaktionell gestaltete Inhalte anbietet** oder der Öffentlichkeit zugänglich macht. Die Sorgfaltspflichten treffen daher auch den **Domaininhaber** und die – korrekterweise (s. Rn 150, 153) – im Impressum genannten Personen oder Unternehmen. Diese Anbieter haften nach den allgemeinen Gesetzen für eigene Informationen und können daher bei Vorliegen der entsprechenden Voraussetzungen zB auf Unterlassung, Gegendarstellung, Berichtigung, Schadenersatz und Geldentschädigung in Anspruch genommen werden (zu den einzelnen Ansprüchen s. Abschnitte 41–49). Keine Haftung trifft den rechtlichen Inhaber einer Internetdomain aber, wenn er diese insgesamt und vollständig – etwa im Wege der Verpachtung – einem Dritten überlässt und dieser damit allein zum Herrn des Unternehmens wird: Dann ist nur der Dritte für den Inhalt der Veröffentlichungen verantwortlich (BGH Urt. v. 30.6.2009, NJW-RR 2009, 1413 ff, 1415).

D. Rechtsfolgen

221 Wie die LPG (s.o. Rn 171 ff) knüpft auch das TMG iVm dem RStV **keine direkten Sanktionen** an einen Verstoß gegen die Sorgfaltspflichten in den Telemedien. Unter Berücksichtigung der **Grundsätze der**

Verantwortlichkeit gemäß §§ 8 bis 10 TMG ergeben sich die Rechtsfolgen aus den allgemeinen Gesetzen (zB § 823 BGB, § 1004 BGB analog).

40. Abschnitt: Pflichten zur und bei der Recherche

Schrifttum: *Beater*, Sprachinformationen im Medienrecht, AfP 2005, 227 ff; *Groß*, Öffentliche Aufgabe und Verantwortlichkeit der Presse, AfP 2005, 142 ff; *Peters*, Die journalistische Sorgfaltspflicht, NJW 1997, 1334 ff; *Rhode*, Publizistische Sorgfalt und redaktionelle Rechtspflichten, Diss., München 2004; *Schröder*, Strafrechtliche Risiken für den investigativen Journalismus? – Die Meinungs- und Pressefreiheit und das Wertpapierhandelsgesetz, NJW 2009, 465 ff; *Soehring*, Presserecht: Recherche, Darstellung und Haftung im Recht der Medien, 4. Aufl. 2010.

A. Grundsatz der Recherchefreiheit

1 Die Pressefreiheit umfasst nicht nur die Freiheit, Informationen zu verbreiten. Geschützt ist auch der gesamte Bereich der **publizistischen Vorbereitungstätigkeit**, zu der auch die Beschaffung von Informationen gehört. Erst der prinzipiell **ungehinderte Zugang zu Informationen** versetzt die Presse in den Stand, die ihr in der freiheitlichen Demokratie zugewiesene Rolle wahrzunehmen (BVerfG Beschl. v. 28.8.2000, NJW 2001, 503 ff, 504 ff; BGH Urt. v. 7.12.2010 – VI ZR 30/09).

2 Die Presse – Presse hier und im Folgendem im Sinne jeder Art der Verbreitung von journalistisch-redaktionell gestalteten Beiträgen – hat die Öffentlichkeit zu informieren, zur Meinungsbildung beizutragen und ihr **„Wächteramt"** zu erfüllen (s. zB Schweizerisches Bundesgericht Urteil v. 10.11.2010 – 1B 44/2010). Um dieser Aufgabe gerecht zu werden, ist es grundsätzlich Sache der Presse selbst, zu entscheiden, wann ein öffentliches Informationsinteresse vorliegt (BVerfG Beschl. v. 28.8.2000, NJW 2001, 503 ff, 504 ff; BVerfG Urt. v. 15.12.1999, NJW 2000, 1021 ff, 1024). Dementsprechend sind Recherchemaßnahmen, auch wenn sie das Persönlichkeitsrecht des Betroffenen beeinträchtigen, dann gerechtfertigt, wenn sie von einem vertretbaren und nicht notwendigerweise das Persönlichkeitsrecht überwiegenden Informationsinteresse getragen sind. Ein **schwacher Verdacht** kann dabei bereits ein vertretbares Informationsinteresse begründen.

3 Würde man für die Zulässigkeit von Recherchemaßnahmen das Vorliegen von Gewissheit fordern, wäre eine Recherche ebenso unmöglich wie sinnlos, da sie häufig gerade dazu dient, basierend auf **bloßen Anhaltspunkten** einem Verdacht nachzugehen. Die Presse muss in der Lage sein, zu bestimmen, ob ein Verdacht die eine Recherche rechtfertigende „Dichte" aufweist und welche Recherchemaßnahmen geeignet und erforderlich sind, um einen Sachverhalt aufzuklären (OLG Karlsruhe Urt. v. 4.8.2006, NJW-RR 2006, 1551 ff). Das BVerfG lässt **bloße Vermutungen** als Grundlage der Recherche ausreichen, weil diese häufig Ausgangspunkt des Auffindens erheblicher Tatsachen sein können. Ist bei Richtigkeit der Vermutung eine publizistisch geeignete Information zu erwarten, ist mit der Darlegung der Vermutung auch das Informationsinteresse belegt (BVerfG Beschl. v. 28.8.2000, NJW 2001, 503 ff, 505, 506).

4 Stellt eine Journalistin im Rahmen der Pressekonferenz einer politischen Partei zum aktuellen politischen Geschehen ein ehrenrühriges **Gerücht** über einen Politiker in den Raum und fragt gleichzeitig nach einer Bestätigung jenes Gerüchts, so ist dies **zulässige Recherche**, wenn das Vorgehen der Journalistin gerade der Überprüfung des Gerüchts auf seinen Wahrheitsgehalt diente (OLG Frankfurt aM Urt. v. 20.2.2002, NJW-RR 2003, 37 ff, 38 f). Wer als Autor mit Veröffentlichungen hervorgetreten ist, muss sich grundsätzlich eine Überprüfung seiner Werke dahin gehend gefallen lassen, ob es sich um eine eigene geistige Leistung handelt. Dabei ist bei Vorliegen entsprechender Verdachtsmomente zulässig, dass ein Journalist Personen aus dem beruflichen Umfeld des Verfassers kontaktiert (OLG Karlsruhe Urt. v. 4.8.2006, NJW-RR 2006, 1551 ff).

5 Die Beeinträchtigung von Rechten anderer kann als zulässige Recherchemaßnahme aber nur gerechtfertigt sein, wenn sie darauf abzielt, Sachverhalte aufzuklären und darauf zu überprüfen, ob sie sich als Gegenstand einer Berichterstattung eignen (vgl BGH Urt. v. 7.12.2010, NJW 2011, 755 f). Das ist nicht der Fall, wenn eine Maßnahme von **sachfremden Erwägungen** getragen ist, etwa unabhängig von einer geplanten Veröffentlichung nur der Befriedigung der Neugier einzelner Journalisten dient oder nur zu dem Zweck erfolgt, einen Betroffenen, der sich gegen eine Berichterstattung gewehrt hatte, mit

belästigenden Recherchemaßnahmen zu ärgern (vgl OLG Karlsruhe Urt. v. 4.8.2006, NJW-RR 2006, 1551 f, 1551). Ebenso wenig sind Maßnahmen zulässig, die darauf abzielen, andere Presseorgane von einer Recherche bestimmter Vorgänge abzuhalten, um die Exklusivität zu wahren (BGH Urt. v. 27.10.1967, GRUR 1968, 209 ff, 209 f).

Auch Recherchemaßnahmen, die einer Aufklärung des Sachverhalts dienen, wird der Betroffene nicht uneingeschränkt dulden müssen, so dann nicht, wenn die mit ihnen verbundenen Belästigungen einen Eingriff in sein Persönlichkeitsrecht darstellen, der **außer Verhältnis zur Schwere des Verdachts** oder des sonstigen **Anlasses zur Recherche** steht. So wird etwa ein Mensch, der soeben bei einem Unfall verletzt worden oder zum Opfer einer Straftat geworden ist, es nicht zu dulden haben, dass aufdringliche Journalisten ihm Kamera und Mikrofone vor die Nase halten und eine Stellungnahme einfordern (vgl OLG Hamburg Urt. v. 24.10.1974, NJW 1975, 649 ff, 651). Somit muss die Presse auch im Recherchestadium eine **Abwägung** zwischen der Schwere des nachzugehenden Verdachts und der Bedeutung des Berichtsgegenstands einerseits und der Intensität des Eingriffs durch die jeweiligen Recherchemaßnahmen andererseits vornehmen (OLG Karlsruhe Urt. v. 4.8.2006, NJW-RR 2006, 1551 f; s. zB auch BVerfG Beschl. v. 25.1.1984, NJW 1984, 1741 ff, 1743). Es gilt: Je geringer der Verdacht oder die Bedeutsamkeit des Berichtsgegenstandes und je gravierender der Eingriff in das Persönlichkeitsrecht, desto mehr Umsicht und Zurückhaltung ist bei den Recherchemaßnahmen an den Tag zu legen. 6

Gelegentlich stellt sich nicht nur die Frage, ob einzelne Recherchemaßnahmen rechtswidrig sind, sondern ob sich aus dem Gegenstand der Recherche und der Art ihrer Durchführung der Inhalt der beabsichtigten Veröffentlichung so klar als rechtswidrig abzeichnet, dass gegen diese schon im Recherchestadium ein Unterlassungsanspruch des Betroffenen gegeben ist. Das ist nicht ausgeschlossen, da ein Unterlassungsanspruch nicht allein durch eine bereits geschehene Rechtsverletzung ausgelöst werden kann, sondern auch dadurch, dass eine erstmalige Rechtsverletzung erst in der Zukunft droht. Es herrscht weitgehend Einigkeit, dass das Bestehen einer solchen für den Unterlassungsanspruch notwendigen **Erstbegehungsgefahr** nur in Ausnahmefällen angenommen werden darf; denn es würde im Hinblick auf Art. 5 Abs. 1 Satz 2 GG eine nicht hinnehmbare Belastung und Einschüchterung der Medien bedeuten, wenn bereits im Recherchestadium ein **Unterlassungsanspruch** zugesprochen würde. Von folgenden Grundsätzen ist auszugehen (vgl BGH Urt. v. 27.5.1986, NJW 1986, 2503 ff, 2505): Während vermutet wird, dass eine Wiederholungsgefahr besteht, wenn es zu einer Rechtsverletzung bereits gekommen war, ist das bei der Erstbegehungsgefahr nicht der Fall: Sie muss im Einzelfall konkret festgestellt, dh anhand der konkreten Umstände des Einzelfalles vom Betroffenen dargelegt und im Streitfall bewiesen werden. Von einer Recherchemaßnahme auf die Rechtswidrigkeit der geplanten Veröffentlichung wird nur dann geschlossen werden können, wenn der Recherchetätigkeit der rechtswidrige Eingriff durch das Presseorgan bereits eindeutig anhaftet und durch den rechtswidrigen Eingriff ein irreparabler Schaden entsteht. Das ist nicht schon dann der Fall, wenn der Betroffene von den Journalisten mit unzutreffenden Tatsachenbehauptungen konfrontiert wird; denn die Recherche dient ja gerade dazu, den Sachverhalt aufzuklären und es dem Betroffenen zu ermöglichen, unwahren Behauptungen entgegenzutreten, bevor diese veröffentlicht werden (OLG Koblenz Urt. v. 25.3.2008, NJW-RR 2008, 1259 ff). Die Grenze wird erst dort überschritten sein, wo das Presseorgan dem Betroffenen zu verstehen gibt, dass es bei seiner Recherche von einem bestimmten Sachverhalt ausgeht, der auch im Rahmen der weiteren Recherche gar nicht mehr hinterfragt werden soll. Die Grundsätze über die Erstbegehungsgefahr gelten auch dann, wenn eine bereits durchgeführte Recherchemaßnahme oder Veröffentlichung den Betroffenen in seinen Rechten zwar tangiert hatte, aber nicht rechtswidrig gewesen war und deswegen keine Wiederholungsgefahr begründet hat (BGH Urt. v. 27.5.1986, NJW 1986, 2503 ff, 2505). Anders als die Wiederholungsgefahr kann die Erstbegehungsgefahr durch eine einfache (nicht strafbewehrte) Unterlassungsverpflichtungserklärung des recherchierenden Presseorgans wieder beseitigt werden (vgl BGH Urt. v. 19.3.1992, NJW 1992, 3093 ff, 3095), aus der sich aber natürlich hinreichend sicher ergeben muss, dass sie ernst gemeint ist; denn eine solche einfache Unterlassungsverpflichtungserklärung begründet bei künftigen Zuwiderhandlungen einen selbstständigen Unterlassungsanspruch des Erklärungsempfängers. 7

B. Verdeckte Recherche

Journalisten sollten sich grundsätzlich zu erkennen geben (so ausdrücklich Richtlinie 4.1. des Pressekodex). Unwahre Angaben des recherchierenden Journalisten über seine Identität und darüber, welches 8

Organ er vertritt, sind grundsätzlich mit dem Ansehen und der Funktion der Presse nicht vereinbar (vgl allerdings BGH Urt. v. 15.11.2005, NJW 2006, 609 f, wonach es keinen erheblichen Unterschied machen soll, ob ein Betroffener einer Nachrichtenagentur oder einer Zeitschrift ein Interview habe geben wollen). Ermittlungen unter Ausnutzung eines zuvor geschaffenen Vertrauenstatbestandes (zB das Schaffen einer vorgeblich vertraulichen Gesprächssituation, in der das Gespräch dann heimlich mitgehört wird) sind grundsätzlich unzulässig und können schwerwiegende Persönlichkeitsrechtsverletzungen darstellen (vgl BVerfG Beschl. v. 19.12.1991, NJW 1992, 815 f, 816 zu unzulässiger Beweismittelgewinnung im Zivilprozess).

9 Auf der anderen Seite gibt es Sachverhalte, die anders als durch verdeckte Recherche, bei der sich der Journalist nicht zu erkennen gibt und ggf unwahre Angaben über seine Person und Funktion macht, nicht aufgedeckt werden können (BGH Urt. v. 20.1.1981, NJW 1981, 1089 ff, 1092 f). Dies gilt insbesondere für die **Aufklärung und Aufdeckung von Missständen** und Fehlverhalten, die oftmals im Verborgenen stattfinden. Der Journalist kann unter gewissen Umständen an **relevante Informationen** in einer die Öffentlichkeit wesentlich berührenden Angelegenheit nicht anders als durch verdeckte Recherche herankommen.

10 **Verdeckte Recherchen** können daher im Einzelfall gerechtfertigt sein, wenn damit Informationen von besonderem öffentlichen Interesse beschafft werden, die auf andere Weise nicht zugänglich sind. So dürfte es zB zulässig sein, wenn sich ein Journalist gegenüber einem Unternehmen, welches sich an der **Verwirklichung von unzulässiger Schleichwerbung** im Fernsehen beteiligt, als Unternehmensberater ausgibt und sich in einem Gespräch durch Vortäuschung falscher Tatsachen über die unzulässige Einbindung von Produkten in Film- und Fernsehsendungen informieren lässt (vgl OLG München Urt. v. 20.1.2005, AfP 2005, 371 ff).

11 Wenn sich ein Berichterstatter unter Verschleierung seiner wahren Identität in die Redaktionskonferenz einer auflagenstarken Tageszeitung einschleicht, um Material über **Enthüllungen** zu sammeln, so kann die Frage, ob ein solches Vorgehen zulässig ist oder nicht, nicht abstrakt beantwortet werden: Sie kann möglicherweise zulässig sein, wenn sie dazu führt, dass Missstände aufgedeckt werden, deren Offenlegung für die Allgemeinheit **von besonderem Interesse** ist; sie wird unzulässig sein, sofern es um die Ermittlung von Details geht, an deren Veröffentlichung ein geringes öffentliches Interesse besteht. Ergibt eine verdeckte Recherche Erkenntnisse beider Arten, mag die Recherchemaßnahme zwar insgesamt zulässig sein, veröffentlicht werden dürfen aber nur die so gewonnenen Informationen, an denen das hohe öffentliche Interesse besteht (vgl BVerfG Beschl. v. 25.1.1984, NJW 1984, 1741 ff, 1743).

12 In den Bereich verdeckter Recherche fällt auch die **Herstellung heimlicher Bild- und Textaufnahmen.** Oftmals wehren sich die Betroffenen schon im **Vorwege** einer Veröffentlichung gegen die Herstellung oder Verbreitung des heimlich aufgenommenen Wortes oder Bildes. Hat schon eine rechtswidrige Verletzung eines dieser Rechte stattgefunden, stehen dem Betroffenen Abwehransprüche aus § 1004 Abs. 1 BGB analog iVm § 823 Abs. 2 BGB und §§ 201, 201a StGB gegen die erneute Anfertigung rechtswidriger Ton- oder Bildaufnahmen zu. Denn die Recherchefreiheit ist kein Rechtfertigungsgrund, der es Journalisten erlauben würde, sich über bestehende Strafgesetze hinwegzusetzen. Ein widerrechtliches Eindringen in fremde Räumlichkeiten mit dem Ziel, dort Material für eine Veröffentlichung zu sammeln, bleibt als Hausfriedensbruch (§ 123 StGB) strafbar, und der Betroffene darf sich ihrer ggf im Wege berechtigter Notwehr (§§ 227 BGB, 32 StGB) erwehren – was allerdings nicht notwendig bedeutet, dass die Presse das so gewonnene Material nicht verwenden dürfte (dazu Rn 16 ff).

13 Der Bereich des Strafrechtsschutzes ist aber begrenzt, so dass bei einem Streit über die Zulässigkeit einer Recherchemaßnahme im Einzelfall stets zu prüfen ist, ob sie die Grenzen des ausdrücklich Verbotenen überschreitet. Das ist auch bei der Herstellung **heimlicher Text- und Bildaufnahmen** nicht stets der Fall: Wenn etwa ein Journalist sich getarnt als Versammlungsteilnehmer in Räumlichkeiten „einschleicht", in denen religiöse Predigten gehalten werden, kann es durchaus zulässig sein, diese Predigten auch heimlich aufzunehmen (vgl OLG Brandenburg Urt. v. 23.4.2007, NJW-RR 2007, 1641 ff); denn wer derartige Predigten mit dem Ziel hält, Anhänger für seine Anschauungen zu gewinnen, wird sich nicht darauf berufen können, seine Äußerungen seien nichtöffentlich oder würden innerhalb seines höchstpersönlichen Lebensbereichs getätigt werden (§§ 201, 201a StGB). Ob die Veröffentlichung der Aufnahmen zulässig ist, bestimmt sich dann wieder anhand einer Abwägung der widerstreitenden Interessen: Geht es darum, im Rahmen der Berichterstattung zu dokumentieren, wie

in Predigten zum Hass gegen Angehörige anderer Religionsgemeinschaften aufgerufen wird, wird das in der Regel zu bejahen sein (OLG Brandenburg Urt. v. 23.4.2007, NJW-RR 2007, 1641 ff; s. auch OLG Köln Urt. v. 17.5.2005, NJW 2005, 2554 ff, 2555).

Es kommt gelegentlich vor, dass die **Herstellung** von Text- oder Bildaufnahmen schon im **Recherchestadium** sowohl bei verdeckter als auch bei „offener" Recherche durch teilweise sehr weit gefasste Verbotsverfügungen untersagt wird, so zB in einem Fall der Recherche einer TV-Redaktion über zweifelhafte Geschäftspraktiken einer Partnervermittlungsagentur: Nach einem Testbesuch bei der Agentur, der die Geschäftspraktiken bestätigte, suchten die Redakteure die Verantwortlichen auf, um sie vor laufender Kamera zur Rede zu stellen. Das Gericht untersagte pauschal die Verwendung von Ton- oder Bildaufnahmen der damaligen Antragsgegnerin sowie die Herstellung oder Verwendung von Aufnahmen von deren Gebäuden und Räumlichkeiten (LG Berlin Beschl. v. 11.7.2006, 27 O 783/06). Solche Entscheidungen beachten zu wenig die **Grundsätze der Recherchefreiheit**. Auf keinen Fall darf einem Presseorgan untersagt werden, Fotografien zu veröffentlichen, die noch gar nicht angefertigt worden sind; denn um die Rechtmäßigkeit oder Rechtswidrigkeit der Verbreitung von Fotografien beurteilen zu können, müssen ihr Inhalt und – jedenfalls in der Regel – der Kontext, in dem die Veröffentlichung erfolgen wird, bekannt sein (BGH Urt. v. 13.11.2007, NJW 2008, 1593 ff, 1594). 14

Hervorzuheben ist, dass zwischen der Herstellung und der **Veröffentlichung** heimlich hergestellter Film- und Fotoaufnahmen zu unterscheiden ist. In der Regel ist die Herstellung von Filmaufnahmen allein nicht ausreichend, um eine Erstbegehungsgefahr hinsichtlich der Veröffentlichung zu belegen, da es sich insoweit nur um Rohmaterial handelt und noch nicht zu erkennen ist, wie der geplante Beitrag konkret ausfallen wird, insbesondere, ob er Rechtsverletzungen enthalten oder sich sonst als unzulässig darstellen wird (OLG Hamburg Beschl. v. 12.10.1999, AfP 2000, 188 f). Für Textberichterstattungen kann im Grundsatz nichts anderes gelten. Das betrifft zunächst indessen allein die Beschaffung des Materials; Material, dessen Beschaffung rechtmäßig war, darf nicht zwangsläufig veröffentlicht werden. Für Bildaufnahmen wird das an der Regelung der §§ 22, 23 KUG deutlich, deren Regelung nicht die Anfertigung von Bildnissen zum Gegenstand haben, sondern nur deren Verbreitung. Die Medien haben ihr **Rohmaterial** sorgfältig zu sichten und unter Anwendung der journalistischen Sorgfalt zu prüfen, ob die Veröffentlichung des Recherchematerials die Rechte Dritter in unzulässiger Weise beeinträchtigt. 15

C. Rechtswidrige Beschaffung von Informationen

Der Zweck heiligt nicht immer die Mittel. Die Recherchefreiheit findet ihre Grenze in den allgemeinen Gesetzen. Verstößt der Journalist bei der Recherche gegen geltendes Recht, ist diese widerrechtliche Beschaffung von Informationen grundsätzlich nicht durch die Meinungs- und Pressefreiheit geschützt (BVerfG Beschl. v. 25.1.1984, NJW 1984, 1741 ff, 1743; OLG Düsseldorf Urt. v. 25.10.2005, AfP 2006, 78). Das BVerfG hat in diesem Zusammenhang die **„Unverbrüchlichkeit des Rechts"** bekräftigt und festgestellt, dass bei einer rechtswidrigen Beschaffung von Informationen deren **Veröffentlichung** grundsätzlich zu unterbleiben hat (BVerfG Beschl. v. 25.1.1984, NJW 1984, 1741 ff, 1743). Werden Informationen unter gröblichem oder sogar vorsätzlichem Verstoß gegen gesetzliche Bestimmungen oder durch einen besonders schwerwiegenden Eingriff in das allgemeine Persönlichkeitsrecht der betroffenen Person gewonnen, kann das dazu führen, dass deren Veröffentlichung zur Verurteilung zu einer hohen Geldentschädigung führt. So ist zB einer bekannten Schriftstellerin eine Geldentschädigung in sechsstelliger DM-Höhe zugesprochen worden, nachdem ihr ein Fotograf, als sie ein Bad nahm, aufgelauert und sie heimlich beim Umkleiden mit unbekleidetem Oberkörper abgelichtet hatte und eine Zeitschrift diese Aufnahmen auch noch veröffentlicht hatte (LG Hamburg Urt. v. 20.7.2001, ZUM 2002, 68 ff). 16

Mitunter schaffen die Medien selbst Ereignisse, um später darüber zu berichten. Hintergrund ist oftmals die Veranschaulichung eines berichtenswerten Problems oder die Herbeiführung eines Beispiels für eine Angelegenheit von allgemeinem öffentlichen Interesse. Verstoßen die Journalisten dabei gegen ein Gesetz oder begehen sie gar eine **Straftat**, fällt dies nicht mehr in den Schutzbereich des Grundrechts. Das Grundrecht der Informationsfreiheit aus Art. 5 Abs. 1 Satz 1 GG schützt nur die Unterrichtung aus **allgemein zugänglichen Quellen.** Eine strafbare oder sonst rechtwidrige Handlung gehört nicht zu diesen Quellen. Daher fallen rechtswidrige Maßnahmen zur Schaffung von Ereignissen, die Anlass für eine spätere Berichterstattung werden sollen, nicht in den geschützten Bereich der Informationsfreiheit (BVerfG Beschl. v. 11.3.2004, NJW 2004, 1855 ff, 1856). So rechtfertigt zB das Anliegen eines Jour- 17 nalisten, Sicherheitsmängel im Flugverkehr zu dokumentieren, nicht einen Verstoß gegen das Waffengesetz, den er durch vorsätzliches und heimliches Mitführen eines Butterflymessers auf Inlandsflügen begeht (vgl OLG Düsseldorf Urt. v. 25.10.2005, AfP 2006, 78).

18 Dennoch folgt aus der Rechtswidrigkeit der Erlangung von Informationen kein generelles **„Verwertungsverbot"**. Im Gegensatz zur rechtswidrigen Beschaffung von Informationen kann deren Verbreitung unter besonderen Umständen in den Schutzbereich des Art. 5 Abs. 1 GG fallen. Anderenfalls würde die **Kontrollaufgabe** der Presse leiden, zu deren Funktion es gehört, auf Missstände von öffentlicher Bedeutung hinzuweisen (BVerfG Beschl. v. 25.1.1984, NJW 1984, 1741 ff, 1743). So ist die Publikation von dem Presseorgan selbst rechtswidrig beschaffter Informationen ausnahmsweise zulässig, wenn die Bedeutung der Information für die Unterrichtung der Öffentlichkeit und für die öffentliche Meinungsbildung eindeutig die Nachteile überwiegt, welche der Rechtsbruch für den Betroffenen und die tatsächliche Geltung der Rechtsordnung nach sich ziehen muss. Das ist in der Regel dann der Fall, wenn durch die rechtswidrig beschaffte Information Zustände und Verhaltensweisen offenbart werden, die wiederum rechtswidrig sind. In diesem Fall liegt ein Missstand von erheblichem Gewicht vor, an dessen **Aufklärung** ein überragendes öffentliches Interesse besteht (BVerfG Beschl. v. 25.1.1984, NJW 1984, 1741 ff, 1743). So hat das LG Hamburg die Veröffentlichung von Fotografien als zulässig angesehen, die das Innere der Stallungen eines Tiere haltenden Unternehmens zeigten, soweit auf diesen Zustände dokumentiert wurden, die gegen Bestimmungen des Tierschutzrechts verstießen (LG Hamburg Urt. v. 28.8.2009 – 324 O 864/06).

19 Die Untermauerung einer bloß **allgemeinen Kritik** an einem Zustand rechtfertigt die Verbreitung widerrechtlich erlangter Informationen nicht, solange damit nicht ein konkreter gravierender Missstand aufgedeckt wird. So hat das BVerfG die in einem Buch veröffentlichten Schilderungen von Einzelheiten aus der Redaktionskonferenz einer auflagenstarken Tageszeitung, in die sich der Verfasser unter Rechtsbruch eingeschlichen hatte, als unzulässig angesehen, da diese zwar Einblicke in das „Klima" der Arbeitsweise der betreffenden Zeitung geben, aber in dieser Allgemeinheit nicht Gegenstand eines öffentlichen Informationsinteresses sind (BVerfG Beschl. v. 25.1.1984, NJW 1984, 1741 ff, 1743). Ebenso wenig ist es zulässig, sich durch rechtswidrige Eingriffe in Rechtsgüter eines Betroffenen Informationen zu beschaffen, wenn es um die Aufdeckung von Verhaltensweisen geht, die an sich nicht rechtswidrig sind und die sich nicht allein bei dem Betroffenen finden, sondern die in den Kreisen, denen er angehört, üblich sind: Dann stellt es eine rechtswidrige Beeinträchtigung des Betroffenen dar, wenn gerade er aus der Masse derjenigen herausgegriffen wird, denen die Kritik gilt, solange er keinen Anlass dafür gegeben hat (vgl BVerfG Beschl. v. 24.5.2006, NJW 2006, 3769 ff).

20 Hat sich der Journalist an der **rechtswidrigen Handlung** zur Beschaffung der Information nicht unmittelbar **beteiligt**, sondern veröffentlicht er Informationen Dritter, die den Rechtsbruch begangen haben, besteht ein generelles Verwertungsverbot nicht. Insoweit darf die Presse, wenn sie Material verwendet, das ihr von dritter Seite zugetragen worden ist, nicht schlechter gestellt sein, als wenn sie das Material durch eigene Leute beschafft hätte. Zwar unterstützt die Presse durch die Veröffentlichung den unter Rechtsbruch begangenen Eingriff in die geschützte Rechtssphäre des Betroffenen oder zieht ihrerseits Vorteile aus diesem Rechtsbruch; andererseits ist ihre Distanz zu diesem Rechtsbruch größer, als wenn sie ihn selbst begangen oder dazu angestiftet hätte. Der Umstand der rechtswidrigen Informationserlangung fällt aber bei der vor der Veröffentlichung erforderlichen **Güterabwägung** ins Gewicht: Je intensiver der Rechtsbruch, desto gewichtiger muss das Informationsinteresse der Öffentlichkeit sein (BGH Urt. v. 19.12.1978, GRUR 1979, 418 ff – Rechtswidrigkeit der Veröffentlichung eines unzulässig abgehörten Telefonats zwischen einem Kanzlerkandidaten und dem Generalsekretär einer Partei). Aus diesem Grundsatz folgt auch, dass die Presse nicht ohne Weiteres verpflichtet ist, der von der Berichterstattung betroffenen Person Auskunft darüber zu geben, von wem sie das rechtswidrig erlangte Material erhalten hat. Ob eine solche Verpflichtung (der ein etwaiges prozessuales Zeugnisverweigerungsrecht nicht entgegenstehen soll) gegeben ist, ist anhand einer Abwägung zu bestimmen, in die einerseits die Belange der Pressefreiheit, insbesondere das Bedürfnis nach einem Schutz der Gewinnung von Informationen, auf die die Presse zur Aufdeckung oder Verifizierung von Vorgängen im Rahmen der Berichterstattung angewiesen ist, und andererseits die Schwere der Rechtsverletzung durch die Gewinnung der Information einzustellen sind (BVerfG Beschl. v. 28.5.1999, NJW 1999, 2880 f). Eines besonderen **Informantenschutzes** bedarf die Presse insoweit gegenüber staatlichen Stellen, die sie im Zuge ihres „Wächteramts" zu überwachen hat: So reicht im Lichte von Art. 5 Abs. 1 Satz 2 GG der Umstand, dass ein Presseorgan ein Dienstgeheimnis veröffentlicht hat, das ihr von einem Amtsträger unter einem (nur diesen treffenden) Verstoß gegen § 353b StGB offenbart worden ist, nicht aus, um

im Rahmen der Ermittlung des Informanten durch die Strafermittlungsbehörden eine Durchsuchung der Redaktionsräume des Presseorgans oder die Beschlagnahme von dabei gefundenen Unterlagen anzuordnen (BVerfG Urt. v. 27.2.2007, NJW 2007, 1117 ff – die auf diese Entscheidung hin angegangene gesetzliche Regelung eines besonderen Informantenschutzes ist bislang nicht erfolgt, s. *Ignor/Sättele*, ZRP 2011, 69 ff; zur ähnlichen Problematik der Veröffentlichung von „Insiderinformationen" s. *Schröder*, NJW 2009, 465 ff). Soweit Mitarbeiter von Presseorganen in gerichtlichen Verfahren gegen Dritte Auskunft über ihre Informanten geben sollen, greifen die Vorschriften über das Zeugnisverweigerungsrecht nach § 53 Abs. 1 Nr. 5 StPO bzw § 383 Abs. 1 Nr. 5 ZPO. Alles das schützt das selbst gerichtlich in Anspruch genommene Presseorgan freilich nicht davor, dass es dann, wenn es für die Wahrheit einer Behauptung die Beweislast trägt, diesen Beweis auch dann führen oder den Prozess insoweit verloren geben muss, wenn die Beweisführung die Offenbarung des Informanten, zB durch seine Benennung als Zeuge, erfordert (OLG Hamburg Urt. v. 30.1.1992, NJW-RR 1992, 1378 f).

D. Überraschungseffekte

Im Zusammenhang mit der wachsenden Bedeutung des sog. „**Reality-Journalismus**", insbesondere im Fernsehbereich, kommt es zunehmend zu Situationen, in denen Betroffene durch Fernsehteams in alltäglichen Situationen überrascht und überrumpelt werden. Hier ist besondere Vorsicht geboten, da die betreffenden Personen, ohne sich darauf vorbereiten zu können, spontan und unvermittelt in das Licht der Öffentlichkeit gezerrt werden. Ihnen bleibt oftmals wenig oder keine Zeit, über eine Einwilligung in die Herstellung von Aufnahmen und deren Ausstrahlung oder die Beantwortung von Fragen vor laufender Kamera zu entscheiden. Ob eine Einwilligung erforderlich ist, hängt im Hinblick auf Bildnisse vom Vorliegen der Voraussetzungen des § 23 KUG und im Übrigen von einer Abwägung des Informationsinteresses mit dem Persönlichkeitsrecht des Betroffenen ab. 21

Um sich nicht zivil- oder gar strafrechtlichen Ansprüchen der Betroffenen auszusetzen, sollte die **überraschende Konfrontation** des Betroffenen mit einer Kamera oder einem Mikrofon nur dann in Erwägung gezogen werden, wenn es sich bei der geplanten Berichterstattung um eine Angelegenheit von besonderem öffentlichen Interesse handelt und eine Verletzung der Persönlichkeitsrechte des Betroffenen, einschließlich seines Rechts am eigenen Bild, nicht zu befürchten ist bzw eindeutig hinter dem Informationsinteresse zurückstehen muss. Selbst wenn der Betroffene in eine Herstellung von Aufnahmen eingewilligt und auch Fragen vor laufender Kamera beantwortet hat, kann er seine Einwilligung nachträglich wirksam widerrufen, wenn er von dem Journalisten oder dem Kamerateam überrascht – überrumpelt – wurde (LG Hamburg Urt. v. 21.1.2005, NJW-RR 2005, 1357 ff, 1358) oder er sich zum Zeitpunkt der Konfrontation mit den Medien in einer **Drucksituation** befand (s. zB OLG Hamburg Urt. v. 4.5.2004, NJW-RR 2005, 479 ff). 22

Die Medien müssen daher bei Überraschungseffekten oder Situationen, die den „**Haustürsituationen**" des Verbraucherschutzrechts vergleichbar sind, prüfen, ob der Betroffene sich wirklich freiwillig in die Konfrontation mit den Medien begibt oder ob er nur aufgrund der Anwesenheit des Filmteams oder Personen, die das Filmteam begleitet (zB Polizeibeamte, OLG Hamburg Urt. v. 4.5.2004, NJW-RR 2005, 479 ff), eingeschüchtert ist und unter der Drucksituation scheinbar kooperiert. Bei der Überprüfung der Zulässigkeit der geplanten Veröffentlichung muss insbesondere stets dem Umstand Rechnung getragen werden, dass sich ein Betroffener in einer Überrumplungssituation in der Regel keine klaren Gedanken über **die Konsequenzen von Filmaufnahmen** machen kann (LG Hamburg Urt. v. 21.1.2005, NJW-RR 2005, 1357 ff, 1358). 23

Bei der Anfertigung von Bildaufnahmen in Überraschungssituationen ist weiter zu beachten, dass bei derartigen Aufnahmen häufig dritte, **unbeteiligte Personen**, die mit dem Berichtsgegenstand nichts zu tun haben, ins Bildfeld gelangen (zB Mitarbeiter, Familienangehörige etc.). Diese können ggf erfolgreich gegen die Veröffentlichung des Bildmaterials vorgehen, soweit in Bezug auf sie die Voraussetzungen des § 23 Abs. 1 Nr. 1 (Bildnis aus dem Bereich der Zeitgeschichte), Nr. 2 (Person als „Beiwerk") oder Nr. 3 (Aufnahmen von Versammlungen) KUG nicht gegeben sind. Allerdings kann jemand, der neben einer Person steht, deren Bildnis nach § 23 Abs. 1 Nr. 1 KUG deswegen verbreitet werden darf, weil an diesem Bildnis ein öffentliches Informationsbedürfnis besteht, es zu dulden haben, dass auch er auf diesem Bild zu sehen ist; das gilt aber nur, wenn dem keine berechtigten Interessen des zufällig Mitabgebildeten entgegenstehen, was in der Regel nur dann der Fall ist, wenn er in irgendeiner Beziehung zu der eigentlich abgebildeten Person steht (vgl BVerfG Beschl. v. 26.4.2001, NJW 2001, 1921 ff – Begleiterrechtsprechung). Der besondere Schutz der Beziehung von Eltern zu ihren minder- 24 jährigen Kindern (Art. 6 Abs. 1 und 2 GG) gebietet es aber, dass Aufnahmen, die Eltern ohne deren Einwilligung im vertrauten Umgang mit ihrem Kind zeigen (sog. Eltern-Kind-Situation), jedenfalls nicht veröffentlicht und eigentlich auch gar nicht erst angefertigt werden dürfen (BVerfG Beschl. v. 31.3.2000, NJW 2000, 2191; BGH Urt. v. 5.10.2004, NJW 2005, 215 ff, 217).

3. Kapitel: Rechtsfolgen und Rechtsbehelfe

41. Abschnitt: Gegendarstellungsanspruch

Hamburgisches Pressegesetz
§ 11 Gegendarstellung

NDR-Staatsvertrag
§ 12 Gegendarstellung

Medienstaatsvertrag HSH (Hamburg und Schleswig-Holstein)
§ 10 Gegendarstellung

Rundfunkstaatsvertrag
§ 56 Gegendarstellung

Schrifttum: *Löffler*, Presserecht, 5. Aufl. 2006 (zitiert: Löffler/*Bearbeiter*); *Nink*, Zu den Gegendarstellungsansprüchen Verstorbener, AfP 2007, 97 f; *Ory*, Impressum und Gegendarstellung bei Mediendiensten, AfP 1998, 465 ff; *Paschke*, Medienrecht, 3. Aufl. 2009 (zitiert: *Paschke*, Medienrecht); *Prinz/Peters*, Medienrecht, 1999 (zitiert: *Prinz/Peters*, Medienrecht); *Prinz*, Der Schutz der Persönlichkeitsrechte vor Verletzungen durch die Medien, NJW 1995, 817; *Seelmann-Eggebert*, Im Zweifel gegen die Meinungsfreiheit?, AfP 2007, 86 ff; *Seitz/Schmidt*, Der Gegendarstellungsanspruch, 4. Aufl. 2010 (zitiert: *Seitz/Schmidt*); *Soehring*, Presserecht, 4. Aufl. 2010 (zitiert: *Soehring*, Presserecht); *Spindler/Schuster*, Recht der elektronischen Medien, 2. Aufl. 2011 (zitiert: Spindler/Schuster/*Bearbeiter*); *Wanckel*, Foto- und Bildrecht, 3. Aufl. 2009 (zitiert: *Wanckel*, Foto- und Bildrecht); *Weiner/Schmelz*, Die elektronische Presse und andere neue Kommunikationsformen im neuen rechtlichen Regulierungsrahmen, K&R 2006, 453 ff; *Wenzel*, Das Recht der Wort- und Bildberichterstattung, 5. Aufl. 2003 (zitiert: Wenzel/*Bearbeiter*).

Hamburgisches Pressegesetz

§ 11 Gegendarstellung

(1) [1]Der verantwortliche Redakteur und der Verleger eines periodischen Druckwerks sind verpflichtet, eine Gegendarstellung der Person oder Stelle zum Abdruck zu bringen, die durch eine in dem Druckwerk aufgestellte Tatsachenbehauptung betroffen ist. [2]Die Verpflichtung erstreckt sich auf alle Nebenausgaben des Druckwerks, in denen die Tatsachenbehauptung erschienen ist.

(2) [1]Die Pflicht zum Abdruck einer Gegendarstellung besteht nicht, wenn die Gegendarstellung ihrem Umfang nach nicht angemessen ist. [2]Überschreitet die Gegendarstellung nicht den Umfang des bean-

standeten Textes, so gilt sie als angemessen. [3]Die Gegendarstellung muss sich auf tatsächliche Angaben beschränken und darf keinen strafbaren Inhalt haben. [4]Sie bedarf der Schriftform und muss von dem Betroffenen oder seinem gesetzlichen Vertreter unterzeichnet sein. [5]Der Betroffene oder sein Vertreter kann den Abdruck nur verlangen, wenn die Gegendarstellung dem verantwortlichen Redakteur oder dem Verleger unverzüglich, spätestens innerhalb von drei Monaten nach der Veröffentlichung, zugeht.

(3) [1]Die Gegendarstellung muss in der nach Empfang der Einsendung nächstfolgenden, für den Druck nicht abgeschlossenen Nummer in dem gleichen Teil des Druckwerks und mit gleicher Schrift wie der beanstandete Text ohne Einschaltungen und Weglassungen abgedruckt werden. [2]Sie darf nicht in Form eines Leserbriefes erscheinen. [3]Der Abdruck ist kostenfrei, es sei denn, der beanstandete Text ist als Anzeige abgedruckt worden. [4]Wer sich zu der Gegendarstellung in derselben Nummer äußert, muss sich auf tatsächliche Angaben beschränken.

(4) [1]Für die Durchsetzung des Gegendarstellungsanspruchs ist der ordentliche Rechtsweg gegeben. [2]Auf Antrag des Betroffenen kann das Gericht anordnen, dass der verantwortliche Redakteur und der Verleger in der Form des Absatzes 3 eine Gegendarstellung veröffentlichen. [3]Auf dieses Verfahren sind die Vorschriften der Zivilprozessordnung über das Verfahren auf Erlass einer einstweiligen Verfügung entsprechend anzuwenden. [4]Eine Gefährdung des Anspruchs braucht nicht glaubhaft gemacht zu werden.

(5) Die Absätze 1 bis 4 gelten nicht für wahrheitsgetreue Berichte über öffentliche Sitzungen der gesetzgebenden oder beschließenden Organe des Bundes, der Länder und der Gemeinden (Gemeindeverbände) sowie der Gerichte.

NDR-Staatsvertrag

§ 12 Gegendarstellung

(1) Der NDR ist verpflichtet, eine Gegendarstellung der Person, Gruppe oder Stelle zu verbreiten, die durch eine in einer Sendung aufgestellte Tatsachenbehauptung betroffen ist. Die Pflicht zur Verbreitung einer Gegendarstellung besteht nicht, wenn die betroffene Person, Gruppe oder Stelle kein berechtigtes Interesse an der Verbreitung hat oder wenn die Gegendarstellung ihrem Umfang nach nicht angemessen ist. Überschreitet die Gegendarstellung nicht den Umfang des beanstandeten Sendeteils, gilt sie als angemessen.

(2) Die Gegendarstellung muss unverzüglich, spätestens innerhalb von zwei Monaten nach der beanstandeten Sendung, schriftlich verlangt werden und von dem oder der Betroffenen oder seinem oder ihrem gesetzlichen Vertreter unterzeichnet sein. Die Gegendarstellung muss die beanstandete Sendung und Tatsachenbehauptung bezeichnen, sich auf tatsächliche Angaben beschränken und darf keinen strafbaren Inhalt haben.

(3) Die Gegendarstellung muss unverzüglich innerhalb der gleichen Programmsparte zu einer Sendezeit verbreitet werden, die der Zeit der beanstandeten Sendung gleichwertig ist. Sie muss ohne Einschaltungen und Weglassungen verbreitet werden. Eine Erwiderung auf die verbreitete Gegendarstellung muss sich auf tatsächliche Angaben beschränken.

(4) Die Gegendarstellung wird unentgeltlich verbreitet. Dies gilt nicht, wenn sich die Gegendarstellung gegen eine Tatsachenbehauptung richtet, die in einer Werbesendung verbreitet worden ist.

(5) Verweigert der NDR die Verbreitung einer Gegendarstellung, entscheiden auf Antrag des oder der Betroffenen die ordentlichen Gerichte. Die Vorschriften der Zivilprozessordnung über das Verfahren auf Erlass einer einstweiligen Verfügung gelten entsprechend. Eine Gefährdung des Anspruchs braucht nicht glaubhaft gemacht zu werden. Ein Verfahren in der Hauptsache findet nicht statt.

(6) Die vorstehenden Bestimmungen gelten nicht für wahrheitsgetreue Berichte über öffentliche Sitzungen der gesetzgebenden und beschließenden Organe der Europäischen Gemeinschaften, des Europarats, des Bundes, der Länder, der Gemeinden, der sonstigen kommunalen Körperschaften sowie der Gerichte.

Medienstaatsvertrag HSH (Hamburg und Schleswig-Holstein)

§ 10 Gegendarstellung

(1) [1]Der Rundfunkveranstalter ist verpflichtet, eine Gegendarstellung der Person, Gruppe oder Stelle zu verbreiten, die durch eine in seiner Sendung aufgestellte Tatsachenbehauptung betroffen ist. [2]Diese Pflicht besteht nicht, wenn die betroffene Person, Gruppe oder Stelle kein berechtigtes Interesse an der Verbreitung hat oder wenn die Gegendarstellung ihrem Umfang nach nicht angemessen ist. [3]Überschreitet die Gegendarstellung nicht den Umfang des beanstandeten Teils der Sendung, gilt sie als angemessen.

(2) [1]Die Gegendarstellung muss unverzüglich schriftlich verlangt werden und von dem Betroffenen oder seinem gesetzlichen Vertreter unterzeichnet sein. [2]Sie muss die beanstandete Sendung und Tatsachenbehauptung bezeichnen, sich auf tatsächliche Angaben beschränken und darf keinen strafbaren Inhalt haben.

(3) [1]Die Gegendarstellung muss unverzüglich in dem gleichen Bereich zu einer Sendezeit verbreitet werden, die der Zeit der Sendung gleichwertig ist. [2]Die Verbreitung hat in einer der beanstandeten Sendung entsprechenden audiovisuellen Gestaltung zu erfolgen. [3]Die Gegendarstellung muss ohne Einschaltungen und Weglassungen verbreitet werden. [4]Eine Erwiderung auf die verbreitete Gegendarstellung darf nicht in unmittelbarem Zusammenhang mit dieser gesendet werden und muss sich auf tatsächliche Angaben beschränken.

(4) Die Gegendarstellung wird kostenlos verbreitet.

(5) [1]Wird die Verbreitung einer Gegendarstellung verweigert, entscheiden auf Antrag des Betroffenen die ordentlichen Gerichte. [2]Für die Geltendmachung des Anspruchs finden die Vorschriften der Zivilprozessordnung über das Verfahren auf Erlass einer einstweiligen Verfügung entsprechende Anwendung. [3]Eine Gefährdung des Anspruchs braucht nicht glaubhaft gemacht werden. [4]Ein Verfahren in der Hauptsache findet nicht statt.

(6) Die vorstehenden Bestimmungen gelten nicht für wahrheitsgetreue Berichte über öffentliche Sitzungen der gesetzgebenden und beschließenden Organe des Bundes, der Länder und der Gemeinden (Gemeindeverbände) sowie der Gerichte.

(7) Für Anbieter von Telemedien mit journalistisch-redaktionell gestalteten Angeboten gilt hinsichtlich der Gegendarstellung § 56 des Rundfunkstaatsvertrages entsprechend.

Rundfunkstaatsvertrag

§ 56 Gegendarstellung

(1) [1]Anbieter von Telemedien mit journalistisch-redaktionell gestalteten Angeboten, in denen insbesondere vollständig oder teilweise Inhalte periodischer Druckerzeugnisse in Text oder Bild wiedergegeben werden, sind verpflichtet, unverzüglich eine Gegendarstellung der Person oder Stelle, die durch eine in ihrem Angebot aufgestellte Tatsachenbehauptung betroffen ist, ohne Kosten für den Betroffenen in ihr Angebot ohne zusätzliches Abrufentgelt aufzunehmen. [2]Die Gegendarstellung ist ohne Einschaltungen und Weglassungen in gleicher Aufmachung wie die Tatsachenbehauptung anzubieten. [3]Die Gegendarstellung ist so lange wie die Tatsachenbehauptung in unmittelbarer Verknüpfung mit ihr anzubieten. [4]Wird die Tatsachenbehauptung nicht mehr angeboten oder endet das Angebot vor Aufnahme der Gegendarstellung, so ist die Gegendarstellung an vergleichbarer Stelle so lange anzubieten, wie die ursprünglich angebotene Tatsachenbehauptung. [5]Eine Erwiderung auf die Gegendarstellung muss sich auf tatsächliche Angaben beschränken und darf nicht unmittelbar mit der Gegendarstellung verknüpft werden.

(2) Eine Verpflichtung zur Aufnahme der Gegendarstellung gemäß Absatz 1 besteht nicht, wenn

1. der Betroffene kein berechtigtes Interesse an der Gegendarstellung hat,
2. der Umfang der Gegendarstellung unangemessen über den der beanstandeten Tatsachenbehauptung hinausgeht,

3. die Gegendarstellung sich nicht auf tatsächliche Angaben beschränkt oder einen strafbaren Inhalt hat oder
4. die Gegendarstellung nicht unverzüglich, spätestens sechs Wochen nach dem letzten Tage des Angebots des beanstandeten Textes, jedenfalls jedoch drei Monate nach der erstmaligen Einstellung des Angebots, dem in Anspruch genommenen Anbieter schriftlich und von dem Betroffenen oder seinem gesetzlichen Vertreter unterzeichnet, zugeht.

(3) [1]Für die Durchsetzung des vergeblich geltend gemachten Gegendarstellungsanspruchs ist der ordentliche Rechtsweg gegeben. [2]Auf dieses Verfahren sind die Vorschriften der Zivilprozessordnung über das Verfahren auf Erlass einer einstweiligen Verfügung entsprechend anzuwenden. [3]Eine Gefährdung des Anspruchs braucht nicht glaubhaft gemacht zu werden. [4]Ein Verfahren zur Hauptsache findet nicht statt.

(4) Eine Verpflichtung zur Gegendarstellung besteht nicht für wahrheitsgetreue Berichte über öffentliche Sitzungen der übernationalen parlamentarischen Organe, der gesetzgebenden Organe des Bundes und der Länder sowie derjenigen Organe und Stellen, bei denen das jeweilige Landespressegesetz eine presserechtliche Gegendarstellung ausschließt.

A. Vorschriften

1 Vorstehend sind beispielhaft jeweils eine die Presse, eine den öffentlich-rechtlichen Rundfunk, eine den privaten Rundfunk sowie die die Anbieter von Telemedien betreffende, den Gegendarstellungsanspruch regelnde Vorschrift abgedruckt. Für den Bereich der Presse finden sich im Wesentlichen gleiche Regelungen in den jeweiligen Landespressegesetzen (dort § 10, § 11 oder § 12; abgedruckt bei: *Prinz/Peters*, Medienrecht, Rn 948–963; Löffler/*Sedelmeier*, § 11 LPG; *Seitz/Schmidt*, Anhang III; Wenzel/*Burkhardt*, Kap. 11 Rn 10 ff). Für den öffentlich-rechtlichen Rundfunk ist auf die Regelungen in den die Rundfunkanstalt betreffenden Landesgesetzen bzw Staatsverträgen und für den privaten Rundfunk auf diejenigen in den Landesmedien- bzw Landesrundfunkgesetzen bzw Staatsverträgen zu verweisen (zT abgedruckt bei *Prinz/Peters*, Medienrecht, Rn 966–992; *Seitz/Schmidt*; Anhang III; Wenzel/*Burkhardt*, Kap. 11 Rn 312 ff).

2 **Welches Recht** auf eine Veröffentlichung anzuwenden ist, richtet sich bei Presseveröffentlichungen nach dem **Erscheinungsort** des Druckwerks und bei Rundfunksendungen nach dem **Ausstrahlungsort** (vgl *Seitz/Schmidt*, Kap. 3 Rn 2 ff). Der Erscheinungsort des Druckwerks entspricht regelmäßig dem Ort, an dem der Verlag seinen Sitz hat. Fallen diese ausnahmsweise auseinander, ist das Recht des Verlagsortes anzuwenden, da dort die Tätigkeit ausgeübt wird, welche die Veröffentlichung des Blattes in die Wege leitet (*Seitz/Schmidt*, Kap. 3 Rn 3). Ausstrahlungsort einer Rundfunksendung ist regelmäßig der Ort, an dem die Sendeanstalt, mit deren Willen die betreffende Sendung ausgestrahlt wird, ihren Sitz hat (*Seitz/Schmidt*, Kap. 3 Rn 7). Besonderheiten gelten bezüglich Sendungen im ARD-Gemeinschaftsprogramm; gemäß § 8 ARD-Staatsvertrag ist das für diejenige Landesrundfunkanstalt geltende Gegendarstellungsrecht maßgeblich, die die Sendung in das Gemeinschaftsprogramm eingebracht hat (vgl Rn 13).

B. Regelungszweck

3 Der Gegendarstellungsanspruch dient nicht der Abwehr oder Richtigstellung ehrenrühriger Behauptungen. Er zielt darauf, dem von einer Darstellung in den Medien Betroffenen die **Möglichkeit eigener Darstellung** in einer Form zu verschaffen, der Publizität und Wirkungskraft der Erstmitteilung gleichkommt (BVerfG AfP 1993, 733, 734). Das Persönlichkeitsbild einer Person kann mithin auch durch Darstellungen beeinträchtigt werden, die ihre Ehre unberührt lassen. Deshalb begegnet es **keinen verfassungsrechtlichen Bedenken**, dass der Gegendarstellungsanspruch weder das Vorliegen einer Ehrverletzung noch den Nachweis der Unwahrheit der Erstmitteilung oder der Wahrheit der Entgegnung voraussetzt (BVerfG NJW 1998, 1381, 1383). Einerseits kommt der Gegendarstellungsanspruch der in Art. 5 Abs. 1 GG garantierten freien individuellen und öffentlichen Meinungsbildung zugute, weil dem Leser neben der Information durch die Presse auch die Sicht des Betroffenen vermittelt wird (BVerfG NJW 1998, 1381, 1382). Andererseits greift die Pflicht zum Abdruck einer Gegendarstellung in den Schutzbereich des Grundrechts der Pressefreiheit ein, da die Freiheit der Entscheidung beschränkt wird, welche Beiträge abgedruckt oder nicht abgedruckt werden (BVerfG WRP 2008, 343).

C. Beteiligte

I. Anspruchsberechtigte

Den Gegendarstellungsanspruch hat jede natürliche oder juristische **Person** sowie jede **Stelle**, die durch eine in dem Druckwerk bzw Sendebeitrag aufgestellte Tatsachenbehauptung betroffen ist. Einige den Rundfunk betreffende Vorschriften nennen darüber hinaus die „**Gruppe**" oder „Personenmehrheit" als Anspruchsberechtigte. 4

Als juristische Personen des öffentlichen Rechts und des Privatrechts sind die Kapitalgesellschaften, der eingetragene Verein, die rechtsfähige Stiftung privaten Rechts, die Genossenschaften, der Versicherungsverein auf Gegenseitigkeit sowie Anstalten, Körperschaften und Stiftungen öffentlichen Rechts Inhaber des Gegendarstellungsanspruchs. Nach allgemeiner Auffassung gilt dieses auch für die OHG und die KG (vgl Wenzel/*Burkhardt*, Kap. 11 Rn 71) und die nicht rechtsfähigen Vereine (OLG Köln AfP 1971, 173; vgl BGH NJW 2008, 69). Gleiches ist bezüglich der BGB-Außengesellschaft anzunehmen, nachdem der BGH (NJW 2001, 1056) deren Parteifähigkeit anerkannt hat. Nach anderer Auffassung (*Löffler/Sedelmeier,* § 11 LPG Rn 48) sind nicht rechtsfähige Personenvereinigungen keine „Personen" im Sinne der Gegendarstellungsvorschriften, sondern „Stellen", so dass im Ergebnis ebenfalls eine Anspruchsberechtigung besteht. 5

Der Begriff der „**Stelle**" bereitet Schwierigkeiten, da diese weder einen zur Unterschrift der Gegendarstellung befugten gesetzlichen Vertreter hat noch in der Lage ist, ihren Anspruch gerichtlich geltend zu machen (vgl OLG Hamburg AfP 1982, 232; LG Hamburg NJW 1967, 734). Die Rechtsprechung hat als Stellen zB den Verwaltungsrat einer Anstalt öffentlichen Rechts (OLG Hamburg ArchPR 1977, 46), Behörden (LG Hamburg NJW 1967, 734), Betriebsräte (OLG Hamburg AfP 1982, 232) sowie kirchliche Ordinate (OLG Karlsruhe AfP 1998, 65) angesehen. Um den Schwierigkeiten aus dem Weg zu gehen, ist zu empfehlen, dass die juristische Person, die in den meisten Fällen hinter der Stelle steht und regelmäßig ebenfalls betroffen ist, die Gegendarstellung verlangt. 6

Voraussetzung für den Anspruch ist eine **individuelle Betroffenheit** (vgl auch 33. Abschnitt Rn 102 ff; 42. Abschnitt Rn 4). Die Gegendarstellung ist kein Instrument, um sich zu allgemeinen Themen zu äußern. Auch reicht eine Zugehörigkeit zu einer größeren Gruppe (zB politische Partei, Berufsgruppe) nicht aus, um die Betroffenheit des Einzelnen im Falle einer Berichterstattung über die Gruppe zu bejahen. Anders ist es, wenn eine überschaubare, aus wenigen Personen bestehende Gruppe angesprochen wird. Dann ist jedes Mitglied dieser Gruppe berechtigt, den Abdruck bzw die Ausstrahlung einer Gegendarstellung zu verlangen. Nicht erforderlich ist, dass die Person in der Erstmitteilung namentlich genannt wird. Ausreichend ist, dass sie für einen eingeweihten größeren Empfängerkreis **erkennbar** oder für den interessierten Empfänger aufgrund der ihm mitgeteilten Umstände ohne größeren Aufwand ermittelbar ist. Betroffen sind deshalb der im Artikel nur mit Lebensalter und Beruf bezeichnete Verdächtige einer Straftat (LG Oldenburg NJW 1986, 1268) oder die im Beitrag erwähnten, aber nicht namentlich genannten Architekten eines bestimmten Bauwerks (OLG Hamburg ArchPR 1970, 79). Für **Behörden** und andere staatliche Stellen besteht nach Auffassung des BerlVerfGH (AfP 2008, 593) ein Gegendarstellungsanspruch nur gegenüber Tatsachenbehauptungen, die sich auf ihr öffentliches Erscheinungsbild erheblich auswirken können (vgl zum Berichtigungsanspruch 43. Abschnitt Rn 8). 7

Soweit die Gegendarstellungsvorschriften einer „**Gruppe**" bzw „Personenmehrheit" den Gegendarstellungsanspruch gewähren, muss diese ebenfalls individuell betroffen sein. Das LG Hamburg hat die Verbände der deutschen Sparkassen und Banken als „Gruppe" angesehen und deren Betroffenheit hinsichtlich einer Berichterstattung über die Sicherheit von Euroscheckkarten und Bankautomaten bejaht (NJW 1987, 658). 8

Da es sich bei dem Gegendarstellungsanspruch um ein höchstpersönliches Recht handelt, erlischt dieser Anspruch mit dem **Tod des Betroffenen.** Er ist nicht vererblich (OLG Stuttgart NJW-RR 1996, 599; OLG Hamburg AfP 1994, 322). Eine gegebenenfalls zu Lebzeiten des Betroffenen von diesem erwirkte einstweilige Verfügung auf Veröffentlichung der Gegendarstellung ist wegen veränderter Umstände gemäß § 927 ZPO aufzuheben (KG AfP 2007, 137; aA: *Nink*, AfP 2007, 97, 98). 9

II. Anspruchsverpflichtete

Anspruchsgegner sind der Verleger des periodischen Druckwerks und der verantwortliche Redakteur bzw der Rundfunkveranstalter. 10

11 **Verleger des Druckwerks** kann eine natürliche oder juristische Person sein. Verleger ist derjenige, der ein von ihm selbst oder von anderen hergestelltes Druckwerk erscheinen lässt und seine Verbreitung bewirkt (OLG Karlsruhe AfP 1992, 373; *Seitz/Schmidt*, Kap. 4 Rn 26), also in der Regel der Inhaber des Verlagsunternehmens (OLG Düsseldorf AfP 1988, 160). Nennt das Impressum daneben eine weitere Person als „Verleger“, so folgt daraus nicht deren Passivlegitimation (Löffler/*Sedelmeier*, LPG § 11 Rn 84; aA: OLG Karlsruhe AfP 1992, 373).

12 **Verantwortlicher Redakteur** ist derjenige, der im Auftrag des Verlegers das Druckwerk auf strafrechtlich oder presserechtlich relevante Äußerungen zu überprüfen hat und tatsächlich verhindern kann, dass ein Beitrag abgedruckt wird (OLG Celle AfP 1996, 274). Weder der Chefredakteur noch der Ressortleiter sind automatisch verantwortliche Redakteure (*Prinz/Peters*, Medienrecht, Rn 474). Die Stellung als verantwortlicher Redakteur folgt **nicht aus dem Impressum**; der dortigen Benennung wird lediglich eine Beweisbedeutung zuerkannt (KG NJW 1998, 1420). Im Hinblick auf diese Probleme kann es in der Praxis angezeigt sein, nur das Verlagsunternehmen in Anspruch zu nehmen (vgl *Prinz/Peters*, Medienrecht, Rn 477).

13 Rundfunkveranstalter sind beim **öffentlich-rechtlichen Rundfunk** die zur ARD gehörenden Rundfunkanstalten, das ZDF sowie das Deutschlandradio. Bei Gegendarstellungen zu Sendungen in Fernseh-Gemeinschaftsprogrammen, die allein von den in der **ARD** zusammengeschlossenen Landesrundfunkanstalten gestaltet werden, ist gemäß § 8 ARD-Staatsvertrag (abgedruckt bei Wenzel/*Burkhardt*, Kap. 11 Rn 309) allein die einbringende Landesrundfunkanstalt passiv legitimiert. Diese Vorschrift ist verfassungsgemäß (BVerfG NJW 2005, 1343). Jede Landesrundfunkanstalt der ARD ist gemäß § 8 Abs. 3 ARD-Staatsvertrag zur Auskunft darüber verpflichtet, welche Landesrundfunkanstalt die Sendung in das Fernseh-Gemeinschaftsprogramm eingebracht hat.

14 Beim **privaten Rundfunk** ist der Veranstalter bzw Anbieter anspruchsverpflichtet. Das ist derjenige, dem die Landesanstalt die Zulassung erteilt hat (vgl § 17 Medienstaatsvertrag HSH). Veranstalter ist neben dem „Hauptprogrammveranstalter“ auch der „**Fensterprogrammveranstalter**“ (vgl § 31 RStV) mit der Folge, dass Gegendarstellungsansprüche zumindest auch gegen den Veranstalter eines Fensterprogramms geltend gemacht werden können. Eine solche Auslegung ist auch deshalb geboten, weil dem Veranstalter des Fensterprogramms ein fester Sendeplatz zusteht, auf den der Hauptprogrammveranstalter keinen Zugriff hat (vgl OLG Hamburg Beschl. v. 20.10.2009, 7 W 108/09).

15 Im Bereich der **Telemedien** sind nur **Anbieter von journalistisch-redaktionell gestalteten Angeboten** gegendarstellungspflichtig, mithin insbesondere Online-Anbieter von elektronischer Presse und von Fernseh- und Radiotext. Das periodische Erscheinen des Angebots ist im Gegensatz zur ehemaligen Regelung im Mediendienste-Staatsvertrag nicht mehr Voraussetzung (§ 56 Abs. 1 RStV). Homepages, die rein privaten Zwecken dienen, dürfte in der Regel die notwendige journalistisch-redaktionelle Ausgestaltung fehlen. Anders ist es, wenn der Inhalt der Homepage darauf ausgerichtet ist, die öffentliche Meinungsbildung zu beeinflussen. Ob ein journalistisch-redaktionell gestaltetes Angebot vorliegt, hängt von der publizistischen Relevanz und der Art und Weise der Darbietung des Angebots ab, wobei kein zu strenger Maßstab anzulegen ist (vgl OLG Bremen NJW 2011, 1611 für die Internetseite einer Anwaltskanzlei sowie Wenzel/*Burkhardt*, Kap. 11 Rn 349; *Weiner/Schmelz*, K&R 2006, 453; 39. Abschnitt Rn 192 f).

D. Inhalt der Gegendarstellung

I. Überschrift und Einleitung

16 Der Betroffene kann verlangen, dass die Gegendarstellung mit der **Überschrift „Gegendarstellung“** veröffentlicht wird. Dieses folgt aus dem Grundsatz der Waffengleichheit, da ansonsten die Gefahr besteht, dass der Leser den Text für einen redaktionellen Beitrag hält (*Seitz/Schmidt*, Kap. 7 Rn 27). Nach Auffassung des KG (NJW-RR 2009, 767) gilt dieses unabhängig davon, ob die Überschrift in dem Gegendarstellungstext selbst bereits enthalten ist oder mit dem Abdruckverlangen gefordert wird. Auch umfangreichere Überschriften, zB „Gegendarstellung gemäß § 11 Hamburgisches Pressegesetz“, sind von der Rechtsprechung für zulässig erachtet worden, soweit sie nicht unangemessen weitschweifig sind (OLG Hamburg Beschl. v. 12.7.1996, 7 W 56/96). Nach Art. 10 Abs. 1 des bayrischen Pressegesetzes bzw nach § 12 Abs. 2 des NDR-Staatsvertrags muss die Gegendarstellung die beanstandeten Stellen bzw die beanstandete Sendung und Tatsachenbehauptung bezeichnen, andere Gesetze sehen eine derartige Verpflichtung nicht vor. Der Abdruck eines **Einleitungssatzes**, in dem angegeben wird,

in welcher Ausgabe, auf welcher Seite und ggf unter welcher Überschrift die beanstandete Erstmitteilung erschienen ist, erscheint zweckmäßig und kann jedenfalls beansprucht werden (*Prinz/Peters*, Medienrecht, Rn 523). Hierdurch wird es demjenigen Rezipienten, der bereits die Erstmitteilung gelesen hat, erleichtert, die Gegendarstellung dem früher gelesenen Bericht zuzuordnen.

II. Wiedergabe der Erstmitteilung

Die beanstandete Erstmitteilung darf zusammengefasst werden, muss aber **inhaltlich korrekt wiedergegeben** werden. Eine sinnentstellende oder irreführende Wiedergabe ist unzulässig; an die Richtigkeit von Zitaten sind strenge Anforderungen zu stellen. Dem Anspruchsgegner dürfen in keinem Fall Äußerungen untergeschoben werden, die er nicht gemacht hat. Soweit in der Erstmitteilung **Äußerungen Dritter** wiedergegeben werden, muss dieses bei deren Wiedergabe deutlich gemacht werden (OLG Karlsruhe AfP 1999, 373; OLG Hamburg AfP 1983, 345; LG Dresden AfP 2010, 595). 17

III. Entgegnung

Die Entgegnung muss mit den in der beanstandeten Veröffentlichung aufgestellten Tatsachenbehauptungen in einem **gedanklichen Zusammenhang** stehen. Dieses folgt daraus, dass die Gegendarstellung als Rechtsinstitut den Sinn hat, dem Betroffenen die Möglichkeit zu geben, der veröffentlichten Tatsachenbehauptung eine abweichende eigene entgegenzusetzen (OLG Hamburg AfP 1987, 625). Wird durch die Erstmitteilung ein **unzutreffender Eindruck** erweckt, dürfen in der Erwiderung auch neue Tatsachen vorgetragen werden, soweit diese geeignet sind, dem schiefen oder falschen Bild entgegen zu wirken (OLG Hamburg AfP 1987, 625). Ein Abdruck neuer oder ergänzender Tatsachen, die zwar mit der Erstmitteilung im Zusammenhang stehen, aber nichts mit deren vermeintlicher Unrichtigkeit zu tun haben, kann nicht verlangt werden (OLG Düsseldorf AfP 1988, 160). Zulässig ist eine Ergänzung dann, wenn sie für das Verständnis des Lesers bedeutsam und erforderlich ist oder wenn sie als Beleg für das eigene Tatsachenvorbringen dient (OLG Karlsruhe AfP 2007, 494; AfP 2009, 267; *Seitz/Schmidt*, Kap. 5 Rn 155). Bei einer einen unzutreffenden Eindruck bekämpfenden Entgegnung ist darauf zu achten, dass für den Rezipienten deutlich wird, auf welchen Eindruck entgegnet wird. Dies kann dadurch geschehen, dass der Eindruck formuliert wird (zB: „Soweit dadurch der Eindruck erweckt wird, ich hätte ..., stelle ich fest, ...".). Letzteres darf aber unterbleiben, soweit sich der Eindruck bereits aus der Wiedergabe der Erstmitteilung ergibt. 18

Problematisch ist die Einleitung der Erwiderung mit den Worten **„Das ist unwahr"**; eine solche Entgegnung dürfte nur dann zulässig sein, wenn die gesamte zuvor wiedergegebene Erstmitteilung unwahr ist. Anderenfalls könnte die Entgegnung geeignet sein, den Leser in die Irre zu führen (vgl Rn 28 f). Wird nur auf einen Teil der Erstmitteilung oder einen Eindruck entgegnet, ist deshalb eine Einleitung der Entgegnung mit Worten wie **„Hierzu stelle ich fest..."** zu empfehlen. 19

Die Gegendarstellung muss für den Rezipienten, insbesondere auch für denjenigen, der die Erstmitteilung nicht zur Kenntnis genommen hatte, **aus sich heraus verständlich** sein. Anderenfalls besteht kein berechtigtes Interesse an der Veröffentlichung (vgl Wenzel/*Burkhardt*, Kap. 11 Rn 57; aA: OLG Hamburg ArchPR 73, 110, wonach nur die auch für den Leser der Erstmitteilung unverständliche Erwiderung unzulässig ist). Es muss dabei auch deutlich werden, inwieweit der Verfasser der Gegendarstellung durch die Erstmitteilung betroffen ist. Eine Gegendarstellung muss zudem eindeutig erkennen lassen, in wessen Namen sie abgeben werden soll. Bei einer juristischen Person ist deshalb grundsätzlich die vollständige Firmenbezeichnung anzugeben (KG AfP 2008, 394). 20

Unzulässig ist im Rahmen der Entgegnung eine **Fortsetzung der Berichterstattung**, also die Mitteilung von Vorgängen, die sich zeitlich nach der Veröffentlichung der Erstmitteilung abgespielt haben. Die Gegendarstellung soll dem Betroffenen nur die Gelegenheit geben, der veröffentlichten die eigene abweichende Darstellung entgegenzusetzen. Unzulässig ist deshalb auch eine Erwiderung, die die Darstellung der Erstmitteilung lediglich bestätigt oder ergänzt, ohne auf einen unzutreffenden Eindruck zu entgegnen. 21

IV. Tatsachenbehauptungen

Auf **Meinungsäußerungen** in der Erstmitteilung darf nicht entgegnet werden; ebenso wenig darf die Entgegnung Meinungsäußerungen enthalten. 22

23 Die Abgrenzung von Meinungsäußerungen und Tatsachenbehauptungen erfolgt nach den gleichen Maßstäben wie im sonstigen Äußerungsrecht; insoweit kann auf die oben dargestellten Grundsätze verwiesen werden (33. Abschnitt Rn 72 ff). Wo **Zweifel** bleiben, ob eine Aussage als Meinungsäußerung oder Tatsachenbehauptung einzuordnen ist, ist von einer Meinungsäußerung und damit von der Unzulässigkeit der Gegendarstellung auszugehen (Löffler/*Sedelmeier*, § 11 LPG, Rn 97). Abzulehnen ist deshalb die Auffassung des KG (ZUM-RD 2005, 53), nach der ein Gegendarstellungsanspruch bestehen soll, wenn die Aussage mindestens ebenso gut als Tatsachenbehauptung wie als Meinungsäußerung zu verstehen ist.

24 Davon zu unterscheiden ist die Frage der Zulässigkeit einer Gegendarstellung, wenn zweifelhaft erscheint, ob die Erstmitteilung einen tatsächlichen **Eindruck** erweckt oder nicht (zum Begriff der „verdeckten Behauptung" vgl 33. Abschnitt Rn 91). Bei einer mit einer Gegendarstellung erstrebten „Eindrucksrichtigstellung" reichte es nach früherer Rechtsprechung des OLG Hamburg aus, wenn der bekämpfte Eindruck bei einer nicht unerheblichen Zahl von Rezipienten entsteht, wobei nur fern liegende Interpretationsmöglichkeiten ausscheiden (OLG Hamburg ZUM-RD 2005, 279; LG München I AfP 2006, 379). Diese Rechtsprechung ist vom Bundesverfassungsgericht (WRP 2008, 343) für verfassungswidrig erachtet worden, da die Presse bei Zugrundelegung dieser Maßstäbe mit Gegendarstellungsansprüchen überhäuft und in der Folge zu einer starken Zurückhaltung in ihrer Berichterstattung veranlasst sein könne. Ob der sich aus einer Berichterstattung „zwischen den Zeilen" ergebende tatsächliche Eindruck – wie beim Schadensersatz- oder Berichtigungsanspruch, vgl 43. Abschnitt Rn 3 – für den Leser zwingend sein muss (so nunmehr OLG Hamburg AfP 2008, 314; OLG Düsseldorf AfP 2008, 208; OLG Frankfurt aM AfP 2008, 628, 630; vgl *Seelmann-Eggebert*, AfP 2007, 86, 89; *Seitz/Schmidt*, Kap. 6 Rn 16), hat das Bundesverfassungsgericht zwar letztlich offen gelassen, aber den Fachgerichten nahegelegt. Die Maßstäbe der Auslegung der Erstmitteilung seien, so das Bundesverfassungsgericht, denen „anzugleichen", die aus Anlass mehrdeutiger Äußerungen für zivilrechtliche Ansprüche auf Schadensersatz, Entschädigung und Berichtigung gelten. Es wäre verfassungsrechtlich unbedenklich, würden die Gerichte den auch sonst bei verdeckten Äußerungen angewandten Maßstab zugrunde legen, ob sich eine im Zusammenspiel der offenen Aussagen enthaltene zusätzliche Aussage dem Leser als unabweisliche Schlussfolgerung aufdrängen muss (BVerfG WRP 2008, 343).

25 Auf einen in der Erstmitteilung geäußerten tatsächlichen **Verdacht** darf etwa in der Form entgegnet werden: „Hierzu stelle ich fest: Der Verdacht, ich hätte für das Ministerium für Staatssicherheit gearbeitet, ist unzutreffend" (vgl *Seitz/Schmidt*, Kap. 6 Rn 18; OLG Hamburg, Urt. v. 25.9.2007, 7 U 44/07).

V. Kein strafbarer Inhalt

26 Die Gegendarstellung darf **keinen strafbaren Inhalt** haben. Der Anspruchsgegner kann nicht verpflichtet werden, durch die Veröffentlichung der Gegendarstellung eine Straftat zu begehen. Für die Praxis bedeutet dieses in erster Linie, dass Gegendarstellungen mit **beleidigendem oder verleumderischem Inhalt** unzulässig sind. Dementsprechend können Erwiderungen, in denen der Betroffene die Erstmitteilung als „gelogen" oder „frei erfunden" bezeichnet, nicht verlangt werden (Löffler/*Sedelmeier*, § 11 LPG Rn 119). Unzumutbar ist die Veröffentlichung der Gegendarstellung in der Regel, wenn durch ihren Inhalt **Persönlichkeitsrechte Dritter** verletzt werden (Löffler/*Sedelmeier*, § 11 LPG Rn 118; *Seitz/Schmidt*, Kap. 5 Rn 178; *Paschke*, Medienrecht, Rn 1074).

VI. Kein berechtigtes Interesse

27 Das berechtigte Interesse eines Gegendarstellungsverlangens ist bei völlig **belanglosen Mitteilungen** zu verneinen (OLG Düsseldorf AfP 2008, 83; OLG Hamburg ZUM-RD 2005, 279). So fehlt das berechtigte Interesse für die Entgegnung, die Beschlagnahme habe nicht die Staatsanwaltschaft, sondern das Amtsgericht angeordnet (OLG Köln AfP 1989, 565). Ebenso entfällt die Pflicht zur Veröffentlichung, wenn der Betroffene mit seiner Sicht der Dinge **bereits in der Erstmitteilung hinreichend zu Wort gekommen** ist (LG Düsseldorf AfP 1992, 315). Auch eine **eigene eindeutige Berichtigung** durch das Medium vor der Geltendmachung des Gegendarstellungsanspruchs kann das berechtigte Interesse entfallen lassen (LG Köln AfP 1992, 389). Ob sich der Anspruchsverpflichtete einem bereits geltend gemachten Gegendarstellungsanspruch durch die Veröffentlichung einer berichtigenden Mitteilung entziehen kann, erscheint indes zweifelhaft (vgl *Prinz/Peters*, Medienrecht, Rn 495; *Seitz/Schmidt*, Kap. 5 Rn 209). Letzteres ist nur dann zu bejahen, wenn die nachträglich veröffentlichte Berichtigung dem

Gegendarstellungsinteresse in vollem Umfang Rechnung trägt, die Berichtigung also den unzutreffenden Eindruck vollständig korrigiert und die Veröffentlichung der Berichtigung den gleichen Leserkreis und Aufmerksamkeitswert erreicht wie die zu beanspruchende Gegendarstellung (vgl OLG Hamburg AfP 2010, 580). Dem Gegendarstellungsanspruch steht nicht entgegen, dass der Betroffene eine vor der Veröffentlichung erbetene Stellungnahme des Presseorgans verweigert hat (OLG Hamburg Urt. v. 5.7.2011, 7 U 41/11).

Keine Abdruckpflicht besteht, wenn die Erwiderung **offensichtlich unwahr oder offensichtlich irreführend** ist. „Offensichtlich" bedeutet in diesem Zusammenhang, dass die Entgegnung im Streitfall nach prozessualen Grundsätzen unstreitig unwahr oder irreführend ist. Das Gericht darf nicht in eine **Würdigung von Glaubhaftmachungsmitteln** eintreten (OLG München ZUM-RD 2002, 471; Wenzel/*Burkhardt*, Kap. 11 Rn 128; Löffler/*Sedelmeier*, § 11 LPG Rn 63; Spindler/Schuster/*Mann* § 56 RStV Rn 18). Wenn der Betroffene die von der Gegenseite zum Beleg der Unwahrheit bzw Irreführung angeführten tatsächlichen Umstände hinreichend substantiiert bestreitet (§ 138 ZPO), liegt keine offensichtliche Unwahrheit oder Irreführung vor. Anders ist es folglich, wenn der Betroffene die von der Gegenseite dargelegten Umstände in unzulässiger Weise lediglich mit Nichtwissen bestreitet. 28

Irreführend ist eine Entgegnung, die geeignet ist, beim Empfänger einen **unrichtigen Eindruck** herbeizuführen und diesen zu Schlussfolgerungen zu bringen, die mit der Wahrheit nicht im Einklang stehen. Dabei ist auf das Verständnis des durchschnittlichen Empfängers abzustellen (OLG München AfP 1992, 171). So ist die Entgegnung „Ich stand mit keiner polnischen Universität in irgendeiner Geschäftsverbindung" irreführend, wenn der Betroffene im Rahmen seiner geschäftlichen Tätigkeit Kontakte zu den Hochschullehrern polnischer Universitäten pflegte (LG Hamburg Urt. v. 22.9.1995, 324 S 4/95). Irreführend können **vollständig negierende Entgegnungen** sein, zB, wenn der wegen Nötigung verurteilte Betroffene auf die Erstmitteilung, dass er wegen Erpressung verurteilt worden sei, nur entgegnet, die Behauptung sei unwahr (vgl Wenzel/*Burkhardt*, Kap. 11 Rn 130). Probleme bereiten Fälle, in denen es einer umfangreichen Erwiderung bedarf, um die Gefahr einer Irreführung vollständig auszuschließen. Hier wird man hinsichtlich des Umfangs der Gegendarstellung einen großzügigen Maßstab anlegen müssen. 29

VII. Berichte über Parlaments- und Gerichtssitzungen

Bei wahrheitsgetreuen Berichten über **öffentliche Sitzungen** der gesetzgebenden oder beschließenden Organe des **Bundes, der Länder und der Gemeinden (Gemeindeverbände) sowie der Gerichte** besteht kein Gegendarstellungsrecht. Der Bericht muss nicht lückenlos sein, muss nicht wortgetreu zitieren und kann sich auf einen oder einige Schwerpunkte beschränken. Er darf aber den Berichtsgegenstand nicht entstellen, verzerren oder gefärbt wiedergeben (OLG Hamburg AfP 1979, 361). Fehlt zB bei der Aufzählung der an einer Beschlussfassung beteiligten politischen Gruppierungen die Nennung einer Partei, so ist der Sitzungsbericht nicht wahrheitsgetreu (OLG Koblenz AfP 1984, 114). Nach vorherrschender Meinung entfällt die Privilegierung bereits dann, wenn in der Gegendarstellung behauptet wird, dass der Bericht nicht wahrheitsgetreu sei (LG Berlin AfP 1992, 177, 178; *Prinz/Peters*, Medienrecht, Rn 499 mwN). Nach zutreffender Gegenauffassung (OLG Hamburg AfP 1979, 361; OLG Jena AfP 2007, 560; *Soehring*, Presserecht, § 29 Rn 16) muss im Verfügungsverfahren **glaubhaft gemacht** werden, dass die Erstmitteilung nicht wahrheitsgetreu ist. Im zweiseitigen Verfügungsverfahren trägt der Gegendarstellungsverpflichtete die Glaubhaftmachungslast für den Einwand, dass der Bericht wahrheitsgetreu ist und deshalb der Anspruch entfällt (aA: OLG Jena AfP 2007, 560). 30

VIII. Fotogegendarstellung

Der Gegendarstellungsanspruch kann sich auch gegen eine Bildveröffentlichung richten, wenn durch die Veröffentlichung des Bildes eine Tatsachenbehauptung „aufgestellt" wird (OLG Karlsruhe AfP 2011, 282; *Wanckel,* Foto- und Bildrecht Rn 291). Die Gegendarstellung selbst muss aber grundsätzlich ein Schriftwerk sein. Der **Abdruck eines Fotos** – etwa aus Gründen des Aufmerksamkeitswerts – kann im Allgemeinen nicht verlangt werden (OLG Hamburg AfP 1984, 115). In **Ausnahmefällen**, in denen sich der Gegendarstellende gegen eine Aussage wendet, die dem Erstmitteilungsleser in Gestalt eines Fotos oder einer Fotomontage entgegengebracht wurde, kann der Betroffene indes seine Sicht der Dinge nur dann wirksam zum Ausdruck bringen, wenn er ebenfalls zum Mittel des Fotos oder der Fotomontage greift und das eigene Bild demjenigen der Erstmitteilung gegenüberstellt. In diesen Fällen 31 würde man dem Grundsatz der „Waffengleichheit" nicht gerecht, wenn man den Betroffenen auf eine umständliche Bildbeschreibung verwiese (LG Hamburg, Urt. v. 7.10.1994, 324 O 559/95).

IX. Gegendarstellung mehrerer Personen

32 **Mehrere durch eine Berichterstattung betroffene Personen** können gemeinsam eine Gegendarstellung verlangen. Eine Verpflichtung dazu besteht indes nicht, zumal ihr Entgegnungsinteresse unterschiedlich gelagert sein kann und der Gegendarstellungsanspruch höchstpersönlicher Natur ist (OLG Hamburg AfP 1974, 576). Auch erscheint es angesichts des von einigen Gerichten praktizierten „Alles-oder-Nichts"-Prinzips (vgl Rn 72) für den Einzelnen unzumutbar, sein Gegendarstellungsverlangen dem Risiko auszusetzen, dass die Abdruckpflicht zB wegen des irreführenden Entgegnungsteiles einer anderen Person entfällt (OLG Karlsruhe AfP 2006, 372; LG Hamburg Urt. v. 21.6.1993, 324 O 395, 396 und 397/93). Andererseits kann es für den Verlag unzumutbar sein, mehrere gleich lautende Hinweise auf die Gegendarstellungen im Inhaltsverzeichnis oder auf der Titelseite zu veröffentlichen. Das LG Hamburg löst diese Fälle in der Weise, dass es im Rahmen des § 938 ZPO für den Fall des gleichzeitigen Abdrucks der weiteren Gegendarstellung eine **besondere Abdruckanordnung** trifft (zB: „Im Falle gleichzeitigen Abdrucks der Gegendarstellung des ... genügt ein einheitlicher Hinweis auf der Titelseite, in dem es heißt: Gegendarstellungen von ... und ...". Das OLG Karlsruhe trifft bei teilweise identischen Gegendarstellungen eine Abdruckanordnung dahin, dass identische Teile nur einmal zu veröffentlichen sind (vgl OLG Karlsruhe AfP 2006, 372).

X. Verschiedene Erstmitteilungen; Gegendarstellung gegen Überschriften

33 Wird über den Betroffenen **mehrfach berichtet**, hat dieser die Wahl, ob er mit getrennten Gegendarstellungen vorgeht oder eine **zusammenfassende Gegendarstellung** verlangt (OLG München ZUM-RD 2002, 471). In Fällen, in denen sich die beanstandete Behauptung lediglich in einem Teil der Erstmitteilung befindet und die Korrektur im weiteren Artikel erfolgt, kann eine Gegendarstellung dann verlangt werden, wenn der Teil, in dem sich die Erstmitteilung befindet, einen eigenen Leserkreis hat. Dieses ist zB bei deutlich hervorgehobenen **Überschriften** auf der Titelseite von Zeitungen zu bejahen, da es einen nicht zu vernachlässigenden Leserkreis gibt, der nur die Überschriften zur Kenntnis nimmt (sog. „Kiosk"- oder „Gegenüber"-Leser, vgl OLG Karlsruhe AfP 2008, 315). Nach Auffassung des LG Hamburg gilt dieses auch für den Inhalt der hervorgehobenen Unterüberschrift eines Nachrichtenmagazin-Artikels, da sich unter den Lesern auch solche in nennenswerter Größenordnung befinden, die nur Überschrift und Unterüberschrift zur Kenntnis nehmen, um darüber zu entscheiden, ob der Artikel für sie von Interesse ist und demgemäß gelesen wird oder nicht (LG Hamburg Urt. v. 22.11.1996, 324 O 625/06; bestätigt durch OLG Hamburg Urt. v. 25.3.1997, 7 U 258/96). Dagegen ist der Leserkreis, der nur die Überschrift im Wirtschaftsteil einer Tageszeitung und nicht den weiteren Inhalt des Artikels zur Kenntnis nimmt, zu vernachlässigen (OLG Hamburg Beschl. v. 20.12.1999, 7 W 115/99).

E. Umfang der Gegendarstellung

34 Die meisten den Gegendarstellungsanspruch regelnden Vorschriften bestimmen, dass die Veröffentlichungspflicht entfällt, wenn die Gegendarstellung ihrem **Umfang** nach nicht angemessen ist. In der Regel hat eine Gegendarstellung dann einen angemessenen Umfang, wenn sie dem räumlichen Umfang des beanstandeten Textes, also derjenigen Passagen, die den Betroffenen berühren und die er zum Inhalt seiner Gegendarstellung macht, entspricht (OLG Düsseldorf AfP 1988, 160). Das bedeutet indes nicht, dass Gegendarstellungen, die diesen Umfang überschreiten, unzulässig sind (OLG Karlsruhe AfP 2009, 267). Der Betroffene hat sich zwar darum zu bemühen, sein Anliegen in **angemessener Kürze** vorzutragen, muss aber Gelegenheit haben, dieses deutlich und klar verständlich zum Ausdruck zu bringen. Bei der Prüfung, ob eine Gegendarstellung diesen Anforderungen genügt, darf **kein kleinlicher Maßstab** angelegt werden; der Betroffene ist demgemäß nicht verpflichtet, seine Gegendarstellung in der denkbar kürzesten Form zu formulieren (OLG Hamburg AfP 1985, 53). Bedenken bestehen auch nicht dagegen, dass am Ende der Gegendarstellung neben dem Namen des Betroffenen auch Ort und Datum seiner Unterschriftsleistung genannt werden. Letzteres gilt auch für Gegendarstellungen, deren Abdruck auf der Titelseite zu erfolgen hat (LG Hamburg Urt. v. 20.5.1994, 324 O 236/94).

Nach den Landespressegesetzen in Hessen und Bayern führt ein unangemessener Umfang nicht zur Unzulässigkeit der Gegendarstellung; bei Überlänge sind für den unangemessenen Teil die üblichen **Einrückungsgebühren** zu entrichten, die nach den Anzeigentarifen zu bemessen und im Voraus zu entrichten sind (vgl *Seitz/Schmidt*, Kap. 5 Rn 172). 35

F. Schriftform

Die zugeleitete Gegendarstellung bedarf der **Schriftform**, dh, sie muss eigenhändig durch Namensunterschrift unterzeichnet werden (§ 126 Abs. 1 BGB), wobei die Unterschrift mit dem Familiennamen ohne Hinzufügung eines Vornamens (vgl BGH NJW 2003, 1120) in der Regel ausreichend ist. Ob eine Zuleitung per **Telefax** genügt, ist streitig. Für die Auffassung, die die Telefax-Übermittlung für nicht ausreichend erachtet (OLG Hamburg Urt. v. 18.5.2010, 7 U 121/09 sowie NJW 1990, 1613; OLG Köln AfP 1985, 151), spricht der Wortlaut des § 126 Abs. 1 BGB, da eine Telekopie keine eigenhändige Unterzeichnung enthält (vgl BGH NJW 1993, 1126, 1127). Die Gegenauffassungen, die entweder jede Zuleitung per Telefax zulassen (OLG Bremen NJW 2011, 1611; OLG Dresden ZUM-RD 2007, 117; OLG Hamm OLGR 1993, 174; OLG Saarbrücken NJW-RR 1992, 730; LG Köln AfP 1995, 684) oder nur solche, in denen das Telefax ohne Zwischenempfänger vom Gerät des Berechtigten zum Empfangsgerät des Verpflichteten übermittelt wird (OLG München NJW 1990, 2895; AfP 2001, 126 und 137; KG AfP 1993, 748), stellen darauf ab, dass Sinn und Zweck des Formerfordernisses, nämlich die Prüfungsmöglichkeit von Inhalt der Gegendarstellung und Identität des Verfassers, bei einer Telefax-Zuleitung in ausreichender Weise gewahrt seien. Dem Argument, dass zB auch Rechtsmittelschriften per Telefax eingereicht werden können, ist entgegen zu halten, dass der Gesetzgeber insoweit inzwischen – anders als im Gegendarstellungsrecht – ausdrückliche Regelungen getroffen hat (§§ 130 Nr. 6, 519 Abs. 4 ZPO). 36

Unterschiedlich ist in den Gegendarstellungsnormen geregelt, ob die Gegendarstellung **durch einen Stellvertreter unterzeichnet** werden kann. Soweit im Gesetz ausdrücklich die Unterschrift des gesetzlichen Vertreters gefordert wird, reicht diejenige eines gewillkürten Vertreters nicht aus (LG Frankfurt aM AfP 2009, 73). In Ländern, in denen die Gegendarstellungsvorschriften die Unterschrift des gesetzlichen Vertreters nicht vorschreiben, haben einige Gerichte eine gewillkürte Stellvertretung für zulässig erachtet (KG ZUM-RD 2005, 53, 54; AfP 1984, 228, 229; OLG Bremen AfP 1978, 157; OLG Celle AfP 1987, 714; OLG Naumburg NJW-RR 2000, 475). Im Schrifttum wird diese Rechtsprechung kritisiert, da sie nicht berücksichtige, dass es sich bei der Gegendarstellung nicht um eine rechtsgeschäftliche, sondern eine persönliche Aussage handelt (*Seitz/Schmidt*, Kap. 5 Rn 117; Löffler/*Sedelmeier*, § 11 LPG Rn 147). 37

Bei Gegendarstellungen juristischer Personen ist streng darauf zu achten, dass das Erfordernis der gesetzlichen Vertretung nur erfüllt ist, wenn die nach Gesetz bzw Satzung **vorgesehenen Vertreter** die Unterschrift leisten. Wird eine Gesellschaft danach wirksam nur durch mehrere Personen vertreten, genügt eine Unterschrift nicht (OLG Düsseldorf AfP 2006, 473). Beim nicht rechtsfähigen Verein müssen, da § 26 BGB keine Anwendung findet, sämtliche Mitglieder unterzeichnen (OLG Köln AfP 1971, 172; vgl auch OLG Koblenz NJW-RR 1993, 106). Gleiches gilt für die Gegendarstellung einer GbR. Bei Gegendarstellungen einer **Stelle**, die keinen gesetzlichen Vertreter hat, wird vertreten, dass hier die Unterschrift des Amtsleiters ausreichend sei (*Prinz/Peters*, Medienrecht, Rn 512; Löffler/*Sedelmeier*, § 11 LPG, Rn 146; Wenzel/*Burkhardt*, Kap. 11 Rn 157; *Seitz/Schmidt*, Kap. 5 Rn 119). Nach Rechtsprechung des LG Hamburg genügt diese Unterschrift in Fällen, in denen ein gesetzlicher Vertreter der hinter der Stelle stehenden **Körperschaft** (zB die Freie und Hansestadt Hamburg) zur Verfügung steht, nicht, weil dann kein Anlass bestehe, abweichend vom Gesetzeswortlaut dem nach Organisationsnormen der Behörde zuständigen Behördenleiter das Recht einzuräumen, die Gegendarstellung zu unterzeichnen (LG Hamburg NJW 1967, 734; Beschl. v. 29.11.1995, 324 O 542/95). 38

G. Zuleitung

I. Adressat

Die Gegendarstellung ist dem **Verlag** bzw dem **Rundfunkveranstalter** oder dem **verantwortlichen Redakteur** zuzuleiten. Schwierigkeiten bereiten Fälle, in denen das Zuleitungsschreiben an die Redaktion, an den Chefredakteur, Herausgeber oder bestimmte Abteilungen (Rechtsabteilung) des Verlagsunternehmens gerichtet ist. Die Zuleitung an den Chefredakteur oder Herausgeber dürfte nicht ordnungs- 39 gemäß sein, da diese nicht verpflichtet sind, das Zuleitungsschreiben hausintern an eine der anspruchsverpflichteten Personen weiterzuleiten (vgl *Seitz/Schmidt*, Kap. 5 Rn 25 unter Hinweis auf unveröffentlichte Urteile des OLG München). Zweifelhaft erscheint die Auffassung, dass für Schreiben an die Redaktion anderes gelten soll (so *Prinz/Peters*, Medienrecht, Rn 565; Wenzel/*Burkhardt*, Kap. 11 Rn 161; *Seitz/Schmidt*, Kap. 5 Rn 25), es sei denn, das Abdruckverlangen ist einem der Anspruchsverpflichteten tatsächlich zugegangen. Schreiben an die Rechtsabteilung des Verlages dürften für die Zuleitung an den Verlag genügen, es sei denn, der Mangel der Adressierung wird gerügt (LG Hamburg ArchPR 1970, 78; *Seitz/Schmidt*, Kap. 5 Rn 26). Unzureichend ist die Zuleitung an die Muttergesellschaft des Verlagsunternehmens, auch wenn beide Unternehmen über eine gemeinsame Rechtsabteilung verfügen (OLG Düsseldorf AfP 2008, 523).

II. Unverzüglichkeit

40 Die meisten Gegendarstellungsvorschriften verlangen, dass die Zuleitung „**unverzüglich**", dh ohne schuldhaftes Zögern (§ 121 Abs. 1 Satz 1 BGB), erfolgen muss. Binnen welcher Frist, die nach Kenntnisnahme der Veröffentlichung zu laufen beginnt, zugeleitet werden muss, ist eine Frage des Einzelfalls, bei der neben der Bedeutung der Sache u.a. auch zu berücksichtigen ist, in welchen Intervallen die Zeitung bzw Zeitschrift oder Rundfunksendung erscheint. In der Regel dürfte der Betroffene auch bei Inanspruchnahme anwaltlicher Beratung innerhalb einer **Frist von zwei Wochen** nach Kenntnisnahme der Erstmitteilung zu einer Entscheidung gekommen sein und reagieren können (OLG Dresden ZUM-RD 2007, 117; OLG Stuttgart AfP 2006, 252; OLG Hamburg AfP 2011, 72 sowie NJW-RR 2001, 186). Nur bei Überschreitung dieser Zwei-Wochen-Frist dürfte der Betroffene gehalten sein, die besonderen Umstände für sein Zuwarten darzutun und ggf glaubhaft zu machen. Nach Auffassung des KG (AfP 2009, 61) widerspricht hingegen eine Regelfrist von zwei Wochen dem Gesetzeswortlaut, so dass unter Umständen eine Zuleitung innerhalb von 13 Tagen als nicht mehr unverzüglich angesehen werden kann.

41 Dem Betroffenen muss – angesichts der bei Abfassung einer Gegendarstellung häufig bestehenden Schwierigkeiten und der Möglichkeit von Auffassungsunterschieden – Gelegenheit gegeben werden, seine Gegendarstellung erforderlichenfalls, zB nach Ablehnung des Gegners oder rechtlichem Hinweis bzw Zurückweisung des Gerichts, auch **mehrfach zu überarbeiten**. Dem Unverzüglichkeitsgebot ist in diesem Fall Genüge getan, wenn jede Fassung für sich betrachtet unverzüglich zugeleitet wird (OLG Hamburg Urt. v. 18.5.2010, 7 U 121/09 sowie NJW-RR 2001, 186). Eine solche **Kette** jeweils unverzüglich aufeinander folgender Gegendarstellungsbegehren setzt indes voraus, dass es sich bei der nachfolgenden Fassung um eine Überarbeitung der Vorfassung handelt. Die Zuleitung eines neuen Gegendarstellungsbegehrens, das sich mit anderen Passagen der Erstmitteilung beschäftigt, die in keinem Zusammenhang zu den mit der Vorfassung beanstandeten Textteilen stehen, ist nicht unverzüglich.

42 Nach Auffassung des OLG Stuttgart (AfP 2006, 252) soll die mit der Zuleitung einer **Zweitfassung verbundene Zeitverzögerung** nicht mehr unverschuldet sein, wenn die Erstfassung inhaltlich an groben und einfach erkennbaren inhaltlichen Mängeln leidet. Diese Auffassung ist angesichts der Schwierigkeit des Rechts der Gegendarstellung abzulehnen.

43 Das Landespressegesetz von Bayern enthält das Unverzüglichkeitsgebot nicht. Nach der Rechtsprechung des OLG München fehlt dem Gegendarstellungsverlangen indes das berechtigte Interesse, wenn es nicht innerhalb der **Aktualitätsgrenze** geltend gemacht wird. Diese liegt nach Auffassung des OLG München bei einer Tageszeitung bei etwa vier Wochen (AfP 2003, 165) und bei einer Wochenzeitschrift bei knapp 7 Wochen (AfP 1999, 72), wobei diese Frist mit der Veröffentlichung und nicht mit der Kenntnisnahme des Betroffenen zu laufen beginnt; eine Überarbeitung der Gegendarstellung kommt nach Ansicht des OLG München nach Ablauf der Aktualitätsgrenze nur noch bis zum Termin zur mündlichen Verhandlung erster Instanz in Betracht (OLG München AfP 2003, 165).

III. Ausschlussfrist

44 In den meisten Gegendarstellungsnormen findet sich eine Frist, innerhalb derer die Gegendarstellung spätestens zuzuleiten ist. Nach Ablauf dieser **Ausschlussfrist** erlischt der Gegendarstellungsanspruch. In den Landespressegesetzen beträgt diese Frist drei Monate, in den den Rundfunk betreffenden Gesetzen beläuft sie sich auf ein bis zwei Monate. Anbietern von Telemedien ist die Gegendarstellung

spätestens sechs Wochen nach dem letzten Tage des Angebots des beanstandeten Textes, jedenfalls jedoch drei Monate nach der erstmaligen Einstellung des Angebots zuzuleiten.

Soweit keine Ausschlussfrist geregelt ist oder die Gegendarstellung zwar innerhalb der Ausschlussfrist zugeleitet, aber danach nicht kurzfristig gerichtlich geltend gemacht worden ist, ist die **Aktualitätsgrenze** zu beachten, nach deren Ablauf das berechtigte Interesse an der Veröffentlichung entfällt. Diese Grenze dürfte aber entgegen der Auffassung des OLG München (vgl Rn 43) nicht bereits nach wenigen Wochen, sondern regelmäßig erst nach mehreren Monaten erreicht sein (vgl *Prinz/Peters*, Medienrecht, Rn 576). 45

IV. Mehrere Fassungen

Leitet der Betroffene dem Verpflichteten mehrere Fassungen einer Gegendarstellung zu, muss nach der Rechtsprechung Hamburger Gerichte aus den **Zuleitungsschreiben** klar hervorgehen, hinsichtlich **welcher Fassung** der Betroffene die Erfüllung seines Veröffentlichungsanspruches begehrt. Der Verpflichtete muss ersehen können, ob der Betroffene auf die Veröffentlichung einer früher zugeleiteten Fassung verzichtet oder ob er die beiden Veröffentlichungsverlangen in einem Verhältnis von Haupt- und Hilfsbegehren verfolgt. Im letzteren Fall muss der Betroffene unmissverständlich erklären, in **welchem Rangverhältnis** die Veröffentlichungsverlangen zueinander stehen (OLG Hamburg Beschl. v. 25.3.1993, 3 W 64/93; LG Hamburg Urt. v. 16.1.2004, 324 O 867/03). Dem Verpflichteten ist nämlich nicht zuzumuten, diese Punkte – durch Nachfragen bei dem Betroffenen – einer Klärung zuzuführen oder – auf gut Glück – eine der Fassungen zu veröffentlichen. Genügt die Zuleitung nicht diesen Anforderungen, entfällt der Veröffentlichungsanspruch (LG Hamburg Beschl. v. 4.7.1996, 324 O 306/96; Urt. v. 16.1.2004, 324 O 867/03). 46

H. Abdruck bzw Ausstrahlung

I. Grundsatz der Waffengleichheit

Die Veröffentlichung der Gegendarstellung wird beherrscht vom **Grundsatz der Waffengleichheit.** Die Gegendarstellung soll den gleichen Rezipientenkreis erreichen und gleiche Aufmerksamkeit erfahren wie die Erstmitteilung (KG NJW-RR 2009, 767). 47

1. Presse. a) Gleicher Teil des Druckwerks. Die Gegendarstellung muss nach den meisten Landespressegesetzen im **gleichen Teil des Druckwerks** abgedruckt werden, in dem auch der beanstandete Text erschienen ist. Der Begriff des gleichen Teils ist eng zu fassen, da der mit der Institution Gegendarstellung verfolgte Zweck nur erreicht werden kann, wenn sie dort gebracht wird, wo sie die Leser finden, welche von der Erstmitteilung Kenntnis erhalten haben (OLG Hamburg AfP 1973, 388, 389). Dementsprechend sind die Rubrik „Theater“ innerhalb des Kulturteils (OLG Hamburg AfP 1973, 388, 389) oder die Sparte „Die Seite Drei“ der Süddeutschen Zeitung (OLG München AfP 2000, 386) als eigene Teile anzusehen. Ist der Teil, in der die Erstmitteilung veröffentlicht worden ist, danach abgeschafft worden, hat der Abdruck in dem Teil zu erfolgen, der nach seinem Inhalt oder Charakter am ehesten dem Teil entspricht, in dem die Erstmitteilung erschienen ist (OLG Hamburg Beschl. v. 23.5.2000, 7 U 44/00). 48

Die **Titelseite** stellt wegen ihres Aufmerksamkeitswerts einen eigenen Teil des Druckwerks dar (vgl BVerfG NJW 1998, 1381). Bei Zeitschriften, bei denen sich wegen der Art der Auslegung im Handel die Sitte herausgebildet hat, Ankündigungen über den Heftinhalt auf der **linken Hälfte** des Titelblatts zu platzieren, hat diese Hälfte eine eigenständige Bedeutung erlangt, so dass sie als eigener Teil des Druckwerks anzusehen ist (OLG Hamburg Urt. v. 20.1.1994, 3 U 246/93). Gleiches gilt für die obere Hälfte von Zeitungstitelseiten, der wegen der Auslage im Handel bzw der Anordnung im Zeitungsständer besonderer Aufmerksamkeitswert zukommt und die eigene Leserkreise, den sog. „Kioskleser“, erreicht. Hier ist die Gegendarstellung, soweit die Erstmitteilung dort erschienen ist, ebenfalls **„über dem Bruch“** abzudrucken (LG Hamburg AfP 1993, 778, 779). Dieses gilt nur für die Titelseite, nicht für die letzte Seite von Tageszeitungen, da dort nicht ersichtlich ist, aus welchen Gründen Meldungen „über dem Bruch“ eine ins Gewicht fallende höhere Aufmerksamkeit zukommen sollte als solchen „unter dem Bruch“ (LG Hamburg Beschl. v. 13.2.1998, 324 O 83/98). Eine weitere Aufspaltung der Titelseite, etwa in den Bereich **„über dem Logo“**, erscheint nicht gerechtfertigt, da das Gesetz keine Veröffentlichung an gleicher Stelle verlangt (aA: *Prinz/Peters*, Medienrecht, Rn 651). 49

50 Ist die Erstmitteilung in der **Wochenendausgabe** einer Tageszeitung erschienen, kann der Betroffene, wenn diese eine deutlich höhere Auflage und damit einen größeren Leserkreis hat, nach Auffassung des OLG München (AfP 1992, 158) den Abdruck der Gegendarstellung in der Wochenendausgabe verlangen. Soweit die Landespressegesetze indes einen Abdruck in der nächstfolgenden Nummer des Druckwerks vorschreiben, dürfte der Anspruch auf Veröffentlichung am entsprechenden Wochentag ausgeschlossen sein (LG Oldenburg AfP 1986, 84, 85).

51 Schwierigkeiten können Fälle bereiten, in denen die beanstandete Erstmitteilung in einem Artikel erschienen ist, der auf der Titelseite beginnt und **im Innenteil fortgesetzt** wird. Nach dem Gebot der Waffengleichheit muss der Abdruck der Gegendarstellung dann ebenfalls teilweise auf der Titelseite und mit Überleitung im Innenteil erfolgen.

52 **b) Gleiche Schrift.** Die Gegendarstellung ist mit **gleicher Schrift** wie der beanstandete Text abzudrucken. Einzuschränken ist dieses Erfordernis in Fällen, in denen sich die Gegendarstellung mit Behauptungen befasst, die in der Erstmitteilung in **Titelzeilen** oder Überschriften aufgestellt wurden. Hier muss, um eine unverhältnismäßige Beeinträchtigung der Pressefreiheit zu vermeiden, unter Abwägung der beiderseitigen Interessen eine Abdruckanordnung getroffen werden, bei der eine gegenüber der angegriffenen Erstmitteilungspassage weniger auffällige Buchstabengröße zu wählen ist (vgl BVerfG NJW 1998, 1381, 1384; KG NJW-RR 2009, 767; OLG Karlsruhe AfP 2008, 315; OLG Hamburg AfP 1975, 861, 862).

53 **c) Ankündigung auf Titelseite oder im Inhaltsverzeichnis.** Aus dem Grundsatz der Waffengleichheit folgt, dass die Gegendarstellung, sofern der die beanstandete Behauptung enthaltende Artikel **im Inhaltsverzeichnis angekündigt** worden ist, auf Verlangen ebenfalls im Inhaltsverzeichnis (OLG Hamburg ArchPR 1974, 113 f; AfP 2010, 580; *Seitz/Schmidt*, Kap. 7 Rn 13) unter Angabe der Seitenzahl und einer Orientierungshilfe wie zB „Gegendarstellung des ..." (LG Hamburg Urt. v. 21.6.1993, 324 O 396/93) anzukündigen ist. Wird die Erstmitteilung **auf der Titelseite angekündigt**, kann der Betroffene jedenfalls dann, wenn die Vorwürfe, gegen die er sich wendet, in der Titelankündigung thematisiert wurden, eine Ankündigung der Gegendarstellung auf der Titelseite beanspruchen (LG Hamburg Urt. v. 21.6.1993, 324 O 396/93). Wird hingegen auf der Titelseite der Erstmitteilung nur allgemein darauf hingewiesen wird, dass sich die Zeitung im Inneren mit einem Thema befasst, gegen welches sich die Gegendarstellung richtet, ist ein Anspruch auf „Gegenüberschrift" auf der Titelseite zu verneinen (LG Hamburg Beschl. v. 13.2.1998, 324 O 83/98). Nach Auffassung des OLG München soll eine Ankündigung im Inhaltsverzeichnis indes nur dann geboten sein, wenn die beanstandete Äußerung selbst im Inhaltsverzeichnis aufgeführt war (OLG München NJW 1995, 2297). Soweit **Gegendarstellungen mehrerer Personen** zum gleichen Artikel abzudrucken sind, genügt eine einheitliche Ankündigung (vgl Rn 32).

54 **d) Weitere Anforderungen.** Der Abdruck hat **ohne Einschaltungen und Weglassungen** zu erfolgen und darf nicht in der Form eines Leserbriefs erscheinen. Diese Vorgaben sind streng zu beachten; anderenfalls stellt die Veröffentlichung keine Erfüllung des Anspruchs dar, so dass ein nochmaliger Abdruck verlangt werden kann (OLG München AfP 2001, 308). Nur bei einer geringfügigen Abweichung kann ein erneutes Abdruckverlangen rechtsmissbräuchlich sein (LG Hamburg Beschl. v. 23.8.1994, 324 O 406/94; vgl Rn 81).

55 **2. Rundfunk.** Die den Rundfunk betreffenden Gegendarstellungsvorschriften sehen vor, dass die Gegendarstellung im **gleichen Programmbereich und zu einer gleichwertigen Sendezeit** wie die beanstandete Sendung auszustrahlen ist. Die Formulierungen in den Vorschriften weichen geringfügig voneinander ab. Auch hier ist nach dem Grundsatz der Waffengleichheit zu verfahren, dh, die Gegendarstellung soll möglichst den gleichen Rezipientenkreis erreichen und den gleichen Grad an Aufmerksamkeit wie die Erstmitteilung erhalten. Dieses bedeutet allerdings nicht, dass die Gegendarstellung **an gleicher Stelle** innerhalb einer Sendung zu platzieren ist, etwa zu Beginn einer Sendung (aA: *Prinz/Peters*, Medienrecht, Rn 668). Vielmehr reicht es grundsätzlich aus, wenn die Gegendarstellung in der gleichen Sendung ausgestrahlt wird (OLG Hamburg Beschl. v. 15.7.2010, 7 W 91/10). Etwas anderes dürfte nur dann gelten, wenn eine Sendung Abschnitte aufweist, in denen der Empfänger nicht mehr mit Meldungen zum Themenbereich der Gegendarstellung rechnet, etwa bei Nachrichtensendungen nach der Wettervorhersage. Hier muss die Ausstrahlung einer Gegendarstellung, die sich gegen eine Mitteilung im Nachrichtenblock wendet, auch im Nachrichtenblock erfolgen. Ist eine Rundfunksendung mehrfach ausgestrahlt worden, wie zB eine Nachricht im Hörfunk, so ist auch die Gegendarstellung wiederholt auszustrahlen (vgl Wenzel/*Burkhardt*, Kap. 11 Rn 297). Die Veröffentlichung der Gegen-

darstellung hat durch **Verlesung des Textes** durch einen Sprecher oder Moderator des Sendeunternehmens zu erfolgen (*Seitz/Schmidt*, Kap. 7 Rn 62). Dabei ist darauf zu achten, dass in verständlicher Form und in neutraler Sprache zu verlesen ist und deutlich werden muss, dass es sich nicht um einen redaktionellen Beitrag handelt. Wird hiergegen verstoßen, stellt die Veröffentlichung keine Erfüllung des Anspruchs dar, so dass die Gegendarstellung erneut auszustrahlen ist.

3. Telemedien. Im Bereich der **Telemedien** ist die Gegendarstellung so lange wie die Tatsachenbehauptung **in unmittelbarer Verknüpfung** mit ihr anzubieten, und zwar in gleicher Aufmachung wie die Tatsachenbehauptung. Dabei dürfte jedenfalls bei längeren Gegendarstellungen ausreichen, wenn unmittelbar nach der beanstandeten Mitteilung ein eindeutig gekennzeichneter direkter Hyperlink auf die Gegendarstellung verweist (Spindler/Schuster/*Mann*, § 56 RStV Rn 22). Wird die Tatsachenbehauptung nicht mehr angeboten oder endet das Angebot vor Aufnahme der Gegendarstellung, so ist die Gegendarstellung an vergleichbarer Stelle so lange anzubieten wie die ursprünglich angebotene Tatsachenbehauptung. Hinsichtlich der Aufmachung weist die Gegendarstellung im Bereich der Telemedien keine überragenden Besonderheiten auf; insoweit kann auf die diesbezüglichen Ausführungen der Pressegegendarstellung verwiesen werden (Rn 48 ff). Aus dem Grundsatz der Waffengleichheit dürfte auch hier folgen, dass, sofern die Erstmitteilung auf der Homepage angekündigt war und von hier mittels Anklicken angesteuert werden konnte, Gleiches für die Gegendarstellung zu gelten hat (vgl *Ory*, AfP 1998, 465, 468; LG Potsdam AfP 2009, 165). 56

Besonderheiten ergeben sich, was den **Ort der Veröffentlichung** sowie die **Dauer des Bereithaltens der Gegendarstellung** angeht. Zu unterscheiden ist, ob die Erstmitteilung zum Zeitpunkt der Gegendarstellungsveröffentlichung noch auf der Internetseite verfügbar ist oder nicht. Wird die Erstbehauptung nach wie vor angeboten, ist die Gegendarstellung in unmittelbarer Verknüpfung mit ihr zu veröffentlichen. Das bedeutet, dass jeweils auf der gleichen Bildschirmseite entweder die angegriffene Behauptung und die Gegendarstellung gemeinsam erscheinen müssen oder die angegriffene Behauptung mit einem Hinweis auf die Gegendarstellung und einem Link versehen wird, der bei Anklicken unmittelbar zur Gegendarstellung führt (*Ory*, AfP 1998, 465, 468; Wenzel/*Burkhardt*, Kap. 11 Rn 355). Die Gegendarstellung muss so lange angeboten werden wie die Erstmitteilung stehen bleibt. Endet das Angebot der Erstmitteilung, darf die Gegendarstellung erst gelöscht werden, wenn sie insgesamt so lange wie die Erstmitteilung im Angebot war. Das bedeutet, dass sie für die Restzeit, bis die Dauer der Veröffentlichung der Erstmitteilung erreicht ist, an vergleichbarer Stelle zu platzieren ist. Ist die Erstmitteilung zum Zeitpunkt der Veröffentlichung der Gegendarstellung bereits gelöscht, ist die Gegendarstellung so lange, wie die Erstmitteilung im Angebot war, an vergleichbarer Stelle anzubieten. 57

Der Begriff der „**vergleichbaren Stelle**" ist – wie derjenige des „gleichen Teils des Druckwerks" bei der Pressegegendarstellung – eng auszulegen. Daraus folgt, dass die Gegendarstellung nicht nur in der gleichen oder vergleichbaren Rubrik wie die Erstmitteilung anzubieten ist, sondern dass der Leser auch in die Lage versetzt werden muss, sie in gleicher Weise und gleich schnell wie die Erstmitteilung aufzufinden. War die Erstmitteilung für den Leser von der Homepage zB in zwei Schritten – Auswahl der Rubrik und Auswahl des Artikels – erreichbar, muss dieses auch für die Gegendarstellung gelten (*Ory*, AfP 1998, 465, 468). 58

II. Kosten

Die Veröffentlichung der Gegendarstellung erfolgt **grundsätzlich unentgeltlich**. Ausnahmen gelten nach den Landespressegesetzen in Bayern und Hessen bei zu umfangreichen Gegendarstellungen; überschreitet die Gegendarstellung wesentlich den Umfang des beanstandeten Textes, so sind insoweit die üblichen **Einrückungsgebühren** zu entrichten, die nach den Anzeigentarifen zu bemessen und im Voraus zu zahlen sind (vgl Rn 35). 59

Einige Landespressegesetze sehen eine Kostenpflicht dann vor, wenn der beanstandete Text als Anzeige abgedruckt wurde. Auch hier sind die üblichen Einrückungsgebühren zu zahlen. 60

III. Redaktionelle Anmerkung

Die Landespressegesetze (Ausnahme: Bayern) sehen vor, dass derjenige, der sich zu der Gegendarstellung in derselben Nummer äußert, sich auf tatsächliche Angaben beschränken muss. Der Grundsatz, dass im Rahmen einer Gegendarstellung nicht auf Meinungsäußerungen entgegnet werden und die Entgegnung **keine Meinungsäußerungen** enthalten darf, findet hier seine Fortsetzung. Auch die **redak-** 61

tionelle Anmerkung darf keine Werturteile enthalten. Wird hiergegen verstoßen, stellt die Veröffentlichung keine Erfüllung des Gegendarstellungsanspruchs dar mit der Folge, dass nochmalige Veröffentlichung der Gegendarstellung durchgesetzt werden kann (OLG Hamburg Beschl. v. 15.11.2007, 7 W 117/07). Nach einigen Landespressegesetzen stellt der schuldhafte Verstoß gegen die Verpflichtung, sich auf tatsächliche Angaben zu beschränken, zudem eine **Ordnungswidrigkeit** dar. Wird in einer redaktionellen Anmerkung eine Äußerung Dritter wiedergegeben, die eine Meinungsäußerung enthält, liegt ebenfalls ein Verstoß gegen das Glossierungsverbot vor, auch wenn die Wiedergabe eines wörtlichen Zitats bei formaler vordergründiger Betrachtung als Tatsachenbehauptung anzusehen sein mag (OLG Hamburg Beschl. v. 21.2.1997, 7 W 11/97).

62 Unzulässig sind außerdem redaktionelle Anmerkungen, durch die die Gegendarstellung unter Verstoß gegen den Grundsatz der Waffengleichheit **grob entwertet** wird (KG AfP 2007, 494; OLG Koblenz NJW-RR 2006, 484; LG Frankfurt aM AfP 1987, 723). Zulässig hingegen ist der Hinweis auf die Rechtslage, dass eine Gegendarstellung ohne Rücksicht auf ihre inhaltliche Richtigkeit abzudrucken ist (OLG Hamburg ArchPR 1971, 91, 92).

63 Auch die die **elektronischen Medien** betreffenden Vorschriften enthalten Regelungen , dass die Erwiderung auf die Gegendarstellung sich auf tatsächliche Angaben beschränken muss. Teilweise darf darüber hinaus eine Erwiderung auf die verbreitete Gegendarstellung nicht in unmittelbarem Zusammenhang mit dieser gesendet werden. Nach § 56 Abs. 1 Satz 5 RStV muss sich die Erwiderung auf die Gegendarstellung auf tatsächliche Angaben beschränken und darf nicht unmittelbar mit der Gegendarstellung verknüpft werden.

I. Prozessuale Durchsetzung

I. Zuständiges Gericht

64 Für die Durchsetzung des Gegendarstellungsanspruchs ist der **ordentliche Rechtsweg** gegeben. Da der Streitwert in Gegendarstellungssachen in der Regel mit über 5.000 EUR angenommen wird, ist regelmäßig das Landgericht sachlich zuständig (§ 23 Nr. 1 GVG). **Örtlich zuständig** ist nach allgemeiner Auffassung (vgl *Prinz/Peters*, Medienrecht, Rn 586 mwN) das Gericht, bei dem der zur Veröffentlichung der Gegendarstellung Verpflichtete seinen allgemeinen Gerichtsstand hat (§ 12 ZPO). Folglich ist das Gericht anzurufen, bei dem der Verleger oder der verantwortliche Redakteur seinen Wohnsitz (§ 13 ZPO) bzw das Verlagsunternehmen Sitz oder Niederlassung (§§ 17, 21 ZPO) hat.

65 Fallen Verlagssitz und Wohnsitz des verantwortlichen Redakteurs auseinander, können Gegendarstellungsansprüche **bei unterschiedlichen Gerichten** geltend gemacht werden. Wenn es zu abweichenden Entscheidungen der Gerichte kommt, ist in jedem Fall nur eine Gegendarstellung zu veröffentlichen, wobei der Betroffene insoweit ein Bestimmungsrecht hat (Wenzel/*Burkhardt*, Kap. 11 Rn 232). Keinesfalls darf die Presse zum Abdruck von weit überwiegend identischen Gegendarstellungen gezwungen werden (OLG Hamburg AfP 1993, 591, 592).

66 Wird der Verpflichtete an seinem Wohnsitz in Anspruch genommen, der nicht mit dem Erscheinungsort des Druckwerks übereinstimmt, hat das Gericht das Gegendarstellungsrecht des Erscheinungsortes zu Grunde zu legen (vgl Rn 2).

II. Einstweilige Verfügung

67 Der Gegendarstellungsanspruch kann in allen Bundesländern im Wege **der einstweiligen Verfügung** durchgesetzt werden. Einige Landespressegesetze lassen auch die Durchführung eines **Hauptsacheverfahrens** zu, was aber in der Praxis so gut wie keine Rolle spielt (vgl *Seitz/Schmidt*, Kap. 9 Rn 92).

68 Allerdings ist das Verfahren zur Durchsetzung des Gegendarstellungsanspruchs nach den meisten Landespressegesetzen ein spezifisches presserechtliches Verfahren, auf das die Vorschriften über das einstweilige Verfügungsverfahren nur entsprechende Anwendung finden. Hieraus folgt, dass in diesem Verfahren **andere Ansprüche – etwa Unterlassungsansprüche** – nicht gleichzeitig geltend gemacht werden können (Löffler/*Sedelmeier,* § 11 LPG Rn 189; aA: LG Hamburg AfP 1990, 332, 333, wonach die Verbindung in einem einheitlichen Verfahren zwar möglich, aber nicht angezeigt sei).

69 Eine Gefährdung des Anspruchs braucht nicht glaubhaft gemacht zu werden; die Anordnung der Veröffentlichung einer Gegendarstellung hängt mithin nicht von einer besonderen **Dringlichkeit** ab (Löff-

ler/*Sedelmeier*, § 11 LPG Rn 188). Auch wenn für die Einleitung des gerichtlichen Verfahrens – anders als für die Zuleitung der Gegendarstellung – keine Frist vorgeschrieben ist, darf indes nicht zu lange gewartet werden, da das berechtigte Veröffentlichungsinteresse nach Überschreitung der Aktualitätsgrenze entfällt (s.o., Rn 45).

III. Glaubhaftmachung

Die Voraussetzungen für den Gegendarstellungsanspruch **sind glaubhaft zu machen**, also die Betroffenheit durch die Erstmitteilung, die Passivlegitimation des Gegners sowie die unverzügliche Zuleitung einer vom Betroffenen oder ggf gesetzlichen Vertreter unterschriebenen Gegendarstellung an den Verpflichteten. **Keiner Glaubhaftmachung** bedarf die Unwahrheit der Erstmitteilung oder die Wahrheit der Entgegnung (Wenzel/*Burkhardt*, Kap. 11 Rn 243). Das Gericht darf bei der Frage, ob eine Entgegnung offensichtlich unwahr oder offensichtlich irreführend ist, nicht in eine Würdigung von Glaubhaftmachungsmitteln eintreten (OLG München ZUM-RD 2002, 471; vgl Rn 28). Eine Ausnahme gilt für Berichte über Sitzungen von Parlamenten oder Gerichten, da bei wahrheitsgetreuen Berichten über öffentliche Sitzungen der gesetzgebenden oder beschließenden Organe des Bundes, der Länder und der Gemeinden (Gemeindeverbände) sowie der Gerichte kein Gegendarstellungsrecht besteht (streitig; vgl Rn 30). 70

IV. Änderung der Gegendarstellung im Verfahren

Die Frage, ob und unter welchen Umständen der Betroffene oder das Gericht befugt sind, im gerichtlichen Verfahren die Gegendarstellung zu ändern, ist **hoch umstritten** (zum Streitstand im Schrifttum vgl Löffler/*Sedelmeier*, § 11 LPG Rn 208 ff) und wird in der Rechtsprechung unterschiedlich gehandhabt. 71

1. „Alles oder Nichts"-Prinzip. Das OLG Hamburg lässt in ständiger Rechtsprechung **Änderungen der Gegendarstellung** grundsätzlich weder durch das Gericht (§ 938 ZPO) noch auf Antrag des Betroffenen zu (NJW-RR 1995, 1053; AfP 1989, 465; AfP 1984, 155). § 938 ZPO sei im Hinblick auf den Charakter der Gegendarstellung als höchstpersönliche Erklärung des Betroffenen nur in Ausnahmefällen anwendbar. Auch fehle bei einem geänderten bzw gekürzten Text die im Gesetz vorgeschriebene Zuleitung einer vom Betroffenen unterschriebenen Gegendarstellung. Soweit die Abänderung einen Eingriff in die Sachaussage der Gegendarstellung darstelle, komme eine Abänderung nicht in Betracht (AfP 1981, 408, 409). **Ausnahmen** hat das OLG Hamburg zugelassen bei der Verbesserung von orthographischen oder grammatikalischen Fehlern (NJW-RR 1995, 1053, 1054), bei Streichen eines für den Inhalt der Gegendarstellung unerheblichen Füllwortes (ArchPR 1977, 51) oder bei der Korrektur eines offensichtlich irrtümlichen Ausdrucks (MDR 1966, 593). Auch Streichungen einzelner Punkte aus Gegendarstellungen, die aus mehreren selbständigen Punkten bestehen, lässt das OLG Hamburg nicht zu (AfP 1989, 465, 466). Folge ist, dass bei einer Gegendarstellung, die nur in einem Punkt an einem inhaltlichen Mangel leidet und unzulässig ist, insgesamt der Veröffentlichungsanspruch entfällt. Nicht dem **„Alles-oder-Nichts"-Prinzip** unterfällt die Anordnung, in welcher Weise die Veröffentlichung zu erfolgen hat; insoweit kann das Gericht nach freiem Ermessen gemäß § 938 Abs. 1 ZPO bestimmen, welche Anordnungen zu treffen sind (vgl *Prinz/Peters*, Medienrecht, Rn 600). 72

Zulässig ist nach der Rechtsprechung des OLG Hamburg, eine nachgebesserte Fassung nach deren Zuleitung im Verfahren im Wege der Klageänderung als **Hilfsantrag** geltend zu machen (AfP 1989, 465, 466; AfP 1984, 155, 156). Bei dieser Vorgehensweise ist indes zu beachten, dass bereits bei der Zuleitung der Gegendarstellung deutlich zu machen ist, in welchem Rangverhältnis die verschiedenen Veröffentlichungsverlangen verfolgt werden (s.o., Rn 46). Dieser Weg dürfte sich in der Praxis nur in Ausnahmefällen empfehlen, da jede Fassung der Gegendarstellung einen **eigenen Streitgegenstand** darstellt (OLG Hamburg AfP 1993, 591; OLG München AfP 2001, 137, 138; aA: OLG Celle NJW-RR 1995, 794; OLG Frankfurt aM NJW-RR 1986, 606, 608) und sich damit, da § 45 Abs. 1 Satz 3 GKG nicht anwendbar ist, erhöhend auf den Streitwert auswirkt (vgl *Seitz/Schmidt*, Kap. 10 Rn 15). Nach Auffassung des KG (AfP 2007, 52) wird ein auf Abdruck einer Gegendarstellung gerichteter Hilfsantrag, der erst im Berufungsrechtszug gestellt wird, wirkungslos, sofern die Berufung hinsichtlich des Hauptantrages unbegründet ist und das Gericht durch Beschluss gemäß § 522 Abs. 2 ZPO entscheidet. 73

Bei der strengen Handhabung des „Alles-oder-Nichts"-Prinzips ist das Gericht indes, um den Gegendarstellungsanspruch nicht leer laufen zu lassen, in besonderer Weise gehalten, den Betroffenen recht- 74 zeitig und umfassend auf Bedenken hinzuweisen (§ 139 ZPO). Dementsprechend ist es u.a. beim LG Hamburg üblich, dem Antragsteller bei Bedenken gegen den Erlass der begehrten einstweiligen Verfügung **Hinweise** telefonisch zu erteilen, so dass dieser Gelegenheit erhält, innerhalb der Ausschlussfrist seine Fassung zu überarbeiten, die Neufassung zuzuleiten und diese ggf – in der Regel nach Rücknahme des vorherigen Antrags – zum Gegenstand eines erneuten gerichtlichen Verfahrens zu machen (vgl *Prinz*, NJW 1995, 817, 818).

75 Ebenfalls nach dem „Alles-oder-Nichts-Prinzip" verfahren das OLG Düsseldorf (AfP 2001, 327, 328; AfP 2008, 523, 524), das OLG Köln (AfP 1989, 565, 567), der 6. Zivilsenat des OLG Karlsruhe (AfP 1994, 317; AfP 1999, 373), das LG Mainz (AfP 2007, 499), das LG Dresden (AfP 2010, 595) und das LG Lüneburg (AfP 2006, 83).

76 **2. Änderungen auf Antrag des Betroffenen.** Nach Auffassung des KG (9. Zivilsenat) schließt der persönliche Charakter der Gegendarstellung zwar eine inhaltliche Änderung durch das Gericht aus. Für zulässig erachtet es das KG indes, den Verpflichteten auf Hilfsantrag des Betroffenen zur Veröffentlichung einer gegenüber der zugeleiteten Fassung geänderten Gegendarstellung zu verpflichten. Dabei reiche es aus, dass **nur die ursprüngliche Gegendarstellung zugeleitet** werde, wenn der Aussagegehalt der Neufassung vom Ursprungstext umfasst sei und insbesondere wenn nur eigenständige Ziffern der begehrten Gegendarstellung entfallen seien. Einen gesonderten Zugang der gekürzten Fassung zu verlangen, wäre leere Förmelei (ZUM-RD 2005, 53). Dieses gelte auch bei Ergänzungen der Ursprungsfassung der Gegendarstellung, wenn diese gleichsam auf Betreiben des Verpflichteten erfolgt seien (AfP 2006, 565).

77 Änderungen auf Antrag des Betroffenen halten ebenfalls für zulässig das OLG Celle (NJW-RR 1995, 794; einschränkend aber NJW-RR 2009, 223, 977) und der 10. Zivilsenat des OLG Karlsruhe (AfP 1989, 564). Ähnlich verfahren das OLG München (AfP 1998, 523; AfP 2003, 70), das OLG Stuttgart (AfP 2006, 252) und der 14. Zivilsenat des OLG Karlsruhe (AfP 2003, 439; AfP 2009, 267), die indes eine **persönliche Ermächtigung** der betroffenen Person oder Stelle, Streichungen in einer mehrgliedrigen Gegendarstellung vorzunehmen, für erforderlich halten. Nach Auffassung des LG Köln (NJW-RR 2006, 846) kann eine gekürzte Gegendarstellungsfassung auch dann zugesprochen werden, wenn deren Zuleitung nach Ablauf der Ausschlussfrist erfolgt ist.

78 **3. Änderungen durch das Gericht.** Nach Meinung des OLG Frankfurt aM (AfP 2008, 628, 630; NJW-RR 1986, 606, 608) ist das Gericht im Rahmen des § 938 ZPO ohne Antrag des Betroffenen **grundsätzlich befugt, Änderungen an Gegendarstellungen vorzunehmen.** Besteht eine Gegendarstellung aus mehreren selbständigen Punkten, könne das Gericht die einzelnen Punkte ablehnen und die Veröffentlichung der übrigen Punkte anordnen. Bei Gegendarstellungen, die aus einem zusammenhängenden Text bestehen, dürfe das Gericht einzelne Formulierungen ändern oder weglassen, wenn dadurch die Gegendarstellung in ihrer Substanz nicht berührt und ihr materieller Aussagegehalt nicht verändert oder geschmälert werde. Darüber hinaus seien Abänderungen durch den Betroffenen ohne Zuleitung der geänderten Fassung zulässig; weigere sich das Presseorgan vor Gericht, dem neuen Veröffentlichungsverlangen nachzukommen, mache dies ein förmliches Verlangen außerhalb des Prozesses überflüssig.

V. Vollziehung und Vollstreckung

79 Die einstweilige Verfügung auf Veröffentlichung einer Gegendarstellung bedarf der **Vollziehung** innerhalb der Frist von einem Monat (§ 929 Abs. 2 ZPO) im Wege der Parteizustellung (OLG München AfP 1988, 269), und zwar auch dann, wenn eine Veröffentlichungszusage für einen Zeitpunkt nach Ablauf der Vollziehungsfrist abgegeben worden ist (OLG Hamburg AfP 1982, 35). Wird die einstweilige Verfügung durch Urteil in nicht nur geringfügiger Weise abgeändert, so beginnt die Vollziehungsfrist erneut zu laufen (OLG Karlsruhe AfP 2008, 524). Bei Versäumen der Vollziehungsfrist ist die einstweilige Verfügung im Widerspruchsverfahren oder im Verfahren gemäß § 927 ZPO aufzuheben. Streitig ist, ob für eine wirksame Vollziehung neben der Zustellung der einstweiligen Verfügung erforderlich ist, die Zwangsvollstreckung einzuleiten (so OLG Koblenz AfP 2009, 59; vgl OLG Rostock MDR 2006, 1425). Nach zutreffender Auffassung des OLG München (AfP 2007, 53) wird dem Erfordernis der Vollziehung durch die Parteizustellung ausreichend Rechnung getragen, da dem Schuldner hinreichend deutlich wird, dass es dem Gläubiger mit der Vollziehung ernst ist.

Die **Zwangsvollstreckung** erfolgt im Wege des § **888 ZPO**, da die Veröffentlichung der Gegendarstellung eine unvertretbare Handlung ist. Auf Antrag des Gläubigers kann gegen den Schuldner ein Zwangsgeld oder Zwangshaft angeordnet werden. Beide Zwangsmittel können, jedoch erst nach Vollstreckung des zuvor angeordneten Zwangsmittels, wiederholt angeordnet werden. Im Vollstreckungsverfahren ist dem Schuldner rechtliches Gehör zu gewähren (§ 891 ZPO). Die Entscheidung ergeht durch Beschluss und in der Regel ohne mündliche Verhandlung. Vollstreckungsschutz kann der Gläubiger bei Einlegung von Widerspruch gemäß §§ 936, 924 Abs. 3 Satz 2, 707 ZPO (vgl OLG München AfP 2008, 309) oder im Berufungsverfahren gemäß §§ 719, 707 ZPO erlangen. 80

Im Vollstreckungsverfahren ist gegebenenfalls zu prüfen, ob eine erfolgte Veröffentlichung der Gegendarstellung den Anordnungen in der einstweiligen Verfügung entspricht. Hierbei sind strenge Maßstäbe anzuwenden; entspricht eine Veröffentlichung nicht in allen Punkten der Anordnung im Vollstreckungstitel, so ist grundsätzlich eine Erfüllung der Veröffentlichungspflicht zu verneinen und der Schuldner zur nochmaligen Veröffentlichung durch ein Zwangsmittel anzuhalten. **Nur bei geringfügigen Abweichungen** kann das Berufen des Gläubigers auf Nichterfüllung **rechtsmissbräuchlich** sein. So hat das LG Hamburg in einem Fall, in dem die Gegendarstellung ohne Angabe des Ortes, an dem die Unterschrift unter die Gegendarstellung geleistet wurde, abgedruckt worden ist, den § 888 ZPO-Antrag zurückgewiesen (Beschl. v. 23.8.1994, 324 O 406/94). Nach Auffassung des OLG Hamburg (AfP 1993, 591) muss sich der Gläubiger im Rahmen der Vollstreckung dann rechtsmissbräuchliches Verhalten entgegen halten lassen, wenn er einen Titel sowohl hinsichtlich der Ursprungs- als auch der Kurzfassung einer Gegendarstellung erlangt und versucht, den Abdruck beider Fassungen durchzusetzen. 81

42. Abschnitt: Unterlassungsanspruch

Schrifttum: *Damm/Rehbock*, Widerruf, Unterlassung und Schadensersatz in den Medien, 3. Aufl. 2008 (zitiert: *Damm/Rehbock*); *Grimm*, Der Stolpe-Beschluss des BVerfG – eine Rechtsprechungswende?, AfP 2008, 1; *Harte-Bavendamm/Henning-Bodewig*, UWG, 2. Aufl. 2009 (zitiert: Harte/Henning/*Bearbeiter*); *Ingendaay*, Zur Verbreiterhaftung des Buchhandels, AfP 2011, 126; *Löffler*, Presserecht, 5. Aufl. 2006 (zitiert: Löffler/*Bearbeiter*); *Mankowski*, Herkunftslandprinzip und deutsches Umsetzungsgesetz zur e-commerce-Richtlinie, IPRax 2002, 257 ff; *Mann*, Einschüchterung oder notwendiger Schutz der Persönlichkeit?, AfP 2008, 6; Zum Verbot kontextneutraler Fotos, AfP 2008, 566; *Nieland*, Störerhaftung bei Meinungsforen im Internet – Nachträgliche Löschungspflicht oder Pflicht zur Eingangskontrolle?, NJW 2010, 1494; *Paschke*, Medienrecht, 3. Aufl. 2009 (zitiert: *Paschke*, Medienrecht); *Prinz/Peters*, Medienrecht, 1999 (zitiert: *Prinz/Peters*, Medienrecht); *Sack*, Herkunftslandprinzip und internationale elektronische Werbung nach der Novellierung des Teledienstegesetzes (TDG), WRP 2002, 271 ff; *Schlüter*, Zum „fliegenden Gerichtsstand" bei Persönlichkeitsrechtsverletzungen durch Medienveröffentlichungen, AfP 2010, 340; *Soehring*, Presserecht, 4. Aufl. 2010 (zitiert: Soehring, Presserecht); *Spindler*, Das Gesetz zum elektronischen Geschäftsverkehr – Verantwortlichkeit der Dienstanbieter und Herkunftslandprinzip, NJW 2002, 921 ff; *Spindler/Schuster*, Recht der elektronischen Medien, 2. Aufl. 2011 (zitiert: Spindler/Schuster/Bearbeiter); *Stender-Vorwachs*, Veröffentlichung von Fotos minderjähriger Kinder von Prominenten, NJW 2010, 1414; *Wenzel*, Das Recht der Wort- und Bildberichterstattung, 5. Aufl. 2003 (zitiert: Wenzel/*Bearbeiter*).

A. Bedeutung

1 Der Unterlassungsanspruch, der aus § 1004 Abs. 1 Satz 2 BGB hergeleitet wird, hat bei unrechtmäßiger Berichterstattung durch die Medien besondere praktische Bedeutung. Da er im Wege der einstweiligen Verfügung durchgesetzt werden kann, stellt er für den Betroffenen eine Möglichkeit dar, **schnellen und wirksamen Schutz** vor drohenden Beeinträchtigungen zu erhalten. Der Anspruch setzt eine bevorstehende widerrechtliche Störung voraus und ist unabhängig von einem Verschulden des Störers.

B. Voraussetzungen

I. Rechtsverletzung

2 Voraussetzung für einen gegen eine Medienberichterstattung gerichteten Unterlassungsanspruch ist, dass eine **Rechtsverletzung** im Sinne der §§ 823, 824, 826 BGB droht. In Betracht kommen insbesondere Verletzungen des allgemeinen Persönlichkeitsrechts (§ 823 Abs. 1 BGB iVm Art. 1, 2 GG, vgl 33. Abschnitt Rn 72 ff), des Rechts am eigenen Bild (§ 823 Abs. 2 BGB iVm §§ 22, 23 KUG bzw § 201a StGB, vgl 34. Abschnitt), der Vorschriften zum Schutz der Ehre (§ 823 Abs. 2 BGB iVm §§ 185 ff StGB, §§ 824, 826 BGB, vgl 35. Abschnitt), des Namensrechtes (§ 12 BGB, vgl 36. Abschnitt), des Schutzes des gesprochenen Worts (§§ 823 Abs. 2 BGB in Verbindung mit § 201 StGB, vgl 37. Abschnitt) sowie des Unternehmensschutzes (§ 823 Abs. 1 BGB, vgl 38. Abschnitt). Die drohende Rechtsverletzung muss objektiv rechtswidrig sein; ein Verschulden des Verletzers ist nicht erforderlich.

3 Besonderheiten sind zu beachten bei der **Haftung von Anbietern von Telemedien aus dem europäischen Ausland.** Hier ist streitig, ob einer Anwendung deutschen Rechts das in Art. 3 Abs. 1 und 2 e-commerce-

Richtlinie bzw § 3 Abs. 1 und 2 Satz 1 TMG angeordnete Herkunftslandprinzip entgegensteht (zum Meinungsstand ausführlich BGH AfP 2010, 150). Teilweise wird vertreten, dass es sich um eine kollisionsrechtliche Regelung mit der Folge handelt, dass das Recht des Herkunftslands anzuwenden ist (KG AfP 2006, 258, 259; OLG Hamburg GRUR 2004, 880, 881; *Mankowski*, IPRax 2002, 258). Nach anderer Auffassung erfährt das deutsche Recht durch § 3 Abs. 2 TMG eine Modifikation dahin, dass der **Unterlassungsanspruch entfällt**, sofern nach dem für den ausländischen Diensteanbieter maßgeblichen Heimatrecht kein Unterlassungsanspruch besteht (OLG Hamburg ZUM 2008, 63; *Spindler*, NJW 2002, 921,926; *Sack*, WRP 2002, 271, 277). In Anwendung von § 3 Abs. 2 TMG ist danach eine abgestufte Prüfung der Zulässigkeit der gewerbsmäßigen grenzüberschreitenden Äußerung in der Weise vorzunehmen, dass zunächst nach deutschen allgemeinen Haftungsbestimmungen zu prüfen ist, ob ein Unterlassungsanspruch besteht. Ist dies nicht der Fall, ist die Klage abzuweisen, ohne dass das ausländische Recht in Betracht zu ziehen ist. Bestände hingegen bei ausschließlicher Anwendung des allgemeinen deutschen Deliktsrechts ein Anspruch, ist auf der zweiten Stufe zu klären, ob dies auch nach der für den ausländischen Dienstleistenden maßgeblichen Rechtsordnung der Fall wäre. Bestände nach diesen Regeln kein Unterlassungsanspruch, ist im Hinblick auf § 3 Abs. 2 TMG auch durch das deutsche Gericht kein Anspruch zuzusprechen (OLG Hamburg ZUM 2008, 63). Der BGH hat die streitige Frage, wie Art. 3 Abs. 1 und 2 der e-commerce-Richtlinie in diesen Fällen auszulegen sind, dem EuGH vorgelegt (BGH AfP 2010, 150). Für die Praxis bedeutet dies, dass bis zur Entscheidung des EuGH in Fällen, in denen nach deutschem Recht kein Anspruch besteht, der Klage aber nach dem Recht im Herkunftsland stattzugeben wäre, entweder ebenfalls eine Vorlage gemäß Art. 267 AEUV zu erfolgen hat oder der Rechtsstreit analog § 148 ZPO auszusetzen ist (vgl OLGR Saarbrücken 2001, 408). Dieses gilt allerdings im Hinblick auf den ansonsten zu sehr eingeschränkten Rechtsschutz nicht im Verfahren der einstweiligen Verfügung (vgl *Zöller/Vollkommer*, Rn 8 vor § 916 ZPO mwN).

II. Beteiligte

1. Anspruchsberechtigte. Voraussetzung für den Anspruch ist eine **individuelle Betroffenheit** (dazu auch 33. Abschnitt Rn 102 ff). Zunächst muss der Anspruchsteller im Zusammenhang mit der Berichterstattung erkennbar sein. Dieses ist auch dann zu bejahen, wenn sein Name nicht genannt wird, sich die Identität des Betroffenen aber für den interessierten Leser aus den mitgeteilten Umständen ergibt (BGH NJW 1963, 904 – Drahtzieher; OLG Hamburg AfP 1975, 916). Prinzipiell genügt die **Erkennbarkeit im Bekanntenkreis**, wobei es aber nicht ausreicht, wenn nur der Betroffene sich selbst sowie seine nächste Umgebung ihn in einer Darstellung erkennt; eine gewisse Ausstrahlung über den engsten Bereich hinaus ist zu fordern (LG Oldenburg AfP 1985, 299, 300; *Soehring*, Presserecht, § 13 Rn 37). Beispielsweise hat das OLG Hamburg die Betroffenheit eines türkischen Anspruchstellers angenommen, über den unter Angabe seines Alters und seiner Nationalität mitgeteilt worden war, dass er einen Blumenstand am Hamburger Hauptbahnhof betreibe (OLG Hamburg Urt. v. 25.11.1993, 3 U 106/93). Wird über ein Mitglied einer der Anzahl nach überschaubaren Gruppe berichtet und bleibt unklar, wer angesprochen ist, kann jedes Mitglied dieser Gruppe betroffen sein (vgl Wenzel/*Burkhardt*, Kap. 12 Rn 55). Erforderlich ist weiterhin, dass der Anspruchsteller **unmittelbar betroffen** ist. Gegen Eingriffe in das Persönlichkeitsrecht kann nur der unmittelbar Verletzte, nicht auch derjenige vorgehen, der von den Fernwirkungen eines Eingriffs in das Persönlichkeitsrecht eines anderen nur mittelbar belastet wird, solange diese Auswirkungen nicht auch als Verletzung des eigenen Persönlichkeitsrechts zu qualifizieren sind (BGH NJW 1980, 1790 – Familienname). Bei einem Bericht über einen Straftäter haben dessen **Familienangehörige** deshalb nur dann eigene Ansprüche, wenn ihre eigenen persönlichen Verhältnisse in den Bericht einbezogen werden (BGH NJW 1980, 1790 – Familienname). Unternehmen können bei ehrenrührigen Äußerungen über ihre **Betriebsangehörigen** in ihrem eigenen Recht betroffen sein, wenn diese Kritik sie selbst negativ kennzeichnet. Dieses ist insbesondere dann der Fall, wenn sich Kritik gegen solche Angehörige des Unternehmens richtet, die als Führungskräfte die betrieblichen Verhältnisse maßgebend mitgestalten (BGH GRUR 1976, 210 – Der Geist von Oberzell). Die Äußerung, die sich mit einer Person oder einem Personenkreis befasst, die oder der einem übergeordneten Verband angehört, führt nicht zu einer Betroffenheit des **Verbandes** (OLG Hamburg AfP 2008, 632). Ein Verein, der den Namen einer rechtlich nicht verfassten **Glaubensgemeinschaft** trägt und nach seiner Satzung deren Förderer ist, soll nach Auffassung des OLG Frankfurt (NJW 1995, 876; ebenso *Prinz/Peters*, Medienrecht, Rn 307) durch Äußerungen über die Glaubensgemeinschaft nicht betroffen sein. Nach Gegenauffassung des OLG Hamburg (Beschl. v. 11.7.1995, 7 U 86/95) ist die eigene Betroffenheit des Vereins zu bejahen, da er dadurch, dass er denselben Namen wie die 4

Glaubensgemeinschaft trägt, nach außen mit ihr identifiziert wird und die gegen die Glaubensgemeinschaft sich richtenden Äußerungen zugleich auf den Verein bezogen werden. Eine eigene Betroffenheit folge zudem aus dem Umstand, dass Vereinszweck die Förderung der Glaubensgemeinschaft sei, so dass die Verbreitung herabsetzender Äußerungen über die Glaubensgemeinschaft zugleich zu einer Herabsetzung des diese fördernden Vereins führe. Betrifft eine Berichterstattung einen **Verstorbenen**, sind in der Regel die Angehörigen (§§ 22 Satz 4 KUG, 77 Abs. 2 StGB) zur Wahrnehmung der Rechte befugt (vgl BGH NJW 2000, 2195, 2199 – Marlene Dietrich; OLG München AfP 1989, 747, 748; Wenzel/*Burkhardt*, Kap. 12 Rn 47).

5 Bei Äußerungen über bestimmte **Waren oder Produkte** ist das Kriterium der „individuellen Betroffenheit" restriktiv zu handhaben; nur so kann gewährleistet werden, dass in der öffentlichen Diskussion kritische Auseinandersetzungen über die Vor- und Nachteile bestimmter Stoffe geführt werden können, ohne sich jeweils dem unkalkulierbaren Risiko der Inanspruchnahme durch die Betreiber einzelner Produktionsbetriebe bzw des in der Branche tätigen Verbandes auszusetzen (*Soehring*, Presserecht, Rn 13.30). Dementsprechend hat das OLG Hamburg in einem Fall, in dem Äußerungen über Zucker beanstandet wurden, die Aktivlegitimation des klagenden Interessenverbandes sowie dessen Mitglieder verneint (AfP 1988, 348, 349). Anders ist es, wenn in einem Fernsehbeitrag zwar der Hersteller einer gezeigten Maschine nicht genannt wird, dieser aber von einem Teil der Fernsehzuschauer identifiziert werden kann, weil die Maschine als einzige eine runde Form aufweist (BGH NJW 1966, 2010 – Teppichkehrmaschine).

6 **2. Anspruchsverpflichtete.** Grundsätzlich kommt für die Haftung auf Unterlassung jeder in Betracht, der die Störung herbeigeführt hat oder dessen Verhalten eine Beeinträchtigung befürchten lässt. Sind an einer Beeinträchtigung mehrere Personen beteiligt, so kommt es für die Frage, ob ein Unterlassungsanspruch gegeben ist, grundsätzlich nicht auf Art und Umfang des Tatbeitrages oder auf das Interesse des einzelnen Beteiligten an der Verwirklichung der Störung an. Im Allgemeinen ist ohne Belang, ob er sonst nach der Art seines Tatbeitrages als **Täter oder Gehilfe** anzusehen wäre (BGH NJW 1976, 799, 800 – Alleinimporteur; OLG München AfP 2001, 139, 140).

7 Demzufolge sind als **Störer** nicht nur Autor, Verlag und Rundfunkveranstalter, sondern auch diejenigen anzusehen, die bei der Herstellung und Verbreitung der verletzenden Äußerung oder Bildveröffentlichung mitgewirkt haben oder mitwirken werden. Der Chefredakteur, der verantwortliche Redakteur oder der Herausgeber haften nur dann als Störer, wenn sie an **der Erstellung des Beitrags mitgewirkt** haben (vgl OLG Celle AfP 1992, 295 sowie ausführlich 39. Abschnitt Rn 136 ff). Ihre Stellung allein begründet nicht die zivilrechtliche Haftung. Auch der Informant, der durch seine Information die Verletzungshandlung veranlasst hat, ist Störer, es sei denn, es fehlt ausnahmsweise an der adäquaten Verursachung (BGH NJW 1973, 1460 – Kollo-Schlager). Nach Auffassung des OLG Hamburg haftet der **Informant**, der der Presse ohne eigene Recherche von einem in einem Haftbefehl festgestellten Verdacht einer Straftat berichtet, nicht dafür, dass die Presse diesen Verdacht unter Nichteinhaltung der Grundsätze der Verdachtsberichterstattung veröffentlicht (Urt. v. 27.2.2007, 7 U 106/06; zur Haftung des Informanten vgl 39. Abschnitt Rn 163 ff).

8 Bei der Verbreitung einer unwahren Äußerung sind zunächst auch der Setzer der Zeitung (KG AfP 1987, 427), der Grossist oder der Buchhändler (LG Berlin AfP 2009, 75) als Störer einzuordnen. Dieses bedeutet jedoch nicht, dass jeder an der Herstellung oder Verbreitung des Druckwerks Beteiligte einem Unterlassungsanspruch ausgesetzt wäre. **Einschränkungen der Störerhaftung** ergeben sich vielfach insbesondere bei den sog. **technischen Verbreitern** daraus, dass diese nur dann als Störer haften, wenn sie ihnen obliegende Prüfungspflichten verletzt haben (vgl Rn 11-14 sowie 39. Abschnitt Rn 166).

9 Bei Veröffentlichungen im **Internet** ist der Inhaber der Domain, der die beanstandete Internetseite öffentlich zugänglich macht, grundsätzlich als Störer anzusehen (OLG Jena AfP 2001, 78; OLG Köln NJW-RR 2002, 1700). Allerdings haftet der (bloße) Inhaber der Domain nicht für Rechtsverletzungen, die durch den Inhalt der Website begangen werden, wenn er die Nutzung seiner Domain jemandem vertraglich überlassen hat (BGH AfP 2009, 494). Störer ist auch ein Unternehmen, das im geschäftlichen Verkehr unter Bezugnahme auf „seine" Internet-Domain auftritt und damit wirbt, auch wenn es nicht Domain-Inhaber ist (OLG Hamburg NJW 2004, 1114). Der Betreiber eines **Internet-Forums** kann ebenfalls grundsätzlich als Störer in Anspruch genommen werden, weil er die Inhalte verbreitet, haftet indes nur, wenn er Einträge pflichtwidrig nicht entfernt (OLG Hamburg AfP 2006, 565; vgl Rn 11, 14 sowie 39. Abschnitt Rn 213 ff). Gleiches gilt für den **Host-Provider** (OLG Hamburg MMR 2010, 490). Der **Setzer eines Links** ist jedenfalls dann Störer, wenn er sich den verlinkten Inhalt zu

eigen macht (vgl OLG Schleswig ZUM-RD 2001, 452; zu Einzelheiten vgl 39. Abschnitt Rn 203 ff. sowie Wenzel/*Burkhardt*, Kap. 10 Rn 248 f). Der Betreiber einer zu gewerblichen Zwecken für den Austausch von Fotodateien eingerichteten Internet-Plattform haftet ebenfalls als Störer, wenn er sich die von einem Dritten in die Datenbank eingestellte Bilddatei durch Überprüfung zu eigen gemacht hat (KG AfP 2009, 600). Keine Störereigenschaft begründet nach Auffassung des OLG Hamburg (ZUM 2007, 658) im Falle von verletzenden Inhalten einer Website die Stellung als administrativer Ansprechpartner für die DENIC (admin-c). Ob sog. **Online-Pressearchive** nur eingeschränkt als Störer haften, wurde in der Rechtsprechung nicht einheitlich gesehen (vgl einerseits OLG Frankfurt AfP 2006, 568, KG AfP 2006, 561 u. OLG München AfP 2003, 76; andererseits OLG Hamburg MMR 2007, 377). Problematisch sind insbesondere archivierte Artikel, in denen über spektakuläre Straftaten berichtet wird und deren andauernde Veröffentlichung das Resozialisierungsinteresse des inzwischen aus der Haft entlassenen Täters gefährden kann. Inzwischen hat der BGH (NJW 2010, 757, 2432) klargestellt, dass die über das Internet vorgenommene Verbreitung eines Beitrages, in dem unter Nennung des vollen Namens eines Straftäters über die von ihm begangene Tat berichtet wird, zulässig sein kann, wenn sie zu dem Zeitpunkt, zu dem der Beitrag in das Internet eingestellt worden ist, rechtmäßig war, die Meldung nur durch gezielte Suche auffindbar ist und die jetzige Art der Verbreitung deutlich macht, dass es sich nicht um einen aktuellen, sondern einen älteren Beitrag handelt; vgl auch 34. Abschnitt Rn 58; 33. Abschnitt Rn 66 ff; 39. Abschnitt Rn 95. Die gegen die genannten BGH-Entscheidungen eingelegten Verfassungsbeschwerden hat das Bundesverfassungsgericht nicht angenommen (Beschlüsse v. 6.7.2010 – 1 BvR 535/10 und 923/10). Anders dürften allerdings Fälle zu beurteilen sein, in denen seit Straftat und deren Verbüßung Jahrzehnte vergangen sind. Hier dürfte der Betreiber des Online-Archivs zur Unterlassung verpflichtet sein, sobald er von der Rechtsbeeinträchtigung – etwa durch Abmahnung des Betroffenen – Kenntnis erlangt hat (vgl OLG Hamburg Urt. v. 29.3.2011 – 7 U 155/10).

Für die Anbieter von **Telediensten** ergeben sich aus den Haftungsbegrenzungen der §§ 7, 10 TMG 10
keine Einschränkungen für die Störereigenschaft bei der Verbreitung von Berichterstattung, die Persönlichkeitsrechte verletzt. Nach Auffassung des BGH (NJW 2004, 3102, 3103 – Internet-Versteigerung; NJW 2007, 2636 – Internet-Versteigerung II) wird die Geltendmachung von Unterlassungsansprüchen durch die §§ 8, 11 des früheren TDG bzw durch die §§ 7, 9 MDStV, die durch die gleich lautenden §§ 7, 10 TMG ersetzt worden sind, nicht eingeschränkt. Danach unterliegt ein **Internet-Auktionshaus** im Falle der Verletzung von absoluten Rechten im Sinne der §§ 823 Abs. 1, 1004 BGB der allgemeinen Störerhaftung. Dementsprechend hat das LG Hamburg zu Recht in einem Fall, in dem auf einem Online-Marktplatz ein Buch angeboten wurde, dessen Inhalt Persönlichkeitsrechte verletzte, die Störereigenschaft des Internet-Auktionshauses bejaht (LG Hamburg, Urt. v. 18.6.2004, 324 O 955/03). Einschränkungen können sich indes in diesen Fällen dann ergeben, wenn dem Internet-Auktionshaus keine Verletzung einer Prüfungspflicht vorzuwerfen ist.

Um die Störerhaftung nicht über Gebühr auf Dritte zu erstrecken, hat der BGH diese in verschiedenen 11
Fällen davon abhängig gemacht, ob der Verbreiter ihm obliegende **Prüfungspflichten verletzt** hat (vgl auch Abschnitt 31 Rn 57 sowie Abschnitt 32 Rn 10 ff). Der Umfang dieser Prüfungspflichten bestimmt sich danach, ob und inwieweit dem als Störer Inanspruchgenommenen nach den Umständen eine Prüfung zuzumuten ist. Danach haften Presseunternehmen, die wegen Abdrucks von Anzeigen mit wettbewerbswidrigem (BGH NJW 1992, 3093 – Ausländischer Inserent) oder urheberrechtswidrigem (BGH AfP 1998, 624 – Möbelklassiker; OLG Frankfurt AfP 2006, 177) Inhalt in Anspruch genommen werden, nur in **Fällen grober, unschwer zu erkennender Verstöße**. Die gleichen Maßstäbe hat der BGH u.a. bei der Frage der Haftung der für die Registrierung von Domain-Namen zuständigen DENIC für Domain-Namen, deren Nutzung Rechte Dritter verletzt (NJW 2001, 3265 – Ambiente), eines Presseunternehmens beim Setzen von Hyperlinks auf eine Website, die rechtswidrigem Handeln dient (NJW 2004, 2158 – Schöner Wetten; vgl OLG München AfP 2005, 480) sowie eines Internet-Auktionshauses für Markenverletzungen durch Angebote auf dem Online-Marktplatz (NJW 2004, 3102, 3103 – Internet-Versteigerung; NJW 2007, 2636 – Internet-Versteigerung II) angelegt. In diesen Fällen wird eine Störerhaftung vielfach erst dann in Betracht kommen, wenn der in Anspruch genommene Verbreiter eine weitere Verbreitungshandlung vornimmt, obwohl er vom Betroffenen zuvor auf die Rechtsverletzung hingewiesen wurde und damit Gelegenheit hatte, die Beanstandungen zu überprüfen. Voraussetzung für eine Prüfungsverpflichtung ist hier nach zutreffender Auffassung (OLG Hamburg MMR 2010, 490 zum Host-Provider; vgl OLG Nürnberg ZUM 2009, 249 sowie OLG Hamburg Beschl. v. 23.10.2009, 7 W 119/09 zum Suchmaschinenbetreiber) eine substantiierte Abmahnung des Betrof-

fenen, die zum einen die beanstandeten Sätze konkret bezeichnet, zum anderen dem in Anspruch Genommenen durch ein Mindestmaß an erläuternden Informationen die Prüfung von Wahrheitsgehalt und Rechtswidrigkeit der Äußerungen ermöglicht (vgl – auch zu Ansprüchen aus den Bestimmungen des BDSG – OLG Hamburg ZUM-RD 2010, 74). In gleicher Weise ist die Störerhaftung der **Host-Provider** und Betreiber von Internet-Foren einzuschränken. Auch der **Foren-Betreiber** haftet erst nach Verletzung von Überprüfungspflichten, also in der Regel nachdem er vom Betroffenen auf die schädigende Äußerung hingewiesen wurde (BGH WRP 2007, 795; OLG Hamburg AfP 2006, 565; OLG Düsseldorf ZUM-RD 2006, 384; vgl *Nieland,* NJW 2010,1494), es sei denn, aufgrund der Gestaltung der Internetseite ist mit großer Sicherheit vorhersehbar, dass es zu schweren Persönlichkeitsrechtsverletzungen kommen wird (vgl LG Hamburg AfP 2008, 219). Gegenstand eines Unterlassungsantrages gegenüber einem **Suchmaschinenbetreiber** kann nur die Verbreitung bestimmter Äußerungen durch die Verlinkung auf konkrete Internetseiten unter Angabe von deren ULR sein (OLG Hamburg Urt. v. 11.3.2008, 7 U 35/07; vgl Rn 24 sowie Spindler/Schuster/*Mann/Smid*, Presserecht Rn 93). Die Störerhaftung des Betreibers eines Internetforums entfällt nicht deshalb, weil dem Verletzten die Identität des Autors der Äußerung bekannt ist. Der BGH (WRP 2007, 795) ist der in diesem Punkt abweichenden Entscheidung des OLG Düsseldorf (AfP 2006, 267) nicht gefolgt (vgl auch 39. Abschnitt Rn 213 ff). Ein Internet-Auktionshaus, das Kenntnis von der Verbreitung jugendgefährdender Angebote erhalten hat, muss auch Vorsorge dafür treffen, dass es möglichst nicht zu gleichartigen Rechtsverletzungen kommt (BGH GRUR 2007, 890 – Jugendgefährdende Medien bei eBay). Die Darlegungs- und Beweislast dafür, dass es dem Betreiber der Internet-Auktionsplattform technisch möglich und zumutbar war, nach dem ersten Hinweis auf eine Rechtsverletzung weitere von Nutzern der Plattform begangene Verletzungen zu verhindern, trifft den Anspruchsteller, wobei dem Betreiber eine sekundäre Darlegungslast obliegt (BGH NJW 2008, 3714 – Namensklau im Internet).

12 Dementsprechend dürfte die Presse bei der **Verbreitung von Anzeigen**, deren Inhalt **Persönlichkeitsrechte** verletzt, bei Wahrung ihrer auch insoweit eingeschränkten Prüfungspflicht (vgl Rn 11 sowie 39. Abschnitt Rn 100 ff) nur dann als Unterlassungsschuldner haften, wenn sie trotz Hinweises auf die Beanstandung eine erneute Verbreitungshandlung vornimmt (vgl Löffler/*Steffen* § 6 LPG, Rn 276; *Paschke*, Medienrecht, Rn 1042; aA: *Prinz/Peters*, Medienrecht, Rn 289). Gleiches gilt bei der Veröffentlichung von Leserbriefen (vgl BGH NJW 1986, 2503, 2505 sowie 39. Abschnitt Rn 61 ff). Ob diese Grundsätze auch für die Veröffentlichung von Interviewäußerungen gelten (so OLG München AfP 2007, 229), erscheint fraglich (vgl OLG Hamburg ZUM-RD 2007, 476; 2009, 18).

13 Auch die Haftung von **Buchhändlern und Bibliothekaren** dürfte entsprechend einzuschränken sein (vgl LG Berlin AfP 2009, 75; LG Hamburg GRUR-RR 2011, 249; *Ingendaay,* AfP 2011, 126). Auch hier erscheint eine Haftung erst dann gerechtfertigt, sofern die Verbreitung trotz vorherigen Hinweises auf die im Buch enthaltene Rechtsverletzung erfolgt. Eine selbständige Überprüfung des Buchinhalts erscheint hier zudem unzumutbar, so dass der Hinweis auf die Rechtsverletzung mit einem Nachweis der Unzulässigkeit zu verbinden ist, etwa durch Übersendung eines gegen den Autor oder Verlag erwirkten gerichtlichen Verbotes oder einer von diesen abgegebenen Verpflichtungserklärung (vgl Wenzel/*Burkhardt*, Kap. 10 Rn 226).

14 In Bezug auf **Live-Diskussionen** in Funk und Fernsehen ist anerkannt (BGH NJW 1976, 1198 – Panorama; Wenzel/*Burkhardt*, Kap. 10 Rn 208), dass die Verbreiterhaftung des Fernsehens beschränkt ist, sofern das Medium als „Markt der Meinungen" tätig wird, da es eine der wichtigsten Aufgaben des Fernsehens ist, der Meinungsvielfalt die Möglichkeit zur Darstellung zu geben. Es widerspräche nämlich der Funktion des Mediums, wenn es unter solchen Umständen eine Haftung für Diskussionsbeiträge neben oder anstelle des Urhebers gäbe. Maßgeblicher Gesichtspunkt für die Haftung der Rundfunkanstalt in solchen Fällen ist deshalb die Frage, ob sich aus den Umständen ergibt, dass sich das Medium die Äußerung zu eigen gemacht hat. In Anlehnung an diese Grundsätze haftet der Betreiber eines **Internet-Forums** nicht bereits dafür, dass Dritte schädigende Äußerungen ins Forum einstellen, sondern erst dann, wenn er die Einträge pflichtwidrig, etwa trotz Hinweises des Betroffenen, nicht entfernt (OLG Hamburg AfP 2006, 565; vgl Rn 11).

III. Begehungsgefahr

15 Voraussetzung für den Unterlassungsanspruch ist das Vorliegen einer **Begehungsgefahr**, dh, dass die ernstliche Besorgnis besteht, dass die behauptete Rechtsverletzung bevorsteht. Diese Befürchtung kann sich sowohl unter dem Gesichtspunkt der Wiederholungsgefahr als auch dem der Erstbegehungsgefahr

ergeben. **Maßgeblicher Zeitpunkt** für das Vorliegen der Begehungsgefahr ist der Schluss der letzten mündlichen Verhandlung (BGH NJW 1987, 127, 129 – Sporthosen).

16 **1. Begründung von Wiederholungsgefahr.** Eine vorangegangene rechtswidrige Beeinträchtigung begründet in der Regel eine tatsächliche Vermutung für eine **Wiederholungsgefahr** (BGH NJW 1998, 1391, 1392; vgl auch 31. Abschnitt Rn 8 f). Die Vermutung kann widerlegt werden; eine solche Widerlegung kann ausnahmsweise dann angenommen werden, wenn der Eingriff durch eine einmalige Sondersituation veranlasst ist (BGH NJW 1994, 1281, 1283). Eine solche Ausnahme kann zB in Betracht kommen, wenn es sich bei der beanstandeten Äußerung ersichtlich um einen Versprecher des Anspruchsgegners im Rahmen einer Live-Sendung handelt (zum „Leserbrief" vgl 39. Abschnitt Rn 63). Gleiches gilt, wenn der Betreiber einer Internet-Warnliste, in der unseriöse Internet-Abonnementsfallen aufgeführt werden, durch Abmahnung davon erfährt, dass eine in der Liste aufgeführte Website vor kurzem seriös geworden ist und sofort den Eintrag in der Liste löscht (OLG Hamburg Urt. v. 14.9.2010, 7 U 52/10). Zu verneinen ist die Wiederholungsgefahr idR bei Äußerungen im Rahmen des Bewertungssystems von eBay, da dem eBay-Käufer hier nur einmal die Möglichkeit eröffnet ist, einen Text abzusetzen (vgl LG Bad Kreuznach MMR 2006, 823).

17 **2. Fortfall der Wiederholungsgefahr.** An den Nachweis, dass die durch die rechtswidrige Veröffentlichung indizierte **Wiederholungsgefahr weggefallen** ist, sind strenge Anforderungen zu stellen. Diese kann grundsätzlich nur durch eine angemessen bewehrte Unterlassungsverpflichtungserklärung beseitigt werden (BGH GRUR 1997, 379, 380 – Wegfall der Wiederholungsgefahr II; GRUR 1994, 516, 517 – Auskunft über Notdienste; anders LG Hamburg AfP 2010, 613 sowie 33. Abschnitt Rn 97 für die Veröffentlichung offen mehrdeutiger Äußerungen; vgl auch 31. Abschnitt Rn 10 ff). Nur in Ausnahmefällen kann die Vermutung der Wiederholungsgefahr durch andere Umstände entfallen. So beseitigt ein redaktioneller Widerruf oder eine Richtigstellung der beanstandeten Äußerung die Wiederholungsgefahr, sofern an der Ernstlichkeit des Bemühens um eine korrekte Leserinformation kein Zweifel besteht (OLG Hamburg Urt. v. 31.5.2011 – 7 U 22/10; OLG Köln AfP 1989, 764; OLG Karlsruhe AfP 1989, 542; Löffler/*Steffen*, § 6 LPG Rn 268; aA: OLG Hamburg NJW-RR 1996, 90, 92; *Prinz/Peters*, Medienrecht, Rn 355).

18 Die Wiederholungsgefahr wird ausgeräumt durch die Abgabe einer **Unterwerfungserklärung,** in der der Störer den Unterlassungsanspruch uneingeschränkt, bedingungslos und unwiderruflich unter Übernahme einer angemessenen Vertragsstrafe für jeden Fall der Zuwiderhandlung anerkennt (BGH GRUR 1997, 379, 380 – Wegfall der Wiederholungsgefahr II; GRUR 1994, 516, 517 – Auskunft über Notdienste; vgl 31. Abschnitt Rn 148 ff). Die Verpflichtungserklärung muss den Schuldnerwillen zur künftigen Unterlassung des in Frage stehenden rechtswidrigen Verhaltens eindeutig und grundsätzlich auch ohne zeitliche oder bedingende Einschränkung zum Ausdruck bringen. **Vorbehalte in der Erklärung** sind allenfalls und jedenfalls nur soweit unschädlich, als sie mit Sinn und Zweck einer Unterwerfungserklärung vereinbar sind, also eine abschließende (außergerichtliche) Unterbindung des fraglichen Verhaltens nicht ausschließen. Als ein solcher zulässiger Vorbehalt ist daher eine auflösende Bedingung anzusehen, wenn diese in einer Änderung der Rechtslage – oder in deren verbindlicher Klärung in entsprechendem Sinne – besteht, durch die die Zulässigkeit des zu unterlassenden Verhaltens verbindlich geklärt wird (BGH NJW 1997, 1706 – Altunterwerfung II). Eine solche Bedingung stellt die Ernsthaftigkeit des Willens, das in Rede stehende Handeln zu unterlassen, nicht in Frage, weil ein Recht zum Handeln nur für den Fall vorbehalten wird, dass seine Rechtmäßigkeit zweifelsfrei und allgemein verbindlich feststeht. Die Erklärung muss ferner nach Inhalt und Umfang – ebenso wie der Antrag und die Urteilsformel – dem Unterlassungsanspruch entsprechen (BGH GRUR 1997, 379, 380 – Wegfall der Wiederholungsgefahr II). Bei **einer mehrdeutigen Äußerung** ist eine Erklärung abzugeben, die mehrdeutige Äußerung, der eine Aussage mit dem persönlichkeitsverletzenden Inhalt entnommen werden kann, nicht oder nur mit geeigneten Klarstellungen zu wiederholen (BVerfG NJW 2006, 207, 209). Die versprochene **Vertragsstrafe** kann der Höhe nach festgelegt werden, muss dann aber ausreichend hoch bemessen sein, um den Störer zur Einhaltung der Verpflichtung anzuhalten. Zu empfehlen ist, die Bestimmung der Strafe nach den §§ 315, 317 BGB dem Betroffenen oder einem Dritten zu überlassen (vgl BGH GRUR 1978, 192 – Hamburger Brauch), also etwa wie folgt zu formulieren: „X verpflichtet sich hiermit gegenüber Y, es künftig bei Meidung einer von Y für jeden Fall der schuldhaften Zuwiderhandlung nach billigem Ermessen festzusetzenden, ggf vom zuständigen Gericht zu überprüfenden Vertragsstrafe, zu unterlassen, ...". Die Höhe der Vertragsstrafe entspricht dann in etwa dem Ordnungsgeld, das ein Gericht bei einer Zuwiderhandlung gegen ein gerichtliches Verbot gemäß § 890 ZPO festsetzen würde. Eine Kündigung des Unterlassungsvertrags kann gemäß

§ 314 BGB aus wichtigem Grunde im Allgemeinen nur dann erfolgen, wenn die Gründe, auf die die Kündigung gestützt wird, im Risikobereich des Kündigungsgegners liegen (vgl BGH NJW 2010, 1874).

19 Werden gleichzeitig die Persönlichkeitsrechte **mehrerer Personen** verletzt, wie zB bei einem Foto, das mehrere Personen zeigt, lässt die gegenüber einer der Personen abgegebene Verpflichtungserklärung nicht zugleich die Wiederholungsgefahr bezüglich der anderen Personen entfallen. Dies gilt auch, wenn die Anspruchsteller miteinander verwandt oder verheiratet sind. Anders als im Wettbewerbsrecht, wo eine wettbewerbswidrige Handlung häufig zu einer ganzen Reihe inhaltsgleicher Unterlassungsansprüche führt und deshalb zur Ausräumung der Wiederholungsgefahr eine gegenüber einem Gläubiger erklärte Unterwerfung ausreichen kann (BGH GRUR 1983, 186 – Wiederholte Unterwerfung; GRUR 1987, 640 – Wiederholte Unterwerfung II), wird bei Beeinträchtigungen von Persönlichkeitsrechten regelmäßig nur der Betroffene verletzt. Da diesem allein das Verfügungsrecht über den Unterlassungsanspruch zusteht, kann es nicht dem Ermessen des Unterlassungsschuldners überlassen werden, darüber zu bestimmen, wem die Sicherung des Anspruchs obliegen bzw wer für dessen Durchsetzung Sorge tragen soll (LG Hamburg Urt. v. 29.10.1999, 324 O 456/99).

20 **3. Begründung von Erstbegehungsgefahr.** Fehlt es an einer vorangegangenen rechtswidrigen Beeinträchtigung, kann trotz des Wortlauts des § 1004 Abs. 1 Satz 2 BGB („weitere“) ein vorbeugender Unterlassungsanspruch unter dem Gesichtspunkt der **Erstbegehungsgefahr** in Betracht kommen (BGH AfP 2006, 242 – Schlank-Kapseln; vgl auch 31. Abschnitt Rn 4 ff). Ein auf Erstbegehungsgefahr gestützter vorbeugender Unterlassungsanspruch besteht nur, soweit ernsthafte und greifbare tatsächliche Anhaltspunkte dafür vorhanden sind, der Anspruchsgegner werde sich in naher Zukunft in der näher bezeichneten Weise rechtswidrig verhalten (BGH GRUR 2001, 1174, 1175 – Berühmungsaufgabe).

21 Der Umstand, dass Journalisten zu einem Thema recherchieren, stellt keinen derartigen Anhaltspunkt dar. Es würde nämlich zu einer erheblichen Einschränkung der Meinungs- und Pressefreiheit führen, wenn bereits die bloße **Recherchetätigkeit der Medien** Unterlassungsansprüche nach sich ziehen würde (OLG Hamburg AfP 2000, 188; OLG Frankfurt AfP 2003, 63, 65; vgl auch 40. Abschnitt Rn 1 ff). Zudem könnte eine insoweit andere Sicht dazu führen, dass Redaktionen auf gebotene Recherchemaßnahmen, insbesondere die Anhörung des Betroffenen, verzichten (*Soehring*, Presserecht, § 30 Rn 13). Bloße Filmaufnahmen und Interviews stellen dementsprechend nur Rohmaterial für einen Filmbericht dar ohne hinreichenden Anhaltspunkt dafür, dass ein entsprechender Beitrag veröffentlicht wird (OLG Hamburg AfP 2000, 188, 189). Die Aufnahme von Äußerungen in ein **Drehbuch für einen Film** begründet ebenfalls keine Erstbegehungsgefahr, da Drehbücher regelmäßig selbst nicht zur Verbreitung bestimmt sind, sondern eine Arbeitsgrundlage zur Herstellung eines Filmes bilden (OLG Hamburg AfP 2007, 146; AfP 2009, 151). Die Weitergabe des Drehbuchs an mit der Filmherstellung befassten Personen sowie an den Film fördernde Institutionen stellen auch keine Verbreitungshandlungen, sondern interne Vorgänge dar, so dass auch keine Wiederholungsgefahr gegeben ist (OLG Hamburg AfP 2007, 146). Begehungsgefahr ist hingegen bei Veröffentlichungen in Printmedien anzunehmen, sobald ein fertiger Artikel in Form eines **Rohmanuskripts** vorliegt (OLG Hamburg AfP 2000, 188, 189; ArchPR 1975, 56). Bei einem fertig gestellten Fernsehfilm, in dessen Produktion der Rundfunkveranstalter eingebunden war, steht der Annahme von Begehungsgefahr nicht entgegen, dass der Rundfunkveranstalter die Abnahme des dem Produzenten verbotenen Films noch nicht erklärt hat (OLG Hamburg AfP 2007, 146).

22 **4. Fortfall der Erstbegehungsgefahr.** An die **Beseitigung der Erstbegehungsgefahr** sind grundsätzlich weniger strenge Anforderungen zu stellen als an den Fortfall der Wiederholungsgefahr (BGH GRUR 2001, 1174, 1175 – Berühmungsaufgabe; NJW 1992, 3093, 3095 – Ausländischer Inserent; vgl auch 31. Abschnitt Rn 7). Eine durch Berühmung geschaffene Erstbegehungsgefahr und mit ihr der Unterlassungsanspruch entfallen grundsätzlich mit der Aufgabe der Berühmung. Eine solche liegt jedenfalls in der uneingeschränkten und eindeutigen Erklärung, dass die beanstandete Handlung in der Zukunft nicht vorgenommen werde. Der Abgabe einer strafbewehrten Verpflichtungserklärung bedarf es nicht (BGH GRUR 2001, 1174, 1175 – Berühmungsaufgabe; NJW 1992, 3093, 3095 – Ausländischer Inserent; aA *Damm/Rehbock*, Rn 813).

IV. Besonderheiten bei mehrdeutigen Äußerungen

23 Nach früherer Rechtsprechung konnte Unterlassung einer **verdeckten Behauptung** nur dann verlangt werden, wenn diese dem Leser als unabweisbare Schlussfolgerung nahe gelegt wurde, der sich aus einer Berichterstattung „zwischen den Zeilen“ ergebende tatsächliche Eindruck mithin für den Leser zwin-

gend war (BGH AfP 1994, 299, 301 – Verdeckte Behauptung II; vgl *Soehring*, Presserecht, § 16 Rn 44 ff mwN). Bei einer mehrdeutigen Aussage war, soweit die Formulierungen oder die Umstände der Äußerung auch eine Deutung zuließen, die das Persönlichkeitsrecht nicht verletzte, ein Unterlassungsanspruch zu verneinen. Diese Rechtsprechung hat durch eine Entscheidung des Bundesverfassungsgerichts (NJW 2006, 207 – **„IM-Sekretär" Stolpe**) eine grundlegende Änderung erfahren. Danach steht der Umstand, dass eine Äußerung auch eine Deutungsvariante zulässt, die zu keiner Persönlichkeitsbeeinträchtigung führt, dem Unterlassungsanspruch nicht entgegen. Vielmehr sind bei der Prüfung des Anspruchs die das Persönlichkeitsrecht verletzenden Deutungsvarianten zugrunde zu legen, es sei denn, es handelt sich um fern liegende Deutungen. Ist der Äußernde nämlich nicht bereit, der Aussage einen eindeutigen Inhalt zu geben, so besteht kein verfassungsrechtlich tragfähiger Grund, von einer Verurteilung zum Unterlassen abzusehen (BVerfG NJW 2006, 207, 209 – „IM-Sekretär" Stolpe; OLG Köln AfP 2006, 365, 367; vgl auch 33. Abschnitt Rn 91). Diese Grundsätze sind nach der Rechtsprechung des BVerfG nicht auf Tatsachenbehauptungen begrenzt, sondern ebenso maßgeblich, wenn ein das Persönlichkeitsrecht beeinträchtigendes Werturteil in Frage steht (BVerfG NJW 2006, 3769 – Babycaust). Diese Ausweitung auf Meinungsäußerungen erscheint indes im Hinblick auf die bisherigen Grundsätze, dass auch eine aggressive und scharfe Sprache im Interesse der freien Rede prinzipiell erlaubt und auch überspitzte Kritik hinzunehmen ist (vgl nur BVerfG AfP 1982, 163, 164; 215, 216), zweifelhaft (vgl *Grimm*, AfP 2008, 1; *Mann*, AfP 2008, 6, 10; s. auch 33. Abschnitt Rn 94).

Die vom BVerfG für den Fall mehrdeutiger Äußerungen aufgestellten **Ausnahmegrundsätze** in Bezug auf Unterlassungsansprüche **gelten nicht** nur für Äußerungen, die das Persönlichkeitsrecht verletzen, sondern auch für solche, die die Geschäftsehre (§ 824 BGB) beeinträchtigen (OLG Hamburg GRUR-RR 2007, 206). Sie sind allerdings nicht auf mehrdeutige Texte anzuwenden, die nicht auf einer intellektuellen Leistung von Menschen beruhen, sondern das Ergebnis eines automatisierten Vorgangs sind. Lassen Suchergebnisse einer **Internet-Suchmaschine** mehrere Deutungsmöglichkeiten zu, von denen eine zu der Aussage führt, eine Person sei Täter oder Teilnehmer einer Straftat, so ist ein Unterlassungsanspruch zu verneinen (OLG Hamburg CR 2007, 330; Urt. v. 26.5.2011 – 3 U 67/11; OLG Stuttgart MMR 2009, 190; Spindler/Schuster/*Mann*/*Smid*, Presserecht Rn 88). Hier fehlt es an der Möglichkeit, den mehrdeutigen Text künftig in einen eindeutigen Text umzuformulieren, so dass es bei dem Vorrang des Rechtes auf freien Meinungs- und Informationsaustausch, das durch den Einsatz der Suchmaschinen als Verzeichnis der im Netz stehenden Beiträge gewährleistet wird, verbleibt (vgl auch Rn 11 sowie 33. Abschnitt Rn 95). 24

V. Verbotsumfang

Der Unterlassungsanspruch ist grundsätzlich auf die konkrete Rechtsverletzung, also die konkrete Äußerung oder Bildveröffentlichung, beschränkt. Dementsprechend hat der Bundesgerichtshof einen Verbotsantrag „… es zu unterlassen, Bildnisse der Klägerin, die sie in ihrem privaten Alltag zeigen, zu veröffentlichen", für zu weitgehend erachtet, da für die Zulässigkeit einer Bildveröffentlichung in jedem Einzelfall eine Abwägung zwischen dem öffentlichen Informationsinteresse und dem Interesse am Privatsphärenschutz erforderlich sei (BGH NJW 2008, 1593 mit Anm. *Wanckel*). In Fällen, in denen ein Verlagsunternehmen trotz mehrfacher Verbote bzw abgegebener Unterwerfungserklärungen wiederholt rechtswidrig das Recht am eigenen Bild verletzt hat, hat das OLG Hamburg (AfP 1997, 537; AfP 2008, 525) dem Betroffenen ausnahmsweise **ein verallgemeinertes Verbot** zugesprochen („verboten, Fotos, die den Antragsteller zeigen, zu veröffentlichen"). Dieser Rechtsprechung hat der BGH (ZUM 2010, 262; AfP 2010, 60) indes eine klare Absage erteilt, und zwar auch in Fällen, in denen es um die Abbildung von Kindern und Jugendlichen ging, und das Presseorgan bereits mehrfach Fotos ohne die erforderliche Einwilligung veröffentlicht hatte. Die Betroffenen seien nicht völlig schutzlos gestellt, da ein Anspruch auf Zahlung von Geldentschädigung in Betracht komme (BGH aaO; vgl 45. Abschnitt Rn 37). Nach der Rechtsprechung des BGH kann im Bereich der Bildberichterstattung weder mit einer „vorbeugenden" Unterlassungsklage über die konkrete Verletzungsform hinaus eine ähnliche oder „kerngleiche" Bildberichterstattung für die Zukunft noch die erneute Verbreitung eines Bildnisses – sofern die Verbreitung nicht schon an sich unzulässig ist, etwa weil die Intimsphäre tangiert wird – generell verboten werden (aA zuvor OLG Hamburg AfP 2008, 623; dazu *Mann*, AfP 2008, 566). Ein auf die **konkrete Verletzungsform** beschränktes Unterlassungsgebot greift indes nicht nur dann, wenn der Presseartikel mit dem verbotenen Bild wortgleich wiederholt wird, sondern auch dann, wenn die darin enthaltenen Mitteilungen sinngemäß ganz oder teilweise Gegenstand einer erneuten Berichter- 25 stattung unter Beifügung des zu beanstandenden Fotos sind (BGH NJW 2009, 2823; vgl dazu ausführlich *Stender-Vorwachs*, NJW 2010, 1414 sowie Rn 34).

C. Prozessuale Durchsetzung

I. Abmahnung

26 Eine **Abmahnung** ist keine Zulässigkeitsvoraussetzung für die gerichtliche Durchsetzung des Unterlassungsanspruchs. Sieht der Anspruchsteller indes von einer Abmahnung ab, läuft er Gefahr, dass ihm bei sofortigem Anerkenntnis des Gegners gemäß § 93 ZPO die Verfahrenskosten auferlegt werden (vgl LG Berlin AfP 2011, 79; LG Hamburg AfP 2007, 158; Wenzel/*Burkhardt*, Kap. 12 Rn 106 mwN; 31. Abschnitt Rn 128 ff). Die Pressekammer des LG Hamburg verlangt zudem vor Erlass einer einstweiligen Verfügung ohne mündliche Verhandlung in der Regel eine Abmahnung der Gegenseite. Diese Praxis erscheint sachgerecht, da in Pressesachen vielfach wegen der gebotenen Eile ohne mündliche Verhandlung zu entscheiden ist (§ 937 Abs. 2 ZPO) und das Grundrecht des rechtlichen Gehörs in nicht mehr vertretbarer Weise verkürzt würde, wenn der Gegner keine Gelegenheit hätte, etwa durch Einreichung einer Schutzschrift Verteidigungsmittel vorzubringen (vgl *Soehring*, Presserecht § 30 Rn 16; *Damm/Rehbock*, Rn 819). Welche Frist angemessen ist, richtet sich nach der Dringlichkeit, die wiederum von der Schwere und Gefährlichkeit weiterer Verstöße abhängt. Grundsätzlich ist die Frist allerdings so zu bemessen, dass dem Abgemahnten eine angemessene Überlegungszeit bleibt (vgl OLG Hamburg WRP 1995, 1043). Eine zu kurz bemessene Abmahnfrist setzt eine angemessene Frist in Lauf (BGH GRUR 1990, 381, 382 – Antwortpflicht des Abgemahnten; OLG Hamburg WRP 1995, 1043). Wer auf eine Abmahnung mit unangemessen kurzer Fristsetzung innerhalb dieser Frist keine Unterlassungsverpflichtungserklärung abgibt, gibt keinen Anlass im Sinne von § 93 ZPO zur Einleitung eines gerichtlichen Verfahrens (LG Hamburg AfP 2010, 283 mwN).

II. Zuständiges Gericht

27 **1. Rechtsweg.** Bei äußerungsrechtlichen Streitigkeiten handelt es sich regelmäßig um bürgerlich-rechtliche Streitigkeiten, für die gemäß § 13 GVG der **Zivilrechtsweg** eröffnet ist. Dieses gilt auch für Äußerungen, die im öffentlich-rechtlichen Rundfunk verbreitet wurden (BVerwG AfP 1994, 332; BGH NJW 1976, 1198 – Bittenbinder). Streitigkeiten wegen Äußerungen in Presseerklärungen der Polizei, der Staatsanwaltschaft oder der Gerichte sind gemäß § 40 Abs. 1 VwGO vor den **Verwaltungsgerichten** zu verfolgen (BVerwG NJW 1989, 412). Äußerungen von Regierungsmitgliedern können im Einzelfall entweder dem öffentlichen oder dem privaten Bereich zuzuordnen sein (vgl VG Berlin AfP 2010, 298).

28 **2. Örtliche Zuständigkeit.** Unterlassungsansprüche aus unerlaubter Handlung können am allgemeinen Gerichtsstand des Beklagten (§§ 13, 16, 17 ZPO) oder am **Gerichtstand der unerlaubten Handlung** (§ 32 ZPO) durchgesetzt werden. Damit ist jedes Gericht örtlich zuständig, in dessen Bezirk die unerlaubte Handlung begangen wurde.

29 Ist die unerlaubte Handlung durch Verbreitung von Druckschriften erfolgt, so ist der Gerichtstand am **Erscheinungsort** sowie an den Orten begründet, an welche die Druckschrift bestimmungsgemäß und nicht bloß zufällig gelangt ist (BGH NJW 1977, 1590 – profil). Ein **bestimmungsgemäßer Vertrieb** ist bei Zeitungen nicht nur derjenige im Handel, sondern auch derjenige durch Versand an einen Abonnenten. Entscheidend ist, dass sich der Leser in einem Bereich aufhält, den der Verlag nach seinen Intentionen erreichen will oder in dem er mit einer Verbreitung rechnen muss. Von einem Vertrieb kann dagegen nicht gesprochen werden, wenn jemand ein Exemplar nur zu dem Zweck bezieht, um dadurch den Gerichtsstand des Begehungsortes zu begründen (BGH NJW 1977, 1590 – profil; KG GRUR 1989, 134). Der Umstand, dass nur wenige Exemplare an einen Ort geliefert werden oder dass diese nicht von Privatleuten, sondern ausschließlich von einem anderen Verlagsunternehmen bezogen werden, steht dem bestimmungsgemäßen Vertrieb nicht entgegen (OLG Hamburg, Urt. v. 15.9.1999, 7 U 47/99; KG GRUR 1989, 134). Der Wohn- und Aufenthaltsort des Geschädigten ist dagegen kein Begehungsort der Persönlichkeitsrechtsverletzung (BGH NJW 1977, 1590, 1591 – profil). Bei Rundfunksendungen ist jedes Gericht zuständig, in dessen Bezirk die Sendung ausgestrahlt wurde – oder bei vorbeugenden Unterlassungsklagen – empfangen werden sollte (LG Hamburg NJW 2003, 1952). Bei einem Internetangebot ist jedenfalls Tatort, wo dieses bestimmungsgemäß abrufbar ist (KG NJW 1997, 3321; einschränkend OLG Frankfurt AfP 2011, 278 für Onlineveröffentlichungen eines regionalen Tageszeitungsverlags; vgl im Einzelnen Rn 30).

3. Internationale Zuständigkeit. Im Zusammenhang mit Internetangeboten aus dem Ausland stellt sich die Frage der internationalen Zuständigkeit. Diese richtet sich, sofern der Diensteanbieter seinen Sitz in einem Mitgliedstaat der Europäischen Gemeinschaft (jetzt Europäischen Union) hat, nach Art. 5 Nr. 3 EuGVVO, ansonsten nach § 32 ZPO. Im Rahmen der Prüfung der internationalen Zuständigkeit genügt es, dass der Kläger die deliktischen Ansprüche schlüssig behauptet (BGH NJW-RR 2010, 1554). Da Internet-Inhalte regelmäßig nicht verbreitet, sondern zum Abruf bereit gehalten werden, ist die Rechtsprechung zur Zuständigkeit bei Verbreitung von Druckschriften und Rundfunksendungen (vgl Rn 29) nicht ohne Weiteres anwendbar (BGH AfP 2010, 150). Nach Auffassung des BGH (aaO sowie AfP 2010, 167 – New York Times – und AfP 2011, 265 – www.womanineurope.com) ist entscheidend, ob die im Internet abrufbaren Informationen objektiv einen **Bezug zum Inland** in dem Sinne aufweisen, dass eine Kollision der widerstreitenden Interessen – Interesse des Betroffenen an der Achtung seines Persönlichkeitsrechts bzw des Interesse des Anbieters an der Gestaltung seines Internetauftritts und an einer Berichterstattung – nach den Umständen des konkreten Falls, insbesondere aufgrund des Inhalts der beanstandeten Meldung, im Inland tatsächlich eingetreten sein kann oder eintreten kann. Dies ist dann anzunehmen, wenn eine Kenntnisnahme von der beanstandeten Meldung nach den Umständen des konkreten Falls im Inland erheblich näher liegt als dies aufgrund der bloßen Abrufbarkeit des Angebots der Fall wäre und die von dem Betroffenen behauptete Beeinträchtigung seines Persönlichkeitsrechts durch Kenntnisnahme von der Meldung (auch) im Inland eintreten würde (BGH AfP 2010, 167 – New York Times; kritisch *Schlüter,* AfP 2010, 340, 346). Der BGH hat die streitige Frage, wie Art. 5 Nr. 3 EuGVVO in diesen Fällen auszulegen ist, dem EuGH vorgelegt (BGH AfP 2010, 150; vgl 39. Abschnitt Rn 219). Für die Praxis bedeutet dies, dass bis zur Entscheidung des EuGH in parallelen Fällen entweder ebenfalls eine Vorlage gemäß Art. 267 AEUV zu erfolgen hat oder der Rechtsstreit analog § 148 ZPO auszusetzen ist (vgl OLGR Saarbrücken 2001, 408). Dieses gilt allerdings nicht im Verfahren der einstweiligen Verfügung (Art. 31 EuGVVO). 30

III. Darlegungs- und Beweislast

Der Verletzte trägt die **Darlegungs- und Beweislast** dafür, dass der Anspruchsgegner die Äußerung gemacht hat. Ebenso trägt er in allen Fällen der Ehr- und Kreditverletzung grundsätzlich die Darlegungs- und Beweislast dafür, dass der Gegner rechtswidrig gehandelt hat und seine Behauptung unwahr ist. Anders liegen die Dinge, wenn der Unterlassungsanspruch auf üble Nachrede gestützt wird. Hier hat nach der auch im Zivilrecht anwendbaren **Beweisregel des § 186 StGB** der Mitteilende die Darlegungs- und Beweislast für die Wahrheit der vom ihm aufgestellten Behauptung (BGH NJW 1987, 2225, 2227 – Chemiegift; OLG Brandenburg AfP 2003, 343, 345; OLG Hamburg AfP 1982, 36, 38). Danach wirkt es sich zum Nachteil desjenigen aus, der in Bezug auf einen anderen Tatsachen behauptet oder verbreitet, die geeignet sind, diesen verächtlich zu machen und in der öffentlichen Meinung herabzuwürdigen, wenn sich seine Vorwürfe nicht erweisen lassen. Diese Rechtslage ändert sich jedoch dann zugunsten des Mitteilenden, wenn dieser in **Wahrnehmung berechtigter Interessen gehandelt hat** (**§ 193 StGB**). In diesen Fall tritt eine Umkehrung der Darlegungs- und Beweislast ein mit der Folge, dass der Verletzte die Unwahrheit der Berichterstattung darlegen und beweisen muss (BGH NJW 1987, 2225, 2227 – Chemiegift; OLG Brandenburg AfP 2003, 343, 345; OLG Hamburg AfP 1982, 36, 38). Voraussetzung dafür, dass der Behauptende sich auf die Wahrnehmung berechtigter Interessen berufen kann, ist allerdings, dass er sorgfältig recherchiert und der journalistischen Sorgfalt genügt hat (vgl dazu Abschnitt 39 Rn 10 ff), wofür wiederum der Behauptende die Beweislast trägt (OLG Stuttgart AfP 1987, 606, 607). In vielen Fällen scheitert in der Praxis die Berufung auf Wahrnehmung berechtigter Interessen daran, dass im Rahmen der Recherche davon abgesehen wurde, den Betroffenen anzuhören (zum Erfordernis vgl Abschnitt 39 Rn 73 ff). Besonderheiten für die Glaubhaftmachungspflicht gelten im Verfahren der einstweiligen Verfügung, solange dieses „einseitig" ist (vgl folgende Rn). 31

IV. Besonderheiten bei einstweiliger Verfügung

Der äußerungsrechtliche Unterlassungsanspruch kann im einstweiligen Verfügungsverfahren durchgesetzt werden (§ 938 Abs. 2 ZPO), was in der Praxis der Regelfall ist. Voraussetzung ist, dass das begehrte Verbot **eilbedürftig** ist. An der Dringlichkeit fehlt es dann, wenn der Betroffene den Rechtsverstoß schon längere Zeit kennt und durch sein Zuwarten zum Ausdruck bringt, dass es ihm mit der gerichtlichen Maßnahme gar nicht so eilig ist (OLG Hamburg GRUR-RR 2008, 366; OLG Frankfurt 32

AfP 1985, 44, 45). Wie lange der Verletzte ohne Nachteil für die Dringlichkeit warten kann, bis er einen Antrag auf Erlass einer einstweiligen Verfügung stellt, wird von der Rechtsprechung nicht einheitlich beantwortet. Im Wettbewerbsrecht schwankt die Rechtsprechung zwischen einem und sechs Monaten (vgl Abschnitt 31 Rn 155; Harte/Henning/*Retzer*, § 12 Rn 942 ff). Im Presserecht findet sich zu dieser Frage kaum veröffentlichte Rechtsprechung. Nach Auffassung des OLG Celle (AfP 2002, 506, 508) ist die Eilbedürftigkeit jedenfalls zu bejahen, wenn der Betroffene einen Monat nach Kenntnisnahme des Presseartikels den Erlass einer einstweiligen Verfügung beantragt. Die Pressekammer des LG Hamburg sieht in Übereinstimmung mit dem für Pressesachen zuständigen Senat des OLG Hamburg eine **Frist von fünf Wochen ab Kenntnisnahme** von der Verletzung im Regelfall als Grenze für die Eilbedürftigkeit an (LG Hamburg Urt. v. 6.12.2006, 324 O 780/06; OLG Hamburg Beschl. v. 12.11.2008, 7 W 131/08). Dieser Zeitraum ist in der Regel für den Betroffenen als ausreichend anzusehen, um sich über die Bedeutung der Verletzung klar zu werden, Rechtsrat einzuholen, den Gegner zur Unterlassung seines Verhaltens aufzufordern und bei Fruchtlosigkeit dieser Aufforderung die Hilfe des Gerichts anzurufen. Besondere Umstände, wie etwa eine vom Gegner auf eine unter Fristsetzung erfolgte Abmahnung erbetene und ihm gewährte Fristverlängerung oder mit der Gegenseite geführte Verhandlungen, können zu einer anderen Beurteilung der Sachlage führen. Zu achten ist darauf, dass es auch dann an der Dringlichkeit fehlt, wenn sich der Antragsteller, der rechtzeitig einen Verfügungsantrag bei Gericht eingereicht hat, im Laufe des Verfahrens durch sein Verhalten zu erkennen gibt, dass die Sache nicht (mehr) eilbedürftig ist. So hat das LG Hamburg die Dringlichkeit in einem Fall verneint, weil der Antragsteller auf einen telefonischen Hinweis des Gerichts, dass ergänzender Vortrag erfolgen müsse, nicht binnen fünf Wochen reagiert habe (Beschl. v. 29.5.2007, 324 O 240/07). Keine Dringlichkeit besteht, wenn der Betroffene gegen einen sein Persönlichkeitsrecht verletzenden TV-Film über zwei Jahre nicht gerichtlich vorgegangen ist, auch wenn nunmehr eine erneute Ausstrahlung unmittelbar bevorsteht (OLG Hamburg AfP 2008, 317). Der Dringlichkeit steht nicht entgegen, dass der Beitrag zum Zeitpunkt der Kenntniserlangung durch den Betroffenen bereits drei Jahre im Internet stand (OLG Hamburg Beschl. v. 7.10.2009, 7 W 107/09).

33 Besonderheiten gelten im Verfügungsverfahren hinsichtlich der Beweislastverteilung, soweit sich dieses **im „einseitigen" Verfahren** befindet, also bei einer Entscheidung ohne mündliche Verhandlung. Hier trägt der Betroffene abweichend von den oben dargestellten Regeln die **volle Glaubhaftmachungslast** für die Anspruchsvoraussetzungen, mithin auch für die Unwahrheit der ehrenrührigen Behauptung (§§ 920 Abs. 2, 936 ZPO). Wird aufgrund mündlicher Verhandlung über den Verfügungsantrag oder im Widerspruchsverfahren entschieden, so gelten die unter Rn 30 dargestellten im Hauptverfahren geltenden Beweisregeln (OLG Brandenburg AfP 2003, 343, 345).

V. Verbotseinschränkungen

34 Betrifft ein Verbot ein fertig gestelltes Druckwerk, sind unter Umständen die zum Zeitpunkt der Verbotszustellung **noch nicht ausgedruckten und nicht aufgebundenen Exemplare** vom Verbot auszunehmen (§ 242 BGB; § 13 Abs. 3 LPG, § 111m Abs. 1 StPO analog). Dieses gilt insbesondere bei einem Verbot von Äußerungen, die in einem Buch enthalten sind (vgl LG Köln GRUR-RR 2010, 355). In einem solchen Fall zwingt der unvermeidlich entstehende Konflikt mit der Pressefreiheit zur Zurückhaltung und zur sorgfältigen Abwägung der für und gegen diese Maßnahme sprechenden Gesichtspunkte. Einerseits ist die Schwere der Persönlichkeitsrechtsverletzung, zum anderen sind der mit dem Verbot des gesamten Buches verbundene Eingriff in die Pressefreiheit und im Rahmen der Verhältnismäßigkeit auch die wirtschaftlichen Folgen für den Gegner zu berücksichtigen (vgl hins. eines Verbreitungsverbots einer Zeitschrift: OLG Düsseldorf AfP 1985, 51; OLG München AfP 1974, 631; OLG Hamburg ArchPR 1969, 58). Eine Verbotseinschränkung kommt in jedem Fall nur in Betracht, wenn dieses für den Betroffenen zumutbar erscheint (vgl Löffler/*Steffen*, § 6 LPG Rn 272; BGH GRUR 1990, 522, 528 – HBV-Familien- und Wohnungsrechtsschutz – zur Gewährung von Aufbrauchfristen). Auch scheidet eine Beschränkung des Verbots aus, wenn es dem Verlag zuzumuten ist, die verbotenen Passagen zB durch Schwärzungen unkenntlich zu machen, was allerdings bei hochwertigen Buchausgaben nicht in Betracht kommen dürfte.

D. Zwangsvollstreckung

35 Die Zwangsvollstreckung aus einem Unterlassungstitel erfolgt nach **§ 890 ZPO.** Auf Antrag des Gläubigers kann gegen den Schuldner ein Ordnungsgeld oder Ordnungshaft angeordnet werden. Schwierig

zu beurteilen sind Fälle, in denen die verbotene Äußerung nicht wörtlich wiederholt, aber eine ähnliche Aussage gemacht wurde. In der Rechtsprechung ist anerkannt, dass sich der zur Unterlassung Verpflichtete nicht durch jede Änderung der Verletzungsform des ihm auferlegten Verbots entziehen kann; vielmehr werden Änderungen, die den **Kern der Verletzungsform** unberührt lassen, vom Rechtsfolgenausspruch umfasst (vgl BGHZ 5, 189, 193 f – Zwilling). Dabei sind zur Auslegung des Verbotstitels auch die Gründe der Verbotsentscheidung und – soweit ergänzend erforderlich – der Sachvortrag der antragstellenden Partei zum Antrag heranzuziehen (BGH WRP 1989, 572, 574 – Bioäquivalenz-Werbung). Ein Verstoß ist zu bejahen, sofern die Äußerung im Kern mit der verbotenen übereinstimmt oder erkennbar nur eine Umgehung des Verbots darstellt (Bezeichnung als „Stasi-Spritzel" anstelle von „Stasi-Spitzel"). Eine erweiternde Auslegung eines Unterlassungstitels kommt im Hinblick auf den Sanktionscharakter der Ordnungsmittel des § 890 ZPO und auf die deshalb einschlägige Norm des Art. 102 Abs. 2 GG nicht in Betracht (vgl BGH WRP 1989, 572, 574 – Bioäquivalenz-Werbung). Schwierigkeiten bereitet die Anwendung der Kerntheorie im Bereich der Verbote von Bildnisveröffentlichungen, da nach der Rechtsprechung des BGH der Unterlassungstitel auf die konkrete Verletzungsform zu beschränken ist, eine ähnliche oder „kerngleiche" Bildberichterstattung für die Zukunft noch die erneute Verbreitung eines Bildnisses – sofern die Verbreitung nicht schon an sich unzulässig ist, etwa weil die Intimsphäre tangiert wird – nicht generell verboten werden können (BGH NJW 2009, 2823). Inwieweit eine spätere Bildberichterstattung – etwa unter Verwendung nicht desselben, sondern eines nahezu identischen Fotos oder unter Beifügung eines dasselbe Thema behandelnden, aber abweichenden Textes – von einem Verbot erfasst werden, ist danach problematisch (vgl *Stender-Vorwachs*, NJW 2010, 1414). Ein auf die konkrete Verletzungsform beschränktes Unterlassungsgebot greift nach der Rechtsprechung des BGH nicht nur dann, wenn der Presseartikel mit dem verbotenen Bild wortgleich wiederholt wird, sondern auch dann, wenn die darin enthaltenen Mitteilungen sinngemäß ganz oder teilweise Gegenstand einer erneuten Berichterstattung unter Beifügung des zu beanstandenden Fotos sind (BGH NJW 2009, 2823; vgl auch Rn 25).

Voraussetzung für eine Verhängung von Ordnungsmitteln ist, dass der Schuldner **schuldhaft** dem Ver- 36
bot zuwider gehandelt hat. Handlungen Dritter, etwa von Mitarbeitern des Verlages, können dem Schuldner nicht zugerechnet werden. In diesen Fällen ist indes vielfach ein eigenes **Organisationsverschulden** des Verlagsunternehmens anzunehmen. Der Schuldner ist nämlich verpflichtet, alles ihm nur Mögliche zu tun, um einen neuerlichen Rechtsverstoß zu unterbinden. Diese Pflicht trifft ihn auch bezogen auf in seinem Geschäftsbetrieb tätige Dritte. Für ihre Erfüllung reicht es insbesondere nicht aus, dass eine allgemeine Anweisung an diese Personen erteilt wird, bestimmte Dinge zu unterlassen. Erforderlich ist vielmehr eine nachdrückliche Belehrung in schriftlicher Form unter Androhung nachteiliger Folgen im Falle der Nichtbeachtung. Zudem ist die Einhaltung des Verbots wirksam zu überwachen (OLG Hamburg NJW-RR 1993, 1392).

43. Abschnitt: Berichtigungsanspruch

Schrifttum: *Damm/Rehbock*, Widerruf, Unterlassung und Schadensersatz in den Medien, 3. Aufl. 2008 (zitiert: *Damm/Rehbock*); *Fricke*, Grundlagen und Grenzen des Berichtigungsanspruchs im Äußerungsrecht, AfP 2009, 552; *Götting/Schertz/Seitz*, Handbuch des Perönlichkeitsrechts, 2008 (zitiert: Götting/Schertz/Seitz/*Bearbeiter*); *Löffler*, Presserecht, 5. Aufl. 2006 (zitiert: Löffler/Bearbeiter); *Paschke*, Medienrecht, 3. Aufl. 2009 (zitiert: *Paschke*, Medienrecht); *Prinz/Peters*, Medienrecht, 1999 (zitiert: *Prinz/Peters*, Medienrecht); *Soehring*, Presserecht, 4. Aufl. 2010 (zitiert: *Soehring*, Presserecht); *Wenzel*, Das Recht der Wort- und Bildberichterstattung, 5. Aufl. 2003 (zitiert: Wenzel/*Bearbeiter*).

A. Bedeutung

1 Der Berichtigungsanspruch, der als **Folgenbeseitigungsanspruch** aus den §§ 1004, 823, 824 BGB hergeleitet wird, dient dazu, die durch eine unzutreffende Berichterstattung entstandene und noch fortwirkende **Rufschädigung zu beseitigen.** Er ist im Medienrecht auf die Veröffentlichung einer berichtigenden Erklärung (Widerruf, Richtigstellung oder Distanzierung) desjenigen, der die Behauptung veröffentlicht hat, gerichtet. Er ist **verschuldensunabhängig** und greift nur dann, wenn sich die Tatsachenbehauptung als unwahr erwiesen hat (BVerfG NJW 1998, 1381, 1383). Die gerichtliche Durchsetzung ist für den Betroffenen **schwierig und zeitaufwendig**, da dieser die Beweislast für die Unwahrheit der aufgestellten Behauptung trägt und eine Veröffentlichung der Berichtigungserklärung erst nach rechtskräftigem Urteil im Hauptsacheverfahren vollstreckt werden kann.

B. Voraussetzungen

I. Unwahre Tatsachenbehauptung

2 Ein Berichtigungsanspruch kommt nur bei einer unwahren **Tatsachenbehauptung** in Betracht; Meinungsäußerungen (BGH AfP 1992, 361, 362 – Plagiatsvorwurf II) oder Fragen (BGH NJW 2004, 1034) sind diesem Anspruch nicht zugänglich (zur Abgrenzung von Tatsachenbehauptungen und Meinungsäußerungen bzw Fragen, vgl Abschnitt 33 Rn 72 ff, 82). Bei rufschädigenden Meinungsäußerungen kann gegebenenfalls ein Anspruch auf Veröffentlichung des Urteilstenors oder der vom Gegner abgegebenen Unterlassungsverpflichtungserklärung bestehen (BGH NJW 1987, 1400 – Oberfaschist; OLG München AfP 1989, 747; vgl Wenzel/*Gamer*, Kap. 13 Rn 107).

3 Berichtigung eines durch eine Berichterstattung erweckten tatsächlichen **Eindrucks** kann nur verlangt werden, soweit dieser Eindruck für den Leser **zwingend** erweckt wird. Lassen Formulierungen oder die Umstände der Äußerung eine nicht das Persönlichkeitsrecht verletzende Deutung zu, so verstößt ein zum Widerruf oder zur Berichtigung verpflichtendes Urteil gegen Art. 5 Abs. 1 GG (BVerfG NJW 2006, 207, 209 – „IM Sekretär“ Stolpe).

II. Rechtswidrigkeit

4 Erforderlich ist nicht, dass der Störer bei der Veröffentlichung der Behauptung rechtswidrig gehandelt hat. Für den Berichtigungsanspruch ist ausreichend, dass der **Störungszustand**, der durch die Veröffentlichung der unwahren Behauptung geschaffen worden ist, als **rechtswidrig fortdauert** (*Prinz/Peters*, Medienrecht, Rn 681). Dementsprechend ist auch derjenige zur Berichtigung verpflichtet, der bei der Veröffentlichung der Aussage in Wahrnehmung berechtigter Interessen gehandelt hat, wenn sich danach herausgestellt hat, dass die Behauptung unwahr ist. Wirkt die Beeinträchtigung durch die unwahre Behauptung fort, gibt es keinen rechtfertigenden Grund, eine derartige Behauptung unberichtigt zu lassen (BVerfG NJW 1998, 1381, 1383; NJW 1999, 1322, 1324 – Fall Helnwein; *Pasch-*

ke, Medienrecht, Rn 1126). Deshalb kann auch derjenige, der zutreffend und rechtmäßig über die Verurteilung durch ein Strafgericht berichtet hat, verpflichtet sein, auf Verlangen des Betroffenen den **das Strafverfahren abschließenden Freispruch** mitzuteilen (BVerfG AfP 1997, 619; BGH NJW 1972, 431, 432 – Freispruch).

III. Fortwirkende Beeinträchtigung

Voraussetzung für die Berichtigungsforderung ist, dass eine Beeinträchtigung des Rufes oder des Selbstbestimmungsrechts über das eigene Erscheinungsbild (BGH NJW 1995, 861, 862 – Caroline von Monaco I) erfolgt ist. Nicht jede unzutreffende Berichterstattung kann einen Berichtigungsanspruch auslösen. Vielmehr kommt die Zuerkennung einer Berichtigungsforderung zum einen dann in Betracht, wenn die Unwahrheit eine Ehrverletzung oder Ansehensschädigung beinhaltet und der durch die Rufverletzung geschaffene Zustand für den Betroffenen eine **fortwirkende Quelle gegenwärtiger Rufbeeinträchtigung** bedeutet (vgl LG Hamburg AfP 2010, 609). Zum anderen kann eine Falschmeldung einen Richtigstellungsanspruch dann rechtfertigen, wenn die Meldung einen durch das **allgemeine Persönlichkeitsrecht** in besonderer Weise geschützten Bereich betrifft (zB höchstpersönliche Lebenspläne, vgl BGH, NJW 1995, 861, 862 – Caroline von Monaco I) und das öffentliche Erscheinungsbild des Betroffenen aufgrund der unwahren Mitteilung eine fortdauernde Beeinträchtigung erfährt. Der Veröffentlichungsanspruch ist nämlich nicht Selbstzweck; vielmehr dient er der Folgenbeseitigung, dh einer Korrektur der bei dem Leser der Erstmitteilung durch die angegriffene Darstellung hervorgerufenen und noch andauernden Fehlvorstellung. Auch ist zu berücksichtigen, dass die Pflicht zur Berichtigung eine **besondere Belastung für den Verletzer** darstellt; ihm wird abverlangt, öffentlich einzugestehen, dass er unzutreffende Äußerungen getan hat, dh er muss vor dem Publikum eine Erklärung abgeben, mit der er sich im Ergebnis selbst ins Unrecht setzt. Dementsprechend kann der Verletzte eine Berichtigung nur verlangen, wenn es sich um ein für die Folgenbeseitigung **erforderliches und angemessenes Mittel** handelt (vgl OLG Hamburg AfP 2006, 77). Die Beeinträchtigung muss im Prozess zum Zeitpunkt der letzten mündlichen Verhandlung andauern; entfällt die Beeinträchtigung oder das Bedürfnis für eine Berichtigung während des gerichtlichen Verfahrens, ist der Anspruch für erledigt zu erklären. 5

Das Bedürfnis für eine Berichtigung kann dadurch entfallen, dass der Verpflichtete die unwahre Behauptung **freiwillig berichtigt** (OLG Köln AfP 1989, 764). Dies gilt allerdings nur dann, wenn die Berichtigung den gleichen Empfängerkreis wie die Erstmitteilung erreicht und nicht an unauffälliger Stelle so präsentiert wird, dass er leicht übersehen wird (OLG Düsseldorf AfP 1997, 711, 712; *Damm/Rehbock*, Rn 874). Soweit das OLG Düsseldorf die Veröffentlichung in der Rubrik „Leserbriefe" genügen lässt, obwohl die Erstmitteilung in der Rubrik „Geld + Steuern" erschienen war, überzeugt die Entscheidung allerdings nicht, da es hier am übereinstimmenden Rezipientenkreis fehlen dürfte (zutreffend Wenzel/*Gamer*, Kap.13 Rn 40). In der Regel muss die freiwillige Korrektur die gleichen Kriterien erfüllen, die an die Veröffentlichung der Berichtigungserklärung zu stellen sind (vgl BGH, NJW 1995, 861, 863 – Caroline von Monaco I). Die Veröffentlichung einer **Gegendarstellung** steht dem Richtigstellungsanspruch grundsätzlich nicht entgegen, weil es sich insoweit nur um eine Erklärung des Betroffenen handelt, für die eine Richtigkeitsgewähr nicht besteht (vgl BGH, NJW 1995, 861, 863 – Caroline von Monaco I; OLG Hamburg AfP 1995, 515, 516). Der Leser einer Gegendarstellung misst dieser nicht ein solches Gewicht zu wie der Erklärung des Verlages, dass die fragliche Berichterstattung unrichtig sei. Solange eine Berichtigung nicht erfolgt ist, besteht deshalb die Gefahr, dass der Leser in dem Verständnis zurückgelassen wird, an der fraglichen Meldung werde schon etwas dran gewesen sein, denn einfach ins Blaue hinein werde der Verlag über die Pläne der Klägerin nicht berichtet haben (OLG Hamburg AfP 1999, 68, 69; Urt. v. 23.7.1996 – 7 U 10/96). Anders sind dagegen Fälle zu beurteilen, in denen die Gegendarstellung mit einer redaktionellen Anmerkung mit dem Inhalt versehen wird, dass die Erwiderung in der Gegendarstellung zutreffe. 6

Ferner kann die eingetretene Beeinträchtigung durch **Zeitablauf** entfallen. Sind die veröffentlichten Behauptungen längst dem Bewusstsein der Leserschaft entschwunden, besteht kein Bedürfnis mehr für eine Berichtigung (OLG Hamburg ArchPR 1971, 105). Welche Zeitspanne hier anzusetzen ist, hängt von den Umständen im Einzelfall ab, u.a. davon, ob über ein Tagesereignis oder über ein Thema berichtet wurde, das längere Zeit im öffentlichen Interesse stand. Bei einem Bericht über einen Streik auf einer Werft hat das OLG Hamburg (ArchPR 1971, 105) das Widerrufsverlangen eines Werftarbeiters, das 9 Monate nach dem Erscheinen des Artikels geltend gemacht wurde, als zu spät erachtet. 7

Bei einem Artikel über die Steueraffäre einer Tennisspielerin hat das LG Hamburg angesichts des nach wie vor bestehenden öffentlichen Interesses ein Zuwarten bis zur Geltendmachung des Widerrufs von 7 Monaten nicht beanstandet (Urt. v. 2.8.1996, 324 O 283/96). Diese Entscheidungen lassen zu Recht die **Prozessdauer** außer Acht und stellen auf die Zeitspanne bis zur Geltendmachung des Anspruchs beim Gegner ab. Widersetzt sich nämlich der Anspruchsverpflichtete zu Unrecht dem Berichtigungsverlangen, so darf ihm dieses nicht zum Prozesserfolg verhelfen (Wenzel/*Gamer*, Kap. 13 Rn 902). In der Entscheidung „Caroline von Monaco I" (NJW 1995, 861, 863) hat der BGH insoweit nicht differenziert, sondern den von der Veröffentlichung der beanstandeten Mitteilung bis zur letztinstanzlichen Entscheidung über den Widerruf vergangenen Zeitraum von 2 Jahren und 8 Monaten als nicht ausreichend erachtet, um den unwahren Behauptungen in einer auflagenstarken Zeitung die das Persönlichkeitsrecht verletzenden Wirkungen zu nehmen. In einer späteren Entscheidung (NJW 2004, 1034, 1035) hat der BGH sowohl zu der abgelaufenen Zeit bis zur Klageerhebung (7 Monate) als auch zu der bis zum Ende des Verfahrens (über 3 Jahre) Stellung bezogen und beide Zeitspannen angesichts des Verbreitungsgrades der Zeitung und des die Intimsphäre verletzenden Eingriffs als nicht zu lang angesehen. Die gegen eine Entscheidung des OLG Hamburg (AfP 2009, 509), in der ein Abwarten von über 2 ½ Jahren bis zur gerichtlichen Geltendmachung als zu lange erachtet worden ist, eingelegte Nichtzulassungsbeschwerde hat der BGH zurückgewiesen (Beschl. v. 11.1.2011 – VI ZR 253/09).

C. Beteiligte

8 Anspruchsberechtigt ist jede Peron, die durch die unwahre Behauptung **individuell betroffen** ist (vgl dazu oben Abschnitt 33 Rn 102 ff, Abschnitt 42, Rn 4). Betrifft die Behauptung einen Verstorbenen, sind in der Regel die Angehörigen (§ 22 Satz 4 KUG, § 77 Abs. 2 StGB) oder ein hierzu berufener Wahrnehmungsberechtigter befugt, die Berichtigung zu verlangen (BGH NJW 2000, 2195, 2199 – Marlene Dietrich; NJW 1974, 1371 – Fiete Schulze). Die Zubilligung eines Berichtigungsanspruchs zugunsten einer **öffentlichrechtlichen Körperschaft** ist auf Fälle zu beschränken, in denen die fortwirkende Rufbeeinträchtigung ein erhebliches Gewicht hat. Dieses gebietet die besondere Bedeutung des Wächteramts, welches die Presse in einem demokratischen Rechtsstaat innehat und welches durch die Bedrohung mit Richtigstellungs- und Widerrufsansprüchen in weniger gravierenden Fällen in Frage gestellt würde (vgl BGH NJW 2008, 2262; ebenso zum Gegendarstellungsanspruch BerlVerfGH AfP 2008, 593).

9 Zur Berichtigung in Form des Widerrufs oder der Richtigstellung ist derjenige verpflichtet, der die Behauptung aufgestellt hat oder sich die verbreitete Behauptung „zu Eigen gemacht hat", also der Verlag bzw der Rundfunkveranstalter sowie der Verfasser. Gleiches gilt für denjenigen, der im Internet Behauptungen aufgestellt bzw hieran mitgewirkt hat. Wer eine Behauptung verbreitet hat, ohne sich diese „zu Eigen zu machen", kann auf Veröffentlichung einer Distanzierung in Anspruch genommen werden (zu den Haftungsprivilegierungen der Telemediendiensteanbieter gemäß §§ 7–10 TMG vgl Wenzel/*Gamer*, Kap. 13 Rn 120 ff, zu den gleich lautenden, inzwischen außer Kraft getretenen Vorschriften im MDStV bzw TDG).

D. Form der Berichtigung

I. Widerruf

10 Der förmliche **Widerruf** kann in Fällen verlangt werden, in denen die Unwahrheit der gesamten Behauptung feststeht. Er setzt sich in der Regel aus einer Erklärung zusammen, in der der Verpflichtete unter der Überschrift „Widerruf" und eines Einleitungssatzes, in dem angegeben wird, in welcher Ausgabe, auf welcher Seite und ggf unter welcher Überschrift die beanstandete Erstmitteilung erschienen ist, die aufgestellte Behauptung wiedergibt und hinzufügt, dass er diese Behauptung (als unwahr) widerruft. Zwingend ist diese Form nicht; auch andere Formulierungen sind möglich. So lautet beispielsweise eine der Entscheidung „Caroline von Monaco I" (BGH NJW 1995, 861 – dort nicht abgedruckt) zugrunde liegende Widerrufserklärung wie folgt: „Widerruf. – Auf Seite 1 der Ausgabe vom … hatte B. ein Exklusiv-Gespräch mit Prinzessin Caroline von Monaco angekündigt. Auf Seite 17 ff. ist ein solches Gespräch im Rahmen eines redaktionellen Beitrags veröffentlicht worden. Wir erklären dazu, dass Prinzessin Caroline von Monaco kein Gespräch mit B. geführt hat. – Der Verlag". Die Widerrufserklärung trägt die Unterschrift des Verpflichteten, zB „Der Verlag". Die Unterschrift „Die Redaktion" kann nicht verlangt werden, da diese in der Regel nicht die Anspruchsverpflichtete ist.

II. Richtigstellung

Eine mildere Form ist die **Richtigstellung**, die insbesondere dann zu wählen ist, wenn die aufgestellte Behauptung nicht in vollem Umfang, sondern nur teilweise zu korrigieren ist (*Damm/Rehbock*, Rn 893). Diese in der Praxis vorwiegend in den meisten Fällen verlangte Form der Berichtigung unterscheidet sich vom Widerruf auch dadurch, dass sie klarstellende Erläuterungen ermöglicht und damit die Gefahr einer Irreführung des Lesers auszuräumen vermag. Eine Berichtigungserklärung, die den Leser in die Irre führen würde, kann nämlich nicht verlangt werden (OLG Hamburg AfP 2006, 77). Nur zur Richtigstellung ist der Erklärende zudem in Fällen verpflichtet, in denen durch die Erstmitteilung ein unzutreffender Eindruck oder unberechtigter Verdacht erweckt wurde. Beispielsweise lautet die der Entscheidung „Caroline von Monaco II" (BGH NJW 1996, 684 – dort nicht abgedruckt) zugrunde liegende Richtigstellung wie folgt: „Richtigstellung – Auf der Titelseite von N. vom ... haben wir über Prinzessin Caroline von Monaco behauptet „Hilfe für Millionen Frauen – CAROLINE Kampf gegen Brustkrebs". Der dadurch erweckte Eindruck, dass Prinzessin Caroline von Monaco an Brustkrebs erkrankt ist, ist unrichtig. – Der Verlag" (vgl weitere Formulierungs-Beispiele bei *Prinz/Peters*, Medienrecht, Rn 691 ff). 11

III. Distanzierung

Eine **Distanzierung** kommt in Frage, soweit der Verpflichtete eine unwahre Behauptung, ohne sich diese zu Eigen gemacht zu haben, verbreitet hat. Dies gilt indes nicht, wenn sich der Verbreiter bereits in der Erstmitteilung ausreichend distanziert hat. Diese Erklärung kann wie folgt formuliert werden: „Distanzierung – In B. vom ... haben wir auf Seite ... unter der Überschrift „Wegen Untreue/Strafanzeige gegen X." berichtet, dass gegen X. Strafanzeige wegen Untreue erstattet worden sei. Aus der Strafanzeige zitierten wir, X. werde vorgeworfen, er habe ... Von diesen Vorwürfen distanzieren wir uns. – Der Verlag" (vgl LG Hamburg Urt. v. 7.5.1997, 324 O 652/96). 12

IV. Weitere Formen der Berichtigung

In Fällen, in denen zutreffend und rechtmäßig über die Verurteilung durch ein Strafgericht berichtet worden ist, kann eine Verpflichtung bestehen, im Wege einer **ergänzenden Mitteilung über den das Strafverfahren** abschließenden Freispruch zu berichten (BVerfG AfP 1997, 619; BGH NJW 1972, 431, 432 – Freispruch; *Damm/Rehbock*, Rn 893; vgl 49. Abschnitt Rn 3). Bei einer überholten Internetmeldung über ein inzwischen eingestelltes Ermittlungsverfahren kann ggf verlangt werden, dass in einem Zusatz über die Einstellung berichtet wird (vgl OLG Düsseldorf NJW 2011, 788). Auch die Veröffentlichung einer strafbewehrten Unterlassungsverpflichtungserklärung oder eines rechtskräftigen Unterlassungsurteils kann gefordert werden (vgl BGH NJW 1987, 1400 – Oberfaschist; *Soehring*, Presserecht, § 31 Rn 7, 15; Götting/Schertz/Seitz/*Kamps*, § 49 Rn 32). Ein Anspruch auf eine vorläufige Berichtigung kann im Wege der einstweiligen Verfügung grundsätzlich nicht durchgesetzt werden, da die Abgabe der Berichtigung eine endgültige Erfüllung des Widerrufsanspruchs darstellt, die sich später nach Ende des Hauptverfahrens nicht widerrufen lässt (OLG Bremen AfP 1979, 355; LG Dresden AfP 2009, 274). In Ausnahmefällen, in denen eine solche Regelung zur Abwendung wesentlicher Nachteile nötig erschien, hat die Rechtsprechung einen **vorläufigen Widerruf** mit der Formulierung „kann gegenwärtig nicht aufrechterhalten werden" im Wege der einstweiligen Verfügung zuerkannt (OLG Hamburg ArchPR 1970, 87; vgl Wenzel/*Gamer*, Kap. 13 Rn 84 f; Götting/Schertz/Seitz/*Kamps* § 49 Rn 78; kritisch *Damm/Rehbock*, Rn 894, 899 f). 13

E. Abdruck bzw Ausstrahlung

Anders als bei der Gegendarstellung gibt es für den Abdruck bzw die Ausstrahlung der Berichtigung keine spezielle gesetzliche Regelung. Insofern ist zunächst der allgemeine Grundsatz maßgebend, dass die Berichtigung nach Inhalt und Form nicht über das hinausgehen darf, was zur Beseitigung der Beeinträchtigung erforderlich ist, und sich in den Grenzen zu halten hat, die unter Abwägung der beiderseitigen Belange zu ziehen sind (BGH GRUR 1969, 555, 557 – Cellulitis). Da eine durch eine Veröffentlichung entstandene Beeinträchtigung nur durch eine den gleichen Empfängerkreis erreichende Berichtigung beseitigt werden kann, gilt im Widerrufsrecht ebenfalls der in den Regelungen des Gegendarstellungsrechts zum Ausdruck kommende **Grundsatz der „Waffengleichheit"**. Dies bedeutet grundsätzlich, dass die Veröffentlichung so erfolgen muss, dass die Berichtigung beim Rezipienten die 14 gleiche Aufmerksamkeit finden kann wie die Erstmitteilung, wobei bei Abdruckanordnungen, die die Titelseite von Zeitungen bzw Zeitschriften betreffen, stets im Einzelfall zu prüfen ist, welcher Grad des Eingriffes in die Titelseitengestaltung noch mit Art. 5 Abs. 1 GG vereinbar ist (BVerfG NJW 1998, 1381, 1385). Wurde der Artikel, in dem die zu berichtigende Behauptung veröffentlicht wurde, im Inhaltsverzeichnis angekündigt, kann auch eine Ankündigung der berichtigenden Erklärung im Inhaltsverzeichnis verlangt werden (OLG Hamburg AfP 1997, 477, 479). Hinsichtlich Einzelheiten kann auf die Ausführungen zum Abdruck bzw Ausstrahlung einer Gegendarstellung verwiesen werden (vgl 41. Abschnitt Rn 47 ff). Für Berichtigungen im Internet dürfte die Regelung in § 56 RStV analog heranzuziehen sein (vgl *Fricke*, AfP 2009, 552, 556 sowie 41. Abschnitt Rn 56 ff).

F. Prozessuale Durchsetzung

15 Hinsichtlich des Rechtsweges und der Zuständigkeit der Gerichte gelten die obigen Hinweise zum Unterlassungsanspruch (vgl 42. Abschnitt Rn 27 f) entsprechend.

16 Der Berichtigungsanspruch ist grundsätzlich im **Hauptsacheverfahren** zu verfolgen (vgl Rn 13 sowie *Prinz/Peters*, Medienrecht, Rn 707 mwN). Anders als beim Unterlassungsanspruch trägt der Betroffene auch bei ehrenrührigen Behauptungen die **Darlegungs- und Beweislast** für deren Unwahrheit (BGH AfP 1978, 23, 24 – Wohnstättengemeinschaft; BGHZ 37, 187 – Auslandsschule; Götting/Schertz/Seitz/*Kamps*, § 49 Rn 81 f). Allerdings hat die Rechtsprechung demjenigen, der sich nachteilig über einen Dritten äußert, eine **erweiterte Darlegungslast** auferlegt, die ihn anhält, Belegtatsachen für seine Behauptung anzugeben (BGH GRUR 1987, 397, 399 – Insiderwissen). Kommt er dieser erweiterten Darlegungslast nicht nach, hat die Behauptung prozessual als unwahr zu gelten (§ 138 Abs. 3 ZPO; vgl OLG Hamburg Urt. v. 27.2.2007, 7 U 106/06). Diese Rechtsprechung der Zivilgerichte hat das Bundesverfassungsgericht gebilligt, soweit die Anforderungen an die Darlegungslast nicht zulasten der Meinungsfreiheit überspannt werden (BVerfG NJW 1992, 1439, 1442 – Kritische Bayer-Aktionäre; NJW 1999, 1322, 1324 – Fall Helnwein).

G. Zwangsvollstreckung

17 Die Zwangsvollstreckung des Berichtigungsanspruchs richtet sich nach vorherrschender Auffassung nach **§ 888 ZPO** (vgl Wenzel/*Gamer*, Kap. 13 Rn 105). Sie ist grundsätzlich erst nach rechtskräftigem Abschluss des Verfahrens möglich, weil erst dann feststeht, dass die zu widerrufende Behauptung unwahr ist (OLG Frankfurt NJW 1982, 113; *Soehring*, Presserecht, § 17 Rn 18; Löffler/*Steffen*, § 6 LPG Rn 302; aA: Wenzel/*Gamer*, Kap. 13 Rn 98, 105). Dementsprechend ordnet die Pressekammer des LG Hamburg in ständiger Rechtsprechung im Urteilstenor an, dass der Widerruf **nach Rechtskraft** der Entscheidung zu veröffentlichen ist.

44. Abschnitt: Schadensersatzanspruch

Schrifttum: *Balthasar*, Eingriffskondiktion bei unerlaubter Nutzung von Persönlichkeitsmerkmalen – Lafontaine in Werbeannonce, NJW 2007, 664 ff; *Damm/Rehbock*, Widerruf, Unterlassung und Schadensersatz in den Medien, 3. Aufl. 2008 (zitiert: *Damm/Rehbock*); *Dreier/Schulze*, Urheberrechtsgesetz, 3. Aufl. 2008 (zitiert: Dreier/Schulze/*Bearbeiter*); *Engels*, Aktuelle Rechtsfragen des Presseprozessrechts, AfP 2009, 313; *Eschenlohr*, Zur Frage der Verletzung des Persönlichkeitsrechts durch unrichtige Darstellung in einer Fernsehsendung, NJW 1976, 1202; *Frauenschuh*, Zur Kostentragungspflicht in Pressesachen, AfP 2010, 113; *Knott/Gottschalk/Ohl*, Honorare aus vereinbarten Vergütungen als ersatzpflichtige Schäden, AnwBl 2010, 749; *Löffler*, Presserecht, 5. Aufl. 2006 (zitiert: Löffler/*Bearbeiter*); *Paschke*, Medienrecht, 2. Aufl. 2003 (zitiert: *Paschke*, Medienrecht); *Prinz/Peters*, Medienrecht, 1999 (zitiert: *Prinz/Peters*, Medienrecht); *Peters*, Die publizistische Sorgfalt, NJW 1997, 1334 ff; *Schertz/Reich*, Vermögensrechtliche Ansprüche bei unzulässiger publizistischer Verwendung von Bildnissen aus der Privatsphäre, AfP 2010, 1; *Schlosser*, Schadensersatzrechtlicher Erstattungsanspruch für über die Sätze des RVG hinausgehende Anwaltskosten, NJW 2010, 2413; *Schricker*, Urheberrecht, 3. Aufl. 2006 (zitiert: Schricker/*Bearbeiter*); *Seitz*, Zu vermögensrechtlichen Ansprüchen bei unzulässiger Nutzung von Bildnissen, AfP 2010, 127; *Soehring*, Presserecht, 4. Aufl. 2010 (zitiert: *Soehring*, Presserecht); *Sprenger*, Gebührenrechtliche Behandlung einer mehrgliedrigen Gegendarstellung, AfP 2010, 449; *Wanckel*, Foto- und Bildrecht, 3. Aufl. 2008 (zitiert: *Wanckel*); *Wandtke/Bullinger*, Praxiskommentar zum Urheberrecht, 3. Aufl. 2009 (zitiert: Wandtke/Bullinger/*Bearbeiter*); *Wenzel*, Das Recht der Wort- und Bildberichterstattung, 5. Aufl. 2003 (zitiert: Wenzel/*Bearbeiter*).

A. Regelungszweck und Anspruchsvoraussetzungen

I. Regelungszweck

Der Schadensersatzanspruch dient dem **Ausgleich materieller Nachteile** aufgrund eines rechtswidrigen Medienbeitrags. Der Anspruch auf Beseitigung eingetretener (Vermögens-)Nachteile aus einem Eingriff ist **verschuldensabhängig**, anders als zB die Ansprüche auf Unterlassung und Berichtigung. 1

Eine in der Praxis äußerst bedeutsame Ausnahme ist insoweit der **bereicherungsrechtliche Schadensersatzanspruch** nach Eingriffen in die kommerziellen Aspekte des Persönlichkeitsrechts, zB durch unzulässige **Werbung** (hierzu unter Rn 33 ff). In diesem Bereich haben Entschädigungen in den letzten Jahren bedeutende Größenordnungen erreicht. Da die Höhe des zu leistenden Schadensersatzes nicht von der **wirtschaftlichen Leistungsfähigkeit** des Verletzers abhängig ist (BVerfG NJW 2001, 1639), ist er aus Betroffenensicht von erheblicher Bedeutung. Liegen die Voraussetzungen der §§ 823 ff BGB oder §§ 812 ff BGB vor, ist der gesamte eingetretene **materielle Schaden** zu ersetzen. Gleichwohl darf nicht übersehen werden, dass aufgrund strenger Anforderungen an die einzelnen Tatbestandsvoraussetzungen, insbesondere an den Kausalitätsnachweis (s. Rn 25 ff), in der Praxis bei der Durchsetzung des Anspruchs oft Schwierigkeiten bestehen. Daher ist regelmäßig zu erwägen, zunächst nur mit reduziertem Kostenrisiko auf abstrakte **Feststellung** der Schadensersatzpflicht zu klagen (hierzu unter Rn 86). 2

3 Von den in diesem Abschnitt behandelten Schadensersatzansprüchen nicht erfasst werden immaterielle Beeinträchtigungen. Hierfür besteht der durch Richterrecht entwickelte besondere medienrechtliche Anspruch auf **Geldentschädigung** (s. 45. Abschnitt).

II. Anspruchsvoraussetzungen

4 **1. Allgemeine Tatbestandsvoraussetzungen.** Der materielle Schadensersatzanspruch folgt auch im Medienrecht den allgemeinen Vorschriften der **§§ 823, 824, 826 BGB** bzw im Falle des bereicherungsrechtlichen Ausgleiches nach Verletzungen der kommerziellen Seite des Persönlichkeitsrechts (hierzu näher unter Rn 33 ff) den Vorschriften der **§§ 812 ff BGB.** Führt eine rechtswidrige **Pressemitteilung einer Behörde** oder einer anderen staatlichen Einrichtung zu einem Schaden, besteht der Schadensersatzanspruch nach **§§ 839, 249 ff BGB iVm Art. 34 GG** gegen das Land, zu dem die Behörde gehört, bzw bei Bundesbehörden gegen die Bundesrepublik Deutschland (OLG Stuttgart AfP 1990, 145 – Birkel; LG Berlin AfP 2010, 284). Amtshaftungsansprüche können auch begründet sein, wenn eine Behörde in anderer Weise an einer rechtswidrigen Veröffentlichung kausal mitwirkt, zB indem sie Filmaufnahmen ermöglicht (KG Berlin NJW 2011, 2446 zur Geldentschädigung).

5 Zu den **Tatbestandsvoraussetzungen** der §§ 823 ff BGB wird auf die obigen Darlegungen in den Abschnitten 33 und 35 verwiesen.

6 Materielle Schadensersatzansprüche setzen ein **Verschulden** des Mediums, also eine Verletzung der **Sorgfalts- und Wahrheitspflicht,** voraus (zB Berichterstattung mit unwahren Tatsachenbehauptungen). Insbesondere im Bereich der Wirtschaftsberichterstattung kommt dabei der Tatbestand der **Kreditschädigung** (**§ 824 BGB**) in Betracht. Materielle Schadensersatzansprüche setzen indes nicht zwingend falsche Tatsachenbehauptungen voraus. Auch ein Eingriff in die **Intim- und Privatsphäre, Verletzung des Rechts am eigenen Bild und des gesprochenen Wortes, Beleidigung** oder eine sog. **Schmähkritik** kann materielle Schadensersatzansprüche begründen (Löffler/*Steffen*, § 6 LPG Rn 303), soweit hierdurch ein bezifferbarer kausaler wirtschaftlicher Schaden entstanden ist. Denkbar ist dies zB bei Eingriffen in die Privat- und Intimsphäre, wenn Enthüllungen über einen ausschweifenden Lebensstil im Privatleben zur Entlassung eines Managers führen.

7 **2. Haftungsbegründender Tatbestand.** Es muss ein haftungsbegründender Tatbestand gegeben sein. Vorrangig im Bereich der **Wirtschaftsberichterstattung** kommt hier **§ 824 BGB** in Betracht, wonach schon die **Kreditgefährdung** (und nicht erst die konkret feststellbare Kreditschädigung) ausreicht. Typische haftungsbegründende Tatbestände im Medienrecht sind ferner Verletzungen des Rechts am eigenen Bild, § 22 KUG, der persönlichen Ehre, § 823 BGB iVm §§ 185 ff StGB, sowie des allgemeinen Persönlichkeitsrechts und des Unternehmenspersönlichkeitsrechts (beide von der Rechtsprechung abgeleitet aus § 823 BGB iVm Artt. 1, 2 GG), zB durch unerlaubte Eingriffe in die Privat- und Intimsphäre (Indiskretionen) und die Verbreitung von Unwahrheiten.

8 **Vorsätzliche sittenwidrige Schädigungen** iSv **§ 826 BGB** sind im Medienrecht selten, zumindest selten nachweisbar. Eine der wenigen veröffentlichten Entscheidungen hierzu ist im sog. **„Mody-Bank-Fall"** ergangen (LG Hamburg ZIP 1997, 1409 mit Anmerkung *Prinz/Wanckel*, EWiR 1998, 171, aufgehoben durch OLG Hamburg Urt. v. 9.10.2001 – 7 U 50/00; Anm. *Wanckel* in EWiR 2002, 101).

9 Schadensersatzansprüche können auch aus **Vertragsverletzungen** resultieren (vgl Löffler/*Steffen*, § 6 LPG Rn 303, 231), zB wenn ein Medium gegen Verschwiegenheitspflichten aus einem Interview-Vertrag verstößt. Materielle Schadensersatzansprüche auf vertraglicher Grundlage können auch bei Verletzungen von Verpflichtungen aus Anzeigenaufträgen bestehen (OLG Frankfurt AfP 1975, 865; Wenzel/*Burkhardt*, 14. Kapitel Rn 20).

10 Auch rechtswidrige Eingriffe mit erheblichem Schadenspotenzial lösen keine Schadensersatzansprüche aus, solange das Medium in der **Wahrnehmung berechtigter Interessen** gehandelt hat (§ 193 StGB analog, hierzu 35. Abschnitt Rn 36 ff) oder die Voraussetzungen des § 824 Abs. 2 BGB (hierzu s. 35. Abschnitt Rn 65 ff) vorliegen (Löffler/*Steffen*, § 6 LPG Rn 304). Daher ist nicht nur im Rahmen des Verschuldens (s. Rn 11) die Frage der Einhaltung der publizistischen Sorgfalt von Bedeutung, sondern schon im Rahmen der Rechtswidrigkeitsprüfung. Sogar eine objektiv eindeutig unwahre Berichterstattung kann unter besonderen Voraussetzungen rechtmäßig sein. Ein Anspruch auf Schadensersatz scheidet dann aus (vgl *Soehring*, Presserecht, Rn 32.3).

3. Verschulden. Der materielle Schadensersatz setzt auch im Medienrecht **Verschulden** voraus. Eine bedeutsame Ausnahme hierzu ist der in Rn 33 ff erörterte Bereicherungsanspruch aus §§ 812 ff BGB. Es ist die im **Verkehr erforderliche Sorgfalt** gemäß **§ 276 BGB** einzuhalten. Im Medienrecht spricht man insoweit gattungsübergreifend von der **publizistischen Sorgfaltspflicht** (vgl *Peters*, NJW 1997, 1334; ausführlich 39. und 40. Abschnitt). Im Bereich der Presseberichterstattung kann für die Frage, ob die journalistische Sorgfaltspflicht eingehalten wurde, der vom Deutschen Presserat erarbeitete Pressekodex nebst den zugehörigen Richtlinien herangezogen werden (www.pressekodex.de). Der **Pressekodex** ist allerdings nur Regelungswerk der freiwilligen Selbstkontrolle der Presse, also kein Gesetz. Ohne normative Kraft kann er nur als Hilfestellung bei der Ermittlung des rechtlich erforderlichen Sorgfaltsmaßstabes dienen. Was schon nach dem eigenen Regelungswerk der Presseselbstkontrolle unzulässig ist, kann in der Regel zivilrechtlich nicht als unverschuldet angesehen werden. 11

In den **Landespressegesetzen** (LPG) finden sich ebenso (allerdings nicht näher ausdifferenzierte) Grundsätze, die Sorgfaltsanforderungen normieren (zB § 6 LPG-HH). Gleiches gilt für die elektronischen Medien zB in den Rundfunkstaatsverträgen und Landesmediengesetzen. 12

Auf den **Grad des Verschuldens** kommt es nicht an, **schon leichte Fahrlässigkeit reicht aus** (vgl *Soehring*, Presserecht, Rn 32.2) und begründet ebenso den Anspruch auf materiellen Schadensersatz in voller Höhe wie eine vorsätzlicher Schädigung (vgl Wenzel/*Burkhardt*, 14. Kapitel Rn 21; Löffler/*Steffen*, § 6 LPG Rn 309). 13

Rechtsirrtum, zB über die Reichweite einer Einwilligung oder das Vorliegen der Voraussetzungen einer einwilligungslosen Bild- oder Textberichterstattung ohne Zustimmung der Betroffenen, entschuldigt regelmäßig nicht. Insoweit können neben der presserechtlichen Judikatur auch die Grundsätze zum Sorgfaltsmaßstab im Urheberrecht analog herangezogen werden (vgl zB *Dreier/Schulze*, UrhG, § 97 Rn 55 ff; *Schricker/Wild*, UrhG, § 97 Rn 51 ff). Es besteht eine umfassende **Prüfungs- und Erkundigungspflicht** hinsichtlich der rechtlichen Zulässigkeit einer Veröffentlichung. Einen **gutgläubigen Erwerb** von tatsächlich nicht bestehenden Rechten gibt es auch im Medienrecht nicht. 14

Zu den **Einzelheiten** der journalistischen Sorgfaltspflichten wird auf die Ausführungen im 39. und 40. Abschnitt verwiesen. In der **Praxis** erweisen sich regelmäßig insbesondere folgende **Aspekte** als haftungsträchtig: 15

- einseitige tendenziöse Berichterstattung, auch in Verdachtsform, zB allein auf der Basis einzelner, nicht neutraler Zeugen ohne hinreichende Anknüpfungstatsachen (vgl zB BGH NJW 1997, 1148 – Chefarzt; OLG Hamburg NJW-RR 2006, 1707);
- Überschreitung der Grenzen der geschützten Privat- und Intimsphäre oder vorsätzliche Indiskretionen (vgl zB BGH NJW 2005, 215; OLG Hamm NJW-RR 2004, 919; OLG Hamburg OLG Report 2001, 139; LG Hamburg ZUM 2002, 68);
- Verletzung der Recherchepflicht durch ungeprüfte Übernahme von Meldungen Dritter (vgl zB OLG Hamburg NJW-RR 1996, 90; OLG Hamburg NJW 1996, 2870);
- Sorgfaltspflichtverletzung im Umgang mit Archivmaterialien, insbesondere Verwechslungen bei Fotografien (vgl zB OLG Koblenz NJW 1997, 1375; LG Berlin NJW-RR 1998, 316);
- vorsätzliche Rechtsverletzung durch Indiskretionen oder Unwahrheiten im Bereich der Skandal- und Boulevardpresse zur Auflagensteigerung (vgl zB LG Hamburg ZUM 1998, 852).

4. Schaden. Im Gegensatz zur Geldentschädigung (s. 45. Abschnitt) ist der materielle Schadensersatzanspruch nach §§ 823 ff BGB auf den Ersatz unmittelbarer wirtschaftlicher Schäden gerichtet. Bei der Ermittlung des ersatzpflichtigen Schadens gilt auch im Medienrecht die allgemeine zivilrechtliche **Differenzlehre** (hierzu zB Palandt/*Heinrichs*, vor § 249 BGB Rn 8 mwN; BGH NJW 1997, 2357). Der Umfang des Schadens erfolgt grundsätzlich aus der Differenz zwischen der tatsächlichen Vermögenslage und derjenigen, die bestehen würde, wenn das schadenstiftende Ereignis nicht eingetreten wäre. Die Differenz kann sich aus der **Minderung des vorhandenen Vermögens ergeben (positiver Schaden)** oder aus einer **Minderung der Vermögensmehrung** (Wenzel/*Burkhardt*, 14. Kapitel Rn 25). 16

Allgemeine Umsatzeinbußen einer Branche, zB nach einer Berichterstattung über Lebensmittel- und Umweltskandale (Stichworte Nematoden im Fisch, Glykolskandal, Frischeinudeln) reichen auch dann nicht zur Begründung eines konkreten Schadens aus, wenn die Berichterstattung zwar im Detail rechtswidrig war, jedoch aber keine unmittelbare Betroffenheit eines bestimmten Herstellers oder Händlers gegeben ist. Zur Betroffenheit s. 33. Abschnitt Rn 102. 17

18 Richtet sich eine rechtswidrige Berichterstattung gegen eine konkret benannte oder eine erkennbare Person oder ein Unternehmen, kommt nicht nur ein **Ersatz des entgangenen Gewinns** (§ 252 BGB) in Betracht, zB wegen Kündigung eines Belegarztvertrages (vgl BGH NJW 1997, 1148, 1150 – Chefarzt) oder eines Mindererlöses bei einem Praxisverkauf (OLG Frankfurt ZUM 1992, 361, 366), sondern darüber hinaus auch der **Ersatz sinnlos gewordener Aufwendungen** (im vorstehend genannten Fall für eine Praxisübernahme des Belegarztes).

19 Ein materieller Schaden kann auch darin liegen, dass der Vermögensträger gezwungen wird, sein Vermögen anders als geplant einzusetzen (Löffler/*Steffen*, § 6 LPG Rn 306), zB aufgrund von sofortigen **Abwehrmaßnahmen** gegen die Berichterstattung, insbesondere **Rechtsverfolgungskosten** (hierzu aufgrund der erhöhten Praxisrelevanz mehr unter Rn 63 ff).

20 Der ersatzfähige Schaden umfasst grundsätzlich auch den **entgangenen Gewinn** (**§ 252 BGB**). In der Praxis bestehen hierbei allerdings oft Schwierigkeiten bei der Darlegung der **Kausalität** (hierzu unten Rn 25 ff) und in der **Beweisführung**. Die Darlegung von Umsatzeinbußen erfordert nicht selten die Offenlegung der **Kalkulationsgrundlagen**, wovor Verletzte oft zurückschrecken, weil sie derartige interne Informationen dem Medium auch nicht im Zuge der Rechtsverfolgung zur Verfügung stellen wollen. Keinesfalls erfasst von der Ersatzpflicht des entgangenen Gewinnes sind solche Vermögensvorteile, die nur ihrerseits durch **rechtswidriges Handeln** hätten erzielt werden können (BGH NJW 1986, 1486, 1487; Löffler/*Steffen*, § 6 LPG Rn 308). Denkbar ist dies zB bei Umsätzen, die aus wettbewerbswidrigem Handeln oder unter Verstoß von Straf- und Ordnungsvorschriften erzielt worden wären.

21 Ansonsten ist bei der Ermittlung des entgangenen Gewinnes von einer **hypothetischen Umsatzkurve** auszugehen (Wenzel/*Burkhardt*, 14. Kapitel Rn 28), wobei jedoch allgemeine Markttendenzen sowie besondere Umstände in der Sphäre des betroffenen Rechtsträgers zu berücksichtigen sind. Hierbei kann es sich zB um die mangelnde Konkurrenzfähigkeit eines Produkts aufgrund innovativer Konkurrenzprodukte von Mitbewerbern handeln oder aber auch um einen generellen Umsatzrückgang einer Branche. Der Schaden ergibt sich aus dem Vergleich des hypothetischen Gewinns und des tatsächlichen Gewinns, wobei das Gericht die Höhe auch nach § 287 ZPO schätzen kann (hierzu auch Rn 89 ff). Als **Zeitraum** für die Beurteilung des entgangenen Gewinns sind in der Regel **drei Jahre** vor dem schädigenden Ereignis ausreichend (OLG Frankfurt ZUM 1992, 361, 365; *Paschke*, Medienrecht, Rn 880), wenn nicht besondere Umstände vorliegen, die diesen Durchschnittswert verfälschen.

22 Da sich die Ersatzpflicht nur auf den Schaden bezieht, der zum **Zeitpunkt der letzten mündlichen Verhandlung** des Haftungsprozesses bereits eingetreten ist (Wenzel/*Burkhardt*, 15. Kapitel Rn 29), sollte regelmäßig die Möglichkeit eines **abstrakten Schadensersatzfeststellungsanspruches** auch für zukünftige Schäden berücksichtigt werden (hierzu Rn 86).

23 Nach herrschender Meinung zählt der **Zeitaufwand** des Geschädigten nicht zum ersatzfähigen materiellen Schaden, obgleich dieser in der Praxis oft nicht unerheblich ist und zudem aufgrund der Bindung der zeitlichen Ressourcen für die Rechtswahrnehmung und Abwehrmaßnahmen dazu führt, dass der Betroffene sich seinem eigentlichen Geschäft nur noch eingeschränkt widmen kann (*Prinz/Peters*, Medienrecht, Rn 716 mwN).

24 Die Höhe des Schadensersatzes ist **unabhängig von der wirtschaftlichen Stellung** des Anspruchsgegners (BVerfG NJW 2001, 1639). Grundsätzlich kann daher auch ein finanzschwacher Verletzer zum Ersatz des Schadens in voller Höhe herangezogen werden, selbst wenn ihn dies in Insolvenzlage bringen würde. Umgekehrt ist der materielle Schadensersatz auch bei besonders finanzstarken Verletzten (zB großen Medienkonzernen) nicht höher als bei finanziell weniger gut gestellten Anspruchsgegnern. Die Anspruchshöhe richtet sich allein nach dem realisierten kausalen Schaden. Insoweit liegt hier ein bedeutender Unterschied zum medienrechtlichen Geldentschädigungsanspruch vor (s. nachfolgend 45. Abschnitt).

25 **5. Kausalität.** Zwischen Tatbestand und Schaden muss ein **ursächlicher Zusammenhang (Kausalität)** bestehen und nachweisbar sein, was in der Praxis oft problematisch ist (vgl *Prinz/Peters*, Medienrecht, Rn 715 ff; BGH NJW 1997, 1148, 1150 – Chefarzt).

26 **a) Bedingungstheorie und Ursächlichkeit.** Grundsätzlich gilt auch im Medienrecht die sog. **Äquivalenztheorie** (vgl Palandt/*Heinrichs*, Vorbemerkung zu § 249 BGB Rn 58). Der Verursacher muss für den Schaden eine **Bedingung** gesetzt haben, die nicht hinweggedacht werden kann, ohne dass der Schadenseintritt entfällt. Für die **haftungsbegründende Kausalität** zwischen der Handlung des Verlet-

zers und dem ersten Verletzungserfolg ist der Kläger **beweispflichtig** (OLG Frankfurt ZUM 1992, 361, 365; OLG München AfP 1986, 348, 349; *Prinz/Peters*, Medienrecht, Rn 718). Die Beweislast umfasst auch die Frage, ob ein Schaden auf eine rechtswidrige Einzelbehauptung zurückzuführen ist, wenn im selben Beitrag weitere rechtmäßige Behauptungen mit schädlicher Wirkung verbreitet wurden (BGH NJW 1987, 1403 – Türkol II; *Soehring*, Presserecht, Rn 32.7a). Dagegen unterliegt die **haftungsausfüllende Kausalität** den Bestimmungen des § 287 ZPO, wodurch der Verletzte also vom Vollbeweis entlastet wird. Eine **deutlich überwiegende Wahrscheinlichkeit reicht** aus (OLG Frankfurt ZUM 1992, 361, 365 mwN; hierzu auch unten Rn 89 ff).

Oft folgen in der Praxis nach einer rechtswidrigen Erstveröffentlichung weitere rechtswidrige Beiträge anderer Medien, die die Erstmitteilung aufgreifen. Das schädigende Verhalten des Erstverletzers eröffnet dann die **Kausalkette**, weshalb das erstveröffentlichende Medium auch für den Schaden aus den nachfolgenden Veröffentlichungen mit haftet. Eine Einschränkung dieses Grundsatzes kann sich im Einzelfall nach der Adäquanztheorie (unten Rn 30) ergeben, zB wenn eine kurze Erstmeldung in einem Medium mit minimaler Verbreitung von einem bundesweiten Medium in großformatiger Aufmachung auf die Titelseite gehoben wird. Bei zeitgleichen, voneinander unabhängigen **Parallelveröffentlichungen** kommt eine **gesamtschuldnerische Haftung** in Betracht (Löffler/*Steffen*, § 6 LPG Rn 313). Hierbei ist die Beweisregel des § 830 Abs. 1 S. 2 BGB zu berücksichtigen. In der Literatur wird eine **anteilige Einstandspflicht** (**„pro rata“**) befürwortet, wenn feststellbar ist, dass eine Veröffentlichung allein nicht den ganzen Schaden verursacht haben kann, zB bei einer besonders großen Zahl gleichartiger Veröffentlichungen (Löffler/*Steffen*, § 6 LPG Rn 312). 27

Bei unzulässiger **Verdachtsberichterstattung** kann der kausale Schaden schon allein dadurch entstehen, dass **Vorwürfe** oder andere abträgliche Angaben überhaupt öffentlich diskutiert werden. Es kommt daher nicht in allen Fällen zwingend auf die objektive **Richtigkeit oder Unrichtigkeit** der Vorwürfe an (BGH NJW 1997, 1148, 1150 – Chefarzt). 28

In Fällen **überholender Kausalität**, zB wenn eine schädigende Berichterstattung nur neben anderen schädigenden Umständen zum Zusammenbruch eines Unternehmens führt, ist zu prüfen, wie der Schadensverlauf ohne das zusätzliche mediale Schadensereignis gewesen wäre (vgl Löffler/*Steffen*, § 6 LPG Rn 314). Lassen sich die anderen Faktoren bei vernünftiger Würdigung nicht vollständig hinweg denken, kommt eine Minderung des ersatzpflichtigen Schadens in Betracht. Für **Reserveursachen** gelten die allgemeinen zivilrechtlichen Grundsätze. Die Anforderungen an die Darlegungs- und Beweislast des Schädigers für derartige Reserveursachen sind streng (Löffler/*Steffen*, § 6 LPG Rn 315). Ein denkbarer Fall ist beispielsweise ein Konzessionsentzug eines Gastwirtes nach Schließung seiner Gaststätte aufgrund akuten Umsatzrückgangs nach einem schädigenden rechtswidrigen Beitrag über sein Lokal mit anderen Vorwürfen als den Umständen, die zum Konzessionsentzug führen. 29

b) Einschränkungen nach der Adäquanztheorie. Die nach der Äquivalenztheorie (s. Rn 26) ermittelte kausale Zurechnung erfährt die von der Rechtsprechung zum allgemeinen Zivilrecht entwickelte Einschränkung nach der **Adäquanztheorie**. Wenn die **Möglichkeit des Schadenseintrittes** so **fernliegend** ist, dass sie nach der **Lebenserfahrung** vernünftigerweise nicht in Betracht gezogen werden konnte (Palandt/*Heinrichs*, Vorbemerkung zu § 249 BGB Rn 58 f; ähnlich Löffler/*Steffen*, § 6 LPG Rn 310) wird das schädigende Verhalten als nicht ursächlich für den Schadenseintritt angesehen. Derartige Adäquanzeinschränkungen können auch verfassungsrechtlich geboten sein, um eine Haftung der Medien für „bloß zufällige“ Schäden, die „nicht wegen, sondern nur gelegentlich“ einer rechtswidrigen Berichterstattung entstanden sind, auszuschließen (BVerfG NJW 2001, 1640, 1641). 30

Das Schadensersatzrecht leidet in diesem Punkt auch im Bereich der Medien unter den Unwägbarkeiten, die das deutsche Haftungsrecht aufgrund der Adäquanzeinschränkungen generell in sich birgt. Nicht nur aus diesem Grunde sind die Erfolgsaussichten von Schadensersatzklagen in vielen Fällen nicht sicher prognostizierbar. Wenn zB ein Film nur einen geringen Zulauf hat, ist dies nicht zwingend als Folge einer unzulässigen Filmkritik in einer Zeitung anzusehen, wenn nicht sicher ausgeschlossen werden kann, dass andere Faktoren für den mangelnden Publikumserfolg verantwortlich sind (zB Thematik und Umsetzung; Beispiel nach BGH NJW-RR 1989, 924 – Filmbesprechung). Zu den Anforderungen an die richterliche Kausalitätsfeststellung im Rahmen eines Schadensersatzprozesses gegen ein Medienunternehmen s. auch BVerfG NJW 2001, 1640. 31

B. Medientypische Besonderheiten

32 Nachfolgend werden die in der Praxis bedeutendsten **Besonderheiten** des medienrechtlichen Schadensersatzanspruchs dargestellt.

I. Bereicherungsanspruch (Fiktive Lizenzgebühr)

33 **1. Schutz kommerzieller Interessen. a) Grundlage.** Das allgemeine Persönlichkeitsrecht und seine besonderen Erscheinungsformen wie das Recht am eigenen Bild und das Namensrecht dienen dem **Schutz nicht nur ideeller, sondern auch kommerzieller Interessen der Persönlichkeit.** Werden diese vermögenswerten Bestandteile des Persönlichkeitsrechts durch eine unbefugte Verwendung des **Bildnisses,** des **Namens** oder anderer **kennzeichnender Persönlichkeitsmerkmale** verletzt, steht dem Träger des Persönlichkeitsrechts unabhängig von der Schwere des Eingriffs ein **Schadensersatzanspruch** zu (BGH NJW 2000, 2195 – Marlene, bestätigt durch BVerfG NJW 2006, 3409 mit Anm. *Wanckel*; vorher schon BGH 1992, 2084, 2085 – Talkmaster/Fuchsberger), sofern nicht – ausnahmsweise – die Werbung in den Schutzbereich des Art. 5 GG fällt (hierzu unten Rn 42; BGH AfP 2008, 596 – Zigarettenschachtel; BGH AfP 2008, 598 – Schau mal, Dieter).

34 Dieser besonderen medienrechtlichen Form des Schadensersatzes kommt in der Praxis erhebliche wirtschaftliche Bedeutung zu, insbesondere in der **Werbung.** Da er bereicherungsrechtlicher Natur ist (**Eingriffskondiktion,** § 812 Abs. 1 Satz 1 2. Alt. BGB; BGH AfP 2008, 596 – Zigarettenschachtel; BGH AfP 2008, 598 – Schau mal, Dieter), setzt er – anders als die aus §§ 823, 824, 826 BGB folgenden Ansprüche – **kein Verschulden** voraus. Nicht nur die vollständige Namensnennung oder ein Foto mit Gesichtszügen in Veröffentlichungen mit fremdnützigem kommerziellem Charakter können den Anspruch begründen. Schon **Anspielungen** auf den Betroffenen zB in Form der Wiedergabe des **Vor- oder Kosenamens** (LG München AfP 2001, 420 – „Uli" Hoeness), einer charakteristischen Rückenansicht (BGH NJW 1979, 2205 – Fussballtor/Sepp Maier), der **Stimmimitation** oder durch den Einsatz eines **Doubles** (OLG Karlsruhe AfP 1998, 326 – Ivan Rebroff; BGH NJW 2000, 2201 – Blauer Engel) reichen aus, wenn damit eine **gedankliche Verbindung** zum Betroffenen hergestellt wird (vgl Wenzel/*Burkhardt*, 14. Kap. Rn 9 mwN).

35 **b) Verstorbene.** Die vermögenswerten Bestandteile des Persönlichkeitsrechts bestehen nach jüngerer Rechtsprechung **auch nach dem Tode des Trägers** des Persönlichkeitsrechts fort und die entsprechenden Befugnisse gehen auf den **Erben** über (BGH NJW 2000, 2195 – *Marlene).*

36 Da Erben und Angehörige (Hinterbliebene) nicht identisch sein müssen, erweitert sich mit dieser Rechtsprechung der Kreis derjenigen, von denen Einwilligungen eingeholt werden müssen. Nach § 22 Satz 3 KUG müssen bei Bildnisveröffentlichungen Verstorbener bis zu **zehn Jahre** nach dem Tode die Angehörigen um Erlaubnis ersucht werden. Diese **Zehnjahresfrist** ist nach der Rechtsprechung des BGH (NJW 2007, 684, 686 – *kinski-klaus.de* mit krit. Anm. *Wanckel*) auch auf alle anderen Verletzungen der kommerziellen Aspekte des Persönlichkeitsrechts anzuwenden, zB bei rechtswidriger Werbung. Für andere Eingriffe in das postmortale Persönlichkeitsrecht ist die zeitliche Grenze nicht abschließend definiert.

37 **c) Lizenzentschädigung bei fehlender (fiktiver) Einwilligung.** In der **Lafontaine-Entscheidung** (BGH NJW 2007, 689, 690) hat der BGH in Abkehr von seiner älteren Rechtsprechung (NJW 1958, 827, 829 – Herrenreiter) klargestellt, dass es **nicht darauf ankommt, ob der Betroffene bereit oder in der Lage gewesen wäre, gegen Entgelt einzuwilligen.** In diesem Fall (einwilligungslose Abbildung von Ex-Minister Lafontaine in einer Werbeanzeige) hat der BGH die Tatsache, dass ein Politiker gemäß Art. 66 GG eine derartige kommerzielle Nutzung seiner Person nicht hätte gestatten dürfen, nicht als Hinderungsgrund für den Anspruch angesehen. Auch dann ist Wertersatz für die tatsächlich erfolgte Nutzung zu zahlen. Die Abkehr von der Herrenreiter-Rechtsprechung hatte sich bereits angekündigt (BGH NJW 1979, 2205, 2206; BGH NJW 1992, 2084, 2085; BGH NJW 2000, 2195, 2201), sie wurde jedoch erst im Fall Lafontaine ausdrücklich aufgegeben.

38 Der überwiegende Teil der **Literatur** ging schon vorher davon aus, dass der Anspruch auch bei fehlender (unterstellter) Einwilligung gegeben ist (Löffler/*Steffen*, § 6 LPG Rn 320 mwN; *Prinz/Peters*, Medienrecht, Rn 904; Wenzel/*Burkhardt*, 14. Kap. Rn 12 f; *Paschke*, Medienrecht, Rn 893). Dem ist aufgrund des bereicherungsrechtlichen Charakters des Anspruchs zuzustimmen: Der rechtswidrige Nutzer hat auch dann auf Kosten des Betroffenen etwas erlangt (*Wanckel*, Rn 280 mwN). Schon vor BGH NJW 2007, 689, 690 haben zahlreiche **Instanzgerichte** diese Ansicht geteilt (OLG Hamburg AfP

2004, 566, 568; OLG Hamburg AfP 1983, 282, 283 – Tagesschausprecher; OLG München NJW-RR 1996, 539; LG Hamburg NJW 2007, 691 = AfP 2006, 585, 588 – Joschka Fischer; LG München I Urt. v. 21.7.2005 – 7 O 4742/05, rkr.). Die gegenteilige Meinung war – mit beachtlichen Argumenten – in überwiegenden Teilen der Literatur auf Kritik gestoßen (Wandtke/Bullinger/*Fricke*, UrhG, § 22 KUG Rn 27; *Prinz/Peters*, Medienrecht, Rn 900; Wenzel/*Burkhardt*, 14. Kap. Rn 12, jeweils mwN).

2. Einzelheiten und Berechnung der Lizenz. Nach der Rechtsprechung findet gewohnheitsrechtlich bei 39
Persönlichkeitsrechtsverletzungen in den Medien die im gewerblichen Rechtsschutz anerkannte **dreifache Schadensberechnungsmethode** Anwendung (*Paschke*, Medienrecht, Rn 881 mwN). Der Verletzte kann den entstandenen Schaden entweder **konkret** oder nach der **Lizenzanalogie** berechnen oder den **Verletzergewinn** heraus verlangen.

Der bereicherungsrechtliche **Anspruch auf Zahlung einer fiktiven Lizenz (Lizenzanalogie)** ist die in der 40
Praxis am häufigsten vorkommende **Berechnungsmethode.** Da es sich um einen Bereicherungsanspruch handelt und das Erlangte nicht herausgegeben werden kann, ist Wertersatz nach § 818 Abs. 2 BGB zu leisten (BGH AfP 2008, 596, 597, 599 – Zigarettenschachtel; BGH AfP 2008, 598 – Schau mal, Dieter). Hierbei ist der Marktwert des Betroffenen zu ermitteln, was entweder durch den Nachweis vergleichbarer (Werbe-)Verträge oder durch Sachverständigengutachten geschehen kann. Teilweise greift die Rechtsprechung auch ohne Gutachten auf die Schadensschätzung gemäß § 287 ZPO zurück (OLG Hamburg AfP 2004, 566 – Lafontaine). Der Betroffene hat bei dieser Schadensberechnung den Vorteil, dass er seine Forderung beziffern kann, ohne zunächst (zB im Wege der Stufen- oder Auskunftsklage) Informationen aus der Sphäre des Verletzers zu erhalten, wie zB über den Umfang der Verletzungshandlung.

Im Rahmen der **bereicherungsrechtlichen Lizenzanalogie** ist der Vermögensvorteil herauszugeben, den 41
der Verletzer des Persönlichkeitsrechts auf Kosten des Betroffenen erlangt hat (LG Hamburg AfP 1995, 526, 527). Der Anspruch begründet daher die Zahlung einer nachträglichen Vergütung (**fiktiven Lizenzgebühr**) in der Höhe, die auch hätte gezahlt werden müssen, wenn der Verletzer die Einwilligung zur Veröffentlichung ordnungsgemäß vorher eingeholt hätte (BGH NJW 1992, 2084, 2085 – Talkmaster/Fuchsberger). Der Verletzer muss sich hierbei vollständig an der von ihm geschaffenen Sachlage festhalten lassen. Der Einwand, zur Zahlung eines nachträglichen Honorars in der üblichen Höhe wirtschaftlich nicht in der Lage zu sein, ist ihm ebenso verwehrt (BGH NJW 1992, 2084, 2085 – Talkmaster/Fuchsberger) wie der Einwand, er hätte die rechtswidrige Nutzung nicht vorgenommen, wenn er die Lizenzpflicht gekannt hätte (*Prinz/Peters*, Medienrecht, Rn 901 mwN).

Der Anspruch auf fiktive Lizenzgebühr setzt jedoch nach hM bei Bildnisveröffentlichungen voraus, 42
dass es sich um eine Aufnahme handelt, die grundsätzlich kommerzialisierbar ist, und die Veröffentlichung zumindest auch **kommerziellen Charakter** hat. Bei Veröffentlichungen zu Zwecken der **Werbung** ist dies grundsätzlich gegeben. Greift jedoch im Einzelfall ein gesetzlicher Tatbestand (zB § 23 Abs. 1 KUG) ein, der die Veröffentlichung ohne Zustimmung des Betroffenen auch in der Werbung erlaubt, begründet diese Handlung auch keinen Schadensersatzanspruch nach der Lizenzanalogie (BGH NJW 2007, 689 – Lafontaine). Entsprechendes gilt bei werblichen Veröffentlichungen, die textlich (zB durch Namensnennung) auf Personen Bezug nehmen. Der Eingriff in das Persönlichkeitsrecht kann lizenzlos hinzunehmen sein, wenn sich der Werbende wegen des Inhalts der Anzeige auf die verfassungsrechtlich geschützte Meinungsfreiheit berufen kann. Dies ist nach der jüngeren Rechtsprechung dann der Fall, wenn sich eine Werbeanzeige in satirisch-spöttischer Form mit einem in der Öffentlichkeit bekannten und diskutierten Ereignis, an dem der Genannte beteiligt war, mit Aktualitätsbezug auseinandersetzt. Ferner darf der Image- und Werbewert des Genannten durch die Verwendung seines Namens nicht ausgenutzt und nicht der Eindruck erweckt werden, der Genannte identifiziere sich mit dem beworbenen Produkt oder empfehle es (BGH NJW 2007, 689 – Lafontaine; BGH AfP 2008, 596 – Zigarettenschachtel; BGH AfP 2008, 598 – Schau mal, Dieter; OLG Hamburg Urt. v. 2.3.2010 – 7 U 125/09 – „Herr Abramovich, sie müssen Ballack nicht verkaufen! Kommen sie lieber zur Bank mit 6 % Rendite").

Bei **redaktionellen Presseveröffentlichungen** kommt idR nach derzeitiger Rechtsprechung der berei- 43
cherungsrechtliche Anspruch nach der Lizenzanalogie nicht in Betracht. Die Rechtsprechung beruht auf der Annahme, dass nach der Verkehrssitte keine Honorare für redaktionelle Berichterstattung an die Betroffenen gezahlt werden und daher auch bei rechtswidrigen redaktionellen Beiträgen idR kein Lizenzanspruch besteht (OLG Hamburg Urt. v. 10.8.2010 – 7 U 130/09 – Gunter Sachs; LG Hamburg AfP 2008, 100, 103 – Hochzeit Jauch; ähnlich OLG Hamburg AfP 2009, 509, 511, 514).

44 In der Literatur wird diese Frage kontrovers diskutiert (vgl *Schertz/Reich*, AfP 2010, 1; *Seitz*, AfP 2010, 127 jeweils mwN).

45 Im besonderen Einzelfall können aber auch unbefugte **redaktionelle Veröffentlichungen** einen Anspruch auf Lizenzgebühren begründen, zB wenn sich der Inhalt eines bebilderten Artikels über einen Prominenten im Wesentlichen auf die Mitteilung beschränkt, dass er die Zeitung lese und der Artikel dadurch den Charakter einer Werbeanzeige in eigener Sache bekommt (OLG Hamburg Urt. v. 10.8.2010 – 7 U 130/09 – Gunter Sachs). Entsprechendes gilt, wenn eine Studioaufnahme, deren Veröffentlichung vom Abgebildeten nur gegen Honorar freigegeben wird, ohne Einwilligung als Blickfang und damit Kaufanreiz auf der Titelseite einer Zeitschrift abgedruckt wird (LG Hamburg AfP 1995, 526, 527; Wandtke/Bullinger/*Fricke*, UrhG, § 22 KUG Rn 27) oder wenn dem Leser gegenüber der Eindruck erweckt wird, der Beitrag sei durch eine vereinbarte (exklusive) Zusammenarbeit mit dem Betroffenen entstanden, wie dies zB bei „Homestories" oder „Exklusivinterviews" der Fall sein kann (vgl OLG Hamburg AfP 2009, 509, 511, 514).

46 Insgesamt betrachtet ist die Rechtsprechung zum Lizenzanspruch bei redaktionellen Veröffentlichungen sehr von den Umständen des Einzelfalls geprägt, wie auch folgende Beispiele zeigen: Einem Foto eines **„Normalbürgers"** in einer **Alltagsituation** (im entschiedenen Fall: Anziehen eines Mantels nach einem Theaterbesuch) wurde im Zusammenhang mit einem redaktionellen Beitrag über ein Hamburger Theater der kommerzielle Wert abgesprochen und die Klage auf Lizenzgebühr abgewiesen (AG Hamburg GRUR 1991, 910, 911). Ebenso entschied das AG Hamburg (AfP 1995, 523) den Fall einer Frau, die häufig als **Mannequin** und **Fotomodell** tätig war und von der eine Aufnahme, die sie nicht in Ausübung ihrer Modelltätigkeit zeigte, in einem Bildband über die Hansestadt Hamburg veröffentlicht wurde (das Motiv zeigte sie beim Gang über den Gänsemarkt).

47 Andererseits sprach das LG München I einem Mann, der bei einer **Parade** zum Christopher Street Day fotografiert wurde, eine (geringe) Lizenzentschädigung zu, als das Foto zur Bebilderung eines redaktionellen Beitrags über die Homosexuellenszene eingesetzt wurde (LG München I Urt. v. 21.7.2005 – 7 0 4742/05, rkr.), und zwar zusätzlich zu einer Geldentschädigung.

48 Der Eigentümerin einer **Kuh** wurde vom AG Köln (Urt. v. 22.6.2010 – 111 C 33/10) keine Lizenzentschädigung wegen der unerlaubten Abbildung der Kuh in einer Internetwerbung zugesprochen (ähnlich schon LG Hamburg AfP 1994, 161 – Segelyacht; Näheres zu Aufnahmen **fremder Sachen** *Wanckel*, Fotorecht, Rn 82 ff mwN).

49 Bei der **Werbung für Presseerzeugnisse** und sonstige Medienveröffentlichungen gelten besondere Maßstäbe. Aus Gründen der **Pressefreiheit**, Art. 5 Abs. 1 GG, werden Eingriffe in Persönlichkeitsrechte bei der Eigenwerbung der Medien grundsätzlich nicht als rechtswidrig angehen. Es besteht insoweit auch kein Anspruch auf Lizenzentschädigung. Dies gilt in erster Linie für Werbung einschließlich **Titelseitengestaltungen**, die unmittelbar auf einen zulässigen redaktionellen Beitrag im Heft bzw in der Sen dung hinweisen.

50 Beschränkt sich der redaktionelle Text allerdings darauf, einen beliebigen Anlass für die Abbildung eines Prominenten zu schaffen (wie zB die Abbildung Günter Jauchs auf dem Titel einer Rätselzeitschrift mit dem Text „G.J. zeigt mit Wer wird Millionär?, wie spannend Quiz sein kann") liegt darin eine Persönlichkeitsrechtsverletzung, die einen Anspruch auf Lizenzentschädigung begründet (BGH NJW 2009, 3032; anders noch OLG Hamburg ZUM 2007, 210 – Günther Jauch/Rätselzeitschrift; BGH AfP 1995, 495 – Chris Revue/Kundenzeitschrift). **Fehlt eine Bezugnahme auf redaktionelle Inhalte** völlig oder erschöpft sich der redaktionelle Beitrag in einer Eigenwerbung unter Vereinnahmung einer Person, begründet dies auch bei der Werbung für Presseerzeugnisse Lizenzansprüche in oft nicht unbedeutender Höhe (LG Hamburg NJW 2007, 691, 692 – Joschka Fischer, 200 000 EUR n.rkr.; OLG Hamburg Urt. v. 10.8.2010 – 7 U 130/09 – Gunter Sachs, 50 000 EUR). Zum Sonderfall der Bewerbung einer geplanten Zeitung mit einem Testexemplar („Dummy") und einem Prominentenfoto zu einem Artikel, der später nicht erscheint, s. BGH Urt. v. 29.12.2009 – I ZR 65/07 – Der strauchelnde Liebling und BGH Urt. v. 18.11.2010 – I ZR 119/88 – Markt & Leute.

51 Bei der Bemessung der **Höhe der Vergütung** ist in der Regel **keine mathematische Genauigkeit** erreichbar (LG Hamburg NJW 2007, 691, 693). **In erster Linie** kommt es auf den **„Marktwert"** des Betroffenen an. Dieser wird in erster Linie daran ermittelt, welche Honorare der Betroffene in der Vergangenheit in vergleichbaren Fällen vereinbart hat.

Das Gericht kann gemäß § **287 ZPO** auch eine **Schätzung** vornehmen (LG Hamburg NJW 2007, 691, 693 – Joschka Fischer; BVerfG Beschl. v. 5.3.2009 – 1 BvR 127/09), deren Ausgangspunkt die dargelegten Vergütungen des Betroffenen oder vergleichbarer Personen sind. Gegebenenfalls ist ein **Sachverständigengutachten** einzuholen. Im Rahmen des § 287 ZPO stellt die Rechtsprechung beim Fehlen vergleichbarer konkreter Fälle darauf ab, welches Entgelt vernünftige Vertragspartner in der Lage der Parteien als angemessenes Honorar für die Verwertung des Fotos ausgehandelt hätten. Dabei sind alle **Umstände des konkreten Falls** zu berücksichtigen (BGH NJW 1992, 2084, 2085 – Talkmaster/Fuchsberger), also zB 52

- die **Bekanntheit** und **Werbewirksamkeit** des Abgebildeten (OLG München AfP 2003, 71; OLG München NJW-RR 2003, 767; OLG Hamburg Urt. v. 10.8.2010 – 7 U 130/09 – Gunter Sachs; LG Berlin NJW 1996, 1142, 1143; LG Hamburg NJW 2007, 691, 693 – Joschka Fischer),
- der **Verbreitungsgrad** des Mediums (zB Auflagenstärke, Anzahl der Schaltungen und Werbeträger, Zeitraum, vgl OLG Hamburg Urt. v. 10.8.2010 – 7 U 130/09 – Gunter Sachs; LG Hamburg NJW 2007, 691, 693 – Joschka Fischer; OLG Hamburg AfP 1983, 282, 283; OLG Karlsruhe NJW 1989, 401, 402),
- die **Art und Gestaltung** der Veröffentlichung (BGH NJW 1979, 2205, 2206), zB die **Rolle**, die dem Betroffenen in der Werbung zugeschrieben wird („**Testimonial**“, LG Hamburg NJW 2007, 691, 693 – Joschka Fischer), sowie
- die **Werbewirkung** der Veröffentlichung (BGH GRUR 1961, 138, 140).

Nicht maßgeblich kommt es dabei darauf an, ob von der Person eine **positive Ausstrahlungswirkung** auf das beworbene Produkt übertragen wird oder er nur aus sonstigen Gründen (zB **Aufmerksamkeitswerbung**) eingesetzt wurde (OLG München NJW-RR 2003, 767, 768). 53

Zu prüfen ist auch, ob und gegebenenfalls in welchem Umfang der Betroffene durch die Werbung für andere Werbeaktivitäten faktisch gesperrt ist, zB für lukrative Werbeaufträge für Konkurrenzprodukte. 54

Handelt es sich um eine rechtswidrige **Zweitverwertung** von Exklusivfotos oder -geschichten, kann es im Einzelfall geboten sein, einen Abschlag gegenüber dem Honorar vorzunehmen, welches für die Erstveröffentlichungsrechte gezahlt wurde (LG Hamburg AfP 1995, 526, 527), wenn das Erstveröffentlichungshonorar gerade wegen der Exklusivität besonders hoch war. 55

Wenn auf vereinbarte Honorare in Vergleichsfällen abgestellt wird, ist zu prüfen, ob in den dortigen Honoraren anteilige Gagen für Arbeitsaufwand enthalten sind, zB für die Mitwirkung an Produktionsterminen. Diese Gagen sind abzuziehen, da die Arbeitsleistung nicht erbracht wurde (OLG Karlsruhe ZUM-RD 1998, 453, 455). 56

Branchenübliche Grundsätze zur Lizenzhöhe, wonach der Betroffene zB **10–15 % der Schaltungskosten** als Honorar erhält, mögen zwar manchmal in der Praxis den ersten internen Kalkulationen der Werbetreibenden zu Grunde liegen, schlagen sich aber nur selten in der konkret ausgehandelten Honorarhöhe nieder. Derartige schematische Berechnungen werden daher zutreffend von der Rechtsprechung abgelehnt (LG Hamburg NJW 2007, 691, 693 – Joschka Fischer). Solche **Berechnungsschemata** würden dazu führen, dass die Honorarhöhe allein vom Umfang der Kampagne abhängig wäre, ohne dass sich der individuelle Marktwert des Betroffenen darin ausdrücken könnte. 57

3. Beispiele zur Höhe. Einige **Beispielsfälle** aus der Rechtsprechung: 58

- Das LG München I (AfP 2006, 382; dem Grunde nach bestätigt durch OLG München AfP 2007, 237) hat Boris Becker nach Einholung eines Sachverständigengutachtens eine Lizenzentschädigung von **1,2 Millionen EUR** wegen einer unerlaubten **Werbeanzeige** für die FAS zugesprochen. Der BGH hat das Urteil teilweise aufgehoben und die Sache zurückverwiesen, da er die Veröffentlichung für einen bestimmten Zeitraum für zulässig hielt (Urt. v. 29.10.2009 – I ZR 65/07).
- Schon vorher hatte das LG München (ZUM 2002, 565 ff), bestätigt durch OLG München (AfP 2003, 71 ff), die angemessene Lizenz für die **Abbildung *Boris Beckers*** in einem **Werbeprospekt** der Firma Saturn (verbreitete Auflage 237.000 Exemplare, wovon 236.000 einer Ausgabe der Süddeutschen Zeitung im Jahre 1999 beilagen) auf **158.000 DM** festgesetzt. Der Tennisspieler war auf dem Bildschirm eines beworbenen Fernsehers abgebildet.
- Eine Lizenzentschädigung in Höhe von **200.000 EUR** sprach das LG Hamburg (NJW 2007, 691, n. rkr.) **Bundesaußenminister a.D. Joschka Fischer** wegen unerlaubter Werbung zu (Anzeigen, City-light-Poster, Postkarten u.a.).

- Das OLG Hamburg hielt für die Nutzung eines prominenten **Vornamens** in einem **Werbemotiv für Zigaretten** eine Lizenzentschädigung von **60.000 EUR** für angemessen (NJW-RR 2007, 1417, aufgehoben durch BGH AfP 2008, 596).
- Wegen einer bundesweit im Jahre 1993 geschalteten **Werbeanzeige** mit einer nachgestellten Szene aus dem Film **„Der blaue Engel"** mit *Marlene Dietrich* in ihrer bekannten Rolle als Barsängerin kurz nach ihrem Tode für einen Toshiba-Fotokopierer wurde vom OLG München eine Lizenzgebühr in Höhe von **70.000 EUR** festgesetzt (OLG München NJW-RR 2003, 767 ff; Grundurteil BGH NJW 2000, 2201 ff).
- Der Lizenzwert des **Sängers *Ivan Rebroff*** wurde vom OLG Karlsruhe (ZUM-RD 1998, 453 ff; Grundurteil AfP 1996, 282 ff) auf **155.000 DM** geschätzt. Er wurde durch ein **Double in einem Fernsehspot** der Großmolkerei Müller nachgestellt, der Spot wurde bundesweit in mehreren Programmen zwischen Herbst 1990 und Sommer 1992 ausgestrahlt.
- **Oskar Lafontaine** erhielt vom OLG Hamburg (AfP 2004, 566; erste Instanz ZUM 2004, 399) **100.000 EUR** wegen der Verwendung eines Portraitfotos in einem **Anzeigenmotiv der Autovermietung Sixt.** Das Portrait war durchgestrichen, im Text hieß es „Sixt verleast auch Autos für Mitarbeiter in Probezeit" und war kurz nach dem Rücktritt Lafontaines als Finanzminister in zwei großen Tageszeitungen veröffentlicht worden. Die Höhe der Lizenz wurde hierbei nach § 287 ZPO vom Gericht geschätzt. Das Urteil wurde jedoch vom BGH (NJW 2007, 689) aufgehoben, weil das Motiv nach Ansicht der Revisionsinstanz eine zulässige Satire war (kritisch hierzu *Balthasar,* NJW 2007, 663, 664).
- **50.000 EUR** sprach das OLG Hamburg (Urt. v. 10.8.2010 – 7 U 130/09) ***Gunter Sachs*** als Lizenzentschädigung zu, nachdem eine Sonntagszeitung mit einer Auflage von über 2 Millionen Exemplaren in einem großflächigen, bebilderten **Artikel** darüber berichtete, dass er diese Zeitung an Bord seiner Yacht gelesen habe. Das OLG sah darin (anders als die Vorinstanz LG Hamburg AfP 2010, 193) eine unzulässige werbliche Vereinnahmung, die dem Artikel den **Charakter einer Werbeanzeige** gebe.
- Für die Abbildung des Moderators *Günter Jauch* auf dem Titel einer **Rätselzeitschrift** schätzte das OLG Hamburg (Urt. v. 22.12.2009 – 7 U 90/06) die Lizenz auf **20.000 EUR.**
- Die **Sängerin *Nena*** erhielt vom LG Hamburg (AfP 1995, 526, 528) wegen der **Veröffentlichung eines Nacktfotos auf der Titelseite** der Zeitschrift Super Illu **40.000 DM** zugesprochen. Die Aufnahme stammte aus einer **Studioproduktion** im Zuge einer „**Bodypainting**-Aktion" der Zeitschrift Max. *Nena* machte u.a. geltend, 96.000 DM für ein exklusives einwöchiges Abdruckrecht an einem anderen Foto erhalten zu haben.
- Die Verwendung des **Namens** einer bekannten **Rennsportgemeinschaft** in der Werbung für Spielzeugrennbahnen wurde schon in den frühen achtziger Jahren mit **20.000 DM** bewertet (BGH NJW 1981, 2402).
- Alexander Schalck-Golodkowski wurden vom LG Berlin wegen seiner Abbildung auf rund 1.470 **City-Light-Plakaten** als Werbung für eine Zeitschrift **10.000 DM** zugesprochen (LG Berlin NJW 1996, 1142, 1143).
- Eine Lizenzentschädigung in Höhe von **20.000 DM** wurde dem ehemaligen Lebensgefährten einer bekannten Künstlerin zusätzlich zu einer Geldentschädigung in Höhe von 25.000 DM zugesprochen, nachdem ein Musical-Veranstalter unerlaubt **in mehreren Tageszeitungen Anzeigen mit einem Familienfoto** geschaltet hatte, in denen auf die Trennung angespielt wurde („Auseinandergelebt? Unser Family & Friends-Ticket hilft." (LG Hamburg, Urt. v. 27.10.2000 – 324 O 446/00).
- Eine Lizenzentschädigung in Höhe von **5.000 EUR** sprach das LG Koblenz (Urt. v. 7.5.2008 – 16 O 318/07, bestätigt durch OLG Koblenz Beschl. v. 23.10.2008 und 7.1.2009 – 4 U 724/08 sowie BVerfG Beschl. v. 5.3.2009 – 1 BvR 127/09) einer **Fernsehköchin** wegen ihrer Abbildung auf einem **Werbezettel** für Dosensuppen zu, der in einer Auflage von knapp 100.000 Exemplaren in einer **Regionalzeitung** verbreitet wurde. Das Gericht ging dabei von einer geringen Bekannt- und Beliebtheit der Köchin aus.
- Mit einem Lizenzwert von **2.500 EUR** bewertete das LG Hamburg (Urt. v. 22.5.2009 – 324 O 791/08) die Veröffentlichung eines **virtuellen Rundgangs** in einer **Privatwohnung,** die ein Fotograf als Arbeitsprobe unerlaubt ins Internet gestellt hatte.
- Das OLG Koblenz (NJW-RR 1995, 1112 = GRUR 1995, 771, 772) sprach einer **Studentin,** die als **Gelegenheitsmodell** bei einer **Modenschau Badebekleidung** vorgeführt hatte, wegen der Veröffentlichung eines dabei entstandenen Fotos in einer **Werbeanzeige 250 DM** als fiktive Lizenzgebühr zu. Ein Anspruch auf Geldentschädigung wurde abgewiesen.

- Eine Lizenzentschädigung in Höhe von **200 EUR** erhielt ein **Versicherungsvertreter**, der beim **Christopher Street Day** fotografiert wurde. Das Foto wurde zwei Jahre später zur Illustration eines Beitrags über Schwule in München veröffentlicht. Da die Veröffentlichung zusätzlich zu einem Zwangsouting führte, wurde neben der Lizenzentschädigung eine Geldentschädigung von 5.000 EUR zugesprochen (**LG München I Urt. v. 21.7.2005 – 7 O 4742/05, rechtskräftig**).
- Mit **500 DM** wurde vom OLG Karlsruhe (NJW 1989, 401) die ungenehmigte Verwendung einer Rückendekolleté-Aufnahme in einem Kosmetikwerbeblatt mit nur 500 Exemplaren bewertet.
- **Keine fiktive Lizenz** (und auch keine Geldentschädigung) erhielt die **Eiskunstläuferin** ***Katharina Witt*** wegen des **Nachdrucks eines Playboy-Fotos** im Rahmen eines redaktionellen Beitrags, der sich ironisch mit ihrer damals aktuellen Playboy-Fotoveröffentlichung auseinandersetzte. Die Klage auf 20.000 DM wurde abgewiesen, weil das OLG Frankfurt (AfP 2000, 185) die Veröffentlichung nach § 23 Abs. 1 Nr. 1 KUG für zulässig hielt. In einem ähnlichen Fall sprach das LG Berlin einer **Schauspielerin** eine fiktive Lizenzgebühr in Höhe von **5.000 EUR** zu (LG Berlin AfP 2004, 455). Eine Zeitung hatte **zwei Fotos aus einer Playboy-Produktion** vorzeitig abgedruckt, wäre aber aufgrund vertraglicher Vereinbarung erst frühestens zwei Tage später im Rahmen einer **Cross-Promotion** dazu berechtigt gewesen.

4. Verhältnis zum Geldentschädigungsanspruch. Schadensersatzansprüche sind strikt vom Anspruch auf Geldentschädigung (hierzu 45. Abschnitt) zu unterscheiden, da beide Ansprüche unterschiedliche Funktionen und Voraussetzungen haben. 59

Nicht abschließend geklärt war lange Zeit die Frage, ob der Anspruch auf Geldentschädigung und der bereicherungsrechtliche Ausgleich auch nebeneinander bestehen können. **Im Grundsatz schließen sich die Ansprüche nicht aus** (OLG München NJW-RR 1996, 539, 540; LG Hamburg Urt. v. 27.10.2000 – 324 O 446/00; *Balthasar*, NJW 2007, 664, 665; *Wenzel/von Strobl-Alberg*, Kap. 9 Rn 11; *Prinz/Peters*, Medienrecht, Rn 921, jeweils mwN; *Damm/Rehbock*, Rn 946). Denn der Anspruch auf fiktive Lizenz richtet sich auf den Ausgleich einer unberechtigten Vermögensverschiebung, während die Geldentschädigung der Genugtuung für die immateriellen Beeinträchtigungen und der Prävention vor zukünftigen Verletzungen dient. Durch die Abschöpfung der Bereicherung wird die Persönlichkeitsrechtsverletzung nicht beseitigt. Der von einigen Gerichten (zB LG Berlin Urt. v. 3.6.2003 – 27 O 109/03) vertretenen Auffassung, dass sich die Geltendmachung einer Geldentschädigung und eines Bereicherungsausgleichs immer ausschließen, wenn der Betroffene seinen Anspruch ausdrücklich darauf stützt, dass er auch gegen Honorar nicht mit der Nutzung seines Bildnisses einverstanden gewesen wäre, kann nicht gefolgt werden. 60

Nachdem der BGH in der Lafontaine-Entscheidung (BGH NJW 2007, 689) klargestellt hat, dass es jedenfalls hinsichtlich des Lizenzanspruchs nicht darauf ankommt, ob der Betroffene gegen Zahlung bereit und in der Lage gewesen wäre, die Nutzung zu gestatten, können konsequenterweise **Bereicherungs- und Geldentschädigungsansprüche zukünftig auch nebeneinander bestehen** (so auch *Balthasar*, NJW 2007, 664, 665). Gerade wenn eine kommerzielle Nutzung rechtswidrig realisiert wird, zu welcher der Betroffene noch nicht einmal bei freier Willensausübung gegen Bezahlung bereit gewesen wäre, wird die Selbstbestimmung und die Selbstdarstellung des Betroffenen – und damit sein Persönlichkeitsrecht – schwerwiegend verletzt. Dies spricht entscheidend für einen ergänzenden Geldentschädigungsanspruch, ebenso die Genugtuungs- und Präventionsfunktion der Geldentschädigung. Denn die fiktive Lizenz erreicht nur die Höhe dessen, was bei rechtmäßigem Lizenzerwerb gezahlt worden wäre. Der Verletzer wäre somit ohne zusätzliche Verpflichtung zur Geldentschädigung einem rechtstreuen Lizenznehmer gleichgestellt, was dem Freibeutertum Vorschub leisten würde. 61

Es gibt aber Fälle, in denen eine rechtswidrige Veröffentlichung nicht die für den Geldentschädigungsanspruch erforderliche **Schwere** erreicht, wenn der Betroffene gegen Honorar zu eben dieser Nutzung seines Persönlichkeitsrechts bereit war. Insoweit kommt es auf die Umstände des Einzelfalls an. Das LG Hamburg (AfP 1995, 526, 527) hat zB der Sängerin Nena keine Geldentschädigung, aber eine fiktive Lizenzvergütung zugesprochen, weil eine Zeitschrift auf der Titelseite ein Nacktfoto nachgedruckt hatte, welches im Rahmen einer sogenannten Bodypainting-Aktion eines anderen Blattes hergestellt und mit ihrer Einwilligung veröffentlicht wurde. 62

II. Kosten von Abwehrmaßnahmen

1. Rechtsverfolgungskosten. Kosten der **Rechtsverfolgung** sind – soweit sie angemessen sind – als Schadensersatz unter den Voraussetzungen des § 823 BGB zu erstatten, sofern sie nicht auch schon 63 nach den Regeln der **Geschäftsführung ohne Auftrag** (§§ 677, 683 BGB) oder des **Verzugs** (**§§ 280, 286 BGB**) beansprucht werden können. Ein schadensersatzrechtlicher Anspruch auf **Erstattung von Rechtsanwaltskosten** besteht, wenn die Abmahnung berechtigt war, also eine rechtswidrige Handlung (zB Berichterstattung) gegeben war, §§ 823 Abs. 1, 288, 291 BGB (OLG Hamburg AfP 2009, 509, 513; LG Hamburg AfP 2006, 585, 589; OLG Saarbrücken NJW-RR 2007, 112, 113; *Prinz/Peters*, Medienrecht, Rn 929 mwN).

64 Die Einschaltung eines Rechtsanwalts ist regelmäßig **erforderlich** und daher geboten (LG Hamburg AfP 2008, 100, 105; LG Berlin AfP 2007, 63, 65; LG Münster NJW-RR 2005, 1065, 1067; OLG Saarbrücken NJW-RR 2007, 112, 113; LG Hamburg AfP 1990, 332; LG Berlin AfP 2001, 246, 248; *Prinz/Peters*, Medienrecht, Rn 736), weil es sich beim Presse-, Urheber- und sonstigen Medienrecht um eine spezielle Materie handelt und der Verletzte auch nicht davon ausgehen muss, dass er die ihm zustehenden Ansprüche ohne anwaltliche Vertretung gegen das in der Regel rechtlich erfahrene und beratene Medium vollständig erfolgreich durchsetzen kann.

65 Voraussetzung für den medienrechtlichen Kostenerstattungsanspruch ist grundsätzlich, dass der Geschädigte im Innenverhältnis gegenüber seinem Rechtsanwalt zur Zahlung der in Rechnung gestellten Kosten verpflichtet ist und die konkrete anwaltliche Tätigkeit im Außenverhältnis aus der maßgeblichen Sicht des Geschädigten mit Rücksicht auf seine spezielle Situation zur Wahrnehmung seiner Rechte erforderlich und zweckmäßig war (BGH NJW 2010, 3035, 3036; BGH AfP 2009, 394, 396). Die gesetzlichen Gebühren nach dem **RVG** bilden daher nur die Mindesthöhe der zu erstattenden Gebühren. Sind tatsächlich höhere Kosten angefallen (zB aufgrund einer **Honorarvereinbarung**), können auch diese zum ersatzfähigen Schaden gehören, soweit der Verletzte seine Schadensminderungspflicht beachtet hat und die Kosten nicht über das erforderliche Maß hinausgehen (s. näher Rn 75).

66 In der Regel fällt außergerichtlich für jede Angelegenheit die reduzierte **Mittelgebühr (1,3)** nach Nr. 2300 RVG-VV an (LG Hamburg AfP 2008, 100, 105; LG Hamburg AfP 2006, 585, 589; LG Berlin AfP 2010, 188, 190; LG Berlin AfP 2007, 63, 65; OLG Saarbrücken NJW-RR 2007, 112, 114; AG Köln GRUR-RR 2006, 396, 397; AG Hamburg GRUR-RR 2011, 162, 164). Unter den Voraussetzungen des § 14 RVG ist die Rahmengebühr auch **höher** anzusetzen, also wenn die Sache **überdurchschnittlich schwierig, umfangreich oder besonders eilbedürftig** war (KG Berlin AfP 2006, 369, 372: **1,5 bei Eilbedürftigkeit**). Bei Fällen, die noch in den Geltungsbereich der **BRAGO** fallen, wurde in der Regel eine **7,5/10 Geschäftsgebühr** als angemessen angesehen (LG Berlin AfP 2001, 246, 248; AG Charlottenburg AfP 2004, 69, 70; *Prinz/Peters*, Medienrecht, Rn 930 mwN), teils auch eine **8/10 Geschäftsgebühr** (OLG Hamburg AfP 2009, 509, 513; AG Hamburg NJW-RR 2005, 196, 198; LG Münster NJW-RR 2005, 1065, 1067). Die neue reduzierte Mittelgebühr 1,3 ist an Stelle der alten 7,5/10 – Gebühr gem. § 118 Abs. 1 Satz 1 BRAGO getreten und daher auch in „normalen" und „durchschnittlichen" Fällen anzusetzen (vgl BGH NJW-RR 2007, 420, 421 für durchschnittliche Verkehrsunfälle unter Bezugnahme auf die amtl. Begr.).

67 Ob es sich gebührenrechtlich um **eine oder mehrere Angelegenheiten** handelt, kann nach der jüngeren Rechtsprechung des BGH nur im Einzelfall unter Berücksichtigung der jeweiligen Lebensverhältnisse und des dem Anwalt vom Mandanten erteilten Auftrags beurteilt werden. Hierbei kommt es nicht allein darauf an, ob die Ansprüche in einem oder mehreren Schreiben geltend gemacht werden und ob der Anwalt nur eine oder mehrere Prüfungsaufgaben zu erfüllen hat. Auftragsgemäß erbrachte anwaltliche Leistungen betreffen im Presserecht idR ein und dieselbe Angelegenheit, „wenn zwischen ihnen ein innerer Zusammenhang besteht und sie sowohl inhaltlich als auch in der Zielsetzung so weitgehend übereinstimmen, dass von einem einheitlichen Rahmen der anwaltlichen Tätigkeit gesprochen werden kann" (BGH NJW 2010, 3035, 3036; BGH AfP 2009, 394, 397 mwN; zu den Konsequenzen aus diesem Urteil ausführlich *Frauenschuh*, AfP 2010, 113 und *Engels*, AfP 2009, 313). Der „einheitliche Rahmen" ist gegeben, wenn verschiedene Gegenstände einheitlich vom Anwalt bearbeitet und verfahrensrechtlich zusammengefasst werden können (BGH aaO). Daher kann es sich um eine Angelegenheit handeln, wenn aufgrund einer Veröffentlichung Unterlassungsansprüche für einen Gläubiger gegen einen Schuldner wegen Textpassagen und im Zusammenhang mit diesen veröffentlichten Fotos am selben Tag geltend gemacht werden (BGH AfP 2009, 394) oder wegen einer falschen Berichterstattung Unterlassungsansprüche von einer GmbH und deren Geschäftsführer gegen einen Verlag und dessen Online-Tochter durch einen Anwalt durchgesetzt werden (BGH NJW 2010, 3035).

68 Werden aufgrund einer Veröffentlichung **unterschiedliche Ansprüche** geltend gemacht (zB Unterlassung, Gegendarstellung, Richtigstellung und Schadensersatz), liegen gebührenrechtlich **verschiedene**

Angelegenheiten vor, da die Ansprüche unterschiedliche Voraussetzungen und Zielrichtungen haben (BGH NJW 2010, 3037, 3039; OLG Hamburg AfP 2009, 509, 513; LG Berlin AfP 2007, 63, 65; AG Charlottenburg AfP 2004, 69, 70 noch zur BRAGO; aA LG Berlin AfP 2010, 188; LG Berlin AfP 2010, 192).

Unterlassungsansprüche gegen einen Schuldner wegen **verschiedener Veröffentlichungen** mit unterschiedlichem Erscheinungsdatum sind verschiedene Angelegenheiten (OLG Hamburg AfP 2009, 509, 513). Ebenso sind Unterlassungsabmahnungen gegen **unterschiedliche Schuldner** (Störer) verschiedene Angelegenheiten im gebührenrechtlichen Sinne, auch wenn inhaltlich weitgehende Identität besteht und die Veröffentlichungen nahezu zeitgleich erfolgen (zB weil verschiedene Medien rechtswidrig auf Basis einer falschen Agenturmeldung berichten; LG Hamburg AfP 2010, 197; ebenso BGH GRUR-RR 2008, 460 zum Patentrecht). Anders sieht dies ein Teil der Rechtsprechung, wenn wegen eines Artikels mit wortgleichen Abmahnungen für einen Gläubiger zeitgleich mehrere Schuldner (Störer) in Anspruch genommen werden (zB Verlag, Betreiber des zugehörigen online-Portals, Autor, Redakteur; LG Frankfurt/M. Urt. v. 18.12.2008 – 2/3 S 2/08; LG Berlin Urt. v. 15.9.2009 – 27 S 4/09; AG Hamburg Urt. v. 30.10.2009 – 33A C 219/09, so jetzt auch BGH NJW 2011, 782). Für die besondere Konstellation, dass ein Anwalt aufgrund eines einheitlichen Auftrags am selben Tag sowohl für eine GmbH als auch für deren Geschäftsführer einen Verlag und dessen Online-Tochter jeweils wegen identischer Unwahrheiten abmahnt, hat der BGH entschieden, dass es sich um eine Angelegenheit handeln soll (BGH NJW 2010, 3035, 3036). Dabei hat der BGH jedoch darauf hingewiesen, dass unterschiedliche Angelegenheiten vorliegen können, wenn es sich um – auch unternehmerisch – eigenständige Publikationen handelt oder die Reaktionen der verschiedenen Schädiger unterschiedlich sind und deshalb eine differenzierte Bearbeitung durch den Anwalt erfordern (BGH NJW 2010, 3035, 3036). 69

Insgesamt ist die **Rechtsprechung** zum Begriff der Angelegenheit im Medienrecht **sehr von den jeweiligen individuellen Umständen des Einzelfalls** geprägt. Weitere Urteile aus jüngerer Zeit: BGH NJW 2011, 784 (Zur Frage, unter welchen Voraussetzungen eine Angelegenheit bei Vertretung mehrerer Geschädigter wegen eines Artikels vorliegt); BGH NJW 2011, 782 (Zur Frage, wann die Geltendmachung von Unterlassungsansprüchen gegen Autor und Verlag eine Angelegenheit ist); BGH AfP 2011, 184 (Zur Frage, wann eine Angelegenheit vorliegt, wenn gegen Verlag, Redakteur und Internetverbreiter vorgegangen wird); BGH NJW 2011, 155 und LG Berlin AfP 2011, 287 (Beide zur Frage derselben Angelegenheit bei Vorgehen gegen Verlag und Online-Tochter); BGH AfP 2011, 262 (u.a. zur Frage derselben Angelegenheit bei der Durchsetzung einer Gegendarstellung in zeitlich nachfolgenden unterschiedlichen Fassungen und zum Abschlussschreiben).

Das Gericht braucht hinsichtlich der Gebührenfestsetzung **kein Gutachten der Rechtsanwaltskammer** einzuholen, sondern kann die beanspruchten Gebühren einschließlich der Ermessensausübung des Rechtsanwalts selbst überprüfen (OLG Saarbrücken NJW-RR 2007, 112, 114). Die Vorschrift des § 14 Abs. 2 Satz 1 RVG gilt nur für den Honorarstreit zwischen Anwalt und Mandant. Der Gebührenrahmen ist vom Anwalt nach billigem **Ermessen** zu bestimmen (§ 14 Abs. 1 Satz 1 RVG, § 315 BGB). Ist die Gebühr von einem Dritten zu ersetzen, besteht eine sog. Toleranzgrenze von bis zu 20 % (KG Berlin AfP 2010, 170, 171; OLG Hamburg AfP 2009, 509, 513), dh die anwaltliche Ermessensausübung ist nur dann nicht verbindlich, wenn seine Bestimmung des Gebührenrahmens unbillig ist (BGH AfP 2011, 262, 265) und die daraus resultierenden Mehrkosten 20 % überschreiten. Dies gilt nach KG Berlin AfP 2010, 170, 172 jedoch nicht bezüglich der Gebühr nach Nr. 2300 RVG-VV, da insoweit eine besondere gesetzliche Kappungsgrenze bei 1,3 besteht. 70

Schließt sich an eine erfolglose Abmahnung ein gerichtliches Verfahren zu dem selben Anspruch an, ist die **Anrechnung** gemäß Teil 3, Vorbemerkung 3 Abs. 4 zum RVG-VV vorzunehmen, also reduziert sich zB eine 1,3 -Gebühr auf 0,65 (OLG Saarbrücken NJW-RR 2007, 112, 114). Hinzu tritt die Nebenkostenpauschale nach Nr. 7002 RVG-VV sowie die gesetzliche Umsatzsteuer (Nr. 7008 RVG-VV), Letztere nur, sofern der Berechtigte nicht vorsteuerabzugsberechtigt ist. 71

Zu den erstattungsfähigen außergerichtlichen Kosten zählen – neben den Abmahnkosten – auch die Kosten des **Abschlussschreibens** nach einer einstweiligen Verfügung. Das Abschlussschreiben gehört zum Hauptsacheverfahren und stellt daher gebührenrechtlich eine eigene Angelegenheit dar (BGH NJW 2008, 1744; KG Berlin AfP 2010, 170, 172). Es entsteht eine 1,3 Geschäftsgebühr nach Nr. 2300 RVG-VV (BGH AfP 2011, 262, 265 mwN).Voraussetzung für die Erstattungsfähigkeit ist die Einhaltung der **Überlegungsfrist** für den Unterlassungsschuldner, die nach ständiger Rechtsprechung des LG 72

Hamburg (AfP 2010, 185, 187) mindestens zwei Wochen ab Zustellung der einstweiligen Verfügung beträgt. Nicht erstattungsfähig sind die Kosten eines Abschlussschreibens, welches versendet wird, nachdem der Schuldner bereits durch Widerspruch zu erkennen gegeben hat, die einstweilige Verfügung nicht ohne gerichtliche Überprüfung als endgültige Regelung anerkennen zu wollen (KG Berlin AfP 2010, 170, 173). Die Überlegungsfrist läuft in diesem Fall erst ab Zustellung des Urteils.

Nicht erstattungsfähig sind hingegen im Regelfall die Kosten für präventive anwaltliche Tätigkeiten vor einer erwarteten rechtswidrigen Veröffentlichung (sog. „**presserechtliche Informationsschreiben**" oder auch „**Brandbriefe**" genannt (LG Hamburg AfP 2010, 185, 187).

73 Die Höhe des **Streitwertes/Gegenstandswertes** richtet sich nach § 23 RVG, § 3 ZPO. Bei der Ermessensausübung ist in erster Linie auf die Bedeutung der Verletzung für den Betroffenen abzustellen, wobei es maßgeblich auf den Verbreitungsgrad der rechtswidrigen Veröffentlichung ankommt. In der Praxis hat sich für den Unterlassungsanspruch bei Rechtsverletzungen in überregionalen Medien ein „**Regelstreitwert**" von mindestens **10.000 EUR** (vormals 20.000 DM) für den einfachen „Normalfall" herausgebildet (*Prinz/Peters*, Medienrecht, Rn 930 mwN), der höher anzusetzen sein kann, wenn es um mehrere rechtswidrige Äußerungen oder Fotos geht (Zuschlag von 50 % je weiterer Verletzung) oder andere erschwerende Umstände vorliegen. Einige **Beispiele** aus der Rechtsprechung:

- **100.000 EUR** bei rechtswidriger Werbung mit einem bekannten Politiker in Anzeigen, Postkarten, City-Light-Postern und anderen Werbeträgern in einem Zeitraum von ca. einem Monat für den Unterlassungsanspruch. Weitere 100.000 EUR für den gesondert geltend gemachten Schadensersatz- und Auskunftsanspruch (LG Hamburg AfP 2006, 585, 589).
- **75.000 EUR** für den Unterlassungsanspruch hinsichtlich erneuter Veröffentlichung von Fotos aus dem Privatleben in einer großen Tageszeitung (hierfür anteilig 25.000 EUR) und dem Verbot der zukünftigen Herstellung solcher Aufnahmen in Wege der „Observation" (hierfür anteilig 50.000 EUR; KG Berlin AfP 2006, 369, 372).
- **50.000 EUR** für den Unterlassungsanspruch bei rechtswidriger Werbung mit einer Puppe des Bundeskanzlers in einem Fernsehwerbespot, der nur 73-mal innerhalb von ca. 3 Wochen ausgestrahlt wurde (AG Hamburg NJW-RR 2005, 196).
- **40.000 EUR** für den Unterlassungsanspruch nach Verletzung des Unternehmenspersönlichkeitsrechts durch eine Zeitung und deren Online-Tochter (LG Berlin AfP 2011, 287, 288).
- **30.000 EUR** für den Unterlassungsanspruch bei der Verbreitung des Verdachts der Steuerhinterziehung auf einem bekannten Internetportal (LG Hamburg AfP 2010, 197, 198).
- **30.000 EUR** für den Unterlassungsanspruch wegen einer Falschbehauptung in einer Tageszeitung sowie weitere 50.000 EUR für die Gegendarstellungs- und Richtigstellungsansprüche (LG Berlin AfP 2010, 188, 190).
- **20.000 EUR** für den Unterlassungsanspruch bei rechtswidriger Berichterstattung über die Hochzeit eines Prominenten in einer Illustrierten (LG Hamburg AfP 2008, 100, 105).
- **10.000 EUR** für den Unterlassungsanspruch bei einmaliger rechtswidriger Bildberichterstattung über die Mutter eines Verbrechensopfers in einer Regionalzeitung (LG Münster NJW-RR 2005, 1065, 1067).
- **10.000 EUR** für den Unterlassungsanspruch nach Veröffentlichung eines Paparazzi-Fotos (Frau mit Kinderwagen auf der Straße) in einem Artikel, der sich mit der Frage beschäftigte, ob die Frau die heimliche Geliebte eines Prominenten und von diesem schwanger sei, wobei das LG Berlin (Urt. v. 30.3.2010 – 27 S 158/09) darauf hinwies, dass dieser (vom AG festgesetzte) Wert „noch unter dem von der Kammer für vergleichbare Bildnisveröffentlichungen regelmäßig angesetzten Wert von mindestens **15.000,-** EUR" liege.
- **10.000 EUR** für den Unterlassungsanspruch sowie weitere 10 000 EUR für den Geldentschädigungsanspruch bei einer Verletzung des Rechts am eigenen Bild auf einem regionalen Wahlwerbeplakat (OLG Saarbrücken NJW-RR 2007, 112, 114).
- **6.000 EUR** für den Unterlassungsanspruch nach urheberrechtswidriger Veröffentlichung eines Zeitungsartikels im Internet (e-Paper). In solchen Fällen ist nicht allein auf den realisierten Lizenzschaden abzustellen, sondern auch auf das Interesse des Verletzten, seine Schutzrechte generell effektiv zu verteidigen, wobei auch präventive Gesichtspunkte zu berücksichtigen sind (wirkungsvolle Abschreckung, AG Köln GRUR-RR 2006, 396; ähnlich schon vorher OLG Hamburg GRUR-RR 2004, 342; KG Berlin GRUR 2005, 88: **10.000 EUR**).

74 Kosten für außergerichtliche anwaltliche Tätigkeit bei der Durchsetzung von **Gegendarstellungsansprüchen** sind nur dann als Schadensersatz erstattungsfähig, wenn die Erstmitteilung die Vorausset-

zungen der §§ 823 ff BGB erfüllt oder Verzug vorliegt (LG München I Urt. v. 24.1.2008 – 8 S 5649/07; zu den Einzelheiten *Prinz/Peters*, Medienrecht, Rn 933 ff mwN). Verzug liegt nicht schon dann vor, wenn der Abdruckverpflichtete anbietet, eine geänderte Version der Gegendarstellung zu veröffentlichen (LG München I Urt. v. 24.1.2008 – 8 S 5649/07).

Anwaltskosten, die über die gesetzlichen Gebühren nach RVG hinaus aufgrund von **Honorarvereinbarungen** nach § 4 RVG angefallen sind, können zum erstattungsfähigen Schaden gehören (OLG Koblenz NJW 2009, 1153; *Schlosser*, NJW 2009, 2413, 2414; *Knott/Gottschalk/Ohl*, AnwBl 2010, 749), insbesondere in überdurchschnittlich komplexen und/oder schwierigen Fällen. Aufgrund der Tatsache, dass spezialisierte fachkundige Anwälte fast ausnahmslos auf der Basis von vereinbarten Stundenhonoraren tätig werden, würde eine Begrenzung auf die gesetzlichen Mindestgebühren nach RVG dazu führen, dass der Verletzte wegen eines Teils des entstandenen Schadens nicht freigehalten wird. §§ 823, 249, 251 BGB gewähren hingegen Anspruch auf vollständigen Ersatz der zur **zweckentsprechenden Rechtsverfolgung** angefallenen Kosten. Somit können auch vereinbarte Honorare erstattungsfähig sein (vgl OLG München AfP 1990, 45 bezüglich des vereinbarten Honorars eines Medienberaters/Managers; OLG Koblenz NJW 2009, 1153 bezüglich des Stundensatzes von 250 EUR in einer erbrechtlichen Angelegenheit). Eine Grenze bildet insoweit nur die Prüfung der jeweiligen Erforderlichkeit und der Schadensminderungspflicht nach § 254 BGB. Das abgerechnete **Zeitvolumen** unterliegt daher einer **Angemessenheitskontrolle**, was entsprechende Darlegungspflichten des Verletzten begründet. Kosten von mehreren Anwälten in einer Angelegenheit können danach zB nur in äußerst seltenen Ausnahmefällen erstattungsfähig sein, etwa wenn wegen einer besonders schwierigen Thematik einer rechtswidrigen Berichterstattung die Hinzuziehung eines weiteren Anwalts mit **Fachkenntnissen** erforderlich ist (zB im Steuerrecht bei Berichterstattung über angebliche Steuerhinterziehung). 75

2. Sonstige Abwehrmaßnahmen. Weil presserechtliche Ansprüche oft nur zeitversetzt und unter engen Voraussetzungen durchgesetzt werden können (Gegendarstellung, Richtigstellung) oder ihrer Art nach keine Außenwirkung gegenüber der Öffentlichkeit haben (Unterlassung, Zahlungsansprüche), besteht aus Sicht der Betroffenen oft das Bedürfnis, einer rechtswidrigen ruf- oder kreditschädigenden Berichterstattung zeitnah mit **Anzeigen**, **Rundschreiben** oder anderen Maßnahmen öffentlich entgegen zu treten. 76

Wegen der (kostengünstigeren) Möglichkeiten der Gegendarstellung und der Durchsetzung des Berichtigungsanspruchs setzt die Rechtsprechung der Erstattung von Aufwendung für Anzeigen zur Erwiderung auf Falschberichterstattung **enge Grenzen** (BGH NJW 1986, 981, 982; BGH NJW 1976, 1198, 1200 – Panorama; *Prinz/Peters*, Medienrecht, Rn 734 mwN). Die Erstattungsfähigkeit von Anzeigenkosten wird **auf schwerwiegende Ausnahmefälle begrenzt** (BGH AfP 1990, 202, 205), in denen von vornherein erkennbar ist, dass die berichtigenden Anzeigen dringend geboten sind, um einen unmittelbar bevorstehenden und sich in seinen Ausmaßen bereits klar abzeichnenden **schweren Schaden abzuwenden**. Die Kosten derartiger Anzeigen müssen in einem **angemessenen Verhältnis** zum drohenden Schaden stehen und dem **Maßstab wirtschaftlicher Vernunft** genügen (BGH NJW 1986, 981, 982). Auch nach diesem strengen Maßstab des BGH kann die Erstattungsfähigkeit aber zB gegeben sein, wenn eine Gegendarstellung nicht rechtzeitig abgedruckt wird und auch nicht streitig durchgesetzt werden kann (BGH NJW 1986, 981, 982). 77

In der **Panorama**-Entscheidung (und späteren Urteilen) hat der BGH (NJW 1976, 1198) offen gelassen, ob der Anspruch nur **deliktsrechtlich** (§§ 823 ff BGB) oder auch **bereicherungsrechtlich** unter dem Aspekt der „Ersparnisbereicherung" (BGH NJW 1976, 1198, 1200; ebenso BGH NJW 1979, 2197) begründet ist. In jedem Falle seien nur **verhältnismäßige und erforderliche** Anzeigenkosten erstattungsfähig, wobei Maßstab die Entscheidung eines „vernünftig wirtschaftlich denkenden Menschen nach den Umständen des Falls" zum Zeitpunkt der erforderlichen Maßnahme sei. Der BGH hielt die Anzeigenschaltungen im konkreten Fall wegen der Möglichkeit der Gegendarstellung für nicht erforderlich und daher auch für nicht erstattungsfähig. Das Berufungsgericht hatte hingegen die Hälfte der Ausgaben für doppelseitige Anzeigen in 15 Tageszeitungen rund drei Wochen nach einem bundesweiten Fernsehbericht als erforderliche erstattungspflichtige Kosten angesehen, weil der Betroffene sein Recht auf Gegendarstellung außergerichtlich erfolglos geltend gemacht hatte. Die hälftige Kürzung wurde vorgenommen, weil nach Meinung des Gerichts auch einseitige Anzeigen zur sachgerechten Erwiderung ausgereicht hätten und die Anzeigen auch Unrichtigkeiten enthielten. Die Gegendarstellung wurde dem Betroffenen später gerichtlich zugestanden und erst rund zwei Monate nach dem Fernsehbeitrag ausgestrahlt, fünf Wochen nach den Anzeigen. 78

79 Der vorstehend beschriebene Sachverhalt zeigt auf, warum der vom BGH seit der **Panorama-Entscheidung** eingeschlagene Weg **kritikwürdig** ist. Wer in einer bundesweiten Fernsehsendung in seinem Rufe beschädigt wird, kann nicht zwei Monate warten, bis er sich öffentlich Gehör verschafft. Wenn sich das Medium entscheidet, trotz eines form- und fristgerecht zugeleiteten Gegendarstellungsverlangens diese erst unter dem Druck einer gerichtlichen Verfügung zu veröffentlichen, ist es in Fällen rechtswidriger Beiträge auch sachlich gerechtfertigt, dem Medium die Kosten von Anzeigen aufzuerlegen. Ohnehin ist zu berücksichtigen, dass Gegendarstellungen aufgrund der strengen Formvorschriften in zahlreichen Fällen ungeeignet sind, Fehlvorstellungen öffentlich vollständig zu korrigieren. Der BGH hat insoweit **Wirkung und Bedeutung der Gegendarstellung überschätzt** (so auch *Eschenlohr*, NJW 1976, 1202). Dies gilt auch für gerichtlich durchgesetzte Richtigstellungen, die zudem aufgrund der **Dauer des Zivilprozesses** viel zu spät erscheinen (im Panorama-Fall 5 Jahre nach der Erstsendung). Jedenfalls in Fällen, in denen objektiv berechtigte **Gegendarstellungs- und Richtigstellungsbegehren** nicht unverzüglich vom Medium erfüllt werden, sollte der Betroffene die Möglichkeit haben, auf Kosten des Verletzers in angemessenem Umfang Anzeigen zu schalten, und nicht nur dann, wenn „besonders gelagerte Umstände" vorliegen, wie es der BGH in der Panorama-Entscheidung vorgab (BGH NJW 1976, 1198, 1201).

80 In einer anderen Entscheidung hat der BGH richtigerweise geringere Anforderungen an die Erforderlichkeit und Angemessenheit von Anzeigenkosten gestellt. Im Fall einer **kreditschädigenden Berichterstattung** (§ 824 BGB) über alkoholhaltige Zahnpasta wurde dem Hersteller die teilweise Erstattung seiner Aufwendungen für eine **berichtigende Werbeanzeige im Blatt des Verletzers** einschließlich der Kosten der beauftragten Werbeagentur ohne Versuch einer Gegendarstellung zugesprochen, allerdings nur, soweit die Anzeige nicht der Eigenwerbung, sondern der Richtigstellung diente (BGH NJW 1979, 210, 210 – Alkoholtest). Voraussetzung der Erstattungsfähigkeit solcher **berichtigender Werbung** ist, dass sich diese auf die Richtigstellung oder Ergänzung der vorangegangenen falschen Tatsachenbehauptung beschränkt und einen **gedanklichen Bezug** zu der korrigierten Erstmitteilung herstellt (BGH NJW 1979, 2197, 2198).

81 Enthält eine Anzeige einen überschießenden Teil an Eigenwerbung, der nicht zur sachgerechten Erwiderung erforderlich ist, ist ein **Teil der Kosten nicht erstattungsfähig, § 254 Abs. 2 BGB** (OLG Hamburg AfP 2002, 50; BGH NJW 1986, 981, 982; Löffler/*Steffen*, § 6 LPG Rn 319). Die Höhe des als Vorteilsausgleich abzuziehenden Anteils richtet sich nach dem Werbeanteil und kann vom Gericht nach § 287 ZPO geschätzt werden (OLG Hamburg AfP 2002, 50, 53). Aus dem Grundsatz der **Schadensminderungspflicht** nach § 254 Abs. 2 BGB folgt auch, dass der Betroffene den Verletzer im Regelfall vor der Schaltung zur Richtigstellung auffordern muss und sein Vorhaben, anderenfalls kostenpflichtige Anzeigen zu schalten, ankündigen sollte. Dieses Erfordernis entfällt jedoch, wenn es zu einer nicht hinnehmbaren **Verzögerung** führen würde (Löffler/*Steffen*, § 6 LPG Rn 319; Wenzel/*Burkhardt*, 14. Kap. Rn 49).

82 Anzeigen sind grundsätzlich in dem Medium zu schalten, in dem auch die beanstandete Erstmeldung erschienen ist, damit **derselbe Empfängerkreis** erreicht wird. Da aber seitens des Mediums **kein Kontrahierungszwang** besteht, kann dieses derartige Anzeigenaufträge ablehnen. Dies dürfte in der Praxis die Regel sein. Der Betroffene darf dann auf **andere Medien** ausweichen, die soweit als möglich vergleichbare Verbreitungsgebiete und Empfängerkreise haben. Ebenso kann der Betroffene Anzeigen auch in solchen Blättern schalten, die eine fremde Falschmeldung zitiert oder übernommen haben (Wenzel/*Burkhardt*, 14. Kap, Rn 44). Dies gilt entsprechend auch für Falschmeldungen, die originär von einer **Agentur** stammen und deshalb in mehreren Medien veröffentlicht werden. Einen solchen Fall behandelt BGH NJW 1979, 2197; zutreffend kritisch zum BGH: Wenzel/*Burkhardt*, 14. Kap, Rn 48 f.

83 Neben Anzeigen können im Einzelfall auch andere Formen der öffentlichen Erwiderung adäquat sein. Zur Erwiderung auf rechtswidrige Behauptungen in einem **Flugblatt** im **Wahlkampf** hat das OLG München (NJW-RR 2002, 1045, 1047) zB die Kosten eines Gegenflugblattes grundsätzlich dem erstattungspflichtigen Schaden gemäß § 249 BGB zugerechnet. Es ist immer der kostengünstigste Weg zu wählen (Wenzel/*Burkhardt*, 14. Kap. Rn 41). Ist der Kreis derjenigen, die nach einer rechtswidrigen Veröffentlichung ihr eigenes Verhalten im wirtschaftlichen Umgang mit dem Betroffenen ändern könnten, überschaubar, zB wenige Großeinkäufer nach einer Falschmeldung in einem Branchenfachblatt, kann als kostengünstigere Alternative zu Anzeigen auch ein **Rundschreiben** in Betracht kommen (Wenzel/*Burkhardt*, 14. Kap. Rn 41), welches in der Regel nur geringfügige Kosten für Porto und

Papier verursacht, per E-**Mail** sogar fast völlig kostenneutral ist. Das Medium **Internet** bietet Betroffenen zusätzlich die schnelle und kostengünstige Möglichkeit, sich an die breite Öffentlichkeit zuwenden.

In ganz besonderen Fällen können auch **andere Maßnahmen zur Schadensminderung** geboten sein und damit zum erstattungsfähigen Schaden zählen, so zB das Pauschalhonorar eines Managers und **Medienberaters** zur Krisen-PR nach einer Falschmeldung über einen Künstler (OLG München AfP 1990, 45; Wenzel/*Burkhardt*, 14. Kap. Rn 43; *Damm/Rehbock*, Rn 941). Derartige Kosten unterliegen aber ebenfalls der strengen Erforderlichkeits- und Angemessenheitskontrolle. Auch **Recherchekosten zur Sachverhaltsaufklärung** können zum ersatzfähigen Schaden gehören, wenn der Verletzte in den Medien mit einem unwahren Sachverhalt in Verbindung gebracht wird, mit dem er nichts zu tun hat, aber nach der Veröffentlichung selbst aufklären lässt, um sachgerecht auf weitere Medienanfragen reagieren und seine Rechtsverteidigung vorbereiten zu können (OLG München AfP 1990, 45). Kosten, die im Zuge der Geltendmachung eines **Auskunftsanspruchs** (hierzu 48. Abschnitt) entstehen, zB weil nach den Vorschriften der Landesmediengesetze **Sendemitschnitte** nur gegen **Kostenerstattung** herausgegeben werden müssen, können ebenfalls nach § 823 BGB zu ersetzen sein (Wenzel/*Burkhardt*, 15. Kap. Rn 5; *Prinz/Peters*, Medienrecht, Rn 776). 84

C. Einzelheiten bei der Durchsetzung des Anspruchs

I. Klageart und Beweislasten, Schätzung nach § 287 ZPO

Der Anspruch auf Schadensersatz und Geldentschädigung (hierzu nachfolgend 45. Abschnitt) ist im Wege des **Klageverfahrens** in der Hauptsache nach § 253 ZPO durchzusetzen. Anders als bei den Ansprüchen auf Unterlassung und Gegendarstellung besteht **keine Möglichkeit des einstweiligen Rechtsschutzes.** Die Klage ist in erster Instanz streitwertabhängig beim **Amts- oder Landgericht** zu erheben. Die sachliche Zuständigkeit ergibt sich aus §§ 23, 71 GVG. Zuständig ist immer die **ordentliche Gerichtsbarkeit, § 13 GVG,** auch wenn sich die Klage gegen eine **öffentlich-rechtliche Rundfunkanstalt** richtet (BGH NJW 1976, 1198 – Panorama; *Damm/Rehbock,* Rn 1018). 85

Oft ist der materielle Schaden zum Zeitpunkt der Klagerhebung noch nicht exakt bezifferbar, insbesondere wenn die Schadensentwicklung nicht abgeschlossen ist. Gemäß **§ 256 Abs. 1 ZPO** ist dann eine **Feststellungsklage** zulässig, wenn der Schaden wahrscheinlich ist, sein Umfang und Eintritt aber noch ungewiss sind (BGH NJW 1991, 2707; *Prinz/Peters*, Medienrecht, Rn 717; *Damm/Rehbock*, Rn 1023). In der Praxis ist die Feststellungsklage die wohl häufigste Form der Schadensersatzklage, weil sie aufgrund des in der Regel geringen Streitwerts **ohne hohes Kostenrisiko** die Möglichkeit gibt, die Anspruchsvoraussetzungen gerichtlich prüfen zu lassen. 86

Grundsätzlich trägt der Kläger die **Beweislast** für alle tatbestandlichen Voraussetzungen, also zB für die Unrichtigkeit der Meldung und die Schadenshöhe (*Soehring*, Presserecht, Rn 32.6; Löffler/*Steffen*, § 6 LPG Rn 322). Auch für die **haftungsbegründende Kausalität** ist der Kläger **beweispflichtig** (OLG Frankfurt ZUM 1992, 361, 365; OLG München AfP 1986, 348, 349; *Prinz/Peters*, Medienrecht, Rn 718). In Beiträgen mit zulässigen und rechtswidrigen abträglichen Aussagen umfasst die Beweislast auch den Nachweis, dass der Schaden **kausal** durch die unzulässige Aussage entstanden ist (BGH NJW 1987, 1403 – Türkol II). 87

Liegt eine **üble Nachrede** iSv **§ 186 StGB** vor, obliegt der Nachweis der Richtigkeit der verbreiteten Behauptung dem Medium, sofern nicht der Rechtfertigungsgrund der Wahrnehmung berechtigter Interessen eingreift (*Soehring*, Presserecht, Rn 32.6). Auch in allen anderen Fällen trifft das Medium eine **gesteigerte Substantiierungspflicht** hinsichtlich der Richtigkeit der aufgestellten Behauptungen, die dem Betroffenen seine Beweisführung erst möglich und zumutbar macht (*Soehring*, Presserecht, Rn 32.6). 88

Im Rahmen des **§ 287 ZPO** ist das Gericht auch in Haftungsprozessen gegen Medien berechtigt, den **Schaden zu schätzen.** Die gesamte **haftungsausfüllende Kausalität** unterliegt § 287 ZPO (OLG Frankfurt ZUM 1992, 361, 365 mwN). Es muss nur eine überwiegende Wahrscheinlichkeit für den Eintritt des Schadens vorliegen. Die damit einhergehende **Erleichterung bei der Beweisführung** für den Betroffenen begegnet auch im Lichte der Pressefreiheit (Art. 5 Abs. 1 Satz 2 GG) keinen grundsätzlichen verfassungsrechtlichen Bedenken (BVerfG NJW 2001, 1639, 1640). Die **Beweiserleichterung** durch Schadensschätzung nach § 287 ZPO ist aus Sicht der Betroffenen von erheblicher praktischer Bedeu- 89 tung, zumal schon eine überwiegende Wahrscheinlichkeit ausreichen kann, sofern der Anspruch dem Grunde nach bewiesen ist (*Soehring*, Presserecht, Rn 32.7 b; Löffler/*Steffen*, § 6 LPG Rn 322). § 287 ZPO verpflichtet das Gericht dazu, den Anspruch nicht an prozessualen Formalismen und in der Natur der Sache liegenden **Aufklärungs- und Beweisschwierigkeiten** scheitern zu lassen (Löffler/*Steffen*, § 6 LPG Rn 322). Daher ist zB nach einem rechtswidrigen Beitrag über einen Arzt nicht der Beweis erforderlich, welche konkreten Patienten sich nicht mehr haben behandeln lassen. Dies wäre **unzumutbar**, da praktisch unmöglich (OLG Frankfurt ZUM 1992, 361, 366).

90 Auch **§ 252 Satz 2 BGB** erleichtert die Beweisführung beim **entgangenen Gewinn**, da diese Norm auf den wahrscheinlich zu erwartenden Gewinn abstellt, der Gewinnentfall also nicht mit Sicherheit feststehen oder gar voll bewiesen werden muss (vgl Löffler/*Steffen*, § 6 LPG Rn 322).

91 Das Gericht kann auch die **Höhe** der im Wege der **Lizenzanalogie** berechneten bereicherungsrechtlichen Entschädigung nach **§ 287 ZPO** schätzen (LG Hamburg NJW 2007, 691, 693). Der Anspruchsteller muss hierzu jedoch Sachangaben vortragen, die seinen Marktwert einschätzbar machen (zB vergleichbare Werbeverträge) und den Umfang der Verletzungshandlung belegen. Die Darlegungslast betrifft alle relevanten Aspekte der Schätzung (hierzu oben Rn 52). Ein **Sachverständigengutachten** ist bei der Schätzung des Gerichts nicht erforderlich, wenn die Kammer über eigene Sachkunde verfügt (LG Hamburg NJW 2007, 691, 693), wie dies zB bei den Kammern mit besonderer Zuständigkeit für das Presse- oder Urheberrecht der Fall ist.

92 Die Stellung eines **unbezifferten Antrags** ist zulässig, wenn die Bestimmung des Betrags von einer Schätzung des Gerichts nach **§ 287 ZPO** abhängt, sofern der Kläger einen **Mindestbetrag** benennt (OLG Hamburg NJW-RR 2006, 1707, 1708; BGH NJW 1952, 382; Zöller/*Greger*, ZPO, 26. Aufl., § 253 Rn 14 mwN; *Damm/Rehbock*, Rn 1021). Der Mindestbetrag ist im Antrag zu beziffern. Unterbleibt dies, kann allerdings eine in der Begründung der Klagschrift mitgeteilte Höhe herangezogen werden (OLG Hamburg NJW-RR 2006, 1707, 1708).

II. Gerichtsstand, insbesondere § 32 ZPO

93 Für Schadensersatzklagen gegen Medien besteht grundsätzlich der **Gerichtsstand der unerlaubten Handlung** gemäß **§ 32 ZPO**. Neben dem Ort, an dem die streitgegenständliche Behauptung aufgestellt wurde (also zB der Sitz des Verlags oder Senders) ist Tatort iSd § 32 ZPO auch jeder Ort, an dem die Behauptung bestimmungsgemäß verbreitet wurde, also das gesamte **Vertriebs- oder Sendegebiet** (vgl *Damm/Rehbock*, Rn 1018; Wenzel/*Burkhardt*, 14. Kap. Rn 80). Oft ergibt sich daraus eine Zuständigkeit aller Gerichte im Bundesgebiet, insbesondere bei Veröffentlichungen im **Internet** und bundesweit vertriebenen Zeitschriften. Bei Zeitungen ist zu beachten, dass für etwaige **Regionalausgaben** oder -seiten der Gerichtsstand auch nach § 32 ZPO nur dort gegeben ist, wo diese vertrieben werden. Der Mantelteil alleine reicht nicht.

94 Daneben besteht der allgemeine **Gerichtsstand am Ort des Beklagten**, §§ 12, 13 ZPO. Der Kläger hat die **freie Wahl** zwischen den gesetzlich gegebenen Gerichtsständen (§ 35 ZPO). Er ist nicht gehalten, das Gericht mit der größten Sachnähe zu wählen (*Damm/Rehbock*, Rn 1018; OLG Köln GRUR 1988, 148).

III. Verjährung

95 Hinsichtlich der Verjährung gilt die **dreijährige Verjährungsfrist nach §§ 195, 199 BGB**. Der Verjährungsbeginn setzt **Kenntnis oder grobfahrlässige Unkenntnis** von Schaden und Schädiger sowie der kausalen Verknüpfung zwischen dem Schadensereignis (zB rechtswidriger Medienbeitrag) und dem Schaden voraus (vgl Löffler/*Steffen*, § 6 LPG Rn 323).

96 In den Fällen des **§ 852 BGB** greift die **zehnjährige Verjährungsfrist** des bereicherungsrechtlichen Herausgabeanspruchs (vgl *Prinz/Peters*, Medienrecht, Rn 737).

45. Abschnitt: Geldentschädigung

Schrifttum: *Damm/Rehbock*, Widerruf, Unterlassung und Schadensersatz in den Medien, 3. Aufl. 2008 (zitiert: *Damm/Rehbock*); *Löffler*, Presserecht, 5. Aufl. 2006 (zitiert: Löffler/*Bearbeiter*); *Paschke*, Medienrecht, 2. Aufl. 2003 (zitiert *Paschke*, Medienrecht); *Prinz*, Geldentschädigung bei Persönlichkeitsrechtsverletzungen durch Medien, NJW 1996, 953; *Prinz/Peters*, Medienrecht, 1999 (zitiert: *Prinz/Peters*, Medienrecht); *Seitz*, Prinz und Prinzessin – Wandlungen des Deliktsrechts, NJW 1996, 2848; *Steffen*, Schmerzensgeld bei Persönlichkeitsrechtsverletzungen durch Medien, NJW 1997, 10; *Wenzel*, Das Recht der Wort- und Bildberichterstattung, 5. Aufl. 2003 (zitiert: Wenzel/*Bearbeiter*).

A. Funktion und Herleitung

Während der Anspruch auf Schadensersatz dem Ausgleich materieller Vermögenseinbußen dient, zielt der Anspruch auf Geldentschädigung auf die **Beseitigung immaterieller Beeinträchtigungen**. Er dient zugleich als besonderes Steuerungsinstrument der Medien auch der **Prävention** gegen kommerziell motivierte Verletzungshandlungen (vgl Löffler/*Steffen*, § 6 LPG Rn 333) sowie der **Genugtuung** des Betroffenen. Insbesondere sollen sich vorsätzliche Rechtsbrüche in den Medien für den Verletzer nicht lohnen. Jedoch führt nicht jede Persönlichkeitsrechtsverletzung zum Anspruch, da Geldentschädigungen nur unter engen Voraussetzungen zugesprochen werden. 1

Der Anspruch auf **Geldentschädigung** ist nicht ausdrücklich gesetzlich geregelt. Er leitet sich nach der Rechtsprechung des BGH unmittelbar aus dem Schutz des allgemeinen Persönlichkeitsrechts aus Art. 2 Abs. 1 iVm Art. 1 Abs. 1 GG ab (BGH NJW 1995, 861, 864 – Caroline I). In früherer Zeit wurde der Anspruch noch aus § 847 BGB analog hergeleitet (BGH NJW 1958, 827 – Herrenreiter). Diese Auffassung wurde aber nach anhaltender dogmatischer Kritik in der Literatur von der Rechtsprechung aufgegeben (ausführlich *Prinz/Peters*, Medienrecht, Rn 738 ff, 906 ff). 2

Der Geldentschädigungsanspruch folgt aus der Erwägung, dass ohne ihn der Rechtsschutz des Persönlichkeitsrechts lückenhaft wäre und auch schwerste, vorsätzliche Verletzungen ohne nennenswertes Risiko begangen werden könnten. Das BVerfG (NJW 1973, 1221 – Soraya) hat die **Verfassungsmäßigkeit** des Geldentschädigungsanspruchs bereits vor langer Zeit festgestellt und später ergänzend klargestellt, dass dieser medienrechtliche Zahlungsanspruch aufgrund seiner Funktion nicht mit zivilrechtlichen Schmerzensgeldern vergleichbar ist, weshalb es zB keine verfassungswidrige Ungleichbehandlung darstellt, wenn Geldentschädigungen bei „**Medienopfern**" höher sind als Schmerzensgelder in anderen Fällen (BVerfG NJW 2000, 2187). 3

Terminologisch sollte daher immer von **Geldentschädigung** und nicht von „**Schmerzensgeld**" gesprochen werden, auch wenn die Begriffe umgangssprachlich noch immer synonym verwandt werden. Rechtlich betrachtet sind Geldentschädigung und Schmerzensgeld (§ 847 BGB) zwei völlig unterschiedliche Ansprüche, die jeweils eigenständigen Voraussetzungen unterliegen und unterschiedliche Funktionen erfüllen. Ebenso kann der Anspruch auf Geldentschädigung neben dem Anspruch auf materiellen Schadensersatz bestehen, zB bei Rechtsverfolgungskosten oder anderen erforderlichen Auf- 4 wendungen (OLG München AfP 1990, 45). Zum Verhältnis des Geldentschädigungsanspruchs und dem Lizenzschadensersatz s. 44. Abschnitt Rn 59.

B. Anspruchsvoraussetzungen

5 Nach der ständigen Rechtsprechung des BGH (NJW 1995, 861, 864 – Caroline I) steht dem Opfer einer Verletzung des allgemeinen Persönlichkeitsrechts ein Anspruch auf eine Geldentschädigung zu, wenn folgende **Voraussetzungen** gegeben sind:

- Es muss sich um einen schwerwiegenden Eingriff handeln (Rn 6 ff).
- Die Beeinträchtigung kann nicht in anderer Weise befriedigend ausgeglichen werden (Rn 53 ff).

I. Schwerwiegender Eingriff

6 Ob eine schwerwiegende Beeinträchtigung vorliegt, die die Zahlung einer Geldentschädigung erfordert, hängt nach der **Rechtsprechung des BGH** (NJW 1995, 861, 864 – Caroline I) insbesondere von

- der Bedeutung und Tragweite des Eingriffs (Rn 9 ff),
- ferner von Anlass und Beweggrund des Handelnden (Rn 50)
- sowie vom Grad seines Verschuldens ab (Rn 51 f).

7 Diese **drei Kriterien** sind weder abschließend („insbesondere") zu verstehen, noch können sie trennscharf voneinander abgegrenzt werden. So wirken sich gravierende Verletzungen der journalistischen Sorgfaltspflicht (wie zB erfundene oder verfälschte Interviews) auf alle drei Kriterien aus.

8 Die drei Kriterien müssen auch nicht alle in besonders gewichtigem Maße erfüllt sein, um den Anspruch auf Geldentschädigung zu begründen. So kann zB ein Eingriff mit **gravierender Tragweite** für den Betroffenen auch bei einem vergleichsweise **geringen Verschulden** eine Geldentschädigung begründen (vgl Löffler/*Steffen*, § 6 LPG Rn 335; BGH NJW 1997, 1148, 1149 – Chefarzt).

9 **1. Bedeutung und Tragweite des Eingriffs. a) Unwahre Behauptungen schwerwiegender Verfehlungen.** Schwere Persönlichkeitsrechtsverletzungen, also solche, die nach Bedeutung und Tragweite anspruchsbegründend sind, liegen nach der Rspr zB vor, wenn nach unzureichender Recherche unbewiesene **schwerwiegende, insbesondere strafrechtlich relevante Verfehlungen** bei der Berufsausübung mitgeteilt werden und diese Berichterstattung zum Verlust der Anstellung führt (BGH NJW 1997, 1148, 1149 – Chefarzt). Konkret ging es in diesem Fall um den nicht beweisbaren Vorwurf gegenüber einem Chefarzt in einer Fernsehsendung, er habe riskante Eingriffe vorgenommen, dabei Kunstfehler begangen und falsche Angaben über seine Tätigkeit gemacht. In einem ähnlichen Fall sprach das LG Hamburg (Urt. v. 26.5.2006 – 324 O 202/05, bestätigt durch OLG Hamburg Urt. v. 18.12.2007 – 7 U 85/06) einem anderen Chefarzt eine Geldentschädigung zu, nachdem ihm eine bundesweite Tageszeitung vorgeworfen hatte, er habe eine später verstorbene Mutter, die nach einer Fehlgeburt an einer organischen Erkrankung litt, aufgrund der **Fehldiagnose** „Wochenbettpsychose" unzureichend versorgt und in eine Nervenklinik abgeschoben. Wenn ein Mann trotz rechtskräftigem Freispruch oder nach Einstellung entsprechender Ermittlungen als **Kinderschänder** dargestellt wird, liegt ebenfalls eine schwerwiegende Verletzung vor (LG Ansbach NJW-RR 1997, 978; OLG Hamburg Urt. v. 5.7.2011 – 7 U 87/10 und 88/10).

10 Gleiches gilt, wenn zwar Vorwürfe strafrechtlich relevanter Verfehlungen im Raum stehen, die aber nicht beweisbar sind. Einen Anspruch auf Geldentschädigung begründet daher die **nicht beweisbare Behauptung**, jemand erpresse Beamte, sei im Bereich der Umweltkriminalität tätig und verprügele Gegner (OLG Hamburg Urt. v. 19.1.1999 – 7 U 13/98), ebenso die Behauptung in einem Fernsehbericht, ein (bildlich gezeigter) niederländischer Geschäftsmann finanziere einen Rennstall mit **Drogengeldern** (OLG Hamburg NJW-RR 1996, 90, 91).

11 Das OLG Bremen (NJW 1996, 1000 – Willy Lemke) sah die Behauptung, ein Mann sei **„Perspektiv-Agent des KGB"** gewesen, als schwere Persönlichkeitsrechtsverletzung an. Ebenso beurteilte das OLG München (NJW-RR 1996, 1365) die unzutreffende Behauptung, ein **Anwalt** sei für **Scientology** tätig, das OLG Hamburg (AfP 1997, 477, 478) die **Behauptung**, ein Journalist habe für die **Stasi** gearbeitet, und das OLG Hamm (NJW-RR 1993, 735) die in Verdachtsform verbreitete Behauptung, jemand habe zu DDR-Zeiten an einem **Stasimord** mitgewirkt.

Werden jedoch im Einzelfall die engen Grenzen der zulässigen **Verdachtsberichterstattung** eingehalten (BGH NJW 2000, 1036 mwN; *Prinz/Peters*, Medienrecht, Rn 285, 265 ff; hierzu 39. Abschnitt Rn 78 ff), wozu insbesondere ein Mindestbestand an Beweistatsachen, die ausgewogene Darstellung in Verdachtsform und eine sorgfältige umfassende Recherche erforderlich sind, kann ein Anspruch auf Geldentschädigung entfallen (OLG Celle NJW-RR 2001, 335 ff). Dies gilt zB bei der Berichterstattung über **laufende Strafverfahren**, die später nach § 153 StPO eingestellt werden (LG Halle AfP 2005, 188). In solchen Fällen zählt zur journalistischen Sorgfalt aber auch die kritische Prüfung der Frage, ob der Name des Angeklagten genannt werden darf oder ob die öffentlichen Informationsinteressen – wie häufig – auch mit einer **anonymisierten Berichterstattung** erfüllt werden können (OLG Celle NJW-RR 2001, 335 ff). Denn es trifft die Persönlichkeit eines Menschen im Kern, wenn er als mutmaßlicher Straftäter dargestellt wird (OLG Hamburg NJW-RR, 1994, 1176, 1178). Das **Ansehen eines Menschen in der Öffentlichkeit** ist ein **sehr verletzliches Gut**, welches die **Medien nicht leichtfertig aufs Spiel setzen dürfen** (OLG Hamburg NJW-RR 1993, 734). 12

Ein Anspruch auf Geldentschädigung besteht daher dann, wenn unter **Namensnennung** oder mit Abbildungen über strafrechtliche Ermittlungen gegen einen **Rechtsanwalt** wegen **Betrugsverdachts** anprangernd berichtet wird, obgleich die Ermittlungen nur aufgrund einer einzelnen Anzeige aufgenommen wurden und Zweifel an der Seriosität des Anzeigeerstatters bestehen (OLG Hamburg NJW-RR 2006, 1707). Die journalistische Sorgfalt erfordert dann nicht nur eine **Darstellung in Verdachtsform**, sondern auch eine kritische Würdigung der Person des Anzeigenden. Eine **identifizierbare Darstellung** des Verdächtigen hat dabei in der Regel zu unterbleiben. Auch die kurze **inhaltsleere Mitteilung im Beitrag, der Verdächtige bestreite die Vorwürfe**, lässt die Schwere der Persönlichkeitsrechtsverletzung unberührt (OLG Hamburg NJW-RR 2006, 1707). Unerheblich war dabei, dass die Rechtswidrigkeit der ersten Veröffentlichung zum Zeitpunkt der Folgeveröffentlichungen noch nicht gerichtlich festgestellt war, da der Betroffene der Redaktion unverzüglich schriftlich dargelegt hatte, dass die Vorwürfe unberechtigt seien. Entscheidungserheblich ist hingegen nach Grund und Höhe eine besondere **Prangerwirkung** (zB reißerischer Boulevardstil und Titelschlagzeilen). 13

Die Ursachen für eine Falschbehauptung können zwar unter dem Kriterium „Anlass und Beweggrund des Handelnden" (hierzu unten Rn 50) und bei der Prüfung des Verschuldens (hierzu Rn 51) beachtlich sein, nicht aber bei der Prüfung der Bedeutung und Schwere des Eingriffs. Schwere Persönlichkeitsrechtsverletzungen können daher auch dann vorliegen, wenn die schädigende Behauptung aufgrund einer Verwechslung aufgestellt wird. Das OLG Koblenz sprach einem **katholischen Pfarrer**, dessen Foto aufgrund einer grob fahrlässigen **Verwechslung im Zusammenhang mit einem Bericht über sexuellen Missbrauch Minderjähriger** in einer bundesweit erscheinenden Zeitschrift veröffentlicht wurde, eine Geldentschädigung zu (OLG Koblenz NJW 1997, 1375 f). In einem anderen Fall einer **Bildnisverwechslung,** in welchem ein Student unzutreffend in einem Fernsehbeitrag als **Neonazi** bezeichnet wurde, sprach das LG Berlin trotz Richtigstellung **10.000 DM** als Geldentschädigung zu (NJW-RR 1998, 316 ff). 14

Schwere Persönlichkeitsrechtsverletzungen können auch vorliegen, wenn der Betroffene in einen **falschen, ehrenrührigen Kontext** gerückt wird. So ist es zB unzulässig, einen Mann auf einem **Unfallfoto** im Rahmen eines Berichts über einen schweren Verkehrsunfall mit mehreren Toten nach einer Disconacht abzubilden, ohne dabei klarzustellen, dass er nur Zeuge und Helfer war. Das OLG Karlsruhe (GRUR 1989, 825, 825) sah darin eine schwere Persönlichkeitsrechtsverletzung, weil der Eindruck entstehen könne, der Kläger sei Unfallbeteiligter, und er damit „in einen gedanklichen Zusammenhang mit verantwortungslosen und lebensgefährdenden Verhaltensweisen" gebracht wurde. Ähnlich entschied das OLG Karlsruhe auch den Fall der Darstellung eines **„Wunderheilers"** und Wahrsagers als **Hochstapler** mit Bild und Namen in einer Zeitschrift (OLG Karlsruhe NJW-RR 1995, 477 ff). Maßgeblich war hierbei, dass wahrheitswidrig suggeriert wurde, der Mann säße wegen des Verdachts der Hochstapelei in Untersuchungshaft. 15

b) Unwahrheiten über zentrale biografische Daten. Nicht jede unwahre Behauptung ist von erheblicher Bedeutung und Tragweite für den Betroffenen. Zwar sind unwahre Informationen nicht von der Kommunikations- und Informationsfreiheit (Art. 5 GG) geschützt und können daher Unterlassungsansprüche begründen, die erforderliche Schwere der Persönlichkeitsrechtsverletzung ist jedoch bei einfachen Unwahrheiten in der Regel nicht erreicht, weshalb kein Anspruch auf Geldentschädigung besteht. Anders ist dies bei **Unwahrheiten über zentrale biografische Daten**, wie zB Verlobungen, Hochzeiten, Trennungen, Berufswechsel oder -aufgabe, Wohnsitzwechsel, finanzielle Stellung, da solche 16

Informationen das öffentliche Bild und die öffentliche Wertschätzung des Betroffenen maßgeblich prägen. So löst zB die Behauptung **falscher Hochzeitsabsichten** einen Anspruch auf Geldentschädigung aus (BGH NJW 1995, 861, 865 – Caroline von Monaco I; OLG Hamburg NJW 1996, 2870, 2871; OLG Hamburg AfP 2009, 509). Die **wahrheitswidrige Behauptung einer nichtehelichen neuen Beziehung** kann für die Betroffenen von erheblicher Bedeutung und Tragweite sein und daher Anspruch auf Geldentschädigung begründen (LG Berlin Urt. v. 25.3.2003 – 27 O 1049/02), ebenso die wahrheitswidrige Behauptung eines **unehelichen Kindes** (OLG München AfP 1990, 45) oder einer Schwangerschaft (OLG Hamburg AfP 2009, 509).

17 Auch die **Zugehörigkeit eines Menschen zu einer bestimmten Gruppe**, zB einer Partei oder einem Verein, ist ein zentrales biografisches Datum, weil die Person damit ihren Interessen, Absichten und Überzeugungen Ausdruck verleiht. Eine schwere Persönlichkeitsrechtsverletzung liegt daher zB dann vor, wenn jemand einer **politischen Partei** zugeordnet wird, der er nicht angehört und der er fern steht (BGH NJW 1980, 994, 995; OLG Saarbrücken NJW-RR 2007, 112, 114). Gleiches gilt bei der Zuordnung einer Person in das falsche sexuelle Lager. Einem angehenden Lehrer, dessen Foto, auf welchem er fast nackt abgebildet war, in einem **Homosexuellen-Reiseführer** abgedruckt wurde, wurde hierfür Geldentschädigung zugesprochen (AG Berlin Charlottenburg NJW-RR 1999, 1546 f).

18 **c) Erfundene oder verfälschte Interviews und Zitate.** Zitate nehmen – auch in indirekter Rede – als Stilmittel „Authentizität" für sich in Anspruch, konkret die Übereinstimmung der Darstellung einer Äußerung mit der tatsächlich gefallenen Äußerung (OLG Köln AfP 2009, 603). Der Mensch wird in der öffentlichen Wahrnehmung vor allem daran gemessen, wie er sich artikuliert. Dabei kommt es nicht nur darauf an, was eine Person sagt, sondern auch wie sie es formuliert. Ebenso ist nicht unerheblich, wann und zu welchen Themen sowie in welcher Form (zB in welchem Medium) sich jemand überhaupt zu Wort meldet. Niemand muss es daher dulden, dass ihm Äußerungen in den Mund gelegt werden, die er nicht oder nicht so getan hat (BGH NJW 1982, 635, 637 – Böll/Walden II).

19 Die Veröffentlichung von **erfundenen Interviews oder Zitaten** stellt in der Regel eine schwere Persönlichkeitsrechtsverletzung dar, weil sie den sozialen Geltungsanspruch und die Selbstbestimmung verletzen sowie das öffentliche Bild des Betroffenen verfälschen. Es handelt sich um gravierende Verstöße gegen die journalistische Sorgfaltspflicht (BGH NJW 1995, 861, 864 – Caroline I; BVerfG NJW 1973, 1221, 1223 – Soraya; *Steffen*, NJW 1997, 10, 11; BGH NJW 1982, 635, 637 – Böll/Walden II; OLG Köln AfP 2009, 603).

20 Werden tatsächlich getätigte Äußerungen unautorisiert **verändert** (zB **verkürzt** oder **umformuliert**), ist dies zwar unzulässig, aber nur dann als schwere Persönlichkeitsrechtsverletzung im Sinne des Geldentschädigungsanspruchs anzusehen, wenn damit der Sinn entstellt wird oder die sprachliche Form der tatsächlichen Wortwahl des Zitierten nicht mehr gerecht wird. Werden mehrdeutige Äußerungen in **indirekter Rede** zitiert und dem Leser damit eine für den Zitierten abträgliche Interpretation aufgezwungen, die nicht als solche erkennbar wird, kann darin eine Verfälschung liegen, die Anspruch auf Geldentschädigung begründet (OLG Köln AfP 2009, 603 – Äußerungen über Nationalsozialismus). Eine schwerwiegende **Sinnentstellung** kann auch vorliegen, wenn eine Äußerung aus ihrem Kontext gerissen oder zu einem Zeitpunkt zitiert wird, in dem sich der Zitierte längst anders zur Thematik stellt und dies dabei verschwiegen wird.

21 Nicht jede tatsächlich gefallene Äußerung darf öffentlich gemacht werden. **Äußerungen im privaten Kreis**, die nicht zur Veröffentlichung vorgesehen sind, fallen in die geschützte **Privatsphäre.** Schon das heimliche Aufzeichnen des gesprochenen Wortes verletzt das Persönlichkeitsrecht und ist nach § 201 StGB strafbar. Jedoch führt nicht jede Verletzung der Privatsphäre zu einem Anspruch auf Geldentschädigung (hierzu nachfolgend unter Rn 23).

22 **d) Eingriffe in die Privatsphäre.** Eingriffe in die **Privatsphäre** (zum Begriff s. Abschnitt 33 Rn 30 ff) belasten die Betroffenen schwer, weil eine öffentliche Darstellung zum hilflosen Gefühl der Beobachtung und Bloßstellung führt. Da die Privatsphäre nicht allein räumlich definiert ist (BVerfG NJW 2000, 1021, 1022), können auch Darstellungen von privaten Vorgängen, die sich an öffentlich zugänglichen Orten abgespielt haben, das Persönlichkeitsrecht verletzen.

23 Die Rechtsprechung ist jedoch mit der Zubilligung von Geldentschädigung nach Verletzungen der Privatsphäre zurückhaltend. Zu der Indiskretion müssen **weitere verletzende Umstände** hinzutreten. Insbesondere bei Romanen und anderen künstlerischen Werken stellt der BGH besonders hohe An-

forderungen an die Zubilligung einer Geldentschädigung wegen Verletzungen der Privat- und Intimsphäre (BGH GRUR 2010, 171, 172 – Esra).

Eine schwere Persönlichkeitsrechtsverletzung liegt zB vor, wenn ein **Vater** am **Grab seines ermordeten Kindes** heimlich fotografiert wird und dieses Foto veröffentlicht wird (LG Köln AfP 1991, 757) oder **die Mutter eines Verbrechensopfers im Gerichtssaal** ungefragt fotografiert und dieses Fotos einwilligungslos in **reißerischer Aufmachung** veröffentlicht wird (LG Münster NJW-RR 2005, 1065). 24

Weitere schwerwiegende Persönlichkeitsrechtsverletzungen durch Eingriffe in die Privatsphäre mittels **unerlaubter Fotoveröffentlichungen** sind Fälle, die dadurch gekennzeichnet sind, dass Fotos heimlich hergestellt werden, um private oder intime Situationen unter Ausnutzung der Unbefangenheit der Abgebildeten einzufangen. Hierbei handelt es sich oft um die Veröffentlichung sogenannter **Paparazzifotos**, die von Profifotografen hergestellt werden, deren berufliche Betätigung primär in der Beobachtung und Verfolgung von Prominenten besteht. 25

Eine der höchsten bisher ausgeurteilten Geldentschädigungen (**200.000 DM**) sprach das OLG Hamburg (OLG Report 2001, 139ff) *Prinzessin Caroline von Monaco* wegen zwei Veröffentlichungen mit jeweils **mehreren Paparazzifotos** zu. Zum einen wurde eine Serie von 36 Fotos veröffentlicht, die sie vor dem offiziellen Bekanntwerden der Beziehung mit ihrem jetzigen Ehemann beim **Austausch von Zärtlichkeiten** an Bord einer Yacht zeigten, die vor dem Hafen von Palma de Mallorca ankerte. Zum anderen wurden Aufnahmen veröffentlicht, die sie **betend und beim Abendmahl in einer Freiluftkirche** auf Jamaika zeigten. 26

Das OLG Köln sprach der Ehefrau des Moderators Günter Jauch eine Geldentschädigung zu, nachdem eine Illustrierte sie bei der (von der Öffentlichkeit abgeschirmten) **Hochzeit** in einem besonders privaten Moment kurz vor der **Trauung** im Brautkleid in einem **abgeschiedenen Bereich** eines ohnehin weiträumig **abgesperrten Areals** gezeigt hatte (OLG Köln Urt. v. 10.3.2009 – 15 U 163/08; aA OLG Hamburg – 7 U 11/08).

Der Schriftstellerin Hera Lind wurde wegen der Veröffentlichung einer Bilderstrecke von **fünfzehn heimlich hergestellten Paparazzifotos** in einer Illustrierten, die sie im Kreise ihrer Familie bei einem **Badeaufenthalt** während eines Urlaubs an einem abgelegenen Strand in **teilweise unbekleidetem Zustand** zeigen, Geldentschädigung zugesprochen (LG Hamburg ZUM 2002, 68 ff). 27

Seit die Rechtsprechung zur geschützten Privatsphäre auch **Angelegenheiten** zählt, die dem Betroffenen **unangenehm** sind (BVerfG 2000, 1021, 1022), überschneidet sich der Schutz der Privatsphäre insoweit mit der oben in Rn 9 behandelten Fallgruppe (unwahre Behauptungen schwerwiegender Verfehlungen). Das BVerfG versteht darunter **Angelegenheiten, deren „öffentliche Erörterung oder Zurschaustellung als unschicklich gilt“**, als peinlich empfunden wird oder nachteilige Reaktionen der Umwelt auslösen und benennt als **Beispiele Indiskretionen aus Tagebüchern oder vertraulicher Kommunikation**, den Bereich der **Sexualität** (hierzu auch Rn 29), **sozial abweichendes Verhalten** und **Krankheiten.** Da in solchen Fällen die besondere Schutzwürdigkeit der Privatsphäre nunmehr auch verfassungsrechtlich bestätigt ist, können in diesen Bereichen schwerwiegende, geldentschädigungswürdige Verletzungen auch dann vorliegen, wenn die mitgeteilten Tatsachen wahr sind. Die Schwere der Verletzung ist in derartigen Fällen vor allem am Detailreichtum der Schilderungen, der Aufmachung und dem Verbreitungsgrad zu beurteilen, da der **Grad der Bloßstellung** des Betroffenen im Wesentlichen von diesen Faktoren abhängig ist. Ein Geldentschädigungsanspruch kann zB bei der rechtswidrigen Preisgabe von Details einer **Ehekrise** oder **Scheidung** bestehen, auch wenn es sich um bekannte Persönlichkeiten handelt, die ihre Ehe willentlich dem Medieninteresse ausgesetzt hatten (OLG Hamburg Urt. v. 20.5.2008 – 7 U 100/07). 28

e) **Eingriffe in den Intimbereich.** Eingriffe in den **Intimbereich**, zB durch den ungenehmigten Abdruck von **Nacktfotos** oder Schilderungen **sexueller Vorgänge** (vgl BGH AfP 1988, 34, 35 – intime Beziehungen), treffen den Menschen im Kern seiner Selbstbestimmung, Würde und Ehre (zur Intimsphäre s. auch 33. Abschnitt Rn 22 ff). Sie sind daher auch dann ohne Einwilligung unzulässig, wenn sie wahrheitsgemäß sind. In diesen Fällen erreichen Geldentschädigungen oft gehobene Größenordnungen (vgl zB LG Hamburg ZUM 2002, 68 – Paparazzifotos beim Baden 150.000 DM; AfP 2002, 340 – Computerspiel 90.000 DM; OLG Hamm NJW-RR 2004, 919 – Lisa Loch 70.000 EUR). 29

Die ungenehmigte, aber zutreffende Veröffentlichung über das Sexualleben ist insbesondere dann schwerwiegend, wenn sie zur Preisgabe bisher nicht öffentlicher Informationen intimer Art führt. Einem Versicherungsvertreter, dessen **Homosexualität** im Wege eines **„Zwangsoutings“** mit einem Foto 30 vom **Christopher Street Day** 2002 in Würzburg in einem Beitrag über Schwule in München 2004 öffentlich gemacht wurde, sprach das LG München I (Urt. v. 21.7.2005 – 7 O 4742/05, rechtskräftig) Geldentschädigung zu.

31 Eine in der Praxis besonders relevante Fallgruppe von Geldentschädigungen nach schweren Persönlichkeitsrechtsverletzungen ist die Verwendung von Personenfotos im **sexuellen Zusammenhang** und die Veröffentlichung von **Nacktfotos.** Wenn bei der Verletzung des Rechts am eigenen Bild zugleich auch in die **Intimsphäre** des Abgebildeten eingegriffen wird oder er in einen anzüglichen, ehrenrührigen Zusammenhang gesetzt wird, ist die erforderliche Schwere der Verletzung in der Regel erreicht. Die Schwere der Verletzung ergibt sich in diesen Fällen oft nicht aus dem Foto allein, sondern aus dem Zusammenspiel mit dessen redaktioneller Einbindung, zB der Zweckentfremdung eines hochwertigen Aktfotos in einem Pornomagazin oder der Hinzufügung falscher, herabsetzender Bildunterschriften. So steht zB einem Ehemann, der sich „in fröhlicher Radlerrunde" fotografieren ließ, eine Geldentschädigung zu, wenn das Bild im **Zusammenhang mit Nacktfotos** eines Mädchens im Rahmen der Reihe „Die schönsten Mädchen – die schönsten Inseln" veröffentlicht wird, wodurch nach Auffassung des Gerichts der Eindruck erweckt wurde, der Mann unterhalte eine **sexuelle Beziehung** zu dem Mädchen (AG Hamburg GRUR 1990, 149, 151). Einer Studentin wurde wegen des ungenehmigten Abdrucks eines **Werbefotos** in einer Illustrierten mit einer **erfundenen Untertitelung über einen „Quickie** einer Sachbearbeiterin aus M" eine Geldentschädigung zugesprochen (OLG Hamburg NJW-RR 1995, 220 ff).

32 Weil die Selbstbestimmung über die öffentliche Darstellung des eigenen unbekleideten Körpers uneingeschränkt gilt, ist nach zutreffender Ansicht des OLG Oldenburg (GRUR 1989, 344, 345) schon die ungenehmigte Veröffentlichung eines vergleichsweise „harmlosen" **Urlaubsfotos einer Frau oben ohne** in einer Illustrierten eine schwerwiegende Persönlichkeitsrechtsverletzung, die einen Anspruch auf Geldentschädigung begründet. Gleiches gilt, wenn es sich um die Begleiterin eines Prominenten handelt und die „entscheidenden Stellen" verdeckt werden (OLG Hamburg Urt. v. 4.11.2008 – 7 U 82/08). Ebenfalls ist der Anspruch auf Geldentschädigung begründet, wenn ein **Nacktfoto** einer Schauspielerin aus einer unbekleideten Spielszene eines Theaterstücks ohne ihre Einwilligung in der Berichterstattung über das Stück veröffentlicht wird (LG Saarbrücken NJW-RR 2000, 1571 ff) oder ein Nacktfoto aus einem Erotikbildband ohne Genehmigung der Abgebildeten in einem **Zeitschriftenartikel über Telefonsex** gedruckt wird (OLG München ZUM 1996, 160 ff). Auch wegen der ungenehmigten Veröffentlichung eines älteren privaten **Aktfotos auf der Titelseite eines Sexmagazins** mit der Überschrift „7 Tipps für den Mega-Orgasmus" wurde Geldentschädigung zugesprochen (OLG Hamm NJW-RR 1997, 1044 ff). Einem Familienvater und Geschäftsmann, dessen vor längerer Zeit für Modewerbung gefertigtes **„Unterhosenfoto"** in einem Zeitschriftenbeitrag veröffentlicht wurde, in dem suggeriert wurde, seine Freundin habe ihn aufgefordert, „doch mal **schärfere Slips**" zu tragen, steht eine Geldentschädigung zu (KG Berlin NJW-RR 1999, 1703, 1704). Gleiches gilt für einen **Besucher eines FKK-Geländes**, der ohne Einwilligung **sieben Sekunden lang in einem Wissenschaftsmagazin** zum Thema „Nacktheit und Scham" gezeigt wurde (LG München I NJW 2004, 617 ff). Ausnahmsweise kann die unerlaubte Darstellung eines Geschlechtsakts keinen Anspruch auf Geldentschädigung begründen, wenn der Akt in der Öffentlichkeit stattgefunden hat und die konkrete Darstellung keine Identifizierung des Liebespaares zulässt (LG Hamburg AfP 2009, 618).

33 Nina Hagen wurde wegen der Veröffentlichung eines kleinen Schwarzweißfotos in einer Zeitschrift vom LG Berlin (AfP 2001, 246, 247) eine vergleichsweise hohe Geldentschädigung zugesprochen (30.000 DM). Das Foto zeigte sie **in hochschwangerem Zustand nackt unter der Dusche** und war zuvor rechtswidrig in einem Buch veröffentlicht worden, worüber berichtet wurde.

34 **Falschbehauptungen über sexuelle Angelegenheiten** verletzen den Betroffenen in doppelter Weise und sind daher schwere Persönlichkeitsrechtsverletzungen. Das gilt zB für nicht beweisbare Behauptungen über strafbare sexuelle Handlungen mit Minderjährigen (OLG Hamburg Urt. v. 5.7.2011 – 7 U 87/10 und 88/10), insbesondere aber auch bei unwahren oder nicht beweisbaren Behauptungen über **Affären** und **Seitensprünge.** Das Landgericht München (ZUM 1998, 576) urteilte für einen Beitrag unter der Überschrift „Sex-Intrige in Bundesliga. Der Trainer und die Spielerfrauen" eine Geldentschädigung aus. Berichtet wurde u.a., es bestünden „böse Sexverleumdungen", nach denen ein namentlich genannter Bundesliga-Trainer mit mehreren Frauen seiner Spieler ein Verhältnis haben oder gehabt haben solle. Der Tochter eines ugandischen Königs, als Mannequin, Anwältin und Außenministerin tätig, wurde für die Veröffentlichung eines **Nacktfotos** zusammen mit der Behauptung, sie habe auf einer

Flughafentoilette **Intimverkehr** mit einem weißen Mann gehabt und erwarte ein Kind von Idi Amin, schon vor längerer Zeit eine Geldentschädigung zugesprochen (OLG Hamburg AfP 1977, 351).

Ungeachtet geschmacklicher Fragen sind Eingriffe in die Intimsphäre auch dann unzulässig und begründen Anspruch auf Geldentschädigung, wenn sie **humoristisch** oder **satirisch** gemeint sind. Stefanie Graf wurde vom OLG Karlsruhe (NJW 1994, 1963) wegen eines **sexuell anzüglichen Liedtextes** einer Musikgruppe („I wanna make love to Steffi Graf") Geldentschädigung zugesprochen. Ebenso einer Frau, deren gezeichnetes Bildnis in einem **Internet-Computerspiel** unter dem Slogan „Sex in fünf Sekunden... Klick die..." verwendet wurde. Das Spiel wurde im Onlineauftritt einer großen deutschen Tageszeitung angeboten und basierte auf Anspielungen auf eine angebliche kurze sexuelle Begegnung mit *Boris Becker* (LG München I ZUM 2002, 318 ff). Eine 16-jährige **Schülerin,** die aufgrund ihres verfänglichen Namens mehrfach in einer Satire-Sendung mittels eines kurzen Filmausschnitts („Mein Name ist Lisa Loch und ich bin 16 Jahre alt") in **anzüglicher Weise bloßgestellt** wurde, erhielt eine besonders hohe Geldentschädigung (70.000 EUR, OLG Hamm NJW-RR 2004, 919). 35

f) Wiederholte Verletzungen gleicher Art. Wiederholte Verletzungen gleicher Art trotz Kenntnis entgegenstehender Rechtsprechung können kumulativ die erforderliche Schwere erreichen, da sich dann der Verletzungswille deutlich zeigt und die Geldentschädigung auch der Prävention dient (BGH NJW 1996, 985, 986 – Kinderfotos; BGH NJW 2005, 215 – Kind von Caroline von Monaco, 150.000 DM; OLG Frankfurt aM NJW-RR 2010, 403). 36

Der BGH hat dies im Zusammenhang mit einer Kette von gleichartigen Fotoveröffentlichungen entschieden. Eine **wiederholte und hartnäckige Verletzung** des Rechts am eigenen Bild, die um des **wirtschaftlichen Vorteils willen** erfolgt, ist eine schwere, einen Anspruch auf Geldentschädigung rechtfertigende Verletzung des allgemeinen Persönlichkeitsrechts des Betroffenen, auch wenn die einzelne Bildveröffentlichung – jeweils für sich betrachtet – nicht als schwerwiegend einzustufen ist (BGH NJW 1996, 985, 986; OLG Hamburg AfP 2009, 509, 512). Die Fallgruppe der sogenannten **„Wiederholungsveröffentlichungen"** ist in der Praxis insbesondere im Bereich der Bildnisveröffentlichungen in Illustrierten relevant. Nicht selten werden dort in steter Folge Fotos von Personen ohne Einwilligung veröffentlicht, die dies nicht wegen zeitgeschichtlicher Bedeutung hinnehmen müssen, obwohl der entgegenstehende Wille der Abgebildeten bekannt ist. In dem vom BGH entschiedenen Fall hatte ein Verlag in vier Ausgaben seiner Zeitschrift in einem Zeitraum von vier Monaten mehrere Aufnahmen des ältesten Sohnes von *Prinzessin Caroline von Monaco* veröffentlicht, gegen die der Betroffene jeweils unverzüglich vorgegangen war. 37

Bei einer Kette von rechtswidrigen Textveröffentlichungen bestehen erhöhte Anforderungen an die Gleichartigkeit der Verletzungen, bevor ein Anspruch auf Geldentschädigung unter dem Aspekt der Hartnäckigkeit besteht (OLG Hamburg Urt. v. 20.5.2008 – 7 U 100/07). Umgekehrt kann bei einer besonders hohen Anzahl von Verletzungen (im entschiedenen Fall 86 unwahre (Titel-)Geschichten in 3 ½ Jahren) der Aspekt der rücksichtslosen Vermarktung derart im Vordergrund stehen, dass es auf die Gleichartigkeit nicht mehr entscheidend ankommt (OLG Hamburg AfP 2009, 509, 512).

Auch eine Kette von nur **drei Veröffentlichungen** mit unzulässiger **Verdachtsberichterstattung** in kurzer Folge (Abstand jeweils drei Tage) ist als schwerwiegende Persönlichkeitsrechtsverletzung beurteilt worden (OLG Hamburg NJW-RR 2006, 1707, 1708). Unerheblich war dabei, dass die Rechtswidrigkeit der ersten Veröffentlichung zum Zeitpunkt der Folgeveröffentlichungen noch nicht gerichtlich festgestellt war, da der Betroffene der Redaktion unverzüglich schriftlich dargelegt hatte, dass die Vorwürfe unberechtigt seien. Entscheidungserheblich war hingegen die besondere **Prangerwirkung** der Artikel (reißerischer Boulevardstil mit zwei Titelschlagzeilen). Ebenso ist vom LG Berlin (AfP 2007, 63, 64) eine Kette von drei **„kampagnenartigen"** Veröffentlichungen mit unzulässiger **Schmähkritik** („Puff-Politiker") als geldentschädigungsrelevante schwerwiegende Verletzung angesehen worden. 38

Sofern der Betroffene einer hartnäckigen Verletzungskette ein generelles, nicht auf bestimmte Einzelfälle (Fotos oder Formulierungen) beschränktes Verbot solcher Verletzungen erwirkt und er daher die Möglichkeit hat, wegen zukünftiger ähnlicher Verletzungen Ordnungsgelder festsetzen zu lassen, kann dies nach Auffassung des OLG Hamburg (Urt. v. 4.11.2008 – 7 U 72/08) den Anspruch auf Geldentschädigung ausnahmsweise unter dem Gesichtspunkt der Subsidiarität entfallen lassen.

g) Verletzungen des Rechts am eigenen Bild. Trotz der hohen Anforderungen an die Schwere der Rechtsverletzung als Voraussetzung des Geldentschädigungsanspruchs spricht die Rechtsprechung im Zusammenhang mit rechtswidrigen Fotoveröffentlichungen in vergleichsweise vielen Fällen Geldent- 39 schädigungen zu. Der BGH hat sich ausdrücklich dafür ausgesprochen, bei Bildnisfällen **keine überzogenen Anforderungen** an die Subsidiarität des Anspruchs zu stellen (BGH NJW 1996, 985, 986). Dies ist sachgerecht. Die Besonderheit einer Verletzung des Rechts am eigenen Bild besteht darin, dass dem Verletzten – anders als in den anderen Fällen, in denen er etwa den Widerruf oder die Richtigstellung einer sein Persönlichkeitsrecht beeinträchtigenden Äußerung verlangen kann – gegen eine solche Rechtsverletzung **keine anderen Abwehrmöglichkeiten** als ein Anspruch auf eine Geldentschädigung zur Seite stehen. Daraus folgt, dass in einem solchen Fall an die Zubilligung eines Entschädigungsanspruchs **geringere Anforderungen** als in anderen Fällen einer Persönlichkeitsrechtsverletzung zu stellen sind (BGH NJW 1996, 985, 986; kritisch Löffler/*Steffen*, § 6 LPG Rn 337).

40 Gleichwohl führt **nicht jede rechtswidrige Bildnisverwendung zu einem Anspruch auf Geldentschädigung** (OLG Koblenz NJW-RR 2010, 1348). So mangelt es zB an der erforderlichen Schwere der Verletzung, wenn ein Personenfoto, welches grundsätzlich zur Veröffentlichung freigegeben war, in einem Kontext genutzt wird, der dem Abgebildeten nicht gefällt, **ohne dass sich dabei objektiv eine Ehrverletzung oder andere zusätzlich verletzende Umstände feststellen lassen** (LG Köln NJW-RR 2007, 344 – heißblütiger Italiener; LG Bochum AfP 2007, 261 – Portrait einer Studentin).

In der vereinzelten, rechtswidrigen **Herstellung** eines Bildnisses ohne spätere Veröffentlichung liegt ohne Hinzutreten weiterer verletzender Umstände in der Regel keine schwere Verletzung des Persönlichkeitsrechts, die einen Anspruch auf Geldentschädigung begründet (OLG Hamm AfP 2009, 504). Dem entgegen kann sich auch derjenige, der die rechtswidrige Herstellung von Aufnahmen ermöglicht und damit kausal an einer späteren schweren Persönlichkeitsrechtsverletzung durch die Veröffentlichung der Aufnahmen mitwirkt, eines Geldentschädigungsanspruchs ausgesetzt sehen, im Falle einer **Behörde** auch unter dem Aspekt der **Amtshaftung** (KG Berlin NJW 2011, 2446 – Dreharbeiten bei Steuervollstreckung).

41 Umgekehrt kann aber die Veröffentlichung eines bereits zuvor rechtmäßig abgedruckten Fotos einen Anspruch auf Geldentschädigung begründen, wenn dabei **zugleich in andere Schutzgüter eingriffen** wird. Dies ist nach Ansicht des LG Hamburg zB dann der Fall, wenn ein Musical-Veranstalter unerlaubt in mehreren Tageszeitungen **Anzeigen mit einem Familienfoto** schaltet, in denen auf die **Trennung einer bekannten Künstlerin von ihrer Familie** angespielt wurde („Auseinandergelebt? Unser Family & Friends-Ticket hilft.“, LG Hamburg Urt. v. 27.10.2000 – 324 O 446/00). Da dabei das persönliche Schicksal des Abgebildeten für Geschäftsinteressen ausgebeutet wurde, bestand daneben auch ein Anspruch auf fiktive Lizenz (hierzu 44. Abschnitt Rn 33 ff).

42 In Fällen der Verletzung des Rechts am eigenen Bild tritt in der Praxis häufig der Aspekt der **Wiederholungsverletzung** hinzu (s. Rn 36 ff), wenn eine Kette gleichartiger Rechtsverletzungen vorliegt, die in ihrer Gesamtheit eine besondere Schwere begründen.

Ebenso kann nach Auffassung des Hessischen LAG eine länger andauernde rechtswidrige **Videoüberwachung** die für den Geldentschädigungsanspruch erforderliche Schwere erreichen (Urt. v. 25.10.2010 – 7 Sa 1586/09).

43 **h) Werbung und andere kommerzielle Verletzungen.** Eine schwere Persönlichkeitsrechtsverletzung kann auch vorliegen, wenn jemand in der **Werbung** ohne Einwilligung erscheint (st. Rspr BGH NJW 1958, 827 – Herrenreiter; BGH NJW 1971, 700 – Pariser Liebestropfen). Hiervon gedanklich zu trennen ist der ggf zusätzlich bestehende – verschuldensunabhängige – bereicherungsrechtliche Anspruch bei einwilligungsloser Nutzung der vermögenswerten Bestandteile des Persönlichkeitsrechts, zB des Rechts am eigenen Bild (BGH NJW 1992, 2084, 2085 – Talkmaster; BGH NJW 2000, 2195 – Marlene, s. hierzu 44. Abschnitt Rn 33 ff).

44 Die erforderliche Schwere des Eingriffs ist bei werblichen Veröffentlichungen insbesondere dann erreicht, wenn der Betroffene für ein Produkt oder eine Dienstleistung eingesetzt wird, für welches er niemals freiwillig geworben hätte, weil die **werbliche Vereinnahmung** zu einem **Ansehensverlust** führt. Im Herrenreiterfall wurde zB ein Turnierreiter zur Bewerbung eines Potenzmittels abgebildet (BGH NJW 1958, 827). Denkbar ist die erforderliche Eingriffsschwere aber auch bei unverfänglichen Produkten, die jedoch im groben Widerspruch zu der Persönlichkeit und ihrem Wirken stehen. Ein solcher Fall könnte zB vorliegen, wenn ein als Kritiker des PKW-Individualverkehrs hervorgetretener grüner Umweltpolitiker als **Testimonial** für ein Luxusauto mit besonders hohen Immissionswerten eingesetzt wird. Unzulässig ist auch die ungefragte Wiedergabe einer Person in der politischen **Wahlwerbung** (OLG Saarbrücken NJW-RR 2007, 112, 114; BGH NJW 1980, 994).

Nach der jüngeren Rechtsprechung des BGH (NJW 2007, 689 – Lafontaine) darf jedoch auch die Werbung im Einzelfall **satirisch zeitgeschichtliche Ereignisse** aufgreifen. Im entschiedenen Fall ging es um eine (durchgestrichene) Abbildung des gerade zurückgetretenen Finanzministers und aller anderen Kabinettsmitglieder in einer Anzeige eines Autovermieters mit der Schlagzeile „S. verleast auch Autos an Mitarbeiter in der Probezeit" (kritisch zum Urteil des BGH insoweit *Balthasar,* NJW 2007, 664, 666). Das OLG und das LG Hamburg hatten hierfür noch eine Lizenz von 100.000 EUR zugesprochen (AfP 2004, 566; ZUM 2004, 399). In späteren Entscheidungen hat der BGH diese neue Linie fortgeführt: Ein Eingriff in das Persönlichkeitsrecht kann auch der Werbung erlaubt sein, wenn sich der Werbende wegen des Inhalts der Anzeige auf die verfassungsrechtlich geschützte Meinungsfreiheit berufen kann. Dies ist dann der Fall, wenn sich eine Werbeanzeige in satirisch-spöttischer Form mit einem in der Öffentlichkeit bekannten und diskutierten Ereignis, an dem der Genannte beteiligt war, mit Aktualitätsbezug auseinandersetzt. Ferner darf der Image- und Werbewert des Genannten durch die Verwendung seines Namens nicht ausgenutzt und nicht der Eindruck erweckt werden, der Genannte identifiziere sich mit dem beworbenen Produkt oder empfehle es (BGH NJW 2007, 689 – Lafontaine; BGH AfP 2008, 596 – Zigarettenschachtel; BGH AfP 2008, 598 – Schau mal, Dieter; OLG Hamburg Urt. v. 2.3.2010 – 7 U 125/09 – „Herr Abramovich, sie müssen Ballack nicht verkaufen! Kommen sie lieber zur Bank mit 6 % Rendite"). 45

Die Rechtsprechung hat in der Vergangenheit in Fällen ungenehmigter Werbung nicht immer trennscharf zwischen Geldentschädigung und fiktiver Lizenz unterschieden oder Betroffenen, die mangels Prominenz oder professioneller Modelltätigkeit nicht über einen nennenswerten Marktwert im Sinne einer fiktiven Lizenz verfügen, stattdessen Geldentschädigung wegen schwerer Persönlichkeitsrechtsverletzung zugesprochen. So hat zB das AG Frankfurt (NJW 1996, 531 f) wegen der ungenehmigten Verwendung eines Fotos mehrerer Hotelgäste an einem Esstisch in einem **Werbeprospekt für Küchenherde** eine geringe Geldentschädigung zugesprochen. Das Foto war für eine Reportage zum Thema Landleben in einer Feinschmeckerzeitschrift hergestellt worden. Einem angehenden Lehrer, dessen Foto, auf welchem er „fast nackt in träumerischer Positur" abgebildet war, in einem Homosexuellen-Reiseführer in einer **Diskothekenanzeige** abgedruckt wurde, wurde ebenfalls Geldentschädigung zugesprochen (AG Berlin Charlottenburg NJW-RR 1999, 1546 f). Ebenso einer **Unternehmensberaterin** wegen der ungenehmigten Verwendung ihres Fotos und Namensnennung in einem **werbenden Beitrag** über die Wirkung von **Fischölkapseln** gegen Schuppenflechte (LG München Urt. v. 24.7.1990 – 21 U 17694/89). 46

i) **Schmähkritik.** Da die Grenze zur unzulässigen **Schmähkritik** nach der Rechtsprechung sehr hoch angesetzt wird (s. 35. Abschnitt Rn 13), dürfte heutzutage in der Regel zugleich auch die nötige Schwere für eine Geldentschädigung erreicht sein. So zB bei der Bezeichnung einer Fernsehansagerin als **„ausgemolkene Ziege"** (BGH NJW 1963, 903), eines Stadtdirektors als **„allergrößte Pfeife"** (LG Oldenburg AfP 1995, 679, 680) oder eines ehemaligen Lehrers als **„Kinderschänder"**, „Professor Sexschwein, für den wir uns vor der Welt schämen" und **„Sex-Monster"**, nachdem gegen ihn gerichtete Ermittlungen wegen sexuellen Missbrauchs von zwei minderjährigen Jungen in Thailand eingestellt wurden, weil das Alter der Jungen nicht feststellbar war (OLG Hamburg Urt. v. 5.7.2011 – 7 U 87/10 und 88/10). 47

Die Schwere der Verletzung kann sich auch aus der **Anzahl und Aufmachung der Veröffentlichungen** ergeben, insbesondere wenn die Schmähkritik **„kampagnenartig"** in mehreren Ausgaben und in Titelschlagzeilen verbreitet wird (LG Berlin AfP 2007, 63, 64 – **„Puff-Politiker"**). Wiederholte Beleidigungen und Beschimpfungen können auch ohne mediale Verbreitung in einem Nachbarschaftsstreit die nötige Schwere für einen Geldentschädigungsanspruch erreichen (OLG Frankfurt aM NJW-RR 2010, 403).

Keine besondere Schwere lag nach einem umstrittenen Urteil des LG Berlin (AfP 1997, 735, 737) in der Bezeichnung des FOCUS-Chefredakteurs Markwort als **„Plumpaquatsch-Figur"**. Das LG Berlin (AfP 2009, 526) sah provokante, kritische Meinungsäußerungen in einer Tierzeitschrift (u.a. „selbst ernannte Affenexpertin", „Affenschande", „fragwürdiger Umgang mit Tieren") nicht als unzulässige **Schmähkritik** an. 48

Zu berücksichtigen ist in solchen Fällen immer die aus Art. 5 GG folgende **Satirefreiheit** (vgl BVerfG NJW 2002, 3767 – Bonnbons), die schon die Rechtswidrigkeit entfallen lassen kann, jedenfalls aber der Schwere einer Persönlichkeitsrechtsverletzung im Hinblick auf den Geldentschädigungsanspruch entgegenstehen kann. 49

50 **2. Anlass und Beweggrund des Handelnden.** Unter diesem Aspekt können die in der Sphäre des Verletzers liegenden Umstände der Rechtsverletzung im Einzelfall gewürdigt werden. Dabei macht es zB einen bedeutenden Unterschied, ob der Verletzer aus **kommerzieller oder sonstiger eigennütziger Motivation** gehandelt hat (zB vorsätzlich falsche Titelschlagzeilen in der Unterhaltungspresse) oder einen Beitrag zu einem **Thema von erheblicher öffentlicher Bedeutung** geliefert hat und dabei nur fahrlässig die Grenzen des rechtlich Zulässigen überschritten hat. Dieser Prüfungspunkt steht daher in engem Zusammenhang zum Grad des Verschuldens (s. Rn 51 f). Gewürdigt werden kann dabei zB auch, ob der Verletzte den Verletzer zuvor medial provoziert hat, es sich also um einen **publizistischen Gegenschlag** gehandelt hat. Umgekehrt ergibt sich eine geldentschädigungsrelevante Schwere der Verletzung unter dem Aspekt „Anlass und Beweggrund", zB wenn nachweisbar ist, dass der Verletzer seine **publizistische Macht** rechtswidrig eingesetzt hat, um eine persönliche Rechnung mit dem Verletzten zu begleichen (vgl *Prinz/Peters*, Medienrecht, Rn 754), einen Konkurrenten zu schädigen oder einen Wettbewerber zu fördern.

51 **3. Grad des Verschuldens.** Ein Anspruch auf Geldentschädigung besteht nur bei verschuldeten Verstößen. **Verschulden** liegt vor, wenn gegen die publizistische Sorgfaltspflicht verstoßen wurde (hierzu oben 44. Abschnitt Rn 11, sowie 39. und 40. Abschnitt; *Prinz/Peters*, Medienrecht, Rn 255; Wenzel/*Burkhardt*, 14. Kap. Rn 115 ff)

52 **Vorsatz** ist nicht zwingend erforderlich (st. Rspr seit BGH NJW 1958, 827, 830 – Herrenreiter; Löffler/*Steffen*, § 6 LPG Rn 335; Wenzel/*Burkhardt*, 14. Kap. Rn 115 ff). Umstritten ist, ob bereits **leichte Fahrlässigkeit** ausreicht (zum Streitstand *Prinz/Peters*, Medienrecht, Rn 755 mwN, dort Rn 96). Richtigerweise ist auf den Einzelfall abzustellen, da der Grad des Verschuldens nur eines von mehreren Kriterien zur Bewertung der Schwere der Persönlichkeitsrechtsverletzung ist. Geringes Verschulden lässt den Anspruch somit nicht zwingend entfallen, kann sich aber zugunsten des Verletzers auf die Höhe des Anspruchs auswirken.

II. Keine andere Ausgleichsmöglichkeit

53 Der Anspruch auf Geldentschädigung ist gegenüber den anderen medienrechtlichen Ansprüchen **subsidiär.** Er ist **„ultima ratio"** (Löffler/*Steffen*, § 6 LPG Rn 338) und soll Schutzlücken schließen. Er kommt daher vorrangig bei Verletzungen in Betracht, die sich nicht durch eine öffentliche Berichtigung ausgleichen lassen (zu Widerruf und Richtigstellung s. 43. Abschnitt), also zB bei Verletzungen der Privat- und Intimsphäre oder des Rechts am eigenen Bild. Auch bei rechtswidriger **Verdachtsberichterstattung** (zB über strafrechtliche Ermittlungen) kann eine Richtigstellung (Distanzierung) die eingetretene **Anprangerung** und **Rufbeeinträchtigung nicht ausgleichen.** Die Verletzung würde nicht beseitigt, weshalb der Anspruch auf Geldentschädigung in diesen Fällen auch ohne Durchsetzung einer Richtigstellung besteht (OLG Hamburg NJW-RR 2006, 1707, 1709).

54 Der **Unterlassungsanspruch** lässt die Geldentschädigung nicht entfallen (aA bei künstlerischen Werken: BGH GRUR 2010, 171, 172 – Esra). Sowohl eine außergerichtliche Unterlassungserklärung als auch ein gerichtliches Verbot schützen nur gegen zukünftige weitere Verletzungen. Die bereits realisierte Verletzung wird dadurch nicht ausgeglichen. Ferner haben auch erfolgreich durchgesetzte Unterlassungsansprüche keine Außenwirkung gegenüber den Rezipienten. Denkbar ist der Wegfall einer Geldentschädigung im Zusammenhang mit Unterlassungsansprüchen allenfalls dann, wenn der Verbreiter das gegen ihn verhängte Verbot publiziert und dabei auch eine Richtigstellung und Entschuldigung veröffentlicht.

55 **Gegendarstellung und Berichtigung** lassen den Anspruch auf Geldentschädigung jedenfalls dann unberührt, wenn sie gerichtlich erstritten werden müssen (BGH NJW 1995, 861, 863 – Caroline). Ansonsten kommt es auf die Umstände des Falls an (BGH NJW 1995, 861, 863 – Caroline; Beispiele bei Löffler/*Steffen*, § 6 Rn 340; *Prinz/Peters*, Medienrecht, Rn 758 ff). Richtigstellungen sind jedenfalls dann kein ausreichendes Ausgleichsmittel, wenn durch eine rechtswidrige Veröffentlichung die Anonymität des Betroffenen aufgehoben und er in unzulässiger Form mit **Vorwürfen und Verdächtigungen angeprangert** wird (OLG Hamburg NJW-RR 2006, 1707, 1709) oder in seine Privat- oder Intimsphäre eingegriffen wurde (OLG Hamburg AfP 2010, 595, 598). Ist der Betroffene durch die Veröffentlichung gegen seinen Willen in das Scheinwerferlicht der Öffentlichkeit geraten, so verhilft ihm auch eine nachträgliche Richtigstellung nicht mehr in die **Anonymität** (LG Berlin Urt. v. 25.3.2003 – 27 O 1049/02). So muss zB ein Arzt, dem unberechtigt eine Fehldiagnose mit Todesfolge vorgeworfen wird, keine Richtigstellung verlangen, bevor er eine Geldentschädigung durchsetzen kann (LG Ham-

burg Urt. v. 26.5.2005 – 324 0 202/05, bestätigt durch OLG Hamburg Urt. v. 18.12.2007 – 7 U 85/06). Auch in anderen Fällen haben Gegendarstellung und Berichtigung eine **erneute Publizität** zur Folge, die oftmals gerade nicht im Interesse des Betroffenen liegt (*Paschke*, Medienrecht, Rn 888). Insbesondere bei Verletzungen der Privatsphäre muss der Betroffene daher keinen Berichtigungsanspruch durchsetzen, um Anspruch auf Geldentschädigung zu haben. Eine freiwillig abgedruckte umfassende Richtigstellung kann aber den Anspruch der Höhe nach mindern (OLG Hamburg AfP 2010, 596, 598).

Die **unterbliebene gerichtliche Durchsetzung einer Gegendarstellung und eines Widerrufs** stehen der Geldentschädigung jedenfalls dann nicht entgegen, wenn die Parteien bis zum Ablauf der Aktualitätsgrenze ernsthafte **Vergleichsverhandlungen** über eine redaktionelle Richtigstellung geführt haben (OLG München AfP 1990, 45). 56

C. Höhe der Geldentschädigung

I. Grundsätze

Die **Höhe der Geldentschädigung** orientiert sich in erster Linie an der Schwere der Persönlichkeitsrechtsverletzung. Zusätzlich ist die **wirtschaftliche Stellung des Verletzers** von Bedeutung. Dies folgt aus der Präventionsfunktion der Geldentschädigung. Eine Entschädigung muss für den Verletzer spürbar sein. Bei besonders finanzstarken Verletzern kann ferner eine zu geringe, für ihn kaum wahrnehmbare Entschädigung keine Genugtuung für den Betroffenen bedeuten. Somit kann die Geldentschädigung zB bei großen, finanziell gut ausgestatteten Verlagshäusern deutlich höher ausfallen als bei einzelnen Journalisten oder kleinen Werbeagenturen, auch wenn eine Verletzung gleicher Schwere begangen wurde. 57

Bei ausländischen bzw grenzüberschreitenden Veröffentlichungen können die deutschen Gerichte über Geldentschädigungsansprüche gegen ausländische Verletzer nur hinsichtlich der Beeinträchtigungen entscheiden, die aus der Verbreitung innerhalb des Geltungsbereichs des deutschen Rechts resultieren (OLG Hamburg AfP 2009, 595).

Die Spannbreite gerichtlich ausgeurteilter Geldentschädigungen reicht derzeit von rund **1.000 bis 400.000** EUR (s. nachfolgend unter Rn 60). Geldentschädigungen unter 2.500 EUR sind allenfalls bei besonders finanzschwachen Verletzern als eher **symbolische Zahlung** vertretbar. Im Regelfall sind derartig geringe Geldentschädigungen inkonsequent und daher abzulehnen. Anspruchsvoraussetzung für die Geldentschädigung ist eine besonders schwerwiegende Rechtsverletzung. Daher erscheint eine **Mindestuntergrenze von 2.500** EUR angemessen (vgl *Prinz/Peters*, Medienrecht, Rn 768: 5.000 DM im Jahre 1999; ähnlich, aber ohne Bezifferung einer Untergrenze Löffler/*Steffen*, § 6 LPG Rn 341 aE; BGH NJW 1997, 1141, 1142: 2.500 DM). 58

Unter dem **Präventionsaspekt** müssen Geldentschädigungen ihrer Höhe nach auch für finanzstarke Verletzer spürbar sein. Anders kann auch die Genugtuungsfunktion nicht erfüllt werden. Innovative, aber umstrittene und von der Rechtsprechung bisher nicht ausdrücklich übernommene Modelle zur Berechnung der Geldentschädigung bei finanzstarken Medienhäusern entwickelt *Prinz*, NJW 1996, 953 ff; kritisch hierzu *Steffen*, NJW 1997, 10; *Seitz*, NJW 1996, 2848. 59

II. Beispiele aus der Rechtsprechung

Im Folgenden werden **Beispiele** aus der jüngeren Rechtsprechung aufgezeigt, aus denen sich die Bandbreite der **Höhe der Geldentschädigungen** ersehen lässt. Die tragenden Gründe können nur verkürzt wiedergegeben werden. Vielfach sind die entschiedenen Sachverhalte komplex und die Begründungen vielschichtig. Es ist daher zu empfehlen, die Urteilsgründe einzusehen, bevor aus Urteilen in der nachfolgenden Übersicht Schlüsse für etwaige ähnlich gelagerte Fälle gezogen werden. Da sich die Höhe auch an der Finanzkraft des Verletzers orientiert, können auch gleichartige Verletzungshandlungen zu unterschiedlichen Höhen führen. Zu berücksichtigen ist ferner, dass der BGH erst Ende 1994 die Funktion des Geldentschädigungsanspruchs hinsichtlich der **Prävention** erweitert hat (BGH NJW 1995, 861 – Caroline I). **Entscheidungen vor 1995** sind somit als Orientierungshilfe nur noch eingeschränkt geeignet, da sich die Höhe in solchen Urteilen noch nicht an dem Grundsatz orientiert, dass die Geldentschädigung für den Verletzer spürbar sein muss. 60

1. Keine Geldentschädigung

61 – Keine Geldentschädigung wurde vom BGH (NJW 2010, 763) wegen Persönlichkeitsrechtsverletzungen in einem **Roman** („Esra") festgesetzt. Das LG München I hatte in erster Instanz noch eine Entschädigung von 50.000 EUR für geboten gehalten.
– Keine Geldentschädigung sprach das OLG Hamm (AfP 2009, 504) einem Busfahrer zu, der bei einem Unfall von einem die Polizei für eine TV-Serie („Toto & Harry") begleitenden Kamerateam rechtswidrig gefilmt wurde, ohne dass die Aufnahmen später ausgestrahlt wurden.
– Keine Geldentschädigung (Klagforderung waren 10.000 EUR) erhielt ein **Anwalt** trotz rechtswidriger Berichterstattung über eine **Durchsuchung** seiner gemeinschaftlich betriebenen **Kanzlei** ohne Klarstellung, dass sich die Ermittlungen nur gegen seinen Sozius richteten. Eine Gegendarstellung wurde hierzu veröffentlicht (OLG Karlsruhe GRUR 2006, 959).
– Keine Geldentschädigung (Klagforderung 5.000 DM) erhielt eine **Studentin**, die als Gelegenheitsmodell bei einer **Modenschau Badebekleidung** vorgeführt hatte, wegen der Veröffentlichung eines dabei entstandenen Fotos in einer **Werbeanzeige.** Unter dem Gesichtspunkt der ungerechtfertigten Bereicherung sprach das OLG Koblenz (GRUR 1995, 771, 772) jedoch **250 DM als fiktive Lizenzgebühr** zu.
– Keine Geldentschädigung erhielt auch ein sog. **„Hassprediger"** wegen **heimlicher Aufnahmen** während einer **Predigt** (OLG Köln NJW 2005, 2554).
– Das LG Bochum (AfP 2007, 261) wies die Geldentschädigungsklage einer **Studentin** ab (Klagforderung mindestens 5.000 EUR), deren in einem Hörsaal zunächst mit Einwilligung hergestelltes **Portrait** später in einer Internetsuchmaschine veröffentlicht wurde.
– Erfolglos blieb vor dem LG Berlin (AfP 2009, 526) eine Geldentschädigungsklage wegen provokanter, kritischer Meinungsäußerungen, die in einer redaktionellen Anmerkung zu einem erzwungenen Widerruf abgedruckt wurden. Das Gericht sah die Äußerungen (u.a. „selbst ernannte Affenexpertin", „Affenschande", „fragwürdiger Umgang mit Tieren") nicht als unzulässige **Schmähkritik** an.
– Das LG Berlin wies auch eine Geldentschädigungsklage einer Frau ab, die sich in **Dessous** für eine Titelseite zum Thema „Erotik in Berlin" fotografieren ließ, deren Aufnahmen sodann aber unter der Überschrift **„Sex in Berlin. Das Leben der Huren"** veröffentlicht wurden, wobei jedoch unter dem Bild stand „Nur käuflich für Bilder" (LG Berlin AfP 2000, 393 f).
– Keine Geldentschädigung wurde einer **Filmschauspielerin,** die sich für ein Plakat gegen Alkohol am Steuer abbilden ließ, wegen einer satirischen Verfremdung dieses **Plakatmotivs** in einer Zeitschrift zugesprochen (OLG Zweibrücken AfP 1999, 362, 363, kritisch hierzu Löffler/*Steffen*, § 6 LPG Rn 337).
– Erfolglos blieb auch eine Geldentschädigungsklage der **Eltern** eines neunzehnjährigen **Selbstmörders** wegen der Berichterstattung über den **Suizid** einschließlich eines Fotos in Feuerwehruniform (OLG Jena NJW-RR 2005, 1566). Ebenso versagte auch der BGH einem **Sohn** eine Geldentschädigung wegen eines **Filmberichts über die Tötung seiner Mutter durch seine psychisch kranke Schwester** (BGH NJW 2006, 605).
– Das OLG Celle (NJW-RR 2001, 335 ff) verwarf die Geldentschädigungsklage eines **Bordellbetreibers** gegen eine Berichterstattung über ein gegen ihn gerichtetes **Ermittlungsverfahren,** im Zuge derer ein Portraitfoto veröffentlicht wurde.
– Erfolglos blieb auch die Klage eines **Polizisten** wegen einer Berichterstattung über ein gegen ihn gerichtetes **Strafverfahren** wegen sexuellen Missbrauchs, welches am Ende gemäß § 153 StPO eingestellt wurde (Klagforderung war 5.000 EUR; LG Halle AfP 2005, 188).
– **Keine Geldentschädigung** (Klagforderung „mindestens" 2.000 EUR) erhielt ein **Polizist,** der im Rahmen eines Artikels abgebildet wurde, welcher sich kritisch mit der **Berliner Reiterstaffel** auseinandersetzte. Der Polizist, selbst Mitglied der Reiterstaffel und in Reiterpose abgebildet, sah sich durch den Artikel persönlich angeprangert. Der Verlag hatte öffentlich klargestellt, dass sich der Text nicht auf den Kläger bezog, und sich entschuldigt (LG Berlin Urt. v. 14.1.2003 – 27 O 944/02).
– Ebenfalls vom LG Berlin abgewiesen wurde die Geldentschädigungsklage eines pensionierten Oberstudienrates, dessen Bildnis aufgrund einer **Fotoverwechslung** in einer Lokalausgabe der Bild-Zeitung unter der Überschrift **„Die Schamlosen"** veröffentlicht wurde. Der Artikel behandelte die **Pensionsansprüche** der ehemaligen Funktionsträger der Bankgesellschaft Berlin, wobei dem Portrait des Klägers irrtümlich zugeschrieben wurde, er sei ein namentlich genannter „Ex-Vorstand" und erhalte eine Pension von „15338,76 pro Monat". Der Kläger war zwar ehemals Schulleiter

einer Schule für Banken und Versicherungen, aber niemals für die Bankgesellschaft Berlin tätig, von welcher er auch keinerlei Zahlungen erhielt. Das LG Berlin sah in der Veröffentlichung gleichwohl keine schwere Persönlichkeitsrechtsverletzung im Sinne des Geldentschädigungsanspruchs. Maßgeblich war für das Gericht hierbei u.a. die Tatsache, dass die Zeitung am Tage nach der Veröffentlichung eine **Richtigstellung** gedruckt hatte. Damit sei die ohnehin nur bei wenigen Lesern anzunehmende Fehlvorstellung ausreichend ausgeglichen worden (LG Berlin Urt. v. 19.6.2003 – 27 O 200/03). In einem anderen Fall einer **Bildnisverwechslung,** in welchem ein Student unzutreffend in einem Fernsehbeitrag als **Neonazi** bezeichnet wurde, sprach das LG Berlin indessen trotz Richtigstellung **10.000 DM** als Geldentschädigung zu (NJW-RR 1998, 316 ff).
- Keine Geldentschädigung wurde wegen eines bebilderten Artikels über einen **Geschlechtsakt** in der von außen einsehbaren Küche eines bekannten Nobel-Restaurants zugesprochen, da aufgrund der konkreten Ausgestaltung des Artikels das Gericht nicht von einer **Identifizierbarkeit** der Akteure ausging (LG Hamburg AfP 2009, 618). Ebenfalls an fehlender **Erkennbarkeit** scheiterte eine Geldentschädigungsklage eines mit **versteckter Kamera** gefilmten Haustürvertreters (OLG Saarbrücken AfP 2010, 81).
- Keine Geldentschädigung sprach das OLG Thüringen (AfP 2010, 277) einer Chefärztin wegen unzutreffender Äußerungen eines Kommunalpolitikers gegenüber den Medien über ihre berufliche Erfahrung zu (zu diesem Fall: *Heuchemer,* AfP 2010, 222).

2. Geldentschädigung bis 2.500 EUR

- Nur **1.700 DM** Geldentschädigung (Klagforderung 3.500 DM) erhielt eine junge Frau, die ihr Bildnis im Rahmen eines Vermittlungsauftrags an eine **Partnerschaftsagentur** übergeben hatte. Das Foto wurde sodann ohne ausdrückliche Einwilligung und mit einem **falschen Begleittext in einer Partnerschaftsanzeige** veröffentlicht. Die Agentur hatte die Verwechslung in einer weiteren Anzeige berichtigt (AG Nürnberg ZUM-RD 2000, 204 f). 62
- **2.000 DM** (Klagforderung 4.000 DM) sprach das AG Hamburg (GRUR 1990, 149, 151) einem verheirateten Mann wegen der Veröffentlichung seines Fotos in einer Zeitschrift zu. Der Mann hatte sich „in fröhlicher Radlerrunde“ fotografieren lassen. Gedruckt wurde das Bild im **Zusammenhang mit Nacktfotos** des „Mädchens Christine“ im Rahmen der Reihe „Die schönsten Mädchen – die schönsten Inseln“, wodurch nach Auffassung des Gerichts der Eindruck erweckt wurde, der Mann unterhalte eine **sexuelle Beziehung** zu dem Mädchen.
- **2.000 DM** wurden wegen der ungenehmigten Verwendung eines Fotos mehrerer Hotelgäste an einem Esstisch in einem **Werbeprospekt** für Küchenherde zugesprochen. Das Foto war für eine Reportage zum Thema Landleben in einer Feinschmeckerzeitschrift hergestellt worden (AG Frankfurt NJW 1996, 531 f).
- **1.000 EUR** erhielt ein **Gelegenheitsmodell** wegen der unerlaubten Übernahme eines ihrer Fotos von einer Agenturhomepage im Zuge eines Berichts über „Möchtegern-Stars“ und unseriöse Modellagenturen (LG Stuttgart Urt. v. 28.6.2005 – 17 S 3/05; das LG Frankfurt hielt hingegen in einem ähnlichen Fall die Veröffentlichung für zulässig: Urt. v. 27.1.2005 – 2/03 O 444/04).
- **2.000 EUR** betrug die Geldentschädigung, die ein **Kellner** wegen eines bebilderten Artikels zugesprochen bekam, in dem darüber berichtet wurde, wie er einen aus der Fernsehsendung „DSDS“ bekannten **Musiker,** der vor dem Lokal **Straßenmusik** machen wollte, aufforderte, den Platz zu verlassen (OLG Karlsruhe NJW-RR 2009, 1273).
- **3.000 DM** musste der Verlag einer Zeitschrift an einen Mann zahlen, der zusammen mit anderen Personen auf einem **Unfallfoto** im Rahmen eines Berichts über einen schweren Verkehrsunfall mit mehreren Toten nach einer Disconacht gezeigt wurde. Das OLG Karlsruhe (GRUR 1989, 825, 825) sah darin eine schwere Persönlichkeitsrechtsverletzung, weil der Eindruck entstehen könne, der Kläger sei Unfallbeteiligter, obwohl er nur Zeuge und Helfer war. Er sei damit „in einen gedanklichen Zusammenhang mit verantwortungslosen und lebensgefährdenden Verhaltensweisen“ gebracht worden.
- **4.000 DM** (Klagforderung 6.000 DM) erhielt eine Frau vom OLG Oldenburg (GRUR 1989, 344, 345) wegen der ungenehmigten Veröffentlichung eines **„oben-ohne“-Fotos aus ihrem Spanienurlaub** in einer Illustrierten.
- **5.000 DM** wurden einer Studentin wegen des ungenehmigten Abdrucks eines **Werbefotos** in einer Illustrierten mit einer **erfundenen Untertitelung über einen „Quickie** einer Sachbearbeiterin aus M“ zugesprochen (OLG Hamburg NJW-RR 1995, 220 ff).

- **5.000 DM** sprach das LG Saarbrücken (NJW-RR 2000, 1571 ff) einer Schauspielerin zu, von welcher ein **Nacktfoto** aus einer unbekleideten Spielszene eines Theaterstücks ohne ihre Einwilligung in der Berichterstattung über das Stück veröffentlicht wurde.
- **5.000 DM** erhielt auch ein angehender Lehrer, dessen Foto, auf welchem er „fast nackt in träumerischer Positur" abgebildet war, in einem **Homosexuellen-Reiseführer** in einer Discothekenanzeige abgedruckt wurde (AG Berlin Charlottenburg NJW-RR 1999, 1546 f). Das OLG Frankfurt aM (NJW-RR 2003, 553 f) wies hingegen eine Geldentschädigungsklage wegen des Abdrucks eines Männerfotos im Zusammenhang mit einer Zeitungsglosse über homosexuelle Paare ab.
- **5.000 DM** wurden einem **Politiker** wegen rechtswidriger Behauptungen auf einem Flugblatt im **Wahlkampf** vom OLG München (NJW-RR 2002, 1045) zugesprochen. Dort wurde u.a. behauptet, er habe Polizisten beleidigt, einen anderen Abgeordneten als „katholischen Drecksack" bezeichnet und sei vom Bundeskanzler „entlassen" worden.

3. Geldentschädigung zwischen 2.500 EUR und 5.000 EUR

63 - **3.000 EUR** (Klagforderung 30.000 EUR) setzte das OLG Hamburg (AfP 2009, 595) als Geldentschädigung für die wahrheitswidrige Behauptung einer längeren **Liebesbeziehung** eines Verlobten mit einer anderen Frau fest. Die Behauptung wurde in einer Internet-Pressemitteilung zu einer in Deutschland nicht vertriebenen österreichischen Zeitschrift verbreitet, das OLG entschied daher nur über den Schaden, der durch die geringe Verbreitung in Deutschland eintrat. Es wurde eine Richtigstellung veröffentlicht.
- **3.000 EUR** wurden einem **Besucher eines FKK-Geländes** zugesprochen, der ohne Einwilligung **sieben Sekunden lang in einem Wissenschaftsmagazin** zum Thema „Nacktheit und Scham" gezeigt wurde (LG München I NJW 2004, 617 ff).
- **5.000 EUR** sprach das LG Münster (NJW-RR 2005, 1065) der **Mutter eines Verbrechensopfers** zu, die ungefragt **im Gerichtssaal fotografiert** wurde und ohne Einwilligung zum Gegenstand einer **reißerischen Berichterstattung** gemacht wurde.
- 7.500 DM wurden für die Abbildung eines **SPD-Mitglieds in einer CDU-Wahlkampfbroschüre** zugesprochen (BGH NJW 1980, 994, 995). In einem ähnlichen Fall wurden 2006 **10.000 EUR** zugesprochen (OLG Saarbrücken NJW-RR 2007, 112, 114).
- **8.000 DM** erhielt eine Frau wegen der unberechtigten Übernahme eines sie zeigenden Nacktfotos aus einem Erotikbildband in einem **Zeitschriftenartikel über Telefonsex** (OLG München ZUM 1996, 160 ff).
- **8.000 DM** wurden einem **Vater** wegen eines Fotos am **Grab seines ermordeten Kindes** zugesprochen (LG Köln AfP 1991, 757).
- **10.000 DM** wurden für die Darstellung eines **„Wunderheilers"** und Wahrsagers als **Hochstapler** mit Bild und Namen in einer Zeitschrift vom OLG Karlsruhe (NJW-RR 1995, 477 ff) ausgeurteilt. Maßgeblich war hierbei insbesondere, dass wahrheitswidrig suggeriert wurde, der Mann säße wegen des Verdachts der Hochstapelei in Untersuchungshaft.
- **10.000 DM** erhielt eine **Unternehmensberaterin** wegen der ungenehmigten Verwendung ihres Fotos und Namensnennung in einem **werbenden Beitrag** über die Wirkung von **Fischölkapseln** gegen Schuppenflechte (LG München Urt. v. 24.7.1990 – 21 U 17694/89).
- **10.000 DM** wurden auch der damaligen **Freundin des Sängers Leonhard Cohen** zugesprochen, von der ein älteres **Halbaktfoto** mit der Bildunterschrift „Auf der Insel A. entspannt er mit wechselnden Freundinnen" veröffentlicht wurde (OLG Frankfurt GRUR 1987, 195).
- Zu je **5.000 EUR** Geldentschädigung wurden zwei Verlage vom OLG München (ZUM 2002, 744 ff) verurteilt, weil sie ein **Aktfoto der verstorbenen *Marlene Dietrich*** ohne Zustimmung ihrer Tochter veröffentlicht hatten. Das OLG sprach hier von einer „besonderen **Entschädigung wegen Verletzung des postmortalen Würdeanspruchs**" und leitete den Anspruch unmittelbar aus Art. 1 Abs. 1 GG iVm § 823 Abs. 1 BGB her.
- **5.000 EUR** erhielt (neben einer Lizenzentschädigung von zusätzlichen 200 EUR) ein Versicherungsvertreter, dessen **Homosexualität** im Wege eines **„Zwangsoutings"** mit einem Foto vom **Christopher Street Day** 2002 in Würzburg in einem Beitrag über Schwule in München 2004 öffentlich gemacht wurde (LG München I Urt. v. 21.7.2005 – 7 O 4742/05, rechtskräftig).
- Ebenfalls **5.000 EUR** wurden dem Sohn des ehemaligen irakischen Chemieexperten (**„Saddams Giftmischer"**) wegen einer Abbildung im Zuge eines reißerischen Beitrags über seinen Vater zugesprochen (AG Hamburg NJW-RR 2004, 844).

- Für die Behauptung, ein Journalist habe für die Stasi gearbeitet, setzte das OLG Hamburg (AfP 1997, 477, 478) **10.000 DM** fest.
- **10.000 DM** setzte das OLG Hamm (NJW-RR 1993, 735) für die in Verdachtsform verbreitete Behauptung fest, jemand habe zu DDR-Zeiten an einem Stasimord mitgewirkt.
- **7.000 EUR** sprach das LAG Hessen (Urt. v. 25.10.2010 – 7 Sa 1586/09) einer Arbeitnehmerin wegen der andauernden **Videoüberwachung** ihres Arbeitsplatzes gegen ihren erklärten Willen zu.

4. Geldentschädigung zwischen 5.000 EUR und 10.000 EUR

- **13.000 DM** wurden einem bekannten Volksmusiksänger wegen der falschen Behauptung eines unehelichen Kindes zugestanden (neben 10.000 DM materiellen Schadensersatz; OLG München AfP 1990, 45). 64
- **15.000 DM** sprach das OLG Karlsruhe einer jungen Frau zu, die **nackt** im Zusammenhang mit einem Bericht über **Brustvergrößerungen** gezeigt wurde (OLG Karlsruhe NJW-RR 1994, 95).
- **Ebenfalls 15.000 DM** erhielt eine Tochter eines ugandischen Königs, Mannequin, Anwältin und Außenministerin, für die Veröffentlichung eines **Nacktfotos** zusammen mit der Behauptung, sie habe auf einer Flughafentoilette **Intimverkehr** mit einem weißen Mann gehabt und erwarte ein Kind von Idi Amin (OLG Hamburg AfP 1977, 351).
- **15.000 DM** erhielt ein Mann, der in einer Zeitung in zwei Veröffentlichungen als **„Berlins gierigster Lehrer** – er machte drei Jahre krank, baute seinen Doktor und will jetzt mehr Gehalt" mit Foto angeprangert wurde (LG Berlin NJW 1997, 1373, 1374).
- Das OLG Oldenburg (AfP 1995, 679) setzte eine Geldentschädigung von **15.000 DM** wegen der Behauptung fest, der Stadtdirektor sei die „allergrößte Pfeife".
- **15.000 DM** erhielt auch ein Geschäftsführer und Familienvater, dessen vor längerer Zeit für Modewerbung gefertigtes **„Unterhosenfoto"** in einem Zeitschriftenbeitrag veröffentlicht wurde, in dem suggeriert wurde, seine Freundin habe ihn aufgefordert, „doch mal **schärfere Slips**" zu tragen (KG Berlin NJW-RR 1999, 1703, 1704). Auch der Fotograf und eine beteiligte Agentur wurden zu je **weiteren 5.000 DM** verurteilt, da sie das Foto ohne die erforderliche Einwilligung weitergegeben hatten.
- **20.000 DM** sprach das OLG Koblenz einem **katholischen Pfarrer** zu, dessen Foto aufgrund einer grob fahrlässigen **Verwechslung im Zusammenhang mit einem Bericht über sexuellen Missbrauch Minderjähriger** in einer bundesweit erscheinenden Zeitschrift veröffentlicht wurde (OLG Koblenz NJW 1997, 1375 f).
- Ebenfalls **20.000 DM** wurden vom OLG Hamm (NJW-RR 1997, 1044 ff) wegen der ungenehmigten Veröffentlichung eines älteren privaten **Aktfotos auf der Titelseite eines Sexmagazins** mit der Überschrift „7 Tipps für den Mega-Orgasmus" festgesetzt.
- **20.000 DM** erhielt ein Gastwirt wegen eines Fotos mit verschiedenen Mädchen auf einem Straßenfest, welches als Illustration eines Romans über Mädchenhandel, Rauschgiftorgien und sexuelle Exzesse verwendet wurde (LG München I Urt. v. 17.1.1990 – 9 O 19626/89).
- **10.000 EUR** wurden einem **Schornsteinfeger** zugesprochen, der ungefragt auf einem **Plakat im Landtagswahlkampf** abgebildet wurde (OLG Saarbrücken NJW-RR 2007, 112).
- **10.000 EUR** setzte das LG Berlin (AfP 2010, 284) als Geldentschädigung im Wege der Amtshaftung wegen einer rund 4 Jahre andauernden **Bespitzelung** eines Journalisten durch den Bundesnachrichtendienst fest.
- **10.000 EUR** (Klagforderung mindestens 80.000 EUR) wurden einem bekannten Adeligen wegen der rechtswidrigen Verbreitung von **Scheidungs**details zugesprochen (OLG Hamburg Urt. v. 20.5.2008 – 7 U 100/07).

5. Geldentschädigung zwischen 10.000 EUR und 25.000 EUR

- **30.000 DM** wurden *Nina Hagen* wegen der Veröffentlichung eines kleinen Schwarzweißfotos in einer Zeitschrift vom LG Berlin (AfP 2001, 246, 247) zugesprochen. Das Foto zeigte sie **in hochschwangerem Zustand nackt unter der Dusche** und war zuvor in einem Buch veröffentlicht worden. Gegen diese Buchveröffentlichung war die Sängerin erfolgreich gerichtlich vorgegangen, worüber im Artikel berichtet wurde. In einem vergleichbaren Fall hat das OLG Frankfurt aM (NJW 2000, 594 ff) **keine Geldentschädigung** zugesprochen, weil es die Wiedergabe eines Nacktfotos *Katharina* 65

Witts im redaktionellen Zusammenhang mit einer Berichterstattung über ihre Playboy-Veröffentlichung nach § 23 Abs. 2 KUG für zulässig hielt.
- Das Landgericht München (ZUM 1998, 576) setzte für einen Beitrag unter der Überschrift „Sex-Intrige in Bundesliga. Der Trainer und die Spielerfrauen“ eine Entschädigung von **20.000 DM** fest. Berichtet wurde u.a. es bestünden „böse Sexverleumdungen“, nach denen ein namentlich genannter Bundesliga-Trainer mit mehreren Frauen seiner Spieler ein Verhältnis haben oder gehabt haben solle.
- Eine Geldentschädigung in Höhe von **25.000 DM** wurde dem ehemaligen Lebensgefährten einer bekannten Künstlerin zusätzlich zu einer fiktiven Lizenzvergütung in Höhe von 20.000 DM zugesprochen, nachdem ein Musical-Veranstalter unerlaubt **in mehreren Tageszeitungen Anzeigen mit einem Familienfoto** geschaltet hatte, in denen auf die Trennung angespielt wurde („Auseinandergelebt? Unser Family & Friends-Ticket hilft.“ (LG Hamburg Urt. v. 27.10.2000 – 324 O 446/00).
- Das OLG Bremen (NJW 1996, 1000) setzte eine Entschädigung von **30.000 DM** für die Behauptung fest, ein Mann sei „Perspektiv-Agent des KGB“ gewesen.
- Ebenso **30.000 DM** setzte das OLG München (NJW-RR 1996, 1365) für die unzutreffende Behauptung fest, ein Anwalt sei für Scientology tätig.
- Eine Geldentschädigung in Höhe von **40.000 DM** setzte das Landgericht Berlin (Urt. v. 11.6.1998 – 27 O 131/98) fest, nachdem eine Zeitung berichtet hatte, Wolf Biermann hätte über den letzten Innenminister der DDR bei einer CSU-Tagung erklärt: „Der Mann ist solche Bundesscheiße, da möchte man überhaupt nicht reintreten“.
- 15.000 EUR sprach das OLG Köln der Ehefrau des Moderators Günter Jauch zu, nachdem eine Illustrierte sie bei der (von der Öffentlichkeit abgeschirmten) Hochzeit in einem besonders privaten Moment kurz vor der Trauung in einem abgeschiedenen Bereich eines ohnehin weiträumig abgesperrten Areals gezeigt hatte (OLG Köln Urt. v. 10.3.2009 – 15 U 163/08; aA OLG Hamburg – 7 U 11/08).
- **20.000 EUR** (Klagforderung mindestens 250.000 EUR) nach dreimaliger **rechtswidriger Verdachtsberichterstattung über Ermittlungsverfahren** gegen einen Anwalt mit Durchsuchung wegen eines **Betrugsverdachtes** in Münchener Boulevardzeitung (OLG Hamburg NJW-RR 2006, 1707).
- **20.000 EUR** wurden vom LG Berlin (AfP 2007, 63) wegen einer unzulässigen **Schmähkritik („Puff-Politiker“) in drei Ausgaben einer überregionalen Tageszeitung** (davon zweimal auf dem Titel mit Bildnis und Hinzufügung von Prostituiertenfotos) festgesetzt.
- Eine Geldentschädigung in Höhe von **20.000 EUR** (Klagforderung 50.000 EUR) sprach das LG Berlin (Urt. v. 25.3.2003 – 27 0 1049/02, unveröffentlicht) einer Frau zu, der in **sechs Veröffentlichungen** eines Verlages jeweils in spekulativer Weise eine **Affäre mit Boris Becker nachgesagt** wurde, wobei die Artikel jeweils mit heimlich aufgenommenen **Paparazzi-Fotos** illustriert wurden. Die besondere Schwere der Verletzung ergab sich für das LG auch aus der unberechtigten Namensnennung und aus falschen, „ins Blaue hinein“ aufgestellten Behauptungen.
- 25.000 EUR sprach das OLG Köln (AfP 2009, 603) – neben einer Richtigstellung – einer Autorin und Moderatorin wegen **verfälschter Zitate in indirekter Rede** über den **Nationalsozialismus** in einer weit verbreiteten Tageszeitung und dem zugehörigen Internetangebot zu.
- Für den nicht beweisbaren Vorwurf gegenüber einem Chefarzt in einer Fernsehsendung (SternTV), er habe riskante Eingriffe vorgenommen, dabei Kunstfehler begangen und falsche Angaben über seine Tätigkeit gemacht, hielt der BGH (NJW 1997, 1148, 1150 – Chefarzt) eine Entschädigung von **50.000 DM** für nicht hoch genug.
- **50.000 DM** erhielt ein niederländischer **Geschäftsmann** wegen der Behauptung in einem Fernsehbericht, er finanziere einen Rennstall mit **Drogengeldern**. Der Mann wurde hierbei mit einem Foto gezeigt (OLG Hamburg NJW-RR 1996, 90, 91).

6. Geldentschädigung zwischen 25.000 EUR und 50.000 EUR

66 – **25.000 EUR** wurden einem Chefarzt zugesprochen, dem in einer bundesweiten Tageszeitung eine falsche Diagnose nach einer Fehlgeburt vorgeworfen wurde, die nach Komplikationen zum Tod der Mutter führten (LG Hamburg Urt. v. 26.5.2006 – 324 O 202/05, bestätigt durch OLG Hamburg Urt. v. 18.12.2007 – 7 U 85/06).

- **25.000 EUR** (Klagforderung mindestens 11000 EUR) setzte das LG Kiel wegen der ungenehmigten Einstellung von drei privaten Nacktfotos auf eine Tauschbörse im Internet mit anzüglichem Text und Namen sowie Wohnadresse der Abgebildeten fest (NJW 2007, 1002).
- **30.000 EUR** sprach das OLG Hamburg (Urt. v. 4.11.2008 – 7 U 82/08) der Freundin eines bekannten Musikproduzenten wegen der Veröffentlichung eines Nacktfotos in einer Illustrierten zu, welches sie im Urlaub unbekleidet am Strand zeigte, wobei der Intimbereich jedoch abgedeckt war.
- **60.000 DM** wurden Stefanie Graf vom OLG Karlsruhe (NJW 1994, 1963) wegen eines sexuell anzüglichen Liedtextes einer Musikgruppe („I wanna make love to Steffi Graf") zugesprochen.
- Die Darstellung eines Mannes als Kinderschänder nach rechtskräftigem Freispruch bewertete das LG Ansbach (NJW-RR 1997, 978) mit **75.000 DM.**
- **40.000 EUR** (sowie weitere **30.000 EUR** wegen einer weiteren Veröffentlichung eines anderen Verlags) sprach das OLG Hamburg einem ehemaligen Lehrer wegen dessen Darstellung als Kinderschänder in Thailand zu, nachdem entsprechende Ermittlungen mangels Beweis eingestellt worden waren (OLG Hamburg Urt. v. 5.7.2011 – 7 U 87/10 und 88/10).
- **80.000 DM** (OLG Hamburg Urt. v. 19.1.1999 – 7 U 13/98) setzte das OLG Hamburg wegen der Darstellung eines Mannes als Schwerstkriminellen fest. Behauptet wurde u.a., dass er Beamte erpresse, im Bereich der Umweltkriminalität tätig sei und Gegner verprügele.
- **90.000 DM** wurden einer Frau zugesprochen, deren gezeichnetes Bildnis in einem **Internet-Computerspiel** unter dem Slogan „Sex in fünf Sekunden... Klick die..." verwendet wurde. Das Spiel wurde im Onlineauftritt einer großen deutschen Tageszeitung angeboten und basierte auf Anspielungen auf eine angebliche kurze sexuelle Begegnung mit *Boris Becker* (LG München I ZUM 2002, 318 ff).
- **100.000 DM** (Klagforderung 500.000 DM) setzte das LG Hamburg (ZUM 1998, 852 ff) unter Bezugnahme auf den Kumulationsgedanken des BGH (NJW 1996, 895 ff) wegen einer **Kette von fünfzehn rechtswidrigen Fotoveröffentlichungen** des Prinzen von Hannover durch einen Verlag in ca. zwei Jahren fest, obwohl es die einzelnen Fotos nicht als schwerwiegenden Eingriff ansah. Hintergrund dieses Urteils waren langjährige juristische Auseinandersetzungen zwischen den Parteien wegen Persönlichkeitsrechtsverletzungen, während derer weitere rechtswidrige Veröffentlichungen vorgenommen wurden.

7. Geldentschädigung über 50.000 EUR

- **70.000 EUR** erhielt eine 16-jährige **Schülerin,** die aufgrund ihres verfänglichen Namens mehrfach 67
in einer Satire-Sendung mittels eines kurzen Filmausschnitts („Mein Name ist Lisa Loch und ich bin 16 Jahre alt") in **anzüglicher Weise bloßgestellt** wurde (OLG Hamm NJW-RR 2004, 919 – rechtskräftig).
- **150.000 DM** wurden der Schriftstellerin Hera Lind wegen der Veröffentlichung einer Bilderstrecke von **fünfzehn heimlich hergestellten Paparazzifotos** in einer Illustrierten, die sie im Kreise ihrer Familie bei einem **Badeaufenthalt** während eines Urlaubs an einem abgelegenen Strand in **teilweise unbekleidetem Zustand** zeigen, zugesprochen. Aufnahmen mit **nacktem Busen** wurden auch auf der **Titelseite** der Zeitschrift mit einer Auflage von rund 330000 Exemplaren veröffentlicht (LG Hamburg ZUM 2002, 68 ff).
- **150.000 DM** erhielt auch die jüngste Tochter Caroline von Monacos wegen einer Kette von neun Artikeln mit zahlreichen rechtswidrigen Fotos kurz nach ihrer Geburt (BGH NJW 2005, 215).
- Für eine Kette von drei rechtswidrigen Titelgeschichten in den Zeitschriften eines Verlages (darunter ein erfundenes „Exklusivinterview" und eine wahrheitswidrige Ankündigung einer Hochzeit) setzte das OLG Hamburg eine Entschädigung von **180.000 DM** fest (NJW 1996, 2870, 2871). Der BGH (NJW 1995, 861, 865 – Caroline von Monaco I) hatte hier die Präventionsfunktion in den Mittelpunkt gerückt.
- **200.000 DM** sprach das OLG Hamburg (OLG Report 2001, 139 ff) *Prinzessin Caroline von Monaco* wegen zwei Veröffentlichungen mit jeweils **mehreren Paparazzifotos** zu. Zum einen wurde eine Serie von 36 Fotos veröffentlicht, die sie vor dem offiziellen Bekanntwerden der Beziehung beim **Austausch von Zärtlichkeiten** an Bord einer Yacht zeigten, die vor dem Hafen von Palma de Mallorca ankerte. Zum anderen wurden Aufnahmen veröffentlicht, die sie **betend und beim Abendmahl in einer Freiluftkirche** auf Jamaika zeigten.
- **400.000 EUR** wurden der Prinzessin des **schwedischen Königshauses** wegen einer Kette von 86 Artikeln mit **unwahren Behauptungen** (darunter 77 Titelgeschichten) eines Verlags in zwei von

ihm verlegten Zeitschriften innerhalb eines Zeitraums von 3 ½ Jahren zugesprochen (OLG Hamburg AfP 2009, 509). Die Unwahrheiten betrafen u.a. 3 angeblich bevorstehende **Verlobungen,** 17 geplante **Hochzeiten,** 4 **Schwangerschaften,** mehrere **Liebesverhältnisse** mit anderen Adeligen, **Alkoholprobleme** und das Verhältnis zu ihrer Schwester.

46. Abschnitt: Herausgabe-, Löschungs- und Vernichtungsanspruch

Schrifttum: *Löffler*, Presserecht, 5. Aufl. 2006 (zitiert: Löffler/*Bearbeiter*); *Prinz/Peters*, Medienrecht, 1999 (zitiert: *Prinz/Peters*, Medienrecht); *Wanckel*, Foto- und Bildrecht, 3. Aufl. 2008 (zitiert: *Wanckel*); *Wandtke/Bullinger*, Praxiskommentar zum Urheberrecht, 3. Aufl. 2009 (zitiert: Wandtke/Bullinger/*Bearbeiter*) *Wenzel*, Das Recht der Wort- und Bildberichterstattung, 5. Aufl. 2003 (zitiert: Wenzel/*Bearbeiter*).

A. Funktion und Bedeutung

Der **medienrechtliche Herausgabeanspruch** dient der **Sicherung des Unterlassungsanspruchs.** Materialien, die nicht oder nicht mehr veröffentlicht oder genutzt werden dürfen, können unter bestimmten Voraussetzungen heraus verlangt werden. Damit soll sichergestellt werden, dass (weitere) Rechtsverletzungen unterbleiben und die betroffenen Materialien nicht „in falsche Hände" gelangen. 1

Im Zuge der **Digitalisierung der Medien** verliert der Herausgabeanspruch in der Praxis seine Bedeutung. Schon vorher war es nur in besonderen Ausnahmesituationen sinnvoll, neben dem Unterlassungsanspruch auch die Herausgabe zu verlangen. Bei digital gespeicherten Informationen (zB Bildern, Texten) kann technisch nicht mehr zwischen Original und Kopie unterschieden werden, da auch eine „Kopie" weitere Kopien ohne Qualitäts- oder Substanzverlust zulässt und Dateikopien beliebig weiterverarbeitet werden können. Der **Herausgabeanspruch** ist dann in Gestalt eines **Löschungs- und Vernichtungsanspruchs** hinsichtlich der Datei und aller vorhandenen Kopien, gleich auf welchem Träger, geltend zu machen. Dies schafft aber faktisch **mangels** effektiver **Kontrollmöglichkeit** keine weitergehende Sicherheit. Der Verletzte ist in der Regel bereits durch einen adäquat formulierten Unterlassungstenor umfassend gegen weitere Rechtsverletzungen geschützt. Die **praktische Bedeutung** von Herausgabeansprüchen etc. ist somit im Medienrecht **gering.** 2

Allgemeine zivilrechtliche Herausgabeansprüche nach BGB (zB aus Eigentum, § 985 BGB) werden an dieser Stelle nicht behandelt. Der **bereicherungsrechtliche Herausgabeanspruch** nach kommerziellen Persönlichkeitsrechtsverletzungen (**fiktive Lizenz**) zB in der Werbung wurde oben im 44. Abschnitt unter Rn 33 ff erörtert. 3

B. Anspruchsgrundlagen und allgemeine Voraussetzungen

Voraussetzung des medienrechtlichen Herausgabe-, Vernichtungs- oder Löschungsanspruchs ist grundsätzlich das Bestehen eines uneingeschränkten **Unterlassungsanspruchs** hinsichtlich der zukünftigen Veröffentlichung oder sonstigen Auswertung des betroffenen Materials. Insoweit wird auf die obigen Ausführungen im 42. Abschnitt verwiesen. Da der Unterlassungsanspruch immer an eine näher zu definierende **konkrete Verletzungsform** anknüpft, ist jedoch zu berücksichtigen, dass nicht jeder Unterlassungsanspruch auch die entsprechenden Sicherungsansprüche begründet. In vielen Fällen besteht der Unterlassungsanspruch nur hinsichtlich der Verwertung in einem bestimmten Kontext oder zu einem bestimmten Zeitpunkt und auch dann nur bezüglich eines bestimmten Fotos oder einer konkret benannten Unterlage. **„Globalverbote"**, wie zB das generelle Verbot, Bilder aus dem privaten Alltag zu veröffentlichen, billigt die Rechtsprechung dem Verletzten in der Regel nicht zu (BGH NJW 2010, 1454; BGH NJW 2008, 1593). Somit bleiben regelmäßig auch nach bestandskräftigen Unterlassungsgeboten rechtmäßige Veröffentlichungen möglich. Eine **Herausgabe, Löschung oder Vernichtung** würde diese Möglichkeit aber praktisch vereiteln. Daher können **diese Sicherungsansprüche nur in seltenen Ausnahmefällen** bestehen, wenn davon ausgegangen werden kann, dass eine **Nutzung zukünftig zeitlich und thematisch unbeschränkt unzulässig ist** (Löffler/*Steffen*, § 6 LPG Rn 349; KG Berlin AfP 2006, 369, 371 f). Kein Herausgabeanspruch besteht somit zB bei Personenfotos, wenn es möglich ist, dass diese Fotos zukünftig als Bildnis aus dem Bereich der Zeitgeschichte gemäß § 23 Abs. 1 S. 1 4

KUG (oder aufgrund einer anderen Alternative des § 23 KUG) veröffentlicht werden dürfen (vgl OLG Hamburg AfP 1997, 535, 537).

5 Im Bereich der **journalistisch-redaktionellen Tätigkeit** ist dabei auch das **Recherche- und Archivierungsrecht** der Medien zu berücksichtigen, welches verfassungsrechtlich in Art. 5 Abs. 1 GG verankert ist (BVerfG NJW 2001, 503, 504 ff; OLG Hamburg AfP 1997, 535, 537). Zum Kernbereich der Pressefreiheit gehört das Recht, Informationen und Bildmaterial zusammen zu tragen und für künftige Veröffentlichungen zu archivieren, um bei Bedarf unverzüglich darauf zugreifen zu können (OLG Hamburg AfP 1997, 535, 537). Soweit in einzelnen Entscheidungen ein Herausgabeanspruch schon auf die rechtswidrige **Herstellung von Aufnahmen** gestützt wurde (zB OLG München NJW-RR 1996, 93), begegnet dies erheblichen Bedenken, sofern es um die **journalistisch-redaktionelle Nutzung** geht.

I. §§ 37, 38 KUG bei Personenfotos (Bildnissen)

6 Bei Bildnissen iSv § 22 KUG, also zB Personenfotos (zum Begriff Bildnis s.o. 34. Abschnitt, Rn 6 ff sowie *Wanckel*, Rn 121), besteht der **Herausgabeanspruch nach § 38 KUG gegen eine angemessene Vergütung** höchstens in Höhe der **Herstellungskosten.** Da der Anspruch anstelle des in § 37 geregelten **Vernichtungsanspruchs** verlangt werden kann, sind die Voraussetzungen des § 37 KUG zu erfüllen (KG Berlin AfP 2006, 396, 371).

7 Nach **§ 37 KUG** besteht der **Vernichtungsanspruch** bei **widerrechtlich verbreiteten oder öffentlich zur Schau gestellten Bildnissen,** einschließlich der zu ihrer Vervielfältigung ausschließlich bestimmten Vorrichtungen. Die Vorschrift stammt wie das gesamte KUG aus dem Jahre 1907 und ist daher ausschließlich auf die **analoge Herstellung und Vervielfältigung von Fotografien** ausgerichtet. Gegenstand der Vernichtung sind gemäß § 37 Abs. 2 KUG alle Exemplare und Vorrichtungen, welche im Eigentum der an der Herstellung, Verbreitung, der Vorführung und der Schaustellung Beteiligten sowie der Erben stehen. Zu weiteren Einzelheiten s. *Wanckel*, Rn 299 mwN sowie Wandtke/Bullinger/*Fricke*, § 22 KUG Rn 37 f.

II. Folgenbeseitigungsanspruch nach § 1004 BGB analog

8 **Herausgabe-, Vernichtungs- und Löschungsansprüche** können sich nach rechtswidrigen Eingriffen auch aus **§§ 823, 1004 Abs. 1 S. 1 BGB analog** ergeben (LG Saarbrücken NJW-RR 2000, 1571, 1573; OLG Stuttgart AfP 1987, 693). Mitunter lässt die Rechtsprechung ausdrücklich offen, ob der Anspruch aus dem BGB oder §§ 37, 38 KUG analog abzuleiten ist (OLG München NJW-RR 1996, 93).

9 Auch insoweit gelten die eingangs unter Rn 4 dargestellten **Einschränkungen.** Das Herausgabe- und Sicherungsinteresse des Verletzten ist mit den durch die Herausgabe verursachten Belastungen für den Schuldner nach dem **Verhältnismäßigkeitsgrundsatz** abzuwägen (Löffler/*Steffen*, § 6 LPG Rn 349). In vielen Fällen wird dies zu dem Ergebnis führen, dass den berechtigten Interessen der Betroffenen schon mit dem Unterlassungsanspruch ausreichend Rechnung getragen wird und damit eine Herausgabe/Vernichtung/Löschung nicht in Betracht kommt.

10 Liegen die Voraussetzungen des Herausgabeanspruches ausnahmsweise vor, kommt der **Folgenbeseitigungsanspruch** nach § 1004 BGB analog in erster Linie bei rechtswidrigem **Foto- und Filmmaterial** in Betracht, welches dauerhaft nicht mehr ausgewertet werden darf.

11 Der Herausgabeanspruch kann dem Grunde nach auch bei **Druckwerken** (Zeitungen, Zeitschriften und Büchern) bestehen, wobei sich aus der **Güterabwägung** und dem **Verhältnismäßigkeitsgrundsatz** ergibt, dass die Herausgabepflicht auf die Seiten zu beschränken ist, auf denen sich die unzulässigen Äußerungen befinden. Der Anregung der Literatur (Wenzel/*Burkhardt*, 15. Kap. Rn 15), die Herausgabe durch **Schwärzung** oder sonstige endgültige Unkenntlichmachung der rechtswidrigen Passagen abwenden zu dürfen, ist in solchen Fällen zu folgen, in denen nur einzelne Sätze oder kurze Abschnitte rechtswidrig sind. Um die **Weiterverbreitung bereits gedruckter Werkstücke** mit rechtswidrigen Inhalten zu unterbinden, kann das Gericht nach herrschender Meinung in entsprechender Anwendung des § 847 ZPO auch anordnen, die Druckschrift an den **Gerichtsvollzieher** als **Sequester** herauszugeben. Eine solche Anordnung kann entsprechend § 938 ZPO nach Ermessen des Gerichts auch in einer **einstweiligen Verfügung** getroffen werden (OLG Celle AfP 1984, 236; Wenzel/*Burkhardt*, 15. Kap. Rn 11; Löffler/*Steffen*, § 6 LPG Rn 349). **§ 111 m StPO** ist nach herrschender Meinung dabei entsprechend anzuwenden (Wenzel/*Burkhardt*, 15. Kap. Rn 12; Löffler/*Steffen*, § 6 LPG Rn 349). Da sich

auch eine **Sequestrierung** nur auf die rechtswidrigen Teile erstrecken darf, ist dieser Weg verschlossen, wenn eine Trennung nicht möglich ist (Löffler/*Steffen*, § 6 LPG Rn 349).

III. Vollstreckung

Ein Anspruch auf **Vernichtung** (zB von Fotomaterial), das sich in Besitz des Schuldners befindet, ist nicht auf eine nicht vertretbare Handlung gemäß **§ 888 ZPO** gerichtet, sondern muss gegebenenfalls nach **§§ 887, 892 ZPO** durchgesetzt werden (OLG Frankfurt aM NJW-RR 2007, 485, str, mwN zum Streitstand; aA zB Löffler/*Steffen*, § 6 LPG Rn 350: **Vollstreckung nach § 888 ZPO**). 12

47. Abschnitt: Rückrufanspruch

Schrifttum: *Busch*, Die Rechtsprechung zur Rückrufsverpflichtung, AfP 2004, 413; *Meyer-Bohl*, Aufbrauchfrist bei Untersagung von Äußerungen in Büchern, NJW 2000, 2135; *Paschke/Busch*, Hinter den Kulissen des medienrechtlichen Rückrufanspruchs, NJW 2004, 2620; *Prinz/Peters*, Medienrecht, 1999 (zitiert: *Prinz/Peters*, Medienrecht); *Wenzel*, Das Recht der Wort- und Bildberichterstattung, 5. Aufl. 2003 (zitiert: Wenzel/*Bearbeiter*).

1 Der medienrechtliche **Rückrufanspruch** dient der Verhinderung der Verbreitung von **verkörperten Veröffentlichungen**, insbesondere solchen mit längerer Laufzeit wie zB **Büchern, Hörbüchern** auf CD oder **Zeitschriften.** Im Zuge der zunehmenden **Digitalisierung** wird er an Bedeutung verlieren, da bei rein elektronischen Veröffentlichungen ohne körperlichen Träger (zB im **Internet**) der **Löschungsanspruch** (s. 46. Abschnitt) das geeignete Mittel ist, die Verbreitung rechtswidriger Inhalte zu verhindern oder zu beenden. Ungeachtet dessen kann bei gedruckten Veröffentlichungen die Durchsetzung des Rückrufanspruchs aus Betroffenensicht für eine **effektive Abwehr** von Rechtsverletzungen von erheblicher Bedeutung sein, da die isolierte Durchsetzung von **Unterlassungsansprüchen** (s. 42. Abschnitt) in der Regel schon zeitlich nicht die bereits gedruckten und ausgelieferten Exemplare erfasst oder von der Rechtsprechung sogar explizit **Aufbrauchfristen** zugestanden werden (hierzu *Meyer-Bohl,* NJW 2000, 2135). Insbesondere bei auf Verletzerseite planmäßig begangenen Rechtsverletzungen, bei strategisch kalkulierten „Medienskandalen" zulasten Dritter besteht daher Bedarf nach einem Rückrufanspruch, da nur er einen Verkaufserfolg der rechtswidrigen Publikation verhindern kann (vgl *Paschke/Busch,* NJW 2004, 2620).

2 Jedenfalls bei schwerwiegenden Rechtsverletzungen kann der Rückrufanspruch auch zusammen mit dem Unterlassungsanspruch im Wege der **einstweiligen Verfügung** nach §§ 935, 940 ZPO durchgesetzt werden (LG Berlin Beschl. v. 2.10.2003 – 27 O 625/03, 27 O 626/03 – Hinter den Kulissen, bestätigt durch Urt. v. 28.10.2003, allerdings ohne Begründung zum Rückrufanspruch; *Paschke/Busch,* NJW 2004, 2620, 2626). Dieses Vorgehen setzt den Betroffenen aber oft einem nicht unerheblichen **Schadensersatzrisiko** nach § 945 ZPO aus, weshalb in der Literatur eine verfassungsteleologische Reduktion des § 945 ZPO beim Rückrufanspruch befürwortet wird (*Paschke/Busch,* NJW 2004, 2620, 2626 f mwN). Vereinzelt wird auch statt des Rückrufs im Verfügungsverfahren aufgegeben, die Weiterverkäufer (zB Grossisten, Buchhändler) zu informieren, dass die Verbreitung untersagt ist (LG Berlin Beschl. v. 25.9.2003 – 27 O 591/03 – Meere, zitiert nach *Paschke/Busch,* NJW 2004, 2621, Fn 2).

3 Der Anspruch folgt nach der Rechtsprechung aus **§ 1004 Abs. 1 BGB** analog (BGH GRUR 1963, 539, 542). Aufgrund dogmatischer Bedenken gegen diese Analogie wird in der Literatur vertreten, es handele sich um einen **medienrechtlichen Sonderrechtsbehelf** (*Paschke/Busch,* NJW 2004, 2620, 2622 ff). In den wenigen bisher ergangenen Entscheidungen haben sich noch **keine einheitlichen Kriterien** für seine Voraussetzungen und Reichweite herausgebildet (vgl *Busch,* AfP 2004, 413 ff mwN).

4 Der Rückrufanspruch setzt zunächst einen **Unterlassungsanspruch** hinsichtlich der zukünftigen Verbreitung voraus und ist wie dieser **verschuldensunabhängig.** Die betroffenen Exemplare müssen bereits ausgeliefert und im Besitz von Dritten sein (*Paschke/Busch,* NJW 2004, 2620, 2625). Es ist nicht erforderlich, dass der Anspruchsgegner rechtlich in der Lage ist, die bereits ausgelieferten Exemplare zurück zu verlangen, da der Anspruch nur darauf gerichtet ist, die Abnehmer (zB Vertriebsunternehmen, Grossisten, Einzelhändler) mit allen gebotenen Mitteln **zur Rückgabe aufzufordern** (vgl *Paschke/Busch,* NJW 2004, 2620, 2625; aA OLG Hamburg NJWE-WettbR 2000, 15). Solche Aufforderungen sind dem Anspruchsgegner auch dann möglich, wenn er Besitz und Eigentum bereits durch Verkauf und Auslieferung aufgegeben haben sollte.

5 Nach hM besteht der Rückrufanspruch **nur bei schwerwiegenden Persönlichkeitsrechtsverletzungen** (*Paschke/Busch,* NJW 2004, 2620, 2624 mwN; *Prinz/Peters*, Medienrecht, Rn 780). Zur Bestimmung der Schwere der Rechtsverletzung kann die Judikatur zum medienrechtlichen Geldentschädigungsanspruch herangezogen werden (s. 45. Abschnitt). Da jeder erzwungene Rückruf eines Medienbeitrags auch in die Presse- und Meinungsfreiheit gemäß Art. 5 Abs. 1 GG eingreift, ist eine **Güter- und Interessenabwägung** quantitativer und qualitativer Art erforderlich. Neben der Kommunikationsfreiheit aus Art. 5 Abs. 1 GG sind dabei ggf auch die Kunstfreiheit (Art. 5 Abs. 3 GG), die Berufsfreiheit (Art. 12 Abs. 1 GG) und die Eigentumsgarantie (Art. 14 Abs. 1 GG) zu berücksichtigen (*Paschke/Busch,* NJW 2004, 2620, 2624), weshalb der Anspruch in der Regel nur bei qualitativ schwerwiegen-

den Verletzungen bestehen kann. In quantitativer Hinsicht kann die Abwägung zu dem Ergebnis führen, dass der Rückruf eines längeren Werkes unangemessen ist, wenn darin nur wenige Zeilen rechtswidrig sind (OLG Hamburg NJW-RR 2000, 1068). Dies allerdings nur dann, wenn nicht schon mit diesen wenigen Zeilen eine schwerwiegende Verletzung begründet wird, wie es zB bei der wahrheitswidrigen Behauptung gravierender, strafrechtlich relevanter Verfehlungen der Fall sein kann. Die Möglichkeit der **Schwärzung** der rechtswidrigen Passagen oder der **Entfernung ganzer Druckseiten** steht dem Rückrufanspruch nicht entgegen. Eine Verpflichtung von Dritten, Schwärzungen oÄ in den bei ihnen vorliegenden Exemplaren vorzunehmen, besteht nur dann, wenn gegen diese Dritte auch unmittelbar Unterlassungs- und Vernichtungsansprüche begründet sind. Der originäre Verletzer kann seine Abnehmer nicht zu diesen Handlungen zwingen. Der Rückrufanspruch versetzt hingegen den originären Verletzer in die Lage, solche Schwärzungen uÄ selbst vorzunehmen, auch an Exemplaren, die schon ausgeliefert waren.

Zur **Erfüllung** des Rückrufanspruchs hat der Verpflichtete seine Abnehmer vollzählig unverzüglich 6
und bestimmt aufzufordern, den Weiterverkauf der Publikation einzustellen und sämtliche noch vorhandenen Exemplare einschließlich etwaiger Rückläufer gegen **Kosten- und Kaufpreiserstattung** zurückzusenden bzw zur Abholung bereit zu stellen und ggf zurück zu übereignen (*Paschke/Busch,* NJW 2004, 2620, 2626; OLG Frankfurt Beschl. v. 29.12.1997 – 15 W 74/97 (unveröff., zitiert nach *Prinz/Peters*, Medienrecht, Rn 780, dort Fn 20).

48. Abschnitt: Auskunftsansprüche

Schrifttum: *Löffler*, Presserecht, 5. Aufl. 2006 (zitiert: Löffler/*Bearbeiter*); *Prinz/Peters*, Medienrecht, 1999 (zitiert: *Prinz/Peters*, Medienrecht); *Wanckel*, Foto- und Bildrecht, 3. Aufl. 2008 (zitiert: *Wanckel*); *Wenzel*, Das Recht der Wort- und Bildberichterstattung, 5. Aufl. 2003 (zitiert: Wenzel/*Bearbeiter*).

1 Der medienrechtliche Auskunftsanspruch ist ein akzessorischer **Hilfsanspruch.** Er dient der Vorbereitung der Durchsetzung von Hauptansprüchen wie zB Unterlassung, Widerruf, Schadensersatz (Löffler/*Steffen*, § 6 LPG Rn 346) oder auch Vernichtungs- und Herausgabeansprüchen (KG Berlin AfP 2006, 369, 371).

2 Der Anspruch folgt aus **§ 242 BGB** (KG Berlin AfP 2006, 369, 371; Löffler/*Steffen*, § 6 LPG Rn 346; Wenzel/*Burkhardt*, 15. Kap. Rn 4). Er setzt nach der hM einen durchsetzbaren Hauptanspruch voraus (vgl *Prinz/Peters*, Medienrecht, Rn 776). Mit der zunehmenden **Flüchtigkeit personenbezogener Meldungen in elektronischen Medien**, in welchen sich die Inhalte oft in kurzen Zeitabständen ändern, besteht in der Praxis verstärkt das **Bedürfnis eines weitergehenden Auskunftsanspruchs**, um prüfen zu können, ob Rechtsverletzungen (und Hauptansprüche) gegeben sind. Im Bereich des **Rundfunks** sind schon frühzeitig **besondere Auskunftsansprüche** normiert worden (s. unten Rn 3), die nur die Glaubhaftmachung der **Betroffenheit** voraussetzen, aber nicht den Nachweis einer rechtswidrigen Handlung. In Fällen, in denen diese Vorschriften nicht einschlägig sind, verdient die bisher nur vereinzelt in der Literatur vertretene Auffassung, die Voraussetzungen des Auskunftsanspruchs zu lockern, zukünftig verstärkte Beachtung. Nach *Burkhardt* (in Wenzel, 15. Kap. Rn 5 ff) kann ein **erweiterter Auskunftsanspruch aus §§ 809, 810 BGB** abgeleitet werden, der Auskunftsersuchen zur Prüfung des Hauptanspruchs ermöglicht.

3 Im Bereich des **Rundfunks** (Hörfunk und Fernsehen) bestehen besondere gesetzlich geregelte Auskunftsansprüche in den **Staatsverträgen** zum **öffentlich-rechtlichen Rundfunk** und in den **Landesmediengesetzen bzw Staatsverträgen**, die den **Privatrundfunk** regeln. Nach diesen Vorschriften (nähere Fundstellen bei Löffler/*Steffen*, § 6 LPG Rn 346) besteht gegen Kostenerstattung Anspruch auf Überlassung von **Aufzeichnungen** der Sendungen. In vielen Fällen erübrigt sich die Durchsetzung dieses Auskunftsanspruches heutzutage dadurch, dass schon im Online-Angebot des Senders Sendemanuskripte oder auch ganze Sendungen abrufbar sind.

4 Der **Inhalt und Umfang** des Auskunftsanspruches richtet sich nach den Voraussetzungen des dahinter stehenden Hauptanspruches. Soweit berechtigte Belange der journalistischen Tätigkeit betroffen sind, ist eine **Güter- und Interessenabwägung** zwischen den Interessen des Anspruchstellers und der Pressefreiheit aus Art. 5 Abs. 1 GG vorzunehmen.

5 Der Anspruch kann sich zB auf **Auskunft über den genauen Inhalt einer Äußerung** beziehen (zB auf Übermittlung einer Kopie eines Artikels, eines Sendemanuskripts oder einer Aufzeichnung) oder auch auf Auskunft über den **Verbreitungsumfang** (zB Anzahl der Veröffentlichungen, Höhe der verbreiteten Auflage). Dem Auskunftsanspruch über den Inhalt einer Äußerung steht der Anspruch auf Auskunft über im Besitz des Anspruchsgegners befindliche Materialien (zB Fotografien, Dokumente) gleich. Der Auskunftsanspruch hinsichtlich des Inhalts einer Äußerung dient aber nach hM nicht der **Ausforschung,** ob überhaupt über eine Person berichtet wurde oder eine Rechtsverletzung vorliegt (kritisch hierzu Wenzel/*Burkhardt*, 15. Kap. Rn 4 ff).

6 Ein Auskunftsanspruch über den Inhalt einer Äußerung besteht grundsätzlich nicht, solange und soweit sich der Betroffene mit üblichen Mitteln die Informationen selbst beschaffen kann (Löffler/*Steffen*, § 6 LPG Rn 346), zB durch Erwerb einer noch im freien Verkauf erhältlichen Zeitschrift.

7 Der Anspruch auf Auskunft über den **Verbreitungsumfang** setzt dem Grunde nach eine bereits festgestellte Rechtsverletzung voraus. Er dient zB zur Vorbereitung der **Bezifferung** einer **Geldentschädigungsforderung,** wozu die Auflagenhöhe und das Verbreitungsgebiet zu ermitteln sind (Löffler/*Steffen*, § 6 LPG Rn 346 a mwN). Der Anspruch aus § 242 BGB besteht nur hinsichtlich solcher Angaben über den Verbreitungsumfang, die zur Rechtsverfolgung erforderlich sind und die der Verletzer unschwer erteilen kann (Wenzel/*Burkhardt*, 15. Kap. Rn 7).

In der Praxis lässt sich die **Auflagenhöhe** in aller Regel aus den **IVW-Meldungen** (Informationsgemeinschaft zur Feststellung der Verbreitung von Werbeträgern, IVW) oder im **Internet** ermitteln. Auch die **Marktanteile** von Fernsehsendungen werden in vielen Fällen von den Sendern im **Teletext** oder im Internet veröffentlicht. Im Bereich des **Internet** sind hingegen die Zahlen der **Seitenaufrufe** üblicherweise nur beim Anbieter zu erfragen. Ebenso werden Auflagenzahlen von Büchern in vielen Fällen von den Verlagen nicht publiziert. Ein **Beispiel zur Formulierung** des Auskunftsanspruches nach rechtswidriger Verwendung eines Bildnisses in einer Werbung enthält das Urteil BGH NJW 2000, 2201 – Marlene. 8

Die **Pressefreiheit** aus Art. 5 Abs. 1 Satz 2 GG schützt auch die **Vertraulichkeit** zwischen Journalisten und Informanten. Deshalb besteht in der Regel kein Auskunftsanspruch hinsichtlich der Preisgabe von **Informantennamen** (OLG München NJW-RR 2002, 1045) oder der **Quelle** von sonstigen Materialien (zB Bildern, hierzu OLG Hamburg NJW-RR 1999, 1204, 1206, aufgehoben durch BVerfG ZUM 1999, 633, 635 f – Heidemörder). 9

Der Auskunftsanspruch ist im Wege der **Hauptsacheklage** durchsetzbar. Besteht begründeter Anlass zu der Annahme, dass die erteilte Auskunft unrichtig oder unvollständig ist, besteht in analoger Anwendung des § **259 Abs. 2 BGB** ein Anspruch darauf, dass **die Richtigkeit der erteilten Auskunft an Eides statt versichert** wird (LG Hamburg Urt. v. 27.10.2000 – 324 O 446/00). Die **Vollstreckung** erfolgt nach § **888 ZPO** (Wenzel/*Burkhardt*, 15. Kap. Rn 9; Löffler/*Steffen*, § 6 LPG Rn 346). 10

49. Abschnitt: Sonstige Ansprüche

Schrifttum: *Born*, Zur Zulässigkeit einer humorvollen Markenparodie – Anmerkung zum Urteil des BGH „Lila Postkarte", GRUR 2006, 192; *Born*, Gen-Milch und Goodwill – Äußerungsrechtlicher Schutz durch das Unternehmenspersönlichkeitsrecht, AfP 2005, 110 ff; *Flechsig/Hertel/Vahrenhold*, Die Veröffentlichung von Unterlassungserklärungen – Unterlassungsurteilsveröffentlichung in Presse und Rundfunk, NJW 1994, 2441 ff; *Löffler*, Presserecht, 5. Aufl. 2006 (zitiert: Löffler/*Bearbeiter*); *Prinz/Peters*, Medienrecht, 1999 (zitiert: Prinz/Peters, Medienrecht); *Wanckel*, Foto- und Bildrecht, 3. Aufl. 2008 (zitiert: *Wanckel*); *Wenzel*, Das Recht der Wort- und Bildberichterstattung, 5. Aufl. 2003 (zitiert: Wenzel/*Bearbeiter*).

A. Anspruch auf Urteilsveröffentlichung

1 Auf Antrag kann das Gericht im **Hauptsacheverfahren** bestimmen, dass der Verletzte den **Urteilstenor** auf Kosten des Unterlegenen in geeigneter, angemessener Weise veröffentlicht, wenn dies einem berechtigten Interesse des Verletzten entspricht und den Unterlegenen nicht in unverhältnismäßiger Weise beeinträchtigt. Der Anspruch auf Urteilsveröffentlichung kann sich auf ein Unterlassungsurteil beziehen (Regelfall), aber auch auf Berichtigungs- und Zahlungsurteile in Medienangelegenheiten. Der Anspruch ist nicht ausdrücklich gesetzlich geregelt. Eine Herleitung aus **§ 103 UrhG**, der in urheberechtlichen Angelegenheiten einen Anspruch des Verletzten auf **Bekanntmachung des Urteils auf Kosten des Verletzers** normiert, erscheint sachgerecht. Die hM leitet ihn aus **§ 200 StGB** und **§ 23 Abs. 2 UWG aF, § 12 Abs. 3 UWG nF** ab (vgl Löffler/*Steffen*, § 6 LPG Rn 351; Näheres bei *Flechsig/Hertel-Vahrenhold* NJW 1994, 2441). Es kann sich insbesondere bei Berichtigungsurteilen auch um einen **Folgenbeseitigungsanspruch** handeln (Tenor eines Widerrufs- oder Richtigstellungsgebotes). Zur Art der Urteilsveröffentlichung ausführlich Wenzel/*Gamer*, 13. Kap. Rn 111 ff.

B. Anspruch auf ergänzende Berichterstattung

2 Grundsätzlich begründet eine rechtmäßige Berichterstattung über eine Person oder ein Unternehmen keinen Anspruch auf eine spätere weitere Veröffentlichung. Die **Medienfreiheit** aus Art. 5 GG gewährt eine freie redaktionelle Entscheidung, ob, wann und in welchem Umfang Themen aufgriffen werden (st. Rspr, vgl zB BVerfG NJW 1997, 2589). Daher kann grundsätzlich niemand, der eine zulässige Erörterung negativer Art hinnehmen musste, von dem Medium verlangen, dass später auch über neue „positive" Tatsachen berichtet wird.

3 Ein Anspruch auf **ergänzende Berichterstattung** besteht jedoch in seltenen **Ausnahmefällen** als besondere Form des **äußerungsrechtlichen Folgenbeseitigungsanspruchs** aus **§§ 823, 1004 BGB analog** (*Prinz/Peters*, Medienrecht, Rn 694 mwN). Von der Rechtsprechung ist dieser Anspruch unter engen **Voraussetzungen** anerkannt (BVerfG NJW 1997, 2589; Vorinstanz OLG Hamburg Urt. v. 18.2.1997 – 7 U 136/96; BGH NJW 1972, 431). In Abgrenzung zu den Widerrufs- und Berichtigungsansprüchen nach der rechtswidrigen Verbreitung unwahrer Tatsachen (hierzu oben 43. Abschnitt) kann nach einer **rechtmäßigen (Verdachts-)Berichterstattung** über **staatsanwaltliche Ermittlungen** und **Strafprozesse,** die später in einem **Freispruch** enden, verlangt werden, dass über den Freispruch in entsprechender redaktioneller Form berichtet wird (Beispiel zur Formulierung im Fall BVerfG NJW 1997, 2589 bei *Prinz/Peters*, Medienrecht, Rn 695). Dabei muss entsprechend des Gebots der Waffengleichheit beim Gegendarstellungs- und Berichtigungsanspruch gewährleistet sein, dass die ergänzende Berichterstattung den gleichen Rezipientenkreis erreicht. Umstritten ist der Anspruch, wenn über **Ermittlungsverfahren** berichtet wurde, die mangels Tatverdachts eingestellt wurden (hierfür mit zutreffenden Erwägungen *Prinz/Peters*, Medienrecht, Rn 694; aA LG Hamburg AfP 1999, 93, 94).

C. Ansprüche nach dem UrhG, UWG und MarkenG

4 Mitunter ergeben sich in äußerungsrechtlichen Streitigkeiten Überschneidungen mit dem **Urheberrecht**, zB wenn Verletzungen des Persönlichkeitsrechts durch die unerlaubte Wiedergabe urheberrechtlich geschützter Werke iSd § 2 UrhG begangen werden. Dies kann insbesondere bei **Fotos** (Lichtbildern und Lichtbildwerken, §§ 72 und 2 Abs. 1 Nr. 5 UrhG), aber auch bei **Texten** (Sprachwerke, § 2 Abs. 1 Nr. 1 UrhG) der Fall sein, beispielsweise bei der ungenehmigten Übernahme von **Inter-**

views, die eine ausreichende Schöpfungshöhe aufweisen. In solchen Fällen können Ansprüche nach §§ 97 ff **UrhG** einschlägig sein (**Unterlassung** und **Schadensersatz,** § 97 UrhG, **Vernichtung,** § 98 ff UrhG, **Auskunft,** § 101 a UrhG, **Urteilsbekanntmachung,** § 103 UrhG). Näheres in den Abschnitten 57–62.

In seltenen Fällen können auch Ansprüche aus dem **UWG** in Betracht kommen, wenn die Verletzungshandlung zugleich auch eine unlautere **geschäftliche Handlung** iSv §§ 2 ff UWG ist und die weiteren Voraussetzungen der §§ 12 ff UWG vorliegen. Als Tatbestand können zB § 4 Nr. 7 und Nr. 8 UWG einschlägig sein, wenn eine unlautere Schmähkritik und Rufschädigung vorliegt, die nicht von der Meinungsfreiheit gedeckt ist, oder Unwahrheiten verbreitet werden (vgl OLG Hamburg NJW-RR 2004, 1270 – babes und Zicken; OLG München GRUR-RR 2004, 309 – Billiges Plagiat; OLG München WRP 1996, 925 – Scheiß des Monats; *Born,* AfP 2005, 110, 113 mwN). Das UWG normiert in §§ 8–10 Ansprüche auf **Beseitigung** und **Unterlassung, Schadensersatz** und **Gewinnabschöpfung.** 5

Nicht ausgeschlossen, aber selten, sind ferner Ansprüche aus dem **Markengesetz,** wenn eine Marke (§ 2 MarkenG) oder eine geschützte geschäftliche Bezeichnung (§ 5 MarkenG) in markenrechtlich relevanter Weise genutzt oder verunglimpft wird. Bei **redaktioneller Berichterstattung** liegt in der Regel jedoch keine markenmäßige Benutzung vor (vgl OLG Hamburg ZUM-RD 1999, 275 – fick for fun; OLG Hamburg ZUM-RD 1999, 90, 93 – Bild Dir keine Meinung; OLG Köln AfP 2002, 581 – Jagdschutzverband; KG GRUR 1997, 296 – Alles wird T-e-u-r-e-r), insbesondere wenn die Wiedergabe der Marke lediglich **Illustrationszwecken** dient (*Wanckel,* Rn 114 mwN). Denkbar sind Ansprüche nach dem Markengesetz aber in Ausnahmefällen, zB wenn die Wiedergabe eines Vereinslogos auf einem **Buchcover** zu einer **Herkunftstäuschung** führt (OLG Hamburg AfP 2000, 382 – FC Schalke 04) oder bei **verunglimpfenden Markenparodien** im Zusammenhang mit kritischer Berichterstattung über den Markeninhaber (vgl *Born,* AfP 2005, 110, 112 f; *Born,* GRUR 2006, 192; BGH GRUR 2005, 583 – Lila Postkarte; LG Berlin GRUR-RR 2007, 40 – Stiftung Gentest). Das MarkenG normiert in § 15 MarkenG **Unterlassungs- und Schadensersatzansprüche** sowie in § 18 MarkenG **Vernichtungsansprüche** und in § 19 MarkenG **Auskunftsansprüche.** Näheres in den Abschnitten 63. bis 66. 6

5. Teil: Medienhandelsrecht

1. Kapitel: Medienproduktionsverträge

Schrifttum: *Brehm,* Filmrecht – Handbuch für die Praxis, 2. Aufl. 2008; *Dreier/Schulze,* Urheberrechtsgesetz, 3. Aufl. 2008; *v. Gamm,* Der verlagsrechtliche Bestellvertrag, GRUR 1980, 531; *v. Hartlieb/Schwarz,* Handbuch des Film-, Fernseh- und Videorechts, 5. Aufl. 2011; *Homann,* Praxishandbuch Filmrecht, 3. Aufl. 2009; *Jacobshagen,* Filmrecht, 2003; *Klages,* Grundzüge des Filmrechts, 2004; *Loewenheim,* Handbuch des Urheberrechts, 2. Aufl. 2010; *Möhring/Nicolini,* Urheberrechtsgesetz, 2. Aufl. 2000; *Moser/Scheuermann,* Handbuch der Musikwirtschaft, 6. Aufl. 2003; *Nordemann, Wilhelm,* Das neue Urhebervertragsrecht, 2002; *Schricker/Loewenheim,* Urheberrecht, 4. Aufl. 2010; *Schwenzer,* Die Rechte des Musikproduzenten, 2001; *Wanckel,* Foto- und Bildrecht, 2. Aufl. 2006; *Wandtke/Bullinger,* Praxiskommentar zum Urheberrecht, 3. Aufl. 2009; *Wegner/Wallenfels/Kaboth,* Recht im Verlag, 2. Aufl. 2011.

50. Abschnitt: Kooperations- und Finanzierungsverträge

A. Einleitung

I. Medienproduktionsverträge

1 **1. Keine gesetzliche Definition.** Eine gesetzliche Definition der **„Medienproduktionsverträge“** oder eine zusammenfassende Regelung dieser Verträge gibt es nicht. Im Zusammenhang dieser Darstellung sollen hierunter alle die Verträge verstanden werden, die der Hersteller des jeweiligen Medienproduktes abschließt, um dieses realisieren zu können. Diese Verträge lassen sich zum einen untergliedern in die Vereinbarungen, die der Hersteller zur **Finanzierung** der Produktion eingeht. Hierunter fallen zB Koproduktions- und Auftragsproduktionsverträge, Vorablizenzierungen und Finanzierungsverträge mit Banken und sonstigen Geldgebern. Zum anderen schließt der Produzent mit den verschiedenen **Mitwirkenden,** die unterschiedliche Beiträge zum Entstehen der Produktion leisten, Verträge ab. Bei diesen Mitwirkenden kann es sich um Urheber, Leistungsschutzberechtigte und sonstige Mitwirkende handeln, die über keine urheberrechtlich geschützten Positionen verfügen. Greift die Produktion auf vorbestehende Werke zurück, so muss der Produzent im Regelfall auch hieran Rechte zur Realisierung und Verwertung der von ihm geplanten Produktion erwerben (s. hierzu 51. Abschnitt).

2 **2. Der Hersteller im Mittelpunkt des Produktionsprozesses.** Die nachfolgende Darstellung der Medienproduktionsverträge geht vom **Hersteller** (nachstehend synonym auch **„Produzent“** genannt) als der zentralen Figur im Geflecht der Medienproduktionsverträge aus. Er ist es, der die für die Umsetzung und anschließende Vermarktung der Produktion erforderlichen Rechte von Autoren, Verlagen, ausübenden Künstlern und weiteren Beteiligten erwirbt, die Durchführung der Produktion organisatorisch

sicherstellt, die Finanzierungsverantwortung trägt und in der Regel auch für die Verwertung (s. hierzu 52. Abschnitt) der Produktion sorgt.

II. Der urheberrechtliche Schutz des Herstellers

1. Urheberrechtlicher Schutz des individuellen Produzenten. Für einzelne Kategorien von Medienprodukten gewährt das UrhG dem Hersteller zum Schutz seiner organisatorisch finanziellen Leistung ein eigenes **Leistungsschutzrecht,** so etwa für den Veranstalter, § 81 UrhG, Tonträgerhersteller, §§ 85 ff UrhG, den Filmhersteller, § 94 UrhG, den Hersteller von Laufbildern, § 95 UrhG, und den Datenbankhersteller, §§ 87a ff UrhG. Dieses Leistungsschutzrecht steht dabei jeweils dem Unternehmensträger, also der Produktionsfirma oder im Einzelfall auch dem Hersteller, als Einzelunternehmer zu. 3

Die Leistung des Herstellers erschöpft sich jedoch häufig nicht in der organisatorisch-finanziellen Verantwortung des Herstellungsprozesses. Vielmehr werden viele Produzenten auch in hohem Maße kreativ tätig. Das beginnt bei der Auswahl des Stoffes bzw der zu realisierenden Thematik, setzt sich fort in der Mitwirkung an der Stoffentwicklung und der Auswahl des kreativen Personals (allen voran des Theater- bzw Filmregisseurs, des Kameramanns, des Schnittmeisters, der Darsteller etc.) und beinhaltet oft auch eine mehr oder weniger starke Einflussnahme auf die kreativ-schöpferische Tätigkeit der an der Realisierung beteiligten Urheber (zB intensive Gespräche mit dem Regisseur, Mitwirkung am Schnitt und der Lichtbestimmung etc.). Insoweit ist anerkannt, dass immer dann, wenn der **Hersteller** durch seine Mitwirkung zum **Koautor, Koregisseur** oder **Koschnittmeister** wird, ihm an den entsprechenden Leistungen ein Mit-Urheberrecht oder Bearbeitungsurheberrecht iSd §§ 8 bzw 3 UrhG zustehen kann. Da es sich insoweit um typische Leistungen des persönlichen Produzenten handelt, kann er nach § 13 S. 2 UrhG auch bestimmen, dass er in Anerkennung dieser urheberrechtlichen Beiträge mit der Bezeichnung „Produzent" genannt werden soll. 4

Aber auch über eine entsprechende Miturheberschaft an einzelnen in die jeweilige Produktion eingehenden Leistungen hinaus, kann ein **Urheberrecht** an der Produktion **für den individuellen Produzenten** in Betracht kommen (eingehend dazu *Schwarz/Hansen*, GRUR 2011, 109). Maßgeblich ist auch insoweit, ob die Produktion als persönliche geistige Schöpfung im Sinne des § 2 Abs. 2 UrhG nicht nur durch den Regisseur, Autor, Kameramann etc. sondern auch von dem individuellen Produzenten schöpferisch geprägt wurde. Liegt ein solcher schöpferischer Beitrag vor, so ist eine Miturheberschaft unabhängig davon gegeben, welchen Umfang diese im Verhältnis zu den Beiträgen der anderen Miturhebern einnimmt (BGH GRUR 1994, 39 – Buchhaltungsprogramm; *Dreier/Schulze*, 3. Aufl., § 8 Rn 6). Die bloße Äußerung von Anregungen und Ideen oder die Vorgabe eines „Formats" für die Produktion ist dafür allerdings nicht ausreichend, da diese zumindest nach derzeitiger Rechtslage nicht schutzfähig sind (Schricker/Loewenheim-*Loewenheim*, 4. Aufl., § 2 Rn 50, OLG München GRUR 1990, 674 – Forsthaus Falkenau; BGH NJW 2003, 2828 – Kinderquatsch; großzügiger BGH GRUR 1959, 379 – Gasparone: Filmidee bei Mindestmaß an Originalität und konkreter Ausformung schutzfähig). Die kreative Einflussnahme und Prägung eines Filmes durch den individuellen Produzenten geht jedoch häufig hierüber hinaus (mit näheren empirischen Ausführungen *Schwarz/Hansen*, GRUR 2011, 109, 110). Berücksichtigt man, dass bei anderen Werkarten oft nur geringe Anforderungen gestellt werden, um eine hinreichende Individualität und damit einen Urheberrechtsschutz zu bejahen, so wird man auch für die Tätigkeit des individuellen Produzenten häufig feststellen können, dass dieser der von ihm verantworteten Produktion (auch) seine deutliche Handschrift eingeprägt hat (s. hierzu v. Hartlieb/Schwarz-*Dobberstein/Schwarz,* 5. Aufl., 36. Kap. Rn 24 f; *Kreile/Höflinger,* ZUM 2003, 719; *Schwarz/Hansen*, GRUR 2011, 109; *Weltersbach*, ZUM 1999, 55). 5

2. Träger des Produzentenurheberrechts. Die urheberrechtliche Berechtigung eines Produzenten wurde allerdings bislang wenig diskutiert (restriktiv: *Dreier/Schulze*, 3. Aufl., § 8 Rn 7 UrhG sowie *Weber*, Die urheberrechtliche Stellung des unabhängigen Film- und Fernsehproduzenten, 2007, S. 153 ff; *Gregor*, Der Produzent und die Rechte am Filmwerk, 2010, passim und eingehend *Schwarz/Hansen*, GRUR 2011, 109). Urteile hierzu fehlen. Soweit ein (Mit-)Urheberrecht des Produzenten gegeben ist, steht es dem individuellen Produzenten persönlich zu; das Produktionsunternehmen kommt als Träger eines solchen Produzenten-Urheberrechts nach dem Schöpferprinzip des § 7 UrhG nicht in Betracht (*Schwarz/Hansen*, GRUR 2011, 109, 115). Es ist jedoch gem. §§ 31 Abs. 5, 89 UrhG von einer umfassenden Einräumung von Nutzungsrechten durch den persönlichen Produzenten an das Produktionsunternehmen auszugehen (s. dazu 51. Abschnitt Rn 36). 6

III. Leistungsschutzrechte für Hersteller von Medienproduktionen

7 Neben einem möglichen urheberrechtlichen Schutz, der dem individuellen Hersteller einer Medienproduktion zustehen kann, gewährt das Urheberrecht einzelnen Herstellern von Medienprodukten **eigenständige Leistungsschutzrechte** in **Anerkennung** ihrer jeweiligen **unternehmerischen Leistungen.** Ein solches Recht steht dem Veranstalter von Darbietungen ausübender Künstler (zB Theatervorstellungen und Konzerte), § 81 UrhG, dem Tonträgerhersteller, § 85 UrhG, dem Hersteller von Laufbildern, § 95 UrhG, und dem Filmhersteller, § 94 UrhG, zu. **Computerspiele** können, wenn sie Filmwerke sind, ebenfalls nach § 94 UrhG Leistungsschutz beanspruchen. Als Datenbanken organisierte Medienprodukte genießen einen Leistungsschutz nach §§ 87a ff UrhG.

8 Allerdings kommen nicht alle Hersteller von Medienprodukten in den Genuss eines eigenen Leistungsschutzes. So steht insbesondere de lege lata den **Verlagsunternehmen kein entsprechendes Recht** zu. Zwar gewährt § 70 UrhG Leistungsschutz für wissenschaftliche Ausgaben, dieses Recht steht nach § 70 Abs. 2 UrhG jedoch dem Verfasser selbst und nicht dem Verleger zu. Für Zeitungen und Zeitschriften wird allerdings seit ca. zwei Jahren die Einführung eines Leistungsschutzrechts diskutiert (s. dazu *Schwarz*, GRUR-Prax 2010, 283).

9 Der **Umfang der Rechte,** die sich aus den verschiedenen Leistungsschutzrechten ergeben, ist jeweils unterschiedlich ausgestaltet. Er reicht von einem bloßen Anspruch des Tonträgerherstellers auf angemessene Beteiligung an der Vergütung der ausübenden Künstler, §§ 86, 78 Abs. 2 UrhG, über eine Mitberechtigung des Veranstalters, § 81 UrhG, bis hin zu einer eigenständigen absoluten Rechtsposition (so etwa § 85 UrhG für den Tonträgerhersteller und § 94 UrhG für den Filmhersteller). Diese Leistungsschutzrechte stehen dem **Inhaber** des Herstellers zu (so ausdrücklich §§ 81 S. 1. und 85 Abs. 1 S. 1 UrhG). Das ist derjenige, der die **technische und organisatorische Leitung** inne hat und der wirtschaftlich für den Herstellungsvorgang verantwortlich ist. Eine kreative Einwirkung auf den Produktionsprozess ist nicht erforderlich. (BGH UFITA 1970, 313 – Triumph des Willens; BGH GRUR 1993, 472 – Filmhersteller sowie KG Berlin ZUM-RD 2011, 157 – Musikvideo-Produzent). Beim Tonträger- und beim Filmhersteller entsteht das Leistungsschutzrecht mit Beginn der Aufzeichnung und endet mit der Herstellung der Null-Kopie bzw des Masters. Eine bloße Vervielfältigung eines Bild- oder Tonträgers begründet kein Leistungsschutzrecht (so ausdrücklich § 85 Abs. 1 S. 3 UrhG). Dies gilt auch dann, wenn eine neue Ton- oder Lichtbestimmung oder ein Formatwandel hinzukommen. Ein eigenständiges Leistungsschutzrecht entsteht jedoch an einer deutschen Synchronfassung (s. dazu *Dreier/Schulze,* 3. Aufl., § 94 Rn 4 ff; v. Hartlieb/Schwarz-*U. Reber*, 5. Aufl., 59. Kap.; Schricker/Loewenheim-*Vogel,* 4. Aufl., § 85 Rn 30 ff UrhG).

IV. Spezielle Regelungen des Urhebervertragsrechts der Produktion

10 Das **Urhebervertragsrecht** der Produktion hat **keine zusammengefasste gesetzliche Regelung** erfahren. Vielmehr gelten für die Rechtseinräumung die allgemeinen Bestimmungen der §§ 31, 34, 35, 79 UrhG (s. *Vormbruck* 59. Abschnitt, B), für die Angemessenheit der zu bezahlenden Vergütung die §§ 32 bis 32 b, 36, 36 a, 79 Abs. 2 UrhG (s. dazu *Schwarz*, ZUM 2010, 107), für den Schutz der Urheberpersönlichkeitsrechte die §§ 12–14 und 74, 75 UrhG und für das Rückrufsrecht die §§ 41 ff UrhG.

11 **Gesetzliche Sonderregelungen** finden sich lediglich für den Bereich der Herstellung von **Filmwerken,** §§ 88 ff UrhG. Der Grund für die Einführung dieser Sonderregelungen liegt zum einen in dem besonderen finanziellen Aufwand der Filmherstellung und zum anderen darin, dass an einem Filmwerk im Regelfall eine Vielzahl von Urhebern und ausübenden Künstlern beteiligt ist (s. amtl. Begründung *M. Schulze*, 2. Aufl., S. 552). Zum einen soll dem Filmhersteller durch die Vermutungsregeln der §§ 88 f, 92 UrhG der Nachweis des Rechtserwerbs für eine umfassende Verwertung des Filmwerks erleichtert werden, zum anderen werden gewisse persönlichkeitsrechtliche Befugnisse, Zustimmungsrechte zur Übertragung von Nutzungsrechten und die Rückrufsrechte, die eine Verwertbarkeit gefährden könnten, beschränkt oder ausgeschlossen.

B. Produktions-Kooperationsverträge

I. Koproduktionsverträge

12 **1. BGB-Gesellschaft.** Den Regelfall einer gemeinschaftlichen Herstellung einer Medienproduktion stellt die sog. **Koproduktion** (auch **„Gemeinschaftsproduktion"** genannt) dar. Sie liegt vor, wenn zwei

oder mehr Partner eine Medienproduktion gemeinsam herstellen. Sind auch ausländische Partner an einer solchen Koproduktion beteiligt, so spricht man von einer internationalen Koproduktion.

Bei einer Koproduktion leisten die verschiedenen Partner regelmäßig einen **finanziellen Beitrag** zur Bestreitung der Kosten der Herstellung der Medienproduktion. In Abweichung von der gesetzlichen Regel des § 706 Abs. 1 BGB vereinbaren die Parteien häufig unterschiedlich hohe Beiträge („majoritärer" und „minoritärer" Koproduzent). Ein zu leistender finanzieller Beitrag kann, wie dies etwa bei Filmproduktionen häufig der Fall ist, dabei auch ganz oder zum Teil durch die Einbringung von einem der Koproduzenten zuerkannten Fördermitteln ersetzt werden. Der Beitrag kann allerdings auch in Form einer **Sachleistung** (Einbringung von Rechten, Stellung technischer Dienstleistungen oder Erbringung einer künstlerischen Tätigkeit) erbracht werden. 13

Grundsätzlich steht den Koproduktionspartnern im Rahmen einer BGB-Gesellschaft **gemeinschaftlich** das **Recht zur Geschäftsführung** zu, § 709 Abs. 1 BGB. Ohne entsprechende Regelung im Vertrag erfolgt eine Abstimmung über alle von den Gesellschaftern zu entscheidenden Fragen nach Köpfen, § 709 Abs. 2 BGB. Regelmäßig wird demgegenüber in Koproduktionsverträgen vereinbart, dass einer der Koproduzenten die Durchführung der Herstellung der Produktion und möglicherweise auch Ihrer Verwertung übernehmen soll (**„ausführender"** oder **„durchführender"** Produzent). Wurde eine entsprechende Vereinbarung getroffen, so steht diesem Produzenten ausschließlich das Recht zur Geschäftsführung für die Koproduktion zu, § 710 S. 1 BGB. Auch bei der Stimmengewichtung im Rahmen einer Beschlussfassung durch die Gesellschafter finden sich häufig Abweichungen vom gesetzlichen Leitbild des § 709 Abs. 2 BGB. So wird häufig vereinbart, dass sich bei Abstimmungen die Gewichtung der Stimmen nach der Höhe der wirtschaftlichen Beiträge der einzelnen Partner richten soll. Ein majoritärer Koproduzent hat bei einer solchen Regelung dann die Möglichkeit, Entscheidungen mit der Mehrheit seiner Stimmen durchzusetzen. 14

Folge der Einstufung einer Koproduktion als BGB-Gesellschaft ist, dass die Koproduzenten zunächst **als Gesamthänder** gemeinschaftliche Eigentümer an den im Zuge der Produktion entstehenden Rechten an der Produktion und etwaigen im Zusammenhang hiermit geschaffenen Materialien werden, §§ 718 f BGB. Soweit eine entsprechende Regelung fehlt, sind alle Koproduzenten ohne Rücksicht auf die Art und die Größe ihrer Beiträge mit gleichen Anteilen am Gewinn und Verlust beteiligt. Hiervon abweichend wird häufig eine Aufteilung sämtlicher oder bestimmter Rechte sowie eine abweichende **Gewinnverteilung** vereinbart. So kann etwa bei einer von zwei Bühnen getragenen Inszenierung eines Theaterstücks geregelt werden, dass sämtliche Erlöse der Aufführung des Stücks in der einen Stadt dem dort ansässigen Theater und sämtliche Erlöse aus der Aufführung in der anderen Stadt dem dort ansässigen Theater zustehen sollen. Entsprechend finden sich bei Film-Koproduktionen häufig Zuweisungen einzelner Territorien oder bestimmter Rechte an verschiedene Koproduktionspartner. Häufig verbleiben jedoch auch verschiedene Territorien und/oder Rechte, an denen die Partner weiterhin gemeinsam beteiligt sind. 15

Soweit keine vorzeitige Aufteilung der Rechte vereinbart ist, dauert die gemeinschaftliche Berechtigung der Koproduktionspartner an den gesamthändisch gehaltenen Rechten an der Medienproduktion bis zur Auflösung der Koproduktion fort. Im Rahmen der bei einer solchen Auflösung stattfindenden **Auseinandersetzung**, § 730 BGB, können die dann noch verbliebenen Rechte zB veräußert, von einem der Koproduktionspartner gegen Abfindung der übrigen übernommen oder den Koproduktionspartnern als Bruchteilseigentum zugewiesen werden. Wie diese Auseinandersetzung konkret erfolgen soll, wird dabei häufig bereits im Koproduktionsvertrag festgelegt, § 731 S. 1 BGB. Bei Filmwerken erfolgt eine entsprechende Vereinbarung häufig für den Zeitpunkt der Herstellung der Nullkopie oder einer sonstigen Kopie des Filmwerkes, die als Grundlage für den Beginn der Auswertung des Filmwerks geeignet ist. Ob dann in der Folge weiterhin eine Auswertungs-GbR besteht, entscheidet sich danach, ob insoweit weiterhin eine gemeinsame Zielverfolgung gegeben ist oder ob die übrigen Koproduzenten lediglich noch finanziell am Auswertungsergebnis beteiligt sind. 16

2. Außengesellschaft und Innengesellschaft. Wenn die Koproduzenten gemeinsam nach außen auftreten oder der federführende Koproduzent jeweils im Namen der Koproduktionsgesellschaft auftritt, handelt es sich um eine GbR in der Form der **Außengesellschaft**. Die Koproduktionsgesellschaft wird dann jeweils berechtigt und verpflichtet. Alle Koproduzenten haften für sämtliche Verpflichtungen der Koproduktionsgesellschaft wie für eigene Schulden, es sei denn, es wird in den Vereinbarungen, die zwischen der Koproduktionsgesellschaft und dritten Vertragspartnern geschlossen werden, ausdrück- 17 lich eine Beschränkung der Haftung auf das Vermögen der Koproduktionsgesellschaft vereinbart, Palandt/*Sprau,* 70. Aufl., § 714 Rn 11.

18 Um eine solche Außenhaftung zu vermeiden, vereinbaren die Koproduzenten häufig, dass der ausführende Produzent im Außenverhältnis nur im eigenen Namen auftreten darf und nicht berechtigt ist, die übrigen Koproduzenten gegenüber Dritten zu verpflichten. Die von dem ausführenden Produzenten im Rahmen der von ihm abgeschlossenen Verträge erworbenen Rechte hält er dann entweder treuhänderisch im Innenverhältnis auch für Rechnung der weiteren Koproduzenten (Palandt/*Sprau,* 70. Aufl., § 705 Rn 33) oder er hat die Rechte jeweils unverzüglich auf die Koproduktions-**Innengesellschaft** zu übertragen. Bei einer solchen Fallgestaltung ist die Haftung der übrigen, nicht nach außen auftretenden Koproduzenten auf die Beträge begrenzt, die sie sich im Rahmen des Koproduktionsvertrages verpflichtet haben, in die Koproduktionsgesellschaft einzubringen bzw ihr zur Verfügung zu stellen. Die hierdurch erreichte Haftungsbegrenzung wird allerdings gefährdet, wenn sich die Koproduzenten zB durch eine entsprechende Bekanntgabe im Zusammenhang mit der Veröffentlichung der Medienproduktion (etwa Nennung im Titel eines Filmwerks) im Außenverhältnis als Mitglieder der Koproduktionsgesellschaft zu erkennen geben. Hierin kann dann eine nachträgliche Genehmigung des Handelns des ausführenden Produzenten als auch im Namen der übrigen Koproduzenten getätigt liegen.

19 **3. Weitere Regelungspunkte eines Koproduktionsvertrages. Typische** weitere **Regelungspunkte** einer Koproduktion sind die nähere Festlegung der Merkmale der gemeinsam herzustellenden Produktion, die Festlegung, wer das Fertigstellungs- und Kostenüberschreitungsrisiko trägt, der Umfang der von den Mitwirkenden zu erwerbenden Rechte, der Abschluss von Versicherungen, die Meldungen zu Festivals, die Berechtigung in Bezug auf etwa zuerkannte Preise, die Nennung der Koproduzenten im Vor- oder Abspann, etc. (s. im Einzelnen *Schwarz,* ZUM 1991, 381; v. Hartlieb/Schwarz-*Schwarz,* 5. Aufl., 83. Kap.) sowie die Rechtsfolgen eines Vertragsverstoßes bis hin zum Ausscheiden eines der Koproduzenten.

20 **4. Wirkungen einer Koproduktionsgesellschaft.** Den Koproduzenten eines Tonträgers oder eines Filmwerkes stehen die **Leistungsschutzrechte** des Tonträger- bzw Filmherstellers gemäß §§ 85, 94 UrhG gemeinschaftlich zu. Voraussetzung hierfür ist jedoch, dass ein jeder von ihnen bei den für die Tonträger- bzw Filmherstellung wesentlichen Tätigkeiten auf den Gebieten der Organisation, Durchführung und Finanzierung sowie bei rechtlichen Maßnahmen der Produktion entscheidend mitgewirkt oder wenigstens mitbestimmt hat. Das ist dann der Fall, wenn ihre Einflussmöglichkeiten unmittelbar Auswirkungen auf das Schicksal der Medienproduktion haben können. Die Übernahme der laufenden Geschäftsführung durch einen der Koproduzenten hindert dies nicht. Wesentliche Entscheidungen müssen jedoch von allen Koproduzenten gemeinsam getroffen werden, Mehrheitsentscheidungen sind dabei jedoch unschädlich. Die Kriterien zur Beurteilung der Frage, ob ein Koproduzent auch **steuerlich als Hersteller anerkannt** wird, stimmen mit den urheberrechtlichen Vorgaben weitgehend überein. Maßgeblich ist hier, dass der Koproduzent das Mitunternehmerrisiko und eine mitunternehmerische Initiative getragen hat (s. näher hierzu v. Hartlieb/Schwarz-*Schwarz,* 5. Aufl., 83. Kap. und *Schwarz,* ebenda, 146. Kap. Rn 7, 19).

II. Weitere Formen einer unternehmerischen Beteiligung an einer Medienproduktion

21 **1. Atypisch stille Gesellschaft.** Steuerlich liegt eine unternehmerische Beteiligung auch im Falle einer atypisch stillen Gesellschaft vor. Bei dieser beteiligt sich ein Dritter am Handelsgewerbe eines Kaufmanns, hier des Medienproduzenten, § 230 HGB. Im Unterschied zur typisch stillen Gesellschaft ist der atypisch stille Gesellschafter auch an den **stillen Reserven** beteiligt. Dabei handelt es sich jedoch ausschließlich um eine **wirtschaftliche Beteiligung,** die Medienproduktion selbst steht im alleinigen Eigentum des Unternehmens, an dem sich der atypisch stille Gesellschafter beteiligt hat.

22 **2. Koproduktionsgemeinschaft.** Nach den Regelungen des sog. **Medienerlasses** (BMF Schreiben v. 23.2.2001, MMR Beilage 6/2001) sollen Koproduktionen auch in der Form einer sog. Koproduktionsgemeinschaft durchgeführt werden können. Hierbei dürfte es sich zivilrechtlich zwar ebenfalls um eine BGB-Gesellschaft handeln, die aber steuerrechtlich als **„Hilfsgesellschaft"** zu qualifizieren ist. Voraussetzung ist, dass die Koproduktionsgemeinschaft nur kostendeckend Leistungen für die beteiligten Koproduzenten erbringt und ihr nach Beendigung der Filmherstellung keinerlei Verwertungsrechte mehr verbleiben. Die Koproduzenten dürfen dabei auch wirtschaftlich nicht über gemeinsame Rechte verfügen. Bei einer solchen Gestaltung soll die Tätigkeit der Koproduktionsgemeinschaft als

bloße Hilfstätigkeit betrachtet werden können, so dass eine Mitunternehmerschaft ausscheidet. Faktisch wird eine solche Konstellation nur selten gegeben sein. Hauptzielrichtung der entsprechenden Bestimmungen des Medienerlasses ist es, mit dieser Hilfskonstruktion die Begründung einer Betriebsstätte des ausländischen Koproduktionspartners im Inland und umgekehrt des inländischen Produzenten im Ausland zu vermeiden. Jedenfalls bei inländischen Koproduktionen wird eine solche Koproduktionsgemeinschaft iSd Medienerlasses kaum jemals vorliegen.

III. Bruchteilsgemeinschaften

Im Unterschied zur BGB-Gesellschaft sind Bruchteilsgemeinschaften durch das **Fehlen eines gemeinsamen Zwecks** gekennzeichnet, § 741 BGB. In der Regel wird dann, wenn sich zwei oder mehr Produzenten zusammentun, um eine Medienproduktion herzustellen, ein gemeinsamer Zweck vorhanden sein, so dass nicht von Anbeginn an eine Bruchteilsgemeinschaft vorliegt. Die Parteien können jedoch vereinbaren, dass die zunächst gemeinschaftlich erworbenen Rechte (unter Einschluss der Leistungsschutzrechte gemäß §§ 85 und 94 UrhG) jeweils im Zeitpunkt ihrer Entstehung in Bruchteilen auf die Koproduktions-Partner übertragen werden. Solange sie jedoch das gemeinsame Ziel einer Produktion und/oder ihrer Verwertung betreiben, besteht daneben eine BGB-Gesellschaft zwischen ihnen fort. 23

IV. Kofinanzierungsverträge

Von den Koproduktionsverträgen zu unterscheiden sind bloße Kofinanzierungsverträge. Diese liegen vor, wenn sich die Beteiligung des Dritten auf die Leistung bloßer finanzieller Beiträge beschränkt und eine gemeinsame Zweckverfolgung nicht festgestellt werden kann. Dass der Kofinancier dabei gewisse wirtschaftliche Risiken eingeht und der Rückfluss seiner Gelder auch erfolgsabhängig gestaltet sein kann (zB **partiarisches Darlehen** oder **typisch stille Gesellschaft**) reicht noch nicht aus, um ihn zum Koproduzenten zu machen. Dies gilt auch dann, wenn er zur Sicherung seines Investments gewisse Genehmigungsvorbehalte (zB Nachweis der gesicherten Finanzierung der Medienproduktion, Zustimmung zum Austausch des Regisseurs oder eines vorgesehenen Schauspielers) erhält. Die Übergänge sind dabei jedoch fließend. Maßgeblich kommt es jeweils auf eine Gesamtschau der getroffenen Regelungen und der tatsächlichen Handhabung an. 24

C. Auftragsproduktionsverträge

Eine **Auftragsproduktion** liegt immer dann vor, wenn die Durchführung der Herstellung der Medienproduktion ganz oder teilweise auf einen anderen übertragen wird. Auftragsproduktionen finden sich vor allem im Bereich der Fernsehproduktionen. Bei diesen übernimmt der den Auftrag erteilende Fernsehsender grundsätzlich die Finanzierung der gesamten Produktionskosten und erhält im Gegenzug von dem Produktionsunternehmen sämtliche Verwertungsrechte an der von ihm herzustellenden Produktion übertragen. Auftragsproduktionen kann es jedoch auch bei Kinospielfilmen geben, wenn eine durchführende Produktionsfirma als Dienstleister die Durchführung gewisser oder gar sämtlicher Produktionsaufgaben übernimmt. Darüber hinaus werden Werbe- und Industriefilme sowie Musikvideos (s. dazu KG Berlin ZUM-RD 2011, 157 – Musikvideo-Produzent) häufig im Auftrag hergestellt. Auch im Verlagsbereich sowie bei der Herstellung von Computerspielen und Hörbüchern sind Auftragsproduktionen anzutreffen (zur Auftragsproduktion s. *J. Kreile*, ZUM 1991, 386; v. Hartlieb/Schwarz-*Schwarz*, 5. Aufl., 84. Kap.). 25

I. Echte Auftragsproduktion

Innerhalb der Auftragsproduktionen unterscheidet man sog. **echte Auftragsproduktionen** und sog. **unechte Auftragsproduktionen.** Typisches Merkmal einer echten Auftragsproduktion ist, dass der Auftraggeber dem Auftragnehmer die **Herstellung** eines Filmwerks oder einer sonstigen Medienproduktion in dessen wesentlicher Verantwortung **überträgt** und der Auftragsnehmer das Vorhaben als **selbstständiger Unternehmer** durchführt. Auch wenn sich der Auftraggeber dabei gewisse Zustimmungsrechte vorbehält, er die Finanzierung der Produktionskosten in Höhe des vereinbarten Festpreises oder – im Falle der Vereinbarung einer Abrechnungsverpflichtung des Auftragnehmers – sie bis zu einem bestimmten Höchstpreis sicherstellt und der Auftraggeber das Verwertungsrisiko trägt, ist bei der echten Auftragsproduktion der **Auftragnehmer** der **Hersteller der Produktion.** Er trägt die letzte Verantwortung für alle die Herstellung betreffenden Fragen unter Einschluss des Fertigstellungs- und 26

Kostenüberschreitungsrisikos und schließt die Verträge im eigenen Namen und auf eigene Rechnung ab. Handelt es sich bei der Produktion um ein Filmwerk oder um einen Tonträger, so steht dem Auftragnehmer das **Leistungsschutzrecht** aus § 94 bzw aus § 85 UrhG zu (zur Vertragsgestaltung bei Auftragsproduktionen s. *Homann*, 3. Aufl., S. 249 ff; *Jakobshagen*, 93 ff; *Peters*, 253 ff).

27 Bei der echten Auftragsproduktion handelt sich im Regelfall um einen **Werkvertrag** iSd §§ 631 ff BGB. In Bezug auf das vom Auftragnehmer herzustellende Trägermedium (zB Filmnegativ) liegt ein Werklieferungsvertrag, § 651 BGB, vor, da es sich insoweit um eine herzustellende Sache handelt. Dem Auftraggeber steht dabei regelmäßig das Recht zu, die Produktion in technischer, uU aber auch in künstlerischer Hinsicht abzunehmen. Erweist sich die Produktion als mangelhaft, so ist dem Auftragnehmer Gelegenheit zur Nachbesserung zu geben (zur Mängelhaftung nach früherem Recht s. OLG München ZUM 1991, 498).

28 Zur Verpflichtung des Auftragnehmers einer echten Auftragsproduktion gehört es im Regelfall, dass er dem Auftraggeber die **umfassenden Rechte** zur Verwertung der Produktion verschafft. Ein etwaiges Leistungsschutzrecht des Auftragnehmers kann dabei vollumfänglich auf den Auftraggeber übertragen werden, §§ 85 Abs. 2 S. 1, 94 Abs. 2 S. 1 UrhG. Der Auftragnehmer kann je nach der vertraglichen Gestaltung dem Auftraggeber aber auch umfassende Nutzungsrechte an dem Werk einräumen, § 94 Abs. 2 S. 2 UrhG. Die von dem Auftragnehmer als Produzent erworbenen Nutzungsrechte an den in die Produktion eingegangenen urheberrechtlichen Leistungen können an den Auftraggeber entweder übertragen werden, § 34 Abs. 1 UrhG, oder es können dem Auftraggeber umfassende abgeleitete Nutzungsrechte eingeräumt werden, § 31 Abs. 3 UrhG. Für eine weitere Übertragung des Nutzungsrechts durch den Auftragnehmer bedarf es grundsätzlich der Zustimmung der Urheber, die von ihnen jedoch nicht wider Treu und Glauben verweigert werden darf, § 34 Abs. 1 UrhG. Handelt es sich bei der Produktion um ein Filmwerk, so bedarf es jedenfalls ab Beginn der Dreharbeiten für die Weiterübertragung keiner Zustimmung der Urheber, § 90 UrhG.

29 Im Gegenzug verpflichtet sich der Auftraggeber bei der echten Auftragsproduktion bis zur Höhe eines vereinbarten Höchstpreises zur **Finanzierung der** vom Auftragnehmer abzurechenden **Herstellungskosten** (sog. „Abrechnungsproduktion“). Alternativ kann auch ein Festpreis vereinbart werden. Im Rahmen der zugrundeliegenden Kalkulation erhält der Auftragnehmer dabei in der Regel einen bestimmten Prozentsatz der direkten Produktionskosten zur Abdeckung seiner Handlungskosten und einen prozentualen Gewinnaufschlag. Denkbar ist auch, dass dem Auftragnehmer als Teil seiner Vergütung Zweitverwertungs- und/oder Auslandsverwertungsrechte an der Produktion verbleiben, er an Verwertungserlösen beteiligt wird oder ein Rechterückfall erfolgt, wenn (einzelne) Rechte vom Auftraggeber nicht genutzt werden. Entsprechende Regelungen wurden etwa zwischen der Allianz Deutscher Produzenten und ARD und ZDF getroffen. Ein weiteres wichtiges Ziel der Auftragsproduzenten ist es, zumindest die Formatrechte für sich zu behalten. An dem Auswertungserfolg der im Auftrag hergestellten Produktion orientierte Vergütungsmodelle (zB Wiederholungsvergütungen zugunsten des Auftragsproduzenten oder an der Einschaltquote orientierte Vergütungen) werden bis heute nur selten vereinbart. Ein Anspruch des Herstellers gegen den Auftraggeber auf angemessene Vergütung iSd § 32 UrhG besteht nicht, § 94 Abs. 2, S. 3 UrhG, es sei denn, dem individuellen Produzenten stehen infolge seiner eigenen kreativ-schöpferischen Einflussnahme auf die Entstehung des Filmwerks urhebervertragsrechtliche Ansprüche als Urheber zu. Andererseits kann sich aus § 32a Abs. 2 UrhG für die Urheber und ausübenden Künstler ein Anspruch auf Bestsellervergütung gegen den Auftraggeber ergeben, wenn die besonderen Erfolge bei den von diesem vorgenommenen Verwertungen eingetreten sind. Haben Urheber Anspruch auf vertraglich vereinbarte Wiederholungsvergtungen (zB Drehbuchautoren), so werden diese in der Regel von dem Auftraggeber (zB Sendeanstalt) übernommen. Liefert der Auftragnehmer eine größere Menge als vereinbart, so steht ihm kein Nachvergütungsanspruch zu (so für eine höhere Zahl von Episoden einer Fernsehproduktion: BGH ZUM 1994, 356 – Hemingway).

II. Unechte Auftragsproduktion

30 Für die **unechte Auftragsproduktion** ist kennzeichnend, dass ein Auftragnehmer die Herstellung der Medienproduktion **in Abhängigkeit vom Auftraggeber** durchführt. Die laufende Durchführung der Produktion obliegt hier zwar ebenfalls dem Auftragnehmer, doch verbleibt die wesentliche unternehmerische Verantwortung beim Auftraggeber. Ihm steht ein Weisungsrecht gegenüber dem Auftragnehmer zu. Er trägt hier nicht nur das Risiko der Verwertung, sondern auch das Herstellungsrisiko. Nutzungs- und Verwertungsrechte an den Leistungen der Mitwirkenden an der Produktion erwirbt

der Auftragnehmer bei der unechten Auftragsproduktion oft bereits im Namen, stets aber auf Rechnung des Auftraggebers.

Das Eigentum an dem körperlichen Träger der Medienproduktion (zB Filmnegativ) steht bei der unechten Auftragsproduktion originär dem Auftraggeber zu. Er ist Hersteller iSd § 950 BGB. Da der **Auftraggeber** die wesentliche organisatorische Leitung inne hat und die wirtschaftliche Verantwortung der Produktion trägt, ist er bei der unechten Auftragsproduktion auch urheberrechtlich **als der Hersteller** anzusehen. Ihm steht deshalb das Leistungsschutzrecht des Tonträgerherstellers bzw des Filmherstellers, §§ 85, 94 UrhG, zu (zur Filmherstellereigenschaft bei unechten Auftragsproduktionen s. OLG München ZUM-RD 1997, 290, 293 – Box-Classics). 31

Der Auftragnehmer schuldet bei der unechten Auftragsproduktion nicht die fertiggestellte Produktion, sondern lediglich ein Tätigwerden nach Maßgabe der getroffenen Vereinbarung. Die unechte Auftragsproduktion ist damit als ein **Geschäftsbesorgungsvertrag,** häufig in Verbindung mit dienstvertraglichen Elementen anzusehen, § 675 Abs. 1 iVm §§ 611 ff BGB. Derartige Verträge werden deshalb auch als **Produktionsdienstleistungsverträge** bezeichnet. Dem Auftraggeber steht damit das Recht zu, den Auftrag nach § 627f BGB jederzeit zu kündigen. Von der Pflicht zur Bezahlung der vereinbarten Vergütung wird er jedoch nur unter den dort genannten Voraussetzungen frei. 32

D. Finanzierungsverträge

Der Finanzierung von Medienproduktionen dienen vielfältige Maßnahmen des Herstellers. So kann er seine eigene finanzielle Belastung durch einen Zusammenschluss mit einem oder mehreren weiteren Herstellern reduzieren (zur Koproduktion s. oben Rn 12). Für Kinoproduktionen können **Förderungen** nach dem Filmförderungsgesetz (Projektfilmförderung nach §§ 32 ff FFG sowie Referenzfilmförderung nach §§ 22 ff FFG) und den Länderförderungen gewährt werden (im Einzelnen s. v. Hartlieb/Schwarz-*v. Have/Schwarz,* 5. Aufl., Kap. 117 ff). Darüber hinaus besteht auch für TV-Produktionen die Möglichkeit einer Förderung nach den entsprechenden Länderförderungen (v. Hartlieb/Schwarz-*Schwarz,* 5. Aufl., Kap. 133). Seit dem Jahr 2007 gibt es für Kinoproduktionen zudem die Möglichkeit einer automatischen Förderung nach den Regelungen des Deutschen FilmFörderFonds (nähere Informationen zum DFFF sind verfügbar über www.ffa.de, s. im Einzelnen auch v. Hartlieb/Schwarz-*Schwarz/Hansen,* 5. Aufl., Kap. 127). 33

I. Vorabverwertungsverträge

Der Finanzierung einer Produktion dienen insbesondere sogenannte **Vorabverkäufe,** mit denen der Hersteller in einem früheren Stadium der Produktion bereits Teilrechte an der Medienproduktion an Dritte lizenziert. Das hat für den Hersteller den Vorteil, dass er bereits in diesem Zeitpunkt gesichert mit zukünftigen Erlösen aus der Verwertung der Produktion rechnen kann. Andererseits begibt er sich der Möglichkeit, nach Fertigstellung der Produktion möglicherweise höhere Verwertungserlöse erzielen zu können. Aus Sicht der Lizenznehmer kann ein solch frühzeitig erfolgender Lizenzerwerb die Chance bieten, sich günstig Verwertungsrechte zu sichern, andererseits birgt der Abschluss eines Lizenzvertrages über ein noch nicht fertiggestelltes Produkt die Gefahr, dass ein Werk nur mäßiger Qualität geliefert wird. Aus Sicht des Lizenznehmers kommt es deshalb bei solchen frühzeitig geschlossenen Lizenzverträgen wesentlich darauf an, die Merkmale des geschuldeten Werkes möglichst genau zu definieren (zB Festlegung auf eine konkrete Drehbuchfassung; die Mitwirkung bestimmter Personen bei der Herstellung der Produktion; ein Mindestbudget etc.). Auch wird regelmäßig vereinbart, dass die Lizenzvergütung zumindest zum großen Teil erst bei Lieferung und Abnahme der Produktion fällig wird. Im Übrigen handelt es sich bei derartigen Vorabverkäufen um typische Verwertungsverträge (zu Medienvertriebsverträgen s. *Christiansen,* 52. Abschnitt). Dies gilt auch dann, wenn sich der Lizenzerwerber wegen der aufgrund des frühen Produktionsstadiums noch gegebenen Unsicherheit **weitgehende Zustimmungsrechte** vorbehält. 34

II. Bankfinanzierung

Die Finanzierung von Medienunternehmen über allgemeine Kreditlinien weist keine medienrechtlich spezifischen Schwierigkeiten auf. Lediglich bei der **Besicherung gewährter Kredite** sind die Besonderheiten zu berücksichtigen, die sich aus dem immateriellen Charakter der als Besicherungsgrundlage dienenden urheberrechtlichen Verwertungsrechte ergeben. So kann sich bei einer zur Sicherheit erfol- 35 genden Übertragung von Nutzungsrechten die Rechtsfolge einer gesamtschuldnerischen Haftung ergeben, wenn der Urheber der Übertragung des Nutzungsrechts nicht im Einzelfall ausdrücklich zugestimmt hat, § 34 Abs. 4 UrhG. Diese Rechtsfolge ist allerdings für den Bereich der Filmherstellung ausgeschlossen, § 90 S. 1 UrhG. Ob und inwieweit **Lizenzrechte** in der **Insolvenz** des Lizenznehmers **Bestand** haben und ob eine etwaige Beendigung eines Lizenzverhältnisses in Folge der Insolvenz eines Lizenznehmers auf bereits erfolgte Weiterlizenzierungen durchschlägt, ist bis heute nicht abschließend geklärt (zum Streitstand s. v. Hartlieb/Schwarz-*Kreuzer*/*U.Reber*, 5. Aufl., 293. Kap.; BGH NJW 2005, 915 zu Softwarelizenzen; für Verlagsrechte s. die Sonderregelung des § 36 VerlG). Aufgrund der neueren Rechtsprechung des BGH (ZUM 2009, 852 – Reifen Progressiv; s. dazu *U. Reber*, ZUM 2009, 855) ist allerdings mit der nunmehr herrschenden Meinung von einem Bestand erteilter Unterlizenzen auszugehen.

36 Einzelne Medienproduktionen werden häufig auch als gesonderte Projekte finanziert. Aus Sicht der Bank kommt hier zu den allgemeinen Risiken, die bei der Finanzierung immaterieller Wirtschaftsgüter gegeben sind, die Notwendigkeit einer Absicherung gegen das **Fertigstellungs-** und **Kostenüberschreitungsrisiko** hinzu (s. nachstehend Rn 39).

III. Förder-Darlehen

37 **Öffentliche Fördermittel** werden vielfach nicht auf vertraglicher Grundlage, sondern als **Zuschüsse** (zB Förderungen auf der Grundlage des Deutschen FilmFörderFonds, DFFF, sowie Referenzmittel nach dem FFG) oder nach Maßgabe der entsprechenden gesetzlichen Regelungen als bedingt rückzahlbare Mittel (zB Projektförderung nach dem FFG) gewährt. Fördermittel nach den Länderförderungen werden hingegen in der Regel auf der Grundlage von **Darlehensverträgen** ausgereicht. Diese sehen meist auch eine Besicherung durch eine zur Sicherheit erfolgende Übertragung von Verwertungsrechten an der Produktion vor. Erfolgt parallel hierzu auch eine Sicherungsübertragung an eine finanzierende Bank oder an sonstige Dritte (zB Fertigstellungsgarant, Kopierwerk), so ist durch eine entsprechende Vereinbarung mit allen Berechtigten die Rangfolge der Sicherheiten festzulegen, damit eine Doppelabtretung vermieden wird.

E. Sicherungsmittel

I. Versicherungen

38 **Typische Produktionsrisiken** werden regelmäßig durch den Abschluss entsprechender Versicherungen (zB Material-, Brand-, Kulissen-, Ausfallversicherung etc.) abgedeckt. Im internationalen Lizenzverkehr, zunehmend aber auch in Deutschland, wird von Lizenznehmern darüber hinaus der Nachweis einer **Errors & Omissions Versicherung** gefordert, die für den Fall einer Verletzung von Rechten Dritter (zB Inhaber von Namens-, Marken-, Urheber- oder Persönlichkeitsrechten) als Haftpflichtversicherung innerhalb gewisser Höchstgrenzen Ersatz für zu leistende Schadensersatzzahlungen und Prozesskosten gewährt (s. v. Hartlieb/Schwarz-*Fuchs*, 5. Aufl., 103. Kap.).

II. Fertigstellungsgarantie

39 **Besondere Risiken** gehen im Rahmen des Produktionsprozesses alle die Parteien ein, die einem Hersteller eines Medienproduktes Zahlungen leisten, bevor die Produktion fertiggestellt und abgeliefert wurde. Dies gilt im Bereich der Filmproduktion etwa für Verleihunternehmen und Fernsehsender, die dem Produzenten vor Erhalt des Materials **Anzahlungen** gewähren. Im besonderen Maß trifft dies auf Banken zu, die einem Produzenten im Wege der **Projektfinanzierung** eine Zwischenfinanzierung der dem Produzenten bei Ablieferung des Produktes an die verschiedenen Lizenznehmer von diesen fest zugesagten Lizenzvergütungen zur Verfügung stellen. Wird die Produktion in einem solchen Fall nicht rechtzeitig fertiggestellt oder entspricht sie nicht den in den Lizenzverträgen vereinbarten Bedingungen, so sind die Abnehmer im Regelfall nicht mehr verpflichtet, die von ihnen ursprünglich zugesagten Gegenleistungen zu erbringen („**Fertigstellungsrisiko**"). Aber auch dann, wenn es dem Hersteller nicht gelingt, die Produktion mit den ursprünglich kalkulierten Mitteln herzustellen, droht, wenn nicht weitere Mittel bereitgestellt werden, der Abbruch der Produktion und damit der Verlust der bis zu diesem Zeitpunkt bereits verausgabten Gelder („**Überschreitungsrisiko**"). Vorfinanzierende Partner von Produktionsunternehmen verlangen deshalb bei größeren Spielfilm- und TV-Produktionen, aber etwa

auch im Zusammenhang mit der Herstellung von Computerspielen, eine Einbeziehung in eine **Fertigstellungsgarantie** (auch als **„Completion Bond"** bezeichnet, s. dazu *Thomale/v. Reden/Lütcken*, ZUM 2004, 896).

Im Rahmen einer solchen Fertigstellungsgarantie verpflichtet sich der Fertigstellungsgarant gegenüber den Begünstigten, für eine **rechtzeitige und vertragsgemäße Fertigstellung der Produktion** durch Bereitstellung etwa erforderlicher zusätzlicher Mittel und notfalls durch eine Übernahme der Produktion Sorge zu tragen. Alternativ steht dem Fertigstellungsgaranten das Recht zu, die Produktion abzubrechen und den Begünstigten alle die Beträge zu erstatten, die sie bis zu diesem Zeitpunkt bereits für die Produktion zur Verfügung gestellt haben. In einer parallelen Vereinbarung mit dem Produzenten erhält der Fertigstellungsgarant von dem Produktionsunternehmen die Weisungs- und Zugriffsrechte eingeräumt, die er benötigt, um eine entsprechende Zusage abgeben zu können. Darüber hinaus werden dem Fertigstellungsgaranten vom Produzenten (gegenüber den übrigen Financiers in der Regel nachrangige) Sicherheiten eingeräumt, aus denen der Fertigstellungsgarant – entsprechende Verwertungserfolge vorausgesetzt – Mittel zurückdecken kann, die der Fertigstellungsgarant zur vertragsgemäßen Fertigstellung der Produktion aufgewandt hat. 40

51. Abschnitt: Produktionsrealisierungsverträge

A. Verträge mit Urhebern

I. Verträge mit Urhebern vorbestehender Werke

1 Medienproduktionen werden häufig nicht völlig neu geschaffen, sondern greifen auf **vorbestehende Werke** zurück. Dies gilt nicht nur für Filmwerke, die etwa eine Verfilmung eines Romans oder eines Theaterstücks oder eine Wiederverfilmung darstellen, sondern trifft auch für die Produktion von Hörbüchern, Theaterstücken, Musicals oder Games zu. Als vorbestehende Werke sind dabei alle solchen Werke anzusehen, die eigenständig außerhalb der neu geschaffenen Medienproduktion wahrgenommen werden können. Das ist etwa bei einer Roman- und Theatervorlage, bei im Rahmen der neuen Produktion verwandter Musik sowie bei der Bühnen- und Filmarchitektur der Fall. Ein vorbestehendes Werk liegt auch dann vor, wenn das Werk gezielt für die neue Medienproduktion geschaffen oder für diese in Auftrag gegeben wird, wie es zB bei einem Drehbuch, einer Auftragskomposition oder einem für einen konkreten Anlass bestellten Theaterstück der Fall ist.

2 **1. Lizenzverträge. a) Erwerb von Nutzungsrechten.** Die zur Herstellung der neuen Medienproduktion erforderlichen Rechte zur Nutzung des vorbestehenden Werkes werden mit einem Lizenzvertrag erworben. Da es im Rahmen der Herstellung der Produktion in der Regel zu einer Bearbeitung oder Umgestaltung des vorbestehenden Werkes kommt, ist dabei zunächst der Erwerb eines entsprechenden **Bearbeitungsrechts** nach § 23 S. 1 UrhG notwendig. Der Rechtserwerb hat dabei spätestens in dem Zeitpunkt zu erfolgen, in dem das eine Bearbeitung bzw Umgestaltung darstellende neue Werk veröffentlicht oder verwertet wird. Handelt es sich hingegen um eine Verfilmung eines vorbestehenden Werkes, so muss die Einwilligung des Urhebers des vorbestehenden Werkes zu der in der Verfilmung liegenden Bearbeitung bzw Umgestaltung bereits im Zeitpunkt der Herstellung des neuen Werkes, dh spätestens am ersten Drehtag vorliegen, § 23 S. 2 UrhG. Wurde das für die Neuproduktion verwandte vorbestehende Werk bislang noch nicht veröffentlicht, so muss der Produzent auch das **Veröffentlichungsrecht** des § 12 UrhG eingeräumt erhalten. Dies kann zB bei einem Filmregisseur aber auch für einzelne Teilleistungen erfolgen (OLG München ZUM 2000, 767; Schricker/Loewenheim-*Dietz/Peukert,* § 12 Rn 19). Da eine Verwertung des neuen Werkes jeweils auch eine **Verwertung** der darin enthaltenen vorbestehenden Werke darstellt, muss der Produzent darüber hinaus auch die entsprechenden Nutzungsrechte an dem vorbestehenden Werk (zB Aufführungsrecht, § 19 Abs. 2 UrhG, das Radio- oder TV-Senderecht, § 20 UrhG, das Recht der öffentlichen Zugänglichmachung, § 19a UrhG, oder für eine Video- und DVD-Verwertung das Vervielfältigungs- und Verbreitungsrecht der §§ 16 und 17 UrhG) lizenziert erhalten.

3 Die Rechtseinräumung an dem vorbestehenden Werk kann dabei in der Form eines **einfachen oder ausschließlichen** Rechts erfolgen und in räumlicher, zeitlicher oder inhaltlicher Hinsicht präzisiert oder beschränkt werden, § 31 Abs. 1 S. 2 UrhG. Wegen der hohen, mit der Realisierung neuer Medienproduktionen verbundenen Kosten erfolgt die Rechtseinräumung allerdings in Bezug auf einen zugrundeliegenden Stoff häufig in exklusiver Form (zB Verfilmung, Hörspiel- oder Musicalproduktion). Da-

bei kann sich die Exklusivität, wie dies etwa bei der Lizenzierung von Theaterstücken der Fall ist, auch nur auf eine bestimmte Region beschränken. Demgegenüber werden Synchronisationslizenzen an vorbestehenden Musikstücken regelmäßig nur auf nicht-exklusiver Basis lizenziert. Bei der Auslegung des Umfangs der Rechtseinräumung ist der **Zweckübertragungsgrundsatz** des § 31 Abs. 5 UrhG zu berücksichtigen (s. hierzu 59. Abschnitt Rn 39).

Nach § 31 Abs. 4 UrhG war bis zur Verabschiedung des sog. „2. Korbs“ zur Regelung des Urheberrechts in der Informationsgesellschaft ein Erwerb von Nutzungsrechten für **unbekannte Nutzungsarten** nach § 31 Abs. 4 UrhG unwirksam (*Berger,* GRUR 2005, 907). Diese Regelung ist nunmehr aufgehoben und durch § 31a UrhG ersetzt worden. Nach der Neuregelung können auch Rechte für unbekannte Nutzungsarten erworben werden, wenn dies schriftlich vereinbart wird. Allerdings steht dem Urheber, nicht jedoch seinem Rechtsnachfolger, das Recht zu, auch nach Abschluss einer Vereinbarung, mit der er Rechte zur Verwertung in unbekannten Nutzungsarten eingeräumt hat, diese Rechtseinräumung nachträglich zu widerrufen. Das **Widerrufsrecht** erlischt jedoch nach Ablauf von drei Monaten, nachdem der Erwerber die Mitteilung über die beabsichtigte Verwertung in der neuen Nutzungsart an die dem Erwerber letzte bekannte Adresse des Urhebers abgesendet hat. Nach § 31a Abs. 2 UrhG entfällt das Widerrufsrecht auch, wenn die Parteien des Lizenzvertrages sich nach Bekanntwerden der neuen Nutzungsart auf eine gesonderte Vergütung geeinigt haben oder sie eine Vergütung nach einer gemeinsamen Vergütungsregel iSd § 36 UrhG vereinbart haben. Sind mehrere Werke oder Werkbeiträge zu einer Gesamtheit zusammengefasst, die sich in der neuen Nutzungsart sinnvoll nur unter Verwendung sämtlicher Werke oder Werkbeiträge verwerten lässt, so kann nach § 31a Abs. 3 UrhG das Widerrufsrecht ausgeschlossen sein, wenn ein Widerruf gegen Treu und Glauben verstoßen würde. Im Übrigen kann der Urheber auf das Widerrufsrecht nicht im Voraus verzichten, § 31a Abs. 4 UrhG. Für Filmwerke gelten insoweit Sonderregelungen (s. unten Rn 22). 4

Im Rahmen des sog. 2. Korbs der Urheberrechtsreform wurde im Jahr 2007 mit **§ 137l UrhG** eine Regelung eingeführt, die eine Nutzung von **Archivwerken** in seit dem Zeitpunkt des Vertragsschlusses bekannt gewordenen Nutzungsarten ermöglichen soll. Ein entsprechender nachträglicher Rechtserwerb war bislang häufig deshalb nur schwer zu realisieren gewesen, weil es bei der Vielzahl der Urheberberechtigten, die an der Entstehung dieser Werke mitgewirkt hatten, faktisch unmöglich war, mit ihnen allen Vereinbarungen über den Erwerb der erforderlichen Nutzungsrechte abzuschließen. Wurden diese Werke vor 20 oder 30 Jahren hergestellt, so waren für den Produzenten oftmals schon die Adressen der Urheber bzw ihrer Erben nicht mehr oder nur mit einem unverhältnismäßig großem Aufwand zu ermitteln. 5

Nach § 137l Abs. 1 UrhG gelten nunmehr in all den Fällen, in denen der Urheber zwischen dem 1.1.1966 und dem Inkrafttreten der Regelungen des 2. Korbs der Urheberrechtsreform einem anderen alle wesentlichen Nutzungsrechte ausschließlich sowie räumlich und zeitlich unbegrenzt eingeräumt hat, auch die zum Zeitpunkt des Vertragsschlusses unbekannten Nutzungsrechte als dem anderen eingeräumt, sofern der Urheber nicht dem anderen gegenüber der Nutzung widerspricht. Da § 137l UrhG eine Antwort auf die Verwertungshindernisse darstellt, die § 31 Abs. 4 UrhG mit sich gebracht hat und dieser § 31 Abs. 4 UrhG Wirkung grundsätzlich nur für den Geltungsbereich des UrhG, dh die Bundesrepublik Deutschland entfaltete, ist von einer **räumlich unbegrenzten Rechtseinräumung** möglicherweise schon dann auszugehen, wenn die Nutzungsrechte für das gesamte Gebiet der Bundesrepublik Deutschland eingeräumt wurden. Eine gewisse Unklarheit besteht auch bezüglich der Notwendigkeit der Einräumung **„aller wesentlichen Nutzungsrechte“**. Dabei wird jeweils auf die konkreten Nutzungsmöglichkeiten des Werks abzustellen sein. Hat etwa ein Urheber im Rahmen eines Verfilmungsrechtes die Theater-, Video- und Senderechte eingeräumt, so handelt es sich bei diesen in Bezug auf das Filmwerk um „alle wesentlichen Nutzungsrechte“. Dass etwa das Verlags- und Musical-Aufführungsrecht zurückbehalten wurde, würde die Anwendung des § 137l UrhG nicht ausschließen. § 137l UrhG kann schließlich auch dann zur Anwendung kommen, wenn der Urheber und der Produzent in Übereinstimmung mit der bisherigen durch § 31 Abs. 4 UrhG aF geprägten Rechtslage vereinbart hatten, dass der Urheber dem Produzenten **alle** im Zeitpunkt des Vertragsschlusses **bekannten Nutzungsrechte** überträgt. Auch hierbei handelt es sich um eine Einräumung aller im Zeitpunkt des Vertragsschlusses wesentlichen Nutzungsrechte. Soweit diese Voraussetzung erfüllt ist, sieht § 137l UrhG eine unwiderlegliche Vermutung der rückwirkenden Übertragung auch der unbekannten Nutzungsarten vor. Etwas anderes gilt nur dann, wenn der geschlossene Vertrag das Produktionsunternehmen verpflichtet, mit dem Urheber vor Nutzung des Werkes in unbekannten Nutzungsarten eine Vereinbarung über die Zulässigkeit einer solchen Nutzung abzuschließen bzw die dafür zu zahlende 6

Vergütung zu vereinbaren. In einem solchen Fall ist das Produktionsunternehmen trotz § 137l UrhG jedenfalls schuldrechtlich verpflichtet, zunächst eine Einigung mit dem Urheber herbeizuführen.

7 Der dem Urheber mögliche **Widerspruch** gegen eine Nutzung in der inzwischen bekannt gewordenen Nutzungsart ist dann, wenn die neue Nutzungsart bereits vor Inkrafttreten des § 137l UrhG bekannt geworden ist, nur innerhalb eines Jahres möglich. In allen anderen Fällen erlischt das Widerspruchsrecht nach Ablauf von drei Monaten, nach dem das Produktionsunternehmen die Mitteilung über die beabsichtigte Aufnahme der neuen Art der Werknutzung an den Urheber abgesendet hat. Diese Nachricht kann von dem Produktionsunternehmen an die ihm zuletzt bekannte Anschrift des Urhebers gerichtet werden. Eine Verpflichtung zur Nachforschung, ob diese Adresse noch richtig ist, besteht nicht, § 137l Abs. 1 S. 2 und 3 UrhG. Ein entsprechender gesetzlicher Nacherwerb von Rechten zur Verwertung in unbekannten Nutzungsarten ist nach § 137l Abs. 1 S. 4 UrhG jedoch ausgeschlossen, wenn der Urheber die zwischenzeitlich bekannt gewordenen Nutzungsrechte **bereits einem Dritten eingeräumt** hat.

8 Von dieser Regelung zu unterscheiden sind die Fälle, in denen das Produktionsunternehmen die ihm ursprünglich eingeräumten Nutzungsrechte bereits einem Dritten übertragen hat. Das ist etwa bei Fernseh-Auftragsproduzenten häufig der Fall, die sämtliche Rechte an den von ihnen im Auftrag eines Fernsehsenders hergestellten Produktionen auf den Fernsehsender übertragen. Bei einer solchen Fallgestaltung erfolgt der **Rechtserwerb** bei Vorliegen der übrigen Voraussetzungen des § 137l UrhG **unmittelbar durch den Dritten,** § 137l Abs. 2 UrhG. Erklärt der Urheber den Widerspruch gegen die Nutzung des Werkes in der im Zeitpunkt des Vertragsschlusses noch unbekannten Nutzungsart gegenüber seinem ursprünglichen Vertragspartner, so hat ihm dieser nach S. 2 des § 137l Abs. 2 UrhG unverzüglich alle erforderlichen Auskünfte über den Dritten zu erteilen. Der seinem ursprünglichen Vertragspartner gegenüber erklärte **Widerspruch** ist jedoch unwirksam. Dieser ist nicht Vertreter oder Empfangsbote der Widerspruchserklärung mit Wirkung für den Dritten, dem die Nutzungsrechte übertragen wurden. Versäumt der Urheber diesem gegenüber die Widerspruchsfrist von einem Jahr, so sieht das Gesetz auch dann keine Verlängerung der Widerspruchsfrist vor, wenn der Urheber den Widerspruch innerhalb der Jahresfrist zunächst gegenüber seinem Vertragspartner ausgesprochen hat.

9 Das Widerspruchsrecht entfällt, wenn die Parteien über eine seit Vertragsschluss bekannt gewordene Nutzungsart eine ausdrückliche Vereinbarung geschlossen haben, § 137l Abs. 3 UrhG. Sind mehrere Werke oder Werkbeiträge zu einer Gesamtheit zusammengefasst, die sich in der neuen Nutzungsart in angemessener Weise nur unter Verwendung sämtlicher Werke oder Werkbeiträge verwerten lässt, so kann der Urheber nach § 137l Abs. 4 UrhG das **Widerspruchsrecht nicht wider Treu und Glauben ausüben.** Gerade bei komplexen Werken, die zB die Leistung eines Autors, eines Regisseurs und – bei Filmwerken – die Leistungen eines Kameramanns und eines Schnittmeisters beinhalten, wird der Widerspruch durch einen von ihnen allein häufig einen solchen Verstoß gegen Treu und Glauben darstellen, da die anderen Urheber ein Interesse an der Verwertung des von ihnen mitgeschaffenen Werkes auch in den neuen Nutzungsarten haben können. Über das Interesse der Urheber hinaus wird zumindest bei Filmwerken in Parallele zu § 93 Abs. 1 S. 2 UrhG bei der Abwägung der zu berücksichtigenden Interessen auch auf den Filmhersteller angemessene Rücksicht zu nehmen sein. Ein genereller Ausschluss des Widerspruchsrechts für Filmwerke sieht § 137l UrhG jedoch im Unterschied zu §§ 88 Abs. 1 S. 2, 89 Abs. 1 S. 2 UrhG (jeweils in der Fassung des 2. Korbes) nicht vor.

10 **b) Rückrufsrecht.** Zum Schutz der Urheber dienen auch die **Rückrufsrechte** der §§ 41 und 42 UrhG. Praktische Bedeutung kommt dabei insbesondere dem Rückrufsrecht wegen **Nichtausübung,** § 41 UrhG, zu. Hiernach kann der Urheber dann, wenn der Inhaber eines ihm eingeräumten ausschließlichen Nutzungsrechts dieses nicht oder nur unzureichend ausübt und wenn hierdurch berechtigte Interessen des Urhebers erheblich verletzt werden, das Nutzungsrecht unter gewissen Voraussetzungen zurückrufen. Frühestens kann das Rückrufsrecht jedoch vor Ablauf von zwei Jahren seit der Einräumung oder Übertragung des Nutzungsrechts geltend gemacht werden. Wird das Werk erst zu einem späteren Zeitpunkt abgeliefert, so ist der Zeitpunkt der Ablieferung für die Berechnung dieser Frist maßgeblich. Nach § 41 Abs. 4 S. 2 UrhG kann die **Frist für die Ausübung des Rückrufsrechts** im Voraus vertraglich maximal auf fünf Jahre verlängert werden. Ein darüber hinausgehender Verzicht ist unwirksam. Gerade bei der Herstellung von Filmwerken, aber auch bei anderen, aufwändig herzustellenden Medienproduktionen stellt eine entsprechende Verlängerung der Frist zur Ausübung des Rückrufsrechts auf fünf Jahre die Regel dar. Auch nach Ablauf der hierfür vorgesehenen Frist kann ein Rückruf aber erst erklärt werden, nachdem der Urheber dem Inhaber des Nutzungsrechts eine ange-

messene Nachfrist zur Ausübung des Nutzungsrechts gesetzt hat (s. zur Angemessenheit der Nachfrist OLG München ZUM 2008, 519). Diese Frist muss dabei nicht so bemessen sein, dass der Inhaber des Nutzungsrechts mit Erhalt der Nachfristsetzung erst mit den Vorbereitungen zur Realisierung der beabsichtigten Produktion beginnen kann. Vielmehr wird für Schallplattenaufnahmen ein Zeitraum von drei bis sechs Monaten, für Bühnenaufführungen ein halbes Jahr und für Verfilmungen ein Jahr als ausreichende Frist angesehen (*Dreier/Schulze,* 3. Aufl., § 41 Rn 27 UrhG).

Nach § 41 Abs. 6 UrhG hat der Urheber, wenn er den Rückruf erklärt, den Betroffenen zu entschädigen. 11
Dies gilt nach dem Gesetzeswortlaut aber nur dann, „wenn und soweit es der Billigkeit entspricht". Nachdem es hierüber häufig sehr unterschiedliche Einschätzungen gibt, wird in Lizenzverträgen häufig geregelt, in welcher Höhe **im Fall des Rückrufs Entschädigung zu leisten** ist. Die Spannweite der Regelungen ist allerdings groß. Sie reicht von einer Rückerstattung sämtlicher bereits erhaltener Vergütungen über anteilige Rückerstattungen bis hin zu der Abhängigkeit einer zu zahlenden Entschädigung von der Neuvergabe der Rechte durch den Urheber.

c) **Kein Erwerb gesetzlicher Vergütungsansprüche.** Der früher häufig anzutreffenden Abtretung auch 12
der gesetzlichen Vergütungsansprüche durch den Urheber hat § 63a UrhG, der für nach dem 1.7.2002 abgeschlossene Verträge gilt, einen Riegel vorgeschoben. Hiernach können die Urheber auf ihnen gesetzlich zustehende Vergütungsansprüche nicht verzichten und diese im Voraus nur an eine Verwertungsgesellschaft abtreten.

d) **Vereinbarungen zu Urheberpersönlichkeitsrechten.** Neben dem Veröffentlichungsrecht (s. dazu 13
oben Rn 2) steht dem Urheber des vorbestehenden Werks auch in Bezug auf die neue Produktion das Recht zu, zu bestimmen, ob diese mit einer Urheberbezeichnung zu versehen und welche Bezeichnung zu verwenden ist. Eine solche Bestimmung wird im Regelfall ausdrücklich im Lizenzvertrag getroffen. Ist sie geregelt worden, so ist das Bestimmungsrecht des Urhebers nach § 13 UrhG ausgeübt. Er kann dann nicht zu einem späteren Zeitpunkt eine davon abweichende Festlegung seiner Nennung fordern. Das gilt auch dann, wenn der Urheber eine Entstellung seines Werkes geltend macht (s. dazu unten Rn 14). Im Rahmen der Beurteilung, ob berechtigte geistige oder persönliche Interessen des Urhebers an dem Werk iSv § 14 UrhG gefährdet werden, sowie der Frage, ob eine gröbliche Entstellung iSv § 93 Abs. 1 UrhG vorliegt, spielt es jedoch eine Rolle, ob der Filmhersteller anbietet, eine Nennung des Namens des Urhebers zu unterlassen oder ein Pseudonym zu verwenden (vgl hierzu Möhring/Nicolini-*Lütje,* 2. Aufl., § 93 Rn 20; Schricker/Loewenheim-*Dietz/Peukert,* 4. Aufl., § 93 Rn 11–13). Bei der zu vereinbarenden Nennung des Urhebers sind aus Sicht des Herstellers Branchenübungen zu berücksichtigen. So ist es für einen Filmhersteller zB häufig schwierig, gegenüber einem die Fernsehlizenz erwerbenden TV-Sender eine Nennung aller Urheber des Filmwerkes vertraglich abzusichern (s. hierzu OLG München ZUM 2011, 422 – Tatort-Vorspann).

Nach § 14 UrhG hat der Urheber des vorbestehenden Werkes weiter das Recht, eine Entstellung oder 14
eine andere Beeinträchtigung seines Werkes zu verbieten, die geeignet ist, seine berechtigten geistigen oder persönlichen Interessen am Werk zu gefährden (s. im Einzelnen v. Hartlieb/Schwarz-*Schwarz/Hansen*, 5. Aufl., Kap. 44). Auch wenn dieses Recht grundsätzlich unverzichtbar ist, kann es durch eine entsprechende vertragliche Vereinbarung doch präzisiert werden. Stimmt der Urheber zB einer weitgehenden Bearbeitung zu oder ist er mit einer Verwendung einverstanden, bei der es typischerweise zu prägenden Einflussnahmen durch weitere Urheber (zB einen Theaterregisseur) kommt, so wird die Grenze, ab der eine Gefährdung berechtigter Interessen anzunehmen ist, hinausgeschoben (zur gestaltenden Inszenierung von Theateraufführungen s. KG ZUM-RR 2005, 381 – Die Weber).

e) **Vergütungsvereinbarung.** Als Gegenleistung für die Einräumung von Nutzungsrechten und die Er- 15
laubnis zur Werknutzung steht dem Urheber der Anspruch auf die **vertraglich vereinbarte Vergütung** zu. Ist eine solche im Einzelfall nicht vertraglich bestimmt, so gilt eine angemessene Vergütung als vereinbart. Ist hingegen die vereinbarte Vergütung als nicht angemessen anzusehen, so kann der Urheber nach dem im Rahmen der Urhebervertragsrechtsnovelle im Jahr 2002 neu eingeführten § 32 UrhG von seinem Vertragspartner die **Anpassung der vertraglichen Vergütungsvereinbarung** dahin gehend verlangen, dass ihm eine angemessene Vergütung gewährt wird. Als angemessen gilt nach § 32 Abs. 2 Satz 2 UrhG die Vergütung, die dem entspricht, was im Geschäftsverkehr nach Art und Umfang der eingeräumten Nutzungsmöglichkeit, insbesondere nach Dauer und Zeitpunkt der Nutzung, unter Berücksichtigung aller Umstände üblicher- und redlicherweise zu leisten ist (*v. Becker/Wegner,* ZUM 2005, 7; *Schmidt*, ZUM 2002, 781; *Schwarz*, ZUM 2010, 107; sehr weitgehend: *N. Reber,* GRUR 2003, 393).

16 Zu gerichtlichen Auseinandersetzungen über die Frage der Angemessenheit der Vergütung ist es zunächst vor allem im Bereich der Vergütungen gekommen, die **Übersetzern** bezahlt werden (s. BGH ZUM 2010, 48 – Talking to Addison; BGH ZUM-RD 2010, 16 – The Clash of Fundamentalisms; BGH ZUM 2011, 316 – Destructive Emotions). Entsprechende gerichtliche Auseinandersetzungen im Bereich Film haben in den vergangenen Jahren aber zugenommen (OLG München ZUM 2010, 808 – Jost Vacano; KG Berlin ZUM 2010, 532 – Bulle von Tölz; OLG München I ZUM 2011, 422 – Tatort-Vorspann, s. auch v. Hartlieb/Schwarz-*Schwarz/Hansen*, 5. Aufl., Kap. 54 mwN; *Schwarz*, ZUM 2010, 107). Dass auch eine Pauschalvergütung der Redlichkeit entsprechen kann, hat auch der BGH erst jüngst in seiner Entscheidung zur Angemessenheit von Übersetzerhonoraren explizit festgestellt (BGH ZUM 2010, 48 – Talking to Addison). Selbst bei den – im Verhältnis zu den in der Filmindustrie gezahlten Vergütungen – sehr niedrigen Normhonoraren der Übersetzer fordert der BGH eine prozentuale Erfolgsbeteiligung erst ab 5.000 Exemplaren. So dürften etwa im Bereich der Film- und TV-Produktion auch **Einmalvergütungen** (sog. „Buy-Outs") solange auch weiterhin eine angemessene Vergütung iSd § 32 UrhG darstellen können, wie kein Fall eines Bestsellers iSd § 32a UrhG vorliegt (s. v. Hartlieb/Schwarz-*Schwarz/Hansen*, 5. Aufl., Kap. 54; *Castendyk*, ZUM 2007, 169, 174; differenzierend *Berger*, ZUM 2003, 524; ablehnend: *Nordemann*, § 32 Rn 28 ff).

17 Eine Vergütung, die einer gemeinsamen Vergütungsregel, § 36 UrhG, entspricht, gilt stets als angemessen, § 32 Abs. 2 S. 1 UrhG. Eine solche **gemeinsame Vergütungsregel** wurde für die Honorare von Autoren belletristischer Bücher aufgestellt. Verhandlungen für eine gemeinsame Vergütungsregel für Übersetzer konnten hingegen bislang zu keinem erfolgreichen Ergebnis gebracht werden. Im Bereich von Film- und Fernsehproduktionen sind die Bemühungen um gemeinsame Vergütungsregeln bislang noch zu keinem Abschluss gekommen. Die Verhandlungen dauern jedoch fort. Scheitert eine Einigung über die Aufstellung der gemeinsamen Vergütungsregeln, so kann bei beidseitiger Vereinbarung oder unter bestimmten Bedingungen auf Verlangen einer Partei eine Schlichtungsstelle angerufen werden. Die Schlichtungsstelle iSd § 36a UrhG wird gebildet von einer paritätischen Anzahl von Beisitzern der jeweiligen Parteien sowie einem unparteiischen Vorsitzenden, auf dessen Person sich beide Parteien einigen. Können sich die Parteien nicht auf die Person des Vorsitzenden der Schlichtungsstelle und/oder die Zahl der Beisitzer einigen, besteht gemäß § 36a Abs. 3 UrhG die Möglichkeit der Bestellung durch das zuständige Oberlandesgericht. Für andere Medienproduktionen sind bislang Gespräche über gemeinsame Vergütungsregeln nicht bekannt geworden.

18 Bei der nach der Novelle des Jahres 2007 („Zweiter Korb") nunmehr zulässigen Einräumung von Nutzungsrechten für **unbekannte Nutzungsarten,** hat der Urheber nach § 32c UrhG dann Anspruch auf eine **gesonderte angemessene Vergütung,** wenn der Vertragspartner die Nutzung der Medienproduktion in einer neuen Nutzungsart aufnimmt, die im Zeitpunkt des Vertragsschlusses noch unbekannt war. Diese gesonderte Vergütung muss dabei nicht notwendig eine laufende Beteiligung an den Verwertungserlösen aus der Werknutzung in der neuen Nutzungsart vorsehen. Sie kann vielmehr auch bestimmte Festvergütungen beinhalten, deren Höhe muss jedoch im Hinblick auf das wirtschaftliche Potential der neuen Nutzungsart angemessen sein. Hat der Hersteller der Medienproduktion als Vertragspartner des Urhebers das Recht zur Nutzung der Medienproduktion in der neuen **Nutzungsart einem Dritten** übertragen, so **haftet** nach § 32c Abs. 2 UrhG mit Aufnahme der neuen Art der Werknutzung nur **der Dritte** für diese gesonderte Vergütung. Dies wird etwa bei Auftragsproduktionen der Fall sein, bei denen der Produzent sämtliche Verwertungsrechte und damit wohl auch häufig die Nutzungsrechte für unbekannte Nutzungsarten auf den auftraggebenden Sender überträgt. Soweit auftraggebende Sender versuchen, diese sich aus § 32c Abs. 2 UrhG ergebende Verpflichtung zur Vergütung der Urheber vertragsrechtlich auf die Auftragsproduzenten abzuwälzen, so ist zu prüfen, ob eine solche Regelung zumindest dann, wenn sie in Form Allgemeiner Geschäftsbedingungen erfolgt, einen Verstoß gegen § 307 Abs. 1, 2 Nr. 1, Abs. 3 S. 1 BGB iVm § 32c Abs. 2 UrhG darstellt (s. v. Hartlieb/Schwarz-*Schwarz/Hansen*, 5. Aufl., Kap. 54 Rn 22).

19 Nach § 32a UrhG hat der Urheber des vorbestehenden Werkes auch dann einen Anspruch auf **Änderung der Vergütungsvereinbarung,** wenn die für die Einräumung des Nutzungsrechts vereinbarten finanziellen Bedingungen unter Berücksichtigung der gesamten Beziehungen des Urhebers zu dem Hersteller in einem **auffälligen Missverhältnis** zu den Erträgen und Vorteilen aus der Nutzung des Werkes stehen (sog. „Bestsellerfall"). Im Gegensatz zu der früheren Regelung des § 36 UrhG kommt es seit der Novelle des Urhebervertragsrechts im Jahr 2002 nicht mehr darauf an, ob die Vertragspartner die außergewöhnliche Höhe der erzielten Erträge oder Vorteile vorhergesehen haben oder hätten vorhersehen können, § 32a Abs. 1 S. 2 UrhG. Hat der Hersteller Nutzungsrechte übertragen oder einem

Dritten weitere Nutzungsrechte eingeräumt und ergibt sich das auffällige Missverhältnis aus den Erträgnissen oder Vorteilen, die dieser Dritte aus der Verwertung zieht, so haftet auch für die Bestsellervergütung nicht der Medienproduzent als Vertragspartner des Urhebers, sondern ausschließlich der Verwerter, der die besonderen Verwertungserfolge erzielt, § 32a Abs. 2 UrhG (s. *Reinhard/Distelkötter*, ZUM 2003, 269; *Berger*, GRUR 2003, 675; zur Haftung in der Lizenzkette s. *Brauner*, ZUM 2004, 96). Ist die Vergütung des Urhebers für besondere Verwertungserfolge in einer gemeinsamen Vergütungsregel iSd § 36 UrhG oder tarifvertraglich geregelt, so gelten ausschließlich die darin vorgesehenen Bestimmungen, § 32a Abs. 4 UrhG. Der Bestselleranspruch des § 32a UrhG kann heute auch in Bezug auf Filmwerke geltend gemacht werden. § 90 UrhG enthält insoweit entgegen der früheren Rechtslage keinen Ausschluss mehr.

Die Urheber haben nach § 137l Abs. 5 UrhG auch dann Anspruch auf eine **gesonderte angemessene Vergütung, wenn** ihr **Vertragspartner** unter den Voraussetzungen des § 137l UrhG nachträglich Rechte zur Verwertung in bei Vertragsschluss nicht bekannten Nutzungsarten erwirbt und **mit der neuen Art der Werknutzung beginnt.** Auf diesen Anspruch kommt § 32 Abs. 2 und 4 UrhG entsprechend zur Anwendung. Auch insoweit gilt, dass dann, wenn der Vertragspartner das Nutzungsrecht einem Dritten übertragen hat, nur der Dritte für diese mit Aufnahme der neuen Art der Werknutzung fällig werdende Vergütung haftet. Die Haftung des Medienproduzenten selbst als Vertragspartner des Urhebers entfällt, § 137l Abs. 5 S. 2 und 3 UrhG. 20

f) AGB-Kontrolle. Lizenzverträge werden häufig unter Verwendung von Musterverträgen und/oder Allgemeinen Geschäftsbedingungen formuliert. Sie unterliegen dann der Kontrolle durch die AGB-Vorschriften der **§§ 305 ff BGB.** Voraussetzung für eine Bindungswirkung verwandter Allgemeiner Geschäftsbedingung ist hiernach, dass sie wirksam einbezogen wurden (§ 305 Abs. 2 und 3 BGB) und dass sie nicht überraschend sind (§ 305c Abs. 1 BGB). **Freischaffende Urheber,** die als eigenständige Unternehmer einzustufen sind, genießen nur einen eingeschränkten Schutz durch die Regelungen der AGB-Kontrolle (§§ 14, 310 Abs. 1 BGB, s. hierzu *Riesenhuber,* ZUM 2002, 777). Umstritten ist, ob der **Zweckübertragungsgrundsatz** des § 31 Abs. 5 UrhG eine bloße **Auslegungsregel** darstellt, die als solche nicht der Inhaltskontrolle des § 307 BGB unterliegen würde, oder ob er als **Inhaltsnorm** anzusehen ist. Dies wurde von der Rechtsprechung dann verneint, wenn die einzelnen Nutzungsarten im Vertrag ausdrücklich bezeichnet wurden (BGH GRUR 1984, 45 – Honorarbedingungen: Sendevertrag; in diesem Sinne auch *Kuck,* GRUR 2000, 285; für AGB-Kontrolle auch insoweit: *Berberich,* ZUM 2006, 208; differenzierend zwischen § 31 Abs. 5 UrhG und §§ 88, 89 UrhG: *Castendyk*, ZUM 2007, 169). Dass Fernsehsender heute eine Verwertung nicht nur im Free-TV, sondern auch in anderen Medien anstreben, ist weithin bekannt. Wenn sich ein Fernsehsender in AGBs neben den TV-Rechten auch Videorechte einräumen lässt, dürfte es sich deshalb nicht um eine überraschende Klausel iSd § 305c Abs. 1 BGB handeln (aA OLG Düsseldorf GRUR-RR 2002, 121, 124 – Das weite Land; s. zu weiteren Klauseln Dreier/Schulze-*Schulze,* 3. Aufl., Vor § 31 Rn 17 ff; s. zur Diskussion um AGBs von Zeitungs- und Zeitschriftenverlegern, die Buy-Out-Vereinbarungen vorsehen, den instruktiven Beitrag von *Schippan*, ZUM 2010, 782 sowie LG Hamburg ZUM 2010, 72; LG Rostock ZUM 2010, 828 und OLG München Beschl. v. 21.4.2011 – U 4127/10). 21

2. Sonderregelungen des Filmurheberrechts. a) Rechtseinräumungsvermutung, § 88 UrhG. Zugunsten der Hersteller von Filmwerken wird nach § 88 Abs. 1 UrhG **vermutet,** dass die Urheber vorbestehender Werke, die es dem Filmhersteller gestatten, ihr Werk im Rahmen der Verfilmung zu nutzen, ihm im Zweifel das ausschließliche Recht einräumen, ihr Werk unverändert (zB bei der Verwendung von Filmmusik) oder unter Bearbeitung oder Umgestaltung (zB bei der Verfilmung eines Romans oder eines Drehbuchs) zur Herstellung des Filmwerks zu benutzen und dieses sowie Übersetzungen und andere filmische Bearbeitung **in allen Nutzungsarten** zu nutzen. Die Beschränkung auf eine Nutzung nur in bekannten Nutzungsarten ist mit der Urheberrechtsnovelle des Jahres 2007 (sog. „Zweiter Korb") weggefallen. Das für sonstige Urheber bestehende Widerrufsrecht des § 31a Abs. 1 S. 3 und 4 UrhG und die Regelungen zur Konkretisierung dieses Widerrufsrechts (s. oben Rn 4) gelten für Filmwerke nicht, § 88 Abs. 1 S. 2 UrhG. Die Notwendigkeit der Bezahlung einer gesonderten angemessenen Vergütung für die Verwertung in ursprünglich unbekannten Nutzungsarten, die sich aus § 32c UrhG ergibt, ist jedoch auch für die Urheber vorbestehender Werke im Filmbereich anwendbar. 22

Trifft der Vertrag mit dem Urheber hierzu keine ausdrückliche Regelung, so berechtigt die Einräumung eines Verfilmungsrechts nach § 88 Abs. 2 S. 1 UrhG **im Zweifel nicht zu einer Wiederverfilmung** des Werkes. Dies gilt erst recht für die Herstellung anderer aus dem Filmwerk abgeleiteter Folgeproduk- 23 tionen, wie zB ein „Prequel" (Verfilmung einer Geschichte, die derjenigen der Erstproduktion vorausgeht), eines „Sequels" (Geschichte der Folgeproduktion knüpft an Geschichte der Erstproduktion an) oder eines „Spin-Offs" (eine Nebenfigur oder ein Teilaspekt der Geschichte der Erstproduktion wird zum Gegenstand einer Folgeproduktion). Nach § 88 Abs. 2 S. 2 UrhG soll der Urheber darüber hinaus im Zweifel berechtigt sein, sein Werk nach Ablauf von zehn Jahren nach Vertragsabschluss anderweitig, zB durch **erneute Vergabe von Verfilmungsrechten,** filmisch zu verwerten. Hat der Urheber hingegen dem Hersteller Wiederverfilmungsrechte eingeräumt, so greifen die Vermutungsregeln des § 88 Abs. 2 UrhG nicht. Da eine Wiederverfilmung in der Regel erst mehrere Jahre nach der Erstverfilmung realisiert werden kann, das Wiederverfilmungsrecht – wie auch die Regelung des § 88 Abs. 1 UrhG anerkennt – aber grundsätzlich exklusiv eingeräumt sein muss, um die hohe finanzielle Investition einer Verfilmung zu rechtfertigen, kann der Hersteller bei Einräumung des Wiederverfilmungsrechtes von diesem auch noch nach zehn oder mehr Jahren Gebrauch machen und ist der Urheber gesperrt, seinerseits die Rechte für eine Wiederverfilmung neu zu vergeben. Aus § 88 Abs. 2 S. 2 UrhG, der eine Neuverfilmung durch den Urheber auch bei Fehlen einer vertraglichen Vereinbarung erst nach Ablauf von zehn Jahren nach Vertragsabschluss zulässt, kann darüber hinaus gefolgert werden, dass schon die Erstverfilmung eine hinreichende Nutzung des eingeräumten Verfilmungsrechtes darstellt, so dass der Urheber einen **Rückruf** eines dem Filmhersteller eingeräumten **Wiederverfilmungsrecht** nicht nach § 41 UrhG herbeiführen kann, wenn der Hersteller innerhalb der Fristen des § 41 UrhG zwar die Erstverfilmung, noch nicht aber auch die Wiederverfilmung realisiert hat. Ist das Wiederverfilmungsrecht beim Urheber verblieben, so stellt seine Verwertung durch den Urheber nach Ablauf einer vereinbarten oder der gesetzlich vermuteten Exklusivitätsfrist des § 88 Abs. 2 S. 2 UrhG im Regelfall keine Verletzung der Verpflichtung des Urhebers als Lizenzgeber zur Rücksichtnahme auf die Interessen des Herstellers der Erstproduktion dar. Diesem steht dann auch kein Verbotsrecht gegenüber dem Hersteller der Wiederverfilmung zu (s. Dreier/Schulze-*Schulze,* § 88 Rn 64 ff).

24 **b) Einschränkung von Rechten, § 90 UrhG.** Nach § 90 UrhG sind für den Bereich der Filmwerke die **Bestimmungen über die Übertragung von Nutzungsrechten,** § 34 UrhG, **nicht anwendbar.** Nutzungsrechte an Filmwerken können somit grundsätzlich ohne die Zustimmung der Urheber der vorbestehenden Werke und der Filmurheber übertragen werden. Allerdings ist § 90 UrhG dispositiv. Der Urheber kann also mit dem Filmhersteller vereinbaren, dass eine Übertragung der Rechte durch den Filmhersteller generell oder unter bestimmten Voraussetzungen der Zustimmung des Urhebers bedarf. Für den Sonderfall des Verfilmungsrechts selbst sieht § 90 S. 2 UrhG vor, dass der grundsätzliche Ausschluss der Anwendbarkeit der dort genannten, dem Schutz des Urhebers dienenden Bestimmungen für das Recht zur Verfilmung bis zum Beginn der Dreharbeiten keine Anwendung findet. Da § 90 UrhG die Anwendbarkeit des § 34 UrhG generell ausschließt (beim Verfilmungsrecht ab Beginn der Dreharbeiten), findet auch die in § 34 Abs. 4 und 5 UrhG für den Fall der Weiterübertragung ohne ausdrückliche Zustimmung des Urhebers angeordnete **gesamtschuldnerische Haftung des Erwerbers** für die Erfüllung der sich aus dem Vertrag mit dem Urheber ergebenden Verpflichtungen des Veräußerers, dh des Filmherstellers, **keine Anwendung** (anders Dreier/Schulze-*Dreier*, 3. Aufl., § 19 Rn 14; Schricker/Loewenheim-*Katzenberger*, 4. Aufl., § 90 Rn 5 sowie zu § 34 Abs. 5 aF BGHZ 147, 244 / 260 – Barfuß ins Bett). Ebenfalls durch § 90 UrhG ausgeschlossen wird für die Verwertung von Filmwerken die Anwendbarkeit des § 35 UrhG, so dass der Filmhersteller als Inhaber ausschließlicher Nutzungsrechte weitere Nutzungsrechte auch ohne Zustimmung der betreffenden Urheber einräumen kann. Dies gilt für das Verfilmungsrecht selbst, allerdings wiederum erst ab Beginn der Dreharbeiten.

25 Auch die **Rückrufsrechte** wegen Nichtausübung und wegen gewandelter Überzeugung (§§ 41, 42 UrhG) **gelten** nach § 90 UrhG **nicht** für die in Abs. 1 der §§ 88 und 89 UrhG bezeichneten Rechte. Für das Erstverfilmungsrecht bleiben die Regelungen der §§ 41 und 42 UrhG allerdings bis zum Beginn der Dreharbeiten anwendbar, mit Beginn der Dreharbeiten entfällt das Rückrufsrecht dann jedoch auch für das Wiederverfilmungsrecht (s. oben Rn 23). **Nicht eingeschränkt** ist der Rückruf **für** alle die **Nebenrechte,** die nach §§ 88 f UrhG nicht der Rechtseinräumungsvermutung unterliegen. Das sind insbesondere die Rechte für außerfilmische Verwertungsmöglichkeiten, wie etwa das Merchandisingrecht, das Verlagsrecht oder ein Tonträgerverwertungsrecht (so auch Dreier/Schulze-*Schulze,* 3. Aufl., § 90 Rn 15).

26 **c) Entstellungsschutz, § 93 UrhG.** Da bei der Herstellung eines Filmwerkes verschiedene Urheber und Leistungsschutzberechtigte zusammenwirken müssen und oft jeder von ihnen bestrebt ist, das Filmwerk nach seiner Vision zu gestalten, bestünde bei einer unmodifizierten Anwendbarkeit des Entstellungsschutzes des § 14 UrhG ein erhöhtes Risiko, dass Änderungen an den verschiedenen Beiträgen,

die Urheber vorbestehender Werke und Filmurheber sowie Leistungsschutzberechtigte zur Entstehung eines Filmwerkes leisten, jeweils als Entstellung gewertet werden könnten. § 93 Abs. 1 S. 1 UrhG sieht deshalb ein **Verbietungsrecht nur** dann vor, wenn eine **gröbliche Entstellung** oder eine **andere gröbliche Beeinträchtigung** ihrer Werke oder Leistungen vorliegt (näher dazu v. Hartlieb/Schwarz-*Schwarz/Hansen*, 5. Aufl., Kap. 44). Bei der vorzunehmenden Wertung haben dabei Urheber und Leistungsschutzberechtigte aufeinander, aber auch auf die Interessen des Filmherstellers angemessene Rücksicht zu nehmen. Hiernach haben die Urheber nicht nur solche Änderungen hinzunehmen, ohne die das Filmwerk nicht mehr verwertet werden könnte (in diese Richtung aber Dreier/Schulze-*Schulze*, 3. Aufl., § 93 Rn 9), sondern auch solche Anpassungen an geänderte Verwertungsmodalitäten, die sich am Markt durchgesetzt haben, wenn und soweit sie von einem durchschnittlichen Zuschauer nicht mehr als gröblich störend wahrgenommen werden. So stellt heute etwa eine **Werbeunterbrechung** eines Filmwerks oder die Einspielung eines **Sender-Logos** grundsätzlich keine gröbliche Entstellung dar (zu möglichen Grenzfällen s. v. Hartlieb/Schwarz-*Schwarz/Hansen*, 5. Aufl., Kap. 44 Rn 19). Auch Schnitte, die zur Erfüllung von Zensurauflagen oder zur Anpassung an vorgegebene Sendeschemata dienen, sind so lange nicht als gröbliche Entstellung anzusehen, wie der **Sinngehalt** und die **Grundtendenz** des Filmwerkes hierdurch **nicht verändert** werden (enger: Dreier/Schulze-*Schulze*, 3. Aufl., § 93 Rn 9, 12, 14). Von der Rechtsprechung bejaht wurde eine gröbliche Entstellung bei **Kürzungen** eines Filmwerkes um ca. 1/3 seiner Laufzeit bzw um ca. 15 % (OLG Frankfurt GRUR 1989, 203 – Wüstenflug; LG Berlin ZUM 1997, 758, 761) sowie bei einem **teilweisen Austausch der Musik** zu einer Fernsehserie durch die Musik eines anderen Komponisten (OLG München ZUM 1992, 307, 310 – Christopher Columbus; anders OLG Hamburg GRUR 1997, 822, 825 – Edgar Wallace-Filme für den vollständigen Austausch der Filmmusik in Bezug auf den bisherigen Filmkomponisten).

Entgegen einer weit verbreiteten Ansicht ist der nach § 93 UrhG gegebene **Entstellungsschutz** sowohl zugunsten wie auch zulasten der Urheber **weitgehend dispositiv**. Je weiter die Veränderung reicht, desto konkreter muss sie jedoch vereinbart werden. Hat der Urheber einer auch weitreichenden Veränderung, die objektiv als Entstellung gewertet werden könnte, konkret zugestimmt, so ist die entsprechende Realisierung des Filmwerks nicht mehr geeignet, im Sinne der §§ 93, 14 UrhG die berechtigten Interessen des Urhebers am Werk zu gefährden (so auch OLG München GRUR 1986, 460, 463 – Die unendliche Geschichte). 27

Die Beschränkung des Entstellungsschutzes auf gröbliche Entstellungen oder andere gröbliche Beeinträchtigungen des § 93 UrhG gilt nicht nur für die **Erstverwertung**, sondern auch für die **Zweitverwertung** eines Filmwerks (so auch Schricker/Loewenheim-*Dietz/Peukert*, 4. Aufl., § 93; Möhring/Nicolini-*Lütje*, 2. Aufl., § 93 Rn 14; Wandtke/Bullinger-*Manegold*, 3. Aufl., § 93 Rn 5). Entgegen der Auffassung von *Dietz/Peukert* (ebenda) ist eine gröbliche Entstellung im Rahmen der Zweitverwertung allerdings nur bei weitergehenden Eingriffen in das Werk oder die Leistung anzunehmen, da bei der erforderlichen Interessenabwägung zu berücksichtigen ist, dass das Werk in seiner ursprünglichen Gestalt bereits eine Auswertung erfahren hat und das Original unverändert bestehen bleibt. Deshalb wird eine **Kolorierung** von Schwarz-Weiß-Filmen in der Regel nicht als gröbliche Entstellung anzusehen sein (so auch *Platho*, GRUR 1987, 424; differenzierend Schricker/Loewenheim-*Dietz/Peukert*, § 93 Rn 22). Das Gleiche gilt grundsätzlich auch für eine nachträgliche Konvertierung in 3 D (zu möglichen Ausnahmen s. v. Hartlieb/Schwarz-*Schwarz/Hansen*, 5. Aufl., Kap. 44 Rn 21 f). § 93 Abs. 1 UrhG kommt hingegen **nicht** zur Anwendung **bei der außerfilmischen Verwertung** eines Filmwerks zB in Form des Merchandisings oder einer Verwertung der Romanfassung eines Drehbuchs. Hier kommen die §§ 14 und 75 UrhG unverändert zur Anwendung (Möhring/Nicolini-*Lütje*, 3. Aufl., § 93 Rn 12; Wandtke/Bullinger-*Manegold*, 3. Aufl., § 93 Rn 5). § 93 Abs. 1 UrhG ändert auch nichts an der Notwendigkeit, das Veröffentlichungsrecht der Urheber der vorbestehenden Werke gemäß § 12 UrhG zu erwerben (s. hierzu oben Rn 2; in diesem Sinne auch Schricker/Loewenheim-*Dietz/Peukert*, § 93 Rn 12). 28

3. Rechtserwerb von Verwertungsgesellschaften. Teilweise sind Produktionsrealisierungs- und -verwertungsrechte nicht von den einzelnen Urhebern und Leistungsschutzberechtigten bzw ihren Lizenznehmern (zB Verlagen etc.), sondern **von Verwertungsgesellschaften** zu **erwerben.** Diese verfügen in unterschiedlich weitreichendem Umfang über Verwertungsrechte in Bezug auf die Produktionen, die unter Verwendung von Werken hergestellt werden, die zu ihrem Repertoire gehören. Insbesondere für den Bereich der Online-Verwertung ist dabei jeweils im Einzelfall zu klären, ob die Verwertungsgesellschaft (zB GEMA, GVL, VG Wort etc.) über entsprechende Verwertungsrechte verfügt. Nach der Rechtsprechung galten die Grenzen des § 31 Abs. 4 UrhG aF (kein Rechtserwerb für unbekannte Nut- 29 zungsarten) auch für Verwertungsgesellschaften (BGH GRUR 1986, 62 – GEMA Vermutung I; BGH GRUR 1988, 296 – GEMA Vermutung II; BGH GRUR 1991, 135 – Videozweitauswertung I).

30 **Rechte zur Herstellung einer Medienproduktion** (bei vorbestehenden Werken teilweise auch „Synchronisationsrecht" genannt) werden von Verwertungsgesellschaften hingegen nur in begrenztem Umfang wahrgenommen. So können von Fernsehsendern im Rahmen der von ihnen mit der GEMA abgeschlossenen Gesamtverträge Synchronisationsrechte an der von der GEMA vertretenen Musik für Fernseheigen- und Auftragsproduktionen erworben werden (s. § 1 lit. i) Abs. 3 des GEMA-Berechtigungsvertrages). Darüber hinaus nimmt die GEMA das Filmherstellungsrecht zwar auch für sonstige Produktionen wahr, die Lizenzierungsbefugnis der GEMA für diese Rechte steht jedoch unter einem Widerrufsvorbehalt, der regelmäßig ausgeübt wird, so dass der Produzent die entsprechenden Herstellungsrechte direkt bei dem Musikverlag oder dem Komponisten erwerben muss. Auch für Werbefilme, Computer- und Videospiele und Hörbücher verfügt die GEMA nicht über gesicherte Herstellungsrechte. Dies gilt in ähnlicher Weise für die GVL, die die Rechte der Tonträgerhersteller und der ausübenden Künstler vertritt. Auch die VG Wort verfügt nicht über das Recht zur Herstellung einer Medienproduktion unter Verwendung der von ihr vertretenen Rechte. Soweit Herstellungs- und Verwertungsrechte bei der Verwertungsgesellschaft liegen, besteht für sie allerdings ein Abschlusszwang, so dass sie verpflichtet ist, jedem Interessierten auf Verlangen die von ihnen vertretenen Nutzungsrechte zu angemessenen Bedingungen einzuräumen, § 11 UrhWG (zum Rechtserwerb von Verwertungsgesellschaften s. v. Hartlieb/Schwarz-*Müller-Ernstberger*, 5. Aufl., Kap. 269 ff; Loewenheim-*Melichar*, 2. Aufl., §§ 45 ff).

31 **4. Werkverträge mit Urhebern vorbestehender Werke.** Verträge mit Urhebern vorbestehender Werke werden im Rahmen der Herstellung von Medienproduktionen häufig in Form von Werkverträgen abgeschlossen. Bei diesen tritt zu der weiterhin erforderlichen Lizenzierung der Rechte an dem vorbestehenden Werk die Verpflichtung des Urhebers, das vorbestehende Werk herzustellen oder zu überarbeiten. Das ist etwa der Fall, wenn ein Autor beauftragt wird, eine Adaptation eines Romans für die Bühne zu schreiben, wenn ein Musical-Produzent einen Kompositionsauftrag vergibt oder wenn ein Filmhersteller ein Drehbuch oder eine Filmmusik in Auftrag gibt. Häufige Regelungen im Rahmen derartiger Verträge sind die Vereinbarung einer Exklusivität oder zumindest einer vorrangigen Tätigkeit des Urhebers für das Produktionsunternehmen, die Vereinbarung von Ablieferungsterminen, nähere Regelungen zur Abnahme des zu liefernden Werkes und zu der Abnahme durch den Besteller.

32 Bei Filmwerken spricht man dann, wenn das Werk in Bezug auf ein konkretes Filmwerk geschaffen werden soll, von **filmbezogenen Werken**. Für diese ist teilweise ein **Doppelcharakter** befürwortet worden, aufgrund dessen die Urheber filmbezogener vorbestehender Werke gleichzeitig als Filmurheber iSd § 89 UrhG einzustufen sein sollen (so insbesondere Schricker/Loewenheim-*Katzenberger*, 4. Aufl., Vor §§ 88 ff Rn 65 ff, 69). Diese Auffassung widerspricht jedoch der gesetzlichen Wertung des § 89 Abs. 3 UrhG. Auch ist ein Bedürfnis zur Anerkennung eines entsprechenden Doppelcharakters nicht zu erkennen. Die Lehre eines Doppelcharakters ist somit abzulehnen (wie hier Loewenheim-*Schwarz/U.Reber*, 2. Aufl., § 12 Rn 28 ff; *Möhring/Nicolini*, 2. Aufl., § 88 Rn 9; v. Hartlieb/Schwarz-*Dobberstein/Schwarz/Hansen*, 5. Aufl., 36. Kap. Rn 3).

33 **5. Dienstverträge mit Urhebern vorbestehender Werke.** Das Vertragsverhältnis zu Urhebern vorbestehender Werke kann aber auch als Dienstvertrag einzustufen sein. Das ist etwa der Fall bei Dramaturgen eines Theaters, die im Rahmen ihres Anstellungsvertrages Theaterstücke, die zur Aufführung kommen sollen, übersetzen oder in sonstiger Weise für die Bühne einrichten. Auch bei den Fernsehsendern finden sich häufig angestellte Urheber, die **im Rahmen ihres Anstellungsverhältnisses** vorbestehende Werke schaffen, die im Rahmen der Produktionen des Senders Verwendung finden. Das kann etwa bei Redakteuren der Fall sein. Auch angestellte Drehbuchautoren zB einer langlaufenden Daily Soap erbringen ihre Leistungen oft im Rahmen eines Anstellungsverhältnisses mit dem jeweiligen Produzenten.

34 Auf derartige angestellte Urheber kommen häufig **tarifvertragliche Regelungen** zur Anwendung. So beinhaltete der Manteltarifvertrag für Redakteure/Redakteurinnen an Tageszeitungen vom 25.2.2004, gekündigt zum 31.12.2010 (abrufbar unter www.djv.de) in § 18 eine umfassende ausschließliche Rechtseinräumung. In ähnlicher Weise sah § 12 des Manteltarifvertrages für Redakteure und Redakteurinnen an Zeitschriften vom 1.5.1998, gekündigt zum 31.12.2009 (abrufbar ebenfalls unter www.djv.de) einen umfangreichen Katalog der ausschließlich einzuräumenden Rechte vor. Auch die Tarifverträge, die für die öffentlich-rechtlichen Rundfunkanstalten gelten, beinhalten weitreichende

Urheberrechtsklauseln, die eine Rechtseinräumung für Rundfunkzwecke, aber auch für darüber hinausgehende Verwertungen vorsehen. Demgegenüber beinhalten die Manteltarifverträge im Bereich des privaten Rundfunks und der Manteltarifvertrag für Film- und Fernsehschaffende derzeit keine Regelungen über Rechtseinräumungen (s. ausführlich Schricker/Loewenheim-*Rojahn,* 4. Aufl., § 43 Rn 105, 110, 115, 121a, 122 ff).

Für die angestellten Urheber bestimmt § 43 UrhG, dass grundsätzlich die Vorschriften der §§ 31 ff UrhG auch dann zur Anwendung kommen, wenn der Urheber das Werk in Erfüllung seiner Verpflichtungen aus seinem Arbeits- oder Dienstverhältnis geschaffen hat. Das gilt nach § 43 UrhG nur dann nicht, soweit sich aus dem **Inhalt oder dem Wesen des Arbeits- oder Dienstverhältnisses** etwas anderes ergibt (zu § 43 UrhG s. Schricker/Loewenheim-*Rojahn,* 4. Aufl., § 43; Loewenheim-*H. Nordemann,* 2. Aufl., § 63; *Fuchs,* GRUR 2006, 561). Diese Ausnahme hat bis heute keine erhebliche Bedeutung gewonnen. Anerkannt ist, dass die §§ 31 Abs. 4 UrhG aF (Verbot der Einräumung von Rechten zur Verwertung in unbekannten Nutzungsarten) und Abs. 5 (Zweckübertragungsgrundsatz) auch im Arbeitsverhältnis gelten. Auch die Ansprüche des Urhebers auf angemessene Vergütung sowie weitere Beteiligung bei auffälligem Missverhältnis gemäß §§ 32 und 32a UrhG haben gegenüber § 43 UrhG Vorrang. Das ergibt sich schon aus dem zwingenden Charakter dieser Rechte, § 32b Nr. 2 UrhG. Nach der wohl herrschenden Meinung kann aus § 43 UrhG auch kein Anspruch des Arbeitgebers gegen den angestellten Urheber hergeleitet werden, dem Arbeitgeber auch außervertraglich geschaffene Werke anzubieten (Dreier/Schulze-*Dreier*, 3. Aufl., § 43 Rn 23). 35

II. Verträge mit Urhebern des Werkes

Die Unterscheidung zwischen Urhebern vorbestehender Werke, die im Rahmen eines neuen Werkes Verwendung finden, und Urhebern des neuen Werkes selbst ist durch die §§ 88 und 89 UrhG vorgegeben. Urheber des Filmwerks iSd § 89 UrhG sind alle die Urheber, deren **schöpferischer Beitrag** zu dem Werk keine eigenständige Existenz hat, sondern **sich nur in dem neuen Werk manifestiert.** Typische Beispiele hierfür sind der Regisseur, der Kameramann und der Cutter, soweit letztere eigenständig schöpferisch tätig sind. Derartige Urheber des neuen Werks gibt es aber auch bei anderen Werkformen, wie etwa der Ballettregie und dem Theaterregisseur, dem nach richtiger Auffassung in der Regel ein eigenes Bearbeitungsurheberrecht zukommt (s. hierzu OLG Dresden ZUM 2000, 955 – Die Csardasfürstin; in diesem Sinne auch Dreier/Schulze-*Schulze,* 3. Aufl., § 3 Rn 23). Werden derartige Werkurheber für den Hersteller einer Medienproduktion tätig, so geschieht dies im Regelfall auf der Grundlage eines Dienstvertrages, §§ 611 ff BGB. Ein Arbeitsverhältnis liegt vor, wenn der Urheber seine vertraglich geschuldete Leistung im Rahmen einer von dem Hersteller der Medienproduktion bestimmten Arbeitsorganisation erbringt (zur Abgrenzung der angestellten Tätigkeit von freier Mitarbeit und den weitgehend parallelen Abgrenzungen im Sozial- und im Steuerrecht s. v. Hartlieb/Schwarz-*Joch*, 5. Aufl., 274. Kap.). Auch für derartige Werkurheber können tarifvertragliche Regelungen gelten (s. oben Rn 34). Eine AGB-Kontrolle der von angestellten Urhebern abgeschlossenen Verträge erfolgt wegen § 310 Abs. 4 BGB nur eingeschränkt. 36

Nach § 89 UrhG in der Fassung des „Zweiten Korbs" gilt auch für Filmurheber eine **Rechtseinräumungsvermutung.** Hiernach erwirbt der Filmhersteller im Zweifel von dem Filmurheber das ausschließliche Recht, das Filmwerk sowie Übersetzungen und andere filmische Bearbeitungen oder Umgestaltungen des Filmwerks auf alle Nutzungsarten zu nutzen. In Bezug auf Nutzungen, die im Zeitpunkt der Herstellung des Films noch unbekannt waren, steht dem Urheber ein Anspruch auf gesonderte angemessene Vergütung zu. Im Unterschied zu sonstigen Urhebern haben sie jedoch kein Widerrufsrecht bezüglich der von ihnen eingeräumten Nutzungsrechte für unbekannte Nutzungsarten (§ 89 Abs. 1 S. 2 UrhG; s. zur parallelen Regelung des § 88 Abs. 1 S. 2 UrhG oben Rn 22 ff). § 89 Abs. 2 UrhG enthält zur Sicherstellung der Verwertungsmöglichkeit des Filmwerkes darüber hinaus eine Durchbrechung des Prioritätsgrundsatzes. Nach dieser Bestimmung bleiben Filmurheber in Bezug auf die von Abs. 1 umfassten Nutzungsrechte auch dann zur Rechtseinräumung an den Filmhersteller berechtigt, wenn sie diese Rechte bereits im Voraus einem Dritten eingeräumt haben sollten. Für Altverträge gilt auch hier § 137l UrhG (s. dazu oben Rn 5 ff). 37

Im Einzelfall können Urheber des Werkes sich aber auch verpflichten, das unter ihrer Mitwirkung zu schaffende Werk selbst zu erstellen (§§ 631 ff BGB) und nicht nur die hierzu erforderlichen Dienste zu erbringen. Anders als bei den Urhebern vorbestehender Werke stellt eine solche Gestaltung bei den Filmurhebern aber eine klare **Ausnahme** dar. 38

B. Verträge mit Leistungsschutzberechtigten

39 Eine große Zahl von Medienproduktionen setzt die Mitwirkung von **ausübenden Künstlern** voraus. Nach § 73 UrhG ist ausübender Künstler, wer ein Werk oder eine Ausdrucksform der Volkskunst aufführt, singt, spielt oder auf eine andere Weise darbietet oder an einer solchen Darbietung künstlerisch mitwirkt. Ausübende Künstler sind demnach u.a. die Schauspieler einer Theaterproduktion, die Sänger eines Musicals oder einer Oper, die Orchestermitglieder eines Konzerts, die Musiker und Sänger einer Tonträgeraufzeichnung und die Schauspieler eines Filmwerkes. Nach § 74 Abs. 1 UrhG haben die ausübenden Künstler Anspruch auf **Anerkennung ihrer Darbietung** und können in Parallele zu § 13 UrhG bestimmen, ob und mit welchem Namen sie genannt werden sollen. Nach § 75 UrhG können sie **Entstellungen** und andere Beeinträchtigungen ihrer Darbietung verbieten, wenn diese geeignet sind, ihr Ansehen oder ihren Ruf als ausübende Künstler zu gefährden. Die sich aus dem Leistungsschutzrecht der ausübenden Künstler ergebenden **Nutzungsrechte** sind in den §§ 77 und 78 UrhG geregelt.

40 Der Hersteller der Medienproduktion kann von den ausübenden Künstlern das Recht eingeräumt erhalten, die Darbietung auf einzelne oder alle der dem ausübenden Künstler vorbehaltenen Nutzungsarten zu nutzen, § 79 Abs. 2 S. 1 UrhG. Auf eine entsprechende Rechtseinräumung sind § 31 Abs. 1 bis 3 und Abs. 5 sowie die §§ 32 bis 43 UrhG entsprechend anzuwenden. Der **Zweckübertragungsgrundsatz** gilt damit auch für eine Rechtseinräumung durch ausübende Künstler. Nicht anwendbar auf ausübende Künstler war hingegen § 31 Abs. 4 aF UrhG, so dass ausübende Künstler schon nach bisheriger Rechtslage Nutzungsrechte auch für unbekannte Nutzungsarten einräumen konnten. Darüber hinaus können ausübende Künstler –anders als die Urheber – aber auch ihre Rechte und Ansprüche aus den §§ 77 und 78 UrhG insgesamt übertragen, § 79 Abs. 1 S. 1 UrhG. Ausgenommen hiervon sind lediglich die Ansprüche auf angemessene Vergütung gemäß § 78 Abs. 2 UrhG und der Anspruch aus der Kabelweitersendevergütung, § 79 Abs. 1 S. 2 UrhG. Erbringen mehrere ausübende Künstler gemeinsam eine Darbietung im Rahmen der Medienproduktion, ohne dass sich ihre Anteile gesondert verwerten lassen, so stehen ihnen die Verwertungsrechte zur gesamten Hand zu, § 80 Abs. 1 S. 1 UrhG.

41 **Ausübende Künstler,** die mit einem **Filmhersteller** einen Vertrag über ihre Mitwirkung bei der Herstellung eines Filmwerks abschließen, **räumen** dem Filmhersteller **im Zweifel das Recht ein,** ihre Darbietung im Rahmen der Verwertung des Filmwerks in den in §§ 77 Abs. 1 und 2 S. 1, 78 Abs. 1 Nr. 1 und 2 UrhG vorbehaltenen Nutzungsarten zu nutzen, § 92 Abs. 1 UrhG. Diese Rechtseinräumungsvermutung ging damit schon bisher über die Regelungen der §§ 88, 89 UrhG hinaus, da hier eine Beschränkung auf lediglich bekannte Nutzungsarten nicht vorgesehen war. In Parallele zu § 89 Abs. 2 sieht auch § 92 Abs. 2 UrhG eine Durchbrechung des Prioritätsgrundsatzes vor, so dass etwaige Vorausabtretungen durch den ausübenden Künstler den Erwerb der Nutzungsrechte durch den Filmhersteller nicht beeinträchtigen können.

42 Ausübende Künstler werden im Rahmen von Medienproduktionen in der Regel auf der Grundlage von **Dienstverträgen** tätig. Diese sind, da in den meisten Fällen eine Einordnung in die Arbeitsorganisation erfolgt, typischerweise als Anstellungsverträge einzustufen, so dass die ausübenden Künstler als **Arbeitnehmer** tätig werden. § 43 UrhG findet dabei auch auf ausübende Künstler Anwendung, § 79 Abs. 2 S. 2 UrhG.

43 **Weitere** im Rahmen von Medienproduktionen **zu erwerbende Leistungsschutzrechte** können etwa die Rechte eines Tonträgerherstellers sein, die an einer Musikeinspielung bestehen, die für die Synchronisation eines Filmwerks verwendet werden soll. Auch an Klammerteilen bestehender Filmwerke, die in eine neue Film- oder TV-Produktion eingeschnitten werden sollen, bestehen Leistungsschutzrechte des Filmherstellers der zu verwendenden Filmausschnitte. Die Rechte hieran sind im Wege einer Lizenz zu erwerben. Für die Rechtseinräumung gelten auch insoweit § 31 Abs. 1 bis 3 und § 31 Abs. 5 UrhG. § 31 Abs. 4 aF UrhG kam hingegen auf Lizenzverträge, die ein Tonträger- oder Filmhersteller abschloss, nicht zur Anwendung, s. § 94 Abs. 2 S. 3 aF UrhG.

C. Vereinbarungen mit Inhabern von Persönlichkeitsrechten

44 Im Rahmen von Medienproduktionen werden häufig Lebensgeschichten realer Personen, konkrete Ereignisse oder auch Abbildungen von wiedererkennbaren Personen verwandt. Lebensgeschichten und konkrete Ereignisse sind, auch wenn sie der Allgemeinheit nicht bekannt sind, nicht urheberrechtlich geschützt. Es kommt für sie jedoch ein Schutz des **Allgemeinen Persönlichkeitsrechts** der Betroffenen

oder ein Schutz durch das besondere Persönlichkeitsrecht **des Rechts am eigenen Bild** in Betracht (s. zu den persönlichkeitsrechtlichen Grenzen bei Doku-Drama, Doku-Fiction und anderen Bearbeitungen realer Ereignisse in Filmen und Theaterstücken eingehend *Schwarz/Hansen*, ZGE 2010, 19 ff sowie *v. Becker*, ZUM 2008, 265 ff). Medienproduktionen können in der Regel grundrechtlichen Schutz in Anspruch nehmen (Filmfreiheit und Rundfunkfreiheit gemäß Art. 5 Abs. 1 S. 2 GG und **Kunstfreiheit** gemäß Art. 5 Abs. 3 GG). Auch die Kunstfreiheit ist jedoch nicht schrankenlos gewährleistet. Vielmehr muss in dem jeweiligen Einzelfall eine **Abwägung** zwischen den betroffenen Grundrechten vorgenommen werden. Auch wenn eine Erkennbarkeit mit real existierenden Personen gegeben ist und es sich bei diesen nicht um Personen der Zeitgeschichte handelt oder sie als relative Personen der Zeitgeschichte nicht nur in Bezug auf die zeitgeschichtlich relevanten Umstände gezeigt werden, kann sich aus der Kunstfreiheit ein Recht des Medienproduzenten ergeben, die Person erkennbar darzustellen. Für die Abwägung relevante Umstände sind dabei die Art der Darstellung (reißerisch oder sachlich zurückhaltend), die Aktualität des dargestellten Themas (kurze Zeitdauer nach Begehen eines Verbrechens, anstehendes Jubiläum), der Anspruch einer realitätsnahen Darstellung bzw ein erkennbar fiktiver Charakter der Darstellung, die von der Darstellung betroffenen Persönlichkeitssphären und das Maß der Verfremdung (näher dazu *Schwarz/Hansen*, ZGE 2010, 19 ff). Eine schwerwiegend nachteilige, von den Tatsachen abweichende Darstellung muss jedoch kein Betroffener dulden. Andererseits ist der Hersteller der Medienproduktion aus dem Grundrecht der Kunstfreiheit berechtigt, den Stoff zu verdichten und künstlerisch zu interpretieren (aus der Rechtsprechung s. LG Koblenz NJW 2007, 695 – Jakob von Metzler, dazu *v. Becker*, NJW 2007, 662 ff; OLG Hamburg ZUM 2007, 479 – Contergan; BVerfG ZUM-RD 2007, 453 – Contergan; BGH GRUR 2005, 788 = NJW 2005, 2844 – Esra; BVerfG NJW 2008, 39 – Esra; BVerfG NJW 1973, 1226 = GRUR 1973, 541 – Lebach I; OLG München ZUM 2007, 932 – Baader Meinhof Komplex/Tocher von Ulrike Meinhof I; KG Berlin ZUM-RD 2009, 181 ff – Baader Meinhof Komplex/Tochter von Ulrike Meinhof II; LG Köln NJW-RR 2009, 623 ff – Baader Meinhof Komplex/Ponto Witwe; OLG Frankfurt NJW 2007, 699 – Kannibale von Rohtenburg; BGH ZUM-RD 2009, 429 ff – Kannibale von Rohtenburg; BVerfG ZUM 2008, 323 – Hagener Mädchenmord; s. zum Ganzen in der Literatur: *v. Becker*, ZUM 2008, 265 ff; *Robak*, AfP 2009, 325 ff; *Schwarz/Hansen*, ZGE 2010, 19 ff jeweils mwN).

Soweit nach diesen Grundsätzen eine Gestattung durch den Betroffenen erforderlich ist, kann diese durch eine **lizenzartige Vereinbarung** erteilt werden. Die Rechtsprechung wendet auf derartige Gestattungen § 31 Abs. 5 UrhG entsprechend an, so dass der Umfang der Nutzungsgestattung jeweils eng auszulegen ist. Das gilt insbesondere für konkludent erteilte Einwilligungen. In Analogie zu § 42 UrhG kann auch ein Rückrufsrecht wegen gewandelter Überzeugung eingreifen. Zur Frage, ob und gegebenenfalls unter welchen Voraussetzungen eine Einwilligung nach § 22 KUG widerrufen werden kann, s. OLG Frankfurt aM Urt. v. 24.2.2011 – 16 U 172/10 mwN. 45

Soweit im Rahmen der Medienproduktion **Bildnisse der Betroffenen** iSd § 22 KUG verbreitet und öffentlich wiedergegeben werden sollen, bedarf es auch hierfür einer Einwilligung der Betroffenen, soweit nicht einer der Ausnahmefälle des § 23 KUG gegeben ist. Ein Bildnis kann dabei auch vorliegen, wenn die reale Person in der Medienproduktion mit dem Anspruch auf eine Verwechslungsfähigkeit dargestellt wird. Bei einer bloßen Darstellung einer Person durch einen Schauspieler ohne eine beabsichtigte unmittelbare Ähnlichkeit fehlt es hingegen an dem für die Annahme von § 22 KUG erforderlichen Abbildcharakter (aA *Schertz,* GRUR 2007, 558). Deshalb ist auch bei einer Darstellung des Lebensbildes in einem Theaterstück oder in einem Filmwerk dann, wenn keine Identität von Original und Abbildung vorliegt, nicht der Schutz des § 22 KUG, sondern das Allgemeine Persönlichkeitsrecht berührt (in diesem Sinne auch OLG München ZUM 2007, 932 – Baader Meinhof Komplex, s. auch *Schwarz/Hansen*, ZGE 2010, 19, 28 f). Werden Abbildungen von Personen in einer Medienproduktion wiedergegeben, die sich als Kunstwerk darstellt, kann sich insbesondere aus § 23 Abs. 1 Nr. 4 KUG ein Recht zur Vervielfältigung ergeben. Die Bestimmung ist verfassungskonform auszulegen. Ihr kommt in der Folge der jüngsten Rechtsprechung des BGH und des BVerfG (zu dem Buch „Esra", s. vorausgehende Rn 44) eine erhebliche Bedeutung zu (so zu Recht auch *Schertz,* GRUR 2007, 558). Greift keiner der Ausnahmetatbestände des § 23 KUG, können erforderliche **Einwilligungen** auch **konkludent erteilt** werden. Eine Einwilligung ist dabei zu vermuten, wenn der Betroffene für seine Abbildung ein Entgelt erhalten hat, § 22 Satz 2 KUG (s. hierzu und zum Umfang der Einwilligung *Wanckel,* 71 ff). 46

D. Verträge mit sonstigen Rechteinhabern

47 Auch zur **Veröffentlichung von Sachfotos** kann es, insbesondere wenn die abgebildeten Gebäude oder Gegenstände urheberrechtlichen Schutz genießen, der Einholung einer Lizenz bedürfen (s. *Wanckel,* S. 41 ff; v. Hartlieb/Schwarz-*Klingner*, 5. Aufl., Kap. 27 sowie BGH ZUM 2011, 325: danach kann die „Stiftung Preußische Schlösser und Gärten" die ungenehmigte Herstellung und Verwertung von Foto- und Filmaufnahmen der von ihr verwalteten Gebäude und Gartenanlagen zu gewerblichen Zwecken untersagen, wenn sie Eigentümerin ist und die Aufnahmen von ihren Grundstücken aus hergestellt worden sind. Weiterhin kann jedoch im Sinne der Entscheidungen BGH NJW 1975, 778 ff – Schloss Tegel und BGH GRUR 1990, 391 ff – Friesenhaus die Herstellung und Verwertung von Aufnahmen nicht untersagt werden, wenn sie von außerhalb des betreffenden Grundstücks aufgenommen werden. Ein Erfordernis zum Rechtserwerb kann sich darüber hinaus für die Verwendung von **Werktiteln,** die als Kennzeichen nach §§ 5, 15 MarkenG geschützt sind, die **Verwendung geschützter Marken** als Bezeichnung für die Medienproduktion oder auch im Rahmen der entsprechenden Produktion (s. hierzu v. Hartlieb/Schwarz-N. *Reber*, 5. Aufl., Kap. 24) ergeben.

E. Verträge im Zusammenhang mit der technischen Herstellung und Bearbeitung der Medienproduktion

48 Die **weiteren** im Zuge der Realisierung einer Medienproduktion abzuschließenden **Verträge** weisen in der Regel keine spezifischen medienrechtlichen Probleme auf. So stellen etwa die im Rahmen einer Filmproduktion abzuschließenden **Set-Verträge** in der Regel klassische Mietverträge dar. Dies gilt auch für Verträge mit dem Kostüm-„Verleih". Bei Aufträgen an Druckereien oder Kopierwerke handelt es sich typischerweise um Werkverträge. Dies gilt zumeist auch für Verträge im Rahmen der Postproduktion oder für Special-Effects sowie für spätere Bearbeitungen der fertiggestellten Medienproduktion (zB Digitalisierung oder sonstige Bearbeitung für eine geplante DVD-Verwertung). Übersetzungen und Synchronisationen von Medienproduktionen begründen ein eigenständiges Bearbeitungs-Urheberrecht iSd § 3 UrhG. Dem Hersteller einer Synchronfassung eines Filmwerks steht seinerseits ein eigenes Filmherstellungsrecht iSd § 94 UrhG zu.

2. Kapitel: Medienvertriebsverträge

Schrifttum: *Ahlberg*, Der Einfluss des § 31 IV UrhG auf die Auswertungsrechte von Tonträgerunternehmen, GRUR 2002, 313; *Baierle*, Der Online-Vertrieb von Musikwerken im Internet unter urheberrechtlichen Gesichtspunkten, 2003; *Baker*, Media Law, UK 1998; *Bartsch*, Rechtsmängel bei der Überlassung von Software, CR 2005, 907; *Baumbach/Hopt*, Handelsgesetzbuch, 34. Aufl. 2010; *Bechtold*, Vom Urheber- zum Informationsrecht – Implikationen des Digital Rights Managements, 2002; Beck´sches Formularbuch E-Commerce, hrsg. von *W. Weitnauer*, 2003 (zitiert: Beck´sches Formularbuch E-Commerce-*Bearbeiter*); *Berger*, Verträge über unbekannte Nutzungsarten nach dem „Zweiten Korb“, GRUR 2005, 907; *Block*, Die Lizenzierung von Urheberrechten für die Herstellung und den Vertrieb von Tonträgern im Europäischen Binnenmarkt, 1997; *Börner*, Der Vertrag zwischen Verlag und Presse-Grossisten, 1981; *Bräutigam/Leupold*, Online-Handel, 2003; *Brummund*, Struktur und Organisation des Pressevertriebs, 2006; *Castendyk*, Lizenzverträge und AGB-Recht, ZUM 2007, 169; *Delp*, Der Verlagsvertrag, 8. Aufl. 2008; *ders.*, Das gesamte Recht der Publizistik, 2011 (zitiert: RdPubl); *Dreier/Schulze*, Urhebergesetz, 3. Aufl. 2008; *Ebnet*, Der Informationsvertrag, 1995; *Frohne*, Filmverwertung im Internet und deren vertragliche Gestaltung, ZUM 2000, 810; *Fromm/Nordemann*, Urheberrecht, 10. Aufl. 2008; *v. Gamm*, Urheber- und urhebervertragsrechtliche Probleme des „digitalen Fernsehens“, ZUM 1994, 591; *Gottschalk*, Wettbewerbsverbote in Verlagsverträgen, ZUM 2005, 359; *Haller*, Informationsfreiheit und Pressevertrieb in Europa, 2. Aufl. 2005; *Haupt*, Electronic Publishing, 2002 (zitiert: Haupt-*Bearbeiter*); *von Hartlieb/Schwarz*, Handbuch des Film-, Fernseh- und Videorechts, 4. Aufl. 2004; *Hoeren*, Internetrecht, abrufbar über http://www.uni-muenster.de/Jura.itm/hoeren/lehre/materialien; *Hoeren/Sieber*, Handbuch Multimediarecht, 2011; *Horz*, Gestaltung und Durchführung von Buchverlagsverträgen, 2004; *Jacobshagen*, Filmrecht, 2002; *ders.*, Filmrecht – Die Verträge, 2005 (zitiert: *Jacobshagen*, Verträge); *Jani*, Der Buy-out-Vertrag im Urheberrecht, 2002; *Junker*, Die Rechte des Verfassers bei Verzug des Verlegers, GRUR 1988, 793; *Katzenberger*, Elektronische Printmedien und Urheberrecht, 1996; *Killian/Heussen*, Computerrecht, 2011; *Klages*, Grundzüge des Filmrechts – Grundlagen, Verträge, Rechte, 2004; *Kloepfer*, Presse-Grosso unter dem Schutz von Verfassungsrecht und Europarecht, 2000; *Kreutzer*, Verbraucherschutz im Internet, 2011; *Kuck*, Kontrolle von Musterverträgen im Urheberrecht, GRUR 2000, 285; *Laramee* (Hrsg.), Secrets of the Games Business, 2. Aufl. 2005; *Litwak, M.*, Dealmaking in the Film & Television Industry, USA 2002; *Loewenheim* (Hrsg.), Handbuch des Urheberrechts, 2. Aufl. 2010; *Löffler*, Presserecht, 5. Aufl. 2006 (zitiert: Löffler-*Bearbeiter*); *Maaßen*, Vertragshandbuch für Fotografen und Bildagenturen, 1995; *Mann/Smid*, Pressevertriebsrecht, 2008; *Martinek/Semler/Habermeier/Flohr*, Handbuch des Vertriebsrechts, 3. Aufl. 2010; *Mauhs*, Der Wahrnehmungsvertrag, 1990; *Mehrings*, Vertragsrechtliche Aspekte der Nutzung von Online- und CD-ROM-Datenbanken, NJW 1993, 3102; *Mielke/Mielke*, Allgemeine Liefer- und Geschäftsbedingungen im Fotobereich, ZUM 1998, 646; *dies.*, Die Entwicklung des Fotorechts seit 2006, AfP 2010, 444; , *Melichar*, Die Begriffe „Zeitung“ und „Zeitschrift“ im Urheberrecht, ZUM 1988, 14; *Moser/Scheuermann*, Handbuch der Musikwirtschaft, 6. Aufl. 2003 (zitiert: Moser/Scheuermann-*Bearbeiter*); Münchener Vertragshandbuch Band 3: Wirtschaftsrecht II, 6. Aufl. 2009; *Nordemann, J.*, Urhebervertragsrecht und neues Kartellrecht gem. Art. 81 EG und § 1 GWB, GRUR 2007, 203; *Nordemann, W.*, Das neue Urhebervertragsrecht, 2002; *Raue/Hegemann*, Münchener Anwaltshandbuch Urheber- und Medienrecht, 2010 (zitiert: Raue/Hegemann-*Bearbeiter*); *Riesenhuber*, Die Auslegung des Wahrnehmungsvertrages, GRUR 2005, 712; *Risse*, Der Zeitungsvertrieb, 2001; *Sasse/Waldhausen*, Musikverwertung im Internet und deren vertragliche Gestaltung, ZUM 2000, 837; *Scherz*, Merchandising, 1997; *Schmidt*, Die kollektive Verwertung der Online-Musik-Rechte im Europäischen Binnenmarkt, ZUM 2005, 783; *Schricker*, Verlagsrecht, 3. Aufl. 2001 (zitiert: *Schricker*, Verlagsrecht); *Schricker/Loewenheim* (Hrsg.), Urheberrecht, 4. Aufl. 2010; *Schwarz* (Hrsg.) Recht im Internet, 2010; *Schwarz/Klingner*, Rechtsfolgen der Beendigung von Filmlizenzverträgen, GRUR 1998, 103; *Spindler*, Vertragsrecht der Internet-Provider, 2. Aufl. 2004; *ders.*, Rechtliche Rahmenbedingungen von Open Access-Publikationen, 2006; *Spindler/Schuster*, Recht der elektronischen Medien, 2. Aufl. 2011; *Wanckel*, Foto- und Bildrecht, 4. Aufl. 2011; *Wegner/Wallenfels/Kaboth*, Recht im Verlag, 2. Aufl. 2011; *Wente/Härle*, Rechtsfolgen einer außerordentlichen Vertragsbeendigung auf die Verfügungen in einer „Rechtekette“ im Filmlizenzgeschäft und ihre Konsequenzen für die Vertragsgestaltung, GRUR 1997, 96.

Aus dem betriebs- und medienwissenschaftlichen Schrifttum: *Beyer/Carl*, Einführung in die Medienökonomie, 2004; *Breyer-Mayländer/Werner*, Handbuch der Medienbetriebslehre, 2003; *Brummund*, Struktur und Organisation des Pressevertriebs, Dortmunder Beiträge zur Zeitungsforschung,

Bd. 62, 2006; *Chon/Choi/Barnett/Danowski/Joo*, A Structural Analysis of Media Convergence: Cross Industry Mergers and Acquisitions in the Information Industries, Journal of Media Economics, 2003, 141 ff; *Currah*, Hollywood Versus the Internet: The Media and Entertainment Industries in a Digital and Networked Economy, Journal of Economic Geography 2006, S. 439 ff; *Dorn/Vogel,* Geschichte des Pressevertriebs in Deutschland, 2001; *Gaitanides*, Die Ökonomie des Spielfilms, 2001; *Heinold*, Bücher und Büchermacher. Verlage in der Informationsgesellschaft, 2001; *Kaumanns*, Konvergenz oder Divergenz? Erwartungen und Präferenzen der Konsumenten an die Telekommunikations- und Medienangebote von morgen, IBM-Studie, 2006; *Kempf*, Die internationale Computer- und Videospielindustrie: Structure, Conduct und Performance vor dem Hintergrund zunehmender Medienkonvergenz, 2010; *Lessig*, Freie Kultur. Wesen und Zukunft der Kreativität, 2006; *Müller-Lietzkow/Bouncken/Seufert,* Gegenwart und Zukunft der Computer- und Videospielindustrie in Deutschland, 2006; *Root/Contractor,* Negotiating Compensation in International Licensing Agreements, Sloan Management Review, 22. Jg., Nr. 2, 1981, 23; *Sjurts*, Strategien in der Medienbranche, 3. Aufl. 2005; *Stahl/Maass* (Hrsg.), Content Management Handbuch – Strategien, Theorien und Systeme für erfolgreiches Content Management, 2003; *Vogel*, Entertainment Industry Economics: A Guide for Financial Analysis, 6. Aufl. 2004; *Waldvogel*, Lost on the Web: Does Web Distribution Stimulate or Depress Television Viewing, NBER Working Paper No. W13497, 2007; *ders.*, The Four P's of Digital Distribution in the Internet Era: Piracy, Pricing, Pie-Splitting, and Pipe Control, Review of Economic Research on Copyright Issues 2010, 3 ff; *Wiederstein*, Medienkonvergenz als neue Herausforderung der Onlinemarkenführung, 2010; *Wirtz*, Medien- und Internetmanagement, 7. Aufl. 2010.

52. Abschnitt: Überblick über den Medienvertrieb

A. Überblick über die Vertriebsstrukturen einzelner Medienbranchen

1 Im Vertriebswesen, dem letzten Glied der betrieblichen Wertschöpfungskette, wird zwischen **direktem Vertrieb**, dh einem Vertrieb unmittelbar zwischen Anbieter und Nachfrager, und **indirektem Vertrieb**, dh einem Vertrieb mit mindestens einer zusätzlichen Distributionsstufe, unterschieden. Im Medienvertrieb finden sich beide Formen. TV-, Radio- und Internet-Inhalte werden überwiegend direkt an den Konsumenten vertrieben. Für Print-Produkte, Musik und Spiele auf Trägermedien haben sich indirekte Vertriebssysteme über Absatzmittler etabliert. Indirekter Vertrieb kommt insbesondere dort in Betracht, wo spezifische Leistungen für den Vertrieb nicht effizient vom Anbieter selbst erbracht werden können, beispielsweise der Unterhalt logistischer Systeme in Großhandelsstrukturen.

2 Die Entscheidung, auf welchen **Absatzwegen** Medien vertrieben werden, ist von einer Reihe von Faktoren abhängig, die für die einzelnen Medientypen durchaus variieren. Zu nennen sind vor allem die Vertriebskosten, die etwa im Vertrieb über TV, Radio und Internet fix und gering, bei Print-Produkten substantiell sind. Weitere Faktoren sind die Beeinflussbarkeit des Absatzweges, dessen Flexibilität und die Fähigkeit, die Medien zeitnah an die Konsumenten zu liefern. (Zur Distributionspolitik für die verschiedenen Medientypen vgl *Wirtz*, Kap 1 Abschnitt 5.4.3). Grundsätzlich kann jedes Unternehmen – in den Grenzen des kartellrechtlichen Diskriminierungsverbots, § 20 Abs. 1 GWB – das eigene Absatzsystem nach eigenem Ermessen so gestalten, wie es richtig und wirtschaftlich sinnvoll erscheint (BGHZ 38, 90, 102 – Grote Revers; BGH AfP 1979, 241, 243 – MAL; BGH AfP 1987, 498, 501 – Freundschaftswerbung).

Generell stehen sämtliche Medien auf allen Absatzkanälen zueinander in Konkurrenz um das **Geld- und Zeitbudget des Konsumenten** für den Medienkonsum. Auf höherer Ebene konkurrieren Medien mit anderen Freizeitaktivitäten um das Geld- und Zeitbudget des Konsumenten für **Freizeitaktivität.** Es ist keine Übertreibung zu sagen, ein Anbieter von Billig-Reisen konkurriere mit den Filmtheatern. 3

Der Medienvertrieb durchläuft einen **grundlegenden Wandel**, der durch die Möglichkeiten zum **digitalen Vertrieb** ausgelöst wurde. Fast alle Medienprodukte lassen sich leicht digitalisieren, kopieren und im Online-Vertrieb absetzen. Die digitale Welt kennt ein nie dagewesenes Maß an unrechtmäßigen Vervielfältigungen im Umlauf auf Kosten der Verwerter. Angefeuert durch die zunehmende **Konvergenz** (hierzu ausführlich 53. Abschnitt) geraten die herkömmlichen Verwerterstrukturen unter Druck. Das Zeitungswesen ist massiv durch Konkurrenz der aktuelleren Berichterstattung auf Websites sowie Inhalten von Bloggern und Suchmaschinen betroffen. Wissenschaftsverlage sehen sich der Konkurrenz durch im Internet frei zugängliche Wissenschaftsjournale („Open Access“) ausgesetzt. In den USA wurde im Jahre 2010 mehr Geld für Online-Werbung als für Zeitungswerbung ausgegeben (Quelle: eMarketer). Ebenfalls in den USA soll der Anbieter Netflix, der Filme über das Internet streamt, im Jahre 2010 einen längeren Lizenzdeal über 1 Mrd. US-Dollar mit einigen Filmstudios geschlossen haben. Bemerkenswert ist hierbei nicht nur das Volumen, sondern der Wandel vom typischerweise indirekten Filmvertrieb über den Verleih zum direkten Vertrieb durch den Produzenten. Aus der Perspektive eines Produzenten und Inhabers sämtlicher Verwertungsrechte kann es in der Gestaltung des Vertriebssystems zu **Kannibalisierungseffekten** kommen. Im Extremfall kann die Entscheidung gegen einen bestimmten Absatzweg ausfallen, um die Umsätze auf einem anderen Absatzweg nicht zu gefährden: Ein Video-On-Demand-Angebot im Internet gefährdet die wesentlich höheren Erlöse aus dem Verkauf von DVDs. Musiksendungen über das Internet (Webcasts) gefährden die wesentlich höheren Erlöse der terrestrischen Radiosendungen. Sofern die Erlöse aus dem Online-Vertrieb die Einbußen aus dem sonstigen Vertrieb nicht mittelfristig wettmachen, kann der Verzicht auf Online-Vertrieb eine rationale Strategie sein (jedenfalls ohne Ansehung der Notwendigkeit, der Medienpiraterie im Internet legale Download-Angebote entgegenzusetzen). Häufiger werden die Absatzwege durch sog. Rechtesperren zeitlich so versetzt, dass eine Kannibalisierung minimiert wird (vgl 54. Abschnitt Rn 41). Aufgrund der Medienkonvergenz entstehen ganz **neue Konkurrenzverhältnisse**, beispielsweise durch die On-Demand-Angebote der öffentlich-rechtlichen Sender im Internet und in Mobilfunknetzen. Dieser Umbruch des Medienvertriebs ist der Anlass für hitzige Gefechte im Rahmen der Dauerreform des Urheberrechts, mit der – dieses Eindrucks kann man sich bislang nicht erwehren – im Wesentlichen bestehende Verwerterstrukturen gegen den Wandel künstlich konserviert werden sollen. All diese Gesichtspunkte werden in der Diskussion mit nachdrücklichem Pathos vorgetragen. Bei alledem darf jedoch eine andere Seite nicht übersehen werden: Der digitale Vertrieb ist eine **große Chance**. Er eröffnet einen nie gekannten **Zugang zu potenziellen Kunden** und erlaubt den **Absatz zu viel geringeren Kosten** (zum Long-Tail-Absatz vgl Rn 105). Ersetzt Direktvertrieb bisherige indirekte Vertriebsstrukturen, muss die Einnahme vom Konsumenten durch weniger Beteiligte geteilt werden; dies bedeutet eine höhere Marge für die Urheber. Überdies hat das Internet spezifische Neuerungen im Vertrieb vorgebracht, angefangen von der Werbewirkung und Vermarktbarkeit auf Videoplattformen (bis hin zur Erzeugung von „Hypes“), spezifisch datengesteuerten Werbeansprachen („**Targeting**“) und Vertriebswegen, bei denen die Kosten auf Nutzer externalisiert werden („P2P-Vertrieb“), bis hin zu marktmächtigen **Verkaufsplattformen** (zB iTunes, Amazon, Steam) mit erheblichem Potential zum **Cross-Selling.** Durch standardisierte Berichte und die Möglichkeiten zur Abrechnung von kleinsten Nutzungsvorgängen („Micropayment“) sowie durch neue Geschäftsmodelle, die kleinste Daten in Mengen zu neuen Produkten akkumulieren (zB Newssuchen) werden dem bestehenden Absatz weitere Einnahmeformen hinzugefügt. Wagt man eine Prognose, wie sich der digitale Vertrieb in **Zukunft** entwickeln wird, so zeichnet sich eine Bedeutungszunahme des **Streamings** (vgl *Koch*, GRUR 2010, 574; *Fangerow/Schulz*, GRUR 2010, 677 zu illegalem Streaming) und des **Application Service Providings** bereits ab, dh gewissermaßen eine Online-Vermietung von Inhalten anstelle der dauerhaften Überlassung von Medienträgern, da dies eine erheblich bessere Kontrolle durch den Rechteinhaber ermöglicht. Im Internet-Jargon würde man sagen, Medien würden „in die Cloud verschoben“ (zum **Cloud-Computing** *Nägele/Jacobs*, ZUM 2010, 281; *Schricker/Loewenheim*, Vor § 69a UhrG Rn 68; *Grünwald/Döpkens*, MMR 2011, 290). Ebenso ist zu erwarten, dass in Zukunft Werknutzung stärker an Benutzerkonten gekoppelt wird (siehe Rn 98). 4

Das Mediengeschäft ist zumeist ein **Bestseller-Geschäft**, dh ein Geschäft, welches zur Profitabilität in einer Reihe von Produktionen einen bestimmten Anteil an Bestsellern, Quotenhits, Blockbustern und 5

Publikumserfolgen produzieren muss, welche die Masse an weniger erfolgreichen Produktionen und Flops quersubventionieren. Da sich der Publikumserfolg nur schwer prognostizieren lässt, ist das Mediengeschäft inhärent riskant. Für den Medienvertrieb folgen hieraus Strategien: Zur Risikominimierung ist es sinnvoll, möglichst viele verschiedene Produkte über möglichst viele Absatzkanäle zu vertreiben (zum Cross-Media-Vertrieb siehe 53. Abschnitt Rn 3). Organisatorisch besteht ein Anreiz zur Schaffung von vertikal integrierten Medienkonzernen. Und schließlich fokussiert sich der Medienvertrieb anhand von Markterfahrungswerten auf die Medienprodukte mit den größten Verkaufsaussichten („**main stream**"), insbesondere wenn beim Absatz von Trägermedien die Vertriebskosten die erwarteten Erlöse übersteigen (zur Long-Tail-Theorie im Online-Absatz hingegen siehe Rn 1063). Da der main stream nicht deckungsgleich mit kultureller Werthaltigkeit und Vielfalt ist, wird bei manchen Medien, nicht jedoch bei allen, **regulierend** eingegriffen, etwa durch die **Preisbindung** bei Büchern (zum Erhalt der kulturellen Vielfalt, vgl 17. Abschnitt) und Zeitungen (aus verfassungsrechtlichen Gründen zur Gewährleistung des Medienzugangs für jedermann, vgl 16. Abschnitt). Weitere regulierende Eingriffe in den Medienvertrieb nimmt der Gesetzgeber im Bereich des **Jugendmedienschutzes** vor, einer Materie, in welcher die Medienkonvergenz wie in keiner anderen bereits abgebildet ist, sowie durch Regelungen zur Abgabe von **Pflichtexemplaren** im Interesse der Verfügbarkeit von wissenschaftlichen oder kulturellen Erkenntnissen.

6 Entsprechend der urheberrechtlichen Unterscheidung zwischen Verwertung in verkörperter und unverkörperter Form (§ 15 UrhG) wird im Medienvertrieb zwischen **physischem Vertrieb** von in Trägermedien verkörperten Werken (zB DVDs, Print-Produkten) und **nicht-physischem Vertrieb** unverkörperter Werke, beispielsweise der Fernsehsendung oder dem Download digitaler Dateien, unterschieden. Letzteres ist begrifflich verwirrend, da der BGH in ständiger Rechtsprechung nicht-physische Standardsoftware dem Recht der körperlichen Sachen zuordnet (BGHZ 143, 307, 320). Physischer und nicht-physischer Vertrieb folgen nicht immer gleichen Regeln, insbesondere in der Frage der Erschöpfung nach § 17 Abs. 2 UrhG (vgl 53. Abschnitt Rn 6). Aus Sicht der Konsumenten sind Unterschiede in der Behandlung von physischen und nicht-physischen Medienprodukten angesichts der vielfältigen Möglichkeiten zum lokalen und netzbasierten Kopieren, Speichern und Versenden, also einer laufenden Konvertierung von und in Trägermedien, kaum einleuchtend.

7 Die **Terminologie** ist in den verschiedenen Branchen **nicht einheitlich**. Klassische Medienbranchen unterscheiden zwischen Lizenzgeschäften, deren Gegenstand eine Rechtseinräumung ist, und Vertriebsgeschäften über den Absatz von Trägermedien, bei denen der Erwerber zwar Eigentum am Trägermedium, nicht jedoch urheberrechtliche Nutzungsrechte erwirbt. Die Praxis kennt aber auch Verträge über die „Einräumung einer Vertriebslizenz", die aber keine urheberrechtlichen Lizenzverträge, sondern Ausgestaltungen eines Handelsvertretervertrages sind. In der Online-Branche spricht man von „Vertrieb" auch dann, wenn etwa bei dem Verkauf von Downloads auch Nutzungsrechte eingeräumt werden (vgl 55. Abschnitt Rn 3). Zum Teil bezeichnet „Vertrieb" hier auch „Online-Werbung" im Gegensatz zum Content-Einkauf. In betriebswirtschaftlichen Kategorien sind Lizenzverträge aus Sicht des Lizenzgebers Absatzgeschäfte des eigenen Medienproduktes und damit „Vertrieb". Für die nachfolgenden Ausführungen ist daher eine Festlegung notwendig: „**Medienvertriebsverträge**" ist ein **Sammelbegriff** für sämtliche Formen von Verträgen zu Zwecken des Absatzes von Medieninhalten oder -trägern gleich welcher juristischen Natur (vgl zur Vertragstypisierung 54. Abschnitt Rn 2). Die Begriffe „**Lizenz**", „**Lizenzvertrag**" und „**Vertriebslizenz**" sollen nicht verwendet werden, da sie keine juristisch begründete Kontur haben. Im Steuerrecht existiert der enge Begriff der „Vertriebslizenz" in § 8 Nr. 1 f) GewStG als Lizenz, die ausschließlich dazu berechtigt, abgeleitete Rechte Dritten zu überlassen (hierzu *Blümich-Hofmeister*, GewStG, § 8 Rn 290). Entsprechend dem Praxisgebrauch werden allerdings bei Verträgen über Rechtseinräumungen die Parteien als „**Lizenzgeber**" und „**Lizenznehmer**", bei Verträgen ohne Rechtseinräumung als „**Vertriebsgeber**" und „**Vertriebsnehmer**" bezeichnet. Im Folgenden wird ein Überblick über die wichtigsten Vertriebsstrukturen der einzelnen Medien mit branchenspezifischen Hinweisen gegeben. Die Einzelheiten der Vertragsgestaltung aus der Perspektive der Medienkonvergenz werden im 54. und 55. Abschnitt erörtert.

I. Film

8 Die Filmbranche kennt im Wesentlichen **vier verschiedene Absatzkanäle** für Filme: Kino, TV, Home Entertainment (Video, DVD, BlueRay) und Merchandising. Im US Markt, bislang nicht jedoch in Europa, werden signifikante Umsätze mit dem Direktvertrieb über Web-Streaming-Anbieter erzielt

(zum Online-Absatz Rn 105). Umsatzzahlen und **Marktdaten** veröffentlicht regelmäßig die Spitzenorganisation der Filmwirtschaft e.V. auf ihrer Website und im jährlichen Filmstatistischen Jahrbuch. Die „Internet Movie Database" unter www.imdb.de stellt ein umfangreiches **Archiv über Filmproduktionen** zur Verfügung. Rechtlich ist der Vertrieb von Filmen wesentlich dadurch erleichtert, dass nach §§ 88 ff UrhG das Urheberrecht darauf hinwirkt, möglichst alle beteiligten Rechte in der Person des Filmherstellers zu konzentrieren. Filmproduktion und -vertrieb greifen vielfältig ineinander, etwa weil die Vergabe von Vertriebsrechten die Produktion mitfinanziert. Auch ist nach §§ 53 ff FFG der Filmvertrieb förderfähig. Die Filmverwertung erfolgt zur Vertragsoptimierung oft in einer **Auswertungskaskade**, bei der teure Nutzungsarten wie Kino, Verkauf von Trägermedien und Pay-TV vor für Konsumenten kostenlosen Nutzungen wie Free-TV liegen (vgl § 20 FGG, 54. Abschnitt Rn 41). Die unmittelbare Verfügbarkeit von unberechtigten Vervielfältigungen im Internet nach Kinostart leitet den Filmvertrieb zunehmend zu einer alternativen Strategie, die verschiedenen Auswertungen zeitlich zu konzentrieren, solange die Verfügbarkeit von Raubkopien mit Anti-Piraterie-Strategien noch einigermaßen gedämpft werden kann.

1. Kino. Die Verwertung in **Filmtheatern** (öffentliche Vorführung, §§ 19, 94 UrhG, vgl 60. Abschnitt Rn 17) als die klassische Verwertungsform von Filmen erfolgt im indirekten Vertrieb über Filmverleiher, welche die Verwertungsrechte („**theatrical rights**") von den Filmproduzenten erwerben („**Filmverleihvertrag**") und die Filme gegen Umsatzbeteiligung an ihr Netzwerk von Filmtheaterbetreibern vermieten („**Filmbestellvertrag**"). Die wesentlichen Leistungen der Filmverleiher liegen in der Bearbeitung der Filme für den lokalen Absatzmarkt (Synchronisation, Besorgung der Jugendfreigabe), Erstellung und Verteilung von Kopien der Filmrolle an alle Filmtheater und vor allem in der Durchführung und Koordination von Marketing-Kampagnen. In ihrer Funktion sind sie den Labels der Musikbranche ähnlich. Sprachlich haben sich die Begriffe „Filmverleih" für inländische Lizenzauswertung und „Vertrieb" oder „Weltvertrieb" für Verwertung im Ausland eingebürgert. 9

Der **Filmverleihvertrag** ist ein urheberrechtlicher Nutzungsvertrag eigener Art (BGHZ 2, 331 = Ufita 18 (1952) – Karl räumt auf; BGHZ 9, 262 – Schwanenbilder). Wesentlicher Inhalt ist die Einräumung der für ein bestimmtes Gebiet exklusiven (dinglichen) Vertriebslizenz (Verbreitungsrecht und Recht, Filmtheaterbesitzern die öffentliche Vorführung zu gestatten) für einen bestimmten Zeitraum (LG München UFITA 61, 367) an einem fertiggestellten, in der Produktion befindlichen oder projektierten Film, zusammen mit der Überlassung des notwendigen kopierfähigen Materials. Der Filmverleiher zahlt eine prozentuale Beteilung an den Erlösen, oft verbunden mit einer Minimumgarantie (vgl 54. Abschnitt Rn 81). Der Filmproduzent garantiert die Verschaffung und den Erhalt der Vertriebsrechte zur vertragszweckgemäßen Auswertung. Der Filmverleiher ist zur ordnungsgemäßen Auswertung des Films und zur Abrechnung und Zahlung verpflichtet. An den Kopien erwirbt er Eigentum (BGH GRUR 1991, 481, 482 – Filmverleih). Zur gemeinsamen Verwertung von Filmrechten OLG München ZUM 1995, 488, 493. 10

Die Rechte zum **Vertrieb** in ausländische Absatzmärkte und zum Weltvertrieb sind oft eine wesentliche Säule der Filmfinanzierung, wenn sie schon vor oder bei Produktion verkauft oder gegen eine Minimumgarantie vergeben werden („**Pre-Sales**"). Vertriebsverträge sind den Filmverleihverträgen ähnlich, angereichert um die Besonderheiten des internationalen Handels, zB die Definition der Vertriebsterritorien und die Einräumung der Rechte, den Film zur Anpassung an die Regularien der lokalen Vertriebsterritorien zu bearbeiten und zu synchronisieren (zur Gestaltung internationaler Film- und Fernsehlizenzverträge *Straßer*, ZUM 1999, 928). Die Distributoren im Weltvertrieb treten entweder aufgrund eigenen Rechtserwerbs im eigenen Namen oder als Stellvertreter des Produzenten („sales agent") auf (*v. Hartlieb/Schwarz-Schwarz*, Kap. 174). Vgl §§ 53 ff FFG für die Förderung des Filmvertriebs. 11

Der **Filmbestellvertrag** (auch: **Filmvorführungsvertrag**) zwischen dem Filmverleiher und dem Filmtheaterbesitzer ist ebenfalls ein Vertrag eigener Art, jedoch mit stark mietrechtlichem Gepräge (§ 535 BGB, vgl OLG Celle NJW 1965, 1667) in Bezug auf das zu überlassende Material. Kern ist jedoch die Einräumung der Vorführungsbefugnis (§ 19 UrhG), die nach der Rechtsprechung nur als einfache obligatorische Lizenz, dh nicht mit dinglicher Wirkung, eingeräumt wird. Es sei nicht das Interesse der Filmverleiher, die Nutzungsrechte unter den vielen Filmtheatern zu zersplittern (*v. Hartlieb/Schwarz-Klingner*, Kap. 179 Rn 4 mwN). Filmbestellverträge sind als Rahmenverträge auf Basis Allgemeiner Bezugs- und Geschäftsbedingungen gestaltet, die durch einzelne Bestellscheine oder Terminsbestätigungen ausgefüllt werden. Danach gilt jeder Film als gesonderte Bestellung und als isolierter Einzelvertrag, so dass Leistungsstörungen bezüglich eines Films möglichst nicht auf die Rechtsverhältnisse 12 anderer Filme durchschlagen. Der Rechtsverschaffungspflicht und der Pflicht zur störungsfreien Gebrauchsüberlassung des notwendigen Filmmaterials des Verleihers stehen die Vorführungspflicht sowie Abrechungs- und Zahlungspflichten des Filmtheaterbesitzers gegenüber.

13 Kauft der Kinobesucher eine Eintrittskarte für das Kino, schließt er einen **Filmtheaterbesuchsvertrag,** dessen Kern die werkvertragliche (§ 631 BGB) Pflicht zur vollständigen Filmvorführung darstellt. Die Sitzplatzreservierung ist atypische Nebenpflicht, die nach Mietrecht (§ 535 BGB) zu beurteilen ist. Eintrittskarten sind Inhaberpapiere nach § 807 BGB, die einen Anspruch auf Zulassung für jeden verkörpern, der sie vorzeigt.

14 **Vertragsmuster/Erläuterungen:** Allgemein zu Regelungspunkten in **Medienvertriebsverträgen** 54. Abschnitt Rn 1 ff. Zum **Filmverleihvertrag** *v. Hartlieb/Schwarz*, Kap. 153 ff; MünchVertragsHB-*Hertin*, Bd. 3, XI 34; *Loewenheim/Schwarz/U. Reber*, § 74 Rn 215 ff; *Jacobshagen*, Verträge, S. 272 ff mit Vertragsmuster, und S. 279 ff mit Vertragsmuster für den direkten Verleih durch Produzenten. Zur Rechts- und Sachmängelhaftung BGHZ 2, 331. Zum **Weltvertriebsvertrag** *Loewenheim/Schwarz/U. Reber*, § 74 Rn 305 ff; *Jacobshagen*, S. 281 ff; *ders.*, Verträge, S. 242 ff mit Vertragsmuster. Zum **Filmbestellvertrag:** *v. Hartlieb/Schwarz-Klingner/Schwarz*, Kap. 177 ff; MünchVertragsHB-*Hertin*, Bd. 3, XI 35; *Loewenheim/Schwarz/U. Reber*, § 74 Rn 214 ff. Die Allgemeinen Bezugsbedingungen sind jeweils auf den Websites der Filmverleiher abrufbar. Zum **Filmtheaterbesuchsvertrag:** *v. Hartlieb/Schwarz-Reber*, Kap. 206 ff.

15 **Verwertungsgesellschaften:** AGICOA Urheberrechtsschutz – www.agicoa.de; Gesellschaft zur Wahrnehmung von Film- und Fernsehrechten mbH – www.gwff.de; Verwertungsgesellschaft der Film- und Fernsehproduzenten VFF-VG – www.vffvg.de; Verwertungsgesellschaft für Nutzungsrechte an Filmwerken mbH, VG Bild-Kunst – www.bildkunst.de.

16 **Branchenverbände:** Spitzenorganisation der Filmwirtschaft Spio e.V. als Berufsdachverband zahlreicher Bundesverbände der Film-, Fernseh- und Videowirtschaft – http://www.spio-fsk.de; Gesellschaft zur Verfolgung von Urheberrechtsverletzungen e.V. – www.gvu.de; Filmförderungsanstalt – www.filmfoerderungsanstalt.de; German Films Service + Marketing GmbH – www.german-cinema.de; European Film Promotion – www.efp-online.com; Independent Film & Television Alliance – www.ifta-online.org; Arbeitsgemeinschaft Kino – Gilde deutscher Filmkunsttheater e.V. – www.agkino.de; Hauptverband Deutscher Filmtheater e.V. – www.kino-hdf.com; Verband der Filmverleiher e.V. – www.vdfkino.de.

17 **2. Home Entertainment.** Mit technologischer Entwicklung und mit Änderung des Konsumentenverhaltens hin zum Medienkonsum im eigenen Wohnzimmer ist die Filmverwertung auf **DVDs** zu der wesentlichen Erlösquelle der meisten Filmproduzenten geworden. Verleih und Verkauf von Videos, DVDs in Videotheken und im Handel erzielen mittlerweile höhere Umsätze als die Einspielergebnisse aus den Box Offices.

18 Der DVD-Vertrieb lässt sich nicht scharf von den Verwertungsstrukturen aller sonstigen Absatzmärkte für Filme („**ancillary markets**“) trennen, da die Erscheinungsformen des absatzmittelnden Rechtehandels vielfältig sind und auf allen Wertschöpfungsebenen stattfinden. Der Rechtehandel vermarktet oft zugleich TV-Rechte. Nicht selten sind der Rechtehandel und der Videovertrieb in konzernverbundenen Unternehmen des Filmproduzenten oder in vertikal integrierten Medienkonzernen angesiedelt. Auch Filmverleiher lizenzieren oft Video- und TV-Rechte, um ihr Absatzrisiko über mehrere Absatzkanäle zu streuen.

19 In der Grundstruktur vergibt der **Videolizenzgeber** (Filmproduzent, Filmverleiher oder sonstiger Inhaber derivativer Videorechte) mit einem **Videolizenzvertrag** die Rechte zur Videoauswertung an den **Videovertrieb** als Lizenznehmer. Der Videovertrieb ist der Großhandel für DVDs und BlueRays und sorgt für die Herstellung der Kopien und Verkaufseinheiten. Der Videovertrieb lizenziert mit einem **Videovertriebsvertrag** an den **Videoeinzelhändler** weiter, der die DVDs an Konsumenten verkauft oder in Videotheken oder über den Versandhandel vermietet.

20 Der **Videolizenzvertrag** ist einem Filmverleihvertrag (siehe Rn 10) in weiten Zügen ähnlich. Gegenstand der typischerweise räumlich und zeitlich begrenzten, gleichwohl exklusiven Rechtseinräumung sind die urheber- und leistungsschutzrechtlich geschützten Vervielfältigungs- und Verbreitungsrechte (§§ 16, 17 UrhG, oft als „**Videogrammrechte**“ oder unscharf auch als „audiovisuelle Rechte“ bezeichnet) sowie das gesonderte Vermietrecht (§ 17 Abs. 3 UrhG). Üblicherweise werden diese Rechte vom Filmproduzenten bereits bei Produktion erworben. Dabei wird die Nutzung beschränkt, Konsu-

menten nur die **Nutzung zum privaten Gebrauch** zu gestatten (siehe 54. Abschnitt Rn 31). Im Ergebnis wird dadurch eine gesonderte und teurere Lizenz für kommerzielle Nutzungen erzwungen. DVD-Vertrieb ist dabei gegenüber Videokassetten keine neue Nutzungsart (BGH v. 19.5.2005 – I ZR 285/02 – Der Zauberberg). Wegen der gemeinschaftsweiten Erschöpfung des Verbreitungsrechts nach § 17 Abs. 2 UrhG wird in der Lizenz zur Bestimmung des räumlichen Geltungsbereiches nicht an Territorien, sondern an Sprachfassungen angeknüpft, was de facto einen ähnlichen Effekt hat (54. Abschnitt Rn 17 ff). Regelmäßig sind auch Rechtesperren zum Schutz der Auswertungskaskade in der Filmauswertung (dinglich wirkender) Gegenstand von Videolizenzverträgen (siehe 54. Abschnitt Rn 41).

Über einen **Videovertriebsvertrag** verkauft der Videovertrieb an den Videoeinzelhändler die produzierten Trägermedien unter Gestattung des Weiterverkaufs oder der Weitervermietung an private Haushalte zum privaten Gebrauch. Dieser Vertrag ist abgesehen von der Art der Zugänglichmachung an den Konsumenten dem Filmbestellvertrag in weiten Zügen ähnlich. Aus Sicht des Einzelhandels besteht auch kaum Unterschied zum Bezug von Musik-CDs oder Spiele-Software: Der Videovertrieb hat rechts- und sachmängelfreie Verkaufseinheiten zu liefern, die es bestmöglich zu verkaufen gilt. 21

Der **Käufer einer DVD** schließlich erwirbt selbst kein Nutzungsrecht an dem auf der DVD verkörperten Filmwerk, sondern Eigentum am Trägermedium. Das „Ausleihen“ von Videos in einer Videothek ist ein Mietvertrag (§ 535 BGB; hierzu *Brinkmann*, NJW 1983, 599; *Zippold*, FuR 1983, 384, allgemein siehe auch 55. Abschnitt Rn 1 ff). 22

Wie in keinem anderen Bereich wird im Home Entertainment seit vielen Jahren **Medienkonvergenz** prognostiziert. Audiovisuelle Inhalte lassen sich über Breitbandverbindungen übertragen, was Formen wie Video-on-Demand, IP TV, interaktives Fernsehen, Handy-TV oder Games-on-Demand ermöglicht. Endgeräte unterstützen den Bezug von Medien über verschiedene Kanäle. Man denke nur an die Internetfähigkeit von Fernsehgeräten oder Spielekonsolen sowie an die Fernsehtauglichkeit von PCs. Digitale Videorecorder erlauben eine netzbasierte Aufzeichnung von Sendungen ohne Werbeblöcke und lassen sich über Elektronische Programmführer („EPGs“) über das Internet steuern (vgl auch 54. Abschnitt Rn 35). Mit Brennern lassen sich Medieninhalte beliebig auf Trägermedien konservieren oder von ihnen wieder ablösen. Medieninhalte lassen sich drahtlos von einem Endgerät auf das andere übertragen. In der Praxis sind Konsumenten bislang zurückhaltend, u.a. weil sich die notwendige Verbindung („digital bridge“) zwischen Telefon/Internetanschluss auf dem Schreibtisch und dem Fernsehgerät im Wohnzimmer nicht zufriedenstellend leicht herstellen lässt. 23

Über Breitbandverbindung lassen sich **Video-On-Demand-Angebote** realisieren. Die Filmindustrie ist hierbei bislang äußerst zurückhaltend, da solche Angebote die hohen Margen aus dem Verkauf von DVDs gefährden (vgl aber Rn 4). 24

Vertragsmuster/Erläuterungen: Allgemein zu Regelungspunkten in **Medienvertriebsverträgen** 54. Abschnitt Rn 1 ff. Zum **Videolizenzvertrag** MünchVertragsHB-*Hertin*, Bd. 3, XI 44; *Jacobshagen*, S. 307 ff; *ders.*, Verträge, S. 295 ff; OLG München GRUR 1984, 524, 525 – Nachtblende; *Loewenheim/ Schwarz/U. Reber*, § 74 Rn 287 ff; Zum **Videovertriebsvertrag**: *Loewenheim/Schwarz/U. Reber*, § 74 Rn 305 ff; *Jacobshagen*, S. 307 ff; MünchVertragsHB-*Hertin*, Bd. 3, XI 45; *Reemann*, GRUR 1987, 339. Vgl zur Videoverwertung auch *Scheuermann*, Urheber- und vertragsrechtliche Probleme der Videoauswertung von Filmen, 1990; *Poll* (Hrsg.), Videorecht, Videowirtschaft, 1986; *Reimer*, GRUR Int. 1973, 315 ff. 25

Verwertungsgesellschaften: Siehe Rn 15; Zentralstelle für Videovermietung (ZVV). Zur Funktion der GEMA bei Filmmusik in der Videoauswertung siehe *v. Hartlieb/Schwarz-Mielke/Schwarz*, Kap. 229; *Dreier/Schulze*, Vor § 31 Rn 300; BGH GRUR 1988, 296 – GEMA Vermutung IV; BGH GRUR 1994, 41 – Videozweitauswertung II. 26

Branchenverbände: Bundesverband Audiovisuelle Medien e.V.- www.bvv-medien.de; DVD Forum – www.dvdforum.org. 27

3. TV. Der Vertrieb von TV-Inhalten an Fernsehzuschauer, strukturell ein Direktvertrieb, ist vor allem durch zwei Besonderheiten geprägt: Die **Knappheit der Übertragungskanäle** an die Fernsehzuschauer und die starke **medienrechtliche Regulierung** des Vertriebs. Letzteres erklärt sich aus dem Rundfunkcharakter des Fernsehens, seiner Meinungsbildungsrelevanz und der besonderen Suggestivkraft von audiovisuellen Medien. Die wesentlichen Rechtsgrundlagen, die auch vertriebliche Rahmenbedingungen definieren, sind der **Staatsvertrag für Rundfunk und Telemedien** in der Fassung des Dreizehnten Staatsvertrages zur Änderung rundfunkrechtlicher Staatsverträge vom 10. März 2010 (vgl GBl. S. 307; 28

die bereits unterzeichnete Fassung des Fünfzehnten Staatsvertrags tritt bei rechtzeitiger Ratifizierung 2013 in Kraft) sowie die **Richtlinie über audiovisuelle Mediendienste** (RL 2007/EG/EG v. 19.12.2007, ABl. L 332 v. 18.12.2007).

29 TV-Programme können per Funk („**Terrestrik**") analog oder digital („**DVB-T**"), per **Satellit** oder über das **TV-Kabelnetz** an Zuschauer ausgeliefert werden. Die hierzu erforderlichen Frequenzen und Bandbreiten erfordern eine Regulierung dieser knappen Ressourcen, die zugleich die verfassungsrechtlichen Gebote für die Medienordnung verwirklicht, nämlich Staatsfreiheit und Pluralismus (vgl BVerfGE 57, 295; 73, 118). Die Dualität des Rundfunkwesens zwischen öffentlich-rechtlichem und privatem Fernsehen schlägt unmittelbar auf den Medienvertrieb durch, da Privatsender in der Gestaltung ihrer Konditionen und im Cross-Media-Vertrieb (vgl 53. Abschnitt Rn 3) freier sind. Neuere Formen der Übertragung sind das **IPTV/WebTV** über das Internet, das sowohl linear als Sendung als auch nicht-linear als On-Demand-Angebot ausgestaltet werden kann. Zu den Auswirkungen des IPTV auf das Urheberrecht *Hoeren*, MMR 2008, 139; *Kleinke*, AfP 2008, 460; *Flatau*, ZUM 2007, 1 ff; *Ory*, K&R 2006, 303; für das Rundfunkrecht *Dierking/Möller*, MMR 2007, 426. Zu den Online-Aktivitäten der öffentlich-rechtlichen Sender siehe Rn 114. Zu interaktivem TV *Gercke*, ZUM 2005, 879. Zu den Rechtsfragen des **Hybrid-TVs** (internetfähigen TV-Geräte) siehe das ZUM-Themenheft 6/2011.

30 Zum Vertrieb von Medieninhalten über das Fernsehen muss der TV-Sender mit einem **Senderechtsvertrag** die Senderechte und Kabelweitersenderechte erwerben (§§ 20–20b, 87 UrhG). Senderechte werden in vielen Bereichen, insbesondere für Musik, von Verwertungsgesellschaften wahrgenommen. Im Bereich der Filmverwertung erwerben TV-Sender Senderechte unmittelbar bei Eigen- und Koproduktionen von den Beteiligten. Bei sog. Übernahmesendungen, also Sendungen von bereits produzierten Filmen, schließen Filmproduzent und Sender in der Regel direkte Senderechtsverträge in Form von **Fernsehlizenzverträgen**. Zur AGB-Kontrolle OLG Düsseldorf ZUM 2002, 221.

31 **Fernsehlizenzverträge** vergeben typischerweise ausschließliche Senderechte für einen bestimmten Lizenzzeitraum, in einem bestimmten Lizenzgebiet oder für eine bestimmte Sprachfassung und für eine fest definierte Anzahl von Ausstrahlungen gegen eine **Festvergütung**. Nicht nur die Festvergütung, sondern auch der Umstand, dass TV-Sender keine Auswertungspflicht akzeptieren, sind im Vergleich zu sonstigen Medienvertriebsverträgen atypisch (vgl 54. Abschnitt Rn 83). Fernsehlizenzverträge sind Rechtskäufe (§ 433 BGB). Die Senderechte sind im Einzelnen ausdifferenziert. Prägend für die Struktur der Lizenz ist die Unterscheidung zwischen frei empfangbaren Sendungen („Free-TV") und Bezahlfernsehen („Pay-TV"), die jeweils normalerweise für sämtliche Übertragungsarten erworben werden. Kommerziell wichtig sind auch hier die Rechtesperren zum Schutz der Auswertungskaskade (54. Abschnitt Rn 41).

32 Die **Archive der Sender**, deren Lizenzen zahlreiche neue Nutzungsarten insbesondere im Zusammenhang mit dem Internet nicht umfassen, werden durch die Neuregelung der Bestimmungen über unbekannte Nutzungsarten in §§ 31a, 32c UrhG neuen Verwertungsmöglichkeiten zugeführt (vgl 54. Abschnitt Rn 49, *Klickermann*, MMR 2007, 221 ff).

33 **Vertragsmuster/Erläuterungen:** Allgemein zu Regelungspunkten in **Medienvertriebsverträgen** 54. Abschnitt Rn 1 ff. Zum **Fernsehlizenzvertrag:** *Loewenheim-Castendyk*, § 75; MünchVertragsHB-*Hertin*, Bd. 3, XI 43; *v. Olenhusen*, Film und Fernsehen – Arbeitsrecht, Tarifrecht, Vertragsrecht, 2001; *Friccius*, ZUM 1991, 392; *v. Gamm*, ZUM 1994, 591. Zu internationalen Film-/Fernsehlizenzverträgen auch *Straßer*, ZUM 1999, 928 ff. Allgemein zu **Senderechtsverträgen:** MünchVertragsHB-*Hertin*, Bd. 3, XI 37A (Öffentlicher Rundfunk) und MünchVertragsHB-*Hertin*, Bd. 3, IXI 37B (Privater Rundfunk); *Schricker*, Vor §§ 28 ff UrhG Rn 93 ff.

34 **Verwertungsgesellschaften:** Siehe Rn 15, 26; VG Media – www.vgmedia.de.

35 **Branchenverbände**: Verband Privater Rundfunk und Telemedien e.V. – www.vprt.de; Association of Commercial Television – www.acte.be; ANGA Verband deutscher Kabelnetzbetreiber e.V. – www.anga.de; European Broadcasting Union – www.ebu.ch; Deutscher IPTV Verband – www.diptv.org.

36 **4. Merchandising.** Merchandising ist eine (Sekundär-)Verwertung des positiven Images eines Werkes, einer Person, eines Namens oder einer fiktiven Filmfigur zur **Absatzförderung** eines **anderen Produktes** oder zur Bewerbung einer Veranstaltung. Zu den Merchandising-Produktengruppen gehören Spielzeug, Games, Print-Produkte und Musik- bzw Klingeltonverwertungen als unmittelbare Fan-Artikel genauso wie Produkte ohne direkten Zusammenhang, die aber über die Merchandising-Lizenz in der richtigen Zielgruppe beworben werden können, beispielsweise Zeichentrickfiguren als Testimonials

für Lebensmittel-Produkte (vgl schon BGH GRUR 1960, 144 – Bambi). **Ziel** des Merchandising für den Lizenzgeber sind die Erzeugung von zusätzlichen Erlösquellen und die Steigerung der Aufmerksamkeitswerbung bei Filmstart durch gleichzeitige Bewerbung der Merchandising-Produkte (zum Cross-Media-Vertrieb siehe 53. Abschnitt Rn 3) und für den Lizenznehmer die Absatzförderung und werbliche Effekte durch Imagetransfer. Es liegt auf der Hand, dass im Interesse beider Parteien Merchandising-Projekte mit effizienter und koordinierter Bekämpfung von Produktpiraterie einhergehen müssen.

Der Vertrieb von Merchandising-Rechten erfolgt entweder **direkt** durch den Filmproduzenten oder Sender oder indirekt über den Rechtehandel durch **Merchandising-Agenturen.** Letztere erwerben keine eigenen Rechte, sondern werden als Handelsmakler (§ 93 HGB) vermittelnd für den Rechteinhaber tätig (*v. Hartlieb/Schwarz*, Kap. 255 Rn 4). Zu beachten ist, dass die Merchandising-Rechte nicht nach §§ 88 ff UrhG auf den Hersteller übergehen, sondern durch Einzelvereinbarungen mit den Beteiligten erworben werden müssen. US Major Studios verfügen über eigene Merchandising-Divisionen. 37

Die in **Lizenzverträgen** im Einzelnen aufzuführenden Merchandising-Rechte können Nutzungsrechte an dem gesamten Kanon gewerblicher Schutzrechte und Persönlichkeitsrechte sein (im Einzelnen *v. Hartlieb/Schwarz-Gottschalk*, Kap. 264; *Loewenheim-Schertz,* § 79 Rn 12 ff). Bei der Lizenzierung von **fiktiven Figuren** (wie zB in OLG Frankfurt GRUR 1984, 520 – Schlümpfe; BGH GRUR 1994, 191 – Asterix; OLG München ZUM 1990, 186 – Mausfigur) sind Nutzungsrechte an Urheberrechten zu lizenzieren (§§ 31 ff UrhG). Namen von fiktiven Figuren können als Marken geschützt (§§ 3, 14 Abs. 2 MarkenG), Bildnisse können als Geschmacksmuster geschützt sein. Sollen **reale Personen** Gegenstand des Merchandising sein, sind das allgemeine Persönlichkeitsrecht (Art. 1, 2 GG iVm § 823 BGB; hierzu BGHZ 13, 334), das Namensrecht nach § 12 BGB (vgl BGH ZUM 1987, 460) und – in äußerst ausdifferenzierter Rechtsprechung – das Recht am eigenen Bild (§§ 22, 23 KUG) betroffen. Populäre Personen schützen ihre eigenen Namen überdies nicht selten als Marke. Soll eine **Filmszene** genutzt werden, ist an die Leistungsschutzrechte der ausübenden Künstler (§ 73 ff UrhG) zu denken, die trotz § 92 UrhG für das Merchandising nicht dem Filmproduzenten zufallen. Geht es um **Logos, Titel, Unternehmenskennzeichen**, steht die Markenlizenz im Vordergrund (wie in OLG Köln GRUR 1986, 889 - ARD 1; OLG München GRUR 1990, 43 – Donnerlippchen). Merchandising-Lizenzen sind üblicherweise für eine ganz spezifische Waren- oder Dienstleistungsgruppe definierte, ausschließliche, zeitlich und räumlich begrenzte Rechtseinräumungen, die dem Lizenzgeber eine optimale Streuung der Rechteauswertung über die in Frage kommenden Produkte erlauben (zur Konkurrenz von Merchandising-Produkten bei nicht ausschließlichen Lizenzen OLG Köln GRUR 2000, 66 – Michael Jackson-Kalenderfoto). Keine Nutzungsverträge im urheberrechtlichen Sinne sind **Namensrechtsverträge** über die Benennung von Stadien oder Gebäuden; der Begriff „Namensrecht" bezeichnet hier ein Bündel von schuldrechtlichen Verhaltenspflichten zur Namensverwendung in der Kommunikation und dem Hausrecht des Eigentümers. Oft sind die Lizenzen mit einer Reihe von **schuldrechtlichen Verhaltenspflichten** beider Parteien kombiniert, die dem Erhalt des positiven Images dienen. Merchandising-Geschäfte sind für beide Parteien riskant: Fällt der Film beim Publikum durch, ist der uU bereits hoch vergütete Werbewert für den Lizenznehmer gering. Umgekehrt schlägt mangelhafte Qualität der Lizenzprodukte auf das übertragene Image zurück. 38

Vertragsmuster/Erläuterungen: Allgemein zu Regelungspunkten in **Medienvertriebsverträgen** 54. Abschnitt Rn 1 ff. Zum **Merchandising-Vertrag:** *Loewenheim-Schertz,* § 79 Rn 29 ff; *Ehlgen*, ZUM 1996, 1008 ff mit Vertragsmuster; *Delp*, S. 196 ff; *Jacobshagen*, S. 316 ff; *ders.*, Verträge, S. 301 ff mit Vertragsmuster; *Schertz*, Merchandising, 1997 mit Vertragsmustern; *ders.*, ZUM 2003, 631; *Moser/Scheuermann-Schmidt*, S. 1250 ff mit Vertragsmuster; *v. Hartlieb/Schwarz-Gottschalk*, Kap. 264 ff; *Ruijsenaars*, FS Schricker 1995, 597 ff, sowie die Musterverträge auf www.lima-verband.de. 39

Branchenverbände: International Licensing Industry Merchandiser´s Association (LIMA)- www.licensing.org und www.lima-verband.de. 40

II. Fotos

Fotos sind, soweit sie die Individualität einer persönlichen geistigen Schöpfung erreichen, als **Lichtbildwerke** gemäß § 2 Abs. 1 Nr. 5 UrhG urheberrechtlich, anderenfalls als **Lichtbilder** im Leistungsschutz gemäß § 72 UrhG geschützt. Der urheberrechtliche Schutz, der vergleichsweise bereits bei einer geringen Schöpfungshöhe beginnt (*Dreier/Schulze,* § 2 Rn 195), ist umfassender, er beinhaltet insbesondere eine längere Schutzdauer und einen weitergehenden urheberpersönlichkeitsrechtlichen Ent- 41 stellungsschutz. Aus diesem Grunde und als Verkaufsargumentation stehen Fotografen stets auf dem Standpunkt, ihre Fotos seien urheberrechtlich geschützt und fassen ihre Vertriebsverträge entsprechend. Ob von Computern generierte Bilder „Lichtbilder" sind, ist umstritten, hierzu *Büchner*, ZUM 2011, 549.

42 Regelrechte **Fotokunstwerke** werden nicht anders als Gemälde und andere Werke der bildenden Kunst gehandelt. Wird ein **Werkoriginal verkauft**, so erwirbt der Käufer Eigentum an dem Werkstück, im Zweifel aber keine über das Ausstellungsrecht hinausgehenden Nutzungsrechte (§§ 18, 44 Abs. 1 UrhG). Einem **Abdruck** von Fotokunst in Ausstellungskatalogen, Büchern, Zeitschriften etc. liegt ein Vertrag eigener Art zugrunde, bei dem eine analoge Anwendung von Bestimmungen des vom Wortlaut nur für literarische Werke geltenden VerlG in Betracht kommt (*Dreier/Schulze*, Vor § 31 Rn 274). Soll ein Foto Texte illustrieren und so eine Werkverbindung zwischen Text und Bild hergestellt werden, liegt dem ein ebenfalls verlagsvertragsähnlicher **Illustrationsvertrag** zugrunde.

43 Angewandte Fotografie, etwa Werbe- oder Modefotos, bezeichnet man als **Fotodesign**. Typischerweise vereinbaren Fotograf und Lizenznehmer die Herstellung eines Fotos mit bestimmten Eigenschaften als Werk- oder Werklieferungsvertrag (§§ 631, 651 BGB) und kombinieren dies, wenn das Werk gefällt, mit einem Lizenzkauf (BGH 1976, 390 – Werbefilm; allgemein zu zweistufigen Verträgen bei Auftragswerken *Dreier/Schulze*, Vor § 31 Rn 165).

44 Viele Medien beziehen bei ihrer Produktion Fotos über **Bildagenturen**. Zunehmend betreiben Bildagenturen allgemeine oder inhaltlich ausgerichtete Fotodatenbanken, die über das Internet eingesehen werden können und bei denen jeder Agenturkunde nach Abschluss eines AGB-Rahmenvertrages („Registrierung") entgeltlichen Zugriff auf die Fotodateien nebst Lizenzinformationen erhält. Die Inhalte der Fotodatenbank beziehen die Agenturen von zumeist freischaffenden Fotografen. Diese Geschäftsbeziehung ist Gegenstand eines **Bildagenturvertrages**, strukturell eines Geschäftsbesorgungsvertrags nach §§ 611, 675 BGB mit besonders ausgeprägten Interessenwahrnehmungspflichten zugunsten des Fotografen. Agenturen kaufen in der Regel ausschließliche Nutzungsrechte (*Dreier/Schulze*, Vor § 31 Rn 122), jedoch sind die Fotografen nicht in dem Grade „unter Vertrag", wie etwa Tonträgerhersteller ihre Künstler binden. Der Bezug von Fotos durch den Agenturkunden ist ein Lizenzkauf (zu den Rechtsbeziehungen zwischen Verlagen und Bildagenturen auch LG Hamburg AfP 1986, 352).

45 Wesentlicher **Preisfaktor** ist, ob die Lizenzierung ausschließlich für redaktionelle oder aber für kommerzielle Zwecke erfolgt. Nutzungen im Internet und auf CD-ROM sind Nutzungsarten für Fotos, die gesondert lizenziert werden müssen (BGH GRUR 2002, 248, 251 – Spiegel-CD-ROM; KG ZUM-RD 2001, 485, 490). Eine Übersicht über die **Honorare** wird jährlich von der Mittelstandsgesellschaft für Foto-Marketing und dem BVPA herausgegeben – www.mittelstandsgemeinschaft-foto-marketing.de. Verlage mit Marktmacht haben in der Vergangenheit einseitig die Honorarbedingungen diktiert, die regelmäßig von Berufsverbänden angefochten werden (hierzu *Seiler*, K&R 2007, 561). Zum AGB-widrigen Buy-out LG Hamburg, ZUM 2010, 72; 54. Abschnitt Rn 84.

46 Fotografen, Bildjournalisten, Bildagenturen haben die Möglichkeit, einen Wahrnehmungsvertrag mit der **Verwertungsgesellschaft Bild-Kunst** abzuschließen, welche die **gesetzlichen Vergütungsansprüche**, vor allem die Fotokopiervergütung nach §§ 53, 54 UrhG wahrnimmt. Ausführlich *Loewenheim-Melchiar*, § 46 Rn 8.

47 **Vertragsmuster/Erläuterungen:** Allgemein zu Regelungspunkten in **Medienvertriebsverträgen** 54. Abschnitt Rn 1 ff. Zum **Ausstellungsvertrag für Kunstwerke:** *Mues*, Der Ausstellungsvertrag, 2003; *Walter*, MR 1996, 56. Zum **Verkauf von (Foto-)Kunst:** *Loewenheim-Axel Nordemann*, § 73 Rn 59; MünchVertragsHB-*Vinck*, Bd. 3, XI 61; *Dreier/Schulze*, Vor § 31 Rn 242 ff. Zum **Illustrationsvertrag:** MünchVertragsHB-*Vinck*, Bd. 3, XI 57; *Loewenheim-Axel Nordemann*, § 73 Rn 44; *Wegner/Wallenfels/Kaboth*, S. 348 ff. Zum **Bildagenturvertrag mit Fotografen:** *Loewenheim-Axel Nordemann*, § 73; *Maaßen*, S. 109 ff; Münch-VertragsHB-*Vinck*, Bd. 3, XI 65; *Wanckel*, Foto- und Bildrecht, 2006; *Mielke/Mielke*, ZUM 1998, 646 ff. Zum Lizenzvertrag zur **Online-Nutzung von Bildmaterial:** Beck´sches Formularbuch E-Commerce-Cichon, S. 73 ff; vgl auch die Musterverträge des Deutschen Jounalistenverbandes unter www.djv.de und umfassend zum Fotorecht *Wanckel*, Foto- und Bildrecht, 2011; Mielke/Mielke, AfP 2010, 444 ff.

48 **Verwertungsgesellschaften**: VG Bild-Kunst – www.bildkunst.de.

49 **Branchenverbände:** Bundesverband der Pressebild-Agenturen und Bildarchive e.V. – www.bvpa.org; Coordination of European Picture Agencies Press Stock Heritage – www.cepic.org; Bund Freischaf-

fender Foto-Designer – www.bff.de; Photoindustrie-Verband – www.photoindustrie-verband.de; Deutscher Verband für Fotografie – www.dvf-fotografie.de; Deutsche Foto-Journalisten – www.dfj-ev.de; Federation Internationale de l' Art Photographique – www.fiap.net.

III. Bücher

Das Geschäftsmodell „**Buch**" unterscheidet sich von dem Verkauf von Zeitungen und Zeitschriften dadurch, dass Erlöse fast vollständig aus dem Verkauf an Konsumenten generiert werden, während Zeitungen und Zeitschriften Erlöse auch und vornehmlich aus den Werbeflächen ihrer Produkte erzielen. 50

Der Vertrieb von Büchern ist durch die **große Anzahl** lieferbarer Bücher geprägt. Das Angebot deutschsprachiger Bücher umfasst mehr als 1 Mio. Titel. Dieser Umstand bedingt eine im Wesentlichen indirekte, zweistufige Vertriebsstruktur über den Buchgroßhandel (zum Vertrieb von Verlagserzeugnissen *v. Becker*, ZUM 2002, 171 ff). Die (zahlreichen) Verlage vertreiben ihre Produkte an den Buchgroßhandel, der grob in **Verlagsauslieferer** und **Barsortimenter** eingeteilt werden kann. Verlagsauslieferer handeln im Namen und auf Rechnung des Verlages oder auf Kommissionsbasis, jedenfalls aber ohne eigenes wirtschaftliches Absatzrisiko. Barsortimenter kaufen Verlagen große Stückzahlen ab, lagern diese in eigenen Lagern (tragen also das Lager- und Absatzrisiko) und verkaufen diese im eigenen Namen auf eigene Rechnung an vertraglich an sie gebundene Einzelhändler („Kommittenten") weiter. Barsortimenter versetzen den Einzelhandel in die Lage, Bücher innerhalb kürzester Zeit liefern zu können, lassen sich dieses aber mit einer entsprechend höheren Marge („Grosso-Rabatt") bezahlen. Barsortimenter müssen nicht an verkaufsschwache Einzelhändler liefern und konzentrieren den Absatz an die Verkaufsstellen mit den höchsten Umsatzerwartungen. Dies ist ein wesentlicher Unterschied zum Vertrieb von Zeitungen und Zeitschriften im **Presse-Grosso** (siehe Rn 63). Der **Buch-Einzelhandel** ist vergleichsweise heterogen: vom Sortiments- oder Fachbuchhandel zum werbenden Buch- und Zeitschriftenhandel zu Sonderformen wie Bahnhofsbuchhandel oder Lesezirkel. Daneben vertreiben zahlreiche sonstige Händler auch Bücher, etwa Kauf- und Warenhäuser, Versandhäuser oder Antiquariate (*Wirtz*, Kap. 3 Abschnitt 4.4.3). Weitere Folgen der großen Zahl lieferbarer Bücher und der damit notwendig verbundenen Vorhalte- und Lagerkosten sind eine Tendenz zur Bildung von großen **Buchhandelsketten** sowie das Wachstum des **Online-Buchhandels**, der zunehmend sogar direkt von Verlagen bezieht (*Wirtz*, Kap. 3 Abschnitt 2.3 und 4.4.3). 51

Begünstigt durch die technologische Entwicklung steigt die Bedeutung des **direkten Vertriebs** über **digitale Vertriebskanäle**. Kunden können über das Internet direkt beim Verlag bestellen, wegen der Buchpreisbindung jedoch ohne Preisvorteil und rechtlich gesehen gegenüber sonstigen Online-Verkäufen ansonsten ohne Besonderheiten (siehe Rn 105). Die Digitalisierung von Büchern erlaubt den Vertrieb der literarischen Werke auch auf Datenträgern wie **CD-ROM** oder für Hörbücher („**Audio-Books**") auf CDs (hierzu *Haupt*, Ufita 2002, 323 ff). Starkes Wachstum im US-Markt verzeichnet der Vertrieb von literarischen Werken als Datei („**E-Book**", hierzu *Loewenheim-Nordemann-Schiffel/Jan Bernd Nordemann*, § 64 Rn 7). Die Möglichkeit für Verlage, den Druck von Büchern nur auf Verlangen eines potenziellen Käufers auszuführen („**Book-on-Demand**"), bedeutet für die Verlage Kostenersparnis: Lagerkosten fallen nicht mehr an und auch die Marge des stationären Buchhandels kann gespart werden (*Wirtz*, Kap. 3 Abschnitt 2.4; siehe zum sog. Long Tail auch unter Rn 106). Auch können auf diese Weise Autoren zunehmend ohne große Verlagsapparate ihre Werke im Eigenverlag veröffentlichen. Insbesondere im Bereich wissenschaftlicher Fachtitel gibt es starke Bestrebungen von Wissenschaftlern, im Internet frei zu publizieren und die eigenen Werke kostenfrei zur Verfügung zu stellen, damit die sonst fälligen Verkaufspreise kein Hemmnis für den globalen Austausch von Wissen darstellen („**Open Access**", Rn 115; vgl http://open-access.net; *Spindler*, Rechtliche Rahmenbedingungen von Open-Access-Publikationen, 2006; vgl auch den Vorschlag der Einführung von Zwangslizenzen, *Hilty*, GRUR 2009, 633). Starkes Wachstum haben schließlich die großen **Online-Buchhändler** im Internet erfahren. Der traditionelle Vorteil von Fachbuchhandlungen gegenüber dem Online-Handel, nämlich die Beratung durch literarisch bewanderte Fachkräfte, schwindet zunehmend durch elaborierte Kundenempfehlungs- und Bewertungssysteme der Online-Händler. Die Lizenzierungspraxis für Bücher und noch grundlegender das urheberrechtliche Dogma der Vorablizenzierung wird durch das **Google-Book-Projekt** in Frage gestellt, ein ambitioniertes Vorhaben, einen umfangreichen Bücherbestand in zahlreichen Bibliotheken einzuscannen und anschließend online und suchbar zur Verfügung zu stellen (hierzu *Ott*, GRUR-Int 2007, 562). Kern der Diskussion ist die Frage, ob Google vorab 52 individuell alle Rechte klären muss oder ob ein „opt-out-Mechanismus“ reicht, bei dem Rechteinaber sich melden müssen, um nicht in dem Projekt erfasst zu werden. Zum **Google-Book-Settlement** *Hüttner/Ott*, ZUM 2010, 377; *Katzenberger*, GRUR Int 2010, 563; *Bohne/Elmers*, WRP 2009, 913; *de la Durantaye*, ZUM 2011, 538; zu den Folgen für das System des geistigen Eigentums *Samuelson*, UC Berkeley Public Law Research Paper No. 1683589.

53 Der Vertrieb von Büchern ist ähnlich wie die meisten anderen Medien ein **Bestseller-Geschäft**, bei welchem Top-Titel die Kosten für weniger erfolgreiche Titel quersubventionieren. Dieser Umstand wird gesetzlich durch die **Buchpreisbindung** weiter forciert, nämlich die gesetzliche Vorgabe für Verlage, die Endverkaufspreise ihrer Produkte festzulegen (**Gesetz über die Preisbindung von Büchern**, BGBl. I 2002, 3448), und zwar für 18 Monate ab Erscheinungsdatum. Die Buchpreisbindung gilt nicht für importierte fremdsprachige Bücher, erlaubt aber keine Re-Importe. Die Buchpreisbindung schränkt die Freiheit der Verlage zur Preis- und Konditionengestaltung erheblich ein. Sie dient der Gewährleistung der kulturellen Vielfalt im Verlagswesen, indem kleine Verlage und Produkte ohne Massentauglichkeit, aber mit hohem kulturellem Anspruch, vor Konkurrenz durch wesentlich rentablere Main-Stream-Produkte geschützt werden. Sie zielt auf einen Qualitätswettbewerb der Bücher anstelle eines Preiswettbewerbs ab. Ausführlich 17. Abschnitt. Die Buchpreisbindung gilt auch für den Buchvertrieb über Online-Shops, LG Hamburg ZUM-RD 2011, 500.

54 Gesetzlich geregelt ist der **Verlagsvertrag**, also der Vertrag zwischen Autor und Verleger, welcher für den Autor die (schuldrechtliche) Pflicht zur Überlassung des Buches zur Vervielfältigung und Verbreitung, typischerweise, aber abdingbar (BGH Urt. v. 22.4.2010 – I ZR 197/07) auch zur Verschaffung der ausschließlichen Rechte hierzu (**„Verlagsrecht“**, § 8 VerlG), für den Verleger die **Pflicht zur Auswertung** auf eigene Kosten und **eigenes Risiko** enthält (Gesetz über das Verlagsrecht, BGBl. 2002 I, 1155; zur **Auswertungspflicht** BGH ZUM 2005, 61, 63 – Oceano Mare; zur Pflicht zu Folgeauflagen BGH NJW 2011, 2732). Die Einräumung der Verlagsrechte zur Erfüllung des Verlagsvertrages kann konkludent durch die Ablieferung des Werkes erfolgen, § 9 VerlG. Die Regelungen des VerlG zum Verlagsvertrag, der systematisch als Vertrag eigener Art zu qualifizieren ist (BGH GRUR 1960, 447, 448 – Comics; BGH NJW 1998, 405; vgl auch *Gergen*, NJW 2005, 569 ff), werden durch die Regelungen des UrhG (insbesondere die Zweckübertragungsregel nach § 31 Abs. 5 UrhG) und des BGB (insb. §§ 631 ff BGB) ergänzt. Der Verlagsvertrag in der Vorstellung des VerlG ist ein Vertrag mit gesteigerter **Treuebindung** zwischen dem Autor, dessen Existenz an den Lizenz(voraus)zahlungen hängt, und dem Verlag, der den Autor über Jahrzehnte hinweg entwickelt (*Schricker*, Vor §§ 28 ff Rn 71). Ein Verlagsvertrag kann formfrei und konkludent geschlossen werden, etwa durch Druck eines übersandten Manuskriptes (BGH GRUR 1998, 680, beachte aber §§ 31a, 40 Abs. 1 UrhG). Die Auflagenbegrenzung auf 1.000 Exemplare nach § 5 VerlG ist typischerweise abbedungen. Das VerlG findet keine Anwendung auf den digitalen **nicht physischen Vertrieb von Büchern**. Generell lizenzieren Verlage in der Praxis wesentlich mehr Rechte als nur das Verlagsrecht von Autoren, zum einen sog. buchnahe Rechte (zB Buchgemeinschafts-, Taschenbuch-, Reprint-, DVD-, eBook-, Mikrofilmrechte), zum anderen sog. buchferne Rechte (Verfilmungsrechte, Senderechte, Tonträgerrechte, Rechte zur Online-Nutzung, Werberechte, Recht zur Lizenzvergabe). Zu den für die Lizenzierung bedeutsamen unterschiedlichen Nutzungsarten 54. Abschnitt Rn 27 ff. Dabei werten Verlage diese Rechte selten selbst aus, sondern handeln mit diesen in Lizenzverträgen (*Dreier/Schulze*, Vor § 31 Rn 193; *Schricker*, Vor §§ 28 ff Rn 70). Vom Verlagsvertrag abzugrenzen ist der **Kommissionsvertrag**, bei dem der Verlag auf Rechnung des Autors tätig wird, und vom **Bestellvertrag**, bei dem die Bestellung der Herstellung eines Werkes mit genauen inhaltlichen Spezifikationen im Vordergrund steht (§ 47 VerlG). Ähnlich wie bei audiovisuellen Medien muss man sich auch im Büchermarkt fragen, ob der regulatorische Rahmen die Rechtspraxis und Medienkonvergenz hinreichend abbildet. Im Jahre 2005 haben der Verband deutscher Schriftsteller und der Börsenverein des Deutschen Buchhandels eine gemeinsame Vergütungsregelung für Autoren belletristischer Werke ausgehandelt (abrufbar über die Website des BMJ). Praktisch bedeutsam ist zudem der kollektiv ausgehandelte **Normvertrag für den Abschluss von Verlagsverträgen**, an den sich die meisten Verlagsverträge anlehnen. Der Normvertrag, der gegenwärtig neu verhandelt wird, ist abrufbar über die Website des Börsenvereins des Deutschen Buchhandels. Zu den Gemeinsamen Vergütungsregeln für Autoren belletristischer Werke vgl 54. Abschnitt Rn 62.

55 Vom eigentlichen Verlagsvertrag zu unterscheiden sind zahlreiche Vertragsderivate für besondere Produkte, etwa **Sammelwerke** oder **Übersetzungen** (hierzu BGH GRUR 1968, 152, 153 – Angélique). Ein **Bestellvertrag** liegt vor, wenn der Verlag ohne eigene Auswertungspflicht ein Werk nach eigenen Vor-

gaben in Auftrag gibt, § 47 VerlG. Ist der Lizenznehmer nicht zur Auswertung verpflichtet, wird von einem **Abdruckvertrag** gesprochen (*Dreier/Schulze*, Vor § 31 Rn 198 mwN).

Vertragsmuster/Erläuterungen: Allgemein zu Regelungspunkten in **Medienvertriebsverträgen** 54. Abschnitt Rn 1 ff. Zahlreiche Muster hält der Börsenverein des Deutschen Buchhandels zum Abruf auf seiner Website bereit. Zum **Verlagsvertrag:** *Delp*, Der Verlagsvertrag, 2001, mit Vertragsmustern; *ders.*, Verlagsrecht; Normvertrag für den Abschluss von Verlagsverträgen, in: *Loewenheim-Nordemann-Schiffel/Jan Bernd Nordemann*, § 64; *Müller von der Heide* (Hrsg.), Recht im Verlag, 1995, S. 5 ff; Börsenverein, Recht im Verlag, S. 42 ff mit Vertragsmuster (auch abrufbar über die Website www.boersenverein.de); *Delp*, RdPubl., Nr. 781 a und 788 für wissenschaftliche Werke; *Schricker*, Verlagsrecht, Anh. 3; MünchVertragsHB-*Nordemann*, Bd. 3, XI 5; *Wegner/Wallenfels/Kaboth*, S. 67 ff und S. 320 ff. Abgewandelte Formen des Verlagsvertrages sind der **Herausgebervertrag für Sammelwerke**, Münch-VertragsHB-*Nordemann*, Bd. 3, IX 6 und der korrelierende Vertrag für Verfasser von Beiträgen an dem Sammelwerk (**Anthologievertrag**), MünchVertragsHB-*Nordemann*, Bd. 3, XI 7; vgl auch BGH GRUR 1954, 129 ff; OLG Nürnberg GRUR 2002, 607, 608; *Dreier/Schulze*, Vor § 31 Rn 199 mwN. Zu **Lizenzverträgen von Verlagen:** MünchVertragsHB-*Nordemann*, Bd. 3, XI 13–16. Zu **Übersetzer-Verträgen:** MünchVertragsHB-*Nordemann*, Bd. 3, XI 12; *Delp*, RdPubl., Nr. 790 a; *Schricker*, Verlagsrecht, Anh. 4; *Dreier/Schulze*, Vor § 31 Rn 197; *Wegner/Wallenfels/Kaboth*, S. 340 ff; *Loewenheim-Czychowski*, § 65; Normvertrag des Börsenvereins, abrufbar über die Website www.boersenverein.de. Zu **Lizenzverträgen zur Online-Nutzung von Texten:** Beck´sches Formularbuch E-Commerce-*Cichon*, S. 73 ff. Zum **E-Book-Verlagsvertrag:** *Schmaus*, Der E-Book-Verlagsvertrag, 2002. Zu **Book-on-Demand-Verträgen:** Haupt-Kruse, S. 235 ff; vgl auch *Kitz*, MMR 2001, 72. Zu Verträgen von **Wissenschaftsverlagen:** *Loewenheim-Czychowski*, § 65 sowie die Vertragsnormen für wissenschaftliche Verlagswerke (Fassung 2000), Vereinbarung zwischen dem Börsenverein des Deutschen Buchhandels und dem Deutschen Hochschulverband, abgedruckt bei *Schricker*, Verlagsrecht, Anh. 2, S. 776 ff. 56

Verwertungsgesellschaften: VG Wort – www.vgwort.de. 57

Branchenverbände: Börsenverein des Deutschen Buchhandels – www.boersenverein.de; Bundesverband der Deutschen Versandbuchhändler e.V. – www.versandbuchhaendler.de; Internationaler Buchhändler Verband IBF/IBV – www.ibf-booksellers.org; European Booksellers Federation – www.ebf-eu.org: MVB Marketing- und Verlagsservice des Buchhandels GmbH – www.buchhandel.de; Verband deutscher Schriftsteller – vs.verdi.de. 58

IV. Zeitungen und Zeitschriften

Journalisten und Redakteure, die Autoren für Presseerzeugnisse, schließen mit Zeitungsverlagen in der Regel keine Verlagsverträge nach VerlG ab, obwohl dies rechtlich möglich wäre (vgl §§ 41 ff VerlG), sondern räumen weitgehende Rechte im Rahmen ihres **Arbeitsvertrages** oder aufgrund von **Tarifverträgen** oder im Rahmen ihres Vertrags als Freier Mitarbeiter ein (vgl §§ 38, 43 UrhG, OLG München ZUM 2011, 576; ausführlich *Seiler*, K&R 2007, 561; *Löffler-Berger*, BT UrhG Rn 219; *von Fintel*, ZUM 2010, 483). Zum 1.2.2010 haben der Deutsche Journalisten-Verband (DJV) und die dju in ver.di gemeinsam mit dem Bundesverband Deutscher Zeitungsverleger (BDZV) Gemeinsame Vergütungsregeln für freie Journalisten an Tageszeitungen beschlossen (abrufbar über die Website des BMJ); kritisch *Schippan* ZUM 2010, 882. Ausführlich zu dem kollektivrechtlichen Vergütungsrahmen für angestellte und freie Journalisten *Loewenheim-Nordemann/Schiffel*, § 67.Zum Buy-out gegenüber Journalisten siehe 54. Abschnitt Rn 84. **Blogger**, also Autoren von Einträgen in Internet-Blogs und Online-Publikationen arbeiten oftmals unentgeltlich oder aber als Freie Mitarbeiter. Ob der Vergütungsrahmen für Journalisten in gleichem Umfang auf Blogger anzuwenden ist, ist nicht geklärt. Dagegen spricht, dass das kulturelle Umfeld im Internet von dem der Zeitungsmedien verschieden ist. 59

Der Vertrieb von fertigen **Presseerzeugnissen** ist daraufhin optimiert, diese möglichst schnell zum Konsumenten zu bringen. Anders als bei Büchern wird der Wert von Zeitungen maßgeblich von der **Aktualität** ihrer Inhalte bestimmt. 60

Der Pressevertrieb weist **verfassungsrechtlich gebotene Besonderheiten** auf, die sicherstellen sollen, dass Presseerzeugnisse auch dann, wenn sie keine hohen Verkaufszahlen erzielen, überall und prinzipiell in ihrer ganzen Vielfalt verfügbar sind. Auch darf der Pressevertrieb keine Marktzutrittsschranke für neue Presseerzeugnisse bilden. Nur durch die Verbreitung der Presse kann diese nämlich ihre für 61 den demokratischen Rechtsstaat schlechthin konstituierende Wirkung (BVerfGE 10, 118, 121) entfalten. Der Pressevertrieb fällt als pressefunktionswichtige Hilfstätigkeit grundsätzlich unter den Schutz des Art. 5 Abs. 1 S. 2 GG (*Mann/Smid-Mann,* A Rn 6 mwN).

62 Der Pressevertrieb gliedert sich grob in den **Einzelvertrieb** und in den **Abonnement**-Vertrieb. Weitere Vertriebswege sind der Bahnhofsbuchhandel (*Löffler-Burkhardt*, BT Vertriebsrecht, Rn 49 ff; (*Mann/Smid-Mann,* A Rn 56 mwN)), Lesezirkel (zur Zulässigkeit von Lesezirkelvereinbarungen OLG Hamburg GRUR-RR 2009, 32) und der Vertrieb für Verlage durch sog. Nationalvertriebe (*Mann/Smid-Mann,* A Rn 12 mwN). Eine weitere Sonderform ist der in § 49 UrhG geregelte (elektronische) Pressespiegel. Zur Online-Mehrfachverwendung („**Content Syndication**") s. Rn 104 ff. Zur Zukunft der Presse im digitalen Zeitalter allgemein vgl das ZUM-Themenheft 1/2010.

63 **1. Einzelvertrieb (Presse-Grosso).** Die Belieferung der zahlreichen Verkaufsstellen im Einzelvertrieb von Presseerzeugnissen erfolgt überwiegend über die zusätzliche Großhandelsstufe des **Presse-Grosso** (hierzu *Löffler-Burkhardt,* BT Vertriebsrecht, Rn 6 ff). Die Eigenheiten des Presse-Grossos sollen Überallerhältlichkeit und die Vielfalt des Presseangebotes sicherstellen. Jeder soll Zugang zu den als Presse vertriebenen Informationen haben, jeder soll selbst Informationen in den Pressevertrieb geben können (*Mann/Smid-Mann,* A Rn 14). Ziel der Definition der vertrieblichen Rahmenbedingungen ist eine Situation, die im Internet selbstverständlich ist. Verlage verkaufen ihre Presseerzeugnisse in sog. Grosso-Verträgen an die ca. 70 Pressegrossisten, die diese mithilfe der von ihnen betriebenen Logistik und erhöht um eine Großhandelsspanne im eigenen Namen und auf eigene Rechnung an die Einzelhändler weiterverkaufen. Die Rechtsnatur dieser (nach § 30 Abs. 2 S. 1 GWB schriftformbedürftigen) Verträge ist umstritten, richtigerweise handelt es sich wegen der Besonderheit des Remissionsrechts (s.u.) um handelsrechtliche Kommissionsagentenverträge (*Mann/Smid-Mann,* A Rn 38 ff). Ausgehend vom grundsätzlichen **Dispositionsrecht** des Verlages, also der Freiheit des Verlegers, über seine Presseerzeugnisse frei zu entscheiden (BGH AfP 1987, 498, 501), werden folgende Besonderheiten auf schuldrechtlichem Wege vom Verlag an die Einzelhändler durchgereicht: Für Verlagserzeugnisse besteht eine **Preisbindung** (vgl 16. Abschnitt). Der Verlag legt die Preise für alle Handelsstufen fest (§ 30 GWB). Dies soll die wirtschaftliche Existenz von kleinen Verlagen und Verkaufsstellen garantieren. Überdies bildet eine Preisbindung einen Anreiz, ein möglichst breites Sortiment zu führen (BGHZ 46, 74, 82 – Schallplatten; BGH GRUR 1977, 506, 507 – Briefmarkenalben; BGH NJW 1979, 1411 – Sammelrevers; BGH GRUR 1985, 933, 935 – Schulbuch-Preisbindung). In der Verwendungsbindung legen die Verlage Umstände des Vertriebs wie Gebietsgrenzen, Verkaufsstellen und Erstverkaufstag fest. Die Verlage gewähren den Grossisten **Gebietsschutz**, also ein regionales Monopol. Aufgrund dieses Monopols unterliegen Grossisten gegenüber Verlagen und Einzelhändlern, nicht jedoch umgekehrt, einem Kontrahierungszwang, §§ 20 Abs. 1, 33 GWB, § 249 BGB (*Löffler-Burkhardt,* BT Vertriebsrecht, Rn 23 ff; *Wenzel,* AfP 1979, 380, 386). Grossisten müssen daher jedes Presseerzeugnis auf dem Markt in ihr Vertriebsprogramm aufnehmen und jede Verkaufsstelle beliefern, auch wenn sich dieses im Einzelfall nicht lohnt. Im Ergebnis quersubventionieren die verkaufsstarken Presseerzeugnisse und Verkaufsstellen die Vielfalt der Presselandschaft. Weiter gewährt der Verlag allen Handelsstufen ein **Remissionsrecht**, dh das Recht, nicht verkaufte Titel gegen volle Preisgutschrift zurückzunehmen. Daher tragen letztlich die Verlage das Absatzrisiko und entlasten den Einzelhandel von dem Problem der Entsorgung unverkäuflicher Produkte. Flankierend werden über eine **Verwendungsbindung** Bestimmungen zur Verkaufsorganisation weitergegeben, etwa die Festlegung eines verbindlichen Erstverkaufstags oder von Angebotszeiträumen (hierzu *Löffler-Burkhardt,* BT Vertriebsrecht, Rn 31). Die Vergütung der Grossisten ist Gegenstand kollektiv ausgehandelter Handelsspannenvereinbarungen. Zur Kündigung von Verträgen mit Grossisten vgl 54. Abschnitt Rn 131.

64 Pressegrossisten haben sich zur **Neutralität** auf Grosso-Ebene, dh zur Gleichbehandlung aller Verlage und zum Verbot von Diskriminierungen selbstverpflichtet (als Reaktion auf das Diskriminierungsverbot nach § 20 Abs. 1 GWB). Exklusivvereinbarungen zugunsten einzelner Produkte oder Verlage sind ausgeschlossen. Das ist insbesondere von Bedeutung bei Verlagsbeteiligungen an Grosso-Unternehmen, die den Anreiz zur Benachteiligung von Wettbewerbern in sich tragen, aber es nicht rechtfertigen, den Vertrieb eines Presseerzeugnis eines Konkurrenten abzulehnen (BGH AfP 1979, 241, 243). Das Grosso ist auch zum Vertrieb von Offertenblättern ohne redaktionelle Inhalte verpflichtet, da inhaltliche Kriterien eine Ungleichbehandlung nicht rechtfertigen (LG Köln AfP 1984, 171, 173). Zur Neutralität im Grosso im Vergleich zur Netzneutralität im Internet *Kloepfer*, AfP 2010, 120.

Die Verträge zwischen Grossist und Einzelhandel bestimmen sich nach den **Allgemeinen Lieferungs- und Zahlungsbedingungen der Grossisten** („LZB", abrufbar auf Websites der jeweiligen Grossisten), die den Einzelhändlern auferlegt werden. 65

Das Rechtsverhältnis zwischen Einzelhändler und Konsument ist in der Regel ein Kauf (§§ 433, 474 BGB) der Zeitung oder Zeitschrift. Anders als zT in elektronischen Medien erwirbt der Käufer kein urheberrechtliches Nutzungsrecht. Neuerdings erscheinen vollständig anzeigenfinanzierte Tageszeitungen, die den Konsumenten geschenkt werden. Ein solcher **Gratisvertrieb** ist kein Wettbewerbsverstoß, auch wenn er zu Absatzeinbußen der bestehenden Kauf- und Abonnementzeitungen führt (BGH NJW 2004, 2083–20 Minuten Köln; hierzu *Lahusen*, GRUR 2005, 221; BGH WRP 2004, 746; *von Danwitz*, Der Gratisvertrieb anzeigenfinanzierter Tageszeitungen im Wettbewerb der Presseorgane, 2002; *von Wallenberg*, MMR 2001, 512). Zum selektiven Vertrieb von Presseerzeugnissen EuGH ZUM 1987, 232 ff. 66

2. **Abonnementvertrieb.** Im Gegensatz zum Einzelvertrieb über Presse-Grossisten ist der **Abonnementvertrieb** eine direkte Vertriebsform der Verlage. Der Abonnement-Vertrag zwischen Lesern und Verlagen ist ein kaufrechtliches Dauerschuldverhältnis in Form eines Gattungskaufes (BGH AfP 1978, 145; OLG Karlsruhe NJW 1991, 2913), bei welchem der Leser die vom Verlag in Eigenverantwortung fertiggestellten Presseerzeugnisse innerhalb eines bestimmten Zeitraumes abkauft (ausführlich zu Abschluss und Inhalt von Abonnementverträgen *Löffler-Burkhardt*, Vertriebsrecht BT, Rn 57 ff; *Mann/Smid-Mann*, A Rn 67 ff). Die Presseerzeugnisse werden über Postzusteller an den Konsumenten geliefert (hierzu *Brummund*, S. 555 ff). 67

3. **Online-Vertrieb.** Im Zeitungs- und Zeitschriftenwesen entscheidet die Aktualität. Da es keinen schnelleren, direkteren und kostengünstigeren Vertriebsweg als die **Veröffentlichung im Internet** gibt, besteht bei Verlagen zunehmend die Tendenz, News und aktuelle Themen aus den Print-Produkten in die eigenen teils kostenlosen, teils kostenpflichtigen Webauftritte zu verlagern und mit Print-Produkten diejenigen Zielgruppen anzusprechen, die bereit sind, für Artikel von einer gewissen Länge und einem gewissen Gehalt zu bezahlen. Gleichzeitig verwandeln sich Zeitungsverlage in cross-mediale Markenwelten mit einer Vielzahl von Absatzkanälen. **Elektronische Verlagserzeugnisse**, etwa Online-Ausgaben, können preisgebunden werden, wenn das neue Produkt nach einer abstrakten Prognose geeignet ist, das herkömmliche Print-Produkt der Eigenart nach zu substituieren und zumindest einen Teil der bislang hierauf gerichteten Nachfrage zu befriedigen (*Löffler-Burkhardt*, BT Vertriebsrecht, Rn 119 mwN; *Fezer*, WRP 1994, 669). Es liegt auf der Hand, dass mit zunehmender Konvergenz das Preisbindungsrecht bei digitalen Produkten in Wertungswidersprüche gerät. Ein Sonderfall des Online-Vertriebs sind **elektronische Pressespiegel** (§ 49 UrhG, BGH GRUR 2002, 963; BGH K&R 2005, 375; *Dreier/Schulze*, § 49 Rn 20; *Wandtke/Bullinger-Lüft*, § 49 Rn 13 ff; zur Archivierung *Spindler*, AfP 2006, 408). Zur Zulässigkeit des Vertriebs von Zeitschriftenabonnements im Internet OLG München, ZUM 2001, 436. Der Nutzung von Abstracts in Suchmaschinen sowie der zunehmenden unerlaubten Vervielfältigungen im Internet suchen Verlage durch den Vorschlag der Einführung eines (umstrittenen) **Verlegerleistungsschutzrechtes** zu begegnen, hierzu *Hegemann/Heine*, AfP 2009, 201; Wieduwilt, K&R 2010, 555; gegen eine Einführung: www.leistungsschutzrecht.info. 68

Verwertungsgesellschaften: VG Wort – www.vgwort.de; VG Bild Kunst – www.bildkunst.de; PMG Presse-Monitor GmbH – www.pressemonitor.de. 69

Branchenverbände: Bundesverband Deutscher Buch-, Zeitungs- und Zeitschriften-Grossisten e.V. – www. pressegrosso.de; Bundesverband Deutscher Zeitungsverleger e.V. – www.bdzv.de; Verband Deutscher Zeitschriftenverleger e.V. – www.vdz.de; Deutscher Journalisten-Verband e.V. – www.djv.de; Deutscher Presserat – www.presserat.de. 70

V. Musik

Musik wird auf vielfältige Art und Weise genutzt und bei jeder Nutzung sind urheberrechtliche Aspekte zu berücksichtigen. Ist die Musik urheberrechtlich geschützt, dann sind Rechte der betroffenen Urheber und Leistungsschutzberechtigten einzuholen (vgl Abschnitt 62). Die Höhe der zu zahlenden Vergütungen sind je nach betroffenem Nutzungsrecht entweder in den Tarifen der Verwertungsgesellschaften vorgegeben oder frei verhandelbar (zB Bearbeitungsrechte). Bei der Verhandlung der Höhe individuell zu vereinbarender Vergütungen sind Branchenüblichkeiten, aber auch Bekanntheit und Erfolg des konkreten Musikwerks zu berücksichtigen. Neue physische und non-physische Nutzungsarten, die 71 grenzüberschreitend und nahezu unbegrenzte und teils nur schwer kontrollierbare Nutzungen von Musik ermöglichen, wie bspw bei sog. **user generated contents** (zB Youtube, clipfish etc.), stellen alle Beteiligten vor neue Herausforderungen. Auch neue Bezahlsysteme müssen entwickelt werden. Das gilt auf internationaler Ebene gleichermaßen und allgemein gültige Modelle gibt es noch nicht. Die zugrundeliegenden Verträge und Lizenzstrukturen müssen den Entwicklungen neuer Nutzungsarten fortlaufend angepasst werden. Verwertungsgesellschaften sind in speziellen Konstellationen aufgefordert, Verhandlungen mit Mitgliedern, Verbänden und Nutzervereinigungen zu führen, um die vertraglichen Grundlagen und Lizenzmodelle weiterzuentwickeln.

72 Medienvertriebsverträge im Bereich Musik lassen sich grob gliedern in die Verträge, die mit den Verwertungsgesellschaften zur Lizenzierung der kollektiv wahrgenommene Rechte geschlossen werden, und in die Verträge, die mit Musikverlagen/Urhebern und Tonträgerfirmen/Leistungsschutzberechtigten direkt abgeschlossen werden müssen (vgl 62. Abschnitt Rn 44-53).

73 **1. Rechteauswertung durch Musikverlage.** Dem Rechtsverhältnis der Urheber von Musikwerken und Musikverlagen liegen in der Regel **Musikverlagsverträge** zugrunde, die nach den Regelungen des UrhG und des VerlG zu beurteilen sind (vgl Abschnitt 62 Rn 24 f; *Raue/Hegemann-Hilpert-Kruck,* § 10 Rn 36 ff). Die Aufgabe der Musikverlage besteht vornehmlich in der Unterstützung der Komponisten und Texter, der Bewerbung und Absatzförderung des Verlagsrepertoires. Auf internationaler Ebene werden diese Aufgaben in Zusammenarbeit mit ausländischen Verlagen, sog. Subverlagen, auf Basis von **Subverlagsverträgen** wahrgenommen (hierzu: *Raue/Hegemann–Hilpert-Kruck,* § 10 Rn 17 ff, 84 ff; Moser-Scheuermann-Heine/*Hauptfleisch*, S. 310 ff). Individuell werden von Musikverlagen vor allem Rechte zur Bearbeitung (zB zur Anfertigung von Klingeltönen und Bearbeitungen), zur Filmherstellung (zB für Filmmusik) und zur Nutzung zu Werbezwecken (zB für Musik in Werbespots) gehandelt (*Dreier/Schulze,* Vor §§ 31 Rn 136 ff mwN).

74 **Vertragsmuster/Erläuterungen:** Allgemein zu Regelungspunkten in **Medienvertriebsverträgen** 54. Abschnitt Rn 1 ff. Zum **Musikverlagsvertrag:** *Raue/Hegemann/Hilpert-Kruck*, § 10; Vertragsmuster des Deutschen Komponistenverbandes und des Deutschen Musikverlegerverbandes, abgedr. in: *Delp*, Rd-Publ. Nr. 601; MünchVertragsHB-*Nordemann*, Bd. 3, XI 16 und 20; *Nordemann*, ZUM 1988, 389 ff mit Vertragsmuster; *v. Hase*, Der Musikverlagsvertrag, 1961; *Moser/Scheuermann-Lichte*, S. 1067 mit Vertragsmuster; *Gorscak*, Der Verlagsvertrag über U-Musik, 2003; *Schricker*, Verlagsrecht, § 14 Rn 82 f; *Reindl*, Die Nebenrechte im Musikverlagsvertrag, 1993; MünchVertragsHB-*Nordemann*, Bd. 3, XI 22; *Dreier/Schulze*, Vor §§ 31 ff Rn 228; Raue/Hegemann-*Hilpert-Kruck,* § 10 Rn 36 ff. Zur **Lizenzierung von Filmmusik:** MünchVertragsHB-*Hertin*, Bd. 3, XI 31; *Moser/Scheuermann-Schulz*, S. 1380 ff mit Vertragsmuster. Zur **Lizenzierung von Musik für Werbezwecke:** *Moser/Scheuermann-Schulz*, S. 1342 ff mit Vertragsmuster. Zur Lizenzierung von Musikrechten für die **Online-Nutzung** *Hoeren*, S. 543.

75 **Verwertungsgesellschaften:** GEMA Gesellschaft für musikalische Aufführungs- und mechanische Vervielfältigungsrechte – www.gema.de; GVL Gesellschaft zur Verwertung von Leistungsschutzrechten – www.gvl.de; VG Musikedition – www.vg-musikedition.de; CELAS – www.celas.eu; BIEM – www.biem.org; vgl Abschnitt 62 Rn 18 ff, 39 ff.

76 **Branchenverbände**: Deutscher Musikverlegerverband e.V. – www.dmv-online.com; International Confederation of Music Publishers (ICMP/CIEM) – www.icmp-ciem.org; Deutscher Komponistenverband e.V. – www.komponistenverband.de; GDM Gesamtverband Deutscher Musikfachgeschäfte e.V. – www.gdm-online.com; Verband unabhängiger Tonträgerunternehmen, Musikverlage und Musikproduzenten e.V. (VUT) – www.vut-online.de.

77 **2. Musikkonzerte.** Musikkonzerte werden von spezialisierten Konzertveranstaltern organisiert und durchgeführt (hierzu Moser/Scheuermann-*Gottschalk*, S. 451 ff), die mit den Künstlergruppen, Musikern und Sängern einen **Konzertvertrag** über ein Konzert oder einen **Tourneevertrag** über eine Konzertreihe abschließen. Konzert- und Tourneeverträge sind schuldrechtliche Verträge, deren Rechtsnatur umstritten ist. Werk- und dienstvertragsrechtsrechtliche Komponenten prägen diese Verträge (vgl *Loewenheim/Rossbach,* § 69 Rn 88 ff). Beabsichtigen die Veranstalter Ton- oder Bildton-Aufzeichnungen der Darbietungen zu machen und auszuwerten, muss dies in den Verträgen geregelt werden. Die Rechte der öffentlichen Wiedergabe und Aufführung der dargebotenen, urheberrechtlich geschützten Musikwerke sind bei der GEMA oder im Ausland bei den dort ansässigen Verwertungsgesellschaften für Aufführungsrechte zu lizenzieren (vgl Abschnitt 62 Rn 18 ff). Werden zudem bereits vorbestehende Tonaufnahmen zur öffentlichen Wiedergabe anlässlich des Konzertes genutzt, sind die be-

troffenen Rechte der ausübenden Künstler und Tonträgerhersteller bei der GVL oder im Ausland bei der ausländischen Verwertungsgesellschaft zu lizenzieren (vgl Abschnitt 62 Rn 39 ff).

Vertragsmuster/Erläuterungen: MünchVertragsHB-*Hertin*, Bd. 3, XI 26; Moser/Scheuermann-*Michow*, S. 1257 ff mit Vertragsmuster; *Loewenheim/Rossbach*, § 69 Rn 86 ff. 78

Verwertungsgesellschaften: siehe Rn 75; Abschnitt 62 Rn 18 ff, 39 ff. 79

3. Verkauf physischer Tonträger. Der Verkauf von Musik auf physischen Tonträgern verschiedener Konfigurationen (zB LP, CD) ist das klassische Geschäft der **Tonträgerfirmen**. Die Tonträgerfirmen (Major- und Independent-Firmen) oder kleinere Künstlerlabel lassen von sog. Presswerken Tonträger von selbst hergestellten oder anlizenzierten Tonaufnahmen herstellen. Covergestaltung und Artwork der Tonträger entwickeln die Tonträgerfirmen meist selbst. Der sog. **C-Vermerk** auf Tonträgern nennt den Inhaber der Rechte am Artwork des Tonträgers. Auf Grundlage oft exklusiv abgeschlossener Vertriebsverträge zwischen Tonträgerfirma und Vertriebspartner übernimmt der Vertrieb die Verbreitung der physischen Tonträger an die Verkaufspartner innerhalb des vereinbarten **Vertriebsgebietes**. In den Vertriebsverträgen sind darüber hinaus Pflichten des Vertriebes, wie zB Information des Handels über den Tonträger und Verbreitung von Werbemitteln, die die Tonträgerfirma bereit hält, Bearbeitung von Reklamationen, Auslieferung, Versand und Inkasso etc. geregelt (vgl *Raue/Hegemann-Kuhn/Kunisch*, Urheber- und Medienrecht, § 9 Rn 154 ff). 80

Für die Lizenzierung der mechanischen Vervielfältigungsrechte der Urheber und Musikverlage hat die GEMA den sog. **Normalvertrag für die phonografische Industrie** abgeschlossen. Der Normalvertrag für die phonografische Industrie gilt für fortlaufende Tonträgerproduktionen der Mitglieder des **Bundesverbandes Musikindustrie e.V. (BVMI)**, des Dachverbands der Tonträgerindustrie und des **Verbandes unabhängiger Tonträgerhersteller (VUT)**. In dem Normalvertrag sind Vorzugsvergütungssätze und besondere Regelungen zur Festlegung der Abrechnungsbasis für physische Tonträger geregelt. Ähnliche Gesamtverträge werden auch für kleinere Labels mit niedrigen Veröffentlichungszahlen bereitgehalten (vgl https://www.gema.de/musiknutzer/lizenzieren/meine-lizenz/hersteller-von-datentraegern-aller-art/lizenzvertraege.html). Erläuterungen: Moser/Scheuermann-*Valbert*, S. 1005 ff mit Abdruck des Normalvertrags; zur Auslegung des Normalvertrages BGH GRUR 1987, 632 – Symphonie d' Amour; *Raue/Hegemann-Heine*, Staats Urheber- und Medienrecht § 6 Rn 77 ff. 81

Die Vertriebsstruktur von Tonträgern ist dem Absatz von Büchern und Games ähnlich. Aufgrund der großen Anzahl verfügbarer Tonträger ist **ein indirekter Absatz** über den **Großhandel** notwendig. Dieser unterteilt sich in den **Sortimentsgroßhandel**, der vor allem Warenhäuser beliefert und den Import/Export bewerkstelligt, und den **Systemgroßhandel**, welcher neben der Warenauslieferung noch weitere spezifische Dienstleistungen (auch für den Einzelhandel) erbringt, etwa Sortimentsbildung, Preisauszeichnung, Warensicherung, Logistik und Retourenabwicklung. Sog. **Rackjobber** mieten und bestücken auf eigene Rechnung Regalflächen im Einzelhandel gegen eine Mindestumsatzgarantie und unterhalten hierzu einen eigenen Außendienst. Systemdienstleister organisieren den Vertrieb ohne eigenen Außendienst auf Basis der Verkaufsdaten des Einzelhandels (ausführlich zum Tonträgervertrieb Moser/Scheuermann-*Wessendorf*, S. 329 ff). Der **Einzelhandel** ist heterogen, von Vollsortimentern wie Fachgeschäften und Megastores bis zu zahlreichen Teilsortimentern wie Kaufhäusern, Elektronikmärkten, Versandhandel etc. 82

Vertragsmuster/Erläuterungen: Zum **Künstlerexklusivvertrag** und **Bandübernahmevertrag** (Tonträgerlizenzvertrag): MünchVertragsHB-*Hertin*, Bd. 3, XI 25 A, B; Moser/Scheuermann-*Gilbert/Westerhoff*, S. 1091 ff, 1158 ff, 1334 ff mit Vertragsmustern. Zum **Tonträger-Vertriebsvertrag:** Moser/Scheuermann-*Kornmeier*, S. 1224 ff mit Vertragsmuster; *Block*, Die Lizenzierung von Urheberrechten für die Herstellung und den Vertrieb von Tonträgern im Europäischen Binnenmarkt, 1997. Zum **Labelvertrag:** Moser/Scheuermann-*Zimmermann/Gutsche*, S. 1237 mit Vertragsmuster. Allgemein zu Regelungspunkten in **Medienvertriebsverträgen** 54. Abschnitt Rn 1 ff. 83

Verwertungsgesellschaften: siehe Rn 75 und Abschnitt 62 Rn 18 ff, 39 ff. 84

Branchenverbände: International Federation of the Phonographic Industry (IFPI) – www.ifpi.com; Bundesverband Musikindustrie e.V. (BVMI) – www. musikindustrie.de; Verband unabhängiger Tonträgerunternehmen, Musikverlage und Musikproduzenten e.V. (VUT) – www.vut-online.de; Handelsverband Musik und Medien e.V. – www.hamm-ev.de. 85

86 **4. Hörfunk und Webradio.** Im Bereich **Hörfunk und Webradio** wird Musik unmittelbar über einen technischen Übertragungsweg (terrestrischer Funk, Kabelnetz, Satellit und Internet) an die Hörer ausgeliefert. Aufgrund der technischen Gegebenheiten und Frequenzgegebenheiten bzw der landesrechtlichen Kompetenz zur Frequenzvergabe sind die Vertriebsgebiete des Hörfunks oft lokal begrenzt (zum Hörfunkmarkt siehe *Böckelmann*, Arbeitsgruppe Kommunikationsforschung München (AKM); VPRT (Hrsg.), Hörfunk in Deutschland, 2006). Der Empfang von Webradios ist (unabhängig von Lizenzfragen) in der Regel nicht regional begrenzt.

87 Als Rundfunk unterliegt der klassische Hörfunk ähnlich dem Fernsehen strenger **Medienregulierung** in der dualen Rundfunkordnung zwischen öffentlich-rechtlichem und privatem Hörfunk (zur Struktur der Radio-Märkte *Wirtz*,6. Kap Abschnitt 2.1). Die knappen Sendefrequenzen, die durch die Landesrundfunkanstalten vergeben werden, sowie die medienrechtlichen Auflagen an die Programmgestaltung, insbesondere zur Sicherung der Meinungsvielfalt, formen den Rahmen für den Absatz von Musikinhalten über Hörfunk. Daneben beinhalten die **Senderechtsverträge** zwischen Verwertungsgesellschaften und Labels zahlreiche Vorgaben zur Musiknutzung, etwa die Auflage, Musikwerke nicht vollständig zu spielen, damit sie nicht vollständig mitgeschnitten werden können und so den Tonträgerabsatz beeinträchtigen.

88 Die Entwicklungsperspektiven des Hörfunks liegen zum einen in der Einführung **digitaler Sendetechniken**, die Qualität und Mobilität beim Empfang verbessern, zum anderen in der Übertragung der Hörfunkprogramme über das Internet und Mobilfunknetze. Die gleichzeitige Sendung von Radio-Programmen über das Internet bezeichnet man als **Simulcast** (hierzu *Bortloff*, GRUR Int 2003, 669 ff). Die Sendung von Musik über das Internet bezeichnet man als **Webcast**, die in **Webradios** als **Stream** gesendet werden (hierzu *Schwenzer*, GRUR Int 2001, 722 ff; *Handig*, GRUR Int 2007, 206). Gegenüber herkömmlichen Übertragungstechniken haben Webradios den Vorzug, bei einem potenziell unbegrenzten Angebot von verschiedenen Musikkanälen und weltweiter Verfügbarkeit vergleichsweise kostengünstig betrieben werden zu können. Allerdings ist die Anzahl der gleichzeitigen Hörer durch die Bandbreite der Netzverbindungen begrenzt. Seit 1.6.2009 bedürfen Hörfunkprogramme, die ausschließlich im Internet verbreitet werden (Webradios) keiner rundfunkrechtlichen Zulassung mehr. Wenn das lineare Programm eines Webradio 500 oder mehr Nutzern zum zeitgleichen Empfang angeboten wird, muss das Web-Radio-Angebot aber gem. § 20b RStV bei der örtlich zuständigen Landesmedienanstalt angemeldet werden (vgl http://www.ma-hsh.de/fernsehen-radio/radioveranstalter/angezeigte-webradios/webradioveranstalter.html). Zur Abgrenzung zwischen Webcast-Sendungen und der öffentlichen Zugänglichmachung von On-Demand-Streams siehe *Dreier/Schulze*, § 20 Rn 13 ff; *Schricker/v. Ungern-Sternberg,* Vor § 20 Rn 7. Für die Lizenzierung der Senderechte zum Betreiben eines Webradios stellen die GEMA und GVL eigene Tarife bereit (vgl www.gema.de; www.gvl.de).

89 **Vertragsmuster/Erläuterungen:** Allgemein zu Regelungspunkten in **Medienvertriebsverträgen** 54. Abschnitt Rn 1 ff. Zu **Senderechtsverträgen** für Musik und Hörspiele: MünchVertragsHB-*Hertin*, Bd. 3, XI 38, 39; *Schricker*, Vor § 20 Rn 7 und Vor §§ 28 ff Rn 93 ff. Vgl auch die jeweiligen Sendeverträge der Verwertungsgesellschaften. Zu **Webcast-Verträgen:** *Bortloff*, GRURInt 2003, 669; Beck´sches Formularbuch E-Commerce-*Cichon*, S. 113 ff; *Sasse/Waldhausen*, ZUM 2000, S. 837 ff; *Handig*, GRUR Int 2007, 206.

90 **Verwertungsgesellschaften:** siehe Rn 75 und Abschnitt 62 Rn 18 ff, 39 ff.

91 **Branchenverbände:** Verband Privater Rundfunk und Telemedien e.V. – www.vprt.de; Podcastverband e.V. – www.podcastverband.de.

92 **5. Non-physischer Vertrieb von Tonaufnahmen/Download.** Im nicht-physischen Vertrieb von Tonaufnahmen über Online-Portale und auf mobile Endgeräte (Mobil-Telefone, ipad´s etc.) ist die Musikindustrie Vorreiter. Typischerweise lizenzieren Tonträgerunternehmen/Labels in **Musik-Downlad-Vertriebsverträgen** ihr digitales Repertoire an Betreiber von Download-Portalen im Internet, welche aufbereitete und mit Kopierschutz versehene Dateien mit Musiktiteln einschließlich digitaler Lizenzrestriktionen („DRM") im eigenen Namen an Endkunden verkaufen (siehe auch 55. Abschnitt Rn 4). Da insbesondere aus dem Independent-Bereich etliche Künstler bei zahllosen kleinen Labels unter Vertrag sind, hat sich eine Zwischenhandelsstufe etabliert, die Shop-Betreibern eine große Anzahl von Titeln unterschiedlicher Herkunft liefern können (**„Content-Akkumulatoren"**).

Vertragsmuster/Erläuterungen: Allgemein zu Regelungspunkten in **Medienvertriebsverträgen** 54. Abschnitt Rn 1 ff. Zu **Musik-Download-Vertriebsverträgen:** *Hoenike/Hülsdunk*, MMR 2004, 59 ff; Beck ´sches Formularbuch E-Commerce-*Cichon*, S. 98 ff; *Sasse/Waldhausen*, ZUM 2000, S. 837 ff. Vgl auch die AGB der jeweiligen Shop-Betreiber. Zu **Verträgen über die Online-Nutzung von Musikvideos:** Beck ´sches Formularbuch E-Commerce-*Cichon*, S. 130 ff; vgl auch *Ventroni/Poll*, MMR 2002, 648 ff. Zu **Klingelton-Abonnements:** *Zagouras*, MMR 2006, 511. 93

Branchenverbände: Bundesverband Informationswirtschaft, Telekommunikation und neue Medien (BITKOM) – www.bitkom.de; Verband Privater Rundfunk und Telemedien e.V. – www.vprt.de; European Digital Media Association – www.europeandigitalmediaassociation.org; EICTA – www.europe4drm.com. 94

VI. Games

Die Computerspiel-Branche wächst. Ihre Umsätze übersteigen mittlerweile die der Filmindustrie in den Box-Offices (vgl BITKOM, Der Deutsche PC- und Konsolenspielemarkt, 2007). Die aktuellen Marktzahlen sind über die Website des BIU-Verbandes (Rn 104) zugänglich und bestätigen die Spiele-Branche als das am stärksten wachsende Mediensegment. Umso befremdlicher ist es, dass das Urheberrecht sich mit der Erfassung der Werkgattung der Games und Multimediaproduktionen so schwer tut. Computer-Spiele haben einen urheberrechtlichen **Hybrid-Charakter**. Zum einen sind sie **Software** und unterfallen damit §§ 69a ff UrhG. Zum anderen aber kann die audiovisuelle Darstellung in ihrem Bewegungsablauf als **Filmwerk** geschützt sein, § 2 Abs. 1 Nr. 6 UrhG. Darüber hinaus kommen weitere Schutzrechte an Figuren, Benutzeroberfläche oder Marken in Betracht (*Schricker/Loewenheim*, § 69a UrhG Rn 27). Diese Eigentümlichkeit wirft eine Reihe von kaum durch die Rechtsprechung bestätigten Fragen auf (vgl *Bullinger/Czychowski*, GRUR 2011, 19; *Kreutzer*, CR 2007, 1; *Katko/Maier*, MMR 2009, 306; *Poll/Brauneck*, GRUR 2001, 389): Die filmische Seite von Spielen führt zu einer Anwendbarkeit der besonderen Bestimmungen über Filme in §§ 88 ff UrhG. Dies erscheint sachgerecht, da deren Zweck, eine Verwertung bei Produktionen mit einer Vielzahl von Beteiligten zu vereinfachen, auch bei Spielen greift. Die Software-Seite hingegen wirft die Frage auf, ob bei **Sicherungskopien** und der Umgehung von Kopierschutzsystemen § 69f oder § 95a UrhG anzuwenden sind (hierzu *Kreutzer*, CR 2007, 1). 95

Die Branche ist geprägt durch eine Aufteilung in einen Markt für Gelegenheitsspieler („**casual gamer**"), die einfache, kurze Spiele im unteren Preissegment „für zwischendurch" konsumieren, und in einen Markt für Konsumenten von auf 30 bis 80 Stunden Spieldauer ausgelegten Computerspiel-Produktionen („**core gamer**"). Im Detail sind die Zielgruppen des Games-Vertriebs nach Alter der Verbraucher und nach Genre weiter ausdifferenziert (vgl zum Spielemarkt auch *Poll/Brauneck*, GRUR 2001, 389 ff). Zunehmend wichtiger wird die Unterteilung in Spiele für Einzelspieler und Spiele, die über Netzwerkverbindungen gemeinsam mit mehreren Spielern gespielt werden („**multiplayer games**"), oder gar umfassende virtuelle Welten, in denen tausende von Spielern über virtuelle Avatare interagieren, sog. **MMORPGs** (Massive Multi-Player Online Role Playing Games; zur Systematisierung von Online-Spielen *Schmidt/Dreyer/Lampert*, Spielen im Netz, 2008; zu den Rechtsverhältnissen in virtuellen Welten *Rippert/Weimer*, ZUM 2007, 272 ff). In diesem Rahmen basieren **Geschäftsmodelle** auf Verkaufserlösen der Software und etwaiger Erweiterungen, auf Nutzungsgebühren im Abonnement oder zunehmend auf einer Strategie, Spielern eines grundsätzliches kostenlosen Spiels virtuelle Güter anzubieten, mit denen das Spielerlebnis wesentlich verbessert wird. Flankierend können Erlöse aus Werbung im Spiel („In-Game-Advertising") oder Merchandising generiert werden. 96

Eine weitere Einteilung ergibt sich aus der Hardware, auf der die Computerspiele lauffähig sind. Üblicherweise wird zwischen PC-Spielen und sog. Konsolenspielen unterschieden. Letztere erfordern spezifische Spielehardware („**Konsolen**"), die nicht selten durch die Verkaufspreise für Konsolenspielesoftware quersubventioniert wird. Die wechselseitige Abhängigkeit zwischen Spielehardware und Spielesoftware ist prägend für die Computerspiel-Branche. Ein Nutzen für den Endkunden ergibt sich nur im gemeinsamen Erwerb von Hard- und Software, deren Hersteller in der Regel nicht identisch sind. Eine solche Konstellation kann eine Tendenz zu oligopolistischen Strukturen und zunehmend hohen Markteintrittsbarrieren entwickeln (*Wirtz*, Kap. 8 Abschnitt 2.2). Gewissermaßen eine „Gegenbewegung" sind **Browsergames**, also Spiele, die hardware- und plattformunabhängig im jeweiligen Web-Browser des Nutzers ablaufen; ähnlich wie MMORPGs sind solche Spiele, soweit sie serverbasiert 97 laufen, in vertraglicher Hinsicht eine Sonderform des im Kern mietvertraglichen **Application Service Providings.**

98 Der Vertrieb erfolgt sowohl direkt (Online, Direktversand) als auch indirekt über Zwischen-, Groß- und Einzelhandel durch den sog. **Publisher**, gewissermaßen den Verlagen für Games, oder zwischengeschaltete Distributoren (zur Funktion der Publisher vgl *Wirtz*, Kap. 8 Abschnitt 4). Der Publisher erwirbt Rechte an den Games (Software, Marken, Titel etc.) von den **Entwicklungsstudios** in Lizenzverträgen, die sich strukturell kaum von Filmverleihverträgen oder Tonträgerlizenzen unterscheiden (siehe hierzu Rn 10 ff, 80 ff). Eine stark wachsende Tendenz zeigt sich jedoch in dem Online-Vertrieb über einige dominante **Online-Plattformen** (hierzu *Kempf*, S. 138 ff). Viele Spiele funktionieren nur dann, wenn sie mit einem **Nutzeraccount** auf einer solchen Plattform online verkoppelt werden. Der Nutzer muss sich also zuerst registrieren und dann eine Online-Verbindung aufbauen, bevor das Spiel startet. Dieses Verfahren hat für den Publisher zahlreiche Vorteile: Der Vertrieb ist kostengünstiger, uU ist sogar Direktvertrieb möglich. Der Nutzeraccount lässt sich zur Kundenansprache und -bindung nutzen. Unberechtigte Vervielfältigungen können gewissermaßen unbrauchbar gemacht werden, da sich der Erwerber einer Raubkopie nicht mit einem Account anmelden und damit identifizierbar machen wird. Hat der Nutzer in dem Account Zahlungsverbindungen angegeben, können aus dem Spiel heraus weitere Spielinhalte als Erweiterungen verkauft werden (**„Downloadable Content – DLC“**). Und auch an dem Handel mit Gebrauchtspielen, die jedenfalls bei physischen Datenträgern wegen Erschöpfung nach § 17 Abs. 2 UrhG nicht untersagt werden kann, kann der Publisher partizipieren: Einige Spiele distribuieren spielwesentlichen DLC kostenlos an Ersterwerber und kostenpflichtig an Zweiterwerber. Die Frage, ob der **Erschöpfungsgrundsatz** nach § 17 Abs. 2 UrhG es nicht verbiete, ein Werk mit einem Nutzeraccount zu verkoppeln und im Rahmen des Vertrages zu diesem Account eine Weitergabe des Accounts zu untersagen, so dass faktisch ein Gebrauchthandel mit dem Trägermedium nicht mehr möglich ist, hat der BGH verneint (BGH GRUR 2010, 822 – Half Life 2 = MMR Aktuell m. LMK 2010, 309245 mit Anm. *Marly*). Es darf die Prognose gewagt werden, dass diese Entscheidung in Zukunft maßgeblich den Vertrieb von digitalen Werken prägen wird.

Der Vertrieb von Spielen für Gelegenheitsspieler erfolgt neben dem Verkauf von Spielesammlungen auf CD-ROM im Einzelhandel oder als Beigabe auf Zeitschriften vornehmlich im Online-Vertrieb, insbesondere auf Spieleportalen, oder im Vertrieb auf mobile Endgeräte (**„Handy-Spiele“**, **„Apps“**), hierzu *Wirtz*, Kap. 8 Abschnitt 4.4.3.

99 Spiele für core gamer werden wegen der besseren Margen fast überwiegend auf **Datenträgern** wie CD-ROM oder DVD in Einzelhandelsketten, Elektronikmärkten oder im Spielefachhandel verkauft. Die Vertriebsstrukturen gleichen denen des physischen Musikvertriebes, einschließlich Systemgroßhandel und Rackjobbing (Rn 80 ff), so dass zunehmend aus beiden Branchen auf dieselben Vertriebsdienstleistungsunternehmen zugegriffen wird. Auch die Marketinginstrumente sind ähnlich, etwa Launch-Events und Verkaufscharts. Für Videotheken wird die **Vermietung** von Computerspielen zunehmend zu einem zweiten Standbein; die Rechtsverhältnisse sind hier nicht anders als bei der Vermietung von Filmen (Rn 17 ff, 55. Abschnitt Rn 1 ff). Der Online-Vertrieb für core games ist überraschend schwach, wenn man bedenkt, dass die Zielgruppe der Games besser als jede andere in der Lage ist, Downloads zu bewerkstelligen, wächst aber stetig. Vertriebsplattformen im Internet haben für den Publisher den Vorteil, dass sie mit Kopierschutzmechanismen und Kundenbindungsmaßnahmen verbunden werden können. Eine Ausnahme bilden spezielle Online-Multiplayer-Games, die von Endkunden in der Regel gegen monatliche Nutzungsgebühr abonniert werden müssen.

100 Eine Sonderform ist das sog. **Bundling**, nämlich der Vertrieb von Spielesoftware im Paket mit Hardware. Ist etwa einer Grafikkarte für PCs ein Computerspiel beigelegt (welches nicht selten für das Modell der Grafikkarte optimiert ist), beruht dies auf einem Bundling-Vertrag zwischen Publisher und Hardwarehersteller, bei welchem der Publisher eine Provision in Abhängigkeit von den hergestellten Verkaufseinheiten oder den Abverkäufen zahlt. Eine weitere Sonderform ist der Vertrieb von Spielständen zu Originalspielen, der urheberrechtlich lizenzfrei möglich ist, da die Spielstände nicht Teil des eigentlichen Spieleprogramms sind (OLG Düsseldorf – 20 U 40/99 – Siedler III).

101 Games werden zunehmend Bestandteil cross-medialer Vermarktung. Im Zusammenwirken mit der **Filmbranche** werden Spiele mehr und mehr gezielt zu Filmen entwickelt und vertrieben. Solche Spiele erlauben das Nachspielen der Filmhandlung mit denselben Filmfiguren. Um Skaleneffekte aus der Bewerbung zu erzielen, erfolgt der Release idealerweise zeitgleich zum Filmstart. Ob ein solches Vorhaben durchführbar ist, hängt entscheidend von der Rechteklärung bei Filmproduktion ab, die dann auch

die Rechte für die Auswertung als Computerspiel abdecken muss. Einige Medienkonzerne stellen sich mit Säulen in der Film- und Spielbranche entsprechend auf. Große Publisher haben die finanziellen Mittel, von Filmproduzenten langfristige Exklusivlizenzen zur Nutzung von Marken und Filmfiguren zu erwerben und so auch im Games-Markt nachhaltige Titel und Serien zu etablieren (*Wirtz*,Kap. 8 Abschnitt 2). Starke Titel auf dem Games-Markt erlauben wiederum weitere cross-mediale Verwertung, etwa Merchandising, Zeitschriften für Gamer, Lösungsbücher oder optimierte Computer-Peripherie (zum Merchandising allgemein Rn 36 ff, zum Cross-Media-Vertrieb 53. Abschnitt Rn 3).

Hauptthemen der Computerspiel-Branche sind die Piraterie-Bekämpfung (siehe hierzu 54. Abschnitt Rn 93) und das **Jugendmedienschutzrecht**, welches seiner Natur nach vertriebsbeschränkenden (nicht produktionsbeschränkenden) Charakter hat und daher ein wesentliches Umsatzrisiko der Publisher darstellt (vgl zum Vertrieb von Bildträgern ohne FSK-Kennzeichnung OLG Koblenz ZUM 2005, 396). 102

Vertragsmuster/Erläuterungen: Allgemein zu Regelungspunkten in **Medienvertriebsverträgen** 54. Abschnitt Rn 1 ff. 103

Branchenverbände: Bundesverband Informationswirtschaft, Telekommunikation und neue Medien (BITKOM) – www.bitkom.de; Bundesverband Interaktive Unterhaltungssoftware – www.biu-online.de; G.A.M.E – Bundesverband der Entwickler von Computerspielen – www.game-bundesverband.de; IGDA – International Game Developers Association – www.igda.org; Unterhaltungssoftware Selbstkontrolle – www.usk.de. 104

VII. Online-Vertrieb als neuer Absatzweg für alle Medien

Das **Internet** ist ein Medium, das selbst online (Online-Registrierung beim Zugangsprovider) oder im physischen Vertrieb (CD-ROMs mit Zugangssoftware) direkt und indirekt vertrieben wird. Vor allem aber eröffnet das Internet allen anderen Medien, Filmen, Zeitungen, Büchern, Games, Software, ebooks etc. einen **zusätzlichen Absatzkanal**. Dabei können online sowohl physische Produkte, zB Bücher, oder digitale Dateien, zB Musik-MP3s, verkauft werden. Praktisch jedem Produzenten von Medien ist über einen Web-Shop die Möglichkeit eröffnet, selbst und **direkt** an Konsumenten zu vertreiben. Ist der Online-Vertrieb als Direktvertrieb (Rn 1) ausgestaltet, muss aus den Einnahmen vom Konsumenten nicht mehr die Marge für den Zwischenhandel abgezogen werden, was höhere Einnahmen für Produzenten und Urheber bedeutet. Auch der Online-Vertrieb kennt jedoch **Zwischenhandelsstufen**, die den Hersteller von der technischen Komplexität der Aufbereitung und Abrechnung entlasten können. Beispiele sind die sog. **Content-Akkumulatoren** der Musikbranche, die als Zwischenstufe zwischen Independent-Labels und Download-Shop-Betreiber agieren. Der Absatz über das Internet hat dabei spezifische Eigenschaften: 105

Online-Vertrieb von nicht-physischen Medieninhalten erlaubt grundsätzlich eine **Erweiterung des vorgehaltenen Vertriebsrepertoires** zu günstigen Kosten, da die Kosten für digitale Vervielfältigung und Vorhaltung gering sind und die hohen Produktionskosten für Medien-Inhalte (first-copy-cost) sinken, wenn Medieninhalte über mehrere Absatzkanäle zugleich vertrieben werden. Die Medienwirtschaft ist in weiten Zügen ein Geschäft, welches von **Blockbustern** und Verkaufshits abhängig ist, die im Gesamtergebnis die Produktionen quersubventionieren, die beim Publikum ein Flop waren. Kommt ein Film, eine Musik-CD, ein Game oder ein Buch beim Publikum nicht an, wird der Vertrieb aufgrund der hohen Vertriebskosten und der knappen Angebotsplätze in den Verkaufsregalen des Handels (dh der Opportunitätskosten) alsbald eingestellt. Die sog. **Long-Tail-Theorie** besagt, der Online-Vertrieb digitaler Dateien unterliege aufgrund der nur sehr geringen und fixen Vertriebs- und Lagerkosten auf Anbieterseite und den geringen Informationskosten auf Nachfragerseite anderen Gesetzmäßigkeiten. Die Masse von Werken, nach denen eine geringe Nachfrage bestehe (Nischenprodukte), könne in der Summe wesentliche Umsätze erzeugen. Hinter dieser Theorie steht folgender Gedanke: Hat man als Musik-Label in einem Supermarkt lediglich ein Verkaufsregal für CDs zur Verfügung, wird man dieses mit Mainstream-Titeln bestücken, da diese am meisten verkauft werden. In einem Musik-Download-Shop im Internet kann man zu geringen Kosten Titel aus jeder erdenklichen Musikrichtung bereithalten und sich neue Kundengruppen erschließen (*Chris Anderson*, Wired, Okt. 2004; *ders.*, The Long Tail, 2007; *Brynjolfsson/Hu/Smith*, From Niches to Riches: Anatomy of the Long Tail, Sloan Management Review, 2006, S. 67 ff; *Brynjolfsson/Hu/Simester*, Goodbye Pareto Principle, Hello Long Tail: The Effect of Search Costs on the Concentration of Product Sales, 2007, verfügbar über http://ssrn.com/abstract=953587). Die Long-Tail-Theorie ist ein gutes Beispiel dafür, wie Absatz über das Internet neue Märkte erschließen kann. In der Praxis ist ein Long-Tail-Vertrieb über einen Online-Shop weit 106 schwieriger zu realisieren, als dies die Theorie vermuten ließe. Hauptproblem ist dabei die **Rechteklärung**, die insbesondere bei Musik und Videos oft so aufwändig und teuer ist, dass sich ein Online-Shop eben doch nicht mit minimalen Ressourcen betreiben lässt. Auch wirken die Kosten für das Einstellen von Werken in Online-Shops („Encoding", „Content Ingestion") sowie die Mode unter Rechteinhabern, für das Anliefern von Werken an einen Online-Shop eine zusätzliche Vergütung zu verlangen („**Delivery Fee**"), einem Long-Tail-Vertrieb entgegen. Zur Bedeutung des Long Tails für den Rundfunk *Dierking/Möller*, MMR 2007, 426. Aus ähnlichen Gründen erlaubt die Kostenstruktur im Online-Vertrieb den Vertrieb von **personalisierten Produkten** sowie die **Produktion nur auf Anforderung**, zB books on demand, bei der der Remissionsaufwand entfällt.

107 Geschäftsmodelle im Online-Vertrieb können **transaktionsgebunden**, etwa der Verkauf von digitalen Dateien, **nutzungsgebunden**, etwa als Abonnement für ein Online-Game, oder **anzeigenfinanziert** sein, etwa das kostenlose Streaming mit Werbeeinblendungen. Viele Geschäftsmodelle im Internet profitieren von sog. **Netzwerkeffekten**, bei denen der Nutzen des Produktes mit der Anzahl der Nutzer steigt, etwa bei sozialen Netzen oder Kleinanzeigen (zu den Geschäftsmodellen im Internet *Wirtz*, Kap 9 Abschnitt 3.4). Die Zugänglichkeit von Informationen im Internet erlaubt Konsumenten **Preistransparenz** und erzeugt eine Erwartungshaltung an die Geschwindigkeit der Durchführung von Transaktionen. Insofern beeinflusst der Online-Vertrieb auch physische Vertriebskanäle. Der Online-Vertrieb senkt die **Informations- und Suchkosten** vor allem auf der Seite der Konsumenten, ebenso die **Transaktionskosten** bei automatisierten Zahlungsvorgängen, erlaubt eine **Verfügbarkeit** rund um die Uhr **außerhalb der Ladenöffnungszeiten**, muss aber kalkulatorisch **höhere Remissionskosten** durch die Widerrufs- und Rückgaberechte im Fernabsatz (siehe 55. Abschnitt Rn 4) sowie potenziell höhere Betrugs- und Pirateriekosten einkalkulieren. Für den Mittelstand (dh Unternehmen typischerweise ohne überregionale Vertriebsorganisation) bedeutet der Online-Vertrieb eine regionale Erweiterung des potenziellen Kundenkreises. Zur Anwendung des Handelsvertreterrechts auf Online-Shops *Dieselhorst/Grages*, MMR 2011, 368.

108 Ein weiteres Kennzeichen des Online-Vertriebs ist es, örtlich ungebunden an jeden Ort der Welt vertreiben zu können. Die Systeme eines Download-Shops können in einem beliebigen Land belegen sein und eine Transaktion mit einem Kunden in einem beliebigen anderen Land durchführen (sog. **Exterritorialität** des Internets). In der Konsequenz liegt es, dass es im Internet keine Vertriebsgebiete gibt, wenn man diese nicht künstlich mit technischen und rechtlichen Maßnahmen realisiert (*Hoeren*, MMR 2007, 1 ff; zum Konflikt mit Lizenzgebieten und Rechtesperren siehe 54. Abschnitt Rn 16). Für den Online-Shop kann ein Land gewählt werden, welches optimale regulatorische Rahmenbedingungen bietet. Beispielsweise haben viele Online-Händler ihren Shop aufgrund von Vorteilen der umsatzsteuerlichen Behandlung elektronischer Dienstleistungen nach Luxemburg verlegt. Ähnlich wird oftmals Irland als das Herkunftsland mit dem laxesten Datenschutzrecht gewählt.

109 Aufgrund der unterschiedlichen Margen, die im Online-Vertrieb gegenüber dem physischen Vertrieb (bislang) erzielt werden können, kann ein Vertriebsgeber ein Interesse an der **Einschränkung des Online-Vertriebs** haben und diese Einschränkungen allen Akteuren seines Absatzsystems auferlegen wollen (vgl auch Rn 4). Die kartellrechtlichen Möglichkeiten richten sich nach der Gruppenfreistellungsverordnung für den Vertikalvertrieb (Verordnung 330/2010, hierzu ausführlich *Pischel*, GRUR 2010, 972).

110 Die als „**Web 2.0**" bezeichnete Entwicklung des Internet, die zu einer bislang nie gekannten Masse von Medieninhalten führt, die von Nutzern und nicht von Medienprofis erstellt wurden („**user generated content**"), hat bedeutenden Einfluss auf den Medienvertrieb. Nicht nur, weil solche Inhalte in direkter Konkurrenz zu kommerziellen Medienprodukten stehen. Fundamentaler, weil die regulatorischen Rahmenbedingungen für Medienproduktion, -handel und -vertrieb in ihrer Komplexität und Ausdifferenziertheit auf geschulte Medienprofis zugeschnitten sind. Internet-Nutzer als Medienlaien hingegen haben kaum eine Chance, diese Fachmaterie zu begreifen und werden die Spielregeln des Medienvertriebs schon deswegen oftmals nicht befolgen. Hinzu kommt, dass man – anders als einen durch das Impressum ersichtlichen Chefredakteur – die Masse von Internet-Nutzern aus praktischen Gründen nicht auf gerichtlichem Wege zur Befolgung der Medienordnung zwingen kann. Wenn sich mittelfristig die Medienordnung nicht wesentlich vereinfacht, wird die Schere zwischen Recht und Realität im Medienhandelsrecht, und damit auch die Piraterie, immer größer. Zu den urheberrechtlichen Folgen der kreativen Werknutzung im Social Web *Kreutzer*, S. 9 ff.

Die **Verträge** im Online-Absatz unterscheiden sich strukturell von anderen Medienvertriebsverträgen durch den wesentlich stärkeren **technischen Bezug** und durch die zu lizenzierenden Nutzungsrechte, vor allem das Recht der öffentlichen Zugänglichmachung (§ 19a UrhG; zum umstrittenen Inhalt und Reichweite *Schulze*, ZUM 2011, 2; zur urheberrechtlichen Einordnung von Internet-Nutzungen *Wandtke/Bullinger-Heerma*, § 15 Rn 12 f; § 19 Rn 1 ff; *Loewenheim-Koch*, § 78; *Poll*, MMR 2011, 226). Die Nutzungsarten „Download" und „Streaming" umfassen nicht nur eine öffentliche Zugänglichmachung iSv § 19a UrhG, sondern auch begleitende Vervielfältigungshandlungen, die zwar Verwertungsrechte iSv § 16 UrhG, nicht jedoch eigenständige Nutzungsarten sind, und daher weder eigenständig lizenziert noch ausdrücklich gegenüber dem Konsumenten eingeräumt werden müssen (*Ullrich*, ZUM 2010, 311). Im B2B-Lizenzbereich ist gewissermaßen der Grundbaustein die **Online-Lizenz** von Werken zur Zugänglichmachung auf einer Website, ähnlich einem Abdruckvertrag im Zeitungswesen (vgl Rn 55). Gegenstand der Online-Lizenz können Texte, Bilder, Filme und Musik sein. Die Lizenzgebühr kann pauschal, als Beteiligungsmodell oder anhand der Abrufe gestaltet werden. Letzteres ist ein Maß dafür, wie der lizenzierte Inhalt bei den Konsumenten ankommt. Weitergehend können Tools, Datenbankabfragemasken („**Datenbankvertrag**") oder Applikationen in Websites eingebunden werden, die entweder auf den Systemen des Lizenznehmers oder des Lizenzgebers betrieben werden. Letzteres ist das mietvertragliche **Application Service Providing**. 111

Gegenüber dem **Konsumenten** ist oft fraglich, ob überhaupt ein **Vertragsverhältnis** zustande kommt. Betrachtet ein Nutzer eine Website, kommt dadurch ebenso wenig ein Vertrag zustande wie durch das Lesen einer Zeitung, auch wenn es in der Praxis kaum eine Website ohne AGBs in der Fußzeile gibt (näher 55. Abschnitt). Nutzungsverträge können aber dann ausdrücklich oder konkludent geschlossen werden, wenn der Nutzer sich registriert, personenbezogene Daten preisgibt, bestimmungsgemäß Downloads oder Transaktionen vornimmt und abspeichert oder Produktfunktionen nutzt, die über das schlichte Ansehen von Inhalten hinausgehen. 112

Bei transaktionsgebundenen Geschäftsmodellen, etwa dem Verkauf von Musik- oder Filmdownloads oder der Vermietung von Filmen in Online-Videotheken, ist der Shop-Betreiber durch einen **Download-Vertriebsvertrag** zum Vertrieb berechtigt. Download-Vertriebsverträge sind Filmverleihverträgen (Rn 10) strukturell ähnlich. Die Besonderheiten liegen neben den Regelungen zur Aufbereitung der Dateien zum Vertrieb („Encoding") in den Bestimmungen, die das Vertriebsrepertoire vor unberechtigtem Zugriff schützen sollen (DRM, Kopierschutz, siehe 54. Abschnitt Rn 93). Download-Vertrieb wird üblicherweise über Handelsabgabepreise in verschiedenen Preiskategorien vergütet. Sie sind, wie die meisten Medienvertriebsverträge, Verträge eigener Art. Kauft sich ein Shop-Inhaber in einen elektronischen Marktplatz ein, spricht man von **Portalverträgen**. Sonderformen des Internetvertriebs sind überdies **Auktions- und Plattformverträge**, bei denen Konsumenten eigene Geschäfte über die Handelsplattform des Providers gegen eine Transaktionsgebühr vornehmen. 113

Die **öffentlich-rechtlichen Sender** sind im Rahmen ihres Auftrages im Online-Vertrieb ihrer Inhalte beschränkt. Der RStV sieht eine Auswertungskaskade vor: Im Rahmen des Auftrages (und damit gebührenfinanziert) ist eine Online-Nutzung für lineare Inhalte und Telemedien nach §§ 11a ff RStV nur in engen Grenzen möglich (*Amlung/Fisch*, ZUM 2009, 442; *Peters*, NJW 2010, 335; *Krause*, ZUM 2011, 21). Da Rundfunkregulierung technologie- und angebotsneutral ist, können die öffentlich-rechtlichen Sender auch (privatrechtliche) Vertriebsverträge mit Drittplattformen schließen, etwa über die Einbindung von Mediatheken in Angebote für internetfähige TV-Geräte. Solche Verträge sind strukturell mietvertragsähnliche Verträge über die Nutzung von Online-Raum und technischen Nebenleistungen. Anbieter bleiben die Sender selbst. Nach § 13 Abs. 1 RStV können im Rahmen des Auftrags keine Lizenzgebühren verlangt werden. Dies gilt auch für sonstige entgeltwerte Naturalleistungen im Austausch, wie zB Werbung für Sendungen. Außerhalb des Auftrags können Eigenproduktionen der öffentlich-rechtlichen Sender nach §§ 16a ff RStV über deren Vertriebstöchter zu Marktbedingungen vertrieben werden. 114

Im Online-Vertrieb spielen zunehmend **Sonderformen** eine Rolle, mit denen die Unzulänglichkeiten des geltenden Urheberrechts für Nutzungsformen im Internet ausgeglichen werden sollen. Oftmals werden Inhalte unter **Open-Source-Lizenzen** vertrieben (hierzu *Dreier/Schulze*, § 69c Rn 38, teilweise wird für Inhalte auch der unscharfe Begriff des **„Open Content"** verwendet, vgl *Jaeger/Mezger*, MMR 2003, 431; zu Open Content und Verlagsverträgen *Mantz*, MMR 2006, 784; generell vgl die Online-Publikationen des Instituts für Rechtsfragen der Freien und Open Source Software – www.ifross.org). Kerngedanke dieser Lizenzen ist es, die Inhalte oder Software möglichst umfassend und kostenfrei zur 115 weiteren privaten und ggf kommerziellen Nutzung verfügbar zu machen. Die Nutzung und Weiterentwicklung durch eine Vielzahl von Beteiligten steigert dann kontinuierlich die Reife des Produkts (sog. „Crowd-Sourcing"). Teilweise soll auch bewusst eine Alternative zu dem auf restriktiven Urheberschutz ausgelegten Urheberrecht geschaffen werden, das der Nutzerperspektive und den Urheberinteressen an einer Verbreitung besser Rechnung trägt. Bedeutsam sind die **Creative Commons**-Lizenzen (de.creativecommons.org) als Ausprägung eines standardisierten Sets von Lizenzverträgen, der u.a. auch für die **Wikipedia** gilt (vgl *Hoeren/Sieber-Paul*, § 7.4 Rn 118 ff). Eine Variante ist die **Open-Access**-Bewegung im Bereich des wissenschaftlichen Publizierens, die auf eine Allgemeinzugänglichkeit wissenschaftlicher Erkenntnisse ohne die wirtschaftlich begründete künstliche Verknappung durch Wissenschaftsverlage abzielt (Rn 52; *Hirschfelder*, MMR 2009, 444; www.open-access.net; Berliner Erklärung über den offenen Zugang zu wissenschaftlichem Wissen, abrufbar unter: http://oa.mpg.de/openaccess-berlin/Berliner_Erklaerung _dt_Version_07-2006.pdf). Die Distribution von Medieninhalten online per **RSS-Feed** ist eine spezielle Form der Aktualisierung von Inhalten auf Websites und typischerweise als ein Angebot gestaltet, das in die Flächen und Angebote eines Dritten eingebunden und dort mittels eines technischen Abonnements regelmäßig aktualisiert wird. Wenn die RSS-Inhalte nicht bearbeitet und nicht unter anderer Marke dargestellt werden sollen, benötigt die Einbindung eines RSS-Feeds ebenso wenig einen Lizenzvertrag wie eine einfache Verlinkung, da der Anbieter des Feeds die Inhalte selbst nutzt und selbst öffentlich zugänglich macht. Unzutreffend ist daher die Auffassung des AG Hamburg ZUM-RD 2011, 38 und des LG Berlin MMR-Aktuell 2010, 303805, nach der sich der Anbieter einer Website, der RSS-Inhalte verlinke, diese selbst zu Eigen mache und deshalb selbst iSv § 19a UrhG zugänglich mache. Richtigerweise ist die Darstellung eines Feeds keine eigene öffentliche Zugänglichmachung iSv § 19a UrhG (*Wandtke/Bullinger-Bullinger,* § 19a UrhG Rn 33). Eine Sonderform der Aufbereitung von Inhalten, die für Endgeräte abonniert werden können, ist das **Podcasting**, hierzu *Hoeren/Sieber-Sieber*, Teil 1 E Rn 96; *Poll*, MMR 2011, 226.

116 **Vertragsmuster/Erläuterungen:** Allgemein zu Regelungspunkten in **Medienvertriebsverträgen** 54. Abschnitt Rn 1 ff. Zu **Online-Lizenzen**: Beck´sche Online-Formulare Vertragsrecht 9.2.4; Spindler-*Schuppert*, S. 613 ff; *Loewenheim-Koch*, § 78; Beck´sches Formularbuch E-Commerce-*Cichon*, S. 130 ff; Schwarz/*Peschel-Mehner*, Nr. 24 mit Vertragsmuster. Zu **Musik-Download-Vertriebsverträgen:** *Hoenike/Hülsdunk*, MMR 2004, 59 ff; Beck´sches Formularbuch E-Commerce-*Cichon*, S. 98 ff. Zu **Portalverträgen:** Beck´sches Formularbuch E-Commerce-*Huber*, S. 368 ff. Zu **Auktions- und Plattformverträgen:** Spindler-*Cichon*, S. 815 ff; *Schlömer/Dittrich*, K&R 2007, S. 433 ff.

117 **Verwertungsgesellschaften:** siehe Rn 69 und 75.

118 **Branchenverbände**: Bundesverband Informationswirtschaft, Telekommunikation und neue Medien (BITKOM) – www.bitkom.de; Freiwillige Selbstkontrolle Multimedia e.V. – www.fsm.de; eco Verband der deutschen Internetwirtschaft e.V. – www.eco.de; Bundesverband Digitale Wirtschaft (BVDW) e.V. – www.bvdw.org.

B. Medienproduktion und Medienvertrieb

119 **Produktion** und **Vertrieb** sind in der Praxis auf vielfältige Weise miteinander **verzahnt** und können in der Vertragspraxis nicht isoliert voneinander behandelt werden. Dies beginnt schon damit, dass die Eigenschaften der Vertriebskanäle auf die Medienproduktion rückkoppeln. Beispielsweise kann eine Filmfassung für die Darstellung auf mobilen Endgeräten wegen der geringen Größe der Bildschirme anders als in Kinofilmen Menschen nur in Nahaufnahmen der Gesichter zeigen. Auch sind oft des einen Vertrieb des anderen Produktion, wie zB bei der Lizenzierung von Filmmusik.

120 Von **Auftragsproduktionen** spricht man, wenn ein Werk im Auftrag des Vertriebs produziert wird, etwa Auftragsproduktionen für das Fernsehen (vgl *Dreier/Schulze* Vor §§ 31 ff Rn 165 ff; *v. Hartlieb/Schwarz-Schwarz*, Kap. 84 und Kap. 154 Rn 5 f). Je größer die Investitionen für die Produktion sind, desto eher hängt die **Finanzierung** daran, dass der Absatz gesichert ist und dass ggf. mit dem Vertrieb vereinbarte Minimumgarantien oder Vorschüsse bereits im Produktionsstadium fließen („Pre-Sales"). Der Vorteil von Vertriebsverträgen im Produktionsstadium, nämlich der Finanzierungseffekt, muss mit umfangreichen Mitsprache- und Genehmigungsvorbehalten des Lizenznehmers bei der Produktion erkauft werden.

121 Da der Vertrieb von Medieninhalten in urheberrechtlichen Kategorien eine Nutzung ist, für die oftmals Nutzungsrechte erworben werden müssen, hängen die Möglichkeiten zum Vertrieb wesentlich an der

Rechteeinräumung bei der Produktion. Wirtschaftlich sinnvolle Rechteeinräumungen in Produktionsverträgen kann nur formulieren, wer sich über den späteren Vertrieb vollständig im Klaren ist. Eine nachträgliche Klärung von ursprünglich nicht eingeholten Rechten ist regelmäßig aufwändig und teuer. Zum Cross-Media-Vertrieb vgl 53. Abschnitt Rn 3.

C. Medienvertrieb und Werbemärkte

Der Medienvertrieb steht bei solchen Medien, deren Geschäftsmodelle nicht rein in Verkaufserlösen, **122**
sondern wesentlich auch im Anzeigengeschäft bestehen, etwa bei Zeitungen oder in privatrechtlichen audiovisuellen Medien, in **wechselseitiger Abhängigkeit** zu den Erfolgen im **Werbegeschäft**. Da Werbeplatzierungen anhand der erzielten Reichweite bepreist werden, führt das Steigen einer Auflage einer Zeitung bei gleichbleibenden Anzeigenpreisen zu einer relativen Verbilligung der Werbung aus Sicht des Anzeigenkunden. Dies macht Werbebuchungen attraktiv und erhöht die Werbeeinnahmen der Zeitung. Werden diese in die Verbesserung der redaktionellen Qualität investiert, steigt damit wieder die Auflage. Umgekehrt kann ein Sinken einer Auflage in geringere Anzeigenerlöse und damit in der Notwendigkeit des Kostensparens resultieren, was wiederum zu geringerer Produktqualität und infolge dessen zu noch geringerer Auflage führen kann. Diese sog. **Anzeigen-Auflagen-Spirale** hat im Zeitungsgeschäft zu einer wesentlichen Konzentration im Pressewesen geführt (allgemein hierzu *F. Stahmer*, Ökonomie des Presseverlags, 1995; BKartA, Beschl. v. 31.5.2005 – B6-106/04; BKartA, Beschl. v. 2.4.2004 – B6-81/03; *Zagouras*, Konvergenz und Kartellrecht, S. 133). Ähnliche Tendenzen sind im Online-Geschäft zu spüren (*Hoeren/Sieber-Beckmann/Müller*, Teil 10 Rn 9).

53. Abschnitt: Konvergenz im Medienvertrieb

1 Als **Medienkonvergenz** bezeichnet man die Annäherung der verschiedener Einzelmedien, die durch Digitalisierung, das Internet und allgemein technische Weiterentwicklungen ausgelöst wurde. Im Detail verbergen sich unter dem unscharfen Begriff der Medienkonvergenz ganz unterschiedliche Phänomene. Man unterscheidet: Die **technische** Medienkonvergenz bezeichnet die Annäherung der Medien in ihrem Übertragungsweg, ggf in ihrer Distributionsplattform und vor allem in ihrem Endgerät, beispielsweise IPTV (siehe 52. Abschnitt Rn 29). Mit **inhaltlicher** Medienkonvergenz bezeichnet man die Annäherung auf der Inhaltsebene, beispielsweise das Verschmelzen von Nachrichten, Information, Unterhaltung, Transaktion und Interaktion. Diese Verschmelzung abzubilden fällt der Inhalteregulierung durch das Urheberrecht zunehmend schwer, ganz besonders bei Computerspielen (vgl 52. Abschnitt Rn 95). Als **wirtschaftliche** Medienkonvergenz wird die Angleichung der Märkte für Medienprodukte bezeichnet, die die Folge der technischen und inhaltlichen Konvergenz ist. Gegenwärtig zeigt sich wirtschaftliche Konvergenz besonders deutlich im Telekommunikationssektor, in dem Telefonie, Internet und TV („**Triple Play**"), uU auch mit Mobilfunk („**Quadruple Play**") und Fotofähigkeit gebündelt werden (vgl hierzu den periodischen *OECD Communications Outlook*, abrufbar über die Website der OECD www.oecd.org; generell zum Stand der Medienkonvergenz erscheint die periodische Studie *TNS Media Convergence Monitor*, abrufbar über die Website www.tns-infratest.com). Ob die Unterscheidung dieser Aspekte auf Dauer Sinn macht, sei dahingestellt. Gerade das Beispiel der Smartphones zeigt, dass technische und inhaltliche Konvergenz miteinander verquickt sind. Zuweilen spricht man auch schon von der „**TIMES-Branche**", ein Kunstwort, mit dem die Sektoren Telecommunications, Information Technology, Media, Entertainment und Security gemeinsam bezeichnet werden. Medienkonvergenz ist primär ein Problem für die **zersplitterte Medienregulierung** (vgl 2. Abschnitt Rn 3 ff, instruktiv *Gounalakis*, ZUM 2003, 180), die in ihrem Ursprung sektorspezifisch und in ihrer konkreten Ausgestaltung sehr unterschiedlich ist. Medienkonvergenz stellt die Medienregulierung in ihren inhaltlichen Standards, in Fragen der Zuständigkeit und in ihren Prämissen in Frage, angefangen von der ganz unterschiedlichen Regulierung der Werbung bis hin zu Grundsatzfragen wie den nicht mehr trennscharf zu ziehenden Abgrenzungen zwischen privater und öffentlicher Kommunikation, zwischen Individual- und Massenkommunikation und zwischen Urheberrecht und Datenschutzrecht. Entsprechend befindet sich die Medienregulierung in einem Umbruch, ausgelöst durch das „Green Paper on the convergence of the telecommunications, media and information technology sectors, and the implications for Regulation – Towards an information society approach COM/97/0623" der EU Kommission von 1997. All diese Phänomene haben Auswirkungen auf den **Medienvertrieb**. Ändert sich bereits das Produkt, kann eine Anpassung des Vertriebsweges erforderlich werden. Umgekehrt sind spätere Absatzchancen bereits in der Produktion zu berücksichtigen (52. Abschnitt Rn 119). Viele Produzenten setzen auf digitalen Direktvertrieb, den sie sich zuweilen auch in Vertriebsverträgen gegenüber dem Großhandel vorbehalten, und vor allem auf cross-mediale **Multi-Channel-Strategien** (siehe Rn 3). Akteure verlassen bestehende **Vertriebsstrukturen** und drängen in neue. Dies kann dazu führen, dass sich bestehende Vertriebsstrukturen **angleichen**. Die Themen des Marketings und Vertriebs sind identisch bei DVDs, unabhängig davon, ob Filme, Games, Musik oder Software auf der DVD gespeichert ist. Allerdings bedeutet eine Angleichung nicht notwendig eine Verschmelzung und Konsolidierung der Vertriebsstrukturen, da der Wechsel auf andere Vertriebsmittler mit Wechselkosten verbunden ist. Findet keine Angleichung statt, kann Medienkonvergenz aber auch zu einem **Austrocknen** oder aber zu einer **Evolution** einer Vertriebsstruktur führen. Der digitale Vertrieb eröffnet zudem den effizienten Vertrieb von Nischenprodukten („**Long Tail**", siehe 52. Abschnitt Rn 106). Schließlich ist die Medienkonvergenz für den Vertrieb von Bedeutung, weil Medienregulierung rechtstechnisch oft gerade an den Vertriebsstrukturen ansetzt, etwa wenn Verkaufsstellen verpflichtet werden, ausschließlich jugendschutzkonforme Medien und diese nur an die zulässige Altersgruppe zu verkaufen. Gerade die Unklarheit in den Zuständigkeiten zwischen den Selbstkontrolleinrichtungen (USK, FSF, FSM, FSK) bedingen eine Rechtsunsicherheit vor allem im nicht-physischen Vertrieb.

A. Faktoren der Konvergenz im Medienvertrieb

2 Konvergenz-Effekte im Medienvertrieb werden durch mehrere Faktoren getrieben. Medien und Trägermedien werden aufgrund der technischen Entwicklung ähnlicher, substituierbarer und passen zunehmend für die gleichen Absatzkanäle, wie zB das in vielen Medienbranchen genutzte Trägermedium DVD. Hat sich ein technisches Format für ein Trägermedium erst einmal durchgesetzt, haben alle

Medienproduzenten einen Anreiz zur Nutzung dieses Formats für den Vertrieb, weil sich die Kosten aufgrund von Skaleneffekten verbilligen. Der Konvergenzdruck erhöht sich, wenn identische Inhalte über eine Vielzahl von Vertriebskanälen zulieferbar sind. Im **physischen Vertrieb** sind große Elektronikketten Destinationen für alle Formen digitalen Entertainments. Die Masse der verfügbaren Produkte erfordert Großhandelstrukturen im indirekten Vertrieb genauso wie spezialisiertes Marketing-, Kommunikations- und Launch-Management im Kampf um die Aufmerksamkeit der Verbraucher. Auch streitet man sich über die gleichen Themen, wie zB die Platzierung. Die Instrumentarien zur werblichen Kommunikation an Verbraucher sind oft dieselben, zB Verkaufscharts. Im **nicht-physischen Online-Vertrieb** spielt es grundsätzlich überhaupt keine Rolle, ob Dateien mit Fotos, Texten, Musik, Filmen oder Software verkauft werden. Treiber der Medienkonvergenz sind hier die Breitbandverbindungen in das Internet. Je mehr der Online-Absatz die klassischen Absatzkanäle substituiert, desto mehr gleichen sich die Medienvertriebsstrukturen insgesamt an, und es wird prognostiziert, die Zukunft gehöre weitgehend dem digitalen Online-Vertrieb (siehe auch 52. Abschnitt Rn 4 ff). Dennoch, der (digitale) Medienvertrieb ist bei weitem nicht dort, wo er technisch sein könnte. Man stelle sich nur die Frage, wozu DVDs als Trägermedium eigentlich noch gebraucht werden. Die Gründe für diesen **Entwicklungsverzug** sind vielfältig. Der Wechsel von einer etablierten Vertriebsstruktur auf eine andere verursacht Kosten, die sich kurzfristig vielleicht nicht rechnen. Das Budget der Verbraucher für Endgeräte ist begrenzt. Da auch die Verbraucher den Umgang mit einem bestimmten Medium gelernt haben, etwa die Schicht von Käufern, die DVDs kaufen, weil ihnen der Download zu kompliziert ist oder weil sie ein haptisches Produkt besitzen wollen, wäre es nicht sinnvoll, diesen Vorteil nicht zu nutzen, solange sich die Nachfrage nicht ändert. Viele Verbraucher zeigen das gelernte Verhalten, dass man TV-Programme nicht am Computer, sondern nur im Wohnzimmer auf der Couch konsumiert. Und schließlich kann man sich insbesondere in der Debatte um die Urheberrechtsreform des Eindrucks nicht erwehren, dass Entwicklungen auch an der Existenzangst von Institutionen scheitern. Manche konvergente Produkte haben zudem keinen wirklichen Mehrwert für Kunden, oder ihre Vorteile lassen sich nicht vermitteln.

B. Cross-Media-Vertrieb

Am deutlichsten werden Konvergenzerscheinungen im Medienvertrieb in der zunehmenden Tendenz 3
zum **Cross-Media-Vertrieb**, also dem Bestreben, Medieninhalte gleichzeitig über möglichst viele Vertriebskanäle zu vertreiben und es so auszunutzen, dass sich die (Marketing-) Aktivitäten in den verschiedenen Kanälen gemeinsam zu einem höheren Aufmerksamkeitsgrad bei Konsumenten addieren („**Multi-Channel-Strategie**"). Ein TV-Format lässt sich auch als Kauf- und Verleih-DVD, als Computerspiel, in Inhalte-Paketen für Online-Nutzungen und für den Vertrieb auf mobile Endgeräte (insb. Ringtones) vermarkten und möglicherweise auch durch Print-Produkte und Fanartikel ergänzen. Mit genügend Promotion-Material und einer geschickten PR-Arbeit lassen sich Berichte über das Format und die beteiligten Darsteller überdies in den redaktionellen Bereichen von Medien platzieren, was den erhofften „Hype" weiter unterstützt. Bewerben sich die einzelnen Absatzkanäle gegenseitig, etwa durch Fernsehspots und Online-Werbung, spricht man von **Cross-Media-Promotion**. Die Grenzen zwischen Promotion, Vertrieb und unterhaltender Information verfließen zunehmend dort, wo Unternehmen in social communities bzw sozialen Netzwerken und auf Plattformen aktiv werden, um Kunden gezielt anzusprechen, zu binden und mögliche Probleme mit den eigenen Produkten frühzeitig zu erkennen. Insgesamt steigt in einem medienkonvergenten Szenario die Bedeutung der Kundenbindung. Auch für die Markenbildung bedeutet der Cross-Media-Vertrieb eine Herausforderung, da der Spagat gelingen muss, einerseits die Kernwerte der Marke zu erhalten, andererseits gleichzeitig für immer neue und innovative Absatzformen stehend wahrgenommen zu werden (ausführlich *Wiederstein*, 2010). Urheberrechtlich steht die sich in fortschreitender Granularität entwickelnde Rechtsprechung zu einzelnen Nutzungsarten (54. Abschnitt Rn 27 ff) im Widerspruch zur Tendenz eines medienkonvergenten Multi-Channel-Vertriebs.

Neben den Skaleneffekten bei der Bewerbung besteht auch dann ein Anreiz zum Cross-Media-Vertrieb, 4
wenn die **Vertriebskosten** vergleichsweise gering gegenüber den Herstellungskosten („first copy cost") für die Inhalte sind, so etwa bei den Zusatzaktivitäten der Zeitschriftenverlage, oder wenn sich durch zusätzliche Vertriebsaktivität die **wirtschaftliche Abhängigkeit** vom Publikumserfolg eines Werkes minimieren lässt, etwa wenn Filmverleiher nicht nur Kinorechte, sondern auch TV- und Videorechte erwerben.

5 Verständlicherweise stellen sich Medienunternehmen immer mehr auf Cross-Media-Vertrieb ein, beginnend mit umfassenden Rechteeinräumungen für alle Vertriebskanäle bei der Produktion über crossmediale Markenbildung bis hin zu **Konzernstrukturen**, welche die gesamte Breite des Vertriebs konzernintern abbilden. Im Verlagsbereich spricht man davon, dass Verlage sich in „**Medienhäuser**" verwandeln. In der Konsequenz kann erhebliche Medienmeinungsmacht insbesondere im Bereich des Rundfunks entstehen. Bezeichnend ist die Entscheidung der KEK zu dem mittlerweile gescheiterten Vorhaben des Axel Springer Verlages, die ProSiebenSat1 Media AG zu erwerben (vgl *Bornemann*, ZUM 2006, 200 ff; *ders.*, MMR 2006, 275; *Gounalakis/Zagouras*, AfP 2006, 93 ff; *Gounalakis*, ZUM 2006, 716; *Hain*, K&R 2006, 150 ff; *Renck-Laufke*, ZUM 2006, 907; *Säcker*, K&R 2006, 49 ff).

C. Unterschiede zwischen physischem und nicht-physischem Medienvertrieb

6 Bei allen Konvergenzeffekten gibt es jedoch wesentliche **Unterschiede** zwischen **physischem** und **nicht-physischem Vertrieb**, die letztlich auf die Verletzlichkeit unkörperlicher Medien gegen unberechtigte Nutzung zurückzuführen sind (zur Ungleichbehandlung alter und neuer Medien ausführlich *Heinz*, S. 5 ff; zu den Eigenheiten des Online-Vertriebs allgemein siehe 52. Abschnitt Rn 105 ff). Paradoxerweise sind trotz aller digitalen Übertragungstechniken körperliche Medien rechtlich viel verkehrsfähiger als unkörperliche Medien. Allem voran zählen hierzu die Unterschiede in der Möglichkeit zum **gutgläubigen Erwerb**, der nur bei Sachen bzw Trägermedien (nicht aber bei unverkörperter Software, auch wenn diese nach den Regeln über „Sachen" verkauft wird) in Betracht kommt. Wenig plausibel ist auch folgende Unterscheidung: Kauft ein Konsument einen Track auf CD, ist dies ein Sachkauf. Kauft er den Track in einem Online-Shop, soll dies ein Nutzungsvertrag urheberrechtlicher Kategorie sein, hierzu 55. Abschnitt Rn 2 f.

7 Besonders deutlich treten die Unterschiede im **Gebrauchthandel** von Medien zu Tage (vgl *Kreutzer*, S. 14 ff). Ein gelesenes Buch, eine Zeitung, eine CD, eine DVD, also physische Trägermedien, kann der Eigentümer beliebig weiterveräußern. Selbst dann, wenn der Produzent versucht, mit vertraglichen Bindungen einen Gebrauchthandel zu untersagen, sieht die Rechtsprechung in Nutzungsverträgen einen Verstoß gegen den **Erschöpfungsgrundsatz** in § 17 Abs. 2 UrhG und in AGBs einen Verstoß gegen dieses gesetzliche Leitbild (*Hoeren*, CR 2006, 573, 578). Umgekehrt gibt es keine Erschöpfung in dem rein nicht-physischen Vertrieb. Dieselben Inhalte als Datei, und nicht auf einem Trägermedium verkörpert, lassen sich also nicht (ohne Zustimmung des Rechteinhabers) weiterveräußern. Dies folgt schon daraus, dass ein solcher Veräußerungsvorgang eine **Vervielfältigung** (und uU auch eine öffentliche Zugänglichmachung) erfordert, der Erschöpfungsgrundsatz aber ausschließlich nur das Verbreitungsrecht betrifft (BGH GRUR 2001, 51 – Parfumflakon). Auch sieht die Rechtsprechung die Rechtfertigung des Erschöpfungsgrundsatzes im **freien Warenverkehr**, und daraus folge, Erschöpfung könne nur für ganz konkrete, vom Rechteinhaber in den Verkehr gebrachte Werkstücke eintreten. Gänzlich umstritten wird es, wenn bei Ersterwerb im digitalen Vertrieb der Erwerber das Medienprodukt nicht-physisch per Download erwirbt, dann aber **bestimmungsgemäß** auf einem **Trägermedium** sichert. Ob ein solches Trägermedium unter den Erschöpfungsgrundsatz fällt, ist höchstrichterlich bislang nicht geklärt, vgl den Vorlagebeschluss BGH MMR 2011, 305 – UsedSoft; dazu *Paul*, ZUM 2011, 400. Die hierdurch erzeugten **Wertungswidersprüche** und eine Analogie von § 17 Abs. 2 UrhG bzw § 69c Nr. 3 S. 2 UrhG auf den Online-Erwerb werden gegenwärtig für den Handel mit Gebrauchtsoftware diskutiert (gegen eine Anwendung auf den reinen Lizenzhandel mit Software OLG Frankfurt ZUM 2011, 419; *Moritz*, MMR 2008, 601, 603; *ders.*, CR 2008, 414, 415; *Dieselhorst*, CR 2007, 361, 362; *Bräutigam*, CR 2008, 551, 552; für eine analoge Anwendung *Hoeren*, GRUR 2010, 665; *ders.*, CR 2006, 573, 575; *ders.*, MMR 2010, 447; *Sosnitza*, K&R 2006, 206, 210; vgl überdies LG München MMR 2006, 175; OLG München K&R 2006, 469; LG Hamburg MMR 2006, 175; OLG Düsseldorf MMR 2009, 629; OLG Frankfurt MMR 2009, 544 m. Anm. *Bräutigam* = CR 2009, 423 m. Anm. *Hilber/Rabus* = K&R 2009, 486 m. Anm. *Söbbing*; *Schrader/Rautenstrauch*, K&R 2007, 251; *Grützmacher*, ZUM 2006, 302; *Hoeren*, CR 2006, 573; *Eilmansberger*, GRUR 2009, 1123; *Haberstrumpf*, CR 2009, 345; *Schneider*, CR 2009, 553; *Sosnitza*, ZUM 2009, 521; *Zimmeck*, ZGE 2009, 324 und die umfangreichen weiteren Nachweise bei *Schricker-v. Ungern-Sternberg*, § 19a UrhG Rn 6 sowie *Wandtke/Bullinger-Heerma*, § 17 UrhG Rn 16), betreffen aber jede Form von digitalen Gütern, die über das Internet vertrieben werden (vgl auch BGH K&R 2000, 609 – OEM-Version; EuGH GRUR Int 1981, 229, 230 – „Gebührendifferenz II; zur Erschöpfung im Tonträgervertrieb BGH GRUR 1985, 924, 925 – Schallplattenimport II; *Dreier/Schulze*, § 17 Rn 30 mwN, siehe auch 55. Abschnitt Rn 11). Kern dieser Diskussion ist die Frage, ob der Schutz von digitalen Gütern zugunsten der Lizenzgeber

übersteuert ist, und diese Frage lässt sich wirtschaftlich gesehen nicht isoliert von dem Umstand betrachten, dass entgegen der rechtlichen Lage die Möglichkeiten für Produzenten kaum begrenzt sind, über technische Schutznahmen die Kontrolle über ein Medienprodukt zu behalten (vgl auch 55. Abschnitt Rn 9 ff). Eine mit DRM und Kopierschutz (§ 95a UrhG) versehene Datei lässt sich nach Verbrauch der Nutzungsbefugnisse („auf zwei Endgeräten abspielen, nur noch zehnmal starten") nicht mehr vervielfältigen (hierzu auch 55. Abschnitt Rn 11), selbst dann, wenn man den Erschöpfungsgrundsatz auf Vervielfältigungen im Online-Vertrieb analog anwenden würde. Bei unkörperlichen Medien kann der Lizenzgeber über technische Mittel Nutzungsrechte in einer Granularität erzwingen, wie sie bei körperlichen Medien nicht möglich ist. Dass es nicht einleuchtet, dem Online-Vertrieb eine Erschöpfung in bestimmten Fällen zu versagen, wird neuerdings für **ebooks** diskutiert (*Schricker-v. Ungern-Sternberg*, § 19a UrhG, hierzu auch *Cichon*, GRUR-Prax 2010, 381). Sinnvoller wäre es, für die Frage der Erschöpfung im digitalen Vertrieb daran anzuknüpfen, ob der Online-Vertriebsvorgang dem körperlichen In-Verkehr-Bringen **äquivalent** war oder nicht. Das kann jedenfalls angenommen werden, wenn das Medienprodukt mit Kopierschutz und DRM gesichert war.

Kartellrechtlich ist im Online-Vertrieb eine für den Lizenzgeber wesentlich attraktivere Vertriebsstruktur mit Lizenzterritorien und jeweils eigenen Preisstrukturen realisierbar. Was kartellrechtlich für einen KFZ-Vertrieb gilt, gilt noch lange nicht für den Vertrieb von Medieninhalten als Download (vgl aber *Nordemann*, GRUR 2007, 203, 206; *Schuhmacher* GRURInt 2004, 487). Allgemein werden physische und nicht-physische Medienprodukte im Kartellrecht normalerweise nicht zu einem einheitlichen Markt gezählt (Kommission, E. v. 11.10.2000 – COMP/M.1845 Rn 46 ff – AOL/Time Warner für Musikaufnahmen). Dies ist nicht immer nachvollziehbar. Eine gekaufte CD lässt sich vollständig durch einen Download, den man selbst auf CD brennt, substituieren. Möglicherweise wird sich diese Sichtweise in Zukunft ändern (*Hoeren/Sieber-Beckmann/Müller,* Teil 10 Rn 84 ff). Dafür sprechen die kürzlich veröffentlichten (gleichwohl nicht bindenden) Schlussanträge der EU Generalanwältin *Kokott*, die territoriale Exklusivvereinbarungen im Bereich der Senderechte als Verstoß gegen das Unionsrecht wertet (Pressemeldung Nr. 3/11 des EUGH). Zur Auswirkung der Vertikal-GVO auf den Internet-Vertrieb im Vergleich zum physischen Vertrieb *Seeliger/Klauß*, GWR 2010, 210. Versuchen, den nicht-physischen Vertrieb aufgrund einer angeblichen „Gefährdungslage" für den Verbraucher zu unterbinden, hat der EuGH eine Absage erteilt: EuGH MMR 2011, 160 m. Anm. *Leupold*. 8

54. Abschnitt: Vertragliche Regelungspunkte in Nutzungs- und Vertriebsverträgen („B2B“)

A. Praxis der Vertragsgestaltung

1 Die Praxis kennt zwei Stile der **Vertragsgestaltung von Medienvertriebsverträgen im B2B-Bereich**. In internationalen Medienunternehmen wird der anglo-amerikanische Stil gepflegt, ohne Rückgriff auf gesetzliche Regelungen auf Basis einer langen Liste selbst gefasster Definitionen möglichst umfassende Regelungen bis in die Details hinein zu treffen. Vertragliche Definitionen machen vor allem bei **technischen Begriffen** sowie bei **kaufmännischen Rechnungsposten** Sinn. Das für diesen Vertragsstil typische Auseinanderziehen von „vor die Klammer gezogenen“ Definitionen und der eigentlichen Vertragsklausel im späteren Text verschleiert leicht die Konsequenzen einer Regelung beim kursorischen Lesen. Oft handelt es sich bei Medienvertriebsverträgen der Praxis um schlichte Übersetzungen von **US-Verträgen**, die ohne Anpassung an das deutsche Recht dann in weiten Zügen gegen das **AGB-Recht** verstoßen, insbesondere in Haftungsfragen. Eine solche Situation lässt zwar Raum für die taktische Verhandlungsfrage, ob man diese Regelungen überhaupt verhandelt und damit der AGB-Rechtskontrolle entzieht (§ 305b BGB). Sich nachträglich auf die AGB-Widrigkeit eines geschlossenen Vertrags zu berufen, wird sich ein erfahrener Vertriebler jedoch gut überlegen. Nicht selten findet sich insbesondere im europäischen Vertriebsgebiet aber auch ein entgegengesetzter Stil der Vertragsgestaltung, der letztlich nur Vertragszweck, Leistung und Vergütung niederlegt. Solche Verträge haben notgedrungen eine gewisse Unschärfe. Der Vorteil solcher Verträge liegt in der hohen Abschlussgeschwindigkeit. Elaborierte Verträge zwingen zu umfangreichen internen Rücksprachen bei jedem Vertragspartner, zu der Klärung von Rechteketten und der Bewertung von Vertragsrisiken. Genaues Prüfen deckt mögliche Risiken auf und schnell verzettelt sich eine Vertragsverhandlung in einen zeitraubenden Kampf um Risiken, die sich nur höchst unwahrscheinlich realisieren. Dann ist es unter dem Strich möglicherweise geschickter, im Interesse eines schnellen Abschlusses („Closings“) mit Unschärfen zu arbeiten, insbesondere bei kurzen Lizenzzeiten. Manche Praktiker mit Verhandlungsgeschick bevorzugen auslegungsbedürftige gegenüber eindeutigen Regelungen, da man mit einer Position aus dem

Vertrag womöglich später noch „nachziehen" kann. Auch die Zweckübertragungslehre (§ 31 Abs. 5 UrhG), nach welcher Urheberrechte im Zweifel beim Urheber verbleiben, prägt die Wahl des Vertragsstils: Lizenzgeber werden sich auf Vertragsgegenstand, Lizenzvergütung und Leistungsfristen beschränken wollen, während Lizenznehmer auf eine detaillierte Ausformulierung der Nutzungsrechte bestehen müssen (MünchVertragsHB-*Nordemann*, Bd. 3, XI 5 Anm. 1; siehe insgesamt Rn 26). Die Wahl des Vertragsstils sollte sich an der **wirtschaftlichen Zielsetzung** orientieren und Risikomanagement und Bearbeitungsgeschwindigkeit gegeneinander abwägen.

B. Terminologie und Vertragsarten

Eine exakte Kategorisierung der Medienvertriebsverträge wird durch die begriffliche Unschärfe der gesetzlich nicht definierten, gleichwohl praxisgebräuchlichen Begriffe „**Vertrieb**" und „**Lizenz**" erschwert. Diese haben sogar in unterschiedlichen Medienbranchen unterschiedliche Bedeutungen. In der Musikbranche werden als „Vertriebsverträge" die Verträge über den Absatz physischer Tonträger angesehen, alle anderen Standardverträge über Musikwerke sind „Lizenzverträge". Im Online-Geschäft bezeichnet „Vertrieb" den Verkauf von Online-Werbeflächen, während „Lizenzverträge" mit Verträgen über den Einkauf von Online-Inhalten gleichgesetzt werden (zur Terminologie vgl 52. Abschnitt Rn 7). Richtigerweise sollte danach unterschieden werden, ob dem Vertragspartner ein urheberrechtlich geschütztes Recht eingeräumt wird. Ist dies der Fall, kann von **Nutzungsverträgen** gesprochen werden, denen wiederum verschiedene Vertragstypen zu Grunde liegen können (Rn 4). Der Begriff des „Nutzungsvertrags" bezeichnet hier sämtliche Vertragsformen, bei denen Rechte nach urheberrechtlichen Regelungen eingeräumt werden, und ist damit weiter als der Vertragstypus des Nutzungsvertrages im Sinne der Rechtsprechung des BGH (Rn 4). Er ist auch nicht identisch mit der Begriffsbestimmung nach § 87b HGB, nach der mit „Nutzungsverträgen" Verträge zur dauerhaften Gebrauchsüberlassung gemeint sind. Mit „**Vertriebsverträgen**" sollen nachfolgend sämtliche Vertragsformen bezeichnet werden, die dem Absatz von Medieninhalten oder Medienträgern dienen, ohne dass eine Einräumung von Rechten im Vordergrund steht. Die Betrachtung des vertraglichen Schwerpunktes ist notwendig, weil etwa auch in „klassischen" Vertriebsverträgen wie einem Vertragshändlervertrag Rechte eingeräumt werden, etwa zur Markennutzung oder (implizite) Verbreitungsrechte. Der hier verwendete Begriff des Vertriebsvertrags ist weiter als er in der zivilrechtlichen Materie „Vertriebsrecht" zuweilen gefasst wird; hier spricht man von Vertriebsverträgen bei solchen, die im indirekten Vertrieb zwischen Hersteller und Zwischenhandelsstufe abgeschlossen werden. Unterscheidet man in betriebswirtschaftlicher Terminologie aber zwischen direktem Vertrieb als Absatz unmittelbar zwischen Produzent und Konsument und indirektem Vertrieb über zwischengeschaltete Handelsstufen, so erscheint es für die vorliegende Betrachtung des Medienabsatzes in seiner Gesamtheit nicht sinnvoll, das wachsende Segment des direkten Medienvertriebs auszuklammern. Sind Nutzungsverträge auf Absatz gerichtet, handelt es sich ebenfalls um „Medienvertriebsverträge", jedoch eben mit urheberrechtlichen Besonderheiten. „**Medienvertrieb**" ist bei allem der Oberbegriff für sämtliche Formen des direkten oder indirekten Absatzes von physischen und nicht-physischen Medien. Getreu der die Medienkonvergenz abbildenden Philosophie dieses Kommentars werden die Regelungspunkte in Medienvertriebsverträgen gemeinsam behandelt und nur etwaige Unterschiede herausgestellt. 2

Die Praxis kennt vor allem bei komplexen oder volumenreichen Medienvertriebsverträgen Vorformen zum eigentlichen Vertragsschluss. Hier ist der rechtlich nicht bindende **Letter of Intent** („LOI") von bindenden Vorformen wie einem „**Deal Memo**" oder einem „**Term Sheet**" abzugrenzen, welche die Eckdaten einer Vereinbarung in verkürzter Form verbindlich niederlegen. Während LOIs bei verständiger Auslegung nicht selten bindende Verträge unter einer Falschbezeichnung sind, stellt sich bei Deal Memos oft die umgekehrte Frage, ob eine Bindungswirkung wirklich eingetreten ist. Daran fehlt es, wenn die Essentialia des Geschäfts nicht festgelegt sind (§ 154 BGB) oder wenn die Parteien sich eine auch sachlich abweichende Ausformulierung im Hauptvertrag („**Long Form Agreement**") vorbehalten. Diese Vorformen haben oft eine verhandlungstaktische Funktion. Gelingt es, einen Preis an einer unvollständig beschriebene Gegenleistung festzumachen, ist damit eine Begründung für einen höheren Preis bei Ausformulierung der Gegenleistung bereits angelegt. Deal Memos sind oft die Folge von Zeitdruck. In allen Vorformen ist es sinnvoll, die Folgen eines späteren Scheiterns des Long Form Agreements zu regeln. 3

In der **Vertragstypologie** der Medienvertriebsverträge ist danach zu unterscheiden, ob durch den Vertrag im Schwerpunkt Nutzungsrechte eingeräumt werden (Rn 2). Ist dies der Fall, handelt es sich um 4 einen **Nutzungsvertrag im weiten Sinne**. Betrachtet werden hier nur Nutzungsverträge, die den Medienabsatz bezwecken. Abzugrenzen ist dies von dem „**Nutzungsvertrag im engen Sinne**", den der BGH als **Vertrag eigener Art** einstuft und der aus Elementen des Pacht-, Miet-, Kauf- Dienst- und Werkvertrages bestehen kann (ausführlich *Schricker/Loewenheim*, § 31 UrhG Rn 28 ff). Auch Auftragsrecht und gesellschaftsvertragliche Elemente können hinzukommen. Diese Kategorisierung hatte Filmauswertungsverträge vor Augen, also zeitlich begrenzte Dauerschuldverhältnisse, deren Kern die Verschaffung der Nutzungsrechte für bestimmte Nutzungen an Urheberrechten und sonstigen Schutzrechten für einen bestimmten Zeitraum und die Verschaffung des Materials zur nach dem Vertragszweck vorgesehenen störungsfreien Auswertung gegen Lizenzvergütung ist. Diese vage Kategorisierung ist jedoch nicht zwingend für sämtliche Fälle vertriebsorientierter Nutzungsverträge anwendbar. Steht in dem Nutzungsvertrag die Herstellung und Ablieferung von Medienproduktionen im Vordergrund, ist jedenfalls für zu liefernde Trägermedien Werkvertragsrecht sachgerecht. Bei dauerhafter Einbindung in die Absatzorganisation kommen auch bei Nutzungsverträgen Vertragstypen wie Handelsvertreter-, Vertragshändler-, Kommissionsagentenverträge (§§ 87 ff, 383 ff HGB) in Betracht, die im Grundsatz Dienstverträge über eine Geschäftsbesorgung sind. Gleichwohl gelten auch in solchen Fällen die urheberrechtlichen Besonderheiten für Nutzungsverträge. Ebenfalls abzugrenzen sind Nutzungsverträge von **Käufen** von Rechten oder Sachen, die im Vertrieb **Handelskäufe** nach §§ 373 ff HGB sein können. Anders als bei Nutzungsverträgen verpflichten sich die Parteien nicht zu einer Rechtseinräumung, sondern einem Übergang bzw Zuordnungswechsel. Die Einordnung als Kauf liegt nahe, wenn ein ausschließliches oder auch einfaches Nutzungsrecht zeitlich unbegrenzt und ohne Auswertungspflicht gegen eine Pauschalzahlung eingeräumt wird. Die unbefriedigend vage Einstufung von Nutzungsverträgen macht **Leistungsstörungen** in Nutzungsverträgen unkalkulierbar (siehe Rn 111). Zu **Wahrnehmungsverträgen**, bei denen der Lizenznehmer oder Betraute **treuhänderisch** für den Rechteinhaber tätig wird, insbesondere bei treuhänderischer Rechtseinräumung an Verwertungsgesellschaften *Dreier/Schulze*, Vor § 31 Rn 118 mwN; *Schricker/Loewenheim*, Vor § 28 Rn 68 ff. Solche Verträge unterfallen dem Auftragsrecht (§ 662 BGB) oder sind bei Entgeltlichkeit Geschäftsbesorgungsverträge (§ 675 BGB).

5 Werden beim Medienabsatz keine Rechte eingeräumt oder liegt der Schwerpunkt nicht in der Rechtseinräumung, handelt es sich in der hier festgelegten Terminologie um einen **Vertriebsvertrag**. Die Abgrenzung zwischen Lizenz- und Vertriebsvertrag hat eine rechtliche Tragweite beim Heimfall von Rechten, da bei urheberrechtlichen Nutzungsverträgen das zivilrechtliche Abstraktionsprinzip keine Anwendung findet (*Wandtke/Bullinger-Wandtke/Grunert*, Vor §§ 31 ff UrhG Rn 49). Vertriebsverträge können nach dem Grad der vertikalen Integration in die Absatzorganisation des Produzenten unterschieden werden (*Martinek/Semmler-Martinek*, § 3 Rn 1). **Belieferungsverträge** sind Vertragsstrukturen zwischen Produzent und Absatzmittler, die als dauerhafter Rahmenvertrag für Kaufgeschäfte mit nebenvertraglicher Absatzpflicht gestaltet sind und nur eine sehr geringe Bindung in die Organisation des Produzenten aufweisen. In dieser Konstellation vereinbaren die Parteien einen Rahmen dafür, dass der Vertriebsnehmer die Ware des Vertriebsgebers ankauft und dann im eigenen Namen auf eigene Rechnung weiterverkauft („Resale", zur Abgrenzung zur Kommission *Baumbach/Hopt-Hopt*, § 383 HGB Rn 7). Ergänzende Leistungspflichten in diesem Rahmen können zB Markennutzungsrechte, Mindestabnahmemengen, Rabatte, Vertriebseinschränkungen oder Exklusivrechte sein. Eine stärkere Integration ergibt sich bei **Vertragshändlerverträgen**. Ein Vertragshändler ist ein Kaufmann, dessen Unternehmen in die Vertriebsorganisation eines Herstellers in der Weise eingegliedert ist, dass er es durch den Vertrag mit dem Hersteller oder einem von diesem eingesetzten Zwischenhändler ständig übernimmt, in eigenem Namen und auf eigene Rechnung die Vertragswaren im Vertragsgebiet zu vertreiben und ihren Absatz zu fördern, die Funktionen und Risiken seiner Handelstätigkeit hieran auszurichten und im Geschäftsverkehr das Herstellerzeichen neben der eigenen Firma herauszustellen (BGHZ 54, 338, 340). Vertragshändlerverträge sind Dienstverträge, die eine Geschäftsbesorgung zum Gegenstand haben, §§ 611, 675 BGB. Bei ihnen sind durch den institutionalisierten Kontakt Treue- und Sorgfaltspflichten verdichtet. Die gleiche Rechtsnatur haben **Kommissionsagentenverträge**, also Verträge, in denen der Absatzhelfer wie ein Kommissionär im eigenen Namen, aber für fremde Rechnung handelt, im Gegensatz zu diesem aber ständig betraut ist (*Martinek/Semmler-Martinek*, § 3 Rn 11). Der Vertrag zwischen **Presse-Grosso** und Verlag gehört in diese Kategorie (*Mann/Smid-Mann*, A Rn 21). Für diese gesetzlich nicht geregelte, im Medienvertrieb aber relevante Kategorie ist zu beachten, dass die Regelungen des Kommissionsgeschäfts (§§ 406, 383 ff HGB) und des Handelsvertreterrechts (§§ 84 ff HGB) analog zur Anwendung kommen können. **Handelsvertreter** schließlich werden in fremdem Namen auf fremde Rechnung tätig. Ihr Vertragsverhältnis ist

in §§ 84 ff HGB geregelt. Wer als Hersteller einen Handelsvertretervertrag wählt, hat die größtmögliche Kontrolle über die Aktivität eines selbstständigen Absatzmittlers, muss aber als Vertragspartner des Kunden mit den daraus resultierenden Aufwänden rechnen, zB Mängelrügen. Zur Anwendbarkeit des Handelsvertreterrechts auf Online-Shops *Dieselhorst/Grages*, MMR 2011, 368. Handelsvertreterrechtlicher Natur ist auch der **Agenturvertrag**, bei dem die Agentur einen Vertriebsvertrag zwischen dem Lizenzgeber und dem potenziellen Kunden vermitteln soll, hier kommen Dienstvertragsrecht (so *v. Hartlieb/Schwarz-Schwarz*, Kap. 154 Rn 7), aber auch Geschäftsbesorgung (§ 675 BGB) oder Maklerrecht (§ 93 HGB, § 652 BGB, hierzu *Sieger*, ZUM 1987, 541, 547) in Betracht. Die Kategorien der Nutzungs- und Vertriebsverträge überschneiden sich bei Konstrukten wie der Verlags- oder Filmkommission (vgl LG München I Schulze LGZ 80).

Das Gewirr um die vertragstypologische Einordnung von Medienvertriebsverträgen verliert praktische Relevanz, umso mehr die Parteien Leistungsstörungen und Abwicklung selbst individuell verhandeln. Dennoch lassen sich die wesentlichen Kriterien für eine Einordnung zusammenfassen: Die Kriterien bilden zugleich **Weichenstellungen bei der vertraglichen Gestaltung**: Wird schwerpunktmäßig ein Nutzungsrecht eingeräumt? Handelt der Absatzmittler im eigenen oder fremden Namen auf eigene oder fremde Rechnung? Ist er weisungsgebunden? Setzt er die Preise fest? Hat er Mitsprache in der Disposition und der Produktpolitik? Hat er eine Interessenwahrungspflicht? Trägt er das Absatzrisiko? Erfolgt die Überlassung des Medienproduktes dauerhaft oder auf Zeit? Hat er Material oder Kopien selbst herzustellen? Zudem ist zu beachten, dass die Rechtsprechung im Handelsrecht das **Recht des Handelsvertreters** auf eine Reihe von anderen Vertriebsverträgen **analog** anwendet, insbesondere auch den Ausgleichsanspruch nach § 89 b HGB (ausführlich *Baumbach/Hopt-Hopt*, § 84 HGB Rn 11 ff). Voraussetzung der Analogie ist ein dem Handelsvertreterrecht ähnlich gestaltetes Innenverhältnis, das den Vertriebsnehmer dauerhaft in die Absatzorganisation des Herstellers einbindet und ähnliche Aufgaben und Pflichten vorsieht, etwa die Interessenwahrungspflicht (§ 86 HGB). Eine solche Analogie kommt je nach Gestaltung auch bei vertriebsorientierten urheberrechtlichen **Nutzungsverträgen** in Betracht. 6

Grundsätzlich kann für sämtliche Medienvertriebsverträge das **Recht der Allgemeinen Geschäftsbedingungen** (§§ 305 ff BGB) Anwendung finden, sofern Vertragsbedingungen als allgemeine Geschäftsbedingungen zu qualifizieren sind, allerdings nach §§ 310 Abs. 1, 14 BGB eingeschränkt bei (Medien-)Unternehmen. Freischaffende Urheber sind Unternehmer iSv § 14 BGB. Medienvertriebsverträge sind häufig vorformuliert, da sie die Branchenerfahrung der verwendenden Partei reflektieren und im Massengeschäft mit Standards gearbeitet werden muss. Nicht selten geben Konzernzentralen verbindliche Vertragsbestimmungen vor (im Einzelnen zu AGB-rechtlichen Fragen bei Nutzungsverträgen *Castendyk*, ZUM 2007, 169 ff; *Schricker*, Vor §§ 28 ff Rn 10; *Jani*, S. 236; *Riesenhuber*, ZUM 2002, 777 ff; *Dreier/Schulze*, Vor § 31 Rn 4; eine ausführliche Rechtsprechungsübersicht zu nichtigen Klauseln bei *Schricker/Loewenheim*, Vor §§ 28 ff UrhG Rn 31). Ist eine Klausel an einem gesetzlichen Leitbild zu messen (§ 307 Abs. 2 Nr. 1 BGB), entfaltet die schwierige Frage der vertraglichen Einordnung besondere Relevanz. Zu beachten sind aber auch die Leitprinzipien des UrhG und des VerlG, vor allem das Prinzip der angemessenen Vergütung (Rn 61). 7

C. Material und dessen Anlieferung

Verhandlungen über Medienvertriebsverträge beginnen typischerweise pragmatisch mit der Einigung über das zu liefernde, zu vertreibende oder ggf sogar erst herzustellende Material. In der Vertragsgestaltung ist das **Material** für den späteren Vertrieb genau zu spezifizieren, da Medien in unterschiedlichen Fassungen und Versionen produziert werden. Die Schnittfassung des Films, die pressfähige Versionsnummer der Software („Golden Master") oder die Aufbereitung für eine bestimmte technische Nutzung muss genau definiert werden, insbesondere dann, wenn in der Vertriebslizenz Bearbeitungen und damit Kürzungen und Umformatierungen ausgeschlossen sind. Verschiedene Verwertungskanäle bedingen unterschiedliche Anforderungen an das Material, etwa Kino- und TV-Fassungen von Filmen, die von Anfang an zu berücksichtigen sind. Oft ist Material in Übereinstimmung mit **technischen Spezifikationen** und **Richtlinien** zu liefern. Nachträgliche Änderungen („post productions") sind teuer und sogleich mit der Frage verbunden, wer die Kosten hierfür trägt. Sind bestimmte Materialien vom Lizenzgeber zu liefern, erhält der Vertriebsvertrag eine werkvertragliche Komponente, die auch als vertragliche Hauptpflicht ausgestaltet sein kann. Für Verlagsverträge typisch ist die Pflicht, ein Manuskript von gewissem Umfang zu einem bestimmten Zeitpunkt abzuliefern. Im Rahmen der Vertrags- 8 freiheit können insbesondere zu Finanzierungszwecken Medienvertriebsverträge auch über erst noch zu produzierendes Material geschlossen werden. Besonders wichtig wird die Spezifikation des zu liefernden Materials im **physischen Vertrieb. Regelungspunkte** sind hier die Beschreibung des verkaufsfertigen, mangelfreien Produkts, Verpackung, Konfiguration, Liefer-/Lageranschrift, Regelung der Gefahrübergänge und des Transportrisikos, Versicherungen, Lieferfristen, Rügeobliegenheiten (§ 377 HGB) und deren Ausgestaltung, die Lagerung (uU in gesondertem Lagervertrag), der Prozess für Retouren und ein etwaiger Eigentumsvorbehalt an der Ware. Gegenstand eines Vertriebsvertrags kann ganz oder teilweise auch ein Repertoire sein, siehe Rn 13.

9 Das **Eigentum** am Material folgt nicht automatisch einer Lizenz (BGH GRUR 1971, 481 – Filmverleih, vgl § 44 UrhG). Es entsteht gemäß § 950 BGB beim Hersteller und wird nach sachenrechtlichen Vorschriften gemäß §§ 929 ff BGB übertragen. Verbleibt das Eigentum an dem Material beim Lizenzgeber, hat dieser regelmäßig einen Anspruch auf Herausgabe nach Ende des Vertriebsvertrages (§ 985 BGB, vgl auch § 27 VerlG; BGH NJW 1969, 1383). Ähnlich ist die Frage des Eigentums von Kopien, etwa Filmkopien für den Filmverleih, unabhängig von der urheberrechtlichen Nutzungsbefugnis zu sehen. Bei Vertriebsverträgen sind die Parteien frei in der Gestaltung, ob der Absatzmittler zunächst Eigentum an den zu vertreibenden Produkten erlangen soll oder nicht.

10 Bei teuren und internationalen Produktionen kann der **Weg**, wie das Material (Original oder Kopien) zum Vertrieb und zum Konsumenten gelangt, regelungsbedürftig sein (siehe auch Rn 93). Insbesondere im digitalen Vertrieb oder wenn zur Pirateriebekämpfung Transparenz über die Transportwege hergestellt werden soll, können die Modalitäten der Anlieferung und die Übergabepunkte definiert werden. Zugleich lässt sich dadurch die Gefahrtragung bei Störungen in der Anlieferung regeln.

11 Neben den Materialien für das eigentliche Werk kann eine Regelung für **Begleitmaterial und Dokumentationen** sinnvoll sein, beispielsweise Reports über die verwendete Musik zu Zwecken der GEMA-Abrechnung, Informationen über Namen und Adressen der Beteiligten und deren etwaige Mitgliedschaft in Verwertungsgesellschaften zur Prüfung der Rechtekette, Dokumentation zur erfolgten Jugendfreigabe, Cast- und Produktionslisten, Presse- und Promotionmaterial.

D. Inhalt der Rechtseinräumung in Nutzungsverträgen

12 In Medienvertriebsverträgen können Rechtseinräumung oder Vertriebsrecht örtlich, zeitlich und sachlich begrenzt sein. Das gilt sowohl für urheberrechtliche Einräumungen von Teilnutzungsrechten an einem oder an mehreren Werken zu Zwecken des Vertriebes (§ 31 Abs. 1 S. 2 UrhG) als auch sonst in Vertriebsverträgen durch schuldrechtliche Ausgestaltung des Vertriebsrechts. Auch wenn sich die Strukturen gleichen, werden wegen der urheberrechtlichen Besonderheiten zunächst die Rechtseinräumungen in **Nutzungsverträgen** und anschließend unter Rn 53 die Gestaltung von Vertriebsrechten in **Vertriebsverträgen** behandelt.

I. Gegenstand der Nutzungsrechtseinräumung

13 Eine Rechtseinräumung zu Vertriebszwecken besteht an allen **gewerblichen Schutzrechten** (insbesondere Urheber-, Leistungsschutz- und Markenrechten) sowie **Persönlichkeitsrechten**, die an den konkret zu vertreibenden Werken bestehen. Diese Rechte zu identifizieren, ist der erste Schritt in der Gestaltung der Rechtseinräumung. Die Einräumung kann mit dinglicher Wirkung oder nur als schuldrechtliche Verpflichtung zur Nichtausübung des eigenen Verbotsrechts ausgestaltet sein. Die Rechtseinräumung kann sich auf ein **einzelnes Werk**, etwa einen Film oder ein Buchmanuskript, beziehen. Nicht selten werden Werke auch in Bündeln („**Packages**") oder in Serien („**life-of-series-Klauseln**") lizenziert, wobei die einzelnen Elemente der Bündel oder Serien oft bei Vertragsschluss noch gar nicht produziert sind. Auf diese Weise lassen sich aus Sicht des Lizenzgebers schwer zu vertreibende Werke wesentlich besser in den Markt bringen, wenn sie nämlich im Paket mit Blockbustern vermarktet werden. Bei solchen Package-Deals ergeben sich neben kartellrechtlichen Aspekten (hierzu EU-Kommission GRUR Int. 1991, 216 – MGM-Paketvertrag) vor allem Komplikationen bei Leistungsstörungen bezüglich eines Elements des Pakets. Ist Gegenstand der Vertriebslizenz nicht ein einzelnes Werk oder ein kleineres Bündel, sondern ein umfangreiches **Repertoire**, wie etwa in Label-Verträgen (siehe 52. Abschnitt Rn 92) oder bei der Lizenzierung von Musik für Online-Shops, stellt sich regelmäßig die Frage, ob das vollständige Repertoire des Lizenzgebers lizenziert wird oder ob ausnahmsweise einzelne Werke ausgeklammert sind. Für besonders vielversprechende Werke mag der Lizenzgeber sich eine Exklusivver-

marktung mit entsprechend höheren Margen vorbehalten wollen. Umgekehrt besteht für den Lizenznehmer die Sorge, er könne durch eine willkürlich unterschiedliche Belieferung mit Vertriebsrepertoire gegenüber Wettbewerbern diskriminiert werden. Neben dem zu vertreibenden Hauptwerk können Lizenzregelungen über das Material für Promotion- und Pressezwecke („**Footage**", „**Trailer**", „**EPKs**") getroffen werden. Insgesamt zum Material, das Gegenstand des vertraglichen Medienvertriebs sein soll, siehe Rn 8.

Spätere **Aktualisierungen**, Updates, Neufassungen, Neuauflagen, Übersetzungen oder digitale Aufbereitungen älterer Werke sind im Zweifel nur dann Gegenstand der Lizenz oder des Vertriebsrechts, wenn dies ausdrücklich vereinbart ist. Die rechtlichen Möglichkeiten hierfür sind durch § 31a UrhG erweitert worden. Sollen derartige Produktionen vom Lizenz-/Vertriebsnehmer vorgenommen werden, benötigt dieser insbesondere das Bearbeitungsrecht (§ 23 UrhG). 14

Rechtseinräumungen (ebenso wie Vertriebsrechte) können ohne Weiteres **mengenmäßig** ausgestaltet sein (arg. e. § 5 Abs. 2 VerlG), sich also auf **Kontingente, Auflagen, Stückzahlen** und dergleichen beziehen. Bei dinglichen Rechtseinräumungen ist der Bestimmtheitsgrundsatz zu beachten. 15

II. Lizenzgebiet

Das **Lizenzgebiet**, also der räumliche Geltungsbereich einer Rechtseinräumung, ist üblicherweise begrenzt. Findet sich im Nutzungsvertrag keine Aussage zum Lizenzgebiet, entspricht das Lizenzgebiet dem Geltungsbereich des angewendeten Urheberrechts, im Falle des UrhG also dem Gebiet der BRD (vgl BGH GRUR 1988, 373, 375 – Schallplattenimport II). Lizenzen für ausländische Lizenzgebiete oder für den weltweiten Vertrieb müssen ausdrücklich vereinbart werden (siehe aber Rn 19 für Online-Lizenzen). Dabei ist es möglich, für verschiedene Lizenzgebiete verschiedene Urheberrechtsordnungen anzuwenden (vgl BGH GRUR 1986, 736, 738 – Schallplattenvermietung). Früher galt die Auffassung, im Zweifel sei dies nicht gewollt. Angesichts der verbreiteten konvergenten Lizenzierung, die Internet-Rechte einschließt (Rn 19), lässt sich dies kaum mehr halten. Zu den Verhältnissen bei Lizenzen für das Gebiet der ehemaligen DDR nach der Wiedervereinigung vgl BGH GRUR 2003, 699. Eine Lizenz, die vor der Wiedervereinigung für das Lizenzgebiet „Deutschland" erteilt wurde, gilt nicht automatisch auch für die neuen Bundesländer (BGH AfP 2010, 147). Zur territorialen Vergabe von Senderechten *Diesbach*, ZUM 2002, 680. 16

Lizenzgebiete können anhand von **Ländergrenzen** oder Regionen oder anhand des **Sprachraums** (zB „German-speaking Europe") definiert werden. „ROW" ist eine gängige Formulierung für das Weltterritorium außerhalb der USA („rest of the world"). „GAS" bezeichnet die deutschsprachigen Vertriebsgebiete („Germany, Austria, Switzerland"). Soweit eine Nutzungsart dem Erschöpfungsgrundsatz nach § 17 Abs. 2 UrhG unterliegt, kann eine räumliche Beschränkung eine Erschöpfung nicht hindern. Regionale Lizenzgebiete für die Verbreitung von körperlichen Werkstücken innerhalb der BRD sind danach als dinglich wirkende Rechtseinräumungen unzulässig. Der Erschöpfungsgrundsatz gilt dabei europaweit, so dass zwar eine Erstverbreitung, nicht jedoch eine spätere Weiterverbreitung auf EU-Ländern allokiert werden kann (BGH GRUR 2003, 699, 702 – Eterna; KG ZUM 2003, 395, 397 – Hase und Wolf). Soweit Lizenzen an **Sprachfassungen** geknüpft werden, bewirkt dies faktisch gleiche Effekte wie Lizenzterritorien. 17

Eine sog. „**overspill**"**-Vereinbarung** besagt, es stelle keine Vertragsverletzung dar, wenn es bei ansonsten vertragsgemäßer Nutzung durch Sendeunschärfen bei Satelliten und Funkausstrahlung oder Kabelweiterleitung zu Überschreitungen des Lizenzgebietes komme, es sei denn, dies sei dem Lizenznehmer vermeidbar. Entsprechend kann auch eine Rechtegarantie durch den Lizenzgeber (siehe Rn 116 ff) nicht für Overspill-Effekte und für durch Kabelweiterleitung ausgelöste Parallelverbreitung gegeben werden und muss entsprechend gefasst werden (vgl § 20a UrhG, EU-RL 93/83/EWG; *Kort*, GRUR Int 1994, 594; zum Lizenzgebiet bei Fernsehlizenzverträgen und sog. Einstrahlungsschutzklauseln *v. Hartlieb/Schwarz-Castendyk*, Kap. 257 Rn 9 ff). 18

Für den **Online-Vertrieb** gibt es im Grunde kein Lizenzgebiet, da sich die Nutzung im Internet nicht an Territorien und Staatsgrenzen festmachen lässt. Eine Lizenz zum Vertrieb über das Internet ist per se eine weltweite Lizenz, selbst dann, wenn im Vertrag keine ausdrückliche Regelung zum räumlichen Geltungsbereich getroffen wurde. Gelegentlich wird dieser Umstand in der Lizenzpraxis ignoriert. Etwa Musiknutzungen für das Internet müssen nach der gegenwärtigen Rechtslage rechtskonform für jedes Länderrepertoire einzeln lizenziert werden, da Verwertungsgesellschaften nur nach der für sie 19 geltenden Urheberrechtsordnung Rechte vergeben. In der Praxis ist dies schlicht undurchführbar. Zwar ist es im gewissen Umfang möglich, durch sog. Geo-Location-Systeme das Land zu bestimmen, in welchem der Internet-Nutzer sich aktuell aufhält (*Hoeren,* MMR 2007, 1; *Mitsdörffer/Gutfleisch,* MMR 2009, 731). Jedoch können diese Systeme keinen Grad an Sicherheit bieten, der es erlaubte, dingliche Rechtswirkungen an ihn zu knüpfen. Unbeschadet dessen enthalten in der Praxis Online-Vertriebsverträge nicht selten **territoriale Lizenzgebiete für Online-Nutzungen**. Man einigt sich darüber, wie sicherzustellen ist, ob eine Nutzung oder Transaktion innerhalb des Lizenzgebietes stattfindet, etwa über Adressprüfungsroutinen oder Bankdatenabfragen, und verteilt vertraglich des Restrisiko der unbefugten Nutzungen außerhalb des virtuellen Lizenzgebiets. Insofern haben Lizenzgebietsvereinbarungen für den Online-Vertrieb den Charakter von overspill-Vereinbarungen. Alternativ können Internet-Lizenzen anhand des **Sprachraums** oder anhand der **URL** beschränkt werden. Eine Lizenz für eine URL „www.beispiel.de“ ist auf alle Internet-Seiten beschränkt, die unter der Homepage „www.beispiel.de“ zugänglich gemacht werden; jedoch ist eine solche Lizenz trotz der Top-Level-Domain „de“ weltweit, nicht etwa auf Deutschland beschränkt.

20 **Gebietsbeschränkungen**, die auch für Urheberrechte gelten (vgl EuGHE 1974, 313 – „BRT/SABAM“; EuGHE 1974, 409 – „Sacchi“) können gegen Art. 81 f EGV, §§ 1 ff GWB verstoßen und kartellrechtswidrig sein (siehe 15. Abschnitt Rn 70 ff). Dies vor allem für Gebietsklauseln in Nutzungsverträgen, insbesondere wenn sie als ausschließliche Lizenzen zu einer territorialen Aufspaltung führen und den Export in andere EG-Länder unterbinden sollen (vgl EuGHE 1980, 881 – „Coditel I“; EuGHE 1982, 3381 – „Coditel II“; *Wandtke/Bullinger-v. Welser,* Vor §§ 120 ff Rn 49 mwN; EuGH Slg 1982, 2015 – Nungesser; aA *Nordemann,* GRUR 2007, 203, 206). Auch sollen im Kern Paralleleinfuhren möglich sein; das Urheberrecht darf nicht dazu dienen, höhere Lizenzvergütungen im Bestimmungsland durchzusetzen (vgl EuGHE 1981, 14 – „Musik-Vertrieb Membran/GEMA“; demgegenüber aber auch EuGHE 1987, 1747 – „Basset/SACEM“; EuGHE 1988, 2605 – „Warner Brothers/Christiansen“). Dies hat Brisanz für den Online-Vetrieb. Die Praxis der territorialen Aufspaltung im nicht-physischen Online-Musikvertrieb, nach der jeweils nur in dem Shop im eigenen Land zu den dort vorgegebenen Preisen gekauft werden kann, ist von der EU-Kommission kartellrechtlich beanstandet worden (Empfehlung der Kommission vom 18.5.2005 für die länderübergreifende kollektive Wahrnehmung von Urheberrechten und verwandten Schutzrechten, die für legale Onlinemusikdienste benötigt werden – 2005/737/EG ABl. L 276 v. 21.10. 2005, 54). Zu Restriktionen für Import und Export von Tonträgern siehe *Moser/Scheuermann-Kornmeier,* S. 1207. Zur territorialen Lizenzvergabe durch Verwertungsgesellschaften vgl *v. Einem*, MMR 2006, 647 ff; *Lüder*, GRUR Int 2007, 649. Kritisch zur territorialen Vergabe von exklusiven Senderechten in der Fußballübertragung in der EU Generalanwältin *Kokott*, Pressemeldung Nr. 3/11 des EUGH.

III. Lizenzzeit

21 Der **Beginn der Lizenz** kann mit dem Vertragsbeginn zusammenfallen oder zeitlich später liegen. Letzteres, wenn der Vertriebsweg erst aufgesetzt oder die zu vertreibenden Medien erst produziert werden müssen. Ist kein Zeitpunkt bestimmt, ist es Auslegungsfrage, ob Lizenz und Zahlungspflicht mit Vertragsbeginn oder erst mit Aufnahme der Vertriebstätigkeit beginnen. Auch kann der Beginn der Lizenz an die Erfüllung einer ersten Zahlung, etwa einer Minimumgarantie (siehe Rn 81), geknüpft werden. In der Vertragsgestaltung empfiehlt sich eine Festlegung des Vertriebsbeginns mit einem Datum. Insbesondere wenn durch den Vertrieb werbliche Aufwendungen getätigt werden, ist zusammen mit dem Vertriebsbeginn ein verbindlicher Liefertermin für das benötigte Material zu vereinbaren, dessen Verfehlung Schadensersatzansprüche auslöst.

22 Die **Dauer** der Lizenz muss eine Amortisation der Kosten des Lizenznehmers zuzüglich angemessener Marge erlauben. Filmlizenzverträge etwa haben Vertriebslaufzeiten von 5 bis zu 10–15 Jahren. Vertriebsverträge, die bereits im Produktionsstadium geschlossen werden, haben wegen des Verwertungsrisikos des Lizenznehmers typischerweise eine vergleichsweise lange Laufzeit. Ist die Lizenz auf unbestimmte Zeit eingeräumt, entspricht die Lizenzzeit der Dauer der urheberrechtlichen Schutzfrist (§ 64 UrhG). Für Sammlungen und Druckwerke enthält § 38 UrhG Sonderregeln für den Lizenzzeitraum.

23 Oft hat eine Partei den Wunsch zur **Verlängerung** des Lizenzzeit oder der Vertriebstätigkeit. Dies lässt sich durch Optionen bzw Prolongationsklauseln im Vorfeld regeln: Eine **Option** ist das Recht, den Vertrag durch einseitige Erklärung gegenüber dem Vertragspartner um einen vereinbarten Zeitraum zu festgelegten Konditionen zu verlängern. Optionen sind zweischneidig. Sie erhöhen die Wahrschein-

lichkeit einer weiteren Auswertung, nehmen dem Verpflichteten aber die Möglichkeit, unter Androhung der Beendigung der Kooperation die Konditionen neu zu verhandeln. In der Praxis finden sich aber auch weichere Abstufungen, etwa Erstverhandlungsrechte über Folgewerke („**first negotiation**"), Verpflichtungen des Lizenzgebers, dem Lizenznehmer eine Verlängerung zu gleichen oder besseren Konditionen gegenüber einem Drittinteressenten anzubieten („**last refusal**") oder gar eine vorkaufsrechtsartige Verpflichtung, auf Anfordern mit den mit einem Dritten ausgehandelten Konditionen abzuschließen („**matching bid**").

Nach **Ablauf** der Lizenzzeit oder der Vertriebszeit endet nicht notwendig der Medienvertriebsvertrag als Ganzes bzw als Schuldverhältnis im weiten Sinne, da noch nachwirkende Pflichten in Betracht kommen, beispielsweise Rückgabepflichten oder eine Beteiligung an Folgegeschäften, die auch auf die vom ehemaligen Vertriebsnehmer erbrachten Leistungen zurückzuführen sind. Umgekehrt endet die Rechtseinräumung, wenn der Medienvertriebsvertrag beendet wird (vgl §§ 9 Abs. 1, 29 Abs. 3 VerlG). Für Nutzungsverträge gilt eine Besonderheit: Nach **Zeitablauf** der Lizenz fallen die eingeräumten Vertriebsrechte automatisch an den Lizenzgeber zurück, ohne dass es hierzu einer ausdrücklichen Bestimmung im Vertrag bedarf (siehe Rn 5; OLG Düsseldorf ZUM 2004, 307, 308). Da dies dem Rechtsverkehr nicht ersichtlich ist, muss in Lizenzgeschäften nicht nur die Verschaffung, sondern auch der Fortbestand der eingeräumten Rechte geregelt und geprüft sein. Für produzierte Trägermedien kann die Vereinbarung einer **Aufbrauchfrist** sinnvoll sein. 24

IV. Umfang und Ausgestaltung der Nutzungsrechtseinräumung

Kern jeder Rechtseinräumung ist die **inhaltliche Ausgestaltung** der zulässigen Nutzungen durch den Lizenznehmer. Das wirtschaftliche Interesse des Lizenzgebers liegt in der Optimierung der Absatzerlöse, die oft in der Allokation der Lizenzvergütung auf einzeln bezeichnete Nutzungsarten, verbunden mit einer Minimumgarantie, liegt (siehe Rn 81). Das Interesse des Lizenznehmers liegt in der Balance, preisgünstig möglichst umfangreiche (Medienkonvergenz abbildende) und flexible Rechte zu erwerben – sowohl zum eigenen Gebrauch als auch, um diese Wettbewerbern zu entziehen –, ohne für später kommerziell nicht genutzte Rechte dennoch eine angemessene Vergütung zahlen zu müssen (§ 32 Abs. 1 S. 1 UrhG). 25

Schon diese Überlegungen zwingen beide Vertragsparteien zur Klarheit über den **Zweck der Rechtseinräumung.** Diesen sorgsam eng oder weit formuliert in dem Nutzungsvertrag niederzulegen, und sei es in Präambeln oder Vertragsanlagen, ist schon deshalb sinnvoll, weil Lizenzklauseln anhand des **Vertragszwecks** ausgelegt werden, § 31 Abs. 5 UrhG (zur **Zweckübertragungslehre** *Dreier/Schulze*, § 31 Rn 103 ff), und im Vertrag nicht aufgeführte und nicht aus dem Vertragszweck zwingend folgende Nutzungsrechte beim Lizenzgeber verbleiben, BGH ZUM 2011, 498. Die Zweckübertragungslehre gilt **analog** auch für **Leistungsschutzrechte.** Eine nach Branchen sortierte Rechtsprechungsübersicht zur Zweckübertragungsregel findet sich bei *Schricker/Loewenheim*, § 31 UrhG Rn 91 ff; ferner *Berger/Wündisch*, § 1 Rn 98 ff. Wirtschaftlich fallen die wesentlichen Entscheidungen über den Vertrieb jedoch bereits in der Produktionsphase und dort in der Rechtseinräumung von den beteiligten Urhebern (vgl 52. Abschnitt Rn 119, zu Medienproduktionsverträgen 50., 51. Abschnitt). Die Zweckübertragungsregel steht nicht zur Disposition im internationalen Rechtsverkehr, OLG Köln ZUM 2011, 574. 26

1. Nutzungsarten. Die nach der Rechtseinräumung zulässigen Nutzungsarten können in der Vertragsgestaltung abstrakt und **pauschal** oder **detailliert** im Einzelnen bezeichnet sein. Abstrakte und pauschale Formulierungen, beispielsweise „zur umfassenden wirtschaftlichen Verwertung in allen bekannten Nutzungsarten", verursachen leicht Auslegungsfragen, die aufgrund der Zweckübertragungsregel trotz der weit gefassten pauschalen Formulierung oft zugunsten des Lizenzgebers ausgehen (zur pauschalen Rechtseinräumung in Fernsehlizenzverträgen OLG München ZUM-RD 1998, 101). Die Lizenzpraxis tendiert als Folge von § 31 Abs. 5 UrhG dazu, in Nutzungsrechtseinräumungen die betroffenen (und ausgenommenen) **Nutzungsarten** in umfangreichen Katalogen **genau zu bezeichnen.** 27

Lizenzklauseln verwenden dabei nicht selten die Begrifflichkeiten der in § 15 UrhG (nicht abschließend) aufgezählten **Verwertungsrechte,** beispielsweise in der Formulierung: „Eingeräumt werden das Senderecht, das Vervielfältigungsrecht...". Zwingend ist dies nicht. Die gesetzlichen Begriffe umfassen neben den im Gesetz genannten Nutzungsarten **alle weiteren Nutzungsarten,** insbesondere die durch die Rechtsprechung gebildeten Fallgruppen. Es liegt auf der Hand, dass die gesetzlichen Begriffe für die Praxis oft zu weit gefasst sind. Wird etwa für ein Musikwerk das Senderecht eingeräumt, umfasst dies sowohl eine Nutzung im Radio als auch als Webcast im Internet, zweifellos zwei unterschiedliche 28

Nutzungsarten, deren gleichzeitige Lizenzierung an denselben Lizenznehmer nicht immer gewollt ist. Umgekehrt kann eine Nutzungsart mehrere Verwertungsrechte betreffen, etwa das Vervielfältigungsrecht und das Recht der öffentlichen Zugänglichmachung bei Einräumung des Rechts, Werke online zu nutzen.

29 Entsprechend finden sich viel häufiger **Aufzählungen** der lizenzierten (und ausgenommenen) einzelnen **Nutzungsarten**, die nicht selten einen Umfang erreichen, der eine Verlagerung in eine Vertragsanlage erforderlich macht. Eine solche Vertragsgestaltung hat den Vorzug größerer Klarheit, birgt demgegenüber aber Risiken für den Lizenznehmer, wenn erforderliche Nutzungsarten in der Aufzählung nicht genannt sind. Denn dies erzeugt dann eine Auslegungsfrage, die zugunsten des Verbleibs des Nutzungsrechtes beim Lizenzgeber ausgeht, wenn sich nicht Gegenteiliges eindeutig aus dem zum Vertragsinhalt gewordenen Vertragszweck ergibt. Die Auslegungsregel des § 31 Abs. 5 UrhG soll in solchen Fällen nicht anwendbar sein, weil keine Unklarheiten in der Aufzählung der Nutzungsarten bestehe (LG München ZUM-RD 2007, 257). Dies überzeugt allerdings nicht. Es muss möglich sein, und der Wortlaut lässt dies zu, angesichts des exzessiven Auswuchses von immer feiner technisch ausdifferenzierten Nutzungsarten einen vertraglichen Katalog vor dem Hintergrund des Vertragszwecks zu korrigieren. Zur Bedeutung der Vertragspräambel für die Vertragsauslegung siehe Rn 134. Gebräuchlich sind Vertragsformulierungen, in denen zunächst der wirtschaftliche Vertriebszweck und die betroffenen Verwertungsrechte dargestellt und sodann ergänzend die einzelnen Nutzungsarten in allen Details aufgelistet werden. Häufig anzutreffende **„Insbesondere-Klauseln"**, mit denen zum Ausdruck gebracht werden soll, eine Rechtseinräumung umfasse insbesondere, wenn auch nicht abschließend, die aufgezählten Nutzungsarten, bringen gegenüber den Auslegungsgrundsätzen des § 31 Abs. 5 UrhG keinen Mehrwert.

30 Die juristische Güte einer Lizenzklausel steht und fällt also wesentlich mit der Aufzählung und Beschreibung der betroffenen **Nutzungsarten.** Welche Nutzungen als eigenständige und neue Nutzungsarten in der Rechtsprechung anerkannt sind, ist kaum noch zu überblicken und in der Sache auch nicht immer konsistent, da die Kriterien zur Bestimmung einer Nutzungsart eine wirtschaftliche Wertung erfordern (und zugleich aber vor dem Bestimmtheitsgebot für verfügbare Rechtsgegenstände gesehen werden müssen): Soll eine Lizenz mit dinglicher Wirkung auf eine Nutzungsart bezogen werden, so muss es sich um eine nach der Verkehrsauffassung als solche **hinreichend klar abgrenzbare, wirtschaftlich-technisch als einheitlich und selbstständig erscheinende Verwendungsform** handeln (BGH GRUR 1992, 310, 311 – Taschenbuch-Lizenz; BGH ZUM 1995, 713 – Videozweitauswertung III; *Dreier/Schulze,* § 31 Rn 9). Liegt keine eigenständige Nutzungsart vor, ist das Nutzungsrecht nicht dinglich, sondern durch schuldrechtliche Verpflichtung ausgestaltet (zur kartellrechtlichen Relevanz dieser Unterscheidung *Nordemann*, GRUR 2007, 203, 207). Eigenständige Nutzungsarten sind jedenfalls die in der Richtlinie für audiovisuelle Mediendienste RL 2010/13/EU v. 10.3.2010 unterschiedenen Nutzungsarten. Die Eigenschaft als eigenständige Nutzungsart kann durch verschiedene Umstände vermittelt werden, die sich wie folgt **kategorisieren** lassen (ausführlich *Dreier/Schulze*, § 31 Rn 36 ff):

31 Die Eigenständigkeit kann sich aus dem **kommerziellen Einsatz** ergeben. Daher werden regelmäßig kommerzielle Nutzungen von Nutzungen für **redaktionelle** Zwecke (oftmals bei Bildlizenzen) oder Nutzungen im **Privat-/Hobby- oder gemeinnützigen Bereich** unterschieden (vgl etwa die Webcast-Tarife der GVL unter www.gvl.de). Im mehrstufigen Vertrieb kann etwa die Vorgabe gemacht werden, Konsumenten ausschließlich die Nutzung zu privaten Zwecken zu gestatten. Eine kommerzielle Nutzung ist es etwa auch, wenn von Herstellern stammendes Material zu redaktionellen Pressezwecken zu einem Datenbankprodukt zusammengesammelt und dieses entgeltlich lizenziert wird. Ebenso kann eine kommerzielle Nutzung vorliegen, wenn einzelne Produkte als Werbemaßnahme kostenlos an Konsumenten vertrieben werden, etwa um den Vertrieb über einen Downloadshop zu bewerben. Anerkannt ist auch die Unterscheidung zwischen PayTV und FreeTV sowie öffentlich-rechtlichem und privaten Fernsehen. Ob aber bei kostenlosem und kostenpflichtigen Absatz unter ansonsten gleichen Bedingungen generell von unterschiedlichen Nutzungsarten ausgegangen werden kann, ist zweifelhaft. Vertraglich ist eine Klarstellung zu empfehlen, ob und unter welchen Voraussetzungen das zu vertreibende Produkt auch kostenlos abgegeben werden kann. Die Nutzung zu **Werbezwecken** ist regelmäßig eine eigenständige Nutzungsart und muss gesondert lizenziert werden (OLG Hamburg GRUR 1991, 599, 600 – Rundfunkwerbung; OLG München ZUM 1997, 275, 279 – Trailerwerbung; OLG Frankfurt ZUM 1989, 302, 304 – Wüstenflug). Typischweise wird dabei noch differenziert, in welchen

Medien und in welchen Formen eine Werbung zulässig sein soll, zB „umfasst ist das Werberecht ausschließlich in Printmedien".

Die Eigenständigkeit kann weiter in der **Art und Weise der Werkvermittlung** gesehen werden, etwa im Vergleich von Vorführung, Sendung, Online-Nutzung (*Dreier/Schulze*, § 31 Rn 36). Im Filmbereich sind Auswertungen im TV und im Kino unterschiedliche Nutzungsarten (BGH GRUR 1969, 364, 366 – Fernsehauswertung; BGH GRUR 1976, 382, 384 – Kaviar). Ebenso die Videozweitauswertung (BGH GRUR 1991, 133, 136). Dieses Kriterium dürfte angesichts der Medienkonvergenz an Bedeutung verlieren. 32

Da die technische Entwicklung in zunehmender Geschwindigkeit fortschreitet, ist es in der Vertragsgestaltung sinnvoll, die **technischen Abläufe** einer Nutzung detaillierter zu betrachten. Generell ist dabei zwischen der Nutzung in **verkörperter** oder **unverkörperter** Form zu unterscheiden. Die Übergabe von Pressefotos an eine Tageszeitung zB beinhaltet nicht Rechte für die Nutzung im Internet (KG K&R 2002, 248). Die Einwilligung zum Abdruck in einer Zeitung umfasst nicht eine Nutzung als ePaper (AG Köln GRUR-RR 2006, 396). Ähnlich ist die Verwertung von TV-Sendungen auf Videokassetten eine neue Nutzungsart, BGH GRUR 1991, Videozweitauswertung. Weiter ist zwischen **analoger** und **digitaler** Nutzung zu unterscheiden (arg. e. § 95a UrhG). 33

Im Vertrieb von **verkörperten Werken** entzünden sich die meisten Streitfragen daran, ob eine technische Neuerung des **Trägermediums**, in welchem das Werk verkörpert wird, bereits eine neue Nutzungsart bildet, ob beispielsweise ein Recht zur Videoauswertung auch den Vertrieb auf DVD erlaubt (BGH GRUR 2005, 937 – Zauberberg; *Loewenheim*, GRUR 2004, 36). Bereits abzusehen ist ein Streit über die lizenzrechtliche Behandlung der neuen hochauflösenden Speichermedien für HD-TV. Nach LG München ZUM 2011, 269 ist BlueRay gegenüber der DVD keine neue Nutzungsart; dies obwohl sich BlueRays nicht in reinen DVD-Playern abspielen lassen. Im Sprachgebrauch unterscheidet man zwischen verschiedenen Trägermedien, die sich durch die Art ihrer Abspielgeräte unterscheiden, etwa DVD und VHS-Videokassette, die sich wirtschaftlich aber substituieren können. Zur Nutzungsart Videokassette BGH ZUM 2011, 498. Regulatorisch problematisch wird es, wenn, wie etwa bei BlueRay-Playern, Endgeräte mehrere Medien auslesen können. Überdies können Werke insbesondere bei digitalen Medien in unterschiedlichen **Formaten** abgelegt sein, die gleichwohl eine Marktsegmentierung bewirken und damit für die Betrachtung von eigenständigen Nutzungsarten von Bedeutung sein können. In Verträgen kann etwa formuliert werden, ein Recht werde für die Nutzung in „allen bekannten Trägermedien und in allen bekannten Formaten eingeräumt". Nach § 31a UrhG kann die Rechtseinräumung sogar auf noch nicht bekannte Trägermedien und Formate erstreckt werden. Kein „Format" ist die jeweils verwendete Programmiersprache, die gegenüber dem Nutzer nicht in Erscheinung tritt. 34

Bei **unverkörperten Werken** ist zunächst hervorzuheben, dass eine **Digitalisierung** per se keine neue Nutzungsart darstellt. Entscheidend ist vielmehr, wie das digitalisierte Werk dann weiter genutzt wird (BGH GRUR 2005, 937, 939 – Der Zauberberg; *Hoeren*, MMR 2002, 233; *v. Gamm*, ZUM 1994, 591, 593). Die Speicherung eines digitalisierten Werkes ist allerdings eine Vervielfältigung. „**Multimedia**" ist keine Nutzungsart, sondern eine rechtlich aufzulösende Sammelbezeichnung für digitale Kombinationsprodukte. Insbesondere im Online-Bereich ist von Bedeutung, ob das Werk als **Sendung** zum Konsumenten gelangt, so dass er die Zeit, zu der er das Werk konsumiert, nicht selbst bestimmen kann, oder ob der Konsument das Werk individuell auf Abruf nutzen kann („**On-Demand**" – vgl *Wandtke/Schäfer*, GRUR Int 2000, 187; LG Hamburg K&R 2007, 484; *Poll*, GRUR 2007, 476). On-Demand-Nutzungen substituieren die Nutzung eines verkörperten Werkes, etwa eines Tonträgers, weit mehr als Sendungen (zur Lizenzierung eines On-Demand-Dienstes *Ullrich*, ZUM 2010, 311). Ähnlich wird zwischen sog. **Push- und Pull-Diensten** unterschieden, die darauf abstellen, ob der Übertragungsvorgang zum Konsumenten von diesem oder vom Absender ausgelöst wird (vgl *Dreier/Schulze*, § 20 Rn 13). Push-Dienste sind regelmäßig Sendungen iSv § 20 UrhG. Etwas anderes könnte gelten, wenn der Konsument den Push-Dienst zunächst aktiv abonniert, also die Anforderung „on demand" zeitlich vorwegnimmt. Sog. **Near-On-Demand-Nutzungen** sind Nutzungen von Werken, die in bestimmten zeitlichen Schleifen wiederkehrend abgespielt werden und auf die der Konsument zu irgendeinem Zeitpunkt aufgeschaltet wird, so dass dieser das gewünschte Werk zwar nicht sofort, wohl aber in einer vertretbaren Zeit von Anfang an konsumieren kann (*v. Hartlieb/Schwarz*, Kap. 247 Rn 4, S. 639). Near-On-Demand-Nutzungen werden überwiegend als Sendungen iSv § 20 UrhG qualifiziert, allerdings ist die Abgrenzung zwischen einer On-Demand-Nutzung und einer Near-On-Demand-Nut- 35 zung willkürlich. Nach der Lizenzpraxis im Tonträgerbereich müssen Schleifen von Musikwerken für den Webcast mindestens 90 Minuten dauern. Zur Einordnung von personalisiertem Internetradio *Klatt*, CR 2009, 517. Zu den vielen Erscheinungsformen im TV- und Filmbereich vgl *v. Hartlieb/ Schwarz-Schwarz/Reber*, Kap. 259 ff S. 688 ff. Nach Auffassung von *Dietrich*, ZUM 2010, 576 ist das **Application Service Providing** keine gesonderte Nutzungsart gegenüber einer öffentlichen Zugänglichmachung auf Abruf; dies erscheint wegen des mietrechtlichen Einschlags des ASPs diskussionswürdig. Eine zweite wesentliche Einteilung von Nutzungsarten im Online-Bereich ergibt sich aus der **Verfügbarkeit der Werke** für den Konsumenten. Hier stehen sich flüchtige Nutzungen als Sendung oder **Stream** (nach LG Hamburg K&R 2007, 484 eine eigenständige Nutzungsart, zur urheberrechtlichen Einordnung *Busch*, GRUR 2011, 496; *Poll*, MMR 2011, 226) und der permanente **Download** gegenüber, der dem Konsumenten ähnlich wie eine On-Demand-Nutzung jederzeitigen Werkgenuss und eine Speicherung auf Trägermedien ermöglicht. In technischer Hinsicht kann bei unverkörperten Werken schließlich neben dem **Speicherformat** eine Unterscheidung nach dem **Übertragungsweg** (Telefon-, Mobilfunk-, Datennetz), den verwendeten **Protokollen** (TCP/IP, WAP) und dem **Endgerät** (PC, Mobiltelefon) getroffen werden. Dies gilt jedoch nicht dogmatisch: Die Satelliten- und Kabelweitersendung ist gegenüber der erdgebundenen Übertragung von Fernsehsendungen keine eigene Nutzungsart, da die Werkvermittlung aus Sicht des Konsumenten gleich sei, BGH GRUR 1997, 215, 217 – Klimbim. Die Differenzierung nach dem Endgerät ist im Rahmen der Medienkonvergenz kaum praktikabel. Man denke nur an Smartphones oder Tablet-PCs. Im Musikvertrieb trennt die Lizenzpraxis Online-Nutzungen, etwa Musik-Downloads auf MP3-Player, von Nutzungen für **mobile Endgeräte**, etwa Klingeltöne („ring tones“) oder Musik-Downloads auf Handys. Die technische Abgrenzung zwischen Nutzungen im Internet und in Mobilfunknetzen ist nicht präzise zu führen, da Mobiltelefone zunehmend Websites ohne gesonderte technische Aufbereitung für mobile Nutzungen darstellen können. In der Vertragspraxis vereinbaren Lizenzgeber einen Zustimmungsvorbehalt für die Endgeräte, auf denen die lizenzierten Werke lizenzkonform genutzt werden dürfen (zur Frage, ob TV und Internet-TV (IP-basierte Übertragung) unterschiedliche Nutzungsarten darstellen, *Ory*, K&R 2006, 303 ff; *Flatau*, ZUM 2007, 1 ff. Zur urheberrechtlichen Behandlung von **IP-TV** und Handy-TV *Hoeren*, MMR 2008, 139 sowie die Nachweise im 52. Abschnitt unter Rn 29). Als weitere mögliche Kandidaten für die Anerkennung als eigenständige Nutzungsart stehen Werkteilnutzungen zur Darstellung von Suchergebnissen in Internet-Suchmaschinen und vor allem die kreative Verfremdung und Kombination von Internet-Inhalten („MashUps“) zur Diskussion. Für Online-Videorekorder hat das OLG München ZUM 2011, 167 eine eigenständige Nutzungsart bejaht und damit – wenig nachvollziehbar – nach dem **Speicherort** differenziert; offenbar macht es einen Unterschied, ob der Nutzer eine TV-Sendung auf der Festplatte unter dem Fernsehgerät oder auf einer virtuellen Festplatte bei einem Provider aufzeichnet (in der Begründung offengelassen, aber im Ergebnis identisch BGH AfP 2009, 377 – „save TV“; OLG München GRUR-RR 2011, 164; OLG Dresden – 14 U 801/07; BGH GRUR 2009, 845 – „shift TV“ m. Anm. *Becker* = K&R 2009, 573 m. Anm. *Damm* = MMR 2009, 620 m. Anm. *Brisch/Laue* = CR 2009, 598 m. Anm. *Lüghausen*).

36 Weitere Kriterien für eine eigenständige Nutzungsart sind der **Vertriebsweg** und die so unterschiedlich erschlossenen Absatzmärkte (beispielsweise stellen Sortimentsbuchhandel und Buchgemeinschaftsausgabe unterschiedliche Nutzungsarten dar, BGH GRUR 1959, 200, 202 – Der Heiligenhof) und die **Aufmachung des Endprodukts**. Im Verlagsbereich sind Taschenbuchausgaben gegenüber Hardcover-Ausgaben als selbstständige Nutzungsarten anerkannt (BGH GRUR 1992, 301, 311 – Taschenbuchlizenz), ebenso Einzelausgaben, Gesamtausgaben und Sammelwerke (*Schricker*, Verlagsrecht, § 28 Rn 23). Im digitalen Vertrieb machen diese Kriterien wenig Sinn. Die Verbreitung von Software als Bundle ist gegenüber der Verbreitung als Vollversion keine eigenständige Nutzungsart, *Spindler/ Schuster*, § 31 UrhG Rn 8; *Leistner/Klein*, MMR 2000, 751, aA OLG Frankfurt aM ZUM 2000, 763. Überdies wird nach **Sprachfassungen** unterschieden. Auch Handyklingeltöne sind eine eigenständige Nutzungsart (BGH NJW 2009, 774, 775– Klingeltöne für Mobiltelefone). Ob der Vertrieb von Software als OEM-Versionen eine eigenständige Nutzungsart darstellt, hat der BGH offengelassen (BGH GRUR 2001, 153, 154 – „OEM-Version“).

37 Soll der Lizenznehmer ein Werk **bearbeiten** können, ist auch dieses ausdrücklich in der Lizenz zu vereinbaren, da es der Urheber ist, der über die konkrete Form entscheidet, in der ein Werk veröffentlicht wird (§§ 12 Abs. 1, 23, 39 UrhG, vgl auch BGH GRUR 1960, 443, 445 – Orientteppiche). Dieses Recht ist praktisch bedeutsam, wenn technische oder inhaltliche Anpassungen wie **Kürzungen** oder **Ausschnitte** erforderlich werden, um das Werk optimal über ein bestimmtes Medium auszugeben. UU

kann ein begrenztes Bearbeitungsrecht durch Auslegung ermittelt werden, wenn diese Bearbeitung für die vertraglich vereinbarte Nutzungsart zwingend erforderlich ist. Gleiches gilt für Sonderformen der Bearbeitung wie **Übersetzung** oder **Verfilmung** (*Dreier/Schulze*, § 31 Rn 38). Die Bearbeitung von Software ist nach § 69c Nr. 2 UrhG untersagt. Der Spielraum zur Bearbeitung ist oftmals begrenzt durch zu wahrende Urheberpersönlichkeitsrechte oder durch Marken oder Logos des Lizenzgebers, die dieser nicht mehr mit dem bearbeiteten Werk in Verbindung gebracht sehen möchte. Auch das Recht zur **Werkverbindung** (vgl § 9 UrhG) ist zu lizenzieren. Ein praktisch wichtiger Fall ist das idR unmittelbar von Musikverlagen zu beziehende **Synchronisationsrecht**, dh das Recht, Musik mit Bildfolgen zu verbinden (LG München I ZUM 1993, 289, 291). Umgekehrt ist auch die **Teil-Werknutzung** eine eigenständige Nutzungsart, etwa die Nutzung von Ausschnitten, das Sampling, die Kürzung von Texten für eine Hörbuchauswertung oder die Klammerteilauswertung; in solchen Fällen wird das Recht eingeräumt, ein Werk auch nur „in Teilen" zu nutzen. Die Einräumung von Rechten zur Bearbeitung oder teilweisen Werknutzung kann in der Vertragsgestaltung durch Genehmigungsvorbehalte des Urhebers abgesichert werden.

Nutzungsrechtseinräumungen können auch dadurch klarer gefasst werden, dass diejenigen Nutzungsformen bezeichnet sind, die sich der Lizenzgeber ausdrücklich vorbehält („**Reserved Rights**"). Solche dinglich wirkenden Klarstellungen des Lizenzumfangs sind im Wege der Auslegung abzugrenzen von schuldrechtlichen Unterlassungspflichten, die der Lizenzgeber dem Lizenznehmer auferlegt. Für Lizenzgeber ist diese Gestaltung riskant, da bei dann nicht ausdrücklich vorbehaltenen Nutzungsarten der Schluss nahe liegt, diese seien von der Rechtseinräumung an den Lizenznehmer umfasst. 38

Formulierungsbeispiele für ausführliche Nutzungsrechtseinräumungen und Kataloge einzuräumender Rechte: allgemein MünchVertragsHB, Bd. 3, XI in vielen Varianten sowie für **Filmlizenzen:** Beck´sche Online-Formulare Vertragsrecht 21.3.1; *Schwarz*, in: Becker/Schwarz, Festschrift für Wolf Schwarz zum 80. Geb., S. 201 ff; *Jacobshagen*, S. 173 ff, 345 ff; *Wandtke/Bullinger-Manegold*, Vor §§ 88 ff Rn 26 ff; für **Online-Nutzungen:** *Schwarz*, Recht im Internet, Anhang; Beck´sche Online-Formulare Vertragsrecht 9.2.4; für Verträge der **Musikbranche:** *Moser/Scheuermann*, S. 981 ff. 39

Die Rechtslage zu den Nutzungsarten hat in der Praxis **zwei kritisch zu betrachtende Tendenzen:** Oftmals ist es erst nach jahrzehntelangen Auseinandersetzungen durch eine höchstrichterliche Entscheidung klar, ob eine bestimmte Nutzung eine eigenständige Nutzungsart darstellt und somit ggf gesondert (nach-)lizenziert werden muss (*Klöhn*, K&R 2008, 77). Bis dahin hat sich über viele Jahre ein Markt etabliert, der sich faktisch nicht mehr zurückdrehen lässt, wie zuletzt im Falle der Filmauswertung auf DVD oder der Darstellung von Thumbnails in Bildersuchmaschinen. Daher ist es für Rechteverwerter oft eine sinnvolle Strategie, mit rechtlichen Positionen an der Grenze des Vertretbaren eine Entscheidung über die Notwendigkeit einer (Nach-)Lizenzierung zu verschleppen und Fakten zu schaffen. Die andere Tendenz lässt einen zunehmenden Grad an Ausdifferenzierung, an „Atomisierung" der Nutzungsarten erkennen. Gelingt es, eine neue Nutzungsart zu etablieren, bedeutet dies bares Geld. Entsprechend werden feinste Aufmachungen des Produkts – wie etwa im Verlagsrecht – oder vor allem jede technische Neuerung zur Begründung einer neuen Nutzungsart argumentativ herangezogen. Die „wirtschaftliche Betrachtung" einer Nutzungsart ist dabei zirkulär. Die wirtschaftliche Bedeutung einer Nutzungsart resultiert oft nur daraus, dass der Lizenzgeber im Vakuum von höchstrichterlicher Rechtsprechung diese Differenzierung mit rechtlichen und technischen Mittel etablieren kann, und zwar selbst dann, wenn dies aus Sicht der Konsumenten als Nachfrager keinen Sinn ergibt, vgl auch 55. Abschnitt Rn 8 ff. Die in § 31a UrhG vorgesehene Möglichkeit zur Einräumung von Nutzungsrechten an unbekannten Nutzungsarten verhindert dies nicht, sondern verlagert die Diskussion lediglich auf die Frage der Angemessenheit der Vergütung (§ 32c UrhG). Die Ausdifferenzierung der verschiedenen Nutzungsarten steht im Kontrast zur Medienkonvergenz, soweit diese zu einer Substituierbarkeit der Inhalte, Vertriebswege und Auswertungszyklen führt. 40

2. Rechtesperren. Von erheblicher wirtschaftlicher Bedeutung für den Medienvertrieb sind die sog. **Rechtesperren** (hierzu *v. Hartlieb/Schwarz*, Kap. 161; *Wandtke/Bullinger-Manegold*, Vor §§ 88 ff UrhG Rn 35; *Loewenheim-Schwarz/Reber*, § 74 Rn 255 ff; *Schwarz*, ZUM 2000, 816, 831 ff; vgl auch EuGH GRUR Int. 1986, 114 ff – Cinéthèque). Rechtesperren sind vertragliche Bestimmungen in den einzelnen Vertriebsverträgen, die im Absatzsystem des Produzenten eine Auswertungskaskade sicherstellen und so die Kannibalisierung der verschiedenen Absatzwege untereinander verhindern sollen. Eine typische **Auswertungskaskade** im Filmbereich ist die zeitversetzte Auswertung von Filmproduktionen im Kino, im DVD-Verkauf und im Videoverleih (6 Monate nach Erstaufführung), in kosten- 41 pflichtigen On-Demand-Nutzungen (9 Monate nach Erstaufführung), im PayTV (12 Monate nach Erstaufführung) und schließlich im FreeTV (frühestens 18 Monate nach Kinostart). Die Filmförderung ist an die Verwertung in Auswertungskaskaden geknüpft (§ 20 FFG). Die Zeiträume, in denen ein Absatzweg gegenüber den anderen gesperrt wird, sind stets in der Diskussion. Zudem wird aktuell der gänzliche Verzicht auf Rechtesperren erörtert, um stattdessen mit einer medienübergreifenden Kampagne bei Release Skaleneffekte bei der Promotion für alle Vertriebswege erzielen zu können. Auch vereitelt das Internet aufgrund der unmittelbaren Verfügbarkeit von Raubkopien aller Neuerscheinungen und aufgrund der grenzüberschreitenden Zugänglichkeit von Medieninhalten zunehmend die Effekte von Rechtesperren.

42 Vertragliche Rechtesperren können den Lizenzgeber und/oder den Lizenznehmer binden. Ist der **Lizenzgeber** gebunden, nämlich durch eine ausschließliche Vertriebslizenz für den Lizenznehmer für einen bestimmten Zeitraum, handelt es sich um eine rein schuldrechtliche Verpflichtung des Inhalts, mit anderen Lizenznehmern keine Vereinbarung zu schließen, welche die Exklusivverwertung in dem vereinbarten Zeitraum beeinträchtigt. Eine Verletzung dieser vertraglichen Nebenpflicht durch den Lizenzgeber löst Schadensersatzpflichten des Lizenzgebers aus, § 280 BGB (zu Ansprüchen Dritter bzw anderer Lizenznehmer gegen den Lizenzgeber bei Verletzung einer Rechtesperre siehe *v. Hartlieb/Schwarz-Schwarz*, Kap. 161 Rn 3). Demgegenüber kann der Lizenzgeber im Verhältnis zum **Lizenznehmer** Rechtesperren über die Gestaltung des Nutzungsrechts auch mit dinglicher Wirkung (§§ 399, 413 BGB) realisieren, vor allem durch eine aufschiebende Befristung des Rechtserwerbs.

43 Aus allgemeinen **vertraglichen Nebenpflichten**, den Vertragszweck zu fördern und auf die Rechtsgüter des Vertragspartners Rücksicht zu nehmen, können auch ohne gesonderte Vereinbarung konkrete Pflichten erwachsen, Auswertungen durch den Lizenznehmer durch typisch nachgelagerte oder wesensgleiche Auswertungen nicht zu gefährden (BGHZ 9, 262, 265; BGH UFITA 25 (1958), 94, 99; BGH GRUR, 1969, 364, 366; OLG München UFITA 38 (1970), 354, 356; *v. Hartlieb/Schwarz*, Kap. 161 Rn 5 ff). Das Verbietungsrecht des Lizenznehmers kann uU sogar über das eingeräumte Nutzungsrecht hinausgehen (BGHZ 9, 262).

44 **3. Verwertungsgesellschaften.** Vertragliche Einräumungen von Nutzungsrechten durch Lizenzgeber können nicht solche Rechte beinhalten, die von **Verwertungsgesellschaften** wahrgenommen werden, da der Lizenzgeber nicht über sie verfügen kann. Beispielsweise kann ein Filmproduzent dem Verleiher nicht die urheberrechtlichen Nutzungsrechte an der Filmmusik einräumen, da die GEMA normalerweise exklusiv über diese Rechte verfügt. Eine vertragliche Rechtegarantie oder Freihalteerklärung, insbesondere in der Formulierung, es werde garantiert, sämtliche Rechte einzuräumen, die für eine vertragsgemäße Nutzung erforderlich sind, muss mit einem Vorbehalt für von Verwertungsgesellschaften wahrgenommene Rechte eingeschränkt werden. Üblich ist etwa eine Formulierung: „Die von Verwertungsgesellschaften wahrgenommenen Rechte bleiben von diesem Vertrag unberührt".

45 Davon zu trennen ist die Frage, ob es Sache des Lizenzgebers oder des Lizenznehmers ist, die von Verwertungsgesellschaften wahrgenommenen Rechte abzugelten. Im ersten Falle kann der Lizenznehmer ein vollständiges Rechtepaket für seine Nutzung erwerben, die Kosten für die Verwertungsgesellschaften werden ihm als Drittkosten durchgereicht („**all-in-Lizenz**"). Dieses System ist etwa im physischen Tonträgervertrieb üblich. Die Chance von all-in-Lizenzen liegt in Folgendem: Gelingt es, von dem Lizenznehmer die veröffentlichten Tarife der Verwertungsgesellschaften einzusammeln, selbst aber, etwa durch jahrelange Verzögerungstaktik, ein wesentlich besseres Geschäft mit den Verwertungsgesellschaften abzuschließen, kann die Differenz der eigenen Marge aufgeschlagen werden. Aus Sicht der Verwertungsgesellschaft kann es aber nicht gleichgültig sein, wer ihr **Lizenzschuldner** ist. Unter der Vorgabe, Urheber an allen wirtschaftlichen Nutzungen angemessen zu beteiligen, bestünde die Beteiligung der Urheber bei einer Lizenz an den Lizenzgeber an dessen Erlösen aus dem Vertriebsgeschäft, während die wirtschaftlichen Erlöse des Lizenznehmers, den die Verwertungsgesellschaft dann nicht einmal kennt, außer Reichweite geraten. Aus diesem Grunde lehnt die GEMA all-in-Lizenzen im nicht-physischen Vertrieb ab; für den Onlinevertrieb von Musik sind in der Praxis die Urheberrechte vom Online-Anbieter, nicht vom Label, zu klären (BGH Urt. v. 14.10.2010; vgl auch Schiedsstelle des DPMA, ZUM 2007, 243). Aus Sicht des Online-Vertriebs ist der damit verbundene Aufwand nicht glücklich (vgl 52. Abschnitt Rn 106 ff). Zur Abgrenzung der all-in-Lizenz von zu weit gefassten Rechtegarantien Rn 118.

46 **4. Exklusivvereinbarungen.** Nutzungsrechte können als **einfache** (nicht exklusive) oder **ausschließliche** (exklusive) Nutzungsrechte eingeräumt werden (§ 31 Abs. 2 S. 2 UrhG). Das einfache Nutzungs-

recht erlaubt dem Lizenznehmer die Nutzung neben einer potenziell unbegrenzten Zahl weiterer Lizenznehmer (§ 31 Abs. 2 UrhG). Das ausschließliche Nutzungsrecht berechtigt den Lizenznehmer zur alleinigen Nutzung; auch der Lizenzgeber selbst darf das lizenzierte Werk nicht mehr in der vertragsgemäßen Weise nutzen. Es ist für den Lizenznehmer werthaltiger, da er für das konkrete Produkt keine Konkurrenz zu fürchten hat. Der Inhaber eines ausschließlichen Nutzungsrechts kann ausschließliche oder einfache Unterlizenzen vergeben (§§ 31 Abs. 3, 35 UrhG, vgl Rn 50). Einfache Nutzungsrechte erzielen wesentlich geringere Lizenzvergütungen, können für den Lizenzgeber aber unter dem Strich lukrativer sein, wenn eine große Zahl von Lizenzen vergeben werden kann, beispielsweise im Bereich von Standardsoftware. Gleichwohl können Teilexklusivitäten durch räumliche, zeitliche oder inhaltliche Exklusivitäten bei Definition der Nutzungsrechte geschaffen werden, etwa das Recht zum Exklusivvertrieb für ein bestimmtes Territorium (siehe Rn 20; zur kartellrechtlichen Betrachtung *Nordemann*, GRUR 2007, 203 ff) oder jeweils für bestimmte Zeiträume, Absatzwege, oder gar für Titel oder Künstler. Zu ausschließlichen Lizenzen für Verwertungsrechte an Filmwerken EuGH NJW 1983, 1255.

Wurde ein exklusives Nutzungsrecht **bereits vergeben**, kann ein zweiter Medienvertriebsvertrag dem Lizenznehmer kein Nutzungsrecht mehr verschaffen, da der Lizenzgeber nicht mehr Rechte einräumen kann, als er selbst hat, und es einen **gutgläubigen Erwerb** von Nutzungsrechten im Urheberrecht nicht gibt. 47

Ohne ausdrückliche vertragliche Bestimmung ist durch **Auslegung** zu ermitteln, ob ein einfaches oder ein ausschließliches Nutzungsrecht eingeräumt werden sollte. Ausgangspunkt ist dabei zunächst § 31 Abs. 5 UrhG, wonach sich der Umfang der Rechtseinräumung nach dem von ihr verfolgten Zweck richtet. Oft wird man ein jedenfalls räumlich begrenztes Exklusivrecht aus der Kalkulation des Vertriebsvertrages ableiten können. Aus dem Zweck eines Verlagsvertrages ergibt sich, dass der Autor kein anderes Buch veröffentlichen darf, welches in seinem Gegenstand, Art und Umfang sowie potenziellem Leserkreis geeignet ist, dem an den Verlag lizenzierten Werk ernsthaft Konkurrenz zu machen (BGH GRUR 1973, 426, 427 – Medizin-Duden). Ähnlich darf ein Autor seinen Text nicht parallel zum Verlagsdruck im Internet veröffentlichen. Jedoch muss der Zweck des Vertriebsvertrages Vertragsinhalt geworden sein, nicht nur Motiv oder Geschäftsgrundlage. Fehlt eine Auswertungspflicht, spricht dies gegen ein ausschließliches Nutzungsrecht. Zur Parallele des Alleinvertriebs in Vertriebsverträgen siehe Rn 59. 48

5. Auswertung für unbekannte Nutzungsarten. Nach § 31a UrhG sind Verträge über **unbekannte Nutzungsarten** möglich (*Frey/Rudolph*, ZUM 2007, 13 ff; *Kitz*, GRUR 2006, 548). Die Vorschrift hat erhebliche Unschärfen in den Tatbestandsmerkmalen „Nutzungsart“ (Rn 27, 40) und „unbekannt“. Bekannt ist eine Nutzungsart nicht schon dann, wenn sie nur einem Expertenzirkel bekannt ist. Vielmehr muss sie technisch als auch in ihrem wirtschaftlichen Potential dem durchschnittlichen Urheber bekannt sein. Da dieses Kriterium schwer in der Praxis anzuwenden ist, insbesondere bei Nutzungsarten im Internet, deren Bekanntheit geradezu an Altersgruppen geknüpft ist, können verlässliche Aussagen nur durch empirische Erhebungen und Auswertungen der Einzelfallrechtsprechung getroffen werden, hierzu eine Rechtsprechungsübersicht bei *Schricker/Loewenheim*, § 31a UrhG Rn 38 ff). Die Möglichkeiten für einen buy-out, dh den Erwerb der Nutzungsrechte für alle bekannten und unbekannten Nutzungsarten, sind – unbeschadet der Zweckübertragungsregel in § 31 Abs. 5 UrhG – durch § 31a UrhG wesentlich erweitert worden (*Klöhn*, K&R 2008, 77). Eine Schriftform ist einzuhalten. Als Korrektiv zugunsten des Urhebers ist ein **Widerrufsrecht** (§ 31a Abs. 1 UrhG), das allerdings drei Monate nach Absendung einer Information über die beabsichtigte Aufnahme der neuen Werknutzung erlischt, und vor allem die Festschreibung einer **angemessenen Vergütung** in § 32c Abs. 1 UrhG niedergelegt (ausführlich *Klöhn*, K&R 2008, 77). In der Vertragsgestaltung ist es bei Einräumung von Rechten an unbekannten Nutzungsarten sinnvoll, den Informationsprozess durch Informationspflichten verfahrensmäßig abzusichern: Der Lizenznehmer verpflichtet sich zur unverzüglichen Anzeige beabsichtigter neuer Werknutzungen, der Lizenzgeber verpflichtet sich, seine Zustelladresse gegenüber dem Lizenznehmer aktuell zu halten und uU unverzüglich die notwendige Folgekorrespondenz mit den Urhebern durchzuführen. Für Altfälle vor dem 1.1.2008 (insbesondere Archivinhalte) vgl § 137 UrhG, vgl BGH ZUM 2011, 560 – Der Frosch mit der Maske; BGH ZUM 2011, 498 – Polizeirevier Davidswache; *Diesbach* ZUM 2011, 623; *Kellerhals/Lehmkuhl*, ZUM 2010, 677. 49

6. Unterlizenzen. Nicht selten hat der Lizenznehmer ein Interesse daran, die lizenzierten Werke selbst weiterlizenzieren zu dürfen. Der Betreiber einer Online-Videothek beispielsweise mag daran interes- 50 siert sein, sein Produkt komplett, aber ohne eigene Marke, Betreibern weiterer Online-Portale in einer Weise zur Verfügung zu stellen, dass die jeweiligen Kundenbeziehungen bei der Vermietung von Online-Videos vom Portalbetreiber gehalten werden („**white label solution**"). Womöglich möchte der Lizenzgeber Vertriebslizenzen in einem Konzern auch konzernverbundenen Unternehmen zur Verfügung stellen können („**Konzernlizenz**").

51 Das Recht, **Unterlizenzen** zu vergeben, steht nur Inhabern eines **ausschließlichen Nutzungsrechtes** zu (§§ 31 Abs. 2, 35 UrhG, aA *Dreier/Schulze*, § 31 Rn 55). Allerdings kann die Befugnis zur Weiterverfügung mit dinglicher Wirkung beschränkt werden (BGH GRUR 1987, 37, 39 – Videolizenzvertrag; BGH GRUR 2005, 48, 50 – man spricht deutsch), etwa durch eine Klarstellung „Diese Rechte sind nicht übertragbar". Da es Lizenzgebern normalerweise nicht gleichgültig sein kann, in welchem Umfeld ihre Werke dargestellt werden, und weil nur Kenntnis des Urhebers von den stattfindenden Verwertungen angemessene Beteiligung sicherstellt, stehen Rechte zur Unterlizenzierung unter **Zustimmungsvorbehalt** (§ 35 UrhG, vgl aber § 90 UrhG im Filmbereich). In der Sache ist damit ohne vertragliche Ausformulierung der Bedingungen für eine Pflicht zur Zustimmung nicht viel gewonnen. Eine sinnvolle Gestaltung legt den potenziellen Kreis von Unterlizenznehmern von vornherein fest und sieht ebenso bereits eine Vergütung für den Lizenzgeber vor. Die Vergütungshöhe für Unterlizenzen hängt maßgeblich davon ab, in welchem Umfang die Erlöse der unterlizenzierten Werke auf die Werke selbst oder die (Werbe-)Leistungen des Lizenznehmers zurückzuführen sind. Die Frage, in welchem Umfang eine Unterlizenzierung zulässig ist, hat vor allem im nicht-physischen Vertrieb (in dem § 17 Abs. 2 UrhG nicht gilt) besondere Bedeutung für den Gebrauchthandel von Medien, vgl LG Berlin ZUM-RD 2010, 78, siehe auch 53. Abschnitt Rn 7.

52 Hingegen können Inhaber **einfacher Nutzungsrechte** ihre Rechte nur weiterübertragen (§ 34 UrhG, beachte aber die Ausnahme für Filme in § 90 UrhG). Konstellationen wie die oben angesprochenen lassen sich dann nur in komplizierten Vertragsstrukturen realisieren, insbesondere durch eine Ermächtigung des Lizenznehmers (§ 185 BGB) zur Erteilung von Unterlizenzen oder durch Bevollmächtigung zum Abschluss weiterer Nutzungsverträge im Namen des Lizenzgebers (§ 164 BGB). Sinnvollerweise stellt man klar, ob neben einer gänzlichen auch eine teilweise Unterlizenzierung oder Übertragung zulässig sein soll (vgl § 266 BGB).

E. Inhalt des Vertriebsrechts in Vertriebsverträgen

53 In Vertriebsverträgen ohne schwerpunktmäßige Rechtseinräumung sind in ähnlicher Weise der Gegenstand der geschuldeten Vertriebsaktivität, untechnisch gesprochen „des Vertriebsrechts", und die zu vertreibenden Produkte schuldrechtlich zu definieren. Anders als in Nutzungsverträgen finden sich in Vertriebsverträgen typischerweise Vereinbarungen über die Modalitäten der Vertriebstätigkeit und die Ausführungsgeschäfte, da an diese wiederum die Provision geknüpft wird.

I. Gegenstand des Vertriebsrechts

54 Ebenso wie in Nutzungsverträgen ist der **Gegenstand** der vereinbarten Vertriebstätigkeit, das zu vertreibenden Medienprodukt zu spezifizieren. Auf die Ausführungen hierzu unter Rn 8, 13 kann verwiesen werden. Anders als in dinglich wirkenden Rechtseinräumungen können schuldrechtliche Vertriebsverträge die zu vertreibenden Produkte aber auch nur gattungsartig beschreiben und zum Gegenstand eines Weisungsrechts des Vertriebsgebers machen.

II. Vertriebsgebiet

55 Was in Nutzungsverträgen das Lizenzgebiet (Rn 16) ist, ist in Vertriebsverträgen das **Vertriebsgebiet**. Die Parteien können eine räumliche Vertriebsbindung vereinbaren, die in einem System von Vertriebsverträgen zu einer Gebietsallokation führt. Ein Beispiel hierfür ist wiederum das Presse-Grosso (*Mann/Smid-Mann*, A. Rn 16; siehe auch OLG Celle GRUR-Prax 2010, 116). Strikte Gebietsbindungen untersagen Vertriebstätigkeiten außerhalb des Vertriebsgebietes oder schreiben explizit vor, die Geschäfte müssten im Vertriebsgebiet abgeschlossen und beide Parteien im Vertriebsgebiet ansässig sein. Abgeschwächtere Formen lassen Geschäfte außerhalb des Vertriebsgebiets zu, solange sich die Tätigkeit auf das Vertriebsgebiet konzentriert, und sehen im Innenverhältnis der Absatzmittler einen Ausgleich vor (ausführlich *Martinek/Semler-Martinek*, § 2 Rn 60 ff). Zum **Bezirksvertreter** vgl § 87 Abs. 2 HGB,

Martinek/Semler-Flohr, § 8 Rn 24 ff). Zur **kartellrechtlichen** Bewertung von Gebietsbeschränkungen siehe 15. Abschnitt Rn 70 ff.

III. Vertriebszeitraum

Was in Nutzungsverträgen der Lizenzzeitraum (Rn 21) ist, ist in Vertriebsverträgen der **Vertriebszeitraum.** Er bezeichnet den Zeitraum, in dem der Vertriebsnehmer Vertriebstätigkeit schuldet. Er ist nicht identisch mit dem **Provisionszeitraum,** also dem Zeitraum, in welchem Geschäftsabschlüsse oder Umsätze noch Vergütungsansprüche auslösen. Dies kann ohne Weiteres auch nach dem Ende der aktiven Vertriebstätigkeit der Fall sein (sog. Überhangprovision), da solche auch mittelbar etwa durch vorhergehende Werbung des Vertriebsnehmers begründet sein können. Der Vertriebszeitraum ist auch nicht identisch mit der **Vertragsdauer** des Vertriebsvertrages, da auch nach Ende der Vertriebstätigkeit Pflichten weiterlaufen können, in der Terminologie des Gesetzes sogar über das Vertragsende hinaus, vgl § 90a HGB. 56

IV. Umfang und Ausgestaltung des Vertriebsrechts

Der Kern eines Vertriebsvertrags liegt in der **inhaltlichen Gestaltung** des geplanten Vertriebs, die mit der Gestaltung des Vertragstypus untrennbar verbunden ist (hierzu Rn 2 ff). Bildlich gesprochen wie auf einem Schieberegler kann der Vertriebsnehmer stark in die **Absatzorganisation** des Vertriebsgebers eingebunden sein, etwa als abhängiger Arbeitnehmer oder als Handelsvertreter, oder diesem als eigenständiger Handelspartner gleichwertig gegenüberstehen („at arms length"). Zu regeln ist, wie der **Vertriebsnehmer** im Markt auftreten soll (im eigenen oder fremden Namen, unter welcher Marke, mit welchen Vorgaben für sein Auftreten), welches wirtschaftliche **Risiko** der Vertriebsnehmer tragen soll (auf eigene oder fremde Rechnung, Minimumprovisionen, Remissionsrechte etc.), welche Rechte und Pflichten die Parteien im **Innenverhältnis** zueinander treffen (Belieferungspflichten, Interessenwahrnehmungspflichten, Alleinvertretungsrechte uÄ), wie das **Ausführungsgeschäft** gegenüber dem Konsumenten auszusehen und abzulaufen hat (zB Festsetzung der Preise, Definition der Prozesse zur Eigentumsübertragung) und welche Rechte und Pflichten die Parteien in Bezug auf die Durchführung der Ausführungsgeschäfte haben. Je nach Gestaltung des Vertriebsvertrags sind genaue Spezifikationen umso entbehrlicher, umso mehr die inhaltliche Gestaltung des Vertriebs durch **Weisungsrechte** des Vertriebsgebers ausgefüllt werden kann. In einer ausführlichen Vertragsgestaltung sollten die zulässigen und ausgenommenen **Absatzwege** im vertraglichen Vertriebsgebiet genau bezeichnet werden (ähnlich wie die Nutzungsarten in einer Rechtseinräumung, vgl Rn 27), damit es nicht zu Streit über Spezialformen des Absatzes kommt. Die Zweckübertragungsregel (Rn 26) gilt jedoch nicht für Vertriebsverträge außerhalb des Urheberrechts. Überdies ist es empfehlenswert, die einzelnen **Schritte des Ausführungsgeschäfts** und die Verantwortlichkeiten und Beiträge – ggf. in einer Vertragsanlage – aufzulisten: Konfiguration/Format/Verpackung, Lieferung (siehe Rn 8), Fakturierung, Inkasso, Retouren (Beispiel für eine Vertragsgestaltung bei *Moser/Scheuermann-Kornmeier*, S. 1216). Schließlich ist es bewährt, die gegenseitigen **Informationspflichten** über Neuerscheinungen und Kampagnen zu definieren und mit einer Geheimhaltungsklausel zu unterlegen, damit sich der Vertrieb rechtzeitig darauf einstellen kann. 57

1. Weisungsrechte. Der Vertriebsgeber hat fachliche, dh produkt- und tätigkeitsbezogene Weisungsrechte gegenüber abhängigen Arbeitnehmern undHandelsvertretern (§ 665 BGB), Kommissionären/Kommissionsagenten (§§ 385 f HGB). Bei der vertraglichen Gestaltung stellt sich regelmäßig das folgenreiche Problem der **Abgrenzung** von **Arbeitnehmern** zu **selbstständigen** Absatzmittlern (hierzu *Baumbach/Hopt*, § 84 HGB Rn 36). Diese Abgrenzung erfolgt nach der Rechtsprechung durch eine Gesamtwürdigung des Vertragsverhältnisses unter Heranziehung eines Kataloges von Kriterien (hierzu ausführlich Erfurter Kommentar zum Arbeitsrecht-*Preis*, § 611 BGB Rn 96). Demgegenüber sind Weisungsrechte untypisch in Belieferungs-, Vertragshändler- und sonstigen Verträgen, bei denen der Vertriebsnehmer dem Vertriebsgeber als selbstständige eigenverantwortliche Handelsstufe gegenübersteht. Zwar können Weisungsrechte gestaltet werden, jedoch stehen solche in dem Risiko, kartellrechtswidrige **Vertikalvereinbarungen** zu sein (näher 15. Abschnitt Rn 55, 76 ff). Im Prinzip müssen Weisungsrechte stets mit dem **Absatzrisiko** korrespondieren. Wer das unternehmerische Risiko trägt, muss die Möglichkeit haben, auf dieses Einfluss zu nehmen. Aus gleichem Grund erfordert eine Mindestabnahmeverpflichtung die Möglichkeit zur Einflussnahme. Umgekehrt wird keine Mitsprache benötigt, wo umfangreiche Retouren/Remissionsrechte bestehen. Zu vertraglichen Vorgaben zur Preis- 58 gestaltung siehe Rn 88. Wirtschaftlich relevant im Medienvertrieb ist auch die Festlegung von Veröffentlichungsdatum/Erstverkaufstag. In der praktischen Vertragsverhandlung sind Befindlichkeiten nicht selten, wer das **Letztentscheidungsrecht** habe. Ein gebräuchlicher, aber unglücklicher Kompromiss sind Klauseln, nach denen der Vertriebsgeber Weisungen **„in Absprache"** zu treffen habe. Damit ist klar, dass der Vertriebsgeber vor Entscheidungen den Vertriebsnehmer zu konsultieren hat. Unklar und damit Sache der konkreten Vertragsauslegung ist es, ob er dann trotzdem gegen den Willen des Vertriebsnehmers entscheiden kann. Von dem Weisungsrecht zu unterscheiden, gleichwohl wirtschaftlich verwandt, ist das **Dispositionsrecht**, also das Recht des Produzenten über Produktpolitik und über Art, Menge und Beschaffenheit der eigenen Produkte zu entscheiden. Das Dispositionsrecht liegt normalerweise beim Produzenten, kann aber bei Werkverträgen oder Vertriebsverträgen mit Finanzierungscharakter eingeschränkt oder mit weitreichenden Genehmigungsvorbehalten durch den Vertrieb abgesichert sein.

59 **2. Alleinvertrieb.** Ausschließlichen Nutzungsrechten (Rn 46) zu Vertriebszwecken in Nutzungsverträgen entsprechen **Alleinvertriebsrechte** in Vertriebsverträgen. Alleinvertreter haben das ausschließliche Recht, sich in einem bestimmten Bezirk oder gegenüber einem bestimmten Kundenstamm zu betätigen (*Baumbach/Hopt*, § 87 HGB Rn 80). Von der Alleinvertretung, die eine Vertriebstätigkeit anderer Handelsvertreter, Vertragshändler, oder des Vertriebsgebers selbst in dem für die Alleinvertretung bestimmten Bereich zu einer Vertragsverletzung machen, sind **Kunden- und Bezirksvertretungen** abzugrenzen, bei denen eine solche Tätigkeit lediglich zu einem Provisionsanspruch des Handelsvertreters führt, § 87 Abs. 2 HGB. Bei Vereinbarung eines Alleinvertriebs ist auch der Produzent nicht zu direkten Absatzgeschäften berechtigt (BGH DB 1970, 44). Zur kartellrechtlichen Beurteilung des Alleinvertriebs siehe 15. Abschnitt Rn 66. In der Vertragsgestaltung lassen sich Streitfragen durch eine möglichst präzise Fassung der gegenseitigen Unterlassungspflichten im Rahmen des Alleinvertriebs ausräumen, also nicht nur durch Bestimmung des Alleinvertriebsrechts in zeitlicher und räumlicher Hinsicht, sondern auch durch eine genaue Beschreibung der nur zulässigen Vertriebsaktivität, uU ergänzt mit Gebietsschutzklauseln und Konkurrenzschutzklauseln. Manche Produzenten behalten sich bestimmte Absatzwege vor, zB Online-Direktvertrieb oder Bundling/Kopplungsvertriebsgeschäfte. Direktverkäufe durch den Vertriebsgeber bei Gewährung eines Alleinvertriebsrechts sind nur zulässig, soweit diese ausdrücklich vorbehalten wurden (BGH NJW 1994, 1060, 1061).

F. Vertriebsnebenleistungen

60 Unabhängig von der Gestaltung der eigentlichen Vertriebstätigkeit können Medienvertriebsverträge zusätzliche Leistungen und Pflichten definieren. Hierzu gehören zunächst **Zusatzleistungen** des Vertriebsnehmers, die vom Vertriebsnehmer sinnvoller als vom Vertriebsgeber ausgeführt werden können, beispielsweise die wegen ihrer Praxisrelevanz gesondert behandelte Pflicht zur Werbung (Rn 106), Pflichten zur Herstellung von Kopien oder Trägermedien, wie zB in Filmverleihverträgen oder Press-Verträgen der Tonträgerbranche, Pflichten zur Kundenbetreuung („customer support"), Schulung, Beratung usw. Für solche Vertriebszusatzleistungen ist das Stichwort **„value added distribution"** gebräuchlich. Solche Zusatzleistungen werfen nicht selten eine zweite Ebene von zu verhandelnden Problemen auf, die in der Digitalisierung des Vertriebs zunehmend wichtiger werden: Wem gehören die Kunden- und Vertriebsdaten, die durch solche Leistungen erzeugt werden? Zu den Zusatzleistungen des Vertriebsnehmers gehören auch **Konkurrenzschutzvereinbarungen**, bei denen allgemein § 90a HGB zu beachten ist. Die zweite Gruppe von vertraglichen Pflichten im Rahmen von Medienvertriebsverträgen sind die gesetzlich normierten **Nebenpflichten**, etwa die Pflicht, den Vertrieb mit der Sorgfalt eines ordentlichen Kaufmanns auszuführen (§§ 86 Abs. 3, 347 HGB), Informationspflichten (§§ 86 Abs. 2, 86a HGB, §§ 675, 666 BGB, § 364 Abs. 2 HGB) oder allgemein gefasste Absatz- und Interessenwahrnehmungspflichten (§ 86 Abs. 1 HGB). Schließlich ist das Vertragsverhältnis in Medienvertriebsverträgen auch durch ungeschriebene Leistungstreuepflichten gestaltet. Hierzu zählen in Nutzungsverträgen die **Enthaltungspflicht** des Lizenzgebers, die Auswertung durch den Lizenznehmer nicht zu vereiteln (*Dreier/Schulze-Schulze*, Vorbem § 31 UrhG Rn 41 ff; beispielsweise zwischen Autor und Verleger, BGH NJW 1973, 802; BGH GRUR 1973, 426 f), die dem ungeschriebenen **Konkurrenzverbot** des Handelsvertreters in Vertriebsverträgen entspricht (hierzu BGHZ 26, 161; 42, 59, 62). Für eine Übersicht zu erkannten ungeschriebenen Nebenpflichten in Nutzungsverträgen siehe (*Dreier/Schulze-Schulze*, Vorbem § 31 UrhG Rn 46 ff), für eine Übersicht zu den Nebenpflichten in Vertriebsverträgen siehe die Kommentierungen zu §§ 86, 86a HGB.

G. Vergütung, Kosten, Preisgestaltung

Zwischen Produzent und Absatzmittler kommen verschiedene Formen von **Geschäftsmodellen** in Betracht. Die Grundform, und in diesem Sinne keine eigentliche Vergütungsregelung, ist der Verkauf von Medienprodukten durch den Vertrieb über dem Einkaufspreis, wie es etwa im Vertragshändlervertrag bzw in Resale-Modellen der Fall ist, wenn sich Vertriebsgeber/Lizenzgeber und Vertriebsnehmer/Lizenznehmer selbstständig gegenüberstehen. Der Vertrieb macht seine Marge dann aus der Differenz zwischen Nettoverkaufspreis und Nettoeinkaufspreis („**Handelsspanne**"); siehe zum Handelsabgabepreis Rn 73. Ist der Vertrieb hingegen nicht als Ein- und Verkauf, sondern durch auf Dauer angelegte Verträge mit stärkerer Integration in die Absatzorganisation des Produzenten ausgestaltet (siehe Rn 5 ff), etwa in Vertriebs- oder Nutzungsverträgen, sind neben (**Mengen-)Rabattabreden** andere Geschäftsmodelle und Vergütungsformen gebräuchlich. Vergleichsweise einfach geregelt ist die **Provision in Vertriebsverträgen**, die in §§ 87 ff HGB ein gesetzlich geregeltes Grundmodell findet. Provisionsmodelle ähneln den urheberrechtlichen Beteiligungsvergütungen (Rn 70), knüpfen jedoch in der Regel (obwohl dies möglich wäre, LG Karlsruhe BB 1966, 1169) nicht an Umsätze, sondern einzelne provisionspflichtige Geschäftsabschlüsse an. In **Nutzungsverträgen** sind Provisionsmodelle selten, hier sind Umsatzbeteiligungen oder Pauschalvergütungen gebräuchlicher. Auch gelten folgende urheberrechtliche Besonderheiten: Für **Urheber** und **ausübende Künstler** (nicht jedoch Leistungsschutzberechtigte, außer in den Fällen der §§ 70 Abs. 1 und 72 UrhG) statuiert das UrhG gegen den Lizenznehmer einen **Anspruch auf angemessene Vergütung** (§ 11 S. 2, § 32 UrhG, § 32c, § 79 Abs. 2 UrhG). Wenn keine Vergütung vereinbart ist und ausnahmsweise trotzdem von einem wirksamen Vertrag ausgegangen werden muss, wird eine angemessene Vergütungsvereinbarung fingiert (im Gegensatz dazu § 87b Abs. 1 HGB: Nur der **übliche** Satz wird fingiert. Zur Vergütung für bei Vertragsschluss unbekannte Nutzungsarten *Klöhn*, K&R 2008, 77, 78). Ist eine vereinbarte Vergütung nicht angemessen, besteht ein Anspruch auf Einwilligung zur Vertragsänderung. Diese Regelung ist bemerkenswert, weil sie den Kräften der Marktwirtschaft zur richtigen Preisfindung misstraut, ein Korrektiv außerhalb des Kartellrechts bildet, und weil die Folgen dieser unbestimmten Regelung im Einzelnen noch nicht absehbar sind. Vielmehr unterstellt das Gesetz pauschal eine Störung der Vertragsparität, ohne deren konkreten Nachweis zur Voraussetzung für den gesetzgeberischen Ausgleich zu machen. Richtig ist aber auch, dass Medienkonvergenz und die Möglichkeit der Verwerter zum (digitalen) Vertrieb über zahlreiche Absatzkanäle den Druck auf die Garantie einer angemessenen Urheberbeteiligung erhöht hat. Der Anspruch des Urhebers auf angemessene Vergütung kann vertraglich nicht abbedungen werden und ist unverzichtbar. Soweit ersichtlich, ist § 32 UrhG bislang immer als eine **Untergrenze** für die Vergütung von Urhebern und Künstlern gelesen worden, strukturell gewissermaßen als „Mindestlohn für Urheber". Man mag es für fair halten, das Prinzip der Angemessenheit der Vergütung korrespondierend als **Obergrenze** auch auf solche Fälle korrigierend anzuwenden, in denen aufgrund gestörter Vertragsparität eine angemessene Vergütung bei weitem überzahlt ist, man denke etwa an manche ausübenden Künstler der Pop-Branche. Unabhängig davon, ob für eine solche Analogie Raum bestünde, würde eine Rückforderung dann rechtsgrundlos über die Angemessenheitsgrenze hinaus gezahlter Vergütung jedenfalls an § 814 BGB scheitern. Allerdings gibt es eine Grenze für Beteiligungen bei untergeordneten Beiträgen zu einem Gesamtwerk, OLG München ZUM 2011, 422 – Tatortvorspann. Hingegen gibt es keine Grenze der Beteiligung für unwesentliche Nutzungen, etwa wenn im digitalen Vertrieb Bruchteile von Cents noch abgerechnet werden. 61

Eine nutzungsvertragliche Vergütung ist **angemessen**, wenn sie im Zeitpunkt des Abschlusses des Medienvertriebsvertrags dem entspricht, was im Geschäftsverkehr nach Art und Umfang der eingeräumten Nutzungsmöglichkeiten unter Berücksichtigung aller Umstände üblicher- und redlicherweise (hierzu *Reber*, GRUR 2003, 393 ff) zu leisten ist (ausführlich *Schricker/Loewenheim*, § 32 UrhG Rn 19 ff). Diese gesetzgeberische Vorgabe hilft in der Praxis kaum weiter (kritisch auch *Becker/Wegner*, ZUM 2005, 695 ff; *Nordemann/Pfennig*, ZUM 2005, 689; *Pfeifer*, AfP 2008, 545; *Wandtke*, GRUR Int 2010, 704 für die Vergütungsstruktur im Film- und Fernsehbereich), sofern nicht ausnahmsweise Tarifverträge oder **Gemeinsame Vergütungsregeln** zwischen Vereinigungen von Urhebern und Werknutzern bestehen (§ 36 UrhG), da das Gesetz unterstellt, das Ergebnis einer kollektiven Aushandlung von Bedingungen sei gewissermaßen automatisch angemessen (§ 32 Abs. 2 UrhG). Zur kartellrechtlichen Problematik der Gemeinsamen Vergütungsregeln *Schmitt*, GRUR 2003, 294. Die Ergebnisse des Systems der Gemeinsamen Vergütungsregeln sind weit hinter den Erwartungen zurückgeblieben, nur auf einige wenige Regelungen konnte man sich bislang einigen. Bedeutsam sind die Vergütungsregeln für Autoren belletristischer Literatur sowie ab dem 1.2.2010 die Vergütungsregeln für freie Journalisten 62 an Tageszeitungen. Sämtliche geltenden Gemeinsamen Vergütungsregeln sind über die Website des BMJ abrufbar (www.bmj.bund.de). Insgesamt sind erfolgreiche Klagen wegen Unangemessenheit der Lizenzvergütung vergleichsweise selten, haben bei Übersetzern jedoch zum Erfolg geführt (BGH GRUR 2009, 1148; hierzu *Dresen*, GRUR-Prax 2009, 4; KG NJOZ 2009, 3628; LG München I ZUM-RD 2010, 363; OLG München ZUM-RD 2010, 543; zu den grundsätzlichen Folgen für das Vergütungsrecht *Czychowski*, GRUR 2010, 793. Zur Vergütungsstruktur in der Filmverwertung siehe *Reber*, Die Beteiligung von Urhebern und ausübenden Künstlern an der Verwertung von Filmwerken in Deutschland und den USA, 1998; *ders.*, GRUR Int 2006, 9. Zur angemessenen Vergütung im Kommunikationsdesign ZUM 2008, 163; für Drehbuchautoren KG ZUM 2010, 346; zum Vergütungsstreit zwischen Verlagen und Journalisten *Seiler*, K&R 2007, 561; *Schippan*, ZUM 2010, 882 sowie die Nachweise im 52. Abschnitt Rn 59. Zur angemessenen Vergütung im Verlagswesen *Sprang*, ZUM 2010, 116).

63 Nach § 32a UrhG kann es bei auffälligem Missverhältnis zwischen Vertriebserfolg und der Vergütung des Urhebers zu einer nachträglichen Anpassung der Lizenzvergütung kommen, sog. **Bestsellervergütung** (hierzu *Reber*, GRUR Int 2010, 708) Entscheidend ist dabei, dass sich der Anspruch des Urhebers nicht zwingend nur gegen seinen Vertragspartner, sondern auch gegen weitere Lizenznehmer in der Rechtekette richten kann und damit für Lizenznehmer im Medienvertrieb ein Risiko darstellt, welches sich nur durch einen vertraglichen Regressanspruch zwischen Lizenzgeber und Lizenznehmer einigermaßen abfedern lässt. Ob dies durch AGB möglich ist, erscheint allerdings aufgrund der Abweichung von der gesetzlichen Risikoverteilung zweifelhaft. Außerhalb des Urheberrechts hat ein Vertriebsnehmer nur dann Anspruch auf eine Bestsellervergütung, wenn dies zuvor vertraglich vereinbart war.

64 In der Vertragsgestaltung kann die Einräumung von Nutzungsrechten unter die **aufschiebende Bedingung** teilweiser oder **vollständiger Zahlung der Lizenzvergütung** gestellt werden (§ 158 Abs. 2 BGB). Im Effekt verbleiben die dinglichen Nutzungsrechte dann bis zum Bedingungseintritt beim Lizenzgeber, der gleichwohl auch schon vorher schuldrechtlich eine Nutzung gestatten kann. Im Bereich des Vertriebs von Trägermedien hat der **Eigentumsvorbehalt** die gleiche Funktion (§ 449 BGB).

65 Trotz erheblicher terminologischer Unterschiede in den einzelnen Branchen lassen sich Vergütungen auf die **Grundformen** „Provision", „Beteiligung" und „Festvergütung" zurückführen. Ist die Berechnung kompliziert, kann eine Musterrechnung in die Vertragsanlage aufgenommen werden.

I. Provisionsvergütungen

66 Das Grundmodell der **Provisionsvergütung** ist in §§ 87 ff HGB geregelt. Siehe auch § 396 HGB für die Kommission. Mit Provision wird eine Vergütung bezeichnet, die als Gegenleistung für Absatztätigkeit (Vermittlung oder Abschluss von Geschäften, § 86 HGB) gezahlt und deren Höhe an Zahl oder Umfang abgeschlossener Einzelgeschäfte geknüpft wird. Provision ist eine **Erfolgsvergütung**, mit der Anreize zu besonderen Anstrengungen in der Vertriebstätigkeit gesetzt werden sollen. Typischerweise wird eine Provision für vermittelte, rechtswirksam abgeschlossene (§ 87a HGB) **Geschäfte** gezahlt. Das Entstehen eines Provisionsanspruchs folgt ähnlichen Regeln wie der Anspruch auf eine Mäklervergütung nach § 652 BGB. Der Kreis provisionspflichtiger Geschäfte kann aber auch erweitert werden, beispielsweise auf sämtliche Geschäftsabschlüsse in einem vertraglich definierten Gebiet (sog. **Bezirksvertreter**, § 87 Abs. 2 HGB). In der Vertragsgestaltung liegt ein Schwerpunkt auf der inhaltlichen, räumlichen und zeitlichen **Definition der provisionspflichtigen Geschäfte.** Zur Provision für Geschäfte, die nach Beendigung des Vertragsverhältnisses geschlossen werden vgl § 87 Abs. 3 HGB. Das **Prinzip der Provisionsvergütung** ist die Vergütung nach einem Satz, der prozentual an einer vertraglichen Abrechnungsbasis errechnet wird:

67 **1. Abrechnungsbasis.** Abrechnungsbasis für Provisionen ist normalerweise das **Entgelt**, das der Dritte aus dem vermittelten Geschäft an das Unternehmen zu zahlen hat, § 87b Abs. 2 HGB. Für **Dauerschuldverhältnisse** trifft § 87b Abs. 3 HGB eine Sonderregelung, nach der bei zeitlich befristeten Verträgen das Entgelt über die gesamte Vertragsdauer, bei unbefristeten Verträgen der Zeitraum bis zur ersten ordentlichen Kündigungsmöglichkeit maßgeblich ist. § 87b Abs. 3 HGB gilt jedoch nicht für Verträge mit variablem, ergebnisbezogenem Entgelt, etwa Verlagsverträge mit Autorenbeteiligung, Lieferabonnements oder Lizenzverträge mit Umsatzbeteiligung (hierzu Rn 70 ff; vgl *Baumbach/Hopt-Hopt*, § 87b HGB Rn 13). § 87b HGB kann abbedungen und andere Berechnungsgrundlagen können gewählt werden. In der Praxis kann die Gestaltung der Provision erhebliche Auswirkungen auf das **Verhalten der Vertriebler** haben. Ist die Provision für einen Abschluss eines Geschäfts fällig, wird sich

der Vertriebler auf das „closing“ konzentrieren, erhebliche Rabatte, attraktive Konditionen und Sonderkündigungsrechte gewähren und Gesichtspunkte wie Marke, Preisstabilität und Reingewinn weniger im Auge behalten. Das Unternehmen muss dann etwa durch Genehmigungsprozesse für Abweichungen von Standards gegensteuern. Wird die Provision hingegen an Kenngrößen wie Umsatz oder Reingewinn geknüpft, wird ein Vertriebler eher darauf achten, inwieweit das Geschäft sinnvoll für das Unternehmen sein kann.

2. Kostenabzug. Ob von der Abrechnungsbasis vergütungsmindernde **Kosten abgezogen** werden können, ist in § 87b HGB gegenüber der Praxis von Beteiligungsvergütungen abweichend geregelt (hierzu Rn 76). Gewährt der Handelsvertreter um des Abschlusses willen Rabatte, werden diese abgezogen. Gewährt der Unternehmer Rabatte, etwa im Rahmen von Sonderaktionen, geht dies nicht zulasten des Handelsvertreters. Skonto wird nicht abgezogen. Nebenkosten wie Fracht, Verpackung, Zoll sind normalerweise durch das Entgelt mit abgedeckt und mindern die Provision nicht, es sei denn, diese sind dem Dritten besonders in Rechnung gestellt worden. Zur Umsatzsteuer vgl § 87b Abs. 2 S. 3 HGB. Unabhängig von der Frage, ob Kosten von der Abrechnungsbasis abgezogen werden, können diese jedoch je nach Vertragsgestaltung als Aufwendungsersatz geltend gemacht werden, vgl § 396 Abs. 2 HGB. Zu regeln ist auch, ob Zahlungsausfälle und Retouren abgezogen werden. 68

3. Provisionssatz. Die eigentliche Provision wird durch einen **prozentualen Anteil** an der Abrechnungsbasis ggf nach Kostenabzug ausgedrückt. Das Grundmodell der Provision kann mit verschiedenen Sonderprämien, Staffeln und Sonderanreizen für die Vertriebssteuerung optimiert werden. Ebenso kann das Erwerbsrisiko des Handelsvertreters durch garantierte Mindestvergütungen abgemildert werden. Zu den strukturell ähnlichen Auslegungsproblemen bei Staffeln in Beteiligungsvergütungen siehe Rn 80. 69

II. Beteiligungsvergütungen

Die häufigste Form der Vergütung im Medienvertrieb ist die **Beteiligung** am wirtschaftlichen Erfolg des Lizenznehmers, da sie wirtschaftlichen Einsatz und Risiko am gerechtesten verteilt, vgl § 11 S. 2 UrhG. Im Gegensatz zur Festvergütung (siehe Rn 83) erlaubt sie dem Lizenznehmer neue Geschäftsmodelle und Vertriebswege auszuprobieren, weil der Lizenzgeber das Markteintrittsrisiko zum Teil selbst trägt. Der Lizenznehmer zahlt nur, wenn auch Geld eingeht. Gleichwohl lässt sich auch bei Vergütungsregelungen in Beteiligungsmodellen durch die Wahl der Abrechnungsbasis (Umsatz, Endverkaufspreis, Handelsabgabepreis uÄ) und vor allem durch Minimumgarantien das wirtschaftliche Risiko in die eine oder andere Richtung verschieben. Der Beteiligungsvergütung ähnlich ist das handelsvertreterrechtliche Provisionsmodell (§ 87 HGB), das im Kern einen Anreiz für den Vertriebsnehmer schaffen soll, Geschäftsabschlüsse herbeizuführen (Rn 66). Das **Prinzip** von Beteilungsvergütungen ist die prozentuale Beteiligung des Lizenzgebers an einer um bestimmte Kosten bereinigten Abrechnungsbasis: 70

1. Abrechnungsbasis. Berechnungsgrundlage sind häufig die mit den vertragsgegenständlichen Medien erzielten Umsätze abzüglich Umsatzsteuer („**Netto-Umatz**“). Diese Form wird Umsatzbeteiligung („**revenue share**“) genannt (Formulierungsvorschlag in Beck´sches Formularbuch E-Commerce-*Cichon*, S. 112). Normalerweise werden ausnahmslos **sämtliche Umsätze** in unmittelbarem oder mittelbarem Zusammenhang mit dem Vertriebsgegenstand für die Berechnung der Umsatzbeteiligung herangezogen. Varianten sind eine Beteiligung nur an bestimmten Umsätzen, zB an Werbeeinnahmen, oder an Margen bzw Umsätzen ab bestimmten Schwellenwerten. Mitunter bereitet bereits die **Zuordnung von Umsätzen** zu einem Werk Schwierigkeiten. Bei der Online-Lizenzierung von Musik etwa stellt sich die Frage, in welchem Umfang Werbeumsätze den auf einer Website eingebundenen Musik-Streams zugerechnet werden können, wenn auf der Seite auch noch zahlreiche andere Inhalte vorhanden sind und die Reichweite der Website im Wesentlichen auf der Traffic-Steuerung des Anbieters beruht. Solche Fragen können im Vorfeld mit einem geschätzten Anteil am Umsatz geregelt werden. Dort, wo aus dem Medienvertrieb keine vielfältigen Umsatzquellen zu erwarten sind oder wo nicht alle Erlöse Grundlage der Beteiligung sein sollen, wird eine Beteiligung oft auch anhand des Endverkaufspreises („Nettodetailpreis“ oder „**Retail Price**“) definiert (vgl etwa MünchVertragsHB-*Nordemann*, Bd. 3, XI 5 für Verlagsverträge). Der Unterschied gegenüber der Bemessung am Umsatz liegt vor allem darin, dass (Mengen-)Rabatte, die der Lizenznehmer gegenüber etwaigen Großhandelskunden gewährt, nicht zulasten des Lizenzgebers gehen. Weitere, aber selten gebräuchliche Berechnungsgrundlagen können der Herstellerpreis, der Gewinn („Gewinnlizenz“) oder Kenngrößen wie die Zu- 71 schauerzahlen sein. Zu der Kenngröße „Ertrag“ in Film- und Fernsehverträgen *Reber*, GRUR Int 2011, 569.

72 Eine Umsatzbeteiligung birgt für den Lizenzgeber das Risiko, dass der Lizenznehmer die Produkte unter Wert verschleudert und damit auch die Preise in anderen Absatzkanälen verdirbt. Gerade im Bereich von Medienprodukten können die künstliche Verknappung und das Halten eines Verkaufspreises auf hohem Preisniveau eine sinnvolle Strategie sein. Nicht selten wird in der Praxis daher versucht, dem Absatzmittler Preise vorzuschreiben, was als **Preisbindung der zweiten Hand** jedoch kartellrechtswidrig sein kann (vgl Rn 88, 15. Abschnitt Rn 63 f; *Nordemann*, GRUR 2007, 203, 210).

73 Ein Ausweg sind stückpreisbezogene **Handelsabgabepreise** („HAP“ oder „PPD“ – „published price per dealer“) auf der Ebene des Vertriebs. Vor allem im Tonträgerabsatz ist diese Vergütungsform verbreitet (ausführlich mit Formulierungsvorschlägen *Moser/Scheuermann-Gilbert/Scheuermann*, S. 1091 ff). Der HAP entspricht dem Endverkaufspreis abzüglich der Handelsspanne und ist der Preis, den der Lizenzgeber pro Stück vom Lizenznehmer verlangt. Muss der Lizenznehmer für jedes verkaufte oder auf andere Weise verwertete Werkstück einen bestimmten Betrag an den Lizenzgeber abführen, hat er einen Anreiz, die Preise gegenüber den eigenen Kunden auf einem Niveau zu belassen, das ihm Gewinne ermöglicht. Anders als bei einer vertikalen Preisbindung ist er jedoch nicht daran gehindert, im eigenen Absatzmarkt die Preise selbst zu bestimmen. Im Videovertrieb wird eine Vergütung prozentual zum HAP vereinbart, den der Vertrieb selbst festlegt. Eine Beteiligung anhand des HAP funktioniert naturgemäß nur dort, wo es Handelsabgabepreise bzw Preislisten für den Vertrieb gibt. Solche Preislisten sehen oft mehrere Preiskategorien für Medienprodukte unterschiedlicher Abverkaufserwartung vor.

74 Eine Sonderform der Vergütung im Internet ist eine Vergütung, die abhängig von der **Anzahl der Abrufe** ist. Dies ist etwa das Modell für die Minimumvergütung von Music-On-Demand-Nutzungen wie Streams oder Downloads (zB GEMA-Tarif VR-OD5). Eine solche Vergütung orientiert sich an den urheberrechtlichen Nutzungskategorien, weniger an den wirtschaftlichen Gegebenheiten, da allein die Bereitstellung von Abrufmöglichkeiten kein Garant für Gewinne ist. Dies wird besonders deutlich bei Vertriebsmodellen, bei denen Musik in Monatsabonnements vermietet wird („Subscriptions“). Je erfolgreicher das Modell bei Endkunden ist, desto eher würde es durch eine Lizenzgebühr auf Abrufbasis im Innenverhältnis zu den Lizenzgebern zunichte gemacht. Auch wird ein Abruf regelmäßig zu Beginn der Nutzung gemessen. Verbindungsabbrüche, Abbruch der Nutzung durch den Endkunden nach kürzester Zeit sowie das Probehören werden dann zu Unrecht als vollwertige Nutzungen gezählt. Für den Lizenznehmer ist die Zahl der Abrufe und damit die interne Budgetierung nur begrenzt planbar. Sinnvollerweise wird ein Abrufmodell auf kleinere Werkeinheiten bezogen, also etwa nicht auf einen ganzen Konzertmitschnitt, sondern die jeweils gespielten Titel („**per track per stream**“), damit das Maß der Nutzungen einigermaßen realistisch reflektiert wird (Formulierungsvorschläge bei Beck´sches Formularbuch E-Commerce-*Cichon*, S. 112 ff).

75 Ist die Abrechnungsbasis die **Anzahl abgeschlossener Vertriebsgeschäfte**, handelt es sich um eine Provision iSv § 87 HGB (Rn 66).

76 **2. Kostenabzug.** Von der Abrechnungsbasis werden dann die **Kosten in Abzug** gebracht, die nach Branchenüblichkeit und Verhandlungsergebnis variieren. Typische Abzugsposten sind eine bereits gezahlte **Minimumgarantie** des Lizenznehmers (siehe Rn 81), die **Gemeinkosten** des Lizenznehmers (insbesondere Lizenzvergütungen an Dritte/Verwertungsgesellschaften), **Technikkosten** (zum Technikabzug im Tonträgerabsatz *Moser/Scheuermann-Gilbert/Scheuermann*, S. 1110), Kosten für Marketing, Verpackung und Material, Naturalrabatte, Rabatte an Händler, Retourenrückstellungen, Billing-Kosten, Fracht, Versicherungen, Provisionen uÄ. Ob Skonti oder Boni abgezogen werden dürfen, ist Auslegungsfrage. Üblicherweise werden auch Spenden an Spendenorganisationen abgezogen, wobei dies vor allem bei Spenden an unternehmensnahe Stiftungen kritisch zu beurteilen ist.

77 Ob **Zahlungsausfälle** und **Retouren** abzugsfähig sind, ist Verhandlungssache. Maßgeblich ist, ob der Vertrag bei den Voraussetzungen für eine Vergütung wie folgt formuliert ist: „verkauft, nicht retourniert und bezahlt“. Die Übernahme des Zahlungsausfallrisikos ist im direkten Vertrieb mit Endkunden relevant, insbesondere im Online-Vertrieb, da die Ausfälle hier anders als im B2B-Geschäft nicht gering sind, vgl auch 55. Abschnitt Rn 4. Das UrhG begünstigt eine Abwälzung des Zahlungsrisikos auf den Vertrieb, weil bei Lieferung an Endkunden bereits urheberrechtlich relevante Nutzungsvorgänge stattgefunden haben, auf deren Abgeltung der Lizenzgeber sich berufen kann. Bemerkenswert ist, dass das

UrhG keine zu § 32 Abs. 1 S. 3 UrhG reziproke Regelung kennt, die eine formale Position des Urhebers auf Vergütung reduziert, wenn dies – wie in diesen Fällen – in der Sache angemessen ist.

In der Praxis steht und fällt die Wirtschaftlichkeit eines Deals für die eine oder andere Partei mit den **abzugsfähigen Kosten**, die gewissermaßen mit der Höhe des Prozentsatzes für die Beteiligung eine gemeinsame verhandlungstaktische Einheit bilden und dafür von Bedeutung sind, was am Ende an den Lizenzgeber wirklich ausgekehrt wird. Nicht selten führen Abzugsposten auf **betriebswirtschaftlicher Terminologie** zu Streit, da sie **unbestimmt** sind und in der Vertragsgestaltung besser genau definiert werden sollten (vgl Rn 1). Beispielsweise lässt ein pauschaler Abzug von „Technikkosten", der im Prinzip sicherstellen soll, dass eine Beteiligung des Lizenzgebers nur an seinen Leistungen und nicht an den technischen Leistungen des Lizenznehmers erfolgt, in der Praxis erheblichen **Spielraum** zur willkürlichen Preiskalkulation. Der hinter Technikabzügen stehende Aufwand sollte regelmäßig hinterfragt werden. Bei fehlender Bestimmbarkeit besteht die Gefahr, dass der Vertrag wegen Einigungsmangel als unwirksam gewertet wird (OLG München UFITA 59, 285, 288 f). Durch die Verhandlung von Unter- und Obergrenzen für die verschiedenen Positionen lässt sich eine gewisse Kostenkontrolle einführen (zur Berechnung von Umsatzbeteiligungen in Filmlizenzverträgen *v. Hartlieb/Schwarz*, Kap. 166, in Künstler-Exklusivverträgen *Moser/Scheuermann-Gilbert/Scheuermann*, S. 1107 ff). 78

3. Lizenzprozentsatz. Die eigentliche Beteiligung wird durch einen **prozentualen Anteil** an der Abrechnungsbasis nach Kostenabzug ausgedrückt. Die Höhe der Anteile variiert sowohl innerhalb der Branchen als auch im Vergleich der Branchen untereinander stark, so dass sich kaum allgemeine Aussagen treffen lassen. Im Branchenvergleich ist insbesondere maßgeblich, wie viele Akteure sich letztlich die Einnahmen aus dem Vertrieb an den Konsumenten aufteilen müssen. Weitere Faktoren sind Marktmacht, Wert des Produktes im Markt, Gesamterwartung und Umfang des Geschäfts. 79

Dieser prozentuale Anteil kann einmalig festgelegt sein oder nach bestimmten Schwellenwerten für erreichte Umsätze variieren, etwa um Vertriebsaktivitäten zu incentivieren. Typischerweise wird erfolgreicher Vertrieb mit einer höheren Beteiligung belohnt, was sich unter dem Strich auch für den Lizenzgeber rechnet. Ein typisches Auslegungsproblem solcher **Staffeln** ist die Frage, ob bei Erreichen eines bestimmten Schwellenwertes der hierfür zugeordnete prozentuale Anteil auf die Gesamtheit der bis dahin erreichten Umsätze oder nur auf den Umsatz bis zum vorhergehenden Schwellenwert Anwendung findet. Soll der Lizenznehmer verschiedene Absatzkanäle bedienen, kann die prozentuale Beteiligung für die einzelnen Absatzkanäle entsprechend den dort entstehenden Kosten ausdifferenziert werden. Bei längeren Laufzeiten ist eine automatische Anpassung der Beteiligungssätze an den Geschäftserfolg sinnvoll. 80

4. Minimumgarantien. Minimumgarantien sind feste Teilzahlungen der Lizenzvergütung an den Lizenzgeber, die unabhängig vom Geschäftserfolg beim Konsumenten gezahlt werden müssen, jedoch mit den Vertriebserlösen verrechnet werden können („**Recouping**"). Minimumgarantien sind in der Regel im Voraus zu zahlen („**Advances**", „**Upfront**") und werden bei der Berechnung der prozentualen Beteiligung als Kosten von der Abrechnungsbasis abgezogen. Nicht selten sind Minimumgarantien so hoch verhandelt, dass keine weiteren Beteiligungen mehr fließen. Im Ergebnis ähneln sie dann Pauschalpreisvereinbarungen mit einer Sonderregelung für Bestseller. Vom Lizenznehmer zu zahlende Minimumgarantien bilden einen wirtschaftlichen Anreiz in Vertriebsaktivitäten und wirken im Effekt besser als vertragliche Auswertungspflichten (siehe Rn 100). Vor allem bei Einräumung von ausschließlichen Rechten ist eine Minimumgarantie anzuraten. Vorauszahlungen im Finanzierungsstadium können durch Bankgarantien zur Sicherung von Rückforderungsansprüchen gesichert werden. Die Fälligkeit der Zahlung von Minimumgarantien sollte an feste Voraussetzungen, etwa die Abnahme des zu liefernden Materials oder den Beginn einer Marketing-Kampagne, geknüpft werden. Wie auch bei den Lizenzprozentsätzen, kennt die Vertragspraxis Staffeln oder Anknüpfungen an den Geschäftserfolg im Vorjahr. In Vertriebsverträgen kann eine Minimumgarantie auch in Form einer **Mindestabnahmemenge** gestaltet werden. 81

5. Cross-Collateralisation. Aus Sicht des Lizenzgebers ist es kommerziell sinnvoll, die eigene Beteiligung auf einzelne Nutzungsformen, Vertriebskanäle, Lizenzgebiete etc. zu allokieren und idealerweise jeweils mit einer gesonderten Minimumgarantie zu verhandeln. Die Antwort des Lizenznehmers hierauf ist die Querverrechnung („**Cross-Collateralisation**"), die es erlaubt, Verluste aus einem Bereich gegen Gewinne aus einem anderen Bereich zu verrechnen und so die für die Lizenzbeteiligung maßgebliche Abrechnungsbasis zu senken. Anwendungsfälle für Cross-Collateralisation sind der internationale Medienvertrieb, der Vertrieb von Medien-Paketen bzw gesamten Vertriebsrepertoires sowie 82 der gleichzeitige Vertrieb über mehrere Vertriebskanäle. Hierdurch mindert sich das wirtschaftliche Risiko des Medienvertriebs gegenüber den brancheneigenen Erfolgsschwankungen (*v. Hartlieb/Schwarz-Schwarz*, Kap. 153 Rn 4).

III. Festvergütungen

83 Nach dem Wertungsmodell einer angemessenen Vergütung für Urheber (§§ 11 S. 2, 32 UrhG) sollten **Festvergütungen** eigentlich die **Ausnahmen** sein, sind in bestimmten Konstellationen aber **nicht ausgeschlossen** (*Schricker/Loewenheim*, § 32 Rn 35). Festvergütungen sind eine Vergütungsform, die für nicht oder nicht unmittelbar Erlöse bringende Nutzungen in Betracht kommt. Dies ebenso, wenn Erlöse nicht hinreichend messbar oder die Berechnungs- und Kontrollkosten (trotz der Möglichkeiten des Micropayments) außer Verhältnis stehen oder wenn ein urheberrechtlicher Beitrag zu einem Gesamtwerk nebensächlich erscheint. Immer dann, wenn ein Lizenznehmer das Geschäft ernstlich nicht als Beteiligungsvergütung abschließen würde, ist dem Urheber mit einem angemessenen Festpreis immer noch mehr gedient, als im Ergebnis leer auszugehen. Festvergütungen sind unabhängig vom Absatzrisiko, von Preisschwankungen und Gewinnmargen. In der Fernsehbranche hat sich die Branchenübung zur Lizenzierung auf Festpreisen jedoch bislang kaum geändert (siehe 52. Abschnitt Rn 2831). Im Filmbereich führen Festvergütungen nicht pauschal zu unangemessenen Vergütungen (LG Berlin ZUM 2009, 781; vgl auch *Poll*, ZUM 2009, 611). Gleiches gilt für Auftragsarbeiten im Fotodesign (vgl BGH GRUR 1986, 885, 886 – Metaxa; BGH GRUR 1988, 300, 301 – Fremdenverkehrsbroschüre) oder bei der Lizenzierung von Filmherstellungs- bzw Synchronisationsrechten. Eine Mischform zwischen Beteiligungs- und Festvergütung ist die **Stücklizenz**, bei der ein fester Betrag pro verkaufter Einheit vereinbart wird; die Entsprechungen im Verlagswesen sind Druckbogen- oder Zeilenhonorare. Auch in Vertriebsverträgen können anstelle von Provisionen Festvergütungen vereinbart werden.

84 Von **„Buy-out-Verträgen"** spricht man bei Verträgen, die eine Einräumung sämtlicher Nutzungsrechte mit einer Festvergütung abgelten sollen (ausführlich *Jani*, S. 1 ff). Buy-outs sind in der Regel Ausdruck einer überlegenen Verhandlungsmacht des Lizenznehmers. Solche Verträge sind aus mehreren Gründen **riskant**: Die Rechtseinräumung kann wegen der Zweckübertragungsregel nach § 31 Abs. 5 UrhG zulasten des Lizenznehmers auslegungsbedürftig sein. Nutzt der Lizenznehmer nicht alle eingeräumten Nutzungsrechte, sind insbesondere bei ausschließlichen Lizenzen dem Lizenzgeber Verwertungserlöse verwehrt, sofern er nicht seine Rechte nach § 41 UrhG geltend macht. Buy-outs können den Urheber knebeln oder ein auffälliges Missverhältnis von Leistung und Gegenleistung begründen (§§ 307, 138 BGB, Wandtke/Bullinger-*Wandtke/Grunert*, Vor §§ 31 ff Rn 92). Und sie können ihren vom Lizenznehmer verfolgten Zweck der Kalkulationssicherheit verfehlen, wenn der Lizenzgeber trotz der Festvergütung einen Anspruch auf angemessene Vergütung durchsetzen kann (§§ 32, 32a, 32c UrhG). Buy-outs können wirksam sein, wenn die Festvergütung die umfassende Rechtseinräumung angemessen vergütet – wie immer man das auch feststellen will (vgl BT-Drucks. 14/4973 v. 12.12.2000; *Reber*, ZUM 2001, 282, 287; *Wandtke/Bullinger*, Vor §§ 31 ff Rn 92 mwN). Die mit den §§ 31a, 32c UrhG eingeführte Möglichkeit zur Einräumung von Nutzungsrechten an unbekannten Nutzungsarten hat die Möglichkeiten für einen buy-out rechtlich wesentlich erweitert; das Verhältnis zu § 31 Abs. 5 UrhG ist allerdings – insbesondere für eine AGB-konforme Vertragsgestaltung – noch weitgehend ungeklärt (hierzu *Klöhn*, K&R 2008, 77 ff; zur AGB-widrigen Vereinbarung eines Buy-outs LG Hamburg ZUM 2010, 72; OLG Hamburg GRUR-RR 2011, 293; OLG München ZUM 2011, 576.; *Castendyk*, AfP 2010, 434).

Festvergütungen können über sog. **Escalator-Klauseln** oder über **Bonus-/Malusregelungen** den Beteiligungsmodellen angenähert werden, die bei Erreichen bestimmter Absatzschwellen pauschale Zusatzzahlungen oder Abzüge vorsehen. In der Vertragsgestaltung können diese Instrumente dazu dienen, die Angemessenheit einer Festvergütung herzustellen.

IV. Werbekostenzuschüsse

85 **Werbekostenzuschüsse** („WKZ") sind Zahlungen oder sonstige Vorteile, die der Lizenzgeber dem Lizenznehmer zur Absatzförderung leistet. Sie sind dann legitim, wenn sich die Leistung für den Lizenzgeber rechnet und dem eigenen Absatz dient. WKZ werden oft den verkaufsstärksten Vertriebsstellen gezahlt, etwa den umsatzstärksten Kinos. Der Normalfall ist jedoch der umgekehrte Fall, in welchem der Lizenzgeber das Absatzrisiko auf den Lizenznehmer überwälzt und diesem eine Verpflichtung zur Durchführung von Werbemaßnahmen auf eigene Kosten abringt (vgl Rn 100).

86 In der Vertragsgestaltungen sollten **WKZ-Vereinbarungen** den Einsatz der Mittel möglichst genau **bestimmen** und durch Rechte zur Prüfung der ordnungsgemäßen Verwendung unterlegen. WKZ können als Pauschale oder als prozentuale Kostenbeteiligung gezahlt oder verrechnet werden. WKZ-Vereinbarungen ohne weitere Bestimmungen des Verwendungszwecks und ohne erkennbare Gegenleistung, oft auch nur in einem in Side Letter, geben Anlass zur näheren Prüfung von Nichtigkeitsgründen. Solche WKZ-Vereinbarungen dienen möglicherweise einem anderen Zweck, zB einer geheimgehaltenen und ggf unlauteren Bevorzugung eines einzelnen Lizenznehmers (vgl *Böhner*, NJW 1998, 109; *Immenga/Mestmäcker-Makert*, § 21 GWB Rn 65; OLG Düsseldorf GRUR-Prax 2010, 208).

V. Verkaufsberichte, Abrechnung, Buchprüfung

87 Der Lizenzgeber/Vertriebsgeber benötigt **Verkaufsberichte** („**Reportings**“) des Lizenznehmers/Vertriebsnehmers. Zum einen für Abrechnungszwecke und **Rechnungsstellung.** Letztere ist sinnvoll mit genauen Datumsvorgaben zu regeln, da typischerweise erst nach Eingang ordnungsgemäßer Rechnungen abgerechnet wird. Zum anderen aber zur Erzeugung von **Marktdaten** für eine Optimierung des Absatzes. Diese Funktion wird zunehmend wichtiger, zumal sich technisch mittlerweile tagesaktuelle Verkaufsberichte, Lagerstandsberichte, Verfügbarkeitsberichte etc. in allen gewünschten Detaillierungsgraden erzeugen lassen. Insbesondere bei Kampagnenplanung, wie etwa im Tonträgerabsatz, erlaubt die tagesaktuelle Kontrolle der Verkaufszahlen eine Steuerung der Kundenwahrnehmung, die für eine Chartplatzierung unerlässlich ist. Die genauen **Spezifikationen** für die Verkaufsberichte (und Berichte über weitere Kenndaten, zB die Produktverfügbarkeit, Lagerstandsberichte) werden üblicherweise in Vertragsanlagen spezifiziert. Da jeder Lizenzgeber/Vertriebsgeber die Berichte so spezifiziert, dass sie automatisiert vom eigenen kaufmännischen System importiert werden können, die Akteure im Markt aber selten identische Systeme einsetzen, führt das wachsende Verlangen nach immer mehr Berichten zu steigenden Betriebskosten beim Lizenznehmer/Vertriebsnehmer. Auf Basis der Verkaufsberichte kann der Lizenzgeber Rechnungen erstellen, die nach allgemeinen Grundsätzen verständlich, nachvollziehbar und prüffähig sein müssen. Ein rechtlich nicht abdingbares Grundmodell für Abrechnung und Buchprüfung findet sich für Handelsvertreter und ähnliche Personen in § 87c HGB bei **Provisionsvergütungen.** (Tiefgreifende) Pflichten zur Abrechnung und Auskunftserteilung bestehen auch unabhängig von vertraglichen Vereinbarungen (BGH GRUR 1980, 227, 232 – Monumenta Germaniae Historica; BGH GRUR 2002, 602, 603 – Musikfragmente, vgl auch § 24 VerlG; zur Kündigung eines Musikverlagsvertrages wegen Abrechnungsmängeln OLG Hamburg ZUM-RD 2011, 480). Oftmals wird auch eine Buchprüfungsklausel verwendet, aufgrund derer verlangt werden kann, dass ein zur Verschwiegenheit verpflichteter Prüfer die Abrechnung und Rohdaten prüfen darf und hierzu Auskunft und Zutritt zu Räumen erhält. Bei Fehlern werden die Kosten für die Prüfung anhand der prozentualen Abweichungen vom Soll verteilt, üblich ist etwa, dass der Lizenznehmer die Kosten bei Abweichungen von über 5% trägt.

VI. Vorgaben zur Preisgestaltung

88 Nicht selten finden sich in Medienvertriebsverträgen im Zusammenhang mit der Vergütung auch Vorgaben, wie der Lizenznehmer/Vertriebsnehmer seine **Preise gegenüber den Konsumenten** zu gestalten habe, da dies bei Provisions- und Beteiligungsvergütungen unmittelbare Auswirkungen auf die Vertriebseinnahmen hat. Im Medienbereich dienen solche Vorgaben auch dazu, die Wahrnehmung einer Wertigkeit von Medienprodukten durch eine wirtschaftliche Verknappung zu erhalten. Grundsätzlich gilt: Im Handelsvertreterrecht kann der Unternehmer seine Preise selbst festlegen, da er selbst Vertragspartei des Medienvertriebsvertrags wird. Im Bereich der Kommission finden sich Regeln in §§ 385 ff HGB. Auch hier kann der Kommittent die Preise per Weisungen vorgeben, da Kommission ein Fall der verdeckten Stellvertretung ist. Weicht der Kommissionär hiervon ab, trägt er im Prinzip die resultierenden Kosten. Ansonsten gilt das marktwirtschaftliche Prinzip, dass jeder seine eigenen Preise selbst festlegt. Vereinbaren die Parteien dennoch eine sog. **vertikale Preisbindung,** etwa Mindest- oder Höchstpreise, kommt ein kartellrechtlicher Verstoß gegen Art. 81 EG, § 1 GVO in Betracht, siehe ausführlich 15. Abschnitt Rn 55 und 63 ff. Zu der Preissteuerung durch Anknüpfung an Handelsabgabepreise Rn 73 . Gebräuchlich sind allerdings Preisfindungssysteme, in denen der Vertrieb verschiedene **Preissegmente** vordefiniert (Hoch-, Mittel-, Niedrigpreissegment) und der Lizenzgeber/Vertriebsgeber seine Produkte in gewissem Umfang in dieses System einkategorisieren kann. Zum Normalver-

trag der phonographischen Industrie, der auch Vorzugsvergütungssätze und Abrechnungsbasis regelt siehe 52. Abschnitt Rn 81.

VII. Fälligkeit, Vorschusszahlungen

89 In Medienvertriebsverträgen mit Finanzierungscharakter sind Vereinbarungen über Vorschusszahlungen („**Advances**", „**Upfront**") gebräuchlich, etwa in Filmverleihverträgen. Typischerweise entspricht der Vorschuss ganz oder teilweise den korrespondierenden Minimumgarantien (siehe Rn 81). Solche Vorschusszahlungen sind Fälligkeitsabreden. Sie sind nicht mit Ansprüchen auf Vorschuss des Aufwendungsersatzes zu verwechseln, §§ 675, 669 BGB.

H. Absatzrisiko, Lagerrisiko, Materialkosten

90 Die kommerziell oft substantielle Frage, wer das **Absatzrisiko** des Medienvertriebs trägt, ist selten ausdrücklich in Medienvertriebsverträgen geregelt, sie folgt aber stets aus den Vertragsbestimmungen zu Vergütung und Kostentragung. Im **nicht-physischen Vertrieb** entstehen zwar im Kern kaum Lagerkosten, da die Speicherung von digitalen Dateien kostengünstig ist. Jedoch entsteht hier ein Absatzrisiko immer dann, wenn mit dem Lizenzgeber eine **Minimumgarantie** vereinbart wurde und der Lizenznehmer die Lizenzen auch dann bezahlen muss, wenn er selbst keine Erlöse generieren kann. Im **physischen Vertrieb** fallen sehr schnell **Lager- und Transportkosten** an, man denke nur an die Barsortimenter im Buchhandel, die einen gesicherten Absatz erforderlich machen. Die Lagerung ist die typische Aufgabe des Vertriebs. Wer hingegen das Lagerrisiko trägt (Kosten für Versicherung und „Schwund"), ist Verhandlungssache. Ähnlich wie Lagerkosten verschieben Mindestabnahmemengen das Absatzrisiko. Für Kommissionsgeschäfte vgl § 396 Abs. 2 HGB. Zum Zusammenhang zwischen Absatzrisiko und vertriebsrechtlichen Weisungsrechten siehe Rn 58.

91 Im Vergleich zwischen den Vertriebsstrukturen der einzelnen **Medien** findet sich eine **unterschiedliche Praxis** in der Verteilung des Absatzrisikos. Dies verwundert, da das Absatzrisiko grundsätzlich ein originäres Risiko jedes Produzenten ist und sich auf den Vertrieb nur gegen eine höhere Marge überwälzen lassen sollte. Im Pressevertrieb trägt normalerweise der Verlag das Absatzrisiko (siehe 52. Abschnitt Rn 63). Im physischen Musikvertrieb haben Elektronikmärkte Retouren-Rückstellungen für die von ihnen gegenüber eigenen Kunden eingeräumten Rückgaberechte in Höhe von 10–15 % des Abrechnungsbetrages durchgesetzt. Ansonsten wird der Tonträgerabsatz auf Basis der tatsächlich verkauften Stückzahl vergütet. Dafür aber trägt der Vertrieb das Lagerrisiko (*Moser/Scheuermann-Kornmeier*, S. 1213). Im Filmbereich trägt der Verleiher über die Minimumgarantie das Absatzrisiko, aber oft nicht die Kosten der Vervielfältigung für Vertriebszwecke. Im Online-Vertrieb tragen Online-Shops selten das Risiko des Widerrufs nach Fernabsatz; im digitalen Vertrieb tragen sie aber Absatzrisiken wiederum über eine zu zahlende Minimumvergütung. Vermutlich reflektiert die Verteilung des Absatzrisikos die Verhandlungsmacht zwischen Lizenzgeber/Vertriebsgeber und Lizenznehmer/Vertriebsnehmer, nivelliert sich aber mittelfristig über die Höhe der Vergütung, die beiden Parteien dauerhaftes Wirtschaften ermöglichen muss.

92 Ähnlich uneinheitlich verhält es sich mit den Kosten der **Produktion von Materialien** und **Kopien**. Ist die Produktion bestimmter Werkstücke ein (werkvertraglicher) Auftrag des Lizenznehmers, trägt dieser normalerweise die Kosten. Im Übrigen ist die Kostentragung Verhandlungssache. Herstellungskosten im Online-Vertrieb dem Lizenznehmer/Shop-Betreiber aufzuerlegen ist kurzsichtig, da sich so ein Long-Tail-Vertrieb nicht entwickeln kann (siehe 52. Abschnitt Rn 106).

I. Schutz vor Piraterie und unbefugter Nutzung

93 Sämtliche Medien lassen sich digital und anonym vervielfältigen. Sind erst einmal unlizenzierte Kopien gefertigt, lassen der Vertrieb von **Raubkopien** und das illegale Tauschen von Dateien im Internet oder über Kopiermedien nicht lange auf sich warten. Sind kostenlose Kopien verfügbar, fragt sich der Verbraucher, weshalb er Geld für eine legale Kopie bezahlen soll. **Piraterie** ist eines der größten Umsatzrisiken der Medienwirtschaft (vgl die Zahlen der Branchenverbände unter www.riaa.com, www.gvu.de, www.ifpi.com sowie die Zahlen der jährlichen sog. Brennerstudie der FFA). Wirtschaftliches Ziel ist es, die Entstehung von Raubkopien möglichst lange hinauszuzögern, um die umsatzstarken Premieren und Verkaufsstarts nicht zu gefährden.

Im Medienvertrieb finden sich daher präzise Vereinbarungen darüber, wer unter welchen **Sicherheitsmaßnahmen** in welcher Weise mit unveröffentlichten Werken umgehen darf, sowie weitere Sicherheitsvorschriften für den späteren Vertrieb. Im Filmbereich etwa ist der Weg von Filmkopien vom Produzenten zum Verleiher, ins Kopierwerk, zum Synchronisationsunternehmen bis in die Filmtheater streng reglementiert. Zudem sind Auflagen an Filmtheater üblich, Eingangskontrollen und Überwachungsmaßnahmen durchzuführen, damit Zuschauer Filme nicht mit Video-Kameras abfilmen und in das Internet einstellen (*v. Hartlieb/Schwarz-Schwarz*, Kap. 231; vgl auch den Leitfaden der GVU zu Sicherungsmaßnahmen in Filmtheatern). Soweit durch solche Maßnahmen Konsumenten betroffen werden, können persönlichkeits- oder datenschutzrechtliche Belange entgegenstehen. 94

Soweit Medien vertrieben werden, die durch einen **Kopierschutz** („technische Schutzmaßnahme" iSv § 95a UrhG) gesichert werden können, wird regelmäßig vereinbart, dass die Medien nicht ohne einen näher spezifizierten Kopierschutz oder ein Digital Rights Management System („**DRM**") vertrieben werden dürfen (vgl *Bechtold*, S. 19 ff; *Schulz*, GRUR 2006, 470 ff; vgl auch 55. Abschnitt Rn 9. Zu den Formen technischer Schutzmaßnahmen Hoeren/Sieber-*Arlt*, Teil 7.7 Rn 3 ff). Zu regeln ist dabei, wer die zu vertreibenden Werke mit dem jeweiligen Kopierschutz zu einer Verkaufseinheit verbindet und wer hierfür die Kosten trägt. Seit sich ein von einem Medienunternehmen verwendeter Kopierschutz als sog. Root Kit, dh als Computervirus mit systembeeinträchtigender Wirkung herausgestellt hat, sind Garantien gebräuchlich, ein zu verwendendes Kopierschutzsystem beeinträchtigte nicht die Nutzbarkeit der Endgeräte der Konsumenten. 95

Im Online-Vertrieb finden sich üblicherweise Regelungen über die Sicherheit der Speichersysteme vor **Hacking**, die den Provider zum Einsatz von marktüblichen oder dem neuesten Stand der Technik entsprechenden Schutzmechanismen verpflichten. Ähnliche Probleme stellen sich für das Bekanntwerden von **Sicherheitslücken** in DRM-Systemen. Da Schutzmechanismen gegen unerlaubtes Kopieren wegen der permanenten Herausforderungen durch Hacker laufend aktualisiert und verbessert werden müssen, besteht ein Interesse der Lizenzgebers daran, den Vertragspartner einseitig dazu zu verpflichten, stets den **neuesten Stand der Kopierschutztechnik** einzusetzen. Ein Update eines Kopierschutzes kann kostspielig werden, wenn sämtliche Dateien neu mit dem aktuellen DRM verpackt und womöglich die Kunden zu einem Update auf ihrem PC gezwungen werden müssen. Eine sinnvolle Vertragsgestaltung definiert die eingesetzten Maßnahmen in der Vertragsanlage und beschreibt die Erwartungshaltungen für Systemverbesserungen einschließlich der Kostentragung. Behält sich der Lizenzgeber das Recht vor, einseitig Updates und Systemanpassungen ohne Kostenbegrenzung verlangen zu können, kommt es bei AGB-Verträgen zu einer unangemessenen Benachteiligung iSv § 307 BGB. 96

Regelungen im Zusammenhang der Systemsicherheit sind oft flankiert durch **Informationspflichten**, bei Bekanntwerden einer Sicherheitslücke oder eines Vorfalls binnen einer kurzen Frist den Lizenzgeber zu informieren. Solche Pflichten sind nicht ungefährlich, da ihre Verletzung leicht zu hohen Schadensersatzforderungen führen könnte, wenn der Lizenzgeber nachweisen kann, dass er bei früherer Benachrichtigung Maßnahmen zur Eindämmung der Piraterie erfolgreich hätte realisieren können. 97

Klauseln, nach denen dem Vertragspartner auferlegt wird, mit bestimmten Anbietern von Produkten, die für illegales Kopieren oder **Filesharing** genutzt werden können, keine Verträge, insbesondere keine Werbeverträge, abzuschließen, sind dann haftungsrechtlich riskant, wenn sie Produkte boykottieren, deren Rechtswidrigkeit nicht feststeht (§ 826 BGB). 98

Soll die Piraterie-Bekämpfung zumindest auch durch den Lizenz-/Vertriebsnehmer erfolgen, wie etwa im Tonträgergeschäft durch die Labels für die Künstler, ist es sinnvoll, diese **Beauftragung** und deren Umfang vertraglich (einschließlich notwendiger Genehmigungserklärungen und Prozessvollmachten) zu gestalten. 99

J. Vertriebspflichten

Die meisten Vertriebsverträge enthalten dedizierte **Ausübungs- und Vertriebspflichten** des Lizenz-/Vertriebsnehmers, die Medienprodukte in branchenüblicher Weise zu nutzen bzw zu vertreiben. Ohne eine solche Vereinbarung könnte der Lizenz-/Vertriebsnehmer den Vertrieb ohne Weiteres einstellen, etwa wenn sich ein kommerzieller Flop abzeichnet. Bei ausschließlichen Lizenzen würde das Werk dann sogar faktisch vom Markt genommen. Im Technologiebereich werden zuweilen Lizenzen nur deshalb erworben, damit niemand sie ausübt. Der Umfang der Vertriebspflicht ist ein Faktor, der die Höhe einer Vertriebsvergütung wesentlich relativieren kann. 100

101 Eine gesetzliche Regelung einer Auswertungspflicht findet sich für **Verlagsverträge** in § 1 S. 2 VerlG. Eine **Analogie** kann für Verträge geboten sein, die wertungsmäßig einer verlagsmäßigen Auswertung gleichstehen (BGH UFITA 86 (1980), 240, 243 für Schallplattenproduktionsverträge; BGH UFITA 92 (1982), 184, 189 – PAM-Kino für Filmlizenzverträge; vgl auch BGH UFITA 71 (1974) 184). Auch die Vereinbarung eines Beteiligungsmodells (siehe Rn 70) soll ein Indiz für eine stillschweigend vereinbarte Auswertungspflicht sein (vgl BGH UFITA 37 (1962), 336, 337.;zur Auswertungspflicht bei Übersetzerverträgen *Gergen*, NJW 2005, 569 ff). Dies überzeugt nicht, da sowohl Beteiligungsmodelle als auch die wirtschaftliche Entscheidungsfreiheit des Lizenznehmers gesetzliche Leitbilder sind, die nicht auf den nicht geregelten Ausnahmetatbestand einer Vertriebspflicht schließen lassen. Auch zeigt die Existenz des § 41 UrhG, das **Rückrufrecht** des Urhebers **wegen Nichtausübung**, dass im Normalfall gerade nicht von einer Ausübungspflicht (sondern nur einer Ausübungslast, vgl BGH GRUR 1970, 40, 42) ausgegangen werden kann. Indiz in der Auslegung kann jedoch die den Verträgen zugrunde liegende Kalkulation sein, etwa wenn der Lizenzgeber die Kosten für das Marketing trägt. Ein Filmverleiher ist nach Filmstart zur Auswertung verpflichtet (BGH ZUM 2003, 135, 137 – Filmauswertungspflicht; OLG München ZUM 2000, 1093, 1096; vgl auch BGHZ 2, 331, 335). Hingegen besteht kein Anspruch gegen die ARD auf Sendung bestimmter Musiktitel (BVerfG ZUM 2004, 306). TV-Sender akzeptieren in Sendelizenzkäufen regelmäßig keine Auswertungspflicht. Für eine Vertriebspflicht spricht es allerdings, wenn der Lizenzgeber die Kosten für Marketing und Promotion trägt. Eine Vertriebspflicht kann neben den allgemeinen Berichtspflichten (siehe Rn 87) mit einer Pflicht verbunden werden, die Nichtausübung einer Nutzung anzuzeigen. Jedoch kann auf das Rückrufsrecht nach § 41 UrhG nicht im Voraus verzichtet werden. Ein Rückruf von Rechten führt allerdings nicht zum Erlöschen von Enkelrechten (BGH GRUR 2009, 946 – Reifen Progressiv = K&R 2009, 712 m. Anm. *Reinhard;* zum verlagsrechtlichen Sonderfall der Neuauflage vgl § 17 VerlG. Für Neuauflagen besteht keine Pflicht, sondern nur eine Last, BGH NJW 2011, 2732 – World´s End).

102 Zu den Ausgestaltungen der Vertriebspflicht – oft in Verbindung mit Werbeverpflichtungen (Rn 106) – gehört die vertragliche Gestaltung des **Produktstartes** („Erstverkaufstag – EVT, Launch") und die **Verfügbarkeitsdauer.** Die Diffusionskurven im Medienvertrieb zeigen häufig einen starken Abverkauf innerhalb der ersten Wochen, der dann schnell marginale Werte erreicht. In solchen Szenarien ist es vertrieblich erforderlich, Produktstart, Werbung und Kommunikation (cross-medial, vgl 53. Abschnitt Rn 3) zu takten (zum Verkauf vor Produktstart OLG Hamburg ZUM-RD 2005, 226); bei fehlender Verfügbarkeit kann neben einem vertraglichen Anspruch ein Verstoß gegen § 5 UWG in Betracht kommen. Wer eine Vertriebspflicht eingeht, ist gut beraten, sich die Mitwirkungspflichten, die erforderliche Infrastruktur auf Seiten des Vertragpartners sowie verlässliche Lieferungsdaten zusichern zu lassen und diese mit ausgiebigen Informationspflichten über die Planungen und Disposition des Vertriebsgebers/Lizenzgebers zu unterlegen. Zudem erfordert die Regelung einer Vertriebspflicht immer sachlich auch eine Regelung über das Marketing (Rn 106).

103 Die **Verletzung** vertraglicher Vertriebspflichten löst die allgemeinen Leistungsstörungsrechte aus, bis hin zum Rücktrittsrecht nach §§ 323 ff BGB (vgl auch BGH ZUM 2003, 135, 137 – Filmauswertungspflicht). Im Konfliktfall zwischen Lizenznehmer und Lizenzgeber können die Drohung, eine Auswertung einzustellen, oder umgekehrt die Androhung der Folgen einer Einstellung, drastische Mittel sein. Ein häufiger **Kompromiss** ist eine Regelung, nach welcher dem Lizenzgeber bei Unterschreiten bestimmter Umsatzschwellen in einem Zeitraum ein Kündigungsrecht eingeräumt wird, welches binnen einer gewissen Frist ausgeübt werden muss. Alternativ kann vereinbart werden, dass sich ein ausschließliches in ein einfaches Nutzungsrecht umwandelt.

104 Den Vertriebs-/Auswertungspflichten in Nutzungsverträgen entsprechen die Vertriebspflichten in **Vertriebsverträgen,** die insbesondere im Handelsvertreterrecht nur als **Bemühenspflicht** ausgestaltet sind, dies aber typischerweise verbunden mit einer erfolgsabhängigen Provisionsvergütung. Die Absatzförderungspflicht (§§ 86, 364 Abs. 1 HGB) ist Hauptpflicht und kann je nach Gestaltung durch Weisungen des Vertriebsgebers konkretisiert werden (siehe Rn 58). Vertraglich können die Parteien eine Absatzförderungspflicht zu konkret ausgestalteten Vertriebspflichten verdichten, wie dies zB in Vertragshändlerverträgen üblich ist (*Martinek/Semmler-Manderla*, § 14 Rn 13).

105 Ist Gegenstand des Medienvertriebsvertrags ein Repertoire oder Medienprodukte, die erst noch hergestellt werden müssen, kann der Lizenznehmer/Vertriebsnehmer die zu vertreibende Ware und deren Erfolgsaussichten im Vertrieb und damit den Erfolg der eigenen Aufwände nicht selbst prüfen. In einer solchen Situation wird er auf ein **Ablehnungsrecht** bestehen, das aus seiner Sicht möglichst umfassend,

aus Sicht des Lizenzgebers/Vertriebsgebers möglichst eng und klar definiert sein sollte. Typische Auslegungsfragen entstehen bei Formulierungen, der Vertriebsnehmer könne ablehnen bei „Wettbewerbswidrigkeit“ oder „mangelnder Verkaufsaussicht“, über die die Parteien unterschiedliche Auffassungen haben.

K. Werbeverpflichtungen, Platzierungspflichten

Insbesondere bei Beteiligungsmodellen in der Vergütung hat der Lizenz-/Vertriebsgeber ein Interesse 106
daran, dass der Lizenz-/Vertriebsnehmer das Werk kommerziell optimal auswertet. Neben einer vertraglichen Vertriebspflicht (siehe Rn 100) kann flankierend eine Pflicht zur Durchführung von **Werbemaßnahmen** vereinbart werden. Eine Werbepflicht kann sich auch durch Auslegung einer Vertriebspflicht ergeben. Beispiele sind Pflichten der Filmverleiher zur Durchführung von Promotions zum Kinostart oder die Verpflichtung eines Online-Portalbetreibers, lizenzierte Inhalte auf der eigenen Website aus anderen Bereichen der Website heraus zu verlinken und Nutzerströme so auf die lizenzierten Inhalte zu leiten. Regelungsbedürftig ist, wer die Werbematerialien herstellen lässt und wem sie gehören, die Kosten für die Maßnahmen (zu Werbekostenzuschüssen siehe Rn 85), insbesondere Mindestbudgets und Obergrenzen für die Marketingausgaben, sowie Mechanismen zur Kostenkontrolle und zu möglichen Aufschlägen für Drittkosten. Die Gestaltung der Creatives, die Nutzung von Marken und uU auch die Media-Planung sind sinnvollerweise Gegenstand von Abstimmungs- und Genehmigungsprozessen. Sind die Details einer Werbepflicht nicht vereinbart, orientiert sich der Umfang an Zumutbarkeitsgesichtspunkten iSv § 242 BGB. Liegt die Pflicht zur Durchführung von Werbemaßnahmen in der vertraglichen Ausgestaltung beim Lizenzgeber/Vertriebsgeber, akzeptiert der Lizenznehmer/Vertriebsnehmer aber eine Minimumgarantie oder eine Mindestabnahmemenge, ist die Durchführung von Marketingmaßnahmen sinnvollerweise Gegenstand vertraglicher Spezifikationen und Garantien.

Ist der Lizenz-/Vertriebsnehmer zur Eigenwerbung, dh zur Werbung im eigenen Medium verpflichtet, 107
ist auch hier das Trennungsgebot zwischen Werbung und redaktionellen Inhalten zu beachten. Daher sind im anglo-amerikanischen Bereich übliche Vertragspflichten zur Durchführung von redaktioneller Werbung gemäß § 134 BGB nichtig.

In Vertriebsverträgen wird die Werbeverpflichtung oft weiter zu dedizierten Platzierungspflichten aus- 108
geformt, in denen Platzierung, Darstellung und Bewerbung innerhalb der Verkaufsstellen geregelt werden. Zur Zulässigkeit von vertraglichen Bindungen im Hinblick auf das Verkaufssortiment („category management“) *Wiring*, GRUR Prax 2010, 332.

L. Namensnennungen, Urhebervermerke

Medienvertriebsverträge enthalten fast immer Regelungen zur branchenüblichen **Namensnennung** von 109
Urhebern und weiteren Beteiligten („credits“). Jeder Urheber und ausübende Künstler hat im Grundsatz ein Recht auf Anerkennung seiner Urheberschaft (§§ 13 S. 2, 74 UrhG, siehe auch *Radmann*, ZUM 2001, 788). Dieses Recht kann abbedungen oder weiter ausgeformt oder – wie etwa im Musikbereich – vertraglich auf weitere Beteiligte ausgeweitet werden. Es kann die Pflicht vereinbart werden, die getroffenen Regelungen zu Nennungen, die insbesondere im Filmbereich bei Vorspann und Abspann in Namensnennungshierarchien beträchtlichen Umfang haben können, vertraglich an alle weiteren Lizenznehmer weiter zu geben (*Loewenheim-Schwarz/Reber,* § 74 Rn 282). Typische Namensnennungspflichten finden sich auch in Bildrechtsverträgen (fehlende Hinweise auf den Fotografen sind eine Sollbruchstelle für jeden Nutzer von Bildern), in Content-Syndikationsverträgen für Online-Inhalte, in Produktionsverträgen für Computerspiele oder in Musiklizenzverträgen. **Namensnennung** hat immer auch einen **werblichen Aspekt** für den Genannten. Daher sind Verhandlungen nicht selten, in denen der Lizenzgeber die Namensnennung oder die Quellen- oder Herkunftsvermerke mit Bildmarken, Logos, Darstellungsgröße und Platzierung werblich zu optimieren sucht. Geht die Darstellung über das Branchenübliche hinaus, kann dies als Schleichwerbung oder, wenn die Darstellung Relevanz für die Höhe der Lizenzvergütung hatte, als Bartergeschäft, dh als eine unbar zu verrechnende Naturalleistung in Form von marktüblich zu bepreisender Werbung, zu werten sein, auf die uU Umsatzsteuer abgeführt werden muss.

110 Von Namensnennungen zu trennen sind **copyright-Vermerke.** Der in anglo-amerikanischen Verträgen oft verlangte ©-Vermerk (hierzu *Dreier/Schulze-Schulze*, § 2 UrhG Rn 246 und § 10 Rn 13) ist in Deutschland ohne rechtliche Bedeutung, gleichwohl international gebräuchlich (vgl Art. III 1 WUA).

M. Leistungsstörungen und Service Levels

111 **Leistungsstörungen** sind bei Medienvertriebsverträgen ohne gesonderte Regelungen in hohem Maße **unberechenbar.** Der Vertragstypus, der dann auch über das anzuwendende Leistungsstörungsrecht bestimmt, ist bei Medienvertriebsverträgen schwer zu bestimmen. Dies gilt sowohl für Nutzungsverträge, die normalerweise als gemischte Verträge oder als Verträge eigener Art mit pacht-, kauf-, dienst-, gesellschaftsrechtlichen und werk- bzw werklieferungsvertraglichen Elementen zu qualifizieren sind, als auch für die sonstigen Vertriebsverträge, die ebenfalls oftmals atypische Kombinationen bestehender Typen sind, siehe zur Vertragstypbestimmung Rn 4 f. Mit dieser Unsicherheit besteht jede Menge Argumentationsspielraum, ob und welche spezielle Leistungsstörungsvorschrift bestimmter Vertragstypen neben den §§ 275 ff, 320 ff BGB auf die in Frage stehende Pflichtverletzung Anwendung findet (zu den Auswirkungen der Schuldrechtsreform auf das Urhebervertragsrecht *Manz/Vrentoni/Schneider*, ZUM 2002, 409 ff; Überblick über das Leistungsstörungsrecht bei Nutzungsrechtsverträgen bei *Dreier/Schulze*, Vor §§ 31 ff Rn 59 ff; *Wandtke/Bullinger-Wandtke/Grunert*, Vor §§ 31 ff Rn 123 ff). Selbst die speziell im VerlG geregelten Leistungsstörungen für Verlagsverträge sind nicht abschließend (§§ 31, 30 VerlG) und erlauben Rückgriff auf allgemeine werkvertragliche Regeln (vgl BGHZ 26, 337, 340; BGH GRUR 1960, 542, 543 – Drogisten-Lexikon). Daher kann die vertraglich **abschließende Vereinbarung** der Folgen von Leistungsstörungen sinnvoll sein.

112 Hierzu ist es zunächst erforderlich, sich über die **typischen Risiken** des Vertriebsgeschäfts im Klaren zu sein. Typische Risiken sind Rechtsmängel der eingeräumten Rechte oder umgekehrt die Überschreitung der eingeräumten Nutzungsbefugnisse, Qualitätsmängel am vertragsgegenständlichen Material bzw den zu vertreibenden Produkten, Lieferverzögerungen und unzureichende Auswertung durch den Vertrieb. Die Rechtsmängelhaftung hängt bei Nutzungsverträgen wesentlich an der Frage, ob eine Pflicht zur Rechtsverschaffung besteht; bei Entgeltlichkeit ist dies typischerweise der Fall, ebenso lässt sich ein solcher Wille aus der Gestaltung von Garantien ablesen, s. Rn 115. Schlägt die Rechtsverschaffung fehl, greift die Rechtsmängelhaftung, zB aus §§ 453, 435, 437 BGB oder § 8 VerlG.

113 Bei eindeutig zuzuordnenden Pflichten, etwa werkvertraglichen Herstellungspflichten (vgl BGH GRUR 1966, 390 – Werbefilm), kann die Abwicklung über das Werkvertragsrecht durch vertragliche Klarstellung über dessen Anwendbarkeit gesichert werden. Viele Risiken, insbesondere Rechtsmängel, lassen sich über **Garantien** regeln (siehe Rn 115). **Schadensersatz** lässt sich für beide Parteien gesichtswahrend durch vordefinierte Kompensationsleistungen (anstelle von Geldzahlungen) regeln, etwa durch zusätzliche Werbemaßnahmen, Verlängerung von Nutzungszeiten uÄ. Dies kann für beide Parteien wirtschaftlich sinnvoll sein, wenn der Schadensersatzpflichtige die Kompensationsleistungen günstiger erbringen kann und der Schadensersatzberechtigte Leistungen über Marktpreis erhält. Und bevor es zu Versuchen kommt, sich über eine konstruierte außerordentliche **Kündigung** vom Vertrag zu lösen (siehe hierzu die zahlreichen Beispiele bei *Schricker*, § 31 Rn 17 ff), können Kündigungsrechte anhand von Schwellenwerten oder anhand von zeitlichen Testphasen für den Geschäftserfolg ausgeformt werden.

114 Mit zunehmender technischer Entwicklung und mit zunehmender tagesgenauer Kampagnen-Steuerung im Medienvertrieb werden **technische Leistungsbeschreibungen, Service-Levels** und die vertraglich genaue Ausformung technischer Leistungsrisiken immer wichtiger (Gestaltungshinweise bei *Rath*, K&R 2007, 362). Besonders deutlich ist dies bei Lieferungsverträgen für Online-Inhalte, bei denen sich der technische Liefervorgang von den Systemen des Lizenzgebers über eine zu definierenden Schnittstelle in einem abgestimmten Format bis in die Systeme des Lizenznehmers vollzieht. Die technischen Risiken sind im Vertrieb nicht zu unterschätzen und es kann angezeigt sein, technische Abläufe mit der Präzision von **IT-Verträgen** und versehen mit durch pauschalierten Schadensersatz unterlegten **Service-Level-Agreements** abzufassen.

N. Garantien

115 Medienvertriebsverträge enthalten oftmals **Garantien.** In urheberrechtlichen **Nutzungsverträgen,** insbesondere im nicht-physischen Vertrieb, finden sich regelmäßig Kataloge von Garantien des Lizenz-

gebers für die rechtliche und tatsächliche Beschaffenheit der verschafften Rechte und des lizenzgegenständlichen Materials. Dies ist eine Besonderheit, die in dem intangiblem Charakter des Rechts begründet ist, das Gegenstand des Vertrags ist. Eine entsprechende Notwendigkeit in **Vertriebsverträgen** findet sich seltener, insbesondere wenn der Vertriebsnehmer als unmittelbarer oder mittelbarer Stellvertreter handelt oder die Möglichkeit hat, die Vertriebsware selbst zu prüfen. Garantien finden sich aber im physischen Handel bei durchlaufenden Verkäufen in Hinblick auf Vervielfältigungs- und Verbreitungsrechte.

I. Verfügungsbefugnis

In einer **Rechtegarantie** in Nutzungsverträgen bzw im nicht-physischen Vertrieb steht der Lizenzgeber dafür ein, über die eingeräumten Rechte zur vertragsgemäßen Nutzung **verfügen** zu können. Verfügen kann, wer nicht verfügungsbeschränkter Inhaber eines Rechtes ist oder in sonstiger Weise vom Berechtigten zur Verfügung befugt wurde. Auf mehrstufigen Vertriebswegen kann der Lizenzgeber nur dann verfügen, wenn eine ununterbrochene Rechtekette („chain of title") auf alle originären Rechteinhaber zurückgeführt werden kann (BGH GRUR 1994, 363 – Holzhandelsprogramm; zum Nachweis der Aktivlegitimation bei Filmrechteketten BGH ZUM 2011, 337). Die Voraussetzung der **Verfügungsbefugnis** ergibt sich ohnehin aus dem Nutzungsvertrag, dessen Kern regelmäßig die Pflichten zu Verschaffung und Erhalt der bezeichneten Nutzungsrechte sind. Rechtegarantien greifen jedoch über §§ 453, 435, 536 Abs. 3 BGB hinaus **verschuldensunabhängig**. Sie sind eine **Abweichung vom gesetzlichen Leitbild** nach § 311a Abs. 2 BGB, wonach eine Haftung nur bei Vorsatz oder zu vertretender Unkenntnis in Betracht kommt, welche bei der typischen Risikoverteilung in Lizenzgeschäften jedoch keine unangemessene Benachteiligung iSv § 307 Abs. 1 BGB darstellt (*v. Hartlieb/Schwarz-Reber*, Kap. 169 Rn 4). Rechtegarantien stellen im Rechtsverkehr das **Korrektiv** dafür dar, dass der Bestand der Rechte in der Rechtekette nur beschränkt durch den Lizenznehmer prüfbar ist (allerdings stellt die Rechtsprechung hohe Ansprüche an die sorgfältige Prüfung, vgl BGH GRUR 1999, 49, 51 – Bruce Springsteen; BGH GRUR 1988, 375 – Schallplattenimport III; BGH GRUR 1960, 606, 608 – Eisrevue II) und Nutzungsrechte **nicht gutgläubig erworben** werden können (vgl BGHZ 5, 116, 119 – Parkstraße 13; BGH GRUR 1959, 200, 203 – Heiligenhof). Der Lizenzgeber steht im Einzelnen dafür ein, dass die eingeräumten Rechte bei Vertragsschluss wirksam sind und existieren, sich in dem beschriebenen Zustand befinden („angemeldet", „erteilt", „zurückgefallen" uÄ), für die Vertragsdauer fortbestehen (Rn 24), der Lizenzgeber uneingeschränkt über die eingeräumten Rechte für die vertragsgemäße Nutzung verfügen kann (insbesondere Freiheit von Pfandrechten, Nießbrauch oder sonstigen Rechten Dritter) und keine entgegenstehende Verfügung bereits getroffen hat. Bei Einräumung einer ausschließlichen Vertriebslizenz umfasst die Garantie auch den Nutzungsenthalt durch den Lizenzgeber. Bei Miturheberschaft kann einer der Urheber nur verfügen, wenn er durch die anderen Miturheber hierzu ermächtigt wurde (§ 8 Abs. 2 UrhG). Eine solche Rechtegarantie ist für den Lizenznehmer von erheblicher Bedeutung, da sich die Rechteketten in der Praxis faktisch oft nicht mehr nachvollziehen lassen. Oftmals werden Rechte von unklarer Herkunft durch eine Rechtegarantie überhaupt erst praktisch **verkehrsfähig**. Beispiele hierfür sind der Vertrieb von Werken unbekannter Herkunft („**orphan works**") wie zB Videoclips von Internet-Nutzern oder auch Werke für die Online-Nutzung, bei denen die lizenzrechtliche Lage zwischen Künstlern und Label noch nicht eindeutig geklärt ist. In Vertriebsverträgen im **physischen Vertrieb** garantiert der Vertriebsgeber, über die für die Vertragszwecke erforderlichen Rechte zur Vervielfältigung, Verbreitung und uU Vermietung vertragsgemäß verfügen zu können. 116

II. Keine Rechtsverletzung

Rechtegarantien können sich neben der Verfügungsbefugnis auch darauf beziehen, dass durch eine vertragsgemäße Nutzung **keine Rechte Dritter verletzt** werden, etwa Urheber-, Persönlichkeits-, Namens-, Marken- oder Titelrechte. Praktisch wichtig sind Fälle fehlender Zustimmung abgebildeter Personen, §§ 22 f KUG. Zuweilen soll eine Garantie auch vor der Geltendmachung einer Bestsellervergütung nach § 32a UrhG schützen, hierzu *Loewenheim-Castendyk*, § 75 Rn 76. 117

Werden in dem lizenzierten Werk **weitere Werke Dritter** genutzt, etwa Lichtbilder in einem Buchmanuskript oder Musik in einem Film, oder werden einzelne zur vertragsgemäßen Nutzung erforderliche Rechte von **Verwertungsgesellschaften** wahrgenommen (beispielsweise umfassen Senderechtsverträge nicht die Rechte an der Filmmusik, soweit diese von der GEMA wahrgenommen werden), stellt sich 118 regelmäßig die Frage, ob die Rechte hierfür vom Lizenzgeber oder Lizenznehmer zu klären sind. Eine häufige Auslegungsfrage in der Praxis entsteht dann, wenn die Rechtseinräumung zwar die eingeräumten Nutzungsrechte genau bezeichnet, die Vertragsbestimmung über die Rechtegarantien aber zu weit gefasst ist („Der Lizenzgeber garantiert, sämtliche für die vertragsgemäße Nutzung erforderlichen Rechte einzuräumen.") und vom Wortlaut auch Rechte Dritter umfasst, die für die vertragsgemäße Nutzung erforderlich sind. Solche Verträge können als sog. „all-in-Lizenzen" auszulegen sein, bei denen sich der Lizenzgeber schuldrechtlich zur Klärung der sonstigen notwendigen Rechte verpflichtet (zur all-in-Lizenz siehe auch Rn 45). Im Online-Bereich akzeptiert die GEMA keine all-in-Lizenzen, anderenfalls könnte sie nicht an den Einnahmen des Online-Anbieters partizipieren. Auch im physischen Vertrieb sind Garantien des Vertriebsgebers gebräuchlich, die für die Verbreitung erforderlichen Rechte bei Verwertungsgesellschaften abgegolten zu haben.

119 Es kann sinnvoll sein, Rechtegarantien mit **Informationspflichten** zu untermauern. Beispielsweise kann eine Abfrage bei der Lizenzierung von Musik, ob Beteiligte Mitglieder der GEMA sind (und daher nicht uneingeschränkt verfügen können), oder eine Abfrage bei Verlagsverträgen, ob der Autor sich an existierende Personen angelehnt hat (so dass eine Persönlichkeitsrechtsverletzung in Betracht kommt), vor rechtlichen Überraschungen schützen. Vor urheberrechtlichen Großprojekten empfiehlt es sich ohnehin, alle an der Produktion Beteiligten im Einzelnen aufzulisten und im Hinblick auf ihre Verfügungsbefugnisse zu prüfen.

III. Rechtmäßigkeit

120 Schließlich garantiert der Lizenzgeber oftmals die **Rechtmäßigkeit** der lizenzierten Werke, insbesondere dass der vertragsgemäße Vertrieb rechtmäßig möglich ist. Diese generalklauselartige Garantie spielt vor allem eine Rolle im Jugendmedienschutz. Ein durch die Bundesprüfstelle für jugendgefährdende Medien indiziertes Werk oder ein Werk ohne FSM/FSF/FSK/USK-Einstufung ist für den Vertrieb ungeeignet und vereitelt den Vertragszweck. Nicht selten wird die Verwertbarkeit unter Jugendschutzgesichtspunkten für im Vertrag bezeichnete Zwecke ausdrücklich aus Eigenschaft zugesichert. Diese Gesichtspunkte finden sich als Gegenstand von Garantien im physischen und nicht-physischen Vertrieb gleichermaßen.

IV. Erstveröffentlichung

121 Da der Urheber das Erstveröffentlichungsrecht nach § 12 Abs. 1 UrhG hat und aufgrund dieses personenrechtlichen Einschlages den Vertriebsstart verhindern kann, kann eine Garantie angezeigt sein, dass das Werk bei Vertriebsbeginn veröffentlicht ist.

O. Freistellung

122 Rechtegarantien sind üblicherweise mit einer **Freihalteerklärung** verbunden, etwa in der Formulierung „Der Lizenzgeber stellt den Lizenznehmer von jeglichen Ansprüchen infolge einer Verletzung vorstehender Garantien frei und ersetzt die Kosten der angemessenen Rechtsverteidigung.". Die **Kosten für die Rechtsverteidigung** sind in der Vertragsgestaltung ausdrücklich zu erwähnen, da sie anderenfalls bei Verletzung einer Rechtegarantie nicht ersatzfähig sind. Diese Kosten beruhen nämlich nicht auf dem Rechtsmangel, sondern sind strukturell freiwillige Aufwendungen des Lizenznehmers. Sinnvoll ist eine Ausgestaltung von Kommunikation und Verfahren. Die Vereinbarung von Höchstbeträgen ist zulässig. Zur Vereinbarung in AGB vgl Rn 116.

P. Vertragsdauer, Kündigung

123 Sieht man von den Lizenzkäufen der TV-Sender ab, sind Medienvertriebsverträge selten einmalige Überlassungen auf unbestimmte Zeit, insbesondere nicht zwischen den einzelnen Handelsstufen. Medienvertriebsverträge im B2B-Bereich sind normalerweise **Dauerschuldverhältnisse** (§ 314 BGB). Dies gilt auch für Vertriebsverträge wie den Belieferungsvertrag, der ein Rahmenvertrag für einzelne Käufe in der Durchlieferung ist. Die Verhandlung der **Vertragslaufzeit** wird durch die Überlegungen des Lizenz-/Vertriebsgebers geprägt, möglichst umfassend an der Verwertung durch den Lizenz-/Vertriebsnehmer zu partizipieren, diesem aber gleichwohl ein Geschäft zu ermöglichen, welches zunächst die Kosten für das Aufsetzen des Vertriebswegs und das Marketing einbringen muss. Auch müssen Mar-

ketingmaßnahmen Zeit haben, ihre Wirkung zu entfalten. Viele Medienvertriebsverträge haben daher in etwa eine Laufzeit von drei bis fünf Jahren, Verlagsverträge zwischen fünf und zehn Jahren, Verträge im Verlags- und Filmbereich können aber auch wesentlich länger laufen (vgl § 88 Abs. 2 S. 2 UrhG). Siehe zur Lizenzzeit und zu Verlängerungsmöglichkeiten Rn 23.

In manchen Medienunternehmen bestehen aus Konzernzentralen heraus **interne Vorgaben**, keine Verträge mit einer Laufzeit über einem Jahr abzuschließen. Solche Vorgaben sollen Neuverhandlungen von Preisen und sonstigen Konditionen in kurzen Intervallen erzwingen. Man gewinnt dadurch Nähe zum jeweiligen Marktpreis, erhöht aber für den Lizenz-/Vertriebsnehmer die Transaktionskosten. Insbesondere im Online-Vertrieb mit geringen Margen ist dies nicht immer glücklich. Ein Verstoß gegen solche internen Vorgaben berührt nicht die Wirksamkeit eines abgeschlossenen Medienvertriebsvertrages, es sei denn, eine Konzernmutter als Rechteinhaberin hat territoriale Rechte mit dinglicher Wirkung und mit entsprechend dinglichen Auflagen an ihre lokalen Vertriebstöchter allokiert. 124

Werden Verträge auf eine **bestimmte Zeit** geschlossen, ist die ordentliche Kündigung für die Vertragsdauer ausgeschlossen. Werden Verträge auf **unbestimmte Zeit** geschlossen, können sie wie bei jedem Dauerschuldverhältnis grundsätzlich jederzeit **ordentlich** – ggf mit einer gesetzlichen Kündigungsfrist – gekündigt werden. Im Interesse der Kalkulierbarkeit ist daher die Vereinbarung einer **Mindestlizenzdauer** und/oder einer **vertraglichen Kündigungsfrist** angezeigt. Werden Kündigungsfristen für eine ordentliche Kündigung vereinbart, ist für deren Gestaltung maßgeblich, in welcher Zeit eine Migration auf einen alternativen Vertriebspartner realisierbar ist. Häufig finden sich auch Gestaltungen, in denen der Vertrag zunächst für eine Festlaufzeit geschlossen wird („term“) und sich dann entweder automatisch um einen jeweils gleichen Zeitraum oder auf unbestimmte Zeit verlängert oder automatisch endet, ohne dass es einer Kündigung bedarf. Ist keine Kündigungsfrist vereinbart, gelten die **gesetzlichen Kündigungsfristen**, die sich bei atypischen Verträgen anhand des Vertragstypus ergeben, der der Hauptleistungspflicht sein Gepräge gibt. Beispielsweise richten sich die Kündigungsfristen eines Filmverleihvertrages nach § 580a Abs. 3 BGB, da dieser Vertrag trotz der Nutzungsrechtseinräumungen im Kern die Vermietung einer beweglichen Sache darstellt. Das **VerlG** enthält **Sonderregelungen** zur Beendigung von Verlagsverträgen (§§ 17–19, 29–38, 45 VerlG), deren **analoge Anwendung** auf andere Medienvertriebsverträge mit **Vertriebspflicht** in Betracht kommt (*Schricker*, § 31 Rn 17). Von Kündigungen abzugrenzen sind die Rechte zum Rückruf nach §§ 41, 42 UrhG. 125

Das Recht zur außerordentlichen Kündigung kann nicht ausgeschlossen werden (§ 314 BGB, § 98a HGB), was aus AGB-rechtlichen Gründen im Vertrag stets klargestellt werden sollte (eine Rechtsprechungsübersicht zur Kündigung von Nutzungsverträgen aus wichtigem Grund findet sich bei *Schricker/Loewenheim*, § 31 UrhG Rn 63, eine Übersicht zur Kündigung von Handelsvertreterverträgen aus wichtigem Grund bei *Baumbach/Hopt-Hopt*, § 89a HGB Rn 17). 126

Das Grundmodell für das Kündigungsrecht von Handelsvertreterverträgen ist in §§ 89 ff HGB geregelt, insbesondere der **Ausgleichsanspruch** nach § 89b HGB. Zu beachten ist, dass die Rechtsprechung diese Bestimmungen auf andere Vertriebsverträge analog anwendet (*Baumbach/Hopt-Hopt*, § 84 HGB Rn 11, § 89b HGB Rn 4) und dies auch bei bestimmten urheberrechtlichen Nutzungsverträgen in Betracht kommt. Da die Kündigungsfristen von denen der im BGB geregelten Verträge abweichen, kann nur angeraten werden, in Medienvertriebsverträgen Kündigungsfristen im Rahmen der Abdingbarkeit selbst zu gestalten. 127

Konflikte lassen sich vermeiden, wenn in den Verträgen **Sonderkündigungsrechte** vereinbart oder die **Gründe**, die nach dem Vertragszweck eine außerordentliche Kündigung nach § 314 BGB rechtfertigen sollen, **ausgeformt** werden. Hierzu gehören nicht nur die üblichen Insolvenz- und Change-of-Control-Klauseln, sondern auch Regelungen für typische Streitfragen, etwa die Verfehlung von Umsatzerwartungen, unzureichende Vertriebsaktivität (vgl BGH GRUR 1970, 789 – Hofbräuhauslied) oder Berichts- und Abrechnungsmängel (vgl die Übersichtsdarstellungen *Schricker*, § 31 Rn 21; *Wandtke/Bullinger-Wandtke/Grunert*, Vor §§ 31 ff Rn 9 ff; *Dreier/Schulze*, Vor § 31 Rn 83 ff). 128

Rechtsfolge der Kündigung ist eine Beendigung des Medienvertriebsvertrags mit Ablauf der Kündigungsfrist und damit verbunden gfs. ein automatischer Rückfall der Rechte an den Lizenzgeber (*Dreier/Schulze*, Vor § 31 Rn 115; *v. Hartlieb/Schwarz-Reber/Schwarz*, Kap. 171 Rn 5 f). Eine sog. Rückfallklausel, nach der Rechte bei Vertragsbeendigung an den Rechteinhaber zurückfallen, ist in der Wirkung nur deklaratorisch. Abgeleitete Nutzungsrechte erlöschen jedoch nicht mit Erlöschen des Stammrechts (BGH MMR 2009, 838 = K&R 2009, 712 m. Anm. *Reinhard* = ZUM 2009, 852 m. Anm. *Reber*). Unter Umständen kommt ein **handelsvertreterrechtlicher Ausgleichsanspruch** in Betracht 129

(s. Rn 127). Zu bedenken ist auch, ob etwaige gezahlte Vorschüsse (Rn 81, 89) wegen vorzeitiger Kündigung zurückgezahlt werden müssen (vgl §§ 547, 667 BGB).

130 Sog. **Ramp-Down-Klauseln** regeln die gegenseitigen Unterstützungs- und Mitwirkungspflichten bei Vertragsbeendigung, die einen Wechsel auf alternative Geschäftspartner möglich machen sollen. Insbesondere im Online-Vertrieb ist eine Migration auf neue Systeme nicht trivial. Für Mitwirkungspflichten können Vergütungen vereinbart werden. Sinnvoll ist auch eine genaue Bezeichnung von Daten und Materialien, die unter Ausschluss eines Zurückbehaltungsrechts herausgegeben oder endgültig vernichtet werden müssen, sowie eine Bestimmung, wie mit physischen **Lagerrestbeständen** umzugehen ist.

131 Wird ein Medienvertriebsvertrag mit **gebietsmonopolistischer Vertriebslizenz** gekündigt, können der Wirksamkeit der Kündigung kartellrechtliche Gründe, etwa eine unbillige Behinderung nach § 20 GWB, entgegenstehen. Praktisch wird dies gegenwärtig relevant, weil Verlage ihren Grossisten kündigen um eine Änderung der Konditionen zu erzwingen (OLG Schleswig – 16 U 55/09; LG Hannover BeckRS 2009, 12767; OLG Celle AfP 2010, 178).

Q. Formalia, Schriftform, Schlussbestimmungen

132 Der Beachtung vertragstypischer Formalia sollte bei Medienvertriebsverträgen und ganz besonders bei Nutzungsverträgen Aufmerksamkeit geschenkt werden.

133 Die Vereinbarung und Wahrung einer **Schriftform** ist in Medienvertriebsverträgen schon zu Darlegungs- und Beweiszwecken anzuraten. Schriftform ist für Lizenzen an zukünftigen Werken oder unbekannten Nutzungsarten Wirksamkeitsvoraussetzung (§§ 31a, 40 Abs. 1 UrhG), ebenso kann sie im Vertriebsrecht verlangt werden, § 85 HGB. Das Schriftformerfordernis nach § 34 GWB aF für erlaubte Kartelle ist aufgehoben worden. Schriftform verlangt nach § 126 BGB die eigenhändige Unterschrift unter den Vertrag. Eine bloße Zusendung einer Faxkopie eines Vertrages unter Verbleib des Originals beim Unterzeichner genügt dem Schriftformerfordernis (und den Belangen der Praxis) nicht (BGH NJW 1997, 3169). Der in der Praxis beliebte Vertragsschluss durch Bestätigung per eMail genügt der Schriftform nicht. Zur doppelten Schriftformklausel bei Nutzungsverträgen BGH MMR 2010, 336 – Name der Rose. Schriftformklauseln werden oft dann relevant, wenn eine Partei wegen schlechter wirtschaftlicher Performanz des Geschäfts den Ausstieg sucht.

134 Weitere zu beachtende Standards für Medienvertriebsverträge: Bewährt hat sich die Abfassung einer **Vertragspräambel**, die der Erläuterung des wirtschaftlichen Hintergrundes und des Vertragszwecks dient. Es ist Auslegungsfrage, ob solche Präambeln selbst Vertragsbestandteil sein sollen; dafür spricht es, wenn sie den Vertragszweck erklären. Die Präambel kann dann für Auslegungsfragen und angesichts der Zweckübertragungsregel nach § 31 Abs. 5 UrhG von Bedeutung sein (Rn 26). Medienvertriebsverträge werden häufig zweisprachig gefasst. Wegen sprachlich bedingter Unschärfen in der Übersetzung juristischer Terminologie ist es empfehlenswert, die für die Vertragsauslegung verbindliche **Sprachfassung** zu definieren (zB „Verbindlich ist die Fassung in deutscher Sprache"). Die vertragliche Niederlegung von Name, **Gesellschaftsform, Kontaktdaten** und **verbindlicher Zustelladresse** zur Empfangnahme von Erklärungen ist schon zum Nachweis in Rechteketten und zur Bewerkstelligung von Mitteilungen nach §§ 31a Abs. 4, 32c Abs. 1 S. 2 UrhG empfehlenswert, erleichtert aber auch die Abwicklung von Leistungsstörungen und die operative Umsetzung. Standard sind auch **Vertraulichkeitsvereinbarungen** (auch über das Vertragsende hinaus), **Abtretungsverbote**, Ausschluss von **Zurückbehaltungsrechten** (beachte aber §§ 88a, 397 ff HGB) sowie Bestimmungen zu **Rechtswahl** (Art. 27 EGBGB) und **Gerichtsstand** (§ 38 ZPO). Die übliche **Salvatorische Klausel** zur geltungserhaltenden Reduktion bei einzelnen unwirksamen Vertragsbestimmungen kann in AGB nicht wirksam vereinbart werden (KG NJW 1998, 829). Ihre Bedeutung ist ohnehin gering, da eine Fortgeltung uU durch Auslegung ermittelt werden kann.

135 **Checkliste: Regelungspunkte in Nutzungs- und Vertriebsverträgen:**

1. Vorüberlegungen

- Wie soll das Absatzsystem gestaltet werden?
- Gibt es kartellrechtliche Bedenken gegen das Absatzsystem?
- Gibt es Auslandsbezug? Wenn ja, welches Recht und Steuerrecht gilt?
- Sind die Parteien Kaufleute?
- Welcher Vertragsstil ist zu wählen? – Rn 1

- Bestehen besondere Vertriebsverbote, zB nach JSchG, JMStV, StGB?
- Welche spezifischen Gepflogenheiten gibt es in der zu behandelnden Medienbranche?
- Sind technische oder branchenspezifische Begriffe im Vertrag zu definieren?
- Wer trägt welche wirtschaftlichen Risiken, insbesondere das Absatzrisiko?

2. **Vertragstyp**
   - Welcher Vertragstyp liegt vor? – Rn 4 ff
   - Ist Kern des Vertrages die Einräumung von Rechten („Nutzungsvertrag") oder geht es um die schuldrechtliche Gestaltung von Vertriebstätigkeiten („Vertriebsvertrag")? – Rn 2 ff
   - Ist AGB-Recht anzuwenden? – Rn 7
   - Greifen handelsrechtliche Bestimmungen? – Rn 4 ff, 127
3. **Medienprodukt**
   - Welches Material soll geliefert und vertrieben werden? Umfang, Eigenschaften, Spezifikationen? – Rn 8
   - Wie sind die Lieferprozesse für das Material zu gestalten? – Rn 8, 57, 94
   - Wie sind die Eigentumsverhältnisse zu regeln? – Rn 9
4. **Bei Rechtseinräumung in Nutzungsverträgen**
   - Welche Rechte sollen eingeräumt werden? – Rn 13 ff
   - Ist eine dinglich wirkende oder nur schuldrechtliche Rechtseinräumung gewollt?
   - In welchem Umfang sollen Rechte eingeräumt werden?
     - Lizenzgebiet – Rn 16 ff
     - Lizenzzeit – Rn 21 ff
     - Inhaltliche Ausgestaltung/Nutzungsarten – Rn 25 ff
     - Rechtesperren – Rn 41
     - Verwertungsgesellschaften – Rn 44
     - Exklusivrechte – Rn 46
     - Unbekannte Nutzungsarten – Rn 49
     - Unterlizenzen – Rn 50
5. **Bei schuldrechtlicher Gestaltung des Vertriebs in Vertriebsverträgen**
   - Wie sollen die Beteiligten rechtlich agieren? Welcher Vertragstyp ist zu wählen? – Rn 5 f
   - In welchem Umfang soll/darf der Vertriebsnehmer Vertriebsleistungen erbringen?
     - Vertriebsgebiet – Rn 55
     - Vertriebszeitraum – Rn 56
     - Inhaltliche Ausgestaltung – Rn 57
     - Weisungsrechte – Rn 58
     - Alleinvertrieb – Rn 59
   - Wie sind die Prozesse für die Ausführungsgeschäfte zu gestalten, insbesondere Lieferung, Versand, Retouren, Inkasso, Handelsinformationen? – Rn 57
6. **Vertriebsnebenleistungen**
   - Welche zusätzlichen Leistungen soll der Vertrieb erbringen – Rn 60, 77, 85, 93
   - Konkurrenzschutzvereinbarungen – Rn 60
   - Enthaltungspflichten – Rn 60
7. **Vergütung, Kosten, Preisgestaltung**
   - Wahl der Vergütungsform – Rn 61 ff
   - Handelspanne – Rn 61
   - Urheberrechtliche Besonderheiten: Angemessenheit, Bestsellervergütung, Gemeinsame Vergütungsregeln – Rn 61 ff
   - Provisionsvergütung – Rn 66 ff
     - Abrechnungsbasis – Rn 67
     - Kostenabzug – Rn 68
     - Provisionssatz – Rn 69
     - Minimumprovisionen
   - Beteiligungsvergütung – Rn 70 ff
     - Abrechnungsbasis – Rn 71 ff
     - Kostenabzug – Rn 76

    - Lizenzprozentsatz – Rn 79
    - Minimumgarantien – Rn 81
    - Cross-Collateralisation – Rn 82
- Festvergütung/Buy-out – Rn 83 ff
- Gibt es Vergütungsnebenbestandteile, zB Rabatte, Staffeln oder WKZ? – Rn 80, 85
- Wie ist die Buchhaltung, das Berichtswesen, die Abrechnung und die Fälligkeit zu gestalten? Soll Vorschuss gezahlt werden? – Rn 87, 89
- Sollen Lizenznehmer oder Vertriebsnehmer konkrete Vorgaben zur Preisgestaltung gemacht werden? – Rn 88
- Wer trägt in der vertraglichen Gestaltung das Absatzrisiko, das Lagerrisiko und die Materialkosten? – Rn 90 ff
- Bei Auslandsbezug: Regelungen über Steuern und Devisenbestimmungen

8. **Schutz vor Piraterie und unbefugter Nutzung**
    - Wer hat welche Maßnahmen gegen Piraterie zu ergreifen? – Rn 93 ff
    - Wie soll die Aktualisierung von technischen Schutzmaßnahmen geregelt werden? – Rn 96
9. **Vertriebspflicht/Ausübungspflicht**
    - Soll eine Ausübungs- oder Vertriebspflicht vereinbart werden? Ist eine solche dem Geschäft implizit? – Rn 100 ff
    - Wie ist eine solche konkret ausgestaltet? Rn 102, 58
    - Gibt es Ablehnungsgründe? – Rn 105
10. **Werbepflicht, Platzierung**
    - Wer soll zu welchen Werbe- und Marketingmaßnahmen verpflichtet sein? Wer trägt die Kosten? – Rn 106
    - Wie soll die Erfüllung dieser Pflicht rechtlich abgesichert werden? – Rn 106
11. **Namensnennung, Markengebrauch, Urhebervermerke**
    - Soll der Vertrieb Marken des Produzenten nutzen? Wie ist die Markenlizenz zu gestalten?
    - Gibt es eine (weiterzugebende) Anforderung an die Nennung von Urhebern und weiteren Personen? – Rn 109
12. **Leistungsstörungen und Service Levels**
    - Welcher Vertragstyp ist einschlägig? Was bedeutet dies für die Leistungsstörungen? – Rn 4 ff
    - Ist es sinnvoll, die wesentlichen Leistungsstörungen für die typischen Risiken selbst zu regeln? – Rn 111
    - Sind technische Leistungsrisiken durch Service Levels abzufedern? – Rn 114
    - Soll die Haftung beschränkt werden?
13. **Garantien und Freihalteerklärungen**
    - Welche verschuldensunabhängigen Garantien sollen vereinbart werden? – Rn 115
        - Verfügungsbefugnis – Rn 116
        - Keine Rechtsverletzung – Rn 117
        - Rechtmäßigkeit, Jugendmedienschutz – Rn 120
        - Erstveröffentlichung – Rn 121
    - Soll die Garantie mit einer Freihalteerklärung unterlegt und verfahrensmäßig ausgestaltet werden? – Rn 122
14. **Vertragsdauer, Kündigung**
    - Soll der Vertrag unbefristet oder befristet laufen? Gibt es Verlängerungsmechanismen? – Rn 123 ff, 23
    - Welche ordentlichen, außerordentlichen und Sonderkündigungsrechte sollen gestaltet werden? – Rn 125, 128
    - Welche Rechtsfolgen hat eine Kündigung? – Rn 129 f
    - Wie soll die Beendigung der Geschäftsbeziehung und Überleitung auf einen neuen Geschäftspartner geregelt werden? – Rn 129
15. **Formalia**
    - Beschreibung des Vertragszwecks in einer Vertragspräambel – Rn 134
    - Schrift- oder Textform, qualifizierte Schriftformklausel – Rn 133
    - Vertragliche Definition der Kontakte und Zustelladressen - Rn 134
    - Rechtswahl, Ausschluss UN-Kaufrecht, Gerichtsstand – Rn 134

- Festlegung der Sprachfassung – Rn 134
- Salvatorische Klausel – Rn 134

16. **Vertragsanlagen (Beispiele)**
    - Nachweise in der Rechtekette, Vollmachten
    - Detaillierte Beschreibung der vertragsgemäßen Nutzungsarten – Rn 26 ff
    - Prozessbeschreibung für die Vertriebsabläufe
    - Zustelladressen, operative Kontaktdaten
    - Preisliste, Rabattliste
    - Technische Spezifikationen/Service Level Agreements
    - Anforderungen an das Berichtswesen/Spezifikationen für das Reporting

55. Abschnitt: Vertragliche Regelungspunkte im Medienvertrieb gegenüber Verbrauchern („B2C")

A. Vertragsschluss und Vertragsarten gegenüber Verbrauchern

1 Das Vertragsrecht im Verhältnis Vertrieb zu Konsument oder Produzent im direkten Vertrieb zum Konsumenten („B2C") weist wenig medienrechtliche Besonderheiten auf.

2 Sind die Medieninhalte auf einem **Trägermedium** verkörpert, kommt bei dauerhaftem Erwerb ein **Kaufvertrag** (§ 433 BGB), bei vorübergehender Nutzung (Videotheken, DVD-Verleih) ein **Mietvertrag** (§ 533 BGB) in Betracht. Im Falle des Kaufes handelt es sich um einen **Sachkauf** in Form eines Verbrauchsgüterkaufes (§§ 433, 474, 90 BGB), auch wenn sich der kommerzielle Wert nicht aus dem Datenträger, sondern dem gespeicherten Medieninhalt ergibt (MünchKommBGB-*Lorenz*, § 474 BGB Rn 10; MünchKommBGB-*Holch*, § 90 BGB Rn 27; BGH NJW 1994, 1216 – Holzhandelsprogramm; BGH NJW 1995, 187; BGH CR 2006, 151). Hiervon, und von der Frage des **Eigentums** am Trägermedium, das nach §§ 929 ff BGB übertragen wird, ist zu unterscheiden, ob dem Konsumenten **Nutzungsrechte** eingeräumt werden (und damit das schuldrechtliche Grundgeschäft die Qualität eines urheberrechtlichen Nutzungsvertrages erhält). Für physische Trägermedien besteht noch einigermaßen Konsens. Nach § 44 Abs. 1 UrhG räumt der Urheber bei Veräußerung des Originals eines Werkes im Zweifel keine Nutzungsrechte ein. Diese Vorschrift wird analog auf die Veräußerung von Vervielfältigungsstücken angewandt (*Dreier/Schulze-Schulze*, § 44 UrhG Rn 5). Das ist plausibel, weil der Konsument für den vertragsgemäßen Gebrauch des Trägermediums keine Nutzungsrechte benötigt. Der BGH-Rechtsprechung zufolge ist die reine Benutzung des Werkes, dh der **Werkgenuss**, kein urheberrechtlich relevanter Vorgang, keine urheberrechtliche Nutzung (BGH GRUR 1991, 449, 453 – Betriebssystem; BGH GRUR 1994, 363, 364 – Holzhandelsprogramm; *Schulze*, ZUM 2000, 126, 130; kritisch *Dreier/Schulze-Schulze*, § 15 UrhG Rn 20). Ergänzend wird die Werknutzung auch durch das Recht zur Privatkopie (§ 53 UrhG) und den Erschöpfungsgrundsatz (§§ 17 Abs. 2, 69c Nr. 3 S. 2 UrhG) freigestellt. Entsprechend benötigt und erhält niemand Nutzungsrechte, der eine gekaufte Zeitung oder ein Buch liest, eine CD hört oder eine DVD sieht. Ob diese Auffassung dogmatisch noch haltbar ist, wenn man notwendige technische Vervielfältigungshandlungen, die auch zum Werkgenuss elektronischer Trägermedien erforderlich sind, in § 44a UrhG als Schranken ausgestaltet, anstatt sie von vornherein aus dem Schutzbereich auszuklammern, sei dahingestellt. Auch gelangt man zu einer anderen Beurteilung der Frage, ob eine Nutzungsrechtseinraumung stattfindet, wenn man den Kauf von Standardsoftware entgegen der Rechtsprechung nicht als Sachkauf, sondern als Lizenzvertrag ansieht, dessen Verfügungstatbestand urheberrechtlichen Regeln für die Nutzungsrechtseinräumung folgt (so *Wandtke/Bullinger-Wandtke/Grunert*, Vorb. §§ 31 ff UrhG Rn 134; *Killian/Heussen-Heydn*, Vermarktung von Gebrauchtsoftware Rn 51). Im Handel mit Fotografien behält der Fotograf normalerweise die Rechte an den Fotos (*Dreier/Schulze-Schulze*, § 44 Rn 8 mwN). Ausnahmsweise werden dem Konsumenten jedoch neben dem Eigentum an dem Trägermedium auch Nutzungsrechte eingeräumt, wenn dies ausdrücklich geschieht oder vom Zweck der Veräußerung aus besonderen Gründen gedeckt ist (BGH GRUR 1986, 458 f – Oberammergauer Passionsspiele). Werden Trägermedien „**Lizenzbedingungen**" beigelegt oder diese bei Abspielen des Trägermediums gezeigt, handelt es sich nicht um dingliche Rechtseinräumungen. Sofern solche „Lizenzbedingungen" überhaupt als Vertragsbestimmungen gestaltet sind, sind solche typischerweise nicht wirksam als Allgemeine Geschäftsbedingungen einbezogen (siehe Rn 5) und darüber hinaus möglicherweise nach § 307 Abs. 2 BGB unwirksam, etwa wenn sie das Recht zur Privatkopie (§ 53 UrhG) inhaltlich einschränken. Daher informieren solche „Lizenzbestimmungen" lediglich **deklaratorisch** über die geltende Rechtslage. Erfolgt eine solche Information nicht korrekt, gleichwohl mit dem Ziel, den Konsumenten an sich zulässige Nutzungen auszureden, kommt ein Verstoß gegen § 3 Abs. 1 UWG in Betracht.

3 Werden im **nicht-physischen Vertrieb** Musik- oder Filmdateien als **Downloads** oder kostenpflichtige **Streams** vertrieben, ist auch dies entweder Miete (bei durch das DRM bewirktem Zeitverfall der Nutzungsmöglichkeit) oder Kauf. Dabei ist in technischer Hinsicht klarzustellen: Auch ein Download kann nicht nur als Kauf, sondern als Miete ausgestaltet sein, wenn der Download nicht zur dauerhaften Überlassung vorgesehen und mit einer entsprechenden Rechteverwaltung versehen ist („download to

own" und „download to rent"). Auch hier werden die Bestimmungen des Sachkaufs jedenfalls dann angewendet, wenn die Medieninhalte zwar online übermittelt werden, jedoch direkt auf einem Datenträger gespeichert werden sollen (*Hoeren/Sieber-Föhlisch*, Teil 13.4 Rn 276; *Härting*, Fernabsatzgesetz, § 1 Rn 53 f; MünchKommBGB-*Lorenz*, § 474 BGB Rn 10). In der Begründung überzeugt dies wenig, wenn, wie etwa bei Musik-Downloads, das Werk auf PCs oder MP3-Playern verkörpert wird, die bereits im Eigentum des Erwerbers stehen. Unter Wertungsgesichtspunkten ist dies jedoch gerechtfertigt und letztlich eine Spätfolge der Weichenstellung durch die Rechtsprechung, den Kauf von Standardsoftware als Sachkauf zu qualifizieren (BGHZ 102, 135, 141; 109, 97, 100). Auch hier stellt sich wieder die Frage, ob daneben dem Konsumenten Nutzungsrechte eingeräumt werden. Dies mag man mit Blick auf die BGH-Rechtsprechung zum Werkgenuss verneinen. Wenn der Werkgenuss urheberechtlich nicht relevant ist, wie kann es dann einen Unterschied machen, ob das Werk physisch oder nicht-physisch erlangt und uU erst vom Konsumenten selbst auf einem Trägermedium gespeichert wird? Dies wird überwiegend jedoch nicht so gesehen (*Schulze*, ZUM 2011, 2, 5; *Wandtke/Bullinger-Heerma*, § 15 Rn 6). Prägend ist dabei wiederum die Diskussion um **Software**-Überlassungsverträge: Der **Verfügungstatbestand** für Rechte an Software für eine Übertragung oder eine Einräumung von Nutzungsrechten auf Zeit ist urheberrechtlicher bzw **nutzungsvertraglicher** Natur (§§ 69a Abs. 4, 69g UrhG). Entsprechend wird dies für den Download-Vertrieb angenommen (*Hoenike/Hülsdunk*, MMR 2004, 59, 66; kritisch zur kaufrechtlichen Einordnung im Parallelfall der Softwareverträge *Hilty*, MMR 2003, 4 ff). Ähnlich wie im physischen Vertrieb stellt sich allerdings im konkreten Fall die Auslegungsfrage, ob eine Nutzungseinschränkung eine wirksam vereinbarte und dinglich wirkende Ausgestaltung eines Nutzungsrechts oder nur eine begleitende schuldrechtliche Verhaltenspflicht darstellt. In der Praxis sind Download-Verträge aus Gründen des Schutzes vor unberechtigter Nutzung in der Regel als Lizenz- und Nutzungsrechtsverträge gestaltet (siehe Rn 10; zum AGB-Ausschluss der Privatkopierfreiheit *Kreutzer*, S. 5). Kein Nutzungsvertrag wird hingegen durch die **Betrachtung einer Website** begründet, ebenso wenig wie das Lesen einer Zeitung. Zwar findet technisch eine Vervielfältigung auf dem Rechner des Empfängers statt. Jedoch ist dies eine technische Begleithandlung zur rechtmäßigen Nutzung nach § 44a UrhG zustimmungsfrei. Unabhängig davon können aber datenschutz- oder haftungsrechtliche Gründe dafür sprechen, einen Vertrag mit dem Betrachter einzugehen und AGBs bereits auf der Homepage einzubinden (siehe auch 52. Abschnitt Rn 112).

Für den **Vertragsschluss**, der **online** durchgeführt wird, gelten Besonderheiten. Schon früh hat der 4
Gesetzgeber erkannt, dass die **Flüchtigkeit** von Websites spezifische Gefahren für den Konsumenten birgt, etwa die Gefahr, wesentliche Informationen über das Geschäft zu übersehen, oder die Gefahr der nachträglichen Manipulation der Bedingungen durch den Vertragspartner. Die Identität und Bonität eines Anbieters im Netz lässt sich zudem leicht verschleiern, so dass sich Verbraucher womöglich nicht sicher sein können, mit wem sie abschließen. All dies hat zur Einführung von Vorschriften zur **Transparenz** und zur **Standardisierung** von Geschäftsabschlüssen geführt, die in der Fernabsatz-Richtlinie 97/7/EG v. 20.5.1997; Art. 5 ff der e-Commerce-Richtlinie 2000/31/EG v. 8.6.2000, §§ 5 ff TMG und in den **fernabsatzrechtlichen Bestimmungen** der §§ 312b ff BGB und §§ 355 ff BGB geregelt sind. Letztere Bestimmungen sind zT in der BGB-Informationspflichten-Verordnung (BGB-InfoV) ausgeformt worden, die zuletzt per Gesetz v. 17.1.2011 (BGBl. I S. 34) geändert worden ist. Kern der Informationsregulierung gegenüber Verbrauchern ist die Pflicht zur Darstellung von Angaben, die eine Wahrnehmung von (Gewährleistungs-)Rechten erleichtert, die Möglichkeit zum Widerruf als Überrumpelungsschutz sowie die Pflicht zur Übersendung der Vertragsbestimmungen in Textform als Schutz vor nachträglichen Manipulationen. Die vorgeschriebene **Belehrung** über ein Widerrufs- oder Rückgaberecht war in der Vergangenheit Gegenstand wiederholter gesetzgeberischer Korrekturen. Die aktuellen Fassungen sind in Anlage 1 und 2 zu Art. 246 § 2 Abs. 3 Satz 1 EGBGB (BGBl. I 2009, S. 2389–2390) geregelt (zu den fernabsatzrechtlichen Entwicklungen des Online-Direktvertriebs vgl *Schmittmann*, K&R 2007, 441; *Hoffmann*, NJW 2010, 2706; im Übrigen ist auf die spezielle Kommentarliteratur zu verweisen, zB *Spindler/Schuster*, §§ 312b ff BGB). Die Informationspflichten gelten auch für mobile Applikationen, OLG Hamm v. 20.5.2010– I 4 U 225/09. Für die Gestaltung von Vertragsschlüssen kann nur geraten werden, sich an den technischen Prozessen der Shops bekannter Marken zu orientieren, die durch das Abmahnwesen typischerweise rechtlich optimiert sind; auch ist es für den Absatz sinnvoll, Kunden in bereits gelernten Prozessen zu führen. Kritisch ist jedoch anzumerken, dass die vorgeschriebene Informationsfülle im Zusammenwirken mit AGBs und uU auch Datenschutzhinweisen es jedem Anbieter praktisch erlaubt, Informationen in dieser Fülle gezielt zu verstecken, gleichwohl aber gestalterisch so hervorzuheben, dass der Vorwurf einer Verwendung überraschender Klauseln vermieden wird. Denn auch hervorgehobene Informationen wird ein Verbraucher

„wegklicken“, wenn er mit **Informationsfülle** überlastet wird. Bei der rechtlichen Beurteilung von Online-Vertragsschlüssen ist überdies zu beachten: Der Online-Vertragsschluss ist über mehrere Schritte gestreckt, so dass Informationen über Websites verteilt und zeitlich auseinandergezogen werden können. Dies schafft spezifische Möglichkeiten zur **Irreführung**, wenn etwa stark werbliche Aussagen zu Beginn des Vertragsschlusses viele Schritte weiter relativiert werden, beispielsweise bei Online-Games, die als kostenlos beworben werden, ab einer Probezeit aber sinnvoll nur dann weitergespielt werden können, wenn kostenpflichtige virtuelle Güter gekauft werden Zu Preisangaben im Internet *Blasek*, GRUR-RR 2009, 241. In keinem anderen Medium verschmelzen Werbung und Vertragsschluss so wie im nicht-physischen Vertrieb mit der Folge, dass werbliche Aussagen zum entscheidenden Vertragsinhalt werden können. Zum elektronischen Vertragsschluss, Willenserklärung und Willensmängel ausführlich *Spindler/Schuster*, 3. Teil.

5 Beim Kauf von Trägermedien schlägt in der Praxis nicht selten die Einbeziehung von **Allgemeinen Geschäftsbedingungen** fehl. Sind Lizenzbedingungen („EULAs – End User License Agreement“) nicht auf der Packung abgedruckt, sondern liegen als Ausdruck in der Packung vor oder werden erst im Rahmen eines Installationsvorgangs gezeigt, wurde dem Käufer bei Vertragsschluss nicht die für eine Einbeziehung notwendige Möglichkeit verschafft, in zumutbarer Weise Kenntnis von ihrem Inhalt zu nehmen (§ 305 BGB). Dies gilt auch, wenn die Packung mit einem Siegel und einem Vermerk versehen wurde, der Käufer stimme den EULA durch Öffnung des Siegels zu. Insbesondere Klauseln, die einen Umtausch ausschließen, die Gewährleistung verkürzen oder den Weiterverkauf als Gebrauchtsoftware untersagen, könnten nach § 307 Abs. 2 BGB unwirksam sein. Erfordert die Nutzung eines Werkes auf einem Trägermedium weitere Voraussetzungen, etwa eine dauerhafte Online-Verbindung, ein Benutzerkonto (siehe 52. Abschnitt Rn 98) oder bestimmte Systemvoraussetzungen, müssen diese AGB-konform auf der Packung abgedruckt werden, um wirksam Vertragsbestandteil zu werden, anderenfalls liegt durch solche Restriktionen ein Mangel vor (vgl auch Rn 9).

6 Kommerziell bedeutendes Thema bei Vertriebsverträgen an Konsumenten, die als **Dauerschuldverhältnis** ausgestaltet sind, etwa Abonnement-Verträge über Zeitungen, PayTV, Internet, Ringtones etc, ist die Frage, wie der Lizenzgeber in diesem Dauerschuldverhältnis nachträglich **Preise** und **Konditionen** an geänderte Umstände anpassen kann. Der bisherigen laxen Praxis hat der BGH einen Riegel vorgeschoben, so dass Preisänderungen nunmehr praktisch nur noch mit Änderungskündigungen durchgesetzt werden können, vgl BGH ZUM-RD 2008, 59; BGH MMR 2008, 36; BGH BB 2010, 1994; BGH NJW 2010, 993; *Kessel/Schwedler*, BB 2010, 585; *Büdenbender*, NJW 2009, 3125. Aus Anbietersicht führt diese Rechtsprechung zu einem praktischen Problem: Mit einer Änderungskündigung verliert man die uU erhebliche und wertvolle Schicht von Kunden, die regelmäßig zahlt, das Produkt aber nicht aktiv nutzt (sog. „sleeper“).

7 **Vertragsmuster/Erläuterungen:** Zu den Vertragsverhältnissen bei öffentlichen Vorführungen und im **Kino** siehe Rn 99; *v. Hartlieb/Schwarz*, Kap. 205 ff. Zum Vertragsverhältnis bei **Online-Nutzungen** und Datenbankzugriffen *Mehrings*, NJW 1993, 3102 ff. Für AGBs für einen **Webshop** siehe das Vertragsmuster: Beck´sche Online-Formulare 9.2.3.

B. Schutz vor Piraterie und unbefugter Nutzung

8 Aus kommerzieller Sicht des Medienvertriebs sollte prinzipiell jede Nutzung durch eine Transaktion unterlegt sein. Die freie Zirkulation von Dateien und Trägermedien, insbesondere die Medienpiraterie im Internet, ist – soweit rechtlich irgend möglich – zu unterbinden. Für diesen Zweck gibt es zwei grundlegende **Strategien**, nämlich eine technische und eine rechtliche (*Christiansen*, Festschrift D. Reuter, S. 1267):

9 **Technisch** können durch **DRM-** und **Kopierschutzsysteme** (Erläuterungen bei *Bechtold*, S. 23 ff; *Hoeren*, S. 210 ff), die für fast alle Trägermedien und Download-Dateien einsetzbar sind, technische Restriktionen zum Umgang mit den Medien realisiert werden („Code is law“). Hierbei handelt es sich um technische Schutzmaßnahmen iSv § 95a UrhG, über deren Einsatz der Konsument nach § 95d UrhG **aufzuklären** ist (hierzu ausführlich *Wandtke/Bullinger*, § 95d Rn 1 ff). Erfolgt dies nicht, liegt ein Sachmangel vor. Für die Praxis ist die Frage bedeutsam, wie prominent die Informationen über die DRM-/Kopierschutzbeschränkungen auf den Verpackungen oder bei Online-Vertragsschluss dargestellt werden müssen. Insbesondere im Home-Entertainment-Bereich zeigt sich nicht selten ein deutlicher Widerspruch der Praxis (kleines Logo in einer Kette von mehreren anderen Logos auf der Ver-

packungsrückseite) zu den Maßstäben, die die Rechtsprechung bei wettbewerbsrechtlicher **Blickfang-Werbung** anlegt: entscheidungsrelevante Einschränkungen eines Angebotes müssen am Blickfang teilhaben, und sei es durch einen Sternchenverweis und eine Fußnote in unmittelbarer Nähe des Blickfangs (BGHZ 139, 368, 373; BGHZ 151, 84, 89; BGH GRUR 2003, 538, 539; BGH GRUR 2003, 890, 891). Wurde ausreichend auf einen Kopierschutz hingewiesen, ist dieser Vertragsbestandteil geworden. Konsumenten können dann nicht den Kopierschutz als solchen als Mangel rügen (zum Vertrieb von kopiergeschützten Audio-CDs *Goldmann*, ZUM 2002, 362). Verzichtet der Rechteinhaber auf den Einsatz von technischen Schutzmaßnahmen, sollte er Sorge dafür tragen, dass ihm dies nicht ohne Weiteres als Einwilligung in die freie Vervielfältigung ausgelegt wird (*Müller*, GRUR 2011, 26). Die Optionen zum Schutz gegen unberechtigte Nutzung können für den Vertrieb maßgeblich die Distributionspolitik bestimmen. Ein Praxisbeispiel ist die Zunahme des kommerziellen Streamings im Vergleich zum Absatz von Trägermedien (vgl *Koch*, GRUR 2010, 574, auch 52. Abschnitt Rn 4). Eine Variante dieser Strategie ist es, wenn Lizenzgeber ihre Lizenznehmer zur Überwachung des Konsumentenverhaltens verpflichten, etwa die datenschutzrechtlich bedenkliche Überwachung von Kinos mit Nachtsichtgeräten.

Rechtlich können Verträge mit dem Käufer/Mieter eines Trägermediums oder Downloads geschlossen 10
werden, die entweder über eine inhaltlich beschränkte Rechtseinräumung (sofern das betroffene urheberrechtliche Verwertungsrecht aufspaltbar ist) oder einfach über schuldrechtliche Unterlassungspflichten die Nutzung durch den Konsumenten reglementieren. Beispiele sind die auf Trägermedien abgedruckten und im Vorspann zu Filmen gezeigten „Lizenzbestimmungen“, die die Nutzung des Trägermediums auf private Nutzungen beschränken sollen (Rn 2). Gleiches gilt für die üblichen „Lizenzbestimmungen“ beim Einsatz von DRMs, die die Anzahl möglicher Brenn-, Kopier-, Weitergabevorgänge begrenzen und die zulässigen Abspielgeräte für den Konsumenten definieren (Rn 3). Nach Auffassung von LG Berlin Urt. v. 14. 7.2009 – 16 O 67/08 stellten solche AGB-Bestimmungen keine unangemessene Benachteiligung dar. Solche Verträge mit dem Konsumenten, sind allgemeine Geschäftsbedingungen, deren Einbeziehung sich nach § 305 Abs. 2 BGB richtet (sog. Shrink-Wrap- oder Click-Wrap-Agreements, hierzu *Wandtke/Bullinger-Grützmacher*, § 69d Rn 25; *Marly*, Softwareüberlassungsverträge, 3. Aufl. 2000, Rn 233 ff und 379 ff).

Sowohl die technische Lösung als auch die rechtlichen Bestimmungen über die Nutzung können im 11
Prinzip mit den **urheberrechtlichen Schrankenbestimmungen kollidieren** (ausführlich hierzu *Bechtold*, S. 154 ff; *Arnold*, MMR 2008, 144). Beispielsweise ist eine Beschränkung des Weiterverkaufs von Gebraucht-DVDs wegen § 17 Abs. 2 UrhG unwirksam (vgl auch *Hilty*, MMR 2003, 4, 11 f). Die hiermit verbundenen Probleme gleichen strukturell den Verwendungsbeschränkungen bei Softwarelizenzen (zB CPU-Klauseln, OEM-Beschränkungen; hierzu *Wandtke/Bullinger-Grützmacher*, § 69d Rn 26 ff und § 69c Rn 87; *Hilty*, MMR 2003, 4 ff; *Kreutzer*, CR 2006, 89; siehe zum Gebrauchthandel mit Medien 53. Abschnitt Rn 7).

3. Kapitel: Vermarktung von Werberaum/Werbezeit

56. Abschnitt: Verträge über Werberaum/Werbezeit

Schrifttum: *Dovifat*, Handbuch der Publizistik, Band 2, 1968/1969; *Erman*, BGB-Kommentar, 12. Aufl. 2008; *Fikentscher/Sandberger*, „Preislistentreue der Werbeagenturen", WRP 1970, 1-8; *Heider*, Das Recht der Werbeagentur, 1964; *Herrmann/Lausen*, Rundfunkrecht, 2. Aufl. 2004; *Kolonko*, „Medienrabatte im Vertragsverhältnis der Mediaagenturen zu ihren Auftraggebern", AfP 2009, 18-23; *Lambsdorff/Skora*, Handbuch des Werbeagenturrechts, 1975; *Löffler*, Presserecht, 5. Aufl. 2006; *Martinek*, Mediaagenturen und Mediarabatte, 2009; *Niesel*, „Vergütungsmodelle bei Mediaagenturen", MedienWirtschaft 1/2010, 30-36; *Paschke*, Medienrecht, 3. Aufl. 2009; *Rath-Glawatz*, Das Recht der Anzeige, 1995; *Rath-Glawatz*, „Zur Anwendbarkeit des Fernabsatzgesetzes auf das Anzeigengeschäft", AfP 2000, 505-510; *Wronka*, AGB Anzeigenwesen, 1980; ZAW Werbung in Deutschland 2010, Zentralverband der Deutschen Werbewirtschaft, Berlin.

A. Die Medien als Werbeträger

1 Medienunternehmen leisten nicht nur einen entscheidenden Beitrag zur öffentlichen Willensbildung. Sie habe auch eine **immense wirtschaftliche Bedeutung** als Multiplikator von Werbebotschaften, indem sie **Werberaum** (zB die Printmedien), **Werbezeit** (zB die Rundfunk- und Fernsehanstalten) und **Werbeflächen** (zB die Plakatanschlagunternehmen) der werbungtreibenden Wirtschaft gegen Entgelt zur Verfügung stellen.

2 Mit der Vermarktung von Werberaum und Werbezeit finanzieren die Medien – zum Teil oder auch gänzlich – ihre Informations-, Bildungs- und Unterhaltungsangebote an ihre Nutzer. Sie leisten als die wichtigsten **Multiplikatoren von Werbebotschaften** auch einen bedeutsamen **Beitrag zur Entfaltung der Meinungsfreiheit.** Dazu gehören kommerzielle Meinungsäußerungen ebenso wie reine Wirtschaftswerbung, die einen wertenden, meinungsbildenden Inhalt hat. Sie stehen unter dem Schutz des Grundrechts der Meinungsfreiheit gemäß Art. 5 GG (BVerfG – I BvR 1792/95 vom 12.12.2000 „Benetton"). Bei den öffentlich-rechtlichen Rundfunkanstalten, die sich in erster Linie aus öffentlich-rechtlichen Gebühren finanzieren, stärkt die insoweit nachrangige Finanzierung aus Werbeeinnahmen zudem die **Unabhängigkeit des öffentlich-rechtlichen Rundfunks** (BVerfGE 90, S. 60, 91 „Gebührenurteil").

3 Die Medien in ihrer Funktion als Werbeträger leisten darüber hinaus einen wichtigen Beitrag zur **Verbilligung von Produkten und Dienstleistungen**, indem sie durch ihre hohen Druckauflagen und reichweitestarken Sendungen in vorderster Linie eine schnelle und weitreichende Streuung der Werbebotschaften und damit eine massenhafte Abnahme der beworbenen Produkte und Dienstleistungen ermöglichen. Das fördert die schnelle **Verbreitung neuer Ideen** und ermöglicht oft erst die wirtschaftliche Nutzung neuer Entwicklungen in allen beworbenen Bereichen wirtschaftlichen Lebens.

4 Die erstrangige wirtschaftliche Bedeutung der Medien als Werbeträger spiegelt sich wider in der **Verteilung der Investitionen in Werbung** der gesamten deutschen werbungtreibenden Wirtschaft. Diese betrugen im Jahr 2009 28,84 Mrd. EUR. Fast zwei Drittel davon entfielen auf die Vergütungen, die die werbungtreibenden Unternehmen und die Werbe- und Mediaagenturen an die Medien zahlten = 18,37 Mrd. EUR. Das sind 64% aller Ausgaben für Werbung in Deutschland („Werbung in Deutschland 2010“, herausgegeben vom ZAW Zentralverband der deutschen Werbewirtschaft, Berlin, S. 10).

5 Beteiligt an der **Streuung von Werbung** sind die einzelnen Medien als Werbeträger in sehr unterschiedlichem Maße. Den höchsten Anteil an den Werbeeinnahmen der Medien erzielten auch im Jahre 2009 die **Tageszeitungen** mit 20% und das **Fernsehen** mit ebenfalls 20%.

6 Der **Hörfunk** hingegen mit einem Anteil von 4% liegt in der unteren Hälfte der Einnahmen der Werbeträger-Medien. Auf gleicher Höhe mit ebenfalls 4% liegt die **Onlinewerbung**, welche ihren Anteil an den Werbeeinnahmen in den letzten Jahren kontinuierlich steigern konnte. Die **Filmtheater** und die **Zeitungssupplements** lagen am Ende der Tabelle.

7 **Marktanteile der einzelnen Medien am Werbemarkt in Prozent, gerundet**

Werbeträger	2004	2005	2006	2007	2008	2009
Tageszeitungen	23	23	22	22	21	20
Fernsehen	20	20	20	20	20	20
Werbung per Post	17	17	16	16	16	17
Anzeigenblätter	9	10	10	10	10	11
Publikumszeitschriften	9	9	9	9	8	8
Verzeichnis-Medien	6	6	6	6	6	6
Fachzeitschriften	4	5	5	5	5	5
Online-Angebote	1	2	2	3	4	4
Außenwerbung	4	4	4	4	4	4
Hörfunk	3	3	3	3	3	4
Wochen-/Sonntagszeitungen	1	1	1	1	1	1
Zeitungssupplements	<1	<1	<1	<1	<1	<1
Filmtheater	<1	<1	1	1	<1	<1

Quelle: Zentralverband der deutschen Werbewirtschaft (ZAW), Berlin, in „Werbung in Deutschland 2010“, S. 17.

8 Die wirtschaftliche Stärke der deutschen Medien als Werbeträger spiegelt sich auch im **globalen Vergleich** wider. Beim Weltvergleich führen die fünf Staaten USA, China, Japan, Großbritannien und Deutschland als werbestärkste Staaten. Im europäischen Maßstab führen Deutschland und Großbritannien im Werbegeschäft der Medien mit weitem Abstand vor Frankreich, Italien, Russland und den anderen europäischen Staaten (ZAW, Werbung in Deutschland 2010, S. 29/30).

9 Unterschiedlich ist beim einzelnen Medium der **Anteil der Werbeeinnahmen** an seinen **Gesamteinnahmen**. Es gibt Medien, die sich ausschließlich aus Werbung finanzieren, wie zB kostenlose Anzeigenblätter und Kundenzeitschriften. Hingegen finanzieren sich öffentlich-rechtliche Rundfunkanstalten (Radio und Fernsehen) aufgrund medienrechtlicher Bestimmungen in erster Linie über die Rundfunkgebühren. Ihnen ist nur eine gegenüber der Gebührenfinanzierung nachrangige Finanzierung durch Werbeeinnahmen erlaubt (im einzelnen dazu: *Paschke*, Medienrecht, 2009, Rn 836; *Herrmann/Lausen*, Rundfunkrecht, 2004, § 13 Rn 27/28.) Immerhin finanziert die **ARD-TV** ihr gesamtes „Vorabendprogramm“ (18.00 bis 20.00 Uhr), das als Rahmenprogramm für Werbespots konzipiert ist, ausschließlich aus Werbeeinnahmen. Die Höhe der Werbeeinnahmen der ARD insgesamt betrugen netto 141,2 Mio. EUR im Jahre 2009 (www.ard.de/intern/basisdaten unter „Medienwirtschaft“ und „Medien Basisdaten“). Das **ZDF** erreichte im gleichen Jahr einen Nettoumsatz an Werbeeinnahmen

von 112,1 Mio. EUR (Netto-Umsatz: ohne Produktionskosten; vor Skonti und nach Abzug von Rabatten und Agenturvergütung). Dagegen finanzieren sich die **privaten Fernsehsender** zum ganz überwiegenden Teil aus den Einnahmen der Wirtschaftswerbung, geschätzt mit einem Anteil von etwa 85% ihres Budgets. Der Rest besteht aus Einnahmen durch „Call-in", Merchandising und/oder sonstige Lizenzen. Bei den **Printmedien** liegt der Anteil der Einnahmen aus Wirtschaftswerbung gegenüber den Einnahmen aus dem Einzelverkauf und Abonnements bei geschätzt etwa 60%. Nahezu 100% beträgt die Finanzierung aus Werbeeinnahmen bei den Medien **Plakat, privaten Hörfunksendern, Online-Werbung** und bei den sogenannten **Ambient-Medien.** Dazu gehören zB Fußbodenwerbung in öffentlichen Gebäuden, Gratispostkarten in der Szenegastronomie, sit & watch u.a.

B. Die vertraglichen Grundlagen der Werbung in den Medien

I. Der rechtliche Charakter der Werbeverträge

10 Die Vermarktung von Werberaum und Werbezeit durch die Medien erfolgt auf rein **privatrechtlicher Basis,** auch bei den öffentlich-rechtlichen Sendern. Es werden – juristisch gesehen – **Werbeverträge** zwischen den beteiligten Marktpartnern auf der Grundlage des BGB abgeschlossen. Diese werden in der Praxis als „Aufträge" bezeichnet (zB „Anzeigenauftrag" bei den Printmedien), oder als „Schaltaufträge" bei den Sendeanstalten oder generell als „Abschlüsse". Diese Bezeichnungen sind – zumindest für den Juristen – ungenau; denn es handelt sich nicht um Aufträge im Sinne des § 662 BGB, also um einen einseitigen Auftrag an den Beauftragten, eine Besorgung – in der Regel unentgeltlich – zu erledigen, wobei der Beauftragte dann alles herauszugeben hätte, was er infolge der Besorgung erlangt. Bei den Werbeverträgen handelt es sich vielmehr um echte **Austauschverhältnisse** mit **Leistung** und **Gegenleistung.** Als „Anzeigenauftrag" im Printbereich oder „Einschaltauftrag" in Print und anderen Medien wird rechtlich gesehen der Vertrag zur Schaltung einer einzelnen oder mehrerer Anzeigen oder anderer Werbemittel verstanden. Als „Abschluss" wird dagegen ein Vertrag über die Veröffentlichung mehrerer Anzeigen/Werbespots bezeichnet, bei dem sich der Auftraggeber den Abruf der einzelnen Werbemaßnahmen vorbehält. Er muss die einzelnen Abrufe in der Regel binnen eines Jahres seit dem Erscheinen der ersten Anzeige/der Erstausstrahlung vornehmen. Auch die Rabatte beziehen sich in der Regel auf die Gesamtheit der in einem Jahr abgerufenen Anzeigen/Werbesendungen (vgl „Allgemeine Geschäftsbedingungen Zeitungen" des Axel-Springer-Verlages, www.mediapilot.de, Stand 1.1.2011, dort Ziffer 1.2 und Ziffer 1.3). In der frühen publizistischen Literatur wurde dementsprechend davon gesprochen, dass die Presse „Anzeigenraum als Ware verkaufe" (*Dovifat*, Handbuch der Publizistik, Band 2, S. 182). Auch das Reichsgericht hatte im Jahre 1926 das Wesen eines Anzeigenauftrages in der „Hergabe des entsprechenden Zeitungsraumes" gesehen (RG JW 1926, 119). Teilweise wird das auch in neuerer Rechtsliteratur noch so gesehen (vgl *Rath-Glawatz*, AfP 2000, 505, 506) mit der Rechtsfolge, dass der „Anzeigenauftrag" als ein **Kaufvertrag** über Werberaum qualifiziert wurde. Das hätte zur Folge, dass der Vertrag seitens des Mediums grundsätzlich erfüllt wäre, wenn die Anzeige abgedruckt würde, unabhängig davon, ob die Zeitung die anvisierte Zielgruppe erreicht oder nicht, aus welchen Gründen auch immer.

11 Dem Werbungtreibenden kommt es jedoch nicht nur auf den Anzeigenraum an. Es kommt ihm insbesondere darauf an, dass die Anzeige verbreitet wird und die gewünschte Zielgruppe erreicht und von dieser zur Kenntnis genommen werden kann. Die Leistung des Verlages besteht mithin in einem bestimmten **Erfolg,** den der Verleger in drucktechnischer und vertriebstechnischer Hinsicht herbeizuführen hat. Die Verpflichtung zur Beiführung des Leistungserfolges ist das typische Merkmal eines **Werkvertrages** im Sinne der §§ 631 ff BGB.

12 **1. Printmedien.** Die Hauptpflichten des Printmediums gegenüber dem Werbungtreibenden bestehen also in der **Herstellung** (Abdruck) und **Verbreitung** der geschalteten Werbung (OLG Hamm NJW-RR 1988, 944). Zur Herstellung gehört, dass die Anzeige in dem vereinbarten Medium, in der vereinbarten Größe, Aufmachung und Platzierung zum vereinbarten oder üblichen Termin erscheint. Die dafür notwendigen Druckunterlagen, heute im professionellen Bereich der Wirtschaftswerbung als digitalisierten Datensatz auf Datenträger oder online, hat der Werbungtreibende zur Verfügung zu stellen. Diese Aufgabenteilung ist ebenfalls typisch für die Einstufung des „Anzeigenauftrages" als **Werkvertrag.** Der Besteller eines Werkes liefert in aller Regel – im Gegensatz zum Kaufvertrag – dem Werkunternehmer die „Materialien", aus denen dieser das Werk herstellen soll (vgl auch *Löffler*, Presserecht, 5. Auflage 2006, S. 1128, Rn 97). Zur **„Verbreitung"** der Anzeige gehört, dass das Druckwerk (das Medium) seinem bestimmungsgemäßen Adressatenkreis zugänglich gemacht wird. Bei Abonne-

ments muss mithin das Medium, zB die Zeitung, durch die Post oder durch den Boten zugestellt werden. Straßenverkaufszeitungen müssen in den Straßenhandel gelangen. Ob das Medium dann tatsächlich auch von den Empfängern zur Kenntnis genommen oder gelesen wird, ist für die Erfüllung der Verpflichtungen des Verlages ebenso wenig relevant, wie der Eintritt des vom Werbungtreibenden mit der Anzeige beabsichtigten Werbeerfolgs (BGH JZ 1965, 680/682; *Löffler* aaO, S. 1331, Rn 105; anderer Meinung: LG Tübingen NJW-RR 1993, 1075).

Die Einordnung des „Anzeigenauftrages" als Werkvertrag ist heute deshalb zu recht herrschende Meinung (BGH 1992, 1450/1451; 2557/2559; *Löffler*, Presserecht, 2006, S. 1105, Rn 15 mit weiteren Rechtsprechungshinweisen). 13

2. Fernsehen und Hörfunk. Die vorstehenden Grundsätze gelten entsprechend für die Werbung im **TV- und Hörfunk.** Auch hier ist vom Sender ein Erfolg im beschriebenen Sinne geschuldet, nämlich das Einspeichern der digitalen Daten des Werbespots und die Ausstrahlung des Spots. Dies ist rechtlich gesehen kein anderer Vorgang als der Druck und die Verbreitung der Anzeige in Printmedien. Auch dieser Vorgang ist als **„Werkvertrag"** zu qualifizieren, weil der technische Erfolg des Speicherns und Ausstrahlens zur gebuchten Sendezeit geschuldet ist und – bei eintretenden Mängeln, zB bei Störungen der Satellitenausstrahlung oder des Kabelempfangs – der Sender sich in aller Regel eine „Nachholung" der geschuldeten Leistung ausbedingt, also eine Nacherfüllung im Sinne des Werkvertragsrechts (vgl die „Allgemeinen Geschäftsbedingungen für Fernsehwerbung" der IP Deutschland GmbH, Stand Februar 2011, Ziffer 4.5 „Mängel" Satz 2 und 3, abgedruckt im Anhang). Es kann deshalb bei dem Werbevertrag für TV- und Hörfunk auch **nicht** von einem **Dienstvertrag** gesprochen werden (so jedoch *Herrmann/Lausen*, Rundfunkrecht, 2004, § 15 Rn 26). Ein Dienstvertrag ist nicht auf den Erfolg ausgerichtet, sondern lediglich auf das – erfolgsunabhängige – Erbringen einer Dienstleistung, zB eines Lehrers, und kennt deshalb auch nicht die vorerwähnten Gewährleistungsrechte und -pflichten der Vertragsparteien, wie sie bei einem Werkvertrag gegeben sind. 14

3. Online-Medien. Auch der Werbevertrag mit **Online-Medien** ist als ein **„Werkvertrag"** zu qualifizieren. In der Regel wird in den Werbeverträgen mit „Online-Medien" das Erreichen einer Gesamtzahl von **Ad-Impressions** vereinbart, wonach sich auch die vom Auftraggeber zu zahlende Vergütung richtet. Wird diese Zahl vom Online-Anbieter nicht erreicht, hat dieser zunächst eine Nachlieferung entsprechend den mit dem Auftraggeber vereinbarten Ad-Impressions vorzunehmen. Schlägt der Nacherfüllungsversuch fehl, hat der Auftraggeber Anspruch auf eine anteilige Minderung der Vergütung (vgl die „Allgemeinen Geschäftsbedingungen für Werbeaufträge in Online-Medien" der Axel Springer AG, Stand 1.1.2010, Ziffer 5 Abs. 7 und Ziffer 9 Abs. 3). Es ist mithin ein bestimmter Erfolg geschuldet als typisches Merkmal für einen Werkvertrag. 15

4. Plakat und Filmtheater. Außenwerbung (Plakat, Citylight, Großposter usw) unterscheidet sich rechtlich nicht von den Printmedien im Hinblick auf die Bestimmung des Vertragstyps. Die Hauptpflicht des Außenwerbungs-Unternehmens besteht in dem „Anschlagen" von Plakaten, Postern und sonstigen entsprechenden Werbemitteln an bestimmten vorgesehenen Säulen und sonstigen Flächen. Geschuldet ist also auch hier ein Erfolg, so dass die Vorschriften des **Werksvertrages** zur Anwendung kommen, soweit nichts Anderes in den Werbeverträgen mit diesen Unternehmen geregelt ist. Für die Einschaltverträge mit den Betreibern von **Filmtheatern** bzw deren Vermarktungsorganisationen gilt nichts Anderes. Hier ist die Vorführung des Werbefilms in einem bestimmten Zeitraum und in einem bestimmten Umfeld geschuldet. Dies könnte zwar dienstvertragliche Merkmale haben, letztendlich ist jedoch der Erfolg der Maßnahme geschuldet und dementsprechend wird in den Geschäftsbedingungen der Filmtheater für Werbefilme auch das **werkvertragstypische „Nachbessern"** vereinbart, wenn eine Vorführung mangelhaft war (vgl Ziffer 11 der „Allgemeinen Geschäftsbedingungen für die Werbung in Filmtheatern", Fassung vom 6. Juli 2005, herausgegeben vom ZAW Zentralverband der deutschen Werbewirtschaft e.V., Berlin). 16

II. Die Vertragspartner auf Seiten der Medien und deren Vermarktungsorganisationen

1. Printmedien. Bei den **Printmedien** erfolgt die Vermarktung der eigenen Printprodukte traditionell durch die einzelnen Verlagshäuser direkt. **Vertragspartner** für die Schaltung von Anzeigen ist somit in der Regel das **Verlagshaus**, in dem der Titel erscheint, der für die Anzeige vorgesehen ist. Die Verlage 17

Burda und Bauer haben eigene Anzeigen-Vermarktungsgesellschaften gegründet, die primär die Produkte des eigenen Verlages vermarkten, aber auch offen sind für anderweitige Produkte.

18 **2. Fernsehen.** Anders verläuft die Vermarktung im **Fernsehbereich.**

19 Die **ARD-Landesrundfunkanstalten** haben jeweils **eigene Werbegesellschaften** (Tochtergesellschaften in Form einer GmbH) gegründet zum Zweck der Erzielung von Einnahmen aus der Werbung. Der in den GmbH-Satzungen festgelegte Zweck ist die Beschaffung und Ausführung von Aufträgen für die Werbesendungen im Fernsehen und Hörfunk. Zudem gehört es zum Zweck der Gesellschaft, ein **Rahmenprogramm** als „günstiges Umfeld für die Werbespots zu schaffen" (*Herrmann/Lausen*, Rundfunkrecht 2004, § 15 Rn 29). Es sind dies die BRW Bayerische Rundfunkwerbung GmbH, München; hr werbung GmbH, Frankfurt am Main; MDR-Werbung GmbH, Erfurt; NDR-Media GmbH, Hamburg; Radio Bremen Werbung GmbH, Bremen; RBB Media GmbH, Berlin; SWR Media Services GmbH, Stuttgart; WDR mediagroup GmbH, Köln; Werbefunk Saar GmbH, Saarbrücken.

20 Diese **Werbefunkgesellschaften** haben sich zu einer Arbeitsgemeinschaft mit dem Namen **„ARD-Werbung"** zusammengeschlossen. Die Arbeitsgemeinschaft, eine Gesellschaft bürgerlichen Rechts, wird wiederum beim Abschluss von Werbeverträgen vertreten durch die **„ARD-Werbung SALES & SERVICES GmbH (AS & S)"**. Die AS & S führt die Werbeverträge im Namen und auf Rechnung der jeweiligen in der Buchung und Auftragsbestätigung genannten **Rundfunkwerbegesellschaft** durch.

21 **Vertragspartner** des Auftraggebers für die Werbeschaltung ist also die in der Buchung jeweils genannte Rundfunkwerbegesellschaft (Ziffer 1. der Allgemeine Geschäftsbedingungen der ARD-Werbung SALES & SERVICES GmbH, Stand 1. Januar 2010). Die AS & S vermittelt in gleicher Weise auch Werbung des zur ARD gehörenden Senders „Deutsche Welle TV".

22 Das **ZDF** vermarktet seine Werbeangebote mit der ZDF-Werbefernsehen GmbH. Die Werbeverträge werden von dieser GmbH auf eigenen Namen und auf eigene Rechnung abgeschlossen.

23 Die beiden öffentlich-rechtlichen Fernsehsender, die bisher ihre Angebote getrennt vermarktet hatten, haben nunmehr eine gemeinsame Tochtergesellschaft gegründet, eine Vertriebstochter von ARD-Werbung Sales & Services GmbH (AS&S) und ZDF-Werbefernsehen GmbH, mit dem Namen „ARD & ZDF Fernsehwerbung GmbH". Damit sollen die Kommunikationslösungen im öffentlich-rechtlichen Fernsehen weiter optimiert werden insbesondere mit Blick auf die Qualitäts-Zielgruppen und Premium-/Markenkäufer.

24 Die **privaten Werbesender** lassen ihre Werbezeit durch verschiedene Gesellschaften vermarkten: Die **IP-Deutschland GmbH**, 50679 Köln, vertritt gegenüber den Auftraggebern für Werbespots die Sender RTL, VOX, SUPER RTL, n-tv, RTL Crime, Passion und RTL Living, alle ansässig in Köln. Die IP vermarktet die Werbezeiten der gesamten Sender exklusiv und handelt bei Abschluss der Werbeverträge im Namen und auf Rechnung des jeweiligen Senders (Ziffer 2.1 der Allgemeinen Geschäftsbedingungen für Fernsehwerbung der IP Deutschland GmbH, Stand Februar 2011, abgedruckt im Anhang). Vertragspartner wird mithin der jeweilige Sender. Die **SevenOne Media GmbH** vermarktet die Werbezeiten der Sender ProSieben, Sat. 1, kabeleins, N24 und 9Live. Die Vermarktungsgesellschaft SevenOne Media GmbH schließt die Werbeverträge für Werbezeiten und Werbeformen der vorgenannten Fernsehsender im eigenen Namen ab (Allgemeine Geschäftsbedingungen der SEVENONE Media GmbH a. 1.). Vertragspartner der Auftraggeber ist somit jeweils die SevenOne Media GmbH. Weitere Vermarkter sind zB ElCartel für RTL 2; Viacom Brandsolutions für MTV, VIVA, Comedy-Central und Nickelodeon; Constantin Sport Marketing für Sport1 und DAS VIERTE; Gruner & Jahr EMS für eine Reihe digitaler Spartensender. Andere vermarkten sich selbst, wie zB Eurosport, DMAX, Tele5 sowie eine Vielzahl digitaler Sender.

25 **3. Hörfunk.** Im **Hörfunkbereich** werden die ARD-Rundfunksender stellvertretend vermarktet durch die **„ARD-Werbung Sales & Services GmbH Radio"**. Auch hier schließt die AS & S die Werbeverträge im Namen und auf Rechnung des jeweiligen in der Buchung der Auftragsbestätigung genannten Hörfunksenders. Daneben bestehen **weitere Vermarktungsgesellschaften** wie die „RMS Radio Marketing Service GmbH & Co. KG", Hamburg, die die Sender ihrer ca. 16 Gesellschafter für **nationale Werbung** (Werbung in zwei oder mehr Bundesländern) vermarktet. Regionale Werbung vermarkten die Sender in der Regel selbst. Die Vermarktungsgesellschaft RMS schließt im **eigenen Namen** und auf **eigene Rechnung** die **Werbefunkverträge** mit ihren Auftraggebern, den werbungtreibenden Unternehmen oder Werbeagenturen/Mediaagenturen. Daneben gibt es noch kleinere Vermarktungsgesellschaften, insbesondere für regionale Hörfunkwerbung.

4. **Online-Medien.** Im **Onlinebereich** haben sich in den letzten Jahren die **unterschiedlichsten Vermarkterstrukturen** herausgebildet. Als wichtige Vermarkter haben sich UNITED INTERNET AG, Springer, Spiegel Quality Channel und InteractiveMedia der Deutschen Telekom Gruppe im Markt etabliert. Weitere Vermarktungsformen werden sich in den nächsten Jahren bilden insbesondere im Bereich „Bewegtbild“ und auch im Bereich „Content“, wodurch TV-Sender wieder in den Vordergrund treten werden. Eine Sonderrolle bei der Vermarktung von Werbezeit und Werberaum spielen Google, Facebook, die sogenannte Search-Bereiche und Social Networks. Getrieben von den Adressiermöglichkeiten zielgerichteter Werbung (Targeting) entwickeln sich in diesen Bereichen die unterschiedlichsten Vorgehensweisen in der Marktbearbeitung – von der „normalen“ Display-Werbung bis hin zu komplexen Arbitrage-Geschäften und damit auch die unterschiedlichsten Vermarktungsformen. Dabei ist zu beobachten, dass diese Anbieter oft gleichzeitig auch die Rolle von Agenturen übernehmen. 26

5. **Außenwerbung.** Im Bereich der Außenwerbung (Plakate, Großflächen u.a.) haben sich **Vermarktungsnetzwerke** gebildet. Der in Deutschland größte Vermarkter für Außenwerbung ist die Ströer-Gruppe. Diese bildet ein Netzwerk von Unternehmen, die Außenwerbung anbieten. Grundlage sind die Allgemeinen Geschäftsbedingungen der Gruppe, die gleichlautend von den einzelnen Anbietern der Gruppe übernommen werden. Der **Werbevertrag** mit dem Auftraggeber kommt mithin nicht direkt mit der Ströer-Gruppe zustande, sondern **mit dem jeweiligen Mitglied** der Ströer-Gruppe, beispielsweise der „Kölner Außenwerbung GmbH“ für den Bereich der Außenwerbung in Köln und Umgebung. 27

6. **Filmtheater.** Die Werbung in Filmtheatern wird von **Spezialmittlern** vertrieben. Diese platzieren die Werbung über **Werbeverwaltungen.** Die Werbeverwaltungen haben jeweils Ausschließlichkeitsverträge mit den einzelnen Filmtheatern (Kinos). Vertragspartner von werbungtreibenden Unternehmen und Werbeagenturen/Mediaagenturen bei **überörtlicher Werbung** ist der **jeweilige Spezialmittler. Örtliche** Auftraggeber hingegen schließen den Vertrag über einen Ortsvertreter direkt mit einer **Werbeverwaltung.** Oft sind die Spezialmittler auch gleichzeitig Inhaber einer solchen Werbevermittlung. Im örtlichen Bereich ist also die Werbeverwaltung der Vertragspartner für den Einschaltauftrag. 28

III. Die Vertragspartner auf Seiten der Auftraggeber

1. **Die werbungtreibenden Unternehmen.** Werbungtreibende Unternehmen schließen Werbeschalt-Verträge entweder **direkt** mit den Medien **oder** sie beauftragen eine **Werbeagentur/Mediaagentur** mit der Mediaberatung und Mediaschaltung. In der Regel beauftragen die Werbungtreibenden bei größeren Werbebudgets und überregionaler Werbung in bundesweiten Medien eine Werbeagentur oder Mediaagentur mit der Mediaanalyse, Mediastrategie, Mediaplanung und der Mediaschaltung sowie der zugehörigen Administration. Nach einer Schätzung des OMG Organisation der Mediaagenturen im GWA e.V., Frankfurt am Main, werden etwa drei Viertel des gesamten Media-Schaltungs-Geschäfts in der Bundesrepublik Deutschland allein von den fünf führenden Netzwerken der Mediaagenturen abgewickelt. Mediaanalyse, Mediastrategie, Mediaplanung und die Mediaschaltung mit den entsprechenden Verhandlungen mit den Medien und ihren Vermarktungsorganisationen wegen der Platzierung, Preise, Rabatte und sonstigen Konditionen sowie die Administration der einzelnen Budgets sind heute derart kompliziert und anspruchsvoll, dass selbst die großen, bekannten werbungtreibenden Unternehmen diese Aufgaben häufig den darauf spezialisierten Mediaabteilungen der Werbeagenturen oder den selbstständigen Mediaagenturen übertragen. Dies liegt auch im **Interesse der Medien**, die sich durch die Professionalität der Agenturen erheblichen eigenen Aufwand bei der Durchführung des Schaltauftrages – der oftmals für die Dauer eines Jahres abgeschlossen wird – ersparen (siehe dazu Näheres unter Rn 43 ff „Agenturrabatt“). 29

2. **Die Werbeagenturen/Mediaagenturen.** Die Werbeagenturen/Mediaagenturen handeln beim Abschluss der Werbeverträge mit den Medien – wenn nichts Anderes ausdrücklich vereinbart wird – **im eigenen Namen** und **auf eigene Rechnung.** Sie handeln also nicht als Vertreter ihres Auftraggebers, also nicht im Namen ihres Kunden. **Vertragspartner** der Medien wird mithin die **Agentur**, die den Schaltauftrag erteilt. Das Handeln im eigenen Namen und auf eigene Rechnung ist **historisch bedingt** als eine Anforderung an die Agenturen zur Sicherung ihrer Unabhängigkeit und ihrer **Objektivität** in der Beratung der Werbungtreibenden, ihrer Kunden. Der VDZ „Verein deutscher Zeitungsverleger“ (heute: VDZ Verband Deutscher Zeitungsverleger) hatte bereits 1910 in einer von ihm eingeführten Liste der anerkannten „Annoncenexpeditionen“ folgende Voraussetzungen für die Aufnahme in die Liste aufgestellt: 30

1. Hauptberufliche Ausübung der Vermittlung von Anzeigen,
2. Ausübung der Tätigkeit im eigenen Namen und auf eigene Rechnung,
3. Einhaltung der im Anzeigengeschäft üblichen Sitte,
4. Kreditwürdigkeit.

31 Die deutschen Gerichte haben diese Gewohnheit inzwischen als **Branchenübung** anerkannt (OLG Frankfurt ArchPR 1976, 88; OLG Hamburg OLG-Report 1998, 370; OLG München AfP 1985, 132/133; OLG Saarbrücken OLG-Report 2004, 35; so auch *Wronka* ZAW-AGB Ziffer 1. Fn 7; *Löffler*, Presserecht, 2006, S. 1108, Rn 25). Auch der **Bundesgerichtshof** hat in Entscheidungen, in denen es um das Verhältnis einer Werbeagentur zu Printmedien ging, bestätigt, dass die **Agenturen** die Aufträge **im eigenen Namen und auf eigene Rechnung** erteilen (BGH Urt. v. 9.4.1970, NJW 1970, 1317 ff – „context"; BGH v. 11.11.1993 – I ZR 225/91, GRUR 1994, 527 – „Werbeagent"). Will eine Werbeagentur ausnahmsweise nicht selbst Vertragspartei werden, muss sie bei Abschluss des Anzeigenvertrages **ausdrücklich klarstellen**, dass sie **im Namen ihres Auftraggebers** handelt (OLG Hamburg OLG-Report 1998, 370; OLG Saarbrücken OLG-Report 2004, 35). Die in den Allgemeinen Geschäftsbedingungen der Medien häufig verlangte **Nennung des Namens des Auftraggebers**, wenn eine Werbeagentur/Mediaagentur den Schaltauftrag erteilt, ändert an der vorgenannten Rechtslage nichts. Die Forderung der Medien nach der Nennung des Namens des Auftraggebers hat andere Gründe; sie soll u.a. verhindern, dass die Agentur Werbezeit/Werberaum einkauft, um sie dann für einen beliebigen Kunden zu verwenden oder gewinnbringend weiterzuverkaufen (vgl OLG Hamburg OLG-Report 1998, 370; OLG Saarbrücken OLG-Report 2004, 35). Diese Branchenübung bei den Printmedien wurde von den **Hörfunk- und TV-Sendern** ebenso übernommen wie von den neuen **Online-Medien.**

C. Struktur und Inhalt der Werbeverträge

I. Die Struktur der Verträge

32 Die Werbeverträge nahezu aller Medien haben eine recht gleichförmige Struktur:

33 Die **Medien** veröffentlichen in gedruckter Form oder Online ihre **Allgemeinen Geschäftsbedingungen,** die sie jedem Schaltauftrag zugrunde legen. Sie sind die Grundlage aller von Medien abgeschlossenen Werbeverträge. Darin enthalten sind Regelungen zB im Rundfunkbereich (Fernsehen + Hörfunk) über den Vorgang des Vertragsabschlusses, also die Auftragserteilung und Auftragsannahme oder Auftragsablehnung, über das Sendegebiet, die Platzierung der bestellten Werbung, über Sendezeiten, Programmänderungen, Mängel der Ausstrahlung, Erteilung von Sendebestätigungen, über Preise und Rabatte, die Zahlungsbedingungen, die erforderlichen Sendeunterlagen, über Sonderwerbeformen sowie über Nutzungsrechte, Kündigung und Haftung. Die Allgemeinen Geschäftsbedingungen der IP Deutschland GmbH (Stand: Februar 2011) sind als Beispiel einer modernen Regelung im Anhang abgedruckt.

34 Manche Medien veröffentlichen in ihren Allgemeinen Geschäftsbedingungen auch noch gesonderte **Zusätzliche Geschäftsbedingungen.** Diese dienen insbesondere bei konzernmäßig verbundenen Verlagen dazu, die Besonderheiten des einzelnen Verlages zu berücksichtigen. Neben diesen Allgemeinen und gegebenenfalls Zusätzlichen Geschäftsbedingungen veröffentlichen die Medien regelmäßig und mit dem Datum der Gültigkeit ihre **Preislisten,** auf die sie in ihren Allgemeinen Geschäftsbedingungen Bezug nehmen. Darüber hinaus werden – insbesondere von den Online-Medien – noch **„Technische Spezifikationen"** veröffentlicht, die ebenfalls durch die Allgemeinen Geschäftsbedingungen Bestandteil des Schaltauftrages werden. In ihnen werden die technischen Voraussetzungen geregelt, die erfüllt sein müssen, damit der Werbespot gesendet bzw im Internet der Öffentlichkeit zur Verfügung gestellt werden kann.

35 Der eigentliche **Schaltauftrag** durch den Werbungtreibenden oder durch die Werbeagentur/Mediaagentur ist dann ein – insbesondere im professionellen Bereich – einfacher und textarmer Auftrag, der oft elektronisch auf von den Medien vorformulierten Online-Formularen erteilt wird und in welchem der Auftraggeber anerkennt, dass er von den Allgemeinen Geschäftsbedingungen Kenntnis genommen hat. Mit der **Auftragsbestätigung,** spätestens mit der **Aussendung** des Werbespots oder **Einstellung in das Internet** bei Online-Medien und der **Sendebestätigung,** wird der Auftrag von den Medien angenommen, womit der Werbevertrag geschlossen ist.

II. Die Allgemeinen Geschäftsbedingungen der Medien

1. Die Regelwerke der einzelnen Mediengattungen. Die Allgemeinen Geschäftsbedingungen der **Printmedien** sind in ihren einzelnen Bestimmungen schon sehr frühzeitig **standardisiert** worden. Dazu hat in erster Linie der Dachverband der werbungtreibenden Wirtschaft, der **ZAW** Zentralausschuss der Werbewirtschaft e.V. (heute: ZAW Zentralverband der Werbewirtschaft, Berlin) beigetragen. Bereits vor 40 Jahren, im Jahre 1967, hatte der ZAW in Zusammenarbeit mit einigen Verlagen **„Allgemeine Geschäftsbedingungen für Anzeigen und Fremdbeilagen in Zeitungen und Zeitschriften"** aufgestellt. Die damals erforderliche Genehmigung solcher Empfehlungen von Allgemeinen Geschäftsbedingungen nach § 2 GWB (Kartellgesetz) wurde jedoch nicht erteilt. In einer Neufassung des Regelwerkes aus dem Jahre 1979 sind dann die heute noch gebräuchlichen ZAW-AGBs für das Anzeigenwesen entstanden, die beim Bundeskartellamt angemeldet und im Bundesanzeiger veröffentlicht wurden (abgedruckt in *Löffler*, Presserecht, 2006, S. 1212–1215). Die Printmedien haben diese – mit ihrer Hilfe erarbeiteten – „Allgemeinen Geschäftsbedingungen für Anzeigen und Fremdbeilagen in Zeitungen und Zeitschriften" übernommen. Sie werden bis heute als Vertragsinhalt der Werbeeinschalt-Verträge benutzt, wenn auch in überarbeiteter Form. Oftmals werden sie durch **„zusätzliche Geschäftsbedingungen des Verlages"** ergänzt. 36

Für **Fernseh- und Hörfunk** hat der ZAW zusammen mit den entsprechenden Verbänden **„Einheitliche Grundsätze zur Gestaltung und Ausführung von Aufträgen im Bereich der Rundfunkwerbung** – Fassung vom März 2003" entwickelt. Sie enthalten u.a. Regelungen über die Einreichung der Sendeunterlagen, die Rechteübertragung, den Ablehnungsvorbehalt des Rundfunkveranstalters oder der Vermarktungsgesellschaft, die Zurückweisung von Sendeunterlagen, die Rechte und Pflichten bei Verschiebung der Werbeausstrahlung und Gewährleistungsansprüche. 37

Auch für den Bereich der Werbung in **Filmtheatern** hat der ZAW mit den entsprechenden Verbänden die **„Allgemeine Geschäftsbedingungen für die Werbung in Filmtheatern** vom 06. Juli 2005" herausgeben. Hier werden u.a. geregelt die Auftragsannahme und -ablehnung, Geltung der Preise der Preisliste der Werbeverwaltung, Skonto sowie Porto und Verpackung für den Versand von Werbefilmen, die Mindestlänge der Werbefilme (mindestens 30 Sekunden), Kinospots (höchstens 29 Sekunden), die Mindestschaltung für eine Spielwoche, die Durchführung der Filmvorführung bzw die Standzeit „stummer Diapositive" von 10 Sekunden, „tönende Diapositive" von höchstens 20 Sekunden, die Platzierung, der Konkurrenzausschluss sowie sonstige Rechte und Pflichten der Parteien. 38

Für den Bereich der **Plakatwerbung** hat der ZAW in Zusammenarbeit mit den entsprechenden Verbänden **„Allgemeine Geschäftsbedingungen für die Plakatwerbung – Fassung vom März 2003"** herausgegeben. Darin werden geregelt die Art der Plakatwerbeträger (Säulen und Tafeln, City-Light-Poster, City-Light-Boards und sonstige Werbeträger), Instandhaltung der Werbeträger und ihre Kennzeichnung, Plakatformate, Auftragsabwicklung und Platzierung sowie Konkurrenzausschluss. 39

Alle ZAW-AGB´s sind abrufbar unter www.zaw.de, „Services", „Literatur" und „Regelwerke". 40

2. Der Geltungsgrad der AGB´s der Medien. Diese **Standardisierung der Vertragsinhalte** und auch deren gleichzeitige Kommentierung durch Wronka in der Ausgabe „AGB-Anzeigenwesen" des ZAW von 1980 hat wesentlich dazu beigetragen, dass Rechtsstreitigkeiten, wie sie in anderen Wirtschaftsbereichen wegen unklarer Vertragsklauseln oder fehlender Regelungen häufig sind, im Bereich der Vermarktung von Werbezeit und Werberaum durch die Medien erstaunlich gering sind. Allerdings liegen für Online-Anbieter noch keine Standard-AGB des ZAW vor. Die heute von diesen Anbietern verwendeten Vertragsinhalte sind gegenüber den AGB der Printmedien moderner formuliert, zumal im Onlinebereich neue Sachverhalte geregelt werden mussten. Dennoch bilden die von Verlagen und ZAW gemeinsam geschaffenen AGB eine stabile Grundlage, auf der auch modernere Vertragsgestaltungen aufbauen können. Sie spiegeln jedenfalls – soweit sie bestimmte Sachverhalte regeln – die **verbindliche Standesauffassung** der Medien wider (für den Bereich der Printmedien vgl KG AfP 1989, 546/548; *Löffler*, Presserecht, 2006, S. 1201, Rn 333). Die mit dieser Standardisierung einhergehende Rechtssicherheit im Medien-Werbegeschäft wird auch dadurch begünstigt, dass die **Vertragspartner der Medien die Geltung** der Allgemeinen Geschäftsbedingungen der Medien für das Werbevertragsverhältnis bisher **nie in Frage gestellt haben.** Es gibt praktisch keine Mediaschaltung, die auf Allgemeinen Geschäftsbedingungen etwa des werbungtreibenden Unternehmens oder einer Werbeagentur beruhen. 41

42 Die nachfolgende Kommentierung konzentriert sich auf Vertragsinhalte und Rechtsfragen, die sich durch neuere Entwicklungen ergeben haben, denen die standardisierten Geschäftsbedingungen nicht oder nicht mehr gerecht werden. Dazu zählen die Besonderheiten des Marktes der Werbung, die auch entstanden sind durch das starke Aufkommen der Werbeschaltung durch Mediaagenturen. Über diese Agenturen läuft heutzutage der wesentlichste Teil des Mediageschäfts mit den Massenmedien. Durch die Bildung von professionellen **Vermarktungsgesellschaften** auf Seiten der Medien und durch die zunehmende **Konzentration des Einkaufs** von Werbezeit und Werberaum sowohl bei den werbungtreibenden Unternehmen und deren Konzernen als auch bei den hoch spezialisierten Mediaagenturen ist der Markt von einer Dynamik gekennzeichnet, der die bisherigen Standardregeln kaum noch gewachsen sind. Fragen wie die der Agenturvergütung/des Agenturrabattes, des Verbots der Weitergabe des Agenturrabattes an den Kunden der Agentur, der rechtlichen und wirtschaftlichen Stellung der Agenturen im Markt gegenüber ihren Marktpartnern, die Fragen der sogenannten Preislistentreue der Medien und die Frage der Transparenz der Werbeschaltverträge der Medien mit den Werbe-/Mediaagenturen erlangen dadurch eine besondere, oft auch neue Bedeutung oder verlieren an Bedeutung. Der Kommentierung werden überwiegend die Allgemeinen Geschäftsbedingungen der IP Deutschland GmbH und der ASF Axel Springer Verlags GmbH als moderne Regelwerke zugrunde gelegt, wobei die AGB für Fernsehwerbung der IP Deutschland GmbH (Stand: Februar 2011) im Anhang abgedruckt sind.

III. Typische Vertragsinhalte

43 **1. Agenturrabatt. Allgemeine Geschäftsbedingungen der IP Deutschland GmbH für Fernsehwerbung (Stand: Februar 2011), Ziffer 5.4:**

44 **„AE“:** Für die von einer Agentur erteilten oder abgewickelten Aufträge gewährt IP eine AE in Höhe von 15% auf das Rechnungsnetto, dh auf die Rechnungssumme ohne Mehrwertsteuer, nach Abzug von Rabatten, aber vor Skonto.“

45 Mit der Bezeichnung **„AE“** greift IP auf die alte, frühere Bezeichnung für den „Agenturrabatt“ der Medien an die Agenturen zurück. AE ist die Abkürzung für **„Annoncenexpedition“**. Dies war die Bezeichnung für die ersten vor etwa hundert Jahren entstandenen Werbeagenturen. Eine inhaltliche Änderung ist damit nicht verbunden. AE wird als Synonym für „Agenturrabatt“ verwendet. Offenbar sollte die Ersetzung von „Agenturrabatt“ durch „AE“ nur klarstellen, dass bei der Ermittlung des „Rechnungsnetto“ zwar die üblichen Rabatte der Preisliste, nicht jedoch der „Agenturrabatt“ abzuziehen sei.

46 Nicht alle Medien regeln in ihren Vertragsbedingungen die **Höhe des Agenturrabattes**, der auch **Agenturvergütung** genannt wird. In den Allgemeinen Geschäftsbedingungen und den zusätzlichen Geschäftsbedingungen der Verlage Burda, Bauer, Gruner + Jahr findet sich keine konkrete Angabe über die Höhe des Agenturrabatts. **Alle aber gewähren den Agenturrabatt**, was sich oft indirekt aus deren Allgemeinen Geschäftsbedingungen ergibt, zB aus der von Burda verwendeten Klausel „Die vom Verlag gewährte Mittlungsvergütung darf an die Auftraggeber weder ganz noch teilweise weitergegeben werden.“ Dabei bedeutet Mittlervergütung den althergebrachten Betriff für die heute verwendete Bezeichnung „Agenturvergütung“ oder „Agenturrabatt“. Rein rechtlich gesehen ist die Bezeichnung „Agenturrabatt“ insofern berechtigt, als ein Rabatt der Nachlass des Verkäufers auf seinen Verkaufspreis ist, den er gegenüber seinen Vertragspartnern fordert. Wirtschaftlich gesehen handelt es sich bei diesem „Agenturrabatt“ jedoch um eine Vergütung für Leistungen, die die Agentur erbringt und die sich zugunsten des Mediums als dem Anbieter von Werbezeit und Werberaum auswirken durch die – verkürzt gesagt – Absatzhilfe der Agenturen für die Medien.

47 Alle Medien gewähren die Agenturvergütung auch in Höhe von 15% des Nettorechnungspreises des Mediums. Die Abrechnung erfolgt in der Weise, dass das Medium der Agentur, die den Auftrag zur Schaltung der Werbung im eigenen Namen und auf eigene Rechnung erteilt, auf den jeweils nach seiner Preisliste gültigen Preis, abzüglich von sonstigen Rabatten (zB Mengenrabatten), einen Nachlass (Agenturvergütung) von 15% gewährt. Die Agentur wiederum berechnet ihrem Auftraggeber den Netto-Rechnungsbetrag aus der Rechnung des Mediums **ohne Abzug der Agenturvergütung.** Die Zahlung des Auftraggebers, das sogenannte Kundennetto, leitet die Agentur **abzüglich ihrer Agenturvergütung** an das Medium weiter. Der Kunde zahlt mithin den Preis der Werbemaßnahme aus der **Preisliste des Mediums;** für ihn ist der Preis der gleiche, ob er nun selbst im eigenen Namen den Auftrag zur Schaltung erteilt oder die Werbemaßnahme über eine Werbeagentur schalten lässt. Wirtschaftlich

gesehen trägt mithin das Medium die Agenturvergütung (BGH Beschl. v. 9.4.1970, NJW 1970 1317, 1319 – „context“; *Löffler*, Presserecht, 2006, S. 1180, Rn 270).

Diese eigenartige Abrechnungsweise erscheint auf den ersten Blick als widersinnig. Geht man doch davon aus, dass die Werbeagentur die Werbemaßnahme (Anzeige, Werbespot) im Auftrag ihres Kunden konzipiert und realisiert bzw die Mediaagentur im Auftrage ihres Kunden die Mediastrategie, die Mediaplanung erarbeitet und die Mediaschaltung vornimmt. Normalerweise würde man deshalb folgern, dass die Vergütung der Werbeagentur/Mediaagentur vom Auftraggeber der Agentur gezahlt wird und nicht – wie nach den Geschäftsbedingungen der Medien – von den Medien wirtschaftlich getragen wird. Diese typische Eigenart im Mediageschäft ist jedoch historisch bedingt und in verschiedenen Rechtsstreitigkeiten vom höchsten deutschen Zivilgericht, dem Bundesgerichtshof, mehrfach unter kartellrechtlichen und rabattrechtlichen Gesichtspunkten gewürdigt und bestätigt worden. 48

Die historische Entwicklung des Werbewesens zeigt, dass es dem **Interesse der Medien** entspricht, den Agenturen eine Agenturvergütung zu zahlen bzw zu gewähren. Mit Beginn der industriellen Massenproduktion in der zweiten Hälfte des 20. Jahrhunderts wurde es notwendig, die Werbung für die Produkte an einen anonymen Verbraucher zu richten und an eine massenhafte Zielgruppe. Die Unternehmen, die bisher Anzeigen selbst gestalteten und zur Veröffentlichung unmittelbar bei einem Zeitungs- oder Zeitschriftenverlag aufgaben, gingen dazu über, für die Aufgabe der Anzeige eine **„Annoncenexpedition“** einzuschalten. Diese übernahm die Aufgabe, die vom Unternehmen fertig gelieferten Anzeigen an die Verlage zur Veröffentlichung in den zunächst noch vom Unternehmen ausgewählten Blättern zu „befördern“. Die Annoncenexpedition schloss in Ausführung des ihr erteilten Auftrages mit einem oder mehreren Verlagen entsprechende „Inseratenverträge“ ab. Sie übernahm selbst die Kontrolle und Begleichung der einzelnen Rechnungen (*Heider*, Das Recht der Werbeagentur, 1964, S. 5). Der Unternehmer sparte durch diese Tätigkeit der Annoncenexpedion Arbeit, Zeit und Kosten, die er beim Direktgeschäft mit den Verlagen hätte aufwenden müssen. 49

Die Zeitungs- und Zeitschriftenverlage erkannten, dass sie durch die **sammelnde und bündelnde Tätigkeit** der Annoncenexpedion entlastet wurden und nicht mehr Einschaltverträge mit einer Vielzahl von Händlern, Herstellern und sonstigen Werbungtreibenden schließen mussten. Sie waren deshalb auch bereit, die Tätigkeit solcher Mittler zu akzeptieren und dafür eine Provision zu zahlen (*Lambsdorff/Skora*, Handbuch des Werbeagenturrechts, 1975, S. 8). Mit dem sich durch die Provision ergebenden Verdienst war die finanzielle Grundlage der Tätigkeit der Annoncenexpeditionen zur damaligen Zeit geschaffen und gesichert. 50

Mit dem Aufkommen neuer Arten von Werbemitteln und Werbeträgern änderte sich das Bild der Annoncenexpedion. Sie übernahm nun auch die Schaltung der Werbung nicht nur als Anzeigen, sondern auch auf Plakaten, auf Beilagen, Prospekten, in der Verkehrs-, Diapositiv-, Film- und Lesezirkelwerbung sowie später im Rundfunk. Aus dem breiteren Feld der Medien erweiterte sich der Begriff von der Anzeigenexpedition zum **„Werbungsmittler“**. Auf der Kundenseite entlastete der Werbungsmittler den Werbungtreibenden bei der Planung, Konzeption und Gestaltung der Werbung. Der Werbungsmittler entwickelte sich – auch unter dem Einfluss amerikanischer Strukturen – zur Werbeagentur, zur **Full-Service-Agentur**. 51

Die historische Entwicklung zeigt, dass die Werbeagenturen in ihren Ursprüngen weder auf Seiten der werbungtreibenden Unternehmen noch auf Seiten der Medien entstanden sind als deren Gehilfen. Sie sind vielmehr **eigenständig entstanden** und haben sich als **selbstständige Unternehmen** in die Wirtschftsbeziehungen der Werbungtreibenden und Werbungdurchführenden eingeschaltet, indem sie sowohl Aufgaben des Werbungtreibenden übernahmen, als auch die Werbungdurchführenden (die Medien) von entsprechenden Tätigkeiten, insbesondere organisatorischer Natur, entlasteten. Die erste feststellbare Gründung einer solchen „Insertions-Agentur“ war die 1855 von den Buchhändlern Haasenstein & Vogler gegründete Agentur, die erfolgreich arbeitete und im Jahre 1907 in Deutschland und im europäischen Ausland 58 Niederlassungen hatte (*Lambsdorff/Skora*, Handbuch des Werbeagenturrechts, S. 22, Rn 14). 52

Die erste gesetzliche Regelung über diese Vergütungsregelung mit dem „besonders eigenartigen Gepräge“ (BGH Urt. v. 28.4.1970, NJW 1970, 1317, 1319) erfolgte im Jahr 1933. Durch das „Gesetz über Wirtschaftswerbung“ aus der nationalsozialistischen Zeit war der Werberat ermächtigt worden, Bekanntmachungen zu erlassen. Eine seiner Bekanntmachungen regelte die für die weitere Entwicklung des Wirtschaftsverhältnisses Kunde/Werbeagentur/Medium wichtige Pflicht zur Führung von Preislis- 53 ten und die Vergütungszahlung. Durch die 3. Bekanntmachung vom 21.11.1933 wurden dann folgende Einzelheiten geregelt:

a) Die Verleger dürfen Anzeigenaufträge nur von Werbungtreibenden oder von einem zugelassenen Anzeigenmittler annehmen.
b) Die Verleger müssen gedruckte Preislisten führen und die Rabattsätze in den Mal- und Mengenstaffeln festlegen.
c) Die Verleger sind verpflichtet, eine Vergütung an Anzeigenmittler zu zahlen.
d) Die Vergütungen dürfen nur zwischen 10% und 20% der Rechnungsnettosummen betragen. Unterschreitungen der Vergütungssätze bedürfen der schriftlichen Genehmigung des Werberats.
e) Die Verleger dürfen darüber hinausgehende Vergünstigungen nicht gewähren, die Anzeigenmittler solche Vergünstigungen nicht annehmen.
f) Die Anzeigenmittler sind zur absoluten Preistreue verpflichtet. Jedes Unterbieten der Mittler untereinander und im Wettbewerb mit Zeitungen und Zeitschriften ist untersagt. Die Werbungsmittler müssen Beratungstätigkeiten nach üblichen Sätzen berechnen.

54 Nach dem Untergang des Nationalsozialismus wurden diese Regelungen durch die Militärregierung aufgehoben (Militärregierungsgesetz Nr. 191 vom 19.5.1945, Amtsblatt der Militärregierung Deutschland, Nr. 3, S. 36, 37). Damit ist jedoch die Bedeutung dieser Regelungen nicht hinfällig geworden. Die Definition des **„Werbungsmittlers“** fand nach Kriegsende Eingang in die Gesetzgebung der Bundesrepublik Deutschland; sie wurde übernommen in das Umsatzsteuergesetz (in der Fassung der 8. Verordnung zur Änderung der Durchführungsbestimmungen zum Umsatzsteuergesetz vom 7.2.1957, BGBl. I, S. 6). Die Regelungen des Werberats – die nach allgemeiner Auffassung ohnehin keine Gesetzeskraft hatten – stellten zum Teil die **Usancen** der Branche dar und erwiesen sich zum anderen Teil als wirksam zur Vermeidung von chaotischen Verhältnissen, die weder im Interesse der Verleger noch der Werbungtreibenden noch der Agenturen lagen. Die vorgenannten Regelungen aus der Bekanntmachung des Werberats wurden nach 1945 deshalb weiterhin beachtet von allen Beteiligten und von der Rechtsprechung gestützt und gefördert. Wesentliche Teile der Bekanntmachung blieben bis heute als **Gewohnheitsrecht**, zumindest als **Branchenübung** der Werbebranche, wirksam.

55 Heute gewähren sämtliche Medien (mit einer Ausnahme: Google-Media-GmbH) die Agenturvergütung und zwar durchgängig in Höhe von 15%. Die Begriffe haben sich dabei weiter der modernen Entwicklung angepasst; der Begriff der „Mediaprovision“ entspricht nicht mehr dem heutigen Erscheinungsbild der Agenturvergütung. **Provision** ist ein Begriff für bloße Vermittlung, wie sie typischerweise die Vergütung eines **Handelsvertreters** oder **Maklers** darstellt. Die Tätigkeit eines Handelsvertreters oder Maklers ist jedoch dadurch geprägt, dass dieser nicht im eigenen Namen abschließt, sondern lediglich vermittelt. Der Geschäftsherr/Auftraggeber schließt dann die Verträge im eigenen Namen. Dies entspricht nicht dem Bild einer Werbeagentur/Mediaagentur und auch nicht der dargelegten historischen Entwicklung der Agentur. Die Werbeagenturen/Mediaagenturen handeln eben beim Abschluss von Werbeverträgen mit den Medien regelmäßig nicht als Stellvertreter der Werbungtreibenden, sondern im eigenen Namen und auf eigene Rechnung mit der Folge, dass auch ausschließlich sie den Medien gegenüber aus dem Werbevertrag haften, insbesondere auf rechtzeitige Zahlung und Lieferung der Unterlagen bzw Daten für die Werbemaßnahme. Dabei ist der **Auftraggeber der Agentur gegenüber den Medien Erfüllungsgehilfe der Agentur** (iSd § 278 BGB), zB wenn er erforderliche Dateien direkt an das Medium versendet. Das heißt, dass die Agentur gegenüber dem Medium haftet, wenn diese Versendung nicht fristgerecht oder vollständig vorgenommen wird (vgl „Allgemeine Geschäftsbedingungen der IP Deutschland GmbH für Fernsehwerbung, Stand: Februar 2011, Ziffer 7 „Sendeunterlagen“).

56 Andererseits kann auch nur die Agentur und nicht ihr Auftraggeber **Gewährleistungsansprüche gegen die Medien** geltend machen, wenn beispielsweise der Anzeigenvertrag von dem Medium nicht vertragsgerecht erfüllt wird (OLG München AfP 1985, 132, 133; *Löffler*, Presserecht, 2006, Rn 268). Anders als ein Handelsvertreter **haftet die Werbeagentur** dementsprechend auch **ihrem Auftraggeber gegenüber** für **Fehler des Mediums**, etwa des Verlages bei nicht rechtzeitigem oder fehlerhaftem **Abdruck einer Anzeige**; die Werbeagentur muss sich im Verhältnis zu ihrem Auftraggeber den Fehler und das Verschulden des Verlages nach § 278 BGB als eigenes Verschulden zurechnen lassen (*Löffler*, Presserecht, 2006, Rn 268).

57 Aus dieser **Branchenübung**, die wegen ihrer langen Dauer inzwischen auch Gewohnheitsrecht geworden sein dürfte, folgt, dass selbst dann, wenn in den Allgemeinen Geschäftsbedingungen und in den

sonstigen zusätzlichen Bedingungen des Mediums nichts über eine Agenturvergütung gesagt ist, ein Anspruch auf eine 15%ige Agenturvergütung besteht. Dies gilt allerdings nicht in den Bereichen, in denen Verlage oder sonstigen Medien die Zahlung einer Agenturvergütung für bestimmte Geschäftsbereiche ausschließen, zB im sogenannten Ortsgeschäft (vgl *Löffler*, Presserecht, 2006, S. 1180/1181, Rn 271).

Die Zahlung einer Agenturvergütung durch die Medien entspricht auch heute noch der besonderen Interessenlage der Medien: Die Werbeagenturen/Mediaagenturen sammeln und bündeln die Werbeaufträge und vermindern damit die Zahl der Verhandlungs- und Vertragspartner der Medien-Unternehmen. Durch ihre hohe Qualifikation und Kompetenz erleichtern sie den Medien die technische Abwicklung der Schaltaufträge/Sendeaufträge, indem sie druck- und sendefähige Vorlagen und Datensätze erarbeiten und liefern. Die Zahlung einer Agenturvergütung wurde deshalb auch von den Gerichten mit dieser Absatzhilfetätigkeit der Agenturen für die Verlage wirtschaftlich begründet (BGH NJW 1970, 1317 ff; *Löffler*, Presserecht, 2006, S. 1180, Rn 270). 58

2. Verbot der Weitergabe der Agenturvergütung an den Auftraggeber. Allgemeine Geschäftsbedingungen für Anzeigen und andere Werbemittel in Zeitungen und Zeitschriften des Burda Verlages (Stand: 1.1.2011), dort „Zusätzliche Bedingungen des Verlages" unter c; www.hubert-burda-media.de): 59

„Die vom Verlag gewährte Mittlungsvergütung darf an die Auftraggeber weder ganz noch teilweise weitergegeben werden." 60

Dieses sogenannte **Weitergabeverbot** findet sich nicht in den Allgemeinen Geschäftsbedingungen des Bauer Verlages, von Gruner + Jahr, des Motorpresseverlages, des Jahreszeitenverlages und des MVG (Marquard Medien) München sowie des Zeitschriftenverlages Condé-Nast, München. Auch in die Allgemeinen Geschäftsbedingungen des Axel Springer Verlages ist ein solches Weitergabeverbot bei der Neufassung (Stand: 1.1.2011) nicht mehr aufgenommen worden. In den Allgemeinen oder Zusätzlichen Geschäftsbedingungen der IP Deutschland GmbH (Stand: Februar 2011, siehe Anhang) oder der SevenOne Media GmbH findet sich ebenso kein derartiges ausdrückliches Weitergabeverbot. 61

Gleichwohl geht die bisherige medienrechtliche Rechtsprechung und Kommentarliteratur davon aus, dass auch dort, wo kein Weitergabeverbot ausdrücklich vereinbart wurde, den Werbeagenturen/Mediaagenturen die Weitergabe der „Mittlervergütung" untersagt sei. Dies wird damit begründet, dass die Verpflichtung der Verlage, den Agenturen die „AE-Provision" gutzubringen, korrespondiere mit der Pflicht der Agenturen, die wirtschaftlichen Interessen der Verlage nicht dadurch zu verletzen, dass sie ihre Preislistenpreise im **Direktgeschäft mit dem Werbungtreibenden** durch Weitergabe der Agenturvergütung unterbieten. Das Verbot der „Provisionsweitergabe" wird bei der Anzeigenschaltung in den Printmedien als „vertragsimmanent" angesehen und gilt auch ohne ausdrückliche Vereinbarung als **Handelsbrauch** (*Löffler*, Presserecht, 2006, S. 1181, Rn 273; OLG Stuttgart AfP 1970, 974). Nach Meinung dieser Rechtsliteratur kann das System der „Mittlervergütung" nur dann reibungslos funktionieren, wenn die Agenturen die Agenturvergütung nicht an ihre Kunden, die werbungtreibenden Unternehmen, weitergeben, weil sonst Wettbewerbsverzerrungen entstünden (*Löffler*, Presserecht, 2006, S. 1181, Rn 273). 62

In der Praxis wird jedoch die Agenturvergütung von den Full-Service-Agenturen und den Mediaagenturen mit dem Auftraggeber in verschiedenster Form verrechnet, angerechnet und teilweise oder ganz an ihn weitergegeben, jedenfalls von der Agentur **in den Auftrag „investiert"**. Dies erwartet und fordert das werbungtreibende Unternehmen von seiner Agentur, wobei die Agenturen ihre für den Auftraggeber erbrachten Tätigkeiten nach Stundenaufwand oder nach Preisliste oder mit einem prozentualen Anteil am Schaltvolumen oder nach den sonstigen in dem Agenturvertrag mit dem Auftraggeber vereinbarten Vergütungsarten abrechnen und vom Auftraggeber vergütet erhalten. 63

Das Verbot der Weitergabe der Agenturvergütung führt zu der Frage, ob ein solches Weitergabeverbot kartellrechtlich zulässig ist. Von den Medien wurde die Weitergabe der Agenturvergütung in der Vergangenheit als unlauteres Verhalten des Kunden, als „Verleiten zum Vertragsbruch" und damit als unwirksam nach §§ 138, 826 BGB angesehen (Verband Deutscher Zeitschriftenverleger VdZ, „Garantierte Klarheit – Festpreissystem und Preistransparenz", undatiert, S. 4; vgl auch *Erman*, § 138 Rn 85). 64

Das Verbot der Agenturvergütungs-Weitergabe stellt keinen kartellrechtlichen Verstoß iS der Bestimmung des § 1 GWB dar. Zwar erfüllt es formal und von der Position der beteiligten Unternehmen im 65

Markt die Voraussetzungen der genannten kartellrechtlichen Regelung, nach der Verträge zwischen selbstständigen Unternehmen über Waren oder gewerbliche Leistungen nichtig sind, soweit sie einen der Vertragsbeteiligten in der **Freiheit beschränken**, Preise oder Geschäftsbedingungen **in einem Vertrag mit einem Dritten** zu vereinbaren. Wegen der besonderen Interessenverknüpfung zwischen Medium, Agentur und Werbungtreibenden und der bisher herrschenden Ansicht, dass die **Medien wirtschaftlich die Vergütung der Agenturen** tragen und darin eine institutionelle Gegebenheit zu sehen sei, haben die Medien das Recht, das Verbot einer Weitergabe den Agenturen aufzuerlegen. In der hierzu ergangenen grundlegenden Entscheidung des Bundesgerichtshofs vom 9.4.1970 (BGH NJW 1970, 1317 ff „context") wird insbesondere auf die – damals neue – Rolle der Werbeagenturen abgestellt. Der BGH stellt fest, dass das Weitergabeverbot nicht aus einer Weisung gegenüber einem **Treuhänder** hergeleitet werden könne. Bei der Tätigkeit der Agenturen handelt es sich vielmehr um eine in **rechtlicher und wirtschaftlicher Hinsicht selbstständige Stellung** mit einem „ungemein großen wirtschaftlichen Gewicht" für die Existenz der Verlage. Durch die umfassende und sachkundige Beratung ihrer Auftraggeber (der Werbungtreibenden) wird durch die Tätigkeit der Agenturen „die Bereitschaft der Wirtschaft, Werbung zu treiben und damit gleichzeitig auch der im Interesse der Verleger liegende Absatz von Werberaum erhöht", wie es in der genannten Entscheidung heißt. In dieser Stellung und Tätigkeit der Agenturen liegt der Grund, weshalb der Bundesgerichtshof es für sachgerecht hält, dass die Verleger (Medien) wirtschaftlich die Vergütung für die Agenturen tragen, was der Bundesgerichtshof als „besonders eigenartiges Gepräge" von Vertragsbeziehungen bezeichnet. Daraus leitet der Bundesgerichtshof dann auch ab, dass es den Verlagen auch gestattet sein müsse, eine Weisung zu erteilen, die Vergütung **nicht zum Schaden des Verlages an ihre Auftraggeber weiterzureichen.**

66 Ein erstinstanzliches Gericht, das Landgericht Stuttgart, hatte zwar im Jahr 1992 das **Weitergabeverbot** aus kartellrechtlichen Gründen als **nichtig** angesehen (LG Stuttgart Urt. v. 10.11.1992, NJW-RR 1993, 689). In der Kommentarliteratur wird dies aber als eine vereinzelte Entscheidung angesehen, die darauf beruhe, dass die überzeugenden Argumente, die für die context-Entscheidung des Bundesgerichtshofs maßgeblich gewesen seien, in Vergessenheit geraten seien (*Löffler*, Presserecht, 2006, S. 1182, Rn 275). Nach dem Stand der bisherigen medienrechtlichen Rechtsprechung und Kommentarliteratur ist von der Wirksamkeit eines zwischen den Medien und den Agenturen vereinbarten Verbots der Weitergabe der von den Medien gewährten Agenturvergütung auszugehen (*Löffler*, Presserecht, 2006, Rn 274, 275 mit weiteren Literatur- und Rechtsprechungshinweisen).

67 Bei richtigem Verständnis dieses Weitergabeverbots **beschränkt** es sich jedoch darauf, dass die Agentur bei der **Abrechnung des Schaltauftrages** mit dem Kunden den **Listenpreis des Mediums** zugrunde zu legen hat und die Agenturvergütung dabei nicht abziehen soll. Der Kunde soll aus dieser Abrechnung erkennen, so der Hintergrund dieses sogenannten „Weitergabeverbots", dass ihm gegenüber nach dem Listenpreis des Mediums abgerechnet wird, gleichgültig, ob er selbst den Schaltauftrag im eigenen Namen erteilt oder ob er diesen Schaltauftrag über eine Agentur in deren Namen erteilen lässt. Damit sollte, wie es in der Context-Klausel hieß (BGH NJW 1970, S. 1317), **Schaden an den „verlagseigenen Geschäften"** abgewendet werden, also an den Direktgeschäften des Verlages mit dem Werbungtreibenden.

68 Nach dem heutigen Verständnis und der seit Jahren durchgängig geübten Praxis ist davon auszugehen, dass die freie Verfügung der Agentur über diesen aus der vorstehend beschriebenen Abrechnung des Schaltauftrages zum Listenpreis erlangten Vorteil (Agenturrabatt) **dem Medium nicht zum Schaden** gereicht im Hinblick auf dessen **Direktgeschäft mit dem Auftraggeber**. Es ist seit langer Zeit üblich, dass die Agentur, die den Schaltauftrag erteilt hat, in ihrer Abrechnung mit ihrem Auftraggeber wirtschaftlich gesehen eine Verrechnung der Agenturvergütung vornimmt, die in der Regel dazu führt, dass die Agenturvergütung vollständig dem Auftraggeber weitergegeben wird und dieser dann davon seine Mediaagentur mit zB 1,1% wie im Danone-Fall des Oberlandesgerichts München von 2009 (siehe unten Rn 98) und seine Kreativagentur (mit zB 7,5%) bezahlt und den verbleibenden Rest aus den 15% für sich behält.

69 Es ist auch kein Fall aus der Praxis der Abwicklung des Mediageschäfts zwischen Medien und Agenturen aus den letzten 30 Jahren bekannt geworden, insbesondere nicht durch eine Entscheidung eines Gerichts, in welchem ein Medium seine Vertragsbeziehungen mit der Werbeagentur/Mediaagentur abgebrochen und Schadensersatz verlangt hätte (wie es in der Context-Klausel vorgesehen war) mit der Begründung, dieses Abrechnungsverfahren habe zu einem Schaden hinsichtlich ihres Direktgeschäfts mit dem Auftraggeber geführt.

Die Erkenntnis, dass sich das Weitergabeverbot hinsichtlich der Mediaagenturvergütung nur auf die Art der Abrechnung der Agentur mit ihrem Auftraggeber über den Werbeeinschaltauftrag bezieht, nicht aber auf die weitere Verfügung der Agentur über diese Vergütung, ergibt sich auch aus einer Entscheidung des Bundesgerichtshofs, die er 1993 – über 23 Jahre nach seiner Context-Entscheidung – gefällt hat (BGH Urt. v. 11.11.1993 – I ZR 225/91, GRUR 1994, 527 f – „Werbeagent"). Hier befasste sich der BGH nicht mit dem Verhältnis Medium-Werbeagentur wie im Context-Fall, sondern mit dem **Verhältnis Werbeagentur – werbungtreibendes Unternehmen**. Kläger war eine Werbeagentur, die rückständige Rechnungsbeträge gegen ihren Auftraggeber geltend machte. Der Auftraggeber rechnete auf mit dem ihm aus einer Vereinbarung mit der Agentur zustehenden **hälftigen Anteil an der Mediaagenturvergütung**. Die Agentur erhob hiergegen den Einwand, diese Teilungsvereinbarung sei nach dem Rabattgesetz (das heute nicht mehr gilt) unzulässig und unwirksam. 70

Der Bundesgerichtshof nahm zunächst Bezug auf seine Context-Entscheidung. Er bestätigte die medienrechtliche Besonderheit der Abrechnung der Werbeagenturen mit ihren Auftraggebern in der Weise, dass sie den werbungtreibenden Unternehmen den Anzeigenlistenpreis als Nettopreis in Rechnung stellen und das werbungtreibende Unternehmen diesen Preis an die Agentur zu zahlen hat, während die Agentur im Einverständnis mit dem werbungtreibenden Unternehmen und dem Medium eine Agenturvergütung von 15% einbehält und den Restbetrag an das Medium abführt. Sodann wandte es sich der Gesamtabrechnung zwischen Agentur und werbungtreibenden Unternehmen zu, indem die Frage der Verrechnung der Mediaagentur zur Hälfte gemäß der gesonderten Vereinbarung entstand. Der BGH untersuchte zunächst die Marktstellung der Agentur (aus rabattrechtlichen Gründen). Während die Vorinstanz, das Oberlandesgericht Saabrücken, noch der Meinung war, der Agenturrabatt stehe eigentlich dem Beklagten, dem Auftraggeber der Agentur, zu, weil die Werbeagentur „wie ein Gehilfe" des Agenturkunden bei der Aufgabe der Anzeige anzusehen sei, kam der Bundesgerichtshof zu einem anderen Ergebnis. Er führte aus, dass die Werbeagentur ein selbstständiges Unternehmen sei. Die Werbeagentur sei – so heißt es in der Entscheidung wörtlich – „im Verhältnis zum Werbungtreibenden – neben dem werbungdurchführenden Verlag – ein selbstständig preisanbietendes Unternehmen", sie stehe „auf einer zwischen dem Verlag als Werbungdurchführenden und dem werbungtreibenden Unternehmen liegenden **selbstständigen Wirtschaftsstufe"** (BGH v. 11.11.1993 aaO, S. 528 – „Werbeagent"). Das werbungtreibende Unternehmen stehe in diesem Verhältnis Verlag-Agentur-Werbungtreibender auf der letzten Wirtschaftsstufe. (Diese Ansicht hat sich inzwischen auch in der Rechtsliteratur durchgesetzt, vgl *Kolonko*, AfP 2009, 18 ff; *Martinek*, Mediaagenturen und Mediarabatte, 2009, S. 48. Auch das OLG München hat in der Danone-Entscheidung die Agentur als Großhändlerin mit „eigenunternehmerischer Tätigkeit" angesehen (Urt. v. 23.12.2009 – 7 U 3044/09). 71

Der Bundesgerichtshof kam dann zu dem Ergebnis, dass es „grundsätzlich nicht ausgeschlossen sei, dass die Werbeagentur und das werbungtreibende Unternehmen" unabhängig von der Preisliste der werbungdurchführenden Verlage eine **eigenständige Preisvereinbarung** treffen, die rechnerisch auch in einer Abrede über die **Aufteilung der Provision** liegen kann" (BGH v. 11.11.1993, aaO, S. 528). 72

Im Ergebnis bleibt festzuhalten, dass sich das **Weitergabeverbot** hinsichtlich der von den Medien gewährten Agenturvergütung – soweit es in den AGB der Medien noch enthalten ist – bezieht und **beschränkt auf die Art der Abrechnung des jeweiligen Werbeeinschaltauftrages** durch eine Werbeagentur/Mediaagentur **mit ihrem Auftraggeber**, dem werbungtreibenden Unternehmen. Hier würde es gegen das Weitergabeverbot verstoßen, wenn das werbungtreibende Unternehmen mit der Werbeagentur/Mediaagentur eine Abrechnung des Schaltauftrages nicht auf der Basis des Netto-Listenpreises des Mediums vereinbaren würde. In der weiteren Verfügung über die Vergütung ist die Agentur jedoch frei. Als selbstständiges Unternehmen kann sie die Agenturvergütung nach ihrem Ermessen einsetzen und investieren in der Gesamtabrechnung der von ihr gegenüber ihrem Auftraggeber erbrachten Leistungen. Sie kann die Agenturvergütung in Anrechnung bringen, verrechnen oder teilen oder sonstwie verwenden. Der Auftraggeber der Agentur hat allerdings **keinen gesetzlichen Anspruch** gegen seine Agentur **auf Herausgabe der medienseits gewährten Agenturvergütung**. Die Agenturvergütung wird nicht erlangt aus einer Geschäftsbesorgung iSd §§ 675, 667 BGB. Sie ist vielmehr die Gegenleistung für eine Leistung der Agentur, sie hat Entgeltcharakter und ist deshalb nicht an den Auftraggeber herauszugeben, wenn die Herausgabe nicht ausdrücklich vereinbart worden ist (LG Stuttgart NJW-RR 1993, 689; *Fikentscher*, GRUR 1970, 1; zur Frage der Geschäftsbesorgung und der Herausgabe von Rabatten siehe auch *Kolonko*, AfP 2009, 18 ff). Vertraglich kann er jedoch in dem Agenturvertrag die Weitergabe der Agenturvergütung vereinbaren. Er begeht damit kein sittenwidriges „Verleiten zum Vertragsbruch", sofern er den Schaltauftrag zum Nettolistenpreis des Mediums abrechnen lässt. 73

74 **3. Preise, Rabatte und Zugaben.** Der Bereich der Preise, Rabatte, Boni, Zugaben und sonstigen Vergütungen ist der dynamischste Bereich der Geschäftsbeziehungen zwischen Werbungtreibenden, Werbeagenturen/Mediaagenturen und den Medien. Dabei führten die preisrelevanten gesetzlichen Schranken (Rabatt-Gesetz; Zugabeverordnung) bei zunehmendem Kostendenken und wachsender Marktmacht der Nachfrager nach Werberaum und Werbezeit zu einem „völlig unübersichtlichen Dickicht" der Sonderpreise, der zusätzlichen „Normalpreise" und der Preisnachlässe, der verbotenen und erlaubten Rabatte (*Löffler*, Presserecht 2006, S. 1139, Rn 134). Durch die **Aufhebung des Rabattgesetzes und der Zugabeverordnung** im Jahre 2001 hat sich die Lage entkrampft. Zwar hat sich das Dickicht nicht wirklich gelichtet; durch die neue Freiheit der Preisgestaltung und der freien Möglichkeit der Gewährung von Rabatten auch über die damalige Grenze von 3% hinaus haben sich jedoch die Streitigkeiten darüber erübrigt, ob ein (unzulässiger) Rabatt oder ein (zulässiger) Sonderpreis etwa wegen der Zugehörigkeit zu bestimmten Verbänden, Branchen, Verbraucherkreisen, Berufen, Vereinen oder Gesellschaften gegeben ist. In der Preisgestaltung sind die Medien frei, in der Rabatt- und Zugabegestaltung sind die bisher strengen Beschränkungen aufgehoben und die Grenze liegt weit entfernt in dem sogenannten „übertriebenen Anlocken", welches im professionellen Bereich nur sehr selten einmal zum Tragen kommen kann.

75 Nach wie vor etabliert und für die Werbeverträge mit Medien typisch sind **Preisgestaltungen** beispielsweise bei Kombinationsangeboten, in denen ein einheitlicher Preis für die Belegung mehrerer Zeitschriften eines Verlages oder Senders des Rundfunkveranstalters angeboten werden, oder günstigere Tarife für regionale Anzeigenkunden (sogenannte **Ortspreise**). Hierher gehören auch **Sonderpreise** für Werbung in Beilagen, Supplements oder Sonderveröffentlichungen der Printmedien oder die unterschiedlichen Preise für die verschiedenen Werbezeiten und Werbeblöcke der TV- und Radiosender.

76 Zu den klassischen medien-typischen **Rabatten** gehören folgende Rabatte:

77 die **Mengenrabatte**, die für die Wiederholung einer Anzeige nach der sogenannten **„Malstaffel"** sowie für die Menge der Anzeigen, gemessen in Zahl der Anzeigenmillimeter oder Seiten, als sogenannte **„Mengenstaffel"** gewährt werden. Ein solches Beispiel einer Mal- und Mengenstaffel – entnommen der Preisliste der Financial Times Deutschland FTD – sieht wie folgt aus:

Mengenstaffel bei mindestens	Rabatte in %	**Malstaffel** bei mindestens	Rabatte in %
1 Seite	5	6 Erscheinen	5
2 Seiten	10	12 Erscheinen	10
3 Seiten	15	24 Erscheinen	15
5 Seiten	20	52 Erscheinen	20
8 Seiten	21		
10 Seiten	22		
15 Seiten	23		
20 Seiten	24		
25 Seiten	25		

(Quelle: http://www.ftd-media.de, Stand: 2007)

78 Hierzu gehören auch die **produktübergreifende Rabattierung**, bei der die Schaltung verschiedener Werbemaßnahmen in verschiedenen Produkten des Anbieters zusammengerechnet und gemeinsam rabattiert wird. Ebenso der **Kombinationsrabatt**, der für die Schaltung einer Werbemaßnahme in einer Kombination verschiedener Produkte des Verlages/Senders gewährt wird.

79 Für die Rundfunkmedien (TV und Hörfunk) ist der sogenannte **OTC-Rabatt** gebräuchlich mit folgender Formulierung aus den Allgemeinen Geschäftsbedingungen IP-Deutschland GmbH Ziffer 5.3 (Stand: Februar 2011, siehe Anhang):

80 *„OTC-Rabatt. 50% Rabatt auf die Ausstrahlung des Pflichthinweises bei Werbung für Pharmaprodukte im Sinne des § 4 (3) HWG werden gewährt, sofern der Pflichthinweis dem von OWM bzw BAH*

empfohlenen Standard (grauer Hintergrund, weißer Text, 4 Sek. Länge) entspricht. Bei Abweichungen entfällt der Abzug.“

Dieser Rabatt ist begründet durch die Tatsache, dass für „Over the Counter“-Produkte nach dem HWG Heilmittelwerbegesetz zwangsweise der Pflichthinweis mitgesendet werden muss und die Medien insoweit in Verhandlungen mit den Pharmaagenturen und der Pharmaindustrie zu dem Ergebnis gekommen sind, für diese 4 Sekunden Sendelänge nicht den vollen Preislisten-Preis zu fordern. 81

Nahezu alle Allgemeinen Geschäftsbedingungen der Medien sehen „Konzernrabatte“ vor. Eine solche Regelung lautet beispielsweise in den AGB für Anzeigen und andere Werbemittel in Zeitschriften des Spiegel-Verlages (gültig ab 1. Januar 2010), dort Ziffer 17, wie folgt: 82

„Wird für konzernverbundene Unternehmen eine gemeinsame Rabattierung beansprucht, ist der schriftliche Nachweis des Konzernstatus des Werbungtreibenden erforderlich. Konzernverbundene Unternehmen im Sinne dieser Bestimmung sind Unternehmen, zwischen denen eine kapitalmäßige Beteiligung von mindestens 50 Prozent besteht.

Der Konzernstatus ist bei Kapitalgesellschaften durch Bestätigung eines Wirtschaftsprüfers oder durch Vorlage des letzten Geschäftsberichtes, bei Personengesellschaften durch Vorlage eines Handelsregisterauszuges nachzuweisen.

Der Nachweis muss spätestens bis zum Abschluss des Insertionsjahres erbracht werden. Ein späterer Nachweis kann nicht rückwirkend anerkannt werden.

Konzernrabatte bedürfen in jedem Fall der ausdrücklichen schriftlichen Bestätigung durch den Verlag.

Konzernrabatte werden nur für die Dauer der Konzernzugehörigkeit gewährt. Die Beendigung der Konzernzugehörigkeit ist unverzüglich anzuzeigen; mit der Beendigung der Konzernzugehörigkeit endet auch die Konzernrabattierung.“

In den AGB für Fernsehwerbung der IP Deutschland GmbH (siehe Anhang, Stand: Februar 2011) ist – anders noch als in den Vorauflagen dieser AGB – keine Regelung über den Konzernrabatt mehr enthalten. Welche Schlussfolgerungen durch die Streichung der Regelung über den Konzernrabatt bei IP Deutschland für die werbungtreibenden Unternehmen und deren Mediaagenturen zu ziehen sind, ist zur Zeit unklar. In Wirtschaftskreisen geht man davon aus, dass auch von der IP Deutschland GmbH nach wie vor Konzernrabatte gewährt werden, dabei aber keine klaren Abgrenzungen bestehen, also die Frage der Konzernzugehörigkeit verhandelbar ist. 83

Der Konzernrabatt ist in seiner Höhe nicht in den Preislisten oder AGB festgelegt. Er ist praktisch ein Mengenrabatt, der dadurch entsteht, dass die **Werbemaßnahmen verschiedener selbstständiger Unternehmen**, die zu einem Konzern gehören, als einem Werbungtreibenden zugehörig **zusammengerechnet werden.** 84

Darüber hinaus sind **Zugaben** häufig, bei denen sozusagen Waren gleicher Art den georderten Waren kostenlos beigegeben werden, also beispielsweise bei der Schaltung von 6 Anzeigen oder Werbespots das kostenlose Angebot von 2 weiteren Anzeigen/Werbespots. 85

Über die Möglichkeiten der in den Preislisten vorgesehenen Rabatte und sonstigen Vergünstigungen hinaus ergeben sich preisliche Verhandlungsmöglichkeiten auch durch neue Formen der Angebote der Medien. Hierzu gehören preisliche Vorteile für die Gewährung eines „Schieberechts“ der Medien. Das beinhaltet das Recht der Medien, die in Auftrag gegebenen Werbemaßnahmen im Hinblick auf die Sendezeit und das Programmumfeld zu verschieben. Dazu gehört auch die Kurzfristigkeit der Bestätigung der Medien selbst für die Durchführung der Schaltaufträge. Günstige Preise kann beispielsweise der Kunde erhalten, wenn er eine Bestätigung des Mediums für die Durchführung der Werbemaßnahme kurzfristig, dh beispielsweise ca. drei Wochen vor Beginn der Werbemaßnahme, akzeptiert. Solche Angebote sind nicht nur bei der Online-, TV- und Rundfunkwerbung möglich, sondern auch bei Plakat-Unternehmen. Sogenannte Trade-Deals, die vergleichbar sind mit Reste-Posten-Angeboten der sonstigen Wirtschaft, sind bei den Werbekunden zunehmend beliebt, da sie zu Rabatten von bis zu 70% vom Preislistenpreis führen können. 86

Der Suche der TV-Medien nach weiteren Möglichkeiten, Werbekunden durch günstigere Angebote an sich zu binden, wurden jedoch durch das Bundeskartellamt im Jahre 2007 Grenzen gesetzt. Das Bundeskartellamt hat die von den Medienvermarktern SevenOneMedia GmbH und IP Deutschland GmbH den Mediaagenturen angebotenen sogenannte SoA-Rabatte als kartellwidrig eingestuft. Die beiden 87 vorgenannten Vermarkter waren nach dem seinerzeitigen Einbruch des Werbemarktes dazu übergegangen, von den Mediaagenturen einen möglichst großen Anteil an deren Werbebudget zu verlangen. Sie hatten zu diesem Zweck sogenannte „Share of Advertising-Rabatte" (Anteile am Werbemarkt) eingeführt. Diese SoA-Rabatte waren unterschiedlich ausgestaltet. Im Grundsatz wurden die Mediaagenturen von den Vermarktern dafür vergütet, dass die Agenturen einen möglichst großen Anteil des gesamten Werbebudgets der von ihnen betreuten Kunden oder auch des gesamten Werbebudgets eines einzelnen, größeren Werbekunden bei dem Vermarkter einsetzten, also schalteten. Das Bundeskartellamt hielt diese Rabattpraxis für unzulässig, weil sie eine wettbewerbsbeschränkende Sogwirkung zugunsten der genannten Vermarkter entwickelte und somit die (kleineren) Wettbewerber der großen Vermarkter benachteiligten. Das Bundeskartellamt erließ gegen die beiden Vermarkter im Jahre 2007 Bußgeldbescheide in Höhe von 120 Millionen EUR und 96 Millionen EUR. Durch Zahlung dieser Bußgelder war das Kartellverfahren beendet. Die von der Staatsanwaltschaft München in Folge des vorgenannten Kartellverfahrens eingeleiteten Ermittlungsverfahren gegen die vorgenannten Vermarkter von Fernsehsendern und gegen die beteiligten Mediaagenturen wurde durch Verfügung vom 10.12.2009 nach § 53 Abs. 1 StPO eingestellt, weil ein öffentliches Interesse an der Strafverfolgung nicht gegeben war.

D. Verhaltensregeln der Marktpartner

I. Der Grundsatz der Preislistentreue der Medien

88 Zu den historisch gewachsenen Besonderheiten im Recht der Vermarktung von Werbezeit und Werberaum durch die Medien gehört die sogenannte **Preislistentreue**. Sie verbietet es als ungeschriebene, von den Medien seit jeher beachtete **Standesregel**, von den in der jeweils gültigen Preisliste des Mediums veröffentlichten Preisen, Rabatten und sonstigen Vergünstigungen willkürlich abzuweichen (*Löffler*, Presserecht, 2006, Rn 132; *Rath-Glawatz*, Das Recht der Anzeige, 1995, Rn 107, 314). Darin liegt keine nach dem Kartellrecht unzulässige Preisbindung der Verlage und der sonstigen Medien. Jedes Medium ist vielmehr frei, in seinen Anzeigenpreislisten unterschiedliche Tarife oder Rabatte etwa für Anzeigenkollektive, Beilagen, Sammelanzeigen, Kleinanzeigen, Familienanzeigen usw bekannt zu machen und sie auch jederzeit mit einer neuen Preisliste zu ändern. An die einmal veröffentlichten Preise, Rabatte und sonstigen Vergünstigungen halten sich die Medien jedoch – in Art einer Selbstverpflichtung – gebunden in der Weise, dass etwa ein Rabatt, der in einer Preisliste nicht vorgesehen war, oder auch eine Reduzierung eines in der gültigen Preisliste genannten Preises als unlauter und wettbewerbswidrig angesehen wurde. Die deutschen Richter haben dies anerkannt und bestätigt. Das oberste deutsche Zivilgericht, der Bundesgerichtshof, hat bereits 1952 die Bindung der Verlage an die jeweils von dem einzelnen Verlag in der gültigen Preisliste veröffentlichten Preise und Rabatte als wirksam anerkannt und erklärt, dass ein Verstoß gegen die selbst aufgestellten Preislisten-Preise ohne einen ausreichenden Grund sittenwidrig und unlauter im Sinne des Gesetzes gegen unlauteren Wettbewerb (UWG) sei (BGH NJW 1953, 579). Eine Abweichung von der Anzeigenpreisliste wurde regelmäßig als ein Verstoß gegen das Rabattgesetz und gegen §§ 1, 3 UWG alter Fassung angesehen und geahndet.

89 Das Rabattgesetz wurde durch Gesetz vom 23.7.2001 (BGBl. I, S. 1663) ersatzlos aufgehoben. Gleichwohl haben die Printmedien, die Verlage, das Prinzip der Preislistentreue als Standesregel weiterhin aufrecht erhalten (vgl *Löffler*, Presserecht, 2006, Rn 132 unter Hinweis auf eine Mitteilung des VDZ vom 23.11.2000).

90 Jedoch hat sich nicht nur die Gesetzeslage zugunsten einer nahezu uneingeschränkten Gewährung von Rabatten (die heute bis zur Grenze des „übertriebenen Anlockens" zulässig sind) geändert. Es hat sich auch der Markt geändert. Sowohl auf Seiten der Anbieter von Werbezeiten und Werberaum, den Medien, als auch auf Seiten der Nachfrager, der werbungtreibenden Unternehmen und der Werbeagenturen/Mediaagenturen, haben sich hochprofessionelle Vermarktungsgemeinschaften bzw Einkaufsgesellschaften gebildet, die die **Konditionenverhandlungen** zwischen Nachfragern und Anbietern **wesentlich verschärft** haben. Dabei geht es auf Seiten der Nachfrager nach Werbezeit und Werberaum insbesondere um die Maximierung der Zielgruppengenauigkeit und der Reichweiten einerseits und der Minimierung der Kosten andererseits. Hierzu hat das Entstehen der speziellen Mediaagenturen, die neben die Fullservice-Agenturen getreten sind, die früher den Hauptteil der Mediageschäfte abgewickelt hatten, beigetragen. Verstärkt wurde dieser Effekt noch durch die in den letzten Jahren entstandenen Fusionen auf Seiten der Mediaagenturen. Andererseits wird dieser Trend gefördert durch das Honorarsystem der Medien im Hinblick auf ihren eigenen Vertrieb von Werbezeit und Werberaum.

Dort werden u.a. Erfolgshonorarmodelle praktiziert, die die Verkäufer der Medien anregen, marktkonform zu denken und zu handeln und dafür auch zusätzliche Verkaufsförderungsformen zu entwickeln, die dazu beitragen, dass das bisher feste Preissystem aufgeweicht wird. **Angebote der Medien** bestehen bei direkten Geschäftsbeziehungen zu den werbungtreibenden Unternehmen u.a. in Gegenleistungen, die in den Preislisten nicht enthalten sind, beispielsweise einer zusätzlichen zur Anzeige geschalteten PR-Aktion oder in einen bestimmten Product-Placement oder in bestimmten Programmformaten und Gestaltungen eines die beworbenen Produkte und Dienstleistungen fördernden Rahmenprogramms.

Angebote der Agenturen andererseits an die Medien bestehen beispielsweise in bestimmten Kooperationen zugunsten der Medien im Abrechnungswesen, durch die die Medien verwaltungsmäßig entlastet werden und dafür ein Entgelt in Form beispielsweise einer Vergütung, die sich am gesamten von der Agentur in Auftrag gegebenen Werbevolumen bemisst, gewähren. Andere Leistungen der Agenturen, die zu entsprechenden Vergütungen seitens der Medien führen können, sind Vereinbarungen über die Erstellung von Marktbeurteilungen, Medienbeurteilungen, Sammlung und Generierung von Marketingdaten oder Marktanalysen. Diese Leistungen können auch Bestandteil eines zur Verrechnung gelangenden Kooperationsvolumens sein. Aufgrund dieses Sachverhalts, der allen Marktbeteiligten bekannt ist, weil sowohl Anbieter als auch Nachfrager nach Werbezeit und Werberaum sich entsprechend verhalten, ist das Prinzip der **Preislistentreue in seiner ursprünglichen Form aufgeweicht.** Der unter den heutigen Bedingungen etwas antiquiert wirkende Grundsatz, dass sich alle Medien an ihre veröffentlichten Preislisten für die Dauer ihrer Gültigkeit halten und keine zusätzlichen oder andere Konditionen mit den Werbungtreibenden oder der Agenturen vereinbaren, ist der Dynamik des Marktes nicht mehr gewachsen. Gleichwohl haben die von den Medien jeweils veröffentlichten **Preislisten ihre Bedeutung nicht verloren**, da sie die Grundlage für die Mediaplanung und die generelle Vergleichbarkeit der Schaltkosten aller in Betracht kommenden Medien bilden. 91

Die Tatsache, dass die Preislistentreue nicht mehr im Fokus des Interesses auch der Medien selbst liegt, sondern durch ein anderes Prinzip, dem der **Transparenz** des Mediageschäfts, abgelöst wird, wird auch deutlich durch entsprechende Statements eines Großteils der Printmedien, die sich vor 40 Jahren, am 14.4.1959, zu einem Verein mit dem Namen „Meldestelle im Anzeigengeschäft von Zeitschriftenverlagen MAZ" zusammengeschlossen hatten. Ziel dieses Vereins war die Überwachung der **Einhaltung der Preislistentreue** („Allgemeine Informationen" des MAZ in 22927 Großharnsdorf, Stand: Januar 2006). Offensichtlich in Würdigung der vorgeschilderten Fakten über die Aufweichung und Auflösung des Prinzips der Preislistentreue hat der MAZ seinen Zweck neu definiert und sich von einem Kontrollorgan für Preislistentreue zu einer Einrichtung zur Verbesserung der **Markttransparenz** gewandelt. Auf die Mitgliedsverlage des MAZ entfallen knapp 80% der jährlichen Werbeumsätze der Publikumszeitschriften in Deutschland („Allgemeine Informationen" MAZ-Broschüre Blatt 8; *Löffler*, Presserecht, 2006, Rn 133). Im Fokus der heutigen Fragen nach den Grundsätzen des Mediageschäfts steht mithin anstelle des Prinzips der Preislistentreue nunmehr die Forderung, insbesondere der werbungtreibenden Unternehmen, nach mehr Transparenz. 92

II. Die Forderung nach Transparenz

Die Forderung nach mehr Transparenz zielt vor allen Dingen auf die Geschäftsabwicklung zwischen Medien und Werbeagenturen/Mediaagenturen. Die OWM Organisation der werbungtreibenden Unternehmen im Markenverband – der etwa 16 der großen werbungtreibenden Unternehmen in Deutschland angehören – fordert von den Medien, dem einzelnen Werbungtreibenden die für ihn relevanten Geschäftsbeziehungen des Mediums zu seiner Agentur mit Zustimmung der Agentur **transparent** zu machen. Dabei sollen die Medien mit der Agentur ausschließlich „kundenbezogen abrechnen". Sie sollen keine Zahlungen, Naturalleistungen oder sonstigen Vergünstigungen an die Agenturen leisten, sofern diese nicht eindeutig einem Kunden, ganz oder anteilig, zugeordnet werden. 93

Die Agenturen andererseits sollen alle von den Medien ihnen gegenüber erbrachten Zahlungen, Naturalleistungen, Vergünstigungen und gewährten Konditionen (u.a. Zahlungsziele) **verursachungsgerecht dem Werbungtreibenden** zuordnen und mit diesem **transparent** abrechnen (siehe Code of Conduct unter www.owm.de, „Service", „Empfehlungen und Vertragsmuster für die Zusammenarbeit mit den Marktpartnern"). 94

Die Verfasser des Code of Conduct (CoC) gehen dabei davon aus, dass alle Zahlungen der Medien an die Agenturen für „Geschäftsbesorgungen" der Agenturen im Sinne des § 675 BGB geleistet werden 95 und deshalb nach § 667 BGB von den Agenturen an ihre Auftraggeber herauszugeben seien. Diese Ansicht – wenn sie auch in der Rechtsprechung durch den Bundesgerichtshof in der bereits erwähnten Entscheidung „context" vor nahezu 40 Jahren vertreten (BGH NJW 1970, 1317, 1318) und seitdem auch von der Kommentarliteratur mehr oder weniger ungeprüft übernommen wurde (*Löffler*, Presserecht, 2006, Rn 266) – entspricht nicht mehr den heutigen Gegebenheiten. Sie berücksichtigt nicht die **Besonderheiten und Eigenarten des Mediageschäfts** und die Tatsache, dass heute die planerische Leistung bei den Agenturen das Hauptgewicht ihrer Tätigkeit ausmacht. Eine Geschäftsbesorgung im Sinne des Gesetzes erfordert, dass die Tätigkeit des Auftragnehmers im alleinigen Interesse des Auftraggebers durchgeführt wird und umfasst nur **bereits bestehende Obliegenheiten** des Geschäftsherrn, deren Durchführung ihm selbst obliegen, die er aber einem Dritten überträgt. Dabei ist unschädlich, dass dem Fremdinteresse, dass der Geschäftsbesorger wahrnehmen muss, ein Eigeninteresse beigemischt ist (*Erman*, § 667 Rn 12). Die Besonderheiten des Mediageschäfts liegen jedoch gerade darin, dass die Agenturen nicht im alleinigen Interesse des Auftraggebers (und dem Eigeninteresse) tätig werden, sondern auch – wenn nicht gar überwiegend – im Interesse der Medien. Diese Besonderheit findet ihren Ausdruck unter anderem darin, dass es die Medien sind und nicht die Auftraggeber, die die Tätigkeit der Werbe-/Mediaagenturen vergüten mit der sog. Mediavergütung oder dem Agenturrabatt von durchgängig 15% des Schaltvolumens. Nach der bereits genannten Entscheidung des BGH „context" wird diese Vergütung für die gesamte „umfassende und sachkundige" Beratung der Werbungtreibenden gezahlt, weil die Verleger daran ein „begründetes eigenes wirtschaftliches Interesse" haben. Mit dieser Agenturvergütung durch die Medien sei „kein Raum" mehr für eine Vergütungsvereinbarung zwischen der Agentur und ihrem Auftraggeber, jedenfalls soweit es den normalen Leistungsumfang einer Agentur anbelangt (BGH NJW 1970, 1317, 1319 „context"). Es bleibt mithin kein Raum für die Annahme, die Tätigkeit der Werbe-/Mediaagentur sei auf eine „Geschäftsbesorgung" für ihren Auftraggeber als Geschäftsherrn, also auf ein Handeln **im alleinigen Interesse des Auftraggebers**, gerichtet. Hinsichtlich der medienseits gezahlten Agenturvergütung liegt darüber hinaus eine „Geschäftsbesorgung" schon deshalb nicht vor, weil – analog der Entscheidung des BGH zum Architektenvertrag (BGH NJW 1966, 1452 f) – die damit (auch) vergütete Tätigkeit der Mediaagenturen heute geprägt wird durch die Erarbeitung einer Mediastrategie und eines Mediaplanes, mithin durch eine **geistige, planerische Tätigkeit**, die nicht zu dem Bereich der bloßen „Geschäftsbesorgung" im Sinne der genannten gesetzlichen Bestimmungen gehört.

96 Dies gilt aber auch für alle **agenturbezogenen Vergütungen** und Vergünstigungen durch die Medien, etwa Vergütungen für Kooperationen zugunsten der Medien im Abrechnungswesen, durch die die Medien entlastet werden, oder für die Erstellung von Marktbeurteilungen, Medienbeurteilungen, Sammlung und Generierung von Marktdaten oder Marktanalysen für die Medien sowie für die Sammlung und Bündelung der Budgets verschiedener Auftraggeber der Agentur. Diese Tätigkeiten gehören nicht zu den Obliegenheiten des Auftraggebers der Agentur, die dieser selbst zu erledigen hätte, die Erledigung aber einem Dritten überträgt. Vielmehr gewähren die Medien diese Vergünstigungen oder Vergütungen als Entgelt für eine Leistung der Agenturen.

97 **Kundenbezogene** Rabatte, Boni und sonstige Vergünstigungen dagegen, die die Medien für das individuelle Budget des einzelnen Auftraggebers der Agentur gewähren, die also der Auftraggeber bei einem Direktauftrag mit seinem Budget gemäß den Preislisten und den AGB der Medien auch selbst erreichen könnte, haben die Agenturen an ihren Auftraggeber weiterzureichen; dies nicht aufgrund einer „Geschäftsbesorgung", sondern aufgrund der allgemeinen Treuepflicht der Agentur gegenüber ihrem Auftraggeber als Vertragspartner gemäß § 242 BGB. Für die Forderung des Code of Conduct an die Medien, ausschließlich kundenbezogen abzurechnen, dh keine agenturbezogenen Vergütungen und Vergünstigungen an Werbeagenturen/Mediaagenturen zu gewähren, sowie alle Vorgänge der Geschäftsabwicklung mit den Agenturen dem Werbungtreibenden transparent zu machen, lässt sich eine Rechtsgrundlage mithin nicht erkennen. Ohnehin sind die Medien in den relevanten Fällen nicht Vertragspartner der Werbungtreibenden. Der Code of Conduct wird von der OWM zudem als „Empfehlung des Verbandes" an seine eigenen Mitglieder bezeichnet, zu denen die Medien nicht gehören.

98 Zu einer gewissen Beruhigung in der Auseinandersetzung zu der Frage der Transparenz hat die sogenannte „Danone" Entscheidung des Oberlandesgerichts München vom 23.12.2009 (7 U 3044/09) beigetragen. Die Firma Danone hatte ihre seinerzeitige Mediaagentur mit einer Klage auf Auskunftserteilung mit dem Ziel auf späteren Schadensersatz in Anspruch genommen. Das Oberlandesgericht hat einen eingeschränkten Auskunftsanspruch zugesprochen. Grundlage dafür war nicht die gesetzliche Regelung, sondern die spezielle vertragliche Regelung, die Danone mit der Agentur getroffen hatte.

In diesem sogenannten „Betreuungsvertrag" hatten die Parteien vereinbart, dass die Agentur gehalten sei,

„für den Kunden alle am Markt realisierbaren Vorteile zu erzielen, die im Rahmen der gemeinsamen Geschäftsbeziehung erzielbar sind und diese in voller Höhe an den Kunden weiterzuleiten. Wirtschaftliche Vorteile, die weder Tarifbestandteil der Medien noch marktüblich sind, aber dennoch von der Agentur bei Media-Einkauf durchgesetzt werden, werden in voller Höhe an den Kunden weitergegeben."

Trotz dieses sehr weitgehenden vertraglichen Anspruchs wurde die Agentur nicht uneingeschränkt verurteilt, sondern nur zu einer eingeschränkten Auskunftserteilung. Die Agentur hatte nach dem Urteil Auskunft zu erteilen nicht nur über die kundenbezogenen Rabatte, sondern grundsätzlich über alle Rabatte und sonstigen Vergünstigungen, die sie bezogen hat im Zusammenhang mit den für die Klägerin geschalteten Werbespots. Dagegen musste die beklagte Agentur keine Auskunft erteilen über alle wirtschaftlichen Vorteile, die diese wegen ihrer als Mediaagentur möglicherweise marktbeherrschenden Stellung als Großhändlerin erhalten hat. Diese Vergünstigungen und Rabatte braucht sie – so das Gericht – selbst bei der sehr weitgehenden vertraglichen Klausel nicht an den Kunden herauszugeben. Denn diese aufgrund der gebündelten Einkaufsmacht erzielten Vorteile habe die Agentur aus „eigenunternehmerischer Tätigkeit", aufgrund ihrer Stellung als Großhändlerin, erlangt (Urteilserwägungen Nr. 82, 83, 84).

Das Urteil des Oberlandesgerichts München wird zur Folge haben, dass die Frage der Transparenz 99 und damit der Weitergabe von Rabatten und sonstigen wirtschaftlichen Vorteilen, die den Mediaagenturen von den Medien gewährt werden, ausführlicher als bisher in dem Agenturvertrag und in den AGB der Medien geregelt werden. Es gesteht dabei den Mediaagenturen zu, dass sie Vergütungen für ihre „eigenunternehmerische Tätigkeit" als Großhändler ihren Kunden gegenüber nicht transparent zu machen brauchen und dementsprechend auch nicht an ihren Kunden weiterzuleiten haben. Vielmehr bestätigt das Oberlandesgericht, dass insoweit die Mediaagenturen eine eigenständige Wirtschaftsstufe bilden und ohne vertragliche Sondervereinbarungen mit ihrem Kunden weder zur Herausgabe noch zur Transparenz im Hinblick auf die Vergütungen für ihre eigenunternehmerische Tätigkeit verpflichtet sind.

Dementsprechend sind auch die Medien nicht verpflichtet und ohne Zustimmung der Agentur auch 100 nicht berechtigt, die Abwicklung solcher eigenunternehmerischer Geschäfte mit den Mediaagenturen gegenüber dem Agenturkunden transparent zu machen. Im Mediageschäft hat dies zur Folge, dass sich die sogenannten **„Trade-Deals"** mehren, dh das Angebot von Mediaagenturen an ihre Kunden, aus eigenen Einkäufen der Agenturen bestimmte Kontingente preiswert abzugeben. Dieses Modell des **„Media-Broking"**, bei dem die Mediaagentur als Großhändler auf eigener Handelsstufe auftritt, ist inzwischen auch als Vergütungsmodell in der rechtswissenschaftlichen Literatur zur Kenntnis genommen worden (*Niesel*, MedienWirtschaft 2010, S. 30, 32).

Auch in den AGB der Medien sind erste Auswirkungen der Transparenz-Forderungen der werbung- 101 treibenden Wirtschaft zu erkennen. In der Neuauflage der AGB der SevenOneMedia GmbH (Pro Sieben, Sat.1 u.a.) heißt es unter der Überschrift A.10. Rabatte in A.10.4 wie folgt:

„Sofern er verpflichtet ist, wird der Vertragspartner, sofern Vertragspartner eine Agentur ist, alle empfangenen Rabatte und Skonti den von ihr betreuten Kunden gegenüber offenlegen und gegebenenfalls an diese weiterreichen. Im Übrigen wird der Vertragspartner Dritten gegenüber über alle von der SevenOne Media erhaltenen Leistungen Stillschweigen bewahren. Dies gilt auch nach Beendigung des Vertragsverhältnisses mit der SevenOne Media."

Damit stellt SevenOneMedia klar, dass sie den Forderungen des werbungtreibenden Unternehmens 102 nach Offenlegungen aller „relevanten Geschäftsbeziehungen zu den Agenturen" nach dem die Agentur zugestimmt hat, nur insoweit nachkommen wird, als es sich um Rabatte und Skonti handelt und die Agentur zur Offenlegung dieser Rabatte und Skonti gegenüber ihrem eigenen Auftraggeber, dem werbungtreibenden Unternehmer, auch tatsächlich verpflichtet ist. Diese AGB verpflichten die Mediaagentur, über alle sonstigen Vergünstigungen allen Dritten gegenüber, also insbesondere auch gegenüber dem Auftraggeber, Stillschweigen zu bewahren.

Anhang

Allgemeine Geschäftsbedingungen
der IP Deutschland GmbH für Fernsehwerbung (www.ip-deutschland.de)
(Stand: Februar 2011)

1. Definitionen

AGB sind diese Allgemeinen Geschäftsbedingungen.

Auftrag ist der Vertrag zwischen IP und dem Auftraggeber über die Ausstrahlung von Werbesendungen.

Auftraggeber kann der Werbungtreibende oder eine Agentur sein.

Ausstrahlung ist die Verbreitung im Fernsehen über Kabel, terrestrisch, via Satellit oder als IP-TV.

IP ist die IP Deutschland GmbH, Picassoplatz 1, 50679 Köln.

News-Crawls sind Laufbänder mit aktuellen Inhalten während der Ausstrahlung.

Special Ads (Sonderwerbeformen) ist der Oberbegriff für die sonstigen Formen der Produkt- oder Markenpräsentation im TV-Programm, die nicht Werbespot im engeren Sinne sind.

Sender ist der jeweils gebuchte Sender: RTL, VOX, SUPER RTL, n-tv, RTL Crime, Passion und RTL Living

Sendeunterlagen sind die vom Auftraggeber einzureichenden Vorlagen für die Werbesendungen, z. B. Storyboard, Bild- und Tonträger.

Werbesendung ist der Oberbegriff für Werbespot und Special Ad.

Werbespot ist ein werblich gestalteter Film, in dem ein Produkt oder eine Dienstleistung innerhalb einer Werbeinsel im TV-Programm beworben wird.

2. Vertragsschluss

2.1 IP ist exklusiv für die Vermarktung der Werbezeiten des Senders zuständig. IP handelt bei Vertragsabschluss im Namen und für Rechnung des Senders. Der Auftrag kommt durch schriftliche oder elektronische Bestätigung der Bestellung oder, falls die Bestätigung erst nach Ausstrahlung der Werbesendung erfolgt, durch Ausstrahlung der bestellten Werbesendung zustande. Für den Auftrag gelten allein diese AGB; Allgemeine Geschäftsbedingungen des Auftraggebers finden keine Anwendung.

2.2 Änderungen dieser AGB teilt IP dem Auftraggeber schriftlich oder per eMail mit. Sie gelten als genehmigt, wenn der Auftraggeber gegenüber IP nicht binnen eines Monats nach Erhalt der Änderungen schriftlich widerspricht.

2.3 Verbundwerbung. IP behält sich vor, für Verbundwerbung, d. h. Werbesendungen, in denen Produkte, Marken oder Dienstleistungen mehrerer Firmen beworben werden, einen Preisaufschlag zu erheben. Der Vertrag über ein Special Ad bedarf der Zustimmung des Senders.

2.4 Aufträge von Werbeagenturen werden nur für namentlich genau bezeichnete Werbungtreibende angenommen. IP ist berechtigt, von der Werbeagentur einen Mandatsnachweis zu verlangen. Eine Werbeagentur tritt mit Auftragserteilung die Zahlungsansprüche gegen ihren Kunden aus dem der Forderung zugrunde liegenden Werbevertrag an IP ab. IP nimmt diese Abtretung hiermit an (Sicherungsabtretung). Sie ist berechtigt, diese dem Kunden der Werbeagentur gegenüber offenzulegen, wenn die Forderung nicht innerhalb eines Monats nach Fälligkeit beglichen ist.

2.5 Produkte/Dienstleistungen. Aufträge werden nur für Werbesendungen angenommen, deren Inhalt sich auf Produkte oder Dienstleistungen des Werbungtreibenden bezieht.

3. Ablehnungsbefugnis

Es besteht keine Verpflichtung von IP, die Werbesendung vor Annahme des Auftrages anzusehen und zu prüfen. Daher behält sich IP vor, auch nach Vertragsschluss die Werbesendung aus rechtlichen, technischen oder sittlichen Gründen oder nach sachlich gerechtfertigten Grundsätzen von IP oder des Senders, insbesondere wenn der Inhalt der Werbung gegen die Interessen von IP oder des Senders verstößt, zurückzuweisen.

Die Zurückweisung des Auftrages wird IP dem Auftraggeber unverzüglich mitteilen. Der Auftraggeber wird dann unverzüglich eine neue bzw. abgeänderte Vorlage zur Ausstrahlung zur Verfügung stellen, auf die die Zurückweisungsgründe nicht zutreffen. Sollte diese Vorlage nicht rechtzeitig oder gar nicht zur Verfügung stehen, behält IP dessen ungeachtet den Vergütungsanspruch. Wird die Werbesendung trotz der zunächst erklärten Zurückweisung ausgestrahlt, bleibt der Vergütungsanspruch von IP unverändert.

4. Ausstrahlung

4.1 Sendegebiet. Die Ausstrahlung erfolgt in dem individuell vereinbarten Sendegebiet. Soweit nichts Besonderes vereinbart ist, erfolgt die Ausstrahlung im gesamten Sendegebiet des Senders. Der Abruf der Sendung aus einer Datenbank (Catch-up TV) kann auch außerhalb des Sendegebiets erfolgen.

4.2 Platzierung. Eine Werbeinsel besteht aus einem oder mehreren hintereinandergeschalteten Werbespots. Wenn sich die Parteien nicht bereits auf eine Zuteilung der Werbesendung zu einer bestimmten Werbeinsel geeinigt haben, wird IP bei der Zuteilung die Interessen des Auftraggebers bestmöglich berücksichtigen. Eine bestimmte Platzierung innerhalb einer Werbeinsel oder Konkurrenzausschluss kann nicht wirksam vereinbart werden.

IP garantiert nicht, dass die einzelnen Werbesendungen innerhalb einer Werbeinsel in bestimmter Reihenfolge ausgestrahlt werden oder dass neben den im Programmschema ausgewiesenen Werbeinseln keine weiteren Werbeinseln angeboten werden.

Werbung, die für Jugendliche nicht geeignet ist oder ein für Jugendliche nicht geeignetes Angebot bewirbt, kann unabhängig von etwa im Auftrag genannten Zeiten nur zwischen 00.00 Uhr und 05.00 Uhr platziert werden. Weitere Einschränkungen und das Zurückweisungsrecht nach Ziffer 3 bleiben unberührt.

4.3 Sendezeiten. Die vereinbarten Sendezeiten werden nach Möglichkeit eingehalten. Eine Verschiebung der Sendezeit innerhalb der gebuchten Preisgruppe ist jedoch, soweit nichts anderes schriftlich vereinbart wurde, möglich. Der Sendetag beginnt um 03.00 Uhr und endet um 03.00 Uhr des darauf folgenden Kalendertages. IP ist berechtigt, die Sendung inklusive Werbesendung auch mittels Catch-up TV bis zu 14 Tage zum Abruf anzubieten. Ein Anspruch darauf besteht für den Auftraggeber jedoch nicht.

4.4 Programmänderung. Ändert der Sender den vorgesehenen Programmablauf wegen aktueller Geschehnisse, Sport- oder Konzertübertragungen, aus technischen oder programmlichen Gründen oder wegen höherer Gewalt, Streik oder gesetzlicher Bestimmungen und kann die Ausstrahlung der Werbesendung daher nicht zum vereinbarten Termin erfolgen, ist IP berechtigt, die Ausstrahlung vorzuziehen oder nachzuholen. Weiterhin ist IP in diesen Fällen berechtigt, die Werbesendung im Splitscreen auszustrahlen oder durch News-Crawls zu verändern. Bei einer Verschiebung wird IP den Auftraggeber darüber informieren, soweit es sich nicht um eine unerhebliche Verschiebung handelt. Die Verschiebung ist unerheblich, wenn die Ausstrahlung innerhalb des vereinbarten redaktionellen Umfeldes erfolgt und der Sendetermin um nicht mehr als 15 Minuten verschoben wird.

Soweit eine nicht unerhebliche Verschiebung notwendig ist, wird sich IP bemühen, dass Genre und Wertigkeit des neuen programmlichen Umfeldes denen des ursprünglich vereinbarten entsprechen. Sofern der Auftraggeber der Verschiebung rechtzeitig widerspricht, wird IP einen neuen Nachholtermin anbieten.

4.5 Mängel. Der Auftraggeber hat die in Auftrag gegebene Werbesendung während der Ausstrahlung oder unverzüglich danach zu prüfen und einen eventuellen Mangel unverzüglich, spätestens binnen 2 Wochen nach Erhalt der Sendebestätigung, gegenüber IP anzuzeigen, ansonsten gilt die Ausführung des Auftrages als genehmigt.

Bei Ausfall eines Teils der Sendeeinrichtungen des Senders sowie bei Störungen der Satellitenausstrahlung, des Kabelempfangs u. Ä. liegt ein Mangel nur vor, wenn die Ausstrahlung mehr als 10 % der angemeldeten Fernsehempfänger des Senders nicht erreichen konnte. Die Gewährleistung ist zunächst auf Nachholung beschränkt. Unter Nachholung ist die Ausstrahlung in einem vergleichbaren programmlichen Umfeld zu verstehen. Sollte die Nachholung auch im zweiten Versuch fehlschlagen, kann der Auftraggeber Herabsetzung der Vergütung oder Rücktritt vom Vertrag wählen. Bei nur geringfügigem Mangel steht ihm das Rücktrittsrecht nicht zu. Wählt der Auftraggeber den Rücktritt vom Vertrag, steht ihm daneben kein Schadensersatzanspruch wegen des Mangels zu. Wählt der Auftraggeber nach gescheiterter Nachholung Schadensersatz, so beschränkt sich dieser auf die Differenz zwischen der vereinbarten Vergütung und dem Wert der einschließlich Nachholung ausgestrahlten Werbesendung. In sonstigen Fällen ist der Schadensersatz begrenzt auf 20 % der für die betroffene Werbesendung vereinbarten Vergütung. Die genannten Beschränkungen gelten nicht, wenn IP oder der Sender den Mangel arglistig verschwiegen hat.

Gewährleistungsrechte des Auftraggebers verjähren in 12 Monaten.

4.6 Sendebestätigungen. Nach Abschluss des Sendemonats stellt IP dem Auftraggeber Sendebestätigungen mit Angabe der tatsächlichen Ausstrahlungszeit und der jeweiligen Werbeinseln zur Verfügung.

5. Preisregelung

5.1 Preise. Es gilt die bei Abschluss des Auftrages gültige Preisliste. Für die Preisberechnung ist die tatsächliche Dauer der Werbesendung zugrunde zu legen. Unmittelbar nacheinander geschaltete Werbespots, in denen in identischer oder nahezu identischer Weise ein Produkt oder eine Dienstleistung beworben wird oder in denen ein Werbungtreibender für mehrere seiner Produkte und/oder Dienstleistungen wirbt, werden jeweils gesondert für sich als einzelne Werbespots gezählt. Die Preise für Special Ads werden gesondert vereinbart. In den Preisen nicht enthalten sind ggf. anfallende urheber- bzw. leistungsschutzrechtliche Vergütungen, die wegen der ausgestrahlten Werbesendung an Verwertungsgesellschaften wie z. B. die GEMA zu zahlen sind. Mehrwertsteuer ist in allen Preisen nicht enthalten; sie wird in der gesetzlich geltenden Höhe zusätzlich berechnet.

5.2 Preisänderungen bleiben vorbehalten. Für bestätigte Aufträge wird eine Preisänderung nach entsprechender Mitteilung wirksam. Im Fall einer Preiserhöhung steht dem Auftraggeber ein Kündigungsrecht zu, welches nach Erhalt der Mitteilung nur schriftlich ausgeübt werden kann.

5.3 OTC. 50 % Abzug auf die Ausstrahlung des Pflichthinweises bei Werbung für Pharmaprodukte im Sinne des § 4 (3) HWG werden gewährt, sofern der Pflichthinweis dem von OWM bzw. BAH empfohlenen Standard (grauer Hintergrund, weißer Text, 4 Sekunden Länge) entspricht. Bei Abweichungen entfällt der Abzug.

5.4 AE. Für die von einer Agentur erteilten oder abgewickelten Aufträge gewährt IP eine AE in Höhe von 15 % auf das Rechnungsnetto, d. h. auf die Rechnungssumme ohne Mehrwertsteuer, nach Abzug von Rabatten, aber vor Skonto. Voraussetzung sind der schriftliche Nachweis der Agenturtätigkeit und die Fakturierung an die Agentur. Die AE wird nicht für Special Ads gewährt. Gegenüber Kleinst- oder Scheinagenturen behält sich IP die Ablehnung der AE vor.

6. Zahlungsbedingungen

6.1 Rechnungsstellung. Werbesendungen werden im Regelfall monatlich im Voraus auf der Basis des bis dahin in Auftrag gegebenen Volumens in Rechnung gestellt. Der Rechnungsbetrag muss spätestens drei Werktage vor der ersten Ausstrahlung eines jeden Monats ohne Abzug auf dem IP-Konto eingehen, andernfalls kann IP die Ausstrahlung verweigern. Bei Eingang innerhalb von 10 Tagen ab Rechnungsdatum werden 2 % Skonto gewährt; erfolgt die Buchung weniger als 13 Tage vor der ersten Ausstrahlung des jeweiligen Monats, werden 2 % Skonto nur dann gewährt, wenn der Rechnungsbetrag spätestens 3 Werktage vor der ersten Ausstrahlung des betreffenden Monats bei IP eingeht. Beanstandungen einer Rechnung kann der Auftraggeber bis 2 Wochen nach Erhalt der Rechnung gegenüber IP geltend machen. Danach gilt die Rechnung als genehmigt. Tage im Sinne dieses Abschnitts sind Kalendertage.

6.2 Neuberechnung nach Ausstrahlung. Bei nachträglicher Änderung der Auftragsdaten für einen Ausstrahlungsmonat stellt IP die zu der für diesen Monat ursprünglich erstellten Rechnung auftretende Differenz gesondert in Rechnung bzw. erteilt eine entsprechende Gutschrift. Der Rechnungsbetrag muss innerhalb von 10 Tagen nach Rechnungserhalt auf dem Konto von IP eingehen. 2 % Skonto auf diesen Rechnungsbetrag werden nur gewährt, wenn ein Skontoabzug bereits bei Zahlung der für diesen Monat ursprünglich erstellten Rechnung berechtigt war und der nachberechnete Betrag binnen 10 Tagen ab Rechnungsdatum bei IP eingeht. Die Neuberechnung umfasst auch Differenzen, die sich aus geänderten Rabattsätzen oder aus von Verwertungsgesellschaften erhobenen Gebühren ergeben. Der Ausgleich einer Gutschrift erfolgt durch Verrechnung oder Zahlung; wurde die mit der Gutschrift stornierte Rechnung unter Abzug von Skonto bezahlt, wird auch vom Gutschriftbetrag ein entsprechender Abzug vorgenommen. Tage im Sinne dieses Abschnitts sind Kalendertage.

6.3 Zahlung. Zahlungen leistet der Auftraggeber ausschließlich auf das in der Rechnung genannte Konto von IP. Nicht bare Zahlungen erfolgen lediglich erfüllungshalber und gelten erst mit unwiderruflicher Gutschrift als Zahlung. Kosten der Einziehung und Einlösung sowie Stornogebühren und andere Bankspesen gehen zu Lasten des Auftraggebers. Der Auftraggeber hat ein Recht zur Aufrechnung nur, wenn seine Gegenansprüche rechtskräftig festgestellt oder durch IP anerkannt wurden. Der Auftraggeber kann ein Zurückbehaltungsrecht nur ausüben, wenn sein Gegenanspruch auf demselben Vertragsverhältnis beruht.

6.4 Währung. Rechnungswährung für alle Zahlungsvorgänge ist der Euro.

6.5 Verzug. Soweit im Einzelfall nicht anders vereinbart, befindet sich der Auftraggeber mit der Zahlung in Verzug, wenn der Betrag nicht innerhalb von 2 Wochen nach Erhalt der Rechnung auf dem Konto von IP eingeht. Zum Nachweis des Zugangs einer Rechnung, die per Telefax an den Auftraggeber abgesandt wird, genügt die Vorlage des Telefax-Sendeberichts. Bei Zahlungsverzug ist IP berechtigt, die Durchführung des Auftrags zurückzustellen, ohne dass daraus ein Ersatzanspruch des Auftraggebers entstehen kann. Der Auftraggeber haftet für den Verzugsschaden. IP berechnet Verzugszinsen in gesetzlicher Höhe.

7. Sendeunterlagen

Die Sendeunterlagen müssen IP spätestens 10 Tage vor Beginn der ersten Ausstrahlung der Werbesendung vollständig vorliegen. Bei verspäteter Anlieferung oder nachträglicher Änderung übernimmt IP keine Gewähr für die ordnungsgemäße Ausstrahlung. Zur Ausstrahlung wird das Format Digital Betacam D6, Tonpegel R68 und EBU oder digitale Spotanlieferung im Format MPEG2 50 Mbit/s I-frame-only 4:2:2P@ML – 4:2:2 profile at main level, max. 5 Minuten Länge, benötigt. Ab Oktober 2010 werden auch Werbespots in HD mit dem Kodierungsformat XDCAM HD 422 angenommen. Die genaue technische Spezifizierung ist angegeben unter www.ip-deutschland.de.

Stellt IP fest, dass das Sendematerial nicht den Vorgaben entspricht, wird der Auftraggeber benachrichtigt. Der Auftraggeber trägt die Gefahr bei der Übermittlung des Sendematerials. Gleichzeitig mit der Anlieferung teilt der Auftraggeber die für die Abrechnung mit Verwertungsgesellschaften notwendigen Angaben für Tonträger, insbesondere Produzent, Komponist, Titel und Länge der verwendeten Musik, schriftlich mit.

Das Sendematerial wird auf hauseigenen Servern der IP archiviert. Das Original wird einen Monat nach Anlieferung entsorgt.

8. Special Ads

8.1 Zusatzbedingungen. Für Special Ads gelten zusätzlich und vorrangig gegenüber diesen AGB die Zusatzbedingungen für Crossmedia und Special Ads von IP.

8.2 Sonderwerbeformen. IP behält sich vor, nach vorheriger Ankündigung in besonderen Fällen einzelne Sendungen aus dem gebuchten Paket auszuschließen. Dies betrifft insbesondere Mehrteiler oder besondere thematische Gestaltungen.

Der Sender ist berechtigt, eine gebuchte Programmstrecke von 2 oder mehr aufeinander folgenden Sendungen durch andersartige Sendungen zu unterbrechen. Diese können durch einen anderen Sponsor bzw. Sonderwerbekunden gebucht werden.

Bei Bedarf können Sponsoringhinweise und andere Sonderwerbeformen von dem Sender produziert werden. Die Kosten werden an den Auftraggeber weiterberechnet. Spätestens drei Wochen vor Ausstrahlung legt der Auftraggeber IP das komplette Storyboard vor.

Das Buchungsvolumen einer Sonderwerbeform gilt als Teil einer Basisbuchungs- oder Max3-Vereinbarung. Alternativ kann die Sonderwerbeform als Eventauftrag gebucht werden.

8.3 Teilerfüllung. Sollte der Auftrag wegen technischer, rechtlicher oder sonstiger Gründe (auch Senderentscheidungen oder höhere Gewalt) nicht in vollem Umfange zur Ausführung gelangen, wird pro rata temporis abgerechnet.

9. Nutzungsrechte

9.1 Rechteübertragung. Der Auftraggeber überträgt IP die für die Durchführung des Auftrages erforderlichen Nutzungsrechte an der übergebenen Werbesendung, und zwar zeitlich, örtlich und inhaltlich in dem für die Durchführung des Auftrages erforderlichen Umfang. IP ist berechtigt, diese Rechte, insbesondere auch das Fernsehnutzungsrecht für Sendung und Kabelweitersendung, das Bearbeitungs- und Archivierungsrecht auf den Sender bzw. auf beauftragte Dritte weiterzuübertragen. Das Fernsehnutzungsrecht wird in allen Fällen örtlich unbegrenzt übertragen und berechtigt zur Ausstrahlung mittels aller Formen des Fernsehens, einschließlich der gleichzeitigen Übertragung durch das Internet oder auf Mobile Devices (Simulcast) sowie Catch-up TV zum Abruf bis zu 14 Tage.

9.2 Nutzung durch IP. Der Auftraggeber stimmt zu, dass IP die Sendeunterlagen nach der Erstausstrahlung auch zum Zweck der Eigenwerbung oder Kundenberatung in dem dazu erforderlichen Umfang unentgeltlich nutzen kann. Der Auftraggeber kann diese Zustimmung im Einzelfall beschränken oder insgesamt widerrufen.

10. Rechtliche Verantwortung des Auftraggebers

Im Verhältnis zu IP und dem Sender trägt allein der Auftraggeber die presserechtliche, urheberrechtliche, wettbewerbsrechtliche, medienrechtliche (Rundfunkstaatsvertrag, Gemeinsame Richtlinien der Landesmedienanstalten für die Werbung, EU-Werberichtlinien etc.) und sonstige Verantwortung für die Werbesendung im Sinne einer selbständigen Garantie. Der Auftraggeber sichert zu, dass er über sämtliche für die auftragsmäßige Nutzung der Werbesendung erforderlichen Rechte mit Ausnahme von Rechten, die von der GEMA pauschal an die Sender eingeräumt werden, verfügt und sie auf IP und den Sender übertragen kann.

Der Auftraggeber stellt IP und den Sender von allen gegen die Ausstrahlung gerichteten Ansprüchen Dritter frei. Dies gilt auch für die Kosten einer angemessenen Rechtsverteidigung. Im Falle einer Rechtsverteidigung unterstützt der Auftraggeber die IP und den Sender nach besten Kräften. Widerruft der Auftraggeber seinen Auftrag ohne Einhaltung der vereinbarten Fristen aufgrund einer durch Dritte gegen ihn erwirkten Unterlassungsverfügung oder aus sonstigen Gründen, so bleibt er zur Zahlung in vollem Umfange verpflichtet. Dem Auftraggeber bleibt das Recht vorbehalten nachzuweisen, dass IP ein geringerer Schaden entstanden ist.

11. Kündigung

Auftraggeber und IP haben das Recht, bis sechs Wochen vor Ausstrahlung der Werbesendung den Auftrag ganz oder in Teilen ohne Angabe von Gründen zu kündigen. Im Falle einer späteren Kündigung durch den Auftraggeber bleibt dieser zur Zahlung der Vergütung verpflichtet unter Berücksichtigung der Abzüge gemäß § 649 Satz 2 BGB. Die Kündigung bedarf der Schriftform. Das Kündigungsrecht gilt nicht für Werbesendungen mit einer Dauer ab 90 Sekunden und Special Ads mit den Tarifarten 31 bis 99 der Preislisten von IP.

Die Möglichkeit zur fristlosen Kündigung aus wichtigem Grund bleibt unberührt. Als wichtiger Grund für IP gilt auch die durch konkrete Anhaltspunkte zu Tage getretene wesentliche Verschlechterung der wirtschaftlichen Verhältnisse des Auftraggebers.

12. Haftung

Bei leicht fahrlässigen Pflichtverletzungen beschränkt sich die Haftung von IP auf den nach der Art des Auftrages vorhersehbaren, vertragstypischen, unmittelbaren Durchschnittsschaden. Dies gilt auch bei leicht fahrlässigen Pflichtverletzungen der gesetzlichen Vertreter oder Erfüllungsgehilfen von IP. Gegenüber Unternehmern haftet IP bei leicht fahrlässiger Verletzung unwesentlicher Vertragspflichten nicht.

Die vorstehenden Haftungsbeschränkungen gelten nicht bei Ansprüchen des Auftraggebers aus Produkthaftung oder bei von IP zurechenbar verursachten Personenschäden.

13. Abtretung

Der Auftraggeber kann seine Rechte aus dem Auftrag nur mit Zustimmung der IP an Dritte abtreten.

14. Datenschutz

Der Auftraggeber ist damit einverstanden, dass IP personenbezogene Daten des Auftraggebers, die dieser IP zur Verfügung stellt, sowie Daten, die sich aus der Erteilung und Durchführung von Aufträgen an IP ergeben, zu internen Zwecken, insbesondere zu Zwecken der Marktforschung, nutzt. IP ist berechtigt, mit der Verarbeitung solcher Daten Dritte zu beauftragen, sofern diese Dritten sich schriftlich zur Einhaltung der datenschutzrechtlichen Vorschriften verpflichten.

15. Schlussbestimmungen

Es gilt das Recht der Bundesrepublik Deutschland. Die Bestimmungen des UNKaufrechts finden keine Anwendung.

Änderungen oder Ergänzungen des Vertrages einschließlich dieser AGB sowie Nebenabreden zu dem Vertrag bedürfen zu ihrer Wirksamkeit der Schriftform. Das gilt auch für Änderungen dieser Schriftformklausel.

Für den Fall, dass eine der Bestimmungen dieser AGB unwirksam ist oder werden sollte, gelten die übrigen Bestimmungen dieser AGB unvermindert fort. Die Parteien sind aufgerufen, anstelle der unwirksamen eine wirksame Regelung zu vereinbaren, die dem von beiden Parteien mit der unwirksamen Regelung beabsichtigten wirtschaftlichen Zweck möglichst nahe kommt.

Erfüllungsort und Gerichtsstand ist Köln.

6. Teil: Gewerblicher Rechtsschutz und Urheberrecht

1. Kapitel: Urheberrecht

Schrifttum: *Dreier, Thomas/Schulze, Gernot,* Urheberrechtsgesetz, Kommentar 3. Aufl., München 2008; *Frey, Dieter*, Leistungsschutzrecht für Presseverlage – Überlegungen zur Struktur und zu den Auswirkungen auf die Kommunikation im Internet, MMR 2010, 291; *Fromm, Friedrich K./Nordemann, Axel/Nordemann, Jan Bernd/Nordemann, Wilhelm,* Urheberrecht – Kommentar, 10. Aufl., Stuttgart 2008; *Herrmann, Günter/Lausen, Matthias,* Rundfunkrecht, 2. Aufl., München 2004; *Hoeren, Thomas,* Sounds von der Datenbank – zur urheber- und wettbewerbsrechtlichen Beurteilung des Samplings in der Popmusik, GRUR 1989, 11 ff; *ders.*, Die immaterialgüterrechtliche Stellung des Multimediaherstellers, CR 1994, 390 ff; *Ilzhöfer, Volker,* Patent-, Marken- und Urheberrecht, 8. Aufl., München 2010; *Jörger, Thomas,* Das Plagiat in der Popularmusik, Baden-Baden 1992; *Kilian, Wolfgang/Heussen, Benno,* Computerrecht – Handbuch, Stand April 2010; *Langhoff, Helge/Oberndörfer, Pascal/Jani, Ole,* Der Zweite Korb der Urheberrechtsreform, ZUM 2007, 593 ff; *Rehbinder, Manfred,* Urheberrecht, 16. Aufl., München 2010; *Schack, Haimo,* Urheber- und Urhebervertragsrecht, 5. Aufl., Tübingen 2010; *Schricker, Gerhard/Loewenheim, Ulrich* (Hrsg.), Urheberrecht – Kommentar, 4. Aufl., München 2010; *Schulze, Gernot,* Urheberrecht und neue Musiktechnologien, ZUM 1994, 15 ff; *Wandtke, Artur-Axel/Bullinger, Winfried,* Praxiskommentar zum Urheberrecht, 3. Aufl., München 2009.

57. Abschnitt: Das Werk in den Medien

A. Rechtsquellen und Bedeutung des Urheberrechts in der Praxis

I. Rechtsquellen des Urheberrechts

1 Das geltende Urheberrecht ist in folgenden Gesetzen und Abkommen geregelt:

- Gesetz über Urheberrechte und verwandte Schutzrechte (Urheberrechtsgesetz) vom 9.9.1965, zuletzt geändert durch Artikel 83 des Gesetzes vom 17.12.2008 (BGBl. I, 2008, 2586),
- Gesetz über die Wahrnehmung von Urheberrechten und verwandten Schutzrechten (Urheberrechtswahrnehmungsgesetz) vom 9.9.1965 (BGBl. I, 1965, 1294) zuletzt geändert durch Artikel 2 des Gesetzes vom 26.10.2007 (BGBl. I 2007, 2513),
- Zu den wichtigsten internationalen Urheberrechtsabkommen zählen die (Revidierte) Berner Übereinkunft vom 9.9.1886 zum Schutz von Werken der Literatur und Kunst (RBÜ) und das Rom Abkommen vom 26.10.1961 über den Schutz der ausübenden Künstler, der Hersteller von Tonträgern und der Sendeunternehmen (RA). Zu nennen ist in diesem Zusammenhang noch das Welturheberrechtsabkommen vom 6.9.1952 (WUA), das allerdings im Hinblick auf das statuierte Schutzniveau und die praktische Relevanz deutlich hinter der RBÜ zurückbleibt.

2 Die wichtigste Rechtsmaterie zur Bearbeitung von urheberrechtlichen Fällen ist in der Praxis zweifellos das UrhG von 1965. Das Gesetz ist in den letzten Jahrzehnten mehrfach an die durch die technische Weiterentwicklung hervorgerufenen Veränderungen des urheberrechtlichen Alltages angepasst worden. Noch im Jahr 2007 erfolgte eine weitere Reform des UrhG, um das deutsche Urheberrecht fit für das digitale Zeitalter zu machen. Nach fast vierjähriger Beratung ging das Gesetzgebungsverfahren zum sog. „Zweiten Korb“ zur Novellierung des UrhG zu Ende. Änderungen sah die Novelle hauptsächlich hinsichtlich der Einräumung von Nutzungsrechten und im Bereich der Geräteabgabe vor.

Zudem wurden die urheberrechtlichen Schranken zugunsten von Wissenschaft und Forschung erweitert (vgl 59. Abschnitt Rn 16). Die Grundprinzipien des UrhG von 1965 blieben aber erhalten.

Objektiver Schutzgegenstand des Urheberrechts ist danach auch in Zukunft das an eine Person oder 3
an eine Personengruppe gebundene Urheberrecht (im engeren Sinne) und das Leistungsschutzrecht gem. §§ 70 ff UrhG, welches neben dem Urheberrecht auch zugunsten von Organisationen und Institutionen entstehen kann.

Das Urheberrecht im engeren Sinne knüpft an die originär kreative **menschliche Tätigkeit** an, die neue 4
Leistungen hervorbringt und eigenschöpferisch kreiert. Die im UrhG ebenfalls geregelten Leistungsschutzrechte knüpfen hingegen in erster Linie an besondere **wirtschaftliche oder organisatorische Leistungen** an und gewähren den Schutzsubjekten Rechte und Ansprüche, die im Wesentlichen identisch mit den primär urheberrechtlichen Ansprüchen sind. Zu der Gruppe der Leistungsschutzberechtigten zählen allerdings auch solche Personen, die fremde Leistungen künstlerisch interpretieren, also Schauspieler und sonstige ausübende Künstler.

II. Bedeutung des Urheberrechts in der Praxis

Im Hinblick auf die urheberrechtliche Thematik sind Sendeanstalten und sonstige Medienunternehmen 5
in zweierlei Hinsicht betroffen. Zum einen **verwerten** sie urheberrechtlich geschützte Werke, die von Dritten geschaffen werden. Zum anderen können zu ihren Gunsten aus der Verwertung fremder urheberrechtlich geschützter Leistungen **eigene Rechte** entstehen, aus denen ebenfalls Ausschließlichkeitsansprüche erwachsen. Medienunternehmen befinden sich damit in einer **Mittlerposition.**

Was den Umfang der Verwertung fremder Urheberrechte angeht, können insbesondere **Rundfunkan-** 6
stalten und Sendeunternehmen mit Fug und Recht als **Großverbraucher von Urheber- und Leistungsschutzrechten** bezeichnet werden. So schließt beispielsweise eine größere öffentlich rechtliche Rundfunkanstalt jährlich über 200.000 Honorarverträge ab (*Herrmann/Lausen*, Rundfunkrecht, S. 679).

Vor dem Hintergrund obiger Ausführungen ergeben sich somit im Hinblick auf das Urheberrecht fol- 7
gende praktische Fragestellungen:

- Handelt es sich bei den von dritter Seite geschaffenen Leistungen um ein **urheberrechtlich geschütztes Werk**?
- Welche **Rechtspositionen** des Werkschöpfers sind in diesem Fall zu beachten?
- Wie lassen sich wirksam fremde Urheberrechte zur Auswertung an ein Medienunternehmen **übertragen**?
- Welche Rechtsfragen sind im Zusammenhang mit der **Verwertung von Archivmaterial** zu beachten?
- Mit welchen **Rechtsfolgen** muss ein Unternehmen rechnen, wenn es gegen fremde Urheberrechte verstößt?
- Welche **Ansprüche** kann ein Medienunternehmen aus seiner originären Tätigkeit gegenüber Wettbewerbern oder anderen Rechtsverletzern herleiten?

B. Das geschützte Werk

I. Schutzgegenstand

Schutzgegenstand des Urheberrechts sind persönliche geistige Schöpfungen auf dem Gebiet der Lite- 8
ratur, Wissenschaft und Kunst. Während § 1 UrhG klarstellt, dass urheberrechtlicher Schutz nur für **Schöpfungen** im kulturellen Bereich beansprucht werden kann, füllt § 2 UrhG den in § 1 UrhG verwendeten Werkbegriff aus und definiert welche **Werkarten** von dem Schutz des UrhG erfasst werden sollen. Gleichzeitig ordnet § 2 Abs. 2 UrhG an, dass nur **„persönliche geistige Leistungen"** urheberrechtlichen Schutz genießen sollen. Damit ist § 2 UrhG eine der zentralen Vorschriften des Urheberrechts. Denn nur wenn ein urheberrechtlich geschütztes Werk vorliegt, können die im UrhG geregelten Rechte und Ansprüche zum Zuge kommen, welche sich auf den Schutz des Urheberrechts im engeren Sinn beziehen. Liegt hingegen kein Werk gem. § 2 UrhG vor, so führt dies nicht zwangsläufig zu dessen Gemeinfreiheit. Vielmehr ist dann zu prüfen, ob sonstige urheber- oder wettbewerbsrechtliche Leistungsschutzrechte zugunsten der Leistung greifen.

9 **1. Werkarten.** Um deutlich zu machen, welche Arten von Schöpfungen dem urheberrechtlichen Schutz unterliegen, hat der Gesetzgeber in § 2 Abs. 1 UrhG die wichtigsten Werkarten beispielhaft aufgezählt. Genannt sind hier insbesondere **Sprachwerke, Werke der Musik, pantomimische Werke, Werke der bildenden Kunst und der Baukunst, Lichtbildwerke, Filmwerke und Darstellungen wissenschaftlicher und technischer Art.** Da das Urheberrecht sämtliche Werke der Literatur, Wissenschaft und Kunst iSd § 1 UrhG umfassend schützen soll (*Rehbinder*, Urheberrecht, Rn 147), ist dieser Katalog jedoch ausdrücklich nicht abschließend. Tauchen zB in Folge der technischen Entwicklung neue Werkarten auf, so lassen sich diese, entweder als Unterfall einer bestehenden Kategorie oder als neue Werkart, ohne Weiteres in den Katalog des § 2 Abs. 1 UrhG einbeziehen (*Dreier/Schulze*, UrhG Kommentar, § 2 Rn 3). Mitunter fällt eine Schöpfung auch in mehrere verschiedene Werkkategorien. Zum Beispiel kann eine Theateraufführung sowohl als Sprachwerk iSd Nr. 1 als auch gleichzeitig als pantomimisches Werk iSd Nr. 3 einzuordnen sein. Auch können an einem Werk unterschiedliche Urheberrechte mit unterschiedlichen Berechtigten bestehen. Insbesondere in dem Bereich der bildenden Künste existiert ein solcher Dualismus der unterschiedlichen Urheberrechte. So stellt die Fotografie eines urheberrechtlich geschützten Kunstwerkes iSd § 2 Abs. 1 Nr. 4 UrhG idR selbst eine geschützte Leistung (Urheberrecht gem. § 2 Abs. 1 Nr. 5 UrhG oder Leistungsschutzrecht gemäß § 72 UrhG) dar, wobei in diesem Fall sowohl der bildende Künstler wie auch der Fotograf Rechte an der Aufnahme innehat. In den meisten Fällen hat daher die genaue Einordnung eines Werkes in die Beispielsaufzählung des § 2 Abs. 1 UrhG keine ausschließende Auswirkung (BGH GRUR, 1985, 529 ff – Happening). Schließlich soll das Urheberrecht allen Werkarten umfangreichen Schutz gewähren. Lediglich dann, wenn für bestimmte Werkarten urheberrechtliche Sonderregelungen bestehen, wie zB im Fall der besonderen vertraglichen Bestimmungen für Filmwerke gemäß § 88 UrhG, kommt es auf eine zutreffende Einordnung an (*Dreier/Schulze*, UrhG Kommentar, § 2, Rn 79).

10 Ein Blick in den Beispielskatalog des § 2 Abs. 1 UrhG zeigt die Bedeutung des Urheberrechts für die Medienunternehmen, deren Geschäftstätigkeit gerade in der Nutzung und Verbreitung der in diesem Katalog aufgezählten kreativen Leistungen besteht (zu den einzelnen Werkkategorien s. Rn 17 ff).

11 **2. Persönlich Geistige Schöpfung.** Während nach § 2 Abs. 1 UrhG unzählige verschiedene Werkarten als Schutzgegenstand des Urheberrechts in Betracht kommen, beschränkt § 2 Abs. 2 UrhG den urheberrechtlichen Schutz auf solche Werke, die eine **persönlich geistige Schöpfung ihres Urhebers** darstellen. Die Formulierung des § 2 Abs. 2 UrhG ist leicht missverständlich. Nicht jedes persönlich geschaffene geistige Erzeugnis erfüllt schon die Voraussetzungen des § 2 Abs. 2 UrhG und kann urheberrechtlichen Schutz beanspruchen. Was nur auf allgemeinmenschlichen Fähigkeiten beruht, ist noch nicht schutzfähig. Vielmehr muss das Werk die Entfaltung des individuellen Geistes seines Schöpfers zum Ausdruck bringen (*Rehbinder*, Urheberrecht, Rn 146). Dazu muss ein Werk, für das urheberrechtlicher Schutz beansprucht wird, drei Kriterien erfüllen:

12 **a) Geistiger Inhalt.** Erforderlich ist zunächst, dass durch das Werk **ein geistiger Inhalt** gedanklicher oder ästhetischer Natur zum Ausdruck gebracht wird (RGZ 82, 18). Dabei braucht die Gestaltung des Werkes nicht vollendet zu sein. Auch Entwürfe und Werkteile genießen Schutz, soweit sie bereits einen individuellen Charakter aufweisen (*Rehbinder*, Urheberrecht, Rn 148). Ein einzelner schöpferischer Gedankensplitter genügt jedoch noch nicht. Vielmehr muss der menschliche Geist bereits in umfassender Weise in dem Werk seinen Niederschlag gefunden haben (RGZ 82, 18), der **Mensch** muss **als Schöpfer** tätig geworden sein. Denn nur dann kann in dem Werk der menschliche Geist in Form eines Gedanken- oder Gefühlsinhaltes zum Ausdruck kommen (*Schricker/Loewenheim/Loewenheim*, Urheberrecht, § 2 Rn 18). Mithin fallen reine Maschinenerzeugnisse, an denen ein Mensch nicht steuernd mitgewirkt hat, nicht unter den Werkbegriff des § 2 Abs. 2 UrhG (*Dreier/Schulze*, UrhG Kommentar, § 2 Rn 8). Allerdings kann sich der Urheber durchaus technischer Hilfsmittel bedienen. Daher sind auch mithilfe eines Computers geschaffene Werke (wie zB Animationen) schutzfähig, sofern ein Mensch den Computer als Hilfsmittel steuernd eingesetzt hat (*Schricker/Loewenheim/Loewenheim*, Urheberrecht, § 2 Rn 13).

13 **b) Wahrnehmbarmachung.** Der in dem Werk verkörperte geistige Inhalt muss darüber hinaus auch nach außen hin **wahrnehmbar** gemacht werden. Dazu muss die Formgebung des Werkes durch den Urheber soweit fortgeschritten sein, dass sie seinen individuellen Geist Dritten gegenüber auszudrücken vermag. An einer bloßen ungestalteten Idee besteht daher noch kein Urheberrecht (OLG München ZUM 1989, 588). Auf die Vollendung der Formgebung kommt es jedoch ebenso wenig an, wie auf die Veröffentlichung des Werkes. Es genügt die bloße Wahrnehmbarmachung. Damit kann ein Werk

auch dann schon urheberrechtlichen Schutz genießen, wenn erst ausgearbeitete Skizzen des Werkes wie zB Architekturpläne (OLG München ZUM 1989, 89), Entwürfe eines Gemäldes oder ein Exposé zu einer Fernsehserie (OLG München GRUR 1990, 674 – Forsthaus Falkenau) geschaffen wurden.

Häufig wird der geistige Gehalt eines Werkes in körperlicher Form festgehalten, um ihn dadurch wahrnehmbar zu machen. Die körperliche Festlegung ist jedoch keine Voraussetzung für seine urheberrechtliche Schutzfähigkeit. Auch nicht körperlich festgehaltene und damit nur vorübergehend wahrnehmbare Werke wie zB Live-Sendungen (BGHZ 37, 1, 7 – AKI), Reden oder ein vom Komponisten nur einmal vorgesungenes Lied können, sofern sie die übrigen Kriterien der §§ 1 und 2 UrhG erfüllen, entsprechenden Schutz beanspruchen. 14

c) **Individualität.** Schließlich muss in dem zu beurteilenden Werk auch die **Individualität** seines Schöpfers zum Ausdruck kommen. Dazu muss sich das Werk von der Masse des Alltäglichen und von lediglich handwerklichen oder routinemäßigen Leistungen abheben (BGH GRUR 1987, 704; BGH ZUM 1992, 427 – Bedienungsanweisung). Notwendig ist eine gewisse **Originalität der Schöpfung** (BGHZ 9, 268 – Lied der Wildbahn). Nicht als individuell kann das angesehen werden, was ein anderer oder sogar jeder andere genauso gestalten oder kreieren würde. Aus diesem Grund wurde zB dem Schöpfer der in neun Teile aufgegliederten ARD-1 urheberrechtlicher Schutz versagt. Die gewählte Aufgliederung lag vor dem Hintergrund, dass zum damaligen Zeitpunkt neun Landesrundfunkanstalten der ARD angehörten nach Ansicht des Gerichts auf der Hand und war damit praktisch vorgegeben (vgl OLG Köln GRUR 1986, 889 ff – ARD-1). Im Endeffekt muss das Werk also durch seinen Inhalt, seine Form oder aufgrund der ungewöhnlichen Verbindung dieser beiden Elemente etwas für den Urheber subjektiv neues und eigentümliches darstellen. Auf statistische Einmaligkeit oder eine objektive Neuheit kommt es jedoch nicht an. Vielmehr ist Kreativität gefragt. 15

Das beschriebene Erfordernis eines hinreichenden schöpferischen Eigentümlichkeitsgrades des Werkes bezeichnet man üblicherweise als **Schöpfungshöhe** (BGH GRUR 1988, 533 – *Vorentwurf II*; BGH GRUR 1983, 377 – Brombeer-Muster). Diese Schöpfungshöhe, deren Beurteilung oftmals eine sehr subjektiv geprägte Geschmacksfrage ist, muss dem einzelnen Werk nicht auf die Stirn geschrieben sein. Denn geschützt werden sollen nach dem Willen des Gesetzgebers nicht nur Meisterwerke der Dichtkunst oder der Malerei, sondern auch die sog. **„kleine Münze"**. Gemeint sind damit alltägliche Schöpfungen, die in großen Massen hergestellt werden. Daher können bei der Rundfunkverwendung oder im Rahmen der sonstigen Medienverwertung auf den ersten Blick alltägliche Schöpfungen (wie zB bei Briefen, Werbeprospekten uä) durchaus auch Urheberrechte Dritter zu beachten sein. Problematisch ist in der Praxis, dass die Anforderungen, die konkret von der Rechtsprechung an die Schöpfungshöhe gestellt werden, je nach Werkart unterschiedlich ausfallen (Einzelheiten und Kritik an der Anwendung unterschiedlicher Maßstäbe durch die Rechtsprechung, s. *Dreier/Schulze,* UrhG Kommentar, § 2 Rn 24 ff). Somit muss bei jeder beabsichtigten Verwertung im Einzelfall geprüft werden, ob Urheberrechte Dritter der medienrelevanten Verwendung eines Werkes entgegenstehen. Dies ist insbesondere vor dem Hintergrund der sich im Zuge der Harmonisierungsbestrebungen der EU deutlich abzeichnenden Tendenz, allgemein eher geringe Anforderungen an die Schöpfungshöhe zu stellen und den urheberrechtlichen Schutz für intellektuelle Leistungen mehr und mehr auszuweiten, angezeigt (*Dreier/ Schulze,* UrhG Kommentar, § 2 Rn 22). 16

II. Werkarten

Wie bereits erwähnt, ist das Urheberrecht im Medienbereich, in dem täglich zahllose Werke im Sinne dieses Gesetzes verwertet werden, von herausragender Bedeutung. Im Folgenden sollen die einzelnen, in § 2 Abs. 1 UrhG aufgezählten Werkarten kurz vorgestellt werden. 17

1. Sprachwerke. An der Spitze der Beispielsaufzählung unter § 2 Abs. 1 UrhG stehen **Sprachwerke**, als deren Unterarten Schriftwerke, Reden sowie Computerprogramme genannt werden. Sprachwerken kommt im Rundfunkbereich eine große Bedeutung zu. So enthielt das von der ARD im Jahre 2003 ausgestrahlte Hörfunkprogramm nach eigenen Angaben zu ca. 50% urheberrechtlich als Sprachwerke einzuordnende Beiträge (*Herrmann/Lausen*, Rundfunkrecht, § 27 Rn 9). 18

Als Sprachwerke geschützt sind solche Werke, bei denen ein **individueller begrifflicher Inhalt** (Gedanke) des Schöpfers **durch die Sprache als Ausdrucksmittel** seinen Niederschlag gefunden hat (*Rehbinder*, Urheberrecht, Rn 163). Dabei ist es unerheblich, in welcher Sprache der Urheber seine geistige Schöpfung wahrnehmbar gemacht hat. Auch die Verwendung einer Kunstsprache ist nicht schädlich 19

(*Ilzhöfer*, Patent- Marken- und Urheberrecht, Rn 1163). Selbst der Ausdruck des Werkes durch Zahlen oder in einer Bildersprache genügt, um eine Schöpfung als Sprachwerk zu qualifizieren (BGHZ 94, 282 – Inkasso Programm). Das Schriftbild als solches ist jedoch kein Sprachwerk. Allenfalls kommt ein Schutz als Kunstwerk iSd Nr. 4 in Betracht.

20 Neben dem Schutz aufgrund eines eigenartigen, individuellen Inhalts kann ein Sprachwerk auch aufgrund seiner **eigentümlichen Form** urheberrechtlich geschützt sein. So zB wenn zur Auswahl, Zusammenstellung und Anordnung des Inhaltes besondere Fähigkeiten notwendig sind (BGH GRUR 1987, 166 – AOK-Merkblatt) oder dann, wenn sich die gewählte Ausdrucksweise als besonders individuell darstellt (LG München GRUR 1991, 50 – AGB; BGH ZUM-RD 2002, 578 – Technische Lieferbedingungen; *Rehbinder*, Urheberrecht, Rn 164).

21 Im Allgemeinen stellt die Rechtsprechung an die Schöpfungshöhe von Sprachwerken **keine hohen Anforderungen**. Besonders im Bereich der schöngeistigen Literatur ist auch die „kleine Münze" umfassend geschützt. Eine höhere Schöpfungshöhe müssen lediglich wissenschaftliche, technische und praktische Schriftwerke aufweisen, wenn für sie urheberrechtlicher Schutz beansprucht werden soll (BGH GRUR 93, 36 ff – Bedienungsanweisung). Hintergrund hierfür ist das grundsätzlich bestehende Freihaltebedürfnis der Allgemeinheit an solchen grundlegenden Informationen. Auch in den Bereich der technischen Sprachwerke fallen die ebenfalls in § 2 Abs. 1 Nr. 1 UrhG genannten Computerprogramme. Ihr Schutz richtet sich maßgeblich nach den §§ 69a ff UrhG (vgl *Dreier/Schulze*, UrhG Kommentar, § 69a).

22 **2. Musikwerke.** Mindestens ebenso bedeutsam für die Medienanstalten wie die Sprachwerke, sind die in § 2 Abs. 1 Nr. 2 UrhG genannten Musikwerke. Diese machen besonders im Hörfunkbereich (Anteil oft über 80%) einen Großteil des ausgestrahlten Programms aus. Aber auch im Fernsehbereich sind Musikstücke, sei es als Hintergrundmusik oder auch als eigener Programmpunkt, regelmäßig Teil der ausgestrahlten Sendungen.

23 Musikwerke drücken durch die vom Urheber **individuell gestaltete Klangfolge** einen vom Hörer erfassbaren Inhalt aus, der in dem durch die Töne entstehenden musikalischen Erlebnis, der Stimmung und dem durch die Musik ausgedrückten Gefühlswert besteht. Dabei ist gleichgültig, mit welchen Mitteln die das Musikstück bildenden Töne und Geräusche erzeugt werden (*Rehbinder*, Urheberrecht, Rn 175). Auch die von einem Computer nach Anweisung des Urhebers erzeugten Klangfolgen im Bereich der Technomusik genießen grundsätzlich Schutz nach dem UrhG (allerdings dürfte das Erreichen der Schöpfungshöhe bei 2 oder 3-tonigen Stücken zweifelhaft sein, *Wandtke/Bullinger*, Praxiskommentar zum Urheberrecht, § 2 Rn 71). Ebenso wenig kommt es darauf an, dass das Werk harmonisch klingt. Moderne atonale Musikstücke sind zweifelsohne ebenfalls Musikwerke iSd § 2 Abs. 1 Nr. 2 UrhG. Auch die Festlegung des Musikwerkes in Notenzeichen ist nicht Voraussetzung für seine Schutzfähigkeit (sie genügt aber im Falle eines noch nicht gespielten Musikwerkes dem Erfordernis der Wahrnehmbarmachung). Vielmehr sind auch spontane Improvisationen des Komponisten grundsätzlich erfasst. Dabei sind die **Hürden für die Schutzfähigkeit** eines solchen Werkes **relativ niedrig**. Gerade im Bereich der Musik stellt die Rechtsprechung an die Schöpfungshöhe nur sehr geringe Anforderungen und schützt die besonders „kleine Münze" (BGH GRUR 88, 812 – Ein bisschen Frieden; OLG München ZUM 1989, 309 – bejaht die Schutzfähigkeit eines lediglich aus 8 Takten bestehenden Schlager-Refrains). Daher sind der urheberrechtlichen Schutzfähigkeit auch neu entstehender Musikformen grundsätzlich keine Grenzen gesetzt (*Schricker/Loewenheim/Loewenheim*, Urheberrecht, § 2 Rn 124). So sollen neuerdings auch Handyklingeltöne dem Urheberrechtsschutz zugänglich sein (BGH GRUR 2009, 394 – Klingeltöne für Mobiltelefone).

24 Nicht schutzfähig sind jedoch einzelne Töne und Klänge. Denn zum einen ist hier der Gestaltungsspielraum des Komponisten so gering, dass nicht von einer eigentümlichen individuellen Nutzung des Tones ausgegangen werden kann. Zum anderen muss es Dritten freistehen, selbst die auf der Erde vorhandenen Töne und Instrumente mit ihren verschiedenen Klangfarben für eigene Kompositionen einzusetzen (*Dreier/Schulze*, UrhG Kommentar, § 2 Rn 136). Im Zusammenhang mit der Frage der Schutzfähigkeit von Klängen steht auch die Problematik der urheberrechtlichen Bewertung des sog. Samplings. Die Sampling-Technik ermöglicht es dem Anwender unter anderem, den typischen „Sound" einer Musikgruppe zu übernehmen und selbst zu nutzen. Vor diesem Hintergrund kam die Frage auf, ob **der spezielle „Sound"** eines Künstlers schutzfähig sein kann. Dies wird nach herrschender Meinung jedoch unter Bezugnahme auf das genannte **Freihaltebedürfnis** abgelehnt (vgl hierzu *Hoeren*, GRUR 1989, 11 ff; *Schulze* ZUM 1994, 15 ff; aA *Jörger*, Das Plagiat in der Popularmusik, 1992, S. 95).

3. Pantomimische Werke. § 2 Abs. 1 Nr. 3 UrhG zählt pantomimische Werke einschließlich Werke der Tanzkunst als nächste schutzfähige Werkart auf. Bei solchen Werken wird ein **ästhetischer** bzw **gedanklicher Inhalt** durch Mimik, Gebärden und Körperbewegungen **zum Ausdruck gebracht** (LG München GRUR 1979, 853 ff – Godspell). Dabei kommt es nicht auf eine herausragende Akrobatik oder Geschicklichkeit des Darbietenden an. Rein akrobatische oder sportliche Höchstleistungen sind nicht schutzfähig (LG Hamburg ZUM 2002, 655 ff – Fußball Hörfunkübertragung). Denn bei solchen Darbietungen geht es nicht um den Ausdruck der Gedanken- oder Gefühlswelt des Sportlers, sondern um Geschicklichkeit oder Kraft. Geschützt sind mithin ausschließlich solche Werke, bei denen die Wahrnehmbarmachung eines gestalterischen Inhalts im Vordergrund der Darbietung steht (die Einordnung kann zB bei einer Eislaufrevue problematisch sein, bei der sowohl ein sportlicher als auch ein künstlerischer Anspruch der Teilnehmer besteht. S. hierzu: BGH GRUR 1960, 604 ff – Eislaufrevue I; BGH GRUR 1960, 606 ff – Eislaufrevue II), sofern die notwendige Schöpfungshöhe erreicht wird (so zB für den Fall eines eigentümlichen Brasilianischen Volkstanzes: OLG München UFITA 74, 1975, 320 ff – Brasiliana). 25

Auch im Falle der pantomimischen Werke besteht, so wie bei den Musikwerken, ein **Freihaltebedürfnis** der Allgemeinheit **an grundlegenden Tanz- und Pantomimetechniken.** Demzufolge sind Tanzstile oder Tanzfiguren dem urheberrechtlichen Schutz nicht zugänglich. Im Medienbereich spielen pantomimische Werke quantitativ eher eine untergeordnete Rolle. Allerdings können urheberrechtliche Fragen in den Fällen bedeutsam werden, in denen solche Werke zB im Kulturprogramm gezeigt werden. 26

4. Werke der bildenden Kunst. Gleiches gilt für die in § 2 Abs. 1 Nr. 4 UrhG genannten Werke der bildenden Kunst einschließlich der Werke der Baukunst und der angewandten Kunst. Auch die Verwertung solcher Werke bildet üblicherweise nicht das Herzstück des täglichen Geschäfts im Rundfunk- und Medienbereich. Trotzdem können Rechte Dritter an solchen Werken insbesondere im Bereich des Fernsehfunks zu beachten sein. 27

Werke im Sinne dieser Ziffer vermitteln dem Betrachter durch die Verwendung von **Formen und Farben** einen **ästhetischen Gehalt,** mit dem der Urheber seinem individuellen Geist Ausdruck verliehen hat (*Ilzhöfer*, Patent- Marken- und Urheberrecht, Rn 1180). Der BGH definiert den Begriff des Kunstwerkes als eigenpersönliche geistige Schöpfung, die mit Darstellungsmitteln der Kunst durch formgebende Tätigkeit hervorgebracht ist und vorzugsweise für die Anregung des Gefühls durch die Betrachtung des Werkes bestimmt ist (BGH GRUR 1979, 332 ff – Brombeerleuchte). Dabei muss das Kunstwerk keinesfalls nur aus einem einzelnen Gegenstand bestehen. Vielmehr kann sich auch erst aus der individuellen Kombination mehrerer Stoffe und Gegenstände ein schützenswertes Werk ergeben (*Rehbinder*, Urheberrecht, Rn 181; BGH ZUM 1986, 346 ff – Oberammergauer Passionsspiele I zur Werkqualität eines Bühnenbildes und des Arbeitsergebnisses eines Szenenbildners; BGHZ 24, 65 ff – Ledigenheim zur Werkqualität der kompositorischen Anordnung mehrerer Gebäude zueinander und zur unmittelbaren Umgebung). Unerheblich für die Schutzfähigkeit des Werkes ist der Stoff aus dem es besteht (KG ZUM 2001, 591 – Gartenanlage zur Schutzfähigkeit von Gartenbaukunst). Ebenso wenig kommt es auf die Art der Herstellung des Werkes an. Auch vom Urheber gesteuerte Computerkunst, Konzeptkunst oder ein Happening (BGH GRUR 1985, 529 ff – Happening) können schutzfähig sein. Ein möglicherweise bestehender Gebrauchszweck des Kunstwerkes steht seiner urheberrechtlichen Schutzfähigkeit ebenfalls nicht entgegen (BGH GRUR 1972, 38 ff – Vasenleuchter). Allerdings verlangt die Rechtsprechung, dass in solchen Fällen ein „ästhetischer Überschuss" vorliegt (RGZ 76, 344 ff – Schulfraktur). Gemeint ist damit, dass dem Künstler bei der Erschaffung des Werkes innerhalb der durch den beabsichtigten Gebrauchszweck gesetzten Grenzen noch soviel Gestaltungsspielraum verblieben sein muss, dass es ihm überhaupt möglich war, seine individuelle Anschauungsweise und Gestaltungskraft in seinem Werk auszudrücken. 28

Da die Entscheidung, ob ein Werk als Kunst einzuordnen ist oder nicht, eine reine Geschmacksfrage ist, über die sich bekanntlich nicht streiten lässt, ist auch im Bereich der bildenden Kunst die „kleine" Münze umfassend geschützt (vgl BGH GRUR 1995, 581 ff – Silberdistel; BGH GRUR 87, 903 ff – Le Corbusier-Möbel). Allerdings wird vorausgesetzt, dass **die ästhetische Gestaltung** zumindest einen solchen **Grad** erreicht hat, dass nach Auffassung der für Kunst empfänglichen und mit Kunstanschauung einigermaßen vertrauten Kreise von einer **künstlerischen Tätigkeit gesprochen werden kann,** und zwar ohne dabei den „Wert" des Kunstwerkes in die Betrachtung mit einzubeziehen (BGH GRUR 1979, 332 ff – Brombeerleuchte; kritisch: *Rehbinder*, Urheberrecht, Rn 184 mwN). Bei dieser Beur- 29 teilung ist auf die Anschauung zur Zeit der Werkschöpfung abzustellen (BGH GRUR 1961, 638 ff – Stahlrohrstuhl). Ein späterer Wandel der Kunstauffassung muss daher unberücksichtigt bleiben.

30 Höhere Anforderungen an die Schöpfungshöhe stellt die Rechtsprechung lediglich im Bereich der **angewandten Kunst** (*Wandtke/Bullinger*, Praxiskommentar zum Urheberrecht, § 2 Rn 97). Hierbei handelt es sich um formschöne Gebrauchsgegenstände wie zB Designer-Möbel, Lampen uä. Zwar ist der neben dem ästhetischen Element auch beabsichtigte Gebrauchszweck einer Schöpfung, wie bereits erläutert, grundsätzlich unschädlich für ihre urheberrechtliche Schutzfähigkeit. Allerdings ist der Schöpfer eines solchen Werkes aufgrund des zumindest (mit)verfolgten Gebrauchszweckes in der Formgebung soweit eingeschränkt, dass exakter als bei der „reinen" Kunst ermittelt werden muss, inwieweit der Gebrauchsgegenstand über seine technisch- bzw funktionsbedingte Form hinaus künstlerisch gestaltet ist (BGH GRUR 1982, 305 ff – Büromöbelprogramm). Anderenfalls kommt lediglich ein Schutz der Schöpfung nach dem Geschmacksmusterrecht in Betracht. Da bereits die geschmacksmusterrechtliche Schutzfähigkeit eine sich vom alltäglichen abhebende Gestaltung voraussetzt, verlangt die Rechtsprechung für den urheberrechtlichen Schutz eines Gebrauchsgegenstandes **eine die Durchschnittsgestaltung deutlich überragende Formgebung** (*Dreier/Schulze,* UrhG Kommentar, § 2 Rn 160). Mithin scheiden all solche Schöpfungen der angewandten Kunst vom urheberrechtlichen Schutz aus, die auf bekannte technisch vorgegebene oder allgemein übliche Vorbilder zurückgehen, soweit nicht durch die individuelle Kombination dieser Formelemente wiederum eine eigentümliche, schöpferische Leistung entstanden ist (*Dreier/Schulze,* UrhG Kommentar, § 2 Rn 160; BGH GRUR 1974, 740 ff – Sessel).

31 **5. Lichtbildwerke.** Für den Medienbereich relevant ist auch der Schutz von Lichtbildern. Die Bezeichnung Lichtbildwerke, einschließlich der Werke, die ähnlich wie Lichtbildwerke geschaffen werden, umfasst iSd § 2 Abs. 1 Nr. 5 UrhG solche Fotoaufnahmen oder einzelne Fernsehbilder (Standbilder), in denen die besondere künstlerische Gestaltungskraft des Fotografen oder Kameramannes dergestalt zum Ausdruck kommt, dass sich das geschaffene **Bild durch seine Individualität vom rein Alltäglichen abhebt.** Denn nur dann kann das Lichtbild als persönlich geistige Schöpfung iSd § 2 Abs. 2 UrhG angesehen werden und den entsprechenden urheberrechtlichen Werkschutz für sich in Anspruch nehmen. Anderen Aufnahmen, die diese notwendige Schöpfungshöhe nicht erreichen, billigt der Gesetzgeber lediglich ein Leistungsschutzrecht gem. §§ 72 ff UrhG zu (s. 60. Abschnitt Rn 3 ff).

32 Wie bei den bereits genannten Werkkategorien ist die Rspr inzwischen dazu übergegangen, **relativ geringe Anforderungen** an die für die urheberrechtliche Schutzfähigkeit von Lichtbildern notwendige **Schöpfungshöhe** zu stellen. Die bereits angesprochene Tendenz in der Europäischen Union, den urheberrechtlichen Schutz immer umfangreicher zu gestalten, wird auch im Bereich der Lichtbildwerke deutlich. Nach Art. 6 der EG-Richtlinie zur Harmonisierung der Schutzdauer des Urheberrechts v. 29.10.1993 sind Fotografien schon dann als Lichtbildwerke geschützt, wenn sie das Ergebnis der eigenen geistigen Schöpfung ihres Urhebers sind. Weitere Kriterien sind zur Bestimmung der Schutzfähigkeit nicht heran zu ziehen (*Dreier/Schulze,* UrhG Kommentar, § 2 Rn 195). Damit sind auch alle am unteren Rand schöpferischer Tätigkeit anzusiedelnden **Lichtbilder grundsätzlich** vom urheberrechtlichen Schutz **erfasst.** Ein besonderes Maß an Gestaltung bedarf es für den Schutz als Lichtbildwerk nicht. Vielmehr soll nach Meinung des österreichischen OHG´s ein urheberrechtlicher Schutz an Lichtbildern iSd genannten Richtlinie bereits dann entstehen, wenn das zu beurteilende Bild unterscheidbar ist (OHG ZUM-RD 2002, 281). Demnach soll es genügen, dass ein anderer Fotograf dieselbe Aufnahme anders, wenn auch ähnlich gemacht hätte (BGH ZUM 2000, 233 ff – Werbefotos). Unter Anwendung dieser Grundsätze, bleibt für den reinen Lichtbildschutz nach § 72 UrhG nur noch wenig Raum. Vielmehr wird davon auszugehen sein, dass der weit überwiegende Teil der täglich professionell hergestellten Lichtbilder als Lichtbildwerke iSd § 2 Abs. 1 Nr. 5 UrhG einzuordnen ist und demnach urheberrechtlichen Schutz genießt.

33 **6. Filmwerke.** Die in § 2 Abs. 1 Nr. 6 UrhG genannten **Filmwerke,** einschließlich der Werke, die ähnlich wie Filmwerke geschaffen werden, stellen eine der für das Geschäft der Rundfunk- und Medienunternehmen bedeutendsten Werkkategorien dar. Schließlich lebt beispielsweise der Fernsehfunk gerade von der Produktion und Verwertung bewegter Bilder. Aber nicht nur im Bereich der Verwertung sind Rundfunkunternehmen aktiv. Häufig spielen sie auch als Hersteller eigener Produktionen eine Rolle. In diesen Fällen sind die **Sondervorschriften für Filmwerke** gem. §§ 88–94 UrhG (s. auch 60. Abschnitt Rn 17 f) zu beachten.

Kennzeichnend für Filmwerke iSd Urheberrechts ist, dass ein Inhalt durch eine **Folge von Bildern** bzw **einer Folge von Worten, Bildern und Tönen** dargestellt wird. Diese Definition trifft sowohl auf die „klassischen" Filmwerke (zB Kinofilme oder Fernsehfilme) wie auch auf die Werke, die ähnlich wie Filmwerke geschaffen werden (zB Live-Übertragung im Fernsehen, aber auch Computeranimationen und Multimediaprodukte; zur Werkqualität von Multimediaprodukten s. *Hoeren*, CR 1994, 390 ff), zu. Dabei kommt es, wie bei den übrigen Werkarten des § 2 Abs. 1 UrhG für die Schutzfähigkeit nicht darauf an, welcher Inhalt vermittelt wird. Mithin sind neben Kinofilmen auch Trickfilme, Werbefilme oder Amateurfilme vom Schutzbereich der Regelung umfasst. Ebenso wenig spielt die angewandte Aufnahmetechnik für die urheberrechtliche Bewertung eine Rolle. 34

Von den anderen Werkkategorien des § 2 Abs. 1 UrhG unterscheiden sich Filmwerke vor allem durch den meist **großen Kreis** der an der Schöpfung des Werkes **beteiligten Personen**. Sie erlangen jeder für sich ein eigenes **Miturheberrecht** an dem gemeinsam geschaffenen Werk, sofern sie zu diesem einen schöpferischen Beitrag geleistet haben (*Dreier/Schulze,* UrhG Kommentar, § 2 Rn 218); Miturheber sind zumindest der Regisseur, der Kameramann und der Cutter. Maßgeblich für die Beurteilung der schöpferischen Qualität eines Filmwerkes sind allein die Leistungen dieser Mitwirkenden. Auf die urheberrechtliche Schutzfähigkeit einer in einem Filmwerk umgesetzten Vorlage (zB einem Roman) kommt es dagegen nicht an (*Schricker/Loewenheim/Loewenheim*, Urheberrecht, § 2 Rn 186). 35

Ein schutzfähiges Werk iSd genannten Regelung liegt allerdings nur dann vor, wenn die betreffenden Film- oder Fernsehaufnahmen durch die **individuelle Gestaltung ihrer Bild- oder Tonfolge** einen geistigen Inhalt ausdrücken und somit als persönlich geistige Schöpfung zu qualifizieren sind (*Herrmann/Lausen*, Rundfunkrecht, § 27 Rn 13). Da die schöpferische Leistung bei der Filmherstellung hauptsächlich in der Regie, dem Schnitt und der Bildgestaltung sowie in der Auswahl und Anordnung des während der Dreharbeiten erstellten Bildmaterials liegt und hierbei üblicherweise große Gestaltungsspielräume eröffnet sind, ist **idR jeder** inszenierte **Film** als **schutzwürdiges Filmwerk einzustufen** (*Dreier/Schulze,* UrhG Kommentar, § 2 Rn 208). Gleiches gilt für die meisten Dokumentar- oder Kulturfilme. Denn auch in der zur Herstellung eines solchen Filmwerkes notwendigen Sammlung, Auswahl und Anordnung des Filmstoffes ist eine geistig schöpferische Tätigkeit zu sehen (BGHZ 9, 262 ff – Lied der Wildbahn I; *Dreier/Schulze,* UrhG Kommentar, § 2 Rn 209). Unter diesen Voraussetzungen kann grundsätzlich auch eine Nachrichtensendung Urheberrechtsschutz genießen (LG München I ZUM-RD 1998, 89 ff). 36

An einer schöpferischen Tätigkeit fehlt es aber üblicherweise bei einem **reinen Abfilmen eines natürlichen Lebenssachverhaltes.** Denn hier haben die Schöpfer des Films die konkrete Bildfolge nicht gestaltet, sondern das Geschehen nur so wie es abgelaufen ist aufgenommen. Daher erreichen zB Filmaufnahmen einer Theateraufführung im Regelfall nicht die notwendige Schöpfungshöhe (OLG Koblenz, Schulze OLGZ 93). Für solche Aufnahmen entsteht zugunsten des bzw der Schöpfer des Films gem. § 95 UrhG **lediglich ein Leistungsschutzrecht** an den sog. Laufbildern. Allerdings kann auch das reine Abfilmen eines natürlichen Geschehens (zB bei einer Live-Übertragung eines Fußballspiels) schutzfähig sein, wenn den Aufnahmen aufgrund der besonderen gestalterischen Auswahl, Anordnung und Zusammenstellung der einzelnen Ausschnitte des gefilmten Geschehens Werkcharakter zukommt (BGH GRUR 1984, 730 ff – Filmregisseur; OLG München NJW 2003, 683 ff – Alpensinfonie). 37

Die Anforderungen an die Schöpfungshöhe sind **auch im Filmbereich nicht besonders hoch.** Allgemein ist die „kleine Münze" auch bei Filmwerken umfassend geschützt. Die Rechtsprechung orientiert sich seit der Urheberrechtsnovelle von 1995 auch hier an den europäischen Vorgaben. Da Filmwerke im Endeffekt nur eine Abfolge von Einzelbildern sind, überträgt man die bereits genannten Grundsätze des Lichtbildschutzes nach Art. 6 EG-Richtlinie zur Harmonisierung der Schutzdauer des Urheberrechts inzwischen auch auf Filmwerke. Demzufolge wird man auch in diesem Bereich künftig großzügig urheberrechtlichen Schutz zusprechen können (*Dreier/Schulze*, UrhG Kommentar, § 2 Rn 211). 38

7. Darstellungen wissenschaftlicher oder technischer Art. Als letzte Werkart nennt der Gesetzgeber in § 2 Abs. 1 Nr. 7 UrhG Darstellungen wissenschaftlicher oder technischer Art und zählt als Beispiele hierfür Zeichnungen, Pläne, Karten, Skizzen, Tabellen und plastische Darstellungen auf. 39

Voraussetzung für das Vorliegen eines solchen Werkes ist, dass ein **wissenschaftlicher oder technischer Inhalt** zum Ausdruck gebracht wird. Dabei lässt es die Rechtsprechung schon genügen, wenn die Darstellung geeignet ist, über wissenschaftliche oder technische Gegenstände zu belehren (*Rehbinder*, Urheberrecht, Rn 190). Auf eine entsprechende wissenschaftliche Absicht des Schöpfers kommt es nicht an. Die für die urheberrechtliche Schutzfähigkeit entscheidende Individualität muss bei solchen Werken 40 in der **konkreten Darstellung des Inhaltes**, also in der Formgestaltung liegen (*Ilzhöfer*, Patent- Marken- und Urheberrecht, Rn 1189). Maßgeblich ist demnach nicht was, sondern wie etwas dargestellt wird (*Dreier/Schulze*, UrhG Kommentar, § 2 Rn 223). Denn der urheberrechtliche Schutz erstreckt sich bei wissenschaftlichen Werken iSd § 2 Abs. 1 Nr. 7 UrhG grundsätzlich nicht auf deren Inhalt. Dieser kann allenfalls durch andere Vorschriften geschützt sein (zB PatentG, GeschmMG, uä). Auch hier sind die Anforderungen an die Schöpfungshöhe der Darstellung nicht zu hoch anzusetzen. Somit genießt auch in diesem Bereich die „kleine Münze" umfassenden Schutz (BGH GRUR 1998, 916 ff – Stadtplanwerk).

III. Der Urheber als Werkschöpfer

41 Nur eine **natürliche Person** kann gem. § 7 UrhG Schöpfer eines urheberrechtlich geschützten Werkes sein. Dies schließt die originäre Urheberschaft des Staates, einer juristischen Person oder einer Handelsgesellschaft etc. aus. Letztgenannte können allenfalls Inhaber übertragener urheberrechtlicher Nutzungsrechte sein, mehr jedoch nicht. Insofern besteht ein deutlicher Unterschied zum angloamerikanischen Copyright System. So geht zB das US-Recht gem. Section 201 Abs. 2 Copyright Act bei einem Auftragswerk von einer Urheberschaft des Auftraggebers aus (sog. Work made for hire). Auch der bloße Ideengeber oder der Anregende sind idR keine Urheber, da sie nicht originäre Schöpfer eines Werkes sind. Etwas anderes gilt allerdings dann, wenn der ursprüngliche Ideengeber weit über diese Tätigkeit hinausgeht und den Schöpfungsprozess unmittelbar leitet, also letztlich als geistiger Urheber hinter dem Werk steht. Dann gilt zu seinen Gunsten die Schöpfereigenschaft, so dass § 7 UrhG vorliegt. Abgrenzungsschwierigkeiten entstehen in der Praxis an dieser Stelle bei der Herstellung von Werken der bildenden Kunst, bei denen es nicht unüblich ist, dass Maler oder Bildhauer beispielsweise ihre Assistenten oder Helfer in die unmittelbare Erstellung eines Werkes mit einbeziehen. In diesen Fällen kommt möglicherweise eine **Miturheberschaft** des Helfers gem. § 8 Abs. 1 UrhG in Betracht. Maßgeblich für die Abgrenzung ist dann, welche Beiträge die vermeintlichen Miturheber zur Entstehung des Gesamtwerkes eingebracht haben, wobei zur Begründung der Miturheberschaft bereits ein geringfügiger eigenschöpferischer Beitrag, der sich nicht selbstständig verwerten lässt, ausreicht (BGH GRUR 2009, 1046 – Kranhäuser).

42 Der Schöpfer eines Werkes ist im Falle einer gerichtlichen Geltendmachung seiner Rechte gehalten, seine Urheberschaft nachzuweisen. Da der eigentliche Schöpfungsakt aber idR außerhalb der Öffentlichkeit stattfindet und der Zeugenbeweis ohnehin in der Praxis problematisch ist, sieht das Gesetz zum Schutz des Urhebers eine Beweiserleichterung vor.

43 So gilt gem. § 10 Abs. 1 UrhG derjenige als **Werkschöpfer**, der auf dem Vervielfältigungsstück eines erschienenen Werkes oder auf dem Originalwerk der bildenden Kunst in der üblichen Art **als Urheber bezeichnet ist**. Die Vorschrift ist dabei auch zwischen Miturhebern anwendbar (BGH GRUR 2009, 1046 – Kranhäuser). Seit der Umsetzung der Richtlinie 2004/48/EG des EU Parlamentes und des Rates vom 29.4.2004 gilt sie auch für die Inhaber von Leistungsschutzrechten (vgl §§ 70 Abs. 1, 71 Abs. 1 S. 2, 72 Abs. 1, 74 Abs. 3, 81 S. 2, 85 Abs. 4, 87 Abs. 4, 87b Abs. 2, (95 iVm) 94 Abs. 4 UrhG). Im Verfahren des einstweiligen Rechtsschutzes sowie für Unterlassungsansprüche ist die Vermutung des Abs. 1 zudem entsprechend für Inhaber ausschließlicher Nutzungsrechte (vgl § 10 Abs. 3 UrhG) anwendbar, es sei denn, sie richten sich gegen den Urheber bzw den ursprünglichen Inhaber des verwandten Schutzrechtes selbst.

58. Abschnitt: Urheber- und Verwertungsrechte

A. Die Rechtsposition des Urhebers

1 Nach § 11 UrhG schützt das Urheberrecht den Urheber in seinen **geistigen und persönlichen Beziehungen** zum Werk und in dessen Nutzung. Darüber hinaus dient es der Sicherung einer **angemessenen Vergütung** des Urhebers, sofern dieser das Werk der Allgemeinheit zugänglich macht. Um diese beiden Ziele zu erreichen, räumt der Gesetzgeber dem Urheber an seinem Werk Urheberpersönlichkeitsrechte (§§ 12 ff UrhG) sowie Verwertungsrechte (§§ 15 ff UrhG) ein. Über diese Rechte ist die Schöpfung des Urhebers umfassend und absolut vor jeglichem ungenehmigten Zugriff durch Dritte geschützt (*Dreier/Schulze*, UrhG Kommentar, § 11 Rn 4). Dem Urheber allein obliegt es, zu entscheiden, ob und in welchem Maße die Allgemeinheit an seinem geistigen Erzeugnis teilhaben darf. Zu beachten ist, dass der Urheber im deutschen Recht nicht in der Lage ist, sein Urheberrecht auf einen Dritten zu übertragen, § 29 Abs. 1 UrhG. Lediglich im Falle des Todes des Urhebers kann das Urheberrecht auf die Erben übergehen. Zulässig ist gem. § 29 Abs. 2 UrhG allerdings die Einräumung von Nutzungsrechten, die Dritten eine (wirtschaftliche) Nutzung des Werkes ermöglichen.

B. Urheberpersönlichkeitsrechte

2 Die Rechte des Urhebers werden in der Praxis vielfach stark auf die vermögensrechtliche Seite reduziert betrachtet. Es ist zwar für den Urheber in den meisten Fällen von großer Bedeutung, in angemessener Weise an den Erträgen seiner Werke beteiligt zu werden. Allerdings berührt die Verwertung eines Werkes regelmäßig auch seine **ideellen Interessen**. Deren Beachtung sollte auch auf Seiten der Rechteverwerter nicht leichtfertig vernachlässigt werden. Denn auch eine Verletzung des zum Schutz dieser ideellen Interessen entwickelten Urheberpersönlichkeitsrechts kann Unterlassungs- und Schadensersatzansprüche iSd §§ 97 ff UrhG nach sich ziehen und somit wirtschaftliche Konsequenzen haben.

3 Beim Umgang mit dem **Urheberpersönlichkeitsrecht** ist zunächst zu beachten, dass es sich hierbei nicht bloß um einen Teilausschnitt des allgemeinen Persönlichkeitsrechts handelt. Beide Rechtsinstitute sind wesensmäßig verschieden und stehen nebeneinander. Während das allgemeine Persönlichkeitsrecht dem Schutz der Person als solcher dient, betrifft das Urheberpersönlichkeitsrecht das „**geistige Band**" zwischen dem Urheber und dem von ihm geschaffenen Werk. Da die notwendige Bindung des Urhebers nur zu einem konkreten Werk bestehen kann, kommt ein Schutz nach §§ 12 ff UrhG nur in Bezug auf solche Interessen des Urhebers in Betracht, die sich auf das jeweils einzelne Werk beziehen. In diesen Fällen verdrängt das Urheberpersönlichkeitsrecht als speziellere Regelung das allgemeine Persönlichkeitsrecht (*Dreier/Schulze*, UrhG Kommentar, Vor § 12 Rn 5). Letztgenanntes kann jedoch dann Anwendung finden, wenn es um den Schutz der Gesamtheit des Werkschaffens des Urhebers geht (*Schricker/Loewenheim/Dietz/Peukert*, Urheberrecht, Vor §§ 12 ff Rn 16).

4 Zu den in §§ 12 ff UrhG geregelten Urheberpersönlichkeitsrechten gehört das Veröffentlichungsrecht (§ 12 UrhG), das Recht auf Anerkennung der Urheberschaft (§ 13 UrhG) und das Recht, Entstellungen des geschützten Werkes verbieten zu können (§ 14 UrhG). Darüber hinaus finden sich im UrhG auch noch weitere Regelungen, die Ausfluss des Urheberpersönlichkeitsrechts sind. Dies sind u.a. das Recht auf Zugang zu Werkstücken (§ 25 UrhG), die Unübertragbarkeit des Urheberrechts (§ 29 UrhG), das Verbot von Änderungen des Werkes, das Rückrufsrecht wegen gewandelter Überzeugung (§ 42 UrhG) sowie der Anspruch auf Nennung als Quellenangabe (§ 63 UrhG). In der täglichen Praxis sind jedoch die drei erstgenannten Urheberrechte am relevantesten. Daher sollen sie nunmehr kurz vorgestellt werden:

I. Das Erstveröffentlichungsrecht § 12 UrhG

5 Gem. § 12 Abs. 1 UrhG obliegt es allein dem Urheber zu bestimmen, ob und wie das von ihm geschaffene Werk zu veröffentlichen (zum Begriff der Veröffentlichung vgl § 6 UrhG) ist (anders aber LG Hamburg ZUM-RD 1999, 209 f, das den ungenehmigten Abdruck eines Anwaltsschriftsatzes von Gregor Gysi ohne vorherige Veröffentlichung unter Berufung auf Art. 5 GG für zulässig erachtet hat). So kann zB der Filmregisseur darauf bestehen, die Nullkopie seines Films vor der Veröffentlichung als mangelfrei abzunehmen, sofern die Ausübung dieses Rechts nicht vertraglich ausgeschlossen ist (KG NJW-RR 1986, 608 – Paris/Texas). Ebenso ist der Autor eines Buches berechtigt, den Vorabdruck einzelner Passagen seines Werkes, zB in einer Tageszeitung, zu untersagen. Entgegen dem zunächst durch den Wortlaut des Gesetzes vermittelten Eindruck, erschöpft sich das Veröffentlichungsrecht allerdings in der Befugnis, **den Zeitpunkt und die Art und Weise der Erstveröffentlichung zu bestimmen**. Ist das Werk erst einmal mit Zustimmung des Urhebers der Öffentlichkeit zugänglich gemacht worden, erlischt das Recht aus § 12 UrhG (*Ilzhöfer*, Patent-, Marken- und Urheberrecht, S. 1220). Folgen dann weitere unerlaubte Veröffentlichungen des Werkes, kommt allenfalls ein Verstoß gegen urheberrechtliche Verwertungsrechte in Betracht (s. hierzu Rn 11 ff).

6 Neben dem Recht der Erstveröffentlichung ist der Urheber gem. § 12 Abs. 2 UrhG auch allein befugt, den Inhalt seines Werkes **öffentlich mitzuteilen**, solange weder das Werk noch dessen wesentlicher Inhalt mit seiner Zustimmung veröffentlicht worden ist. Während sich das Erstveröffentlichungsrecht auf das Werk als Ganzes bezieht, schützt das Recht auf Inhaltsmitteilung dessen geistigen Gehalt (*Rehbinder*, Urheberrecht, Rn 398).

II. Das Recht auf Anerkennung der Urheberschaft § 13 UrhG

7 Der Urheber hat gem. § 13 UrhG ein Recht auf Anerkennung seiner Urheberschaft. Daher stehen ihm im Falle des Bestreitens oder der Anmaßung der Urheberschaft durch Dritte Unterlassungs- und Schadensersatzansprüche gem. § 97 UrhG zu. § 13 UrhG gewährt dem Urheber jedoch auch in negativer Hinsicht eine Rechtsposition. So kann er sich auch entscheiden, sein Werk anonym zu veröffentlichen. Ihm allein obliegt daher die Entscheidung, **ob und in welcher Form sein Werk mit einer Urheberbezeichnung zu versehen ist**. Allerdings hindert § 13 UrhG Dritte nicht daran, die wahre Identität des Künstlers offen zu legen und ihn in der Öffentlichkeit mit seinem Werk in Verbindung zu bringen (*Rehbinder*, Urheberrecht, Rn 405).

8 Inwiefern die Nichtnennung des Urhebers einen Verstoß gegen § 13 UrhG darstellt, kann bei Auftragswerken problematisch sein. Bei einigen Werkarten (zB bei Computerprogrammen) ist die Namensnennung unüblich (s. hierzu: *Wandtke/Bullinger*, Praxiskommentar zum Urheberrecht, § 13 Rn 25). In diesen Bereichen dürfte davon auszugehen sein, dass der Urheber mit der Nichtnennung einverstanden ist, soweit es an einer entsprechenden vertraglichen Regelung fehlt (*Ilzhöfer*, Patent-, Marken- und Urheberrecht, S. 1222). In vielen Fällen kann dem Urheber die Anerkennung seiner schöpferischen Tätigkeit jedoch sogar wichtiger sein als die wirtschaftliche Verwertung seines Werkes (zB der Maler eines besonders hervorragenden Gemäldes oder der Architekt eines besonders gelungenen Gebäudes). Ob der Urheber eines Auftragswerkes gegenüber seinem Auftraggeber auf sein Recht aus § 13 UrhG verzichten wollte, kann daher nur im konkreten Fall ermittelt werden.

9 Neben dem Anspruch auf Nennung seines Namens kann der Urheber aus § 13 UrhG auch gegen jeden vorgehen, der seine Urheberschaft **bestreitet** bzw sich die Urheberschaft an seinem Werk **anmaßt**. Dies ist zB bei Plagiaten der Fall, bei denen der Plagiator dem Urheber regelmäßig die Anerkennung seiner Urheberschaft versagt. Zu beachten ist allerdings, dass § 13 UrhG dem Urheber nur ein Recht auf **positive Anerkennung der Urheberschaft** sichern soll. Daher kann aus diesem Paragrafen nicht gegen denjenigen vorgegangen werden, der sein eigenes Werk ungenehmigt mit dem Namen einer bekannten Person in Verbindung bringt. Versieht zB ein Gelegenheitskünstler sein Gemälde mit der Signatur eines bekannten Malers, so kann dieser nicht aus § 13 UrhG, möglicherweise aber aus dem ihm zustehenden allgemeinen Persönlichkeitsrecht oder aus seinem Namensrecht gemäß § 12 BGB gegen den Künstler vorgehen (BGHZ 107, 384 – Emil Nolde, in diesem Fall wurde den Angehörigen des Malers noch 30 Jahre nach dessen Ableben die Beseitigung einer gefälschten Unterschrift aus postmortalem Persönlichkeitsrecht zugesprochen).

III. Schutz vor Entstellung des Werkes § 14

Gem. § 14 UrhG ist der Urheber berechtigt, jede **Entstellung** oder sonstige **Beeinträchtigung** seines Werkes zu verbieten, die geeignet ist, seine **geistigen** oder **persönlichen Interessen** am Werk zu **gefährden**. Jede ungenehmigte Veränderung der konkreten, vom Urheber gewählten Formgebung ist damit grundsätzlich unzulässig. Dabei ist es nicht notwendig, dass das Werk selbst verändert wird. Vielmehr genügt es bereits, wenn das Werk in einen anderen Kontext gestellt oder in einer anderen Art bzw Form wiedergegeben wird (vgl BGH GRUR 2009, 395 – Klingeltöne für Mobiltelefone). Denn hierdurch wird der vom Urheber vorgegebene Gesamteindruck des Werkes verlassen (*Dreier/Schulze*, UrhG Kommentar, § 14 Rn 2). Der Urheber hat aber ein berechtigtes Interesse daran, dass seine Schöpfung, in der sein individueller Geist Ausdruck gefunden hat, der Mit- und Nachwelt in unveränderter Gestaltung zugänglich gemacht wird (BGH GRUR 1974, 675 ff – Schulerweiterung). Denn letztendlich wird seine Person mit dem Werk in Verbindung gebracht, so dass Entstellungen seiner Schöpfung Auswirkungen auf sein soziales Ansehen, aber auch sein berufliches Fortkommen haben können. Daher ist der in § 14 UrhG gewährte Schutz letztendlich Ausfluss des allgemeinen Persönlichkeitsrechts. In den Fällen aber, in denen die urheberrechtlich geschützte Gestaltung neben dem bloßen Werkgenuss auch anderen Zwecken dient, findet der Schutz vor Entstellungen seine Grenze, soweit dieser Zweck im Einzelfall die Interessen des Urhebers überwiegt. Dann können Änderungen an dem Werk auch gegen den Willen des Urhebers zulässig sein (vgl BGH GRUR 2008, 984 – St. Gottfried). Rein wirtschaftliche oder finanzielle Interessen genügen hierfür jedoch nicht. 10

C. Verwertungsrechte

Während die Urheberpersönlichkeitsrechte das geistige Band zwischen dem Urheber und seinem Werk schützen sollen, dienen die in §§ 15 ff UrhG aufgezählten Verwertungsrechte dazu, die **wirtschaftlichen Interessen** des Urhebers zu wahren. Da der Urheber nach § 11 S. 2 UrhG einen umfangreichen Anspruch auf eine angemessene Vergütung dafür hat, dass er die Allgemeinheit mit seiner Schöpfung bereichert, ist der Rechtekatalog des § 15 UrhG **nicht abschließend** zu verstehen. Vielmehr kann für neue Verwertungsformen, die zB im Zuge der technischen Entwicklung entstehen, urheberrechtlicher Schutz unmittelbar aus § 15 UrhG abgeleitet werden (*Herrmann/Lausen*, Rundfunkrecht, S. 686). Denn der Urheber soll an jeder Verwertung, gleich welcher Art, partizipieren. Aus dem gleichen Grund sind die in § 15 UrhG aufgezählten Rechte unabhängig voneinander anwendbar. Daher ist jeder Eingriff in eines der genannten Rechte eine eigenständige Urheberrechtsverletzung, aus der der Rechtsinhaber Ansprüche ableiten kann (BGH GRUR 1982, 103 – Masterbänder). 11

Der Gesetzgeber unterscheidet im Bereich der Verwertungsrechte zwischen der **körperlichen Verwertung des Werkes** (§§ 15 Abs. 1, 16, 17, 18 UrhG) und seiner **öffentlichen Wiedergabe in unkörperlicher Form** (§§ 15 Abs. 2, 19, 19a, 20, 21, 22 UrhG). Während jegliche körperliche Verwertung, auch wenn sie lediglich im privaten Bereich erfolgt, grundsätzlich in die Rechte des Urhebers eingreift (möglicherweise aber aufgrund einer einschlägigen Schranke trotzdem zulässig ist), ist die lediglich unkörperliche Verwertung nur dann urheberrechtlich relevant, wenn sie gegenüber der Öffentlichkeit (§ 15 Abs. 3 UrhG) erfolgt. Daher ist zB das Nachsingen eines im Radio gespielten Musikwerkes im Familienkreis urheberrechtlich unbedenklich. 12

I. Die Vervielfältigung, §§ 15 Abs. 1 Nr. 1, 16 UrhG

Vervielfältigung ist jede **körperliche Festlegung** eines geschützten Werkes, welche **geeignet** ist, das Werk den menschlichen Sinnen auf irgendeine Weise unmittelbar oder mittelbar **wahrnehmbar zu machen** (BGHZ 17, 267, 269 f – Grundig-Reporter). Der Begriff der Vervielfältigung ist in einem umfassenden Sinne zu verstehen, da nach dem Schutzzweck des Urheberrechtsgesetzes der Urheber möglichst an allen Verwertungshandlungen seines Werkes zu beteiligen ist. Der Vervielfältigungstatbestand liegt allerdings nur dann vor, wenn das Werk körperlich fixiert wird. Unerheblich ist in diesem Zusammenhang die Art des Herstellungs- bzw Vervielfältigungsverfahrens, so dass sowohl analoge wie auch digitale Aufzeichnungstechniken § 16 UrhG unterfallen (*Wandtke/Bullinger*, Praxiskommentar zum Urheberrecht, § 16 Rn 3). Aufgrund des weit auszulegenden Vervielfältigungsbegriffs sind insbesondere bei der Digitalisierung von geschütztem Material idR mehrere Vervielfältigungsvorgänge festzustellen. Bereits das bloße Scannen von vorbestehenden Werken stellt für sich eine Vervielfältigungshandlung dar. Die idR anschließend erfolgende Speicherung auf einem Server, das sog. Upload, 13 ist ebenfalls als Vervielfältigungshandlung gem. § 16 UrhG aufzufassen (BGH GRUR 2002, 246, 247 – Scanner; KG ZUM 2002, 828, 830 – Speichern auf die Festplatte eines Computers).

14 Eine Vervielfältigung setzt nicht voraus, dass das vervielfältigte Werk bereits in körperlicher Form vorliegt. So ist beispielsweise **die erstmalige Fixierung** eines Vortrages durch analoge oder digitale Aufzeichnung als Vervielfältigungshandlung zu werten (BGHZ, 17, 266, 269 – Grundig-Reporter). Auch wenn lediglich ein Werkexemplar im Rahmen der erstmaligen Vervielfältigung erstellt wird, handelt es sich hierbei um ein Vervielfältigungsstück. **Keine Vervielfältigung** liegt jedoch dann vor, wenn das vorbestehende Werk **umgestaltet** bzw **umgearbeitet** wird. Die Rechtmäßigkeit des Vorgangs beurteilt sich in diesem Fall nach § 23 UrhG. Danach ist eine Bearbeitung oder Umgestaltung eines vorbestehenden Werkes im rein privaten Bereich zulässig. Der Tatbestand der Bearbeitung ist allerdings noch nicht erfüllt, wenn lediglich eine nahezu identische Vervielfältigung eines vorbestehenden Werkstücks stattgefunden hat. Maßgeblich ist im Einzelfall zur Abgrenzung dieser Tatbestände, ob durch die Umgestaltung des vorbestehenden Werkes ein anderer Gesamteindruck entsteht (*Dreier/Schulze*, UrhG Kommentar, § 16 Rn 10). Ist dieser nicht festzustellen, liegt eine Vervielfältigung vor.

15 Von urheberrechtlicher Relevanz ist auch die Frage, ob der Tatbestand der Vervielfältigung noch erfüllt ist, wenn das vorbestehende Ursprungswerk eine vollkommen neue Form erhält. Diese sog. **Dimensionsvertauschung** liegt insbesondere bei der dreidimensionalen Gestaltung von gezeichneten bzw sonst zweidimensional gestalteten Ausgangswerken vor. Maßgeblich ist auch insoweit der Gesamteindruck des neuen Werkes. Der Tatbestand des Dimensionstausches liegt allerdings auch in umgekehrter Richtung vor. So handelt es sich bei der Fotografie oder der Abfilmung einer urheberrechtlich geschützten Plastik oder eines entsprechend geschützten Werkes der Baukunst um eine Vervielfältigungshandlung, für welche der Urheber des Ausgangswerkes ggf sein Einverständnis zu erteilen hat.

16 Eine Vervielfältigung setzt nicht notwendigerweise die Reproduktion des Gesamtwerkes voraus, sondern kann auch dann gegeben sein, wenn **lediglich Werkteile reproduziert** werden. Maßgeblich ist dann, ob das vervielfältigte Werkteil als solches selbst urheberrechtlich geschützt ist, also es sich dabei um eine persönliche geistige Schöpfung gem. § 2 Abs. 2 UrhG handelt (*Dreier/Schulze,* UrhG Kommentar, § 16 Rn 9). Hieraus folgt, dass das in der Praxis beliebte Soundsampling oder Fotocomposing, bei der mehrere Ausgangswerke durch einen Dritten miteinander verknüpft werden, den Tatbestand der Vervielfältigung erfüllen kann, sofern die übernommenen Teile selbst urheberrechtlich schutzfähig sind (*Schricker/Loewenheim/Loewenheim*, Urheberrecht, § 16 Rn 14).

17 Umstritten war lange Zeit, ob das im Internet häufig vorkommende Setzen von Links auf fremde Inhalte eine Vervielfältigung iSd § 16 UrhG darstellt. Der Bundesgerichtshof hat sich allerdings in einer Entscheidung aus dem Jahre 2003 gegen diese zum Teil bejahte Auffassung gewandt und ausgeführt, dass **ein Link auf eine fremde Datei kein Eingriff in das Vervielfältigungsrecht** des Betroffenen sei, da derartige Links Wesensbestandteile des Internets seien (BGH GRUR 2003, 958 – Paperboy).

18 Anders ist die Rechtslage jedoch bei dem Abruf von Daten von einem Server und der anschließenden Speicherung auf einer Festplatte oder einem sonstigen Aufzeichnungsmedium. Über diesen Vorgang findet nachgelagert zum Upload eine weitere Vervielfältigung statt, die durch den Urheber gestattet werden muss. Auch der mögliche Ausdruck der Daten auf ein Blatt Papier stellt eine weitere Vervielfältigungshandlung dar. Fraglich ist in diesem Zusammenhang allerdings, ob auch die Wiedergabe von geschütztem Material auf dem Bildschirm als Vervielfältigungshandlung gewertet werden kann (sog. Browsing). Auf den ersten Blick mangelt es bei dieser Wiedergabeform an der Körperlichkeit, so dass ein solches Sichtbarmachen möglicherweise nicht mit der von § 16 UrhG intendierten dauerhaften Festlegung gleichgesetzt werden kann (vgl *Flechsig,* ZUM 1996, 833, 836). Dem wurde allerdings zu Recht entgegen gehalten, dass für Computerprogramme mittlerweile durch § 69c Nr. 1 UrhG gesetzlich klargestellt ist, dass auch deren kurzfristige Übernahme in den Arbeitsspeicher eine rechtlich relevante Vervielfältigungshandlung darstellt. Diese Wertungsmaßstäbe sind nach hM auf elektronisch übermittelte Werke ebenfalls anzuwenden (*Schricker/Loewenheim/Loewenheim,* Urheberrecht, § 16 Rn 20 f). Der Gesetzgeber hat diesen Standpunkt allerdings nicht übernommen, sondern durch die Schaffung von § 44a UrhG klargestellt, dass **vorübergehende Vervielfältigungshandlungen**, welche flüchtig oder begleitend sind und einen integralen und wesentlichen Teil eines technischen Verfahrens darstellen, als zulässige Vervielfältigungshandlungen zu betrachten seien.

II. Die Verbreitung, §§ 15 Abs. 1 Nr. 2, 17 UrhG

Die bloße Vervielfältigung von geschützten Werken ist für die Tätigkeit eines Medienunternehmens nicht ausreichend. Vielmehr müssen dessen Erzeugnisse auch **verbreitet** werden, also in den Handel gelangen bzw sonst den Medienkonsumenten zur Verfügung gestellt werden. Zu welchen Konditionen dies erfolgen kann, bemisst sich nach dem Verbreitungsrecht gem. § 17 UrhG. Es handelt sich dabei um ein selbstständiges Verwertungsrecht, das sich aber nur auf die körperliche Weitergabe des Originals bzw eines Vervielfältigungsstücks hiervon bezieht. Die Verbreitung muss einerseits gegenüber der Öffentlichkeit iSd § 15 Abs. 3 UrhG stattfinden. Andererseits setzt § 17 UrhG zwingend die Körperlichkeit des Werkstücks voraus. Aus letztgenanntem Kriterium folgt, dass die reine Datenübermittlung nicht § 17 UrhG unterfällt (*Schricker/Loewenheim/Loewenheim,* Urheberrecht, § 17 Rn 6). 19

§ 17 UrhG erfasst zwei unterschiedliche Verbreitungshandlungen: das **in den Verkehr bringen** und das **öffentliche Anbieten** von Werkexemplaren. Somit liegt der Tatbestand des § 17 UrhG bereits dann vor, wenn beispielsweise im Rahmen eines Inserats die Veräußerung von urheberrechtlich geschützten Werken angekündigt wird. Werden hingegen Werkexemplare lediglich im engeren Bekanntenkreis angeboten, so fehlt das Merkmal der Öffentlichkeit. § 17 UrhG greift dann nicht ein. 20

Nach früherer Auffassung war der Begriff des **In-Verkehr-Bringens** im Sinne eines umfassenden Urheberschutzes **weit auszulegen,** so dass auch eine unentgeltliche, faktische Übertragung (beispielsweise Leihvorgänge) ausreichte (*Dreier/Schulze,* UrhG Kommentar, § 17 Rn 15). Diese Auffassung ist seit einer Entscheidung des EuGH im Jahre 2008 jedoch nicht mehr haltbar (vgl EuGH GRUR 2008, 604). Nach neuerer Rechtsprechung des BGH liegt daher eine Verbreitung iSd § 17 Abs. 1 UrhG nur noch dann vor, wenn eine Übertragung des Eigentums an dem betreffenden Gegenstand erfolgt bzw erfolgen soll. Sie ist hingegen zu verneinen, wenn Nachbildungen urheberrechtlich geschützter Werke der Öffentlichkeit lediglich zum Gebrauch oder zur Ansicht zugänglich gemacht werden, dh allenfalls eine Übertragung des Besitzes erfolgt (BGH 2009, 2960 – Le Corbusier Möbel II). 21

Der in § 17 Abs. 1 UrhG festgelegte Verbreitungsbegriff erfährt jedoch eine Korrektur in § 17 Abs. 2 UrhG, wonach sich das Verbreitungsrecht unter bestimmten Voraussetzungen **erschöpft.** Sind nämlich entweder das Original oder Vervielfältigungsstücke des Werkes mit der Zustimmung des Urhebers im Gebiet der Europäischen Union oder eines anderen Vertragsstaates des Abkommens über den Europäischen Wirtschaftsraum im Wege der erlaubten Veräußerung in den Verkehr gebracht worden, so ist die **Weiterverbreitung** des Werkstücks **grundsätzlich zulässig.** Dies bedeutet, dass der Handel mit urheberrechtlich geschützten Werken dann nicht mehr vom Urheber behindert werden kann, wenn der Berechtigte dem erstmaligen In-Verkehr-Bringen zugestimmt hat. Bei dem Erschöpfungsgrundsatz handelt es sich um ein allgemeines und international übliches Rechtsprinzip, dass nicht nur im Urheberrecht gilt, sondern im gesamten Bereich des gewerblichen Rechtsschutzes Anwendung findet (*Schack*, Urheberrecht, Rn 429). 22

Der Erschöpfungsgrundsatz findet jedoch in § 17 Abs. 2 UrhG insofern eine Ausnahme, als die **Vermietung** eines Werkstücks **nicht von der Erschöpfung umfasst wird.** Vielmehr handelt es sich hierbei um ein weiteres, dem Urheber ausschließlich zustehendes Recht zur Steuerung des Absatzes seiner Werkstücke. 23

Der Grundsatz der Erschöpfung ist insbesondere in letzter Zeit wieder verstärkt in den Blick der Rechtsprechung gelangt. Bei dem mittlerweile lukrativen **Verkauf gebrauchter Software** stellt sich ebenfalls die Frage, ob der ursprüngliche Rechteinhaber einen solchen Weiterverkauf untersagen kann. Nach bisheriger Rechtsprechung soll dies dann nicht der Fall sein, wenn die Software ursprünglich auf einem körperlichen Datenträger erworben wurde, da der Grundsatz der Erschöpfung in diesem Fall Anwendung findet. Zu beachten ist jedoch, dass sich der Erschöpfungsgrundsatz nicht auf das vom Verbreitungsrecht unabhängige Vervielfältigungsrecht bezieht. Da die entsprechenden Nutzungsrechte ohne Zustimmung des Rechtsinhabers nicht an Dritte übertragen werden können (vgl § 34 Abs. 1 UrhG), ist eine Zweitinstallation des Programmes daher nicht ohne Weiteres möglich (OLG München MMR 2008, 601; *Kilian/Heussen*, Computerrecht, Rn 119). Software hingegen, die beispielsweise mittels Internetdownloads gekauft wurde, unterfällt von vornherein nicht dem Erschöpfungsgrundsatz, da dieser sich ausschließlich auf körperliche Werkstücke bezieht (*Schricker/Loewenheim/Loewenheim*, Urheberrecht, § 69c Rn 34; OLG Frankfurt aM MMR 2009, 544). Diese Differenzierung ist in der Literatur höchst umstritten, eine endgültige Klärung durch den BGH jedoch noch nicht erfolgt. Zwar hatte der BGH Anfang 2011 über die Anwendbarkeit des Erschöpfungsgrundsatzes beim 24

Handel mit gebrauchten Softwarelizenzen zu entscheiden, dies jedoch zunächst dem EuGH vorgelegt und um Auslegung der entsprechenden europarechtlichen Vorgaben gebeten (BGH Beschl. v. 3.2.2011, I ZR 129/08 – Used Soft). Die Entscheidung des EuGH steht noch aus, es kann aber in nächster Zeit mit einer höchstrichterlichen Klärung dieser Fragen gerechnet werden.

III. Die öffentliche Zugänglichmachung, §§ 15 Abs. 2 Nr. 2, 19a UrhG

25 Diese Vorschrift, die durch das Gesetz zur Regelung des Urheberrechts in der Informationsgesellschaft vom 13.9.2003 (BGBL. I S. 1774) neu in das Urheberrecht aufgenommen worden ist, regelt umfassend die Nutzung und Verwertung von geschützten Werken im Internet. Das Zugänglichmachen von Werken erfasst dabei jede Form der **Eröffnung einer Zugriffsmöglichkeit** auf das geschützte Werk, wobei es unerheblich ist, ob die Zugriffsmöglichkeit über das Internet oder ein anderes Medium geschaffen wird (*Wandtke/Bullinger*, Praxiskommentar zum Urheberrecht, § 19a Rn 5; *Schricker/Loewenheim/v. Ungern-Sternberg*, Urheberrecht, § 19a Rn 43). Auch solche Werke, die auf rein private Internet-Webseiten eingestellt wurden, sind öffentlich zugänglich gemacht iSv § 19a UrhG. Insbesondere greift § 19a UrhG aber auch bei der Veranstaltung von File-Sharing Systemen zum Austausch von Musik, Filmen oder sonstigen Material. Darüber hinaus stellt auch die Anzeige von Werken Dritter als Vorschaubilder durch eine Suchmaschine (sog. Thumbnails) eine öffentliche Zugänglichmachung dar (BGH GRUR 2010, 628 – Vorschaubilder). Nicht unter § 19a UrhG fällt hingegen die bloße Verlinkung von Inhalten, es sei denn, dies erfolgt unter Umgehung entsprechender technischer Schutzmaßnahmen (BGH GRUR 2011, 56 – Session-ID).

26 Problematisch ist allerdings, ob eine nach § 19a UrhG **relevante Verwertungshandlung auch bei der Einstellung von Werken in ein Intranet**, beispielsweise einem Firmennetz, gegeben ist. Maßgeblich ist dann, ob ein Angebot an die Öffentlichkeit iSv § 15 Abs. 3 UrhG vorliegt. Öffentlichkeit ist aber nicht etwa nur mit einer Weltöffentlichkeit gleichzusetzen (*Dreier/Schulze*, UrhG Kommentar, § 19a Rn 7). Vielmehr ist eine Wiedergabe bereits dann öffentlich, wenn sie gegenüber einer bloßen Mehrzahl von Personen stattfindet, es sei denn, es besteht eine besondere Verbundenheit zwischen Nutzer und Veranstalter oder den Nutzern untereinander. Dies dürfte etwa bei einem nicht mehr kleinen Firmennetz, an dem 100 und mehr Bildschirme und mögliche Adressaten angeschlossen sind, bereits problematisch sein. Deshalb ist auch bei dem Einstellen von Werken in derartige Netze von einer Zugänglichmachung im Sinne des § 19a UrhG auszugehen (*Schricker/Loewenheim/v. Ungern-Sternberg*, Urheberrecht, § 19a Rn 48). Sicher ist allerdings, dass die bloße individuelle Zusendung eines geschützten Werkes per Email an eine Person nicht dem Merkmal der Öffentlichkeit unterfällt; anderes gilt jedoch bei der Versendung von Massenemails (*Dreier/Schulze*, UrhG Kommentar, § 19a Rn 7 mwN). Ebenfalls nicht der Öffentlichkeit unterfällt das Angebot, Funksendungen online auf dem „persönlichen Videorecorder“ des jeweiligen Kunden zu speichern und zum Abruf zur Verfügung zu stellen (BGH GRUR 2009, 845, 847 – **Internet-Videorecorder**).

IV. Die Sendung, §§ 15 Abs. 2 Nr. 3, 20 UrhG

27 Das Senderecht gem. § 20 UrhG hat insbesondere für die Rundfunkanstalten und Sendeunternehmen seit jeher eine immense Bedeutung. Hinzu kommt, dass gerade in der jüngsten Zeit durch neue TV-Übertragungstechniken und Nutzungsformen Fragen nach der urheberrechtlichen Qualifizierung aufgekommen sind. Das Senderecht ist qua gesetzlicher Definition das Recht, ein Werk **durch elektromagnetische Wellen entweder drahtlos oder drahtgebunden der Öffentlichkeit zugänglich zu machen.** Drahtlos übertragen sind in diesem Sinn die Hörfunksendung, das (terrestrische) Fernsehen und auch Videotextsendungen, während zu den drahtgebundenen Medien das Kabelfernsehen und die Rundfunkvermittlungs- und Verteilungsanlagen zählen (*Schack*, Urheberrecht, Rn 451).

28 Maßgeblich ist dabei allein die Zugänglichmachung eines Werkes durch eine Rundfunkanstalt bzw ein Sendeunternehmen, so dass der **Empfang und die Nutzung der Leistung durch den Endverbraucher nicht tatbestandsmäßig** sind. Die Zahlung von Rundfunkgebühren hat demnach ausschließlich einen öffentlichrechtlichen Hintergrund und dient der Finanzierung der Rundfunkanstalt im Allgemeinen (*Schack*, Urheberrecht, Rn 452). Unerheblich ist auch, ob das gesendete Werk als bereits fixierte Aufzeichnung vorliegt oder nicht, so dass auch Liveübertragungen geschützter Werke das Senderecht eines etwaigen Urhebers tangieren (*Schack*, Urheberrecht, Rn 452 mwN).

Für die Frage, ob der Tatbestand des § 20 UrhG erfüllt ist, ist es **unerheblich, wie** sich die **Übermittlung** oder **Ausstrahlung** einer Sendung technisch vollzieht. Spielte in den Gründungszeiten des Rundfunks die terrestrische Ausstrahlung die Hauptrolle (*Herrmann/Lausen*, Rundfunkrecht, S. 691), hat sich nicht zuletzt durch die Einführung des TV-Kabels und der Satellitenausstrahlung ein deutlicher Wandel ergeben. Seit einigen Jahren kommt die Ausstrahlung von Programmen über das Internet hinzu, auch die Nutzung von Mobilfunknetzen zum Empfang von TV-Sendungen (sog. Handy TV) wird als neue Variante propagiert und erfreut sich beispielsweise in Japan eines erheblichen Nutzungszuwachses. 29

Es stellte sich allerdings angesichts des technischen Fortschritts immer wieder die Frage, ob bestimmte Nutzungshandlungen als Sendung iSd § 20 UrhG aufzufassen sind. So kam in den 80er Jahren die Frage auf, ob die zeitgleiche und unveränderte Kabelweiterleitung von Sendungen in Abschattungsgebiete von Hochhäusern als neuer Sendevorgang aufzufassen ist. Dem ist der Bundesgerichtshof allerdings mit dem bereits aus dem Recht der Verbreitung gem. § 17 Abs. 2 UrhG bekannten Grundsatz der Erschöpfung entgegen getreten (BGH GRUR 1981, 413 – Kabelfernsehen in Abschattungsgebieten). Demgegenüber hat der Bundesgerichtshof in einer neueren Entscheidung die Anwendbarkeit des Erschöpfungsgrundsatzes aus § 17 Abs. 2 UrhG bei der Weiterleitung von Sendungen in Frage gestellt (BGH GRUR 2000, 699, 700 – Kabelweitersendung). Überwiegend wird in der Literatur die Ansicht vertreten, dass bereits **die bloße Weiterleitung von Programmen das Senderecht auslöst** und der Erschöpfungsgrundsatz von seiner Systematik her auf die Verbreitung von rein körperlichen Vervielfältigungsstücken beschränkt sein sollte (vgl *Dreier/Schulze*, UrhG Kommentar, § 20 Rn 8; *Schack*, Urheberrecht, Rn 430, 454). Im Ergebnis besteht daher inzwischen weitgehend Einigkeit, dass auch die Weiterleitung von Programmsignalen in kleine Kabelverteilnetze, etwa von Hotels, Krankenhäuser und ähnlichen Einrichtungen das Senderecht entstehen lässt und folglich abgegolten werden muss (BGH GRUR 1994, 797 – Verteileranlage im Krankenhaus; *Dreier/Schulze*, UrhG Kommentar, § 20 Rn 7; *Schricker/Loewenheim/v. Ungern-Sternberg*, Urheberrecht, § 20 Rn 41 f; *Hermann/Lausen*, Rundfunkrecht, S. 691). Zu solchen Verteilnetzen zählen aber auch beispielsweise die Anlagen in Zügen, welche frei empfangbare Radiosignale an die jeweiligen Einzelplätze leiten (*Schricker/Loewenheim/v. Ungern-Sternberg*, Urheberrecht, § 20 Rn 41). 30

Vom **Senderecht umfasst** sind von daher auch **alle Arten von zumindest zeitgleichen Sendungen im Internet,** die mittels des sog. Streaming-Verfahrens in Echtzeit an die Öffentlichkeit gerichtet werden. Dies gilt insbesondere für typische Webradiodienste und das Web-TV, also Dienste, die sich immer größerer Beliebtheit erfreuen (LG Köln ZUM 2005, 575 - Kabelweiterleitung gem. § 20b UrhG; *Schricker/Loewenheim/v. Ungern-Sternberg*, Urheberrecht, § 20 Rn 45 mwN). Anders sind allerdings die sog. **Podcast-Dienste,** also gespeicherte Sendungen, die von Sendanstalten, aber auch Zeitungsverlagen und anderen Institutionen zum Abruf im Internet bereitgehalten werden, zu beurteilen. Hierbei handelt es sich nicht um einen Sendevorgang, vielmehr verwirklicht das Bereithalten dieser Dienste den Tatbestand der öffentlichen Zugänglichmachung gem. § 19a UrhG (*Schricker/Loewenheim/v. Ungern-Sternberg*, Urheberrecht, § 20 Rn 46 mwN). Maßgeblich zur **Abgrenzung** beider Nutzungsformen ist, dass bei einer Sendung der Zeitpunkt der Übermittlung ebenso wie die zeitliche Reihenfolge der Programmbestandteile vom Sendenden vorgegeben wird, und der Sendende das Sendesignal herausschickt. Beim Zugänglichmachen iSv § 19a UrhG entscheidet dagegen der Empfänger über Zeitpunkt, Reihenfolge und Umfang des Empfangs und veranlasst seinerseits die Übermittlung der angeforderten Daten (*Dreier/Schulze*, UrhG Kommentar, § 20 Rn 13). Aus diesem Grund sind die bekannten **Video-On-Demand Dienste** dem Zugänglichmachen und nicht der Sendung zuzuordnen. Das gleiche gilt letztlich auch für die sogenannten **Pull-Dienste,** bei denen Nutzer gezielt im Internet bereitgehaltenes Material abrufen (*Schricker/Loewenheim/v. Ungern-Sternberg*, Urheberrecht, § 20 Rn 47). Anders kann dies allerdings bei **Push-Diensten** sein, bei denen an die Endverbraucher bestimmte Leistungen ohne deren Zutun vermittelt werden. Hier mag es Konstellationen geben, die insbesondere bei der zeitgleichen Übermittlung von geschütztem Material den Sendebegriff ausfüllen (vgl hierzu *Schricker/Loewenheim/v. Ungern-Sternberg*, Urheberrecht, § 20 Rn 47 mwN; *Flechsig*, ZUM 1998, 139, 144). Ebenfalls unter § 20 UrhG fällt der sog. **„Internet-Videorecorder“,** da die vom Anbieter empfangenen Funksendungen zeitgleich an die „persönlichen Videorecorder“ mehrerer Kunden (dh einer Öffentlichkeit) weitergeleitet werden (BGH GRUR 2009, 845, 848 – Internet-Videorecorder). 31

§ 20a UrhG wurde basierend auf der EG-Richtlinie 93/83/EWG vom 27.9.1993 zur Koordinierung bestimmter urheber- und leistungsschutzrechtlicher Vorschriften zum 1.6.1998 durch das 4. Gesetz zur Änderung des Urheberrechts in das deutsche Urheberrechtsgesetz eingefügt. Die Vorschrift enthält 32 eine **Sonderregelung für grenzüberschreitende Satellitensendungen**, welche ihren Ausgangspunkt in einem Mitgliedsstaat der EU oder des EWR haben. Ebenfalls zum 1.6.1998 wurde § 20b UrhG durch das oben genannte Gesetz zur Änderung des Urheberrechtsgesetzes eingefügt. Regelungsgegenstand in dieser Vorschrift ist die Statuierung eines **eigenständigen Kabelweitersendungsrechts**, welches nicht nur für grenzüberschreitende Rundfunksendungen gilt. Das sog. Kabelweitersendungsrecht kann gem. § 20b Abs. 1 UrhG außer von dem betroffenen Sendeunternehmen nur durch eine Verwertungsgesellschaft geltend gemacht werden. Hintergrund hierfür ist der Schutz von Kabelunternehmen, welche sich nicht den Ansprüchen einer Vielzahl von möglichen Urhebern und Rechteinhabern ausgesetzt sehen sollen.

V. Die Bearbeitung, § 23 UrhG

33 Gem. § 23 Satz 1 UrhG dürfen Bearbeitungen oder andere Umgestaltungen eines Werkes nur mit der Einwilligung des Urhebers des ursprünglichen Werkes veröffentlicht oder verwertet werden. Im Gegensatz zur Vervielfältigung nach § 16 UrhG knüpft der Tatbestand der Bearbeitung an eine **Umgestaltung eines bestehenden Werkes** an. Denn das natürliche Interesse des Urhebers geht eben nicht nur dahin, die unmittelbare Vervielfältigung seines Werkes zu regeln, sondern ihm auch die Möglichkeit zu gewähren, fantasielose Umgestaltungen oder eigenschöpferische Bearbeitungen seines Werkes durch Dritte zu verhindern. Ausgangspunkt ist insoweit die Überlegung, dass das umgestaltete Originalwerk stets durchscheint (*Schack*, Urheberrecht, Rn 468). Schutzobjekt des § 23 Satz 1 UrhG ist also das Originalwerk, welches als Ausgangsleistung für eine wirkliche Umgestaltung oder eine Bearbeitung (§ 3 Satz 1 UrhG) dient. Insofern ergibt sich eine klare Abgrenzung gegenüber dem Regelungsgegenstand von § 3 Satz 1 UrhG. Nach dieser Vorschrift genießt auch der Bearbeiter ein Urheberrecht, sofern seine Bearbeitungsleistung einen eigenschöpferischen, kreativen Ansatz hatte, also eine Werkqualität iSv § 2 Abs. 2 UrhG aufweist. Durch die Anerkennung eines solchen Bearbeiterurheberrechts wird allerdings der Urheber des Ausgangswerkes nicht etwa rechtlos, sondern diesem obliegt es gerade gem. § 23 Satz 1 UrhG bei der Veröffentlichung oder Verwertung seines bearbeiteten Werkes Rechte geltend zu machen.

34 Das **Einwilligungsrecht des Urhebers** bezieht sich allerdings nicht auf den Tatbestand der Bearbeitung als solcher, sondern knüpft vielmehr **an etwaige Verwertungshandlungen bzw Veröffentlichungen der Umgestaltung** an. Dies bedeutet, dass Umgestaltungen bzw Bearbeitungen von vorbestehenden Werken beispielsweise im rein privaten Bereich zulässig sind, vom Urheber also geduldet werden müssen. Lediglich in den Ausnahmefällen gem. § 23 Satz 2 UrhG (Verfilmung von Werken, Ausführung von Plänen und Entwürfen eines Werkes der bildenden Kunst, Nachbau eines Werkes der Baukunst, Bearbeitung bzw Umgestaltung eines Datenbankwerkes) bedarf bereits die Herstellung der Bearbeitung oder Umgestaltung der entsprechenden Einwilligung des Urhebers. Hintergrund für diese Vorverlagerung des Schutzes ist bei den genannten Werken die Erwägung, dass der Originalurheber eines stärkeren Schutzes seiner Rechte bedarf, da nach der entsprechenden Herstellung der Bearbeitung solche Werke sehr schnell verwertet werden. Der Gesetzgeber hat eine solche Vorverlagerung des Schutzes auch für die Urheber von Softwareprogrammen für erforderlich erachtet und in § 69c Nr. 2 UrhG bereits die Übersetzung, Bearbeitung oder andere Umgestaltung eines Computerprogramms unter das Ausschließlichkeitsrecht des Urhebers gestellt.

35 So klar die gesetzlichen Formulierungen im Hinblick auf die Verwertung von Bearbeitungen bzw Umgestaltungen eines Werkes sind, so kompliziert und teilweise diffus ist die Handhabung des § 23 UrhG in der Praxis selbst. Hintergrund hierfür ist die Bestimmung aus § 24 UrhG, wonach ein selbstständiges Werk, das in freier Benutzung des Werkes eines anderen geschaffen worden ist, ohne jedwede Zustimmung des Urhebers des benutzten Werkes veröffentlicht und verwertet werden darf. § 24 Abs. 1 UrhG stellt somit klar, dass urheberrechtlich geschützte Werke nicht aus dem Nichts geschaffen werden, sondern sich vielmehr stets an vorhergehenden Werken zumindest orientieren bzw diese als Anregung nutzen. Aus diesem Grund kommt der Abgrenzung der abhängigen Bearbeitung gem. § 23 UrhG und der freien Benutzung iSd § 24 UrhG in der Praxis eine besondere Bedeutung zu. Die Rechtsprechung wendet hierzu die sog. **Verblassensformel** an, wonach eine freie Benutzung dann vorliegt, wenn **angesichts der Eigenart des neuen Werkes die entlehnten eigenpersönlichen Züge des geschützten älteren Werkes verblassen** (BGH GRUR 1994, 1919, 193 – Asterix-Persiflagen). Ob dies allerdings der Fall ist, hängt von dem Grad der Individualität der entlehnten Züge einerseits und denen des neuen Werkes andererseits ab. Es besteht somit eine **Wechselwirkung**, die sich wie folgt auswirkt: Je auffal-

lender die Eigenheiten und Merkmale des benutzten Werkes sind, umso weniger werden diese in dem danach geschaffenen Werk verblassen. Auf der anderen Seite liegt eine freie Benutzung dann vor, wenn sich die Eigenart des neuen Werkes gegenüber dem älteren Werk in erheblicher Weise abhebt. Damit allerdings die urheberrechtlich freie Benutzung gem. § 24 UrhG nicht zu einer reinen Schutzbehauptung des Urheberrechtsverletzers verkommt, stellt die Rechtsprechung strenge Anforderungen an das Vorliegen einer freien Benutzung. Insbesondere soll der nachschaffende Werkurheber nicht auch noch dafür belohnt werden, dass er sich durch schlichte Übernahme fremden Gutes ein eigenes persönliches Schaffen erspart hat (BGH GRUR 1981, 267, 269 – Dirlada). Vor dem Hintergrund dieser einschränkenden Auffassung stellte die Übernahme einzelner, besonders gestalteter Figuren, Charaktere und individueller Handlungsstränge eines historischen Romans eine abhängige Bearbeitung dar, die genehmigungspflichtig war (LG Hamburg ZUM 2003, 403, 406, 411 – Die Päpstin). Auch die Übernahme eines Handlungskerns und wesentlicher Teile des Inhalts einer Geschichte wurde von der Rechtsprechung in einer vorherigen Entscheidung nicht mehr als freie Benutzung anerkannt (OLG München ZUM 1999, 149, 151 – Das doppelte Lottchen). Hingegen ist die bloße Zusammenfassung von Schriftwerken mit eigenen Worten (sog. **Abstracts**) eine freie Benutzung iSd § 24 UrhG. Dies gilt selbst dann, wenn zum Teil Formulierungen benutzt werden, auf denen die schöpferische Eigenart des zusammengefassten Werkes beruht, sofern die Zusammenfassung in der Gesamtschau einen so großen äußeren Abstand zum geschützten Sprachwerk einnimmt, dass sie als eigenständiges Werk zu betrachten ist (BGH, Urt. v. 1.12.2010, I ZR 12/08 – Perlentaucher).

In **besonderen Konstellationen** allerdings sind auch nach der Rechtsprechung **umfassende Übernahmen** des vorbestehenden Werkes im Sinne einer freien Benutzung **erlaubt.** Dann nämlich, wenn sich das neue Werk im Rahmen einer antithematischen Behandlung mit dem älteren Werk auseinandersetzt. Dies gilt insbesondere für die **Parodie**, welche naturgemäß nur dann eine Auseinandersetzung mit dem vorbestehenden Werk sein kann, wenn die wesentlichen Merkmale auch übernommen werden. Nach der Rechtsprechung ist die Kunstform der Parodie ausdrücklich anerkannt und schützenswert, so dass insoweit großzügige Maßstäbe angelegt werden. Voraussetzung ist jedoch stets, dass auch für den objektiven Betrachter eine parodistische Behandlung erkennbar ist, und nicht lediglich die angeblich parodierten Figuren in einer neuen Geschichte bzw neuen Erzählform auftreten (BGH GRUR 1994, 191, 206 – Asterix-Persiflagen). Die gleichen Überlegungen gelten im Übrigen auch für die Anfertigung von **Karikaturen**. 36

59. Abschnitt: Schranken des Urheberrechts und Übertragung von urheberrechtlichen Nutzungsrechten

A. Schranken des Urheberrechts

1 Das Urheberrecht und die daraus erwachsenen Verwertungsrechte sind nach allgemeiner Meinung absolute, aber gleichzeitig eingeschränkte Rechte. Hintergrund hierfür ist, dass das Urheberrecht als **geistiges Eigentum** wie Sacheigentum auch im Interesse der Allgemeinheit einer **gewissen Sozialbindung unterliegt** (*Schricker/Loewenheim/Melichar*, Urheberrecht, vor §§ 44a ff Rn 1). Infolgedessen sieht das Urheberrechtsgesetz zeitliche und inhaltliche Beschränkungen des Urheberrechts vor.

2 Die wichtigste Beschränkung des Urheberrechts ergibt sich zweifellos aus der **zeitlichen Schranke** gem. § 64 UrhG. Demnach erlischt das Urheberrecht 70 Jahre nach dem Tod des Urhebers. Nach Ablauf des Urheberrechts ist das maßgebliche Werk nicht mehr geschützt und steht daher jedem zur freien Verwertung offen. Es fällt als „gemeinfrei" in den Bereich der sog. Public Domain. Neben dieser zeitlichen Beschränkung sieht das Urheberrechtsgesetz allerdings auch **inhaltliche Beschränkungen** vor, wobei der Gesetzgeber insbesondere in den letzten Jahren in diesem Bereich erhebliche Eingriffe vorgenommen hat. Auf die notwendigen verfassungsrechtlichen Grenzen wurde bereits oben hingewiesen.

I. Zeitliche Beschränkung

3 Im Gegensatz zu dem Sacheigentum sind immaterielle Rechtsgüter nur zeitlich beschränkt zugunsten des Rechteinhabers monopolisiert. Hintergrund hierfür ist die Überlegung, dass die Anerkennung eines ewigen Monopols der Gesellschaft mehr Schaden als Nutzen bereiten würde (*Schack*, Urheberrecht, Rn 515). Diese Überlegung gilt auch bei allen anderen immateriellen Schutzrechten (Patent, Gebrauchsmuster, Geschmacksmuster, Marke etc.). So sieht auch das Urheberrecht gem. § 64 UrhG eine **siebzigjährige Schutzfrist** vor. Diese Schutzfrist beginnt allerdings nicht bereits mit der Erschaffung oder Veröffentlichung eines Werkes, sondern erst mit dem **Tod des Urhebers** (auch als post mortem auctoris (p. m. a.) bezeichnet). Nach Ablauf dieser Frist ist das Werk gemeinfrei, kann also von jedermann frei verwertet werden. Gemäß § 69 UrhG beginnt die maßgebliche 70-Jahres-Frist mit Ablauf des Kalenderjahres, in welchem der Urheber gestorben ist. Handelt es sich bei dem maßgeblichen Werk um ein in Miturheberschaft (§ 8 UrhG) entstandenes, so beginnt die 70-Jahres-Frist gem. § 65 Abs. 1 UrhG erst mit Tod des zuletzt gestorbenen Miturhebers zu laufen.

4 In der rechtswissenschaftlichen Literatur wird gelegentlich darüber diskutiert, ob trotz der eingetretenen Gemeinfreiheit die Verwertung von bestimmten Werken vergütungspflichtig bleiben soll. Etwaige Einnahmen hieraus sollen allerdings nicht den Erben des Urhebers zu Gute kommen, sondern vielmehr einem Kulturfonds bzw bestimmten sozialen Einrichtungen (sog. Urhebernachfolgevergütung). Das Gesetz sieht eine solche Vergütung jedoch ausdrücklich nicht vor, so dass es sich hierbei eher um eine rein theoretische Diskussion handeln dürfte (vgl *Dreier/Schulze*, UrhG Kommentar, vor §§ 64 ff Rn 7 mwN).

II. Inhaltliche Schranken

5 Das Urheberrechtsgesetz sieht in den §§ 44a ff UrhG eine Reihe von inhaltlichen Beschränkungen vor, die unterschiedlichen Zwecken dienen. Gemeinsam ist den Schranken jedoch die Erwägung, dass unter

bestimmten Voraussetzungen **die Verwertung von urheberrechtlich geschützten Werken zugunsten des Gemeinwohles grundsätzlich gestattet sein muss.** In bestimmten Einzelfällen enthalten die Schrankenbestimmungen dann allerdings Entschädigungsansprüche zugunsten des Urhebers.

1. Öffentliche Reden, § 48 UrhG. Gem. § 48 Abs. 1 Nr. 1 UrhG dürfen **Reden über Tagesfragen**, die im Rahmen von **öffentlichen Versammlungen** und im Rundfunk gehalten werden, frei vervielfältigt, verbreitet und öffentlich wiedergegeben werden. Das gleiche gilt gem. § 48 Abs. 1 Nr. 2 UrhG für Reden, die vor staatlichen, kommunalen oder kirchlichen Institutionen gehalten worden sind. Abzustellen ist somit auf die Tatsache, dass die maßgebliche Rede auch **tatsächlich gehalten** worden ist. Aus diesem Grund ist die Vervielfältigung eines Redemanuskriptes vor dessen Veröffentlichung unzulässig und bedürfte daher der entsprechenden Genehmigung des Urhebers. 6

2. Zeitungsartikel, § 49 UrhG. Nach § 49 Abs. 1 S. 1 UrhG ist die Vervielfältigung und Verbreitung einzelner Zeitungsartikel (samt der mit ihnen im Zusammenhang veröffentlichten Abbildungen) und Rundfunkkommentare zu wirtschaftlichen, politischen oder religiösen Tagesfragen durch die bekannten **Pressespiegel** zulässig. Artikel mit lediglich kulturellem, wissenschaftlichem, technischem oder unterhaltendem Inhalt sind hiervon nicht erfasst. § 49 UrhG findet darüber hinaus keine Anwendung auf Artikel oder Kommentare, deren Rechte vorbehalten wurden. Zu beachten ist jedoch, dass ein solcher Vorbehalt nur wirksam ist, wenn er für jeden Artikel oder Kommentar einzeln erfolgt, ein genereller Vorbehalt genügt nicht. Nach der Rechtsprechung zählen zu § 49 UrhG auch die sog. **elektronischen Pressespiegel**, wobei diese lediglich betriebs- oder behördenintern verwendet werden dürfen und eine eventuelle Speicherung nicht zu einer Volltextrecherche geeignet sein darf (BGH NJW 2002, 3393 – elektronische Pressespiegel). Nicht unter § 49 UrhG fallen aber kommerzielle elektronische Pressespiegel (BGH NJW 2002, 3393, 3396 – elektronische Pressespiegel; *Schricker/Loewenheim/Loewenheim*, Urheberrecht, § 49 Rn 43). 7

Bei der Anfertigung von Pressespiegeln ist die Pflicht zur qualifizierten Quellenangabe gem. § 63 Abs. 3 UrhG zu berücksichtigen. Demzufolge ist der Urheber und die Zeitung oder das Informationsblatt, aus dem der Artikel entnommen wurde bzw das Sendeunternehmen, welches den Kommentar gesendet hat, zu nennen. 8

Muss der Urheber die Verwertung seiner Texte im Rahmen von Pressespiegeln dulden, so steht ihm gem. § 49 Abs. 1 Satz 2 UrhG eine angemessene Vergütung zu, die allerdings nach § 49 Abs. 1 S. 3 UrhG nur durch eine Verwertungsgesellschaft geltend gemacht werden kann. 9

3. Aktuelle Berichterstattung, § 50 UrhG. Gem. § 50 UrhG dürfen urheberrechtlich geschützte Werke vervielfältigt, verbreitet und öffentlich wiedergegeben werden, wenn sie entweder **Hintergrund oder Gegenstand eines tagesaktuellen Ereignisses** sind. Standardbeispiel für diese Schrankenbestimmung ist die Eröffnung einer neuen Kunsthalle, wobei in dem betreffenden Bericht auch die dort hängenden Kunstwerke vervielfältigt werden. Eine solche Verwertung ist im Interesse der Pressearbeit und Berichterstattung privilegiert, wobei in zeitlicher Hinsicht zu beachten ist, dass ein naher zeitlicher Zusammenhang zwischen dem betreffenden Ereignis und der konkreten Berichterstattung gegeben ist (BGH GRUR 1983, 28, 29 – Presseberichterstattung und Kunstwerkwiedergabe II). Geschehnisse hingegen, bei denen es der Öffentlichkeit nicht auf eine zeitnahe Berichterstattung ankommt, fallen nicht unter § 50 UrhG (BGH GRUR 2008, 693 – TV-Total). Darüber hinaus ist anerkannt, dass die privilegierte Berichterstattung nur in einem durch den Zweck gebotenen Umfang stattfinden darf. Kern der Berichterstattung darf also nur das Ereignis selbst, nicht jedoch das maßgebliche Werk sein (*Dreier/Schulze*, UrhG Kommentar, § 50 Rn 8). 10

4. Zitate, § 51 UrhG. Urheberrechtlich privilegiert ist auch die sog. **Zitierfreiheit**. Sie dient nach allgemeiner Ansicht dem **Allgemeininteresse an freier geistiger Auseinandersetzung**, an Dialog, Kritik und kultureller Entwicklung (*Schricker/Loewenheim/Schricker/Spindler*, Urheberrecht, § 51 Rn 6). 11

§ 51 UrhG unterscheidet drei Arten von Zitaten. Regelungsgegenstand des sog. **Großzitats** gem. Nr. 1 ist die Übernahme einzelner Gesamtwerke, während bei dem sog. **Kleinzitat** gem. Nr. 2 nur Stellen eines Werkes übernommen werden. Eine spezielle Regelung findet sich dann noch im Hinblick auf das sog. **Musikzitat** gem. Nr. 3. Bei aller Unterschiedlichkeit der dargestellten Privilegierungen ist diesen jedoch gemein, dass das zitierende Werk selbst urheberrechtsschutzfähig sein muss (OLG Köln 1994, 47, 48; *Schricker/Loewenheim/Schricker/Spindler*, Urheberrecht, § 51 Rn 20; *Schack*, Urheberrecht, Rn 545). 12

13 Gemeinsames Merkmal der zitatrechtlichen Privilegierung ist darüber hinaus, dass das Zitat stets **nur zur Unterstützung der eigenen Auffassung** dienen darf. Es muss demnach eine innere Verbindung zwischen dem eigenen und dem zitierten Werk bestehen, so dass das Zitat eine echte **Belegfunktion** hat (*Schack*, Urheberrecht, Rn 545; BGH GRUR 2008, 693 – TV-Total). Eine solche Belegfunktion dürfte allerdings dann nicht mehr vorliegen, wenn die angeblichen Zitate lediglich aneinandergereiht wiedergegeben werden und einen eigenständigen Charakter haben. Zu beachten ist darüber hinaus, dass selbst im Falle eines zulässigen Zitats gem. § 51 UrhG der Zitierende dem Änderungsverbot des § 62 UrhG und der Pflicht zu Quellenangabe gem. § 63 UrhG unterliegt. Damit ist klargestellt, dass selbst im Falle der freien Verwertungsmöglichkeit das Urheberpersönlichkeitsrecht des Betroffenen nicht untergeht.

14 **5. Unterricht und Forschung, § 52a, b UrhG.** Die Schrankenregelung des § 52a ist im Jahr 2003 in das Urheberrechtsgesetz aufgenommen worden und läuft gem. § 137k UrhG am 31.12.2012 aus. Sie regelt die Nutzung von geschützten Werken im Rahmen von kleinen Forschungs- und Lehrintranets. Für diese Art der Nutzung in Form der öffentlichen Zugänglichmachung ist gem. § 52a Abs. 4 UrhG eine angemessene Vergütung zu zahlen, die nur durch eine Verwertungsgesellschaft erhoben werden kann. Neben den inhaltlichen Einschränkungen gem. § 52a Abs. 1 Nr. 1 und Nr. 2 UrhG ist insbesondere darauf zu achten, dass die Zugänglichmachung **zu dem jeweiligen Zweck geboten** sein muss und **keinen kommerziellen Hintergrund** haben darf. Im Zusammenhang mit der Veranschaulichmachung von Werken im Unterricht ergibt sich gem. § 52a Abs. 1 Nr. 1, dass lediglich veröffentlichte kleine Teile eines Werkes, Werke geringen Umfangs sowie einzelne Beiträge aus Zeitungen oder Zeitschriften zur Veranschaulichung im Unterricht genutzt werden dürfen. Wichtig ist insoweit auch, dass die geschützten Werke nur einem bestimmt abgegrenzten Kreis von Unterrichtsteilnehmern zugänglich gemacht werden dürfen (*Wandtke/Bullinger*, Praxiskommentar zum Urheberrecht, § 52a Rn 9). Für die eigene wissenschaftliche Forschung ergibt sich die Regelung aus § 52a Abs. 1 Nr. 2 UrhG. Danach dürfen für diesen konkreten Zweck öffentliche Teile eines Werkes, Werke geringen Umfangs sowie einzelne Beiträge aus Zeitungen und Zeitschriften öffentlich zugänglich gemacht werden. Auch hier ist zu beachten, dass lediglich ein bestimmt abgegrenzter Kreis von Personen – gedacht ist dabei beispielsweise an kleinere Forschungsteams – berechtigt sein sollen, zustimmungsfrei die Werke zu nutzen (*Dreier/Schulze*, UrhG Kommentar, § 52a Rn 11).

15 Eine Sonderregelung ergibt sich noch für die **Nutzung von Filmwerken.** Deren Zugänglichmachung ist gem. § 52a Abs. 2 Satz 2 erst nach Ablauf von zwei Jahren nach Beginn der üblichen Auswertung ohne Einwilligung des Berechtigten zulässig. Problematisch ist diese Regelung jedoch im Hinblick auf Filme, die nicht kommerziell in Filmtheatern ausgewertet werden (vgl *Schricker/Loewenheim/Loewenheim*, Urheberrecht, § 52a Rn 17). Da der Gesetzgeber für solche Filme keine ausdrückliche Regelung getroffen hat, ist umstritten, ob § 52a UrhG auch auf diese Werke anzuwenden ist. Nach Meinung des Autors ist dies zu bejahen, da eine unterschiedliche Behandlung von Filmwerken allein wegen deren kommerzieller Auswertung nicht gerechtfertigt ist.

16 Im Rahmen der Novellierung des Urheberrechts ist zum 1.1.2008 ein neuer § 52b UrhG zum Schutz der Interessen von Wissenschaft und Forschung eingeführt worden. Dieser erlaubt es öffentlichen Bibliotheken, Museen und Archiven, der Öffentlichkeit ihre Bestände an **elektronischen Leseplätzen** zugänglich zu machen. Dabei dürfen den Nutzern jedoch keine Anschlussvervielfältigungen ermöglicht werden (*Schricker/Loewenheim/Loewenheim*, Urheberrecht, § 52b Rn 11; OLG Frankfurt GRUR-RR 2010, 1 – Elektronische Leseplätze). Ausdrücklich erlaubt ist nunmehr auch, dass Bibliotheken Kopien von urheberrechtlich geschützten Werken auf Bestellung anfertigen und an Dritte versenden dürfen (vgl § 53a Abs. 1 UrhG). Soll die Übermittlung in sonstiger elektronischer Weise erfolgen (zB per Mail), ist dies nur dann zulässig, wenn die jeweiligen Rechteinhaber nicht ein eigenes Online-Angebot zu angemessenen Bedingungen bereithalten. Für diese Zugänglichmachung ist eine angemessene Vergütung zu zahlen, wobei dieser Anspruch nur durch eine Verwertungsgesellschaft geltend gemacht werden kann, § 53a Abs. 2 UrhG.

17 **6. Private Vervielfältigungen, § 53 UrhG.** Gem. § 53 UrhG sind **Vervielfältigungen zum privaten und sonstigen eigenen Gebrauch** in einem sehr **weiten Umfang zulässig.** Hintergrund hierfür ist die Überlegung, dass möglichst viele Menschen an der kulturellen Entwicklung teilnehmen sollen, selbst wenn sie finanziell nicht in der Lage sind, Originalwerkstücke zu erwerben. **Keinesfalls** ergibt sich jedoch aus den von § 53 UrhG geregelten Sachverhalten ein **„Anspruch auf Privatkopie"**. Aus urheberrechtlichen Erwägungen kann somit der Erwerber einer kopiergeschützten CD nicht etwa verlangen, dass

der Kopierschutz zur privaten Vervielfältigung aufgehoben wird. Unterliegt das geschützte Werk allerdings keinem Kopierschutz, kann es tatsächlich und durch § 53 UrhG privilegiert in einem bestimmten privaten Rahmen vervielfältigt werden. Dieser Eingriff in das ausschließlich dem Urheber zustehende Verwertungsrecht wird durch den Anspruch des Urhebers aus der sog. **Geräte- und Leerkassettenabgabe** gem. §§ 54, 54a UrhG kompensiert.

a) **Privater Gebrauch.** Gem. § 53 Abs. 1 S. 1 UrhG ist es zulässig, einzelne Vervielfältigungen eines Werkes zum privaten Gebrauch herzustellen oder herstellen zu lassen. Dies bedeutet zunächst, dass der Gebrauch des Vervielfältigungsstücks **in der reinen Privatsphäre zur Befriedigung rein persönlicher Bedürfnisse** durch die eigene Person oder durch eine verbundene Person stattfinden muss (BGH GRUR 1978, 474, 475 – Vervielfältigungsstücke). Eine Vervielfältigung zu gewerblichen Zwecken ist daher nicht privilegiert. Gleichgültig ist hingegen, ob das Vervielfältigungsstück in analoger oder digitaler Form erstellt wird (*Dreier/Schulze*, UrhG Kommentar, § 53 Rn 8). Insbesondere im Bereich der digitalen Vervielfältigung ist allerdings ein in § 53 Abs. 1 UrhG aufgenommener Zusatz zu beachten, wonach zur Vervielfältigung nicht eine offensichtlich rechtswidrig hergestellte Vorlage verwendet wurde. Dieser Zusatz, der im Jahre 2003 in den Tatbestand eingefügt wurde, sollte Nutzern von illegalen Musiktauschbörsen den Einwand der privaten Vervielfältigung verwehren. Da sich jedoch schnell herausstellte, dass die Formulierung nicht gerade glücklich gewählt war, ist im Zusammenhang mit der Umsetzung des „Zweiten Korbs" der Novellierung des Urheberrechts eine weitere Klarstellung erfolgt. Danach ist auch die Anfertigung einer privaten Kopie von einer offensichtlich rechtswidrig öffentlich zugänglich gemachten Vorlage unzulässig (*Langhoff/Oberndörfer/Jani*, ZUM 2007, 600). 18

Werden in den Vervielfältigungsvorgang **dritte Personen** eingeschaltet, so ist deren Vervielfältigungshandlung nur dann privilegiert, wenn ihre Tätigkeit **unentgeltlich** erfolgt, § 53 Abs. 1 Satz 2 UrhG. Unentgeltlichkeit liegt auch dann vor, wenn das geforderte Entgelt lediglich der Kostendeckung dient und die Tätigkeit insgesamt nicht auf Gewinnerzielung ausgerichtet ist (BGH GRUR 2009, 845, 850 – Internet-Videorecorder). Auch hier darf zu der Vervielfältigung keine offensichtlich rechtswidrig hergestellte Vorlage verwendet werden. 19

Vor dem Hintergrund des § 53 Abs. 1 S. 2 UrhG wurde lange Zeit die Nutzung sog. virtueller Videorecorder nur dann privilegiert, wenn diese ihre Dienste unentgeltlich anboten. Nach neuerer Rechtsprechung des BGH ist der Vervielfältigungsbegriff jedoch rein technisch zu verstehen und Hersteller der aufgezeichneten Sendungen daher allein die Privatperson, die ihn benutzt. Die Tatsache, dass sie sich technischer Hilfsmittel oder Dritter als Werkzeuge bedient, ist ohne Belang. Damit ist unabhängig von der Unentgeltlichkeit dieses Angebotes die Nutzung eines **Internet-Videorecorders** gem. § 53 Abs. 1 UrhG privilegiert, sofern der Kunde die Hoheit über das Aufnahmegeschehen hat und der Aufzeichnungsprozess vollständig automatisiert abläuft (vgl BGH GRUR 2009, 845, 846 – Internet-Videorecorder). 20

b) **Privilegierte Verwendung, § 53 Abs. 2 UrhG.** Gem. § 53 Abs. 2 Nr. 1 UrhG ist zunächst das **Kopieren von Werken für eigene wissenschaftliche Zwecke** erlaubt, wenn sie keinen gewerblichen Zwecken dient. Der Begriff wissenschaftlicher Gebrauch ist in diesem Zusammenhang sehr weit auszulegen, so dass sich auch Forschungsinstitute, sowie Forschungseinrichtungen der Privatwirtschaft auf § 53 Abs. 2 Nr. 1 UrhG berufen können (*Schricker/Loewenheim/Loewenheim*, Urheberrecht, § 53 Rn 40; *Fromm/Nordemann*, Urheberrechtsgesetz, § 53 Rn 16). Zulässig ist gem. § 53 Abs. 2 Nr. 2 UrhG auch die Herstellung einzelner Vervielfältigungsstücke eines Werkes zur Aufnahme in ein eigenes Archiv, soweit die Vervielfältigung zu diesem Zweck geboten ist und als Vervielfältigungsvorlage ein eigenes Werkstück verwandt wurde. Diese Regelung privilegiert insbesondere firmeninternes Dokumentenmanagement, **gilt** allerdings **nicht für den gesamten Online-Bereich.** Des Weiteren ist es gem. § 53 Abs. 2 Nr. 4a UrhG erlaubt, zu einem sonstigen eigenen Gebrauch einzelne Beiträge aus Zeitungen oder Zeitschriften zu vervielfältigen. 21

c) **Schulunterricht und Weiterbildung.** Nach § 53 Abs. 3 UrhG ist es zulässig, Vervielfältigungsstücke von **kleinen Teilen** eines Werkes, von Werken geringen Umfangs oder einzelnen bereits erschienenen Zeitungsbeiträgen **zum eigenen Gebrauch für den Schulunterricht**, für nicht gewerbliche Einrichtungen der Aus- und Weiterbildung sowie ähnliche Institutionen anzufertigen. Zu beachten ist in diesem Zusammenhang, dass die Regelung lediglich für die Anfertigung von Kopien für eine Schulklasse gilt. 22

7. **Vergütungsanspruch, §§ 54 f UrhG.** Im Zuge der Umsetzung des „zweiten Korbes" sind zum 1.1.2008 insbesondere die früher geltenden §§ 54 und 54a f UrhG verändert worden. Nach wie vor verbleibt es zwar bei dem Grundsatz, dass ergänzend zu § 53 Abs. 1 und 2 UrhG **den betroffenen** 23

Urhebern ein Vergütungsanspruch gewährt wird. Allerdings hat der Gesetzgeber die bis dahin herrschende Differenzierung zwischen den unterschiedlichen Speichermedien und Gerätetypen aufgegeben und nunmehr in §§ 54 f UrhG die Pauschalvergütung für Urheber als Ausgleich für die Anfertigung der Privatkopie normiert. Aufgegeben wurde aber auch die gesetzliche Festlegung der Vergütungssätze. Der gesetzlich normierte Vergütungsanspruch steht auch den Inhabern von Leistungsschutzrechten, mit Ausnahme der Datenbankhersteller sowie der Sendeunternehmen, zu.

24 Gem. § 54 Abs. 1 UrhG sind vergütungspflichtig alle Geräte und Speichermedien, deren Typ zur Vornahme von zulässigen Vervielfältigungen gem. § 53 Abs. 1 bis 3 UrhG benutzt wird. Vergütungsfrei sind gem. § 54 Abs. 2 UrhG allerdings solche Geräte, in denen zwar ein zu Kopierzwecken nutzbarer Speicherchip eingebaut ist, dieser allerdings nach den Gesamtumständen typischerweise nicht zu Vervielfältigungshandlungen genutzt wird.

25 Die Höhe der Vergütung ist, wie eingangs ausgeführt, nicht mehr gesetzlich vorgegeben; in § 54a UrhG sind lediglich die Grundsätze dargestellt, die auf die Findung der Vergütungshöhe Einfluss nehmen sollen. Der Gesetzgeber gibt somit nur noch einen Rahmen vor, die jeweilige Vergütungshöhe soll von den beteiligten Kreisen vereinbart werden. Die Vergütungshöhe wird beeinflusst durch die tatsächliche Nutzung der betroffenen Speichermedien. Nach der Vorstellung des Gesetzgebers sind die relevanten Nutzungshandlungen durch empirische Marktuntersuchungen zu ermitteln. Soweit die betroffenen Werke mit Kopierschutzmaßnahmen ausgestattet sind, beeinflusst dies ausdrücklich gem. § 54a Abs. 1 S. 2 UrhG die Vergütungshöhe. Bei solchen Werken, die aufgrund technischer Einrichtungen tatsächlich nicht vervielfältigt werden können, entfällt der Anspruch auf eine Vergütung; Endverbraucher sollen nicht doppelt belastet werden. Aber auch die wirtschaftlichen Interessen der Hersteller von Geräten und Speichermedien sind gem. § 54a Abs. 4 UrhG ausdrücklich zu beachten. Zwar ist die ursprünglich vorgesehene Beteiligungsobergrenze (5% vom Verkaufspreis) nicht in das Gesetz aufgenommen worden, ausdrücklich muss allerdings die Vergütungshöhe auch in einem angemessenen Verhältnis zu dem Preisniveau des Gerätes bzw des Speichermediums stehen.

26 Gem. § 54b UrhG haften neben den Herstellern von Geräten und Speichermedien auch die Importeure und Händler, wobei das Gesetz eine gesamtschuldnerische Verpflichtung der genannten Gruppen anordnet. Nicht als Importeure gelten allerdings gem. § 54b Abs. 2 UrhG Spediteure und Frachtführer oder ähnlich Tätige, die lediglich Verbringungsleistungen vornehmen. Händler sind gem. § 54b Abs. 3 UrhG von einer Vergütungspflicht freigestellt, sofern bereits deren Bezugsquellen im Rahmen von Gesamtverträgen geleistet haben oder sie den Umfang der erworbenen Speichermedien und ihre Bezugsquellen schriftlich mitteilen.

27 § 54c UrhG regelt die früher in § 54a Abs. 2 UrhG normierte **Betreiberabgabe**, wonach auch bestimmte Großbetreiber (Schulen, Hochschulen sowie Einrichtungen der Berufsbildung oder der sonstigen Aus- und Weiterbildung, Forschungseinrichtungen, öffentliche Bibliotheken oder sog. Copy-Shops) von Reprografiegeräten als Anspruchsverpflichtete haften. Hintergrund dieser Regelung ist die Überlegung des Gesetzgebers, wonach die Interessen der Urheber- und Leistungsschutzberechtigten bei bestimmten Großbetreibern nicht durch die singuläre Geräteabgabe allein abgegolten sein können (*Dreier/Schulze*, UrhG Kommentar, § 54c Rn 1). Gegen die Betreiberabgabe wurden in der Vergangenheit verfassungsrechtliche Bedenken vorgebracht, die allerdings von Seiten des Bundesverfassungsgerichts in mehreren Entscheidungen zurückgewiesen wurden (BVerfG GRUR 1997, 123 – Kopierladen I; GRUR 1997, 124 – Kopierladen II).

28 Nach § 54e UrhG ist derjenige, der gewerblich Geräte oder Speichermedien in die Bundesrepublik Deutschland ein- oder wiedereinführt, verpflichtet, innerhalb eines bestimmten Zeitraums Art und Stückzahl der Geräte schriftlich mitzuteilen. Ein Verstoß gegen diese Rechtspflicht kann gem. § 54e S. 2 UrhG zu einer Verdoppelung der Vergütung führen. Diese Zusatzvergütung dient in erster Linie der Prävention und dem Anhalten zur Erteilung korrekter Auskünfte.

29 Aber auch der Urheber kann gem. § 54f UrhG von dem zur Zahlung der Vergütung Verpflichteten umfassend Auskunft über die Art und Stückzahl der veräußerten oder in den Verkehr gebrachten Geräte und Speichermedien verlangen. Macht der Verpflichtete falsche Angaben, so kann dies zur Verdoppelung seiner Vergütung führen, gem. § 54f Abs. 3 UrhG.

30 Zur Überprüfung der Grundlagen der Betreiberabgabe gem. § 54c UrhG ist der Urheber berechtigt, Kontrollbesuche durchzuführen, die allerdings den Geschäftsbetrieb möglichst nicht stören sollen (vgl § 54g UrhG).

Die Ansprüche nach §§ 54 bis 54c, 54e Abs. 2, §§ 54f und 54g können nur durch eine Verwertungsgesellschaft geltend gemacht werden (vgl § 54h UrhG). 31

8. Unwesentliches Beiwerk, § 57 UrhG. Gem. § 57 UrhG ist die Nutzung eines Werkes dann zulässig, wenn es lediglich als sog. unwesentliches Beiwerk neben dem eigentlichen Gegenstand der Nutzung anzusehen ist. Die Vorschrift hat eine eingeschränkte praktische Bedeutung, kommt allerdings gelegentlich zur Anwendung, wenn es um die Nutzung von Werken der bildenden Kunst und der Fotografie geht (vgl beispielsweise OLG München NJW 1989, 404 – Kunstwerke in Werbeprospekten). Ob die Werknutzung von § 57 UrhG gedeckt ist, **beurteilt sich nach einem objektiven Maßstab aus Sicht des Betrachters**, hängt also nicht von der Intention des Nutzenden ab. Erscheint demnach beispielsweise ein Werk der bildenden Kunst nur zufällig in einem Film, beispielsweise bei einem Kameraschwenk, so dürften die Voraussetzungen des § 57 UrhG vorliegen. Etwas anderes gilt allerdings dann, wenn ein Interview vor einem Werk der bildenden Kunst aufgenommen wird, da hier eine bewusste Auswahl des bildnerischen Hintergrunds geplant sein dürfte. Erst Recht liegt kein unwesentliches Beiwerk vor, wenn ein Einrichtungshaus mit der Abbildung möblierter Innenräume wirbt, an deren Wänden geschützte Werke der bildenden Kunst hängen (*Schricker/Loewenheim/Vogel*, Urheberrecht, § 57 Rn 9). 32

9. Werke an öffentlichen Plätzen, § 59 UrhG. § 59 UrhG regelt die Nutzung von urheberrechtlich geschützten Werken, die sich im öffentlichen Raum befinden. In diesem Zusammenhang ist nicht nur an die sog. **Kunst im öffentlichen Raum** zu denken, sondern § 59 UrhG hat auch Relevanz bei der Nutzung und Verwertung von architektonischen Leistungen, also sog. **Werken der Baukunst**. In diesem Zusammenhang ist noch einmal auf § 16 UrhG zu verweisen, wonach auch die Fotografie eines geschützten Werkes eine Vervielfältigungshandlung darstellt, die grundsätzlich durch den Urheber zu genehmigen ist. § 59 UrhG regelt nun jedoch, dass zumindest solche Werke, die sich **bleibend an öffentlichen Wegen und Plätzen befinden**, von jedermann fotografiert und sonst verwertet werden dürfen. Dabei spielt es keine Rolle, ob die Vervielfältigung für rein private oder persönliche Zwecke gedacht ist oder eine kommerzielle Auswertung (zB Herausgabe des Architekturbandes oder einer Postkartenserie) vorgesehen ist. 33

Wie alle weiteren Schrankenbestimmungen ist allerdings auch § 59 UrhG **eng auszulegen**, so dass nicht jede Form der Vervielfältigung eines im öffentlichen Raum stehenden Werkes von § 59 UrhG umfasst ist. Insbesondere hinsichtlich der Bauwerke ergibt sich bereits aus § 59 S. 2 UrhG, dass sich die Nutzungsbefugnisse nur auf die äußere Ansicht eines Bauwerkes beziehen. Dazu gehören insbesondere die Fassade, im Ganzen wie auch im Detail, oder auch ein künstlerisch geformtes Gartentor (OLG Hamburg GRUR 1974, 165, 167 – Gartentor). Die Innenräume eines Gebäudes und dessen Rückseite sind allerdings nicht mehr von der Schrankenregelung gem. § 59 UrhG umfasst, so dass für eine solche Vervielfältigung die Einwilligung des Berechtigten einzuholen wäre. Darüber hinaus ist zu beachten, dass sich das maßgebliche Werk tatsächlich an öffentlichen Wegen, Straßen oder Plätzen befinden muss, also an einem von **der Allgemeinheit frei zugänglichen** Ort. Ob sich das maßgebliche Werk auf privaten Grund befindet, ist dabei unerheblich. Entscheidend ist lediglich die Frage der Zugänglichkeit, so dass die Aufnahme eines urheberrechtlich geschützten Bauwerkes von dem Balkon einer allgemein nicht zugänglichen Wohnung aus nicht von § 59 UrhG gedeckt ist (BGH GRUR 2003, 1035 – Hundertwasserhaus; aA: OLG München ZUM 2001, 76). Zu beachten ist im Hinblick auf den Tatbestand des § 59 UrhG aber auch, dass sich das zu vervielfältigende Werk tatsächlich bleibend im öffentlichen Raum befindet, wobei auf die sog. **anfängliche Widmungsbestimmung** abzustellen ist. Danach ist vom Tatbestand des § 59 UrhG eine Vervielfältigung eines bloß temporär im öffentlichen Raum stehenden Werkes (zB des verhüllten Reichstages) nicht umfasst. 34

B. Übertragung von urheberrechtlichen Nutzungsrechten

Medienunternehmen, die eine fremde urheberrechtlich geschützte Leistung verwerten wollen, deren Schutzdauer nicht abgelaufen ist und bei denen keine Schrankenbestimmungen zugunsten des Verwerters greifen, sind gezwungen, zur rechtmäßigen Nutzung mit dem Urheber einen Vertrag über die Einräumung von urheberrechtlichen Nutzungsrechten zu treffen. Das **Urheberrecht** als solches ist nach § 29 Abs. 1 UrhG **grundsätzlich nicht übertragbar.** Etwas anderes gilt lediglich bei einer Übertragung durch letztwillige Verfügung, gem. § 29 Abs. 1 Hs 2 UrhG. **Übertragbar sind allerdings** gem. § 29 Abs. 2 UrhG iVm § 31 Abs. 1 UrhG die sog. **urheberrechtlichen Nutzungsrechte.** Diese Rechte beinhalten die Befugnis, das jeweilige Werk auf bestimmte oder alle denkbaren Nutzungsarten zu verwerten. Nicht umfasst sind von einer solchen Regelung jedoch das Urheberrecht oder das Verwer- 35 tungsrecht als Ganzes, was sich aus der in Deutschland geltenden monistischen Auffassung des Urheberrechts als einheitliches Recht ergibt (vgl *Schack*, Urheberrecht, Rn 593).

I. Einfache oder ausschließliche Nutzungsrechte, § 31 Abs. 1, 2, 3 UrhG

36 Zur Verwertung eines entsprechenden urheberrechtlichen Nutzungsrechts kann sich das Medienunternehmen sowohl ein **ausschließliches** als auch ein **einfaches Nutzungsrecht** einräumen lassen, § 31 Abs. 1 S. 2 UrhG. Bei Einräumung eines einfachen Nutzungsrechts ist der Erwerber (üblich auch als Lizenznehmer bezeichnet) lediglich berechtigt, das Werk auf die vereinbarte Art und Weise zu nutzen. Weder kann er seinerseits einem Dritten ein einfaches Nutzungsrecht einräumen, noch hat er die Befugnis, anderen eine gleichartige Nutzung zu untersagen. Vielmehr müsste er sich im Falle der Geltendmachung eines Abwehranspruchs von dem Rechteinhaber zur Klage in Prozessstandschaft ermächtigen lassen.

37 Demgegenüber ist der Inhaber eines ausschließlichen Nutzungsrechts gem. § 31 Abs. 3 S. 1 UrhG berechtigt, das Werk unter Ausschluss aller anderen Personen auf die ihm erlaubte Art zu nutzen und Nutzungsrechte einzuräumen. Der Abwehranspruch des Lizenznehmers eines ausschließlichen Nutzungsrechts geht soweit, dass er sogar den Urheber selbst auf Unterlassung in Anspruch nehmen könnte, falls dieser die Rechtsposition des Lizenznehmers beeinträchtigt. Will der Urheber trotz Übertragung eines ausschließlichen Nutzungsrechts das von ihm geschaffene Werk dennoch in einem bestimmten Umfeld nutzen und verwerten und sich gem. § 31 Abs. 3 S. 2 UrhG entsprechende Nutzungen vorbehalten, muss er die Rechtsübertragung inhaltlich beschränken (vgl *Dreier/Schulze*, UrhG Kommentar, § 31 Rn 58).

38 Welche Form der Nutzungsrechtsübertragung die jeweiligen Parteien wählen, ist in ihr alleiniges Ermessen gestellt. Es gilt der **Grundsatz der Vertragsfreiheit.** Dieser Grundsatz darf allerdings nicht darüber hinwegtäuschen, dass insbesondere in der Praxis zwischen Urhebern und Verwertungsunternehmen in der Regel Rechtsübertragungen zustande kommen, die Ausschließlichkeitscharakter haben. Vielfach wird einem Urheber nichts anderes übrig bleiben, als beispielsweise mit einem Verlag, einem Musik- oder einem Filmunternehmen eine umfassende Rechtsübertragung zu vereinbaren. Daneben ist es üblich, dass sich Medienunternehmen in pauschal gehaltenen Rechteabtretungen umfangreich und umfassend Nutzungsrechte an geschützten Werken einräumen lassen. Die Wirksamkeit derartiger Klauseln wird zwar insbesondere von der rechtswissenschaftlichen Literatur bezweifelt und ist im Hinblick auf die Geltung der sog. Zweckübertragungstheorie gem. § 31 Abs. 5 UrhG (vgl hierzu Rn 39) nicht unproblematisch, sie entspricht allerdings gängiger Praxis.

II. Zweckübertragungstheorie, § 31 Abs. 5 UrhG

39 Haben die Vertragsparteien bei der Einräumung von Nutzungsrechten die maßgeblichen Nutzungsarten nicht ausdrücklich einzeln bezeichnet, so ergibt sich nach § 31 Abs. 5 UrhG aus dem zugrunde gelegten Vertragszweck, auf welche Nutzungsarten sich die Nutzungseinräumung tatsächlich erstreckt. § 31 Abs. 5 UrhG enthält eine Auslegungsregel, wobei **im Zweifel** davon auszugehen ist, dass der Urheber seine Rechte **nur in dem Umfang** überträgt, **der unmittelbar zur Erreichung des Vertragszwecks erforderlich ist** (*Schricker/Loewenheim/Schricker/Loewenheim*, Urheberrecht, § 31 Rn 64). § 31 Abs. 5 UrhG greift als Auslegungsregelung zugunsten des Urhebers allerdings nur ein, wenn über den Umfang einer Rechtseinräumung Zweifel bestehen. Haben die Parteien in einem Lizenzvertrag jedoch die in Betracht kommenden Nutzungen im Einzelnen detailliert und nachvollziehbar geregelt, bleibt für eine Anwendung des § 31 Abs. 5 UrhG kein Raum. Die Vorschrift kommt vielmehr nur dann zum Tragen, wenn die Parteien entweder keine Regelungen getroffen haben oder die getroffenen Vereinbarungen nicht eindeutig sind. Im Bereich der Filmherstellung gilt § 31 Abs. 5 UrhG jedoch nicht, sondern wird durch die speziellere Regelung aus § 89 Abs. 1 UrhG verdrängt. Danach räumen die Filmmitwirkenden einem Filmhersteller im Zweifel das ausschließliche Recht ein, das Filmwerk auf alle bekannten Nutzungsarten zu nutzen.

III. Unbekannte Nutzungsarten, 31a UrhG

40 Mit Datum vom 1.1.2008 ist im Hinblick auf die sog. unbekannten Nutzungsarten eine neue Rechtslage entstanden. Bisher waren die Einräumung von Nutzungsrechten für bis dahin noch nicht bekannte Nutzungsarten sowie Verpflichtungen hierzu unwirksam. Nunmehr gelten für Verträge über unbe-

kannte Nutzungsarten §§ 31a, 32c UrhG, wobei zusätzlich noch die Übergangsregelung des § 137l UrhG zu beachten ist. Nach der in § 31a UrhG enthaltenen Regelung wird klargestellt, dass ein Medienunternehmen beispielsweise ältere Werke aus seinem Archiv unter bestimmten Voraussetzungen auch in Form von neuen Medien auswerten kann, ohne sich Unterlassungsansprüchen von Urhebern bzw anderen Berechtigten ausgesetzt zu sehen (kritisch hierzu: *Schack*, Urheberrecht, Rn 619 f).

Gem. § 31a Abs. 1 S. 1 UrhG bedarf jeder Vertrag über die Einräumung von Rechten für unbekannte Nutzungsarten zunächst der Schriftform. Nach § 31a Abs. 1 S. 2 UrhG ist die Beachtung der Form allerdings nicht notwendig, sofern der Urheber unentgeltlich ein einfaches Nutzungsrecht für jedermann eingeräumt hat. Zu beachten ist auch, dass ein Urheber gem. § 31a Abs. 1 S. 3 und 4 UrhG innerhalb einer Frist von drei Monaten nach entsprechender Mitteilung gegenüber dem Nutzungsrechtsinhaber den Widerruf der Einräumung erklären kann. Gem. § 31a Abs. 2 UrhG entfällt dieses Widerrufsrecht allerdings, wenn sich die Parteien im Hinblick auf die Nutzung eines Werkes auf eine Vergütung gem. § 32c Abs. 1 UrhG geeinigt haben. Das Gleiche gilt, sofern gem. § 31a Abs. 2 S. 2 UrhG die Parteien eine gemeinsame Vergütungsregelung erzielen konnten. Mit Tod des Urhebers erlischt das Widerrufsrecht, es kann somit nicht auf Erben oder Rechtsnachfolger übertragen werden, § 31 Abs. 2 S. 3 UrhG. Eine Sonderregelung zu gemeinschaftlichen Werken, wie zum Beispiel Opern oder Liedern, findet sich in § 31a Abs. 3 UrhG. Danach kann bei einer Gesamtheit von Werkbeiträgen die Ausübung des Widerrufsrechts unter dem Aspekt von Treu und Glauben eingeschränkt sein. Zu beachten ist, dass bei Filmwerken die §§ 31a Abs. 1 S. 3 und 4 und Abs. 1 bis 4 UrhG im Zweifel keine Anwendung finden (vgl §§ 88 Abs. 1 S. 2, 89 Abs. 1 S. 2 UrhG), so dass insofern kein Widerrufsrecht der einzelnen Urheber besteht. 41

§ 31a Abs. 4 UrhG regelt zum Schutz des Urhebers zusätzlich, dass auf die Rechte aus den Absätzen 1 bis 3 im Voraus nicht verzichtet werden kann. Was den Anwendungsbereich von § 31a UrhG in zeitlicher Hinsicht angeht, so sieht § 137l UrhG vor, dass die Vorschrift auf solche Nutzungsverträge Anwendung finden soll, die in dem Zeitraum vom 1.1.1966 bis zum 1.1.2008 geschlossen wurden. Zum Schutz des Urhebers ist in § 137l Abs. 1 Satz 2 UrhG zusätzlich eine Verlängerung des Widerrufsrechts auf ein Jahr vorgesehen, sofern die Nutzungsart am 1.1.2008 bereits bekannt war. Gem. § 137l Abs. 5 UrhG hat der Urheber den Anspruch auf eine gesonderte angemessene Vergütung, sofern der Werknutzer eine neue Art der Werknutzung aufnimmt, die zum Zeitpunkt des Vertragsschlusses noch unbekannt war. Dieser Vergütungsanspruch kann gem. § 137l Abs. 5 S. 3 UrhG allerdings nur durch eine Verwertungsgesellschaft geltend gemacht werden. Hat der Vertragspartner gem. § 137l Abs. 5 S. 4 UrhG das Nutzungsrecht einem Dritten übertragen, haftet allein der Dritte für die Vergütung. 42

60. Abschnitt: Verwandte Schutzrechte

1 Das Urheberrechtsgesetz enthält in den §§ 70–87 e, 94 und 95 UrhG die sog. Leistungsschutzrechte. Diese immateriellen Rechte beziehen sich auf die **künstlerischen Leistungen der Interpreten.** Sie gelten aber auch für mehrere **unternehmerische Leistungen**, wie zB die von Veranstaltern, Tonträgerherstellern, Sendeunternehmen und Filmherstellern. Auch die Hersteller von Datenbanken verfügen mittlerweile über eigene Leistungsschutzrechte. Zur Verbesserung des Schutzes von Presseerzeugnissen vor allem im Internet wird darüber hinaus seit 2010 um die Einführung eines eigenen **Leistungsschutzrechtes für Presseverlage** gerungen. Die in diesem Zusammenhang geführte Diskussion ist jedoch noch immer sowohl hinsichtlich der Frage des „ob", als auch der Frage des „wie" kontrovers. Auch wenn die ersten Anhörungen durch das Bundesministerium der Justiz bereits erfolgten, ist noch nicht absehbar, „ob" und wenn ja, in welcher Form in naher Zukunft ein solches Leistungsschutzrecht geschaffen wird.

2 Urheberrecht und Leistungsschutzrechte stehen **nebeneinander**, beziehen sich also auf unterschiedliche, ggf auch kreative Leistungen. Denkbar ist allerdings, dass Urheberrechtsschutz und Leistungsschutzrechte in einer Person zusammenfallen. So beispielsweise bei dem Musiker, der sowohl den Text eines Stückes schreibt, wie auch dessen Komposition und anschließend seine Stücke auch selbst vorträgt. Er ist sowohl Urheber wie auch Leistungsschutzberechtigter. Das Leistungsschutzrecht als solches existiert, von Ausnahmen abgesehen, nicht als einheitliches Recht, sondern ist letztlich nur eine Bezeichnung für die Summe einzelner, getrennt verwertbarer Befugnisse (so zu Recht: *Schack*, Urheberrecht, Rn 658).

A. Lichtbilder, § 72 UrhG

3 Nicht alle in Betracht kommenden Fotografien sind als Lichtbildwerke gem. § 2 Abs. 1 Nr. 5 UrhG zu qualifizieren (s. auch 57. Abschnitt Rn 31 f), insbesondere rein handwerkliche oder automatisierte Aufnahmen (zB Röntgenbilder, Satellitenfotos) erreichen die sog. Werkqualität nicht. Dennoch sind auch solche Fotografien nicht schutzlos, sondern unterfallen § 72 UrhG. Demnach genießen sie als Lichtbilder gem. § 72 Abs. 3 UrhG spätestens 50 Jahre nach Erscheinen urheberrechtlichen Schutz.

4 Der leistungsschutzrechtliche Lichtbildschutz entsteht **unabhängig von der Herstellungsweise einer Fotografie** (analog oder digital). Voraussetzung für einen Lichtbildschutz ist lediglich, dass die Abbildung durch Licht oder eine andere strahlende Energie erzeugt und festgehalten wird. Zu beachten ist allerdings, dass **rein mechanische Reproduktionshandlungen**, wie sie etwa bei der Fotokopie vorkommen, **keinen Lichtbildschutz** genießen (*Schricker/Loewenheim/Vogel*, Urheberrecht, § 72 Rn 23). Voraussetzung für die Entstehung des Lichtbildschutzes ist vielmehr, dass auch der Lichtbildner im Rahmen eines minimalen Gestaltungsspielraums tätig war (*Schack*, Urheberrecht, Rn 722).

5 Was die Rechtsposition des Lichtbildners anbelangt, so gelten für dessen Werke **die Vorschriften des ersten Teils des Urheberrechtsgesetzes entsprechend.** Er hat somit also einen Anspruch auf Wahrung der Urheberpersönlichkeitsrechte gem. §§ 12 f UrhG und ihm stehen auch sämtliche urheberrechtlichen Verwertungsrechte nach §§ 15 ff UrhG zu. Zugunsten des Lichtbildners besteht allerdings ein geringerer Schutzumfang, so dass insbesondere im Bereich der urheberrechtlichen Verwertungsrechte idR lediglich die identische Übernahme einer Fotografie dem Ausschließlichkeitsrecht des Lichtbildners gem. § 16 UrhG unterliegt. Aufgrund der geringeren Individualität der Ausgangsleistung dürfte bei einer Umgestaltung eines Lichtbildes überwiegend an eine freie Benutzung iSv § 24 UrhG zu denken sein (*Schricker/Loewenheim/Vogel*, Urheberrecht, § 72 Rn 30).

B. Der ausübende Künstler, § 73 UrhG

6 Ein ausübender Künstler ist eine Person, die ein Werk aufführt, singt, spielt oder auf andere Weise darbietet oder zumindest an einer solchen Darbietung künstlerisch mitwirkt. Voraussetzung für die Anerkennung als ausübender Künstler ist daher, dass das **dargebotene Werk zumindest urheberrechtsschutzfähig** ist. Ob das Werk selbst noch geschützt oder bereits aufgrund Zeitablaufs gemeinfrei ge-

worden ist, ist unerheblich (*Schricker/Loewenheim/Krüger*, Urheberrecht, § 73 Rn 12). Da das Leistungsschutzrecht des ausübenden Künstlers an dessen Tätigkeit der Werkinterpretation anknüpft, gelten typischerweise Sänger, Schauspieler und vergleichbare Künstler zu dem Kreis der Leistungsschutzberechtigten. Zirkus- und Varietékünstler gelten hingegen nicht als Leistungsschutzberechtigte, da ihren Darbietungen idR kein Werk iSd § 2 Abs. 1 Nr. 1–3 UrhG zugrunde liegt. Aus diesem Grund existiert auch kein Leistungsschutzrecht für Spitzensportler und ähnlich tätige Personen.

Das Leistungsschutzrecht schützt die **persönliche Darbietung** eines Schauspielers, Tänzers, Sängers oder Musikers, wobei die künstlerische Leistung ein **Mindestmaß an kreativer Qualität** aufweisen muss. Zur Anerkennung des Leistungsschutzrechtes genügt auch die bereits aus der Werkdefinition bekannte „kleine Münze" (*Schack*, Urheberrecht, Rn 663). 7

Besteht zugunsten einer künstlerischen Leistung das Leistungsschutzrecht aus § 73 UrhG, hat der ausübende Künstler gem. § 77 Abs. 1 UrhG das ausschließliche Recht, seine Darbietung auf Bild- oder Tonträger **aufzunehmen**. Ferner steht ihm gem. § 77 Abs. 2 UrhG das ausschließliche Recht zu, den Bild- oder Tonträger, auf den seine Darbietung aufgenommen worden ist, zu **vervielfältigen** und zu **verbreiten**. § 77 UrhG bezieht sich somit auf die körperliche Auswertung der künstlerischen Leistung, während § 78 UrhG weitere Ausschließlichkeitsrechte des Künstlers im Falle der unkörperlichen Wiedergabe vorsieht. So hat der ausübende Künstler gem § 78 Abs. 1 Nr. 1 UrhG das Recht, seine Leistung **öffentlich zugänglich zu machen** (§ 19a UrhG). Er hat ferner gem. § 78 Abs. 1 Nr. 2 UrhG das ausschließliche Recht, seine Darbietung zu **senden**, es sei denn die Darbietung ist bereits erlaubterweise auf Bild- oder Tonträger aufgenommen worden. Schließlich steht dem ausübenden Künstler gem. § 78 Abs. 1 Nr. 3 UrhG auch das Recht zu, seine Darbietung außerhalb des Raumes, in dem sie stattfindet, durch Bildschirm, Lautsprecher oder ähnliche technische Einrichtungen **öffentlich wahrnehmbar** zu machen. Weitere Verbotsrechte, wie sie etwa aus §§ 21, 22 UrhG bekannt sind, sieht das Leistungsschutzrecht allerdings nicht vor. Vielmehr gilt gem. § 78 Abs. 2 UrhG, dass dem ausübenden Künstler im Falle einer sog. Zweitverwertung lediglich eine angemessene Vergütung zusteht; weitergehende Unterlassungsansprüche kann er hingegen nicht geltend machen. Hat demnach ein Musiker einen Tonträger aufgenommen und ist dieser erschienen, kann er nicht verlangen, dass dieser Tonträger gesendet, also von Rundfunkanstalten verwertet wird. Dem ausübenden Künstler steht im Fall der Verwertung jedoch gem. § 78 Abs. 2 UrhG eine angemessene Vergütung zu, auf die er auch nicht nach § 78 Abs. 3 UrhG im Voraus verzichten kann. Gem. § 79 UrhG kann der ausübende Künstler seine Rechte und Ansprüche aus den §§ 77 und 78 UrhG auf Dritte übertragen. Eine solche Übertragung ist auch hinsichtlich unbekannter Nutzungsarten ohne Weiteres wirksam, da § 79 Abs. 2 S. 2 UrhG nicht auf § 31a UrhG verweist. 8

Neben den Verwertungsrechten besteht zugunsten des ausübenden Künstlers aber auch ein **eigenständiges Künstlerpersönlichkeitsrecht**. So hat der Künstler nach § 74 Abs. 1 UrhG ein gesetzliches Recht auf Anerkennung und Namensnennung, was dem bereits bekannten § 13 UrhG entspricht. Analog § 14 UrhG kann der ausübende Künstler aber auch gem. § 75 UrhG verlangen, dass eine Entstellung oder eine andere Beeinträchtigung seiner Darbietung zu unterlassen ist, sofern diese geeignet ist, sein Ansehen oder seinen Rufes als Künstler zu gefährden. Eine solche Gefährdung kann bereits dann vorliegen, wenn im Falle der Nachsynchronisation eines Filmes einem Schauspieler die Stimme eines anderen unterlegt wird (OLG München NJW 1959, 388). Zu beachten ist allerdings, dass zur Feststellung einer Beeinträchtigung iSd § 75 UrhG eine umfassende Interessenabwägung zwischen dem Integritätsrecht des Künstlers einerseits und dem berechtigten Verwertungsinteresse andererseits stattzufinden hat. Maßgeblich ist somit, ob unter Zugrundelegung der künstlerischen Leistung und des Ruf des Künstlers eine erhebliche Beeinträchtigung seiner Darbietung zu erwarten ist (*Dreier/Schulze*, UrhG Kommentar, § 75 Rn 7). Die Beeinträchtigung einer Darbietung iSv § 75 UrhG setzt dabei nicht stets voraus, dass die künstlerische Leistung selbst verändert oder bearbeitet wird. Anerkannt ist vielmehr auch, dass die Verwendung einer künstlerischen Leistung in einem Künstler beeinträchtigenden Gesamtumfeld nicht akzeptiert werden muss. Dies trifft insbesondere bei der gezielten Verwendung von Musikstücken bei Wahlkämpfen zu. Hier passiert es häufiger, dass Spitzenkandidaten einer Partei ihre öffentlichen Auftritte stets mit der gleichen Erkennungsmelodie verbinden. Eine solche politisch einseitige Verwertung müssen sich ausübende Künstler idR jedoch nicht gefallen lassen (LG München I UFITA 87, 1980, 342, 345 – Wahlkampf). 9

C. Schutz des Veranstalters, § 81 UrhG

10 Auch der Veranstalter von Theatervorstellungen und Konzerten genießt für seine **unternehmerische Leistung ein eigenes und von den Rechten der Interpreten unabhängiges Leistungsschutzrecht,** § 81 UrhG. Der Veranstalter kann daher aufgrund seiner originären Rechtsposition gegen die ungenehmigte Verwertung seiner Leistung Ausschließlichkeitsrechte geltend machen. Einen Anspruch auf die Vergütung der Interpreten gem. § 78 Abs. 2 UrhG hat der Veranstalter allerdings nicht.

11 Unter einer Veranstaltung ist die Live-Darbietung eines **schutzfähigen Werkes** vor einem Publikum zu verstehen (*Dreier/Schulze*, UrhG Kommentar, § 81 Rn 3). Daraus folgt, dass der Veranstalter von Sportveranstaltungen und insbesondere Fußballspielen keinen Veranstalterschutz nach § 81 UrhG genießt (BGH Urt. v. 28.10.2010, I ZR 60/09 – Hartplatzhelden).

12 Gemäß § 82 UrhG gilt für die Leistungsschutzrechte eines Veranstalters eine lediglich **25-jährige Schutzfrist**. Die Berechnung der Frist erfolgt gem. § 69 UrhG, wobei für ihren Beginn unterschiedliche Anknüpfungspunkte in Betracht kommen.

D. Schutz des Tonträgerherstellers, § 85 UrhG

13 Auch der Hersteller von Tonträgern genießt für seine Leistung ein eigenes originäres Leistungsschutzrecht, ist also nicht darauf angewiesen, sich beispielsweise Verbietungsansprüche des Künstlers übertragen zu lassen. Tonträger iSv § 85 UrhG ist nach der Legaldefinition in Art. 3 lit. b. Rom-Abkommen **jede ausschließlich auf den Ton beschränkte Festlegung der Töne einer Darbietung und anderer Töne.** Damit gilt ein weit reichender Tonträgerbegriff, so dass nicht nur die langläufig bekannte CD bzw DVD als Tonträger zu betrachten ist. Maßgeblich ist lediglich, dass unabhängig von dem technischen Verfahren Töne so festgehalten werden, dass sie jederzeit reproduziert werden können. Infolge dessen können sich auch Tonstudiobetreiber auf einen Schutz aus § 85 Abs. 1 UrhG berufen, sofern sie die in ihrem Studio erzeugten Töne auf Datenträger abspeichern. Das Entstehen des Leistungsschutzrechts nach § 85 Abs. 1 UrhG setzt darüber hinaus nicht voraus, dass die aufgenommenen Töne als Werk iSd Urheberrechtsgesetzes qualifiziert werden müssen. Vielmehr kommen auch Tierstimmen, Naturgeräusche, Motorengeräusche und sonstige Imitationen von Geräuschen als Tonmaterial iSd § 85 UrhG in Betracht (*Dreier/Schulze*, UrhG Kommentar, § 85 Rn 18). Darüber hinaus werden die Rechte des Tonträgerherstellers auch durch die Entnahme kleinster Tonfetzen – wie beispielsweise beim sog. **Sampling** – verletzt (BGH NJW 2009, 770 – Metall auf Metall).

14 Zu beachten ist allerdings, dass gem. § 85 Abs. 1 S. 3 UrhG das Leistungsschutzrecht nur durch die **Erstfixierung** entsteht, nicht jedoch durch die Vervielfältigung dieser Erstaufnahmen. Daraus folgt, dass beispielsweise das CD-Presswerk, welches erst nach Fertigstellung der Aufnahme die industrielle Vervielfältigung des Tonträgers besorgt, keine Ansprüche aus § 85 UrhG herleiten kann (*Schricker/Loewenheim/Vogel*, Urheberrecht, § 85 Rn 33).

E. Schutz des Sendeunternehmens, § 87 UrhG

15 Durch die Veranstaltung von Funksendungen genießen Sendeunternehmen gem. § 87 UrhG ein besonderes Leistungsschutzrecht. Nach § 87 Abs. 1 Nr. 1 UrhG steht ihnen das ausschließliche Recht zu, **Funksendungen weiter zu senden und öffentlich zugänglich zu machen,** Funksendungen **auf Bild- oder Tonträger aufzunehmen** (Nr. 2) und Funksendungen **an Stellen öffentlich wahrnehmbar zu machen, die der Öffentlichkeit nur gegen Zahlung eines Eintrittsgeldes zugänglich sind** (Nr. 3). Hintergrund für die Zuerkennung eines eigenen Leistungsschutzrechts für Sendeunternehmen ist die Tatsache, dass Sendeunternehmen eine erheblich organisatorisch technische Leistung zu erbringen haben, die belohnt werden soll. Ihr originärer Leistungsschutz entsteht unabhängig von der Frage, ob sie urheberrechtsschutzfähige Werke ausstrahlen oder nicht (*Schricker/Loewenheim/v. Ungern-Sternberg*, Urheberrecht, § 87 Rn 28).

16 **Sendeunternehmen** iSd § 87 UrhG **ist dasjenige Unternehmen** oder diejenige Person, **welche eine Funksendung im Sinne von § 20 UrhG durchführt, die zum Empfang durch die Öffentlichkeit oder doch zumindest eines Teils von dieser bestimmt ist** (*Dreier/Schulze*, UrhG Kommentar, § 87 Rn 5). Unerheblich ist, in welcher Rechtsform das Sendeunternehmen agiert. Ebenso spielt es keine Rolle, ob das betreffende Unternehmen die gesendeten Inhalte selbst produziert hat, oder ob das Sendeunternehmen eigene Sendeanlagen unterhält (*Dreier/Schulze*, UrhG Kommentar, § 87 Rn 5). Dies bedeutet, dass auch

ein Kabelunternehmen, welches eine fremde Sendeleistung in sein Netz einspeist, als Sendeunternehmen zu verstehen ist. Die bloße zeitgleiche und unveränderte Weitersendung löst allerdings nach allgemeiner Auffassung keinen eigenen Leistungsschutz zugunsten des Kabelunternehmens aus (*Dreier/Schulze*, UrhG Kommentar, § 87 Rn 6; *Schricker/Loewenheim/v. Ungern-Sternberg*, Urheberrecht, § 87 Rn 13; *Schack*, Urheberrecht, Rn 706). Gem. § 87 Abs. 3 S. 1 UrhG erlischt das Ausschließlichkeitsrecht des Sendeunternehmens 50 Jahre nach der ersten Funksendung, so dass die erneute Ausstrahlung einer Sendung kein eigenes neues Schutzrecht begründet. Nach § 87 Abs. 4 UrhG sind sämtliche urheberrechtlichen Schrankenbestimmungen mit Ausnahme des § 47 Abs. 2 S. 2 UrhG und des § 54 Abs. 1 UrhG entsprechend anzuwenden. Dies bedeutet in der Praxis, dass Sendeunternehmen trotz Anerkennung eines eigenen originären Leistungsschutzrechts keinen Anspruch auf die Leerträger oder Geräteabgabe haben. Etwas anderes gilt nur dann, wenn Sendeunternehmen auch Inhaber der Leistungsschutzrechte aus §§ 85, 94 UrhG, also Tonträger- oder Filmhersteller, sind. In diesem Fall unterliegen sie nicht mehr den Beschränkungen des § 87 Abs. 4 UrhG, da sie sonst gegenüber anderen Tonträger- und Filmherstellerunternehmen benachteiligt wären (vgl hierzu *Schack*, Urheberrecht, Rn 708).

F. Schutz des Filmherstellers, § 94 UrhG

Gem. § 94 Abs. 1 S. 1 UrhG hat der Filmhersteller das ausschließliche Recht, den Bildträger, auf wel- 17
chen das Filmwerk aufgenommen worden ist, zu vervielfältigen, zu verbreiten und zur öffentlichen Vorführung, Funksendung oder öffentlichen Zugänglichmachung zu benutzen. § 94 UrhG gewährt somit dem Filmproduzenten ein **eigenes originäres Leistungsschutzrecht** für dessen unternehmerische Leistung auf wirtschaftlich-organisatorischem Gebiet (*Schricker/Loewenheim/Katzenberger*, Urheberrecht, § 94 Rn 5). Dabei ist es unerheblich, in welcher Rechtsform der Filmhersteller agiert. Auch der Amateurfilmer oder eine Einzelfirma können sich auf den Schutz aus § 94 UrhG ebenso berufen wie große Filmherstellungsunternehmen, die in Form einer juristischen Person handeln. Im letzten Fall steht das Filmherstellungsrecht dann dem Inhaber des Unternehmens, nicht allerdings den dort angestellten Arbeitnehmern zu (*Dreier/Schulze*, UrhG Kommentar, § 94 Rn 5).

Was die Rechtsposition des Filmherstellers angeht, so hat dieser gem. § 94 Abs. 1 S. 1 UrhG zunächst 18
die Möglichkeit, die Verwertung des von ihm erstellten Filmwerkes zu kontrollieren, also ungenehmigte **Vervielfältigungshandlungen zu untersagen**. Gem. § 94 Abs. 1 S. 2 UrhG hat der Filmhersteller allerdings auch das Recht, jede **Entstellung oder Kürzung der Bild- oder Tonträger zu verbieten**, die geeignet sind, **die berechtigten Interessen des Filmherstellers zu gefährden**. Dem Filmhersteller steht somit auch ein dem § 14 UrhG angenähertes Persönlichkeitsrecht zu, was insbesondere bei der nachträglichen Kürzung von Filmen relevant werden kann. Es hat in diesem Fall eine Abwägung der Interessen des Filmherstellers mit denen des Verwerters stattzufinden, wobei die wirtschaftlichen Interessen des Filmherstellers im Vordergrund stehen (*Schricker/Loewenheim/Katzenberger*, Urheberrecht, § 94 Rn 28). Die **Dauer des Schutzrechtes** eines Filmherstellers beträgt gemäß § 94 Abs. 3 UrhG **grundsätzlich 50 Jahre**, wobei es für die Berechnung der Frist unterschiedliche Anknüpfungspunkte geben kann. Danach beträgt die maximale Schutzdauer rechnerisch 100 Jahre (*Schricker/Loewenheim/Katzenberger*, Urheberrecht, § 94 Rn 35).

61. Abschnitt: Ansprüche

1 Im Falle der Verletzung eines Urheber- oder Leistungsschutzrechts stehen dem Berechtigten umfangreiche zivilrechtliche und strafrechtliche Rechtsschutzmaßnahmen zu. Darüber hinaus hat der Gesetzgeber auch Regelungen zum Schutz technischer Schutzmaßnahmen geschaffen. Schließlich wurden durch das „Gesetz zur Verbesserung der Durchsetzung von Rechten des geistigen Eigentums" (BT-Drucks. 16/5048) die §§ 97 ff UrhG neu gefasst, um die Stellung der Rechtsinhaber weiter zu verbessern und die Verfolgung von Urheberrechtsverletzungen zu erleichtern. In diesem Zusammenhang wurde neben anderen Ansprüchen insbesondere der Vorlage- und Besichtigungsanspruch sowie der Auskunftsanspruch umfassend geregelt (vgl §§ 97a, 101, 101a, 101b, 102a UrhG).

A. Zivilrechtliche Ansprüche

2 Die wichtigste Anspruchsgrundlage zur Verfolgung zivilrechtlicher Ansprüche bei Urheberrechtsverletzungen ergibt sich aus § 97 UrhG. Nach § 97 Abs. 1 S. 1 UrhG kann der in seinem Urheber- oder Leistungsschutzrecht Verletzte vom Verletzer die **Beseitigung der Beeinträchtigung** und im Falle der Wiederholungsgefahr auch **Unterlassung** verlangen. Nach § 97 Abs. 2 S. 1 kann der Verletzte, wenn dem Verletzer Vorsatz oder Fahrlässigkeit zur Last gelegt werden kann, auch **Schadensersatz** einfordern. § 97 UrhG ist im Falle der Urheberrechtsverletzung lex specialis, schließt allerdings gem. § 102a UrhG ausdrücklich Ansprüche aus anderen gesetzlichen Vorschriften (§§ 812, 823 BGB, § 3 UWG) nicht aus. Zu beachten ist, dass in den Schutzbereich des § 97 UrhG nicht nur die unmittelbaren Urheber- und Leistungsschutzberechtigten fallen, sondern auch die Inhaber ausschließlicher Nutzungsrechte gem. § 31 Abs. 3 UrhG. Denn auch sie verfügen über gegenüber jedermann wirkende Verbotsrechte (*Dreier/Schulze*, UrhG Kommentar, § 97 Rn 5). Neben den Ansprüchen aus § 97 UrhG kommen als weitere relevante Rechtsmittel auch noch der **Vernichtungsanspruch** gemäß § 98 UrhG und der **Auskunftsanspruch** gem. § 101 UrhG in Betracht.

I. Voraussetzungen, § 97 UrhG

3 Voraussetzung des Anspruchs ist zunächst, dass ein urheberrechtlich geschütztes Werk verwertet oder verletzt worden ist und diese Tathandlung weder unter die Schrankenbestimmung gem. §§ 44a ff UrhG fällt noch seitens des Rechteinhabers genehmigt worden ist. Auf Tatbestandsebene setzt § 97 Abs. 1 bzw Abs. 2 UrhG weiter voraus, dass neben der **Verletzungshandlung** auch die **Rechtswidrigkeit** derselben gegeben sein muss. In der Praxis bereitet diese Voraussetzung allerdings keine größeren Probleme, da die Tatbestandsmäßigkeit der Rechtsverletzung auch deren Rechtswidrigkeit indiziert (*Schricker/Loewenheim/Wild*, Urheberrecht, § 97 Rn 29; *Schack*, Urheberrecht, Rn 762 mwN). Zur Geltendmachung von Beseitigungs- und Unterlassungsansprüchen ist im Übrigen nicht erforderlich, dass der Verletzer schuldhaft gehandelt hat; vielmehr reicht bereits die Rechtswidrigkeit der Verletzungshandlung aus. Lediglich bei der Geltendmachung von Schadensersatzansprüchen wegen Urheberrechtsverletzung muss der Anspruchsteller Vorsatz oder Fahrlässigkeit des Verletzers nachweisen. Dabei sind an den Fahrlässigkeitsvorwurf allerdings nur geringe Anforderungen zu stellen, insbesondere entlastet den Verletzer nicht etwa fehlendes Unrechtsbewusstsein (*Schack*, Urheberrecht, Rn 765 mVa BGH GRUR 1982, 102, 104 – Masterbänder).

4 **Passivlegitimiert** im Hinblick auf die Ansprüche aus § 97 UrhG ist nicht nur der **unmittelbare Verletzer**, sondern auch derjenige, **der einen sonstigen Grund für eine adäquate Verursachung gesetzt hat** (*Schricker/Loewenheim/Wild*, Urheberrecht, § 97 Rn 63). Eine besondere Differenzierung nach der Rolle der Beteiligung – etwa im Sinne einer strafrechtlichen Qualifikation als Täter oder Teilnehmer – ist im Urheberrecht nicht notwendig, da grundsätzlich jede Art der Beteiligung eine Inanspruchnahme

begründet (*Schricker/Loewenheim/Wild*, Urheberrecht, § 97 Rn 63). So haftet etwa der Nutzer eines unzureichend gesicherten WLAN-Routers für Urheberrechtsverletzungen, die über seinen Internetanschluss begangen wurden (BGH GRUR 2010, 633 – Sommer unseres Lebens), oder der Vertreiber einer Software, der gezielt mit der Ermöglichung von Urheberrechtsverletzungen wirbt (BGH GRUR 2009, 841 – Cybersky). Auch derjenige, der die Grenzen eines ihm vertraglich eingeräumten Nutzungsrechts überschreitet, kann nicht nur vertragsrechtlich zur Verantwortung gezogen werden, sondern zudem aus dem Gesichtspunkt des § 97 UrhG (*Dreier/Schulze*, UrhG Kommentar, § 97 Rn 23). Keine urheberrechtliche Verantwortlichkeit liegt hingegen bei bloßen Hilfspersonen vor, die in keinem inneren Zusammenhang mit der Verletzungshandlung stehen. Beispiel hierfür sind Briefträger, Zeitungsausträger, Kartenverkäufer, Platzanweiser, Stromlieferanten etc. Denn maßgeblich ist zur Bestimmung der Passivlegitimation, ob der Hilfsperson die verletzende Handlung in sozialtypischer Hinsicht als eigenes Tätigwerden zugerechnet werden kann, und ob ihr eine gewisse Entscheidungsbefugnis in Bezug auf die maßgebliche Handlung zukommt (*Dreier/Schulze*, UrhG Kommentar, § 97 Rn 32).

Eine **besondere Rechtslage** gilt jedoch bei Urheberrechtsverletzungen, die **im Internet oder bei der Onlinenutzung** von Werken stattfinden. Der Gesetzgeber hat bereits sehr früh für die hier handelnden Gruppen Haftungserleichterungen eingeführt, um insbesondere Informationsvermittler vor unabsehbaren Haftungsrisiken zu bewahren (*Schack*, Urheberrecht, Rn 771). Maßgeblich sind insoweit die §§ 7–10 Telemediengesetz (TMG). Das TMG beruht auf dem bis zum 28.2.2007 geltenden Teledienstegesetz (TDG), welches in den §§ 8 f die gleichen Regelungen enthielt. Klargestellt ist gem. § 7 Abs. 1 TMG zunächst, dass Diensteanbieter für eigene Inhalte nach allgemeinen Grundsätzen verantwortlich sind. Zu beachten ist dabei, dass zu den eigenen Inhalten iSd Vorschrift auch fremde Inhalte gehören, die sich der Diensteanbieter zu eigen macht, indem er diese etwa vor Freischaltung auf Vollständigkeit oder Richtigkeit prüft oder sich die Nutzungsrechte daran einräumen lässt (BGH GRUR 2010, 616 – marions-kochbuch.de). Demgegenüber sind Diensteanbieter gem. § 8 TMG für fremde Informationen grundsätzlich nicht verantwortlich, sofern sie die Übermittlung nicht veranlasst (Nr. 1), den Adressaten der übermittelten Information nicht ausgewählt (Nr. 2) und die übermittelten Informationen nicht ausgewählt oder verändert haben (Nr. 3). Darüber hinaus enthalten die §§ 9 und 10 TMG weitere Haftungsprivilegierungen für solche Diensteanbieter, die Informationen für Nutzer vorübergehend oder endgültig speichern. Die Anbieter iSd §§ 8–10 TMG müssen also gem. § 7 Abs. 2 S. 1 TMG die von ihnen übermittelten oder gespeicherten Informationen nicht überwachen oder nach Umständen forschen, die auf eine rechtswidrige Tätigkeit hinweisen (vgl hierzu *Schricker/Loewenheim/Wild*, Urheberrecht, § 97 Rn 85). § 7 Abs. 2 S. 2 TMG stellt allerdings auch klar, dass die privilegierten Diensteanbieter im Falle der Kenntnis von einer etwaigen Rechtswidrigkeit der Informationen zur Löschung oder Sperrung der Nutzung nach den allgemeinen Gesetzen verpflichtet sind (vgl BGH GRUR 2004, 860 – Internetversteigerung; Entscheidung des BGH GRUR 2007, 708 – Internet-Versteigerung II; *Dreier/Schulze*, UrhG Kommentar, § 97 Rn 45). 5

II. Ansprüche des Verletzten

Wie bereits angesprochen, kann der in seinem Urheberrecht Verletzte von dem Verletzer gem. § 97 Abs. 1 UrhG Unterlassung, Beseitigung und nach § 97 Abs. 2 UrhG ggf Schadensersatz verlangen. 6

1. Unterlassungsanspruch. Von besonderer Bedeutung ist in der Praxis der Unterlassungsanspruch aus § 97 Abs. 1 S. 1 UrhG. Dieser ist § 1004 Abs. 1 S. 1 BGB nachgebildet und setzt explizit **kein Verschulden des Verletzers** voraus. Darüber hinaus kann der Unterlassungsanspruch als vorbeugender Anspruch geltend gemacht werden (§ 97 Abs. 1 S. 2 UrhG), der Verletzte muss also nicht etwa die Verletzungshandlung zumindest einmal geschehen lassen. Eine **Erstbegehungsgefahr** ist vielmehr bereits dann gegeben, wenn die objektiv rechtswidrige Verletzung bevorsteht (BGH GRUR 1984, 54, 55 – Kopierläden). Hat der Verletzer jedoch auf eine entsprechende Abmahnung hin eine sog. strafbewehrte Unterlassungserklärung abgegeben, so entfällt die Gefahr einer Rechtsverletzung, ein dennoch anhängig gemachter Unterlassungsanspruch wäre demnach unbegründet. Konnte der Verletzte einen vorbeugenden Unterlassungsanspruch nicht mehr rechtzeitig geltend machen und ist es bereits zu einer Verletzungshandlung gekommen, so indiziert diese auch die für einen Unterlassungsanspruch nachzuweisende **Wiederholungsgefahr** (vgl *Dreier/Schulze*, UrhG Kommentar, § 97 Rn 41 mwN). 7

Abschließend ist im Hinblick auf den Unterlassungsanspruch anzumerken, dass dieser in der Praxis überwiegend im Wege des einstweiligen Rechtsschutzes gem. §§ 916, 936 ZPO geltend gemacht wird. Einem entsprechenden gerichtlichen Verfahren soll gem. § 97a Abs. 1 UrhG ein **Abmahnungsverfah-** 8

ren vorausgehen, in welchem der Verletzer zur Abgabe einer **strafbewehrten Unterlassungserklärung** aufgefordert wird. Nur im Falle der Verweigerung einer solchen Erklärung ist – wie oben dargestellt – die gerichtliche Geltendmachung des Unterlassungsanspruchs noch angezeigt. Ist die Abmahnung berechtigt, hat der Verletzer die hierfür entstandenen Kosten zu ersetzen (§ 97a Abs. 1 S. 2 UrhG), wobei die Höhe des Kostenersatzes bei einfach gelagerten Fällen mit unerheblichen Rechtsverletzungen gem. § 97a Abs. 2 UrhG auf 100 EUR begrenzt ist.

9 **2. Beseitigungsanspruch.** Der Beseitigungsanspruch gem. § 97 Abs. 1 S. 1 UrhG ist ebenfalls **verschuldensunabhängig** und richtet sich gegen die fortdauernde Störung des Urheber- oder Leistungsschutzrechts. Im Gegensatz zu dem oben dargestellten Unterlassungsanspruch ist die Geltendmachung eines Beseitigungsanspruchs im vorläufigen Rechtsschutz idR nicht durchsetzbar, da dies auf eine Vorwegnahme der Hauptsache hinausliefe. Gerichtet ist der Anspruch auf die Beseitigung der konkreten Störung, wobei eine bestimmte Maßnahme nur verlangt werden kann, wenn keine andere hierfür in Frage kommt (BGHZ 29, 314, 317 – Autobahnschäden). Der Anspruch unterliegt darüber hinaus dem allgemeinen **Verhältnismäßigkeitsgebot**, die geforderte Maßnahme muss also notwendig, geeignet und dem Störer zumutbar sein, wobei eine umfassende Interessenabwägung stattzufinden hat (*Dreier/Schulze*, UrhG Kommentar, § 97 Rn 48 mwN).

10 **3. Schadensersatzanspruch.** Im Falle der schuldhaften Urheberrechtsverletzung muss der Verletzer gem. § 97 Abs. 2 S. 1 UrhG auch Schadensersatz leisten. Vorsätzlich handelt, wer die Rechtsverletzung entweder bewusst oder gewollt begeht oder zumindest mit dolus eventualis in Kauf nimmt. Eine fahrlässige Handlungsweise liegt gem. § 276 Abs. 1 S. 2 BGB vor, wenn der Betreffende die im Verkehr erforderliche Sorgfalt außer Acht gelassen hat. **Die Rechtsprechung stellt** hierzu **an den Verwerter eines fremden Urheberrechts hohe Anforderungen.** Er muss sich über den Bestand und die Verfügungsbefugnis des Übertragenden Gewissheit verschaffen (BGH GRUR 1960, 606, 608 – Eisrevue II). Dies gilt insbesondere für große und bedeutende Rundfunk- und Medienunternehmen, welche sich im Bereich des Programmaustauschs nicht aufeinander verlassen dürfen (*Schricker/Loewenheim/Wild*, Urheberrecht, § 97 Rn 139). Ein auch nach diesen Maßstäben gutgläubiger Verwerter verliert den guten Glauben, sofern er durch eine Abmahnung auf eine mögliche Urheberrechtsverletzung aufmerksam gemacht wird, und zwar unabhängig davon, ob Beweise vorgelegt werden (*Schricker/Loewenheim/Wild*, Urheberrecht, § 97 Rn 143).

11 Was die Berechnung des Schadens angeht, so wird auch im Urheberrechtsgesetz die im gesamten gewerblichen Rechtsschutz geltende **dreifache Art der Schadensberechnung** angewandt, was nunmehr auch ausdrücklich in § 97 Abs. 2 S. 1 bis 3 UrhG geregelt ist (vgl *Schricker/Loewenheim/Wild*, Urheberrecht, § 97 Rn 145 ff mwN; *Dreier/Schulze*, UrhG Kommentar, § 97 Rn 58 f). Der Geschädigte kann daher seinen Schaden konkret berechnen oder eine übliche Lizenzgebühr verlangen. Er kann darüber hinaus aber auch den Gewinn des Verletzers herausverlangen. Hintergrund der sog. **Lizenzanalogie** ist die Überlegung, dass der Rechtsinhaber dem Verletzer gegen Zahlung einer Gebühr eine Nutzungsbefugnis eingeräumt hätte. Der Verletzer soll daher so gestellt werden, wie er stünde, wenn er sich korrekt gegenüber dem Rechteinhaber verhalten hätte.

III. Auskunftsanspruch und Anspruch auf Vorlage und Besichtigung, §§ 101, 101a, 101b UrhG

12 Da der Verletzte seinen möglichen Schadensersatzanspruch im Prozess beziffern muss, ergibt sich in der Praxis häufig das Problem, dass er in Unkenntnis über den Verletzungsvorgang gehalten wird. Solange er nicht weiß, wie viele Vervielfältigungsstücke beispielsweise erstellt und verbreitet wurden, kann er seinen Ersatzanspruch nicht mit der gem. § 253 ZPO erforderlichen Bestimmtheit darstellen. Aus diesem Grund ist seit jeher anerkannt, dass der Verletzte gegen den Verletzer auch einen **Anspruch auf Auskunft und Rechnungslegung hat**, um seinen Schadensersatzanspruch zu beziffern (vgl *Dreier/Schulze*, UrhG Kommentar, § 97 Rn 78). Dieser Anspruch war lange Zeit gewohnheitsrechtlich anerkannt und fand seine Rechtsgrundlage in § 242 BGB iVm §§ 259, 260 BGB (*Dreier/Schulze*, UrhG Kommentar, § 97 Rn 78). Der Verletzte hatte gegen den Verletzer einen Anspruch auf Auskunft und Rechnungslegung dann, wenn er schuldlos über Umfang und Bestehen seines Schadensersatzanspruches im Ungewissen ist und der Verletzer unschwer Auskunft über die zur Beseitigung der Ungewissheit erforderlichen Angaben erteilen kann (dies betrifft ohnehin meist seine eigenen Verhältnisse; BGH GRUR 2007, 532 – Meistbegünstigungsvereinbarung).

Seit 2008 enthält § 101 Abs. 1 UrhG nunmehr eine ausdrückliche Regelung des Auskunftsanspruchs gegen den Verletzer. Demzufolge kann der Verletzte vom Urheberrechtsverletzer **Auskunft über die Herkunft und den Vertriebsweg der Vervielfältigungsstücke** verlangen. Da § 101 Abs. 1 UrhG jedoch nur in den Fällen anwendbar ist, in denen der Verletzer in gewerblichem Ausmaß handelt, ist für alle anderen Fälle weiterhin auf den gewohnheitsrechtlich anerkannten Anspruch auf Auskunft und Rechnungslegung zurückzugreifen (*Schricker/Loewenheim/Wimmers*, Urheberrecht, § 101 Rn 16). Unabhängig von dem Auskunftsanspruch gegen den Verletzer gewährt § 101 Abs. 2 UrhG darüber hinaus dem Verletzten in bestimmten Fällen einen sog. **Drittauskunftsanspruch**. Der Verletzte kann daher auch von den in Nr. 1 bis 4 des § 101 Abs. 2 UrhG genannten, an der Urheberrechtsverletzung unbeteiligten Dritten Auskunft verlangen. Hierdurch soll vor allem angesichts der enormen Rechtsverletzungen im Internet die Ermittlung des Rechtsverletzers ermöglicht bzw erleichtert werden (zB durch eine Auskunft des Internet-Providers). 13

Der jeweils zur Auskunft Verpflichtete hat gem. § 101 Abs. 3 UrhG umfassend Auskunft zu erteilen (Namen und Anschrift des Herstellers, Lieferanten, gewerbliche Abnehmer, Auftraggeber sowie die Menge der Vervielfältigungsstücke). Zweck dieses weit reichenden Auskunftsanspruchs ist es, sowohl den unmittelbaren Vertriebsweg wie auch die von Dritter Seite begangenen Urheberrechtsverletzungen aufzudecken (*Schack*, Urheberrecht, Rn 789). Für die Praxis bedeutsam ist Abs. 7 des § 101 UrhG, wonach im Falle einer offensichtlichen Rechtsverletzung der Auskunftsanspruch auch im Wege der einstweiligen Verfügung angeordnet werden kann. Dies steht im Gegensatz zu der im einstweiligen Verfügungsverfahren grundsätzlich geltenden Regelung, wonach nur vorläufige Entscheidungen herbeigeführt werden dürfen. Eine erteilte Auskunft kann allerdings nicht wieder rückgängig gemacht werden. Wegen dieser weit reichenden Folgen ist die Offensichtlichkeit der Rechtsverletzung durch den Verletzten auch entsprechend glaubhaft zu machen, wobei eine bloße Wahrscheinlichkeit der Rechtsverletzung nicht ausreicht (*Schricker/Loewenheim/Wimmers*, Urheberrecht, § 101 Rn 94). 14

Schließlich sieht § 101a UrhG vor, dass der Verletzte einen Anspruch auf Vorlage bzw Besichtigung von für den Prozess relevanten Urkunden bzw Sachen hat. Dieser Anspruch soll vor allem der Sicherung von Beweismitteln dienen. Nach § 101a Abs. 3 UrhG kann der **Vorlage- und Besichtigungsanspruch** auch im Wege des einstweiligen Rechtsschutzes durchgesetzt werden. Dabei ist jedoch vom Gericht der Schutz vertraulicher Informationen zu gewährleisten, etwa durch Einschaltung eines unabhängigen zur Verschwiegenheit verpflichteten Gutachters oder durch die Abgabe von Geheimhaltungsvereinbarungen. Soweit dies zur Sicherung der Durchsetzung der Schadensersatzansprüche erforderlich ist, hat der Verletzer darüber hinaus gem. § 101b UrhG dem Verletzten die Bank-, Finanz- oder Handelsunterlagen vorzulegen. 15

IV. Vernichtungs-, Rückrufs- und Überlassungsanspruch, § 98

Gem. § 98 Abs. 1 UrhG kann der Verletzte verlangen, dass die urheberrechtswidrig hergestellten Vervielfältigungsstücke, soweit sie sich im Besitz oder Eigentum des Verletzers befinden, **vernichtet** werden. Nach § 98 Abs. 3 UrhG kann er stattdessen aber auch verlangen, dass ihm die Vervielfältigungsstücke **gegen eine angemessene Vergütung überlassen** werden. Gem. § 98 Abs. 1 S. 3 UrhG dürfen auch die zur rechtswidrigen Herstellung von Vervielfältigungsstücken benutzten oder bestimmten Vorrichtungen vernichtet werden bzw sind an den Verletzten herauszugeben. Schließlich sieht § 98 Abs. 2 UrhG vor, dass der Verletzte unabhängig davon, ob sich die Stücke noch in der Verfügungsgewalt des Verletzers befinden, einen Anspruch auf **Rückruf** bzw endgültige Entfernung der urheberrechtsverletzenden Vervielfältigungsstücke aus den Vertriebswegen hat. Alle drei genannten Ansprüche setzen **kein schuldhaftes Verhalten des Verletzers** voraus und stehen unter dem Vorbehalt des Grundsatzes der Verhältnismäßigkeit (vgl § 98 Abs. 4 UrhG; s. hierzu auch oben Rn 9). 16

B. Strafrechtliche Ansprüche

Gem. § 106 Abs. 1 UrhG sind die **ungenehmigten** Verwertungshandlungen **Vervielfältigung, Verbreitung und öffentliche Wiedergabe** auch **unter Strafe gestellt**. Ausdrücklich nicht unter § 106 UrhG fallen Verletzungen der Urheberpersönlichkeitsrechte und solcher Verwertungshandlungen, die nicht zu den oben genannten Nutzungsarten zählen. Insbesondere sind somit Verstöße gegen das Veröffentlichungs- und Ausstellungsrecht gemäß §§ 12, 18 UrhG in keinem Fall strafbar. § 106 UrhG setzt darüber hinaus auch Vorsatz iSd § 15 StGB voraus. 17

18 Ein **Verstoß gegen das Urheberpersönlichkeitsrecht** aus § 13 UrhG **kann** gem. § 107 UrhG **strafbar sein.** § 107 UrhG korrespondiert mit dem Persönlichkeitsrecht und nimmt Bezug auf das unberechtigte Anbringen einer Urheberbezeichnung. Die Vorschrift schützt damit nicht nur den Urheber, sondern auch das Interesse der Allgemeinheit, nicht durch unzulässige Signierungen ein Original vorgetäuscht zu bekommen (*Schricker/Loewenheim/Haß*, Urheberrecht, § 107 Rn 1). Der **rechtswidrige Eingriff in Leistungsschutzrechte kann** gemäß § 108 UrhG ebenfalls einen **Straftatbestand erfüllen**, wobei auch insofern im inneren Tatbestand ein Vorsatz vorliegen muss.

19 Gem. § 109 UrhG werden Straftaten nach dem Urheberrechtsgesetz **nur auf Antrag verfolgt**, es sei denn, dass die Strafverfolgungsbehörde wegen des **besonderen öffentlichen Interesses** ein Einschreiten von Amts wegen für geboten erachtet. Etwas anderes gilt lediglich im Falle der gewerbsmäßigen unerlaubten Verwertung iSd § 108a UrhG. Hierbei handelt es sich um ein Offizialdelikt, welches auch ohne Strafantrag verfolgt werden kann.

C. Technische Schutzmaßnahmen

20 Durch Gesetz vom 10.9.2003 hat der Gesetzgeber die §§ 95a-d UrhG neu in das Urheberrechtsgesetz eingefügt, um technische Maßnahmen und elektronische Informationen zur Rechtewahrnehmung unter einen besonderen gesetzlichen Schutz zu stellen. Zu derartigen technischen Maßnahmen zählen gem. § 95a Abs. 2 UrhG Technologien, Vorrichtungen und Bestandteile, die üblicherweise dazu bestimmt sind, urheberrechtswidrige Handlungen zu verhindern oder einzuschränken. Dabei handelt es sich um Hardware- oder Softwarebasierte Schutzmaßnahmen wie zB Verschlüsselungstechniken, Kopiersperren und Ländercodes. Diese **Maßnahmen dürfen** gem. § 95a Abs. 1 UrhG **ohne Zustimmung des Rechtsinhabers** grundsätzlich **nicht umgangen werden.** Verboten ist daher gem. § 95a Abs. 3 UrhG die Herstellung, die Einfuhr, die Verbreitung derartiger Technologien und sonstige weitere Handlungen, die geeignet sind, den ursprünglich vorgesehenen Schutz zu unterminieren. Es bleibt abzuwarten, ob die in §§ 95a-d UrhG normierten Schutzbestimmungen nicht letztlich durch die Realität in der Verbreitung urheberrechtlich geschützter Werke eingeholt werden. Zu denken ist in diesem Zusammenhang an die immer stärker um sich greifende Überlegung in der Musikindustrie, auf Kopierschutzmaßnahmen gänzlich zu verzichten, so dass für effektive Schutzmaßnahmen ohnehin keine Notwendigkeit mehr besteht.

62. Abschnitt: Rechtsfragen der Musikproduktion und -verwertung

Schrifttum: *Baierle,* Der Musikverlag, 2009; *Dreier/Schulze,* Urhebergesetz, 3. Aufl. 2008; *Fromm/Nordemann,* Urheberrecht, 10. Aufl. 2008; *Heine,* Wahrnehmung von Online-Musikrechten durch Verwertungsgesellschaften im Binnenmarkt, 2008; *Loewenheim,* Handbuch des Urheberrechts, 2. Aufl. 2010; *Lyng/v.Rothkirch/Heinz,* musik & moneten 4. Aufl. 2000; *Riesenhuber,* Die Auslegung des Wahrnehmungsvertrages, GRUR 2005, 712; *Rossbach/Joos* Vertragsbeziehungen im Bereich der Musikverwertung unter besonderer Berücksichtigung des Musikverlages und der Tonträgerherstellung in: Urhebervertragsrecht (FS Schricker), 1995, S. 333 ff; *Schricker/Loewenheim,* Urheberrecht, 4. Aufl. 2010 (zitiert: Schricker/Loewenheim/*Bearbeiter,* Urheberrecht); *Schricker,* Verlagsrecht, 3. Aufl. 2001; *Schulze,* „Verleger werden ist nicht schwer, Verleger sein dagegen sehr", FuR 1980, 179 ff; *Wandtke/Bullinger,* Praxiskommentar zum Urheberrecht, 3. Aufl. 2009, (zitiert: Wandtke/Bullinger-*Bearbeiter*).

An einer **Musikproduktion,** dh der Erstellung und Fixierung eines musikalischen Werkes auf Tonträger (**Tonträgerherstellung**), sind eine Vielzahl von Mitwirkenden beteiligt, die in Abhängigkeit von der Art ihrer Mitwirkung Rechte an der Tonaufnahme erwerben. Den Beiträgen derjenigen, die für die Herstellung der Tonaufnahme künstlerisch oder wirtschaftlich ursächlich sind, gewährt das deutsche Urheberrechtsgesetz besonderen Schutz. Keine urheberrechtlich relevanten Rechte erwerben die Beteiligten, die lediglich technische Aufgaben erfüllen, wie bspw der Toningenieur. Dieser hat, im Unterschied zu den künstlerisch und wirtschaftlich Beteiligten, in der Regel keinen Einfluss auf die konkrete Darbietung des Musikwerkes, sondern sorgt lediglich dafür, dass das Musikwerk mittels optimaler Anwendung der Aufnahmetechnik auf Tonträgern festgehalten wird (vgl BGH NJW 1984, 1110 – Tonmeister). 1

Nach dem deutschen Urhebergesetz sind die Rechte und Leistungen folgender Mitwirkender zu berücksichtigen:

- Komponisten, Texter und Bearbeiter des der Tonaufnahme zugrundeliegenden, urheberrechtlich geschützten Musikwerkes,
- Musiker, Sänger, die das Musikwerk darbieten bzw an der Darbietung künstlerisch mitwirken,
- künstlerische Produzenten (im Bereich der Unterhaltungsmusik, der sog. U-Musik) sofern sie an der Darbietung künstlerisch mitwirken,
- Dirigenten (im Bereich der klassischen Musik, der sog. E-Musik),
- sowie schlussendlich der sog. wirtschaftliche Produzent, dh der Tonträgerhersteller, der insbesondere die wirtschaftliche Verantwortung für die Musikproduktion hat und die organisatorischen und technischen Voraussetzungen für die Tonaufnahmen schafft.

Die Rechte aller vorgenannten Beteiligten sind bei jeder **Auswertung** bzw **Nutzung von Musik** zu berücksichtigen. Das gilt für alle Bereiche und Medien, in denen Musik genutzt wird und gilt unabhängig davon, welcher **Musiksparte** (zB Klassik, Schlager, Pop, Rock oder Volksmusik etc.) die konkrete Aufnahme zuzuordnen ist.

Die Einholung der erforderlichen Rechte wird dadurch verkompliziert, dass die Berechtigten ihre Rechte in der Regel nicht selbst wahrnehmen, sondern Dritten, wie insbesondere **Verwertungsgesellschaften, Musikverlagen** und **Tonträgerfirmen** eingeräumt haben. Daneben ist, je nach Konstellation 2 des Einzelfalls, das **Urheberpersönlichkeitsrecht** der **Urheber** zusätzlich zu berücksichtigen (bspw im Bereich Film oder Werbung).

3 Dadurch entsteht ein für den Laien zuweilen unübersichtliches Geflecht von Rechteinhabern, das bei der Einholung der zur Nutzung erforderlichen Rechte aber dennoch unbedingt zu beachten ist. Da nach deutschem Urheberrecht ein **gutgläubiger Erwerb** von Rechten zur Auswertung von Musik grundsätzlich nicht möglich ist (vgl Schricker/Loewenheim/*Loewenheim*, Urheberrecht, vor § 28 Rn 102, 75 f), hat die **Klärung von Rechten** (Rechteclearing) vor jeder Nutzung urheberrechtlich geschützter Werke und Tonaufnahmen eine besonders große Bedeutung. **Urheberrechtliche Abwehransprüche**, wie sie bereits oben im 61. Abschnitt dargestellt wurden, bestehen bei jeder nicht genehmigten Nutzung urheberrechtlich geschützter Werke oder Musikproduktionen unabhängig davon, ob die Nutzung bösgläubig oder im guten Glauben darauf erfolgte, dass die Rechte bereits eingeholt worden seien. Die wirtschaftlichen Konsequenzen sind bei einer Verletzung der Rechte der Beteiligten im Einzelfall erheblich (vgl die sog. Bushido-Urteile des LG Hamburg ZUM-RD 2010, 399 und ZUM-RD 2010, 331).

4 Unerlässliche Grundvoraussetzung für das Verständnis der Rechtsfragen des Musikrechtes ist die Unterscheidung von Urheberrechten, dh den Rechten an Komposition und Text, an dem sog. Musikwerk (§§ 2 ff UrhG) und Leistungsschutzrechten, dh den Rechten der an der Tonaufnahme Beteiligten (§§ 73 ff, 85 f UrhG).

In den folgenden Abschnitten A und B wird zunächst auf die Besonderheiten der **Urheberrechte** der Komponisten, Texter und Bearbeiter eines Musikwerkes sowie die aus den Urheberrechten abgeleiteten **urheberrechtlichen Nutzungsrechte** und deren Auswertung durch **Musikverlage** und die **Verwertungsgesellschaft GEMA** eingegangen. In den Abschnitten C und D werden dann die **Leistungsschutzrechte** der ausübenden Künstler und Tonträgerhersteller und deren Auswertung durch **Tonträgerfirmen** und die **Verwertungsgesellschaft GVL** behandelt. Gegenstand des Abschnitts E sind dann die Rechtsverhältnisse zur Einholung der erforderlichen Auswertungsrechte.

A. Musikwerke und Urheberrechte

I. Musikwerke

5 Die Grundlage jeder Musikproduktion, gleich welchen Genres, bilden die Komposition und (soweit vorhanden) der Text, die formal unterschiedlichen Werkkategorien des Urheberrechts zugeordnet werden.

Die Komposition einer Tonfolge ist nach § 2 Abs. 1 Ziff. 2 UrhG als **Werk der Musik**, der Text ist nach § 2 Abs. 1 Ziff. 1 UrhG als **Sprachwerk** urheberrechtlich geschützt. Beide Werkarten werden in diesem Abschnitt einheitlich als **Musikwerk** bezeichnet.

6 An die **Gestaltungshöhe** von Komposition und Text werden keine hohen Anforderungen gestellt. Nach ganz allgemeiner Auffassung sind auch einfache Tonfolgen und einfache Texte grundsätzlich urheberrechtlich geschützt, es gilt der **Schutz der kleinen Münze** im Bereich der Musik (vgl BGH GRUR 1968, 321, 324 – Haselnuss; BGH GRUR 1988, GRUR 812, 814 – Ein bisschen Frieden; *Fromm/Nordemann*, § 2 Rn 131).

7 Grundsätzlich gilt aber auch, dass gemeinfreie **Gestaltungsgrundsätze** und **Methoden der Musikwissenschaft** nicht urheberrechtlich geschützt sind. Daher sind Tonleitern, Lehren der Harmonik, Rhythmik, und ein Stil von Musik grundsätzlich nicht urheberrechtlich schutzfähig (vgl *Schricker/Loewenheim*, Urheberrecht § 2 Rn 2, 122 f; *Loewenheim/Czychowski*, § 9 Rn 68 f; *Fromm/Nordemann*, § 2 Rn 130).

Die **Schutzfähigkeit** konkreter Tonfolgen und Texte ist für jeden Einzelfall gesondert zu beurteilen und kann jedenfalls nicht individuell vereinbart werden kann (vgl Dreier/Schulze/*Schulze*, § 2 Rn 69, 259; BGH GRUR 1991, 533 – Brown Girl II; Raue/Hegemann/*Hilpert-Kruck*, § 10 Rn 10).

II. Urheber von Musikwerken

8 Urheber im Sinne des Urhebergesetzes ist der Schöpfer des Werkes (§ 7 UrhG). **Komponist** und **Texter** erwerben daher kraft Gesetzes automatisch mit der Erschaffung des Werkes den Schutz des Urhebergesetzes. Voraussetzung ist, dass das Werk wahrnehmbar (zB hörbar) ist. Eine Fixierung des Werkes,

bspw in Notenform, ist keine Voraussetzung für die Entstehung des Urheberrechts (vgl Schricker/Loewenheim/*Loewenheim*, Urheberrecht, § 2 Rn 20). Auch bedarf es keinerlei Eintragung oder Registrierung eines Werkes zB bei der GEMA, um urheberrechtlichen Schutz für das Musikwerk zu erwerben.

Das Urheberrecht verbleibt dem Urheber Zeit seines Lebens und kann zu Lebzeiten nicht übertragen werden. Gem. § 29 Abs. 2 UrhG kann der Urheber allerdings **urheberrechtliche Nutzungsrechte bzw Verwertungsrechte** an seinem Werk einräumen. Dabei bleibt das sog. **Urheberpersönlichkeitsrecht** stets beim Urheber und geht nur im Falle des Todes des Urhebers gem. § 30 UrhG auf seinen Rechtsnachfolger über (s. hierzu BGH NJW 2000, 2195 – Marlene Dietrich).

Der Schutz des Urheberrechts dauert gem. § 64 UrhG bis siebzig Jahre nach Tod des Urhebers an. Nach 9
Ablauf der **urheberrechtlichen Schutzfrist** erlischt das Urheberrecht und mit ihm alle sonstigen mit dem Urheberrecht verbundenen Rechte an dem Musikwerk (vgl Schricker/Loewenheim/*Katzenberger*, Urheberrecht, § 64, Rn 5). Das dann als **gemeinfrei** geltende Musikwerk kann fortan von jedermann auch gewerblich frei verwertet werden, ohne dass Zustimmungen eingeholt oder Nutzungsentgelte gezahlt werden müssen (vgl Schricker/Loewenheim/*Katzenberger*, Urheberrecht, § 64 Rn 5; Dreier/*Schulze*, Vor § 64, Rn 2). Auf die ausführlichen Ausführungen zu den Urheberpersönlichkeitsrechten und urheberrechtlichen Nutzungs-/Verwertungsrechten im 58. Abschnitt wird hingewiesen.

Komposition und Text eines Musikwerkes können in gemeinsamer Zusammenarbeit der beteiligten 10
Komponisten und Texter entstehen oder nachträglich zusammengefügt werden, wenn bspw ein Text nachträglich einer Komposition zugeführt (vertont) wird oder umgekehrt. Auch bei einer Bearbeitung von Text oder Musik wird nachträglich ein vorbestehendes Werk mit der Bearbeitung verbunden. Zu unterscheiden ist folglich nach den Regelungen des Urheberrechtes zwischen Miturheberschaft gem. § 8 UrhG und Urhebern verbundener Werke gem. § 9 UrhG.

1. Miturheberschaft/Urheber verbundener Werke. Erstellen mehrere Komponisten oder Texter Kom- 11
position bzw Text eines Musikwerkes in gemeinsamer Arbeit, ohne dass das von ihnen geschaffene Werk selbstständig verwertbar wäre, dann sind sie **Miturheber** iSv § 8 UrhG (vgl *Fromm/Nordemann*, § 8 Rn 10; Raue/Hegemann/*Hilpert-Kruck*, § 10 Rn 13 f). Kennzeichnend für die **Miturheberschaft** nach § 8 UrhG ist, dass die Beteiligten ein Werk gemeinschaftlich in der Weise geschaffen haben, dass jeder in Unterordnung unter die gemeinsame Gesamtidee einen schöpferischen Beitrag erbringt, der in das gemeinsame Werk einfließt und ein einheitliches Werk entstehen lässt (vgl Schricker/Loewenheim/*Loewenheim*, Urheberrecht, § 8 Rn 6 f; KG-Berlin ZUM 2004, 467 (469)).

Fehlt es an der engen, gemeinschaftlichen Zusammenarbeit der Urheber und sind die Werke, dh idR Komposition oder Text, zwar verbunden jedoch unabhängig voneinander verwertbar, dann handelt es sich um eine sog. Werkverbindung. Deren Urheber unterliegen als **Urheber verbundener Werke** der Regelung in § 9 UrhG (vgl Schricker/Loewenheim/*Loewenheim*, Urheberrecht, § 9 Rn 4 f). Im Bereich der Musik kommen **Werkverbindungen** bspw bei Opern, Liedern, Schlagern, Musicals etc. regelmäßig vor.

2. Bearbeiterurheber. Neben Komponist und Texter des Originals eines Musikwerkes gibt es im Be- 12
reich der Musik sehr häufig **Bearbeitungen** von Musikwerken. Auch wenn die Veröffentlichung und Verwertung einer Bearbeitung gem. § 23 S. 1 UrhG nur mit Genehmigung der Originalurhebers zulässig ist (vgl 58. Abschnitt Rn 33 ff), gilt, dass der **Bearbeiter** von Musikwerken, ebenso wie die Original-Urheber, ein Urheberrecht an der geschaffenen Bearbeitung erwirbt. Der Bearbeiter erwirbt kraft Gesetzes ein eigenständiges und ausschließliches **Bearbeiterurheberrecht** gem. § 3 UrhG, das unabhängig vom Urheberrecht am Originalwerk besteht und erlischt (vgl Schricker/Loewenheim/*Loewenheim*, Urheberrecht, § 3 Rn 39 f). Sofern also der Bearbeiter ein gemeinfreies Werk bearbeitet, erhält diese Bearbeitung als Schöpfung des Bearbeiters den uneingeschränkten Schutz des Urhebergesetzes (vgl zur Abgrenzung des gemeinfreien Werkes und der Bearbeitung BGH NJW-RR 1991, 8109 – Brown Girl). Gleiches gilt, wenn ein urheberrechtlich geschütztes Werk bearbeitet wird. Eine Veröffentlichung und Verwertung der Bearbeitung ist jedoch nur mit Genehmigung des Originalurhebers zulässig.

Auch wenn bei **Bearbeitungen** von Musikwerken eine enge Verbindung zwischen Original und Bear- 13
beitung besteht, besteht zwischen Originalurheber und Bearbeiterurheber keine Miturheberschaft gem. § 8 UrhG. Es fehlt an dem gemeinschaftlichen Zusammenwirken der beteiligten Urheber (vgl Schricker/Loewenheim/*Loewenheim*, Urheberrecht, § 9 Rn 6).

14 3. **Schutzfristberechnung.** Besondere Bedeutung erlangt die Unterscheidung zwischen Miturheberschaft (§ 8 UrhG) und Urhebern verbundener Werke (§ 9 UrhG), insbesondere bei der **Berechnung der urheberrechtlichen Schutzfrist** nach §§ 64, 65 UrhG.

Bei den in **Miturheberschaft** nach § 8 UrhG geschaffenen Werken, unterliegt das Gesamtwerk nach § 65 Abs. 1 UrhG einer **einheitlichen Schutzfrist**. Stirbt einer der Miturheber, beginnt die **Schutzfristberechnung** erst nach Tod des am längsten lebenden Urhebers und das Urheberrecht an dem gemeinsam geschaffenen Werk erlischt 70 Jahre nach Tod des am längsten lebenden Miturhebers, § 65 Abs. 1 UrhG (vgl Schricker/Loewenheim/*Katzenberger*, Urheberrecht, § 65 Rn 2).

15 Bei sog. **verbundenen Werken** ist § 65 UrhG nicht anwendbar. Die Schutzfristen von Text und Musik eines Musikwerkes können unterschiedlich lang sein und auseinanderfallen. Für Text und Musik beginnt die Schutzfrist von 70 Jahren für jedes Werk (Musik bzw Text) selbstständig mit Tod des jeweiligen Urhebers. In der Folge kann bspw die Schutzdauer der Rechte an der Musik enden und die Schutzdauer der Rechte am Text bleibt bestehen (vgl Schricker/Loewenheim/*Katzenberger*, Urheberrecht, § 65 Rn 3).

16 Für **Bearbeitungen** ist § 65 UrhG ebenfalls nicht anwendbar. Es ist zwischen der Schutzdauer des bearbeiteten Originalwerkes und der Schutzdauer der Bearbeitung als solcher zu unterscheiden. Stirbt der Urheber des Originals vor dem Bearbeiter, kann die Schutzdauer des Originals ablaufen und die Schutzdauer der Bearbeitung bleibt bestehen. Das Original kann dann als gemeinfreies Werk ohne Zustimmung des Originalurhebers ein weiteres Mal bearbeitet werden, so dass ein neues Bearbeiterurheberrecht entsteht (vgl Schricker/Loewenheim/*Katzenberger*, Urheberrecht, § 65 Rn 3; vgl 62. Abschnitt, oben Rn 12).

B. Urheberrechtliche Verwertungsgesellschaften/Musikverlage

17 **Verwertungsgesellschaften** und **Musikverlage** übernehmen bei der weltweiten Auswertung urheberrechtlicher Nutzungsrechte an Musikwerken eine wichtige Funktion.

Während Musikverlage typischerweise die individuell zu lizensierenden Rechte wahrnehmen, wie zB sog. Druckrechte (Notendruck und Textabdruck), Werbenutzungs-, Bearbeitungs-, Verfilmungsrechte, nehmen die Verwertungsgesellschaften die Rechte wahr, die aufgrund gesetzlicher Regelungen oder bei massenhaften Auswertungen aus faktischen Gründen sinnvollerweise kollektiv verwaltet werden.

I. Urheberrechtliche Verwertungsgesellschaften

18 Mit Anerkennung eines sog. exklusiven Aufführungsrechts der Urheber von Musikwerken im 19. Jahrhundert und der massiven Zunahme der Verbreitung von Musik durch neue technische Errungenschaften, wie beispielsweise die Erfindung der Schallplatte, des Radios und Fernsehens, haben die Verwertungsgesellschaften im Bereich der Lizensierung von Rechten an Musik, dem Inkasso und der Verteilung von Urhebererlösen eine große Bedeutung erlangt. Aufgrund der massenhaften Auswertungen ist in diesen Bereichen die Wahrnehmung der Rechte durch einzelne Urheber geradezu ausgeschlossen. Die betroffenen Rechte werden daher von den Verwertungsgesellschaften **kollektiv** wahrgenommen.

Die urheberrechtlichen Verwertungsgesellschaften nehmen im In- und Ausland die sog. Aufführungs- und Senderechte (zB Konzertaufführungen, Radio- und Fernsehsendung) sowie das Recht der öffentlichen Wiedergabe (zB Diskotheken, Hotels), mechanische Vervielfältigungs- und Verbreitungsrechte (zB CD und DVD Herstellung), das Filmvorführungsrecht (und eingeschränkt auch das Filmherstellungsrecht), die gesetzlichen Vergütungsansprüche (wie zB die Geräteabgabe), das Recht der Öffentlichen Zugänglichmachung (insb. Download/Streaming) und das Recht zur Nutzung als Ruftonmelodie wahr. Die Lizenzierung der jeweiligen Rechte und Inkasso und Verteilung von Urhebererlösen hieraus soll somit weitgehend gesichert werden.

19 Die Verwertungsgesellschaften haben Tarife für einzelne Nutzungsarten entwickelt (vgl Loewenheim/*Melchiar*, § 45 Rn 1 ff, 4). Die GEMA hat mit einzelnen **Nutzervereinigungen** (zB Hotel und Gaststättenverband, Bundesverband Musikindustrie etc.) sog. **Gesamtverträge** geschlossen, in denen Vorzugskonditionen und teils vereinfachte Regelungen zur Abrechnung vereinbart werden, die den einzelnen Mitgliedern der Verbände zugutekommen (vgl Loewenheim/*Melchiar*, § 48 Rn 37 ff).

Die Gesamtvertragspartner der GEMA sind unter https://www.gema.de/musiknutzer/lizenzieren/meine-lizenz/gesamtvertragspartner/gesamtvertragspartner-suchen.html abrufbar.

International wird die Wahrnehmung der Rechte der Mitglieder der GEMA auf Grundlage eines mit ausländischen Verwertungsgesellschaften eng gestrickten Netzes von **Gegenseitigkeitsverträgen** gewährleistet. Daher ist mit der Mitgliedschaft in einer inländischen Verwertungsgesellschaften gewährleistet, dass die kollektiv wahrgenommenen Rechte der Urheber und Verlage nahezu in der ganzen Welt lizensiert werden können (vgl *Heine*, S. 109; Raue/Hegemann/*Hilpert-Kruck*, § 10 Rn 35).

In Deutschland vertraglich gebundene Urheber von Musik werden meist Mitglied der deutschen **Gesellschaft für Aufführungsrechte und mechanische Vervielfältigungsrechte** (GEMA). Im Ausland ansässige Urheber sind häufig Mitglieder der dort ansässigen ausländischen Verwertungsgesellschaften. In einigen Ländern der Welt werden Aufführungsrechte und mechanische Vervielfältigungsrechte, wie in Deutschland von der GEMA, auch dort von einer Verwertungsgesellschaft wahrgenommen, wie zB in: 20

Schweiz:	**SUISA**	Genossenschaft der Urheber und Verleger von Musik;
Italien:	**SIAE**	Società Italiana degli Autori ed Editori.

In anderen Ländern der Welt gibt es getrennte Verwertungsgesellschaften für Aufführungs- und mechanische Vervielfältigungsrechte. Bspw. in: 21

USA:	**ASCAP**	American Society of Composers, Authors and Publishers;
	BMI	Broadcast Music Inc.
		und
	HFA	Harry Fox Agency;
UK:	**PRS**	Performing Rights Society for music
		und
	MCPS	Mechanical Copyright Protection Society;
Österreich:	**AKM**	Gesellschaft der Autoren, Komponisten und Musikverlage
		und
	Austro Mechana	Gesellschaft zur Wahrnehmung mechanisch musikalischer Urheberrechte.

Mit Abschluss des **GEMA-Berechtigungsvertrages** werden Urheber von Musikwerken Mitglied der GEMA und räumen der GEMA die im Berechtigungsvertrag genannten urheberrechtlichen Nutzungsrechte ein. Die Regelungen zur Einräumung der Rechte an die GEMA werden, sofern erforderlich, den technischen Entwicklungen angepasst, ergänzt und überarbeitet und bei Einhaltung der erforderlichen Zustimmung der Urheber in dann modifizierter Form, Bestandteil des Berechtigungsvertrages. Die Regelungen des GEMA-Berechtigungsvertrages sehen aber auch Ausnahmen vor, so dass bspw Rechte der Online-Auswertung, aber im Einzelfall auch die Rechte der mechanischen Vervielfältigung auf Wunsch der Urheber von der Rechtsübertragung an die GEMA ausgenommen bleiben. Die den Urhebern aus dem Urheberpersönlichkeitsrecht erwachsenden Befugnisse nimmt die GEMA nicht wahr. Diese Rechte werden von den Urhebern selbst oder durch ihre Musikverlage wahrgenommen. Dies betrifft insbesondere die Bearbeitungsrechte, die nach der neuesten Fassung des GEMA-Berechtigungsvertrages auch bei Klingeltonnutzungen separat eingeholt werden müssen (vgl § 1 Buchst. h) GEMA-Berechtigungsvertrag idF 29./30.6.2010, abgedruckt in GEMA-Jahrbuch 2010/2011 und vgl hierzu auch BGH MMR 2009, 246 – Klingeltöne für Mobiltelefone). Für Nutzungen von Musik in Werbung und Film ist generell die Zustimmung zur werblichen und filmischen Nutzung separat bei den Originalberechtigten einzuholen. Die kollektiv wahrgenommen Rechte (bspw Sende- und Aufführungsrechte) sind parallel dazu bei der GEMA zu lizensieren. Ebenfalls nicht der GEMA übertragen wird das sog. **Große Recht**, dh das Recht zur szenischen Bühnenaufführung des Werkes als Bestandteil eines dramatisch-musikalischen Werkes (vgl § 1 Buchst. a) GEMA-Berechtigungsvertrag idF v. 29./30.6.2010, abgedruckt in GEMA-Jahrbuch 2010/2011). 22

Die Rechteübertragung an die GEMA umfasst regelmäßig das gesamte Repertoire von Urhebern der Musik. Eine Einschränkung auf einzelne Werke ist nicht möglich.

Ebenso wie Urheber von Musikwerken werden auch Musikverlage mit Abschluss eines GEMA-Berechtigungsvertrages Mitglied der GEMA. Entweder übertragen sie der GEMA die im Berechtigungs- 23 vertrag genannten Rechte, die dem Verlag von Urhebern übertragen wurden, die selbst nicht Mitglied einer Verwertungsgesellschaft sind, oder sie erwerben die Mitgliedschaft als Verleger der Urheber, die ihre Rechte bereits mit Abschluss eines eigenen Berechtigungsvertrages der GEMA übertragen haben (vgl Raue/Hegemann/*Hilpert-Kruck*, § 10 Rn 22 f).

II. Musikverlage

24 Die urheberrechtlichen Nutzungsrechte an Musikwerken, die nicht der GEMA übertragen werden, werden häufig auf Grundlage von **Verlagsverträgen** (oder auch **Autorenverträge** genannt) von den Urhebern der Musikwerke auf Musikverlage übertragen. Typischerweise werden den Musikverlagen auf Grundlage der Verträge u.a. das sog. Druckrecht, Verfilmungsrechte, Werbenutzungsrechte, Bearbeitungsrechte und das sog. Große Recht (Bühnenaufführungsrecht) übertragen. Aber auch die der GEMA übertragenen Rechte werden in den typischen Rechtsübertragungen erwähnt, obgleich sie idR der GEMA übertragen wurden. Die Rechtsübertragung in Verlagsverträgen ist meist so ausgestaltet, dass der Verleger berechtigt ist, die ihm übertragenen Rechte zur Auswertung an Dritte und insbesondere auch ins Ausland an ausländische Musikverlage, sog. **Subverlage**, zu übertragen.

Bei den großen, konzerngebundenen Musikverlagen, den sog. **Major-Publishern** werden idR Subverlagsrechte aufgrund konzerninterner Vereinbarungen gegenseitig auf die Musikverlagsgesellschaften des Konzerns übertragen. Kleinere, sog. **Independent-Publisher**, die keinem Konzern angehören, vergeben urheberrechtliche Nutzungsrechte ins Ausland auf Grundlage individuell ausgehandelter Subverlagsverträge mit ausländischen Musikverlagen.

25 Die Musikverlage übernehmen mit Abschluss der Verlagsverträge entsprechend der Regelung in § 1, S. 2 VerlagsG die Verpflichtung, die Vervielfältigung und Verbreitung der verlegten urheberrechtlichen Nutzungsrechte an Musikwerken handelsüblich zu fördern (vgl *Schricker*, Verlagsrecht, § 1 Rn 82).

Die sog. **Verlegerpflichten** erstrecken sich gegenüber den Urhebern von Musikwerken nach ganz allgemeiner Ansicht aber auch auf die von der GEMA wahrgenommenen Rechte insofern, als es den Musikverlagen grundsätzlich obliegt für die verlegten Werke zu werben und sie verschiedenen Tonträgerfirmen, Filmproduzenten, Konzertveranstaltern etc. vorzustellen und neue Werke für die Musik zu erschließen (vgl Dreier/Schulze/*Schulze*, Vor § 31 Rn 223; *Rossbach/Joos*, S. 333, 341; *Schulze*, FUR 1980, 179, 180; *Baierle*, S. 43 ff). Die Musikverlage übernehmen allerdings mit Abschluss der Verlagsverträge idR keinerlei Auswertungsgarantie, da der tatsächliche Erfolg eines Musikwerkes unvorhersehbar ist.

C. Musikproduktion und Leistungsschutzberechtigte

26 Bei der Erstellung und Fixierung der Aufnahme eines musikalischen Werkes auf Tonträger entstehen die in den §§ 73 ff UrhG geregelten, selbstständigen Rechte der **ausübenden Künstler** und die Rechte des **Tonträgerherstellers** gem. §§ 85, 86 UrhG. Diese Rechte werden als sog. **Leistungsschutzrechte** bezeichnet. Im Gegensatz zu den Urheberrechten, deren Schutzgegenstand die persönlich geistige Schöpfung der Urheber ist, ist der Schutzgegenstand der Leistungsschutzrechte nach §§ 73, 85 UrhG die Interpretation (Darbietung) von Werken durch den Künstler bzw die Fixierung dieser Interpretation auf Tonträger. Die Leistungsschutzrechte der ausübenden Künstler und Tonträgerhersteller sind im Gegensatz zum Urheberrecht gem §§ 79, 85 Abs. 2 UrhG vollständig auf einen Dritten übertragbar.

I. Leistungsschutzrechte der ausübenden Künstler §§ 73 ff UrhG

27 Zu den Leistungsschutzberechtigten gem. § 73 UrhG im Bereich Musik zählen zunächst **Musiker** und **Sänger** (vgl 60. Abschnitt Rn 6 f). Das Leistungsschutzrecht dieser Künstler entsteht mit der musikalischen Darbietung, die nicht notwendigerweise öffentlich erfolgen muss. So erwerben beispielweise auch **Studiomusiker** Leistungsschutzrechte an ihrer ausschließlich im Tonstudio aufgezeichneten Darbietung (vgl Schricker/*Krüger*, Urheberrecht, § 73 Rn 15 f). Für das Entstehen der Leistungsschutzrechte dieser Künstler ist allein die künstlerische Darbietung, dh das Singen, Spielen, Aufführen eines Werkes entscheidend (vgl Schricker/*Krüger*, Urheberrecht, § 73 Rn 10 f). Eine besondere künstlerische Qualität der Darbietung oder des dargebotenen Werkes ist keine Voraussetzung für das Entstehen des Leistungsschutzes (vgl Dreier/Schulze/*Schulze*, § 73 Rn 8; Schricker/Loewenheim/*Krüger*, Urheberrecht, § 73 Rn 10).

Leistungsschutzrechte als ausübende Künstler erwerben nach dem Wortlaut des § 73 UrhG auch diejenigen, die **künstlerisch an der Darbietung mitwirken.** Das Leistungsschutzrecht des **Dirigenten** als künstlerisch Mitwirkendem ist unstreitig (vgl Schricker/Loewenheim/*Krüger*, Urheberrecht, § 73 Anm. 2), da er die Künstler bei der Interpretation anleitet und so unmittelbaren Einfluss auf die Darbietung hat. Insbesondere im Bereich der U-Musik ist darüber hinaus anerkannt, dass der sog. **künstlerische Produzent** (engl.: **producer**) einer Tonaufnahme Leistungsschutzrechte erwirbt, wenn seine Leistung nicht allein technischer Natur ist. Voraussetzung für die Anerkennung eines eigenen Leistungsschutzrechtes des künstlerischen Produzenten ist, dass er künstlerischen Einfluss auf die Darbietung selbst bzw den Sound der Darbietung hat und durch seine Mitwirkung künstlerisch auf die Werkinterpretation Einfluss nimmt. Die künstlerische Einflussnahme ist im Einzelfall konkret zu ermitteln (vgl Schricker/Loewenheim/*Krüger*, Urheberrecht, § 73 Rn 27 f; BGH GRUR 1983, 22/25; OLG Köln GRUR 1984, 345/347 – Tonmeister II; OLG Hamburg ZUM 1995, 52, 53 – Tonmeister III). Keine Leistungsschutzrechte erwirbt im Regelfall der sog. **Executive Producer**, der als leitender Produzent vorrangig organisatorische Aufgaben erbringt. 28

Leistungsschutzrechte des ausübenden Künstlers an seiner Aufnahme sind gem. § 82 S. 1 UrhG für eine Dauer von 50 Jahren nach Erscheinen des Tonträgers geschützt.

II. Tonträgerherstellerrechte § 85 UrhG

Nach § 85 UrhG besteht darüber hinaus ein eigenes **Leistungsschutzrecht des Tonträgerherstellers** einer Musikproduktion (vgl Abschnitt 60 Rn 13 f). Das **Tonträgerherstellerrecht** nach § 85 UrhG schützt die zur Festlegung der Tonfolge auf dem Tonträger erforderliche **organisatorische, technische und wirtschaftliche Leistung des Tonträgerherstellers** (vgl BGH MMR 2009, 253 (255) – Metall auf Metall). Tonträgerhersteller iSv § 85 UrhG ist somit der sog. **wirtschaftliche Produzent** (vgl *Lyng/v.Rothkirch/Heinz*, S. 28). Das Tonträgerherstellerrecht ist als Vermögensrecht uneingeschränkt, dh vollständig übertragbar (vgl Dreier/Schulze/*Schulze*, § 85 Rn 43). 29

Das Tonträgerherstellerrecht entsteht bei demjenigen, der die organisatorische, technische und wirtschaftliche Verantwortung für die Erstellung einer Musikaufnahme trägt (vgl *Schricker/Vogel,* Urheberrecht, § 85 Rn 7; BGH GRUR 2003, 228, 231) und nicht beim künstlerischen Produzenten, wenn er nicht wirtschaftlich verantwortlich ist. Möglich ist es aber, dass der künstlerische Produzent auch Rechte nach § 85 UrhG erwirbt, wenn er auch das wirtschaftliche Risiko der Produktion trägt. Indiz hierfür ist, ob der künstlerische Produzent die idR bei ihm entstehenden Produktionskosten (Studiokosten, Kosten für Studiomusiker etc.) von einem Dritten in Form einer nicht-verrechenbaren Produktionskostenzahlung erstattet bekommt oder aber lediglich eine mit seinen Lizenzen verrechenbare Vorauszahlung erhält. 30

Für das Entstehen des Tonträgerherstellerrechtes kommt es nicht auf die Qualität oder die Quantität der aufgenommenen Töne an. Rechtlich geschützt ist die unternehmerische Leistung des Tonträgerherstellers, der das unternehmerische Risiko der sog. **Erstfixierung** der Aufnahme trägt (vgl BGH MMR 2009, 253, 255). Es kommt dabei auch nicht darauf an, dass der Tonaufnahme ein urheberrechtlich geschütztes Werk zugrunde liegt. Tonträgerherstellerrechte entstehen daher an Aufnahmen von Geräuschen oder Tierstimmen ebenso wie an Darbietungen von nicht mehr geschützten, gemeinfreien Musikwerken. 31

Das Tonträgerherstellerrecht kann sowohl bei natürlichen als auch bei juristischen Personen entstehen. Entscheidend ist, wer das wirtschaftliche Risiko trägt, wer den Produzenten mit der Durchführung der Aufnahme beauftragt und alle weiteren erforderlichen Rechte, insbesondere der beteiligten Künstler einholt. Ist der Tonträger in einem Unternehmen hergestellt worden, so gilt der Inhaber des Unternehmens als Inhaber des Tonträgerherstellerrechts. 32

Tonaufnahmen werden dann idR unter einer bestimmten Marke, dem sog. **Label** veröffentlicht und vertrieben. Größere Musikunternehmen haben regelmäßig mehrere Label, die zur Vermarktung unterschiedlicher Musikgenres innerhalb desselben Unternehmens verwendet werden. Möglich ist aber auch, dass innerhalb eines Konzernverbundes ein eigenständiges Unternehmen nur für ein bestimmtes Label geführt wird. 33

Aber auch Künstler oder Produzenten können eigene Label gründen, die Leistungsschutzrechte gem. § 73 UrhG und § 85 UrhG an ihren eigenen Leistungen und Darbietungen erwerben. Als Inhaber all dieser Rechte können sie dann als Inhaber der Tonträgerherstellerrechte selbstständiges Mitglied der

Gesellschaft zur Verwertung von Leistungsschutzrechten (GVL) werden (vgl 62. Abschnitt unten Rn 39 ff).

34 Obwohl § 10 UrhG seit dem 1.9.2008 auch auf Tonträgerherstellerrechte anwendbar ist, ist noch unklar, ob die Nennung im sog. **P-Vermerk** auf Tonträgerveröffentlichungen eine **Vermutungswirkung** hinsichtlich des Tonträgerherstellers begründet. Da sowohl Art. 5 des Genfer Tonträger Abkommens als auch § 11 des sog. ROM-Abkommens dem P-Vermerk keine Beweisfunktion zuweisen, gibt es zur Vermutungswirkung des P-Vermerks abweichende gerichtliche Entscheidungen. Der BGH sieht in der Nennung im P-Vermerk lediglich ein Indiz für die Stellung des Genannten als Tonträgerhersteller iSv § 85 (vgl BGH ZUM 2003, 298, 301 – P-Vermerk). Das LG Frankfurt erkennt aber in noch nicht rechtskräftiger Entscheidung vom 2.2.2007 die Vermutungswirkung des P-Vermerks für das Tonträgerherstellerrecht analog § 10 UrhG an (vgl LG Frankfurt ZUM 2007. 406). Wie die Gerichte nach Umsetzung der Enforcement-Richtlinie vom 7.7.2008 und nunmehr gesetzlicher Anwendbarkeit von § 10 Abs. 1 UrhG auch auf Tonträgerherstellerrechte entscheiden werden, bleibt abzuwarten (vgl *Wandtke/Bullinger*, § 10 Rn 49; Fromm/Nordemann/*Boddien*, § 85 Rn 73).

35 Kein Tonträgerherstellerrecht erwerben Unternehmen, die lediglich Vervielfältigungsstücke, dh **physische Tonträger** von Musikaufnahmen herstellen, sog. **Presswerke,** da sie kein wirtschaftliches Risiko hinsichtlich der Erstfixierung der Tonaufnahme tragen (vgl Schricker/Loewenheim/*Vogel*, Urheberrecht, § 85 Rn 33).

Leistungsschutzrechte des Tonträgerherstellers erlöschen gem. § 85 Abs. 3 UrhG 50 Jahre nach Erscheinen des Tonträgers.

D. Tonträgerfirmen und Leistungsschutzrechtliche Verwertungsgesellschaften

36 Ebenso wie auf urheberrechtlicher Ebene (vgl oben 62. Abschnitt Rn 17 ff) wird ein Teil der Rechte, die bei der Auswertung von Musik zu berücksichtigen sind, von Verwertungsgesellschaften wahrgenommen. Auf leistungsschutzrechtlicher Ebene nehmen die leistungsschutzrechtlichen Verwertungsgesellschaften für ihre Mitglieder die sog. **Zweitverwertungsrechte** wahr. Alle übrigen Rechte werden idR von sog. Tonträgerfirmen wahrgenommen.

I. Tonträgerfirmen

37 Ist die Tonträgerfirma selbst Tonträgerhersteller iSv § 85 UrhG und trägt das wirtschaftliche Risiko der Produktion, schließt sie die erforderlichen Verträge mit ausübenden Künstlern, dh Sängern, Musikern und künstlerischen Produzenten bzw Dirigenten auf Grundlage der branchentypischen Regelungen selbst ab.

38 Ist die Tonträgerfirma nicht originär Tonträgerhersteller, hat sie die vorgenannten Rechte sowie zusätzlich das Tonträgerherstellerrecht vom Tonträgerhersteller, dh dem wirtschaftlichen Produzenten, zu erwerben. Dies erfolgt idR im Rahmen eines sog. **Bandübernahmevertrages** bzw wenn Tonträgerhersteller und Tonträgerfirma über einen längeren Zeitraum und hinsichtlich unterschiedlicher Produktionen zusammenarbeiten auch im Rahmen eines sog. **Labelvertrages.**

Auf Grundlage der mit den Berechtigten geschlossenen Verträge werden die lizensierten Tonaufnahmen durch die Tonträgerfirmen auf physischen Tonträgern oder auf non-physischem Wege als Download, Stream etc. veröffentlicht und vervielfältigt oder in sonstiger Weise ausgewertet (bspw in Film oder Werbung). Die Auswertungserlöse der Beteiligten aus der Vervielfältigung und Veröffentlichung der Tonaufnahmen werden von der Tonträgerfirma kassiert und an die Berechtigten abgerechnet.

In gleicher Weise wird mit Auswertungserlösen aus der Verwertung der Tonaufnahmen im Bereich Film, Werbung etc. verfahren.

II. Leistungsschutzrechtliche Verwertungsgesellschaft

39 Die Rechte der öffentlichen Wiedergabe, die Sende- und Aufführungsrechte sowie das Recht der öffentlichen Zugänglichmachung werden von ausübenden Künstlern (Sänger, Musiker, künstlerische Produzenten, Dirigenten) und Tonträgerherstellern auf Grundlage des sogenannten **Wahrnehmungsvertrages der Gesellschaft zur Verwertung von Leistungsschutzrechten (GVL)** übertragen. Diese Rechte werden als **Zweitverwertungsrechte** bezeichnet (vgl Schricker/Loewenheim/*v. Ungern-Sternberg*, Ur-

heberrecht, § 15 Rn 50). Mit Abschluss des Wahrnehmungsvertrages werden die Zweitverwertungsrechte der Künstler und Tonträgerhersteller und die daraus folgenden Ansprüche auf angemessene Vergütung gem. §§ 78 Abs. 2 bzw 86 UrhG der GVL übertragen.

Voraussetzung für eine GVL-Mitgliedschaft als sog. **Tonträgerhersteller** ist, dass der Betrieb eines Gewerbes zur Herstellung und Vertrieb von Tonträgern nachgewiesen wird. Es muss zudem nachgewiesen werden, dass bereits ein Tonträger in einer zu benennenden Mindeststückzahl veröffentlicht wurde. 40

Über die Mitgliedschaft in der GVL erwirbt der Tonträgerhersteller für das Label einen eigenen **GVL-Labelcode.** Der GVL-Labelcode ist eine 5-stellige Schlüsselnummer, die der GVL eine EDV-gestützte Sendminuten-Erfassung und den Sendeanstalten eine entsprechende Meldung ermöglicht. 41

Die Mitgliedschaft in der GVL als **ausübender Künstler** setzt voraus, dass der Künstler im Rahmen seiner künstlerischen Tätigkeit Leistungsschutzrechte gem. § 73 UrhG erwirbt (vgl 62. Abschnitt Rn 26 ff), und dass er Deutscher oder Staatsangehöriger eines Mitgliedstaates der Europäischen Union oder des Europäischen Wirtschaftraums ist oder in einem dieser Länder als Ausländer seinen ständigen Wohnsitz hat. 42

Die Zweitverwertungsrechte und daraus folgenden Vergütungsansprüche werden von der GVL für ihre Mitglieder kollektiv wahrgenommen (vgl Schricker/Loewenheim/*Krüger*, Vor § 73 ff Rn 23 ff). 43

Auf der Basis der von der GVL aufgestellten Tarife und abgeschlossenen Verträge zieht die GVL die den Berechtigten nach §§ 78 Abs. 2, 86 UrhG zustehenden Vergütungen selbst oder im Bereich der öffentlichen Wiedergabe über das Inkasso der GEMA ein. Hierzu gehören vor allem Ansprüche gegenüber Herstellern von Aufnahmegeräten und Leermedien, Videotheken, gegenüber der öffentlichen Hand für Verleih von Bild- und Tonträgern usw. Zur Wahrnehmung der Rechte im Ausland können die Berechtigten der GVL ein gesondertes Mandat erteilen, Tonträgerfirmen können aber auch mit den in den EU-Mitgliedstaaten ansässigen Verwertungsgesellschaften direkte Wahrnehmungsverträge abschließen. Anders als bei der GEMA übertragen die Mitglieder nicht bereits mit Abschluss des Wahrnehmungsvertrages auch Rechte zur Auswertung im Ausland. Leistungsschutzrechtliche Verwertungsgesellschaften anderer EU-Länder sind beispielsweise:

Großbritannien:	PPL:	Phonographic Performance Limited
Holland	SENA:	Stichting ter Exploitatie van Naburige Rechten
Frankreich:	SPPF:	Societé civile de producteurs de phonogrammes en france
	SCPP:	Société civile de producteurs phonographiques (SCPP)

E. Auswertung von Musik

Bei jeder Auswertung von Musik oder von Musikwerken sind die betroffenen Rechte der Urheber und Leistungsschutzberechtigten einzuholen. 44

Wird allein das urheberrechtlich geschützte Musikwerk (Komposition und/oder Text) genutzt, sind nur die Rechte der Urheber und Musikverlage betroffen und müssen bei diesen direkt lizensiert werden. Dieser Fall liegt typischerweise bei Noten- oder Textabdruck oder bei der Bearbeitung von Musikwerken vor.

Werden Tonaufnahmen verwertet, sind (mit Ausnahme von Aufnahmen gemeinfreier Werke oder gemeinfreier Tonaufnahmen) immer sowohl Rechte der Urheber und Verlage als auch Rechte der Leistungsschutzberechtigten zu berücksichtigen und dementsprechend vor einer Auswertung bei den Rechteinhabern einzuholen.

I. Kollektiv wahrgenommene Auswertungsrechte

Sind bei einer Auswertung nur die kollektiv wahrgenommenen **urheberrechtlichen Nutzungsrechte** (mechanische Vervielfältigungs-, Aufführungs-, und Senderechte, die Rechte der öffentlichen Wiedergabe und Recht der öffentlichen Zugänglichmachung) betroffen, bedarf es auf der Urheberseite keiner separaten Rechteeinholung bei Urhebern und Verlagen. Diese von urheberrechtlichen Verwertungsgesellschaften kollektiv wahrgenommenen Rechte sind unmittelbar bei den Verwertungsgesellschaften, dh in Deutschland bei der GEMA einzuholen (vgl Abschnitt 62 Rn 17). 45

Auf der leistungsschutzrechtlichen Ebene werden nur die sog. **Zweitverwertungsrechte der Leistungsschutzberechtigten** an den bereits hergestellten Tonträgern von der leistungsschutzrechtlichen Verwertungsgesellschaft (in Deutschland bei der GVL) kollektiv wahrgenommen und sind zu den jeweils geltenden Tarifen einzuholen (vgl Abschnitt 62 Rn 39).

46 Bei einer Verwendung urheberrechtlich geschützter Werke als sog. **Coverversionen** bedarf es keiner gesonderten Genehmigung der originär Berechtigten, da nur die von der Verwertungsgesellschaft wahrgenommenen Rechte (mechanische Vervielfältigung, Verbreitung etc.) betroffen sind. Die Lizensierung der für die Vervielfältigung und Verbreitung der Coverversion notwendigen Rechte erfolgt allein über die GEMA. Sind nur die von der GEMA wahrgenommenen Rechte betroffen, bedarf es von dieser Seite keiner gesonderten, individuellen Genehmigung. Die von der GEMA einkassierten Auswertungserlöse fließen den Berechtigten des Original-Musikwerkes zu, das dem Cover zugrunde liegt.

47 Diese vorbeschriebene, relativ problemlose Nutzungsmöglichkeit gilt jedoch nur, wenn es sich nicht um eine Bearbeitung sondern um eine „echte" **Coverversion** handelt, bei der das Originalwerk iSv § 42a UrhG, § 11 UrhWG neu eingespielt wird, dh dasselbe Lied, aber andere Interpreten (vgl LG München ZUM-RD 2002, 14, 16). Eine Lizenzierung der für eine Vervielfältigung, Verbreitung, Aufführung und Sendung der Coverversion erforderlichen Rechte erfolgt im Rahmen der sog. **Zwangslizensierung** gem. § 42a UrhG, § 11 UrhWG für Repertoire der GEMA direkt über die GEMA (vgl LG München ZUM-RD 2002, 14, 16; Dreier/Schulze/*Schulze*, § 3 Rn 30).

Wenn Coverversionen eines urheberrechtlich geschützten Werkes darüber hinaus, zB filmisch oder werblich genutzt werden, ist die Genehmigung der Urheber und Verlage direkt einzuholen.

II. Individuell wahrgenommene Rechte

48 Bearbeitungsrechte, Rechte der werblichen Nutzung, Filmherstellungsrechte und das Große Recht sind typischerweise individuell wahrgenommene Rechte, die bei den Originalberechtigten, dh Urhebern, Verlagen oder Tonträgerherstellern einzuholen sind. Die kollektiv wahrgenommenen Rechte (s.o.) müssen bei einer Auswertung der mit Genehmigung der Originalberechtigten hergestellten Werbung, Filme, Bühnenstücke, etc., jeweils zusätzlich bei den Verwertungsgesellschaften lizensiert werden.

49 Bei einer werblichen Nutzung einer Tonaufnahme, sind zB die Rechte aller, dh der Urheber und Musikverlage, der ausübenden Künstler und Tonträgerhersteller einzuholen und bei Sendung und Vervielfältigung in Fernsehen, Rundfunk etc., sind **zusätzlich** entsprechende Lizenzen auch an die Verwertungsgesellschaften GEMA und GVL zu entrichten. Da jeder Beteiligte andere, betroffene Rechte wahrnimmt, muss der Nutzer mit allen Beteiligten jeweils separate Vereinbarungen schließen.

50 Das bedeutet beispielsweise, dass bei der werblichen Nutzung von Musik oder Verwendung von Musik in Filmwerken, üblicherweise mit folgenden vier Partnern Lizenzverträge abzuschließen sind:

- Musikverlag und Urheber als Inhaber der Rechte der werblichen Nutzung eines urheberrechtlich geschützten Musikwerkes und Urheberpersönlichkeitsrechte,
- GEMA,
- Tonträgerfirma als Inhaber der Rechte der werblichen Nutzung der Tonaufnahme und der darin enthaltenen Darbietungen der ausübenden Künstler,
- GVL (bei öffentlicher Wiedergabe des Werbespots oder Films).

Sind nicht alle beteiligten Urheber oder Leistungsschutzberechtigten an einen Verlag gebunden oder Mitglied der GEMA bzw GVL, dann müssen einzelne Rechte direkt bei den Urhebern bzw Leistungsschutzberechtigten angefragt und lizensiert werden.

51 Um dieses komplizierte Geflecht an Lizenzverträgen außerhalb der Verwertungsgesellschaften zu vereinfachen, gibt es für den Bereich der Filmmusik, Hintergrundmusik und Werbemusik, sog. „One-Shop"-Lösungen, wie bspw sog. **Library-Music**. Aufgabe der sog. Music-Libraries ist es, sämtliche an einer Aufnahme bestehenden, individuell wahrzunehmenden Rechte, dh die Rechte der Komponisten/Texter und ausübenden Künstler und Tonträgerhersteller an dem auswertungsreifen Masterband zu erwerben, um in der Lage zu sein, alle Rechte, die nicht den Verwertungsgesellschaften übertragen wurden, direkt an den Nutzer lizensieren zu können. Diese Bündelung von Rechten erleichtert das **Rechteclearing** für die Nutzer von Musik, da eine Anfrage zur Nutzung der betroffenen Rechte nicht einzeln bei Verlagen, Urhebern und Tonträgerfirmen erfolgen muss, sondern direkt in einem Schritt über die Music-Library erfolgt.

Ähnlich wird auch mit sog. **GEMA-freier Musik** verfahren. Produzenten GEMA-freier Musik haben sich zur Aufgabe gemacht, gegen Pauschalzahlungen alle Rechte an einer Tonaufnahme an Nutzer zu lizensieren (vgl dazu Raue/Hegemann/*Hilpert-Kruck,* § 10 Rn 26). 52

Ein Sonderfall der genehmigungspflichtigen Nutzung von Tonaufnahmen ist das sog. **Sampling**. Als Sampeln, oder Sampling bezeichnet man die Entnahme von vorbestehenden Tonfolgen zur Verwendung in einer neuen Aufnahme musikalischer Darbietungen. Diese Technik gehört zur Standardtechnologie der Musikproduktion, erfordert aber ein genaues **Rechteclearing**, da Leistungsschutzrechte der ausübenden Künstler und Tonträgerhersteller sowie Rechte der Urheber von dieser Nutzungsform betroffen sind. (vgl Raue/Hegemann/*Czychowski*, § 9 Rn 79; Loewenheim/*Rossbach,* § 69 Rn 60). Die erforderlichen Leistungsschutzrechte der ausübenden Künstler und Tonträgerhersteller werden beim genehmigten Sample über Remix-Verträge oder Sampling-Verträge eingeholt. Für die Einholung der ggf erforderlichen **Bearbeitungsrechte** werden sog. Bearbeitungsgenehmigungen in der Regel bei den Musikverlagen der betroffenen Urheber eingeholt (vgl Loewenheim/*Rossbach*, § 69 Rn 59 f). 53

2. Kapitel: Markenrecht

Schrifttum: *Berlit*, Markenrecht, 8. Aufl. 2010 (zitiert: *Berlit*, Markenrecht); *Deutsch/Ellerbrock*, Titelschutz Werktitel und Domainnamen, 2. Aufl. 2004 (zitiert: *Deutsch/Ellerbrock*, Titelschutz); *Fezer*, Markenrecht, 4. Aufl. 2009 (zitiert: *Fezer*, Markenrecht); *Ingerl/Rohnke*, Markengesetz, 3. Aufl. 2010 (zitiert: *Ingerl/Rohnke*, MarkenG); *Kröner*, Neuere Entwicklungen im Bereich des Titelschutzes für Zeitschriften und Fernsehsendungen, FS Paul W. Hertin, 2000 (zitiert: *Kröner*, FS Hertin); *Lange*, Marken- und Kennzeichenrecht, 2006 (zitiert: *Lange*, Marken- und Kennzeichenrecht); *Ströbele/Hacker*, Markengesetz, 9. Aufl. 2009 (zitiert: *Ströbele/Hacker*, Markengesetz); *Ubber*, Markenrecht im Internet, 2002 (zitiert: *Ubber*, Markenrecht im Internet); *von Schultz*, Kommentar zum Markenrecht, 2. Aufl. 2007 (zitiert: von Schultz/*Bearbeiter*, Markenrecht).

63. Abschnitt: Schutz des Kennzeichens

§ 5 MarkenG Geschäftliche Bezeichnungen

§ 5 MarkenG Geschäftliche Bezeichnungen

(1) Als geschäftliche Bezeichnungen werden Unternehmenskennzeichen und Werktitel geschützt.

(2) [1]Unternehmenskennzeichen sind Zeichen, die im geschäftlichen Verkehr als Name, als Firma oder als besondere Bezeichnung eines Geschäftsbetriebs oder eines Unternehmens benutzt werden. [2]Der besonderen Bezeichnung eines Geschäftsbetriebs stehen solche Geschäftsabzeichen und sonstige zur Unterscheidung des Geschäftsbetriebs von anderen Geschäftsbetrieben bestimmte Zeichen gleich, die innerhalb beteiligter Verkehrskreise als Kennzeichen des Geschäftsbetriebs gelten.

(3) Werktitel sind die Namen oder besonderen Bezeichnungen von Druckschriften, Filmwerken, Tonwerken, Bühnenwerken oder sonstigen vergleichbaren Werken.

A. Überblick

1 Wie es in § 5 MarkenG heißt, gehören zu den geschäftlichen Bezeichnungen sowohl Unternehmenskennzeichen als auch Werktitel. Trotz des gemeinsamen Oberbegriffs „Geschäftliche Bezeichnungen“ haben Unternehmenskennzeichen und Werktitel einen unterschiedlichen Schutzgegenstand. Als Unternehmenskennzeichen werden alle Zeichen bezeichnet, die im geschäftlichen Verkehr als **Name, Firma oder besondere Bezeichnung des Geschäftsbetriebs** Verwendung finden. Wie es in § 5 Abs. 2

Satz 2 MarkenG ausdrücklich heißt, stehen Geschäftsabzeichen oder sonstige zur Unterscheidung des Geschäftsbetriebs von anderen Geschäftsbetrieben bestimmte Zeichen den besonderen Bezeichnungen eines Geschäftsbetriebs gleich, die sich innerhalb der beteiligten Verkehrskreise als Kennzeichen des Betriebs durchgesetzt haben. Während geschäftliche Bezeichnungen von bundesweit tätigen Sendeanstalten im gesamten Bundesgebiet Schutz genießen, können regionale Sender, zB Radio Hamburg, ggf nur regionalen Schutz genießen, sofern die Sendeanstalt nicht bundesweit ausstrahlt (zB über Kabel, über Internet). Geschützt wird in § 5 Abs. 1 MarkenG jeder Name, sei es der Name der juristischen Person, unter der die Sendeanstalt firmiert, sei es der Name eines Einzelkaufmanns, der unter seinem bürgerlichen Namen tätig wird. In gleicher Weise kann jedoch auch das Pseudonym bzw der Künstlername Schutz genießen (vgl *Ingerl/Rohnke*, § 5 Rn 18). Voraussetzung eines jeglichen Schutzes als geschäftliche Bezeichnung im Sinne von § 5 Abs. 2 MarkenG ist jedoch, dass es sich bei der geschäftlichen Bezeichnung um eine kennzeichnungsfähige, nämlich unterscheidungskräftige Angabe handelt. Darüber hinaus muss der Kennzeicheninhaber das Zeichen in Deutschland in Benutzung genommen haben (OLG Frankfurt aM GRUR-RR 2006, 93 – NEWS). Wenn dem Namen, der Firma oder der besonderen Geschäfts- oder Unternehmensbezeichnung von Haus aus keine Unterscheidungskraft zukommt, entsteht der Kennzeichenschutz nicht bereits mit der ersten Benutzungsaufnahme, sondern frühestens zu dem Zeitpunkt, an dem das im geschäftlichen Verkehr benutzte Zeichen aufgrund des Erwerbs von Verkehrsgeltung Unterscheidungskraft erlangt (*Fezer*, Markenrecht, § 5 Rn 3).

B. Geschäftliche Bezeichnungen

I. Inhalt des Unternehmenskennzeichens

1. Unterscheidungskräftige Angabe. Häufig bestehen die Unternehmenskennzeichen aus einem unterscheidungskräftigen Merkmal und zusätzlichen Bestandteilen, denen ausschließlich beschreibende Funktion zukommen (zB RTL Television GmbH: Der Firmenbestandteil „Television“ bleibt als beschreibende Angabe für den Geschäftsgegenstand ebenso außer Betracht wie die Angabe über die Gesellschaftsform „GmbH“). Für Teile einer Firmenbezeichnung kann der von der vollständigen Firma abgeleitete Schutz als Unternehmenskennzeichen im Sinne des § 5 Abs. 2 MarkenG beansprucht werden, wenn es sich um unterscheidungsfähige Firmenbestandteile handelt, die ihrer Art nach im Vergleich zu den übrigen Firmenbestandteilen geeignet sind, sich im Verkehr als schlagwortartiger Hinweis auf das Unternehmen durchzusetzen (BGH WRP 2005, 1246 – Star Entertainment; BGH WRP 2002, 1066 – defacto). Unterscheidungskräftig sind danach nur solche Firmenbestandteile, die aus Sicht der angesprochenen Verkehrskreise als **Hinweis auf das Unternehmen oder den Geschäftsbetrieb** dienen können. Rein beschreibende Angaben weisen daher nicht die für einen Kennzeichenschutz gemäß § 5 Abs. 2 MarkenG erforderliche Unterscheidungskraft auf. Werden Bestandteile einer Firma sowohl für sich betrachtet als auch in ihrer Verbindung vom Verkehr als beschreibende Sachbezeichnung verstanden, so kann ihnen auch bei der gebotenen **Berücksichtigung des Freihaltebedürfnisses** des Verkehrs an der Bezeichnung kennzeichenrechtlicher Schutz aus originärer Kennzeichnungskraft nicht zugebilligt werden (BGH WRP 2005, 1246, 1247 – Star Entertainment). Es kommt also immer darauf an, ob der angesprochene Verkehr den Firmenbestandteil oder, wenn die Firma aus mehreren Worten besteht, die zusammengesetzte Firmenangabe als individuellen Herkunftshinweis auffasst (BGH GRUR 1996, 68, 69 – COTTON LINE). 2

2. Bildbestandteil. Keine Namensfunktion kommt Bildkennzeichen oder sonstigen Gestaltungen zu, die keinerlei namensmäßige Unterscheidungskraft aufweisen. Während nicht aussprechbare Buchstabenkombinationen (zB „ZDF“ oder „ARD“) ohne Weiteres als Unternehmenskennzeichen im Sinne von § 5 Abs. 2 MarkenG dienen können, da derartige Buchstabenkombinationen vom Verkehr als Unternehmenskennzeichen verstanden werden (BGH WRP 2009, 803, 804 – ahd.de), fehlt etwa einer bestimmten Gebäudegestaltung jegliche originäre **namensmäßige Unterscheidungskraft** (BGH WRP 2005, 605 – Räucherkate). 3

3. Prägung des Kennzeichens. Allerdings sind Wort-/Bildkombinationen als Unternehmenskennzeichen im Sinne von § 5 Abs. 2 MarkenG geeignet, wenn der Wortbestandteil, etwa eine Buchstabenfolge, das Zeichen prägt (BGH WRP 2005, 488, 489 – mho.de). Sendeanstalten wie etwa SevenOne Intermedia GmbH oder ARTE Deutschland TV GmbH werden daher jedenfalls durch ihren **unterscheidungskräftigen Wortbestandteil** geprägt, so dass auch nur dieser Bestandteil der Firmierung am Schutz als geschäftlicher Bezeichnung im Sinne von § 5 Abs. 2 MarkenG teil hat (bei den genannten Sendeanstalten also die Firmenbestandteile „SevenOne“ und „ARTE“). 4

5 **4. Schutzbeginn und Schutzende.** Während der Kennzeichenschutz mit **Benutzungsaufnahme** des Kennzeichens entsteht, es also einer Eintragung in das Handelsregister oder das Markenregister zum Entstehen des Kennzeichenschutzes nicht bedarf, erlischt der Kennzeichenschutz mit **endgültiger Benutzungsaufgabe** des Kennzeichens (*Ingerl/Rohnke*, MarkenG, § 5 Rn 69). Der endgültigen Benutzungsaufgabe steht allerdings die Fortsetzung des Geschäftsbetriebs im Ausland gleich. Bei einer Verlegung des Unternehmens ins Ausland und der ausschließlichen Benutzung des Kennzeichens auf dem ausländischen Markt liegt auch keine vorübergehende Unterbrechung des Geschäftsbetriebes mehr vor (BGH WRP 2002, 1156, 1159 – FROMMIA). Eine temporäre Unterbrechung des Geschäftsbetriebes führt allerdings noch nicht zum Erlöschen des Kennzeichens (BGH WRP 2005, 1164, 1166 – Seicom).

II. Geschäftsabzeichen ohne Kennzeichnungskraft

6 **1. Abgrenzung.** Geschäftliche Bezeichnungen, die gemäß § 5 Abs. 2 Satz 2 MarkenG Schutz genießen können, sind die besonderen Bezeichnungen eines Geschäftsbetriebes, die als Geschäftsabzeichen und sonstige zur Unterscheidung des Geschäftsbetriebs von anderen Geschäftsbetrieben bestimmte Zeichen geschützt sind, sofern sie innerhalb beteiligter Verkehrskreise als Kennzeichen des Geschäftsbetriebs gelten (zB „Kabel Eins“). Fehlen also einem Kennzeichen originäre Kennzeichnungskraft, kann diese durch **Verkehrsgeltung** gemäß § 5 Abs. 2 Satz 2 MarkenG erworben werden. So kann etwa eine besondere Bezeichnung wie „Star Entertainment“ nur kraft Verkehrsdurchsetzung kennzeichenrechtlichen Schutz gemäß § 5 Abs. 2 MarkenG erlangen. Denn die Bezeichnung „Star Entertainment“ als ein Unternehmen, das als Gegenstand die Produktion, Durchführung, Vermittlung und Vermarktung von Veranstaltungen zum Inhalt hat, weist die angesprochenen Verkehrskreise ausschließlich darauf hin, dass die präsentierten, gefeierten und berühmten Künstler berufsmäßig leichte Unterhaltung anbieten (BGH WRP 2005, 1246, 1247 – Star Entertainment). Auch die Etablissementbezeichnung „Literaturhaus“ für einen Verein, der literarische und kulturelle Veranstaltungen ausrichtet, genießt nur dann Kennzeichenschutz gemäß § 5 Abs. 2 MarkenG, wenn sie Verkehrsgeltung erlangt hat (BGH WRP 2005, 614, 615 – Literaturhaus). Der Begriff „Festspielhaus“ beschreibt die Örtlichkeit, an der eine kulturelle Veranstaltung erbracht wird. Der Angabe fehlt daher die für die Schutzfähigkeit erforderliche Unterscheidungskraft (BGH WRP 2002, 987, 990 – Festspielhaus).

7 **2. Verkehrsgeltung. a) Inhalt.** Unternehmenskennzeichen ohne ursprüngliche Kennzeichnungskraft können also nur dann Schutz gemäß § 5 Abs. 2 MarkenG erlangen, wenn sie Verkehrsgeltung erlangt haben. In diesem Zusammenhang ist erforderlich, dass der Kennzeicheninhaber konkret vorträgt, aus welchen Umständen sich die Verkehrsgeltung seines Kennzeichens ergibt. Die konkreten Angaben müssen sich einerseits darauf beziehen, welches die **maßgeblichen Verkehrskreise** sind, und andererseits darauf, **wie bekannt** das Kennzeichen in diesen Verkehrskreisen ist. Sofern sich mangels hinreichend konkreter Angaben zur Bekanntheit und zu den maßgeblichen Verkehrskreisen die Voraussetzungen der Verkehrsgeltung nicht entnehmen lassen, bei deren Vorliegen sich auch originär nicht schutzfähige Bezeichnungen für den Kennzeichenschutz nach §§ 5, 15 MarkenG qualifizieren können, entfällt ein etwaiger Kennzeichenschutz (BGH WRP 2005, 614, 615 – Literaturhaus; BGH GRUR 2003, 792, 793 – Festspielhaus II). Der erforderliche konkrete Vortrag zum Nachweis der Verkehrsdurchsetzung orientiert sich an den entsprechenden markenrechtlichen Bestimmungen zur Benutzungsmarke (§ 4 Nr. 2 MarkenG) bzw zur Marke kraft Verkehrsdurchsetzung (§ 8 Abs. 3 MarkenG).

8 **b) Europarechtlicher Bezug.** Zwar ist anerkannt, dass die markenrechtlichen Rechtsgrundsätze des Gemeinschaftsrechts, also die Auslegung, die die Markenrechtsrichtlinie durch den Gerichtshof der Europäischen Gemeinschaften gefunden hat, nur für die diejenigen Vorschriften des Markengesetzes verbindlich sind, die in Umsetzung der Markenrechtsrichtlinie erlassen worden sind, also eingetragene und nicht eingetragene Marken betreffen. Zu diesen gehören die Vorschriften der §§ 5, 15 MarkenG nicht. Der BGH stellt jedoch in diesem Zusammenhang auf den **Grundsatz der Einheitlichkeit der Kennzeichenrechte** ab mit der Folge, auch bei der Beurteilung der originären Schutzfähigkeit von Unternehmenskennzeichen grundsätzlich im Wesentlichen dieselben, ggf auf der nur für eingetragene Marken bindenden Rechtsprechung des Gerichtshofs der Europäischen Gemeinschaften beruhenden, materiellen Schutzvoraussetzungen, wenn auch bezogen auf die Eignung zur Unterscheidung von Unternehmen bzw zur Beschreibung von deren Geschäftstätigkeit, zugrunde zu legen (BGH Bl. f PMZ 2001, 210, 211 – WINDSURFING CHIEMSEE).

9 **c) Durchsetzungsgrad.** Zum Nachweis des erforderlichen Durchsetzungsgrades in den angesprochenen Verkehrskreisen kommt es danach darauf an, ob das Kennzeichen in Folge seiner Nutzung die

Eignung erlangt hat, ein Unternehmen von einem anderen Unternehmen zu unterscheiden bzw deren Geschäftstätigkeit nur zu beschreiben. Bei der Feststellung, ob ein Kennzeichen in Folge seiner Benutzung gemäß § 5 Abs. 2 MarkenG Schutz als Unternehmenskennzeichen erlangt hat, sind sämtliche Gesichtspunkte heranzuziehen, die zeigen können, dass das Kennzeichen die Eignung zur Unterscheidung von Unternehmen erlangt hat. Gemäß Rechtsprechung des EuGH zur durchgesetzten Marke im Verkehr ist darauf abzustellen, dass die **beteiligten Verkehrskreise** oder zumindest ein **erheblicher Teil** dieser Kreise in dem Kennzeichen ein Unterscheidungsmittel eines Unternehmens von einem anderen Unternehmen sehen. Dabei können die Umstände, unter denen diese Voraussetzungen als erfüllt angesehen werden können, nicht nur aufgrund von generellen und abstrakten Angaben, wie zB bestimmten Prozentsätzen, festgestellt werden (EuGH WRP 1999, 629, 634, 635 – WINDSURFING CHIEMSEE). Die Kennzeichnungskraft ist also unter Berücksichtigung aller Umstände des Einzelfalls ohne Einfluss normativer Überlegungen festzustellen, wobei zu berücksichtigen ist, dass auch bei beschreibenden Angaben unterschiedliche Verkehrsauffassungen bestehen können mit der Folge, dass je nach den Umständen des Einzelfalls ein höherer oder ein geringerer Zuordnungsgrad erforderlich sein wird (*Ingerl/Rohnke*, MarkenG, § 5 Rn 52, 53). Auch rein beschreibende Firmenangaben, wie zB „Literaturhaus", können danach Kennzeichenfunktion gemäß § 5 Abs. 2 MarkenG erlangen, wenn sich die Bezeichnung in den angesprochenen Verkehrskreisen als Unternehmenskennzeichen durchgesetzt hat (KG NJW-RR 2003, 1405, 1406 – „arena-berlin.de").

d) Schutzende. Der Schutz des Unternehmenskennzeichens entfällt, sobald der Kenzeicheninhaber die Bezeichnung des Geschäftsbetriebs **endgültig aufgegeben** hat bzw wenn die Verkehrsgeltung nachträglich wieder verloren gegangen ist. Ob die **Verkehrsgeltung entfallen** ist, ist durch Ermittlung der Verkehrsauffassung festzustellen (*Ingerl/Rohnke*, MarkenG, § 5 Rn 56). 10

III. Werktitel: Sendungstitel, Filmtitel, Serientitel

1. Überblick. Als geschäftliche Bezeichnungen sind neben Unternehmenskennzeichen auch Werktitel geschützt. Die Legaldefinition des § 5 Abs. 3 MarkenG definiert als Werktitel die Namen oder besonderen Bezeichnungen von **Druckschriften, Filmwerken, Tonwerken, Bühnenwerken** oder sonstigen vergleichbaren Werken. § 5 Abs. 3 MarkenG differenziert also einerseits zwischen Namen oder besonderen Bezeichnungen, die als Werktitel Schutz genießen, andererseits zwischen den unterschiedlichen Werkgattungen. Die Aufzählung der Werkgattungen in § 5 Abs. 3 MarkenG ist nicht vollständig. Vielmehr werden ausdrücklich nur die Werkgattungen der Druckschriften, der Filmwerke, der Tonwerke und der Bühnenwerke genannt. Sämtliche sonstigen vergleichbaren Werke, wie zB Computerprogramme, sind jedoch in gleicher Weise dem Titelschutz zugänglich. 11

2. Schutzvoraussetzungen. a) Werk. Voraussetzung eines Titelschutzes ist das Vorliegen eines Werkes. Das Werk selbst wird in § 5 Abs. 3 MarkenG nicht definiert. Der Werkbegriff des Markengesetzes ist jedoch dem Werkbegriff des Urheberrechtsgesetzes nicht gleichzusetzen. Unter den Begriff „Werk" im Sinne des § 5 Abs. 3 MarkenG fallen **alle immateriellen Arbeitsergebnisse**, wie Schrift-, Bild-, Musik- oder Spracherzeugnisse, die nach der Verkehrsanschauung bezeichnungsfähig sind (*Deutsch/Ellerbrock*, Titelschutz, Rn 29). Im Interesse eines umfassenden Immaterialgüterrechtsschutzes sind geistige Leistungen, soweit sie als Gegenstand des Rechtsverkehrs bezeichnungsfähig sind, einer Kennzeichnung im Rechtsverkehr zugänglich, durch die sie von anderen Leistungen geistiger Art unterscheidbar werden (BGH WRP 1997, 1184, 1185 – PowerPoint). Ein Werk ist also jede geistige Leistung, die in den Augen des Verkehrs bezeichnungsfähig ist. Daher ist etwa auch die Bezeichnung, unter der ein Computerprogramm in den Handel kommt, dem Werktitelschutz nach § 5 Abs. 3 MarkenG zugänglich (BGH WRP 1997, 1184 – PowerPoint; BGH WRP 1997, 1181 – Ftos; BGH WRP 1998, 877 – WINCAD; BGH WRP 2006, 898 – SmartKey). 12

b) Unterscheidungskraft. Eine titelschutzfähige Bezeichnung oder ein Werkname, der dem Titelschutz zugänglich ist, liegt nur dann vor, wenn die Kennzeichen zumindest minimale Unterscheidungskraft aufweisen. Nur unterscheidungskräftigen und nicht freihaltebedürftigen Bezeichnungen kommt Titelschutz nach § 5 Abs. 3 MarkenG zu. In diesem Zusammenhang ist anerkannt, dass an die Unterscheidungskraft etwa eines Zeitungs- oder Zeitschriftentitels grundsätzlich nur **geringe Anforderungen** zu stellen sind, weil auf dem Zeitungs- und Zeitschriftenmarkt seit jeher Zeitungen und Zeitschriften unter mehr oder weniger farblosen Gattungsbezeichnungen angeboten werden (BGH WRP 1999, 1279, 1281 – SZENE; BGH WRP 1999, 186, 188 – Wheels Magazine; BGH GRUR 2005, 959 – FACTS II). Doch auch der Name von Druckschriften anderer Art bedarf nur einer geringen Unter- 13 scheidungskraft, um titelschutzfähig im Sinne von § 5 Abs. 3 MarkenG zu sein. So ist etwa der Buchtitel „Das Telefon-Sparbuch“ in gleicher Weise titelschutzfähig wie die Bezeichnung „Bremer Branchen“ für ein Branchenverzeichnis (BGH WRP 2005, 213 – Das Telefon-Sparbuch; OLG Hamburg WRP 2002, 337 – Bremer Branchen). Namensmäßige Unterscheidungskraft hat die Bezeichnung eines Werks, wenn ihr die Eignung zur Werkindividualisierung zukommt (OLG München GRUR-RR 2009, 307 – „Der Seewolf“).

14 c) **Werkarten.** Zu den Filmwerken gehören nicht nur Spielfilmtitel, sondern in gleicher Weise auch Titel von Fernsehserien oder einzelnen Fernsehsendungen (BGH WRP 1977, 394 – Der 7. Sinn; OLG Hamburg GRUR-RR 2002, 389 – die tagesschau; LG Köln AfP 2003, 371 – Monitor; OLG München GRUR-RR 2009, 307 – „Der Seewolf“).

15 Tonwerke sind nicht nur Veröffentlichungen von Schallplatten, CDs und DVDs, sondern in gleicher Weise Sendetitel im Hörfunk. Jeder Titel einer Rundfunksendung kann titelschutzfähig sein, sofern er unterscheidungskräftig und nicht freihaltebedürftig ist (*Deutsch/Ellerbrock*, Titelschutz, Rn 34).

16 Titel von Druckschriften sind nicht nur die Haupttitel, sondern auch Rubrikentitel (zB Rubrik „Casual Friday“ in der Zeitung FTD, LG Frankfurt aM, 2-03 O 160/03 vom 30.4.2003; LG München I ZUM – RD 2007, 602 – „Leichter leben“).

17 Bühnenwerke sind etwa Theaterstücke, Operetten, Opern oder auch Musicals (*Ingerl/Rohnke*, Markengesetz § 5 Rn 79).

18 d) **Inhaber.** Inhaber des Titelschutzrechts ist zuallererst der Urheber. Inhaber des Titelrechts ist also der Verfasser eines Schriftwerks, und zwar sowohl bei einem von Natur aus unterscheidungskräftigen als auch bei einem Titel, der erst durch die vom Verleger veranstaltete Benutzung Unterscheidungskraft und damit Schutz erlangt (BGH GRUR 1990, 218, 220 – Verschenktexte). Neben dem **Urheber** kommt als Inhaber des Titelschutzrechts noch der **Verlag**, der Verleger oder die veranstaltende **Fernsehanstalt** bzw **Rundfunkanstalt** in Betracht (BGH NJW 1993, 852 – Guldenburg). Das Titelschutzrecht steht demjenigen zu, der den Titel rechtmäßig benutzt (BGH WRP 2003, 644, 646 – Winnetous Rückkehr). Bei Büchern kann daher der Titelschutzberechtigte sowohl der Autor als auch der Verlag sein, bei Zeitungen und Zeitschriften kann der Titelschutzberechtigte sowohl der Herausgeber als auch der Zeitungsverlag sein, bei Tonträgern die Urheber und Produzenten, bei Filmen und Rundfunksendungen neben den Urhebern die Produzenten, Verleihunternehmen sowie Rundfunk- und Fernsehanstalten (*Deutsch/Ellerbrock*, Titelschutz Rn 66).

19 e) **Entstehung.** Das Recht an einem Werktitel entsteht kraft Benutzung (BGH WRP 1997, 751, 753 – B.Z./Berliner Zeitung). Derjenige, der also ein Buch veröffentlicht oder eine Zeitschrift herausgibt, begründet seinen Titelschutz mit der **Veröffentlichung des Werkes** (*Kröner*, FS Hertin, S. 577). Wird eine Fernsehsendung zum ersten Mal ausgestrahlt, entsteht das Titelschutzrecht in gleicher Weise wie bei der Aufführung eines musikalischen Werkes oder bei der erstmaligen Ausstrahlung eines Films. Auch die Veröffentlichung einer Zeitung im Internet lässt den Werktitelschutz entstehen (BGH WRP 2010, 266, 268 – EIFEL-ZEITUNG).

20 f) **Titelschutzanzeige.** Einen Sonderfall zur Vorverlagerung des Titelschutzes stellt die sogenannte Titelschutzanzeige dar. Nach höchstrichterlicher Rechtsprechung ist anerkannt, dass für die Entstehung des Titelschutzes die öffentliche Ankündigung des Werkes unter seinem Titel der tatsächlichen Benutzungsaufnahme durch Erscheinen gleichzustellen ist, wenn das Werk in angemessener Frist nach der Anzeige unter dem Titel erscheint (BGH WRP 1990, 242, 243 – Titelschutzanzeige). Erforderlich ist, dass die Ankündigung in branchenüblicher Weise erfolgt. Sowohl auf Seiten des den Titel ankündigenden Verlegers als auch auf Seiten seiner Mitbewerber besteht ein erhebliches wirtschaftliches Interesse daran, möglichst frühzeitig über den Titel einer geplanten Werkveröffentlichung zu informieren bzw informiert zu werden. Denn wegen den mit jeder Veröffentlichung verbundenen erheblichen Investitionsrisiken ist der Verleger daran interessiert, möglichst frühzeitig über mögliche bestehende Drittrechte informiert zu werden. Das besondere Schutzbedürfnis des Verlegers, des Produzenten oder des Filmverleihs macht es erforderlich, im Wege der Titelschutzanzeige, also einer öffentlichen Titelankündigung, Klarheit zu gewinnen. Darüber hinaus dient die öffentliche Titelschutzanzeige dem Interesse des Ankündigenden, Wettbewerber davon abzuhalten, ein Werk unter demselben Titel herauszubringen. In diesem Zusammenhang ist der Ankündigende nicht darauf beschränkt, jedes Werk einzeln anzuzeigen. Vielmehr kann der Berechtigte eine Sammel-Titelschutzanzeige schalten und so eine Vielzahl von Titeln für sich reservieren. Allerdings ist die Reservierung der Titel zeitlich be-

schränkt, regelmäßig auf einen Zeitraum von etwa 6 Monaten (*Ingerl/Rohnke*, Markengesetz, § 5 Rn 88). Wird jedoch ein Sammelwerk angezeigt, kann die Vorverlegung des Titelschutzes auch einen Zeitraum von 1 Jahr oder länger betragen. Das gilt in gleicher Weise für ein aufwendiges Filmwerk, das regelmäßig nicht innerhalb von 6 Monaten produziert werden kann. Allerdings verschafft die Schaltung einer Titelschutzanzeige selbst keinen Rechtsanspruch, gegen Dritte vorzugehen. Zum Entstehen eines Titelrechts ist die Benutzung des Titels, und zwar bezogen auf ein konkretes Werk, erforderlich. Die bloße Veröffentlichung einer Titelschutzanzeige ist noch nicht die notwendige auflösend bedingte Benutzung des Titels (OLG Hamburg WRP 2002, 337 – Bremer Branchen). Die Titelschutzanzeige führt also nur dazu, dass die **Priorität vorverlagert** wird, falls die Benutzung in angemessener Frist aufgenommen wird, stellt jedoch noch keine vorgezogene Benutzungsaufnahme dar (*Deutsch/Ellerbrock*, Titelschutz, Rn 77). Die Titelschutzanzeige sollte in den branchenüblichen Blättern veröffentlich werden. Dazu zählt etwa „DER TITELSCHUTZ ANZEIGER" oder „Filmecho/Filmwoche".

g) Ende des Titelschutzes. Der Titelschutz erlischt, wenn die periodische Druckzeitschrift **endgültig eingestellt** wird, wenn die Sendereihe im Fernsehen nicht fortgesetzt oder ein Buch nicht mehr neu aufgelegt wird. Allerdings kann gerade bei einer Buchveröffentlichung Titelschutz immer noch bestehen, auch wenn das Buch vergriffen ist. Denn gerade in diesem Bereich entschließt sich der Verlag häufig in größeren Zeitabschnitten zu Neuauflagen, wenn es sich nicht gerade um einen Bestseller handelt. Das gilt auch etwa im Bereich der wissenschaftlichen Buchveröffentlichungen. Im Fernsehbereich kann der Titelschutz solange nicht entfallen, solange es Wiederholungssendungen gibt (*Kröner*, FS Hertin, S. 577; OLG München GRUR-RR 2009, 307 – „Der Seewolf"). Selbst eine mehrjährige Nichtbenutzung des Regionalteils einer Tageszeitung führt nicht automatisch zum Erlöschen des Titelschutzes (BGH WRP 2010, 266, 268 – EIFEL-ZEITUNG). Nach Wiederaufnahme der Titelnutzung besteht der Titelschutz fort. 21

h) Lizenz und Übertragung. Titelschutzrechte können wie sonstige Kennzeichenrechte lizenziert werden. So kann o hne Weiteres der Autor oder der von ihm autorisierte Verlag einen Werktitel an einen anderen Verlag lizenzieren, was gerade bei ausländischen Werken die Regel ist (OLG Hamburg GRUR-RR 2006, 408, 411 – OBELIX). Eine **Übertragung des Titelschutzrechts** ist allerdings nur zusammen mit dem Werk möglich, denn der Titelschutz kennzeichnet ein konkretes Werk. Allerdings darf jedermann Nachdrucke des gemeinfrei gewordenen Werkes unter dem Werktitel veröffentlichen und vertreiben. Es entfällt dann jedoch weder das Recht des ursprünglichen Titelschutzberechtigten noch das eines sonstigen Verwenders des Titels im Zusammenhang mit dem Werk. Diese können Rechte aus dem Titel geltend machen, wenn dieser für ein neues, ein anderes Werk benutzt wird (BGH WRP 2003, 644, 646 – Winnetous Rückkehr). Die Übertragung eines Werktitels unabhängig vom Werk ist also nicht möglich. Denkbar ist jedoch, dass der Werktitel unabhängig vom Werk in andere Produktbereiche lizenziert wird (also im Rahmen des sogenannten Merchandising). Außerdem kann der Werktitel eines gemeinfrei gewordenen Werkes jederzeit in einem anderen Produktbereich für dasselbe Werk lizenzfrei genutzt werden (zB Verfilmung eines Buches, OLG München GRUR-RR 2009, 307, 308 – „Der Seewolf"). 22

IV. Domain

1. Allgemeines. Die Frage, ob Domain-Namen Kennzeichnungsfunktion haben, war zunächst umstritten. Nach derzeit herrschender Meinung erfüllen Domains jedoch in erster Linie die Adressenfunktion (*Ubber*, Markenrecht im Internet, Seite 59). Darüber hinaus ist anerkannt, dass die deutsche Top-Level-Domain „.de" (wie jede andere Top-Level-Domain) keinesfalls kennzeichenfähig ist. Denn es handelt sich bei der Top-Level-Domain allein um die Kennzeichnung der Vergabestelle. Kennzeichenrechtlich kann daher nur die Second-Level-Domain (zB „ambiente.de") von Bedeutung sein, also der Domainname der vor der Top-Level-Domain erscheint. 23

2. Schutzvoraussetzungen. a) Adressfunktion. Wie der BGH festgestellt hat, wird der Domain-Name, der an sich geeignet ist, auf die betriebliche Herkunft und die Geschäftstätigkeit eines Unternehmens hinzuweisen, nicht zu einem geschäftlichen Kennzeichen, wenn er ausschließlich als **Adressenbezeichnung** verwendet wird. Denn der Verkehr wird bei Verwendung des Domain-Namens annehmen, es handele sich dabei um eine Angabe, die – ähnlich wie eine Telefonnummer – den Zugang zu dem Adressaten eröffnet, ihn aber nicht in seiner geschäftlichen Tätigkeit namentlich bezeichnen soll (BGH WRP 2005, 1164, 1166 – Seicom; BGH WRP 2005, 338 – soco.de). Nur dann, wenn der angesprochene Verkehr ausnahmsweise in der als Domain-Namen gewählten Bezeichnung einen Herkunfts- 24 hinweis erkennt, kann auch einem Domain-Namen Kennzeichnungsfunktion im Sinne von § 5 Abs. 2 MarkenG als besondere Bezeichnung eines Geschäftsbetriebs zukommen (OLG Düsseldorf GRUR-RR 2007, 102 – Peugeot-Tuning). Stets ist jedoch zu berücksichtigen, daß die Primärfunktion von Internet-Domain-Namen in der **Individualisierung und Identifizierung** eines bestimmten, an das Netzwerk angeschlossenen Rechners besteht. Nur dann, wenn die Domain erkennbar aus Namen, Firmenbezeichnungen, Markenwörtern oder entsprechenden Abkürzungen besteht, kann ihre Wiedergabe auf dem Bildschirm der markenmäßige Gebrauch eines Kennzeichens darstellen (OLG München ZUM 2000, 71 – tnet.de; Revision nicht angenommen). Hat aber der Domain-Name keine originäre Kennzeichnungskraft, kommt es auch in diesem Fall, wie bei sämtlichen Kennzeichen gemäß § 5 Abs. 2 Satz 2 MarkenG, darauf an, dass das verwendete Zeichen Verkehrsgeltung erlangt hat (s.o. Rn 7 ff).

25 b) **Besonderes Unternehmenskennzeichen.** Sofern einem Domain-Namen ausnahmsweise kennzeichenrechtliche Qualität gemäß § 5 Abs. 2 Satz 2 MarkenG zukommt, kann Kennzeichenschutz erst dann entstehen, wenn der Domain-Name im geschäftlichen Verkehr **zur Kennzeichnung von Waren oder Dienstleistungen** verwendet wird. Die Registrierung des Domain-Namens bei der Registrierungsstelle allein kann die Qualität als besonderes Unternehmenskennzeichen im Sinne von § 5 Abs. 2 Satz 2 MarkenG noch nicht begründen. Denn die Nutzung einer Internet-Domain begründet solange keine markenrechtliche Priorität (§ 6 MarkenG), solange auf der Internetseite, für die der Domain-Name benutzt wird, noch nicht bestimmte Waren oder Dienstleistungen angeboten bzw geschäftliche Aktivitäten entwickelt werden, sondern lediglich ein „Baustellen"-Schild als Hinweis auf zukünftige Aktivitäten erscheint (OLG Hamburg CR 2007, 47 – ahd.de). Denn das „Baustellen"-Schild weist regelmäßig nur darauf hin, dass eine Internetpräsenz entstehen soll. Eine kennzeichnende Funktion kann dann dem Domain-Namen jedoch nicht zukommen. Allein die Registrierung einer Internet-Domain vermag solange keine Kennzeichenrechte zu begründen, als hiermit keine konkreten Inhalte verbunden sind, weil der Verkehr erst nach Einstellung konkreter Inhalte mit der Angabe einen Unternehmenshinweis für bestimmte Waren oder Dienstleistungen bzw für eine bestimmte Branche entnehmen kann (BGH WRP 2009, 803, 804 – ahd.de).

26 c) **Domain als Titel.** Ein Domain-Name kann dann Titelschutz genießen, wenn unter dem Domain-Namen ein Werk veröffentlicht wird, das den Anforderungen des markenrechtlichen Werkbegriffs (s.o. Rn 12) entspricht. Jedenfalls setzt der Titelschutz einen hinreichend hohen Fertigungsgrad, etwa vergleichbar mit der Nullnummer einer Zeitschrift, voraus (*Ingerl/Rohnke*, Markengesetz, Nach § 15 Rn 53, 54; OLG München WRP 2001, 571 – Kuecheonline). Bis zum Bestehen einer Fassung, die einer Null-Nummer oder der Erstausgabe einer Printzeitschrift entspricht, ist ungewiss, ob das Produkt überhaupt auf den Markt kommt, und nicht wieder eingestellt wird, mit der Folge, dass Titelschutz nicht entstehen kann (OLG München WRP 2001, 571 – Kuecheonline). Daraus folgt, dass nicht jede Second-Level-Domain, unter der eine Homepage veröffentlicht wird, zugleich Titelschutz genießt (OLG München WRP 2006, 281 – Österreich.de). Vielmehr muss zum Entstehen eines Titelschutzes an der Domain ein Werk hinzukommen, das den Voraussetzungen des markenrechtlichen Werkbegriffs entspricht (BGH GRUR 2009, 1055 – airdsl). Die **Voraussetzungen eines Werks** liegen im Bereich der Homepage eher selten vor. So kommt zwar einer Online-Zeitung unter einer bestimmten Domain Titelschutz zu, nicht aber einem Domain-Namen für einen beliebigen Homepage-Inhalt. Denn nur wenn auf der dem Domain-Namen zugeordneten Homepage ein geistiger Inhalt hinterlegt ist, der nach einem bestimmten übergeordneten Merkmal immaterielle Inhalte zusammenfasst, kann der diesem konkreten Inhalt zugeordnete Domain-Name Titelschutzcharakter haben (*Deutsch/Ellerbrock*, Titelschutz, Rn 373). Der Titelschutz kann erst dann einsetzen, wenn das Werk weitgehend fertiggestellt ist (BGH GRUR 2009, 1055, 1058 – airdsl).

V. Schutzumfang

27 1. **Allgemeines.** Während der Markenschutz einer eingetragenen Marke in das Markenregister von Haus aus deutschlandweit reicht, bestimmt sich der Schutzumfang einer geschäftlichen Bezeichnung nach dem **tatsächlichen Tätigkeitsumfang** des Geschäftsbetriebs oder nach dem tatsächlichen Verbreitungsgebiet etwa einer Zeitung oder Zeitschrift. Unternehmenskennzeichen sind also nur dann im ganzen Bundesgebiet geschützt, wenn die Unternehmen auch bundesweit tätig sind. Andernfalls besteht nur ein geografisch beschränkter Schutz, zB nur in einem Bundesland oder in einem Ort, wenn etwa das Restaurant oder die Hotel-Kette nur regional bzw nur örtlich betrieben werden.

2. Territorialer Schutzbereich. Bezeichnungen von Unternehmen, die nach Zweck und Zuschnitt nur **lokal oder regional tätig** und auch nicht auf Expansion ausgelegt sind, sind nur territorial beschränkt geschützt (BGH WRP 2005, 338, 340 – soco.de). Ein Unternehmenskennzeichen verfügt selbst dann nur über einen räumlich begrenzten Schutzbereich, wenn es im Internet in einer Second-Level-Domain verwendet wird. Denn der Internetauftritt eines Unternehmens reicht allein nicht aus, um einen deutschlandweiten Kennzeichenschutz gemäß § 5 Abs. 2 MarkenG zu begründen. Trotz des ubiquitären Charakters des Internet bleiben stationäre Betriebe, die sich und ihr Angebot im Internet darstellen, grundsätzlich auf ihren räumlichen Tätigkeitsbereich beschränkt (BGH WRP 2005, 338, 340 – soco.de). Denn regelmäßig weisen Domains von Handwerksbetrieben, Restaurants oder Hotels, die sich nur in einem bestimmten regionalen Umfeld befinden, nicht notwendig darauf hin, dass diese Beschränkung – allein durch den Auftritt im Internet – zukünftig entfallen soll. 28

Sofern eine Sendung bundesweit ausgestrahlt wird oder eine Zeitschrift bzw Zeitung bundesweit verlegt wird, genießen der Sendetitel und der Zeitungs- bzw Zeitschriftentitel Schutz im gesamten Bundesgebiet. Fernsehsender oder Radioanstalten, die hingegen nur regional tätig sind, oder TV- bzw Radiotitel, die nur regional gesendet werden, genießen demgemäß auch nur einen beschränkten regionalen Schutz, sofern sie nicht zusätzlich über das Internet bundesweit verbreitet werden. Ein Presseerzeugnis, das zwar nur regional aufgelegt wird, aber über 1000 Abonnenten in ganz Deutschland hat, genießt dann auch überregionalen Schutz (OLG Hamburg ZUM-RD 1999, 116, 119 – „Blitz“ für Stadtmagazin – „Blitz“ für Fernseh-Magazin). In diesem Fall gilt also die Ausnahme nicht, dass bei einem beschränkten Verbreitungsgebiet des Titels auf einen bestimmten Wirtschaftsraum sich auch der Kennzeichenschutz auf das örtliche Gebiet beschränkt. 29

3. Auslandsbezug. Wird die besondere Bezeichnung eines Geschäftsbetriebs als Second-Level-Domain im Ausland benutzt, begründet diese Benutzung als geschäftliche Bezeichnung allein noch keinen Kennzeichenschutz gemäß § 5 Abs. 2 MarkenG im Inland. Vielmehr ist zur **Schutzbegründung im Inland erforderlich**, dass sich der Internetauftritt des ausländischen Unternehmens nicht nur an Inländer richtet, sondern dass das Angebot einen hinreichenden wirtschaftlich relevanten Inlandsbezug aufweist und die wirtschaftlichen Auswirkungen der Werbung und des Angebots der Leistungen der Domaininhaberin im Inland nicht nur geringfügig sind (BGH WRP 2005, 493, 495 – HOTEL MARITIME). Mit dieser einschränkenden Anwendung des § 5 Abs. 2 MarkenG wirkt der BGH einer uferlosen Ausdehnung des Schutzes nationaler Kennzeichenrechte und der damit verbundenen unangemessenen Beschränkung der Selbstdarstellung ausländischer Unternehmen im Internet entgegen (s. zu Persönlichkeitsverletzungen im Internet BGH WRP 2010, 108 – „www.rainbow.at“). 30

4. Unternehmenskennzeichen ehemalige DDR. Schließlich sind auch Unternehmenskennzeichen der früheren DDR, die keinen örtlichen oder regionalen Beschränkungen unterlagen, mit der Herstellung der deutschen Einheit auf das **gesamte (neue) Bundesgebiet erstreckt** worden und daher hinsichtlich ihrer räumlichen Schutzwirkung so zu behandeln, als hätte niemals eine Trennung Deutschlands bestanden (BGH WRP 2006, 238, 240 – hufeland.de). 31

VI. Schutz als eingetragene Marke

1. Allgemeines. Geschäftliche Kennzeichen, die unterscheidungskräftig sind und denen kein Freihaltebedürfnis entgegensteht, sind unabhängig von ihrem Schutz gemäß § 5 MarkenG auch als Marke gemäß § 4 Nr. 1 MarkenG eintragungsfähig. So ist etwa der Name des Senders „arte“ in gleicher Weise als Marke für Dienstleistungen der Klassen 38, 41 und 42 registriert wie die Senderbezeichnung „PRO 7“. Im Gegensatz zu dem Schutz als Unternehmenskennzeichen gemäß § 5 Abs. 2 MarkenG, also dem Hinweis auf das Unternehmen selbst, hat die eingetragene Marke die **Funktion, die Herkunft der gekennzeichneten Dienstleistungen aus einer bestimmten Sendeanstalt zu kennzeichnen.** Für die Sendeanstalt ist es daher durchaus zweckmäßig, neben dem Schutz als geschäftlicher Bezeichnung gemäß § 5 MarkenG zusätzlich markenrechtlichen Schutz als eingetragenes Kennzeichen zu erlangen. 32

2. Absolute Eintragungshindernisse. Gerade im Medienbereich, sei es im Zusammenhang mit der Kennzeichnung einer Sendeanstalt, einer Senderbezeichnung oder eines Sendungstitels bzw eines sonstigen Werktitels, stehen der Markeneintragung häufig absolute Eintragungshindernisse gemäß § 8 Abs. 2 Nr. 1 bis 3 MarkenG entgegen. Denn in den Fällen, in denen die Senderangabe sich in allein beschreibenden Angaben erschöpft oder in dem der Sendungstitel den Inhalt der Sendung wiedergibt, fehlt es regelmäßig am Vorliegen der **Unterscheidungskraft**, oder einer Eintragung als Marke steht ein **Freihalteinteresse** entgegen (zB bei dem Sendungstitel „Bilderbuch Deutschland“, Bundespatentgericht 33

NJWE-Wettbewerbsrecht 1999, 37 – Markeneintragung eines Fernsehserien-Werktitels – Bilderbuch Deutschland). Soweit sich der Titel einer Unterhaltungssendung im Bereich des Fernsehens oder des Rundfunks darauf beschränkt, den Inhalt des Werkes verständlich zu beschreiben oder einen thematischen Bezug zum Sendungsinhalt aufweist (BGH WRP 2010, 1504, 1506 – TOOOR!), steht einer Eintragung als Marke grundsätzlich das absolute Eintragungshindernis des Fehlens der Unterscheidungskraft gemäß § 8 Abs. 2 Nr. 1 MarkenG entgegen. So hat der BGH auch angenommen, dass der Fernsehserientitel „Gute Zeiten – Schlechte Zeiten" nur die Darstellung der jeweiligen Personen in den Wechselfällen ihres Lebens beschreibt, die in schicksalhaft-ausgleichender Folge guter und schlechter Lebensphasen wiedergegeben werden und daher nicht geeignet sind, vom Verkehr als Unterscheidungsmittel für die von der Marke erfassten Unterhaltungsdienstleistungen eines Unternehmens gegenüber solcher anderer Unternehmen aufgefasst zu werden (BGH WRP 2001, 1202, 1205 – Gute Zeiten – Schlechte Zeiten). Einem Schutz des Serientitels als Marke für etwa „Filmverleih [Vermietung von Kinofilmen]" oder „Veröffentlichung von Büchern" steht die beschreibende Bedeutung jedoch nicht entgegen.

34 **3. Verkehrsdurchsetzung.** Eine Eintragung als registrierte Marke kommt bei Vorliegen absoluter Eintragungshindernisse nur noch in Betracht, wenn sich etwa die Wortfolge oder ein anderes Kennzeichen für das Unternehmen als Marke gemäß § 8 Abs. 3 MarkenG im Verkehr durchgesetzt hat. Der Durchsetzungsgrad, der für die Eintragung kraft Verkehrsdurchsetzung erforderlich ist, ist allerdings regelmäßig höher als der **Durchsetzungsgrad**, der für eine geschäftliche Bezeichnung im Sinne von § 5 Abs. 2 Satz 2 MarkenG nachgewiesen werden muss. Auch wenn zur Feststellung des Durchsetzungsgrades gemäß § 8 Abs. 3 MarkenG nicht von festen Prozentsätzen auszugehen ist, geht der BGH regelmäßig, sofern nicht besondere Umstände eine abweichende Beurteilung rechtfertigen, davon aus, dass die untere Grenze für die Annahme einer Verkehrsdurchsetzung nicht unterhalb von 50 % angesetzt werden darf (BGH WRP 2001, 1205, 1207 – REICH UND SCHOEN). Eine Fernsehunterhaltungssendung unter dem Titel „REICH UND SCHOEN" ist daher zwar titelschutzfähig gemäß § 5 Abs. 3 MarkenG. Eine Markenregistrierung kommt jedoch nur in Betracht, wenn sich dieser Titel innerhalb der beteiligten Verkehrskreise mehrheitlich als Herkunftshinweis auf Fernsehunterhaltung aus dieser Sendeanstalt durchgesetzt hat.

64. Abschnitt: Unterlassungs- und Schadensersatzansprüche bei Kennzeichenverletzung

§ 15 MarkenG Ausschließliches Recht des Inhabers einer geschäftlichen Bezeichnung; Unterlassungsanspruch; Schadensersatzanspruch

§ 15 MarkenG Ausschließliches Recht des Inhabers einer geschäftlichen Bezeichnung; Unterlassungsanspruch; Schadensersatzanspruch

(1) Der Erwerb des Schutzes einer geschäftlichen Bezeichnung gewährt ihrem Inhaber ein ausschließliches Recht.

(2) Dritten ist es untersagt, die geschäftliche Bezeichnung oder ein ähnliches Zeichen im geschäftlichen Verkehr unbefugt in einer Weise zu benutzen, die geeignet ist, Verwechslungen mit der geschützten Bezeichnung hervorzurufen.

(3) Handelt es sich bei der geschäftlichen Bezeichnung um eine im Inland bekannte geschäftliche Bezeichnung, so ist es Dritten ferner untersagt, die geschäftliche Bezeichnung oder ein ähnliches Zeichen im geschäftlichen Verkehr zu benutzen, wenn keine Gefahr von Verwechslungen im Sinne des Absatzes 2 besteht, soweit die Benutzung des Zeichens die Unterscheidungskraft oder die Wertschätzung der geschäftlichen Bezeichnung ohne rechtfertigenden Grund in unlauterer Weise ausnutzt oder beeinträchtigt.

(4) [1]Wer eine geschäftliche Bezeichnung oder ein ähnliches Zeichen entgegen Absatz 2 oder Absatz 3 benutzt, kann von dem Inhaber der geschäftlichen Bezeichnung bei Wiederholungsgefahr auf Unterlassung in Anspruch genommen werden. [2]Der Anspruch besteht auch dann, wenn eine Zuwiderhandlung droht.

(5) [1]Wer die Verletzungshandlung vorsätzlich oder fahrlässig begeht, ist dem Inhaber der geschäftlichen Bezeichnung zum Ersatz des daraus entstandenen Schadens verpflichtet. [2]§ 14 Abs. 6 Satz 2 und 3 gilt entsprechend.

(6) § 14 Abs. 7 ist entsprechend anzuwenden.

A. Unterlassungsanspruch

I. Überblick

§ 15 Abs. 4 MarkenG normiert für den Inhaber einer geschäftlichen Bezeichnung oder eines ähnlichen Zeichens einen Unterlassungsanspruch gegen denjenigen, der unbefugt eine geschäftliche Bezeichnung 1 oder ein ähnliches Zeichen im geschäftlichen Verkehr benutzt. Voraussetzung eines Anspruchs aus § 15 Abs. 4 MarkenG ist also das Vorliegen einer geschäftlichen Bezeichnung oder eines ähnlichen Zeichens aus § 5 MarkenG (s.o. 63. Abschnitt). Weiterhin ist Voraussetzung, dass gemäß § 15 Abs. 2 MarkenG der Dritte die geschäftliche Bezeichnung oder ein ähnliches Zeichen im geschäftlichen Verkehr unbefugt benutzt und zwar in einer Weise, die geeignet ist, Verwechslungen mit der geschützten Bezeichnung hervorzurufen. Der Dritte muss daher zunächst die geschäftliche Bezeichnung oder ein ähnliches Zeichen im geschäftlichen Verkehr benutzen, um den Unterlassungsanspruch aus § 15 Abs. 4 MarkenG auszulösen. Darüber hinaus besteht gemäß § 15 Abs. 4 Satz 2 MarkenG ein Unterlassungsanspruch selbst dann, wenn eine Zuwiderhandlung droht. Auch in diesem Fall ist der Kennzeicheninhaber schutzbedürftig. Dem Inhaber der geschäftlichen Bezeichnung steht ein ausschließliches Recht zu, aus dem das entsprechende Verbietungsrecht folgt.

II. Voraussetzungen

2 **1. Geschäftlicher Verkehr.** Bei der Frage, ob der Dritte im geschäftlichen Verkehr handelt, kommt es auf die Umstände des jeweiligen Einzelfalls an. Dabei ist zu berücksichtigen, dass an das Merkmal des geschäftlichen Verkehrs **keine hohen Anforderungen** zu stellen sind, mit der Folge, dass auch derjenige, der nur Gegenstände in einer Internetauktion erwirbt, um sie mit Gewinn weiter zu veräußern, im geschäftlichen Verkehr handelt (BGH WRP 2004, 1287, 1291 – Internet-Versteigerung). Der Begriff des geschäftlichen Verkehrs wird jedoch nicht so weit ausgelegt, dass hierunter auch der persönliche, private Bereich eines jeden Menschen fällt (BGH GRUR 1998, 696 – Rolex-Uhr mit Diamanten). Geschäftlicher Verkehr kann vielmehr nur das Handeln eines Dritten betreffen, der sich tatsächlich wirtschaftlich betätigt (*Ingerl/Rohnke*, Markengesetz, § 14 Rn 66 ff).

3 **2. Unbefugte Benutzung.** Weitere Voraussetzung eines Unterlassungsanspruchs aus § 15 Abs. 4 iVm Abs. 2 MarkenG ist die unbefugte Benutzung der geschäftlichen Bezeichnung oder eines ähnlichen Zeichens im Sinne von § 5 MarkenG. Derjenige, der sich der geschäftlichen Bezeichnung also befugt bedient, kann daher keinesfalls einem Unterlassungsanspruch ausgesetzt sein. Dem entspricht die geltende Rechtslage, die als ungeschriebenes Tatbestandsmerkmal bei dem Schutz aus § 5 MarkenG einen befugten Gebrauch voraussetzt (BGH WRP 2002, 6691, 692 – vossius.de). Der Begriff der unbefugten Benutzung einer geschäftlichen Bezeichnung in § 15 Abs. 2 MarkenG entspricht der Formulierung in § 14 Abs. 2 MarkenG, der es Dritten untersagt, ohne Zustimmung des Inhabers eine Marke im geschäftlichen Verkehr zu benutzen. Während also § 14 Abs. 2 MarkenG bestimmt, dass das Handeln des Dritten ohne Zustimmung des Markeninhabers erfolgt, setzt § 15 Abs. 2 MarkenG voraus, dass die Benutzung der geschäftlichen Bezeichnung durch den Dritten unbefugt erfolgt. Beide Formulierungen, sowohl die Formulierung „ohne Zustimmung des Markeninhabers“ als auch die Formulierung „unbefugt“ drücken nichts anderes als das **Erfordernis der Widerrechtlichkeit** aus (BGH WRP 2000, 1280 – stüssy I). Dabei gilt auch bei Ansprüchen aus § 15 Abs. 4 MarkenG der allgemeine deliktsrechtliche Grundsatz, dass die Tatbestandsmäßigkeit eines Eingriffs in das geschützte Rechtsgut grundsätzlich die Rechtswidrigkeit dieses Eingriffs indiziert, so dass nicht der Verletzte die Rechtswidrigkeit, sondern regelmäßig der in Anspruch genommene Verletzer das Fehlen der Rechtswidrigkeit der Verletzung darzulegen hat (BGH WRP 2004, 243, 245 – stüssy II).

4 **3. Kennzeichenmäßiger Gebrauch.** Wenn § 15 Abs. 2 MarkenG bestimmt, dass der Dritte die geschäftliche Bezeichnung oder ein ähnliches Zeichen im geschäftlichen Verkehr benutzt haben muss, setzt die Benutzungshandlung in § 15 Abs. 2 MarkenG als ungeschriebenes Tatbestandsmerkmal eine kennzeichnende Benutzung der geschäftlichen Bezeichnung voraus. Ein Unterlassungsanspruch aus § 15 Abs. 4 MarkenG kommt danach nur in Betracht, wenn der Dritte die kollidierende geschäftliche Bezeichnung zur **Kennzeichnung seines Unternehmens** und damit zur Unterscheidung der von ihm angebotenen Dienstleistungen von denen anderer Unternehmen verwendet hat. Ungeschriebene Voraussetzung eines Unterlassungsanspruchs aus § 15 Abs. 4 MarkenG ist also die Notwendigkeit, dass der Dritte die fragliche geschäftliche Bezeichnung tatsächlich kennzeichnend für sein Unternehmen verwendet. Sofern nur eine beschreibende Verwendung, etwa zur Beschreibung der von ihm angebotenen Dienstleistungen, durch den Wettbewerber vorliegt, fehlt es bereits an der tatbestandlichen Voraussetzung des Merkmals „kennzeichnend“.

Entsprechendes gilt für die Verwendung eines Werktitels. Nur wenn der Titel zur Kennzeichnung eines anderen Werks verwendet wird, bestehen Ansprüche aus § 15 Abs. 2 MarkenG. Eine glatt beschreibende Verwendung kann einen Unterlassungsanspruch nicht auslösen (BGH WRP 2010, 893 – OFF-ROAD).

Darüber hinaus ist zu berücksichtigen, dass die kennzeichenrechtliche Schranke des § 23 MarkenG, nämlich die Benutzung von Namen und beschreibenden Angaben im geschäftlichen Verkehr, eine Kennzeichenverletzung ausschließt, wenn die Benutzung nicht gegen die guten Sitten verstößt. Die zulässige Drittbenutzung wird unter C. III. (Rn 23) erörtert.

4. Derselbe räumliche Markt. Eine den Unterlassungsanspruch auslösende Verletzungshandlung kann 5
nur dann vorliegen, wenn die kollidierenden Kennzeichen auf demselben räumlichen Markt aufeinandertreffen. Handelt es sich also bei dem Angriffszeichen um eine geschäftliche Bezeichnung, die, etwa bei einem nur lokal ausstrahlenden Fernsehsender, nur innerhalb eines bestimmten räumlichen Gebiets Schutz genießt (zB nur im Großraum Hamburg), kann unter derselben geschäftlichen Bezeichnung ein Fernsehsender in einem völlig anderen **lokalen Umfeld** betrieben werden, sofern auch dieser Sender nur in einem bestimmten lokalen Umfeld ausgestrahlt wird (zB nur im Großraum München). Wegen der unterschiedlichen geografischen Ausdehnung der verwendeten Kennzeichnung kommt eine Kollision und damit ein Unterlassungsanspruch aus § 15 Abs. 4 MarkenG nicht in Betracht. Zu einer unterschiedlichen Bewertung kann die Benutzung der geschäftlichen Bezeichnung im Internet Anlass geben. Da die Benutzung einer geschäftlichen Bezeichnung im Internet regelmäßig umfassend wirkt, stellt sich hier die Frage, ob jede Benutzung im Internet zugleich den bundesweiten Schutz begründet und, bei Verwendung einer kollidierenden geschäftlichen Bezeichnung als Second-Level-Domain, Unterlassungsansprüche aus § 15 Abs. 4 MarkenG auslöst. Doch allein der Internetauftritt eines Unternehmens reicht nicht aus, um einen räumlich unbeschränkten Wirkungsbereich zu begründen. Stationäre Betriebe, die sich und ihr Angebot im Internet darstellen, bleiben grundsätzlich auf ihrem räumlichen Tätigkeitsbereich beschränkt, so dass sie trotz des Internet-Auftritts nicht aus ihrer geschäftlichen Bezeichnung gegen Dritte außerhalb ihres räumlichen Tätigkeitsbereichs vorgehen können (BGH WRP 2005, 338, 340 – soco.de). Auch eine Benutzung der geschäftlichen Bezeichnung außerhalb von Deutschland kann keine Unterlassungsansprüche aus § 15 Abs. 4 MarkenG auslösen.

5. Sonderfall: Benutzung als Metatag oder AdWord. Benutzt hingegen der Dritte die geschäftliche 6
Bezeichnung als sogenannten Metatag, liegt auch in dieser Benutzungsform eine kennzeichnende Benutzung mit der Folge, dass der Inhaber der geschäftlichen Bezeichnung vom Dritten die Unterlassung der Verwendung verlangen kann, soweit die weiteren Voraussetzungen des § 15 MarkenG gegeben sind. Unter Metatag ist die Verwendung einer geschäftlichen Bezeichnung als Suchwort zu verstehen, wenn der Dritte auf seiner Internetseite im für den Benutzer nicht ohne Weiteres sichtbaren Quelltext ein fremdes Kennzeichen als Suchwort einsetzt, um auf diese Weise die Trefferhäufigkeit eines Internetauftritts zu erhöhen. Für die **kennzeichenmäßige Benutzung** der geschäftlichen Bezeichnung als Metatag ist unerheblich, dass das Suchwort für den Nutzer auf der entsprechenden Internetseite nicht sichtbar wird. Maßgeblich ist vielmehr, dass mithilfe des Suchworts das Ergebnis des Auswahlverfahrens beeinflusst und der Nutzer auf diese Weise zu der entsprechenden Internetseite geführt wird (BGH WRP 2006, 1513, 1515 – Impuls). Die unbefugte Verwendung einer fremden geschäftlichen Bezeichnung als Metatag führt daher in gleicher Weise zu Unterlassungsansprüchen wie ihre Verwendung als Second-Level-Domain oder eine sonstige Verwendung im Internet, sofern die weiteren Voraussetzungen des § 15 MarkenG gegeben sind. Eine Verwendung als **AdWord** im Rahmen eines Referenzierungsdienstes im Internet verletzt das Kennzeichenrecht nur dann, wenn der Verkehr eine geschäftliche Verbindung zwischen dem Werbenden und dem Kennzeicheninhaber annimmt (BGH WRP 2009, 435 – Beta Layout; zur Marke s. EuGH GRUR 2010, 445 – Google und Google France). Das ist nicht der Fall, wenn das Angebot in der Rubrik „Anzeigen" erscheint und der Werbende jeden Hinweis auf die Marke unterlässt (BGH WRP 2011, 1160, 1163 – Bananabay II).

6. Titelverletzung. Handelt es sich bei der geschäftlichen Bezeichnung um einen Titel im Sinne von 7
§ 5 Abs. 3 MarkenG, muss auch die Titelbenutzung durch den Dritten kennzeichenmäßig erfolgen (*Kröner*, FS Hertin, S. 587). Ein Zeichen wird **titelmäßig verwendet**, wenn ein nicht unerheblicher Teil des angesprochenen Verkehrs in ihm die Bezeichnung eines Werkes zur Unterscheidung von anderen Werken sieht (*Ingerl/Rohnke*, Markengesetz, § 15 Rn 134). In diesem Zusammenhang ist zu berücksichtigen, dass inhaltsbeschreibende Titel etwa bei Zeitschriften der Annahme einer kennzeichenmäßigen Benutzung entgegenstehen (BGH WRP 2010, 893, 895 – OFFROAD). Da Titelschutz bereits bei Vorliegen geringster Unterscheidungskraft angenommen wird (s. 63. Abschnitt Rn 13), ist selbst die

Verwendung beschreibender Angaben als Titelbestandteil ausreichend, um ggf eine Verletzungshandlung zu begründen, sofern der Verkehr in der Angabe einen Werktitel sieht.

8 Sofern die geschäftliche Bezeichnung nicht von einem Dritten in identischer Form in der identischen Branche bzw für ein identisches Werk verwendet wird, ist weitere Voraussetzung gemäß § 15 Abs. 2 MarkenG, dass die benutzte Form geeignet sein muss, Verwechslungen mit der geschützten Bezeichnung hervorzurufen. Die Bestimmung in § 15 Abs. 2 MarkenG setzt also, ebenso wie bei einer Markenverletzung gemäß § 14 Abs. 2 Nr. 2 MarkenG, das Vorliegen von Verwechslungsgefahr voraus. Verwechslungsgefahr ist bei der Kollision zweier geschäftlicher Bezeichnungen im Sinne von § 5 Abs. 2 MarkenG gegeben, wenn die angesprochenen Verkehrskreise irrtümlich annehmen, dass es sich bei dem Drittunternehmen tatsächlich um den Inhaber der geschäftlichen Bezeichnung handelt, oder in sonstiger Weise Beziehungen zwischen den streitenden Unternehmen vermutet, bzw bei Werktiteln die Gefahr besteht, dass die gekennzeichneten Werke miteinander verwechselt werden.

9 **7. Verwechslungsgefahr.** a) **Überblick.** Bei der Beurteilung der Verwechslungsgefahr im Sinne des § 15 Abs. 2 MarkenG, die unter Berücksichtigung aller maßgeblichen Umstände vorzunehmen ist, besteht eine Wechselwirkung zwischen dem Ähnlichkeitsgrad der einander gegenüberstehenden Bezeichnungen, der Kennzeichnungskraft des prioritätsälteren Kennzeichens und dem wirtschaftlichen Abstand der Tätigkeitsgebiete der im Streit befindlichen Unternehmen (BGH WRP 2002, 1066, 1067 – defacto). Bei der Prüfung der **Identität oder Ähnlichkeit von Unternehmenskennzeichen** ist grundsätzlich sowohl bei dem geschützten Zeichen als auch dem Kollisionszeichen auf den Teil des gesamten Zeichens abzustellen, der gesonderten kennzeichenrechtlichen Schutz genießt, da der Verkehr dazu neigt, längere Firmenbezeichnungen auf den allein unterscheidungskräftigen Bestandteil zu verkürzen (BGH WRP 2002, 705, 707 – IMS).

10 b) **Branchennähe.** Während einerseits festgestellt werden muss, ob sich die gegenüberstehenden geschäftlichen Kennzeichen tatsächlich verwechselbar nahe kommen, muss andererseits eine gewisse Branchennähe hinzukommen. Je größer der **wirtschaftliche Abstand der Tätigkeitsgebiete** der kollidierenden Geschäftszeichen ist, um so geringer ist die Wahrscheinlichkeit, dass sich beide Kennzeichen verwechselbar nahekommen. Betreibt also ein Kennzeicheninhaber etwa eine Fernsehstation, deren Name mit einem Molkereibetrieb kollidiert, so ist Verwechslungsgefahr schlechterdings nicht anzunehmen. Denn der angesprochene Verkehr weiß sehr wohl zwischen dem Betreiben einer Sendeanstalt und einem Molkereibetrieb zu unterscheiden. Sind jedoch die gegenüberstehenden Branchen wesensgleich, zB Radiostation und Internetradio, kommt es darauf an, ob die Kennzeichen miteinander verwechselt werden können (*Kröner*, FS Hertin, S. 593).

11 c) **Schriftbildliche, klangliche oder begriffliche Verwechslungsgefahr.** In diesem Zusammenhang ist darauf abzustellen, ob die geschäftlichen Bezeichnungen schriftbildlich verwechselt werden können, ob beide Kennzeichen sich klanglich verwechselbar nahe kommen oder ob sie vom Sinngehalt her vom Verkehr verwechselt werden können. Betreibt etwa die Inhaberin der prioritätsbesseren Bezeichnung einen privaten Radiosender unter der Bezeichnung „Antenne" bzw „Antenne1", und verwendet der Wettbewerber ebenfalls für einen privaten Radiosender die Senderbezeichnung „Antenne Süd-Baden", so ist Verwechslungsgefahr zu verneinen, obgleich beide geschäftlichen Bezeichnungen in dem Bestandteil „Antenne" übereinstimmen. Denn die Bezeichnung „Antenne" weist nur eine schwache Kennzeichnungskraft auf, da es sich um einen technisch notwendigen Bestandteil des Rundfunkwesens handelt, der vom Verkehr mit dem Betrieb eines Radioprogramms in Verbindung gebracht wird. Trotz identischer Dienstleistungen und teilweiser Übereinstimmung der Kennzeichen ist daher Verwechslungsgefahr zu verneinen (LG Stuttgart ZUM-RD 2004, 493 – Schwache Kennzeichnungskraft für Antenne). Anders ist hingegen die Frage der Verwechslungsgefahr zu beurteilen, wenn sich die geschäftlichen Bezeichnungen für Rundfunksender „Norddeutscher Rundfunk" und „Nordwest-Radio" bzw „Nordwest-Rundfunk" gegenüberstehen. Wegen der vorliegenden Branchenidentität wird der durchschnittlich informierte, aufmerksame und verständige Verbraucher, auf den bei Ermittlung der Verwechslungsgefahr im Kennzeichenrecht abzustellen ist, beide Kennzeichen miteinander verwechseln, zumal das angreifende Kennzeichen überragende Verkehrsgeltung aufweist (OLG Hamburg GRUR-RR 2001, 5, 6 – Nordwest-Zeitung). Keine Verwechslungsgefahr besteht hingegen zwischen dem Sender „Norddeutscher Rundfunk" und dem Zeitungstitel „Nordwest-Zeitung", da der angesprochene, **durchschnittlich informierte, aufmerksame und verständige Verbraucher** nicht annehmen wird dass ein Druck- und Pressehaus, das eine Zeitung verlegt, in dieser Eigenschaft zugleich einen Rundfunk- und Fernsehsender betreibt (aaO S. 7).

d) Verwechslungsgefahr bei Werktiteln. Andere Umstände können Verwechslungsgefahr gemäß § 15 Abs. 2 MarkenG bei Werktiteln im Sinne von § 5 Abs. 3 MarkenG begründen. Für die Frage der Verwechslungsgefahr ist auch beim Werktitelschutz auf drei Faktoren abzustellen, zwischen denen eine Wechselwirkung besteht: Auf die Kennzeichnungskraft des Titels, für den Schutz begehrt wird, auf die Identität oder Ähnlichkeit der Werke sowie auf die Identität oder Ähnlichkeit der sich gegenüberstehenden Werktitel (BGH WRP 2005, 213, 215 – Das Telefon-Sparbuch). Bei nur durchschnittlicher **Kennzeichnungskraft des Angriffstitels** kommt es maßgeblich darauf an, ob die gekennzeichneten Werke ähnlich sind. Stehen sich kollidierende Zeitungs- bzw Zeitschriftentitel gegenüber, ist für die Beurteilung der Verwechslungsgefahr auf die Marktverhältnisse abzustellen, also insbesondere auf Charakter und Erscheinungsbild der Zeitschriften, Gegenstand, Aufmachung, Erscheinungsweise sowie Vertriebsform der Druckerzeugnisse (BGH WRP 2002, 89, 91 – AUTO MAGAZIN). Wird etwa der Angriffstitel als Zeitschriftentitel verwendet, beschränkt sich die angegriffene Verwendungsform jedoch auf eine Verwendung als Rubriküberschrift, fehlt es an einer Verwechslungsgefahr zwischen der Benutzungsform des angegriffenen Verletzers und dem angreifenden Werktitel (BGH WRP 1999, 1279, 1281 – SZENE; Buch und Lesezeichen: OLG Hamburg MD 2007, 809 – „einfach mal abhängen"). Hingegen liegt eine im Kern gleichartige Verwendungsform vor, wenn das Werk einerseits als Zeitung und andererseits als Internetzeitung veröffentlicht wird (BGH WRP 2010, 266, 268 – EIFEL-ZEITUNG). 12

Voraussetzung eines jeglichen Anspruchs eins Titelinhabers aus § 15 MarkenG ist jedenfalls das Vorliegen titelmäßiger Verwendung des Kollisionstitels. Eine derartige Verwendung liegt nur dann vor, wenn der Titel in einer Weise benutzt wird, dass ein nicht unerheblicher Teil des angesprochenen Verkehrs in ihm die Bezeichnung eines Werks zur Unterscheidung von anderen Werken sieht. In diesem Zusammenhang ist zu berücksichtigen, dass Werktitel in der Regel nur gegen die **Gefahr einer unmittelbaren Verwechslung** geschützt sind, dh dass der angesprochene Verkehr beide gekennzeichneten Werke unmittelbar miteinander verwechselt (BGH WRP 1999, 186, 188 – Wheels Magazine). Bei Prüfung der Verwechslungsgefahr ist auf den Gesamteindruck beider Titel abzustellen. Stimmen beide Titel nur in einem Bestandteil überein, dem keine prägende oder dominierende Bedeutung zukommt, ist Verwechslungsgefahr zu verneinen (BGH WRP 2010, 893, 895 – OFFROAD). Nur unter bestimmten Voraussetzungen, beispielsweise bei bekannten Titeln regelmäßig erscheinender periodischer Druckschriften, kann mit einem Werktitel gleichzeitig auch die Vorstellung einer bestimmten betrieblichen Herkunft verbunden sein. Verbindet der angesprochene Verkehr also mit einem Periodikum auch eine bestimmte betriebliche Herkunft der Zeitschrift, kommt Verwechslungsgefahr auch zwischen einem Zeitschriftentitel und einer Firmenbezeichnung, zwischen einem Zeitschriftentitel und einer Domain-Adresse oder zwischen einem Zeitschriftentitel und einer Sendeanstalt in Betracht (OLG Hamburg GRUR-RR 2004, 104, 105 – ELTERN). In diesem Zusammenhang ist die Internetveröffentlichung eines Druckwerkes der Printversion gleichgestellt. Wegen des Grundsatzes der Einheitlichkeit der Kennzeichenrechte ist darüber hinaus zu berücksichtigen, dass bei Vorliegen der Voraussetzungen aus § 15 Abs. 2 MarkenG Unterlassungsansprüche des Inhabers einer geschäftlichen Bezeichnung nicht nur gegen einen Wettbewerber, der eine verwechselbar ähnliche geschäftliche Bezeichnung verwendet, vorliegen kann, sondern in gleicher Weise auch gegen einen Wettbewerber, der eine verwechselbar ähnliche Marke im Sinne von § 4 Nr. 1 MarkenG verwendet. Eine Unternehmensbezeichnung kann dadurch verletzt werden, dass sie von einem Dritten als Produktbezeichnung, also als Marke verwendet wird, ebenso wie umgekehrt eine Marke auch dadurch verletzt werden kann, dass ein Dritter, der ähnliche Waren und Dienstleistungen anbietet, sie als Bezeichnung eines Unternehmens verwendet (BGH WRP 2004, 610, 612 – Leysieffer). 13

Bei Vorliegen der Voraussetzungen des § 15 Abs. 2 MarkenG kann etwa der Inhaber eines Werktitels gegen die gleichnamige Domain vorgehen (OLG Köln WRP 2010, 1413 – Festivalplaner) oder ein Verlag aus einem älteren Zeitungsbuchtitel Unterlassungsansprüche gegen den jüngeren Zeitungsbeilagentitel geltend machen (LG München I GRUR-RR 2010, 334 – AGENDA II; aM OLG Hamburg GRUR-RR 2009, 309 – agenda). Grundsätzlich kommt auch Fachbuchtiteln Werktitelschutz zu mit der Folge, dass bei Vorliegen von Verwechslungsgefahr Ansprüche gem. § 15 Abs. 2, 4, 5 MarkenG gegen den prioritätsjüngeren Titelverwender durchgesetzt werden können (OLG München GRUR-RR 2008, 400 – Power Systems Design/Bodo's Power Systems; aM: Pfälzisches OLG Zweibrücken AfP 2010, 492 – Zum Titelschutz eines rein beschreibenden Fachbuchtitels). Verneint wurden Unterlassungsansprüche aus dem Zeitschriftentitel „test" gegen die Verwendung der Domain „tests.de" (OLG Braunschweig GRUR-RR 2010, 287 – tests.de; OLG Hamburg GRUR-RR 2008, 296 – Heimwerker 14

Test). Verwechslungsgefahr fehlte auch zwischen den Zeitschriftentiteln „Nudel-Hits" und „Bild der Frau Nudel-Hits" (LG Hamburg AfP 2010, 280) bzw den Zeitungstiteln „Berliner Zeitung" und „Berliner Tageszeitung" (LG Berlin AfP 2009, 68).

B. Rufausbeutung und Kennzeichenverwässerung bei bekannten Unternehmenskennzeichen oder bekannten Titeln

I. Allgemeines

15 Sofern die gemäß § 5 MarkenG geschützte geschäftliche Bezeichnung im Inland bekannt ist, ist es Dritten gemäß § 15 Abs. 3 MarkenG untersagt, diese geschäftliche Bezeichnung oder ein ähnliches Zeichen im geschäftlichen Verkehr zu benutzen, wenn zwar keine Verwechslungsgefahr besteht, jedoch die Benutzung des Zeichens die Unterscheidungskraft oder die Wertschätzung der geschäftlichen Bezeichnung ohne rechtfertigenden Grund in unlauterer Weise ausgenutzt oder beeinträchtigt wird. Unterlassungsansprüche gemäß § 15 Abs. 4 MarkenG iVm § 15 Abs. 3 MarkenG bestehen also dann, wenn der Dritte die Wertschätzung der geschäftlichen Bezeichnung ausnutzt, die Unterscheidungskraft der geschäftlichen Bezeichnung beeinträchtigt, die Unterscheidungskraft ausnutzt oder die Wertschätzung der geschäftlichen Bezeichnung beeinträchtigt. Diese vier Verletzungsvarianten kann der Kennzeicheninhaber mit einem Unterlassungsanspruch verfolgen, sofern kein rechtfertigender Grund vorliegt und der Dritte in unlauterer Weise handelt.

II. Voraussetzungen

16 **1. Bekannte geschäftliche Bezeichnung.** Voraussetzung eines Anspruchs aus § 15 Abs. 3 MarkenG ist zunächst, dass überhaupt eine bekannte geschäftliche Bezeichnung vorliegt. Ob der Durchsetzungsgrad einer bekannten geschäftlichen Bezeichnung erreicht wird, lässt sich nicht allein an den Prozentsätzen festmachen. Entsprechend der Rechtsprechung des EuGH zur bekannten Marke kommt es vielmehr darauf an, ob das Kennzeichen einem bedeutenden Teil des Publikums bekannt ist. Bei der Prüfung dieser Voraussetzung sind alle relevanten Umstände zu berücksichtigen, also insbesondere der **Marktanteil des Kennzeicheninhabers, die Intensität, die geografische Ausdehnung und die Dauer der Benutzung** des Kennzeichens sowie der **Umfang der Investitionen**, die das Unternehmen zur Förderung des Kennzeichens getätigt hat (EuGH WRP 1999, 1130, 1132 – Chevy). Aufgrund des Grundsatzes der Einheitlichkeit der Kennzeichenrechte können diese Ausführungen des EuGH zum Schutz der bekannten Marke unmittelbar auf den Bekanntheitsschutz im Sinne des § 15 Abs. 3 MarkenG übertragen werden. Auch bei den Anforderungen an den Bekanntheitsschutz einer geschäftlichen Bezeichnung kommt es danach darauf an, ob es sich bei der Bezeichnung um ein Kennzeichen mit originärer Kennzeichnungskraft handelt, oder ob sich die Bezeichnung an eine beschreibenden Angabe anlehnt. Handelt es sich also bei der geschäftlichen Bezeichnung um eine Angabe, die ihren Schutz gemäß § 5 Abs. 2 MarkenG erst durch Nachweis der entsprechenden Verkehrsgeltung erlangt hat, muss der Bekanntheitsgrad dieses Kennzeichens iSv § 15 Abs. 3 MarkenG ungleich höher sein als bei einer geschäftlichen Bezeichnung, die von Haus aus unterscheidungskräftig ist. So wurde etwa dem Bestandteil „Telekom" in der Firma der Deutschen Telekom AG der Bekanntheitsschutz aus § 15 Abs. 3 MarkenG versagt, obgleich das Unternehmen einen Bekanntheitsgrad von 60 % nachweisen konnte. Der erkennende Senat stellte darauf ab, dass in diesem Fall nicht von einer gesteigerten, sondern von einer normalen Kennzeichnungskraft auszugehen ist, da die Annahme gesteigerter Kennzeichnungskraft nur bei originärer Unterscheidungskraft dieses Zeichens gerechtfertigt gewesen wäre, die jedoch nicht vorlag (BGH WRP 2004, 758, 760 – Telekom; BGH WRP 2007, 1193 – Euro Telekom). Den Bekanntheitsschutz aus § 15 Abs. 3 MarkenG kann also regelmäßig nur eine solche geschäftliche Bezeichnung in Anspruch nehmen, die am Markt einen überdurchschnittlichen Bekanntheitsgrad erlangt hat und von Haus aus originär kennzeichnungskräftig ist.

17 **2. Bekannter Werktitel.** Entsprechend sind die Anforderungen an einen Werktitel im Sinne von § 5 Abs. 3 MarkenG. So wurde etwa den Sendungstiteln „Tagesschau" und „Tagesthemen" Schutz als bekannte Titel im Sinne von § 15 Abs. 3 MarkenG zugestanden, weil diese Sendungstitel **jahrzehntelang benutzt** wurden und aufgrund der durch **hohe Einschaltquoten** belegten Aufmerksamkeit des Verkehrs eine hohe Verkehrsbekanntheit erlangt hatten (BGH WRP 2001, 1193, 1195 – Tagesreport). Selbst einzelnen Rubrikentiteln einer Zeitschrift kann Schutz als bekannter Werktitel im Sinne von § 15 Abs. 3 MarkenG zukommen, wenn der Rubrikentitel mehr als 30 Jahre für eine weithin bekannte

Jugendzeitschrift benutzt wurde und der Rubrikentitel bereits Gegenstand vielfältiger redaktioneller Berichterstattung war (OLG München ZUM-RD 1999, 268, 269 – Rufausbeutung durch Übernahme eines Rubrikentitel für die Bezeichnung einer Rockband „Dr. Sommer").

3. Verwechslungsgefahr. Auch wenn in § 15 Abs. 3 MarkenG davon die Rede ist, dass bei bekannten geschäftlichen Bezeichnungen Unterlassungsansprüche selbst dann gegeben sind, wenn keine Verwechslungsgefahr besteht, wenn also die in § 15 Abs. 2 MarkenG vorausgesetzte **Branchenidentität oder Branchenähnlichkeit nicht vorliegt**, findet der Bekanntheitsschutz auf Fälle der Branchenidentität und der Branchenähnlichkeit entsprechend Anwendung (so wie es der EuGH für den Bekanntheitsschutz von Marken entschieden hat). Wegen der gebotenen einheitlichen Auslegung zentraler Begriffe des Kennzeichenrechts ist daher § 15 Abs. 3 MarkenG auch im Ähnlichkeitsbereich anwendbar (OLG Hamburg MD 2007, 136, 148 – METRO./. HVV MetroBus; BGH WRP 2009, 616 – METROBUS). Nicht ausreichend ist es hingegen, wenn das Drittzeichen durch bloße Assoziation an einen bekannten Werktitel Aufmerksamkeit erweckt (BGH WRP 2009, 971, 978 – Augsburger Puppenkiste). 18

4. Rufausbeutung, Verwässerung. Während die Rufausbeutung einer bekannten geschäftlichen Bezeichnung voraussetzt, dass in Form eines **Imagetransfers** der gute Ruf des bekannten Kennzeichens auf das Unternehmen des Verletzers übertragen wird, setzt die Ausnutzung der Unterscheidungskraft voraus, dass der Kennzeichenverletzer die besondere Aufmerksamkeit, die die Assoziation einer Bezeichnung mit einem bekannten Kennzeichen wecken kann, für sich ausnutzt (verneint von OLG Hamburg GRUR – RR 2006, 408 – OBELIX). Eine **Kennzeichenverwässerung** ist hingegen gegeben, wenn aufgrund der Benutzung des Verletzers der bekannte Kern einer geschäftlichen Bezeichnung beeinträchtigt wird. Schließlich liegt eine **Rufschädigung**, also die Beeinträchtigung der Unterscheidungskraft vor, wenn das bekannte Kennzeichen in einem Zusammenhang verwendet wird, in dem der Ruf der geschäftlichen Bezeichnung Schaden erleidet (zB Verwendung eines bekannten Herstellernamens für Fleischerzeugnisse im Zusammenhang mit der Herstellung und dem Angebot von Hundefutter). Die Benutzung eines bekannten Zeitungstitels im Rahmen einer vergleichenden Werbung ist hingegen grundsätzlich möglich (BGH WRP 2010, 252, 258 – Gib mal Zeitung). 19

5. Unlauterkeit. Bei Vorliegen der genannten Tatbestandsvoraussetzungen kommt ein Unterlassungsanspruch gemäß § 15 Abs. 4 MarkenG in Betracht, wenn der Verletzungstatbestand gemäß § 15 Abs. 3 MarkenG ohne rechtfertigenden Grund in unlauterer Weise verwirklicht wurde. Ob unlauteres Verhalten vorliegt, ist im Rahmen der Gesamtwürdigung aller relevanten Umstände im Einzelfall festzustellen (BGH WRP 2009, 1526, 1529 – DAX). Regelmäßig indiziert die identische oder ähnliche Benutzung einer bekannten geschäftlichen Bezeichnung zu dem Zweck, die mit ihrer Verwendung verbundene Aufmerksamkeit auszubeuten, die Unlauterkeit, sofern dem Verletzer auch subjektiv ein unlauteres Verhalten vorgeworfen werden kann (OLG Hamburg MD 2005, 54, 59 – Nike. /. Nike). Der Vorwurf aus § 15 Abs. 3 MarkenG kann allerdings dann ausgeräumt werden, wenn ein **Rechtfertigungsgrund** für das Verhalten des Verletzers vorliegt. Als Rechtfertigungsgrund kommt insbesondere das Grundrecht der **Kunstfreiheit** gemäß Art. 5 Abs. 3 GG in Betracht. Auch wenn die Kunstfreiheit nach Art. 5 Abs. 3 Satz 1 GG nicht schrankenlos besteht, kann im Einzelfall die notwendige Abwägung zwischen dem Eigentumsrecht des Kennzeicheninhabers und dem Recht auf Kunstfreiheit auf Seiten des Verletzers den Unterlassungsanspruch aus § 15 Abs. 4 MarkenG ausschließen (BGH WRP 2005, 896, 898 – Lila-Postkarte). Im Zusammenhang mit der möglichen Verletzung der bekannten Sendungstitel „Tagesschau" und „Tagesthemen" vertritt der BGH die Auffassung, dass der Schutzumfang der Titel im Hinblick auf das berechtigte Interesse anderer Sendeanstalten, für ihre Nachrichtensendungen ebenfalls sprechende Titel zu verwenden, einer Begrenzung bedarf (BGH WRP 2001, 1193, 1198 – Tagesreport; BGH GRUR 2001, 1050 – Tagesschau). Soweit Bestimmungen des Markengesetzes auch auf den Schutz bekannter Werktitel im Ähnlichkeitsbereich anzuwenden sind, liegt danach ein Handeln ohne rechtfertigenden Grund in unlauterer Weise nicht vor. Wenn der Titel des Dritten Assoziationen zu den bekannten Marken „Tagesschau" und „Tagesthemen" weckt, ist eine sich daraus ergebende Beeinträchtigung hinzunehmen, weil sie nicht als sachlich ungerechtfertigt und unlauter bezeichnet werden kann (BGH WRP 2001, 1193, 1198 – Tagesreport). Im übrigen sind die Schranken des § 23 MarkenG zu berücksichtigen (s. nachfolgend C.). 20

C. Schutzschranken

I. Allgemeines

21 Der Grundsatz der Einheitlichkeit der Kennzeichenrechte hat zur Folge, dass auch auf die geschäftlichen Bezeichnungen aus § 5 MarkenG und die aus § 15 MarkenG folgenden Ansprüche die Schutzschranken des Markengesetzes gemäß § 20 ff MarkenG anzuwenden sind. Neben den Verjährungsvorschriften aus dem BGB kommt insbesondere eine Verwirkung von Ansprüchen gemäß § 21 MarkenG in Betracht.

II. Verwirkung

22 Danach kann der Inhaber einer geschäftlichen Bezeichnung gegen den Dritten keinerlei Ansprüche aus § 15 MarkenG geltend machen, wenn er während eines Zeitraums von fünf aufeinanderfolgenden Jahren in Kenntnis der Benutzung geduldet hat, dass der Dritte seine geschäftliche Bezeichnung verwendet. Verwirkung der Ansprüche des Inhabers der geschäftlichen Bezeichnung aus § 15 MarkenG tritt allerdings nicht ein, wenn der Dritte bei Erwerb seines Kennzeichenrechts bösgläubig war (§ 21 Abs. 2 MarkenG). Nach der Definition des BGH tritt Verwirkung dann ein, wenn durch eine **länger andauernde redliche und ungestörte Benutzung** einer Kennzeichnung ein Zustand geschaffen ist, der für den Benutzer einen beachtlichen Wert hat, ihm nach Treu und Glauben erhalten bleiben muss und den auch der Verletzte ihm nicht streitig machen kann, wenn er durch sein Verhalten diesen Zustand erst ermöglicht hat (*Ingerl/Rohnke*, Markengesetz, § 21 Rn 25; BGH WRP 2000, 525 – comtes/ComTel). Bei Vorliegen besonderer Umstände kann Verwirkung auch nach den allgemeinen Vorschriften eintreten (§ 21 Abs. 4 MarkenG iVm § 242 BGB). So kann etwa von einem Vertragspartner nach Treu und Glauben eher und schneller erwartet werden, dass er eine Verletzung seiner Kennzeichen beanstandet, wenn sie ihn stört, als von einem beliebigen Dritten (BGH WRP 2000, 525, 527 – comtes/ComTel). Ein Recht ist verwirkt, wenn sich ein Schuldner wegen der Untätigkeit seines Gläubigers über einen gewissen Zeitraum hin (Zeitmoment) bei objektiver Beurteilung darauf einrichten durfte und auch eingerichtet hat, dieser werde sein Recht nicht mehr geltend machen und die verspätete Geltendmachung gegen Treu und Glauben verstößt (Umstandsmoment) (BGH WRP 2001, 416, 418 – Temperaturwächter). Näheres s. unten 65. Abschnitt Rn 3 ff.

III. Drittgebrauch

23 Ansprüche aus § 15 MarkenG sind auch dann ausgeschlossen, wenn der Dritte den Namen oder die Anschrift des Kennzeicheninhabers benutzt, ein mit der geschäftlichen Bezeichnung identisches oder ähnliches Kennzeichen beschreibend verwendet oder das Kennzeichen im Ersatzteilgeschäft benutzt, sofern die Benutzung nicht gegen die guten Sitten verstößt (§ 23 MarkenG). In diesem Zusammenhang entspricht der Begriff der guten Sitten den **anständigen Gepflogenheiten in Gewerbe oder Handel**, wie ihn die Markenrechtsrichtlinie vorsieht (BGH WRP 2010, 893, 896 – OFFROAD). Unter § 23 Nr. 1 MarkenG fällt auch die Pflicht eines Inhabers eines prioritätsälteren Kennzeichenrechts, die Nutzung des identischen Kennzeichens durch den Inhaber des prioritätsjüngeren Kennzeichens zu dulden, wenn beide Kennzeicheninhaber ihre Unternehmenskennzeichen jahrelang unbeanstandet nebeneinander benutzt haben und deshalb eine Gleichgewichtslage entstanden ist (Recht der Gleichnamigen, BGH WRP 2011, 1171 – Gartencenter Pötschke). Das Tatbestandsmerkmal der anständigen Gepflogenheiten entspricht der Sache nach der Pflicht, den berechtigten Interessen des Kennzeicheninhabers nicht in unlauterer Weise zuwider zu handeln (EuGH GRUR 2004, 234, 235 – Gerolsteiner/Putsch). Beschränkt sich also der Dritte darauf, einen Titel zu wählen, der den Sendungsinhalt beschreibt, kann der Inhaber einer prioritätsälteren geschäftlichen Bezeichnung regelmäßig nicht gegen einen derartigen Sendungstitel oder Sendefolgetitel vorgehen (BGH NJW-RR 1994, 1460, 1462 – Wir im Südwesten). Entsprechendes gilt, wenn der Dritte den – beschreibenden – Zeitschriftentitel übernimmt und sich durch die Aufnahme zusätzlicher Bestandteile in seinem Titel von dem älteren Werktitel weiter abgrenzt. Wer im Internet Zusammenfassungen von Buchrezensionen aus verschiedenen Zeitungen unter Verwendung des als Marke geschützten Zeitungstitels verbreitet, verletzt die Kennzeichenrechte des Verlages selbst dann nicht, wenn die Abstracts das Urheberrecht an den Originalrezensionen verletzen (BGH WRP 2011, 249, 256 – Perlentaucher). Es liegt ein zulässiger Drittgebrauch gem. § 23 Nr. 2 MarkenG vor.

IV. Erschöpfung

Das Recht an der geschäftlichen Bezeichnung ist gemäß § 24 MarkenG erschöpft, wenn der Kennzeicheninhaber selbst oder ein mit seiner Zustimmung handelnder Dritter die mit der geschäftlichen Bezeichnung gekennzeichneten Waren in der EG bzw im EWR in den Verkehr gebracht hat. Befindet sich also etwa auf einer CD der Name einer Sendeanstalt und wird die CD mit Einwilligung der Sendeanstalt in Deutschland **in den Verkehr gebracht**, kann sich der Kennzeicheninhaber dem weiteren Verkauf dieser CD nicht widersetzen. Nur wenn ein berechtigter Grund aus § 24 Abs. 2 MarkenG gegeben ist, kann ausnahmsweise die Erschöpfungswirkung ausbleiben (also zB bei Beschädigung der CD). Die Erschöpfungswirkung tritt allerdings ausschließlich in der Europäischen Gemeinschaft bzw im Europäischen Wirtschaftsraum ein. Sofern daher der Inhaber eines Werktitels das Werk nur für den außereuropäischen Raum produziert und zB nur in den USA als DVD vermarktet, tritt Erschöpfung an dem Werktitel nicht ein. Der Werktitelinhaber kann also jederzeit den Reimport des Werks mit dem geschützten Werktitel nach Deutschland aus einem Drittland (außerhalb der EU) untersagen. Darüber hinaus tritt Erschöpfung auch dann nicht ein, wenn das Werk ohne Einwilligung des Titelinhabers verändert wurde. Allerdings kann der Kennzeicheninhaber nicht verhindern, dass der Dritte das Originalwerk mit seinem Titel öffentlich (zB im Fernsehen, in Zeitschriften und Zeitungen) ankündigt, sofern die Erschöpfungsvoraussetzungen vorliegen. 24

D. Schadensersatzanspruch

I. Voraussetzungen

Der Inhaber einer verletzten geschäftlichen Bezeichnung hat nicht nur einen Unterlassungsanspruch gemäß § 15 Abs. 4 MarkenG, sondern auch einen Schadensersatzanspruch gemäß § 15 Abs. 5 MarkenG, sofern die Verletzungshandlung vorsätzlich oder fahrlässig begangen wurde. Im Gegensatz zum vom Verschulden unabhängigen Unterlassungsanspruch ist das Vorliegen von **Vorsatz oder Fahrlässigkeit** Voraussetzung eines Schadensersatzanspruchs. Da die Rechtsprechung seit jeher strengste Anforderungen an die Sorgfaltspflicht vor Benutzungsaufnahme eines Kennzeichens stellt, handelt in jedem Fall fahrlässig, wer nicht die Möglichkeit einer Recherche nach eingetragenen Marken, angezeigten Titeln oder in Handelsregister verzeichneten Firmennamen professionell durchführen und auswerten lässt (*Ingerl/Rohnke*, Markengesetz, Vor §§ 14–19d, Rn 219, 220). Die Unkenntnis des Angriffskennzeichens befreit also den Dritten nicht von dem Vorwurf der Fahrlässigkeit. Denn es gehört zu den selbstverständlichen Pflichten des Benutzers eines Kennzeichens, dass er sich über den Registerstand des Markenregisters bzw die Existenz anderer prioritätsälterer Kennzeichen hinreichend informiert (BGH WRP 1993, 399, 402 – Triangle). 25

II. Inhalt

Der geschädigte Kennzeicheninhaber kann von dem Verletzer gemäß § 15 Abs. 5 iVm § 14 Abs. 6 Satz 2, 3 MarkenG den Schaden ersetzt verlangen, der aus der Verletzungshandlung entstanden ist. In diesem Zusammenhang stehen dem Kennzeicheninhaber drei Berechnungsmethoden zur Verfügung. Es steht dem Verletzten frei, zur Berechnung des zu fordernden Schadensersatzes im Kennzeichenrecht ebenso wie im Falle der Verletzung anderer Schutzrechte zwischen dem konkreten Schaden, also vor allem dem entgangenen Gewinn, und einem abstrakten Schaden, nämlich der Lizenzanalogie, oder dem Verletzergewinn, zu wählen (BGH WRP 2006, 587, 588 Rn 14 – Noblesse). Bei der Ermittlung des Verletzergewinns sind von den erzielten Erlösen nur die variablen (dh vom Beschäftigungsgrad abhängigen) Kosten für die Herstellung und den Vertrieb der schutzrechtsverletzenden Gegenstände abzuziehen, nicht auch die Fixkosten, dh solche Kosten, die von der jeweiligen Beschäftigung unabhängig sind (BGH WRP 2001, 276, 278 – Gemeinkostenanteil). 26

Schließlich ist zu berücksichtigen, dass bei Kennzeichenverletzungen häufig eine Herausgabe des gesamten mit dem widerrechtlich gekennzeichneten Gegenstands erzielten Gewinns nicht in Betracht kommt, da sich der Anspruch auf Herausgabe des Verletzergewinns stets nur auf den Anteil des Gewinns bezieht, der gerade auf der Benutzung des verletzten Schutzrechts beruht (BGH WRP 2006, 587, 589 Rn 15 – Noblesse). Beruht also der vom Verletzer erzielte Gewinn nur auf einem kleinen Teil auf der Schutzrechtsverletzung, ist ggf der Schaden in Form einer Quote des Gewinns gemäß § 287 ZPO zu schätzen (*Lange*, Marken- und Kennzeichenrecht, Rn 3188). 27

III. Bereicherungsanspruch

28 Selbst wenn ausnahmsweise kein Verschulden vorliegen sollte, besteht darüber hinaus die Möglichkeit, dass der Kennzeichenverletzer aus dem Gesichtspunkt der ungerechtfertigten Bereicherung in Anspruch genommen wird. Denn der Bereicherungsanspruch bei Verletzung von Kennzeichen aus § 812 Abs. 1 Satz 1, 2. Alternative BGB ist seit langem anerkannt. Es handelt sich um einen **Fall der Eingriffskondiktion**, bei der für den erlangten Kennzeichengebrauch eine angemessene und übliche Lizenzgebühr als Wertersatz im Sinne von § 818 Abs. 2 BGB zu zahlen ist (*Ingerl/Rohnke*, Markengesetz, Vor §§ 14–19 d, Rn 288 ff).

E. Ansprüche gegen den Betriebsinhaber und sonstige Dritte

I. Anspruchsverpflichteter

29 Wie sich aus § 15 Abs. 6 MarkenG ergibt, ist auf geschäftliche Bezeichnungen die Vorschrift des § 14 Abs. 7 MarkenG entsprechend anwendbar. Verletzungshandlungen, die in einem geschäftlichen Betrieb von einem Angestellten oder Beauftragten begangen werden, lösen danach Schadensersatzansprüche auch gegen den Betriebsinhaber aus, sofern der Angestellte oder Beauftragte vorsätzlich oder fahrlässig gehandelt hat. Darüber hinaus können auch Unterlassungsansprüche, ohne Vorliegen von Verschulden, gegen den Betriebsinhaber geltend gemacht werden. In diesen Fällen muss der Handelnde kraft eines Rechtsverhältnisses, zB als Arbeitnehmer oder freier Mitarbeiter, in den Betriebsorganismus des Dritten so eingegliedert sein, dass einerseits der Erfolg seiner Handlung zumindest auch dem Betriebsinhaber zugute kommt, andererseits dem Betriebsinhaber ein bestimmender Einfluss jedenfalls auf diejenige Tätigkeit eingeräumt ist, in deren Bereich das beanstandete Verhalten fällt (*Ingerl/Rohnke*, Markengesetz, Vor §§ 14–19d, Rn 43, 44). Danach begründet also § 15 Abs. 6 MarkenG einen eigenständigen Unterlassungsanspruch bzw bei Vorliegen von Verschulden auch einen **eigenständigen Schadensersatzanspruch** gegen den Betriebsinhaber und zwar selbst dann, wenn der Angestellte oder Beauftragte gegen eine Weisung des Betriebsinhabers verstoßen hat (*Berlit*, Markenrecht, Rn 255).

II. Sonstiger Störer

30 Darüber hinaus kann Dritter nicht nur das rechtsverletzende Unternehmen sein, sondern auch jeder andere, der als Störer in Betracht kommt. Störer kann dabei nicht nur der Teilnehmer oder Gehilfe einer Kennzeichenverletzung sein, sondern jeder, der – ohne Täter oder Teilnehmer zu sein – in irgendeiner Weise willentlich und adäquat kausal zur Verletzung eines geschützten Gutes beiträgt. Weil die Störerhaftung jedoch nach höchstrichterlicher Rechtsprechung nicht über Gebühr auf Dritte erstreckt werden darf, die nicht selbst die rechtswidrige Beeinträchtigung vorgenommen haben, setzt die Haftung des Störers die Verletzung von Prüfungspflichten voraus, deren Umfang sich danach bestimmt, ob und inwieweit die als Störer in Anspruch Genommenen nach den Umständen eine Prüfung zuzumuten ist (BGH WRP 2004, 1287, 1292 – Internet-Versteigerung). Dementsprechend wird die **Störerhaftung des Zeitungs- und Zeitschriftengewerbes** im Anzeigengeschäft in ständiger Rechtsprechung nur unter besonderen Voraussetzungen bejaht. Um die tägliche Arbeit von Presseunternehmen nicht über Gebühr zu erschweren und die Verantwortlichen zu überfordern, obliegt diesen **keine umfassende Prüfungspflicht** mit der Folge, dass ein Presseunternehmen für die Veröffentlichung schutzrechtsverletzender Anzeigen nur im Fall grober, unschwer zu erkennender Verstöße haftet (BGH WRP 1999, 211, 212 – Möbelklassiker). Eine Haftung der Presse (aber auch einer Fernsehstation oder eines Radiosenders) bei Werbeveröffentlichungen kommt danach nur dann in Betracht, wenn das Medienunternehmen vor Veröffentlichung der Anzeige (bzw vor Ausstrahlung des Webespots) ausdrücklich darauf hingewiesen wurde, dass die Anzeige (bzw der TV-Spot) kennzeichenverletzend ist. Eine allgemeine Aussage des Schutzrechtsinhabers, der Inserent oder der Werbungtreibende würde immer Kennzeichen verletzen, reicht zur Annahme der Störerhaftung von Medienunternehmen nicht aus. Derartige unsubstantiierte Hinweise sind für ein Medienunternehmen grundsätzlich keine ausreichende Grundlage, Anzeigenaufträge bzw TV-Spots abzulehnen (BGH WRP 1999, 2011, 213 – Möbelklassiker). Allein der Schutz der Pressefreiheit aus Art. 5 Abs. 1 GG bedingt, dass die Medienunternehmen keine umfassenden Prüfungspflichten haben.

65. Abschnitt: Widerspruch, § 42 MarkenG; Löschungsanspruch, §§ 51, 55 in Verbindung mit § 12 MarkenG

§ 12 MarkenG Durch Benutzung erworbene Marken und geschäftliche Bezeichnungen mit älterem Zeitrang

Die Eintragung einer Marke kann gelöscht werden, wenn ein anderer vor dem für den Zeitrang der eingetragenen Marke maßgeblichen Tag Rechte an einer Marke im Sinne des § 4 Nr. 2 oder an einer geschäftlichen Bezeichnung im Sinne des § 5 erworben hat und diese ihn berechtigen, die Benutzung der eingetragenen Marke im gesamten Gebiet der Bundesrepublik Deutschland zu untersagen.

§ 42 MarkenG Widerspruch

(1) Innerhalb einer Frist von drei Monaten nach dem Tag der Veröffentlichung der Eintragung der Marke gemäß § 41 kann von dem Inhaber einer Marke oder einer geschäftlichen Bezeichnung mit älterem Zeitrang gegen die Eintragung der Marke Widerspruch erhoben werden.

(2) Der Widerspruch kann nur darauf gestützt werden, daß die Marke

1. wegen einer angemeldeten oder eingetragenen Marke mit älterem Zeitrang nach § 9,
2. wegen einer notorisch bekannten Marke mit älterem Zeitrang nach § 10 in Verbindung mit § 9,
3. wegen ihrer Eintragung für einen Agenten oder Vertreter des Markeninhabers nach § 11 oder
4. wegen einer nicht eingetragenen Marke mit älterem Zeitrang nach § 4 Nr. 2 oder einer geschäftlichen Bezeichnung mit älterem Zeitrang nach § 5 in Verbindung mit § 12

gelöscht werden kann.

§ 51 MarkenG Nichtigkeit wegen des Bestehens älterer Rechte

(1) Die Eintragung einer Marke wird auf Klage wegen Nichtigkeit gelöscht, wenn ihr ein Recht im Sinne der §§ 9 bis 13 mit älterem Zeitrang entgegensteht.

(2) [1]Die Eintragung kann aufgrund der Eintragung einer Marke mit älterem Zeitrang nicht gelöscht werden, soweit der Inhaber der Marke mit älterem Zeitrang die Benutzung der Marke mit jüngerem Zeitrang für die Waren oder Dienstleistungen, für die sie eingetragen ist, während eines Zeitraums von fünf aufeinanderfolgenden Jahren in Kenntnis dieser Benutzung geduldet hat, es sei denn, daß die Anmeldung der Marke mit jüngerem Zeitrang bösgläubig vorgenommen worden ist. [2]Das gleiche gilt für den Inhaber eines Rechts mit älterem Zeitrang an einer durch Benutzung erworbenen Marke im Sinne des § 4 Nr. 2, an einer notorisch bekannten Marke im Sinne des § 4 Nr. 3, an einer geschäftlichen Bezeichnung im Sinne des § 5 oder an einer Sortenbezeichnung im Sinne des § 13 Abs. 2 Nr. 4. [3]Die Eintragung einer Marke kann ferner nicht gelöscht werden, wenn der Inhaber eines der in den §§ 9 bis 13 genannten Rechte mit älterem Zeitrang der Eintragung der Marke vor der Stellung des Antrags auf Löschung zugestimmt hat.

(3) Die Eintragung kann aufgrund einer bekannten Marke oder einer bekannten geschäftlichen Bezeichnung mit älterem Zeitrang nicht gelöscht werden, wenn die Marke oder die geschäftliche Bezeichnung an dem für den Zeitrang der Eintragung der Marke mit jüngerem Zeitrang maßgeblichen Tag noch nicht im Sinne des § 9 Abs. 1 Nr. 3, des § 14 Abs. 2 Nr. 3 oder des § 15 Abs. 3 bekannt war.

(4) Die Eintragung kann aufgrund der Eintragung einer Marke mit älterem Zeitrang nicht gelöscht werden, wenn die Eintragung der Marke mit älterem Zeitrang am Tag der Veröffentlichung der Eintragung der Marke mit jüngerem Zeitrang

1. wegen Verfalls nach § 49 oder
2. wegen absoluter Schutzhindernisse nach § 50

hätte gelöscht werden können.

(5) Liegt ein Nichtigkeitsgrund nur für einen Teil der Waren oder Dienstleistungen vor, für die die Marke eingetragen ist, so wird die Eintragung nur für diese Waren oder Dienstleistungen gelöscht.

§ 55 MarkenG Löschungsverfahren vor den ordentlichen Gerichten

(1) Die Klage auf Löschung wegen Verfalls (§ 49) oder wegen des Bestehens älterer Rechte (§ 51) ist gegen den als Inhaber der Marke Eingetragenen oder seinen Rechtsnachfolger zu richten.

(2) Zur Erhebung der Klage sind befugt:

1. in den Fällen des Antrags auf Löschung wegen Verfalls jede Person,
2. in den Fällen des Antrags auf Löschung wegen des Bestehens von Rechten mit älterem Zeitrang die Inhaber der in den §§ 9 bis 13 aufgeführten Rechte,
3. in den Fällen des Antrags auf Löschung wegen des Bestehens einer geographischen Herkunftsangabe mit älterem Zeitrang (§ 13 Abs. 2 Nr. 5) die nach § 8 Abs. 3 des Gesetzes gegen den unlauteren Wettbewerb zur Geltendmachung von Ansprüchen Berechtigten.

(3) [1]Ist die Klage auf Löschung vom Inhaber einer eingetragenen Marke mit älterem Zeitrang erhoben worden, so hat er auf Einrede des Beklagten nachzuweisen, daß die Marke innerhalb der letzten fünf Jahre vor Erhebung der Klage gemäß § 26 benutzt worden ist, sofern sie zu diesem Zeitpunkt seit mindestens fünf Jahren eingetragen ist. [2]Endet der Zeitraum von fünf Jahren der Nichtbenutzung nach Erhebung der Klage, so hat der Kläger auf Einrede des Beklagten nachzuweisen, daß die Marke innerhalb der letzten fünf Jahre vor dem Schluß der mündlichen Verhandlung gemäß § 26 benutzt worden ist. [3]War die Marke mit älterem Zeitrang am Tag der Veröffentlichung der Eintragung der Marke mit jüngerem Zeitrang bereits seit mindestens fünf Jahren eingetragen, so hat der Kläger auf Einrede des Beklagten ferner nachzuweisen, daß die Eintragung der Marke mit älterem Zeitrang an diesem Tag nicht nach § 49 Abs. 1 hätte gelöscht werden können. [4]Bei der Entscheidung werden nur die Waren oder Dienstleistungen berücksichtigt, für die die Benutzung nachgewiesen worden ist.

(4) [1]Ist vor oder nach Erhebung der Klage das durch die Eintragung der Marke begründete Recht auf einen anderen übertragen worden oder übergegangen, so ist die Entscheidung in der Sache selbst auch gegen den Rechtsnachfolger wirksam und vollstreckbar. [2]Für die Befugnis des Rechtsnachfolgers, in den Rechtsstreit einzutreten, gelten die §§ 66 bis 74 und 76 der Zivilprozeßordnung entsprechend.

A. Recht mit älterem Zeitrang

I. Überblick

1 Dem Inhaber eines älteren Kennzeichenrechts stehen nicht nur die Ansprüche auf Unterlassung oder Schadensersatz zu, sondern er kann auch Widerspruch erheben oder einen Löschungsanspruch gegen einen Markeninhaber geltend machen. Voraussetzung ist, dass ihm ein Recht mit älterem Zeitrang gemäß § 12 MarkenG zusteht. Ein Recht mit älterem Zeitrang ist u.a. eine geschäftliche Bezeichnung im Sinne des § 5 MarkenG. Das Markengesetz verschafft also auch dem Inhaber einer geschäftlichen Bezeichnung, also dem Inhaber eines Unternehmenskennzeichens (wie etwa „RTL") oder eines Werktitels (wie etwa „Gute Zeiten – Schlechte Zeiten") die Möglichkeit, gegen den **Inhaber einer verwechselbar ähnlichen oder identischen eingetragenen Marke** Löschungsansprüche durchzusetzen, sofern die Rechte aus § 5 MarkenG prioritätsälter sind als die Priorität der eingetragenen Marke des Markenin-

habers. Im Rahmen des Löschungsverfahrens wird also der Inhaber einer geschäftlichen Bezeichnung im Sinne von § 5 MarkenG dem Markeninhaber (§ 4 Nr. 1 MarkenG) gleichgesetzt. Neben der Gleichwertigkeit der Rechte aus § 5 MarkenG und aus § 4 Nr. 1 MarkenG ist für die Durchsetzung eines Löschungsanspruchs darüber hinaus erforderlich, dass die geschäftliche Bezeichnung im Zeitrang der eingetragenen Marke vorgeht. § 12 MarkenG betont also einmal mehr den **Prioritätsgrundsatz** im Markengesetz. Im Falle des Zusammentreffens verschiedener Kennzeichenrechte gilt gemäß § 6 MarkenG der Zeitrang als maßgeblich, in dem das Kennzeichenrecht begründet wurde. Bei den eingetragenen Markenrechten bestimmt sich die Priorität nach dem Anmeldetag (oder ausnahmsweise bei Inanspruchnahme durch den Markeninhaber die ausländische Priorität gemäß § 34 MarkenG oder die Ausstellungspriorität gemäß § 35 MarkenG) und für die geschäftliche Bezeichnung gemäß § 5 MarkenG ist der Zeitpunkt maßgeblich, zu dem das Recht erworben wurde (§ 6 Abs. 3 MarkenG, s. 63. Abschnitt). Kommt allerdings den Kennzeichenrechten derselbe Tag als ihr Zeitrang zu, so stehen die Rechte gleichrangig nebeneinander und begründen gegeneinander keine Ansprüche (§ 6 Abs. 4 MarkenG). In diesem Fall stehen also die Kennzeichenrechte gleichberechtigt nebeneinander. Befindet sich die Marke noch in der Widerspruchsfrist (drei Monate nach dem Tag der Veröffentlichung der Markeneintragung, § 42 Abs. 1 MarkenG), kann der Inhaber einer geschäftlichen Bezeichnung an Stelle des Löschungsantrages Widerspruch erheben.

II. Territorial beschränktes Recht.

Allerdings ist darüber hinaus zu berücksichtigen, dass geschäftliche Bezeichnungen im Gegensatz zu 2
der eingetragenen Marke nur in einem geografisch abgegrenzten Gebiet in Deutschland Schutz genießen können. So kann etwa eine Zeitschrift nur in einem Bundesland verlegt werden, oder eine Tageszeitung erscheint nur in einem Ort. In diesen Fällen ist auch der Schutzumfang des Titelschutzrechts aus § 5 Abs. 3 MarkenG auf dieses konkret geografisch abgrenzbare Gebiet beschränkt. Die Einheitlichkeit der Kennzeichenrechte kann nun nicht dazu führen, dass der Inhaber dieses beschränkten Titelschutzrechts gegen eine eingetragene Marke Löschungsansprüche geltend machen kann, die von Haus aus in dem **gesamten Gebiet der Bundesrepublik Deutschland** Schutz genießt. Daher bestimmt § 12 MarkenG, dass nur der Inhaber solcher Kennzeichenrechte aus § 5 MarkenG Löschungsansprüche geltend machen kann, der berechtigt ist, aus seiner geschäftlichen Bezeichnung die Benutzung eines kollidierenden Drittzeichens in dem gesamten Gebiet der Bundesrepublik Deutschland zu untersagen. Gemäß § 12 MarkenG gewähren also nur solche nicht eingetragenen Kennzeichenrechte einen Löschungsgrund gegenüber einer prioritätsjüngeren eingetragenen Marke, die im Territorium des Geltungsbereichs des Markengesetzes und damit im gesamten Gebiet der Bundesrepublik Deutschland gelten (s. etwa *Fezer*, Markenrecht, 3. Aufl., § 12 Rn 6). Das gilt entsprechend für das Widerspruchsrecht, das nur besteht, wenn sich der Inhaber der geschäftlichen Bezeichnung auf ein bundesweit bestehendes Kennzeichenrecht stützen kann (*Ingerl/Rohnke,* Markengesetz, § 42 Rn 25). Während dem Inhaber eines **territorial beschränkten Kennzeichenrechts** Löschungsansprüche demgemäß nicht zustehen, kann er durchaus Unterlassungs- und Schadensersatzansprüche gegenüber einem Markeninhaber geltend machen, der ihm sein Kennzeichenrecht in dem von ihm geschützten geografischen Gebiet streitig macht.

III. Löschungsanspruch.

1. Verwirkungseinrede. a) Voraussetzungen. Das Markengesetz sieht vor, dass der Inhaber eines äl- 3
teren Kennzeichenrechts im Sinne von § 12 MarkenG Nichtigkeitsklage erheben kann, sofern der Geltendmachung des Löschungsanspruchs nicht der Verwirkungseinwand aus § 21 MarkenG entgegensteht. Denn gemäß § 51 Abs. 2 MarkenG kann die Eintragung einer Marke aufgrund einer geschäftlichen Bezeichnung im Sinne des § 5 MarkenG mit älterem Zeitrang nicht gelöscht werden, soweit der Inhaber der geschäftlichen Bezeichnung mit älterem Zeitrang die Benutzung der Marke mit jüngerem Zeitrang für die Waren oder Dienstleistungen, für die sie eingetragen ist, während eines Zeitraums von fünf aufeinanderfolgenden Jahren in Kenntnis dieser Benutzung geduldet hat, es sei denn, dass die Anmeldung der Marke mit jüngerem Zeitrang bösgläubig vorgenommen worden ist, oder der Inhaber der geschäftlichen Bezeichnung mit älterem Zeitrang der Eintragung der Marke zugestimmt hat.

b) Zeitmoment, Duldungsmoment. Im Rahmen von § 51 Abs. 2 MarkenG findet also die spezielle 4
Verwirkungsregelung des § 21 MarkenG Anwendung (s. 64. Abschnitt Rn 22). Gemäß § 21 MarkenG hat der Inhaber einer geschäftlichen Bezeichnung nicht das Recht, die Benutzung einer eingetragenen

Marke mit jüngerem Zeitrang zu untersagen, soweit er die Benutzung der Marke während eines Zeitraums von **fünf aufeinanderfolgenden Jahren** in Kenntnis dieser Benutzung geduldet hat (s. § 21 Abs. 1 MarkenG). Voraussetzung des Verwirkungseinwands ist daher einerseits, dass die angegriffene Marke während eines Zeitraums von fünf aufeinanderfolgenden Jahren benutzt wurde, und andererseits, dass der Inhaber der geschäftlichen Bezeichnung mit älterem Zeitrang diese Benutzung nicht nur gekannt hat, sondern sie sogar geduldet hat. Die Verwirkung des Löschungsanspruchs kommt also unabhängig von einem schutzwürdigen Besitzstand des prioritätsjüngeren Markeninhabers nur dann in Betracht, wenn der Berechtigte nach Eintragung des jüngeren Zeichens ungebührlich lange mit der Geltendmachung des Löschungsanspruchs gewartet und dadurch dem Verletzer Anlass zu der Annahme gegeben hatte, er werde die Eintragung dulden (*Ingerl/Rohnke*, § 51 Rn 7).

5 Der Verwirkungseinwand ist begründet, wenn einerseits das Zeitmoment (5 Jahre), andererseits das Duldungsmoment gegeben sind. Erwartet wird also von dem Kennzeicheninhaber eine **gewisse Wachsamkeit** (zum Erfordernis der Wachsamkeit s. EuGH GRUR 2006, 495 – Levi Strauss/Casucci). Hätte der Kennzeicheninhaber bei der gebotenen Marktbeobachtung die Kennzeichenverletzung unschwer zeitnah erkennen können, entfallen mögliche Löschungsansprüche aus § 51 Abs. 1 MarkenG (OLG München MD 2004, 95 – Marktbeobachtungslast).

6 c) **Anwendung von § 242 BGB.** Neben der besonderen Bestimmung des § 21 MarkenG findet auch noch die allgemeine Verwirkungsregelung aus § 242 BGB Anwendung. Die Regelung der Verwirkung als eine Schranke der relativen Nichtigkeitsgründe schließt gemäß § 21 Abs. 4 MarkenG die Anwendung der allgemeinen Grundsätze über die Verwirkung von Ansprüchen nicht aus (*Fezer*, Markenrecht, § 51 Rn 10). Ein Recht ist gemäß § 242 BGB verwirkt, wenn sich der mutmaßliche Kennzeichenverletzer wegen der Untätigkeit des Kennzeicheninhabers über einen gewissen Zeitraum hin bei objektiver Beurteilung **darauf einrichten durfte und eingerichtet hat**, dieser werde sein Recht nicht mehr geltend machen, und deswegen die verspätete Geltendmachung gegen Treu und Glauben verstößt (BGH WRP 2006, 114 – Verwirkung eines Unterlassungsanspruchs). Die Verwirkung ist also ein Sonderfall der unzulässigen Rechtsausübung, wobei auch der allgemeine Verwirkungseinwand aus § 242 BGB im Rahmen des Löschungsverfahrens nicht von dem Bestehen eines wertvollen Besitzstandes bei dem mutmaßlichen Kennzeichenverletzer abhängt (BGH WRP 2006, 1043 – NEURO-VIBOLEX/NEURO-FIBRAFLEX). Es ist jeweils eine Frage des Einzelfalls, ob der Duldungstatbestand gegeben ist. Das Verstreichen eines längeren Zeitraums allein kann die Verwirkung von Rechten noch nicht begründen. Treu und Glauben verlangen es jedoch, dass der Kennzeicheninhaber im Interesse des möglichen Löschungsgegners alsbald Klarheit darüber schafft, ob er beabsichtigt, seine Rechte auszuüben, und damit nicht länger zögert als notwendig (BGH GRUR 2002, 280 – Rücktrittsfrist). Dabei kann der Duldungszeitraum im Rahmen von § 242 BGB kürzer sein als die Fünfjahresfrist, die der gesetzliche Verwirkungseinwand gemäß § 21 MarkenG vorsieht. Welcher Zeitraum zum Eintritt der Verwirkung tatsächlich erforderlich ist, ist im Einzelfall zu überprüfen. Der BGH geht davon aus, dass ein Duldungszeitraum von 2 Jahren regelmäßig noch nicht zur Verwirkung des Anspruchs führt (BGH WRP 2001, 931 – buendgens).

7 **2. Zustimmung des Kennzeicheninhabers.** Ist der Löschungsanspruch nicht gemäß § 51 Abs. 2 in Verbindung mit § 21 MarkenG verwirkt, greift er durch, sofern die jüngere Marke das ältere Kennzeichenrecht des Kennzeicheninhabers verletzt (s. 64. Abschnitt). Hat allerdings der Kennzeicheninhaber vor Stellung des Löschungsantrags der Eintragung der Marke zugestimmt, entfällt ein Löschungsanspruch aus § 51 Abs. 1. MarkenG. Diese Bestimmung in § 51 Abs. 2 Satz 3 MarkenG ist letztlich überflüssig, da die Erhebung der Löschungsklage nach Zustimmung jedenfalls **rechtsmissbräuchlich** wäre (*Ingerl/Rohnke*, Markengesetz, § 51 Rn 8).

8 **3. Bekannte geschäftliche Bezeichnung.** Sofern der Kennzeicheninhaber den Löschungsantrag auf der Grundlage einer bekannten geschäftlichen Bezeichnung im Sinne von § 15 Abs. 3 MarkenG stellt, ist es zur Durchsetzung des Löschungsanspruchs gemäß § 51 Abs. 3 MarkenG oder zur Erhebung eines Widerspruchs gemäß § 42 Abs. 2 Nr. 4 MarkenG erforderlich, dass die geschäftliche Bezeichnung **bereits an dem Tag bekannt** war, an dem die jüngere Marke zum Markenregister angemeldet wurde. Diese Bestimmung bezweckt, dass der Inhaber einer bekannten geschäftlichen Bezeichnung nicht besser gestellt wird, als ein Kennzeicheninhaber, der aus einem sonstigen prioritätsälteren Recht vorgeht. Denn wenn die Löschungsklage unter Hinweis darauf begründet wird, dass es sich bei dem Angriffszeichen um eine bekannte geschäftliche Bezeichnung handelt und wegen des damit verbundenen umfassenderen Kennzeichenschutzes die prioritätsjüngere Marke im Markenregister zu löschen ist, ist

zwingende Voraussetzung, dass zum Zeitpunkt der Markenanmeldung der prioritätsjüngeren Marke tatsächlich der Bekanntheitsschutz auch nachgewiesen werden kann. Andernfalls könnte der Inhaber der geschäftlichen Bezeichnung Widerspruch erheben oder einen Löschungsanspruch geltend machen, der ihm tatsächlich nicht zusteht. Durch die Bestimmung in § 51 Abs. 3 MarkenG wird verhindert, dass die wegen zunächst fehlender Bekanntheit des älteren Kennzeichens rechtmäßig erworbene jüngere Markenregistrierung nachträglich aufgrund späterer Erlangung der Bekanntheit einer geschäftlichen Bezeichnung gemäß § 5 MarkenG wieder zerstört wird (*Ingerl/Rohnke*, Markengesetz, § 51 Rn 9).

4. Löschungsumfang. Schließlich bestimmt § 51 Abs. 5 MarkenG, dass der Löschungsanspruch des Kennzeicheninhabers nur den **Teil der** von dem Inhaber der prioritätsjüngeren Marke beanspruchten **Waren und Dienstleistungen** umfasst, für den der Nichtigkeitsgrund tatsächlich gegeben ist. Es wäre unbillig, den prioriätsjüngeren Markeninhaber auch einem Löschungsanspruch bzgl derjenigen Waren und Dienstleistungen auszusetzen, für die eine Kennzeichenverletzung tatsächlich nicht nachgewiesen werden kann. 9

B. Klageverfahren

I. Allgemeines

Das Löschungsverfahren gemäß § 51 MarkenG wegen des Bestehens älterer Rechte wird auf dem **Klageweg vor den ordentlichen Gerichten** durchgeführt (§ 55 MarkenG). Die Klage ist gegen den Markeninhaber oder seinen Rechtsnachfolger zu richten, nämlich in den Fällen, in denen der Rechtsnachfolger noch nicht im Markenregister verzeichnet ist, die Marke tatsächlich jedoch schon auf diesen übertragen wurde. Ob der in Anspruch Genommene tatsächlich passivlegitimiert ist, bestimmt sich danach, ob zum Zeitpunkt der Zustellung der Klage gemäß § 261 Abs. 1 ZPO der in Anspruch Genommene noch Kennzeicheninhaber ist. Der Wegfall der Passivlegitimation nach Rechtshängigkeit wirkt sich auf die Passivlegitimation nicht aus (*von Schultz/Stuckel*, Markenrecht, § 55 Rn 5). 10

Das Widerspruchsverfahren wird demgegenüber vor dem DPMA durchgeführt.

II. Voraussetzungen

1. Zuständigkeit. Für die Klage sind die **Landgerichte** gemäß § 140 Abs. 1 MarkenG ausschließlich zuständig, wobei die Kennzeichengerichte je Bundesland von den Landesregierungen festgelegt wurden. Kennzeichenstreitsachen sind immer Handelssachen, so dass die Kammern für Handelssachen zuständig sind (*Ingerl/Rohnke*, Markengesetz, § 140 Rn 51). 11

2. Aktivlegitimation. Aktivlegitimiert ist der **Inhaber einer geschäftlichen Bezeichnung.** Insoweit kommt es darauf an, dass der Kennzeicheninhaber ein Recht mit älterem Zeitrang im Sinne der §§ 9–13 MarkenG nachweisen kann (§ 55 Abs. 2 Nr. 2 MarkenG). 12

3. Drittwirkung Löschungsurteil. Darüber hinaus bestimmt § 55 Abs. 4 MarkenG ausdrücklich die Drittwirkung des Löschungsurteils. Ist also vor oder nach Erhebung der Klage die angegriffene Marke auf einen anderen übergegangen, so ist das Löschungsurteil auch gegen den **Rechtsnachfolger** wirksam und vollstreckbar. Aus § 55 Abs. 4 Satz 1 MarkenG folgt also, dass auch derjenige, der vor Rechtshängigkeit Rechtsnachfolger geworden ist, ein Löschungsurteil gegen sich wirken lassen muss (*von Schultz/Stuckel*, Markenrecht, § 55 Rn 12). Die Löschungsklage ist begründet, wenn der Kläger Inhaber eines älteren Kennzeichenrechts ist, Verwechslungsgefahr besteht und der Löschung weder ein Ausschlussgrund aus § 51 Abs. 2 und 3 MarkenG noch eine sonstige Einwendung des Markeninhabers entgegensteht. Die tatsächlichen Voraussetzungen des Löschungsanspruchs sind vom angreifenden Kennzeicheninhaber nachzuweisen (*Ingerl/Rohnke*, MarkenG, § 55 Rn 31). 13

4. Wirkung der Löschung. Wird eine Marke teilweise oder vollumfänglich wegen des Bestehens eines Nichtigkeitsgrundes gelöscht, so gilt die Wirkung der Marke in dem Umfang, in dem sie wegen Nichtigkeit gelöscht wird, als nicht eingetragen (§ 52 Abs. 2 MarkenG). Der **Markenschutz endet also ex tunc.** Gemäß § 52 Abs. 2 MarkenG wirkt die Löschung auf die Eintragung der Marke zurück. 14

§ 52 Abs. 3 MarkenG bestimmt im Einzelnen, welche Entscheidungen von der Rückwirkung nicht betroffen sind. Sowohl vollstreckte, rechtskräftige Verletzungsentscheidungen als auch erfüllte Verträge werden von der Rückwirkung ausgenommen. Insoweit stellt der Gesetzgeber die **Rechtssicher-** 15

heit über die Forderung des einzelnen Kennzeicheninhabers, seine Kennzeichenrechte gegenüber Drittmarkeninhabern durchzusetzen. Dessen ungeachtet haftet jedoch der Markeninhaber ggf bei Vorliegen von Vorsatz oder Fahrlässigkeit auf Schadensersatz oder im Rahmen der Vorschriften über die ungerechtfertigte Bereicherung.

66. Abschnitt: Sonstige Ansprüche bei Kennzeichenverletzung, §§ 18, 19a–d MarkenG

§ 18 MarkenG Vernichtungs- und Rückrufansprüche

(1) [1]Der Inhaber einer Marke oder einer geschäftlichen Bezeichnung kann den Verletzer in den Fällen der §§ 14, 15 und 17 auf Vernichtung der im Besitz oder Eigentum des Verletzers befindlichen widerrechtlich gekennzeichneten Waren in Anspruch nehmen. [2]Satz 1 ist entsprechend auf die im Eigentum des Verletzers stehenden Materialien und Geräte anzuwenden, die vorwiegend zur widerrechtlichen Kennzeichnung der Waren gedient haben.

(2) Der Inhaber einer Marke oder einer geschäftlichen Bezeichnung kann den Verletzer in den Fällen der §§ 14, 15 und 17 auf Rückruf von widerrechtlich gekennzeichneten Waren oder auf deren endgültiges Entfernen aus den Vertriebswegen in Anspruch nehmen.

(3) [1]Die Ansprüche nach den Absätzen 1 und 2 sind ausgeschlossen, wenn die Inanspruchnahme im Einzelfall unverhältnismäßig ist. [2]Bei der Prüfung der Verhältnismäßigkeit sind auch die berechtigten Interessen Dritter zu berücksichtigen.

§ 19 MarkenG Auskunftsanspruch

(1) Der Inhaber einer Marke oder einer geschäftlichen Bezeichnung kann den Verletzer in den Fällen der §§ 14, 15 und 17 auf unverzügliche Auskunft über die Herkunft und den Vertriebsweg von widerrechtlich gekennzeichneten Waren oder Dienstleistungen in Anspruch nehmen.

(2) [1]In Fällen offensichtlicher Rechtsverletzung oder in Fällen, in denen der Inhaber einer Marke oder einer geschäftlichen Bezeichnung gegen den Verletzer Klage erhoben hat, besteht der Anspruch unbeschadet von Absatz 1 auch gegen eine Person, die in gewerblichem Ausmaß

1. rechtsverletzende Ware in ihrem Besitz hatte,
2. rechtsverletzende Dienstleistungen in Anspruch nahm,
3. für rechtsverletzende Tätigkeiten genutzte Dienstleistungen erbrachte oder

4. nach den Angaben einer in Nummer 1, 2 oder Nummer 3 genannten Person an der Herstellung, Erzeugung oder am Vertrieb solcher Waren oder an der Erbringung solcher Dienstleistungen beteiligt war,

es sei denn, die Person wäre nach den §§ 383 bis 385 der Zivilprozessordnung im Prozess gegen den Verletzer zur Zeugnisverweigerung berechtigt. [2]Im Fall der gerichtlichen Geltendmachung des Anspruchs nach Satz 1 kann das Gericht den gegen den Verletzer anhängigen Rechtsstreit auf Antrag bis zur Erledigung des wegen des Auskunftsanspruchs geführten Rechtsstreits aussetzen. [3]Der zur Auskunft Verpflichtete kann von dem Verletzten den Ersatz der für die Auskunftserteilung erforderlichen Aufwendungen verlangen.

(3) Der zur Auskunft Verpflichtete hat Angaben zu machen über

1. Namen und Anschrift der Hersteller, Lieferanten und anderer Vorbesitzer der Waren oder Dienstleistungen sowie der gewerblichen Abnehmer und Verkaufsstellen, für die sie bestimmt waren, und
2. die Menge der hergestellten, ausgelieferten, erhaltenen oder bestellten Waren sowie über die Preise, die für die betreffenden Waren oder Dienstleistungen bezahlt wurden.

(4) Die Ansprüche nach den Absätzen 1 und 2 sind ausgeschlossen, wenn die Inanspruchnahme im Einzelfall unverhältnismäßig ist.

(5) Erteilt der zur Auskunft Verpflichtete die Auskunft vorsätzlich oder grob fahrlässig falsch oder unvollständig, ist er dem Inhaber einer Marke oder einer geschäftlichen Bezeichnung zum Ersatz des daraus entstehenden Schadens verpflichtet.

(6) Wer eine wahre Auskunft erteilt hat, ohne dazu nach Absatz 1 oder Absatz 2 verpflichtet gewesen zu sein, haftet Dritten gegenüber nur, wenn er wusste, dass er zur Auskunftserteilung nicht verpflichtet war.

(7) In Fällen offensichtlicher Rechtsverletzung kann die Verpflichtung zur Erteilung der Auskunft im Wege der einstweiligen Verfügung nach den §§ 935 bis 945 der Zivilprozessordnung angeordnet werden.

(8) Die Erkenntnisse dürfen in einem Strafverfahren oder in einem Verfahren nach dem Gesetz über Ordnungswidrigkeiten wegen einer vor der Erteilung der Auskunft begangenen Tat gegen den Verpflichteten oder gegen einen in § 52 Abs. 1 der Strafprozessordnung bezeichneten Angehörigen nur mit Zustimmung des Verpflichteten verwertet werden.

(9) [1]Kann die Auskunft nur unter Verwendung von Verkehrsdaten (§ 3 Nr. 30 des Telekommunikationsgesetzes) erteilt werden, ist für ihre Erteilung eine vorherige richterliche Anordnung über die Zulässigkeit der Verwendung der Verkehrsdaten erforderlich, die von dem Verletzten zu beantragen ist. [2]Für den Erlass dieser Anordnung ist das Landgericht, in dessen Bezirk der zur Auskunft Verpflichtete seinen Wohnsitz, seinen Sitz oder eine Niederlassung hat, ohne Rücksicht auf den Streitwert ausschließlich zuständig. [3]Die Entscheidung trifft die Zivilkammer. [4]Für das Verfahren gelten die Vorschriften des Gesetzes über das Verfahren in Familiensachen und in den Angelegenheiten der freiwilligen Gerichtsbarkeit entsprechend. [5]Die Kosten der richterlichen Anordnung trägt der Verletzte. [6]Gegen die Entscheidung des Landgerichts ist die Beschwerde statthaft. [7]Die Beschwerde ist binnen einer Frist von zwei Wochen einzulegen. [8]Die Vorschriften zum Schutz personenbezogener Daten bleiben im Übrigen unberührt.

(10) Durch Absatz 2 in Verbindung mit Absatz 9 wird das Grundrecht des Fernmeldegeheimnisses (Artikel 10 des Grundgesetzes) eingeschränkt.

§ 19a MarkenG Vorlage- und Besichtigungsansprüche

(1) [1]Bei hinreichender Wahrscheinlichkeit einer Rechtsverletzung nach den §§ 14, 15 und 17 kann der Inhaber einer Marke oder einer geschäftlichen Bezeichnung den vermeintlichen Verletzer auf Vorlage einer Urkunde oder Besichtigung einer Sache in Anspruch nehmen, die sich in dessen Verfügungsgewalt befindet, wenn dies zur Begründung seiner Ansprüche erforderlich ist. [2]Besteht die hinreichende Wahrscheinlichkeit einer in gewerblichem Ausmaß begangenen Rechtsverletzung, erstreckt sich der Anspruch auch auf die Vorlage von Bank-, Finanz- oder Handelsunterlagen. [3]Soweit der vermeintliche

Verletzer geltend macht, dass es sich um vertrauliche Informationen handelt, trifft das Gericht die erforderlichen Maßnahmen, um den im Einzelfall gebotenen Schutz zu gewährleisten.

(2) Der Anspruch nach Absatz 1 ist ausgeschlossen, wenn die Inanspruchnahme im Einzelfall unverhältnismäßig ist.

(3) [1]Die Verpflichtung zur Vorlage einer Urkunde oder zur Duldung der Besichtigung einer Sache kann im Wege der einstweiligen Verfügung nach den §§ 935 bis 945 der Zivilprozessordnung angeordnet werden. [2]Das Gericht trifft die erforderlichen Maßnahmen, um den Schutz vertraulicher Informationen zu gewährleisten. [3]Dies gilt insbesondere in den Fällen, in denen die einstweilige Verfügung ohne vorherige Anhörung des Gegners erlassen wird.

(4) § 811 des Bürgerlichen Gesetzbuchs sowie § 19 Abs. 8 gelten entsprechend.

(5) Wenn keine Verletzung vorlag oder drohte, kann der vermeintliche Verletzer von demjenigen, der die Vorlage oder Besichtigung nach Absatz 1 begehrt hat, den Ersatz des ihm durch das Begehren entstandenen Schadens verlangen.

§ 19b MarkenG Sicherung von Schadensersatzansprüchen

(1) [1]Der Inhaber einer Marke oder einer geschäftlichen Bezeichnung kann den Verletzer bei einer in gewerblichem Ausmaß begangenen Rechtsverletzung in den Fällen des § 14 Abs. 6, § 15 Abs. 5 sowie § 17 Abs. 2 Satz 2 auch auf Vorlage von Bank-, Finanz- oder Handelsunterlagen oder einen geeigneten Zugang zu den entsprechenden Unterlagen in Anspruch nehmen, die sich in der Verfügungsgewalt des Verletzers befinden und die für die Durchsetzung des Schadensersatzanspruchs erforderlich sind, wenn ohne die Vorlage die Erfüllung des Schadensersatzanspruchs fraglich ist. [2]Soweit der Verletzer geltend macht, dass es sich um vertrauliche Informationen handelt, trifft das Gericht die erforderlichen Maßnahmen, um den im Einzelfall gebotenen Schutz zu gewährleisten.

(2) Der Anspruch nach Absatz 1 ist ausgeschlossen, wenn die Inanspruchnahme im Einzelfall unverhältnismäßig ist.

(3) [1]Die Verpflichtung zur Vorlage der in Absatz 1 bezeichneten Urkunden kann im Wege der einstweiligen Verfügung nach den §§ 935 bis 945 der Zivilprozessordnung angeordnet werden, wenn der Schadensersatzanspruch offensichtlich besteht. [2]Das Gericht trifft die erforderlichen Maßnahmen, um den Schutz vertraulicher Informationen zu gewährleisten. [3]Dies gilt insbesondere in den Fällen, in denen die einstweilige Verfügung ohne vorherige Anhörung des Gegners erlassen wird.

(4) § 811 des Bürgerlichen Gesetzbuchs sowie § 19 Abs. 8 gelten entsprechend.

§ 19c MarkenG Urteilsbekanntmachung

[1]Ist eine Klage auf Grund dieses Gesetzes erhoben worden, kann der obsiegenden Partei im Urteil die Befugnis zugesprochen werden, das Urteil auf Kosten der unterliegenden Partei öffentlich bekannt zu machen, wenn sie ein berechtigtes Interesse darlegt. [2]Art und Umfang der Bekanntmachung werden im Urteil bestimmt. [3]Die Befugnis erlischt, wenn von ihr nicht innerhalb von drei Monaten nach Eintritt der Rechtskraft des Urteils Gebrauch gemacht wird. [4]Der Ausspruch nach Satz 1 ist nicht vorläufig vollstreckbar.

§ 19d MarkenG Ansprüche aus anderen gesetzlichen Vorschriften

Ansprüche aus anderen gesetzlichen Vorschriften bleiben unberührt.

A. Vernichtungs- und Rückrufansprüche, § 18 MarkenG

I. Allgemeines

1 Die zivilrechtliche Durchsetzung von Rechten des geistigen Eigentums wurde in Europa durch die Richtlinie 2004/48/EG zur Durchsetzung der Rechte des geistigen Eigentums von 2004 weitgehend harmonisiert. Mit dem „**Gesetz zur Verbesserung der Durchsetzung von Rechten des geistigen Eigentums**" wurden die Bestimmungen der Richtlinie in nationales Recht umgesetzt. Gegenstand des Gesetzes sind die besseren Auskunftsansprüche des Kennzeicheninhabers über Hintermänner und Vertriebswege, eine wirksame Geltendmachung von Unterlassungsansprüchen durch einstweiligen Rechtsschutz, Ansprüche auf Vernichtung von Piraterieware, Ansprüche auf Vorlage und Sicherung von Beweismitteln (ggf auch Bank-, Finanz- und Handelsunterlagen) sowie Regelungen zum Schadensersatz. Ziel des Gesetzes zur Verbesserung der Durchsetzung von Rechten des geistigen Eigentums ist die Verbesserung der Stellung der Rechtsinhaber beim Kampf gegen Produktpiraterie durch die Schaffung materiellrechtlicher Ansprüche auf Informations- und Beweismittelbeschaffung, damit der Rechtsinhaber letztlich seine Ansprüche umfassend gegen den Verletzer durchsetzen kann.

II. Vernichtungsanspruch

2 **1. Überblick.** Der Vernichtungsanspruch aus § 18 MarkenG bestimmt, dass der Inhaber einer geschäftlichen Bezeichnung im Fall des § 15 MarkenG verlangen kann, dass die im **Besitz oder Eigentum des Verletzers** befindlichen widerrechtlich gekennzeichneten Gegenstände vernichtet werden (es sei denn, es liegt ein Fall der Unverhältnismäßigkeit vor, s. unten c.). Dieser Vernichtungsanspruch wird um einen Rückrufanspruch gemäß § 18 Abs. 2 MarkenG ergänzt. Danach kann der Inhaber einer geschäftlichen Bezeichnung im Fall des § 15 MarkenG den Verletzer auf Rückruf von widerrechtlich gekennzeichneten Waren oder auf deren endgültiges Entfernen aus den Vertriebswegen in Anspruch nehmen (es sei denn, die Inanspruchnahme ist unverhältnismäßig).

3 **2. Kein Verschulden.** Der Vernichtungsanspruch setzt ein objektiv rechtswidriges Verhalten voraus. Verschulden ist also nicht erforderlich (BGH WRP 2006, 749 – Parfümtestkäufe). Alleinige Voraussetzung eines Vernichtungsanspruchs ist danach, dass der Verletzer noch Eigentümer bzw Besitzer der unter Verstoß gegen § 15 MarkenG (bzw § 14 MarkenG) erworbenen oder beschafften Waren ist. Denn dem Vernichtungsanspruch ist die Voraussetzung des Eigentums oder des Besitzes des Anspruchsgegners immanent, da diesem andernfalls eine Vernichtung rechtlich nicht möglich ist. Die entsprechende Regelung in § 18 Abs. 1 MarkenG, dass sich die Ware im Besitz oder Eigentum des Verletzers befinden muss, hat insoweit nur klarstellenden Charakter (*Ingerl/Rohnke*, Markengesetz, § 18 Rn 16 f).

4 **3. Inhalt.** Der Inhaber einer geschäftlichen Bezeichnung gemäß § 5 MarkenG kann also, wenn die Voraussetzungen von § 15 MarkenG vorliegen, selbst ohne Verschulden des Kennzeichenverletzers die Vernichtung der gekennzeichneten Waren wie auch die Vernichtung der im Eigentum des Verletzers stehenden Materialien und Geräte verlangen, sofern die **Materialien und Geräte vorwiegend zur widerrechtlichen Kennzeichnung der Waren gedient haben.** Es reicht danach aus, wenn die Vorrichtungen oder Materialien überwiegend der widerrechtlichen Kennzeichnung dienten, ohne dass dies ihr ausschließlicher Zweck gewesen sein musste. Voraussetzung ist jedenfalls, dass sich die Materialien und Geräte im Besitz oder Eigentum des Verletzers befinden, wobei der Anspruch auch dann begründet ist, wenn zwar ein Dritter Besitzer der Materialien oder Geräte ist, der Verletzer jedoch weiterhin Eigentümer derselben ist.

III. Rückrufanspruch

5 **1. Überblick.** Darüber hinaus sieht § 18 Abs. 2 MarkenG einen Anspruch auf Rückruf von widerrechtlich gekennzeichneten Waren oder auf deren endgültiges Entfernen aus den Vertriebswegen vor. Dieser Anspruch auf Rückruf kennzeichenverletzender Gegenstände, die sich **nicht mehr in der Verfügungsgewalt des Verletzers** befinden, war dem Markengesetz zunächst fremd (*Ingerl/Rohnke,* Markengesetz, § 18 Rn 42). Mit § 18 Abs. 2 MarkenG wird der Rückrufanspruch als Ausfluss der Richtlinie 2004/48/EG zur Durchsetzung des Rechts des geistigen Eigentums in das Markengesetz aufgenommen. Zwar sieht auch § 1004 BGB ggf im Rahmen des Beseitigungsanspruchs einen Rückruf der kennzeichenverletzenden Waren vor. Die ausdrückliche Regelung in § 18 Abs. 2 MarkenG verschafft dem

Kennzeichenverletzer jedoch einen eigenständigen Anspruch auf Rückruf von widerrechtlich gekennzeichneten Waren. Danach hat der gewerbliche Abnehmer die rechtsverletzende Ware, zB die Zeitschrift, an den Verkäufer zurückzugeben.

2. Voraussetzung. Allerdings ist die Voraussetzung eines derartigen Anspruchs auf Rückruf von widerrechtlich gekennzeichneten Waren oder auf deren endgültiges Entfernen aus den Vertriebswegen regelmäßig, dass dem Verletzer der Rückruf oder die Entfernung aus den Vertriebswegen noch **möglich ist.** In der Praxis kommt daher diesem Rückrufanspruch nur geringe Bedeutung zu. Denn erfahrungsgemäß wird der gewerbliche Abnehmer kaum mehr in der Lage sein, diese Ware zurückzugeben. Im Übrigen steht auch der Rückrufanspruch unter dem Vorbehalt der Verhältnismäßigkeit. 6

B. Auskunftsanspruch, § 19 MarkenG

I. Allgemeines

Nach § 19 Abs. 3 MarkenG hat der zur Auskunft Verpflichtete Angaben zu machen über Namen und Anschriften der **Hersteller**, der **Lieferanten** und anderer Vorbesitzer der Waren oder Dienstleistungen sowie der **gewerblichen Abnehmer und Verkaufsstellen**, für die sie bestimmt waren, sowie über die Menge der hergestellten, ausgeliefert erhaltenen oder bestellten **Waren nebst Preisen**, die für die betreffenden Waren oder Dienstleistungen bezahlt wurden. Dieser Auskunftsanspruch setzt voraus, dass einer der in § 19 Abs. 1 MarkenG genannten Verletzungstatbestände erfüllt ist. Der Auskunftsanspruch ist unabhängig davon, ob schuldhaftes oder lediglich objektiv rechtswidriges Verhalten vorliegt. Zweck des Auskunftsanspruchs ist es, Quellen und Vertriebswege der kennzeichenverletzenden Ware kurzfristig zu schließen (BGH WRP 2006, 749, 753 – Parfümtestkäufe). 7

II. Voraussetzungen.

1. Parteien. Auskunftsberechtigter ist der Kennzeicheninhaber, Auskunftsverpflichteter der Verletzer und gemäß § 19 Abs. 2 MarkenG auch jede dritte Person, die in gewerblichem Ausmaß rechtsverletzende Ware in ihrem Besitz hatte, rechtsverletzende Dienstleistungen in Anspruch nahm, für rechtsverletzende Tätigkeiten genutzte Dienstleistungen erbrachte oder an einer dieser Handlungen beteiligt war. Umstritten ist, wer als Störer, also als Dritter, in Anspruch genommen werden kann. Nach der Gesetzesbegründung kann unter dem Gesichtspunkt der **Störerhaftung** jeder in Anspruch genommen werden, der – auch ohne Verschulden – willentlich und adäquat kausal an der Herbeiführung oder Aufrechterhaltung einer rechtswidrigen Beeinträchtigung mitgewirkt hat. 8

2. Geschäftlicher Verkehr. Voraussetzung eines Auskunftsanspruchs nach § 19 Abs. 1 MarkenG ist immer ein Handeln im geschäftlichen Verkehr. Dieser Begriff umfasst **jede wirtschaftliche Betätigung,** mit deren Wahrnehmung oder Förderung eigener oder fremder Geschäftsinteressen am Erwerbsleben teilgenommen wird (*Ströbele/Hacker*, Markengesetz, § 14 Rn 36). Der Verletzer muss also zur Förderung von Geschäftsinteressen gehandelt haben, denn in diesem Fall ist das Handeln auf die Erlangung eines wirtschaftlichen Vorteils gerichtet. 9

Der Erwägungsgrund 14 der Richtlinie 2004/48/EG zur Durchsetzung der Rechte des geistigen Eigentums definiert das gewerbliche Ausmaß dahin, dass die Handlung zwecks Erlangung eines unmittelbaren oder mittelbaren wirtschaftlichen oder kommerziellen Vorteils vorgenommen wird. Auskunftsansprüche kann der Kennzeicheninhaber also nicht gegen Privatpersonen durchsetzen, die in gutem Glauben gehandelt haben (Näheres s. *Ströbele/Hacker*, Markengesetz, § 19 Rn 20). 10

3. Drittauskunft. Auch wenn der Anspruchsverpflichtete gemäß § 19 Abs. 2 MarkenG jeder Dritte sein kann, der in gewerblichem Ausmaß mit der schutzrechtsverletzenden Ware oder Dienstleistung zu tun hatte, besteht der Auskunftsanspruch nur dann, wenn eine offensichtliche Rechtsverletzung gegeben ist, oder wenn der Kennzeicheninhaber bereits Verletzungsklage erhoben hat. Von einer **offensichtlichen Rechtsverletzung** ist dann auszugehen, wenn diese so eindeutig ist, dass eine ungerechtfertigte Belastung des Dritten ausgeschlossen erscheint. Sowohl bei **offensichtlichen Rechtsverletzungen** auch als bei der Inanspruchnahme von Dritten nach Klagerhebung ist die Inanspruchnahme des Dritten durchaus interessengerecht. Denn in diesen Fällen hat der Inhaber des Kennzeichenrechts bereits mit Klagerhebung deutlich gemacht, dass die Drittauskunft ausschließlich der sachgerechten Verfolgung seines Schutzinteresses (die Verletzung des Kennzeichenrechts zu ahnden) dient, oder die Of- 11 fensichtlichkeit des Rechtsverstoßes hätte auch den Dritten nachdenklich machen müssen. Insoweit ist der Dritte nicht mehr schutzwürdig.

12 Allerdings steht die Drittauskunft gemäß § 19 Abs. 2 MarkenG immer unter dem Vorbehalt, dass dem Dritten kein Zeugnisverweigerungsrecht (gemäß §§ 383–385 ZPO) zur Seite steht. Der Dritte soll also nicht schlechter stehen als jeder Zeuge, der im Verletzungsprozess vom Inhaber des Kennzeichenrechts benannt wird.

13 **4. Umfang.** Der Umfang der Auskunft ist ausdrücklich in § 19 Abs. 3 MarkenG geregelt. Der Auskunftsanspruch umfasst danach Angaben über die **Liefermengen und Lieferzeiten**, über die **gewerblichen Abnehmer**, die **Abnahmemengen und Abnahmezeiten** sowie über **Lieferpreise**, über die erzielten Verkaufspreise, Höhe des Umsatzes, der Gestehungskosten unter Angabe der einzelnen Kostenfaktoren sowie der erzielten Gewinne (OLG Hamburg GRUR-RR 2005, 109 Vorabinformationspflicht mwN). Zusätzlich enthält nunmehr § 19 Abs. 3 MarkenG die Verpflichtung des zur Auskunft Verpflichteten, auch über die Preise, die für die betreffenden Waren oder Dienstleistungen bezahlt wurden, Auskunft zu erteilen. Auch die Auskunftsverpflichtung steht aber unter dem Vorbehalt der Verhältnismäßigkeit (§ 19 Abs. 4 MarkenG).

14 **5. Falsche Drittauskunft.** Hat der zur Auskunft Verpflichtete die Auskunft vorsätzlich oder grob fahrlässig falsch oder unvollständig erteilt, begründet diese fehlerhafte Auskunft eine Schadensersatzverpflichtung gegenüber dem Inhaber des Kennzeichenrechts gemäß § 19 Abs. 5 MarkenG. Neben der Verpflichtung zur Abgabe einer eidesstattlichen Versicherung, führt die **Schadensersatzpflicht** bei falscher oder unvollständiger Auskunft gemäß § 19 Abs. 5 MarkenG zu einer deutlichen Belastung des zur Auskunft Verpflichteten.

15 **6. Verkehrsdaten.** Weiterhin sieht § 19 Abs. 9 MarkenG vor, dass ggf auch Dritte verpflichtet werden können, unter Verwendung von **Verkehrsdaten im Sinne des § 3 Nr. 30 des TKG** Auskunft zu erteilen. Gerade bei Rechtsverletzungen im Internet liegt dem Inhaber des verletzten Kennzeichenrechts sehr daran, mithilfe von IP-Adressen, vor allem über sogenannte FTP-Server Auskunft zu erlangen. Denn die Möglichkeit, im Internet weitgehend anonym zu kommunizieren, wird in bestimmten Fallgruppen häufig zur Verletzung von Rechten des geistigen Eigentums genutzt. Um dennoch der besonderen Schutzwürdigkeit von Verkehrsdaten Rechnung zu tragen und um Internet-Provider und Telekommunikationsunternehmen von der Prüfung zu entlasten, steht die Verwendung von Verkehrsdaten gemäß § 3 Nr. 30 TKG unter dem ausdrücklichen Vorbehalt einer richterlichen Anordnung.

C. Vorlage – und Besichtigungsansprüche, § 19a MarkenG

I. Allgemeines

16 § 19a MarkenG verschafft dem Inhaber des Kennzeichenrechts Vorlage- und Besichtigungsansprüche gegen den Verletzer. Sofern es zur Begründung seiner Ansprüche erforderlich ist, hat der Verletzer **Urkunden oder Bank-, Finanz- oder Handelsunterlagen** vorzulegen, um den Umfang der Rechtsverletzung nachzuvollziehen. Ein Anspruch aus § 19a Abs. 1 MarkenG wird insbesondere dann in Betracht kommen, wenn es darum geht, eine bestrittene anspruchsbegründende Tatsache nachzuweisen oder überhaupt erst Kenntnis von dieser Tatsache zu erlangen. Voraussetzung ist allerdings, dass eine Rechtsverletzung im Sinne von § 15 MarkenG mit hinreichender Wahrscheinlichkeit angenommen werden kann.

II. Vertrauliche Informationen

17 Weist der in Anspruch Genommene mögliche Verletzer darauf hin, dass es sich um vertrauliche Informationen handelt, ist es in das Ermessen des Gerichts gestellt, in welcher Form die Interessen des möglichen Kennzeichenverletzers geschützt werden. In diesem Fall kann das Gericht ggf entscheiden, dass die Offenbarung lediglich gegenüber einem zur Verschwiegenheit verpflichteten Dritten zu erfolgen hat, der sodann darüber Auskunft geben kann, ob und ggf in welchem Umfang die behauptete Rechtsverletzung vorliegt (BGH GRUR 2002, 1046 – Faxkarte). Auch im Rahmen der Vorlage- und Besichtigungsansprüche ist der Grundsatz der Verhältnismäßigkeit zu beachten.

D. Sicherung von Schadensersatzansprüchen, § 19b MarkenG

I. Allgemeines

Während § 19a MarkenG Vorlage- und Besichtigungsansprüche betrifft, die notwendig sind, um eine Rechtsverletzung ggf nachzuweisen, ist Inhalt von § 19b MarkenG die Sicherung von Schadensersatzansprüchen, also die Beschaffung ggf von Bank-, Finanz- oder Handelsunterlagen bei dem Verletzer, die **zur Durchsetzung des Schadensersatzanspruchs** des Kennzeicheninhabers erforderlich sind. Voraussetzung von § 19b MarkenG ist also das Bestehen eines Schadensersatzanspruchs des Kennzeicheninhabers gegen den Verletzer. Solange nicht der Nachweis erbracht ist, dass dem Kennzeicheninhaber ein Schadensersatzanspruch tatsächlich zusteht, kommt § 19b MarkenG nicht zur Anwendung. 18

II. Inhalt

Voraussetzung ist ferner, dass die Zwangsvollstreckung ohne die Vorlage der Unterlagen gefährdet wäre. Der Kennzeicheninhaber kann seine Rechte aus § 19b MarkenG erst dann geltend machen, wenn der Verletzer den Schadensersatzanspruch nicht erfüllt und der Kennzeicheninhaber keine ausreichende Erkenntnis über das Vermögen des Verletzers hat. Gegenstand des Anspruchs aus § 19b MarkenG sind also solche **Urkunden, die einen Hinweis auf Vermögenswerte des Verletzers** geben, soweit diese zur Erfüllung des Anspruchs erforderlich sind. 19

E. Urteilsbekanntmachung, § 19c MarkenG

I. Allgemeines

Schließlich steht dem Kennzeicheninhaber bei Vorliegen bestimmter Voraussetzungen ein Anspruch auf Urteilsbekanntmachung gemäß § 19c MarkenG zu. Voraussetzung ist, dass der Kennzeicheninhaber ein obsiegendes Urteil in dieser Angelegenheit gerichtlich erstritten hat und der Kennzeicheninhaber ein **berechtigtes Interesse** an der Bekanntmachung des Urteils darlegen kann. 20

II. Inhalt

Analog zu den Bestimmungen in § 103 UrhG und § 47 GeschmMG hat der Kennzeicheninhaber bei obsiegendem Urteil einen Anspruch auf die Veröffentlichung der Gerichtsentscheidung. Das berechtigte Interesse hat der Kennzeicheninhaber darzulegen. Nur wenn das angerufene Gericht zu der Auffassung kommt, dass dem Kennzeicheninhaber ein berechtigtes Interesse an der Veröffentlichung der gerichtlichen Entscheidung zusteht, wird der Anspruch auf Urteilsbekanntmachung zugesprochen. Wegen der mit einer Urteilsveröffentlichung verbundenen erheblichen Nachteile für den Verletzer, namentlich die mit der Urteilsbekanntmachung verbundene „**Prangerwirkung**", sind die durch die Veröffentlichung bzw die Nichtveröffentlichung entstehenden Vorteile der einen und die Nachteile der anderen Partei abzuwägen. Im Rahmen der Abwägung sind vor allem auch das Recht der unterlegenen Partei auf informelle Selbstbestimmung und auf etwaige sonstige Rechte, in welche die Erteilung der Veröffentlichungsbefugnis eingreifen kann, zu berücksichtigen. 21

III. Informelle Selbstbestimmung

Ein Anspruch auf Urteilsbekanntmachung ist insbesondere im Hinblick auf die informelle Selbstbestimmung dann zu verneinen, wenn mit der Veröffentlichung eine bloße Demütigung des Verletzers verbunden ist (OLG Hamburg WRP 1994, 122, 124 – Jeansüberfärbungen). Vielmehr dient die Urteilsbekanntmachung allein der sachlichen Information der Öffentlichkeit. Wie es in § 19 c MarkenG heißt, kann der obsiegenden Partei die Befugnis zur Veröffentlichung des Urteils zugesprochen werden. Es liegt also im **Ermessen des angerufenen Gerichts**, ob die Urteilsbekanntmachung verfügt wird. Einen verbindlichen Anspruch hierauf hat der verletzte Kennzeicheninhaber nicht. Da eine Veröffentlichung der gerichtlichen Entscheidung nicht mehr rückgängig gemacht werden kann, scheidet die vorläufige Vollstreckbarkeit des Urteils aus. Erst nach Rechtskraft des Urteils kann der Kennzeicheninhaber die gerichtliche Entscheidung veröffentlichen, sofern die Veröffentlichung innerhalb von 3 Monaten nach Eintritt der Rechtskraft erfolgt. 22

F. Ansprüche aus anderen gesetzlichen Vorschriften, § 19d MarkenG

23 Die in § 19d MarkenG angesprochenen Ansprüche aus anderen gesetzlichen Vorschriften umfassen etwa Ansprüche aus den §§ 812 ff BGB, nämlich dann, wenn den Verletzer kein Verschulden trifft, oder aus § 823 BGB, sofern ein Eingriff in den eingerichteten und ausgeübten Gewerbebetrieb gegeben ist. Geht der Kennzeicheninhaber aus den genannten Vorschriften des BGB vor, gilt die allgemeine Verjährung. Die Ansprüche nach diesen Anspruchsgrundlagen verjähren nach den dort jeweils geltenden Bestimmungen.

G. Grundsatz der Verhältnismäßigkeit, §§ 18 Abs. 3, 19 Abs. 3, 19a Abs. 2, 19b Abs. 2 MarkenG

I. Allgemeines

24 Sämtliche Ansprüche gemäß § 18 ff MarkenG stehen unter dem Vorbehalt, dass die Inanspruchnahme durch den Kennzeicheninhaber im Einzelfall **nicht unverhältnismäßig** ist. Bei der Prüfung der Verhältnismäßigkeit sind ggf auch die berechtigten Interessen Dritter zu berücksichtigen.

II. Inhalt

25 Ob der Grundsatz der Verhältnismäßigkeit gewahrt ist, lässt sich nur im Einzelfall feststellen. In die Abwägung der gegenseitigen Interessen fließt insbesondere ein, ob der Verletzer schuldlos oder mit allenfalls **geringer Schuld** gehandelt hat (BGH WRP 2006, 749, 756 – Parfümtestkäufe). Nach ständiger höchstrichterlicher Rechtsprechung ist die Verhältnismäßigkeit eines Auskunftsanspruchs jedenfalls dann gewahrt, wenn die Auskunft dem Verletzer zuzumuten ist und von ihm unschwer erteilt werden kann (BGH WRP 2002, 947 – Entfernung der Herstellungsnummer IIII). Während im Falle des Vernichtungsanspruchs der Verschuldensgrad, die Schwere des Eingriffs sowie die wirtschaftliche Bedeutung der Verletzung und des Vernichtungsschadens berücksichtigt werden müssen, ist im Rahmen des Auskunftsanspruchs ein besonders, schutzwürdiges Geheimhaltungsinteresse des Verletzers zu berücksichtigen (*Ingerl/Rohnke*, MarkenG, § 18 Rn 26 ff und § 19 Rn 39 ff).

26 Vernichtungs- und Rückrufansprüche gemäß § 18 MarkenG bestehen nach dessen Abs. 3 nur, wenn die Maßnahmen geeignet und erforderlich sind, um die Rechtsverletzung zu beseitigen, und wenn die Maßnahmen in einem angemessenen Verhältnis zur Schwere der Rechtsverletzung stehen. Hierbei sind alle Umstände des Einzelfalls sowie ggf Interessen Dritter zu berücksichtigen. Fehlt es an der entsprechenden Schwere der Rechtsverletzung, weil der Kennzeichenverletzer schuldlos gehandelt hat (indem er etwa als Händler die kennzeichenverletzende Ware von einem langjährigen Hersteller bezogen hat, so dass er darauf vertrauen durfte, dass die Ware frei von Rechten Dritter ist), kommt ggf auch nur eine Aufbrauchsfrist für die noch bei ihm vorhandenen Gegenstände in Betracht.

27 Bei dem Auskunftsanspruch kommt es darauf an, ob die verlangte Auskunft geeignet, erforderlich und angemessen ist.

III. Geheimhaltungsinteresse

28 Im Rahmen der Vorlage- und Besichtigungsansprüche (§ 19a MarkenG) ist zu berücksichtigen, dass bei geringfügigen Verletzungen kaum umfangreiche Vorlageansprüche geltend gemacht werden können. Unverhältnismäßigkeit kann aber auch dann vorliegen, wenn das Geheimhaltungsinteresse des angeblichen Verletzers das Interesse des Rechtsinhabers an der Vorlage oder Besichtigung bei Weitem überwiegt und dem Geheimhaltungsinteresse auch nicht durch Maßnahmen nach § 19a Abs. 1 Satz 3 MarkenG angemessen Rechnung getragen werden kann. Es ist also immer eine **Abwägung der Interessen im Einzelfall** erforderlich. Das gilt in gleicher Weise bei den Ansprüchen auf Vorlage von Bank-, Finanz- und Handelsunterlagen im Rahmen der Sicherung von Schadensersatzansprüchen gemäß § 19b MarkenG.

H. Einstweilige Verfügung, §§ 19 Abs. 7, 19b Abs. 3 MarkenG

29 § 19 MarkenG sieht vor, dass der Auskunftsanspruch auch auf dem Wege der einstweiligen Verfügung gemäß §§ 935–945 ZPO geltend gemacht werden kann, sofern die Rechtsverletzung offensichtlich ist

(§ 19 Abs. 7 MarkenG). Eine entsprechende Regelung enthält auch § 19b Abs. 3 MarkenG im Rahmen der Geltendmachung von Ansprüchen auf Vorlage von Bank-, Finanz- und Handelsunterlagen im Zusammenhang mit der Durchsetzung von Schadensersatzansprüchen. Von einer offensichtlichen Rechtsverletzung ist erst dann auszugehen, wenn diese so eindeutig ist, dass jedermann sie hätte erkennen können und müssen. Wie immer im Verfahren der einstweiligen Verfügung kann die einstweilige Verfügung **auch ohne vorherige Anhörung des Verletzten** erlassen werden. Auch im Rahmen von § 19b MarkenG ist der Erlass einer einstweiligen Verfügung möglich, obgleich hierdurch die Hauptsache vorweggenommen wird. Allerdings muss in sämtlichen Fällen der Durchsetzung der Ansprüche gemäß §§ 19 ff MarkenG auf dem Wege der einstweiligen Verfügung neben dem Verfügungsanspruch auch der Verfügungsgrund vom Kennzeicheninhaber glaubhaft gemacht werden.

3. Kapitel: Patente und Gebrauchsmuster

Schrifttum: *Anders*, Aus der Rechtsprechung des Bundespatentgerichts im Jahre 1999 – Teil I: Patentrecht, Gebrauchsmusterrecht und Geschmacksmusterrecht, GRUR 2000, 257–271 (zitiert: *Anders*, GRUR 2000); *Bauer/v. Einem*, Handy-TV – Eine neue Herausforderung für die Rundfunkregulierung?, MMR 2007, 423–426 (zitiert: *Bauer/v. Einem*, MMR 2007); *Beier/Haertel/Schricker/Straus* (Hrsg.), Europäisches Patentübereinkommen, Münchner Gemeinschaftskommentar, Nack, Art. 52 EPÜ, 2005 (zitiert: *Nack*, Münchner Gemeinschaftskommentar, Art. 52 EPÜ); *Benkard*, Patentgesetz, 10. Aufl. 2006 (zitiert: *Benkard*, PatG); *Bühring*, Gebrauchsmustergesetz, 8. Aufl. 2011 (zitiert: *Bühring*, GebrMG); *Busse*, Patentgesetz, 6. Aufl. 2003 (zitiert: *Busse*, PatG); *Flatau*, Neue Verbreitungsformen für Fernsehen und ihre rechtliche Einordnung, JTPV aus technischer Sicht, ZUM 2007, 1 ff (zitiert: *Flatau*, ZUM 2007), *Geiger*, Geo-Information als immaterielles Rechtsgut, JurPC Web-Dok 70/2001 (zitiert: *Geiger*, JurPC Web-Dok 70/2001); *Götting*, Der Begriff des geistigen Eigentums, GRUR 2006, 353–358 (zitiert: *Götting*, GRUR 2006); *Grabitz/Hilf*, Das Recht der Europäischen Union, Stand 30. EL 2006, E 27. Medien, Telekommunikation und Informationstechnologie (zitiert: Grabitz/Hilf/*Bearbeiter*: Das Recht der Europäischen Union); Münchener Anwaltshandbuch, Gewerblicher Rechtsschutz, 2001 (zitiert: Münchener Anwaltshandbuch/*Bearbeiter*); *Haupt*, Territorialitätsprinzip im Patent- und Gebrauchsmusterrecht bei grenzüberschreitenden Fallgestaltungen, GRUR 2007, 187–194 (zitiert: *Haupt*, GRUR 2007); *Götting*, Gewerblicher Rechtsschutz, 9. Aufl. 2010 (zitiert: *Hubmann*, Gewerblicher Rechtsschutz); *Klußmann*, Lexikon der Kommunikations- und Informationstechnik, 3. Aufl. 2007 (zitiert: *Klußmann*, Lexikon der Kommunikations- und Informationstechnik, Stichwort); *Kraßer*, Patentrecht, 6. Aufl. 2008 (zitiert: *Kraßer*, Patentrecht); *Locher/Mes*, Beck`sches Prozessformularbuch, 11. Aufl. 2009 (zitiert: *Locher/Mes*, Beck`sches Formularbuch); *Meier-Beck*, Die Rechtsprechung des BGH zum Patent- und Gebrauchsmusterrecht im Jahr 2005, GRUR 2007, 11–17 (zitiert: *Meier-Beck*, GRUR 2007); *ders.*, Ersatzansprüche gegenüber dem mittelbaren Patentverletzer, GRUR 1993, 1–8 (zitiert: *Meier-Beck*, GRUR 1993); *Mes*, PatG/GebrMG, 2. Aufl. 2005 (zitiert: *Mes*, PatG/GebrMG); *Nieder*, Die Patentverletzung, 2004 (zitiert: *Nieder*, Patentverletzung); *Ory*, Rechtliche Überlegungen aus Anlass des „Handy TV" nach dem DMB-Standard ZUM 2007 (zitiert: *Ory*, ZUM 2007); *Pfeiffer*, Zur Diskussion der Softwareregelungen im Patentrecht – Zum Ausschluss von „Programmen für Datenverarbeitungsanlagen ... als solche" von der Patentfähigkeit, GRUR 2003, 581–587 (zitiert: *Pfeiffer*, GRUR 2003); *Pitz*, Patentverletzungsverfahren, 2. Aufl. 20010 (zitiert: *Pitz*, Patentverletzungsverfahren); *Plaß*, Open Contents im deutschen Urheberrecht, GRUR 2002, 670–682 (zitiert: *Plaß*, GRUR 2002); *Schulte*, Patentgesetz mit EPÜ, 8. Aufl. 2008 (zitiert: *Schulte*, PatG mit EPÜ); *Ulmer-Eilfort/Schmoll*, Beck`sche Musterverträge Band 54, Technologietransfer, 2006 (zitiert: *Ulmer-Eilfort/Schmoll*, Technologietransfer); *von Raden*, Die Informatische Taube – Überlegungen zur Patentfähigkeit informationsbezogener Erfindungen, GRUR 1995, 451–458 (zitiert: *von Raden*, GRUR 1995); *Wagner*, Rechtliche Aspekte elektronischer Programmführer – The Legal Dimension of EPGs, MMR 1998, 243–247 (zitiert: *Wagner*, MMR 1998); *Wiebe*, Information als Naturkraft – Immaterialgüterrecht in der Informationsgesellschaft, GRUR 1994, 233–246 (zitiert: *Wiebe*, GRUR 1994); *Winterfeldt*, Aus der Rechtsprechung des Bundespatentgerichts im Jahr 2003 – Teil II: Patentrecht, Gebrauchsmusterrecht und Geschmacksmusterrecht, GRUR 2004, 361–381 (zitiert: *Winterfeldt*, GRUR 2004).

67. Abschnitt: Schutz für Übertragungstechnik

A. Überblick

Einen patent- oder gebrauchsmusterrechtlichen Sonderschutz für Übertragungstechniken gibt es nicht. Weder finden sich Spezialgesetze noch wird der Begriff „Übertragungstechnik“ in den insoweit einschlägigen Gesetzen erwähnt. Es fällt auf, dass „Übertragungstechniken“ als solche (sieht man einmal von wenigen Ausnahmen ab) in der Literatur nicht einmal wirklich (und schon gar nicht „patentrechtlich“) problematisiert werden (s. hierzu beispielsweise *Ory*, ZUM 2007). Es finden deshalb auch die **„allgemeinen“ patentrechtlichen (und gebrauchsmusterrechtlichen) Bestimmungen** Anwendung, die im Rahmen dieser Abhandlung auch nur überblicksmäßig behandelt werden können. Für eine vertiefte Diskussion patentrechtlicher und/oder gebrauchsmusterrechtlicher Fragestellungen sei auf die führenden Kommentare verwiesen. Ein weiteres: Übertragungstechniken – wie nachfolgend definiert – sind in der heutigen Zeit sehr zahlreich, vielfältig und schnelllebig. Es würde den Rahmen dieses Kommentars sprengen, jedes einzelne Beispiel aufzuzeigen. **Ziel ist es, einen allgemeinen Überblick zu geben**, insbesondere die einzelnen Bereiche voneinander abzugrenzen und die gegenwärtigen Tendenzen aufzuzeigen. 1

B. Übertragungstechnik

I. Definition

Eine offizielle Definition des Begriffs der Übertragungstechnik gibt es nicht. Weder wurde der Begriff der Übertragungstechnik bislang durch den Gesetzgeber definiert, noch findet sich in der Rechtsprechung eine anerkannte Definition. Jedoch meint das Wort Übertragungstechnik zweifelsohne die Technik, um „etwas“ zu übertragen. Im Bereich der Medien versteht man hierunter im Wesentlichen 2 die **Technik zur Verarbeitung und Übermittlung zur Wiedergabe von Übertragungsinhalten**, wie zum Beispiel Sprache, Musik, Bilder oder Dateien. Ziel dieser Technik ist der Transfer dieser Übertragungsinhalte von einem Punkt A zu einem anderen Punkt B. Es handelt sich insoweit um einen weit zufassenden Begriff.

3 Zur Verdeutlichung dient folgende Grafik:

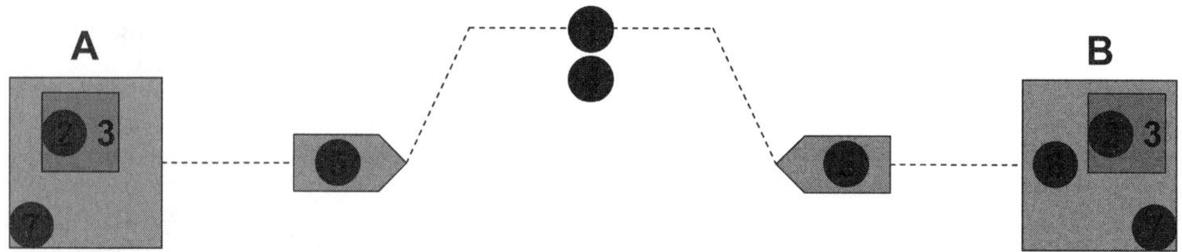

1. Übertragungsmedium zB Leitung, drahtlos
2. Übertragungsinhalt, zB Musik, Bilder, Daten
3. Format des Übertragungsinhaltes = Kodierungsverfahren, zB bei Musik.wma oder.mp3
4. Übertragungsverfahren/ -vorgang, zB Internetprotokoll, WAP, DVB
5. Zwischengerät, insbes. En- und Decoder
6. Endgerät, zB Fernsehgerät, Mobiltelefon
7. Speichermedium, auch Quelle, zB Festplatte, CD-Rom, SD-Karte, etc.

4 Ausgangspunkt ist das Vorliegen eines **Übertragungsinhaltes** bei Punkt A in Form von akustischen oder optischen Informationen. Diese müssen zu Beginn der Übertragung mittels eines Zwischengeräts, einem sog. Encoder zB eine Videokamera, je nach Art des gewünschten **Übertragungsverfahrens** und damit des verwendeten **Übertragungsmediums**, in die entsprechenden Signale (elektrische Signale bzw elektromagnetische Wellen) umgewandelt werden. Ein Übertragungsmedium ist dabei ein Stoff oder Material, das zur Übertragung dieser Signale genutzt werden kann. Je nach Übertragungsweg wird ein anderes Übertragungsmedium verwendet. Bei den Übertragungswegen wird unterschieden zwischen Drahtwegen, Funkwegen und Lichtwegen. Bei ersterem wird das Informationssignal als nieder- oder hochfrequenter elektrischer Wechselstrom übertragen. Hier ist das Übertragungsmedium ein Kabel bzw eine Leitung, deren Basismaterial Metall ist. Beispiele sind hier das Telefonkabel- oder das Fernsehkabelnetz. Bei Funkwegen wird das Informationssignal als hochfrequente elektromagnetische Welle übertragen. Der Funkweg ist hier der Raum und das Übertragungsmedium die Luft an sich. Anwendung findet diese Übertragungstechnik etwa bei Satellitenübertragung, Bluetooth oder dem Handynetz, dh bei drahtloser Kommunikation mit Peripheriegeräten. Bei Lichtwegen wird das Informationssignal als elektromagnetische Welle im Frequenzbereich des sichtbaren Lichts übertragen. Ein klassisches Beispiel für ein Übertragungsmedium ist hier der Lichtwellenleiter aus Glasfaser. Bei der Umwandlung wird das ursprüngliche akustische bzw optische Signal zum einen in ein elektrisches Signal oder in elektromagnetische Wellen umgesetzt. Zum anderen erfolgt zugleich eine Kodierung in ein bestimmtes Format, zB bei einer Übertragung mittels DVB (Digital Video Broadcasting) in das MPEG-2-Format (Motion Pictures Experts Group, 2. Norm). Erst hierdurch wird eine Übertragung mittels des gewählten Mediums ermöglicht.

5 Des Weiteren kann man je nach Art der Signale zwischen einer Übertragung in analoger und digitaler Form unterscheiden. „Digital" sind solche Signale, die nur zwei Werte in einem festen Zeitakt aufweisen können – üblicherweise mit 0 und 1 gekennzeichnet. Im Gegensatz dazu stehen die analogen Signale, bei denen zwischen einer oberen und einer unteren Grenze jeder Signalwert auftreten kann.

6 Der **Übertragungsvorgang** zwischen den Punkten selbst wird durch bestimmte Übertragungsverfahren ermöglicht bzw sichergestellt, zB durch Internetprotokolle oder DVB. Bevor der Übertragungsinhalt jedoch letztlich am Endgerät wiedergegeben werden kann, müssen die empfangenen Signale wiederum durch ein Zwischengerät, einem sog. Decoder, in ein für das Endgerät lesbares Format zurückgewandelt (dekodiert) werden. Das Endgerät wiederum wandelt dieses Format dann in akustische oder optische Informationen um. Das Endgerät ist regelmäßig dadurch gekennzeichnet, dass es aus verschiedenen Techniken zusammengesetzt ist, die die Wiedergabe von Inhalten ermöglicht. Häufig werden in die Endgeräte die für bestimmte Anwendungen erforderlichen Zwischengeräte integriert, beispielsweise ein TV-Gerät mit eingebautem DVB-T Empfänger.

Darüber hinaus können die empfangenen Signale auf einem Speichermedium, zB CD-ROM (Compact Disk -Read-Only Memory) abgespeichert werden. Der Begriff der Übertragungstechnik umfasst folglich nicht nur den reinen Übertragungsvorgang, sondern ist weiter zu fassen. Zu beachten ist weiterhin, dass die Änderung an einem Teilelement oft auch Veränderungen in den anderen Teilelementen nach sich ziehen kann. 7

II. Ausgewählte Beispiele

Im Folgenden soll anhand von ausgewählten Beispielen die Bedeutung der Übertragungstechnik im Bereich der Medien veranschaulicht werden (weitere Beispiele in LG Düsseldorf – 4 b O 427/05 – Verfahren zur Bildung eines Schaltsignals in einem Rundfunk- oder Videoempfangsgerät; LG Düsseldorf – 4 b O 166/05 – Flash-TV; LG Düsseldorf – 4 a O 292/05 – Transceiver-Initialisierungsprotokoll). Zu betonen ist dabei, dass der Mediensektor, hier im Bereich der audiovisuellen Datenübermittlung – insbesondere im Schwerpunkt zu Unterhaltungszwecken – heute vielfachen und sehr dynamischen Entwicklungsprozessen unterworfen ist. (Grabitz/Hilf/*Tiedje,* Das Recht der Europäischen Union, Rn 75) Dies betrifft nicht nur die Art und technische Qualität der Darstellung (digitale Aufnahme- und Sendetechnik), sondern auch die Form der Zurverfügungstellung an den Konsumenten (Video-on-demand, Triple Play etc.) (Grabitz/Hilf/*Tiedje,* Das Recht der Europäischen Union, Rn 75). Auch wenn ein Großteil der Bild- und Tondaten heutzutage meist schon in digitaler Form übertragen werden und die Abschaltung der analogen Übertragungstechnik in der Europäischen Union stark vermarktet wird, ist der Digitalisierungsprozess komplex und wird sich noch einige Zeit hinziehen (Medien- und Kommunikationsbericht 2008 der Bundesregierung, S. 38). Man verspricht sich von der digitalen Übertragungstechnik u.a. bessere Qualität, geringere Störanfälligkeit, größere Übertragungskapazitäten und dadurch auch geringere Kosten. 8

1. Video on Demand. Von besonderer Bedeutung im Zusammenhang mit der Übertragungstechnik ist das Video on Demand, da dieses eine spezielle Technik erfordert. Unter Video on Demand versteht man die Möglichkeit, zu jeder beliebigen Zeit aus einer bestimmten Anzahl von Filmen ein Video auszusuchen, abzurufen und über das Fernsehgerät, den PC oder auch das IPAD abzuspielen. Der Videofilm wird entweder über ein Breitbandnetz oder über eine Internetverbindung, wie bei IPTV, übertragen. In technischer Hinsicht erfordert diese (neue) Nutzungsmöglichkeit die Einrichtung eines Rückkanals als Kommunikationsmedium zwischen Anbieter und Nutzer. Während bei einer Internetverbindung ein Rückkanal vorhanden ist, fehlt dieser beim Breitbandkabelnetz, so dass ein solcher Rückkanal dann bei Bedarf über das Telefonnetz geschaltet wird. Zudem bedarf es eines Zwischengeräts (Set-Top-Box), welches die Kommunikation zwischen Fernseher und Anbieter ermöglicht. 9

Video-on-demand gehört zu einer neuen Kategorie von Dienstleistungen (wie auch Pay-per-view, Pay-per-channel), die generell unter dem Oberbegriff Pay-TV zusammengefasst werden (*Klußmann*, Lexikon der Kommunikations- und Informationstechnik, Pay-TV). So bezeichnet man mit Pay-TV (vgl hierzu beispielsweise LG Düsseldorf – 4 O 858/00 – Urt. v. 19.2.2002) im Allgemeinen einen Fernsehsender, für dessen Empfang neben den GEZ-Gebühren zusätzliche Kosten anfallen. 10

2. ShowView. Das sog. ShowView ist eine in DVD- bzw Video-Rekorder eingebaute Technologie, welche das einfache **Programmieren/Aufnehmen mittels eines Zahlencodes** erlaubt. Seit der Einführung in Europa im Jahre 1991 wurde diese Technologie in 100 Millionen verkauften Geräten eingebaut. 11

Aufgrund des regen Interesses drucken inzwischen 700 europäische Zeitungen und Zeitschriften in ihr Fernsehprogramm den Zahlencode, so dass 150 Millionen Europäer wöchentlich zu diesem Zugang haben (http://www.europe.gemstartvguide.com/de/media/factsheets3.html). 12

3. Triple Play. Triple Play steht für das gebündelte Anbieten der drei Dienste: **Fernsehen, (IP-)Telefonie und Internet** (Quadruple Play, wenn zusätzlich Mobilfunkangebote enthalten sind). Kennzeichnend hierfür ist, dass über ein Netzwerk gleichzeitig Audio, Video und Daten verarbeitet werden können, so dass man über einen einzigen Anschluss fernsehen, telefonieren und surfen kann. Zu der hierzu benötigten Technik gehört je nach Ausgestaltung die Übertragung mittels Fernseh-, Telefon- oder Glasfaserkabel (umfassend *Flatau*, ZUM 2007,1). Während Kabelfernsehanbieter ihre Breitbandkabelnetze schon seit den 1990ern ausbauen, ist Triple Play nun auch bei den Telekommunikationsanbietern seit ungefähr 2005 ein Begriff und kann über leistungsfähige DSL Netze empfangen werden. 13

14 An dieser Entwicklung lässt sich die immer stärker werdende Vermischung der verschiedenen Anbieter im Bereich der Medien erkennen, da die klassischen Telefongesellschaften ihr Netz für IPTV und Video on Demand ausbauen, während die TV Kabelnetzbetreiber ihre Netze für Kabelinternet und Kabeltelefonie aufbereiten (BGH Urt. v. 15.4.2010 – Xa ZR 69/06 (BPatG) Telekommunikationseinrichtung; s. auch GRUR 2010, 712, Gedankliche Kluft und Konvergenz zwischen Fernmeldenetz und Internettechnologie).

15 **4. IPTV.** IPTV steht für die Übertragung von Fernsehbildern, Radioprogrammen und Video on Demand Inhalten in gleichbleibend hoher Qualität. Daneben bietet IPTV auch eine elektronische Programmvorschau, den Empfang interaktiver Dienste und die Möglichkeit Sendungen direkt auf Festplatte zu speichern.

16 Durch die Weiterentwicklung der DSL-Technik können nun auch Telekommunikationsdienstleister die Übertragung von Bewegtbildern in einem geschlossenen Hochgeschwindigkeitsdatennetz garantieren.

17 Die Fernsehprogramme kommen nicht wie beim klassischen Rundfunk alle gleichzeitig beim Konsumenten an, sondern es werden immer nur einige Programm-Streams gleichzeitig übertragen. Die Zulieferung eines bestimmten Programms erfolgt immer genau dann, wenn der Zuschauer das Programm mithilfe seiner Fernbedienung auswählt.

18 IPTV ist nicht im Internet zugänglich und unterscheidet sich damit stark vom Internetfernsehen, das im Allgemeinen keine gute Qualität aufweist, da es Schwankungen je nach Bandbreite des Internetzugangs unterliegt (zB Livestream Plattformen wie YouTube, Zattoo).

19 **5. DVB – Digital Video Broadcasting / DAB – Digital Audio Broadcasting.** Digital Video Broadcasting steht für Digitalen Videorundfunk. DVB bezeichnet dabei in technischer Hinsicht die **standardisierten Verfahren zur Übertragung von digitalen Inhalten** wie Fernsehen, Radio, Mehrkanalton, Raumklang und interaktive Dienste. Vorteilhaft ist dabei, dass durch Datenkompression (MPEG-2 und für HDTV vor allem H.264) im Vergleich zur analogen Fernsehübertragung mehr Programme pro Sendekanal übertragen werden kann. Hinsichtlich des Übertragungsweges bestehen vielfältige Möglichkeiten. Neben Satellit (DVB-S) ist auch eine Übertragung mittels Kabelnetz (DVB-C), über terrestrische Senderketten (DVB-T) oder ebenfalls terrestrisch auf mobile Endgeräte, insbesondere Mobiltelefone (sog. Handy-TV) mittels Digital Video Broadcasting Handheld (DVB-H) möglich (*Bauer/v. Einem*, MMR 2007, 423).

20 Digital Audio Broadcasting ist die neue Generation nach UKW. Sie wird auch terrestrisch über Funk übertragen, bietet aber einen störungs- und rauschfreien Empfang und ist mobil empfangbar (Digitalradio). DAB bietet vielfältigere Programmangebote und Zusatzdienste (wie programmbegleitende Infos über Titel oder über Interpreten) sowie elektronische Programmführer.

21 **6. „Fernsehen to go" (Mobiles Fernsehen, Handy TV, Mobile Broadcast).** Grundsätzlich gibt es verschiedene Übertragungstechniken: Rundfunknetz, Mobilfunknetz und das mobile Internet.

22 Die neuen digitalen terrestrischen Übertragungssysteme, DMB und DVB-H, (jeweils Weiterentwicklungen der DAB und DVB-T) haben die Bildauflösung an die kleinen Displays angepasst (Handy, Taschenfernseher und PDAs). Über DMB können somit Radio, Fernsehprogramme und Multimediadienste über DAB Sender für DMB-taugliche Endgeräte ausgestrahlt werden. Gleiches gilt für die DVB-H Übertragungstechnik, die über DVB-T Sender auf DVB-H taugliche Endgeräte ausgestrahlt werden kann. Allerdings gelten die kommerziellen Einführungsversuche dieser Übertragungstechniken als gescheitert.

23 Mehr Erfolg hatten Handymodelle, die via eingebauter DVB-T Antenne unverschlüsselt und ohne Zusatzkosten gängige Fernsehprogramme empfangen können.

24 In Zukunft werden die Hersteller Chips für mobile Datennetzwerke (UMTS bzw dessen Weiterentwicklung HDSPA) verwenden, über die die Wiedergabe von TV- und Radioprogrammen erfolgen kann.

25 **7. HbbTV – Hybrid Broadcast Broadband TV.** Der neue Technologie-Standard Hybrid Broadcast Broadband TV – kurz HbbTV – verbindet das „klassische" Fernsehen und speziell aufbereitete Internet-Inhalte. Über einen Fernseher mit Internetanschluss holt sich der Zuschauer mit dem Programm thematisch verknüpfte Zusatzdienste. Dazu ist ein Fernsehgerät oder ein Receiver notwendig, der den HbbTV-Standard unterstützt sowie ein schneller Breitband-Internetanschluss (Kabel oder DSL).

C. Schutzmöglichkeiten

I. Einführung

1. Technische Schutzrechte – Abgrenzung zum Urheber-, Marken- und Geschmacksmusterrecht. Die sog. technischen Schutzrechte sind ein **Teilgebiet des Geistigen Eigentums**. Das geistige Eigentum schützt verselbstständigte geistige Güter, die dem Rechtsinhaber dem Sacheigentum vergleichbare **Ausschließlichkeitsrechte** gewähren. Beispielhaft sind hier einmal das **Patentrecht**, andererseits das **Urheberrecht** zu nennen. Während das Patentrecht technische Erfindungen schützt, die neu sind und auf einer über den Stand der Technik hinausgehenden erfinderischen Tätigkeit beruhen, schützt das Urheberrecht Werke, das heißt persönliche geistige Schöpfungen, insbesondere auf dem Gebiet der Literatur, Wissenschaft und Kunst. Ergänzenden Schutz bietet § 95a UrhG (Schutz technischer Maßnahmen), um die Nutzung dieser Werke unter Kontrolle zu halten. Im Bereich der Übertragungstechniken betrifft dies u.a. Rundfunkangebote und Informations- und Kommunikationsdienste, die verschlüsselt übertragen und erst beim Nutzer entschlüsselt werden. Dies soll sicherstellen, dass nur zahlende Nutzer diese Dienste in verständlicher Form nutzen können. Davon sind nicht nur übertragene Rundfunksendungen (Pay-TV) betroffen, sondern auch im Internet bestehende Mediendienste (Near Video on demand) oder Teledienste (entgeltliche Computerspiele) (LG München I – 21 O 22196/08 – Umgehung technischer Schutzmaßnahmen). Das **Markenrecht** schützt, vereinfacht ausgedrückt, die Herkunftsfunktion eines Zeichens; das **Geschmacksmusterrecht** regelt den Schutz von ästhetischen Gestaltungsformen wie etwa Stoffmustern, Schmuckstücken, Vasen usw, also kurz den Schutz des Designs. Ein wesentlicher Unterschied der Rechte des Geistigen Eigentums gegenüber dem Sacheigentum liegt in der zeitlichen Befristung. So ist etwa das Patentrecht auf 20 Jahre nach dem Tag der Anmeldung (§ 16 Abs. 1 Satz 1 PatG), das Urheberrecht auf 70 Jahre post mortem auctoris (§ 64 UrhG) begrenzt. Lediglich das Markenrecht macht eine Ausnahme. Der Schutz einer eingetragenen Marke kann ohne zeitliche Limitierung immer wieder verlängert werden (*Götting*, GRUR 2006, 353 ff). 26

2. Patent und Gebrauchsmuster. Patente und Gebrauchsmuster wirken mittels ausschließlicher Zuordnung unkörperlicher Gegenstände an bestimmte Personen. Sie erfolgen bei **Erfindungen** und **Werken**, weil diese Gegenstände durch die geistige Leistung von Menschen hervorgebracht sind, (und) zugunsten der Personen, die diese Leistung erbracht haben (*Kraßer*, Patentrecht, S. 26). Ziel eines solchen Schutzsystems ist es, den gesellschaftlichen Nutzen der Innovation dadurch zu maximieren, dass ein **Monopol im Austausch für die Offenlegung** einer technischen Erfindung garantiert wird, welches einen bedeutenden geldwerten Vorteil bedeuten kann (vgl MP3-Patentstreit zwischen der Microsoft Corporation und Alcatel-Lucent). Hierbei handelt es sich um ein ordnungspolitisches Instrument, mit dem ein Ausgleich zwischen Offenheit und Förderung von Innovation einerseits und Wettbewerb andererseits erreicht werden soll. 27

Einen Lösungsweg ist der deutsche Gesetzgeber mit den Regelungen in §§ 1 ff PatG bzw §§ 1 ff GebrMG gegangen. Danach gilt: 28

a: Die pure Idee, der reine Algorithmus und die von jedermann wahrnehmbare Rohinformation sind stets frei und können nicht Gegenstand von Schutzrechten sein (§ 1 Abs. 3 Nr. 1 PatG/ § 1 Abs. 2 Nr. 1 GebrMG).

b: Die konkrete Umsetzung, Strukturierung, Verarbeitung und Gestaltung von Informationen, Ideen und Algorithmen durch geistige Leistung stellen hingegen ein immaterielles Rechtsgut dar und können damit Gegenstand von Schutzrechten sein.

c: Gegenstand von Schutzrechten kann nur eine geistige Leistung sein, die über das bereits bekannte sowie das durchschnittlich nahe liegende hinausgeht und somit neu ist, (§ 3 PatG/ § 1 Abs. 1 GebrMG).

d: Schutzrechte sind zeitlich und sachlich beschränkt und müssen hinter gewichtigen Interessen der Allgemeinheit zurücktreten (§ 16 PatG/ § 23 GebrMG, *Geiger*, JurPC Web- Dok.70/2001, Abs. 13).

II. Voraussetzungen der Patenterteilung

Anders als beispielsweise das Urheberrecht, entsteht ein Patentrecht nicht durch den geistigen Schöpfungsakt der Erfindung allein. Um Rechte aus einer Erfindung herleiten zu können ist es vielmehr erforderlich, dass ein **Patent erteilt** wird. Dies erfolgt in Deutschland durch das DPMA (Deutsche Patent- und Markenamt) gem. § 44 PatG auf Antrag, wenn die Patentanmeldung den gesetzlichen 29 materiellen (§§ 1 bis 5 PatG) und formellen (§§ 34, 37, 38 PatG) Anforderungen entspricht (*Mes*, PatG/GebrMG, § 1 Rn 6).

30 **1. Materielle Voraussetzungen (Patentfähigkeit).** Der Gegenstand der Patentanmeldung muss patentfähig sein. Die Voraussetzungen einer Patenterteilung nennen die §§ 1 bis 5 PatG für das deutsche Recht abschließend. Aus materieller Sicht ist ein Patent zu erteilen, wenn die dort genannten vier Grundvoraussetzungen erfüllt sind:

- Vorliegen einer **Erfindung auf allen Gebieten der Technik,**
- deren **Neuheit,**
- eine **erfinderische Tätigkeit,** auf der die Erfindung beruht sowie
- deren **gewerbliche Anwendbarkeit.**

31 Soweit die Bestimmungen der §§ 1a, 2, 2a PatG die Erteilung von Patenten ausschließen oder einschränken, muss hierauf nicht eingegangen werden, da sie im Zusammenhang mit Übertragungstechniken nicht einschlägig sind.

§ 1 PatG [Voraussetzungen der Erteilung]

(1) Patente werden für Erfindungen auf allen Gebieten der Technik erteilt, sofern sie neu sind, auf einer erfinderischen Tätigkeit beruhen und gewerblich anwendbar sind.

(2) [1]**Patente werden für Erfindungen im Sinne von Absatz 1 auch dann erteilt, wenn sie ein Erzeugnis, das aus biologischem Material besteht oder dieses enthält, oder wenn sie ein Verfahren, mit dem biologisches Material hergestellt oder bearbeitet wird oder bei dem es verwendet wird, zum Gegenstand haben.** [2]**Biologisches Material, das mit Hilfe eines technischen Verfahrens aus seiner natürlichen Umgebung isoliert oder hergestellt wird, kann auch dann Gegenstand einer Erfindung sein, wenn es in der Natur schon vorhanden war.**

(3)...

(4)...

32 **2. Technische Erfindung** (§ 1 PatG). **a) Definition.** Eine Legaldefinition des Begriffs „Erfindung" sucht man im PatG vergeblich. Zwar enthält das Gesetz eine negative Abgrenzung dahin gehend, dass für bestimmte Gegenstände keine Patente erteilt werden – entweder weil sie keine Erfindung im Sinne des Gesetzes sind (§ 1 Abs. 3 PatG) oder weil eine Patenterteilung aus anderen Gründen explizit ausgeschlossen ist (zB § 1a Abs. 1 BioPatG). Dennoch bedeutet dies nicht, dass alle übrigen Gegenstände patentierbar sind. Vielmehr handelt es sich bei dem Begriff der Erfindung um einen **unbestimmten Rechtsbegriff,** welcher zur Ausfüllung der Rechtsprechung und Literatur überlassen ist (*Schulte*, PatG mit EPÜ, § 1 Rn 17).

33 Die Gesetzesänderung vom 24.8.2007 hat den Gesetzeswortlaut des § 1 Abs. 1 an die revidierte Fassung des Art. 52 EPÜ angepasst, die wiederum dem Wortlaut von Art. 27 TRIPS folgt. Die Ergänzung, dass Patente für Erfindungen „auf allen Gebieten der Technik" erteilt werden, bedeutet aber keine Änderung der Rechtslage. Sie soll lediglich deutlich machen, dass zwar einerseits der Patentschutz grundsätzlich technischen Erfindungen aller Art offensteht, zum anderen aber auch unterstreichen, dass Patentschutz allein für technische Erfindungen möglich ist (s. Gesetzesentwurf der Bundesregierung 16/4382 vom 23.2.2007 S. 10).

34 Dabei wird im Patentverfahren vor dem DPMA (Deutsches Patent- und Markenamt), BPatG (Bundespatentgericht) und EPA (Europäisches Patentamt) die folgende **Definition** einer Erfindung verwendet:

35 Eine Erfindung im Sinne des Patentrechts ist eine Lehre zum praktischen Handeln, deren beanspruchter Gegenstand oder deren beanspruchte Tätigkeit technischer Natur, realisierbar und wiederholbar ist und die Lösung einer Aufgabe durch technische Überlegungen darstellt (*Schulte*, PatG, § 1 Rn 18).

36 **b) Lehre zum Handeln.** Der Begriff der Erfindung setzt zunächst voraus, dass eine Lehre zum konkreten Handeln gegeben ist, welche zu einem feststellbaren Erfolg führt. Eine Erfindung ist daher nicht mit einer Entdeckung zu verwechseln, welche etwas bereits Vorhandenes, aber Unbekanntes aufspürt und somit bis auf einen Wissenszuwachs keine Veränderung mit sich bringt. Erst wenn aus einer Er-

kenntnis eine Lehre entsteht, wie ein **bestimmter Erfolg herbeizuführen** ist, kann eine Erfindung vorliegen, für die ein Patent erteilt werden kann. Abzugrenzen ist daher regelmäßig die patentfähige Lehre von der abstrakten und theoretischen Erkenntnis (*Schulte*, PatG, § 1 Rn 46).

Keine Voraussetzung ist jedoch, dass der Erfinder eine wissenschaftlich stichhaltige Erklärung für die Funktionsweise seiner Erfindung liefert. Ausreichend ist daher, wenn er offenbart, wie der von ihm erstrebte Erfolg erreicht werden kann (*Busse*, PatG, § 1 Rn 17). Dies zeigt, dass eine Erfindung zwar etwas Geistiges ist, nämlich eine Idee oder eine technische Regel. Gleichzeitig muss jedoch der Erfinder auch zeigen, wie diese abstrakte geistige Erkenntnis zur Naturbeherrschung angewendet werden kann (*Götting*, Gewerblicher Rechtsschutz, § 8 Rn 12). 37

c) Technische Natur. aa) Hinführung. Eine Erfindung setzt des Weiteren voraus, dass sie auf einem Gebiet der Technik gemacht wurde dh, dass die **Tätigkeit oder der Gegenstand „technischer Natur“** ist. Dieses Erfordernis kommt auch in dem Begriff „technische Schutzrechte“ zum Ausdruck und wird für das deutsche und europäische Patentrecht nicht ernsthaft bestritten. Eine Erfindung muss daher über einen technischen Charakter verfügen. Dies beruht darauf, dass der Begriff der Technik das einzige brauchbare Abgrenzungskriterium gegenüber andersartigen geistigen Leistungen bildet, denen Patentschutz nicht zukommt (*Busse*, PatG, § 1 Rn 19). 38

bb) Definition. Was unter Technik zu verstehen ist, ist umstritten. Nach der Auffassung des BGH ist eine Erfindung technischer Natur, wenn sie durch eine Erkenntnis geprägt ist, die auf technischen Überlegungen beruht, auch wenn die Lehre nicht die Erreichung eines kausal übersehbaren Erfolgs bezweckt, der unter **Einsatz beherrschbarer Naturkräfte** unmittelbar ohne Zwischenschaltung menschlicher Verstandestätigkeit herbeigeführt wird. Seit der Entscheidung „Logikverifikation“ (GRUR 2000, 498) aus dem Jahr 2000 verzichtet der BGH auf die „Unmittelbarkeit“ des Einsatzes von beherrschbaren Naturkräften. Ebenso weit fasst auch das EPA das Erfordernis der Technizität. Für die Technizität einer Erfindung reicht es danach aus, dass technische Überlegungen in irgendeiner Phase der Lehre erforderlich sind, um den angestrebten Erfolg zu erzielen (*Schulte*, PatG, § 1 Rn 34). 39

cc) Bedeutung für den Bereich der Übertragungstechnik. Im Bereich der Übertragungstechnik stellt das Erfordernis der Technizität nur **selten** ein **Problem** dar, da es sich in der Regel um Erfindungen in Bereichen handelt, welche herkömmlich als technisch bezeichnet werden, beispielsweise in der Physik oder in der Elektrotechnik. Dem technischen Charakter eines Verfahrens und einer dazugehörigen Vorrichtung steht es insbesondere nicht entgegen, wenn es erforderlich ist, dass ein Benutzer mittels eines Betätigungssignals in den Ablauf einer mikroprozessorgesteuerten Vorrichtung eingreift (EPA T 51/84 (Fn 12); *Anders*, GRUR 2000, 257). 40

Zur Orientierung bei der Beantwortung der Frage „technisch“ / „nicht technisch“ im Folgenden ein paar **Beispiele** – ohne Anspruch auf Vollständigkeit: 41

Demnach sind Aufzeichnungsträger wie CDs und DVDs technischer Natur (EPA GRUR Int. 2001, 167 – Datenstrukturprodukt/Philips). Ebenso gehören dazu Arbeitsabläufe, die automatisch ablaufen, auch wenn sie von Hand ausgeführt werden können (BPatG GRUR 2000, 408 – Gegensprechanlage; vgl auch BGH Mitt. 2002, 176 – Gegensprechanlage). Technisch und damit auch grundsätzlich dem Patentschutz zugänglich ist nach Auffassung des EPA die digitale Bildverarbeitung (zitiert nach *Busse*, PatG, § 1 Fn 293). Zu nennen sind auch die dem Pay-TV, ShowView, DVB und Triple Play zugrunde liegenden „Techniken“ sowie auch Electronic Program Guides (vgl *Wagner*, MMR 1998, 243). 42

Keine technische Lehre liegt hingegen bei dem **Anbieten interaktiver Hilfe vor**, wenn die beanspruchte Lehre nicht der Lösung eines konkreten technischen Problems dient, sondern die Problemstellung vielmehr auf geschäftlichem Gebiet liegt. Dies ist beispielsweise der Fall, wenn die Kommunikation lediglich der Steigerung des Umsatzes dient (BGH, Beschluss vom 19.10.2004 – X ZB 33/03 (BPatG) – Anbieten interaktiver Hilfe). 43

§ 1 PatG [Voraussetzungen der Erteilung]

(1)...

(2)...

(3) Als Erfindungen im Sinne des Absatzes 1 werden insbesondere nicht angesehen:

1. Entdeckungen sowie wissenschaftliche Theorien und mathematische Methoden;
2. ästhetische Formschöpfungen;
3. Pläne, Regeln und Verfahren für gedankliche Tätigkeiten, für Spiele oder für geschäftliche Tätigkeiten sowie Programme für Datenverarbeitungsanlagen;
4. die Wiedergabe von Informationen.

(4) Absatz 3 steht der Patentfähigkeit nur insoweit entgegen, als für die genannten Gegenstände oder Tätigkeiten als solche Schutz begehrt wird.

44 d) (Kein) **Ausschluss, § 1 Abs. 3, Abs. 4 PatG. aa) Überblick.** Vom Erfindungsbegriff des § 1 Abs. 1 PatG werden in Abs. 3 – der freilich nicht abschließend ist – neben Entdeckungen (Ziff. 1), auch ästhetische Formschöpfungen (Ziff. 2), Programme für Datenverarbeitungsanlagen (Ziff. 3) und die Wiedergabe von Informationen (Ziff. 4) ausgeschlossen. Diese **beispielhafte Negativliste** beruht auf dem Gedanken, dass den darin aufgezählten Gegenständen der erforderliche technische Charakter fehlt; für sie können daher keine Patente erteilt werden (*Busse*, PatG, § 1 Rn 39). Es gilt vielmehr die gesetzliche Fiktion, wonach eine Erfindung nicht vorliegt. Abs. 4 beschränkt diesen Patentierungsausschluss auf die in Abs. 3 genannten Gegenstände und Tätigkeiten „als solche".

45 Die Bedeutung des Patentierungsausschlusses ist für die Übertragungstechnik eher gering. Lediglich im Bereich der ästhetische Formschöpfungen (Ziff. 2), der Computerprogramme (Ziff. 3) sowie der Wiedergabe von Informationen (Ziff. 4) stellen sich interessante Fragen, so dass sich der Fokus hier auf diese beschränkt.

46 **bb) Ästhetische Formschöpfungen, § 1 Abs. 3 Nr. 2, Abs. 4 PatG.** Ästhetische Formschöpfungen sind Werke, die den **durch das Auge** vermittelten ästhetischen Formen- oder Farbensinn anzuregen bestimmt oder geeignet sind. Vom Patentschutz sind sie ausgeschlossen, weil die geistige Leistung, die ihnen zugrunde liegt, sich nicht auf das Gebiet der Technik bezieht.

47 **Nicht** dem Patentschutz zugänglich, da lediglich als ästhetische Formschöpfungen angesehen, sind beispielsweise **farbige Platten** (T 119/88 EPA ABl 90, 395, 400 – Farbige Plattenhülle) und Mattierungen zum Verdecken von Fehlern zur Verbesserung des Aussehens eines Informationsträgers (T 962/91 EPA ABl 94 SonderA 19 – Plattenförmige Informationsträger und Verfahren zu seiner Herstellung). Grund für den Ausschluss war, dass die Fehler die technische Funktion des Gegenstandes nicht berührten, die vorgeschlagene Maßnahme vielmehr allein auf ein verbessertes Aussehen gerichtet war. Allerdings gelten diese Entscheidungen als bedenklich, da die ästhetische Wirkung der jeweiligen Lehre nur die mittelbare Folge einer Einwirkung auf den Gegenstand ist. In erster Linie wird jedoch ein Gegenstand mit technischen Mitteln mit dem Ziel bearbeitet, eine ästhetische Wirkung zu erreichen. In einer solchen Einwirkung wird regelmäßig eine technische Lehre zu sehen sein (*Benkard*, PatG, § 1 Rn 100a).

48 **cc) Pläne, Regeln und Verfahren für gedankliche Tätigkeiten, für Spiele oder für geschäftliche Tätigkeiten sowie Programme für Datenverarbeitungsanlagen, § 1 Abs. 3 Nr. 3, Abs. 4 PatG.** (1) Der Ausschluss in Ziffer 3 umfasst sowohl Pläne, Regeln und Verfahren für gedankliche Tätigkeiten, für Spiele oder für geschäftliche Tätigkeiten als auch Programme für Datenverarbeitungsanlagen.

49 (2) Von besonderer Bedeutung ist – gerade bei Übertragungstechniken – die Frage nach der Patentierbarkeit von Computerprogrammen.

50 Ein **Computerprogramm** ist „eine nach den Regeln der verwendeten Sprache festgelegte syntaktische Einheit aus Anweisungen und Vereinbarungen, welche die zur Lösung einer Aufgabe (mittels einer digitalen Rechenanlage) notwendigen Elemente umfasst" (*Kraßer*, § 12 S. 176; *König*, GRUR 2001, 582). Zu diesem Zweck enthält ein Programm ein der Software zugrunde liegendes gedankliches Konzept, das zu seiner Wirksamkeit der Umsetzung bedarf, damit der Computer gezielt angesteuert und der elektrische Zustand in seinem Speicher verändert werden kann. Diese Umsetzung von mathematischen Größen des Programms in elektrische Signale, die die Datenverarbeitungsanlage abarbeiten kann, erfolgt durch Naturkräfte, nämlich elektromagnetische oder optische Kräfte oder durch Einlesen

des auf Papier gedruckten Programms. Jedoch erfüllt die reine Umwandlung menschlicher Gedankenschritte in eine andere Energieform nicht die Voraussetzungen, welche der Patentschutz an die Technizität stellt.

Zu berücksichtigen ist dabei, dass Computerprogramme nach dem Gesetzeswortlaut jedoch nicht schlechthin vom Patentschutz ausgenommen sind, sondern nach Abs. 4 nur, sofern für das Computerprogramm „als solches" Schutz begehrt wird (*Schulte*, PatG, § 1 Rn 156). 51

Die allgemeine Einschränkung „als solche" in Bezug auf Computerprogramme ist allerdings recht problematisch. Es hat zahlreiche Ansätze gegeben, den Wortlaut „Computerprogramme als solche" mit Inhalt zu füllen, indem man zB versucht hat, die Patentierbarkeit auf Computerprogramme mit bestimmten äußeren Erscheinungsformen zu beschränken oder diese von der konkreten Fassung der Patentansprüche abhängig zu machen zB ob irgendwelche physischen Elemente (Hardware) Teil des Patentanspruchs sind (*Nack*, Münchner Gemeinschaftskommentar, Art. 52 EPÜ Rn 303–307). 52

Diese Auslegungsversuche machen allerdings nur wenig Sinn, da es allein ausschlaggebend ist, ob eine Leistung auf dem Gebiet der Technik im patentrechtlichen Sinne vorliegt. Das EPA hat den Gesetzeswortlaut dahin gehend interpretiert, dass ein Computerprogramm dann nicht unter das Patentierungsverbot fällt, wenn es einen „technischen Charakter" hat. Eine Beschwerdekammer hatte die frühere Auffassung des EPA, wonach unter einem Computerprogramm „ als solches" ein „allein" oder als Aufzeichnung auf einem Datenträger beanspruchtes Computerprogramm zu verstehen sei, in der Entscheidung T 1173/97 – Computerprogrammprodukt für unzulässig erklärt (*Nack*, Münchner Gemeinschaftskommentar, Art. 52 EPÜ Rn 311). 53

Somit lauten die geänderten Prüfungsrichtlinien des EPA (in ihrer gültigen Fassung vom 1. April 2010): „Für die Patentfähigkeit gelten bei auf Computerprogramme gerichteten Ansprüchen im Prinzip genau dieselben grundlegenden Kriterien wie bei anderen Gegenständen. Zwar sind auch "Computerprogramme" in Art. 52 (2) aufgeführt, hat der beanspruchte Gegenstand jedoch technischen Charakter, so ist er durch Art. 52 (2) und (3) nicht von der Patentierbarkeit ausgeschlossen." Damit stimmen die Prüfungsrichtlinien mit der Rechtsprechung der Beschwerdekammern überein, die das Patentierungsverbot schon immer als Ausdruck des Erfordernisses der „Technizität" verstanden haben (*Nack*, Münchner Gemeinschaftskommentar, Art. 52 EPÜ Rn 310, 316). 54

Auch die deutschen Gerichte haben die Patentierbarkeit von Computerprogrammen stets mit der fehlenden Technizität verneint, ohne das Patentierungsverbot für „Computerprogramme als solche" konkret anzuwenden. Nach ständiger Rechtsprechung des BGH kommt damit einer Vorrichtung zur Datenverarbeitung stets technischer Charakter zu. Für die Technizität einer erfindungsgemäßen Lehre genügt sogar lediglich ihre Einbettung in eine technische Vorrichtung (BGH GRUR 2010, 660 – Glasflaschenanalysesystem Entscheidung vom 4. Februar 2010 – Xa ZR 4/07). 55

Somit geht es auch bei **Computerimplementierten Erfindungen** lediglich um die Anwendung der allgemeinen Grundsätze der Patentierbarkeit auf den Bereich der Softwaretechnologie, was allerdings eine besondere Herausforderung darstellt. Einerseits muss es einen Beitrag zum Stand der Technik geben, andererseits muss diese Leistung auf dem Gebiet der Natur- und Ingenieurwissenschaften liegen dh als Technik im patentrechtlichen Sinne zu qualifizieren sein. 56

Maßgeblich ist somit, ob die beanspruchte Lehre Anweisungen enthält, die der Lösung eines konkreten technischen Problems mit technischen Mitteln dient. Ist dies der Fall, kommt es nicht darauf an, ob der Patentanspruch auch auf den Informationscharakter des Verfahrensergebnisses oder der beanspruchten Sache abstellt (*Meier-Beck*, GRUR 2007, 11). Dies hat der BGH in der Entscheidung „Aufzeichnungsträger" (GRUR 2005, 749 ff – Aufzeichnungsträger) für den Ausschlusstatbestand der Wiedergabe von Informationen (§ 1 Abs. 3 Nr. 4 PatG) entschieden. Auch insoweit gilt, dass es dem Patentschutz nicht entgegensteht, dass ein Verfahren oder eine Vorrichtung die Wiedergabe von Informationen betrifft. 57

In der Entscheidung „Dynamische Dokumentengenerierung" hat der BGH weiterhin entschieden, dass einer Vorrichtung (Datenverarbeitungsanlage), die in bestimmter Weise programmtechnisch eingerichtet ist, ohne Weiteres technischer Charakter zukommt, auch wenn die Vorrichtung erfindungsgemäß der Textbearbeitung dient. Denn ein Verfahren, das das unmittelbare Zusammenwirken der Elemente eines Datenverarbeitungssystems betrifft, ist stets technischer Natur, ohne dass es darauf ankäme, ob es in der Ausgestaltung, in der es zum Patent angemeldet wird, durch technische Anweisungen 58 geprägt ist. (BGH GRUR 2010, 613 – Dynamische Dokumentengenerierung, Entscheidung des Xa. Zivilsenates des BGH v. 22.4.2010 – Xa ZB 20/08).

59 Damit werden Computerprogramme allgemein als „technische Erfindungen“ iSd § 1 PatG bzw Art. 52 Abs. 1 EPÜ angesehen. Der Patentierungsausschluss von „Computerprogrammen als solche“ greift jedenfalls dann nicht, wenn im Anspruch irgendeine Form von „Hardware“ (Computer, Datenträger, etc.) erwähnt ist. Die Hardware muss nicht neu und erfinderisch sein.

60 Gemäß der Entscheidung der Großen Beschwerdekammer des EPA vom 12. Mai 2010, G 03/08 bleibt Software dann patentierbar, wenn hinter der Software eine erfinderische Leistung auf dem Gebiet der Technik im Sinne des Patentrechts steht dh auf dem Gebiet der Ingenieur- und Naturwissenschaften. Ein erfinderischer Beitrag auf anderen Gebieten des menschlichen Schaffens erfüllt diese Voraussetzung nicht.

61 Damit Software patentierbar ist, muss daher ein erfinderischer Beitrag auf dem Gebiet der Technik vorliegen.

62 Die Entscheidung des BGH vom 26.10.2010, X ZR 47/07 (BPatG) – Wiedergabe topographischer Informationen hat die Entscheidung der GBK G 03/08 dahin gehend bestätigt, dass bei der Prüfung der Erfindung auf erfinderische Tätigkeit nur diejenigen Anweisungen zu berücksichtigen sind, die die Lösung des technischen Problems mit technischen Mitteln bestimmen oder zumindest beeinflussen. Der Gegenstand eines die Wiedergabe topographischer Informationen mittels eines technischen Geräts betreffenden Verfahrens nach Art. 52 Abs. 2 Buchst. c) oder d) EPÜ ist nicht vom Patentschutz ausgeschlossen, wenn zumindest ein Teilaspekt der im Patentanspruch unter Schutz gestellten Lehre ein technisches Problem bewältigt. Allerdings bleibt die nicht-technische Vorgabe (hier: die Darstellung positionsbezogener topographischer Informationen) für den technischen Fachmann bei der Prüfung eines Verfahrens auf erfinderische Tätigkeit außer Betracht.

63 Der technische Charakter des Gegenstands oder des Verfahrens, für das Schutz beansprucht wird, fließt damit in die Prüfung der Erfindung auf Neuheit und erfinderische Tätigkeit ein, so dass nun eine modifizierte Prüfung der erfinderischen Tätigkeit stattfindet. Die Frage nach der erfinderischen Tätigkeit ist damit ausschlaggebend für die Frage nach der Patentierbarkeit.

64 **Keine** Lehre technischer Natur liegt hingegen bei einem Verfahren vor, welches sich mit der **Vergabe von Lizenzen** für die Benutzung von Softwaremodulen befasst und zum Zweck einer flexibleren Handhabung der Lizenzierung Folgendes vorschlägt: Ein Lizenznehmer erwirbt von einem Lizenzgeber das Recht, im Rahmen eines Lizenzguthabens beliebige Softwaremodule zu nutzen und nicht, wie bisher, nur das Recht zur Nutzung genau spezifizierter Module. Der Ausschluss beruht auf der Tatsache, dass das Verfahren eine geschäftliche Tätigkeit betrifft und somit ebenfalls unter § 1 III Nr. 3 PatG fällt. Voraussetzung für die Patentierbarkeit eines solchen Verfahrens wäre aber, dass über den Einsatz eines Computers bzw einer industriellen Steuerung hinaus, eine Anweisung entnommen werden kann, die zur Lösung eines konkreten technischen Problems beiträgt (Beschluss vom 23.11.2004 – 17 W (pat) 59/02).

65 Anzumerken ist letztlich noch, dass zwar teilweise in der Literatur vertreten wird, dass zur Begründung einer Patentierfähigkeit die **Kombination aus Träger und Information** genügen soll (*Benkard*, PatG, § 1 Rn 139). Dies hätte zur Folge, dass auch Computersoftware durch den **Speichervorgang** technisch werden würde. Dem tritt der BGH entgegen, da unabhängig von der Art der Speicherung eine Änderung der Information damit nicht verbunden ist (BGHZ 149, 68, 78 – Suche fehlerhafter Zeichenketten). Daher wird ein **Musikstück** nicht deshalb technisch, weil es als digitale Information auf einem Datenträger oder im Speicher eines Rechners abgelegt wird; technisch ist allenfalls der Vorgang der Speicherung. Auch die in einem Programm enthaltenen Informationen werden nicht durch ihre Speicherung auf einem Träger, sondern höchstens über die in einem Rechner ausgelösten Vorgänge technisch (*Benkard*, PatG § 1 Rn 139).

66 **dd) bloße Wiedergabe von Informationen, § 1 Abs. 3 Nr. 4, Abs. 4 PatG. (1) Allgemeines.** Ausgeschlossen vom Patentschutz ist mangels technischem Charakter gem. § 1 Abs. 3 Nr. 4, Abs. 4 PatG auch die bloße Wiedergabe von Informationen, dh die Mitteilung von Tatsachen und Vorgängen. Inhalt und Form dieser Mitteilungen sind weitgehend ohne Bedeutung (*Benkard*, PatG, § 1 Rn 147). Sie richten sich an Geist und Vorstellung des Menschen und dienen der Vermittlung von Wissen und Kenntnissen (*Schulte*, PatG, § 1 Rn 183). Grund hierfür ist das regelmäßige Fehlen einer technischen Lehre. Daher kann auch hier – wie bei den in § 1 Abs. 3 Nr. 1 bis 4 PatG aufgeführten Ausnahmetat-

beständen im Allgemeinen – der technische Charakter dann bejaht werden, wenn mit den beanspruchten Anweisungen ein **konkretes technisches Problem** mit technischen Mitteln gelöst wird (BPatG Jahresbericht 2005, S. 12). Dies ist beispielsweise der Fall bei einer Methode zur **Kodierung akustischer Signale**, auch wenn sie – vordergründig – dem nichttechnischen Zweck des Erlernens von Fremdsprachen dient. Ausreichend ist es hier, um den technischen Charakter bejahen zu können, wenn sich hinter der Kodierung ersichtlich die technische Aufgabe der gleichzeitigen Wiedergabe zweier akustischer Informationen ohne gegenseitige Beeinflussung verbirgt. Da die beanspruchte Methode somit der Lösung eines konkreten technischen Problems mit technischen Mitteln dient, steht dem Patentschutz auch nicht entgegen, dass sie im Ergebnis auf den Informationscharakter der Methode (Erlernen einer Fremdsprache) abstellt, dh insoweit eine gem. § 1 Abs. 3 Nr. 4 PatG vom Patentschutz ausgeschlossene Wiedergabe von Informationen betrifft (*BPatG*, Beschluss vom 11.10.2005 – 23 W (pat) 47/02).

Andernfalls ist als Wiedergabe von Informationen jede Einwirkung auf die menschliche Vorstellung unabhängig davon, ob sie mit Mitteln der Sprache oder über akustische oder optische Signale erfolgt, vom Patentschutz ausgeschlossen (*Benkard*, PatG, § 1 Rn, 148). 67

(2) **Besonderheiten für den Bereich der Übertragungstechnik.** Vom Ausschluss erfasst werden namentlich Informationen, die auf einem technischen Weg, etwa durch Funk oder Fernschreiber oder über das **Internet**, an den Empfänger gelangt sind (*Benkard*, PatG, § 1 Rn 149) (EPA ABl. 88, 19 – Röntgeneinrichtung). Entsprechend sind auch die von Funk und Fernsehen ausgestrahlten Töne und Bilder als solche, dh das Fernseh- und Rundfunkprogramm, vom Patentschutz ausgeschlossen (*Kraßer*, Patentrecht, § 12 II c 3., S. 147). Dieses **Patentierungsverbot** betrifft nur die **übermittelten Informationen.** Nicht erfasst vom Ausschlusstatbestand werden jedoch die Techniken, welche erforderlich sind, um die Informationen wiederzugeben. So ist selbstverständlich ein **Monitor**, bzw im speziellen der Fernseher dem Patentschutz zugänglich. Erfasst ist dabei nicht nur die Technik der Bildwiedergabe als solche, sondern auch die jeweiligen verschiedenen (Wiedergabe-)Systeme. Zu unterscheiden ist beispielsweise beim Fernsehbildschirm zwischen Kathodenstrahlröhren-, Flüssigkristall- (LCD), Plasma-, TFT-Bildschirm oder Videoprojektor. Überdies erfasst der Ausschlusstatbestand auch nicht die Techniken zur Übermittlung der Informationen, so dass auch der **Übermittlungsweg** als solcher grundsätzlich dem Patentschutz zugänglich ist. Zwar hat das EPA mithilfe elektrischer Signale übermittelte Daten als bloße Wiedergabe von Informationen angesehen, für die ein Patent nicht erteilt werden könne. Jedoch fallen nicht unter den Ausschlusstatbestand die technischen **Einrichtungen** zur **Erzeugung und Weiterleitung von Informationen.** Geräte zur Informationsvermittlung und -übertragung, Signal-, Mess- und Regeleinrichtungen sind technisch und daher bei Vorliegen der sonstigen Voraussetzungen patentfähig. Hieraus ergibt sich auch die Patentfähigkeit der für die Sendung und Empfang (Beginn und Ende der Übertragungsstrecke) von Rundfunk- und Fernsehsendungen benötigten Einrichtungen und deren technischen Bestandteile. Die Beschwerdekammer des Europäischen Patentamts hat daher für ein **Fernsehsignal** ein aus Art. 52 Abs. 2, Abs. 3 EPÜ ableitbares Patentierungshindernis verneint. Ein Fernsehsignal, das durch die technischen Merkmale des Systems gekennzeichnet ist, in dem es erzeugt oder empfangen wird, stelle eine physische Realität dar, die durch technische Mittel direkt festgestellt und deshalb trotz ihres flüchtigen Charakters nicht als etwas Abstraktes betrachtet werden könne (EPA T 163/85 (Fn 14) 382 f) (*Kraßer*, Patentrecht, § 12 II c 5., S. 150). 68

Was für das Fernsehsignal gilt, gilt sinngemäß auch für den **Videotext.** Videotext ist die Bezeichnung eines u.a. in Deutschland von Rundfunkanstalten angebotenen Dienstes, bei dem in Randbändern des Fernsehkanales mitgelieferte Textinformationen auf dem TV-Bildschirm sichtbar gemacht werden können (*Klußmann*, Lexikon der Kommunikations- und Informationstechnik, S. 821). Während die Inhalte des Fernsehtextes mittels Urheberrecht geschützt und der Patentierung nicht zugänglich sind, ist die dahinterstehende Technik dem Patentschutz zugänglich. Hierzu gehört beispielsweise die Ausstattung des Fernsehgerätes mit einem entsprechenden Decoder, der die ausgestrahlten Textinformationen in Form von Signalen decodiert und speichert (Beschluss des BGH 10. Zivilsenat – X ZR 69/02). 69

Ebenso wird die Patentierung eines Gegenstandes nicht dadurch ausgeschlossen, dass dieser Gegenstand Träger von Informationen ist. Deshalb sind **Datenspeicher- und -wiedergabegeräte** mögliche Gegenstände eines Patents (*Benkard*, PatG, § 1 Rn 153). Zu den Datenspeichergeräten zählen beispielsweise CDs, DVDs aber auch die neuen **„high definition" DVDs**, namentlich HD-DVDs oder die Blu-Ray-Disks. Bei den neuen Scheiben handelt es sich um Konkurrenzformate mit unterschiedlichen Pressungen. Ihr Vorteil ist insbesondere ihre große Speicherkapazität von 30 GB (HD-DVD) bzw 50 GB (Blu-Ray-Disk). Gegenstand eines Patents können schließlich auch hybride DVDs/CDs sein (vgl 70 hierzu auch LG Düsseldorf –. 4 a O 74/06 – DualDisc). Diese, in unterschiedlichen Ausprägungen auch DualDisc oder DVDplus genannt, lassen sich von der einen Seite als Audio-CDs, von der anderen Seite als gewöhnliche DVD verwenden. Genutzt werden soll diese Kombinationsmöglichkeit vor allem in der Musikindustrie. Während die eine Seite sich wie eine herkömmliche Musik-CD abspielen lässt, können auf der anderen Seite Musikvideos sowie zusätzliche Extras wie Fotos, Liedtexte, Hyperlinks und Werbung für weitere Produkte gespeichert werden.

71 Nicht die Wiedergabe einer bloßen Information stellt auch die **Markierung** von elektrischen Kabeln dar. Nach Auffassung des Bundespatentgerichts liegt die Technizität auch dann vor, wenn bei einem elektrischen Kabel mindestens zwei schwarz isolierte Adern als Phasenleiter und den Phasenleitern zugeordnete blau isolierte Adern als Nullleiter zu verwenden und diese durchgängig unterschiedlich zu beschriften sind. Grund hierfür ist, dass die Sicherstellung der Erkennbarkeit und Unterscheidbarkeit der Adern ein kausal übersehbarer Erfolg ist und damit ein technisches Ergebnis darstellt. Mit der Unterscheidbarkeit der Adern ist zwar für den Installateur eine Information verknüpft, die ihm anzeigt, welche Adern zusammengehören. Diese Information ist jedoch eine von dem technischen Ergebnis zu unterscheidende Wirkung, die auch nichttechnischer Natur sein kann (Jahresbericht BPatG 2000, Seite 9; Beschluss vom 11.7.2000, 21 W (pat) 43/98).

72 Umgekehrt wurde **mangels technischen Charakters** als nicht patentierbar angesehen die Anweisung auf einem Gegenstand, insbesondere einem Tonträger, eine kodierte Kennzeichnung anzubringen, den Gegenstand mit Kenndaten zu versehen und die Kennzeichnung durch Verschlüsselung der Kenndaten zu bilden: diese können von einer Person in beliebiger Weise durchgeführt werden und setzen keinen Einsatz technischer Mittel voraus; ein Patentanspruch, der auf sie gerichtet ist, ohne technische Mittel zu ihrer Durchführung anzugeben, betrifft ein Verfahren, das nach Art. 52 Abs. 2, Abs. 3 nicht als Erfindung iSd Art. 52 Abs. 1 EPÜ anzusehen ist (EPA T 51/84 (Fn 12)).

§ 3 PatG [Begriff der Neuheit]

(1) [1]Eine Erfindung gilt als neu, wenn sie nicht zum Stand der Technik gehört. [2]Der Stand der Technik umfaßt alle Kenntnisse, die vor dem für den Zeitrang der Anmeldung maßgeblichen Tag durch schriftliche oder mündliche Beschreibung, durch Benutzung oder in sonstiger Weise der Öffentlichkeit zugänglich gemacht worden sind.

(2) [1]Als Stand der Technik gilt auch der Inhalt folgender Patentanmeldungen mit älterem Zeitrang, die erst an oder nach dem für den Zeitrang der jüngeren Anmeldung maßgeblichen Tag der Öffentlichkeit zugänglich gemacht worden sind:

1. **der nationalen Anmeldungen in der beim Deutschen Patentamt ursprünglich eingereichten Fassung;**
2. **der europäischen Anmeldungen in der bei der zuständigen Behörde ursprünglich eingereichten Fassung, wenn mit der Anmeldung für die Bundesrepublik Deutschland Schutz begehrt wird und die Benennungsgebühr für die Bundesrepublik Deutschland nach Artikel 79 Abs. 2 des Europäischen Patentübereinkommens gezahlt ist und, wenn es sich um eine Euro-PCT-Anmeldung (Artikel 153 Abs. 2 des Europäischen Patentübereinkommens) handelt, die in Artikel 153 Abs. 5 des Europäischen Patentübereinkommens genannten Voraussetzungen erfüllt sind;**
3. **der internationalen Anmeldungen nach dem Patentzusammenarbeitsvertrag in der beim Anmeldeamt ursprünglich eingereichten Fassung, wenn für die Anmeldung das Deutsche Patentamt Bestimmungsamt ist.**

[2]Beruht der ältere Zeitrang einer Anmeldung auf der Inanspruchnahme der Priorität einer Voranmeldung, so ist Satz 1 nur insoweit anzuwenden, als die danach maßgebliche Fassung nicht über die Fassung der Voranmeldung hinausgeht. [3]Patentanmeldungen nach Satz 1 Nr. 1, für die eine Anordnung nach § 50 Abs. 1 oder Abs. 4 erlassen worden ist, gelten vom Ablauf des achtzehnten Monats nach ihrer Einreichung an als der Öffentlichkeit zugänglich gemacht.

(3) Gehören Stoffe oder Stoffgemische zum Stand der Technik, so wird ihre Patentfähigkeit durch die Absätze 1 und 2 nicht ausgeschlossen, sofern sie zur Anwendung in einem der in § 2a Abs. 1 Nr. 2 genannten Verfahren bestimmt sind und ihre Anwendung zu einem dieser Verfahren nicht zum Stand der Technik gehört.

(4) Ebenso wenig wird die Patentfähigkeit der in Absatz 3 genannten Stoffe oder Stoffgemische zur spezifischen Anwendung in einem der in § 2a Abs. 1 Nr. 2 genannten Verfahren durch die Absätze 1 und 2 ausgeschlossen, wenn diese Anwendung nicht zum Stand der Technik gehört.

(5) [1]Für die Anwendung der Absätze 1 und 2 bleibt eine Offenbarung der Erfindung außer Betracht, wenn sie nicht früher als sechs Monate vor Einreichung der Anmeldung erfolgt ist und unmittelbar oder mittelbar zurückgeht

1. **auf einen offensichtlichen Mißbrauch zum Nachteil des Anmelders oder seines Rechtsvorgängers oder**
2. **auf die Tatsache, daß der Anmelder oder sein Rechtsvorgänger die Erfindung auf amtlichen oder amtlich anerkannten Ausstellungen im Sinne des am 22. November 1928 in Paris unterzeichneten Abkommens über internationale Ausstellungen zur Schau gestellt hat.**

[2]Satz 1 Nr. 2 ist nur anzuwenden, wenn der Anmelder bei Einreichung der Anmeldung angibt, daß die Erfindung tatsächlich zur Schau gestellt worden ist und er innerhalb von vier Monaten nach der Einreichung hierüber eine Bescheinigung einreicht. [3]Die in Satz 1 Nr. 2 bezeichneten Ausstellungen werden vom Bundesminister der Justiz im Bundesgesetzblatt bekanntgemacht.

3. Neuheit, § 3 PatG. a) Allgemeines. Eine Erfindung muss neu im Sinne des § 3 PatG sein, um die Patentierfähigkeit bejahen zu können. Dies bedeutet, dass eine patentfähige Erfindung gegenüber allen technischen Lehren, die irgendwann, irgendwo, in irgendeiner Weise vor dem maßgebenden Zeitpunkt der Anmeldung der Öffentlichkeit zugänglich gemacht worden sind, neu sein muss (**absoluter Neuheitsbegriff**; *Schulte*, PatG, § 3 Rn 9). Anders als die Lösung muss die Problemstellung nicht neu sein. Insoweit ist auch eine neue Lösung eines bekannten Problems patentierbar, da auch diese eine Bereicherung des Standes der Technik enthalten kann (*Benkard*, PatG, § 1 Rn 61). Im Rahmen der Neuheitsprüfung ist daher der Stand der Technik zu ermitteln, wobei unschädliche Offenbarungen keine Berücksichtigung finden (*Benkard*, PatG, § 3 Rn 5; *Mes*, PatG, § 3 Rn 8). **73**

b) Besonderheiten im Rahmen der Übertragungstechnik. Zur Bejahung der Neuheit ist es **ausreichend**, wenn eine **neue Lösung** für ein **altes Problem** gefunden wird. So ist beispielsweise eine langsame Übertragungsrate ein altes und bekanntes Problem der Übertragungstechnik. Gelöst wurde dies zum einen, aufbauend auf der Erkenntnis, dass sich Licht schneller fortbewegt als elektrischer Strom, durch die Erfindung und Verwendung von Glasfaserkabeln. Zum anderen wurde dieses Problem auch mittels der Funktechnik gelöst. Darüber hinaus können Erfindungen aber auch dann neu sein, wenn sie die bestehende Technik verbessern. **74**

Zum **neuheitsschädlichen Material** gehört prinzipiell jede der Öffentlichkeit zugängliche Benutzung oder Veröffentlichung einer technischen Lehre. Hierbei sind Ort und Art ihrer Veröffentlichung grundsätzlich unerheblich. Daher genügt zB auch die Veröffentlichung der Lehre in einer Bedienungsanleitung. Zu beachten ist, dass eine Bedienungsanleitung auch dann öffentlich gewesen sein kann, wenn sie kein Veröffentlichungsdatum trägt. Dies ist bei einer **Bedienungsanleitung** für einen **Videokassettenrekorder** der Fall, zu dem durch Rechnung belegt ist, dass er mehrere Jahre vor dem Prioritätstage an Händler verkauft worden war. Da Videorekorder regelmäßig mit Bedienungsanleitungen ausgeliefert werden, ist davon auszugehen, dass die vorliegende Anleitung öffentlich zugänglich gewesen und somit dem relevanten Stand der Technik zuzurechnen ist (Beschluss vom 2.3.2000, 17 W (pat) 4/99). Ferner findet auch keine Beschränkung auf eine bestimmte Form der Vorveröffentlichung oder eine zeitliche, mengenmäßige oder räumliche Begrenzung statt, so dass es auch neuheitsschädlich ist, wenn eine Veröffentlichung mit einer geringen **Auflage im Ausland** erfolgt. Hinsichtlich eigener Vorveröffentlichungen oder Benutzungshandlungen des Patentanmelders gilt, dass diese ebenfalls neuheitsschädlich sind, sofern der Anmelder nicht einen Prioritätsschutz oder den Schutz des § 3 Abs. 4 PatG für sich in Anspruch nehmen kann (*Benkard*, PatG, § 3 Rn 13c). **75**

Schwierig ist die Frage, wie mit **Internetveröffentlichungen** im Hinblick auf den Stand der Technik im patentrechlichten Sinne umzugehen ist (*Winterfeldt*, GRUR 2004, 362). Besonders ist hier, dass aktuell gefundene Informationen für einen bestimmten Zeitpunkt der Vergangenheit nämlich nicht ohne weiteren Nachweis die Feststellung zulassen, dass sie seinerseits schon im Internet eingestellt waren und dass ihre damalige technische Lehre mit der aktuellen identisch ist. Erforderlich ist vielmehr, dass gleichzeitig belegt werden kann, was daran wann geändert wurde. Nicht ausreichend ist dafür der reine Hinweis auf Adressen von sog. **Internetarchiven** wie zB „http://www.archiv.org“. Grund hierfür ist, **76** dass die Zuverlässigkeit von unter solchen Adressen abrufbaren Informationen nicht höher als die von unter einer anderen Internetadresse abrufbaren Informationen ist (Jahresbericht BPatG 2003, S. 13).

§ 4 PatG [Erfindung aufgrund erfinderischer Tätigkeit]

[1]Eine Erfindung gilt als auf einer erfinderischen Tätigkeit beruhend, wenn sie sich für den Fachmann nicht in naheliegender Weise aus dem Stand der Technik ergibt. [2]Gehören zum Stand der Technik auch Unterlagen im Sinne des § 3 Abs. 2, so werden diese bei der Beurteilung der erfinderischen Tätigkeit nicht in Betracht gezogen.

77 **4. Erfinderische Tätigkeit, § 4 PatG.** Als dritte Grundvoraussetzung der materiellen Patentfähigkeit wird gefordert, dass die Erfindung auf einer erfinderischen Tätigkeit beruht. Dabei handelt es sich um einen unbestimmten Rechtsbegriff, dessen Konkretisierung der Rechtsprechung überlassen wurde. Ob eine Tätigkeit auch eine erfinderische ist, bestimmt sich nach hM aufgrund eines **Werturteils** in Form einer **komplexen Bewertung**. Dieser liegt die Feststellung der Erfindung, des Standes der Technik und des maßgeblichen Fachmanns und seiner Fähigkeiten zugrunde (*Busse*, PatG, § 4 Rn 8). Ebenso wie die Prüfung der Neuheit bezieht sich folglich die erfinderische Tätigkeit auf denselben Gegenstand, nämlich die Erfindung. Unterschiedlich ist jedoch der jeweilige Betrachtungswinkel. Während mit dem Erfordernis der Neuheit primär sichergestellt werden soll, dass nur solche Gegenstände unter Schutz gestellt werden, die nach dem Stand der Technik bereits bekannten Lösungen eine weitere (neue) Lösung hinzufügen und ihn deshalb erweitern, soll mit dem Erfordernis der erfinderischen Tätigkeit erreicht werden, dass nur solche Erfindungen geschützt werden, die das **Können eines Durchschnittsfachmanns übersteigen.**

78 **Maßgeblicher Zeitpunkt** für die Beurteilung ist als Stichtag der Anmelde- oder Prioritätstag (*Benkard*, PatG, § 3 Rn 9 ff). Entscheidend ist dabei nicht, ob die Einzelelemente insgesamt dem Stand der Technik entnommen werden können, sondern ob die Lehre bereits so im Stand der Technik angelegt war, dass der Fachmann sie ohne erfinderisches Zutun durch nahe liegende Abwandlung des schon Vorbekannten auffinden konnte.

§ 5 PatG [Gewerblich anwendbare Erfindung]

Eine Erfindung gilt als gewerblich anwendbar, wenn ihr Gegenstand auf irgendeinem gewerblichen Gebiet einschließlich der Landwirtschaft hergestellt oder benutzt werden kann.

79 **5. Gewerbliche Anwendbarkeit, § 5 PatG.** Nach der Rechtsprechung des BGH ist die gewerbliche Anwendbarkeit dann zu bejahen, wenn die Erfindung ihrer Art nach geeignet ist, entweder in einem technischen **Gewerbebetrieb hergestellt** zu werden **oder** technische **Verwendung in einem Gewerbe** zu finden (BGHZ 48, 313, 322 – Glatzenoperation).

80 Für die Übertragungstechnik sind auch hier **keine Besonderheiten** zu beachten. Regelmäßig wird ohnehin die gewerbliche Anwendbarkeit zu bejahen sein.

81 **6. Formelle Voraussetzungen, §§ 34, 37, 38 PatG.** Wie sich aus § 44 Abs. 1 PatG ergibt, muss die Anmeldung in formeller Hinsicht den Anforderungen der §§ 34, 37, 38 PatG genügen.

III. Voraussetzungen eines Gebrauchsmusters

82 Neben dem Patent hat auch das Gebrauchsmuster in der Praxis **große Bedeutung**. Dies beruht darauf, dass es einfacher zu erlangen, nicht mit hohen Gebühren belegt ist und ebenfalls einen wirksamen Schutz gegen unbefugte Benutzung der geschützten Erfindung bietet.

83 **1. Definition.** Das Gebrauchsmuster gewährt ein (auf das Gebiet der Bundesrepublik Deutschland) **begrenztes subjektives Sonderrecht** für technische Erfindungen, welches dem Inhaber ein befristetes, ausschließliches Benutzungs- und Ausschließungsrecht zuspricht.

84 **2. Voraussetzungen – Besonderheiten gegenüber dem Patent. a) Überblick.** In materieller Hinsicht entsprechen die Schutzvoraussetzungen im Wesentlichen denen von Patenten, so dass auf die Ausführungen unter II. verwiesen werden kann. Gem. § 1 GebrMG muss die Erfindung einen **technischen**

Charakter haben, **ausführbar** und **neu** sein, auf einem **erfinderischen Schritt** beruhen und **gewerblich anwendbar** sein. § 1 Abs. 2 GebrMG entspricht dem Ausschlusstatbestand des § 1 Abs. 3 und 4 PatG. Im Gegensatz zum Patenterteilungsverfahren findet eine materielle Prüfung, insbesondere auf Neuheit und das Vorhandensein eines erfinderischen Schritts, vor der Eintragung nicht statt. Ebenso wenig sieht das Gebrauchsmusterrecht den Schutz von **Verfahren** vor (§ 2 Nr. 3 GebrMG).

§ 1 GebrMG [Voraussetzungen des Schutzes]

(1) **Als Gebrauchsmuster werden Erfindungen geschützt, die neu sind, auf einem erfinderischen Schritt beruhen und gewerblich anwendbar sind.**

(2)...

(3)...

b) Erfinderische Höhe. Im Gegensatz zum Patent ist es für ein Gebrauchsmuster genügend, wenn die Erfindung auf einem **erfinderischen Schritt** beruht (§ 1 Abs. 1 GebrMG). Aus der gegenüber dem Patent unterschiedlichen Wortwahl (§ 1 Abs. 1 PatG spricht von einer erfinderischen Tätigkeit) wurde regelmäßig gefolgert, dass die **Anforderungen** beim Gebrauchsmuster **geringer** sind als beim Patent. Folge dieser Auffassung ist, dass das GebrMG auch kleineren Erfindungen Schutz gewährt, für die ein Patent mangels ausreichender Erfinderleistungen nicht in Frage kommt (*Mes*, PatG/GebrMG, § 1 GebrMG Rn 9). 85

Der Bundesgerichtshof hat diese Frage erst jüngst dahin gehend beantwortet, dass für die Beurteilung des erfinderischen Schritts bei Berücksichtigung der Unterschiede, die sich daraus ergeben, dass der Stand der Technik im Gebrauchsmusterrecht hinsichtlich mündlicher Beschreibungen und hinsichtlich von Benutzungen außerhalb des Geltungsbereichs des GebrMG in § 3 GebrMG abweichend definiert ist, auf die **im Patentrecht entwickelten Grundsätze** zurückgegriffen werden könne. Es verbiete sich dabei, Naheliegendes etwa unter dem Gesichtspunkt, dass es der Fachmann nicht bereits auf der Grundlage seines allgemeinen Fachkönnens und bei routinemäßiger Berücksichtigung des Stands der Technik ohne Weiteres finden könne, als auf einem erfinderischen Schritt beruhend zu bewerten (BGH GRUR 2006, 842 – Demonstrationsschrank). Damit könnte aber die **Auswirkung** verbunden sein, dass zukünftig bei der Beurteilung der erfinderischen Höhe zwischen Patent und Gebrauchsmuster **kein Unterschied mehr** gemacht werden dürfte. 86

§ 3 GebrMG [Begriff der Neuheit]

(1) **[1]Der Gegenstand eines Gebrauchsmusters gilt als neu, wenn er nicht zum Stand der Technik gehört. [2]Der Stand der Technik umfaßt alle Kenntnisse, die vor dem für den Zeitrang der Anmeldung maßgeblichen Tag durch schriftliche Beschreibung oder durch eine im Geltungsbereich dieses Gesetzes erfolgte Benutzung der Öffentlichkeit zugänglich gemacht worden sind. [3]Eine innerhalb von sechs Monaten vor dem für den Zeitrang der Anmeldung maßgeblichen Tag erfolgte Beschreibung oder Benutzung bleibt außer Betracht, wenn sie auf der Ausarbeitung des Anmelders oder seines Rechtsvorgängers beruht.**

(2) **Der Gegenstand eines Gebrauchsmusters gilt als gewerblich anwendbar, wenn er auf irgendeinem gewerblichen Gebiet einschließlich der Landwirtschaft hergestellt oder benutzt werden kann.**

c) Neuheit und Neuheitsschonfrist. Anders als im Patentrecht findet im Gebrauchsmusterrecht ein **weiterer Neuheitsbegriff** Anwendung (*Mes*, PatG/GebrMG, § 3 GebrMG, Rn 2). Dies ergibt sich daraus, dass das GebrMG den relevanten Stand der Technik einschränkt, indem es nur schriftliche Beschreibung und inländische Benutzung berücksichtigt. Erforderlich ist somit keine absolute, sondern nur eine **relative Neuheit.** Folglich können Erfindungen, welche patentrechtlich nicht neu sind, noch dem Gebrauchsmusterschutz zugänglich sein (*Kraßer*, Patentrecht, § 17 I 3. b, S. 286). 87

Zudem gilt eine Neuheitsschonfrist. Diese besagt, dass eine innerhalb von sechs Monaten vor dem für den Zeitrang der Anmeldung maßgeblichen Tag erfolgte Beschreibung oder Benutzung unbeachtlich 88 ist, wenn sie auf der Ausarbeitung des Anmelders oder seines Rechtsvorgängers beruht (§ 3 S. 3 GebrMG), also dem Gebrauchsmusterschutz nicht entgegensteht.

IV. Inhalt und Grenzen des Patent- und Gebrauchsmusterrechts

89 **1. Allgemeines.** Die §§ 9 bis 13 PatG umschreiben die Wirkung des Patents, indem sie die Befugnisse des Patentinhabers und die Handlungen festlegen, die jedem Dritten im Hinblick auf das Patent verboten sind. Ausnahmen regeln die §§ 11 bis 13 PatG. Den Schutzbereich eines Patents definiert § 14 PatG. Die **Schutzdauer** des Patents ist in § 16 Abs. 1 S. 1 PatG geregelt.

90 Das Gebrauchsmuster ist auch ein in seinen Wirkungen dem Patent vergleichbares Schutzrecht, so dass es grundsätzlich denselben Inhalt hat. Insbesondere ergibt sich aus §§ 11 bis 14 GebrMG, dass auch der Gebrauchsmusterinhaber Dritte von der Benutzung ausschließen kann.

91 **2. Verwertungsrecht an der Erfindung, §§ 9, 10 PatG, § 11 GebrMG. a) Hinführung.** Patent- und Gebrauchsmusterrecht wollen dem Erfinder einen Lohn für seine Leistung und für die Veröffentlichung des Erfindungsgedankens sichern, indem sie ihm ein **ausschließliches Verwertungsrecht** an der Erfindung gewähren. Dabei bezieht sich das Verwertungsrecht grundsätzlich nicht nur auf die Erfindungsidee als solche, sondern auch auf die Sachen, durch die sie ihre technische Wirkung entfalten. Kennzeichnend für das Patent- und Gebrauchsmusterrecht ist dabei – ähnlich dem Sacheigentum –, dass es einen **positiven wie negativen Inhalt** hat: Der Berechtigte darf die Erfindung einerseits selbst benutzen, andererseits andere von der Benutzung ausschließen. In seinem Umfang wird das positive Benutzungsrecht begrenzt durch den Offenbarungsgehalt des Patents. Nur was ein Durchschnittsfachmann der Patentschrift entnimmt, ist Inhalt des Benutzungsrechts (*Schulte*, PatG mit EPÜ, § 9 Rn 7).

92 Die Ausschlusswirkung ist zugleich auch eine Sperrwirkung, da sie **auch gegenüber** einem **Doppelerfinder**, dh einem Erfinder, der dieselbe Erfindung selbst macht, greift.

93 Von Bedeutung ist darüber hinaus, dass die Wirkung eines Patents oder eines Gebrauchsmuster sich **nur auf gewerbliche Zwecke** erstreckt (§ 11 PatG/§ 12 GebrMG). Handlungen, die im privaten Bereich vorgenommen werden, sind ebenso patentfrei wie Handlungen zu Versuchszwecken, die sich auf den Gegenstand der patentierten Erfindung beziehen.

94 **b) Benutzungsbefugnisse.** Im Hinblick auf die Art der Benutzung wird zwischen **unmittelbarer Benutzung** (§ 9 PatG, § 11 Abs. 1 GebrMG) und **mittelbarer Benutzung** (§ 10 PatG, § 11 Abs. 2 GebrMG) unterschieden.

§ 9 PatG [Wirkung des Patents]

[1]Das Patent hat die Wirkung, dass allein der Patentinhaber befugt ist, die patentierte Erfindung im Rahmen des geltenden Rechts zu benutzen. [2]Jedem Dritten ist es verboten, ohne seine Zustimmung

1. **ein Erzeugnis, das Gegenstand des Patents ist, herzustellen, anzubieten, in Verkehr zu bringen oder zu gebrauchen oder zu den genannten Zwecken entweder einzuführen oder zu besitzen;**
2. **ein Verfahren, das Gegenstand des Patents ist, anzuwenden oder, wenn der Dritte weiß oder es aufgrund der Umstände offensichtlich ist, daß die Anwendung des Verfahrens ohne Zustimmung des Patentinhabers verboten ist, zur Anwendung im Geltungsbereich dieses Gesetzes anzubieten;**
3. **das durch ein Verfahren, das Gegenstand des Patents ist, unmittelbar hergestellte Erzeugnis anzubieten, in Verkehr zu bringen oder zu gebrauchen oder zu den genannten Zwecken entweder einzuführen oder zu besitzen.**

§ 11 GebrMG [Wirkung der Eintragung]

(1) [1]Die Eintragung eines Gebrauchsmusters hat die Wirkung, daß allein der Inhaber befugt ist, den Gegenstand des Gebrauchsmusters zu benutzen. [2]Jedem Dritten ist es verboten, ohne seine Zustimmung ein Erzeugnis, das Gegenstand des Gebrauchsmusters ist, herzustellen, anzubieten, in Verkehr zu bringen oder zu gebrauchen oder zu den genannten Zwecken entweder einzuführen oder zu besitzen.

(2) …

aa) **Benutzungsrecht und Verbot der unmittelbaren Benutzung § 9 S. 2 Nr. 1 bis 3 PatG, § 11 Abs. 1 GebrMG.** Je nach Art der Erfindung unterscheiden sich die geschützten Benutzungsbefugnisse: 95

Während gem. § 11 Abs. 1 GebrMG durch das Gebrauchsmusterrecht ohnehin nur das Erzeugnis geschützt werden kann, differenziert § 9 S. 2 Nr. 1 bis 3 PatG nach patentierten Erzeugnissen, patentierten Verfahren und Erzeugnissen, die unmittelbar durch ein patentiertes Verfahren hergestellt sind. 96

§ 10 PatG [Verbotene Verwendung von Mitteln zur Benutzung der Erfindung]

(1) Das Patent hat ferner die Wirkung, daß es jedem Dritten verboten ist, ohne Zustimmung des Patentinhabers im Geltungsbereich dieses Gesetzes anderen als zur Benutzung der patentierten Erfindung berechtigten Personen Mittel, die sich auf ein wesentliches Element der Erfindung beziehen, zur Benutzung der Erfindung im Geltungsbereich dieses Gesetzes anzubieten oder zu liefern, wenn der Dritte weiß oder es auf Grund der Umstände offensichtlich ist, daß diese Mittel dazu geeignet und bestimmt sind, für die Benutzung der Erfindung verwendet zu werden.

(2) Absatz 1 ist nicht anzuwenden, wenn es sich bei den Mitteln um allgemein im Handel erhältliche Erzeugnisse handelt, es sei denn, daß der Dritte den Belieferten bewußt veranlaßt, in einer nach § 9 Satz 2 verbotenen Weise zu handeln.

(3) Personen, die die in § 11 Nr. 1 bis 3 genannten Handlungen vornehmen, gelten im Sinne des Absatzes 1 nicht als Personen, die zur Benutzung der Erfindung berechtigt sind.

§ 11 GebrMG [Wirkung der Eintragung]

(1)...

(2) [1]Die Eintragung hat ferner die Wirkung, daß es jedem Dritten verboten ist, ohne Zustimmung des Inhabers im Geltungsbereich dieses Gesetzes anderen als zur Benutzung des Gegenstandes des Gebrauchsmusters berechtigten Personen Mittel, die sich auf ein wesentliches Element des Gegenstandes des Gebrauchsmusters beziehen, zu dessen Benutzung im Geltungsbereich dieses Gestzes anzubieten oder zu liefern, wenn der Dritte weiß oder es auf Grund der Umstände offensichtlich ist, daß diese Mittel dazu geeignet und bestimmt sind, für die Benutzung des Gegenstandes des Gebrauchsmusters verwendet zu werden. [2]Satz 1 ist nicht anzuwenden, wenn es sich bei den Mitteln um allgemein im Handel erhältliche Erzeugnisse handelt, es sei denn, daß der Dritte den Belieferten bewußt veranlaßt, in einer nach Absatz 1 Satz 2 verbotenen Weise zu handeln. [3]Personen, die die in § 12 Nr. 1 und 2 genannten Handlungen vornehmen, gelten im Sinne des Satzes 1 nicht als Personen, die zur Benutzung des Gegenstandes des Gebrauchsmusters berechtigt sind.

bb) **Verbot der mittelbaren Benutzung, § 10 PatG, § 11 Abs. 2 GebrMG.** Neben der unmittelbaren Benutzung, ist auch die **mittelbare** Benutzung **unzulässig,** §§ 10, 11 Abs. 2 GebrMG. Eine mittelbare Benutzung liegt dann vor, wenn ein Dritter – ohne Zustimmung des Patentinhabers – Personen, die nicht zur Benutzung der Erfindung berechtigt sind, Mittel anbietet oder liefert, die sich auf ein wesentliches Element der Erfindung beziehen (*Götting*, Gewerblicher Rechtsschutz, § 19 IV). Schwierigkeiten bereitet hier regelmäßig die Feststellung, dass die zur Benutzung der Erfindung geeigneten Mittel auch zu dieser Benutzung bestimmt sind. Unproblematisch ist dies wiederum in den Fällen, in denen die Bestimmung zur erfindungsgemäßen Benutzung bereits aus der objektiven Beschaffenheit der Mittel gefolgert werden kann, die sich für einen anderen Zweck nicht oder allenfalls unter ganz fern liegenden, praktisch vernachlässigenden Voraussetzungen eignen (*Meier-Beck*, GRUR 2007, 14). 97

§ 16 PatG [Schutzdauer]

(1) [1]Das Patent dauert zwanzig Jahre, die mit dem Tag beginnen, der auf die Anmeldung der Erfindung folgt. [2]Bezweckt eine Erfindung die Verbesserung oder weitere Ausbildung einer anderen, dem Anmelder durch ein Patent geschützten Erfindung, so kann er bis zum Ablauf von achtzehn Monaten nach dem Tag der Einreichung der Anmeldung oder, sofern für die Anmeldung ein früherer Zeitpunkt

als maßgebend in Anspruch genommen wird, nach diesem Zeitpunkt die Erteilung eines Zusatzpatents beantragen, das mit dem Patent für die ältere Erfindung endet.

(2) [1]Fällt das Hauptpatent durch Widerruf, durch Erklärung der Nichtigkeit oder durch Verzicht fort, so wird das Zusatzpatent zu einem selbständigen Patent; seine Dauer bestimmt sich nach dem Anfangstag des Hauptpatents. [2]Von mehreren Zusatzpatenten wird nur das erste selbständig; die übrigen gelten als dessen Zusatzpatente.

§ 23 GebrMG [Schutzdauer]

(1) Die Schutzdauer eines eingetragenen Gebrauchsmusters beginnt mit dem Anmeldetag und endet zehn Jahre nach Ablauf des Monats, in den der Anmeldetag fällt.

(2) [1]Die Aufrechterhaltung des Schutzes wird durch Zahlung einer Aufrechterhaltungsgebühr für das vierte bis sechste, siebte und achte sowie für das neunte und zehnte Jahr, gerechnet vom Anmeldetag an, bewirkt. [2]Die Aufrechterhaltung wird im Register vermerkt.

(3) Das Gebrauchsmuster erlischt, wenn

1. der als Inhaber Eingetragene durch schriftliche Erklärung an das Patentamt auf das Gebrauchsmuster verzichtet oder
2. die Aufrechterhaltungsgebühr nicht rechtzeitig (§ 7 Abs. 1, § 13 Abs. 3 oder § 14 Abs. 2 und 5 des Patentkostengesetzes) gezahlt wird.

98 **3. Patent- bzw Schutzdauer, § 16 PatG, § 23 GebrMG.** Wie sich aus § 16 Abs. 1 Satz 1 PatG ergibt, beträgt die **Patentdauer zwanzig Jahre**. Sie beginnt mit dem Tag (§ 35 PatG), der auf die Anmeldung der Erfindung folgt. Von ihr zu unterscheiden ist die **Patentschutzdauer**. Diese beginnt erst mit der Patenterteilung; zuvor kann der Anmelder nach der Offenlegung nur den Anspruch auf angemessene Entschädigung gem. § 33 PatG geltend machen (*Schulte*, PatG mit EPÜ, § 16 Rn 5). Der Patentschutz endet, wenn das Patent erlischt. Dies kann zum einen auf Zeitablauf beruhen, aber auch auf nicht fristgerechter Erfinderbenennung oder mangelnder Gebührenzahlung (§ 20 Abs. 1 PatG).

99 Die Laufzeit eines **Gebrauchsmusters** beträgt **zehn Jahre**, wobei auch sie nicht mit dem Bestehen des Schutzes übereinstimmt. Während, ähnlich wie beim Patent, der Schutz erst mit der Eintragung des Musters eintritt, beginnt die Laufzeit mit dem Anmeldetag und endet, sofern der Schutz aufrechterhalten wird, zehn Jahre nach Ablauf des Monats, in den der Anmeldetag fällt (*Benkard*, PatG, § 23 GebrMG, Rn 2). Gebrauchsmusterschutz muss nach dem dritten Jahr aufrechterhalten werden, wenn dieser fortgelten soll. Dies bedeutet, dass, um die gesamte Schutzfrist ausnutzen zu können, eine dreifache Aufrechterhaltung erforderlich ist.

V. Übertragung von Nutzungsrechten/Lizenzierung

100 Das Recht aus dem Patent, der Anspruch auf die Erteilung des Patents, welcher durch die Anmeldung einer patentierbaren Erfindung begründet wurde und das erteilte Patent sind **verkehrsfähig**. In § 15 Abs. 2 PatG ist ferner geregelt, dass diese Rechte auch Gegenstand eines **Lizenzvertrages** sein können, dh, auf Dritte übertragen und an Dritte lizenziert werden können. Zu unterscheiden ist dabei die ausschließliche Lizenz und die einfache Lizenz. Während erstere dem Lizenznehmer die gleiche Rechtsstellung verschafft wie dem ursprünglichen Patentinhaber (Lizenz ist als absolut ausgestaltet), verleiht die einfache Lizenz keine Ausschlussrechte gegenüber Dritten. Die einfache Lizenz ist somit lediglich eine schuldrechtliche Verpflichtung des Lizenzgebers, dem Lizenznehmer die Nutzung der patentierten Technologie zu gestatten (*Ulmer-Eilfort/Schmoll*, Technologietransfer, S. 3). Bei der alleinigen Lizenz, eine Sonderform der ausschließlichen Lizenz, behält der Lizenzgeber sein Nutzungsrecht, darf aber keine Lizenzen an Dritte vergeben.

68. Abschnitt: Patentverletzung

A. Überblick

Die Bestimmungen der §§ 9–13 PatG räumen dem **Inhaber** eines Patents umfassende Befugnisse ein (vgl hierzu im einzelnen *Schulte*, PatG mit EPÜ, § 9 Rn 6 ff). Entsprechende Rechte stehen gem. §§ 11–14 GebrMG auch dem Inhaber eines Gebrauchsmusters zu (vgl hierzu im Einzelnen *Bühring*, GebrMG, § 11 Rn 2 ff). Diese Grundsätze gelten **uneingeschränkt** auch für die **Übertragungsrechte**, so dass auf die allgemeinen Regelungen verwiesen werden kann (vgl LG Düsseldorf – 4 b 509/05 – Codierungsverfahren). Eingriffe Dritter, die ohne Zustimmung des Berechtigten oder ohne sonstigen Rechtfertigungsgrund erfolgen, verletzen die Rechte des Patent- bzw Gebrauchsmusterinhabers. Aufgrund der Ähnlichkeit des Gebrauchsmusterrechts zum Patentrecht finden sich im GebrMG im Wesentlichen dieselben Verletzungsbestimmungen wie im PatG. Entsprechend der Bedeutung des Patentrechts orientiert sich die Darstellung hier am Patentgesetz. Im Folgenden werden daher die Ausfüh- 1 rungen zum GebrMG auf die Nennung der entsprechenden Norm beschränkt und im Übrigen auf die Erläuterungen zum PatG verwiesen. Lediglich die nachstehenden Besonderheiten, die sich daraus ergeben, dass das **Gebrauchsmuster** ein ungeprüftes Schutzrecht ist (§ 8 Abs. 1 S. 2), sind zu beachten:

- Der Verletzungsrichter ist an das eingetragene Gebrauchsmuster nicht gebunden (§§ 13 Abs. 1, 19);
- für die Annahme einer schuldhaften Gebrauchsmusterverletzung genügt nicht nur Kenntnis bzw fahrlässige Unkenntnis der Eintragung des Gebrauchsmusters, sondern auch der Schutzfähigkeit (BGH GRUR 1977, 259, 252 – Kunststoffhohlprofil I; *Mes*, PatG/GebrMG, § 24 GebrMG, Rn 1).

B. Verletzungsansprüche des Patentinhabers/Gebrauchsmusterinhabers

I. Unmittelbare und mittelbare Patentverletzung

2 Eine **unmittelbare Patentverletzung** liegt vor, wenn eine Benutzungshandlung begangen wird, die gem. § 9 Nr. 1 bis 3 PatG allein dem Berechtigten vorbehalten ist. Dritten ist es daher ohne Zustimmung des Patentinhabers grundsätzlich verboten, ein Erzeugnis, das Gegenstand eines Patents ist, herzustellen, anzubieten, in Verkehr zu bringen, zu gebrauchen oder zu diesen Zwecken einzuführen oder zu besitzen. Ihnen ist weiterhin untersagt, ein geschütztes Verfahren anzuwenden oder zur Anwendung anzubieten, sowie unmittelbare Erzeugnisse eines geschützten Verfahrens anzubieten, in den Verkehr zu bringen, zu gebrauchen oder zu diesen Zwecken einzuführen oder zu besitzen.

3 Von einer **mittelbaren Patentverletzung** im Sinne des § 10 PatG spricht man, wenn objektiv ein erfindungswesentliches Mittel zur Benutzung der Erfindung in Deutschland angeboten oder geliefert wird und subjektiv der Anbieter bzw Lieferant Kenntnis von Eignung und Verwendungsbestimmung hat und das Mittel insoweit „zur Benutzung der Erfindung" anbietet. Jedoch kommt eine mittelbare Patentverletzung nur dann in Betracht, wenn nicht bereits mit der gleichen Verwendung eine unmittelbare Patentverletzung vorliegt (*Pitz*, Patentverletzungsverfahren, Rn 16 ff).

4 Im Falle einer – unmittelbaren oder mittelbaren – Verletzung sieht das Gesetz umfassende Sanktionsmöglichkeiten des Rechtsinhabers vor. Erwähnt seien hier nicht nur **Unterlassungs- und Schadensersatzansprüche** nach § 139 PatG/ § 24 GebrMG. Von besonderer Bedeutung ist auch, dass die Stellung des Patent-/Gebrauchsmusterinhabers durch die Bestimmungen der §§ 140a–140d PatG/ § 24a–24e GebrMG (**Vernichtungs-, Auskunfts- und Vorlageansprüche**) auf Grundlage der Richtlinie 2004/48/EG des Europäischen Parlaments und des Rates vom 29.4.2004 zur Durchsetzung der Rechte des geistigen Eigentums und dem Gesetz zur Verbesserung der Durchsetzung von Rechten des geistigen Eigentums vom 7.7.2008 eine weitere Stärkung erfahren hat.

II. Anspruchsgrundlagen

1. Unterlassungsanspruch, § 139 Abs. 1 PatG / § 24 Abs. 1 GebrMG[1]

§ 139 PatG [Unterlassungs- und Schadensersatzanspruch]

(1) [1]Wer entgegen den §§ 9 bis 13 eine patentierte Erfindung benutzt, kann von dem Verletzten bei Wiederholungsgefahr auf Unterlassung in Anspruch genommen werden. [2]Der Anspruch besteht auch dann, wenn eine Zuwiderhandlung erstmalig droht.

(2)...

(3)...

5 a) **Überblick.** Gem. § 139 Abs. 1 PatG kann derjenige vom Rechtsinhaber auf Unterlassung in Anspruch genommen werden, der entgegen den §§ 9 bis 13 PatG eine patentierte Erfindung benutzt. Durch die Neufassung des § 139 Abs. 1 PatG wird klargestellt, dass der Unterlassungsanspruch eine Begehungsgefahr voraussetzt. Da jedoch auch nach Ansicht des Gesetzgebers dem Unterlassungsanspruch eine Begehungsgefahr immanent ist, ist eine inhaltliche Änderung damit nicht verbunden (s. Gesetzesentwurf der Bundesregierung, Begründung S. 86).

1 Der Bearbeitung liegt das am 7.7.2008 verabschiedete und am 1.9.2008 in Kraft getretene Gesetz zur Verbesserung der Durchsetzung von Rechten des geistigen Eigentums zugrunde.

b) **Voraussetzungen.** Voraussetzung eines Anspruchs aus § 139 Abs. 1 PatG ist, dass **in Zukunft rechtswidrige Eingriffe** in die Rechte des Patentinhabers zu besorgen sind. Ein Verschulden setzt die Verletzung hierbei nicht voraus (BGH GRUR 1955, 97 – Constanze II). Ausreichend ist, dass die ernsthafte Besorgnis künftiger Patentverletzungen besteht. Diese kann zu bejahen sein, wenn entweder die Gefahr einer erstmaligen Verletzungshandlung (sog. Erstbegehungsgefahr; jetzt klarstellend und ausdrücklich in § 139 Abs. 1 S. 2 PatG) oder die Gefahr der Wiederholung eines schon einmal begangenen Verstoßes besteht (sog. Wiederholungsgefahr). 6

Für die **Erstbegehungsgefahr** ist dabei ausreichend aber auch erforderlich, „[dass] konkrete Tatsachen vorliegen, aus denen sich greifbar ergibt, dass ein Eingriff in das Klagepatent drohend bevorsteht" (BGH GRUR 70, 358 – Heißläuferdetektor). Dies ist regelmäßig dann zu bejahen, wenn der potenzielle Verletzer sich eines Rechts zur Vornahme bestimmter Handlungen berühmt (s. Gesetzesentwurf der Bundesregierung, Begründung S. 87). 7

Eine **Wiederholungsgefahr** hingegen ist allein dann schon anzunehmen, wenn eine bereits erfolgte Benutzung der geschützten Lehre vorliegt (BGH GRUR 1992, 612, 614 – Nicola; *Nieder*, Patentverletzung, S. 49). 8

2. Schadensersatzanspruch, § 139 Abs. 2 S. 1 PatG / § 24 Abs. 2 GebrMG

§ 139 PatG [Unterlassungs- und Schadensersatzanspruch]

(1)...

(2) [1]**Wer die Handlung vorsätzlich oder fahrlässig vornimmt, ist dem Verletzten zum Ersatz des daraus entstehenden Schadens verpflichtet.** [2]**Bei der Bemessung des Schadensersatzes kann auch der Gewinn, den der Verletzer durch die Verletzung des Rechts erzielt hat, berücksichtigt werden.** [3]**Der Schadensersatzanspruch kann auch auf der Grundlage des Betrages berechnet werden, den der Verletzer als angemessene Vergütung hätte entrichten müssen, wenn er die Erlaubnis zur Benutzung der Erfindung eingeholt hätte.**

(3)...

a) **Überblick.** Dem Verletzten steht gem. § 139 Abs. 2 PatG ein Ersatzanspruch für Schäden aus Rechtsverletzungen zu, die in der **Vergangenheit** liegen, für solche, die bis zur rechtskräftigen Entscheidung fortgesetzt werden, und für Rechtsverletzungen, die nach Rechtskraft des Verletzungsurteils erfolgen. Der Schadensersatz ist **in der Regel auf Geld** gerichtet; jedoch kann in Einzelfällen auch die Wiederherstellung des früheren Zustandes verlangt werden (*Benkard*, PatG, § 139 Rn 39). Während nach altem Recht in Fällen leichter Fahrlässigkeit eine Entschädigung festgesetzt werden konnte, die unterhalb des tatsächlichen Schadens lag, ist dies nach neuem Recht nicht mehr möglich. Nicht berührt werden sollte jedoch von der Gesetzesänderung die Rechtsprechung zu den drei Arten der Schadensberechnung nach Wahl des Geschädigten (s. Gesetzesentwurf der Bundesregierung, Begründung S. 87). 9

b) **Voraussetzungen.** Gem. § 139 Abs. 2 S. 1 PatG kann der Verletzte von dem Verletzer Ersatz desjenigen **Schadens** verlangen, der durch die **patentverletzende Handlung** entstanden ist oder noch entstehen wird. Im Falle mittelbarer Patentverletzung gem. § 139 Abs. 2 PatG iVm § 10 PatG richtet sich der Anspruch des Rechtsinhabers auf die Verpflichtung des mittelbaren Verletzers, den Schaden zu ersetzen, der dadurch entstanden ist, dass sich die drohende Patentgefährdung realisiert hat, indem die Lieferung der Mittel iSd § 10 PatG (adäquat-kausal) eine entsprechende unmittelbare Verletzungshandlung durch die Abnehmer zur Folge hatte (*Meier-Beck*, GRUR 2007, 15; BGH GRUR 2005, 848 – Antriebsscheibenaufzug). 10

Im Gegensatz zur verschuldensunabhängigen Unterlassungsverpflichtung setzt die Verpflichtung zum Schadensersatz eine **schuldhafte** Pflichtverletzung voraus, namentlich Vorsatz oder Fahrlässigkeit im Sinne des § 276 BGB. Zu beachten ist, dass an die Fahrlässigkeit keine überhöhten Anforderungen zu stellen sind. Unterlässt beispielsweise der Verletzer Nachforschungen über den Schutzrechtsbestand, so liegt regelmäßig Fahrlässigkeit vor (*Pitz*, Patentverletzungsverfahren, Rn 43). 11

c) **Schadenshöhe.** Zum Umfang der Ersatzpflicht galt bislang, dass **entweder** der **tatsächliche Schaden** inkl. des entgangenen Gewinns zu ersetzen war (*Mes*, PatG/GebrMG, § 139 Rn 74) **oder** aber im Rahmen einer Lizenzanalogie, welche gewohnheitsrechtlich anerkannt war, die **hypothetische Lizenzgebühr** (*Mes*, PatG/GebrMG, § 139 Rn 79). Auch die Berechnung nach dem Verletzergewinn, der 12 herausverlangt werden konnte, war gewohnheitsrechtlich anerkannt. In der Neufassung des § 139 Abs. 2 sind nun alle drei Alternativen vorgesehen. Der Patentinhaber hat nun auch ausdrücklich gesetzlich vorgesehen ein dreifaches Wahlrecht, ob er den Schadensersatz aufgrund des ihm tatsächlich entstandenen Differenzschadens einschließlich des entgangenen Gewinns von dem Patentverletzer verlangt (gestützt auf §§ 249, 252 BGB), oder aber eine angemessene Lizenzgebühr bzw den Verletzergewinn (die dreifache Schadensberechnung geht auf ein Urteil des Reichsgerichts von 1895 zurück. RGZ 35, 63 – "Ariston").

3. Entschädigungsanspruch, § 33 PatG

§ 33 PatG [Entschädigung für angemeldete Erfindungen]

(1) Von der Veröffentlichung des Hinweises gemäß § 32 Abs. 5 an kann der Anmelder von demjenigen, der den Gegenstand der Anmeldung benutzt hat, obwohl er wußte oder wissen mußte, daß die von ihm benutzte Erfindung Gegenstand der Anmeldung war, eine nach den Umständen angemessene Entschädigung verlangen; weitergehende Ansprüche sind ausgeschlossen.

(2) Der Anspruch besteht nicht, wenn der Gegenstand der Anmeldung offensichtlich nicht patentfähig ist.

(3) [1]Auf die Verjährung finden die Vorschriften des Abschnitts 5 des Buches 1 des Bürgerlichen Gesetzbuchs entsprechende Anwendung mit der Maßgabe, dass die Verjährung frühestens ein Jahr nach Erteilung des Patents eintritt. [2]Hat der Verpflichtete durch die Verletzung auf Kosten des Berechtigten etwas erlangt, findet § 852 des Bürgerlichen Gesetzbuchs entsprechende Anwendung.

13 **a) Überblick.** § 33 PatG verfolgt das Ziel, einerseits den Anmelder davor zu bewahren, dass Dritte die technische Lehre, die der Anmelder durch die Offenlegung der Öffentlichkeit zugänglich macht, wirtschaftlich verwerten. Andererseits soll aber auch verhindert werden, dass die gewerbliche Tätigkeit allzu sehr durch ungeprüfte Anmeldungen behindert wird, von denen erfahrungsgemäß ein nicht unerheblicher Teil keinen Schutz verdient (*Benkard*, PatG, § 33 Rn 1a).

14 **b) Voraussetzungen.** Einen Anspruch auf eine **angemessene Entschädigung** sieht § 33 Abs. 1 PatG für den Fall vor, dass jemand den Gegenstand einer Anmeldung benutzt hat, obwohl er wusste oder wissen musste, dass die von ihm benutzte Erfindung Gegenstand einer Anmeldung war.

15 Voraussetzung ist zum einen, dass ein **Offenlegungshinweis** gem. § 38 Abs. 5 PatG im Patentblatt erschienen ist. Überdies muss eine **Benutzung des Gegenstands** der Anmeldung gem. § 9 PatG vorliegen. Ob auch eine mittelbare Patentverletzung iSd § 10 PatG diesen Entschädigungsanspruch auslösen kann, ist umstritten (verneint vom BGH (*Schulte*, PatG mit EPÜ, § 33 Rn 6)). Die Höhe einer angemessenen Entschädigung bestimmt sich nach den Umständen des Einzelfalls. Es handelt sich dabei nicht um einen Schadensersatzanspruch, vielmehr soll der Anmelder nur einen Ausgleich dafür erhalten, dass ein anderer von der in der Anmeldung offenbarten technischen Lehre Gebrauch gemacht hat (*Schulte*, PatG mit EPÜ, § 33 Rn 16). Eine **angemessene Lizenzgebühr** stellt daher lediglich die obere Begrenzung für die angemessene Entschädigung dar, dh die Methode der Lizenzanalogie stellt die Grundlage der Ermittlung dar (BGH GRUR 1989, 411 – Offenend-Spinnmaschine; *Benkard*, PatG, § 33 Rn 12).

4. Vernichtungsanspruch und Rückruf, § 140a PatG / § 24a GebrMG

§ 140a PatG [Vernichtungsanspruch]

(1) [1]Wer entgegen den §§ 9 bis 13 eine patentierte Erfindung benutzt, kann von dem Verletzten auf Vernichtung der im Besitz oder Eigentum des Verletzers befindlichen Erzeugnisse, die Gegenstand des Patents sind, in Anspruch genommen werden. [2]Satz 1 ist auch anzuwenden, wenn es sich um Erzeugnisse handelt, die durch ein Verfahren, das Gegenstand des Patents ist, unmittelbar hergestellt worden sind.

(2) Absatz 1 ist entsprechend auf die im Eigentum des Verletzers stehenden Materialien und Geräte anzuwenden, die vorwiegend zur Herstellung dieser Erzeugnisse gedient haben.

(3) [1]Wer entgegen den §§ 9 bis 13 eine patentierte Erfindung benutzt, kann von dem Verletzten auf Rückruf der Erzeugnisse, die Gegenstand des Patents sind, oder auf deren endgültiges Entfernen aus

den Vertriebswegen in Anspruch genommen werden. [2]Satz 1 ist auch anzuwenden, wenn es sich um Erzeugnisse handelt, die durch ein Verfahren, das Gegenstand des Patents ist, unmittelbar hergestellt worden sind.

(4) [1]Die Ansprüche nach den Absätzen 1 bis 3 sind ausgeschlossen, wenn die Inanspruchnahme im Einzelfall unverhältnismäßig ist. [2]Bei der Prüfung der Verhältnismäßigkeit sind auch die berechtigten Interessen Dritter zu berücksichtigen.

a) **Überblick.** Mit dem in § 140a PatG geregelten Vernichtungsanspruch gibt der Gesetzgeber dem Verletzten einen **eigenständigen zivilrechtlichen Anspruch**, der über den allgemeinen Beseitigungsanspruch aus § 1004 BGB hinausgeht und ergänzend neben den zoll- und strafrechtlichen Möglichkeiten der Beschlagnahme und Einziehung gem. §§ 142 Abs. 5, 142a PatG, §§ 74 ff StGB steht. 16

Die Neufassung des § 140a PatG dient vorwiegend der Umsetzung von Art. 10 der Richtlinie (s. Gesetzesentwurf der Bundesregierung, Begründung S. 88). Nach altem Recht konnte der Verletzte gem. § 140a PatG in den Fällen des § 139 PatG verlangen, dass das im Besitz oder Eigentum des Verletzers befindliche Erzeugnis, das Gegenstand des Patents war, vernichtet würde (Ausnahme: Unverhältnismäßigkeit). Auch die im Besitz oder Eigentum des Verletzers stehenden Materialen und Geräte, die „auschliesslich oder nahezu ausschliesslich" zur Herstellung der Erzeugnisse gedient hatten, wurden von dem Vernichtungsanspruch erfasst. Der geänderte Abs. 2 erweitert diesen Anspruch und erfasst über die im Besitz oder Eigentum des Verletzers befindlichen Erzeugnisse jetzt **auch die im Eigentum des Verletzers** stehenden Materialien und Geräte, die „vorwiegend" zur Herstellung dieser Erzeugnisse gedient haben. Abs. 4 enthält künftig die Regelung zur Verhältnismäßigkeit. Mit Einführung des Abs. 3 wurde der europarechtlich zwingende Rückruf- und Entfernungsanspruch umgesetzt, auch wenn der praktische Nutzen fraglich ist (s. Gesetzesentwurf der Bundesregierung, Begründung S. 88 f). 17

b) **Voraussetzungen.** Die Anspruchsvoraussetzungen des Vernichtungsanspruchs nach § 140 Abs. 1, 2 PatG **entsprechen** grundsätzlich denen des **Unterlassungsanspruchs** nach § 139 Abs. 1 PatG, so dass hierauf verwiesen werden kann. **Ferner** muss der Verletzer **im Besitz oder Eigentum eines Erzeugnisses** sein, das iSv § 9 S. 2 Nr. 1 PatG iVm § 14 PatG und gemäß den dortigen Erläuterungen „Gegenstand des Patents" ist oder im Sinne des § 9 S. 2 Nr. 3 unmittelbar durch ein Verfahren hergestellt worden ist, das Gegenstand des Patents ist. 18

Eingeschränkt wird dieser Anspruch dann, wenn der rechtswidrige Zustand auch auf andere Weise als durch vollständige Vernichtung des Erzeugnisses beseitigt werden kann oder eine Beseitigung unverhältnismäßig wäre. Kann jedoch die Verletzung nicht dadurch behoben werden, dass eine Abänderung in einem technischen Merkmal dahin gehend erfolgt, dass es nicht mehr unter den Schutzbereich des Patents fällt, so kommt es auf eine Prüfung der Verhältnismäßigkeit in diesem Fall nicht mehr an (*Benkard*, PatG, § 140a Rn 4). 19

Ergänzend räumt der Gesetzgeber dem Patentinhaber ein Recht gegen denjenigen, der entgegen §§ 9 bis 13 PatG eine patentierte Erfindung benutzt, auf **Rückruf der Erzeugnisse** ein, die Gegenstand des Patents sind, bzw auf deren endgültiges Entfernen aus den Vertriebswegen, § 140 a Abs. 3 PatG. 20

5. Auskunfts- und Rechnungslegungsanspruch, § 140b PatG / § 24b GebrMG

§ 140b PatG [Auskunftsanspruch]

(1) Wer entgegen den §§ 9 bis 13 eine patentierte Erfindung benutzt, kann von dem Verletzten auf unverzügliche Auskunft über die Herkunft und den Vertriebsweg der benutzten Erzeugnisse in Anspruch genommen werden.

(2) [1]In Fällen offensichtlicher Rechtsverletzung oder in Fällen, in denen der Verletzte gegen den Verletzer Klage erhoben hat, besteht der Anspruch unbeschadet von Absatz 1 auch gegen eine Person, die in gewerblichem Ausmaß

1. **rechtsverletzende Erzeugnisse in ihrem Besitz hatte,**
2. **rechtsverletzende Dienstleistungen in Anspruch nahm,**
3. **für rechtsverletzende Tätigkeiten genutzte Dienstleistungen erbrachte oder**
4. **nach den Angaben einer in Nummer 1, 2 oder Nummer 3 genannten Person an der Herstellung, Erzeugung oder am Vertrieb solcher Erzeugnisse oder an der Erbringung solcher Dienstleistungen beteiligt war,**

es sei denn, die Person wäre nach den §§ 383 bis 385 der Zivilprozessordnung im Prozess gegen den Verletzer zur Zeugnisverweigerung berechtigt. [2]Im Fall der gerichtlichen Geltendmachung des Anspruchs nach Satz 1 kann das Gericht den gegen den Verletzer anhängigen Rechtsstreit auf Antrag bis zur Erledigung des wegen des Auskunftsanspruchs geführten Rechtsstreits aussetzen. [3]Der zur Auskunft Verpflichtete kann von dem Verletzten den Ersatz der für die Auskunftserteilung erforderlichen Aufwendungen verlangen.

(3) Der zur Auskunft Verpflichtete hat Angaben zu machen über

1. Namen und Anschrift der Hersteller, Lieferanten und anderer Vorbesitzer der Erzeugnisse oder der Nutzer der Dienstleistungen sowie der gewerblichen Abnehmer und Verkaufsstellen, für die sie bestimmt waren, und
2. die Menge der hergestellten, ausgelieferten, erhaltenen oder bestellten Erzeugnisse sowie über die Preise, die für die betreffenden Erzeugnisse oder Dienstleistungen bezahlt wurden.

(4) Die Ansprüche nach den Absätzen 1 und 2 sind ausgeschlossen, wenn die Inanspruchnahme im Einzelfall unverhältnismäßig ist.

(5) Erteilt der zur Auskunft Verpflichtete die Auskunft vorsätzlich oder grob fahrlässig falsch oder unvollständig, so ist er dem Verletzten zum Ersatz des daraus entstehenden Schadens verpflichtet.

(6) Wer eine wahre Auskunft erteilt hat, ohne dazu nach Absatz 1 oder Absatz 2 verpflichtet gewesen zu sein, haftet Dritten gegenüber nur, wenn er wusste, dass er zur Auskunftserteilung nicht verpflichtet war.

(7) In Fällen offensichtlicher Rechtsverletzung kann die Verpflichtung zur Erteilung der Auskunft im Wege der einstweiligen Verfügung nach den §§ 935 bis 945 der Zivilprozessordnung angeordnet werden.

(8) Die Erkenntnisse dürfen in einem Strafverfahren oder in einem Verfahren nach dem Gesetz über Ordnungswidrigkeiten wegen einer vor der Erteilung der Auskunft begangenen Tat gegen den Verpflichteten oder gegen einen in § 52 Abs. 1 der Strafprozessordnung bezeichneten Angehörigen nur mit Zustimmung des Verpflichteten verwertet werden.

(9) [1]Kann die Auskunft nur unter Verwendung von Verkehrsdaten (§ 3 Nr. 30 des Telekommunikationsgesetzes) erteilt werden, ist für ihre Erteilung eine vorherige richterliche Anordnung über die Zulässigkeit der Verwendung der Verkehrsdaten erforderlich, die von dem Verletzten zu beantragen ist. [2]Für den Erlass dieser Anordnung ist das Landgericht, in dessen Bezirk der zur Auskunft Verpflichtete seinen Wohnsitz, seinen Sitz oder eine Niederlassung hat, ohne Rücksicht auf den Streitwert ausschließlich zuständig. [3]Die Entscheidung trifft die Zivilkammer. [4]Für das Verfahren gelten die Vorschriften des Gesetzes über das Verfahren in Familiensachen und in den Angelegenheiten der freiwilligen Gerichtsbarkeit entsprechend. [5]Die Kosten der richterlichen Anordnung trägt der Verletzte. [6]Gegen die Entscheidung des Landgerichts ist die Beschwerde statthaft. [7]Die Beschwerde ist binnen einer Frist von zwei Wochen einzulegen. [8]Die Vorschriften zum Schutz personenbezogener Daten bleiben im Übrigen unberührt.

(10) Durch Absatz 2 in Verbindung mit Absatz 9 wird das Grundrecht des Fernmeldegeheimnisses (Artikel 10 des Grundgesetzes) eingeschränkt.

21 a) **Überblick.** Nachdem die **Kenntnis** vom Umfang der Verletzungshandlungen zur richtigen Durchsetzung der Schadensersatz- oder Entschädigungsansprüche oder zur Bestimmung der Bereicherung für die Bereicherungsansprüche **unentbehrlich** ist, wird dem Verletzten ein Auskunfts- und Rechnungslegungsanspruch zugebilligt (*Nieder*, Patentverletzung, Rn 139). Geregelt wird der Anspruch in § 140b Abs. 1 PatG. Dabei entspricht die Neufassung im Wesentlichen der bisherigen Regelung.

22 Weitergehend sieht der Gesetzgeber in der Neufassung des § 140b PatG nunmehr vor, dass der Auskunftsanspruch nicht nur allein gegenüber dem Patentverletzer besteht, sondern grundsätzlich gem. § 140b Abs. 2 PatG auch gegenüber Dritten bestehen kann (sog. **Drittauskunft**).

23 Die Frage der Verhältnismäßigkeit wird jetzt in Abs. 4 behandelt.

24 **b) Voraussetzungen, § 140b Abs. 1, 2, 3 PatG/§ 24b Abs. 1, 2, 3, 4 GebrMG.** Voraussetzung für den **Auskunftsanspruch** ist, dass der **Verletzer** entgegen den §§ 9 bis 13 PatG eine **patentierte Erfindung** zu **gewerblichen Zwecken benutzt** (s. Gesetzesentwurf der Bundesregierung, Begründung S. 89).

Voraussetzung der sog. **Drittauskunft** ist, dass die **Abs. 2 unterliegenden Personen** in gewerblichem Ausmaß rechtsverletzende Erzeugnisse in ihrem Besitz hatten, rechtsverletzende Dienstleistungen in Anspruch nahmen, für rechtsverletzende Tätigkeiten genutzte Dienstleistungen erbrachten oder an der Herstellung, Erzeugung oder am Vertrieb solcher Erzeugnisse beteiligt waren, sofern ein Fall offensichtlicher Rechtsverletzung vorliegt oder der Verletzte gegen den Verletzer Klage erhoben hat. Sollten sich nach Erteilung der Auskunft Hinweise auf weitere Beteiligte ergeben, so erstreckt sich der Auskunftsanspruch auch auf diese Personen (Nr. 4) Der **Kreis der Verpflichteten** ist somit **sehr weit** gefasst (s. Gesetzesentwurf der Bundesregierung, Begründung S. 90). Eingeschränkt ist der Anspruch einzig dadurch, dass nur „im Zusammenhang mit einem Verfahren wegen Verletzung eines Rechts des geistigen Eigentums“ Auskunft gewährt werden muss (vgl Richtlinie). Im Falle einer „offensichtlichen Rechtsverletzung“ besteht der Anspruch aber auch ohne vorherige Klageerhebung. 25

6. **Aufwendungsersatzanspruch, § 140b Abs. 2 S. 3 PatG/§ 24b Abs. 2 S. 3 GebrMG.** Abs. 2 S. 3 bestimmt, dass der Dritte die Auskunft nicht auf eigene Kosten erteilen muss. Der Dritte kann daher die erforderlichen Aufwendungen vom Verletzten ersetzt verlangen. Dahinter steht der Gedanke, dass der Dritte, solange er nicht als Störer gem. Abs. 1 in Anspruch genommen werden kann, letztlich als Unbeteiligter in Anspruch genommen wird (s. Gesetzesentwurf der Bundesregierung, Begründung S. 92). Der Rechtsinhaber kann diese Kosten jedoch vom Verletzer, sollte dieser schuldhaft gehandelt haben, im Rahmen des Schadensersatzes verlangen (s. Gesetzesentwurf der Bundesregierung, Begründung S. 92). 26

7. **Haftung für falsche oder unvollständige Auskunft, § 140b Abs. 5, 6 PatG/§ 24b Abs. 5, 6 GebrMG. a) Überblick. Neu**, und ohne eine Entsprechung im alten Recht, ist der in Abs. 5 vorgesehene **Haftungsanspruch**. Er regelt die Haftung für die Erteilung einer vorsätzlich oder grob fahrlässig falschen oder unvollständigen Auskunft. Die Norm trägt der Tatsache Rechnung, dass bislang fehlerhafte Auskünfte weitgehend folgenlos blieben. Denn für die Erfüllung der Auskunftspflicht kommt es auf die inhaltliche Richtigkeit und Vollständigkeit grundsätzlich nicht an. Ein Anspruch auf Vervollständigung der Auskunft besteht nur unter besonderen Umständen. In der Regel ist daher der Verletzte auf den Anspruch auf eine eidesstattliche Versicherung beschränkt (s. Gesetzesentwurf der Bundesregierung, Begründung S. 92). 27

b) Voraussetzungen. Voraussetzung ist, dass der zur Auskunft Verpflichtete die **Auskunft vorsätzlich oder grob fahrlässig falsch oder unvollständig erteilt.** Abs. 6 beschränkt die Haftung auf Vorsatz für denjenigen, der eine Auskunft erteilt ohne hierzu verpflichtet zu sein und von der Nichtverpflichtung auch Kenntnis hatte. Die Beschränkung der Haftung auf Vorsatz, die nur für wahrheitsgemäße Angaben gilt, trägt dem Umstand Rechnung, dass insbesondere der Nichtverpflichtete kaum beurteilen kann, ob überhaupt eine Rechtsverletzung vorliegt. 28

8. Verpflichtung des Verletzers zur Vorlage einer Urkunde, Zulassung der Besichtigung einer Sache, § 140c PatG/§ 24c GebrMG

§ 140c PatG [Anspruchsbegründung]

(1) [1]Wer mit hinreichender Wahrscheinlichkeit entgegen den §§ 9 bis 13 eine patentierte Erfindung benutzt, kann von dem Rechtsinhaber oder einem anderen Berechtigten auf Vorlage einer Urkunde oder Besichtigung einer Sache, die sich in seiner Verfügungsgewalt befindet, oder eines Verfahrens, das Gegenstand des Patents ist, in Anspruch genommen werden, wenn dies zur Begründung von dessen Ansprüchen erforderlich ist. [2]Besteht die hinreichende Wahrscheinlichkeit einer in gewerblichem Ausmaß begangenen Rechtsverletzung, erstreckt sich der Anspruch auch auf die Vorlage von Bank-, Finanz- oder Handelsunterlagen. [3]Soweit der vermeintliche Verletzer geltend macht, dass es sich um vertrauliche Informationen handelt, trifft das Gericht die erforderlichen Maßnahmen, um den im Einzelfall gebotenen Schutz zu gewährleisten.

(2) Der Anspruch nach Absatz 1 ist ausgeschlossen, wenn die Inanspruchnahme im Einzelfall unverhältnismäßig ist.

(3) [1]Die Verpflichtung zur Vorlage einer Urkunde oder zur Duldung der Besichtigung einer Sache kann im Wege der einstweiligen Verfügung nach den §§ 935 bis 945 der Zivilprozessordnung angeordnet werden. [2]Das Gericht trifft die erforderlichen Maßnahmen, um den Schutz vertraulicher Informationen zu gewährleisten. [3]Dies gilt insbesondere in den Fällen, in denen die einstweilige Verfügung ohne vorherige Anhörung des Gegners erlassen wird.

(4) § 811 des Bürgerlichen Gesetzbuchs sowie § 140b Abs. 8 gelten entsprechend.

(5) Wenn keine Verletzung vorlag oder drohte, kann der vermeintliche Verletzer von demjenigen, der die Vorlage oder Besichtigung nach Absatz 1 begehrt hat, den Ersatz des ihm durch das Begehren entstandenen Schadens verlangen.

29 **a) Überblick.** § 140c PatG regelt die Verpflichtung des Verletzers zur Vorlage einer Urkunde und zur Zulassung der Besichtigung einer Sache. Der Vorlage- wie auch der Besichtigungsanspruch wird dabei auf Verfahrenspatente erweitert und schließt damit eine bisher bestehende Rechtsschutzlücke im deutschen Recht. Ist es darüber hinaus hinreichend wahrscheinlich, dass der Verletzer in gewerblichem Ausmaß gehandelt hat, so wird der Anspruch auf die Vorlage von Bank-, Finanz- oder Handelsunterlagen ausgedehnt, wobei bei vertraulichen Unterlagen (also etwa Firmengeheimnissen) die Auskunft ggf einem zur Verschwiegenheit Verpflichteten zu erteilen ist. Die Norm dient der Umsetzung von Art. 6 und 7 der Richtlinie, die die Maßnahmen der Beweisgewinnung und -sicherung vereinheitlicht und optimiert haben (s. Gesetzesentwurf der Bundesregierung, Begründung S. 95). In Abs. 2 wird der Grundsatz der Verhältnismäßigkeit aufgenommen. Gem. Abs. 3 können diese Ansprüche auch durch einstweilige Verfügung gesichert werden – dies gilt ausnahmsweise auch dann, wenn hierdurch die Hauptsache vorweggenommen wird (s. Gesetzesentwurf der Bundesregierung, Begründung S. 97).

30 **b) Voraussetzungen.** Voraussetzung des Anspruchs ist zum einen, dass eine **hinreichende Wahrscheinlichkeit einer Rechtsverletzung** gegeben ist. Diese muss der Rechtsinhaber glaubhaft gemacht werden. Zum anderen muss die **Vorlage oder Besichtigung** zur Begründung eines Anspruchs gegen den Verletzer aufgrund der Rechtsverletzung **erforderlich** sein. Insofern muss die hierdurch gewonnene Kenntnis zur Durchsetzung der Ansprüche benötigt werden. Auch muss der Gegner die Verfügungsgewalt über das Beweismittel innehaben und keine (berechtigten) Geheimhaltungsinteressen geltend machen. Dadurch soll gewährleistet werden, dass der Anspruch nicht zur allgemeinen Ausforschung der Gegenseite missbraucht werden kann (s. Gesetzesentwurf der Bundesregierung, Begründung S. 96).

9. Verpflichtung des Verletzers zur Vorlage von Bank-, Finanz- oder Handelsunterlagen zur Sicherung der Erfüllung des Schadensersatzanspruchs, § 140d PatG/§ 24d GebrMG

§ 140d PatG [Anspruch auf Vorlage von Bank-, Finanz- und Handelsunterlagen]

(1) [1]Der Verletzte kann den Verletzer bei einer in gewerblichem Ausmaß begangenen Rechtsverletzung in den Fällen des § 139 Abs. 2 auch auf Vorlage von Bank-, Finanz- oder Handelsunterlagen oder einen geeigneten Zugang zu den entsprechenden Unterlagen in Anspruch nehmen, die sich in der Verfügungsgewalt des Verletzers befinden und die für die Durchsetzung des Schadensersatzanspruchs erforderlich sind, wenn ohne die Vorlage die Erfüllung des Schadensersatzanspruchs fraglich ist. [2]Soweit der Verletzer geltend macht, dass es sich um vertrauliche Informationen handelt, trifft das Gericht die erforderlichen Maßnahmen, um den im Einzelfall gebotenen Schutz zu gewährleisten.

(2) Der Anspruch nach Absatz 1 ist ausgeschlossen, wenn die Inanspruchnahme im Einzelfall unverhältnismäßig ist.

(3) [1]Die Verpflichtung zur Vorlage der in Absatz 1 bezeichneten Urkunden kann im Wege der einstweiligen Verfügung nach den §§ 935 bis 945 der Zivilprozessordnung angeordnet werden, wenn der Schadensersatzanspruch offensichtlich besteht. [2]Das Gericht trifft die erforderlichen Maßnahmen, um den Schutz vertraulicher Informationen zu gewährleisten. [3]Dies gilt insbesondere in den Fällen, in denen die einstweilige Verfügung ohne vorherige Anhörung des Gegners erlassen wird.

(4) § 811 des Bürgerlichen Gesetzbuchs sowie § 140b Abs. 8 gelten entsprechend.

31 **a) Überblick.** Abs. 1 regelt die Verpflichtung des Verletzers zur Vorlage von Bank-, Finanz- oder Handelsunterlagen sowie zur Einrichtung eines geeigneten Zugangs zu den entsprechenden Unterlagen. Die Bestimmung weicht von § 140c PatG insoweit ab, als sie nicht der Gewinnung von Beweismitteln, sondern der Sicherung der Erfüllung des Schadensersatzanspruchs des Patentinhabers dient. § 140d PatG verpflichtet folglich den Verletzer, Urkunden vorzulegen, die einen **Hinweis auf Vermögenswerte** geben, sofern sie zur Durchsetzung des Schadensersatzanspruchs des Patentinhabers erforderlich sind und die Rechtsverletzung ein gewerbliches Ausmaß erreicht. Zu beachten ist auch hier der Grundsatz der **Verhältnismäßigkeit** nach Abs. 2.

b) **Voraussetzungen.** Voraussetzung ist zum einen, dass dem Rechtsinhaber gegen den Verletzer nach § 139 Abs. 2 ein Schadensersatzanspruch zusteht. Zum anderen ist es erforderlich, dass ohne die Vorlage oder den Zugang die Durchsetzung des Schadensersatzanspruchs gefährdet wäre. Letztlich muss es sich bei der Urkunde um eine solche handeln, die einen Hinweis auf Vermögenswerte gibt, jedoch nur insoweit, als es zur Erfüllung des Anspruchs erforderlich ist (s. Gesetzesentwurf der Bundesregierung, Begründung S. 98). Daher findet die Norm erst dann Anwendung, wenn der Verletzer den Anspruch nicht erfüllt und wenn der Rechtsinhaber keine ausreichende Kenntnis über das Vermögen des Verletzers hat, um die Durchsetzung seines Anspruchs wirksam betreiben zu können. Es ist allerdings nicht erforderlich, dass der Schadensersatzanspruch schon rechtskräftig festgestellt worden ist. Wenn der Vorlageanspruch vor Rechtskraft des Urteils über die Schutzrechtsverletzung im Wege einer einstweiligen Verfügung geltend gemacht wird, muss der Antragsteller glaubhaft machen, dass der Schadensersatzanspruch offensichtlich besteht und die Durchsetzung fraglich ist (s. Gesetzesentwurf der Bundesregierung, Begründung S. 99 f). 32

Auch hier gilt, dass zum Schutze vertraulicher Informationen, die Unterlagen nur einem zur Verschwiegenheit Verpflichteten offen zu legen sind, vgl Abs. 1 S. 2. 33

10. Urteilsveröffentlichung, § 140e PatG/§ 24e GebrMG

§ 140e PatG [Bekanntmachung des Urteils]

[1]Ist eine Klage auf Grund dieses Gesetzes erhoben worden, so kann der obsiegenden Partei im Urteil die Befugnis zugesprochen werden, das Urteil auf Kosten der unterliegenden Partei öffentlich bekannt zu machen, wenn sie ein berechtigtes Interesse darlegt. [2]Art und Umfang der Bekanntmachung werden im Urteil bestimmt. [3]Die Befugnis erlischt, wenn von ihr nicht innerhalb von drei Monaten nach Eintritt der Rechtskraft des Urteils Gebrauch gemacht wird. [4]Der Ausspruch nach Satz 1 ist nicht vorläufig vollstreckbar.

a) **Überblick.** Die Regelung entspricht weitgehend § 12 Abs. 3 UWG. Somit steht der obsiegenden Partei bei Darlegung eines berechtigten Interesses die Veröffentlichung des von ihr erstrittenen Urteils auf Kosten der unterliegenden Partei zu. Die obsiegende Partei kann auch jene sein, die sich erfolgreich gegen einen Verletzungsvorwurf gewehrt hat. Erfasst werden nicht nur Strafurteile, sondern auch Zivilurteile, so dass die Norm über den bisherigen § 142 Abs. 6 PatG hinausgeht. Damit besteht eine zweifache Erweiterung hinsichtlich der bisherigen Regelung, die die Veröffentlichung auf Strafurteile beschränkte und nur dem Verletzten einen Anspruch auf Veröffentlichung zuerkannte. Ausgeschlossen ist der Anspruch jedoch, wenn die Veröffentlichung der bloßen Demütigung dient, da in diesen Fällen ein berechtigtes Interesse zu verneinen ist (s. Gesetzesentwurf der Bundesregierung, Begründung S. 99 f). 34

b) **Voraussetzungen.** Erforderlich für die Anordnung der Veröffentlichung ist ein **berechtigtes Interesse** der obsiegenden Partei. Grund hierfür ist, dass sich aus der Veröffentlichung erhebliche Nachteile für die unterlegene Partei ergeben können. Die Entscheidung trifft das Gericht nach pflichtgemäßem Ermessen. Die Bekanntmachung muss notwendig, geeignet und angemessen sein, um den in der Öffentlichkeit entstandenen Eindruck zu korrigieren. Vorteile und Nachteile der Veröffentlichung bzw Nichtveröffentlichung sind dabei gegeneinander abzuwägen. 35

Nachdem eine einmal erfolgte Veröffentlichung nicht mehr rückgängig gemacht werden kann, ist die **vorläufige Vollstreckbarkeit** gem. S. 3 **ausgeschlossen** (s. Gesetzesentwurf der Bundesregierung, Begründung S. 100). 36

11. Beschlagnahme (und Widerruf), § 142a PatG

§ 142a PatG [Maßnahmen der Zollbehörde: Beschlagnahme, Einziehung]

(1) [1]Ein Erzeugnis, das ein nach diesem Gesetz geschütztes Patent verletzt, unterliegt auf Antrag und gegen Sicherheitsleistung des Rechtsinhabers bei seiner Einfuhr oder Ausfuhr der Beschlagnahme durch die Zollbehörde, soweit die Rechtsverletzung offensichtlich ist und soweit nicht die Verordnung (EG) Nr. 1383/2003 des Rates vom 22. Juli 2003 über das Vorgehen der Zollbehörden gegen Waren, die im Verdacht stehen, bestimmte Rechte geistigen Eigentums zu verletzen, und die Maßnahmen gegenüber Waren, die erkanntermaßen derartige Rechte verletzen (ABl. EU Nr. L 196 S. 7), in ihrer jeweils

geltenden Fassung anzuwenden ist. [2]Dies gilt für den Verkehr mit anderen Mitgliedstaaten der Europäischen Union sowie mit den anderen Vertragsstaaten des Abkommens über den Europäischen Wirtschaftsraum nur, soweit Kontrollen durch die Zollbehörden stattfinden.

(2) [1]Ordnet die Zollbehörde die Beschlagnahme an, so unterrichtet sie unverzüglich den Verfügungsberechtigten sowie den Antragsteller. [2]Dem Antragsteller sind Herkunft, Menge und Lagerort des Erzeugnisses sowie Name und Anschrift des Verfügungsberechtigten mitzuteilen; das Brief- und Postgeheimnis (Artikel 10 des Grundgesetzes) wird insoweit eingeschränkt. [3]Dem Antragsteller wird Gelegenheit gegeben, das Erzeugnis zu besichtigen, soweit hierdurch nicht in Geschäfts- oder Betriebsgeheimnisse eingegriffen wird.

(3) Wird der Beschlagnahme nicht spätestens nach Ablauf von zwei Wochen nach Zustellung der Mitteilung nach Absatz 2 Satz 1 widersprochen, so ordnet die Zollbehörde die Einziehung des beschlagnahmten Erzeugnisses an.

(4) [1]Widerspricht der Verfügungsberechtigte der Beschlagnahme, so unterrichtet die Zollbehörde hiervon unverzüglich den Antragsteller. [2]Dieser hat gegenüber der Zollbehörde unverzüglich zu erklären, ob er den Antrag nach Absatz 1 in bezug auf das beschlagnahmte Erzeugnis aufrechterhält.

1. Nimmt der Antragsteller den Antrag zurück, hebt die Zollbehörde die Beschlagnahme unverzüglich auf.
2. Hält der Antragsteller den Antrag aufrecht und legt er eine vollziehbare gerichtliche Entscheidung vor, die die Verwahrung des beschlagnahmten Erzeugnisses oder eine Verfügungsbeschränkung anordnet, trifft die Zollbehörde die erforderlichen Maßnahmen.

[3]Liegen die Fälle der Nummern 1 oder 2 nicht vor, hebt die Zollbehörde die Beschlagnahme nach Ablauf von zwei Wochen nach Zustellung der Mitteilung an den Antragsteller nach Satz 1 auf; weist der Antragsteller nach, daß die gerichtliche Entscheidung nach Nummer 2 beantragt, ihm aber noch nicht zugegangen ist, wird die Beschlagnahme für längstens zwei weitere Wochen aufrechterhalten.

(5) Erweist sich die Beschlagnahme als von Anfang an ungerechtfertigt und hat der Antragsteller den Antrag nach Absatz 1 in bezug auf das beschlagnahmte Erzeugnis aufrechterhalten oder sich nicht unverzüglich erklärt (Absatz 4 Satz 2), so ist er verpflichtet, den dem Verfügungsberechtigten durch die Beschlagnahme entstandenen Schaden zu ersetzen.

(6) [1]Der Antrag nach Absatz 1 ist bei der Bundesfinanzdirektion zu stellen und hat Wirkung für ein Jahr, sofern keine kürzere Geltungsdauer beantragt wird; er kann wiederholt werden. [2]Für die mit dem Antrag verbundenen Amtshandlungen werden vom Antragsteller Kosten nach Maßgabe des § 178 der Abgabenordnung erhoben.

(7) [1]Die Beschlagnahme und die Einziehung können mit den Rechtsmitteln angefochten werden, die im Bußgeldverfahren nach dem Gesetz über Ordnungswidrigkeiten gegen die Beschlagnahme und Einziehung zulässig sind. [2]Im Rechtsmittelverfahren ist der Antragsteller zu hören. [3]Gegen die Entscheidung des Amtsgerichts ist die sofortige Beschwerde zulässig; über sie entscheidet das Oberlandesgericht.

37 a) **Überblick.** In Abänderung des bestehenden § 142a Abs. 1 PatG aF sieht Abs. 1 der Neufassung vor, dass (auch) bei Beschlagnahme patentverletzender Gegenstände das Verfahren der innerstaatlichen Grenzbeschlagnahme **nur dann anwendbar** ist, wenn der Sachverhalt nicht in den Anwendungsbereich der Produktpiraterieverordnung (EG) Nr. 1383/2003 (PPVO) fällt. Grund hierfür ist der Vorrang des Europäischen Rechts, um welches es sich bei der PPVO handelt. **Verkürzt** wurde (auch) die Dauer iSv Abs. 6 (Wirksamkeit eines Antrags auf Tätigwerden der Zollstellen) von zwei Jahren **auf ein Jahr.** Dies wird damit begründet, dass Anträge häufig sowohl nach der PPVO als auch nach dem innerstaatlichen Verfahrensrecht gestellt werden und daher die Höchstdauer der Wirkung des im innerstaatlichen Verfahren gestellten Antrags an das europäische Recht angepasst werden sollte (s. Gesetzesentwurf der Bundesregierung, Begründung S. 100 f). Da der Anwendungsbereich der PPVO das Gebrauchsmuster nicht erfasst, ist eine Anpassung diesbezüglich nicht erforderlich gewesen (s. Gesetzesentwurf der Bundesregierung, Begründung S. 102).

38 b) **Voraussetzungen.** Die Beschlagnahme setzt zunächst einen **Antrag** des Rechtsinhabers voraus. Dieser muss gem. Abs. 6 **an die Bundesfinanzdirektion** gerichtet sein. Von der Entrichtung der nach Abs. 6 S. 2 erhobenen Kosten ist die Wirksamkeit des Antrags jedoch nicht abhängig. **Gegenstand** der Beschlagnahme kann **nur ein Erzeugnis** sein (das ein geschütztes Patent verletzt). Zu beachten ist wei-

terhin, dass die Sicherheitsleistung einen etwaigen Schadensersatzanspruch gem. § 142a PatG abdecken muss. Ferner bedarf es einer für die Zollbehörde **offensichtlichen Patentverletzung** oder einer Gebrauchsmusterverletzung. Schwierig zu beurteilende Tatbestände scheiden daher aus. Letztlich erfordert es noch eine **Ein- oder Ausfuhr**. Hierunter versteht man das Verbringen des Erzeugnisses vom Ausland ins Inland oder umgekehrt auf bestimmte Dauer (*Schulte*, PatG mit EPÜ, § 142a Rn 3–7). Allerdings ist zu beachten, dass der Anwendungsbereich der innerstaatlichen Vorschriften auf Parallelimporte sowie Kontrollen an den EU-Binnengrenzen beschränkt ist (s. Gesetzesentwurf der Bundesregierung, Begründung S. 100).

12. Das Verfahren nach der Verordnung (EG) Nr. 1383/2003

§ 142b PatG [Vernichtung der Waren]

(1) Setzt die zuständige Zollbehörde nach Artikel 9 der Verordnung (EG) Nr. 1383/2003 die Überlassung der Waren aus oder hält diese zurück, unterrichtet sie davon unverzüglich den Rechtsinhaber sowie den Anmelder oder den Besitzer oder den Eigentümer der Waren.

(2) Im Fall des Absatzes 1 kann der Rechtsinhaber beantragen, die Waren in dem nachstehend beschriebenen vereinfachten Verfahren im Sinn des Artikel 11 der Verordnung (EG) Nr. 1383/2003 vernichten zu lassen.

(3) [1]Der Antrag muss bei der Zollbehörde innerhalb von zehn Arbeitstagen oder im Fall leicht verderblicher Waren innerhalb von drei Arbeitstagen nach Zugang der Unterrichtung nach Absatz 1 schriftlich gestellt werden. [2]Er muss die Mitteilung enthalten, dass die Waren, die Gegenstand des Verfahrens sind, ein nach diesem Gesetz geschütztes Recht verletzen. [3]Die schriftliche Zustimmung des Anmelders, des Besitzers oder des Eigentümers der Waren zu ihrer Vernichtung ist beizufügen. [4]Abweichend von Satz 3 kann der Anmelder, der Besitzer oder der Eigentümer die schriftliche Erklärung, ob er einer Vernichtung zustimmt oder nicht, unmittelbar gegenüber der Zollbehörde abgeben. [5]Die in Satz 1 genannte Frist kann vor Ablauf auf Antrag des Rechtsinhabers um zehn Arbeitstage verlängert werden.

(4) [1]Die Zustimmung zur Vernichtung gilt als erteilt, wenn der Anmelder, der Besitzer oder der Eigentümer der Waren einer Vernichtung nicht innerhalb von zehn Arbeitstagen oder im Fall leicht verderblicher Waren innerhalb von drei Arbeitstagen nach Zugang der Unterrichtung nach Absatz 1 widerspricht. [2]Auf diesen Umstand ist in der Unterrichtung nach Absatz 1 hinzuweisen.

(5) Die Vernichtung der Waren erfolgt auf Kosten und Verantwortung des Rechtsinhabers.

(6) [1]Die Zollstelle kann die organisatorische Abwicklung der Vernichtung übernehmen. [2]Absatz 5 bleibt unberührt.

(7) Die Aufbewahrungsfrist nach Artikel 11 Abs. 1 zweiter Spiegelstrich der Verordnung (EG) Nr. 1383/2003 beträgt ein Jahr.

(8) Im Übrigen gilt § 142a entsprechend, soweit nicht die Verordnung (EG) Nr. 1383/2003 Bestimmungen enthält, die dem entgegenstehen.

a) **Überblick.** Durch das Gesetz zur Verbesserung der Durchsetzung von Rechten des geistigen Eigentums ist auch das Grenzbeschlagnahmeverfahren der PPVO (Art. 11 (I) PPVO) in deutsches Recht umgesetzt worden. Rechtsinhaber können per Antrag an die Bundesfinanzdirektion Waren, die im Verdacht stehen, ein geistiges Eigentum zu verletzen, durch die Zollbehören festhalten lassen. 39

Die Verordnung ist für alle Waren, die in die Gemeinschaft ein- bzw ausgeführt werden, anwendbar. Sie gilt allerdings nur für das Patentrecht und ist daher nicht in das Gebrauchsmuster- und Halbleitergesetz eingeführt worden. 40

b) **Voraussetzungen.** Voraussetzung für eine Beschlagnahme ist das Bestehen des Verdachts einer Schutzrechtsverletzung. Es ist nicht notwendig, dass eine Schutzrechtsverletzung mit Sicherheit tatsächlich vorliegt. Damit ist ein wesentlich niedriger Grad an Wahrscheinlichkeit gemeint, als derjenige der offensichtlichen Rechtsverletzung im Rahmen der innerstaatlichen Beschlagnahme. Der Antrag auf Grenzbeschlagnahme ist gebührenfrei und wird mit Formblättern eingereicht. Eine Sicherheitsleistung ist nicht vorgesehen. 41

42 Nach Festhalten der Waren ist dem Zoll mitzuteilen, dass ein geistiges Eigentumsrecht verletzt worden ist. Zudem ist die Zustimmung des Eigentümers, Besitzers oder Empfängers der Waren zur Vernichtung der Waren einzuholen und vorzulegen. Die Zustimmung wird vermutet, wenn der Rechtsinhaber nicht innerhalb von 10 Arbeitstagen der Vernichtung widerspricht. Damit können die Waren vernichtet werden, ohne dass eine vorangegangene (gerichtliche) Feststellung der Rechtsverletzung erfolgt ist (sogenanntes vereinfachtes Verfahren).

III. Verjährung, § 141 S. 1 PatG / § 24f GebrMG

§ 141 PatG [Verjährung]

[1]Auf die Verjährung der Ansprüche wegen Verletzung des Patentrechts finden die Vorschriften des Abschnitts 5 des Buches 1 des Bürgerlichen Gesetzbuchs entsprechende Anwendung. [2]Hat der Verpflichtete durch die Verletzung auf Kosten des Berechtigten etwas erlangt, findet § 852 des Bürgerlichen Gesetzbuchs entsprechende Anwendung.

43 **1. Allgemeines.** Wie sich aus § 141 S. 1 PatG ergibt, finden auf die Verjährung der Ansprüche wegen Verletzung des Patentrechts die Vorschriften §§ 194 bis 225 BGB entsprechende Anwendung. Dabei ist der Anwendungsbereich bzgl aller oben genannten Ansprüche eröffnet. Zu beachten ist, dass nach Eintritt der Verjährung des Schadensersatzanspruchs gem. § 139 Abs. 2 PatG der Schuldner nicht vollständig von seiner Haftung befreit wird, sondern er dem sog. **Restschadensersatzanspruch** unterliegt.

44 **2. Restschadens- und (der) Bereicherungsanspruch. a) Überblick.** Ist der Schadensersatzanspruch verjährt, hat der Verpflichtete nach bereicherungsrechtlichen Grundsätzen (§§ 818, 819 BGB) dasjenige herauszugeben, was er aufgrund der Patentverletzung auf Kosten des Berechtigten erlangt hat (*Mes*, PatG/GebrMG, § 141 Rn 36). Der Ersatzanspruch des § 141 Satz 2 ist ein verschuldensabhängiger Anspruch, der nur in seinem Umfang begrenzt ist; die Voraussetzungen richten sich nicht nach den Bereicherungsgrundsätzen (*Mes*, PatG/GebrMG, § 141 Rn 36). Nicht erforderlich ist eine unmittelbare Vermögensverschiebung zwischen Schädiger und Geschädigtem, sondern es genügt, dass der Vermögensverlust des Geschädigten zu einem entsprechenden Vermögenszuwachs beim Schädiger geführt hat. Folglich ist auch ein mittelbarer Patentverletzer zur Herausgabe des Verletzergewinns verpflichtet (*Meier-Beck*, GRUR 1993, S. 1 ff).

45 Scheidet ein Schadensausgleich aufgrund einer schuldlosen Verletzung aus, so verbleibt jedenfalls ein allgemeiner Bereicherungsanspruch (§ 812 ff BGB) auf Herausgabe des auf Kosten des Verletzten rechtsgrundlos Erlangten.

46 **b) Voraussetzungen.** Voraussetzung ist zum einen, dass der Beklagte infolge der **Verjährung** ein Leistungsverweigerungsrecht nach § 214 BGB hat. Darüber hinaus muss der Beklagte (oder Verletzer oder Schädiger) durch die Verjährung **etwas auf Kosten des Klägers erlangt** haben. Zu beachten ist hier jedoch, dass ein **Verschulden erforderlich** ist (*Schulte*, PatG mit EPÜ, § 141 Rn 23).

47 Herauszugeben ist demnach dasjenige, was der Verletzer erlangt hat – in der Regel der Verletzergewinn oder die Zahlung einer angemessenen Lizenzgebühr.

IV. Ansprüche aus anderen gesetzlichen Vorschriften, § 141a PatG/§ 24g GebrMG

§ 141a PatG [Sonstige Ansprüche]

Ansprüche aus anderen gesetzlichen Vorschriften bleiben unberührt.

48 Die in § 141a PatG angesprochenen Ansprüche aus anderen gesetzlichen Vorschriften umfassen beispielsweise den allgemeinen Beseitigungsanspruch gem. § 1004 BGB oder die Ansprüche aus §§ 812 ff BGB (sofern kein Verschulden nachweisbar ist) oder § 823 BGB (bei einem Eingriff in den eingerichteten und ausgeübten Gewerbebetrieb).

C. Gerichtliche Durchsetzung der Ansprüche

I. Überblick

Die Durchsetzung der einzelnen Ansprüche des Patentinhabers erfolgt durch Klage vor einem ordentlichen Gericht. Entsprechendes gilt für die vorläufige Sicherung von Unterlassungsansprüchen im Wege einer einstweiligen Verfügung. Nicht erst seit der Gesetzesnovelle erkennt das Patentgesetz im Übrigen in einigen Fällen, zB § 140b Abs. 7 PatG (Auskunftsanspruch in Fällen offensichtlicher Rechtsverletzung) die einstweilige Verfügung als Mittel an, (gewisse) Ansprüche des Patentinhabers gegen den Verletzer durchzusetzen. 49

II. (Ausgewählte) Einzelheiten

1. Gerichtliche Zuständigkeit, § 143 Abs. 1 PatG. Gem. § 143 Abs. 1 PatG besteht in Patentstreitsachen eine ausschließliche sachliche Zuständigkeit der Landgerichte. Nach Abs. 2 können die Landesregierungen durch Rechtsverordnung die Patentstreitsachen für die Bezirke mehrere Landgerichte einem von ihnen zuweisen, wovon nahezu alle Bundesländer Gebrauch gemacht haben (*Locher/Mes*, Beck`sches Formularbuch, C.5.1.). In diesem Fall sind diese Spezialkammern ausschließlich zuständig. Eine Übersicht hierzu findet sich in GRUR 2000, 36 ff. 50

Die örtliche Zuständigkeit, bestimmt sich nach §§ 12 ff ZPO. 51

2. Einstweilige Verfügung. Anders als etwa im Wettbewerbs- oder Markenrecht bildet die einstweilige Verfügung im Patentrecht die Ausnahme. Dies liegt an der „Schwierigkeit" der Materie, sei es, dass der Verletzungstatbestand so zweifelsfrei gelagert ist, dass er im Verfahren auch für den Nichttechniker verständlich ist, sei es, dass die Folgen eines sofortigen Verbots für den Verletzer oft mit unabsehbaren Folgen verbunden sind. Besondere Bedeutung kommt deshalb auch der Schadensersatzbestimmung des § 945 ZPO zu, die sich auf Ersatz derjenigen Schäden bezieht, die aus der Vollziehung der einstweiligen Verfügung oder zur Abwendung der Wirkungen entstanden sind (vgl zu allem *Mes*, PatG/GebrMG, § 130 Rn 241 ff). 52

7. Teil: Medienarbeitsrecht

Schrifttum: *Buchner*, Die arbeitnehmerähnliche Person, das unbekannte Wesen, ZUM 2000, 625 ff; *Dietrich* u.a. (Hrsg.), Erfurter Kommentar zum Arbeitsrecht, 11. Aufl., München 2011 (zit.: ErfK/*Bearbeiter*); *Dörner* in: Löffler (Hrsg.) Presserecht, 5. Aufl., München 2006, BT ArbR (zit.: Löffler/*Dörner*); *Dörr*, Wo bleibt die Rundfunkfreiheit? ZUM 2000, 666 ff; *Eicher* (Hrsg.), Die Rechtssituation freier Mitarbeiter in den Medien, 2004; *Griebeling*, Mitarbeit in den Medien, ZUM 2000, 646 ff; *Griebeling*, Merkmale des Arbeitsverhältnisses, NZA 1998, 1137 ff; *Grund*, Ist Chefredakteur eine Leitungsfunktion? AfP 2008,121 ff; *Heinze*, Drittwirkung von Arbeitskämpfen im Medienbereich, RdA 1987, 225 ff; *Herrmann/Lausen*, Rundfunkrecht, 2. Aufl., München 2004 (zit.: *Herrmann/Lausen*); *Löwisch*, Zur rechtlichen Beurteilung besonderer Arbeitskampfmaßnahmen im Medienbereich, RdA 1987, 219 ff; *Niepalla*, Statusklagen freier Mitarbeiter gegen Rundfunkanstalten, ZUM 1999, 353 ff; *Paschke*, Medienrecht, 3. Aufl. 2009; *Reuters*, Das Sonderarbeitsrecht des Pressebereichs, FS Kissel 1994, 941 ff; *Rüthers*, Rundfunkfreiheit und Arbeitsrechtsschutz, RdA 1985, 129 ff; *Schaffeld/Hörle*, Das Arbeitsrecht der Presse, 2. Aufl., Köln 2007 (zit.: *Schaffeld*); *Schaub*, Arbeitsrechtshandbuch, 13. Aufl., München 2009 (zit.: *Schaub*); *Schmittmann/Ory*, Freie Mitarbeiter in den Medien, München 2002 (zit.: *Schmittmann/Ory*); *Schmitt-Rolfes*, Versteht das Arbeitsrecht die Medienwelt? ZUM 2000, 634 ff; *Seidel*, Der Medienmensch im Tarifvertrag, ZUM 2000, 660 ff; *Weberling*, Zur eingeschränkten Geltung des § 16 Abs. 2 ArbZG in Presseunternehmen, AfP 2007, 320 ff; *Wrede*, Bestand und Bestandsschutz von Arbeitsverhältnissen in Rundfunk, Fernsehen und Presse, ZUM 1999, 1019 ff.

69. Abschnitt: Individualarbeitsrecht

A. Anwendungsbereich

I. Grundlagen

1. Das Arbeitsrecht. Generell geht es im Arbeitsrecht um den **Ausgleich** der – jeweils grundrechtlich geschützten – **Positionen** von Arbeitgeber und Arbeitnehmer, und zwar sowohl auf der Individual- wie auf der Kollektivebene. Der Materie Arbeitsrecht werden dabei sämtliche Vorschriften zugeordnet, die diesen Ausgleich herstellen und umsetzen sollen. Sie sind in einer Vielzahl unterschiedlicher Regelungswerke und -ebenen angesiedelt. Da sie nur Teilbereiche normieren, hat die Rechtsprechung für die Praxis besonders hohe Bedeutung. 1

Die klassische Erläuterung einzelner Bestimmungen wäre für eine systematische Darstellung wie die im Rahmen dieser Querschnittkommentierung daher ungeeignet. Deshalb beschränkt sich die folgende Darstellung darauf, die für die Praxis bedeutsamsten **Themen systematisch** und nicht orientiert an einzelnen Vorschriften zu erläutern. 2

Die folgende Darstellung muss sich dabei auf die **medienspezifischen** Gesichtspunkte beschränken. Eine generelle Einführung und Erläuterung der arbeitsrechtlichen Grundsätze ist aus Raumgründen hier nicht leistbar. Insoweit sei daher ergänzend verwiesen auf die arbeitsrechtliche Standardliteratur (s. jeweiliges Literaturverzeichnis). 3

2. Besonderheiten der Beschäftigung im Medienbereich. Grundsätzlich gelten sämtliche dem Arbeitsrecht zuzuordnenden Vorschriften in gleicher Weise für die Beschäftigten aller Betriebe, unabhängig von deren unternehmerischer Ausrichtung, also auch für die Medien. Zwei **Besonderheiten des Medienbereichs** führen dazu, dass diese Regel dennoch im Bereich von Presse, Rundfunk und Telemedien modifiziert wird: 4

Zum einen greifen hier zusätzliche Grundrechtspositionen in Gestalt der institutionell garantierten **Presse- und Rundfunkfreiheit.** Allerdings gilt dies nur dort, wo die institutionellen Einrichtungen von Presse und Rundfunk betroffen sind. Der Begriff der „Medien" geht heute erheblich weiter (dazu unten). Im Folgenden werden jedoch nur die Beschäftigungsverhältnisse in jenen Betrieben betrachtet, deren Funktion durch die Presse- und Rundfunkfreiheit geschützt ist, weil sich nur dort spezifische Abwägungsfragen stellen, die im normalen Arbeitsrecht nicht auftreten (können). 5

Vor diesem Hintergrund halten manche das Medienarbeitsrecht deshalb sogar für eine arbeitsrechtliche **Materie sui generis** (*Rüthers*, RdA 1985, 129; *Reuters*, FS Kissel 1994, 941). Dies wird jedoch überwiegend abgelehnt (ErfK/*Dieterich*, Art. 5 GG Rn 71; *Löffler/Dörner*, Rn 9). Für die Praxis spielt die Streitfrage im Ergebnis keine Rolle, denn fest steht jedenfalls, dass die zahlreichen Besonderheiten der Beschäftigungsverhältnisse im Medienbereich auch jeweils spezifische rechtliche Bewertungen erfordern. 6

Zum anderen: Es gibt wohl kaum einen Bereich, in dem sich im Laufe der Zeit derart **vielgestaltige Beschäftigungsverhältnisse** entwickelt haben wie bei den Medien – in den letzten Jahren noch stark beschleunigt durch die technische Entwicklung. Sie führt zur ständigen Veränderung und Auflösung zahlreicher Berufsbilder zugunsten neuer Beschäftigungsformen in Inhalt, Gestalt und Umfang. Während früher, vereinfacht gesagt, zwischen der Gruppe derer, die die Medieninhalte generieren, und jenen, die sie produzieren und vertreiben, unterschieden werden konnte, haben sich in den letzten Jahren unzählige Mischformen herausgebildet, in denen die inhaltlich-gestaltende Funktion eng mit der (technischen) Produktion verzahnt ist. Darauf wird an anderer Stelle im Einzelnen einzugehen sein. 7

3. Die Grundrechtspositionen im Einzelnen: a) Ausgangslage. Die grundrechtlich verbürgten **Freiheitsrechte** gelten im Prinzip selbstverständlich auch im Arbeitsverhältnis. Dazu gehört unter anderem die Meinungsfreiheit. Dies gilt auch und gerade für Journalisten: Jeder soll, insbesondere in der Presse, frei sagen können, was er denkt, selbst wenn er keine nachprüfbaren Gründe für sein Urteil angeben 8 kann (vgl BVerfGE 42, 163, 170 ff; BVerfGE 61, 1, 7). Daneben sind vor allem Berufs-, Vereinigungs- und Gewissensfreiheit relevant.

9 **b) Presse.** Das Grundrecht der **Pressefreiheit** ist nach der Rechtsprechung des BVerfG sowohl Individualgrundrecht wie auch institutionelle Garantie. Aus ihr folgt die Freiheit der Gründung von Presseorganen, das Recht auf freien Zugang zu den Presseberufen und die Freiheit, die Grundrichtung einer Zeitung unbeeinflusst zu bestimmen und zu verwirklichen (BVerfGE 52, 283, 296 – Tendenzschutz); sie fordert eine privatwirtschaftliche und -rechtliche Organisation der Presse (vgl BVerfGE 20, 162, 174 ff; BVerfGE 66, 116, 133).

10 Der Staat hat durch Gesetzgebung und Rechtsprechung für eine funktionierende Presse zu sorgen (BVerfGE 80, 124, 133; BVerfGE 66, 116, 130 ff, 135). Die entsprechende **Schutzpflicht** dient dem Ziel, die Gestaltung und Verbreitung von Presseerzeugnissen mit angemessenen Mitteln zu sichern (BVerfGE 25, 256, 268).

11 Geschützt sind alle

- **Datenträger**, die die freie und individuelle öffentliche Meinungsbildung ermöglichen, also der Verbreitung von Nachrichten und Meinungen an einen individuell unbestimmten Adressatenkreis dienen – unabhängig vom Vertriebsweg, Empfängerkreis (BVerfGE 95, 28 ff = AP Nr. 3 zu Art. 5 Abs. 1 GG Pressefreiheit) und der technischen Ausgestaltung: klassische Druckwerke und ihre modernen Entsprechungen (elektronische Zeitschrift). Insbesondere also: Zeitungen („Das Tagebuch der Zeit", *Schaffeld,* A Rn 8), Zeitschriften („periodisches Druckwerk, das einzelne Fragen oder Vorgänge in Schrift und Bild öffentlich erörtert", *Löffler/Bullinger*, Einl. Rn 16), nicht hingegen Werkszeitungen o.ä. (*Schaffeld,* A Rn 7).
- **Bestandteile des Mediums** unabhängig von ihrem konkreten Beitrag zur Meinungsbildung (BVerfGE 21, 271, 278; BVerfGE 64, 108, 118; BVerfGE 95,28 = AP Nr. 3 zu Art. 5 Abs. 1 GG Pressefreiheit).
- **Tätigkeiten**, die zur Meinungsbildung beitragen (BVerfGE 91, 125, 134) oder sie – durch ihre Finanzierung – ermöglichen (BVerfGE 102, 347, 359).
- **Entscheidungen und Maßnahmen**, die Tendenz und Stil des Publikationsorgans bestimmen (s. zum Tendenzschutz unten Rn 30 f, 70. Abschnitt Rn 4 ff sowie BVerfGE 52, 283, 296 ff, BAG NZA 1988, 99).

12 **c) Rundfunk.** Das Grundrecht der **Rundfunkfreiheit** ist nach der Rechtsprechung des BVerfG eine institutionelle Garantie, die der Gewährleistung freier, individueller und öffentlicher Meinungsbildung dient (BVerfGE 57, 295, 319 ff; BVerfGE 119, 181, 214 mwN; st. Rspr). Diese vollzieht sich in einem Kommunikationsprozess, in welchem dem Rundfunk die Aufgabe eines „Mediums" und „Faktors" zukommt: Es obliegt ihm, so breit und vollständig wie möglich zu informieren; er gibt dem Einzelnen und den gesellschaftlichen Gruppen Gelegenheit zu meinungsbildendem Wirken und ist selbst an dem Prozess der Meinungsbildung beteiligt (BVerfGE 59, 231, 257 ff).

13 Geschützt sind in erster Linie die klassischen **elektronischen Medien** Hörfunk, Fernsehen und Videotext, und zwar unabhängig von ihrer Verbreitungsform und technischen Konfiguration, aber auch entgeltliche oder unentgeltliche Abruf- oder Zugriffsdienste etc. (BVerfGE 74, 297, 350 ff), mithin alle Telemedien.

14 Auf den **Inhalt des Mediums** kommt es nicht an: Die Rundfunkfreiheit ist unabhängig davon einschlägig, ob die Rundfunksendungen Bildung, Unterhaltung, Information oder anderen Zwecken dienen (BVerfGE 59, 231, 258 = AP Nr. 1 zu Art. 5 Abs. 1 GG Rundfunkfreiheit). Geschützt sind alle Tätigkeiten, die mit der Veranstaltung von Rundfunk zusammenhängen, von der Informationsbeschaffung über die Gestaltung bis zur Verbreitung (zB BVerfGE 77, 65, 74 ff – Filmbeschlagnahme), auch schon die Aktivitäten zur Gründung eines Rundfunkunternehmens (allerdings zweifelhaft: ErfK/*Dieterich,* Art. 5 Rn 92 unter Hinweis auf BVerfGE 83, 238 ff). Die Produktion eines (Satelliten-)Fensterprogramms für ein (kommerzielles) Rundfunkprogramm ist ebenfalls von der Rundfunkfreiheit geschützt, wenn und soweit der Produzent auch rundfunkrechtlich die inhaltliche Verantwortung für die ausgestrahlte Sendung trägt und nicht lediglich mit einem Programmzulieferer gleichzusetzen ist (BAG NZA 2007, 147, 149).

15 Erhebliche **Unterschiede** sowohl in der verfassungsrechtlichen Verankerung wie auch in der konkreten Ausgestaltung der Beschäftigungsverhältnisse gibt es zwischen dem **privatrechtlich** organisierten kommerziellen und dem **öffentlich-rechtlichen Rundfunk**. Dieser hat die Aufgabe, die Grundversorgung

der Bevölkerung mit Rundfunk zu sichern. Dafür muss er vielfältige und insgesamt ausgewogene, von staatlichen oder sonstigen fremden Einflüssen möglichst unabhängige Programme für alle Bevölkerungsgruppen anbieten und ist – deshalb – in der besonderen Rechtsform der öffentlich-rechtlichen Anstalt (Landesrundfunkanstalten der ARD, DW, ZDF) bzw Körperschaft (DLR) und binnenplural organisiert. (Nur) wenn und soweit die Rundfunkanstalten auf diese Weise publizistisch wettbewerbsfähig bleiben, ist nach der Rechtsprechung des BVerfG der Gesetzgeber berechtigt, auch künftig kommerziellen Rundfunk in seiner gegenwärtigen Ausgestaltung zu ermöglichen (vgl BVerfGE 73, 119, 158 ff; 119, 181, 218).

Das BVerfG begründet mit dem Hinweis auf den besonderen **Programmauftrag** der **Rundfunkanstalten** und ihre binnenplurale Organisation, die diesen Auftrag organisatorisch absichert, den entscheidenden Unterschied zwischen den Geboten der Rundfunkfreiheit von denen der Pressefreiheit: Die Rundfunkanstalten dürfen in ihrem Gesamtprogramm nicht eine Tendenz verfolgen, sondern sie müssen im Prinzip allen Tendenzen Raum geben. Dies wiederum sei nicht nur durch rechtlich normierte inhaltliche Anforderungen oder organisatorische Regelungen zu gewährleisten; es setze auch, wenn nicht sogar in erster Linie, voraus, dass die Sendungen von Personen gestaltet werden, die in der Lage seien, die gebotene Vielfalt in das Programm einzubringen. 16

Die Erfüllung der Aufgaben des (öffentlich-rechtlichen) Rundfunks hänge daher davon ab, dass die **personellen Voraussetzungen** hergestellt und aufrechterhalten werden können. Problematisch, dafür um so wichtiger, könne dies werden, wenn – etwa wegen der jeweiligen weltpolitischen Entwicklung – neue Informationsbedürfnisse entstehen, während andere zurücktreten, wenn das Interesse des Publikums sich neuen Gegenständen zu- und von anderen abwendet oder wenn im Zusammenhang damit Programmstrukturen verändert werden müssen, wenn also die Notwendigkeit eines Wechsels entsteht. Es sei Sache der Rundfunkanstalten, diesen und ähnlichen Erfordernissen ihres Programmauftrags durch den Einsatz von für die jeweilige Aufgabe qualifizierten Mitarbeitern gerecht zu werden. Sie müssten daher auf einen breit gestreuten Kreis geeigneter Mitarbeiter zurückgreifen können, was seinerseits voraussetzen könne, dass diese nicht auf Dauer, sondern nur für die Zeit beschäftigt werden können, in der sie benötigt werden (BVerfGE 59, 231, 258 ff). Die Verpflichtung der Rundfunkanstalten, die personellen Voraussetzungen eines vielfältigen Programms zu schaffen und zu erhalten, verbinde sich daher – nach außen – mit dem Recht, frei von fremden, insbesondere staatlichem Einfluss über die Auswahl, Einstellung und Beschäftigung jener Rundfunkmitarbeiter zu bestimmen, die inhaltlich gestaltend an Hörfunk- und Fernsehsendungen mitwirken (BVerfGE 59, 231, 260; BVerfG AP Nr. 5 zu Art. 5 Abs. 1 GG Rundfunkfreiheit). 17

Anders als die Rundfunkanstalten unterliegen die in der Rechtsform einer privatrechtlichen Gesellschaft organisierten Rundfunkunternehmen keinen substantiellen Vorgaben zur Qualität und zum Inhalt ihrer Programme. Sie sind daher berechtigt und in der Lage, sich auf ein Angebot zu beschränken, dessen zentrale Motivation darin liegt, ein optimales Umfeld für die Vermarktung von Werbezeiten zu bieten. Dieses – für sich genommen völlig legitime – wirtschaftliche Interesse führt dazu, dass **kommerzielle Rundfunkprogramme** im Wesentlichen aus möglichst massenattraktiven Inhalten bestehen, um den größtmöglichen Zuschauer- bzw Zuhörerzuspruch und damit die besten Preise für Werbeeinschaltungen zu generieren. In ihrer konkreten Ausgestaltung sind die privaten Rundfunkunternehmen mithin den Presseverlagen wesentlich näher als den Rundfunkanstalten (auch wenn sie fälschlicherweise selbst oft als solche bezeichnet werden: s. etwa BAG NZA 2007, 147 ff). Im Unterschied zur Presse, die sich ebenfalls durch den Verkauf von Werbezeiten finanziert, aber in ihrer Gesamtheit für nahezu jedes noch so kleine Nachfrage-Segment ein Angebot zur Verfügung stellt, ist das inhaltliche Spektrum des kommerziellen Rundfunks allerdings aus den bereits genannten Gründen erheblich stärker eingeschränkt: Zumindest bisher ist die Veranstaltung von Rundfunk mit einem erheblich höheren logistischen und finanziellen Aufwand verbunden, der dazu führt, dass sich die Aufwendungen nur mit einem möglichst hohen Werbezeitenumsatz oder aber lukrativen Zusatz- bzw Nebengeschäften wie etwa so genannten Mehrwertdiensten (entgeltpflichtigen Abrufdiensten etc.) refinanzieren lassen (s. hierzu auch BVerfGE 119, 181, 215 f). 18

Auf diese unterschiedlichen Rahmenbedingungen wird im Zusammenhang mit der Bewertung bestimmter Fragen des Individual- und Kollektivarbeitsrechts noch zurück zu kommen sein. 19

d) Telemedien. Unter den Schutzbereich der Rundfunkfreiheit des Art. 5 Abs. 1 GG fallen alle Tätigkeiten, die die Merkmale des verfassungsrechtlichen Rundfunkbegriffs erfüllen, auch wenn es sich nicht um klassischen Hörfunk oder Fernsehen handelt; der Rundfunkbegriff ist **entwicklungsoffen** (BVerfGE 20

74, 297, 350 ff; 119, 181, 214 ff). Dazu gehören unabhängig von den Übertragungswegen und der näheren technischen Ausgestaltung außer den schon klassischen Zusatzangeboten wie insbesondere dem Videotext vor allem die neuen Formen von Internet-Rundfunk, (Near-) Video-on-demand-Diensten, Podcasts etc., also die so genannten Telemedien, §§ 2 Abs. 1, 54 ff RStV.

21 **4. Grundrechtsträger.** Träger des Grundrechts der **Pressefreiheit** ist jeder, der in enger organisatorischer Bindung zu den geschützten Tätigkeiten steht (ErfK/*Dieterich,* Art. 5 Rn 44 ff, 59). Dazu gehören zB Verleger, Intendanten, Produzenten, Redakteure, Journalisten.

22 Träger der **Rundfunkfreiheit** sind alle natürlichen und juristischen Personen, die Rundfunk veranstalten wollen, und zwar schon als Bewerber um eine Lizenz (BVerfGE 97, 298), ungeachtet ihrer öffentlich-rechtlichen Organisation auch die Rundfunkanstalten (st. Rspr. seit BVerfGE 59, 231 = AP Nr. 1 zu Art. 5 Abs. 1 GG Rundfunkfreiheit).

23 Im Folgenden sind Beschäftigungsverhältnisse aus dem Bereich der „**Neuen Medien**" nur und insoweit angesprochen, als es sich um Betriebe bzw Unternehmen handelt, die sich ihrerseits auf den Schutz der institutionellen Garantien des Art. 5 GG berufen können (vgl auch § 118 Abs. 1 S. 1 Nr. 2 BetrVG). Dies ist grundsätzlich nur dann der Fall, wenn sie Telemedien mit journalistisch-redaktionell gestalteten Angeboten produzieren, § 54 Abs. 2 RStV.

II. Das Arbeitsrecht in Medienbetrieben

24 **1. Grundsatz.** In dem damit beschriebenen Rahmen unterliegen Medienorganisationen den allgemeinen Vorschriften, die für alle sonstigen Beschäftigungsverhältnisse auch gelten. Prinzipiell gibt es kein **Sonderarbeitsrecht** für Beschäftigungsverhältnisse in den Medien. Kodifizierte Ausnahmeregelungen finden sich ausschließlich im Recht der betrieblichen Mitbestimmung, namentlich in § 118 BetrVG sowie in abgeschwächter Form auch in einigen Personalvertretungsgesetzen des Bundes und der Länder.

25 Im Gegensatz zu § 118 BetrVG enthält das am 18.8.2006 nach langen politischen Auseinandersetzungen in Kraft getretene **Allgemeine Gleichbehandlungsgesetz** (AGG) keinen Ausnahmetatbestand für Medienbetriebe, obwohl § 9 AGG ausdrücklich Religions- und Weltanschauungsgemeinschaften als ebenfalls von § 118 Abs. 1 Nr. 1 BetrVG erfasste Organisationen vom Anwendungsbereich des AGG ausnimmt. Der Gesetzgeber folgte damit nicht den dringenden Aufforderungen aller Medienverbände und -unternehmen, diese Ausnahmeregelung auch auf den Medienbereich zu erstrecken.

26 Ebenso wenig enthalten die **Gleichstellungsgesetze** der Länder medienspezifische Sonderregelungen. Da sie grundsätzlich nur für öffentlich-rechtliche Organisationen gelten, sind davon ausschließlich die öffentlich-rechtlichen Rundfunkanstalten betroffen (s. Abschnitt 70 Rn 40).

27 **2. Abwägungsgebot.** Wenn im Rahmen von Rechtsstreitigkeiten die Presse- bzw Rundfunkfreiheit einschlägig ist, muss im Rahmen der **auslegungsfähigen Tatbestandsmerkmale** einfacher Gesetze zwischen den grundrechtlichen Belangen und dem gesetzlich geschützten Rechtsgut abgewogen werden (st. Rspr, zB BVerfGE 7, 198, 205 ff, BVerfGE 62, 230, 244 ff = AP Nr. 1 zu Art. 5 Abs. 1 GG Pressefreiheit; BVerfGE 95, 28, 34 ff = AP Nr. 3 zu Art. 5 Abs. 1 GG Pressefreiheit). Dies gilt auch für die Lösung arbeitsrechtlicher Konfliktfälle im Medienbereich, von der Begründung über die Ausgestaltung bis zur Beendigung des Beschäftigungsverhältnisses sowie die kollektiv- (betriebs- bzw personalvertretungs- sowie tarifvertrags-)rechtlichen Rahmenbedingungen (ErfK/*Dieterich,* Art. 5 Rn 71, 100).

28 Zu den in dieser Weise mit Blick auf Art. 5 GG auszulegenden Vorschriften gehören auch die spezifischen Regelungen des **AGG** und der landesrechtlichen **Gleichstellungs-** bzw **Frauenförderungsgesetze.** Generell kann – und darf – das Ziel der Gleichbehandlung und Frauenförderung im Arbeitsrecht nicht dazu führen, dass das grundrechtlich geschützte Recht der Medienunternehmen, „frei von fremder Einflussnahme über die Auswahl, Einstellung und Beschäftigung" ihrer Mitarbeiter/innen zu bestimmen, unterlaufen oder ausgehöhlt wird.

29 Zu den „allgemeinen Gesetzen", die die Grundrechte aus Art. 5 GG beschränken können, gehören ferner die im Arbeitsrecht besonders bedeutsamen **richterrechtlichen Grundsätze** (BVerfGE 59, 231, 264 = AP Nr. 1 zu Art. 5 Abs. 1 GG Rundfunkfreiheit). Sie unterliegen zwar nicht intensiverer Kontrolle als Gesetzesrecht (BVerfG AP Nr. 5 zu Art. 5 Abs. 1 GG Rundfunkfreiheit). Wie dieses müssen sie jedoch ihrerseits im Lichte der Rundfunk-(bzw Presse-)freiheit ausgelegt werden und dürfen deshalb

die Presse- und Rundfunkfreiheit nicht unverhältnismäßig einschränken (BVerfGE 56, 247, 247 ff; ErfK/*Dieterich,* Art. 5 Rn 66 f, 100).

Im Brennpunkt der grundrechtlichen Abwägung steht dabei für die Presse wie auch für den Rundfunk gleichermaßen die Frage, wie die Position der Organisationen als den Trägern der institutionellen Garantie ins Verhältnis zu setzen sind mit den **Grundrechtspositionen** derer, die die Medien inhaltlich mit Leben erfüllen, also der **Journalisten** und Redakteure (für die Presse: der „Tendenzträger"). Darauf, in welchem Ressort der Betreffende tätig oder mit welcher konkreten inhaltlich-gestaltenden Tätigkeit er betraut ist, kommt es dabei grundsätzlich nicht an (vgl BAG AP Nr. 7 zu § 118 BetrVG; so auch *Löffler/Dörner,* Rn 9; s. auch unten Rn 40 ff). 30

Konkret geht es dabei um den Gesichtspunkt des „Tendenzschutzes" einerseits wie den der „inneren Presse- bzw Rundfunkfreiheit" andererseits. Bedeutsam wird diese Frage sowohl im Zusammenhang mit der Begründung und Ausgestaltung des jeweiligen Beschäftigungsverhältnisses wie auch mit Blick auf die innerbetriebliche Beteiligung der Belegschaft. 31

3. Medienübergreifende Betrachtung. Innerhalb des damit umrissenen Rahmens fokussiert die folgende Darstellung zwar auf Medienunternehmen, ist zugleich aber auch medienübergreifend angelegt. Im Mittelpunkt stehen damit jene arbeitsrechtlichen Fragen, die sich bei einer gleichsam **horizontalen Betrachtung** strukturell in allen Medienbetrieben in vergleichbarer Weise stellen. 32

Viele branchenspezifische Bedingungen des Arbeits- und Beschäftigungsverhältnisses sind jeweils **tarifvertraglich** geregelt (Übersicht für die Presse bei *Löffler/Dörner,* Rn 14 ff, für den öffentlich-rechtlichen Rundfunk bei *Herrmann/Lausen,* § 12 Rn 6 ff). Sie und insbesondere die einschlägigen arbeitsgerichtlichen Entscheidungen dazu können hier aus Raumgründen nicht im Einzelnen dargestellt und erläutert werden (s. dazu für das Arbeitsrecht der Presse: *Schaffeld/Hörle*, passim, sowie *Löffler/Dörner,* Rn 99 ff; Überblick für den öffentlich-rechtlichen Rundfunk bei *Herrmann/Lausen,* § 12). 33

Im Mittelpunkt stehen im Folgenden also die Fragen, die der Charakter des Beschäftigungsverhältnisses für die **Umsetzung** der durch Art. 5 Abs. 1 GG institutionell geschützten **Presse-** bzw **Rundfunkfreiheit** aufwirft, im Wesentlichen also den Tendenzbezug. Das ist bei allen Positionen mit journalistisch-redaktionellem Profil der Fall. Insoweit geht es in erster Linie um das Verhältnis zwischen dem Arbeitgeber und den von ihm beschäftigten Journalisten, im Rundfunk allgemein um die programmgestaltenden Mitarbeiter. 34

B. Das Festanstellungsverhältnis

I. Grundlagen

1. Arbeitsverhältnis. Ob und inwieweit ein Beschäftigungsverhältnis nach arbeitsrechtlichen Maßstäben zu beurteilen ist, es sich also um ein Arbeitsverhältnis handelt, hängt maßgeblich davon ab, ob die Person als Arbeitnehmer eingesetzt wird und ihre Dienste einem Arbeitgeber leistet. Die Kriterien dafür, wann dies der Fall ist, sind gesetzlich nicht festgelegt, sondern von Rechtsprechung und Literatur entwickelt worden. Fest steht jedenfalls, dass es weder darauf ankommt, ob dem Beschäftigungsverhältnis überhaupt ein schriftlicher Vertrag zugrunde liegt, noch darauf, wie es in diesem Vertrag benannt wird. Entscheidend ist vielmehr die **konkrete Ausgestaltung** in der Praxis (BAG NZA 1998, 705; BAG NZA 1995, 622). Sofern vertragliche Vereinbarungen vorliegen, kommt es auf eine Gewichtung der dort verankerten Pflichten an (s. zur Abgrenzung zwischen Arbeitsverhältnis und einem Ausbildungsverhältnis nach § 19 BBiG – hier: Volontariat bei einem regionalen Fernsehveranstalter – BAG, NZA 2005, 779 ff). Die – ggf auf unbestimmte Zeit angelegte – Dauer einer vertraglich vereinbarten persönlichen Dienstleistung allein ist jedenfalls noch kein hinreichendes Indiz für die Begründung eines Arbeitsverhältnisses (BAG Urt. v. 24.10.1984 – 5 AZR 346/83 –, Juris Rn 34 f: Pressezeichner). 35

Im Regelfall sind sich die Parteien jedoch darüber im Klaren und einig, dass die geschuldete Tätigkeit im Rahmen eines Arbeitsverhältnisses erbracht wird, und verhalten sich sowohl vertraglich als auch in der Praxis dementsprechend. Die Notwendigkeit, den Status des Beschäftigten zu klären, ergibt sich deshalb im Prinzip nur dort, wo dies, abweichend vom Regelfall, nicht geschieht bzw wo die **Praxis** einer vertraglichen Festlegung **widerspricht** (s. dazu unten Rn 136 ff). 36

Diese Praxis eines Arbeitsverhältnisses ist davon geprägt, dass die Arbeit in **persönlicher Abhängigkeit** erbracht wird. Sie wiederum ist bestimmbar anhand zahlreicher Kriterien, aus denen sich ergibt, dass der Beschäftigte in eine fremdbestimmte betriebliche Organisation eingegliedert und dort wei- 37 sungsgebunden tätig ist (s. zB BAG AP Nr. 114, 115 zu § 611 BGB Abhängigkeit, BAG AP Nr. 33, 37 zu § 611 BGB Rundfunk jeweils mwN).

38 Arbeitgeber ist, wer den Beschäftigten in die von ihm vorgegebenen Abläufe **eingliedert** und ihn **weisungsgebunden** beschäftigt, zugleich Schuldner des Vergütungsanspruchs ist, gleich, ob es sich dabei um eine natürliche oder juristische Person handelt. Nach der jüngeren Rechtsprechung des BGH zur Parteifähigkeit der (Außen-)GbR (BGH NZA 2002, 405; BGH NJW-RR 2004, 275), der sich das BAG angeschlossen hat (BAG AP Nr. 14 zu § 50 ZPO) kann dabei inzwischen auch eine Gesellschaft bürgerlichen Rechts formell als Arbeitgeber qualifiziert werden. Dies ist insbesondere im Bereich der sog. Neuen Medien von Bedeutung, da sich nach dieser Rechtsprechung der (gerade dort nicht eben seltene) Wechsel im Kreis der Mitglieder einer solchen GbR auf den Fortbestand des mit der Gesellschaft eingegangenen Rechts-, insbesondere Beschäftigungsverhältnisses nicht mehr auswirkt. Allerdings kann der Gesellschafter einer GbR nicht zugleich deren Arbeitnehmer sein (LAG Hessen BB 2002, 207).

39 Im Prinzip gelten für die Begründung, Ausgestaltung und Beendigung von **Arbeitsverträgen** in Medienunternehmen keine Besonderheiten. Grundsätzlich kann und muss daher hier auf die allgemeinen gesetzlichen Regelungen und deren Kommentierung sowie die allgemeine arbeitsrechtliche Literatur verwiesen werden.

40 **2. Inhaltlich gestaltende Tätigkeit.** Naturgemäß werden auch im Medienbereich zahllose Mitarbeiter beschäftigt, deren Tätigkeit nicht im engeren Sinne als medienspezifisch qualifiziert werden kann. Personalverwaltung, Buchhaltung, Gebäudemanagement oder Fahr- und Botendienste etwa sind in nahezu allen Branchen erforderlich. Bedeutsam und zugleich arbeitsrechtlich von besonderem Interesse ist hingegen der Status derer, die das Medium unmittelbar oder mittelbar **inhaltlich gestalten**. Sie werden üblicherweise als „Journalisten" bzw, soweit sie im Rahmen eines Arbeitsverhältnisses tätig sind, als „Redakteure" bezeichnet (BAG AP Nr. 18, 25 zu § 611 BGB Abhängigkeit).

41 Welche Tätigkeiten ein „**Redakteur**" verrichtet, kann durchaus unterschiedlich sein. Das Berufsbild hat sich in jüngerer Zeit nicht zuletzt infolge der technischen Entwicklung stark verändert. Die typischen Tätigkeitsmerkmale enthalten die einschlägigen Tarifverträge (zur Presse vgl Protokollnotiz zu § 1 MTV Redakteure an Tageszeitungen vom 25.2.2004 sowie § 1 MTV Redakteure an Zeitschriften vom 30.4.1998; s. dazu zB *Schaffeld/Hörle,* A Rn 48 ff; *Löffler/Dörner,* Rn 40 ff).

42 Darüber hinaus gibt es allerdings auch eine Reihe anderer Tätigkeiten, die sich, obwohl nicht von einem als „Redakteur" bezeichneten Arbeitnehmer ausgeübt, auf den Inhalt des Mediums direkt oder indirekt auswirken. Generell unterschieden werden kann zwischen einem vorbereitenden, einem journalistisch-schöpferischen oder gestaltenden sowie einem in der Regel technisch bestimmten umsetzenden Teil der Ausführung (ErfK/*Preis,* § 611 Rn 92). Die Grenzen sind hier zunehmend – zumal im Bereich der Telemedien – fließend und nur im Einzelfall zu bestimmen. Grundsätzlich reicht es aus, wenn der Mitarbeiter – beispielsweise als Fotograf, Grafiker, Layouter o.ä., ja sogar als „kaufmännischer Angestellter" (s. LAG Berlin AfP 1999, 394) – seine eigenen Vorstellungen und seinen eigenen Stil einbringen kann (BAG AP Nr. 144 zu § 620 Befristeter Arbeitsvertrag). Eine (Mit-) **Beeinflussungsmöglichkeit** über den Inhalt des Mediums ist aber in jedem Falle erforderlich. Liefert beispielsweise ein Fotograf seine Bilder nur ab, ohne beeinflussen zu können, ob und ggf an welcher Stelle ein Foto abgedruckt wird, ist er nicht inhaltlich-gestaltend tätig und damit nicht als Bildredakteur anzusehen (BAG AfP 2003, 565).

43 Generell wird die Tätigkeit um so eher insgesamt als inhaltlich-gestaltend zu bewerten sein, je größer die gestalterische Freiheit ist und sich auf die Darstellung und Präsentation des Inhalts auswirkt. Der entsprechende Anteil an den Tätigkeiten muss jedoch insgesamt **überwiegen**, also mehr als 50 % der Arbeitszeit des Arbeitnehmers in Anspruch nehmen. Der damit gekennzeichnete Personenkreis gehört in der Presse zu den „Tendenzträgern" (allgemein zu diesem Begriff BAG AP Nr. 49 zu § 102 BetrVG 1972).

44 Ob die Beschäftigung überwiegend von inhaltlich-gestaltenden Tätigkeiten geprägt wird, kann erhebliche Bedeutung für die Frage haben, ob das Vertragsverhältnis wirksam **befristet** worden ist (unten Rn 78 ff).

II. Begründung des Arbeitsverhältnisses

1. Ausschreibung, Auswahl. Für die **Formalia** der Stellenbesetzung gelten im Medienbereich grundsätzlich keine Besonderheiten. Generell sind die Vorschriften des im August 2006 in Kraft getretenen AGG (insb. §§ 1, 7 bis 11) zu beachten, so etwa bei der Formulierung von Stellenausschreibungen und bei der Auswahlentscheidung. Für den öffentlich-rechtlichen Rundfunk sind darüber hinaus – außer den teilweise über die entsprechenden betriebsverfassungsrechtlichen Bestimmungen hinausgehenden personalvertretungsrechtlichen Mitwirkungs- und Mitbestimmungsvorschriften – noch die jeweiligen landesrechtlichen Frauenförderungs- bzw Gleichstellungsregelungen bedeutsam. Ob und ggf, in welchem Umfang dies der Fall ist, richtet sich ausschließlich nach dem für sie jeweils maßgeblichen Landesrecht. 45

Beide Parteien haben das Recht, im Vorfeld die Modalitäten eines möglichen Anstellungsverhältnisses und die wechselseitig interessierenden Gesichtspunkte zu klären. Der **Arbeitgeber** hat ein entsprechendes **Fragerecht** allerdings nur insoweit, als die Frage auf ein berechtigtes, billigenswertes und schutzwürdiges Interesse zurück geht, hinter dem die Belange des Bewerbers zurück treten müssen (st. Rspr, s. zB BAG AP Nr. 40 zu § 123 BGB). Dies setzt in der Regel voraus, dass sich die Frage auf den angestrebten Arbeitsplatz und die konkrete Tätigkeit bezieht (Einzelheiten bei *Schaub,* § 26 Rn 8 ff). 46

Bei Anstellungsverhältnissen mit Tendenzbezug – also nicht im öffentlich-rechtlichen Rundfunk – hat der Arbeitgeber das Recht, die Eignung von Bewerbern auch durch **tendenzbezogene Fragen** nach der politischen und weltanschaulichen Auffassung zu überprüfen. Dies ist durch die Vorschriften des AGG nicht ausgeschlossen; insoweit greift vielmehr der Rechtfertigungsgrund des § 8 AGG. Für konfessionelle, organisatorisch oder institutionell mit einer Kirche verbundene Medien gilt darüber hinaus noch § 9 Abs. 2 AGG. 47

Umgekehrt kann im Einzelfall eine Frage auch darauf zielen, signifikante **Interessenkollisionen** ausfindig zu machen, beispielsweise um herauszufinden, ob sich der Bewerber für eine inhaltlich-gestaltende Tätigkeit eignet, die in besonderem Maße von Unabhängigkeit (in politischer, wirtschaftlicher, konfessioneller oder sonstiger Hinsicht) geprägt ist. Im Allgemeinen wird eine derart in das Privatleben reichende Frage jedoch nur in sehr engen Grenzen statthaft sein. 48

2. Form. Für die Form der Arbeitsverträge im Medienbereich gelten grundsätzlich – dh vorbehaltlich tarifvertraglicher Modifikationen – keine Besonderheiten. Ein gesetzliches Formerfordernis gibt es nicht. Allerdings muss der Arbeitgeber die Vorgaben des **Nachweisgesetzes** (BGBl. I 1995, 946) beachten. 49

III. Ausgestaltung

Auch die wechselseitigen arbeitsvertraglichen Rechte und Pflichten unterscheiden sich in den Medien nicht prinzipiell von denen in anderen Branchen. Konsequenzen ergeben sich allerdings aus der institutionellen Garantie des Art. 5 Abs. 1 GG zugunsten des Arbeitgebers einerseits („Tendenzschutz") sowie der durch Art. 5 Abs. 1 GG geschützten Meinungsfreiheit der inhaltlich-gestaltend tätigen Mitarbeiter andererseits („innere Presse- bzw Rundfunkfreiheit"). 50

1. Direktionsrecht. a) Grundsatz. Das Direktionsrecht berechtigt den Arbeitgeber, Inhalt, Ort und Zeit der **Arbeitsleistung** der Mitarbeiter über das durch Arbeitsvertrag, Betriebs- oder Dienstvereinbarungen, Tarifverträge und gesetzliche Regelungen konkretisierte Maß hinaus nach billigem Ermessen **näher festzulegen,** und zwar auch, soweit es um die Ordnung und das Verhalten im Betrieb geht, § 106 GewO. Je detaillierter die individualvertraglichen, kollektivrechtlichen oder gesetzlichen Regelungen sind, desto weniger Raum bleibt für das Direktionsrecht. Allerdings enthalten die Verträge der inhaltlich-gestaltend tätigen Mitarbeiter im Medienbereich, namentlich also der Redakteure, in der Regel keine genaueren Angaben über die konkret geschuldete Arbeitsleistung. Dies liegt in der Natur der Sache, weil die publizistische Tätigkeit so vielfältig und unterschiedlich ist wie die ihr zugrunde liegenden Lebenssachverhalte. Trotz der einheitlichen Berufsbezeichnung „Redakteur" oder „Reporter" ist die Bandbreite zwischen den jeweils konkret damit verbundenen Tätigkeiten dementsprechend groß. 51

Demzufolge ist der Arbeitgeber auch im Medienbetrieb grundsätzlich berechtigt, einem **inhaltlich-gestaltend tätigen Mitarbeiter** beispielsweise einen anderen Arbeitsplatz innerhalb einer Redaktion oder in einer anderen Redaktion zuzuweisen oder zu verlangen, dass er sowohl Wort- als auch Bild- 52 berichterstattungsaufgaben übernimmt (BAG NZA 2003, 1168; ArbG Trier AfP 2007, 66, 68). Auch kann er ihm bestimmte Aufgaben wieder entziehen, selbst dann, wenn der Betreffende sie über viele Jahre ausgeübt hat (LAG Baden-Württemberg AfP 1988, 391; LAG Rheinland-Pfalz AfP 1990, 68; ArbG Trier AfP 2007, 66, 68).

53 Anderes gilt nur dann, wenn das **Arbeitsverhältnis** sich im Laufe der Zeit, sei es ausdrücklich oder stillschweigend, auf eine ganz bestimmte Tätigkeit **konkretisiert** hat. Dies kommt allerdings erst nach sehr langer Zeit (LAG Rheinland-Pfalz 5.7.1996, NZA 1997, 1113: 13 Jahre zu wenig; BAG 29.6.1988 – 5 AZR 425/87 – nicht veröffentlicht: Konkretisierung nach mehr als 15 Jahren) und dann in Betracht, wenn der Arbeitgeber zusätzlich durch sein Verhalten Anlass zur Erwartung gegeben hat, dass er sein Direktionsrecht insoweit nicht mehr ausüben werde.

54 **b) Grenzen.** Die Tätigkeiten inhaltlich-gestaltend eingesetzter Mitarbeiter sind teilweise in hohem Maße Ausdruck ihrer **Meinungsfreiheit**, die ihrerseits durch Art. 5 Abs. 1 (sowie ggf Art. 4 Abs. 1) GG geschützt ist. Das Grundrecht der Meinungsfreiheit gibt den Journalisten freilich keinen Anspruch darauf, dass ihr Werk vollständig und unverändert veröffentlicht wird. Vielmehr muss der Medienunternehmer (Verleger, Rundfunkveranstalter etc.) in der Lage sein, das von ihm verantwortete Produkt inhaltlich so zu gestalten, dass es seinen Vorstellungen entspricht und thematisch, konzeptionell, inhaltlich und gestalterisch in das Gesamtgefüge der jeweiligen Publikation passt. Auch auf etwaige rechtliche Grenzen hat er zu achten. Dies bedingt naturgemäß im Einzelfall mehr oder weniger starke Eingriffe in die einzelnen Beiträge. Kürzungen, Modifikationen, Verschiebungen sind deshalb im Rahmen der Gesamtverantwortung insbesondere des Chefredakteurs zulässig. Sie kann er unmittelbar durchführen und muss nicht den Redakteur zu entsprechenden Änderungen anweisen.

55 Das Direktionsrecht berechtigt den Arbeitgeber allerdings nicht dazu, alle Details der journalistischen Arbeit festzulegen. Einen Kernbestand an Autonomie hat er vielmehr zu respektieren („**innere Presse- bzw Rundfunkfreiheit**“). So können Redakteure beispielsweise keinesfalls dazu verpflichtet werden, Positionen zu vertreten, die nicht der Tendenzvorgabe entsprechen (da sie, vom Verleger selbst vorgegeben, Grundlage des Arbeitsverhältnisses ist) oder aber ihrer eigenen Überzeugung widersprechen. Ein Grund, insoweit zwischen Presse- und Rundfunkunternehmen zu unterscheiden, ist nicht ersichtlich; jedenfalls sind formale Regelungen, die die „innere Rundfunkfreiheit“ absichern, für die Zulassung eines privaten Rundfunkveranstalters vorteilhaft (BVerfGE 83, 283, 318 ff).

56 Im **öffentlich-rechtlichen Rundfunk** sind die Grenzen des unantastbaren „autonomen“ Bereichs der programmgestaltenden Mitarbeiter eher etwas enger, jedenfalls aber nicht weiter gesteckt als bei den privatrechtlichen Medien. Das scheint zum ausdrücklichen Auftrag der Rundfunkanstalten, ein Höchstmaß an inhaltlicher Breite und Vielfalt in ihren Programmen widerzuspiegeln, im Widerspruch zu stehen. Dabei darf jedoch nicht verkannt werden, dass sich dieser Auftrag an die Institution „Rundfunkanstalt“ und nicht etwa an jeden programmgestaltenden Mitarbeiter richtet. Er gibt mithin keinen Freibrief für die Publikation der individuellen Darstellungen und Meinungen der im öffentlich-rechtlichen Rundfunk Beschäftigten. Vielmehr muss das Gesamtprogramm ausgewogen und umfassend sein. Dies kann – auch mit Blick auf die insoweit greifende Kontrolle durch den mit Vertretern der Allgemeinheit besetzten Rundfunkrat – nur durch eine adäquat ausgestaltete Verantwortungsstruktur gewährleistet werden. Die Gesamtverantwortung trägt die Intendantin bzw der Intendant. Sie bzw er ist daher auch berechtigt bzw verantwortlich, im Einzelfall Sendungen abzusetzen oder zu modifizieren. Auch und gerade im öffentlich-rechtlichen Rundfunk dürfen solche Anordnungen oder inhaltliche Veränderungen aber selbstverständlich nicht dazu führen (oder sogar in der entsprechenden Absicht vorgenommen werden), dass Sachangaben oder Meinungen unterdrückt werden, die Ergebnis auftragsgemäßer Aktivitäten sind und zu einer umfassenden, wahrheitsgemäßen Information der Öffentlichkeit gehören.

57 **2. Vertragliche Hauptpflichten.** Die wechselseitigen arbeitsvertraglichen Hauptpflichten sind grundsätzlich im **Arbeitsvertrag** sowie darüber hinaus häufig auch **tarifvertraglich** geregelt. Die zahlreichen medienspezifischen Besonderheiten etwa der Manteltarifverträge der öffentlich-rechtlichen Rundfunkanstalten (die jeweils für sich Tarifpartner der Gewerkschaften sind) sowie der Manteltarifverträge für Redakteure an Zeitungen bzw an Zeitschriften, die gesetzliche Vorschriften modifizieren oder ergänzen, können hier aus Raumgründen nicht im Einzelnen erläutert werden (s. bereits oben Rn 33). Hervorgehoben seien lediglich die in der Praxis besonders bedeutsamen tarifvertraglichen Arbeitszeitregelungen für Redakteure sowie die jeweiligen umfangreichen urheberrechtlichen Bestimmungen, auf deren Grundlage die Angestellten ihrem Arbeitgeber grundsätzlich die umfassenden Nutzungsrechte

an ihren Werken einräumen (s. zB *Schaub*, § 115, *Löffler/Dörner*, Rn 202 ff sowie *Löffler/Berger*, BT UrhR).

3. Vertragliche Nebenpflichten. a) Meinungsäußerungen. Nach der Rechtsprechung des BAG darf das betriebliche Verhalten des Arbeitnehmers dem Unternehmensziel des Arbeitgebers nicht entgegenwirken (**Treuepflicht**; dazu *Schaub*, § 53, ErfK/*Preis*, § 611 BGB Rn 707 ff mwN). Im Bereich der Medien geht diese vertragliche Nebenpflicht noch weiter, weil inhaltlich-gestaltend tätige Mitarbeiter (im Bereich der privatrechtlich organisierten Medien: die Tendenzträger) darüber hinaus grundsätzlich **auch im Privatleben** die Interessen des Verlegers bzw Medienunternehmers zu beachten und zu wahren haben (vgl zB BAG AP Nr. 2 zu § 1 KSchG 1969 Verhaltensbedingte Kündigung – Tendenztreue). Sie dürfen sich also beispielsweise nicht öffentlich in Widerspruch zur Haltung des Mediums setzen, für das sie inhaltlich-gestaltend tätig sind. Dies ist konsequent, weil auch in der Wahrnehmung Dritter die Arbeit etwa eines Redakteurs für ein bestimmtes Medium mit der Identifikation mit dessen inhaltlicher Grundausrichtung (Tendenz) einhergeht. 58

Unabhängig davon kann sich der Arbeitnehmer auf seine Meinungsfreiheit nicht berufen, soweit er mit seiner Meinungsäußerung die ihm durch den Arbeitsvertrag auferlegten Grenzen loyalen Verhaltens überschreitet (BAG NJW 1973, 77). Daraus können sich Grenzen für ein gesellschaftliches Engagement ergeben, zumindest aber Offenbarungspflichten gegenüber dem Arbeitgeber (s. etwa LAG Berlin AfP 2007, 165: Vorschlag für eine Preisvergabe durch einen Zeitungsredakteur als Privatmann und zugleich Initiative zur Berichterstattung über diesen Vorschlag durch seine Zeitung). So müssen sich die programmgestaltenden Mitarbeiter des öffentlich-rechtlichen Rundfunks mit **politischem Engagement** und entsprechenden Meinungsäußerungen generell, vor allem aber im Wahlkampf, zurückhalten. Dieses Gebot der Zurückhaltung folgt aus der besonderen Verpflichtung der Rundfunkanstalten zur objektiven und umfassenden Berichterstattung. Umgekehrt hat das politische Engagement eines Programm-Mitarbeiters daher notwendig zur Folge, dass eine programmgestaltende Tätigkeit jedenfalls in der betreffenden Zeit nicht mehr möglich ist. In jedem Falle ergibt sich aus dem Arbeitsvertrag eine Verpflichtung, den Arbeitgeber auf einschlägige beabsichtigte Engagements frühzeitig hinzuweisen. 59

b) Sonstige Loyalitätspflichten

– **Trennung von Werbung und redaktionellem Inhalt** 60

Darüber hinaus sind inhaltlich-gestaltend tätige Mitarbeiter verpflichtet, die Grundsätze der Trennung von Werbung und redaktionellem Inhalt zu wahren. Die einschlägigen (gesetzlichen) Vorschriften führen, etwa soweit sie **Schleichwerbung** verbieten, zu entsprechenden Unterlassungspflichten jedes Redakteurs. Ein Verstoß hiergegen kann unabhängig davon arbeitsrechtlich sanktioniert werden, ob der Arbeitgeber die allgemeinen Verbote durch Dienstanweisungen o.ä. näher konkretisiert hat, wie dies im öffentlich-rechtlichen Rundfunk üblich ist.

– **Vorteilsannahme** 61

Erst recht gilt dies, soweit der Mitarbeiter gegen die entsprechenden Verpflichtungen verstößt, um sich einen materiellen Vorteil zu verschaffen. Die **Annahme ungerechtfertiger Vorteile** ist generell unzulässig. Dem Arbeitnehmer ist es untersagt, Geld oder geldwerte Leistungen zu fordern, sich versprechen zu lassen oder anzunehmen, wenn der Geber hierfür eine Bevorzugung erwartet oder auch nur eine Tätigkeit belohnt – insbesondere etwa die Erwähnung in einem redaktionellen Umfeld.

Gerade im redaktionellen Bereich sind die Grenzen hier fließend. Viele Redakteure erhalten im Vorfeld oder im Zusammenhang mit einer erwünschten Berichterstattung **Vergünstigungen** von Unternehmen. So ist beispielsweise die Teilnahme an Essen oder besonderen Events für Pressehintergrundgespräche oder Pressekonferenzen, die unentgeltliche Nutzung fabrikneuer Pkws für geraume Zeit, kostenlose Auslandsreisen oder Hotelaufenthalte sowie die unentgeltliche Entgegennahme von Büchern oder Ton- und Bildträgern als „Besprechungsexemplaren" gang und gäbe. Unzulässig ist all dies jedenfalls dann, wenn der Arbeitnehmer den Arbeitgeber über den jeweiligen Sachverhalt nicht unverzüglich informiert und die Zuwendung bzw den Vermögensvorteil ohne dessen ausdrückliches Einverständnis in die „eigene Tasche" steckt. 62

Unter Umständen können entsprechende Handlungen jedenfalls für die im öffentlich-rechtlichen Rundfunk Beschäftigten – allerdings nur, soweit sie als „Amtsträger" qualifiziert werden können – 63 sogar **strafrechtlich relevant** sein, § 331 ff StGB. Die Amtsträgereigenschaft hat der BGH jedenfalls für redaktionell Verantwortliche einer Rundfunkanstalt bejaht, hinsichtlich „redaktioneller Hilfsberufe" hingegen offen gelassen (BGHSt 54, 202 Rn 38 ff).

64 – **Nebentätigkeiten**

Ohne ausdrückliche gegenteilige Beschränkung ist es dem Arbeitnehmer grundsätzlich gestattet, außerhalb seiner arbeitsvertraglich geschuldeten Tätigkeit einer so genannten **Nebentätigkeit** nachzugehen. Darauf, ob sie entgeltlich oder unentgeltlich, selbstständig oder unselbstständig ist, kommt es dabei nicht an. Wohl aber hat der Arbeitgeber ein Interesse daran, zu wissen, ob und ggf welcher Nebentätigkeit der Arbeitnehmer nachgeht. Die meisten Tarifverträge (insbesondere im Bereich der Presse und des – öffentlich-rechtlichen – Rundfunks) sehen deshalb vor, dass eine Nebentätigkeit beantragt werden muss, der Arbeitgeber eine **Genehmigung** allerdings nur dann versagen kann, wenn zu besorgen ist, dass die Nebentätigkeit seine Interessen beeinträchtigt. Wenn der Arbeitnehmer gar nicht erst um eine Erlaubnis nachsucht, verletzt er seine vertraglichen Nebenpflichten (BAG AP Nr. 8 zu § 611 BGB Nebentätigkeit).

65 Für den Medien-Arbeitgeber sind solche Nebentätigkeiten am relevantesten, denen der Arbeitnehmer in seinem publizistischen Umfeld und damit für eine (potenzielle) **Konkurrenz** oder aber innerhalb seines journalistischen Betätigungsbereichs nachgeht. Soweit sie seine Interessen im – publizistischen oder geschäftlichen – Wettbewerb beeinträchtigen, kann er sie untersagen. Das gilt sowohl für journalistische wie auch für sonstige Tätigkeiten wie etwa Foto- oder Regiearbeiten, produktionstechnische Dienstleistungen oder Ähnliches. Gleiches gilt, soweit die Nebentätigkeit die journalistische Unabhängigkeit bzw Glaubwürdigkeit gefährden kann. Eine entsprechende Gefährdungslage kann der Arbeitgeber grundsätzlich auch abstrakt-generell definieren und vorbeugende Verhaltensregelungen einführen (so für Regeln einer Wirtschaftszeitung zum Besitz von Wertpapieren und einschlägige Nebentätigkeiten BAG AP BetrVG 1972 § 87 Ordnung des Betriebes Nr. 39 = NZA 2003, 166).

66 Um eine – genehmigungspflichtige – Nebentätigkeit handelt es sich auch, wenn programmprägende Mitarbeiter ihre infolge der beruflichen Tätigkeit entstandene Popularität (etwa als Moderator, Sprecher o.ä.) durch honorierte **Werbeaktivitäten** ausnutzen wollen. Dies kann – je nach dem Charakter der hauptberuflichen Tätigkeit – die Glaubwürdigkeit und Integrität des Programms bzw Mediums beeinträchtigen, für das der Betreffende sonst prägend tätig ist. Jedenfalls im öffentlich-rechtlichen Rundfunk kann der Arbeitgeber daher an entsprechende Nebentätigkeiten besonders strenge Maßstäbe anlegen.

67 Bei der Frage, ob die für eine Versagung der Nebentätigkeitsgenehmigung maßgeblichen Voraussetzungen vorliegen, hat der Arbeitgeber einen Beurteilungsspielraum. Dies gilt vor allem für die Frage, ob die Nebentätigkeit geeignet sein kann, die journalistische Unabhängigkeit zu gefährden. Denn der Erhalt von Glaubwürdigkeit und Integrität des Mediums ist ein zentrales Interesse des Arbeitgebers (s. etwa HessLAG Urt. v. 12.4.2007 – 11 Sa 404/06 – Juris, Rn 55). Ob eine vorgesehene Nebentätigkeit geeignet sein kann, die Glaubwürdigkeit des Mediums zu gefährden, kann sich im Einzelfall auch aus Indizien wie etwa der **Höhe des** zu erwartenden **Nebeneinkommens** ergeben. Der Arbeitgeber ist deshalb berechtigt, im Einzelfall die Genehmigung von einer entsprechenden Auskunft abhängig zu machen, die ihm wenigstens eine grobe Vorstellung über den konkreten Inhalt der Nebentätigkeit sowie die Größenordnung der Nebeneinkunft ermöglicht.

IV. Beendigung

68 **1. Kündigung.** Ein unbefristetes Arbeitsverhältnis wird, sofern es nicht wegen Altersruhestand des Arbeitnehmers eo ipso ausläuft, in der Regel durch **Kündigung** eines der Beteiligten beendet. Der aus arbeitsrechtlicher Sicht relevanteste Fall ist der der Kündigung durch den Arbeitgeber. Für ihn gelten im Medienbereich grundsätzlich keine Besonderheiten.

69 Auch der Verleger, der Rundfunkveranstalter oder die Rundfunkanstalt kann sich also nach den insoweit maßgeblichen Vorschriften des KSchG von einem Beschäftigten nur dann gegen seinen Willen trennen, wenn das Arbeitsverhältnis so schwerwiegend gestört ist, dass eine Weiterbeschäftigung bei Berücksichtigung aller Umstände und nach Abwägung der beiderseitigen Interessen nicht zumutbar ist. Die geltend gemachten Gründe müssen die Kündigung **sozial rechtfertigen**, und zwar entweder weil sie in der Person oder im Verhalten des Arbeitnehmers oder aber durch dringende betriebliche Erfordernisse bedingt sind, § 1 KSchG.

a) **Personenbedingte Kündigung.** Ein personenbedingter Grund liegt vor, wenn der Arbeitnehmer auf Dauer die **Aufgaben** an seinem Arbeitsplatz **nicht** mehr **erfüllen** kann. Das wird im Medienbereich beispielsweise der Fall sein, wenn ein Kameramann nicht (mehr) in der Lage ist, das Equipment zu tragen, ein Fotograf sich neue Techniken nicht aneignet oder ein Redakteur nicht willens oder in der Lage ist, die Entwicklung seines Berichterstattungsgebiets zu verfolgen. 70

b) **Verhaltensbedingte Kündigung.** Als verhaltensbedingt hat die Rechtsprechung im Medienbereich beispielsweise die Kündigung wegen einer auf Gewissengründe gestützten Arbeitsverweigerung (BAG AP Nr. 1 zu § 611 BGB Gewissensfreiheit), einer Konkurrenztätigkeit (BAG AP Nr. 8 zu § 611 BGB Treuepflicht), eines Verstoßes gegen die Tendenzverpflichtung (LAG München AfP 1991, 560) bzw tendenzunwürdigen Verhaltens (BAG AP NR. 49 zu § 102 BetrVG 1972; BAG AP Nr. 169 zu § 626 BGB) oder der Falschbeantwortung einer Frage nach Stasi-Kontakten (LAG Sachsen AfP 1999, 392; BAG AP Nr. 69 zu § 1 KSchG 1969) für gerechtfertigt gehalten. Auch die Verquickung eines eigenen gesellschaftlichen Engagements (bzw dessen Verschweigen) mit der redaktionellen Tätigkeit kann grundsätzlich eine Kündigung rechtfertigen (LAG Berlin AfP 2007, 165). Gleiches gilt, wenn ein Redakteur Zahlungen aus einer für gelegentliche Arbeiten genehmigten Nebentätigkeit erhält, ohne dass er nachweisbare Leistungen dafür erbringt und dies dem Arbeitgeber verschwiegt (HessLAG Urt. v. 12.4.2007 – 11 Sa 404/06 – Rn 51 ff). 71

Nicht anders als in jedem anderen Arbeitsverhältnis setzt die verhaltensbedingte Kündigung auch im Medienbereich in der Regel eine **vorhergehende Abmahnung** des Arbeitnehmers voraus, um ihn auf die mit seinem Fehlverhalten verbundene Gefährdung seines Arbeitsverhältnisses hinzuweisen (st. Rspr seit BAG AP Nr. 3 zu § 1 KSchG). Sie ist nur im Ausnahmefall, etwa bei einer gravierenden Störung des Vertrauensverhältnisses oder strafbarem Verhalten entbehrlich. 72

Insbesondere in Fällen strafrechtlich relevanten Verhaltens kann sogar eine **Verdachtskündigung** gerechtfertigt sein, wenn sich starke Verdachtsmomente auf objektive Tatsachen gründen, die Verdachtsmomente geeignet sind, das für die Fortsetzung des Arbeitsverhältnisses erforderliche Vertrauen zu zerstören und der Arbeitgeber alle zumutbaren Anstrengungen zur Aufklärung des Sachverhalts unternommen, insbesondere dem Arbeitnehmer Gelegenheit zur Stellungnahme gegeben hat (LAG Sachsen Urt. v. 25.3.2009 – 2 Sa 66/08 – Rn 51 im Fall der Verfälschung einer Agenturmeldung durch den Nachrichtensprecher einer Rundfunkanstalt). 73

c) **Betriebsbedingte Kündigung.** Grundsätzlich kann eine Kündigung auch wegen dringender betrieblicher Erfordernisse gerechtfertigt sein. Denn grundsätzlich bleibt es dem Arbeitgeber überlassen, wie er sein Unternehmensziel möglichst günstig und zweckmäßig erreichen will. Daher hielt etwa das LAG Sachsen die Kündigung eines – schwerbehinderten – Fotografen durch einen Lokalzeitungsverleger für zulässig, der im Zuge einer innerbetrieblichen Umstrukturierung das Vertragsverhältnis zu sämtlichen Fotoreportern auf freie Mitarbeit umstellte (SächsLAG Urt. v. 28.11.2007 – 2 Sa 96/07, Rn 39 ff). 74

d) **Außerordentliche (fristlose) Kündigung.** Auch für die außerordentliche Kündigung, mithilfe derer das Arbeitsverhältnis unter besonderen Voraussetzungen sofort beendet werden kann, gelten im Medienbereich grundsätzlich keine Besonderheiten. In jedem Falle muss ein Sachverhalt gegeben sein, der einen derart folgenreichen Eingriff in den Bestand des Arbeitsverhältnisses begründen kann, und statt der fristlosen Kündigung darf nach Abwägung aller Interessen **kein milderes Mittel**, auch keine fristgemäße Kündigung, in Betracht kommen. 75

Selbstverständlich kann auch und gerade ein grober Verstoß gegen die medienspezifischen arbeitsvertraglichen Haupt- oder Nebenpflichten, so etwa die Tendenzrichtlinien einer Zeitung oder das Gebot der Trennung von Werbung und redaktionellem Inhalt, eine außerordentliche Kündigung rechtfertigen. Allerdings erübrigt sich auch in einem solchen Fall nicht die **Interessenabwägung**. 76

Die Manteltarifverträge der **öffentlich-rechtlichen Rundfunkanstalten** sehen immer noch vor, dass nach einer Beschäftigungsdauer von zehn Jahren und mehr der Arbeitgeber lediglich aus wichtigem Grund, also außerordentlich kündigen kann. Diese Regelung sowie die von zahlreichen Personalvertretungsgesetzen vorgeschriebene weitgehende Beteiligung (Mitbestimmung) des Personalrats in solchen Fällen hat dazu geführt, dass Kündigungen im öffentlich-rechtlichen Rundfunk im Allgemeinen sowie außerordentliche Kündigungen im Besonderen in der Vergangenheit nur selten ausgesprochen worden sind bzw erfolgreich waren. 77

2. **Befristung.** In der im Vergleich zu sonstigen Betrieben weitergehenden Möglichkeit, Beschäftigungsverhältnisse zu befristen, liegt eine der **signifikanten Besonderheiten** des Medienarbeitsrechts. 78

Dem aus Art. 5 Abs. 1 GG folgenden Bedarf nach redaktioneller Vielfalt und publizistischer Flexibilität hat das BVerfG Rechnung getragen, indem es die Befristung von Arbeitsverträgen aus programm- oder redaktionsspezifischen Gründen für zulässig erklärte (BVerfGE 59, 231, 258 ff). Die entsprechenden Grundsätze gelten auch für befristete Veränderungen des Arbeitsvertrages wie etwa eine zeitweilige Erhöhung oder Absenkung der Arbeitszeit, BAG AfP 2010, 92, 94.

79 Sedes materiae für die Befristung von Arbeitsverträge sind seit 2001 die Vorschriften des § 14 TzBfG, die allerdings in vielen Punkten die von der Rechtsprechung zuvor entwickelten Grundsätze aufgegriffen haben.

80 a) **Befristung aus sachlichem Grund (§ 14 Abs. 1 TzBfG).** Die Befristung eines Arbeitsverhältnisses ist nach § 14 Abs. 1 Satz 1 TzBfG zulässig, wenn sie durch einen **sachlichen Grund** gerechtfertigt ist. Die Sachgründe, auf die eine Befristung „insbesondere" gestützt werden kann, zählt Satz 2 – nicht abschließend – auf. Ein solcher Sachgrund liegt nach Nr. 4 insbesondere dann vor, wenn die Eigenart der Arbeitsleistung die Befristung rechtfertigt. Nach ständiger Rechtsprechung des BAG muss dabei der konkrete Befristungsgrund nach § 14 Abs. 1 (und 2) TzBfG nicht im Arbeitsvertrag genannt werden. Vielmehr genügt es, wenn er bei Vertragsschluss vorliegt; dies gilt grundsätzlich auch bei einer befristeten Erhöhung der Arbeitszeit (BAG AfP 2010, 92, 94 f mwN).

81 – **Öffentlich-rechtlicher Rundfunk**

Zu den von dieser Vorschrift erfassten Arbeitsverhältnissen, in denen die **Eigenart der Arbeitsleistung** eine Befristung rechtfertigt, bei denen eine Befristung wegen der Art der Tätigkeit also ohne einen weiteren Sachgrund vereinbart werden kann, zählen im öffentlich-rechtlichen Rundfunk die Arbeitsverhältnisse der programmgestaltenden Mitarbeiter, so etwa der Moderatoren, Kommentatoren oder Regisseure (BVerfGE 59, 231 ff; BverfG AP Nr. 4 zu Art. 5 GG Rundfunkfreiheit).

82 – **Grundsatz**

Nach der Rechtsprechung des BVerfG und, ihm folgend, des BAG umfasst der Schutz des Art. 5 Abs. 1 Satz 2 GG das Recht der Rundfunkanstalten, die Programm- und Organisationsstrukturen zu verändern und dem Gebot der Vielfalt der zu vermittelnden Programminhalte bei der Auswahl, Einstellung und Beschäftigung derjenigen Rundfunkmitarbeiter Rechnung zu tragen, die bei der Gestaltung der Programme mitwirken (zB BAG AP Nr. 144 zu § 620 BGB Befristeter Arbeitsvertrag). Grundsätzlich schließt dies auch die Entscheidung darüber ein, ob Mitarbeiter dauerhaft oder nur vorübergehend beschäftigt werden. Folglich kann die Befristung der Arbeitsverträge mit programmgestaltend tätigen Arbeitnehmern mit der Rundfunkfreiheit gerechtfertigt werden, ohne dass weitere Gründe für die Befristung erforderlich wären (zuletzt BAG NZA 2007, 321, 323). Einzelne gegen die Befristung sprechende Umstände haben dabei mit Rücksicht auf Art. 5 Abs. 1 GG zurück zu treten (BAG AP Nr. 66 zu § 611 BGB Abhängigkeit). Das BVerfG hat ausdrücklich hervorgehoben, dass die **Programmgestaltung** als solche bereits die Befristung sachlich rechtfertigt und weitere Gründe nicht erforderlich sind, wenn die Intensität der Einflussnahme auf die Programmgestaltung dies rechtfertigt (BVerfG NZA 2000, 653).

83 Der Prüfung, ob der Befristungsgrund zu Recht herangezogen wurde, ist mithin eine **typisierende Betrachtungsweise** zugrunde zu legen. Weder muss die Rundfunkanstalt also belegen, dass die konkrete redaktionelle Aufgabe des befristet eingestellten Mitarbeiters nach dem Ende der Befristung entfällt, noch kann umgekehrt die Befristung etwa mit dem Argument für unbeachtlich erklärt werden, das Programm habe sich mit oder nach Ablauf der befristeten Beschäftigung inhaltlich gar nicht oder nicht wesentlich verändert. In jedem Falle kann die Einführung und Erprobung neuer Programmangebote eine Befristung rechtfertigen (BAG AP Nr. 180 zu § 620 Befristeter Arbeitsvertrag).

84 – **Programmgestaltung**

Entscheidend kommt es damit für die Wirksamkeit der Befristung auf das Kriterium der Programmgestaltung an. Der Zusammenhang mit der Programmgestaltung fehlt, wenn sich die Personalentscheidungen auf Mitarbeiter beziehen, welche nicht **unmittelbar** den Inhalt der **Sendungen mitgestalten**. Hierzu zählen nicht nur das betriebstechnische und Verwaltungspersonal (einschließlich „programminhaltevermittelnder" Bereiche wie etwa der Pressestelle einer Rundfunkanstalt, s. BAG ZUM-RD 2007, 506 ff), sondern auch solche Mitarbeiter, deren Tätigkeit sich, wenngleich im Zusammenhang mit der Verwirklichung des Programms stehend, in dessen technischer Realisation erschöpft und ohne inhaltlichen Einfluss auf dieses bleibt (BVerfGE 59, 231, 260).

Allerdings verschwimmt angesichts der **technischen Entwicklung**, insbesondere der Digitalisierung die Unterscheidung zwischen rein technischem Personal und inhaltlich tätigen Personen vor allem bei den Online-Medien, aber auch bei Hörfunk und Fernsehen zunehmend. Journalisten übernehmen verstärkt technische Arbeiten, die früher von Druckern, Setzern, Technikern und Schreibkräften wahrgenommen wurden – und umgekehrt. Jedenfalls kann daher für die Einordnung als Programmmitarbeiter nicht relevant sein, ob die in Frage stehende Tätigkeit auch technische Aspekte hat. Eine solche Mischung ist nach heutiger Rechtsprechung dann unschädlich, soweit der Anteil der programmgestaltenden Tätigkeit überwiegt (BAG NZA 1998, 1336, 1339; zum umgekehrten Fall: BAG NZA 2007, 321 ff). 85

Regelmäßig wird dabei eine **einheitliche Tätigkeit** vorliegen, man wird also nicht unterscheiden können zwischen den redaktionellen Arbeiten und technisch orientierten Diensten eines Mitarbeiters, wenn es um die Gestaltung von Medieninhalten geht. So sind etwa die journalistische Arbeit und die Moderation im Selbstfahrerstudio nicht von den technisch notwendigen Handgriffen abgrenzbar. Das gleiche gilt für einen Online-Redakteur, der einen Text schreibt und dabei zugleich HTML- oder Java-Befehle für links hinzufügt; diese Tätigkeit lässt sich nicht in die eines Journalisten und eines Programmierers unterteilen. Entsprechendes gilt für Videojournalisten (VJ's), die ihre Beiträge selbst aufnehmen, inhaltlich und gestalterisch bearbeiten sowie vertonen. 86

Das **Ausmaß des Einflusses** des betreffenden Mitarbeiters auf die Gestaltung des Gesamtprogramms ist nach der Rechtsprechung grundsätzlich unerheblich. Der inhaltliche Einfluss auf ein Medienprodukt kann beispielsweise nicht etwa deshalb verneint werden, weil ein Mitarbeiter nur Kurzbeiträge liefert (BAG NZA 1998, 1336, 1340) oder zusätzlich auch technische Arbeiten erledigt. 87

– **Beispielsfälle** 88

Die folgenden Beispiele geben Anhaltspunkte für die Qualifikation einer Tätigkeit als programmgestaltend. Allerdings ist dessen unbeschadet immer eine **Einzelfallanalyse** erforderlich. So können beispielsweise gleiche Tätigkeiten unterschiedlich benannt oder qualifiziert werden. Der Begriff allein ist nicht entscheidend, sondern nach ständiger Rechtsprechung ausschließlich die tatsächlich ausgeübte Tätigkeit.

Aufnahmeleiter: Ein Aufnahmeleiter ist für die Koordination aller Aktivitäten bei der Produktion eines Beitrags verantwortlich. Programmgestaltend ist eine solche Tätigkeit in der Regel nicht (BAG AP Nr. 74 zu § 611 BGB Abhängigkeit). 89

Autor: Wer als Autor, Realisator, Interviewer und Sprecher alleinverantwortlich Rundfunkbeiträge – hier: für eine wöchentliche Magazinsendung – produziert, ist programmgestaltend tätig (LAG Köln Urt. v. 31.8.2000 – 6 Sa 609/00 – Juris, Rn 14). 90

Bühnenbildner: In der Regel nicht programmgestaltend: BAG AP Nr. 17 zu § 611 BGB Abhängigkeit. 91

Chef vom Dienst (CvD): So weit eine so bezeichnete Tätigkeit ausschließlich technisch oder organisatorisch zugeschnitten ist, wird man sie als nicht-programmgestaltend einstufen. Häufig übernimmt der CvD als Redakteur zusätzlich im Sinne eines primus inter pares die (vorübergehende) Aufgabe der Koordination. Er ist dann für Außenstehende Ansprechpartner, überwacht den Eingang der fertig gestellten Beiträge und kümmert sich im Falle plötzlicher Ereignisse darum, dass darüber berichtet wird – sei es durch ihn selbst, sei es durch Kollegen. Er verrichtet in diesem Fall Tätigkeiten wie jeder Redakteur und ist programmgestaltend tätig (SächsLAG Urt. v. 27.4.2007 – 2 Sa 126/06 – nicht veröffentlicht). 92

Filmkritiker: Ein Filmkritiker mit eigener Sendung ist zweifellos programmgestaltend tätig (BAG AP Nr. 33 zu § 611 BGB Rundfunk). 93

(Hörfunk-) Korrespondent: Ein Hörfunk-Korrespondent berichtet für die Rundfunkanstalt beispielsweise aus einer bestimmten Region oder dem Ausland. Seine Beiträge werden im Programm ausgestrahlt oder sind Grundlage weiterer Berichterstattung. Das Auslandskorrespondentennetz von ARD und ZDF gehört zu den besonderen Qualifikationsmerkmalen einer umfassenden öffentlich-rechtlichen Informations-, Bildungs- und Kulturberichterstattung, so dass die Besetzung der entsprechenden Korrespondentenposten auch zu den herausragenden Personalentscheidungen der Rundfunkanstalten gezählt wird. Aus alledem ergibt sich, dass Hörfunk-Korrespondenten zweifellos programmgestaltend tätig sind (BAG AP Nr. 35 zu § 611 BGB Abhängigkeit). Entsprechendes gilt selbstverständlich für Fernseh-Korrespondenten. 94

95 **Kameraassistent:** Kameraassistenten sind in der Regel nicht programmgestaltend tätig (BAG AP Nr. 24 und 25 zu § 611 BGB Rundfunk). Sie unterliegen vielmehr im Regelfall den Weisungen von Regisseur und Kameramann, so dass für eigene inhaltliche Gestaltung kein Raum bleibt. Sie gehören damit zum Kreis des betriebstechnischen Personals.

96 **Moderator:** Schreiben Moderatoren ihre Texte selbst, prägen sie maßgeblich die Wirkung des Programms. Daher muss im Hörfunk und beim Fernsehen für solche Personen, die schon aufgrund ihrer Persönlichkeit eine Programmkonzeption repräsentieren, unabhängig von sonstigen Aufgaben die Bewertung als programmgestaltend akzeptiert werden. Entscheidend ist, ob eine unverwechselbare Moderation mit eigenen Akzenten vorliegt, die durch Erstellung eigener Beiträge für die Sendung geprägt ist. Darin liegt der Unterschied zum Nachrichtensprecher, denn dieser liest nur vorgegebene Texte vor (LAG Sachsen Urt. v. 27.4.2006 – 8 Sa 178/05 -, Juris Rn 57 unter Hinweis auf BAG Urt. v. 13.5.1992 – 5 AZR 434/91 –, n.v. sowie BAG Urt. v. 27.2.1991 – 5 AZR 107/90 n.v.).

97 Das gilt auch für Moderatoren, die überwiegend Musik anmoderieren, wenn und soweit sie die Auswahl der Musiktitel und/oder auf andere Weise den Inhalt der Sendung beeinflussen können (BAG Urt. v. 11.12.1985 – 5 AZR 435/84 –, Juris, Rn 20 ff). Soweit ein Moderator hingegen – wie dies häufig in kommerziellen Hörfunkprogrammen der Fall ist – ausschließlich vorgegebene Musiktitel anmoderiert, dürfte ein nennenswerter Einfluss auf die Programmgestaltung in der Regel nicht gegeben sein (LAG Düsseldorf, Urt. 21.12.2001 – 18 Sa 1282/01 – n.v.).

98 **Online-Producer/-Layouter/Mediengestalter:** Handelt es sich bei dem Online-Producer um einen überwiegend redaktionell tätigen Mitarbeiter, der Online-Seiten gestaltet, sie mit Texten und Bildern füllt und der nur nebenbei mit technischen Fragen der Einstellung ins Internet befasst ist, wird man von einer Programmgestaltung ausgehen können (ebenso für den Layouter im Printbereich: *Schaffeld,* A Rn 62). Anders, wenn die technisch-administrativen Tätigkeiten im Vordergrund stehen.

99 **Nachrichtenredakteure:** Nachrichtenredakteure bringen gerade nicht ihre eigene Auffassung zu bestimmten Sachverhalten in das Programm ein, sie haben vielmehr ein möglichst objektives und wertungsfreies Bild des Tagesgeschehens zu liefern. Dennoch hat ihre Tätigkeit einen deutlich programmgestaltenden Charakter. Die Auswahl der Nachrichten, deren Gewichtung und die Art der Präsentation unterfallen dem Zeitgeist und prägen den Inhalt bzw. die Anmutung des Programms.

100 **Redakteur:** Zu den programmgestaltenden Mitarbeitern gehören auch die Redakteure, da sie durch die Auswahl der zu beschaffenden Beiträge bzw das Verfassen eigener Beiträge unmittelbar die inhaltliche Gestaltung des Programms beeinflussen (BAG NZA 2007, 147, 149 mwN). Allerdings muss die redaktionelle Tätigkeit unmittelbar für das Medium ausgeübt werden; für Mitarbeiter bzw Redakteure der Pressestelle des Medienunternehmens gilt dies grundsätzlich nicht (s. BAG ZUM-RD 2007, 506).

101 **Regieassistent:** Je nach konkreter inhaltlicher Einflussmöglichkeit kann auch die Regieassistententätigkeit als programmgestaltend qualifiziert werden (LAG Berlin EzA Nr. 23 zu § 611 Arbeitnehmerbegriff).

102 **Regisseur:** Da der Regisseur typischerweise für die konkrete künstlerische Ausgestaltung eines Hörfunk- oder Fernsehbeitrags verantwortlich ist, wird er in der Regel programmgestaltend tätig sein (BAG AP Nr. 23 zu § 611 BGB Abhängigkeit; SächsLAG Urt. v. 25.8.2006 – 2 Sa 840/05 – n.v.).

103 **(Sport-) Reporter:** Die Aufgabe eines Reporters stellt hohe Anforderungen an Ausdrucksfähigkeit, fachliche Kompetenz und (beim Live-Reporter) an die Reaktionsfähigkeit. Aufgrund der journalistisch-schöpferischen Tätigkeit besteht kein Zweifel an einer programmgestaltenden Tätigkeit (BAG AP Nr. 27 zu § 611 BGB Abhängigkeit; BAG EzA Nr. 43 zu § 611 BGB Arbeitnehmerbegriff).

104 Sportreporter sind in der Regel, zumal, soweit sie in der Live-Berichterstattung eingesetzt werden, programmgestaltend tätig (BAG AP Nr. 96 zu § 611 BGB Abhängigkeit; LAG Köln NZA-RR 1997, 283). Darauf, ob dies nebenberuflich geschieht, kommt es dabei nicht an.

105 **Sprecher:** Liest der Sprecher nur vorgegebene Texte vor, so hat er keine Möglichkeit, die Sendung nach seinen Vorstellungen zu gestalten (BAG AP Nr. 15 zu § 611 BGB Rundfunk; s. auch BVerfGE 59, 231, 271). Eine Programmgestaltung liegt dann nicht vor.

106 Etwas anderes muss jedoch dann gelten, wenn der Sprecher aufgrund seiner Persönlichkeit, seiner außergewöhnlichen Stimme und Betonung die Sendung oder das Programm prägt. Auch ein solch mittelbarer Einfluss auf die Charakteristik eines Programms hat heute große Bedeutung jedenfalls im

Hörfunk – ähnlich wie etwa das sonstige Klang-„Layout" –, aber auch für wichtige Fernseh-Nachrichtensendungen wie etwa die „Tagesschau".

Videojournalist: Der Videojournalist stellt Fernsehbeiträge komplett selbst her – von der Recherche über den Dreh bis zur Endfertigung, mit eigenem Text und Sprachausfertigung. Er widmet sich in der Regel aktuellen Ereignissen und produziert die Bild- und Ton-Aufnahmen mit kleinem Equipment (Videokamera) komplett allein. Diese Tätigkeit ist sicherlich programmgestaltend. 107

– **Interessenabwägung** 108

Allerdings kann sich die Rundfunkanstalt auf den Befristungsgrund „Programmgestaltung" gemäß § 14 Abs. 1 Satz 2 Nr. 4 TzBfG nur dann stützen, wenn die sich aus der Rundfunkfreiheit ergebenden Interessen das Interesse des Arbeitnehmers an einer Dauerbeschäftigung überwiegen (zuletzt BAG NZA 2007, 147, 149 mwN). Auch hier sind also die wechselseitigen **Interessen** der Parteien gegeneinander **abzuwägen**. Dabei ist vor allem zu berücksichtigen, mit welcher Intensität der betroffene Mitarbeiter auf das Programm Einfluss nehmen kann, ob er es beispielsweise durch Art und Häufigkeit seiner Einsätze prägt, und wie groß die Gefahr bei Bejahung eines unbefristeten Arbeitsverhältnisses ist, dass die Rundfunkanstalt nicht mehr den Erfordernissen eines vielfältigen Programms und den wechselnden Informationsbedürfnissen und Publikumsinteressen gerecht werden kann.

Zwar widerspricht allein der längere Einsatz bestimmter programmgestaltend tätiger Personen, etwa eines Sprechers oder Moderators, noch nicht dem Abwechslungsbedürfnis des Publikums und dem darauf gründenden Recht der Rundfunkanstalt zur personellen Veränderung. Aber eine **lang andauernde Beschäftigung** kann umgekehrt durchaus ein Indiz dafür sein, dass die Rundfunkanstalt trotz der programmgestaltenden Tätigkeit im konkreten Einzelfall tatsächlich kein Bedürfnis nach einem personellen Wechsel hat (BAG NZA 1998, 1336, 1340 mwN). Dies kann etwa deshalb der Fall sein, weil der Moderator sich über die Jahre in unterschiedlichen Programmgenres als so vielseitig erwiesen hat, dass er ohne Weiteres auch in einem anderen als dem bisherigen Programm oder einer anderen Sendung eingesetzt werden kann. 109

– **Höchstdauer einer Befristung** 110

Tarifvertraglich haben sich alle Rundfunkanstalten verpflichtet, **befristete Arbeitsverträge** nur bis zu einer bestimmten **Höchstdauer** von in der Regel sechs Jahren abzuschließen. Dies gilt – vorbehaltlich abweichender tariflicher Regelungen – auch für Arbeitsverträge mit programmgestaltenden Mitarbeitern. Soweit diese als Freie Mitarbeiter beschäftigt werden, nach Ablauf der tarifvertraglichen Frist jedoch im Rahmen eines arbeitsgerichtlichen Statusverfahrens festgestellt wird, dass es sich tatsächlich um ein Arbeitsverhältnis handelt, haben die entsprechenden tariflichen Regelungen damit zur Konsequenz, dass das Beschäftigungsverhältnis eo ipso rückwirkend als unbefristetes gilt. Mit zunehmender Beschäftigungsdauer wird es deshalb für die Rundfunkanstalten auch immer wichtiger sich zu vergewissern, dass die Dienste tatsächlich im Rahmen Freier Mitarbeit erbracht werden, und dies organisatorisch hinreichend abzusichern (dazu unten Rn 136 ff).

– **Privatrechtliche Medienunternehmen** 111

Ob und inwieweit die von der Rechtsprechung für die programmgestaltend Beschäftigten im öffentlich-rechtlichen Rundfunk entwickelten **Befristungsgrundsätze** auch auf die privat-kommerzielle Medienanbieter, insbesondere also Presseverlage, private Rundfunkunternehmen oder Telemedienanbieter **übertragbar** sind, ist umstritten.

– **Presse** 112

Gegen eine Übertragung dieser Grundsätze auf die Presse spricht, dass ein Verlag gerade auf eine gewisse **Kontinuität** in der inhaltlichen Gestaltung der Zeitung oder Zeitschrift angewiesen ist, um die Tendenzrichtlinien umzusetzen (ebenso u.a. *Löffler/Dörner*, Rn 68; ErfK/*Dieterich*, Art. 5 Rn 74, 78 mwN). Eine inhaltliche Änderung – und die darauf gestützte Befristung des Arbeitsverhältnisses – wäre, anders als bei den Rundfunkanstalten, nicht Konsequenz des verfassungsrechtlichen Gebots zur umfassenden Versorgung des Publikums mit allen Meinungen und Genres, sondern Ergebnis einer – wenn auch durch Art. 5 Abs. 1 GG geschützten – unternehmerischen Entscheidung. Insofern ist der diesen Unternehmen zustehende Tendenzschutz etwas anderes als die aus dem Grundversorgungsgebot folgende spezifische Programmanforderung an den öffentlich-rechtlichen Rundfunk.

113 – **Privat-kommerzieller Rundfunk**

Wie oben (Rn 18) dargelegt, steht der privat-kommerzielle Rundfunk in mancherlei Hinsicht der Presse näher als dem öffentlich-rechtlichen Rundfunk. Nach der Rechtsprechung des BAG kann gleichwohl eine programmgestaltende Tätigkeit, die für einen kommerziellen Rundfunkanbieter erbracht wird, die Befristung des Arbeitsverhältnisses nach § 14 Abs. 1 S. 2 Nr. 4 TzBfG rechtfertigen (BAG NZA 2007, 147 – freilich ist dort unpräzise von einer „Rundfunkanstalt" die Rede). Allerdings fordert das BAG in einem solchen Fall ausdrücklich eine **Prüfung**, ob die Befristung **im konkreten Fall** durch eine vergleichbare Interessenlage gekennzeichnet sei, wie sie das BVerfG für den öffentlich-rechtlichen Rundfunk anerkannt habe, der, anders als ein kommerzieller Rundfunkveranstalter, nicht zur Gewährleistung von Meinungsvielfalt verpflichtet sei (aaO Rn 25). Es müsse deshalb geprüft werden, ob das Rundfunkunternehmen ein Interesse an der nur vorübergehenden Beschäftigung des programmgestaltenden Mitarbeiters habe, weil das von ihr produzierte Programm mit Blick auf veränderte Berichtsgegenstände, Programmtechniken, Wettbewerbslagen und Publikumsbedürfnisse oder einem vergleichbaren Interesse gleichermaßen durch Art. 5 Abs. 1 GG geschützt sei.

114 Das BAG verlangt daher eine **konkrete Sachverhaltsaufklärung:** Zunächst ist zu ermitteln, welches die programmprägenden Inhalte der Sendung zum Zeitpunkt des Vertragsschlusses waren. Anschließend sei festzustellen, welche möglichen Änderungen der Sendeinhalte das Rundfunkunternehmen in Betracht zieht oder schon in Betracht gezogen hat. Sofern festgestellt werden kann, dass das Rundfunkunternehmen Änderungen in Betracht ziehen konnte, ist anschließend zu prüfen, ob und in welchem Umfang diese Änderungen in einem unbefristeten Arbeitsverhältnis erschwert worden wären. Dies ist zB dann der Fall, wenn der Mitarbeiter aufgrund seiner Fähigkeiten, seiner Ausbildung nicht in der Lage ist, die Sendung in ihrer künftigen Ausrichtung zu gestalten.

115 Ist danach eine Beeinträchtigung der durch Art. 5 Abs. 1 GG geschützten Interessen auf Seiten des Rundfunkunternehmens feststellbar, ist sein Interesse an der nur vorübergehenden Beschäftigung des Mitarbeiters mit dessen durch Art. 12 Abs. 1 GG geschütztem Interesse an einer dauerhaften Beschäftigung abzuwägen. Erforderlich ist eine ergebnisoffene, dh nicht allein die Rundfunkfreiheit berücksichtigende **Abwägung der Interessen.**

116 Das BAG verlangt also im Bereich des kommerziellen Rundfunks für eine wirksame Befristung eine Prognose zum Zeitpunkt der Erstbeschäftigung, ob der Veranstalter während oder nach Ende des befristeten Vertrages eine Änderung der Sendeinhalte in Betracht zieht. Damit sind die **Anforderungen** an eine wirksame Befristung von Arbeitsverträgen programmgestaltender Mitarbeiter hier **strenger** als im öffentlich-rechtlichen Rundfunk.

117 – **Sonstige Medien**

Die vom BAG in seiner Entscheidung vom 26.7.2006 (BAG NZA 2007, 147 ff) entwickelten Grundsätze dürften unmittelbar auch auf alle sonstigen Medienunternehmen anwendbar sein, die – insbesondere durch Telemedien – auf elektronischem Weg redaktionelle Inhalte verbreiten.

118 **b) Befristung ohne sachlichen Grund (§ 14 Abs. 2 TzBfG).** Eine Befristung kann auch sachgrundlos gemäß § 14 Abs. 2 TzBfG vereinbart werden. Dies ist unter den dort genannten Voraussetzungen, auch im Rahmen mehrer aufeinander folgender kürzerer Verträge, für die Dauer von **bis zu zwei Jahren** statthaft.

119 Ob eine Befristung auf diese Vorschrift gestützt werden kann, hängt also maßgeblich davon ab, für welchen Zeitraum sich der Mitarbeiter auf das Bestehen eines Arbeitsverhältnisses beruft und welche Tatsachengrundlage dafür besteht. Spezifische Besonderheiten weist der Medienbereich in dieser Frage nicht auf. Insbesondere sind weder im Rundfunk noch bei der Presse bislang die Anzahl der Verlängerungen oder die Höchstdauer der Befristung tarifvertraglich abweichend von der gesetzlichen Vorschrift geregelt worden.

120 **3. Zeugnis.** Nach allgemeinen arbeitsrechtlichen Grundsätzen hat der Arbeitnehmer im Falle der Beendigung seines Arbeitsverhältnisses einen Anspruch auf ein qualifiziertes Zeugnis, § 109 GewO. Dabei muss er den Arbeitnehmer auf der Grundlage von Tatsachen beurteilen und, soweit das möglich ist, ein objektives Bild über den Verlauf des Arbeitsverhältnisses vermitteln (BAG NJW 2001, 2995 ff). Daraus ergeben sich die Gebote der Zeugniswahrheit und der Zeugnisklarheit. Weder Wortwahl noch Auslassungen dürfen dazu führen, dass bei Lesern des Zeugnisses der Wahrheit nicht entsprechende Vorstellungen entstehen können (BAG NZA 2006, 104 ff). Ein Zeugnis darf deshalb dort keine Aus-

lassungen enthalten, wo der verständige Leser eine positive Hervorhebung erwartet (BAG AP BGB § 630 Nr. 6). Daher muss da Zeugnis für einen Tageszeitungsredakteur auch eine Aussage zur Belastbarkeit in Stresssituationen enthalten (BAG NZA 2008, 1349 ff).

C. Freie Mitarbeit

Medienunternehmen beschäftigen traditionell in großem Umfang so genannte Freie Mitarbeiter. Dabei handelt es sich um Personen, die angesichts ihrer speziellen Vorkenntnisse, Fertigkeiten oder sonstiger Qualifikationsmerkmale für bestimmte Projekte, Produktionen und Themen eingesetzt werden, dabei jedoch **nicht persönlich abhängig** vom Auftraggeber sind. Dies kann einmal, mehrfach oder wiederholt, stunden- oder tageweise, über kürzere oder längere Zeiträume, in erheblichem oder nur in ganz geringem Umfang geschehen. Auch die vertragliche Ausgestaltung ist höchst unterschiedlich. 121

Artikel, Beiträge und Produktionen können auf diese Weise ein erheblich größeres inhaltliches und gestalterisches Spektrum abdecken, und die Medienunternehmen sind in der Lage, bestimmten aktuellen Entwicklungen erheblich besser Rechnung zu tragen, als dies mit ausschließlich fest angestellten Mitarbeitern möglich wäre. Denn diese müssen in der Regel unbefristet eingestellt, können nur unter bestimmten Voraussetzungen anderweitig als vertraglich vereinbart bzw ursprünglich vorgesehen beschäftigt und unter noch engeren Voraussetzungen gekündigt werden. Diese Rahmenbedingungen können sich bei den in besonderer Weise auf **Flexibilität** angewiesenen Medien problematisch auswirken. Dies gilt insbesondere für den öffentlich-rechtlichen Rundfunk. So ist zB der Rundfunk Berlin-Brandenburg sogar ausdrücklich verpflichtet, zur Erfüllung seines Programmauftrags programmgestaltende Mitarbeiter auch auf der Grundlage freier Mitarbeiterverhältnisse zu beschäftigen (§ 4 Abs. 7 rbb-Staatsvertrag). 122

I. Statusrechtsprechung

Die Rechtsprechung hat sich mit dieser Ausgangssituation in einer Reihe grundlegender Entscheidungen beschäftigen müssen, weil als Freie Mitarbeiter eingesetzte Personen auf gerichtlichem Wege die Feststellung begehrten, dass sie tatsächlich als Arbeitnehmer anzusehen seien. Überwiegend ging es dabei um Fälle aus dem öffentlich-rechtlichen Rundfunk. 123

1. Die Rechtsprechung des BVerfG zum öffentlich-rechtlichen Rundfunk. Nachdem in den siebziger Jahren zunächst etliche Festanstellungsklagen im Medienbereich vor den Arbeitsgerichten Erfolg hatten, hat sich das Bundesverfassungsgericht erstmals eingehend in seiner Entscheidung vom 13.1.1982 mit der Freien Mitarbeit bei den Rundfunkanstalten auseinandergesetzt (BVerfGE 59, 231 = AP Nr. 1 zu Art. 5 Abs. 1 GG Rundfunkfreiheit = NJW 1982, 1447 ff). Die in dieser Entscheidung entwickelten **Grundsätze** liegen der arbeitsgerichtlichen Rechtsprechung seither zugrunde: 124

a) **Vertragstypenwahl.** Das BVerfG stellte im Ergebnis fest, dass es die verfassungsrechtliche Gewährleistung der Rundfunkfreiheit gebiete, den Rundfunkanstalten die Freiheit einzuräumen, einen Mitarbeiter fest anzustellen oder ihn aus programmlichen Gründen nicht auf Dauer, sondern nur für eine gewisse Zeit zu engagieren. Dies schließe die Befugnis ein, bei der Begründung von Mitarbeiterverhältnissen den **jeweils geeigneten Vertragstyp** zu wählen (so genannte Vertragstypenwahl, BVerfGE 59, 231, 260). 125

Nach Auffassung des BVerfG sind die Rundfunkanstalten demnach nicht in der Lage, den Erfordernissen ihres Programmauftrages gerecht zu werden, wenn sie ausschließlich auf feste Mitarbeiter angewiesen wären, welche unvermeidlich nicht die gesamte Vielfalt der in den Sendungen zu vermittelnden Inhalte wiedergeben und gestalten könnten. Der in den Schranken der allgemeinen Gesetze gewährleistete verfassungsrechtliche Schutz der Freiheit des Rundfunks erstrecke sich auf das Recht der Rundfunkanstalten, dem Gebot der Vielfalt der zu vermittelnden Programminhalte auch bei der Auswahl, Einstellung und Beschäftigung derjenigen Rundfunkmitarbeiter Rechnung zu tragen, die bei der Gestaltung der Programme mitwirken. Soweit Art. 5 GG Auswahl, Inhalt und Ausgestaltung der Programme gegen fremde Einflüsse schütze, müsse dies also auch für die **Auswahl**, die **Einstellung und Beschäftigung des Personals** gelten, von dem die Gestaltung abhänge (BVerfGE 59, 231, 259). 126

Freilich könne dies nicht dazu führen, dass das Arbeitsrecht in Medienunternehmen gar nicht anzuwenden sei. Vielmehr müsse ein **Ausgleich** zwischen der **Rundfunkfreiheit** auf der einen und den für einen **Sozialschutz** der Mitarbeiter notwendigen arbeitsrechtlichen Instrumentarien auf der anderen 127

Seite gefunden werden. Diesen Ausgleich hat das BVerfG in einem Beschluss vom 28.6.1983 erneut eingefordert und zugleich seine Rechtsprechung zur Rundfunkfreiheit bestätigt. Der arbeitsrechtliche Bestandsschutz begrenze nicht nur die Rundfunkfreiheit, er werde seinerseits durch die Freiheit des Rundfunks begrenzt (BVerfGE 64, 256).

128 b) **Programmgestaltung.** Ausdrücklich bezieht das BVerfG die von ihm entwickelten Grundsätze zum Zusammenhang zwischen Rundfunkfreiheit und Personalauswahl auf Mitarbeiter, die an Hörfunk- und Fernsehsendungen inhaltlich gestaltend mitwirken. Dies gelte namentlich, wenn sie typischerweise ihre eigene Auffassung zu politischen, wirtschaftlichen, künstlerischen und anderen Sachfragen, ihre Fachkenntnisse und Informationen, ihre individuelle künstlerische Befähigung und Aussagekraft in die Sendungen einbrächten, wie dies etwa bei Regisseuren, Moderatoren, Kommentatoren, Wissenschaftlern und Künstlern der Fall sei. Damit war der Begriff des **programmgestaltenden Mitarbeiters** eingeführt (s. dazu bereits oben Rn 82 ff).

129 In seinem Beschluss vom 3.12.1992 (BVerfG AP Nr. 5 zu Art. 5 Abs. 1 GG Rundfunkfreiheit = NZA 1993, 741) hat das BVerfG noch einmal deutlich gemacht, dass der grundrechtliche **Schutz** der Rundfunkfreiheit auf den Kreis der programmgestaltenden Rundfunkmitarbeiter **beschränkt** ist. Die Verfassungsbeschwerde betraf den Moderator einer Musiksendung mit Wortbeiträgen, dem nur die Überleitung zwischen Wort und Musik oblag, während die Redaktion die Musik- und Wortbeiträge verantwortete. Einen inhaltlichen Einfluss auf das Programm vermochte der Senat nicht zu erkennen, so dass die Rundfunkanstalt sich nicht auf die Rundfunkfreiheit berufen konnte.

130 Die Entscheidungen des BVerfG sind unterschiedlich bewertet worden. Heftig umstritten war insbesondere, ob die Rundfunkfreiheit bereits die Bestimmung des Arbeitnehmerstatus oder ausschließlich die Zulässigkeit von Befristungen der Arbeitsverhältnisse entscheidend beeinflusst.

131 Diese Frage hat das BVerfG in zwei Entscheidungen aus dem Jahr 2000 zwar aufgegriffen (BVerfG AP Nr. 9 zu Art. 5 Abs. 1 GG Rundfunkfreiheit = NZA 2000, 653 ff; BVerfG, NZA 2000, 1097 ff), die Antwort im Ergebnis aber vom **Einzelfall** abhängig gemacht. Es bestätigt darin zunächst die Rechtsprechung der Instanzgerichte, die allgemeinen arbeitsrechtlichen Kriterien zur Bestimmung der Arbeitnehmereigenschaft seien auch dann allein maßgeblich, wenn es um die Beurteilung von Beschäftigungsverhältnissen programmgestaltender Rundfunkmitarbeiter gehe. Erst die Verpflichtung zu dauerhafter Beschäftigung in einem Arbeitsverhältnis greife in das Grundrecht auf Rundfunkfreiheit ein. Daher wirke sich der grundrechtliche Einfluss nicht bereits bei der Beurteilung der Arbeitnehmereigenschaft, sondern erst bei der Frage der Befristung aus.

132 Wenn allerdings schon die Qualifikation des Beschäftigungsstatus als Arbeitsverhältnis der Rundfunkanstalt den Schutz des Grundrechts aus Art. 5 Abs. 1 S. 2 GG versperre, komme es in Betracht, die Rundfunkfreiheit bereits bei der **Definition des Arbeitnehmerbegriffs** zu berücksichtigen. Belässt die Einordnung als Arbeitsverhältnis aber genügenden Raum zur Berücksichtigung der Anforderungen der Rundfunkfreiheit – zB durch eine Befristung des Arbeitsverhältnisses – sei dies hingegen nicht der Fall.

133 **2. Freie Mitarbeit in der Presse und anderen Medien.** Das BAG hat auf der Grundlage dieser verfassungsgerichtlichen Rechtsprechung das Institut der Freien Mitarbeit in ständiger Rechtsprechung zumindest insoweit anerkannt, als es um den öffentlich-rechtlichen Rundfunk bzw um redaktionell-gestaltende Tätigkeiten geht (zB BAG AP Nr. 42, 43 und 73 zu § 611 BGB Abhängigkeit; BAG AP Nr. 26 zu § 611 BGB Rundfunk).

134 In der Literatur wird eingehend die **Notwendigkeit** des Einsatzes Freier Mitarbeiter auch in privatkommerziellen Medienunternehmen, namentlich in der Presse begründet (s. insb. *Schaffeld*, A Rn 16 ff): Die den Zeitungen und Zeitschriften zugewiesene Funktion, die gesellschaftliche Wirklichkeit widerzuspiegeln und als Mittler zwischen Volk und politischen Entscheidungsträgern zu wirken, könne nur dann sachgerecht erfüllt werden, wenn sich die verschiedenen Anschauungen und Strömungen der Gesellschaft auch personell in den Medien wiederfänden, insbesondere soweit es um Spezialthemen gehe. Auch veränderte Berichtsgegenstände, Wettbewerbssituationen und Leserwünsche könnten eine veränderte personelle Besetzung erforderlich machen. Schließlich sei auch das Kostenargument zu berücksichtigen, da die steuerlichen, sozial- und tarif-, allgemein arbeits- und betriebsverfassungsrechtlichen Aspekte den zur Verfügung stehenden Personaletat belasteten und damit die Kosten der Presse in die Höhe trieben; dies gehe zulasten der Qualität der Berichterstattung.

Ob unter diesen Gesichtspunkten und in dem eingangs beschriebenen Rahmen bei der Presse und sonstigen Medienunternehmen im Rechtssinne ein freies Beschäftigungsverhältnis begründet werden kann, mag hier dahinstehen. Faktisch jedenfalls beschäftigen die Verlage und Medienhäuser in ähnlich großem Umfang Freie Mitarbeiter wie die Rundfunkanstalten. Ob ihre Beschäftigungsverhältnisse nach arbeitsrechtlichen Grundsätzen zu beurteilen sind, entscheidet sich letztlich danach, ob die **materiellen Kriterien** eines Arbeitsverhältnisses erfüllt sind oder nicht. 135

II. Materielle Abgrenzung des Status

Aus der Rechtsprechung ergeben sich für die Medienpraxis folgende Prüfungsschritte für die Abgrenzung zwischen Arbeitnehmern und Freien Mitarbeitern: 136

Voraussetzung ist zunächst, dass es sich bei dem Auftraggeber um ein **Medienunternehmen** handelt, das dem Schutz des Art. 5 Abs. 1 Satz 2 GG unterfällt (s.o. Rn 21 ff). 137

Anschließend ist zu prüfen und darzulegen, dass der betreffende Mitarbeiter **inhaltlich-gestaltend** eingesetzt wird (1.). Sofern dies der Fall ist, kommt grundsätzlich ein Freies Mitarbeiterverhältnis in Betracht, es sei denn, die Umstände der Beschäftigung sprechen dafür, dass der Mitarbeiter doch als Arbeitnehmer beschäftigt wird (2.). 138

Sofern schon nach den allgemeinen arbeitsrechtlichen Kriterien eine Freie Mitarbeit und somit Selbstständigkeit vorliegt, greifen die arbeitsrechtlichen Regelungen nicht. Dienst- und werkvertragsrechtlich sind die gegenseitigen Rechte und Pflichten weitgehend frei gestaltbar. Kommt man demgegenüber zu dem Ergebnis, dass es überwiegende Anhaltspunkte für eine abhängige Beschäftigung und damit für einen Arbeitnehmerstatus gibt, so stellt sich die weitere Frage, ob bereits mit der Qualifikation des Beschäftigungsverhältnisses als Arbeitsverhältnis dem Auftraggeber der **Schutz des Grundrechts aus Art. 5 GG** versperrt würde (3.). 139

Ist dies nicht der Fall und handelt es sich trotz der Berücksichtigung dieser Vorgaben um eine abhängige Beschäftigung und damit um einen Arbeitnehmerstaus, so stellt sich die weitere Frage, ob das Beschäftigungsverhältnis unbefristet zustande gekommen ist oder ob die Vertragsparteien wirksam eine **Befristung** des Vertrages vereinbart haben (4.). 140

1. Inhaltlich-gestaltende Tätigkeit. Die Rechtsprechung bezieht sich, wie oben aufgezeigt, im Wesentlichen auf den Kreis der programmgestaltenden Mitarbeiter im öffentlich-rechtlichen Rundfunk. Unabhängig davon, inwieweit diese Rechtsprechung auf vergleichbare Beschäftigungsverhältnisse in anderen Medien übertragbar ist, lässt sich jedenfalls feststellen, dass Freie Mitarbeit jenseits des Bereichs der **inhaltlich-gestaltenden Tätigkeit** nicht anerkannt wird – es sei denn, dass besondere Umstände für eine selbstständige Tätigkeit sprechen. Das Vorliegen einer solchen inhaltlich- bzw programmgestaltenden Tätigkeit ist daher, abgesehen von besonderen Ausnahmefällen (BAG 14.6.1989 – 5 AZR 346/88 – sowie 20.7.1994 – 5 AZR 628/93 –, beide abrufbar über Juris) entscheidend, um überhaupt die Möglichkeit einer Freien Mitarbeit in Betracht ziehen zu können (s. dazu oben Rn 84 ff und 123 ff). 141

2. Allgemeine arbeitsrechtliche Kriterien zur Abgrenzung des Status. a) Abgrenzung Freie Mitarbeit – Arbeitnehmereigenschaft. Eine **gesetzliche Definition** Freier Mitarbeit fehlt ebenso wie eine solche des Gegenteils, der Arbeitnehmereigenschaft. Es gibt jedoch eine Reihe gesetzlicher Vorschriften, die die Begriffe des Arbeitnehmers oder des Selbstständigen umschreiben und Anknüpfungspunkte für die Abgrenzung liefern. Als wichtigster normativer Ansatz einer Abgrenzung gilt § 84 Abs 1 HGB: 142

„Handelsvertreter ist, wer als selbstständiger Gewerbetreibender ständig damit betraut ist, für einen anderen Unternehmer Geschäfte zu vermitteln....Selbstständig ist, wer im Wesentlichen frei seine Tätigkeit gestalten und seine Arbeitszeit bestimmen kann." 143

Als **Kernkriterium** Freier Mitarbeit ist damit die Möglichkeit benannt, selbst darüber zu entscheiden, ob, wem und zu welcher Zeit man die eigenen Dienste einem Dritten anbietet. Arbeitnehmer ist im Umkehrschluss derjenige, der auf privatrechtlicher Grundlage im Dienste eines anderen in persönlicher Abhängigkeit, dh fremdbestimmt, zur Arbeit verpflichtet ist (st. Rspr, zB BAG NZA 2001, 551). 144

Das maßgebliche Unterscheidungskriterium sieht die Rechtsprechung in der **persönlichen Abhängigkeit** des Arbeitnehmers. Der Grad der persönlichen Abhängigkeit ergibt sich daraus, in welchem Umfang die vertraglich geschuldete Leistung im Rahmen einer fremdbestimmten Arbeitsorganisation zu erbringen ist. Die Eingliederung in die fremde Arbeitsorganisation zeigt sich insbesondere daran, dass der Beschäftigte einem Weisungsrecht seines Vertragspartners (Arbeitgebers) unterliegt. Das Wei- 145 sungsrecht kann Inhalt, Durchführung, Zeit, Dauer und Ort der Tätigkeit betreffen. Die fachliche Weisungsgebundenheit ist allerdings für Dienste höherer Art häufig nicht typisch; die Art der Tätigkeit kann es mit sich bringen, dass dem Mitarbeiter ein hohes Maß an Gestaltungsfreiheit, Eigeninitiative und fachlicher Selbstständigkeit verbleibt. Der Grad der persönlichen Abhängigkeit hängt auch von der Eigenart der jeweiligen Tätigkeit ab. Abstrakte, für alle Arbeitsverhältnisse gleichermaßen geltende Merkmale gibt es nicht.

146 Letztlich kommt es für die Beantwortung der Frage, welches Rechtsverhältnis im konkreten Fall vorliegt, auf eine **Gesamtwürdigung** aller maßgeblichen Umstände des Einzelfalls an (BAG NZA 1998, 705). Dafür bieten die zwischen den Vertragsparteien getroffenen Vereinbarungen sicherlich Anhaltspunkte. Allerdings richtet sich der Beschäftigtenstatus nicht nach den Wünschen und Vorstellungen der Vertragspartner, sondern danach, wie die Vertragsbeziehungen in ihrer tatsächlichen Umsetzung objektiv einzuordnen sind. Der wirkliche Geschäftsinhalt ist den ausdrücklich getroffenen Vereinbarungen und der praktischen Durchführung des Vertrages zu entnehmen. Wird der Vertrag abweichend von den ausdrücklich getroffenen Regelungen umgesetzt, ist die tatsächliche Praxis maßgebend. Für die Abgrenzung bedeutsam sind daher in erster Linie die Umstände, unter denen die Dienstleistung zu erbringen ist, nicht die Bezeichnung, die die Parteien ihrem Rechtsverhältnis gegeben haben, oder eine von ihnen gewünschte Rechtsfolge (BAG NZA 1995, 622; BAG NZA 1998, 705). Unerheblich ist für die Statusbeurteilung dabei in der Regel ein Verhalten des Arbeitgebers, mit dem er nur Folgerungen aus dem von ihm eingenommenen Rechtsstandpunkt zieht (BAG AP Nr. 21 zu § 611 BGB Abhängigkeit).

147 **b) Anhaltspunkte für unselbstständige Tätigkeit.** Zu den **Indizien**, anhand derer eine Weisungsgebundenheit überprüft werden kann, gehören:

148 **Dienstpläne:** Die Tatsache allein, dass jemand in Dienstplänen geführt ist, spricht für sich genommen noch nicht für Weisungsgebundenheit (BAG AP Nr. 37 zu § 611 BGB Rundfunk). Entscheidend ist vielmehr das Zustandekommen des Dienstplans. Dabei kommt es, vereinfacht gesagt, darauf an, ob der Auftragnehmer die realistische Möglichkeit hat, die maßgeblichen Parameter des Auftrags zu beeinflussen.

149 Weisungsgebundenheit liegt daher vor, wenn der Auftraggeber ohne vorherige Absprache Zeitpunkt und Dauer einer Tätigkeit des Mitarbeiters festlegt (BAG AP Nr. 15 zu § 611 BGB Rundfunk). Dies nimmt das BAG auch für den Fall an, dass der Mitarbeiter ohne vorherige Klärung in die Dienstpläne eingeschrieben wird und der Auftraggeber ihm lediglich ein Ablehnungsrecht einräumt. Erst recht gilt dies für den Fall, dass die Einsatzzeiten durch Übersendung von Einsatzplänen bestimmt werden, ohne dass der Mitarbeiter die Gelegenheit erhält, sich dazu zu erklären (BAG NZA 2007, 321 ff).

150 Geben Dienstpläne das Ergebnis gemeinsamer Absprachen wieder, spricht dies gegen eine persönliche Abhängigkeit. Das gilt auch dann, wenn der Mitarbeiter selbst seine Leistung für einen bestimmten Tag anbietet und er dementsprechend in den Dienstplan eingetragen wird. Dann kann der Auftraggeber auch – wie bei jeder anderen termingebundenen Dienst- oder Werkleistung – Verbindlichkeit erwarten. Als Angebot des Mitarbeiters ist es auch dann noch zu werten, wenn der Auftraggeber dem Mitarbeiter einen Planungsbogen zuschickt, in dem dieser eintragen kann, wann er zur Verfügung steht. Wählt der Auftraggeber aus diesen Angaben einige Tage aus, liegt darin noch keine einseitige Bestimmung des Auftraggebers über den Freien Mitarbeiter (*Schmidtmann/Ory*, S. 79).

151 **Ständige Dienstbereitschaft:** Das Verlangen des Auftraggebers nach ständiger Dienst- bzw Rufbereitschaft führt in der Regel zu einer persönlichen Abhängigkeit.

152 Ein Indiz für ständige Dienstbereitschaft kann darin liegen, dass der Mitarbeiter seinen Urlaub nicht nur – wie es in der Regel die Tarifverträge für arbeitnehmerähnliche Personen vorsehen – anzeigen, sondern ihn sich genehmigen lassen muss.

153 Ebenso spricht für eine ständige Dienstbereitschaft, wenn der Auftraggeber vom Mitarbeiter tägliche Anwesenheit in Bürozeiten erwartet, dieser also eine Abwesenheit anzeigen oder sich sogar für sie entschuldigen muss.

154 **Personalverwaltung:** Ob die Daten des Mitarbeiters in einer „Personalakte" oder vergleichbaren Unterlagen gesammelt werden, ist für sich allein genommen unerheblich. Entsprechendes gilt für den Fall, dass bestimmte Formalien für Reisen eingehalten werden müssen, die der Mitarbeiter im Auftrag des Unternehmens ausführt (BAG AP Nr. 21 zu § 611 Abhängigkeit).

Büroausstattung: Ein eigenes Büro kann für eine ständige Dienstbereitschaft und damit für eine persönliche Abhängigkeit sprechen. Grundsätzlich kommt es für die Abgrenzung der Rechtsverhältnisse im Medienbereich jedoch nicht auf Äußerlichkeiten an, die entweder zufallsbedingt sind oder die der Arbeitgeber kraft seiner Organisationsgewalt beliebig verändern kann (BAG AP Nr. 21 zu § 611 BGB Abhängigkeit). Hält der Auftraggeber das Büro für den Freien Mitarbeiter vor und kann dieser es frei nutzen, ist dies für sich genommen kein Zeichen einer abhängigen Beschäftigung. Dasselbe gilt für einen eigenen Schreibtisch in einem Großraumbüro. Ebenso wenig sagt eine eigene Telefonnummer, die Aufnahme in ein unternehmensinternes Telefonbuch (BAG NZA 1995, 21, 22) oder die Vergabe von Visitenkarten unbedingt etwas über die Abhängigkeit des Auftragnehmers aus. 155

Nutzung der Technik: Mitarbeiter sind nicht schon deshalb in den Betrieb eingegliedert, weil sie auf technische Einrichtungen oder Personal des Auftraggebers angewiesen sind (BAG AfP 1991, 764; BAG NZA 2000, 1102 ff). 156

Umgekehrt ist es ein Indiz für ein unabhängiges Beschäftigungsverhältnis, wenn der Mitarbeiter seine Aufträge im Wesentlichen mit eigenen Geräten ausführt (BAG, Urt. v. 3.5.1989 – 5 AZR 158/88, BB 1990, 779 f). 157

Teilnahme an Redaktionskonferenzen: Grundsätzlich begründet die Einbindung eines programmgestaltenden Mitarbeiters in ein festes Programmschema ebenso wenig einen Arbeitnehmerstatus wie die – damit verbundene – Anwesenheit zu feststehenden Zeiten vor und nach der Sendung oder die notwendige Teilnahme an zeitlich festgelegten Redaktionskonferenzen (BAG AfP 2010, 89, 91 f mwN). Demgegenüber kann die von der programmgestaltenden Aufgabe des Mitarbeiters losgelöste grundsätzliche Verpflichtung zur Teilnahme an internen Sitzungen ein Indiz für Weisungsgebundenheit sein. 158

Zuweisung von Tätigkeiten /Inhaltsvorgaben: Die Möglichkeit der Abgrenzung des Leistungsgegenstandes, wie sie beim Bestimmungsrecht des Bestellers im Sinne eines Werkvertrages üblich ist, muss dem Auftraggeber unbenommen sein (vgl BAG AfP 1992, 398, 400). 159

In diesem Rahmen sind Inhaltsbestimmungen zur Art der Produktion und Präsentation der Sendung unproblematisch. Nehmen die Inhaltsvorgaben allerdings dem Mitarbeiter jeden eigenen Gestaltungsspielraum, wird man von einer Weisungsgebundenheit ausgehen müssen; allerdings handelte es sich dann im Zweifel schon nicht um eine programmgestaltende Tätigkeit. 160

Auch bei der Frage, welche Themen zu bearbeiten sind, ist zu unterscheiden: Unproblematisch ist die Themenzuweisung, wenn der Mitarbeiter seine Reportertätigkeit oder Moderatorentätigkeit für einen bestimmten Tag angeboten hat, und an diesem Tag einzelne Themen in der gemeinsamen Sitzung auf alle Reporter verteilt werden. Legt der Auftraggeber aber grundsätzlich einseitig die Themen fest, bestimmt er dabei Umfang und Arbeitszeit des Mitarbeiters und erwartet, dass diese wie angegeben ausgeführt werden, liegt Weisungsgebundenheit vor. 161

Vergütung: Die Art der Vergütung und ihrer Auszahlung sagt für sich genommen nichts aus über die Weisungsgebundenheit eines Mitarbeiters. Auch aufgrund einer pauschalen Vergütung kann daher nicht automatisch auf eine Arbeitnehmereigenschaft geschlossen werden (BAG AfP 1991, 764; BAG NZA 1992, 835; BAG NZA 1998, 839). Allerdings geht eine pauschale Vergütung oft mit einer erwarteten Dienstbereitschaft oder mit genauen inhaltlichen Vorgaben einher, die wiederum auf eine Arbeitnehmereigenschaft schließen lassen können. 162

Hervorzuheben ist, dass es für die Feststellung der Arbeitnehmereigenschaft nicht auf die wirtschaftliche Abhängigkeit der Mitarbeiter ankommt. Sind Mitarbeiter nach den genannten Kriterien zwar nicht persönlich, aber wirtschaftlich von dem Unternehmen abhängig und einem Arbeitnehmer vergleichbar sozial schutzbedürftig, kann es sich um arbeitnehmerähnliche Personen handeln. Für sie können bei Erfüllung der näheren Voraussetzungen des § 12a TVG Tarifverträge geschlossen werden, und sie sind gem. § 5 Abs. 1 S. 2 ArbGG vor den Arbeitsgerichten als Arbeitnehmer anzusehen (s.u. Rn 185 ff). 163

3. Feststellung der Arbeitnehmereigenschaft und Art. 5 GG. (Nur) Wenn eine Rundfunkanstalt mit (selbst nur befristet) fest angestellten Mitarbeitern in der konkreten Funktion den sich verändernden Informationsbedürfnissen nicht hinreichend Rechnung tragen könnte, stünde der Schutz der Rundfunkfreiheit nach der Rechtsprechung des BVerfG bereits der Feststellung eines Arbeitsverhältnisses entgegen. Dies wäre der Fall, wenn und soweit die verfügbaren Vertragsgestaltungen – wie Teilzeitbeschäftigungs- oder Befristungsabreden – zur **Sicherung der Aktualität und Flexibilität** der Bericht- 164 erstattung in tatsächlicher oder rechtlicher Hinsicht nicht in gleicher Weise geeignet wären wie die Beschäftigung in Freier Mitarbeit. Hier könnte die (nachträgliche) Feststellung der Arbeitnehmereigenschaft unter Umständen das Grundrecht des Auftraggebers aus Art. 5 beeinträchtigen und wäre deshalb ausgeschlossen.

165 Die Frage der **Eignung von Befristungsabreden** lässt sich nicht abstrakt, sondern nur unter Berücksichtigung der konkret in Rede stehenden publizistischen Aufgabe des jeweiligen Mitarbeiters beantworten. So mögen in einigen Fällen Befristungsabreden ungeeignet sein, den sich verändernden Informationsbedürfnissen im Zusammenhang mit nicht vorhersehbaren herausragenden Ereignissen hinreichend Rechnung zu tragen, und in diesem Aufgabenbereich deshalb die Möglichkeit Freier Beschäftigungsverhältnisse erfordern. In der Mehrzahl der Fälle dürfte dies indessen nicht anzunehmen sein (BVerfG AP Nr. 9 zu Art. 5 Abs. 1 GG Rundfunkfreiheit = NZA 2000, 653, 655).

166 Bei herausragend programmprägenden Personen wie etwa prominent eingesetzten Moderatoren wird man in der Regel eine solche Gefahr sehen. Es wäre einer Rundfunkanstalt nicht zuzumuten, einen solchen Moderator, der den aktuellen Anforderungen nicht gerecht wird, noch monatelang auf Sendung gehen zu lassen. Insgesamt kann es sich dabei aber nur um ganz besonders gelagerte Ausnahmefälle handeln.

167 **4. Dauer und Umfang der Tätigkeit. a) Befristung.** Freie Mitarbeit können beide Parteien grundsätzlich aus **beliebigen Gründen** begründen und beenden. Eines Befristungsgrundes bedarf es, anders als im Arbeitsverhältnis, nicht. Hierin liegt aus Sicht der Rundfunkanstalt bzw des Medienunternehmens, häufig aber auch des Auftragnehmers gerade der besondere Vorzug dieses Beschäftigungsverhältnisses (s.o. Rn 121 f).

168 Sofern sich allerdings nachträglich – im Rahmen eines gerichtlichen **Statusverfahrens** – herausstellt, dass das Beschäftigungsverhältnis in Wahrheit als Arbeitsverhältnis zu qualifizieren ist, dann ist dieses in der Regel auch unbefristet – es sei denn, der Vertrag enthält eine ausdrückliche Befristungsabrede. Ob sie wirksam ist, entscheidet sich wiederum nach den allgemeinen arbeitsrechtlichen Grundsätzen (s.o. Rn 78 ff).

169 **b) Dauertätigkeit.** Nicht selten sind Freie Mitarbeiter über viele Jahre hinweg für einen Auftraggeber tätig. Die Dauer der Beschäftigung allein hat arbeitsrechtlich keine ausschlaggebende Bedeutung für die Qualifikation des ihr zugrunde liegenden Rechtsverhältnisses (BAG Urt. v. 24.10.1984 – 5 AZR 346/83 -, Juris Rn 34 f). Sowohl das Arbeitsverhältnis wie auch die Freie Mitarbeit sind sowohl mit als auch ohne **Dauerverpflichtung** denkbar (BAG AfP 1992, 394, 398).

170 Sofern der Mitarbeiter allerdings über viele Jahre hinweg in erheblichem Umfang für denselben Auftraggeber tätig ist, kann dies ein **Indiz** dafür sein, dass er für Dritte nicht (mehr) tätig werden kann und damit im Laufe der Zeit von diesem einen Auftraggeber wirtschaftlich abhängig wird.

171 Eine absolute **Zeitgrenze**, jenseits derer – bei einem entsprechenden Beschäftigungsumfang – eine wirtschaftliche Abhängigkeit und gegebenenfalls dadurch begründete soziale Schutzbedürftigkeit anzunehmen wäre, gibt es nicht. Bei Zeiträumen von über 18 oder 20 Jahren allerdings wird es in Fällen, in denen ein Mitarbeiter seinen Lebensunterhalt überwiegend oder gar ausschließlich aus Einkünften eines Auftraggebers bestreitet, schwer zu begründen sein, weshalb dennoch eine wirtschaftliche Abhängigkeit nicht gegeben sein soll (s. auch *Dörr*, ZUM 2000, 666, 674 unter Hinweis auf BAG AP Nr. 42 zu § 611 BGB Abhängigkeit).

172 **c) Umfang der Beschäftigung.** Grundsätzlich ist es unerheblich, ob der Freie Mitarbeiter ausschließlich für einen oder aber für mehrere Auftraggeber tätig ist. Wohl aber kann mit einer Beschäftigung für einen Auftraggeber über viele Jahre hinweg eine **allmähliche Integration in** dessen betriebliche **Abläufe und Strukturen** und / oder eine zunehmende wirtschaftliche Abhängigkeit einhergehen. In einem solchen Fall kann der Betreffende als arbeitnehmerähnliche Person (unten Rn 180 ff) oder sogar als Arbeitnehmer anzusehen sein. Erteilt das Medienunternehmen dem Mitarbeiter so viele Aufträge, dass er zeitlich gar nicht mehr in der Lage ist, auch für andere Auftraggeber tätig zu werden, spricht das für die Arbeitnehmereigenschaft (BAG AfP 1992, 394, 398). Umgekehrt hat ein freier Mitarbeiter grundsätzlich keinen einklagbaren Anspruch auf tatsächliche Beschäftigung in einem festumrissenen Zeitrahmen mit im einzelnen festzulegenden Aufgaben (LAG Köln Urt. v. 1.9.1998 – 9 Sa 496/98, Juris, Rn 20 ff).

III. Ausgestaltung des Beschäftigungsverhältnisses

1. Einfache Freie Mitarbeit. a) Schriftliche Verträge. Für Freie Mitarbeiter gelten die Bestimmungen des Nachweisgesetzes nicht, so dass jedenfalls aus diesem Grund kein schriftlicher Vertrag notwendig ist. Auch sonstige **Schriftformerfordernisse** (wie zB § 623 BGB, § 14 Abs. 4 TzBfG) kommen bei Vereinbarungen mit Freien Mitarbeitern nicht zum Tragen. Dennoch empfiehlt es sich, auch mit Freien Mitarbeitern schriftliche Verträge abzuschließen. Zum einen, um Honorarhöhe, Zahlungsmodalitäten und Tätigkeit verbindlich und nachvollziehbar festzulegen, zum anderen, um den Erwerb der Nutzungsrechte von Urhebern und Leistungsschutzberechtigen belegen zu können. 173

b) Urheberrechte und Vergütung. Die für die Medienunternehmen erforderlichen Urheber- und Leistungsschutzrechte werden in der Praxis sowohl über **Einzelverträge**, deren Inhalt Satz für Satz ausgehandelt wird, als auch – für die Vielzahl der Vertragsabschlüsse zwischen Rundfunkunternehmen und Freien Mitarbeitern – über **Formularverträge** erworben, die sich auf Allgemeine Geschäftsbedingungen, so genannte Honorarbedingungen, oder – wie bei den meisten Rundfunkanstalten – einen Urhebertarifvertrag beziehen. Diese Honorarbedingungen und Urhebertarifverträge regeln ausführlich den Umfang der Rechte, deren Nutzung Gegenstand des Freien Mitarbeiterverhältnisses ist. 174

Als problematisch erweist sich in diesem Zusammenhang die rasante Entwicklung der Technik, so dass häufig in den Honorarbedingungen und Tarifverträgen noch nicht alle möglichen **Nutzungsarten** erfasst sind. Diese müssen dann zusätzlich einzeln ausgehandelt oder nacherworben werden. 175

Der **Vergütungsanspruch** bestimmt sich nach der zwischen dem Urheber und dem Nutzer vereinbarten Höhe. Besteht keine Vereinbarung, gilt gemäß § 32 Abs. 1 S. 2 UrhG eine angemessene Vergütung als vereinbart. Neu ist der Korrekturanspruch des Urhebers nach der umstrittenen Vorschrift des § 32 Abs. 1 S. 3 UrhG: Stellt sich im Nachhinein heraus, dass eine Differenz zwischen der vereinbarten Vergütung und der zum Zeitpunkt der Vereinbarung eigentlich angemessenen Vergütung besteht, hat der Urheber einen Korrekturanspruch. Er kann dann eine Vertragsanpassung verlangen und diese ebenso einklagen wie eine nachträgliche Beteiligung an Erträgen des Werknutzers, § 32a UrhG. 176

Hierbei ist zu beachten, dass gemeinsame **Vergütungsregeln** oder Tarife, die Urheber- und Verwerterverbände aufgestellt haben, stets als angemessen gelten. Eine Vergütung ist ersatzweise dann angemessen, wenn sie im Zeitpunkt des Vertragsschlusses unter Berücksichtigung aller Umstände des Einzelfalls üblich und redlich ist. 177

Näheres zum Urheberrecht s. oben Teil 6. Anzumerken ist noch, dass **Wiederholungshonorare** und Erlösbeteiligungen, die an ausübende Künstler von Hörfunk- und Fernsehproduktionen als Nutzungsentgelte gezahlt werden, steuerrechtlich nicht als **Arbeitslohn** zu qualifizieren sind (BFH ZUM-RD 2007, 49, 50). 178

c) Steuerungsinstrumente des Auftraggebers. Um den Einsatz Freier Mitarbeiter besser zu steuern und Festanstellungsklagen von vornherein zu vermeiden, setzen einzelne Rundfunkanstalten unterschiedliche **Steuerungsinstrumente** ein (krit. hierzu *Nies*, ZUM 2000, 653). 179

– **Befristeter Rahmenvertrag** 180

Sofern sich im Rahmen eines gerichtlichen Statusverfahrens herausstellt, dass das Beschäftigungsverhältnis in Wahrheit als Arbeitsverhältnis zu qualifizieren ist, dann ist dieses in der Regel auch unbefristet – es sei denn, der Vertrag enthält eine ausdrückliche Befristungsabrede. Insofern kann es sich anbieten – gerade im Hinblick auf Freie Mitarbeiter, die häufig und regelmäßig für den Auftraggeber tätig sind – in schriftlichen Verträgen eine Befristung zu vereinbaren für den Fall, dass das Vertragsverhältnis entgegen dem übereinstimmenden Willen der Vertragsparteien als Arbeitsverhältnis zu werten ist. Solche **„vorsorglichen" Abreden** sind wirksam, soweit sie einen wirksamen Befristungsgrund enthalten (s. dazu Rn 78 ff). Davon wird überwiegend bei programmgestaltenden Mitarbeitern Gebrauch gemacht, da hier in der Regel ein wirksamer Befristungsgrund besteht.

– **Honorar-/Zeitlimit** 181

Bei nichtprogrammgestaltenden Mitarbeitern sind Festanstellungsansprüche letztlich nur dadurch zu vermeiden, dass die Einsatzmöglichkeiten von vornherein so beschränkt werden, dass eine Festanstellung keine materiellen Vorteile bietet. Ein entsprechender Anspruch kann sich nämlich nur auf Art und Umfang der konkret ausgeübten Tätigkeit beziehen. Da Freie Mitarbeiter in der Regel eine höhere Vergütung erhalten, als sie ihnen mit vergleichbarer Tätigkeit im Rahmen einer Festanstellung zustünde, bietet unterhalb eines gewissen Zeit- oder Einkommensvolumens ein Festanstellungsverhältnis letztlich keinen Vorteil. Einige Rundfunkanstalten greifen dabei auf zeitliche Beschränkungen zurück und begrenzen die Einsatztage pro Jahr, andere legen Oberverdienstgrenzen fest. Der durch derartige **Limitierungen** ausgeübte Druck, auch für weitere Auftraggeber tätig zu werden, liegt im Übrigen auch im Interesse der Freien Mitarbeiter, die sich gerade nicht von einem einzigen Beschäftigungsverhältnis abhängig machen und weiter qualifizieren sollen.

182 d) **Sonstiges.** Ein Freier Mitarbeiter ist nicht nur berechtigt, sondern in der Regel darauf angewiesen, seine Dienste **mehr als einem Auftraggeber** anbieten zu können. Vertragliche Vereinbarungen, die ihn insoweit beschränken oder entsprechende Auftragsverhältnisse zu Dritten ganz untersagen, sind daher nur in besonders gelagerten Ausnahmefällen vertretbar bzw durchsetzbar.

183 In der Regel wird es dabei um Mitarbeiter gehen, die einem besonders prägenden inhaltlich-gestaltenden Einsatz (Tagesschau-Sprecher, Showmaster, „Edelfeder") eine gewisse Prominenz verdanken, die sie sich für lukrative (Zusatz-)Tätigkeiten zunutze machen können. So lassen sich nicht selten frei beschäftigte Fernsehmoderatoren für kommerzielle **Werbeaktivitäten**, für die Moderation von Veranstaltungen oder dergleichen gewinnen. In derartigen Fällen kann es, insbesondere soweit es um öffentlich-rechtliche Programme geht, zu Konflikten mit dem Profil und Anspruch des Programms oder Programmgenres kommen, für das sie eingesetzt werden.

184 Der Auftraggeber kann sich daher vertraglich zusichern lassen, dass entsprechende **Aktivitäten** (etwa für bestimmte Branchen) ganz unterbleiben oder ihm zumindest **vorher angezeigt** werden. Selbst wenn die betreffende Person im Einzelfall als „arbeitnehmerähnlich" anzusehen ist, wäre der Auftraggeber im Falle des Verstoßes gegen eine solche Verabredung dann berechtigt, das Auftragsverhältnis fristlos und ohne Verpflichtung zu Ausgleichszahlungen zu beenden.

185 **2. Arbeitnehmerähnliche Personen. a) Definition.** Sofern ein Mitarbeiter aufgrund eines Dienst- oder Werkvertrages für andere tätig ist und die geschuldete Leistung persönlich und im Wesentlichen ohne Mitarbeit von Arbeitnehmern erbringt, gilt er als wirtschaftlich abhängig sowie einem Arbeitnehmer vergleichbar sozial schutzwürdig und damit als arbeitnehmerähnliche Person, wenn er entweder nur Aufträge für eine Person erledigt oder ihm von einem Auftraggeber im Durchschnitt mehr als die Hälfte des Entgelts (bei Journalisten: ein Drittel) zusteht, das er für seine Erwerbstätigkeit insgesamt erhält, **§ 12a Abs. 1 und 3 TVG.** Die Vorschrift soll in erster Linie die Freien Mitarbeiter insbesondere der Medien erreichen (BAG AP Nr. 9 zu § 5 ArbGG).

186 b) **Kriterien.** Ob ein Freier Mitarbeiter den Status einer arbeitnehmerähnlichen Person einnimmt, kann grundsätzlich nur im **Einzelfall** anhand der Tatbestandsvoraussetzungen „wirtschaftliche Abhängigkeit" und „soziale Schutzbedürftigkeit" bestimmt werden. Relevant ist insoweit neben der absoluten Höhe der Vergütung aus dem betreffenden Rechtsverhältnis und der Art der dort geleisteten Dienste die Frage anderweitiger Einkünfte, und woraus der Betreffende im Wesentlichen seinen Lebensunterhalt bestreitet.

187 **Soziale Schutzbedürftigkeit** liegt vor, wenn das Maß der Abhängigkeit nach der Verkehrsanschauung einen solchen Grad erreicht, wie er im Allgemeinen nur im Arbeitsverhältnis vorkommt, und die geleisteten Dienste typischerweise mit denen eines Arbeitnehmers vergleichbar sind (BAG AP Nr. 1 § 12a TVG). Sie kann durch tarifvertraglich festgelegte Entgeltgrenzen näher konkretisiert werden (BAG AP Nr. 43 zu § 1 TVG Tarifverträge Rundfunk). Dabei darf allerdings der den Rundfunkanstalten durch Art. 5 Abs. 1 S. 2 GG eröffnete Spielraum für den Einsatz Freier Mitarbeiter nicht durch zu weitgehende Bestandsschutzregelungen unterlaufen oder ausgehöhlt werden (vgl BVerfG AP Nr. 9 zu Art. 5 GG Rundfunkfreiheit).

188 c) **Rechtsfolgen.** Obwohl die arbeitnehmerähnliche Person vom Typus her in Freier Mitarbeit tätig wird, ist ihre Rechtsstellung in mancherlei Hinsicht der eines Arbeitnehmers angenähert. So sind für Rechtsstreitigkeit mit dem Auftraggeber gemäß § 5 Abs. 1 S. 2 ArbGG die **Arbeitsgerichte** zuständig (BAG AP Nr. 9 zu § 5 ArbGG), und es besteht ein gesetzlicher Urlaubsanspruch nach § 2 S. 2 BUrlG. Auch einige weitere arbeitsrechtliche Schutznormen werden ausdrücklich auf arbeitnehmerähnliche Personen erstreckt (vgl zB § 17 Abs. 1 S. 2 BetrAVG).

189 Wo dies nicht geschehen ist, wird man in der Regel jedoch davon ausgehen müssen, dass normales **Arbeitsrecht nicht angewandt** werden kann. Dies gilt insbesondere für das Kündigungsschutzrecht (BAG DB 2004, 1995, 1996). Eine analoge Anwendung bestimmter Vorschriften dürfte nur in besonderen Ausnahmefällen in Betracht kommen (hierzu ErfK/*Preis,* § 611 BGB Rn 113 mwN).

Aus der Anwendung des § 12a TVG folgt darüber hinaus, dass für arbeitnehmerähnliche Personen nicht nur Tarifverträge geschlossen werden, sondern dass diese in den allgemein geltenden Grenzen auch das **Streikrecht** für sich in Anspruch nehmen können. 190

Für die Praxis bedeutsam ist insoweit die durch § 12a TVG eröffnete Möglichkeit, für den Kreis der arbeitnehmerähnlichen Personen **Tarifverträge** abzuschließen. Dies ist bei den öffentlich-rechtlichen Rundfunkanstalten (die jeweils für sich Tarifvertragspartei sind) in größerem Umfang, aber auch bei der Presse (Tarifvertrag für arbeitnehmerähnliche Journalisten an Tageszeitungen vom 23.10.2003) geschehen. Entsprechende Tarifverträge dürfen die gesetzlichen Tatbestandsmerkmale konkretisieren und definieren, unter welchen Voraussetzungen wirtschaftliche Abhängigkeit und soziale Schutzbedürftigkeit anzunehmen ist. Sie können den Kreis der arbeitnehmerähnlichen Personen jedoch nicht über den durch § 12a TVG gezogenen Rahmen hinaus erweitern. Vielmehr dürfen sie nur bestimmte Rechtsfolgen für den entsprechenden Personenkreis festlegen (vgl BAG AP Nr. 1 zu § 12a TVG). So geht es im Wesentlichen um Honorar- und Urheberrechtsfragen (so zB §§ 5 ff Tarifvertrag für arbeitnehmerähnliche Journalisten an Tageszeitungen und verschiedene Tarifverträge öffentlich-rechtlicher Rundfunkanstalten) sowie die Modalitäten im Falle einer Beendigung der Zusammenarbeit. 191

IV. Gerichtliche Feststellung der Arbeitnehmereigenschaft

Sofern die tatsächliche Umsetzung des Auftragsverhältnisses zu einer persönlichen Abhängigkeit des Auftraggebers führt, kann dieser jederzeit seine Arbeitnehmereigenschaft gerichtlich feststellen lassen (sogenannte **Statusklage**). 192

1. Prozessuale Fragen. a) Zuständigkeit der Arbeitsgerichte. Die **Rechtswegzuständigkeit** der Gerichte für Arbeitssachen ergibt sich aus den §§ 2 bis 5 ArbGG. Hiernach sind die Arbeitsgerichte zuständig für bürgerliche Rechtsstreitigkeiten zwischen Arbeitnehmern und Arbeitgebern sowie für bürgerliche Rechtsstreitigkeiten, die in einer engen Beziehung zum Arbeitsverhältnis stehen. Die einzelnen Fälle sind im § 2 ArbGG aufgelistet. 193

Darüber hinaus ist der Rechtsweg zu den Gerichten für Arbeitssachen auch für Auszubildende, Heimarbeiter, arbeitnehmerähnliche Personen und gering verdienende Handelsvertreter (monatlicher Verdienst nicht mehr als 1.000 EUR) eröffnet. Streitigkeiten in Bezug auf Freie Mitarbeiterverhältnisse, aus Werkverträgen oder sonstigen nicht-arbeitsrechtlichen Vertragsverhältnisses gehören hingegen nicht vor die Arbeitsgerichte, sondern vor die ordentlichen Gerichte. 194

Die Arbeitsgerichte sind aber zuständig für **Feststellungsklagen über das Bestehen** oder Nichtbestehen **eines Arbeitsverhältnisses.** In diesen Fällen genügt bereits die Behauptung des Klägers, er sei Arbeitnehmer, um die Zuständigkeit der Arbeitsgerichte zu begründen (BAG NZA 1996, 1005). Dies gilt für die Statusklage mit dem Antrag der Feststellung, dass ein Arbeitsverhältnis vorliegt ebenso wie für die Fälle, in denen es um die Beendigung der Mitarbeit geht, wobei der Kläger überzeugt ist, dass es sich um eine (ungerechtfertigte) Kündigung eines Arbeitsverhältnisses handelt, der Auftraggeber meint, es sei eine zulässige Beendigung einer Freien Mitarbeit. Stellt sich in diesen Fällen heraus, dass der Kläger kein Arbeitnehmer ist, ergeht ein klageabweisendes Sachurteil, nicht eine die Sache an ein Zivilgericht verweisende Entscheidung. 195

Wegen § 5 Abs. 1 Satz 2 ArbGG ergibt sich die Zuständigkeit der Arbeitsgerichte auch dann, wenn ein Kläger entweder Arbeitnehmer oder arbeitnehmerähnliche Person ist. Es handelt sich dann um eine auch bei der Rechtswegzuständigkeit zulässige **Wahlfeststellung**, eine Verweisung zu den Zivilgerichten kommt nicht in Frage. 196

Die **örtliche Zuständigkeit** der Gerichte für Arbeitssachen ist in der Zivilprozessordnung geregelt. Hiernach ist zunächst dasjenige Arbeitsgericht zuständig, in dessen Gerichtsbezirk der Beklagte seinen allgemeinen Gerichtsstand hat. 197

b) Feststellungsantrag. Im Regelfall ist ein **Feststellungsantrag** nach § 256 Abs. 1 ZPO im Statusverfahren zulässig. Der Mitarbeiter hat ein berechtigtes rechtliches Interesse daran, dass das Rechtsverhältnis – im Fall der Statusklage das Bestehen eines Arbeitsverhältnisses – durch richterliche Entscheidung festgestellt wird. Dabei ist nicht erforderlich, dass ein Kläger über die Feststellung eines Arbeitsverhältnisses hinaus konkretisiert, wie dieses Arbeitsverhältnis seiner Meinung nach ausgestaltet sein muss (BAG ZUM 1996, 824, 826). 198

199 Allerdings muss es sich um ein „**gegenwärtiges**“ **Rechtsverhältnis** handeln. Soweit sich die Klage nur auf das Bestehen eines Arbeitsverhältnisses zum gegenwärtigen Zeitpunkt bezieht, ist dies unproblematisch. Dies gilt auch dann, wenn das Arbeitsverhältnis angeblich bereits in der Vergangenheit begonnen hat und sich das Feststellungsbegehren auch darauf bezieht.

200 Begehrt der Mitarbeiter jedoch die Feststellung, dass in der **Vergangenheit** ein Arbeitsverhältnis bestanden habe, ist die Beurteilung der Zulässigkeit des Feststellungsantrages schwieriger. Ein vergangenes Rechtsverhältnis kann nur Gegenstand einer Feststellungsklage sein, wenn sich bei ihm nach dem Klagevortrag noch Rechtsfolgen für Gegenwart oder Zukunft ergeben (*Zöller/Greger*, ZPO § 256 Rn 3 a, S. 768 mwN). Die bloße Möglichkeit, dass sich aus der Feststellung Folgen für die Zukunft ergeben, reicht nicht aus (BAG NZA 1999, 669, 670).

201 Wenn ein Mitarbeiter meint, aus einer angeblichen Arbeitnehmereigenschaft in der Vergangenheit stünden ihm Rechte zu, muss er also **Leistungsklage** erheben.

202 c) **Einstweiliger Rechtsschutz.** Für die einstweilige Verfügung enthält das ArbGG keine eigenständige Regelung. Nach § 62 Abs. 2 ArbGG sind die Vorschriften der ZPO unmittelbar anzuwenden. Verfahrensrechtliche Besonderheit ist, dass stets eine **mündliche Verhandlung** stattzufinden hat (§ 62 Abs. 2 Satz 2 ArbGG).

203 Beim Streit um den Status eines Mitarbeiters sind einstweilige Verfügungen allerdings selten. In der Regel geht es dann nur darum, neben dem Statusprozess in einem zweiten Verfahren der einstweiligen Verfügung einen **Weiterbeschäftigungsanspruch** geltend zu machen.

204 Im Rahmen des Verfügungsanspruches ist der Frage nachzugehen, ob ein Arbeitsverhältnis **glaubhaft gemacht** ist. Abgesehen von der Besonderheit der Verfahrensart ergeben sich materiell keine Abweichungen zum „Normalfall“ der Statusklage. Beim Verfügungsgrund ist aber bei programmgestaltenden Mitarbeitern zugunsten des Medienunternehmens die Rundfunk- und Pressefreiheit in die Interessenabwägung einzubeziehen.

205 **2. Ausschlussgrund Rechtsmissbrauch.** Die nachträgliche Feststellung des Angestelltenstatus ist nach ständiger Rechtsprechung des BAG nur dann ausgeschlossen, wenn sich der Kläger unter dem Gesichtspunkt des **widersprüchlichen Verhaltens** rechtsmissbräuchlich verhält (BAG NZA 2003, 341). Ein solcher Ausnahmefall liegt vor, wenn sich der Vertragspartner auf einen schützenswerten Vertrauenstatbestand berufen kann oder andere Umstände das Verlangen nach Festanstellung als treuwidrig erscheinen lassen.

206 Ein solcher Umstand kann beispielsweise darin liegen, dass der Mitarbeiter zuvor eine ihm angebotene Festanstellung abgelehnt, sich also **freiwillig** für den Status der **Freien Mitarbeit** entschieden hat (BAG NZA 1997, 818). Wie groß der Zeitraum nach einer entsprechenden Erklärung ist, innerhalb dessen eine Festanstellungsklage als rechtsmissbräuchlich angesehen werden muss, ist eine Frage des Einzelfalls. Nach mehreren Jahren oder aber nach einer zwischenzeitlichen substantiellen Veränderung der Beschäftigungsmodalitäten wird man dies jedenfalls nicht mehr unterstellen können.

207 Als rechtsmissbräuchlich in diesem Sinne hat es das BAG nicht angesehen, wenn der Mitarbeiter schriftlich erklärt hat, selbst eine Tätigkeit in Freier Mitarbeit zu wünschen und wenn er in diesem Vertragsverhältnis höhere Honorare entgegengenommen hat, als sie ihm bei gleicher Tätigkeit als Festangestellter zugestanden hätten. Der Arbeitgeber könne hierauf kein besonderes Vertrauen stützen, der Kläger werde ein Arbeitsverhältnis nicht geltend machen (BAG NZA 2007, 321, 323).

208 **3. Folgen einer erfolgreichen Statusklage.** Nach einer erfolgreichen Statusklage besteht ein **Arbeitsverhältnis** zwischen Arbeitnehmer und Arbeitgeber. Alle gesetzlichen bzw arbeitsrechtlichen Vorgaben sind anwendbar. Ob es sich dabei um ein unbefristetes oder ein – wirksam – befristetes Arbeitsverhältnis handelt, ist unabhängig davon nach den allgemeinen arbeitsrechtlichen Grundsätzen zu entscheiden (zur Befristung s.o. Rn 78 ff).

209 Im Falle beiderseitiger Tarifgebundenheit sind tarifliche Regelungen anwendbar, wobei die einzelvertragliche Bezugnahme auf einen Tarifvertrag in der Regel ausscheidet.

210 a) **Arbeitsbedingungen.** In Umfang, Ort und Inhalt ist das Arbeitsverhältnis an das **bisherige Freie Mitarbeitsverhältnis** angelehnt.

211 **Inhaltlich** wird der Mitarbeiter in der Regel die Aufgaben weiterführen, die er bislang ausgeübt hat. Ergeben sich nicht genügend Anhaltspunkte, kann zusätzlich der Vergleich mit anderen Arbeitneh-

mern, die eine vergleichbare Tätigkeit ausüben, herangezogen werden. Will der Arbeitgeber das Aufgabengebiet ändern, kann er dies nur im Rahmen des üblichen Direktionsrechts oder per Änderungskündigung erreichen.

Auch hinsichtlich des **zeitlichen** Umfangs ist an die bisherige Praxis anzuknüpfen. Dabei ist eine Betrachtung des Durchschnitts der zurückliegenden Zeit – und zwar der Zeit, für die ein Arbeitsverhältnis geltend gemacht bzw festgestellt wurde – notwendig. Saisonale Besonderheiten und Schwankungen sind nicht zu berücksichtigen. 212

Freie Mitarbeiter erhalten häufig eine höhere **Vergütung** als mit vergleichbaren Tätigkeiten betraute Festangestellte. Insofern kann die im freien Vertragsverhältnis gezahlte Vergütung nicht die Basis für das Bruttogehalt des nun angestellten Arbeitnehmers sein. Maßgeblich ist vielmehr iSv § 612 Abs. 2 BGB die Vergütung, die ein Arbeitnehmer in vergleichbarer Position üblicherweise erhält (BAG NZA 1998, 594, 595). Ob dies auch dann gilt, wenn ausdrücklich eine Vergütungsabrede nach § 611 getroffen wurde, hat das BAG seinerzeit offen gelassen (so nämlich LAG Berlin NZA 1994, 512). Es könnte sich daher unter Umständen für den Auftraggeber empfehlen, im Statusprozess einen Hilfsantrag für den Fall der Feststellung des Arbeitnehmerstatus zu stellen auf Abänderung des Vertrages auf die übliche Höhe der Vergütung. Ein solcher Anspruch ergibt sich aus § 313 Abs. 1 BGB. 213

b) Rückforderungsansprüche des Arbeitgebers

– Umfang 214

Das BAG hat anerkannt, dass die **Feststellung** der Arbeitnehmereigenschaft auch **rückwirkend** gerichtlich geltend gemacht werden kann. In diesem Fall stellt sich die Frage, ob eine solche rückwirkende Feststellung Folgen für alle oder nur die dem Beschäftigten günstigen Aspekte des Arbeitnehmerverhältnisses hat. Bedeutsam ist dies insbesondere für die Entgeltfrage. Häufig sind die Honorare des als frei eingestuften Mitarbeiters nämlich substantiell höher als die eines fest angestellten Mitarbeiters in vergleichbarer Tätigkeit.

Daher kommen im Falle einer erfolgreichen rückwirkenden Feststellung des Arbeitnehmerstatus **Rückforderungsansprüche** des Auftrag- bzw Arbeitgebers in Höhe der Differenz zum dann bestehenden Gehaltsanspruch in Betracht (BAG NZA 2005, 814; BAG NZA 2007, 321, 324; ausführlich dazu *Hochrathner*, in: *Eicher* (Hrsg.), Die Rechtssituation freier Mitarbeiter in den Medien, 2004). Das BAG leitet einen solchen Rückzahlungsanspruch aus § 812 Abs. 1 Satz 1 Alt. 1 BGB ab. Mit der rückwirkenden Status-Feststellung steht zugleich fest, dass der Dienstverpflichtete als Arbeitnehmer zu vergüten war und ein Rechtsgrund für die Honorarzahlungen nicht bestand, wenn bei dem Dienstberechtigten unterschiedliche Vergütungsordnungen für Freie Mitarbeiter und für Arbeitnehmer galten (BAG NZA 2002, 1328; BAG NZA 2005, 814). 215

War anstelle eines höheren Honorars das für Arbeitnehmer vorgesehene niedrigere Arbeitsentgelt zu zahlen, umfasst der Bereicherungsanspruch des Arbeitgebers nicht sämtliche Honorarzahlungen, sondern nur die **Differenz zwischen beiden Vergütungen**. Im Übrigen ist der Arbeitnehmer nicht ohne Rechtsgrund bereichert. 216

– Wegfall der Geschäftsgrundlage 217

Der Bereicherungsanspruch des Arbeitgebers ist dann auch **nicht** wegen eines etwaigen Vorrangs des Rechtsinstituts des **Wegfalls der Geschäftsgrundlage** (jetzt: § 313 BGB) **ausgeschlossen.** Dies käme nur bei einer individuell verhandelten Vergütung in Betracht. Daran fehlt es jedoch in der Regel dann, wenn beim Arbeitgeber für Freie Mitarbeiter und Arbeitnehmer unterschiedliche Vergütungsordnungen bestehen. Ein Arbeitnehmer, der von seinem Arbeitgeber fälschlicherweise als Freier Mitarbeiter nach der für diese Personengruppe geltenden Vergütungsordnung bezahlt wird, kann die Erklärungen des Arbeitgebers grundsätzlich nicht so verstehen, die Honorarvereinbarung sei unabhängig von dem tatsächlichen Status gewollt und stelle eine übertarifliche Vergütung dar, wenn später festgestellt werde, dass die Tätigkeit tatsächlich in einem Arbeitsverhältnis erbracht wurde (BAG NZA 2002, 1328; BAG NZA 2005, 814).

– Ausschluss wegen Kenntnis der Nichtschuld (§ 814 BGB) 218

Der Bereicherungsanspruch des Arbeitgebers ist in der Regel auch **nicht nach § 814 BGB ausgeschlossen.** Nach § 814 BGB kann das zum Zwecke der Erfüllung einer Verbindlichkeit Geleistete nicht zurückgefordert werden, wenn der Leistende gewusst hat, dass er zur Leistung nicht verpflichtet war. Erforderlich ist die positive Kenntnis der Rechtslage im Zeitpunkt der Leistung. Nicht ausreichend ist die Kenntnis der Tatsachen, aus denen sich das Fehlen einer rechtlichen Verpflichtung ergibt. Der Leistende muss wissen, dass er nach der Rechtslage nichts schuldet. Er hat aus den ihm bekannten Tatsachen auch eine im Ergebnis zutreffende rechtliche Schlussfolgerung zu ziehen, wobei allerdings eine entsprechende „Parallelwertung in der Laiensphäre" genügt (BAG NZA 2005, 814; BAG NZA 2007, 321, 324).

219 Die Kenntnis der Rechtsprechung genügt nicht allein zur Begründung des **Wissens des Arbeitgebers** von einem Nichtbestehen der Pflicht zur Honorarzahlung. Ob Mitarbeiter im Rahmen eines Freien Mitarbeiterverhältnisses oder eines Arbeitsverhältnisses beschäftigt werden, richtet sich immer nach den Besonderheiten des jeweiligen Einzelfalls (s.o. Rn 136 ff). Für die Annahme positiven Wissens iSd § 814 BGB wäre deshalb erforderlich, dass die beim Arbeitgeber beschäftigten Justitiare auch die notwendige Tatsachenkenntnis im Einzelfall hatten. Das kann bei den Mitarbeitern der Rechtsabteilung, die in das operative Tagesgeschäft nicht eingebunden sind, nicht ohne Weiteres erwartet werden (BAG NZA 2005, 814).

220 Die **Darlegungs- und Beweislast** für die tatbestandlichen Voraussetzungen des § 814 BGB trägt der Leistungsempfänger.

221 – **Einwand des Rechtsmissbrauchs**

Durch die Vereinbarung und Behandlung des Rechtsverhältnisses als Freie Mitarbeit wird beim Mitarbeiter ein entsprechender **Vertrauenstatbestand** geschaffen.

222 Erweist sich die Zusammenarbeit tatsächlich als Arbeitsverhältnis, ist dieses Vertrauen des Arbeitnehmers grundsätzlich schützenswert. Der Arbeitgeber handelt rechtsmissbräuchlich, wenn er versucht, dem Mitarbeiter die erhaltenen Vorteile wieder zu entziehen. Insofern kann unter Umständen der Einwand des Rechtsmissbrauchs gegen die Rückforderungen des Arbeitgebers greifen.

223 Anders liegt es laut BAG (BAG NZA 2007, 321, 324), wenn der **Mitarbeiter** – wie es in der Regel der Fall ist – **selbst** eine **Klage erhebt** und für einen bestimmten Zeitraum die Einordnung des Rechtsverhältnisses als Arbeitsverhältnis geltend macht. Damit gibt er zu erkennen, dass er das Rechtsverhältnis nicht nach den Regeln der Freien Mitarbeit, sondern nach Arbeitsrecht behandelt wissen will. Wenn der Arbeitgeber entsprechend diesem Anliegen verfährt und das Rechtsverhältnis auch vergütungsrechtlich als Arbeitsverhältnis behandelt, kann der Arbeitnehmer insoweit keinen Vertrauensschutz geltend machen.

224 Der Mitarbeiter muss sich abschließend erklären, **für welche Zeit** er von einem Arbeitsverhältnis ausgeht (BAG NZA 2007, 321, 324). Dabei kommt es weder darauf an, ob er die Arbeitnehmereigenschaft für einen bestimmten Zeitraum zum Streitgegenstand erhebt noch ob er überhaupt eine selbstständige Statusklage betreibt. Maßgebend ist, welche Vorteile er nachträglich aus seiner Arbeitnehmerstellung ziehen will. Mit einer Rückabwicklung braucht er nur für solche Zeiträume zu rechnen, für die er ein Arbeitsverhältnis geltend macht. Allerdings würde er seinerseits rechtsmissbräuchlich handeln, wenn er im Anschluss an eine gerichtliche Entscheidung einen anderen Zeitpunkt geltend machen wollte. Mit der zwingend gebotenen Festlegung auf eine bestimmte Bestandsdauer ist der Verzicht auf weiter zurückliegende Zeiten verbunden.

225 Verlangt ein Arbeitgeber die Rückzahlung von Honoraren, muss er nach den allgemeinen Grundsätzen des Bereicherungsrechts die Tatsachen darlegen und beweisen, aus denen die zutreffende **Eingruppierung** des Arbeitnehmers folgt. Ob Zahlungen ohne Rechtsgrund erfolgt sind und inwieweit die Beklagte zur Leistung verpflichtet war, ergibt sich erst aufgrund der Eingruppierung des Klägers (BAG NZA 2007, 321, 324).

226 – **Wegfall der Bereicherung**

Nach § 818 Abs. 3 BGB ist der Bereicherungsanspruch ausgeschlossen, soweit der Empfänger nicht mehr bereichert ist. Dies ist der Fall, wenn das Erlangte ersatzlos weggefallen ist und kein Überschuss im Vermögen des Empfängers mehr besteht, das ohne den bereichernden Vorgang vorhanden wäre.

227 Die Darlegungs- und Beweislast für den Wegfall der Bereicherung trägt der Bereicherte, weil es sich um eine **rechtsvernichtende Einwendung** handelt. Hierzu hat er im Falle einer Gehaltsüberzahlung darzulegen und im Streitfall zu beweisen, dass sich sein Vermögensstand in Folge der Gehaltsüber-

zahlung nicht verbessert hat Dabei können ihm Erleichterungen zugute kommen. Bei kleineren und mittleren Arbeitseinkommen und einer gleichbleibend geringen Überzahlung des laufenden Arbeitsentgelts besteht die Möglichkeit des Beweises des ersten Anscheins für den Wegfall der Bereicherung (BAG NZA 2001, 966, 967; BAG NZA 2007, 321, 324). Ein konkreter Nachweis, um solche Überzahlungen nicht mehr bereichert zu sein, ist danach entbehrlich.

Diese Erleichterung der Darlegungs- und Beweislast kommt für den Arbeitnehmer aber nur dann in 228 Betracht, wenn erfahrungsgemäß und typischerweise anzunehmen ist, dass die Überzahlung für den laufenden Lebensunterhalt, insbesondere für konsumtive Ausgaben verbraucht wurde. Eine solche Annahme setzt voraus, dass es sich um **Überzahlungen in relativ geringer Höhe** handelt. Je höher die Überzahlung im Verhältnis zum Realeinkommen ist, um so weniger lässt sich annehmen, die zusätzlichen Mittel seien für den Lebensunterhalt verbraucht worden (BAG NZA 2007, 321, 324). Verneint hat das BAG eine geringe Überzahlung bei 57 % (BAG NZA 2005, 814) bei mehr als 60 % (BAG NZA 2007, 321, 324), aber auch bereits bei mehr als 18 % Überzahlung (BAG NZA 2005, 814).

Außerdem muss die **Lebenssituation** des Arbeitnehmers, insbesondere seine wirtschaftliche Lage so 229 sein, dass die Verwendung der Überzahlung für die laufende Lebensführung nahe liegt. Das ist regelmäßig dann der Fall, wenn Arbeitnehmer mit geringem oder mittlerem Einkommen über keine weiteren Einkünfte verfügen, so dass sie die Nettobezüge aus ihrem Arbeitsverhältnis verwenden, um den laufenden Lebensunterhalt für sich und evtl ihre Familie zu bestreiten. Sind dagegen nennenswerte andere Einkünfte vorhanden, so kann auf eine typische Lebenssituation, die zum Verbrauch der zusätzlichen Mittel führt, nicht geschlossen werden.

– **Fristen zur Geltendmachung von Rückforderungsansprüchen** 230

Häufig werden **tarifliche Ausschlussfristen** der Rückforderung entgegen gehalten. Diese beginnen jedoch erst zu laufen, wenn feststeht, dass das Vertragsverhältnis kein freier Dienstvertrag, sondern ein Arbeitsverhältnis war (BAG NZA 2007, 321, 325).

70. Abschnitt: Kollektivarbeitsrecht

A. Innerbetriebliche Beteiligung der Mitarbeiter

I. Grundlagen

1 Da grundsätzlich für Medienunternehmen die allgemeinen arbeitsrechtlichen Vorschriften gelten, muss dort, sofern die Voraussetzungen der einschlägigen Gesetze vorliegen, die Belegschaft an den **personellen und wirtschaftlichen Entscheidungen** beteiligt werden. Dies sind für alle privatrechtlich organisierten Medienunternehmen, insbesondere also Presseverlage und Rundfunkveranstalter, die Vorgaben des BetrVG, für die öffentlich-rechtlichen Rundfunkanstalten die jeweils für sie in den landesgesetzlichen bzw staatsvertraglichen Grundlagen als anwendbar erklärten Personalvertretungsgesetze.

2 Dieser Grundsatz wird jedoch mit Blick auf den verfassungsrechtlich geschützten Status der Medienunternehmen durch den so genannten Tendenzschutz bzw das daraus abgeleitete **Tendenzprivileg** modifiziert. Seine zentrale Ausformung findet sich in § 118 Abs. 1 BetrVG. Nach dieser Bestimmung sind die Vorschriften des BetrVG auf Unternehmen und Betriebe, die unmittelbar und überwiegend Zwecken der Berichterstattung oder Meinungsäußerung, auf die Art. 5 Abs. 1 S. 2 GG Anwendung findet, nicht anzuwenden, soweit die Eigenart des Unternehmens oder des Betriebs dem entgegensteht. Eine Reihe von Vorschriften des BetrVG (§§ 106–110) sind explizit nicht, andere (§§ 111–113) nur insoweit anzuwenden, als sie den Ausgleich oder die Milderung wirtschaftlicher Nachteile für die Arbeitnehmer in Folge von Betriebsänderungen regeln.

3 Die **Personalvertretungsgesetze** des Bundes und der Länder kennen derartige allgemeine Sonderregelungen hingegen nicht. Wohl aber schränkt beispielsweise das BPersVG, das nicht nur für die Deutsche Welle, sondern auch für einige Landesrundfunkanstalten maßgeblich ist, den Anwendungsbereich einzelner Vorschriften in Bezug auf bestimmte redaktionelle Tätigkeiten ein.

II. Betriebsverfassungsrecht

4 **1. Grundsatz.** Nach der Rechtsprechung des BVerfG umfasst das Grundrecht der Pressefreiheit das Recht, die Tendenz einer Zeitung festzulegen, beizubehalten, zu ändern und diese Tendenz zu verwirklichen (**Tendenzschutz**). Die Presse könne nur dann ihre Aufgabe erfüllen, umfassende Informationen zu ermöglichen, die Vielfalt der bestehenden Meinungen wiederzugeben und selbst Meinungen zu bilden und zu vertreten, wenn es eine relativ große Zahl selbstständiger, vom Staat unabhängiger und nach ihrer Tendenz, politischen Färbung oder weltanschaulichen Grundhaltung miteinander konkurrierende Presseerzeugnisse gebe. Dies setze wiederum voraus, dass die Grundrichtung einer Zeitung unbeeinflusst bestimmt und verwirklicht werden könne (BVerfG AfP 1980, 33).

5 Grundsätzlich muss entsprechendes auch für **alle** anderen privatrechtlich organisierten **Medienunternehmen** gelten, die sich auf die institutionelle Garantie des Art. 5 Abs. 1 GG berufen können. Anders als Presseverlage sind kommerzielle Rundfunkveranstalter zwar nur auf der Grundlage einer Lizenz

berechtigt, ihre Sendungen auszustrahlen, die zugleich den Rahmen ihrer Tätigkeit konkretisiert. Insoweit unterliegen sie außerdem der Rechtsaufsicht der Landesmedienanstalten. Dies ändert aber nichts daran, dass auch sie frei darin sind, in welcher Form sie meinungsbildend tätig sein wollen, und dass sie insoweit nicht beeinflusst oder präjudiziert werden dürfen.

Ausfluss dieses Grundsatzes ist die Vorschrift des **§ 118 Abs. 1 BetrVG**. Nur der Verleger (im Falle der Presse) bzw der Rundfunkveranstalter ist berechtigt, die Tendenz des Medienunternehmens festzulegen und durchzusetzen. Die Mitarbeitervertretung hat dagegen ausschließlich die Aufgabe, die Interessen der Belegschaft in sozialen, personellen und – eingeschränkt – wirtschaftlichen Angelegenheiten wahrzunehmen, und zwar ganz unabhängig von Aspekten der Pressefreiheit. Demzufolge entzieht § 118 Abs. 1 BetrVG konsequenterweise Angelegenheiten, die dem Kernbereich der Tendenzfreiheit zuzurechnen sind, der Einflussmöglichkeit der Mitarbeitervertretung (vgl BVerfG AfP 1980, 33). 6

2. Voraussetzungen des § 118 Abs. 1 S. 1 Nr. 2 BetrVG. a) Tendenzbetrieb und -unternehmen. § 118 Abs. 1 S. 1 BetrVG stellt auf „Unternehmen und Betriebe“ ab. Daraus folgt, dass der **Tendenzbezug** jeweils separat für jedes Unternehmen und jeden einzelnen Betrieb festgestellt werden muss. Daher ist der Betrieb, den ein Tendenzunternehmen unterhält, keineswegs per se seinerseits ein Tendenzbetrieb – und umgekehrt (zum Begriff des Betriebes im betriebsverfassungsrechtlichen Sinne im Bereich der Zeitungs- und Zeitschriftenverlage LAG Rheinland-Pfalz Urt. v. 12.9.2006 – 2 TaBV 16/06 –, Juris Rn 46 ff). Missverständlich spricht das BAG (AP Nr. 51 zu § 118 BetrVG 1972) davon, dass Tendenzschutz nur bestehe, wenn das Unternehmen und der jeweilige Betrieb unmittelbar und überwiegend den in § 118 Abs. 1 genannten Zielsetzungen dienten. Ein Konzern als Ganzes kann daher nicht tendenzgeschützt sein. 7

b) Unmittelbarer und überwiegender Bezug zu Art. 5 Abs. 1 GG. „Unmittelbar“ dient das Unternehmen oder der Betrieb den in § 118 Abs. 1 S. 1 Nr. 2 genannten Zwecken, wenn die dort **Beschäftigten** selbst die **Tendenz verwirklichen** (vgl BVerfG NZA 2003, 864). Hilfsgeschäfte für einen Tendenzbetrieb, wie etwa die einer Lohndruckerei für einen Verlag oder eines Zustellbetriebs, genießen daher nach der Rechtsprechung selbst dann nicht Tendenzschutz, wenn sie im Konzernverbund stattfinden (BAG AP Nr. 3 zu § 118 BetrVG 1972; BAG AP Nr. 20 zu § 118 BetrVG 1972; LAG Köln NZA-RR 1999, 194). 8

Ob die Tätigkeiten **„überwiegend“** den in § 118 genannten Zwecken dienen, hängt in der Regel davon ab, ob mehr als die Hälfte der personellen und sonstigen Mittel für sie eingesetzt werden. Grundsätzlich ist dabei auf die Arbeitszeit aller und nicht nur der Beschäftigten abzustellen, die selbst Tendenzträger sind (BAG NZA 1990, 402). Aber auch auf andere Parameter wie das Verhältnis von Wortbeiträgen und moderierter Musik einerseits, Werbung und nicht gestalteter Musik – bei elektronischen Medien – kann es ankommen (BAG AP Nr. 51 zu § 118 BetrVG für einen Rundfunkveranstalter). 9

Die geschützten Organisationen müssen **Zwecken der Berichterstattung und Meinungsäußerung** dienen, § 118 Abs. 1 S. 1 Nr. 2. Eine handels-, vereins- oder gesellschaftsrechtliche Bewertung ist dabei grundsätzlich nicht maßgeblich; insbesondere kommt es also nicht darauf an, ob ein Gewinn erzielt werden soll oder wird (BAG AP Nr. 51 zu § 118 BetrVG 1972; AP Nr. 10, 11 zu § 101 BetrVG). Wenn allerdings die Publikationen des Verlages ausschließlich diesem Zweck und nicht einer Berichterstattung oder Meinungsäußerung dienen, ist der Betrieb angesichts des Ausnahmecharakters des § 118 BetrVG nicht tendenzgeschützt (offen gelassen von BAG AP Nr. 5 zu § 118 BetrVG 1972). 10

Der erforderliche Bezug zum Schutzbereich des Art. 5 Abs. 1 GG liegt beispielsweise vor bei 11

- Tages- und Wochenzeitungen (BAG AP Nr. 10, 11 zu § 101 BetrVG; BAG AP Nr. 46 zu § 118 BetrVG 1972);
- Zeitschriften (BAG AP Nr. 5 zu § 118 BetrVG 1972; BAG AP Nr. 46 zu § 118 BetrVG 1972);
- Buchverlagen (BAG NZA 1990, 220);
- Rundfunkunternehmen (BAG AP Nr. 50 zu § 118 BetrVG 1972; BAG NZA 1994, 329);
- Ferner bei Unternehmen, die – etwa im Internet – Telemedien iSv § 54 Abs. 2 RStV, also mit journalistisch-redaktionell gestalteten Inhalten, verbreiten.

c) Betroffenheit von Tendenzträgern. § 118 Abs. 1 S. 1 BetrVG schließt nur solche Vorschriften des BetrVG von der Anwendung in einem der damit bezeichneten Betriebe oder Unternehmen aus, deren Eigenart dem entgegensteht. Das ist nach ständiger Rechtsprechung des BAG (AP Nr. 4 zu § 118 BetrVG 1972; AP Nr. 3 zu § 99 BetrVG; BAG AfP 2006, 495) nur dann der Fall, wenn die Maßnahme **Arbeitnehmer** betrifft, für deren Tätigkeit die Bestimmungen und **Zwecke des Betriebs** bzw Unterneh- 12 mens **prägend** sind. Es müssen also die sog. Tendenzträger betroffen sein (allgemein zu diesem Begriff BAG AP Nr. 49 zu § 102 BetrVG 1972).

13 Diese Voraussetzung ist grundsätzlich erfüllt bei

- Redakteuren bei Tageszeitungen (BAG AP BetrVG 1972 § 118 Nr. 4) oder im Rundfunk (BAG NZA 1992,705),
- Sportredakteuren (BAG AP Nr. 7 zu § 118 BetrVG 1972),
- Redaktionsvolontären (BAG AP Nr. 21 zu § 118 BetrVG 1972).

14 Im Ergebnis dürfte **jeder Redakteur** als Tendenzträger zu qualifizieren sein, unabhängig davon, mit welcher inhaltlich-gestaltenden Aufgabe er konkret betraut bzw in welchem Ressort er eingesetzt ist (vgl BAG AP Nr. 7 zu § 118 BetrVG; so auch *Löffler/Dörner,* Rn 9).

15 d) **Maßnahme mit Tendenzbezug.** Darüber hinaus muss es um eine Maßnahme gehen, die **tendenzbezogene Gründe** hat. Das setzt voraus, dass die Maßnahme die Freiheit des Tendenzbetriebs zur Festlegung oder Umsetzung seiner Tendenz verhindern oder ernsthaft beeinträchtigen und damit seine Grundrechtsposition verletzen kann (st. Rspr, BAG AP Nr. 51 zu § 118 BetrVG; BVerfG AP Nr. 68 zu § 118 BetrVG 1972). Dabei spricht jedenfalls bei allen Entscheidungen des Arbeitgebers, die sich unmittelbar auf Tendenzträger beziehen, wie insbesondere etwa die Einstellung, Versetzung oder Auswahl zur Teilnahme an einer Berufsbildungsmaßnahme, eine Vermutung für den Tendenzbezug (s.u. Rn 20 ff).

16 e) **Prozessrechtliche Gesichtspunkte.** Die **Beweislast** dafür, dass die Voraussetzungen des § 118 Abs. 1 BetrVG erfüllt sind und die Ausübung der Mitbestimmungsrechte der Eigenart des Betriebes entgegen stehen, trägt im Streitfall der **Arbeitgeber** (ErfK/*Kania,* § 118 BetrVG Rn 27 mwN). Ein allgemeines Feststellungsverfahren zur Klärung der Frage, ob ein Unternehmen Tendenzeigenschaft für sich in Anspruch nehmen kann, ist zulässig (BAG NZA 1999, 277).

17 3. **Ausschlusstatbestände.** Für die in § 118 Abs. 1 S. 1 genannten Unternehmen und Betriebe ist die Anwendung der §§ 106 bis 110 BetrVG **in wirtschaftlichen Angelegenheiten** vollständig, die der §§ 111 bis 113 in Bezug auf **Betriebsänderungen** bedingt ausgeschlossen. Damit entfällt insbesondere die Pflicht, einen Wirtschaftsausschuss einzurichten, die Belegschaft über die wirtschaftliche Lage und Entwicklung des Unternehmens zu unterrichten und einen Interessenausgleich herbeizuführen (BAG NZA 1999, 328; BAG NZA 2004, 741).

18 Ohne Wirtschaftsausschuss entfällt für den Betriebsrat eine wesentliche Informationsquelle über die wirtschaftlichen Angelegenheiten des Betriebs. Die Vorschrift liefe leer, wenn der Betriebsrat im gleichen Umfang **Informationsansprüche** geltend machen könnte; sie sind daher ebenfalls ausgeschlossen (BAG NZA 1991, 645; BAG NZA 1991, 639). Wohl aber kann der Betriebsrat gem. § 80 Abs. 2 BetrVG einzelfallbezogen Ansprüche auf Vorlage wirtschaftlicher Zahlen geltend machen, soweit er darauf im Zusammenhang mit einem konkreten Mitbestimmungstatbestand angewiesen ist.

19 Darüber hinaus hat auch der Medien-Arbeitgeber im Rahmen der jährlichen Betriebsversammlung den von § 43 Abs. 2 S. 3 geforderten Bericht abzugeben (BAG DB 1977, 962) sowie den Betriebsrat über geplante Betriebsänderungen zu informieren und ihm Gelegenheit zur Stellungnahme zu geben. Dies muss so rechtzeitig geschehen, dass dieser vor der Umsetzung der Maßnahme sachgerechte Vorschläge für den Sozialplan vortragen kann. Anderenfalls muss der Arbeitgeber mit **Nachteilsausgleichsansprüchen** gem. § 113 BetrVG rechnen; die Vorschrift ist also auch auf Tendenzbetriebe anzuwenden (BAG NZA 1999, 328; BAG NZA 2004,741; LAG Rheinland-Pfalz AfP 2005, 575).

20 4. **Mitbestimmungstatbestände.** a) **Personelle Angelegenheiten, §§ 92 bis 105 BetrVG.** Die sich aus § 99 BetrVG ergebenden Rechte des Betriebsrats in **personellen Einzelmaßnahmen** sind unter den Voraussetzungen des § 118 Abs. 1 BetrVG in Tendenzbetrieben stark eingeschränkt. Grundsätzlich wird das Recht, die Zustimmung in den in § 99 BetrVG genannten Fällen zu verweigern, durch einen Informationsanspruch sowie ein Anhörungs- und Beratungsrecht ersetzt (BAG AP Nr. 33 zu § 118 BetrVG; BAG AP Nr. 46 zu § 118 BetrVG; BAG AP Nr. 44 zu § 118 BetrVG).

21 Dies gilt insbesondere bei der **Einstellung oder Versetzung von Redakteuren** (BAG AP Nr. 11 zu § 101 BetrVG 1972), und zwar unabhängig davon, ob sich der Betriebsrat dabei auf Gründe stützen will, die ihrerseits Tendenzbezug haben (BAG aaO). Auch für den Tendenzbezug der Auswahl von Tendenzträgern zur Teilnahme an einer Berufsbildungsmaßnahme iSd § 98 Abs. 3 BetrVG spricht unabhängig

davon eine Vermutung, ob sich das Angebot auch an Mitarbeiter richtet, die nicht Tendenzträger sind (BAG NZA 2006, 1291).

Unberührt bleiben die in § 80 Abs. 2 BetrVG verankerten allgemeinen **Rechte des Betriebsrats auf Information**, Vorlage der Bewerbungsunterlagen, Äußerung von Bedenken oder Vorschlägen sowie Beratung (BAG NZA 2006, 1291). Dies gilt auch in Bezug auf die Personalplanung, und zwar unabhängig davon, ob sie Tendenzträger betrifft (BAG AP BetrVG 1972 § 92 Nr. 3). Grundsätzlich hat der Betriebsrat deshalb auch einen Anspruch auf Unterrichtung über die Beschäftigung Freier Mitarbeiter, da der Betriebsrat überprüfen können muss, ob eine Eingliederung und damit eine mitbestimmungspflichtige Einstellung iSv § 99 BetrVG vorliegt. Allerdings richtet sich der Anspruch lediglich darauf, eine Übersicht der zu einem bestimmten Stichtag beschäftigten Freien Mitarbeiter mit den einschlägigen Angaben (Personalien, festgelegte Beschäftigungszeiten, Art der Entlohnung) zu erhalten (BAG NZA 1999, 722). Ferner kann der Betriebsrat im Rahmen seiner Aufgabe zu überwachen, ob die geltenden Gesetze, Tarifverträge und Betriebsvereinbarungen eingehalten werden, Auskunft über Beginn und Ende der täglichen Arbeitszeit für jeden Arbeitstag des Vormonats als auch über jede Überschreitung der regelmäßigen betrieblichen wöchentlichen Arbeitszeit sowie über die die Grenzen des § 3 S. 1 ArbZG überschreitende Arbeitszeit verlangen, und zwar unabhängig davon, ob der Arbeitgeber überhaupt die Arbeitszeiten förmlich erfasst. Außerdem steht ihm die Einsichtnahme in die nach § 16 Abs. 2 ArbZG erforderlichen Unterlagen zu (ArbG Braunschweig Urt. v. 30.3.2007, AfP 2007, 392 ff mit Anm. *Weberling*, AfP 2007, 320 ff). 22

Zu den Maßnahmen, die den Tendenzschutz nicht umsetzen und daher in vollem Umfang **mitbestimmungspflichtig** bleiben, gehört nach der Rechtsprechung des BAG die Ausschreibung auch von Redakteurspositionen, da dem Arbeitgeber jedenfalls die Auswahl freistehe (BAG AP Nr. 11 zu § 118 BetrVG 1972), die Eingruppierung (BetrVG AfP 1992, 198) sowie die Umgruppierung etwa eines Redakteurs (BAG EzA Nr. 10 zu § 613a BGB 2002). Zur Begründung verweist das BAG darauf, dass diese Maßnahmen nicht rechtsgestaltend, sondern normvollziehend seien. Auch die Einführung eines Formulars, auf dessen Grundlage sich Tendenzträger Nebentätigkeiten genehmigen lassen und/oder private Vermögensverhältnisse offen legen müssen, ist zustimmungspflichtig (BAG AP Nr. 39 zu § 87 BetrVG Ordnung des Betriebes = NZA 2003, 166). 23

Anders liegt es hingegen im Falle der **Kündigung** eines Tendenzträgers **aus tendenzbedingten Gründen.** Insoweit entfällt nach hM das Widerspruchsrecht des Betriebsrates gem. § 102 Abs. 3 und – soweit es sich um ein Betriebsratsmitglied handelt – die Zustimmungspflicht nach § 103 Abs. 1 (BAG NZA 2004, 501). 24

Der **Betriebsrat** muss vor einer Kündigung mit Tendenzbezug gleichwohl **angehört** und ihm müssen alle **Gründe genannt** werden (BAG AP Nr. 4 zu § 118 BetrVG 1972). Vorbringen kann er jedoch nur soziale Gesichtspunkte (BAG AP Nr. 4 zu § 118 BetrVG 1972 und dazu BVerfGE 52, 283 = AP Nr. 14 zu § 118 BetrVG 1972). Eine Stellungnahme zu tendenzbezogenen Kündigungsgründen ist unzulässig (BVerfG NZA 2000, 264). 25

b) Soziale Angelegenheiten, §§ 87 bis 89 BetrVG. Der Katalog mitbestimmungspflichtiger sozialer Angelegenheiten umfasst zahlreiche Maßnahmen der **inneren Ordnung des Betriebs**, vor allem Arbeitszeit- und Entgeltfragen sowie zur Einführung und Anwendung technischer Einrichtungen. Da sie sich in der Regel nicht auf die Tendenzbestimmung oder -umsetzung auswirken, kommt eine Einschränkung der Mitbestimmungsrechte insoweit grundsätzlich nicht in Betracht (BAG AP Nr. 44, 45 zu § 118 BetrVG 1972). 26

Allerdings kann **im Einzelfall** auch eine solche Maßnahme **tendenzbezogen** sein, wenn und soweit sie nicht nur aus technisch-organisatorischen Gründen, sondern mit Blick auf Objektivität und Unabhängigkeit, die Aktualität oder die inhaltliche Ausgestaltung der Berichterstattung festgelegt wird (kritisch zu dieser Differenzierung in Bezug auf Arbeitszeitregelungen u.a. *Löffler/Dörner*, Rn 382 mwN). Dies gilt etwa für die Einführung von Ethikregeln, die eine unabhängige und von Eigeninteressen der Tendenzträger unabhängige Berichterstattung sichern sollen (BAG NZA 2003, 166), oder Beginn und Ende der täglichen Arbeitszeit von Redakteuren (BAG AP Nr. 13 zu § 118 BetrVG 1972; BAG AP Nr. 49 zu § 118 BetrVG 1972 mit kritischen Anm. *Berger-Delhey*). Mitbestimmungsfrei sind demzufolge auch der Erscheinungstermin, der Zeitpunkt des Redaktionsschlusses, Einführung, Frequenz und Dauer von Redaktionskonferenzen, der Einsatz von Redakteuren oder Zeitvorgaben für die Berichterstattung über bestimmte Ereignisse (vgl BVerfG EzA Nr. 70 zu § 118 BetrVG 1972). 27

28 Auch das Mitbestimmungsrecht in Fragen der Lohngestaltung (§ 87 Abs. 1 Nr. 10) kann entfallen, wenn die Regelung Entgeltformen betrifft, die gerade die Tendenz fördern sollen (BAG AP Nr. 15 zu § 87 BetrVG 1972 Lohngestaltung; BAG AP Nr. 45 zu § 118 BetrVG 1972).

III. Personalvertretungsrecht

29 In den öffentlich-rechtlichen Rundfunkanstalten sind für Fragen der betrieblichen Mitbestimmung nicht die Vorschriften des BetrVG, sondern die des jeweils für sie anwendbar erklärten Landes-**Personalvertretungsgesetzes**, im Falle der DW sowie der Mehrländeranstalten NDR, MDR und RBB kraft staatsvertraglicher Festlegung die des BPersVG maßgeblich, und zwar mit den dort in § 90 enthaltenen Modifikationen. Sie schränken insbesondere in Ziff. 7 die Beteiligungsrechte des Personalrats in Bezug auf personelle Maßnahmen in den höheren Redakteursgruppen ein. Ähnliches gilt für einige Landespersonalvertretungsgesetze (vgl zB §§ 112–120 PVG R-P für ZDF, §§ 98–105 PVG B-W für SWR, § 55 WDR-Gesetz).

30 Diese **Sonderregelungen** tragen der Tatsache Rechnung, dass verantwortlich für den verfassungsrechtlichen bzw gesetzlichen Programmauftrag allein die Intendantin/der Intendant der Rundfunkanstalt ist, die bzw der zugleich als Leiter/in der Dienststelle dem Personalrat gegenüber steht. Diese Verantwortung wird auch und insbesondere in Personalangelegenheiten umgesetzt, soweit es um Programm-Mitarbeiter/innen geht. Die Einschränkung der Beteiligungsrechte der Personalvertretung in diesen Fällen ist daher – ähnlich wie die durch den Tendenzschutz bedingte Modifikation des BetrVG – verfassungsrechtlich geboten und steht nicht nur im Belieben des Gesetzgebers. Landesgesetze, die dem nicht Rechnung tragen, sind insoweit verfassungsrechtlich problematisch.

IV. Sonderformen

31 **1. Tarifliche und vertragliche Regelungen. a) Grundsatz.** Die gesetzlichen Vorschriften zur Ausgestaltung der Mitbestimmung sind Ausdruck des Ausgleichs zwischen den jeweils verfassungsrechtlich geschützten Positionen von Arbeitgeber- und Arbeitnehmerseite. Daher ist der **Spielraum** für weitergehende Mitwirkungsrechte der gesetzlichen Belegschaftsvertretung oder spezieller anderer Gremien jenseits dieser gesetzlichen Tatbestände **gering.** Es spricht eine Vermutung dafür, dass die bestehenden Vorschriften den Kernbereich des verfassungsrechtlich gebotenen Tendenzschutzes konkretisieren, der daher nicht zur Disposition steht.

32 Grundsätzlich möglich – allerdings ohne praktische Bedeutung – sind gleichwohl entsprechende **tarifliche Regelungen** (vgl BAG AP Nr. 56 zu § 118 BetrVG 1972) oder Vereinbarungen auf der betrieblichen Ebene in Gestalt arbeitsvertraglicher Einheitsregelungen (BAG NZA 2002, 397).

33 **b) Redakteurstatute.** Um eine solche **arbeitsvertragliche Einheitsregelung** handelt es sich bei einem freiwilligen Redakteurstatut zwischen Verleger (bzw Rundfunkveranstalter) und Redakteuren. Ihre Begründung, Ausgestaltung und Beendigung richtet sich nach den vertragsrechtlichen Grundsätzen, die daher auch zum Bestandteil jedes Arbeitsvertrages gemacht werden müssen.

34 Nach den auch für Betriebsvereinbarungen geltenden allgemeinen Grundsätzen (dazu BAG NZA 2000, 322; BAG BB 2000, 777) ist ein Redakteurstatut dabei auch dann (ohne Begründung) kündbar, wenn eine solche **Kündigung** dort nicht explizit vorgesehen ist (ArbG Mannheim AfP 1998, 240). Entsprechende Auseinandersetzungen, beispielsweise über die Wirksamkeit einer Kündigung des Redakteurstatuts durch den Verleger, sind folgerichtig arbeits- und nicht etwa presserechtlicher Natur (BAG NZA 1999, 837).

35 Im Kern legen die Redakteurstatute fest, in welchen Angelegenheiten mit Tendenzbezug die Redakteure durch ihre Vertretung beteiligt werden sollen. Dazu kann beispielsweise die Einstellung oder Abberufung von leitenden Redakteuren (zur Leitungsfunktion von Chefredakteuren *Grund*, AfP 2008, 121) sowie die Vertretung eines Redakteurs in einer Auseinandersetzung über die Reichweite und Grenze der „inneren“ Presse- oder Rundfunkfreiheit gehören (dazu Abschnitt 69 Rn 54 ff). Die Zuständigkeiten und Rechte **gesetzlich** vorgesehener **Beteiligungsorgane** bleiben **unberührt.** Die Befugnisse eines Redakteursausschusses oder -rats dürfen also nicht die Rechte des Betriebsrats beeinträchtigen oder gar in die Substanz des Tendenzschutzes eingreifen.

36 **c) Vertretung Freier Mitarbeiter.** Kaum lösbare Probleme wirft die Frage auf, ob und ggf in welcher Form sich die von Verlagen oder Rundfunkveranstaltern beschäftigten Freien Mitarbeiter in Gestalt

einer **Interessenvertretung** organisieren dürfen. Jedenfalls insoweit, als sich eine solche nicht nur auf Gewerkschaftsmitglieder beschränkt, ist ein entsprechender Zusammenschluss kartellrechtlich problematisch. Angesichts der in der Regel äußerst unterschiedlichen vertraglichen und tatsächlichen Beschäftigungsbedingungen kann das einzige gemeinsame Interesse im Grunde nur darin liegen, trotz der Freien Mitarbeit eine verbesserte oder gesicherte Beschäftigungs- und Entlohnungsperspektive durchzusetzen. Dies ist aber jenseits eines gewerkschaftlichen Engagements, dessen Grenzen § 12a TVG festlegt, unzulässig. Ein Verhandlungs- bzw. Vertragspartner für den Verlag oder die Geschäftsleitung kann eine derartige „Freienvertretung" deshalb keinesfalls sein.

Unbeschadet dessen ist es den Freien Mitarbeitern unbenommen, sich in Bezug auf ihre konkreten Beschäftigungsbedingungen auf der Ebene der Bereiche, in denen sie eingesetzt werden, abzustimmen und ihre Anliegen bspw durch einen Sprecher zu artikulieren. 37

2. Gesetzliche Regelungen. Gesetzliche Vorschriften, die spezifische Mitwirkungstatbestände für Mitarbeiter- bzw Interessenvertretungen begründen, betreffen **ausschließlich** die (öffentlich-rechtlichen) **Rundfunkanstalten.** 38

a) **Redakteursausschuss.** So sehen etliche Rundfunkgesetze und -staatsverträge ausdrücklich die Einrichtung eines Redakteursausschusses oder -rats vor (zB §§ 30 f WDR-G, § 40 NDR-StV, § 33 rbb-StV). Das Statut, das seine Beteiligungsrechte und Zuständigkeiten im Einzelnen festlegt, bedarf in der Regel der **Zustimmung** des – in Programmangelegenheiten als Beratungs- und Kontrollorgan der Intendantin/des Intendanten fungierenden – **Rundfunkrats.** 39

b) **Gleichstellungsbeauftragte.** Schließlich ist in allen Rundfunkanstalten eine Gleichstellungsbeauftragte oder Frauenvertreterin zu beschäftigen. Maßgeblich dafür sind die **Landesgleichstellungsgesetze**, die – soweit sie nicht vom mittlerweile geltenden und vorrangigen Allgemeinen Gleichbehandlungsgesetz (AGG) verdrängt werden – auch für die öffentlich-rechtlichen Anstalten gelten. Sie erweitern in Teilen die Informations- und Zustimmungsrechte der jeweiligen Interessenvertretung erheblich über den Rahmen hinaus, den die ihrerseits schon weitgehenden Personalvertretungsgesetze setzen. So sieht etwa das LGG Berlin die Beteiligung der Frauenvertreterin an sämtlichen organisatorischen und personellen Maßnahmen ohne Rücksicht auf ihren Programmbezug vor. Dies führt u.a. dazu, dass auch solche Entscheidungen, die unmittelbaren Programmbezug haben, für zwei Wochen ausgesetzt werden müssen, wenn und soweit die Frauenvertreterin geltend macht, nicht oder nicht rechtzeitig beteiligt worden zu sein, § 17 Abs. 3 LGG Berlin. Überdies kann sie eine erneute Entscheidung innerhalb von 14 Tagen bei dem für Frauenpolitik zuständigen Mitglied des Berliner Senats beantragen, das daraufhin der zuständigen Anstaltsleitung einen Entscheidungsvorschlag vorlegt, § 18 Abs. 2 LGG Berlin. Die unmittelbare Anwendung dieser und einer Reihe weiterer Vorschriften des LGG auf die betroffene Landesrundfunkanstalt mit den damit zusätzlich verbundenen staatlichen Einwirkungsmöglichkeiten dürfte, soweit es um Programmmitarbeiter geht, mit Art. 5 Abs. 1 GG nicht vereinbar sein. 40

B. Arbeitskampf

I. Grundlagen

1. Rechtsgrundlagen. Eine gesetzliche **Definition** des Arbeitskampfes gibt es nicht. Üblicherweise werden darunter jedoch alle Maßnahmen subsumiert, die kollektiv mit dem Ziel ausgeübt werden, durch eine Störung der Arbeitsbeziehungen Druck auf die Gegenseite auszuüben (s. nur ErfK/*Dieterich*, Art. 9 Rn 94). Das Recht zu entsprechenden Handlungen betrachtet das BVerfG jedenfalls insoweit als durch das Grundrecht der Koalitionsfreiheit aus Art. 9 GG gewährleistet, als sie dazu eingesetzt werden sollen, tarifvertragliche Regelungen herbeizuführen (BVerfG NZA 1995, 754). 41

2. Arbeitskampfmaßnahmen. Typische und grundsätzlich zulässige Mittel des Arbeitskampfes sind der Streik auf Arbeitnehmer- und die Aussperrung auf Arbeitgeberseite. 42

a) **Streik.** Ein Streik liegt vor, wenn mehrere **Arbeitnehmer** gemeinschaftlich und geplant arbeitsvertragliche Verpflichtungen missachten, um mithilfe des damit ausgeübten Drucks auf den Arbeitgeber ein gemeinsames Ziel durchzusetzen. Regelmäßig wird der Streik von einer Gewerkschaft vorbereitet und koordiniert. 43

Rechtmäßig ist der Streik nur dann, wenn er ausschließlich dazu dient, tarifliche Ziele zu erreichen (BAG AP Nr. 106 zu Art. 9 Arbeitskampf) und dabei der Grundsatz der Verhältnismäßigkeit gewahrt 44 wird (BAG AP Nr. 113 zu Art. 9 Arbeitskampf). Unter dieser Bedingung ist auch ein Warnstreik zulässig, mit dem nach Ablauf der Friedenspflicht während der Tarifverhandlungen die Entschlossenheit für einen längeren Arbeitskampf signalisiert werden soll (zuletzt BAG AP Nr. 140 zu Art. 9 GG Arbeitskampf).

45 **Unzulässig** ist demzufolge hingegen ein Streik, der – jedenfalls auch – den Arbeitgeber zum Verzicht auf zulässige Maßnahmen zwingen oder mit dem ein politisches Ziel durchgesetzt bzw. auf allgemeine gesellschaftliche Missstände aufmerksam gemacht werden soll oder der nicht von einer Gewerkschaft getragen wird. Unzulässig ist grundsätzlich auch der Sympathiestreik, wenn er sich gegen jemanden richtet, der nicht der eigene Tarifpartner ist (BAG AP Nr. 90 zu Art. 9 GG Arbeitskampf).

46 Während des rechtmäßigen Streiks sind die **Hauptpflichten** aus dem Arbeitsverhältnis **suspendiert** (st. Rspr, BAG AP Nr. 132 zu Art. 9 GG Arbeitskampf). Ein rechtswidriger Streik kann individualarbeitsrechtliche Konsequenzen (Verlust des Lohnanspruchs, Sanktionen) sowie Unterlassungs- und Schadensersatzansprüche gegen die Gewerkschaft oder einzelne Beteiligte begründen.

47 b) **Aussperrung.** Spiegelbildlich zum Streik haben die **Arbeitgeber** das Recht, mehrere Arbeitnehmer unter Verweigerung der Lohnfortzahlung von der Beschäftigung auszuschließen (BAG AP Nr. 101 zu Art. 9 GG Arbeitskampf). Auf die Länge des diese Maßnahme auslösenden Streiks kommt es dabei grundsätzlich nicht an (BAG AP Nr. 124 zu Art. 9 GG Arbeitskampf). Wie der Streik muss jedoch auch die Aussperrung, insbesondere unter dem Gesichtspunkt der Verhandlungsparität, verhältnismäßig sein (BAG AP Nr. 84 und 124 zu Art. 9 GG Arbeitskampf).

48 Während der Aussperrung sind die arbeitsvertraglichen **Hauptpflichten suspendiert**; lediglich im Ausnahmefall, wie etwa bei einem wilden Streik, gibt die Aussperrung dem Arbeitgeber die Möglichkeit, sich vom Arbeitsverhältnis befristet zu lösen (BAG AP Nr. 43 zu Art. 9 GG Arbeitskampf).

49 Im Falle einer rechtswidrigen Aussperrung ist das Arbeitsverhältnis nicht suspendiert, so dass der Arbeitgeber insbesondere zur **Lohnfortzahlung** verpflichtet bleibt (BAG AP Nr. 124 zu Art. 9 GG Arbeitskampf). Außerdem können die Gewerkschaften Unterlassungsansprüche geltend machen (BAG AP Nr. 101 zu Art. 9 GG Arbeitskampf).

50 3. **Boykott.** Ein Boykott ist der Versuch, **rechtsgeschäftliche Abschlüsse** eines anderen zu **ver- oder behindern.** Er gehört zu den ältesten Kampfmitteln in sozialen Auseinandersetzungen (BAG AP Nr. 6 zu § 1 TVG) und ist im Rahmen der Friedenspflicht und des Verhältnismäßigkeitsprinzips grundsätzlich zulässig. Die Grenzen zu einer aggressiven Öffentlichkeitsarbeit im Zusammenhang mit allgemeinen Tarifauseinandersetzungen sind jedoch fließend.

II. Arbeitskampf im Medienbereich

51 **1. Privatrechtliche Medienunternehmen.** Soweit die Arbeitsbedingungen in Medienunternehmen Gegenstand von Tarifverträgen sein können, gelten für den Arbeitskampf grundsätzlich keine Besonderheiten. Ein generelles **Gebot**, insoweit in besonderer Weise auf den hohen Stellenwert insbesondere der Pressefreiheit **Rücksicht** zu nehmen, gibt es nicht (BVerfGE 84, 212, 232 = AP Nr. 117 zu Art. 9 GG Arbeitskampf; BAG AP Nr. 84 zu Art. 9 GG Arbeitskampf).

52 Allerdings wird in der Literatur aus der **Schutzfunktion des Art. 5 Abs. 1 GG** abgeleitet, dass die Gerichte einen das Meinungsspektrum der Presselandschaft nachhaltig verzerrenden Arbeitskampf zu unterbinden haben (vgl bspw ErfK/*Dieterich*, Art. 5 Rn 83 ff mwN). Wie eine solche Auswirkung verifiziert und ob sie angesichts der heute zur Verfügung stehenden vielfältigen Informationsmöglichkeiten insbesondere im Bereich der elektronischen Medien tatsächlich wirksam durchgesetzt werden könnte, ist freilich mehr als zweifelhaft. Letztlich kann dies hier offen bleiben, weil es sich ohnehin um eine eher theoretische Frage handeln dürfte.

53 Schon nach den allgemeinen Grundsätzen **unzulässig** ist ein Streik, der sich nur gegen Betriebe eines Unternehmens richtet, dessen Tendenz bekämpft werden soll (BAG Nr. 84 zu Art. 9 GG Arbeitskampf). Gleiches gilt für Maßnahmen technischer Art, die dazu führen, dass eine Zeitung, ein Programmbeitrag oder ein Mediendienst nicht oder nur teilweise fertig gestellt oder ausgeliefert bzw verbreitet werden kann. Sie lösen in jedem Falle Schadensersatzansprüche des Unternehmers aus und sind unter Umständen sogar als strafbare Sachbeschädigung zu qualifizieren.

54 Ebenfalls unzulässig ist es, wenn die Streikenden das von ihnen bestreikte Medium für ihre Zwecke in Anspruch nehmen, also eigenmächtig nutzen und damit **missbrauchen** wollen. Dies gilt etwa für die

Unterbrechung des Hörfunkprogramms eines privaten Hörfunksenders durch dessen Mitarbeiter zur Ausstrahlung eines Hinweises auf das Abhalten eines zur Zeit laufenden Warnstreiks (ArbG Köln AfP 1992, 401).

2. Öffentlich-rechtlicher Rundfunk. Auch für den öffentlich-rechtlichen Rundfunk gilt: **Arbeitskampfmaßnahmen** sind, soweit es um tarifvertraglich regelbare Fragen geht, grundsätzlich **statthaft**. Allerdings sind die Rundfunkanstalten verfassungsrechtlich verpflichtet, die für das demokratische Gemeinwesen unerlässliche Grundversorgung der Bevölkerung mit einem umfassenden Rundfunkangebot zu gewährleisten. 55

Zumindest ein **Kernbereich des Informationsangebots** und die Sendebetriebsbereitschaft müssen daher in jedem Falle **erhalten** bleiben. Das folgt schon aus der den Rundfunkanstalten jeweils gesetzlich übertragenen Pflicht, im Bedarfsfall (insbesondere bei Katastrophen) unverzüglich Sendezeit für amtliche Verlautbarungen zur Verfügung zu stellen (vgl zB § 8 Abs. 1 rbb-StV). Mithin sind Streikmaßnahmen nur und insoweit zulässig, als sie der betroffenen Rundfunkanstalt entsprechende Sendungen jedenfalls im Ton ermöglichen. Da eine entsprechende Sendebereitschaft und -fähigkeit abstrakt-generell gewährleistet sein muss, kann die Rundfunkanstalt auch durch einen im Übrigen rechtmäßigen Streik nicht gehindert werden, den Programm- und Sendebetrieb in dem damit beschriebenen engen Rahmen durch geeignete Dienstplanung aufrechtzuerhalten. Eine Zuwiderhandlung gegen entsprechende Vorgaben kann daher gegebenenfalls arbeitsrechtliche Sanktionen nach sich ziehen. 56

8. Teil: Medienordnungs- und -aufsichtsrecht

1. Kapitel: Medienordnungsrecht

Schrifttum: *Aigner/Hofmann*, Fernabsatzrecht im Internet, 2004 (zitiert: *Aigner/Hofmann*, Fernabsatzrecht); *Baumbach/Lauterbach/Albers/Hartmann*, Zivilprozessordnung mit Gerichtsverfassungsgesetz und anderen Gesetzen, Kommentar, 69. Aufl. 2011 (zitiert: *Baumbach/Lauterbach/Albers/Hartmann*, ZPO); *Bizer/Trosch*, Die Anbieterkennzeichnung im Internet, DuD 1999, 621 ff; *Bork*, Ist es zulässig, in einer Sportschau Kurzberichte von sämtlichen Spielen eines Fußballbundesliga-Spieltages zu zeigen?, ZUM 1992, 511 ff; *Bräutigam/Leupold*, Online-Handel, 2003 (zitiert: Bräutigam/Leupold/*Bearbeiter*, Online-Handel); *Brunst*, Umsetzungsprobleme der Impressumspflicht bei Webangeboten, MMR 2004, 8 ff; *Denninger/Hoffmann-Riem/Schneider/Stein*, Kommentar zum Grundgesetz für die Bundesrepublik Deutschland (Reihe Alternativkommentare), 2001–2002 (zitiert: AK-GG/*Bearbeiter*); *Engels,* Die Auswirkungen der UWG-Reform auf Medien und Kommunikation, AfP 2004, 316 ff; *Engels/Jürgens/Fritzsche*, Die Entwicklung des Telemedienrechts 2006, K&R 2007, 57 ff; *Ernst*, Die wettbewerbsrechtliche Relevanz der Online-Informationspflichten des § 6 TDG, GRUR 2003, 759 ff; *Franosch*, Rechtliche Fallstricke der anwaltlichen Impressumspflicht im Internet, NJW 2004, 3155 ff; *Gounalakis*, Der Mediendienste-Staatsvertrag der Länder, NJW 1997, 2993 ff; *Gounalakis/Rhode*, Elektronische Kommunikationsangebote zwischen Telediensten, Mediendiensten und Rundfunk, CR 1998, 487 ff; *Grimm*, Technische Umsetzung der Anbieterkennzeichnung, DuD 1999, 628 ff; *Hahn/Vesting* (Hrsg.), Beck'scher Kommentar zum Rundfunkrecht, 2. Aufl. 2008 (zitiert: Hahn/Vesting/*Bearbeiter*); *Härting*, Umsetzung der E-Commerce-Richtlinie, DB 2001, 80 ff; *Hartstein/Ring/Kreile/Dörr/Stettner*, Rundfunkstaatsvertrag, Kommentar, Stand: 48. Lieferung, November 2010 (zitiert: *Hartstein/Ring/Kreile/Dörr/Stettner*); *Heilmann*, Informationspflichten im Telemedienrecht und User-generated Content, (im Erscheinen); *Hesse*, Der Vierte Rundfunkänderungsstaatsvertrag aus der Sicht des öffentlich-rechtlichen Rundfunks, ZUM 2000, 183 ff; *Hoenike/Hülsdunk*, Die Gestaltung von Fernabsatzangeboten im elektronischen Geschäftsverkehr nach neuem Recht. Gesetzesübergreifende Systematik und rechtliche Vorgaben vor Vertragsschluss, MMR 2002, 415 ff; *Hoeren/Pfaff*, Pflichtangaben im elektronischen Geschäftsverkehr aus juristischer und technischer Sicht, MMR 2007, 207 ff; *Hoeren/Sieber*, Handbuch Multimedia-Recht, Rechtsfragen des elektronischen Geschäftsverkehrs, 2010 (zitiert: Hoeren/Sieber/*Bearbeiter*, Handbuch Multimedia-Recht); *Hoffmann*, Die Entwicklung des Internetrechts bis Mitte 2004, NJW 2004, 2569 ff; *Hoß*, Web-Impressum und Wettbewerbsrecht, CR 2003, 687 ff; *Kaestner/Tews*, Die Anbieterkennzeichnungspflichten nach § 6 Teledienstegesetz, WRP 2002, 1011 ff; *Kaufmann*, Weblogs – rechtliche Analyse einer neuen Kommunikationsform, 2009; *Klute*, Anmerkung zu OLG Hamburg, Beschluss vom 20.11.2002, Az 5 W 80/02, MMR 2003, 107 ff; *Köhler/Bornkamm*, Gesetz gegen den unlauteren Wettbewerb, Kommentar, 29. Aufl. 2011 (zitiert: Köhler/Bormkamm/*Bearbeiter*, UWG); *Korte*, Das Recht auf Gegendarstellung im Wandel der Medien, 2002; *Lackner/Kühl*, Strafgesetzbuch, Kommentar, 27. Aufl. 2011 (zitiert: *Lackner/Kühl*, StGB); *Lauktien*, Der Staatsvertrag zur Fernsehkurzberichterstattung, 1992; *Lenz*, Das Recht auf Kurzberichterstattung – Bestätigung und Korrektur aus Karlsruhe, NJW 1999, 757 ff; *Löffler,* Presserecht, Kommentar, 5. Aufl. 2006 (zitiert: Löffler/*Bearbeiter*, Presserecht); *Löffler/Ricker*, Handbuch des Presserechts, 5. Aufl. 2005 (zitiert: *Löffler/Ricker*, Handbuch des Presserechts); *Lorenz*, Die Wettbewerbswidrigkeit einer mangelhaften Anbieterkennzeichnung, WRP 2010, 1224; *Lorenz*, Die Anbieterkennzeichnung nach dem TMG und RStV, K&R 2008, 340; *Lorenz*, Die Anbieterkennzeichnung im Internet, 2007; *Mankowski*, Fernabsatzrecht: Information über das Widerrufsrecht und Widerrufsbelehrung bei Internetauftritten, CR 2001, 767 ff; *Musielak*, Zivilprozessordnung, Kommentar, 6. Aufl. 2008 (zitiert: Musielak/*Bearbeiter*, ZPO); *Ory*, Impressum und Gegendarstellung bei Mediendiensten, AfP 1998, 465 ff; *Ott*, Anmerkung zum Urteil des OLG München vom 12.2.2004, 29 U 4564/03, MMR 2004, 322 f; *Ott*, Die Impressumspflicht nach §§ 5 TMG, 55 RStV, MMR 2007, 354 ff; *Ott*, Informationspflichten im Internet und ihre Erfüllung durch das Setzen von Hyperlinks, WRP 2003, 945 ff; *Piper/Ohly*, Gesetz gegen den unlauteren Wettbewerb, 5. Aufl. 2010 (zitiert: *Piper/Ohly*, UWG); *Roßnagel*, Recht der Multimediadienste, 2007, (Stand: 7. Lieferung, April 2005 (zitiert: Roßnagel-RMD/*Bearbeiter*); *Schricker/Löwenheim*, Urheberrecht, 2006 (zitiert: Schricker/Löwenheim/*Bearbeiter*, Urheberrecht); *Schulte/Schulte*, Informationspflichten im elektronischen Geschäftsverkehr – wettbewerbsrechtlich betrachtet, NJW 2003, 2140 ff; *Seitz/Schmidt/Schöner*, Der Gegendarstellungsanspruch – Presse, Film, Funk und Fernsehen, 3. Aufl. 1998 (zitiert: Seitz/Schmidt/Schöner/*Bearbeiter*, Gegendarstellungsanspruch); *Soehring*, Presserecht: Recherche, Darstellung und Haftung im Recht der Medien, 4. Aufl. 2010; *Spindler/Schuster*, Recht der Elektronischen Medien, 2. Aufl. 2011 (zitiert: Spindler/Schuster/*Bearbeiter*, Medien); *Spindler*, Das neue Telemediengesetz – Konvergenz in sachten Schritten, CR 2007, 239 ff; *Stickelbrock*, „Impressumspflicht" im Internet – eine kritische Analyse der neueren Rechtsprechung zur Anbieterkennzeichnung nach § 6 TDG, GRUR 2004, 111 ff; *Thomas/Putzo*, Zivilprozessordnung mit Gerichtsverfassungsgesetz, den Einführungsgesetzen und europarechtlichen Vorschriften, Kommentar, 31. Aufl. 2010 (zitiert: *Thomas/Putzo*, ZPO); *Wandtke*, Medienrecht, 2008 (zitiert: Wandtke/*Bearbeiter*, Medienrecht); *Weiner/Schmelz*, Die elektronische Presse und andere neue Kommunikationsformen im neuen rechtlichen Regulierungsrahmen, K&R 2006, 453 ff; *Wente*, Das Recht der journalistischen Recherche, 1987; *Wenzel*, Das Recht der Wort- und Bildberichterstattung, Handbuch des Äußerungsrechts, 5. Aufl. 2003 (zitiert: Wenzel/*Bearbeiter*, Berichterstattung); *Woitke*, Das „Wie" der Anbieterkennzeichnung gemäß § 6 TDG, NJW 2003, 871 ff; *Woitke*, Informations- und Hinweispflichten im E-Commerce, BB 2003, 2469 ff; *Wüstenberg*, Das Fehlen von in § 6 TDG aufgeführten Informationen auf Homepages und seine Bewertung nach § 1 UWG, WRP 2002, 782 ff.

71. Abschnitt: Impressumspflicht

A. Allgemeines

Kennt der Kommunikationsempfänger die Identität des Kommunikators, kann er den Inhalt der Kommunikation besser bewerten. Impressumspflichten gewährleisten die Transparenz der Identität des Kommunikators. Außerdem ermöglichen sie staatlichen Stellen die Durchsetzung rechtlicher Vorgaben und privaten Personen die Geltendmachung rechtlicher Ansprüche. Sowohl für **Druckwerke** als auch für sogenannte **Telemedien** (im Wesentlichen Online-Dienste) gelten Impressumspflichten. Während die Vorgaben des Telemediengesetzes vor allem der Durchsetzung wirtschaftlicher Interessen dienen, enthalten die Normen in den Landespressegesetzen und im Rundfunkstaatsvertrag (dort in Bezug auf Telemedien) Pflichten, die auf die Bedeutung der betroffenen Medien für die öffentliche und individuelle Meinungsbildung reagieren. Für besonders bedeutsame Angebote (periodische Druckwerke in den Pressegesetzen, Telemedien mit journalistisch-redaktionell gestalteten Angeboten im Rundfunkstaatsvertrag) gelten spezielle Anforderungen. Für die Veranstaltung von **Rundfunk** ist eine Zulassung durch die Landesmedienanstalten erforderlich. Über Letztere können die Angaben über den Veranstalter in Erfahrung gebracht werden. Nach den Landesmediengesetzen (etwa § 8 Medienstaatsvertrag 1

HSH, hier nicht kommentiert) muss ein Rundfunkveranstalter, der nicht eine natürliche Person ist, Namen und Anschrift mindestens einer für den Inhalt des Rundfunkprogramms verantwortlichen Person benennen, die neben dem Rundfunkveranstalter für die Erfüllung der sich aus diesem Staatsvertrag ergebenden Verpflichtungen verantwortlich ist. Die persönlichen Voraussetzungen der verantwortlichen Person entsprechen denen des verantwortlichen Redakteurs nach den Pressegesetzen. Nach einigen Landesmediengesetzen (etwa § 8 Medienstaatsvertrag HSH, hier nicht kommentiert) teilt die Landesmedienanstalt auf Verlangen Namen und Anschrift des Rundfunkveranstalters oder des für den Inhalt des Programms Verantwortlichen mit. In anderen Landesmediengesetzen (etwa § 8 Abs. 2 Saarländisches Mediengesetz, hier nicht kommentiert) ist vorgeschrieben, dass der jeweilige Rundfunkveranstalter auf Verlangen Namen und Anschrift der für den Inhalt des Programms Verantwortlichen sowie des für den Inhalt einer Sendung verantwortlichen Redakteurs mitzuteilen hat. Der für den Inhalt verantwortliche Redakteur ist am Ende jeder Sendung anzugeben. Zum Teil ist außerdem vorgesehen, dass private Rundfunkveranstalter am Anfang und am Ende der täglichen Sendezeit den Veranstalter zu nennen haben. Die Informationspflichten in § 9 Rundfunkstaatsvertrag (hier nicht kommentiert) reagieren auf Regelungen im Europäischen Übereinkommen über das grenzüberschreitende Fernsehen.

B. Impressumspflichten in den Pressegesetzen

§ 8 Hamburgisches Pressegesetz Impressum

(1) Auf jedem in der Freien und Hansestadt Hamburg erscheinenden Druckwerk müssen Name oder Firma und Anschrift des Druckers und des Verlegers, beim Selbstverlag die des Verfassers oder des Herausgebers genannt sein.

(2) [1]Auf den periodischen Druckwerken sind ferner Name und Anschrift des verantwortlichen Redakteurs anzugeben. [2]Sind mehrere Redakteure verantwortlich, so muss das Impressum die geforderten Angaben für jeden von ihnen enthalten. [3]Hierbei ist kenntlich zu machen, für welchen Teil oder sachlichen Bereich des Druckwerks jeder einzelne verantwortlich ist. [4]Für den Anzeigenteil ist ein Verantwortlicher zu benennen; für diesen gelten die Vorschriften über den verantwortlichen Redakteur entsprechend.

(3) Zeitungen und Anschlusszeitungen, die regelmäßig wesentliche Teile fertig übernehmen, haben im Impressum auch den für den übernommenen Teil verantwortlichen Redakteur und den Verleger des anderen Druckwerkes zu benennen.

§ 9 Hamburgisches Pressegesetz Persönliche Anforderungen an den verantwortlichen Redakteur

(1) Als verantwortlicher Redakteur kann nicht tätig sein und beschäftigt werden, wer

1. **seinen ständigen Aufenthalt nicht innerhalb eines Mitgliedstaates der Europäischen Union oder eines anderen Vertragsstaates des Abkommens über den Europäischen Wirtschaftsraum hat,**
2. **infolge Richterspruchs die Fähigkeit zur Bekleidung öffentlicher Ämter, die Fähigkeit, Rechte aus öffentlichen Wahlen zu erlangen, oder das Recht, in öffentlichen Angelegenheiten zu wählen oder zu stimmen, nicht besitzt,**
3. **das 18. Lebensjahr nicht vollendet hat,**
4. **nicht unbeschränkt geschäftsfähig ist.**

(2) Die Vorschriften des Absatzes 1 Nummern 3 und 4 gelten nicht für Druckwerke, die von Jugendlichen für Jugendliche herausgegeben werden.

(3) Von der Voraussetzung des Absatzes 1 Nummer 1 kann die zuständige Behörde in besonderen Fällen auf Antrag Befreiung erteilen.

I. Allgemeine Impressumspflicht für Druckwerke, § 8 Abs. 1 HmbPresseG

2 Nach den Pressegesetzen müssen auf jedem Druckwerk, das im Geltungsbereich des jeweiligen Gesetzes erscheint, **Name oder Firma und Anschrift des Druckers und des Verlegers**, beim Selbstverlag die des

Verfassers oder des Herausgebers genannt sein. In § 6 Abs. 1 SächsPresseG wird ausdrücklich vorgeschrieben, dass die Angaben „deutlich sichtbar“ erfolgen.

1. Adressaten. Die allgemeine Impressumspflicht nach den Pressegesetzen bezieht sich auf Druckwerke. Auf diesen sind Name oder Firma und Anschrift des Druckers und des Verlegers, beim Selbstverlag die des Verfassers oder des Herausgebers zu nennen. **Druckwerke** werden in den Pressegesetzen definiert als alle mittels der Buchdruckerpresse oder eines sonstigen zur Massenherstellung geeigneten Vervielfältigungsverfahrens hergestellten und zur Verbreitung bestimmten Schriften, besprochenen Tonträger, bildlichen Darstellungen mit und ohne Schrift und Musikalien mit Text oder Erläuterungen. Auch die vervielfältigten Mitteilungen, mit denen Nachrichtenagenturen, Pressekorrespondenzen, Materndienste und ähnliche Unternehmungen die Presse mit Beiträgen in Wort, Bild oder ähnlicher Weise versorgen, fallen darunter. Als Druckwerke gelten ferner die von einem presseredaktionellen Hilfsunternehmen gelieferten Mitteilungen ohne Rücksicht auf die technische Form, in der sie geliefert werden, sowie Wochenschauen. **Nicht erfasst** von den Bestimmungen über Druckwerke (also auch nicht von der Impressumspflicht) sind einerseits **amtliche Druckwerke**, soweit sie ausschließlich amtliche Mitteilungen enthalten, und andererseits Druckwerke, die nur Zwecken des Gewerbes und Verkehrs, des häuslichen und geselligen Lebens dienen, wie Formulare, Preislisten, Werbedrucksachen, Familienanzeigen, Geschäfts-, Jahres- und Verwaltungsberichte und dergleichen, sowie Stimmzettel für Wahlen (sog. **„harmlose Druckwerke“**; vgl etwa § 7 Abs. 3 LPG Ba-Wü). 3

Die Vorgaben gelten **auch für nichtperiodische Druckwerke**, also auch für Bücher, CDs und Flugblätter. Erforderlich ist aber die Existenz eines Trägermediums. Nicht unter die Druckwerke fallen elektronisch übermittelte Inhalte, also Rundfunk und Telemedien. Für diese gelten spezielle gesetzliche Vorgaben aus dem Rundfunkstaatsvertrag und dem Telemediengesetz (zu Telemedien s.u. C. und D.). 4

Die Impressumspflicht bezieht sich auf Druckwerke, die im Geltungsbereich des jeweiligen Landesgesetzes erscheinen. Das Erscheinen eines Druckwerks bedeutet den Beginn des mit dem Willen des Verfügungsberechtigten erfolgenden Zugangs des Druckwerks an die Öffentlichkeit (BGH NJW 1990, 1991; OLG Köln NJW 1953, 1765; OLG München AfP 1976, 29 (49); Löffler/*Löhner*, Presserecht, § 8 LPG Rn 18 ff mwN). **Erscheinungsort** ist grundsätzlich der Verlagsort als Ursprungsort des Druckwerks. Laut BGH lässt sich jedoch der Erscheinungsort eines Druckwerks nicht generell, sondern nur anhand der konkreten Umstände des Einzelfalls bestimmen. Entscheidend sei, wo das **tatsächliche und rechtliche Schwergewicht der verlegerischen Tätigkeit** liege (BGH NJW 1990, 1991; hingegen stets vom Verlagsort als Erscheinungsort ausgehend: OLG Frankfurt aM, AfP 1981, 464; OLG Düsseldorf GRUR 1987, 297; Löffler/*Löhner*, Presserecht, § 8 LPG Rn 20 ff mwN). Hat ein Verlag verschiedene Niederlassungen, so gilt jede als selbstständiger Erscheinungsort (RGSt 64, 293). Dies gilt auch für regional selbstständige Ausgaben eines Druckwerks. 5

2. Inhalt der Impressumspflicht. In Druckwerken sind Name oder Firma und Anschrift des Druckers und des Verlegers, beim Selbstverlag die des Verfassers oder des Herausgebers zu nennen. Bei der Anschrift muss es sich um eine **ladungsfähige Anschrift** handeln, die Angabe einer Postfachadresse genügt den Anforderungen nicht (BVerwG NJW 1999, 2608). Die im Gesetz genannten Begriffe („Drucker“, „Verleger“) müssen im Impressum nicht wortgleich verwendet werden, allerdings muss die Bezeichnung die jeweilige Funktion deutlich erkennen lassen. 6

Die Nennung muss – dem Zweck der Impressumspflicht entsprechend – **klar und eindeutig** sein. Der Leser muss sich rasch, ohne Mühe und zuverlässig über die Herkunft der Druckschrift informieren können (BGH NJW 1990, 1992; OLG München ArchPR 1972, 98; RGSt 28, 72). Die Impressumsangaben müssen vom übrigen Text des Druckwerks **deutlich abgehoben** sein, so dass sie ohne mühevolles Suchen gefunden werden können. Bei der Schriftgröße muss die Lesbarkeit gewahrt sein. Die Impressumsangaben sind an einer Stelle im Druckwerk einheitlich aufzuführen, eine Verteilung einzelner Angaben auf verschiedene Stellen ist nicht zulässig (RGSt 28, 399; *Löffler/Ricker*, Handbuch des Presserechts, 13. Kap. Rn 9). Eine konkrete Platzierung (beispielsweise am Anfang oder Ende des Druckwerks) ist grundsätzlich nicht vorgeschrieben; bei umfangreichen Druckwerken ist aber auch bei der Platzierung das Prinzip der Klarheit zu beachten (vgl Löffler/*Löhner*, Presserecht, § 8 LPG Rn 28 mwN). Die Angaben sind in deutscher Sprache zu verfassen. 7

Als **Drucker** ist der Inhaber des Druckereibetriebs anzugeben (vgl näher hierzu *Löffler/Ricker*, Handbuch des Presserechts, 13. Kap. Rn 17 b; Löffler/*Löhner*, Presserecht, § 8 LPG Rn 43 ff). Anstelle des Namens kann auch die in das Handelsregister eingetragene Firma genannt werden. 8

9 **Verleger** ist der Unternehmer, der das Erscheinen und Verbreiten von Druckwerken im eigenen Namen bewirkt (OLG Düsseldorf NJW 1980, 71; *Löffler/Ricker*, Handbuch des Presserechts, 13. Kap. Rn 18; Löffler/*Löhner*, Presserecht, § 8 LPG Rn 49; Wenzel/*Burkhardt*, Berichterstattung, 11. Kap. Rn 90). Anders als im Verlagsrecht setzt der presserechtliche Verlegerbegriff keinen Verlagsvertrag mit den Verfassern der jeweiligen Werke voraus. Presserechtlich ist auch nicht entscheidend, ob die verlegerische Tätigkeit auf eigene oder fremde Rechnung vorgenommen wird (*Löffler/Ricker*, Handbuch des Presserechts, 13. Kap. Rn 18; Löffler/*Löhner*, Presserecht, § 8 LPG Rn 50 ff mwN; Wenzel/*Burkhardt*, Berichterstattung, 11. Kap. Rn 90). Als Verleger ist der Inhaber des Verlagsunternehmens anzusehen. Auch hier kann statt des Namens die in das Handelsregister eingetragene Firma genannt werden. Bei Verlagsgesellschaften ist Verleger die Gesellschaft.

10 Beim **Selbstverlag** sind Name oder Firma und Anschrift des Verfassers oder des Herausgebers zu nennen. In der Praxis werden zur Kennzeichnung des Verfassers meist die Worte „Im Selbstverlag ...“ verwendet.

II. Besondere Impressumspflichten für periodische Druckwerke, § 8 Abs. 2 HmbPresseG

11 Auf den periodischen Druckwerken sind zusätzlich Name und Anschrift des **verantwortlichen Redakteurs** anzugeben.

12 Der verantwortliche Redakteur hat **besondere Aufgaben**, zu denen vor allem das Freihalten der Publikation von strafbaren Inhalten gehört. Dies kommt zum Ausdruck in den Bestimmungen der Landespressegesetze, die eine eigenständige Strafbarkeit des verantwortlichen Redakteurs für den Fall normieren, dass mittels eines Druckwerks eine rechtswidrige Tat begangen wurde, die den Tatbestand eines Strafgesetzes verwirklicht, der verantwortliche Redakteur vorsätzlich oder fahrlässig seine Verpflichtung verletzt hat, das Druckwerk von strafbarem Inhalt freizuhalten, und die rechtswidrige Tat hierauf beruht (etwa § 19 Abs. 2 HmbPresseG). Außerdem ist der verantwortliche Redakteur neben dem Verleger eines periodischen Druckwerks dazu verpflichtet, eine Gegendarstellung der Person oder Stelle zum Abdruck zu bringen, die durch eine in dem Druckwerk aufgestellte Tatsachenbehauptung betroffen ist (etwa § 11 Abs. 1 HmbPresseG; vgl zu der Frage, inwieweit der verantwortliche Redakteur darüber hinaus zivilrechtlich haftet, *Löffler/Ricker*, Handbuch des Presserechts, 13. Kap. Rn 24a; Löffler/*Löhner*, Presserecht, § 9 LPG Rn 38 ff mwN).

13 **Verantwortlicher Redakteur** ist, wer mit dieser Stellung vom Unternehmer oder Verleger des Druckverlags tatsächlich beauftragt wurde und kraft dieser Stellung darüber verfügen kann, ob ein Beitrag veröffentlicht wird oder wegen seines strafbaren Inhalts zurückzuweisen ist (BGH NJW 1990, 2828; KG NJW 1998, 1420 (1421)). Die Nennung im Impressum wird von den Gerichten als außergerichtliches Geständnis gewertet, dass der Benannte tatsächlich die Stellung des verantwortlichen Redakteurs bekleidet habe, soweit der Nachweis erbracht wurde, dass die Benennung mit Wissen und Willen des Benannten erfolgt ist (KG NJW 1998, 1420 (1421); RGSt 27, 246 (251)).

14 **1. Adressaten.** Die besonderen Impressumspflichten gelten für **periodische Druckwerke.** Bei diesen handelt es sich laut den Definitionen in den Pressegesetzen um Zeitungen, Zeitschriften und andere in **ständiger, wenn auch unregelmäßiger Folge** und im Abstand von nicht mehr als sechs Monaten erscheinende Druckwerke. Vorübergehende Überschreitungen des Sechs-Monats-Zeitraums sind für die Einordnung als periodische Druckwerke unschädlich (Löffler/*Löhner*, Presserecht, § 7 LPG Rn 78). Bei der Frage des periodischen Erscheinens ist auf abgeschlossene und selbstständige Druckwerke und nicht auf einzelne Teile eines Lieferwerks (Loseblattsammlung etc.) abzustellen. Amtliche Druckwerke und sog. „harmlose“ Druckwerke (s.o. Rn 3) sind auch von den besonderen Impressumspflichten ausgenommen.

15 **2. Inhalt der besonderen Impressumspflichten.** Auch die Nennung des verantwortlichen Redakteurs muss dem **Prinzip der Klarheit** folgen. Das Impressum muss eindeutig erkennen lassen, dass es sich bei dem im Impressum Benannten gerade um den verantwortlichen Redakteur handelt. Der Begriff „verantwortlich“ ist dabei unverzichtbar (vgl RGSt 25, 180; 28, 399; OLG Celle NJW 1996, 1150). Die Verwendung des Begriffs „Redakteur“ ist hingegen nicht zwingend (Löffler/*Löhner*, Presserecht, § 8 LPG, Rn 76 mwN; vgl auch *Löffler/Ricker*, Handbuch des Presserechts, 13. Kap. Rn 23a). Die **Aufteilung der Verantwortlichkeit** auf mehrere Personen ist zulässig, sofern deutlich ist, wer für welchen Teil oder sachlichen Bereich des Druckwerks verantwortlich ist. Unzulässig ist es aber, für dieselben

Teile mehrere Verantwortliche zu benennen (Löffler/*Ricker*, Handbuch des Presserechts, 13. Kap. Rn 35; Seitz/Schmidt/*Schmidt*, Gegendarstellungsanspruch, 4. Kap. Rn 29). „Teil" bezeichnet eine räumliche Aufteilung (etwa nach einzelnen Seiten), „sachlicher Bereich" meint die einzelnen Sachgebiete wie Politik, Wirtschaft, Sport, Gesellschaft etc. Es muss sich um klar abgrenzbare Bereiche handeln (verneint von OLG München ArchPR 1972, 98 für „Reportagen"). Ist die Aufteilung nicht vollständig, werden gewohnheitsrechtlich kleinere Rubriken „benachbarten" größeren Rubriken zugerechnet (Löffler/*Ricker*, Handbuch des Presserechts, 13. Kap. Rn 35; Löffler/*Löhner*, Presserecht, § 8 LPG Rn 85 mwN). Können nach diesem „Nachbarschaftsprinzip" nicht alle Rubriken, für die nicht ausdrücklich ein Verantwortlicher benannt ist, anderen Rubriken zugerechnet werden, wird durch diesen „Rest" gegen die Impressumspflicht verstoßen (vgl zu der Frage, wer bei fehlerhaften Nennungen im Impressum tatsächlich verantwortlich ist, Löffler/*Ricker*, Handbuch des Presserechts 13. Kap. Rn 4; Löffler/*Löhner*, Presserecht, § 8 LPG Rn 86 ff; Wenzel/*Burkhardt*, Bildberichterstattung, 11. Kap. Rn 88).

3. Persönliche Anforderungen an den verantwortlichen Redakteur, § 9 HmbPresseG. Die Landesregelungen für die Presse enthalten **persönliche Anforderungen** an den verantwortlichen Redakteur. Dieser muss seinen **ständigen Aufenthalt im Geltungsbereich des Grundgesetzes** haben. Der ständige Aufenthalt ist gleichzusetzen mit dem gewöhnlichen Aufenthalt (Löffler/*Löhner*, Presserecht, § 9 LPG Rn 64). Der Begriff Aufenthalt verlangt zwar nach der Rechtsprechung des BGH nach einem Daseinsmittelpunkt der benannten Person, welcher durch Dauer und persönliche Beziehungen indiziert wird; abweichend von der Begründung eines Wohnsitzes (vgl § 7 Abs. 2 BGB) ist jedoch kein rechtsgeschäftlicher Wille, den Ort zum Lebensmittelpunkt zu machen, erforderlich (vgl BGH NJW 1993, 2048; vgl im Einzelnen Löffler/*Löhner*, Presserecht, § 9 LPG Rn 62 ff mwN). 16

Nicht benannt werden darf ferner, wer infolge Richterspruchs die **Fähigkeit zur Bekleidung öffentlicher Ämter**, die Fähigkeit, Rechte aus öffentlichen Wahlen zu erlangen, oder das Recht, in öffentlichen Angelegenheiten zu wählen oder zu stimmen, nicht besitzt. Nach § 45 Abs. 1 StGB verliert, wer wegen eines Verbrechens zu Freiheitsstrafe von mindestens einem Jahr verurteilt wird, für die Dauer von fünf Jahren die Fähigkeit, öffentliche Ämter zu bekleiden und Rechte aus öffentlichen Wahlen zu erlangen. § 45 Abs. 2 StGB besagt, dass das Gericht dem Verurteilten für die Dauer von zwei bis zu fünf Jahren die in Absatz 1 bezeichneten Fähigkeiten aberkennen kann, soweit das Gesetz es besonders vorsieht. Laut § 45a Abs. 1 StGB wird der Verlust der Fähigkeiten, Rechtsstellungen und Rechte mit der Rechtskraft des Urteils wirksam. 17

Ausgeschlossen sind außerdem Personen, die das **18. Lebensjahr** (in den meisten anderen Landespressegesetzen das 21. Lebensjahr) nicht vollendet haben oder die nicht **unbeschränkt geschäftsfähig** sind. Ausgenommen hiervon ist die Jugendpresse (Druckwerke von Jugendlichen für Jugendliche). 18

Die meisten Landespressegesetze enthalten außerdem die Anforderung, dass nicht als verantwortlicher Redakteur benannt werden darf, wer nicht **unbeschränkt strafrechtlich verfolgt** werden kann. Hier ist vor allem die **Immunität von Abgeordneten** relevant (Europäisches Parlament: § 5 Abs. 1 des Gesetzes über die Rechtsverhältnisse der Mitglieder des Europäischen Parlaments aus der Bundesrepublik Deutschland v. 6.4.1979 (BGBl. 1979 II, 413) iVm Art. 10 des Protokolls über die Vorrechte und Befreiungen der Europäischen Gemeinschaften v. 8.4.1965 (BGBl. 1965 II, 1482); Bundestag: Art. 46 Abs. 2 und 4 GG; Landtag: jeweilige Landesverfassung; vgl § 152a StPO). Der Schutz der Immunität gilt für die gesamte Mandatszeit. Immunität genießen auch der Bundespräsident (Art. 60 Abs. 4 GG iVm Art. 46 Abs. 2 und 4 GG), die Mitglieder der Bundesversammlung (§ 7 des Gesetzes über die Wahl des Bundespräsidenten durch die Bundesversammlung iVm Art. 46 GG) sowie Mitglieder diplomatischer Missionen, konsularischer Vertretungen und Angehörige internationaler Organisationen (Exterritorialität; vgl Löffler/*Löhner*, Presserecht, § 9 LPG Rn 97 ff). In Hamburg und Rheinland-Pfalz findet sich diese Anforderung nicht; in Bayern gilt sie nur für den „politischen Teil einer Zeitung oder Zeitschrift"; in Berlin sind die verantwortlichen Redakteure periodischer Zeitschriften, die Zwecken der Wissenschaft und Kunst dienen, von dieser Anforderung befreit. 19

4. Der Verantwortliche für den Anzeigenteil. Auch für den Anzeigenteil ist ein Verantwortlicher zu benennen; für diesen gelten die Vorschriften über den verantwortlichen Redakteur entsprechend. Der Verantwortliche wird in einigen Landespressegesetzen ausdrücklich zur **Kennzeichnung entgeltlicher Veröffentlichungen** verpflichtet (etwa § 10 NdsPresseG: „Hat der Verleger oder der Verantwortliche (§ 8 Abs. 2 Satz 4) eines periodischen Druckwerks für eine Veröffentlichung ein Entgelt erhalten, gefordert oder sich versprechen lassen, so muss diese Veröffentlichung, soweit sie nicht schon durch 20

Anordnung und Gestaltung allgemein als Anzeige zu erkennen ist, deutlich mit dem Wort ‚Anzeige' bezeichnet werden."). In den anderen Landespressegesetzen fehlt diese explizite Regelung, jedoch handelt auch hier der Verantwortliche ordnungswidrig, wenn er die Veröffentlichung nicht als Anzeige kenntlich macht oder kenntlich machen lässt (etwa § 21 Abs. 1 Nr. 2 HmbPresseG). Wie den verantwortlichen Redakteur trifft auch den Verantwortlichen des Anzeigenteils die Pflicht, den Bereich, auf den sich die Verantwortung bezieht, **von strafbarem Inhalt freizuhalten**. Bei Gegendarstellungsansprüchen, die sich auf den Anzeigenteil beziehen, ist der Verantwortliche des Anzeigenteils passiv legitimiert (OLG Karlsruhe AfP 1981, 363).

III. Impressumsangaben bei der Übernahme fertiger Teile, § 8 Abs. 3 HmbPresseG

21 Zeitungen und Anschlusszeitungen, die regelmäßig wesentliche Teile fertig übernehmen, haben im Impressum auch den für den übernommenen Teil verantwortlichen Redakteur und den Verleger des anderen Druckwerkes zu benennen. In der Praxis lokaler Zeitungen stammen wesentliche Teile in der Regel von einer zuliefernden Zeitung (als „Hauptzeitung" bezeichnet). Dieser sogenannte **„Zeitungsmantel"** ist oftmals schon gedruckt und wird vom örtlichen Zeitungsverleger um den lokalen redaktionellen und Anzeigenanteil ergänzt und mit dem lokalen Zeitungs- bzw Titelkopf versehen. Die lokale Zeitung, die den Mantel übernimmt, wird als **„Anschlusszeitung"** oder „Kopfzeitung" bezeichnet. Die zusätzliche Impressumspflicht greift nur, wenn es sich bei dem Zulieferer um einen eigenständigen Verlag handelt. Dies liegt bei einer reinen Redaktionsgemeinschaft lokaler Verlage nicht vor (Löffler/*Löhner*, Presserecht, § 8 LPG Rn 111 mwN; vgl zur Frage der „Wesentlichkeit" Löffler/*Löhner*, Presserecht, § 8 LPG Rn 114; vgl zur Frage der „Regelmäßigkeit" Löffler/*Ricker*, Handbuch des Presserechts, 13. Kap. Rn 12). Zusätzlich zu den genannten Angaben sind bei Kopf- bzw Anschlusszeitungen die selbstständig mitwirkenden Druckereiunternehmen einzeln zu benennen (vgl RGSt 21, 369; 27, 246). Dies ergibt sich bereits aus der Verpflichtung in § 8 Abs. 1 HmbPresseG, die die Nennung sämtlicher beteiligter Drucker erfordert.

IV. Offenlegung der Inhaber- und Beteiligungsverhältnisse

22 Einige Landespressegesetze schreiben zusätzlich vor, dass die **Inhaber- und Beteiligungsverhältnisse** regelmäßig offen zu legen sind. So lautet § 7 Abs. 4 PresseG S-H: „Die Verlegerin oder der Verleger eines periodischen Druckwerkes muss in regelmäßigen Zeitabschnitten im Druckwerk offen legen, wer an der Finanzierung des Unternehmens wirtschaftlich beteiligt ist, und zwar bei Tageszeitungen in der ersten Nummer jedes Kalendervierteljahres, bei anderen periodischen Druckschriften in der ersten Nummer jedes Kalenderjahres. Hierfür ist die Wiedergabe der im Handelsregister eingetragenen Beteiligungsverhältnisse ausreichend." Ähnliche Vorgaben enthalten Art. 8 Abs. 3 BayPresseG, § 5 Abs. 2 HPresseG, § 7a BPresseG, § 9 Abs. 4 LMG Rh-Pf, § 9 BbgPresseG; § 7 Abs. 4 PresseG M-V, § 8 SächsPresseG; § 8 ThürPresseG. Die Anforderungen des bayerischen Gesetzes werden in der Verordnung zur Durchführung des Gesetzes über die Presse v. 7.2.1950 (BayRS 2250-1-1-I) konkretisiert (abgedruckt bei Löffler/*Löhner*, Presserecht, § 8 LPG vor Rn 1).

V. Durchsetzung

23 Verstöße gegen die Impressumspflicht stellen **Ordnungswidrigkeiten** dar (etwa § 21 HmbPresseG). Einige Verstöße werden sogar als **Straftaten** geahndet. So lautet etwa § 20 HmbPresseG: „Mit Freiheitsstrafe bis zu einem Jahr oder mit Geldstrafe wird bestraft, wer 1. als Verleger eine Person zum verantwortlichen Redakteur bestellt, die nicht den Anforderungen des § 9 entspricht, 2. als verantwortlicher Redakteur zeichnet, obwohl er die Voraussetzungen des § 9 nicht erfüllt, 3. als verantwortlicher Redakteur oder Verleger – beim Selbstverlag als Verfasser oder Herausgeber – bei einem Druckwerk strafbaren Inhalts den Vorschriften über das Impressum (§ 8) zuwiderhandelt."

24 Ein Verstoß gegen die presserechtliche Impressumspflicht stellt nicht ohne Weiteres einen Wettbewerbsverstoß nach §§ 3, 5 UWG dar. Es handelt sich nicht um eine wertbezogene Norm, sondern um eine **reine Ordnungsvorschrift**, die der Durchsetzung zivilrechtlicher Individualansprüche und der Sicherung der strafrechtlichen Verfolgung von Pressedelikten dient (BGH GRUR 1989, 831 f; *Engels* AfP 2004, 316 (322)). Ein Verstoß gegen diese Norm ist nur dann **wettbewerbswidrig**, wenn besondere wettbewerbliche Umstände hinzutreten, die das gesetzwidrige Verhalten auch aus wettbewerblicher Sicht anstößig erscheinen lassen.

C. Impressumspflichten für Telemedien im Telemediengesetz

§ 5 Telemediengesetz Allgemeine Informationspflichten

(1) Diensteanbieter haben für geschäftsmäßige, in der Regel gegen Entgelt angebotene Telemedien folgende Informationen leicht erkennbar, unmittelbar erreichbar und ständig verfügbar zu halten:

1. den Namen und die Anschrift, unter der sie niedergelassen sind, bei juristischen Personen zusätzlich die Rechtsform, den Vertretungsberechtigten und, sofern Angaben über das Kapital der Gesellschaft gemacht werden, das Stamm- oder Grundkapital sowie, wenn nicht alle in Geld zu leistenden Einlagen eingezahlt sind, der Gesamtbetrag der ausstehenden Einlagen,
2. Angaben, die eine schnelle elektronische Kontaktaufnahme und unmittelbare Kommunikation mit ihnen ermöglichen, einschließlich der Adresse der elektronischen Post,
3. soweit der Dienst im Rahmen einer Tätigkeit angeboten oder erbracht wird, die der behördlichen Zulassung bedarf, Angaben zur zuständigen Aufsichtsbehörde,
4. das Handelsregister, Vereinsregister, Partnerschaftsregister oder Genossenschaftsregister, in das sie eingetragen sind, und die entsprechende Registernummer,
5. soweit der Dienst in Ausübung eines Berufs im Sinne von Artikel 1 Buchstabe d der Richtlinie 89/48/EWG des Rates vom 21. Dezember 1988 über eine allgemeine Regelung zur Anerkennung der Hochschuldiplome, die eine mindestens dreijährige Berufsausbildung abschließen (ABl. EG Nr. L 19 S. 16), oder im Sinne von Artikel 1 Buchstabe f der Richtlinie 92/51/EWG des Rates vom 18. Juni 1992 über eine zweite allgemeine Regelung zur Anerkennung beruflicher Befähigungsnachweise in Ergänzung zur Richtlinie 89/48/EWG (ABl. EG Nr. L 209 S. 25, 1995 Nr. L 17 S. 20), zuletzt geändert durch die Richtlinie 97/38/EG der Kommission vom 20. Juni 1997 (ABl. EG Nr. L 184 S. 31), angeboten oder erbracht wird, Angaben über
   a) die Kammer, welcher die Diensteanbieter angehören,
   b) die gesetzliche Berufsbezeichnung und den Staat, in dem die Berufsbezeichnung verliehen worden ist,
   c) die Bezeichnung der berufsrechtlichen Regelungen und dazu, wie diese zugänglich sind,
6. in Fällen, in denen sie eine Umsatzsteueridentifikationsnummer nach § 27a des Umsatzsteuergesetzes oder eine Wirtschafts-Identifikationsnummer nach § 139c der Abgabenordnung besitzen, die Angabe dieser Nummer,
7. bei Aktiengesellschaften, Kommanditgesellschaften auf Aktien und Gesellschaften mit beschränkter Haftung, die sich in Abwicklung oder Liquidation befinden, die Angabe hierüber.

(2) Weitergehende Informationspflichten nach anderen Rechtsvorschriften bleiben unberührt.

I. Informationspflichten nach Abs. 1

Ziel des § 5 Abs. 1 TMG ist der **Verbraucherschutz**. Die Verbraucher sollen Angaben erhalten, die eine schnelle elektronische Kontaktaufnahme und unmittelbare Kommunikation mit dem Anbieter ermöglichen, unter anderem zur Rechtsverfolgung. Darüber hinaus wird es Wettbewerbern ermöglicht, Ansprüche gegen den Anbieter durchzusetzen (*Wandtke/Hartmann*, Medienrecht, Teil 5, Kapitel 1, Rn 161). 25

1. Allgemeines. Die **Richtlinie über den elektronischen Geschäftsverkehr** (RL 2000/31/EG ABl. EG Nr. L 178 v. 17.7.2000, S. 1 ff – E-Commerce-Richtlinie) enthält in Art. 5 und Art. 6 Informationspflichten. Diese sind im deutschen Recht durch die §§ **5 und 6 TMG** umgesetzt. Das Bundesjustizministerium bietet zu den Impressumspflichten des TMG einen **Leitfaden** an, der unter http://www.bmj.de/musterimpressum abrufbar ist (Stand 1.2.2011). 26

2. Adressaten. Telemedien werden in § 1 Abs. 1 TMG definiert als „alle elektronischen Informations- und Kommunikationsdienste, soweit sie nicht Telekommunikationsdienste nach § 3 Nr. 24 des Telekommunikationsgesetzes, die ganz in der Übertragung von Signalen über Telekommunikationsnetze bestehen, telekommunikationsgestützte Dienste nach § 3 Nr. 25 des Telekommunikationsgesetzes oder Rundfunk nach § 2 des Rundfunkstaatsvertrages sind". Die Definition erfolgt also im Wesentlichen durch eine negative Abgrenzung zum Rundfunk iSd RStV und zu Diensten nach dem TKG. „**Diensteanbieter**" ist nach § 2 S. 1 Nr. 1 TMG „jede natürliche oder juristische Person, die eigene oder fremde Telemedien zur Nutzung bereithält oder den Zugang zur Nutzung vermittelt". Bei Portalangeboten kann auch ein Anbieter von Unterseiten impressumspflichtig sein, soweit es sich bei den Unterseiten 27 um eigenständige Angebote handelt (vgl OLG Frankfurt MMR 2007, 379 ff (verneint für Unterseiten von Einzelmärkten einer Firmengruppe)). Da das Impressum aber – zumindest auch – die Funktion hat, es dem Nutzer zu ermöglichen, rechtliche Schritte einzuleiten, darf es sich bei dem im Impressum genannten Anbieter nicht um eine nicht rechtlich eigenständige Einheit handeln.

28 Telemedien sind sowohl Dienste, die an die Allgemeinheit gerichtet sind, als auch Dienste der Individualkommunikation. Die **Abgrenzung zum Rundfunk** erfolgt grundsätzlich anhand der Unterscheidung linear/non-linear, allerdings enthält § 2 Abs. 3 RStV Sonderregeln. Der Gesetzgeber geht davon aus, dass Dienste vor allem dann die dem Rundfunk eigene besondere Meinungsrelevanz besitzen, wenn eine lineare, vom Veranstalter vorgegebene Programmstruktur vorliegt. Daher fallen nicht unter die Telemedien der herkömmliche Rundfunk, **Live-Streaming** (zusätzliche parallele/zeitgleiche Übertragung herkömmlicher Rundfunkprogramme über das Internet) und **Web-Casting** (ausschließliche Übertragung von Rundfunkprogrammen über das Internet). Allerdings sind nach § 2 Abs. 3 Nr. 1 RStV Angebote kein Rundfunk, die jedenfalls weniger als 500 potenziellen Nutzern zum zeitgleichen Empfang angeboten werden. Bei Video-on-Demand, bei dem der Nutzer das Angebot selbst auswählt und den Nutzungszeitpunkt selbst bestimmt, handelt es sich hingegen um ein Telemedium. Near-Video-on-demand, bei dem eine feste Programmstruktur besteht, die einzelnen Sendungen aber in kurzen Abständen wiederholt werden, um dem Nutzer mehr Wahlfreiheit in zeitlicher Hinsicht zu ermöglichen, fällt wiederum unter den Rundfunkbegriff.

29 **Telekommunikationsdienstleistungen**, die ganz in der Übertragung von Signalen über Telekommunikationsnetze bestehen, sind ebenfalls vom Begriff der Telemedien **ausgenommen**. Hierzu gehört etwa die Internet-Telefonie (Voice-over-IP). Sowohl unter das TKG als auch unter die Regeln für Telemedien (mit Ausnahme bestimmter Datenschutzbestimmungen) fallen hingegen Dienste, die überwiegend in der Übertragung von Signalen über Telekommunikationsnetze bestehen (vor allem Access-Providing und E-Mail-Übertragung).

30 Schließlich sind Telemedien **von telekommunikationsgestützten Diensten abzugrenzen**. Letztere werden in § 3 Nr. 25 TKG definiert als „Dienste, die keinen räumlich und zeitlich trennbaren Leistungsfluss auslösen, sondern bei denen die Inhaltsleistung noch während der Telekommunikationsverbindung erfüllt wird“. Hierunter fallen vor allem sog. „Mehrwertdienste“, die über Sondernummern erbracht werden.

31 § 5 Abs. 1 TMG gilt nicht für alle Telemedien, sondern nur für **geschäftsmäßige, in der Regel gegen Entgelt angebotene Telemedien.** Die amtliche Begründung verweist auf die Vorgaben der E-Commerce-Richtlinie. Diese erfasst Dienste der Informationsgesellschaft (jede in der Regel gegen Entgelt elektronisch im Fernabsatz und auf individuellen Abruf eines Empfängers erbrachte Dienstleistung, wobei Hörfunkdienste und Fernsehdienste im Sinne der Richtlinie 89/552/EWG – Fernsehrichtlinie, geändert durch die Richtlinie 97/36/EG, ausgenommen sind, vgl Art. 2 lit. a) E-Commerce-Richtlinie iVm Art. 1 Nr. 2 Richtlinie 98/34/EG in der Fassung der Richtlinie 98/48/EG). Laut amtlicher Begründung zu § 5 TMG setzt das Merkmal der Entgeltlichkeit eine wirtschaftliche Gegenleistung voraus. Damit unterlägen Telemedien, die ohne den Hintergrund einer Wirtschaftstätigkeit bereitgehalten werden (zB Homepages, die rein privaten Zwecken dienen und die nicht Dienste bereitstellen, die sonst nur gegen Entgelt verfügbar sind, oder entsprechende Informationsangebote von Idealvereinen), nicht den Informationspflichten des Telemediengesetzes. Das TMG definiert den Begriff der Geschäftsmäßigkeit nicht. Wie in der Definition in § 3 Nr. 5 TKG ist auch bei § 5 TMG relevant, ob das Angebot eine gewisse Nachhaltigkeit aufweist (vgl OLG Düsseldorf MMR 2008, 682: die Tätigkeit muss auf Dauer angelegt sein; vgl auch – in anderem Zusammenhang – BGH GRUR 2009, 871). Zu beachten ist, dass nach dem Wortlaut des § 5 Abs. 1 TMG das Angebot in der Regel gegen Entgelt erfolgen muss. Nachhaltige Angebote, die nicht in der Regel gegen Entgelt angeboten werden, fallen nicht darunter. Ob Anbieter privater Homepages die Impressumspflichten treffen, war bei § 6 TDG, der Vorgängernorm des § 5 TMG, umstritten (vgl etwa *Stickelbrock*, GRUR 2004, 111 (112 f)). Die amtliche Begründung zum TMG stellt nun klar, dass private Homepages nicht erfasst sind, da diese nicht „in der Regel gegen Entgelt“ angeboten werden. Für diese gilt aber – sofern die dortige Ausnahme nicht greift – § 55 RStV. Das Merkmal „in der Regel gegen Entgelt“ ist nicht dahin gehend eng zu verstehen, dass die Inhalte selbst gegen Entgelt angeboten werden müssen. Vielmehr reicht es aus, dass der Dienst eine wirtschaftliche Relevanz aufweist. Dies ist bei Unternehmensseiten im Internet der Fall (*Woitke*, NJW 2003, 871). Erfasst werden all diejenigen Anbieter, die die Website als Einstiegsmedium einsetzen, mittels dessen sie dem Kunden im Ergebnis eine entgeltliche Leistung anbieten (Spindler/Schuster/

Micklitz, Medien, § 5 TMG Rn 10). Eine Gewinnerzielungsabsicht ist nicht zwingend erforderlich (Spindler/Schuster/*Micklitz*, Medien, § 5 TMG Rn 9; aA OLG Düsseldorf MMR 2008, 682). Entsprechend können auch Websites von Idealvereinen (abweichend von der amtlichen Begründung, s.o.) der Pflicht nach § 5 TMG unterliegen, wenn der Verein – vermittelt durch seine Website – Leistungen gegen Entgelt erbringt.

Eigenständige **Anbieter** auf einer gemeinsamen Plattform unterliegen jeweils der Impressumspflicht. 32
Ob von einem eigenständigen impressumspflichtigen Dienst auszugehen ist, ist im Einzelfall zu beurteilen, wobei Umfang, Dauer (Nachhaltigkeit) und äußeres Erscheinungsbild als Indizien herangezogen werden können. Zu berücksichtigen ist auch, wer über den Inhalt und das Bereithalten des Angebots bestimmen kann (s. OLG Frankfurt aM MMR 2007, 379 ff; OLG Düsseldorf MMR 2008, 682; s. zur Reichweite der Pflichten des Portalanbieters OLG Frankfurt aM MMR 2009, 194; LG Frankfurt aM Urt. v. 13. 5. 2009 – 2-06 O 61/09).

3. Allgemeine Anforderungen an das Impressum. Die Informationen sind **leicht erkennbar, unmittelbar erreichbar** und **ständig verfügbar** zu halten. In der Begründung zur Vorgängernorm, § 6 TDG, hieß es hierzu: „Die Informationen müssen [...] an gut wahrnehmbarer Stelle stehen und ohne langes Suchen und jederzeit auffindbar sein.“ 33

Mit dem Merkmal **„leicht erkennbar“** stellt der Gesetzgeber darauf ab, dass es dem Nutzer leicht 34
gemacht wird, die Angaben wahrzunehmen, wozu es gehört, dass sie an prominenter Stelle platziert und speziell gekennzeichnet sind. Führen Links zu den Angaben (s.u. Rn 35), so muss der entsprechende Link gut sichtbar platziert (vgl LG Frankfurt aM Urt. v. 5.9.2007 – 3-08 O 35/07) und entsprechend gekennzeichnet sein. Die **Kennzeichnung** muss nicht zwangsläufig mit dem Wort „Anbieterkennzeichnung“ oder „Impressum“ erfolgen, auch andere Begriffe, die sich im Verkehr durchgesetzt haben, kommen in Frage (BGH NJW 2006, 3633 (3635); bejaht für den Begriff „Kontakt“; LG Traunstein MMR 2005, 781, und für eine mit „Mich“ überschriebene Seite eines Shops auf einer Verkaufsplattform (eBay), KG Berlin MMR 2007, 791; vgl allerdings OLG Hamm MMR 2005, 540 zur Platzierung der Widerrufsbelehrung). Dem durchschnittlich informierten Nutzer ist bekannt, dass mit den Begriffen „Kontakt“ und „Impressum“ Links bezeichnet werden, über die der Nutzer zu einer Internetseite mit den Angaben zur Anbieterkennzeichnung gelangt (BGH NJW 2006, 3633 (3635); OLG München MMR 2004, 36 (37); OLG Hamburg NJW-RR 2003, 985; *Kaestner/Tews*, WRP 2002, 1011 (1015); *Ott*, WRP 2003, 945 (949); *Hoß*, CR 2003, 687 (689); *Brunst*, MMR 2004, 8 (13); *Hoffmann*, NJW 2004, 2569 (2570); *Franosch*, NJW 2004, 3155 (3156); aA OLG Karlsruhe GRUR 2002, 730 für die zivilrechtlichen Informationspflichten beim Fernabsatzgeschäft nach §§ 312c f BGB; *Woitke*, NJW 2003, 871 (872); *Ernst*, GRUR 2003, 759 (760): verneinend für „Kontakt“, bejahend für „Impressum“). Die erforderlichen Angaben unter der Rubrik „AGB“ aufzuführen, genügt hingegen nicht (LG Berlin MMR 2003, 202 (203); *Woitke*, NJW 2003, 871 (872)). Auch nicht ausreichend sind Bezeichnungen, die nur in bestimmten Verkehrskreisen mit Angaben zum Anbieter verbunden werden (so OLG Hamburg NJW-RR 2003, 985 (986) für den Begriff „Backstage“). Auch „Ich freue mich auf E-Mails” wird als nicht ausreichend angesehen (OLG Naumburg MMR 2010, 760). Symbole wie „>” genügen ebenfalls nicht (OLG Hamm NJW-RR 2010, 1481). Laut OLG München (MMR 2004, 321 (322)) widerspricht es der leichten Erkennbarkeit, wenn sich neben der Bezeichnung „Impressum“ weitere Links finden, die zu Informationen über den Anbieter führen (etwa eine „Über ...“-Rubrik; aA *Ott*, MMR 2004, 322 (323); Hahn/Vesting/*Held*, § 55 RStV Rn 35). Die Angaben selbst müssen so gestaltet sein, dass der Nutzer **den Anbieter etc. ohne Weiteres identifizieren** kann. Hierzu gehört auch eine gut lesbare Schriftgröße. Schließlich müssen die Angaben, auf der Seite, auf der sie verfügbar gemacht werden, deutlich erkennbar sein. Muss der Nutzer die Angaben auf der Seite erst suchen, ist die Voraussetzung der leichten Erkennbarkeit nicht gegeben (*Hoenike/Hülsdunk*, MMR 2002, 415 (417); *Mankowski*, CR 2001, 767 (770); *Woitke*, NJW 2003, 871 (872)). Die Angaben sind nicht mehr leicht erkennbar, wenn sich auf der Seite mit den Angaben noch mehrere weitere Inhalte befinden und sich die Angaben nicht gleich am Anfang der Seite befinden (vgl OLG München MMR 2004, 321 (322) für den Fall, dass sich die Angaben am unteren Ende einer inhaltsreichen Seite befinden und sich der Nutzer bei einer üblichen Bildschirmauflösung erst durch vier Bildschirmseiten **scrollen** muss). Dass ein Scrollen erforderlich ist (dass also die Angaben nicht gleich komplett auf dem am Bildschirm sichtbaren Seitenausschnitt erscheinen), muss jedoch die leichte Erkennbarkeit nicht per se ausschließen (so auch *Stickelbrock*, GRUR 2004, 111 (114); *Ott*, MMR 2004, 322 f; *Klute*, MMR 2003, 107 (108); aA OLG Hamburg NJW-RR 2003, 985 (986)). Welcher Teil der Seite angezeigt wird, hängt von verschiedenen, vom Anbieter nicht beeinflussbaren Faktoren (Bildschirmauflösung, verwendeter Browser

etc.) ab. Den Anforderungen des § 5 TMG wird nicht entsprochen, wenn der Nutzer, um an die Informationen zu gelangen, vorher ein Plugin oder andere Software installieren muss (*Woitke*, NJW 2003, 871 (873); *Ernst*, GRUR 2003, 759 (760)). Die Darstellung als Grafik ist ebenfalls problematisch, weil die Darstellung von Grafiken im Browser deaktiviert sein kann (*Stickelbrock*, GRUR 2004, 111 (114); *Woitke*, NJW 2003, 871 (873)). Darüber hinaus müssen die Angaben so gestaltet werden, dass sie von den verkehrsüblichen Browsern dargestellt werden können. Schließlich müssen die Impressumsangaben so gestaltet sein, dass sie bei der Nutzung des Angebots über verschiedene Verbreitungswege (zB mobil) für den Nutzer verfügbar sind (OLG Hamm NJW-RR 2010, 1481; s. auch *Ott*, MMR 2007, 354 (358), der darauf hinweist, dass die Impressumsangaben auch für blinde Internetnutzer (etwa über Screenreader) verfügbar sein müssen).

35 **Unmittelbar erreichbar** sind die Informationen, wenn der Nutzer an sie ohne wesentliche Zwischenschritte und ohne langes Suchen gelangen kann. Hierbei ist es aber nicht notwendig, dass die Angaben stets „mit einem Klick" abrufbar sind. Laut BGH scheitert eine unmittelbare Erreichbarkeit nicht daran, dass der Nutzer nicht schon in einem Schritt, sondern erst in zwei Schritten zu den benötigten Informationen gelangt. Das Erreichen einer Internetseite über **zwei Links** erfordere regelmäßig kein langes Suchen (BGH NJW 2006, 3633 (3635); OLG München MMR 2004, 36 (37); so auch *Kaestner/Tews*, WRP 2002, 1011 (1016); *Ott*, WRP 2003, 945 (948); aA *Hoenike/Hülsdunk*, MMR 2002, 415 (417)). Unzweifelhaft müssen die Angaben von der Hauptseite aus erreichbar sein. Aber auch von den einzelnen Teilen des Gesamtangebots aus müssen die Angaben erreichbar sein. Dies ist vor allem deshalb relevant, weil Nutzer häufig über Links oder Suchmaschinen auf **Unterseiten** des Gesamtangebots gelangen. Das Merkmal der unmittelbaren Erreichbarkeit ist jedenfalls dann gegeben, wenn die Unterseiten Links auf die Seite mit den Angaben enthalten. Aber auch Links zur Hauptseite, von der aus der Nutzer wiederum zu der Seite mit den Angaben gelangt, genügen dieser Anforderung (so auch *Ott*, WRP 2003, 948; aA *Woitke*, NJW 2003, 871 (873); *Bizer/Trosch*, DuD 1999, 621 (622 f); vgl auch *Grimm*, DuD 1999, 628 (629)). Es ist davon auszugehen, dass dem durchschnittlichen Nutzer bewusst ist, dass er über die Hauptseite die Angaben erreichen kann. Soweit die leichte Erkennbarkeit und die unmittelbare Erreichbarkeit gegeben sind, spricht auch nichts dagegen, auf ein Impressum zu verlinken, das sich unter einer anderen Domain befindet (*Ott*, MMR 2007, 354 (358)).

36 **Ständig verfügbar** sind die Informationen, wenn sie ohne zeitliche Beschränkungen jederzeit abrufbar sind. Wie in Rn 34 gezeigt, müssen die Impressumsangaben so gestaltet sein, dass sie bei der Nutzung des Angebots über verschiedene Verbreitungswege (zB mobil) für den Nutzer verfügbar sind. Ob die ständige Verfügbarkeit auch die Möglichkeit einer dauerhaften Archivierung durch den Nutzer derart voraussetzt, dass die Angaben ausgedruckt werden können müssen, ist umstritten (dafür *Brunst*, MMR 2004, 8 (12); aA Spindler/Schuster/*Micklitz*, Medien, § 5 TMG Rn 30; Wandtke/*Hartmann*, Medienrecht, Teil 5, Kapitel 1, Rn 185).

37 Macht ein Verkäufer auf seiner Angebotsseite unzutreffende impressumsrelevante Angaben (etwa zum Handelsnamen), kann er sich nicht darauf berufen, dass im Impressum die korrekten Angaben zu finden sind (OLG Hamm MMR 2010, 29; OLG Hamm NJOZ 2010, 927). Andersherum stellt es nach Ansicht des LG München I keinen Verstoß gegen § 5 TMG dar, wenn der Name des Anbieters nicht im Impressum, sondern auf der leicht überschaubaren Startseite des Internetauftritts in deutlich abgesetzter Form vorhanden ist (LG München I GRUR-RR 2011, 75). Dem ist allerdings zu widersprechen, da eine Aufsplittung der Angaben und Verteilung auf mehrere Seiten nicht dem Erfordernis der leichten Erkennbarkeit (s. Rn 34) entspricht.

38 **4. Inhaltliche Vorgaben im Einzelnen.** Laut Abs. 1 Nr. 1 haben die Anbieter Folgendes verfügbar zu machen: den Namen und die Anschrift, unter der sie niedergelassen sind, bei juristischen Personen zusätzlich die Rechtsform, den Vertretungsberechtigten und, sofern Angaben über das Kapital der Gesellschaft gemacht werden, das Stamm- oder Grundkapital sowie, wenn nicht alle in Geld zu leistenden Einlagen eingezahlt sind, den Gesamtbetrag der ausstehenden Einlagen. Der Vorname muss im Impressum ausgeschrieben sein (OLG Düsseldorf K&R 2009, 125). Nach der Begründung zum „Elektronischer Geschäftsverkehr-Gesetz" (durch das die Vorgängernorm im damaligen Teledienstegesetz geändert wurde) ist bei juristischen Personen als Anschrift der Sitz der Gesellschaft anzugeben. Laut Erwägungsgrund 19 der Richtlinie 2000/31/EG v. 8.6.2000 (E-Commerce-Richtlinie) ist auf den Mittelpunkt der Tätigkeiten des Anbieters in Bezug auf den Dienst abzustellen. Hieraus wird geschlossen, dass bei mehreren Niederlassungen die Anschrift der Niederlassung zu nennen sei, bei der die organisatorischen Ressourcen für den Betrieb des Dienstes gebündelt seien. Bestehe ein solcher Schwerpunkt

nicht, so sei die Niederlassung zu benennen, die für den Dienst verantwortlich sei, im Zweifel die Hauptniederlassung (*Hoenike/Hülsdunk* MMR 2002, 415 (418); *Brunst*, MMR 2004, 8 (10)). Das LG Frankfurt aM hat entschieden, dass nicht gegen die Impressumspflicht verstoßen wird, wenn eine englische Limited, deren Sitz in London ist, auf ihrer Website die Adresse der Niederlassung in Deutschland angibt, von der aus der Geschäftsbetrieb abgewickelt wird (LG Frankfurt aM MMR 2003, 597 (598)). Es müssen nicht alle Niederlassungen des Unternehmens benannt werden (*Hoenike/Hülsdunk* MMR 2002, 415 (418)). Bei der Anschrift muss es sich um eine **ladungsfähige Anschrift** im Sinne des § 253 Abs. 1 ZPO iVm § 130 Nr. 1 ZPO handeln. Auch sollten die Angaben es den Nutzern ermöglichen, den Gerichtsstand zu bestimmen (vgl §§ 13, 17, 21 ZPO, § 14 UWG). Es ist daher eine Postanschrift erforderlich, die Angabe einer E-Mail-Adresse ist nicht ausreichend. Um auch gerichtliche Eilverfahren zu ermöglichen, genügt auch nicht die Angabe eines Postfachs (vgl *Brunst*, MMR 2004, 8 (10); vgl auch BVerwG NJW 1999, 2608; OLG Hamburg NJW 2004, 1114). Nach Sinn und Zweck ist auch bei Personengesellschaften der **Vertretungsberechtigte** anzugeben (LG Hamburg K&R 2009, 816). Existieren mehrere Vertretungsberechtigte, müssen nicht alle genannt werden (Spindler/Schuster/*Micklitz*, Medien, § 5 TMG Rn 37; *Hoenike/Hülsdunk*, MMR 2002, 415 (418); *Brunst*, MMR 2004, 8 (10); aA Bräutigam/Leupold/*Pelz*, Online-Handel, B I Rn 23; *Kaestner/Tews*, WRP 2002, 1011 (1013)). Für die Rechtsverfolgung ist die Angabe sämtlicher Vertretungsberechtigter nicht erforderlich. § 130 Nr. 1 ZPO ist eine bloße Soll-Vorschrift (*Thomas/Putzo*, ZPO, § 130 Rn 1; aA *Baumbach/Lauterbach/Albers/Hartmann*, ZPO, § 253 Rn 102), § 253 ZPO schreibt die Nennung der Vertretungsberechtigten nicht vor (vgl Musielak/*Foerste*, ZPO, § 253 Rn 17; LG Hamburg K&R 2009, 816). Nach § 171 ZPO ist jeder rechtsgeschäftlich hierfür bestellte Vertreter eine für die Zustellung geeignete Person. Die Pflicht zu den Angaben zur Rechtsform und über das Kapital sind im Vergleich des § 5 TMG mit der Vorgängernorm, § 6 TDG, neu aufgenommen worden. Die Pflichtangaben zum Kapital der Gesellschaft treffen nur denjenigen, der freiwillig überhaupt solche Angaben in das Impressum seiner Internet-Präsenz aufnimmt. Es besteht keine Pflicht zur Angabe der Kapitalausstattung.

Abs. 1 Nr. 2 schreibt vor, dass Angaben zu machen sind, die eine **schnelle elektronische Kontaktaufnahme** und unmittelbare Kommunikation mit dem Anbieter ermöglichen, einschließlich der Adresse der elektronischen Post. Ein Kontaktformular ersetzt die Angabe einer E-Mail-Adresse im Impressum nicht (LG Essen Urt. v. 19.9.2007 – 44 O 79/07). Neben der Adresse der elektronischen Post sind **weitere Informationen** zur Verfügung zu stellen, die eine schnelle Kontaktaufnahme und eine unmittelbare und effiziente Kommunikation ermöglichen (wie etwa eine elektronische Anfragemaske). Eine **Telefonnummer** ist laut EuGH zwar nicht zwingend, aber für den Fall anzugeben, dass der Nutzer des Dienstes um Zugang zu einem nicht elektronischen Kommunikationsweg ersucht, weil er zeitweilig keinen Zugang zum Internet hat (EuGH MMR 2009, 25; vgl in der Folge OLG Frankfurt aM Beschl. v. 29.7.2009 – 6 W 102/09. Die Notwendigkeit der Angabe einer Telefonnummer bejahen OLG Köln GRUR-RR 2005, 24; *Aigner/Hofmann*, Fernabsatzrecht im Internet, Rn 372; *Wüstenberg*, WRP 2002, 782 (783); *Kaestner/Tews*, WRP 2002, 1011 (1013); *Ernst*, GRUR 2003, 759; *Stickelbrock*, GRUR 2004, 111 (113); aA OLG Hamm NJW-RR 2004, 1045; *Härting*, DB 2001, 80 (81); Spindler/Schuster/*Micklitz*, Medien, § 5 TMG Rn 41 ff). Die amtliche Begründung sieht die Angabe einer Telefonnummer vor (vgl Hoeren/Sieber/*Föhlisch*, Handbuch Multimedia-Recht, Kap. 13.4 Rn 125). 39

Soweit der Dienst im Rahmen einer Tätigkeit angeboten oder erbracht wird, die der behördlichen Zulassung bedarf, sind nach Abs. 1 Nr. 3 Angaben zur zuständigen **Aufsichtsbehörde** erforderlich. Entscheidend ist, ob der Dienst genehmigungsbedürftig ist. 40

Nach Abs. 1 Nr. 4 sind das **Handelsregister, Vereinsregister, Partnerschaftsregister oder Genossenschaftsregister**, in das der Anbieter eingetragen ist, und die entsprechende Registernummer anzugeben. Vgl zur Anwendung bei ausländischen Diensteanbietern Spindler/Schuster/*Micklitz*, Medien, § 5 TMG Rn 55. 41

Abs. 1 Nr. 5 schreibt spezielle Angaben vor, soweit der Dienst **in Ausübung eines Berufs** angeboten oder erbracht wird. Dies sind die Kammer, welcher der Diensteanbieter angehört, die gesetzliche Berufsbezeichnung und der Staat, in dem die Berufsbezeichnung verliehen worden ist, sowie die Bezeichnung der berufsrechtlichen Regelungen und ein Hinweis, wie diese zugänglich sind. Die Regelung betrifft Angehörige reglementierter Berufe (Rechtsanwälte, Ärzte, Steuerberater, Wirtschaftsprüfer etc.) und Berufe, die von einer Führung eines bestimmten Titels abhängen (Architekten, Ingenieure etc.). Die berufsrechtlichen Regeln sind umfassend anzugeben und auch ihre Fundstellen sind zu bezeichnen. Ausreichend ist aber laut amtlicher Begründung zur Vorgängernorm der Hyperlink auf eine zentrale 42

Seite (etwa der jeweiligen Kammer), auf der die Regeln angegeben sind (kritisch hingegen Spindler/Schuster/*Micklitz*, Medien, § 5 TMG Rn 63).

43 Wer eine **Umsatzsteueridentifikationsnummer** nach § 27a des Umsatzsteuergesetzes oder eine Wirtschafts-Identifikationsnummer nach § 139c der Abgabenordnung besitzt, muss diese nach Abs. 1 Nr. 6 angeben.

44 Abs. 1 Nr. 7 schreibt vor, dass bei Aktiengesellschaften, Kommanditgesellschaften auf Aktien und Gesellschaften mit beschränkter Haftung, die sich **in Abwicklung oder Liquidation** befinden, die Angabe hierüber zu machen ist. Hier reichen die Zusätze „in Abwicklung" oder „in Liquidation".

II. Durchsetzung

45 Nach § 16 Abs. 2 Nr. 1 TMG handelt **ordnungswidrig**, wer vorsätzlich oder fahrlässig entgegen § 5 Abs. 1 eine Information nicht, nicht richtig oder nicht vollständig verfügbar hält.

46 Ein **Verstoß gegen § 5 Abs. 1 TMG** stellt eine **unlautere geschäftliche Handlung** im Sinne des § 3 UWG dar. Nach § 4 Nr. 11 UWG handelt unlauter, wer „einer gesetzlichen Vorschrift zuwiderhandelt, die auch dazu bestimmt ist, im Interesse der Marktteilnehmer das Marktverhalten zu regeln." Aufgrund der **verbraucherschützenden Elemente** handelt es sich bei § 5 Abs. 1 TMG um eine solche Vorschrift (BGH NJW 2006, 3634; OLG Düsseldorf MMR 2008, 682; OLG Hamm MMR 2009, 552; OLG Karlsruhe WRP 2006, 1039 (1041); OLG Oldenburg GRUR-RR 2007, 54 (55); OLG Frankfurt aM K&R 2009, 197 (199); LG Frankfurt aM MMR 2003, 597 (598); LG Düsseldorf MMR 2003, 340 (341); LG Berlin MMR 2003, 202 (203); Köhler/Bornkamm/*Köhler*, UWG, § 4 Rn 11.169 mwN; *Kaestner/Tews*, WRP 2002, 1011; aA noch OLG Hamm MMR 2003, 410 (411); LG Hamburg MMR 2001, 546 (546 f); LG Kassel GRUR-RR 2006, 416 (bei reinen Werbeseiten); *Stickelbrock*, GRUR 2004, 111 (115 ff); *Schulte/Schulte*, NJW 2003, 2140 (2141 ff); *Wüstenberg*, WRP 2002, 782 (785); *Klute*, MMR 2003, 107; Bedenken auch bei OLG Hamburg MMR 2003, 105; laut LG Braunschweig GRUR-RR 2005, 25 (26 f) bedarf es auch bei wertbezogenen Vorschriften einer einzelfallabhängigen Prüfung der sonstigen Umstände, insbesondere des gesamten Verhaltens des Wettbewerbers; dies beinhalte den konkreten Anlass, den verfolgten Zweck sowie die dazu benutzten Mittel; vgl zum AGBG OLG München NJW-RR 2002, 348).

47 Gegenstand von Gerichtsentscheidungen war auch die Frage, ob es sich bei Verstößen gegen die Impressumspflichten um **Bagatellverstöße** handelt. Nach § 3 Abs. 1 UWG sind unlautere geschäftliche Handlungen unzulässig, wenn sie geeignet sind, die Interessen von Mitbewerbern, Verbrauchern oder sonstigen Marktteilnehmern **spürbar** zu beeinträchtigen. (Von einem Bagatellverstoß gingen aus: KG MMR 2008, 541 (abgekürzter Vorname); OLG München Beschl. v. 14.7.2009 – 6 W 1774/09 (persönlich haftende Gesellschafterin nicht mit vollständiger Firma und mit Namen des Geschäftsführers angegeben); LG München I GRUR-RR 2011, 75 (fehlende Umsatzsteueridentifikationsnummer); LG Berlin K&R 2010, 748 (Fehlende Angabe des Handelsregisters, der Registernummer und der Umsatzsteuer-Identifikationsnummer). Keine Bagatelle lag hingegen nach Ansicht von OLG Hamm MMR 2008, 469 (Fehlen der Angabe des Handelsregisters und der Registernummer); OLG Hamm MMR 2009, 552 (fehlende USt.-Identifikations(ID)-Nummer bzw Wirtschafts-ID-Nummer); OLG Hamm MMR 2010, 29 (unrichtige Angaben zur Identität des Gewerbetreibenden, zu seinem Handelsnamen und zu den Vertretungsberechtigten); OLG Düsseldorf MMR 2009, 266 (abgekürzter Vorname des Geschäftsführers); OLG Naumburg MMR 2010, 760 (Link zum Impressum nicht leicht erkennbar) vor).

III. Weitergehende Impressumsangaben nach Abs. 2

48 **Weitere Informationspflichten** ergeben sich u.a. aus dem Fernabsatzrecht (§§ 312b ff BGB), dem Fernunterrichtsschutzgesetz, der Preisangabenverordnung und dem Versicherungsaufsichtsgesetz (vgl zu Pflichtangaben für E-Mails *Hoeren/Pfaff*, MMR 2007, 207 ff).

D. Impressumspflichten für Telemedien im Rundfunkstaatsvertrag

§ 55 RStV Informationspflichten und Informationsrechte

(1) Anbieter von Telemedien, die nicht ausschließlich persönlichen oder familiären Zwecken dienen, haben folgende Informationen leicht erkennbar, unmittelbar erreichbar und ständig verfügbar zu halten:

1. Namen und Anschrift sowie
2. bei juristischen Personen auch Namen und Anschrift des Vertretungsberechtigten.

(2) [1]Anbieter von Telemedien mit journalistisch-redaktionell gestalteten Angeboten, in denen insbesondere vollständig oder teilweise Inhalte periodischer Druckerzeugnisse in Text oder Bild wiedergegeben werden, haben zusätzlich zu den Angaben nach den §§ 5 und 6 des Telemediengesetzes einen Verantwortlichen mit Angabe des Namens und der Anschrift zu benennen. [2]Werden mehrere Verantwortliche benannt, so ist kenntlich zu machen, für welchen Teil des Dienstes der jeweils Benannte verantwortlich ist. [3]Als Verantwortlicher darf nur benannt werden, wer

1. seinen ständigen Aufenthalt im Inland hat,
2. nicht infolge Richterspruchs die Fähigkeit zur Bekleidung öffentlicher Ämter verloren hat,
3. voll geschäftsfähig ist und
4. unbeschränkt strafrechtlich verfolgt werden kann.

(3) Für Anbieter von Telemedien nach Absatz 2 Satz 1 gilt § 9a entsprechend.

I. Allgemeines

Durch das Inkrafttreten des TMG und des Neunten Rundfunkänderungsstaatsvertrags im Jahr 2007 wurde die vorherige Trennung zwischen Telediensten (damals geregelt im Teledienstegesetz des Bundes) und Mediendiensten (Gegenstand des damaligen Mediendienstestaatsvertrags der Länder) aufgehoben. TMG und RStV enthalten nun unterschiedliche Rechtsmaterien. Während das TMG wirtschaftsbezogene Bestimmungen für Telemedien trifft (Herkunftslandprinzip, Zulassungsfreiheit, Informationspflichten, Verantwortlichkeit, Datenschutz), enthalten die §§ 54 ff RStV inhaltespezifische Regelungen. Gewisse Überschneidungen mit dem TMG gibt es jedoch bei den **Impressumspflichten des § 55 Abs. 1 RStV**. § 55 Abs. 2 und 3 RStV enthalten hingegen Sonderregeln für Telemedien mit journalistisch-redaktionellen Inhalten, die eine besondere Bedeutung für die durch Art. 5 Abs. 1 GG geschützte freie Meinungsbildung aufweisen. 49

II. Vorgaben nach § 55 Abs. 1 RStV

§ 55 Abs. 1 RStV enthält **allgemeine Informationspflichten**. 50

1. Adressaten. Adressaten sind Anbieter von **Telemedien** (s.o. Rn 27 ff). 51

Eine Ausnahme besteht für Anbieter von Telemedien, die **ausschließlich persönlichen oder familiären Zwecken** dienen. In der Begründung heißt es hierzu, dass durch die Ausnahme für ausschließlich persönliche oder familiäre Zwecke „dem **Schutz der Privatsphäre** Rechnung getragen" werde. Nicht kennzeichnungspflichtig sei demnach private Kommunikation, auch wenn sie über die reine Telekommunikation hinausgehe. Dies betreffe etwa die Einstellung von Meinungsäußerungen in Foren, aber auch den gelegentlichen privaten wirtschaftlichen Geschäftsverkehr, etwa bei der Veräußerung von Waren, unmittelbar durch den privaten Anbieter oder aber über dritte Plattformen. In diesen Fällen sei entweder durch die persönliche Bekanntschaft zwischen Anbieter und Nutzer oder aber über den Plattformanbieter sichergestellt, dass die schutzwürdigen Belange der Beteiligten gewahrt werden können. Eine Kennzeichnungspflicht würde ansonsten dazu führen, dass entweder die Privatsphäre in diesen Fällen nicht mehr geschützt wäre oder aber die Kommunikation unterbliebe. 52

Nicht unter die Ausnahme in § 55 Abs. 1 RStV fallen jedenfalls geschäftsmäßige, in der Regel gegen Entgelt angebotene Telemedien im Sinne des § 5 TMG (vgl auch *Weiner/Schmelz*, KuR 2006, 453 (458); vgl zum Anwendungsbereich der Vorgängernorm von § 5 TMG etwa *Stickelbrock*, GRUR 2004, 111 (112 f)). Soweit ein Dienst nicht geschäftsmäßig, in der Regel gegen Entgelt, angeboten wird, handelt es sich aber nicht per se um einen Dienst, der ausschließlich persönlichen oder familiären Zwecken dient. Indem in § 55 Abs. 1 RStV vom Wortlaut des § 5 TMG abgewichen wird, wird deutlich, 53 dass die **Anwendungsbereiche** nicht vollständig deckungsgleich sind (vgl auch *Weiner/Schmelz*, KuR 2006, 453 (458)).

54 Die Beschränkung eines Dienstes auf ausschließlich persönliche oder familiäre Zwecke kann sich zum einen aus der **Zugänglichkeit** zum Angebot und zum anderen aus dem **Inhalt** des Angebots ergeben. Die Ausnahme greift, wenn der Zugang zu einem Angebot nicht jedermann offen steht, sondern nur Personen, die mit dem Anbieter in persönlichem Kontakt stehen (wie etwa bei einem Fotoalbum im Internet, das nur auf „Einladung" desjenigen, der das Album angelegt hat, betrachtet werden kann). Inhaltlich kann sich die Anwendung der Ausnahmeregelung daraus ergeben, dass ausschließlich Informationen aus dem persönlichen oder familiären Lebensbereich angeboten werden (zu weitgehend *Weiner/Schmelz*, KuR 2006, 453 (458), die davon ausgehen, dass alle Telemedien ohne den Hintergrund einer Wirtschaftstätigkeit von der Ausnahme erfasst sind). Abzustellen ist auch darauf, ob es neben den Personen, denen der Seitenanbieter persönlich bekannt ist, Dritte gibt, die ein berechtigtes Interesse an der Identität des Seitenbetreibers haben (*Ott*, MMR 2007, 354). Bei Profilseiten in Sozialen Netzwerken kann sich eine Beschränkung auf persönliche Zwecke daraus ergeben, dass das Profil nur einem beschränkten Kreis von mit dem Profilinhaber persönlich verbundenen Nutzern zugänglich gemacht wird, oder daraus, dass sich die Inhalte ausschließlich auf den persönlichen Lebensbereich beschränken (s. hierzu Hahn/Vesting/*Held*, § 55 RStV Rn 27a).

55 **2. Inhalt der Impressumspflicht.** Vgl zur **Platzierung** oben Rn 33 ff.

56 Die Anschrift muss den Anforderungen an eine **ladungsfähige Anschrift** iSd § 253 Abs. 1 ZPO iVm § 130 Nr. 1 ZPO entsprechen. Es ist daher eine Postanschrift erforderlich, die Angabe einer E-Mail-Adresse ist nicht ausreichend. Um auch gerichtliche Eilverfahren zu ermöglichen, genügt auch nicht die Angabe eines Postfachs (s.o. Rn 38).

57 Auch Anbieter von Telemedien mit journalistisch-redaktionell gestalteten Angeboten müssen zusätzlich zu dem Verantwortlichen nach § 55 Abs. 2 RStV den **Vertretungsberechtigten** angeben (vgl OLG München MMR 2002, 173 (174)).

III. Besondere Impressumspflichten nach § 55 Abs. 2 RStV

58 § 55 Abs. 2 RStV enthält **spezielle Informationspflichten** für Anbieter von Telemedien mit **journalistisch-redaktionell gestalteten Angeboten,** in denen insbesondere vollständig oder teilweise Inhalte periodischer Druckerzeugnisse in Text oder Bild wiedergegeben werden.

59 **1. Adressaten.** Adressaten sind Anbieter von Telemedien mit **journalistisch-redaktionell gestalteten Angeboten,** in denen insbesondere vollständig oder teilweise Inhalte periodischer Druckerzeugnisse in Text oder Bild wiedergegeben werden.

60 Zur Bestimmung journalistisch-redaktionell gestalteter Angebote können die Bestimmungen zur Presse nicht ohne Weiteres herangezogen werden (so aber *Gounalakis*, NJW 1997, 2993 (2996); *Gounalakis/Rhode*, CR 1998, 487 (490)). Es bedarf einer **eigenständigen Definition** (so auch *Weiner/Schmelz*, K&R 2006, 453 (457)).

61 Erforderlich, aber nicht hinreichend für eine Einstufung als journalistisch-redaktionell gestaltetes Angebot, sind die **Auswahl** und die **Zusammenstellung** im Sinne einer inhaltlichen Strukturierung. Weitere Voraussetzungen sind zum einen die **Kriterien** für Auswahl und Strukturierung und die **Arbeitsweise** („journalistisch"), zum anderen die **Organisation** der Auswahl und Strukturierung („redaktionell") (vgl im Einzelnen Hahn/Vesting/*Held*, § 54 RStV Rn 38 ff). Kennzeichnende Merkmale journalistisch-redaktionell gestalteter Angebote sind eine gewisse Selektivität und Strukturierung, das Treffen einer Auswahl nach ihrer angenommenen gesellschaftlichen Relevanz mit dem Ziel des Anbieters, zur öffentlichen Kommunikation beizutragen, die Ausrichtung an Tatsachen (sog. Faktizität), ein hohes Maß an Aktualität, nicht notwendig Periodizität, ein hoher Grad an Professionalisierung der Arbeitsweise und ein gewisser Grad an organisierter Verfestigung, der eine gewisse Kontinuität gewährleistet (OLG Bremen Urt. v. 14.1.2011 – 2 U 115/10 unter Verweis auf Hahn/Vesting/*Held*, § 54 RStV Rn 49 ff). Dabei ist darauf abzustellen, was dem Angebot in Bezug auf Kriterien und Organisation anzusehen ist (laut *Korte*, Das Recht auf Gegendarstellung, S. 101, ist entscheidend, ob das Angebot aus der Perspektive des Publikums als ein solches erscheint, welches das Resultat einer journalistischen Arbeitsweise und einer redaktionellen Organisationsform ist; vgl auch *Spindler*, CR 2007, 239 (241); zur Bedeutung der Nutzerperspektive s. insbesondere *Heilmann*, Informationspflichten; vgl zur Frage

journalistisch-redaktioneller Gestaltung (allerdings bezogen auf datenschutzrechtliche Vorschriften) auch BGH NJW 2009, 2888 (2890) – spickmich; BGH NJW 2010, 757 (760) – Sedlmayr-dradio.de; BGH GRUR 2010, 549 (552 f) – Sedlmayr-Spiegel-Dossier).

Die Rechtsprechung zur Vorgängernorm § 6 Abs. 2 MDStV (deren Regelung wiederum in § 10 Abs. 3 MDStV übernommen wurde) nennt es zweifelhaft, dass **Internet-Datenbanken** als journalistisch-redaktionelle Angebote anzusehen seien. Dagegen spreche, dass von einem Dritten aufbereitete Dokumente ohne redaktionelle Bearbeitung unverändert in eine Internet-Datenbank aufgenommen und dort Nutzern zum Abruf zur Verfügung gestellt würden (OVG Nordrhein-Westfalen NJW 2000, 1968 f; VG Düsseldorf NJW 1999, 1987 f). In den genannten Entscheidungen konnte die Frage aber letztlich offen gelassen werden, da jedenfalls die begehrte Belieferung mit Material, das die Antragsteller in ihre Datenbank einstellen wollten, nicht als Auskunftserteilung im Sinne des § 11 MDStV (jetzt § 55 RStV) angesehen wurde. Das VG Stuttgart hat hingegen in Bezug auf §§ 55 Abs. 3, 9a RStV entschieden, dass eine Datenbank journalistisch-redaktionell gestaltet sei, wenn die darin abrufbaren Informationen nicht beliebig von ihren Nutzern eingestellt, sondern von den Mitarbeitern des Anbieters recherchiert und – soweit sie von Dritten stammten – redaktionell geprüft und gesichtet würden. Auch die Nennung eines Verantwortlichen nach § 55 Abs. 2 RStV sei als Indiz dafür zu werten, dass ein journalistisch-redaktionell gestaltetes Telemedium vorliege (VG Stuttgart AfP 2010, 308 ff). Das LG Düsseldorf hat bei der Frage des Bestehens eines Gegendarstellungsanspruchs eine **private Homepage** nicht als journalistisch-redaktionell gestaltetes Angebot angesehen und dabei vor allem auf den Publizitätsgrad und die fehlende Periodizität abgestellt (LG Düsseldorf MMR 1998, 376 ff). 62

Die **Rechtsprechung**, die zur Abgrenzung zwischen Teledienstegesetz und Mediendienstestaatsvertrag (beide außer Kraft getreten) auf die redaktionelle Gestaltung von Angeboten abstellte (vgl OVG Nordrhein-Westfalen NJW 2003, 2183 (2184); dass. Beschl. v. 22.11.2006 – 13 B 1796/06; VG Köln Beschl. v. 11.8.2006 – 6 L 736/06; VG Gelsenkirchen Beschl. v. 2.8.2006 – 14 L 981/06) ist nicht ohne Weiteres übertragbar, da auch schon der Mediendienstestaatsvertrag zwischen journalistisch-redaktionell gestalteten Angeboten und sonstigen Mediendiensten unterschied (Hahn/Vesting/*Held*, § 54 RStV Rn 45; von einer Relevanz für die Auslegung des Begriffs journalistisch-redaktionell gestalteter Angebote gehen hingegen *Engels/Jürgens/Fritzsche*, K&R 2007, 57 (58) aus; zur Einordnung einzelner Angebotstypen (Foren, Weblogs etc.) s. Hahn/Vesting/*Held*, § 54 RStV Rn 55 ff). 63

2. Inhalt der Impressumspflicht. Der Anbieter muss im Impressum eine Person als Verantwortlichen benennen, der er die **Entscheidungsbefugnis über das Ausscheiden strafbarer Inhalte** übertragen hat (vgl im Einzelnen Hahn/Vesting/*Held*, § 55 RStV Rn 42 ff). Vgl zu den Anforderungen an den Verantwortlichen oben Rn 16 ff. Das Privileg der Jugendpresse, das in den Pressegesetzen enthalten ist, fehlt in § 55 RStV. Hiergegen werden auf Art. 3 GG gestützte verfassungsrechtliche Bedenken geäußert (s. *Ory*, AfP 1998, 465 (466); *Kaufmann*, Weblogs, S. 217 ff). 64

IV. Durchsetzung

Verstöße gegen § 55 Abs. 1 und 2 RStV stellen **Ordnungswidrigkeiten** nach § 49 Abs. 1 Satz 2 Nr. 7 und 8 RStV dar. Zuständig für die Durchsetzung von Abs. 1 sind die Stellen nach § 59 Abs. 2 RStV; bei Verstößen gegen Abs. 2 sind jedoch Maßnahmen gem. § 59 Abs. 3 RStV ausdrücklich ausgenommen. 65

Ein Verstoß gegen § 55 Abs. 1 RStV stellt eine **unlautere geschäftliche Handlung** im Sinne des § 3 UWG dar. Nach § 4 Nr. 11 UWG handelt unlauter, wer „einer gesetzlichen Vorschrift zuwiderhandelt, die auch dazu bestimmt ist, im Interesse der Marktteilnehmer das Marktverhalten zu regeln." Wie auch bei den Informationspflichten nach dem TMG handelt es sich bei § 55 Abs. 1 RStV aufgrund der verbraucherschützenden Elemente um eine solche Vorschrift (*Lorenz*, K&R 2008, 340 (345); *ders.*, WRP 2010, 1224 ff; vgl zum TMG oben Rn 46). 66

§ 55 Abs. 2 RStV hat hingegen vor allem Bedeutung im Bereich des Strafrechts und ist nicht als Norm im Sinne des § 4 Nr. 11 UWG anzusehen (*Lorenz*, Die Anbieterkennzeichnung im Internet, S. 311). 67

V. Regelung des § 55 Abs. 3 RStV

Gemäß § 55 Abs. 3 RStV gilt der **Auskunftsanspruch** nach § 9a RStV auch für Anbieter von Telemedien mit journalistisch-redaktionell gestalteten Angeboten (s.u. 74. Abschnitt Rn 3). 68

72. Abschnitt: Publizitäts- und Kennzeichnungspflichten

A. Allgemeines

1 Pressegesetze und TMG enthalten **spezielle Kennzeichnungspflichten für kommerzielle Kommunikation.** Für Telemedien und Rundfunk bestehen daneben noch weitere Werberegeln (vgl 3. Teil).

B. Kennzeichnungspflicht in den Pressegesetzen

§ 10 Hamburgisches Pressegesetz Kennzeichnung entgeltlicher Veröffentlichungen

Hat der Verleger eines periodischen Druckwerks für eine Veröffentlichung ein Entgelt erhalten, gefordert oder sich versprechen lassen, so hat er diese Veröffentlichung deutlich mit dem Wort „Anzeige" zu bezeichnen, soweit sie nicht schon durch Anordnung und Gestaltung allgemein als Anzeige zu erkennen ist.

I. Kennzeichnungspflicht

2 **1. Adressaten.** Die Regelung gilt nur für **periodische Druckwerke** (s. hierzu 71. Abschnitt Rn 14 ff). Was den Empfänger des Entgelts angeht, unterscheidet sich die Norm des Hamburgischen Pressegesetzes von entsprechenden Vorschriften in den meisten anderen Landespressegesetzen. In Letzteren ist neben dem Verleger auch der für den Anzeigenteil Verantwortliche (s. oben 71. Abschnitt Rn 20) als Empfänger genannt. Bei anderen Empfängern des Entgeltes besteht dem eindeutigen Wortlaut nach keine Kennzeichnungspflicht. Außerdem ist nur der Verleger als Kennzeichnungspflichtiger genannt. Hier ist aber bei der Auslegung § 21 Abs. 1 Nr. 2 HmbPresseG heranzuziehen, wonach neben dem Verleger auch der Verantwortliche für den Anzeigenteil ordnungswidrig handelt, wenn er vorsätzlich oder fahrlässig eine Veröffentlichung gegen Entgelt nicht als Anzeige kenntlich macht oder kenntlich machen lässt. Auch den Verantwortlichen trifft also die Pflicht, für die Kennzeichnung von Veröffentlichungen zu sorgen, für die der Verleger ein Entgelt erhalten, gefordert oder sich versprechen lassen hat.

3 **2. Vorliegen entgeltlicher Veröffentlichungen.** Die Kennzeichnungspflicht besteht nur, wenn der Verleger ein **Entgelt** erhalten, gefordert oder sich versprechen lassen hat. Unentgeltliche Veröffentlichungen sind nicht erfasst, auch wenn die Veröffentlichung zur Erreichung werblicher Zwecke erfolgt. Der Begriff des Entgelts ist weit auszulegen. In Betracht kommt jede geldwerte direkte und indirekte Gegenleistung (Löffler/*Sedelmeier*, Presserecht, § 10 LPG Rn 17; ähnlich Löffler/*Ricker*, Handbuch des Presserechts, 14. Kap. Rn 7). Auch die Bezahlung der Kosten für die Herstellung der Druckunterlagen fällt hierunter (OLG Düsseldorf NJW 1975, 2018; zur Frage der kostenlosen Überlassung von Preisen für ein Preisausschreiben vgl BGH WRP 1994, 816). Es bedarf aber einer **unmittelbaren Verknüpfung** zwischen Entgelt und Veröffentlichung; erfolgen zusätzlich zu einer Anzeige, für die ein Entgelt entrichtet wurde, werbende Hinweise im redaktionellen Teil, so besteht keine Kennzeichnungspflicht,

wenn der Verleger das Entgelt nicht auch hierfür erhalten, gefordert oder sich versprechen lassen hat (vgl hierzu OLG Düsseldorf NJW 1975, 2018; OLG Stuttgart WRP 1955, 245; Löffler/*Sedelmeier*, Presserecht, § 10 LPG Rn 21). In einigen Bundesländern ist es aber auch einbezogen, wenn der Verleger „im Zusammenhang" mit einer Veröffentlichung ein Entgelt erhalten etc. hat (etwa § 11 BbgPresseG, § 9 SächsPresseG). Der Zentralverband der deutschen Werbewirtschaft (ZAW) hat eine Richtlinie zu redaktionellen Hinweisen (etwa Veranstaltungshinweisen) erstellt.

3. **Anforderungen an die Kennzeichnung.** Eine entgeltliche Veröffentlichung ist mit dem Wort **„Anzeige"** zu bezeichnen, soweit sie nicht schon durch Anordnung und Gestaltung allgemein als Anzeige zu erkennen ist. Das Wort „Anzeige" darf nicht zu klein gedruckt sein (etwa OLG Hamm AfP 1980, 295) und es muss im engen räumlichen Zusammenhang mit der entgeltlichen Veröffentlichung stehen (etwa OLG Düsseldorf NJW 1975, 2018). Andere Begriffe als „Anzeige" erlaubt der eindeutige Wortlaut nicht (*Löffler/Ricker*, Handbuch des Presserechts, 14. Kap. Rn 13; Löffler/*Sedelmeier*, Presserecht, § 10 LPG Rn 28 mwN; vgl zu den Sonderregelungen in Bayern und Hessen *Löffler/Ricker*, Handbuch des Presserechts, 14. Kap. Rn 17 f; vgl zur wettbewerbsrechtlichen Beurteilung 3. Teil 1. Kap.). Die Kennzeichnung mit dem Wort „Anzeige" muss umso deutlicher sein, je weniger sich der Anzeigencharakter der Veröffentlichung aus ihrer sonstigen Anordnung und Gestaltung ergibt (LG Hamburg ArchPR 1969, 1069). 4

Die **Ausnahme** („soweit sie nicht schon durch Anordnung und Gestaltung allgemein als Anzeige zu erkennen ist") von der Pflicht zur Kennzeichnung als „Anzeige" greift nur, wenn die Entgeltlichkeit der Veröffentlichung **von einem unbefangenen Durchschnittsleser auf den ersten Blick zweifelsfrei erkannt** werden kann (vgl Löffler/*Sedelmeier*, Presserecht, § 10 LPG Rn 24 ff mwN; *Löffler/Ricker*, Handbuch des Presserechts, 14. Kap. Rn 13a: „flüchtiger Leser", mwN). Dabei ist einzubeziehen, an welcher Stelle in der Publikation die Veröffentlichung erfolgt und wie die Veröffentlichung äußerlich aufgemacht ist (Schriftart und -größe, Farbe, Überschrift, Umrandung, Herausstellung des Namens der Firma etc.). Anlockende Artikelüberschriften können eine unzulässige Blickfangwerbung darstellen (vgl LG Hamburg ArchPR 1970, 119; OLG Köln AfP 1971, 74). Eine Veröffentlichung, die erst bei Kenntnisnahme des Inhalts als Anzeige erkennbar ist, erfüllt nicht die Anforderungen des § 10 HmbPresseG (vgl etwa BGH GRUR 192, 461). Vgl zum Durchschnittsleser BGH NJW 1974, 1141; OLG München AfP 1998, 86; OLG Hamburg AfP 2000, 462; vgl auch BVerfG AfP 1998, 500). 5

Bei der Auslegung sind auch die **standesrechtlichen Regeln** zu beachten. So sieht der Pressekodex des Deutschen Presserats eine klare Trennung zwischen redaktionellem Text und Veröffentlichungen zu werblichen Zwecken vor. Der ZAW hat eine Richtlinie zu redaktionell gestalteten Anzeigen erstellt. Standesrechtliche Grundsätze werden auch von den Gerichten zur Auslegung der Kennzeichnungspflicht herangezogen (etwa OLG Düsseldorf AfP 1979, 261; OLG Celle BB 1958, 788; vgl auch BGH GRUR 1969, 474). 6

II. Durchsetzung

Ein vorsätzlicher oder fahrlässiger Verstoß gegen § 10 HmbPresseG durch den Verleger oder den Verantwortlichen stellt gemäß § 21 Abs. 1 Nr. 2 HmbPresseG eine **Ordnungswidrigkeit** dar. 7

Zur **wettbewerbsrechtlichen Beurteilung** von Verstößen gegen das Medienwerberecht vgl 3. Teil 1. Kap. Laut OLG Düsseldorf, ZUM-RD 2007, 119, ist ein gegen die Kennzeichnungspflicht verstoßender Vertrag gem. § 134 BGB nichtig. 8

C. Kennzeichnungspflicht im Telemediengesetz

§ 6 TMG Besondere Informationspflichten bei kommerziellen Kommunikationen

(1) Diensteanbieter haben bei kommerziellen Kommunikationen, die Telemedien oder Bestandteile von Telemedien sind, mindestens die folgenden Voraussetzungen zu beachten:

1. **Kommerzielle Kommunikationen müssen klar als solche zu erkennen sein.**
2. **Die natürliche oder juristische Person, in deren Auftrag kommerzielle Kommunikationen erfolgen, muss klar identifizierbar sein.**

3. Angebote zur Verkaufsförderung wie Preisnachlässe, Zugaben und Geschenke müssen klar als solche erkennbar sein, und die Bedingungen für ihre Inanspruchnahme müssen leicht zugänglich sein sowie klar und unzweideutig angegeben werden.
4. Preisausschreiben oder Gewinnspiele mit Werbecharakter müssen klar als solche erkennbar und die Teilnahmebedingungen leicht zugänglich sein sowie klar und unzweideutig angegeben werden.

(2) [1]Werden kommerzielle Kommunikationen per elektronischer Post versandt, darf in der Kopf- und Betreffzeile weder der Absender noch der kommerzielle Charakter der Nachricht verschleiert oder verheimlicht werden. [2]Ein Verschleiern oder Verheimlichen liegt dann vor, wenn die Kopf- und Betreffzeile absichtlich so gestaltet sind, dass der Empfänger vor Einsichtnahme in den Inhalt der Kommunikation keine oder irreführende Informationen über die tatsächliche Identität des Absenders oder den kommerziellen Charakter der Nachricht erhält.

(3) Die Vorschriften des Gesetzes gegen den unlauteren Wettbewerb bleiben unberührt.

I. Kennzeichnungspflicht nach Abs. 1

9 Die Norm dient der Umsetzung von **Art. 6 E-Commerce-Richtlinie.**

10 **1. Vorliegen kommerzieller Kommunikation.** Kommerzielle Kommunikation ist in **§ 2 Satz 1 Nr. 5 TMG definiert** als jede Form der Kommunikation, die der unmittelbaren oder mittelbaren Förderung des Absatzes von Waren, Dienstleistungen oder des Erscheinungsbilds eines Unternehmens, einer sonstigen Organisation oder einer natürlichen Person dient, die eine Tätigkeit im Handel, Gewerbe oder Handwerk oder einen freien Beruf ausübt. Die Übermittlung der folgenden Angaben stellt als solche keine Form der kommerziellen Kommunikation dar:

a) Angaben, die unmittelbaren Zugang zur Tätigkeit des Unternehmens oder der Organisation oder Person ermöglichen, wie insbesondere ein Domain-Name oder eine Adresse der elektronischen Post,

b) Angaben in Bezug auf Waren und Dienstleistungen oder das Erscheinungsbild eines Unternehmens, einer Organisation oder Person, die unabhängig und insbesondere ohne finanzielle Gegenleistung gemacht werden.

Dies entspricht Art. 2 f E-Commerce-Richtlinie; die amtliche Begründung zur Vorgängernorm im Teledienstegesetz betonte zugleich die Parallelität zu den wettbewerbsrechtlichen Regeln (BT-Drucks. 14/6098, 16 (22); kritisch Spindler/Schuster/*Micklitz*, Medien, § 6 TMG Rn 9 ff). Vgl zu den einzelnen Diensten und Werbeformen 30. Abschnitt und zum Wettbewerbsrecht 3. Teil 1. Kap.

11 Vgl zum Begriff der **Telemedien** oben 71. Abschnitt Rn 27 ff.

12 **2. Anforderungen an die Kennzeichnung.** Nach Abs. 1 Nr. 1 müssen **kommerzielle Kommunikationen klar als solche zu erkennen** sein. Anders als im Presserecht schreibt die Norm keine bestimmte Kennzeichnung (etwa als „Anzeige“) vor. Ähnlich der presserechtlichen Anforderungen kann sich aber die Erkennbarkeit entweder aus einer besonderen Kennzeichnung (etwa als „Werbung“ oÄ) oder aus der Anordnung und Gestaltung ergeben, wenn hieraus der Charakter als kommerzielle Kommunikation deutlich hervorgeht. Vgl zu den einzelnen Diensten und Werbeformen 30. Abschnitt.

13 Abs. 1 Nr. 2 schreibt vor, dass die natürliche oder juristische **Person**, in deren Auftrag kommerzielle Kommunikation erfolgt, **klar identifizierbar** sein muss. In der Begründung zur Vorgängernorm, § 7 TDG, heißt es: „Dies ist beispielsweise gegeben, wenn der Name, die Firma oder ein sonstiges Unternehmenskennzeichen dieser Person auf einem elektronischen Werbebanner erscheint. Die Person muss nicht unmittelbar mit der kommerziellen Kommunikation genannt werden. Es reicht aus, dass der Zugang zu den Informationen, welche die Person erkennbar machen, jederzeit und ohne großen technischen Aufwand gewährleistet ist. Dazu genügt beispielsweise eine entsprechende ‚Hypertextverbindung‘ auf der ‚Web-Site‘, welche die kommerzielle Kommunikation enthält.“ (vgl auch *Woitke*, BB 2003, 2469 (2474); Spindler/Schuster/*Micklitz*, Medien, § 6 TMG Rn 49).

14 Nach Abs. 1 Nr. 3 müssen Angebote zur **Verkaufsförderung**, wie Preisnachlässe, Zugaben und Geschenke, klar als solche erkennbar sein, und die Bedingungen für ihre Inanspruchnahme müssen leicht zugänglich sein sowie klar und unzweideutig angegeben werden. Vgl zur Frage der leichten Zugänglichkeit oben 71. Abschnitt Rn 35 (zum Begriff „unmittelbar erreichbar“) sowie Spindler/Schuster/*Micklitz*, Medien, § 6 TMG Rn 68.

Preisausschreiben oder Gewinnspiele mit Werbecharakter müssen laut Abs. 1 Nr. 4 klar als solche erkennbar und die Teilnahmebedingungen leicht zugänglich sein sowie klar und unzweideutig angegeben werden. 15

II. Sonderbestimmung für E-Mails

Absatz 2 enthält eine **Sonderbestimmung für E-Mails:** Werden kommerzielle Kommunikationen per elektronischer Post versandt, darf in der Kopf- und Betreffzeile weder der Absender noch der kommerzielle Charakter der Nachricht verschleiert oder verheimlicht werden. Ein Verschleiern oder Verheimlichen liegt dann vor, wenn die Kopf- und Betreffzeile absichtlich so gestaltet sind, dass der Empfänger vor Einsichtnahme in den Inhalt der Kommunikation keine oder irreführende Informationen über die tatsächliche Identität des Absenders oder den kommerziellen Charakter der Nachricht erhält. Die Begründung zum TMG verweist darauf, dass bereits nach dem Wettbewerbsrecht die Versendung von Spam-Mails unzulässig sei. Vgl zu den Begriffen Verschleiern und Verheimlichen Spindler/Schuster/*Micklitz*, Medien, § 6 TMG Rn 109 ff. Vgl zu Spam-Mails 30. Abschnitt. 16

III. Verweis auf das UWG

Vgl zu den **wettbewerbsrechtlichen Aspekten** 3. Teil 1. Kap. 17

IV. Durchsetzung

Nach § 16 Abs. 1 TMG handelt **ordnungswidrig**, wer absichtlich entgegen § 6 Abs. 2 Satz 1 TMG den Absender oder den kommerziellen Charakter der Nachricht verschleiert oder verheimlicht. Absicht stellt eine Sonderform des Vorsatzes dar. Vorsatz enthält ein Wissens- und ein Willenselement. Bei der Absicht steht das Willenselement im Vordergrund (*Lackner/Kühl*, StGB, § 15 Rn 20). Erforderlich ist somit, dass gerade das Verschleiern oder Verheimlichen bezweckt ist. 18

D. Publizitätspflicht des § 23 Rundfunkstaatsvertrag

§ 23 RStV Publizitätspflicht und sonstige Vorlagepflichten

(1) [1]Jeder Veranstalter hat unabhängig von seiner Rechtsform jährlich nach Maßgabe der Vorschriften des Handelsgesetzbuches, die für große Kapitalgesellschaften gelten, einen Jahresabschluß samt Anhang und einen Lagebericht spätestens bis zum Ende des neunten auf das Ende des Geschäftsjahres folgenden Monats zu erstellen und bekanntzumachen. [2]Satz 1 findet auf an dem Veranstalter unmittelbar Beteiligte, denen das Programm des Veranstalters nach § 28 Abs. 1 Satz 1, und mittelbar Beteiligte, denen das Programm nach § 28 Abs. 1 Satz 2 zuzurechnen ist, entsprechende Anwendung.

(2) Innerhalb derselben Frist hat der Veranstalter eine Aufstellung der Programmbezugsquellen für den Berichtszeitraum der zuständigen Landesmedienanstalt vorzulegen.

I. Allgemeines

§ 23 RStV erklärt die **Vorschriften zur Rechnungs- und Bilanzaufstellung** nach §§ 264 ff HGB, die für große Kapitalgesellschaften (§ 267 Abs. 3 HGB) gelten, für alle Rundfunkveranstalter unabhängig von ihrer „Größe“ und ihrer Rechtsform für anwendbar. Laut Begründung zielt die Norm auf eine beobachtende Kontrolle durch die Öffentlichkeit. Absatz 2 dient den Aufsichtsinstanzen dazu festzustellen, ob Programmzulieferer dem Veranstalter nach § 28 Abs. 2 Satz 1 RStV konzentrationsrechtlich zuzurechnen sind. 19

Ausgeschlossen sind damit für Rundfunkveranstalter Sonderregeln des HGB, die an die **Größe** anknüpfen. Solche Sonderregeln gelten für die Bilanz (§§ 266, 274a HGB), für einzelne Posten bei der Gewinn- und Verlustrechnung (§ 276 HGB) und für bestimmte Angaben im Anhang (§ 288 HGB; vgl auch § 285 S. 1 Nr. 11 HGB). Außerdem brauchen kleine Kapitalgesellschaften keinen Lagebericht aufzustellen (§ 264 Abs. 1 S. 4 HGB). Schließlich gelten größenabhängige Erleichterungen für kleine und mittelgroße Kapitalgesellschaften bei der Offenlegung nach § 325 HGB (§§ 326, 327 HGB). 20

II. Adressaten

21 Adressaten der Norm sind zugelassene, bundesweite (§ 39 RStV) **Rundfunkveranstalter** und an ihnen im Sinne des § 28 RStV **Beteiligte** (vgl zu Fragen der Praktikabilität bei Beteiligten *Hartstein/Ring/Kreile/Dörr/Stettner*, § 23 RStV Rn 4).

III. Jahresabschluss samt Anhang und Lagebericht, Abs. 1

22 Absatz 1 verweist für alle Rundfunkveranstalter – unabhängig von ihrer Größe und ihrer Rechtsform – auf die **Regelungen für große Kapitalgesellschaften**: Danach ist jährlich der Jahresabschluss (§ 242 HGB) mit Anhang (§ 264 Abs. 1 HGB) zu erstellen, der Bilanz und Gewinn- und Verlustrechnung (§§ 242 Abs. 3, 265 ff HGB) unter Darlegung der Rechnungsdarlegungsgrundsätze (§ 284 HGB) und sonstige Angaben (§ 285 HGB) enthält und erläutert. Außerdem ist der Lagebericht zu erstellen, der nicht Teil des Jahresabschlusses ist und u.a. Angaben zu Geschäftsverlauf, Marktstellung, Struktur des Unternehmens, Absatzentwicklung und besonderen geschäftlichen Ereignissen enthält.

23 Die **Neun-Monats-Frist** unterscheidet sich von der drei- bzw sechsmonatigen Frist des § 264 Abs. 1 HGB. Die Verletzung der Frist stellt nach § 49 Abs. 1 Satz 2 Nr. 3 RStV eine Ordnungswidrigkeit dar. Einem Abschlussprüfer (§ 316 HGB) ist der Jahresabschluss vor Bekanntgabe nicht vorzulegen (Hahn/Vesting/*Bumke*, § 23 RStV Rn 13).

24 Die Offenlegung besteht nach § 325 HGB in der Einreichung beim Betreiber des **elektronischen Bundesanzeigers** in elektronischer Form und der unverzüglichen Bekanntmachung im elektronischen Bundesanzeiger. In Folge des am 1.1.2007 in Kraft getretenen „Gesetzes über elektronische Handelsregister und Genossenschaftsregister sowie das Unternehmensregister (EHUG)“ ist die Pflicht zur Einreichung beim Handelsregister entfallen.

IV. Aufstellung der Programmbezugsquellen, Abs. 2

25 Bei der Frage, welche **Bezugsquellen** anzugeben sind, ist zu berücksichtigen, dass die Vorschrift – zumindest im Wesentlichen – dazu dient, dass die Kommission zur Ermittlung der Konzentration im Medienbereich feststellen kann, ob Unternehmen regelmäßig einen wesentlichen Teil der Sendezeit eines Rundfunkveranstalters mit von ihnen zugelieferten Programmteilen gestalten (§ 28 Abs. 2 Satz 2 Nr. 1 RStV). Unternehmen, die nur gelegentlich oder nur in geringem Umfang zuliefern, sind daher nicht anzugeben (vgl *Hartstein/Ring/Kreile/Dörr/Stettner*, § 23 RStV Rn 5, die auf die Meinungsbildungsrelevanz abstellen; zweifelnd *Hahn/Vesting/Bumke*, § 23 RStV Rn 15).

26 Über die Angaben hat die zuständige Landesmedienanstalt **Vertraulichkeit** zu wahren (§ 24 RStV).

27 Ein Verstoß gegen § 24 Abs. 2 RStV stellt gem. § 49 Abs. 1 Nr. 20 RStV eine **Ordnungswidrigkeit** dar.

73. Abschnitt: Aufzeichnungs- und Aufbewahrungspflichten

§ 9 Medienstaatsvertrag HSH Aufzeichnungspflicht und Einsichtnahme

(1) [1]Sendungen sind vom Rundfunkveranstalter vollständig aufzuzeichnen und aufzubewahren. [2]Bei der Verbreitung einer Aufzeichnung oder eines Films kann abweichend von Satz 1 die Aufzeichnung oder der Film aufbewahrt oder die Wiederbeschaffung sichergestellt werden.

(2) [1]Die Pflicht zur Aufbewahrung nach Absatz 1 endet sechs Wochen nach dem Tag der Verbreitung. [2]Wird innerhalb dieser Frist eine Sendung beanstandet, endet die Pflicht erst, wenn die Beanstandung durch rechtskräftige gerichtliche Entscheidung oder auf andere Weise erledigt ist.

(3) Die Anstalt kann innerhalb der Frist nach Absatz 2 jederzeit Aufzeichnungen und Filme einsehen oder deren unentgeltliche Übersendung verlangen.

(4) [1]Wer schriftlich glaubhaft macht, in seinen Rechten berührt zu sein, kann vom Rundfunkveranstalter innerhalb der Frist nach Absatz 2 Satz 1 Einsicht in die Aufzeichnungen und Filme verlangen. [2]Auf Antrag sind ihm gegen Erstattung der Selbstkosten Ausfertigungen, Abzüge oder Abschriften von der Aufzeichnung oder dem Film zu übersenden.

Die Pflicht zur vollständigen Aufzeichnung und Aufbewahrung aller Sendungen soll die **Beweissicherung** bei der Geltendmachung zivilrechtlicher Ersatz- und Abwehransprüche sowie bei der Verfolgung strafrechtlicher Verstöße ermöglichen. Sie dient außerdem der wirksamen Wahrnehmung der **Aufsicht** durch die Landesmedienanstalten. 1

Der Veranstalter kann selbst darüber **entscheiden, wie** er die Pflicht in technischer Hinsicht erfüllt. 2

Der Verstoß gegen die Norm stellt keine **Ordnungswidrigkeit** dar, kann aber durch andere Aufsichtsmaßnahmen der Landesmedienanstalten (etwa Beanstandung) geahndet werden (s. 77. Abschnitt). 3

74. Abschnitt: Informations- und Auskunftsansprüche der Medien

§ 4 Hamburgisches Pressegesetz Informationsrecht

(1) Die Behörden sind verpflichtet, den Vertretern der Presse und des Rundfunks die der Erfüllung ihrer öffentlichen Aufgabe dienenden Auskünfte zu erteilen.

(2) Auskünfte können verweigert werden, soweit
1. hierdurch die sachgemäße Durchführung eines schwebenden Gerichtsverfahrens, Bußgeldverfahrens oder Disziplinarverfahrens beeinträchtigt oder gefährdet werden könnte oder
2. Vorschriften über die Geheimhaltung oder die Amtsverschwiegenheit entgegenstehen oder
3. sonst ein überwiegendes öffentliches oder schutzwürdiges privates Interesse verletzt würde.

(3) Allgemeine Anordnungen, die einer Behörde Auskünfte an die Presse verbieten, sind unzulässig.

(4) Der Verleger eines periodischen Druckwerks kann von den Behörden verlangen, dass ihm deren amtliche Bekanntmachungen nicht später als seinen Mitbewerbern zur Verwendung zugeleitet werden.

§ 9a RStV Informationsrechte

(1) [1]Rundfunkveranstalter haben gegenüber Behörden ein Recht auf Auskunft. [2]Auskünfte können verweigert werden, soweit
1. hierdurch die sachgemäße Durchführung eines schwebenden Verfahrens vereitelt, erschwert, verzögert oder gefährdet werden könnte oder
2. Vorschriften über die Geheimhaltung entgegenstehen oder
3. ein überwiegendes öffentliches oder schutzwürdiges privates Interesse verletzt würde oder
4. ihr Umfang das zumutbare Maß überschreitet.

(2) Allgemeine Anordnungen, die einer Behörde Auskünfte an Rundfunkveranstalter verbieten, sind unzulässig.

(3) Rundfunkveranstalter können von Behörden verlangen, dass sie bei der Weitergabe von amtlichen Bekanntmachungen im Verhältnis zu anderen Bewerbern gleichbehandelt werden.

A. Allgemeines

1 **Auskunftsansprüche der Medien** stellen elementare Bedingungen für die freie Meinungsbildung dar. Ob aus Art. 5 Abs. 1 Satz 2 GG ein **verfassungsunmittelbarer Auskunftsanspruch** der Presse und des Rundfunks folgt, ist umstritten (vgl *Löffler/Ricker*, Handbuch des Presserechts, Kap. 18 Rn 1 ff mwN; Löffler/*Burkhardt*, Presserecht, § 4 LPG Rn 16 ff mwN; *Soehring*, Presserecht, § 1 Rn 6 ff und § 4 Rn 1 ff; Spindler/Schuster/*Holznagel/Krone*, Medien, § 9a RStV Rn 12 f). Nach Ansicht des BVerwG ist grundsätzlich eine Entscheidung des Gesetzgebers erforderlich (BVerwG NJW 1985, 1655); das Gericht hat aber die Frage, ob im Falle einer Untätigkeit des Gesetzgebers ein „Minimalstandard" an Informationen verfassungsunmittelbar garantiert sei, offen gelassen (vgl AK-GG/*Hoffmann-Riem*, Art. 5 Abs. 1, 2 GG Rn 113). Das BVerfG hat im Beschluss vom 20.7.1988 die Frage nach einem verfassungsunmittelbaren Auskunftsanspruch ausdrücklich offen gelassen (BVerfG NJW 1989, 382). Laut BVerfG NJW 2001, 1633 gewährt Art. 5 Abs. 1 Satz 2 GG kein Recht auf Eröffnung einer Informationsquelle. Erst nach Eröffnung der allgemeinen Zugänglichkeit könne der Schutzbereich der Informationsfreiheit (Art. 5 Abs. 1 Satz 1, 2. Alt. GG) durch einen Grundrechtseingriff betroffen sein. Das Grundrecht aus Art. 5 Abs. 1 Satz 1 GG umfasse ein gegen den Staat gerichtetes Recht auf Zugang, wenn eine im staatlichen Verantwortungsbereich liegende Informationsquelle aufgrund rechtlicher Vorgaben zur öffentlichen Zugänglichkeit bestimmt ist, der Staat den Zugang aber verweigere.

B. Berechtigte

Als Berechtigte nennt die **presserechtliche Regelung Vertreter der Presse und des Rundfunks.** Der Begriff der Presse wird nicht definiert. Darunter fallen jedenfalls alle Druckwerke im Sinne von § 7 HmbPresseG (vgl zum Begriff des Druckwerks oben Abschnitt 71, Rn 3). Auf die periodische Presse ist der Anspruch nach Abs. 1 nicht begrenzt (zu § 4 Abs. 4 HmbPresseG und § 9a Abs. 3 RStV s.u. Rn 17 f). Wer als Vertreter der Presse anzusehen ist, richtet sich nach Sinn und Zweck von § 4 HmbPresseG. Dabei ist § 3 HmbPresseG heranzuziehen, wonach die Presse eine öffentliche Aufgabe insbesondere dadurch erfüllt, dass sie Nachrichten beschafft und verbreitet, Stellung nimmt, Kritik übt, in anderer Weise an der Meinungsbildung mitwirkt oder der Bildung dient. Ein konkretes Berichterstattungsinteresse ist im Einzelfall hingegen nicht erforderlich (OLG Hamburg ZUM 2011, 91). Daher steht der Informationsanspruch jedem zu, der an der Erfüllung der öffentlichen Aufgabe der Presse beteiligt ist (Löffler/*Burkhardt*, Presserecht, § 4 LPG Rn 37; Spindler/Schuster/*Holznagel/Krone*, Medien, § 9a RStV Rn 16; *Löffler/Ricker*, Handbuch des Presserechts, 19. Kap. Rn 4 im Ergebnis ebenso, wenn auch nicht für jeden Pressebeteiligten als „Organ", sondern teilweise nur als Stellvertreter im Sinne des BGB). Dies sind **alle Personen, die an der Gestaltung und Verbreitung von Presseerzeugnissen mitwirken.** Das Recht steht auch dem Verleger (vgl OLG Stuttgart AfP 1992, 291; VG Berlin NJW 2001, 3799) und dem Herausgeber zu (Letzterem zumindest dann, wenn er echte Herausgeberfunktionen wahrnimmt (BGH NJW 2005, 1720)). Neben Redakteuren sind auch sogenannte „feste freie" Mitarbeiter informationsberechtigt (VGH München NJW 2004, 3358). Freie Journalisten sind als Vertreter der Presse anzusehen, wenn sie mit einem Presseorgan in ständiger Verbindung stehen oder von einem solchen im Einzelfall legitimiert sind (etwa durch ein Legitimationsschreiben einer Redaktion oder einer sonstigen Einverständniserklärung eines Presseunternehmens (VGH Mannheim NJW 1996, 538 (539); VG Hannover AfP 1984, 60)). Den nur an der Verbreitung Beteiligten steht ein Informationsrecht grundsätzlich nicht zu (Hahn/Vesting/*Flechsig*, § 9a RStV Rn 16; ähnlich *Soehring*, Presserecht, § 4 Rn 10, der technisch oder kaufmännisch tätige Mitarbeiter ausschließt; aA Löffler/*Burkhardt*, Presserecht, § 4 LPG Rn 44, soweit sich die Informationen auf die Verbreitung beziehen). Wer gegenüber einer Behörde einen Auskunftsanspruch geltend macht, muss sich auf Verlangen als Vertreter der Presse ausweisen (VGH Mannheim, NJW 1996, 538 (539)). Der Ausweispflicht wird in der Regel durch Vorlage des Presseausweises genügt (Löffler/*Burkhardt*, Presserecht, § 4 LPG Rn 47 ff mwN). 2

Nach **§ 9a RStV** sind **Rundfunkveranstalter** informationsberechtigt. § 55 Abs. 3 RStV erstreckt die Norm auch auf **Anbieter von Telemedien mit journalistisch-redaktionell gestalteten Angeboten** (s. zum Begriff oben 71. Abschnitt Rn 59 ff). Der Informationsanspruch steht – wie auch der presserechtliche – sämtlichen für den Veranstalter bzw Anbieter handelnden Personen zu (s.o. Rn 2). Zu ausländischen Anbietern vgl Hahn/Vesting/*Flechsig*, § 9a RStV Rn 17 mwN. 3

C. Verpflichtete

Der Informationsanspruch besteht gegenüber **Behörden.** Es existiert kein einheitlicher Behördenbegriff (so sind etwa die Begriffe in den Verwaltungsverfahrensgesetzen, dem Bundesdatenschutzgesetz und dem Umweltinformationsgesetz unterschiedlich). Es ist daher von einem **eigenen medienrechtlichen Behördenbegriff** auszugehen, der nicht organisatorisch-verwaltungstechnisch, sondern funktionell-teleologisch zu begreifen ist (BGH NJW 2005, 1720). Überall dort, wo zur Wahrnehmung staatlicher Aufgaben öffentliche Mittel eingesetzt werden, von deren konkreter Verwendung Kenntnis zu erlangen ein berechtigtes öffentliches Interesse besteht, wird auch ein Informationsbedürfnis der Presse und der Bevölkerung begründet. 4

Auch Behörden des Bundes unterliegen dem Anspruch (vgl BVerwG AfP 1975, 762; OVG Berlin ZUM 1996, 250 (253)); VG Berlin AfP 1994, 175). Der Behördenbegriff umfasst auch die Stellen der Legislative und der Judikative (*Soehring*, Presserecht, § 4 Rn 18) und die Stellen der mittelbaren Staatsverwaltung (Körperschaften, Anstalten, Stiftungen des öffentlichen Rechts (Löffler/*Burkhardt*, Presserecht, § 4 LPG Rn 56)). 5

Öffentlich-rechtliche Rundfunkanstalten sind nicht zur Auskunft verpflichtet (vgl BVerfG NJW 1989, 382; BVerwGE 70, 310 (314); Ausn.: Gebühreneinzug (VG Köln ZUM-RD 2010, 174)). Öffentlich-rechtlich organisierte **Kirchen** unterliegen dem Auskunftsanspruch nur soweit, als sie in Ausübung 6 ihnen verliehener hoheitlicher Gewalt tätig sind (etwa bei der Kirchensteuer) (vgl VG Berlin JR 1972, 306).

7 **Juristische Personen des Privatrechts** sind nur dann auskunftspflichtig, wenn die öffentliche Hand sich ihrer zur Erfüllung öffentlicher Aufgaben bedient (BGH NJW 2005, 1720; OVG NRW ZUM-RD 2009, 228; OVG Saarlouis AfP 1998, 426; Spindler/Schuster/*Holznagel/Krone*, Medien, § 9a RStV Rn 24). Dabei ist nicht erforderlich, dass sich die juristische Person des Privatrechts vollständig – unmittelbar oder mittelbar – in öffentlicher (kommunaler) Hand befindet. Es reicht aus, dass die juristische Person des Privatrechts (etwa eine GmbH) von der öffentlichen Hand (ggf in Kombination verschiedener juristischer Personen des öffentlichen Rechts) unmittelbar oder mittelbar beherrscht wird (BGH NJW 2005, 1720; OVG NRW ZUM-RD 2009, 228 (verneint für die Telekom); VG Arnsberg Urt. v. 30.1.2009 – 12 K 1088/08; VG Hamburg AfP 2009, 296). Hierbei kann auf die Grundsätze des § 17 AktG abgestellt werden (laut Löffler/*Burkhardt*, Presserecht, § 4 LPG Rn 57 genügt hingegen bereits ein „entscheidender" bzw „maßgebender" Einfluss). Soweit bei „gemischtwirtschaftlichen Gesellschaften" auch „private (Minderheits-)Gesellschafter" von der Auskunftspflicht tangiert werden, haben deren private Interessen – vorbehaltlich eines Auskunftsverweigerungsrechts – hinter den überwiegenden öffentlichen Interessen zurückzutreten (BGH NJW 2005, 1720 (1721)). Auch Beliehene sind zur Information verpflichtet (Hahn/Vesting/*Flechsig*, § 9a RStV Rn 19; vgl auch OVG Saarlouis AfP 1998, 426 (427)).

8 Die Auskunftspflicht bezieht sich grundsätzlich nur auf Vorgänge, für die die betreffende Behörde **zuständig** ist oder mit denen sie **amtlich befasst** ist, war oder sein wird (Löffler/*Burkhardt*, Presserecht, § 4 LPG Rn 59; bei Gerichten und Staatsanwaltschaften hält *Soehring*, Presserecht, § 4 Rn 18 eine Verweisung an die im Zeitpunkt des Auskunftersuchens zuständige Dienststelle für zulässig).

9 Der **Inhalt der Auskunft** muss sachgerecht, vollständig und wahr sein (BVerwG NJW 1992, 62; VGH München NJW 2004, 3358). Innere Tatsachen wie Absichten, Motive und sonstige Überlegungen von Amtsträgern sind jedoch von einem Auskunftsanspruch ausgenommen (OVG Saarlouis ZUM-RD 2008, 452). Der Anspruch erstreckt sich auf die Mitteilung von Fakten zu einem konkreten Sachkomplex. Kommentare, Bewertungen und rechtliche Stellungnahmen können hingegen nicht gefordert werden (OLG Düsseldorf ZUM-RD 2009, 686). Über die Erteilung von Auskünften hinaus ergibt sich kein Recht auf Zutritt zu Veranstaltungen oder Akkreditierung (VG Hamburg AfP 2010, 418).

10 Laut OVG Nordrhein-Westfalen NJW 2000, 1968 f, VG Düsseldorf NJW 1999, 1987 f ist die Belieferung mit allen von der Dokumentationsstelle eines Bundesministeriums aufbereiteten Dokumenten für eine beabsichtigte **Internet-Datenbank** nicht als Auskunftserteilung im Sinne des § 11 MDStV (jetzt § 55 RStV) anzusehen. Von der Auskunftserteilung sei die Belieferung mit Informationsmaterial oder sonstigen Dokumenten zu unterscheiden, es sei denn, dadurch werde die begehrte Auskunft gerade gegeben. Bei der Erstellung einer Datenbank gehe es aber nicht um Auskunftserteilung auf einzelne Anfragen. Begehrt würden komplette Dokumentensammlungen, ohne dass insoweit in Bezug auf die einzelnen Dokumente ein konkreter Auskunftsanlass bestünde. Vgl hingegen VG Stuttgart AfP 2010, 308 ff: Das Gericht bejaht einen Anspruch des Anbieters einer Datenbank, die sämtliche Schulen enthält und in komprimierter Form die Besonderheiten der einzelnen Schulen beschreibt, auf Auskünfte u.a. über die durchschnittlichen Abitursnoten an den einzelnen Gymnasien eines Bundeslandes und die Quoten der Schüler, die innerhalb eines bestimmten Zeitraums ohne den vorgesehenen Abschluss von allen Hauptschulen, Realschulen und Gymnasien des Landes abgegangen sind.

D. Auskunftsverweigerungsrechte

11 Gesetzlich normiert sind **Verweigerungsgründe**. Ob diese vorliegen, bedarf der Abwägung im Einzelfall. Der Behörde steht ein Ermessen zu („können verweigert werden"), Ermessensfehler können gerichtlich überprüft werden. Bei Verweigerung besteht die Pflicht der Behörde, dies zu begründen (BVerwGE 70, 310 (314)). Pauschale Verweise auf die Verweigerungstatbestände genügen nicht.

12 Zu den Verweigerungsgründen gehört es zunächst, dass durch die Auskunft die sachgemäße **Durchführung eines schwebenden Verfahrens vereitelt**, erschwert, verzögert oder gefährdet werden könnte. „Verfahren" meint die geregelte Behandlung eines Einzelfalls (Löffler/*Burkhardt*, Presserecht, § 4 LPG Rn 95). Nach der Begründung zu § 9a RStV sind nicht nur förmliche Verfahren erfasst. Auch Verhandlungen bei Gütestellen, Schiedsstellen etc. können daher darunter fallen (Hahn/Vesting/*Flechsig*, § 9a RStV Rn 25; aA *Löffler/Ricker*, Handbuch des Presserechts, 20. Kap. Rn 5, der nur Strafverfahren

umfasst sieht; in Hamburg ist das Verweigerungsrecht nach § 4 HmbPresseG gesetzlich auf schwebende Gerichtsverfahren, Bußgeldverfahren und Disziplinarverfahren beschränkt). Da besonders an schwebenden Verfahren ein großes Interesse der Öffentlichkeit besteht, ist die Norm **eng auszulegen**: Nur bei einer konkreten Gefährdung – im Sinne eines hohen Maßes an Wahrscheinlichkeit eines Schadenseintritts – besteht ein Auskunftsverweigerungsrecht (Löffler/*Burkhardt*, Presserecht, § 4 LPG Rn 97; Hahn/Vesting/*Flechsig*, § 9a RStV Rn 25; Spindler/Schuster/*Holznagel*/*Krone*, Medien, § 9a RStV Rn 38).

Unter die **Geheimhaltungsvorschriften** im Sinne von Nr. 2 fallen vor allem die Staats- und Dienstgeheimnisse schützenden Normen (zB §§ 93 ff, 203, 353b StGB, 174 Abs. 2 GVG, 43 DRiG, die Vorschriften der Geschäftsordnung des Deutschen Bundestags; weitere bei Spindler/Schuster/*Holznagel*/*Krone*, Medien, § 9a RStV Rn 40). Nur solche Vorschriften sind von Nr. 2 umfasst, die öffentliche Geheimnisse schützen sollen und zumindest auch die auskunftsverpflichtete Behörde zum Adressaten haben (OVG Hamburg ZUM 2011, 91). Auch § 30 der Abgabenordnung fällt nach hM hierunter (etwa OLG Hamm NJW 1981, 356; VG Saarlouis NJW 2003, 3431 (3433)), nicht hingegen § 85 Abs. 1 GmbHG (OVG Hamburg ZUM 2011, 91). Die Behandlung einer Angelegenheit in einer Sitzung, die rechtlich (etwa in der Gemeindeordnung) als nicht-öffentliche Sitzung vorgesehen ist, stellt hingegen nur ein Indiz dafür dar, dass die Angelegenheit der Geheimhaltung unterliegt (VGH München NJW 2004, 3359). Nach der Begründung zu § 9a RStV sind den Vorschriften über die Geheimhaltung auch die im Dienstrecht enthaltenen Bestimmungen über **Amts- oder Dienstverschwiegenheit** und die **ärztliche Schweigepflicht** hinzuzurechnen. 13

Verweigerungsrechte bestehen auch dann, wenn ein **überwiegendes öffentliches oder schutzwürdiges privates Interesse** verletzt würde (vgl zur Kritik an der generalklauselartigen Formulierung *Löffler*/*Ricker*, Handbuch des Presserechts, 20. Kap. Rn 9). Ein überwiegendes öffentliches Interesse kann etwa bei außen-, aber auch bei innenpolitischen Bezügen bestehen (Löffler/*Burkhardt*, Presserecht, § 4 LPG Rn 108 ff mwN). Das allgemeine Persönlichkeitsrecht und das Datenschutzrecht können überwiegende private Interessen begründen (vgl auch § 201 ff StGB). Bei Personalentscheidungen unterliegt die Benennung der Zahl von Neueinstellungen sowie der besetzten Funktionen keinerlei Geheimhaltungsvorschriften. Konkrete, auf einzelne Auswahlentscheidungen bezogene Begründungen können allerdings der Verschwiegenheitspflicht unterliegen (VGH München NJW 2004, 3358 (3359)). Rechte der Aufsichtsratsmitglieder einer von der öffentlichen Hand beherrschten Aktiengesellschaft stehen nicht einer Offenlegung von Sitzungsgeldern entgegen (BGH NJW 2005, 1720). 14

Einige Landespressegesetze und § 9a RStV normieren noch ein Verweigerungerecht, wenn der Umfang der Auskunft das **zumutbare Maß** überschreitet. Laut Begründung zu § 9a RStV dient dies allein der Vorbeugung von Missbräuchen (vgl auch Löffler/*Burkhardt*, Presserecht, § 4 LPG Rn 120 mwN; *Soehring*, Presserecht, § 4 Rn 39). Dies betrifft vor allem den Aufwand, der mit der Auskunftserteilung verbunden wäre (Hahn/Vesting/*Flechsig*, § 9a RStV Rn 29). Die Auskunft darf nicht generell, sondern nur in dem Umfang, in dem sie das Zumutbare überschreitet, verweigert werden (*Löffler*/Ricker, Handbuch des Presserechts, 20. Kap. Rn 13; *Soehring*; Presserecht, § 4 Rn 39). 15

E. Unzulässigkeit von Auskunftsverboten

Allgemeine Anordnungen, die einer Behörde Auskünfte an die Medien verbieten, sind unzulässig. Die Begründung zu § 9a RStV spricht von einer „wesentlichen Grundlage der uneingeschränkten Wahrnehmung der dem Rundfunk zufallenden öffentlichen Aufgabe". Neben Auskunftsverboten (auch bezogen auf einzelne Presseerzeugnisse, Rundfunkveranstalter etc.) sind auch Weisungen unzulässig, die der Verzögerung oder sonstigen Verhinderung dienen (Hahn/Vesting/*Flechsig*, § 9a RStV Rn 33). Zu zeitlich begrenzten Nachrichtensperren, etwa in Entführungsfällen, vgl Löffler/*Burkhardt*, Presserecht, § 4 LPG Rn 124 ff. 16

F. Gleichbehandlungsanspruch

Der **Gleichbehandlungsanspruch** in § 4 Abs. 4 HmbPresseG und § 9a Abs. 3 RStV betrifft die Informationstätigkeit, die die Behörden von sich aus entfalten. Berechtigt sind Verleger periodischer Druckwerke (vgl 71. Abschnitt Rn 14). Gegenstand ist die Weitergabe amtlicher Bekanntmachungen. Erfasst werden nur die amtlichen Bekanntmachungen im engeren Sinne und nicht jegliche amtliche Verlaut- 17 barung (s. die Begründung zu § 9a RStV). Der Gleichbehandlungsgrundsatz gilt nicht nur in zeitlicher Hinsicht, sondern bezieht sich auch auf Inhalt und Umfang der Informationen.

18 Vgl allgemein zum Gleichbehandlungsanspruch bei behördlicher Informationstätigkeit (etwa beim Zugang zu Pressekonferenzen) *Löffler/Ricker*, Handbuch des Presserechts, 21. Kap. Rn 1 ff; Löffler/*Burkhardt*, Presserecht, § 4 LPG Rn 127 ff sowie zu **sonstigen Informationsrechten** Hahn/Vesting/*Flechsig*, § 9a Rn 35 ff.

G. Durchsetzbarkeit

19 Der Auskunftsanspruch ist auf dem **Verwaltungsrechtsweg** gerichtlich durchsetzbar (BVerwG AfP 1975, 763; NJW 1992, 1339). Dies gilt auch für Auskunftsansprüche gegenüber einer von der öffentlichen Hand beherrschten juristischen Person des Privatrechts (OVG Saarlouis AfP 1998, 426; VG Arnsberg Urt. v. 30.1.2009 – 12 K 1088/08 unter Verweis auf BVerwG NJW 2007, 2275; aA VG Hannover Beschl. v. 5.6.2003 – 6 A 4856/02; VG Hamburg AfP 2009, 296 unter Verweis auf BGH NJW 2000, 1042). Die Auskunft bzw deren Verweigerung ist kein Verwaltungsakt, sondern ein **Realakt.** Klageart ist daher die allgemeine Leistungsklage (VGH Mannheim NJW 1979, 2117; OVG Münster NJW 1995, 2696; vgl aber auch BVerwG NJW 1969, 1131 (1132)). Einstweiliger Rechtsschutz ist nach hM zur Gewährung effektiven Rechtsschutzes nicht deshalb ausgeschlossen, weil mit Auskunftserteilung die (teilweise) Vorwegnahme der Hauptsache verbunden sein kann (etwa VGH München NJW 2004, 3358; VG Cottbus AfP 2008, 114; VG Potsdam Beschl. v. 21.7.2009 – 12 L 306/09; *Löffler/Ricker*, Handbuch des Presserechts, 22. Kap. Rn 5; *Soehring*, Presserecht, § 4 Rn 77; *Wente*, Recherche, S. 276; aA VG Arnsberg NVwZ-RR 2009, 702). Umstritten ist, inwieweit **Auskunftsansprüche gegen Justizbehörden** (Gerichte und Staatsanwaltschaften) Justizverwaltungsakte im Sinne des § 23 EGGVG darstellen mit der Folge, dass nicht die Verwaltungsgerichte, sondern die ordentlichen Gerichte zuständig seien. Laut BVerwG NJW 1989, 412, handelt es sich bei der Erfüllung von Informationsansprüchen der Presse aufgrund gesetzlicher Vorschriften um eine nach öffentlichem Recht zu beurteilende schlicht verwaltende Tätigkeit der Staatsanwaltschaft. Die Voraussetzungen des § 23 EGGVG seien nicht erfüllt, so dass der Verwaltungsrechtsweg eröffnet sei. Der Entscheidung lag eine Klage auf Widerruf einer von der Staatsanwaltschaft abgegebenen Presseerklärung zugrunde, die nach einem abgeschlossenen (eingestellten) Verfahren erfolgt war. Bei Auskünften über laufende Ermittlungsverfahren bejaht die hM hingegen wegen der engen Verknüpfung mit der Verfahrensdurchführung die Anwendbarkeit des § 23 EGGVG (etwa OLG Stuttgart NJW 2001, 3797; OLG Hamm NStZ 1995, 412; OLG Karlsruhe NJW 1995, 899).

75. Abschnitt: Berichterstattungsrechte

§ 4 RStV Übertragung von Großereignissen

(1) [1]Die Ausstrahlung im Fernsehen von Ereignissen von erheblicher gesellschaftlicher Bedeutung (Großereignisse) in der Bundesrepublik Deutschland verschlüsselt und gegen besonderes Entgelt ist nur zulässig, wenn der Fernsehveranstalter selbst oder ein Dritter zu angemessenen Bedingungen ermöglicht, dass das Ereignis zumindest in einem frei empfangbaren und allgemein zugänglichen Fernsehprogramm in der Bundesrepublik Deutschland zeitgleich oder, sofern wegen parallel laufender Einzelereignisse nicht möglich, geringfügig zeitversetzt ausgestrahlt werden kann. [2]Besteht keine Einigkeit über die Angemessenheit der Bedingungen, sollen die Parteien rechtzeitig vor dem Ereignis ein schiedsrichterliches Verfahren nach §§ 1025 ff. der Zivilprozessordnung vereinbaren; kommt die Vereinbarung eines schiedsrichterliches Verfahrens aus Gründen, die der Fernsehveranstalter oder der Dritte zu vertreten haben, nicht zustande, gilt die Übertragung nach Satz 1 als nicht zu angemessenen Bedingungen ermöglicht. [3]Als allgemein zugängliches Fernsehprogramm gilt nur ein Programm, das in mehr als zwei Drittel der Haushalte tatsächlich empfangbar ist.

(2) [1]Großereignisse im Sinne dieser Bestimmung sind:

1. Olympische Sommer- und Winterspiele,
2. bei Fußball-Europa- und -Weltmeisterschaften alle Spiele mit deutscher Beteiligung sowie unabhängig von einer deutschen Beteiligung das Eröffnungsspiel, die Halbfinalspiele und das Endspiel,
3. die Halbfinalspiele und das Endspiel um den Vereinspokal des Deutschen Fußball-Bundes,
4. Heim- und Auswärtsspiele der deutschen Fußballnationalmannschaft,
5. Endspiele der europäischen Vereinsmeisterschaften im Fußball (Champions League, UEFA-Cup) bei deutscher Beteiligung.

[2]Bei Großereignissen, die aus mehreren Einzelereignissen bestehen, gilt jedes Einzelereignis als Großereignis. [3]Die Aufnahme oder Herausnahme von Ereignissen in diese Bestimmung ist nur durch Staatsvertrag aller Länder zulässig.

(3) [1]Teilt ein Mitgliedstaat der Europäischen Union seine Bestimmungen über die Ausstrahlung von Großereignissen nach Artikel 3a der Richtlinie 89/552/EWG des Rates zur Koodinierung bestimmter Rechts- und Verwaltungsvorschriften der Mitgliedstaaten über die Ausübung der Fernsehtätigkeit in der Fassung der Richtlinie 97/36/EG des Europäischen Parlaments und des Rates der Europäischen Kommission mit und erhebt die Kommission nicht binnen drei Monaten seit der Mitteilung Einwände und werden die Bestimmungen des betreffenden Mitgliedstaates im Amtsblatt der Europäischen Gemeinschaften veröffentlicht, ist die Ausstrahlung von Großereignissen verschlüsselt und gegen Entgelt für diesen Mitgliedstaat nur zulässig, wenn der Fernsehveranstalter nach den im Amtsblatt veröffentlichten Bestimmungen des betreffenden Mitgliedstaates eine Übertragung in einem frei zugänglichen Programm ermöglicht. [2]Satz 1 gilt nicht für die Übertragung von Großereignissen für andere Mitgliedstaaten, an denen Fernsehveranstalter vor dem 30. Juli 1997 Rechte zur ausschließlichen verschlüsselten Übertragung gegen Entgelt für diesen Mitgliedstaat erworben haben.

(4) [1]Sind Bestimmungen eines Staates, der das Europäische Übereinkommen über das grenzüberschreitende Fernsehen in der Fassung des Änderungsprotokolls vom 9. September 1998 ratifiziert hat, nach dem Verfahren nach Artikel 9a Abs. 3 des Übereinkommens veröffentlicht, so gilt diese Regelung für Veranstalter in der Bundesrepublik Deutschland nach Maßgabe des Satzes 4, es sei denn, die Ministerpräsidenten der Länder versagen der Regelung innerhalb einer Frist von sechs Monaten durch einstimmigen Beschluss die Anerkennung. [2]Die Anerkennung kann nur versagt werden, wenn die Bestimmungen des betreffenden Staates gegen das Grundgesetz oder die Europäische Konvention zum Schutze der Menschenrechte und Grundfreiheiten verstoßen. [3]Die für Veranstalter in der Bundesrepublik Deutschland nach dem vorbezeichneten Verfahren geltenden Bestimmungen sind in den amtlichen Veröffentlichungsblättern der Länder bekannt zu machen. [4]Mit dem Tag der letzten Bekanntmachung in den Veröffentlichungsblättern der Länder ist die Ausstrahlung von Großereignissen verschlüsselt und gegen Entgelt für diesen betreffenden Staat nur zulässig, wenn der Fernsehveranstalter nach den veröffentlichten Bestimmungen des betreffenden Staates eine Übertragung dort in einem frei zugänglichen Programm ermöglicht.

(5) [1]Verstößt ein Veranstalter gegen die Bestimmungen der Absätze 3 und 4, so kann die Zulassung widerrufen werden. [2]Statt des Widerrufs kann die Zulassung mit Nebenbestimmungen versehen werden, soweit dies ausreicht, den Verstoß zu beseitigen.

A. Allgemeines

1 Die Norm setzt **Art. 14 der Richtlinie über audiovisuelle Mediendienste** um (Richtlinie 2010/13/EU). Art. 14 der Richtlinie über audiovisuelle Mediendienste stellt den Mitgliedstaaten die Aufstellung der Liste frei empfangbarer Ereignisse frei (vgl hierzu EuG Urt. v. 17.2.2011, Rs. T-385/07, T-55/08 und T-68/08, FIFA und UEFA/Kommission). Soweit ein Staat jedoch von der Möglichkeit Gebrauch macht, muss er die Verfahrensregeln des Art. 14 beachten. Die sog. Schutzklausel des Art. 14 Abs. 3 verpflichtet außerdem die Mitgliedstaaten sicherzustellen, dass die ihrer Rechtshoheit unterworfenen Fernsehveranstalter Listen anderer Mitgliedstaaten nicht unterlaufen.

2 Die Norm berührt die **Rundfunkfreiheit** (Art. 5 Abs. 1 Satz 2 GG) der PayTV-Veranstalter. Normen, die kommunikativen Interessen dienen und die die unterschiedlichen von Art. 5 Abs. 1 Satz 2 GG geschützten Kommunikationsinteressen einander optimierend zuordnen, stellen keine Eingriffe in die Rundfunkfreiheit, sondern Ausgestaltungsgesetze dar (AK-GG/*Hoffmann-Riem*, Art. 5 Abs. 1, 2 GG Rn 158). Die freie Empfangbarkeit bestimmter Großereignisse dient dazu zu verhindern, dass für die Meinungsbildung bedeutsame Ereignisse nur den Kunden von PayTV zugänglich sind. § 4 RStV ist daher als Ausgestaltungsgesetz anzusehen (Spindler/Schuster/*Holznagel/Krone*, Medien, § 4 RStV Rn 9; aA Hahn/Vesting/*Altes*, § 4 RStV Rn 39 ff; *Hartstein/Ring/Kreile/Dörr/Stettner*, § 4 RStV Rn 5). Bei Ausgestaltungsgesetzen verfügt der Gesetzgeber über einen Beurteilungs- und Handlungsspielraum. Art. 5 Abs. 1 Satz 2 GG verdrängt als das speziellere Grundrecht Art. 12 und 14 GG. Jedoch können sich die Sportveranstalter und Rechtehändler auf Art. 12 GG berufen, sofern der Norm eine berufsregelnde Tendenz entnommen werden kann (vgl näher hierzu Hahn/Vesting/*Altes*, § 4 RStV Rn 53).

B. Adressaten

3 § 4 Abs. 1 RStV unterwirft die Ausstrahlung von Großereignissen bestimmten Vorgaben. Die Ausstrahlung in einem frei empfangbaren Programm ist dem Wortlaut der Norm nach durch den **Fernsehveranstalter**, der Großereignisse verschlüsselt und gegen besonderes Entgelt ausstrahlt, oder durch einen **Dritten** zu ermöglichen. Als möglichen „Dritten" nennt die amtliche Begründung die Rechteinhaber.

4 **Die Verschlüsselung und das Verlangen eines besonderen Entgelts** müssen dem Wortlaut nach kumulativ vorliegen. Ein „besonderes" Entgelt liegt vor, wenn es für den Empfang einzelner Programme oder Programmpakete gefordert wird. Ein generelles Empfangsentgelt (wie etwa das Entgelt für einen Kabelanschluss) fällt nicht hierunter; dies gilt auch dann, wenn es mit einer sog. „Grundverschlüsselung" des gesamten Angebots verbunden ist (Spindler/Schuster/*Holznagel/Krone*, Medien, § 4 RStV Rn 13; offen gelassen von Hahn/Vesting/*Altes* § 4 RStV Rn 99).

C. Großereignisse

Abs. 2 Satz 1 enthält den **Katalog der Großereignisse**, die Gegenstand der Norm sind. Dieser Katalog ist abschließend. Die Aufnahme oder Herausnahme von Ereignissen ist laut Abs. 2 Satz 3 nur durch Staatsvertrag aller Länder zulässig. 5

Nach Abs. 2 Satz 2 gilt bei Großereignissen, die aus **mehreren Einzelereignissen** bestehen, jedes Einzelereignis als Großereignis. 6

D. Ermöglichung der Ausstrahlung in frei empfangbaren und allgemein zugänglichen Fernsehprogrammen

Laut Abs. 1 Satz 3 gilt nur ein Programm als **allgemein zugängliches Fernsehprogramm**, das in mehr als zwei Dritteln der Haushalte tatsächlich empfangbar ist. Vgl zu dieser Schwelle *Hesse*, ZUM 2000, 183. Einen Überblick über die Regelungen in ausgewählten anderen Mitgliedstaaten, die zum Teil höhere Werte ansetzen, gibt Hahn/Vesting/*Altes*, § 4 RStV Rn 156 ff. 7

E. Ermöglichung zu angemessenen Bedingungen

Die Adressaten haben es zu **angemessenen Bedingungen** zu ermöglichen, dass die Großereignisse zumindest in einem frei empfangbaren und allgemein zugänglichen Fernsehprogramm ausgestrahlt werden. Laut amtlicher Begründung darf der Preis „nicht überhöht, das heißt unverhältnismäßig hoch sein". Vgl zur Frage, inwieweit marktübliche Preise als angemessen gelten können, und zu Problemen bei grenzüberschreitenden Konstellationen Hahn/Vesting/*Altes,* § 4 RStV Rn 101 ff und Spindler/Schuster/*Holznagel*/*Krone,* Medien, § 4 RStV Rn 21. 8

Besteht keine Einigkeit über die Angemessenheit der Bedingungen, sollen die Parteien rechtzeitig vor dem Ereignis ein **schiedsrichterliches Verfahren** nach §§ 1025 ff ZPO vereinbaren; kommt die Vereinbarung eines schiedsrichterlichen Verfahrens aus Gründen, die der Fernsehveranstalter oder der Dritte zu vertreten hat, nicht zustande, gilt die Übertragung nach Satz 1 als nicht zu angemessenen Bedingungen ermöglicht. 9

Den Anforderungen des Absatz 1 ist Genüge getan, wenn es **einem Veranstalter** eines frei empfangbaren und allgemein zugänglichen Fernsehprogramms ermöglicht wird, die Großereignisse auszustrahlen. Eine Verpflichtung, die Rechte allen oder auch nur mehreren FreeTV-Veranstaltern offen, zeitgleich und zu nichtdiskriminierenden Bedingungen anzubieten, folgt aus § 4 RStV nicht (so wohl auch Hahn/Vesting/*Altes*, § 4 RStV Rn 104). Ob es sich bei dem FreeTV-Veranstalter um einen öffentlich-rechtlichen oder einen privaten handelt, ist für § 4 RStV unerheblich (vgl zum Problem, dass der FreeTV-Sender zur Sendefamilie des PayTV-Anbieters gehört und von seinem Recht zur Ausstrahlung keinen Gebrauch macht Hahn/Vesting/*Altes*, § 4 RStV Rn 111). 10

F. Grundsatz der Ermöglichung der zeitgleichen Ausstrahlung

Die Adressaten haben es zu ermöglichen, dass das jeweilige Großereignis im FreeTV **zeitgleich** oder, sofern wegen parallel laufender Einzelereignisse nicht möglich, geringfügig zeitversetzt ausgestrahlt werden kann. 11

G. Gegenseitige Anerkennung, Abs. 3

Absatz 3 setzte Art. 3a Abs. 3 der ehemaligen Fernsehrichtlinie um. Nun ist die Regelung Gegenstand von **Art. 14 Abs. 3 der Richtlinie über audiovisuelle Mediendienste**. Sie lautet: „Die Mitgliedstaaten stellen im Rahmen des innerstaatlichen Rechts durch geeignete Maßnahmen sicher, dass die ihrer Rechtshoheit unterworfenen Fernsehveranstalter die von ihnen nach dem 18. Dezember 2007 erworbenen ausschließlichen Rechte nicht in der Weise ausüben, dass einem bedeutenden Teil der Öffentlichkeit in einem anderen Mitgliedstaat die Möglichkeit vorenthalten wird, die von diesem anderen Mitgliedstaat gem. den Absätzen 1 und 2 bezeichneten Ereignisse als direkte Gesamt- oder Teilberichterstattung oder, sofern im öffentlichen Interesse aus objektiven Gründen erforderlich oder angemessen, als zeitversetzte Gesamt- oder Teilberichterstattung in einer frei zugänglichen Fernsehsendung 12 zu verfolgen, wie dies von dem anderen Mitgliedstaat gemäß Absatz 1 festgelegt worden ist." Dies zielt auf die **gegenseitige Anerkennung** der Listen in den Mitgliedstaaten.

13 Absatz 3 greift nur, wenn die entsprechenden Bestimmungen des Mitgliedstaates das **Verfahren nach Art. 14 Abs. 2 der Richtlinie über audiovisuelle Mediendienste** durchlaufen haben. Dort ist geregelt, dass die Mitgliedstaaten der Kommission unverzüglich alle Maßnahmen in Bezug auf die freie Ausstrahlung von Großereignissen mitteilen. Die Kommission prüft binnen drei Monaten nach der Mitteilung, ob die Maßnahmen mit dem Gemeinschaftsrecht vereinbar sind, und teilt sie den anderen Mitgliedstaaten mit. Sie veröffentlicht die getroffenen Maßnahmen unverzüglich im Amtsblatt der Europäischen Gemeinschaften; mindestens einmal jährlich veröffentlicht sie eine konsolidierte Liste der von den Mitgliedstaaten getroffenen Maßnahmen. Vgl zu den Grundsätzen der Überprüfung durch die Kommission Hahn/Vesting/*Altes*, § 4 RStV Rn 120.

H. Anerkennung nach dem Fernsehübereinkommen, Abs. 4

14 Das Änderungsprotokoll zu dem **Europäischen Übereinkommen des Europarats über das grenzüberschreitende Fernsehen** dient dem Zweck, die Regelungen des Übereinkommens an die der geänderten Fernsehrichtlinie anzupassen. Art. 9a des Übereinkommens hat den Zugang zu Großereignissen zum Gegenstand („access of the public to events of major importance"). Das Protokoll ist am 1.3.2002 in Kraft getreten. Dem Übereinkommen sind auch Staaten beigetreten, die nicht Mitglied der Europäischen Union sind.

I. Durchsetzung

15 Nach § 49 Abs. 1 Satz 1 Nr. 1 RStV handelt **ordnungswidrig**, wer als Veranstalter von bundesweit verbreitetem privaten Rundfunk vorsätzlich oder fahrlässig Großereignisse entgegen § 4 Abs. 1 oder 3 verschlüsselt und gegen besonderes Entgelt ausstrahlt.

16 Absatz 5 enthält eine **Sonderregel** für Verstöße gegen die Bestimmungen der Absätze 3 und 4: Die Norm sieht vor, dass die Zulassung widerrufen werden kann. Statt des Widerrufs kann die Zulassung mit Nebenbestimmungen versehen werden, soweit dies ausreicht, den Verstoß zu beseitigen.

§ 5 RStV Kurzberichterstattung

(1) [1]Das Recht auf unentgeltliche Kurzberichterstattung über Veranstaltungen und Ereignisse, die öffentlich zugänglich und von allgemeinem Informationsinteresse sind, steht jedem in Europa zugelassenen Fernsehveranstalter zu eigenen Sendezwecken zu. [2]Dieses Recht schließt die Befugnis zum Zugang, zur kurzzeitigen Direktübertragung, zur Aufzeichnung, zu deren Auswertung zu einem einzigen Beitrag und zur Weitergabe unter den Voraussetzungen der Absätze 2 bis 12 ein.

(2) Anderweitige gesetzliche Bestimmungen, insbesondere solche des Urheberrechts und des Persönlichkeitsschutzes, bleiben unberührt.

(3) Auf die Kirchen und auf andere Religionsgemeinschaften sowie deren Einrichtungen mit entsprechender Aufgabenstellung findet Absatz 1 keine Anwendung.

(4) [1]Die unentgeltliche Kurzberichterstattung ist auf eine dem Anlaß entsprechende nachrichtenmäßige Kurzberichterstattung beschränkt. [2]Die zulässige Dauer bemißt sich nach der Länge der Zeit, die notwendig ist, um den nachrichtenmäßigen Informationsgehalt der Veranstaltung oder des Ereignisses zu vermitteln. [3]Bei kurzfristig und regelmäßig wiederkehrenden Veranstaltungen vergleichbarer Art beträgt die Obergrenze der Dauer in der Regel eineinhalb Minuten. [4]Werden Kurzberichte über Veranstaltungen vergleichbarer Art zusammengefaßt, muß auch in dieser Zusammenfassung der nachrichtenmäßige Charakter gewahrt bleiben.

(5) [1]Das Recht auf Kurzberichterstattung muß so ausgeübt werden, daß vermeidbare Störungen der Veranstaltung oder des Ereignisses unterbleiben. [2]Der Veranstalter kann die Übertragung oder die Aufzeichnung einschränken oder ausschließen, wenn anzunehmen ist, daß sonst die Durchführung der Veranstaltung in frage gestellt oder das sittliche Empfinden der Veranstaltungsteilnehmer gröblich verletzt würden. [3]Das Recht auf Kurzberichterstattung ist ausgeschlossen, wenn Gründe der öffentlichen Sicherheit und Ordnung entgegenstehen und diese das öffentliche Interesse an der Information

überwiegen. [4]Unberührt bleibt im übrigen das Recht des Veranstalters, die Übertragung oder die Aufzeichnung der Veranstaltung insgesamt auszuschließen.

(6) Für die Ausübung des Rechts auf Kurzberichterstattung kann der Veranstalter das allgemein vorgesehene Eintrittsgeld verlangen; im übrigen ist ihm Ersatz seiner notwendigen Aufwendungen zu leisten, die durch die Ausübung des Rechts entstehen.

(7) [1]Für die Ausübung des Rechts auf Kurzberichterstattung über berufsmäßig durchgeführte Veranstaltungen kann der Veranstalter ein dem Charakter der Kurzberichterstattung entsprechendes billiges Entgelt verlangen. [2]Wird über die Höhe des Entgelts keine Einigkeit erzielt, soll ein schiedsrichterliches Verfahren nach §§ 1025 ff. der Zivilprozessordnung vereinbart werden. [3]Das Fehlen einer Vereinbarung über die Höhe des Entgelts oder über die Durchführung eines schiedsrichterlichen Verfahrens steht der Ausübung des Rechts auf Kurzberichterstattung nicht entgegen; dasselbe gilt für einen bereits anhängigen Rechtsstreit über die Höhe des Entgelts.

(8) [1]Die Ausübung des Rechts auf Kurzberichterstattung setzt eine Anmeldung des Fernsehveranstalters bis spätestens zehn Tage vor Beginn der Veranstaltung beim Veranstalter voraus. [2]Dieser hat spätestens fünf Tage vor dem Beginn der Veranstaltung den anmeldenden Fernsehveranstaltern mitzuteilen, ob genügend räumliche und technische Möglichkeiten für eine Übertragung oder Aufzeichnung bestehen. [3]Bei kurzfristigen Veranstaltungen und bei Ereignissen haben die Anmeldungen zum frühestmöglichen Zeitpunkt zu erfolgen.

(9) [1]Reichen die räumlichen und technischen Gegebenheiten für eine Berücksichtigung aller Anmeldungen nicht aus, haben zunächst die Fernsehveranstalter Vorrang, die vertragliche Vereinbarungen mit dem Veranstalter oder dem Träger des Ereignisses geschlossen haben. [2]Darüber hinaus steht dem Veranstalter oder dem Träger des Ereignisses ein Auswahlrecht zu. [3]Dabei sind zunächst solche Fernsehveranstalter zu berücksichtigen, die eine umfassende Versorgung des Landes sicherstellen, in dem die Veranstaltung oder das Ereignis stattfindet.

(10) Fernsehveranstalter, die die Kurzberichterstattung wahrnehmen, sind verpflichtet, das Signal und die Aufzeichnung unmittelbar denjenigen Fernsehveranstaltern gegen Ersatz der angemessenen Aufwendungen zur Verfügung zu stellen, die nicht zugelassen werden konnten.

(11) Trifft der Veranstalter oder der Träger eines Ereignisses eine vertragliche Vereinbarung mit einem Fernsehveranstalter über eine Berichterstattung, hat er dafür Sorge zu tragen, daß mindestens ein anderer Fernsehveranstalter eine Kurzberichterstattung wahrnehmen kann.

(12) [1]Die für die Kurzberichterstattung nicht verwerteten Teile sind spätestens drei Monate nach Beendigung der Veranstaltung oder des Ereignisses zu vernichten; die Vernichtung ist dem betreffenden Veranstalter oder Träger des Ereignisses schriftlich mitzuteilen. [2]Die Frist wird durch die Ausübung berechtigter Interessen Dritter unterbrochen.

A. Allgemeines

Die Regelungen greifen in die **Berufsfreiheit** (Art. 12 Abs. 1 GG) der Ereignisveranstalter ein; eine berufsregelnde Tendenz ist zu bejahen. Allerdings ist der Eingriff gerechtfertigt, da den Regelungen, die die Berufsausübung betreffen, vernünftige Gemeinwohlerwägungen zugrunde liegen und das Recht auf Kurzberichterstattung nicht unentgeltlich gewährt wird (vgl zu entsprechenden Regelungen im WDR-Gesetz und dem Rundfunkgesetz Nordrhein-Westfalen BVerfGE 97, 228, 252 ff; zu Art. 13 GG und zum APR vgl aaO 265 ff). Sämtliche Fernsehveranstalter sollen in die Lage versetzt werden, eigenständig zumindest nachrichtenförmig über frei zugängliche Ereignisse und Veranstaltungen von allgemeinem Informationsinteresse zu berichten. Damit werden zugleich die Voraussetzungen dafür geschaffen, dass die im Fernsehen übermittelten Informationen nicht aus einer einzigen Quelle stammen, sondern unterschiedlicher Herkunft sind, und damit in Bezug auf ein und denselben Gegenstand verschiedene Blickwinkel, Wahrnehmungen und Deutungen zur Geltung kommen können. Zur Information im Sinn des **klassischen Rundfunkauftrags**, der im Rundfunksystem insgesamt erfüllt werden muss, gehört die gegenständlich uneingeschränkte Information über alle Lebensbereiche unter Zugrundelegung publizistischer Kriterien. Dazu zählen gerade auch Berichte über herausragende Sportveranstaltungen, die im Zentrum der Auseinandersetzung um das Kurzberichterstattungsrecht stehen. Eine Monopolisierung der Berichterstattung über Gegenstände von allgemeiner Bedeutung oder allgemeinem Interesse bei einem einzelnen Rundfunkveranstalter würde dieses Ziel gefährden. Das hat 17 seinen Grund nicht allein darin, dass auf diese Weise Missbrauchsmöglichkeiten eröffnet werden, die sich gesetzlich nur schwer eindämmen lassen. Vielmehr sind Monopole im Informationssektor auch deswegen der freien Meinungsbildung abträglich, weil sie uniforme Informationen begünstigen. Dagegen ist die Freiheitsgarantie in Art. 5 Abs. 1 Satz 2 GG auf **plurale Informationsvermittlung** gerichtet, weil medial vermittelte Information nicht lediglich Abbild der Wirklichkeit, sondern stets Ergebnis eines Auswahl-, Deutungs- und Aufbereitungsprozesses ist, das nur durch konkurrierende Auswahl-, Deutungs- und Aufbereitungsmuster relativiert werden kann.

18 Die Bestimmungen zum Kurzberichterstattungsrecht stellen auch eine verfassungsmäßige **Ausgestaltung der Rundfunkfreiheit** (Art. 5 Abs. 1 Satz 2 GG) dar (vgl BVerfGE 97, 228, 266 ff, *Jarass*, AfP 1993, 455 f). Sie ermöglichen allen Fernsehveranstaltern eine nachrichtenmäßige Berichterstattung über die in der Norm bezeichneten Gegenstände, ohne die von Art. 5 Abs. 1 Satz 2 GG geschützten Interessen der Erwerber vertraglicher Übertragungsrechte in verfassungswidriger Weise zu verkennen. Die Programmfreiheit als Kern der Rundfunkfreiheit (vgl BVerfGE 59, 231 (258); 87, 181 (201)) ist durch die Regelung nicht berührt. Diese hindert die Erwerber der Übertragungsrechte nicht, ihre Rechte in der Art und dem Umfang, den sie für publizistisch wünschenswert halten, zu nutzen. Ein Recht, Programmkonkurrenz zu unterbinden, enthält Art. 5 Abs. 1 Satz 2 GG nicht (vgl BVerfGE 74, 297 (332 f)).

19 Auf **europäischer Ebene** enthält Art. 15 der Richtlinie über audiovisuelle Mediendienste Vorgaben zu Kurzberichterstattungsrechten. In der alten Fernsehrichtlinie war eine solche Regelung nicht enthalten. Vgl auch Art. 9 des Europäischen Übereinkommens über das grenzüberschreitende Fernsehen.

B. Anspruchsberechtigter

20 Anspruchsberechtigt ist jeder in Europa zugelassene **Fernsehveranstalter**. Die Zulassung richtet sich nach dem jeweiligen nationalen Recht. Hörfunkveranstalter sind nicht erfasst.

C. Anspruchsverpflichteter

21 Verpflichtet werden die **Veranstalter der Veranstaltungen und Ereignisse**. Dies ist bei Sportveranstaltungen in der Regel der jeweilige Verein, auch wenn die Vermarktung (auch) über die Verbände erfolgt.

D. Gegenstand der Kurzberichterstattung

22 Gegenstand sind **Veranstaltungen und Ereignisse**, die öffentlich zugänglich und von allgemeinem Informationsinteresse sind. Laut amtlicher Begründung fallen unter Veranstaltungen organisierte, vorher bestimmte Zusammenkünfte (etwa Sportveranstaltungen, Theaterpremieren, Ausstellungseröffnungen), während es sich bei Ereignissen um sonstige, insbesondere unvorhergesehene Geschehnisse (etwa Unglücks- oder Katastrophenfälle) handelt. Besteht eine Veranstaltung aus mehreren Handlungsabschnitten, kann jedem Abschnitt ein eigener Veranstaltungscharakter zukommen, der ein gesondertes Kurzberichterstattungsrecht auslöst. Indiz ist laut amtlicher Begründung, ob der Veranstalter ein gesondertes Eintrittsgeld vorgesehen hat (vgl Spindler/Schuster/*Holznagel/Krone*, Medien, § 5 RStV Rn 27).

23 **Öffentlich zugänglich** bedeutet, dass die Veranstaltung oder das Ereignis für die Allgemeinheit entweder physisch oder durch Medienöffentlichkeit zugänglich ist (Hahn/Vesting/*Michel/Brinkmann* § 5 RStV Rn 89); die Entscheidungsbefugnis hierüber liegt beim Veranstalter (*Hartstein/Ring/Kreile/Dörr/Stettner*, § 5 RStV Rn 33).

24 Der Begriff des **allgemeinen Informationsinteresses** ist weit zu verstehen. Die Tatsache, dass ein Fernsehveranstalter Exklusivrechte an einer Veranstaltung erworben hat, indiziert regelmäßig ein allgemeines Informationsinteresse (Erläuterndes Memorandum Ziff. 13 d zur Empfehlung Nr. R (91) 5 des Ministerkomitees vom 11. April 1991; die Empfehlung erfolgte im Anschluss an das Europäische Übereinkommen über das grenzüberschreitende Fernsehen vom 5. Mai 1989 (Europarat), das einen Prüfauftrag zur Einführung rechtlicher Maßnahmen zum Schutz des Zugangs der Öffentlichkeit zu besonderen Ereignissen enthielt).

E. Inhalt des Kurzberichterstattungsrechts

Das Kurzberichterstattungsrecht ist im Wesentlichen ein **Zugangsrecht** und überwindet damit ein auf das Hausrecht der Veranstalter gestütztes Ausschlussrecht. Anderweitige gesetzliche Bestimmungen, insbesondere solche des Urheberrechts und des Persönlichkeitsschutzes bleiben nach Absatz 2 unberührt. Bei Sportveranstaltungen besteht jedoch grundsätzlich kein urheberrechtlicher Schutz (vgl Schricker/Löwenheim/*Vogel*, Urheberrecht, § 81 UrhG Rn 16). 25

Die Befugnis zum Zugang bezieht sich auf die **Bereiche der Veranstaltung**, die üblicherweise für eine angemessene Berichterstattung in Frage kommen, und berechtigt, die für die Berichterstattung vorgehaltenen technischen Einrichtungen zu nutzen (Hahn/Vesting/*Michel/Brinkmann* § 5 RStV Rn 91). Das Zugangsrecht umfasst auch die Zeit vor und nach der Veranstaltung, die notwendig ist, um eine nachrichtenmäßige Berichterstattung zu ermöglichen. 26

Das BVerfG geht von einem Vorrang der Rechteerwerber vor den Kurzberichterstattungsberechtigten aus, der aber nicht zum völligen Ausschluss der Kurzberichterstattung führen dürfe. Es erscheine eine verfassungskonforme Auslegung der Vorschriften zulässig und geboten, „derzufolge das Kurzberichterstattungsrecht nicht vor dem vertraglich begründeten Übertragungsrecht ausgeübt werden darf, wenn der Inhaber der vertraglichen Rechte eine **Karenzzeit** einzuhalten hat" (BVerfGE 97, 228, 262). In der Begründung zum 5. Rundfunkänderungsstaatsvertrag wird auf diese Ausführungen im Urteil verwiesen. Vgl auch die Entscheidung der Europäischen Kommission vom 19.4.2001, ABl. EG 2001, 171/12 (zu den Übertragungsregeln der UEFA). 27

F. Nachrichtenmäßige Kurzberichterstattung, Abs. 4

Nach Absatz 4 ist die unentgeltliche Kurzberichterstattung auf eine dem Anlass entsprechende **nachrichtenmäßige Kurzberichterstattung** beschränkt. Die Bindung an den Zweck erfolgt in § 5 RStV angelehnt an § 50 UrhG. Der nachrichtenmäßige Charakter ist nicht mehr gewahrt, wenn die Übertragung auf die Vermittlung des Unterhaltungswerts einer Veranstaltung abzielt (Hahn/Vesting/*Michel/Brinkmann* § 5 RStV Rn 104). Nicht ausgeschlossen ist, dass sich der Kurzbericht auf die Höhepunkte eines Veranstaltungsverlaufs konzentriert (aA *Lauktien*, Fernsehkurzberichterstattung, S. 136). 28

Die **zulässige Dauer** bemisst sich nach der Länge der Zeit, die notwendig ist, um den nachrichtenmäßigen Informationsgehalt der Veranstaltung oder des Ereignisses zu vermitteln. Bei kurzfristig und regelmäßig wiederkehrenden Veranstaltungen vergleichbarer Art beträgt die Obergrenze der Dauer in der Regel eineinhalb Minuten. In der amtlichen Begründung werden drei Minuten als Obergrenze genannt. Bei Ereignissen (etwa Unglücksfällen) kann auch bei einer längeren Berichterstattung der nachrichtenmäßige Charakter noch gewahrt sein (*Hartstein/Ring/Kreile/Dörr/Stettner*, § 5 RStV Rn 44; vgl zur Problematik der vollständigen Übertragung einzelner abgeschlossener Teile einer Gesamtveranstaltung (etwa eines Kurzwettkampfs wie beispielsweise eines 100-Meter-Laufs) Hahn/Vesting/*Michel/Brinkmann*, § 5 RStV Rn 109 f). 29

Werden Kurzberichte über Veranstaltungen vergleichbarer Art zusammengefasst, muss auch in dieser **Zusammenfassung** der nachrichtenmäßige Charakter gewahrt bleiben. Der nachrichtenmäßige Charakter der einzelnen Kurzbeiträge muss ebenfalls gewahrt bleiben (*Bork*, ZUM 1992, 511 (516); Spindler/Schuster/*Holznagel/Krone*, Medien, § 5 RStV Rn 41). 30

G. Verbot der Störung, Möglichkeiten des Ausschlusses, Abs. 5

Das Recht auf Kurzberichterstattung muss nach Absatz 5 so ausgeübt werden, dass **vermeidbare Störungen** der Veranstaltung oder des Ereignisses unterbleiben. 31

Der Veranstalter kann die Übertragung oder die Aufzeichnung einschränken oder **ausschließen**, wenn anzunehmen ist, dass sonst die Durchführung der Veranstaltung in Frage gestellt oder das sittliche Empfinden der Veranstaltungsteilnehmer gröblich verletzt würde. 32

Das Recht auf Kurzberichterstattung ist ausgeschlossen, wenn Gründe der **öffentlichen Sicherheit und Ordnung** entgegenstehen und diese das öffentliche Interesse an der Information überwiegen. 33

Das Kurzberichterstattungsrecht berührt nicht das Recht des Veranstalters, die Übertragung oder die Aufzeichnung der Veranstaltung **insgesamt auszuschließen**. 34

H. Eintrittsgeld, Aufwendungsersatz und Entgelt, Abs. 6 und 7

35 Laut Absatz 6 kann der Veranstalter für die Ausübung des Rechts auf Kurzberichterstattung das allgemein vorgesehene **Eintrittsgeld** verlangen; im Übrigen ist ihm **Ersatz seiner notwendigen Aufwendungen** zu leisten, die durch die Ausübung des Rechts entstehen. Dies umfasst etwa die Erstattung zusätzlicher Einrichtungskosten. Muss wegen einer Raumzuweisung für die Fernsehproduktion auf zahlende Zuschauer verzichtet werden, so ist für diesen Ausfall aufzukommen.

36 Für die Ausübung des Rechts auf Kurzberichterstattung über berufsmäßig durchgeführte Veranstaltungen kann der Veranstalter nach Absatz 7 ein dem Charakter der Kurzberichterstattung entsprechendes billiges **Entgelt** verlangen. Mit dieser mit dem 5. Rundfunkänderungsstaatsvertrag eingeführten Regelung reagierte der Gesetzgeber auf eine Entscheidung des BVerfG (BVerfGE 97, 228, 262 f). In der Begründung heißt es: „Bei der Bemessung des angemessenen Entgelts sind die vom Bundesverfassungsgericht festgelegten Maßstäbe zu berücksichtigen; insbesondere ist sicherzustellen, dass grundsätzlich allen Fernsehveranstaltern das Kurzberichtserstattungsrecht zugänglich bleibt." Vgl auch (in Bezug auf den Hörfunk, für den § 5 RStV nicht gilt) BGH NJW 2006, 377 (380)).

37 Auch wenn keine urheberrechtlich geschützten Werke oder Leistungen vorliegen, ist das Entgelt an denjenigen **Preisen** auszurichten, die als durchschnittlicher Rechtekostenanteil allgemeiner Nachrichtenmaterialien angesetzt werden, dh als Lizenzanteil der fremdproduzierten bzw von Dritten gelieferten Fernsehmaterialien (Filme, Fotos etc.) (Hahn/Vesting/*Michel/Brinkmann*, § 5 RStV Rn 116; für eine Anlehnung an die Marktpreise für die jeweilige Veranstaltung hingegen *Lenz*, NJW 1999, 757 (760); vgl auch *Hartstein/Ring/Kreile/Dörr/Stettner*, RStV, Bd. I, § 5, Rn 40, 56; Spindler/Schuster/*Holznagel/Krone*, Medien, § 5 RStV Rn 47).

38 Wird über die Höhe des Entgelts keine Einigkeit erzielt, soll ein **schiedsrichterliches Verfahren** nach §§ 1025 ff ZPO vereinbart werden. Das Fehlen einer Vereinbarung über die Höhe des Entgelts oder über die Durchführung eines schiedsrichterlichen Verfahrens steht der Ausübung des Rechts auf Kurzberichterstattung nicht entgegen; dasselbe gilt für einen bereits anhängigen Rechtsstreit über die Höhe des Entgelts. Laut der Begründung zum 5. Rundfunkänderungsstaatsvertrag soll bei Streitigkeiten über die Höhe des Entgeltes diese Frage erst im Anschluss an die Kurzberichterstattung geklärt werden. Damit werde dem Informationsinteresse der Bevölkerung Rechnung getragen.

I. Anmeldung, Abs. 8

39 Die Ausübung des Rechts auf Kurzberichterstattung setzt laut Absatz 8 eine **Anmeldung** des Fernsehveranstalters bis spätestens zehn Tage vor Beginn der Veranstaltung beim Veranstalter voraus. Dieser hat spätestens fünf Tage vor dem Beginn der Veranstaltung den anmeldenden Fernsehveranstaltern mitzuteilen, ob genügend räumliche und technische Möglichkeiten für eine Übertragung oder Aufzeichnung bestehen. Bei kurzfristigen Veranstaltungen und bei Ereignissen haben die Anmeldungen zum frühestmöglichen Zeitpunkt zu erfolgen.

J. Pflichten bei begrenzten räumlichen oder technischen Kapazitäten, Abs. 9 bis 11

40 Reichen die räumlichen und technischen Gegebenheiten für eine Berücksichtigung aller Anmeldungen nicht aus, haben nach Abs. 9 zunächst die Fernsehveranstalter **Vorrang**, die vertragliche Vereinbarungen mit dem Veranstalter oder dem Träger des Ereignisses geschlossen haben. Darüber hinaus steht dem Veranstalter oder dem Träger des Ereignisses ein Auswahlrecht zu. Dabei sind zunächst solche Fernsehveranstalter zu berücksichtigen, die eine umfassende Versorgung des Landes sicherstellen, in dem die Veranstaltung oder das Ereignis stattfindet.

41 Nach Absatz 10 sind Fernsehveranstalter, die die Kurzberichterstattung wahrnehmen, verpflichtet, das **Signal** und die Aufzeichnung unmittelbar denjenigen Fernsehveranstaltern gegen Ersatz der angemessenen Aufwendungen **zur Verfügung zu stellen**, die nicht zugelassen werden konnten. Die Verpflichtung beinhaltet eine gesetzliche Lizenz, soweit Urheber- und Leistungsschutzrechte des produzierenden Fernsehveranstalters betroffen sind (Hahn/Vesting/*Michel/Brinkmann*, § 5 RStV Rn 124).

42 Trifft der Veranstalter oder der Träger eines Ereignisses eine vertragliche Vereinbarung mit einem Fernsehveranstalter über eine Berichterstattung, hat er laut Abs. 11 dafür Sorge zu tragen, dass **mindestens ein anderer Fernsehveranstalter** eine Kurzberichterstattung wahrnehmen kann.

K. Vernichtung des Materials, Abs. 12

Die für die Kurzberichterstattung nicht verwerteten Teile sind nach Abs. 12 spätestens drei Monate nach Beendigung der Veranstaltung oder des Ereignisses zu **vernichten**; die Vernichtung ist dem betreffenden Veranstalter oder Träger des Ereignisses schriftlich mitzuteilen. Die Frist wird durch die Ausübung berechtigter Interessen Dritter unterbrochen. 43

Die Vorschrift ist **dispositiv** (Hahn/Vesting/*Michel/Brinkmann*, § 5 RStV Rn 126). 44

2. Kapitel: Medienaufsichtsrecht

Schrifttum: *Clausen-Muradian*, Zur Anwendung des Rechts der Ordnungswidrigkeiten als Instrument der Rundfunkaufsicht, ZUM 1997, 800 ff; *Cromme*, Die Programmüberwachung des Rundfunkrats, NJW 1985, 351, 358 ff; *Held/Sankol*, Staatsfreiheit der Aufsichtsgremien öffentlich-rechtlichen Rundfunks – Ein Überblick über Rechtsprechung und Literatur, in: Schulz (Hrsg.), Staatsferne der Aufsichtsgremien öffentlich-rechtlicher Rundfunkanstalten, 2002, 9 ff (zitiert: *Held/Sankol*, Staatsfreiheit); *Hahn/Vesting*, (Hrsg.), Beck'scher Kommentar zum Rundfunkrecht, 2. Aufl. 2007 (zitiert: Hahn/Vesting/*Bearbeiter*); *Hans-Bredow-Institut/Institut für Europäisches Medienrecht*, Endbericht, Studie über Co-Regulierungsmaßnahmen im Medienbereich, abrufbar unter: http://ec.europa.eu/av-policy/docs/library/studies/coregul/final_rep_de.pdf (zitiert: HBI/EMR, Co-Regulierung); *Hartstein/Ring/Kreile/Dörr/Stettner*, Rundfunkstaatsvertrag, Kommentar, Stand: 49. Lieferung, November 2010 (zitiert: *Hartstein/Ring/Kreile/Dörr/Stettner*); *Hesse*, Rundfunkrecht, 3. Aufl. 2003 (zitiert: *Hesse*, Rundfunkrecht); *Hoffmann-Riem*, Neukonstituierung der Rundfunkorgane bei der Novellierung des Rundfunkrechts, ZUM 1992, 271 ff; *Hoffmann-Riem*, Regulierung der dualen Rundfunkordnung, 2000 (zitiert: *Hoffman-Riem*, Duale Rundfunkordnung); *Löffler*, Presserecht, 5. Aufl. 2006 (zitiert: Löffler/*Bearbeiter*); *Löffler/Ricker*, Handbuch des Presserechts, 5. Aufl. 2005 (zitiert: *Löffler/Ricker*, Handbuch des Presserechts); *Lorenz*, Aufsicht über die Telemedien, Jur-PC Web-Dok. 171/2010, abrufbar unter: http://www.jurpc.de/aufsatz/20100171.htm; *Ricker*, Kriterien der Einspeisung von Rundfunkprogrammen bei Kapazitätsengpässen in Kabelanlagen, ZUM 1992, 521 ff; *Schulz*, Der Programmauftrag als Prozess seiner Begründung, 2008; abrufbar unter http://library.fes.de/pdf-files/stabsabteilung/05240.pdf; *Sieber/Liesching*, Die Verantwortlichkeit der Suchmaschinenbetreiber nach dem Telemediengesetz, MMR-Beilage 2007 (1).

76. Abschnitt: Aufsicht über Presse und Film

1 Ein elementarer Grundsatz aus Art. 5 Abs. 1 Satz 2 GG ist die **Staatsfreiheit** an die Allgemeinheit gerichteter Medien (vgl *Hesse*, Rundfunkrecht, 2. Kap. Rn 37 ff).

2 Die Presse und auch der Film unterliegen keiner speziellen staatlichen oder staatlich initiierten Aufsicht. Hier erfolgt die Aufsicht rein **selbstregulativ**. Im Mittelpunkt steht der Deutsche **Presserat**, der einen Pressekodex erlassen hat. Der Presserat wurde 1956 nach dem Vorbild des British Press Council zur Gewährleistung der Einhaltung berufsethischer und professioneller Standards gegründet. Er geht insbesondere Beschwerden nach. Die Aufgaben des Presserats erstrecken sich laut § 9 seiner Satzung auch auf „journalistisch-redaktionelle Telemedien der Presse sowie sonstige Telemedien mit journalistisch-redaktionellen Inhalten außerhalb des Rundfunks".

3 Der Grundsatz der Staatsfreiheit hat auch Auswirkungen auf das allgemeine Ordnungsrecht. Hierzu gehört die **Polizeifestigkeit der Presse** (vgl *Löffler/Ricker*, Handbuch des Presserechts, 10. Kap. Rn 4; Löffler/*Bullinger*, Presserecht, § 1 LPG Rn 138 und 193 jeweils mwN). Die öffentliche Verwaltung und insbesondere die Polizei darf nicht im Wege des allgemeinen Gefahrenabwehrrechts eine Inhaltskontrolle der Presse durchführen.

4 Sonderregeln für die Presse – und andere Medien – sind normiert, um die Erfüllung ihrer öffentlichen Aufgabe sicherzustellen. § 53 Abs. 1 Nr. 5 StPO enthält ein **Zeugnisverweigerungsrecht** für „Personen, die bei der Vorbereitung, Herstellung oder Verbreitung von Druckwerken, Rundfunksendungen, Filmberichten oder der Unterrichtung oder Meinungsbildung dienenden Informations- und Kommunikationsdiensten berufsmäßig mitwirken oder mitgewirkt haben". Diese Personen dürfen das Zeugnis verweigern über die Person des Verfassers oder Einsenders von Beiträgen und Unterlagen oder des sonstigen Informanten sowie über die ihnen im Hinblick auf ihre Tätigkeit gemachten Mitteilungen, über deren Inhalt sowie über den Inhalt selbst erarbeiteter Materialien und den Gegenstand berufsbezogener Wahrnehmungen. Dies gilt nur, soweit es sich um Beiträge, Unterlagen, Mitteilungen und Materialien für den redaktionellen Teil oder redaktionell aufbereitete Informations- und Kommunikationsdienste handelt. §§ 97 f StPO enthalten Sonderregeln für die **Beschlagnahme** bei den in § 53 Abs. 1 Satz 1 Nr. 5 StPO genannten Personen. §§ 111m f StPO sehen Sonderbestimmungen für die Beschlagnahme von Druckwerken vor. § 100c Abs. 6 StPO schließt Lauschangriffe bei Personen aus, denen nach § 53 StPO ein Zeugnisverweigerungsrecht zusteht.

Im **Datenschutzrecht** enthält § 41 BDSG Beschränkungen der datenschutzrechtlichen Vorgaben für die Erhebung, Verarbeitung und Nutzung personenbezogener Daten durch die Medien. 5

§ 35 Abs. 2 Satz 2 GWB enthält **kartellrechtliche Sonderregeln** für Zusammenschlüsse, durch die der Wettbewerb beim Verlag, bei der Herstellung oder beim Vertrieb von Zeitungen oder Zeitschriften oder deren Bestandteilen beschränkt wird. § 38 Abs. 3 GWB trifft Sonderbestimmungen für den Verlag, die Herstellung und den Vertrieb von Zeitungen, Zeitschriften und deren Bestandteilen, die Herstellung, den Vertrieb und die Veranstaltung von Rundfunkprogrammen und den Absatz von Rundfunkwerbezeiten. 6

Auch Presseerzeugnisse fallen unter die Trägermedien, die von der **Bundesprüfstelle für jugendgefährdende Medien** indiziert werden können (vgl hierzu 10. Teil). Folge sind weitgehende Vertriebsbeschränkungen zum Schutz von Kindern und Jugendlichen. 7

Für **Filme, DVDs und Computerspiele** sieht das Jugendschutzgesetz außerdem eine Alterskennzeichnung vor (vgl hierzu 10. Teil). Diese erfolgt bei Filmen und DVDs durch die Freiwillige Selbstkontrolle der Filmwirtschaft (ehemals „Kinowirtschaft“, daher das Akronym FSK) und bei Computerspielen durch die Unterhaltungssoftware-Selbstkontrolle (USK). 8

77. Abschnitt: Aufsicht über Rundfunk und Telemedien

A. Rundfunk

1 Laut Bundesverfassungsgericht bedarf es beim Rundfunk einer **effektiven Aufsicht** (vgl BVerfGE 57, 295, 326).

I. Öffentlich-rechtlicher Rundfunk

2 Beim öffentlich-rechtlichen Rundfunk erfolgt die Aufsicht primär durch **interne Gremien**. Zusätzlich unterliegen die Rundfunkanstalten einer beschränkten Staatsaufsicht.

3 **1. Rundfunkrat.** Die programmliche Aufsicht erfolgt durch den jeweiligen **Rundfunkrat** (bzw beim ZDF Fernsehrat und beim Deutschlandradio Hörfunkrat). Zusammensetzung und Aufgaben des Rundfunkrats sind in den jeweiligen gesetzlichen Grundlagen der öffentlich-rechtlichen Rundfunkanstalten (NDR-Staatsvertrag, ZDF-Staatsvertrag etc.) geregelt. Die Rundfunkräte sind pluralistisch zusammengesetzt; gesellschaftlich relevante Gruppen haben Entsendungsrechte (beim ZDF werden mit Ausnahme der Vertreter der vertragsschließenden Länder, des Bundes, der Parteien, der Evangelischen Kirche, der Katholischen Kirche und des Zentralrats der Juden in Deutschland die Vertreter der gesellschaftlich relevanten Gruppen auf Vorschlag der Verbände und Organisationen durch die Ministerpräsidenten berufen). Teilweise gehören den Gremien auch staatliche Vertreter und Parteienvertreter an (vgl im Einzelnen *Held/Sankol*, Staatsfreiheit, S. 9 ff mwN). Gegenüber den entsendungsberechtigten Organisationen genießen die Mitglieder Weisungs- und Auftragsunabhängigkeit. Weder die entsendungsberechtigten Organisationen noch die entsandten Vertreter können sich auf ein verfassungsrechtlich unmittelbar abgesichertes subjektives Recht berufen (vgl BVerfG AfP 1992, 131 ff), verfügen aber aufgrund der Rundfunkgesetze über entsprechende subjektive Rechte (näher dazu *Hoffmann-Riem*, ZUM 1992, 276 f; s.a. BVerfGE 83, 238, 334 ff; OVG Lüneburg JZ 1979, 28; OVG Rheinland-Pfalz AfP 1985, 57 (58)).

4 Der Rundfunkrat überwacht die Einhaltung der gesetzlichen bzw in ergänzenden Richtlinien enthaltenen **Programmanforderungen**. Er kann feststellen, dass bestimmte Sendungen gegen die Programmgrundsätze verstoßen haben, und den Intendanten anweisen, einen festgestellten Verstoß nicht fortzusetzen oder künftig zu unterlassen. Ausgeschlossen ist eine Kontrolle einzelner Sendungen durch den Rundfunkrat vor ihrer Ausstrahlung (etwa § 16 Abs. 4 Satz 4 WDR-Gesetz). Ein Durchgriff auf einzelne Programmmitarbeiter oder redaktionelle Abteilungen ist ebenfalls nicht vorgesehen (*Cromme*, NJW 1985, 351, 358). Der Rundfunkrat hat daneben Kompetenzen in Personalfragen; die wichtigste ist die Wahl und Abberufung des Intendanten. Die Befugnisse der internen Rundfunkorgane sind zum einen auf die Rechtmäßigkeitskontrolle bezogen, zum anderen aber auch – etwa im Zuge der Beratung des Intendanten oder bei Personalentscheidungen – auf eine Zweckmäßigkeitskontrolle (*Hesse*, Rundfunkrecht, 4. Kap. Rn 94; vgl zur Public-Service-Orientierung der öffentlich-rechtlichen Rundfunkanstalten *Hoffmann-Riem*, Duale Rundfunkordnung, S. 280 ff). Nach § 11 RStV sind die Rundfunkanstalten verpflichtet, alle zwei Jahre einen Bericht über die Erfüllung ihres jeweiligen Auftrags zu veröffentlichen. Seit dem 12. Rundfunkänderungsstaatsvertrag (RÄStV) gehören zu den Aufgaben der Gremien auch Entscheidungen im sogenannten Drei-Stufen-Test (vgl *Schulz*, Der Programmauftrag als Prozess seiner Begründung). Für neue oder veränderte Telemedienangebote ist das Verfahren nach § 11f RStV durchzuführen. Auch der Bestand der Telemedienangebote wurde – wie durch den 12. RÄStV vorgegeben – einem Drei-Stufen-Test unterzogen. In der Folge umfasst die Überwachungsaufgabe der Gremien auch die Kontrolle, dass der durch die genehmigten Telemedienkonzepte einge-

räumte Entwicklungskorridor nicht überschritten wird (falls dies geplant ist, ist ein neuer Drei-Stufen-Test durchzuführen) und die gesetzlichen Auftragsgrenzen für Telemedien (§ 11d RStV) eingehalten werden.

2. Verwaltungsrat. Der Verwaltungsrat überwacht die **Geschäftsführung** des Intendanten mit Ausnahme der Programmentscheidungen. Unter anderem prüft er den Haushaltsplan, den Jahresabschluss und den Geschäftsbericht. 5

Mitglieder des Verwaltungsrats werden **vom Rundfunkrat gewählt**; bei einigen Rundfunkanstalten gilt dies jedoch nur für einen Teil des Verwaltungsrats. Bei einigen Rundfunkanstalten wird ein Teil der Mitglieder von der Personalvertretung entsandt bzw gewählt (etwa beim WDR). Zum Teil entsenden Regierung bzw Parlament Vertreter in den Verwaltungsrat: So sieht etwa der SWR-StV vor, dass der Rundfunkrat acht Mitglieder wählt (diese dürfen nicht von den Regierungen der Länder oder den Landtagen entsandt worden sein); drei Mitglieder entsendet der Landtag von Baden-Württemberg, ein Mitglied der Landtag von Rheinland-Pfalz, zwei Mitglieder entsendet die Landesregierung von Baden-Württemberg und ein Mitglied die Landesregierung von Rheinland-Pfalz. Die Mitglieder des Verwaltungsrats des ZDF bestehen aus fünf Vertretern der Länder (darunter einem Vertreter des Sitzlandes des ZDF), die von den Ministerpräsidenten gemeinsam berufen werden, einem Vertreter des Bundes, der von der Bundesregierung berufen wird, und acht Mitgliedern, die vom Fernsehrat gewählt werden (diese dürfen weder einer Regierung noch einer gesetzgebenden Körperschaft angehören; vgl hierzu *Dörr*, K&R 2009, 555; *Hain/Ferreau*, K&R 2009, 692; *Degenhart*, NVwZ 2010, 877). 6

Anfang 2011 wurde ein Normenkontrollantrag des Landes Rheinland-Pfalz beim Bundesverfassungsgericht anhängig; das Land sah die Zusammensetzung der Gremien des ZDF als nicht mit dem Grundsatz der Staatsfreiheit vereinbar an. 7

3. Begrenzte staatliche Rechtsaufsicht. Die Rundfunkanstalten unterliegen außerdem einer begrenzten staatlichen Rechtsaufsicht. Zuständig ist die jeweilige **Landesregierung**. Bei den Mehrländeranstalten nimmt turnusmäßig jeweils eine der beteiligten Landesregierungen die Aufsichtsaufgaben wahr. Das Bundesverfassungsgericht hat einer staatlichen Aufsicht Grenzen gesetzt (BVerfGE 12, 205, 261; vgl auch 57, 295, 326). Es darf sich nur um eine Rechts-, nicht um eine Fachaufsicht handeln und sie darf nur **subsidiär** eingreifen, nämlich dann, wenn die anstaltsinterne Kontrolle nicht ausreichend tätig wird. Den internen Aufsichtsorganen kommt zudem in Programmangelegenheiten eine Einschätzungsprärogative zu. 8

II. Privater Rundfunk

Privater Rundfunk unterliegt hingegen einer **externen Aufsicht**. Zuständig sind die Landesmedienanstalten; für bestimmte länderübergreifende Aufgaben wurden spezielle Kommissionen gegründet. Daneben spielen auch Selbst- und Ko-Regulierung eine wichtige Rolle. 9

1. Landesmedienanstalten. Die Aufsicht über den Rundfunk fällt in die Kompetenz der Länder, die hierfür die gesetzlich eingesetzten und öffentlich-rechtlich, aber staatsfrei organisierten **Landesmedienanstalten** gegründet haben. Zum Teil gibt es Mehrländeranstalten (wie in Berlin/Brandenburg (mabb) und in Hamburg/Schleswig-Holstein (MA HSH)). Außerdem haben sich die Landesmedienanstalten zu einer Arbeitsgemeinschaft zusammengeschlossen (ALM). Zu den Kommissionen vgl unten Rn 16 ff. 10

Für Anbieter privaten Rundfunks besteht eine **Zulassungspflicht**. Zu den Aufgaben der Landesmedienanstalten zählen die Erteilung der Zulassung, die Zuweisung von Übertragungskapazitäten, Aufsicht und ggf Widerruf und Rücknahme der Zulassung. In vielen Bereichen konkretisieren die Landesmedienanstalten die gesetzlichen Vorgaben durch Satzungen und Richtlinien. 11

Für Vielfaltsentscheidungen (etwa bei der Zuweisung von Übertragungskapazitäten) existieren bei den Landesmedienanstalten spezielle **Gremien**. In einigen Bundesländern sind diese wie bei den Rundfunkanstalten plural zusammengesetzt; in anderen Bundesländern wird diese Aufgabe von kleineren Expertengremien wahrgenommen. 12

Neben der laufenden Aufsicht über Veranstalter (etwa bei der Werbung und dem Jugendschutz) sind die Landesmedienanstalten auch für Fragen der **Zugangsregulierung** zuständig; etwa beim Zugang von Rundfunkveranstaltern (und Anbietern von vergleichbaren, dh an die Allgemeinheit gerichteten Telemedien) zur Verbreitung über Plattformen (wie Breitbandkabel) und zu Zusatzdiensten wie Zugangs- 13 berechtigungssystemen und Benutzeroberflächen, die den ersten Zugriff auf die Angebote herstellen (Basis-Navigatoren) (§ 52c RStV). Sie verfügen über ein breites Instrumentarium an Aufsichtsmaßnahmen von der Beanstandung bis zum Widerruf der Zulassung. Sie sind auch für die Verfolgung von **Ordnungswidrigkeiten** zuständig. Möglich ist es auch, den Verfall von Werbeeinnahmen, die durch den Rechtsverstoß erlangt wurden, anzuordnen (vgl OLG Celle ZUM 1997, 834 – Werbeunterbrechungen; OVG Berlin-Brandenburg Urt. v. 2.12.2010 – OVG 11 B 35.08 – „Bimmel-Bingo", allgemein zum Recht der Ordnungswidrigkeiten als Instrument der Rundfunkaufsicht *Clausen-Muradian*, ZUM 1997, 800 ff). In vielen Fällen bedienen sich die Landesmedienanstalten auch informeller Maßnahmen.

14 Gegen Maßnahmen der Landesmedienanstalten ist der **Verwaltungsrechtsweg** eröffnet (*Hesse*, Rundfunkrecht, 5. Kap. Rn 57). Landesmediengesetze enthalten typischerweise eine Vielzahl unbestimmter Rechtsbegriffe und verlangen von den Landesmedienanstalten Prognoseentscheidungen. Gerichte billigen den Landesmedienanstalten zu Recht insoweit überwiegend einen Beurteilungsspielraum zu, insbesondere dort, wo der Gesetzgeber auf Kriterien abstellt, die Vielfalt gewährleisten sollen, etwa bei den Vorschriften über Zulassungs- und Zuweisungsentscheidungen (vgl zB OVG Berlin ZUM 1993, 495 (498); VGH Baden-Württemberg ZUM 1992, 562 (567, 570); BayVGH ZUM 1997, 568; OVG Niedersachsen ZUM-RD 2010, 513; VG Stuttgart, ZUM 1998, 177; VG Berlin, MMR 2006, 187; vgl auch *Ricker*, ZUM 1992, 521 (524); *Hesse*, Rundfunkrecht, 4. Kap. Rn 121). Zum Beurteilungsspielraum der KEK (s.u. Rn 19) s. BVerwG Urt. v. 24.11.2010 – 6 C 16.09 (KEK).

15 Die Landesmedienanstalten werden **aus den Rundfunkgebühren finanziert**. Sie unterliegen wie die Rundfunkanstalten einer begrenzten staatlichen Rechtsaufsicht. Weisungen des Staates an die Landesmedienanstalten in Programmangelegenheiten sind ausgeschlossen.

16 **2. Kommission für Zulassung und Aufsicht (ZAK).** Der 10. Rundfunkänderungsstaatsvertrag hat die Grundlage für eine zentrale **Kommission für Zulassung- und Aufsicht (ZAK)** für bundesweite Anbieter sowie für die Zuweisung bundesweiter drahtloser Übertragungskapazitäten geschaffen. Die Landesmedienanstalten entsenden jeweils den nach Landesrecht bestimmten gesetzlichen Vertreter in die ZAK (§ 35 Abs. 3 RStV). Die Beschlüsse der ZAK sind gegenüber den anderen Organen der zuständigen Landesmedienanstalt bindend.

17 Zu den Aufgaben der ZAK gehören u.a. Zulassung, Rücknahme oder Widerruf der Zulassung bundesweiter Veranstalter, die Zuweisung von Übertragungskapazitäten für bundesweite Versorgungsbedarfe und deren Rücknahme oder Widerruf, soweit nicht die GVK (s.u. Rn 18) zuständig ist, Aufsicht über Plattformen, soweit nicht die GVK (s.u. Rn 18) zuständig ist, Aufsichtsmaßnahmen gegenüber privaten bundesweiten Veranstaltern, soweit nicht die KEK (s.u. Rn 19) zuständig ist, Entscheidungen über die Zulassungspflicht nach § 20 Abs. 2 RStV. Für die Aufsichtsmaßnahmen gegenüber privaten bundesweiten Veranstaltern kann die ZAK Prüfausschüsse einrichten.

18 **3. Gremienvorsitzendenkonferenz der Landesmedienanstalten (GVK).** Die Gremienvorsitzendenkonferenz der Landesmedienanstalten (GVK) setzt sich zusammen aus den Vorsitzenden der plural besetzten Beschlussgremien der Landesmedienanstalten. Die GVK ist zuständig für Auswahlentscheidungen bei den Zuweisungen von Übertragungskapazitäten und für die Entscheidung über die Belegung von Plattformen. Die ZAK unterrichtet die GVK fortlaufend über ihre Tätigkeit. Sie bezieht die GVK in grundsätzlichen Angelegenheiten, insbesondere bei der Erstellung von Satzungen und Richtlinienentwürfen, ein.

19 **4. Kommission zur Ermittlung der Konzentration im Medienbereich (KEK).** Um eine einheitliche Beurteilung bei der Sicherung der Meinungsvielfalt im bundesweiten privaten Rundfunk zu gewährleisten, wurde die **KEK** gegründet. Sie handelt als Organ der jeweils zuständigen Landesmedienanstalt.

20 Die KEK ist zuständig für die **abschließende Beurteilung** von Fragestellungen der Sicherung von Meinungsvielfalt im Zusammenhang mit der bundesweiten Veranstaltung von Fernsehprogrammen (zu den §§ 26 ff RStV vgl II/468 ff). Die KEK besteht nach § 35 Abs. 5 RStV (geändert durch den 10. Rundfunkänderungsstaatsvertrag) aus sechs Sachverständigen des Rundfunk- und des Wirtschaftsrechts und aus sechs nach Landesrecht bestimmten gesetzlichen Vertretern der Landesmedienanstalten.

21 **5. Kommission für Jugendmedienschutz (KJM).** Mit Inkrafttreten des Jugendmedienschutzstaatsvertrags (s. 10. Teil) wurde die **KJM** gebildet. Auch sie wird – wie die KEK – als Organ der jeweils zuständigen Landesmedienanstalt tätig. Die KJM besteht aus 12 Sachverständigen. Hiervon werden entsandt: sechs Mitglieder aus dem Kreis der Direktoren der Landesmedienanstalten, die von den Landesmedienanstalten im Einvernehmen benannt werden, vier Mitglieder von den für den Jugendschutz

zuständigen obersten Landesbehörden und zwei Mitglieder von der für den Jugendschutz zuständigen obersten Bundesbehörde.

Die KJM ist u.a. zuständig für die Überwachung der Bestimmungen des Jugendmedienschutzstaatsvertrags und die **Anerkennung von Einrichtungen der Freiwilligen Selbstkontrolle** (sowie die Rücknahme oder den Widerruf der Anerkennung). Bei der Aufsicht über die einzelnen Anbieter sieht der Jugendmedienschutzstaatsvertrag einen **„Schutzschild" der Selbstkontrolle** vor: Entscheidungen anerkannter Einrichtungen der freiwilligen Selbstkontrolle verhindern Entscheidungen der KJM, soweit bestimmte Voraussetzungen erfüllt sind (Vorlage vorlagefähiger Rundfunksendungen, (zT) vorheriger Anschluss des Anbieters an die Selbstkontrolle, Beachtung der Vorgaben der Selbstkontrolle). Allerdings sind Maßnahmen der KJM und der Landesmedienanstalten dann zulässig, wenn die Entscheidung oder die Unterlassung einer Entscheidung der anerkannten Einrichtung der Freiwilligen Selbstkontrolle die rechtlichen Grenzen des Beurteilungsspielraums überschreitet. Zu den Aufgaben der KJM gehört auch die Anerkennung von Jugendschutzprogrammen nach § 11 JMStV (s. 10. Teil). 22

Unterstützt wird die KJM durch **„jugendschutz.net"**, eine durch die obersten Landesjugendbehörden eingerichtete gemeinsame Stelle aller Länder. Jugendschutz.net ist organisatorisch an die KJM angebunden. Vgl hierzu 10. Teil. 23

6. Selbst- und Ko-Regulierung. Selbst- und Ko-Regulierung spielen im privaten Rundfunk vor allem beim Jugendschutz eine wichtige Rolle. Als **Ko-Regulierung** wird eine Kombination aus staatlicher und nicht-staatlicher, idR durch die Wirtschaft selbst organisierter, Regulierung verstanden (*HBI/EMR*, Co-Regulierung, 39). Bei reiner **Selbstregulierung** fehlt es an der staatlichen Komponente. Instrumente der Selbst- und Ko-Regulierung sind auch durch das europäische Recht vorgesehen: Art. 4 der Richtlinie 2010/13/EU über audiovisuelle Mediendienste besagt: „Die Mitgliedstaaten fördern Regelungen zur Koregulierung und/oder Selbstregulierung auf nationaler Ebene in den durch diese Richtlinie koordinierten Bereichen in dem nach ihrem jeweiligen Rechtssystem zulässigen Maße. Diese Regelungen müssen derart gestaltet sein, dass sie von den Hauptbeteiligten in den betreffenden Mitgliedstaaten allgemein anerkannt werden und dass eine wirksame Durchsetzung gewährleistet ist." 24

Zum einen sieht der Jugendmedienschutzstaatsvertrag vor, dass Veranstalter von länderübergreifendem Fernsehen einen **Jugendschutzbeauftragten** bestellen müssen. Veranstalter, die nicht bundesweit verbreitetes Fernsehen veranstalten, können auf die Bestellung verzichten, wenn sie sich einer Einrichtung der Freiwilligen Selbstkontrolle anschließen und diese zur Wahrnehmung der Aufgaben des Jugendschutzbeauftragten verpflichten. 25

Zum anderen haben die privaten Fernsehveranstalter 1994 die **Freiwillige Selbstkontrolle Fernsehen e.V. (FSF)** gegründet. 2003 wurde die FSF von der KJM als Selbstkontrolleinrichtung im Sinne des JMStV anerkannt mit der Folge der oben (Rn 22) dargestellten „Schutzschildwirkung" ihrer Entscheidungen. Diese greift aber bei vorlagefähigen Sendungen nur, wenn diese vor ihrer Ausstrahlung der FSF vorgelegt und deren Vorgaben beachtet werden. 26

Als Institution der Selbstregulierung ist außerdem der **Deutsche Werberat** zu nennen, der als Organ des Zentralverbands der deutschen Werbewirtschaft (ZAW) Gesetzesverstöße durch Werbetreibende in der Werbung feststellt und Verhaltensregeln aufstellt. 27

B. Telemedien

Telemedien bedürfen **keiner medienrechtlichen Anmeldung oder Zulassung**. Sie unterliegen dennoch einer spezifischen Aufsicht. 28

I. Aufsicht im Jugendschutz

Im Jugendschutzrecht können auch Telemedien von der **Bundesprüfstelle für jugendgefährdende Medien** auf die Liste jugendgefährdender Medien aufgenommen werden. Die Folgen einer solchen Indizierung sind nach § 16 JuSchG nicht im Jugendschutzgesetz, sondern im Jugendmedienschutzstaatsvertrag geregelt (vgl hierzu 10. Teil). 29

Für Telemedien, die für bestimmte Altersgruppen nicht geeignet sind (sogenannte entwicklungsbeeinträchtigende Angebote) sieht § 11 RStV spezielle **technische Vorkehrungen** zum Schutz von Kindern und Jugendlichen vor. Hierzu zählt die Programmierung für ein anerkanntes Jugendschutzprogramm 30

(s. 10. Teil, auch zum derzeitigen Stand der Entwicklung). Alternativ zum Einsatz technischer oder sonstiger Mittel kann das Angebot entwicklungsbeeinträchtigender Inhalte auf Zeiten begrenzt werden, zu denen Kinder oder Jugendliche der betroffenen Altersstufe üblicherweise die Angebote nicht wahrnehmen.

31 Zuständig für die Aufsicht sind **die Landesmedienanstalten und die KJM.** Auch bei Telemedien greift die Schutzschildwirkung der Selbstkontrolle, hier jedoch unabhängig von einer vorherigen Vorlage der Angebote. Gehört ein Anbieter von Telemedien einer anerkannten Einrichtung der Freiwilligen Selbstkontrolle im Sinne dieses Staatsvertrages an oder unterwirft er sich ihren Statuten, so ist bei behaupteten Verstößen gegen den Jugendschutz (mit Ausnahme von Verstößen gegen die absoluten Verbreitungsverbote in § 4 Abs. 1 JMStV) zunächst diese Einrichtung damit zu befassen. Maßnahmen der KJM gegen den Anbieter sind nur dann zulässig, wenn die Entscheidung oder die Unterlassung einer Entscheidung der anerkannten Einrichtung der Freiwilligen Selbstkontrolle die rechtlichen Grenzen des Beurteilungsspielraums überschreitet (s. hierzu 10. Teil). Die KJM hat die **Freiwillige Selbstkontrolle Multimedia-Diensteanbieter** e.V. **(FSM)** anerkannt.

32 Daneben hat die FSM Funktionen im Bereich der reinen Selbstregulierung: Es existieren ein **Kodex** der Suchmaschinenanbieter und ein Kodex der Mobilfunkanbieter.

33 Auch Anbieter von Telemedien haben zum Teil einen **Jugendschutzbeauftragten** zu bestellen. Dies gilt für geschäftsmäßige Anbieter von allgemein zugänglichen Telemedien, die entwicklungsbeeinträchtigende oder jugendgefährdende Inhalte enthalten, sowie für Anbieter von Suchmaschinen. Anbieter von Telemedien mit weniger als 50 Mitarbeitern oder nachweislich weniger als zehn Millionen Zugriffen im Monatsdurchschnitt eines Jahres können auf die Bestellung verzichten, wenn sie sich einer Einrichtung der Freiwilligen Selbstkontrolle anschließen und diese zur Wahrnehmung der Aufgaben des Jugendschutzbeauftragten verpflichten.

II. Aufsicht im Datenschutz

34 Nach § 59 Abs. 1 RStV überwachen die nach den allgemeinen Datenschutzgesetzen des Bundes und der Länder zuständigen Kontrollbehörden für ihren Bereich die Einhaltung der **Datenschutzbestimmungen** des Telemediengesetzes sowie des § 57 RStV (dies gilt nicht, soweit Unternehmen und Hilfsunternehmen der Presse der Selbstregulierung durch den Pressekodex und der Beschwerdeordnung des Deutschen Presserates unterliegen). Die für den Datenschutz im journalistisch-redaktionellen Bereich beim öffentlich-rechtlichen Rundfunk zuständigen Stellen überwachen für ihren Bereich auch die Einhaltung der Datenschutzbestimmungen für journalistisch-redaktionelle Angebote bei Telemedien.

III. Aufsicht über sonstige Bestimmungen des Rundfunkstaatsvertrags

35 Die Aufsicht über Telemedien ist in § 59 Abs. 2 RStV geregelt. Hiernach wird die Einhaltung der Bestimmungen für Telemedien mit Ausnahme des Datenschutzes durch eine **nach Landesrecht bestimmte Aufsichtsbehörde** überwacht.

36 Dies ist in einigen Bundesländern die **Landesmedienanstalt** (etwa in Hamburg und Schleswig-Holstein, § 38 Abs. 6 Medienstaatsvertrag HSH), in anderen Bundesländern nehmen **Regierungsstellen** diese Aufgabe wahr (s. die Übersicht bei Hahn/Vesting/*Schulz*, § 59 RStV Rn 41; *Lorenz*, Aufsicht über die Telemedien; vgl auch die Ausführungen bei *Hartstein/Ring/Kreile/Dörr/Stettner*, § 59 Rn 16).

37 Zu den Maßnahmen, die die zuständige Stelle ergreifen kann, zählen **die Untersagung und die Sperrung** des Angebots. Bei journalistisch-redaktionell gestalteten Angeboten, in denen ausschließlich vollständig oder teilweise Inhalte periodischer Druckerzeugnisse in Text oder Bild wiedergegeben werden, ist eine Sperrung gem. § 59 Abs. 3 Satz 6 RStV nur unter den Voraussetzungen des § 97 Abs. 5 Satz 2 und des § 98 StPO zulässig.

38 Soweit es sich bei Rechtsverstößen um Ordnungswidrigkeiten handelt (§ 49 RStV, § 16 TMG), können **Bußgelder** verhängt werden.

39 Maßnahmen setzen voraus, dass der Anbieter für die jeweiligen Inhalte **verantwortlich** ist. Hierzu enthalten die **§§ 7 ff TMG** Sonderregeln, die vor allem Diensteanbieter betreffen, die fremde Informationen in einem Kommunikationsnetz übermitteln oder zu denen sie den Zugang zur Nutzung vermitteln (wie Access-Provider), Diensteanbieter, die Informationen zur beschleunigten Übermittlung zwischenspeichern und Diensteanbieter, die fremde Informationen für Nutzer speichern (u.a. Host-

Provider, Foren; vgl zu den §§ 7 ff TMG *Spindler/Schuster/Hoffmann*, Medien, §§ 7 ff). Diese Normen gelten u.a. bei der Verhängung von Bußgeldern. Sie gelten allerdings nicht bei Unterlassungsansprüchen (BGH MMR 2004, 668 ff – „Internetversteigerung – Rolex"). Für Verpflichtungen zur Entfernung oder Sperrung durch Aufsichtsbehörden (vgl etwa VG Köln Beschl. v. 7.2.2003 – 6 L 2495/02) enthält § 59 RStV Sonderregeln. Die Haftung bei der Setzung von Hyperlinks ist in den §§ 7 ff TMG nicht geregelt (BGH MMR 2004, 529 ff – „Schöner Wetten"; wohl auch BVerfG, MMR 2009, 459); umstritten ist, inwieweit Anbieter von Suchmaschinen erfasst sind (vgl KG Berlin ZUM 2006, 403 ff; KG Berlin ZUM-RD 2010, 224; *Sieber/Liesching*, MMR-Beilage 8/2007, S. 1).

§ 59 Abs. 4 RStV regelt die sogenannte **Sperrverfügung**: Erweisen sich Maßnahmen gegenüber dem Verantwortlichen als nicht durchführbar oder nicht erfolgversprechend, können Maßnahmen zur Sperrung von Angeboten auch gegen den Diensteanbieter von fremden Inhalten gerichtet werden, sofern eine Sperrung technisch möglich und zumutbar ist. 40

Die gegen Sperrverfügungen angerufen **Verwaltungsgerichte** bestätigten überwiegend die Entscheidungen (OVG Münster MMR 2003, 348 mit Anm. *Spindler/Volkmann*; VG Düsseldorf ZUM-RD 2006, 150; VG Düsseldorf MMR 2005, 794; VG Köln Urt. v. 3.3.2005 – 6 K 7603/02; VG Köln MMR 2005, 399 mit Anm. *Kazemi* = CR 2006, 201; VG Arnsberg ZUM-RD 2003, 222; VG Arnsberg ZUM-RD 2005, 293; VG Düsseldorf MMR 2003, 205 mit Anm. *Stadler*; VG Gelsenkirchen Beschl. v. 18.12.2002 – 1 L 2528/02; VG Aachen Beschl. v. 5.2.2003 – 8 L 1284/02; VG Köln Beschl. v. 7.2.2003 – 6 L 2495/02; aA VG Gelsenkirchen Urt. v. 28.7.2006 – 15 K 2170/03; VG Gelsenkirchen Urt. v. 28.7.2006 – 15 K 4205/02; VG Minden MMR 2003, 135; VG Köln TMR 2004, 171 mit Anm. *Börner*). Vgl zur Verbandskompetenz OVG NRW MMR 2010, 435. 41

9. Teil: Datenschutzrecht

1. Kapitel: Materielles Datenschutzrecht

Schrifttum: *Bergmann/Möhrle/Herb*, Datenschutzrecht, März 2011; *Däubler/Klebe/Wedde/Weichert*, BDSG, 3. Aufl. 2010; *Gola/Schomerus*, BDSG, 10. Aufl. 2010; *Hefermehl/Köhler/Bornkamm*, Wettbewerbsrecht, 29. Aufl. 2011; *Roßnagel*, Handbuch Datenschutzrecht – Die neuen Grundlagen für Wirtschaft und Verwaltung, 2003; *Schaffland/Wiltfang*, Bundesdatenschutzgesetz, Stand: 2011; *Seiffert*, Datenschutzprüfung durch die Aufsichtsbehörden, 2. Aufl., 2009, Update 2010, Datakontext; *Steinmüller/Lutterbeck/Mallmann/Harbort/Kolb/Schneider*, Grundfragen des Datenschutzes, Gutachten im Auftrag des Bundesinnenministeriums, BT-Drs. VI/3826, Anlage 1; *Simitis*, Bundesdatenschutzgesetz, 7. Aufl. 2011; *Taeger/Gabel*, Kommentar zum BDSG und zu den Datenschutzvorschriften des TKG und TMG, 2010; *Warren, S. D./Brandeis, Louis D.*: Harvard Law Review, Vol. IV, December 15, 1890, No. 5.

78. Abschnitt: Datenschutzgrundlagen im Mediensektor[1]

A. Einführung: Bedeutung des Datenschutzes im Mediensektor

1 Geht es um Kommunikation mittels Medien zwischen Individuen oder zwischen Anbietern und Konsumenten, ist durch die damit einhergehende Speicherung **personenbezogener Daten**, wie zum Beispiel des Namens, der E-Mail-Adresse, der IP-Adresse (str.; aA *Taeger*, *Taeger/Gabel*, § 28 BDSG Rn 23), von **Profilinformationen** und **Protokolldaten**, das Datenschutzrecht des Einzelnen immer mitbetroffen und zu prüfen. Es geht vor allem um den Schutz desjenigen, der auf ein unternehmerisches oder auch staatliches Kommunikationsangebot eingeht (im Folgenden **Mediennutzer**). Dieses Angebot kann in dem Betrieb einer Website, einer Telekommunikationsanlage oder auch schon in dem Handeln unter einer E-Mail-Adresse bestehen, unter der das jeweilige Unternehmen nach außen auftritt. Dabei schützt das **Datenschutzrecht** durch **Verarbeitungsverbote** und mit Datensicherheitsvorgaben. Zum einen wird der Mediennutzer mit einem klaren **Gesetzesvorbehalt** geschützt. Seine personenbezogenen Daten dürfen nur mit ausdrücklicher gesetzlicher Erlaubnis, nämlich mit wirksamer Einwilligung oder aufgrund eines gesetzlichen Rechtfertigungstatbestands, erhoben, gespeichert und weiterverarbeitet werden. So darf die Information einer vermuteten Zahlungsunfähigkeit eines Verbrauchers nur in eingeschränkten Fällen an andere Unternehmen weitergegeben werden. Zum anderen gewährleistet das Datenschutzrecht die erforderliche **Datensicherheit**, die geboten ist, damit die personenbezogenen Daten nicht aufgrund einer unsicheren Kommunikationsinfrastruktur abgehört werden, sonst unerwünscht abfließen oder verändert werden. So gilt es heute beispielsweise nicht mehr als hinreichend datensicher, empfindliche personenbezogene Informationen wie Kontodaten ungeschützt per E-Mail zu versenden. Dabei ist Datensicherheit nicht nur technisch zu verstehen; Datensicherheit beispielsweise durch hinreichend sichere **Passwörter** im Zugriffsbereich. Vielmehr muss auch durch Anweisungen im Unternehmen, also organisatorisch, dafür Sorge getragen werden, dass die Personen, die im Unternehmen mit den Daten umgehen, im gesetzkonformen Datenumgang unterwiesen sind. Daher sind **Standardarbeitsanweisungen (SOP)** und Zuständigkeiten beim Datenumgang vorzusehen und beides ist zu dokumentieren.

---

1 Mit Dank an meinen Partner *Hans Gliss*, Chefredakteur Datenschutz-Berater, der das deutsche Datenschutzrecht wesentlich mitgeprägt hat.

2 Das Datenschutzrecht ist – ähnlich wie die anderen Bereiche des Medienrechts – dadurch gekennzeichnet, dass die rastlose technische Entwicklung gemeinsam mit Datenschutzrisiken den Gesetzgeber ständig dazu antreibt, mit Regelungen auf diese neuen Entwicklungen zu reagieren. Inzwischen wird auch mehr und mehr ein kombiniertes Vorgehen aus gesetzlichem Handeln und Einfordern von **freiwilligen Verpflichtungen** im Datenschutz als Reaktionsmuster auf die schnelle Entwicklung angedacht. Mit dem „Rote-Linie"-Ansatz (Gesetzentwurf des Bundesinnenministeriums zum Schutz vor besonders schweren Eingriffen in das Persönlichkeitsrecht, 1. Dezember 2010; https://www.bmi.bund.de/SharedDocs/Downloads/DE/Themen/OED_Verwaltung/Informationsgesellschaft/rote_linie.pdf; jsessionid=0ED35384435005FBFB5EEA1FEBB3370E.1_cid156?__blob=publicationFile; 30.9.2011) hat das Bundesinnenministerium 2010 ins Datenschutzrecht die Idee eingebracht, mit Vorschriften gegen ein Übermaß des Umgangs mit personenbezogenen Daten ein Schutzniveau zu beschreiben. Hervorhebenswert an diesem Ansatz ist, dass hiermit nicht in erster der Linie der Normalfall beschrieben wird. Es geht vielmehr darum, aufzuzeigen, wann eine Verarbeitung personenbezogener Daten gewissermaßen unerträglich wird. Dieser Ansatz hat – trotz aller Kritik – inzwischen seine ausdrückliche wissenschaftliche Würdigung gefunden (*Bull*, Persönlichkeitsschutz im Internet: Reformeifer mit neuen Ansätzen, NVwZ 2011, 257). Auch der Rechtsprechung ist es kaum möglich, in allen Fällen längerfristige Maßstäbe mitzugestalten. Es verbleibt eine Vielzahl von Fällen, die mit den vorhandenen gesetzlichen Regelungen nicht leicht zu lösen sind, sondern in eine fallorientierte Rechtsprechung mündet, die durch möglichst große Übereinstimmung der Auffassungen der Aufsichtsbehörden und der Literatur vorbereitet wird. Andernfalls drohen Rechtsunsicherheiten, die weder den Geschützten noch den Verpflichteten helfen.

B. Geschichte des Bundesdatenschutzgesetzes (BDSG)

3 Gesetzesgeschichtliche Betrachtungen sind im Datenschutzrecht angesichts der immensen Auslegungsfragen besonders wichtig. Gerade weil die technische Entwicklung im Medienbereich so zügig voranschreitet, bleiben neue Techniken unsanktioniert, wenn nicht der Sinn und Zweck des Gesetzes vor allem unter Berücksichtigung der **historischen Auslegungsmethode** immer wieder nachgefragt und ermittelt wird (zur Geschichte des BDSG s. auch *Simitis*, BDSG, Einleitung).

I. Vorgängerregelungen

4 **1. Hippokratischer Eid.** Die geschichtlichen Wurzeln des heutigen Datenschutzes können in der **ärztlichen Verschwiegenheitspflicht** gesehen werden. Noch heute haben die vor etwa 2.500 Jahren formulierten ethischen Grundsätze der Ärzte, der **Hippokratische Eid**, Gültigkeit. So heißt es unter anderem: ἃ δ' ἂν ἐν θεραπείῃ ἢ ἴδω, ἢ ἀκούσω, ἢ καὶ ἄνευ θεραπείης κατὰ βίον ἀνθρώπων, ἃ μὴ χρή ποτε ἐκλαλέεσθαι ἔξω, σιγήσομαι, ἄῤῥητα ἡγεύμενος εἶναι τὰ τοιαῦτα („Was ich bei der Behandlung oder auch außerhalb meiner Praxis im Umgang mit Menschen sehe und höre, das man nicht weiterreden darf, werde ich verschweigen und als Geheimnis bewahren."; aus: Hippokrates, Ausgewählte Schriften, übersetzt und herausgegeben von *Hans Diller*, Stuttgart 1994, S. 8-10). Die Herkunft der Formulierung ist nicht genau bekannt. Üblicherweise wird sie wie die weiteren ärztlichen Grundsätze dem griechischen Arzt Hippokrates von Kos (460 – etwa 377 v.Chr.) zugeschrieben. Sie beinhaltet mit ihrem oben genannten Satz 8 also die **Verschwiegenheitspflicht** des Arztes. Es geht beim hippokratischen Eid um Gesundheitsdaten von Menschen, die geheimgehalten werden sollen. Auch heute unterliegen sie einem strengen Schutz, sogar einem ausdrücklich strafrechtlichem (§ 203 Abs. 1 Nr. 1 StGB: „Wer unbefugt ein fremdes Geheimnis, namentlich ein zum persönlichen Lebensbereich gehörendes Geheimnis oder ein Betriebs- oder Geschäftsgeheimnis, offenbart, das ihm als Arzt anvertraut worden oder sonst bekanntgeworden ist, wird [...] bestraft."). Ähnlich streng reglementiert das Gesetz heute die Verwendung von **Protokolldaten** oder sonstigen, gerade im E-Commerce entstehenden personenbezogenen Daten (§ 7 Abs. 1 Telemediengesetz: „Der Diensteanbieter darf personenbezogene Daten zur Bereitstellung von Telemedien nur erheben und verwenden, soweit dieses Gesetz oder eine andere Rechtsvorschrift, die sich ausdrücklich auf Telemedien bezieht, es erlaubt oder der Nutzer eingewilligt hat."). Nicht ganz so stark erfolgt heute die Beschränkung des Umgangs mit allgemeinen personenbezogenen Daten wie Adressdaten, Informationen über das Einkommen, über Hobbies und über die Wohnlage. Der allgemeine Datenschutz für Unternehmen nach §§ 4, 28 BDSG trägt dafür Sorge, dass solche Informationen über eine Person auch ohne deren Willen oder eine konkrete gesetzliche Verarbeitungsregelung bei Überwiegen der Interessen des Unternehmens verwendet werden dürfen (§ 28 Abs. 1

Satz 1 Nr. 2 BDSG, **Güterabwägung**: „soweit es zur Wahrung berechtigter Interessen der verantwortlichen Stelle erforderlich ist und kein Grund zu der Annahme besteht, dass das schutzwürdige Interesse des Betroffenen an dem Ausschluss der Verarbeitung oder Nutzung überwiegt ...").

5 **2. Recht am eigenen Bild.** Betrachtet man die gesetzlichen Wurzeln des Datenschutzes, können als Vorgänger des heutigen Datenschutzrechts die Vorschriften zum Schutz von Bildaufzeichnungen, beispielsweise durch das Gesetz betreffend das Urheberrecht an Werken der bildenden Künste und der Fotografie (**KunstUrhG**), angesehen werden. Das KunstUrhG schützt auch heute noch als spezielles Gesetz das sogenannte **Recht am eigenen Bild** als besondere Ausprägung des **allgemeinen Persönlichkeitsrechts**. Es gibt dem Abgebildeten in Form eines Bestimmungsrechts das Recht, vorzusehen, ob und wie sein Bild veröffentlicht wird. Seine Bildnisse dürfen danach – von Ausnahmen wie Person als Beiwerk oder als Person der Zeitgeschichte abgesehen (§ 23 KunstUrhG) – nur mit dessen Einwilligung verbreitet oder öffentlich zur Schau gestellt werden (§ 22 KunstUrhG). Die Rechtsprechung gibt damit dem Einzelnen ein umfangreiches Recht über seine Bild(-Daten). So kann bereits das Setzen eines Links auf ein Bild, das der Betroffene selbst und freiwillig auf einer anderen allgemein zugänglichen Website zur Verfügung gestellt hat, sein Urheberrecht verletzen (s. unter anderen OLG München 26.6.2007 – 18 U 2067/07; http://medien-internet-und-recht.de/volltext.php?mir_dok_id=1426). In Unternehmen wird sich der Beschäftigte regelmäßig damit einverstanden erklären müssen, dass sein Bild für einen Betriebsausweis genutzt wird. Soll es dagegen in einer Firmenbroschüre erscheinen, bedarf es dafür seiner freiwilligen Einwilligung (Landesarbeitsgericht Schleswig-Holstein, Urt. v. 23.6.2010 – 3 Sa 72/10). Der Beschäftigte kann also sein Abbild grundsätzlich auch geheim halten.

6 Die Frage des Rechts am eigenen Bild kam mit der Erfindung der Fotografie im 19. Jahrhundert auf. Die ersten allgemein bekannten Gedanken zum Thema Schutz des Abbildes wurden 1890 von Samuel D. Warren und Louis D. Brandeis in Boston, USA, veröffentlicht (*Warren/Brandeis*, Harvard Law Review, Vol. IV, December 15, 1890, No. 5; http://groups.csail.mit.edu/mac/classes/6.805/articles/privacy/Privacy_brand_warr2.html). In ihrem Artikel über das Recht auf Schutz der Privatsphäre stellen die Autoren das **Recht, in Ruhe gelassen zu werden** („The **right to be let alone**"), in den Mittelpunkt. Sie ziehen aus diesem Recht den Schluss, dass jeder berechtigt sein muss, frei zu entscheiden, ob sein fotografisches Abbild erstellt und veröffentlicht werden darf. Werde dieses Recht verletzt, würde damit die Privatsphäre des Einzelnen angegriffen.

7 17 Jahre später, im Jahr 1907, kam es in Deutschland zu einem Gesetz, das dieses Recht am eigenen Bild insbesondere gegenüber der journalistischen Freiheit (**Pressefreiheit**) schützt. Dieses Gesetz beruhte auf folgendem Fall: Im Jahr 1898 verschafften sich Journalisten nach dem Tod des Kanzlers Otto von Bismarck am 30.7.1898 Zugang zu dessen Zimmer und fotografierten den Verstorbenen. Die Angehörigen versuchten, die Veröffentlichung der Fotos zu verhindern. Die Auseinandersetzung landete schließlich vor dem Reichsgericht. Es gab zu diesem Zeitpunkt kein Datenschutzrecht und keinen gesetzlichen Persönlichkeitsschutz. Deshalb konnte das Reichsgericht das Verbot der Veröffentlichung der Fotos nur auf dem Umweg über die Straftat des Hausfriedensbruchs stützen. So durften die Fotos nicht erscheinen.

8 Der Fall führte zu rechtlichen Diskussionen und zur Forderung eines Schutzes des Rechts am eigenen Bild. Dieser Schutz wurde 1907 in das Gesetz betreffend das Urheberrecht an Werken der bildenden Künste und der Photographie (**KunstUrhG**) eingefügt. Dieses Recht gilt auch heute noch. Allerdings war dieses subjektive Recht für Personen der Zeitgeschichte eingeschränkt, sofern nicht durch Verbreitung und Schaustellung ein **berechtigtes Interesse des Abgebildeten** oder, falls dieser verstorben war, seiner Angehörigen verletzt würde (§ 23 KunstUrhG). Der Bundesgerichtshof präzisierte dieses Recht am eigenen Bild für Personen der Zeitgeschichte, nämlich am Fall der Paparazzi-Fotos von **Caroline von Monaco** in einer Zeitschrift des Burda-Verlags (u.a. Bunte). Das Gericht entwickelte das Recht, „für sich zu sein, sich selber zu gehören", als Ausfluss des Rechts auf Achtung der Privatsphäre (BGH 19.12.1995 – VI ZR 15/95, NJW 1996, 1128 – Caroline von Monaco). In der Folge wurde diese Rechtsprechung präzisiert. Das Bundesverfassungsgericht urteilte noch 1999, dass sich der Einzelne auch außerhalb seiner Wohnung an anderen, erkennbar abgeschiedenen Orten von Bildberichterstattung unbehelligt bewegen können müsse (BVerfG 15.12.1999 – 1 BvR 653/96; www.bundesverfassungsgericht.de/entscheidungen/rs19991215_1bvr065396.html; 30.9.2011). Über diesen Umfang des Schutzes ging der Europäische Gerichtshof für Menschenrechte noch hinaus. Auf der Basis des Grundrechts auf Schutz des Familien- und Privatlebens (Art. 8 der Europäischen Menschenrechtskonvention) entschied er, dass das „entscheidende Kriterium für die Abwägung zwischen Schutz des Privatlebens

einerseits und Freiheit der Meinungsäußerung andererseits [...] darin [besteht], inwieweit die veröffentlichten Fotos zu einer Debatte beitragen, für die ein Allgemeininteresse geltend gemacht werden kann. Im zu beurteilenden Fall Caroline von Monaco handelte es sich um Fotos aus dem Alltagsleben, um Fotos also, die die Klägerin bei rein privaten Tätigkeiten zeigten. Der Gerichtshof nimmt diesbezüglich zur Kenntnis, in welchem Zusammenhang die Fotos gemacht wurden, nämlich ohne Wissen der Beschwerdeführerin, ohne ihre Einwilligung und zuweilen auch heimlich. Diese Fotos könnten nicht als Beitrag zu einer Debatte von allgemeinem öffentlichem Interesse angesehen werden, da die Beschwerdeführerin kein öffentliches Amt ausübe und die strittigen Fotos und Artikel ausschließlich Einzelheiten ihres Privatlebens [u.a. Kinder; Anm. d. Verf.] betreffen würden (EGMR 24.6.2004, 59320/00; http://www.coe.int/t/d/menschenrechtsgerichtshof/dokumente_auf_deutsch/volltext/urteile/20040624-vonHannover-Ua.asp#TopOfPage; 30.9.2011).

Die Verbreitung unzulässig erstellter Fotos ist durch § 33 KunstUrhG unter Strafe gestellt. Zudem wird 9
seit 2004 wird das Recht am eigenen Bild noch weitergehend strafrechtlich durch **§ 201a StGB** („**Paparazzi-Paragraf**") geschützt. Als Verletzung des höchstpersönlichen Lebensbereichs durch Bildaufnahmen ist nun bereits das Erstellen eines Fotos mit Strafe bedroht, wenn sich der Betroffene in einer Wohnung oder einem gegen Einblick besonders geschützten Raum befindet und das Foto ohne Einwilligung erstellt wird. Bei verdeckten Videoüberwachungen in geschützten Bereichen ist damit immer auch die Strafbarkeit nach § 201a StGB zu prüfen.

II. BDSG 1977

Das erste **Bundesdatenschutzgesetz** (BDSG, 28.1.1977, BGBl. I S. 201) entstand in der Folge zur welt- 10
weit ersten Datenschutzkodifizierung 1970 in Hessen (Hessisches Datenschutzgesetz, 24.2.1970, GVBl. I S. 625 ff; https://www.datenschutz.rlp.de/downloads/hist/ldsg_hessen_1970.pdf; 30.9.2011). Während der Landesgesetzgeber den Datenschutz nur für die Landesbehörden regelte, bestimmte der Bund mit dem BDSG für die Bundesbehörden, doch auch für die privaten Unternehmen die Grenzen des zulässigen Datenumgangs. Die Gesetzgebungszuständigkeit wird heute teilweise aus der Bundeskompetenz kraft Sachzusammenhangs, teilweise als Annexkompetenz aus der konkurrierenden Gesetzgebungszuständigkeit (Art. 74 GG) abgeleitet (*Simitis*, BDSG, § 1 Rn 13). Mit dem BDSG beschritt der Gesetzgeber den Weg hin zu einem umfassenden Datenschutz. Ob Informationen über Menschen verarbeitet werden dürfen oder nicht, hängt damit nicht mehr allein von besonderen Geheimhaltungspflichten bei Berufsgruppen und/oder bestimmten Daten ab; wie das Patientengeheimnis für Ärzte oder das **Steuergeheimnis** bei Finanzdaten. Es kommt vielmehr auf gesetzliche Erlaubnisregeln an. Das BDSG ist regelungstechnisch in der Form eines **Verbots mit Erlaubnisvorbehalt** gefasst worden. Der Gesetzgeber hat aufgelistet, wann Daten bei grundsätzlichem Verarbeitungsverbot verwendet werden dürfen. Durch die bereits hier angedeutete Erlaubnis der Güterabwägung wurde allerdings dafür Sorge getragen, dass die Verarbeitung personenbezogener Daten keine faktische Ausnahme ist. Bei diesem ersten Bundesdatenschutzgesetz war allerdings noch kein allumfassender Erlaubnisvorbehalt für jeden Umgang mit personenbezogenen Daten vorgesehen. Vielmehr ging es um das Verhindern von Missbrauch des Datenumgangs. § 1 Abs. 1 BDSG 1977 lautete: „Aufgabe des Datenschutzes ist es, durch den Schutz personenbezogener Daten vor Missbrauch bei ihrer Speicherung, Übermittlung, Veränderung und Löschung (Datenverarbeitung) der Beeinträchtigung schutzwürdiger Belange der Betroffenen entgegenzuwirken." Rechtstheoretische Grundlage für dieses Bundesdatenschutzgesetz waren zum einen der **Mikrozensus-Beschluss** des Bundesverfassungsgerichts (16.7.1969 – 1 BvL 19/63, BVerfGE 27, 1 ff) und zum anderen ein Gutachten, das im Auftrag des Bundesinnenministeriums von *Steinmüller* et. al. erstellt worden war (Grundfragen des Datenschutzes, BT-Drucks. VI/3826, Anlage 1; Steinmüller-Gutachten).

Im **Mikrozensus-Beschluss** hatte das Bundesverfassungsgericht die Erhebung von Informationen über 11
eine repräsentative Gruppe von Bundesbürgern zu Urlaubsreisen, ihrer Dauer und der Ziele mit genauer Angabe des Ortes und des Beförderungsmittels als zulässig erachtet. Zunächst stellte das Gericht als Grundsatz zwar fest: „Mit der Menschenwürde wäre es nicht zu vereinbaren, wenn der Staat das Recht für sich in Anspruch nehmen könnte, den Menschen zwangsweise in seiner **ganzen Persönlichkeit** zu registrieren und zu katalogisieren, sei es auch in der **Anonymität einer statistischen Erhebung**, und ihn damit wie eine Sache zu behandeln, die einer Bestandsaufnahme in jeder Beziehung zugänglich ist." Es müsse „dem Einzelnen um der freien und selbstverantwortlichen Entfaltung seiner Persönlichkeit willen ein ‚Innenraum' verbleiben [...], in dem er ‚sich selbst besitzt' und ‚in den er sich zurück-

ziehen kann', zu dem die Umwelt keinen Zutritt hat, in dem man in Ruhe gelassen wird und ein Recht auf Einsamkeit genießt" (BVerfG 16.7.1969 – 1 BvL 19/63, BVerfGE 27, 1, 6). Doch die konkrete Erhebung des Mikrozensus zu Urlaubsreiseinformationen verstieß nach Ansicht des Bundesverfassungsgerichts nicht gegen diese Grundsätze. Als gemeinschaftsbezogener und gemeinschaftsgebundener Bürger müsse „jedermann die Notwendigkeit statistischer Erhebungen über seine Person in gewissem Umfang, wie zB bei einer Volkszählung, als Vorbedingung für die Planmäßigkeit staatlichen Handelns hinnehmen" (BVerfG 16.7.1969 – 1 BvL 19/63, BVerfGE 27, 1, 7). Sämtliche Angaben über die Erholungsreisen würden „nicht jenem innersten (Intim-)Bereich an[gehören], in den der Staat auch nicht durch eine Befragung zu statistischen Zwecken ohne Verletzung der Menschenwürde und des Selbstbestimmungsrechts des Einzelnen eingreifen" könne (BVerfG 16.7.1969 – 1 BvL 19/63, BVerfGE 27, 1, 8).

12 Ähnliche Begründungen führte das **Steinmüller-Gutachten** an. Danach garantiere Art. 1 Abs. 1 GG das Selbstbestimmungsrecht des Bürgers über sein „informationelles Personenmodell". Der Einzelne habe ein Selbstbestimmungsrecht, welche Individualinformationen er unter welchen Umständen an wen abgebe. Grund für das Bewusstsein zum Datenumgang war der rapide Anstieg von genutzten Rechnern, damals EDV-Anlagen genannt. Die Leistungen von EDV-Anlagen einschätzend, wurden teilweise Wirkungen erwartet, die der Beobachter von außen nicht von den Auswirkungen totalitärer Systeme unterscheiden könne (*Steinmüller* et. al., Grundfragen des Datenschutzes, BT-Drucks. VI/3826, Anlage 1).

13 Das Bundesdatenschutzgesetz sollte ein Gesetz sein, dass diese negativen Auswirkungen der IT verhindert. Dabei ging es dem Bundesdatenschutzgesetz 1977 vor allem um die Beschränkung der öffentlichen Verwaltung, namentlich der Leistungsverwaltung. Es war im Vorfeld des Erlasses des ersten BDSG nämlich ministerial beabsichtigt, Datensammlungen in Deutschland zu zentralisieren und per IT und mittels eines einheitlichen Personenkennzeichens der Bundesbürger nutzbar zu machen (sogenanntes Bundesdatenbanknetz; Capital 9/1968, S. 14). Denn nur das einheitliche Kennzeichen konnte es damals möglich machen, auf Daten aus verschiedenen Registern und Dateien schnell zuzugreifen. Ziel sollte es sein, gerade im Bereich der sozialen Leistungsgewährung und Planung hinreichend korrekte Daten zur Verfügung zu haben.

14 Anders als in der damaligen Deutschen Demokratischen Republik ist das einheitliche Personenkennzeichen in Deutschland mit Rücksicht auf datenschutzrechtliche Überlegungen bis heute nicht eingeführt worden. Allerdings gibt es andere Kennzeichen, mit denen Bürger in jeweils einer oder mehreren Datenbanken für bestimmte Themenbereiche identifiziert werden können. So ist in 2007 für steuerliche Zwecke mit § 139b Abgabenordnung die einheitliche lebenslange (steuerliche) Identifikationsnummer eingeführt worden, bei wirtschaftlicher Betätigung wird zusätzlich eine Wirtschafts-Identifikationsnummer erteilt (§ 139c Abgabenordnung).

15 Durch das BDSG 1977 wurde klargestellt, dass ohne gesetzliche Grundlage eine Verarbeitung personenbezogener Daten natürlicher Personen nicht in Betracht kommt. Allerdings war für die Behörden und öffentlichen Stellen neben dem Gesetzesvorbehalt lediglich geregelt, dass eine Datenverarbeitung insoweit zulässig ist, als die personenbezogenen Daten für die öffentliche Aufgabenerfüllung erforderlich sind (Erforderlichkeitsprinzip). Im Vordergrund stand die Abwehr von Missbräuchen im Umgang mit personenbezogenen Daten (§ 1 Abs. 1 BDSG 1977). Nur für die privaten geschäftsmäßigen Datenverarbeiter war vorgesehen, dass eine Datenverarbeitung zur Erfüllung von Geschäftszwecken oder zur Wahrung für die privaten Belange der Betroffenen überwiegende Zwecke zulässig ist (Güterabwägung). Auch das unabhängige Organ des Datenschutzbeauftragten wurde geschaffen (§§ 28, 29 BDSG 1977), der seitdem als wichtiger Fels bei der Durchsetzung des Datenschutzes in Unternehmen und teilweise auch bei Behörden in vielen Bundesländern Pflicht ist (s. 80. Abschnitt, B, I/II Rn 18 ff).

16 **EXKURS: Datenschutz und Nutzung von Personenkennzeichen.** Auf den ersten Blick scheinen Personenkennzeichen heute datenschutzrechtlich nicht unbedingt besonders relevant zu sein. Lassen sich doch unter einem vollständigen Namen und einer Adresse, gegebenenfalls einem Geburtsdatum, relativ leicht Datenbanken abfragen. Die erleichterte Möglichkeit, mit einem einheitlichen Kennzeichen ansonsten getrennte Datenbestände eindeutig zu verknüpfen, wirft allerdings eine Reihe von datenschutzrechtlichen Fragen auf. Bei staatlichen Stellen entsteht immer wieder der Wunsch, neben dem Namen und weiteren personenbezogener Bürgerdaten ein alphanumerisches Personenkennzeichen vorzusehen. Damit soll jeder Bürger eindeutig identifizierbar sein.

Soweit solche Personenkennzeichen bestehen, ist deren Verwendung durch die öffentliche Verwaltung auf den gesetzlich vorgesehenen Bereich beschränkt. Die Effektivität des eindeutigen Personenkennzeichens beim schnellen Zugriff führt allerdings zu dem weiteren Bedürfnis, das Kennzeichen auch für andere Bereiche nutzbar zu machen. Zum Teil sprechen sogar Datenschutzgründe für die Verwendung des Personenkennzeichens, lassen sich doch unter ihm ohne sprechenden Namen Informationen über eine Person pseudonym abspeichern wie beispielsweise Klausuren und Noten unter einer Matrikelnummer, so dass Außenstehenden – beispielsweise bei einem unbefugten Datenzugriff – eine Namenszuordnung verwehrt ist. Auch lassen sich Datenbanken mit solchen Personenkennzeichen schneller nutzbar machen. 17

Datenschutzrechtlich kritisch wird das eindeutige Personenkennzeichen in der Praxis, wenn mit seiner Hilfe Datenbestände verknüpft werden, die grundsätzlich getrennt bleiben sollen. Die bisher getrennten Datenbanken lassen sich durch das eindeutige Personenkennzeichen praktisch wie eine Zentraldatenbank verwenden. Die Effizienz bedeutet also, dass das Risiko von Datenschutzverletzungen zunimmt. Solche effizienten staatlichen Auswertungen werden zwar regelmäßig nicht ohne weiteres zulässig sein. Doch technisch entsteht mit dem eindeutigen Personenkennzeichen bei Behörden der Machbarkeitsschritt zum Persönlichkeitsprofil des Bürgers. 18

Zudem werden mit zunehmender Nutzung eines eindeutigen Personenkennzeichens die Anforderungen an die Sorgfalt im Datenumgang wesentlich erhöht. Verlassen sich mehr und mehr Stellen auf das nicht sprechende Personenkennzeichen, so fehlt es im anonymen Verkehr einer Behörde an Prüfmöglichkeiten hinsichtlich der Identität. Verwechslungen müssen dann durch Anforderungen an den Datenumgang ausgeschlossen werden. 19

III. Volkszählungsurteil 1983 – Informationelles Selbstbestimmungsrecht

Die bloße einfachgesetzliche Schranke und das Erforderlichkeitsprinzip werden durch das Volkszählungsurteil als nicht hinreichend gewertet. Mit diesem Urteil des Bundesverfassungsgerichts von 1983 (BVerfG 15.12.1983, BVerfGE 65, 1) wurde dem Datenschutz **Verfassungsrang** eingeräumt. Das Bundesverfassungsgericht bestimmte, dass sich der Datenschutz des Bürgers aus seinem allgemeinen Persönlichkeitsrecht aus Art. 2 Abs. 1 (Freie Entfaltung der Persönlichkeit) iVm Art. 1 Abs. 1 GG (Schutz der Menschenwürde) ableite (BVerfGE 65, 1, 41). Das absolute Recht auf Achtung und Entfaltung der Persönlichkeit gewährleiste, dass der Einzelne – wenn auch nicht unumschränkt – selbst über die Preisgabe und Verwendung seiner persönlichen Daten bestimmen könne (sogenanntes **informationelles Selbstbestimmungsrecht**). Man kann angesichts des Inhalts von einem **Geheimhaltungsrecht** sprechen (auch das BVerfG verwendet den Begriff der Geheimhaltungsinteressen inzwischen, während es 1983 Geheimhaltung noch als technischen Vorgang verstand). Wenn der Staat demnach nicht besonders geschützte personenbezogene Daten verarbeiten wolle, müsse er den Grundrechtseingriff durch inhaltliche Vorgaben wie überwiegendes Allgemeininteresse, Normenklarheit, Verhältnismäßigkeit, Zweckbindung und organisatorische und verfahrensrechtliche Vorkehrungen legitimieren (BVerfGE 65, 1, 44). Diese Strenge habe ihren Grund in Folgendem: 20

„Wer nicht mit hinreichender Sicherheit überschauen kann, welche ihn betreffende Informationen in bestimmten Bereichen seiner sozialen Umwelt bekannt sind, und wer das Wissen möglicher Kommunikationspartner nicht einigermaßen abzuschätzen vermag, kann in seiner Freiheit wesentlich gehemmt werden, aus eigener Selbstbestimmung zu planen oder zu entscheiden. […] Wer unsicher ist, ob abweichende Verhaltensweisen jederzeit notiert und als Information dauerhaft gespeichert, verwendet oder weitergegeben werden, wird versuchen, nicht durch solche Verhaltensweisen aufzufallen. Wer damit rechnet, dass etwa die Teilnahme an einer Versammlung oder einer Bürgerinitiative behördlich registriert wird und dass ihm dadurch Risiken entstehen können, wird möglicherweise auf eine Ausübung seiner entsprechenden Grundrechte (Art. 8, 9 GG) verzichten.“ (BVerfGE 65, 1, 43)

Hervorzuheben ist, dass – anders als teilweise in der Sekundärliteratur verlautbart – das Bundesverfassungsgericht dem Einzelnen das Datenschutzrecht gerade nicht nur „im Sinne einer absoluten, uneinschränkbaren Herrschaft über ‚seine‘ Daten“ zugesprochen hat (BVerfGE 65, 1, 44). Der Einzelne sei eine sich innerhalb der sozialen Gemeinschaft entfaltende, auf Kommunikation angewiesene Persönlichkeit. Die Information als Abbild sozialer Realität ist daher auch anderen zur Nutzung eröffnet. Diese Drittnutzung bedürfe einer gesetzlichen Grundlage, aus der sich die Voraussetzungen und der Umfang der Beschränkungen klar und erkennbar ergäben und die damit dem rechtsstaatlichen Gebot 21 der Normenklarheit entspreche. Dieser Abwägungsgedanke zwischen dem Geheimhaltungs- und dem Verwendungsinteresse wird durch das BDSG ausgeformt.

IV. BDSG 1990

22 In der Folge des Volkszählungsurteils wurden die Landesdatenschutzgesetze novelliert, um den neuen verfassungsrechtlichen Anforderungen zu genügen. Zudem wurden besondere Vorschriften über den Datenumgang für bestimmte Bereiche staatlicher oder privater Tätigkeit in die jeweiligen Gesetze integriert (sogenannter **bereichsspezifischer Datenschutz** beispielsweise der **Sozialdatenschutz** im Sozialgesetzbuch X). Die Gedanken des Volkszählungsurteils flossen sodann 1990 ausdrücklich in das BDSG ein.

23 Das BDSG 1990 vom 20. Dezember 1990 ist die gesetzliche Grundlage, die noch heute – wenn auch mit diversen gesetzlichen Anpassungen (Novellen) – das allgemeine Datenschutzrecht bestimmt.

V. BDSG (2001)

24 Im Jahre 2001 erfolgten nach langjähriger rechtspolitischer Diskussion wesentliche Änderungen des BDSG vor allem im Hinblick auf den internationalen Datenverkehr innerhalb und außerhalb der Europäischen Union (EU) und des Europäischen Wirtschaftsraums (EWR). Die EU-Datenschutzrichtlinie (*Richtlinie 95/46/EG des Europäischen Parlaments und des Rates vom 24.10.1995 zum Schutz natürlicher Personen bei der Verarbeitung personenbezogener Daten und zum freien Datenverkehr*) wurde, wenn auch mit Verzug, implementiert.

VI. BDSG (2003)

25 Im Jahre 2003 gab es eine Neubekanntmachung, die durch redaktionelle Änderungen gekennzeichnet war.

VII. BDSG (2006)

26 Die Reform im Jahre 2006 brachte einzelne, doch in ihrer Wirkung beachtenswerte Änderungen. So wurde die Stellung des betrieblichen **Datenschutzbeauftragten** gestärkt, indem ihm ein – wenn auch bedingtes – **Zeugnisverweigerungsrecht** eingeräumt wurde (§ 203 Abs. 2a StGB). Es gibt seit 2006 die gesetzliche Möglichkeit, Dritte als betriebliche Datenschutzbeauftragte für solche Unternehmen zu bestellen, deren Mitarbeiter einem Berufs- oder Amtsgeheimnis unterliegen, wie beispielsweise bei Krankenhäusern.

27 Private Unternehmen haben die Pflicht, als internes Kontrollorgan einen **betrieblichen Datenschutzbeauftragten** zu bestellen, wenn eine bestimmte Anzahl von Beschäftigten mit personenbezogenen Daten umgeht. Die zahlenmäßige Grenze zur Befreiung von dieser Pflicht (Bagatellgrenze) wurde erhöht. Lag sie bis dahin bei fünf Arbeitnehmern, so ist seit der Änderung dann kein Datenschutzbeauftragter zu bestellen, wenn höchstens 9 Personen ständig mit der automatisierten Verarbeitung personenbezogener Daten beschäftigt sind. Mit dieser Regelung wollte der Gesetzgeber dem Umstand Rechnung tragen, dass gerade kleinere Unternehmen und Freiberufler, wie beispielsweise Apotheken, nicht die finanziellen Mittel haben, eigene Mitarbeiter als Datenschutzbeauftragte fortzubilden oder externe Datenschutzbeauftragte zu bestellen. Als vom Schutzzweck her bedenklich erweist sich diese Regelung jedoch dann, wenn das kleine Unternehmen in größerem Umfang mit personenbezogenen Daten umgeht, ohne dass es damit besondere Bestellpflichten auslöst.

28 Die Reform von 2006 konkretisierte auch die Anforderungen an die **Fachkunde**. Es wurde festgelegt, dass sich die Fachkunde des Datenschutzbeauftragten am Umfang der Datenverarbeitung und dem Schutzbedarf der personenbezogenen Daten orientieren soll. Damit tastet sich der Gesetzgeber an den Ausbildungsbedarf des Datenschutzbeauftragten heran. Ein Berufsbild ist bis heute nicht geschaffen worden (dazu BvD, Das berufliche Leitbild des Datenschutzbeauftragten, 2011; https://www.bvd-net.de/fileadmin/BvD_eV/pdf_und_bilder/leitbild/bvd-leitbild-2011.pdf; 30.9.2011).

29 Auffallend ist die Neufassung des § 4g Abs. 1 und § 38 Abs. 1 BDSG im Jahre 2006 mit ihrem datenschutzrechtlichem Novum: Der **Aufsichtsbehörde** wird – neben ihrer Aufsichtsfunktion – die Rolle des „Freundes und Helfers“ beigegeben. So soll die Aufsichtsbehörde nach dem Willen des Gesetzes den

betrieblichen Datenschutzbeauftragten beraten und unterstützen. Sieht man einmal davon ab, dass die meisten Aufsichtsbehörden zu einer angemessenen Beratung angesichts ihrer zurückhaltenden Mittelzuweisung hierzu bereits personell kaum in der Lage sein dürften, stellt sich die Frage, wie sich staatliche Aufsicht und Beratung einzelner Unternehmen inhaltlich miteinander vereinbaren lassen. Allerdings trägt diese Regelung durchaus dem Umstand Rechnung, dass die Aufsichtsbehörden in Deutschland häufig nicht mit Sanktionen oder Anordnungen umgehen. In der Mehrzahl der Fälle und im Vordergrund steht bei vielen Fällen das gemeinsame Finden einer datenschutzkonformen Lösung.

VIII. Urteil zur Onlinedurchsuchung 2008

Mit einem Paukenschlag entschied das Bundesverfassungsgericht 2008, dass das heimliche Infiltrieren des Internets zur Überwachung von Computeraktivitäten und zum Auslesen von Speichermedien nur in eng begrenzten und definierten Ausnahmefällen zulässig ist. Es kreierte ein neues, gegenüber den sonstigen Datenschutzrechten subsidiäres Grundrecht als Unterfall des Allgemeinen Persönlichkeitsrechts, das **Grundrecht auf Gewährleistung der Vertraulichkeit und Integrität informationstechnischer Systeme** (BVerfG v. 27.2.2008 – 1 BvR 370/07, 1. Leitsatz/Abs. 167). Erfasst seien nicht nur Computer und die Netzwerke üblicher Art, sondern beispielsweise gerade auch intelligente Haustechniksysteme, die wie intelligente Zähler (**Smart Meter**) detaillierte Daten über den Stromverbrauch an das stromliefernde Unternehmen weitergeben können. Das informationelle Selbstbestimmungsrecht (Art. 2 Abs. 1 iVm Art. 1 Abs. 1 GG), das Recht auf Unverletzlichkeit der Wohnung (Art. 13 Abs. 1 GG) und das Fernmeldegeheimnis (Art. 10 Abs. 1 GG) hinterließen eine Schutzlücke (BVerfG aaO, Abs. 187), die durch das neue IT-Grundrecht zu schließen sei. 30

Der Nutzer von Netzwerken und Computern vertraue darauf, dass er seine Systeme unbeobachtet benutzen könne. Das IT-Grundrecht schütze ihn allerdings erst dann, wenn der Zugriff „einen Einblick in wesentliche Teile der Lebensgestaltung einer Person [...] oder gar ein aussagekräftiges Bild der Persönlichkeit“ ermögliche (BVerfG aaO, Abs. 203); unabhängig davon, ob der Nutzer sein informationstechnisches System für private oder für geschäftliche Zwecke verwende. Eingriffe aufgrund eines konkreten Gesetzes seien nur zulässig zum Schutz überragend wichtiger Rechtsgüter, nämlich Leib, Leben und Freiheit einer Person, oder solche Güter der Allgemeinheit, deren Bedrohung die Grundlagen oder den Bestand des Staates oder die Grundlagen der Existenz der Menschen berühre (BVerfG, aaO, Abs. 220). 31

IX. BDSG (2009) – Drei BDSG-Novellen

Erhebliche Veränderungen wurden 2009 am Bundesdatenschutzgesetz vorgenommen. Die vielfältigen **Datenmissbräuche** in den Jahren zuvor zeigten aus Sicht des Gesetzgebers erheblichen Konkretisierungsbedarf im Datenschutzrecht. Er betraf vor allem den Umgang mit Daten zur Bonitätsbeurteilung, mit Verbraucherdaten für Werbezwecke und den Beschäftigtendatenschutz. Zudem wurde die vereinfachende **Auftragsdatenverarbeitung** – also die Regeln zur Einschaltung von Dienstleistern, die mit personenbezogenen Daten vom Auftraggeber umgehen – durch Anforderungen an den Inhalt des notwendigen schriftlichen Vertrags und die Pflicht zur Prüfung und Dokumentation der Geeignetheit und der Datensicherheit beim Dienstleister formalisiert (s. 79. Abschnitt, A, II, 2 Rn 25). 32

Beim neuen **Werbedatenschutzrecht** wurde das Einwilligungserfordernis betont, wenn auch nicht einseitig durchgesetzt. Weiterhin können Verbraucherdaten für Werbezwecke verwendet werden; allerdings eingeschränkt und nur bei Wahrung erhöhter Transparenz (§ 28 Abs. 3-3b BDSG; s. 79. Abschnitt, D, I Rn 56 ff). Für **Bonitätsinformationen** wurden Beschränkungen geregelt. Soweit es die Weitergabe von Fakten über eine Schlechtzahlung betrifft, wurden die bisherigen Abstimmungen der Aufsichtsbehörden weitgehend übernommen. Ohne gerichtliche Feststellung dürfen solche Daten nur übermittelt werden, wenn der betroffene Schuldner genügend Zeit und Möglichkeiten hatte, eine aus seiner Sicht zutreffende Situation darzustellen (§ 28a BDSG; s. 79. Abschnitt, D, II Rn 57 f). Und für die Bildung und Nutzung von Wahrscheinlichkeitsdaten über eine redliche Vertragsdurchführung (**Scorewerte**) wurden neben den vorhandenen Beschränkungen zusätzliche Anforderungen begründet. Sie richten sich vor allem gegen eine vorschnelle und nicht nachweisbare Einschätzung der Bonität einer bestimmten Person (s. 79. Abschnitt, D, III Rn 59). Für Kreditinstitute gelten Erleichterungen (§ 28a Abs. 2 BDSG). 33

34 Das **Beschäftigtendatenschutzrecht** wurde mit der neuen Vorschrift des § 32 BDSG nur „angeregelt“, vor allem im Hinblick auf die Großdatenerhebung zur Korruptionsbekämpfung bei der Deutschen Bahn AG (s. 79. Abschnitt, D, IV Rn 6).

X. Urteil zur Vorratsdatenspeicherung 2010

35 Der Begriff der Vorratsdatenspeicherung weist auf den Grundgedanken des deutschen Datenschutzrechts und den Grundsatz der Datensparsamkeit (s. 78. Abschnitt, C) hin. Das Datenschutzrecht gebietet, personenbezogene Daten nur für bestimmte Zwecke zu nutzen. Das schließt es sachgedanklich aus, Daten zu erheben, die zum Zeitpunkt der Erhebung mit keinem bestimmten Verwendungszweck versehen sind. Der Staat mit seinen Gefahrenabwehr- und Strafverfolgungsaufgaben ist allerdings bestrebt, durch die Nutzung von personenbezogenen Daten Gefahren von vornherein zu ergründen und zu verhindern oder doch wenigstens bei Schadenseintritt die Mittel der Strafverfolgung zu nutzen. Mit dem Urteil zur Vorratsdatenspeicherung hat es das Bundesverfassungsgericht für unzulässig erachtet, dass der Staat für seine Zwecke den privaten **Telekommunikationsdiensteanbietern** aufgibt, vorsorglich sechs Monate lang die Telekommunikationsverkehrsdaten (wie gewählte oder anrufende Telefonnummern, Beginn und Ende der Verbindungen, Datenmengen) zu speichern. Die §§ 113a und 113b TKG sowie § 100g Abs. 1 Satz 1 StPO, soweit danach Verkehrsdaten gemäß § 113a TKG erhoben würden, verstießen gegen das Grundrecht auf Schutz des Telekommunikationsgeheimnisses nach Art. 10 Abs. 1 GG und seien daher nichtig (BVerfG v. 2.3.2010 – BvR 256/08, Abs. 306).

36 Andererseits hat das Bundesverfassungsgericht kein absolutes Verbot einer Vorratsdatenspeicherung für den Gesetzgeber begründet und damit einen für den Staat nicht kontrollierbaren Raum für Fernmeldeaktivitäten abgelehnt. Da durch die Verwendung solcher Vorratsdaten aussagekräftige **Persönlichkeits- und Bewegungsprofile** personenbezogen erstellt werden könnten, fehle es allerdings in dem konkreten Gesetz an Vorgaben für die Gewährleistung hinreichender Datensicherheitsmaßnahmen für diese Daten, an normenklaren Regelungen mit einer hinreichenden Begrenzung der Verwendungszwecke sowie an Pflichten zur Benachrichtigung des Betroffenen.

C. Grundsätze des Datenschutzrechts

37 In der Rechtspraxis wird häufig auf der Grundlage von **Datenschutzgrundsätzen** argumentiert. Dazu gehören namentlich folgende Grundsätze: der Grundsatz, dass schutzwürdige Interessen des Betroffenen nicht beeinträchtigt werden dürfen, das **Transparenzgebot**, der **Direkterhebungsgrundsatz** und der in 2009 vom Gesetzgeber abgeschwächte Grundsatz der **Datenvermeidung und Datensparsamkeit**. Allen diesen Grundsätzen ist gemein, dass sie nicht absolut gelten, sondern in ihren Ausprägungen auf der Grundlage der Vorschriften des BDSG angewendet werden müssen. Das **Transparenzgebot**, also die Pflicht, über den Datenumgang zu informieren, ist beispielsweise durch diverse Ausnahmetatbestände (§ 33 Abs. 2 BDSG) eingeschränkt. Daher eignen sich diese Grundsätze außerhalb der jeweiligen konkreten Vorschrift nur sehr eingeschränkt als systematische Auslegungskriterien.

38 Das gilt besonders für den Grundsatz der **Datensparsamkeit** nach § 3a BDSG, der nach hM als bloßer Programmsatz zu verstehen ist (*Gola/Schomerus*, BDSG, § 3a Rn 2 – Nichtbeachtung hat keine Rechtswidrigkeit zur Folge; *Schaffland/Wiltfang*, BDSG, § 3a Rn 2 – unverbindliche Zielvorgabe; *Bergmann/Möhrle/Herb*, Datenschutzrecht, § 3a Rn 1. AA *Simitis-Bizer*, BDSG, § 3a Rn 1 – Konkretisierung des Erforderlichkeitsprinzips durch Korridor). Durch die BDSG-Novellen in 2009 ist die **Datenvermeidung** als Grundsatz entkräftet worden; vor allem mit Rücksicht auf diverse Anwendungen wie soziale Netzwerke wurde der Datenschutzgrundsatz, möglichst keine personenbezogene Daten zu erheben, aufgegeben. Seit 2009 kommt es also jetzt nur noch darauf an, im Rahmen der geltenden Datenschutzregeln datensparsam zu sein, also nicht unnötig viele Daten zu erheben. Nicht geklärt ist allerdings, ob die heute von Vielen geübte Vielzahl von Dateneingaben und Datenverwendungen davon berührt ist. Diese Vorschrift kann also nicht als weitere Anforderung innerhalb der Erlaubnistatbestände des Datenumgangs ausgelegt werden. Schon im BDSG 1977 ist geregelt gewesen, dass ohne gesetzliche Grundlage eine Datenverarbeitung unzulässig ist (s. 78. Abschnitt, B, II Rn 10). Unter anderem regelt das BDSG für viele Fallgruppen, dass bei überwiegendem Verwendungsinteresse das Unternehmen befugt ist, personenbezogene Daten zu verarbeiten (§ 28 Abs. 1 Satz 1 Nr. 2 BDSG). Allein in dem verbleibenden eröffneten Rahmen kann jetzt noch der Programmsatz der Datensparsamkeit als Ermessensgesichtspunkt Anwendung finden. In der praktischen Anwendung führt dieser Grundsatz

teilweise dazu, dass dem Unternehmen das berechtigte Verwendungsinteresse in seiner Zielausrichtung korrigiert wird. Die Reduktion des Ermessens darf jedoch nicht in Vergessenheit bringen, dass die Zweckfestlegung Sache der verantwortlichen Stelle ist.

79. Abschnitt: Grundregeln des medienrelevanten Datenschutzrechts

A. Zweck, Anwendungsbereich, Begriffe

I. Schutzobjekt und Schutzzweck des Datenschutzes

1 **1. Informationen über natürliche Personen.** Das Datenschutzrecht schützt objektiv in erster Linie **Informationen über natürliche Personen** (§ 3 Abs. 1 BDSG; „Einzelangaben über persönliche oder sachliche Verhältnisse einer bestimmten oder bestimmbaren natürlichen Person [Betroffener]"). Aus der Sicht des Betroffenen, also der Person, deren Daten verwendet werden, wird sein Bedürfnis geschützt, seine eigenen Daten geheim zu halten. Dieses, sein informationelles Selbstbestimmungsrecht wird der äußeren Form des BDSG nach als Eigentumsrecht geschützt. Für die Einordnung im Sinne eines Eigentumsrechts (**Eigentumsmodell**) – „meine Daten gehören mir" – spricht die Konstruktion des informationellen Selbstbestimmungsrechts als Verbot mit Erlaubnisvorbehalt (s. 78. Abschnitt, B, II Rn 10). Personenbezogene Daten dürfen danach nur verarbeitet werden, wenn es durch ein Gesetz erlaubt ist. Im Sinne des Gesetzesvorbehalts ist das so zu verstehen, dass enge, klar bestimmte Gesetze zur Einschränkung des Rechts an den „eigenen" Daten erforderlich sind. Materiell beruht das Bundesdatenschutzgesetz jedoch auf einem **Abwägungsmodell.** Danach ist ein Umgang mit personenbezogenen Daten erlaubt, wenn kein Grund zu der Annahme besteht, dass das schutzwürdige Interesse des Betroffenen an dem Ausschluss der Verarbeitung oder Nutzung überwiegt. Das BDSG und weitere Spezialgesetze gestalten die Abwägung teilweise – wie im Werbedatenschutzrecht oder im Telemedienrecht – differenziert aus.

2 Der Widerstreit zwischen beiden Modellen wird wichtiger, seitdem nach den Grenzen zulässiger Datenverarbeitung beispielsweise durch soziale Netzwerke, Tracking Tools, RFID-Chips und Videoüberwachungssysteme, also den Verarbeitungsmöglichkeiten moderner Datenerfassungs- und Verarbeitungstechnik zu suchen ist. Computergesteuerte Datenverarbeitungen gab es zwar auch schon in den 1970er Jahren. Doch heute treten zwei entscheidende Aspekte hinzu. **Erstens** ist die Verarbeitungskapazität ins Unüberschaubare gestiegen (s. dazu die Analyse so genannter **Big Data**, McKinsey Global Institute, Big Data. The next frontier for innovation, competition and productivity, 2011, http://www.mckinsey.com/mgi/publications/big_data/pdfs/MGI_big_data_full_report.pdf, 30.9.2011). Rechner können personenbezogene Daten nach einer Vielzahl von vorhandenen Kriterien auswerten und über virtuelle Server zur Verfügung stellen. **Zweitens** sind es heute nicht mehr nur der Staat und einzelne Großunternehmen, sondern auch kleine und mittelständische Unternehmen und die Verbraucher, die die Verarbeitungskapazitäten von Rechnersystemen nutzen können. Die Bereitschaft, an einer staatlichen Volkszählung teilzunehmen, war weitaus geringer, als es heute der Wunsch vieler Bürger ist, selbst ihre Daten in soziale Netzwerke einzugeben, um damit per Computer Kontakte zu anderen Menschen zu pflegen oder das berufliche Fortkommen zu verbessern. Und auch die Suche nach Literatur oder Musik mithilfe von technischen Systemen, die das Wunschprofil des Verbrauchers gespeichert haben, wird gern in Anspruch genommen. Das Bedürfnis, die Erleichterungen der modernen personenbezogenen Informationsverarbeitung zu nutzen, geht also einher mit dem widersprüchlichen

Bestreben, seine Informationen nicht preisgeben zu wollen. In dieser Lage hilft das **Eigentumsmodell** nur bedingt weiter, geht es doch von einem grundsätzlichen Vorrang des informationellen Selbstbestimmungsrechts aus. Das informationelle Selbstbestimmungsrecht sei ein defensives Abwehrrecht und daher im Zweifel vorrangig gegenüber einem aggressiven Recht auf Datenverarbeitung (*Roßnagel/Pfitzmann/Garstka*, Modernisierung des Datenschutzrechts, Gutachten im Auftrag des Bundesministeriums des Innern, 12.11.2001, Abschnitt 4.2, S. 51). Trotz Grundrechtskonkurrenz und des Erfordernisses des Ausgleichs (**praktische Konkordanz**) wird das Eigentumsmodell zwar ein wichtiger Aspekt im Rahmen des Ausgleichs des Spannungsverhältnisses zwischen Datenverwendung und Geheimhaltungsinteresse bleiben. Eine endgültige Entscheidung kann es angesichts der häufig zwiespältigen Interessenlage gerade des Verbrauchers immer weniger determinieren. Den Umgang mit personenbezogenen Daten als Ausnahme auszuweisen, wird der heutigen Interessenlage nicht mehr gerecht (*Bull*, Informationelle Selbstbestimmung – Vision oder Illusion?, 2009, S. 58).

Andererseits gibt auch das **Abwägungsmodell** allein keine hinreichenden Hinweise für einen Vorrang, 3
solange es an konkreten Maßstäben fehlt. Der Weg zu konkreten Maßstäben, wenigstens in Form von Fallgruppen, ist unumgänglich und findet seine Ausprägung in dem vermehrten Schaffen bereichsspezifischer Regelungen; vor allem auch im Bundesdatenschutzgesetz mit den Vorschriften zur Datenverwendung für Werbezwecke (§§ 28 Abs. 3-3b), den Regelungen zur Schuldnerdatenverwendung (§ 28a), zum Scoring (§ 28b) und zum Beschäftigtendatenschutz (§ 32). Immer muss dabei die Frage gestellt werden, welchem Hauptzweck die Ausübung des Geheimhaltungsinteresses dient (*Bull*, Informationelle Selbstbestimmung – Vision oder Illusion?, 2009, S. 56 f).

2. Informationen über juristische Personen. Informationen über juristische Personen werden demge- 4
genüber nur durch einzelne bereichsspezifische Gesetze, wie das Telekommunikationsgesetz (§ 91 Abs. 1 Satz 2 TKG), und nach den wettbewerbsrechtlichen Vorschriften (§ 17 Gesetz gegen unlauteren Wettbewerb – Verrat von Geschäfts- und Betriebsgeheimnissen) geschützt. Während das BDSG für gewerbliche natürliche Personen teilweise Sonderregeln vorsieht (§ 28 Abs. 3 Satz 2 Nr. 2), erfasst der Schutz des BDSG keine juristischen Personen. Allerdings kommt er zum Zuge, wenn Unternehmensangaben einen eindeutigen Bezug zu einzelnen Mitgliedern des Unternehmens haben wie es beispielsweise bei einer Ein-Personen-GmbH möglich ist.

3. Schutzzweck des BDSG. In Umsetzung der Rechtsprechung des Volkszählungsurteils beantwortet 5
§ 1 BDSG die Frage, welchen **Schutzzweck** der Datenschutz hat, immer noch isoliert, also ohne Rücksicht auf den Ausübungszweck des Geheimhaltungsinteresses. „Zweck dieses Gesetzes ist es, den Einzelnen davor zu schützen, dass er durch den Umgang mit seinen personenbezogenen Daten in seinem Persönlichkeitsrecht beeinträchtigt wird" (§ 1 Abs. 1 BDSG). Die Frage des Zwecks der Geheimhaltung oder der Verwendung der Daten selbst findet häufig erst bei der Anwendung der Vorschriften auf einzelne Fälle im Rahmen der Abwägung, dann jedoch häufig einzelfallbezogen seine Berücksichtigung.

Beim BDSG geht es um den Schutz der Persönlichkeitsrechte der

- Bürger,
- Beschäftigten, Bewerber,
- Kunden, Neukunden, Konsumenten, Umfrageteilnehmer,
- Geschäftspartner, Lieferanten und
- Besucher

auf der einen Seite sowie insbesondere der Gewerbefreiheit, der Presse- und Meinungsfreiheit und der Verfolgung von Gemeinschaftsinteressen auf der anderen Seite.

Zu fragen ist beispielsweise, 6

- wie stark das Interesse an der Freiheit vor einer Videoüberwachung gegenüber dem Kontrollinteresse des Unternehmens wiegt;
- ob eine Volkszählung jedes Mitglied der Bevölkerung und alle Lebensbereiche erfassen darf und ob das Risiko vor einem Missbrauch dieser Daten stärker wiegt als das staatliche Interesse;
- ob das Interesse an Werbefreiheit stärker wiegt als das Interesse eines Konzernunternehmens, Adressdaten zu Werbezwecken an Konzernschwestern weiterzugeben.

So wird der Versicherungsantragssteller sich wünschen, dass seine Bonitätsinformationen nicht zur 7
Beurteilung der Entscheidung über eine Haftpflichtversicherung genutzt werden. Ähnlich wird der freiberufliche Unternehmensberater ein überwiegendes Interesse daran haben, dass sein Wissen über

seine Kunden zum Wohle seines geschäftlichen Fortkommens bei ihm verbleibt und nicht uneingeschränkt weitergegeben wird.

Zudem sind die Antworten auf die Fragen zu geben, was exakt als anzuerkennendes Geheimhaltungsinteresse im Rahmen der Abwägung berücksichtigt werden darf und nach welchen Maßstäben die Abwägung vorzunehmen ist.

8 **4. Wahrscheinlich zutreffende Informationen / Werurteile.** Mit Rücksicht auf den Schutzzweck erfasst das BDSG auch Daten des Betroffenen, wenn sie vom Verwender nur als wahrscheinlich angenommen werden (*Gola/Schomerus*, BDSG, § 3 Rn 9). Nach den Maßstäben des Volkszählungsurteils (s. oben 78. Abschnitt, B, III Rn 20 f) kommt es nicht auf die Richtigkeit der Angaben an. Der aus dem allgemeinen Persönlichkeitsrecht entwickelte Schutzzweck des informationellen Selbstbestimmungsrechts richtet sich darauf, dass der Betroffene die Richtigkeit und Verwendung seines teilweisen oder vollständigen Persönlichkeitsbildes gegenüber Dritten mit Rücksicht auf konkrete Zwecke hinreichend kontrollieren kann (BVerfG 15.12.1983, BVerfGE 65, 1, 42). Daher sind auch bloße Werturteile als Daten erfasst, sofern es nicht um den Ausdruck der Subjektivität des Urteilenden geht, sondern die Bewertung im Vordergrund steht (*Simitis-Damman*, BDSG, § 3 Rn 12). Das gilt insbesondere für Bewertungen, die aus errechneten Wahrscheinlichkeitswerten, beispielsweise über die Zahlungsfähigkeit (Scoring, § 28b BDSG), abgeleitet werden.

9 **5. Informationen auf Papier und in elektronischen Dateien.** Der Schutz des Datenschutzrechts ist weitgehend unabhängig von der Art, wie die Daten der natürlichen Personen aufbewahrt und verarbeitet werden. Die Einschränkungen des Datenschutzrechts gelten zunächst für jeden elektronischen Datenumgang. Erfasst sind daher einfache elektronische Dateien (**automatisierte Dateien**; § 3 Abs. 2 Satz 1 BDSG), wie Textdateien oder Excel-Sheets, als auch hoch komplizierte Datenbankdateien eines CRM-Systems (Kundenbeziehungssystem, das alle Verbindungen und Informationen zu einem Kunden vorhält). Die Beschränkungen gelten allerdings auch für die Verarbeitung von Daten auf Papier. Jedoch unterwirft das Gesetz Informationen auf Papier nur dann dem Datenschutz, wenn diese Papiere gleichartig aufgebaut sind und nach einem einzelnen Merkmal geordnet, umgeordnet und ausgewertet werden können (nicht automatisierte Datei; § 3 Abs. 2 Satz 2 BDSG). Denn während sich eine elektronische Datei in jedem Fall mit einfachen Funktionen einer Standardsoftware oder eines selbst geschriebenen Programms schnell auswerten lässt, ist das bei einer nicht automatisierten Datei ohne Zeitaufwand kaum möglich. Im allgemeinen Sprachgebrauch nennt man eine solche nicht elektronisch auswertbare Datei häufig Kartei. So stellten die linear nach Namen oder Zustellbezirk geordneten Response-Karten einer Direktmarketingaktion eine nicht automatisierte Datei dar, weil sie sich umsortieren lassen. Entsprechendes gilt für eine geordnete Ablage von Bewerbungsbögen. Nicht erfasst sind dagegen verkörperte echte **Adressbücher**, wenn sie beispielsweise nur durch Zerschneiden nach anderen Merkmalen umgeordnet werden können. Deshalb nimmt das Gesetz Sammlungen von Daten auf Papier von natürlichen Personen aus dem Schutz und Kontrollbereich des BDSG aus, wenn ein Umordnen kaum möglich ist.

10 Inzwischen fallen auch **Akten** unter den Dateibegriff, sofern sie nur manuell auswertbar sind. Die noch im BDSG 1990 (s. oben 78. Abschnitt, B, IV) enthaltene Regelung, dass eine automatisierte Umordnung möglich sein muss, ist entfallen (*Gola/Schomerus*, BDSG, § 3 Rn 20). Auch Mikrofilme und Mikrofiches sind in der Regel keine Datei, soweit die Mikrofiches nicht ähnlich wie eine Kartei umgeordnet und ausgewertet werden können.

11 **6. Datenumgang für persönliche oder familiäre Zwecke.** Werden Informationen für persönliche oder familiäre Zwecke verwendet, schützt das Datenschutzrecht die Betroffenen in der Regel nicht (§ 1 Abs. 2 Nr. 3 aE BDSG). Das Gesetz sieht hier die private Sphäre des Datenverwenders, soweit der private Aktionskreis (*Simitis*, BDSG, § 1 Rn 149) nicht verlassen wird, als vorrangig an. Die private Geburtstagsliste, die ein einzelner Beschäftigter für sich zulässig auf seinem Firmen-PC verwaltet, ist nicht dem BDSG unterworfen. Auch rein private Adresssammlungen mittels Karteikarten, zB mit privaten Bemerkungen zur Persönlichkeit von Freunden, unterfallen nicht dem Schutz des BDSG, weil die Daten nicht für geschäftliche Zwecke aufgenommen worden sind. Damit ist es im privaten Aktionskreis auch zulässig, sensitive Daten (§ 3 Abs. 9 BDSG) aufzunehmen, sich beispielsweise die Krankengeschichten seiner Freunde zu notieren. Einschränkungen dieses „privaten Datenumgangs" können sich nur aus anderen Regelungen ergeben; beispielsweise aus dem allgemeinen Persönlichkeitsrecht, dessen Verletzung einen Unterlassungsanspruch nach §§ 823, 1004 BGB auslösen kann. Doch schon innerhalb des BDSG zeigen sich Grenzen dieser hergebrachten Trennung. Ein Beispiel für einen Grenz-

fall ist der Upload privater Adressbücher oder Fotos in soziale Netzwerke. Mit dem Upload ergeben sich vielfältige Nutzungsmöglichkeiten. Der registrierte Nutzer oder das automatisierte Netzwerk kann mittels der Fotos versuchen, fotografisch erfasste Personen zu identifizieren oder das soziale Netzwerk kann im Namen des Nutzers Adressbuchadressen automatisiert kontakten. Bei solchen mittelbaren, über den technischen Upload hinausgehenden Zwecken kommt es darauf an, zu entscheiden, ob es sich um gesonderte Zwecke handelt oder um solche, die mit dem ursprünglichen Upload unmittelbar zusammenhängen. Hier hilft die technische Trennung zwischen privater und sonstiger Sphäre allein nicht weiter, um über die Anwendbarkeit des BDSG zu entscheiden.

II. Wichtige Begriffe des BDSG

Häufig verwendet das Datenschutzrecht Begriffe, wie Nutzen oder Löschen, die nicht dem allgemeinen Sprachgebrauch entstammen. Mit § 3 BDSG gibt das Gesetz Begriffsbestimmungen. Sie werden in bereichsspezifischen Datenschutzregelungen, wie beispielsweise im Telekommunikationsgesetz (Verkehrsdaten nach § 96 TKG) oder im Sozialgesetzbuch X (Sozialdaten nach § 67 Abs. 1 SGB X), noch ergänzt. 12

1. Eingriffsformen. Die Begriffsbestimmungen in § 3 BDSG regeln mit Abs. 1 zunächst das **Schutzobjekt**, nämlich die personenbezogenen Daten (dazu oben 79. Abschnitt, A, I, 1/2 Rn 1-4). § 3 Abs. 3 bis Abs. 5 BDSG erfassen die **Eingriffsformen**, durch die das informationelle Selbstbestimmungsrecht – das Geheimhaltungsinteresse des Betroffenen – berührt wird. Diese Eingriffsformen werden vom Gesetz unter dem Oberbegriff „Umgang mit Daten“ (§ 1 Abs. 1 BDSG) in Erheben, Verarbeiten, Nutzen, Sperren und Löschen von Daten fein aufgefächert. Die inhaltlichen Zusammenhänge der Begriffe veranschaulicht das nachfolgende Schaubild. 13

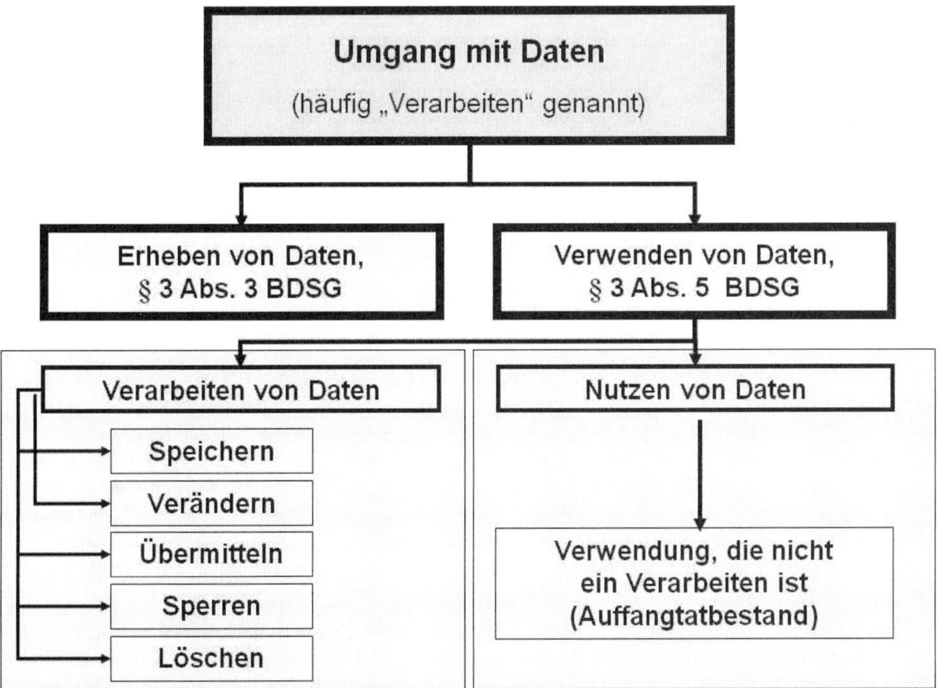

Diese Differenzierungen sind im Rahmen der Gesetzesanwendung nur in Grenzfällen wichtig. Mit dem – wenn auch praktisch selten gebrauchten – Begriff des „Umgangs mit Daten“ (§ 1 Abs. 1 BDSG) hat das Gesetz einen Oberbegriff geschaffen, der in der Regel für die Auslegung völlig genügt, da die aufgefächerten Eingriffsformen lediglich Unterbegriffe sind. In der Praxis wird jedoch im Sinne des Umgangs häufiger der alte Oberbegriff „Datenverarbeitung“ verwendet. Eine ähnliche Begriffsverwendung findet sich auch in den Strafrechtsnormen wie § 263a StGB – Computerbetrug (Verwenden 14 von Daten) und § 303b StGB – Computersabotage (Veränderung von Daten). Bedeutung hat die Differenzierung des Umgangs mit Daten in Unterbegriffe insbesondere im Rahmen der Abwägung des Datenverwendungsinteresses mit dem Geheimhaltungsinteresse des Betroffenen. So wird beispielsweise die eigene Verwendung von Kundendaten zu eigenen Werbezwecken (§ 28 Abs. 3 Satz 2 Nr. 1, 1. Fall BDSG) vom Gesetz als geringer eingreifend angesehen als die Übermittlung dieser Kundendaten an Dritte (§ 28 Abs. 3 Satz 4 BDSG).

15 Im Folgenden sollen der Begriffsklarheit wegen die Formen der Eingriffshandlungen in das Geheimhaltungsinteresse des Betroffenen kurz beschrieben werden.

16 Von einem **Erheben** spricht man, wenn personenbezogene Daten beschafft werden (§ 3 Abs. 3 BDSG). Gemeint sind alle aktiven oder veranlassten Datenerhebungsvorgänge. Nicht erfasst sind Daten, die ein Betroffener von sich aus unverlangt übergibt (*Simitis-Damman*, BDSG, § 3 Rn 104).

17 Der Begriff des **Speicherns** wird weit verstanden. Hierzu gehört nicht nur das zielgerichtete Erfassen und Aufnehmen auf einem Speichermedium, sondern auch das Aufbewahren in Gestalt des Übernehmens eines bestehenden Datenträgers (§ 3 Abs. 4 Satz 2 Nr. 1 BDSG). Zweifelsfälle kann es dann geben, wenn Daten – wie beim Streaming – nur zwischengespeichert oder nur für Übungszwecke vorübergehend aufgezeichnet werden.

18 Die **Datenveränderung** meint einen Umgang mit Daten, der ihren Informationswert ändert (Umgestaltung, § 3 Abs. 4 Satz 2 Nr. 2 BDSG). Eine förmliche Neustrukturierung kann genügen, wenn sich dadurch eine neue Qualität der Daten ergibt. So kann bereits das Umordnen eines nach Namen sortierten elektronischen Excel-Sheets ein Verändern darstellen, wenn sich dadurch eine Ranking-Information ergibt. Umstritten ist beispielsweise, ob ein Berichtigen ein Verändern oder ein mit einem Löschvorgang verbundenes Speichern neuer Daten ist. Im Ergebnis führt diese unterschiedliche Auffassung nicht zur Anwendung unterschiedlicher Zulässigkeitsvoraussetzungen.

19 **Übermittelt** werden Daten, wenn die Daten an einen Dritten weitergegeben oder beabsichtigt von diesem eingesehen oder aus einer Datenbank abgerufen werden (§ 3 Abs. 4 Satz 2 Nr. 3 BDSG). Dabei können einzelne Datensätze, jedoch auch ganze Datenbanken, beispielsweise bei einer Firmenübernahme ohne Gesamtrechtsnachfolge, übermittelt werden. Neben den Datenschutztatbeständen des BDSG sind die besonderen Schweigepflichten (beispielsweise das Fernmeldegeheimnis, § 88 TKG) und Berufsgeheimnisse (beispielsweise ärztliche Schweigepflicht, § 203 Abs. 1 Nr. 1 StGB – Verletzung von Privatgeheimnissen) zu beachten. Rechtlich besonders relevant wird die Einordnung als Übermittlung, wenn es um die Abgrenzung zur privilegierten Auftragsdatenverarbeitung (s. 79. Abschnitt, A, II, 2 Rn 25 ff) geht.

20 Für das **Nutzen** von Daten als Auffangtatbestand verbleiben als Aktivitäten vor allem die Durchführung einer weiteren Datenverarbeitung im eigenen Haus oder durch einen Dienstleister nach § 11 BDSG im Wege der Auftragsdatenverarbeitung (*Simitis-Damman*, BDSG, § 3 Rn 195).

21 Die Begriffe **Sperren und Löschen** – ebenfalls mit dem rechtlichen Oberbegriff Verarbeiten beschrieben – erfassen das Ende des Datenumgangs. Das Löschen als gesetzliches Unkenntlichmachen (§ 3 Abs. 4 Satz 2 Nr. 5 BDSG) meint eine Behandlung der Daten, die dazu führt, dass die Daten nicht mehr oder nur mit einem unverhältnismäßigen Aufwand an Zeit, Kosten und Arbeitskraft (vgl § 3 Abs. 6 BDSG) wieder eingesehen werden können (str.; aA *Simitis-Dammann*, BDSG, § 3 Rn 181, der – im Unterschied zur Anonymisierung – besonders strenge Anforderungen an die Reidentifizierung stellt). Die Löschung hat vor allem zu erfolgen, wenn die Daten unzulässig gespeichert wurden (§ 35 Abs. 2 Satz 1 Nr. 1 BDSG) oder sobald ihre Kenntnis für die Erfüllung des Geschäftszwecks nicht mehr erforderlich ist (§ 35 Abs. 2 Satz 1 Nr. 3 BDSG).

22 So sind beispielsweise Personalunterlagen zur Abwehr von etwaigen Schadensersatzansprüchen aufzubewahren. Weil eine Regelverjährungsfrist von drei Jahren besteht, ist eine Löschung nach Ausscheiden des Beschäftigten bis zum Ablauf dieser Frist nicht geboten. Doch auch nach Ablauf von drei Jahren ist das Arbeitsverhältnis nicht endgültig beendet. Zum einen läuft die dreijährige Frist nur, wenn der Gläubiger von den den Anspruch begründenden Umständen und der Person des Schuldners Kenntnis erlangt hat oder ohne grobe Fahrlässigkeit erlangen musste (§ 199 Abs. 1 Nr. 2 BGB). Bei Körper-, Gesundheits- und Lebensverletzungen verlängert sich die Frist zudem auf dreißig Jahre, soweit sie nicht Folge eines Arbeitsunfalls oder einer Berufserkrankung sind (§ 199 Abs. 2 BGB).

In vielen Fällen stehen der Löschung jedoch noch gesetzliche oder vertragliche Aufbewahrungspflichten entgegen. Als Kompromiss zwischen der vor allem gesetzlich gebotenen Aufbewahrung im Interesse des Staates und dem Interesse des Betroffenen, mit seinen Informationen in angemessener Frist aus den Aufzeichnungen zu verschwinden, sieht das Gesetz hier als ein Weniger zur Löschung die Sperrung vor (§ 3 Abs. 4 Satz 2 Nr. 4 BDSG). Für die Sperrung genügt es, wenn die Daten während der Dauer der Aufbewahrungspflichten mit einem Kennzeichen versehen sind. Das Kennzeichen muss gewährleisten, das die Daten auch technisch nur noch für Aufbewahrungszwecke, nicht mehr für eigene Geschäftszwecke verwendet werden können. 23

Personalakten enthalten unter anderem aufbewahrungspflichtige Unterlagen im Sinne des Handels- und Steuerrechts; nämlich empfangene Handelsbriefe und Wiedergaben der abgesandten Handelsbriefe, wie Rechnungen und Verträge, die sechs Jahre aufzubewahren sind, und Buchungsbelege, die zehn Jahre vorzuhalten sind (§ 257 Abs. 4 HGB, § 147 Abs. 3 Satz 1 AO). Dabei gehören zu den Buchungsbelegen solche Unterlagen, die die Vermögenslage des Unternehmens beeinflussen (beispielsweise Eingangsrechnungen, Bußgeldbescheide, Lohnlisten, Gerichtsvergleiche und sonstige kalkulationswichtige, vorangegangene Dokumente). 24

2. Verantwortliche Stelle und Auftragsdatenverarbeiter. Beim Datenumgang ist zu berücksichtigen, dass neben demjenigen, mit dessen Daten umgegangen wird (**Betroffener**, § 3 Abs. 1 BDSG), demjenigen, der mit den Daten umgeht (**verantwortliche Stelle**, § 3 Abs. 7 BDSG) und demjenigen, der Daten als **Dritter** erhält (weitere verantwortliche Stelle als Übermittlungsempfänger), eine weitere, gewissermaßen **vierte Person** agieren kann. Werden Daten an eine natürliche oder juristische Person weitergegeben, so muss darin nicht zwingend eine Übermittlung an einen Dritten (s. oben 79. Abschnitt, A, II, 1 Rn 19) liegen. Als Dritter gilt nämlich gesetzlich nicht der **Auftragsdatenverarbeiter**, der für die verantwortliche Stelle als Dienstleister im Wege der Auftragsdatenverarbeitung tätig ist (§ 3 Abs. 8 Satz 3 BDSG, § 11 BDSG). Das nachfolgende Schaubild zeigt den Beteiligtenzusammenhang auf. 25

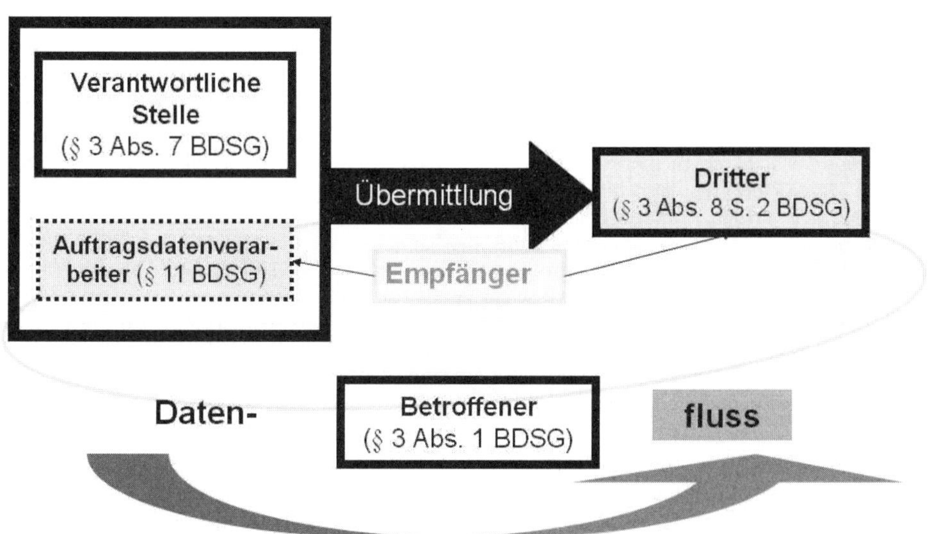

Mit dem Sondertatbestand der Auftragsdatenverarbeitung will das Gesetz den umfangreichen Outsourcingmaßnahmen der Unternehmen Rechnung tragen. Das **Outsourcing** – die Verlagerung bestimmter unternehmenseigener Tätigkeiten auf andere Unternehmen oder Freiberufler (*Dienstleister*) – soll datenschutzrechtlich nicht zu einem operativen Problem gemacht werden, solange dem Betroffenen dadurch kein erweiterter Nachteil droht oder dieser mit hinreichend sicheren Mitteln ausgeglichen werden kann. Allein schon der Umgang mit personenbezogenen Daten erfolgt bei vielen Unter- 26 nehmen nicht mehr – allein – auf hauseigenen Rechnern, sondern bei einem Outsourcingnehmer, nämlich auf fremden Rechnern eines externen Rechenzentrums. E-Mails laufen durch die SPAM-Filter externer Unternehmen, Kundenzufriedenheitsbefragungen werden durch Beratungsunternehmen betreut, Call-Center und freie Mitarbeiter gehen mit personenbezogenen Daten für das Unternehmen um. Soweit dieses Outsourcing unter Einbeziehung personenbezogener Daten innerhalb der Europäischen Union und innerhalb Norwegens, Islands und Liechtensteins (**Europäischer Wirtschaftsraum**) erfolgt, greifen die Vereinfachungsregeln der sogenannten Auftragsdatenverarbeitung, bei denen der Dienstleister nicht Dritter, sondern im Sprachgebrauch des BDSG Auftragsdatenverarbeiter ist und damit die Weitergabe der Daten keine Übermittlung im Sinne des § 3 Abs. 4 Satz 2 Nr. 3 BDSG darstellt. Damit vermeidet das outsourcende Unternehmen die Rechtsfolgen der Übermittlung. Ein weiterer gesetzlicher Erlaubnistatbestand für die Übermittlung ist somit entbehrlich. Informationspflichten gegenüber dem Betroffenen, beispielsweise über das „Ob" der Speicherung beim Dienstleister, entfallen. Die Information über den Dienstleister an sich genügt. Der Dienstleister wird, wenn die Voraussetzungen des § 11 BDSG erfüllt sind, wie eine bloße Abteilung der verantwortlichen Stelle betrachtet.

27 Die Regelungen der Auftragsdatenverarbeitung nach § 11 BDSG gestalten diese Anforderungen an diese spezielle Weitergabe formell aufwendig, doch inhaltlich einfach. Das Unternehmen muss für eine Auftragsdatenverarbeitung einen in Fragen der technischen und organisatorischen Datensicherheit zuverlässigen und sorgfältigen Auftragsdatenverarbeiter mit Sitz innerhalb des Europäischen Wirtschaftsraums aussuchen (die Auftragsdatenverarbeitung in Drittländern wird gegenwärtig nach den internationalen Übermittlungsvorschriften analog zur Auftragsdatenverarbeitung durchgeführt). Mit diesem Dienstleister ist ein schriftlicher Vertrag zur Auftragsdatenverarbeitung mit bestimmten Mindestinhalten (§ 11 Abs. 2 Satz 2 BDSG) abzuschließen, der auch zur Verpflichtung der Beschäftigten des Auftragnehmers (Dienstleisters) auf das Datengeheimnis anhält. Vor Beginn der Auftragsdurchführung und sodann regelmäßig sind die pflichtgemäßen Datensicherheitsmaßnahmen für den Umgang mit den verarbeiteten personenbezogenen Daten beim Dienstleister zu kontrollieren, und das Ergebnis der Prüfung ist zu dokumentieren (§ 11 Abs. 2 Satz 4 und 5 BDSG). Diese Überwachungspflicht setzt nicht zwingend voraus, dass die Räumlichkeiten des beauftragten Unternehmens besichtigt werden (*Gola/Schomerus*, BDSG, § 11 Rn 22). Entscheidend ist, dass sich erstens aus den Vertragsunterlagen ergibt, dass der Auftragnehmer ordentliche Datensicherheitsmaßnahmen getroffen hat, und zweitens Umstände erkennbar sind, die für den sicherheitskonformen Datenumgang sprechen. Es muss daher vor allem ein gelebtes Datensicherheitskonzept gegeben sein. Hierzu werden häufig Prüfberichte angefordert. Auch auf Datensicherheitszertifikate kann zur Kontrolle Bezug genommen werden. Diese vertraglichen und Prüfungsanforderungen rechtfertigen es unter dem BDSG, den Dienstleister wie eine bloße Abteilung der verantwortlichen Stelle zu behandeln (s. oben 79. Abschnitt, A, II, 2 Rn 25 ff).

28 Der Dienstleister, also der Auftragnehmer, ist anders als bei einer echten Übermittlung im Sinne des § 3 Abs. 4 Nr. 3 BDSG folglich im Wesentlichen nur dazu verpflichtet, die technischen und organisatorischen Datensicherheitsmaßnahmen zu treffen. Das sind die Maßnahmen, die erforderlich sind, damit die Daten verfügbar, integer (nicht verfälscht) und vertraulich sind. Diese Maßnahmen müssen dokumentiert sein, damit sie prüfbar und kontrollierbar sind (§ 11 Abs. 2, § 9, Anlage zu § 9 BDSG, Artt. 16, 17 EU-Datenschutzrichtlinie, s. oben 78. Abschnitt, B, V Rn 24 und Art. 7 Übereinkommen zum Schutz des Menschen bei der automatischen Verarbeitung personenbezogener Daten, 28.1.1981, Europarat-Konvention Nr. 108). Die Einhaltung der weiteren datenschutzrechtlichen Pflichten hat nicht der Dienstleister, sondern der Auftraggeber zu gewährleisten. Der Auftraggeber bleibt datenschutzrechtlich verantwortlich und haftet somit allein im Außenverhältnis; auch für ein etwaiges datenschutzwidriges Verhalten des Dienstleisters.

29 Lässt beispielsweise ein Arbeitgeber ein automatisiertes Beschäftigtenbewertungsportal von einem Dienstleister technisch umsetzen, ist für die datenschutzrechtliche Entscheidung über die Zulässigkeit dieser Beschäftigtenevaluation der Arbeitgeber, nicht der Dienstleister verantwortlich. Entsprechendes gilt für eine Werbeaktion, die ein Call-Center im Auftrag eines werbenden Unternehmens durchführt.

30 Der Auftragsdatenverarbeiter ist lediglich **Empfänger** der Daten, nicht Dritter.

31 Eine Einschränkung legt die noch herrschende Meinung der Auftragsverarbeitung auf: Es darf sich nicht um eine Funktionsübertragung handeln. Davon ist dann zu sprechen, wenn dem Dienstleister eigene Entscheidungsbefugnisse hinsichtlich des „Wie" des Umgangs mit den Daten und der Auswahl der Daten zustehen (*Bergmann/Möhrle/Herb*, Datenschutzrecht, § 11 Rn 10), also der Dienstleister über die datenschutzrechtliche Rechtmäßigkeit des Umgangs mit den Daten entscheiden kann. So liegt

beispielsweise eine Funktionsübertragung vor, wenn eine Bank nicht nur die Abwicklung des Wertpapiergeschäfts, sondern auch die Beratung des Kunden auf ein anderes Unternehmen ausgliedert (*Gola/Schomerus*, BDSG, § 11 Rn 9).

Hinweis: 32

Hinter der Weitergabe der personenbezogenen Daten im Rahmen der Auftragsdatenverarbeitung steckt regelmäßig eine konkrete Datenverwendung mit einem bestimmten Zweck (beispielsweise Speicherung zu Sicherheitszwecken, Nutzung zur Auswertung, Anreicherung mit neuen Informationen). Diese Datenverarbeitungen, im Zweifel Nutzungen (s. oben 79. Abschnitt A,II,1 Rn 20), müssen seitens des Auftraggebers als Eingriff in das informationelle Selbstbestimmungsrecht (Geheimhaltungsinteresse des Betroffenen) gerechtfertigt sein. § 11 BDSG rechtfertigt nur das Handeln des Dienstleisters, nicht die mit der Datenverarbeitung bezweckte Informationsverarbeitung.

B. Förmliche Pflichten der verantwortlichen Stelle

Das BDSG – wie die Landesdatenschutzgesetze – will den Einzelnen davor schützen, „dass er durch 33
den Umgang mit seinen personenbezogenen Daten in seinem Persönlichkeitsrecht beeinträchtigt wird" (§ 1 Abs. 1 BDSG). Dafür werden der datenhaltenden Stelle neben den materiellen Anforderungen zum datenschutzkonformen Datenumgang auch formelle Pflichten für die datenhaltende Einheit auferlegt. Teilweise ist die Einhaltung dieser formellen Pflichten für das Unternehmen durch Bußgeldvorschriften sanktioniert (s. dazu 80. Abschnitt, C, I Rn 25/27), wie beispielsweise der Verstoß gegen die Pflicht, einen Datenschutzbeauftragten zu bestellen (für private Unternehmen: § 43 Abs. 1 Nr. 2 BDSG). Zu den wesentlichen förmlichen Pflichten zählen:

- die Bestellung eines Datenschutzbeauftragten (DSB), soweit vom jeweiligen Datenschutzgesetz vorgesehen und sofern etwaige Schwellenwerte erreicht sind (beispielsweise für private Unternehmen wenn mehr als neun Personen ständig mit der automatisierten Verarbeitung personenbezogener Daten beschäftigt sind; § 4f Abs. 1 Satz 4 BDSG);
- die inventurartige Aufnahme der einzelnen Prozesse des Umgangs mit personenbezogenen Daten in der jeweiligen Einheit, häufig Verfahrensverzeichnis genannt (für Bundesbehörden und Unternehmen beispielsweise § 4e BDSG; beispielsweise das Verfahren Lohn-/Gehaltsabrechnung, das Verfahren Kundennewsletter);
- die Weitergabe dieser Verfahrensverzeichnisse an den Datenschutzbeauftragten oder die zuständige Datenschutzaufsicht (für Bundesbehörden und Unternehmen beispielsweise §§ 4d Abs. 1, 4g Abs. 2 Satz 1, 4e BDSG);
- die schriftliche datenschutzkonforme Verpflichtung der Dienstleister, die gezielt oder beispielsweise als Wartungsunternehmen Zugriff auf personenbezogene Daten haben, auf Datensicherheit und ihre dokumentierte Kontrolle (für Bundesbehörden und Unternehmen beispielsweise § 11 BDSG);
- die Information des Betroffenen über den Datenumgang ohne (Benachrichtigung) und mit Aufforderung (Auskunft), für Bundesbehörden und Unternehmen beispielsweise §§ 4 Abs. 3, 33, 34 BDSG;
- die Verpflichtung der Beschäftigten von Unternehmen auf das Datengeheimnis (§ 5 Satz 2 BDSG); dazu gehört die hinreichende Information über Datenschutz und Datensicherheit, beispielsweise durch Präsenzunterweisungen;
- die Dokumentation der eingerichteten technischen, organisatorischen und personellen Datensicherheitsmaßnahmen (Datensicherheitskonzept);
- die Einrichtung eines Notfallplans für den Abfluss personenbezogener Daten (Data Breach Notification Duty nach § 42a BDSG).

C. Die Quintas der Erlaubnistatbestände des BDSG für private Unternehmen

Da jeder Umgang mit personenbezogenen Daten in das informationelle Selbstbestimmungsrecht – das 34
Geheimhaltungsinteresse des Betroffenen – eingreift, bedarf jeder Umgang eines gesetzlichen Rechtfertigungstatbestandes (§ 4 Abs. 1 BDSG). Damit unterliegt jedweder Umgang mit personenbezogenen Daten in Deutschland einem **Verbot mit Erlaubnisvorbehalt.** §§ 4, 28 BDSG sind die wichtigsten Vorschriften des BDSG für die Rechtfertigung des Datenumgangs für private Unternehmen, weil sie bestimmen, unter welchen Voraussetzungen der Umgang mit den Daten von natürlichen Personen da-

tenschutzrechtlich zulässig ist. Danach kommt neben einer besonderen gesetzlichen Erlaubnisnorm nur die wirksame Einwilligung in Betracht. Die folgende Abbildung gibt eine Übersicht über die fünf wichtigen Erlaubnistatbestände des BDSG für einen Datenumgang, der nicht speziell geregelt ist (Quintas der Erlaubnistatbestände).

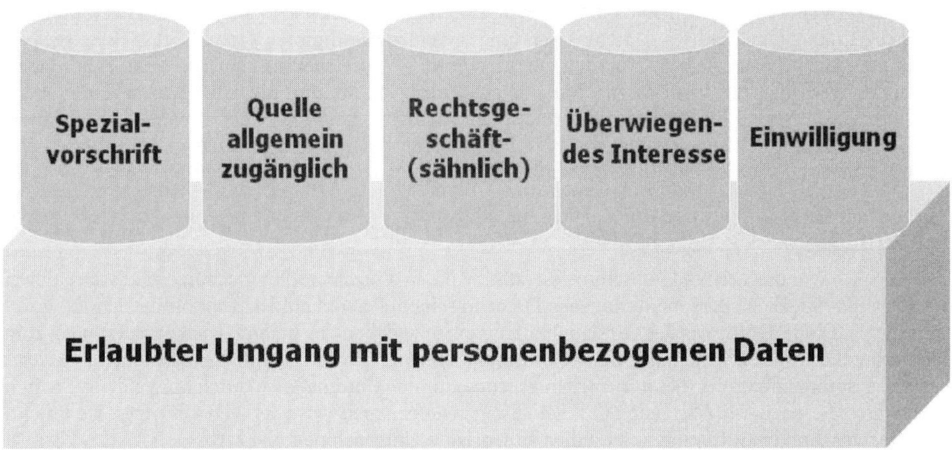

I. Einwilligung (§ 4a BDSG)

35 Die Einwilligung wird häufig im Alltag empfohlen. Sie ist jedoch nur auf den ersten Blick die datenschutzrechtlich sicherste Lösung. In der praktischen Anwendung ist sie sehr schwerfällig und zudem risikobehaftet, weil dieses Instrument durch die Rechtsprechung wiederholt in seiner Wirksamkeit in einzelnen Fällen in Frage gestellt wird. Das hat seinen Grund vor allem in den besonders strengen Anforderungen der Rechtsprechung an eine wirksame Einwilligung in den Umgang mit personenbezogenen Daten. Dazu gehören:

- Das Unternehmen, das mit den personenbezogenen Daten umgeht, hat klar und verständlich über sich selbst und die Stellen, an die Daten übermittelt werden sollen, zu informieren.
- Das Unternehmen muss die beabsichtigte Datenverwendung (Verwendungszwecke), soweit möglich, abschließend beschreiben.
- Das Unternehmen hat gegebenenfalls auf die Folgen der Verweigerung der Einwilligung hinzuweisen.
- Die Einwilligung muss für die Zukunft frei widerruflich sein. In einer Rücknahme der Einwilligung kommt ein Widerruf gegen die weitere Datenverwendung zum Ausdruck. Das wird insbesondere zum praktischen Problem, wenn Einwilligungen in größerer Zahl widerrufen werden. Doch nur in besonderen Fällen ist anerkannt, dass die Einwilligung nicht isoliert widerrufbar ist, beispielsweise im Rahmen von rechtsgeschäftlichen Abreden wie bei der Einwilligung in bestimmte Gesprächsaufnahmen im Call-Center zu Schulungszwecken.
- Die Einwilligung muss grundsätzlich schriftlich erteilt werden, soweit nicht wegen besonderer Umstände, beispielsweise bei einem Anruf im Call-Center, eine andere Form angemessen ist.
- Die Einwilligung muss eine freie Entscheidung des Betroffenen sein. „Die Freiwilligkeit steht in einem großen Teil der Fälle nur auf dem Papier" (*Bull*, Informationelle Selbstbestimmung – Vision oder Illusion?, 2009, S. 45 f).
- Erfolgt die Einwilligung mittels Allgemeiner Geschäftsbedingungen, wie typischerweise bei den Massengeschäften eines Unternehmens, darf die Formulierung der Einwilligung in den allgemeinen Geschäftsbedingungen nicht zu einer unangemessenen Benachteiligung des Betroffenen führen (§ 307 Abs. 1 Satz 1 BGB). Zudem ist die vorformulierte Erklärung optisch hervorzuheben.
- Das Unternehmen hat bei der Datenerfassung darauf zu achten, dass die Einwilligung tatsächlich erteilt wird. Damit werden besonders hohe Anforderungen an das Erfassungspersonal und die Erfassungssysteme nötig.

36 Damit ist die Einwilligung immer dann die passende Rechtfertigung, wenn spezielle – gesetzliche – Rechtfertigungstatbestände nicht greifen oder das Gesetz zur Einwilligung zwingt, wie in der Regel bei

sog. **sensitiven Daten** (besondere Arten personenbezogener Daten, § 3 Abs. 9 BDSG), nämlich Angaben über die rassische und ethnische Herkunft, über politische Meinungen, über religiöse oder philosophische Überzeugungen, über die Gewerkschaftszugehörigkeit und über die Gesundheit oder das Sexualleben.

II. Objektive gesetzliche Berechtigung

Bei den objektiven gesetzlichen Berechtigungen für private Unternehmen ist zu unterscheiden zwischen einem Datenumgang für eigene Geschäftszwecke (§ 28 BDSG) und einem Datenumgang zum Zwecke der Übermittlung (§ 29 BDSG). Übermittlungszwecke meint den Fall, dass der Umgang mit den Daten der Hauptzweck des Geschäfts ist wie beispielsweise im Adresshandel, bei Auskunfteien und bei Warndiensten. Die Daten sind hier die Ware des Unternehmens. Gibt ein Unternehmen nur gelegentlich Daten an Dritte weiter, so liegt darin noch kein geschäftsmäßiges Übermitteln und § 28 BDSG bleibt anwendbar (*Gola/Schomerus*, § 28 Rn 4). Weitere Sonderregelungen gelten für den Umgang mit personenbezogenen Daten für Werbezwecke (§§ 28 Abs. 3-3b; s. 79. Abschnitt, D, I Rn 56), zur Ermittlung von vermutlich unzuverlässigen Schuldnern (§ 28a; s. 79. Abschnitt, D, II Rn 57 f), zum Scoring (§ 28b; s. 79. Abschnitt, D, III Rn 59) und im Beschäftigungsverhältnis (§ 32; s. 79. Abschnitt, D, V Rn 60). 37

Soweit personenbezogene Daten für eigene Geschäftszwecke, also lediglich als Hilfsmittel zur Erfüllung von Geschäftszwecken genutzt werden, es sich nicht um sensitive Daten (§ 3 Abs. 9 BDSG), wie vor allem Gesundheits-, Nationalitäts- und Religionsdaten handelt und die vorgenannten Sonderregeln oder Spezialvorschriften nicht eingreifen, ergeben sich die objektiven gesetzlichen Berechtigungen aus §§ 4, 28 BDSG; ähnlich schon §§ 23-25 BDSG 1977. Der Umgang mit personenbezogenen Daten im Unternehmen ist ohne Einwilligung kraft Gesetzes in folgenden 4 Hauptfällen zulässig, wenn 38

1. ein Spezialgesetz den Umgang mit den Daten vorsieht (§ 4 Abs. 1 Satz 2, Abs. 2 Nr. 1 BDSG „andere Rechtsvorschrift") – Spezialvorschrift,
2. die personenbezogenen Daten aus allgemein zugänglichen Quellen entnommen werden können (§ 28 Abs. 1 Satz 1 Nr. 3 BDSG) – allgemeine Zugänglichkeit,
3. der Datenumgang für die Durchführung eines Rechtsgeschäfts oder eines sogenannten rechtsgeschäftsähnlichen Vertrauensverhältnisses, beispielsweise bei einer Vertragsanbahnung mit dem Betroffenen, erforderlich ist (§ 28 Abs. 1 Satz 1 Nr. 1 BDSG) – rechtsgeschäftliche Rechtfertigung oder
4. der Datenumgang zur Wahrung berechtigter Interessen des Unternehmens erforderlich ist und kein Grund zu der Annahme besteht, dass das schutzwürdige Interesse des Betroffenen an dem Ausschluss der Verarbeitung oder Nutzung überwiegt (§ 28 Abs. 1 Satz 1 Nr. 2 BDSG) – Güterabwägung/Abwägungsregel.

In allen vier Fällen (Spezialvorschrift, allgemeine Zugänglichkeit, rechtsgeschäftliche Rechtfertigung, Güterabwägung/Abwägungsregel) muss eine – weitere – Nutzung oder Übermittlung für Zwecke der Werbung oder der Markt- und Meinungsforschung unterbleiben, wenn der Kunde diesem Verwendungszweck widerspricht (§ 28 Abs. 4 Satz 1 BDSG). 39

1. Spezialvorschrift. Spezielle (bereichsspezifische) Rechtsvorschriften können konkrete Datenerhebungen und -verwendungen erlauben (§ 4 Abs. 1 Satz 2, Abs. 2 Nr. 1 BDSG). Mit Rechtsvorschriften sind in erster Linie Gesetze und Rechtsverordnungen gemeint. So erlauben beispielsweise die Meldegesetze der Länder in der Regel, auf Anfragen hin Auskunft über Vor- und Familiennamen, Doktorgrad und Anschriften einzelner bestimmter Einwohner zu übermitteln (einfache Melderegisterauskunft zB nach § 34 Abs. 1 Satz 1 Hamburgisches Meldegesetz (HmbMG). Oder nach § 15 Abs. 3 Satz 1 Telemediengesetz (TMG) wird dem Diensteanbieter erlaubt, für Zwecke der Werbung, der Marktforschung oder zur bedarfsgerechten Gestaltung der Telemedien Nutzungsprofile bei Verwendung von Pseudonymen zu erstellen, sofern der Nutzer dem nicht widersprochen hat. Die Befugnisse gehen also über die Verwendung der Bestands- und Nutzungsdaten für reine Vertragszwecke hinaus. 40

Und nach § 14 Abs. 2 aE TMG und § 15 Abs. 5 Satz 4 TMG darf der Diensteanbieter im Einzelfall Auskunft über Bestands- und Nutzungsdaten geben, soweit das für die Durchsetzung der Rechte am geistigen Eigentum erforderlich ist. 41

Als andere Rechtsvorschriften gelten nach überwiegender Meinung auch normative Teile von Tarifverträgen und Betriebsvereinbarungen. Das Gesetz meint also nicht nur Rechtsvorschriften, die von staatlichen Stellen beschlossen oder erlassen worden sind. Ihre normative Wirkung als untergesetzliche 42

Regelung beruht auf bundesgesetzlicher Grundlage, für Betriebsvereinbarungen auf § 77 Abs. 4 Betriebsverfassungsgesetz. Dabei ist korrespondierend anerkannt, dass diese privatrechtlichen Vereinbarungen auf der Grundlage des Betriebsverfassungsgesetzes nur verfassungskonforme Eingriffe in das informationelle Selbstbestimmungsrecht zulassen können. Das BDSG hat als Gesetz die verfassungskonforme Abwägung des Geheimhaltungsinteresses des Betroffenen mit dem Verwendungsinteresse vorgesehen. Für eine Unterschreitung dieses Schutzniveaus wider grundgesetzliche Wertungen durch untergesetzliche Rechtsvorschriften lässt es keinen Raum (BAG 27.5.1986 – 1 ABR 48/84; http://www.aus-portal.de/rechtsprechung/entscheidungen/ctg1079949751757/1416.html, 30.9.2011).

43 **2. Allgemeine Zugänglichkeit.** Für die Voraussetzung „allgemein zugänglich" nach § 28 Abs. 1 Satz 1 Nr. 3 BDSG wird vorausgesetzt, dass die Informationsquelle technisch geeignet und dazu bestimmt ist, der Allgemeinheit, dh einem individuell nicht bestimmbaren Personenkreis, Informationen zu verschaffen (BVerfG 25.4.1972 – 1 BvL 13/67, BVerfGE 33, 52, 65). Sind zum Zeitpunkt des Datenumgangs diese Daten noch allgemein zugänglich, dann hindert nur das offensichtliche Überwiegen des Geheimhaltungsinteresses des Betroffenen den Datenumgang. Dieses offensichtliche, also auf der Hand liegende Überwiegen des Geheimhaltungsinteresses wird nur in seltenen Ausnahmefällen anzunehmen sein (*Bergmann/Möhrle/Herb*, § 28 Rn 251). Daher sind personenbezogene Daten vor allem aus den öffentlich ohne Einschränkungen zugänglichen Registern und aus veröffentlichten Print- und sonstigen Medien allgemein zugänglich. Das weltweit verfügbare Internet hat für diese Befugnisnorm inzwischen einen großen Pool allgemein zugänglicher Informationen, nicht selten mit Personenbezug, geschaffen. Durch die sich immer mehr ausdifferenzierten Personensuchsysteme ergeben sich im Internet Informationen über Einzelpersonen, die weit über das hinausgehen, was sich bisher über öffentliche Register und Medien ermitteln ließ.

44 Diese Rechtfertigung greift indes nur für die personenbezogenen Daten in ihrer öffentlich zugänglichen Form ein. Bei einer Veränderung, zB durch Anreicherung, ist für diesen Datenumgang eine gesonderte Rechtfertigung zu prüfen.

45 Es kommt nicht darauf an, dass die betroffene Person selbst die Daten veröffentlicht oder dass sie einen Auftrag zur Veröffentlichung erteilt hat. Das zeigt sich in der zweiten Variante der allgemeinen Zugänglichkeit. Durfte die verantwortliche Stelle die Daten aufgrund einer Billigung veröffentlichen, so ist sie zum Datenumgang ebenfalls berechtigt. Auf die Berechtigung kommt es also nur hier an. Im ersten Fall der allgemeinen Zugänglichkeit ist es Sache des Betroffenen gegen denjenigen vorzugehen, der seine Daten zugänglich gemacht hat.

46 Diese Datenumgangsbefugnis ergibt sich aus Art. 5 Abs. 1 Satz 1 Grundgesetz. Die dort geregelte Informationsfreiheit gibt dem Bürger das Recht, sich aus allgemein zugänglichen Quellen ungehindert zu unterrichten (BVerfG 25.4.1972 – 1 BvL 13/67, BVerfGE 33, 52, 65).

47 **3. Rechtsgeschäftliche Rechtfertigung.** Soll ein Vertrag geschlossen werden oder ist er bereits abgeschlossen, ist das Unternehmen berechtigt, alle Daten, die es vom (potenziellen) Vertragspartner zur Erstellung und Durchführung des Vertrages benötigt, zu erheben und zu verwenden (§ 28 Abs. 1 Satz 1 Nr. 1 BDSG). So darf ein Versandhandelsunternehmen die Bestelldaten des Kunden, namentlich Name, Adresse und Kontoverbindung, speichern und zur Durchführung der Bestellung, auch zum Inkasso des Kaufpreises, nutzen. Die auf den ersten Blick scheinbare weite Verwendungsbefugnis ist dadurch eingeschränkt, dass die Daten für die Durchführung des Vertragsverhältnisses erforderlich sein müssen.

48 Damit ist ein für den Kunden angenommener bloß vorteilhafter Umgang mit dessen Daten datenschutzrechtlich nicht schon nach dieser Rechtfertigungsnorm als zulässig einzuordnen. Eine Sonderform dieser vertraglichen Datenumgangsrechtfertigung ist mit § 32 Abs. 1 Satz 1 BDSG im Jahre 2009 für den Beschäftigtendatenumgang geschaffen worden.

49 **4. Güterabwägung/Abwägungsregel.** Die Güterabwägung erlaubt den Datenumgang unter folgenden Voraussetzungen:

– Das Unternehmen hat ein Interesse, die Daten zu erheben und/oder zu verwenden.

  Das Interesse des Unternehmens muss kein spezielles sein. Beispielsweise genügt das Interesse, neue Kunden per Postwerbung anzusprechen. Nicht hinreichend ist hierfür die willkürliche, nicht begründbare Datenverarbeitung anzusehen. Im Übrigen kommt jedes Interesse in Betracht, dass von der Rechtsordnung nicht missbilligt wird (*Gola/Schomerus*, BDSG, § 28 Rn 24).

– Die konkrete Form der Datenerhebung und -verwendung ist erforderlich, das zuvor festgelegte Interesse zu erreichen.

  Wenn sich das Unternehmen für einen bestimmten Datenumgang entschieden hat, muss datenschutzrechtlich feststehen, dass keine mildere, gleichermaßen wirksame Form der Datenerhebung und -verwendung oder Vorgehensweise zur Zweckerreichung in Betracht kommt. Diese Einschränkung führt insbesondere dazu, dass das Unternehmen nicht unkontrolliert alle möglichen Informationen über den Betroffenen erheben darf. Der Name und die Adresse sind regelmäßig auch für Werbemaßnahmen – neben der Vertragsdurchführung – erforderlich. Die Erhebung der Telefonnummer und des Alters bedarf dagegen schon einer besonderen Begründung. Wie bei der rechtsgeschäftlichen Rechtfertigung kommt es also auf das Kriterium für den konkret festgelegten Zweck an. Für den Zweck nur nützliche personenbezogene Daten dürfen nicht verwendet werden.
– Es besteht kein Grund zu der Annahme, dass schutzwürdige Interessen des Betroffenen überwiegen.

  Die Berechtigung entfällt immer schon dann, wenn die objektive Annahme besteht, dass schutzwürdige Interessen des Betroffenen überwiegen. Hierfür ist eine typisierende Abwägung der Interessen des Unternehmens und des Betroffenen erforderlich. Abzuwägen ist das Geheimhaltungsinteresse des Kunden, sein informationelles Selbstbestimmungsrecht gegen die unternehmerischen Interessen an der Erhebung und Verwendung der Betroffenendaten.

Der damit eröffnete Rechtfertigungstatbestand ist vor allem durch seine Unbestimmtheit, also das Fehlen konkreter Maßstäbe, und seine Anwendungsbreite gekennzeichnet (vgl *Bergmann/Möhrle/Herb*, Datenschutzrecht, § 28 Rn 1 „Mammutnorm […], die für normale Rechtsanwender praktisch weder lesbar noch anwendbar ist“). So wird denn teilweise eine restriktive Auslegung gefordert (*Simitis*, BDSG, § 28 Rn 133). Dieser Einschätzung ist insofern beizupflichten, als dieser Rechtfertigungstatbestand außerordentlich der Auslegung unterworfen ist und der Präzisierung durch die beteiligten Rechtsanwender bedarf. Spätestens bei der typisierenden Abwägung der schutzwürdigen Interessen der Betroffenen mit dem Umgangsinteresse des Unternehmens kommt eine Vielzahl von konkreten Auslegungsgesichtspunkten zur Anwendung. Diese können sich aus dem informationellen Selbstbestimmungsrecht im Allgemeinen oder beispielsweise auch aus einem Vertragsverhältnis ergeben. 50

So ist allgemein anerkannt, dass ein Unternehmen regelmäßig ein berechtigtes wirtschaftliches Interesse hat, Daten auch für eigene Werbezwecke zu verwenden. Das wurde im Jahre 2009 ausdrücklich in den Spezialregelungen für werblichen Datenumgang (s. 79. Abschnitt, D, I Rn 56) festgeschrieben (§ 28 Abs. 3 Satz 2 Nr. 1, 1. Fall BDSG). Erst dann, wenn der Betroffene dieser Nutzung widersprochen hat, muss die werbliche Verwendung unterbleiben. Nach § 28 Abs. 4 Satz 1 BDSG ist der Betroffene dazu jederzeit berechtigt. Über dieses Widerspruchsrecht ist der Betroffene schon bei Begründung eines rechtsgeschäftlichen oder rechtsgeschäftsähnlichen Verhältnisses zu informieren (§ 28 Abs. 4 Satz 2 BDSG). Angesichts des gesetzlichen Bestehens dieser Widerspruchsmöglichkeit kann in der Regel kein überwiegendes schutzwürdiges Interesse der Betroffenen am Ausschluss der Verwendung seiner Daten für Werbezwecke angenommen werden. Der praktische Grund des Gesetzgebers für dieses Vorgehen liegt in der Anerkennung der praktischen Schwierigkeit des Einholens einer wirksamen Einwilligung. Würde man den Datenumgang zu Werbezwecken allein bei Vorliegen einer Einwilligung als datenschutzrechtlich zulässig ansehen, würden viele Direktmarketingmaßnahmen, wie eine normale Briefwerbung, faktisch kaum noch zustande kommen. 51

Dagegen überwiegen bei umfangreichen Kundendatenerhebungen die Betroffeneninteressen häufig. So sind die typisierten Betroffeneninteressen genau zu prüfen, wenn sozioökonomische Daten (Beruf, Einkommen), mikrogeografische Daten (Daten über das räumliche Umfeld wie die Arbeitslosenquote und die Bevölkerungsstruktur am Wohnort des Betroffenen) und psychografische Daten (Daten über die Einstellungen und Bedürfnisse der Betroffenen) einem Kundendatensatz zugewiesen werden. Hier wird schnell das Geheimhaltungsinteresse der Betroffenen überwiegen. Die Verwendung der Daten kann dann nicht aus der Güterabwägung folgen, sondern nur mit einer Einwilligung oder aus dem Vertrag gerechtfertigt werden. Ausführlich ist daher die Abwägung beispielsweise bei Kundenkarten vorzunehmen. Nutzt ein Kunde die Kundenkarte für verschiedene Unternehmen, wird regelmäßig die Erstellung eines Kauf- und Nutzungsprofils möglich. Die erhobenen Daten könnten beispielsweise dafür verwendet werden, zu ermitteln, ob der Betroffene Markenprodukte oder No-Name-Produkte bevorzugt, welche Gattung von CDs, DVDs er anschaut bzw anhört, welche Zeitschriften er liest usw. Eine umfassende Verwendung der mittels Kundenkarte gewonnenen Daten ist beispielsweise per Ab- 52 wägungsregel nicht zu rechtfertigen (LG München 28.9.2006 – 29 U 2769/06; LG München 9.3.2006 – 12 O 12679/05; LG München I 1.2.2001 – 12 O 13009/00).

53 Ein Sonderfall der Güterabwägung ist mit den werbedatenschutzrechtlichen Vorschriften in § 28 Abs. 3-3b BDSG 2009, den Schuldnerdatenregelungen (§ 28a) und den Scoringregeln (§ 28b) geschaffen worden. Auch für den Umgang mit Daten von Beschäftigten wurde die Güterabwägung nicht gänzlich aufgegeben (Abs. 2 und 3 der Begründung zu § 32, Beschlussempfehlung und Bericht des Innenausschusses zu dem Entwurf eines Gesetzes zur Regelung des Datenschutzaudits und zur Änderung datenschutzrechtlicher Vorschriften, BT-Drucks. 16/13657 vom 1.7.2009). Vielmehr wurde sie durch die Regeln zur Datenverarbeitung für das Aufdecken von Straftaten im Beschäftigungsverhältnis beschränkt.

54 Geht es um die Erhebung von sensitiven Daten wie Gesundheitsdaten, kommt die Abwägungsregelung nicht mehr zum Tragen. Hier gelten die Sondervorschriften der § 28 Abs. 6–9 BDSG (s. oben 79. Abschnitt, C, I Rn 36). Das typischerweise besonders gewichtige Interesse der Betroffenen am Schutz dieser Daten, wie Gesundheitsinformationen, veranlasst den Gesetzgeber, hier immer ein Überwiegen des Betroffeneninteresses anzunehmen, das nur bei Eingreifen von Sondertatbeständen oder Vorliegen einer wirksamen Einwilligung oder eines Vertrages entkräftet werden kann.

D. Bereichsspezifische Zulässigkeitsregeln im BDSG für private Unternehmen

55 Bereichsspezifische Regelungen gelten für den Umgang mit personenbezogenen Daten für Werbezwecke (§ 28 Abs. 3-3b), bei Weitergabe von Schuldnerdaten an Auskunfteien (§ 28a), zum Scoring (§ 28b) und im Beschäftigungsverhältnis (§ 32).

I. Werblicher Datenumgang

56 Der Gesetzgeber hat für das Gebiet der Werbung die Güterabwägung präzisiert. Aufgrund der öffentlich bekannt gewordenen Fälle des rechtswidrigen Missbrauchs von Adressdaten für Werbezwecke bestand zunächst die Absicht, statt einer Widerspruchslösung (s. oben 79. Abschnitt, C, II, 4 Rn 51) eine strenge **Einwilligungslösung** vorzuschreiben. Adressdaten hätten danach zum Zwecke der Werbung überwiegend nur nach vorheriger Einwilligung des Beworbenen verarbeitet werden dürfen. Diese Einwilligungslösung wurde jedoch vom Gesetzgeber verworfen. Er präzisierte stattdessen die Güterabwägung durch die Sondervorschriften der § 28 Abs. 3-3b BDSG. Zunächst ist festgelegt, dass die Güterabwägung wie vor den Novellen im Jahre 2009 für die Datenverarbeitung zu Werbezwecken fortbestehen soll, wenn es geht

- um Werbung gegenüber Gewerbetreibenden und Freiberuflern unter ihrer beruflichen Anschrift (§ 28 Abs. 3 Satz 2 Nr. 2 BDSG);
- um Werbung für steuerbegünstigte Spenden (§ 28 Abs. 3 Satz 2 Nr. 3 BDSG);
- um Werbung unter Verwendung allgemein zugänglicher Adress-, Rufnummern-, Branchen- oder vergleichbarer Verzeichnisse (§ 28 Abs. 3 Satz 2 Nr. 1, 2. Fall BDSG);
- um eigene Kunden- und Werbung gegenüber bestehenden Interessenten für eigene Produkte und Dienstleistungen (§ 28 Abs. 3 Satz 2 Nr. 1, 1. Fall BDSG);
- um Kunden- und Interessentenwerbung für Produkte und Dienstleistungen eines fremden Unternehmens, soweit für die Kunden und Interessenten das eigene Unternehmen erkennbar ist (§ 28 Abs. 3 Satz 5 BDSG);
- wirbt ein Unternehmen B für seine Produkte per Brief bei Kunden oder Bestandsinteressenten eines anderen Unternehmens A, indem es dem anderen Unternehmen A lediglich seine Werbeschreiben zum Versand überlässt (Lettershop-Verfahren), ist diese Kunden- oder Interessentendatenverwendung des anderen Unternehmens A zulässig. Wirtschaftlich wird für das Unternehmen B geworben. Die Datenverarbeitung findet jedoch datenschutzrechtlich durch das Unternehmen A als verantwortliche Stelle (s. oben 79. Abschnitt, A, II, 2 Rn 25 ff) statt;
- um Bewerbung von erworbenen Adressen, wenn die Herkunft der Daten und des Empfängers vom Verkäufer der Adressen zwei Jahre von der Übermittlung an für Auskünfte gegenüber dem Angeschriebenen gespeichert wird und die ersterhebende Stelle aus der Briefwerbung für den Angeschriebenen erkennbar ist (§ 28 Abs. 3 Satz 4, § 34 Abs. 1a Satz 1 BDSG).

Im Vordergrund all dieser Ausformungen der Güterabwägung steht also der Grundsatz der Erkennbarkeit des datenmäßigen, nicht des wirtschaftlichen Urhebers der Briefwerbung. Wenn keine von diesen Regelungen eingreift, kommt eine werbliche Datenverwendung rechtmäßig nur unter Nutzung einer Einwilligung in Betracht. Die Beachtung der Güterabwägung wurde trotz der Fallgruppen als weiterer Prüfungspunkt ausdrücklich festgeschrieben (§ 28 Abs. 3 Satz 6 BDSG). Zugleich wurde ein im Verhältnis zum alten Recht modifiziertes Listenprivileg festgeschrieben (§ 28 Abs. 3 Satz 2 BDSG).

II. Schuldnerdaten

Für die Weitergabe von Daten über Schuldner an Auskunfteien hat der Gesetzgeber mit § 28a BDSG ebenfalls Sonderregeln geschaffen. Dabei geht es um den Schutz von Schuldnern, die ihrer Zahlungspflicht nicht rechtzeitig nachgekommen sind. Das Gesetz schützt den Schuldner davor, dass nach ungeschriebenen uneinheitlichen Regeln Daten über sein Zahlungsverhalten uneingeschränkt an Auskunfteien weitergegeben und von anderen, vor allem potenziellen Vertragspartnern genutzt werden. Auch hier macht das Gesetz Vorgaben dazu, wie die Güterabwägung konkret vorzunehmen ist. Dafür werden Tatbestände festgeschrieben, die vorliegen müssen, damit die Weitergabe der Information der Nichtzahlung datenschutzkonform ist. Die Weitergabe von Schuldnerdaten an Auskunfteien setzt alternativ voraus: 57

- Über die Forderung liegt ein rechtskräftiges oder vorläufig vollstreckbares Urteil vor oder sie ist sogar tituliert (§ 28a Abs. 1 Satz 1 Nr. 1);
- die Forderung wurde im Insolvenzverfahren festgestellt und vom Schuldner nicht bestritten (§ 28a Abs. 1 Satz 1 Nr. 2);
- der Schuldner hat die Forderung ausdrücklich anerkannt (§ 28a Abs. 1 Satz 1 Nr. 3);
- der Gläubiger kann das der Forderung zugrundeliegende Vertragsverhältnis wegen Zahlungsrückständen fristlos kündigen und hat den Schuldner über die bevorstehende Übermittlung seiner Daten informiert (§ 28a Abs. 1 Satz 1 Nr. 5);
- der Schuldner wurde nach Fälligkeit der Forderung mindestens zweimal schriftlich gemahnt. Dabei muss zwischen der ersten Mahnung und der Übermittlung der Daten an die Auskunftei mindestens ein Zeitabstand von vier Wochen bestehen. Zudem muss der Schuldner zur Warnung rechtzeitig, jedoch frühestens bei der ersten Mahnung, darüber unterrichtet werden, dass seine Daten an eine Auskunftei übermittelt werden (§ 28a Abs. 1 Satz 1 Nr. 4). Die Übermittlung muss unterbleiben, wenn der Schuldner die Forderung bestritten hat. Treuwidriges Bestreiten schadet allerdings nicht.

Für Kreditinstitute hat das Gesetz mit § 28a Abs. 2 BDSG erleichternde Regeln geschaffen. 58

III. Scoring

Ein Scoring bedeutet gesetzlich ein mathematisch-statistisches Verfahren, das einem Vertragsschließenden ein Wahrscheinlichkeitsurteil über den möglichen Zahlungsausfall seines Vertragspartners gibt. Die damit einhergehende Verarbeitung personenbezogener Daten setzt einen Erlaubnistatbestand der Quintas der Erlaubnistatbestände (s. oben 79. Abschnitt, C Rn 34) voraus. Zusätzlich schreibt § 28b BDSG fest 59

- die Anforderungen an das mathematisch-statistische Verfahren, namentlich die Wissenschaftlichkeit der Berechnung,
- die Erheblichkeit der Daten sowie
- die Nachweisbarkeit der vorgenannten Umstände.

IV. Beschäftigtendatenumgang

Für den Beschäftigtendatenschutz werden seit Jahrzehnten Vorschläge diskutiert. Auch hier führten öffentlichkeitswirksame Fälle von rechtswidrigem Umgang mit Beschäftigtendaten zu einem gesetzgeberischen Handeln, zunächst mit der Übergangsregelung des § 32 BDSG. Kern dieser Neuregelung ist es, zunächst die Güterabwägung für die Verwendung von Beschäftigtendaten zum Aufdecken von Straftaten im Beschäftigungsverhältnis zu präzisieren. Der schnell geschaffene Sondertatbestand des § 32 Abs. 1 Satz 2 BDSG stellt an die Datenverwendung hier besonders hohe Anforderungen. Daher wurde nach Inkrafttreten heftig um das richtige Verständnis dieser Vorschrift gerungen (s. *Taeger/Gabel-Zöll*, BDSG, § 32 Rn 38 ff). Umstritten ist seitdem vor allem, im welchem Umfang Unternehmen Beschäftigtenkontrollen, vor allem auch zu Revisionszwecken, durchführen dürfen. Die Güterabwägung des § 28 Abs. 1 Satz 1 Nr. 2 BDSG bleibt außerhalb des Anwendungsbereichs des § 32 BDSG bestehen (s. oben 79. Abschnitt, C, II, 4 Rn 49ff.). 60

E. Räumlicher Anwendungsbereich

I. EU und Europäischer Wirtschaftsraum (EWR)

61 Für den **internationalen Datenverkehr** innerhalb und außerhalb der Europäischen Union (EU) und des Europäischen Wirtschaftsraums (EWR) sieht das BDSG seit 2001 klare Regelungen vor. Innerhalb der EU und des EWR wurde das Territorialprinzip (Geltung des Rechts des Ortes der Datenverarbeitung) durch das **Sitzprinzip** ersetzt (§ 1 Abs. 5 Satz 1 BDSG). Es kommt für das anzuwendende Datenschutzrecht nunmehr darauf an, wo der Sitz des handelnden Unternehmens liegt. Dieses Sitzprinzip ist spätestens gerechtfertigt, seit die dreijährige Umsetzungsfrist (bis zum 24. Oktober 1998) für die EU-Datenschutzrichtlinie abgelaufen war. Mit dieser Richtlinie wurden in der EU und in der Folge durch Anerkennung auch im EWR Datenschutzgrundsätze maßgebend, die dazu führten, dass von einem angemessenen Datenschutzniveau (§ 4c Abs. 1 Satz 1 BDSG) in allen diesen Ländern gesprochen werden kann (§ 4b Abs. 1 BDSG). Damit ist der Verzicht auf das Territorialprinzip durch die Geltung des durch die EU als gleichwertig akzeptierten Datenschutzniveaus des jeweiligen Sitzlandes gerechtfertigt. An Unternehmen in diesen Ländern dürfen Daten daher immer schon dann übermittelt werden, wenn die Übermittlung auch an Unternehmen mit Sitz in Deutschland zulässig wäre.

II. Drittstaaten

62 Drittstaaten sind Staaten, in denen ein Datenschutzrecht gilt, das dem Betroffenen im Zweifel nur ein geringeres Datenschutzniveau gewährleistet als das Recht der EU-Datenschutzrichtlinie, das mit dem BDSG umgesetzt worden ist. Es sind die Länder, die nicht Mitglied des Europäischen Wirtschaftsraums sind. Nur dann, wenn für das Unternehmen im Drittstaat – obgleich es sich nicht um ein EWR-Mitgliedstaat handelt – ein angemessenes Datenschutzniveau herrscht, ist eine Übermittlung wie innerhalb Deutschlands und innerhalb der EWR-Mitgliedstaaten bei Vorliegen der allgemeinen Übermittlungsvoraussetzungen zulässig. Zusätzliche Garantien sind dann nicht erforderlich.

63 Die Entscheidung über die Frage, ob ein Drittstaat aufgrund von internen Rechtsvorschriften oder eingegangenen internationalen Verpflichtungen ein angemessenes Schutzniveau gewährleistet, trifft nach EU-Recht die Kommission (Art. 31 Abs. 2 EU-Datenschutzrichtlinie). Bisher ist für folgende Länder offiziell bestätigt worden, dass sie ein angemessenes Datenschutzniveau haben, welches dem EU-Recht hinreichend vergleichbar ist: Fürstentum Andorra, Argentinien, Australien, Färöer, Bailiwick of Guernsey, Isle of Man, Israel, Bailiwick of Jersey, Kanada, Schweiz, Republik Östlich des Uruguay, USA (soweit sich das Unternehmen den vom US-Handelsministerium vorgelegten Grundsätzen des „Sicheren Hafens" – **Safe Harbor-Regeln** unterworfen hat). Nachweise der einzelnen Kommissions-Entscheidungen finden sich unter http://ec.europa.eu/justice/policies/privacy/thridcountries/index_en.htm). Die Übermittlung in diese Drittstaaten unterliegt nach § 1 Abs. 5 Satz 2, § 4c BDSG dem deutschen Recht.

64 Fehlt eine solche (teilweise) Anerkennung eines angemessenen Datenschutzniveaus durch die EU-Kommission, muss eine der folgenden weiteren Bedingungen erfüllt sein, damit die Datenschutzrechte des Betroffenen hinreichend gewährleistet sind:

- Die Übermittlung in den Drittstaat ist zur Erfüllung eines Vertrages mit dem Betroffenen oder im Rahmen vom Betroffenen veranlasster vorvertraglicher Maßnahmen erforderlich und der Betroffene ist hierüber informiert, wie beispielsweise bei der Buchung eines thailändischen Hotels über den von ihm beauftragten deutschen Reiseveranstalter oder bei der Übermittlung von Daten von Arbeitnehmern, deren Tätigkeit innerhalb eines internationalen Konzerns eindeutig internationalen Bezug hat, wie bei bestimmten leitenden Angestellten (§ 4c Abs. 1 Satz 1 Nr. 2 BDSG).
- Die Übermittlung ist erforderlich, um einen Vertrag zu erfüllen oder zu begründen, der zwar nicht mit dem Betroffenen abgeschlossen worden ist bzw abgeschlossen werden soll, der jedoch im Interesse des Betroffenen liegt. Ein Beispiel ist die Mietwagenreservierung im Drittstaat durch den Arbeitgeber zur Durchführung einer Dienstreise im Drittstaat (§ 4c Abs. 1 Satz 1 Nr. 3 BDSG).
- Der Betroffene ist über die beabsichtigte Übermittlung in den Drittstaat ohne angemessenes Datenschutzniveau aufgeklärt worden und hat in diese Übermittlung wirksam eingewilligt (§ 4c Abs. 1 Satz 1 Nr. 1 BDSG).

- Die übermittelten Daten entstammen öffentlich zugänglichen Registern, wie dem Handelsregister (§ 4c Abs. 1 Satz 1 Nr. 6 BDSG).
- Es greifen Ausnahmetatbestände ein: Die Übermittlung im öffentlichen Interesse, zu gerichtlichen Darlegungszwecken oder für das lebenswichtige Interesse des Betroffenen.

Der Übermittlungsadressat ist jeweils über die Zweckbindung aufzuklären.

Fehlt auch ein wirksamer Verzicht des Betroffenen auf ein angemessenes Datenschutzniveau oder fehlt 65 es an der vorgenannten konkreten Erforderlichkeit des Transfers, die das Geheimhaltungsinteresse des Betroffenen zurücktreten lässt, kommt eine gerechtfertigte Übermittlung der Daten in einen Drittstaat nur in Betracht, wenn beim Unternehmen im Drittstaat ausreichende vertragliche Garantien für die Wahrung des informationellen Selbstbestimmungsrechts des Betroffenen gegeben sind. Diese vertraglichen Garantien sind nach § 4c Abs. 2 BDSG nur dann hinreichend, wenn sie die Mindeststandards des EU-Datenschutzniveaus einhalten. Die Einhaltung ist bei Verwendung von Vertragsinhalten anerkannt, die die EU-Komission vorgegeben hat (**Standardvertragsklauseln** nach Art. 26 Abs. 4 EU-Datenschutzrichtlinie: Entscheidungen der Kommission vom 5.2.2010, C(2010) 593, vom 7.1.2005, C(2004)5271, vom 15.6.2001, 2001/497/EC). Von dem Wortlaut dieser Standardvertragsklauseln der Europäischen Kommission darf nicht abgewichen und widersprüchliche Ergänzungen dürfen nicht hinzugefügt werden. Ausnahmen gelten für die Standardvertragsklauseln vom 5.2.2010.

Kommt für das Unternehmen diese standardisierte Gewährleistung des informationellen Selbstbestim- 66 mungsrechts im Einzelfall nicht in Betracht, insbesondere weil der Vertragspartner im Drittstaat die Standards nicht akzeptiert, lässt sich der Drittstaatentransfer nur dadurch rechtfertigen, dass die zuständigen Aufsichtsbehörden bestimmte Übermittlungen aufgrund eines Vertrags oder verbindlicher Unternehmensregelungen im Konzern, sog. **Binding Corporate Rules** (dazu *Simitis*, BDSG, § 4c Rn 59 ff), die nicht die Standardvertragsklauseln beinhalten, genehmigt hat.

2. Kapitel: Verfahrensrecht

80. Abschnitt: Rechtsschutz im medienrelevanten Datenschutzrecht

A. Rechte der Betroffenen

1 Neben den vor allem zivilrechtlich und wettbewerbsrechtlich geprägten Abwehrrechten auf Unterlassung und Schadensersatz ergänzt das Bundesdatenschutzgesetz die Rechte des Betroffenen mit Ansprüchen auf Benachrichtigung über den Datenumgang und bei Datenverlusten sowie auf Auskunft über den Datenumgang, auf Berichtigung von Daten, auf deren Sperrung und Löschung, wenn eine Rechtsgrundlage zum Erhalt der Daten für das Unternehmen nicht (mehr) besteht. Mit einem Werbewiderspruchsrecht gibt das Gesetz dem Betroffenen zugleich das Recht, dem Unternehmen – trotz des Eingreifens einer objektiven gesetzlichen Berechtigung (s. oben 79. Abschnitt, C, II Rn 37 ff) – die werbliche Datenverwendung zu verbieten.

I. Informationspflichten: Benachrichtigung und Auskunft

2 „Wer nicht mit hinreichender Sicherheit überschauen kann, welche ihn betreffende Informationen in bestimmten Bereichen seiner sozialen Umwelt bekannt sind, und wer das Wissen möglicher Kommunikationspartner nicht einigermaßen abzuschätzen vermag, kann in seiner Freiheit wesentlich gehemmt werden, aus eigener Selbstbestimmung zu planen oder zu entscheiden." (Volkszählungsurteil, s. 78. Abschnitt, B, III Rn 20 f). Das Bundesverfassungsgericht stellt dabei den Grundsatz auf, dass der Betroffene wissen muss, „wer was wann und bei welcher Gelegenheit über [ihn] weiß." (BVerfG, aaO) Diesem Grundsatz trägt das BDSG durch umfassende **Transparenzpflichten** Rechnung. Der Betroffene soll wissen, wer mit welchen seiner personenbezogenen Daten zu welchem Zweck umgeht und an wen diese Daten übermittelt werden. Diese Transparenzpflichten lassen sich unterscheiden nach der Initiative: Die Benachrichtigungspflicht nach § 4 Abs. 3 (Datenerhebung beim Betroffenen) und nach § 33 BDSG (Datenerhebung bei Dritten) sieht vor, dass der Betroffene auf Initiative des Unternehmens, das mit den Daten umgeht (Datenverwender), zu informieren ist. Der Datenverwender muss also von sich aus handeln. Demgegenüber ist die Auskunftspflicht nach § 34 BDSG das Recht des Betroffenen, selbst beim Datenverwender nachzufragen, welche personenbezogenen Daten über ihn zu welchem Zweck gespeichert, verarbeitet und an wen übermittelt werden.

3 **1. Benachrichtigung über Datenumgang.** Die Pflicht zur Benachrichtigung ist wie die Pflicht zur Auskunft (s. sogleich 80. Abschnitt, A, I, 3 Rn 8 f) eine Informationspflicht, die der Transparenz der Datenverarbeitung für den Betroffenen dient. Sie unterscheidet sich von der Auskunftspflicht dadurch, dass sie besteht, ohne dass eine Anfrage des Betroffenen vorliegt. Das Unternehmen hat also, sofern nicht ein Ausnahmetatbestand eingreift, den Betroffenen über bestimmte Eckdaten der Datenverarbeitung von sich aus zu informieren. Soweit das Unternehmen die personenbezogenen Daten durch rechtmäßige Befragung beim Betroffenen erhebt (Direkterhebung, s. oben 78. Abschnitt, Rn 38 f), entfällt allerdings regelmäßig eine gesonderte Pflicht zur Benachrichtigung des Betroffenen über die Speicherung. Denn in diesem Fall werden die Daten grundsätzlich mit Kenntnis des Betroffenen gespeichert, er hat „bereits auf andere Weise Kenntnis erlangt" (§ 4 Abs. 3 Satz 1 BDSG). Grobe Kenntnis genügt (*Gola/Schomerus*, BDSG, § 33 Rn 28). Typisierend muss maßgebend nicht die tatsächliche Kenntnis, sondern das sein, was der typische Kunde wissen müsste. Hier ist auf den verständigen Durchschnittsbetroffenen abzustellen (*Bergmann/Möhrle/Herb*, Datenschutzrecht, § 33 Rn 72). Eine wie auch immer geschaffene Kenntnis beim Betroffenen genügt, die bloße Möglichkeit des Kunden zur

Schlussfolgerung auf bestimmte Datenerhebungen oder -verwendungen dagegen nicht (*Gola/Schomerus*, BDSG, § 4 Rn 36, § 33 Rn 29; strenger Simitis-*Dix*, BDSG, § 33 Rn 55, der darauf abstellt, dass an der Kenntnisnahme durch den Betroffenen kein Zweifel bestehen darf). Daher ist beispielsweise bei einer Bestellung im Versandhandel – die regelmäßig mit einer elektronischen Kundendatenverarbeitung beim Versandhandelsunternehmen einhergeht – eine gesonderte Information des Kunden über die Verwendung der Daten zur Auftragsabwicklung nicht erforderlich, weil dieser typischerweise weiß, dass seine angegebenen Daten zum Zwecke der Auftragsabwicklung verwendet werden. Geht es um die Verwendung der Daten für den Versand von Werbung nach dem Kauf, ist diese Absicht zwar vielfach üblich, jedoch nicht zwingend. Ein einfacher Hinweis, beispielsweise auf Speicherung, um „über neue Produkte zu informieren" ist erforderlich und würde genügen. Bei einer Zweideutigkeit kann eine Kenntnis auf andere Weise nicht angenommen werden. Der Betroffene ist inhaltlich nach § 4 Abs. 3 BDSG bzw § 33 BDSG hinzuweisen auf das „Ob" der Speicherung, die Person des Erhebenden und Verwendenden, die Art der Daten, die „konkrete" Zweckbestimmung der Erhebung/Verwendung und die Kategorien von künftigen (Übermittlungs-)Empfängern. Eine Benachrichtigung des Betroffenen könnte wie folgt formuliert sein:

„Das Unternehmen wird die von Ihnen angegebenen Daten auch zur Verbesserung seines Produktsortiments und zu Ihrer Information über seine Produkte und Leistungen verarbeiten und nutzen. Bei der Verarbeitung und Nutzung dürfen wir uns Dienstleistungsunternehmen bedienen, die in unserem Auftrag handeln. Wir sind auch berechtigt, befreundeten Unternehmen unsere Kundenadressen zu Briefwerbezwecken zu überlassen."

Geht es um Werbung, kann der Angesprochene künftiger Werbung jederzeit widersprechen. Durch die 4
neuformulierte Hinweispflicht auf das Werbewiderspruchsrecht (§ 28 Abs. 4 Satz 2 BDSG) ist regelmäßig bereits schon bei Datenerhebung auf dieses Recht hinzuweisen („bei Begründung des rechtsgeschäftlichen oder rechtsgeschäftsähnlichen Schuldverhältnisses"). Daher ist zu empfehlen, das Erhebungsformular sogleich mit dem Werbewiderspruchshinweis zu verbinden. Dieser könnte lauten:

„Sie können weiteren Informationen von uns über unsere Produkte und Dienstleistungen jederzeit widersprechen. Richten Sie sich bitte an die nachfolgende Adresse…".

Eine Benachrichtigung ist – wie oben ausgeführt – entbehrlich, wenn die konkrete Datenverwendung 5
den Betroffenen typischerweise bekannt sein dürfte. Neben der bestehenden Kenntnis ist das Unternehmen zusätzlich von der Benachrichtigung in folgenden Hauptfällen befreit:

- soweit der Betroffene mit einer Übermittlung an bestimmte Dritte rechnen musste (§ 33 Abs. 2 Satz 1 Nr. 1, § 4 Abs. 3 Satz 1 Nr. 3 BDSG; **Kenntnis beim Betroffenen**). Dabei genügt auch hier eine Kenntnis in „groben Zügen" (Simitis-*Dix*, BDSG, § 33 Rn 50), nach weitergehender Ansicht soll es der Kenntnis gleichstehen, wenn die Kenntnis vorhanden sein müsste (*Schaffland/Wiltfang*, BDSG, § 33 Rn 39; *Gola/Schomerus*, BDSG, § 33 Rn 29);
- wenn die Daten ausschließlich für die Erfüllung von Aufbewahrungsvorschriften gespeichert werden und die Information einen unverhältnismäßigen Aufwand erfordern würde (§ 33 Abs. 2 Satz 1 Nr. 2 BDSG; **Speicherung zur Archivierung**);
- wenn die Daten einer Rechtsvorschrift oder ihrem Wesen nach geheim gehalten werden müssen (§ 33 Abs. 2 Satz 1 Nr. 3 BDSG) wie beispielsweise der Vertrag zugunsten Dritter für den Todesfall bezüglich des Begünstigten (*Gola/Schomerus*, BDSG, § 33 Rn 33); **Transparenz wäre widersinnig.** Umstritten ist, ob beispielsweise die Information über einen Informanten einer Bonitätsinformation unter den Ausnahmetatbestand fallen (*Schaffland/Wiltfang*, BDSG, § 33 Rn 63; *Gola/Schomerus*, BDSG, § 33 Rn 33). Demgegenüber ist inzwischen gesetzlich geklärt, dass über die Art der Scorewertberechnung (§ 28b BDSG) erst auf ein Verlangen im Wege der Auskunft zu informieren ist (§ 34 Abs. 2 BDSG);
- wenn die Daten aus allgemein zugänglichen Quellen, beispielsweise aus einem öffentlichen Adressbuch (§ 28 Abs. 3 Satz 2 Nr. 1 BDSG), für eigene Zwecke entnommen sind und die Benachrichtigung unverhältnismäßig wäre (§ 33 Abs. 2 Satz 1 Nr. 7 lit. a BDSG); **Daten sind allgemein zugänglich;**
- wenn die Mitteilung die Geschäftszwecke der verantwortlichen Stelle gefährden würde – soweit nicht dennoch das Transparenzinteresse des Betroffenen überwiegt (§ 33 Abs. 2 Satz 1 Nr. 7 lit. b BDSG; **Kenntnis gefährdet Geschäftszweck**). Teilweise wird hier angenommen, dass die Ausnahme bereits ausgelöst wird, wenn Betriebs- und Geschäftsgeheimnisse betroffen sind (*Schaffland/Wilt-*

fang, BDSG, § 33 Rn 85). Maßgebend ist hier die Art der Abwägung (*Gola/Schomerus*, BDSG, § 33 Rn 40);

- bei geschäftsmäßigen Datenverarbeitern wie Auskunfteien und Adressverlagen, die Daten für Übermittlungszwecke speichern, wenn die Daten aus allgemein zugänglichen Quellen entnommen sind oder es sich um zusammengefasste Daten handelt und die Benachrichtigung jeweils unverhältnismäßig wäre (§ 33 Abs. 2 Satz 1 Nr. 8 lit. a/b BDSG; **Auskunftei/Adressverlag nutzt allgemein zugängliches Verzeichnis oder Listendaten**).

6 In den vorgenannten Fällen des Absehens von der Information hat das Unternehmen die Ausnahmen mit ihrer Rechtfertigung schriftlich zu dokumentieren (§ 33 Abs. 2 Satz 2 BDSG).

7 **2. Benachrichtigung bei Datenverlust.** Mit den Novellen zum BDSG im Jahr 2009 (s. oben 78. Abschnitt, B, IX Rn 32 ff) wurde in – Übernahme einer Regelungsidee aus den USA (**Data Breach Notification**) – nur für nichtöffentliche Stellen die Pflicht eingeführt, bei Anwendbarkeit des BDSG über Datenabflüsse die zuständige Datenschutzaufsichtsbehörde und die Personen, um deren Daten es geht, unverzüglich nach Kenntnis zu informieren (§ 42a BDSG). Das damit einhergehende Risiko, sich datenschutzrechtlichen Sanktionen auszusetzen, wurde abgemildert, indem zugleich ein Verwertungsverbot des Inhalts der Information für Ordnungswidrigkeiten- und Strafverfahren ohne Einwilligung des Informationspflichtigen vorgesehen worden ist (§ 42a Satz 6 BDSG). Allerdings erfolgte – anders als beispielsweise bei den ähnlichen Regelungen des § 93 Abs. 3 TKG und des § 15a TMG – eine Beschränkung auf bestimmte personenbezogene Daten, die dem BDSG unterfallen. Eine Informationspflicht kommt nur dann in Betracht, wenn es um den Abfluss von folgenden personenbezogenen Daten geht.

- Sensitive Daten wie Gesundheitsdaten (s. oben 79. Abschnitt, C, I Rn 36);
- um personenbezogene Daten, die einem Berufsgeheimnis unterliegen;
- um personenbezogene Daten, die sich auf strafbare Handlungen oder Ordnungswidrigkeiten oder den Verdacht strafbarer Handlungen oder Ordnungswidrigkeiten beziehen;
- um personenbezogene Daten zu Bank- oder Kreditkartenkonten.

Zudem ist zusätzlich – wie bei § 93 Abs. 3 TKG und bei § 15a TMG – erforderlich, dass schwerwiegende Beeinträchtigungen für die Rechte oder schutzwürdigen Interessen desjenigen bestehen, dessen Daten betroffenen sind. Erfasst sind damit materielle und immaterielle Schäden. Es ist eine Risikoprognose erforderlich, dass ein Empfänger der Daten diese in einer Art und Weise verwenden wird, die zumindest über den reinen Nachteil aus einer Offenlegung hinausgeht (Däubler/Klebe/Wedde/Weichert-*Weichert*, § 42a Rn 6). Bei der Prognoseentscheidung ist auf den Horizont eines Verständigen und Besonnenen abzustellen (Taeger/Gabel-*Gabel*, BDSG, § 42a Rn 20).

8 **3. Auskunft.** Neben der Pflicht zur Information kann Bedarf nach detaillierterer Kenntnis der Datenverwendung bestehen. Hierfür räumt das Gesetz dem Betroffenen Auskunftsrechte ein. Das Unternehmen trifft also Antwortpflichten bei Nachfragen von Betroffenen. Durch die Benachrichtigung (s. oben 80. Abschnitt, A, I, 1 Rn 3 ff) bzw aus den Umständen, beispielsweise einer Versandhandelsbestellung, weiß der Betroffene, dass über ihn Daten gespeichert worden sind. Will er genau wissen, woher das Unternehmen seine Daten erlangt, ob es seine Datenbasis erweitert hat und welche Scorewertinformationen das Unternehmen aufbewahrt, kann er nachfragen. Dann verschafft ihm diese Kenntnis das Unternehmen. Das Auskunftsrecht gibt dem Betroffenen also Anspruch auf abschließende und umfassende Information über die Daten, die vom Unternehmen verwendet werden. Aus Vereinfachungsgründen übersenden Unternehmen häufig einen Datenbankauszug. Hinsichtlich der Empfänger der Daten müssen nicht alle einzeln benannt werden. Es genügt, wenn die Kategorien von Empfängern mitgeteilt werden.

9 Die vom Betroffenen initiierte Auskunft der verantwortlichen Stelle (s. oben 79. Abschnitt, A, II, 2 Rn 25 ff) ist in der Regel unentgeltlich zu erteilen (§ 34 Abs. 8 Satz 1 BDSG). Sie kann nicht wirksam durch Rechtsgeschäft eingeschränkt oder von Bedingungen abhängig gemacht werden (§ 6 Abs. 1 BDSG). Neben den Informationen, die schon von den Benachrichtigungspflichten (s. oben 80. Abschnitt, A, I, 1) erfasst werden, schließt der Auskunftsanspruch die aktuelle Datenlage und die Herkunft der Daten ein. Die Ausnahmen von der Benachrichtigungspflicht gelten weitgehend auch für die Auskunft (§ 34 Abs. 4 BDSG). Doch schließt die Kenntnis des Betroffenen (§ 34 Abs. 7 BDSG) seinen Auskunftsanspruch nicht aus. Der Betroffene soll mit dem Auskunftsanspruch gerade eine Unsicherheit hinsichtlich der von ihm verarbeiteten Daten beseitigen können.

II. Berichtigung

Bisher relativ vernachlässigt in der datenschutzrechtlichen Diskussion ist das Gebot der Datenrichtigkeit. Sind Daten „unrichtig“, müssen sie kraft Gesetzes berichtigt werden (§ 35 Abs. 1 BDSG). Sind Daten – noch – nicht zu löschen, darf der Datenhalter, die verantwortliche Stelle, sie nicht unrichtig belassen. Unrichtig sind personenbezogene Daten, wenn die Angaben nicht mit der Realität übereinstimmen (Simitis-*Dix*, BDSG, § 35 Rn 9). Diese Pflicht zur Berichtigung gehört ebenfalls zu den nicht disponiblen (§ 6 Abs. 1 BDSG) Rechten des informationellen Selbstbestimmungsrechts. Die verantwortliche Stelle hat schon dann zu berichtigen, wenn sie auf irgendeine Art und Weise Kenntnis von der Unrichtigkeit von Daten erhält (*Gola/Schomerus*, BDSG, § 35 Rn 3). 10

Die Zweifelsregelung findet sich in § 35 Abs. 4 BDSG: Lässt sich bei Bestreiten und nach Ausschöpfen der Beweismittel nicht feststellen, ob ein personenbezogenes Datum über einen Betroffenen richtig oder unrichtig ist, ist die Information zu sperren. Sperren heißt, personenbezogene Daten so zu kennzeichnen, dass sie nur noch eingeschränkt verwendet werden dürfen (*Gola/Schomerus*, BDSG, § 3 Rn 38). Für eine Übergangszeit von mindestens zwei Wochen halten es die Aufsichtsbehörden für zulässig, in der entsprechenden Auskunft den Vermerk „Bestrittene Daten in Prüfung“ vorzusehen (so ausdrücklich Innenministerium Baden-Württemberg, LT-Drucks. 13/2200, 15 f).

III. Umgangsausschluss: Löschung, Sperrung

Mit den zahlreichen Erlaubnistatbeständen des Datenumgangs für private Unternehmen (s.o. 79. Abschnitt, C/D Rn 34 ff) trägt das BDSG dem Umstand Rechnung, dass in einer modernen Informationsgesellschaft Entscheidungsprozesse – staatlich wie privat – immer umfangreicher auf der Grundlage von Informationen über Personen erfolgen, die mithilfe des automatischen Datenumgangs zusammengetragen worden sind. Der Einzelne lebt innerhalb dieser sozialen Informationsgemeinschaft und nutzt sie. In einer solchen Gemeinschaft sind die personenbezogenen Daten nicht ausschließlich dem Betroffenen allein zugeordnet (BVerfG 15.12.1983, BVerfGE 65, 1, 44). Der Vorrang des Allgemeininteresses, der Interessen anderer Grundrechtsträger und damit des Umgangsinteresses im Rahmen der bestehenden Gesetze ist vor allem durch die Verhältnismäßigkeit des Umgangs beschränkt. Personenbezogene Daten, die zunächst im Rahmen eines Umgangsinteresses verarbeitet worden sind, sind namentlich dann **von einer weiteren Verwendung auszuschließen**, wenn sie für die Erhebungszwecke nicht mehr erforderlich sind. Die verantwortliche Stelle hat diese Maßnahmen von sich aus durchzuführen. Das BDSG sieht für diesen Umgangsausschluss zwei Möglichkeiten vor: Das Löschen und das Sperren (§ 35 Abs. 2 Satz 2, Abs. 3 BDSG). An erster Stelle steht die Löschung der Daten, ihr Unkenntlichmachen, an zweiter ihre Sperrung (dazu Schaubild oben 79. Abschnitt, A, II, 1 Rn 13). Wenn die Daten jedoch noch für Sekundärzwecke benötigt werden, insbesondere für die Erfüllung gesetzlicher Aufbewahrungspflichten – beispielweise Personalakteninhalte – sieht das Gesetz einen Kompromiss vor. Die irreversible Löschung wird ersetzt durch die Sperrung. Die Daten erhalten den deutlichen Vermerk, dass sie nur noch beschränkt, hier für Aufbewahrungszwecke – beispielsweise im Rahmen einer Betriebsprüfung – verwendet werden dürfen. Die Sperrung aus dem Archivierungsgrund korrespondiert mit dem Ausnahmetatbestand zur Benachrichtigung (s. oben 80. Abschnitt, A, I, 1; Simitis-*Dix*, BDSG, § 33 Rn 66) und zur Auskunft (s. oben 80. Abschnitt, A, I, 3 Rn 8 f), wonach eine Information nicht zu erteilen ist, wenn die Daten ausschließlich für die Erfüllung von Aufbewahrungsvorschriften gesperrt vorgehalten werden (§ 33 Abs. 2 Satz 1 Nr. 2, § 34 Abs. 7 BDSG). Weil die personenbezogenen Daten also als nur für bestimmte Zwecke verwendbar zu kennzeichnen sind, nimmt das Gesetz von Informationspflichten Abstand. Sind also Personalunterlagen für Sozialversicherungszwecke gesetzlich archiviert und gesperrt, besteht keine Auskunftspflicht mehr. 11

Besonderes Augenmerk ist auf die Sicherungsbestände zu legen. **Datensicherungsanforderungen** (§§ 9, 31 BDSG) zwingen dazu, den Geschäftsdatenbestand mit personenbezogenen Daten für den Fall von Datenverlusten gesondert vorzuhalten, beispielsweise nach dem Generationenprinzip (Enkel-Sohn-Vater-Urgroßvater). Eine Datensicherung wird dabei nicht mit der nächsten Sicherung überschrieben. Erst nach Ablauf eines gewissen Zeitraums, nach Durchlauf der Generationen, erfolgt die Löschung auf dem ursprünglichen Sicherungsmedium. Hier entsteht ein besonderer datenschutzrechtlicher Konflikt, weil die personenbezogenen Daten auf den Sicherungsbändern regelmäßig länger vorgehalten werden als auf dem Hauptsystem. Die Backup-Dateien werden häufig auf Sicherungsmedien gebracht und gesondert gelagert, beispielsweise in einem Banktresor. Während die Löschpflichten auf dem Hauptsystem beispielweise automatisch umgesetzt werden, enthalten die Sicherungsmedien noch Da- 12 ten, die bereits zu löschen oder zu sperren waren. Sind beispielsweise Datensätze von Kunden im Hauptsystem gelöscht worden, so ist es wirtschaftlich gegenwärtig nicht möglich, diese einzeln auch in Sicherungsmedien zu beseitigen. Die löschpflichtigen Inhalte der Sicherungsmedien sind vielmehr insgesamt und dann turnusgemäß, ohne unverhältnismäßige Verzögerungen zu löschen (dazu Simitis-*Dammann*, BDSG, § 3 Rn 185 f).

IV. Werbewiderspruchsrecht

13 Das Widerspruchsrecht nach § 28 Abs. 4 Satz 1 BDSG ist der Sache nach eine Abwandlung zur Einwilligung. Während die Einwilligung (sog. **Opt-in-Entscheidung**) als Rechtfertigung die vorherige Zustimmung zu einem Datenumgang bedeutet (s. oben 79. Abschnitt, C, I Rn 35 f), genügt bei Geltung des Widerspruchsrechts, dass sich der Betroffene nicht bereits gegen den Umgang mit den Daten für Zwecke der Werbung und Markt- und Meinungsforschung ausgesprochen hat (sog. **Opt-out-Entscheidung**). Der Grund für dieses scheinbare Abweichen von den Erlaubnisanforderungen für den Datenumgang zu Werbe- und Markt- und Meinungsforschungszwecken für private Unternehmen (s. oben 79. Abschnitt, D, I Rn 56) liegt darin, dass diesem Umgang in vielen Fällen nach der typisierenden Abwägungsregel und dem Unterfall des Listenprivilegs ein schutzwürdiges Interesse des Betroffenen dem Umgang gerade nicht entgegensteht (s. oben 79. Abschnitt, C, II, 4, Rn 49 ff und D, I Rn 56). In allen diesen Fällen soll der Betroffene jedoch die Möglichkeit haben, sein – entgegen der Vermutung des Gesetzgebers – dennoch bestehendes schutzwürdiges Interesse wirksam gegenüber der verantwortlichen Stelle, also dem Unternehmen, geltend zu machen. Damit der Betroffene um dieses Recht in jedem Fall weiß, verpflichtet § 28 Abs. 4 Satz 2 BDSG dazu, den Betroffenen bei einer Ansprache zu Werbe-, Markt- und Meinungsforschungszwecken und bei Vertragsschlüssen schon bei der Begründung des Vertragsverhältnisses auf das Werbewiderspruchsrecht, sein Opt-out-Recht, hinzuweisen.

14 Eine allgemeine Möglichkeit, gegenüber jedwedem Unternehmen seinen Werbewiderspruch zu erklären, besteht in Deutschland nicht. Während in Österreich mit § 151 Abs. 9 Gewerbeordnung Österreich (Whitemail-Robinsonliste, geführt von der Wirtschaftskammer Österreich) und § 7 Abs. 2 E-Commerce-Gesetz Österreich, § 107 Abs. 3 Nr. 4 TKG-Österreich (E-Mail-Robinsonliste, geführt von der Rundfunk und Telekom Regulierungs-GmbH, RTR-GmbH, Wien) gesetzliche Verbotslisten vorgesehen sind, spricht das deutsche Recht keine Möglichkeit aus, sich auf eine öffentlich geführte und allgemein verbindliche Werbewiderspruchs- („Ich-will-keine-Werbung")-Liste setzen zu lassen. Der Betroffene kann sich allerdings in die bekannte Werbewiderspruchsliste für Briefpost, die Robinsonliste, eintragen lassen, die vom Deutschen Dialogmarketing Verband e.V. (DDV), Wiesbaden, geführt wird. Für die Ablehnung von Werbung per Telefax, E-Mail, Telefon und Mobiltelefon sind inzwischen weitere privat geführte Werbewiderspruchslisten vorgesehen. Allerdings ist hier der Aspekt zu berücksichtigen, dass solche Listen kraft Gesetzes sachwidrig sind, da der Betroffene über die Kommunikationswege Telefax, E-Mail, Telefon und Mobiltelefon in der Regel nur bei Vorliegen einer Einwilligung angesprochen werden darf. Für die E-Mail-Bewerbung gilt mit § 7 Abs. 3 UWG eine Sonderregelung bei bereits durchgeführten Geschäften. Eine Bindungswirkung entfalten solche privaten Werbewiderspruchslisten nur insofern, als sich der Werber durch entsprechende Unterwerfungserklärung an diese gebunden hat. Bei der auf Briefpost bezogenen Robinsonliste des DDV ist die Beachtung verbindlich für 726 DDV-Mitgliedsfirmen (Stand: Mai 2011).

V. Schadensersatz / Beweislastumkehr

15 Das BDSG selbst regelt eigenständig und ergänzend Schadensersatzansprüche für öffentliche Stellen des Bundes mit der verschuldensunabhängigen Haftung nach § 8 BDSG. Unabhängig davon gewährt § 7 Satz 1 BDSG für öffentliche Stellen des Bundes und private Unternehmen einen Schadensersatzanspruch dann, wenn ein schuldhafter rechtswidriger Datenumgang zu einem Schaden beim Betroffenen führt. Er wird ergänzt durch eine prozessuale Erleichterung, nämlich eine Beweislastumkehr (§ 7 Satz 2 BDSG).

16 **Immaterielle Schäden** bei Datenschutzverletzungen werden nach den zivilrechtlichen Grundsätzen zu § 847 BGB nur dann erstattet, wenn die Verletzung des informationellen Selbstbestimmungsrechts schwerwiegend ist und damit ein Eingriff in das allgemeine Persönlichkeitsrecht gemäß § 823 Abs. 1 BGB, Art. 2 Abs. 1, Art. 1 Abs. 1 GG vorliegt (Taeger/Gabel-*Gabel*, BDSG, § 7 Rn 10).

B. Kontrolle

Die Kontrolle der Einhaltung der Datenschutzregelungen liegt bei unternehmens- und behördenunabhängigen Stellen der Aufsicht. Hierzu gehören in erster Linie der betriebliche sowie der behördliche Datenschutzbeauftragte sowie die Aufsichtsbehörden des Bundes und der Länder. 17

I. Betrieblicher Datenschutzbeauftragter

Dem Datenschutzbeauftragten kommt eine entscheidende Funktion als innerbetrieblicher Berater und Kontrolleur des Datenschutzes zu. Er kann als Angestellter oder als externer Kontrolleur bestellt werden. Die herrschende Meinung lässt weiterhin nur die Bestellung von natürlichen Personen zu (*Gola/ Schomerus*, BDSG, § 4f Rn 19; *Schaffland/Wiltfang*, BDSG, § 4f Rn 45). Bemerkenswert ist demgegenüber, dass das Gesetz nur abstrakt die Fachkunde und Zuverlässigkeit der Betreffenden fordert und damit sogar hinter den Anforderungen der Schankwirts zurückbleibt (Taeger/Gabel-*Scheja*, BDSG, § 4f Rn 58). Allerdings haben die Aufsichtsbehörden durch „Beschluss des Düsseldorfer Kreises vom 24./25. November 2010 gewisse Mindestanforderungen an Fachkunde und Unabhängigkeit des Beauftragten für den Datenschutz nach § 4f Abs. 2 und 3 Bundesdatenschutzgesetz (BDSG)" geschaffen (*Düsseldorfer Kreis*, http://www.bfdi.bund.de/SharedDocs/Publikationen/Entschliessungssammlung/ DuesseldorferKreis/24112010-MindestanforderungenAnFachkunde.pdf?__blob=publicationFile, 30.9.2011). Vorgesehen werden vor allem, „umfassende Kenntnisse" in der Anwendung des Datenschutzrechts, wie des BDSG, und Kenntnisse der Datensicherheitsanforderungen, beispielsweise Logfile-Auswertung, schon bei Bestellung. Die Kenntnisse könnten durch den Besuch geeigneter Aus-/ Fortbildungskurse mit Ablegen einer Prüfung dokumentiert sein. Berufsgrundsätze sind bisher nur auf privater Verbandsebene entwickelt worden (*BvD*, Das berufliche Leitbild des Datenschutzbeauftragten, Stand: 2011; https://www.bvdnet.de/fileadmin/BvD_eV/pdf_und_bilder/leitbild/bvd-leitbild-2011.pdf, 30.9.2011). 18

Der Datenschutzbeauftragte ist in Unternehmen zu bestellen, wenn personenbezogene Daten automatisiert verarbeitet werden (§ 4f Abs. 1 Satz 1 BDSG) und nicht besondere Ausnahmetatbestände eingreifen. Die Bestellpflicht entfällt insbesondere, wenn weniger als zehn Personen ständig mit der automatisierten Verarbeitung personenbezogener Daten beschäftigt sind (§ 4f Abs. 1 Satz 4 BDSG; mit Ausnahme nach § 4f Abs. 1 Satz 6 BDSG unter anderem für Unternehmen, die Datenverarbeitungen vornehmen, die einer Vorabkontrolle unterliegen). Eine Bestellpflicht besteht auch bei nichtautomatisierter Datenverarbeitung, wenn mindestens zwanzig Personen mit den personenbezogenen Daten umgehen. 19

Der betriebliche Datenschutzbeauftragte wirkt als fachlich weisungsunabhängige Einrichtung im Unternehmen (§ 4f Abs. 3 Satz 2 BDSG) auf die Einhaltung des BDSG und anderer Vorschriften über den Datenschutz hin (§ 4g Abs. 1 Satz 1 BDSG). Dieses Hinwirken beinhaltet vor allem zwei Aufgaben: Die Konformitätskontrolle und die Beschäftigtenschulung/-information. Konformitätskontrolle meint die Aufgabe des betrieblichen Datenschutzbeauftragten, die einzelnen Datenverarbeitungen daraufhin zu überprüfen, ob sie datenschutzkonform erfolgen (gegebenenfalls im Wege der Vorabkontrolle, § 4d Abs. 5 BDSG). Hierzu nutzt er das Verfahrensverzeichnis nach § 4e BDSG, das er in der Praxis – entgegen des Wortlauts des Gesetzes (§ 4g Abs. 2 Satz 1 BDSG) – regelmäßig selbst erstellt. Die Datensicherheitsanforderungen sind ebenfalls zu berücksichtigen (§ 9 BDSG). Zur Beschäftigtenschulung/-information gehört es, die mit personenbezogenen Daten umgehenden Beschäftigten mit den datenschutzrechtlichen Vorschriften „vertraut zu machen" (§ 4g Abs 1 Satz 4 Nr. 2 BDSG). Bei den Beschäftigten ist durch Schulung ein Bewusstsein zu schaffen, das datenschutzkonformes von datenschutzwidrigem Verhalten abgrenzen kann. Hinsichtlich der Art und des Umfangs der Unterweisung ist dem betrieblichen Datenschutzbeauftragten ein Ermessen eingeräumt (*Bergmann/Möhrle/Herb*, Datenschutzrecht, § 4g Rn 38 f). Von Mitteilungen im firmeninternen Netz bis zu externen Seminaren reichen die Schulungsarten. Des Weiteren soll der betriebliche Datenschutzbeauftragte nach § 4g Abs. 1 Satz 4 Nr. 1 BDSG die ordnungsgemäße Anwendung der Datenverarbeitungsprogramme, mit deren Hilfe personenbezogene Daten verarbeitet werden sollen, überwachen (technische und organisatorische Datensicherheitsmaßnahmen nach § 9 BDSG). Damit ist der betriebliche Datenschutzbeauftragte in erster Linie ein Compliance-Beauftragter. 20

Mit seiner Überwachungsaufgabe ist er in der Unternehmensorganisation unmittelbar der Geschäftsleitung zu unterstellen, damit diese darüber befinden kann, wie vom betrieblichen Datenschutzbeauf- 21 tragten in einem Bericht etwaig festgestellten Mängeln abgeholfen wird (*Bergmann/Möhrle/Herb*, Datenschutzrecht, § 4g Rn 16). Er muss seine Kontrollaufgabe unbeeinflusst wahrnehmen können. Daher ist es der Geschäftsleitung untersagt, den betrieblichen Datenschutzbeauftragten anzuweisen, wie er seine Kontrollaufgabe wahrzunehmen hat. Zudem ist es zweckmäßig, den Datenschutzbeauftragten in die Abwicklung von Datenschutzbeschwerden einzubeziehen.

II. Behördlicher Datenschutzbeauftragter

22 Das Bundesdatenschutzgesetz wie auch die Landesdatenschutzgesetze sehen in Behörden teilweise den behördlichen Datenschutzbeauftragten als Pflichtbeauftragten vor.

III. Aufsichtsbehörden

23 Die Aufsicht im Datenschutz über private Unternehmen ist grundsätzlich Ländersache (§ 38 Abs. 6 BDSG). Die örtliche Zuständigkeit der Aufsichtsbehörde richtet sich nach dem Sitz des Unternehmens. Die Bundesaufsichtsbehörde, der Bundesbeauftragte für den Datenschutz und die Informationsfreiheit, hat im Privatunternehmensbereich nur durch Sonderzuweisung Aufsichtsbefugnisse, nämlich für Telekommunikations- und Postunternehmen (§ 115 Abs. 4 Satz 1 TKG, § 42 Abs. 3 Satz 1 Postgesetz). Den Aufsichtsbehörden steht ein Initiativrecht bei Prüfungen zu (§ 38 Abs. 4 Satz 1 BDSG). Sie können in den Räumen des Unternehmens zu Geschäftszeiten Untersuchungen vornehmen, um festzustellen, ob das Datenschutzrecht eingehalten wird (instruktiv *Seiffert*, Datenschutzprüfung). In der Praxis werden die Aufsichtsbehörden in der Regel jedoch erst bei Anzeigen und Beschwerden von Betroffenen oder sonstigen Personen tätig oder wenn sie eine bestimmte, unter Umständen branchenspezifische Datenschutzkonformität prüfen. Dabei melden sie sich beim Unternehmen regelmäßig schriftlich oder per E-Mail an. Das typische Handeln der Aufsichtsbehörden ist ihre Aufforderung, einen beanstandeten Missbrauch abzustellen (Abmahnung) und gegebenenfalls die Verfahrensverzeichnisse (s. oben 79. Abschnitt, B Rn 33) vorzulegen. Neben der Abmahnung gibt es weitere Sanktionen der Aufsichtsbehörde. Sie beinhalten förmlich die Möglichkeit, die Gewerbeaufsicht zu informieren, die Abberufung des betrieblichen Datenschutzbeauftragten zu fordern, Bußgelder auszusprechen sowie Anordnungen und Untersagungen eines bestimmten Datenumgangs oder von technisch-organisatorischen Datensicherheitsmaßnahmen zu erlassen. Beispielsweise hat die Datenschutzaufsichtsbehörde für die privaten Unternehmen in Bayern 2010 (Bayerische Landesamt für Datenschutzaufsicht, Tätigkeitsbericht 2009/2010, März 2011, Abschnitt 2.1.1, Seite 13; nicht als LT-Drucks. veröffentlicht)

- 856 Eingaben geprüft und dabei 367 Datenschutzverstöße festgestellt und in 11 Fällen mit Bußgeldbescheiden reagiert,
- 1.278 Antworten auf Anfragen gegeben oder Beratungen durchgeführt und
- 12 Vor-Ort-Prüfungen bei Unternehmen ausgeführt.

C. Sanktionen

24 Wird gegen datenschutzrechtliche Pflichten verstoßen, so kann das verschiedene negative Folgen auslösen.

I. Ordnungswidrigkeit / Straftat

25 Das BDSG (§ 43 BDSG) wie auch andere Datenschutzvorschriften (beispielsweise § 16 TMG) sehen bei bestimmten Verstößen die Annahme einer Ordnungswidrigkeit vor. Bei Verstößen gegen materielle Vorschriften liegt der förmliche maximale Bußgeldrahmen bei 300.000 EUR und bei Verstößen gegen Formvorschriften bei maximal 50.000 EUR (§ 43 Abs. 3 Satz 1 BDSG). Allerdings sieht das Gesetz vor, dass eine Erhöhung des Bußgeldrahmens vorgenommen werden soll, um den Vorteil der Datenschutzrechtswidrigkeit auszugleichen (§ 43 Abs. 3 Satz 2 BDSG).

26 Werden die Tatbestände der materiellen Ordnungswidrigkeit (§ 43 Abs. 2 BDSG) vorsätzlich und mit Bereicherungs- oder doch Schädigungsabsicht begangen, so kann auf Strafantrag (§ 77 StGB) des Betroffenen, des Bundesbeauftragten für den Datenschutz und die Informationsfreiheit, der zuständigen Aufsichtsbehörde oder der verantwortlichen Stelle (gegen einen Beschäftigten) die Ordnungswidrigkeit als Straftat verfolgt werden (§ 44 Abs. 2 BDSG). Die Rechtsfolgen sind Geldstrafe oder Freiheitsstrafe bis zu 2 Jahren (§ 44 Abs. 1 BDSG).

Im Folgenden sind die Tatbestände aufgelistet, bei denen ein Ordnungswidrigkeiten- oder Strafverfahren nach den vorgenannten Grundsätzen betrieben werden darf. 27

Tatbestand	Vorschrift des BDSG
Verfahrensverzeichnisse werden nicht an die zuständige Aufsichtsbehörde übermittelt. Ausnahme: >9- Personen-Regelung.	§ 43 Abs. 1 Nr. 1
Datenschutzbeauftragter ist überhaupt nicht oder formell nicht ordnungsgemäß bestellt.	§ 43 Abs. 1 Nr. 2
Keine hinreichende Berechtigungsprüfung beim automatisierten Abrufverfahren.	§ 43 Abs. 1 Nr. 2a
Der Auftrag an einen datenzugreifenden Dienstleister wird nicht mit den gebotenen Inhalten oder formell unzutreffend erteilt oder es erfolgt keine Datensicherheitsprüfung vor Beginn der Dienstleistung.	§ 43 Abs. 1 Nr. 2b
Der Hinweis auf das **Werbewiderspruchsrecht** erfolgt überhaupt nicht oder nicht rechtzeitig oder die Herkunftsangabemöglichkeit ist nicht protokolliert.	§ 43 Abs. 1 Nr. 3
Für den Werbewiderspruch wird eine strengere Form als im Hauptgeschäft verlangt.	§ 43 Abs. 1 Nr. 3a
Ein Empfänger personenbezogener Daten übermittelt oder nutzt diese entgegen der Vereinbarung mit dem Lieferanten.	§ 43 Abs. 1 Nr. 4
Das auskunfteibeliefernde Unternehmen teilt Änderungen der Tatsachen der ursprünglichen Informationslieferung nicht oder nicht formell ordnungsgemäß mit.	§ 43 Abs. 1 Nr. 4a
Keine Aufzeichnung der Gründe für das Vorliegen eines berechtigten Interesses und der Art seiner Darlegung bei der Übermittlung personenbezogener Daten von einem geschäftsmäßigen Datenverwender wie eine Auskunftei oder einem Adressverlag.	§ 43 Abs. 1 Nr. 5
Personenbezogene Daten werden aus Adressverzeichnissen in neue Adressverzeichnisse übernommen, obwohl der entgegenstehende Wille aus dem ursprünglichen Adressverzeichnis erkennbar ist.	§ 43 Abs. 1 Nr. 6
Personenbezogene Daten werden aus Adressverzeichnissen in neue Adressverzeichnisse übernommen, ohne dabei die Kennzeichnung aus dem Ursprungsverzeichnis zu übernehmen.	§ 43 Abs. 1 Nr. 7
Eine Kreditauskunftei, die jedem deutschen Unternehmen gegen Gebühr offensteht, verweigert einem Unternehmen aus einem EU-/EWR-Mitgliedstaat die Auskunft über einen potenziellen Darlehensnehmer.	§ 43 Abs. 1 Nr. 7a
Ein Unternehmen, das gegenüber einem Verbraucher einen Darlehensvertrag oder Vergleichbares mit Rücksicht auf eine Negativauskunft ablehnt, informiert den Verbraucher nicht unverzüglich über die Ablehnung und über die erhaltene Auskunft.	§ 43 Abs. 1 Nr. 7b
Der von einer Datenerhebung Betroffene, der die Daten nicht selbst angegeben hat, wird nicht oder nicht formell ordnungsgemäß **nach der Speicherung bzw der erstmaligen Übermittlung informiert.**	§ 43 Abs. 1 Nr. 8
Die Pflicht, dem Betroffenen über die Umstände der Datenverarbeitung **auf Anfrage Auskunft** zu geben, wird mit ihren wesentlichen Einzelregelungen verletzt. Dazu gehört auch die Verletzung der Pflicht, bei zu Werbezwecken übermittelten Daten die Herkunft und den Empfänger für die Dauer von 2 Jahren nach der Übermittlung zu speichern.	§ 43 Abs. 1 Nr. 8a

Tatbestand	Vorschrift des BDSG
Die Kreditauskunftei übermittelt dem zur Auskunft verpflichteten Unternehmen nicht oder nicht formell ordnungsgemäß die zur Öffnung des Auskunftsanspruchs erforderlichen Daten.	§ 43 Abs. 1 Nr. 8b
Das Unternehmen, das einen Scorewert nutzt, verweist den Betroffenen nicht unverzüglich an die Stelle, die den Wahrscheinlichkeitswert errechnet hat.	§ 43 Abs. 1 Nr. 8c
Personenbezogene Daten, deren Richtigkeit zumindest bestritten ist, die aus allgemein zugänglichen Quellen entnommen und zu Dokumentationszwecken gespeichert sind, werden nicht mit einer gegebenen Gegendarstellung übermittelt.	§ 43 Abs. 1 Nr. 9
Das Unternehmen antwortet ohne gesetzlichen Grund nicht oder nicht formell ordnungsgemäß auf eine **Anfrage der zuständigen Datenschutzaufsichtsbehörde.**	§ 43 Abs. 1 Nr. 10
Das Unternehmen verstößt gegen eine vollziehbare Anordnung zur Beseitigung festgestellter Verstöße der zuständigen Datenschutzaufsichtsbehörde.	§ 43 Abs. 1 Nr. 11
Personenbezogene Daten werden **ohne Rechtsgrundlage erhoben oder verarbeitet,** obwohl sie nicht allgemein zugänglich sind.	§ 43 Abs. 2 Nr. 1
Personenbezogene Daten werden zum Abruf mittels automatisierter Verfahren bereitgehalten, obwohl sie nicht allgemein zugänglich sind.	§ 43 Abs. 2 Nr. 2
Personenbezogene Daten werden abgerufen oder sich aus automatisierten oder nicht automatisierten Dateien verschafft, obwohl sie nicht allgemein zugänglich sind.	§ 43 Abs. 2 Nr. 3
Personenbezogene Daten werden **durch unrichtige Angaben erschlichen,** obwohl sie nicht allgemein zugänglich sind.	§ 43 Abs. 2 Nr. 4
Personenbezogene Daten werden unter Verstoß gegen die gesetzlichen Zweckbindungsgebote vom Empfänger für andere Zwecke genutzt.	§ 43 Abs. 2 Nr. 5
Eine **Werbeeinwilligung wird mit einem Vertragsabschluss gekoppelt,** obwohl dem Betroffenen ein anderer Zugang zu gleichwertigen vertraglichen Leistungen nicht in zumutbarer Weise möglich ist.	§ 43 Abs. 2 Nr. 5a
Personenbezogene Daten werden für Werbe- oder Markt- und Meinungsforschungsmaßnahmen genutzt, obwohl der **Betroffene widersprochen** hat.	§ 43 Abs. 2 Nr. 5b
Es werden besondere gesetzlich vorgesehene Anonymisierungspflichten nachträglich durch Individualisierung verletzt.	§ 43 Abs. 2 Nr. 6
Ein (ungewollter rechtswidriger) Abfluss von bestimmten personenbezogenen Daten (§ 42a) wird der zuständigen Datenschutzaufsichtsbehörde und den Betroffenen nicht angezeigt.	§ 43 Abs. 2 Nr. 7

II. Wettbewerbsrechtliche Folgen

28 Das Gesetz gegen den unlauteren Wettbewerb (UWG) steht in unmittelbarem Zusammenhang mit den Datenschutzvorschriften. Das hat zum einen seinen Grund darin, dass mit § 7 UWG eine datenschutzrechtliche Regelung gegeben ist. Die EU-Richtlinie 2002/58/EG des Europäischen Parlaments und des Rates vom 12. Juli 2002 über die Verarbeitung personenbezogener Daten und den Schutz der Privatsphäre in der elektronischen Kommunikation (Datenschutzrichtlinie für elektronische Kommunikation), in der Fassung vom 18.12.2009, erfasst als Datenschutzrichtlinie ausdrücklich das Regelverbot, E-Mail-Werbung ohne vorheriges Einverständnis des Adressaten durchzuführen (Art. 13 Abs. 3 „darf nur bei vorheriger Einwilligung der Teilnehmer gestattet werden"). Dieses Verbot ist in § 7 Abs. 2

Nr. 3 UWG umgesetzt worden. Der zweite Grund für den unmittelbaren Zusammenhang des Wettbewerbsrechts mit Datenschutzvorschriften folgt aus seinem Schutzzweck. Bei einem Datenschutzverstoß ist immer auch die Annahme einer unlauteren Wettbewerbshandlung nach §§ 3, 4 Nr. 11 UWG zu prüfen. Voraussetzung dafür ist, dass es sich bei der Datenschutzregelung um eine Marktverhaltensregelung nach § 4 Nr. 11 UWG handelt und dass die Beachtlichkeitsschwelle für eine unlautere Wettbewerbshandlung nach § 3 UWG („spürbar zu beeinträchtigen") überschritten ist (Bagatellklausel). Es kommt darauf an, dass die einzelne Vorschrift zumindest auch dazu bestimmt ist, im Interesse der Marktteilnehmer – zu denen nach § 2 Abs. 1 Nr. 2 UWG unter anderem Mitbewerber und Verbraucher zählen – das Marktverhalten zu regeln. Bei jeder Datenschutzregelung ist daher zu fragen, ob die verletzte Norm das Auftreten auf einem Markt regelt oder nicht. Geht es um den internen Umgang mit Daten, wird die Annahme eines Marktverhaltens in der Regel ausscheiden. Das kommerzielle rechtswidrige Erheben oder Übermitteln von personenbezogenen Daten, wie beispielsweise im Adressenhandel, kann dagegen durchaus die Annahme eines rechtswidrigen Marktverhaltens darstellen (*Hefermehl/Köhler/Bornkamm*, Wettbewerbsrecht, § 4 Rn 42).

Soweit es um verbotene Telefonanrufe ohne Einwilligung gegenüber Verbrauchern geht (§ 7 Abs. 2 29
Nr. 2 UWG), liegt ein Bußgeldtatbestand vor (§ 20 Abs. 1 UWG). Die Bundesnetzagentur für Elektrizität, Gas, Telekommunikation, Post und Eisenbahnen ist die Behörde mit der Befugnis, die Ahndung vorzunehmen (§ 20 Abs. 3 UWG). Sie hat in den letzten Jahren mit diversen Einzelbescheiden im fünfstelligen Bereich von dieser Ahndungsmöglichkeit Gebrauch gemacht. Das maximale Bußgeld liegt bei 50.000 EUR (§ 20 Abs. 2 UWG).

Neben den Aufsichtsbehörden drohen bei datenschutzwidrigem Verhalten auch wettbewerbsrechtliche 30
Abmahnungen. Ansprüche aus dem UWG stehen allerdings nur Mitbewerbern, rechtsfähigen Verbänden zur Förderung gewerblicher oder selbstständiger beruflicher Interessen unter bestimmten Voraussetzungen, qualifizierten Einrichtungen iSd § 4 Unterlassungsklagengesetzes und Industrie- und Handelskammern und Handwerkskammern zu (§ 8 Abs. 3 UWG). Verbraucher haben bei Verstößen gegen das UWG keine eigenen Ansprüche aufgrund des UWG. Sie können sich natürlich an die klagebefugten Einrichtungen wenden oder – soweit gegeben – einen Unterlassungsanspruch wegen eines Eingriffs in das allgemeine Persönlichkeitsrecht geltend machen (s. 80. Abschnitt, C, III Rn 31).

III. Unterlassungsanspruch / Schadensersatzanspruch

Dem Betroffenen stehen bei Datenschutzverletzungen Unterlassungsansprüche nach §§ 1004, 823 BGB 31
zu (*Schaffland/Wiltfang*, BDSG, § 6 Rn 22). Schadensersatzansprüche, die dem Grunde nach gegeben sein können (s. oben 80. Abschnitt, A, V Rn 15 f), laufen in der Praxis – sofern überhaupt die Beweislage genügt – regelmäßig auf geringfügige Beträge hinaus.

IV. Praktische Folgen: Verwendungsbeschränkung

Liegt eine rechtswidrige Datenerhebung vor, führt das nicht nur zur Rechtswidrigkeit der fraglichen 32
Erhebungsmaßnahme, sondern auch dazu, dass der weitere Umgang, namentlich die weitere Verarbeitung und Nutzung rechtswidrig ist; es sei denn, dass die nachfolgende Datenverarbeitung auf einer neuen Rechtfertigungsgrundlage beruht. So ist die auf unwirksamen Einwilligungen (s. oben 79. Abschnitt, C, I Rn 35 f) beruhende Kunden- oder Interessentendatenbank für weitere Werbemaßnahmen nicht rechtmäßig verwendbar. Mit den rechtswidrig erhobenen Daten lässt sich nachträglich – außer durch ein Nachholen einer wirksamen Einwilligung – nicht rechtmäßig umgehen. Für das Einholen der Einwilligung und damit für Werbemaßnahmen müssten allerdings die Daten nach anderer Rechtsgrundlage zulässig verwendet werden dürfen.

V. Faktische Folgen: Reputationsschaden

Ein datenschutzwidriger Umgang betrifft in der Regel eine Vielzahl von Betroffenen. Unabhängig von 33
den rechtlichen Folgen kann das Vertrauen der Betroffenen in die Zuverlässigkeit und Geheimhaltung von Daten eines Dienstes, vor allem eines Online-Dienstes, stark beeinträchtigt werden. Als Beispiel sei der Fall „Monster" genannt. Im August 2007 sind der Online-Jobbörse „monster.com" hunderttausende Namen, Telefonnummern und E-Mail-Adressen der arbeitssuchenden Nutzer „gestohlen" worden. Durch einen Fund der Sicherheitsfirma Symantec auf einem ukrainischen Server mit 1,6 Millionen „Monster.com"-Datensätzen ist der Vorfall der Öffentlichkeit zur Kenntnis gelangt (Monster

Worldwide Deutschland GmbH, http://presse.monster.de/13766_de-DE_p3.asp). Die Daten sollten in einem komplexen Betrugsversuch verwendet werden. Allein der Verdacht, dass bei monster.com nicht datenschutzkonform, sondern ohne hinreichende datenschützende Datensicherheitseinrichtungen gearbeitet worden ist, hat das Vertrauen in diese auf Wachstum angewiesene Online-Jobbörse beeinträchtigt.

10. Teil: Jugendmedienschutz

1. Kapitel: Verbreitungsverbote und -beschränkungen

Schrifttum: *Altenhain/Heitkamp*, Altersverifikation mittels des elektronischen Personalausweises, K&R 2009, 619 ff; *Altenhain/Liesching/Ritz-Timme/Gabriel*, „Kriterien der Scheinminderjährigkeit", BPjM-aktuell 2/2009, 3; *Bandehzadeh*, Jugendschutz im Rundfunk und in den Telemedien, 2007; *Bauer/Selg*, Suizid – Wirkungen von Berichten in Massenmedien, JMS-Report 6/2000, S. 62 ff; *Beisel*, Die Kunstfreiheitsgarantie des Grundgesetzes und ihre strafrechtlichen Grenzen, 1997; *Bestgen*, Die materiellen Verschärfungen des Jugendschutzgesetzes (JuSchG) zum 1. Juli 2008, tv-diskurs 04/2008, S. 78 ff; *Bornemann*, Der Jugendmedienschutz-Staatsvertrag der Länder, NJW 2003, 787 ff; *ders.*, Die nicht offensichtlich schwer jugendgefährdende Fernsehsendung, ZUM 2010, 407 ff; *Di Fabio*, Der Schutz der Menschenwürde durch Allgemeine Programmgrundsätze, in: BLM-Schriftenreihe, Band 60, 1999; *Döring/Günter*, Jugendmedienschutz – Alterskontrollierte Geschlossene Benutzergruppen im Internet gemäß § 4 Abs. 2 S. 2 JMStV, MMR 2004, 231 ff; *Döring*, Minderjährige in unnatürlich geschlechtsbetonter Körperhaltung, JMS-Report 6/2004, 7 ff; *Dörr*, Programmfreiheit und Menschenwürde am Beispiel des Programmvorhabens „Big Brother", 2000; *Engels/Stulz-Herrnstadt*, Einschränkungen für die Presse nach dem neuen Jugendschutzgesetz, AfP 2003, 97 ff; *Erdemir*, Filmzensur und Filmverbot, 2000; *ders.*, Jugendschutzprogramme und geschlossene Benutzergruppen, CR 2005, 275 ff; *ders.*, Gewaltverherrlichung, Gewaltverharmlosung und Menschenwürde, ZUM 2000, 699; *ders.*, Killerspiele und gewaltbeherrschte Medien im Fokus des Gesetzgebers, K&R 2008, 223 ff; *ders.*, K&R 3/2008, Editorial; *Fechner/Schipanski*, Werbung für Handyklingeltöne – Rechtsfragen im Jugendschutz-, Telekommunikations- und Wettbewerbsrecht, ZUM 2006, 898 ff; *Fink*, Programmfreiheit und Menschenwürde, AfP 2001, 189 ff; *Frenzel*, Von Josefine Mutzenbacher zu American Psycho, AfP 2002, 191 ff; *Frotscher*, „Big Brother" und das deutsche Rundfunkrecht, in: Schriftenreihe der LPR Hessen, Band 12, 2000, S. 65; *Gercke/Liesching*, Anmerkung zu LG Düsseldorf, Urt. v. 31.1.2003, CR 2003, 456 f; *Gercke*, Rechtswidrige Inhalte im Internet, 2000; *Gersdorf*, Medienrechtliche Zulässigkeit des TV-Formats „Big Brother", 2000; *Gruhl*, Strafbarkeit der Vermietung von Bildträgern durch Automaten, MMR 2000, 664 ff; *Gutknecht*, Schutz von Kindern und Jugendlichen vor verbotenen Internetangeboten in gewerblichen Internetcafés, JMS-Report 5/2006, 2 ff; *ders.*, Testkäufe von Minderjährigen zur Feststellung von Verstößen gegen § 12 JuSchG in Ladengeschäften, JMS-Report 4/2007, 2; *ders.*, Verpflichtung zur Anbringung von Alterskennzeichen auf Bildträgern, JMS-Report 3/2010, 2; *Hinrichs*, „Big Brother" und die Menschenwürde, NJW 2000, 2173 ff; *Günter/Köhler*, Kinder und Jugendliche als Sexualobjekte im Internet, tv-diskurs 35/2006, 74 ff; *Huster*, Individuelle Menschenwürde oder öffentliche Ordnung? – Ein Diskussionsbeitrag anlässlich „Big Brother", NJW 2000, 3477 ff; *Isensee/Axer*, Jugendschutz im Fernsehen, 1998; *Köhne*, Jugendmedienschutz durch Alterskontrollen im Internet, NJW 2005, 794 f; *Ladeur*, Was ist Pornographie heute? – Zur Notwendigkeit einer Umstellung des strafrechtlichen Pornographieverbotes auf Institutionenschutz, AfP 2001, 471 ff; *Liesching/Ebner*, Strafrecht, Jugendschutz und rechtsextreme Inhalte im Internet, JMS-Report 5/2001, S. 1 ff; *Liesching/Knupfer*, Die Zulässigkeit des Betreibens von Internetcafés nach gewerbe- und jugendschutzrechtlichen Bestimmungen, MMR 2003, 439 ff; *Liesching*, Anforderungen an Altersverifikationssysteme, K&R 2006, 494 ff; *ders.*, Neue Entwicklungen und Problemstellungen des strafrechtlichen Jugendmedienschutzes, AfP 2004, 497 ff; *ders.*, (Unentgeltliches) Verteilen pornographischer oder indizierter Trägermedien auf so genannten „Erotikmessen", JMS-Report 6/2004, 4 ff; *ders.*, Das neue Jugendschutzgesetz, NJW 2002, 3281 ff; *ders.*, Der Jugendmedienschutz-Staatsvertrag – Neue Anforderungen für den Jugendschutz im Rundfunk, tv-diskurs 25/2003, S. 48 ff; *ders.*, „Sicherstellung" des Erwachsenenzugangs bei pornographischen und sonst jugendgefährdenden Medien, MMR 2008, 802 ff; *ders.*, Legitimierung der NS-Gewalt- und Willkürherrschaft. Zum neuen Straftatbestand des § 130 Abs. 4 StGB, JMS-Report 4/2005, 2; *Lober*, Jugendgefährdende Unterhaltungssoftware – Kein Kinderspiel, CR 2002, 397 ff; *ders.*, Jugendschutz im Internet und im Mobile Entertainment, K&R 2005, 65 ff; *Mynarik*, Jugendschutz in Rundfunk und Telemedien, 2006; *dies.*, „Mobile Entertainment" und das Jugendmedienschutzrecht, ZUM 2006, 183 ff; *Schraut*, Jugendschutz und Medien, 1993; *Schroeder*, Pornographie, Jugendschutz und Kunstfreiheit, 1992; *Stiefler*, Auslegung des Tatbestands „gewaltbeherrschter Medien" nach 15 Abs. 2 Nr. 3a JuSchG, JMS-Report 1/2010, 2; *Stumpf*, Jugendschutz oder Geschmackszensur?, 2009; *Sulzbacher*, Handel im Wandel – Pornoanbieter im Aufwind?, JMS-Report 1/2005, 2 f; *ders.*, Rechts-Rock – Botschaften von Hass und Gewalt, JMS-Report 1/2001, S. 58 ff; *Vassilaki*, Strafrechtliche

Anforderungen an Altersverifikationssysteme, K&R 2006, 211 ff; *Weigand*, Werbung für Klingeltöne, tv-diskurs 35/2006, 70 f; *dies.*, Der novellierte Jugendmedienschutz-Staatsvertrag. Konsequenzen für die Arbeit der KJM, JMS-Report 4/2010, 2 ff.

81. Abschnitt: Verbote bei Trägermedien und Bildträgern

§ 12 JuSchG Bildträger mit Filmen oder Spielen

(1) Bespielte Videokassetten und andere zur Weitergabe geeignete, für die Wiedergabe auf oder das Spiel an Bildschirmgeräten mit Filmen oder Spielen programmierte Datenträger (Bildträger) dürfen einem Kind oder einer jugendlichen Person in der Öffentlichkeit nur zugänglich gemacht werden, wenn die Programme von der obersten Landesbehörde oder einer Organisation der freiwilligen Selbstkontrolle im Rahmen des Verfahrens nach § 14 Abs. 6 für ihre Altersstufe freigegeben und gekennzeichnet worden sind oder wenn es sich um Informations-, Instruktions- und Lehrprogramme handelt, die vom Anbieter mit „Infoprogramm” oder „Lehrprogramm” gekennzeichnet sind.

(2) [1]Auf die Kennzeichnungen nach Absatz 1 ist auf dem Bildträger und der Hülle mit einem deutlich sichtbaren Zeichen hinzuweisen. [2]Das Zeichen ist auf der Frontseite der Hülle links unten auf einer Fläche von mindestens 1 200 Quadratmillimetern und dem Bildträger auf einer Fläche von mindestens 250 Quadratmillimetern anzubringen. [3]Die oberste Landesbehörde kann

1. Näheres über Inhalt, Größe, Form, Farbe und Anbringung der Zeichen anordnen und
2. Ausnahmen für die Anbringung auf dem Bildträger oder der Hülle genehmigen.

[4]Anbieter von Telemedien, die Filme, Film- und Spielprogramme verbreiten, müssen auf eine vorhandene Kennzeichnung in ihrem Angebot deutlich hinweisen.

(3) Bildträger, die nicht oder mit „Keine Jugendfreigabe” nach § 14 Abs. 2 von der obersten Landesbehörde oder einer Organisation der freiwilligen Selbstkontrolle im Rahmen des Verfahrens nach § 14 Abs. 6 oder nach § 14 Abs. 7 vom Anbieter gekennzeichnet sind, dürfen

1. einem Kind oder einer jugendlichen Person nicht angeboten, überlassen oder sonst zugänglich gemacht werden,
2. nicht im Einzelhandel außerhalb von Geschäftsräumen, in Kiosken oder anderen Verkaufsstellen, die Kunden nicht zu betreten pflegen, oder im Versandhandel angeboten oder überlassen werden.

(4) Automaten zur Abgabe bespielter Bildträger dürfen

1. auf Kindern oder Jugendlichen zugänglichen öffentlichen Verkehrsflächen,
2. außerhalb von gewerblich oder in sonstiger Weise beruflich oder geschäftlich genutzten Räumen oder
3. in deren unbeaufsichtigten Zugängen, Vorräumen oder Fluren

nur aufgestellt werden, wenn ausschließlich nach § 14 Abs. 2 Nr. 1 bis 4 gekennzeichnete Bildträger angeboten werden und durch technische Vorkehrungen gesichert ist, dass sie von Kindern und Jugendlichen, für deren Altersgruppe ihre Programme nicht nach § 14 Abs. 2 Nr. 1 bis 4 freigegeben sind, nicht bedient werden können.

(5) [1]Bildträger, die Auszüge von Film- und Spielprogrammen enthalten, dürfen abweichend von den Absätzen 1 und 3 im Verbund mit periodischen Druckschriften nur vertrieben werden, wenn sie mit einem Hinweis des Anbieters versehen sind, der deutlich macht, dass eine Organisation der freiwilligen Selbstkontrolle festgestellt hat, dass diese Auszüge keine Jugendbeeinträchtigungen enthalten. [2]Der Hinweis ist sowohl auf der periodischen Druckschrift als auch auf dem Bildträger vor dem Vertrieb mit einem deutlich sichtbaren Zeichen anzubringen. [3]Absatz 2 Satz 1 bis 3 gilt entsprechend. [4]Die Berechtigung nach Satz 1 kann die oberste Landesbehörde für einzelne Anbieter ausschließen.

A. Regelungszweck

Entsprechend dem Anwesenheitsverbot bei öffentlichen Filmveranstaltungen nach § 11 Abs. 1 JuSchG unterwirft die Vorschrift sogenannte „Bildträger“ mit Filmen oder Spielen dem **Verbot des Zugänglichmachens in der Öffentlichkeit** an Kinder und Jugendliche sowie weiteren Vertriebsbeschränkungen. Die Verbote stehen teilweise unter dem Erlaubnisvorbehalt der Freigabe für bestimmte Altersstufen durch die oberste Landesbehörde bzw eine Organisation der freiwilligen Selbstkontrolle. Gegenüber der alten Bestimmung des § 7 JÖSchG erfährt die Vorschrift eine praktisch bedeutsame Erweiterung des Anwendungsbereichs. Neben Filmen werden seit Inkrafttreten des JuSchG am 1.4.2003 auch **Computerspiele** erfasst, da diese eine vergleichbare beeinträchtigende Wirkung auf die Entwicklung oder Erziehung von Kindern und Jugendlichen haben können (vgl BT-Drucks. 14/9013, S. 21). 1

B. Eingeschränktes Abgabeverbot (Abs. 1)

I. Begriff der „Bildträger“

Der in Abs. 1 S. 1 definierte Bildträgerbegriff erfasst nur **zur Weitergabe geeignete Medienträger**, also neben den ausdrücklich erwähnten Videokassetten insbesondere Blu-ray Discs, DVDs, CD-ROMs, Disketten, Speicherkarten (zB CF, SD, MMC) und Speichersticks. Bildträger gehören damit zu den Trägermedien im Sinne des § 1 Abs. 2 JuSchG (hierzu Rn 15). Lokale Datenspeicher wie Festplatten oder Speicherchips fallen wegen der regelmäßig fehlenden Eignung zur Weitergabe grundsätzlich nicht unter den Bildträgerbegriff. Zudem werden nur Medienträger mit Filmen oder Spielen erfasst, deren Inhalte bestimmungsgemäß **an einem Bildschirmgerät wahrnehmbar** gemacht oder genutzt werden (Erbs/Kohlhaas/*Liesching*, § 12 Rn 3). Nicht erfasst werden reine Tonträger wie Audio-Kassetten, Schallplatte oder CD-ROM ohne Bilddateien (*Nikles/Roll/Spürck/Umbach*, § 12 Rn 5). 2

II. Zugänglichmachen in der Öffentlichkeit

1. Zugänglichmachen. Ein „**Zugänglichmachen**“ iSd Norm umfasst jedes Verhalten, durch das die Kenntnisnahme des Bildträgerinhalts ermöglicht wird (vgl BT-Drucks. 10/722, S. 11; OLG Stuttgart NStZ 1992, 38; OLG Karlsruhe NJW 1984, 1975). Deshalb sind insoweit auch **Testkäufe** durch Minderjährige unter Aufsicht der zuständigen Behörden zulässig, da auch § 28 Abs. 4 nicht verwirklicht wird (vgl *Gutknecht*, JMS-Report 4/2007, 2, 4). Allein das Ausstellen von Videokassetten, DVDs oder Computerspiel-Datenträger in einem Verleih- oder Verkaufsgeschäft, zu dem auch Minderjährige Zutritt haben, reicht nicht aus (vgl OLG Düsseldorf GewArch 1994, 86) und ist mithin grundsätzlich zulässig. 3

2. Öffentlichkeit. Der Begriff der Öffentlichkeit umfasst alle Orte, die für eine Mehrzahl von Personen zugänglich sind, welche nicht durch persönliche Beziehungen untereinander oder mit dem Anbieter verbunden sind (*v. Hartlieb*, NJW 1985, 830, 831; *Erdemir*, Filmzensur, 2000, S. 172 mwN). Dies ist 4 auch bei dem virtuellen „öffentlichen Raum" des Internet der Fall, so dass auch der **Online-Versandvertrieb** von Bildträgern der Regelung unterfällt (Spindler/Wiebe, *Erdemir*, Kap. 14 Rn 112; *Liesching*, AfP 2004, 496, 498 f). Werden hingegen datengespeicherte Filme oder Spiele als „Video-on-Demand"-Inhalte angeboten, finden die besonderen Bestimmungen des JMStV für Telemedien Anwendung.

III. Altersfreigaben und -kennzeichnungen

5 Die Altersfreigaben und -kennzeichnungen erfolgen für den Bereich der Filmbildträger durch die Freiwillige Selbstkontrolle der Filmwirtschaft (FSK) und für den Bereich der Spielprogramme durch die Unterhaltungssoftware-Selbstkontrolle (USK), welche als von Wirtschaftsverbänden „unterstützte" Organisation iSd § 14 Abs. 6 JuSchG anzusehen ist (vgl BT-Drucks. 14/9410, S. 31; s. zu den Selbstkontrollinstitutionen und dem Verfahren der Altersfreigabeprüfungen auch 85. Abschnitt, Rn 2 ff sowie *Hilse*, JMS-Report 3/2004, 2 ff).

C. Vertriebsbeschränkungen für Bildträger ohne Jugendfreigabe (Abs. 3)

I. Bildträger ohne Jugendfreigabe

6 Nach Abs. 3 dürfen Bildträger iSd Abs. 1 S. 1 einem Minderjährigen nicht zugänglich gemacht werden, wenn diese entweder gar keine Kennzeichnung nach § 14 Abs. 2 JuSchG haben oder von der FSK bzw der USK mit „Keine Jugendfreigabe" (§ 14 Abs. 2 Nr. 5 JuSchG) gekennzeichnet worden sind. Eine Ausnahme gilt nur für Datenträger, die vom Anbieter als Info- oder Lehrprogramm (§ 14 Abs. 7 JuSchG) gekennzeichnet worden sind. Altersklassifizierungen anderer (ausländischer) Bewertungsstellen sind insoweit unbeachtlich, so dass entsprechende Bildträger als nicht gekennzeichnet anzusehen sind. Entsprechend verstößt der Vertrieb von Bildträgern im Versandhandel gegen § 12 Abs. 3 JuSchG, wenn diese lediglich mit einer Alterskennzeichnung der für Großbritannien zuständigen Stelle (Board of Film Classification) versehen sind (OLG Koblenz GRUR 2005, 266 ff).

7 Art. 28 EGV (jetzt Art. 34 AEUV) steht der Beschränkung des Versandhandels in Abs. 3 trotz EU-ausländischen Altersratings nicht entgegen, da sie aus Gründen der öffentlichen Sittlichkeit, Ordnung und Sicherheit gerechtfertigt ist (OLG Koblenz GRUR 2005, 266 ff). Eine **Beschränkung des freien Warenverkehrs** nach Art. 28 EGV kann hierin nach der Rspr des **EuGH** allenfalls dann erblickt werden, wenn das durch die Regelung vorgesehene Verfahren zur Prüfung, Einstufung und Kennzeichnung von Bildträgern nicht leicht zugänglich ist oder nicht innerhalb eines angemessenen Zeitraums abgeschlossen werden kann oder dass die Ablehnungsentscheidung nicht in einem gerichtlichen Verfahren angefochten werden kann (EuGH Urt. v. 14.2.2008 – C 244/06, MMR 2008, 298 ff m. Anm. *Konrad/Weber*). Die genannten **Ausnahmefälle** liegen beim deutschen System der Altersfreigabe durch die FSK und die USK indes nicht vor, da auch ausländische Anbieter einen Kennzeichnungsantrag für Bildträger stellen können, dieser zeitnah bearbeitet wird und die Entscheidung verwaltungsgerichtlich überprüfbar ist.

II. Vertriebsbeschränkungen

8 **1. Zugänglichmachen gegenüber Minderjährigen (Nr. 1). Anbieten** nach Abs. 3 Nr. 1 ist die – auch konkludente – Erklärung der Bereitschaft zur Abgabe an einen Minderjährigen (vgl BGHSt 34, 94, 98). Das Anbieten eines Bildträgers kann auch darin gesehen werden, dass er (oder seine Hülle) in einem allgemein zugänglichen Regal ausliegt und Hinweise auf Abgabebeschränkungen (zB gut sichtbare Kennzeichnungen) fehlen. Die Annahme der Schrift durch das Kind oder den Jugendlichen ist nicht erforderlich. Die Modalität des **„Überlassens"** bedeutet die auch unentgeltliche oder mietweise Verschaffung des Gewahrsams. Zum Oberbegriff des Zugänglichmachens s. Rn 3.

9 **2. Absolute Vertriebsverbote (Nr. 2). a) Einzelhandelsvertrieb nur in bestimmten Verkaufsstellen.** Das Verbot des Einzelhandels mit Bildträgern ohne Jugendfreigabe außerhalb von Geschäftsräumen ist ein absolutes Verbot, dh das Gesetz differenziert nicht zwischen Jugendlichen und Erwachsenen. § 12 Abs. 3 Nr. 2 JuSchG soll vor allem der abstrakten Gefahr entgegenwirken, dass aufgrund der schweren Kontrollierbarkeit des ambulanten Handels derartige Bildträger in die Hände von Kindern und Jugendlichen gelangen (vgl BT-Drucks. I/1101 S. 11; *Scholz/Liesching*, § 15 JuSchG Rn 7). Untersagt ist demnach das Anbieten oder Überlassen entsprechender Bildträger **im Einzelhandel außerhalb von Ge-**

schäftsräumen, dh auf der Straße (vgl BGHSt 9, 270), auf sog. Floh- und Trödlermärkten sowie in sog. „Krabbelkisten“, insb. vor Geschäften. Darüber hinaus ist der Vertrieb der genannten Bildträger in Kiosken oder anderen Verkaufsstellen, die der Kunde nicht zu betreten pflegt, verboten; dies gilt zB für Stände auf Märkten oder fahrbare Verkaufsstellen. Das Verbot gilt nach **teleologischer Reduktion** nicht bei sogenannten „Erotikmessen“, soweit zu den betreffenden Räumlichkeiten der Messe aufgrund einer restriktiven Einlasskontrolle lediglich erwachsenen Besuchern Zutritt gewährt wird (*Liesching*, JMS-Report 6/2004, 4 ff).

b) **Versandhandelsverbot.** Abs. 3 Nr. 2 sieht auch ein Absolutverbot des Versandhandels mit Film- und Spiel-Bildträgern ohne Jugendfreigabe vor. Allerdings wird der Begriff des Versandhandels durch die **Legaldefinition des § 1 Abs. 4 JuSchG** stark eingeschränkt. Danach ist **Versandhandel** im Sinne des JuSchG „jedes entgeltliche Geschäft, das im Wege der Bestellung und Übersendung einer Ware durch Postversand oder elektronischen Versand ohne persönlichen Kontakt zwischen Lieferant und Besteller oder ohne dass durch technische oder sonstige Vorkehrungen sichergestellt ist, dass kein Versand an Kinder oder Jugendliche erfolgt, vollzogen wird“. 10

Ein Zivilsenat des OLG München und vereinzelte Stimmen im Schrifttum gehen davon aus, dass eine entsprechende Vorkehrung zur **Sicherstellung des ausschließlichen Erwachsenenversandes** nur dann hinreichend sei, wenn die Art und Weise der Übersendung gewährleiste, dass die Versandware dem volljährigen Kunden, an den sie adressiert ist, persönlich ausgehändigt wird (vgl OLG München NJW 2004, 3344, 3346; *Schippan*, K&R 2005, 349 ff). Dies könne etwa durch „Einschreiben eigenhändig“ geschehen. Ein einfacher Postversand ohne **Alterskontrolle im Rahmen des Zustellaktes** reiche demgegenüber selbst dann nicht aus, wenn beim Bestellvorgang der Kunde durch persönlichen Kontakt mit einem Postfilialmitarbeiter im Wege des sogenannten PostIdent-Verfahrens auf dessen Volljährigkeit hin überprüft worden sei (OLG München NJW 2004, 3344, 3346). Dies wird von der hM zu Recht abgelehnt, da schon bei rechtssystematischem Vergleich mit der Ausschlussvariante des persönlichen Kontakts zwischen Lieferant und Besteller nicht verlangt werden kann, dass der Versender auch Zustellrisiken am Bestellerhaushalt vollumfänglich ausschließen muss (vgl *Altenhain*, in: Löffler, Presserecht § 1 JuSchG Rn 72; *Erdemir*, CR 2005, 275, 281; *Liesching*, NJW 2004, 3303 f; *Sulzbacher*, JMS-Report 1/2005, 2, 3). Ausreichend muss insoweit eine „Face-to-Face“-Kontrolle schon während des Bestellvorgangs sein, wie sie auch bei geschlossenen Benutzergruppen nach § 4 Abs. 2 S. 2 JMStV hinreicht (s. 82. Abschnitt, Rn 11 f). 11

D. Bildträgerabgabe über Automaten

Die Regelung des § 12 Abs. 4 JuSchG hat praktisch nahezu keine Bedeutung, Denn für die im Alltag etablierten sog. „**Ab-18-Cinebanken**“ gelten die Bestimmungen gerade nicht, wenn bereits der Zugang zu dem Raum, in dem sich die Automaten befinden, aufgrund hinreichender technischer Vorkehrungen lediglich erwachsenen Kunden ermöglicht wird (vgl BGH MMR 2003, 582 ff m. Anm. *Liesching*; *Nikles/Roll/Spürck/Umbach*, § 12 JuSchG Rn 21). Bei Ab-18-Automatenvideotheken liegt gerade keine Kindern oder Jugendlichen zugängliche öffentliche Verkehrsfläche iSd Nr. 1 vor. Im Übrigen vollzieht sich der Automatenvertrieb in Ab-18-Cinebanken innerhalb eines geschäftlich genutzten Raums und zudem nicht in Vorräumen oder Fluren, so dass auch Nrn. 2 und 3 nicht einschlägig sind. Allerdings sind an die **technische Eingangskontrolle** hohe Anforderungen zu stellen, um etwaige Missbräuche auszuschließen (s. zu den Anforderungen im Einzelnen BGH, aaO). 12

E. Bildträger im Verbund mit Druckwerken

Abs. 5 S. 1 enthält eine Ausnahme von Abs. 1 für den Vertrieb von Auszügen von Film- und Spielprogrammen im Verbund mit periodischen Druckschriften wie insbesondere **Zeitschriften, Zeitungen oder regelmäßig erscheinenden Informationsbroschüren.** Sie trägt dem Umstand Rechnung, dass im Pressevertrieb – mit in der Regel kurzer Redaktionsfrist – Zeitschriften mit einer CD-ROM verbunden sind, die Auszüge (einzelne Film- oder Spielsequenzen) aus noch nicht gekennzeichneten Bildträgern enthalten (BT-Drucks. 14/9013, S. 21). Daneben bleibt § 14 Abs. 7 JuSchG unberührt. Ein **Auszug** iSd Vorschrift liegt dann vor, wenn durch den mit der Druckschrift verbundenen Datenträger nur ein Teil der auf dem Markt vertriebenen Vollversion des Film- oder Spielprogramms rezipiert bzw genutzt werden kann. Für Fälle des Verbundes von Zeitschriften mit Computerspielen oder Spielfilmen, die keine Auszüge (Demo-Versionen) iSd Abs. 5 darstellen, gelten die allgemeinen Vorschriften der Abs. 1 13 bis 3 (*Engels/Stulz-Herrnstadt*, AfP 2003, 97, 98). Die „**Feststellung einer Selbstkontrolleinrichtung**" kann entweder durch die bereits etablierten Einrichtungen der USK bzw der FSK als auch durch eine eigens für die Fälle der § 12 Abs. 5 gegründete Selbstkontrollorganisation durchgeführt werden. Zu den formellen Vorschriften der Sätze 2 bis 4 vgl insbesondere *Engels/Stulz-Herrnstadt*, AfP 2003, 97 ff; zu Schwierigkeiten in der Praxis: *Gutknecht*, JMS-Report 3/2010, 2, 5.

§ 15 JuSchG Jugendgefährdende Trägermedien

(1) Trägermedien, deren Aufnahme in die Liste jugendgefährdender Medien nach § 24 Abs. 3 Satz 1 bekannt gemacht ist, dürfen nicht

1. **einem Kind oder einer jugendlichen Person angeboten, überlassen oder sonst zugänglich gemacht werden,**
2. **an einem Ort, der Kindern oder Jugendlichen zugänglich ist oder von ihnen eingesehen werden kann, ausgestellt, angeschlagen, vorgeführt oder sonst zugänglich gemacht werden,**
3. **im Einzelhandel außerhalb von Geschäftsräumen, in Kiosken oder anderen Verkaufsstellen, die Kunden nicht zu betreten pflegen, im Versandhandel oder in gewerblichen Leihbüchereien oder Lesezirkeln einer anderen Person angeboten oder überlassen werden,**
4. **im Wege gewerblicher Vermietung oder vergleichbarer gewerblicher Gewährung des Gebrauchs, ausgenommen in Ladengeschäften, die Kindern und Jugendlichen nicht zugänglich sind und von ihnen nicht eingesehen werden können, einer anderen Person angeboten oder überlassen werden,**
5. **im Wege des Versandhandels eingeführt werden,**
6. **öffentlich an einem Ort, der Kindern oder Jugendlichen zugänglich ist oder von ihnen eingesehen werden kann, oder durch Verbreiten von Träger- oder Telemedien außerhalb des Geschäftsverkehrs mit dem einschlägigen Handel angeboten, angekündigt oder angepriesen werden,**
7. **hergestellt, bezogen, geliefert, vorrätig gehalten oder eingeführt werden, um sie oder aus ihnen gewonnene Stücke im Sinne der Nummern 1 bis 6 zu verwenden oder einer anderen Person eine solche Verwendung zu ermöglichen.**

(2) Den Beschränkungen des Absatzes 1 unterliegen, ohne dass es einer Aufnahme in die Liste und einer Bekanntmachung bedarf, schwer jugendgefährdende Trägermedien, die

1. **einen der in § 86, § 130, § 130a, § 131, § 184, § 184a, § 184b oder § 184c des Strafgesetzbuches bezeichneten Inhalte haben,**
2. **den Krieg verherrlichen,**
3. **Menschen, die sterben oder schweren körperlichen oder seelischen Leiden ausgesetzt sind oder waren, in einer die Menschenwürde verletzenden Weise darstellen und ein tatsächliches Geschehen wiedergeben, ohne dass ein überwiegendes berechtigtes Interesse gerade an dieser Form der Berichterstattung vorliegt,**

3a. **besonders realistische, grausame und reißerische Darstellungen selbstzweckhafter Gewalt beinhalten, die das Geschehen beherrschen,**

4. **Kinder oder Jugendliche in unnatürlicher, geschlechtsbetonter Körperhaltung darstellen oder**
5. **offensichtlich geeignet sind, die Entwicklung von Kindern oder Jugendlichen oder ihre Erziehung zu einer eigenverantwortlichen und gemeinschaftsfähigen Persönlichkeit schwer zu gefährden.**

(3) Den Beschränkungen des Absatzes 1 unterliegen auch, ohne dass es einer Aufnahme in die Liste und einer Bekanntmachung bedarf, Trägermedien, die mit einem Trägermedium, dessen Aufnahme in die Liste bekannt gemacht ist, ganz oder im Wesentlichen inhaltsgleich sind.

(4) Die Liste der jugendgefährdenden Medien darf nicht zum Zweck der geschäftlichen Werbung abgedruckt oder veröffentlicht werden.

(5) Bei geschäftlicher Werbung darf nicht darauf hingewiesen werden, dass ein Verfahren zur Aufnahme des Trägermediums oder eines inhaltsgleichen Telemediums in die Liste anhängig ist oder gewesen ist.

(6) (...) **[siehe unten 83. Abschnitt]**

A. Regelungszweck

Die gemäß § 27 JuSchG strafbewehrten Verbote für Trägermedien nach Abs. 1 können insofern als Kern des Jugendschutzgesetzes bezeichnet werden, als sie das Grundrecht der Medienfreiheit, einschl. der Verbreitungsfreiheit (Art. 5 Abs. 1 GG) einschränken (vgl zur Verfassungsmäßigkeit BVerwG NJW 1977, 1411). Die Vorschriften haben indes nicht den Zweck, in Ausübung des staatlichen Wächteramtes den Bereich des elterlichen Erziehungsrechts zu schmälern. Ihr Ziel ist vielmehr, Störungen des grundrechtlich gewährleisteten Erziehungsrechts der Eltern vorzubeugen (BVerfG NJW 1991, 1471, 1472). 14

B. Begriff der Trägermedien

I. Legaldefinition des § 1 Abs. 2 JuSchG

Der allen Verboten des § 15 JuSchG zugrunde liegende **Begriff der Trägermedien** ist in § 1 Abs. 2 JuSchG legal definiert und erfasst danach alle „Medien mit Texten, Bildern oder Tönen auf gegenständlichen Trägern, die zur Weitergabe geeignet, zur unmittelbaren Wahrnehmung bestimmt oder in einem Vorführ- oder Spielgerät eingebaut sind“. **Zur Weitergabe geeignet** sind nur solche gegenständlichen Medienträger, die ohne eine vorhergehende erhebliche Demontage oder einen sonstigen Ausbau aus einem übergeordneten Medienbetriebssystem an eine andere Person tatsächlich übergeben werden können (vgl *Altenhain,* in: Löffler, Presserecht, § 1 JuSchG Rn 26 mwN). Typische Trägermedien im Sinne der Weitergabemodalität sind alle Druckschriften, Filmrollen, Schallplatten, Video- oder Audiokassetten, elektronische Speicherplatten wie Disketten, CD-ROMs, DVDs (vgl auch BT-Drucks. 14/9013, S. 18). **Zur unmittelbaren Wahrnehmung bestimmt** sind Medienträger, welche die Medieninhalte direkt zur Anschauung bringen, ohne dass für die Möglichkeit der Kenntnisnahme ein über die sinnliche Wahrnehmung hinausgehender (technischer) Verarbeitungsvorgang erforderlich ist (*Liesching*, NJW 2002, 3281, 3283; krit. *Schumann*, tv-diskurs 25/2003, 97). **Vorführ- und Spielgeräte** im Sinne der dritten Modalität der Trägermedien sind solche Geräte, die bestimmungsgemäß oder auch nur tatsächlich zu Vorführ- oder Spielzwecken genutzt werden (hM, vgl *Altenhain,* in: Löffler, Presserecht, § 1 JuSchG Rn 28, 32; *Scholz/Liesching*, § 1 JuSchG Rn 11; aA *Lober*, MMR 2002, 730, 732). 15

II. Abgrenzung zu Telemedien

Die Abgrenzung des Begriffs der Trägermedien zu den sogenannten „Telemedien“ (§ 1 Abs. 3 JuSchG), die vornehmlich den Länderbestimmungen des JMStV unterfallen, gestaltet sich zuweilen schwierig. Insbesondere gespeicherte Daten auf multifunktionalen Geräten wie PCs, Notebooks, PDAs oder Handys (Mobiltelefone) können sowohl „lokal“ über einen Bildschirm einem Dritten „vorgeführt“ bzw zugänglich gemacht, als auch mittels Telekommunikation übertragen werden. Nach der herrschenden **nutzungsorientierten Auslegung** kommt es jeweils auf die Verwendung der Daten im Einzelfall an, so dass beispielsweise ein auf einem PC gespeicherter Dateninhalt bei Anzeige über den Bildschirm als Trägermedium zu qualifizieren ist („Vorführgerät“), bei Verbreitung desselben Dateninhaltes (zB per Email) hingegen als Telemedium (*Scholz/Liesching*, § 1 JuSchG Rn 11; *Ukrow*, Rn 102 Fn 42). In Zweifelfällen gilt die sog. **negative Abgrenzungsformel**, wonach Trägermedium ist, was kein Telemedium ist (*Scholz/Liesching*, § 1 JuSchG Rn 8, 12; ebenso *Altenhain,* in: Löffler, Presserecht, § 1 JuSchG Rn 32; *Erdemir,* in: Spindler/Wiebe, Kap. 14 Rn 102). 16

C. Verbotstatbestände (Abs. 1)

I. Geltungsbereich

Erfasst werden zunächst nur **indizierte Trägermedien**. Entscheidend für die konstitutive Wirkung der Verbote ist insoweit die Bekanntmachung der Indizierung im Bundesanzeiger (vgl § 24 Abs. 3 S. 1 JuSchG). Dies betrifft allerdings nur Trägermedien, die in die Listenteile A und B (vgl § 18 Abs. 2 Nrn. 1 und 2) aufgenommen worden sind. Ausgenommen vom Erfordernis der Listenaufnahme sind **schwer jugendgefährdende Trägermedien** (Abs. 2), die, ohne dass es einer Indizierung und Bekanntmachung bedarf, den Beschränkungen des Abs. 1 ipso iure unterfallen (Rn 19). Dennoch ist eine (zusätzliche) Aufnahme solcher Schriften in die Liste zulässig (BVerwG NJW 1987, 1435, 1436). Ohne vorherige Indizierung gelten die Vertriebs- und Werbebeschränkungen des Abs. 1 auch für Trägermedien, die 17 mit einem indizierten und bekannt gemachten Trägermedium ganz oder wesentlich inhaltsgleich sind (vgl Abs. 3, hierzu Rn 26).

II. Tathandlungen

18 Die in Abs. 1 Nrn. 1 bis 7 untersagten Verbreitens-, Vertriebs-, Werbe- und Vorbereitungshandlungen entsprechen vollumfänglich denen des **§ 184 Abs. 1 StGB** (s. die Erläuterungen dort, 88. Abschnitt, Rn 42 ff). Zu beachten ist insoweit freilich, dass sich die in § 15 JuSchG erforderlichen „Trägermedien" (Rn 14 f) von den „Schriften" im Sinne des StGB unterscheiden (vgl *Altenhain,* in: Löffler, Presserecht, § 1 JuSchG Rn 20; Erbs/Kohlhaas, *Liesching*, § 1 JuSchG Rn 6). Des Weiteren geht das Werbeverbot in Abs. 1 Nr. 6 insofern über die entsprechende Regelung in § 184 Abs. 1 Nr. 5 StGB hinaus, als im Bezug auf indizierte Trägermedien nach hM auch die **„neutrale Werbung"** untersagt wird, welche weder selbst jugendgefährdend ist noch auf den jugendgefährdenden Charakter der dargebotenen Erzeugnisse hinweist (vgl BGH NJW 1985, 154; BVerwG NJW 1977, 1411; s. demgegenüber zu § 184 Abs. 1 Nr. 5 StGB 88. Abschnitt, Rn 47). S. zu Abs. 1 Nrn. 1 und 3 einschließlich zu dem Versandhandelsbegriff des JuSchG auch oben Rn 10 ff.

III. Rechtsfolgen von Verstößen

19 Vorsätzliche Verstöße gegen die Beschränkungen des Abs. 1 sind in § 27 Abs. 1 Nrn. 1 und 2 JuSchG mit **Freiheitsstrafe** bis zu einem Jahr oder mit **Geldstrafe** bedroht, im Falle fahrlässigen Handelns (mit Ausnahme von Verstößen gegen § 15 Abs. 1 Nr. 7 JuSchG) mit Freiheitsstrafe bis zu sechs Monaten oder mit Geldstrafe bis zu hundertachtzig Tagessätzen (§ 27 Abs. 3 Nr. 1 JuSchG). Zudem stellen Verstöße gegen Jugendschutzvorschriften in der Regel ein **wettbewerbswidriges Verhalten** iSd §§ 3, 4 UWG dar (vgl zB OLG München NJW 2004, 3344 ff; OLG Hamburg NJW-RR 1997, 745 f; OLG Karlsruhe NJWE WettbR 1996, 149).

D. Schwer jugendgefährdende Trägermedien (Abs. 2)

I. Geltung der Verbotstatbestände des Abs. 1

20 Eine Ausnahme von dem konstitutiven Prinzip der Indizierung gilt nach *Absatz 2* für **schwer jugendgefährdende Trägermedien**, also solche, die hinsichtlich ihrer Eignung zur Gefährdung von Minderjährigen einen gegenüber Trägermedien nach § 18 Abs. 1 S. 1 JuSchG deutlich gesteigerten Schweregrad aufweisen. Die in Nrn. 1 bis 5 genannten Medieninhalte unterliegen den Vertriebs-, Werbe- und Weitergabeverboten des § 15 Abs. 1 automatisch kraft Gesetzes ohne Listeneintragung durch die BPjM. Die Händler müssen in eigener Zuständigkeit prüfen, ob eine der Voraussetzungen vorliegt.

II. Schwer jugendgefährdende Trägermedien im Einzelnen

21 **1. Nach StGB-Normen verbotene Inhalte (Nr. 1).** Zu den nach Nr. 1 erfassten, in § 86, § 130, § 130 a, § 131, § 184, § 184a, § 184b und § 184c StGB bezeichneten Inhalte vgl die Erläuterungen zu den StGB-Normen im 11. Teil. Die Vorschrift ist im Bezug auf nach dem Strafgesetzbuch verbotene Medieninhalte abschließend. Nicht erfasst werden insbesondere Kennzeichen verfassungswidriger Organisationen (§ 86a StGB; vgl aber § 4 Abs. 1 Nr. 2 JMStV), die Beschimpfung von Bekenntnissen, Religionsgemeinschaften und Weltanschauungsvereinigungen (§ 166 StGB) oder die Werbung für eine kriminelle oder terroristische Vereinigung (§§ 129, 129a StGB). Insoweit kommt aber im Einzelfall eine Eignung zur schweren Jugendgefährdung nach Abs. 2 Nr. 5 in Betracht (vgl hierzu unten Rn 27 f).

22 **2. Kriegsverherrlichende Inhalte (Nr. 2).** Erfasst werden insbesondere Trägermedien, durch welche der **Krieg qualifiziert positiv bewertet** wird, durch die er als anziehend, reizvoll, als romantisches Abenteuer oder als wertvoll, oder auch nur als hervorragende, auf keinem anderen oder zumindest in erster Linie nur auf diesem „Gebiet zu erreichende Bewährungsprobe für männliche Tugenden und heldische Fähigkeiten oder auch nur als eine einzigartige Möglichkeit erscheint, Anerkennung, Ruhm oder Auszeichnung zu gewinnen" (vgl BVerwGE 23, 112, 115; BPjS-Entsch., RdJ 1960, 253, 254; BPjS-Entsch. Nr. 4489 v. 18.5.1995). Damit einhergehen dürfte regelmäßig ein weitgehendes Ausblenden, Verschweigen oder Verharmlosen der Schrecken und des Leids des Krieges (BPjS-Entsch. Nr. 3039 v. 2.4.1981; BPjS-Entsch. Nr. 4104 v. 10.1.1991; BPjS-Entsch. Nr. 4132 v. 6.6.1991, BPS-Report 4/1991, S. 40 f; BVerwG NJW 1987, 1434), es sei denn, diese Erscheinungen werden bewusst

als Mittel der Glorifizierung im Sinne eines aufopfernden, selbstlosen Heldentums dargeboten (krit. zum Verharmlosen *Altenhain,* in: Löffler, Presserecht, § 15 JuSchG Rn 15 f).

3. Darstellung sterbender oder schwer leidender Menschen (Nr. 3). Dem Verbot unterfallen insbesondere Inhalte, die sich darauf beschränken, selbstzweckhaft und anreißerisch Hinrichtungen, Unfälle, Unglücke und Verbrechen unter Hervorhebung des Leids der betroffenen Menschen zu präsentieren (vgl BPjS-Entsch. Nr. 1348 (V) v. 4.11.1982; BPjS-Entsch. Nr. 4335 (V) v. 20.7.1992). Hinsichtlich der Menschenwürdeverletzung muss der Achtungsanspruch der dargestellten Person in der Weise negiert werden, dass diese **zum bloßen Objekt degradiert** wird (vgl *Altenhain,* in: Löffler, Presserecht, § 15 JuSchG Rn 19 f). Ein überwiegendes Berichterstattungsinteresse ist mit der Garantie der nach Art. 1 Abs. 1 GG unantastbaren Menschenwürde kaum vereinbar (vgl *Hartstein/Ring/Kreile/Dörr/Stettner*, JMStV § 4 Rn 44; aA *Landmann*, in: Eberle/Rudolf/Wasserburg, Kap. VI Rn 47). 23

4. Realistische, grausame und reißerische Darstellungen selbstzweckhafter Gewalt (Nr. 3a). Die Regelung ist durch das 1. JuSchG ÄndG vom 24.6.2008 (BGBl. I S. 1075) eingefügt worden. Auch wenn sie in erster Linie auf Computerspiele abzielt, erfasst sie alle Arten von Trägermedien einschließlich solcher mit Filminhalten. Von einer **besonders realistischen Darstellung** wird man insoweit bei Filmen mit menschlichen Akteuren als Gewaltopfer in der Regel ausgehen können, bei Computerspielen hingegen nur, wenn aufgrund technischer Gestaltung von Grafik, Bewegungsabläufen etc. die dargestellte Gewalt derart wirklichkeitsnah anmutet, dass sie von einem wiedergegebenen realen Geschehen nicht offensichtlich unterschieden werden kann. „**Grausam**" muss entgegen dem Wortlaut nicht die Darstellung, sondern die gezeigte Gewalt sein, was in der Regel bei der Schilderung besonderer Qualen dargestellter Gewaltopfer der Fall ist (s. ausf. *Bestgen*, tv-diskurs 4/2008, S. 78 ff; *Erdemir*, K&R 2008, 223 ff; *ders.*, K&R 3/2008, Editorial; *Liesching*, JMS-Report 4/2008, 2 ff; *Stiefler*, JMS-Report 1/2010, 2 ff; ferner: *Rehbein/Kleimann/Mößle*, JMS-Report 3/2008, 2 ff). 24

Die Attribute „**reißerisch**" und „**selbstzweckhaft**" bringen zum Ausdruck, dass nur außerhalb jeder Dramaturgie stehende Gewaltexzesse erfasst werden, die erkennbar allein zur Befriedigung entsprechender voyeuristischer Zuschauer- und Nutzerinteressen in aller Breite dargestellt werden. Darstellung von Gewalt zu Unterhaltungszwecken (zB in Kriminalfilmen, Western) begründen hingegen noch keine Selbstzweckhaftigkeit. Die entsprechenden Gewaltdarstellungen müssen zudem „das Geschehen **beherrschen**", was in quantitativer und qualitativer Hinsicht voraussetzt, dass der Anteil der gewalthaltigen Film- und Spielsequenzen das gesamte Trägermedium nach seinem Inhalt prägt und dominiert (s. ausf. *Bestgen*, tv-diskurs 4/2008, S. 78 ff; *Erdemir*, K&R 2008, 223 ff; *ders.*, K&R 3/2008, Editorial; *Liesching*, JMS-Report 4/2008, 2 ff; *Stiefler*, JMS-Report 1/2010, 2 ff; ferner: *Rehbein/Kleimann/Mößle*, JMS-Report 3/2008, 2 ff). 25

5. Unnatürlich geschlechtsbetonte „Posendarstellungen" Minderjähriger (Nr. 4). Erfasst werden bestimmte erotografische Inhalte unterhalb der Schwelle der nach § 184 StGB pönalisierten Pornografie. Nicht erforderlich ist, dass die minderjährige Person nackt oder auch nur teilweise entkleidet dargestellt wird, wenn sich schon allein aus der **Körperhaltung** oder eingenommenen Pose (zB Spreizen der Beine, vgl BGHSt 43, 366, 368; 45, 41, 42 f) die unnatürliche Geschlechtsbetontheit ergibt. Dem Verbot können auch Abbildungen von Kindern und Jugendlichen in Reizwäsche, übermäßiger Schminke oder sonstigen aufreizenden Bekleidungen unterfallen (OLG Celle Beschl. v. 13.2.2007 – 322 Ss 24/07 (Owi)). Hierdurch allein kann im Einzelfall eine dargestellte Körperhaltung zu einer unnatürlich geschlechtsbetonten werden. Teilweise wird hinsichtlich des **Unnatürlich**en auch schlicht darauf abgestellt, ob die Art und Weise der Darstellung der „Erwachsenenerotik" zuzuordnen ist (vgl AG Hannover JMS-Report 6/2006, 67, 68; s. auch OLG Celle aaO). Hinsichtlich der **Altersbestimmung** ist das äußere Erscheinungsbild der dargestellten Person, insbesondere nach der körperlichen Entwicklung und den Gesichtszügen, maßgeblich (VG Augsburg tv-diskurs 1/2006, S. 74, 77; AG Hannover JMS-Report 6/2006, 67, 68; s.a. BVerfG MMR 2009, 178 f m. Anm. *Liesching*; hierzu sowie zum Ganzen: *Günter/Köhler*, tv-diskurs 35/2006, 74 ff; *Döring*, JMS-Report 6/2004, 7 ff). Die Kriterien zur Bestimmung von Scheinminderjährigkeit entsprechen dabei denjenigen des Straftatbestands der Jugendpornographie nach § 184c StGB. Insoweit wird hinsichtlich der Bedeutung zu unterscheiden sein zwischen den vorrangig zu berücksichtigenden **körperlichen Merkmalen** (zB Gesichtszüge), der Person anhaftende Merkmale (zB Schuluniform, Zöpfe etc.) und sonstige Merkmale der Umgebung (zB Kinderzimmer, Kuscheltiere etc.) (s. ausf. *Altenhain/Liesching* u.a., BPjM-aktuell 2/2009, S. 3 ff sowie § 184c StGB Rn 11 ff; AG Hannover, aaO). 26

27 6. **Offensichtlich schwer jugendgefährdende Trägermedien** (Nr. 5). Das Verbot ist hinreichend bestimmt (vgl BVerfGE 11, 235, 237 f; 83, 130, 145; aA *Altenhain,* in: Löffler, Presserecht, § 15 JuSchG Rn 33). Die Gefährdung gemäß § 18 Abs. 1 S. 1 JuSchG (hierzu unten 85. Abschnitt, Rn 9 ff) ist als schwer anzusehen, wenn die abstrakte Möglichkeit einer **gravierenden sozialethischen Desorientierung** besteht, die in einem den Grundwerten der Verfassung krass zuwiderlaufenden Charakter der betreffenden Trägermedien ihren Ausdruck findet (vgl *Schumann*, Lenckner-FS, S. 564, 579). Nach der Rechtsprechung (BGHSt 8, 80, 87 f; LG Zweibrücken, Urt. v. 24.1.1992, NStE Nr. 2 zu § 6 GjS) ist eine schwere Gefährdung von Kindern und Jugendlichen dann **offensichtlich**, wenn sie klar zutage tritt und deshalb jedem einsichtigen, „für Jugenderziehung und Jugendschutz aufgeschlossenen" Menschen ohne besondere Mühe erkennbar sei. Demgegenüber stellt die hM zutreffend auf den unbefangenen Beobachter als maßgebliche Perspektive bei der Beurteilung der Evidenz ab (BVerfGE 11, 234, 238; 77, 346, 358; *Meirowitz*, Gewaltdarstellungen, S. 266), da nur so hinreichend deutlich wird, dass keine detaillierte Kontrolle der Einzelschrift erfolgen darf, sondern sich die sittlich schwere Gefährdung ohne Weiteres aus dem Gesamteindruck oder aus besonders ins Auge springenden Einzelheiten ergeben muss (so ausdrücklich BVerfGE 77, 346, 358).

28 Als **Einzelbeispiele** für offensichtlich schwer jugendgefährdende Trägermedien kommen insbesondere in Betracht: Darstellungen sexueller Erniedrigungen unterhalb der Pornografiegrenze, vor allem sog. „Sado-Maso"- oder „Bondage"-Inhalte (vgl BPjS-Entsch. Nr. 3599 (V) v. 14.7.1989; BPjS-Entsch. Nr. 5011 (V) v. 6.8.1996); wohl auch die Wiedergabe sexueller Handlungen im Zusammenhang mit menschlichen Körperausscheidungen (vgl *Liesching*, JMS 2002, S. 199); Verherrlichung sexuellen Auslebens, wahllosen Partnerwechsels oder sexueller Lust (OLG Köln NJW 1971, 255 f); extrem frauenfeindliche Medieninhalte (VG Köln, Urt. v. 22.11.1983 – 10 K 888/83); die exzessive und befürwortende Verwendung von Kennzeichen verfassungswidriger Organisationen (§ 86a StGB, vgl 88. Abschnitt, Rn 7 ff), die Werbung für eine kriminelle oder terroristische Vereinigung (§§ 129, 129a StGB); die Verherrlichung oder Anpreisung des Drogenanbaus und/oder -konsums (VG Köln BPS-Report 3/1981, 3); das öffentliche Auffordern zu Straftaten (vgl § 111 StGB); die Verherrlichung oder das öffentliche Auffordern zum Suizid (vgl hierzu *Bauer/Selg*, JMS-Report 6/2000, S. 62 ff).

E. Inhaltsgleiche Trägermedien (Abs. 3)

29 Die Vorschrift trägt dem Umstand Rechnung, dass durch vielfältige technische Möglichkeiten, indizierte Medien mit geringfügig verändertem Inhalt in schneller zeitlicher Abfolge wieder auf den Markt gebracht werden können, um die Folgen einer Indizierung zu unterlaufen. Entscheidend für die Inhaltsgleichheit eines Trägermediums mit einem bereits indizierten ist allein dessen **zur Jugendgefährdung geeigneter Inhalt.** Das Abändern von Titel, Untertitel, Verpackung, die Auswechslung des Autoren- bzw Verlegernamens, Veränderungen in der Reihenfolge oder das bloße Hinzufügen oder Weglassen einzelner für die Beurteilung der sozialethischen Desorientierung nicht relevanter Text- oder Bildpassagen ist daher idR unerheblich (vgl BVerwG NJW 1987, 1435, 1436; OVG Münster NJW 1973, 385).

F. Veröffentlichung der Liste (Abs. 4)

30 Die Vorschrift untersagt den Abdruck und die Veröffentlichung der Liste jugendgefährdender Medien unter der Strafdrohung des § 27 Abs. 1 Nr. 3 im Falle **kommerzieller Werbezwecke**. Ob auch die nur auszugsweise erfolgende Publikation des Index vom Tatbestand erfasst wird, ist umstritten (dafür: *Scholz/Liesching*, § 15 JuSchG Rn 43, dagegen: *Altenhain,* in: Löffler, Presserecht, § 15 JuSchG Rn 51). Abdruck oder Veröffentlichung der Liste zum Zwecke der geschäftlichen Werbung liegt zB vor, wenn in Zeitschriften, anderen Druckschriften, Prospekten oder auch Rundschreiben die Liste oder Auszüge aus derselben verbreitet werden. Soweit Veröffentlichungen oder Drucke nur zur Information von Buch-, Zeitschriften- oder Zwischenhändlern erfolgen, gilt das strafbewehrte Verbot nicht. Bei **Telemedien** ist das inhaltsgleiche Verbot des § 6 Abs. 1 S. 2 JMStV zu beachten (vgl zur Veröffentlichung von Listenteilen im Internet: AG Hamburg-Bergedorf NStZ-RR 2001, 27 f).

G. Werbung mit Indizierungsverfahren (Abs. 5)

31 **Geschäftliche Werbung** ist jede zum Zwecke gewerbsmäßiger Verbreitung erfolgende Ankündigung eines Mediums unter lobender oder empfehlender Erwähnung und Beschreibung sowie Hervorhebung

seiner Vorzüge. Ein Hinweis auf ein Indizierungsverfahren ist bei geschäftlicher Publikumswerbung unter Strafdrohung (§ 27 Abs. 1 Nr. 4) unzulässig, und zwar darf weder auf die Tatsache, dass ein solches Verfahren anhängig ist oder war, noch auf das Ergebnis des Verfahrens hingewiesen werden. Es spielt dabei keine Rolle, wie das Indizierungsverfahren ausgegangen ist (krit. zur **Verhältnismäßigkeit** des Verbots: *Altenhain,* in: Löffler, Presserecht, § 15 JuSchG Rn 56 mwN). Das Verbot gilt auch für mit indizierten Trägermedien inhaltsgleiche Telemedien. Bei Hinweisen auf anhängige Verfahren bezüglich Telemedien im Rahmen geschäftlicher Werbung gilt § 6 Abs. 1 S. 3 JMStV.

82. Abschnitt: Verbote bei Rundfunk und Telemedien

§ 4 JMStV Unzulässige Angebote

(1) [1]Unbeschadet strafrechtlicher Verantwortlichkeit sind Angebote unzulässig, wenn sie

1. Propagandamittel im Sinne des § 86 des Strafgesetzbuches darstellen, deren Inhalt gegen die freiheitliche demokratische Grundordnung oder den Gedanken der Völkerverständigung gerichtet ist,
2. Kennzeichen verfassungswidriger Organisationen im Sinne des § 86 a des Strafgesetzbuches verwenden,
3. zum Hass gegen Teile der Bevölkerung oder gegen eine nationale, rassische, religiöse oder durch ihr Volkstum bestimmte Gruppe aufstacheln, zu Gewalt- oder Willkürmaßnahmen gegen sie auffordern oder die Menschenwürde anderer dadurch angreifen, dass Teile der Bevölkerung oder eine vorbezeichnete Gruppe beschimpft, böswillig verächtlich gemacht oder verleumdet werden,
4. eine unter der Herrschaft des Nationalsozialismus begangene Handlung der in § 6 Abs. 1 und § 7 Abs. 1 des Völkerstrafgesetzbuches bezeichneten Art in einer Weise, die geeignet ist, den öffentlichen Frieden zu stören, leugnen oder verharmlosen,
5. grausame oder sonst unmenschliche Gewalttätigkeiten gegen Menschen in einer Art schildern, die eine Verherrlichung oder Verharmlosung solcher Gewalttätigkeiten ausdrückt oder die das Grausame oder Unmenschliche des Vorgangs in einer die Menschenwürde verletzenden Weise darstellt; dies gilt auch bei virtuellen Darstellungen,
6. als Anleitung zu einer in § 126 Abs. 1 des Strafgesetzbuches genannten rechtswidrigen Tat dienen,
7. den Krieg verherrlichen,
8. gegen die Menschenwürde verstoßen, insbesondere durch die Darstellung von Menschen, die sterben oder schweren körperlichen oder seelischen Leiden ausgesetzt sind oder waren, wobei ein tatsächliches Geschehen wiedergegeben wird, ohne dass ein berechtigtes Interesse gerade für diese Form der Darstellung oder Berichterstattung vorliegt; eine Einwilligung ist unbeachtlich,
9. Kinder oder Jugendliche in unnatürlich geschlechtsbetonter Körperhaltung darstellen; dies gilt auch bei virtuellen Darstellungen,
10. pornografisch sind und Gewalttätigkeiten, den sexuellen Missbrauch von Kindern oder Jugendlichen oder sexuelle Handlungen von Menschen mit Tieren zum Gegenstand haben; dies gilt auch bei virtuellen Darstellungen, oder
11. in den Teilen B und D der Liste nach § 18 des Jugendschutzgesetzes aufgenommen sind oder mit einem in dieser Liste aufgenommen Werk ganz oder im Wesentlichen inhaltsgleich sind.

[2]In den Fällen der Nummern 1 bis 4 und 6 gilt § 86 Abs. 3 des Strafgesetzbuches, im Falle der Nummer 5 § 131 Abs. 3 des Strafgesetzbuches entsprechend.

(2) [1]Unbeschadet strafrechtlicher Verantwortlichkeit sind Angebote ferner unzulässig, wenn sie

1. **in sonstiger Weise pornografisch sind,**
2. **in den Teilen A und C der Liste nach § 18 des Jugendschutzgesetzes aufgenommen sind oder mit einem in dieser Liste aufgenommenen Werk ganz oder im Wesentlichen inhaltsgleich sind, oder**
3. **offensichtlich geeignet sind, die Entwicklung von Kindern und Jugendlichen oder ihre Erziehung zu einer eigenverantwortlichen und gemeinschaftsfähigen Persönlichkeit unter Berücksichtigung der besonderen Wirkungsform des Verbreitungsmediums schwer zu gefährden.**

[2]In Telemedien sind Angebote abweichend von Satz 1 zulässig, wenn von Seiten des Anbieters sichergestellt ist, dass sie nur Erwachsenen zugänglich gemacht werden (geschlossene Benutzergruppe).

(3) Nach Aufnahme eines Angebotes in die Liste nach § 18 des Jugendschutzgesetzes wirken die Verbote nach Absatz 1 und 2 auch nach wesentlichen inhaltlichen Veränderungen bis zu einer Entscheidung durch die Bundesprüfstelle für jugendgefährdende Medien.

A. Regelungszweck

Die Vorschrift enthält einen Verbotskatalog von Angebotsinhalten, die grundsätzlich unzulässig sind. 1
Hierdurch soll eine Verbreitung im Rundfunk und in Telemedien aus Jugendschutzgründen unterbunden werden. Lediglich Abs. 2 S. 2 enthält für auf erwachsene Nutzer beschränkte sog. geschlossene Benutzergruppen von Telemedien eine Ausnahme für bestimmte Inhalte (hierzu unten Rn 9 ff). Die Verbotsbestimmungen orientieren sich dabei an den auch in der Vergangenheit geltenden Verboten für unzulässige Angebote im Bereich des Jugendmedienschutzes und des Schutzes der Menschenwürde (vgl § 3 RStV aF und § 12 MDStV aF). Ergänzt werden diese Bestimmungen insbesondere durch Regelungen, die aufgrund der Neuregelung des Jugendschutzes des Bundes nach § 18 JuSchG erforderlich wurden (Bayer. LT-Drucks. 14/10246, S. 15).

B. Absolutverbote für Rundfunk und Telemedien (Abs. 1 S. 1)

I. Inkorporierte StGB-Bestimmungen (Abs. 1 S. 1 Nrn. 1–6, 10)

Der Unzulässigkeitskatalog des Abs. 1 greift in den *Nummern 1 bis 6 und 10* **Verbotsbestimmungen** 2
des Strafgesetzbuches auf. Zu den inhaltlichen Anforderungen an die entsprechenden Straftatbestände der §§ 86, 86a, 130, 131, 130a, 184a und 184b StGB vgl die Kommentierungen im 88. Abschnitt. Die Vorschrift ist im Bezug auf nach dem Strafgesetzbuch verbotene Medieninhalte abschließend (aA *Landmann,* in: Eberle/Rudolf/Wasserburg, Kap. VI Rn 20). Die in Abs. 1 Nrn. 5 und 10 über den Wortlaut der StGB-Normen hinausgehend angefügte Formulierung „dies gilt auch bei **virtuellen Darstellungen**“ ist rein deklaratorisch, da bereits die den Unzulässigkeitstatbeständen entsprechenden Tatobjekte der §§ 131, 184a und 184b StGB virtuelle Darstellungen umfassen (vgl Schönke/Schröder, *Lenckner*, § 131 Rn 8; BGH NStZ 2000, 307, 309; *Schreibauer*, S. 138, 140). Durch die Aufnahme der nach dem StGB verbotenen Medieninhalte in den Unzulässigkeitskatalog des Abs. 1 wird gewährleistet, dass ohne Verwirklichung der subjektiven Tatbestandsvoraussetzungen der entsprechenden StGB-Normen die Verbreitung eines entsprechenden Angebotes unzulässig ist und untersagt werden kann (Bayer. LT-Drucks. 14/10246, S. 15). Neben Verstößen gegen Abs. 1 Nrn. 1 bis 6 bzw 10 bleibt bei Verwirklichung der gesamten Tatbestandsvoraussetzungen die Strafbarkeit nach den entsprechenden **StGB-Normen unberührt**. Insofern tritt eine Ahndung nach den Bestimmungen über die Ordnungswidrigkeiten des § 24 JMStV zurück (Bayer. LT-Drucks. 14/10246, S. 15). Die durch § 4 Abs. 1 S. 2 übernommenen Privilegierungen der §§ 86 Abs. 3, 131 Abs. 3 StGB beziehen sich auf die in § 4 Abs. 1 S. 1 Nrn. 1 bis 4 und 6 sowie Nr. 5 genannten Inhalte.

II. Kriegsverherrlichende Angebote (Abs. 1 S. 1 Nr. 7)

Der Begriff der Kriegsverherrlichung entspricht dem des § 15 Abs. 2 Nr. 2 JuSchG (vgl 81. Abschnitt, 3
Rn 22). Bei **Telemedien** kommen insbesondere rechtsextremistische oder religiös-fundamentalistische Internet-Angebote in Betracht, daneben freilich auch On-Demand- oder Download-Angebote von Computerspielen, die kriegerische Handlungen oder eine entsprechende Szenerie zum Gegenstand ha-

ben; ferner Download-Angebote extremistischer Tonträger. Es kann nicht davon ausgegangen werden, dass eine Verharmlosung bzw Bagatellisierung immer schon automatisch mit dessen Verherrlichung bzw Glorifizierung gleichgesetzt werden kann (zutreffend Löffler/*Altenhain*, Rn 15; s.a. *Liesching*, tv-diskurs 04/2007, S. 76 ff).

III. Verstoß gegen die Menschenwürde (Abs. 1 S. 1 Nr. 8)

4 Bezugspunkt der Menschenwürde ist bei Medienangeboten nicht nur das **zur Anschauung gebrachte Individuum** (zB Darsteller in einem Horrorfilm, Gast in einer TV-Show), sondern darüber hinaus die als **allgemeines Schutzgut** ersten Ranges anerkannte Würde des Menschen als abstraktes Grundprinzip und Teil der verfassungsrechtlichen Wertordnung (vgl *Hartstein/Ring/Kreile/Dörr/Stettner*, JMStV § 4 Rn 40; *Di Fabio*, Menschenwürde 1999, S. 94; VG Hannover ZUM 1996, 610, 612: „als Gattungswesen"). Ein Verstoß gegen die Menschenwürde des Zuschauers bzw Angebotsnutzers durch Medieninhalte ist indes nicht denkbar und von der Verbotsvorschrift als Schutzrichtung nicht intendiert (aA *Hartstein/Ring/Kreile/Dörr/Stettner*, § 4 JMStV Rn 39).

5 Eine mediale Menschenwürdeverletzung erfordert die **Leugnung des fundamentalen Wert- und Achtungsanspruchs**, welcher jedem Menschen zukommt (BVerfGE 87, 209, 228). Nicht entscheidend ist hingegen, ob ein Medieninhalt „darauf angelegt" ist, „beim Betrachter" eine diesbezügliche Einstellung „zu erzeugen oder zu verstärken". Denn nach dem Wortlaut muss der Angebotsinhalt selbst gegen die Menschenwürde verstoßen und nicht lediglich eine dahin gehende Einstellungsveränderung bei Zuschauern oder Angebotsnutzern intendieren. Jedenfalls kann eine Verletzung der Menschenwürde durch Medienangebote lediglich **in Extremfällen** angenommen werden (vgl BVerfGE 93, 266, 293; 75, 369, 380). Dies ergibt sich schon aus ihrer Unantastbarkeit, welche sie keiner Abwägung mit anderen Grundrechten, insb. Art. 5 GG zugänglich macht (so zutreffend *Gersdorf*, „Big Brother", 2000, S. 20 f). Vor allem im Bereich der Fernsehunterhaltung kommt weiterhin ein Menschenwürdeverstoß durch die **Kommerzialisierung des menschlichen Daseins** in Betracht (hierzu ausführlich *Hartstein/Ring/Kreile/Dörr/Stettner*, § 4 JMStV Rn 37 f; *Ring*, ZUM 2000, 177, 179, *Scholz/Liesching*, § 4 JMStV Rn 17). Zur Darstellung sterbender oder schwer leidender Menschen s. 81. Abschnitt, Rn 22).

IV. Erotografische Darstellungen von Minderjährigen (Abs. 1 S. 1 Nr. 9)

6 Die Vorschrift entspricht § 15 Abs. 2 Nr. 4 JuSchG trotz des insoweit abweichenden Wortlauts („unnatürlicher"), so dass im Wesentlichen auf die Erläuterungen (oben 81. Abschnitt, Rn 26) verwiesen werden kann.

V. Harte Pornografie (Abs. 1 S. 1 Nr. 10)

7 Das Absolutverbot harter Pornografie nach § 4 Abs. 1 Nr. 10 JMStV entspricht inhaltlich weitgehend den entsprechenden Straftatbeständen der §§ 184a, 184b und 184c StGB (ausf. hierzu 88. Abschnitt, Rn 53 ff). Hinsichtlich der Tatbestände harter Pornographie sollte durch den im Landtag von Nordrhein-Westfalen gescheiterten 14. RfÄndStV auch eine terminologische Anpassung an die seit Gesetz v. 31.10.2008 (BGBl. I, 2149) erweiterten kernstrafrechtlichen Bestimmungen zur **Kinder- und Jugendpornographie** (ausf. hierzu *Liesching*, JMS-Report 5/2008, S. 2 ff; s.a. Bayer. LT-Drucks. 16/5283, S. 8) erfolgen.

VI. In Listenteile B und D aufgenommene Werke (Abs. 1 S. 1 Nr. 11)

8 In die in § 4 Abs. 1 Nr. 11 JMStV genannten Listenteile B und D werden Medieninhalte aufgenommen, die nach „Einschätzung" der BPjM einen in § 86, § 130, § 130a, § 131 oder § 184a, § 184b und § 184c des Strafgesetzbuches bezeichneten Inhalt haben. Das Absolutverbot erfasst darüber hinaus solche Angebote, welche mit einem in Teil B und D (§ 18 Abs. 2 Nrn. 2 und 4 JuSchG) **indizierten Werk im Wesentlichen inhaltsgleich** sind. Die Gesetzesformulierung trägt dem Umstand Rechnung, dass durch vielfältige technische Möglichkeiten, indizierte Medien mit geringfügig verändertem Inhalt in schneller zeitlicher Abfolge wieder auf den Markt gebracht werden können, um die Folgen einer Indizierung zu unterlaufen. Der Begriff des Werks umfasst Trägermedien und Telemedien. Entscheidend für die Inhaltsgleichheit eines Telemediums mit einem bereits in Teil B oder D indizierten Werk ist allein dessen jeweiliger StGB-tatbestandsrelevanter Inhalt. Das Abändern von Titel, Untertitel, die Auswechslung

des Autoren- bzw Verlegernamens, Veränderungen in der Reihenfolge oder das bloße Hinzufügen oder Weglassen einzelner für die Beurteilung nach §§ 86, 130, 130a, 131 oder 184a, 184b und 184c StGB nicht relevanter Text- oder Bildpassagen ist daher idR unerheblich (vgl BVerwG NJW 1987, 1435, 1436). Zu beachten ist die Fortwirkung des Verbots bei wesentlichen inhaltlichen Veränderungen eines indizierten Angebotes nach Abs. 3 (hierzu Rn 15). Sog. **Altindizierungen**, also Listenaufnahmen vor Inkrafttreten des JuSchG werden allerdings nicht erfasst (*Liesching*, JMS-Report 4/2004, S. 2, 5 ff). Vom Gesetzgeber nicht geregelt und weitgehend ungeklärt sind die Frage etwaiger **Listenstreichungen** und die Konsequenzen für den Unzulässigkeitstatbestand (vgl *Monssen-Engberding/Liesching*, BPjM-aktuell 4/2008, S. 3 ff).

C. Absolutverbote für Rundfunk, Relativverbote für Telemedien (Abs. 2)

I. Pornografische, wegen Jugendgefährdung indizierte und offensichtlich schwer jugendgefährdende Angebote (Abs. 2 S. 1)

Die in Abs. 2 Satz 1 genannten Angebotsinhalte unterliegen insofern einem nur relativen Verbot, als ihre Verbreitung in Telemedien gemäß Satz 2 zulässig ist, sofern der auf erwachsene Nutzer beschränkte Zugang sichergestellt wird (hierzu Rn 11 f). Im Rundfunk sind die enumerativ aufgezählten Inhalte indes generell unzulässig (krit. *Kreile/Diesbach*, ZUM 2002, 849, 850 f; *Hartstein/Ring/Kreile/Dörr/Stettner*, JMStV § 4 Rn 65). Nr. 1 erfasst pornographische Angebote, soweit sie nicht bereits unter das Absolutverbot des § 4 Abs. 1 S. 1 Nr. 10 (Kinder-, Gewalt- oder Tierpornographie; hierzu Rn 7) fallen. Der Begriff der **Pornographie** entspricht dem des § 184 StGB (s. 88. Abschnitt, Rn 43). Nr. 2 erfasst die öffentlichen und nicht-öffentlichen Teile der Liste nach § 18 Abs. 2 Nrn. 1 und 3 JuSchG, also Medien, die nicht bereits nach den StGB-Normen einem uneingeschränkten Verbreitungsverbot unterliegen, sondern **wegen Jugendgefährdung nach § 18 Abs. 1 JuSchG indiziert** sind (krit. *Scholz/Liesching*, § 4 JMStV Rn 31). Zum Begriff des „Werks" oder den Anforderungen an die wesentliche Inhaltsgleichheit s. 81. Abschnitt, Rn 29). Die inhaltlichen Anforderungen an **offensichtlich schwer jugendgefährdende Angebote** nach Nr. 3 entsprechen denen des § 15 Abs. 2 Nr. 5 JuSchG (s. 81. Abschnitt, Rn 27 f). 9

Einfach jugendgefährdende Angebotsinhalte, welche nicht von der Bundesprüfstelle für jugendgefährdende Medien nach § 18 Abs. 1 JMStV indiziert worden sind, werden von dem Verbotstatbestand nicht erfasst. Insoweit besteht eine **Regelungslücke** (vgl VG München ZUM 2005, 252, 254 m. Anm. *Liesching*, ZUM 2005, 224 ff; s.a. *Bornemann*, NJW 2003, 787, 789; *ders.*, ZUM 2010, 407; *Hopf*, Jugendschutz im Fernsehen, 2005, S. 138 ff; *Schumann*, ZUM 2004, 697, 700 f). Eine entsprechende Anwendung des Verbotstatbestands kommt schon wegen des auch im Ordnungswidrigkeitenrecht geltenden **Analogieverbotes** selbst dann nicht in Betracht, wenn statt der BPjM eine andere Aufsichtsbehörde wie die KJM das Vorliegen einer einfachen Jugendgefährdung festgestellt hat (aA *Bornemann*, ZUM 2010, 407, 410). Entsprechende Inhalte sind wie enwicklungsbeeinträchtigende Angebote „ab 18" (§ 5 Abs. 1 S. 2 Nr. 4) zu behandeln und dürfen zB als Rundfunksendung im Nachtprogramm ausgestrahlt werden (vgl § 5 Rn 55; VGH München Urt. v. 17.3.2003 – 7 CS 02.2829; VG München ZUM 2005, 252; *Liesching*, ZUM 2005, 224 ff). 10

II. Geschlossene Benutzergruppen (Abs. 2 S. 2)

Die Verbreitung pornographischer, wegen Jugendgefährdung indizierter oder offensichtlich schwer jugendgefährdender Telemedien ist nur zulässig, wenn vom Anbieter sichergestellt wird, dass Kinder oder Jugendliche keinen Zugang haben, so dass diese Angebote nur Erwachsenen zur Verfügung stehen (Bayer. LT-Drucks. 14/10246, S. 17; vgl auch *Bornemann*, NJW 2003, 787, 789). Nach Ziff. 5 der Jugendschutzrichtlinien der Landesmedienanstalten ist dies durch zwei Schritte zu gewährleisten, namentlich (1.) durch eine Volljährigkeitsprüfung, die über persönlichen Kontakt erfolgen muss, und (2.) durch Authentifizierung beim einzelnen Nutzungsvorgang. Dies entspricht der Rechtsprechung des Bundesgerichtshofs im Urteil v. 18.10.2007 (BGH NJW 2008, 1882 ff m. Anm. *Engels/Jürgens* = MMR 2008, 400 ff m. Anm. *Liesching* und Anm. *Waldenberger*) und der obergerichtlichen Rspr (vgl KG MMR 2004, 478 ff m. Anm. *Liesching*; OLG Düsseldorf MMR 2005, 409 f m. Anm. *Erdemir*; OLG Düsseldorf, MMR 2005, 611 ff m. Anm. *Liesching*; OLG Nürnberg MMR 2005, 464 f m. Anm. *Liesching*). Danach genügt es den jugendschutzrechtlichen Anforderungen nicht, wenn pornographische Internet-Angebote den Nutzern nach der Eingabe einer **Personal- oder Reisepassnummer** zugäng- 11 lich gemacht werden. Auch wenn zusätzlich eine **Kontobewegung** im Rahmen der Identifizierung erforderlich ist oder eine Postleitzahl abgefragt wird, reiche ein solches System den gesetzlichen Anforderungen nicht aus.

12 Dafür, wie ein verlässliches System beschaffen sein muss, ist nach der Rspr des BGH – auch vor dem Hintergrund der neuen Legalkonkretisierung des § 11 Abs. 4 S. 1 – der Zweck des Jugendmedienschutz-Staatsvertrags maßgeblich. Dieser Zweck ist darauf gerichtet, für den Jugendmedienschutz im Internet wie in den traditionellen Medien ein **einheitliches Schutzniveau** zu gewährleisten (BGH NJW 2008, 1882, 1884). Der BGH stellt insoweit auf verwaltungsgerichtliche Rspr zu Pornographie im Pay-TV, auf strafgerichtliche Rspr des BGH zu Automatenvideotheken sowie auf zivilgerichtliche Rspr zum Versandhandel mit pornographischen Trägermedien ab (vgl BVerwG NJW 2002, 2966 – Pornographie im Pay-TV; BGH MMR 2003, 582 f m. Anm. *Liesching* – Automatenvideothek; BGH NJW 2008, 758, 763 = MMR 2007, 634 ff m. Anm. *Köster/Jürgens* – Erwachsenenversandhandel).

13 Insoweit fordert der BGH, dass entsprechende wirksame Vorkehrungen auch von den Anbietern pornographischer Inhalte im Internet gewährleistet werden müssen (BGH NJW 2008, 1882, 1884 unter Verweis auf KG NStZ-RR 2004, 249, 250 = MMR 2004, 478 ff m. Anm. *Liesching*). Einfache, naheliegende und offensichtliche Umgehungsmöglichkeiten müssen ausgeschlossen sein. Andererseits kann einem Altersverifikationssystem nicht deshalb die Effektivität abgesprochen werden, weil es von Jugendlichen aufgrund nicht vorhersehbarer besonderer Kenntnisse, Fertigkeiten oder Anstrengungen ausnahmsweise umgangen werden kann. Hinsichtlich der zahlreichen bestehenden Möglichkeiten verweist der BGH auf die von der Kommission für Jugendmedienschutz – **KJM positiv bewerteten Konzepte**, „die eine persönliche Identifizierung der Nutzer durch einen Postzusteller oder in einer Postfiliale (Post-Ident-Verfahren), in einer Verkaufsstelle oder mittels des „Identitäts-Check mit Q-Bit" der Schufa Holding-AG (Rückgriff auf eine bereits erfolgte persönliche Kontrolle durch ein Kreditinstitut) voraussetzen" (BGH NJW 2008, 1882, 1885). Außerdem werde eine **Authentifizierung** des Kunden bei jedem einzelnen Abruf von Inhalten oder Bestellvorgang verlangt. Dafür komme insb. ein Hardware-Schlüssel (etwa USB-Stick, DVD oder Chip-Karte) in Verbindung mit einer PIN in Betracht, die dem Kunden persönlich (etwa per Einschreiben eigenhändig) zugestellt werden.

14 Schließlich lässt § 4 Abs. 2 S. 2 JMStV nach Ansicht des BGH – wie beim Erwachsenenversandhandel mit pornographischen Trägermedien auch eine **rein technische Altersverifikation** zu, „wenn sie den Zuverlässigkeitsgrad einer persönlichen Altersprüfung erreicht" (BGH NJW 2008, 1882, 1885; zum elektronischen Personalausweis: *Altenhain/Heitkamp*, K&R 2009, 619 ff). Grundsätzlich denkbar ist danach auch die Altersverifikation durch einen entsprechend zuverlässig gestalteten Webcam-Check durchzuführen oder unter Verwendung biometrischer Merkmale (s. zum Ganzen ausführlich *Liesching*, MMR 2008, 802 ff).

D. Verbotserweiterung bei indizierten Inhalten (Abs. 3)

15 Der Begriff der „**Angebote**" ist nicht iSd engen Legaldefinition des § 3 Abs. 2 Nr. 2 auszulegen, welche lediglich Rundfunksendungen sowie Inhalte von Telemedien erfasst (ausf. hierzu *Scholz/Liesching*, § 4 JMStV Rn 42 ff; ebenso *Nikles/Roll/Spürck/Umbach*, § 4 JMStV Rn 38). Insbesondere für den Bereich der Telemedien ist eine **Weiterwirkung der Indizierung** bei inhaltlichen Änderungen erforderlich, weil die Menschenwürde verletzende, rassenhetzerische, gewaltverherrlichende oder pornographische Angebote mit ständig wechselnden Bildern und Texten dargeboten werden, um den Betrachter zur wiederkehrenden Nutzung des Angebotes zu animieren, ohne dass sich der Gesamtcharakter des Angebots dadurch ändert (Bayer. LT-Drucks. 14/10246, S. 17). Die Vorschrift sichert letztlich die Praktikabilität des Index-Systems bei Informations- und Kommunikationsdiensten. Unter **wesentlichen inhaltlichen Veränderungen** sind solche Manipulationen, Kürzungen oder sonstige Bearbeitungen des Medieninhaltes zu verstehen, die das geschaffene Endprodukt nicht mehr als mit der indizierten Fassung im Wesentlichen inhaltsgleich (hierzu 81. Abschnitt, Rn 26) erscheinen lassen. Die Verbote des § 4 Abs. 1 S. 1 Nr. 11, Abs. 2 Nr. 2 JMStV gelten für gegenüber der indizierten Fassung wesentlich inhaltsveränderte Angebote solange, bis eine Zulässigkeitsentscheidung der BPjM über die geänderte (Schnitt-)Fassung herbeigeführt wurde (krit. *Bornemann*, NJW 2003, 787, 789).

§ 6 JMStV Jugendschutz in der Werbung und im Teleshopping

(1) [1]Werbung für indizierte Angebote ist nur unter den Bedingungen zulässig, die auch für die Verbreitung des Angebotes selbst gelten. [2]Die Liste der jugendgefährdenden Medien (§ 18 des Jugendschutzgesetzes) darf nicht zum Zwecke der Werbung verbreitet oder zugänglich gemacht werden. [3]Bei Werbung darf nicht darauf hingewiesen werden, dass ein Verfahren zur Aufnahme eines Angebotes oder eines inhaltsgleichen Trägermediums in die Liste nach § 18 des Jugendschutzgesetzes anhängig ist oder gewesen ist.

(2) Werbung darf Kindern und Jugendlichen weder körperlichen noch seelischen Schaden zufügen, darüber hinaus darf sie nicht

1. direkte Kaufappelle an Kinder oder Jugendliche enthalten, die deren Unerfahrenheit und Leichtgläubigkeit ausnutzen,
2. Kinder und Jugendliche unmittelbar auffordern, ihre Eltern oder Dritte zum Kauf der beworbenen Waren oder Dienstleistungen zu bewegen,
3. das besondere Vertrauen ausnutzen, das Kinder oder Jugendliche zu Eltern, Lehrern und anderen Vertrauenspersonen haben, oder
4. Kinder oder Minderjährige ohne berechtigten Grund in gefährlichen Situationen zeigen.

(3) Werbung, deren Inhalt geeignet ist, die Entwicklung von Kindern oder Jugendlichen zu einer eigenverantwortlichen und gemeinschaftsfähigen Persönlichkeit zu beeinträchtigen, muss getrennt von Angeboten erfolgen, die sich an Kinder oder Jugendliche richten.

(4) Werbung, die sich auch an Kinder oder Jugendliche richtet oder bei der Kinder oder Jugendliche als Darsteller eingesetzt werden, darf nicht den Interessen von Kindern oder Jugendlichen schaden oder deren Unerfahrenheit ausnutzen.

(5) Werbung für alkoholische Getränke darf sich weder an Kinder oder Jugendliche richten noch durch die Art der Darstellung Kinder und Jugendliche besonders ansprechen oder diese beim Alkoholgenuss darstellen.

(6) [1]Die Absätze 1 bis 5 gelten für Teleshopping und Sponsoring entsprechend. [2]Teleshopping darf darüber hinaus Kinder oder Jugendliche nicht dazu anhalten, Kauf oder Miet- bzw Pachtverträge für Waren oder Dienstleistungen zu schließen.

A. Regelungszweck

Die Vorschrift enthält über die allgemeinen Beschränkungen der §§ 4 und 5 JMStV hinaus weitergehende Verbotsbestimmungen und Beschränkungen, die Kinder und Jugendliche vor den oft manipulativen Wirkungen von Werbung in Rundfunk und Telemedien schützen sollen (vgl *Nikles/Roll/Spürck/Umbach*, § 6 JMStV Rn 1). Minderjährigen dürfte insoweit in vielen Fällen aufgrund noch nicht voll ausgebildeter Medienerfahrung die hinreichende Distanzierungs- und kritische Differenzierungsmöglichkeit fehlen. Durch die Vorschrift werden teilweise auch Vorgaben von Art. 15 und 16 der EU-Fernsehrichtlinie umgesetzt. 16

B. Werbung im Zusammenhang mit Indizierungen (Abs. 1)

I. Werbung für indizierte Angebote (Abs. 1 S. 1)

Aus der Verweisung auf die Verbreitungsverbote ergibt sich, dass für Angebote, die wegen ihres strafbaren Inhalts in die Listenteile B oder D aufgenommen worden sind, überhaupt nicht geworben werden darf (vgl § 4 Abs. 1 Nr. 11 JMStV). Für Angebote, die wegen Jugendgefährdung in die Listenteile A und C aufgenommen worden sind, darf lediglich bei Telemedien in geschlossenen Benutzergruppen geworben werden (§ 4 Abs. 2 S. 1 Nr. 2, S. 2 JMStV). 17

II. Verbreitung der Indizierungsliste (Abs. 1 S. 2)

Das Verbot der Verbreitung der Liste zu Werbezwecken soll verhindern, dass mit der Indizierung selbst Werbung für Angebote gemacht wird, die Kindern oder Jugendlichen nicht zugänglich gemacht werden dürfen (Bayr. LT-Drucks. 14/10246, S. 18). Die Vorschrift entspricht dem strafbewehrten Verbot des § 15 Abs. 4 JuSchG (s. Abschnitt 81, Rn 27). Auch die nur auszugsweise erfolgende Publikation des 18

Index ist untersagt (vgl AG Hamburg-Bergedorf NStZ-RR 2001, 27 f; aA *Altenhain*, in: Löffler, Presserecht § 15 JuSchG Rn 51). Die Verbreitung der öffentlichen Listenteile A und B (vgl § 18 Abs. 2 Nrn. 1 und 2 JuSchG) zu Informationszwecken ist hingegen grundsätzlich zulässig (näher hierzu 81. Abschnitt, Rn 27).

III. Hinweis auf anhängiges Indizierungsverfahren (Abs. 1 S. 3)

19 Satz 3 erweitert das Verbreitungsverbot auf im Rahmen der Werbung getätigte Hinweise auf die Anhängigkeit eines Indizierungsverfahrens. Auch damit soll vermieden werden, dass aufgrund des Indizierungsverfahrens Kinder oder Jugendliche in anpreisender Form der jugendgefährdende Charakter eines Angebotes zur Kenntnis gelangt (vgl Bayr. LT-Drucks. 14/10246, S. 18). Die Vorschrift entspricht § 15 Abs. 5 JuSchG (81. Abschnitt, Rn 28). Hinweise auf Indizierungsverfahren im Rahmen der Berichterstattung oder zu Informationszwecken sind zulässig.

C. Allgemeine Werbeverbote (Abs. 2 und 4)

I. Schädigende Werbung

20 Entscheidend ist die Wirkung der angebotenen Werbeinhalte. Nicht erfasst werden daher Fälle, in denen das beworbene Produkt bei dessen Konsum zu Schädigungen von Kindern und Jugendlichen führen. Die Gegenansicht (*Nikles/Roll/Spürck/Umbach*, § 6 JMStV Rn 10) verkennt den Wortlaut, nach dem die Werbung selbst Kindern und Jugendlichen keinen Schaden zufügen darf und nicht der Konsum beworbener Produkte oder etwaig imitierte Verhaltensweisen (aA in letzterer Hinsicht: *Erdemir*, in: Spindler/Wiebe, Kap. 14 Rn 82). Die Gefahr **körperlichen Schadens** wird mithin nur in Extremfällen anzunehmen sein. In seelischer Hinsicht besteht eine Schädigungsgefahr etwa bei der Konfrontation mit auf Kinder und Jugendliche möglicherweise traumatisch wirkenden, von Minderjährigen **angstvoll erlebten Werbeinhalten**, welche also gleichsam von der jeweiligen Altersgruppe (noch) nicht emotional bewältigt werden können.

II. Weitere Fälle unzulässiger Werbung (Abs. 2 Nrn. 1–4)

21 **1. Fallbeispielcharakter der Nrn. 1–4.** Ob die weiterhin in Nrn. 1–4 genannten Fälle als eigenständige Konstellationen anzusehen sind, die jeweils unabhängig vom Vorliegen einer körperlichen oder seelischen Schädigung zu prüfen sind (so *Erdemir*, in: Spindler/Wiebe, Kap. 14 Rn 82; *Nikles/Roll/Spürck/Umbach*, § 6 JMStV Rn 11) oder ob es sich um Regelbeispiele des Schädigungsverbots handelt (so *Bornemann*, NJW 2003, 787, 790; *Fechner/Schipanski*, ZUM 2006, 898, 901), ist praktisch ohne Belang. Allerdings ist unter Aufgabe der bisher vertretenen Auffassung (*Scholz/Liesching*, § 6 JMStV Rn 7) eher davon auszugehen, dass es sich bei den enumerativ genannten Fällen um eigenständige Verbote handelt. Dies legt schon der Wortlaut nahe („darüber hinaus“) und ergibt sich auch daraus, dass mit den Verboten der Nrn. 1 bis 4 idR keine tatsächlichen Schädigungen einhergehen werden.

22 **2. Direkte Kaufappelle (Nr. 1).** Direkte Kaufappelle sind alle unmittelbaren Aufforderungen zum entgeltlichen Erwerb von Waren oder Dienstleistungen, welche durch Worte, Gesten oder sonstige Darstellungen dem Verbraucher übermittelt werden. Dabei muss der Kauf **nicht ausdrücklich** appelliert werden (vgl *Fechner/Schipanski*, ZUM 2006, 898, 901). Missverständlich ist insoweit Ziff. 7.1 S. 2 der JuSchRiL der Landesmedienanstalten, soweit direkten Kaufaufforderungen solche gleichzustellen seien, „die lediglich eine Umschreibung direkter Kaufaufforderungen enthalten“. Erfasst werden auch Formulierungen wie „Probiert doch auch mal!“ in einem Spot, in dem Gebäck essende Kinder gezeigt werden; „Holt Euch das neue Heft“, gesprochen von einer Kinderstimme in einem Spot für eine Zeitschrift. In derartigen Fällen wird regelmäßig auch bereits ein Ausnutzen der **Unerfahrenheit und Leichtgläubigkeit** von Kindern und Jugendlichen vorliegen, ohne dass es einer besonderen „Vertrauenserschleichung“ oder gar „Täuschung“ durch die Werbeinhalte bedarf. Nach Ziff. 7.1 der Jugendschutzrichtlinien der Landesmedienanstalten wird bei Kindern das Vorliegen von Unerfahrenheit und Leichtgläubigkeit vermutet.

23 **3. Motivationswerbung (Nr. 2).** Nr. 2 betrifft ebenfalls direkte Werbebotschaften mit Aufforderungscharakter an Kinder und Jugendliche, die freilich das **Bewegen der Eltern oder Dritter zum Kauf** der beworbenen Waren oder Dienstleistungen von Seiten der Minderjährigen intendieren. Erfasst werden Formulierungen wie „Gebt Euren Eltern einen Ruck!“; „Kinder, wünscht Euch...“ oder „... darf auf

dem Weihnachtswunschzettel nicht fehlen". Dem Verbot unterfallen aber nur unmittelbare Aufforderungen, so dass die Darstellung von Kindern, welche die Eltern um ein bestimmtes Produkt bitten, der Verbotsvorschrift nicht unterliegt.

4. Ausnutzen von Vertrauensverhältnissen (Nr. 3). Nr. 3 untersagt die Ausnutzung des Verhältnisses zu Vertrauenspersonen wie Eltern, Großeltern, sonstigen engen Verwandten, Lehrern, Kindergärtnerinnen oder Betreuern von Jugendgruppen. Erfasst werden insbesondere Werbeinhalte, welche Minderjährigen suggerieren, durch den Konsum bzw Gebrauch des beworbenen Produktes in besonderer Weise die Gunst oder Wertschätzung einer der genannten Vertrauenspersonen zu erfahren. Formulierungen wie „... macht Eure Eltern stolz und glücklich" oder auch „Zeigt den Lehrern, was Ihr drauf habt!" unterliegen daher im Regelfall dem Verbot. 24

5. Darstellung Minderjähriger in gefährlichen Situationen (Nr. 4). Die Norm entspricht Art. 16 Abs. 1 d) EU-Fernsehrichtlinie und soll zunächst verhindern, dass Minderjährige aufgrund **angstvoll erlebter Werbeinhalte** über Gefahrsituationen motiviert werden, zur Vermeidung derartiger Gefahren ein bestimmtes Produkt zu konsumieren bzw Dritte zum Kauf zu bewegen. Darüber hinaus darf gefährliches Verhalten nicht als harmlos, nachahmens- oder billigenswert dargestellt werden (vgl auch Ziff. 6 der Verhaltensregeln des deutschen Werberates für die Werbung mit und vor Kindern idF v. 1998). Dem Verbot unterliegt daher auch die Darstellung von Kindern, die Hunde während des Fressens streicheln, da diese in solchen Situationen zum Beißen neigen. Ein berechtigter Grund für die Darstellung Minderjähriger in gefährlichen Situationen wird nur in **Ausnahmefällen** anzunehmen sein (zB etwa im Rahmen von Spendenaufrufen der Welthungerhilfe oder anderer karitativer Einrichtungen). 25

6. Interessenschädigende Werbung (Abs. 4). Die **Generalklausel** des Abs. 4 stellt sicher, dass über die Abs. 1 und 2 hinaus auch sonstige Beeinträchtigungen im Rundfunk und bei Telemedien nicht erfolgen können (vgl Bayer. LT-Drucks. 14/10246, S. 18). Als Schädigung der Interessen Minderjähriger kommen zB Darstellungen in Betracht, die strafbare Handlungen oder unsoziales Verhalten als legitim oder nachahmenswert erscheinen lassen. Ein Ausnutzen der Unerfahrenheit kann ebenso wie eine Interessenschädigung insb. bei **aleatorischen Werbemitteln** (zB Gratisverlosungen, Preisausschreiben und -rätsel etc.) vorliegen, welche Kinder und Jugendliche irreführen, durch übermäßige Vorteile anlocken, die Spielleidenschaft ausnutzen oder anreißerisch belästigen. 26

III. Trennungsgebot (Abs. 3)

Die eigentlich zu den Anbieterpflichten (hierzu 84. Abschnitt) zu zählende Vorschrift korrespondiert mit dem allgemeinen Trennungsgebot des § 5 Abs. 5 JMStV für Telemedien (vgl 84. Abschnitt, Rn 7). Unter **Inhalt** im Sinne des Abs. 3 sind entgegen Ziff. 7.2 der JuSchRiL der Landesmedienanstalten nicht die (beworbenen) Produkte und Dienstleistungen zu verstehen, sondern der Inhalt der Werbung (bildliche Darstellungen, Werbeaussagen etc.). Bei Werbung für entwicklungsbeeinträchtigende Trägermedien gilt § 3 Abs. 2 S. 2 JuSchG. Der Anbieter muss sicherstellen, dass im Umfeld seines ansonsten für Kinder oder Jugendliche ausgerichteten Programms keine entwicklungsbeeinträchtigende Werbung verbreitet wird (Bayer. LT-Drucks. 14/10246, S. 18). Dies kann in zeitlicher Hinsicht angenommen werden, wenn die Werbeinhalte – insb. bei Rundfunksendungen – Kinder- oder Jugendprogrammen nicht unmittelbar vorangestellt, nicht während diesen sowie nicht im Anschluss ausgestrahlt werden. Von einer Angebotsausrichtung auf Kinder und Jugendliche kann insb. dann ausgegangen werden, wenn deren Inhalte kinder- und jugendaffine Themen behandeln (zB bestimmte Spielinhalte, Berichte und Darstellung über **Identifikationsfiguren** wie „Kinderstars") oder **stilistische Elemente** verwenden wie zB Comiczeichnungen. 27

IV. Alkohol- und Tabakwerbung (Abs. 5)

Alkoholwerbung darf sich zunächst nicht explizit an Kinder und Jugendliche richten bzw durch die Darstellungsart besonders ansprechen. Daher sind Werbeaussagen verboten, in denen Jugendliche als noch nicht reif genug für den Genuss alkoholischer Getränke angesprochen und dadurch **zum Konsum** nachgerade **provoziert** werden (vgl zur Werbung für „Alcopops"-Pulver: OLG Hamm JMS-Report 01/2007, 12 ff); ferner Werbeinhalte, die besagen, dass eine dargestellte Person schon als Jugendlicher alkoholische Getränke genossen hat (vgl auch Ziff. 4 der Verhaltensregeln des deutschen Werberates über die Werbung und das Teleshopping für alkoholische Getränke idF v. 1998). Darüber 28 hinaus ist die Darstellung Minderjähriger beim Alkoholgenuss ausdrücklich untersagt. Insoweit kann auch der dargestellte **Konsum Erwachsener im Beisein von Kindern** und Jugendlichen erfasst sein.

V. Teleshopping und Sponsoring (Abs. 6)

29 Der Begriff des **Teleshopping** umfasst Sendungen direkter Angebote an die Öffentlichkeit für den Absatz von Waren oder die Erbringung von Dienstleistungen, einschließlich unbeweglicher Sachen, Rechte und Verpflichtungen, gegen Entgelt. Vgl zu den Erscheinungsformen des Teleshoppings ausf. *Hartstein/Ring/Kreile/Dörr/Stettner*, § 2 RStV Rn 35 ff. Das Verbot des **Anhaltens Minderjähriger** zum Vertragsschluss iSd Satz 2 entspricht Art. 16 Abs. 2 EG-Fernsehrichtlinie. Es ist bereits dann erfüllt, wenn Teleshoppingangebote offensichtlich darauf ausgerichtet sind, Kinder und/oder Jugendliche zum Kaufvertragsabschluss zu bewegen (vgl *Fechner/Schipanski*, ZUM 2006, 898, 902).

2. Kapitel: Technische und organisatorische Anbieterpflichten

Schrifttum: *Boecker/Machill*, Das neue Selbstklassifizierungs-, Kennzeichnungs- und Filtersystem ICRA, tv-diskurs 16/2001, S. 54 ff; *Faber*, Jugendschutz im Internet, 2005; *Erdemir*, Jugendschutzprogramme und geschlossene Benutzergruppen, CR 2005, 275 ff; *ders.*, Der Jugendschutzbeauftragte für Rundfunk und Telemedien, K&R 2006, 500 ff; *Gesellensetter*, Der Jugendschutz in digital verbreiteten privaten Fernsehprogrammen, AfP 2001, 369 ff; *Grapentin*, Neuer Jugendschutz in den Online-Medien – Pflichten für Online-Anbieter nach dem neuen Jugendmedienschutz-Staatsvertrag, CR 2003, 458 ff; *Günter/Schindler*, Technische Möglichkeiten des Jugendschutzes im Internet, RdJB 2006, 341 ff; *Gutknecht*, Verpflichtung zur Anbringung von Alterskennzeichen auf Bildträgern, JMS-Report 3/2010, 2; *Hess/Gorny*, Jugendschutz im digitalen (Bezahl-)Fernsehen, ZUM 1999, 881 ff; *Hobro-Klatte*, Möglichkeit der Festlegung von Sendezeitbeschränkungen nach § 3 Abs. 5 S. 2 RStV für Fernsehsendungen, insbesondere für Talkshows im Nachmittagsprogramm, ZUM 1998, 812 ff; *Hopf*, Jugendschutz im Fernsehen, 2005; *dies.*, Jugendschutz im Rundfunk und das verfassungsrechtliche Zensurverbot des Art. 5 Abs. 1 Satz 3 GG, ZUM 2000, 739 ff; *Knöfel*, Der Rechtsanwalt als Jugendschutzbeauftragter für Telemedien, MMR 2005, 816 ff; *Liesching*, Die Bedeutung des Jugendschutzbeauftragten für Informations- und Kommunikationsdienste, CR 2001, 845 ff; *ders.*, Präventive Sendezeitbeschränkungen für Talkshows nach dem neuen Rundfunkstaatsvertrag, ZUM 2000, 298 ff; *Mohr/Landmann*, Jugendschutz bei ARD und ZDF, 2003; *Mynarik*, Jugendschutz in Rundfunk und Telemedien, 2006; *Schindler*, Rating und Filtering – Zukunftstechnologien im Jugendschutz?!?, tv-diskurs 11/2000, S. 56 ff; *ders.*, Kann man Kinder mit dem ICRA-Filter wirklich unbesorgt ins Netz lassen? – Eine notwendige Replik zum Artikel Jugendschutz ohne Zensur in tv diskurs 22, tv-diskurs 24/2003, S. 66 ff; *ders.*, Technische Möglichkeiten des Jugendschutzes im Internet, in: KJM-Schriftenreihe Bd. 1, 2009, S. 122; *Strömer*, Der externe Jugendschutzbeauftragte, K&R 2002, 643 ff; *Stumpf*, Jugendschutz oder Geschmackszensur?, 2009.

83. Abschnitt: Pflichten für Anbieter von Trägermedien bzw Bildträgern

§ 2 Abs. 2 JuSchG Prüfungs- und Nachweispflicht

(...)

(2) [1]Personen, bei denen nach diesem Gesetz Altersgrenzen zu beachten sind, haben ihr Lebensalter auf Verlangen in geeigneter Weise nachzuweisen. [2]Veranstalter und Gewerbetreibende haben in Zweifelsfällen das Lebensalter zu überprüfen.

A. Regelungszweck

Die Altersnachweis- bzw -prüfungspflicht nach § 2 Abs. 2 JuSchG soll die Einhaltung der im Jugendschutzgesetz verankerten Restriktionen der altersabhängigen **Anwesenheits- und Abgabebeschränkungen** gewährleisten. Die Missachtung der Alterskontrollpflicht der Veranstalter und Gewerbetreibenden kann dabei ordnungsrechtlich und in bestimmten Fällen auch strafrechtlich geahndet werden (vgl §§ 27, 28 JuSchG). Im Medienrecht hat die Alterskontrollpflicht vor allem hinsichtlich altersfreigabebeschränkter Bildträger, aber auch im Bezug auf Gewinnspielangebote im Rundfunk und im Internet praktische Bedeutung. 1

B. Altersprüfungspflicht im „Zweifelsfall"

2 Ein Zweifelsfall liegt vor allem dann vor, wenn nach dem äußeren Erscheinungsbild (Aussehen oder Verhalten) einer Person für den Beobachter der Eindruck entstehen kann, sie habe möglicherweise die im konkreten Fall relevante Altersgrenze (12, 14, 16, 18 oder auch 6 Jahre) noch nicht erreicht (vgl OLG Karlsruhe 1987, 284; OLG Bremen MDR 1957, 629; *Engels/Stulz-Herrnstadt*, AfP 2003, 97, 101 mwN).

3 In Rechtsprechung und Schrifttum bislang ungeklärt ist die Frage des **Altersnachweises in Online-Medien**, sofern man einzelne Bestimmungen zum Schutz der Jugend in der Öffentlichkeit auch auf Angebote im Internet anwenden will. Insoweit kommen insbesondere § 6 Abs. 2 JuSchG bei Internet-Gewinnspielen und § 12 Abs. 1 JuSchG bei der Online-Bestellung von FSK-/USK-16-freigabebeschränkten Versandartikeln in Betracht (für Versand von Ab-18-Bildträgern gilt § 12 Abs. 3 JuSchG, für Versand von Ab-6- bzw Ab-12-Bildträgern ist kein „Zweifelsfall" anzunehmen). Die für die Aufsicht zu Bestimmungen des JuSchG zuständigen Obersten Landesjugendbehörden (OLjB) gehen grundsätzlich von einer Anwendbarkeit jedenfalls im Onlineversandhandel mit altersfreigabebeschränkten Bildträgern aus (vgl OLjB-Stellungnahme, MMR 2005, XVII, XVIII). Bei Online-Gewinnspielen wird eine Anwendbarkeit des § 6 Abs. 2 JuSchG ebenfalls überwiegend bejaht (Spindler/Wiebe/*Erdemir*, Rn 119; LNK/*Knupfer*, Rn 8; *Liesching*, AfP 2004, 496, 499 f; *ders.*, JMS-Report 6/2003, 2, 3 f; *Raitz von Frentz/Masch*, ZUM 2006, 189, 193 f; aA *Wimmer*, MMR 2007, 417, 420 f; unklar: *Nikles u.a.*, § 6 JuSchG Rn 14).

4 Nach der **Stellungnahme der OLjB** soll ein entsprechender Altersnachweis durch „den Einsatz eines technischen Mittels nach § 5 Abs. 5 Nr. 1 JMStV, das zB durch die KJM positiv bewertet wurde (zB **erweitertes PersoCheck-Verfahren**) oder durch einen gleichzeitigen Abgleich der Bestellerdaten mit der **Schufa-Datenbank** erfolgen (Quality-Bit)" (vgl OLjB-Stellungnahme, MMR 2005, XVII, XVIII). Jedenfalls bei letzterem Verfahren ist freilich zweifelhaft, ob hierdurch insb. die ab 16jährigen Jugendlichen von den jüngeren Minderjährigen differenziert werden können. Eine Möglichkeit der Umsetzung bietet nach Inkrafttreten des 14. RÄndStV die Programmierung für ein geeignetes Jugendschutzprogramm nach § 11 Abs. 2 JMStV (s. dort Rn 3 ff). Insgesamt bleiben aber erhebliche praktische Schwierigkeiten des Altersnachweises im Rahmen der anonymen Internetkommunikation, welche einerseits den Belangen des Jugendschutzes, andererseits der Medienfreiheit hinreichend Rechnung tragen.

5 Da das Vorliegen eines „Zweifelsfalls" im Online-Bereich nicht anhand des im Übrigen anerkannten Kriteriums des äußeren Erscheinungsbildes (Rn 11) der, jeweils die Spielteilnahme oder den FSK-/USK-16-Versandartikel begehrende Person, vorgenommen werden kann, erscheint es im Hinblick auf **praktikable Lösungen im Online-Bereich** vertretbar, durch präventive anbieterseitige Maßnahmen bereits das Vorliegen eines „Zweifelsfalls" auszuschließen und somit das Erfordernis der Altersüberprüfung entfallen zu lassen.

6 Danach können etwa **Internetanbieter** von Online-Gewinnspielen (§ 6 Abs. 2) oder von „Ab-16"-freigabebeschränkten Versandartikeln (§ 12 Abs. 1) zum Ausschluss eines Zweifelsfalls iSd Abs. 2 etwa folgende **Maßnahmen kumulativ** ergreifen (teilw. noch anders bei EK/*Liesching*, Rn 9):

- Deutlicher Hinweis (etwa im Rahmen der AGB), dass Personen unter 18 bzw 16 Jahren die Teilnahme an den angebotenen Spielen mit Gewinnmöglichkeit bzw die Online-Bestellung von FSK-/USK-16-Bildträgern nicht gestattet wird.
- Programmierung des Spiel- bzw Bestellangebotes als „nicht geeignet für Personen unter 18 (bzw 16) Jahren" für ein anerkanntes Jugendschutzprogramm (§ 11 JMStV).
- Kostenpflichtigkeit der Angebote und Sicherstellung, dass lediglich Bezahlungsmethoden zugelassen sind, welche Kinder und Jugendliche unter 16 Jahren üblicherweise nicht anwenden können (zB Kreditkarte, Bankkonto mit freier Dispositionsmöglichkeit etc.).
- Daneben gelten die allgemeinen Hinweispflichten gemäß § 12 Abs. 2 S. 3 JuSchG und § 12 JMStV.

§ 3 JuSchG Bekanntmachung der Vorschriften

(1) Veranstalter und Gewerbetreibende haben die nach den §§ 4 bis 13 für ihre Betriebseinrichtungen und Veranstaltungen geltenden Vorschriften sowie bei öffentlichen Filmveranstaltungen die Alterseinstufung von Filmen oder die Anbieterkennzeichnung nach § 14 Abs. 7 durch deutlich sichtbaren und gut lesbaren Aushang bekannt zu machen.

(2) [1]Zur Bekanntmachung der Alterseinstufung von Filmen und von Film- und Spielprogrammen dürfen Veranstalter und Gewerbetreibende nur die in § 14 Abs. 2 genannten Kennzeichnungen verwenden. [2]Wer einen Film für öffentliche Filmveranstaltungen weitergibt, ist verpflichtet, den Veranstalter bei der Weitergabe auf die Alterseinstufung oder die Anbieterkennzeichnung nach § 14 Abs. 7 hinzuweisen. [3]Für Filme, Film- und Spielprogramme, die nach § 14 Abs. 2 von der obersten Landesbehörde oder einer Organisation der freiwilligen Selbstkontrolle im Rahmen des Verfahrens nach § 14 Abs. 6 gekennzeichnet sind, darf bei der Ankündigung oder Werbung weder auf jugendbeeinträchtigende Inhalte hingewiesen werden noch darf die Ankündigung oder Werbung in jugendbeeinträchtigender Weise erfolgen.

A. Regelungszweck

Die Vorschrift soll gewährleisten, dass die jeweils einschlägigen jugendschutzrechtlichen Bestimmungen und die Altersfreigabebeschränkungen bei Filmen, Film- und Spielprogrammen für die Bevölkerung hinreichend **transparent** sind und im jeweiligen Einzelfall von vornherein Beachtung finden können. Abs. 2 regelt darüber hinaus Kennzeichnungs- und Hinweispflichten sowie Werbegestaltungsverbote für Veranstalter und Gewerbetreibende im Bezug auf Filme, Film- und Spielprogramme mit Altersfreigabekennzeichen der FSK oder der USK. 7

B. Aushangpflicht (Abs. 1)

Die Aushangpflicht nach Abs. 1 ist im medienrechtlichen Bereich von eher untergeordneter Bedeutung. Sie hat lediglich im „Offline-Bereich“ zB bei Medienfachmärkten, Videotheken oder Kinosälen praktische Bedeutung. Bei Kinos und anderen Veranstaltungen **öffentlicher Filmvorführungen** ist bekannt zu machen der Inhalt von §§ 11, 14, 9 und 10 JuSchG; bei **Videotheken** und anderen Betrieben, in denen bespielte Videokassetten oder DVDs verkauft oder vermietet werden, ist jedenfalls bekannt zu machen der Inhalt von §§ 12, 14 JuSchG. 8

C. Transparenzpflichten bei Altersfreigabekennzeichnungen (Abs. 2)

Bei altersgekennzeichneten Filmen (§ 11 JuSchG) und Film- und Spielprogrammen (§ 12 Abs. 1 JuSchG) darf nach Satz 1 nur der aus § 14 Abs. 2 JuSchG ersichtliche Wortlaut (zB „Freigegeben ab 12 Jahren“) verwendet werden. Das **Gebot der kennzeichnungskonformen Bekanntmachung** in Verbindung mit der Bußgelddrohung des § 28 Abs. 1 Nr. 2 JuSchG soll vor allem ausschließen, dass die Freigabe oder Nichtfreigabe eines Films oder einer Videokassette durch reißerische Ankündigungen zu Werbezwecken missbraucht wird, etwa mit der Wortwahl „Strengstes Jugendverbot“ (vgl BT-Drucks. 10/722 S. 12) oder „Unter 16 Jahren verboten“ (vgl *Gutknecht*, JMS-Report 3/2010, 2, 5; zur ergänzenden Vorschrift des § 12 Abs. 2 JuSchG unten Rn 7). Satz 2 sieht eine **Hinweispflicht der Anbieter** vor, zumeist also der Verleiher von Kinospielfilmen. Bei Bildträgern ist der Inhaber der Nutzungsrechte verpflichtet, auf die Alterseinstufung durch das entsprechende Kennzeichen (§ 12 Abs. 2 JuSchG) hinzuweisen. Satz 3 enthält eine inhaltliche **Beschränkung der Ankündigung und Werbung** für gekennzeichnete Filme sowie Film- und Spielprogramme (insbesondere Videokassetten, Blu-ray Discs, DVDs und Spiele-CD-ROMs). Die Vorschrift gilt auch für Werbetrailer und Ankündigungen zu Kinofilmen und Film- oder Spielbildträgern, die im Fernsehen und Hörfunk ausgestrahlt oder im Internet (Telemedien) verbreitet werden. Insoweit ergeben sich keine gegenteiligen Einschränkungen aus dem Wortlaut des Abs. 2 S. 3 und ebensowenig nach dem Schutzzweck der Norm (aA wohl *Ukrow*, Jugendschutzrecht, 2004, vgl dort Rn 389 zu § 15 Abs. 1 Nr. 6). Anderweitige Spezialregelungen im JuSchG und im JMStV bestehen nicht. Unter Bußgelddrohung (§ 28 Abs. 1 Nr. 4 JuSchG) verboten ist der Hinweis auf jugendbeeinträchtigende Inhalte, der sowohl unmittelbar (zB „Schwer jugendgefährdend!“) wie auch mittels Umschreibungen („Brutalität ohne Grenzen“, „Verbotene Sexspiele“, „Sex ohne Tabus“) vorstellbar ist. 9

§ 12 Abs. 2 JuSchG Bildträger mit Filmen oder Spielen

(...)

(2) [1]Auf die Kennzeichnungen nach Absatz 1 ist auf dem Bildträger und der Hülle mit einem deutlich sichtbaren Zeichen hinzuweisen. [2]Das Zeichen ist auf der Frontseite der Hülle links unten auf einer Fläche von mindestens 1.200 Quadratmillimetern und dem Bildträger auf einer Fläche von mindestens 250 Quadratmillimetern anzubringen. [3]Die oberste Landesbehörde kann

1. **Näheres über Inhalt, Größe, Form, Farbe und Anbringung der Zeichen anordnen und**
2. **Ausnahmen für die Anbringung auf dem Bildträger oder der Hülle genehmigen.**

[4]Anbieter von Telemedien, die Filme, Film- und Spielprogramme verbreiten, müssen auf eine vorhandene Kennzeichnung in ihrem Angebot deutlich hinweisen.

(...)

10 Im Bezug auf die Kennzeichen wird in Satz 1 die Verpflichtung zu einem **deutlich sichtbaren Hinweis** auf dem Bildträger und der Hülle durch ein entsprechendes Zeichen ausdrücklich festgeschrieben. Die Zeichen müssen also an beiden Stellen ohne Weiteres, dh „auf den ersten Blick" erkennbar sein. Sind die Kennzeichen nicht hinreichend deutlich sichtbar, so ist der entsprechende Bildträger noch nicht so anzusehen, als habe er keine entsprechende Freigabe erhalten. Allerdings handelt der Anbieter nach § 12 Abs. 1 iVm § 28 Abs. 2 Nr. 1 JuSchG ordnungswidrig, wenn er einen Hinweis nicht, nicht richtig (zB nur undeutlich) oder nicht in der vorgeschriebenen Weise (zB nur auf der Innenseite der Hülle) gibt.

11 Die quantitative Konkretisierung der Hinweispflicht nach Abs. 2 S. 2 wurde durch das **1. JuSchGÄndG** v. 24.6.2008 (BGBl. I S. 1075) eingefügt. Die Vorschrift soll dadurch bessere Rahmenbedingungen für den Vollzug schaffen, dass die Kennzeichnungen der Bildträger mit Filmen und Spielen nach § 12 Abs. 1 aufgrund ihrer **Größe** (mindestens 1200 qmm auf der **Frontseite der Hülle** links unten und mindestens 250 qmm auf dem Bildträger) dem Verkaufspersonal und auch den Eltern „ins Auge springen" (vgl BT-Drucks. 16/8546, S. 7). Der Handel hat dies weitgehend umgesetzt, indes durch sogenannte **Umklapp-Cover** dem Endkonsumenten die Möglichkeit eröffnet, nach Erwerb des Bildträgers ein zunächst auf der Innenseite befindliches Cover ohne Kennzeichnung zu verwenden. Dies ist rechtlich nicht zu beanstanden. Zur Problematik der **Altbestände**, den Übergangsfristen und der Pflicht zur Nachkennzeichnung siehe § 29a Rn 1 ff (s.a. *Gutknecht*, JMS-Report 3/2010, 2, 4 f).

12 Satz 3 Nr. 1 räumt den obersten Landesbehörden die Befugnis ein, die **Beschaffenheit der Zeichen**, die auf Bildträger und Hülle anzubringen sind, näher zu bestimmen (vgl zu den Anordnungen **Schreiben der OLjB Rheinl-Pf.** v. 4.11.2008 – Az 9131 – 75055 sowie **Schreiben der OLjB NRW** v. 3.3.2009, zit. nach *Gutknecht*, JMS-Report 3/2010, 2, 7). Das vor dem 1.4.2003 von der USK verwandte Kennzeichen für Altersempfehlungen wird um den Hinweis auf eine Freigabe nach dem JuSchG ergänzt. Darüber hinaus wird die Farbgestaltung in den verschiedenen Altersgruppen der bisherigen Kennzeichnung von Videos (FSK) angepasst, um auf diese Weise eine Vereinheitlichung herbeizuführen. Die Genehmigung von Ausnahmen nach Nr. 2 ist insbesondere für solche Bildträger vorgesehen, auf welchen wegen ihrer Beschaffenheit eine Anbringung des Zeichens nicht möglich ist (vgl BT-Drucks. 14/9013, S. 21). Keinen hinreichenden Ausnahmegrund stellen das Erfordernis einer nachträglichen Kennzeichnung oder finanzielle Aspekte dar (vgl VG Mainz JMS-Report 3/2009, S. 65 ff).

13 Satz 4 erweitert die Hinweispflicht auf **Anbieter von Telemedien**, die gekennzeichnete Filme bzw Film- und Spielprogramme verbreiten. Die Vorschrift ist im Zusammenhang mit § 12 JMStV zu sehen. Die Amtliche Begründung des Regierungsentwurfs (BT-Drucks. 14/9013, S. 21) sowie das allgemein im JuSchG geltende Transparenzgebot legen nahe, entsprechend der Anbringung der Alterskennzeichnung auf Bildträgern auch bei Telemedien in erster Linie die Verwendung der **Zeichen iSd Abs. 2 S. 1 bis 3** ausreichen zu lassen (vgl auch § 12 JMStV sowie die Amtl. Begr. in Bayer. LT-Drucks. 14/10246, S. 21). Indes können auch **formlose, allgemeine Hinweise** auf eine Kennzeichnung entgegen vormals vertretener Ansicht (*Scholz/Liesching*, Rn 8) genügen, wenn sie hinreichend **deutlich** für den Nutzer dahin gehend erkennbar sind, dass es sich um eine Altersfreigabe der FSK bzw der USK handelt (s.a. *Gutknecht*, JMS-Report 3/2010, 2, 5). Verstöße erfüllen den Ordnungswidrigkeitstatbestand des § 28 Abs. 3 Nr. 1.

§ 15 Abs. 6 JuSchG Jugendgefährdende Trägermedien

(...)

(6) Soweit die Lieferung erfolgen darf, haben Gewerbetreibende vor Abgabe an den Handel die Händler auf die Vertriebsbeschränkungen des Absatzes 1 Nr. 1 bis 6 hinzuweisen.

Mit Rücksicht auf die gesetzlichen Restriktionen des § 15 Abs. 1 JuSchG sieht Abs. 6 eine entsprechende Hinweispflicht für Gewerbetreibende, insbesondere **Verleger, Zwischenhändler** (BT-Drucks. 14/9013, S. 24) und **Importeure** vor. Die Hinweispflicht gilt gegenüber allen (gewerblichen) Abnehmern, also vor allem Einzelhändlern und Grossisten, welche Adressaten der Verbote des Abs. 1 sind. Verletzungen der Hinweispflicht sind gem. § 28 Abs. 1 Nr. 20 JuSchG als Ordnungswidrigkeit mit Geldbuße bedroht. Die Hinweispflicht soll den Abnehmern die Erfüllung ihrer jeweiligen strafbewehrten Verpflichtungen aus § 15 Abs. 1 JuSchG erleichtern. Sie berücksichtigt, dass insbesondere Verleger und Importeure den Inhalt der von ihnen verlegten bzw eingeführten Trägermedien in aller Regel besser kennen als die jeweiligen Abnehmer. Die eigene Prüfungspflicht der Abnehmer entfällt hierdurch jedoch nicht. Sie werden durch die Verletzung der Hinweispflicht, für die schon aus wirtschaftlichen Gründen ein gewisser Anreiz besteht, strafrechtlich nicht entlastet. 14

84. Abschnitt: Pflichten für Anbieter von Rundfunk und Telemedien

§ 5 JMStV Entwicklungsbeeinträchtigende Angebote

(1) Sofern Anbieter Angebote, die geeignet sind, die Entwicklung von Kindern oder Jugendlichen zu einer eigenverantwortlichen und gemeinschaftsfähigen Persönlichkeit zu beeinträchtigen, verbreiten oder zugänglich machen, haben sie dafür Sorge zu tragen, dass Kinder oder Jugendliche der betroffenen Altersstufen sie üblicherweise nicht wahrnehmen.

(2) [1]Bei Angeboten wird die Eignung zur Beeinträchtigung der Entwicklung im Sinne von Absatz 1 vermutet, wenn sie nach dem Jugendschutzgesetz für Kinder oder Jugendliche der jeweiligen Altersstufe nicht freigegeben sind. [2]Satz 1 gilt entsprechend für Angebote, die mit dem bewerteten Angebot im Wesentlichen inhaltsgleich sind.

(3) Der Anbieter kann seiner Pflicht aus Absatz 1 dadurch entsprechen, dass er

1. **durch technische oder sonstige Mittel die Wahrnehmung des Angebots durch Kinder oder Jugendliche der betroffenen Altersstufe unmöglich macht oder wesentlich erschwert oder**
2. **die Zeit, in der die Angebote verbreitet oder zugänglich gemacht werden, so wählt, dass Kinder oder Jugendliche der betroffenen Altersstufe üblicherweise die Angebote nicht wahrnehmen.**

(4) [1]Ist eine entwicklungsbeeinträchtigende Wirkung im Sinne von Absatz 1 auf Kinder oder Jugendliche anzunehmen, erfüllt der Anbieter seine Verpflichtung nach Absatz 1, wenn das Angebot nur zwischen 23 Uhr und 6 Uhr verbreitet oder zugänglich gemacht wird. [2]Gleiches gilt, wenn eine entwicklungsbeeinträchtigende Wirkung auf Kinder oder Jugendliche unter 16 Jahren zu befürchten ist, wenn das Angebot nur zwischen 22 Uhr und 6 Uhr verbreitet oder zugänglich gemacht wird. [3]Bei Filmen, die nach § 14 Abs. 2 des Jugendschutzgesetzes unter 12 Jahren nicht freigegeben sind, ist bei der Wahl der Sendezeit dem Wohl jüngerer Kinder Rechnung zu tragen.

(5) Ist eine entwicklungsbeeinträchtigende Wirkung im Sinne von Absatz 1 nur auf Kinder zu befürchten, erfüllt der Anbieter von Telemedien seine Verpflichtung nach Absatz 1, wenn das Angebot getrennt von für Kinder bestimmten Angeboten verbreitet wird oder abrufbar ist.

(6) Absatz 1 gilt nicht für Nachrichtensendungen, Sendungen zum politischen Zeitgeschehen im Rundfunk und vergleichbare Angebote bei Telemedien, sowie ein berechtigtes Interesse gerade an dieser Form der Darstellung oder Berichterstattung vorliegt.

A. Regelungszweck

Die Vorschrift enthält technische und organisatorische Pflichten für Anbieter im Zusammenhang mit der Verbreitung von Angeboten, die zwar nicht unter die strengen Verbote des § 4 JMStV fallen, gleichwohl die Entwicklung von Minderjährigen eines bestimmten Alters beeinträchtigen können. Zweck der Bestimmungen ist, dass Kinder und Jugendliche der betroffenen Altersgruppe die sie beeinträchtigenden Angebote in der Regel nicht wahrnehmen können. 1

B. Entwicklungsbeeinträchtigende Angebote

Der Begriff der Entwicklungsbeeinträchtigung nach Abs. 1 entspricht dem des § 14 Abs. 1 JuSchG. Problematisch kann bei der Beurteilung vor allem von Fernsehfilmen im Einzelfall sein, ob **Bewertungsgrundlage** der Gesamteindruck des Filmes oder sonstigen Angebotes ist oder vielmehr die Intensität einzelner jugendgefährdender Szenen. Letzteres erscheint plausibel, wenn man sog. „Zapping"-Verhalten berücksichtigen will (so wohl VG Frankfurt ZUM 1996, 990). Demgegenüber erscheint aber ein alleiniges Abstellen auf einzelne Ausschnitte einer Sendung oder eines sonstigen Angebotes schon wegen Art. 5 Abs. 1 S. 2 GG nicht praktikabel und wenig sachgerecht (vgl zur Ausstrahlung des Kriegdramas „Der Soldat James Ryan" OVG Berlin NJW 2003, 840 f sowie *Ladeur*, ZUM 2002, 859 ff). 2

Die Kommission für Jugendmedienschutz (**KJM**) nimmt im Rahmen ihrer Bewertungskriterien eine gleichsam „vermittelnde" Konkretisierung des Bewertungsmaßstabes in sogenannten „Bewertungseinheiten" vor, wobei zwischen Rundfunkangeboten und Telemedien differenziert wird (vgl Ziff. 2 KJM-Kriterien, 2009). Die **Bewertungseinheit** eines **Rundfunk**-Angebots bildet danach in aller Regel eine Sendung. Es können aber auch „kleinere Einheiten innerhalb einer Sendung, die in sich geschlossen sind (zB ein Beitrag), als Bewertungseinheiten gelten. Als Grundlage für die Einhaltung gesetzlicher Sendezeitbestimmungen zählt auch bei diesen kleineren Bewertungseinheiten der Ausstrahlungsbeginn der gesamten Sendung. In die Gesamtbewertung sind sämtliche für den Zuschauer wahrnehmbare Elemente (Bild, Ton, Wort, Musik, Text) einzubeziehen. Nicht einbezogen werden hingegen die Inhalte vorhandener Unterbrechungen, wie zB Programmhinweise oder Werbung. Unterbrechungen wie diese sind als separate Bewertungseinheiten zu behandeln. 3

Der oben bezeichnete „vermittelnde Charakter" zeigt sich darüber hinaus vor allem bei der von der KJM gefassten **Bewertungseinheit** eines Angebotes in **Telemedien**. Diese „konstituieren sowohl einzelne Elemente (Bild, Text, Animation, Ton) als auch die Gesamtwirkung einer Internet-Präsenz". Dabei werden alle Werbeformen, interaktive Funktionalitäten, Spiele, Kaufmöglichkeiten und Ähnliches einbezogen. Ebenso gehören zusätzliche Fenster (sog. Pop-Ups und Pop-Under) sowie alle verlinkten Angebote auf erster Verlinkungsebene zur Bewertungseinheit. „In die Prüfung sind auch weitere Linkebenen einzubeziehen, wenn bereits auf der ersten Linkebene offensichtlich erkennbar ist, dass hier für Kinder und Jugendliche problematische Inhalte zugänglich gemacht werden oder Durchleitungsseiten nur zwischengeschaltet werden, um eine mögliche Verantwortlichkeit zu umgehen (zB eindimensionale Klickpfade)" (vgl Ziff. 2 KJM-Kriterien, 2009). 4

Für nach dem JuSchG **alterfreigabegekennzeichnete** oder mit diesen **inhaltsgleiche Angebote** gilt die Vermutung nach § 5 Abs. 2 JMStV, von der in Ausnahmen nach § 9 Abs. 1 JMStV abgewichen werden kann. Bei nicht gekennzeichneten Angeboten bedarf es der Eigenbewertung der Angebote, welche insbesondere nach den **Risikodimensionen** einer möglicherweise (1.) nachhaltig ängstigenden Wirkung, (2.) Gewalt befürwortenden oder bagatellisierenden Tendenzen oder (3.) einer sozialethischen Desorientierung zu erfolgen hat (vgl insoweit die Jugendschutzrichtlinien der Landesmedienanstalten sowie die Prüfgrundsätze der Freiwilligen Selbstkontrolle Fernsehen, FSF). 5

C. Maßnahmen zur Wahrnehmungserschwerung

I. Allgemeine Pflicht nach Abs. 1

Die Pflicht des Anbieters entwicklungsbeeinträchtigender Inhalte bezieht sich auf die Beschränkung seines Angebotes in der Weise, dass Kinder und Jugendliche der betroffenen Altersgruppe(n) es „**üblicherweise nicht wahrnehmen**". Nicht erforderlich ist, dass der Zugang Minderjähriger des in Rede stehenden Alters gänzlich unmöglich gemacht wird. Daher sind die Anforderungen geringer als bei § 4 Abs. 2 S. 2 JMStV (hierzu 82. Abschnitt, Rn 10 f). Ausreichend sind technische, zeitliche oder 6 sonstige Hindernisse, welche die Wahrnehmung des Angebotes durch Kinder und/oder Jugendliche „im Regelfall" ausschließen (vgl *Erdemir*, in: Spindler/Wiebe, Kap. 14 Rn 72).

II. Technische oder sonstige Mittel (Abs. 3 Nr. 1)

7 Zunächst kann der Anbieter nach Nr. 1 durch technische Mittel den unerlaubten Zugriff durch Kinder oder Jugendliche einer bestimmten Altersgruppe verhindern. Für den Rundfunk werden die Möglichkeiten **technischer Verschlüsselung** oder Vorsperrung in § 9 Abs. 2 JMStV sowie durch entsprechende Satzungen der Landesmedienanstalten näher spezifiziert. Für Telemedien regelt § 11 JMStV die Programmierung bzw Vorschaltung von **Jugendschutzprogrammen**, die durch die KJM anerkannt worden sind; faktisch läuft die Bestimmung aber ins Leere, da bislang seitens der KJM noch keine Jugendschutzprogramme anerkannt worden sind (vgl zum Ganzen *Erdemir*, CR 2005, 275 ff; siehe aber jüngst die Positivbewertung des Programms „JuSProg", KJM-Pressemitteilung v. 10.8.2011). Damit bleibt es bei den allgemeinen „technischen Mitteln, welche freilich nur geringere Anforderungen zu erfüllen brauchen, als sie an eine geschlossene Benutzergruppe mit Alterverifikationssystem nach § 4 Abs. 2 Satz 2 JMStV (hierzu 82. Abschnitt, Rn 10 f) zu stellen sind (Bayr. LT-Drucks. 14/10246, S. 17; vgl aber auch *Kreile/Diesbach*, ZUM 2002, 849, 851). Die KJM hat im Wege des informellen Verfahrens „technische Mittel" **geprüft und gebilligt**. Hierbei handelte es sich im Wesentlichen um anbieterseitige Verifikationsmodelle wie vor allem die Überprüfung einer nutzerseitig einzugebenden **Personalausweiskennziffer** sowie die Etablierung eines Jugendschutz-PIN Verfahrens in Anlehnung an die Vorgaben im digitalen Rundfunk nach § 9 Abs. 2 JMStV (s. zB KJM-PM 11/2006 v. 5.10.2006). Für ein geplantes Online-Wissenspiel mit Geldeinsatz erachtete die KJM für den „Ausschluss von Minderjährigen an der Teilnahme am Online-Spiel" für ausreichend, dass ein „Persocheck-Verfahren unter Einbeziehung der Mobilfunknummer und der Kontodaten eingesetzt" werde (KJM-PM 10/2008 v. 10.4.2008).

8 Zu der Frage, welche Mittel neben den „technischen" als „**sonstiges Mittel**" im Sinne des Abs. 3 Nr. 1 JMStV in Betracht kommen können, wird weder in den Gesetzesmaterialien noch in den Jugendschutzrichtlinien der Landesmedienanstalten erläutert. In erster Linie wird insoweit etwa der – praktisch bei Online-Medien allerdings kaum bedeutsame – Altersnachweis des Nutzers per **Post** oder die **Kostenpflichtigkeit** eines Angebotes in Betracht kommen. Insoweit ist möglich, die Kreditkartenzahlung bzw die Eingabe und Verifikation einer validen Kreditkartennummer als hinreichendes sonstiges Mittel anzusehen, vor allem wenn sie um weitere Maßnahmen wie zB eine **optionale Zugangsbeschränkung** (Kindersicherung) durch Sub-Accounts ergänzt wird.

III. Begrenzung der Verbreitungszeit (Abs. 3 Nr. 2, Abs. 4)

9 Als weitere Alternative für Rundfunk und Telemedien sieht der JMStV vor, dass Anbieter aufgrund einer zeitlichen Begrenzung der Verbreitung des Angebotes Kinder oder Jugendliche der betroffenen Altersgruppe von der Wahrnehmung üblicherweise (Rn 3) ausschließen. Abs. 4 konkretisiert die Anforderungen der zeitlichen Begrenzung; nach dessen Satz 1 erfüllt der Anbieter jugendbeeinträchtigender Inhalte jedenfalls dann seine Pflicht nach § 5 Abs. 1 und 3 Nr. 2, wenn diese nur im **Nachtprogramm** zwischen 23:00 Uhr und 6:00 Uhr zugänglich gemacht werden. Dies gilt insbesondere auch für Angebote, die Jugendliche im Alter von 16 und 17 Jahren in ihrer Entwicklung beeinträchtigen können (zB Filme, die nach § 14 Abs. 2 Nr. 5 JuSchG mit „Keine Jugendfreigabe" gekennzeichnet worden sind, vgl schon *Ory*, NJW 1987, 2967, 2972; erotografische Angebote unterhalb der Schwelle der Pornographie). Ist ein Angebotsinhalt nicht mit einer Altersfreigabe nach dem JuSchG gekennzeichnet, unterliegt es gleichwohl nicht automatisch der engen zeitlichen Begrenzung auf die Nachtstunden gem. Satz 1 (unzutreffend daher LG Hamburg AfP 1996, 87, 89).

10 Satz 2 betrifft insbesondere Filme oder sonstige Angebote, die eine entsprechende Alterskennzeichnung nach § 14 Abs. 2 Nr. 4 JuSchG („Freigegeben ab 16 Jahren") erhalten haben (vgl auch *Dörr/Cole*, Jugendschutz 2001, S. 39) und grundsätzlich nur im **Spätabendprogramm** gezeigt werden dürfen. Insoweit sind Abweichungen nur im Rahmen der Ausnahmeregelung des § 9 JMStV denkbar (vgl hierzu auch OVG Berlin NJW 2003, 840 f; VG Berlin ZUM 2002, 758 ff; *Ladeur*, ZUM 2002, 859). Daneben werden aber auch nicht gekennzeichnete Angebote erfasst, welche nach Einschätzung des Anbieters Minderjährige unter 16 Jahren beeinträchtigen können. Bei Rundfunksendungen sind die besonderen Bestimmungen des § 8 JMStV zu beachten. Nach Satz 3 hat der Gesetzgeber indes auf eine Verknüpfung der Alterfreigabe „ab 12 Jahren" mit einer bestimmten Sendezeit bewusst verzichtet, damit im Rahmen

der Verhältnismäßigkeit berücksichtigt werden kann, dass insbesondere bei derartigen Angeboten sehr unterschiedliche zeitliche Platzierungen unter Kinder- und Jugendschutzgesichtspunkten sowohl im **Tagesprogramm** als auch nur im **Hauptabendprogramm** angezeigt sein können (ausf. zu Sendezeitbeschränkungen: *Hobro-Klatte,* ZUM 1998, 812 ff; *Hopf*, S. 100 ff; *Liesching*, ZUM 2000, 298 ff; *Ullrich*, MMR 2005, 743 ff).

D. Trennungsgebot bei Kinderprogrammen (Abs. 5)

Das Trennungsgebot bezieht sich auf Inhalte von Telemedien, die Entwicklungsbeeinträchtigungen für Kinder, also Minderjährige unter 14 Jahren (§ 3 Abs. 1) befürchten lassen. Getrennt von für Kinder bestimmten Angeboten wird das Angebot **in zeitlicher Hinsicht** dann verbreitet, wenn es Kinderprogrammen nicht unmittelbar vorangestellt oder im Anschluss verbreitet wird. Bei zeitlich unbeschränkt verbreiteten Internet-Angeboten ist erforderlich, dass die an Kinder gerichteten Inhalte auf einer **eigenständigen Website** (Unterseite des Angebotes) angeboten werden, ohne dass durch Linkverknüpfungen unmittelbar auf für Kinder entwicklungsbeeinträchtigende weitere Inhalte verwiesen wird. Umgekehrt darf von entwicklungsbeeinträchtigenden Unterseiten des Angebotes keine direkte Linkverknüpfung zu an Kinder gerichteten Inhalten bestehen (ebenso *Erdemir,* in: Spindler/Wiebe, Kap. 14 Rn 76). 11

In ein Video-On-Demand-Angebot kann eine Trennung etwa durch Etablierung entsprechender **Rubriken** erfolgen, die einerseits thematisch segmentiert sein können (zB Krimi, Thriller, Drama etc.), andererseits aber einen gesonderten Bereich für Kinderfilme (zB Rubrik „Kids“ oder „Family“) vorsehen. In der Praxis ergeben sich freilich Schwierigkeiten für Filme, welche sich vornehmlich an Kinder richten, jedoch eine FSK-Freigabe „ab 12 Jahren“ erhalten haben (zB „Harry Potter“). Werden diese außerhalb der Kinderbereiche zB in Kategorien wie „Horror“ etc. geführt, besteht die Gefahr des den Jugendschutzzielen gegenläufigen Effektes, dass Kinder auf der Suche nach für sie attraktiven Filmen oder Spielen in Angebotsbereiche bzw Rubriken vorstoßen, welche sie ansonsten gar nicht wahrgenommen hätten. 12

E. Nachrichtensendungen und solche des politischen Zeitgeschehens (Abs. 6)

Die Ausnahmevorschrift bezieht sich zunächst auf Nachrichtensendungen und Sendungen zum **politischen Zeitgeschehen** im Rundfunk. Der Begriff des „Zeitgeschehens“ ist grundsätzlich weit auszulegen (*Liesching*, tv-diskurs 04/2008, S. 28 ff). Er erfasst nach seinem Wortlaut und auch vor dem Hintergrund der dokumentierten rechtspolitischen Erwägungen im Gesetzgebungsprozess sowie nach verfassungsrechtlichen Grundsätzen auch Sendungen zum **historischen** politischen Zeitgeschehen ungeachtet dessen, ob auch fiktionale Sendeinhalte in dem Angebot enthalten sind (ausf. *Liesching*, ZUM 2009, 367 ff; ähnl. *Altenhain*, MMR-Aktuell 2010, 302778; aA *Hopf*, ZUM 2009, 191 ff). Daneben werden auch vergleichbare Angebote bei Telemedien erfasst. Gerade an der konkret vorgenommenen Darstellung oder Berichterstattung muss ein **berechtigtes Interesse** bestehen. Anreißerische Darstellungsformen (Bayr. LT-Drucks. 14/10246, S. 18), welche erkennbar nicht und nur am Rande der Information dienen, sondern lediglich auf den Voyeurismus des Zuschauers zugunsten hoher Marktanteile des Angebotes abzielen, sind von der Ausnahmevorschrift nicht gedeckt (vgl *Bornemann*, NJW 2003, 787, 790). 13

§ 7 JMStV Jugendschutzbeauftragte

(1) Wer länderübergreifendes Fernsehen veranstaltet, hat einen Jugendschutzbeauftragten zu bestellen. Gleiches gilt für geschäftsmäßige Anbieter von allgemein zugänglichen Telemedien, die entwicklungsbeeinträchtigende oder jugendgefährdende Inhalte enthalten, sowie für Anbieter von Suchmaschinen.

(2) Anbieter von Telemedien mit weniger als 50 Mitarbeitern oder nachweislich weniger als zehn Millionen Zugriffen im Monatsdurchschnitt eines Jahres sowie Veranstalter, die nicht bundesweit verbreitetes Fernsehen veranstalten, können auf die Bestellung verzichten, wenn sie sich einer Einrichtung der Freiwilligen Selbstkontrolle anschließen und diese zur Wahrnehmung der Aufgaben des Jugendschutzbeauftragten verpflichten sowie entsprechend Absatz 3 beteiligen und informieren.

(3) [1]Der Jugendschutzbeauftragte ist Ansprechpartner für die Nutzer und berät den Anbieter in Fragen des Jugendschutzes. [2]Er ist vom Anbieter bei Fragen der Herstellung, des Erwerbs, der Planung und der Gestaltung von Angeboten und bei allen Entscheidungen zur Wahrung des Jugendschutzes angemessen und rechtzeitig zu beteiligen und über das jeweilige Angebot vollständig zu informieren. [3]Er kann dem Anbieter eine Beschränkung oder Änderung von Angeboten vorschlagen.

(4) [1]Der Jugendschutzbeauftragte muss die zur Erfüllung seiner Aufgaben erforderliche Fachkunde besitzen. [2]Er ist in seiner Tätigkeit weisungsfrei. [3]Er darf wegen der Erfüllung seiner Aufgaben nicht benachteiligt werden. [4]Ihm sind die zur Erfüllung seiner Aufgaben notwendigen Sachmittel zur Verfügung zu stellen. [5]Er ist unter Fortzahlung seiner Bezüge soweit für seine Aufgaben erforderlich von der Arbeitsleistung freizustellen.

(5) Die Jugendschutzbeauftragten der Anbieter sollen in einen regelmäßigen Erfahrungsaustausch eintreten.

A. Regelungszweck

14 Die Vorschrift gewährleistet durch die grundsätzliche Pflicht zur Bestellung eines Jugendschutzbeauftragten mit der Möglichkeit der Delegation auf eine Einrichtung der Freiwilligen Selbstkontrolle für kleinere Anbieter nach Abs. 2, dass Angebote bereits vor ihrer Verbreitung unter Jugendschutzgesichtspunkten von einer weitgehend unabhängigen **Selbstregulierungsinstanz** geprüft werden. Im Falle jugendgefährdender oder sonst unzulässiger Inhalte kann der Jugendschutzbeauftragte bzw die Selbstkontrolleinrichtung frühzeitig auf den Anbieter im Hinblick auf eine inhaltliche Änderung der Angebote einwirken.

B. Bestellung des Jugendschutzbeauftragten (Abs. 1)

I. Bestellpflicht (§ 7 Abs. 1 S. 1 und 2)

15 **1. Normadressaten.** Die Pflicht zur Bestellung eines Jugendschutzbeauftragten betrifft nach Satz 1 zunächst Anbieter, die **länderübergreifendes Fernsehen** veranstalten. Ausgenommen von der Bestellpflicht sind Veranstalter von Hörfunksendungen sowie von lediglich in einem Bundesland, einer Region oder einer Stadt ausgestrahlten Fernsehsendungen. Ist das Fernsehprogramm eines Veranstalters indes über Satellit oder Kabelnetz bundesweit oder in mehr als einem Bundesland empfangbar, besteht die Bestellpflicht. Nach Satz 2 besteht die Pflicht zur Bestellung eines Jugendschutzbeauftragten darüber hinaus für geschäftsmäßige Anbieter von **allgemein zugänglichen Telemedien**, die entwicklungsbeeinträchtigende oder jugendgefährdende Inhalte enthalten (zur ausnahmsweise nach Abs. 2 gewährten Delegation auf eine Selbstkontrolle s. Rn 13). Allgemein zugänglich sind Telemedien, wenn sie von einem unbestimmten Personenkreis abgerufen werden können. Daher unterfallen auch geschlossene Benutzergruppen iSd § 4 Abs. 2 S. 2 JMStV (hierzu oben 82. Abschnitt, Rn 11 ff) der Vorschrift. Der Begriff „geschäftsmäßig" ist gegenüber dem Attribut „gewerbsmäßig" insofern weiter, als es auf eine Gewinnerzielungsabsicht des Anbieters nicht ankommt (vgl BR-Drucks. 966/96, S. 23). Anbieter von **Suchmaschinen** werden ausdrücklich genannt.

16 Die Bestellpflicht erstreckt sich indes nur auf **Anbieter entwicklungsbeeinträchtigender oder jugendgefährdender Telemedien.** Bestand die gesetzliche Pflicht zur Bestellung eines Jugendschutzbeauftragten nach bisheriger Rechtslage auch schon dann, wenn die Angebote lediglich jugendgefährdende Inhalte enthalten „können" (vgl § 7a GjSM, § 12 Abs. 5 MDStV aF; hierzu ausf. *Liesching*, CR 2001, 845, 848), ist nunmehr erforderlich, dass in dem Angebot eines entsprechenden Anbieters entwicklungsbeeinträchtigende oder jugendgefährdende Inhalte tatsächlich enthalten sind (vgl auch Bayer. LT-Drucks. 14/10246, S. 18). Indes haben solche Anbieter einen Jugendschutzbeauftragten zu bestellen, deren angebotene Inhalte in Themenbereichen liegen, die regelmäßig auch jugendgefährdend oder entwicklungsbeeinträchtigend sind, wie zB Erotik, Computerspiele, Video on Demand, entsprechende Forenthemen (vgl *Scholz/Liesching*, § 7 JMStV Rn 6; ebenso *Erdemir*, K&R 2006, 500, 501). Dies muss auch dann gelten, wenn solche Angebote „aktuell" keine Inhalte iSd §§ 4, 5 JMStV enthalten.

17 **2. Umsetzung der Bestellpflicht.** Nicht hinreichend ist eine Umsetzung der Bestellpflicht derart, dass der Anbieter aus Gründen der Kostenersparnis sich selbst zum Hilfsorgan in Sachen Jugendschutz beruft (vgl BSFSJ-Ausschuss-Drucks. 14/506, Teil I, S. 9). Nicht erforderlich ist hingegen, dass der Beauftragte dem Betrieb des Anbieters angehört oder allein für diesen tätig ist (vgl *Altenhain*, in: Hoe-

ren/Sieber, Teil 20 Rn 265; *Strömer*, K&R 2002, 643 ff). Ob **externe Beratung** nach dem Rechtsberatungsrecht den Rechtsanwälten vorbehalten ist, wird zum Teil verneint (OLG Düsseldorf NJW 2003, 2247; *Knöfel*, MMR 2005, 816 ff), teilweise – zumindest für das vormalige RechtsberR – bejaht (*Nikles/Roll/Spürck/Umbach*, § 7 JMStV Rn 16; *Strömer*, K&R 2002, 643 ff). Auch **juristische Personen** kommen als Jugendschutzbeauftragte grundsätzlich in Betracht (offen gelassen von OLG Düsseldorf NJW 2003, 2247).

II. Delegation auf Selbstkontrolleinrichtung (Abs. 2)

Der Ausnahmetatbestand schafft aus Gründen der Verhältnismäßigkeit (Bayer. LT-Drucks. 14/10246, 18
S. 18) für bestimmte (kleinere) Anbieter von Telemedien und Veranstaltern nicht bundesweit verbreiteten Fernsehens eine Delegationsmöglichkeit, namentlich die Übertragung der Wahrnehmung der Aufgaben des Jugendschutzbeauftragten auf eine **Einrichtung der freiwilligen Selbstkontrolle**. Dies betrifft zunächst Telemedien-Anbieter mit weniger als 50 Mitarbeitern. Entscheidend ist insoweit die Gesamtzahl der Arbeitnehmer eines Unternehmens, nicht etwa einzelner Betriebe oder Fachredaktionen. Daneben gilt die Ausnahmenorm für Anbieter, auf deren Angebot(e) im Monatsdurchschnitt eines Jahres nachweislich weniger als 10 Millionen Zugriffe erfolgen. Maßgeblich hierfür ist nicht die Zahl der Nutzer, sondern allein die Häufigkeit des Abrufens der Angebotsinhalte (sog. Visits, vgl Bayer. LT-Drucks. 14/10246, S. 18). Schließlich besteht auch für länderübergreifendes, aber nicht bundesweit verbreitetes Fernsehen die Möglichkeit für den Programmveranstalter, die Beauftragtenaufgaben auf eine Einrichtung der Freiwilligen Selbstkontrolle zu übertragen.

C. Aufgaben des Jugendschutzbeauftragten (Abs. 3)

Die Vorschrift weist dem Beauftragten für Jugendschutz eine Doppelfunktion zu (vgl LG Düsseldorf 19
CR 2001, 917, 918; *Liesching*, CR 2001, 845, 846). Zunächst soll er im **Außenverhältnis** den Nutzern des Angebotes als **Ansprechpartner** zur Verfügung stehen. Die Ansprechfunktion im Außenverhältnis erstreckt sich auf die Beratung von Erziehungsberechtigten im Hinblick auf bestehende technische Sicherungsmöglichkeiten sowie auf die Entgegennahme von Hinweisen auf jugendgefährdende Inhalte und deren Weiterleitung an den Rundfunk- oder Telemedienanbieter, ggf auch an Jugendbehörden bzw Strafverfolgungsbehörden (vgl BT-Drucks. 13/7385 S. 38; OLG Düsseldorf NJW 2003, 2247). Die Nennung eines Rechtsanwalts als Jugendschutzbeauftragten im Impressum wird wegen der „abschreckenden Wirkung“ auf Nutzer teils kritisch gesehen (vgl *Knöfel*, MMR 2005, 816, 818 f).

Daneben nimmt der Jugendschutzbeauftragte im **Innenverhältnis** Funktionen der **Beratung und** sons- 20
tigen **Beteiligung** gegenüber dem Anbieter wahr. Die in Abs. 3 S. 2 und 3 genannten Aufgaben haben lediglich beispielhaften Charakter und legen nicht abschließend die Funktionen der Jugendschutzbeauftragten fest, wie sich auch aus der generalklauselartig genannten Beteiligung an „allen Entscheidungen“ betreffend den Jugendschutz ergibt (vgl schon BT-Drucks. 13/7385, S. 38; Bayer. LT-Drucks. 14/10246, S. 18). Auch dies spricht für die umfassende Beratungsfunktion des Jugendschutzbeauftragten gegenüber dem Anbieter in allen Fragen, die den Jugendschutz betreffen. Insbesondere durch die Beteiligung an der „Planung von Angeboten“ besteht die Möglichkeit, präventiv auf eine jugendfreundliche Gestaltung der Inhalte Einfluss zu nehmen und bei Telemedien für die Einplanung von Altersverifikationssystemen iSd § 4 Abs. 2 S. 2 JMStV oder Jugendschutzprogrammen nach § 11 JMStV Sorge zu tragen (vgl BT-Drucks. 13/7385 S. 38; Bayer. LT-Drucks. 13/7716, S. 12; OLG Düsseldorf NJW 2003, 2247, 2248).

D. Qualifikation und Stellung des Jugendschutzbeauftragten (Abs. 4)

Nach Satz 1 muss der Jugendschutzbeauftragte besondere Fachkunde, namentlich Qualifikationen und 21
Fähigkeiten aufweisen, die für die Erfüllung seiner Aufgaben notwendig sind. Hierfür sind zumindest **praktische Erfahrungen in der Angebotsbewertung** oder eine Befassung mit Fragen des Jugendschutzes im Rahmen der Ausbildung erforderlich. Der Beauftragte muss (zumindest) in der Lage sein, bei der Beratung des Anbieters indizierbare, zur Gefährdung oder Entwicklungsbeeinträchtigung von Kindern und Jugendlichen geeignete Inhalte zu erkennen, Vorschläge zur Vertragsgestaltung zu machen und Hinweise für eine legale Verbreitung und Werbung zu geben (vgl *Altenhain*, in: Roßnagel, Teil 9, § 7 a Rn 8; *Liesching*, CR 2001, 845, 849). Dies setzt indes ein Minimum juristischer bzw **jugendschutzrechtlicher Kenntnisse** voraus, welche idealer Weise durch redaktionelle, programmplanerische,

technische und/oder pädagogische Qualifikationen sowie Know-how im Bereich der Medienwirkungsforschung ergänzt sein sollten. Besondere Berufsabschlüsse, Diplome oder Zeugnisse etc. sind im Regelfall nicht erforderlich (vgl *Altenhain*, in: Hoeren/Sieber, Teil 20 Rn 264; *Liesching*, CR 2001, 845, 849), teilweise wird neuerdings von einem eigenständigen „Berufsbild" des Jugendschutzbeauftragten gesprochen (vgl *Knöfel*, MMR 2005, 816 ff).

22 Die Sätze 2 und 3 sichern dem Jugendschutzbeauftragten die erforderliche **Weisungsfreiheit** und manifestieren ein **Benachteiligungsverbot** im Bezug auf die Erfüllung seiner Aufgaben. Außerhalb des Jugendschutzbereichs unterliegt er allerdings den arbeitsrechtlichen oder disziplinarischen Weisungen des Anbieters (*Beucher/Leyendecker/v.Rosenberg*, § 4 RStV Rn 8). Nach Satz 4 sind dem Jugendschutzbeauftragten die notwendigen Sachmittel zur Verfügung zu stellen. Im Bereich des Rundfunks sind dies insbesondere die erforderlichen Abspielgeräte zur Sichtung der für die Ausstrahlung vorgesehenen Programminhalte, bei Telemedien im Regelfall ein Datenrechner, ggf Internetzugang oder CD-ROM-Laufwerk sowie ein Bildschirm. Der Pflicht genügt der Anbieter auch dadurch, dass er dem (insb. externen) Jugendschutzbeauftragten die erforderlichen finanziellen Mittel zur **Sachausstattung** zur Verfügung stellt. Die Pflicht zur Freistellung von der Arbeitsleistung unter Fortzahlung der Bezüge betrifft lediglich Fälle, in denen der Jugendschutzbeauftragte in dem Unternehmen des Anbieters fest angestellt ist (Bayer. LT-Drucks. 14/10246, S. 19; *Hartstein/Ring/Kreile/Dörr/Stettner*, § 7 JMStV Rn 13).

E. Erfahrungsaustausch der Jugendschutzbeauftragten (Abs. 5)

23 Die letztlich unverbindliche, da bei Nichtumsetzung nicht sanktionierbare „Soll"-Vorschrift des Absatz 5 bezüglich des **regelmäßigen Erfahrungsaustauschs** der Jugendschutzbeauftragten der Anbieter dient nach der Amtl. Begr. der Gewährleistung, dass Erfahrungen auch aus anderen Unternehmen dem jeweiligen Beauftragten zugänglich gemacht werden (Bayer. LT-Drucks. 14/10246, S. 19). Daneben können im Rahmen derartiger Treffen übergreifende Fragestellungen erkannt, diskutiert und angemessen gelöst werden. Hierdurch wird im Weiteren dem praktischen Bedürfnis einer gewissen Homogenität bei der Anwendung der Jugendschutzbestimmungen Rechnung getragen. In welchen konkreten Zeitabständen ein Erfahrungsaustausch stattzufinden hat, wird in der Vorschrift nicht festgelegt. Aufgrund der Vielzahl der Anbieter von Fernsehprogrammen und insb. von Telemedien wird ein Erfahrungs- und Informationsaustausch aller Beauftragter nur selten möglich und im Übrigen wegen teils unterschiedlicher medienspezifischer Anforderungen nicht immer praktisch sinnvoll sein (vgl *Scholz/Liesching*, § 7 JMStV Rn 27).

§ 10 JMStV Programmankündigungen und Kenntlichmachung

(1) § 5 Abs. 4 und 5 gilt für unverschlüsselte und nicht vorgesperrte Programmankündigungen mit Bewegtbildern entsprechend.

(2) Sendungen, für die eine entwicklungsbeeinträchtigende Wirkung auf Kinder oder Jugendliche unter 16 Jahren anzunehmen ist, müssen durch akustische Zeichen angekündigt oder durch optische Mittel während der gesamten Sendung als ungeeignet für die entsprechende Altersstufe kenntlich gemacht werden.

A. Regelungszweck

24 Die Vorschrift gewährleistet durch Abs. 1, dass Kinder und Jugendliche nicht für entwicklungsbeeinträchtigende Fernsehprogramme durch Trailer zu frühen Ausstrahlungszeitpunkten (zB im Tagesprogramm) interessiert werden. Abs. 2 dient der **Transparenz** durch Hinweise des Anbieters für die Zuschauer auf Sendungen, die für Kinder und Jugendliche unter 16 Jahren nach § 5 JMStV entwicklungsbeeinträchtigend sein können.

B. Programmankündigung mit Bewegtbildern (Abs. 1)

25 Die Sendezeit für eine Programmankündigung mit Bewegtbildern (sog. **Trailer**) muss der entsprechenden Einstufung des beworbenen Angebotes nach § 5 Abs. 4 und 5 JMStV entsprechen (so schon

BVerwG Urt. v. 11.3.1998 – 6 C 12.97 für § 3 Abs. 4 RStV aF). Die Vorschrift findet keine Anwendung auf entsprechend der Bestimmung in § 9 Abs. 2 verschlüsselte und vorgesperrte Programmankündungen mit Bewegtbildern. Erfasst wird nach dem Normzweck auch die sog. „Cross-Promotion" für Programmangebote konzernverbundener anderer TV-Sender (*Scholz/Liesching*, § 10 JMStV Rn 1; aA wohl *Bornemann*, NJW 2003, 787, 790). Keine Programmankündigungen sind hingegen bloße Imagetrailer, in denen der Programminhalt im Allgemeinen, ohne Hinweis auf einzelne Sendungen oder Sendeplätze vorgestellt wird (*Beucher/Leyendecker/v.Rosenberg*, § 3 Rn 76). Mit **Bewegtbildern** erfolgt eine Programmankündigung insbesondere dann, wenn Filmsequenzen der angekündigten Sendung szenarische Handlungsabläufe in Laufbildern erkennbar werden lassen. Nicht erfasst werden Ankündigungen in – auch elektronischen – Programmzeitschriften sowie im Fernsehtext oder im Hörfunk (*Hartstein/Ring/Kreile/Dörr/Stettner*, § 4 JMStV Rn 3). Bei Standbildern, die im Rahmen eines Trailers zur Anschauung gelangen, kommt es darauf an, ob sie aus Sicht des Durchschnittszuschauers aufgrund der konkreten Gestaltung (Intervallzeit der Bildabfolge, szenarischer Zusammenhang der gezeigten Bilder) als Bewegtbilder erscheinen („Daumenkinoeffekt").

C. Akustische oder optische Kenntlichmachung (Abs. 2)

Nach Abs. 2 müssen für Jugendliche ab 16 Jahren entwicklungsbeeinträchtigende Sendungen durch akustische Zeichen angekündigt oder durch optische Mittel während der gesamten Sendung kenntlich gemacht werden. Auch wenn der Wortlaut einen weiten Ausgestaltungsspielraum bezüglich der Kennzeichnung durch die Veranstalter belässt, sollen sich diese gemäß der Amtlichen Begründung zur vormals geltenden Regelung des § 3 Abs. 4 RStV aF um eine einheitliche Handhabung bemühen (Bayer. LT-Drucks. 14/1832, S. 20). Die öffentlich-rechtlichen und privaten Fernsehsender haben sich insoweit für einen **akustischen Hinweis** entschieden (ausf. hierzu *Mohr/Landmann*, 2003, S. 35 ff). Vor Ausstrahlung der jeweiligen Sendung wird – teilweise unterstützt durch eine entsprechende Bildtafel – formuliert: „Die nachfolgende Sendung ist für Zuschauer unter 16 (bzw 18) Jahren nicht geeignet" (vgl auch *Hartstein/Ring/Kreile/Dörr/Stettner*, § 10 JMStV Rn 7; hinsichtlich der geringfügig abweichenden Formeln der öff.-rechtl. Sender vgl *Landmann*, in: Eberle/Rudolf/Wasserburg, Kap. VI Rn 122 f). 26

§ 12 JMStV Kennzeichnungspflicht

Anbieter von Telemedien, die ganz oder im Wesentlichen inhaltsgleich sind mit bespielten Videokassetten und mit anderen zur Weitergabe geeigneten, für die Wiedergabe auf oder das Spiel an Bildschirmgeräten mit Filmen oder Spielen programmierten Datenträgern (Bildträgern), die nach § 12 des Jugendschutzgesetzes gekennzeichnet oder für die jeweilige Altersstufe freigegeben sind, müssen auf eine vorhandene Kennzeichnung in ihrem Angebot deutlich hinweisen.

Während die Regelung des § 12 Abs. 2 S. 3 JuSchG vor allem den Internetversandhandel mit Bildträgern iSd § 12 JuSchG erfasst, bezieht sich die Hinweispflicht hier auf Film- und Spielangebote, die selbst Telemedien darstellen (zB Video-on-Demand, Internet-Download von Computerspielen). Die genauen Anforderungen an die Hinweispflicht werden nicht ausdrücklich genannt. Insbesondere bleibt offen, ob auch bei Telemedien die besonderen Zeichen iSd § 12 Abs. 2 S. 1 und 2 Nr. 1 JuSchG verwendet werden müssen oder ob ein formloser (deutlicher) Hinweis auf die entsprechende Kennzeichnung des Bildträgers genügt. Nach der Amtlichen Begründung zu § 12 JMStV ist hinreichend, dass „die jeweilige Kennzeichnung ohne weitere Zugriffsschritte **auf Anhieb erkennbar** ist". Dies sei am besten durch „ein der Anordnung nach § 12 Abs. 2 Nr. 1 JuSchG entsprechendes Zeichen" zu erreichen (Bayer. LT-Drucks. 14/10246, S. 21). Hiernach ist die Anbringung des nach dem JuSchG verwendeten Kennzeichens zwar nicht zwingend. Verwendet der Anbieter indes einen lediglich formlosen Hinweis auf die Alterskennzeichnung, erhöht sich wegen des unbestimmten Rechtsbegriffs des „deutlichen Hinweises" das Risiko eines aufsichtsbehördlichen Vorgehens nach § 12 JMStV. 27

§ 21 JMStV Auskunftsansprüche

(1) Ein Anbieter von Telemedien ist verpflichtet, der KJM Auskunft über die Angebote und über die zur Wahrung des Jugendschutzes getroffenen Maßnahmen zu geben und ihr auf Anforderung den unentgeltlichen Zugang zu den Angeboten zu Kontrollzwecken zu ermöglichen.

(2) [1]Der Abruf oder die Nutzung von Angeboten im Rahmen der Aufsicht, der Ahndung von Verstößen oder der Kontrolle ist unentgeltlich. [2]Anbieter haben dies sicherzustellen. [3]Der Anbieter darf seine Angebote nicht gegen den Abruf oder die Kenntnisnahme durch die zuständige Stelle sperren oder den Abruf oder die Kenntnisnahme erschweren.

A. Regelungszweck

28 Die Vorschrift erlegt Anbietern von Telemedien besondere Auskunfts- und Mitwirkungspflichten auf, um eine effektive Durchführung der Aufsicht insbesondere durch die Kommission für Jugendmedienschutz insbesondere bei kostenpflichtigen oder vorgesperrten Angeboten zu gewährleisten.

B. Auskunftspflicht des Telemedien-Anbieters (Abs. 1)

29 Die Auskunftspflicht des Anbieters von Telemedien besteht nach dem Wortlaut der Vorschrift lediglich gegenüber der KJM, da diese indes internes Entscheidungsfindungsorgan der jeweils zuständigen Landesmedienanstalt ist, macht letztere im Außenverhältnis den Anspruch geltend (vgl *Hartstein/Ring/Kreile/Dörr/Stettner*, § 21 JMStV Rn 4). Darüber hinaus kann die KJM bzw die Landesmedienanstalt auch die direkte Auskunft des Anbieters gegenüber der organisatorisch angebundenen zentralen Länderstelle „jugendschutz.net" fordern (*Scholz/Liesching*, § 21 JMStV Rn 1). Die **„Auskunft über die Angebote"** im Sinne der Vorschrift umfasst die Übermittlung von ausreichendem Daten- und Informationsmaterial nach konkreter Anforderung (Bayer. LT-Drucks. 14/10246, S. 26). Der Umfang der Auskunftspflicht wird durch die in der behördlichen Anforderung in Bezug genommenen Inhalte des Angebotes bestimmt. Bezieht sich die Anfrage der KJM zB nur auf die Installation von Jugendschutzprogrammen (§ 11 JMStV), besteht auf Seiten des Anbieters keine Pflicht, über sämtliche technischen Schutzvorrichtungen zu informieren (zB Altersverifikationssysteme im Sinne des § 4 Abs. 2 S. 2 JMStV).

C. Sicherstellung der unentgeltlichen Nutzung (Abs. 2)

30 Den Anbieter trifft über Abs. 1 hinaus eine generelle Pflicht, den Aufsichtsstellen nach dem JMStV (insb. KJM sowie „jugendschutz.net") den **unentgeltlichen Abruf** oder die Nutzung von Angeboten zu gewähren. Die Vorschrift verpflichtet sowohl private Rundfunkveranstalter als auch Anbieter von Telemedien. Die Unentgeltlichkeit bezieht sich lediglich auf die Freischaltung digital verschlüsselter bzw gesperrter Angebote. Anschaffungs- und Betriebskosten (zB Anschlussgebühren) für Datenrechner werden hingegen nicht erfasst. Die Anbieter müssen im Regelfall zum Zwecke des unentgeltlichen Zugangs der Aufsicht die „notwendige Hard- oder Software" zur Verfügung stellen und aktualisieren. Im Einzelfall kann der Anbieter seiner Pflicht zur entgeltlosen Zugangsgewährung auch schon dadurch Rechnung tragen, dass er den Aufsichtsstellen Benutzernamen und Passwort zur Freischaltung verschlüsselter bzw gesperrter Angebote im PIN-Code-Verfahren übermittelt und so den kostenlosen Zugang ermöglicht. Die Vorschrift des Satz 3 untersagt jedwede von Seiten des Anbieters zu vertretende **Erschwerung der Abruf- oder Kenntnisnahme-Möglichkeit** der Aufsichtsstellen. Unzulässig ist auch schon eine teilweise Erschwerung des Zugriffs, etwa durch nur teilweise oder temporäre Störung des Bild- oder Tonsignals. Hingegen sind technische Mittel erlaubt, die eine exklusive Wahrnehmung allein durch die KJM sowie der angeschlossenen Stelle „jugendschutz.net" zulassen.

3. Kapitel: (Selbst-)Regulierung und Aufsicht

Schrifttum: *Bandehzadeh*, Jugendschutz im Rundfunk und in den Telemedien, 2007; *Baer*, Präventive Aufsichtsmaßnahmen im Bereich des privaten Fernsehens, 2003; *Bornemann*, Der Jugendmedienschutz-Staatsvertrag der Länder, NJW 2003, 787 ff; *Bosch*, Die „Regulierte Selbstregulierung" im Jugendmedienschutz-Staatsvertrag, 2006; *Braml/Hopf*, Der neue Jugendmedienschutz-Staatsvertrag – Fort- oder Rückschritt für den Jugendmedienschutz?, ZUM 2010, 645; *Cole*, Das Zusammenwirken von Selbstkontrolle und hoheitlicher Kontrolle im Jugendmedienschutz, RdJB 2006, 299 ff; *ders.*, Der Dualismus von Selbstkontrolle und Aufsicht im Jugendmedienschutz, ZUM 2005, 462 ff; *Enders*, Darstellung und Bedeutung des Jugend(medien)schutzes im Direktmarketing, ZUM 2006, 353 ff; *Erdemir*, Die Kommission für Jugendmedienschutz der Landesmedienanstalten – Ein zentrales Aufsichtsorgan für Rundfunk und Telemedien, RdJB 2006, 285 ff; *Faber*, Jugendschutz im Internet, 2005; *Frank*, Selbstkontrolle im Internet, in: KJM-Schriftenreihe Bd. 1, 2009, S. 71 ff; *v.Gottberg*, Viel Skepsis – hohe Erwartungen – Neues Jugendschutzgesetz stärkt die Selbstkontrolle, tv-diskurs 25/2003, S. 36 ff; *ders.*, Die regulierte Selbstregulierung als Experiment?, JMS-Report 5/2004, 2 ff; *ders.*, Die Freiwillige Selbstkontrolle Fernsehen, in: KJM-Schriftenreihe Bd. 1, 2009, S. 51 ff; *Groß*, Selbstregulierung im medienrechtlichen Jugendschutz am Beispiel der Freiwilligen Selbstkontrolle Fernsehen, NVwZ 2004, 1393 ff; *Heckmann*, Jugendmedienschutz: Beanstandung und Indizierung von Pornografie, CR 2005, R068; *v. Heyl*, Zur notwendigen Neuregelung des Jugendmedienschutzes, tv-diskurs 16/2001, S. 38 ff; *Hilse*, Die Altersfreigabe von Computer- und Automatenspielen durch USK und ASK, JMS-Report 3/2004, 2 ff; *Hobro-Klatte*, Möglichkeit der Festlegung von Sendezeitbeschränkungen nach § 3 Abs. 5 S. 2 RStV für Fernsehsendungen, insbesondere für Talkshows im Nachmittagsprogramm, ZUM 1998, 812 ff; *Holznagel/Kussel*, Jugendmedienschutz und Selbstregulierung im Internet, RdJB 2002, 295; *Hopf*, Jugendschutz im Fernsehen, 2005; *Hopf/Braml*, Eingeschränkte gerichtliche Überprüfbarkeit des Beurteilungsspielraums der Kommission für Jugendmedienschutz (KJM), MMR 2009, 153 ff; *dies.*; Das Verhältnis der KJM zur FSF anhand einer kritischen Würdigung der Entscheidung des VG Berlin vom 6.7.2006, ZUM 2007, 123 ff; *dies.*, Bewertungsvorgänge im Jugendmedienschutz, ZUM 2010, 211; *Karge/Rickert*, Inhope – Gegen illegale Inhalte im Internet auf internationaler Ebene, tv-diskurs 20/2002, S. 32 f; *Kreile/Diesbach*, Der neue Jugendmedienschutz-Staatsvertrag – was ändert sich für den Rundfunk?, ZUM 2002, 849 ff; *Ladeur*, „Regulierte Selbstregulierung" im Jugendmedienschutz, ZUM 2002, 859 ff; *Langenfeld*, Die Neuordnung des Jugendschutzes im Internet, MMR 2003, 303 ff; *Liesching/Safferling*, Protection of Juveniles in Germany, German Law Journal 6/2003; *Liesching*, Was kann die Freiwillige Selbstkontrolle Multimedia (FSM)?, JMS-Report 6/2006, 2 ff; *ders.*, Das neue Jugendschutzgesetz, NJW 2002, 3281 ff; *ders.*, Der Jugendmedienschutz-Staatsvertrag – Neue Anforderungen für den Jugendschutz im Rundfunk, tv-diskurs 25/2003, S. 48 ff; *ders.*, Zur Gesetzgebungskompetenz der Bundesländer für den Bereich „Jugendschutz in Rundfunk und Telemedien", ZUM 2002, 868 ff; *ders.*, Die Bedeutung des Jugendschutzbeauftragten für Informations- und Kommunikationsdienste, CR 2001, 845 ff; *ders.*, Präventive Sendezeitbeschränkungen für Talkshows nach dem neuen Rundfunkstaatsvertrag, ZUM 2000, 298 ff; *ders.*, Indizierung von „Selbstjustiz" beinhaltenden Medien, 3/2009, 2; *Mohr*, Jugendschutz im digitalen Fernsehen, JMS-Report 5/1999, S. 5 ff; *Monssen-Engberding*, Die Spruchpraxis der Bundesprüfstelle für jugendgefährdende Medien, KJM-Schriftenreihe I (2009), S. 107; *dies.*, Die Spruchpraxis der BPjM, BPjM-aktuell 4/2009, 3; *Monssen-Engberding/Bochmann*, Die neuen Regelungen zum Jugendschutzrecht aus der Sicht der BPjM, KJuG 2005, 55; *Monssen-Engberding/Liesching*, Rechtliche Fragestellungen der Listenführung, BPjM-aktuell 4/2008, 3; *Mynarik*, Jugendschutz in Rundfunk und Telemedien, 2006; *Palzer*, Co-Regulierung als Steuerungsform für den Jugendschutz in den audiovisuellen Medien – eine europäische Perspektive, ZUM 2002, 875 ff; *Pathe*, Praktische Probleme des Jugendmedienschutzes im Internet, RdJB 2006, 319 ff; *Pröhl*, KJM zieht Zwischenbilanz, JMS-Report 2/2005, 3; *Ring*, Jugendschutz im Spannungsfeld zwischen Selbstregulierung der Medien und staatlicher Medienkontrolle, AfP 2004, 9 ff; *ders.*, Jugendmedienschutz – Eine Bilanz der Kommission für Jugendmedienschutz (KJM), JMS-Report 6/2004, 2 f; *Scheuer*, Das neue System des Jugendmedienschutzes aus der Sicht der Selbstkontrolleinrichtungen, RdJB 2006, 308; *Schindler*, jugendschutz.net – Zentralstelle der Länder für Jugendschutz im Internet, tv-diskurs 20/2002, S. 27 f; *Schumann*, Jugendschutzgesetz und Jugendmedienschutz-Staatsvertrag – alte und neue Fragen des Jugendmedienschutzrechts, tv-diskurs 25/2003, S. 97 ff; *Schulz/Korte*, Jugendschutz bei non-fiktionalen Fernsehformaten, ZUM 2002, 719 ff; *Sellmann*, Die FSM zwischen staatlicher Lenkung und Selbstregulierung, MMR 2006, 723 ff; *Sieber/Nolde*, Sperrverfügungen im Internet, 2008; *Stettner*, Der neue Jugendmedienschutz-Staatsvertrag – eine Problemsicht, ZUM 2003, 425 ff; *Ullrich*, Defizite bei der Regulierung der Selbstregulierung, MMR 2005, 743 ff; *ders.*, Die Bewertung von Rundfunkprogrammen durch Einrichtungen der Freiwilligen Selbstkontrolle und ihre Folgen, ZUM 2005, 452 ff; *Weigand*, Aufsicht, Anbieter oder Anwender – wer hat welche Verantwortung im Jugendmedienschutz, in: KJM-Schriftenreihe Bd. 1, 2009, S. 31 ff; *dies.*, Der novellierte Jugendmedienschutz-Staatsvertrag. Konsequenzen für die Arbeit der KJM, JMS-Report 4/2010, 2.

85. Abschnitt: Regulierung und Aufsicht bei Trägermedien und Bildträgern

§ 14 JuSchG Kennzeichnung von Filmen und Film- und Spielprogrammen

(1) Filme sowie Film- und Spielprogramme, die geeignet sind, die Entwicklung von Kindern und Jugendlichen oder ihre Erziehung zu einer eigenverantwortlichen und gemeinschaftsfähigen Persönlichkeit zu beeinträchtigen, dürfen nicht für ihre Altersstufe freigegeben werden.

(2) Die oberste Landesbehörde oder eine Organisation der freiwilligen Selbstkontrolle im Rahmen des Verfahrens nach Absatz 6 kennzeichnet die Filme und die Film- und Spielprogramme mit

1. „Freigegeben ohne Altersbeschränkung",
2. „Freigegeben ab sechs Jahren",
3. „Freigegeben ab zwölf Jahren",
4. „Freigegeben ab sechzehn Jahren",
5. „Keine Jugendfreigabe".

(3) [1]Hat ein Trägermedium nach Einschätzung der obersten Landesbehörde oder einer Organisation der freiwilligen Selbstkontrolle im Rahmen des Verfahrens nach Absatz 6 einen der in § 15 Abs. 2 Nr. 1 bis 5 bezeichneten Inhalte oder ist es in die Liste nach § 18 aufgenommen, wird es nicht gekennzeichnet. [2]Die oberste Landesbehörde hat Tatsachen, die auf einen Verstoß gegen § 15 Abs. 1 schließen lassen, der zuständigen Strafverfolgungsbehörde mitzuteilen.

(4) [1]Ist ein Programm für Bildträger oder Bildschirmspielgeräte mit einem in die Liste nach § 18 aufgenommenen Trägermedium ganz oder im Wesentlichen inhaltsgleich, wird es nicht gekennzeichnet. [2]Das Gleiche gilt, wenn die Voraussetzungen für eine Aufnahme in die Liste vorliegen. [3]In Zweifelsfällen führt die oberste Landesbehörde oder eine Organisation der freiwilligen Selbstkontrolle im Rahmen des Verfahrens nach Absatz 6 eine Entscheidung der Bundesprüfstelle für jugendgefährdende Medien herbei.

(5) [1]Die Kennzeichnungen von Filmprogrammen für Bildträger und Bildschirmspielgeräte gelten auch für die Vorführung in öffentlichen Filmveranstaltungen und für die dafür bestimmten, inhaltsgleichen Filme. [2]Die Kennzeichnungen von Filmen für öffentliche Filmveranstaltungen können auf inhaltsgleiche Filmprogramme für Bildträger und Bildschirmspielgeräte übertragen werden; Absatz 4 gilt entsprechend.

(6) [1]Die obersten Landesbehörden können ein gemeinsames Verfahren für die Freigabe und Kennzeichnung der Filme sowie Film- und Spielprogramme auf der Grundlage der Ergebnisse der Prüfung durch von Verbänden der Wirtschaft getragene oder unterstützte Organisationen freiwilliger Selbstkontrolle vereinbaren. [2]Im Rahmen dieser Vereinbarung kann bestimmt werden, dass die Freigaben und Kennzeichnungen durch eine Organisation der freiwilligen Selbstkontrolle Freigaben und Kennzeichnungen der obersten Landesbehörden aller Länder sind, soweit nicht eine oberste Landesbehörde für ihren Bereich eine abweichende Entscheidung trifft.

(7) (...) (nicht abgedruckt)

(8) (...) (nicht abgedruckt)

A. Regelungszweck

Die Vorschrift regelt die **Altersfreigabe und Kennzeichnung** für alle Trägermedien mit Film- oder (elektronischen) Spielinhalten, namentlich Filme (§ 11 JMStV), Bildträger mit Filmen oder Spielen (§ 12 JMStV) und Programme der Bildschirmspielgeräte (§ 13 JMStV). Rundfunksendungen und Telemedien unterliegen demgegenüber keiner direkten Altersfreigabeverpflichtung. Allerdings sind im Falle der Ausstrahlung oder elektronischen Verbreitung von Inhalten gekennzeichneter Filme, Film- oder Spielprogramme insbesondere die Beschränkungen der §§ 5, 12 JMStV zu beachten. 1

B. Altersfreigabekennzeichnung

I. Grundsätze der Altersfreigabe (Abs. 1)

Beurteilungsmaßstab für die Freigabe für bestimmte Altersstufen ist die Eignung der Filme, Film- oder Spielprogramme, die Entwicklung von Kindern und Jugendlichen oder ihre Erziehung zu einer eigenverantwortlichen und gemeinschaftsfähigen Persönlichkeit zu beeinträchtigen. Als Wertmaßstäbe sind vor allem die Grundwerte der Verfassung wie insb. die Achtung der Menschenwürde nach Art. 1 Abs. 1 GG, das Toleranzgebot nach Art. 3 GG, der Schutz von Ehe und Familie nach Art. 6 Abs. 1, 2 GG (vgl BVerwGE 39, 197, 206) oder auch das Demokratieprinzip nach Art. 20 GG zu beachten. Soweit die Rechtsprechung die „christlich-abendländische Weltanschauung“ mit einbezieht (BGHSt 8, 80, 83; VG Köln UFITA 48 [1966], 343, 347), steht dies im Widerspruch zum Wertekonsens des GG, insbesondere dem Toleranzgebot nach Art. 3 GG. Film- oder Spielinhalte, welche zB Diskriminierungen oder Menschwürdeverletzungen propagieren oder undifferenziert darstellen, Gewalt als probates Mittel zur Lösung von Konflikten schildern oder auch explizite Gewaltdarstellungen in den Vordergrund rücken, zeichnen jedenfalls ein dem Wertekanon des Grundgesetzes widersprechendes Bild, welches auf die Entwicklung und Erziehung von Kindern und Jugendlichen dann beeinträchtigend wirken kann, wenn diese aufgrund ihres Alters nicht in der Lage sind, die Inhalte differenziert und distanziert wahrzunehmen, zwischen Realität und Fiktion zu unterscheiden und daher die Gefahr besteht, dass dargestellte Wertbilder, Grundhaltungen oder Verhaltensweisen von ihnen übernommen werden. Auch eine potenzielle übermäßige Ängstigung von Kindern bestimmter Altersgruppen kann eine Altersfreigabebeschränkung begründen. 2

II. Altersfreigabestufen (Abs. 2)

Für die Freigabekennzeichnung kommen nur die in Abs. 2 Nrn. 1 bis 4 genannten Alterstufen sowie das Prädikat „Keine Jugendfreigabe“ nach Nr. 5 in Betracht (krit. zu den Altersstufen: *Mikos*, tv-diskurs 20/2002, S. 66 ff). Veranstalter und Gewerbetreibende haben bei öffentlichen Filmveranstaltungen gemäß § 3 Abs. 1 JuSchG die Alterseinstufung durch deutlich sichtbaren und gut lesbaren Aushang bekannt zu machen. Zur Bekanntmachung dürfen nach § 3 Abs. 2 JuSchG nur die in § 14 Abs. 2 JuSchG genannten Kennzeichnungen verwendet werden (hierzu 83. Abschnitt, Rn 6). Bei Bildträgern muss gemäß § 12 Abs. 2 S. 1 JuSchG auch die Hülle mit einem Kennzeichen versehen sein; für Telemedien gilt die Kennzeichnungspflicht nach § 12 JMStV (hierzu 84. Abschnitt, Rn 27). 3

III. Jugendgefährdende Inhalte (Abs. 3 u. 4)

Abs. 3 regelt in Satz 1 den Anwendungsvorrang der §§ 15 Abs. 2, 18 JuSchG bei (**schwer**) **jugendgefährdenden Trägermedien** gegenüber den Bestimmungen zu Altersfreigabe und Kennzeichnung (vgl 4 aber auch § 18 Abs. 8 S. 1 JuSchG). Ob ein nach den §§ 86, 130, 130a, 131, 184 StGB verbotener oder sonst schwer jugendgefährdender Inhalt iSd § 15 Abs. 2 Nrn. 1 bis 5 JuSchG bei einem Trägermedium anzunehmen ist, unterliegt der Einschätzung der zuständigen obersten Landesbehörde bzw einer Selbstkontrolleinrichtung iSd § 14 Abs. 6 JuSchG. Steht der Einschätzung allerdings bereits ein abweichender Beschluss der zuständigen Strafverfolgungsbehörde (zB Verfahrenseinstellung nach § 170 Abs. 2 StPO) im Bezug auf das betreffende Trägermedium entgegen, ist ein Freigabeverfahren durchzuführen oder ggf nach Abs. 4 S. 2 und 3 eine Entscheidung der BPjM über die Aufnahme des Trägermediums in die Liste jugendgefährdender Medien herbeizuführen. Nach Satz 2 trifft die oberste Landesbehörde bzw die freiwillige Selbstkontrolleinrichtung iSd § 14 Abs. 6 eine **Mitteilungspflicht gegenüber** den zuständigen **Strafverfolgungsbehörden.** Diese erstreckt sich aber nur auf Tatsachen, die auf einen Verstoß gegen § 15 Abs. 1 JuSchG schließen lassen (*Scholz/Liesching*, § 14 JuSchG Rn 12).

5 Abs. 4 Satz 1 erstreckt den Kennzeichnungsausschluss auf mit indizierten Trägermedien **inhaltsgleiche oder im Wesentlichen inhaltsgleiche Film- und Spielprogramme.** Entscheidend für die Inhaltsgleichheit eines Programms für Bildträger oder Bildschirmspielgeräte mit einem bereits indizierten Trägermedium ist allein der zur Kinder- oder Jugendbeeinträchtigung geeignete Inhalt. Das Abändern von Titel, Untertitel oder Verpackung, die Auswechslung des Autoren- bzw Verlegernamens oder das bloße Hinzufügen oder Weglassen einzelner für die Beurteilung der Jugendbeeinträchtigung nicht relevanter Text- oder Bildpassagen ist daher idR unerheblich (vgl BVerwG NJW 1987, 1435, 1436; OVG Münster NJW 1973, 385). Eine Kennzeichnung hat gemäß Satz 2 auch dann zu unterbleiben, wenn die **Voraussetzungen für die Aufnahme in die Liste nach § 18 JuSchG** vorliegen, das Programm also nach Einschätzung der obersten Landesbehörde bzw der freiwilligen Selbstkontrolle geeignet ist, die Entwicklung von Kindern oder Jugendlichen oder ihre Erziehung zu einer eigenverantwortlichen und gemeinschaftsfähigen Persönlichkeit zu gefährden, wobei die Prüfinstanz nach Satz 3 „in Zweifelsfällen" eine Entscheidung der BPjM herbeizuführen hat.

C. Verfahrensfragen (Abs. 5)

I. Entsprechungsklausel (Abs. 5)

6 Die Entsprechungsklausel des Abs. 5 Satz 1 trägt der technischen Möglichkeit Rechnung, ein bestimmtes Programm von einem Medium in das andere ohne inhaltliche Veränderung zu übertragen (vgl BT-Drucks. 14/9013, S. 23). Fehl geht indes die Regelung des Satz 2, wonach für die entsprechende Anwendung von Filmkennzeichnungen nach § 11 JuSchG auf inhaltsgleiche Filmprogramme für Bildträger und Bildschirmspielgeräte ein – wie auch immer gearteter – „**Übertragungsakt**" erforderlich sein soll. Der Gesetzgeber ging davon aus, dass bei der Übertragung zu prüfen sei, ob eine Indizierung in Betracht komme, da in diesem Fall eine Kennzeichnung unterbleiben müsse (vgl BT-Drucks. 14/9013, S. 23). Einer solchen Sichtweise steht aber die Konkurrenznorm des § 18 Abs. 8 S. 1 JuSchG entgegen, welche eine „Doppelarbeit verschiedener Stellen und einander wiedersprechende Entscheidungen von Jugendschutzbehörden" gerade vermeiden soll (BT-Drucks. 14/9013, S. 26).

II. Ländervereinbarungen über Freigabeverfahren (Abs. 6)

7 Satz 1 nimmt Bezug auf das langjährig mit der Spitzenorganisation der Filmwirtschaft und der FSK geübte und durch eine **Verwaltungsvereinbarung der Länder** festgelegte Verfahren und gibt diesem Verfahren eine gesetzliche Grundlage (BT-Drucks. 14/9013, S. 23). Nicht erforderlich ist, dass die Selbstkontrolleinrichtung von Wirtschaftverbänden getragen wird, vielmehr reicht deren bloße **Unterstützung** aus. Damit trug der Gesetzgeber der damaligen Organisationsstruktur der Unterhaltungssoftware-Selbstkontrolle (USK) Rechnung (vgl BT-Drucks. 14/ 9410, S. 31; vgl zur USK oben § 12 Rn 11 f). Insgesamt sind Verfahren aufgrund von Ländervereinbarungen abgestimmt für die Freiwillige Selbstkontrolle der Filmwirtschaft (**FSK**, s. hierzu § 11 Rn 7 ff sowie die FSK-Grundsätze idF vom 1.7.2008), die Unterhaltungssoftware-Selbtkontrolle (**USK**, hierzu § 12 Rn 11 f sowie die USK-Grundsätze) sowie für den Bereich des § 13 die Automaten-Selbstkontrolle (**ASK**).

§ 18 JuSchG Liste jugendgefährdender Medien

(1) [1]Träger- und Telemedien, die geeignet sind, die Entwicklung von Kindern oder Jugendlichen oder ihre Erziehung zu einer eigenverantwortlichen und gemeinschaftsfähigen Persönlichkeit zu gefährden, sind von der Bundesprüfstelle für jugendgefährdende Medien in eine Liste jugendgefährdender Medien aufzunehmen. [2]Dazu zählen vor allem unsittliche, verrohend wirkende, zu Gewalttätigkeit, Verbrechen oder Rassenhass anreizende Medien sowie Medien, in denen

1. Gewalthandlungen wie Mord- und Metzelszenen selbstzweckhaft und detailliert dargestellt werden oder
2. Selbstjustiz als einzig bewährtes Mittel zur Durchsetzung der vermeintlichen Gerechtigkeit nahe gelegt wird.

(2) Die Liste ist in vier Teilen zu führen.

1. In Teil A (Öffentliche Liste der Trägermedien) sind alle Trägermedien aufzunehmen, soweit sie nicht den Teilen B, C oder D zuzuordnen sind;
2. in Teil B (Öffentliche Liste der Trägermedien mit absolutem Verbreitungsverbot) sind, soweit sie nicht Teil D zuzuordnen sind, Trägermedien aufzunehmen, die nach Einschätzung der Bundesprüfstelle für jugendgefährdende Medien einen in § 86, § 130, § 130a, § 131, § 184a, § 184b oder § 184c des Strafgesetzbuches bezeichneten Inhalt haben;
3. in Teil C (Nichtöffentliche Liste der Medien) sind diejenigen Trägermedien aufzunehmen, die nur deshalb nicht in Teil A aufzunehmen sind, weil bei ihnen von einer Bekanntmachung der Aufnahme in die Liste gemäß § 24 Abs. 3 Satz 2 abzusehen ist, sowie alle Telemedien, soweit sie nicht Teil D zuzuordnen sind;
4. in Teil D (Nichtöffentliche Liste der Medien mit absolutem Verbreitungsverbot) sind diejenigen Trägermedien, die nur deshalb nicht in Teil B aufzunehmen sind, weil bei ihnen von einer Bekanntmachung der Aufnahme in die Liste gemäß § 24 Abs. 3 Satz 2 abzusehen ist, sowie diejenigen Telemedien aufzunehmen, die nach Einschätzung der Bundesprüfstelle für jugendgefährdende Medien einen in § 86, § 130, § 130a, § 131, § 184a, § 184b oder § 184c des Strafgesetzbuches bezeichneten Inhalt haben.

(3) Ein Medium darf nicht in die Liste aufgenommen werden

1. allein wegen seines politischen, sozialen, religiösen oder weltanschaulichen Inhalts,
2. wenn es der Kunst oder der Wissenschaft, der Forschung oder der Lehre dient,
3. wenn es im öffentlichen Interesse liegt, es sei denn, dass die Art der Darstellung zu beanstanden ist.

(4) In Fällen von geringer Bedeutung kann davon abgesehen werden, ein Medium in die Liste aufzunehmen.

(5) Medien sind in die Liste aufzunehmen, wenn ein Gericht in einer rechtskräftigen Entscheidung festgestellt hat, dass das Medium einen der in § 86, § 130, § 130a, § 131, § 184, § 184a, § 184b oder § 184c des Strafgesetzbuches bezeichneten Inhalte hat.

(6) Telemedien sind in die Liste aufzunehmen, wenn die zentrale Aufsichtsstelle der Länder für den Jugendmedienschutz die Aufnahme in die Liste beantragt hat; es sei denn, der Antrag ist offensichtlich unbegründet oder im Hinblick auf die Spruchpraxis der Bundesprüfstelle für jugendgefährdende Medien unvertretbar.

(7) [1]Medien sind aus der Liste zu streichen, wenn die Voraussetzungen für eine Aufnahme nicht mehr vorliegen. [2]Nach Ablauf von 25 Jahren verliert eine Aufnahme in die Liste ihre Wirkung.

(8) [1]Auf Filme, Film- und Spielprogramme, die nach § 14 Abs. 2 Nr. 1 bis 5 gekennzeichnet sind, findet Absatz 1 keine Anwendung. [2]Absatz 1 ist außerdem nicht anzuwenden, wenn die zentrale Aufsichtsstelle der Länder für den Jugendmedienschutz über das Telemedium zuvor eine Entscheidung dahin gehend getroffen hat, dass die Voraussetzungen für die Aufnahme in die Liste jugendgefährdender Medien nach Absatz 1 nicht vorliegen. [3]Hat eine anerkannte Einrichtung der Selbstkontrolle das Telemedium zuvor bewertet, so findet Absatz 1 nur dann Anwendung, wenn die zentrale Aufsichtsstelle der Länder für den Jugendmedienschutz die Voraussetzungen für die Aufnahme in die Liste jugendgefährdender Medien nach Absatz 1 für gegeben hält.

A. Regelungszweck

8 Die Vorschrift regelt als wesentliches Grundprinzip des gesetzlichen Jugendmedienschutzes die näheren Voraussetzungen der **Indizierung** jugendgefährdender Medien. Die Norm ist damit rechtliche Grundlage für die Listenaufnahme durch die bereits im Jahre 1954 in Bonn errichtete Bundesprüfstelle für jugendgefährdende Schriften (BPjS), nunmehr Bundesprüfstelle für jugendgefährdende Medien (BPjM) (vgl §§ 17, 19 JuSchG).

B. Indizierung jugendgefährdender Medien (Abs. 1)

I. Indizierungstatbestand (Abs. 1)

9 **1. Der Begriff der Jugendgefährdung (Abs. 1 S. 1).** Das für den Indizierungstatbestand maßgebliche Merkmal der Eignung zur Kinder- und Jugendgefährdung ist als „Blankettbegriff" zu verstehen, dessen Konkretisierung der Bundesprüfstelle für jugendgefährdende Medien und den Gerichten überlassen ist. Die Auslegung des Begriffs der Gefährdung von Kindern und Jugendlichen durch Medien beruht im Kern auf **Grundwerten der Verfassung**, insbesondere auf Art. 1 Abs. 1 GG (BVerwGE 39, 197, 208) sowie Art. 6 Abs. 2 GG (BVerfG NJW 1991, 1471, 1472). Teil der in Art. 1 Abs. 1 GG manifestierten staatlichen Pflicht zum Schutz der Menschenwürde ist es, „im Rahmen des Möglichen die äußeren Bedingungen für eine dem Menschenbild des Grundgesetzes entsprechende geistig-seelische Entwicklung der Kinder und Jugendlichen zu sichern" (BVerwG NJW 1987, 1429, 1430).

10 Die BPjM bringt dies in ständiger Spruchpraxis durch die Verwendung des Begriffs der **„sozial-ethischen Desorientierung"** zum Ausdruck (vgl etwa BPjS-Entsch. Nr. 3512 v. 5.9.1985, S. 3; BPjS-Entsch. Nr. 4132 v. 6.6.1991, BPS-Report 4/1991, 40/41; BPjS-Entsch. v. 6.11.1997, JMS-Report 1/1998, S. 60; BPjS-Entsch. Nr. 5676 (V) v. 12.11.1999, S. 2; BPjS-Entsch. Nr. VA 6/99 v. 2.12.1999, S. 5). Die Anschauungen darüber, wo die „Reizschwelle" liegt, was jugendgefährdend wirkt und wie die Toleranzgrenze zu ziehen ist, sind **dem Wandel unterworfen** (vgl BGHSt 23, 40, 42; BT-Drucks. VI/3521, S. 60). Die BPjM darf an einer tiefgreifenden und nachhaltigen Änderung dieser Anschauungen nicht vorbeigehen, sofern der Wandel nicht lediglich vorübergehenden Charakter trägt (BVerwGE 39, 197, 201). Dabei unterliegt die Entscheidung, welche Schriften und Medieninhalte in die Liste jugendgefährdender Medien aufzunehmen ist, freilich den konkreten Umständen des Einzelfalls. Ein Beurteilungsspielraum, der die Indizierung der vollen Kontrolle durch die Gerichte entziehen könnte, steht der BPjM entgegen früherer Rechtsprechung (BVerwGE 39, 197, 203 f, zuletzt BVerwGE 77, 75, 84 f) nicht zu (BVerwG NJW 1993, 1491, 1492; BVerwG NJW 1997, 602).

11 Die wohl herrschende Meinung in der Rspr und in der Literatur stellt bei der Bewertung des Vorliegens einer Jugendgefährdung nicht nur auf den Adressatenkreis des „durchschnittlichen Minderjährigen", sondern vielmehr auf den sogenannten **„gefährdungsgeneigten** Minderjährigen" ab (BVerwGE 39, 137, 205 = NJW 1972, 596, 598; BGHSt 8, 80, 87 = NJW 55, 1287; OLG Köln NVwZ 1994, 410, 412; OLG Düsseldorf NJW 1966, 1186; VG Berlin MMR 2009, 496, 500; VG München ZUM 2010, 615, 626; *Bosch*, 2006, S. 108 mwN; *Hopf/Braml*, ZUM 2010, 211, 214; *Mynarik*, 2006, S. 79; aA VG München ZUM 2005, 252, 254 m. Anm. *Liesching*, ZUM 2005, 224 ff; *Erdemir*, in: Spindler/Schuster, 2008, § 5 JMStV Rn 8; *Stumpf*, 2009, S. 161 ff; anders: *Hackenberg/Hajok/Humberg/Pathe*, BPjM-aktuell 01/2010, S. 3 ff; *dies.*, tv-diskurs 02/2010, S. 58 ff; *dies.*, JMS-Report 06/2009, S. 2 ff). Dieser Auslegung folgen auch die Prüfgrundsätze der FSK (§ 18 Abs. 2 Nr. 4 FSK-Prüfgrundsätze idF v. 1.7.2008) sowie die Jugendschutzrichtlinien der Landesmedienanstalten (Ziff. 3. 1.2. JuSchRiL). Lediglich **„Extremfälle"** sollen ausgenommen sein. Teilweise wird in der Literatur mit guten Gründen betont, es handele sich bei dem Auslegungskonstrukt des „gefährdungsgeneigten" Jugendlichen weitgehend um eine **„Fiktion"** (*Altenhain*, in: Löffler, Presserecht, 5. Aufl. 2006, Rn 12).

12 **2. Beispiele jugendgefährdender Medien (Abs. 1 S. 2).** Abs. 1 Satz 2 konkretisiert in einem **Beispielskatalog** den Begriff der Eignung zur Gefährdung von Kindern und Jugendlichen iSd Satz 1 dahin gehend, dass darunter vor allem „unsittliche, verrohend wirkende, zu Gewalttätigkeit, Verbrechen oder Rassenhass anreizende" Medien sowie seit dem **1. JuSchGÄndG** v. 24.6.2008 (BGBl. I, 1075) Medien mit selbstzweckhaften Gewalthandlungen wie Mord- und Metzelszenen sowie Selbstjustiz nahelegende Inhalte zu fassen sind (hierzu ausf. BPjM-Entsch. Nr. 8408 (V) v. 10.9.2008 – „John Rambo Uncut"; BPjM-Entsch. Nr. 8049 (V) v. 6.2.2008 – „Hostel 2 – Extended Version"; BPjM-Entsch. Nr. 5628 v. 12.3.2009 – „A Gun for Jennifer" sowie *Liesching*, JMS-Report 03/2009, 2 ff). Die Beispiele sind, wie sich aus den ihnen vorangestellten Worten „Dazu zählen vor allem" ergibt, nicht erschöpfend (vgl

BVerwGE 23, 112, 114; s. zu den Beispielsfällen ausführlich *Altenhain,* in: Löffler, Presserecht § 18 Rn 13; *Nikles/Roll/Spürck/Umbach*, § 18 JuSchG Rn 5; *Scholz/Liesching*, § 18 JuSchG Rn 13 ff). Daneben können auch ausländerfeindliche, antisemitische oder sonst **diskriminierende Inhalte** vom Indizierungstatbestand erfasst sein (vgl BPjS-Entsch. Nr. 5130 (V) v. 11.7.1997, S. 2; zur Behindertendiskriminierung: BPjS-Entsch. v. 6.1.1995, JMS-Report 3/1997, S. 53, 54); darüber hinaus Darstellungen, welche die totalitäre **NS-Ideologie aufwerten, rehabilitieren oder verharmlosen**, da das verfassungsrechtlich bedeutsame Interesse an einer ungestörten Entwicklung der Jugend u.a. darauf gerichtet ist, Rassenhass, Kriegslüsternheit und Demokratiefeindlichkeit nicht aufkommen zu lassen (BVerfG NJW 1994, 1781, 1783; BVerfGE 30, 336, 347 ff). Über die genannten Fälle hinaus hat die Bundesprüfstelle solche Medien als geeignet zur sittlichen Gefährdung Minderjähriger eingestuft, welche **zum Drogen- oder Alkoholkonsum anreizen oder diesen verharmlosen** (vgl zB VG Köln NJOZ 2006, 3565, 3569 f; BPjM-Entsch. Nr. 5557 vom 3.4.2008 – „Bis das der Tod uns scheidet", BPjM-aktuell 02/2008, 3 ff; *Monssen-Engberding*, BPjM-aktuell 04/2009, S. 7, 11).

II. Führung der Liste durch die BPjM

1. Vier Listenteile (Abs. 2). Die Listensegmentierung trägt dem vormaligen **Hauptkritikpunkt einer einheitlichen Liste** Rechnung, nachdem Internetangebote auch nach der Listenaufnahme weiterhin frei abrufbar bleiben, so dass der Index insoweit zu einem Wegweiser für jugendgefährdende Inhalte pervertierte. Zudem wurden bei der Führung einer einheitlichen Liste die weitergehenden Verbreitungsbeschränkungen des StGB nicht berücksichtigt (vgl BT-Drucks. 14/9013, S. 25). Daher werden zwar jugendgefährdende oder bestimmte strafbare Trägermedien, die nicht im Internet erhältlich sind (vgl § 24 Abs. 3 S. 2 JuSchG), nach wie vor in einer öffentlichen Liste geführt (Listenteile A und B). Telemedien oder online abrufbare Trägermedien werden in nicht öffentlichen Listen aufgenommen, sofern sie jugendgefährdend (Teil C) oder nach Ansicht der BPjM strafbaren Inhalts sind (Teil D). Die in die Listenteile B und D aufgenommenen, nach bestimmten **StGB-Normen unzulässigen Medieninhalte** unterliegen darüber hinaus den jeweiligen weitergehenden Verbreitungsverboten der §§ 86, 130, 130a, 131, § 184a, § 184b oder § 184c StGB. Nicht aufzunehmen sind Medien, die gegen andere Delikte des StGB wie etwa §§ 86a, 111, 166, 185 StGB verstoßen. 13

2. Bundesprüfstelle für jugendgefährdende Medien (BPjM). Die Bundesprüfstelle für jugendgefährdende Medien (BPjM; vormals Bundesprüfstelle für jugendgefährdende Schriften – BPjS) wurde durch Gesetz vom 9.6.1953 (BGBl. I S. 377) als kollegial zusammengesetzte und kollegial entscheidende **Bundesoberbehörde** errichtet (vgl Art. 87 Abs. 3 S. 1 GG; BVerfG NJW 1971, 1559). Die BPjM nimmt ihren Sitz in Bonn. Sie ist kein Gericht und gleichwohl an Weisungen nicht gebunden (vgl § 19 Abs. 4 JuSchG). Die Verfahrenskosten einschließlich der Einholung von Sachverständigengutachten durch die BPjM trägt der Bund (zur Kostenerstattung von Verfahrensbeteiligten vgl OVG Münster NJW 1970, 215 f). Die Entscheidungen der BPjM sind Verwaltungsakte, die im Verwaltungsrechtsweg angefochten werden können (§ 25 JuSchG). **Sachlich zuständig** für Entscheidungen über die Listenaufnahme (Abs. 1 S. 1) bzw Streichung aus der Liste (Abs. 7) ist gemäß § 17 Abs. 2 JuSchG die BPjM in ihrer Zusammensetzung als Zwölfergremium (§ 19 Abs. 5 JuSchG) oder als Dreiergremium (in den Fällen des § 23 Abs. 1 JuSchG auch iVm Abs. 5). Kommt allerdings eine Listenaufnahme oder eine Streichung aus der Liste nicht in Betracht, kann der Vorsitzende gem. § 21 Abs. 3 JuSchG das Verfahren einstellen. Bei der Indizierung von Telemedien ist die Stellungnahme der zentralen Aufsichtsstelle der Länder für Jugendschutz (KJM) gem. § 21 Abs. 6 JuSchG „maßgeblich" zu berücksichtigen. 14

III. Tendenzschutzklausel (Abs. 3)

Abs. 3 konkretisiert das allgemeine Zensurverbot des Art. 5 Abs. 1 S. 3 GG. Der Gesetzgeber will klarstellen, dass das JuSchG Kinder und Jugendliche nicht davor schützen soll, mit den näher bezeichneten Tendenzen konfrontiert zu werden, auch wenn diese – aus welchen Gründen auch immer – nicht als billigenswert erscheinen. Mit der Tendenzschutzklausel hat der Gesetzgeber zudem der besonderen **Bedeutung der Meinungsfreiheit** für die politische Auseinandersetzung Rechnung getragen (BVerfG NJW 1994, 1781, 1783). Die Auffassung, dass Kriegs- und NS-verherrlichende und verharmlosende sowie verfassungsfeindliche Medien dem Tendenzschutz generell nicht unterfallen (vgl BVerwG NJW 1987, 1431, 1434) ist damit unvereinbar, da sie sich einer Abwägung der verfassungsrechtlichen Schranke des Jugendschutzes mit Art. 5 Abs. 1 S. 1 GG verschließt (so wohl auch BVerfG NJW 1994, 1781, 1783). 15

16 Die hM geht aber davon aus, dass grundsätzlich **jedes politische, soziale, religiöse oder weltanschauliche Medium** nach Abs. 3 Nr. 1 auch indiziert werden kann, wenn es zur Gefährdung Minderjähriger geeignet ist (*Altenhain,* in: Löffler, Presserecht § 18 Rn 50; *Schefold*, RdJB 1982, 121, 126 f; *Scholz/Liesching*, § 18 Rn 33 f; aA BVerwG NJW 1987, 1431, 1434; BVerwGE 23, 112, 119). Abs. 3 Nr. 2 inkorporiert die vom Grundgesetz gewährleistete **Kunst- und Wissenschaftsfreiheit** sowie die **Freiheit der Forschung und der Lehre** (vgl Art. 5 Abs. 3 S. 1 GG). Die Vorschrift ist entsprechend der gesetzgeberischen Entscheidung (BT-Drucks. I/1101, S. 11) dahin gehend auszulegen, dass sie dieselbe gegenständliche Reichweite hat und auch denselben Schranken unterliegt wie das Grundrecht des Art. 5 Abs. 3 S. 1 GG (vgl BVerwG NJW 1991, 1471 f; BVerwG NJW 1987, 1431, 1433 mwN). Abs. 3 Nr. 3 erstreckt den Tendenzschutz schließlich auf solche Medien, deren **Inhalt im öffentlichen Interesse** ist. Ebenso wie bei Abs. 3 Nr. 1 und Nr. 2 ist ein Indizierungsverbot nicht ohne Weiteres bei Vorliegen eines öffentlichen Interesses gegeben. Vielmehr sind im Wege der Abwägung die kollidierenden Verfassungsgüter in Ausgleich zu bringen. Als öffentliche Interessen kommen insbesondere die Volksgesundheit sowie die Verbrechensbekämpfung und -aufklärung in Betracht, daneben die in § 86 Abs. 3 StGB genannten Zwecke (*Altenhain,* in: Löffler, Presserecht § 18 Rn 73).

IV. Fälle geringer Bedeutung (Abs. 4)

17 Wann ein Fall „geringer Bedeutung" gegeben ist, entscheidet die BPjM nach pflichtgemäßem, nur auf Willkür oder offensichtliche Unvertretbarkeit hin gerichtlich überprüfbarem Ermessen (vgl BVerwGE 39, 197; BVerwG NJW 1987, 1431, 1434; BVerwG NJW 1999, 75, 79). Entgegen hM kann allerdings nicht der „**Gefährdungsgrad**" für das Vorliegen eines Falls geringer Bedeutung entscheidend sein (*Altenhain,* in: Löffler, Presserecht § 18 Rn 80; *Scholz/Liesching*, § 18 JuSchG Rn 42; aA BVerwGE 23, 112, 122; 39, 197, 199; BVerwG NJW 1987, 1431, 1434; VG Köln NJW 1991, 1773, 1774). Denn wenn bereits die Voraussetzungen einer Indizierung nach Abs. 1 S. 1 als vorliegend geprüft wurden, also eine sozial-ethische Desorientierung von Minderjährigen durch den in Rede stehenden Medieninhalt bejaht wurde, kann nun die Norm des Abs. 4 nicht gleichsam zum Rückschritt bei „nicht ganz so gravierender aber immerhin noch" sozial-ethisch desorientierender Einflussnahme auf Kinder und Jugendliche ermächtigen.

V. Listenaufnahme bei strafgerichtlicher Entscheidung (Abs. 5)

18 Die nach Abs. 5 **gesetzlich angeordnete Listenaufnahme** eines nach rechtskräftig festgestelltem Urteil unzulässigen Medieninhalts iSd §§ 86, 130, 130a, 131 oder § 184 StGB erfolgt ohne weitere Entscheidung der BPjM. Als strafgerichtliche Entscheidungen gelten auch die in der Praxis ganz überwiegend vorkommenden **Beschlagnahmebeschlüsse** der Amtsgerichte, obgleich derartige Beschlüsse strafrechtsdogmatisch nicht in Rechtskraft in engerem Sinne erwachsen können. Insoweit ist davon auszugehen, dass der Terminus „rechtskräftig" in Abs. 5 iSv „**nicht anfechtbar**" auszulegen ist. Die Listenaufnahme ist von der Vorsitzenden der BPjM vorzunehmen (vgl § 24 JuSchG) und erfolgt im Regelfall (Ausnahme: Inhalte iSd § 184 Abs. 1 StGB) in die Listenteile B oder D. Die Indizierung hat insoweit lediglich deklaratorische Bedeutung, da diese Medien bereits nach § 15 Abs. 2 Nr. 1 JuSchG kraft Gesetzes den Beschränkungen des § 15 Abs. 1 JuSchG unterliegen, ohne dass es eigentlich einer zusätzlichen Indizierung bedarf (vgl auch BT-Drucks. 14/9013, S. 26). Gleichwohl ist eine lediglich klarstellende Listenaufnahme zulässig (BVerwG NJW 1987, 1435, 1436).

VI. Indizierung von Telemedien bei KJM-Antrag (Abs. 6)

19 Die Vorschrift räumt der zentralen Aufsichtsstelle der Länder (Kommission für Jugendmedienschutz, **KJM**, vgl § 14 Abs. 2 JMStV) im Bezug auf die Indizierung von Telemedien eine über das bloße Antragsrecht (§ 21 Abs. 2 JuSchG) hinausgehende **Sonderstellung** ein. Beantragt danach die Länderaufsichtsstelle die Listenaufnahme eines Telemediums, so hat die Indizierung ohne weiteres Entscheidungsverfahren nach §§ 18 Abs. 1, 19 Abs. 5, 21 Abs. 1 JuSchG durch den Vorsitzenden der BPjM zu erfolgen (vgl § 24 Abs. 1 JuSchG). Allerdings ist dem Indizierungsantrag gemäß 2. Halbsatz nicht zu entsprechen, wenn er **offensichtlich unbegründet** oder nach der Spruchpraxis der BPjM **unvertretbar** ist. Insoweit ist zu prüfen, ob bei Zugrundelegung der von der BPjM zur Konkretisierung des Jugendgefährdungsbegriffs des § 18 Abs. 1 JuSchG entwickelten Auslegungsgrundsätze eine Eignung des Telemediums zur Gefährdung der Entwicklung oder Erziehung von Kindern oder Jugendlichen ange-

nommen werden kann. Die Entscheidung hierüber obliegt (entsprechend § 21 Abs. 3 JuSchG) allein der/dem Vorsitzenden der BPjM.

C. Streichung aus der Liste (Abs. 7)

Nach Abs. 7 S. 1 muss eine Listenstreichung erfolgen, wenn die Voraussetzungen des § 18 Abs. 1 bzw 20 des § 15 Abs. 2 JuSchG nicht mehr vorliegen. Dies ist insbesondere dann anzunehmen, wenn aufgrund eines **nachhaltigen Wertewandels** oder neuer Erkenntnisse aus der **Medienwirkungsforschung** ausgeschlossen werden kann, dass die betreffenden Medieninhalte (weiterhin) jugendgefährdend sind. Eine Listenstreichung kommt nach Auffassung der 12er-Gremien der BPjM mangels Jugendgefährdung in Betracht, wenn der Inhalt als **nicht jugendaffin** angesehen werden kann; wenn der Inhalt so gestaltet ist, dass der oder die typischen Sympathieträger sich **nicht** (mehr) **als Identifikationsmodell** anbieten, wenn Nachahmungseffekte nicht zu vermuten sind; wenn Gewalttaten als übertrieben, aufgesetzt, **unrealistisch, abschreckend** und irrreal eingestuft werden können; wenn die Anwendung von Gewalt als nicht gerechtfertigt eingestuft wird bzw Gewaltanwendung im Prinzip abgelehnt wird (vgl *Bochmann*, BPjM-aktuell, 1/2005, 7 f; *Monssen-Engberding/Liesching*, BPjM-aktuell 4/2008, 3, 4).Wird bekannt, dass die Voraussetzungen der Listenaufnahme bei einem Medium nicht mehr vorliegen, wird die BPjM gemäß § 21 Abs. 5 Nr. 2 auf Veranlassung der Vorsitzenden der BPjM von Amts wegen tätig. Die BPjM kann nach § 23 Abs. 4 JuSchG im vereinfachten Verfahren entscheiden, wenn mindestens zehn Jahre seit Aufnahme des betreffenden Mediums in die Liste vergangen sind. Satz 2 erweitert die Vorschrift durch die Festlegung der automatischen Löschung nach 25 Jahren, welche der Gesetzgeber „angesichts nicht unbeträchtlicher zeitgebundener Bewertungsdifferenzen" für gerechtfertigt hält (vgl BT-Drucks. 14/9013, S. 26).

D. Verhältnis zu anderen jugendschutzrechtlichen Bewertungen (Abs. 8)

Abs. 8 S. 1 korrespondiert mit § 14 Abs. 3 S. 1, Abs. 4 JuSchG, wonach im Falle einer Indizierung oder 21 des Vorliegens der Voraussetzungen einer Listenaufnahme keine Alterskennzeichnung mehr in Betracht kommt. Durch den **gegenseitigen Anwendungsausschluss** wird mithin weitgehend eine Doppelarbeit verschiedener Stellen und einander widersprechende Entscheidungen von Jugendschutzbehörden vermieden (vgl auch BT-Drucks. 14/9013, S. 26; s. aber auch oben zu § 14 Rn 15). Satz 2 regelt darüber hinaus eine generelle **Indizierungssperre für bestimmte Telemedien**, namentlich solche, die nach Entscheidung der zentralen Aufsichtsstelle der Länder (KJM, vgl § 14 Abs. 2 JMStV) die Voraussetzungen der Listenaufnahme nicht erfüllen. In Ermangelung einer § 18 Abs. 6 2. Hs JuSchG entsprechenden Ausnahmeklausel gilt dies selbst dann, wenn die BPjM die Inhalte des Telemediums für jugendgefährdend erachtet. Satz 3 stärkt faktisch die Bedeutung anerkannter (vgl § 19 Abs. 3 u. 4 JMStV) **freiwilliger Selbstkontrolle** im Bereich der Telemedien. Die BPjM darf ein von einer Selbstkontrolle zuvor bewertetes Telemedium nur dann indizieren, wenn die zentrale Aufsichtsstelle der Länder dessen Inhalt für jugendgefährdend iSd Abs. 1 hält (krit. *Scholz/Liesching*, § 18 JuSchG Rn 50).

§ 20 JMStV Aufsicht

§ 20 JMStV Aufsicht

(1) Stellt die zuständige Landesmedienanstalt fest, dass ein Anbieter gegen die Bestimmungen dieses Staatsvertrages verstoßen hat, trifft sie die erforderlichen Maßnahmen gegenüber dem Anbieter.

(2) Für Veranstalter von Rundfunk trifft die zuständige Landesmedienanstalt durch die KJM entsprechend den landesrechtlichen Regelungen die jeweilige Entscheidung.

(3) [1]Tritt die KJM an einen Rundfunkveranstalter mit dem Vorwurf heran, er habe gegen Bestimmungen dieses Staatsvertrages verstoßen, und weist der Veranstalter nach, dass er die Sendung vor ihrer Ausstrahlung einer anerkannten Einrichtung der Freiwilligen Selbstkontrolle im Sinne dieses Staatsvertrages vorgelegt und deren Vorgaben beachtet hat, so sind Maßnahmen durch die KJM im Hinblick auf die Einhaltung der Bestimmungen zum Jugendschutz durch den Veranstalter nur dann zulässig, wenn die Entscheidung oder die Unterlassung einer Entscheidung der anerkannten Einrichtung der Freiwilligen Selbstkontrolle die rechtlichen Grenzen des Beurteilungsspielraums überschreitet. [2]Bei nichtvorlagefähigen Sendungen ist vor Maßnahmen bei behaupteten Verstößen gegen den Jugendschutz, mit Ausnahme von Verstößen gegen § 4 Abs. 1, durch die KJM die anerkannte Einrichtung der Freiwilligen Selbstkontrolle, der der Rundfunkveranstalter angeschlossen ist, zu befassen; Satz 1 gilt entsprechend. [3]Für Entscheidungen nach den §§ 8 und 9 gilt Satz 1 entsprechend.

(4) Für Anbieter von Telemedien trifft die zuständige Landesmedienanstalt durch die KJM entsprechend § 59 Abs. 2 bis 4 des Rundfunkstaatsvertrages unter Beachtung der Regelungen zur Verantwortlichkeit nach den §§ 7 bis 10 des Telemediengesetzes die jeweilige Entscheidung.

(5) [1]Gehört ein Anbieter von Telemedien einer anerkannten Einrichtung der Freiwilligen Selbstkontrolle im Sinne dieses Staatsvertrages an oder unterwirft er sich ihren Statuten, so ist bei behaupteten Verstößen gegen den Jugendschutz, mit Ausnahme von Verstößen gegen § 4 Abs. 1, durch die KJM zunächst diese Einrichtung mit den behaupteten Verstößen zu befassen. [2]Maßnahmen nach Absatz 1 gegen den Anbieter durch die KJM sind nur dann zulässig, wenn die Entscheidung oder die Unterlassung einer Entscheidung der anerkannten Einrichtung der Freiwilligen Selbstkontrolle die rechtlichen Grenzen des Beurteilungsspielraums überschreitet.

(6) [1]Zuständig ist die Landesmedienanstalt des Landes, in dem die Zulassung des Rundfunkveranstalters erteilt wurde oder der Anbieter von Telemedien seinen Sitz, Wohnsitz oder in Ermangelung dessen seinen ständigen Aufenthalt hat. [2]Ergibt sich danach keine Zuständigkeit, so ist diejenige Landesmedienanstalt zuständig, in deren Bezirk der Anlass für die Amtshandlung hervortritt.

(7) Die Länder überprüfen drei Jahre nach Inkrafttreten dieses Staatsvertrages die Anwendung der Bestimmungen der Absätze 3 und 5 insbesondere auf der Grundlage des Berichts der KJM nach § 17 Abs. 3 und von Stellungnahmen anerkannter Einrichtungen Freiwilliger Selbstkontrolle und der obersten Landesjugendbehörden.

A. Regelungszweck

Die Vorschrift regelt ausschließlich die **Aufsicht über den privaten Rundfunk und Telemedien**, welche der zuständigen Landesmedienanstalt sowie der Kommission für Jugendmedienschutz als deren Organ obliegt. Die Norm ist weitgehend den Bestimmungen des § 59 RStV (vormals § 38 RStV sowie des § 22 MDStV) entlehnt. Sie regelt in Abs. 3 und 5 aber auch das Kernstück des durch den Gesetzgeber manifestierten Prinzips der **„regulierten Selbstregulierung"**, da hierdurch den Entscheidungen anerkannter Einrichtungen der Freiwilligen Selbstkontrolle (§ 19 JMStV) ein weitgehender Entscheidungsvorrang gegenüber staatlicher Aufsicht eingeräumt wird. 1

B. Maßnahmen der zuständigen Landesmedienanstalten

I. Aufsichtsmaßnahmen (Abs. 1)

Aus Abs. 1 ergibt sich die Zuständigkeit der Landesmedienanstalten für Aufsichtsmaßnahmen im Falle von Verstößen der Anbieter gegen Bestimmungen des JMStV. Welche der insgesamt 14 Landesmedienanstalten im Einzelfall zuständig ist, ergibt sich aus Abs. 6. Die Vorschrift ist zugleich generelle Ermächtigungsnorm für die Ergreifung geeigneter und erforderlicher Maßnahmen. Unter **Maßnahmen** sind nur solche Handlungsmöglichkeiten zu verstehen, die einer gewissen Förmlichkeit bedürfen, hingegen nicht schlichtes Handeln wie Ermittlung und Information über den Sachverhalt (Bayer. LT-Drucks. 14/10246, S. 24). Es kommen insbesondere in Betracht: Bloße Hinweise gegenüber dem Anbieter bei geringfügigen Verstößen, Abmahnungen und Beanstandungen, die Untersagung der künftigen Ausstrahlung oder Verbreitung bestimmter, bereits zugänglich gemachter Angebote, die Verpflichtung zur Vorlage bestimmter Angebote vor ihrer Verbreitung, die Aufforderung zur Schaffung organisatorischer oder technischer Vorkehrungen beim Anbieter, die Verpflichtung zur Veröffentlichung von Rügen oder Beanstandungen im Rahmen des eigenen Angebots, die Einziehung von unzulässig oder aufgrund unzulässiger Angebote erlangten Werbeentgelten; die Verhängung von Bußgeldern nach § 24 Abs. 3 JMStV; bei Rundfunkanbietern zusätzlich: das Ruhen der Sendeerlaubnis bzw der vollständige Lizenzwiderruf. Für die Ahndung von **Ordnungswidrigkeiten** gilt die Zuständigkeitsnorm des § 24 Abs. 4 JMStV. Für Einzelfallentscheidungen im Zusammenhang mit Sendezeitbeschränkungen nach § 8 JMStV ist indes die KJM zuständig, soweit keine Einrichtung der Freiwilligen Selbstkontrolle für die Wahrnehmung der genannten Aufgaben anerkannt ist. 2

II. Maßnahmeadressaten

1. Rundfunkveranstalter (Abs. 2). Nach Abs. 2 trifft für Rundfunkveranstalter die zuständige (vgl Abs. 6) Landesmedienanstalt „durch die KJM" entsprechend den Regelungen der **Landesmediengesetze** die jeweilige Entscheidung. Soweit das Landesrecht lediglich generalklauselartig Maßnahmen bei Verstößen vorsieht, kommen die in Rn 2 näher genannten in Betracht, wobei auch insoweit der Verhältnismäßigkeitsgrundsatz zu beachten ist. Da die **Kommission für Jugendmedienschutz** (KJM) durch ihre abschließende Beurteilung die verbindliche (§ 17 Abs. 1 S. 5 JMStV) Grundlage für die Entscheidung der zuständigen Landesmedienanstalten schafft, hat auch die Kommission die nach Landesrecht besonders vorgesehenen Maßnahmen zu berücksichtigen. 3

2. Anbieter von Telemedien (Abs. 4). Nach Abs. 4 trifft die zuständige (vgl Abs. 6) Landesmedienanstalt „durch die KJM" auch für Anbieter von Telemedien die jeweilige Entscheidung, wobei § 59 Abs. 2 bis 4 JMStV entsprechende Anwendung findet. Die ausdrücklich in § 59 Abs. 3 S. 2 JMStV genannte Maßnahme der **Untersagung und Sperrung** stellt, abgesehen von der als ultima ratio lediglich gegen Anbieter nach §§ 7, 9, 10 TMG in Betracht kommenden Löschungsanordnung (vgl *Sieber*, CR 1997, 653, 659), den schwersten Eingriff in die Rechte des Telemedien-Anbieters dar, da hiernach ein Zugriff Dritter auf die Telemedien nicht mehr möglich ist. Ein solches Vorgehen kommt vornehmlich bei unzulässigen Inhalten nach § 4 Abs. 1 JMStV in Betracht. Wie sich der Formulierung in § 59 Abs. 3 S. 2 RStV („insbesondere") entnehmen lässt, verbleiben den Behörden freilich weitere, weniger einschneidende Maßnahmen gegenüber Anbietern von Telemedien, was im Übrigen auch der Verhältnismäßigkeitsgrundsatz gebietet (zB formelle Beanstandung eines rechtswidrigen Angebotes, gegebenenfalls verbunden mit einer Androhung der Untersagung). 4

Erweisen sich Maßnahmen gegenüber dem verantwortlichen Content- oder Service-Provider nach § 7 TMG als nicht durchführbar oder nicht erfolgversprechend, so können im Rahmen des technisch 5

Möglichen und Zumutbaren gemäß § 59 Abs. 4 RStV Maßnahmen zur Sperrung von Angeboten auch gegen den **Anbieter von fremden Inhalten nach §§ 8 bis 10 TMG** gerichtet werden (vgl auch OVG Münster Beschl. v. 19.3.2003 – 8 B 2567/02). Damit wird zugleich klargestellt, dass vorrangiger Adressat etwaiger Aufsichtsmaßnahmen Anbieter sind, die eigene Inhalte zur Nutzung bereithalten (vgl Bayer. LT-Drucks. 13/7716, S. 17; *Germann*, S. 382). Erst wenn Maßnahmen gegen diese nicht erfolgversprechend sind, etwa wegen Anonymität des Content-Providers, kann gegen den Service-Provider oder den bloßen Zugangsvermittler, vornehmlich sog. Access-Provider vorgegangen werden. Dem weiteren Erfordernis der technischen Möglichkeit der Sperrung kommt lediglich deklaratorische Bedeutung zu, da eine diesbezügliche Anordnung der zuständigen Behörde nach § 44 Abs. 2 Nr. 4 VwVfG nichtig wäre. Auch das normative Element der Zumutbarkeit der Sperrung geht in dem allgemeinen Verhältnismäßigkeitspostulat auf (vgl VG Düsseldorf MMR 2003, 205 ff; OVG Münster MMR 2003, 348; ausf. *Marberth-Kubicki,* NJW 2009, 1792 ff; *Sieber/Nolde,* Sperrverfügungen im Internet, 2008; *Schnabel*, K&R 2008, 26 ff).

III. Entscheidungen der Freiwilligen Selbstkontrolle (Abs. 3 und 5)

6 **1. Bewertungsvorrang anerkannter Selbstkontrolleinrichtungen.** Eine gegenüber der vormaligen Rechtslage erheblich gesteigerte Bedeutung kommt seit Inkrafttreten des JMStV den Entscheidungen von anerkannten Einrichtungen der Freiwilligen Selbstkontrolle zu. Während nach § 3 Abs. 8 RStV aF die Landesmedienanstalten die Gutachten der Freiwilligen Selbstkontrolle Fernsehen bei ihren Entscheidungen lediglich „einzubeziehen" hatten (vgl hierzu VG Berlin ZUM 2002, 758 ff sowie *Ladeur*, ZUM 2002, 859, 863 ff; ferner OVG Berlin NJW 2003, 840 f), räumt der Gesetzgeber den Voten einer anerkannten Selbstkontrolleinrichtung nunmehr rechtliche Bindungswirkung im Rahmen eines begrenzten Beurteilungsspielraums und damit faktisch einen **Bewertungsvorrang** ein (vgl *Hopf*, 2005, S. 68 f; *Cole*, RdJB 2006, 299, 305). Dies betrifft nicht nur die Beurteilung angebotsinhaltlicher Fragen sondern auch solche technisch-struktureller Natur, wie zB die Zulänglichkeit von geschlossenen Benutzergruppen nach § 4 Abs. 2 S. 2 JMStV (vgl *Liesching*, JMS-Report, 6/2006, 2 ff; *Sellmann*, MMR 2006, 723 ff). Insoweit ist in Rspr und Schrifttum anerkannt, dass sich aus Sicht der staatlichen Medienaufsicht ein **Verfahrenshindernis** ergibt, wenn die anerkannte Selbstkontrolleinrichtung im Rahmen der gesetzlichen Grenzen des Beurteilungsspielraums festgestellt hat, dass eine Entwicklungsbeeinträchtigung nicht vorliegt (VG München JMS-Report 5/2009, 64, 65 – „I want a famous face"; H/S/*Altenhain*, Rn 189; *Mynarik*, Jugendschutz, 2006, S. 134; *Witt*, Regulierte Selbstregulierung, 2008, S. 267).

7 **2. Anerkannte Einrichtungen der FSF und der FSM.** Als Einrichtungen der Freiwilligen Selbstkontrolle hatten sich bereits vor Inkrafttreten der JMStV für den Bereich des Privaten Fernsehens die „**Freiwillige Selbstkontrolle Fernsehen** e.V." (FSF) und für den Bereich der Telemedien die „**Freiwillige Selbstkontrolle Multimedia-Diensteanbieter** e.V." (FSM) etabliert. Die FSF wurde durch die zuständige Landesmedienanstalt auf Grundlage der Entscheidung der KJM für den Bereich des Privatfernsehens zum 1.8.2003 als Selbstkontrolleinrichtung nach § 19 JMStV anerkannt (vgl zur Arbeit der FSF sowie zur Zusammenarbeit mit der KJM: 2. KJM-Bericht, 2007, S. 13; 3. KJM-Bericht 2009, S. 16; *v.Gottberg,* KJM-Schriftenreihe I, 2009, S. 51 ff; *Schwendtner*, KJM-Schriftenreihe I, 2009, S. 90 ff). Demgegenüber wurde die FSM für den Bereich der Telemedien erst durch Bescheid v. 25.10.2005 durch die zuständige Landesmedienanstalt anerkannt (vgl zur Arbeit der FSM sowie zur Zusammenarbeit mit der KJM: 2. KJM-Bericht, 2007, S. 14; 3. KJM-Bericht 2009, S. 17; *Frank*, KJM-Schriftenreihe I, 2009, S. 71 ff; zu den Selbstkontrolleinrichtungen im Allgemeinen ausführlich *Scheuer*, RdJB 2006, 308 ff).

8 **3. Umfang des Beurteilungsspielraums. a) Allgemeine Grundsätze.** Hat die Selbstkontrolleinrichtung geprüft und der Anbieter eventuelle Vorgaben (zB Sendezeitbeschränkungen) beachtet, überprüft die Aufsicht nur, ob sich die Selbstkontrolle im Rahmen des Beurteilungsspielraumes gehalten hat, welchen die Bestimmungen des JMStV und die insoweit erlassenen Satzungen und Richtlinien belassen. Dies gilt auch für eine mögliche Ahndung als Ordnungswidrigkeit (Bayer. LT-Drucks. 14/10246, S. 25). Gerade bei Verbotstatbeständen im Bereich des Jugendmedienschutzes ergeben sich wegen der Unbestimmtheit der verwandten Rechtsbegriffe teils erhebliche **Auslegungsspielräume bei der Bewertung** eines konkreten Angebotsinhaltes (vgl etwa BVerwGE 23, 112; 39, 197, 198; 77, 75, 78; 91, 211, 215 f; BVerfGE 83, 130, 147; 84, 34, 45 ff; *Geis*, NVwZ 1992, 25 ff).

Vor diesem Hintergrund wird überwiegend der **verwaltungsrechtlich geprägte Ansatz** vertreten, wonach sich die Überprüfung durch die KJM auf Verfahrensfehler, die Ermittlung eines unrichtigen Sachverhalts, die Verkennung anzuwendenden Rechts und die Verletzung allgemein gültiger Wertungsmaßstäbe bei der Rechtsanwendung beschränkt (vgl *Cole*, RdJB 2006, 299, 305; *Kreile/Diesbach*, ZUM 2002, 849, 855; *Sellmann*, MMR 2006, 723, 724). Immerhin geht der VGH München offenbar in einer Eilverfahrensentscheidung vom 22.3.2005 (– 7 CS 05.79) darüber hinaus. Im Bezug auf eine im Hauptabendprogramm ausgestrahlte und daraufhin von der KJM beanstandete Sendung zum Thema „Schönheitsoperationen" stellte das Gericht fest, dass nach der Interessenabwägung gemäß § 80 Abs. 5 VwGO manches dafür spreche, dass die streitgegenständliche Sendung ein entwicklungsbeeinträchtigendes Angebot darstellt und die KJM und die Antragsgegnerin zutreffend einen Verstoß gegen § 5 Abs. 4 Satz 1 iVm Abs. 1 JMStV sowie die Überschreitung der rechtlichen Grenzen des Beurteilungsspielraums durch die FSF angenommen haben, so dass eine Sendezeitbeschränkung auf 23.00 Uhr bis 6.00 Uhr gerechtfertigt sei (s. allerdings auch VG Berlin ZUM 2006, 779 ff m. Anm. *Liesching*). 9

b) **Beurteilungsspielräume bei angebotsinhaltlichen Bewertungen.** Beurteilungsspielräume bei der Anwendung der JMStV-Bestimmungen kommen vor allem hinsichtlich des Vorliegens einer **Eignung zur Entwicklungsbeeinträchtigung** von Kindern und Jugendlichen nach §§ 5 Abs. 1, 6 Abs. 3 JMStV in Betracht. Daneben eröffnen – wenngleich in geringerem Umfang – einzelne **Verbotstatbestandsmerkmale** (zB „in unnatürlich geschlechtsbetonter Körperhaltung") iSd § 4 Abs. 1 S. 1 Nr. 9, Werbeinhalte, die gem. § 6 Abs. 2 JMStV „seelischen Schaden zufügen" Spielräume bei der Beurteilung des jeweiligen Angebotsinhalts. Des Weiteren bietet die Frage der „wesentlichen Inhaltsgleichheit" eines Angebotes mit einem indizierten Werk iSd § 4 Abs. 1 S. 1 Nr. 11, Abs. 2 S. 1 Nr. 2 eine Interpretationsbreite, die die Annahme eines Beurteilungsspielraums rechtfertigt (insoweit ist aber § 4 Abs. 3 JMStV zu beachten). Im Einzelfall eröffnen auch Verbotstatbestände einen Beurteilungsspielraum, welche bestimmten Normen des Strafgesetzbuchs entsprechen (§ 4 Abs. 1 S. 1 Nr. 1 bis 6 u. 10, Abs. 2 S. 1 Nr. 1 JMStV). Das gilt etwa hinsichtlich der unbestimmten Medieninhaltsattribute der Pornographie iSd § 184 StGB und der Gewaltdarstellung iSd § 131 StGB. Allerdings schützt die Privilegierung des Abs. 3 grundsätzlich nicht vor Strafverfolgung durch die zuständigen Staatsanwaltschaften (so auch *Bornemann*, NJW 2003, 787, 791). 10

c) **Einschränkung durch Satzungen und Richtlinien.** Die rechtlichen Grenzen des Beurteilungsspielraums bestimmen sich im weiteren Sinne nach den Rechtsvorschriften zum Jugendschutz einschließlich der hierfür erlassenen Satzungen und Richtlinien. Zu beachten sind insbesondere die gemeinsamen **Jugendschutzrichtlinien** der Landesmedienanstalten, die am 2.6.2005 in Kraft getreten sind. Wegen Abs. 3 S. 3 muss im Bereich des Rundfunks die FSF (Rn 7) im Rahmen der Entscheidungen zu Sendezeitbeschränkungen nach § 8 Abs. 1 JMStV sowie zu Ausnahmen nach § 9 Abs. 1 JMStV die von der KJM erlassenen Richtlinien berücksichtigen, soweit diese den gewährten Beurteilungsspielraum eingrenzen. Allerdings dürfen Satzungen und Richtlinien den Normgehalt des JMStV nicht verengen, sondern lediglich durch die Fassung von Auslegungskriterien konkretisieren. Insoweit ist auch eine zu detaillierte Richtlinienvorgabe unzulässig, wenn hierdurch den anerkannten Selbstkontrolleinrichtungen kein Spielraum bei der Beurteilung unbestimmter Rechtsbegriffe des JMStV verbleibt (*Kreile/Diesbach*, ZUM 2002, 849, 855; ausf. *Ladeur*, ZUM 2002, 859, 867 f). 11

4. Medienspezifische Besonderheiten. a) Rundfunk (Abs. 3). Die Vorschrift des Abs. 3 S. 1 betrifft lediglich **vorlagefähige Rundfunkangebote**. Das sind alle Angebote, die mit dem für eine Vorlage erforderlichen zeitlichen Vorlauf vor Ausstrahlung (oder Einstellung ins Internet) auf einem Trägermedium zur Verfügung stehen (Bayer. LT-Drucks. 14/10246, S. 25). Hat der Anbieter nicht vorgelegt oder beachtet dieser Vorgaben der Selbstkontrolle nicht, so entscheidet die KJM nach eigener Beurteilung und Rechtsauslegung. Bei **nicht vorlagefähigen Sendungen** können gemäß Satz 2 Maßnahmen der zuständigen Landesmedienanstalt durch die KJM nur unter Beachtung der Entscheidungen der zunächst zu befassenden anerkannten Selbstkontrolleinrichtung in den Grenzen des entsprechend anwendbaren Satz 1 ergehen. Als nicht vorlagefähig sind insbesondere Live-Sendungen oder aktuelle Einspielungen zB in Nachrichtensendungen anzusehen, die keiner Selbstkontrolleinrichtung vor Ausstrahlung hätten vorgelegt werden können, ohne die Ausstrahlung wegen Zeitablaufs überflüssig zu machen (Bayer LT-Drucks. 14/10246, S. 25). Nach Satz 3 findet bei Entscheidungen einer anerkannten Selbstkontrolleinrichtung über Sendezeitbeschränkungen nach § 8 JMStV und Ausnahmen nach § 9 Abs. 1 JMStV die Haftungsprivilegierung des Satz 1 entsprechend Anwendung. Die Anbieter werden 12 auch hierdurch in ihrem Vertrauen in die Entscheidungen der Selbstkontrolle geschützt, soweit diese den gesetzlichen Beurteilungsspielraum eingehalten hat.

13 **b) Telemedien** (**Abs. 5**). Wegen der abweichenden Darbietungstechnik ist für Telemedien die Haftungsprivilegierung bei Entscheidungen anerkannter Selbstkontrolleinrichtungen in Abs. 5 eigenständig geregelt. Das bloße Erfordernis der lediglich nach ihrer Verbreitung vorzunehmenden Befassung der Selbstkontrolleinrichtung mit Angeboten von Telemedien ergibt sich nach der Gesetzesbegründung daraus, dass die Angebote in der Regel bereits im Netz stehen, wenn sie wahrgenommen werden (Bayer. LT-Drucks. 14/10246, S. 25). Freilich unterliegt der Anbieter darüber hinaus der präventiven Regulierung durch den nach § 7 JMStV zu bestellenden Jugendschutzbeauftragten bzw der mit entsprechenden Aufgaben betrauten Selbstkontrolleinrichtung. Sofern Verstöße gegen die Absolutverbote des § 4 Abs. 1 JMStV in Rede stehen, bedarf es der vorherigen Befassung der Selbstkontrolleinrichtungen nicht. Die Vorschrift des Satz 2 bestimmt, dass Maßnahmen der Aufsicht dann ausscheiden, wenn die Entscheidung der anerkannten (§ 19 Abs. 2 JMStV) Selbstkontrolleinrichtung im Rahmen des Beurteilungsspielraums bleibt. Als der Haftungsprivilegierung unterliegende „Maßnahme nach Absatz 1“ ist weder der Antrag auf Indizierung eines Telemediums nach § 18 Abs. 6 JuSchG noch die Stellungnahme der KJM nach § 21 Abs. 6 JuSchG anzusehen. Die Vorschrift des Abs. 1 erfasst nur Maßnahmen aufgrund von Verstößen gegen JMStV-Bestimmungen.

IV. Zuständigkeit der Landesmedienanstalten (Abs. 6)

14 Die Vorschrift des Abs. 6 regelt die Zuständigkeit der „nach außen als Aufsicht in Erscheinung tretenden“ (Bayer. LT-Drucks. 14/10246, S. 26) Landesmedienanstalten. Örtlich zuständig für Aufsichtsmaßnamen gegen Rundfunkveranstalter ist nach Satz 1 die Landesmedienanstalt des Landes, in dem die Zulassung iSd § 20 f RStV erteilt wurde. Welche Landesmedienanstalt bei Maßnahmen gegen Anbieter von Telemedien örtlich zuständig sein soll, bestimmt sich entsprechend § 3 Abs. 1 Nrn. 3 u. 4 VwVfG nach dem **Sitz** des Anbieters, seinem Wohnsitz und in Ermangelung dessen nach seinem ständigen Aufenthalt. Ist der Anbieter eine juristische Person oder Vereinigung, so ist der jeweilige Sitz des Anbieters an dem Ort, der durch Gesetz, Gesellschaftsvertrag, Satzung, Stiftungsgeschäft oder dergleichen bestimmt ist. Fehlt es an einer derartigen Bestimmung, so ist auf § 17 Abs. 1 S. 2 ZPO zurückzugreifen und als Sitz der Ort anzunehmen, an dem die (Haupt)Verwaltung geführt wird (vgl BVerwGE 69, 104). Der Wohnsitz bestimmt sich nach §§ 7 bis 11 BGB und wird im Regelfall durch die einwohnermeldeamtlichen Daten des Anbieters indiziert. Der subsidiär eingreifende Anknüpfungspunkt des ständigen Aufenthaltes bezeichnet insbesondere bei im Übrigen im Ausland ansässigen Anbietern den Ort, an dem sie bei Inlandsbesuchen ganz überwiegend verweilen. Fehlt es auch hieran oder sind die Voraussetzungen nicht feststellbar, so ist schließlich nach Satz 2 der Ort entscheidend, an dem die Maßnahmen der Landesmedienanstalt wirksam werden sollen, also zB dort, wo eine Sperrungsverfügung auf einem Server umgesetzt werden kann (Bayer. LT-Drucks. 14/10246, S. 26).

V. Überprüfung der Abs. 3 und 5 durch die Länder (Abs. 7)

15 Die Vorschrift sieht eine eigenständige Überprüfung der Haftungsprivilegierungen der Abs. 3 und 5 vor, deren beispiellose Struktur ihre Tauglichkeit im Lichte des verfassungsrechtlichen Rangs, den der Jugendschutz in den Medien genießt, nach Auffassung des Gesetzgebers erst noch erweisen musste (Bayer. LT-Drucks. 14/10246, S. 26). Angesichts der bisherigen Bewertungspraxis kann jedenfalls für die FSF für den Bereich Rundfunk von einer Bewährung des Regulierungssystems gesprochen werden (ausf. *Liesching*, JMS-Report 6/2005, 2, 3). Ergänzt wird die Vorschrift durch das Sonderkündigungsrecht des § 26 Abs. 1 S. 4 JMStV.

11. Teil: Medienstrafrecht und Medienstrafverfahrensrecht

1. Kapitel: Medienstrafrecht

Schrifttum: *Altenhain/Liesching* u.a., Kriterien der Scheinminderjährigkeit im Rahmen des Strafverbots der Jugendpornographie, BPjM-aktuell 02/2009, 3; *Barton, Dirk-M,:* Multimedia-Strafrecht – Ein Handbuch für die Praxis, Neuwied 1999; *Becker/Ulbrich/Voß*, Tele-Gewinnspiele im „Hot-Button-Verfahren": Betrug durch Moderatoren?, MMR 2007, 149 ff; *Beukelmann*, Computer- und Internetkriminalität, NJW-Spezial 2004, 135 ff; *Bleisteiner,* Rechtliche Verantwortlichkeit im Internet, in: Europäische Schriftenreihe zum Informationsrecht, Band 10, Köln 1999, S. 150 ff; *Boese*, Strafrechtliche Verantwortlichkeit für Verweisung durch Links im Internet, 2000; *Bosch,* Der strafrechtliche Schutz von Foto-Handy-Voyeuren und Paparazzi, JZ 2005, 377 ff; *Cornelius*, Computer Fraud, Spam und Copyright Infringements – Ein Blick auf das US-amerikanische Computerstrafrecht, MMR 2007, 218 ff; *Eckstein,* Pornographie und Versandhandel, wistra 1997, 49 f; *Eisele,* Strafrechtlicher Schutz vor unbefugten Bildaufnahmen, JR 2005, 6 ff; *Erdemir,* Gewaltverherrlichung, Gewaltverharmlosung und Menschenwürde, ZUM 2000, 699; *Ernst*, Hacker und Computerviren im Strafrecht, NJW 2003, 3233; *ders.,* Das neue Computerstrafrecht, NJW 2007, 2661; *Flechsig/Gabel*, Strafrechtliche Verantwortlichkeit im Netz durch Einrichten und Vorhalten von Hyperlinks, CR 1998, 351 ff; *Gercke/Brunst*, Praxishandbuch Internetstrafrecht, 2009; *Gercke,* Rechtswidrige Inhalte im Internet, Köln 2000; *ders.*, Die Entwicklung des Internetstrafrechts im Jahr 2006, ZUM 2007, 282 ff; *ders.*, Die strafrechtliche Verantwortlichkeit für Hyperlinks, CR 2006, 844 ff; *Goeckenjan*, Auswirkungen des 41. StÄG auf die Strafbarkeit des „Phishing", wistra 2009, 47; *Graf*, „Phishing" derzeit nicht generell strafbar, NStZ 2007, 129 ff; *Gröseling/Höfinger*, Computersabotage und Vorfeldkriminalisierung – Auswirkungen des 41. StrÄndG zur Bekämpfung der Computerkriminalität, MMR 2007, 626 ff; *Gruhl,* Strafbarkeit der Vermietung von Bildträgern durch Automaten, MMR 2000, 664 ff; *Heghmanns*, Musiktauschbörsen im Internet aus strafrechtlicher Sicht, MMR 2004, 14 ff; *Heinrich*, Neue Medien und klassisches Strafrecht, NStZ 2005, 361 ff; *Heuchemer/Paul*, Die Strafbarkeit unbefugter Bildaufnahmen – Tatbestandliche Probleme des § 201a StGB, JA 2006, 616 ff; *Hilgendorf/Wolf*, Internetstrafrecht – Grundlagen und aktuelle Fragestellungen, K&R 2006, 541 ff; *Hoppe*, Bildaufnahmen aus dem höchstpersönlichen Lebensbereich – der neue § 201a StGB, GRUR 2004, 990; *Hörnle,* Pornographische Schriften im Internet: Die Verbotsnormen im deutschen Strafrecht und ihre Reichweite, NJW 2002, 1008 ff; *dies.,* Die Umsetzung des Rahmenbeschlusses zur Bekämpfung der sexuellen Ausbeutung von Kindern und der Kinderpornographie, NJW 2008, 3521; *Kaiser*, Medienkriminalität – Spiegel der Wirklichkeit oder Instrument der Kriminalpolitik, ZRP 2002, 30 ff; *Kargl,* Rechtsextremistische Parolen als Volksverhetzung, JURA 2001, 176 ff; *Koch,* Strafrechtliche Verantwortlichkeit beim Setzen von Hyperlinks auf missbilligte Inhalte, MMR 1999, 704 ff; *Koch*, Strafrechtlicher Schutz vor unbefugten Bildaufnahmen – Zur Einführung von § 201a StGB, GA 2005, 589 ff; *Köhne,* Kennzeichen verfassungswidriger Organisationen in Computerspielen, DRiZ 2003, 210 ff; *Kudlich,* Die Neuregelung der strafrechtlichen Verantwortung von Internetprovidern, JA 2002, 798 ff; *Kühl,* Zur Strafbarkeit unbefugter Bildaufnahmen, AfP 2004, 190 ff; *Ladeur,* Was ist Pornographie heute? – Zur Notwendigkeit einer Umstellung des strafrechtlichen Pornografieverbotes auf Institutionenschutz, AfP 2001, 471 ff; *Liesching,* Sind pornographische und gewaltverherrlichende „Live Shows" im Internet straffrei?, JMS-Report 5/1999, 1 ff; *ders.*, Das neue Strafverbot jugendpornographischer Schriften nach § 184c StGB, JMS-Report 5/2008, 2; *Malek*, Strafsachen im Internet, 2005; *Marberth-Kubicki*, Computer- und Internetstrafrecht, 2. Aufl. 2010; *Meirowitz,* Gewaltdarstellungen auf Videokassetten, 1993, S. 351 f; *Pelz,* Die strafrechtliche Verantwortlichkeit von Internet-Providern, ZUM 1998, 530 ff; *Römer,* Verbreitungs- und Äußerungsdelikte im Internet, 2000; *Sanchez-Hermosilla*, Neues Strafrecht für den Kampf gegen Computerkriminalität, CR 2003, 774 ff; *Schreibauer*, Das Pornographieverbot des § 184 StGB, 1999; *Schroeder,* Gesetzestechnische Mängel im Gesetz zur Umsetzung des EU-Rahmenbeschlusses zur Bekämpfung der sexuellen Ausbeutung von Kindern und der Kinderpornographie, GA 2009, 213; *Schultz*, Neue Strafbarkeiten und Probleme – Der Entwurf des Strafrechtsänderungsgesetz (StrafÄndG) zur Bekämpfung der Computerkriminalität vom 20.9.2006, MIR Dok. 180-2006, Rn 1-52; *Schumann,* Zum strafrechtlichen und rundfunkrechtlichen Begriff der Pornographie, in: *Eser* (u.a.), Festschrift für Theodor Lenckner, 1998, S. 565; *ders.,* Das 41. StrÄndG zur Bekämpfung der Computerkriminalität, NStZ 2007, 675; *Sieber,* Mindeststandards für ein globales Pornographiestrafrecht, ZUM 2000, 89 ff; *ders.,* Kinderpornographie, Jugendschutz und Providerverantwortlichkeit im Internet, 1999; *ders.*, Verantwortlichkeit im Internet – Technische Kontrollmöglichkeiten und multimediarechtliche Regelungen, 1999; *ders.*, Strafrechtliche Verantwortlichkeit für den Datenverkehr in internationalen Computernetzen, JZ 1996, 429 ff, 494 ff; *Spindler*, Haftung und Verantwortlichkeit im IT-Recht, CR 2005, 741; *Stegbauer*, Rechtsextremistische Propaganda im Lichte des Strafrechts, 2000; *ders.*, Der Straftatbestand gegen die Auschwitzleugnung – eine Zwischenbilanz, NStZ 2000, 281; *Vassilaki*, Strafrechtliche Verantwortlichkeit der Diensteanbieter nach dem TDG, MMR 1998, 630 ff; *dies.*, Strafrechtliche Haftung nach §§ 8 ff TDG, MMR 2002, 659 ff; *dies.*, Computer- und Internetstrafrecht, Kriminalität im World Wide Web – Erscheinungsformen der „Post-Computerkriminalität" der zweiten Generation, MMR 2006, 212; *dies.*, Das 41. StrÄndG – Die neuen strafrechtlichen Regelungen und ihre Wirkung auf die Praxis, CR 2008, 131.

87. Abschnitt: Allgemeine strafrechtliche Grundsätze

A. Anknüpfung an Handlungen natürlicher Personen

I. Handlungs- bzw Tatvorwurf

1 Das Medienstrafrecht knüpft – wie das Strafrecht allgemein – hinsichtlich der Verantwortlichkeit einer (natürlichen) Person zunächst an ein „menschliches Handeln" an (vgl zu dem im Einzelnen umstrittenen Handlungsbegriff *Roxin*, Strafrecht – AT, 3. Aufl. 1997 § 8 Rn 1 ff). Die einem Menschen vorgeworfene konkrete Handlung ist dabei nicht nur Anknüpfungspunkt für den Schuldvorwurf (sog. Tatschuld), sondern auch entscheidend für die „verhaltensmotivierende" Zielsetzung des Strafrechts: Im Falle einer Verurteilung muss dem Angeklagten deutlich gemacht werden, wegen welcher **konkreten (sozialschädlichen) Handlung** er verurteilt wird, damit diese in Zukunft vermieden werden kann (präventive Funktion des Strafrechts). Diese grundlegende strafrechtliche Voraussetzung wurde zB im Bereich des Internetstrafrechts in der weithin bekannten „CompuServe"-Entscheidung des AG München übersehen (vgl AG München MMR 1998, 429). Dem angeklagten Geschäftsführer der deutschen CompuServe GmbH wurde hier in der Anklageschrift zunächst vorgeworfen, den Datenverkehr zwischen der CompuServe GmbH und der amerikanischen Muttergesellschaft CompuServe Inc. nicht im Hinblick auf pornographische Daten „gefiltert" zu haben. Nachdem der gerichtliche Sachverständige eine derartige „Filterung" als unmöglich bezeichnet hatte, beantragten Verteidigung und Staatsanwaltschaft Freispruch. Das Gericht verurteilte jedoch wegen einer nicht näher bezeichneten anderen Handlung, die es wohl im „Aufrechterhalten" der Datenverbindung im Zusammenhang mit Handlungen im Bereich der amerikanischen Muttergesellschaft CompuServe Inc. sah (vgl die Anm. von *Sieber*, MMR 1998, 438 (443 f) und *Liesching/Liesching*, JMS-Report 4/1998, S. 60 ff).

II. Strafrechtliche „Verantwortlichkeitszurechnung" in Medienunternehmen

2 Aus der im deutschen Strafrecht verankerten „Höchstpersönlichkeit" in dem Sinne, dass der individuelle Schuldvorwurf immer an eine Handlung einer natürlichen Person anknüpft, ergibt sich insbesondere für den Bereich der Medienstrafrechts, dass eine Generalhaftung eines Medienunternehmens im Sinne einer Einstandsverantwortlichkeit für Handlungen einzelner Mitarbeiter grundsätzlich nicht in Betracht kommt. Eine **Verbandsstrafe** für körperschaftlich strukturierte Wirtschafts- bzw Medienunternehmen ist dem deutschen Strafrecht also grundsätzlich fremd (vgl hierzu *Dannecker*, GA 2001, 101 ff; *Fischer*, 55. Aufl. § 14 StGB Rn 1c). Als Ausnahme könnte man auf den ersten Blick **pressestrafrechtliche Regelungen** ansehen, welche im Falle mittels eines Druckwerks begangener rechtswidriger Straftaten bei periodischen Druckwerken den verantwortlichen Redakteur und bei sonstigen

Druckwerken den Verleger in eine Art Generalhaftung zu nehmen scheinen; allerdings ist hier stets Voraussetzung, dass dem Redakteur bzw dem Verleger auch (vorsätzlich oder fahrlässig) der persönliche Vorwurf einer Verletzung von Freihaltungs- und Aufsichtspflichten gemacht werden kann (vgl zB § 20 LPG Ba-Wü; § 19 LPG Berlin; anders die „Vermutungsregel" in Art. 11 Abs. 2 LPG Bayern; s. auch 90. Abschnitt, Rn 102 f).

III. Vertreter- und Organhaftung

Allerdings können sich „umgekehrt" **Vertreter und Organe körperschaftlich strukturierter Medienunternehmen** nicht der strafrechtlichen Verantwortlichkeit mit der Einlassung entziehen, etwaig erforderliche strafbarkeitsbegründende persönliche Merkmale würden in ihrer Person gar nicht vorliegen, da sie selbst zB nur angestellte Geschäftsführer des betreffenden Unternehmens seien. Derartigen Einwendungen steht § 14 StGB entgegen, der für das Ordnungswidrigkeitenrecht in § 14 OWiG seine Entsprechung findet. Vor allem im Nebenstrafrecht kommt der Vorschrift Bedeutung zu, sofern Straftatbestände etwa die Tätereigenschaft als Verleger, Redakteur, Veranstalter, Gewerbetreibender oder Anbieter voraussetzen (vgl hierzu ausführlich *Perron* in: Schönke/Schröder, 27. Aufl. § 14 Rn 8 ff). 3

B. Tun und Unterlassen

I. Erforderlichkeit der Unterscheidung

Als Anknüpfungspunkte eines strafrechtlichen Vorwurfs kommen entweder positives Tun oder pflichtwidriges Unterlassen in Betracht (vgl § 13 StGB). Die Unterscheidung dieser beiden Grundformen des strafrechtlich relevanten Handelns ist hinsichtlich der Verantwortlichkeit von Medienanbietern vor allem dann von zentraler Bedeutung, wenn Medieninhalte in größerem Umfang distribuiert werden und eine dezidierte Inhaltskontrolle vor der (Weiter-)Verbreitung nicht stattfindet. Hier kann der Tatvorwurf entweder am aktiven Tun der „Verbreitung" oder am Unterlassen der Inhaltskontrolle oder der Schaffung entsprechender Compliance-Strukturen anknüpfen. Die Unterscheidung ist für die strafrechtliche Verantwortlichkeit deshalb besonders relevant, weil ein wesentlicher Unterschied zwischen aktivem Tun und Unterlassen darin liegt, dass bei der Einordnung eines menschlichen Verhaltens als Tun grundsätzlich jeder zur Tatbestandserfüllung führende kausale Beitrag eines Menschen relevant ist. Im Falle eines Unterlassens liegt eine Strafbarkeit dagegen nur dann vor, wenn dem Unterlassenden eine sog. **Garantenpflicht** zur Vornahme der von ihm verlangten Handlung obliegt (hierzu auch unten Rn 8). Darüber hinaus ergeben sich – je nach Einordnung des Täterverhaltens als Handeln oder als Unterlassen – auch **Unterschiede bei** der Prüfung der **Kausalität** sowie bei der Frage, inwieweit die Zumutbarkeit eines alternativen Verhaltens für die Strafbarkeit Bedeutung hat. 4

II. Praktische Bedeutung im Medienstrafrecht

Unter dem Gesichtspunkt der Unterlassensstrafbarkeit sind insbesondere Konstellationen im Bereich des **Internetstrafrechts** zu prüfen, etwa im Zusammenhang mit Internetforen, Blogs, Wikis und Gästebucheinträgen, dem Anbieten von Internetauktions-Plattformen, Tauschbörsen, Bild- und Videoplattformen, sogenannten „social networks" oder für das Betreiben von Suchmaschinen bzw das Setzen von Hyperlinks. Falls man eine Garantenpflicht etwa in der letztgenannten Konstellation zur Überwachung der verlinkten Angebote bejahen würde, so könnten diese unter dem Gesichtspunkt des Unterlassens gem. § 13 StGB für Verweise auf Seiten verantwortlich sein, die zum Zeitpunkt ihres aktiven Handelns noch rechtmäßig waren, jedoch später – zB nach einer inhaltlichen Seitenänderung durch den Content-Anbieter – gegen Strafvorschriften verstoßen (vgl *Gercke*, CR 2006, 844, 849 f). Darüber hinaus kann in der Bereitstellung eines Internetzugangs, der von dritten (minderjährigen) Kunden rechtsmissbräuchlich genutzt wird, in der Nichtwahrnehmung von Aufsichtsmaßnahmen ein Unterlassen erblickt werden (*Liesching/Knupfer*, MMR 2003, 562, 564). Doch auch im Bereich der **klassischen Medien** kommt der Frage einer etwaigen Unterlassensstrafbarkeit praktische Bedeutung zu, wie allein die bereits oben (Rn 2) erwähnten pressestrafrechtlichen Bestimmungen zu den Freihaltungs- und Aufsichtspflichten von Redakteuren bzw Verlegern zeigen, welche im Falle ihrer vorsätzlichen oder fahrlässigen Unterlassung in der Regel eine Strafbarkeit begründen können. 5

III. Abgrenzung zwischen aktivem Tun und Unterlassen

6 Problematisch ist die Unterscheidung zwischen aktiver Begehung und Unterlassung insbesondere in solchen Fallkonstellationen, in denen einerseits ein Tun vorliegt, hingegen andererseits auch gebotene Maßnahmen zur Verhinderung der Tatbestandsverwirklichung unterlassen worden sind. Die Rspr hält bei der Abgrenzung zwischen positivem Tun und Unterlassen für entscheidend, worauf der „**Schwerpunkt der Vorwerfbarkeit**" zu legen ist (vgl BGHSt 6, 59; BGH NStZ 1999, 607; OLG Karlsruhe NJW 1980, 1859). Darüber habe „in wertender Würdigung" der Tatrichter zu entscheiden (vgl BGH NStZ 1999, 607). Eine verbreitete Literaturmeinung grenzt dagegen zwischen Tun und Unterlassen nicht normativ nach dem Schwerpunkt der Vorwerfbarkeit ab, sondern bewertet mit einer naturwissenschaftlichen Betrachtungsweise als positives Tun jeden Energieeinsatz, der einen Tatbestandserfolg kausal und zurechenbar verursacht (vgl *Brammsen*, GA 2002, 193; *Roxin*, Strafrecht – AT II, 2003, § 31 Rn 78 mwN).

7 Vor diesem Hintergrund ist im Bereich des Medienstrafrechts zumindest im Bezug auf angebotsinhaltliche Strafdelikte des Verbreitens und Zugänglichmachens davon auszugehen, dass die Handlungen der Anbieter, Provider, Redakteure, Verleger etc., die in **dezidierter Kenntnis** der betreffenden inkriminierten Inhalte und einer **hierauf beruhenden Entscheidung** diese vertreiben oder sonst distribuieren, in der Regel als aktives Tun anzusehen sind. Sofern hingegen entscheidungsverantwortliche Personen insbesondere in größeren, arbeitsteilig strukturierten Medienunternehmen von inkriminierten Medieninhalten keine positive Kenntnis erlangen, da der Vertrieb und die Verbreitung entsprechender Inhalte unmittelbar an einen anderen Redakteur oder sonstigen Mitarbeiter delegiert ist oder es sich um fremde Angebotsinhalte Dritter handelt, so kann ein Schwerpunkt der Vorwerfbarkeit regelmäßig nur daran anknüpfen, dass der **Freihaltung des eigenen Medienangebotes** von strafbaren Inhalten oder einer bestehenden Aufsichtspflicht nicht oder nicht hinreichend nachgegangen worden ist. Freilich verbietet sich schon aufgrund des normativen Charakters der Abgrenzungskriterien im Bezug auf Tun und Unterlassen eine pauschale Wertung, so dass stets auf die konkreten Umstände des Einzelfalls abzustellen ist.

IV. Garantenpflichten

8 Soweit bei einzelnen Tätigkeitsbereichen und Funktionen der Medienanbieter davon auszugehen ist, dass sich diese nicht als aktives Tun, sondern als Unterlassen im strafrechtsdogmatischen Sinne darstellen, ist jeweils weiterhin zu untersuchen, inwieweit der unterlassende Anbieter „rechtlich dafür einzustehen" hatte, dass „der Erfolg nicht eintritt" (§ 13 StGB). Der BGH formuliert die negativen Konsequenzen dieser Bestimmung präzise: „Die bloße tatsächliche Möglichkeit, den Erfolg zu verhindern oder eine sittliche Verpflichtung, dies zu tun, sind niemals als ausreichender Grund für die Annahme einer Garantenpflicht angesehen worden" (vgl BGHSt 30, 391, 394). Die **positive Präzisierung** von § 13 StGB gilt allerdings als eine der schwierigsten Aufgaben in der Dogmatik des Allgemeinen Teils, die im vorgegebenen Rahmen nur im Ansatz nachgezeichnet werden kann.

9 Ein einheitlicher dogmatischer Ansatzpunkt zur Begründung der Garantenpflichten ist in der Rechtsprechung bisher nicht ersichtlich (vgl BGHSt 16, 155; 30, 391, 393 f; 37, 106, 115) und in der Literatur umstritten (vgl zB *Otto/Brammsen*, Jura 1985, 530, 532 ff). Allgemein anerkannt sind nur einige **formale Einteilungsgesichtspunkte**, die allerdings konkrete Rechtspflichten nicht begründen, sondern nur systematisieren oder bezüglich ihres Inhalts präzisieren können. Im Hinblick auf den Entstehungsgrund von Garantenpflichten unterscheidet die „formelle Rechtspflichtenlehre" zwischen Garantenpflichten aus Gesetz, Vertrag, vorangegangenem gefährlichem Tun und enger Lebensbeziehung (vgl nur BGHSt 30, 391, 394). Bezüglich des Inhalts der Garantenpflichten differenziert die „materielle Funktionslehre" zwischen Schutzpflichten für bestimmte Rechtsgüter (den sog. Obhutspflichten oder Beschützer-Garantenpflichten) und Pflichten zur **Überwachung von Gefahrenquellen** (den sog. Sicherungs-, Beherrschungs- oder Überwachungspflichten). Gerade letztere kommen im Medienstrafrecht in Betracht, soweit vor allem durch die Mediendistribution die Gefahr der jeweils pönalisierten Rechtsgutsverletzung geschaffen oder erhöht wird (so zB für das Setzen von Hyperlinks: *Boese*, Strafrechtliche Verantwortlichkeit, 2000, S. 156 ff; aA *Gercke*, CR 2006, 844, 850).

C. Vorsatz und Fahrlässigkeit

I. Vorsatz

Nach § 15 StGB ist grundsätzlich nur „vorsätzliches Handeln" strafbar, sofern nicht das Gesetz fahrlässiges Handeln ausdrücklich mit Strafe bedroht. Die im Medienstrafrecht überwiegenden Besitz-, Verbreitungs- und Äußerungsdelikte sowie die Computer- und Datendelikte können nahezu vollumfänglich nur vorsätzlich verwirklicht werden (zB §§ 86, 86a, 111, 130, 130a, 131, 166, 185 ff, 184 ff; 202a; 303a, 303b StGB). Auch die Zurechnungsformen der Mittäterschaft (§ 25 Abs. 2 StGB) und der Beihilfe (§ 27 StGB) erfordern ein vorsätzliches Handeln. Im Allgemeinen werden insbesondere **drei Vorsatzformen** unterschieden. Vorsätzlich handelt danach jeweils, wer die Tatbestandverwirklichung zielgerichtet will (sog. direkter Vorsatz 1. Grades), wer um die Umstände, die den betreffenden Straftatbestand verwirklichen, sicher weiß (sog. direkter Vorsatz 2. Grades) bzw wer die Tatbestandverwirklichung lediglich für möglich hält und sie billigend in Kauf nimmt (sog. bedingter Vorsatz) (vgl nur *Sternberg-Lieben,* in: Schönke/Schröder, 28. Aufl. § 15 Rn 64 ff). 10

Im Zusammenhang mit der Mediendelinquenz bzw inkriminierten Angebotsinhalten stellt sich insoweit auch die Frage der **Vorsatzkonkretisierung.** Insbesondere ist fraglich, ob das regelmäßig gegebene allgemeine, nicht auf einen konkreten Inhalt spezifizierte sichere Wissen verantwortlicher Personen größerer Medienunternehmen, dass aufgrund der Vielzahl vertriebener Informationen und Inhalte auch immer ein bestimmter Bruchteil strafrechtlich relevanter Angebote enthalten sein kann, bereits einen zumindest „bedingten" Vorsatz bezüglich einer konkreten Straftat begründet. Dies gilt im besonderen Maße im Bereich des Internetstrafrechts für Access- oder Host-Provider, Betreiber von Internetforen oder Suchmaschinen. Ein derartiger „Verdachtsvorsatz" ist aber mit Blick auf § 16 StGB als nicht hinreichend zur Vorsatzbegründung anzusehen, da insoweit die tatsächlichen konkreten Umstände, welche einen bestimmten Straftatbestand verwirklichen, gleichwohl nicht bekannt sind (vgl LG München MMR 2000, 171; *Heghmanns,* JA 2001, 71, 74; *Marberth-Kubicki,* Rn 163). 11

II. Fahrlässigkeit

Das Fehlen der Vorsatzanforderungen führt allerdings nicht per se zu einem vollumfänglichen strafrechtlichen Verantwortlichkeitsausschluss der Medienanbieter. Denn insbesondere im medienrelevanten Nebenstrafrecht sind zahlreiche Verstöße gegen Verbreitungsverbote bzw Inhaltsdelikte auch dann mit Strafe bedroht, wenn der Täter bzw der Anbieter zwar nicht vorsätzlich, aber (in vorwerfbarer Weise) fahrlässig handelt. Dies gilt etwa für das Jugendschutzstrafrecht (vgl insbesondere §§ 23, 24 Abs. 1 JMStV, § 27 Abs. 1 und 3 JuSchG) oder die Presseinhaltsdelikte (vgl zB § 20 Abs. 2 LPG Ba-Wü; Art. 11 Abs. 3 LPG Bayern). Bei Bestehen einer Fahrlässigkeitsstrafbarkeit kann Medienanbietern insbesondere im Zusammenhang mit angebotsinhaltlichen Delikten der Vorwurf gemacht werden, dass sie strafbare, zB jugendgefährdende Inhalte im Rahmen ihres Angebotes aufgrund einer unterlassenen **inhaltlichen Prüfung** sorgfaltswidrig weder erkannt noch entfernt haben. Hinsichtlich des Sorgfaltspflichtmaßstabes ist freilich allgemein anerkannt, dass gesetzliche Fahrlässigkeitsdelikte nicht jede Herbeiführung eines unerwünschten Zustandes schlechthin verbieten können, sondern nur solche Verhaltensweisen, die das Maß an Sorgfalt außer Acht lassen, das im Zusammenleben innerhalb der Rechtsgemeinschaft billigerweise erwartet werden darf (vgl *Sternberg-Lieben,* in: Schönke/Schröder, 28. Aufl. § 15 Rn 133 ff; *Fischer,* 57. Aufl. § 15 Rn 12 ff). Ist insoweit zwar die Ermittlung des Sorgfaltsmaßstabs im jeweiligen Einzelfall maßgeblich, so geht die Rechtsprechung im Bereich des Medienrechts in der Regel bei Inhaltsdelikten davon aus, dass an die Prüfungs- und Erkundigungspflichten der Medienanbieter **strenge Anforderungen** zu stellen sind (vgl BGHSt 8, 80, 88 f; 21, 18, 20 f; 37, 55, 66; BayObLG NJW 1989, 1744 f; *Liesching,* in: Erbs/Kohlhaas, J 214 § 27 Rn 12, zu Presseinhaltsdelikten 90. Abschnitt, Rn 102). 12

D. Mittäterschaft und Beihilfe

I. Mittäterschaft

1. Allgemeine Grundsätze. Im Zusammenhang mit dem Medienstrafrecht sind nicht nur die zuvor dargestellten allgemeinen Haftungsgrundsätze relevant, sondern auch die Grundsätze der Zurechnung der Tathandlungen Dritter über das Institut der Täterschaft (§ 25 StGB) und der Teilnahme (§§ 26, 27 StGB). Dabei sind im Medienbereich vor allem Formen der Mittäterschaft und der Beihilfe denkbar. 13

Im Falle der Mittäterschaft wird nach § 25 Abs. 2 StGB derjenige „als Täter" bestraft, der eine Straftat „gemeinschaftlich" mit anderen begeht. Kennzeichen der Mittäterschaft ist, dass der einzelne Beteiligte nicht sämtliche Merkmale eines Straftatbestandes selbst verwirklichen muss. Es genügt, dass er **gemeinschaftlich** mit anderen auf der Grundlage eines gemeinsamen Tatentschlusses **arbeitsteilig zusammenwirkt**. Dies ist zunächst derart denkbar, dass jeder Mittäter nur einen bestimmten Teil der Tatbestandshandlung vornimmt. Allerdings sind im Bereich des Medienstrafrechts eher Konstellationen von praktischer Bedeutung, in denen ein Beteiligter (zB Verleger, Host-Provider) nur an Vorbereitungshandlungen mitwirkt oder sein Tatbeitrag in sonstiger Weise zwar nicht unmittelbar Teil der Tatbestandsverwirklichung, aber dennoch so wesentlich ist, dass ohne ihn die Tat zwar nicht unmöglich, aber doch erheblich erschwert worden wäre (vgl BGH NStZ 1991, 91; BGH NJW 1985, 1035).

14 **2. Beispielsfälle.** Im Allgemeinen gilt zunächst, dass das Institut der mittäterschaftlichen Zurechnung von Tatbeiträgen nach § 25 Abs. 2 StGB im Bereich des Medienstrafrechts recht selten von der Rechtsprechung bemüht wird. Beispielsweise wurde der **Betreiber eines unzulänglichen Altersverifikationssystems** zum Ausschluss minderjähriger Nutzer vom Zugang zu pornographischen Webseiten als Täter nach § 184 Abs. 1 StGB angesehen, da er „gemeinschaftlich" mit dem jeweiligen Content-Provider handelte (vgl OLG Düsseldorf MMR 2005, 611 ff m. Anm. *Liesching*). Neuerdings nimmt die unterinstanzliche Rechtsprechung im Bezug auf den Admin-c einer deutschen pornographischen Webseite eine täterschaftliche Verwirklichung des § 184 StGB an (vgl AG Waldshut-Tiengen, Urt. v. 14.2.2007 – 5 Cs 23 Js 2841/06). Keine Zurechnung nach § 25 Abs. 2 StGB ist möglich, wenn der Geschäftsführer einer Tochtergesellschaft keine Tatherrschaft hinsichtlich der Verbreitung von Inhalten hat, die auf dem Rechner der (ausländischen) Muttergesellschaft bereitgehalten werden (vgl LG München MMR 2000, 171 f). Bei Pressinhaltsdelikten geht der BGH davon aus, dass die formale Übernahme der Stellung als **„presserechtlich Verantwortlicher"** für die mittäterschaftliche Zurechnung noch nicht ausreicht (vgl BGHSt 43, 41, 50; ausf. *Kühl*, in: Löffler, Presserecht, § 20 LPG Rn 81 ff).

II. Beihilfe

15 **1. Allgemeine Grundsätze.** Nach § 27 Abs. 1 StGB wird „als Gehilfe bestraft, wer vorsätzlich einem anderen zu dessen vorsätzlich begangener rechtswidriger Tat Hilfe geleistet hat". Nach der Rechtsprechung ist hierbei entscheidend, dass der Gehilfenbeitrag die Handlung des Haupttäters in irgendeiner Weise gefördert hat. Erforderlich ist also eine Gehilfenhandlung, welche die Rechtsgutsverletzung des Haupttäters ermöglicht oder verstärkt oder ihre Durchführung erleichtert (vgl BGH NStZ 1985, 318; BGH NStZ 1995, 27, 28; OLG Karlsruhe NStZ 1985, 78). Allerdings wird überwiegend vertreten, dass nicht jede kausale Handlung, die sich objektiv als **Unterstützung bzw Förderung einer Haupttat** darstellt, auch als Beihilfe strafbar ist. Auch und gerade für den Medienbereich bedeutende Beschränkungen werden insbesondere dann gemacht, wenn sich das tatfördernde Verhalten als „alltägliche", „neutrale" oder „berufstypische" Handlung darstellt (vgl BGH NJW 2001, 2409 ff; BGHSt 46, 107 ff; BGH NStZ 2000, 34 ff; *Ambos*, JA 2000, 721 ff; *Otto*, JZ 2001, 436 ff).

16 **2. Beispielsfälle.** Im Bereich der **Presseinhaltsdelikte** hat der BGH bereits die allgemeinen strafrechtlichen Grundsätze der Gehilfenhaftung konkretisiert. Wer danach duldet, dass die Herstellungs- und Vertriebskosten einer periodischen Druckschrift über seine Konten abgewickelt werden und er im Impressum der Zeitschrift zum Schein als Herausgeber genannt wird, kann sich wegen Beihilfe zu den durch die Veröffentlichungen begangenen Äußerungsdelikten (im konkreten Fall: Aufforderung zu Straftaten, Billigung von Straftaten, Werbung für eine terroristische Vereinigung) strafbar machen (BGH NJW 1990, 2828 ff; zur Verleger- und Redakteurshaftung ausf. *Kühl* in: Löffler, Presserecht, 5. Aufl. § 20 LPG Rn 89 f). Auch die geschäftsmäßigen Verbreiter von Druckschriften (zB Kommissionsbuchhändler) sind idR allenfalls Gehilfen (vgl OLG Köln AfP 1979, 359).

17 In der Rspr zum **Internetstrafrecht** ist v.a. umstritten, ob das Verlinken auf inkriminierte Drittangebote eine Beihilfe zum Zugänglichmachen, Verbreiten etc. sein kann (ausdrücklich offen gelassen durch AG Berlin-Tiergarten CR 1998, 111 f; vgl auch AG Stuttgart MMR 2005, 334 f m. abl. Anm. *Kaufmann/Köcher*, MMR 2005, 335 f). Im Schrifttum wird dies hingegen überwiegend bejaht (vgl zB *Schwarzenegger*, in: FS für Rehbinder, 2002, 723, 733 f; *Vassilaki*, CR 1999, 85, 88; aA *Boese*, 2000, S. 133, 141). Die Rechtsprechung geht demgegenüber jüngst sogar von täterschaftlichem Zugänglichmachen aus (vgl OLG Stuttgart MMR 2006, 387 ff m. abl. Anm. *Liesching*). Im Zusammenhang mit dem sogenannten **„Phishing"** (s. hierzu auch unten 89. Abschnitt, Rn 25 sowie *Goeckenjan*, wistra 2009, 47) wurden Finanzagenten, welche im Inland zur Verschleierung der Herkunft bei der betrügerischen

Überweisung von Geldbeträgen ins Ausland zwischengeschaltet wurden, von der unterinstanzlichen Rechtsprechung als Gehilfen zum Computerbetrug angesehen (vgl AG Hamm CR 2006, 70 f m. Anm. *Werner*; aA *Gercke*, ZUM 2006, 289 f).

88. Abschnitt: Medieninhaltsbezogene Verbreitungsdelikte

§ 86 StGB Verbreiten von Propagandamitteln verfassungswidriger Organisationen

(1) Wer Propagandamittel

1. **einer vom Bundesverfassungsgericht für verfassungswidrig erklärten Partei oder einer Partei oder Vereinigung, von der unanfechtbar festgestellt ist, daß sie Ersatzorganisation einer solchen Partei ist,**
2. **einer Vereinigung, die unanfechtbar verboten ist, weil sie sich gegen die verfassungsmäßige Ordnung oder gegen den Gedanken der Völkerverständigung richtet, oder von der unanfechtbar festgestellt ist, daß sie Ersatzorganisation einer solchen verbotenen Vereinigung ist,**

3. einer Regierung, Vereinigung oder Einrichtung außerhalb des räumlichen Geltungsbereichs dieses Gesetzes, die für die Zwecke einer der in den Nummern 1 und 2 bezeichneten Parteien oder Vereinigungen tätig ist, oder
4. Propagandamittel, die nach ihrem Inhalt dazu bestimmt sind, Bestrebungen einer ehemaligen nationalsozialistischen Organisation fortzusetzen,

im Inland verbreitet oder zur Verbreitung im Inland oder Ausland herstellt, vorrätig hält, einführt oder ausführt oder in Datenspeichern öffentlich zugänglich macht, wird mit Freiheitsstrafe bis zu drei Jahren oder mit Geldstrafe bestraft.

(2) Propagandamittel im Sinne des Absatzes 1 sind nur solche Schriften (§ 11 Abs. 3), deren Inhalt gegen die freiheitliche demokratische Grundordnung oder den Gedanken der Völkerverständigung gerichtet ist.

(3) Absatz 1 gilt nicht, wenn das Propagandamittel oder die Handlung der staatsbürgerlichen Aufklärung, der Abwehr verfassungswidriger Bestrebungen, der Kunst oder der Wissenschaft, der Forschung oder der Lehre, der Berichterstattung über Vorgänge des Zeitgeschehens oder der Geschichte oder ähnlichen Zwecken dient.

(4) Ist die Schuld gering, so kann das Gericht von einer Bestrafung nach dieser Vorschrift absehen.

A. Regelungszweck

Die Vorschrift pönalisiert das Verbreiten sowie das öffentliche Zugänglichmachen in Datenspeichern, aber auch Vorbereitungshandlungen wie das Herstellen und Vorrätighalten sowie die Ein- oder Ausfuhr von Propagandamitteln verfassungswidriger Organisationen, welche in Abs. 1 Nrn. 1 bis 4 spezifiziert sind. Normzweck ist der **Schutz der freiheitlichen demokratischen Grundordnung** (vgl hierzu BVerfGE 2, 1, 12 f; 5, 85, 140; BGHSt 7, 222, 227) und des Gedankens der Völkerverständigung (hierzu BGHSt 23, 65, 70; 29, 73, 75; OLG Celle NStZ 1997, 495 m. Anm. *Popp*, JR 1998, 80). 1

B. Propagandamittel verbotener Parteien und Organisationen

I. Verbotene Parteien, Vereinigungen oder Einrichtungen (Abs. 1 Nrn. 1–4)

Abs. 1 wendet sich nur gegen Propagandamittel bestimmter **Parteien und Organisationen**, namentlich verbotener inländischer Parteien, Vereinigungen (vgl Art. 9 Abs. 2 GG sowie den Überblick bei *Bonefeld*, DRiZ 1993, 430 f) und deren Ersatzorganisationen (Nrn. 1 und 2), oder ausländischer Regierungen, Vereinigungen und Einrichtungen, die für die Zwecke einer der vorstehenden Parteien oder Vereinigungen tätig sind (Nr. 3). Darüber hinaus erfasst die als abstraktes Gefährdungs- und mittelbares Organisationsdelikt (BGHSt 23, 64, 70; LK-*Laufhütte*, 11. Aufl. § 86 Rn 1) ausgestaltete Norm auch solche Propagandamittel, die ihrem Inhalt nach dazu bestimmt sind, Bestrebungen einer ehemaligen nationalsozialistischen Organisation fortzusetzen (Nr. 4). Nicht hinreichend ist insoweit aber zB die bloße Glorifizierung des NS-Regimes als solches (vgl BGHSt 23, 64, 76; s. aber § 130 Abs. 4 StGB). Die ehemalige Wehrmacht ist nicht als nationalsozialistische Organisation im Sinne der Vorschrift anzusehen (BGHSt 23, 64, 65), hingegen ohne Weiteres die NSDAP (BGH bei *Schmidt*, MDR 1979, 705) sowie sämtliche Unterorganisationen und Verbände wie insb. die SA oder die SS. 2

II. Begriff der Propagandamittel (Abs. 2)

1. „Schriften" nach § 11 Abs. 3 StGB. Die Umschreibung der Propagandamittel in Abs. 2 rekurriert auf den allgemeinen strafrechtlichen Schriftenbegriff, wie er in § 11 Abs. 3 StGB definiert wird. Die Legaldefinition dient dazu, den Begriff der Schrift in bestimmten Fällen auf andere Darstellungen auszudehnen, welche wie die Schriften geeignet sind, die Vorstellung von Sinnzusammenhängen zu vermitteln. Durch Art. 4 des Informations- und Kommunikationsdienstegesetzes (IuKDG) vom 13.6.1997 (BGBl. I 1870) wurde die Bestimmung durch die Hinzufügung der „Datenspeicher" den fortgeschrittenen technischen Entwicklungen angepasst. Der weite **Oberbegriff der Darstellungen** umfasst die übrigen genannten Medienträger der Schriften, Ton- und Bildträger sowie Datenspeicher und Abbildungen. Darstellungen sind stoffliche oder sonst fixierte Zeichen, welche die Vorstellung eines wahrnehmbaren Vorgangs oder eines Gedankens vermitteln (vgl RGSt 47, 223; RG GA Bd. 57, 400; OLG Stuttgart NStZ 1992, 38; *Walther*, NStZ 1990, 523; ferner BVerwG NJW 1990, 3286). Auf die Art der 3

Fixierung (zB auch elektromagnetisch oder elektronisch) kommt es nicht an (*Lackner/Kühl*, 26. Aufl. § 11 Rn 28). Trägermedien iSd § 1 Abs. 2 JuSchG (vgl dort Rn 6 ff) sind stets Schriften bzw Darstellungen iSd § 11 Abs. 3, Telemedien und Rundfunkangebote hingegen nur dann, wenn die verbreiteten Inhalte auf oder in einem Datenspeicher (zB Internetserver) fixiert sind. Live-Darbietungen im Internet oder im Rundfunk werden indes mangels dauerhafter „stofflicher Verkörperung" (*Eser*, in: Schönke/Schröder, 27. Aufl. § 11 Rn 78) der Medieninhalte nicht vom Schriftenbegriff erfasst (vgl BT-Drucks. 15/350, S. 52; *Liesching*, JMS-Report 5/1999, S. 1 ff).

4 **2. Inhaltliche Merkmale der Propaganda.** Propagandamittel im tatbestandlichen Sinne kennzeichnet die materielle Staatsfeindlichkeit des Inhalts der Propaganda, wobei Angriffsbezugspunkt zum einen die freiheitliche demokratische Grundordnung, zum anderen der Gedanke der Völkerverständigung ist (vgl Nachw. oben Rn 1). **Geeignete Tatmittel** sind nach Abs. 2 alle Schriften, deren Inhalt sich, wenn auch nur „zwischen den Zeilen", mit „aktiv kämpferischer, aggressiver Tendenz" (BGHSt 23, 64, 72 f; einschr. BGH NStZ 1982, 25) gegen die freiheitlich demokratische Grundordnung und/oder den Gedanken der Völkerverständigung richtet. Umstritten ist weiterhin, ob **vorkonstitutionelle Schriften** als taugliche Tatmittel iSd § 86 Abs. 2 StGB in Betracht kommen (vgl BGHSt 19, 63, 70; 29, 73, 82: „Mein Kampf"). Die hM lehnt die Tatbestandsmäßigkeit mit der Begründung ab, Schriften mit einem Erscheinungsdatum vor dem 8. Mai 1945 könnten sich nicht gegen die freiheitlich demokratische Grundordnung gerade der Bundesrepublik richten (vgl BGHSt 29, 73 ff; OLG Celle NStZ 1997, 495, 496; aA *Popp*, JR 1998, 80, 81; *Liesching/Ebner*, JMS-Report 5/2001, S. 1, 2 f).

C. Tathandlungen

5 Die Tathandlung des „**Verbreitens**" bedeutet die mit einer körperlichen Weitergabe der Schrift verbundene Tätigkeit, die darauf gerichtet ist, die Schrift ihrer Substanz nach einem größeren Personenkreis zugänglich zu machen, wobei dieser nach Zahl und Individualität so groß sein muss, dass er für den Täter nicht mehr kontrollierbar ist. Dabei reicht schon die Weitergabe eines Exemplars der Schrift aus, wenn dies mit dem Willen geschieht, der Empfänger werde die Schrift durch körperliche Weitergabe einem größeren Personenkreis zugänglich machen oder wenn der Täter mit einer Weitergabe an eine größere, nicht mehr zu kontrollierende Zahl von Personen rechnet (st. Rspr vgl BGHSt 13, 257, 258; BGH NJW 2005, 689, 690). Für die **Datenübertragung im Internet** verwendet der BGH indes einen weiteren, von der körperlich-substanziellen Weitergabe gelösten Verbreitensbegriff. Ein Verbreiten im Internet liegt danach dann vor, wenn die Datei auf dem Rechner des Internetnutzers – sei es im (flüchtigen) Arbeitsspeicher oder auf einem (permanenten) Speichermedium – angekommen ist. Dabei ist es unerheblich, ob dieser die Möglichkeit des Zugriffs auf die Daten genutzt oder ob der Anbieter die Daten übermittelt hat (vgl BGH NStZ 2001, 596, 597). Die **übrigen Tathandlungen** nach Abs. 1 des (öffentlichen) Zugänglichmachens (in Datenspeichern) und die Vorbereitungshandlungen des Herstellens, Vorrätighaltens, Ein- und Ausführens entsprechen vollumfänglich denen des § 184 Abs. 1 StGB (s. die Erläuterungen dort, Rn 45 ff).

D. Sozialadäquanzklausel (Abs. 3)

6 Liegt im Falle der Tathandlungen des Abs. 1 einer der genannten legitimierenden Zwecke vor, ist bereits der Tatbestand des § 86 nicht erfüllt. Die Klausel dient vor allem der Sicherung verfassungsrechtlich gewährleisteter Grundrechte – insb. des Art. 5 GG – vor Beeinträchtigungen, die zum Schutz der freiheitlichen demokratischen Grundordnung nicht erforderlich sind (LK-*Laufhütte*, 11. Aufl. § 86 Rn 19 mwN). Bezugspunkt der genannten finalen Merkmale kann sowohl das Propagandamittel (krit. *Stegbauer*, Rechtsextremistische Propaganda, S. 74) als auch die Tathandlung des Abs. 1 sein (hierzu *Tröndle/Fischer*, 54. Aufl. § 86 Rn 11). So dient der **staatsbürgerlichen Aufklärung** eine Handlung, die zur Anregung der politischen Willensbildung und Verantwortungsbereitschaft des Staatsbürgers und damit zur Förderung seiner politischen Mündigkeit Wissen vermittelt (BGHSt 23, 227; OLG Hamm NJW 1982, 1658: Darstellung von Agitationsmethoden der NS-Zeit aus didaktischen Gründen). (Vgl zu den übrigen in Abs. 3 genannten Zwecken *Sternberg-Lieben*, in: Schönke/Schröder, 27. Aufl. § 86 Rn 17; *Steinmetz*, in: MüKom-StGB § 86 Rn 36 ff).

§ 86a StGB Verwenden von Kennzeichen verfassungswidriger Organisationen

(1) Mit Freiheitsstrafe bis zu drei Jahren oder mit Geldstrafe wird bestraft, wer

1. im Inland Kennzeichen einer der in § 86 Abs. 1 Nr. 1, 2 und 4 bezeichneten Parteien oder Vereinigungen verbreitet oder öffentlich, in einer Versammlung oder in von ihm verbreiteten Schriften (§ 11 Abs. 3) verwendet oder
2. Gegenstände, die derartige Kennzeichen darstellen oder enthalten, zur Verbreitung oder Verwendung im Inland oder Ausland in der in Nummer 1 bezeichneten Art und Weise herstellt, vorrätig hält, einführt oder ausführt.

(2) [1]Kennzeichen im Sinne des Absatzes 1 sind namentlich Fahnen, Abzeichen, Uniformstücke, Parolen und Grußformen. [2]Den in Satz 1 genannten Kennzeichen stehen solche gleich, die ihnen zum Verwechseln ähnlich sind.

(3) § 86 Abs. 3 und 4 gilt entsprechend.

A. Regelungszweck

Die als **Organisations- und abstraktes (Staats-)Gefährdungsdelikt** (BGHSt 23, 267, 268; 25, 30, 31 f; OLG Bremen NJW 1987, 1427, 1428) ausgestaltete Vorschrift stellt als Konsequenz zum Propagandaverbot des § 86 das inländische Verbreiten und öffentliche Verwenden von Kennzeichen einer der in § 86 Abs. 1 Nrn. 1, 2 und 4 StGB bezeichneten Gruppierungen (§ 86a Abs. 1 Nr. 1 StGB), einschließlich der hierzu notwendigen, in § 86a Abs. 1 Nr. 2 StGB näher spezifizierten Vorbereitungshandlungen, unter Strafe. Daneben sind die Ordnungswidrigkeitstatbestände des § 15 OrdenG (ggf iVm §§ 14, 21 OWiG) sowie des § 20 Abs. 1 Nr. 5 iVm § 9 VereinsG zu beachten. 7

B. Kennzeichen (Abs. 2)

I. Tatbestandlich erfasste Kennzeichen

Der äußerst weit gehaltene Begriff des Kennzeichens umfasst gemäß der beispielhaften Aufzählung in Abs. 2 S. 1 StGB **authentische Symbolträger**, namentlich Fahnen, Abzeichen, Uniformstücke, Parolen und Grußformen. Bisher hat die Rspr bzw das Schrifttum den Kennzeichencharakter zB bejaht für das Hakenkreuz (BGHSt 23, 267, 269; 29, 73, 83; OLG Frankfurt aM NStZ 1999, 356 ff), die SS-Runen (OLG Frankfurt aM NStZ 1982, 333), die SA-Standarten (BGH bei *Wagner*, GA 1967, 106), das Braunhemd (BayObLG NStZ 1983, 120), das „Armdreieck" der Hitler-Jugend (BGH JZ 2002, 1178 ff m. Anm. *Stegbauer*), das „Obergau-Armdreieck" des Bundes Deutscher Mädel (vgl OLG Dresden NStZ-RR 2001, 42; BayObLG NStZ 1999, 191); die „Odalrune" der verbotenen „Wiking-Jugend e.V." (im Bezug auf § 20 Abs. 1 Nr. 5 VereinsG, BGH NJW 1999, 435 f), die Grußformen „Heil Hitler" (OLG Celle NJW 1970, 2257, 2258) und „Sieg Heil" bzw „Sieg Heil für Deutschland" (OLG Düsseldorf MDR 1991, 174), „mit deutschem Gruße" (BGHSt 27, 1). 8

Hingegen sind grundsätzlich **keine Kennzeichen** iSd des Abs. 2 S. 1 das Symbol der „Rael-Gemeinschaft", welches Davidstern und Hakenkreuz miteinander verknüpft (BayObLG NJW 1988, 2901); das Keltenkreuz, sofern es ohne Hinweis auf eine verbotene Organisation verwendet wird (BGH NStZ 1996, 81; OLG Karlsruhe NStZ-RR 1998, 10); die Lebensrune ohne weiteren Bezug zur SA (BGH NStZ 1999, 191); die Abbildung einer Hammer und Sichel durchschlagenden Faust, eingerahmt von den Worten „Rotfront verrecke" (BGH MDR bei *Schmidt,* 1994, 238); das dunkelblaue Hemd der FDJ, wenn darauf das entsprechende Emblem fehlt (BayObLG NJW 1987, 1778); die Karikatur eines Menschen in Hakenkreuzform (BGHSt 25, 128); die Montage mit nur einer Gesichtshälfte Hitlers (BGHSt 25, 133, 134 f; ferner 136); die Grußformel „Heil Euch". 9

II. „Zum Verwechseln ähnliche" Kennzeichen

Erfasst werden nach Abs. 2 S. 2 auch solche Kennzeichen, die den Originalvorlagen zum Verwechseln ähnlich sind. Entscheidend hierfür ist weniger die figürliche oder sprachliche Ähnlichkeit als vielmehr, ob der **Anschein eines Kennzeichens** der jeweiligen Organisation und dessen Symbolgehalt bei einem **unbefangenen Betrachter** erweckt wird (BGH NJW 2002, 3186; BGH, NJW 2005, 3223; BVerfG NJW 10

2009, 2805; BGH NJW 2010, 163, 164). Erfasst wird etwa die Verkürzung der Querbalken des Hakenkreuzes (OLG Köln NStZ 1984, 508; vgl zur Abänderung der Sigrune des „Deutschen Jungvolks" BGH MDR bei *Schmidt*, 1986, 177); hingegen nicht die Losung „Ruhm und Ehre der Waffen-SS" (vgl BGH NJW 2005, 3223 ff; aA OLG Karlsruhe NJW 2003, 1200 ff). Auch der in eine andere Sprache übersetzte Leitspruch einer ehemaligen nationalsozialistischen Organisation („blood and honour") ist kein Kennzeichen, das der Originalparole zum Verwechseln ähnlich ist (BGH NJW 2010, 163, 164). Im Übrigen kommt es nicht darauf an, ob das Original einen gewissen Bekanntheitsgrad als Symbol einer verfassungswidrigen Organisation hat (BGH Beschl. v. 31.7.2002 – 3 StR 495/01).

C. Tathandlungen

11 Zum Verbreiten (Nr. 1) s. oben Rn 5; zu den Tathandlungen des Herstellens, Vorrätighaltens, Einführens oder Ausführens (Nr. 2) s. die Erläuterungen zu den identischen Tathandlungsbegriffen bei § 184 StGB Rn 51 f). Unter dem weiterhin in Nr. 1 normierten „**Verwenden**" ist jeder Gebrauch zu verstehen, der das Kennzeichen akustisch oder optisch wahrnehmbar macht, ohne dass es hierbei auf eine körperliche Überlassung ankommt (vgl BGHSt 23, 267, 269; KG NJW 1999, 3500, 3502; *Sieber*, JZ 1996, 494, 495). Im Medienbereich wird in der Regel vorwiegend die Konstellation des „öffentlichen" Verwendens von Relevanz sein, sofern nicht zugleich die Variante des Verbreitens von Schriften verwirklicht wird; dies kann insbesondere bei Live-Darbietungen im Fernsehen oder in Telemedien der Fall sein, die dem Schriftenbegriff nicht unterfallen.

D. Teleologische Reduktion und Sozialadäquanzklausel (Abs. 3)

12 Der BGH nimmt in ständiger Rechtssprechung eine von der Sozialadäquanz unabhängige **einschränkende Auslegung** des Tatbestandes des § 86a StGB aus **Schutzzweckerwägungen** heraus vor. Nicht erfasst werden danach Handlungen, die dem Schutzzweck ersichtlich nicht zuwiderlaufen, was etwa bei erkennbar zum Ausdruck kommender Gegnerschaft gegenüber dem NS-Regime und seiner Anhänger („durchgestrichenes Hakenkreuz", vgl BGH NJW 2007, 1602 ff m. Anm. *Hörnle*, NStZ 2007, 698 f) oder als Bekundung von Protest gegen restriktive ordnungsrechtliche Polizeimaßnahmen (vgl BGH NJW 1973, 106) der Fall sein soll. Hinsichtlich des in Abs. 3 enthaltenen Verweises auf die **Sozialadäquanzklausel** des § 86 Abs. 3 kann im Wesentlichen auf obige Anmerkungen und Hinweise zu § 86 Abs. 3 StGB (Rn 6) verwiesen werden. Grundsätzlich nicht privilegiert ist die Verwendung zu anreißerischer Käuferwerbung (vgl BGHSt 23, 64, 78; ferner LG München NStZ 1985, 311 m.Anm. *Kelsch*); ebenso wenig die bloß scherzhafte Verwendung (BayObLG NJW 1962, 1878).

13 Insoweit scheint eine konsistente Anwendung der teleologischen Tatbestandsreduktion des § 86a StGB nur dann möglich, wenn man die insb. vom BGH aufgestellten einschränkenden Schutzzweckerwägungen im Grundsatz auch für alle Unterhaltungsmedien einschließlich der Computerspiele gelten lässt. Überträgt man dabei die vom BGH genannten Kriterien einerseits der zum Ausdruck kommenden „Gegnerschaft" gegen eine kennzeichenbezogene Organisation und andererseits der „einmaligen, kurzen Verwendung", so dürfte ein Tatbestandsausschluss bei Kennzeichenverwendung in den Medieninhalten vor allem dann in Betracht kommen,

- wenn der Filmprotagonist oder die Spielfigur gegen entsprechende Kennzeichenträger als Gegner „ankämpfen" muss oder Kennzeichenverwendungen kritisch hinterfragt und dadurch gleichsam eine negative Akzentuierung der kennzeichenbezogenen Organisationen und Verwender als „Bad Guys" des Film- bzw Spielgeschehens erfolgt; diese Auslegung würde auch den in der Praxis geduldeten Kennzeichenverwendungen in Spielfilmen wie der „Indiana Jones"-Reihe oder jüngst „Inglourious Basterds" Rechnung tragen;
- wenn die Kennzeichen in den Unterhaltungsmedien nicht massenhaft, sondern lediglich vereinzelt, sporadisch und im Hintergrund verwendet werden, so dass sie lediglich als dramaturgisch-stilistisches Beiwerk zur authentischen Erläuterung der Film- oder Spielhandlung erscheinen.

14 Liegen die genannten Voraussetzungen kumulativ vor, so kann iRd Einzelfallbewertung in der Regel wohl auch davon ausgegangen werden, dass die Schutzzwecke des Tatbestands nicht hinreichend berührt sind. Namentlich dürfte ein **Anschein einer „Wiederbelebung der verbotenen Organisation** oder der von ihr verfolgten verfassungsfeindlichen Bestrebungen, auf die das Kennzeichen symbolhaft hinweist" kaum zu sehen sein. Auch der Eindruck bei in- und ausländischen Beobachtern des politischen Geschehens in Deutschland, es gebe eine rechtsstaatswidrige innenpolitische Entwicklung im Sinne

einer Duldung verfassungsfeindlicher Bestrebungen der durch das Kennzeichen angezeigten Richtung, können bei – zudem **häufig international vertriebenen** und genutzten – Unterhaltungsmedien eher nicht entstehen, wenn sie nach den genannten beiden Voraussetzungen die Kennzeichenverwendung in der Film- oder Spielhandlung negativ akzentuieren und nicht in den Vordergrund der Medieninhalte rücken (ausf. *Liesching*, MMR 2010, 309).

§ 111 StGB Öffentliche Aufforderung zu Straftaten

(1) Wer öffentlich, in einer Versammlung oder durch Verbreiten von Schriften (§ 11 Abs. 3) zu einer rechtswidrigen Tat auffordert, wird wie ein Anstifter (§ 26) bestraft.

(2) [1]Bleibt die Aufforderung ohne Erfolg, so ist die Strafe Freiheitsstrafe bis zu fünf Jahren oder Geldstrafe. [2]Die Strafe darf nicht schwerer sein als die, die für den Fall angedroht ist, daß die Aufforderung Erfolg hat (Absatz 1); § 49 Abs. 1 Nr. 2 ist anzuwenden.

A. Regelungszweck

Die Vorschrift stellt einen **ergänzenden Auffangtatbestand** im Bezug auf die Anstiftung nach § 26 StGB und die versuchte Anstiftung nach § 30 Abs. 1 StGB dar. Im Unterschied zur Anstiftung wird keine individuelle Einwirkung auf eine einzelne Person vorausgesetzt. Daneben werden an die Konkretisierung der Haupttat geringere Anforderungen gestellt (*Lackner/Kühl*, 26. Aufl. § 111 Rn 1). Die Straftat ist ein abstraktes Gefährdungsdelikt (BayObLG NJW 1994, 396 ff) und schützt den „inneren Gemeinschaftsfrieden“ (vgl BGHSt 29, 267; OLG Karlsruhe NStZ 1993, 389). 15

B. Tathandlung (Abs. 1)

I. Begriff des „Aufforderns“

Erforderlich für ein tatbestandliches Auffordern ist das erklärte Verlangen, dass andere Personen eine oder mehrere strafbare Handlungen begehen sollen (OLG Köln NJW 1988, 1103). Vorausgesetzt wird also eine – nicht notwendig ernst gemeinte – Erklärung an die **Motivation anderer**, die mindestens den **Eindruck der Ernstlichkeit** macht und auch machen soll (BGHSt 32, 310; OLG Celle NJW 1988, 1101). Die bloße allgemeine Befürwortung bestimmter Taten im Sinne der reinen Meinungsäußerung reicht hingegen noch nicht aus (BGHSt 28, 314; 32, 310; BayObLG NJW 1994, 396, 297; OLG Köln MDR 1983, 338). Auch das öffentliche Gutheißen oder Billigen der Taten anderer ist nicht gleichbedeutend mit dem Auffordern (vgl aber § 140 StGB). Aus verbreiteten Schriften (s. zum Schriftenbegriff oben Rn 3, zum Verbreiten Rn 5) muss klar der Wille des Verfassers erkennbar sein, dass von den Adressaten seiner Äußerung strafbare Handlungen begangen werden. Werden fremde Aufforderungen lediglich mitgeteilt, ist der Mitteilende nur dann Täter iSd Vorschrift, wenn er sie sich unmissverständlich zu eigen macht (BGHSt 36, 364, 368). 16

II. Rechtswidrige Tat als Bezugspunkt der Aufforderung

Erfüllt das Verhalten, zu dem aufgefordert wird, einen **Straftatbestand** (zB Körperverletzung, Sachbeschädigung, Totschlag), ist auch ein Auffordern zu einer rechtswidrigen Tat gegeben. Auch der Aufruf zu **Teilnahmehandlungen** wie Beihilfe oder Anstiftung wird erfasst. Für Ordnungswidrigkeiten gilt § 116 OWiG. Nicht ausreichend ist das Auffordern zum Selbstmord, da der Suizid keine rechtswidrige strafbare Handlung darstellt. Allerdings kommt insoweit im Falle des Verbreitens durch Medien eine offensichtlich sittlich schwere Jugendgefährdung iSd § 15 Abs. 2 Nr. 5 JuSchG bzw § 4 Abs. 2 S. 1 Nr. 3 JMStV in Betracht (hierzu 81. Abschnitt, Rn 24 sowie *Bauer/Selg*, JMS-Report 6/2000, S. 62 ff). Die (bloße) Anleitung zu bestimmten schweren Straftaten ist in den Fällen des § 130a StGB (s. dort Rn 27 ff) mit Strafe bedroht. 17

III. Adressaten der Aufforderung

Adressaten der Aufforderung müssen **unbestimmt viele Menschen** sein, da nur dann gemäß dem Strafzweck die Gefahr der mangelnden Kontrollierbarkeit besteht (*Eser*, in: Schönke/Schröder, 27. Aufl. 18

§ 111 Rn 4). Das ist bei der Mediendistribution, insbesondere über Zeitschriften, den Rundfunk oder das Internet, regelmäßig der Fall. Allerdings stellt die persönliche E-Mail mit einem entsprechenden einschlägigen Inhalt an eine bestimmte andere Person kein öffentliches Auffordern, sondern eine (versuchte) Anstiftung (§§ 26, 30 Abs. 1 StGB) zu einer bestimmten Tat dar. Das gleiche gilt, wenn in einem öffentlichen Internetforum oder Chat eine individuell bezeichnete Person dazu bestimmt werden soll, eine Straftat zu begehen. Erforderlich ist, dass die Aufforderung einen größeren Adressatenkreis überhaupt erreichen kann (*Fischer*, 55. Aufl. § 111 Rn 2a). Dagegen ist unerheblich, ob die Empfänger der auffordernden Schrift taugliche Täter der in Bezug genommenen rechtswidrigen Tat sein können (vgl BayObLG NJW 1994, 397 ff).

C. Ausbleiben des Erfolgs der Aufforderung (Abs. 2)

19 Für die Höhe des **Strafmaßes** ist gemäß Abs. 2 ganz erheblich von Bedeutung, ob die öffentliche Aufforderung zu einer rechtswidrigen Tat erfolgreich war, das heißt diese von einem Adressaten tatsächlich begangen wurde oder nicht. Die Vorschrift soll Unbilligkeiten bei Äußerungen in erregten Gemütszuständen und mit Blick auf die erheblichen Strafandrohungen bei Mord iSd § 211 StGB vermeiden. Die Norm wird gleichwohl in der Rechtsliteratur als unsystematisch und wegen der Ungleichbehandlung als nicht gerecht kritisiert (vgl nur Lackner/*Kühl*, 26. Aufl. § 111 Rn 8; *Fischer*, 55. Aufl. § 111 Rn 8).

§ 130 StGB Volksverhetzung

(1) Wer in einer Weise, die geeignet ist, den öffentlichen Frieden zu stören,

1. **gegen eine nationale, rassische, religiöse oder durch ihre ethnische Herkunft bestimmte Gruppe, gegen Teile der Bevölkerung oder gegen einen Einzelnen wegen seiner Zugehörigkeit zu einer vorbezeichneten Gruppe oder zu einem Teil der Bevölkerung zum Hass aufstachelt, zu Gewalt- oder Willkürmaßnahmen auffordert oder**
2. **die Menschenwürde anderer dadurch angreift, dass er eine vorbezeichnete Gruppe, Teile der Bevölkerung oder einen Einzelnen wegen seiner Zugehörigkeit zu einer vorbezeichneten Gruppe oder zu einem Teil der Bevölkerung beschimpft, böswillig verächtlich macht oder verleumdet,**

wird mit Freiheitsstrafe von drei Monaten bis zu fünf Jahren bestraft.

(2) Mit Freiheitsstrafe bis zu drei Jahren oder mit Geldstrafe wird bestraft, wer

1. **Schriften (§ 11 Absatz 3), die zum Hass gegen eine vorbezeichnete Gruppe, Teile der Bevölkerung oder gegen einen Einzelnen wegen seiner Zugehörigkeit zu einer vorbezeichneten Gruppe oder zu einem Teil der Bevölkerung aufstacheln, zu Gewalt- oder Willkürmaßnahmen gegen sie auffordern oder ihre Menschenwürde dadurch angreifen, dass sie beschimpft, böswillig verächtlich gemacht oder verleumdet werden,**
   a) **verbreitet,**
   b) **öffentlich ausstellt, anschlägt, vorführt oder sonst zugänglich macht,**
   c) **einer Person unter achtzehn Jahren anbietet, überlässt oder zugänglich macht oder**
   d) **herstellt, bezieht, liefert, vorrätig hält, anbietet, ankündigt, anpreist, einzuführen oder auszuführen unternimmt, um sie oder aus ihnen gewonnene Stücke im Sinne der Buchstaben a bis c zu verwenden oder einem anderen eine solche Verwendung zu ermöglichen, oder**
2. **eine Darbietung des in Nummer 1 bezeichneten Inhalts durch Rundfunk, Medien- oder Teledienste verbreitet.**

(3) Mit Freiheitsstrafe bis zu fünf Jahren oder mit Geldstrafe wird bestraft, wer eine unter der Herrschaft des Nationalsozialismus begangene Handlung der in § 6 Abs. 1 des Völkerstrafgesetzbuches bezeichneten Art in einer Weise, die geeignet ist, den öffentlichen Frieden zu stören, öffentlich oder in einer Versammlung billigt, leugnet oder verharmlost.

(4) Mit Freiheitsstrafe bis zu drei Jahren oder mit Geldstrafe wird bestraft, wer öffentlich oder in einer Versammlung den öffentlichen Frieden in einer die Würde der Opfer verletzenden Weise dadurch stört, dass er die nationalsozialistische Gewalt- und Willkürherrschaft billigt, verherrlicht oder rechtfertigt.

(5) Absatz 2 gilt auch für Schriften (§ 11 Abs. 3) des in den Absätzen 3 und 4 bezeichneten Inhalts.

(6) In den Fällen des Absatzes 2, auch in Verbindung mit Absatz 5, und in den Fällen der Absätze 3 und 4 gilt § 86 Abs. 3 entsprechend.

A. Regelungszweck

Der Tatbestand der Volksverhetzung nach § 130 StGB dient nach hM dem **Schutz des öffentlichen Friedens** bzw der Menschenwürde (vgl BGHSt 34, 331; BGH NJW 1978, 59; BGH NStZ 1994, 140). Strafrechtsdogmatisch werden Abs. 1 und 3 überwiegend als abstrakt-konkrete Gefährdungsdelikte eingeordnet, das im Medienbereich besonders relevante Schriftenverbreitungsdelikt des Abs. 2 ist hingegen als abstraktes Gefährdungsdelikt zu qualifizieren; Abs. 4 ist wegen der Voraussetzung des tatsächlichen Vorliegens einer Störung des öffentlichen Friedens Erfolgsdelikt (vgl zum Ganzen *Miebach/ Schäfer,* in: MüKom-StGB § 130 Rn 7 ff). 20

B. Verbreitung volksverhetzender Schriften (Abs. 2)

I. Allgemeines

Der Tatbestand des Abs. 2 stellt in erster Linie die Verbreitung oder das sonstige Zugänglichmachen solcher Schriften unter Strafe, welche zum Hass gegen Teile der Bevölkerung oder gegen eine nationale, rassische, religiöse, oder durch ihre ethnische Herkunft bestimmte Gruppe aufstacheln, zu Gewalt- oder Willkürmaßnahmen gegen sie auffordern oder die Menschenwürde anderer dadurch angreifen, dass Teile der Bevölkerung oder einer vorbezeichneten Gruppe beschimpft, böswillig verächtlich gemacht oder verleumdet werden. Daher wird das Schriftenverbreitungsverbot nach seiner Erweiterung durch das VerbrBekG vom 28.10.1994 (BGBl. I 3186) als allgemeiner „**Anti-Diskriminierungstatbestand**“ bezeichnet (Lenckner/*Sternberg-Lieben*, in: Schönke/Schröder, Rn 1, 12). Hinsichtlich der in Nrn. 1 a) bis d) und 2 genannten Tathandlungen des Verbreitens, öffentlichen Ausstellens, Anschlagens etc. wird auf die Ausführungen zu § 184 Rn 17 ff und § 15 JuSchG Rn 7 ff verwiesen (vgl auch BayObLG JZ 2002, 410 ff m. Anm. *Schroeder* = JR 2002, 347 ff m. Anm. *Beisel*). Abs. 1 S. 1 und Abs. 2 Nr. 1 wurden auf den Schutz von **Einzelpersonen** erweitert durch G. v. 16.3.2011 (BGBl. I S. 418), um dem entsprechenden EU-Ratsrahmenbeschluss Rechnung zu tragen (vgl BT-Drucks. 17/3124, S. 6, 10). Zur gem. Abs. 5 in Bezug genommenen **Sozialadäquanzklausel** des § 86 Abs. 3 vgl dort Rn 6 sowie § 86a Rn 12 ff (vgl zur Verharmlosung des Holocaust im Rahmen des Verteidigerhandelns BGHSt 46, 36 ff = JR 2001, 34 ff m. Anm. *Stegbauer* = JZ 2001, 201 ff m. Anm. *Streng*). 21

II. Tatobjektsmerkmale

1. Teile der Bevölkerung. Mit der Einbeziehung aller Teile der Bevölkerung werden alle Personenmehrheiten zu Schutzobjekten der Vorschrift erhoben, wenn sie nur aufgrund gemeinsamer innerer oder äußerer Merkmale als **unterscheidbarer Teil** von der Gesamtheit der Bevölkerung abgrenzbar sind (OLG Celle JR 1998, 79 m. Anm. *Popp*; BayObLG NJW 1995, 145; OLG Frankfurt aM NJW 1989, 1369; *Fischer*, § 130 Rn 4; LK-*v.Bubnoff*, § 130 Rn 9). Durch G. v. 16.3.2011 (BGBl. I S. 418) wurde die Vorschrift auch in Abs. 1 um nunmehr ausdrücklich genannte nationale, rassische, religiöse Gruppen und solche Gruppen, die durch ihre ethnische Herkunft bestimmt werden, „präzisiert“ (BT-Drucks. 17/3124, S. 6; vgl zu weiteren Einzelfällen insb.: „**Juden**“ BGHSt 21, 371; 31, 226, 231 u. OLG Celle NStZ 1997, 495; „Zigeuner“ OLG Karlsruhe NJW 1986, 1276; die „Ausländer“ OLG Frankfurt aM NStZ-RR 2000, 368 u. OLG Hamm NStZ 1995, 136; Bezeichnung als „Neger“ OLG Hamburg NJW 1975, 1088; „dunkelhäutige Menschen“ OLG Zweibrücken NStZ 1994, 491; „Gastarbeiter“ OLG Celle NJW 1970, 2257; „Asylbetrüger“ BayObLG NJW 1994, 452 u. OLG Frankfurt aM NJW 1995, 143). Erfasst werden auch politische, wirtschaftliche, berufliche (vgl OLG Düsseldorf NJW 1986, 2518) oder soziale Gruppierungen (Lackner/*Kühl* § 130 Rn 2). Nicht erfasst sind nur vorübergehende Gruppierungen (zB Teilnehmer einer Demonstration) oder Institutionen wie zB die Kirchen, der Zentralrat der Juden in Deutschland, die Bundeswehr (auch die „GSG 9“, OLG Hamm NJW 1981, 591) oder ein Parlament (vgl BGHSt 36, 90 f; *Fischer*, Rn 4 f). 22

2. Schutz von Einzelpersonen. Durch G. zur Umsetzung des Rahmenbeschlusses 2008/913/JI des Rates vom 28. November 2008 v. 16.3.2011 (BGBl. I S. 418) wurden Abs. 1 S. 1 und Abs. 2 Nr. 1 auf den Schutz von Einzelpersonen erweitert. Dabei wird durch die Ergänzung „wegen seiner Zugehörigkeit zu“ deutlich, dass das **Erfordernis der Gruppenbezogenheit**, das auch in der frühen Rechtsprechung 23 des BGH (BGHSt 21, 371) zu finden ist, beibehalten wird. Es fällt daher nicht schon der Angriff auf eine Einzelperson als solche unter den Tatbestand, sondern nur das Aufstacheln zum Hass oder das Auffordern zu Gewalt- oder Willkürmaßnahmen gegen eine Einzelperson wegen ihrer Zugehörigkeit zu einer der genannten Gruppen oder eines bestimmten Bevölkerungsteils (BT-Drucks. 17/3124, S. 10). Die Aufnahme von Einzelpersonen ist nicht auf die nunmehr ausdrücklich genannten Gruppen beschränkt, sondern erfasst alle Personenmehrheiten, die sich durch irgendein festes äußeres oder inneres Unterscheidungsmerkmal als erkennbare Einheit herausheben, und daher als Teile der Bevölkerung (Rn 22) geschützt werden. Damit gilt für Angriffe auf Einzelne, zB wegen ihrer Homosexualität oder wegen ihrer Behinderung, die gleiche Rechtslage wie für Angriffe auf Einzelne wegen ihrer Religion oder wegen ihrer Nationalität (BT-Drucks. 17/3124, S. 10).

24 Gegen die geschützten Bevölkerungsteile muss die Schrift nach der ersten Modalität **„zum Hass aufstacheln“**. Entscheidend ist dabei, dass der Hass gegen den Angehörigen des Bevölkerungsteils oder die Gruppe allein wegen seiner/ihrer Zugehörigkeit intendiert ist (BayObLG NJW 1990, 2479, 2480 m. Anm. *Horn*, JR 1991, 83; ferner BGH NStZ 1981, 258; BGH NStZ 1994, 140) und die Medieninhalte nachhaltig auf Sinne und Gefühle anderer mit dem Ziel einwirken, über die bloße Ablehnung und Verachtung hinaus eine feindselige Haltung zu erzeugen oder zu verstärken (BGHSt 40, 97, 102; BGH NStZ 1994, 140; BayObLG NJW 1990, 2479; KG JR 1998, 213 ff).

C. Holocaust-Leugnung (Abs. 3)

25 Für den durch VerbrBekG v. 28.10.1994 (BGBl. I S. 3186) eingeführten Tatbestand des Abs. 3 gilt gemäß Abs. 5 das Schriftenverbreitungsverbot des Abs. 2. Der Straftatbestand wird gemeinhin sinnverkürzend als **„Verbot der Auschwitzlüge“** apostrophiert (vgl etwa *Huster*, NJW 1996, 487 ff; *Stegbauer*, NStZ 2000, 281). Gerade durch den Siegeszug des Internets, welcher auch zu einer Vernetzung und Bündelung rechtsextremer Bestrebungen geführt hat, gewinnt der Tatbestand erheblich an praktischer Bedeutung. Unter dem Begriff des **Leugnens** wird das Bestreiten des als offenkundige geschichtliche Tatsache Anerkannten verstanden (vgl BGHSt 40, 97, 99; Lackner/*Kühl*, 26. Aufl. § 130 Rn 8). Problematisch ist der in zahlreichen Online-Angeboten mit der Intention der Tatbestandsumgehung auftauchende Fall des bloßen In-Frage-stellens des Holocausts (hierzu *Beisel*, NJW 1995, 997, 1000; anders *Stegbauer*, NStZ 2000, 281, 284). Ein **Billigen** ist anzunehmen, wenn der Äußernde eine Tat nach § 6 VStGB ausdrücklich oder konkludent, aus sich heraus verständlich gutheißt, als akzeptabel, notwendig oder gerechtfertigt hinstellt bzw zustimmende Befriedigung zum Ausdruck bringt (vgl BGHSt 22, 282; LK-*v.Bubnoff*, 11. Aufl. § 130 Rn 44). Demgegenüber ist die Tatmodalität des **Verharmlosens** sowohl in qualitativer als auch in quantitativer Hinsicht erfüllbar. Ersteres ist in dem Herunterspielen bzw Bagatellisieren der erheblichen Bedeutung etwa des Holocausts, seiner Wertewidrigkeit und Gefährlichkeit oder des Leids der Opfer zu erblicken (*Stegbauer*, S. 213; *ders.*, NStZ 2000, 281, 285). In quantitativer Hinsicht kommt insbesondere die Nennung falscher Größenordnungen von Opferzahlen in Betracht (vgl *König/Seitz*, NStZ 1995, 1, 3).

D. Legitimation der NS-Gewalt- und Willkürherrschaft

26 Der durch Gesetz vom 24.3.2005 (BGBl. I S. 969) eingefügte Abs. 4 untersagt bestimmte Formen der Legitimierung der NS-Gewalt- und Willkürherrschaft. Das Verbot hat für den Medienbereich allerdings eine eher untergeordnete praktische Bedeutung, weil es nur dann verwirklicht wird, wenn tatsächlich eine **Störung des öffentlichen Friedens** eingetreten ist, was allenfalls in Ausnahmen denkbar sein dürfte. Gradmesser einer tatsächlich eingetretenen Friedensstörung ist dabei vornehmlich die jeweilige Reaktion der Öffentlichkeit auf die getätigten Äußerungen. Allein der Umstand, dass ein die NS-Gewalt- und Willkürherrschaft billigender oder verherrlichender Inhalt zB im Internet abrufbar ist, vermag also eine (faktische) Störung des öffentlichen Friedens noch nicht zu begründen (vgl zu den tatbestandlichen Voraussetzungen: AG Schwedt/Oder, Urt. v. 25.1.2007 – 12 Ds 256 Js 42294/06 (272/06); *Bertram*, NJW 2005, 1476 (1477 f); *Liesching*, JMS-Report 4/2005, S. 2 ff; *Poscher*, NJW 2005, 1316).

§ 130a StGB Anleitung zu Straftaten

(1) Wer eine Schrift (§ 11 Abs. 3), die geeignet ist, als Anleitung zu einer in § 126 Abs. 1 genannten rechtswidrigen Tat zu dienen, und nach ihrem Inhalt bestimmt ist, die Bereitschaft anderer zu fördern oder zu wecken, eine solche Tat zu begehen, verbreitet, öffentlich ausstellt, anschlägt, vorführt oder sonst zugänglich macht, wird mit Freiheitsstrafe bis zu drei Jahren oder mit Geldstrafe bestraft.

(2) Ebenso wird bestraft, wer

1. eine Schrift (§ 11 Abs. 3), die geeignet ist, als Anleitung zu einer in § 126 Abs. 1 genannten rechtswidrigen Tat zu dienen, verbreitet, öffentlich ausstellt, anschlägt, vorführt oder sonst zugänglich macht oder
2. öffentlich oder in einer Versammlung zu einer in § 126 Abs. 1 genannten rechtswidrigen Tat eine Anleitung gibt,

um die Bereitschaft anderer zu fördern oder zu wecken, eine solche Tat zu begehen.

(3) § 86 Abs. 3 gilt entsprechend.

A. Regelungszweck

Die Vorschrift schützt den **öffentlichen Frieden**. Sie soll insbesondere dem Entstehen eines „psychischen Klimas“ entgegenwirken, in dem schwere, sozialschädliche Gewalttaten gedeihen können (BT-Drucks. 10/6286, S. 8; Lackner/*Kühl*, 26. Aufl. § 130a Rn 1). Darüber hinaus fördert die Norm einen umfassenden Jugendmedienschutz (vgl die ausdrückliche Nennung der Norm in § 15 Abs. 2 Nr. 1 JuSchG sowie in § 4 Abs. 1 S. 1 Nr. 6 JMStV). 27

B. Zu rechtswidrigen Taten anleitende Schriften (Abs. 1)

I. Tatbestandvoraussetzungen im Überblick

Voraussetzung für das Vorliegen eines verbotenen Anleitens zu Straftaten ist im Wesentlichen, dass eine Schrift (zum Schriftenbegriff s. Rn 3) öffentlich zugänglich gemacht wird (zu dieser und zu weiteren Tathandlungen vgl zu § 184 Rn 45 ff, zum Verbreiten s. oben Rn 5), die **zwei Eigenschaften** erfüllt: 1. der Inhalt muss geeignet sein, als Anleitung zu einer in § 126 StGB (s.o.) genannten Straftat zu dienen (zB Mord, Totschlag, Völkermord, schwere Körperverletzung, Raub, Geiselnahme, Brandstiftung und andere gemeingefährliche Delikte); 2. dem Inhalt muss die Zweckbestimmung zu entnehmen sein, die Bereitschaft anderer zur Begehung einer solchen Tat zu fördern oder zu wecken. 28

II. Begriff der Anleitung

Eine „Anleitung“ zu einer der in § 126 StGB bezeichneten schweren Straftaten setzt voraus, dass über die Möglichkeiten der Tatausführung einschließlich ihrer Vorbereitung, insbesondere durch **Hinweise technischer Art**, Informationen mit der Tendenz zur Förderung der Tatbegehungen gegeben werden. Zeichnungen oder Baupläne zum Bombenbau (auch zum eigentlichen Zweck der Brückensprengung im Verteidigungsfall, vgl BT-Drucks. 10/6286, S. 8) dienen im Regelfall der Anleitung zur Herstellung von gemeingefährlichen Waffen, deren Einsatz zur Verwirklichung von Totschlagsdelikten oder zumindest schweren Körperverletzungen führt. Der Bezug zu solchen **Katalogtaten** des § 126 StGB muss freilich hinreichend klar erkennbar sein. Nicht unter das Strafverbot fallen daher solche Schriften, die nur ganz allgemein als Informationsquelle für die Planung oder Durchführung einer der schweren Katalogtaten benutzt werden können. Wissenschaftliche Abhandlungen aus dem Bereich der Grundlagenforschung, Patentschriften, Lehrbücher der Physik oder der Chemie scheiden mithin von vornherein aus dem Anwendungsbereich des Strafverbotes aus. 29

III. Förderung der Tatbereitschaft

Die veröffentlichte Schrift (vgl zum Schriftenbegriff oben Rn 3) muss nach ihrem Inhalt dazu bestimmt sein, die Bereitschaft anderer zur Tatbegehung zu fördern. Nicht erforderlich ist das Hervorrufen eines konkreten Tatentschlusses. Für die „Bereitschaft“ iSd der Norm ist vielmehr die subjektive **Geneigtheit zur Ausführung** einer Katalogtat ausreichend (*Fischer*, 57. Aufl. § 130a Rn 13). Die Förderung braucht nicht der einzige oder der Hauptzweck der Schrift zu sein. Auch ein scheinbar neutraler Tatsachenbe- 30 richt kann deshalb unter das Strafverbot fallen, wenn die Art der Darstellung erkennbar nur der Tarnung der eigentlich bezweckten Bereitschaft zur Nachahmung dient. ZB die Bezeichnung „Bombenbau für Heimwerker" sowie „praktische Tipps zum Anbringen der Bombe" lassen eine Tendenz zur Förderung der Bereitschaft zu einschlägigen schweren Taten ausreichend klar erkennbar werden (vgl *Scholz/Liesching*, § 130a StGB Rn 4).

C. Neutrale Anleitungsschriften (Abs. 2)

31 Wenn im Einzelfall die in Rn 27 erwähnte Intention zur Bereitschaftsförderung den Medieninhalten nicht selbst zu entnehmen ist (sog. „neutrale" Anleitungsschriften, zB Heeresdienstvorschriften, vgl BT-Drucks. 10/6636, S. 13), kann nach Abs. 2 gleichwohl auch bestraft werden, wer lediglich (subjektiv) durch Verbreiten die **Absicht** hatte, eine entsprechende **Begehungsbereitschaft** der Leser, Zuschauer oder Internetnutzer zu fördern. Hierdurch soll „Umgehungsverhalten" der Täter entgegengewirkt werden (*Kühl*, NJW 1987, 737, 745). Die Bestimmung ist nach hM im Hinblick auf die erhebliche Beeinträchtigung der Meinungsäußerungsfreiheit nach Art. 5 GG restriktiv auszulegen (hierzu *Lenckner/Sternberg-Lieben,* in: Schönke/Schröder, 27. Aufl. § 130a Rn 7).

§ 131 StGB Gewaltdarstellung

(1) Wer Schriften (§ 11 Abs. 3), die grausame oder sonst unmenschliche Gewalttätigkeiten gegen Menschen oder menschenähnliche Wesen in einer Art schildern, die eine Verherrlichung oder Verharmlosung solcher Gewalttätigkeiten ausdrückt oder die das Grausame oder Unmenschliche des Vorgangs in einer die Menschenwürde verletzenden Weise darstellt,

1. verbreitet,
2. öffentlich ausstellt, anschlägt, vorführt oder sonst zugänglich macht,
3. einer Person unter achtzehn Jahren anbietet, überläßt oder zugänglich macht oder
4. herstellt, bezieht, liefert, vorrätig hält, anbietet, ankündigt, anpreist, einzuführen oder auszuführen unternimmt, um sie oder aus ihnen gewonnene Stücke im Sinne der Nummern 1 bis 3 zu verwenden oder einem anderen eine solche Verwendung zu ermöglichen,

wird mit Freiheitsstrafe bis zu einem Jahr oder mit Geldstrafe bestraft.

(2) Ebenso wird bestraft, wer eine Darbietung des in Absatz 1 bezeichneten Inhalts durch Rundfunk, Medien- oder Teledienste verbreitet.

(3) Die Absätze 1 und 2 gelten nicht, wenn die Handlung der Berichterstattung über Vorgänge des Zeitgeschehens oder der Geschichte dient.

(4) Absatz 1 Nr. 3 ist nicht anzuwenden, wenn der zur Sorge für die Person Berechtigte handelt; dies gilt nicht, wenn der Sorgeberechtigte durch das Anbieten, Überlassen oder Zugänglichmachen seine Erziehungspflicht gröblich verletzt.

A. Regelungszweck

32 Die Vorschrift soll nach dem Willen des Gesetzgebers den Einzelnen sowie die Allgemeinheit vor Gewalttätigkeiten und sozialschädlichen – auch gruppenbezogen feindseligen – aggressiven Ansätzen oder sonstigen Fehlentwicklungen schützen (BT-Drucks. VI/3521, S. 6; LK-*v.Bubnoff*, 11. Aufl. § 131 Rn 9). Damit dient die Norm vornehmlich dem **öffentlichen Frieden**, daneben aber auch dem **Jugendschutz** (*Fischer*, 57. Aufl. § 131 Rn 2). Letzteres wird insbesondere durch Abs. 1 Nr. 3 deutlich, welcher explizit das Zugänglichmachen der in Rede stehenden Schriften an eine Person unter 18 Jahren unter Strafe stellt (vgl auch BT-Drucks. VI/3521, S. 6; ferner BT-Drucks. 10/2546, S. 16 f).

B. Angebotsinhaltliche Tatbestandsvoraussetzungen

I. Gewalttätigkeiten gegen Menschen oder menschenähnliche Wesen

33 Zentraler Bestandteil des Strafverbots sind neben den einzelnen Tathandlungen, die im Wesentlichen § 184 Abs. 1 StGB entsprechen (hierzu unten Rn 42 ff; zum Verbreiten s. oben Rn 5) vor allem die auf

den Medieninhalt bezogenen Merkmale. Von „Gewalttätigkeiten" im Sinne des § 131 StGB ist dann auszugehen, wenn sich eine durch **aggressives positives Tun** eingesetzte physische Kraft unmittelbar auf den Körper eines Menschen derart auswirkt, dass hierdurch dessen körperliche Unversehrtheit beeinträchtigt wird (LK-*v.Bubnoff*, 11. Aufl. § 131 Rn 15; *Meirowitz*, S. 325). Bloße Unterlassenshandlungen wie etwa das Verbrennen-, Erfrieren-, Verhungern- oder Ertrinkenlassen sind also nicht ausreichend. Entgegen dem den Plural ausführenden Wortlaut ist davon auszugehen, dass bereits bei einer einzigen geschilderten Gewalttätigkeit der Tatbestand erfüllt sein kann (so zumindest die einhellige Ansicht im Fall des § 125 StGB, vgl schon RGSt 55, 102; ausdrücklich § 131 miteinbeziehend: LK-*v. Bubnoff*, 11. Aufl. § 125 Rn 47 mwN).

Erforderlich ist weiterhin die Schilderung von Gewalttätigkeiten **gegen Menschen**, so dass dargestellte Gewalthandlungen gegen Tiere oder Sachen dem Tatbestandsmerkmal nicht Rechnung tragen (BT-Drucks. VI/3521, S. 7; Lackner/*Kühl*, 26. Aufl. § 131 Rn 4). Seit dem am 1.4.2004 in Kraft getretenen SexDelÄndG v. 27.12.2003 (BGBl. I, S. 3007) erfasst der Tatbestand auch dargestellte Gewalttätigkeiten gegen „**menschenähnliche Wesen**". Nimmt man den Wortlaut der Vorschrift ernst, so müssen also auch sogenannte „Horror-Splatter"-Filme oder Computerspiele, welche grausame und unmenschliche Gewalt gegen Zombies, Vampire etc. zeigen, grundsätzlich nach dem Verbot bei Strafe untersagt sein. Die bisherige Strafverfolgungs- und Beschlagnahmepraxis in Deutschland ist aber sehr zurückhaltend und die Reichweite des erweiterten Verbotes damit letztlich unklar (s. aber die Beschlagnahme des Computerspiels „Manhunt": AG München JMS-Report 4/2004, S. 58 sowie den Auslegungsansatz bei *Miebach/Schäfer,* in: MüKom-StGB, § 131 Rn 21). 34

II. Inhaltliche Merkmale dargestellter Gewalttätigkeiten

Charakteristisch für das im Tatbestand geforderte Attribut „**grausam**" ist die Zufügung besonderer Schmerzen oder Qualen körperlicher oder seelischer Art, die eine brutale, gefühllose und unbarmherzige Haltung des „Täters" (Filmdarsteller, gegebenenfalls auch Computerspielfigur) erkennen lassen (*Miebach/Schäfer,* in: MüKom-StGB, § 131 Rn 21; *Scholz/Liesching*, § 131 StGB Rn 7). „**Sonst unmenschlich**" sind geschilderte Gewalttätigkeiten vor allem dann, wenn dem Opfer zwar nicht besondere Schmerzen oder Qualen zugefügt werden, die aggressiven Gewalthandlungen aber ebenfalls Ausdruck einer menschenverachtenden rücksichtslosen Gesinnung sind (zB stückweises Verstümmeln eines Bewusstlosen). 35

Damit das Strafverbot des § 131 StGB vorliegt, muss schließlich in der gezeigten Gewalttätigkeit eine **Verherrlichung oder Verharmlosung** des gezeigten brutalen Handelns zum Ausdruck kommen. Ein Verherrlichen ist dabei nicht nur wörtlich im Sinne direkter Glorifizierung oder Lobpreisung von Gewalttätigkeiten aufzufassen, sondern auch als bejahende oder auch positiv bewertende Wiedergabe solcher Vorgänge (zB Darstellung als legitimes und vorzugswürdiges Konfliktlösungsverhalten). Ein Verharmlosen wird man demgegenüber in Gewaltmedien annehmen müssen, wenn die gezeigten Gewalttätigkeiten als reine Bagatelle oder als unbedeutend (zB begleitet durch zynische Sprüche) dargestellt werden. Nach der 2. Alt. des Abs. 1 ist Voraussetzung, dass die in Rede stehenden Gewalttätigkeiten in einer Art geschildert werden, die das Grausame oder Unmenschliche des Vorgangs **in einer die Menschenwürde verletzenden Weise** darstellt. Die Verknüpfung der Schilderung der Gewalttätigkeiten mit dem Merkmal der Menschenwürdeverletzung wird im Hinblick auf seine Unbestimmtheit als problematisch erachtet (vgl OLG Koblenz NStZ 1998, 40, 41; *Meirowitz*, Gewaltdarstellungen, S. 329; s. aber auch BVerfGE 87, 209, 225 ff, 228). 36

C. Darbietungen in Rundfunk und Telemedien (Abs. 2)

Abs. 2 erfasst **Live-Darbietungen** in Fernsehen und Hörfunk sowie in Medien- oder Telediensten, also in Telemedien (vgl § 1 Abs. 1 TMG), da alle übrigen auf Speichermedien verkörperten Medieninhalte dem Schriftenbegriff des § 11 Abs. 3 (vgl hierzu Rn 3) unterfallen und damit bereits § 131 Abs. 1 tatbestandsmäßig ist (vgl BT-Drucks. VI/3521, S. 8; BVerwG NJW 2002, 2966, 2967 f). Die Live-Ausstrahlung von Gewaltdarstellungen im Rundfunk sowie die Echtzeit-Verbreitung entsprechender Telemedien stellen darüber hinaus nach §§ 4 Abs. 1 Nr. 5, 24 Abs. 1 Nr. 1 e) JMStV (auch bei fahrlässigem Handeln) Ordnungswidrigkeiten dar, die mit einer Geldbuße von bis zu 500 000 EUR geahndet werden können. 37

D. Berichterstattungs- und Erzieherprivileg (Abs. 3, 4)

38 Die Privilegierung der **Berichterstattung** nach Abs. 3 schließt den Tatbestand der Abs. 1 und 2 aus. Nicht erfasst werden Schilderungen, welche den Zweck der Berichterstattung nur als Vorwand oder Anlass für die Verbreitung von Gewaltdarstellungen nehmen (*Fischer*, 57. Aufl. § 131 Rn 16). Daher sind Medieninhalte, die die Voraussetzungen des Abs. 1 erfüllen, nicht schon allein deshalb nach Abs. 3 vom Tatbestand ausgeschlossen, weil sie im Rahmen eines Nachrichtenprogramms verbreitet werden. Insoweit liegt allenfalls ein Indiz dafür vor, dass die Verbreitung auch der Berichterstattung „dient". Das **Erzieherprivileg** des Abs. 4 stellt einen weiteren Tatbestandsausschlussgrund dar. Er gilt jedoch nur für Tathandlungen nach Abs. 1 Nr. 3. Der Gesetzgeber hat indes auf ein verlängertes Erzieherprivileg, welches auch dritte, vom Sorgeberechtigten beauftragte Personen erfasst, bewusst verzichtet (*Schroeder*, in: Lange-FS, S. 391, insb. 394; *Liesching/Günter*, MMR 2000, 260, 265 f).

§ 140 StGB Belohnung und Billigung von Straftaten

Wer eine der in § 138 Abs. 1 Nr. 1 bis 4 und in § 126 Abs. 1 genannten rechtswidrigen Taten oder eine rechtswidrige Tat nach § 176 Abs. 3, nach den §§ 176a und 176b, nach den §§ 177 und 178 oder nach § 179 Abs. 3, 5 und 6, nachdem sie begangen oder in strafbarer Weise versucht worden ist,

1. **belohnt oder**
2. **in einer Weise, die geeignet ist, den öffentlichen Frieden zu stören, öffentlich, in einer Versammlung oder durch Verbreiten von Schriften (§ 11 Abs. 3) billigt,**

wird mit Freiheitsstrafe bis zu drei Jahren oder mit Geldstrafe bestraft.

A. Regelungszweck

39 Nicht nur das öffentliche Anleiten zu den in § 126 StGB genannten schweren Taten gemäß § 130 a (dort Rn 27 ff) ist strafbar. Auch das Belohnen oder öffentliche Billigen solcher Taten, nachdem diese begangen oder versucht wurden, wird nach § 140 StGB mit Strafe bedroht. Die Strafnorm dient vorwiegend der **Wahrung des öffentlichen Friedens** (vgl BGHSt 22, 282, 285; OLG Karlsruhe, NStZ-RR 1996, 58, 59). Für den Bereich des Medienstrafrechts ist insoweit vor allem die nachfolgend näher erläuterte Modalität des Billigens in Nr. 2 von praktischer Bedeutung.

B. Tathandlung des Billigens

40 Das Billigen einer der rechtswidrigen Katalogtaten liegt vor, wenn der Täter seine **Zustimmung** dazu kundgibt und gut heißt, dass die Tat begangen worden ist und sich damit **moralisch hinter den Täter** stellt (BGHSt 22, 282, 286; *Sternberg-Lieben,* in: Schönke/Schröder, 27. Aufl. § 140 Rn 5). Die bloße Erklärung, die Tat sei rechtmäßig oder die Veröffentlichung von billigenden Äußerungen Dritter ohne entsprechende Distanzierung erfüllen den Tatbestand im Regelfall nicht (LK-*Hanack*, 11. Aufl. § 140 Rn 14, 22 ff). Die Billigung muss sich stets auf eine konkrete Katalogtat der §§ 126, 138 beziehen (BGH NJW 1990, 2828, 2829), wobei eine dahin gehende Erklärung nicht nur ausdrücklich sondern auch durch „schlüssiges Verhalten" erfolgen kann (OLG Braunschweig NJW 1978, 2045). Die Billigung muss darüber hinaus **öffentlich**, in einer Versammlung oder durch Verbreiten von Schriften erfolgen. Öffentlich ist die Billigung, wenn eine individuell nicht feststehende Anzahl von Personen die Möglichkeit hat, davon Kenntnis zu nehmen (vgl hierzu OLG Hamm MDR 1980, 159). Dies ist etwa beim Einstellen entsprechender Erklärungen in öffentliche Internet-Foren oder in öffentliche „Chats" der Fall. Zum Verbreiten von Schriften (Rn 3) s. oben Rn 5.

C. Eignung zur Störung des öffentlichen Friedens

41 Der Straftatbestand der Nr. 2 setzt voraus, dass das öffentliche Billigen schwerer Taten in einer Weise geschieht, die geeignet ist, den öffentlichen Frieden zu stören. Die Friedensstörung kann sowohl durch die **Erschütterung des Vertrauens in die öffentliche Rechtssicherheit** als auch durch Aufhetzung weiterer potenzieller Täter geschehen, also durch die Schaffung eines „psychischen Klimas", in dem „gleichartige Untaten gedeihen" (vgl BGH NJW 1978, 58, 59; weitergehend LK-*Hanack*, 11. Aufl. § 140 Rn 30). Daran kann es zum Beispiel bei Taten fehlen, die nur noch historisch von Bedeutung

sind (zB Ermordung des römischen Kaisers Cäsar). Bei der Billigung von erst in jüngerer Geschichte begangener Verbrechen, welche insbesondere in die Gegenwart eine politische Brisanz zeitigen (zB Attentate des 11. September, Massenmord im Kosovo), ist eine Eignung zur Störung des öffentlichen Friedens im Regelfall anzunehmen.

§ 184 StGB Verbreitung pornographischer Schriften

(1) Wer pornographische Schriften (§ 11 Abs. 3)

1. einer Person unter achtzehn Jahren anbietet, überläßt oder zugänglich macht,
2. an einem Ort, der Personen unter achtzehn Jahren zugänglich ist oder von ihnen eingesehen werden kann, ausstellt, anschlägt, vorführt oder sonst zugänglich macht,
3. im Einzelhandel außerhalb von Geschäftsräumen, in Kiosken oder anderen Verkaufsstellen, die der Kunde nicht zu betreten pflegt, im Versandhandel oder in gewerblichen Leihbüchereien oder Lesezirkeln einem anderen anbietet oder überläßt,
3a. im Wege gewerblicher Vermietung oder vergleichbarer gewerblicher Gewährung des Gebrauchs, ausgenommen in Ladengeschäften, die Personen unter achtzehn Jahren nicht zugänglich sind und von ihnen nicht eingesehen werden können, einem anderen anbietet oder überläßt,
4. im Wege des Versandhandels einzuführen unternimmt,
5. öffentlich an einem Ort, der Personen unter achtzehn Jahren zugänglich ist oder von ihnen eingesehen werden kann, oder durch Verbreiten von Schriften außerhalb des Geschäftsverkehrs mit dem einschlägigen Handel anbietet, ankündigt oder anpreist,
6. an einen anderen gelangen läßt, ohne von diesem hierzu aufgefordert zu sein,
7. in einer öffentlichen Filmvorführung gegen ein Entgelt zeigt, das ganz oder überwiegend für diese Vorführung verlangt wird,
8. herstellt, bezieht, liefert, vorrätig hält oder einzuführen unternimmt, um sie oder aus ihnen gewonnene Stücke im Sinne der Nummern 1 bis 7 zu verwenden oder einem anderen eine solche Verwendung zu ermöglichen, oder
9. auszuführen unternimmt, um sie oder aus ihnen gewonnene Stücke im Ausland unter Verstoß gegen die dort geltenden Strafvorschriften zu verbreiten oder öffentlich zugänglich zu machen oder eine solche Verwendung zu ermöglichen,

wird mit Freiheitsstrafe bis zu einem Jahr oder mit Geldstrafe bestraft.

(2) [1]Absatz 1 Nr. 1 ist nicht anzuwenden, wenn der zur Sorge für die Person Berechtigte handelt; dies gilt nicht, wenn der Sorgeberechtigte durch das Anbieten, Überlassen oder Zugänglichmachen seine Erziehungspflicht gröblich verletzt. [2]Absatz 1 Nr. 3a gilt nicht, wenn die Handlung im Geschäftsverkehr mit gewerblichen Entleihern erfolgt.

A. Regelungszweck

Schutzgut der Strafnorm ist ganz überwiegend der **Jugendschutz**, daneben in einzelnen Tatmodalitäten wie insb. Abs. 1 Nr. 6 auch der Schutz Erwachsener vor unverlangter Konfrontation mit Pornographie (BT-Drucks. VI/1552, S. 33 u. VI/3521, S. 58). Angesichts der in vielen Gesellschaftsbereichen seit Inkrafttreten des eingeschränkten Pornographieverbotes 1974 weithin eingetretenen Liberalisierung im Bezug auf sexuelle Inhalte, welche gerade auch durch die Entwicklung neuer Medien vorangetrieben wurde, ist die neuerdings geübte Kritik an der strafrechtlichen Sanktionierung der Konfrontation Erwachsener mit pornographischen Schriften ernst zu nehmen (vgl *Schreibauer*, Pornographietatbestand, 1999, S. 276). 42

B. Begriff der Pornographie

Die Auslegung des Pornographiebegriffs ist in Rspr und Schrifttum uneinheitlich. Die Gerichte nehmen eine Begriffsbestimmung im Wesentlichen anhand von **drei Kriterien** vor: danach ist eine Schrift pornographisch, wenn sie (1.) unter Ausklammerung sonstiger menschlicher Bezüge sexuelle Vorgänge in grob aufdringlicher, anreißerischer Weise in den Vordergrund rückt und (2.) ihre objektive Gesamttendenz ausschließlich oder überwiegend auf die Aufreizung des sexuellen Triebs beim Betrachter abzielt sowie (3.) dabei die im Einklang mit allgemeinen gesellschaftlichen Wertvorstellungen gezogenen 43

Grenzen des sexuellen Anstands eindeutig überschreitet (vgl BVerwG NJW 2002, 2966, 2968 f = JZ 2002, 1057 m.Anm. *Hörnle*; BGHSt 37, 55 ff, 60; OLG Hamm NJW 1973, 817; OLG Düsseldorf NJW 1974, 1474, 1475; OLG Koblenz NJW 1979, 1467, 1468).

44 Entscheidendes Kriterium für die Einordnung einer sexuellen Darstellung als pornographisches Medium iSv § 184 StGB und § 4 Abs. 2 S. 1 Nr. 1 JMStV ist, dass sie in sexueller Hinsicht aufdringlich vergröbernde oder anreißerische Züge aufweist und dass **sexuelle Vorgänge in übersteigerter anreißerischer Weise** ohne Sinnzusammenhang mit anderen Lebensäußerungen geschildert oder gedankliche Inhalte zum bloßen Vorwand für provozierende Sexualität genommen werden, mit anderen Worten der Mensch auf ein physiologisches Reiz-Reaktions-Wesen reduziert wird (OLG Karlsruhe NJW 1974, 2015, 2016). Durch die Vergröberung des Sexuellen muss der dargestellte Mensch zum bloßen auswechselbaren Objekt degradiert werden (OLG Düsseldorf NJW 1974, 1474, 1475; OLG Karlsruhe NJW 1987, 1957). Zum in den Einzelheiten umstrittenen Pornographiebegriff s. weiterhin zB *Erdemir*, MMR 2003, 628 ff; *König*, Kinderpornographie im Internet, 2003, Rn 149; *Ladeur*, AfP 2001, 471 ff; *Mahrenholz*, ZUM 1998, 527 ff; *Schreibauer*, Pornographietatbestand, 1999, S. 116 ff; *Scholz/Liesching*, § 184 StGB Rn 2; *Schumann*, in: Festschrift für Lenckner, 1998, S. 565 ff; *Ulich*, 2000, S. 49 ff; *Walther*, tv-diskurs 3/1997, S. 102 ff).

C. Tathandlungen

I. Zugänglich machen etc. (Nrn. 1 und 2)

45 Die in Abs. 1 Nrn. 1–9 unter Strafe gestellten Tathandlungen beziehen sich stets auf ein Inverkehrbringen pornographischer Schriften unter besonderen Voraussetzungen. In Nrn. 1, 2 umfasst der Oberbegriff des **Zugänglichmachens** an Minderjährige die weiteren genannten Modalitäten des Anbietens, Überlassens, Ausstellens, Anschlagens und Vorführens. Pornographie wird dabei einer anderen Person zugänglich gemacht, wenn ihr unmittelbar oder mittelbar durch Dritte die konkrete Möglichkeit der Kenntnisnahme eröffnet wird (vgl BVerwG NJW 2002, 2966, 2968; BGH NJW 1976, 1984; OLG Karlsruhe NJW 1984, 1975). Dies ist grundsätzlich bereits im Falle des Bereitstellens von Computerdateien auf einem Server im Internet oder auch bei der bloßen Zugangsvermittlung gegeben (vgl *Sieber*, JZ 1996, 494; *Derksen*, NJW 1997, 1881 f; für Betreiber von Internetcafés *Liesching/Günter*, MMR 2000, 260 ff). Allerdings sind die verantwortlichkeitsbegrenzenden Bestimmungen der §§ 7 **bis 10 TMG** zu beachten (s. hierzu 77. Abschnitt, Rn 35; vgl auch LG München NJW 2000, 1051 f). Auch die Ausstrahlung von Rundfunkprogrammen stellt ein Zugänglichmachen dar (BVerwG NJW 2002, 2966, 2968). Zu den **Live-Darbietungen** (**§ 184d StGB**) s. oben Rn 37; zum **Erzieherprivileg** (**Abs. 2**) s. Rn 38.

II. Gewerbsmäßige Vertriebsformen (Nrn. 3 und 3a)

46 Nrn. 3 und 3 a erfassen bestimmte gewerbsmäßige Vertriebsformen in den Modalitäten des **Anbietens**, also der einseitigen Erklärung der Bereitschaft des Überlassens (Lackner/*Kühl*, 26. Aufl. § 184 Rn 5), und des **Überlassens** selbst, also der Verschaffung des Gewahrsams (einschränkend für Kioskhändler: *Lenckner/Perron,* in: Schönke/Schröder, 27. Aufl. § 184 Rn 17, dagegen OLG Stuttgart NJW 1976, 529). Der Tatbestand der Nr. 3 verbietet generell den Vertrieb via **Versandhandel.** Die nunmehr aus rechtssystematischen Gründen auch für § 184 StGB anwendbare (*Scholz/Liesching*, § 184 StGB Rn 12) Legaldefinition des § 1 Abs. 4 JuSchG nimmt insoweit den auf Erwachsene beschränkten Versand aus (s. zu den Voraussetzungen 81. Abschnitt, Rn 10 f). „Gewerbliche Lesezirkel" sind Unternehmen, die gegen Entgelt (vornehmlich illustrierte) Schriften in der Weise vermieten, dass diese in Mappen bei einer Reihe von Kunden mit bestimmten Lesefristen umlaufen, wobei die Mehrzahl der Abonnenten private Haushalte sind. Für die gesetzliche Ausnahme von dem **Vermietverbot** der Nr. 3a kommt es darauf an, dass Minderjährigen bereits das Betreten durch die Außeneingänge des Ladengeschäfts verwehrt wird und diesen auch nicht von außen Einblick in das jugendgefährdende Angebot möglich ist (vgl OLG Hamburg NJW 1992, 1184; OLG Stuttgart MDR 1987, 1047). Auch Automatenvideotheken können Ladengeschäfte im gesetzlichen Sinne sein, da nicht zwingend die Anwesenheit von Personal vorausgesetzt wird (vgl BGH MMR 2003, 585 ff m. Anm. *Liesching*).

III. Einfuhr durch Versandhandel (Nr. 4)

Auch der Versandhandel-Bezieher von pornographischen Schriften ist gemäß Nr. 4 durch das Unternehmen der **Einfuhr im Wege des Versandhandels** mit Strafe bedroht. Allerdings ist nach hM der private erwachsene Endverbraucher nicht „Einführer" im Sinne der Norm, da insoweit Jugendschutzbelange nicht betroffen sind (vgl OLG Hamm, NJW 2000, 1965; LG Freiburg NStZ-RR 1998, 11). 47

IV. Pornographiewerbung (Nr. 5)

Nr. 5 verbietet bestimmte Formen der **Werbung**, welche wegen ihrer Breitenwirkung vom Gesetzgeber als besonders jugendgefährdend angesehen wurden (zur Verfassungskonformität krit. *Schumann*, NJW 1978, 1134). Entscheidend ist weniger die konkrete Ausgestaltung der Werbung, sondern ob das Angebot den pornografischen Charakter der Waren für den durchschnittlich interessierten und informierten Betrachter erkennbar macht und für ihn Zweifel über den Inhalt nicht bestehen (BGH NJW 1977, 1695, 1696; BGH NJW 1987, 449, 450; BGH NJW 1989, 409). Sogenannte „neutrale Werbung", welche den Pornographiecharakter des beworbenen Produktes nicht eindeutig erkennbar werden lässt, ist damit nicht strafbar. 48

V. Unverlangte Konfrontation mit Pornographie (Nr. 6)

Nr. 6 erfasst vornehmlich das unverlangte Zusenden pornographischen Werbematerials und dient mithin auch dem Erwachsenenschutz (vgl zum Versand eines pornographischen Werbeprospektes in einem verschlossenen neutralen Briefumschlag OLG Karlsruhe JMS-Report 1/2003, S. 59 f). Ein **Gelangen lassen** im Sinne der Norm bedeutet die Überführung der Schrift in den Machtbereich des im Zeitpunkt der Tathandlung noch nicht unbedingt konkretisierten Empfängers, so dass bereits bloßes Liegenlassen hinreichend ist (BT-Drucks. VI/3521, S. 61). 49

VI. Entgeltliche öffentliche Filmvorführung (Nr. 7)

Die Tatmodalität der Nr. 7 erfordert, dass der Täter einen pornographischen Film in einer **öffentlichen**, also einem unbestimmten Personenkreis gleichzeitig zugänglichen, **Vorführung** gegen ein zumindest überwiegend (hierzu BVerfGE 47, 109, 122; BGHSt 29, 68, 71) hierfür zu entrichtendes Entgelt zeigt (BayObLG NJW 1976, 528; vgl BT-Drucks. VI/3521, S. 21, 61; BVerfGE 47, 109, 117). Dies ist auch bei der Verwendung von Videokabinen der Fall (KG NStZ 1985, 220). Hingegen verstieße die Einbeziehung der Vorführung von Dias, Standbildern oder Tonträgern in den Tatbestand gegen das Analogieverbot. 50

VII. Vorbereitungshandlungen (Nr. 8)

Nr. 8 erfasst bestimmte Vorbereitungshandlungen zu den Nrn. 1–7, um bereits frühzeitig eine Beschlagnahme pornographischer Medien zu ermöglichen (BT-Drucks. VI/3521, S. 61). **Herstellen** bedeutet die Erschaffung einer Schrift pornographischen Inhalts, welche objektiv geeignet ist, iSd Nrn. 1–7 verwendet zu werden. Neben der Erzeugung von Kopiervorlagen (sog. „Masterbänder") fällt auch das geschaffene „geistige" Ausgangsmaterial wie Manuskripte und Drehbücher unter den Begriff des Herstellens (BGHSt 32, 1, 7 f). **Beziehen** ist die entgeltliche oder unentgeltliche Erlangung eigener Verfügungsgewalt an der Schrift aufgrund eines mit dem vorherigen Gewahrsamsinhaber einverständlichen Gewahrsamswechsels (vgl *Lenckner/Perron*, in: Schönke/Schröder, 27. Aufl. § 184 Rn 44). Das **Liefern** ist die entsprechende Gegenhandlung und bedeutet die einverständliche Gewahrsamsverschaffung; das Merkmal **Vorrätighalten** umfasst den zweckorientierten Besitz pornographischer Schriften, ein „Vorrat" im wörtlichen Sinne ist nicht erforderlich (vgl OLG Karlsruhe NJW 1987, 1957, 1958; *Schreibauer*, Pornographietatbestand, 1999, S. 279 mwN). 51

VIII. Taten mit Auslandsbezug (Nr. 9)

Nr. 9 wurde vom Gesetzgeber in Abs. 1 inkorporiert, um Konflikte mit dem Ausland zu verhindern. 52
Entscheidend für ein **Unternehmen der Ausfuhr** ist daher allein, ob von der Bundesrepublik aus (auch bei bloßer Durchschleusung von einem Drittland aus) Pornographie ins Ausland gelangt (*Schreibau-*

er, Pornographietatbestand, 1999, S. 284). Der Täter muss gegen im Ausland mit Strafe bedrohte Vorschriften verstoßen (vgl OLG Karlsruhe NJW 1987, 1957).

D. Gewalt- und Tierpornographie (§ 184a StGB)

53 Pornographische Schriften, die Gewalttätigkeiten oder sexuelle Handlungen von Menschen mit Tieren zum Gegenstand haben, werden bei den in § 184a StGB genannten Tathandlungen des Verbreitens, Zugänglichmachens oder hierauf bezogenen Vorbereitungshandlungen (vgl insoweit oben Rn 19, 42 ff) mit Freiheitsstrafe bis zu drei Jahren oder mit Geldstrafe bedroht. Der Begriff der **Gewalttätigkeiten** entspricht dem des § 131 StGB (hierzu oben Rn 30). Da der Wortlaut im Bezug auf **sodomitische Schriften** nur „sexuelle Handlungen" von Menschen mit Tieren erfordert, ist die schriftliche oder bildliche Schilderung eines Geschlechtsverkehrs mit einem Tier nicht erforderlich. Entscheidend ist, ob der Medieninhalt nach seiner Gesamttendenz und dem objektiven Erscheinungsbild einen Sexualbezug aufweist (vgl LK-*Laufhütte*, 11. Aufl. § 184 Rn 16; *Schreibauer*, Pornographietatbestand, 1999, S. 150).

E. Kinderpornographie (§ 184b StGB)

I. Allgemeines zum Straftatbestand

54 Die mit Blick auf die hohe Strafandrohung schwerste Form pornographischer Darstellungen liegt vor, wenn diese „sexuelle Handlungen von, an oder vor Kindern" zum Gegenstand haben. **Kinder** in diesem Sinne sind nach § 176 Abs. 1 StGB alle Personen **unter vierzehn Jahren** (vgl auch § 1 Abs. 1 Nr. 1 JuSchG). § 184b wurde eingefügt durch SexualDelÄndG v. 27.12.2003 (BGBl. I S. 3007) mit Wirkung vom 1.4.2004. Der einleitende Satzteil des Abs. 1 wurde geändert durch G. zur Umsetzung des **Rahmenbeschl. des Rates der EU** zur Bekämpfung der sexuellen Ausbeutung von Kindern und der Kinderpornographie v. 31.10.2008 (BGBl. I S. 2149) mit Wirkung vom 5.11.2008 (ausf. zu Normentstehung und -historie *Fischer*, StGB-Kommentar, 57. Aufl. 2010, Rn 1).

II. Inhaltliche Voraussetzungen der Kinderpornographie

55 Das Strafdelikt des § 184b StGB erfasst zunächst nur „pornographische Schriften" (zum Schriftenbegriff Rn 3, zur Pornographie Rn 43 f). Diesem Erfordernis kommt aufgrund der Ausweitung des Straftatbestandes im Übrigen (Rn 1) eine größere **tatbestandsbegrenzende Bedeutung** zu. Kinder sind nach § 176 Abs. 1 StGB alle Personen unter vierzehn Jahren. Hinsichtlich des **Alters der dargestellten Personen** lässt der BGH keine Manipulationen oder Schutzbehauptungen des Täters zu. Insbesondere kann die falsche Angabe des Alters einer im Internet abgebildeten Person unter 14 Jahren nicht zum Ausschluss des Straftatbestandes führen. Darüber hinaus liegt Kinderpornographie selbst dann vor, wenn die dargestellte Person zwar älter als 14 Jahre ist, aber auf den objektiven Betrachter wie ein Kind wirkt (vgl BGH NJW 2001, 3558, 3560). Ebenso ist völlig unerheblich, ob einschlägige kinderpornographische Darstellungen in einen **fiktiven Handlungsrahmen** gebettet sind (vgl BGH NStZ 2000, 307, 309; anders noch die Vorinstanz, LG Meiningen tv-diskurs 10/1999, S. 100 ff).

56 Mit der Neufassung der §§ 184b, 184c StGB durch G. zur Umsetzung des **Rahmenbeschlusses des Rates der EU** zur Bekämpfung der sexuellen Ausbeutung von Kindern und der Kinderpornographie v. 31.10.2008 (BGBl. I S. 2149) werden nicht mehr (nur) solche pornographischen Schriften mit Kindern erfasst, die deren „sexuellen Missbrauch" (unter Bezugnahme auf §§ 176 bis 176b StGB) zum Gegenstand haben. Gegenüber einer weiterhin möglichen Verweisung auf die §§ 176, 176a, 176b gab die Bundesregierung der Neuformulierung von Abs. 1 zum einen zur **„sprachlichen Vereinfachung"** den Vorzug. Zum anderen sollen bei einem bloßen Verweis auf §§ 176 ff StGB mögliche **Strafbarkeitslücken**, wie sie insb. der BGH durch Beschl. v. 20.2.2006 festgestellt hat (BGH NStZ 2006, 394 f = JMS-Report 4/2006, S. 7 f m. Anm. *Sulzbacher*), durch die Erfassung aller sexueller Handlungen „von, an und vor" Minderjährigen vermieden werden (BT-Drucks. 16/3439, S. 9). Durch die weite tatbestandliche Erfassung aller sexueller Handlungen „von, an und vor" Minderjährigen unterfallen im praktischen Ergebnis also **alle (pornographischen) Schriften** dem Strafverbot, welche sexuelle Handlungen im Zusammenhang mit Personen unter 14 Jahren (Kinder) zum Gegenstand haben.

III. Besitzverschaffen und Besitz

Nach § 184b Abs. 2 und 4 StGB wird schon das Unternehmen der „Besitzverschaffung" sowie der Besitz als solcher pönalisiert, wofür ein **tatsächliches Herrschaftsverhältnis** des Täters über die Schrift erforderlich ist (*Hörnle,* in: MüKom-StGB, § 184 b Rn 21). Ob schon das bloße Aufrufen kinderpornographischer Seiten im Internet von dem Tatbestand erfasst wird, ist umstritten. Zum Teil wird dies verneint, da hierdurch allein noch nicht die erforderliche Sachherrschaft über die Bilddateien begründet sei (so LG Stuttgart NStZ 2003, 36 f; *Harms*, NStZ 2003, 646, 648 f). Dem wird jedoch zutreffend entgegengehalten, dass die entsprechenden Daten schon beim bloßen Aufrufen auf der Festplatte gespeichert oder anderen Speichermedien abgelegt werden (vgl *Sieber*, in: Hoeren/Sieber, Kap. 19 Rn 627; *Scholz/Liesching*, 4. Aufl. § 184 StGB Rn 25). Freilich ist wegen des dann zumeist fehlenden Vorsatzes des zufällig im Internet auf Kinderpornographie stoßenden Nutzers eine Strafbarkeit ausgeschlossen. Das OLG Hamburg ist indes jüngst der überwiegenden Rspr beigetreten und hat bestätigt, dass wer in der Absicht, sich Dateien mit kinderpornographischen Darstellungen am **Computerbildschirm zu betrachten**, gezielt solche Dateien im Internet aufruft, es iSd § 184b Abs. 4 StGB unternimmt, sich Besitz an solchen Schriften zu verschaffen, auch wenn er nicht in dem Willen handelt, diese Dateien auf der Festplatte des Computers oder anderen dauerhaften Datenträgern zu speichern (OLG Hamburg MMR 2010, 342 ff m. Anm. *Müller*). Überdies ist jedenfalls das Kopieren einschlägiger Inhalte auf einen Datenträger (Besitzverschaffen) oder die dauerhafte **Speicherung** auf einem Datenträger (Besitz) ohne Weiteres (objektiv) tatbestandlich erfasst (vgl BayObLG NJW 2000, 2911; OLG Hamburg NStZ-RR 1999, 329 m. Anm. *Bertram*, JR 2000, 126; AG Hamburg CR 1998, 33 m. Anm. *Vassilaki*). Sukzessive und jeweils aufgrund neuen Tatentschlusses erfolgte „Zugriffe" auf jeweils unterschiedliche kinderpornographische Daten im Internet mit anschließender Abspeicherung auf eigenen Datenträgern – mit welchem Datenumfang im Einzelfall auch immer – bilden jeweils zueinander in Tatmehrheit stehende Einzeldelikte (BayObLG NJW 2003, 839 f). 57

IV. Sperrung des Zugangs zu Kinderpornographie 58

Am 23.2.2010 ist das Gesetz zur Erschwerung des Zugangs zu kinderpornographischen Inhalten in Kommunikationsnetzen (Zugangserschwerungsgesetz – ZugErschwG) v. 17.2.2010 (BGBl. I S. 78) in Kraft getreten. Danach sollte das Bundeskriminalamt eine Liste über vollqualifizierte Domainnamen, Internetprotokoll-Adressen und Zieladressen von Telemedienangeboten führen, die Kinderpornographie iSd § 184b StGB enthalten oder deren Zweck darin besteht, auf derartige Telemedienangebote zu verweisen (§ 1 Abs. 1 S. 1 ZugErschwG). Diensteanbieter nach § 8 TMG, die den Zugang zur Nutzung von Informationen über ein Kommunikationsnetz für mindestens 10 000 Teilnehmer oder sonstige Nutzungsberechtigte ermöglichen, haben nach der Regelung des § 2 Abs. 1 S. 1 ZugErschwG „geeignete und zumutbare technische Maßnahmen zu ergreifen, um den Zugang zu Telemedienangeboten, die in der **Sperrliste** aufgeführt sind, zu erschweren". Das Gesetz ist auf erhebliche **Kritik** im Hinblick auf Effektivität von Sperren, die Gesetzgebungskompetenz des Bundes sowie verfassungsrechtliche Grundfreiheiten gestoßen (vgl den Überblick bei *Volkmann,* in: Spindler/Schuster, 2. Aufl. 2011, Vorbem. zum ZugErschwG Rn 4 ff; s.a. *Marberth-Kubicki*, NJW 2009, 1792 ff; *Frey/Rudolph*, CR 2009, 644 ff; *Stadler*, MMR 2009, 581; ausf. zu Internetsperren: *Sieber/Nolde*, Sperrverfügungen im Internet, 2009). Das ZugErschwG ist daher nie in Vollzug gesetzt worden. Zudem arbeitet die Bundesregierung an einem Gesetzentwurf zur Aufhebung von Sperrregelungen bei der Bekämpfung von Kinderpornographie in Kommunikationsnetzen, um das Gesetz frühzeitig **außer Kraft** zu setzen (vgl demgegenüber Art. 4 Abs. 3 ZugErschwG: mit Ablauf des 31.12.2012).

F. Jugendpornographie (§ 184c StGB)

I. Allgemeines zum Straftatbestand

Durch das G. zur **Umsetzung des Rahmenbeschlusses des Rates der Europäischen Union** zur Bekämpfung der sexuellen Ausbeutung von Kindern und der Kinderpornographie v. 31.10. 2008 (BGBl. I S. 2149) ist die Vorschrift in der Fassung der Beschlussempfehlung des Bundesrates am 31.10.2008 in Kraft getreten. Nach der Beschlussempfehlung des Rechtsausschusses sollen die bislang gemeinsam mit kinderpornographischen Schriften neu zu regelnden, sogenannten jugendpornographischen Schriften nunmehr **eigenständig** im Rahmen eines neu zu fassenden § 184c StGB normiert werden. Hintergrund hierfür ist die Erwägung des Rechtsausschusses, dass die Verbreitung, der Erwerb und der Besitz 59 kinderpornographischer Schriften einen **höheren Unrechtsgehalt** aufweisen als die Verbreitung, der Erwerb und der Besitz jugendpornographischer Schriften (vgl BT-Drucks. 16/9646, S. 34 f, 38 f). Die in § 184c StGB ausgeführten Tatobjektsmerkmale und Tathandlungen entsprechen im Wesentlichen denen des Tatbestands der Kinderpornographie nach § 184b, so dass insoweit auf die dort ausgeführten Erläuterungen verwiesen werden kann.

II. Erfassung volljähriger „scheinjugendlicher" Darsteller(innen)

60 Das **BVerfG** hat für den neugefassten Tatbetand der Jugendpornographie bestätigt, dass das Verbreiten pornographischer Filme, an denen „Scheinjugendliche" – also tatsächlich erwachsene Personen, die jedoch für einen **objektiven Betrachter minderjährig erscheinen** – mitwirken, unter den Straftatbestand nach § 184c StGB fällt (BVerfG MMR 2009, 178 f m. Anm. *Liesching*). Maßgeblich ist für die Praxis dabei im Weiteren allerdings, nach welchen Kriterien man die Bewertung einer solchen „Scheinminderjährigkeit" vornimmt. Hinsichtlich des Vorliegens tatbestandsmäßiger „scheinjugendlicher" Darsteller(innen) muss nach der Rspr des BVerfG der **Beobachter eindeutig zu dem Schluss** kommen, dass jugendliche Darsteller beteiligt sind. Ein Strafbarkeitsrisiko sei damit nur dann gegeben, wenn und soweit in pornographischen Filmen auftretende Personen **ganz offensichtlich noch nicht volljährig** sind, etwa dann, wenn sie „(fast) noch kindlich wirken" und die Filme somit schon in die Nähe von Darstellungen geraten, die als (Schein-)Kinderpornographie unter den Straftatbestand des § 184b fallen (BVerfG MMR 2009, 178 f). Die Beschränkung auf „eindeutige" oder „offensichtliche" Fälle beseitigt Ungewissheiten einer Strafverfolgung jedoch keinesfalls, solange völlig offen ist, was „eindeutig" ist.

61 Ein **objektivierter Maßstab** dessen, was das Gesamterscheinungsbild einer kindlichen oder jugendlichen Person begründet, lässt sich damit zum einen nur durch persönliche Merkmale und Attribute sowie sonstige gestalterische Mittel konkretisieren, die nach allgemeiner Lebenserfahrung Kindern und/oder Jugendlichen zuzuordnen sind. Zum anderen aber sind vor allem im Hinblick auf **körperliche Merkmale** auch bereits vorhandene medizinische Erkenntnisse über Entwicklungsstadien und Ausprägungen zB von Gesicht und/oder Geschlechtsmerkmalen zu berücksichtigen. Denn gerade hierdurch kann der Bewertungsmaßstab für die Scheinminderjährigkeit die von der Rspr und der Rechtsliteratur geforderte „Objektivierung" der Betrachterperspektive erfahren (vgl ausf. *Altenhain/Liesching* u.a., BPjM-aktuell 2/2009, 3, 9 f).

89. Abschnitt: Delikte zum Schutz der Ehre, des Persönlichkeitsrechts und der Datenintegrität

§ 185 StGB Beleidigung

Die Beleidigung wird mit Freiheitsstrafe bis zu einem Jahr oder mit Geldstrafe und, wenn die Beleidigung mittels einer Tätlichkeit begangen wird, mit Freiheitsstrafe bis zu zwei Jahren oder mit Geldstrafe bestraft.

A. Regelungszweck

Die Norm dient – wie die übrigen Delikte des 14. Abschnitts des StGB – dem Schutz des Rechtsgutes der Ehre (allgM, vgl nur BVerfG NJW 1995, 3303; *Regge,* in: MüKom-StGB § 185 Rn 1). Ihr kommt insbesondere im **Medienbereich** erhebliche praktische Bedeutung zu, da ehrverletzende Äußerungen über Massenkommunikationsmittel eine erheblichere Breitenwirkung erzielen als im Rahmen der Individualkommunikation. Der Gesetzgeber hat dem u.a. durch eine Einschränkung des Strafantragserfordernisses des § 194 (Abs. 1 S. 2) StGB in bestimmten Fällen des Verbreitens oder öffentlichen Zugänglichmachens einer Schrift oder einer Darbietung im Rundfunk Rechnung getragen. Der Begriff der **Ehre** ist nach der Rspr des BGH lediglich ein Aspekt der Personenwürde, nicht identisch mit ihr und dem Bereich, den das allgemeine Persönlichkeitsrecht umfasst. Ein Angriff auf die Ehre wird geführt, wenn der Täter einem anderen zu Unrecht Mängel nachsagt, die, wenn sie vorlägen, den Geltungswert des Betroffenen mindern würden (vgl BGH NJW 1989, 3028; zum Ehrbegriff im Einzelnen: *Lenckner,* in: Schönke/Schröder, 27. Aufl. Vor §§ 185 ff Rn 1). 1

B. Tathandlung der Beleidigung

I. Kundgabe von Missachtung

Unter einer Beleidigung ist der Angriff auf die Ehre eines anderen durch vorsätzliche Kundgabe der Missachtung oder Nichtachtung zu verstehen (vgl BGHSt 1, 288, 289; KG NJW 2005, 2872; 2

BayObLG NStZ 2005, 215). Missachtung, Geringschätzung oder Nichtachtung bringt eine Äußerung dann zum Ausdruck, wenn nach ihrem objektiven Sinngehalt der betroffenen Person der ethische, personale oder soziale **Geltungswert ganz oder teilweise abgesprochen** und dadurch ihr grundsätzlich uneingeschränkter Achtungsanspruch verletzt wird (vgl BayObLG NStZ 2005, 215). Die Ehre kann danach auch durch Vorwürfe oder Äußerungen verletzt werden, die sich auf das Sozialverhalten des Betroffenen, wie etwa die Art seiner Dienst- oder Berufsausübung, beziehen (vgl KG NJW 2005, 2872; vgl zu weiteren Einzelfällen unten Rn 3). Ob insoweit für die Beurteilung der Tatbestandsmäßigkeit bestimmter Äußerungsinhalte in **Medien** grundsätzlich andere Maßstäbe zu gelten haben als in anderen Bereichen der (Individual-)Kommunikation, ist von der Rspr und dem Schrifttum zumindest nicht in systematischer Form geklärt (ebenso wohl *Ladeur*, NJW 2000, 1977, 1978). Allerdings nimmt die Rspr bei der Bewertung die Besonderheiten in der Medienkommunikation im Einzelfall in den Blick, sowohl hinsichtlich der besonderen verfassungsrechtlichen Bedeutung der Rundfunk- und Pressefreiheit einerseits, als auch im Bezug auf ein besonderes Schutzbedürfnis gegenüber Persönlichkeitsverletzungen durch Fernsehsendungen mit enormer Reichweite (vgl BVerfG NJW 1973, 1226, 1229) andererseits (vgl zur Abwägung der Meinungsfreiheit gegenüber dem Ehrschutz unten Rn 7 ff).

II. Einzelfälle

3 Von der Rspr wurde zB als Beleidigung angenommen das herabsetzende Ansprechen einer Person in „Du"-Form (OLG Düsseldorf NJW 1960, 1072), Setzen der Worte „Künstler" und „Werke" in Anführungszeichen (OLG Hamm NJW 1982, 1656; im konkreten Fall jedoch nach § 193 StGB gerechtfertigt), die Bezichtigung der Lüge, sofern nicht durch § 193 StGB gedeckt (vgl LG Frankfurt NJW 1974, 2244), die Bezeichnung als „Nazi" bzw „alter Nazi" (OLG Düsseldorf NJW 1970, 905), als „Faschist" (OLG Düsseldorf NJW 1986, 1262; s. auch BVerfG NJW 1990, 1981), die Bezeichnung „Angehöriger einer fremdvölkischen Minderheit" gegenüber dem Vorsitzenden des Zentralrats der Juden in Deutschland (OLG Celle NStZ-RR 2004, 107), Bezeichnung eines Behinderten als „Krüppel" (BVerfGE 86, 13, OLG Düsseldorf NJW-RR 90, 1117), „Schweinehirt von Passau" im Bezug auf Parteivorsitzenden (OLG Koblenz NJW 1978, 1817), als „allergrößte Pfeife" gegenüber Verwaltungsbeamten (LG Oldenburg NJW-RR 1995, 1477), im Bezug auf Polizeibeamten: „bedenkenloser Lügner" (OLG Hamburg JR 1997, 521 m. Anm. *Foth*), „Charakterschwein" (OLG Hamm NJW-RR 1995, 1114), „Clown" (KG NJW 2005, 2872) oder als „Bulle" (BayObLG JR 1989, 72 m. Anm. *Volk*; Aufkleber mit der Darstellung prügelnder Polizeibeamter und der Unterschrift „Polizeisportverein" (OLG Hamm NStZ 1989, 578); Zuordnung eines Richters zum „Volksgerichtshof" (OLG Hamburg NJW 1990, 1246), OLG Nürnberg als „Reichsparteitagsgericht" (OLG Bamberg NJW 1994, 1977).

III. Beleidigungsfähigkeit

4 Betroffene einer Beleidigung können zunächst alle **natürlichen Personen** sein, auch Kinder jedweden Alters (vgl *Lenckner,* in: Schönke/Schröder, 27. Aufl. Vor §§ 185 ff Rn 2). Unter bestimmten Voraussetzungen sind des Weiteren auch **Personenvereinigungen** und Institutionen beleidigungsfähig. Für Institutionen und sonstige Stellen der öffentlichen Verwaltung ergibt sich dies bereits aus § 194 Abs. 3 S. 2 StGB. Schließlich kann eine Beleidung auch unter einer **Kollektivbezeichnung** begangen werden, sofern durch die Äußerung die bezeichnete Gruppe noch hinreichend deutlich umgrenzt ist. Dies wurde von der Rspr zB angenommen für die jetzt in Deutschland lebenden Juden, die unter dem NS-Regime verfolgt worden sind (vgl BVerfG NStZ 1992, 535), für Soldaten der Bundeswehr (vgl BVerfG NJW 1995, 3303; BGHSt 36, 83); Polizeibeamte eines bestimmten Polizeieinsatzes (OLG Frankfurt aM NJW 1977, 1353 f), hingegen nicht „die Polizei" im Gesamten (vgl OLG Düsseldorf NJW 1981, 1522, weitere Einzelfälle bei *Lenckner,* in: Schönke/Schröder, 27. Aufl. Vor §§ 185 ff Rn 5 ff).

IV. Unterscheidung Tatsachenbehauptung – Werturteile

5 Insbesondere bei beleidigenden Äußerungen, deren missachtender Inhalt sich nicht gegen den unmittelbaren Adressaten richtet, sondern von dem Dritte betroffen sind, ist wegen der besonderen Straftatbestände der §§ 186, 187 StGB zwischen Tatsachenbehauptungen und Werturteilen zu unterscheiden, da nur letztere insoweit vom Tatbestand des § 185 StGB umfasst sind. Doch auch für den Grundrechtsschutz nach Art. 5 GG ist die Differenzierung von Bedeutung. Die jeweilige Äußerung ist im Hinblick auf eine Abgrenzung in dem **Gesamtzusammenhang** zu beurteilen, in dem sie gefallen ist. Sie darf nicht aus dem sie betreffenden Kontext herausgelöst einer rein isolierten Betrachtung zugeführt

werden (vgl BGH NJW-RR 1990, 1058; BGH NJW 1987, 2225). Ob eine Äußerung als Tatsachenbehauptung einzustufen ist, hängt entscheidend davon ab, ob die Aussage einer Überprüfung auf ihre Richtigkeit mit den **Mitteln des Beweises** zugänglich ist (BGH NJW 1993, 931; BGH NJW 1994, 2614, 2615). Dabei kann sich auch eine Äußerung, die auf Werturteilen beruht, als Tatsachenbehauptung erweisen, wenn und soweit bei dem Adressaten zugleich die Vorstellung von konkreten, in die Wertung eingekleideten Vorgängen hervorgerufen wird (vgl BGH NJW 1992, 1314, 1316).

Vor allem im Bereich der **medialen Berichterstattung** enthalten zB Zeitschriftenartikel, Rundfunkbeiträge, die einerseits der Berichterstattung, andererseits der Meinungsbildung dienen, in der Regel – häufig in schwer trennbarer Verknüpfung – Aussagen über Tatsachen und Meinungsäußerungen, die deren Bewertung dienen. Wenn in dieser Weise Tatsachenbehauptungen und Wertungen zusammenwirken, wird grundsätzlich der Text in seiner Gesamtheit von der Schutzwirkung des Art. 5 Abs. 1 GG erfasst. Sofern eine Äußerung, in der sich Tatsachen und Meinungen vermengen, in entscheidender Weise durch die Elemente der Stellungnahme, des Dafürhaltens oder Meinens geprägt sind, wird sie nach der Rspr als Werturteil und Meinungsäußerung in vollem Umfang vom genannten Grundrecht geschützt (vgl hierzu BVerfG NJW 1992, 1439, 1440; BGH NJW 1994, 2614, 2615). Dies bedeutet freilich auch, dass in derartigen Konstellationen allein eine Tatbestandsmäßigkeit des § 185 StGB und nicht die auf Tatsachenbehauptungen (im Bezug auf Dritte) ausgerichteten §§ 186, 187 StGB in Betracht kommen. 6

C. Meinungs- und Medienfreiheit vs. Ehrschutz

Da § 185 StGB in erster Linie die persönliche Ehre schützt und diese vor allem durch Meinungsäußerungen verletzt werden kann, ist sie in Art. 5 Abs. 2 GG ausdrücklich als rechtfertigender Grund für Einschränkungen der Meinungsfreiheit anerkannt. Daraus folgt allerdings nicht, dass der Gesetzgeber die Meinungsfreiheit im Interesse der persönlichen Ehre beliebig beschränken dürfte (vgl schon BVerfGE 7, 198, 208). Er muss vielmehr auch dann, wenn er von der Ermächtigung des Art. 5 Abs. 2 GG Gebrauch macht, das eingeschränkte Grundrecht im Auge behalten und übermäßige Einengungen der Meinungsfreiheit vermeiden; diesem Erfordernis trägt freilich § 193 StGB (**Wahrnehmung berechtigter Interessen**) Rechnung (vgl BVerfG NJW 1995, 3303). Bereits auf der Stufe der Normauslegung erfordert Art. 5 Abs. 1 GG eine im Rahmen der Tatbestandsmerkmale der betreffenden Gesetze vorzunehmende **Abwägung** zwischen der Bedeutung der Meinungsfreiheit einerseits und andererseits des Rechtsguts, in dessen Interesse sie eingeschränkt worden ist. Das Abwägungsergebnis ist dabei verfassungsrechtlich nicht vorgegeben. Zu berücksichtigen sind für die Gewichtung der Beeinträchtigung der betroffenen Rechtsgüter alle wesentlichen Umstände des konkreten Falls (BVerfG NJW 1996, 1529; BVerfG NJW 1999, 2262, 2263). 7

Lässt sich das Abwägungsergebnis wegen des konkreten Fallbezugs also nicht generell und abstrakt vorwegnehmen, so ist in der Rechtsprechung doch eine Reihe von Gesichtspunkten entwickelt worden, die Kriterien für die konkrete Abwägung vorgeben. So muss die Meinungsfreiheit stets zurücktreten, wenn die Äußerung die **Menschenwürde** eines anderen antastet, denn die Menschenwürde als Wurzel aller Grundrechte ist mit keinem Einzelgrundrecht abwägungsfähig. Desgleichen tritt bei herabsetzenden Äußerungen, die sich als **Formalbeleidigung** (§ 192 StGB) oder Schmähung darstellen, die Meinungsfreiheit regelmäßig hinter den Ehrschutz zurück (vgl BVerfGE 61, 1, 12). Wegen seines die Meinungsfreiheit verdrängenden Effekts hat das BVerfG den in der Fachgerichtsbarkeit entwickelten Begriff der **Schmähkritik** aber eng definiert. Danach macht auch eine überzogene oder gar ausfällige Kritik eine Äußerung für sich genommen noch nicht zur Schmähung. Hinzutreten muss vielmehr, dass bei der Äußerung nicht mehr die Auseinandersetzung in der Sache, sondern die **Diffamierung der Person** im Vordergrund steht. Sie muss jenseits auch polemischer und überspitzter Kritik in der persönlichen Herabsetzung bestehen (vgl BVerfGE 82, 272, 283 f). Aus diesem Grund wird Schmähkritik bei Äußerungen in einer die Öffentlichkeit wesentlich berührenden Frage nur ausnahmsweise vorliegen und im Übrigen eher auf die sog. **Privatfehde** beschränkt bleiben (vgl BGH NJW 1974, 1762). 8

Lässt sich die Äußerung weder als Angriff auf die Menschenwürde noch als Formalbeleidigung oder Schmähung einstufen, so kommt es für die Abwägung auf die Schwere der Beeinträchtigung der betroffenen Rechtsgüter an. Dabei spielt es aber, anders als im Fall von Tatsachenbehauptungen, grundsätzlich keine Rolle, ob die Kritik berechtigt oder das Werturteil „richtig" ist (vgl BVerfGE 66, 116, 151; BVerfGE 68, 226, 232). Verfolgt der Äußernde nicht eigennützige Ziele, sondern dient sein Beitrag dem geistigen **Meinungskampf** in einer die Öffentlichkeit wesentlich berührenden Frage, dann 9 spricht die Vermutung für die Zulässigkeit der Äußerung; eine Auslegung der die Meinungsfreiheit beschränkenden Gesetze, die an die Zulässigkeit öffentlicher Kritik überhöhte Anforderungen stellt, ist mit Art. 5 Abs. 1 GG nicht vereinbar (BGH NJW 2000, 3421).

§ 186 StGB Üble Nachrede

Wer in Beziehung auf einen anderen eine Tatsache behauptet oder verbreitet, welche denselben verächtlich zu machen oder in der öffentlichen Meinung herabzuwürdigen geeignet ist, wird, wenn nicht diese Tatsache erweislich wahr ist, mit Freiheitsstrafe bis zu einem Jahr oder mit Geldstrafe und, wenn die Tat öffentlich oder durch Verbreiten von Schriften (§ 11 Abs. 3) begangen ist, mit Freiheitsstrafe bis zu zwei Jahren oder mit Geldstrafe bestraft.

§ 187 StGB Verleumdung

Wer wider besseres Wissen in Beziehung auf einen anderen eine unwahre Tatsache behauptet oder verbreitet, welche denselben verächtlich zu machen oder in der öffentlichen Meinung herabzuwürdigen oder dessen Kredit zu gefährden geeignet ist, wird mit Freiheitsstrafe bis zu zwei Jahren oder mit Geldstrafe und, wenn die Tat öffentlich, in einer Versammlung oder durch Verbreiten von Schriften (§ 11 Abs. 3) begangen ist, mit Freiheitsstrafe bis zu fünf Jahren oder mit Geldstrafe bestraft.

A. Regelungszweck

10 Im Gegensatz zu § 185 StGB, der im Wesentlichen die Kundgabe eigener Missachtung zum Gegenstand hat, richten sich die §§ 186, 187 StGB auf die „Ermöglichung fremder Missachtung durch das Behaupten oder Verbreiten von ehrenrührigen Tatsachen über den Betroffenen gegenüber einem Dritten" (vgl *Lenckner*, in: Schönke/Schröder, 27. Aufl. § 186 Rn 1 mwN), wobei freilich ebenfalls der **Ehrschutz** vornehmlicher Normzweck ist. Die im Bezug auf § 185 StGB gesonderte Normierung rechtfertigt sich vor allem aus der potenziell größeren Breitenwirkung, die aus Behauptungen ehrenrühriger Tatsachen Dritten gegenüber resultieren und den Betroffenen in seinem Achtungsanspruch wesentlich nachhaltiger treffen können.

B. Üble Nachrede

11 Im Rahmen des § 186 StGB muss die „**behauptete**", dh als wahr ausgegebene, oder im Sinne eines Weitergebens fremder Äußerungen „**verbreitete**" Tatsache (zum Tatsachenbegriff oben Rn 5) geeignet sein, einen anderen verächtlich zu machen oder in der öffentlichen Meinung **herabzuwürdigen.** Ohne randscharfe Abgrenzung beider Modalitäten genügt der hM insoweit die Eignung der behaupteten oder verbreiteten Tatsache, an der Ehre des Betroffenen zu rühren (vgl LK-*Hilgendorf*, 11. Aufl. § 186 Rn 10; zum Ehrbegriff s. oben Rn 1). Von der ehrenrührigen Tatsachenäußerung muss mindestens ein Dritter, dh eine andere Person als das betroffene Opfer Kenntnis erlangen (andernfalls greift § 185 StGB). Die Nichterweislichkeit der Tatsache ist objektive Bedingung der Strafbarkeit, der **Beweis der Wahrheit** Strafausschließungsgrund. Der Beweis der Wahrheit der behaupteten oder verbreiteten Tatsache schließt aber nach § 192 StGB bei sogenannten **Formalbeleidigungen** die Bestrafung nach § 185 StGB nicht aus. Von besonderer Bedeutung für den Medienbereich ist die Strafqualifikation im Falle des Verbreitens durch Schriften (hierzu 88. Abschnitt, Rn 3, 5).

C. Verleumdung

12 Bei dem Straftatbestand der Verleumdung ergibt sich gegenüber der üblen Nachrede – neben dem erhöhten Strafrahmen – zunächst die Besonderheit, dass zusätzlich auch die Modalität der Eignung zur **Kreditgefährdung** im Bezug auf Tatsachenäußerungen pönalisiert wird. Voraussetzung ist insoweit, dass durch die Äußerung das Vertrauen in die Fähigkeit oder in die Bereitschaft des Betroffenen zur Erfüllung vermögensrechtlicher Verbindlichkeiten erschüttert werden kann (vgl LK-*Hilgendorf*, 11. Aufl. § 187 Rn 3 mwN). Hinsichtlich des subjektiven Tatbestandes ist weiterhin erforderlich, dass der Täter im Bezug auf die Unwahrheit der geäußerten Tatsache **wider besseres Wissen** handelt, also

positive Kenntnis von der Unwahrheit hat (vgl BGH NJW 1964, 1148, 1149); Eventualvorsatz genügt insoweit also nicht (vgl *Lenckner,* in: Schönke/Schröder, 27. Aufl. § 187 Rn 5).

§ 201 StGB Verletzung der Vertraulichkeit des Wortes

(1) Mit Freiheitsstrafe bis zu drei Jahren oder mit Geldstrafe wird bestraft, wer unbefugt

1. **das nichtöffentlich gesprochene Wort eines anderen auf einen Tonträger aufnimmt oder**
2. **eine so hergestellte Aufnahme gebraucht oder einem Dritten zugänglich macht.**

(2) [1]Ebenso wird bestraft, wer unbefugt

1. **das nicht zu seiner Kenntnis bestimmte nichtöffentlich gesprochene Wort eines anderen mit einem Abhörgerät abhört oder**
2. **das nach Absatz 1 Nr. 1 aufgenommene oder nach Absatz 2 Nr. 1 abgehörte nichtöffentlich gesprochene Wort eines anderen im Wortlaut oder seinem wesentlichen Inhalt nach öffentlich mitteilt.**

[2]Die Tat nach Satz 1 Nr. 2 ist nur strafbar, wenn die öffentliche Mitteilung geeignet ist, berechtigte Interessen eines anderen zu beeinträchtigen. [3]Sie ist nicht rechtswidrig, wenn die öffentliche Mitteilung zur Wahrnehmung überragender öffentlicher Interessen gemacht wird.

(3) Mit Freiheitsstrafe bis zu fünf Jahren oder mit Geldstrafe wird bestraft, wer als Amtsträger oder als für den öffentlichen Dienst besonders Verpflichteter die Vertraulichkeit des Wortes verletzt (Absätze 1 und 2).

(4) Der Versuch ist strafbar.

(5) [1]Die Tonträger und Abhörgeräte, die der Täter oder Teilnehmer verwendet hat, können eingezogen werden. [2]§ 74a ist anzuwenden.

A. Regelungszweck

Die Strafnorm dient im Wesentlichen der **Vertraulichkeit und Unbefangenheit des gesprochenen Wortes** als verfassungsrechtlich verbürgtem Teil der Persönlichkeitssphäre des Menschen und des Bereichs privater Lebensgestaltung (vgl LK-*Schünemann,* 11. Aufl. § 201 Rn 2; BVerfGE 34, 238, 245; BGHSt 14, 358, 359 f). Über diese Schutzrichtung geht freilich Abs. 2 S. 1 Nr. 2 hinaus. Ausweislich der Amtlichen Begründung (BT-Drucks. 11/6714 S. 4) ist davon auszugehen, dass insoweit der Geheimnisschutz und Diskretionsinteressen im Vordergrund stehen (vgl *Lenckner,* in: Schönke/Schröder, 27. Aufl. § 201 Rn 2). 13

B. Bedeutung für den Medienbereich

Im Zusammenhang mit den insgesamt vier Straftatbeständen (Abs. 1 Nr. 1 und Nr. 2, Abs. 2 S. 1 Nr. 1 und Nr. 2) sind im Medienbereich vor allem Konstellationen von praktischer Bedeutung, die in dem gemeinhin als „**Aufdeckungsjournalismus**" apostrophierten Bereich der verdeckten journalistischen Recherche und dem anschließenden Veröffentlichen heimlich angefertigter Tonaufnahmen oder auch nur der Äußerungsinhalte (durch Nachsprechen der Äußerungen oder Texteinblendungen) im Rundfunk, im Internet oder auch in Printmedien auftreten. Bei den aufnahmegegenständlichen Äußerungen wird es sich regelmäßig um tatbestandliches, nichtöffentlich gesprochenes Wort handeln, zumal es insoweit weder auf die Vertraulichkeit bzw Geheimhaltungsbedürftigkeit noch auf den Inhalt der Äußerung ankommt (vgl BGH NJW 1988, 1016, 1017; OLG Jena NStZ 1995, 503, 504 f) und die Äußerung schon dann **nichtöffentlich** ist, wenn sie nicht für einen größeren, nach Zahl und Individualität unbestimmten oder nicht durch persönliche oder sachliche Beziehungen miteinander verbundenen Personenkreis bestimmt oder unmittelbar verstehbar ist (vgl OLG Karlsruhe NJW 1979, 1513; OLG Frankfurt aM NJW 1977, 1547). Auch die **Bagatellklausel** nach Abs. 2 S. 2 (im Bezug auf Abs. 2 S. 1 Nr. 2) wird eine Strafbarkeit in den genannten Fällen in der Regel nicht ausschließen, da berechtigte Interessen des ohne Einverständnis Abgehörten bei anschließender Veröffentlichung entsprechender Aufnahmen in Massenmedien regelmäßig beeinträchtigt sind, jedenfalls aber eine „Eignung" hierzu nur schwer zu verneinen sein dürfte (vgl *Lenckner,* in: Schönke/Schröder, 27. Aufl. § 201 14

Rn 27). Etwas anderes gilt allenfalls dann, wenn im Rahmen der Berichterstattung die Zuordnung der gesprochenen Worte zu der betroffenen Person in keiner Weise möglich ist. Hierbei werden allerdings unter Berücksichtigung aller Einzelfallumstände strenge Maßstäbe anzulegen sein.

15 Mithin gewinnt bei Medienberichterstattungen der besondere Rechtfertigungsgrund der **Wahrnehmung überragender öffentlicher Interessen** nach Abs. 2 S. 2 in Konkretisierung des Art. 5 Abs. 1 GG (vgl BT-Drucks. 11/6714, S. 4, 11/7414, S. 4) zentrale Bedeutung. Im Einklang mit der Rspr des BVerfG wird danach eine tatbestandliche Handlung nach Abs. 2 S. 1 Nr. 2 dann gerechtfertigt sein, wenn die Bedeutung der Informationen für die Unterrichtung der Öffentlichkeit und für die öffentliche Meinungsbildung eindeutig die Nachteile überwiegt, welche der Rechtsbruch für den Betroffenen und für die Rechtsordnung nach sich ziehen (BVerfG NJW 1984, 1741, 1743). Das wird in der Regel dann nicht der Fall sein, wenn die in der dargelegten Weise widerrechtlich beschaffte und verwertete Information Zustände oder Verhaltensweisen offenbart, die ihrerseits nicht rechtswidrig sind; denn dies deutet darauf hin, dass es sich nicht um Missstände von erheblichem Gewicht handelt, an deren Aufdeckung ein überragendes öffentliches Interesse besteht.

§ 201a StGB Verletzung des höchstpersönlichen Lebensbereichs durch Bildaufnahmen

(1) Wer von einer anderen Person, die sich in einer Wohnung oder einem gegen Einblick besonders geschützten Raum befindet, unbefugt Bildaufnahmen herstellt oder überträgt und dadurch deren höchstpersönlichen Lebensbereich verletzt, wird mit Freiheitsstrafe bis zu einem Jahr oder mit Geldstrafe bestraft.

(2) Ebenso wird bestraft, wer eine durch eine Tat nach Absatz 1 hergestellte Bildaufnahme gebraucht oder einem Dritten zugänglich macht.

(3) Wer eine befugt hergestellte Bildaufnahme von einer anderen Person, die sich in einer Wohnung oder einem gegen Einblick besonders geschützten Raum befindet, wissentlich unbefugt einem Dritten zugänglich macht und dadurch deren höchstpersönlichen Lebensbereich verletzt, wird mit Freiheitsstrafe bis zu einem Jahr oder mit Geldstrafe bestraft.

(4) [1]Die Bildträger sowie Bildaufnahmegeräte oder andere technische Mittel, die der Täter oder Teilnehmer verwendet hat, können eingezogen werden. [2]§ 74a ist anzuwenden.

A. Regelungszweck

16 Am 6.8.2004 ist in Deutschland § 201a Strafgesetzbuch (StGB) in Kraft getreten (eingefügt durch das 36. StrÄG v. 30.7.2004, BGBl. I 2012), der die Verletzung des **höchstpersönlichen Lebensbereichs** durch Bildaufnahmen in weitem Umfang unter Strafe stellt. Anlass für die Strafvorschrift war zum einen, dass bis zu deren Erlass nach § 33 KUG nur die Verbreitung und öffentliche Zurschaustellung von Personenfotos ohne Einwilligung des Abgebildeten verboten war (hierzu unten 90. Abschnitt, Rn 10), nicht aber schon die Herstellung oder Weitergabe an Dritte. Zum anderen führte das Aufkommen neuer Technologien, wie Webcams, Spycams, Foto-Handys oder Digitalkameras, mit denen schnell und unbemerkt Personen fotografiert (hierzu *Hoppe*, GRUR 2004, 990, 991) und anschließend aufgrund der Digitalisierung die Fotos unkompliziert – etwa über das Internet – verbreitet werden können, zu einem erhöhten Regelungsbedarf (vgl zum Gesetzgebungsverfahren BT-Drucks. 15/2466, S. 4 ff sowie *Koch*, GA 2005, 589, 591).

B. Unbefugtes Herstellen und Übertragen von Bildaufnahmen (Abs. 1)

I. Tathandlungen

17 Ein **Herstellen** liegt immer dann vor, wenn ein Bild mit technischen Mitteln angefertigt und auf einem Bild- oder Datenträger abgespeichert wird (vgl *Heuchemer/Paul*, JA 2006, 616, 617). Das Fotografieren einer Leiche wird indes nicht erfasst (*Flechsig*, ZUM 2004, 605, 613; *Eisele*, JR 2005, 6, 9; aA *Hoppe*, GRUR 2004, 990 994). Mit der Tatmodalität des **Übertragens** werden zudem Handlungen erfasst, bei denen es nicht zwingend zu einer dauerhaften Speicherung der Bilder kommt (vgl BT-Drucks. 15/2466, S. 5; *Hoppe*, GRUR 2004, 990, 992). Werden also zB mittels einer Webcam unbefugt

Personen aufgenommen und die Bilder direkt ins Internet gestreamt, so ist dies grundsätzlich tatbestandsmäßig (vgl BT-Drucks. 15/2466, S. 5). Die Tathandlungen müssen „**unbefugt**", also insbesondere ohne Einverständnis des Betroffenen erfolgen. Ob darüber hinaus – v.a. im Medienbereich – die verfassungsrechtlich verbürgte **Berichterstattungsfreiheit** zu einer Einschränkung des Straftatbestandes führen oder sogar die Wahrnehmung berechtigter Interessen entsprechend § 193 StGB Berücksichtigung finden muss (so *Flechsig*, ZUM 2004, 605, 613), ist angesichts des bewussten Verzichts der Gesetzgebers auf entsprechende Regelungen zweifelhaft (so auch *Lenckner,* in: Schönke/Schröder, 27. Aufl. § 201a Rn 11).

II. Wohnung oder gegen Einblick geschützter Raum

Der Begriff der **Wohnung** umfasst die eigene Wohnung, aber auch fremde Wohnungen einschließlich Gäste- und Hotelzimmer (BT-Drucks. 15/2466, S. 5). Damit werden Bildaufnahmen in Geschäfts- und Diensträumen grundsätzlich nicht erfasst. Da sich der Einzelne aber auch außerhalb von Wohnungen in Räumlichkeiten befinden kann, in denen üblicherweise eine Respektierung der Privatsphäre erwartet wird, versucht der Gesetzgeber den Strafschutz auf solche Räume zu erstrecken, die gerade **gegen Einblicke besonders geschützt** sind. Dabei kommt es „nur" auf das Vorhandensein eines Sichtschutzes an; ein Schutz zur Verhinderung des Zutritts unberechtigter Personen ist dagegen ebenso wenig erforderlich wie ein „Umschlossensein" (vgl *Eisele*, JR 2005, 6, 8; s. auch *Koch*, GA 2005, 589, 599: „Gefühl der Abgeschirmtheit"). In Betracht kommen insoweit zB Toiletten, Umkleidekabinen oder ärztliche Behandlungszimmer. Aber auch ein von einer hohen und undurchdringlichen Hecke, einem hohen Zaun oder einer Mauer umgebener Garten kann im Einzelfall ein solcher besonders geschützter Bereich sein. Geschäfts- und Diensträume können damit ebenfalls einen besonders geschützten Bereich darstellen, wenn ein entsprechender Sichtschutz vorhanden ist. Im Einzelfall können sich schwierige Auslegungsfragen ergeben (vgl die Beispiele bei *Koch*, JZ 2005, 377, 379). 18

III. Verletzung des höchstpersönlichen Lebensbereichs

Um die tatbestandliche Weite des § 201a StGB zu begrenzen, entschloss sich der Gesetzgeber, nur solche heimlichen Bildaufnahmen in Wohnungen oder gegen Einblicke besonders geschützten Räumen zu verbieten, die zu einer Verletzung des höchstpersönlichen Lebensbereichs führen. Gemeint ist damit zunächst die Verletzung der Intimsphäre mit ihren Bereichen Krankheit bzw **Gesundheitszustand, Tod und Sexualität** (BT-Drucks. 15/2466, S. 5). Die Intimsphäre erfasst aber auch die innere Gedanken- und Gefühlswelt mit ihren äußeren Erscheinungsformen und erstreckt sich nach dem Willen des Gesetzgebers auch auf bestimmte Tatsachen aus dem **Familienleben**, wie wechselseitige persönliche Bindungen, Beziehungen und Verhältnisse innerhalb der Familie. Der Begriff des Familienlebens wird dabei weit zu verstehen sein und auch Lebenspartner sowie sonstige sich nahe stehenden Personen erfassen (*Hoppe*, GRUR 2004, 990, 992). Heimliche Bildaufnahmen von Personen in Alltagssituationen werden von Abs. 1 aber nicht erfasst. 19

C. Gebrauchen und Zugänglichmachen unbefugter Bildaufnahmen (Abs. 2)

In Ergänzung der Strafbarkeit des Herstellens und Übertragens unbefugter Bildaufnahmen sieht Abs. 2 vor, dass sich auch strafbar macht, wer Bildaufnahmen im Sinne des Abs. 1 gebraucht oder einer dritten Person zugänglich macht. Ein Gebrauchen liegt nach der Gesetzesbegründung vor, wenn eine Bildaufnahme zB archiviert, kopiert oder für eine Fotomontage genutzt wird (BT-Drucks. 15/2466, S. 5; *Lenckner* in: Schönke/Schröder, 27. Aufl. § 201a Rn 9). Soweit im Schrifttum unter Hinweis auf Äußerungen des Gesetzgebers bereits jedes **Betrachten als Gebrauchen** anzusehen sei (vgl *Hoppe*, GRUR 2004, 990, 992; *Borgmann*, NJW 2004, 2133, 2135), ergeben sich eklatante Wertungswidersprüche etwa zum insoweit nicht strafbaren besitzlosen Betrachten von Kinderpornographie im Sinne des § 184b StGB (zutreffend *Koch*, GA 2005, 589, 601; vgl auch *Flechsig*, ZUM 2004, 605, 614). Die ebenfalls in Abs. 2 pönalisierte Tathandlung des **Zugänglichmachens** liegt vor, wenn der Täter einer anderen Person oder mehreren Personen den Zugriff auf das Bild oder die Kenntnisnahme vom Gegenstand des Bildes ermöglicht (*Flechsig*, ZUM 2004, 605, 614), zB auf WWW-Seiten oder per E-Mail. Insoweit kann auch § 33 KUG (hierzu unten 90. Abschnitt, Rn 10) eingreifen. 20

D. Zugänglichmachen befugt hergestellter Bildaufnahmen (Abs. 3)

21 Eine befugt hergestellte Bildaufnahme im Sinne des Abs. 3 liegt vor, wenn sie mit **Einverständnis des Abgebildeten** erstellt wurde. § 201a Abs. 3 StGB weicht damit von den Abs. 1 und 2 entscheidend ab, die eine unbefugt hergestellte etc. Bildaufnahme voraussetzen. Hintergrund ist, dass nach Ansicht des Gesetzgebers auch ein Verhalten strafwürdig ist, das erst durch die unbefugte Zugänglichmachung von Bildaufnahmen an Dritte den höchstpersönlichen Lebensbereich verletzt. Gedacht war zum Beispiel an die Situation, dass Bilder und Videos zwar mit Einverständnis der abgebildeten Person erstellt werden, aber anschließend ohne dessen Billigung im Internet Dritten zugänglich gemacht werden. Insoweit ergeben sich freilich weitgehende Überschneidungen mit § 33 KUG (anders aber für Personen der Zeitgeschichte; zu § 33 KUG unten Abschnitt 90, Rn 10). Ein **unbefugtes Zugänglichmachen** liegt vor, wenn einem Dritten ohne Einverständnis des Abgebildeten die Kenntnisnahme von einer (befugt hergestellten) Bildaufnahme ermöglicht wird oder der Dritte Zugriff auf die Bildaufnahme erhält (BT-Drucks. 15/2466, S. 5). Dabei muss dem Täter klar sein, dass ihm eine Weitergabe nicht gestattet ist („wissentlich"). Zur Verletzung des höchstpersönlichen Lebensbereichs s. oben Rn 19.

§ 202a StGB Ausspähen von Daten

(1) Wer unbefugt sich oder einem anderen Zugang zu Daten, die nicht für ihn bestimmt und die gegen unberechtigten Zugang besonders gesichert sind, unter Überwindung der Zugangssicherung verschafft, wird mit Freiheitsstrafe bis zu drei Jahren oder mit Geldstrafe bestraft.

(2) Daten im Sinne des Absatzes 1 sind nur solche, die elektronisch, magnetisch oder sonst nicht unmittelbar wahrnehmbar gespeichert sind oder übermittelt werden.

A. Regelungszweck

22 Die Strafnorm soll das **Geheimhaltungsinteresse des Verfügungsberechtigten** schützen (vgl BT-Drucks. 10/5058, S. 28 f; BT-Drucks. 16/3656, S. 9). Darüber hinaus werden durch den Strafrechtsschutz des § 202a StGB auch Beeinträchtigungen der Integrität des betroffenen Computersystems (vgl *Schultz*, MIR Dok. 180–2006, Rn 7; *Sieber*, CR 1995, 100, 103) sowie die Verfügungsbefugnis desjenigen geschützt, der als „Herr der Daten" – dh kraft seines Rechts an ihrem gedanklichen Inhalt und damit unabhängig von den Eigentumsverhältnissen am Datenträger – darüber bestimmen kann, wem diese zugänglich sein sollen (*Lenckner/Eisele,* in: Schönke/Schröder, 28. Aufl. § 202a Rn 1).

B. Begriff der Daten

23 Der allgemeine Begriff der Daten ist weit zu verstehen und umfasst alle durch Zeichen oder kontinuierliche Funktionen dargestellten Informationen, die sich als Gegenstand oder Mittel der Datenverarbeitung für eine Datenverarbeitungsanlage codieren lassen oder die das Ergebnis eines Datenverarbeitungsvorgangs sind (*Lenckner/Eisele,* in: Schönke/Schröder, 28. Aufl. § 202a Rn 3). Nach der einschränkenden Legaldefinition des Abs. 2 ist aber maßgeblich, dass die Daten zum Zeitpunkt der Tat der sinnlichen Wahrnehmung entzogen sind. Dabei ist unerheblich, mit welchem technischen Verfahren und auf welchem Träger die Speicherung oder Übermittlung geschieht (LK-*Schünemann*, 11. Aufl. § 202a Rn 4). Erfasst werden insbesondere alle digital (zB auf CD-ROM, DVD, Festplatten, Disketten, Magnetkarten, Memory-Sticks etc.) abgespeicherten Informationen, seien es Text- (zB doc, pdf) oder Mediadateien (zB avi, .mpg, .jpg, .vcd), daneben nach hM auch gespeicherte Computerprogramme (vgl BT-Drucks. 10/5058, S. 29; *Graf,* in: MüKom-StGB, § 202a Rn 9; aA *Gravenreuth*, NStZ 1989, 201, 204 f).

C. Ausschlussbestimmung und Zugangssicherung

24 Zunächst dürfen die ausgespähten Daten ungeachtet ihres Inhaltes **nicht für den Täter bestimmt** gewesen sein. Selbst wenn die Daten einen Bezug zum Täter besitzen (zB Patientendaten, Noten eines Schülers), wird er dadurch ebenso wenig zum Berechtigten wie durch bloße Kenntnis des Zugangspasswortes (vgl *Ernst*, NJW 2003, 3233, 3236 mwN). Für die weiterhin erforderliche besondere Sicherung der Daten gegen unberechtigten Zugang sind keine hohen Anforderungen zu stellen. Es genügt

in objektiver Hinsicht die Eignung, den Zugriff auf die Daten auszuschließen oder wenigstens nicht unerheblich zu erschweren; subjektiv muss der Berechtigte durch die Sicherung sein spezielles Interesse an der Geheimhaltung dokumentieren (vgl BT-Drucks. 10/5058, S. 29; *Lenckner/Winkelbauer*, CR 1986, 483, 487). Der **Zugangsschutz** muss indes nicht unüberwindbar oder lückenlos gewährleistet sein. Instrumente der Zugangssicherung sind etwa die Verschlüsselung von Daten, Zugriffskontrollsysteme, Schließanlagen, Ausweisleser, biometrische Sicherungseinrichtungen oder Zugangskennnummern und Passworte, ohne dass es bei Letzteren darauf ankommt, ob sie für den Täter leicht zu erkennen oder zu beschaffen sind (vgl *Ernst*, NJW 2003, 3233, 3236). Nicht ausreichend ist indes wegen der unterschiedlichen Zweckrichtung ein reiner Datenkopierschutz, ebenso wenig bloße organisatorische Zugangsbegrenzungen wie insbesondere mündlich oder schriftlich erteilte Nutzungsverbote (vgl *Graf*, in: MüKom-StGB, § 202a Rn 9; aA *Gravenreuth*, NStZ 1989, 201, 204 f). Ausgegrenzt sollen nach dem Willen des Gesetzgebers auch Fälle sein, in denen sich der Geheimhaltungswille des Berechtigten nicht auf die im System enthaltenen Daten bezieht, sondern in denen lediglich eine unbefugte Verwendung der Hardware unterbunden werden soll, so dass die bloße Ingebrauchnahme von verschlossenen elektronischen Geräten gegen den Willen des Berechtigten nicht tatbestandsmäßig ist (vgl BT-Drucks. 16/3656, S. 10).

D. Tathandlung der Zugangsverschaffung

Die Tathandlungen wurden durch das am 11.8.2007 in Kraft getretene 41. StrÄG zur Bekämpfung 25 der Computerkriminalität (BGBl. I, S. 1786) insofern erweitert, als nunmehr nicht das (Sich- oder einem Dritten-) Verschaffen von Daten, sondern bereits die hierauf bezogene Verschaffung des Zugangs pönalisiert wird und mithin künftig das sogenannte **Hacking** in allen Erscheinungsformen wie zB dem Einsatz von Trojanischen Pferden, Sniffern oder Backdoorprogrammen tatbestandlich erfasst wird. Insoweit wies der Gesetzgeber bei der Neufassung indes darauf hin, dass die hM bereits zur vormaligen Fassung des „Sichverschaffens von Daten" das Hacking in weitem Umfang als erfasst ansah, für die Verwirklichung des Tatbestandes jede Kenntnisnahme von Daten genügen sollte und die Neufassung mithin in erster Linie klarstellende Funktion habe (vgl BT-Drucks. 16/3656, S. 9). Die Strafnorm geht insoweit über die Vorgaben des Cybercrime-Convention des Europarats und des EU-Rahmenbeschlusses hinaus, als nicht der Zugang „zu einem Computer- und Informationssystem" erforderlich ist; vielmehr genügt grundsätzlich etwa auch der Zugriff auf Daten, die auf einem Datenträger zB CD-ROM gespeichert sind. Die Zugangsverschaffung muss nach dem nunmehr ausdrücklichen Wortlaut gerade durch die **Überwindung der Zugangssicherung** erfolgen (so bereits vormals LK-*Schünemann*, 11. Aufl. § 202a Rn 7; *Lenckner/Eisele*, in: Schönke/Schröder, 28. Aufl. § 202a Rn 10). Ob auch die Erlangung von Zugangsdaten (zB Passwörter, TANs durch „Phishing") und deren bestimmungsgemäße Nutzung für den Datenzugang eine „Überwindung" entsprechender Sicherungen darstellt, ist bislang nicht abschließend geklärt, vor dem Hintergrund des Normzwecks des § 202a aber zu bejahen (so für das „**Phishing**": *Knupfer*, MMR 2004, 641; *Gercke*, CR 2005, 606, 611).

E. Abfangen von Daten (§ 202b StGB)

Nach dem durch das 41. StrÄG neu eingefügten Straftatbestand des „Abfangens von Daten" wird – 26 als elektronisches Pendant zum Abhören und Aufzeichnen von Telefongesprächen (BT-Drucks. 16/3656, S. 11) – mit Freiheitsstrafe bis zu zwei Jahren oder mit Geldstrafe bestraft, „wer unbefugt sich oder einem anderen unter Anwendung von technischen Mitteln nicht für ihn bestimmte Daten (§ 202a Abs. 2) aus einer nichtöffentlichen Datenübermittlung oder aus der elektromagnetischen Abstrahlung einer Datenverarbeitungsanlage verschafft". Das Delikt enthält indes eine Subsidiaritätsklausel für den Fall, dass die Tat in anderen Vorschriften mit schwererer Strafe bedroht ist. Tatbestandlich erfasst werden alle Formen der **elektronischen Datenübermittlung** wie zB E-Mail, Fax und Telefon. Tatobjekt sind nur Daten, die sich zur Zeit der Tat in einem **Übertragungsvorgang** befinden, hingegen nicht gespeicherte Daten, die zu einem früheren Zeitpunkt übermittelt wurden. Da Daten nicht nur bei einem Übermittlungsvorgang abgefangen, sondern auch aus elektromagnetischen Abstrahlungen aus Computersystemen wiederhergestellt werden können (sog. Fremdsniffen bzw Mitschneiden von Traffic, vgl *Schultz*, MIR Dok. 180–2006, Rn 19), werden solche Tathandlungen ausdrücklich erfasst (vgl BT-Drucks. 16/3656, S. 11).

F. Strafbare Vorbereitungshandlungen (§ 202c StGB)

27 Ebenfalls durch das 41. StrÄG neu eingefügt wurde § 202c StGB, der Vorbereitungshandlungen wie insbesondere das Herstellen und die Weitergabe sogenannter „**Hacking-Tools**" erfasst (krit. *Gröseling/Höfinger*, MMR 2007, 626, 628 ff). Namentlich wird mit Freiheitsstrafe bis zu einem Jahr oder mit Geldstrafe bestraft, „wer eine Straftat nach § 202a oder § 202b vorbereitet, indem er (1.) Passworte oder sonstige Sicherungscodes, die den Zugang zu Daten (§ 202a Abs. 2) ermöglichen, oder (2.) Computerprogramme, deren Zweck die Begehung einer solchen Tat ist, herstellt, sich oder einem anderen verschafft, verkauft, einem anderen überlässt, verbreitet oder sonst zugänglich macht". Damit werden faktisch Beihilfehandlungen zu § 202a Abs. 1 StGB als eigene täterschaftliche Handlungen pönalisiert; sie sind also nunmehr auch dann strafbar, wenn es zu keiner Begehung einer (Haupt-)Tat nach § 202a Abs. 1 StGB kommt. Trotz des im Tatbestand durchgängig verwendeten Plurals soll nach dem Willen des Gesetzgebers bereits das Herstellen etc. eines Passworts, eines Sicherheitscodes bzw eines Computerprogramms hinreichend sein (vgl BT-Drucks. 16/3656, S. 12 unter Verweis auf RGSt 55, 101, 102; BGHSt 23, 46, 53; BGHSt 46, 147, 153). Hinsichtlich der einschränkenden **Zweckbestimmung** von Computerprogrammen iSd Nr. 2 ist auf die (objektivierte) Ausrichtung des Programms abzustellen, so dass nur echte Hacking-Tools erfasst werden und die allgemeinen Programmier-Tools, -sprachen oder sonstigen Anwendungsprogramme ausscheiden (vgl BT-Drucks. 16/3656, S. 12).

§ 303a StGB Datenveränderung

(1) Wer rechtswidrig Daten (§ 202a Abs. 2) löscht, unterdrückt, unbrauchbar macht oder verändert, wird mit Freiheitsstrafe bis zu zwei Jahren oder mit Geldstrafe bestraft.

(2) Der Versuch ist strafbar.

(3) Für die Vorbereitung einer Straftat nach Absatz 1 gilt § 202c entsprechend.

A. Regelungszweck

28 Die Strafnorm, die abgesehen von öffentlichem Strafverfolgungsinteresse nur auf Strafantrag verfolgt wird (vgl § 303c StGB), schützt in erster Linie das Interesse an der **unversehrten Verwendbarkeit** der Daten und der in ihnen enthaltenen Informationen (vgl BT-Drucks. 10/5058, S. 34; *Zaczyk,* in: Kindhäuser/Neumann/Paeffgen, 2. Aufl., § 303a Rn 10 mwN); hingegen nicht „das Vermögen" in seiner spezialisierten Ausprägung in Daten oder Programmen (so aber *Haft*, NStZ 1987, 6, 10).

B. Begriff der Daten

29 Der Datenbegriff richtet sich nach der Legaldefinition des § 202a Abs. 2 StGB (hierzu oben Rn 23). Ob die Daten gegen unbefugten Zugriff besonders gesichert sind (so aber in § 202a StGB) oder ob sie einen wirtschaftlichen Wert haben, ist nach hM unerheblich (*Stree,* in: Schönke/Schröder, 27. Aufl. § 303a Rn 2; *Ernst*, NJW 2003, 3233, 3237 f). Die Daten müssen jedoch nach allgM für den Täter „**fremd**" sein, dh an ihnen muss einem anderen als dem Täter ein rechtlich geschütztes Interesse auf Verarbeitung, Löschung oder Nutzung zustehen (vgl *Eichelberger*, MMR 2004, 594, 595; LK-*Tolksdorf*, 11. Aufl. § 303a Rn 5).

C. Tathandlungen (Abs. 1)

30 Durch die umfassend verbotenen Tathandlungen des Löschens, Unterdrückens, Unbrauchbarmachens und Veränderns werden nahezu alle denkbaren Konstellationen einer Datenveränderung erfasst, egal ob Daten ersatzlos gelöscht, nur teilweise entfernt oder durch falsche Daten ersetzt werden (so *Ernst*, NJW 2003, 3233, 3237 f; vgl auch BT-Drucks. 10/5058, S. 34; LK-*Tolksdorf*, 11. Aufl. § 303a Rn 19). „Verändert" werden Daten dabei immer schon dann, wenn sie vor allem durch **inhaltliche Umgestaltung** einen anderen Informationsgehalt (Aussagewert) erhalten und dadurch der ursprüngliche Verwendungszweck beeinträchtigt wird (vgl schon *Möhrenschlager*, wistra 1986, 128, 141; ebenso *Stree/Hecker,* in: Schönke/Schröder, 28. Aufl. § 303a Rn 8).

D. Vorbereitungshandlungen (Abs. 3)

Nach Abs. 3 werden Vorbereitungshandlungen entsprechend § 202c StGB auch im Bezug auf Tathandlungen der Datenveränderung pönalisiert. Damit werden insbesondere Computerprogramme erfasst, mit denen Daten manipuliert werden können (v.a. sogenannte **Schadprogramme**). Trotz der insoweit ebenfalls (vgl Rn 27) geltenden objektivierten Zweckbestimmung des Programms können im Einzelfall schwierige Abgrenzungsfragen entstehen (vgl die Beispiele bei *Schultz*, MIR Dok. 180–2006, Rn 36). 31

§ 303b StGB Computersabotage

(1) Wer eine Datenverarbeitung, die für einen anderen von wesentlicher Bedeutung ist, dadurch erheblich stört, dass er

1. **eine Tat nach § 303a Abs. 1 begeht,**
2. **Daten (§ 202a Abs. 2) in der Absicht, einem anderen Nachteil zuzufügen, eingibt oder übermittelt oder**
3. **eine Datenverarbeitungsanlage oder einen Datenträger zerstört, beschädigt, unbrauchbar macht, beseitigt oder verändert,**

wird mit Freiheitsstrafe bis zu drei Jahren oder mit Geldstrafe bestraft.

(2) Handelt es sich um eine Datenverarbeitung, die für einen fremden Betrieb, ein fremdes Unternehmen oder eine Behörde von wesentlicher Bedeutung ist, ist die Strafe Freiheitsstrafe bis zu fünf Jahren oder Geldstrafe.

(3) Der Versuch ist strafbar.

(4) [1]In besonders schweren Fällen des Absatzes 2 ist die Strafe Freiheitsstrafe von sechs Monaten bis zu zehn Jahren. [2]Ein besonders schwerer Fall liegt in der Regel vor, wenn der Täter

1. **einen Vermögensverlust großen Ausmaßes herbeiführt,**
2. **gewerbsmäßig oder als Mitglied einer Bande handelt, die sich zur fortgesetzten Begehung von Computersabotage verbunden hat,**
3. **durch die Tat die Versorgung der Bevölkerung mit lebenswichtigen Gütern oder Dienstleistungen oder die Sicherheit der Bundesrepublik Deutschland beeinträchtigt.**

(5) Für die Vorbereitung einer Straftat nach Absatz 1 gilt § 202c entsprechend.

A. Regelungszweck

Die Qualifikationstatbestände schützen das allgemeine Interesse am **störungsfreien Funktionieren einer Datenverarbeitung** als wesentlicher Voraussetzung für eine erfolgreiche Erfüllung betrieblicher, beruflicher und privater Aufgaben (*Schultz*, MIR Dok. 180–2006, Rn 36; LK-*Tolksdorf*, 11. Aufl. § 303b Rn 2). Seit der Neufassung durch das 41. StrÄndG gilt Abs. 1 namentlich für jedermann, die Qualifikation der Tat nach Abs. 2 für betroffene Betriebe, Unternehmen und Behörden (vgl BT-Drucks. 16/3656, S. 13). 32

B. Störung einer Datenverarbeitung von wesentlicher Bedeutung

Der Begriff der **Datenverarbeitung** ist weit zu verstehen und umfasst den gesamten (elektronischen) Umgang mit elektronisch gespeicherten Daten von ihrer Erhebung bis zu ihrer Verwendung (vgl *Schultz*, MIR Dok. 180–2006, Rn 39). Datenverarbeitungen im tatbestandlichen Sinne sind nur solche **„von wesentlicher Bedeutung"**, um Bagatellfälle auszuschließen. Bei Privatpersonen als Geschädigte ist darauf abzustellen, ob die Datenverarbeitungsanlage für die Lebensgestaltung der Privatperson eine zentrale Funktion einnimmt. So wird eine Datenverarbeitung im Rahmen einer Erwerbstätigkeit, einer schriftstellerischen, wissenschaftlichen oder künstlerischen Tätigkeit regelmäßig als wesentlich einzustufen sein, nicht aber jeglicher Kommunikationsvorgang im privaten Bereich oder etwa Computerspiele (BT-Drucks. 16/3656, S. 13). Die Datenverarbeitung ist **gestört,** wenn ihr reibungsloser Ablauf – unabhängig von der Dauer – nicht unerheblich beeinträchtigt ist (*Stree/Hecker,* in: Schönke/Schröder, 28. Aufl. § 303b Rn 9; BT-Drucks. 10/5058, S. 35). 33

34 Neben der Störung durch Taten im Sinne des § 303a Abs. 1 StGB und Sabotagehandlungen im Bezug auf Datenverarbeitungsanlagen ist durch 41. StrÄndG nunmehr auch die Modalität der **Dateneingabe oder -übermittlung in Nachteilszufügungsabsicht** in Abs. 1 Nr. 2 geregelt worden, da auch solche an sich neutrale Handlungen wie das „Eingeben" und „Übermitteln" von Daten in ein Computersystem bei unbefugter oder missbräuchlicher Begehungsweise geeignet sein können, erhebliche Störungen zu verursachen. Als Beispiel nennt der Gesetzgeber im Rahmen der amtl. Begr. ausdrücklich „Denial-of-Service-Attacken", bei denen die Dienste eines Servers durch eine Vielzahl von Anfragen derart belastet werden, dass dessen Aufnahme- und Verarbeitungskapazität nicht ausreicht und somit der Zugang für berechtigte Kontaktaufnahmen mit dem Server blockiert oder zumindest erschwert wird (BT-Drucks. 16/3656, S. 13). Bei der Nachteilszufügungsabsicht ist das Bewusstsein des Täters erforderlich, dass der (nicht unbedingt vermögensrechtliche) Nachteil die notwendige Folge der Tat ist.

C. Besonders schwere Fälle (Abs. 4)

35 Abs. 4 sieht **Strafzumessungsregeln** für besonders schwere Fälle der Computersabotage vor, deren Nrn. 1 und 2 den Strafzumessungsnormen des Computerbetrugs (§ 263a Abs. 2 in Verbindung mit § 263 Abs. 3 Satz 2 Nr. 1 und 2 StGB) und der Fälschung beweiserheblicher Daten (§ 269 Abs. 3 in Verbindung mit § 267 Abs. 3 Satz 2 Nr. 1 und 2 StGB) entsprechen. Die Nr. 3 entspricht überwiegend § 316b Abs. 3 StGB, wobei sich die Auslegung des Begriffs der Sicherheit der Bundesrepublik Deutschland an der Begriffsbestimmung und Auslegung des § 92 Abs. 3 Nr. 2 StGB orientieren kann (vgl BT-Drucks. 16/3656, S. 14).

90. Abschnitt: Nebenstrafrecht im Medienbereich

A. Einführung

Neben den medienspezifischen Strafdelikten des Strafgesetzbuchs bestehen auch in anderen Bundes- und Landesgesetzen strafrechtliche Verbotsnormen, die für den Medienbereich von praktischer Bedeutung sind. Dabei ergibt sich der Medienbezug entweder unmittelbar aus den Voraussetzungen der jeweiligen Strafbestimmung (etwa bei pressestrafrechtlichen Delikten oder im Jugendmedienschutz) oder aber daraus, dass bestimmte Delikte auch und praktisch besonders häufig über die Verbreitung oder Nutzung von Medien verwirklicht werden (so zB im Urheberstrafrecht). Allen nebenstrafrechtlichen Delikten ist gemein, dass für sie grundsätzlich dieselben allgemeinen Haftungsgrundsätze (hierzu oben 87. Abschnitt, Rn 1 ff) gelten wie bei den Tatbeständen des StGB (s. aber zur Sonderhaftung im Pressestrafrecht unten Rn 2). Insbesondere die Bestimmungen des Allgemeinen Teils des StGB sind auch insoweit anwendbar. Aufgrund des vorgegebenen Rahmens können die nachfolgenden Erläuterungen nicht vollumfänglich alle für den Medienbereich relevanten gesetzlichen Bestimmungen des Nebenstrafrechts berücksichtigen. Vielmehr konzentrieren sich die nachfolgenden Anmerkungen auf das Pressestrafrecht (hierzu B.), das praktisch bedeutsame Jugendschutzstrafrecht (hierzu C.) sowie weitere ausgewählte Delikte des Nebenstrafrechts mit Medienrelevanz (hierzu D.). 1

B. Pressestrafrecht

I. Presseinhaltsdelikte

Für die Angehörigen der Presse gelten zunächst die gleichen strafrechtlichen Bestimmungen wie für andere Personen auch. Besonderheiten ergeben sich aber aus den besonderen strafrechtlichen Bestimmungen der Landespressegesetze vor allem für sogenannte Presseinhaltsdelikte. Wesentlich für die Annahme eines Presseinhaltsdelikts ist nach st. Rspr, dass der Strafgrund entscheidend durch den **Inhalt des Druckwerks** und nicht durch sonstige Umstände wie die Handlungsakte des Herstellers und Verbreitens usw bestimmt wird (vgl BGH NJW 1996, 1905; BGH NJW 1978, 1171); so etwa bei der Verbreitung propagandistischer Druckerzeugnisse nach § 86a StGB (vgl hierzu sowie zur Abgrenzung zu bloßen „Vertriebsdelikten" *Kühl,* in: Löffler, Presserecht, § 20 LPG Rn 37). Bedeutung kommt der Einordnung als Presseinhaltsdelikt neben der Geltung spezieller Verjährungsvorschriften, dem Gerichtsstand und dem Zeugnisverweigerungsrecht vor allem deshalb zu, weil die Pressegesetze insoweit einen erweiterten strafrechtlichen Haftungsrahmen (**Sonderhaftung**) insbesondere **für Redakteure und Verleger** vorsehen. Bei periodischen Druckwerken unterliegt der verantwortliche Redakteur einer Verpflichtung zur Freihaltung von Druckwerken von strafbaren Inhalten, bei deren vorsätzlicher oder fahrlässiger Verletzung Freiheits- oder Geldstrafe droht. Eine ähnliche Pflicht trifft den Verleger von sonstigen Druckwerken (vgl zB § 20 LPG Ba-Wü; § 19 LPG Berlin; anders die „Vermutungsregel" in Art. 11 Abs. 2 LPG Bayern; Übersicht über alle landesrechtlichen Bestimmungen bei *Kühl,* in: Löffler, Presserecht, 5. Aufl. § 20 LPG). Die Sonderhaftung ist vom Gesetzgeber insbesondere deshalb geschaffen worden, weil der Täter eines Presse-Inhaltsdelikts wegen der Anonymität der Presse und des Zusammenwirkens vieler Kräfte bei der Herstellung eines Druckwerks häufig nicht ermittelt werden kann (vgl BGH NJW 1990, 2828, 2830; BGH NJW 1980, 67). 2

II. Presseordnungsdelikte

Die strafrechtlichen Bestimmungen der Landespressegesetze sehen darüber hinaus überwiegend besondere Tatbestände bei der **Verletzung der Presseordnung** durch Redakteure oder Verleger vor (vgl 3 zB § 21 LPG Ba-Wü; Art. 13 LPG Bayern; § 20 LPG Hamburg, weitere bei *Kühl,* in: Löffler, Presserecht, 5. Aufl. § 21 LPG). Mit Freiheitsstrafe oder Geldstrafe wird danach insbesondere bestraft, wer als Verleger eine Person zum verantwortlichen Redakteur bestellt, die nicht den besonderen presserechtlichen Anforderungen entspricht; dabei ist für den Akt der Bestellung die tatsächliche Einräumung der Prüfungs- und Entscheidungsbefugnis durch den Verleger maßgeblich (vgl BGH NJW 1990, 2828, 2830; *Kühl,* in: Löffler, Presserecht, § 21 LPG Rn 25). Ferner macht sich auch derjenige strafbar, der als verantwortlicher Redakteur zeichnet, obwohl er die entsprechenden presserechtlichen Anforderungen nicht erfüllt (vgl zur Auslegung des Begriffs „verantwortlicher Redakteur" *Franke*, NStZ 1983, 114, 115 f). Schließlich wird die bereits erwähnte besondere Haftung für Redakteure und Verleger durch ein Sonderdelikt erweitert, wonach eine Strafbarkeit bei Presseinhaltsdelikten auch dann besteht, wenn den besonderen Vorschriften über **Angaben im Impressum** zuwidergehandelt wird. Dabei werden nicht nur fehlende, sondern auch falsche Angaben tatbestandlich erfasst (vgl *Stöckel,* in: Erbs/Kohlhaas, P 190 § 22 Rn 8). Des Weiteren begründet auch das Verbreiten oder Wiederabdrucken eines beschlagnahmten Druckwerkes in bestimmten Fällen eine Strafbarkeit (zum Verhältnis presserechtlicher Beschlagnahmevorschriften zu den Regelungen der StPO vgl *Groß*, NStZ 1999, 334 ff).

C. Jugendschutzstrafrecht

4 Auch die gesetzlichen Bestimmungen des Jugendmedienschutzes halten besondere Strafdelikte bereit. Insoweit ergeben sich für den Bereich der Trägermedien (s. zum Trägermedienbegriff oben 81. Abschnitt, Rn 15) aus § 27 Abs. 1 JuSchG enumerative Tatbestände, welche sich im Wesentlichen auf die Verbreitung oder das Zugänglichmachen oder entsprechende Vorbereitungshandlungen im Bezug auf **indizierte Trägermedien** oder auf die Veröffentlichung der Indizierungsliste selbst beziehen. § 27 Abs. 2 JuSchG regelt darüber hinaus besondere Delikte für Veranstalter oder Gewerbetreibende, die auch für den Medienbereich relevant sein können. So macht sich beispielsweise derjenige strafbar, der vorsätzlich aus **Gewinnsucht** oder in **beharrlicher Wiederholung** Versandhandel mit Bildträgern ohne Jugendfreigabe betreibt, ohne einen ausschließlichen Erwachsenenversand sicherzustellen (vgl §§ 27 Abs. 2 Nr. 2, 28 Abs. 1 Nr. 16 iVm §§ 12 Abs. 3 Nr. 2, 1 Abs. 4 JuSchG). Daneben sieht auch der Jugendmedienschutz-Staatsvertrag (JMStV) für Rundfunk und Telemedien in § 23 einen Straftatbestand bei Angeboten vor, die offensichtlich geeignet sind die Entwicklung von Kindern oder Jugendlichen oder ihrer Erziehung zu einer eigenverantwortlichen oder gemeinschaftsfähigen Persönlichkeit unter Berücksichtigung der besonderen Wirkungsform des Verbreitungsmediums schwer zu gefährden (vgl zu den angebotsinhaltlichen Anforderungen 81. Abschnitt, Rn 27 f).

5 Den genannten Straftatbeständen im Jugendmedienschutz kommt eine besondere Bedeutung zu, weil sie nicht nur vorsätzlich, sondern auch **fahrlässig verwirklichbar** sind. Dies bedeutet für Medienanbieter, dass sie in der Regel Prüfpflichten in Bezug auf die verbreiteten Angebotsinhalte zu berücksichtigen haben. Kennt also ein Anbieter zB die Listenaufnahme eines dem Angebot entsprechenden öffentlich indizierten Trägermediums, den kriegsverherrlichenden, menschenwürdeverletzenden oder pornographischen Charakter des angebotenen Inhalts nicht, weil er die sorgfältige Prüfung unterlassen hat, zu der er nach den Umständen des Einzelfalles sowie seinen Kenntnissen und Fähigkeiten verpflichtet war, so kann er wegen fahrlässiger Begehung bestraft werden (*Scholz/Liesching*, § 24 JMStV Rn 5; s. zum Jugendschutzstrafrecht auch *Nikles/Roll/Spürck/Umbach*, § 27 JuSchG Rn 1 ff, § 23 JMStV Rn 1 ff; zu den im Jugendschutzstrafrecht bestehenden erheblichen Sanktionsdiskrepanzen s. *Liesching*, BPjM-aktuell 2/2007, 5, 10).

D. Überblick über weitere nebenstrafrechtliche Delikte

I. Strafvorschriften zum Gewerblichen Rechtsschutz

6 **1. Urheberrecht.** Das Urhebergesetz (UrhG) stellt in den §§ 106 ff mehrere Verletzungshandlungen im Bezug auf das Urheberrecht unter Strafe. Von zentraler Bedeutung ist dabei der als Strafantragsdelikt (§ 109 UrhG) ausgestaltete Tatbestand des **§ 106 Abs. 1 UrhG.** Danach wird mit Freiheitsstrafe bis zu drei Jahren oder mit Geldstrafe bestraft, „wer in anderen als den gesetzlich zugelassenen Fällen ohne Einwilligung des Berechtigten ein Werk oder eine Bearbeitung oder Umgestaltung eines Werkes vervielfältigt, verbreitet oder öffentlich wiedergibt". Der straftatbestandliche Werkbegriff entspricht grundsätzlich dem zivilrechtlichen (vgl hierzu 87. Abschnitt, Rn 8 ff sowie *Hildebrandt,* in: Wandtke/Bullinger, 2. Aufl. § 106 Rn 7). Bearbeitungen eines Werkes sind Abwandlungen des Werkes, die die

notwendige Schöpfungshöhe besitzen, um selbst als Bearbeitung gem. § 3 UrhG urheberrechtlich geschützt zu sein (vgl hierzu BGH GRUR 1981, 820, 823; zum Begriff der Umgestaltung BGH GRUR 1981, 520, 521). Aufgrund der alternativ genannten Tathandlungen des Vervielfältigens, des Verbreitens oder der öffentlichen Wiedergabe (zB Anbieten in Tauschbörsen, sog. social networks etc.) werden grundsätzlich alle Verwertungsrechte mit Ausnahme des Ausstellungsrechts der §§ 15 Abs. 1 Nr. 3, 18 UrhG erfasst (BT-Drucks. IV/270, S. 108). Auch der Internetdownload urheberrechtlich geschützter Werke über **Musiktauschbörsen** ist vielfach tatbestandsmäßig (vgl *Heghmanns*, MMR 2004, 14, 15 f; *Vassilaki,* in: Schricker, 3. Aufl. § 106 Rn 9). Der Hinweis auf die „gesetzlich zugelassenen Fälle" bezieht sich nicht auf die allgemeinen strafrechtlichen Rechtfertigungsgründe, sondern vielmehr auf die sog. Schranken des Urheberrechts nach §§ 44a ff UrhG (*Kaiser,* in: Erbs/Kohlhaas, U 180 Rn 21).

Des Weiteren regelt § 107 UrhG Tatbestände über das **unzulässige Anbringen von Urheberbezeichnungen**, wobei taugliches Tatobjekt nur ein Werk der bildenden Künste (§ 2 Abs. 1 Nr. 4 UrhG) sein kann. Die Strafnorm hat keine praktische Bedeutung, so dass mehrfach rechtspolitische Forderungen nach Streichung des Tatbestandes geäußert werden (vgl *Hildebrandt,* in: Wandtke/Bullinger, 2. Aufl. § 107 Rn 1 mwN). Die Tatbestände des § 108 UrhG stellen die **Verwertungsrechte an den Leistungsschutzrechten** unter Strafrechtsschutz. Mit Freiheitsstrafe bis zu drei Jahren oder mit Geldstrafe wird danach bestraft, wer in anderen als den gesetzlich zugelassenen Fällen ohne Einwilligung des Berechtigten (1.) eine wissenschaftliche Ausgabe (§ 70 UrhG) oder eine Bearbeitung oder Umgestaltung einer solchen Ausgabe vervielfältigt, verbreitet oder öffentlich wiedergibt, (2.) ein nachgelassenes Werk oder eine Bearbeitung oder Umgestaltung eines solchen Werkes entgegen § 71 UrhG verwertet, (3.) ein Lichtbild (§ 72 UrhG) oder eine Bearbeitung oder Umgestaltung eines Lichtbildes vervielfältigt, verbreitet oder öffentlich wiedergibt, (4.) die Darbietung eines ausübenden Künstlers entgegen den § 77 Abs. 1 oder Abs. 2 S. 1, § 78 Abs. 1 UrhG verwertet, (5.) einen Tonträger entgegen § 85 UrhG verwertet, (6.) eine Funksendung entgegen § 87 UrhG verwertet, (7.) einen Bildträger oder Bild- und Tonträger entgegen §§ 94 oder 95 iVm § 94 UrhG verwertet, oder (8.) eine Datenbank entgegen § 87b Abs. 1 UrhG verwertet (vgl zu den geschützten Tatobjekten und den einzelnen Tathandlungen die Erläuterungen zum Urheberrecht 58. Abschnitt, Rn 54 ff). 7

2. Wettbewerbsrecht. Auch im Bereich des Wettbewerbsrechts werden zahlreiche Verbote und Gebote unter Strafrechtsschutz gestellt, wobei im Medienbereich insbesondere die Vorschriften des Gesetzes gegen den unlauteren Wettbewerb (UWG) und dort neben der progressiven Kundenwerbung vornehmlich die Straftatbestände der **irreführenden Werbung** gemäß § 16 Abs. 1 von praktischer Bedeutung sind. Nach der Strafnorm wird namentlich mit Freiheitsstrafe bis zu zwei Jahren oder mit Geldstrafe bestraft, wer „in der Absicht, den Anschein eines besonders günstigen Angebots hervorzurufen, in öffentlichen Bekanntmachungen oder in Mitteilungen, die für einen größeren Kreis von Personen bestimmt sind, durch unwahre Angaben irreführend wirbt". Die Vorschrift korrespondiert mit § 5 UWG, verlangt über die Irreführung hinaus aber unwahre Angaben (vgl hierzu und zur Bestimmtheit der Strafnorm OLG Stuttgart GRUR 1981, 750). Gerade aus dem Erfordernis der öffentlichen Bekanntmachung ergibt sich der besondere praktische Bezug der Strafnorm zum Medienbereich, da insoweit ohne Weiteres Werbeanzeigen in Zeitungen, Rundfunk- und Kinowerbung erfasst werden (vgl *Bornkamp,* in: Hefermehl/Köhler/Bornkamm, 25. Aufl. § 16 UWG Rn 13). Für die Beurteilung des Vorliegens einer Irreführung kommt es auf das tatsächliche Verständnis der Adressaten an (vgl BGH GRUR 2002, 182, 184, zu den näheren tatbestandlichen Voraussetzungen: *Piper,* in: Piper/Ohly, 4. Aufl. § 16 Rn 1 ff). 8

3. Markenrecht. Von gewisser praktischer Bedeutung für den Medienbereich sind des Weiteren die strafrechtlichen Bestimmungen im Markenrecht, insbesondere die §§ 143 ff MarkenG. Im Zusammenhang mit dem Internetstrafrecht wurde vor allem das sogenannte **Domain-Grabbing** von der Rechtsprechung als strafbare Markenrechtsverletzung nach § 143 Abs. 1 Nr. 2 MarkeG angesehen (vgl OLG München wistra 2001, 33 f; LG München, CR 2000, 847 ff). Tatbestandlich erfasst wird danach v.a. die Registrierung von Domainnamen im Internet, die geschützte Markennamen beinhalten, in der Absicht, diese den Berechtigten oder anderen Interessenten auf deren Nachfrage hin zu überhöhten Preisen zu veräußern. Als **Parallelvorschriften zu anderen Schutzrechten** vgl § 142 PatG, § 25 GebrMG, § 51 GeschmMG, § 39 SortSchG (zu den strafrechtlichen Markenrechtsverboten s. auch *Ingerl/Rohnke*, 2. Aufl. § 143 Rn 1 ff). 9

II. Veröffentlichen von Bildnissen (§ 33 KUG)

10 Nach § 33 Abs. 1 des Gesetzes betreffend das Urheberrecht an Werken der bildenden Künste und der Photographie (KUG) wird mit Freiheitsstrafe bis zu einem Jahr oder mit Geldstrafe bestraft, wer entgegen den §§ 22, 23 KUG – also insbesondere ohne Einwilligung des abgebildeten – ein Bildnis verbreitet oder öffentlich zur Schau stellt. Die Strafnorm ist gemäß Abs. 2 Strafantragsdelikt. Ihr kommt allerdings **keine praktische Bedeutung** zu (vgl *Dreier,* in: Dreier/Schulze, §§ 33 ff KUG Rn 3; *Schertz,* AfP 2005, 421, 426), da betroffene Abgebildete in der Regel zivilrechtliche Beseitigungs-, Unterlassungs- und Schadensersatzansprüche geltend machen. Ergänzt bzw erweitert wird der Strafrechtsschutz nunmehr durch § 201a StGB, der bereits das Herstellen und Gebrauchen von Bildnissen in besonderen Konstellationen erfasst (hierzu oben 89. Abschnitt, Rn 16 ff). Der Begriff des Bildnisses ist im Rahmen des Straftatbestandes ebenso weit auszulegen wie in § 22 KUG und umfasst die Wiedergabe des Erscheinungsbildes in jeder Form und in jedem Medium zB als Fotografie, Grafik, Karikatur etc. (vgl BGH GRUR 1995, 195, 196).

III. Telekommunikationsrechtliche Delikte (§ 148 TKG)

11 Im Telekommunikationsrecht werden in § 148 Abs. 1 TKG das Abhör- und Mitteilungsverbot nach § 89 S. 1 und 2 TKG (Nr. 1) sowie im Bezug auf Sendeanlagen nach § 90 Abs. 1 S. 1 TKG das Besitzen, Herstellen, Vertreiben, Einführen oder sonstige Verbringen in den Geltungsbereich des TKG (Nr. 2) mit Freiheitsstrafe bis zu zwei Jahren oder mit Geldstrafe bedroht. Das Abhör- und Mitteilungsverbot des § 148 Abs. 1 Nr. 1 TKG bezieht sich auf Funkanlagen, mit denen namentlich nur „Nachrichten, die für den Betreiber der Funkanlage, Funkamateure im Sinne des Gesetzes über den Amateurfunk vom 23.6.1997 (BGBl. I S. 1494), die Allgemeinheit oder einen unbestimmten Personenkreis bestimmt sind“, abgehört werden dürfen. Auch die Tatsache des Empfangs sowie der Nachrichteninhalt dürfen – selbst bei unbeabsichtigtem Empfang – nicht weitergegeben werden. Auch die abstrakte Weitergabe des durch die Abhörung erlangten Wissens ohne nähere Bezugnahme auf die Tatsache des Empfangs ist tatbestandsmäßig (vgl *Kalf/Papsthart,* in: Erbs/Kohlhaas, T 50 § 95 Rn 2). Das strafrechtliche Sendeanlagenverbot des § 148 Abs. 1 Nr. 2 TKG ist im Bezug auf Herstellens-, Vertriebs-, und Einfuhrhandlungen auch fahrlässig verwirklichbar (vgl Abs. 2). Erfasst werden Sendeanlagen, die ihrer Form nach einen anderen Gegenstand vortäuschen oder die mit Gegenständen des täglichen Gebrauchs verkleidet sind und aufgrund dieser Umstände in besonderer Weise geeignet sind, das nicht öffentlich gesprochene Wort eines anderen von diesem unbemerkt abzuhören oder das Bild eines anderen von diesem unbemerkt aufzunehmen (vgl § 90 Abs. 1 S. 1). Tatobjekte sind damit alle getarnten Abhöranlagen wie Minimikrofone (sog. „Wanzen“), sofern sie in Gegenständen wie zB Telefonhörer, Lampen eingebaut sind (vgl *Kalf,* in: Erbs/Kohlhaas, T 50 § 65 Rn 5 f).

IV. Datenschutzrechtliche Delikte (§§ 43, 44 BDSG)

12 Das unbefugte Erheben, Verarbeiten, Bereithalten zum Abruf, Verschaffen, Übermitteln u.a. von personenbezogenen Daten kann nach dem Bundesdatenschutzgesetz (§§ 43, 44 BDSG) und nach anderen Spezialgesetzen gegen Strafbestimmungen oder Ordnungswidrigkeitenvorschriften verstoßen. Über die bloße Bußgeldbewährung hinaus ergeben sich Strafdrohungen in der Regel aber nur bei besonders qualifizierten Fällen, wie insbesondere bei vorsätzlichen Handlungen gegen Entgelt oder in der Absicht, sich oder einen anderen zu bereichern oder einen anderen zu schädigen (vgl § 44 Abs. 1 BDSG). Da auf eine Datenverarbeitung, die im Anwendungsbereich eines Landesdatenschutzgesetzes erfolgt, die Strafvorschriften des BDSG nicht anwendbar sind (vgl *Dammann,* in: Simitis, 6. Aufl. § 44 Rn 17), bestehen in allen Landesgesetzen eigenständige Strafvorschriften.

V. Produktspezifische Vertriebs- und Werbeverbote

13 Über die bereits genannten produktspezifischen Vertriebs- und Werbeverbote (zB das Pornographieverbot nach § 184 StGB, das Verbot irreführender Werbung nach § 16 UWG) hinaus existieren zahlreiche weitere Verbotsnormen im Nebenstrafrecht, die auch für den Medienbereich von besonderer praktischer Bedeutung sind. Dies ergibt sich daraus, dass im Bezug auf nahezu alle denkbaren Produkte und Waren mittlerweile Vertriebswege über die Neuen Medien eröffnet werden und entsprechendes Marketing sich insbesondere auf Medien wie Rundfunk, Telemedien oder Printmedien konzentriert. Lediglich beispielhaft soll auf die Beschränkungen des **Arzneimittelhandels** nach dem Arzneimittelge-

setz (AMG) hingewiesen werden, die nach §§ 95, 96 weitgehend strafbewehrt sind, ebenso auf den **Heilmittelhandel,** wo nach § 14 HeilMWerbG ein besonderes Strafverbot irreführender Werbung besteht. Das Gesetz über den Verkehr mit Lebensmitteln, Tabakerzeugnissen, kosmetischen Mitteln und sonstigen Bedarfsgegenständen (LMBG) sieht Beschränkungen im **Lebensmittelhandel** zum Schutz der Verbraucher vor. Vor allem der Vertrieb von gesundheitsschädlichen Waren sowie die gesundheitsbezogene Werbung für Produkte ist verboten (vgl die Strafvorschriften der §§ 51, 52 LMBG).

2. Kapitel: Medienstrafverfahrensrecht

Schrifttum: *Abdallah/Gercke,* Verwertbarkeit privat veranlasster GPS-Peilungen von gestohlenem Gut, CR 2003, 298; *Achenbach,* Alte und neue Fragen zur Pressebeschlagnahme, NStZ 2000, 123 ff; *Allgayer,* Die Verwendung von Zufallserkenntnissen aus Überwachungen der Telekommunikation gem. §§ 100 a f. StPO, NStZ 2006, 603 ff; *Bär*, Strafprozessuale Fragen der EDV-Beweissicherung, MMR 1998, 557; *ders.*, Auskunftsanspruch über Telekommunikationsdaten nach den neuen §§ 100 g, 100 h StPO, MMR 2002, 358; *Beck/Kreißig*, Tauschbörsen-Nutzer im Fadenkreuz der Strafverfolgungsbehörden, NStZ 2007, 304 ff; *Birkner/Rösler,* Pressefreiheit stärken – Strafprozessordnung ändern, ZRP 2006, 109 ff; *Dörr*, Durchsuchungen und Beschlagnahmen bei Medienunternehmen, AfP 1995, 378 ff; *Eckhardt*, Die Neuregelung der Telekommunikationsüberwachung und anderer verdeckter Ermittlungsmaßnahmen, CR 2007, 336; *Eisenberg,* Zur Unzulässigkeit der heimlichen Ortung per „stiller SMS", NStZ 2005, 62 ff; *Eckhardt/Schütze*, Vorratsdatenspeicherung nach BVerfG: „Nach dem Gesetz ist vor dem Gesetz...", CR 2010, 225 ff; *Gercke,* Analyse des Umsetzungsbedarfs der Cybercrime Konvention – Teil 2: Die Umsetzung im Bereich des Strafverfahrensrechts, MMR 2004, 801 ff; *ders.*, Heimliche Online-Durchsuchung: Anspruch und Wirklichkeit, CR 2007, 245 ff; *Gercke/Brunst*, Praxishandbuch Internetstrafrecht, 2009; *Germann,* Gefahrenabwehr und Strafverfolgung im Internet, Berlin 2000; *Groß,* Sicherstellung von Druckwerken, NStZ 1999, 334 ff; *Günther,* Zur strafprozessualen Erhebung von Telekommunikationsdaten – Verpflichtung zur Sachverhaltsaufklärung oder verfassungsrechtlich unkalkulierbares Wagnis?, NStZ 2005, 495 ff; *Gusy,* Das Fernmeldegeheimnis von Pressemitarbeitern als Grenze strafprozessualer Ermittlungen, NStZ 2003, 399 ff; *Hamm*, Vom Grundrecht der Medien auf das Fischen im Trüben, NStZ 2001, 269 f; *Hoffmann,* Die Online-Durchsuchung – staatliches „Hacken" oder zulässige Ermittlungsmaßnahme?, NStZ 2005, 121 ff; *Jofer,* Strafverfolgung im Internet, 1997; *Jung*, Durchsuchung und Beschlagnahme in Medienangelegenheiten, AfP 1995, 375 ff; *Kerscher,* Strafjustiz contra Medien – ein Anachronismus, NJW 1997, 1350 f; *v. Knobloch*, Pressefreiheit und Gefahrenabwehr, AfP 2006, 301 ff; *Kubiciel,* Rechtsextremistische Musik von und mit V-Leuten, NStZ 2003, 57 ff; *Kunert,* Erweitertes Zeugnisverweigerungsrecht der Medienmitarbeiter – Gesetz zur Änderung der Strafprozessordnung vom 15.2.2002, NStZ 2002, 169 ff; *Kutscha,* Verdeckte „Online-Durchsuchung" und Unverletzlichkeit der Wohnung, NJW 2007, 1169 ff; *Löffelmann,* Die Neuregelung der akustischen Wohnraumüberwachung, NJW 2005, 2033 ff; *Kutzner*, Die Beschlagnahme von Daten bei Berufsgeheimnisträgern, NJW 2005, 2652 ff; *Marberth-Kubicki*, Computer- und Internetstrafrecht, 2. Aufl. 2010; *Mertin*, Wann Journalisten schweigen dürfen – Auch das „Selbstrecherchierte" soll künftig geschützt werden, ZRP 2001, 319 ff; *Pöppelmann/Jehmlich*, Zum Schutz der beruflichen Kommunikation von Journalisten, AfP 2003, 218 ff; *Roßnagel*, Die „Überwachungs-Gesamtrechnung" – Das BVerfG und die Vorratsdatenspeicherung, NJW 2010, 1238 ff; *Rotsch*, Der Schutz der journalistischen Recherche im Strafprozess, 2000; *Sankol*, Die Qual der Wahl: § 113 TKG oder §§ 100 g, 100 h StPO? – Die Kontroverse über das Auskunftsverlangen von Ermittlungsbehörden gegen Access-Provider bei dynamischen IP-Adressen, MMR 2006, 361 ff; *Soiné*, Verdeckte Ermittler als Instrument zur Bekämpfung von Kinderpornographie im Internet, NStZ 2003, 225 ff; *Warg*, Auskunftsbefugnisse der Strafverfolgungsbehörden und Anonymität des E-Mail-Anzeigeerstatters, MMR 2006, 77 ff; *Weber/Meckbach*, Äußerungsdelikte in Internetforen – Zugleich Anmerkung zu LG Mannheim, Beschluss vom 13.5.2005 – 5 Qs 23/05, NStZ 2006, 492 ff; *Wolff/Neumann*, Anordnung der Auskunft über Telekommunikationsverbindungsdaten gegen unbekannt? – Zur Bezeichnung des Betroffenen nach § 100 h I 1 StPO, NStZ 2003, 404 ff; *Wolff*, Vorratsdatenspeicherung – Der Gesetzgeber gefangen zwischen Europarecht und Verfassung?, NVwZ 2010, 751; *Zöller,* Verdachtlose Recherchen und Ermittlungen im Internet, GA 2000, 563 ff.

91. Abschnitt: Strafantrag, Privatklage

A. Strafantragserfordernis

1 Im Bereich des Medienstrafrechts sind zahlreiche Delikte grundsätzlich nur auf Antrag des Verletzten oder sonst Betroffener (zB Angehörige, vgl § 194 Abs. 2 S. 1 StGB) verfolgbar, sofern nicht eine Strafverfolgung in gesetzlich geregelten Fällen eines besonderen öffentlichen Interesses in Betracht kommt. Dies gilt vor allem für das Beleidigungsstrafrecht (vgl § 194 StGB) aber auch bei den strafbaren Persönlichkeitsrechtsverletzungen (§ 201a StGB) sowie den Computer- und Datendelikten (vgl §§ 205,

303c StGB). Bei den Verbreitungs- und Kommunikationsdelikten (zB §§ 130, 131, 184 StGB) besteht indes kein Strafantragserfordernis, wie sich zumeist schon aus dem nicht personalisierten Schutzgut der Delikte wie dem „öffentlichen Frieden“ oder dem „Jugendschutz“ ergibt. Auch hier kann aber die Frage auftreten, ob einzelne Personen eine Strafverfolgung initiieren können, insbesondere durch Klageerzwingungsverfahren nach § 172 Abs. 2 StPO (hierzu im Bezug auf das Jugendschutzstrafrecht *Liesching/Weiß*, JMS-Report 3/1998, S. 5 ff). Zum Kreis der Strafantragsberechtigten gehört nach § 77 Abs. 1 StGB im Allgemeinen der „**Verletzte**“, also der Träger des durch die Strafnorm geschützten Rechtsgutes, soweit die Strafnormen nichts anderes bestimmen.

Dies gilt zunächst für das **Beleidigungsstrafrecht**, wo Verletzter stets der durch die in Rede stehende Äußerung Betroffene ist, bei Kollektivbeleidigungen jeder einzelne des Kollektivs (vgl OLG Hamburg MDR 1981, 71, zu den Besonderheiten bei medialen Beleidigungen gegen NS-Opfer, gegenüber Verstorbenen und gegen Amtsträger und politische Körperschaften vgl § 194 StGB). Bei den **Datendelikten** ist Verletzter im Sinne des § 205 StGB im Bezug auf § 201 StGB diejenige Person, die das nichtöffentliche Wort gesprochen hat, im Bezug auf § 201a StGB derjenige, der Gegenstand des Bildnisses ist, im Bezug auf §§ 202a ff derjenige, der über die betroffenen Daten zum Zeitpunkt der Tat verfügungsberechtigt ist; ebenso bei der Datenveränderung und **Computersabotage** nach §§ 303a, 303b StGB, im Fall des § 303b aber darüber hinaus auch der Inhaber der betroffenen Datenverarbeitungsanlage. 2

B. Privatklageverfahren

Dem Verletzten steht bei bestimmten leichten Vergehen auch die Möglichkeit des Privatklageverfahrens nach §§ 374 ff StPO zur Verfügung, auch ohne dass es einer Anrufung der Staatsanwaltschaft bedarf. Der Privatkläger, für den die allgemeinen Voraussetzungen der Prozessfähigkeit ebenfalls gelten, verfolgt insoweit den staatlichen Strafanspruch, freilich ohne Bindung an das für Strafverfolgungsbehörden geltende Legalitätsprinzip (vgl *Meyer-Goßner*, 53. Aufl. Vor § 374 Rn 5). Die in § 374 Abs. 1 enumerativ genannten Delikte sind jedoch nur zum geringen Teil für den **Bereich des Medienstrafrechts** relevant, namentlich das Beleidigungsstrafrecht (vgl Abs. 1 Nr. 2, hierzu oben 89. Abschnitt, Rn 1 ff) sowie Tatbestände des Nebenstrafrechts wie des Markenschutz-, des Urheber-, und des Wettbewerbsrechts sowie des § 33 KUG (vgl Abs. 1 Nrn. 7 und 8, hierzu 90. Abschnitt, Rn 6 ff). Zur Erhebung der Privatklage sind neben den Verletzten auch die jeweils zum Strafantrag berechtigten Personen legitimiert (§ 374 Abs. 2 StPO). 3

92. Abschnitt: Beweisgewinnung und -verwertung

A. Überblick

1 Im Rahmen des deutschen Strafprozessrechts ist ein gesondert geregeltes „Medienstrafverfahrensrecht" nicht existent. Damit finden die allgemeinen strafverfahrensrechtlichen Grundsätze, wie sie insbesondere in der Strafprozessordnung geregelt sind, Anwendung. Freilich ergeben sich hierbei für medienspezifische Konstellationen auch besondere Problemstellungen, deren praktische Bedeutung schon deshalb nicht gering zu schätzen ist, weil zahlreiche Regelungen v.a. bei den Zwangsmaßnahmen im Hinblick auf die Gewinnung von Beweismaterial einen besonderen Medienbezug aufweisen. Dies gilt angesichts der fortschreitenden Medientechnologie in erster Linie im Hinblick auf die Gewinnung von **beweisrelevanten digitalisierten Daten** im Zusammenhang mit der Verwirklichung medienstrafrechtlicher (s. oben 1. Kapitel) oder sonstiger Delikte. Am deutlichsten wird dies bei der Telekommunikationsüberwachung nach §§ 100a ff StPO, daneben aber auch bei der Beschlagnahme bzw Sicherstellung (§§ 94 ff, 111b StPO) zB von EDV-Anlagen, Mobilfunkgeräten, sonstigen (mobilen) Datenträgern sowie Schriften (§ 11 Abs. 3 StGB) einschließlich sog. Trägermedien (zu den Zwangsmaßnahmen im Einzelnen nachfolgend Rn 2). Besondere Medienspezifika ergeben sich darüber hinaus aber auch bei den gesetzlichen Einschränkungen der strafverfahrensrechtlichen Beweisgewinnung. Diese fußen im Wesentlichen auf den verfassungsrechtlich verbürgten Mediendistributionsfreiheiten nach Art. 5 Abs. 1 GG und finden vor allem ihren Ausdruck in besonderen Zeugnisverweigerungsrechten und Beschlagnahmeverboten (hierzu unten Rn 23 ff).

B. Zwangsmaßnahmen

I. Durchsuchung, Beschlagnahme, Sicherstellung

2 Den Strafverfolgungsbehörden stehen im Falle des Verdachts einer Straftatbegehung Möglichkeiten zur Verfügung, die betreffende Person zu durchsuchen und bestimmte aufgefundene Gegenstände sicherzustellen bzw (gegen den Willen des Gewahrsamsinhabers) zu beschlagnahmen. Im Zusammenhang mit der Begehung medienstrafrechtlicher Delikte sind vor allem EDV-Anlagen, mobile Datenträger oder sonstige Speichermedien von Bedeutung, auf denen sich mutmaßlich strafrechtlich relevante Medieninhalte befinden oder die zur Begehung einer Straftat genutzt worden sind. In derartigen Fallkonstellationen erfolgt die Vorgehensweise nach der StPO in der Regel in drei wesentlichen Schritten, nämlich der Durchsuchung tatverdächtiger Personen (hierzu Rn 3 f), gegebenenfalls der noch zur

Phase des Vollzugs der Durchsuchungsanordnung zuzurechnenden (BGH NJW 1995, 3397) Einsichtnahme in gespeicherte Daten und sonstige „Papiere" im Sinne des § 110 StPO (hierzu Rn 5) sowie der Sicherstellung bzw Beschlagnahme von Telekommunikationsmitteln, Speichermedien etc. (hierzu Rn 6 f).

1. Durchsuchung (§§ 102 ff StPO). a) Wesentliche gesetzliche Grundlagen. Nach § 102 StPO kann „bei dem, welcher als **Täter oder Teilnehmer** einer Straftat oder der Begünstigung, Strafvereitelung oder Hehlerei verdächtig ist", eine „Durchsuchung der Wohnung und anderer Räume sowie seiner Person und der ihm gehörenden Sachen sowohl zum Zweck seiner Ergreifung als auch dann vorgenommen werden, wenn zu vermuten ist, dass die Durchsuchung zur Auffindung von Beweismitteln führen werde". Bei **anderen als tatverdächtigen Personen** sind gemäß § 103 StPO Durchsuchungen nur zur Ergreifung des Beschuldigten oder zur Verfolgung von Spuren einer Straftat oder zur Beschlagnahme bestimmter Gegenstände und nur dann zulässig, wenn Tatsachen vorliegen, aus denen zu schließen ist, dass die gesuchte Person, Spur oder Sache sich in den zu durchsuchenden Räumen befindet (zur Gebäudedurchsuchung in Fällen der §§ 129a, 129b StGB vgl § 103 S. 2 StPO, hierzu *Meyer-Goßner*, 53. Aufl. § 103 Rn 10 ff). Durchsuchungen dürfen allerdings grundsätzlich nur durch einen Richter, bei Gefahr im Verzug auch durch die Staatsanwaltschaft und ihre Ermittlungspersonen (§ 152 GVG) angeordnet werden (vgl § 105 Abs. 1 StPO). 3

b) Bedeutung im Medienbereich. Der weite Begriff der **Durchsuchung** umfasst jedes ziel- und zweckgerichtete Suchen staatlicher Organe nach Personen und Sachen oder zur Ermittlung eines Sachverhalts, um etwas aufzuspüren, das der Inhaber der Wohnung von sich aus nicht offenlegen oder herausgeben will (vgl BVerfGE 75, 318, 327; 76, 83, 89; *Schäfer,* in: Löwe-Rosenberg, 25. Aufl. § 102 Rn 1). Damit kommen Durchsuchungen zunächst grundsätzlich in gleichem Maße gegen Medienanbieter oder im Bezug auf medientechnologische Gegenstände (EDV-Anlagen, Mobilfunkgeräte, Datenträger etc.) in Betracht. Allerdings sind nach st. Rspr des BVerfG Durchsuchungen (und Beschlagnahmen) in einem Ermittlungsverfahren gegen Presseangehörige verfassungsrechtlich unzulässig, wenn sie ausschließlich oder vorwiegend dem Zweck dienen, die Person des Informanten zu ermitteln (vgl BVerfG, Urt. v. 27.2.2007 – 1 BvR 538/06 BVerfGE 20, 162, 191 f, 217, vgl hierzu ausf. unten Rn 25 ff). Allerdings setzen §§ 102, 110 StPO ein offenes Vorgehen der Ermittlungsbehörden voraus, wie sich aus dem Kontext zu §§ 106, 107 StPO ergibt. Insbesondere heimliche **Online-Durchsuchungen von Computern** entbehren daher einer strafprozessrechtlichen Grundlage (BGH MMR 2007, 237 f; aA *Hofmann*, NStZ 2005, 121, 123 ff). Das Bild der Strafprozessordnung von einer rechtmäßigen Durchsuchung ist namentlich dadurch geprägt, dass Ermittlungsbeamte am Ort der Durchsuchung körperlich anwesend sind und die Ermittlungen offen legen (vgl BVerfG NJW 2006, 976, 981; BGH aaO). 4

2. Einsichtnahme in Daten (§ 110 StPO). Die Durchsicht von Papieren des von der Durchsuchung Betroffenen steht nach § 110 StPO der Staatsanwaltschaft und auf deren Anordnung ihren Ermittlungspersonen (§ 152 GVG) zu. Im Übrigen sind Beamte zur Durchsicht der aufgefundenen Papiere nur dann befugt, wenn der Inhaber die Durchsicht genehmigt. Andernfalls haben sie die Papiere, deren Durchsicht sie für geboten erachten, in einem Umschlag, der in Gegenwart des Inhabers mit dem Amtssiegel zu verschließen ist, an die Staatsanwaltschaft abzuliefern (§ 110 Abs. 2 S. 2 StPO). Die Vorschrift erfasst unter dem Begriff der „**Papiere**" alle Gegenstände, die wegen ihres Gedankeninhalts Bedeutung haben, namentlich alles private und berufliche Schriftgut, aber auch Mitteilungen und Aufzeichnungen aller Art, gleichgültig auf welchem Informationsträger sie festgehalten sind, somit auch alle **elektronischen Datenträger und Datenspeicher** (vgl BVerfG NJW 2006, 976, 980; BGH MMR 2007, 237; BGH NStZ 2003, 670, 671), also auch Laptops (BVerfG NJW 2002, 1410, 1411). Die Durchsicht ermöglicht die inhaltliche Prüfung, ob die betreffenden Unterlagen zurückzugeben sind oder ob die richterliche Beschlagnahme zu erwirken ist. In welchem Umfang die inhaltliche Durchsicht des unter Umständen umfangreichen und komplexen Materials notwendig ist, wie sie im Rahmen von § 110 StPO im Einzelnen zu gestalten und wann sie zu beenden ist, unterliegt grundsätzlich der Entscheidung der Staatsanwaltschaft (BGH NJW 1995, 3397). Die Durchsicht eines **elektronischen Speichermediums** bei dem von der Durchsuchung Betroffenen darf nach dem durch G. v. 21.12.2007 (BGBl. I S. 3198) angefügten § 110 Abs. 3 S. 1 StPO auch auf hiervon räumlich getrennte Speichermedien, soweit auf sie von dem Speichermedium aus zugegriffen werden kann, erstreckt werden, wenn andernfalls der Verlust der gesuchten Daten zu besorgen ist. Daten, die für die Untersuchung von Bedeutung sein können, dürfen gesichert werden. Beschlagnahmefreie Papiere iSd § 97 StPO (hierzu unten Rn 26 f) sind sofort und idR ungelesen zurückzugeben (*Meyer-Goßner*, 53. Aufl. § 110 Rn 2). 5

6 **3. Sicherstellung bzw Beschlagnahme (§§ 94 ff, 111b ff StPO).** Unter der Beschlagnahme im strafprozessrechtlichen Sinne wird allgemein die förmliche Sicherstellung eines Gegenstandes durch Überführung in amtlichen Gewahrsam oder auf sonstige Weise (zB durch Belassung an Ort und Stelle mit einer Versiegelung) sowie deren Anordnung verstanden (vgl *Meyer-Goßner*, 53. Aufl. Vor § 94 Rn 3). Der Oberbegriff der „Sicherstellung" ist die **Herstellung der staatlichen Gewalt über den als Beweismittel** in Betracht kommenden Gegenstand. Damit unterscheidet die Strafprozessordnung also im Wesentlichen zwischen einerseits der Sicherstellung im Wege einer förmlichen Beschlagnahme gegen den Willen des Gewahrsamsinhabers (§ 94 Abs. 2 StPO) sowie von insbesondere tätereigenen Gegenständen, die bei der Tatbegehung eine Rolle gespielt haben und eingezogen werden können (vgl §§ 111b ff StPO, §§ 74 ff StGB, vgl zu Einziehung und Verfall unten 93. Abschnitt, Rn 1 f) und andererseits der formlosen Sicherstellung von (anderen) Gegenständen, die als Beweismittel im Rahmen der Untersuchung von Straftaten von Bedeutung sein können und gewahrsamslos sind bzw vom Gewahrsamsinhaber freiwillig herausgegeben werden (§ 94 Abs. 1 StPO).

7 Eine Beschlagnahme darf grundsätzlich nur durch einen Richter angeordnet werden, bei Gefahr im Verzug und dadurch gegebener Eilbedürftigkeit auch durch die Staatsanwaltschaft oder eingeschränkt (vgl § 111e Abs. 1 S. 2 StPO) Ermittlungspersonen nach § 152 GVG (§§ 98 Abs. 1, 111e Abs. 1 StPO). Die Beschlagnahme in den **Räumen einer Redaktion, eines Verlages, einer Druckerei oder einer Rundfunkanstalt** (§ 97 Abs. 5 S. 2 StPO) darf nur durch den Richter angeordnet werden (s. hierzu Rn 26 f). Der BVerfG hat bereits mehrfach festgestellt, dass die §§ 94 ff StPO den verfassungsrechtlichen Anforderungen auch hinsichtlich der Beschlagnahme von „Datenträgern und den hierauf gespeicherten Daten" genügen (vgl BVerfG NJW 2006, 976, 980; BVerfG NJW 2005, 1917 1919 f). In diesem Zusammenhang ist aber darauf hinzuweisen, dass **Daten** in Computern für sich genommen keine (körperlichen) Beweisgegenstände im Sinne der Beschlagnahmevorschriften sind. Ihre Erfassung kann daher nur durch Sicherstellung von Ausdrucken, von Datenträgern oder von Kopien derselben erfolgen (zutreffend *Schäfer*, in: Löwe-Rosenberg, 25. Aufl. § 94 Rn 14 mwN). Die Frage, ob in den Schutzbereich des Fernmeldegeheimnisses (Art. 10 GG) eingegriffen wird, wenn Ermittlungsbehörden die auf dem Server eines Kommunikationsunternehmens oder Serviceproviders gespeicherten E-Mails eines Kommunikationsteilnehmers kopieren und die so erlangten Daten auswerten, ist vom BVerfG bislang nicht geklärt (vgl BVerfG MMR 2007, 169, 170).

II. Telekommunikationsüberwachung

8 **1. Eingriffsgrundlage des § 100a StPO. a) Wesentliche gesetzliche Grundlagen.** Nach § 100a StPO kann die **(Echtzeit-)Überwachung und Aufzeichnung der Telekommunikation** angeordnet werden beim Vorliegen von Tatsachen, die den Verdacht begründen, dass jemand als Täter oder Teilnehmer eine der in § 100a Abs. 1 S. 1 Nrn. 1–5 StPO aufgeführten Taten (sogenannte Katalogtaten) begangen hat oder im Falle einer Versuchsstrafbarkeit zu begehen versucht oder durch eine andere Straftat vorbereitet hat und zudem die Erforschung des Sachverhaltes oder die Ermittlung des Beschuldigten auf andere Weise aussichtlos oder wesentlich erschwert wäre (vgl *Meyer-Goßner*, 53. Aufl., § 100a Rn 6 ff). Die Vorschrift legitimiert damit einen Eingriff in das **Fernmeldegeheimnis** nach Art. 10 GG (vgl *Palm/Roy*, NJW 1996, 1791, 1793 f). Zu den erwähnten Katalogtaten gehört unter anderem auch § 184b Abs. 3 StGB, der den gewerbs- oder bandenmäßigen Umgang mit kinderpornographischen Schriften (§ 11 Abs. 3 StGB), die ein tatsächliches oder wirklichkeitsnahes Geschehen wiedergeben, unter Strafe stellt. Durch das „Gesetz zur Neuregelung der Telekommunikationsüberwachung und anderer verdeckter Ermittlungsmaßnahmen sowie zur Umsetzung der Richtlinie 2006/24/EG" wurde der Katalog erheblich erweitert und zB die Kinder- und Jugendpornographie als Katalogtat erfasst (vgl BR-Drucks. 275/07, S. 6 ff; kritisch hierzu *Eckardt*, CR 2007, 336, 337; s.a. unten Rn 21 f).

9 **b) Begriff der Telekommunikation.** Der Begriff der Telekommunikation umfasst nach der gesetzlichen Definition des § 3 Nr. 22 TKG, die auch insoweit maßgeblich ist, den technischen Vorgang des Aussendens, Übermittelns und Empfangens von Signalen mittels Telekommunikationsanlagen und damit den **gesamten Datenverkehr mittels Telekommunikationsanlage** (vgl BGH NStZ 2003, 668, 669; kritisch *Fezer*, NStZ 2003, 625, 626; s. auch *Günther*, NStZ 2005, 485, 486 f; *Hofmann*, NStZ 2005, 121, 122). Nach § 3 Nr. 23 TKG sind Telekommunikationsanlagen technische Einrichtungen, die als Nachrichten identifizierbare elektromagnetische oder optische Signale senden, übertragen, vermitteln, empfangen, steuern oder kontrollieren können. § 100a StPO erfasst damit nicht nur die Überwachung herkömmlicher (zum Beispiel analoge) **Fernsprechverbindungen**, sondern auch moderne **digitale For-**

men der Datenkommunikation, wie zB das Surfen im Internet, E-Mail oder Voice over IP (s. auch *Bär*, CR 1998, 334, 335). Erfasst werden von der Eingriffsgrundlage des § 100a StPO alle Vorgänge, die mit einem Datenübertragungsvorgang über Telekommunikationsanlagen in Verbindung stehen. Sowohl Inhalte als auch nähere Umstände eines Telekommunikationsvorgangs (Rahmendaten) sind hiervon betroffen (BGH NStZ 2003, 668, 669). Die Überwachungsbefugnis ist nach Auffassung des BGH hierbei allerdings nicht auf laufende Telekommunikationsvorgänge im engeren Sinne beschränkt und kann den **einmaligen Zugriff** auf (noch nicht abgerufene) Daten in einer Mailbox mit einschließen (BGH NJW 1997, 1934 ff; ebenso LG Hanau NJW 1999, 3647; aA LG Ravensburg NStZ 2003, 325, 326; *Nack*, in: KaKo-StPO, 5. Aufl., § 100a Rn 8; vgl in diesem Zusammenhang auch BVerfG NJW 2006, 976, 978, wonach nach Abschluss des Übertragungsvorgangs im Herrschaftsbereich des Kommunikationsteilnehmers gespeicherte Kommunikationsverbindungsdaten nicht mehr dem Fernmeldegeheimnis des Art. 10 Abs. 1 GG unterfallen).

c) **Betroffene.** Nach § 100a S. 2 StPO darf sich die Telekommunikationsüberwachung gegen den **Beschuldigten** oder gegen Personen richten, von denen aufgrund bestimmter Tatsachen anzunehmen ist, dass sie für den Beschuldigten bestimmte oder von ihm herrührende **Mitteilungen entgegennehmen oder weitergeben** oder dass der Beschuldigte ihren Anschluss – dies kann auch ein Internetzugang sein – benutzt (vgl *Meyer-Goßner*, 53. Aufl. § 100a Rn 9 ff). Dies gilt aber nicht für die Überwachung eines Telekommunikationsanschlusses des Verteidigers (BGH NStZ 1986, 323, 324). Dass durch die Telekommunikationsüberwachung auch **Dritte**, wie insbesondere Kommunikationspartner des Beschuldigten, mitbetroffen sind, liegt in der Natur der Sache und macht die Maßnahme grundsätzlich nicht unzulässig. Das „Gesetz zur Neuregelung der Telekommunikationsüberwachung und anderer verdeckter Ermittlungsmaßnahmen sowie zur Umsetzung der Richtlinie 2006/24/EG“ wird insoweit möglicherweise eine Klarstellung enthalten und zudem vorsehen, dass zukünftig Überwachungsmaßnahmen unzulässig sind, wenn von vornherein tatsächliche Anhaltspunkt für die Annahme vorliegen, dass allein Erkenntnisse aus dem Kernbereich privater Lebensgestaltung erlangt würden (BR-Drucks. 275/07 [Beschluss], S. 4). Derartige Erkenntnisse sollen dann auch nicht in einem Strafverfahren verwendet werden dürfen (Beweisverwertungsverbot, s. hierzu auch unten Rn 30). 10

2. Anordnung und Ablauf der Überwachung nach § 100b StPO. a) Zuständigkeit, Schriftform und Inhalt. Die Überwachung und Aufzeichnung der Telekommunikation (§ 100a StPO) darf nach § 100b Abs. 1 S. 1 StPO grundsätzlich nur durch einen **Richter angeordnet** werden. Bei Gefahr im Verzug kann die Anordnung ausnahmsweise auch von der Staatsanwaltschaft getroffen werden (§ 100b Abs. 1 S. 2 StPO). Die **Anordnung der Staatsanwaltschaft** tritt allerdings außer Kraft, wenn sie nicht binnen drei Tagen von einem Richter bestätigt wird (§ 100b Abs. 1 S. 3 StPO). Die Anordnung hat gemäß § 100b Abs. 2 StPO schriftlich zu ergehen und muss (soweit möglich) den Namen und die Anschrift des Betroffenen, gegen den sie sich richtet und die Rufnummer oder eine andere Kennung seines Kommunikationsanschlusses (zum Beispiel die E-Mail-Adresse des Nutzers) enthalten. In ihr sind weiterhin **Art, Umfang und Dauer** der Maßnahmen zu bestimmen und es hat eine zumindest knappe Darlegung der den **Tatverdacht begründenden Tatsachen** sowie der Beweislage zu erfolgen (BGH NJW 2003, 368, 369). Die Anordnung ist auf höchstens drei Monate zu befristen, kann jedoch verlängert werden. 11

b) **Verpflichtete.** Zur Ermöglichung der Überwachung und Aufzeichnung der Telekommunikation für den Richter, den Staatsanwalt oder die im Polizeidienst tätigen Ermittlungspersonen ist nach § 100b Abs. 3 S. 1 StPO jeder verpflichtet, der geschäftsmäßig Telekommunikationsdienste erbringt oder daran mitwirkt. Das **geschäftsmäßige Erbringen** eines Telekommunikationsdienstes setzt nach der Definition des § 3 Nr. 10 TKG nur voraus, dass für Dritte nachhaltig – also für eine gewisse Dauer – Telekommunikationsangebote erbracht werden. Ob dies mit Gewinnerzielungsabsicht geschieht, spielt keine Rolle. Damit kommen als Verpflichtete insbesondere auch Anbieter von E-Mail-Diensten für Dritte in Betracht, selbst wenn diese aus rein ideellen Gründen tätig sind. Seit Inkrafttreten des „Gesetzes zur Neuregelung der Telekommunikationsüberwachung und anderer verdeckter Ermittlungsmaßnahmen sowie zur Umsetzung der Richtlinie 2006/24/EG“ ist die Geschäftsmäßigkeit keine Voraussetzung mehr für eine Anordnung nach § 100b Abs. 3 S. 1 StPO ist (BT-Drucks. 16/5846, S. 47). Damit haben auch solche Erbringer von Telekommunikationsdiensten die Telekommunikationsüberwachung zu ermöglichen, die einen Telekommunikationsdienst für „Nicht-Dritte“ zur Verfügung stellen. Dies trifft etwa auf die Internetnutzung durch die Arbeitnehmer in einem Betrieb zu (vgl *Eckardt*, CR 2007, 336, 339). Voraussetzung für eine Ermöglichung der Telekommunikationsüberwachung ist aktuell und auch zukünftig allerdings stets, dass die Verpflichteten auf die für ihren Telekommunikationsdienst verwendete **Hardware zugreifen** können, da andernfalls die für die Ermög- 12 lichung einer Überwachung notwendigen Zugriffe nicht geleistet werden können. Dem nach § 100b Abs. 3 S. 1 StPO Verpflichteten ist eine Ausfertigung oder beglaubigte Abschrift der Anordnung zuzuleiten. Dies kann auch per Telefax oder E-Mail erfolgen und in Eilfällen reicht zunächst ein mündliches Ersuchen (*Meyer-Goßner*, 53. Aufl., § 100b Rn 7). Da auch im Fall der Überwachung und Aufzeichnung der Telekommunikation die ermittelnde Behörde die Verantwortung für die Gesetz- und Rechtmäßigkeit der Anordnung trägt und der Verpflichtete nur „ausführendes Organ" ohne eigene – jedenfalls materielle – Prüfungskompetenz in dieser Sache ist, hat er einer übermittelten Überwachungsanordnung auch bei **Zweifeln an der Rechtmäßigkeit** der Maßnahme nachzukommen, sofern in dieser Anordnung hinreichend klare Anweisungen getroffen sind (*Nack*, in: KaKo-StPO, 5. Aufl., § 100b Rn 7; *Meyer-Goßner*, 53. Aufl., § 100b Rn 8).

13 **3. Technische und organisatorische Umsetzung von Überwachungsmaßnahmen.** Ob und in welchem Umfang durch einen Verpflichteten Vorkehrungen zur Ermöglichung von Telekommunikationsüberwachungsmaßnahmen zu treffen sind, bestimmt sich nach § 100b Abs. 3 S. 2 StPO iVm § 110 TKG und der Telekommunikations-Überwachungsverordnung (TKÜV). Danach ist wie folgt zu differenzieren:

- Wer eine **Telekommunikationsanlage** gemäß § 3 Nr. 23 TKG betreibt, mit der Telekommunikationsdienste für die Öffentlichkeit erbracht werden, hat nach § 110 TKG, § 3 Abs. 1 TKÜV grundsätzlich Überwachungstechnik vorzuhalten. Die technischen Einzelheiten regelt hierzu die TKÜV iVm der „Technischen Richtlinie zur Umsetzung gesetzlicher Maßnahmen zur Überwachung der Telekommunikation (TR TKÜ, abrufbar unter http://www.bundesnetzagentur.de). Wann ein Telekommunikationsdienst **für die Öffentlichkeit** erbracht wird, definieren allerdings weder das TKG noch die TKÜV. Hierunter fallen nach herrschender Meinung aber nicht sogenannte geschlossene Benutzergruppen. Als geschlossene Benutzergruppen werden dabei eingeschränkte Personenkreise angesehen, die etwa ein gemeinsamer beruflicher Zweck verbindet (unternehmensinterne Netze). Zu beachten ist noch, dass Betreiber von Telekommunikationsanlagen im eben genannten Sinne, an die nicht mehr als 10.000 Teilnehmer angeschlossen sind, nach § 21 TKÜV Abweichungen von bestimmten Vorschriften der TKÜV in Anspruch nehmen können, womit insbesondere die IP-gestützte Übermittlung einer Kopie zur berechtigten Stelle über ein IPSec-VPN (sog. SINA-Box) nicht zwingend erforderlich ist.
- Nach § 3 Abs. 2 S. 1 Nrn. 1–5 TKÜV besteht für bestimmte Telekommunikationsanlagen, mit denen Telekommunikationsdienste für die Öffentlichkeit erbracht werden, keine Vorhaltepflicht. Hierzu gehören etwa Telekommunikationsanlagen, mit denen ausschließlich **Rundfunk** verteilt wird. Dasselbe gilt für Telekommunikationsanlagen, an die **nicht mehr als 10.000 Teilnehmer** oder sonstige Nutzungsberechtigte angeschlossen sind (§ 3 Abs. 2 S. 1 Nr. 5 TKÜV). Wer etwa einen E-Mail-Server betreibt und weniger als 10.000 Nutzern bzw Kunden E-Mail-Accounts zur Verfügung stellt, ist von der Vorhaltepflicht befreit. Allerdings gilt dies nur solange, wie die Nutzer bzw Kunden nicht selbst als E-Mail-Dienstleister für die Öffentlichkeit auftreten (sogenannte **Reseller**) und ihrerseits insgesamt nicht mehr als 10.000 eigene Teilnehmer bedienen. Entscheidend ist also, ob die Gesamtzahl der auf einem E-Mail-Server verwalteten Teilnehmer über oder unter 10.000 liegt. Dies gilt insbesondere auch dann, wenn der Betreiber eines E-Mail-Servers selbst nicht mehr als 10.000 Kunden bzw Nutzer hat.
- Wer zwar einen Telekommunikationsdienst für die Öffentlichkeit erbringt, jedoch hierfür **selbst keine Telekommunikationsanlage betreibt**, hat sich nach § 110 Abs. 1 S. 2 TKG zu vergewissern, dass der von ihm ausgewählte Betreiber die Vorgaben der TKÜV und der TR TKÜ erfüllen kann. Zudem hat er der Bundesnetzagentur unverzüglich nach Aufnahme seines Dienstes mitzuteilen, welche Telekommunikationsdienste er erbringt, durch wen Überwachungsanordnungen, die seine Teilnehmer betreffen, umgesetzt werden und an welche im Inland gelegene Stelle Überwachungsanordnungen zu richten sind.
- Soweit der (geschäftsmäßige) Erbringer eines Telekommunikationsdienstes selbst eine Telekommunikationsanlage, etwa einen E-Mail-Server, betreibt, aber **nicht dem Geltungsbereich des § 110 TKG und der TKÜV** unterfällt, bleibt es bei der allgemeinen Verpflichtung, wonach Überwachungsmaßnahmen zu ermöglichen sind. Dies bedeutet, dass ein Verpflichteter nicht selbst zB E-Mails seiner Nutzer überwachen muss, sondern nur die technischen Voraussetzungen – etwa durch Einrichtung passender Schnittstellen – dafür schaffen muss, so dass eine befugte Behörde ihrerseits die Überwachung und Aufzeichnung technisch durchführen kann. Der Verpflichtete kann zu diesem Zweck eine Kopie des zu überwachenden Telekommunikationsvorgangs (Inhalt und Rah-

mendaten) an einem von der Behörde bestimmten technischen Übergabepunkt (elektronisch) bereitstellen und auf diese Weise ein heimliches Mitschneiden ermöglichen. Bei der **E-Mail-Überwachung** kann dies in der Praxis durch ein heimliches – also vom Nutzer/Absender/Empfänger unbemerktes – Weiterleiten (beispielsweise mittels Blind Carbon Copy) der zu überwachenden E-Mails an ein von der Ermittlungsbehörde angegebenes E-Mail-Postfach geschehen. Da es sich bei der Telekommunikationsüberwachung um ein heimliches Ermittlungsinstrument handelt, muss der Verpflichtete Stillschweigen über die Überwachungsmaßnahme bewahren.

III. Auskunftsersuchen

1. Auskunft über Bestandsdaten nach § 113 TKG. a) Wesentliche gesetzliche Grundlagen. Im Zusammenhang mit der Nutzung moderner Informations- und Kommunikationsmittel bedarf es im Rahmen der Ermittlung gegenüber Verdachtspersonen oftmals der Mitwirkung von **Anbietern geschäftsmäßiger Telekommunikationsdienste**, um Informationen über die verdächtige Person zu erhalten. Soweit es sich insoweit um Auskünfte über sogenannte Bestandsdaten der Nutzer (zum Begriff Rn 19) handelt, findet sich eine entsprechende Rechtsgrundlage in § 113 TKG. Nach dieser Vorschrift haben Unternehmen und Personen über personenbezogene Daten, die sie für die Begründung, inhaltliche Ausgestaltung, Änderung oder Beendigung eines Vertragsverhältnisses erhoben haben, im Einzelfall auf Verlangen an die zuständigen Stellen (zB Polizei, Staatsanwaltschaft, Gerichte) unverzüglich Auskunft zu erteilen, soweit dies für die **Verfolgung von Straftaten** und Ordnungswidrigkeiten, zur Abwehr von Gefahren für die öffentliche Sicherheit oder Ordnung oder für die Erfüllung der gesetzlichen Aufgaben der Verfassungsschutzbehörden des Bundes und der Länder, des Bundesnachrichtendienstes, des Militärischen Abschirmdienstes sowie des Zollkriminalamtes erforderlich ist (vgl zum sog. automatisierten Auskunftsverfahren § 112 TKG). Auskünfte über Daten, mittels derer der Zugriff auf Endgeräte oder in diesen oder im Netz eingesetzte Speichereinrichtungen geschützt wird (insbesondere **PIN** oder PUK), hat der Verpflichtete hingegen nur ausnahmsweise im Falle von Auskunftsersuchen nach § 161 Abs. 1 S. 1, § 163 Abs. 1 StPO, der Datenerhebungsvorschriften der Polizeigesetze des Bundes oder der Länder zur Abwehr von Gefahren für die öffentliche Sicherheit oder Ordnung, § 8 Abs. 1 des BVerfSchG, der entsprechenden Bestimmungen der LVerfSchG, § 2 Abs. 1 des BND-Gesetzes oder § 4 Abs. 1 des MAD-Gesetzes zu erteilen. An andere öffentliche oder nicht öffentliche Stellen dürfen diese Daten hingegen nicht übermittelt werden (vgl § 113 Abs. 1 S. 2 TKG idF des G. v. 18.2.2007, BGBl. I S. 106). 14

b) Begriff der Bestandsdaten. Unter die sogenannten Bestandsdaten gemäß § 3 Nr. 3 TKG fallen nach überwiegender Ansicht solche personenbezogenen Informationen über einen Nutzer, die diesem in der Regel **auf Dauer zugeordnet** bzw beim Diensteanbieter gespeichert sind, welche also unabhängig von den einzelnen Nutzungsvorgängen bestehen oder anfallen (vgl *Marberth-Kubicki*, Rn 181; *Schmitz*, in: Spindler/Schmitz/Geis, § 5 TDDSG Rn 5 ff). Zu diesen bei Diensteanbietern zulässigerweise vorhandenen und von Ermittlungsbehörden häufig angefragten Bestandsdaten gehören insbesondere die Personalien des Nutzers (Name und Anschrift), aber auch ihm zugeordnete **E-Mail-Adressen** (*Warg*, MMR 2006, 77, 80). Ansonsten zählen zu den Bestandsdaten zum Beispiel Geburtsdatum bzw Alter, Beruf bzw ausgeübte Funktion, Bankverbindungen. Ob auch **IP-Adressen** zu den Bestandsdaten zu zählen sind, wird differenzierend danach zu beantworten sein, ob es sich um eine nur temporär oder dauerhaft zugewiesene (dynamische oder statische) IP-Adresse handelt (vgl *Bär*, MMR 2002, 358, 359 f; *Beck/Kreißig*, NStZ 2007, 304, 306 mwN; generell für § 113 TKG: *Sankol*, MMR 2006, 361 ff; *Nack*, in: KaKo-StPO, 5. Aufl. § 100g Rn 11). Davon zu unterscheiden ist im Rahmen des § 113 TKG aber die Frage, ob das Auskunftsverlangen der zuständigen Stelle sich im Ergebnis allein auf Bestandsdaten richtet, auch wenn über die zur Ermittlung dieser Daten auch dynamische IP-Adressen (Verbindungsdaten) ausgewertet werden müssen (vgl LG Stuttgart NJW 2005, 614, 615 f; LG Hamburg, MMR 2005, 711, 712 f). 15

c) Auskunft auf Verlangen. § 113 TKG konstituiert allgemein die Pflicht zur Auskunft über Bestandsdaten im Einzelfall auf „Verlangen" der zuständigen Stelle. Besondere **formelle Voraussetzungen** (etwa das Vorliegen eines richterlichen Beschlusses oder die Beachtung einer bestimmten Form) sind nicht vorgesehen. Sowohl das Auskunftsverlangen als auch die Auskunft selbst kann daher schriftlich, telefonisch, auf elektronischem Wege (zum Beispiel per Fax, E-Mail) oder auf sonstige Weise erfolgen. Aus Rechtssicherheitsgründen sollte der Anbieter geschäftsmäßiger Telekommunikationsdienste indes entweder auf einer schriftlichen Anfrage bestehen oder zumindest bei der anfragenden Stellen Rück- 16 sprache halten. Zu beachten ist indes, dass nach § 113 Absatz 1 S. 4 TKG Auskünfte an die Sicherheitsbehörden dem **Nutzer oder sonstigen Dritten** nicht mitgeteilt werden dürfen.

17 **2. Auskunft über Verkehrsdaten nach den §§ 100g, 100h StPO. a) Wesentliche gesetzliche Grundlagen.** Da die im Rahmen eines Telekommunikationsvorgangs anfallenden Verkehrsdaten Rückschlüsse etwa auf einzelne individuelle Kommunikationsvorgänge ermöglichen (zB wer mit wem auf elektronischem Wege kommuniziert hat, wer wie lange online war, welche Datenmengen hierbei übertragen wurden), sind sie für Strafverfolgungsorgane oftmals von großem ermittlungstechnischem Interesse. Da Maßnahmen nach §§ 100g und 100h StPO einen Eingriff in das **Fernmeldegeheimnis** gem. Art. 10 Abs. 1 GG darstellen und der Schutzbereich dieses Grundrechts nicht nur Kommunikationsinhalte, sondern auch die Vertraulichkeit der näheren Umstände des Kommunikationsvorgangs umfasst, sind sie nur in **engen Grenzen** (qualifizierter Verdacht, Bindung an Katalogtaten, Erforderlichkeit, enumerativ genannte Verkehrsdaten) zulässig und betreffen nur die Verbindungsdaten des Beschuldigten und des Nachrichtenmittlers (§ 100g Abs. 1 S. 2 StPO). Eine Auskunftspflicht kann in diesen Fällen indes nicht auf §§ 161 Satz 1, 163 Abs. 1 StPO gestützt werden (vgl *Warg*, MMR 2006, 77, 79).

18 Weitere grundrechtliche Einschränkungen können sich bei Ermittlungen zu den Telefonverbindungsdaten von Journalisten ergeben, da sich der verfassungsrechtliche Schutz der **Presse- und Rundfunkfreiheit** nicht nur auf die Informationsbeschaffung, das Redaktionsgeheimnis und den Informantenschutz, sondern vielmehr auch auf die berufliche Kommunikation der Journalisten erstreckt, also die Kommunikation, die der Wahrnehmung der Funktion der Medien dient (vgl LG Dresden AfP 2007, 159, 160). Aufgrund der hohen rechtlichen Hürden für die Erhebung von Verbindungsdaten nach §§ 100g, 100h StPO verlangt Art. 5 Abs. 1 S. 2 GG indes keine weitergehenden gesetzlichen Vorkehrungen zum Schutz journalistischer Recherchen. Allerdings ist dem Grundrecht bei der Prüfung der Voraussetzungen der jeweiligen Anordnung Rechnung zu tragen (BVerfG NStZ 2003, 441, 443).

19 **b) Begriff der Verkehrsdaten.** Verkehrsdaten, in § 100g Abs. 1 StPO unter Verweis auf § 96 TKG genannt, sind Daten, die bei der Erbringung eines Telekommunikationsdienstes erhoben, verarbeitet oder genutzt werden. Es handelt sich in der Regel um technische Rahmendaten, die insbesondere zum Aufbau und zur Aufrechterhaltung sowie zur Entgeltabrechnung einer Telekommunikationsverbindung notwendig sind. **§ 96 Abs. 1 S. 1 TKG** begrenzt den zulässigen Erhebungsumfang auf folgende Verkehrsdaten:

- im Falle einer Verbindung Berechtigungskennungen, Kartennummern, Standortkennung sowie Rufnummer oder Kennung des anrufenden und angerufenen Anschlusses oder der Endeinrichtung (Nr. 1); erfasst wird zB die **Teilnehmeridentifikationsnummer**, IMSI (vgl *Nack,* in: KaKo-StPO, 5. Aufl. § 100g Rn 11), dynamische IP-Adressen (hierzu oben Rn 19);
- Beginn und Ende der Verbindung nach Datum und Uhrzeit (Nr. 2);
- vom Kunden in Anspruch genommene Telekommunikationsdienstleistung (Nr. 3);
- Endpunkte festgeschalteter Verbindungen, ihr Beginn und ihr Ende nach Datum und Uhrzeit (Nr. 4);
- sonstige zum Aufbau und zur Aufrechterhaltung der Telekommunikation sowie zur Entgeltabrechnung notwendige Verkehrsdaten (Nr. 5).

20 **c) Anordnungsvoraussetzungen.** Auskünfte über Verkehrsdaten dürfen nach § 100g Abs. 2 S. 1 iVm § 100b Abs. 1 S. 1 StPO nur dann erteilt werden, wenn von der Strafverfolgungsbehörde eine **schriftliche** richterliche oder staatsanwaltliche Anordnung vorgelegt wird. In der Praxis dürfte hierfür die Übermittlung einer entsprechenden Anordnung per Telefax oder per E-Mail ausreichen (*Nack,* in: KaKo-StPO, 5. Aufl. § 100b Rn 2). In der Anordnung müssen der Name und die Anschrift des Betroffenen, gegen den sich die Anordnung richtet, sowie die Rufnummer oder eine **andere Kennung** des Telekommunikationsanschlusses enthalten sein (§ 100b Abs. 2 S. 1 Nr. 2 StPO). Als „andere Kennung" genügt schon die Angabe einer IP-Adresse, da hierdurch eine ausreichende Konkretisierung vorgenommen wird. Im Falle einer Straftat von erheblicher Bedeutung sind nach § 100g Abs. 2 S. 2 insofern geringere Individualisierungsmerkmale erforderlich, als eine räumlich und zeitlich hinreichend bestimmte Begrenzung ausreicht. Dabei hängt das Maß der erforderlichen **Bestimmtheit** von der Schwere der Straftat und der Zahl der möglicherweise betroffenen unbeteiligten Dritten ab (vgl BT-Drucks. 14/7258, S. 4; *Meyer-Goßner*, 53. Aufl. § 100g Rn 26).

21 **3. Vorratsdatenspeicherung.** Durch das Gesetz zur Neuregelung der Telekommunikationsüberwachung und anderer verdeckter Ermittlungsmaßnahmen sowie zur Umsetzung der Richtlinie 2006/24/EG vom 21.12.2007 (BGBl. I, 3198) wurden mit Wirkung zum 1.1.2008 im TKG und in der StPO

Vorschriften eingefügt oder geändert, die eine **vorsorgliche Speicherung von Telekommunikationsverkehrsdaten** seitens der Anbieter öffentlich zugänglicher Telekommunikationsdienste für sechs Monate sowie die **Verwendung dieser Daten** regelten. § 113a TKG zielte darauf ab, hinsichtlich aller öffentlich zugänglichen Telekommunikationsdienste Verkehrsdaten, die Auskunft geben über die an einer Telekommunikationsverbindung beteiligten Anschlüsse, über die Zeit, zu der die Telekommunikation stattgefunden hat, und über die Orte, von denen aus kommuniziert worden ist, für sechs Monate zu speichern und für die staatliche Aufgabenwahrnehmung verfügbar zu halten. § 113b TKG regelte die Zwecke, zu denen die nach § 113a TKG gespeicherten Daten verwendet werden dürfen. Er unterschied dabei zwischen der Übermittlung an Behörden, um diesen eine Verwendung zur Erfüllung ihrer Aufgaben zu ermöglichen, und einer Verwendung durch die Telekommunikationsdiensteanbieter selbst zur Erteilung von Auskünften nach § 113 TKG, insbesondere über die Inhaber von Internetanschlüssen. Die Übermittlung der Daten an die jeweils zuständige Stelle durfte auf deren Verlangen nach § 113b S. 1 Hs 1 TKG nur erfolgen, soweit dies in den einschlägigen gesetzlichen Bestimmungen des Fachrechts unter Bezugnahme auf § 113a TKG ausdrücklich vorgesehen und im Einzelfall angeordnet ist. Die fachrechtliche Ermächtigungsgrundlage zur Nutzung der nach § 113a TKG gespeicherten Daten **zur Strafverfolgung** regelte § 100g StPO in der nach G. v. 21.12.2007 geltenden Fassung.

Das **Bundesverfassungsgericht** hat die genannten Gesetzesbestimmungen zur Vorratsdatenspeicherung 22
von Telekommunikationsverkehrsdaten für verfassungswidrig und **nichtig** erklärt (BVerfG NJW 2010, 833; s.a. EuGH NJW 2009, 1801, hierzu *Simitis*, NJW 2009, 1782; vgl auch *Graulich*, NVwZ 2008, 485). Der Grundsatz der Verhältnismäßigkeit verlange, dass die gesetzliche Ausgestaltung einer Vorratsdatenspeicherung dem besonderen Gewicht des mit der Speicherung verbundenen Grundrechtseingriffs angemessen Rechnung trägt. Erforderlich seien hinreichend anspruchsvolle und normenklare Regelungen hinsichtlich der Datensicherheit, der Datenverwendung, der Transparenz und des Rechtsschutzes. Hinsichtlich der Datensicherheit bedarf es nach der Rspr des BVerfG Regelungen, die einen besonders hohen Sicherheitsstandard vorgeben, der an dem Entwicklungsstand der Fachdiskussion orientiert ist, neue Erkenntnisse und Einsichten fortlaufend aufnimmt und nicht unter dem Vorbehalt einer freien Abwägung mit allgemeinen wirtschaftlichen Gesichtspunkten stehe. Der Abruf und die unmittelbare Nutzung der Daten seien nur verhältnismäßig, wenn sie überragend wichtigen Aufgaben des Rechtsgüterschutzes dienen. Im Bereich der **Strafverfolgung** setze dies einen durch bestimmte Tatsachen begründeten **Verdacht einer schweren Straftat** voraus. Für die Gefahrenabwehr und die Erfüllung der Aufgaben der Nachrichtendienste dürfen sie nur bei Vorliegen tatsächlicher Anhaltspunkte für eine konkrete Gefahr für Leib, Leben oder Freiheit einer Person, für den Bestand oder die Sicherheit des Bundes oder eines Landes oder für eine gemeine Gefahr zugelassen werden (vgl BVerfG NJW 2010, 833 ff; zum Ganzen ausf.: *Wolff*, NVwZ 2010, 751 ff; *Roßnagel*, NJW 2010, 1238 ff; *Eckhardt/Schütze*, CR 2010, 225 ff).

C. Einschränkungen der Beweisgewinnung

I. Zeugnisverweigerungsrecht der Medienmitarbeiter

1. Anwendungsbereich. Das Zeugnisverweigerungsrecht der Medienmitarbeiter, das durch das Gesetz 23
zur Änderung der Strafprozessordnung vom 15.2.2002 (BGBl. I S. 682) letztmalig geändert und namentlich auf selbsterarbeitete Materialien und alle berufsbezogenen Wahrnehmungen erweitert wurde, wird im Rahmen der berufsbezogenen Regelungen zum Zeugnisverweigerungsrecht in § 53 StPO geregelt. Nach dessen Abs. 1 S. 1 Nr. 5 sind zur Verweigerung des Zeugnisses berechtigt „Personen, die bei der Vorbereitung, Herstellung oder Verbreitung von Druckwerken, Rundfunksendungen, Filmberichten oder der Unterrichtung oder Meinungsbildung dienenden Informations- und Kommunikationsdiensten berufsmäßig mitwirken oder mitgewirkt haben“. Im Bezug auf **Printmedien** werden damit nicht nur periodisch erscheinende, sondern Druckwerke jeder Art (zB Bücher) erfasst (vgl *Kunert*, NStZ 2002, 169, 170); der **Rundfunk** umfasst insbesondere Fernsehen und Hörfunk; die vom Gesetzgeber grundsätzlich als „nicht minder schutzwürdig“ (BT-Drucks. 14/5166, S. 7) erachteten Informations- und Kommunikationsdienste umfassen alle **Telemedien** (vgl § 1 TMG), sofern sie der Unterrichtung und Meinungsbildung dienen (vgl zu Äußerungsdelikten in Internetforen LG Mannheim, Beschl. v. 13.5.2005 – 5 Qs 23/05, hierzu *Weber/Meckbach*, NStZ 2006, 492, 493 f). Der Begriff der berufsmäßigen, also nicht nur bei Gelegenheit einmalig ausgeübten, sondern fortgesetzten **Mitwirkung** ist weit auszulegen, so dass auch die Betätigung als Nebenberufler, freier Mitarbeiter oder auch nur als Hilfsperson erfasst wird, sofern hierdurch die Vorbereitung, Herstellung oder Verbreitung von Druck-

werken, Rundfunksendungen etc. unterstütz wird (vgl *Achenbach,* in: Löffler, 5. Aufl. § 23 LPG Rn 27 ff).

24 **2. Umfang des Zeugnisverweigerungsrechts.** Das Zeugnisverweigerungsrecht der Medienmitarbeiter erstreckt sich nach § 53 Abs. 1 S. 2 StPO zunächst auf die Person des Verfassers oder Einsenders von Beiträgen und Unterlagen oder des sonstigen **Informanten,** wobei insoweit nicht nur ein Schweigerecht über den Namen der betreffenden Person besteht, sondern vielmehr im Bezug auf alle Tatsachen, die als Indiz für die Identitätsermittlung verwendet werden könnten (*Pöppelmann,* in: Schiwy/Schütz/Dörr, 4. Aufl., S. 660). Wird die Anonymität des Informanten durch den veröffentlichten journalistischen Beitrag selbst aufgehoben, besteht insoweit kein Zeugnisverweigerungsrecht mehr (BGH NJW 1979, 1212 ff). Das Zeugnisverweigerungsrecht der Medienmitarbeiter erstreckt sich weiterhin „über die ihnen im Hinblick auf ihre Tätigkeit gemachten Mitteilungen, über deren Inhalt sowie über den Inhalt **selbst erarbeiteter Materialien**" (zB Notizen, Negative, Fotos etc., vgl BT-Drucks. 14/5166, S. 8) und „den Gegenstand **berufsbezogener Wahrnehmungen**" (zu selbstrecherchiertem Material nach vormaliger Rechtslage: BGH NJW 1990, 525 ff). Die Berufsbezogenheit der Wahrnehmung ergibt sich aus dem Zusammenhang mit der Tätigkeit als Medienmitarbeiter, was freilich im Konfliktfalle durch den betroffenen Journalisten leicht zu konstruieren sein dürfte (vgl *Kunert*, NStZ 2002, 169, 171 f; *Senge,* in: KaKo-StPO, 5. Aufl. § 53 Rn 44a). Etwas anderes ergibt sich wohl auch nicht aus der Einschränkung des § 53 Abs. 1 S. 3 StPO, wonach das Zeugnisverweigerungsrecht in sachlicher Hinsicht nur gilt, soweit es sich um Beiträge, Unterlagen, Mitteilungen und Materialien für den **redaktionellen Teil** oder redaktionell aufbereitete Informations- und Kommunikationsdienste handelt. Hieraus ergibt sich primär nur, dass hinsichtlich der Anzeigen- und Werbeteils von Medieninhalten die Zeugnispflicht unberührt bleibt (vgl BT-Drucks. 7/2539, S. 9; BVerfGE 64, 108, 117).

25 **3. Einschränkung bei Verbrechensaufklärung.** Das Zeugnisverweigerungsrecht von Medienmitarbeitern im Bezug auf den Inhalt selbst erarbeiteter Materialien und den Gegenstand entsprechender Wahrnehmungen entfällt, wenn die Aussage zur Aufklärung eines Verbrechens (§ 12 Abs. 1 StGB) beitragen soll oder wenn Gegenstand der Untersuchung eine der in § 53 Abs. 2 S. 2 StPO enumerativ genannten Straftaten ist (insbesondere Staatsschutzdelikte, Sexualstraftaten, Geldwäsche). Nach der weiterhin geregelten Subsidiaritätsklausel ist aber erforderlich, dass die Erforschung des Sachverhalts oder die Ermittlung des Aufenthaltsortes des Beschuldigten **auf andere Weise aussichtslos** oder **wesentlich erschwert** wäre. Dies bedeutet, dass die berechtigte Erwartung bestehen muss, dass im Falle der Aussage des Zeugen substanzielle Fortschritte in der Aufklärung der Katalogtat erzielt werden können (vgl *Achenbach,* in: Löffler, 5. Aufl. § 23 LPG Rn 68). Die Subsidiaritätsklausel bezieht sich nur auf die enumerativ genannten Vergehen (vgl *Meyer-Goßner*, 53. Aufl. § 53 Rn 39 a; aA *Kunert*, NStZ 2002, 169, 172). Nach der **Rückausnahme** des § 53 Abs. 2 S. 3 StPO kann der Zeuge jedoch auch in diesen Fällen die Aussage verweigern, soweit sie zur Offenbarung der Person des Verfassers oder Einsenders von Beiträgen und Unterlagen oder des sonstigen Informanten oder der ihm im Hinblick auf seine Tätigkeit nach Abs. 1 S. 1 Nr. 5 gemachten Mitteilungen oder deren Inhalts führen würde. Damit wird Gemengelagen von Mitteilung und Recherche (vgl BGH NJW 1990, 525) Rechnung getragen (BT-Drucks. 14/5166, S. 9).

II. Beschlagnahmeverbot

26 Systematisch in engem Zusammenhang mit dem Zeugnisverweigerungsrecht nach § 53 Abs. 1 Satz 1 Nr. 5 StPO steht das Beschlagnahmeverbot nach § 97 Abs. 5 StPO. Soweit das Zeugnisverweigerungsrecht der Medienmitarbeiter reicht, „ist die Beschlagnahme von Schriftstücken, Ton-, Bild- und Datenträgern, Abbildungen und anderen Darstellungen, die sich im Gewahrsam dieser Personen oder der Redaktion, des Verlages, der Druckerei oder der Rundfunkanstalt befinden, unzulässig". Wegen der dynamischen Verweisung auf § 53 Abs. 1 Nr. 5 StPO gilt das Beschlagnahmeverbot auch für **selbst recherchiertes Material** und den Gegenstand entsprechender Wahrnehmungen (vgl *Pöppelmann/Jehmlich*, AfP 2003, 218, 222 mwN). Bei Beschlagnahme nach § 97 Abs. 5 S. 2 StPO in den Räumen einer Redaktion, eines Verlags, einer Druckerei oder einer Rundfunkanstalt bedarf es gem. § 98 Abs. 1 S. 2 StPO – auch bei Gefahr im Verzug – stets der **richterlichen Anordnung.** Handelt es sich um Beschlagnahmen außerhalb dieser Räumlichkeiten, etwa in den Privaträumen von Journalisten, gilt dieser absolute Richtervorbehalt nicht, denn bei Gefahr im Verzug dürfen die Beschlagnahmen in diesen Räumen gem. § 98 Abs. 1 S. 1 StPO auch durch die Staatsanwaltschaft oder deren Ermittlungspersonen angeordnet werden (krit. hierzu *Birkner/Rösler*, ZRP 2006, 109, 110 f).

Die Beschränkungen der Beschlagnahme gelten jedoch nicht, wenn der betreffende zeugnisverweigerungsberechtigte Medienmitarbeiter einer **Teilnahme oder einer Begünstigung, Strafvereitelung oder Hehlerei verdächtig** ist oder wenn es sich um Gegenstände handelt, die durch eine Straftat hervorgebracht oder zur Begehung einer Straftat gebraucht oder bestimmt sind oder die aus einer Straftat herrühren. Die Regelung ist Ausdruck des allgemein anerkannten Grundsatzes, dass die Pressefreiheit dort ihre Grenze findet, wo sie auf andere wichtige Interessen des freiheitlich, demokratisch und rechtsstaatlich verfassten Gemeinwesens, wie insbesondere das Interesse an der möglichst vollständigen Aufklärung und der gerechten Ahndung schwerer Straftaten, trifft (vgl BVerfG, NStZ 1982, 253; BGH NJW 1996, 532, 522). Die Beschlagnahme ist jedoch nach § 97 Abs. 5 S. 2 2. Hs StPO auch in diesen Fällen nur zulässig, wenn sie unter Berücksichtigung der Grundrechte aus **Art. 5 Abs. 1 S. 2 GG** nicht außer Verhältnis zur Bedeutung der Sache steht und die Erforschung des Sachverhaltes oder die Ermittlung des Aufenthaltsortes des Täters auf andere Weise aussichtslos oder wesentlich erschwert wäre. Vor diesem Hintergrund sind Beschlagnahmen in einem Ermittlungsverfahren gegen Presseangehörige verfassungsrechtlich unzulässig, wenn sie ausschließlich oder vorwiegend dem Zweck dienen, die Person des Informanten zu ermitteln (vgl BVerfG Urt. v. 27.2.2007 – 1 BvR 538/06). § 97 StPO ist indes von vornherein nicht einschlägig, wenn ein als Journalist an sich Zeugnisverweigerungsberechtigter selbst Beschuldigter oder Mitbeschuldigter der Straftat ist, um deren Aufklärung es geht (vgl BVerfG aaO; BGHSt 38, 144, 146 f). 27

III. Presserechtliche Beschlagnahmebeschränkungen

1. Wesentliche gesetzliche Grundlagen. Durch §§ 111m, 111n StPO wird das Übermaßverbot nach Art. 5 Abs. 1 GG für die Beschlagnahme eines Druckwerkes einer sonstigen Schrift oder eines der Einziehung nach § 74d StGB unterliegenden Gegenstandes (hierzu unten 93. Abschnitt, Rn 1) konkretisiert. Eine solche darf namentlich nicht nach § 111b Abs. 1 StPO angeordnet werden, wenn nachteilige Folgen wie insbesondere die Gefährdung des öffentlichen Interesses an unverzögerter Verbreitung offenbar außer Verhältnis zu der Bedeutung der Sache stehen. Die Vorschrift ist ebenso wie § 111n StPO für die Beschlagnahme eines in den Anwendungsbereich der **Landespressegesetze** fallenden Presseerzeugnisses abschließend, so dass entgegenstehendes Landesrecht verdrängt wird (OVG Brandenburg NJW 1997, 1387, 1388; *Schäfer,* in: Löwe-Rosenberg, 25. Aufl. § 111m Rn 2; aA *Groß*, NStZ 1999, 334 ff; hierzu *Achenbach*, NStZ 2000, 123 ff). Der den Terminus „Druckwerk" mitumfassende **Schriftenbegriff** entspricht dem des § 11 Abs. 3 StGB (*Meyer-Goßner*, 53. Aufl. § 111m Rn 1, hierzu oben 88. Abschnitt, Rn 3). Ausscheidbare Teile der Schrift (zB bei Loseblattsammlungen oder Zeitungsbeilagen), die nichts Strafbares enthalten, sind nach § 111m Abs. 2 S. 1 StPO von der Beschlagnahme auszuschließen, was in der Beschlagnahmeanordnung genau zu bezeichnen ist. 28

2. Verhältnismäßigkeitsgrundsatz. Bei der Abwägung des Verhältnisses der nachteiligen Folgen (zB Umfang der Beschlagnahme, öffentliches Interesse an unverzögerter Verbreitung) zu der Bedeutung der Sache (zB Gewicht der Straftat), ist zu beachten, dass sich das **geschützte Informationsinteresse** auf den gesamten Inhalt des Druckwerks erstreckt und nicht nur auf den Teil, der die Beschlagnahme veranlasst (*Achenbach,* in: Löffler, Presserecht 5. Aufl. § 13 LPG Rn 98). Unerheblich ist dabei, ob sich die Öffentlichkeit im Fall der Beschlagnahme des Druckwerks aus anderen Quellen (andere Zeitungen, Rundfunk, Fernsehen) unterrichten kann. Entbehrt der gesamte Inhalt eines Druckwerks der **Aktualität**, weil es sich beispielsweise um eine kunsthistorische Fachzeitschrift handelt, so liegt in der Regel von vornherein kein Interesse an unverzögerter Information vor (vgl *Nack,* in: KaKo-StPO, 5. Aufl. § 111m Rn 5). Ausfluss des allgemeinen Verhältnismäßigkeitsprinzips ist schließlich auch, dass nach § 111m Abs. 4 StPO die Beschlagnahme gänzlich durch den Betroffenen in der Weise abgewendet werden kann, dass er den Teil der Schrift, der zur Beschlagnahme Anlass gibt, von der Vervielfältigung oder der Verbreitung ausschließt. 29

3. Formelle Anordnungsvoraussetzungen. Die Beschlagnahme eines **periodischen Druckwerks** (zB Zeitungen, Zeitschriften und Druckwerke, die in einem regelmäßigen Zeitabstand von höchstens sechs Monaten erscheinen) oder eines ihm gleichstehenden Gegenstandes iSd § 74d StGB darf nach § 111n Abs. 1 S. 1 StPO nur **durch den Richter** angeordnet werden. Die Beschlagnahme eines anderen (nicht periodischen) Druckwerks oder eines sonstigen Gegenstandes iSd § 74d StGB kann hingegen nach Abs. 2 der Vorschrift bei Gefahr im Verzug auch durch die Staatsanwaltschaft angeordnet werden, wobei die Anordnung der Staatsanwaltschaft außer Kraft tritt, wenn sie nicht binnen drei Tagen von dem Richter bestätigt wird. In umfänglicher Hinsicht sind in der Anordnung der Beschlagnahme die 30

Stellen der Schrift, die zur Beschlagnahme Anlass geben möglichst **genau zu bezeichnen** (§ 111m Abs. 3 StPO). Dh, dass die betreffenden Textstellen möglichst wörtlich wiedergegeben werden müssen (*Schäfer*, in: Löwe-Rosenberg, 25. Aufl. § 111m Rn 21). Die Beschlagnahme ist nach § 111n Abs. 2 S. 1 StPO aufzuheben, wenn nicht binnen zwei Monaten die öffentliche Klage erhoben oder die selbstständige Einziehung beantragt ist. Für den Fall, dass wegen des besonderen Umfanges der Ermittlungen die Frist nicht hinreicht, kann das Gericht auf Antrag der Staatsanwaltschaft die Frist um weitere zwei Monate verlängern. Der Antrag kann einmal wiederholt werden.

D. Beweisverwertung

I. Verwertung von Medieninhalten im Strafprozess

31 Die Strafprozessordnung sieht einen „Medienbeweis" im Sinne eigenständig geregelter Voraussetzungen der Beweisverwertung von Inhalten zB auf Datenträgern, Bild- und Tonbändern oder Druckschriften nicht vor. Allerdings unterliegt das Strafgericht der Verpflichtung, zur Erforschung der Wahrheit die Beweisaufnahme von Amts wegen auf alle Tatsachen und Beweismittel zu erstrecken, die für die Entscheidung von Bedeutung sind (§ 244 Abs. 2 StPO). Über das Ergebnis der Beweisaufnahme entscheidet das Gericht nach seiner freien, aus dem Inbegriff der Verhandlung geschöpften Überzeugung (§ 261 StPO). Damit können also grundsätzlich alle Medieninhalte verwendet werden (vgl *Sieber*, in: Hoeren/Sieber, Teil 19 Rn 732; *Marberth-Kubicki*, 2. Aufl. Rn 607 ff). Im Vordergrund steht insoweit bei Druckschriften oder sonstigen Medieninhalten, welche sich durch unmittelbare Wahrnehmung erschließen, die **Inaugenscheinnahme**; bei Trägermedien gegebenenfalls unter Verwendung von Abspielgeräten. Elektronisch gespeicherte Daten können auch in Form von Ausdrucken als **Urkundsbeweis** in die Hauptverhandlung eingeführt werden. Wegen der Möglichkeit der Manipulation von Daten und Ausdrucken wird indes in der Regel auch die **Zeugenvernehmung** der Person erforderlich sein, die für die Erstellung der Daten bzw der Ausdrucke verantwortlich war (so *Sieber*, in: Hoeren/Sieber, Teil 19 Rn 733). Schließlich können bei technisch komplexen Datenerhebungen auch **Sachverständigengutachten** erforderlich sein, in Ausnahmefällen sogar im Hinblick auf die Beurteilung des Vorliegens eines inkriminierten Inhaltes (zB im Jugendschutzstrafrecht betreffend das Vorliegen des erforderlichen schwer jugendgefährdenden Charakters einer Schrift, vgl § 23 JMStV).

II. Beweisverwertungsverbote

32 Die Strafprozessordnung enthält keine explizite Regelung darüber, ob bzw unter welchen Voraussetzungen Beweisgegenstände, die unter Verstoß gegen verfahrensrechtliche Vorschriften gewonnen worden sind, verwertet werden dürfen (vgl BGHSt 31, 304, 307). Ausdrückliche, die Verwertbarkeit einschränkende Vorschriften bestehen aber zum Teil wie etwa nach § 101a Abs. 4 bei Erkenntnissen aus dem Kernbereich privater Lebensgestaltung; Aufzeichnungen hierüber sind unverzüglich zu löschen, die Tatsache ihrer Erlangung und Löschung ist aktenkundig zu machen (vgl auch § 101c Abs. 5 S. 3 StPO). Im Zusammenhang mit der Überwachung der Telekommunikation unterliegen gewonnene Beweise einem Verwertungsverbot auch dann, wenn sie unter Umgehung der materiellen Voraussetzungen des § 100a StPO, wie zB bei Nichtvorliegen eines Katalogtatverdachts oder unter Umgehung der Anordnungsbefugnis durch den Richter oder die Staatsanwaltschaft, gewonnen wurden (vgl BGHSt 31, 304, 309). Im Rahmen der **Beschlagnahme** (§ 94 StPO) begründen Verstöße gegen die Beschlagnahmeverbote (vgl § 97 StPO sowie hierzu oben Rn 28 f) ein Verwertungsverbot. Noch strengere Anforderungen gelten nach der Rspr des BVerfG bei der Beschlagnahme von Datenträgern bei Berufsgeheimnisträgern, wonach von einem Beweisverwertungsverbot „zumindest bei schwerwiegenden, bewussten oder willkürlichen Verfahrensverstößen" auszugehen ist (vgl BVerfG NJW 2005, 1917, 1923; hierzu auch *Kutzner*, NJW 2005, 2652 ff). Eine **Fernwirkung** von Beweisverwertungsverboten in dem Sinne, dass auch mittelbar durch die Maßnahme gewonnene weitere Beweismittel nicht verwertet werden dürfen, lehnt die Rspr grundsätzlich ab (vgl BGHSt 29, 244, 249; OLG Stuttgart NJW 1973, 1941 f; krit. *Neuhaus*, NJW 1990, 1221 f).

93. Abschnitt: Einziehung und Verfall

A. Einziehung

Im Rahmen bzw im Nachgang der Sicherstellung insbesondere gemäß §§ 111b, 111c StPO (hierzu oben 92. Abschnitt, Rn 6 f) können bestimmte Gegenstände auch auf Dauer eingezogen werden mit der Folge des **Eigentumsverlusts** des Täters bzw des Übergangs des Eigentums auf den Staat (vgl § 74e Abs. 1 StGB). Eingezogen werden können vor allem Gegenstände, die zur Straftatbegehung oder zu ihrer Vorbereitung gebraucht worden oder bestimmt gewesen sind (§ 74 Abs. 1 StGB). Anknüpfungstat muss stets eine rechtswidrig und schuldhaft begangene Tat sein (vgl *Eser,* in: Schönke/Schröder, 28. Aufl. § 74 Rn 2). Eine Einziehung kann sich gemäß der Sonderregelung des § 74d Abs. 1 StGB auch auf alle – auch täterfremde – **Schriften** im Sinne des § 11 Abs. 3 StGB (hierzu oben 88. Abschnitt, Rn 3) erstrecken (auch Videobänder, vgl LG Duisburg NStZ 1987, 367), die einen solchen Inhalt haben, dass jede **vorsätzliche Verbreitung** in Kenntnis ihres Inhaltes einen Straftatbestand verwirklichen würde (zB in Fällen der §§ 86, 86a, 131, 184b, 185 StGB, zu allen Straftatbeständen oben 88. Abschnitt). Doch auch bei Schrifteninhalten, deren vorsätzliche Verbreitung nur bei Hinzutreten weiterer Tatumstände den Tatbestand eines Strafgesetzes verwirklichen würde, kann die Einziehung und Unbrauchbarmachung nach § 74d Abs. 3 StGB angeordnet werden, soweit sich die betreffenden Gegenstände im Besitz des Täters, Teilnehmers oder eines anderen befinden, für den der Täter oder Teilnehmer gehandelt hat, oder von diesen Personen zur Verbreitung bestimmt sind. Weiterhin ist aber in solchen Fällen vorausgesetzt, dass die (Einziehungs-)Maßnahmen erforderlich sind, um ein gesetzwidriges Verbreiten durch diese Personen zu verhindern (§ 74d Abs. 3 Nr. 2 StGB). 1

B. Verfall

Von gewisser Bedeutung für den Medienbereich sind des Weiteren auch die Vorschriften des Verfalls (§ 73 StGB) bzw des erweiterten Verfalls (§ 73d StGB). Ist eine rechtswidrige Tat begangen worden und hat der Täter oder Teilnehmer „für die Tat oder aus ihr" etwas erlangt, so ordnet das Gericht dessen Verfall an mit der Rechtsfolge des Eigentumsübergangs auf den Staat (vgl § 73e StGB). Aus der Straftat erlangt sind alle Vermögenswerte, die dem Täter unmittelbar aus der Verwirklichung des Tatbestandes selbst in irgendeiner Phase des Tatablaufes zufließen (BGH NJW 2001, 693; BGH NStZ-RR 2003, 10, 11), also zB auch entgegen strafrechtlicher Einfuhrverbote (zB § 184 Abs. 1 Nr. 4 StGB) beschaffte Medieninhalte. Um **Vorteile „für die Tat"** handelt es sich demgegenüber, wenn Vermögenswerte dem Täter als Gegenleistung für sein rechtswidriges Handeln gewährt werden, die nicht auf der Tatbestandsverwirklichung selbst beruhen (BGH NStZ-RR 2003, 10, 11), also auch das Entgelt oder Tauschware für das Zugänglichmachen inkriminierter Medieninhalte. 2

Stichwortverzeichnis

Fette Zahlen verweisen auf Kapitel, magere Zahlen auf Randnummern. Der Zusatz Anh. verweist auf die Anhänge